WANDER GARCIA, ANA PAULA GARCIA E RENAN FLUMIAN
COORDENADORES

9ª EDIÇÃO 2020

COMO PASSAR

CONCURSOS CESPE CEBRASPE

6.600 QUESTÕES COMENTADAS

2020 © Editora FOCO

Coordenadores: Wander Garcia, Ana Paula Garcia e Renan Flumian

Autores: Wander Garcia, Alice Satin, Ana Carolina Chamon, Ana Paula Garcia, André Braga Nader Justo, André de Carvalho Barros, André Fioravanti, André Nascimento, André Roncaglia de Carvalho, Anna Carolina Bontempo, Anthony Rosenberg , Ariane Wady, Arthur Trigueiros, Bruna Vieira, Diego Amorim, Eduardo Dompieri, Eloy Gustavo de Souza, Elson Garcia, Enildo Garcia, Fabiano Melo, Fábio Tavares, Fabrício de Oliveira Barros, Felipe Ferreira Ramos, Felipe Maciel, Fernanda Franco, Fernando Castellani, Flavia Barros, Gabriela R. Pinheiro, Georgia Renata Dias, Gustavo Nicolau, Helder Satin, Henrique Subi, Hermes Cramacon, Ivo Shigueru Tomita, José Antonio Apparecido Junior, José Renato Camilotti, Leni M. Soares, Leonardo Gill Correia Santos, Licínia Rossi, Luiz Dellore, Luiz Fabre, Luiz Felipe Nobre Braga, Magally Dato, Marcos Destefenni, Mark Hughes, Pedro Sloboda, Priscilla Negreiros, Renan Flumian, Roberta Densa, Robinson Barreirinhas, Rodrigo Ferreira de Lima, Rodrigo Goyena Soares, Rodrigo Saber, Savio Chalita, Sávio Copetti, Sebastião Edilson Gomes, Tatiana Subi, Teresa Melo e Vanessa Trigueiros

Editor: Roberta Densa

Diretor Acadêmico: Leonardo Pereira

Revisora Sênior: Georgia Dias

Revisora: Luciana Pimenta

Capa: Leonardo Hermano

Diagramação: Ladislau Lima

Impressão miolo e capa: Gráfica PlenaPrint

Dados Internacionais de Catalogação na Publicação (CIP) de acordo com ISBD

C735
Como passar em concursos CESPE / Wander Garcia ... [et al.] ; coordenado por Ana Paula Garcia, Wander Garcia, Renan Flumian. - 9. ed. - Indaiatuba, SP : Editora Foco, 2020.
1.112 p. : il. 17cm x 24cm.

ISBN: 978-65-5515-035-3

1. Metodologia de estudo. 2. Concursos Públicos. 3. Centro de Seleção e de Promoção de Eventos - CESPE. I. Garcia, Wander. II. Satin, Alice. III. Chamon, Ana Carolina. IV. Garcia, Ana Paula. V. Justo, André Braga Nader. VI. Barros, André de Carvalho. VII. Fioravanti, André. VIII. Nascimento, André. IX. Carvalho, André Roncaglia de. X. Bontempo, Anna Carolina. XI. Rosenberg, Anthony. XII. Wady, Ariane. XIII. Trigueiros, Arthur. XIV. Vieira, Bruna. XV. Amorim, Diego. XVI. Dompieri, Eduardo. XVII. Souza, Eloy Gustavo de. XVIII. Garcia, Elson. XIX. Garcia, Enildo. XX. Melo, Fabiano. XXI. Tavares, Fábio. XXII. Barros, Fabrício de Oliveira. XXIII. Ramos, Felipe Ferreira. XXIV. Maciel, Felipe. XXV. Franco, Fernanda. XXVI. Castellani, Fernando. XXVII. Barros, Flávia. XXIX. Pinheiro, Gabriela R. XXX. Dias, Georgia Renata. XXXI. Nicolau, Gustavo. XXXII. Satin, Helder. XXXIII. Subi, Henrique. XXXIV. Cramacon, Hermes. XXXV. Tomita, Ivo Shigueru. XXXVI. Apparecido Junior, José Antonio. XXXVII. Camilotti, José Renato. XXXVIII. Soares, Leni M. XXXIX. Santos, Leonardo Gill Correia. XXXX. Rossi, Licínia. XXXXI. Dellore, Luiz. XXXXII. Fabre, Luiz. XXXXIII. Braga, Luiz Felipe Nobre. XXXXIV. Dato, Magally. XXXXV. Destefenni, Marcos. XXXXVI. Hughes, Mark. XXXXVII. Sloboda, Pedro. XXXXVIII. Negreiros, Priscilla. XXXXIX. Neves, Murilo Sechieri Costa. XXXXX. Flumian, Renan. XXXXXI. Densa, Roberta. XXXXXII. Barreirinhas, Robinson. XXXXXIII. Lima, Rodrigo Ferreira de. XXXXXIV. Saber, Rodrigo. XXXXXV. Chalita, Savio. XXXXXVI. Gomes, Sebastião Edilson. XXXXXVII. Subi, Tatiana. XXXXXVIII. Melo, Teresa. XXXXXIX. Trigueiros, Vanessa. XXXXXX. Título.

2020-481 CDD 001.4 CDU 001.8

Elaborado por Vagner Rodolfo da Silva - CRB-8/9410

Índices para Catálogo Sistemático:

1. Metodologia de estudo 001.4 2. Metodologia de estudo 001.8

Atualizações e erratas: A presente obra é vendida como está, sem garantia de atualização futura. Porém, atualizações voluntárias e erratas são disponibilizadas no site www.editorafoco.com.br, na seção *Atualizações*. Esforçamo-nos ao máximo para entregar ao leitor uma obra com a melhor qualidade possível e sem erros técnicos ou de conteúdo. No entanto, nem sempre isso ocorre, seja por motivo de alteração de software, interpretação ou falhas de diagramação e revisão. Sendo assim, disponibilizamos em nosso site a seção mencionada (*Atualizações*), na qual relataremos, com a devida correção, os erros encontrados na obra. Solicitamos, outrossim, que o leitor faça a gentileza de colaborar com a perfeição da obra, comunicando eventual erro encontrado por meio de mensagem para contato@editorafoco.com.br.

Impresso no Brasil 03.2020 Data de Fechamento 06.2020

2020

Rua Nove de Julho, 1779 – Vila Areal
CEP 13333-070 – Indaiatuba – SP

E-mail: contato@editorafoco.com.br
www.editorafoco.com.br

Acesse JÁ os conteúdos *on-line*

ATUALIZAÇÃO em PDF e VÍDEO
para complementar seus estudos*

Acesse o link:
www.editorafoco.com.br/atualizacao

www.
CAPÍTULOS ON-LINE

Acesse o link:
www.editorafoco.com.br/atualizacao

* As atualizações em PDF e Vídeo serão disponibilizadas sempre que houver necessidade, em caso de nova lei ou decisão jurisprudencial relevante.
* Acesso disponível durante a vigência desta edição.

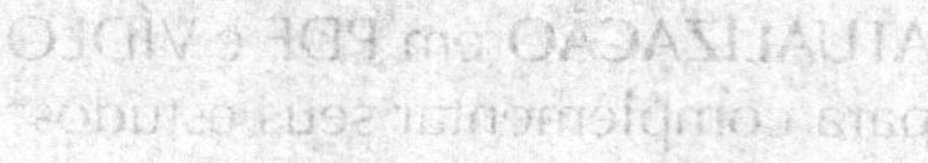

APRESENTAÇÃO

A experiência também diz que aquele que quer ser aprovado deve cumprir três objetivos: a) entender a teoria; b) ler a letra da lei, e c) treinar. A teoria é vista em cursos e livros à disposição do candidato no mercado. O problema é que este, normalmente, para nessa providência. A leitura da lei e o treinamento acabam sendo deixados de lado. E é nesse ponto que está o grande erro. Em média, mais de 90% das questões são respondidas a partir do texto da lei. Além disso, as questões de prova se repetem muito.

É por isso que é fundamental o candidato contar com a presente obra. Com ela você poderá ler a letra da lei e treinar. Cada questão vem comentada com o dispositivo legal em que você encontrará a resposta correta. Com isso você terá acesso aos principais dispositivos legais que aparecem no Exame CESPE, de uma maneira lúdica e desafiadora. Além disso, você começará a perceber as técnicas dos examinadores, as 'pegadinhas' típicas de prova e todas as demais características da Banca Examinadora, de modo a ganhar bastante segurança para o momento decisivo, que é o dia da sua prova.

É importante ressaltar que essa obra é única no mercado, pois somente ela traz tamanho número de questões do CESPE, questões estas que estão classificadas e comentadas, sendo que o comentário é feito, sempre que necessário, para cada alternativa de cada questão.

Esta obra traz ainda uma grande novidade para nossos leitores: atualização em PDF ou vídeo para complementar os estudos.

É por isso que podemos afirmar com uma exclamação que esta obra vai demonstrar a você COMO PASSAR EM CONCURSOS CESPE!

AUTORES

Wander Garcia
@wandergarcia
É Doutor, Mestre e Graduado em Direito pela PUC/SP. É professor universitário e de cursos preparatórios para Concursos e Exame de Ordem, tendo atuado nos cursos LFG e DAMASIO. Neste, foi Diretor Geral de todos os cursos preparatórios e da Faculdade de Direito. Foi diretor da Escola Superior de Direito Público Municipal de São Paulo. É um dos fundadores da Editora Foco, especializada em livros jurídicos e para concursos e exames. É autor *best seller* com mais de 50 livros publicados na qualidade de autor, coautor ou organizador, nas áreas jurídica e de preparação para concursos e exame de ordem. Já vendeu mais de 1,5 milhão de livros, dentre os quais se destacam "Como Passar na OAB", "Como Passar em Concursos Jurídicos", "Exame de Ordem Mapamentalizado" e "Concursos: O Guia Definitivo". É também advogado desde o ano de 2000 e foi procurador do município de São Paulo por mais de 15 anos. É *Coach* Certificado, com sólida formação em *Coaching* pelo IBC e pela *International Association of Coaching*.

Alice Satin Calareso
Advogada. Mestre em Direitos Difusos pela PUC/SP. Especialista em Direito Processual Civil pela PUC/SP. Palestrante e Professora Assistente na Graduação e Pós-Graduação em Direito da PUC/SP.

Ana Carolina Chamon
Advogada graduada pela Universidade Mackenzie e pós-graduanda em Processo Civil (EPD)

Ana Paula Garcia
Procuradora do Estado de São Paulo, Pós-graduada em Direito, Professora do IEDI, Escrevente do Tribunal de Justiça por mais de 10 anos e Assistente Jurídico do Tribunal de Justiça. Autora de diversos livros para OAB e concursos

André Braga Nader Justo
Economista formado pela UNICAMP.

André de Carvalho Barros
@ProfAndreBarros
Mestre em Direito Civil Comparado pela PUC/SP. Professor de Direito Civil e de Direito do Consumidor exclusivo da Rede LFG. Membro do IBDFAM. Advogado.

André Fioravante
Mestre em Engenharia Elétrica pela Universidade Estadual de Campinas (UNICAMP). Doutor pela Universidade de Paris XI. Pesquisador associado à Faculdade de Engenharia Elétrica da UNICAMP. Autor do livro "H8 Analysis and Control of Time-Delay Systems - Methods in Frequency Domain". Vencedor do concurso de programação Matlab em 2011.

André Nascimento
Advogado e Especialista em Regulação na Agência Nacional do Petróleo, Gás Natural e Biocombustíveis. Coautor de diversas obras voltadas à preparação para Exames Oficiais e Concursos Públicos. Coautor do livro Estudos de Direito da Concorrência, da Editora Mackenzie, e de artigos científicos. Graduado em Direito pela Universidade Presbiteriana Mackenzie/SP. Graduando em Geografia pela Universidade de São Paulo. Frequentou diversos cursos de extensão nas áreas de Direito, Regulação, Petróleo e Gás Natural e Administração Pública. Instrutor de cursos na ANP, tendo recebido elogio por merecimento pela destacada participação e dedicação.

André Roncaglia de Carvalho
Bacharel e Mestre em Economia Política pela PUC-SP e doutorando do Programa de Economia do Desenvolvimento - IPE-USP. Atua como pesquisador nas áreas de Economia Monetária, História do Pensamento Econômico, História Econômica do Brasil e Macroeconomia. É professor de Fundamentos da Economia, Macroeconomia e Economia Brasileira pela Fundação-Escola de Comércio Álvares Penteado (FECAP), dos Programas de MBA da Fundação Getúlio Vargas.

Anna Carolina Bontempo
Professora e Gerente de Ensino a Distância no curso IEDI. Pós-graduada em Direito Público na Faculdade de Direito Prof. Damásio de Jesus. Advogada

Antony Rosenberg
Professor de Redação Inglês no Curso Clio, curso preparatório para a prova do Instituto Rio Branco, e Inglês Jurídico na FGV-SP no curso de Direito (graduação). Assessor do Presidente do BNDES na função de tradutor e revisor. Bacharel em Letras, com Habilitação em Tradução e Interpretação (UNIBERO) e Mestre em Língua Inglês, Linguística e Literatura (USP-SP).

Ariane Wady
Especialista em Direito Processual Civil (PUC-SP). Graduada em Direito pela PUC-SP (2000). Professora de pós-graduação e curso preparatório para concursos - PROORDEM - UNITÁ Educacional e Professora/Tutora de Direito Administrativo e Constitucional - Rede LFG e IOB. Advogada.

Arthur Trigueiros
@proftrigueiros
Pós-graduado em Direito. Professor da Rede LFG, do IEDI e do PROORDEM. Autor de diversas obras de preparação para o Exame de Ordem e Concursos Públicos. Procurador do Estado de São Paulo.

Bruna Vieira
@profa_bruna
Pós-graduada em Direito. Professora do IEDI, PROORDEM, LEGALE, ROBORTELLA e ÊXITO. Professora de Pós-graduação em Instituições de Ensino Superior. Palestrante. Autora de diversas obras de preparação para Concursos Públicos e Exame de Ordem, por diversas editoras. Advogada.

Diego Amorim
@professordiego
É formado em licenciatura em letras - espanhol com especialização em Análise do Discurso e língua portuguesa pela Universidade de São Paulo. O professor atua em diversos preparatórios para vestibular e concursos espalhados pelo país e ainda em universidades particulares da cidade. Atualmente é professor da Rede LFG de ensino e do Grupo Gran Cursos.

Eduardo Dompieri
@eduardodompieri
Pós-graduado em Direito. Professor do IEDI. Autor de diversas obras de preparação para Concursos Públicos e Exame de Ordem.

Eloy Gustavo de Souza
Professor de Língua Portuguesa do Curso Clio, curso preparatório para a prova do Instituto Rio Branco, e do Curso Anglo. Graduado em Letras pela Universidade de São Paulo - FFLCH-USP.

Elson Garcia
Professor e Engenheiro graduado pela Universidade Federal do Rio de Janeiro - UFRJ.

Enildo Garcia
Especialista em matemática pura e aplicada (UFSJ). Professor-tutor da Pós-Graduação em Matemática (UFSJ-UAB). Professor de Matemática e Física em curso pré-vestibular comunitário. Aluno especial do Mestrado em Engenharia Elétrica do PPGEL-UFSJ. Integrante do Grupo de Estudos de Matemática Avançada - GEMA (UFSJ), do Grupo de Estudos de Temas Polêmicos em Biologia (UFSJ) e do Grupo de Estudos para a OBMEP. Analista de Sistemas Sênior (PUC/RJ).

Fabiano Melo
Professor dos cursos de graduação e pós-graduação em Direito e Administração da Pontifícia Universidade Católica de Minas Gerais (PUC/Minas). Professor de Direito Ambiental e Direitos Humanos da Rede LFG/Kroton. Professor convidado em cursos de pós-graduação no país. Apresentador do Programa Prova Final da TV Justiça. Conferencista e autor de obras jurídicas. (Twitter: @fabiano_prof)

Fábio Tavares Sobreira
@fabiottavares
Advogado atuante nas áreas de Direito Público. Professor Exclusivo de Direito Constitucional, Educacional e da Saúde da Rede de Ensino LFG, do Grupo Anhanguera Educacional Participações S.A. e do Atualidades do Direito. Pós-Graduado em Direito Público. Especialista em Direito Constitucional, Administrativo, Penal e Processual Civil. Palestrante e Conferencista. Autor de obras jurídicas.

Fabrício de Oliveira Barros
Pós-graduado em Gestão Financeira. Professor universitário. Auditor de Controle Interno do Governo do Distrito Federal. Ex-auditor da KPMG Auditores Independentes.

Felipe Ferreira Ramos
Professor do IEDI. Cientista Social pela Universidade de Brasília. Pesquisador com atuação no Instituto de Pesquisa Econômica Aplicada e na Organização Internacional do Trabalho.

Felipe Maciel
@Felipemaciel
Pós-graduado em Direito Constitucional pela UFRN. Graduado pela UFRN. Professor Universitário (UFRN e UnP). Professor de Cursos Preparatórios para Exame de Ordem e Concursos Públicos do IEDI. Assessor Jurídico concursado do Município de Natal. Advogado.

Fernanda Franco
Professora de Língua Portuguesa no Colégio São Luís em São Paulo. Formada em Letras pela Universidade de São Paulo (FFLCH-USP) com habilitação em Português e Linguística e é graduanda em Filosofia também pela USP.

Fernando Castellani
@ffcastellani
Coordenador do LLM do IBMEC. Professor de Direito Tributário e Empresarial. Professor do COGEAE/PUCSP, do IBET, da Rede LFG e Praetorium. Advogado.

Flavia Barros
Mestre em Direito pela PUC/SP. Doutoranda em Direito pela USP. Professora de Direito Administrativo. Procuradora do Município de São Paulo.

Gabriela R. Pinheiro
Pós-Graduada em Direito Civil e Processual Civil pela Escola Paulista de Direito. Professora Universitária e do IEDI Cursos *On-line* e preparatórios para concursos públicos exame de ordem. Autora de diversas obras jurídicas para concursos públicos e exame de ordem. Advogada.

Georgia Renata Dias
Especialista em Direito Penal pela Faculdade de Direito Professor Damásio de Jesus. Autora e organizadora de diversas obras publicadas pela Editora Foco. Advogada.

Gustavo Nicolau
@gustavo_nicolau
Doutor e Mestre pela Faculdade de Direito da USP. Professor de Direito Civil da Rede LFG/ Praetorium. Advogado.

Helder Satin
Graduado em Ciências da Computação, com MBA em Gestão de TI. Professor do IEDI. Professor de Cursos de Pós-graduação. Desenvolvedor de sistemas Web e gerente de projetos.

Henrique Romanini Subi
@henriquesubi
Agente da Fiscalização Financeira do Tribunal de Contas do Estado de São Paulo. Mestrando em Direito Político e Econômico pela Universidade Presbiteriana Mackenzie. Especialista em Direito Empresarial pela Fundação Getúlio Vargas e em Direito Tributário pela UNISUL. Professor de cursos preparatórios para concursos desde 2006. Coautor de mais de 20 obras voltadas para concursos, todas pela Editora Foco.

Hermes Cramacon
@hermescramacon
Pós-graduado em Direito. Professor do Complexo Damásio de Jesus e do IEDI. Advogado.

Ivo Shigueru Tomita
@ivoshigueru
Especialista em Direito Tributário pela PUC/SP – Cogeae. Autor e organizador de obras publicadas pela Editora FOCO. Advogado.

José Antonio Apparecido Junior
Procurador do Município de São Paulo. Consultor em Direito Urbanístico. Especialista em Direito Público pela Escola Superior do Ministério Público do Estado de São Paulo. Mestre em Direito Urbanístico pela PUC/SP. Doutorando em Direito do Estado pela USP.

José Renato Camilotti
Especialista em Direito Tributário pela PUC-SP, Mestrando em Direito do Estado PUC-SP, Professor universitário e de Cursos Preparatórios para Carreiras Jurídicas, autor de diversas obras jurídicas.

Leni Mouzinho Soares
Assistente Jurídico do Tribunal de Justiça do Estado de São Paulo. Advogado.

Leonardo Gill Correia Santos
Professor do IEDI. Cientista Político pelo Instituto de Estudos Políticos de Paris (Sciences Po), especializado em Segurança Internacional pela mesma instituição. Cursou Relações e Negociações Internacionais e Ciência Política na Faculdade Latino-americana de Ciências Sociais, em Buenos Aires.

Licínia Rossi
@liciniarossi
Mestre em Direito Constitucional pela PUC/SP. Especialista em Direito Constitucional pela Escola Superior de Direito Constitucional. Professora Exclusiva de Direito Administrativo e Constitucional na Rede LFG de Ensino. Professora de Direito na UNICAMP. Advogada.

Luiz Carlos Michele Fabre
Procurador do Trabalho e Professor de Cursos Preparatórios para Concursos.

Luiz Dellore
@dellore
Doutor e Mestre em Direito Processual Civil pela USP. Mestre em Direito Constitucional pela PUC/SP. Professor do Mackenzie, EPD, IEDI, IOB/Marcato e outras instituições. Advogado concursado da Caixa Econômica Federal. Ex-assessor de Ministro do STJ. Membro da Comissão de Processo Civil da OAB/SP, do IBDP (Instituto Brasileiro de Direito Processual), do IPDP (Instituto Panamericano de DerechoProcesal) e diretor do CEAPRO (Centro de Estudos Avançados de Processo). Colunista do portal jota.info.

Luiz Felipe Nobre Braga
Mestre em Direito Constitucional pela Faculdade de Direito do Sul de Minas (FDSM). Professor de Direito Constitucional e Filosofia do Direito na Faculdade Santa Lúcia em Mogi Mirim/SP.

Magally Dato
Professora de Língua Portuguesa. Agente de Fiscalização do Tribunal de Contas do Município de São Paulo.

Marcos Destefenni
@destefenni
Doutor e Mestre pela PUC/SP. Mestre pela PUC de Campinas e Mestre em Direito Penal pela UNIP. Professor da Rede LFG. Promotor de Justiça em São Paulo.

Mark Hughes
Professor de Redação Inglês e no Curso Avançado Inglês no Curso Clio, curso preparatório para a prova do Instituto Rio Branco. Bacharel pela Glasgow Caledonian University e Mestre pela University of Strathclyde.

Pedro Sloboda
Diplomata de carreira e professor de Direito Internacional do Instituto de Desenvolvimento e Estudos de Governo (IDEG). Doutorando em Direito Internacional pela Universidade de São Paulo (USP). Mestre em Direito Internacional pela Universidade do Estado do Rio de Janeiro (UERJ). Especialista em Direito Internacional pelo Centro de Direito Internacional (CEDIN). Bacharel em Direito pela Universidade Federal Fluminense (UFF). Foi professor de Direito Internacional da Universidade Federal do Rio de Janeiro (UFRJ).

Priscilla Negreiros
Graduada em Relações Internacionais pela Pontifícia Universidade Católica de São Paulo (PUC-SP) e em Ciências Políticas pelo Instituto de Estudos Políticos de Paris (Sciences Po Paris), com especialização em América Latina, Espanha e Portugal. Mestre em Administração Pública Internacional pela SciencesPo Paris com enfoque em Direito Internacional e Administração Pública.

Renan Fluminan
@renanflumian
Professor e Coordenador Acadêmico do IEDI. Mestre em Filosofia do Direito pela *Universidad de Alicante*, cursou a *Session Annuelle D'enseignement* do *Institut International des Droits de L'Homme*, a Escola de Governo da USP e a Escola de Formação da Sociedade Brasileira de Direito Público. Autor e coordenador de diversas obras de preparação para Concursos Públicos e o Exame de Ordem. Advogado.

Roberta Densa
Doutora em Direitos Difusos e Coletivos. Professora universitária e em cursos preparatórios para concursos públicos e OAB. Autora da obra "Direito do Consumidor", 9ª edição publicada pela Editora Atlas.

Robinson Sakiyama Barreirinhas
robinson.barreirinhas@gmail.com
Secretário Municipal dos Negócios Jurídicos da Prefeitura de São Paulo. Professor do IEDI. Procurador do Município de São Paulo. Autor e coautor de mais de 20 obras de preparação para concursos e OAB. Ex-Assessor de Ministro do STJ.

Rodrigo Ferreira de Lima
Mestre em Literatura e Cultura Russa pela Universidade de São Paulo e bacharel em Letras com habilitação em Russo e Português também pela USP. Sua formação conta ainda com diversas participações em congressos e simpósios de estudos em Língua Portuguesa.

Rodrigo Goyena Soares
Professor de História do Brasil no Ciclo EAD e Editora. Graduado em Ciências Políticas pelo Instituto de Estudos Políticos de Paris (SciencesPo.) com especialização regional em América Latina, Espanha e Portugal. Possui mestrado em Relações Internacionais com especialização em Economia Política Internacional pela mesma universidade. Cursou História e Relações Internacionais na Universidade de São Paulo (USP) e a Escola de Governo do Estado de São Paulo. Mestrando em História Social na Universidade Federal do Estado do Rio de Janeiro (UNIRIO)

Rodrigo Santamaria Saber
Defensor Público do Estado de Santa Catarina. Professor de Cursos Preparatórios para Concursos Públicos. Graduado em Direito pela PUC de São Paulo e Especialista em Direito Processual Civil pela UNESP de Franca. Coautor de livros publicados pela Editora Foco.

Savio Chalita
Mestrando em Direitos Sociais. Professor de cursos preparatórios para Exame de Ordem e Concursos Públicos. Editor do blog *www.comopassarnaoab.com*. Advogado.

Sávio Copetti
Pós-Graduado em Direito. Defensor Público do Estado de Mato Grosso.

Sebastião Edilson Gomes
Mestre em Direito Público. Especialista em Direito Civil. Coautor do Livro Lei de Responsabilidade Fiscal comentada e anotada. 5ª Ed. Professor Universitário nas disciplinas de Direito Administrativo e Direito Civil.

Tatiana Creato Subi
Bacharel em Direito pela Pontifícia Universidade Católica de Campinas. Professora em diversos cursos preparatórios para concursos. Coautora do livro "Como passar em Concursos Bancários", da Ed. Foco.

Teresa Melo
Professora do IEDI. Procuradora Federal. Assessora de Ministro do STJ.

Vanessa Tonolli Trigueiros
Pós-graduada em Direito Processual Civil pela UNISUL e em Direito Processual Civil e Civil pela UCDB. Graduada em Direto pela PUC-Campinas. Analista de Promotoria. Assistente Jurídico do Ministério Público do Estado de São Paulo.

SUMÁRIO

---

www. Acesse o conteúdo on-line. Siga as orientações disponíveis na página III.

7. INFORMÁTICA 117

8. ADMINISTRAÇÃO PÚBLICA 139

9. ADMINISTRAÇÃO FINANCEIRA E ORÇAMENTÁRIA www. 169

10. ARQUIVOLOGIA www. 177

11. LEI 8.112/1990 www. 193

12. LEI 8.666/1993 www. 201

13. DIREITO CONSTITUCIONAL 211

14. DIREITO ADMINISTRATIVO 297

15. DIREITO CIVIL 385

16. DIREITO PROCESSUAL CIVIL 475

17. DIREITO PENAL 501

18. DIREITO PROCESSUAL PENAL 599

21. DIREITO DO TRABALHO 805

22. DIREITO PROCESSUAL DO TRABALHO 813

23. DIREITO DO CONSUMIDOR 821

24. DIREITO AMBIENTAL 851

33. DIREITO AGRÁRIO www. 1065

34. RECURSOS HÍDRICOS www. 1071

35. MEDICINA LEGAL 1075

36. DIREITO URBANÍSTICO www. 1081

37. DIREITO SANITÁRIO 1087

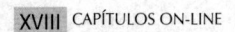

CAPÍTULOS *ON-LINE*

COMO USAR O LIVRO

Para que você consiga um ótimo aproveitamento deste livro, atente para as seguintes orientações:

1ª Tenha em mãos **livros e anotações** que normalmente utiliza ou **um computador** no qual você possa acessar e aprofundar as citações constantes das respostas.

2ª Se você estiver estudando a teoria (fazendo um curso preparatório ou lendo resumos, livros ou apostilas), faça as questões correspondentes deste livro na medida em que for avançando no estudo da parte teórica.

3ª Se você já avançou bem no estudo da teoria, leia cada capítulo deste livro até o final, e só passe para o novo capítulo quando acabar o anterior; vai mais uma dica: alterne capítulos de acordo com suas preferências; leia um capítulo de uma disciplina que você gosta e, depois, de uma que você não gosta ou não sabe muito, e assim sucessivamente.

4ª Iniciada a resolução das questões, tome o cuidado de ler cada uma delas **sem olhar para o gabarito e para os comentários**; se a curiosidade for muito grande e você não conseguir controlar os olhos, tampe os comentários e os gabaritos com uma régua ou um papel; na primeira tentativa, é fundamental que resolva a questão sozinho; só assim você vai identificar suas deficiências e "pegar o jeito" de resolver as questões; marque com um lápis a resposta que entender correta, e só depois olhe o gabarito e os comentários.

5ª **Leia com muita atenção o enunciado das questões**. Ele deve ser lido, no mínimo, duas vezes. Da segunda leitura em diante, começam a aparecer os detalhes, os pontos que não percebemos na primeira leitura.

6ª **Grife as palavras-chave, as afirmações e a pergunta formulada.** Ao grifar as palavras importantes e as afirmações você fixará mais os pontos-chave e não se perderá no enunciado como um todo. Tenha atenção especial com as palavras "correto", "incorreto", "certo", "errado", "prescindível" e "imprescindível".

7ª Leia os comentários e também se aprofunde em relação aos temas que desconhecia; não tenha preguiça; leia as informações que explicam as alternativas corretas, como as que explicam o porquê de ser incorreta dada alternativa; mesmo que você já tenha entendido determinada questão, reforce sua memória e leia nos seus livros, anotações ou computador o tema indicado nos comentários.

8ª Leia também os **outros aspectos do tema que não foram abordados** na questão; por exemplo, se aparecer, em Direito Internacional, uma questão cujo comentário remete ao instituto extradição, aproveite para ler também os outros institutos que cuidam da exclusão do estrangeiro; se aparecer uma questão, em Direito Constitucional, que trate da composição do Conselho da República, leia também as outras regras que regulamentam esse conselho.

9ª Depois de resolver sozinho a questão e de ler cada comentário, você deve fazer uma **anotação ao lado da questão**, deixando claro o motivo de eventual erro que você tenha cometido; conheça os motivos mais comuns de erros na resolução das questões:

DT – "desconhecimento da teoria"; quando a questão só puder ser resolvida com o conhecimento da teoria;

DL – "desconhecimento da lei"; quando a questão puder ser resolvida apenas com o conhecimento do texto de lei;

DJ – "desconhecimento da jurisprudência"; quando a questão só puder ser resolvida com o conhecimento da jurisprudência;

FA – "falta de atenção"; quando você tiver errado a questão por não ter lido com cuidado o enunciado e as alternativas;

NUT – "não uso das técnicas"; quando você tiver se esquecido de usar as técnicas de resolução de questões objetivas, tais como as da **repetição de elementos** ("quanto mais elementos repetidos existirem, maior a chance de a alternativa ser correta"), das **afirmações generalizantes** ("afirmações generalizantes tendem a ser incorretas" – reconhece-se afirmações generalizantes pelas palavras *sempre, nunca, qualquer, absolutamente, apenas, só, somente exclusivamente* etc.), dos **conceitos compridos** ("os conceitos de maior extensão tendem a ser corretos"), entre outras.

Obs: se você tiver interesse em fazer o Curso de "Técnicas de Resolução de Questões Objetivas", entre no site www.iedi.com.br.

10ª Confie no **bom-senso**. Normalmente, a resposta correta é a que tem mais a ver com o bom-senso e com a ética. Não ache que todas as perguntas contêm uma pegadinha. Se aparecer um instituto que você não conhece, repare bem no seu nome e tente imaginar o seu significado.

11ª Faça um levantamento do **percentual de acertos de cada disciplina** e dos **principais motivos que levaram aos erros cometidos**; de posse da primeira informação, verifique quais disciplinas merecem um reforço no estudo; e de posse da segunda informação, fique atento aos erros que você mais comete, para que eles não se repitam.

12ª Uma semana antes da prova, faça uma **leitura dinâmica** de todas as anotações que você fez.

13ª Para que você consiga ler o livro inteiro, faça um bom **planejamento**. Por exemplo, se você tiver 30 dias para ler a obra, divida o número de páginas do livro pelo número de dias que você tem, e cumpra, diariamente, o número de páginas necessárias para chegar até o fim. Se tiver sono ou preguiça, levante um pouco, beba água, masque chiclete ou leia em voz alta por algum tempo.

14ª Desejamos a você, também, muita **energia**, **disposição**, **foco**, **organização**, **disciplina**, **perseverança**, **amor** e **ética**!

Wander Garcia, Ana Paula Garcia e Renan Flumian

Coordenadores

1. LÍNGUA PORTUGUESA

Diego Amorim, Eloy Gustavo de Souza, Fernanda Franco, Henrique Subi, Magally Dato e Rodrigo Ferreira de Lima*

1. VERBO[1]

O direito tributário brasileiro depara-se com grandes desafios, principalmente em tempos de globalização e interdependência dos sistemas econômicos. Entre esses pontos de atenção, destacam-se três. O primeiro é a guerra fiscal ocasionada pelo ICMS. O principal tributo em vigor, atualmente, é estadual, o que faz contribuintes e advogados se debruçarem sobre vinte e sete diferentes legislações no país para entendê-lo. Isso se tornou um atentado contra o princípio de simplificação, contribuindo para o incremento de uma guerra fiscal entre os estados, que buscam alterar regras para conceder benefícios e isenções, a fim de atrair e facilitar a instalação de novas empresas. É, portanto, um dos instrumentos mais utilizados na disputa por investimentos, gerando, com isso, consequências negativas do ponto de vista tanto econômico quanto fiscal.

A competitividade gerada pela interdependência estadual é outro ponto. Na década de 60, a adoção do imposto sobre valor agregado (IVA) trouxe um avanço importante para a tributação indireta, permitindo a internacionalização das trocas de mercadorias com a facilitação da equivalência dos impostos sobre consumo e tributação, e diminuindo as diferenças entre países. O ICMS, adotado no país, é o único caso no mundo de imposto que, embora se pareça com o IVA, não é administrado pelo governo federal — o que dá aos estados total autonomia para administrar, cobrar e gastar os recursos dele originados. A competência estadual do ICMS gera ainda dificuldades na relação entre as vinte e sete unidades da Federação, dada a coexistência dos princípios de origem e destino nas transações comerciais interestaduais, que gera a já comentada guerra fiscal.

A harmonização com os outros sistemas tributários é outro desafio que deve ser enfrentado. É preciso integrar-se aos países do MERCOSUL, além de promover a aproximação aos padrões tributários de um mundo globalizado e desenvolvido, principalmente quando se trata de Europa. Só assim o país recuperará o poder da economia e poderá utilizar essa recuperação como condição para intensificar a integração com outros países e para participar mais ativamente da globalização.

André Pereira. Os desafios do direito tributário brasileiro. *In*: DCI – Diário Comércio, Indústria e Serviços. 2/mar./2017. Internet: <www.dci.com.br> (com adaptações).

(Auditor Fiscal - SEFAZ/RS - 2019 - CESPE/CEBRASPE) Mantendo-se a correção gramatical e o sentido original do trecho "O direito tributário brasileiro depara-se com grandes desafios" (R. 1 e 2), do texto 1A1-I, o segmento "depara-se com" poderia ser substituído por

(A) depara-se a.
(B) confronta com.
(C) depara-se diante de.
(D) confronta-se a.
(E) depara com.

O verbo "deparar", com sentido de "encontrar", "ficar subitamente face a face", pode ser pronominal ou não, transitivo direto ou indireto. É correto dizer: "depara grandes desafios", "depara-se com grandes desafios" ou "depara com grandes desafios". Anote-se que "deparar" **não é sinônimo** de "confrontar" – esse significa "combater", "enfrentar". HS

Gabarito "E".

* **Henrique Subi** comentou as questões dos concursos Policiais, de Enfermagem e Bancários, **Eloy Gustavo de Souza** comentou as questões de Diplomacia e Oficial de Chancelaria, **Fernanda Franco** comentou as questões de Assistente de Chacelaria, **Diego Amorim** comentou as questões dos concursos da Polícia Militar, **Fernanda Franco e Rodrigo Ferreira de Lima** comentaram as questões dos concursos Federais e **Magally Dato** comentou as demais questões.

– Você pensou bem no que vai fazer, Paulo?
– Pensei. Já estou decidido. Agora não volto atrás.
– Olhe lá, hein, rapaz...
Paulo está ao mesmo tempo comovido e surpreso com os três amigos. Assim que souberam do seu divórcio iminente, correram para visitá-lo no hotel. A solidariedade lhe faz bem. Mas não entende aquela insistência deles em dissuadi-lo. Afinal, todos sabiam que ele não andava muito contente com seu relacionamento.
– Pense um pouco mais, Paulo. Reflita. Essas decisões súbitas...
– Mas que súbitas? Estamos praticamente separados há um ano!
– Dê outra chance ao seu casamento, Paulo.
– A Margarida é uma ótima mulher.
– Espera um pouquinho. Você mesmo deixou de frequentar nossa casa por causa da Margarida, depois que ela chamou vocês de bêbados e quase expulsou todo mundo.
– E fez muito bem. Nós estávamos bêbados e tínhamos que ser expulsos.
– Outra coisa, Paulo. O divórcio. Sei lá.
– Eu não entendo mais nada. Você sempre defendeu o divórcio!
– É. Mas quando acontece com um amigo...
– Olha, Paulo. Eu não sou moralista. Mas acho a família uma coisa importantíssima. Acho que a família merece qualquer sacrifício.
– Pense nas crianças, Paulo. No trauma.
– Mas nós não temos filhos!
– Nos filhos dos outros, então. No mau exemplo.
– Mas isto é um absurdo! Vocês estão falando como se fosse o fim do mundo. Hoje, o divórcio é uma coisa comum. Não vai mudar nada.
– Como, não muda nada?
– Muda tudo!
– Você não sabe o que está dizendo, Paulo Muda tudo.
– Muda o quê?
– Bom, pra começar, você não vai poder mais frequentar as nossas casas.
– As mulheres não vão tolerar.
– Você se transformará num pária social, Paulo.
– Como é que é?
– Fora de brincadeira. Um reprobo.
– Puxa. Eu nunca pensei que vocês...
– Pense bem, Paulo. Dê tempo ao tempo.
– Deixe pra decidir depois. Passado o verão.
– Reflita, Paulo. É uma decisão seriíssima. Deixe para mais tarde.
– Está bem. Se vocês insistem...
Na saída, os três amigos conversam:
– Será que ele se convenceu?
– Acho que sim. Pelo menos vai adiar.
– E no "solteiros contra casados" da praia, neste ano, ainda teremos ele no gol.
– Também, a ideia dele. Largar o gol dos casados logo agora. Em cima da hora. Quando não dava mais para arranjar substituto.
– Os casados nunca terão um goleiro como ele.
– Se insistirmos bastante, ele desiste definitivamente do divórcio.
– Vai aguentar a Margarida pelo resto da vida.
– Pelo time dos casados, qualquer sacrifício serve.
– Me diz uma coisa. Como divorciado, ele podia jogar no time dos solteiros?
– Podia.
– Impensável.
– É.
– Outra coisa.
– Fala.
– Não é reprobo. É réprobo. Acento no "e".
– Mas funcionou, não funcionou?

Adaptado de VERISSIMO, Luis Fernando. "Os Moralistas". Disponível em www.releituras.com/lfverissimo_moralistas.asp. Acessado em 12 de novembro de 2014.

(Procurador do Estado – PGE/RS – Fundatec – 2015) Assinale a alternativa que apresenta a versão INCORRETA de uma das falas dos amigos de Paulo, caso estivesse escrita em discurso indireto.

(A) O amigo de Paulo perguntou a ele se ele tinha pensado bem no que iria fazer (linha 01).
(B) O amigo de Paulo pediu para que Paulo desse outra chance ao seu casamento (linha 10).
(C) O amigo de Paulo disse que Margarida era uma ótima mulher (linha 11).
(D) O amigo de Paulo disse que os casados nunca teriam um goleiro como ele (linha 45).
(E) O amigo de Paulo disse que se insistirmos bastante, ele desiste definitivamente do divórcio (linha 46).

Todas as alternativas transpuseram corretamente o texto para o discurso indireto, com exceção da letra "E", que deve ser assinalada. O uso do verbo na primeira pessoa do plural ("insistirmos") não mantém o sentido do texto. Deveria constar "insistissem". HS

Gabarito "E".

A fim de solucionar o litígio, atos sucessivos e concatenados são praticados pelo escrivão. Entre eles, estão os atos de comunicação, os quais são indispensáveis para que os sujeitos do processo tomem conhecimento dos atos acontecidos no correr do procedimento e se habilitem a exercer os direitos que lhes cabem e a suportar os ônus que a lei lhes impõe.

Internet: <http://jus.com.br> (com adaptações).

(Escrivão de Polícia Federal – 2013 – CESPE) No que se refere ao texto acima, julgue o item seguinte.

(1) O trecho "os sujeitos (...) lhes impõe" (L.3-6) poderia ser corretamente reescrito da seguinte forma: cada um dos sujeitos do processo tome conhecimento dos atos acontecidos no correr do procedimento e se habilite a exercer os direitos que lhes cabe e a suportar os ônus que a lei lhes impõe.

1: incorreta. Há erro de concordância na conjugação do verbo "caber". O correto seria: "exercer os direitos que lhes cabem".

Gabarito 1E

Pavio do destino

Sérgio Sampaio

O bandido e o mocinho
São os dois do mesmo ninho
Correm nos estreitos trilhos
Lá no morro dos aflitos
Na Favela do Esqueleto
São filhos do primo pobre
A parcela do silêncio
Que encobre todos os gritos
E vão caminhando juntos
O mocinho e o bandido
De revólver de brinquedo
Porque ainda são meninos
Quem viu o pavio aceso do destino?
Com um pouco mais de idade
E já não são como antes
Depois que uma autoridade
Inventou-lhes um flagrante
Quanto mais escapa o tempo
Dos falsos educandários
Mais a dor é o documento
Que os agride e os separa
Não são mais dois inocentes
Não se falam cara a cara
Quem pode escapar ileso
Do medo e do desatino
Quem viu o pavio aceso do destino?
O tempo é pai de tudo
E surpresa não tem dia
Pode ser que haja no mundo
Outra maior ironia
O bandido veste a farda
Da suprema segurança
O mocinho agora amarga
Um bando, uma quadrilha
São os dois da mesma safra
Os dois são da mesma ilha
Dois meninos pelo avesso
Dois perdidos Valentinos
Quem viu o pavio aceso do destino?

(Agente de Polícia/DF – 2013 – CESPE) A respeito dos sentidos do texto de Sérgio Sampaio, que constitui a letra de uma música, julgue os itens seguintes.

(1) O trecho "Quanto mais escapa o tempo / Dos falsos educandários / Mais a dor é o documento / Que os agride e os separa" (v.18-21) poderia, sem prejuízo para a correção gramatical, ser reescrito da seguinte forma: À medida que escapa o tempo dos falsos educandários, a dor vai se tornando o documento que os agride e os separa.

(2) O termo "ileso" (*v.*24) está empregado como sinônimo de **incólume**.

(3) Infere-se da leitura dos versos "O bandido veste a farda / Da suprema segurança / O mocinho agora amarga / Um bando, uma quadrilha" (*v.*31-34) que houve uma inversão: o menino que fazia o papel de mocinho na brincadeira virou bandido quando adulto, e o que fazia o papel de bandido se tornou policial. Na mesma estrofe, os termos "surpresa" (*v.*28), "ironia" (*v.*30) e "avesso" (*v.*37) ratificam essa interpretação.

(4) O texto, pertencente a um gênero poético, faz um relato biográfico sobre duas crianças em uma localidade periférica, contrastando a inocência e o ludismo da infância com a aspereza e a ironia do destino na vida adulta.

(5) Os termos "ninho" (*v.*2) e "safra" (*v.*35) foram empregados em sentido denotativo e correspondem, respectivamente, ao local e à época de nascimento dos meninos.

1: incorreta. Para mantermos a correção e o sentido original do texto deveria constar "a dor se torna o documento..."; **2:** correta. São também sinônimos de indene, intacto, inteiro; **3:** correta. A história dos dois meninos teve um desfecho inesperado em relação às brincadeiras da infância; **4:** correta. Essa é justamente a mensagem que o eu-lírico quer transmitir: que o destino nos reserva muitas vezes um futuro que não decorre das nossas atitudes; **5:** incorreta. Ao utilizar as palavras "ninho" e "safra" para indicar o local e a época de nascimento dos personagens, o autor se valeu do sentido conotativo das palavras, seu sentido figurado.

Gabarito 1E, 2C, 3C, 4C, 5E

(Agente de Polícia/DF – 2013 – CESPE) Acerca de aspectos linguísticos do texto, julgue o item a seguir.

(1) O sentido original do texto seria alterado, mas a sua correção gramatical seria preservada caso o trecho "Pode ser que haja no mundo / Outra maior ironia" (v.29-30) fosse assim reescrito no plural: Podem ser que hajam no mundo / Outras maiores ironias.

1: incorreta. No trecho, o verbo "haver" foi usado no sentido de "existir", portanto é impessoal, não se flexiona para o plural. O correto seria: "Pode ser que haja no mundo outras maiores ironias".

Gabarito 1E

Balanço divulgado pela Secretaria de Segurança Pública do Distrito Federal (SSP/DF) aponta redução de 39% nos casos de roubo com restrição de liberdade, o famoso sequestro-relâmpago, ocorridos entre 1.º de janeiro e 31 de agosto deste ano, em comparação com o mesmo período do ano passado — foram 520 ocorrências em 2012 e 316 em 2013.

Em agosto deste ano, foram registrados 39 casos de sequestro-relâmpago em todo o DF, o que representa redução de 32% do número de ocorrências dessa natureza criminal em relação ao mesmo mês de 2012, período em que 57 casos foram registrados. Entre as 39 vítimas, 11 foram abordadas no Plano Piloto, região que lidera a classificação de casos, seguida pela região administrativa de Taguatinga, com oito ocorrências. Segundo a SSP, o cenário é diferente daquele do mês de julho, em que Ceilândia e Gama tinham o maior número de casos. "38% dos crimes foram cometidos nos fins de semana, no período da noite, e quase 70% das vítimas eram do sexo masculino, o que mostra que a escolha da vítima é baseada no princípio da oportunidade e aleatória, não em função do gênero."

Ao todo, 82% das vítimas (32 pessoas) estavam sozinhas no momento da abordagem dos bandidos, por isso as forças de segurança recomendam que as pessoas tomem alguns cuidados, entre os quais, não estacionar em locais escuros e distantes, não ficar dentro de carros estacionados e redobrar a atenção ao sair de residências, centros comerciais e outros locais.

DF registra 316 ocorrências de sequestro-relâmpago nos primeiros oito meses deste ano. R7, 6/9/2013.
Internet: <http://noticias.r7.com> (com adaptações).

(Agente de Polícia/DF – 2013 – CESPE) Julgue o próximo item, relativos aos sentidos e aos aspectos linguísticos do texto acima.

(1) A correção gramatical e o sentido da oração "Em agosto deste ano, foram registrados 39 casos de sequestro-relâmpago em todo o DF" (L.8-9) seriam preservados caso se substituísse a locução verbal "foram registrados" por registrou-se.

1: incorreta. A transformação para a voz passiva sintética fica: "registraram-se", para concordar com o sujeito paciente "casos".

Gabarito 1E

2. PONTUAÇÃO

O direito tributário brasileiro depara-se com grandes desafios, principalmente em tempos de globalização e interdependência dos sistemas econômicos. Entre esses pontos de atenção, destacam-se três. O primeiro é a guerra fiscal ocasionada pelo ICMS. O principal tributo em vigor, atualmente, é estadual, o que faz contribuintes e advogados se debruçarem sobre vinte e sete diferentes legislações no país para entendê-lo. Isso se tornou um atentado contra o princípio de simplificação, contribuindo para o incremento de uma guerra fiscal entre os estados, que buscam alterar regras para conceder benefícios e isenções, a fim de atrair e facilitar a instalação de novas empresas. É, portanto, um dos instrumentos mais utilizados na disputa por investimentos, gerando, com isso, consequências negativas do ponto de vista tanto econômico quanto fiscal.

A competitividade gerada pela interdependência estadual é outro ponto. Na década de 60, a adoção do imposto sobre valor agregado (IVA) trouxe um avanço importante para a tributação indireta, permitindo a internacionalização das trocas de mercadorias com a facilitação da equivalência dos impostos sobre consumo e tributação, e diminuindo as diferenças entre países. O ICMS, adotado no país, é o único caso no mundo de imposto que, embora se pareça com o IVA, não é administrado pelo governo federal — o que dá aos estados total autonomia para administrar, cobrar e gastar os recursos dele originados. A competência estadual do ICMS gera ainda dificuldades na relação entre as vinte e sete unidades da Federação, dada a coexistência dos princípios de origem e destino nas transações comerciais interestaduais, que gera a já comentada guerra fiscal.

A harmonização com os outros sistemas tributários é outro desafio que deve ser enfrentado. É preciso integrar-se aos países do MERCOSUL, além de promover a aproximação aos padrões tributários de um mundo globalizado e desenvolvido, principalmente quando se trata de Europa. Só assim o país recuperará o poder da economia e poderá utilizar essa recuperação como condição para intensificar a integração com outros países e para participar mais ativamente da globalização.

André Pereira. Os desafios do direito tributário brasileiro. In: DCI – Diário Comércio, Indústria e Serviços. 2/mar./2017. Internet: <www.dci.com.br> (com adaptações).

(Auditor Fiscal - SEFAZ/RS - 2019 - CESPE/CEBRASPE) No texto 1A1-I, o emprego de vírgulas para isolar as expressões "adotado no país" (R.22) e "embora se pareça com o IVA" (R. 23 e 24) é

(A) facultativo em ambas as expressões.
(B) obrigatório apenas na primeira expressão.
(C) apenas uma escolha estilística do autor.
(D) justificado por regras distintas de pontuação.
(E) necessário devido ao deslocamento dessas expressões dentro do período.

No primeiro caso, as vírgulas são obrigatórias para isolar o aposto da oração. No segundo caso, as vírgulas são obrigatórias para separar a oração subordinada adverbial deslocada da ordem direta da oração. Logo, os sinais de pontuação se justificam por regras diferentes. HS

Gabarito "D".

O trem que naquela tarde de dezembro de 1909 trazia de volta a Santa Fé o dr. Rodrigo Terra Cambará passava agora, apitando, pela frente do cemitério da cidade. Com a cabeça para fora da janela, o rapaz olhava para aqueles velhos paredões, imaginando, entre emocionado e divertido, que os mortos, toda vez que ouviam o apito da locomotiva, corriam a espiar o trem por cima dos muros do cemitério. Imaginava que ali estavam sua mãe, o capitão Rodrigo, a velha Bibiana, outros parentes e amigos. Sorriam, e era-lhe agradável pensar que o saudavam: "Bem-vindo sejas, Rodrigo Temos esperanças em ti!" Havia apenas um que não sorria. Era o Tito Chaves, que Rodrigo vira pela última vez estendido sem vida no barro da rua, na frente do Sobrado, o peito ensanguentado, os olhos vidrados. Corria à boca miúda que fora o coronel

Trindade quem o mandara matar por questões de política, mas ninguém tinha coragem de dizer isso em voz alta. E agora ali estava Tito encarapitado no muro do cemitério, a bradar: “Vai e me vinga, Rodrigo. És moço, és culto, tens coragem e ideais! Em Santa Fé todo o mundo tem medo do coronel Trindade. Não há mais justiça. Não há mais liberdade. Vai e me vinga!”

O trem ainda apitava tremulamente, como se estivesse chorando. Mas quem, enternecido, chorava de verdade era Rodrigo. As lágrimas lhe escorriam pelo rosto, a que a poeira dava uma cor de tijolo. Maneco Vieira tocou-......... o braço. “Que foi que houve, moço?”, perguntou, com um jeito protetor. Rodrigo levou o lenço aos olhos, dissimulando: “Esta maldita poeira...”

No vagão agora os passageiros começavam a arrumar suas coisas, erguiam-se, baixavam as malas dos gabaritos, numa alegria alvoroçada de fim de viagem. Rodrigo foi até o lavatório, tirou o chapéu, lavou o rosto, enxugou-......... com o lenço e por fim penteou-se com esmero. Observou, contrariado, que tinha os olhos injetados, o que lhe dava um ar de bêbedo ou libertino. Não queria logo de chegada causar má impressão aos que o esperavam. Piscou muitas vezes, revirou os olhos, umedeceu o lenço e tornou a passá-lo pelo rosto. Pôs a língua para fora e quedou-se por algum tempo a examiná-la. Ajeitou a gravata, tornou a botar o chapéu, recuou um passo, lançou um olhar demorado para o espelho e, satisfeito, voltou para seu lugar. Maneco Vieira sorriu, dizendo-lhe: “Enfim chegamos, com a graça de Deus... e do maquinista.”

O trem diminuiu a marcha ao entrar nos subúrbios de Santa Fé. Rodrigo sentou-se de novo junto à janela e logo viu, surpreso, os casebres miseráveis do Purgatório e suas tortuosas ruas de terra vermelha. Aqueles ranchos de madeira apodrecida, cobertos de palha; aquela mistura desordenada e sórdida de molambos, panelas, gaiolas, gamelas, lixo; aquela confusão de cercas de taquara, becos, barrancos e quintais bravios – lembraram-......... uma fotografia do reduto de Canudos que vira estampada numa revista. Na frente de algumas das choupanas viam-se mulheres – chinocas brancas, pretas, mulatas, cafuzas – a acenar para o trem; muitas delas tinham um filho pequeno nos braços e outro no ventre. Crianças seminuas e sujas brincavam na terra no meio de galinhas, cachorros e ossos de rês. Lá embaixo, no fundo dum barranco, corria o riacho, a cuja beira uma cabocla batia roupa numa tábua, com o vestido arregaçado acima dos joelhos. Em todas as caras Rodrigo vislumbrava algo de terroso e doentio, uma lividez encardida que a luz meridiana tornava ainda mais acentuada. “Quanta miséria!”, murmurou desolado.

Adaptado de: Érico Veríssimo, *O Tempo e o Vento, Parte II: o Retrato, vol. I*. 3ª ed. São Paulo: Companhia das Letras, 2004. p.92-93.

(Procurador do Estado – PGE/RS – Fundatec – 2015) Considere as propostas abaixo de alteração de sinais de pontuação do texto (com os devidos ajustes de maiúsculas e minúsculas):

I. Substituição do ponto final da linha 19 por ponto e vírgula seguido da conjunção **mas**.

II. Substituição do ponto final da linha 21 por vírgula, com introdução da conjunção ***Como*** antes de ***Não queria*** (l.20).

III. Substituição do segundo ponto final da linha 22 por dois-pontos.

Quais propostas são corretas e preservam o sentido do texto?

(A) Apenas I.
(B) Apenas I e II.
(C) Apenas I e III.
(D) Apenas II e III.
(E) I, II e III.

I: correta. O adjetivo “contrariado” demonstra que o uso da conjunção adversativa “mas” não iria alterar o sentido do texto; **II:** correta. A alteração mantém o sentido e a correção gramatical do texto; **III:** incorreta. Os dois-pontos introduziriam uma oração explicativa ou um aposto, o que não é o caso do texto. HS

Gabarito "B"

A expressão caos aéreo já faz parte da linguagem corrente quando o assunto é a aviação comercial brasileira. A rigor, toda essa crise latente no sistema de terminais aeroportuários — que aflora nos momentos de pico de viagens e a qualquer maior instabilidade meteorológica em regiões chave — já foi prevista há muito tempo. Não era preciso ser médium para, mesmo antes do desastre com avião na Amazônia no final de 2006, perceber que a leniência das autoridades federais diante dos gargalos no setor iria, cedo ou tarde, desembocar na atual situação: pistas saturadas, salas de espera repletas, infraestrutura dos aeroportos, principalmente os maiores, sobrecarregada.

Nó dos aeroportos poderá ser desatado.
In: **O Globo**, 5/12/2010 (com adaptações).

(STM – 2011 – CESPE) Acerca dos aspectos estruturais e dos sentidos do texto acima, julgue o item a seguir.

(1) A omissão do trecho isolado por travessões não acarretaria prejuízo para a correção gramatical do texto.

1: o travessão isola a oração complementar “que aflora nos momentos de pico de viagens e a qualquer maior instabilidade meteorológica em regiões chave”. A omissão desses termos intercalados não acarretaria prejuízo para compreensão ou para a correção gramatical do texto.

Gabarito 1C

Texto para a próxima questão

Deixei os braços pousarem na madeira inchada e úmida, abri um pouco a janela a pensar que isso de olhar a chuva de frente podia abrandar o ritmo dela, ouvi lá embaixo, na varanda, os passos da avó Agnette, que se ia sentar na cadeira da varanda a apanhar ar fresco, senti que despedir-me da minha casa era despedir-me dos meus pais, das minhas irmãs, da avó e era despedir-me de todos os outros: os da minha rua, senti que rua não era um conjunto de casas mas uma multidão de abraços, a minha rua, que sempre se chamou Fernão Mendes Pinto, nesse dia ficou espremida numa só palavra que quase me doía na boca se eu falasse com palavras de dizer: infância.

A chuva parou. O mais difícil era saber parar as lágrimas.

O mundo tinha aquele cheiro da terra depois de chover e também o terrível cheiro das despedidas. Não gosto de despedidas porque elas têm esse cheiro de amizades que se transformam em recordações molhadas com bué de lágrimas.

Não gosto de despedidas porque elas chegam dentro de mim como se fossem fantasmas mujimbeiros* que dizem segredos do futuro que eu nunca pedi a ninguém para vir soprar no meu ouvido de criança.

Desci. Sentei-me perto, muito perto da avó Agnette. Ficamos a olhar o verde do jardim, as gotas a evaporarem, as lesmas a prepararem os corpos para novas caminhadas. O recomeçar das coisas.

— Não sei onde é que as lesmas sempre vão, avó.
— Vão pra casa, filho.
— Tantas vezes de um lado para o outro?
— Uma casa está em muitos lugares — ela respirou devagar, me abraçou. — É uma coisa que se encontra.

***Mujimbeiro**: fofoqueiro.

Ondjaki. **Os da minha rua.** Rio de Janeiro: Língua Geral, 2007, p. 145-6 (com adaptações).

(Diplomacia – 2011 – CESPE) A respeito do texto, julgue (**C** ou **E**) os itens que se seguem.

(1) No trecho "Não gosto de despedidas porque elas chegam dentro de mim como se fossem fantasmas mujimbeiros que dizem segredos do futuro que eu nunca pedi a ninguém para vir soprar no meu ouvido de criança" (l.19-22), o narrador apresenta, por meio de uma comparação, uma das razões de não gostar de despedidas, caracterizando, de forma restritiva, o elemento com que compara as despedidas.

(2) Os sentidos e a correção gramatical do primeiro parágrafo do texto seriam mantidos e as relações sintáticas estariam bem identificadas caso o autor tivesse adotado, nesse trecho, a seguinte pontuação: Deixei os braços pousarem na madeira inchada e úmida; abri um pouco a janela, a pensar que isso de olhar a chuva de frente podia abrandar o ritmo dela; ouvi, lá embaixo, na varanda, os passos da avó Agnette, que se ia sentar na cadeira da varanda a apanhar ar fresco; senti que despedir-me da minha casa era despedir-me dos meus pais, das minhas irmãs, da avó e era despedir-me de todos os outros: os da minha rua; senti que rua não era um conjunto de casas, mas uma multidão de abraços; a minha rua, que sempre se chamou Fernão Mendes Pinto, nesse dia, ficou espremida numa só palavra que quase me doía na boca se eu falasse com palavras de dizer: infância.

(3) Do trecho "a minha rua, que sempre se chamou Fernão Mendes Pinto, nesse dia ficou espremida numa só palavra que quase me doía na boca se eu falasse com palavras de dizer: infância" (l.9-12) depreende-se que a rua em que o narrador morava passou a ter, para ele, sentido mais significativo.

(4) O fato de o texto ter sido escrito na primeira pessoa do singular justifica o emprego da linguagem sinestésica em trechos como "O mundo tinha aquele cheiro da terra depois de chover e também o terrível cheiro das despedidas" (l.15-16), recurso inviável em textos escritos na terceira pessoa.

1: Certo (Pontuação) A locução conjuntiva "como se" introduz uma oração comparativa hipotética que caracteriza, por similaridade, o modo pelo qual as despedidas afetam o narrador. O fato de a oração adjetiva que se subordina ao termo "fantasmas mujimbeiros" vir sem vírgula lhe confere valor restritivo;
2: Certo (Pontuação) Segue a transcrição do trecho da questão com um comentário entre parênteses das justificativas das alterações na pontuação: "Deixei os braços pousarem na madeira inchada e úmida; (ponto e vírgula entre orações coordenadas) abri um pouco a janela, (vírgula separando oração subordinada adverbial temporal reduzida de infinitivo) a pensar que isso de olhar a chuva de frente podia abrandar o ritmo dela; (ponto e vírgula entre orações coordenadas) ouvi, (vírgula isolando adjunto adverbial intercalado) lá embaixo, na varanda, os passos da avó Agnette, que se ia sentar na cadeira da varanda a apanhar ar fresco; (ponto e vírgula entre orações coordenadas) senti que despedir-me da minha casa era despedir-me dos meus pais, das minhas irmãs, da avó e era despedir-me de todos os outros: os da minha rua; (ponto e vírgula entre orações coordenadas) senti que rua não era um conjunto de casas, (vírgula entre orações coordenadas) mas uma multidão de abraços; (ponto e vírgula entre orações coordenadas) a minha rua, que sempre se chamou Fernão Mendes Pinto, nesse dia, (vírgula isolando adjunto adverbial intercalado) ficou espremida numa só palavra que quase me doía na boca se eu falasse com palavras de dizer: infância;
3: Certo (Interpretação) A rua em que morou até aquele momento deixa de ser apenas um espaço físico e passa representar o conjunto de experiências e relacionamentos que até então vivera, por isso que passa a ser designada como "infância";
4: Errado (Figuras de linguagem) Não há relação entre a escolha do foco narrativo e o emprego de figuras de linguagem.

Gabarito 1C, 2C, 3C 4E

Estereótipos não são, necessariamente, étnicos. É bom lembrar que, basicamente, o estereótipo é uma camisa de força, uma forma de controle social. Pode, por isso, aplicar-se a classes sociais em uma comunidade nacional, não importando se essas classes estão definidas etnicamente. Na verdade, a definição de estereótipo como noção ligada a questões étnicas serve apenas para reforçar e justificar preconceitos. Por exemplo, na Inglaterra, o estereótipo do elemento oriundo da classe operária que enriquece tem suas raízes no preconceito social existente na burguesia inglesa, enquanto, no Brasil, o estereótipo do novo-rico pode ser aplicado como uma expressão de preconceito social e racial, um reforçando o outro na mentalidade da burguesia brasileira. Isso tudo não altera o fato de que, seja quem for a vítima e seja qual for o motivo, os estereótipos congelam a personalidade do receptor e apagam sua individualidade, dotando-o com características que se adaptam ao ponto de vista a priori do percebedor em relação à classe social ou étnica, ou, ainda, à categoria sexual de sua vítima.

O ser estereotipado é, assim, a corporificação física de um mito baseado, imediatamente, na visão que o percebedor tem do papel sociocultural de seu receptor e do seu próprio. Mais precisamente, o mito deve ser visto no contexto de uma dialética na qual o receptor corporifica uma negação do percebedor e, portanto, uma negação de padrões socioculturais aceitáveis. Em lugar nenhum tal fato é mais aparente do que na situação de colonialismo, do qual a escravatura africana no Novo Mundo foi somente uma variante.

D. Brookshaw. **Raça e cor na literatura brasileira**. Marta Kirst (Trad.). Porto Alegre: Mercado Aberto, 1983, p. 10 (com adaptações).

(Bolsa-Prêmio/Itamaraty – 2010 – CESPE) Acerca das ideias expressas no texto, julgue os itens que se seguem.

(1) Depreende-se do texto que o estereótipo resulta da forma pela qual o sujeito percebe o outro. Assim, conclui-se que a formação de estereótipos decorre da observação objetiva da realidade social em que esses sujeitos estão inseridos.

(2) O texto estende o conceito de estereótipo a categorias outras que a étnica, explorando os efeitos negativos dos estereótipos sobre aqueles que o sofrem.

(3) Infere-se do texto que o conceito de estereótipo origina-se de questões e conflitos coloniais.

(4) O autor estabelece uma relação entre o preconceito de classe existente na Inglaterra e aquele observado no Brasil, ambos de fundamentação essencialmente racial.

(5) A experiência colonial é apresentada como elemento que, ao mesmo tempo, exemplifica e corrobora os argumentos desenvolvidos ao longo do texto.

1: Errado (Interpretação de texto) Pode-se depreender do texto que o estereótipo é resultado da forma como o sujeito percebe o outro. No entanto, isso não é decorrente de observação objetiva da realidade social, mas sim de conceito pré formado, ou preconceitos, dos observadores, como justificam os trechos "dotando-o com características que se adaptam ao ponto de vista a priori do percebedor" e "O ser estereotipado é, assim, a corporificação física de um mito baseado (..)"
2: Certo (Interpretação de texto) A justificativa de como o texto estende o conceito de estereótipo fica clara no trecho "os estereótipos congelam a personalidade do receptor e apagam sua individualidade, dotando-o com características que se adaptam ao ponto de vista a priori do percebedor em relação à classe social ou étnica, ou, ainda, à categoria sexual de sua vítima". Ainda fica claro nesse mesmo trecho a definição do conceito de estereótipo como algo negativo, já que aqueles estereotipados são "vítimas" da ausência de individualidade e da adaptação preconceituosa da visão do percebedor.
3: Errado (Interpretação de texto) Não é possível inferir do texto a origem do conceito de estereótipo. O texto apenas traz como exemplo irrefutável da aplicação desse conceito a organização social do período colonial, em particular com relação ao estereótipo racial e a escravidão, como se lê no trecho "Em lugar nenhum tal fato *é mais aparente do que na situação de colonialismo*, do qual a escravatura africana no Novo Mundo *foi somente uma variante*."
4: Errado (interpretação de texto) Apesar de estabelecer uma relação entre os estereótipos preconceituosos da burguesia sobre aquele que sai ascende de uma classe social mais baixa, o texto estabelece a origem do estereótipo inglês em questões fundamentalmente sociais e o brasileiro em questões sociais e raciais, como se lê no trecho "Por exemplo, na Inglaterra, o estereótipo do elemento oriundo da classe operária que enriquece tem suas raízes no *preconceito social* existente na burguesia inglesa, enquanto, no Brasil, o estereótipo do novo-rico pode ser aplicado como uma expressão de *preconceito social e racial*, um reforçando o outro na mentalidade da burguesia brasileira."
5: Certo (Interpretação de texto) A organização da sociedade colonial encerra o texto trazendo elementos que agrupam toda a argumentação desenvolvida anteriormente. Como observado no item 3, é um fato histórico que demonstra propriamente os conceitos de estereótipo.

Gabarito 1E, 2C, 3E, 4E, 5C

A questão de uma identidade latino-americana tornou-se não apenas atual, mas premente, sobretudo ao longo do século XX. Sua origem está em uma experiência marcante de contraste e de contradição com a memória do regime colonial, com os projetos nacionais e liberais decorrentes dos processos de autonomia política, com os mecanismos de dependência econômica e financeira e, principalmente, com a pluralidade da composição social de suas populações.

Uma das características do esforço de autodefinição das sociedades latino-americanas desenvolve-se mais particularmente na segunda metade do século, com a grande variedade de ensaios de cunho literário e com os resultados das ciências sociais obtidos por latino-americanos, que passam a desempenhar papel relevante no cenário mundial. A América que vinha sendo dita latina por terceiros quer proclamar-se América e latina por si própria. A simples contraposição com a Europa (em especial com as antigas metrópoles coloniais) ou com a América de língua inglesa tem grandes lacunas. O sentimento generalizado de pertencimento à história da expansão da cultura europeia é necessário, mas não suficiente para consolidar a legitimidade social e cultural da composição e da pluralidade social na América de fala espanhola e portuguesa. E isso mesmo se essas Américas receberam significativa contribuição de correntes migratórias renovadas. Os caminhos percorridos nos Estados Unidos da América (EUA) e no Canadá foram — e são — bem distintos dos que percorrem as Américas latinas.

Assim, são os próprios latino-americanos ou brasileiros que procuram ser latino-americanistas ou brasilianistas, não apenas por sorte de ousadia política, mas por força de abordagem científica da constituição eventual de uma latino-americanidade alçada dos traços de formação social e cultural de suas sociedades. O objetivo de conceber e redigir uma história em que o tom fosse dado por latinoamericanos, não em uma espécie de etnocentrismo que substitua outros etnocentrismos, como o europeu ou o norte-americano, mas que sirva de substrato a uma síntese da pluralidade real das Américas Latinas, é uma contribuição relevante para a concepção, a construção e a consolidação de uma identidade macrorregional latino-americana.

E. C. R. Martins. América Latina: cultura histórica e identidade. In: C. B. Carmona e H. Sewierski (Orgs.). **Heranças e desafios da América Latina: Brasil e Chile**. Brasília: Universidade de Brasília, Oficina Editorial do Instituto de Letras: Plano Editora, 2003. p. 29-30 (com adaptações).

(Bolsa-Prêmio/Itamaraty – 2010 – CESPE) Com base no texto, julgue os itens subsequentes.

(1) Depreende-se do texto que são os latino-americanos que devem construir o significado de latino-americanidade, pondo fim a uma era em que esse sentido era definido pelo olhar estrangeiro do estudioso europeu ou estadunidense, por exemplo.

(2) O texto apresenta uma crítica àqueles que alicerçam sua visão de América Latina na diferença ou na oposição entre essa região e a Europa ou a América de colonização britânica.

(3) O texto deixa transparecer a relação entre literatura e questões de identidade, o que permite vincular o fazer literário a temas como pertencimento e ideologia culturais.

(4) O texto tem natureza essencialmente descritiva, uma vez que informa o leitor a respeito das mudanças paradigmáticas e epistemológicas no estudo de questões ligadas à identidade de cada nação latino-americana.

1: Certo (Interpretação de texto) O texto apresenta uma série de comparações teóricas, não apenas na constituição do conceito de América Latina, mas também das diferentes concepções de identidades das regiões devido às diferenças sociais entre as elas, definindo as concepções europeia e norte-americana como etnocêntricas, enquanto a latino-americana deve privilegiar a pluralidade. Defende, portanto, que, por terem diferentes histórias, não é possível que outros povos definam corretamente e com resultados positivos a América Latina. Tal concepção lê-se no trecho "O objetivo de conceber e redigir uma história em que o tom fosse dado por latinoamericanos, não em uma espécie de etnocentrismo que substitua outros etnocentrismos, como o europeu ou o norte-americano, mas que sirva de substrato a uma síntese da pluralidade real das Américas Latinas, é uma contribuição relevante para a concepção, a construção e a consolidação de uma identidade macrorregional latino-americana." "A América que vinha sendo dita latina por terceiros quer proclamar-se América e latina por si própria."
2: Certo (Interpretação de texto) Como visto no item anterior conceber a América Latina a partir dos moldes europeu e norte-americano gera falhas na definição do que a América Latina. Concebê-la como extensão da história europeia levaria ao mesmo erro, uma vez que a América Latina seria apenas uma continuação da história europeia. Essa crítica aparece de forma mais clara no trecho "A simples contraposição com a Europa (em especial com as antigas metrópoles coloniais) ou com a América de língua inglesa tem grandes lacunas. O sentimento gene-

ralizado de pertencimento à história da expansão da cultura europeia é necessário, mas não suficiente para consolidar a legitimidade social e cultural da composição e da pluralidade social na América de fala espanhola e portuguesa", inclusive pela restrição da caracterização europeia na América Latina pelas línguas faladas, e não pela colonização, desmerecendo esta como pilar da formação social e abrindo margem para a pluralidade dessa formação.

3: Certo (Interpretação de texto) O trecho que transparece a importância da produção literária na reformulação da identidade latino-americana é "Uma das características do esforço de autodefinição das sociedades latino-americanas desenvolve-se mais particularmente na segunda metade do século, com a grande variedade de ensaios de cunho literário e com os resultados das ciências sociais obtidos por latino-americanos", trecho que, além de colocar a literatura como auto definidora da identidade social, associa a produção literária a conquistas das ciências sociais.

4: Errado (Interpretação de texto) O texto é majoritariamente analítico e não descritivo. Propõe uma argumentação e reflexão acerca da forma como se estuda e concebe a sociedade latino-americana, deixando evidente seu posicionamento com relação ao tema. A própria análise do item 2 comprova esse poder analítico do texto, uma vez que apresenta uma crítica do autor com relação à concepção da identidade latino-americana em padrões pré-formulados.

Gabarito 1C, 2C, 3C, 4E

Texto para as duas questões abaixo.

Quando começa a modernidade? Bem antes que tentassem me convencer de que a data de nascimento da modernidade era um espirro cartesiano, ou então novo interesse empírico pela natureza que transpira das páginas do *Novum Organum* de Bacon, ou ainda a abertura dos primeiros bancos — bem antes de tudo isso, quando era rapaz, se ensinava que a modernidade começou em outubro de 1492. Nos livros da escola, o primeiro capítulo dos tempos modernos eram e são as grandes explorações. Entre elas, a viagem de Colombo ocupa um lugar muito especial. Descidas Saara adentro ou intermináveis caravanas por montes e desertos até a China de nada valiam comparadas com a aventura do genovês. É preciso conceber o alcance simbólico do pulo além de Gibraltar, não pela costa, mas reto para frente. É preciso, em outras palavras, evocar o mar Mediterrâneo — esse pátio comum navegável e navegado por milênios, espécie de útero vital compartilhado — para entender por que a viagem de Colombo acabou e continua sendo uma metáfora para o fim do mundo fechado, do abandono da casa materna e paterna.

Havia duas ordens de explicações para as grandes descobertas e para a viagem de Colombo. A materialista não faltava nunca: procura de novas riquezas e necessidade de conquistas. Outra, mais ideológica, ou mesmo idealizada, também sempre presente, atribuía o empreendimento ao indomável desejo de saber e conhecer novas coisas. Aqui, Dante era regularmente convocado em sua descrição da última viagem de Ulisses que, apesar de ter tanto desejado voltar para sua casa e família, toma de novo o caminho do mar aberto. Dante escreve quase um século e meio antes da viagem de Colombo, logo quando o espírito da modernidade produzia a dita segunda Renascença. E ele é certamente um dos ideólogos da modernidade. A visão dantesca de Ulisses é quase uma declaração de intenções do sujeito moderno e, portanto, uma espécie de explicação antecipada da viagem de Colombo. O herói de Homero volta para seu lugar após os longos anos do sítio de Troia e 10 anos de Odisseia; ele volta para o lugar onde sua legitimidade de rei, esposo e pai é atributo eterno de seu ser e onde, apesar da longa ausência e dos usurpadores, ele sempre será reconhecido. Já o Ulisses moderno de Dante se cansa desse lugar demasiado "seu" e deixa reino e família para embarcar com poucos amigos em uma viagem sem destinação e sem volta. Ulisses retoma a estrada ou, melhor dito, o oceano para, segundo o poeta italiano, conhecer o mundo, os vícios humanos e o valor. Esse objetivo pode ser entendido de duas maneiras. Por um lado, tem-se a paixão de descobrir vícios e valores de outros homens — uma espécie de curiosidade antropológica especificamente moderna. Por outro lado, os vícios e o valor atrás dos quais correm Ulisses e seus companheiros podem ser seus próprios. Nesse caso, Ulisses abandona o lugar que a tradição lhe garante (como rei e pai) para descobrir algo de si mesmo que estaria além de suas funções sociais garantidas e que estaria menos no passado e no presente e mais em um futuro a ser inventado.

C. Calligaris. **A psicanálise e o sujeito colonial.** *In*: E. L. A. Susa (Org.). **Psicanálise e colonização: leituras do sintoma social no Brasil.** Porto Alegre: Artes e Ofícios, 1999, p. 11-3 (com adaptações).

(Bolsa-Prêmio/Itamaraty – 2010 – CESPE) Julgue os itens a seguir, referentes às relações semânticas e discursivas do texto.

(1) A expressão "espirro cartesiano" (l.3) pode ser interpretada como crítica à visão da modernidade como manifestação do cientificismo e racionalismo.

(2) Com o trecho entre travessões nas linhas 15 e 16, o autor quer enfatizar o caráter xenofóbico e de isolamento cultural associado a "mar Mediterrâneo" (l.15).

(3) Segundo o texto, há controvérsias quanto à data fundacional da modernidade. Essa discordância é o ponto de partida da argumentação do autor.

(4) Na linha 1, como a função da pergunta é prender a atenção do leitor, o ponto de interrogação pode ser corretamente substituído por ponto-final ou dois-pontos.

1: Certo (Interpretação de texto) Ao utilizar o termo "espirro" para caracterizar a corrente filosófica cartesiana, o autor atribui caráter pejorativo ao termo, uma vez que um espirro é associado a doenças e secreções. A interpretação desse item exige do leitor conhecimento prévio das bases da filosofia de Descartes, como associada aos conceitos de razão e ciência, e seu status como símbolo da filosofia moderna.

2: Errado (Interpretação de texto) Lê-se no trecho entre travessões: "esse pátio comum navegável e navegado por milênios, espécie de útero vital compartilhado". Os termos "comum" e "compartilhado" mostram que o mar Mediterrâneo não é fonte de isolamento pátrio, mas sim de contato entre os povos da região, um local onde todas as nações que o circundam dividiram a navegação durante milênios e partiram em buscas comuns de novos espaços.

3: Certo (Interpretação de texto) O autor inicia o texto mostrando que já teve contato com diversas datações do início da modernidade, a saber, espirro cartesiano, o Novum Organum de Bacon, a abertura dos primeiros bancos, outubro de 1492 (representando as navegações). Essas possibilidades são respostas à pergunta inicial do texto e é a partir desse disparador pergunta-respostas que o autor analisa o tema.

4: Errado (Interpretação de texto/pontuação) O uso da interrogação é fundamental para que as respostas que se seguem sejam compreendidas como contextualizadoras da questão a ser discutidas. Se fosse feita a substituição da pontuação, seria necessário alterar o formato das respostas e da estrutura do parágrafo como um todo para que houvesse coerência entre as partes do texto.

Gabarito 1C, 2E, 3C, 4E

(Bolsa-Prêmio/Itamaraty – 2010 – CESPE) Com relação ao texto, julgue os itens seguintes.

(1) Na linha 22, o sinal de dois-pontos introduz uma explicação para a motivação materialista das viagens marítimas associadas às grandes descobertas dos séculos XV e XVI.

(2) Nos dois primeiros períodos do terceiro parágrafo, o autor reconhece o papel de Cristóvão Colombo na construção do conceito de modernidade que se concretiza com o domínio colonial: Colombo é incluído entre os "ideólogos da modernidade" (l.32).

(3) O adjetivo "dantesca" (l.32) é utilizado metaforicamente para designar algo assustador, uso que remete à visão que se tinha das viagens por mar na Antiguidade.

(4) O fragmento "apesar da longa ausência e dos usurpadores" (l.38) pode ser deslocado para o final do período sem prejuízo para a correção gramatical do trecho, desde que mantida a vírgula antes de "apesar" e omitida a vírgula logo após "usurpadores".

(5) O gênero textual predominante no texto consiste em tratado científico, conforme se conclui da presença de vocabulário especializado e de linguagem objetiva, literal e impessoal.

(6) Segundo o texto, a descoberta da América sobrepõe-se a quaisquer outras atividades exploratórias dos europeus realizadas até então.

1: Certo (Interpretação de texto/pontuação) O termo "materialista" é associado a "explicação, do período anterior, por intermédio do artigo "a", que funciona como elemento de coesão, deixando claro que o trecho se refere às causas das viagens. Os dois pontos introduzem um aposto da oração "a materialista não faltava nunca", e, como tal, explicita o sentido do termo "materialista", explicando e exemplificando (riquezas e conquistas).

2: Errado (Interpretação de texto) O ideólogo da modernidade é Dante, que explica antecipadamente as razões da viagem de Colombo. A confusão pode decorrer do uso do pronome "ele" ao início do segundo período do parágrafo, no entanto a construção textual posterior e o uso de conceitos e vocabulários não deixam margem para ambiguidade. Colombo é apenas exemplo prático da teorização de Dante, como se lê em "A visão dantesca de Ulisses é quase uma declaração de intenções do sujeito moderno e, portanto, 34 uma espécie de explicação antecipada da viagem de Colombo"

3: Errado (Interpretação de texto/vocabulário) Apesar de o termo "dantesco" ser popularmente usado e conhecido como sinônimo de horror (a caracterização do inferno, talvez a mais assustadora da literatura, proposta por Dante em "A Divina comédia" é a origem da associação de significado), no trecho em questão ele é usado como aquilo que é ideia desenvolvida pelo autor em seus escritos. Trata-se de outra referência textual clara que não diretamente "o Inferno", mas sim o personagem que remete ao viajante de Homero, Ulisses: "Já o Ulisses moderno de Dante se cansa desse lugar demasiado "seu" e deixa reino e família para embarcar com poucos amigos em uma viagem sem destinação e sem volta."

4: Certo (Coesão/pontuação) O trecho "apesar da longa ausência e dos usurpadores" é uma locução adverbial de concessão e, devido à circunstância que expressa e sua relação com o conteúdo do período, deve vir isolada por vírgulas do restante da oração. Ao ser transposta para o fim do período, deve-se, portanto, manter a vírgula anterior, que isola a expressão, mas não se deve manter a final, uma vez que haveria dupla pontuação (,.)

5: Errado (Interpretação de texto/gênero textual) O gênero predominante é de opinião. Há traços de subjetividade e pessoalidade, como se vê pela presença do pronome de primeira pessoa no trecho "Bem antes que tentassem me convencer de que a data de nascimento da modernidade era um espirro cartesiano", e em geral o texto possui diversas marcas de argumentação literária, com referências históricas e textuais, referências usadas numa construção de argumentação bastante distante do discurso científico, na criação de hipóteses com embasamento especulativo apenas, sem qualquer demonstração empírica, como se nota pelo uso do verbo no futuro do pretérito no trecho "Nesse caso, Ulisses abandona o lugar que a tradição lhe garante (como rei e pai) 52 para descobrir algo de si mesmo que estaria além de suas funções sociais garantidas e que estaria menos no passado e no presente e mais em um futuro a ser inventado."

6: Certo (Interpretação de texto) A importância da descoberta da América é demonstrada em duas frentes: primeiro, na anterioridade dela como definidora da modernidade em relação às outras possibilidades. Segundo, por ser a representação máxima da busca do homem da descoberta de si mesmo longe do lugar seguro, como demonstrada na analogia do Ulisses de Dante. Além disso, pode-se ver resumida toda a importância da viagem de Colombo para o conceito de modernidade no trecho "viagem de Colombo acabou e continua sendo uma metáfora para o fim do mundo fechado", uma vez que é colocada como metáfora das mudanças advindas da modernidade.

Gabarito 1C, 2E, 3E, 4C, 5E, 6C

3. REDAÇÃO, COESÃO E COERÊNCIA

O direito tributário brasileiro depara-se com grandes desafios, principalmente em tempos de globalização e interdependência dos sistemas econômicos. Entre esses pontos de atenção, destacam-se três. O primeiro é a guerra fiscal ocasionada pelo ICMS. O principal tributo em vigor, atualmente, é estadual, o que faz contribuintes e advogados se debruçarem sobre vinte e sete diferentes legislações no país para entendê-lo. Isso se tornou um atentado contra o princípio de simplificação, contribuindo para o incremento de uma guerra fiscal entre os estados, que buscam alterar regras para conceder benefícios e isenções, a fim de atrair e facilitar a instalação de novas empresas. É, portanto, um dos instrumentos mais utilizados na disputa por investimentos, gerando, com isso, consequências negativas do ponto de vista tanto econômico quanto fiscal.

A competitividade gerada pela interdependência estadual é outro ponto. Na década de 60, a adoção do imposto sobre valor agregado (IVA) trouxe um avanço importante para a tributação indireta, permitindo a internacionalização das trocas de mercadorias com a facilitação da equivalência dos impostos sobre consumo e tributação, e diminuindo as diferenças entre países. O ICMS, adotado no país, é o único caso no mundo de imposto que, embora se pareça com o IVA, não é administrado pelo governo federal — o que dá aos estados total autonomia para administrar, cobrar e gastar os recursos dele originados. A competência estadual do ICMS gera ainda dificuldades na relação entre as vinte e sete unidades da Federação, dada a coexistência dos princípios de origem e destino nas transações comerciais interestaduais, que gera a já comentada guerra fiscal.

A harmonização com os outros sistemas tributários é

outro desafio que deve ser enfrentado. É preciso integrar-se aos países do MERCOSUL, além de promover a aproximação aos padrões tributários de um mundo globalizado e desenvolvido, principalmente quando se trata de Europa. Só assim o país recuperará o poder da economia e poderá utilizar essa recuperação como condição para intensificar a integração com outros países e para participar mais ativamente da globalização.

André Pereira. Os desafios do direito tributário brasileiro. *In*: DCI – Diário Comércio, Indústria e Serviços. 2/mar./2017. Internet: <www.dci.com.br> (com adaptações).

(Auditor Fiscal - SEFAZ/RS - 2019 - CESPE/CEBRASPE) O texto 1A1-I

(A) carece de uma introdução para o assunto que aborda.
(B) é composto de três parágrafos vinculados a uma temática principal.
(C) é organizado de forma progressiva, partindo do problema menos relevante ao mais relevante.
(D) concentra no parágrafo final a conclusão geral dos argumentos apresentados.
(E) é pautado integralmente na temática da tributação excessiva.

A: incorreta. O trecho entre as linhas 1 e 4 forma a introdução do texto dissertativo; **B:** correta. São três parágrafos tratando do tema "desafios tributários do Brasil"; **C:** incorreta, o autor não dá nenhum sinal de que os desafios estão em ordem crescente ou decrescente de relevância; **D:** incorreta. O último parágrafo tem como ideia central o terceiro desafio: a necessidade de aproximação do direito tributário brasileiro com o de outros países; **E:** incorreta. O autor não trata de excesso de tributação, mas de desafios para a evolução do direito tributário no Brasil, com enfoque na simplificação. HS

Gabarito "B".

Texto 1A11-I

Pixis foi um músico medíocre, mas teve o seu dia de glória no distante ano de 1837.

Em um concerto em Paris, Franz Liszt tocou uma peça do (hoje) desconhecido compositor, junto com outra, do admirável, maravilhoso e extraordinário Beethoven (os adjetivos aqui podem ser verdadeiros, mas — como se verá — relativos). A plateia, formada por um público refinado, culto e um pouco bovino, como são, sempre, os homens em ajuntamentos, esperava com impaciência.

Liszt tocou Beethoven e foi calorosamente aplaudido. Depois, quando chegou a vez do obscuro e inferior Pixis, manifestou-se o desprezo coletivo. Alguns, com ouvidos mais sensíveis, depois de lerem o programa que anunciava as peças do músico menor, retiraram-se do teatro, incapazes de suportar música de má qualidade.

Como sabemos, os melômanos são impacientes com as obras de epígonos, tão céleres em reproduzir, em clave rebaixada, as novas técnicas inventadas pelos grandes artistas.

Liszt, no entanto, registraria que um erro tipográfico invertera, no programa do concerto, os nomes de Pixis e Beethoven...

A música de Pixis, ouvida como sendo de Beethoven, foi recebida com entusiasmo e paixão, e a de Beethoven, ouvida como sendo de Pixis, foi enxovalhada.

Esse episódio, cômico se não fosse doloroso, deveria nos tornar mais atentos e menos arrogantes a respeito do que julgamos ser arte.

Desconsiderar, no fenômeno estético, os mecanismos de recepção é correr o risco de aplaudir Pixis como se fosse Beethoven.

Charles Kiefer. O paradoxo de Pixis. *In*: Para ser escritor. São Paulo: Leya, 2010 (com adaptações).

(Auditor Fiscal - SEFAZ/RS - 2019 - CESPE/CEBRASPE) No segundo parágrafo do texto 1A11-I, o termo "adjetivos" remete às palavras

(A) "verdadeiros" e "relativos".
(B) "refinado", "culto" e "bovino".
(C) "admirável", "maravilhoso" e "extraordinário".
(D) "desconhecido" e "compositor".
(E) "hoje" e "sempre".

O substantivo "adjetivos" exerce função anafórica para manter a coesão do texto. Ele retoma as palavras "admirável", "maravilhoso" e "extraordinário", utilizadas antes. HS

Gabarito "C".

O trem que naquela tarde de dezembro de 1909 trazia de volta a Santa Fé o dr. Rodrigo Terra Cambará passava agora, apitando, pela frente do cemitério da cidade. Com a cabeça para fora da janela, o rapaz olhava para aqueles velhos paredões, imaginando, entre emocionado e divertido, que os mortos, toda vez que ouviam o apito da locomotiva, corriam a espiar o trem por cima dos muros do cemitério. Imaginava que ali estavam sua mãe, o capitão Rodrigo, a velha Bibiana, outros parentes e amigos. Sorriam, e era-lhe agradável pensar que o saudavam: "Bem-vindo sejas, Rodrigo Temos esperanças em ti!" Havia apenas um que não sorria. Era o Tito Chaves, que Rodrigo vira pela última vez estendido sem vida no barro da rua, na frente do Sobrado, o peito ensanguentado, os olhos vidrados. Corria à boca miúda que fora o coronel Trindade quem o mandara matar por questões de política, mas ninguém tinha coragem de dizer isso em voz alta. E agora ali estava Tito encarapitado no muro do cemitério, a bradar: "Vai e me vinga, Rodrigo. És moço, és culto, tens coragem e ideais! Em Santa Fé todo o mundo tem medo do coronel Trindade. Não há mais justiça. Não há mais liberdade. Vai e me vinga!"

O trem ainda apitava tremulamente, como se estivesse chorando. Mas quem, enternecido, chorava de verdade era Rodrigo. As lágrimas lhe escorriam pelo rosto, a que a poeira dava uma cor de tijolo. Maneco Vieira tocou-.......... o braço. "Que foi que houve, moço?", perguntou, com um jeito protetor. Rodrigo levou o lenço aos olhos, dissimulando: "Esta maldita poeira..."

No vagão agora os passageiros começavam a arrumar suas coisas, erguiam-se, baixavam as malas dos gabaritos, numa alegria alvoroçada de fim de viagem. Rodrigo foi até o lavatório, tirou o chapéu, lavou o rosto, enxugou-.......... com o lenço e por fim penteou-se com esmero. Observou, contrariado, que tinha os olhos injetados, o que lhe dava um ar de bêbedo ou libertino. Não queria logo de chegada causar má impressão aos que o esperavam. Piscou muitas vezes, revirou os olhos, umedeceu o lenço e tornou a passá-lo pelo rosto. Pôs a língua para fora e quedou-se por algum tempo a examiná-la. Ajeitou a gravata, tornou a botar o chapéu, recuou um passo, lançou um olhar demorado para o espelho e, satisfeito, voltou para seu lugar. Maneco Vieira sorriu, dizendo-lhe: "Enfim chegamos, com a graça de Deus... e do maquinista."

O trem diminuiu a marcha ao entrar nos subúrbios de Santa Fé. Rodrigo sentou-se de novo junto à janela e logo viu, surpreso, os casebres miseráveis do Purgatório e suas tortuosas ruas de terra vermelha. Aqueles ranchos de madeira apodrecida, cobertos de palha; aquela mistura desordenada e sórdida de molambos, panelas, gaiolas, gamelas, lixo; aquela confusão de cercas de taquara, becos, barrancos e quintais bravios – lembraram-.......... uma fotografia do reduto de Canudos que vira estampada numa revista. Na frente de algumas das choupanas viam-se mulheres – chinocas brancas, pretas, mulatas, cafuzas – a acenar para o trem; muitas delas tinham um filho pequeno nos braços e outro no ventre. Crianças seminuas e sujas brincavam na terra no meio de galinhas, cachorros e ossos de rês. Lá embaixo, no fundo dum barranco, corria o riacho, a cuja beira uma cabocla batia roupa numa tábua, com o vestido arregaçado acima dos joelhos. Em todas as caras Rodrigo vislumbrava algo de terroso e doentio, uma lividez encardida que a luz meridiana tornava ainda mais acentuada. "Quanta miséria!", murmurou desolado.

Adaptado de: Érico Veríssimo, O Tempo e o Vento, Parte II: o Retrato, vol. I. 3ª ed. São Paulo: Companhia das Letras, 2004. p.92-93.

(Procurador do Estado – PGE/RS – Fundatec – 2015) Considere as afirmações abaixo, acerca dos estados e características de alma do personagem Rodrigo Cambará, tal como se apresentam no texto.

I. Quando chega a Santa Fé, e o trem passa pelo cemitério, está alegre e fica comovido.

II. Éhomem que possui autoestima, mas preocupa-se com o que se possa pensar dele.

III. Quando o trem passa pelos subúrbios de Santa Fé, fica abalado e triste.

Quais estão corretas?

(A) Apenas I.
(B) Apenas II.
(C) Apenas I e II.
(D) Apenas II e III.
(E) I, II e III.

I: correta. O personagem inicia sua mirada ao cemitério "entre emocionado e divertido" (linha 3) e termina chorando (linha 14); **II:** correta. É o que se pode deduzir pelas palavras que o personagem imagina que o falecido falaria dele (linhas 10-12); **III:** correta. A descrição da paisagem demonstra o estado de espírito que se instala no personagem, que termina triste pela miséria que vê. HS

Gabarito "E".

(Procurador do Estado – PGE/RS – Fundatec – 2015) Considere o seguinte período, extraído e adaptado das linhas 10 a 11:

E agora lá estava Tito a bradar: "Vai e me vinga, Rodrigo. És moço, tens coragem e ideais."

Qual das alternativas completa a frase abaixo, convertendo adequadamente o período para o discurso indireto?

E então lá estava Tito a bradar para Rodrigo...

(A) que vá e o vingue; que seja moço, tenha coragem e ideais.
(B) que vá e o vingue; que é moço, tem coragem e ideais.
(C) que vá e o vingue; que era moço, tinha coragem e ideais.
(D) que fosse e o vingasse; que era moço, tinha coragem e ideais.
(E) que fosse e o vingasse; que fosse moço, tivesse coragem e ideais.

A transição para o discurso indireto demanda atenção para o tempo verbal empregado na oração principal. No caso, temos "estava a bradar", ou seja, o pretérito imperfeito do indicativo, que deve ser seguido na segunda parte do período. Assim, "vai" e "vinga" são transportados para o pretérito imperfeito do subjuntivo ("fosse" e "vingasse"), enquanto "és" vai para o pretérito imperfeito do indicativo ("era"). HS

Gabarito "D".

Instrução: As 2 questões seguintes referem-se ao texto abaixo.

Qual a situação política .... se defrontava Jango com a retomada do regime presidencialista, com o fim do parlamentarismo em 1963? O fundamental é que a política de compromisso se tornava cada vez mais difícil. De cada extremo do espectro, grupos radicais insistiam em soluções antidemocráticas, compartilhando a crença de que cada um estava em condições de ganhar mais com o desmoronamento da democracia.

À direita, o grupo mais importante era o dos antigetulistas tradicionais. Chocados pela súbita renúncia de Jânio em 1961, mas impossibilitados de impedir a posse de Jango, caíram num desespero que lembrava seu mal-estar após a eleição de Juscelino em 1955. Estavam, no entanto, melhor organizados e mais decididos. As manobras populistas de Jango, em 1962, para obter a antecipação do plebiscito sobre o regime de governo .... de que estavam tratando com o mesmo Jango .... renúncia os coronéis forçaram em 1954. Em princípios de 1962, começaram a conspirar para derrubar o presidente. Entre seus líderes militares estavam o marechal Odílio Denys e o almirante Sílvio Heck, ex-ministros de Jânio. O principal chefe civil era Júlio de Mesquita Filho, proprietário do influente jornal *O Estado de S. Paulo*.

Os radicais anti-Jango dispunham de uma conhecida reserva de doutrinas antidemocráticas. Como em 1950 e em 1955, alegavam que não se podia confiar no eleitorado brasileiro. Somente sob uma cuidadosa tutela poderia ser impedido de cair nas malhas de políticos "demagógicos" novamente. A moralidade e o anticomunismo eram suas palavras de ordem. Contavam, ainda, com o apoio de um bem financiado movimento de homens de negócio paulistas, que tinha como centro o Instituto de Pesquisas e Estudos Sociais (IPES), fundado em 1961.

À esquerda, os radicalizantes tentavam capitalizar qualquer crise política .... fim de provocar uma abrupta transferência de poder. Seu propósito era influenciar a opinião pública, até o ponto em que os árbitros estabelecidos do poder fossem desacreditados ou vencidos. A esquerda radical incluía grupos operários como o Pacto Sindical de Unidade de Ação (PUA) e o Comando Geral dos Trabalhadores (CGT), e organizações populares como as Ligas Camponesas e a União Nacional de Estudantes (UNE). O Partido Comunista Brasileiro trabalhava para forçar um governo mais "nacionalista e democrático", dentro da estrutura existente. O líder político mais preeminente da esquerda radical era Leonel Brizola, agora deputado federal pelo PTB da Guanabara. Brizola era dado ao uso de linguagem violenta contra os inimigos; frequentemente ameaçava recorrer à ação extraparlamentar – por exemplo, incentivar greves generalizadas, como na crise de 19 para obter concessões do Congresso. É importante notar aqui a ênfase nos métodos diretos para combater "golpistas", "entreguistas" e "reacionários". Nenhum desses grupos de esquerda era francamente revolucionário por volta de fins de 1962; mas todos tinham sérias dúvidas quanto .... possibilidade de satisfazer seus desejos de mudanças radicais dentro da estrutura constitucional existente.

A despeito do crescimento da opinião extremista, em princípios de 1963 a maioria dos brasileiros ainda se encontrava no centro. Pró-democráticos, preferiam uma economia mista que utilizasse o capital estrangeiro sob cuidadoso controle nacional. A opinião do centro aceitava ampliar o sistema político, mas somente com cautela. Sua base social era primordialmente liberal, mas também reconhecia a necessidade da industrialização, conquanto resistisse .... qualquer ideologia definida com relação ao processo de industrialização. Contudo, estes pontos-de-vista cautelosos não eram claramente formulados, e na verdade continham seu próprio espectro de opinião – desde a "esquerda positiva" até os "industrialistas esclarecidos".

Adaptado de: Thomas Skidmore, "O Espectro Político e os Extremistas", in Brasil: de Getúlio a Castelo, 4ª ed., trad. coord. por I. T. Dantas, p.273-279. Rio de Janeiro: Paz e Terra, 1975.

(Procurador do Estado – PGE/RS – Fundatec – 2015) Assinale a alternativa que contém um acontecimento histórico que NÃO ocorreu no período de 1962-1963, segundo o texto.

(A) Manobras de Jango para obter a aprovação do plebiscito sobre o regime de governo.

(B) Ação extraparlamentar da esquerda radical para obter concessões do Congresso.

(C) Retorno do regime presidencialista de governo.

(D) Obtenção da renúncia de Jango por parte de militares.

(E) Início da conspiração de direita cujo objetivo era a derrubada de Jango da presidência.

Todas as alternativas mencionam fatos históricos ocorridos no período de 1962-63, com exceção da letra "D", que deve ser assinalada. Com efeito, a renúncia de Jango ocorreu em 1954 (linha 11). HS

Gabarito "D"

(Procurador do Estado – PGE/RS – Fundatec – 2015) Assinale a alternativa que está de acordo com o texto.

(A) Quando acontece a retomada do regime presidencialista, Jango passa a enfrentar dificuldades porque grupos radicais exigem medidas antidemocráticas em troca de apoio no Congresso.

(B) Embora já esperassem pela renúncia de Jango e estivessem melhor preparados, os radicais antigetulistas não consegui-ram impedir a posse de Jango em 1961 porque estavam indecisos.

(C) Os radicais de direita que planejavam derrubar Jango eram liderados por ex-ministros militares e por lideranças civis que incluíam gente ligada à imprensa nacional bem como parlamentares com muita influência no Congresso.

(D) O propósito dos radicais de esquerda era influenciar a opinião pública e desacreditar os árbitros estabelecidos do poder, buscando criar condições para desencadear um processo revolucionário.

(E) Em princípios de 1963, a maioria dos brasileiros tinha uma posição de centro, a favor da democracia e da economia mista sob controle do estado, e, ainda que cautelosamente, admitia alterações no sistema político vigente.

A: incorreta. O texto não afirma a razão pela qual os extremistas exigiam as medidas antidemocráticas; **B:** incorreta. O texto afirma, ao contrário, que estavam "melhor organizados e mais decididos"; **C:** incorreta. O texto não menciona parlamentares neste grupo; **D:** incorreta. Segundo o texto, nenhum movimento de esquerda era propriamente revolucionário nesta época; **E:** correta. A alternativa resume com preci-são uma das ideias centrais do texto. HS

Gabarito "E"

Instrução: As 2 questões seguintes referem-se ao texto abaixo.

– Você pensou bem no que vai fazer, Paulo?

– Pensei. Já estou decidido. Agora não volto atrás.

– Olhe lá, hein, rapaz...

Paulo está ao mesmo tempo comovido e surpreso com os três amigos. Assim que souberam do seu divórcio iminente, correram para visitá-lo no hotel. A solidariedade lhe faz bem. Mas não entende aquela insistência deles em dissuadi-lo. Afinal, todos sabiam que ele não andava muito contente com seu relacionamento.

– Pense um pouco mais, Paulo. Reflita. Essas decisões súbitas...

– Mas que súbitas? Estamos praticamente separados há um ano!

– Dê outra chance ao seu casamento, Paulo.

– A Margarida é uma ótima mulher.

– Espera um pouquinho. Você mesmo deixou de frequentar nossa casa por causa da Margarida, depois que ela chamou vocês de bêbados e quase expulsou todo mundo.

– E fez muito bem. Nós estávamos bêbados e tínhamos que ser expulsos.

– Outra coisa, Paulo. O divórcio. Sei lá.

– Eu não entendo mais nada. Você sempre defendeu o divórcio!

– É. Mas quando acontece com um amigo...

– Olha, Paulo. Eu não sou moralista. Mas acho a família uma coisa importantíssima. Acho que a família merece qualquer sacrifício.

– Pense nas crianças, Paulo. No trauma.

– Mas nós não temos filhos!

– Nos filhos dos outros, então. No mau exemplo.

– Mas isto é um absurdo! Vocês estão falando como se fosse o fim do mundo. Hoje, o divórcio é uma coisa comum. Não vai mudar nada.

– Como, não muda nada?

– Muda tudo!

– Você não sabe o que está dizendo, Paulo Muda tudo.

– Muda o quê?

– Bom, pra começar, você não vai poder mais frequentar as nossas casas.

– As mulheres não vão tolerar.

– Você se transformará num pária social, Paulo.

– Como é que é?

– Fora de brincadeira. Um reprobo.

– Puxa. Eu nunca pensei que vocês...

– Pense bem, Paulo. Dê tempo ao tempo.

– Deixe pra decidir depois. Passado o verão.

– Reflita, Paulo. É uma decisão seriíssima. Deixe para mais tarde.

– Está bem. Se vocês insistem...

Na saída, os três amigos conversam:

– Será que ele se convenceu?

– Acho que sim. Pelo menos vai adiar.

– E no "solteiros contra casados" da praia, neste ano, ainda teremos ele no gol.

– Também, a ideia dele. Largar o gol dos casados logo agora. Em cima da hora. Quando não dava mais para arranjar substituto.

– Os casados nunca terão um goleiro como ele.

– Se insistirmos bastante, ele desiste definitivamente do divórcio.

– Vai aguentar a Margarida pelo resto da vida.

– Pelo time dos casados, qualquer sacrifício serve.

– Me diz uma coisa. Como divorciado, ele podia jogar no time dos solteiros?

– Podia.

– Impensável.

– É.

– Outra coisa.

– Fala.

– Não é reprobo. É réprobo. Acento no "e".

– Mas funcionou, não funcionou?

Adaptado de VERISSIMO, Luis Fernando. "Os Moralistas". Disponível em www.releituras.com/lfverissimo_moralistas.asp. Acessado em 12 de novembro de 2014.

(Procurador do Estado – PGE/RS – Fundatec – 2015) Assinale a alternativa que apresenta sinônimos para as palavras ***iminente*** (linha 05), ***pária*** (linha 31) e ***réprobo*** (linha 55), respectivamente, tal como foram empregadas no texto.

(A) inesperado – excluso – insensível.
(B) impensado – exilado – reprovado.
(C) impendente – excluído – infame.
(D) próximo – mau exemplo – retrógrado.
(E) rápido – expulso – solteirão.

Iminente é sinônimo de impendente, imediato, próximo, urgente; pária é sinônimo de excluído, marginal, proscrito, exilado; réprobo é sinônimo de infame, execrado, perverso, odiado. HS

(Procurador do Estado – PGE/RS – Fundatec – 2015) Assinale a alternativa que apresenta uma versão modificada da frase ***Você mesmo deixou de frequentar nossa casa por causa da Margarida, depois que ela chamou vocês de bêbados e quase expulsou todo mundo*** (linhas 12-13), sem alteração significativa de sentido dos termos e de suas funções sintáticas.

(A) Mesmo você deixou de frequentar nossa casa por causa da Margarida, depois que ela chamou vocês de bêbados e quase expulsou todo mundo.

(B) Até você deixou de frequentar nossa casa por causa da Margarida, depois que ela chamou vocês de bêbados e expulsou quase todo mundo.

(C) Você até deixou de frequentar nossa casa por causa da Margarida, depois que ela chamou vocês de bêbados e quase expulsou todo mundo.

(D) Depois que a Margarida chamou vocês de bêbados e quase expulsou todo mundo, você próprio deixou de frequentar nossa casa por causa dela.

(E) Depois que a Margarida chamou vocês de bêbados e expulsou todo mundo, você mesmo quase deixou de frequentar nossa casa por causa dela.

A, **B** e **C**: incorretas. As alterações nas colocações dos termos alteram o sentido do período, passando a transparecer que as condutas não eram esperadas do amigo; **D**: correta. Houve apenas a inversão das orações e a substituição de "mesmo" por "próprio", que, nesse caso, atuam como sinônimos; **E**: incorreta. A nova colocação do advérbio "quase" faz com que ele deixe de se referir a "expulsar" e passe a alterar o sentido de "deixar". HS

Gabarito "D"

O que tanta gente foi fazer do lado de fora do tribunal onde foi julgado um dos mais famosos casais acusados de assassinato no país? Torcer pela justiça, sim: as evidências permitiam uma forte convicção sobre os culpados, muito antes do encerramento das investigações. Contudo, para torcer pela justiça, não era necessário acampar na porta do tribunal, de onde ninguém podia pressionar os jurados. Bastava fazer abaixo-assinados via Internet pela condenação do pai e da madrasta da vítima. O que foram fazer lá, ao vivo? Penso que as pessoas não torceram apenas pela condenação dos principais suspeitos. Torceram também para que a versão que inculpou o pai e a madrasta fosse verdadeira.

O relativo alívio que se sente ao saber que um assassinato se explica a partir do círculo de relações pessoais da vítima talvez tenha duas explicações. Primeiro, a fantasia de que em nossas famílias isso nunca há de acontecer. Em geral temos mais controle sobre nossas relações íntimas que sobre o acaso dos maus encontros que podem nos vitimar em uma cidade grande. Segundo, porque o crime familiar permite o lenitivo da construção de uma narrativa. Se toda morte violenta, ou súbita, nos deixa frente a frente com o real traumático, busca-se a possibilidade de inscrever o acontecido em uma narrativa, ainda que terrível, capaz de produzir sentido para o que não tem tamanho nem nunca terá, o que não tem conserto nem nunca terá, o que não faz sentido.

Maria Rita Khel. **A morte do sentido**. Internet: <www.mariaritakehl.psc.br> (com adaptações).

(Escrivão de Polícia Federal – 2013 – CESPE) Com base no texto acima, julgue os itens abaixo.

(1) As expressões nominais "os culpados" (L.4), "os jurados" (L.7), "principais suspeitos" (L.10-11) e o "o pai e a madrasta" (L.12) formam uma cadeia coesiva, referindo-se a "um dos mais famosos casais acusados de assassinato no país" (L.2-3).

(2) O emprego dos elementos "onde" (L.2) e "de onde" (L.6-7), no texto, é próprio da linguagem oral informal, razão por que devem ser substituídos, respectivamente, por **no qual** e **da qual**, em textos que requerem o emprego da norma padrão escrita.

1: incorreta. "Os jurados" não fazem parte dessa cadeia coesiva, porque não se referem aos acusados pela prática do crime, mas aos cidadãos que os julgarão; **2**: incorreta. "Onde" e "de onde" exercem corretamente a função de advérbio de lugar. Não há qualquer desvio no padrão culto da língua em aplicá-los como no texto.

Gabarito 1E, 2E

(Escrivão de Polícia Federal – 2013 – CESPE) Com relação à função e à linguagem das correspondências oficiais, julgue os itens seguintes.

(1) Formas de tratamento como **Vossa Excelência** e **Vossa Senhoria**, ainda que sejam empregadas sempre na segunda pessoa do plural e no feminino, exigem flexão verbal de terceira pessoa; além disso, o pronome possessivo que faz referência ao pronome de tratamento também deve ser o de terceira pessoa, e o adjetivo que remete ao pronome de tratamento deve concordar em gênero e número com a pessoa – e não com o pronome – a que se refere.

(2) Para comunicação entre unidades de um mesmo órgão, emprega-se o memorando, expediente cuja tramitação apresenta como principais características a rapidez e a simplicidade.

(3) O emprego do padrão culto da língua em expedientes oficiais é justificado pelo alto nível de escolaridade daqueles que os redigem e daqueles a quem se destinam.

(4) A formalidade de tratamento empregada para se dirigir ao destinatário de uma comunicação oficial varia de acordo com a relação existente entre quem a expede e quem a recebe. Isso equivale a dizer que a hierarquia presente entre os interlocutores é determinante para a escolha adequada dos pronomes de tratamento adotados no texto.

1: correta. O que a alternativa diz, de forma bastante complexa, é que a conjugação do verbo será feita na terceira pessoa do singular: "Vossa Senhoria está muito cansada"; que ao nos referirmos à pessoa tratada de forma respeitosa devemos usar o pronome possessivo da terceira pessoa e não o da segunda: "não ouse desafiar o comando de Sua Excelência", ou ainda "Vossa Excelência pode deixar suas coisas aqui"; e que o adjetivo deve ser flexionado de acordo com o gênero (masculino ou feminino) e com o número (singular ou plural) da pessoa a que se refere e não ao pronome em si: "Vossa Senhoria é muito bonito"; **2**: correta. O memorando é o documento ágil e simples destinado a comunicações internas da organização; **3**: incorreta. Ainda que o grau de escolaridade de remetente e destinatário não sejam altos, devem os documentos oficiais serem redigidos no padrão culto da língua para que se obtenha o máximo de clareza na mensagem e se mantenha a impessoalidade dos atos administrativos; **4**: incorreta. A forma de tratamento decorre do cargo exercido pelo destinatário e não de eventual superioridade hierárquica que exista entre ele e o remetente. Caso o Presidente da República queira remeter um documento para o Presidente do Congresso Nacional (cargos de mesma estatura institucional e desvinculados de qualquer relação hierárquica), deverá usar o pronome de tratamento "Vossa Excelência".

Gabarito 1C, 2C, 3E, 4E

(Escrivão de Polícia Federal – 2013 – CESPE) Julgue os itens a seguir, conforme a adequação da linguagem dos excertos a um texto de correspondência oficial, o qual, segundo o **Manual de Redação da Presidência da República**, deve caracterizar-se por impessoalidade, uso do padrão culto de linguagem, clareza, concisão, formalidade e uniformidade.

(1) Informamos que, na reunião passada, onde discutiram-se questões relativas a revisão da remuneração de escrivães e outros assuntos de ordem financeira, a ata não foi assinada por todos os presentes. Atenciosamente, José da Silva

(2) Senhor Corregedor, A ação rigorosa da Polícia Federal no sentido de extirpar os crimes de tráfico das comunidades menos favorecidas foi determinante para que a operação fosse considerada bem-sucedida até a presente fase. Faz-se necessário, agora, que se acompanhem regularmente as atividades dos cidadãos residentes nos locais envolvidos.

Visa-se, com isso, a não reincidência de crime nas etapas subsequentes do projeto e em período posterior ao seu término.

1: incorreta. Há erro de colocação pronominal (deveria constar "onde se discutiram") e de regência (ocorre crase em "relativas à revisão"); **2:** correta. O trecho atende ao padrão culto da língua e a todas as demais características exigidas pelo Manual de Redação da Presidência da República.

Gabarito 1E, 2C

Leio que a ciência deu agora mais um passo definitivo. E claro que o definitivo da ciência e transitório, e não por deficiência da ciência (e ciência demais), que se supera a si mesma a cada dia... Não indaguemos para que, ja que a própria ciência não o faz — o que, alias, e a mais moderna forma de objetividade de que dispomos.

Mas vamos ao definitivo transitório. Os cientistas afirmam que podem realmente construir agora a bomba limpa. Sabemos todos que as bombas atômicas fabricadas ate hoje são sujas (alias, imundas) porque, depois que explodem, deixam vagando pela atmosfera o ja famoso e temido estrôncio 90. Ora, isso e desagradável: pode mesmo acontecer que o próprio pais que lançou a bomba venha a sofrer, a longo prazo, as conseqüências mortíferas da proeza. O que e, sem duvida, uma sujeira.

Pois bem, essas bombas indisciplinadas, mal-educadas, serão em breve substituídas pelas bombas *n*, que cumprirão sua missão com lisura: destruirão o inimigo, sem riscos para o atacante. Trata-se, portanto, de uma fabulosa conquista, não?

Ferreira Gullar. *Maravilha*. *In*: *A estranha vida banal*. Rio de Janeiro: José Olympio, 1989, p. 109.

(Polícia Rodoviária Federal – 2013 – CESPE) No que se refere aos sentidos e as estruturas linguísticas do texto acima, julgue o item a seguir.

(1) O objetivo do texto, de caráter predominantemente dissertativo, e informar o leitor a respeito do surgimento da "bomba limpa" (L.8).

1: incorreta. O objetivo do texto é tecer críticas ao uso da ciência para criar novas armas de destruição em massa. O texto é literário, cheio de figuras de linguagem e feito em tom irônico, o que o afasta da dissertação.

Gabarito 1E

Todos nos, homens e mulheres, adultos e jovens, passamos boa parte da vida tendo de optar entre o certo e o errado, entre o bem e o mal. Na realidade, entre o que consideramos bem e o que consideramos mal. Apesar da longa permanência da questão, o que se considera certo e o que se considera errado muda ao longo da historia e ao redor do globo terrestre.

Ainda hoje, em certos lugares, a previsão da pena de morte autoriza o Estado a matar em nome da justiça. Em outras sociedades, o direito a vida e inviolável e nem o Estado nem ninguém tem o direito de tirar a vida alheia. Tempos atrás era tido como legitimo espancarem-se mulheres e crianças, escravizarem-se povos. Hoje em dia, embora ainda se saiba de casos de espancamento de mulheres e crianças, de trabalho escravo, esses comportamentos são publicamente condenados na maior parte do mundo.

Mas a opção entre o certo e o errado não se coloca apenas na esfera de temas polêmicos que atraem os holofotes da mídia. Muitas e muitas vezes e na solidão da consciência de cada um de nos, homens e mulheres, pequenos e grandes, que certo e errado se enfrentam.

E a ética e o domínio desse enfrentamento.

Marisa Lajolo. *Entre o bem e o mal*. *In*: *Histórias sobre a ética*. 5.ª ed. São Paulo: Ática, 2008 (com adaptações).

(Polícia Rodoviária Federal – 2013 – CESPE) A partir das ideias e das estruturas linguísticas do texto acima, julgue os itens que se seguem.

(1) O trecho "Tempos atrás era tido como legitimo espancarem-se mulheres e crianças, escravizarem-se povos" (L.11-13) poderia ser corretamente reescrito da seguinte forma: Ha tempos, considerava-se legitimo que se espancassem mulheres e crianças, que se escravizassem povos.

(2) Sem prejuízo para o sentido original do texto, o trecho "esses comportamentos são publicamente condenados na maior parte do mundo" (L.15-16) poderia ser corretamente reescrito da seguinte forma: publicamente, esses comportamentos consideram-se condenados em quase todo o mundo.

1: correta. A paráfrase atente a todas as determinações do padrão culto da língua; **2:** incorreta. O termo "condenados", que na oração original exerce função sintática de predicativo do sujeito, ao ser tratado como predicativo do objeto na paráfrase perdeu seu sentido. Melhor seria substituí-lo por "condenáveis".

Gabarito 1C, 2E

O respeito às diferentes manifestações culturais é fundamental, ainda mais em um país como o Brasil, que apresenta tradições e costumes muito variados em todo o seu território. Essa diversidade é valorizada e preservada por ações da Secretaria da Identidade e da Diversidade Cultural (SID), criada em 2003 e ligada ao Ministério da Cultura.

Cidadãos de áreas rurais que estejam ligados a atividades culturais e estudantes universitários de todas as regiões do Brasil, por exemplo, são beneficiados por um dos projetos da SID: as Redes Culturais. Essas redes abrangem associações e grupos culturais para divulgar e preservar suas manifestações de cunho artístico. O projeto é guiado por parcerias entre órgãos representativos do Estado brasileiro e as entidades culturais.

A Rede Cultural da Terra realiza oficinas de capacitação, cultura digital e atividades ligadas às artes plásticas, cênicas e visuais, à literatura, à música e ao artesanato. Além disso, mapeia a memória cultural dos trabalhadores do campo. A Rede Cultural dos Estudantes promove eventos e mostras culturais e artísticas e apoia a criação de Centros Universitários de Cultura e Arte.

Culturas populares e indígenas são outro foco de atenção das políticas de diversidade, havendo editais públicos de premiação de atividades realizadas ou em andamento, o que democratiza o acesso a recursos públicos.

O papel da cultura na humanização do tratamento psiquiátrico no Brasil é discutido em seminários da SID. Além disso, iniciativas artísticas inovadoras nesse segmento são premiadas com recursos do Edital Loucos pela Diversidade.

Tais ações contribuem para a inclusão e socializam o direito à criação e à produção cultural.

A participação de toda a sociedade civil na discussão de qualquer política cultural se dá em reuniões da SID com grupos de trabalho e em seminários, oficinas e fóruns, nos quais são apresentadas as demandas da população. Com base nesses encontros é que podem ser planejadas e desenvolvidas ações que permitam o acesso dos cidadãos à cultura e a promoção de suas manifestações, independentemente de cor, sexo, idade, etnia e orientação sexual.

Identidade e diversidade. Internet: <www.brasil.gov.br/sobre/cultura/> (com adaptações).

(Escrivão de Polícia/BA – 2013 – CESPE) Considerando as ideias e aspectos linguísticos do texto apresentado, julgue os itens a seguir.

(1) Mantêm-se as informações originais e a correção gramatical do texto caso o primeiro parágrafo seja assim reescrito: Em 2003, ligada ao Ministério da Cultura, com a finalidade de preservar e de valorizar as diferentes manifestações culturais, principalmente no Brasil, que têm tradições e costumes diversos, foi criada a Secretaria da Identidade e da Diversidade Cultural (SID).

(2) A retirada da expressão de realce "é que" (L.36) e a colocação de vírgula após o segmento "Com base nesses encontros" (L.35-36) não acarretariam prejuízo gramatical ao período.

(3) A expressão "Tais ações" (L.30) está empregada em referência à discussão acerca do papel da cultura na humanização do tratamento psiquiátrico e à premiação a iniciativas artísticas inovadoras nesse segmento.

(4) O termo "nesse", em "iniciativas artísticas inovadoras nesse segmento" (L.28), refere-se à Secretaria da Identidade e da Diversidade Cultural.

(5) A substituição do segmento "de toda a" (L.32) por da não causaria prejuízo semântico ao texto.

1: incorreta. Não há acento circunflexo na conjugação do verbo "ter" na passagem "que tem tradições e costumes diversos". O verbo concorda com "Brasil", portanto é conjugado na terceira pessoa do singular e não leva acento; **2:** correta. A expressão "é que" exerce somente função retórica, para realçar o argumento. Sua substituição por vírgula não afetaria a correção do texto; **3:** correta. A palavra "tais" exerce função de pronome catafórico, recuperando os conceitos tratados anteriormente e evitando a repetição dos termos; **4:** incorreta. "Nesse" refere-se a humanização do tratamento psiquiátrico; **5:** correta. A aglutinação da preposição "de" com o artigo definido "a" (d + a = da) transmite a ideia de totalidade da sociedade civil, tal qual o texto original.

Gabarito 1E, 2C, 3C, 4E, 5C

(Escrivão de Polícia/BA – 2013 – CESPE) Julgue os itens subsequentes, com base no que estabelece o Manual de Redação da Presidência da República.

(1) Nas comunicações oficiais, o uso de itálico em lugar de aspas é aceito para indicar, por exemplo, alíneas de textos legais, nomes de obras de arte, de publicações e de artigos, entretanto, não se considera adequada tal substituição para a indicação de citações textuais.

(2) Por estar de acordo com as regras de concordância do padrão culto da linguagem, a frase Vossa Excelência indicareis a vossa nova secretária seria adequada para compor a redação de documento oficial.

1: correta, nos termos do item 9.1.3.2 do Manual de Redação da Presidência da República. O itálico é atualmente aceito como substituto das aspas, mas não se presta a indicar que um texto foi transcrito literalmente para o documento; **2:** incorreta. Apesar do pronome de tratamento ser composto pela segunda pessoa do plural, a concordância será feita com verbos e pronomes da terceira pessoa do singular: "Vossa Excelência indicará a sua nova secretária".

Gabarito 1C, 2E

(Investigador de Polícia/BA – 2013 – CESPE) Julgue o item subsequente, com base no que estabelece o Manual de Redação da Presidência da República.

(1) Embora as redações oficiais devam ser redigidas, em regra, de forma clara e objetiva, há situações em que se recomenda a prolixidade, como nas exposições de motivos, nas quais a redundância é necessária.

1: incorreta. A clareza é objetividade devem permear todos os documentos oficiais, sem exceção. O item 4.2 do Manual de Redação da Presidência da República inclusive destaca a importância de se observar todas as regras da redação oficial para a exposição de motivos.

Gabarito 1E

Pavio do destino

Sérgio Sampaio

O bandido e o mocinho
São os dois do mesmo ninho
Correm nos estreitos trilhos
Lá no morro dos aflitos
Na Favela do Esqueleto
São filhos do primo pobre
A parcela do silêncio
Que encobre todos os gritos
E vão caminhando juntos
O mocinho e o bandido
De revólver de brinquedo
Porque ainda são meninos
Quem viu o pavio aceso do destino?
Com um pouco mais de idade
E já não são como antes
Depois que uma autoridade
Inventou-lhes um flagrante
Quanto mais escapa o tempo
Dos falsos educandários
Mais a dor é o documento
Que os agride e os separa
Não são mais dois inocentes
Não se falam cara a cara
Quem pode escapar ileso
Do medo e do desatino
Quem viu o pavio aceso do destino?
O tempo é pai de tudo
E surpresa não tem dia
Pode ser que haja no mundo
Outra maior ironia
O bandido veste a farda
Da suprema segurança
O mocinho agora amarga
Um bando, uma quadrilha
São os dois da mesma safra
Os dois são da mesma ilha
Dois meninos pelo avesso
Dois perdidos Valentinos
Quem viu o pavio aceso do destino?

(Agente de Polícia/DF – 2013 – CESPE) A respeito dos sentidos do texto de Sérgio Sampaio, que constitui a letra de uma música, julgue o item seguinte.

(1) O trecho "Quanto mais escapa o tempo / Dos falsos educandários / Mais a dor é o documento / Que os agride e os separa" (v.18-21) poderia, sem prejuízo para a correção gramatical, ser reescrito da seguinte forma: À medida que escapa o tempo dos falsos educandários, a dor vai se tornando o documento que os agride e os separa.

1: incorreta. Para mantermos a correção e o sentido original do texto deveria constar "a dor se torna o documento...".

Gabarito 1E

A prisão, em vez de devolver à liberdade indivíduos corrigidos, espalha na população delinquentes perigosos. A prisão não pode deixar de fabricar delinquentes. Fabrica-os pelo tipo de existência que faz os detentos levarem: que fiquem isolados nas celas, ou que lhes seja imposto um trabalho para o qual não encontrarão utilidade, é de qualquer maneira não "pensar no homem em sociedade; é criar uma existência contra a natureza inútil e perigosa"; queremos que a prisão eduque os detentos, mas um sistema de educação que se dirige ao homem pode ter razoavelmente como objetivo agir contra o desejo da natureza? A prisão fabrica também delinquentes impondo aos detentos limitações violentas; ela se destina a aplicar as leis, e a ensinar o respeito por elas; ora, todo o seu funcionamento se desenrola no sentido do abuso de poder. A prisão torna possível, ou melhor, favorece a organização de um meio de delinquentes, solidários entre si, hierarquizados, prontos para todas as cumplicidades futuras.

Michel Foucault. **Ilegalidade e delinquência**. *In*: Michel Foucault. **Vigiar e punir: nascimento da prisão**. 33.a ed. Petrópolis: Vozes, 1987, p. 221-2 (com adaptações).

(Agente de Polícia/DF – 2013 – CESPE) O item seguinte apresenta proposta de reescritura de trechos do texto acima. Julgue-o quanto à correção gramatical e à manutenção do sentido original do texto.

(1) "A prisão (...) fabricar delinquentes" (L.2-3): Não é permitido que a prisão deixe de forjar delinquentes.

1: incorreta. Melhor seria "Não se concebe que a prisão deixe de formar delinquentes".

Gabarito 1E

(Agente de Polícia/DF – 2013 – CESPE) Com fundamento no **Manual de Redação da Presidência da República**, julgue os itens a seguir, referentes à adequação da linguagem e do formato do texto às correspondências oficiais.

(1) Se, para tratar de interesse de um filiado seu, o Sindicato dos Policiais Civis do DF tiver de se comunicar oficialmente com a chefia da Seção de Registros Funcionais (SRFUN) do Departamento de Gestão de Pessoas da PCDF, ele deverá encaminhar à SRFUN um memorando, em cujo cabeçalho deverão constar as seguintes informações: Governo do Distrito Federal Polícia Civil do Distrito Federal Sindicato dos Policiais Civis do Distrito Federal SEDE: Plano Piloto, SCLRN 716, Bloco F, Loja 59, Edifício do Policial Civil CEP 70.770-536 – Brasília-DF Telefone: (61) 3701-1300 – Email: secpre@sinpoldf.com.br

(2) O texto de um ofício a ser encaminhado pela chefia da Divisão de Tramitação de Autos da PCDF à Delegacia Estadual de Repressão a Furtos e Roubos de Cargas, sediada na capital do estado de Goiás, deverá conter a apresentação do assunto que motiva a comunicação, o detalhamento desse assunto e a reafirmação ou reapresentação da posição recomendada a respeito do assunto.

(3) Caso a diretora da Academia de Polícia Civil do Distrito Federal, no uso de suas atribuições, necessite tratar de assuntos oficiais com o ministro de Estado da Defesa, deverá encaminhar-lhe um aviso, documento oficial usado para essa finalidade, em cujo vocativo deverá ser empregada a expressão "Senhor Ministro", seguida de vírgula.

1: incorreta. Memorando é um documento interno, entre órgãos da mesma instituição pública. O documento correto a ser usado nesse caso é o ofício; **2:** correto, nos termos do item 3.1 do Manual de Redação da Presidência da República; **3:** incorreta. Aviso é documento oficial emitido exclusivamente por Ministros de Estado. No caso em exame, deve ser usado o ofício.

Gabarito 1E, 2C, 3E

O problema intercultural não se resolve, como pretendem os multiculturalistas, pelo simples reconhecimento da isonomia axiológica entre culturas distintas, mas, fundamentalmente, pelo diálogo interpessoal entre indivíduos de culturas diferentes e, mais ainda, pelo acesso individual à própria diversidade cultural, como condição para o exercício da liberdade de pertencer a uma cultura, de assimilar novos valores culturais ou, simplesmente, de se reinventar culturalmente. Aliás, o reconhecimento da isonomia axiológica entre culturas é importante não porque limita a individualidade a uma estrita visão antropológica que projeta a condição humana ao círculo concêntrico da cultura do agrupamento familiar e social a que pertence o indivíduo, mas porque o liberta, ao lhe dar amplitude de opção cultural, que, transcendendo a esfera da identidade individual como simples parte de uma cultura, dimensiona a individualidade no campo da liberdade — da liberdade de criar a si mesmo. Por fim, a passagem para a democracia não totalitária, ou seja, democracia na e para a diversidade, decorre, justamente, da sensibilização do político e da democratização do espaço pessoal, antes preso à teia indizível do monismo cultural ocidental, tornando-se papel do Estado o oferecimento das condições de acessibilidade à diversidade cultural, ambiente imprescindível à autogestão da identidade pessoal.

Miguel Batista de Siqueira Filho. **Democracia, direito e liberdade**. Goiânia: Editora da PUC Goiás, 2011, p. 95-6 (com adaptações).

(Escrivão de Polícia/DF – 2013 – CESPE) Em relação ao texto acima, julgue o seguinte item.

(1) A última oração do texto poderia ser reescrita, sem prejuízo das ideias veiculadas e da correção gramatical, da seguinte forma: o que torna papel do Estado oferecer às condições de acessibilidade da diversidade cultural o ambiente indispensável de autogestão da identidade pessoal.

1: incorreta. A paráfrase diz que o Estado deve oferecer o "ambiente indispensável" para as "condições de acessibilidade". O texto original diz que o Estado deve fornecer condições de acesso à diversidade cultural, sendo essa o ambiente indispensável à autogestão da identidade.

Gabarito 1E

(Escrivão de Polícia/DF – 2013 – CESPE) De acordo com as disposições do Manual de Redação da Presidência da República, julgue os itens subsequentes.

(1) Os despachos a memorandos expedidos entre unidades administrativas da PCDF devem ser dados no próprio documento e, caso falte espaço, em folha de continuação. Esse procedimento, além de evitar um desnecessário aumento do número de comunicações, contribui para a formação de um processo simplificado, que permite que se acompanhe o histórico do andamento da matéria tratada no memorando.

(2) Os documentos oficiais dirigidos aos delegados da Polícia Civil do Distrito Federal (PCDF) devem conter o vocativo "Senhor Doutor Delegado da PCDF", bem como o pronome de tratamento "Vossa Excelência".

1: correta, nos termos do item 3.4.1 do Manual de Redação da Presidência da República; **2:** incorreta. "Doutor" é título acadêmico, não pronome de tratamento. Além disso, o tratamento destinado a Delegados de Polícia é "Vossa Senhoria".

Gabarito 1C, 2E

(Analista – STM – 2011 – CESPE) Nos itens a seguir, são apresentados trechos de correspondências oficiais. Julgue-os com relação à língua portuguesa padrão e à forma e ao estilo requeridos na redação oficial.

(1) Senhor Coronel José Silva, Vossa Senhoria está convidado a comparecer ao ato solene em 30 de janeiro de 2010.

(2) Requero informação sobre o processo licitatório dos equipamentos de informática do tribunal.

1: "Senhor Coronel José Silva, convidamos o senhor a comparecer"; **2:** "Requeremos informação" ou "O Departamento de Informática da Cidade X – DIX requer informação". Não se utiliza a 1ª pessoa do singular. De qualquer modo, lembrar que o verbo *requerer* na 1ª pessoa do singular do presente do indicativo tem a forma: requeiro.

Gabarito 1E, 2E

Texto para a próxima questão

Poucos depoimentos eu tenho lido mais emocionantes que o artigo-reportagem de Oscar Niemeyer sobre sua experiência em Brasília. Para quem conhece apenas o arquiteto, o artigo poderá passar por uma defesa em causa própria — o revide normal de um pai que sai de sua mansidão costumeira para ir brigar por um filho em quem querem bater. Mas, para quem conhece o homem, o artigo assume proporções dramáticas. Pois Oscar é não só o avesso do causídico, como um dos seres mais antiautopromocionais que já conheci em minha vida.

Sua modéstia não é, como de comum, uma forma infame de vaidade. Ela não tem nada a ver com o conhecimento realista — que Oscar tem — de seu valor profissional e de suas possibilidades. É a modéstia dos criadores verdadeiramente integrados com a vida, dos que sabem que não há tempo a perder, é preciso construir a beleza e a felicidade no mundo, por isso mesmo que, no indivíduo, é tudo tão frágil e precário. Oscar não acredita em Papai do Céu, nem que estará um dia construindo brasílias angélicas nas verdes pastagens do Paraíso. Põe ele, como um verdadeiro homem, a felicidade do seu semelhante no aproveitamento das pastagens verdes da Terra; no exemplo do trabalho para o bem comum e na criação de condições urbanas e rurais, em estreita intercorrência, que estimulem e desenvolvam este nobre fim: fazer o homem feliz dentro do curto prazo que lhe foi dado para viver.

Eu acredito também nisso, e quando vejo aquilo em que creio refletido num depoimento como o de Oscar Niemeyer, velho e querido amigo, como não me emocionar?

Vinicius de Moraes. **Para viver um grande amor.** Rio de Janeiro: J. Olympio, 1982, p. 134-5 (com adaptações).

(Diplomacia – 2011 – CESPE) Acerca dos mecanismos de coesão empregados no texto, julgue (C ou E) os itens subsequentes.

(1) A elipse em "nem que estará" (l.18) e o emprego do pronome anafórico "ele" (l.20) são mecanismos de coesão utilizados para referenciar o substantivo "Oscar" (l.18).

(2) Na linha 3, o vocábulo "arquiteto" retoma por substituição o nome próprio "Oscar Niemeyer", empregado na linha 2, mecanismo que corresponde a uma variedade de metonímia e por meio do qual se evita a repetição de vocábulo.

(3) O período que finaliza o primeiro parágrafo está na ordem inversa, como indica o emprego inicial da conjunção "Pois", que introduz uma oração subordinada anteposta à oração principal.

(4) Dada a propriedade que assume o pronome "este" nos mecanismos coesivos empregados no trecho "que estimulem e desenvolvam este nobre fim" (l.23-24), não é facultada a seguinte reescrita: que estimulem este nobre fim e o desenvolvam.

1: Certo (Coesão) No trecho "nem que estará", a retomada do termo "Oscar" é feita pela elipse do sujeito;
Em "põe ele", pelo emprego do pronome pessoal do caso reto "ele";
2: Errado (Coesão e Figuras de Linguagem) Não se pode considerar "arquiteto" como uma metonímia de Oscar Niemeyer, pois cumpre função diferente da de mero anafórico, a de distinguir facetas diferentes dele: o "arquiteto", ou seja, sua figura pública;
E o "homem", ou seja, o indivíduo na sua vida privada;
3: Errado (Análise sintática) Na verdade, o período iniciado pela conjunção "pois" está subordinado ao período anterior;
4: Certo (Coesão) Uma vez que pronome "este" faz parte do fundamental da oração apositiva, que vem após os dois pontos, a sua explicitação no primeiro verbo e retomada por pronome oblíquo distanciaria o aposto do seu fundamental.

Gabarito 1C, 2E, 3E 4C

(Bolsa-Prêmio/Itamaraty – 2011 – CESPE) Considerando as normas que regem a comunicação oficial, julgue o próximo item.

(1) Caso um ministro pretenda enviar expediente ao presidente da República, para propor alguma medida do interesse de mais de um ministério, ele deverá redigir exposição de motivos denominada interministerial, que deverá ser assinada por todos os ministros envolvidos.

1: Certo (Redação oficial) O Manual de Redação da Presidência da República está disponível para consulta no link http://www.planalto.gov.br/ccivil_03/manual/manual.htm, de onde se lê: "4. Exposição de Motivos/ 4.1. Definição e Finalidade/ Exposição de motivos é o expediente dirigido ao Presidente da República ou ao Vice-Presidente para: a) informá-lo de determinado assunto;/ b) propor alguma medida; ou/ c) submeter a sua consideração projeto de ato normativo. / Em regra, a exposição de motivos é dirigida ao Presidente da República por um Ministro de Estado. Nos casos em que o assunto tratado envolva mais de um Ministério, a exposição de motivos deverá ser assinada por todos os Ministros envolvidos, sendo, por essa razão, chamada de *interministerial.*"

Gabarito 1C

(Bolsa-Prêmio/Itamaraty – 2010 – CESPE) Considerando que funcionário de determinado ministério precise escrever ofício dirigido a funcionário que ocupa posição hierárquica superior à sua, julgue os itens que se seguem, no que concerne às características desse tipo de documento.

(1) É preciso que o funcionário identifique-se como autor do ofício, devendo, pois, informar seu nome e o cargo que ocupa logo abaixo do local reservado para sua assinatura.

(2) O trecho abaixo corresponde a fecho adequado para o documento que o funcionário deve escrever. Subscrevo-me cortês e atenciosamente.

(3) Caso o assunto já seja de conhecimento do destinatário, o funcionário pode redigir o ofício sem se preocupar em numerar os parágrafos ou em dar número de identificação ao documento.

1: Certo (Redação oficial) Como indica o padrão estabelecido pelo Manual de Redação Oficial da República: "**2.3. Identificação do Signatário:** Excluídas as comunicações assinadas pelo Presidente da República, todas as demais comunicações oficiais devem trazer o nome e o cargo da autoridade que as expede, abaixo do local de sua assinatura."
2: Errado (Redação oficial) Por ser quem escreve um funcionário de posição inferior, a forma correta seria "respeitosamente", segundo o Manual de Redação Oficial da República: "O fecho das comunicações oficiais possui, além da finalidade óbvia de arrematar o texto, a de saudar o destinatário. Os modelos para fecho que vinham sendo utilizados foram regulados pela Portaria nº 1 do Ministério da Justiça, de 1937, que estabelecia quinze padrões. Com o fito de simplificá-los e uniformizá-los, este Manual estabelece o emprego de somente dois fechos diferentes para todas as modalidades de comunicação oficial: a) para autoridades superiores, inclusive o Presidente da República: Respeitosamente,"
3: Errado (Redação oficial) Como rege o Manual de Redação Oficial da República, apesar de não haver a necessidade de parágrafos no caso de documento de encaminhamento ("desenvolvimento: se o autor da comunicação desejar fazer algum comentário a respeito do documento que encaminha, poderá acrescentar parágrafos de *desenvolvimento*; Em caso contrário, não há parágrafos de desenvolvimento em aviso ou ofício de mero encaminhamento."), caso eles existam, devem estar numerados: " Os parágrafos do texto devem ser numerados, exceto nos casos em que estes estejam organizados em itens ou títulos e subtítulos". Todo ofício deve se iniciar com as informações que o identificam: "**Partes do documento no** Padrão Ofício. O *aviso*, o *ofício* e o *memorando* devem conter as seguintes partes: a) **tipo e número do expediente, seguido da sigla do órgão que o expede**: Exemplo: Mem. 123/2002-MF Aviso 123/2002-SG Of. 123/2002-MME"

Gabarito 1C, 2E, 3E

(Enfermeiro – TJ/AL – 2012 – CESPE) Com base no exemplo de documento oficial apresentado, assinale a opção correta acerca da redação de correspondências oficiais.

(A) A referência à data atende às normas estabelecidas para a redação de correspondências oficiais.

(B) O vocativo está corretamente empregado, dado que a correspondência é endereçada a autoridade do Poder Executivo.

(C) O documento apresenta as características de um ofício, expediente a ser utilizado para a comunicação entre autoridades de mesma hierarquia.

(D) O fecho empregado no documento está adequado, considerando-se os cargos ocupados pelo seu emissor e pelo seu destinatário.

(E) O emprego da primeira pessoa em "Convido-o" não atende a exigência de impessoalidade que deve caracterizar os expediente oficiais.

A: correta. A data deve estar escrita por extenso, antecedida pelo local de emissão do documento, e alinhada à direita; **B:** incorreta. O termo "excelentíssimo" deve ser usado apenas para se dirigir a chefes de poder, como o Presidente da República, Presidente do Congresso Nacional ou do Supremo Tribunal Federal; **C:** incorreta. O documento segue o "padrão ofício", mas é um **aviso**, espécie de comunicação emitida exclusivamente por Ministros de Estado para autoridades de mesma hierarquia; **D:** incorreta. Quando o destinatário tem a mesma hierarquia do emissor (ou menor), deve ser usado o fecho "Atenciosamente"; **E:** incorreta. Por se tratar de um convite para um compromisso oficial, admite-se certa pessoalidade no documento.

Gabarito "A".

(Enfermeiro – TJ/AL – 2012 – CESPE) Entre as ações necessárias para a adequação ou manutenção do documento apresentado às normas gerais e específicas das correspondências oficiais se inclui

(A) o detalhamento do teor do documento, que foi expresso de forma muito resumida no item "Assunto", em desacordo, portanto, com os princípios que orientam a redação de correspondências oficiais.

(B) o deslocamento do fecho, de modo a alinhá-lo com o início do parágrafo do corpo do texto.

(C) a substituição de "A Sua Excelência o Senhor" por **A Vossa Excelência o Senhor**.

(D) a substituição de FIFA, no corpo do texto, por **fifa**.

(E) a inserção, ao final do texto, do local e da data em que o documento foi assinado, com a seguinte forma: Em 10 de junho de 2012.

A: incorreta. O resumo do conteúdo foi elaborado no tamanho ideal. Ele não pode ser extenso, sob pena de se confundir com o próprio texto do documento; **B:** correta. O fecho deve estar alinhado como um novo parágrafo e não escrito continuamente; **C:** incorreta. O endereçamento está correto. Utilizamos "Vossa Excelência" apenas quando nos dirigimos diretamente à autoridade, o que não ocorre nessa passagem; **D:** incorreta. FIFA é uma sigla, portanto deve ser grafada em letras maiúsculas; E; incorreta. Nos documentos iniciais, o local e a data devem seguir ao número do expediente, alinhados à direita, tal qual foi feito no exemplo.

Gabarito "B".

(Enfermeiro – TJ/AL – 2012 – CESPE) Acerca da redação de correspondências oficiais, assinale a opção correta.

(A) Deve constar do ofício o endereço da pessoa a quem é dirigido, que deve ser identificada por nome e cargo.

(B) Tanto no memorando quanto no aviso, é dispensável a inclusão do local em que o documento foi assinado, haja vista que tal informação, referente ao local, já consta no envelope de endereçamento do expediente.

(C) A estrutura de um memorando cuja finalidade seja o encaminhamento de documentos compõe-se de introdução, desenvolvimento e conclusão.

(D) Devem-se empregar na introdução das comunicações oficiais formas como **Tenho a honra de...** e **Tenho o prazer de...**, em razão da cordialidade e cortesia que devem pautar o tratamento pessoal na administração pública.

(E) Nas correspondências expedidas pelo Presidente da República, é dispensável a assinatura do signatário logo após sua identificação, que deve ser feita apenas pelo nome do cargo: Presidente da República Federativa do Brasil.

A: correta, nos termos do item 3.1, "d", do Manual de Redação Oficial da Presidência da República; **B:** incorreta. O local da assinatura, antecedendo a data, é requisito obrigatório do "padrão ofício"; **C:** incorreta. O mero encaminhamento de documentos dispensa a estrutura formal introdução-desenvolvimento-conclusão, sendo suficiente indicar que serve para encaminhar determinado documento; **D:** incorreta. Tais expressões ofendem o princípio da impessoalidade que deve nortear as comunicações oficiais; **E:** incorreta. O que se dispensa é a identificação do signatário, nunca sua assinatura.

Gabarito "A".

A língua escrita, como a falada, compreende diferentes níveis, de acordo com o uso que dela se faça. Por exemplo, em uma carta a um amigo, podemos nos valer de determinado padrão de linguagem que incorpore expressões extremamente pessoais ou coloquiais; em um parecer jurídico, não se há de estranhar a presença do vocabulário técnico correspondente. Nos dois casos, há um padrão de linguagem que atende ao uso que fazemos da língua, a finalidade com que a empregamos.

Manual de Redação da Presidência da República. 2.º ed., 2002, p. 5. Internet: <www.planalto.gov.br> (com adaptações).

(Enfermeiro – TJ/ES – 2011 – CESPE) Tendo o texto acima como referência inicial, julgue os itens subsecutivos, referentes à linguagem empregada na correspondência oficial.

(1) Os assuntos que constam da redação oficial devem ser tratados de forma impessoal, com exceção das propostas de projetos normativos apresentadas nas exposições de motivos.

(2) O emprego da norma culta dispensa a formalidade de tratamento em documentos emitidos internamente em órgãos da administração pública.

(3) Em ofícios e memorandos, independentemente da urgência dos assuntos tratados, mantêm-se as exigências de concisão e clareza da linguagem e de revisão cuidadosa do texto do expediente.

1: incorreta. Todos os assuntos pertinentes à redação oficial devem respeito ao princípio da impessoalidade, sem exceção; **2:** incorreta. Mesmo em documentos internos as regras de tratamento devem ser observadas, segundo o Manual de Redação da Presidência da República; **3:** correta. Tais medidas devem ser sempre observadas segundo o Manual.

Gabarito 1E, 2E, 3C

4. CONCORDÂNCIA

Instrução: As 2 questões seguintes referem-se ao texto abaixo.

O trem que naquela tarde de dezembro de 1909 trazia de volta a Santa Fé o dr. Rodrigo Terra Cambará passava agora, apitando, pela frente do cemitério da cidade. Com a cabeça para fora da janela, o rapaz olhava para aqueles velhos paredões, imaginando, entre emocionado e divertido, que os mortos, toda vez que ouviam o apito da locomotiva, corriam a espiar o trem por cima dos muros do cemitério. Imaginava que ali estavam sua mãe, o capitão Rodrigo, a velha Bibiana, outros parentes e amigos. Sorriam, e era-lhe agradável pensar que o saudavam: "Bem-vindo sejas, Rodrigo Temos esperanças em ti!" Havia apenas um que não sorria. Era o Tito Chaves, que Rodrigo vira pela última vez estendido sem vida no barro da rua, na frente do Sobrado, o peito ensanguentado, os olhos vidrados. Corria à boca miúda que fora o coronel Trindade quem o mandara matar por questões de política, mas ninguém tinha coragem de dizer isso em voz alta. E agora ali estava Tito encarapitado no muro do cemitério, a bradar: "Vai e me vinga, Rodrigo. És moço, és culto, tens coragem e ideais! Em Santa Fé todo o mundo tem medo do coronel Trindade. Não há mais justiça. Não há mais liberdade. Vai e me vinga!"

O trem ainda apitava tremulamente, como se estivesse chorando. Mas quem, enternecido, chorava de verdade era Rodrigo. As lágrimas lhe escorriam pelo rosto, a que a poeira dava uma cor de tijolo. Maneco Vieira tocou-.......... o braço. "Que foi que houve, moço?", perguntou, com um jeito protetor. Rodrigo levou o lenço aos olhos, dissimulando: "Esta maldita poeira..."

No vagão agora os passageiros começavam a arrumar suas coisas, erguiam-se, baixavam as malas dos gabaritos, numa alegria alvoroçada de fim de viagem. Rodrigo foi até o lavatório, tirou o chapéu, lavou o rosto, enxugou-.......... com o lenço e por fim penteou-se com esmero. Observou, contrariado, que tinha os olhos injetados, o que lhe dava um ar de bêbedo ou libertino. Não queria logo de chegada causar má impressão aos que o esperavam. Piscou muitas vezes, revirou os olhos, umedeceu o lenço e tornou a passá-lo pelo rosto. Pôs a língua para fora e quedou-se por algum tempo a examiná-la. Ajeitou a gravata, tornou a botar o chapéu, recuou um passo, lançou um olhar demorado para o espelho e, satisfeito, voltou para seu lugar. Maneco Vieira sorriu, dizendo-lhe: "Enfim chegamos, com a graça de Deus... e do maquinista."

O trem diminuiu a marcha ao entrar nos subúrbios de Santa Fé. Rodrigo sentou-se de novo junto à janela e logo viu, surpreso, os casebres miseráveis do Purgatório e suas tortuosas ruas de terra vermelha. Aqueles ranchos de madeira apodrecida, cobertos de palha; aquela mistura desordenada e sórdida de molambos, panelas, gaiolas, gamelas, lixo; aquela confusão de cercas de taquara, becos, barrancos e quintais bravios – lembraram-.......... uma fotografia do reduto de Canudos que vira estampada numa revista. Na frente de algumas das choupanas viam-se mulheres – chinocas brancas, pretas, mulatas, cafuzas – a acenar para o trem; muitas delas tinham um filho pequeno nos braços e outro no ventre. Crianças seminuas e sujas brincavam na terra no meio de galinhas, cachorros e ossos de rês. Lá embaixo, no fundo dum barranco, corria o riacho, a cuja beira uma cabocla batia roupa numa tábua, com o vestido arregaçado acima dos joelhos. Em todas as caras Rodrigo vislumbrava algo de terroso e doentio, uma lividez encardida que a luz meridiana tornava ainda mais acentuada. "Quanta miséria!", murmurou desolado.

Adaptado de: Érico Veríssimo, O Tempo e o Vento, Parte II: o Retrato, vol. I. 3ª ed. São Paulo: Companhia das Letras, 2004. p.92-93.

(Procurador do Estado – PGE/RS – Fundatec – 2015) Considere as seguintes afirmações, relativas a propostas de alteração no texto:

I. A substituição de ***dava*** (l.14) por **cobria com** não exigiria qualquer outra alteração no mesmo período.
II. A substituição de ***o que*** (l.20) pelo pronome **que** exigiria a alteração do pronome ***lhe*** para ***lhes*** no mesmo período.
III. A substituição de ***a cuja beira*** (l.34) por **à beira do qual** não exigiria qualquer outra alteração no mesmo período.

Quais afirmações são corretas?

(A) Apenas I.
(B) Apenas II.
(C) Apenas III.
(D) Apenas I e II.
(E) Apenas II e III.

I: incorreta. Seria necessário substituir "a que" por "que"; **II:** incorreta. Seria necessário, na verdade, passar o verbo "dar" para o plural; **III:** correta, pois a estrutura sintática se manteria a mesma. HS

Gabarito "C".

(Procurador do Estado – PGE/RS – Fundatec – 2015) Considere o trecho abaixo, extraído e adaptado das linhas 06 a 09, e sua conversão temporal tendo o presente como referência.

Havia apenas um que não sorria. Era o Tito Chaves, o moço que Rodrigo vira estendido sem vida no barro da rua, na frente do Sobrado. Corria à boca miúda que o coronel Trindade o mandara matar por questões de política.

Há apenas um que não sorri. .... o Tito Chaves, o moço que Rodrigo .... estendido sem vida no barro da rua, na frente do Sobrado. .... à boca miúda que o coronel Trindade o .... matar por questões de política.

Assinale a alternativa que preenche correta e respectivamente as lacunas do trecho acima, conservando a ordem temporal das ações.

(A) É – vira – Corria – mandara.
(B) É – viu – Corre – mandou.
(C) É – viu – Corre – mandara.
(D) Foi – vira – Corria – mandara.
(E) Foi – vira – Corria – mandou.

Para passar o trecho para o tempo presente, precisamos substituir os verbos no pretérito imperfeito pelos seus correspondentes do presente e os verbos no pretérito mais-que-perfeito pelo pretérito perfeito (todos do modo indicativo). Portanto, "era" vira "é", "vira" vira "viu", "corria" vira "corre" e "mandara" vira "mandou". HS

Gabarito "B".

5. CONJUNÇÃO

Texto 1A3-II

Entre os maiores poderes concedidos pela sociedade ao Estado, está o poder de tributar. A tributação está inserida no núcleo do contrato social estabelecido pelos cidadãos entre si para que se alcance o bem comum. Desse modo, o poder de tributar está na origem do Estado ou do ente político, a partir da qual foi possível que as pessoas deixassem de viver no que Hobbes definiu como o estado natural (ou a vida pré-política da humanidade) e passassem a constituir uma sociedade de fato, a geri-la mediante um governo, e a financiá-la, estabelecendo, assim, uma relação clara entre governante e governados.

A tributação, portanto, somente pode ser compreendida a partir da necessidade dos indivíduos de estabelecer convívio social organizado e de gerir a coisa pública mediante a concessão de poder a um soberano. Em decorrência disso, a condição necessária (mas não suficiente) para que o poder de tributar seja legítimo é que ele emane do Estado, pois qualquer imposição tributária privada seria comparável a usurpação ou roubo.

Internet: <www.receita.fazenda.gov.br> (com adaptações).

(Auditor Fiscal - SEFAZ/RS - 2019 - CESPE/CEBRASPE) A correção gramatical e os sentidos do texto 1A3-II seriam preservados se o termo "Em decorrência disso" (R.16) fosse substituído pela seguinte expressão.

(A) Devido isso
(B) Em suma
(C) Por conseguinte
(D) Consoante isso
(E) Para tanto

"Em decorrência disto" é locução conjuntiva consecutiva, sinônima de "por conseguinte", "consequentemente", "portanto".

Gabarito "C"

Texto 1A16AAA

Para muitos, o surgimento da civilização decorreu da renúncia social ao uso da força física como forma de reparar injustiças. Fazer justiça com as próprias mãos passou a ser considerado, assim, um ato de barbaridade.

O sentimento de justiça, muito arraigado no ser humano, aparece em diversas espécies animais, tendo origens antigas na escala evolutiva: de ratos a gorilas, punir infrações parece ser útil há muitas eras. Deslealdade e desobediência, por exemplo, despertam no ser humano o senso de certo e errado e despertam automaticamente desejos de vingança ou de reparação. Para conviver em sociedade, é necessário, entretanto, conter tais impulsos, franqueando-se ao Estado a efetivação da justiça.

Quando as pessoas reservam-se o direito de usar a força física, sob a argumentação de que estão fazendo justiça, transmitem a mensagem de que não creem mais no pacto social. Alegando a falta de ação efetiva do Estado, elas afirmam que seu senso de justiça não está satisfeito e, por isso, resolvem agir por si mesmas. Produz-se, assim, um círculo vicioso no qual as pessoas sentem-se injustiçadas, não creem na ação do Estado e, por isso, rompem o pacto social, o que gera mais injustiça.

Daniel Martins de Barros. Justiça com as próprias mãos. Internet: <www.emais.estadao.com.br> (com adaptações).

(Promotor de Justiça/RR – 2017 – CESPE) Mantendo-se o sentido original e a correção gramatical do texto 1A16AAA, o vocábulo "entretanto" (R.12) poderia ser substituído por

(A) ainda.
(B) mas.
(C) sobretudo.
(D) todavia.

"Entretanto" é conjunção adversativa, logo é sinônimo de "mas", "porém", "contudo", "todavia".

Gabarito "D"

O que tanta gente foi fazer do lado de fora do tribunal onde foi julgado um dos mais famosos casais acusados de assassinato no país? Torcer pela justiça, sim: as evidências permitiam uma forte convicção sobre os culpados, muito antes do encerramento das investigações. Contudo, para torcer pela justiça, não era necessário acampar na porta do tribunal, de onde ninguém podia pressionar os jurados. Bastava fazer abaixo-assinados via Internet pela condenação do pai e da madrasta da vítima. O que foram fazer lá, ao vivo? Penso que as pessoas não torceram apenas pela condenação dos principais suspeitos. Torceram também para que a versão que inculpou o pai e a madrasta fosse verdadeira.

O relativo alívio que se sente ao saber que um assassinato se explica a partir do círculo de relações pessoais da vítima talvez tenha duas explicações. Primeiro, a fantasia de que em nossas famílias isso nunca há de acontecer. Em geral temos mais controle sobre nossas relações íntimas que sobre o acaso dos maus encontros que podem nos vitimar em uma cidade grande. Segundo, porque o crime familiar permite o lenitivo da construção de uma narrativa. Se toda morte violenta, ou súbita, nos deixa frente a frente com o real traumático, busca-se a possibilidade de inscrever o acontecido em uma narrativa, ainda que terrível, capaz de produzir sentido para o que não tem tamanho nem nunca terá, o que não tem conserto nem nunca terá, o que não faz sentido.

Maria Rita Khel. **A morte do sentido**. Internet: <www.mariaritakehl.psc.br> (com adaptações).

(Escrivão de Polícia Federal – 2013 – CESPE) Com base no texto acima, julgue o item abaixo.

(1) A substituição da expressão "ainda que terrível" (L.23) por senão que terrível preservaria a correção gramatical e o sentido original do texto.

1: incorreta. "Ainda que" tem valor concessivo, enquanto "senão que" é locução adversativa: equivale a "mas antes", "entretanto". Logo, a alteração produziria mudança no sentido do texto.

Gabarito 1E

Leio que a ciência deu agora mais um passo definitivo. E claro que o definitivo da ciência e transitório, e não por deficiência da ciência (e ciência demais), que se supera a si mesma a cada dia... Não indaguemos para que, ja que a própria ciência não o faz — o que, alias, e a mais moderna forma de objetividade de que dispomos.

Mas vamos ao definitivo transitório. Os cientistas afirmam que podem realmente construir agora a bomba limpa. Sabemos todos que as bombas atômicas fabricadas ate hoje são sujas (alias, imundas) porque, depois que explodem, deixam vagando pela atmosfera o ja famoso e temido estrôncio 90. Ora, isso e desagradável: pode mesmo acontecer que o próprio pais que lançou a bomba venha a sofrer, a longo prazo, as conseqüências mortíferas da proeza. O que e, sem duvida, uma sujeira.

Pois bem, essas bombas indisciplinadas, mal-educadas, serão em breve substituídas pelas bombas *n*, que cumprirão sua missão com lisura: destruirão o inimigo, sem riscos para o atacante. Trata-se, portanto, de uma fabulosa conquista, não?

Ferreira Gullar. *Maravilha. In: A estranha vida banal.* Rio de Janeiro: José Olympio, 1989, p. 109.

(Polícia Rodoviária Federal – 2013 – CESPE) No que se refere aos sentidos e as estruturas linguisticas do texto acima, julgue os itens a seguir.

(1) Mantendo-se a correção gramatical e a coerência do texto, a conjunção "e", em "e não por deficiência da ciência" (L.2-3), poderia ser substituída por mas.

(2) Tendo a oração "que se supera a si mesma a cada dia" (L.3-4) caráter explicativo, o vocábulo "que" poderia ser corretamente substituído por pois ou porque, sem prejuízo do sentido original do período.

1: correta. A conjunção "mas" pode ter excepcionalmente valor aditivo, como no caso proposto; **2:** incorreta. "Que", nesse caso, é pronome relativo, de forma que poderia ser substituído apenas por outro pronome relativo, como "a qual".

Gabarito 1C, 2E

Todos nos, homens e mulheres, adultos e jovens, passamos boa parte da vida tendo de optar entre o certo e o errado, entre o bem e o mal. Na realidade, entre o que consideramos bem e o que consideramos mal. Apesar da longa permanência da questão, o que se considera certo e o que se considera errado muda ao longo da historia e ao redor do globo terrestre.

Ainda hoje, em certos lugares, a previsão da pena de morte autoriza o Estado a matar em nome da justiça. Em outras sociedades, o direito a vida e inviolável e nem o Estado nem ninguém tem o direito de tirar a vida alheia. Tempos atrás era tido como legitimo espancarem-se mulheres e crianças, escravizarem-se povos. Hoje em dia, embora ainda se saiba de casos de espancamento de mulheres e crianças, de trabalho escravo, esses comportamentos são publicamente condenados na maior parte do mundo.

Mas a opção entre o certo e o errado não se coloca apenas na esfera de temas polêmicos que atraem os holofotes da mídia. Muitas e muitas vezes e na solidão da consciência de cada um de nos, homens e mulheres, pequenos e grandes, que certo e errado se enfrentam.

E a ética e o domínio desse enfrentamento.

Marisa Lajolo. *Entre o bem e o mal. In: Histórias sobre a ética.* 5.ª ed. São Paulo: Ática, 2008 (com adaptações).

(Polícia Rodoviária Federal – 2013 – CESPE) A partir das ideias e das estruturas linguisticas do texto acima, julgue o item que se segue.

(1) Dado o fato de que nem equivale a e não, a supressão da conjunção "e" empregada logo apos "inviolável", na linha 10, manteria a correção gramatical do texto.

1: incorreta. No trecho, trata-se de locução conjuntiva alternativa "nem... nem" ("nem o Estado nem ninguém"). Destarte, a substituição de um dos termos prejudicaria a correção e a coerência do texto.

Gabarito 1E

Balanço divulgado pela Secretaria de Segurança Pública do Distrito Federal (SSP/DF) aponta redução de 39% nos casos de roubo com restrição de liberdade, o famoso sequestro-relâmpago, ocorridos entre 1.º de janeiro e 31 de agosto deste ano, em comparação com o mesmo período do ano passado — foram 520 ocorrências em 2012 e 316 em 2013.

Em agosto deste ano, foram registrados 39 casos de sequestro-relâmpago em todo o DF, o que representa redução de 32% do número de ocorrências dessa natureza criminal em relação ao mesmo mês de 2012, período em que 57 casos foram registrados. Entre as 39 vítimas, 11 foram abordadas no Plano Piloto, região que lidera a classificação de casos, seguida pela região administrativa de Taguatinga, com oito ocorrências. Segundo a SSP, o cenário é diferente daquele do mês de julho, em que Ceilândia e Gama tinham o maior número de casos. "38% dos crimes foram cometidos nos fins de semana, no período da noite, e quase 70% das vítimas eram do sexo masculino, o que mostra que a escolha da vítima é baseada no princípio da oportunidade e aleatória, não em função do gênero."

Ao todo, 82% das vítimas (32 pessoas) estavam sozinhas no momento da abordagem dos bandidos, por isso as forças de segurança recomendam que as pessoas tomem alguns cuidados, entre os quais, não estacionar em locais escuros e distantes, não ficar dentro de carros estacionados e redobrar a atenção ao sair de residências, centros comerciais e outros locais.

DF registra 316 ocorrências de sequestro-relâmpago nos primeiros oito meses deste ano. R7, 6/9/2013. Internet: <http://noticias.r7.com> (com adaptações).

(Agente de Polícia/DF – 2013 – CESPE) Julgue o próximo item, relativos aos sentidos e aos aspectos linguísticos do texto acima.

(1) O trecho "por isso as forças de segurança recomendam que as pessoas tomem alguns cuidados" (L.23-25) expressa uma ideia de conclusão e poderia, mantendo-se a correção gramatical e o sentido do texto, ser iniciado pelo termo porquanto em vez da expressão "por isso".

1: incorreta. "Por isso" introduz a ideia de consequência, ao passo que "porquanto", sinônimo de "porque", tem valor causal, exprime a causa do fato.

Gabarito 1E

A prisão, em vez de devolver à liberdade indivíduos corrigidos, espalha na população delinquentes perigosos. A prisão não pode deixar de fabricar delinquentes. Fabrica-os pelo tipo de existência que faz os detentos levarem: que fiquem isolados nas celas, ou que lhes seja imposto um trabalho para o qual não encontrarão utilidade, é de qualquer maneira não "pensar no homem em sociedade; é criar uma existência contra a natureza inútil e perigosa"; queremos que a prisão eduque os detentos, mas um sistema de educação que se dirige ao homem pode ter razoavelmente como objetivo agir contra o desejo da natureza? A prisão fabrica também delinquentes impondo aos detentos limitações violentas; ela se destina a aplicar as leis, e a ensinar o respeito por elas; ora, todo o seu funcionamento se desenrola no sentido do abuso de poder. A prisão torna possível, ou melhor, favorece a organização de um meio de delinquentes, solidários entre si, hierarquizados, prontos para todas as cumplicidades futuras.

Michel Foucault. **Ilegalidade e delinquência**. *In*: Michel Foucault. **Vigiar e punir: nascimento da prisão**. 33.a ed. Petrópolis: Vozes, 1987, p. 221-2 (com adaptações).

(Agente de Polícia/DF – 2013 – CESPE) O item seguinte apresenta proposta de reescritura de trecho do texto acima. Julgue-o quanto à correção gramatical e à manutenção do sentido original do texto.

(1) "A prisão (...) delinquentes perigosos" (L.1-2): Conquanto devolva indivíduos corrigidos à liberdade, a prisão dissemina delinquentes perigosos na população.

1: incorreta. "Conquanto" é conjunção concessiva, sinônimo de "embora". No caso, a paráfrase deveria ser: "A prisão, porque não retorna à sociedade indivíduos corrigidos, espalha pela sociedade delinquentes perigosos.

Gabarito 1E

O problema intercultural não se resolve, como pretendem os multiculturalistas, pelo simples reconhecimento da isonomia axiológica entre culturas distintas, mas, fundamentalmente, pelo diálogo interpessoal entre indivíduos de culturas diferentes e, mais ainda, pelo acesso individual à própria diversidade cultural, como condição para o exercício da liberdade de pertencer a uma cultura, de assimilar novos valores culturais ou, simplesmente, de se reinventar culturalmente. Aliás, o reconhecimento da isonomia axiológica entre culturas é importante não porque limita a individualidade a uma estrita visão antropológica que projeta a condição humana ao círculo concêntrico da cultura do agrupamento familiar e social a que pertence o indivíduo, mas porque o liberta, ao lhe dar amplitude de opção cultural, que, transcendendo a esfera da identidade individual como simples parte de uma cultura, dimensiona a individualidade no campo da liberdade — da liberdade de criar a si mesmo. Por fim, a passagem para a democracia não totalitária, ou seja, democracia na e para a diversidade, decorre, justamente, da sensibilização do político e da democratização do espaço pessoal, antes preso à teia indizível do monismo cultural ocidental, tornando-se papel do Estado o oferecimento das condições de acessibilidade à diversidade cultural, ambiente imprescindível à autogestão da identidade pessoal.

Miguel Batista de Siqueira Filho. **Democracia, direito e liberdade.** Goiânia: Editora da PUC Goiás, 2011, p. 95-6 (com adaptações).

(Escrivão de Polícia/DF – 2013 – CESPE) Em relação ao texto acima, julgue o seguinte item.

(1) O segmento "Aliás, o reconhecimento (...) limita a individualidade" (L.9-10) poderia ser reescrito, sem prejuízo do sentido e da correção gramatical do texto, da seguinte forma: Contudo, reconhecer a isonomia axiológica entre culturas não é importante, vez que limita a individualidade.

1: incorreta. "Contudo" tem valor adversativo, indica que aquilo que se expressará em seguida não concorda com o antecedente. No texto original, a ideia transmitida é de explicação: porque a isonomia axiológica entre culturas é importante.

Gabarito 1E

6. PRONOMES

O direito tributário brasileiro depara-se com grandes desafios, principalmente em tempos de globalização e interdependência dos sistemas econômicos. Entre esses pontos de atenção, destacam-se três. O primeiro é a guerra fiscal ocasionada pelo ICMS. O principal tributo em vigor, atualmente, é estadual, o que faz contribuintes e advogados se debruçarem sobre vinte e sete diferentes legislações no país para entendê-lo. Isso se tornou um atentado contra o princípio de simplificação, contribuindo para o incremento de uma guerra fiscal entre os estados, que buscam alterar regras para conceder benefícios e isenções, a fim de atrair e facilitar a instalação de novas empresas. É, portanto, um dos instrumentos mais utilizados na disputa por investimentos, gerando, com isso, consequências negativas do ponto de vista tanto econômico quanto fiscal.

A competitividade gerada pela interdependência estadual é outro ponto. Na década de 60, a adoção do imposto sobre valor agregado (IVA) trouxe um avanço importante para a tributação indireta, permitindo a internacionalização das trocas de mercadorias com a facilitação da equivalência dos impostos sobre consumo e tributação, e diminuindo as diferenças entre países. O ICMS, adotado no país, é o único caso no mundo de imposto que, embora se pareça com o IVA, não é administrado pelo governo federal — o que dá aos estados total autonomia para administrar, cobrar e gastar os recursos dele originados. A competência estadual do ICMS gera ainda dificuldades na relação entre as vinte e sete unidades da Federação, dada a coexistência dos princípios de origem e destino nas transações comerciais interestaduais, que gera a já comentada guerra fiscal.

A harmonização com os outros sistemas tributários é outro desafio que deve ser enfrentado. É preciso integrar-se aos países do MERCOSUL, além de promover a aproximação aos padrões tributários de um mundo globalizado e desenvolvido, principalmente quando se trata de Europa. Só assim o país recuperará o poder da economia e poderá utilizar essa recuperação como condição para intensificar a integração com outros países e para participar mais ativamente da globalização.

André Pereira. Os desafios do direito tributário brasileiro. *In*: DCI – Diário Comércio, Indústria e Serviços. 2/mar./2017. Internet: <www.dci.com.br> (com adaptações).

(Auditor Fiscal - SEFAZ/RS - 2019 - CESPE/CEBRASPE) No texto 1A1-I, o pronome que inicia o trecho “Isso se tornou um atentado contra o princípio de simplificação” (R. 8 e 9) remete

(A) à oração “guerra fiscal ocasionada pelo ICMS” (R. 4 e 5).
(B) à ideia de que o ICMS é “O principal tributo em vigor” (R.5).
(C) ao argumento de que “O direito tributário brasileiro depara-se com grandes desafios” (R. 1 e 2).
(D) ao fato de “contribuintes e advogados se debruçarem sobre vinte e sete diferentes legislações no país” (R. 6 a 8) para entender o ICMS.
(E) à crítica do autor à recorrência das mesmas regras tributárias em “vinte e sete diferentes legislações no país” (R. 7 e 8).

O pronome “isso”, com função anafórica, retoma a expressão entre as linhas 6 e 8: o fato das pessoas necessitarem de extremo esforço para entender a 27 legislações tributárias diferentes.

Gabarito “D”.

Entre os maiores poderes concedidos pela sociedade ao Estado, está o poder de tributar. A tributação está inserida no núcleo do contrato social estabelecido pelos cidadãos entre si para que se alcance o bem comum. Desse modo, o poder de tributar está na origem do Estado ou do ente político, a partir da qual foi possível que as pessoas deixassem de viver no que Hobbes definiu como o estado natural (ou a vida pré-política da humanidade) e passassem a constituir uma sociedade de fato, a geri-la mediante um governo, e a financiá-la, estabelecendo, assim, uma relação clara entre governante e governados.

A tributação, portanto, somente pode ser compreendida a partir da necessidade dos indivíduos de estabelecer convívio social organizado e de gerir a coisa pública mediante a concessão de poder a um soberano. Em decorrência disso, a condição necessária (mas não suficiente) para que o poder de tributar seja legítimo é que ele emane do Estado, pois qualquer imposição tributária privada seria comparável a usurpação ou roubo.

Internet: <www.receita.fazenda.gov.br> (com adaptações).

(Auditor Fiscal - SEFAZ/RS - 2019 - CESPE/CEBRASPE) A correção gramatical e os sentidos do texto 1A3-II seriam preservados se o termo “Em decorrência disso” (R.16) fosse substituído pela seguinte expressão.

(A) Devido isso
(B) Em suma
(C) Por conseguinte
(D) Consoante isso
(E) Para tanto

“Em decorrência disto” é locução conjuntiva consecutiva, sinônima de “por conseguinte”, “consequentemente”, “portanto”.

Gabarito “C”.

O trem que naquela tarde de dezembro de 1909 trazia de volta a Santa Fé o dr. Rodrigo Terra Cambará passava agora, apitando, pela frente do cemitério da cidade. Com a cabeça para fora da janela, o rapaz olhava para aqueles velhos paredões, imaginando, entre emocionado e divertido, que os mortos, toda vez que ouviam o apito da locomotiva, corriam a espiar o trem por cima dos muros do cemitério. Imaginava que ali estavam sua mãe, o capitão Rodrigo, a velha Bibiana, outros parentes e amigos. Sorriam, e era-lhe agradável pensar que o saudavam: “Bem-vindo sejas, Rodrigo Temos esperanças em ti!” Havia apenas um que não sorria. Era o Tito Chaves, que Rodrigo vira pela última vez estendido sem vida no barro da rua, na frente do Sobrado, o peito ensanguentado, os olhos vidrados. Corria à boca miúda que fora o coronel Trindade quem o mandara matar por questões de política, mas ninguém tinha coragem de dizer isso em voz alta. E agora ali estava Tito encarapitado no muro do cemitério, a bradar: “Vai e me vinga, Rodrigo. És moço, és culto, tens coragem e ideais! Em Santa Fé todo o mundo tem medo do coronel Trindade. Não há mais justiça. Não há mais liberdade. Vai e me vinga!”

O trem ainda apitava tremulamente, como se estivesse chorando. Mas quem, enternecido, chorava de verdade era Rodrigo. As lágrimas lhe escorriam pelo rosto, a que a poeira dava uma cor de tijolo. Maneco Vieira tocou-.......... o braço. “Que foi que houve, moço?”, perguntou, com um jeito protetor. Rodrigo levou o lenço aos olhos, dissimulando: “Esta maldita poeira...”

No vagão agora os passageiros começavam a arrumar suas coisas, erguiam-se, baixavam as malas dos gabaritos, numa alegria alvoroçada de fim de viagem. Rodrigo foi até o lavatório, tirou o chapéu, lavou o rosto, enxugou-.......... com o lenço e por fim penteou-se com esmero. Observou, contrariado, que tinha os olhos injetados, o que lhe dava um ar de bêbedo ou libertino. Não queria logo de chegada causar má impressão aos que o esperavam. Piscou muitas vezes, revirou os olhos, umedeceu o lenço e tornou a passá-lo pelo rosto. Pôs a língua para fora e quedou-se por algum tempo a examiná-la. Ajeitou a gravata, tornou a botar o chapéu, recuou um passo, lançou um olhar demorado para o espelho e, satisfeito, voltou para seu lugar. Maneco Vieira sorriu, dizendo-lhe: “Enfim chegamos, com a graça de Deus... e do maquinista.”

O trem diminuiu a marcha ao entrar nos subúrbios de Santa Fé. Rodrigo sentou-se de novo junto à janela e logo viu, surpreso, os casebres miseráveis do Purgatório e suas tortuosas ruas de terra vermelha. Aqueles ranchos de madeira apodrecida, cobertos de palha; aquela mistura desordenada e sórdida de molambos, panelas, gaiolas, gamelas, lixo; aquela confusão de cercas de taquara, becos, barrancos e quintais bravios – lembraram-.......... uma fotografia do reduto de Canudos que vira estampada numa revista. Na frente de algumas das choupanas viam-se mulheres – chinocas brancas, pretas, mulatas, cafuzas – a acenar para o trem; muitas delas tinham um filho pequeno nos braços e outro no ventre. Crianças seminuas e sujas brincavam na terra no meio de galinhas, cachorros e ossos de rês. Lá embaixo, no fundo dum barranco, corria o riacho, a cuja beira uma cabocla batia roupa numa tábua, com o vestido arregaçado acima dos joelhos. Em todas as caras Rodrigo vislumbrava algo de terroso e doentio, uma lividez encardida que a luz meridiana tornava ainda mais acentuada. “Quanta miséria!”, murmurou desolado.

Adaptado de: Érico Veríssimo, *O Tempo e o Vento, Parte II: o Retrato, vol. I.* 3ª ed. São Paulo: Companhia das Letras, 2004. p.92-93.

(Procurador do Estado – PGE/RS – Fundatec – 2015) Assinale a alternativa que preenche, correta e respectivamente, as lacunas das linhas 15, 19 e 30.

(A) lhe – o – lhe.
(B) lhe – lhe – no.
(C) lhe – o – no.
(D) o – o – lhe.
(E) o – lhe – no.

Na linha 15, o verbo "tocar" é transitivo direto e indireto, devendo ser complementado pelo pronome oblíquo próprio dos objetos preposicionados, "lhe". Na linha 19, "enxugar" é verbo transitivo direto, complementado, portanto, por "o", elemento de coesão para o termo "rosto". Por fim, na linha 30, temos também "lhe", por se tratar de objeto indireto.

Gabarito "A".

Qual a situação política .... se defrontava Jango com a retomada do regime presidencialista, com o fim do parlamentarismo em 1963? O fundamental é que a política de compromisso se tornava cada vez mais difícil. De cada extremo do espectro, grupos radicais insistiam em soluções antidemocráticas, compartilhando a crença de que cada um estava em condições de ganhar mais com o desmoronamento da democracia.

À direita, o grupo mais importante era o dos antigetulistas tradicionais. Chocados pela súbita renúncia de Jânio em 1961, mas impossibilitados de impedir a posse de Jango, caíram num desespero que lembrava seu mal-estar após a eleição de Juscelino em 1955. Estavam, no entanto, melhor organizados e mais decididos. As manobras populistas de Jango, em 1962, para obter a antecipação do plebiscito sobre o regime de governo .... de que estavam tratando com o mesmo Jango .... renúncia os coronéis forçaram em 1954. Em princípios de 1962, começaram a conspirar para derrubar o presidente. Entre seus líderes militares estavam o marechal Odílio Denys e o almirante Sílvio Heck, ex-ministros de Jânio. O principal chefe civil era Júlio de Mesquita Filho, proprietário do influente jornal O Estado de S. Paulo.

Os radicais anti-Jango dispunham de uma conhecida reserva de doutrinas antidemocráticas. Como em 1950 e em 1955, alegavam que não se podia confiar no eleitorado brasileiro. Somente sob uma cuidadosa tutela poderia ser impedido de cair nas malhas de políticos "demagógicos" novamente. A moralidade e o anticomunismo eram suas palavras de ordem. Contavam, ainda, com o apoio de um bem financiado movimento de homens de negócio paulistas, que tinha como centro o Instituto de Pesquisas e Estudos Sociais (IPES), fundado em 1961.

À esquerda, os radicalizantes tentavam capitalizar qualquer crise política .... fim de provocar uma abrupta transferência de poder. Seu propósito era influenciar a opinião pública, até o ponto em que os árbitros estabelecidos do poder fossem desacreditados ou vencidos. A esquerda radical incluía grupos operários como o Pacto Sindical de Unidade de Ação (PUA) e o Comando Geral dos Trabalhadores (CGT), e organizações populares como as Ligas Camponesas e a União Nacional de Estudantes (UNE). O Partido Comunista Brasileiro trabalhava para forçar um governo mais "nacionalista e democrático", dentro da estrutura existente. O líder político mais preeminente da esquerda radical era Leonel Brizola, agora deputado federal pelo PTB da Guanabara. Brizola era dado ao uso de linguagem violenta contra os inimigos; frequentemente ameaçava recorrer à ação extraparlamentar – por exemplo, incentivar greves generalizadas, como na crise de 19 para obter concessões do Congresso. É importante notar aqui a ênfase nos métodos diretos para combater "golpistas", "entreguistas" e "reacionários". Nenhum desses grupos de esquerda era francamente revolucionário por volta de fins de 1962; mas todos tinham sérias dúvidas quanto .... possibilidade de satisfazer seus desejos de mudanças radicais dentro da estrutura constitucional existente.

A despeito do crescimento da opinião extremista, em princípios de 1963 a maioria dos brasileiros ainda se encontrava no centro. Pró-democráticos, preferiam uma economia mista que utilizasse o capital estrangeiro sob cuidadoso controle nacional. A opinião do centro aceitava ampliar o sistema político, mas somente com cautela. Sua base social era primordialmente liberal, mas também reconhecia a necessidade da industrialização, conquanto resistisse .... qualquer ideologia definida com relação ao processo de industrialização. Contudo, estes pontos-de-vista cautelosos não eram claramente formulados, e na verdade continham seu próprio espectro de opinião – desde a "esquerda positiva" até os "industrialistas esclarecidos".

Adaptado de: Thomas Skidmore, "O Espectro Político e os Extremistas", in *Brasil: de Getúlio a Castelo*, 4ª ed., trad. coord. por I. T. Dantas, p.273-279. Rio de Janeiro: Paz e Terra, 1975.

(Procurador do Estado – PGE/RS – Fundatec – 2015) Assinale a alternativa que preenche, correta e respectivamente, a lacuna da linha 01, bem como a primeira e a segunda lacunas da linha 10.

(A) que – convencera-os – a cuja.
(B) com que – convenceram-nos – cuja.
(C) que – convenceram-nos – cuja.
(D) com que – convencera-os – cuja.
(E) com que – convenceram-nos – a cuja.

O verbo pronominal "defrontar-se" rege a preposição "com" (quem se defronta, defronta-se com alguma coisa). Na primeira lacuna da linha 10, o verbo "convencer" deve ser conjugado na terceira pessoa do plural para concordar com "manobras"; por fim, a última lacuna deve ser preenchida por "cuja", para concordar com "renúncia", não havendo qualquer palavra que determine a presença da preposição "a".

Gabarito "B".

O processo penal moderno, tal como praticado atualmente nos países ocidentais, deixa de centrar-se na finalidade meramente punitiva para centrar-se, antes, na finalidade investigativa. O que se quer dizer é que, abandonado o sistema inquisitório, em que o órgão julgador cuidava também de obter a prova da responsabilidade do acusado (que consistia, a maior parte das vezes, na sua confissão), o que se pretende no sistema acusatório é submeter ao órgão julgador provas suficientes ao esclarecimento da verdade.

Evidentemente, no primeiro sistema, a complexidade do ato decisório haveria de ser bem menor, uma vez que a condenação está atrelada à confissão do acusado. Problemas de consciência não os haveria de ter o julgador pela decisão em si, porque o seu veredito era baseado na contundência probatória do meio de prova "mais importante" — a confissão. Um dos motivos pelos quais se pôs em causa esse sistema foi justamente a questão do controle da obtenção da prova: a confissão, exigida como prova plena para a condenação, era o mais das vezes obtida por meio de coações morais e físicas.

Esse fato revelou a necessidade, para que haja condenação, de se proceder à reconstituição histórica dos fatos, de modo que se investigue o que se passou na verdade e se a prática do ato ilícito pode ser atribuída ao arguido, ou seja, a necessidade de se restabelecer, tanto quanto possível, a verdade dos fatos, para a solução justa do litígio. Sendo esse o fim a que se destina o processo, é mediante a instrução que se busca a mais perfeita representação possível dessa verdade.

Getúlio Marcos Pereira Neves. **Valoração da prova e livre convicção do juiz**. *In*: **Jus Navigandi**, Teresina, ano 9, n.º 401, ago./2004 (com adaptações).

(Escrivão de Polícia Federal – 2013 – CESPE) No que se refere às ideias e aos aspectos linguísticos do texto acima, julgue o item que se segue.

(1) Seriam mantidas a correção gramatical e a coesão do texto, caso o pronome "os", em "não os haveria de ter" (L.13), fosse deslocado para imediatamente depois da forma verbal "ter", escrevendo-se **tê-los**.

1: correta. Como há o verbo auxiliar "haver" na construção oracional, a próclise não é obrigatória apesar da presença do advérbio de negação. É possível, portanto, deslocar o pronome oblíquo para depois do verbo principal sem prejuízo à correção ou coesão textuais.

Gabarito 1C

Todos nos, homens e mulheres, adultos e jovens, passamos boa parte da vida tendo de optar entre o certo e o errado, entre o bem e o mal. Na realidade, entre o que consideramos bem e o que consideramos mal. Apesar da longa permanência da questão, o que se considera certo e o que se considera errado muda ao longo da historia e ao redor do globo terrestre.

Ainda hoje, em certos lugares, a previsão da pena de morte autoriza o Estado a matar em nome da justiça. Em outras sociedades, o direito a vida e inviolável e nem o Estado nem ninguém tem o direito de tirar a vida alheia. Tempos atrás era tido como legitimo espancarem-se mulheres e crianças, escravizarem-se povos. Hoje em dia, embora ainda se saiba de casos de espancamento de mulheres e crianças, de trabalho escravo, esses comportamentos são publicamente condenados na maior parte do mundo.

Mas a opção entre o certo e o errado não se coloca apenas na esfera de temas polêmicos que atraem os holofotes da mídia. Muitas e muitas vezes e na solidão da consciência de cada um de nos, homens e mulheres, pequenos e grandes, que certo e errado se enfrentam. E a ética e o domínio desse enfrentamento.

Marisa Lajolo. *Entre o bem e o mal*. *In*: *Histórias sobre a ética*. 5.ª ed. São Paulo: Ática, 2008 (com adaptações).

(Polícia Rodoviária Federal – 2013 – CESPE) A partir das ideias e das estruturas linguisticas do texto acima, julgue os itens que se seguem.

(1) Devido a presença do advérbio "apenas" (L.18), o pronome "se" (L.17) poderia ser deslocado para imediatamente apos a forma verbal "coloca" (L.17), da seguinte forma: coloca-se.

(2) No trecho "o que consideramos bem" (L.3-4), o vocábulo "que" classifica-se como pronome e exerce a função de complemento da forma verbal "consideramos".

1: incorreta. A próclise é obrigatória no caso por força da presença do advérbio de negação "não"; **2:** correta. É pronome relativo e objeto direto do verbo "considerar".

Gabarito 1E, 2C

7. CRASE

Qual a situação política .... se defrontava Jango com a retomada do regime presidencialista, com o fim do parlamentarismo em 1963? O fundamental é que a política de compromisso se tornava cada vez mais difícil. De cada extremo do espectro, grupos radicais insistiam em soluções antidemocráticas, compartilhando a crença de que cada um estava em condições de ganhar mais com o desmoronamento da democracia.

À direita, o grupo mais importante era o dos antigetulistas tradicionais. Chocados pela súbita renúncia de Jânio em 1961, mas impossibilitados de impedir a posse de Jango, caíram num desespero que lembrava seu mal-estar após a eleição de Juscelino em 1955. Estavam, no entanto, melhor organizados e mais decididos. As manobras populistas de Jango, em 1962, para obter a antecipação do plebiscito sobre o regime de governo .... de que estavam tratando com o mesmo Jango .... renúncia os coronéis forçaram em 1954. Em princípios de 1962, começaram a conspirar para derrubar o presidente. Entre seus líderes militares estavam o marechal Odílio Denys e o almirante Sílvio Heck, ex-ministros de Jânio. O principal chefe civil era Júlio de Mesquita Filho, proprietário do influente jornal *O Estado de S. Paulo.*

Os radicais anti-Jango dispunham de uma conhecida reserva de doutrinas antidemocráticas. Como em 1950 e em 1955, alegavam que não se podia confiar no eleitorado brasileiro. Somente sob uma cuidadosa tutela poderia ser impedido de cair nas malhas de políticos "demagógicos" novamente. A moralidade e o anticomunismo eram suas palavras de ordem. Contavam, ainda, com o apoio de um bem financiado movimento de homens de negócio paulistas, que tinha como centro o Instituto de Pesquisas e Estudos Sociais (IPES), fundado em 1961.

À esquerda, os radicalizantes tentavam capitalizar qualquer crise política .... fim de provocar uma abrupta transferência de poder. Seu propósito era influenciar a opinião pública, até o ponto em que os árbitros estabelecidos do poder fossem desacreditados ou vencidos. A esquerda radical incluía grupos operários como o Pacto Sindical de Unidade de Ação (PUA) e o Comando Geral dos Trabalhadores (CGT), e organizações populares como as Ligas Camponesas e a União Nacional de Estudantes (UNE). O Partido Comunista Brasileiro trabalhava para forçar um governo mais "nacionalista e democrático", dentro da estrutura existente. O líder político mais preeminente da esquerda radical era Leonel Brizola, agora deputado federal pelo PTB da Guanabara. Brizola era dado ao uso de linguagem violenta contra os inimigos; frequentemente ameaçava recorrer à ação extraparlamentar – por exemplo, incentivar greves generalizadas, como na crise de 19 para obter concessões do Congresso. É importante notar aqui a ênfase nos métodos diretos para combater "golpistas", "entreguistas" e "reacionários". Nenhum desses grupos de esquerda era francamente revolucionário por volta de fins de 1962; mas todos tinham sérias dúvidas quanto .... possibilidade de satisfazer seus desejos de mudanças radicais dentro da estrutura constitucional existente.

A despeito do crescimento da opinião extremista, em princípios de 1963 a maioria dos brasileiros ainda se encontrava no centro. Pró-democráticos, preferiam uma economia mista que utilizasse o capital estrangeiro sob cuidadoso controle nacional. A opinião do centro aceitava ampliar o sistema político, mas somente com cautela. Sua base social era primordialmente liberal, mas também reconhecia a necessidade da industrialização, conquanto resistisse .... qualquer ideologia definida com relação ao processo de industrialização. Contudo, estes pontos-de-vista cautelosos não eram claramente formulados, e na verdade continham seu próprio espectro de opinião – desde a "esquerda positiva" até os "industrialistas esclarecidos".

Adaptado de: Thomas Skidmore, "O Espectro Político e os Extremistas", in Brasil: de Getúlio a Castelo, 4ª ed., trad. coord. por I. T. Dantas, p.273-279. Rio de Janeiro: Paz e Terra, 1975.

(Procurador do Estado – PGE/RS – Fundatec – 2015) Assinale a alternativa que preenche, correta e respectivamente, as lacunas das linhas 21, 33 e 39.

(A) à – a – à.
(B) a – à – à.
(C) à – à – a.
(D) a – à – a.
(E) à – à – à.

Na linha 21, não ocorre crase na expressão "a fim de", pois é locução adverbial formada por palavra masculina; na linha 33, ocorre crase, pela regência da preposição "a" (quanto a alguma coisa) antes de palavra definida feminina; por fim, na linha 39, não ocorre crase antes de pronome indefinido. HS

Gabarito "D".

O respeito às diferentes manifestações culturais é fundamental, ainda mais em um país como o Brasil, que apresenta tradições e costumes muito variados em todo o seu território. Essa diversidade é valorizada e preservada por ações da Secretaria da Identidade e da Diversidade Cultural (SID), criada em 2003 e ligada ao Ministério da Cultura.

Cidadãos de áreas rurais que estejam ligados a atividades culturais e estudantes universitários de todas as regiões do Brasil, por exemplo, são beneficiados por um dos projetos da SID: as Redes Culturais. Essas redes abrangem associações e grupos culturais para divulgar e preservar suas manifestações de cunho artístico. O projeto é guiado por parcerias entre órgãos representativos do Estado brasileiro e as entidades culturais.

A Rede Cultural da Terra realiza oficinas de capacitação, cultura digital e atividades ligadas às artes plásticas, cênicas e visuais, à literatura, à música e ao artesanato. Além disso, mapeia a memória cultural dos trabalhadores do campo. A Rede Cultural dos Estudantes promove eventos e mostras culturais e artísticas e apoia a criação de Centros Universitários de Cultura e Arte.

Culturas populares e indígenas são outro foco de atenção das políticas de diversidade, havendo editais públicos de premiação de atividades realizadas ou em andamento, o que democratiza o acesso a recursos públicos.

O papel da cultura na humanização do tratamento psiquiátrico no Brasil é discutido em seminários da SID. Além disso, iniciativas artísticas inovadoras nesse segmento são premiadas com recursos do Edital Loucos pela Diversidade. Tais ações contribuem para a inclusão e socializam o direito à criação e à produção cultural.

A participação de toda a sociedade civil na discussão de qualquer política cultural se dá em reuniões da SID com grupos de trabalho e em seminários, oficinas e fóruns, nos quais são apresentadas as demandas da população. Com base nesses encontros é que podem ser planejadas e desenvolvidas ações que permitam o acesso dos cidadãos à cultura e a promoção de suas manifestações, independentemente de cor, sexo, idade, etnia e orientação sexual.

Identidade e diversidade. Internet: <www.brasil.gov.br/sobre/cultura/> (com adaptações).

(Escrivão de Polícia/BA – 2013 – CESPE) Considerando as ideias e aspectos linguísticos do texto apresentado, julgue o item a seguir.

(1) O emprego do sinal indicativo de crase é obrigatório em "às diferentes manifestações" (L.1) e facultativo em "às artes plásticas" (L.16-17), "à literatura" (L.17) e "à música" (L.17).

1: incorreta. Todos são casos de crase obrigatória.

Gabarito 1E

O problema intercultural não se resolve, como pretendem os multiculturalistas, pelo simples reconhecimento da isonomia axiológica entre culturas distintas, mas, fundamentalmente, pelo diálogo interpessoal entre indivíduos de culturas diferentes e, mais ainda, pelo acesso individual à própria diversidade cultural, como condição para o exercício da liberdade de pertencer a uma cultura, de assimilar novos valores culturais ou, simplesmente, de se reinventar culturalmente. Aliás, o reconhecimento da isonomia axiológica entre culturas é importante não porque limita a individualidade a uma estrita visão antropológica que projeta a condição humana ao círculo concêntrico da cultura do agrupamento familiar e social a que pertence o indivíduo, mas porque o liberta, ao lhe dar amplitude de opção cultural, que, transcendendo a esfera da identidade individual como simples parte de uma cultura, dimensiona a individualidade no campo da liberdade — da liberdade de criar a si mesmo. Por fim, a passagem para a democracia não totalitária, ou seja, democracia na e para a diversidade, decorre, justamente, da sensibilização do político e da democratização do espaço pessoal, antes preso à teia indizível do monismo cultural ocidental, tornando-se papel do Estado o oferecimento das condições de acessibilidade à diversidade cultural, ambiente imprescindível à autogestão da identidade pessoal.

Miguel Batista de Siqueira Filho. **Democracia, direito e liberdade**. Goiânia: Editora da PUC Goiás, 2011, p. 95-6 (com adaptações).

(Escrivão de Polícia/DF – 2013 – CESPE) Em relação ao texto acima, julgue o seguinte item.

(1) No trecho "agrupamento familiar e social a que pertence o indivíduo" (L.12-13), a substituição de "o indivíduo" por a pessoa tornaria obrigatório o emprego do acento grave, indicativo de crase, no "a" que antecede "que": à que pertence a pessoa.

1: incorreta. Não ocorre crase nessa hipótese, porque o "a" que antecede o "que" é preposição pura. O artigo definido feminino, necessário para ocorrer a crase, é colocado depois do verbo "pertence".

Gabarito 1E

8. SEMÂNTICA

O direito tributário brasileiro depara-se com grandes desafios, principalmente em tempos de globalização e interdependência dos sistemas econômicos. Entre esses pontos de atenção, destacam-se três. O primeiro é a guerra fiscal ocasionada pelo ICMS. O principal tributo em vigor, atualmente, é estadual, o que faz contribuintes e advogados se debruçarem sobre vinte e sete diferentes legislações no país para entendê-lo. Isso se tornou um atentado contra o princípio de simplificação, contribuindo para o incremento de uma guerra fiscal entre os estados, que buscam alterar regras para conceder benefícios e isenções, a fim de atrair e facilitar a instalação de novas empresas. É, portanto, um dos instrumentos mais utilizados na disputa por investimentos, gerando, com isso, consequências negativas do ponto de vista tanto econômico quanto fiscal.

A competitividade gerada pela interdependência estadual é outro ponto. Na década de 60, a adoção do imposto sobre valor agregado (IVA) trouxe um avanço importante para a tributação indireta, permitindo a internacionalização das trocas de mercadorias com a facilitação da equivalência dos impostos sobre consumo e tributação, e diminuindo as diferenças entre países. O ICMS, adotado no país, é o único caso no mundo de imposto que, embora se pareça com o IVA, não é administrado pelo governo federal — o que dá aos estados total autonomia para administrar, cobrar e gastar os recursos dele originados. A competência estadual do ICMS gera ainda dificuldades na relação entre as vinte e sete unidades da Federação, dada a coexistência dos princípios de origem e destino nas transações comerciais interestaduais, que gera a já comentada guerra fiscal.

A harmonização com os outros sistemas tributários é outro desafio que deve ser enfrentado. É preciso integrar-se aos países do MERCOSUL, além de promover a aproximação aos padrões tributários de um mundo globalizado e desenvolvido, principalmente quando se trata de Europa. Só assim o país recuperará o poder da economia e poderá utilizar essa recuperação como condição para intensificar a integração com outros países e para participar mais ativamente da globalização.

André Pereira. Os desafios do direito tributário brasileiro. *In*: DCI–Diário Comércio, Indústria e Serviços. 2/mar./2017. Internet: <www.dci.com.br> (com adaptações).

(Auditor Fiscal - SEFAZ/RS - 2019 - CESPE/CEBRASPE) A correção gramatical e os sentidos originais do texto 1A1-I seriam preservados se, no trecho "A competência estadual do ICMS gera ainda dificuldades na relação entre as vinte e sete unidades da Federação" (R. 26 a 28), o vocábulo "ainda" fosse substituído pela seguinte expressão, isolada por vírgulas.

(A) até então
(B) ao menos
(C) além disso
(D) até aquele tempo
(E) até o presente momento

Nesta construção, "ainda" é palavra denotativa, sinônima de "além disso", "também".

Gabarito "C"

Texto 1A11-I

Pixis foi um músico medíocre, mas teve o seu dia de glória no distante ano de 1837.

Em um concerto em Paris, Franz Liszt tocou uma peça do (hoje) desconhecido compositor, junto com outra, do admirável, maravilhoso e extraordinário Beethoven (os adjetivos aqui podem ser verdadeiros, mas — como se verá — relativos). A plateia, formada por um público refinado, culto e um pouco bovino, como são, sempre, os homens em ajuntamentos, esperava com impaciência.

Liszt tocou Beethoven e foi calorosamente aplaudido. Depois, quando chegou a vez do obscuro e inferior Pixis, manifestou-se o desprezo coletivo. Alguns, com ouvidos mais sensíveis, depois de lerem o programa que anunciava as peças do músico menor, retiraram-se do teatro, incapazes de suportar música de má qualidade.

Como sabemos, os melômanos são impacientes com as obras de epígonos, tão céleres em reproduzir, em clave rebaixada, as novas técnicas inventadas pelos grandes artistas.

Liszt, no entanto, registraria que um erro tipográfico invertera, no programa do concerto, os nomes de Pixis e Beethoven...

A música de Pixis, ouvida como sendo de Beethoven, foi recebida com entusiasmo e paixão, e a de Beethoven, ouvida como sendo de Pixis, foi enxovalhada.

Esse episódio, cômico se não fosse doloroso, deveria nos tornar mais atentos e menos arrogantes a respeito do que julgamos ser arte.

Desconsiderar, no fenômeno estético, os mecanismos de recepção é correr o risco de aplaudir Pixis como se fosse Beethoven.

Charles Kiefer. O paradoxo de Pixis. *In*: Para ser escritor. São Paulo: Leya, 2010 (com adaptações).

(Auditor Fiscal - SEFAZ/RS - 2019 - CESPE/CEBRASPE) No texto 1A11-I, a palavra "medíocre" (R.1) foi empregada com o mesmo sentido de

(A) carente.
(B) tímido.
(C) humilde.
(D) inexpressivo.
(E) despretensioso.

"Medíocre" é sinônimo, principalmente em sua acepção etimológica, de "inexpressivo", "mediano". Com o passar do tempo ganhou também o sentido de "péssimo", "horroroso".

Gabarito "D"

(Auditor Fiscal - SEFAZ/RS - 2019 - CESPE/CEBRASPE) A correção e os sentidos do texto 1A11-I seriam preservados se a palavra "enxovalhada" (R.24) fosse substituída por

(A) desassistida.
(B) desagravada.
(C) afamada.
(D) aplaudida.
(E) desdenhada.

"Enxovalhada" é sinônimo de "desdenhada", "criticada", "humilhada".

Gabarito "E"

O trem que naquela tarde de dezembro de 1909 trazia de volta a Santa Fé o dr. Rodrigo Terra Cambará passava agora, apitando, pela frente do cemitério da cidade. Com a cabeça para fora da janela, o rapaz olhava para aqueles velhos paredões, imaginando, entre emocionado e divertido, que os mortos, toda vez que ouviam o apito da locomotiva, corriam a espiar o trem por cima dos muros do cemitério. Imaginava que ali estavam sua mãe, o capitão Rodrigo, a velha Bibiana, outros parentes e amigos. Sorriam, e era-lhe agradável pensar que o saudavam: "Bem-vindo sejas, Rodrigo Temos esperanças em ti!" Havia apenas um que não sorria. Era o Tito Chaves, que Rodrigo vira pela última vez estendido sem vida no barro da rua, na frente do Sobrado, o peito ensanguentado, os olhos vidrados. Corria à boca miúda que fora o coronel Trindade quem o mandara matar por questões de política, mas ninguém tinha coragem de dizer isso em voz alta. E agora ali estava Tito encarapitado no muro do cemitério, a bradar: "Vai e me vinga, Rodrigo. És moço, és culto, tens coragem e ideais! Em Santa Fé todo o mundo tem medo do coronel Trindade. Não há mais justiça. Não há mais liberdade. Vai e me vinga!"

O trem ainda apitava tremulamente, como se estivesse chorando. Mas quem, enternecido, chorava de verdade era Rodrigo. As lágrimas lhe escorriam pelo rosto, a que a poeira dava uma cor de tijolo. Maneco Vieira tocou-.......... o braço. "Que foi que houve, moço?", perguntou, com um jeito protetor. Rodrigo levou o lenço aos olhos, dissimulando: "Esta maldita poeira..."

No vagão agora os passageiros começavam a arrumar suas coisas, erguiam-se, baixavam as malas dos gabaritos, numa alegria alvoroçada de fim de viagem. Rodrigo foi até o lavatório, tirou o chapéu, lavou o rosto, enxugou-.......... com o lenço e por fim penteou-se com esmero. Observou, contrariado, que tinha os olhos injetados, o que lhe dava um ar de bêbedo ou libertino. Não queria logo de chegada causar má impressão aos que o esperavam. Piscou muitas vezes, revirou os olhos, umedeceu o lenço e tornou a passá-lo pelo rosto. Pôs a língua para fora e quedou-se por algum tempo a examiná-la. Ajeitou a gravata, tornou a botar o chapéu, recuou um passo, lançou um olhar demorado para o espelho e, satisfeito, voltou para seu lugar. Maneco Vieira sorriu, dizendo-lhe: "Enfim chegamos, com a graça de Deus... e do maquinista."

O trem diminuiu a marcha ao entrar nos subúrbios de Santa Fé. Rodrigo sentou-se de novo junto à janela e logo viu, surpreso, os casebres miseráveis do Purgatório e suas tortuosas ruas de terra vermelha. Aqueles ranchos de madeira apodrecida, cobertos de palha; aquela mistura desordenada e sórdida de molambos, panelas, gaiolas, gamelas, lixo; aquela confusão de cercas de taquara, becos, barrancos e quintais bravios – lembraram-.......... uma fotografia do reduto de Canudos que vira estampada numa revista.

Na frente de algumas das choupanas viam-se mulheres – chinocas brancas, pretas, mulatas, cafuzas – a acenar para o trem; muitas delas tinham um filho pequeno nos braços e outro no ventre. Crianças seminuas e sujas brincavam na terra no meio de galinhas, cachorros e ossos de rês. Lá embaixo, no fundo dum barranco, corria o riacho, a cuja beira uma cabocla batia roupa numa tábua, com o vestido arregaçado acima dos joelhos. Em todas as caras Rodrigo vislumbrava algo de terroso e doentio, uma lividez encardida que a luz meridiana tornava ainda mais acentuada. "Quanta miséria!", murmurou desolado.

Adaptado de: Érico Veríssimo, O Tempo e o Vento, Parte II: o Retrato, vol. I. 3ª ed. São Paulo: Companhia das Letras, 2004. p.92-93.

(Procurador do Estado – PGE/RS – Fundatec – 2015) As alternativas abaixo apresentam substituições para as palavras vidrados (l.08), encarapitado (l.10) e sórdida (l.28), respectivamente. Assinale a alternativa que contém as substituições mais adequadas para elas no texto.

(A) sem brilho – empoleirado – imunda.
(B) fixo – encolhido – imunda.
(C) sem brilho – encolhido – torpe.
(D) fixo – encolhido – torpe.
(E) sem brilho – empoleirado – torpe.

Note que, se soubermos que "encarapitado" é sinônimo de "empoleirado", "debruçado", só precisamos nos preocupar com o sinônimo de "sórdida", porque automaticamente está respondido que "vidrados" equivale a "sem brilho" ("fixos" também está correto, mas daí não há alternativa que substitua corretamente as demais palavras). "Sórdida", no caso, foi usado no sentido de "imunda", "suja", porque se refere ao cenário da pobreza da periferia ("sórdida" também pode ser sinônimo de "torpe", "mesquinho", mas não é o caso aqui). HS

Gabarito "A".

Qual a situação política .... se defrontava Jango com a retomada do regime presidencialista, com o fim do parlamentarismo em 1963? O fundamental é que a política de compromisso se tornava cada vez mais difícil. De cada extremo do espectro, grupos radicais insistiam em soluções antidemocráticas, compartilhando a crença de que cada um estava em condições de ganhar mais com o desmoronamento da democracia.

À direita, o grupo mais importante era o dos antigetulistas tradicionais. Chocados pela súbita renúncia de Jânio em 1961, mas impossibilitados de impedir a posse de Jango, caíram num desespero que lembrava seu mal-estar após a eleição de Juscelino em 1955. Estavam, no entanto, melhor organizados e mais decididos. As manobras populistas de Jango, em 1962, para obter a antecipação do plebiscito sobre o regime de governo .... de que estavam tratando com o mesmo Jango .... renúncia os coronéis forçaram em 1954. Em princípios de 1962, começaram a conspirar para derrubar o presidente. Entre seus líderes militares estavam o marechal Odílio Denys e o almirante Sílvio Heck, ex-ministros de Jânio. O principal chefe civil era Júlio de Mesquita Filho, proprietário do influente jornal O Estado de S. Paulo.

Os radicais anti-Jango dispunham de uma conhecida reserva de doutrinas antidemocráticas. Como em 1950 e em 1955, alegavam que não se podia confiar no eleitorado brasileiro. Somente sob uma cuidadosa tutela poderia ser impedido de cair nas malhas de políticos "demagógicos" novamente. A moralidade e o anticomunismo eram suas palavras de ordem. Contavam, ainda, com o apoio de um bem financiado movimento de homens de negócio paulistas, que tinha como centro o Instituto de Pesquisas e Estudos Sociais (IPES), fundado em 1961.

À esquerda, os radicalizantes tentavam capitalizar qualquer crise política .... fim de provocar uma abrupta transferência de poder. Seu propósito era influenciar a opinião pública, até o ponto em que os árbitros estabelecidos do poder fossem desacreditados ou vencidos. A esquerda radical incluía grupos operários como o Pacto Sindical de Unidade de Ação (PUA) e o Comando Geral dos Trabalhadores (CGT), e organizações populares como as Ligas Camponesas e a União Nacional de Estudantes (UNE). O Partido Comunista Brasileiro trabalhava para forçar um governo mais "nacionalista e democrático", dentro da estrutura existente. O líder político mais preeminente da esquerda radical era Leonel Brizola, agora deputado federal pelo PTB da Guanabara. Brizola era dado ao uso de linguagem violenta contra os inimigos; frequentemente ameaçava recorrer à ação extraparlamentar – por exemplo, incentivar greves generalizadas, como na crise de 19 para obter concessões do Congresso. É importante notar aqui a ênfase nos métodos diretos para combater "golpistas", "entreguistas" e "reacionários". Nenhum desses grupos de esquerda era francamente revolucionário por volta de fins de 1962; mas todos tinham sérias dúvidas quanto .... possibilidade de satisfazer seus desejos de mudanças radicais dentro da estrutura constitucional existente.

A despeito do crescimento da opinião extremista, em princípios de 1963 a maioria dos brasileiros ainda se encontrava no centro. Pró-democráticos, preferiam uma economia mista que utilizasse o capital estrangeiro sob cuidadoso controle nacional. A opinião do centro aceitava ampliar o sistema político, mas somente com cautela. Sua base social era primordialmente liberal, mas também reconhecia a necessidade da industrialização, conquanto resistisse .... qualquer ideologia definida com relação ao processo de industrialização. Contudo, estes pontos-de-vista cautelosos não eram claramente formulados, e na verdade continham seu próprio espectro de opinião – desde a "esquerda positiva" até os "industrialistas esclarecidos".

Adaptado de: Thomas Skidmore, "O Espectro Político e os Extremistas", in Brasil: de Getúlio a Castelo, 4ª ed., trad. coord. por I. T. Dantas, p.273-279. Rio de Janeiro: Paz e Terra, 1975.

(Procurador do Estado – PGE/RS – Fundatec – 2015) Assinale a alternativa que contém um adjetivo cuja eliminação NÃO é possível no texto, pois alteraria as relações entre referentes designados pelos substantivos do trecho correspondente.

(A) ***súbita*** (l.06).
(B) ***civil*** (l.13).
(C) ***influente*** (l.13).
(D) ***sérias*** (l.32).
(E) **cuidadoso** (l.37).

Todas as alternativas apresentam adjetivos que, se excluídos, não alterariam o sentido do texto, com exceção da letra "B", que deve ser assinalada. "Civil", nesse caso, é essencial para que se entenda que Júlio de Mesquita Filho não era militar e destacar que o movimento de extrema direita contava com apoiadores influentes nos dois grupos (civis e militares). HS

Gabarito "B".

– Você pensou bem no que vai fazer, Paulo?

– Pensei. Já estou decidido. Agora não volto atrás.

– Olhe lá, hein, rapaz...

Paulo está ao mesmo tempo comovido e surpreso com os três amigos. Assim que souberam do seu divórcio iminente, correram para visitá-lo no hotel. A solidariedade lhe faz bem. Mas não entende aquela insistência deles em dissuadi-lo. Afinal, todos sabiam que ele não andava muito contente com seu relacionamento.

– Pense um pouco mais, Paulo. Reflita. Essas decisões súbitas...

– Mas que súbitas? Estamos praticamente separados há um ano!

– Dê outra chance ao seu casamento, Paulo.

– A Margarida é uma ótima mulher.

– Espera um pouquinho. Você mesmo deixou de frequentar nossa casa por causa da Margarida, depois que ela chamou vocês de bêbados e quase expulsou todo mundo.

– E fez muito bem. Nós estávamos bêbados e tínhamos que ser expulsos.

– Outra coisa, Paulo. O divórcio. Sei lá.

– Eu não entendo mais nada. Você sempre defendeu o divórcio!

– É. Mas quando acontece com um amigo...

– Olha, Paulo. Eu não sou moralista. Mas acho a família uma coisa importantíssima. Acho que a família merece qualquer sacrifício.

– Pense nas crianças, Paulo. No trauma.

– Mas nós não temos filhos!

– Nos filhos dos outros, então. No mau exemplo.

– Mas isto é um absurdo! Vocês estão falando como se fosse o fim do mundo. Hoje, o divórcio é uma

coisa comum. Não vai mudar nada.
– Como, não muda nada?
– Muda tudo!
– Você não sabe o que está dizendo, Paulo Muda tudo.
– Muda o quê?
– Bom, pra começar, você não vai poder mais frequentar as nossas casas.
– As mulheres não vão tolerar.
– Você se transformará num pária social, Paulo.
– Como é que é?
– Fora de brincadeira. Um reprobo.
– Puxa. Eu nunca pensei que vocês...
– Pense bem, Paulo. Dê tempo ao tempo.
– Deixe pra decidir depois. Passado o verão.
– Reflita, Paulo. É uma decisão seriíssima. Deixe para mais tarde.
– Está bem. Se vocês insistem...
Na saída, os três amigos conversam:
– Será que ele se convenceu?
– Acho que sim. Pelo menos vai adiar.
– E no "solteiros contra casados" da praia, neste ano, ainda teremos ele no gol.
– Também, a ideia dele. Largar o gol dos casados logo agora. Em cima da hora. Quando não dava mais para arranjar substituto.
– Os casados nunca terão um goleiro como ele.
– Se insistirmos bastante, ele desiste definitivamente do divórcio.
– Vai aguentar a Margarida pelo resto da vida.
– Pelo time dos casados, qualquer sacrifício serve.
– Me diz uma coisa. Como divorciado, ele podia jogar no time dos solteiros?
– Podia.
– Impensável.
– É.
– Outra coisa.
– Fala.
– Não é reprobo. É réprobo. Acento no "e".
– Mas funcionou, não funcionou?

Adaptado de VERISSIMO, Luis Fernando. "Os Moralistas". Disponível em www.releituras.com/lfverissimo_moralistas.asp. Acessado em 12 de novembro de 2014.

(Procurador do Estado – PGE/RS – Fundatec – 2015) Assinale V, se verdadeiras, ou F, se falsas nas afirmações a seguir:

( ) A palavra ***decidido*** (linha 02) está sendo empregada como adjetivo.
( ) A palavra ***absurdo*** (linha 23) está sendo empregada como adjetivo.
( ) A palavra ***bem*** (linha 35) está sendo usada como um substantivo.
( ) A palavra ***ano*** (linha 42) está sendo usada como advérbio.

A sequência correta de preenchimento dos parênteses, de cima para baixo, é:

(A) F – F – V – V.
(B) F – V – V – V.
(C) V – F – F – F.
(D) V – V – V – F.
(E) V – F – F – V.

I: verdadeira. É adjetivo que atua como predicativo do sujeito oculto "eu"; **II:** falsa. Na oração, o termo "absurdo" tem valor de substantivo; **III:** falsa. É advérbio que interage com o verbo "pensar"; **IV:** falsa. É substantivo. HS

Gabarito "C"

Leio que a ciência deu agora mais um passo definitivo. E claro que o definitivo da ciência e transitório, e não por deficiência da ciência (e ciência demais), que se supera a si mesma a cada dia... Não indaguemos para que, ja que a própria ciência não o faz — o que, alias, e a mais moderna forma de objetividade de que dispomos.

Mas vamos ao definitivo transitório. Os cientistas afirmam que podem realmente construir agora a bomba limpa. Sabemos todos que as bombas atômicas fabricadas ate hoje são sujas (alias, imundas) porque, depois que explodem, deixam vagando pela atmosfera o ja famoso e temido estrôncio 90. Ora, isso e desagradável: pode mesmo acontecer que o próprio pais que lançou a bomba venha a sofrer, a longo prazo, as conseqüências mortíferas da proeza. O que e, sem duvida, uma sujeira.

Pois bem, essas bombas indisciplinadas, mal-educadas, serão em breve substituídas pelas bombas *n*, que cumprirão sua missão com lisura: destruirão o inimigo, sem riscos para o atacante. Trata-se, portanto, de uma fabulosa conquista, não?

Ferreira Gullar. *Maravilha*. *In*: *A estranha vida banal*. Rio de Janeiro: José Olympio, 1989, p. 109.

(Polícia Rodoviária Federal – 2013 – CESPE) No que se refere aos sentidos e as estruturas linguisticas do texto acima, julgue os itens a seguir.

(1) A forma verbal "podem" (L.8) esta empregada no sentido de têm autorização.
(2) O emprego do acento nas palavras "ciência" e "transitório" justifica-se com base na mesma regra de acentuação.

1: incorreta. O verbo conjugado "podem" foi usado no sentido de "conseguem", "têm aptidão"; **2:** correta. Ambas são paroxítonas terminadas em ditongo crescente.

Gabarito 1E, 2C

Pavio do destino

Sérgio Sampaio

O bandido e o mocinho
São os dois do mesmo ninho
Correm nos estreitos trilhos
Lá no morro dos aflitos
Na Favela do Esqueleto
São filhos do primo pobre
A parcela do silêncio
Que encobre todos os gritos
E vão caminhando juntos
O mocinho e o bandido
De revólver de brinquedo
Porque ainda são meninos
Quem viu o pavio aceso do destino?
Com um pouco mais de idade
E já não são como antes
Depois que uma autoridade
Inventou-lhes um flagrante
Quanto mais escapa o tempo
Dos falsos educandários
Mais a dor é o documento
Que os agride e os separa
Não são mais dois inocentes
Não se falam cara a cara
Quem pode escapar ileso
Do medo e do desatino
Quem viu o pavio aceso do destino?
O tempo é pai de tudo
E surpresa não tem dia
Pode ser que haja no mundo
Outra maior ironia
O bandido veste a farda
Da suprema segurança
O mocinho agora amarga
Um bando, uma quadrilha
São os dois da mesma safra
Os dois são da mesma ilha
Dois meninos pelo avesso
Dois perdidos Valentinos
Quem viu o pavio aceso do destino?

(Agente de Polícia/DF – 2013 – CESPE) A respeito dos sentidos do texto de Sérgio Sampaio, que constitui a letra de uma música, julgue o item seguinte.

(1) O termo "ileso" (v.24) está empregado como sinônimo de incólume.

1: correta. São também sinônimos de indene, intacto, inteiro.

Gabarito 1C

9. ORTOGRAFIA

SOLDADO DESCONHECIDO. Após a Primeira Guerra Mundial, autoridades dos países aliados verificaram que os corpos de muitos soldados mortos em combate não podiam ser identificados. Os governos da Bélgica, França, Grã-Bretanha, Itália e Estados Unidos da América decidiram homenagear, de forma especial, a memória desses soldados. Cada governo escolheu um soldado desconhecido como símbolo, enterrou seus restos mortais na capital nacional e ergueu um monumento em honra do soldado.

A Bélgica colocou seu soldado desconhecido em um túmulo na base da Colunata do Congresso, em Bruxelas. A França enterrou seu soldado desconhecido embaixo do Arco do Triunfo, no centro de Paris. A Grã-Bretanha enterrou o seu na abadia de Westminster. O soldado desconhecido da Itália jaz defronte ao monumento a Vítor Emanuel I, em Roma.

No Brasil, os 466 mortos brasileiros integrantes da Força Expedicionária que haviam sido enterrados, após a Segunda Guerra Mundial, no cemitério militar de Pistoia, na Itália, foram transportados em urnas para o Brasil, em aviões da Força Aérea Brasileira, em 11 de dezembro de 1960. As urnas chegaram ao Rio de Janeiro em 16 do mesmo mês, ficando expostas à visitação pública no Palácio Tiradentes. No dia 22 de dezembro, os restos mortais dos heróis foram trasladados para o Monumento Nacional aos Mortos da Segunda Guerra Mundial.

Enciclopédia Delta Universal. Rio de Janeiro: Editora Delta, s/d, v. 13, p. 7.384 (com adaptações).

(Soldado da Polícia Militar/CE – 2012 – CESPE) Com relação à grafia e a aspectos morfossintáticos e semânticos do texto apresentado, julgue os itens que se seguem.

(1) No contexto em que ocorrem, as palavras "embaixo" (L.12) e "defronte" (L.15) podem ser substituídas, respectivamente, por **debaixo** e **enfronte**, sem prejuízo ortográfico.

(2) A frase "os corpos de muitos soldados mortos em combate não podiam ser identificados" (L.2-4) não contém o agente da ação de identificar.

(3) Caso o verbo **decidir** seja suprimido da expressão "decidiram homenagear" (L.5), o verbo **homenagear**, que se conjuga pelo modelo de **odiar** deverá ser grafado **homenagiaram**.

1: incorreta, porque a palavra escolhida 'enfronte' não se encaixa no contexto em questão, pois ela é verbo e não tem o mesmo significado de 'em frente'; **2:** correta, porque o agente da passiva não está descrito na frase, portanto sem agente aparente, sendo ele indeterminado no trecho. Há somente o sujeito paciente da ação verbal; **3:** incorreta, porque não se grafa homenagearam com a letra 'i' e sim com a letra 'e', portanto errado.

Gabarito 1E, 2C, 3E

Já adulto pela covardia, eu fazia o que todos fazemos, quando somos grandes, e há diante de nós sofrimentos e injustiças: não queria vê-los; subia para soluçar lá no alto da casa, numa peça ao lado da sala de estudos, sob os telhados, uma salinha que cheirava a íris, também aromada por uma groselheira silvestre que crescia do lado de fora entre as pedras do muro e passava um ramo florido pela janela entreaberta. Destinada a uma utilidade mais especial e mais vulgar, essa peça serviu por muito tempo de refúgio para mim, sem dúvida por ser a única que me permitia fechasse à chave, para todas as minhas ocupações que exigissem solidão inviolável: a leitura, o devaneio, as lágrimas e a volúpia.

Marcel Proust. **No caminho de Swann**. Internet: <vestibular.uol.com.br> (com adaptações).

(Enfermeiro – TJ/AL – 2012 – CESPE) Assinale a opção correta a respeito do texto apresentado.

(A) A palavra "covardia" (l.1) poderia ser substituída por **pusilanimidade**, sem alterar o sentido original do texto.

(B) As palavras "sofrimentos" (l.2) e "injustiças" (l.3) designam acontecimentos antagônicos necessariamente decorrentes um do outro.

(C) Na linha 5, o termo "íris" alude contextualmente a uma cor.

(D) A substituição da forma verbal "cheirava" (l.5) por cheirasse prejudicaria a correção gramatical do texto.

(E) Na linha 2, o vocábulo "grandes" é empregado como sinônimo de altos.

A: correta. "Covardia" e "pusilanimidade" são sinônimas; **B:** incorreta. Os ideias contidas em "sofrimentos" e "injustiças" não são antagônicas (contrárias), mas análogas (similares); **C:** incorreta. "Íris" é uma planta, por isso o autor se refere ao "cheiro de íris"; **D:** incorreta. Haveria uma mudança de sentido (da afirmação de que "a salinha efetivamente tinha cheiro de íris" para a possibilidade de que "talvez houvesse esse cheiro"), mas gramaticalmente estaria tudo correto; **E:** incorreta. "Grandes" foi empregada como sinônimo de "adultos".

Gabarito "A".

10. REGÊNCIAS VERBAL E NOMINAL

O respeito às diferentes manifestações culturais é fundamental, ainda mais em um país como o Brasil, que apresenta tradições e costumes muito variados em todo o seu território. Essa diversidade é valorizada e preservada por ações da Secretaria da Identidade e da Diversidade Cultural (SID), criada em 2003 e ligada ao Ministério da Cultura.

Cidadãos de áreas rurais que estejam ligados a atividades culturais e estudantes universitários de todas as regiões do Brasil, por exemplo, são beneficiados por um dos projetos da SID: as Redes Culturais. Essas redes abrangem associações e grupos culturais para divulgar e preservar suas manifestações de cunho artístico. O projeto é guiado por parcerias entre órgãos representativos do Estado brasileiro e as entidades culturais.

A Rede Cultural da Terra realiza oficinas de capacitação, cultura digital e atividades ligadas às artes plásticas, cênicas e visuais, à literatura, à música e ao artesanato. Além disso, mapeia a memória cultural dos trabalhadores do campo. A Rede Cultural dos Estudantes promove eventos e mostras culturais e artísticas e apoia a criação de Centros Universitários de Cultura e Arte.

Culturas populares e indígenas são outro foco de atenção das políticas de diversidade, havendo editais públicos de premiação de atividades realizadas ou em andamento, o que democratiza o acesso a recursos públicos.

O papel da cultura na humanização do tratamento psiquiátrico no Brasil é discutido em seminários da SID. Além disso, iniciativas artísticas inovadoras nesse segmento são premiadas com recursos do Edital Loucos pela Diversidade. Tais ações contribuem para a inclusão e socializam o direito à criação e à produção cultural.

A participação de toda a sociedade civil na discussão de qualquer política cultural se dá em reuniões da SID com grupos de trabalho e em seminários, oficinas e fóruns, nos quais são apresentadas as demandas da população. Com base nesses encontros é que podem ser planejadas e desenvolvidas ações que permitam o acesso dos cidadãos à cultura e a promoção de suas manifestações, independentemente de cor, sexo, idade, etnia e orientação sexual.

Identidade e diversidade. Internet: <www.brasil.gov.br/sobre/cultura/> (com adaptações).

(Escrivão de Polícia/BA – 2013 – CESPE) Considerando as ideias e aspectos linguísticos do texto apresentado, julgue o item a seguir.

(1) A correção gramatical do texto seria mantida caso as formas verbais "promove" e "apoia" (L.20) fossem flexionadas no plural, para concordar com o termo mais próximo, "dos Estudantes" (L.19).

1: incorreta. O verbo "promover" deve concordar com "Rede Cultural", singular, que é o núcleo do sujeito da oração.

Gabarito 1E

A prisão, em vez de devolver à liberdade indivíduos corrigidos, espalha na população delinquentes perigosos. A prisão não pode deixar de fabricar delinquentes. Fabrica-os pelo tipo de existência que faz os detentos levarem: que fiquem isolados nas celas, ou que lhes seja imposto um trabalho para o qual não encontrarão utilidade, é de qualquer maneira não "pensar no homem em sociedade; é criar uma existência contra a natureza inútil e perigosa"; queremos que a prisão eduque os detentos, mas um sistema de educação que se dirige ao homem pode ter razoavelmente como objetivo agir contra o desejo da natureza? A prisão fabrica também delinquentes impondo aos detentos limitações violentas; ela se destina a aplicar as leis, e a ensinar o respeito por elas; ora, todo o seu funcionamento se desenrola no sentido do abuso de poder. A prisão torna possível, ou melhor, favorece a organização de um meio de delinquentes, solidários entre si, hierarquizados, prontos para todas as cumplicidades futuras.

Michel Foucault. **Ilegalidade e delinquência**. *In*: Michel Foucault. **Vigiar e punir: nascimento da prisão**. 33.a ed. Petrópolis: Vozes, 1987, p. 221-2 (com adaptações).

(Agente de Polícia/DF – 2013 – CESPE) O item seguinte apresenta proposta de reescritura de trecho do texto acima. Julgue-o quanto à correção gramatical e à manutenção do sentido original do texto.

(1) "Fabrica-os pelo (...) inútil e perigosa"' (L.3-8): Fabrica-os pelo tipo de existência que impõem aos detentos: que fiquem isolados nas celas, ou que sejam compelidos a um trabalho para o qual não encontrarão utilidade, é de qualquer maneira não "pensar no homem em sociedade; é criar uma existência que vai de encontro à natureza inútil e perigosa".

1: incorreta. O verbo "impor" deveria estar no singular "impõe" para concordar com o sujeito oculto "a prisão".

Gabarito 1E

11. ORAÇÃO SUBORDINADA

Texto 1A3-I

A política tributária não se restringe ao objetivo de abastecer os cofres públicos, mas tem também objetivos econômicos e sociais. Se fosse aumentada a tributação sobre um produto considerado nocivo para o consumidor ou para a sociedade, o seu consumo poderia ser desestimulado. Caso a intenção fosse promover uma melhor distribuição de renda, o Estado poderia reduzir tributos incidentes sobre os produtos mais consumidos pela população de renda mais baixa e elevar os tributos sobre a renda da classe mais alta.

Por outro lado, se o Estado reduzisse a tributação de determinado setor da economia, os custos desse setor diminuiriam, o que possibilitaria a queda dos preços de seus produtos e poderia gerar um crescimento das vendas. Outro efeito viável dessa política seria o aumento do lucro das empresas, favorecendo-se, assim, a elevação dos seus investimentos — e, consequentemente, da produção — e o surgimento de novas empresas, o que provavelmente resultaria no crescimento da produção, bem como no acirramento da concorrência, com possíveis reflexos sobre os preços. Em qualquer um desses cenários, o setor seria estimulado.

Internet: <https://politicaspublicas.almg.gov.br> (comadaptações).

(Auditor Fiscal - SEFAZ/RS - 2019 - CESPE/CEBRASPE) No texto 1A3-I, a oração "se o Estado reduzisse a tributação de determinado setor da economia" (R. 10 e 11) apresenta, no período em que se insere, noção de

(A) concessão, uma vez que representa uma exceção às regras de tributação do país.

(B) explicação, uma vez que esclarece uma ação que diminuiria os custos do referido setor.

(C) proporcionalidade, uma vez que os custos do referido setor diminuiriam à medida que se diminuísse a tributação.

(D) tempo, uma vez que a diminuição dos custos do referido setor ocorreria somente após a redução da tributação sobre ele.

(E) condição, uma vez que a diminuição dos custos do referido setor dependeria da redução da tributação sobre ele.

A oração destacada é inaugurada pela conjunção condicional "se", demonstrando que uma coisa depende de outra dentro do raciocínio proposto. No caso, temos que os custos sobre um setor da economia só diminuiriam na hipótese de o Estado reduzir os tributos sobre ele. HS

Gabarito "E"

Um Brasil com desemprego zero. Um Brasil bem distante das estatísticas que apontam para uma taxa de desocupação em torno de 9%. E um Brasil que coloca o seu mercado de trabalho nas mãos de empreendedores locais, formais e informais. Cerca de 30 cidades devem integrar esse Brasil fora das estatísticas. São exceções e prova viva da força empreendedora do interior e de seu papel empregador. E representam, ainda, a força do agronegócio, o avanço ao consumo da classe C e os efeitos na economia dos programas de transferência de renda, afirmou Luiz Carlos Barboza, diretor do SEBRAE Nacional.

O Globo, 6/4/2008, p. 33 (com adaptações).

(Técnico Judiciário – STF – 2008 – CESPE) Com relação ao texto acima, julgue o item a seguir.

(1) A oração que se inicia com "que" (l.2) é adjetiva explicativa.

1: a oração "que apontam para uma taxa de desocupação" é adjetiva restritiva.

Gabarito 1E

12. PARTÍCULA SE / PRONOME SE

A última reforma eleitoral no país ocorreu na década passada e abrangeu três mudanças:

- uma nova lei de inelegibilidade (Lei Complementar n.º 64/1990);
- uma nova lei dos partidos políticos (Lei n.º 9.096/1995, alterada pela Lei n.º 9.259/1996);
- a denominada Lei das Eleições (Lei n.º 9.504/1997).

Verifica-se que o âmbito das reformas eleitorais cinge-se a três aspectos: as eleições, os partidos políticos e as inelegibilidades. Esses três aspectos decorrem do nosso direito constitucional legislado. Por isso, inquestionavelmente, consideram-se reformas eleitorais as propostas de mudanças que a eles dizem respeito.

Ao contrário das eleitorais, as reformas políticas incluem aspectos mais amplos que extrapolam o que se refere apenas aos sistemas eleitorais e aos sistemas partidários.

Quando e por que a reforma dos sistemas se torna inevitável? A constatação empírica é que os sistemas tendem a ser reformados quando já não cumprem os fins para os quais foram instituídos. Em outras palavras, quando o desgaste por eles sofrido exige a mudança do paradigma em vigor.

Marco Maciel. Folha de S.Paulo, 21/4/2009 (com adaptações).

(Técnico Judiciário – TRE/MA – 2009 – CESPE) No texto acima, o pronome "se", em

(A) "Verifica-se" (l.8), indica voz reflexiva.
(B) "cinge-se" (l.9), é objeto indireto.
(C) "consideram-se" (l.12), indica que o verbo está na voz passiva.
(D) "se refere" (l.15-16), indica sujeito indeterminado.
(E) "se torna" (l.18), exerce função de predicativo do sujeito.

A: o pronome se em "Verifica-se que o âmbito" é pronome apassivador; **B:** o pronome se em "cinge-se a três aspectos" é parte integrante do verbo; **C:** assertiva correta. O pronome se é apassivador; **D:** o pronome se em "o que se refere" é parte integrante do verbo; **E:** o pronome se em "se torna inevitável" é parte integrante do verbo.

Gabarito "C"

13. USO DA VÍRGULA E DOIS-PONTOS

O que tanta gente foi fazer do lado de fora do tribunal onde foi julgado um dos mais famosos casais acusados de assassinato no país? Torcer pela justiça, sim: as evidências permitiam uma forte convicção sobre os culpados, muito antes do encerramento das investigações. Contudo, para torcer pela justiça, não era necessário acampar na porta do tribunal, de onde ninguém podia pressionar os jurados. Bastava fazer abaixo-assinados via Internet pela condenação do pai e da madrasta da vítima. O que foram fazer lá, ao vivo? Penso que as pessoas não torceram apenas pela condenação dos principais suspeitos. Torceram também para que a versão que inculpou o pai e a madrasta fosse verdadeira.

O relativo alívio que se sente ao saber que um assassinato se explica a partir do círculo de relações pessoais da vítima talvez tenha duas explicações. Primeiro, a fantasia de que em nossas famílias isso nunca há de acontecer. Em geral temos mais controle sobre nossas relações íntimas que sobre o acaso dos maus encontros que podem nos vitimar em uma cidade grande. Segundo, porque o crime familiar permite o lenitivo da construção de uma narrativa. Se toda morte violenta, ou súbita, nos deixa frente a frente com o real traumático, busca-se a possibilidade de inscrever o acontecido em uma narrativa, ainda que terrível, capaz de produzir sentido para o que não tem tamanho nem nunca terá, o que não tem conserto nem nunca terá, o que não faz sentido.

Maria Rita Khel. **A morte do sentido**. Internet: <www.mariaritakehl.psc.br> (com adaptações).

(Escrivão de Polícia Federal – 2013 – CESPE) Com base no texto acima, julgue os itens abaixo.

(1) Sem prejuízo do sentido original do texto, os dois-pontos empregados logo após "sim" (L.3) poderiam ser substituídos por vírgula, seguida de dado que ou uma vez que.
(2) Sem prejuízo da correção gramatical e do sentido do texto, a oração "que inculpou o pai e a madrasta" (L.11-12) poderia ser isolada por vírgulas, sendo a opção pelo emprego desse sinal de pontuação uma questão de estilo apenas.

1: correta. Os dois-pontos marcam a entrada do aposto. Sua substituição por vírgula, seguida das locuções conjuntivas sugeridas, ambas com valor explicativo, mantém o mesmo sentido da formatação original; **2:** incorreta. A separação da oração por vírgulas transformá-la-ia em oração subordinada adjetiva explicativa. Sem os sinais de pontuação, entendemos do texto que existem várias versões para o crime e estamos falando daquela que culpa o pai e a madrasta (oração subordinada adjetiva restritiva). Se a transformarmos em explicativa, o sentido muda: só existe a versão que culpa o pai e a madrasta. Logo, não se trata de mera questão de estilo, e sim de transmitir a mensagem correta ao leitor.

Gabarito 1C, 2E

O processo penal moderno, tal como praticado atualmente nos países ocidentais, deixa de centrar-se na finalidade meramente punitiva para centrar-se, antes, na finalidade investigativa. O que se quer dizer é que, abandonado o sistema inquisitório, em que o órgão julgador cuidava também de obter a prova da responsabilidade do acusado (que consistia, a maior parte das vezes, na sua confissão), o que se pretende no sistema acusatório é submeter ao órgão julgador provas suficientes ao esclarecimento da verdade.

Evidentemente, no primeiro sistema, a complexidade do ato decisório haveria de ser bem menor, uma vez que a condenação está atrelada à confissão do acusado. Problemas de consciência não os haveria de ter o julgador pela decisão em si, porque o seu veredito era baseado na contundência probatória do meio de prova "mais importante" — a confissão. Um dos motivos pelos quais se pôs em causa esse sistema foi justamente a questão do controle da obtenção da prova: a confissão, exigida como prova plena para a condenação, era o mais das vezes obtida por meio de coações morais e físicas.

Esse fato revelou a necessidade, para que haja condenação, de se proceder à reconstituição histórica dos fatos, de modo que se investigue o que se passou na verdade e se a prática do ato ilícito pode ser atribuída ao arguido, ou seja, a necessidade de se restabelecer, tanto quanto possível, a verdade dos fatos, para a solução justa do litígio. Sendo esse o fim a que se destina o processo, é mediante a instrução que se busca a mais perfeita representação possível dessa verdade.

Getúlio Marcos Pereira Neves. **Valoração da prova e livre convicção do juiz**. *In*: **Jus Navigandi**, Teresina, ano 9, n.º 401, ago./2004 (com adaptações).

(Escrivão de Polícia Federal – 2013 – CESPE) No que se refere às ideias e aos aspectos linguísticos do texto acima, julgue o item que se segue.

(1) O segundo período do primeiro parágrafo do texto estaria gramaticalmente correto se fosse reescrito da seguinte forma: Quer-se dizer que, não mais vigorando o sistema inquisitório (no qual o órgão julgador cuidava também de obter a prova da responsabilidade do acusado — a qual consistia, no mais das vezes, na sua confissão), o que se almeja no sistema acusatório é fornecer ao órgão julgador provas bastantes ao esclarecimento da verdade.

1: correta. A oração subordinada adjetiva explicativa que está entre vírgulas no texto original pode ser deslocada para dentro dos parênteses sem qualquer prejuízo à correção textual. Expor ideias que complementem os conceitos utilizados no texto é justamente uma das funções dos parênteses.

Gabarito 1C

O respeito às diferentes manifestações culturais é fundamental, ainda mais em um país como o Brasil, que apresenta tradições e costumes muito variados em todo o seu território. Essa diversidade é valorizada e preservada por ações da Secretaria da Identidade e da Diversidade Cultural (SID), criada em 2003 e ligada ao Ministério da Cultura.

Cidadãos de áreas rurais que estejam ligados a atividades culturais e estudantes universitários de todas as regiões do Brasil, por exemplo, são beneficiados por um dos projetos da SID: as Redes Culturais. Essas redes abrangem associações e grupos culturais para divulgar e preservar suas manifestações de cunho artístico. O projeto é guiado por parcerias entre órgãos representativos do Estado brasileiro e as entidades culturais.

A Rede Cultural da Terra realiza oficinas de capacitação, cultura digital e atividades ligadas às artes plásticas, cênicas e visuais, à literatura, à música e ao artesanato. Além disso, mapeia a memória cultural dos trabalhadores do campo. A Rede Cultural dos Estudantes promove eventos e mostras culturais e artísticas e apoia a criação de Centros Universitários de Cultura e Arte.

Culturas populares e indígenas são outro foco de atenção das políticas de diversidade, havendo editais públicos de premiação de atividades realizadas ou em andamento, o que democratiza o acesso a recursos públicos.

O papel da cultura na humanização do tratamento psiquiátrico no Brasil é discutido em seminários da SID. Além disso, iniciativas artísticas inovadoras nesse segmento são premiadas com recursos do Edital Loucos pela Diversidade. Tais ações contribuem para a inclusão e socializam o direito à criação e à produção cultural.

A participação de toda a sociedade civil na discussão de qualquer política cultural se dá em reuniões da SID com grupos de trabalho e em seminários, oficinas e fóruns, nos quais são apresentadas as demandas da população. Com base nesses encontros é que podem ser planejadas e desenvolvidas ações que permitam o acesso dos cidadãos à cultura e a promoção de suas manifestações, independentemente de cor, sexo, idade, etnia e orientação sexual.

Identidade e diversidade. Internet: <www.brasil.gov.br/sobre/cultura/> (com adaptações).

(Escrivão de Polícia/BA – 2013 – CESPE) Considerando as ideias e aspectos linguísticos do texto apresentado, julgue o item a seguir.

(1) A retirada da vírgula após "Brasil" (L.2) manteria a correção gramatical e os sentidos do texto, visto que, nesse caso, o emprego desse sinal de pontuação é facultativo.

1: incorreta. A vírgula nessa passagem é obrigatória, pois separa a oração subordinada adjetiva explicativa da oração principal. Suprimi-la acarretaria erro gramatical, porque a oração seguinte seria lida como oração adjetiva restritiva.

Gabarito 1E

Balanço divulgado pela Secretaria de Segurança Pública do Distrito Federal (SSP/DF) aponta redução de 39% nos casos de roubo com restrição de liberdade, o famoso sequestro-relâmpago, ocorridos entre 1.º de janeiro e 31 de agosto deste ano, em comparação com o mesmo período do ano passado — foram 520 ocorrências em 2012 e 316 em 2013.

Em agosto deste ano, foram registrados 39 casos de sequestro-relâmpago em todo o DF, o que representa redução de 32% do número de ocorrências dessa natureza criminal em relação ao mesmo mês de 2012, período em que 57 casos foram registrados. Entre as 39 vítimas, 11 foram abordadas no Plano Piloto, região que lidera a classificação de casos, seguida pela região administrativa de Taguatinga, com oito ocorrências. Segundo a SSP, o cenário é diferente daquele do mês de julho, em que Ceilândia e Gama tinham o maior número de casos. "38% dos crimes foram cometidos nos fins de semana, no período da noite, e quase 70% das vítimas eram do sexo masculino, o que mostra que a escolha da vítima é baseada no princípio da oportunidade e aleatória, não em função do gênero."

Ao todo, 82% das vítimas (32 pessoas) estavam sozinhas no momento da abordagem dos bandidos, por isso as forças de segurança recomendam que as pessoas tomem alguns cuidados, entre os quais, não estacionar em locais escuros e distantes, não ficar dentro de carros estacionados e redobrar a atenção ao sair de residências, centros comerciais e outros locais.

DF registra 316 ocorrências de sequestro-relâmpago nos primeiros oito meses deste ano. R7, 6/9/2013. Internet: <http://noticias.r7.com> (com adaptações).

(Agente de Polícia/DF – 2013 – CESPE) Julgue os próximos itens, relativos aos sentidos e aos aspectos linguísticos do texto acima.

(1) A expressão "o famoso sequestro-relâmpago" (L.3-4) está entre vírgulas porque explica, em termos populares, a expressão "roubo com restrição de liberdade" (L.3).

(2) A correção gramatical e o sentido do texto seriam preservados caso a vírgula imediatamente após o termo "quais" (L.25) fosse substituída pelo sinal de dois-pontos.

1: correta. Trata-se de aposto e, portanto, deve vir entre vírgulas; **2:** correta. A vírgula no texto marca o início de uma enumeração, função que pode ser exercida pelos dois-pontos.

Gabarito 1C, 2C

A prisão, em vez de devolver à liberdade indivíduos corrigidos, espalha na população delinquentes perigosos. A prisão não pode deixar de fabricar delinquentes. Fabrica-os pelo tipo de existência que faz os detentos levarem: que fiquem isolados nas celas, ou que lhes seja imposto um trabalho para o qual não encontrarão utilidade, é de qualquer maneira não "pensar no homem em sociedade; é criar uma existência contra a natureza inútil e perigosa"; queremos que a prisão eduque os detentos, mas um sistema de educação que se dirige ao homem pode ter razoavelmente como objetivo agir contra o desejo da natureza? A prisão fabrica também delinquentes impondo aos detentos limitações violentas; ela se destina a aplicar as leis, e a ensinar o respeito por elas; ora, todo o seu funcionamento se desenrola no sentido do abuso de poder. A prisão torna possível, ou melhor, favorece a organização de um meio de delinquentes, solidários entre si, hierarquizados, prontos para todas as cumplicidades futuras.

Michel Foucault. **Ilegalidade e delinquência**. *In*: Michel Foucault. **Vigiar e punir: nascimento da prisão**. 33.a ed. Petrópolis: Vozes, 1987, p. 221-2 (com adaptações).

(Agente de Polícia/DF – 2013 – CESPE) O item seguinte apresenta proposta de reescritura de trecho do texto acima. Julgue-o quanto à correção gramatical e à manutenção do sentido original do texto.

(1) "A prisão (...) por elas" (L.11-13): Ao impor limitações violentas aos detentos, a prisão cria também delinquentes. Ela é destinada a aplicação das leis e ao ensino do respeito por elas.

1: incorreta. A colocação do ponto final separando os dois períodos trouxe graves prejuízos à coerência do texto. O segundo período não faz sentido frente ao primeiro.

Gabarito 1E

14. ANÁLISES SINTÁTICA E MORFOLÓGICA

Texto 1A16AAA

Para muitos, o surgimento da civilização decorreu da renúncia social ao uso da força física como forma de reparar injustiças. Fazer justiça com as próprias mãos passou a ser considerado, assim, um ato de barbaridade.

O sentimento de justiça, muito arraigado no ser humano, aparece em diversas espécies animais, tendo origens antigas na escala evolutiva: de ratos a gorilas, punir infrações parece ser útil há muitas eras. Deslealdade e desobediência, por exemplo, despertam no ser humano o senso de certo e errado e despertam automaticamente desejos de vingança ou de reparação. Para conviver em sociedade, é necessário, entretanto, conter tais impulsos, franqueando-se ao Estado a efetivação da justiça.

Quando as pessoas reservam-se o direito de usar a força física, sob a argumentação de que estão fazendo justiça, transmitem a mensagem de que não creem mais no pacto social. Alegando a falta de ação efetiva do Estado, elas afirmam que seu senso de justiça não está satisfeito e, por isso, resolvem agir por si mesmas. Produz-se, assim, um círculo vicioso no qual as pessoas sentem-se injustiçadas, não creem na ação do Estado e, por isso, rompem o pacto social, o que gera mais injustiça.

Daniel Martins de Barros. Justiça com as próprias mãos. Internet: <www.emais.estadao.com.br> (com adaptações).

(Promotor de Justiça/RR – 2017 – CESPE) Assinale a opção em que a proposta de reescrita apresentada mantém o sentido original e a correção gramatical do período "Alegando a falta de ação efetiva do Estado, elas afirmam que seu senso de justiça não está satisfeito e, por isso, resolvem agir por si mesmas." (l. 17 a 19).

(A) Devido ao fato delas alegarem a falta de ação efetiva do Estado, afirmam que seu senso de justiça não está satisfeito e, por fim, resolvem agir por si.

(B) Com base na alegação de que falta ação efetiva do Estado, elas afirmam que seu senso de justiça não está satisfeito e, portanto, resolvem agir por conta própria.

(C) À medida em que alegam a falta de ação efetiva do Estado, elas afirmam que seu senso de justiça está insatisfeito e, assim, resolvem agir por si.

(D) Apesar de elas alegarem de que há falta de ação efetiva do Estado, afirmam que seu senso de justiça não está satisfeito e, logo resolvem agir por si próprias.

A questão cobra do candidato conhecimento sobre a ampliação da oração subordinada reduzida de gerúndio que inicia o período e a substituição da conjunção "por isso" por outra equivalente, sem romper o padrão culto da linguagem. Essa combinação aparece somente na letra "B", que deve ser assinalada. Todas as demais alternativas ou alteram o sentido do trecho original ou possuem erros de pontuação. HS

Gabarito "B".

Instrução: As 3 questões seguintes referem-se ao texto abaixo.

Qual a situação política .... se defrontava Jango com a retomada do regime presidencialista, com o fim do parlamentarismo em 1963? O fundamental é que a política de compromisso se tornava cada vez mais difícil. De cada extremo do espectro, grupos radicais insistiam em soluções antidemocráticas, compartilhando a crença de que cada um estava em condições de ganhar mais com o desmoronamento da democracia.

À direita, o grupo mais importante era o dos antigetulistas tradicionais. Chocados pela súbita renúncia de Jânio em 1961, mas impossibilitados de impedir a posse de Jango, caíram num desespero que lembrava seu mal-estar após a eleição de Juscelino em 1955. Estavam, no entanto, melhor organizados e mais decididos. As manobras populistas de Jango, em 1962, para obter a antecipação do plebiscito sobre o regime de governo .... de que estavam tratando com o mesmo Jango .... renúncia os coronéis forçaram em 1954. Em princípios de 1962, começaram a conspirar para derrubar o presidente. Entre seus líderes militares estavam o marechal Odílio Denys e o almirante Sílvio Heck, ex-ministros de Jânio. O principal chefe civil era Júlio de Mesquita Filho, proprietário do influente jornal O Estado de S. Paulo.

Os radicais anti-Jango dispunham de uma conhecida reserva de doutrinas antidemocráticas. Como em 1950 e em 1955, alegavam que não se podia confiar no eleitorado brasileiro. Somente sob uma cuidadosa tutela poderia ser impedido de cair nas malhas de políticos "demagógicos" novamente. A moralidade e o anticomunismo eram suas palavras de ordem. Contavam, ainda, com o apoio de um bem financiado movimento de homens de negócio paulistas, que tinha como centro o Instituto de Pesquisas e Estudos Sociais (IPES), fundado em 1961.

À esquerda, os radicalizantes tentavam capitalizar qualquer crise política .... fim de provocar uma abrupta transferência de poder. Seu propósito era influenciar a opinião pública, até o ponto em que os árbitros estabelecidos do poder fossem desacreditados ou vencidos. A esquerda radical incluía grupos operários como o Pacto Sindical de Unidade de Ação (PUA) e o Comando Geral dos Trabalhadores (CGT), e organizações populares como as Ligas Camponesas e a União Nacional de Estudantes (UNE). O Partido Comunista Brasileiro trabalhava para forçar um governo mais "nacionalista e democrático", dentro da estrutura existente. O líder político mais preeminente da esquerda radical era Leonel Brizola, agora deputado federal pelo PTB da Guanabara. Brizola era dado ao uso de linguagem violenta contra os inimigos; frequentemente ameaçava recorrer à ação extraparlamentar – por exemplo, incentivar greves generalizadas, como na crise de 19 para obter concessões do Congresso. É importante notar aqui a ênfase nos métodos diretos para combater "golpistas", "entreguistas" e "reacionários". Nenhum desses grupos de esquerda era francamente revolucionário por volta de fins de 1962; mas todos tinham sérias dúvidas quanto .... possibilidade de satisfazer seus desejos de mudanças radicais dentro da estrutura constitucional existente.

A despeito do crescimento da opinião extremista, em princípios de 1963 a maioria dos brasileiros ainda se encontrava no centro. Pró-democráticos, preferiam uma economia mista que utilizasse o capital estrangeiro sob cuidadoso controle nacional. A opinião do centro aceitava ampliar o sistema político, mas somente com cautela. Sua base social era primordialmente liberal, mas também reconhecia a necessidade da industrialização, conquanto resistisse .... qualquer ideologia definida com relação ao processo de industrialização. Contudo, estes pontos-de-vista cautelosos não eram claramente formulados, e na verdade continham seu próprio espectro de opinião – desde a "esquerda positiva" até os "industrialistas esclarecidos".

Adaptado de: Thomas Skidmore, "O Espectro Político e os Extremistas", in Brasil: de Getúlio a Castelo, 4ª ed., trad. coord. por I. T. Dantas, p.273-279. Rio de Janeiro: Paz e Terra, 1975.

(Procurador do Estado – PGE/RS – Fundatec – 2015) As alternativas abaixo apresentam relações de referência entre um elemento anafórico e aquilo a que se refere no texto. Qual alternativa contém a relação correta?

(A) sujeito oculto de ***começaram a conspirar*** (l.11) – coronéis (l.11).
(B) sujeito oculto de ***poderia ser impedido*** (l.17) – sujeito de ***não se podia*** confiar (l.16).
(C) ***suas*** (l.18) – políticos "demagógicos" (l.17).
(D) ***sua*** (l.38) – sistema político (l.37).
(E) ***seu*** próprio (l.41) – pontos de vista cautelosos (l.40).

Elemento anafórico é aquele que resgata um termo que foi utilizado antes dele no texto. **A:** incorreta. O sujeito oculto de "começaram a conspirar" se refere a "antigetulilstas tradicionais"; **B:** incorreta. O sujeito oculto de "poderia ser impedido" se refere a "eleitorado brasileiro"; **C:** incorreta. "Suas" se refere a "radicais anti-Jango"; **D:** incorreta. "Sua" se refere a "maioria dos brasileiros"; **E:** correta. A correlação entre os termos é exatamente a que ocorre no texto. HS

Gabarito "E".

(Procurador do Estado – PGE/RS – Fundatec – 2015) As alternativas abaixo apresentam substituições para os segmentos ***cada um estava*** (l.04), ***não se podia*** (l.16) e ***conquanto resistisse*** (l.39), respectivamente. Assinale a alternativa que contém as substituições adequadas ao sentido do texto.

(A) todos os lados estavam – não era possível – mesmo resistindo.
(B) seu próprio lado estava – não podiam – até mesmo resistindo.
(C) seu próprio lado estava – não era possível – mesmo resistindo.
(D) todos os lados estavam – não podiam – mesmo resistindo.
(E) seu próprio lado estava – não podiam – até mesmo resistindo.

No primeiro caso, "todos os lados estavam" alteraria o sentido do texto, que pretende reforçar a posição de cada um dos lados da polarização política. Assim, não se pode reuni-los sob uma única expressão. No segundo caso, o uso do sujeito indeterminado em "não se podia" implica o afastamento entre a opinião expressada e a pessoa que a expressou – logo, não se pode substituir por "**não podiam**" diante da alteração de sentido (ficaria evidente que os "radicais anti-Jango" não podiam confiar no eleitorado). No terceiro caso, "conquanto" é conjunção concessiva, sinônimo de "mesmo", "embora". HS

Gabarito "E".

(Procurador do Estado – PGE/RS – Fundatec – 2015) Considere as seguintes propostas de alteração de períodos do texto (com os devidos ajustes de maiúsculas e minúsculas):

I. Substituição de *compartilhando* (l.04) por pois compartilhavam.
II. Substituição do ponto da linha 22 por ponto e vírgula, seguido de por isso e vírgula.
III. Inserção de Embora imediatamente antes de Nenhum (l.31); substituição de *era* (l.32) por fosse; substituição do ponto e vírgula (l.32) por vírgula; e eliminação de mas (l.32).

Quais propostas são corretas e NÃO alteram o significado original do texto?

(A) Apenas I.
(B) Apenas II.
(C) Apenas I e II.
(D) Apenas I e III.
(E) I, II e III.

I: não há alteração de sentido, porque se trata apenas do desenvolvimento da oração reduzida de gerúndio; **II:** indicada como incorreta pelo gabarito oficial, porque haveria alteração de sentido, com o que não concordamos. O texto original fica com melhor técnica e clareza do que a redação substituta, mas não há alteração de sentido. Note: o objetivo da esquerda era provocar uma abrupta transferência de poder, por isso seu propósito era influenciar a opinião pública para desacreditar os árbitros estabelecidos. É exatamente a mesma mensagem; **III:** não há alteração de sentido, apenas maior ênfase em algumas ideias. HS

Gabarito "D".

Pavio do destino

Sérgio Sampaio

O bandido e o mocinho
São os dois do mesmo ninho
Correm nos estreitos trilhos
Lá no morro dos aflitos
Na Favela do Esqueleto
São filhos do primo pobre
A parcela do silêncio
Que encobre todos os gritos
E vão caminhando juntos
O mocinho e o bandido
De revólver de brinquedo

Porque ainda são meninos
Quem viu o pavio aceso do destino?
Com um pouco mais de idade
E já não são como antes
Depois que uma autoridade
Inventou-lhes um flagrante
Quanto mais escapa o tempo
Dos falsos educandários
Mais a dor é o documento
Que os agride e os separa
Não são mais dois inocentes
Não se falam cara a cara
Quem pode escapar ileso
Do medo e do desatino
Quem viu o pavio aceso do destino?
O tempo é pai de tudo
E surpresa não tem dia
Pode ser que haja no mundo
Outra maior ironia
O bandido veste a farda
Da suprema segurança
O mocinho agora amarga
Um bando, uma quadrilha
São os dois da mesma safra
Os dois são da mesma ilha
Dois meninos pelo avesso
Dois perdidos Valentinos
Quem viu o pavio aceso do destino?

(Agente de Polícia/DF – 2013 – CESPE) Acerca de aspectos linguísticos do texto, julgue os itens a seguir.

(1) O termo "amarga" (v.33) corresponde a uma característica que, no texto, qualifica "quadrilha" (v.34).

(2) Nos versos 25 e 26, os termos "Do medo", "do desatino" e "do destino" exercem a mesma função sintática.

(3) O sujeito da forma verbal "viu", nos versos 13, 26 e 39, é indeterminado, pois não se revela, no texto, quem pratica a ação de ver.

1: incorreta. "Amarga", no trecho, é conjugação da terceira pessoa do singular do presente do indicativo do verbo "amargar", que tem sentido de "aguentar", "suportar". **2:** incorreta. "Do medo" e "do desatino" exercem função sintática de objeto indireto do verbo "escapar". "Do destino" é adjunto adnominal; **3:** incorreta. O sujeito é o pronome interrogativo "quem".

Gabarito 1E, 2E, 3E

Leio que a ciência deu agora mais um passo definitivo. E claro que o definitivo da ciência e transitório, e não por deficiência da ciência (e ciência demais), que se supera a si mesma a cada dia... Não indaguemos para que, ja que a própria ciência não o faz — o que, alias, e a mais moderna forma de objetividade de que dispomos.

Mas vamos ao definitivo transitório. Os cientistas afirmam que podem realmente construir agora a bomba limpa. Sabemos todos que as bombas atômicas fabricadas ate hoje são sujas (alias, imundas) porque, depois que explodem, deixam vagando pela atmosfera o ja famoso e temido estrôncio 90. Ora, isso e desagradável: pode mesmo acontecer que o próprio pais que lançou a bomba venha a sofrer, a longo prazo, as conseqüências mortíferas da proeza. O que e, sem duvida, uma sujeira.

Pois bem, essas bombas indisciplinadas, mal-educadas, serão em breve substituídas pelas bombas *n*, que cumprirão sua missão com lisura: destruirão o inimigo, sem riscos para o atacante. Trata-se, portanto, de uma fabulosa conquista, não?

Ferreira Gullar. *Maravilha*. *In*: *A estranha vida banal*. Rio de Janeiro: José Olympio, 1989, p. 109.

(Polícia Rodoviária Federal – 2013 – CESPE) No que se refere aos sentidos e as estruturas linguísticas do texto acima, julgue o item a seguir.

(1) A oração introduzida por "porque" (L.10) expressa a razão de as bombas serem sujas.

1: correta. A conjunção "porque" inaugura a oração subordinada adverbial causal.

Gabarito 1C

Texto para a próxima questão

Ainda que se soubessem todas as palavras de cada figura da Inconfidência, nem assim se poderia fazer com o seu simples registro uma composição da arte. A obra de arte não é feita de tudo — mas apenas de algumas coisas essenciais. A busca desse essencial expressivo é que constitui o trabalho do artista. Ele poderá dizer a mesma verdade do historiador, porém de outra maneira. Seus caminhos são outros, para atingir a comunicação. Há um problema de palavras. Um problema de ritmos. Um problema de composição. Grande parte de tudo isso se realiza, decerto, sem inteira consciência do artista. É a decorrência natural da sua constituição, da sua personalidade — por isso, tão difícil se torna quase sempre a um criador explicar a própria criação. No caso, porém, de um poema de mais objetividade, como o Romanceiro, muitas coisas podem ser explicadas, porque foram aprendidas, à proporção que ele se foi compondo.

Digo "que ele se foi compondo" e não "que foi sendo composto", pois, na verdade, uma das coisas que pude observar melhor que nunca, ao realizá-lo, foi a maneira por que um tema encontra sozinho ou sozinho impõe seu ritmo, sua sonoridade, seu desenvolvimento, sua medida.

O Romanceiro foi construído tão sem normas preestabelecidas, tão à mercê de sua expressão natural que cada poema procurou a forma condizente com sua mensagem. A voz irreprimível dos fantasmas, que todos os artistas conhecem, vibra, porém, com certa docilidade, e submete-se à aprovação do poeta, como se realmente, a cada instante, lhe pedisse para ajustar seu timbre à audição do público. Porque há obras que existem apenas para o artista, desinteressadas de transmissão; outras que exigem essa transmissão e esperam que o artista se ponha a seu serviço, para alcançá-la. O Romanceiro é desta segunda espécie.

Quatro anos de quase completa solidão — numa renúncia total às mais sedutoras solicitações, entre livros de toda espécie relativos ao especializadamente século 18 — ainda pareceram curtos demais para uma obra que se desejava o menos imperfeita possível, porque se impunha, acima de tudo, o respeito por essas vozes que falavam, que se confessavam, que exigiam, quase, o registro da sua história. E era uma história feita de coisas eternas e irredutíveis: de ouro, amor, liberdade, traições...

Mas porque esses grandiosos acontecimentos já vinham preparados de tempos mais antigos e foram o desfecho de um passado minuciosamente construído — era preciso iluminar esses caminhos anteriores, seguir o rastro do ouro que vai, a princípio como o fio de um colar, ligando cenas e personagens, até transformar-se em pesada cadeia que prende e imobiliza num destino doloroso.

Cecília Meireles. **Como escrevi o Romanceiro da Inconfidência.** *In:* **Romanceiro da Inconfidência**. 3.ª ed., Rio de Janeiro: Nova Fronteira, 2005, p. XVI-XVII (com adaptações).

(Diplomacia – 2011 – CESPE) Considerando as relações morfossintáticas no texto bem como os recursos estilísticos nele empregados, julgue (**C** ou **E**) os itens subsequentes.

(1) No texto, as formas verbais "encontra" (l.21), "falavam" (l.39) e "prende" (l.49) são intransitivas.

(2) Os termos "uma composição da arte" (l.3) e "a mesma verdade do historiador" (l.6-7) exercem, na oração em que se inserem, função de complemento verbal.

(3) Os vocábulos "decorrência" (l.11), "condizente" (l.25) e "irreprimível" (l.26) regem termos que lhes complementam, necessariamente, o sentido.

(4) O trecho "uma obra que se desejava o menos imperfeita possível" (l.37-38) poderia ser reescrito, sem prejuízo gramatical ou de sentido para o texto, da seguinte maneira: uma obra que era desejada a menos possível imperfeita.

1: Errado (Análise sintática) O verbo "encontra" é transitivo direto, e seu objeto "seu ritmo" está elíptico por aparecer na oração subsequente; **2:** Errado (Análise sintática) O termo "mesma verdade do historiador" é complemento verbal , objeto direto, da locução verbal "poderá dizer". O termo "uma composição de arte", contudo, é sujeito paciente da locução verbal "poderia fazer", que, por estar acompanhada de partícula apassivadora, está na voz passiva sintética; **3:** Errado (Análise sintática) O adjetivo "irreprimível" tem no texto significação intransitiva, ou seja, não requer complemento e, portanto, não é termo regente. Tanto ele quanto o termo preposicionado que lhe segue, "dos fantasmas", subordinam-se, como adjuntos adnominais, ao termo "voz". O substantivo "decorrência" e o adjetivo "condizente" são complementados, respectivamente, pelos termos "da sua constituição" e "com sua mensagem"; **4:** Errado (Análise sintática) No trecho "obra que se desejava", a leitura mais coerente com o contexto leva a se considerar, em termos semânticos, o termo "obra" como o sujeito agente da forma verbal "desejava", configurando-se uma personificação. Nessa perspectiva, o pronome "se" é um objeto direto reflexivo (não uma "partícula apassivadora" como quer dar a entender a afirmação da questão) e a oração não pode ser reescrita na voz passiva analítica.

Gabarito 1E, 2E, 3E, 4E

15. INTERPRETAÇÃO DE TEXTO E TEMAS COMBINADOS

O direito tributário brasileiro depara-se com grandes desafios, principalmente em tempos de globalização e interdependência dos sistemas econômicos. Entre esses pontos de atenção, destacam-se três. O primeiro é a guerra fiscal ocasionada pelo ICMS. O principal tributo em vigor, atualmente, é estadual, o que faz contribuintes e advogados se debruçarem sobre vinte e sete diferentes legislações no país para entendê-lo. Isso se tornou um atentado contra o princípio de simplificação, contribuindo para o incremento de uma guerra fiscal entre os estados, que buscam alterar regras para conceder benefícios e isenções, a fim de atrair e facilitar a instalação de novas empresas. É, portanto, um dos instrumentos mais utilizados na disputa por investimentos, gerando, com isso, consequências negativas do ponto de vista tanto econômico quanto fiscal.

A competitividade gerada pela interdependência estadual é outro ponto. Na década de 60, a adoção do imposto sobre valor agregado (IVA) trouxe um avanço importante para a tributação indireta, permitindo a internacionalização das trocas de mercadorias com a facilitação da equivalência dos impostos sobre consumo e tributação, e diminuindo as diferenças entre países. O ICMS, adotado no país, é o único caso no mundo de imposto que, embora se pareça com o IVA, não é administrado pelo governo federal — o que dá aos estados total autonomia para administrar, cobrar e gastar os recursos dele originados. A competência estadual do ICMS gera ainda dificuldades na relação entre as vinte e sete unidades da Federação, dada a coexistência dos princípios de origem e destino nas transações comerciais interestaduais, que gera a já comentada guerra fiscal.

A harmonização com os outros sistemas tributários é outro desafio que deve ser enfrentado. É preciso integrar-se aos países do MERCOSUL, além de promover a aproximação aos padrões tributários de um mundo globalizado e desenvolvido, principalmente quando se trata de Europa. Só assim o país recuperará o poder da economia e poderá utilizar essa recuperação como condição para intensificar a integração com outros países e para participar mais ativamente da globalização.

André Pereira. Os desafios do direito tributário brasileiro. *In*: DCI–Diário Comércio, Indústria e Serviços. 2/mar./2017. Internet: <www.dci.com.br> (com adaptações).

(Auditor Fiscal - SEFAZ/RS - 2019 - CESPE/CEBRASPE) Os três aspectos que representam desafios para o direito tributário brasileiro, na ordem em que aparecem no texto 1A1-I, são

(A) a alteração de regras para benefícios e isenções, a competitividade propiciada pela interdependência dos estados e a recuperação do poder econômico do país.

(B) o conflito fiscal proporcionado pelo ICMS, a competitividade produzida pela interdependência dos estados e a recuperação do poder econômico do país.

(C) a alteração de regras para benefícios e isenções, a competitividade gerada pela interdependência dos estados e a recuperação do poder econômico do país.

(D) o afinamento com outros sistemas tributários, a adoção do IVA e o conflito fiscal favorecido pelo ICMS.

(E) o conflito fiscal propiciado pelo ICMS, a competitividade gerada pela interdependência dos estados e o afinamento com outros sistemas tributários.

É importante atentar para o fato que o enunciado pede que se elenque os desafios do direito tributário **na ordem em que foram apresentados no texto.** Sendo assim, temos no primeiro parágrafo a criação de um conflito entre os estados conhecido como "guerra fiscal"; no segundo, a questão da interdependência; e no terceiro, a necessidade de aproximação com outros sistemas tributários.

Gabarito "E".

(Auditor Fiscal - SEFAZ/RS - 2019 - CESPE/CEBRASPE) Infere-se das ideias do texto 1A1-I que o autor é contrário

(A) ao modelo tributário europeu.

(B) à aplicação do IVA em nível federal.

(C) ao sistema tributário do MERCOSUL.

(D) à competência estadual para o ICMS.

(E) aos padrões tributários do mundo globalizado.

É possível concluir pela leitura atenta do texto que o autor é contra a competência estadual em relação ao ICMS. Além de destacar os problemas enfrentados no dia a dia com o imposto, ainda afirma que tributos simulares ao IVA em todos os demais países são de competência federal.

Gabarito "D".

Texto 1A11-I

Pixis foi um músico medíocre, mas teve o seu dia de glória no distante ano de 1837. Em um concerto em Paris, Franz Liszt tocou uma peça do (hoje) desconhecido compositor, junto com outra, do admirável, maravilhoso e extraordinário Beethoven (os adjetivos aqui podem ser verdadeiros, mas — como se verá — relativos). A plateia, formada por um público refinado, culto e um pouco bovino, como são, sempre, os homens em ajuntamentos, esperava com impaciência. Liszt tocou Beethoven e foi calorosamente aplaudido. Depois, quando chegou a vez do obscuro e inferior Pixis, manifestou-se o desprezo coletivo. Alguns, com ouvidos mais sensíveis, depois de lerem o programa que anunciava as peças do músico menor, retiraram-se do teatro, incapazes de suportar música de má qualidade. Como sabemos, os melômanos são impacientes com as obras de epígonos, tão céleres em reproduzir, em clave rebaixada, as novas técnicas inventadas pelos grandes artistas. Liszt, no entanto, registraria que um erro tipográfico invertera, no programa do concerto, os nomes de Pixis e Beethoven... A música de Pixis, ouvida como sendo de Beethoven, foi recebida com entusiasmo e paixão, e a de Beethoven, ouvida como sendo de Pixis, foi enxovalhada.

Esse episódio, cômico se não fosse doloroso, deveria nos tornar mais atentos e menos arrogantes a respeito do que julgamos ser arte. Desconsiderar, no fenômeno estético, os mecanismos de recepção é correr o risco de aplaudir Pixis como se fosse Beethoven.

Charles Kiefer. O paradoxo de Pixis. *In*: Para ser escritor. São Paulo: Leya, 2010 (com adaptações).

(Auditor Fiscal - SEFAZ/RS - 2019 - CESPE/CEBRASPE) Infere-se do texto 1A11-I que, na ocasião do concerto em Paris, em 1837,

(A) Pixis tocou uma composição de Beethoven como se fosse de sua autoria.
(B) Liszt equivocou-se na leitura do roteiro de composições que deveria executar.
(C) a plateia revoltou-se contra Liszt, por ele ter confundido uma composição de Pixis com uma de Beethoven.
(D) o público julgou as composições apenas com base nas designações equivocadas no programa do concerto.
(E) as peças de Pixis e Beethoven foram executadas de modo tão semelhante que o público não foi capaz de distingui-las.

A: incorreta. Quem fazia o concerto era Liszt e o erro foi na impressão do folheto; **B:** incorreta, conforme comentário anterior; **C:** incorreta, conforme comentário à alternativa "A"; **D:** correta, esta é a ideia central do texto; **E:** incorreta. Não se pode deduzir isso da narrativa. Segundo o autor, a confusão se deu unicamente por conta do erro na impressão do folheto.

Gabarito "D"

(Auditor Fiscal - SEFAZ/RS - 2019 - CESPE/CEBRASPE) No texto 1A11-I, com o emprego da expressão "(hoje)" (R.4) entre parênteses, o autor

(A) destaca que Pixis é desconhecido na atualidade, mas que não o era em 1837.
(B) indica que, a partir da data do concerto, Pixis deixou de ser desconhecido.
(C) enfatiza o "dia de glória" (R. 1 e 2) de Pixis.
(D) ressalta que se trata do dia do concerto de Franz Liszt.
(E) revela desprezo pela popularidade de Pixis em 1837.

A inserção do advérbio "hoje" entre parênteses indica que se trata de um comentário do autor paralelo à narração que está realizando. Ele sinaliza que Pixis é desconhecido nos dias atuais, mas na data da história que conta todos sabiam quem era o músico.

Gabarito "A"

(Auditor Fiscal - SEFAZ/RS - 2019 - CESPE/CEBRASPE) O autor do texto 1A11-I apresenta a narrativa do concerto de Liszt com o propósito de

(A) reconhecer que Pixis era tão genial quanto Beethoven.
(B) criticar o modo como algumas pessoas consomem arte.
(C) dar notoriedade à carreira de Pixis.
(D) alertar o público de que não se deve confiar em tudo que se lê.
(E) incentivar o público a ampliar seu repertório musical.

A verdadeira intenção do autor é criticar a forma como a maior parte das pessoas consome arte, ou seja, sem atentar para o que estão apreciando/analisando, mas sim partindo unicamente de conceitos pré-concebidos sobre o autor.

Gabarito "B"

(Auditor Fiscal - SEFAZ/RS - 2019 - CESPE/CEBRASPE) No trecho "aplaudir Pixis como se fosse Beethoven" (R. 29 e 30), do texto 1A11-I, observa-se a figura de linguagem

(A) catacrese.
(B) metonímia.
(C) eufemismo.
(D) pleonasmo.
(E) personificação.

Trata-se de metonímia, figura de linguagem que se expressa na substituição de um termo por outro que lhe seja conexo (nesse caso, da obra pelo seu autor).

Gabarito "B"

Texto 1A3-II

Entre os maiores poderes concedidos pela sociedade ao Estado, está o poder de tributar. A tributação está inserida no núcleo do contrato social estabelecido pelos cidadãos entre si para que se alcance o bem comum. Desse modo, o poder de tributar está na origem do Estado ou do ente político, a partir da qual foi possível que as pessoas deixassem de viver no que Hobbes definiu como o estado natural (ou a vida pré-política da humanidade) e passassem a constituir uma sociedade de fato, a geri-la mediante um governo, e a financiá-la, estabelecendo, assim, uma relação clara entre governante e governados.

A tributação, portanto, somente pode ser compreendida a partir da necessidade dos indivíduos de estabelecer convívio social organizado e de gerir a coisa pública mediante a concessão de poder a um soberano. Em decorrência disso, a condição necessária (mas não suficiente) para que o poder de tributar seja legítimo é que ele emane do Estado, pois qualquer imposição tributária privada seria comparável a usurpação ou roubo.

Internet: <www.receita.fazenda.gov.br> (com adaptações).

(Auditor Fiscal - SEFAZ/RS - 2019 - CESPE/CEBRASPE) O texto 1A3-I organiza-se de forma a apresentar

(A) argumentos em favor dos objetivos do Estado com relação à política tributária, para convencer o leitor.
(B) possíveis consequências sociais e econômicas da política tributária.
(C) procedimentos da atividade de tributação, destacando sua natureza fiscal.
(D) defesa de ações governamentais mais efetivas no que se refere à política tributária.
(E) razões para a diminuição de impostos ser considerada mais benéfica que o aumento destes.

A ideia central do texto é esclarecer para o leitor que as políticas tributárias não se resumem à arrecadação, mas influenciam também diretamente fatores econômicos e sociais.

Gabarito "B"

(Auditor Fiscal - SEFAZ/RS - 2019 - CESPE/CEBRASPE) Infere-se do texto 1A3-I que a ação do Estado, com relação à política tributária, visa

(A) ao provimento de receitas e também a finalidades econômicas e sociais.
(B) à redução de tributos sobre empresas comprometidas com o desenvolvimento social.
(C) ao aumento do lucro de empresas, com impacto sobre o crescimento do país.
(D) ao estímulo do setor empresarial pela concessão de isenção do pagamento de impostos.
(E) ao crescimento da livre concorrência, com aumento dos impostos aplicados a empresas.

A resposta é a mesma da questão anterior, apenas alterando a forma de expressá-la. A ideia central do texto é esclarecer para o leitor que as políticas tributárias não se resumem à arrecadação, mas influenciam também diretamente fatores econômicos e sociais.

Gabarito "A"

Texto 1A3-II

Entre os maiores poderes concedidos pela sociedade ao Estado, está o poder de tributar. A tributação está inserida no núcleo do contrato social estabelecido pelos cidadãos entre si para que se alcance o bem comum. Desse modo, o poder de tributar está na origem do Estado ou do ente político, a partir da qual foi possível que as pessoas deixassem de viver no que Hobbes definiu como o estado natural (ou a vida pré-política da humanidade) e passassem a constituir uma sociedade de fato, a geri-la mediante um governo, e a financiá-la, estabelecendo, assim, uma relação clara entre governante e governados.

A tributação, portanto, somente pode ser compreendida a partir da necessidade dos indivíduos de estabelecer convívio social organizado e de gerir a coisa pública mediante a concessão de poder a um soberano. Em decorrência disso, a condição necessária (mas não suficiente) para que o poder de tributar seja legítimo é que ele emane do Estado, pois qualquer imposição tributária privada seria comparável a usurpação ou roubo.

Internet: <www.receita.fazenda.gov.br> (com adaptações).

(Auditor Fiscal - SEFAZ/RS - 2019 - CESPE/CEBRASPE) De acordo com o texto 1A3-II, o poder de tributar é uma

(A) competência conferida pelos cidadãos ao Estado, com vistas ao bem comum da sociedade.
(B) condição para a construção de uma relação hierárquica entre governantes e governados.
(C) obrigação criada pelo Estado para a sua manutenção, mas que, gradativamente, passou a gerar benefícios à sociedade.
(D) forma de submissão dos cidadãos ao Estado assemelhada a usurpação ou roubo.
(E) relação anterior à constituição do Estado e da própria sociedade.

O texto defende a teoria contratualista da sociedade, uma corrente filosófica segundo a qual as pessoas viviam em um chamado "estado de natureza" ou "pré-social", onde não havia o Estado nem leis postas, e, em algum momento, resolvem abrir mão de parte de sua liberdade e igualdade para compor o Estado e permitir que ele gerisse esta nova sociedade recém-criada. Filósofos como Thomas Hobbes, John Locke e Jean-Jacques Rousseau são adeptos desta teoria. Partindo dessa premissa, o poder de tributar é uma parcela desta soberania pessoal que foi conferida pelos cidadãos ao Estado pelo contrato social.

Gabarito "A".

A jurisdição constitucional na contemporaneidade apresenta-se como uma consequência praticamente natural do Estado de direito. É ela que garante que a Constituição ganhará efetividade e que seu projeto não será cotidianamente rasurado por medidas de exceção desenhadas atabalhoadamente. Mais do que isso, a jurisdição é a garantia do projeto constitucional, quando os outros poderes buscam redefinir os rumos durante a caminhada.

Nesses termos, a jurisdição constitucional também se apresenta como medida democrática. Por meio dela, as bases que estruturaram democraticamente o Estado são conservadas, impedindo que o calor dos fatos mude a interpretação constitucional ou procure fugir de sua incidência sempre que os acontecimentos alegarem certa urgência.

Ademais, é a garantia hodierna de que os ventos da mudança não farão despencar os edifícios que sustentam as bases constitucionais, independentemente das maiorias momentâneas e dos clamores populares.

Emerson Ademir Borges de Oliveira. Jurisdição constitucional: entre a guarda da Constituição e o ativismo judicial. *In*: Revista Jurídica da Presidência. Brasília, v. 20, n.º 121, jun.-set./2018, p. 468-94 (com adaptações).

(Procurador do Município - Campo Grande/MS - 2019 - CESPE/CEBRASPE) A respeito das ideias e dos aspectos linguísticos do texto precedente, julgue os itens que se seguem.

(1) A jurisdição constitucional está relacionada à conservação das bases estruturantes do Estado democrático.
(2) Os sentidos e a correção gramatical do texto seriam mantidos caso se substituísse a forma verbal "garante" (R.3) por assegura.
(3) A supressão da vírgula empregada logo após a palavra "constitucional" (R.6) prejudicaria a correção gramatical do texto.
(4) Seria incorreto o emprego da forma quotidianamente em lugar de "cotidianamente" (R.4), pois aquela forma foi abolida do vocabulário oficial da língua portuguesa.
(5) A supressão do vocábulo "do", em "Mais do que isso" (R. 5 e 6), comprometeria a coesão e a correção gramatical do texto.

1: correta. Segundo o autor, cumpre à jurisdição constitucional garantir a integridade dos princípios que alicerçaram a construção do Estado; **2:** correta. As expressões são sinônimas; **3:** incorreta. A vírgula é facultativa, sua supressão não acarretaria incorreção ou alteração de sentido; **4:** incorreta. Ambas as grafias ainda são consideradas corretas pelo Vocabulário Ortográfico da Língua Portuguesa; **5:** incorreta. É uma partícula denotativa, sem função sintática específica, usada muito mais por hábito linguístico do que por correção gramatical. Sua supressão não traria qualquer prejuízo.

Gabarito 1C, 2C, 3E, 4E, 5E

O Departamento de Atendimento a Grupos Vulneráveis (DAGV) da Polícia Civil de Sergipe atende a um público específico, que frequentemente se torna vítima de diversos tipos de violência. Idosos, homossexuais, mulheres, crianças e adolescentes têm recebido atenção constante no DAGV, onde o atendimento ganha força e se especializa diariamente

A unidade surgiu como delegacia especializada em setembro de 2004. Agentes e delegados de atendimento a grupos vulneráveis realizam atendimento às vítimas, centralizam procedimentos relativos a crimes contra o público vulnerável registrados em outras delegacias, abrem inquéritos e termos circunstanciados e fazem investigações de queixas.

Internet: <www.ssp.se.gov.br> (com adaptações).

(Delegado - PC/SE - 2018 - CESPE/CEBRASPE) Com relação aos sentidos e a aspectos linguísticos do texto precedente, julgue os itens que se seguem.

(1) Predomina no texto a tipologia narrativa, a qual é adequada ao propósito comunicativo de apresentar ao leitor um relato linear e objetivo da história do DAGV desde o seu surgimento até os dias atuais.
(2) De acordo com o segundo período do texto, o DAGV é um espaço destinado a alojar grupos vulneráveis, como idosos, homossexuais, mulheres, crianças e adolescentes, dando-lhes refúgio e proteção constante.
(3) A correção gramatical e o sentido do texto seriam preservados se, no trecho "a um público específico" (ℓ. 2 e 3), a preposição "a" fosse suprimida.
(4) Os termos "a crimes contra o público" (ℓ. 11 e 12) e "de queixas" (ℓ.14) complementam, respectivamente, os termos "relativos" e "investigações".

1: incorreta. Trata-se de texto majoritariamente informativo, cuja intenção é instruir o leitor sobre as atividades do DAGV, agregando-lhe conhecimento; **2:** incorreta. O texto não diz que o DAGV fornece refúgio e alojamento, mas atenção a pessoas vulneráveis, isto é, tais grupos podem ali narrar os delitos de que foram vítimas sem medo de serem ridicularizados; **3:** correta. O verbo "atender" pode ser tanto transitivo direto quanto indireto. O uso da preposição "a" é facultativo; **4:** correta, as relações de coesão estão perfeitamente indicadas.

Gabarito: 1E, 2E, 3C, 4C

(...)
Às vezes eu falo com a vida
Às vezes é ela quem diz
Qual a paz que eu não quero
Conservar para tentar ser feliz

As grades do condomínio
São para trazer proteção
Mas também trazem a dúvida
Se é você que está nessa prisão
Me abrace e me dê um beijo
Faça um filho comigo
Mas não me deixe sentar
Na poltrona no dia de domingo.
(...)

O Rappa. **Minha Alma** (A Paz Que Eu Não Quero). *In*: **Álbum Lado B Lado A.** Warner Music Group, 1999 (com adaptações).

(Delegado - PC/SE - 2018 - CESPE/CEBRASPE) Com relação aos sentidos e aos aspectos linguísticos do trecho da letra de música anteriormente apresentado, julgue os itens que se seguem.

(1) No trecho apresentado, a associação de "As grades do condomínio" (*v.*5) com as palavras "proteção" (*v.*6) e "prisão" (*v.*8) remete a uma solução encontrada pelos cidadãos que, para se proteger da violência, se privam de sua liberdade, tornando-se prisioneiros em seus lares.

(2) No verso "Às vezes é ela quem diz" (*v.*2), a supressão de "é" e "quem" prejudicaria a coerência do trecho.

(3) Em "Mas não me deixe sentar" (*v.*11), a colocação do pronome "me" após a forma verbal "deixe" — **deixe-me** — prejudicaria a correção gramatical do trecho.

1: correta. A interpretação apresentada da poesia é totalmente condizente com a mensagem por ela transmitida; **2:** incorreta, pois não haveria prejuízo. Tais palavras foram inseridas pelo autor para fins de adequação da quantidade de sílabas do verso à canção, sendo também correto dizer: "às vezes ela diz"; **3:** correta. A presença do advérbio de negação "não" torna a próclise obrigatória, de maneira que a colocação do pronome posposto ao verbo seria gramaticalmente incorreta.

Gabarito: 1C, 2E, 3C

Texto 1A16AAA

Para muitos, o surgimento da civilização decorreu da renúncia social ao uso da força física como forma de reparar injustiças. Fazer justiça com as próprias mãos passou a ser considerado, assim, um ato de barbaridade.

O sentimento de justiça, muito arraigado no ser humano, aparece em diversas espécies animais, tendo origens antigas na escala evolutiva: de ratos a gorilas, punir infrações parece ser útil há muitas eras. Deslealdade e desobediência, por exemplo, despertam no ser humano o senso de certo e errado e despertam automaticamente desejos de vingança ou de reparação. Para conviver em sociedade, é necessário, entretanto, conter tais impulsos, franqueando-se ao Estado a efetivação da justiça.

Quando as pessoas reservam-se o direito de usar a força física, sob a argumentação de que estão fazendo justiça, transmitem a mensagem de que não creem mais no pacto social. Alegando a falta de ação efetiva do Estado, elas afirmam que seu senso de justiça não está satisfeito e, por isso, resolvem agir por si mesmas. Produz-se, assim, um círculo vicioso no qual as pessoas sentem-se injustiçadas, não creem na ação do Estado e, por isso, rompem o pacto social, o que gera mais injustiça.

Daniel Martins de Barros. Justiça com as próprias mãos. Internet: <www.emais.estadao.com.br> (com adaptações).

(Promotor de Justiça/RR – 2017 – CESPE) Conclui-se das ideias expressas no texto 1A16AAA que a atuação do Estado na reparação de injustiças é

(A) desnecessária, já que o cidadão garante a justiça pelo emprego da força física quando a ação estatal não é efetiva.

(B) necessária, porque o uso da força pelo cidadão redunda em mais injustiça.

(C) desnecessária, já que, a exemplo de diversas espécies animais, o ser humano é capaz de definir as condutas sociais passíveis de punição.

(D) necessária, pois, anteriormente à constituição do Estado, os agrupamentos humanos eram caracterizados por uma situação de barbárie social.

A ideia central do texto é transmitir a importância de se confiar o sistema de reparação das injustiças ao estado, porque ao fazê-lo com as próprias mãos, ao contrário do que parece de início, a pessoa somente estará produzindo mais injustiça.

Gabarito "B".

(Promotor de Justiça/RR – 2017 – CESPE) De acordo com o último parágrafo do texto 1A16AAA,

(A) o direito de utilizar força física para reparar injustiças restringe-se ao Estado.

(B) o poder de utilizar a força física para garantir a efetivação da justiça é atribuído ao Estado pelo pacto social.

(C) os cidadãos conferem ao Estado direito de preferência para atuar na reparação de injustiças e na manutenção do pacto social.

(D) o sentimento de falta de ação estatal resulta no uso da força física e no rompimento do pacto social, o que agrava a injustiça.

A única proposta que pode ser inferida do último parágrafo do texto, como requer o enunciado, é a alternativa "D", que, aliás, é quase transcrição literal do trecho original.

Gabarito "D".

O trem que naquela tarde de dezembro de 1909 trazia de volta a Santa Fé o dr. Rodrigo Terra Cambará passava agora, apitando, pela frente do cemitério da cidade. Com a cabeça para fora da janela, o rapaz olhava para aqueles velhos paredões, imaginando, entre emocionado e divertido, que os mortos, toda vez que ouviam o apito da locomotiva, corriam a espiar o trem por cima dos muros do cemitério. Imaginava que ali estavam sua mãe, o capitão Rodrigo, a velha Bibiana, outros parentes e amigos. Sorriam, e era-lhe agradável pensar que o saudavam: "Bem-vindo sejas, Rodrigo Temos esperanças em ti!" Havia apenas um que não sorria. Era o Tito Chaves, que Rodrigo vira pela última vez estendido sem vida no barro da rua, na frente do Sobrado, o peito ensanguentado, os olhos vidrados. Corria à boca miúda que fora o coronel Trindade quem o mandara matar por questões de política, mas ninguém tinha coragem de dizer isso em voz alta. E agora ali estava Tito encarapitado no muro do cemitério, a bradar: "Vai e me vinga, Rodrigo. És moço, és culto, tens coragem e ideais! Em Santa Fé todo o mundo tem medo do coronel Trindade. Não há mais justiça. Não há mais liberdade. Vai e me vinga!"

O trem ainda apitava tremulamente, como se estivesse chorando. Mas quem, enternecido, chorava de verdade era Rodrigo. As lágrimas lhe escorriam pelo rosto, a que a poeira dava uma cor de tijolo.

Maneco Vieira tocou-.......... o braço. “Que foi que houve, moço?”, perguntou, com um jeito protetor. Rodrigo levou o lenço aos olhos, dissimulando: “Esta maldita poeira...”

No vagão agora os passageiros começavam a arrumar suas coisas, erguiam-se, baixavam as malas dos gabaritos, numa alegria alvoroçada de fim de viagem. Rodrigo foi até o lavatório, tirou o chapéu, lavou o rosto, enxugou-.......... com o lenço e por fim penteou-se com esmero. Observou, contrariado, que tinha os olhos injetados, o que lhe dava um ar de bêbedo ou libertino. Não queria logo de chegada causar má impressão aos que o esperavam. Piscou muitas vezes, revirou os olhos, umedeceu o lenço e tornou a passá-lo pelo rosto. Pôs a língua para fora e quedou-se por algum tempo a examiná-la. Ajeitou a gravata, tornou a botar o chapéu, recuou um passo, lançou um olhar demorado para o espelho e, satisfeito, voltou para seu lugar. Maneco Vieira sorriu, dizendo-lhe: “Enfim chegamos, com a graça de Deus... e do maquinista.”

O trem diminuiu a marcha ao entrar nos subúrbios de Santa Fé. Rodrigo sentou-se de novo junto à janela e logo viu, surpreso, os casebres miseráveis do Purgatório e suas tortuosas ruas de terra vermelha. Aqueles ranchos de madeira apodrecida, cobertos de palha; aquela mistura desordenada e sórdida de molambos, panelas, gaiolas, gamelas, lixo; aquela confusão de cercas de taquara, becos, barrancos e quintais bravios – lembraram-.......... uma fotografia do reduto de Canudos que vira estampada numa revista. Na frente de algumas das choupanas viam-se mulheres – chinocas brancas, pretas, mulatas, cafuzas – a acenar para o trem; muitas delas tinham um filho pequeno nos braços e outro no ventre. Crianças seminuas e sujas brincavam na terra no meio de galinhas, cachorros e ossos de rês. Lá embaixo, no fundo dum barranco, corria o riacho, a cuja beira uma cabocla batia roupa numa tábua, com o vestido arregaçado acima dos joelhos. Em todas as caras Rodrigo vislumbrava algo de terroso e doentio, uma lividez encardida que a luz meridiana tornava ainda mais acentuada. “Quanta miséria!”, murmurou desolado.

Adaptado de: Érico Veríssimo, O Tempo e o Vento, Parte II: o Retrato, vol. I. 3ª ed. São Paulo: Companhia das Letras, 2004. p.92-93.

(Procurador do Estado – PGE/RS – Fundatec – 2015) Associe a Coluna 1 à Coluna 2 de acordo com a função que as ocorrências do pronome lhe possuem no texto:

Coluna 1

1. Objeto indireto de verbo.
2. Complemento nominal de adjetivo.
3. Pronome com valor possessivo.

Coluna 2

( ) ***lhe*** (l.05)
( ) ***lhe*** (l.14)
( ) ***lhe*** (l.20)
( ) ***lhe*** (l.24)

Assinale a alternativa que preenche, correta e respectivamente, os parênteses, de cima para baixo:

(A) 2 – 2 – 3 – 1.
(B) 2 – 3 – 2 – 2.
(C) 2 – 3 – 1 – 1.
(D) 1 – 2 – 2 – 3.
(E) 1 – 2 – 3 – 2.

Linha 5: a partícula “lhe” tem função de complemento nominal do adjetivo “agradável”; Linha 14: é pronome com valor possessivo, porque equivale a “seu rosto”; Linha 20: é objeto indireto do verbo “dar” (equivale a “a ele”); Linha 24: idem (equivale a “a ele” também).

Gabarito “C”

A fim de solucionar o litígio, atos sucessivos e concatenados são praticados pelo escrivão. Entre eles, estão os atos de comunicação, os quais são indispensáveis para que os sujeitos do processo tomem conhecimento dos atos acontecidos no correr do procedimento e se habilitem a exercer os direitos que lhes cabem e a suportar os ônus que a lei lhes impõe.

Internet: <http://jus.com.br> (com adaptações).

(Escrivão de Polícia Federal – 2013 – CESPE) No que se refere ao texto acima, julgue os itens seguintes.

(1) Não haveria prejuízo para a correção gramatical do texto nem para seu sentido caso o trecho “A fim de solucionar o litígio” (L.1) fosse substituído por **Afim de dar solução à demanda** e o trecho “tomem conhecimento dos atos acontecidos no correr do procedimento” (L.4-5) fosse, por sua vez, substituído por **conheçam os atos havidos no transcurso do acontecimento**.

(2) Na linha 3, a correção gramatical do texto seria mantida caso a expressão “os quais” fosse substituída por **que** ou fosse suprimida, desde que, nesse último caso, fosse suprimida também a forma verbal “são”.

1: incorreta. O problema está na primeira alteração sugerida. “A fim de” é locução prepositiva que estabelece uma relação de finalidade entre os termos da oração. Denota o motivo pelo qual o agente pratica o ato. “Afim”, que não rege preposição, é sinônimo de “parecido”, “similar”; **2:** correta. Tanto “os quais” como “que” exercem função de pronome relativo. Sua supressão juntamente com o verbo “são” não traria prejuízo para a compreensão do texto, porque sua presença implícita pode ser facilmente deduzida (figura de linguagem conhecida como elipse).

Gabarito 1E, 2C

O respeito às diferentes manifestações culturais é fundamental, ainda mais em um país como o Brasil, que apresenta tradições e costumes muito variados em todo o seu território. Essa diversidade é valorizada e preservada por ações da Secretaria da Identidade e da Diversidade Cultural (SID), criada em 2003 e ligada ao Ministério da Cultura. Cidadãos de áreas rurais que estejam ligados a atividades culturais e estudantes universitários de todas as regiões do Brasil, por exemplo, são beneficiados por um dos projetos da SID: as Redes Culturais. Essas redes abrangem associações e grupos culturais para divulgar e preservar suas manifestações de cunho artístico. O projeto é guiado por parcerias entre órgãos representativos do Estado brasileiro e as entidades culturais.

A Rede Cultural da Terra realiza oficinas de capacitação, cultura digital e atividades ligadas às artes plásticas, cênicas e visuais, à literatura, à música e ao artesanato. Além disso, mapeia a memória cultural dos trabalhadores do campo. A Rede Cultural dos Estudantes promove eventos e mostras culturais e artísticas e apoia a criação de Centros Universitários de Cultura e Arte.

Culturas populares e indígenas são outro foco de atenção das políticas de diversidade, havendo editais públicos de premiação de atividades realizadas ou em andamento, o que democratiza o acesso a recursos públicos.

O papel da cultura na humanização do tratamento psiquiátrico no Brasil é discutido em seminários da SID. Além disso, iniciativas artísticas inovadoras nesse segmento são premiadas com recursos do Edital Loucos pela Diversidade. Tais ações contribuem para a inclusão e socializam o direito à criação e à produção cultural.

A participação de toda a sociedade civil na discussão

de qualquer política cultural se dá em reuniões da SID com grupos de trabalho e em seminários, oficinas e fóruns, nos quais são apresentadas as demandas da população. Com base nesses encontros é que podem ser planejadas e desenvolvidas ações que permitam o acesso dos cidadãos à cultura e a promoção de suas manifestações, independentemente de cor, sexo, idade, etnia e orientação sexual.

Identidade e diversidade. Internet: <www.brasil.gov.br/sobre/cultura/> (com adaptações).

(Escrivão de Polícia/BA – 2013 – CESPE) Considerando as ideias e aspectos linguísticos do texto apresentado, julgue o item a seguir.

(1) No período "Essas redes abrangem associações e grupos culturais para divulgar e preservar suas manifestações de cunho artístico." (L.10-12), duas orações expressam finalidades das "Redes Culturais" (L.10).

1: correta. São elas: "para divulgar" e "(para) preservar suas manifestações de cunho artístico". Para evitar a repetição desnecessária dos termos, os verbos compartilham o complemento ("suas manifestações...") e foi suprimida, pela figura de linguagem conhecida como zeugma, a preposição "para" antes de "preservar".

Gabarito 1C

A democracia há muito deixou de dizer respeito às regras do jogo político para se transformar na força viva de construção de um mundo vasto e diferenciado, apto a conjugar tempos passados e futuros, afinidades e diferenças, meios sociais imprescindíveis ao desenvolvimento da autenticidade e da individualidade de cada pessoa. O espírito democrático desenvolve-se na diversidade e estabelece o diálogo na pluralidade. Diversidade é a semente inesgotável da autenticidade e da individualidade humana, que se expressam na subjetividade da liberdade pessoal. Mas a condição de ser livre, ou seja, de desenvolver a autenticidade e a individualidade, pressupõe o contexto da diversidade, somente atingível, em termos políticos, no âmbito do espírito democrático, círculo que demonstra a intimidade e interdependência entre democracia e liberdades fundamentais. A liberdade deve ser entendida em duplo sentido: como o respeito e a aceitação das diferenças individuais e coletivas e como dever de solidariedade e compromisso com as condições para a liberdade de todos, o que implica a garantia do direito à não discriminação e do direito a políticas afirmativas, como formas de manifestação do direito à diversidade, que representam novos padrões de proteção jurídica, ensejadores da acessibilidade às condições materiais, sociais, culturais e intelectivas, imprescindíveis à autodeterminação individual, denominadas direitos de acessibilidade, requisito primeiro para o pleno exercício das liberdades de escolhas.

Idem, p. 97 (com adaptações).

(Escrivão de Polícia/DF – 2013 – CESPE) Julgue os itens que se seguem, relativos às ideias e estruturas linguísticas do texto acima.

(1) Estaria garantida a correção gramatical do texto caso fosse suprimida a vírgula empregada após "individualidade" (L.12), evitando-se a separação, por vírgula, do sujeito e do predicado da oração.

(2) Não haveria prejuízo do sentido geral do texto nem das relações sintáticas nele estabelecidas caso à os elementos da enumeração presente no segmento "ensejadores da acessibilidade às condições materiais, sociais, culturais e intelectivas" (L.22-24) fossem reorganizados da seguinte forma: ensejadores da acessibilidade às condições materiais, sociais e culturais intelectivas.

(3) No trecho "que se expressam na subjetividade da liberdade pessoal" (L.9-10), o emprego do pronome átono "se" após a forma verbal — expressam-se — prejudicaria a correção gramatical do texto, dada a presença de fator de próclise na estrutura apresentada.

(4) Na linha 9, "que" é elemento de coesão empregado em referência a "autenticidade [humana]" e "individualidade humana", razão por que a forma verbal "expressam" está flexionada no plural.

1: incorreta. Não se pode tirar essa vírgula, porque ela isola a oração subordinada substantiva apositiva – portanto não se trata de sujeito e predicado; **2:** incorreta. A colocação do adjetivo "intelectivas" depois de "culturais" implica que esse adjetivo se refere somente ao termo "culturais", o que não ocorre no texto. Lá, "intelectivas" se refere a "condições"; **3:** correta. A próclise é obrigatória na presença do pronome relativo "que"; **4:** correta. A palavra "que", nesse caso, é pronome relativo, elemento de coesão utilizado para recuperar conceitos utilizados anteriormente sem precisar repeti-los.

Gabarito 1E, 2E, 3C, 4C

(Escrivão de Polícia/DF – 2013 – CESPE) Nos itens a seguir, são apresentados trechos, adaptados, de texto publicado em jornal de grande circulação. Julgue-os de acordo com a prescrição gramatical.

(1) É importante consolidar, por meio da educação, principalmente da educação básica, além do domínio das letras e dos números, o cultivo, entre os estudantes, de laços de amizades genuínas, da cooperação, da solidariedade, do espírito comunitário e do exercício da plena cidadania, como contraponto à hipertrofia do ego, à violência generalizada e à banalização da vida.

(2) No Brasil, as diferentes formas de violência provém de fenômeno histórico: da catequização dos índios a escravidão africana, seguir-se-ão com a colonização mercantilista, o coronelismo, as oligarquias, amparado por um Estado autoritário e burocrático, e manifesta por meio da tirania, da opressão, do abuso de força e da criminalidade.

1: correta. O período, apesar de longo, respeita todas as normas gramaticais; **2:** incorreta. Há diversos erros: o verbo "provir", na terceira pessoa do plural do presente do indicativo, conjuga-se "provêm" (com acento circunflexo); há acento grave indicativo da crase antes de "escravidão"; o verbo "seguir" no futuro do presente do indicativo causa incoerência, melhor seria "seguindo-se"; e o particípio do verbo "manifestar" deveria estar no plural para concordar com "formas".

Gabarito 1C, 2E

Texto para as próximas duas questões.

(...) na questão de se o mundo é mais digno de riso ou de pranto, e se à vista do mesmo mundo tem mais razão quem ri, como ria Demócrito, ou quem chora, como chorava Heráclito, eu, para defender, como sou obrigado, a parte do pranto, confessarei uma coisa e direi outra. Confesso que a primeira propriedade do racional é o risível: e digo que a maior impropriedade da razão é o riso. O riso é o final do racional, o pranto é o uso da razão. (...)

Mas se Demócrito era um homem tão grande entre os homens e um filósofo tão sábio, e se não só via este mundo, mas tantos mundos, como ria? Poderá dizer-se que ele ria não deste nosso mundo, mas daqueles seus mundos. E com razão, porque a matéria de que eram compostos os seus mundos imaginados, toda era de riso. É certo, porém, que ele ria neste mundo e que se ria deste mundo. Como, pois, se ria ou podia rir-se Demócrito do mesmo mundo ou das mesmas coisas que via e chorava Heráclito? A mim, senhores, mo parece que Demócrito não ria, mas que Demócrito e Heráclito ambos choravam, cada um ao seu modo. Que Demócrito não risse, eu o provo. Demócrito ria sempre: logo não ria. A consequência parece difícil e evidente. O riso, como dizem todos os filósofos, nasce da novidade e da admiração, e cessando a novidade ou a admiração, cessa também o riso; o como Demócrito se ria dos ordinários desconcertos do mundo, o que é ordinário e se vê sempre, não pode causar admiração nem novidade; segue-se que nunca ria, rindo sempre, pois não havia matéria que motivasse o riso.

Padre Antônio Vieira. **Sermão da sexagésima**. *In:* J. Verdasca (Org. e coord.). Sermões escolhidos. São Paulo: Martin Claret, 2006, p. 190-2.

(Diplomacia – 2012 – CESPE) Com relação à análise linguística de passagens do texto, assinale opção correta.

(A) No trecho "A mim, senhores, mo parece que Demócrito não ria" (l.17-18), evidenciam-se três características estilísticas da linguagem textual: obviedade, barbarismo e concisão.

(B) No primeiro e no segundo parágrafos, o autor utiliza a coordenação para ligar orações substantivas introduzidas pelo conectivo subordinativo "se".

(C) Dada a dependência sintático-semântica do trecho "porque a matéria de que eram compostos os seus mundos imaginados,toda era de riso" (l.13-14) à expressão "com razão" (l.13), o período iniciado à linha 13 poderia ser reescrito, sem prejuízo do sentido ou da correção gramatical do texto, da seguinte forma: Eis a razão por que a matéria que eram compostos os seus mundos imaginados era toda de riso.

(D) Constitui proposta de reescrita coerente e gramaticalmente correta para o trecho "Confesso que a primeira propriedade do racional é o risível: e digo que a maior impropriedade da razão é o riso" (l.5-7) a seguinte: O que eu confesso é que a primeira propriedade do racional é o risível; e o que eu digo é que a maior impropriedade da razão é o riso.

(E) O autor explora as possibilidades semânticas da palavra "mundo" no trecho "É certo, porém, que ele ria neste mundo e que se ria deste mundo" (l.14-15), em que o vocábulo tem como referente, em ambas as ocorrências, "mundos imaginados" (l.14).

A: (Vícios de linguagem: obviedade e barbarismo) A obviedade e o barbarismo constituem vícios de linguagem e estão ambos ausentes do texto. A concisão pode ser um aspecto positivo, mas também está ausente do texto pelo fato de nele ter sido empregado pleonasmo dos dois objetos. **B:** (ASPC) No primeiro parágrafo, as orações subordinadas "*se o mundo é mais digno de riso ou de pranto*" e "*se à vista do mesmo mundo tem mais razão*" são de fato substantivas – constituem complementos nominais do termo "questão" – e coordenam-se entre si pela conjunção "e". No segundo parágrafo, as orações subordinadas "*se Demócrito era um homem tão grande entre os homens e um filósofo tão sábio*" e "*se não só via este mundo*" também se coordenam entre si, mas são adverbiais. **C:** (Regência com relativo) Na reescrita, há um desvio de regência, falta a preposição "de" que deveria acompanhar o relativo: *Eis a razão por que a matéria (de) que eram compostos os seus mundos imaginados era toda de riso.* **D:** (Interpretação) A substituição das formas verbais "confesso" e "digo" pelas estruturas "o que eu confesso é que" e "o que eu digo é que" não altera o sentido nem constitui desvio de norma, apenas enfatiza os significados dos verbos. **E:** (Coesão) Em ambos os casos, o referente da palavra "mundo" é o mundo real em que os seres humanos vivem.

Gabarito "D".

(Diplomacia – 2012 – CESPE) Considerando a estrutura textual, a consistência argumentativa e as estruturas linguísticas do texto, julgue (C ou E) os itens que se seguem.

(1) Com o propósito explícito de tratar da "questão de se o mundo é mais digno de riso ou de pranto" (l.1-2), o autor argumenta em favor da conclusão de que o mundo, devido aos seus "ordinários desconcertos" (l.24-25), é mais digno de riso.

(2) No período "Que Demócrito não risse, eu o provo" (l.20), o verbo **provar** complementa-se com uma estrutura em forma de objeto direto pleonástico, com uma oração servindo de referente para um pronome.

(3) O verbo **rir**, empregado com regências diferentes no trecho "É certo, porém, que ele ria neste mundo e que se ria deste mundo" (l.14-15), tem, em ambas as ocorrências, o sentido de **tratar ou considerar (alguém ou algo) com desdém; ridicularizar; zombar**.

(4) No período "Demócrito ria sempre: logo não ria." (l.20-21), a "consequência" (l.21), à primeira vista ilógica, sustenta-se no emprego do advérbio "sempre", o que se constata pelas explicações que se seguem no mesmo parágrafo.

1: Errado (Interpretação) Ao contrário, ao tentar provar que o riso de Demócrito frente aos "*desconcertos do mundo*" não era de fato um riso, o autor quer provar que o mundo é mais digno de pranto. **2:** Certo (ASPC) O verbo "provar" possui como complemento a oração subordinada substantiva objetiva direta "*Que Demócrito não risse*", a qual é retomada pelo demonstrativo "o", o que constitui um caso de pleonasmo de função sintática. **3:** Anulada (Regência) No primeiro caso, ele é intransitivo e tem o sentido de "achar graça"; no segundo caso, ele é transitivo indireto e tem o sentido de "zombar". **4:** Anulada (Interpretação) Segundo o argumento do texto, o riso nasce da novidade e da admiração, como o advérbio "sempre" invalida ambas as situações, a conclusão é que o riso em questão não é verdadeiramente um riso.

Gabarito 1E, 2C, 3 Anulada, 4 Anulada

As críticas, de um modo geral, não me fazem bem. A do Álvaro Lins (...) me abateu e isso foi bom de certo modo. Escrevi para ele dizendo que não conhecia Joyce nem Virginia Woolf nem Proust quando fiz o livro, porque o diabo do homem só faltou me chamar de representante comercial deles. Não gosto quando dizem que tenho afinidades com Virginia Woolf (só li, aliás, depois de escrever o meu primeiro livro): é que não quero perdoar o fato de ela se ter suicidado. O horrível dever é ir até o fim.

Clarice Lispector. **Carta a Tania LispectorKaufmann**. *In*: Olga Borelli. Clarice Lispector: esboço para um possível retrato. 2.ª ed., Rio de Janeiro: Nova Fronteira, 1981, p. 45.

(Diplomacia – 2012 – CESPE) Julgue (C ou E) os itens seguintes, relativos ao fragmento de texto acima, extraído de carta escrita por Clarisse Lispector.

(1) Admite-se como forma alternativa de reescrita da expressão coloquial "o diabo do homem só faltou me chamar de" (l.4-5) a estrutura **só faltou o diabo do homem me chamar de**, na qual o verbo **faltar** é empregado como impessoal e, portanto, integra uma oração sem sujeito.

(2) Infere-se do texto que Clarice Lispector postergou a leitura da obra de Virginia Woolf devido à sua dificuldade em desculpar suicidas, que, segundo ela, são pessoas que manifestam fraqueza ao interromper um dever existencial, ainda que um "horrível dever".

(3) No terceiro período do texto, a oração iniciada pelo conector "quando" (l.4) e a iniciada pelo conector "porque" (l.4) indicam, respectivamente, as circunstâncias de tempo e causa relacionadas ao fato expresso na oração "que não conhecia Joyce nem Virginia Woolf nem Proust" (l.3-4).

(4) A organização sintática do trecho "Não gosto quando dizem que tenho afinidades com Virginia Woolf (só li, aliás, depois de escrever o meu primeiro livro)" (l.6-7), em que são desprezadas prescrições de regência verbal, caracteriza registro linguístico adequado à escrita de uma carta informal, como é o caso do texto apresentado.

1: Errado (ASPC) O verbo "faltar" na reescrita proposta é pessoal, seu sujeito é a oração reduzida "*o diabo do homem me chamar de*". **2:** Anulada (Interpretação) A dificuldade da autora em perdoar suicidas explica sua aversão a que a comparem com Virginia Woolf, não se pode daí inferir que ela tenha postergado a leitura da obra dessa escritora e que, se isso de fato ocorreu, tenha sido por esse motivo. **3:** Errado (ASPC) A oração iniciada por "quando" indica circunstância de tempo para a oração "*não conhecia Joyce nem Virginia Woolf nem Proust*"; já oração iniciada por "porque" indica circunstância de tempo para a oração "*Escrevi para ele*".

4: Anulada (Regência) A ausência de preposição diante de uma oração subordinada substantiva objetiva indireta ou completiva nominal não constitui necessariamente um desprezo das prescrições de regência verbal, já que tal fato, além de muito recorrente, é validado por muitos gramáticos.

Gabarito 1E, 2 Anulada, 3E, 4 Anulada

Estou tão perdida. Mas é assim mesmo que se vive:
perdida no tempo e no espaço.
Morro de medo de comparecer diante de um Juiz.
Emeretíssimo, dá licença de eu fumar? Dou, sim senhora, eu
mesmo fumo cachimbo. Obrigada, Vossa Eminência. Trato
bem o Juiz, Juiz é Brasília. Mas não vou abrir processo contra
Brasília. Ela não me ofendeu. (...)
Eu sei morrer. Morri desde pequena. E dói, mas a
gente finge que não dói. Estou com tanta saudade de Deus.
E agora vou morrer um pouquinho. Estou tão
precisada.
Sim. Aceito, my Lord. Sob protesto.
Mas Brasília é esplendor.
Estou assustadíssima.

Clarice Lispector. **Para não esquecer**. São Paulo: Círculo do Livro, 1981, p. 106-7.

(Diplomacia – 2012 – CESPE) No que concerne a aspectos gramaticais do texto acima, julgue (C ou E) os itens a seguir.

(1) A inadequação no emprego do pronome de tratamento em "Emeretíssimo, dá licença de eu fumar?" (l.4) é sanada pela escritora no período "Obrigada, Vossa Eminência." (l.5), o que evidencia o deliberado desrespeito a padrões normativos da língua portuguesa.

(2) Na frase "Dou, sim senhora, eu mesmo fumo cachimbo." (l.4-5), a escolha vocabular e o emprego do advérbio de afirmação seguido, sem pausa, do vocativo "senhora" caracterizam a fala formal de um juiz, a qual contrasta com o conteúdo intimista e o coloquialismo, predominantes no texto.

(3) No período "Mas é assim mesmo que se vive: perdida no tempo e no espaço." (l.1-2), o particípio do verbo **perder**, empregado em estrutura de indeterminação do sujeito da oração, poderia, conforme regra de concordância nominal, estar na forma masculina, regra da qual, no entanto, a obra literária prescinde, dada a liberdade que preside a criação artística.

(4) Da combinação inusitada do verbo **morrer**, flexionado no pretérito perfeito do indicativo, coma expressão adverbial "desde pequena" (l.8) infere-se uma compreensão da morte diferente da que estaria implícita caso tivesse sido empregada a locução verbal **Venho morrendo**.

1: Errado (Emprego de pronomes) O emprego da forma "Emeretíssimo" no lugar de "meritíssimo" de fato constitui um equívoco, mas o pronome "Vossa Eminência" não sana a incorreção, pois ele é destinado a cardeais.

2: Errado (Variações linguísticas) Nem a escolha vocabular feita na frase nem a ausência de pausa entre o advérbio e o vocativo constituem marcas de uma fala formal.

3: Certo (Concordância) O emprego do pronome "se" como índice de indeterminação do sujeito confere generalização à afirmação feita. Com isso, seria esperado o masculino que teria valor neutro, valendo para homens e mulheres. A opção pelo feminino, uma espécie de silepse de gênero, é de fato uma liberdade frente à prescrição de concordância.

4: Certo (Verbo: emprego dos tempos e modos) O emprego da locução "venho morrendo" sugere um morte gradual. A forma "*morri desde pequena*", no contexto em que ocorre, dá a ideia de repetidas mortes.

Gabarito 1E, 2E, 3C, 4C

É certo que, de modo geral, toda obra literária deve ser a expressão, a revelação de uma personalidade. Há, porém, nos temperamentos masculinos, uma maior tendência para fazer do autor uma figura escondida por detrás das suas criações, operando-se um desligamento quando a obra já esteja feita e acabada. Isto significa que um escritor pode colocar toda a sua personalidade na obra, contudo nela se diluindo de tal modo que o espectador só vê o objeto e não o homem.

Álvaro Lins. **Os mortos de sobrecasaca**. Rio de Janeiro: Civilização Brasileira, 1963, p. 27.

(Diplomacia – 2012 – CESPE) Com relação ao fragmento de texto acima, assinale a opção correta.

(A) O fato de o texto expressar uma generalização a respeito da produção de obras literárias justifica o tom assertivo e imperativo predominante no texto, evidenciado, por exemplo, no emprego do predicado "É certo" (l.1).

(B) Pelos elementos textuais presentes no texto, infere-se que o autor considera as escritoras — os "temperamentos" (l.3) femininos — incapazes de produzir obras em que seja atendido o postulado de distanciamento entre autor e conteúdo expresso na obra literária.

(C) No último período do texto, a referência do sujeito elíptico da oração "contudo nela se diluindo de tal modo" (l.7-8) recupera o termo "um escritor" (l.6), o que possibilitaria, mantendo-se a mesma referência, a seguinte estrutura alternativa: que, contudo, se dilui de tal modo.

(D) Sem alteração da informação expressa no primeiro período do texto, a expressão adverbial "de modo geral" (l.1) poderia ser deslocada, com as vírgulas, para imediatamente depois da locução verbal "deve ser" (l.1-2) ou, eliminando-se as vírgulas que a isolam, para imediatamente após o núcleo nominal "personalidade" (l.2).

(E) No último período do fragmento de texto apresentado, o autor indica, por meio de relação de causa e efeito, o modo como se opera o distanciamento de um escritor ao produzir uma obra literária, ou seja, o processo por meio do qual o enunciador se torna "uma figura escondida por detrás das suas criações" (l.4-5).

A: (Interpretação) Não há tom imperativo no texto: já que se faz mais a constatação de um fato do que a imposição de um modelo.

B: (Interpretação) O fato de se afirmar que os temperamentos masculinos possuem uma maior tendência para algo não permite afirmar que os femininos sejam incapazes disso.

C: (ASPC) A substituição proposta faria com que o verbo "diluir-se" passasse a ter como sujeito o relativo "que", o que geraria uma ambiguidade, pois seria possível considerar-se como antecedente desse relativo tanto "*escritor*"/"*sua personalidade*" quanto "*obra*".

D: (ASPS) A primeira alteração proposta não causaria alteração de sentido. A segunda, contudo, faria com que a expressão passasse a se referir ao termo "*personalidade*", de modo a qualificá-lo, tornando-se assim uma expressão adjetiva.

E: (ASPC) A estrutura "de tal modo que" estabelece entre as orações que liga uma relação de causa e efeito. No trecho em questão, a causa seria a diluição, e o efeito seria o de o espectador só ver o objeto, e não o homem.

Gabarito "E"

Nas narrativas que produziu nos últimos anos de sua vida, Clarice Lispector problematiza alguns mitos ou pressupostos literários. Segundo seus termos em **Relatório da Coisa**, ela buscou "desmistificar a ficção". O uso de certas estratégias que apagam o limite entre o autobiográfico e o ficcional revela um desejo de questionar a noção da ficção como espaço autônomo em relação à realidade exterior. Além disso, o gosto por certos modos de composição (a montagem e, em outros casos, a aproximação da escrita à estrutura casual de uma conversa) parece igualmente indicar esse intento de desmistificar a ficção. Para a autora, nos últimos anos, a escrita literária seria uma prática sem sentido (e, às vezes, até mesmo imoral) se fosse puramente estética, ou seja, se permanecesse presa a certos decoros literários. Vários textos de suas coletâneas dos anos 70 produzem ou estão destinados a produzir um efeito de "mau gosto", também descrito pela autora como um "susto de constrangimento".

Sônia Roncador. **Poéticasdo empobrecimento: a escrita derradeira de Clarice**. São Paulo: Annablume, 2002, p. 135-6 (com adaptações).

(Diplomacia – 2012 – CESPE) Assinale a opção correta a respeito do texto acima.

(A) A expressão "decoros literários" (l.14) significa, no texto, o mesmo que aceitação de mitos e de pressupostos literários arcaicos que impedem o avanço no emprego de elementos estéticos.
(B) Privilegiando-se a concisão textual e sem prejuízo para o sentido original do texto, a oração adjetiva "que produziu nos últimos anos de sua vida" (l.1-2) poderia ser substituída tanto pelo adjetivo **derradeiras** quanto pelo adjetivo **longevas**.
(C) O verbo **parecer** (l.10) poderia, corretamente, ter sido flexionado na 3.ª pessoa do plural, dado que o núcleo do sujeito da oração em que ele se insere é ampliado com elementos apositivos.
(D) Sugere-se, no texto, que é na obra **Relatório da Coisa** que Clarice Lispector passa a incorporar à narrativa dados autobiográficos como estratégia de desmistificação do preceito de autonomia da ficção.
(E) A ambiguidade presente no trecho "produzir um efeito de 'mau gosto', também descrito pela autora como um 'susto de constrangimento'" (l.16-17) seria desfeita com a seguinte reescrita: produzir, conforme descrito pela autora, um efeito de "mau gosto" ou um "susto de constrangimento".

A: (Interpretação) O texto trata de certos "decoros literários", a questão apresenta-os como se fossem algo sempre uniforme. Os que são mencionados no texto dizem respeito a uma escrita literária puramente estética, não a uma escrita que impeça o avanço de elementos estéticos. **B:** (Vocabulário) O substituição por "*longevo*" acarretaria alteração de sentido, pois ele significa "duradouro". **C:** (Concordância) Os elementos apositivos, que aparecem entre parênteses, referem-se não ao núcleo do sujeito "*gosto*", mas ao seu complemento nominal "*por certos modos de composição*". **D:** (Interpretação) Segundo o texto, na obra Relatório de Coisas ela discuta metalinguisticamente a sua ficção dos últimos anos e dá um nome para o que vem tentando fazer: "*desmitificar a ficção*". Não se pode pressupor que esses procedimentos surjam apenas a partir dessa obra. **E:** (Interpretação) A escrita original possui a seguinte ambiguidade: a atribuição de "mau-gosto" ao efeito produzido por algumas obras pode ser um julgamento feito pela autora do texto ou ser o desejo de Clarice sobre esse efeito. Com a reescrita, o adjunto adverbial de conformidade "*conforme descrito pela autora*" deixa claro que o "mau-gosto" é desejado por Clarice.

Gabarito "E."

(...)
Língua do meu Amor velosa e doce,
que me convences de que sou frase,
que me contornas, que me vestes quase,
como se o corpo meu de ti vindo me fosse.
Língua que me cativas, que me enleias
os surtos de ave estranha,
em linhas longas de invisíveis teias,
de que és, há tanto, habilidosa aranha...
Língua-lâmina, língua-labareda,
língua-linfa, coleando, em deslizes de seda...
Força inféria e divina
faz com que o bem e o mal resumas,
língua-cáustica, língua-cocaína,
língua de mel, língua de plumas?...
Amo-te as sugestões gloriosas e funestas,
amo-te como todas as mulheres
te amam, ó língua-lama, ó língua-resplendor,
pela carne de som que à ideia emprestas
e pelas frases mudas que proferes
nos silêncios de Amor!...

Gilka Machado. **Lépida e leve.** *In:* **Poesias completas**. Rio de Janeiro: Cátedra/INL, 1978, p. 179.

(Diplomacia – 2012 – CESPE) Com relação às ideias e aos aspectos linguísticos do poema acima, assinale a opção correta.

(A) Na primeira estrofe, tanto "ave" (*v*.6) quanto "aranha" (*v*.8) referem-se a "Língua" (*v*.5).
(B) Na segunda estrofe, a linguagem poética é intensificada por metáforas representadas, entre outras formas, por palavras compostas por justaposição.
(C) Nos versos 4 e 16, o conector "como" introduz estruturas com sentido comparativo e conformativo, respectivamente.
(D) Em "que me vestes quase" (*v*.3), "que me enleias" (*v*.5) e em "Amo-te as sugestões gloriosas e funestas" (*v*.15), os pronomes oblíquos átonos estão empregados com valor possessivo.
(E) Na segunda estrofe, a língua é considerada uma força que, antagônica ao amor, sintetiza o bem e o mal.

A: (Coesão) Apenas "*aranha*" é metáfora de "*língua*", "*ave*" qualifica metaforicamente os surtos do eu lírico. **B:** (Formação de palavras) Entre elas estão "*língua-lâmina*" e "*língua-labareda*". **C:** (ASPC: como) Em ambos os casos, a conjunção "como" introduz orações comparativas. **D:** (Emprego dos pronomes) No primeiro caso, o "me" é objeto direto e indica o paciente da ação de "vestir". Nos dois outros casos, possui de fato valor possessivo: "*que me enleias os surtos de ave estranha*" = que enleias meus surtos de ave estranha / "*Amo-te as sugestões gloriosas e funestas*" = Amo as tuas sugestões gloriosas e funestas **E:** (Interpretação) Não há nada na segunda estrofe que permita afirmar que a "' língua" é antagônica ao amor.

Gabarito "B."

Texto para as duas próximas questões

Ainda que se soubessem todas as palavras de cada figura da Inconfidência, nem assim se poderia fazer com o seu simples registro uma composição da arte. A obra de arte não é feita de tudo — mas apenas de algumas coisas essenciais. A busca desse essencial expressivo é que constitui o trabalho do artista. Ele poderá dizer a mesma verdade do historiador, porém de outra maneira. Seus caminhos são outros, para atingir a comunicação. Há um problema de palavras. Um problema de ritmos. Um problema de composição. Grande parte de tudo isso se realiza, decerto, sem inteira consciência do artista. É a decorrência natural da sua constituição, da sua personalidade — por isso, tão difícil se torna quase sempre a um criador explicar a própria criação. No caso, porém, de um poema de mais objetividade, como o Romanceiro, muitas coisas podem ser explicadas, porque foram aprendidas, à proporção que ele se foi compondo.

Digo "que ele se foi compondo" e não "que foi sendo composto", pois, na verdade, uma das coisas que pude observar melhor que nunca, ao realizá-lo, foi a maneira por que um tema encontra sozinho ou sozinho impõe seu ritmo, sua sonoridade, seu desenvolvimento, sua medida.

O Romanceiro foi construído tão sem normas preestabelecidas, tão à mercê de sua expressão natural que cada poema procurou a forma condizente com sua mensagem. A voz irreprimível dos fantasmas, que todos os artistas conhecem, vibra, porém, com certa docilidade, e submete-se à aprovação do poeta, como se realmente, a cada instante, lhe pedisse para ajustar seu timbre à audição do público. Porque há obras que existem apenas para o artista, desinteressadas de transmissão; outras que exigem essa transmissão e esperam que o artista se ponha a seu serviço, para alcançá-la. O Romanceiro é desta segunda espécie.

Quatro anos de quase completa solidão — numa renúncia total às mais sedutoras solicitações, entre livros de toda espécie relativos ao especializadamente século 18 — ainda pareceram curtos demais para uma obra que se desejava o menos imperfeita possível, porque se impunha, acima de tudo, o respeito por essas vozes que falavam, que se confessavam, que exigiam, quase, o registro da sua história. E era uma história feita de coisas eternas e irredutíveis: de ouro, amor, liberdade, traições... Mas porque esses grandiosos acontecimentos já vinham preparados de tempos mais antigos e foram o desfecho de um passado minuciosamente construído — era preciso iluminar esses caminhos anteriores, seguir o rastro do ouro que vai, a princípio como o fio de um colar, ligando cenas e personagens, até transformar-se em pesada cadeia que prende e imobiliza num destino doloroso.

Cecília Meireles. **Como escrevi o Romanceiro da Inconfidência.** *In:* **Romanceiro da Inconfidência**. 3.ª ed., Rio de Janeiro: Nova Fronteira, 2005, p. XVI-XVII (com adaptações).

(Diplomacia – 2011 – CESPE) Acerca das ideias e das estruturas linguísticas do texto, extraído da obra de Cecília Meireles, na qual a autora explica a criação do *Romanceiro da Inconfidência*, julgue (**C** ou **E**) os itens que se seguem.

(1) No trecho "o rastro do ouro que vai, a princípio como o fio de um colar, ligando cenas e personagens, até transformar-se em pesada cadeia que prende e imobiliza num destino doloroso" (l.46-49), verifica-se gradativa intensificação das ações nele relatadas, expressa pelo emprego da locução com verbo no gerúndio e de preposição que denota limite, e, tal como ocorre no trecho "que falavam, que se confessavam, que exigiam, quase, o registro da sua história" (l.39-40), pela ordem em que se apresentam os núcleos verbais que constituem as orações adjetivas.

(2) Da leitura do primeiro parágrafo do texto depreende-se que, para a autora, não foi tão difícil explicar a criação do *Romanceiro da Inconfidência* quanto geralmente é difícil para os artistas explicar a criação de suas obras menos objetivas. Isso se explica porque o *Romanceiro da Inconfidência*, dado o tema, apresenta não só o "essencial expressivo", mas também aspectos objetivos.

(3) São pertinentes as seguintes inferências a partir da pontuação e dos mecanismos de coesão empregados no período entre as linhas 26 e 30: entre todos os fantasmas, alguns são conhecidos por todos os artistas, e o poeta harmoniza, a todo momento, o timbre de sua voz à audiência.

(4) Depreende-se da leitura do texto que a autora colocou-se a serviço da obra, cabendo-lhe adequar a mensagem à forma, uma vez que o tema impunha seu próprio desenvolvimento.

1: Certo (Análise sintática – Figuras de linguagem) A intensificação das ações do primeiro trecho citado está sobretudo na transformação de "fio de um colar" em "pesada cadeia", pois, enquanto aquele apenas ligava as personagens, este as prende e imobiliza. Para dar a ideia de aumento gradual nessas três ações, foram empregadas a locução com verbo no gerúndio "vai ligando" e a preposição denotadora de limite "até". No segundo trecho, a intensificação é mais facilmente perceptível, pois, no contexto, facilmente se percebe, entre as ideias de "falar", "confessar" e "exigir o registro da sua história" presentes nas orações adjetivas que qualificam "vozes", um aumento de intensidade do desejo que essas vozes (metonímia de inconfidentes) têm de que sua trágica história seja contada;
2: Certo (Interpretação) Segundo o trecho, é difícil para um literato explicar sua obra, pois grande parte dos aspectos puramente estéticos que a constituem se fazem sem a sua plena consciência. No caso de obras em que os aspectos objetivos – no caso do Romanceiro, a própria história da Inconfidência Mineira – avultam, a sua explicação é mais fácil, pois tais aspectos são fruto de pesquisa e reflexão e, portanto, conscientes;
3: Errado (Pontuação) O fato de, no texto, a oração adjetiva "que todos os artistas conhecem" vir entre vírgulas faz que ela seja uma explicativa e que a informação que encerra valha para a totalidade do termo a que está subordinada, ou seja, dá a ideia de que todos os fantasmas são conhecidos pelos artistas, e não apenas uma parte como está na questão. Com relação à harmonização do timbre da voz à audição do público, há dois erros: primeiro, a voz é do fantasma e não do poeta, como pode dar a entender a afirmação; segundo, a harmonização, ainda que seja pedida "a cada instante", não necessariamente é realizada sempre ("a todo momento"), pois, segundo o texto, "há obras que existem apenas para o artista, desinteressadas de transmissão";
4: Errado (Interpretação) Pelo seguinte trecho "O Romanceiro foi construído tão sem normas preestabelecidas, tão à mercê de sua expressão natural que cada poema procurou a forma condizente com sua mensagem.", fica claro que a forma se adequou à mensagem e não o oposto, como diz a questão.

Gabarito 1C, 2C, 3E, 4E

(Diplomacia – 2011 – CESPE) Assinale a opção em que os dois trechos extraídos do texto apresentam, respectivamente, linguagem predominantemente denotativa e linguagem predominantemente conotativa.

(A) "Quatro anos de quase completa solidão — numa renúncia total às mais sedutoras solicitações, entre livros de toda espécie relativos ao especializadamente século 18 — ainda pareceram curtos demais para uma obra que se desejava o menos imperfeita possível" (l.34-38) / "Mas porque esses grandiosos acontecimentos já vinham preparados de tempos mais antigos e foram o desfecho de um passado minuciosamente construído" (l.43-45)

(B) "A obra de arte não é feita de tudo — mas apenas de algumas coisas essenciais" (l.3-5) / "Grande parte de tudo isso se realiza, decerto, sem inteira consciência do artista" (l.10-11)

(C) "porque se impunha, acima de tudo, o respeito por essas vozes que falavam, que se confessavam, que exigiam, quase, o registro da sua história" (l.38-40) / "É a decorrência natural da sua constituição, da sua personalidade — por isso, tão difícil se torna quase sempre a um criador explicar a própria criação" (l.11-14)

(D) "A voz irreprimível dos fantasmas, que todos os artistas conhecem, vibra, porém, com certa docilidade, e submete-se à aprovação do poeta, como se realmente, a cada instante, lhe pedisse para ajustar seu timbre à audição do público" (l.26-30) / "E era uma história feita de coisas eternas e irredutíveis: de ouro, amor, liberdade, traições" (l.41-42)

(E) "No caso, porém, de um poema de mais objetividade, como o Romanceiro, muitas coisas podem ser explicadas" (l.14-15) / "era preciso iluminar esses caminhos anteriores, seguir o rastro do ouro que vai, a princípio como o fio de um colar, ligando cenas e personagens, até transformar-se em pesada cadeia que prende e imobiliza num destino doloroso" (l.45-49)

A: Errado (Denotação e Conotação) O primeiro trecho possui passagem conotativa na personificação decorrente de se atribuir à obra o desejo de ser perfeita. / O segundo trecho é predominantemente denotativo;
B: Errado (Denotação e Conotação) Os dois trechos são predominantemente denotativos.
C: Errado (Denotação e Conotação) O primeiro trecho é conotativo pelo emprego metonímico do termo "vozes": a parte (vozes) pelo todo (os inconfidentes). / segundo trecho é predominantemente denotativo;
D: Errado (Denotação e Conotação) O primeiro trecho é conotativo pelo emprego metafórico do termo "fantasmas": no lugar de algo como inspiração poética. / O segundo trecho pode ser visto como conotativo pelo emprego hiperbólico dos adjetivos "eterno" e "irredutível";
E: Certo (Denotação e Conotação) O primeiro trecho é predominantemente denotativo. / O segundo apresenta metáforas para representar a sucessão de fatos que levaram gradualmente os inconfidentes a se incriminarem: "rastro de ouro", "fio de um colar", "pesada cadeia".

Gabarito "E".

Texto para a próxima questão

Poucos depoimentos eu tenho lido mais emocionantes que o artigo-reportagem de Oscar Niemeyer sobre sua experiência em Brasília. Para quem conhece apenas o arquiteto, o artigo poderá passar por uma defesa em causa própria — o revide normal de um pai que sai de sua mansidão costumeira para ir brigar por um filho em quem querem bater. Mas, para quem conhece o homem, o artigo assume proporções dramáticas. Pois Oscar é não só o avesso do causídico, como um dos seres mais antiautopromocionais que já conheci em minha vida.

Sua modéstia não é, como de comum, uma forma infame de vaidade. Ela não tem nada a ver com o conhecimento realista — que Oscar tem — de seu valor profissional e de suas possibilidades. É a modéstia dos criadores verdadeiramente integrados com a vida, dos que sabem que não há tempo a perder, é preciso construir a beleza e a felicidade no mundo, por isso mesmo que, no indivíduo, é tudo tão frágil e precário.

Oscar não acredita em Papai do Céu, nem que estará um dia construindo brasílias angélicas nas verdes pastagens do Paraíso. Põe ele, como um verdadeiro homem, a felicidade do seu semelhante no aproveitamento das pastagens verdes da Terra; no exemplo do trabalho para o bem comum e na criação de condições urbanas e rurais, em estreita intercorrência, que estimulem e desenvolvam este nobre fim: fazer o homem feliz dentro do curto prazo que lhe foi dado para viver.

Eu acredito também nisso, e quando vejo aquilo em que creio refletido num depoimento como o de Oscar Niemeyer, velho e querido amigo, como não me emocionar?

Vinicius de Moraes. **Para viver um grande amor.** Rio de Janeiro: J. Olympio, 1982, p. 134-5 (com adaptações).

(Diplomacia – 2011 – CESPE) Julgue (C ou E) os itens a seguir, relativos às estruturas linguísticas do texto.

(1) Ao empregar as expressões "Papai do Céu" (l.18) e "verdes pastagens do Paraíso" (l.19-20), o autor do texto demonstra neutralidade em relação ao universo de crenças que elas representam.

(2) O emprego de adjetivos no grau superlativo absoluto, como "mais emocionantes" (l.1), "mais antiautopromocionais" (l.9), "tão frágil e precário" (l.17), produz o efeito de exaltação da superioridade dos atributos técnico e criativo de Oscar Niemeyer em relação a outros brasileiros notáveis.

(3) O uso da expressão "mais antiautopromocionais" (l.9) indica a opção do autor do texto por forma prolixa, dada a presença de dois prefixos no vocábulo adjetivo, em detrimento da concisão que seria proporcionada pela escolha da forma equivalente menos autopromocional, a qual manteria o efeito retórico desejado.

(4) No texto, a linguagem foi empregada predominantemente em suas funções emotiva e poética.

1: Errado (Denotação e Conotação) O emprego de "papai do céu" em lugar de "deus" confere à fé religiosa um caráter de ingenuidade, o que no texto pode ser visto como negativo, pois ele dá a entender que essa fé pode levar o indivíduo a se desinteressar da busca da melhoria da condição humana, esperando em vez disso a justiça divina;
2: Errado (Morfologia – flexão de grau do adjetivo) Apenas os adjetivos "frágil" e "delicado" estão no superlativo absoluto. O "emocionantes" está no grau comparativo de superioridade; o "antiautopromocionais", no superlativo relativo;
3: Errado (Estrutura de palavras) A expressão "menos autopromocional" dá a ideia de que, em alguma medida, se é autopromocional. Já a "mais antiautopromocional", ao contrário, dá a ideia de que se combate a "autopromoção". A mudança, portanto, alteraria o efeito retórico, pois, no mínimo, se perderia a ênfase;
4: Certo (Funções da linguagem) A função emotiva caracteriza-se pelo envolvimento emocional do enunciador na mensagem, fato confessado pelo próprio autor do texto no início e final do texto. A função poética caracteriza-se por uma elaboração estilística que se vale de recursos de expressividade como as figuras de linguagem. É exemplo desse recurso o emprego de uma visão infantil da crença em deus para valorizar o engajamento de Niemeyer num ideal de melhoria das condições de vida do ser humano.

Gabarito 1E, 2E, 3E 4C

Texto I

Não é o ângulo reto que me atrai
nem a linha reta, dura, inflexível,
criada pelo homem.
O que me atrai é a curva livre e sensual,
a curva que encontro nas montanhas do meu país,
no curso sinuoso dos seus rios,
nas ondas do mar,
no corpo da mulher preferida.
De curvas é feito todo o universo
o universo curvo de Einstein.

Oscar Niemeyer. **Minha arquitetura – 1937-2005.** Rio de Janeiro: Editora Revan, 2005, p. 339.

Texto II

Autodefinição

Na folha branca do papel faço o meu risco.
Retas e curvas entrelaçadas,
E prossigo atento e tudo arrisco
Na procura das formas desejadas.
São templos e palácios soltos pelo ar.
Pássaros alados, o que você quiser.
Mas se os olhar um pouco devagar,
Encontrará, em todos, os encantos da mulher.
Deixo de lado o sonho que sonhava.
A miséria do mundo me revolta.
Quero pouco, muito pouco, quase nada.
A arquitetura que faço não importa.
O que eu quero é a pobreza superada,
A vida feliz, a pátria mais amada.

Idem, p. 347.

(Diplomacia – 2011 – CESPE) Com referência às estruturas linguísticas e aos sentidos dos textos I e II, assinale a opção correta.

(A) No texto II, os adjetivos "branca" (v.1) e "atento" (v.3) exercem a mesma função sintática que os adjetivos "superada", "feliz" e "amada", empregados na última estrofe.

(B) No primeiro verso do texto I, o pronome "que" retoma a expressão "o ângulo reto" e introduz oração adjetiva que restringe o sentido dessa expressão.

(C) Com base no emprego dos sinais de pontuação no texto I, depreende-se que, para o autor do poema, toda linha reta criada pelo homem é dura e inflexível, e nem toda curva é livre e sensual.

(D) No texto I, o arquiteto esclarece que as curvas estão presentes em qualquer universo, inclusive no universo abstrato da ciência, conforme formulação de Einstein.

(E) No poema Autodefinição, o arquiteto expressa sua recusa em detalhar elementos relevantes para a interpretação de sua obra, como evidencia o trecho "o que você quiser" (v.6), e confidencia que a revolta diante da miséria fez que ele abandonasse o devaneio, a utopia.

A: Errado (Análise sintática) O adjetivo "branca" subordina-se ao termo "folha" como seu adjunto adnominal. O adjetivo "atento", ao sujeito do verbo "prossigo" como predicativo. Já os adjetivos "superada", "feliz" e "amada" são predicativos, respectivamente, dos objetos "pobreza", "vida" e "pátria";
B: Errado (Análise sintática – partícula de realce) O termo "que" do primeiro verso constitui, junto com a forma verbal "é" que o antecede, uma partícula expletiva cuja finalidade é realçar o termo que se encontra entre eles: "o ângulo reto". Uma prova dessa análise é que ele pode ser retirado sem prejuízo do sentido ou da estrutura, sendo apenas

necessário reordenar a colocação do advérbio "não" que ele deslocou: "Não é o ângulo reto que me atrai" – "O ângulo reto não me atrai"; **C**: Certo (Pontuação – OSAdj) O fato de os adjetivos "reta" e "dura" que se subordinam ao termo "linha reta" estarem isolados por vírgula permite que se atribua a eles valor explicativo, ou seja, eles valeriam para a todas as linhas retas que foram criadas pelo homem. No caso dos adjetivos "livre" e "sensual", a ausência de virgulação lhes atribuiria, ao contrário, valor restritivo, ou seja, nem todas as curvas possuem tais características. **Nota:** A interpretação de valor explicativo citada acima não é pacífica, mas, apesar disso, é possível se chegar a essa alternativa pela exclusão das demais, que apresentam incorreções inquestionáveis; **D**: Errado (emprego do indefinido "todo" – OSAdj) No trecho "todo o universo", a presença de artigo após o indefinido "todo" confere a esse trecho o sentido de "no universo inteiro", ou seja, é mencionado apenas um universo e ele é o universo curvo de Einstein. A afirmação está errada, portanto, pois sugere a existência de mais de um universo, entre os quais estaria o formulado por Einstein; **E**: Errado (Interpretação) O trecho "o que quiser" deve ser interpretado como um convite ao espectador da obra a desfrutá-la livremente na interpretação dos traços que a compõem. Já, em "o abandono do sonho", o sonho deve ser entendido como o reconhecimento de que a preocupação estética cede espaço à questão da miséria; a utopia, portanto, não é abandonada, mas sim afirmada, quando declara, nos dois últimos versos, seus desejos de superação dos problemas humanos.

Gabarito "C".

Texto para a próxima questão

Deixei os braços pousarem na madeira inchada e úmida, abri um pouco a janela a pensar que isso de olhar a chuva de frente podia abrandar o ritmo dela, ouvi lá embaixo, na varanda, os passos da avó Agnette, que se ia sentar na cadeira da varanda a apanhar ar fresco, senti que despedir-me da minha casa era despedir-me dos meus pais, das minhas irmãs, da avó e era despedir-me de todos os outros: os da minha rua, senti que rua não era um conjunto de casas mas uma multidão de abraços, a minha rua, que sempre se chamou Fernão Mendes Pinto, nesse dia ficou espremida numa só palavra que quase me doía na boca se eu falasse com palavras de dizer: infância.

A chuva parou. O mais difícil era saber parar as lágrimas.

O mundo tinha aquele cheiro da terra depois de chover e também o terrível cheiro das despedidas. Não gosto de despedidas porque elas têm esse cheiro de amizades que se transformam em recordações molhadas com bué de lágrimas. Não gosto de despedidas porque elas chegam dentro de mim como se fossem fantasmas mujimbeiros* que dizem segredos do futuro que eu nunca pedi a ninguém para vir soprar no meu ouvido de criança.

Desci. Sentei-me perto, muito perto da avó Agnette. Ficamos a olhar o verde do jardim, as gotas a evaporarem, as lesmas a prepararem os corpos para novas caminhadas. O recomeçar das coisas.

— Não sei onde é que as lesmas sempre vão, avó.

— Vão pra casa, filho.

— Tantas vezes de um lado para o outro?

— Uma casa está em muitos lugares — ela respirou devagar, me abraçou. — É uma coisa que se encontra.

***Mujimbeiro**: fofoqueiro.

Ondjaki. **Os da minha rua.** Rio de Janeiro: Língua Geral, 2007, p. 145-6 (com adaptações).

(Diplomacia – 2011 – CESPE) Acerca do vocabulário, das ideias e das estruturas linguísticas do texto, julgue (**C** ou **E**) os próximos itens.

(1) Como a frase "O recomeçar das coisas" (l.26) resume o que o narrador depreendeu da situação relatada na frase anterior a ela, seriam preservados a correção gramatical e os sentidos do trecho se o ponto final após "caminhadas" fosse substituído por dois-pontos ou por travessão, com o devido ajuste na inicial maiúscula.

(2) O vocábulo "bué" (l.18), formado a partir da reprodução aproximada do som natural do choro, evidencia uso de linguagem informal no texto.

(3) Seriam mantidos o sentido e a correção gramatical do texto se os infinitivos flexionados fossem substituídos pelas respectivas formas do infinitivo não flexionado no segmento "as gotas a evaporarem, as lesmas a prepararem os corpos para novas caminhadas" (l.24-26).

(4) Da leitura do texto depreende-se que, para o narrador, o sentido de casa, no momento da despedida, incluía a sua infância, os pais, as irmãs e a avó.

1: Certo (Pontuação) A frase nominal constitui um resumo e uma interpretação do que o narrador afirma que ele e sua avó viram: portanto, pode ser interpretada como um aposto resumidor e ligar-se ao trecho anterior por dois-pontos ou travessão;
2: Anulada (Tipo de linguagem) Embora a palavra "bué" no português do Brasil possa ser interpretada como uma onomatopeia de choro, ela significa "muito" na variante de Angola, na qual foi escrito o texto. O gabarito provisório dava essa afirmação como certa; no definitivo, poderia considerá-la errada, mas preferiu anulá-la, o que é mais justo, pois não é esperado que um falante brasileiro tenha que conhecer tal variante;
3: Certo (Emprego do infinitivo) Os infinitivos pessoais "evaporarem" e "prepararem" constituem orações adjetivas cujo sujeito, embora oculto, se dá a conhecer pelos antecedentes das orações: "gotas" e "lesmas". Como o emprego da forma impessoal não acarreta prejuízo na informação, continuando inequívocos os sujeitos desses verbos, o emprego da forma flexionada do infinitivo é uma questão estilística;
4: Certo (Interpretação) Isso fica claro no seguinte trecho: "senti que despedir-me da minha casa era despedir-me dos meus pais, das minhas irmãs, da avó e era despedir-me de todos os outros: os da minha rua, senti que rua não era um conjunto de casas mas uma multidão de abraços, a minha rua, que sempre se chamou Fernão Mendes Pinto, nesse dia ficou espremida numa só palavra que quase me doía na boca se eu falasse com palavras de dizer: infância."

Gabarito 1C, 2 Anulada, 3C, 4C

A montagem do espetáculo Calabar – **O Elogio da Traição** estava pronta, quando, em outubro de 1974, foi censurada e a exibição do espetáculo foi proibida nos palcos brasileiros. A repressão era tamanha que nem a notícia da proibição pôde ser divulgada. Escrita por Ruy Guerra e Chico Buarque, a peça recupera a saga histórica das invasões holandesas do século XVII. Domingos Fernandes Calabar (1600-1635), o protagonista, posiciona-se a favor da Holanda, o país invasor, contra os colonizadores portugueses. Os autores, no entanto, não têm uma visão negativa do episódio. Ao contrário, veem em Calabar um libertador da opressão portuguesa. A censura da ditadura militar enxergou na montagem um alto teor subversivo, por acreditar que o texto atentava contra os bons costumes e, principalmente, promovia uma inversão dos valores da história do Brasil ao mostrar um traidor como salvador da pátria. A suspeita dos censores não estava totalmente errada: após o fim da ditadura, os escritores confirmaram a analogia com a época vivida, em que Calabar representava a resistência ao autoritarismo do governo militar.

O bom traidor. *In:* **Revista de História**, ano 7, n.º 73, out./2011 (com adaptações).

(Bolsa-Prêmio/Itamaraty – 2011 – CESPE) Com relação aos aspectos gramaticais e interpretativos do texto acima, julgue os itens a seguir.

(1) O emprego da voz passiva, tal como em "foi censurada" (l.2-3) e "a exibição do espetáculo foi proibida" (l.3), e a atribuição de "censura" (l.12) e de "autoritarismo" (l.19) a referentes genéricos — tal como em, respectivamente, à "ditadura militar" (l.12) e ao "governo militar" (l.19) — são recursos linguísticos utilizados para se evitar a atribuição da responsabilidade das ações expressas pelos verbos a indivíduos específicos.

(2) Caso as formas verbais "recupera" (l.6), "posiciona-se" (l.8), "têm" (l.10) e "veem" (l.11) fossem substituídas, respectivamente, pelas formas **recuperava**, **posicionava-se**, **tinham** e **viam**, não seriam necessários ajustes gramaticais no restante do texto.

(3) O principal objetivo do texto é descrever como heroica a figura histórica de Domingos Fernandes Calabar, suposto traidor da coroa portuguesa.

(4) Entre as orações do período "A repressão era tamanha que nem a notícia da proibição pôde ser divulgada" (l.4-5) estabelece-se uma relação de proporcionalidade.

1: Certo **(Vozes verbais)** A voz verbal é um recurso da língua que permite ao mesmo tempo evidenciar certas informações e evitar outras. A escolha da voz passiva coloca em destaque o que foi feito e permite não nomear o agente da ação. No texto em questão, a informação mais relevante é "o espetáculo" e por isso ele aparece como sujeito paciente. Os referentes genéricos dos responsáveis corroboram com tal escolha: o foco do texto está no objeto censurado e não nos censuradores. Essas escolhas linguísticas demonstram a intenção já indicada na primeira frase: trata-se de um texto sobre a peça.

2: Certo **(conjugação verbal/ valor semântico)** Típico do discurso jornalístico, o uso dos verbos no presente do indicativo confere atualidade ao assunto do texto e coloca o leitor mais próximo dos acontecimentos, uma vez que transmite a ideia de que o fato ocorre no momento da leitura. No entanto, por se tratarem de eventos ocorridos no passado, todos os outros elementos linguísticos estão de acordo com o tempo cronológico da narrativa. A alteração do tempo verbal para o pretérito imperfeito não prejudicaria a construção geral do texto, apenas distanciaria os fatos da realidade do leitor.

3: Errado **(Interpretação de texto)** Já na primeira frase do texto é declarada sua intenção: mostrar como a montagem do espetáculo foi censurada por abordar um tema incômodo à ditadura (*A montagem do espetáculo Calabar – O Elogio da Traição estava pronta, quando, em outubro de 1974, foi censurada e a exibição do espetáculo foi proibida nos palcos brasileiros*). A retomada histórica de Calabar é feita para contextualizar o leitor no assunto e tornar claras as razões da ditadura para a censura, bem como a revelação final de que existia de fato um paralelo entre a história do holandês e a resistência à ditadura militar. Sem a informação, o entendimento do texto exigiria conhecimento prévio do leitor ou pesquisa externa.

4: Errado **(Período composto – orações adverbiais)** A oração principal "a repressão era tamanha" e a sua subordinada adverbial "que nem a notícia da proibição pôde ser divulgada" é consecutiva, ou seja, oração subordinada apresenta qual a consequência direta de a repressão ser tão forte. A conjunção "que", usada para unir as orações estabelece entre elas que a primeira, a principal, originou os fatos da segunda, a subordinada. Para que exista relação de proporcionalidade, seria necessário que ambas as coisas, a saber, repressão e proibição, ocorressem concomitantemente.

Gabarito 1C, 2C, 3E, 4E

No estudo da história, tem-se a impressão de que, quanto mais se recua no tempo, mais dura parece ter sido a vida das crianças do passado — e mais privilegiada parece a da garotada de hoje. Quando se pensa em como era a infância séculos atrás, uma das primeiras imagens que vêm à cabeça é a de meninos dando duro em minas ou limpando chaminés. A ideia de que essa fase da vida era simplesmente ignorada e de que as pessoas passavam de bebês a trabalhadores, do dia para a noite, é reforçada por inúmeras pinturas antigas retratando crianças sérias, tristemente vestidas como miniadultos. As fontes de informações medievais, entretanto, quando analisadas de perto, não oferecem evidência alguma de que as pessoas daquela época tivessem, com relação às crianças, atitudes muito diferentes das de hoje — com exceção, talvez, apenas do uso em excesso de castigos físicos, que, de qualquer modo, também eram aplicados em adultos. Apesar de o estilo de vida da época ser muito diferente do nosso, as crianças medievais cresciam, em muitos aspectos, de maneira semelhante à de seus "primos" modernos.

Nicholas Orme e Fernanda M. Bem. Pequenos na Idade Média. *In:* **BBC História**, ano 1, ed. nº 4 (com adaptações).

(Bolsa-Prêmio/Itamaraty – 2011 – CESPE) A respeito das estruturas linguísticas e das ideias do texto acima, julgue os itens que se seguem.

(1) Nas sequências "a da" (l.3), "a de" (l.5) e "das de" (l.13), sem núcleo nominal expresso, pode-se depreender que os artigos definidos "a", "a" e "as", na ordem das sequências, são portadores de propriedades anafóricas e retomam os seguintes referentes, respectivamente: "vida", "imagem" e "crianças".

(2) Na linha 17, é facultativo o emprego do acento indicativo de crase, dada a possibilidade contextual de emprego, apenas, da preposição a, exigida pela regência de "semelhante".

(3) Na linha final do texto, as aspas duplas dão sentido particular ou figurado ao vocábulo por elas destacado.

(4) O vocábulo "entretanto" (l.10) é um elemento coesivo que introduz uma relação de adversidade entre a informação expressa no período de que faz parte e as informações expressas nos períodos anteriores.

1: Errado **(Artigo/coesão textual)** O artigo definido tem função definidora do termo que acompanha, restringindo aquele de que se fala de outros de um grupo de semelhantes. Por exemplo, ao se dizer "as crianças da Idade Média" o artigo colabora com a definição das crianças como desse tempo específico. No português esse fato contribui para a possibilidade da retomada do termo definido em outro momento apenas pelo artigo apoiado no contexto, (há caráter de pronome demonstrativo atribuído ao artigo, e há divergências entre os teóricos quanto à classificação do termo. Esse comentário segue a análise de BECHARA, 2006, em que o artigo recebe valor de pronome demonstrativo). É necessário, portanto, que se observe os referentes do artigo para que exista conexão entre as partes do texto, de forma a evitar a repetição e colaborar com a construção de sentido. Observa-se que o primeiro caso "a da" (l.3) o artigo refere-se a "vida" em "mais dura parece ter sido a **vida** das crianças do passado", em forma de comparação com a vida de crianças atuais. O segundo caso, "a de" (l.5) tem referência no termo "imagem" em 'uma das primeiras **imagens** que vem à cabeça". Já no terceiro caso, o referente do artigo de "das de" encontra seu referente no termo "atitudes", como se lê na frase "**atitudes** muito diferentes das de hoje"

2: Errado **(Crase)** A presença da crase no trecho é obrigatória devido, primeiramente, à presença do artigo "a", que, a exemplo do item anterior, retoma o termo anterior na frase "maneira", estabelecendo relação de sentido e evitando a repetição do termo. Nesse caso, o artigo não aparece acompanhando diretamente o substantivo, mas como elemento de coesão. Um segundo aspecto que torna a crase obrigatória é a regência do adjetivo "semelhante", que, para fins de comparação entre dois termos, exige a presença da preposição "a". Da união desses elementos, resulta, necessariamente, o acento indicativo de crase.

3: Certo **(Pontuação)** O uso das aspas pode indicar que um termo está usado em sentido figurado. A comparação entre as crianças da época atual e medieval não é uma relação de familiaridade direta de primos, mas sim de semelhança de experiências. O termo "primos" é, portanto, usado para evidenciar essas semelhanças em alguns aspectos, o que justifica o uso das aspas.

4: Certo **(Conjunção)** A função da palavra "entretanto" é de estabelecer uma relação de sentido entre as informações anteriores do texto e as que virão dali em diante. Uma conjunção, ao funcionar como elemento de coesão entre as partes do texto, também estabelece uma relação de sentido entre essas partes. No texto a informação introduzida pela conjunção é contrária àquilo que foi estabelecido pelo que veio antes, portanto, há uma relação de contrariedade, ou adversidade, estabelecida por ela.

Gabarito 1E, 2E, 3C, 4C

As práticas judiciais e penais mobilizaram boa parte do debate sobre a Inquisição dos séculos XVI, XVII e XVIII. O Santo Ofício afirmou-se desde cedo como um tribunal que se sobrepunha a todos os privilégios de jurisdição existentes, mas a afirmação do seu poder contra os interesses de Estados particulares suscitou protestos, nomeadamente em Veneza, em Nápoles e nos Países Baixos. A prática de condenação na base de testemunha singular deflagrou a grande controvérsia penal do século XVIII.

Francisco Bethencourt. **Muito além do catolicismo.** *In:* **Revista de História**, ano 7, nº 73, out./2011 (com adaptações).

(Bolsa-Prêmio/Itamaraty – 2011 – CESPE) Acerca dos sentidos e dos aspectos gramaticais do texto acima, julgue os próximos itens.

(1) A substituição de "deflagrou" (l.8) **por tornou pública**, embora não implique prejuízo estritamente gramatical para a estrutura da oração em que esse termo se insere, acarreta mudança no sentido do trecho.

(2) A expressão "todos os privilégios" (l.4) poderia ser substituída por **todas as prerrogativas**, sem prejuízo para o sentido do período em questão e sem a necessidade de ajustes gramaticais no texto.

1: Certo **(Vocabulário)** O verbo "deflagrar" tem sua origem ligada à ideia de combustão ou chamas. O seu sentido estendido ao contexto por derivação figurada é de "fazer aparecer ou surgir repentinamente; incitar, provocar, irromper" (dicionário Houaiss). Ao se substituir o verbo pela expressão "tornar pública", ainda que garantidas as questões gramaticais de concordância e regência, perde-se o caráter semântico de surgimento e provocação do verbo original.

2: Certo **(Concordância)** A expressão original "todos os privilégios" não vem acompanhada dos termos "de jurisdição" e "existentes", ambos termos de dupla concordância com feminino e masculino. Portanto, feita a substituição, não haveria qualquer necessidade de alterações no texto. Quanto ao sentido dos termos, "prerrogativa" (privilégio ou vantagem que possuem os indivíduos de uma determinada classe ou espécie; apanágio, regalia, segundo o dicionário Houaiss) aparece como sinônimo direto do termo "privilégio" no contexto.

Gabarito 1C, 2C

Olinda é conhecida no mundo inteiro pela fama dos seus mamulengos e bonecos carnavalescos gigantes, que, sendo tão populares, também participam dos festejos da Semana Santa. A origem da arte de fazer bonecos gigantes em Olinda remete à Europa de séculos atrás, onde, durante a Idade Média, eram criadas figuras enormes e malignas para criticar a repressão da Inquisição. A criação e a execução dos bonecos constituem uma arte que, passada de geração para geração familiar, é preservada por iniciativas como a do Museu do Mamulengo. Esse museu, além de realizar apresentações diárias, conta com cerca de mil e quinhentas peças em seu acervo.

Priscila Gorzoni. **Olinda e a tradição dos bonecos.** *In:* **Língua Portuguesa**, ed. 21 (com adaptações).

(Bolsa-Prêmio/Itamaraty – 2011 – CESPE) No que concerne à estrutura linguística e às ideias do texto acima, julgue os itens a seguir.

(1) A oração "que (...) é preservada por iniciativas como a do Museu do Mamulengo" (l.9-11) restringe o sentido do vocábulo "arte" (l.4).

(2) O primeiro período do texto — "Olinda é conhecida (...) da Semana Santa." — poderia ser reescrito, sem prejuízo gramatical para o texto, da seguinte maneira: A fama de seus mamulengos e bonecos carnavalescos gigantes, que, sendo tão populares, também participam dos festejos da Semana Santa, faz com que Olinda seja conhecida no mundo inteiro.

(3) Na linha 5, a presença do acento indicativo de crase em "à Europa" justifica-se pela regência de "remete" e pela relação de restrição estabelecida entre o vocábulo "Europa" e a expressão "de séculos atrás"; caso seja retirada do texto essa expressão, deve-se também suprimir o acento grave em " à Europa".

(4) Na oração "onde, durante a Idade Média, eram criadas figuras enormes e malignas" (l.6-7), o sujeito está explícito.

(5) No segundo período do texto, ao se empregar, entre outros termos, a expressão "a repressão da Inquisição" (l.7-8), possibilita-se que o leitor recorra a conhecimentos intertextuais referentes a acontecimentos históricos da Idade Média.

1: Anulada – (Período composto/oração adjetiva) A oração subordinada "que, passada de geração para geração familiar, é preservada por iniciativas como a do Museu do Mamulengo" é uma oração subordinada adjetiva restritiva do termo "arte", ou seja, ao mesmo tempo em que qualifica o sentido do termo a que se refere, também restringe seu significado em relação às outras artes. No entanto, é importante notar que a construção gramatical do trecho torna sua interpretação confusa, uma vez que o trecho "passada de geração para geração familiar" encaixado ao meio da oração subordinada, torna confuso o sentido da preservação da arte. É confuso definir o que de fato garante a preservação desse tipo de arte: as iniciativas de museus ou a tradição familiar.

2: Certo (Coesão) – A reescrita do trecho original baseia-se principalmente na alteração da ordem dos termos, destacando como termo principal os Mamulengos em oposição à cidade, como aparece na escrita original. A razão de Olinda ser conhecida é a fama dos bonecos, relação estabelecida no trecho original por meio da preposição "por" em contração com o artigo (per+a = pela), "Olinda é conhecida no mundo inteiro pela fama(...)". No trecho reescrito, essa mesma relação de causa é feita pela expressão "faz com que'".

3: Errado (Crase) A crase é indicativo da presença do "a" preposição", exigido pela regência do verbo "remeter", e do "a" artigo que acompanha o substantivo feminino "Europa", que aceita o artigo. Há casos em que topônimos femininos repelem a presença do artigo como acompanhante e apenas o aceitam em caso de o substantivo vir acompanhado de um determinante. É o caso de "Portugal", que repele o artigo feminino, a menos que tenha seu sentido delimitado por uma expressão (ex. Voltei a Portugal/Voltei à Portugal de meus pais). É importante ressaltar que "Europa" não segue essa regra, sendo o uso do acento grave no texto validado pelas regras gerais de uso da crase ("a" preposição + "a" artigo), independentemente do determinante posterior.

4: Certo (Análise sintática – sujeito) A oração "eram criadas figuras enormes e malignas" está na voz passiva, ou seja o seu sujeito é o que foi criado (paciente da ação) e não o criador (agente da ação). O sujeito é, portanto, "figuras enormes e malignas". Como é comum em casos de voz passiva, o sujeito aparece posposto ao verbo, sem qualquer prejuízo gramatical ou de significado.

5: Certo (Interpretação de texto) A origem dos bonecos está na Europa da Idade Média e na crítica à inquisição do período. O texto, no entanto, não apresenta qualquer explicação de como era a repressão combatida ou em que contexto os bonecos apareciam no período. O texto delega ao leitor a responsabilidade de conhecer historicamente os elementos referidos para entender a origem dos bonecos.

Gabarito 1 Anulada, 2C, 3E, 4C, 5C

É fato reconhecido que a semelhança ou mesmo a similitude perfeita entre pares de coisas não faz de uma a imitação da outra. As imitações contrastam com a realidade, mas não posso usar na análise da imitação um dos termos que pretendo esclarecer. Dizer "isto não é real" certamente contribui para o prazer das pessoas com as representações imitativas, de acordo com um admirável estudo de psicologia escrito por Aristóteles. "A visão de determinadas coisas nos causa angústia", escreve Aristóteles na Poética, "mas apreciamos olhar suas imitações mais perfeitas, sejam as formas de animais que desprezamos muito, sejam cadáveres".

Esse tipo de prazer pressupõe o conhecimento de que seu objeto é uma imitação, ou, correlativamente, o conhecimento de que não é real. Há, portanto, uma dimensão cognitiva nessa forma de prazer, assim como em muitos outros prazeres, inclusive os mais intensos.

Suponho que o prazer de comer determinadas coisas pressupõe algumas crenças, como a de que elas são realmente o que pensamos estar comendo, mas a comida pode se tornar um punhado de cinzas quando se descobre que isso não é verdade — que é carne de porco, para um judeu ortodoxo, ou carne de vaca, para um hindu praticante, ou carne humana, para a maioria de nós (por mais que o sabor nos agrade). Não é preciso sentir a diferença para haver uma diferença, pois o prazer de comer é geralmente mais complexo, pelo menos entre os seres humanos, do que o prazer de sentir o gosto. Saber que algo é diferente pode fazer diferença para o gosto que sentimos. Se não o fizer, é que a diferença de gostos talvez não seja uma coisa que preocupe o bastante para que as respectivas crenças sejam um requisito do prazer.

Arthur C. Danto. **A transfiguração do lugar-comum: uma filosofia da arte**. Trad. Vera Pereira. São Paulo: Cosac Naify, 2005, p. 49-50 (com adaptações).

(Enfermeiro – TJ/AL – 2012 – CESPE) No que se refere aos aspectos gramaticais do texto, assinale a opção correta.

(A) O último período do primeiro parágrafo do texto poderia ser corretamente reescrito da seguinte forma: Assim como em outros muitos prazeres inclusive os mais intensos, logo há uma dimensão cognitiva nessa forma de prazer.

(B) A introdução de vírgula imediatamente antes de "que pretende esclarecer" (l.4-5) não alteraria as relações sintático-semânticas do período.

(C) O ponto final empregado imediatamente antes de "Dizer" (l.5) poderia ser corretamente substituído por dois-pontos, com a devida alteração no emprego de maiúsculas e minúsculas.

(D) A correção gramatical do texto seria prejudicada se o trecho 'nos causa' (l.8-9) fosse substituído por **causa-nos**.

(E) O pronome possessivo 'suas' (l.10) refere-se às 'formas de animais' (l.11).

A: incorreta. A redação proposta está incoerente e com falhas na pontuação. Melhor seria: "assim como em muitos outros prazeres, inclusive os mais intensos, há uma dimensão cognitiva nessa forma de prazer"; **B:** incorreta. Haveria alteração com a colocação da vírgula: a oração subordinada adjetiva deixaria de ser restritiva para ter valor explicativo; **C:** correta. Como a oração iniciada por "dizer" esclarece os termos da oração anterior, os dois-pontos dariam a ela o valor de aposto, sem qualquer prejuízo à correção ou coerência do texto; **D:** incorreta. Trata-se de próclise facultativa, a qual pode ser substituída sem qualquer incorreção pela ênclise; **E:** incorreta. "Suas" refere-se a "imitações".

Gabarito "C"

(Enfermeiro – TJ/AL – 2012 – CESPE) Com relação aos sentidos do texto e às suas estruturas linguísticas, assinale a opção correta.

(A) O emprego do acento gráfico nos vocábulos "análise" (l.4), "Aristóteles" (l.8) e 'cadáveres' (l.11) justifica-se pela mesma regra de acentuação.

(B) O trecho "contribui para o prazer das pessoas com as representações imitativas" (l.6-7) poderia ser corretamente substituído por: contribui ao prazer que as pessoas tem pelas representações imitativas.

(C) Verifica-se a ocorrência de dígrafos nos vocábulos "pressupõe" (l.12) e "ortodoxo" (l.21).

(D) A forma verbal "contrastam" (l.3) está sendo empregada no texto como sinônimo de **assemelham**.

(E) No contexto, o verbo "usar" (l.4) poderia ser substituído pela locução verbal **fazer uso**, sem prejuízo da correção gramatical do texto.

A: correta. Todas as palavras são proparoxítonas; **B:** incorreta. O verbo "contribuir" não pode reger a preposição "a"; **C:** incorreta. Chama-se dígrafo o fenômeno no qual duas letras têm valor de apenas um fonema. Ocorre em "pre**ss**upõe", mas não em "ortodoxo"; **D:** incorreta. "Contrastar" é antônimo de "assemelhar", ou seja, têm sentidos opostos; **E:** incorreta. Primeiro, porque "fazer uso" não é locução verbal (não é formada por dois verbos); segundo, porque a substituição imporia a colocação da preposição "de" antes de "um".

Gabarito "A"

Já adulto pela covardia, eu fazia o que todos fazemos, quando somos grandes, e há diante de nós sofrimentos e injustiças: não queria vê-los; subia para soluçar lá no alto da casa, numa peça ao lado da sala de estudos, sob os telhados, uma salinha que cheirava a íris, também aromada por uma groselheira silvestre que crescia do lado de fora entre as pedras do muro e passava um ramo florido pela janela entreaberta.

Destinada a uma utilidade mais especial e mais vulgar, essa peça serviu por muito tempo de refúgio para mim, sem dúvida por ser a única que me permitia fechasse à chave, para todas as minhas ocupações que exigissem solidão inviolável: a leitura, o devaneio, as lágrimas e a volúpia.

Marcel Proust. **No caminho de Swann**.
Internet: <vestibular.uol.com.br> (com adaptações).

(Enfermeiro – TJ/AL – 2012 – CESPE) Com relação à estrutura morfossintática e à coerência interna do texto apresentado, assinale a opção correta.

(A) Na linha 10, o emprego de acento grave indicativo de crase em "à chave" justifica-se pela regência da forma verbal "fechasse" e pela presença do artigo definido feminino.

(B) O trecho "não queria vê-los" (l.3) poderia ser corretamente reescrito da seguinte forma: não os queria ver.

(C) Na linha 3, a preposição "para" introduz uma expressão que indica direção, lugar onde o personagem "subia".

(D) A oração "Destinada a uma utilidade mais especial e mais vulgar" (l.8) poderia ser deslocada para imediatamente após a forma verbal "serviu" (l.9), sem prejuízo para a correção gramatical do texto.

(E) O vocábulo "peça", na linha 9, possui um referente diverso do referente do vocábulo "peça" na linha 4.

A: incorreta. A crase, nesse caso, ocorre por ser uma locução adverbial formada por palavra feminina; **B:** correta. O advérbio de negação determina a próclise; **C:** incorreta. A preposição, nesse caso, indica finalidade (subia com o objetivo de chorar); **D:** incorreta. O deslocamento da oração subordinada deveria ser acompanhado de sua colocação entre vírgulas para manter a correção gramatical; **E:** incorreta. Ambos referem-se à salinha que se localizava ao lado da sala de estudos.

Gabarito "B"

Os livros de história natural descritiva e assuntos congêneres, cujos autores observaram a natureza com os seus próprios olhos, tendo por isso o relato das suas descobertas e o interesse de narrativas pessoais, à parte o caráter exato dos fatos que referem, podem ser considerados verdadeiras poesias em prosa, por assim dizer, que vão beber a sua inspiração diretamente à natureza e trasladam para o papel alguma coisa da sua frescura e novidade. Levam o leitor para além dos bosques e fazem-no cuidar que é ele que faz as descobertas. O que eles viram tem o primor de observações individuais, a superioridade do específico sobre o genérico. Esses escritos, pois, têm certo valor permanente do ponto de vista literário: como o apreço em que são tidos vem mais da forma do que do assunto, são verdadeiras obras de arte; por outro lado, ninguém lhes atribuiria mais do que um pequeno lugar entre as obras de arte, isso porque, por perfeitas que sejam no seu gênero, não têm senão a diminuta importância do gênero a que pertencem. São livros para as horas de ócio, e longe ficam dos pináculos ou das profundezas da emoção.

Henry Smith Williams. **A literatura na ciência**. Internet: <www.logoslibrary.eu> (com adaptações).

(Enfermeiro – TJ/AL – 2012 – CESPE) Assinale a opção correta a respeito da estrutura linguística e dos sentidos do texto apresentado.

(A) A expressão "Esses escritos" (l.11) exerce a função de sujeito da oração cujo núcleo é "são tidos" (l.13).
(B) O pronome "eles" (l.10) retoma "leitor" (l.8).
(C) Na linha 7, o emprego de sinal indicativo de crase em "à natureza" deve-se à presença, no período, de "diretamente".
(D) Seria mantida a correção gramatical do texto se o pronome a fosse introduzido imediatamente antes de "trasladam" (l.7), caso em que esse pronome retomaria "sua inspiração" (l.6).
(E) A expressão "alguma coisa da sua frescura e novidade" (l.7-8) complementa o sentido da forma verbal "trasladam" (l.7).

A: incorreta. "Esses escritos" é o sujeito da oração cujo núcleo verbal é "têm"; **B:** incorreta. O termo remete a "autores", na linha 2; **C:** incorreta. A crase ocorre por força da regência do verbo "beber" e da presença do artigo definido feminino singular "a"; **D:** incorreta. A inserção do pronome afrontaria as normas de regência. Seria necessário, por exemplo, lançar mão da preposição "com" antes de "alguma"; **E:** correta. Trata-se do objeto direto do verbo.

Gabarito "E".

A possibilidade de alguém sair às ruas do Cairo para protestar contra o presidente Hosni Mubarak em 1998, ano em que o jornalista norte-americano de origem egípcia Abdalla Hassan se mudou para a cidade, era, nas palavras dele, "simplesmente impensável". "No máximo, culpava-se o primeiro-ministro, jamais o presidente", disse Hassan, enquanto os protestos se espalhavam pelas ruas da capital egípcia. Seu depoimento dá a dimensão do medo imposto pelo ditador, que permaneceu 30 anos no poder — e quão espetaculares e inesperados foram os eventos no Cairo e em cidades como Suez e Alexandria. Multidões sublevadas saíram pelas ruas clamando por melhores condições de vida, emprego e, sobretudo, pelo fim do regime de Mubarak. Para deter as manifestações, o ditador desativou a Internet, cortou a telefonia celular e ocupou estações de rádio e TV. Decretou toque de recolher. Não adiantou. Os protestos continuaram. A semana terminou sem que estivesse claro o futuro político do maior aliado dos Estados Unidos da América (EUA) no mundo árabe. Se Mubarak caísse, o que viria em seu lugar — uma democracia moderna ou uma teocracia islâmica como a do Irã? A resposta a essa pergunta é crucial para toda a região.

Juliano Machado e Letícia Sorg. O grito árabe pela democracia. In: **Época**, 31/1/2011, p. 32 (com adaptações).

(Enfermeiro – TJ/ES – 2011 – CESPE) Considerando as ideias e estruturas linguísticas do texto acima, julgue os próximos itens.

(1) No desenvolvimento da argumentação do texto, a oração "sem que estivesse claro o futuro político do maior aliado dos Estados Unidos da América (EUA)" (l.17-18) expressa circunstância de causa em relação à oração que a antecede.
(2) No trecho "Se Mubarak caísse, o que viria em seu lugar" (l.19), estaria mantida a correção gramatical do texto caso se substituíssem as formas verbais "caísse" e "viria" por **cair** e **virá**, respectivamente.
(3) Depreende-se do texto que o regime sob o qual viveram os egípcios durante as manifestações mencionadas, apesar de não ser considerado moderno, era mais democrático que o governo existente em 1998.
(4) Subentende-se da argumentação apresentada no texto que as sublevações da população decorreram de pressão religiosa oculta contrária ao apoio político oferecido pelos EUA ao Egito.
(5) No trecho "enquanto os protestos se espalhavam pelas ruas da capital egípcia" (l.7-8), a próclise do pronome "se" justifica-se pela natureza subordinada da oração, explicitada pela conjunção temporal "enquanto".

1: incorreta. Trata-se de oração subordinada adverbial modal, ou seja, estabelece a forma, o modo como a semana terminou; **2:** correta. A substituição não acarreta mudança de sentido ou erro gramatical. Muda apenas a intensidade da condicional ("cair" e "virá" expressam um futuro mais distante); **3:** incorreta. As manifestações se levantaram justamente contra o governo ditatorial de Hosni Mubarak, que permaneceu no poder por 30 anos; **4:** incorreta. Não se pode depreender essa informação de nenhuma passagem do texto; **5:** correta. Trata-se de hipótese facultativa da próclise.

Gabarito 1E, 2C, 3E, 4E, 5C

Os países com economias pujantes e estáveis e uma distribuição de renda relativamente equitativa entre seus habitantes tendem a ser menos vulneráveis — social e politicamente — que os países pobres, economicamente instáveis e com distribuição interna de riquezas fortemente desigual. O aumento significativo da desigualdade econômica e social dentro dos países ou entre eles reduzirá as possibilidades de paz. Evitar ou controlar a violência armada interna depende ainda mais, contudo, dos poderes e da efetividade do desempenho dos governos nacionais e da sua legitimidade perante a maioria dos habitantes dos respectivos países. Nenhum governo pode, hoje, dar por garantida a existência de uma população civil desarmada ou o grau de ordem pública há tanto tempo vigente em grande parte da Europa. Nenhum governo está, hoje, em condições de ignorar ou eliminar minorias internas armadas. No entanto, o mundo está cada vez mais dividido em países capazes de administrar seus territórios e seus cidadãos — mesmo quando afetados, como estava o Reino Unido, durante décadas, por ações armadas efetuadas por um inimigo interno — e um número crescente de territórios cujo entorno é demarcado por fronteiras oficialmente reconhecidas, com governos nacionais que flutuam entre a debilidade, a corrupção e a não existência. Essas áreas produzem lutas internas sangrentas e conflitos internacionais, como o que temos visto na África central. Não há, apesar de tudo, perspectivas imediatas de melhoras duradouras nessas regiões, e a continuação do enfraquecimento dos governos centrais nos países instáveis assim como o prosseguimento da balcanização do mapa do mundo sem dúvida provocarão um aumento do perigo de conflitos armados.

Um prognóstico possível: no século XXI, as guerras provavelmente não serão tão mortíferas quanto o foram no século XX. Mas a violência armada, gerando sofrimentos e perdas desproporcionais, persistirá, onipresente e endêmica — ocasionalmente epidêmica —, em grande parte do mundo. A perspectiva de um século de paz é remota.

Eric Hobsbawm. **Globalização, democracia e terrorismo**. São Paulo: Companhia das Letras, 2007, p. 34-5 (com adaptações).

(Enfermeiro – TJ/ES – 2011 – CESPE) No que se refere à organização das ideias e a aspectos linguísticos e gramaticais do texto acima, julgue os itens subsequentes.

(1) Subentende-se, pelas relações de sentido que se estabelecem no texto, que a expressão "Essas áreas" (l.24) retoma, por coesão, "territórios cujo entorno é demarcado por fronteiras oficialmente reconhecidas, com governos nacionais que flutuam entre a debilidade, a corrupção e a não existência" (l.21-23).

(2) No trecho "Mas a violência armada, gerando sofrimentos e perdas desproporcionais, persistirá, onipresente e endêmica — ocasionalmente epidêmica —, em grande parte do mundo" (l.34-36), estariam mantidos o sentido e a correção gramatical do texto caso fosse suprimida a vírgula que precede a expressão "em grande parte do mundo".

(3) Subentende-se da argumentação do texto que, no século XX, a violência atingiu de forma indiscriminada países economicamente estáveis e instáveis, mas, no século XXI, ela será agravada e restrita às regiões balcanizadas de países economicamente instáveis.

(4) Infere-se da leitura do texto que a garantia de paz resulta da capacidade de os governos se certificarem do desarmamento da população civil.

(5) Os vocábulos "países" e "áreas" são acentuados de acordo com a mesma regra de acentuação gráfica.

(6) No trecho "Nenhum governo pode, hoje, dar por garantida a existência de uma população civil desarmada ou o grau de ordem pública" (l.12-14), estaria mantido o sentido do texto caso o termo "garantida" fosse substituído por **garantidos**.

1: correta. A expressão "essas áreas", notadamente por seu pronome demonstrativo "essas", funciona como elemento de coesão que retoma a expressão destacada sem precisar repeti-la; **2:** incorreta. A questão é polêmica. Há autores que defendem que não se deve usar a vírgula após o travessão que separa o aposto explicativo. A maioria, porém, reputa como correta e indispensável tal prática; **3:** incorreta. O autor defende que as guerras são mais fáceis de serem evitadas em países de economia instável, bem como que o século XXI será uma época de embates menos mortíferos; **4:** incorreta. O autor afirma justamente o contrário, que os governos não têm condições de eliminar o armamento interno de determinadas minorias; **5:** incorreta. "Países" é acentuado por conta da vogal "i" em hiato, ao passo que "áreas" é paroxítona terminada em ditongo crescente; **6:** correta. A concordância, nesse caso, pode ser feita tanto por atração (como no texto original), quanto pelo gênero masculino plural (como proposto na alternativa) sem incidir em erro.

Gabarito 1C, 2E, 3E, 4E, 5E, 6C

2. Redação

Eloy Gustavo de Souza, Flavia Barros, Luiz Fabre, Magally Dato e Robinson Barreirinhas*

1. TEMAS GERAIS

(Analista – STJ – 2004 – CESPE) Redação (30 linhas)

A resposta à criminalidade entre os adultos é dada pelo direito penal, que privilegia a aplicação de penas privativas de liberdade (detenção e prisão). Essa sistemática tem por resultado a superlotação carcerária, um saldo exorbitante de mandados de prisão não cumpridos e um índice de reincidência criminal de 65%. Isso leva a crer que o encarceramento é medida ineficaz, extremamente dispendiosa e pouco inteligente no combate à criminalidade.

Caso essa sistemática seja estendida aos adolescentes, em provável decorrência da redução da idade penal, haverá a ampliação do contingente de pessoas sujeitas ao sistema carcerário, provocando o consequente agravamento da carência de vagas e a superlotação nas prisões. Essa situação poderá incentivar ainda mais o avanço da criminalidade, pelo descrédito a que a Justiça está exposta.

Quando devidamente implementado, o sistema educativo proposto pelo Estatuto da Criança e do Adolescente, ao contrário do sistema prisional, dá ensejo à efetiva recuperação dos jovens infratores, inclusive daqueles responsáveis por infrações gravíssimas (homicídio e latrocínio), o que pode resultar em um índice de reincidência inferior a 10%. Isso porque se propõe a oferecer, durante o prazo em que o adolescente estiver internado, educação escolar e profissionalização, inseridas em um projeto de atendimento pedagógico e psicológico adequado à sua condição de pessoa em desenvolvimento e voltado à sua reinserção social.

Cleide de Oliveira Lemos. "Reduzir a idade penal é a solução?" In: **UnB Revista**. dez./2003-mar./2004, p. 18-9 (com adaptações).

Considerando o tema do texto acima e o do 1.º texto da prova objetiva de Conhecimentos Básicos, redija um texto dissertativo, posicionando-se acerca da seguinte questão.

A redução da idade penal é a solução para desvios de conduta de adolescentes infratores?

Comentário prévio

O examinador pede um texto dissertativo.

Isso significa que o candidato deverá defender seu ponto de vista a respeito do tema proposto.

Não se trata, portanto, de resposta certa ou errada, mas sim avaliação da capacidade argumentativa. O texto deverá apresentar clareza, coesão, consistência e precisão gramatical. É isso que será analisado pelo examinador.

É claro que o candidato deverá ler bastante, especialmente jornais e revistas, para estar bem informado e capaz de emitir opiniões fundamentadas. Ademais, precisará treinar muito, escrevendo e reescrevendo continuamente, para desenvolver um estilo próprio e, no dia da prova, produzir uma boa redação.

Além disso, é interessante sabermos que há diversas técnicas para uma boa dissertação que podem orientar o estudante. Veremos algumas delas mais adiante. Sua utilidade não pode ser subestimada.

Na presente questão, o texto apresentado é contrário à redução da idade penal. É interessante que o candidato identifique quais são os argumentos adotados pela autora.

Caso decida defender, em sua redação, posicionamento nesse sentido (contrário à redução da maioridade penal), deverá reiterar e reforçar esses argumentos. De forma inversa, se o candidato resolver defender a redução da idade penal, é importante rebater os argumentos indicados no texto. Qualquer que seja a linha dissertativa, portanto, é preciso conhecer e avaliar os argumentos favoráveis e desfavoráveis à tese adotada.

Isso vale para toda dissertação em que o tema seja controverso.

É importante lembrar que uma boa redação dissertativa defende com afinco um ponto de vista.

Não que seja impossível um posicionamento intermediário ou inconclusivo (bons autores muitas vezes restringem-se a apontar dúvidas para incentivar o debate, por exemplo), mas isso é muito perigoso em uma prova, pois pode ser confundido com falta de capacidade argumentativa.

Assim, uma primeira providência será listarmos os argumentos favoráveis e desfavoráveis à redução da idade penal, lembrando que o texto que consta da questão já indicou alguns fundamentos contrários à proposta:

Tema: redução da idade penal	
Argumentos contrários	**Argumentos favoráveis**
"ampliação do contingente de pessoas sujeitas ao sistema carcerário, provocando o consequente agravamento da carência de vagas e a superlotação nas prisões"	O sistema penal prevê penas alternativas, que podem ser aplicadas aos jovens, caso a idade penal seja reduzida, e também aos adultos, o que poderia ensejar a redução da população carcerária.
"Essa situação poderá incentivar ainda mais o avanço da criminalidade, pelo descrédito a que a Justiça está exposta"	A falta de punição rigorosa contra jovens infratores pode, também, ser fator que favorece o avanço da criminalidade e o descrédito da Justiça. A redução da idade penal pode ajudar a reverter esse quadro.
"o sistema educativo proposto pelo Estatuto da Criança e do Adolescente, ao contrário do sistema prisional, dá ensejo à efetiva recuperação dos jovens infratores".	A aplicação do direito penal não é sinônimo de prisão, pois há penas alternativas.
"[a aplicação do ECA] pode resultar em um índice de reincidência inferior a 10%. Isso porque se propõe a oferecer, durante o prazo em que o adolescente estiver internado, educação escolar e profissionalização, inseridas em um projeto de atendimento pedagógico e psicológico adequado à sua condição de pessoa em desenvolvimento e voltado à sua reinserção social"	O sistema prisional também pode oferecer cursos e atividades que favoreçam a recuperação social do infrator. Os adultos também merecem chance de recuperação, de modo que a legislação penal pode ser melhor aplicada para todos (jovens e adultos).
O menor de 18 anos ainda está em formação, tanto no aspecto psicológico quanto social, o que torna injusta e inadequada sua responsabilização criminal.	Hoje o jovem com 16 anos já pode votar, o que significa que a sociedade brasileira reconhece que ele tem maturidade psicológica e social.

* **Eloy Gustavo** de Souza comentou as questões da ANAC, ANS, ANVISA, Ministério Público da Saúde e MDS; As demais questões foram comentadas pelos coautores..

O candidato, após listar os argumentos nos dois sentidos, deve escolher um lado e defendê-lo solidamente, com muita clareza e coesão de ideias.

Para a fluência da dissertação, é interessante dividi-la em quatro partes bem definidas, **que são imprescindíveis**:

1ª – Título	Deve apresentar o tema da dissertação.
2ª – Introdução	É bom que indique claramente o posicionamento em relação ao tema proposto, preparando o leitor para aquilo que virá a seguir.
3ª – Argumentação	Os fundamentos que sustentam a tese defendida. Apresente argumentos favoráveis a sua tese e, se for o caso, rebata os contrários.
4ª – Conclusão	Retome a ideia inicial que já foi indicada na introdução, ou seja, o posicionamento do candidato em relação ao tema proposto, de maneira conclusiva.

Não se esqueça do **título**, que deve indicar, de maneira sucinta e direta, o tema que será desenvolvido.

Na **introdução**, o candidato deve apresentar o tema ao leitor e, desde já, posicionar-se a respeito.

A **argumentação** pode ser desenvolvida por meio de diversas ferramentas.

Uma delas é o raciocínio silogístico:

Com base em silogismos bem construídos, o candidato sustentará a tese adotada, além de rebater os argumentos contrários.

Outras ferramentas argumentativas interessantes são a listagem de exemplos (o que depende do grau de informação do candidato – lembre-se de ler bastante!) e o argumento de autoridade (citação de entendimento de alguém respeitado no assunto – isso é um pouco mais difícil nas provas, por falta de material de consulta).

Na construção de sua redação, é importante que você apresente pelo menos três ou quatro argumentos sólidos que fundamentem a tese adotada.

Lembre-se que há limitação de espaço (número de linhas indicado na questão)! Por isso, escolha os melhores argumentos e desenvolva-os de maneira direta e sucinta.

A **conclusão** fecha o esforço argumentativo, arrematando os fundamentos e retomando a ideia que já fora indicada na introdução.

É interessante que o candidato conclua sua dissertação com uma frase forte, que tenha poder de convencimento, reafirmando seu posicionamento a respeito do tema.

Quanto à redação em si, construa frases e períodos curtos, indo direto ao ponto, prestigiando a ordem direta, sem preciosismos desnecessários, nem construções rebuscadas. Prefira, por exemplo, "A recuperação do jovem é essencial para a sociedade" em vez de "À sociedade, composta por todos nós, mostra-se indeclinável o resgate do cidadão de tenra idade".

O modelo a seguir é uma demonstração da aplicação dessas ferramentas e orientações, com observância à estrutura básica delineada.

Como já dito, não há resposta certa ou errada, apenas teses fundamentadamente defendidas, ou não. Treinar muito é essencial para o desenvolvimento de seu próprio estilo e para que você tenha tranquilidade e sucesso no dia de sua prova.

Modelo de redação

"A redução da idade penal não interessa à sociedade"

[Esse é o título, que indica claramente o tema a ser desenvolvido em seguida]

A redução da idade penal não é medida que diminua a criminalidade ou melhore, de qualquer outra forma, a vida da população, razão pela qual não deve ser implementada.

[Essa foi a introdução. Veja que já indicamos claramente nosso posicionamento]

A recuperação dos menores infratores não é apenas um imperativo humanístico, mas também algo essencial para que esses jovens ingressem na sociedade de maneira produtiva, e não como novos bandidos a engrossar as fileiras da delinquência.

Sabemos que o sistema prisional, instrumento básico de aplicação da legislação criminal, não é capaz de recuperar infratores. Pelo contrário, acaba servindo como formador de criminosos, por meio do convívio improdutivo e pernicioso de todas as espécies de preso.

Seria absurdo enviar jovens para esse ambiente que, em vez de recuperar, prejudicaria irremediavelmente sua formação.

[Esse foi o primeiro argumento: a inadequação do sistema prisional para a recuperação dos menores – perceba a construção do silogismo – 1º: a recuperação do jovem infrator é essencial; 2º: o sistema prisional não recupera; 3º: logo, o jovem não deve ser submetido ao sistema prisional]

A legislação brasileira, ao submeter os jovens ao Estatuto da Criança e do Adolescente – ECA, e não ao Código Penal, reconheceu que o menor infrator, para ser recuperado, requer cuidados específicos por parte do Estado: educação, acompanhamento psicológico, treinamento profissional.

Para que haja efetiva recuperação, é essencial que o ECA seja aplicado, oferecendo ao menor infrator uma chance real na vida, longe do crime.

[Esse foi o segundo argumento: a importância da aplicação do ECA na recuperação do jovem]

O menor ainda está em formação, tanto psicológica como social. O Estado, ao lado da família, tem responsabilidade em oferecer meios para que o jovem atinja sua maturidade.

Até lá, é prematuro e injusto responsabilizá-lo criminalmente por seus atos.

[Esse é o terceiro argumento: a imaturidade e consequente impossibilidade de responsabilização criminal]

Nem se diga que o direito de voto para o maior de 16 anos demonstra sua maturidade social.

O exercício do voto, nessa idade, é uma introdução à cidadania, um elemento a mais na formação do brasileiro. A participação contínua nas eleições ajudará a construir, pouco a pouco, a maturidade social em um de seus aspectos.

Trata-se de cidadão em formação, não de adulto que tem maturidade suficiente para responder por atos tipificados como crime, que é algo completamente distinto.

[Rebatemos, aqui, um argumento contrário à tese adotada, relativo ao voto dos menores]

Submeter os jovens à legislação penal e prendê-los com os criminosos adultos é desistir de sua recuperação, decretar sua exclusão definitiva da sociedade e conformar-se com a incapacidade do Estado em integrá-los como cidadãos produtivos, o que é inaceitável.

[Essa foi a conclusão, com a retomada do posicionamento inicialmente adotado, contrário à redução da idade penal. Perceba que a enumeração é uma técnica interessante para conseguirmos um efeito argumentativo um pouco mais sofisticado]

(Analista – TRT/1ª – 2008 – CESPE) REDAÇÃO (30 linhas)

O fenômeno do tráfico de drogas se estendeu pela América Latina. É isso que confirmam números oficiais sobre o domínio ou a territorialização do narcotráfico. Cada país, de acordo com suas particularidades e com o papel que desempenha no negócio da produção e comercialização de entorpecentes, sofre de maneira diferente. Mas existe um consenso: estamos diante de um problema cada vez mais alarmante e que representa um enorme desafio para os governos e sociedades do continente. O consumo de droga aumentou na grande maioria das cidades, agravando a situação da segurança e da saúde pública. Onde se comercializam cocaína e pasta base, a delinquência dispara, a evasão escolar cresce e a saúde da população (em especial a dos jovens) se deteriora rapidamente.

O Globo, 25/5/2008, p. 36 (com adaptações).

Tendo a notícia acima como referência inicial e considerando-a unicamente como motivadora, redija um texto dissertativo a respeito do seguinte tema.

DROGAS ILÍCITAS NA SOCIEDADE CONTEMPORÂNEA

Ao redigir seu texto, aborde, necessariamente, os seguintes aspectos:

- motivos para a opção pelo trabalho com drogas ilícitas em detrimento da opção pelo trabalho lícito;
- possíveis medidas e atitudes para enfrentamento do problema das drogas ilícitas;
- o narcotráfico na economia global.

Comentário prévio

O examinador parte da premissa de que todos concordamos com os efeitos deletérios das drogas na sociedade, o que é bastante evidente. Esclarece, entretanto, que a notícia reproduzida deve ser tomada apenas "como referência inicial e considerando-a unicamente como motivadora", ou seja, o candidato não deve simplesmente repetir o que já foi dito, devendo desenvolver sua dissertação a partir dela.

Ademais, o examinador também toma como certo que há opção pelo trabalho com drogas em detrimento da opção pelo trabalho lícito. Pede apenas que o candidato disserte sobre os motivos para isso.

Nesse ponto, parece-nos que pode haver discordância. É possível que se entenda que o ingresso no trabalho com drogas ilícitas seja uma opção, como insinua o examinador. Mas também se pode entender que isso decorre exatamente da falta de opção no mercado lícito de trabalho.

O candidato pode se posicionar a favor de um dos dois pontos de vista, ou mesmo em relação a ambos, que não são excludentes, como veremos no modelo abaixo.

O desenvolvimento do tema exige cultura geral e acompanhamento do noticiário para que o candidato possa descrever e opinar a respeito de medidas de enfretamento e o impacto na economia global.

Vale repetir a sugestão: leia muito, especialmente jornais e revistas noticiosas, para estar bem preparado para as provas!

Modelo de redação

"Narcotráfico: motivos, impactos e enfrentamento"

[Aproveitamos o título para listar os aspectos exigidos pelo examinador e que serão desenvolvidos na dissertação]

O narcotráfico é um fenômeno global, cujos resultados perversos são amplamente conhecidos: violência, desagregação familiar, impacto na saúde pública, corrupção etc. Seu enfrentamento exige reconhecimento dos motivos que levam as pessoas a se envolverem com essa atividade ilícita e coordenação de esforços de governos e sociedades.

[Na introdução, deixamos claro que partiremos do ponto desenvolvido no texto introdutório, enfrentando aqueles indicados pelo examinador]

O trabalho no narcotráfico pode ser, muitas vezes, impulsionado pela ganância, pura e simples, pela atração do ganho imediato que, apesar dos enormes riscos e inegável distorção de valores, fascinam determinadas pessoas.

Nesse caso, a resposta do Estado deve ser dura e intransigente. O criminoso deve ser investigado, julgado e punido exemplarmente.

[Nesse primeiro ponto, apontamos um motivo para o ingresso no mercado ilícito de drogas, como sugerido pelo examinador, apontando possível solução]

Entretanto, não se pode desconsiderar que, muitas vezes, o ingresso no narcotráfico é determinado pela falta de opção. São pessoas que não tiveram acesso à educação formal, nem chance no mercado de trabalho lícito.

A solução, aqui, envolve forte investimento em escolas e formação profissional, exigindo que o Estado participe das vidas das pessoas, não deixando espaço para o poder paralelo dos traficantes.

[O segundo argumento afasta-se um pouco da premissa do examinador, de que há opção pelo trabalho ilícito. Tomamos o cuidado de apontar essa hipótese com objetividade, indicando possível solução. Perceba que nossa sugestão valoriza a participação do Estado. Nada impede, entretanto, que a visão do candidato seja mais "liberal", prestigiando a vontade dos indivíduos]

O narcotráfico não respeita fronteiras. As drogas são cultivadas em determinados países, muitas vezes manufaturadas em outros, transitam por diversas nações para serem, finalmente, consumidas pelo mundo todo.

A estrutura do tráfico e seus reflexos deletérios atingem a comunidade internacional. Isso exige coordenação de todos os governos, sob pena de se tornarem inócuas as medidas isoladamente tomadas em apenas algumas localidades.

De fato, um país cujo território seja passagem de drogas não conseguirá enfrentar eficazmente o problema se as nações onde estão os produtores e os consumidores não se engajarem nesse combate. O mesmo vale para um país que procure reduzir o consumo em seu território, sem o apoio dos países produtores e por onde transitam as drogas.

[Enfrentamos aqui o terceiro ponto listado pelo examinador – narcotráfico global, utilizando a ferramenta argumentativa do exemplo]

O combate ao narcotráfico, portanto, exige coordenação mundial de governos, que reconheçam os motivos que levam as pessoas a ingressarem nessa atividade e possam, com isso, responder adequadamente a cada situação, com coação, mas também com educação e criação de opções lícitas de trabalho, de modo que haja, efetivamente, esperança de solução.

[Na conclusão, retomamos a ideia inicial, com o cuidado de citar os três pontos indicados pelo examinador – motivos, medidas de enfrentamento e impacto global]

(Analista – TJ/CE – 2008 – CESPE) Redação (30 linhas)

A estimativa de que existam, no país, 9 mil presos com pena já cumprida — e que, portanto, já deveriam estar em liberdade — é um dramático exemplo da falência do sistema carcerário brasileiro. Se a este número forem adicionados os 133 mil detentos que, segundo o Departamento Penitenciário Nacional, aguardam julgamento em prisão preventiva, certamente havendo entre eles réus sem culpa formada, chega-se à dimensão de uma explosiva tragédia. Não por acaso, o Conselho Nacional de Justiça (CNJ) lançou um mutirão cívico, convocando juízes de execuções penais a retirar dos presídios os detentos com pena vencida e aqueles com direito aos regimes aberto e semiaberto.

O Globo, 13/9/2008, p. 6 (com adaptações).

Considerando que o texto acima tem caráter unicamente motivador, redija texto dissertativo acerca do seguinte tema.

JUSTIÇA E SISTEMA PENITENCIÁRIO: DESAFIO A SER ENFRENTADO

Ao redigir seu texto, aborde, necessariamente, os seguintes aspectos:

- problemas que afetam o atual quadro dos presídios brasileiros;
- ação emergencial do CNJ;
- uma política de reinserção do preso à sociedade.

Comentário prévio

O examinador indica objetivamente o tema a ser desenvolvido ("Justiça e sistema penitenciário: desafio a ser enfrentado") e os aspectos a serem necessariamente abordados pelo candidato.

O roteiro é dado, portanto.

Nesses casos, uma técnica interessante é listar, para cada aspecto indicado na questão, os pontos que podem ser desenvolvidos na dissertação:

Problemas dos presídios	Ação emergencial do CNJ	Política de reinserção do preso
Superlotação	Levantamento da situação dos presídios	Necessidade de acompanhamento e recuperação durante o encarceramento
Mistura de presos perigosos com criminosos de pouca periculosidade	Mutirões para soltura de quem não deveria estar preso	Apoio à família do preso
Possibilidade de presos perigosos comunicarem-se com o exterior	Avaliação das varas de execuções penais	Apoio do Estado após a soltura
Falta de estrutura para recuperação do preso		

A partir dessa listagem, o trabalho do candidato fica mais claro e organizado, o que possibilita uma dissertação melhor.

Considerando a limitação de espaço, talvez não seja possível desenvolver todos os pontos levantados. Será preciso escolher aqueles que mais bem se encaixem na linha argumentativa.

Vejamos um modelo.

Modelo de redação

"Sistema penitenciário: desafio para a sociedade e para a justiça"

[O título atém-se ao tema proposto objetivamente pelo examinador – não há margem, nesse caso, para afastar-se dele]

Aprimorar o sistema penitenciário não é apenas pressuposto para a efetividade da justiça, mas também demanda inadiável da população brasileira. Não se aceita mais o simples amontoado de criminosos em construções isoladas, que acabam por ampliar e fomentar a criminalidade, sem perspectivas de recuperação dos prisioneiros.

[Na introdução, adiantamos o que será desenvolvido na dissertação: a necessidade de aprimoramento do sistema penitenciário]

A situação atual é insustentável.

A superlotação dos presídios acaba por reunir, no mesmo espaço, criminosos de alta periculosidade e outros que não representam risco iminente para a sociedade, sem contar as pessoas preventivamente presas, que, muitas vezes, acabam por ter comprovada sua inocência.

Isso gera uma relação perigosa de fomento da criminalidade, em vez de recuperação social do preso.

[Apontamos um primeiro problema no sistema prisional, como pedido pelo examinador]

Recuperação a rigor inexistente, a depender da estrutura do sistema prisional, que não oferece recursos humanos e materiais para real avaliação e acompanhamento do detento, muito menos para que estude, receba treinamento profissional e trabalhe.

Não se trata, simplesmente, de algo humanamente desejável, mas necessidade pragmática de que o preso tenha opções lícitas de ocupação e não volte a ameaçar a sociedade quando for solto.

[Nesse ponto, indicamos outro problema do sistema prisional e já falamos da política de reinserção do preso]

É essencial que o Estado acompanhe e ampare a família do detento, que se encontra em situação absolutamente vulnerável, e ele próprio, no momento de reingresso na vida comunitária.

Com a vida familiar estruturada no momento da soltura, muito mais provável que o cidadão possa oferece algo de bom para a sociedade e não retorne ao crime.

[Outro ponto relativo à política de reinserção do preso, conforme pedido pelo examinador]

O papel do CNJ tem sido essencial na avaliação da situação atual, sem a qual é inviável qualquer planejamento, e na coordenação das políticas judiciárias.

Uma visão global e, de certa forma, externa em relação o Judiciário, tem se mostrado bastante promissora no aprimoramento do sistema prisional, como demonstra o efetivo mutirão para libertação daqueles que não deveriam estar presos.

[Falamos, finalmente, da ação do CNJ]

O sistema prisional reflete a situação difícil da justiça criminal brasileira, que prejudica as políticas nacionais e locais de segurança pública. Detectar precisamente as falhas, traçar planos factíveis de ação e implementá-los com eficácia deve ser prioridade da sociedade brasileira, que deseja e merece a verdadeira paz social.

[Na conclusão, retomamos e reforçamos a ideia inicial de necessidade de aprimoramento do sistema prisional]

(Técnico – ANAC – 2009 – CESPE) Países em desenvolvimento cobraram liderança do G8 na solução da crise. O chamado G5 – grupo formado por México, Brasil, China, Índia e África do Sul – emitiu um comunicado em que afirmou estar comprometido a trabalhar em conjunto em questões como mudança climática, segurança alimentar, crise econômica e a recente pandemia da gripe suína.

No comunicado, os países emergentes declararam que os países desenvolvidos precisam liderar a luta para fortalecer a economia e adotar fortes medidas de estímulo para restaurar a confiança nos mercados e promover o crescimento: "Os países desenvolvidos têm uma responsabilidade de liderar esse processo", disseram.

México, Brasil, China, Índia e África do Sul fizeram um apelo às economias mais desenvolvidas do mundo para não ignorarem, por causa da crise econômica global, problemas que preocupam os países em desenvolvimento.

"É nossa convicção que os esforços para obter a segurança alimentar e energética e outras questões de preocupação comum dos países em desenvolvimento não deveriam ser minimizados por causa da crise financeira", disseram os países, em comunicado conjunto que também foi assinado pelo Egito. Segundo o comunicado, é preciso "usar a crise como uma oportunidade para reformar o sistema econômico para o benefício de todos, particularmente dos mais vulneráveis."

Os países do G5 afirmaram que continuarão a promover a reforma do sistema financeiro internacional. "Em particular, insistimos para que sejam direcionados esforços apropriados a resolver o problema da sub-representatividade dos países em desenvolvimento nas instituições financeiras internacionais", disseram eles no comunicado.

O G5 também apelou aos países desenvolvidos que considerem o impacto que suas políticas econômicas têm no mundo em desenvolvimento e evitem o protecionismo. Esses países afirmam que o G5 está pronto a concluir a Rodada Doha nas conversações da Organização Mundial do Comércio: "As necessidades e interesses dos países em desenvolvimento precisam ser inseridas no núcleo das negociações de Doha."

Internet: <g1.globo.com> (com adaptações).

Considerando que o fragmento de texto acima tem caráter unicamente motivador, redija um texto dissertativo acerca do seguinte tema.

A ATUAÇÃO DO BRASIL NOS ORGANISMOS INTERNACIONAIS E SUA IMPORTÂNCIA PARA O DESENVOLVIMENTO DO PAÍS

Comentário prévio

O tema proposto pode ser empregado como uma tese: a de que a atuação nos organismos internacionais é importante para o desenvolvimento do país. As razões dessa relação entre atuação internacional e desenvolvimento seriam os argumentos. Um fenômeno já antigo, mas intensificado a partir dos anos 90 com a globalização, é o da dependência das economias nacionais entre si, de modo que uma crise local num país não central pode ter consequências em países distantes, daí a importância de organismos internacionais que tentem evitar as crises ou possam, na sua ocorrência, aplicar medidas reparadoras. Em uma época de crise econômica como a que se tem vivido nos últimos anos, é comum que os países afetados, mesmo os mais fervorosos adeptos do liberalismo econômico, adotem medidas protecionistas para suas economias. A participação em organismos internacionais como o G5 ou em reuniões como a Rodada Doha se mostram, portanto, importantes para que os países em desenvolvimento possam, por exemplo, tentar assegurar garantias de competitividade de seus produtos nos mercados das nações mais ricas. Outro aspecto, que não foi contemplado no texto, mas que poderia ser trabalhado na redação, diz respeito ao desenvolvimento social e à garantia dos direitos humanos. Muitos organismos internacionais têm sua atuação voltada para essa área e os países que participam deles passam a ter os seus governos pressionados para melhorarem seus indicadores sociais e para promoverem um maior respeito pelos direitos e garantias fundamentais dos seus cidadãos.

(Técnico – ANS – 2005 – CESPE) Há casos emblemáticos de contaminação do solo no Brasil que preocupam o Ministério da Saúde. Cerca de 1,4 mil pessoas foram expostas durante décadas à ação do HCH, um produto altamente tóxico usado como inseticida, popularmente conhecido como pó de broca. Toneladas do produto foram abandonadas na área chamada Cidade dos Meninos, em Duque de Caxias. O material contaminou o solo, a água subterrânea, os animais e a vegetação da região, atingindo uma área de pelo menos 70 mil metros quadrados. O Ministério da Saúde já providencia a remoção de cerca de 200 famílias que permanecem no local.

A população de Pernambuco, depois de São Paulo, é a segunda mais ameaçada do país pela contaminação ambiental. O estado tem 83 áreas mapeadas, que representam risco para 287 mil habitantes. No Rio de Janeiro, foram encontradas 70 regiões problemáticas. O número de pessoas expostas chega a 146 mil. Minas Gerais chega a ter 198 mil moradores expostos a 41 focos de contaminação.

Em Santo Amaro da Purificação, cidade baiana de 48 mil habitantes, cerca de 500 mil toneladas de apara de chumbo contaminaram pessoas, ruas, o rio Subaé e o estuário da Baía de Todos os Santos. Herança de uma fábrica francesa que faliu em 1993. Estudo da Fundação Nacional de Saúde constatou, no ano passado, que, entre a população moradora próxima à empresa, a dose de ingestão de chumbo em crianças supera em 11,7 vezes o limite máximo aceito pela Organização Mundial de Saúde. Segundo a Associação das Vítimas de Contaminação por Chumbo, 574 pessoas têm a substância no organismo.

Samanta Sallum. *In*: **Correio Braziliense**, 12/1/2005 (com adaptações).

Considerando que o texto acima tem caráter unicamente motivador, redija um texto dissertativo/argumentativo que desenvolva o seguinte tema.

Preservação ambiental: responsabilidade ética e saúde pública.

Comentário prévio

A afirmação de que o texto sobre contaminação ambiental é apenas motivador permite que os dados nele presentes sejam ou não retomados na redação. Ele, contudo, quebra um paradigma muito arraigado quando se fala em preservação ambiental: o de que os efeitos da agressão sobre o meio ambiente se efetivarão num futuro distante e afetarão as pessoas de forma igualitária. O texto trata de situações cujos efeitos danosos já ocorreram, pois, ainda que não relate malefícios concretos, mostra que seres humanos já têm seus organismos contaminados. É convidativo, portanto, que, além das informações que o concursando possua sobre o assunto, ele comente o problema exposto na coletânea: a destinação adequada dos dejetos químicos. No Brasil, inclusive, há o triste exemplo do célebre caso do acidente radioativo de Goiânia na década de 80: um aparelho de radioterapia foi abandonado num hospital desativado e posteriormente desmontado por catadores de ferro-velho, o que ocasionou ampla contaminação pelo césio que estava no seu interior. A responsabilidade ética não precisa ficar restrita às ações de corporações, pode-se lembrar, por exemplo, que o ato de se atirar lixo na rua é um dos fatores que levam às enchentes na época de chuva, o que, além dos prejuízos materiais para as pessoas afetadas, pode expô-las à contaminação de doenças.

(Técnico – ANVISA – 2007 – CESPE)

Brasília, 2 de fevereiro de 2007 — 17 h 10 min

Agência tira da Internet página com publicidade irregular

A ANVISA retirou do ar, nesta sexta-feira (2/2), uma página da Internet com propaganda irregular de medicamentos. A página, hospedada no provedor IG, atribuía propriedades terapêuticas a seis produtos fabricados pela empresa Remédio Natural da Amazônia Ltda., com sede em Manaus (AM).

O sítio trazia a informação de que os medicamentos Vírolon, Inflamatozam, Câncerom, Reumatozam, Asmatozam e Rimsam seriam capazes de curar AIDS e câncer, entre outras doenças. Porém, a qualidade, a segurança e a eficácia dos produtos não podem ser comprovadas, já que nenhum deles tem registro na ANVISA e a empresa não tem autorização para produzir medicamentos.

A página não apresentava a composição de nenhum dos produtos divulgados, apenas afirmava que eram feitos a partir de ervas naturais. Os produtos eram oferecidos para venda ao consumidor por R$ 150 cada. O sítio dizia, ainda, que a empresa Remédio Natural da Amazônia Ltda. é reconhecida "pelos órgãos competentes federais do Brasil", afirmação que dá falsa credibilidade aos produtos.

A prática de fabricação e comércio de medicamentos sem registro é considerada crime hediondo pelo artigo 273 do Código Penal, com pena de reclusão prevista entre 10 e 15 anos. Os responsáveis pela empresa, além de responder judicialmente, ficarão sujeitos a multa (entre R$ 2 mil e R$ 1,5 milhão), além de apreensão dos produtos.

Internet: <www.anvisa.gov.br>.

Com base na notícia acima, elabore um texto dissertativo em que sejam abordados, necessariamente, os seguintes aspectos:

- competência da ANVISA para tirar da Internet a página referida;
- importância de os medicamentos comercializados no Brasil serem registrados na ANVISA;
- importância de a empresa fabricante ser autorizada a produzir medicamentos;
- necessidade de existir um órgão governamental para proteger o consumidor de produtos que interfiram, direta ou indiretamente, na sua saúde.

Comentário prévio

A análise dos aspectos sugeridos permite que se escolha um deles para ser a tese da dissertação, podendo ser os outros elencados como argumentos – importante frisar que, sendo esta ou outra a abordagem, a proposta impõe que todos os aspectos indicados sejam trabalhados no texto. A escolha para a tese pode naturalmente incidir naquele mais amplo, ou seja, a "necessidade de existir um órgão governamental para proteger o consumidor de produtos que interfiram, direta ou indiretamente, na sua saúde". Além do aproveitamento dos outros aspectos como argumentos, poder-se-ia ainda elencar que pessoas de pouca instrução e mesmo as mais esclarecidas em situação de desespero podem ser vítimas fáceis de empresas mal intencionadas que oferecem medicamentos ou tratamentos que não apenas podem ser inócuos no combate a que se propõem, como ainda poderiam agravar o problema, seja por tomarem o lugar das terapias tradicionais, seja por apresentarem características em si danosas ao organismo.

(Agente Administrativo – Ministério da Saúde – 2008 – CESPE)

Direito à saúde

O direito à saúde é parte do conjunto de direitos chamados de direitos sociais, que têm como inspiração o valor da igualdade entre as pessoas. No Brasil, esse direito apenas foi reconhecido na CF; antes disso, o Estado apenas oferecia atendimento à saúde para trabalhadores com carteira assinada e suas famílias; as outras pessoas tinham acesso a esses serviços como um favor e não como um direito. Na Constituinte de 1988, as responsabilidades do Estado foram repensadas, e promover a saúde de todos passou a ser seu dever: "A saúde é direito de todos e dever do Estado, garantido mediante políticas sociais e econômicas que visem à redução do risco de doença e de outros agravos e ao acesso universal e igualitário às ações e serviços para a promoção, proteção e recuperação" (CF, art. 196).

A saúde é um direito de todos porque sem ela não há condições de uma vida digna, e é um dever do Estado porque é financiada pelos impostos que são pagos pela população. Dessa forma, para que o direito à saúde seja uma realidade, é preciso que o Estado crie condições de atendimento em postos de saúde, hospitais, programas de prevenção, medicamentos etc., e, além disso, é preciso que esse atendimento seja universal (atingindo a todos os que precisam) e integral (garantindo tudo de que a pessoa precise).

A criação do SUS está diretamente relacionada à tomada de responsabilidade por parte do Estado. Organizado com o objetivo de proteger, o SUS deve promover e recuperar a saúde de todos os brasileiros, independentemente de onde morem, de trabalharem ou não e de quais sintomas apresentem. Infelizmente, esse sistema ainda não está completamente organizado e ainda existem muitas falhas, no entanto seus direitos estão garantidos e devem ser cobrados para que sejam cumpridos.

Internet: <nev.incubadora.fapesp.br> (com adaptações).

A humanização é um movimento com crescente e disseminada presença, assumindo diferentes sentidos segundo a proposta de intervenção eleita. Aparece, à primeira vista, como a busca de um ideal, pois, surgindo em distintas frentes de atividades e com significados variados, segundo os seus proponentes, tem representado uma síntese de aspirações genéricas por uma perfeição moral das ações e relações entre os sujeitos humanos envolvidos. Cada uma dessas frentes arrola e classifica um conjunto de questões práticas, teóricas, comportamentais e afetivas que teriam uma resultante humanizadora.

Nos serviços de saúde, essa intenção humanizadora se traduz em diferentes proposições: melhorar a relação médico-paciente; organizar atividades de convívio, amenizadas e lúdicas, como as brinquedotecas e outras ligadas às artes plásticas, à música e ao teatro; garantir acompanhante na internação da criança; implementar novos procedimentos na atenção psiquiátrica, na realização do parto – parto humanizado – e na atenção ao recém-nascido de baixo peso – programa da mãe-canguru; amenizar as condições do atendimento aos pacientes em regime de terapia intensiva; denunciar a "mercantilização" da medicina; criticar a "instituição total" e tantas outras proposições.

Internet: <www.scielo.br>.

Considerando que os textos acima têm caráter unicamente motivador, redija um texto dissertativo acerca do seguinte tema.

A NECESSIDADE DE HUMANIZAÇÃO DOS SERVIÇOS PÚBLICOS DE SAÚDE

Comentário prévio

O tema proposto pode ser trabalhado também como a tese da redação. A argumentação se dirigiria, portanto, para a fundamentação dessa necessidade: por que a humanização dos serviços de saúde é uma necessidade? Outra possibilidade de desenvolvimento seria a busca de soluções para a efetiva humanização. Esta pode ser entendida como um atendimento que supra as necessidades globais de um ser humano. Não basta um atendimento eficiente para o tratamento da enfermidade, as pessoas precisam de atenção e cordialidade. Em casos de internação, essa necessidade aumenta, pois o contato com os profissionais de saúde e com a instituição hospitalar pode se prolongar por semanas ou meses: o afeto das suas relações sociais e a distração/entretenimento das suas atividades ficam impedidos, precisando o paciente supri-los de algum modo no hospital. Os consultórios e hospitais particulares sabem disso e investem na criação de ambientes e padrões de atendimento acolhedores. O segundo texto fornece ampla exemplificação de práticas de humanização, podem-se escolher alguns deles ou fornecer outros do conhecimento do concursando, como trabalho do grupo Doutores do Riso.

(Administrador – MDS – 2006 – CESPE) Em 1950, o brasileiro Josué de Castro ganhou notoriedade e crescente respeito internacional com seus estudos científicos a respeito da fome, por meio dos quais procurou demonstrar o processo de construção histórica desse flagelo social. O reconhecimento de seu trabalho levou-o a ser convidado pela Organização das Nações Unidas (ONU) para organizar e dirigir sua agência especializada em agricultura e alimentação (FAO).

Há alguns anos, setores da sociedade civil brasileira organizaram-se com o objetivo de sensibilizar a população para o combate à fome e à miséria. O movimento do Natal sem Fome, liderado por Herbert de Souza, o Betinho, era o ponto de partida para um esforço coletivo que deveria ser muito mais amplo. Mais tarde, ao assumir o governo brasileiro, o presidente Luiz Inácio Lula da Silva lançou o programa Fome Zero e, não raro, defendeu essa proposta em encontros internacionais. Agora, vem da França a sugestão, anunciada pelo presidente Chirac, de instituição de um fundo mundial para o combate sistemático à fome que castiga milhões de seres humanos.

Acerca dessas informações e considerando sua amplitude, redija um texto dissertativo subordinado ao seguinte tema: Combate à fome, uma questão de vida e de dignidade.

Comentário prévio

Pode-se abordar, como introdução ao tema, que a fome, como outros indicadores sociais, serve para expor a questão da desigualdade econômica entre cidadãos de um mesmo país e entre as nações do mundo. Ela não é apenas o resultado natural de um desequilíbrio entre a produção e a demanda de alimentos, pois já, há muito tempo, as técnicas de produção garantem uma oferta que, associada à indústria do consumo, transformou a obesidade numa epidemia. Se o problema não está na produção, fica evidente que está na distribuição. Aí reside uma questão que pode ser explorada: a luta contra a fome como uma luta contra uma desigualdade que permite a tantos muito e a outros quase nada. A fome crônica, quando não é intensa a ponto de comprometer a vida, pode ainda assim criar uma "subvida", pois uma alimentação adequada não apenas elimina o desconforto da fome, ela é condição essencial para que os indivíduos possam buscar melhores condições de vida. No caso de crianças, uma nutrição insatisfatória ocasionaria danos no seu desenvolvimento que podem comprometer futuramente suas capacidades físicas e intelectuais.

2. REDAÇÃO OFICIAL

2.1. INTRODUÇÃO

De acordo com o Manual de Redação da Presidência (www.planalto.gov.br), a redação oficial é a maneira pela qual o Poder Público redige atos normativos e comunicações.

As comunicações oficiais devem sempre permitir uma única interpretação e ser estritamente impessoais e uniformes. O que se comunica é sempre algo relacionado às atribuições do órgão que comunica.

Essas comunicações são necessariamente uniformes, pois há sempre um único comunicador (o Serviço Público – Ministério, Secretaria, Departamento, Divisão, Serviço, Seção) e o receptor dessas comunicações ou é o próprio Serviço Público (no caso de expedientes dirigidos por um órgão a outro) – ou o conjunto dos cidadãos ou instituições tratados de forma homogênea (o público).

2.2. CARACTERÍSTICAS DA REDAÇÃO OFICIAL

A redação oficial se caracteriza pela impessoalidade, uso do padrão culto de linguagem, clareza, concisão, formalidade e uniformidade.

(1) Impessoalidade: a redação oficial deve ser isenta da interferência da individualidade (o servidor em nome do Serviço Público) de quem a elabora. A impessoalidade evita a duplicidade de interpretações que poderia decorrer de um tratamento personalista dado ao texto.

(2) Linguagem: pela finalidade dos textos oficiais de informar com o máximo de clareza, precisão e concisão, esses textos requerem o uso do *padrão culto* da língua. Há consenso de que o padrão culto é aquele em que a) se observam as regras da gramática formal, e b) se emprega um vocabulário comum ao conjunto dos usuários do idioma. O uso do padrão culto de linguagem é em princípio, de entendimento geral e, por definição, avesso a vocábulos de circulação restrita, como a gíria e o jargão.

(3) Formalidade e Padronização: as comunicações oficiais devem ser sempre formais, isto é, obedecem a certas regras de *forma*: além das já mencionadas exigências de impessoalidade e uso do padrão culto de linguagem, é imperativo, ainda, certa formalidade de tratamento. A formalidade diz respeito à polidez, à civilidade no próprio enfoque dado ao assunto do qual cuida a comunicação. A formalidade e a padronização, que possibilitam a imprescindível uniformidade dos textos.

(4) Concisão e Clareza: a *concisão* é antes uma qualidade do que uma característica do texto oficial. Conciso é o texto que consegue transmitir um máximo de informações com um mínimo de palavras. Para que se redija com essa qualidade, é fundamental que se tenha, além de conhecimento do assunto sobre o qual se escreve, o necessário tempo para revisar o texto depois de pronto. É nessa releitura que muitas vezes se percebem eventuais redundâncias ou repetições desnecessárias de ideias. A concisão faz desaparecer do texto os excessos linguísticos que nada lhe acrescentam.

A *clareza* deve ser a qualidade básica de todo texto oficial. Pode-se definir como claro aquele texto que possibilita imediata compreensão pelo leitor.

2.3. CONCORDÂNCIA COM OS PRONOMES DE TRATAMENTO

Os pronomes de tratamento apresentam certas peculiaridades quanto à concordância verbal, nominal e pronominal. Embora se refiram à segunda pessoa gramatical (à pessoa com quem se fala, ou a quem se dirige a comunicação), levam a concordância para a *terceira pessoa*.

Os pronomes possessivos referidos a pronomes de tratamento são sempre os da terceira pessoa: "Vossa *Senhoria* nomeará *seu* substituto" ("*seu... sua"* e não "*Vossa... vosso*...").

Já quanto aos adjetivos referidos a esses pronomes, o gênero gramatical deve coincidir com o sexo da pessoa a que se refere, e não com o substantivo que compõe a locução. Assim, se o interlocutor for homem, o correto é "*Vossa Excelência está atarefado*", "*Vossa Senhoria deve estar satisfeito*"; se for mulher, "*Vossa Excelência está atarefada", "Vossa Senhoria deve estar satisfeita*".

2.4. EMPREGO DOS PRONOMES DE TRATAMENTO

Emprega-se: *Vossa Excelência*, para as autoridades do Poder Executivo, Legislativo e Judiciário.

O vocativo a ser empregado em comunicações dirigidas aos Chefes de Poder é *Excelentíssimo Senhor*, seguido do cargo respectivo:

Excelentíssimo Senhor Presidente da República,
Excelentíssimo Senhor Presidente do Congresso Nacional,
Excelentíssimo Senhor Presidente do Supremo Tribunal Federal.

As demais autoridades serão tratadas com o vocativo Senhor, seguido do cargo respectivo:

Senhor Senador,

Senhor Juiz,
Senhor Ministro,
Senhor Governador,

2.5. TIPOS DE EXPEDIENTES

Aviso e ofício são modalidades de comunicação oficial praticamente idênticas. A única diferença entre eles é que o aviso é expedido exclusivamente por Ministros de Estado, para autoridades de mesma hierarquia, já o ofício é uma comunicação que tem como finalidade o tratamento de assuntos oficiais pelos órgãos da Administração Pública entre si e com particulares.

O memorando é a modalidade de comunicação entre unidades administrativas de um mesmo órgão, que podem estar hierarquicamente em mesmo nível ou em nível diferente. Trata-se, portanto, de uma forma de comunicação eminentemente interna.

Partes do documento no *Padrão Ofício*

O *aviso*, o *ofício* e o *memorando* devem conter as seguintes partes:

a) tipo e número do expediente, seguido da sigla do órgão que o expede:

Exemplos: Mem. 123/2002-MF, Aviso 123/2002-SG, Of. 123/2002-MME

b) local e data em que foi assinado, por extenso, com alinhamento à direita;

c) assunto: resumo do teor do documento;

d) destinatário: o nome e o cargo da pessoa a quem é dirigida a comunicação. No caso do ofício deve ser incluído também o *endereço*;

e) texto: nos casos em que não for de mero encaminhamento de documentos, o expediente deve conter a estrutura: 1) introdução (apresenta-se o assunto que motiva a comunicação); 2) desenvolvimento (o assunto é detalhado); 3) conclusão (é reafirmada ou reapresentada a posição recomendada sobre o assunto).

Os parágrafos do texto devem ser numerados, exceto nos casos em que estes estejam organizados em itens ou títulos e subtítulos.

f) fecho: estabeleceu-se o emprego de somente dois fechos diferentes para todas as modalidades de comunicação oficial:

1) para autoridades superiores, inclusive o Presidente da República: *Respeitosamente,*

2) para autoridades de mesma hierarquia ou de hierarquia inferior: *Atenciosamente,*

g) assinatura do autor da comunicação; e

h) identificação do signatário: excluídas as comunicações assinadas pelo Presidente da República, todas as demais comunicações oficiais devem trazer o nome e o cargo da autoridade que as expede, abaixo do local de sua assinatura.

3. REDAÇÃO ESPECÍFICA PARA DIREITO DO TRABALHO

(Analista – TST – 2008 – CESPE) Redação (30 linhas)

Certa fundação pública estadual, por ordem do respectivo diretor-presidente, contratou trabalhadores como empregados, sem concurso público, sob a premissa de que executariam apenas trabalhos por períodos determinados de trinta e seis meses. Logo em seguida, após anotadas pela fundação as carteiras de trabalho, os referidos empregados foram cedidos à União para laborar em serviços de digitação em diversos Ministérios, onde permaneceram por dois anos, sempre com a fundação pública estadual pagando o valor do salário básico e a União assumindo o encargo de recolher o FGTS, assim sendo feito sem solução de continuidade. Findos os dois anos, a União devolveu todos os trabalhadores ao órgão cedente, tendo estes sido imediatamente demitidos quando do regresso aos empregos na fundação pública estadual, recebendo apenas a liberação do FGTS já depositado de forma integral, assim tendo sido dada a ordem para a rescisão dos contratos. Os empregados demitidos ajuizaram reclamação trabalhista perante a Justiça do Trabalho contra a União e a fundação pública estadual que os havia contratado, postulando verbas rescisórias (aviso prévio indenizado, férias vencidas e proporcionais e respectivos adicionais de 1/3, décimos terceiros salários vencidos e proporcionais, multa de 40% sobre o FGTS depositado), além do seguro-desemprego.

Com base na Constituição Federal e na Consolidação das Leis do Trabalho, além da jurisprudência sumulada do Tribunal Superior do Trabalho, disserte sobre eventuais nulidades e responsabilidades administrativas e trabalhistas e, em tese, o que seria ou não devido aos trabalhadores citados na situação hipotética acima.

Comentário

Temas centrais: contratação por prazo determinado de servidor para atendimento a excepcional necessidade temporária da Administração Pública, nulidade na contratação de trabalhador sem concurso público pela Administração Pública e responsabilidade estatal na terceirização.

- Princípios que regem a Administração Direta e Indireta. Impessoalidade. Concurso público: CF, art. 37, II. Exceções: cargos comissionados (funções de direção, chefia e assessoramento; reserva de percentual para servidores de carreira – art. 37, V) e contratações temporárias para atendimento a necessidade temporária de excepcional interesse público (art. 37, IX).
- Princípio da legalidade: necessidade de lei estabelecendo os casos de contratação por tempo determinado para atender a necessidade temporária de excepcional interesse público. Lei 8.745/1993 como parâmetro. Situação que desborda do rol de necessidades temporárias de excepcional interesse público qualitativamente (art. 2º da Lei 8.745/1993) e temporalmente (irrazoabilidade do período de trinta e seis meses).
- Ausência de concurso. Mesmo a lei 8.745/1993, art. 3º, determina a realização de processo seletivo – conceito aberto, mas que deve consubstanciar procedimento que observe os princípios do art. 37, V (legalidade, impessoalidade, moralidade, publicidade e eficiência).
- Nulidade da contratação: CF, art. 37, §2º. Efeitos. Pagamento só de saldo de salários e de FGTS (súmula 363 do STF). Debate: justeza da súmula x interpretação em desconformidade com a Constituição (pois, sendo nula a contratação, o único efeito devido seria o pagamento das horas trabalhadas, como medida de se impedir o enriquecimento sem causa da Administração, de sorte que a previsão de depósito de FGTS destoaria do conceito de nulidade) x interpretação não teleológica (corrente que defende o deferimento de todos os direitos trabalhistas, ao argumento de que se o que houvesse fosse uma terceirização ilícita, todas as verbas seriam devidas, nos termos da Súmula 331, IV). Evolução da súmula 363 do TST. OJ 335 da SDI 1 do TST.
- Responsabilidade do diretor presidente: CF, art. 37, §2º - Lei 8.429/1992, art. 11. Reconhecimento de improbidade administrativa na Justiça do Trabalho em ação civil pública ajuizada pelo Ministério Público do Trabalho.
- Responsabilidade da União. Súmula 331, II, do TST. Não gera vínculo com a União, que, no entanto, responde nos termos do item IV da súmula 331 do TST – teoria da subordinação estrutural, objetiva ou reticular. Debate: intermediação de mão de obra para Administração (atividade fim, pessoalidade, subordinação). Situação que não se confunde com a terceirização de serviços. Conceituação. Ilicitude por afronta ao art. 1º, *a*, do Anexo da Declaração da OIT de 1944 (Constituição da OIT, que estabelece que o trabalho humano não poderá ser tratado como mercadoria, a obstar a figura do merchandage, o mero intermediador de mão de obra). Aplicabilidade da súmula 331 do TST para declarar ilícita a intermediação e, assim, direta a responsabilidade da Administração – alusão à diferença entre responsabilidade subsidiária (súmula 331, IV, do TST) e responsabilidade direta (decorrente do risco-proveito – CLT, art. 2º, por agir como mero empregador). Parágrafo primeiro do art. 71 da Lei de Licitações e sua inconstitucionalidade.
- Aspectos processuais: hipótese de intervenção obrigatória do Ministério Público do Trabalho como *custus legis* (art. 83, XIII, da LC 75/1993). OJ 338 da SDI-1 do TST.

(Analista – TST – 2003 – CESPE) Redação (30 a 60 linhas)

A humanidade conheceu diversas formas de exploração do ser humano por meio do trabalho. A tão conhecida democracia ateniense já era uma sociedade escravagista e explorava o serviço escravo, fruto das conquistas de guerra.

Essa situação chegava a ser encarada como natural e até indispensável, para que os "cidadãos" pudessem cuidar das atividades voltadas ao intelecto.

Internet: <//www.prt2.gov.br/tescr/trabesc.htm>
Acesso em 15/8/2003 (com adaptações).

O ciclo do trabalho escravo no Brasil chegou a este século alimentado pela impunidade. Na justiça federal, existe um único registro de condenação em sentença definitiva de um fazendeiro, que, em fevereiro de 1998, foi condenado a doar, mensalmente, durante um semestre, cinco cestas básicas à Comissão Pastoral da Terra (CPT).

Andréia Michael. In: *Folha de S. Paulo*, 6/4/2003 (com adaptações).

O presidente do Tribunal Superior do Trabalho confia nos dados de organizações como a CPT, a Organização Internacional do Trabalho e a Ordem dos Advogados do Brasil, que dão conta da existência de cerca de 25 mil trabalhadores em condições semelhantes às de escravos no país. Ele defende a necessidade de ampliação da competência da justiça do trabalho para punir, no aspecto penal, os crimes contra a organização do trabalho, ao lado da aprovação da proposta de emenda constitucional que autoriza o confisco de terras onde se pratica trabalho escravo.

Internet: <//www1.folha.uol.com.br/folha/brasil/ult96u45214.shtml>.
Acesso em 26/1/2003 (com adaptações).

Considerando que as ideias apresentadas nos fragmentos de textos acima têm caráter unicamente motivador, redija um texto dissertativo, posicionando-se acerca do seguinte tema:

RELAÇÕES DE TRABALHO, EXPLORAÇÃO DO HOMEM E IMPUNIDADE.

Comentário

Tema central: conflito entre capital e trabalho e medidas de equalização. Trata-se de questão zetética, com ampla liberdade criativa para o candidato, que não deve olvidar a importância de demonstrar conhecimentos, buscar exemplos que comprovem suas teses (verificação empírica) e redigir um texto claro e coerente.

- Breve quadro evolutivo das relações de trabalho. Trabalho na antiguidade (*tripalium* como instrumento de tortura). Trabalho escravo na base do mercantilismo. 1ª revolução industrial e surgimento do proletariado. Condições do trabalhador. *Peel's Act.* Extinção das corporações de ofício. Lei *Lê Chapelier*. Ludismo, Cartismo, Primavera dos Povos (1848), O Manifesto Comunista. 2ª Revolução Industrial. Surgimento da Doutrina da Questão Social na Igreja, encíclica *rerum novarum*. Abolição da escravatura no Brasil. Mudança do paradigma de Estado Liberal de Direito para Estado Social de Direito. Constituição Mexicana (revolta zapatista, lutas no campo) e de Weimar, Revolução Russa e criação da Organização Internacional do Trabalho pelo Tratado de Versailles. Welfare State. Direito do Trabalho como braço da política industrial de Vargas, e não como fruto de reivindicação popular. Fordismo-taylorista, pacto fordista e sindicalismo. Crise do petróleo e 3ª revolução industrial. Globalização, toyotismo, volvismo, terceirização material e neoliberalismo. Desregulamentação, fuga do direito do trabalho e efeitos deletérios.
- Legislação garantista. Art. 1º, *a*, do Anexo da Declaração da OIT de 1944 (Declaração da Filadélfia). Constituição Federal, direitos fundamentais, princípio da dignidade da pessoa humana, horizontalização dos direitos fundamentais, função social da propriedade. CLT. Relação de emprego como *fattispecie* da teia de proteção social ao trabalhador. Crime de redução à condição análoga à de escravo. Truck system ou sistema de barracão. Modicidade nos preços praticados pelo empregador em vendas situadas em localidades distantes. Crime de aliciamento de pessoas.

– Trabalho decente x trabalho degradante. Peculiaridades do agronegócio brasileiro, notadamente no setor sucroalcooleiro (remuneração por metragem vertida em tonelada como estímulo a jornadas exaustivas e sem pausas). Situação do gato, agenciador ou turmeiro. Combate por meio de grupos móveis do Ministério do Trabalho e Emprego e do Ministério Público do Trabalho. Certidões liberatórias de transporte de trabalhadores Trabalhadores expedidas pelo Ministério do Trabalho. Libertados que retornam às fazendas de trabalho degradante por falta de oportunidade nas localidades de origem, a ensejar a necessidade de não apenas reprimir a exploração degradante de trabalho, como de ajustar a conduta do explorador. Função social da propriedade rural. Competência penal trabalhista e ADI 3.684-0. PEC para conferir competência penal à Justiça do Trabalho e para estabelecer a expropriação de glebas por trabalho escravo. Trabalho escravo urbano. Particularidades. Rota de entrada.
– Impunidade. Sensação de impotência pela forma aberta com que as instituições e o ordenamento são descumpridos. Dano moral coletivo (Lei 7.347, art. 1º, IV, 3º e 11; CDC, art. 6º, VI) como instrumento de combate à impunidade e para fazer face à lógica do custo-benefício que norteia decisões empresariais de consciente descumprimento das normas.

(Analista – TRT/10ª – 2004 – CESPE) Redação (30 linhas)

Há uma frustração muito grande da sociedade brasileira com relação ao Poder Judiciário", reconhece o presidente do TST. O ministro defende medidas urgentes para reverter essa situação. Ele acredita que há várias iniciativas, que vão dos pequenos procedimentos de trabalho às mudanças estruturais, que podem ser adotadas pelo próprio Judiciário para dar maior eficiência à Justiça, "O Poder Judiciário não pode ficar de braços cruzados à espera de iniciativas do Executivo e do Legislativo para aperfeiçoar a prestação de serviço à sociedade", afirma.

Notícias do TST. Internet: <http://ext02.tst.gov.br/pls/no01/no_noticias>. Acesso em 11/10/2004.

O que o cidadão quer mesmo é sentir que, ao ajuizar uma reclamação trabalhista, ingressar com uma ação de indenização, de cobrança, de alimentos, investigatória, de mandado de segurança, ou outra qualquer, a decisão final não vai eternizar-se nos escaninhos dos cartorários e saber que os autores de crimes, principalmente esses que mais degradam a consciência humana, serão punidos. Enfim, o que se pretende é que tudo se dê de forma rápida e efetiva e possa o Judiciário cumprir sua missão de preservar a paz social.

Maurício Correa. Internet: <http://www.stf.gov.br/noticias/imprensa>.

O TST anuncia o lançamento de quatro programas que vêm sendo preparados com cuidado: o Peticionamento Eletrônico Nacional, o Cálculo Rápido, a Carta Precatória Eletrônica e o Cadastro Nacional de Débitos Trabalhistas, todos eles exequíveis a partir da integração da justiça do trabalho pelo sistema de informática. Mais do que novidades tecnológicas, esses programas são o ponto de partida para alcançar a meta da "celeridade e qualidade da prestação jurisdicional". O trabalho conjunto realizado pelo TST e os tribunais regionais para a integração do sistema de informática da justiça do trabalho mostrou ser possível superar as dificuldades e dar um salto de qualidade.

Internet: <http://ext02.tst.gov.br/pls/no01/no_noticias.Exibe_Noticia?p_cod_noticia=4624&p_cod_area_noticia=ASCS>.

Considerando que as ideias apresentadas nos textos acima têm caráter unicamente motivador, redija um texto dissertativo/argumentativo, posicionando-se a respeito do seguinte tema:

O APERFEIÇOAMENTO DOS PROCEDIMENTOS É FATOR IMPRESCINDÍVEL PARA A DEMOCRATIZAÇÃO EFETIVA DA JUSTIÇA.

Comentário

– Democratização do processo. Ideal convergente com o paradigma político vigente de Estado Democrático de Direito, sucessor do modelo de Estado Social de Direito e, por sua vez, do Estado Liberal de Direito, sendo refratário, inclusive, a justiciabilidade de políticas públicas.
– Processo como instrumento a serviço da realização do direito material. Escopos da jurisdição. Características do Processo (relação jurídica e procedimento). Procedimento como faceta fenomenológica do processo.
– Perda de sentido do escopo processual. Crise da modernidade (constatação de que as promessas de liberdade, igualdade e fraternidade não foram cumpridas). Crise de eficácia dos direitos fundamentais. Distorção do processo, que a pretexto de um tratamento científico e da busca pela neutralidade, distanciou-se do direito material e tornou-se um objeto em si mesmo, em desprestígio à sua instrumentalidade. Confusão entre legalidade e legalismo (legalidade distorcida).
– Ondas de acesso à jurisdição (Cappelletti e Garth): primeira onda (abertura da jurisdição às microlesões, por meio de institutos como a assistência judiciária gratuita, os juizados especiais, etc); segunda onda (abertura da jurisdição às macrolesões, por meio de institutos como a ação civil pública, o mandado de segurança coletivo, etc); e terceira onda (correspondente à noção de efetividade processual, por meio de institutos como a tutela inibitória e a antecipação dos efeitos da tutela). Três ondas a serviço do desafogamento da litigiosidade contida e, consequentemente, a serviço da democratização do processo. Na medida em que o Estado veda a justiça pelas próprias mãos (princípio do devido processo legal) e chama para si a responsabilidade pelas lides (princípio da inevitabilidade), assume o dever de prestar a tutela jurisdicional adequada, que pode se direcionar tanto ao dano quanto ao próprio ilícito em si (tutela inibitória).
– Ações coletivas. Entes legitimados. Vocalizadores dos anseios de massa em uma sociedade pluralista. Importância da ação civil pública na democratização do acesso à Justiça. Ação popular como instrumento de democracia direta.
– Crise de representatividade no Estado. Apatia política. Questões afetas ao tema. Falta de interesse em virtude descrença no sistema ou de frustração daqueles que tentam participar, mas têm tal participação dificultada pelas condições do sistema. Necessidade de aprimoramento dos procedimentos de participação democrática.

(Analista – TRT/17ª – 2009 – CESPE) Redação (30 linhas)

Pedro ingressou com reclamação trabalhista contra a empresa Alfa, alegando que teria trabalhado nessa empresa, **como empregado**, no período de 2/5/2006 até 15/7/2008. A empresa Alfa, em contestação, alegou que Pedro não seria seu empregado, mas sim seu **representante comercial**. Alegou também, em preliminar, a incompetência da justiça do trabalho para julgar a referida ação. No entanto, por meio de sentença trabalhista, foi assegurado a Pedro o reconhecimento do **vínculo empregatício**, além de saldo de salário retido, aviso prévio, 13. salário e férias, conforme o pedido. **Não houve, por outro lado, determinação de recolhimento das contribuições sociais em relação aos salários do período do vínculo, mas apenas em relação às parcelas da condenação.**

A empresa Alfa não interpôs recurso, mas a União, quando intimada da sentença, interpôs recurso ordinário, com vistas a determinar a cobrança judicial também das **contribuições sociais que deveriam ter sido recolhidas ao longo do vínculo de emprego e que não o foram**.

O recurso ordinário foi julgado improcedente, razão pela qual a União interpôs recurso de revista para o Tribunal Superior do Trabalho (TST). **Este, por sua vez, conheceu o recurso e negou-lhe provimento.**

Com referência à situação hipotética acima apresentada, redija um texto dissertativo que aborde, necessariamente, de forma objetiva e fundamentada, os seguintes aspectos:

– **competência** da justiça do trabalho para determinar o **recolhimento da contribuição social** destinada à seguridade social, no caso em tela;

- **competência** da justiça do trabalho para julgar, no caso em questão, reclamação trabalhista que envolva **contrato de representação comercial**;
- possibilidade, no caso em apreço, de **interposição de novo recurso** contra o acórdão proferido pelo TST.

Comentário

- Competência. Medida da jurisdição. Competência para a execução, de ofício, das contribuições sociais das sentenças que proferir. Art. 114, VIII, da CF. EC 20/1998. Lei 10.035/2000. Lei 11.457/2007. Art. 876, parágrafo único da CLT. Execução em compasso com o caráter social da Justiça do Trabalho. Melhoria da condição social do trabalhador. Fortalecimento da Justiça do Trabalho. Pequeno gasto para a União. Economia processual. Evolução da jurisprudência do TST. Sentenças declaratórias de vínculo de emprego sem conteúdo condenatório. Aceitação inicial da jurisprudência. Alteração do posicionamento. Súmula 368 do TST. Limitação às sentenças condenatórias em pecúnia que proferir e aos valores objeto de acordo homologatório que integrem o salário de contribuição. Não extensão a débito previdenciário advindo de parcelas salariais pagas no curso do contrato de trabalho, ainda que o vínculo empregatício tenha sido reconhecido apenas em Juízo. Em sentido contrário, pela unidade de convicção e ampla execução sobre todas as parcelas decorrentes do contrato de trabalho: Enunciado 73 da 1ª Jornada de Direito Material e Processual do Trabalho realizada no TST.
- Competência da Justiça do Trabalho em geral. Definição a partir do pedido e da causa de pedir. Aferição a partir do caso concreto. Na hipótese presente, pedido de reconhecimento de vínculo de emprego. Competência decorrente do art. 114, I, da CF.
- Novo recurso: embargos de declaração. Embargos de nulidade por afronta à legislação federal deixaram de ser possíveis em decorrência da revogação do art. 3º, III, *b*, da Lei 7.701/1988 pela Lei 11.469/2007. Embargos infringentes inviabilizados pela Súmula 368 do TST, conforme art. 894, II, da CLT, e Súmula 333 do TST. Possibilidade de manejo de Recurso Extraordinário alegando-se ofensa ao art. 114, VIII, da CF.

4. REDAÇÃO ESPECÍFICA PARA DIREITO ELEITORAL

(Analista – TSE – 2006 – CESPE) Redação

Considere que a lei ordinária federal X/Y contemple os artigos a seguir enumerados.

Art. 1.º O partido político destina-se a assegurar, no interesse do regime democrático, a autenticidade do sistema representativo e a defender os direitos fundamentais definidos na Constituição Federal.

Art. 2.º É livre a criação, fusão, incorporação e extinção de partidos políticos cujos programas respeitem a soberania nacional, o regime democrático, o pluripartidarismo e os direitos fundamentais da pessoa humana.

Art. 3.º É assegurada, ao partido político, autonomia para definir sua estrutura interna, organização e funcionamento.

Art. 4.º A ação do partido tem caráter nacional e é exercida de acordo com seu estatuto e programa, sem subordinação a entidades ou governos estrangeiros.

Art. 5.º O partido político funciona, nas Casas Legislativas, por intermédio de uma bancada, que deve constituir suas lideranças de acordo com o estatuto do partido, as disposições regimentais das respectivas Casas e as normas desta Lei.

Art. 6.º Tem direito a funcionamento parlamentar, em todas as Casas Legislativas para as quais tenha elegido representante, o partido que, em cada eleição para a Câmara dos Deputados, obtenha o apoio de, no mínimo, cinco por cento dos votos apurados, não computados os brancos e os nulos, distribuídos em, pelo menos, um terço dos Estados, com um mínimo de dois por cento do total de cada um deles.

Art. 7.º O Fundo Especial de Assistência Financeira aos Partidos Políticos (Fundo Partidário) é constituído por multas, recursos financeiros destinados por lei, doações de pessoas físicas e jurídicas e dotações orçamentárias da União.

Art. 8.º O Tribunal Superior Eleitoral fará a distribuição do Fundo Partidário aos órgãos nacionais dos partidos, obedecendo aos seguintes critérios:

I – um por cento do total do Fundo Partidário será destacado para entrega, em partes iguais, a todos os partidos que tenham seus estatutos registrados no Tribunal Superior Eleitoral;

II – noventa e nove por cento do total do Fundo Partidário serão distribuídos aos partidos que tenham preenchido as condições do art. 6.º, na proporção dos votos obtidos na última eleição geral para a Câmara dos Deputados.

Considerando que, dos 29 partidos que concorreram nas eleições de 2006, apenas 7 alcançariam os requisitos previstos no referido art. 6.º, o partido Z — um dos partidos políticos que não teria direito a funcionamento parlamentar — ingressou com ação judicial perante o Tribunal Superior Eleitoral (TSE), solicitando a declaração de inconstitucionalidade dos artigos 6.º e 7.º da norma acima transcrita, mediante exercício de controle de constitucionalidade abstrato e concentrado, sob o argumento de que a referida norma viola o princípio da isonomia e os princípios constitucionais relativos aos partidos políticos e que, ademais, trata-se de norma formalmente inconstitucional porque a legislação partidária, na medida em que regulamenta dispositivos constitucionais, necessita ser feita mediante lei complementar.

Em face da situação hipotética descrita, redija um texto dissertativo que avalie a correção dos argumentos aduzidos pelo partido Z e a viabilidade jurídica da declaração de inconstitucionalidade pedida. Em seu texto, analise, necessariamente:

- a possibilidade de o TSE realizar controle abstrato e concentrado da constitucionalidade de leis em matéria eleitoral;
- a necessidade de lei complementar para regular a matéria em apreço;
- a compatibilidade entre o art. 6.º da lei X/Y e os princípios constitucionais relativos a partidos políticos;
- a compatibilidade entre o art. 7.º da lei X/Y e o princípio da isonomia.

Comentário

- **falta de competência do Tribunal Superior Eleitoral para o controle abstrato de constitucionalidade** – Somente ao Supremo Tribunal Federal cabe exercer o controle abstrato de constitucionalidade das normas (art. 102, I, a, da CF/88), pois é ele o guardião da Constituição. Os demais órgãos do Poder Judiciário – e a Justiça Eleitoral é um deles (art. 92, V, da CF/1988) - podem apenas efetuar controle concentrado de constitucionalidade, declarando *incidenter tantum* a inconstitucionalidade de um dispositivo.
- **desnecessidade de lei complementar para tratar de partidos políticos** – as leis complementares, como o próprio nome diz, tem como fim maior minudenciar dispositivos constitucionais, "complementando" ditames da Carta Maior e só são necessárias quando a própria Constituição assim estabeleça. Não é o caso do tema em apreço, visto que o art. 17 da Constituição Federal não estabeleceu a necessidade de edição de lei complementar para tratar da matéria e seu inciso IV expressamente diz que os partidos políticos terão "funcionamento parlamentar de acordo com a lei". Logo, a edição de lei ordinária federa para tratar do funcionamento e organização dos partidos políticos está em perfeita conformidade com o Direito.
- **da inconstitucionalidade do art. 6º** - artigo idêntico foi declarado inconstitucional pelo Supremo Tribunal Federa na ADI nº 1.351-3 sob o fundamento de que "conflita com a Constituição Federal lei que, em face da gradação de votos obtidos por partido político, afasta o funcionamento parlamentar", constituindo cláusula de barreira inaceitável. Entendeu-se que os dispositivos impugnados violam o art. 1º, V, que prevê como um dos fundamentos da República o pluralismo político; o art. 17, que estabelece ser livre a criação, fusão, incorporação e extinção de partidos políticos, resguardados a soberania nacional, o regime democrático, o pluripartidarismo, os direitos fundamentais da pessoa humana; e o art. 58, § 1º, que assegura, na constituição das Mesas e

das comissões permanentes ou temporárias da Câmara dos Deputados e do Senado Federal, a representação proporcional dos partidos ou dos blocos parlamentares que participam da respectiva Casa, todos da CF. Asseverou-se, relativamente ao inciso IV do art. 17 da CF, que a previsão quanto à competência do legislador ordinário para tratar do funcionamento parlamentar não deve ser tomada a ponto de esvaziar-se os princípios constitucionais, notadamente o revelador do pluripartidarismo, e inviabilizar, por completo, esse funcionamento, acabando com as bancadas dos partidos minoritários e impedindo os respectivos deputados de comporem a Mesa Diretiva e as comissões.

- **da constitucionalidade do art. 7º** - ao distribuir o Fundo Partidário entre os partidos cujos estatutos encontram-se no Tribunal Superior Eleitoral sem estabelecer qualquer tipo de condição ou discriminação entre os partidos políticos, o princípio da isonomia é plenamente observado.

(Analista – TRE/MT – 2005 – CESPE) Redação (30 linhas)

A saúde das democracias, quaisquer que sejam seu tipo e seu grau, depende de um mísero detalhe técnico: o procedimento eleitoral. Tudo o mais é secundário. Se o regime dos comícios é acertado, se se ajusta à realidade, tudo vai bem; se não, embora o resto marche otimamente, tudo vai mal.

Ortega y Gasset. A rebelião das massas. Rio de Janeiro: Livro Ibero Americano, 1959, p. 206.

Considerando que o fragmento acima tem caráter unicamente motivador, redija um texto dissertativo a respeito do sistema eleitoral brasileiro, posicionando-se acerca da garantia de segurança jurídica estabelecida pela Constituição Federal e levando em conta a circunstância de que a lei eleitoral é permanente, não se destinando à disciplina de uma única eleição, em contraste com a história eleitoral do Brasil. Inclua, necessariamente, em sua argumentação, os seguintes tópicos:

- princípio da anterioridade (ou da anualidade) da Lei Eleitoral (art. 16 da Constituição Federal);
- natureza jurídica da lei eleitoral vigente (Lei n.º 9.504/1997, que estabelece normas para as eleições);
- tradicional casuísmo da legislação eleitoral, no Brasil;
- relação entre a lisura do procedimento eleitoral e a legitimidade do governo eleito.

Comentário

- **participação indireta popular através de representantes eleitos** - o Brasil é um Estado Democrático de Direito em que todo poder emana do povo, que o exerce indiretamente, por meio de seus representantes ou diretamente. A democracia, na verdade, repousa sobre dois princípios fundamentais: a) o da soberania popular – pela qual todo poder emana do povo; b) a participação, direta ou indireta, do povo no poder, a fim de que as decisões que o refletem sejam efetiva expressão da vontade popular. Desse último princípio, nos casos em que a participação popular se dá indiretamente, surge o princípio da representação.
- **importância da segurança jurídica no processo eleitoral e a relação entre a lisura do procedimento eleitoral e a legitimidade do governo eleito** - É justamente para que a participação indireta do povo no poder seja efetuada de modo lídimo e legítimo, que a Constituição e a lei deve garantir um processo eleitoral livre de influências momentâneas ou de ocasião. É necessário que o processo seja do conhecimento de todos e que conserve uma certa previsibilidade para que tanto aquele que pretende votar, como aquele que pretende ser votado, possa saber de antemão qual o regramento jurídico existente. A legitimidade de um governo eleito reside originariamente na lisura do procedimento eleitoral, que deve refletir o desejo da população em ter determinado candidato – que se submeteu como todos os demais às regras previamente fixadas do processo eleitoral (princípio da isonomia) – como seu representante.
- **princípio da anterioridade da lei eleitoral** - tendo em conta que o homem precisa de segurança para conduzir, planificar e conformar sua vida (princípio da segurança jurídica), temos no artigo 16 da Constituição Federal o princípio da anterioridade eleitoral, o qual determinada que a lei que alterar o processo eleitoral entrará em vigor na data de sua publicação, não se aplicando à eleição até que ocorra um ano da data de sua vigência, o que implica uma visível alteração no panorama tradicionalmente casuístico da legislação eleitoral.
- **tradicional casuísmo da legislação eleitoral** – muito é dito sobre o casuísmo da legislação eleitoral brasileira, que historicamente foi muitas vezes promulgada para o atendimento de interesses mais privados do que públicos, privilegiando os detentores do poder. Todavia, o fato é que o Código Eleitoral já conta com mais de 36 anos e que o artigo 16 da Constituição Federal, ao estabelecer o princípio da anterioridade da lei eleitoral, acabou por obstar que leis fossem editadas de modo casuístico e tendencioso, alterando as leis eleitorais ao sabor das conveniências políticas. Atualmente, eventuais peculiaridades eleitorais a exigirem normatização são veiculadas através de resoluções da Justiça Eleitoral e não podem, de todo modo, contrariar o que já existe na legislação eleitoral.

(Analista – TRE/MA – 2009 – CESPE) Redação (30 linhas)

Considerando as regras constitucionais pertinentes à organização da justiça eleitoral, discorra sobre os tribunais regionais eleitorais, sua composição, modo de escolha dos seus membros e de seu presidente, garantias, tempo de serviço dos membros no tribunal e finalidade da fixação do período, bem como acerca da recorribilidade de suas decisões.

Comentário

- Os Tribunais Regionais Eleitorais são órgãos da Justiça Eleitoral (art. 118, II, da CF/1988), com sede na Capital de cada Estado e no Distrito Federal (art. 120 da CF/1988).
- **Composição e modo de escolha de seus membros** (art. 120, § 1º, da CF/1988) - a) serão eleitos por votação secreta (art. 120, § 1º, da CF/1988): dois juízes dentre os desembargadores do Tribunal de Justiça (Presidente e Vice-Presidente – art. 120 §2º CF/1988) e de dois juízes, dentre juízes de direito, escolhidos pelo Tribunal de Justiça (a escolha segue o Regimento Interno do Tribunal Regional respectivo e a Res. nº 20.958/2001 TSE); b) um juiz do Tribunal Regional Federal com sede na Capital do Estado ou no Distrito Federal, ou, não havendo, de juiz federal, escolhido, em qualquer caso, pelo Tribunal Regional Federal respectivo (a escolha segue o Regimento Interno do Tribunal Regional respectivo e a Res. nº 20.958/2001 TSE); c) dois juízes dentre seis advogados de notável saber jurídico e idoneidade moral, indicados pelo Tribunal de Justiça, por nomeação, pelo Presidente da República.
- **Garantias** - Os membros dos tribunais, no exercício de suas funções, e no que lhes for aplicável, gozarão de plenas garantias e serão inamovíveis (art. 121, § 1º, da CF/1988).
- **Tempo de serviço dos membros do Tribunal Regional Eleitoral** – o Tribunal Regional Eleitoral é permanente; a investidura de seus membros é que é transitória. Segundo o art. 120 §2º CF/1988, os juízes dos tribunais eleitorais, salvo motivo justificado, servirão por dois anos, no mínimo, e nunca por mais de dois biênios consecutivos, sendo os substitutos escolhidos na mesma ocasião e pelo mesmo processo, em número igual para cada categoria. A investidura a tempo certo decorre do fato de que a Justiça Eleitoral não tem magistrados fixos, próprios, razão pela qual, sejam eles membros de outros tribunais ou juízos, ou advogados investidos nas funções de juiz eleitoral, nunca poderão exercer a funções por mais de dois biênios consecutivos. Esses biênios serão contados, ininterruptamente, sem o desconto de qualquer afastamento nem mesmo o decorrente de licença, férias, ou licença especial, salvo no caso do § 3º, nos termos do art. 14, § 2º, da CE.
- **Recorribilidade de suas decisões** - Das decisões dos Tribunais Regionais Eleitorais somente caberá recurso quando: I - forem proferidas contra disposição expressa desta Constituição ou de lei; II - ocorrer divergência na interpretação de lei entre dois ou mais tribunais eleitorais; III - versarem sobre inelegibilidade ou expedição de diplomas nas eleições federais ou estaduais; IV - anularem diplomas ou decretarem a perda de mandatos eletivos federais ou estaduais; V - denegarem *"habeas corpus"*, mandado de segurança, *"habeas data"* ou mandado de injunção (art. 121, § 4º, da CF/88).

(Analista – TRE/PA – 2005 – CESPE) Redação (30 linhas)

Nos termos do *caput* do art. 19 da Lei Complementar n.o 64, de 18 de maio de 1990, as transgressões pertinentes à origem de valores pecuniários e o abuso do poder econômico ou político que restrinja a liberdade de voto serão apurados mediante investigações jurisdicionais realizadas pelo corregedor-geral e pelos corregedores regionais eleitorais. De acordo com o parágrafo único do artigo supracitado, a apuração e a punição dessas irregularidades terão o objetivo de proteger a normalidade e a legitimidade das eleições contra a influência do poder econômico ou o abuso do exercício de função, cargo ou emprego na administração direta, indireta e fundacional da União, dos estados, do Distrito Federal e dos municípios.

Elabore em forma de texto dissertativo uma análise acerca do instituto a que se refere o texto acima, abordando, necessariamente, os seguintes aspectos.

– *Nomen juris*, natureza jurídica e competência para a investigação.

– Identificação da existência ou não de relação processual; identificação dos legitimados para provocar a autoridade judicial; possibilidade de agir de ofício; identificação dos sujeitos e do objeto da investigação.

– Forma de término da investigação, na hipótese de a representação ser julgada procedente.

Comentário

– ***Nomen juris* e natureza jurídica** - A investigação judicial eleitoral por abuso de poder econômico ou político (*nomen juris*) tem seu fundamento legal no art. 22 da LC/1964 e tem natureza jurídica de ação judicial. Ela visa a combater o abuso do poder econômico e/ou político e, segundo a maioria da doutrina, é ação cognitiva com carga decisória desconstitutiva ou constitutiva negativa (quando há cassação de registro) ou ainda declaratória (quando declara a inelegibilidade por três anos). O bem jurídico tutelado nessa ação é a normalidade e legitimidade das eleições e o interesse público primário da lisura eleitoral.

– **Identificação da existência ou não de relação processual** – a relação jurídico-processual estará completamente formada a partir da notificação pessoal do investigado, nos termos do art. 22 da LC 64/90. Todavia, com fundamento no art. 219 da CE – qual determina que o juiz não declare nulidade na aplicação da lei eleitoral a menos que reste comprovado o prejuízo, a Justiça Eleitoral tem considerado lícita a petição apresentada pela coligação, ainda que não tenha ocorrido a devida notificação pessoal.

– **legitimados para provocar a ação judicial:** são legitimados ativos para a propositura da ação de investigação judicial eleitoral os arrolados no art. 22 da LC 64/1990, quais sejam, partido político, coligação, candidato ou Ministério Público Eleitoral. O eleitor, conforme jurisprudência pacífica do TSE, não possui legitimidade para propositura dessa ação, bem como não cabe aos órgãos do Poder Judiciário agir de ofício.

– **legitimidade passiva:** segundo pacífica jurisprudência do TSE, são legitimados passivos tanto os beneficiários da conduta abusiva como seus autores.

– **objeto da ação de investigação judicial** – é a apuração do uso indevido, desvio ou abuso do poder econômico.

– **Forma de término da investigação, na hipótese de a representação ser julgada procedente** – em caso de procedência da ação de investigação judicial, será declarada a inelegibilidade do representado e de quantos hajam contribuído para a prática do ato, cominando-lhes a sanção de inelegibilidade para as eleições a se realizarem nos três anos subsequentes à eleição em se verificou, além da cassação do registro do candidato diretamente beneficiado pela interferência do poder econômico, e pelo desvio ou abuso de autoridade – art. 22, XIV, da LC 64/1990.

(Analista – TRE/ES – 2005 – ESAG) REDAÇÃO (Questões Discursivas)

Dispõe o caput do art. 19 da Lei n. 9.096, de 19.9.1995, com redação dada pelo art. 103 da Lei n. 9.504, de 30.9.1997:

"Na segunda semana dos meses de abril e outubro de cada ano, o partido, por seus órgãos de direção municipal, regionais ou nacionais, deverá remeter, aos Juízes Eleitorais, para arquivamento, publicação e cumprimento dos prazos de filiação partidária para efeito de candidatura a cargos eletivos, a relação dos nomes de todos os seus filiados, da qual constará a data de filiação, o número dos títulos eleitorais e das Seções em que estão inscritos".

Da exegese do dispositivo acima transcrito é possível concluir: a) duas vezes por ano o partido remete ao Juiz Eleitoral a relação de todos os seus filiados; b) a remessa tem por objetivo o arquivamento, a publicação e o cumprimento dos prazos de filiação partidária para efeito de candidatura a cargos eletivos; c) da relação constará a data de filiação, o número do título eleitoral e o número da Seção Eleitoral de vinculação de cada filiado.

– Qual a interpretação a ser dada no que diz respeito à remessa da "relação dos nomes de todos os seus filiados"?

– Qual o efeito prático na hipótese de o partido não proceder à remessa da relação de filiados?

– Considerando a finalidade de "cumprimento dos prazos de filiação partidária para efeitos de candidatura a cargos eletivos", ou seja, do preenchimento de uma das condições de elegibilidade, existe algum procedimento a ser adotado no caso de omissão na lista de filiados?

Escreva um texto, em forma de redação, utilizando-se de 10 (dez) a 15 (quinze) linhas da folha de respostas da prova discursiva, iniciando na linha 01 (um), respondendo aos questionamentos acima.

Comentário

– **relação dos nomes de todos os seus filiados** – são todos os eleitores, inscritos perante a respectiva zona eleitoral, filiados a determinado partido político – Res. 21.707/2004 TSE.

– **consequência da omissão** - tem por efeito prático a impossibilidade de recebimento, após o prazo fixado no art. 19 da lei nº 9.096/1995, de novas relações de filiados não encaminhadas no período legal ou de atualizações de listagens anteriormente recebidas, ressalvada a possibilidade de determinação judicial para cumprimento do disposto no caput do artigo 19 da lei nº 9.096/1995, em razão de demanda ajuizada por filiado prejudicado por desídia ou má-fé de partido político – Res. 21.734/2004 TSE.

– Segundo o art. 19, § 2º, da lei nº 9.096/1995, **o prejudicado pela desídia do partido poderá suprir a falta na remessa da lista de filiados**, visto que eventual atraso na remessa à Justiça Eleitoral não deve prejudicar o candidato corretamente filiado.

3. Raciocínio Lógico

Enildo Garcia, Elson Garcia, André Braga Nader Justo e André Fioravanti*

1. INTRODUÇÃO E ESTRUTURAS LÓGICAS

(Agente de Polícia Federal – 2004 – CESPE) Quando Paulo estuda, ele é aprovado nos concursos em que se inscreve. Como ele não estudou recentemente, não deve ser aprovado neste concurso.

Em cada um dos itens a seguir, julgue se o argumento apresentado tem estrutura lógica equivalente à do texto acima.

(1) Quando Paulo gosta de alguém, ele não mede esforços para oferecer ajuda. Como Maria gosta muito de Paulo, ele vai ajudá-la a responder as questões de direito constitucional.

r: Paulo gosta
s: Paulo ajuda Então $r \rightarrow s$.
Mas a questão não diz que Paulo gosta de Maria. Logo não podemos concluir $r \rightarrow s$. = > Item errado.

Gabarito 1E

(2) Quando os críticos literários recomendam a leitura de um livro, muitas pessoas compram o livro e o leem. O livro sobre viagens maravilhosas, lançado recentemente, não recebeu comentários favoráveis dos críticos literários, assim, não deve ser lido por muitas pessoas.

A negação não implica que nenhum ou poucos livros serão lidos. Pode implicar que exista algum livro que será lido por muitos. = > Item errado.

Gabarito 2E

(3) Sempre que Paulo insulta Maria, ela fica aborrecida. Como Paulo não insultou Maria recentemente, ela não deve estar aborrecida.

p: Paulo insulta
q: Maria fica aborrecida
$p \rightarrow q$: V e $\neg p \rightarrow \neg q$. Item correto.

Gabarito 3C

(4) Toda vez que Paulo chega a casa, seu cachorro late e corre a seu encontro. Hoje Paulo viajou, logo seu cachorro está triste.

p: Paulo chega em casa
q: cachorro late
$p \rightarrow q$: V e $\neg p \rightarrow \neg q$.
Então o cachorro não latiu, mas não quer dizer que está triste.

Gabarito 4E

(Escrivão de Polícia Federal – 2004 – CESPE) Pedro, candidato ao cargo de Escrivão de Polícia Federal, necessitando adquirir livros para se preparar para o concurso, utilizou um *site* de busca da Internet e pesquisou em uma livraria virtual, especializada nas áreas de direito, administração e economia, que vende livros nacionais e importados. Nessa livraria, alguns livros de direito e todos os de administração fazem parte dos produtos nacionais. Além disso, não há livro nacional disponível de capa dura.

Com base nas informações acima, é possível que Pedro, em sua pesquisa, tenha

(1) encontrado um livro de administração de capa dura.

(2) adquirido dessa livraria um livro de economia de capa flexível.

(3) selecionado para compra um livro nacional de direito de capa dura.

(4) comprado um livro importado de direito de capa flexível.

Solução das quatro questões.

Ao fazer o diagrama de Venn, obtemos (Economia, Direito, Administração)

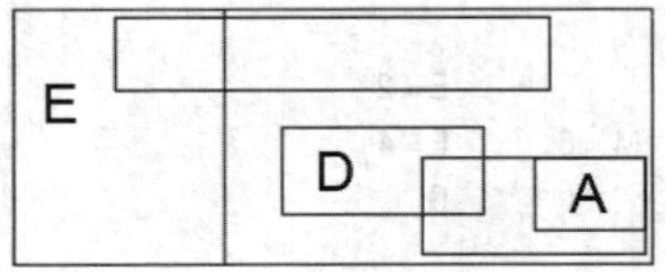

nacional

c. dura c. flexível

1. Errado: não há livro de administração de capa dura.
2. Certo: há livro de economia de capa flexível.
3. Errado: não há livro nacional de direito de capa dura.
4. Certo: há livro importado de direito de capa flexível.

Gabarito 1E, 2C, 3E, 4C

(Escrivão de Polícia/AC – 2008 – CESPE) Uma proposição é uma afirmação que pode ser julgada como verdadeira — V —, ou falsa — F —, mas não como ambas. Uma proposição é denominada simples quando não contém nenhuma outra proposição como parte de si mesma, e é denominada composta quando for formada pela combinação de duas ou mais proposições simples.

De acordo com as informações contidas no texto, julgue os itens a seguir.

(1) A frase "Você sabe que horas são?" é uma proposição.

Errado porque a pergunta não pode ser julgada como verdadeira ou falsa, isto é, não é uma proposição.

Gabarito 1E

(2) A frase "Se o mercúrio é mais leve que a água, então o planeta Terra é azul", não é considerada uma proposição composta.

Errado porque temos a composta de duas proposições.

Gabarito 2E

(Agente de Polícia/ES – 2009 – CESPE) Julgue os itens a seguir, acerca de raciocínio lógico.

(1) Considere que em um canil estejam abrigados 48 cães, dos quais:

24 são pretos;

12 têm rabos curtos;

30 têm pelos longos;

4 são pretos, têm rabos curtos e não têm pelos longos;

4 têm rabos curtos e pelos longos e não são pretos;

2 são pretos, têm rabos curtos e pelos longos.

Então, nesse canil, o número de cães abrigados que são pretos, têm pelos longos mas não têm rabos curtos é superior a 3 e inferior a 8.

* As questões dos concursos de ministérios, agências reguladoras e autarquias federais, bem como dos concursos bancários e da Petrobras foram comentadas pelo autor **André Fioravanti**. As questões dos concursos fiscais e policiais, pelo autor **Enildo Garcia**. As questões de Técnico do STF foram comentadas por **Elson Garcia** e **Enildo Garcia**. E as demais, pelos autores **Enildo Garcia** e **André Justo**.

Façamos a árvore binária

I: pretos

J: não pretos

K,M: rabo curto

L,N: rabo longo

A,C,E,G: pelos longos

B,D,F,H: pelos curtos

I = 24
- K = 6
  - A = 4
  - B = 2
- L = 18
  - C
  - D = 18 – C

--

J = 24
- M = 6
  - E = 2
  - F = 4
- N = 18
  - G
  - H = 18 – G

Total 48

Pede-se o valor de C, cães abrigados que são pretos, têm pelos longos e rabos longos.

Então, como cães com pelos curtos, B + D + F + H = 48 – 30 = 18, temos 2 + D + 4 + H = 18 = > D + H = 12 = > D = 12 – H = > D < 12 ou

18 – C < 12 = > C > 6 e também C + D = 18 ou C < 18.

Daí,

6 < C < 18. => Item correto.

Gabarito 1C

(2) Na sequência numérica 23, 32, 27, 36, 31, 40, 35, 44, X, Y, Z, ..., o valor de Z é igual a 43.

Notamos que o segundo número é o primeiro mais 9 e o terceiro é o segundo menos cinco e assim por diante. Isto é,

23,23 + 9 = 32,32 – 5 = 27,27 + 9 = 36,36 – 5 = 31,31 + 9 = 40, 40 – 5 = 35, 35 + 9 = 44, 44 – 5 = 39, 39 + 9 = 48, 48 – 5 = 43, ... => Correto.

Gabarito 2C

(3) Considere que o delegado faça a seguinte afirmação para o acusado: "O senhor espanca a sua esposa, pois foi acusado de maltratá-la". Nesse caso, é correto afirmar que o argumento formulado pelo delegado constitui uma falácia.

Como maltratar uma pessoa não significa, necessariamente, que que ela seja espancada, o argumento do delegado é uma falácia.

Gabarito 3C

(Analista – TRT/9ª – 2007 – CESPE) Em um tribunal, tramitam três diferentes processos, respectivamente, em nome de Clóvis, Sílvia e Laerte. Em dias distintos da semana, cada uma dessas pessoas procurou, no tribunal, informações acerca do andamento do processo que lhe diz respeito. Na tabela a seguir estão marcadas com V células cujas informações da linha e da coluna correspondentes e referentes a esses três processos sejam verdadeiras. Por exemplo, Sílvia foi procurar informação a respeito do processo de sua licença, e a informação sobre o processo de demissão foi solicitada na quinta-feira. Uma célula é marcada com F quando a informação da linha e da coluna correspondente é falsa, isto é, quando o fato correspondente não ocorreu. Observe que o processo em nome de Laerte não se refere a contratação e que Sílvia não procurou o tribunal na quarta-feira.

	Demissão	contratação	licença	terça-feira	quarta-feira	quinta-feira
Clóvis			F			
Sílvia	F	F	V		F	
Laerte		F	F			
terça-feira	F					
quarta-feira	F					
quinta-feira	V	F	F			

Com base nessas instruções e nas células já preenchidas, é possível preencher logicamente toda a tabela. Após esse procedimento, julgue os itens a seguir.

Para preencher a tabela o candidato deverá notar que existem informações sujeitas a confronto, e não deve haver contradição. Em primeiro lugar, o enunciado nos diz que cada uma das três pessoas foi em um dia distinto da semana; logo, se Sílvia foi ao tribunal na quarta-feira, ela não foi nos outros dias, e as outras duas pessoas não foram na quarta-feira. Podemos também concluir que o processo do Laerte refere-se a "demissão"; e como a primeira coluna da tabela nos diz que o processo de demissão foi verificado na quinta-feira, sabemos então que Laerte foi ao tribunal na quinta-feira. Desenvolvendo esse processo de inferência lógica para as células vazias restantes, chegamos ao seguinte quadro:

(1) O processo em nome de Laerte refere-se a demissão e ele foi ao tribunal na quinta-feira.

(2) É verdadeira a proposição "Se Sílvia não tem processo de contratação, então o processo de licença foi procurado na quarta-feira".

Se Sílvia não foi na 4ª feira, ela foi na 3ª ou na 5ª feira. Vamos supor numa primeira hipótese que ela foi na 3ª feira (V1)

	Demissão	contratação	licença	terça-feira	quarta-feira	quinta-feira
Clóvis	F1	V1	F	F1	V1	F1
Sílvia	F	F	V	V1		F1
Laerte	V1	F	F	F1	F1	V1
terça-feira	F	F1	V1			
quarta-feira	F	V1	F1			
quinta-feira	V	F	F			

Verdades: Clóvis – Contratação – 4ª feira, Sílvia – Licença – 3ª feira e Laerte – Demissão – 5ª feira

A 2ª hipótese seria Sílvia – 5ª feira, mas não precisa ser testada, pois a 1ª hipótese já foi confirmada.

Então:

1. O processo em nome de Laerte refere-se à demissão e ele foi ao tribunal na quinta-feira. Certo.
2. É verdadeira a proposição "Se Sílvia não tem processo de contratação, então o processo de licença foi procurado na quarta-feira". Errado.

Gabarito 1C, 2E

(Analista – TRT/21ª – 2010 – CESPE) Uma empresa incentiva o viver saudável de seus funcionários. Para isso, dispensa mais cedo, duas vezes por semana, aqueles envolvidos em alguma prática esportiva. Aproveitando a oportunidade, Ana, Bia, Clara e Diana decidiram se associar a uma academia de ginástica, sendo que escolheram atividades diferentes, quais sejam, musculação, ioga, natação e ginástica aeróbica. O intuito é manter a forma e, se possível, perder peso. No momento, o peso de cada funcionária assume um dos seguintes valores: 50 kg, 54 kg, 56 kg ou 60 kg. O que também se sabe é que:

a) Ana não faz musculação e não pesa 54 kg.
b) Bia faz ioga e não tem 50 kg.
c) A jovem que faz musculação pesa 56 kg e não é a Clara.
d) A jovem com 54 kg faz natação.

Com base nessas informações, é correto afirmar que

(1) Bia é mais pesada que Clara.
(2) o peso de Ana é 56 kg.
(3) Diana faz musculação.

1: Certo. A 2ª informação nos diz que Bia não tem 50 kg. E como ela faz ioga, nós concluímos pela 4ª informação que ela também não tem 54 kg (pois essa pessoa faz natação). Pela 3ª informação, concluímos que Bia também não pesa 56 kg (pois essa pessoa faz musculação, e não ioga). Logo, por exclusão, Bia pesa 60 kg e, portanto, é a mais pesada de todas, inclusive que Clara. **2:** Errado. Ana não pesa 60kg (peso de Bia) e nem 54 kg, como afirma a 1ª informação. Como a 3ª informação nos diz que quem faz musculação pesa 56 kg, e a 1ª informação afirma que Ana não faz musculação, sabemos, portanto, que ela não tem 56 kg. Portanto, Ana pesa 50 kg. **3:** Certo. A jovem que faz musculação pesa 56 kg e, portanto, não é a Bia (60 kg), nem Ana (50 kg) e nem Clara (como afirma a 3ª informação). Logo, por exclusão, Diana faz musculação.

Gabarito 1C, 2E, 3C

(Agente de Polícia Federal – 2004 – CESPE) Uma noção básica da lógica é a de que um argumento é composto de um conjunto de sentenças denominadas premissas e de uma sentença denominada conclusão. Um argumento é válido se a conclusão é necessariamente verdadeira sempre que as premissas forem verdadeiras. Com base nessas informações, julgue os itens que se seguem.

(1) Toda premissa de um argumento válido é verdadeira.

Premissas verdadeiras → conclusão V o que não implica a recíproca.

Gabarito 1E

(2) Se a conclusão é falsa, o argumento não é válido.

Não, as premissas tem de ser todas verdadeiras.

Gabarito 2E

(3) Se a conclusão é verdadeira, o argumento é válido.

Quando a conclusão, apesar de verdadeira, nada tiver a ver com com as premissas não torna o argumento válido.

Gabarito 3E

(4) É válido o seguinte argumento: Todo cachorro é verde, e tudo que é verde é vegetal, logo todo cachorro é vegetal.

p: todo cachorro é verde. V
q: tudo que é verde é vegetal V
$p \to q$ V.

Gabarito 4C

(Escrivão de Polícia Federal – 2009 – CESPE) Uma proposição é uma declaração que pode ser julgada como verdadeira — V —, ou falsa — F —, mas não como V e F simultaneamente. As proposições são, frequentemente, simbolizadas por letras maiúsculas: A, B, C, D etc.

As proposições compostas são expressões construídas a partir de outras proposições, usando-se símbolos lógicos, como nos casos a seguir.

$A \to B$, lida como "se A, então B", tem valor lógico F quando A for V e B for F; nos demais casos, será V;

$A \vee B$, lida como "A ou B", tem valor lógico F quando A e B forem F; nos demais casos, será V;

$A \wedge B$, lida como "A e B", tem valor lógico V quando A e B forem V; nos demais casos, será F;

$\neg A$ é a negação de A: tem valor lógico F quando A for V, e V, quando A for F.

Uma sequência de proposições $A_1, A_2, ..., A_k$ é uma dedução correta se a última proposição, Ak, denominada conclusão, é uma consequência das anteriores, consideradas V e denominadas premissas.

Duas proposições são equivalentes quando têm os mesmos valores lógicos para todos os possíveis valores lógicos das proposições que as compõem.

A regra da contradição estabelece que, se, ao supor verdadeira uma proposição P, for obtido que a proposição $P \wedge (\neg P)$ é verdadeira, então P não pode ser verdadeira; P tem de ser falsa.

A partir dessas informações, julgue o item que se segue.

(1) Considere que as proposições da sequência a seguir sejam verdadeiras.

Se Fred é policial, então ele tem porte de arma.
Fred mora em São Paulo ou ele é engenheiro.
Se Fred é engenheiro, então ele faz cálculos estruturais.
Fred não tem porte de arma.
Se Fred mora em São Paulo, então ele é policial.

Nesse caso, é correto inferir que a proposição "Fred não mora em São Paulo" é uma conclusão verdadeira com base nessa sequência.

Solução.
Sejam
p: ser policial; q: ter porte de arma; r: morar em são Paulo e s: engenheiro.
Temos
$p \to q$
$r \to p$ Logo, $r \to p \to q$.
Como temos ¬q, teremos ¬r. Ou seja, Fred não mora em são Paulo.

Gabarito 1C

(Auditor Fiscal/Vitória–ES – 2007 – CESPE) Quatro amigos de infância — André, Bruno, Carlos e Davi — resolveram reunir-se novamente depois de muitos anos de separação. Todos têm profissões diferentes — advogado, arquiteto, engenheiro e médico —, moram em cidades diferentes — Brasília, Campinas, Goiânia e Vitória — e possuem diferentes passatempos — violão, xadrez, pintura e artesanato. Além disso, sabe-se que André mora em Goiânia, não é arquiteto e não joga xadrez como passatempo. Bruno tem por passatempo o violão, não mora em Brasília e é médico. Carlos não tem o artesanato como passatempo, é engenheiro e não mora em Campinas. Sabe-se que o passatempo do arquiteto é a pintura e que ele mora em Brasília.

Com base nessas informações, julgue os itens seguintes.

(1) André é advogado.
(2) Bruno mora em Vitória.
(3) Carlos tem o xadrez por passatempo.
(4) Davi é arquiteto.
(5) O advogado mora em Goiânia.

I) Façamos um quadro com as informações iniciais

Nome	André	Bruno	Carlos	Davi
Profissão	-	Médico	Engenheiro	-
Cidade	Goiânia	-	-	-
Passatempo	-	Violão	-	-

Sobram as profissões advogado e arquiteto.

1) Como André não é arquiteto, ele é advogado e Davi é, então, arquiteto. E gosta de pintura e mora em Brasília.

2) André não joga xadrez – seu passatempo é, então, o artesanato.

II) O quadro fica completo com o passatempo xadrez:

Nome	André	Bruno	Carlos	Davi
Profissão	Advogado	Médico	Engenheiro	Arquiteto
Cidade	Goiânia	Campinas	Vitória	Brasília
Passatempo	Artesanato	Violão	Xadrez	Pintura

(Como Carlos não mora em Campinas, ele mora em Vitória e Bruno mora em Campinas.)

Gabarito 1C, 2E, 3C, 4C, 5C

(Agente Administrativo – Ministério do Esporte – 2008 – CESPE) A etapa final de um torneio de futebol será disputada entre os times A e B, e o campeão será o time que vencer duas partidas seguidas ou um total de três partidas. Considerando que os jogos que terminarem empatados serão decididos nos pênaltis, de forma que sempre haja um vencedor, julgue o item que se segue.

(1) Realizados 4 jogos entre as equipes A e B, o campeão será necessariamente conhecido.

Se a equipe A ganhar, por exemplo, a 1ª e a 3ª partidas, e a equipe B a 2ª e a 4ª, será necessário um 5º jogo para decidir o campeão.

Gabarito 1E

(Analista – ANAC – 2009 – CESPE) Em determinado dia, em um aeroporto, os aviões A, B, C, D e E estavam esperando o momento da decolagem, que, por más condições de tempo, iria começar às 10 horas daquele dia. Ficou determinado que cada voo ocorreria cinco minutos após o anterior, que A decolaria após C e que E decolaria 5 minutos antes de B.

Com base nessas informações, o item a seguir.

(1) Se B decolar antes de A e após C, então C decolará antes de E.

Das premissas sabemos que A decola após C, com ou sem decolagem entre eles. Sabemos também que E decola exatamente antes de B, sem outras decolagens intercaladas. Se B decola antes de A e após C, temos _C_B_A_, onde o subtração indica a possível presença de outras decolagens. Mas bem, como E decola exatamente antes de B, temos _C_EB_A_, então, obrigatoriamente, C decola antes de E.

Gabarito 1C

(2) Se, às 10h12 min, os aviões A e D já estiverem voando, então a próxima decolagem, marcada para as 10h15min, será do avião C.

Às 10h12min, temos que três aviões já estão voando. Como A decola após C, se A já estiver voando, então certamente C também está, e, portanto, não pode ser o próximo a decolar.

Gabarito 2E

(3) Se o avião D decolar antes dos aviões B ou de C, então ele deverá ser o primeiro dos cinco a decolar.

Supondo que D decole antes de B, temos _D_B_. Mas E decola 5 minutos antes de B, então temos _D_EB_. Finalmente, A decola após C, então temos três possibilidades para a decolagem de D, na 1ª, 2ª ou 3ª posições (DCAEB, CDAEB e CADEB são todas configurações de decolagem válidas). Supondo agora que D decole antes de C. Temos então _D_C_. Novamente, como A decola depois de C, temos que _D_C_A. Como E decola exatamente antes de B, D pode decolar na 1ª ou na 3ª posição (DEBCA e DEBCA são duas das configurações válidas).

Gabarito 3E

(Analista – Ministério do Meio Ambiente – 2008 – CESPE) O Programa Água Doce constitui iniciativa do governo federal no sentido de garantir acesso a água de qualidade para todos. Coordenado pela Secretaria de Recursos Hídricos e Ambiente Urbano do MMA, o programa tem como objetivo estabelecer uma política pública permanente de acesso à água potável, com foco na população de baixa renda do semiárido brasileiro. Para isso, promove a implantação, a recuperação e a gestão de sistemas de dessalinização da água, minimizando os impactos ambientais, captando a água subterrânea salobra, extraindo dela os sais solúveis e tornando-a adequada para o consumo humano.

Com base nessas informações e no texto de definições precedentes, julgue os itens subsequentes.

(1) Infere-se das informações acima que a proposição **O Programa Água Doce estabelece uma política permanente de acesso à água potável e não promove a gestão de sistemas de dessalinização da água** tem valor lógico V.

Dado que o programa promove a captação de água salobra e extração dos sais solúveis, ela promove a gestão de sistemas de dessalinização, e, portanto, a proposição é falsa.

Gabarito 1E

(2) Considere como premissas de um argumento as seguintes proposições.

I. Se a Secretaria de Recursos Hídricos e Ambiente Urbano do MMA não coordenasse o Programa Água Doce, então não haveria gestão dos sistemas de dessalinização.

II. Há gestão dos sistemas de dessalinização. Nesse caso, ao se considerar como conclusão a proposição **A Secretaria de Recursos Hídricos e Ambiente Urbano do MMA coordena o Programa Água Doce**, obtém-se um argumento válido.

Se $(\neg A) \rightarrow (\neg B)$ então, uma expressão equivalente, é $B \rightarrow A$. Seja A a proposição "a Secretaria de Recursos Hídricos e Ambiente Urbano do MMA coordena o Programa Água Doce", e B a proposição "há gestão dos sistemas de dessalinização". Portanto, a proposição dada em I. é $(\neg A) \rightarrow (\neg B)$, que é equivalente a $B \rightarrow A$, ou seja, se há gestão dos sistemas de dessalinização então a Secretaria de Recursos Hídricos e Ambiente Urbano do MMA coordena o Programa Água Doce, confirmando II.

Gabarito 2C

(3) Toda proposição da forma $(P \rightarrow Q) \vee (\neg Q)$ tem somente valores lógicos V.

Construindo a tabela verdade, temos

P	Q	$P \rightarrow Q$	$\neg Q$	$(P \rightarrow Q) \vee (\neg Q)$
V	V	V	F	V
V	F	F	V	V
F	F	V	V	V
F	V	V	F	V

O que mostra que essa proposição é uma tautologia.

Gabarito 3C

2. COMPREENSÃO E ELABORAÇÃO DA LÓGICA DAS SITUAÇÕES POR MEIO DE RACIOCÍNIO MATEMÁTICO

Os funcionários de uma repartição foram distribuídos em sete grupos de trabalhos, de modo que cada funcionário participa de exatamente dois grupos, e cada dois grupos têm exatamente um funcionário em comum.

(Auditor Fiscal – SEFAZ/RS – 2019 – CESPE/CEBRASPE) Nessa situação, o número de funcionários da repartição é igual a

(A) 7.
(B) 14.
(C) 21.

(D) 28.
(E) 35.

1ª solução (enumeração do s casos)
Sejam A, B, C, D, E, F e G os 7 grupos.
Ao selecionar 1 funcionário de cada 2 grupos obtém-se a distribuição e quantidade:

AB AC AD AE AF AG	6
BC BD BE BF BG	5
CD CE CF CG	4
DE DF DG	3
EF EG	2
FG	1
Total	21

2ª solução

Ao escolher 2 grupos distintos sem levar em consideração a ordem pois tanto faz o funcionário estar nos grupos A e, tem-se a combinação

$$C7{,}2 = \frac{7x6}{2x1} = 21$$

Gabarito "C".

Texto 1A10-I
No exercício de suas atribuições profissionais, auditores fiscais sempre fazem afirmações verdadeiras, ao passo que sonegadores sempre fazem proposições falsas.

Em uma audiência para tratar de autuações, formou-se uma fila de 200 pessoas, constituída apenas de auditores fiscais e sonegadores. A primeira pessoa da fila afirma que todos os que estão atrás dela são sonegadores. Todas as demais pessoas da fila afirmam que a pessoa que está imediatamente à sua frente é sonegadora.

(Auditor Fiscal – SEFAZ/RS – 2019 – CESPE/CEBRASPE) Nessa situação hipotética, de acordo com o texto 1A10-I, a quantidade de sonegadores que estão nessa fila é igual a

(A) 0.
(B) 99.
(C) 100.
(D) 199.
(E) 200.

Resolução
Suponha que a fila comece com um Auditor.
Como ele sempre diz a verdade, então todos atrás dele seriam Sonegadores.
Porém, diversos desses Sonegadores diriam a verdade ao relatar que a pessoa à sua frente é Sonegadora, o que não pode ocorrer pois Sonegadores sempre são falsos.
Assim, a fila começa com um Sonegador.
Como as pessoas da fila afirmam que a pessoa que está imediatamente à sua frente é sonegadora, então a segunda pessoa da fila é um Auditor.
A próxima diz que a pessoa que está imediatamente à sua frente é Sonegadora, o que é mentira, então a próxima é Sonegadora.
Tem-se: SAS...
Essa sequência vai se repetir até o final da fila.
A fila consiste, então, de 100 Auditores e 100 Sonegadores.
Gabarito "C".

Saulo, sonegador de impostos, fez a seguinte afirmação durante uma audiência para tratar de sua eventual autuação: "como sou um pequeno comerciante, se vendo mais a cada mês, pago meus impostos em dia".

(Auditor Fiscal – SEFAZ/RS – 2019 – CESPE/CEBRASPE) Nessa situação hipotética, considerando as afirmações estabelecidas no texto 1A10-I, assinale a opção que apresenta uma afirmação verdadeira.

(A) "Saulo não é um pequeno comerciante".
(B) "Saulo vende mais a cada mês".
(C) "Saulo não vende mais a cada mês".
(D) "Saulo paga seus impostos em dia".
(E) "Se Saulo vende mais em um mês, paga seus impostos em dia".

Resolução
Sejam as afirmações:
p: sou um pequeno comerciante
q: vendo mais a cada mês
r: pago meus impostos em dia
e as condicionais equivalentes à afirmação de Saulo

P1: $(p \wedge q) \rightarrow r$, ou

P2: $p \rightarrow (q \rightarrow r)$
Tem-se que, segundo o texto, sonegadores sempre fazem proposições falsas, as condicionais acima são falsas.

Para P1 ser falsa deve-se ter antecedente V e consequente Falso.

O antecedente $(p \wedge q)$ é V se p e q forem V:
p: sou um pequeno comerciante $\rightarrow$ V
q: vendo mais a cada mês $\rightarrow$ V

Para P2 ser falsa deve-se ter antecedente V e consequente Falso.
O consequente $(q \rightarrow r)$ é F se q é V e r é F:
r: pago meus impostos em dia $\rightarrow$ F
p: sou um pequeno comerciante $\rightarrow$ V
q: vendo mais a cada mês $\rightarrow$ V
Gabarito "B".

Durante uma audiência para tratar da autuação da empresa X, um auditor fiscal fez as seguintes afirmações sobre essa empresa:

• A1: "Se identifiquei erro ou inconsistência na declaração de imposto da empresa X, eu a notifiquei".

• A2: "Se o erro não foi sanado, eu a autuei".

• A3: "Se a empresa não recorreu da autuação, eu a multei".

(Auditor Fiscal – SEFAZ/RS – 2019 – CESPE/CEBRASPE) Nessa situação hipotética, à luz da premissa estabelecida no texto 1A10-I, assinale a opção que apresenta uma proposição necessariamente verdadeira.

(A) "A empresa X errou em sua declaração de imposto".
(B) "A empresa X apresentou inconsistência em sua declaração de imposto".
(C) "A empresa X foi notificada, autuada e multada".
(D) "A empresa X não sanou o erro identificado e foi autuada".
(E) "A empresa X recorreu da autuação ou foi multada".

1ª solução
Segundo o texto, os auditores fiscais sempre fazem afirmações verdadeiras. Logo a afirmação
A3: "Se a empresa não recorreu da autuação, eu a multei" é verdadeira.

Pela equivalência da condicional e da disjunção, tem-se
A empresa X recorreu da autuação ou foi multada.

2ª solução

Sejam as afirmações:
p: a empresa não recorreu da autuação
q: eu a multei
e a condicional
$\sim p \rightarrow q$
Pela equivalência da condicional e da disjunção, tem-se
$\sim p \rightarrow q \equiv p \vee q$
Ou seja
A empresa X recorreu da autuação ou foi multada.
Gabarito "E".

(Auditor Fiscal – SEFAZ/RS – 2019 – CESPE/CEBRASPE) João pretende completar as casas de um tabuleiro 3×3, utilizando as letras A, B ou C. Cada casa é formada por um quadrado, conforme apresentado na figura a seguir.

A	B	
C		
		(destacada)

Para completar o tabuleiro, preenchendo cada casa com apenas uma dessas letras, de modo que casas com lados adjacentes não sejam preenchidas com a mesma letra, João deverá escrever na casa destacada na figura

(A) somente a letra A.
(B) somente a letra B.
(C) somente a letra C.
(D) somente a letra B ou a letra C.
(E) qualquer uma das letras A, B ou C.

Resolução
Numerando as casas que faltam tem-se

A	B	1
C	2	3
4	5	6

A casa 2 só pode conter a letra A devido às adjacências superior e lateral.
A casa 1 pode conter a letra A
(i)

A	B	A
C	A	3
4	5	6

A casa 3 pode conter a letra B ou C, e a 6 então A

A casa 4 pode conter a letra A ou B e a 5 então C
(ii) ou a letra C:

A	B	C
C	A	3
4	5	6

A casa 3 só pode conter a letra B e a 6 então A
A casa 4 pode conter a letra A ou B e a 5 então C
Logo, em resumo, tem-se

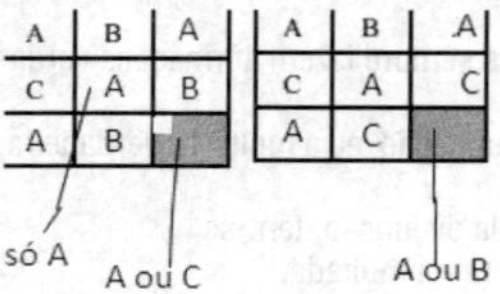

Ou seja, qualquer uma das letras A, B ou C.
Gabarito "E".

Em determinada cidade, foram fiscalizadas 20 empresas, classificadas quanto ao porte e quanto ao setor de atividade econômica em que atuam. Quanto ao porte, cada empresa recebe uma única classificação: microempresa (ME), pequena (P), média (M) ou grande (G). Quanto ao setor, cada empresa também recebe uma única classificação: 1, 2, 3, 4 ou 5. Não há empresa que receba, simultaneamente, a mesma classificação de porte e de setor que outra empresa já recebe. Para a realização dessa fiscalização, tais empresas foram distribuídas igualmente e designadas a quatro auditores fiscais, Aldo, Bruno, Carlos e Dário. Cada empresa foi fiscalizada por apenas um desses auditores. Após a conclusão do trabalho, os auditores fizeram as seguintes afirmações:

I. Aldo: "Fiscalizei cinco empresas de porte médio".
II. Bruno: "Fiscalizei quatro empresas de um mesmo setor".
III. Carlos: "Fiscalizei cinco empresas cujo porte recebe uma classificação que começa com a letra M".
IV. Dário: "Fiscalizei três empresas de um setor e duas empresas de outro setor".

(Auditor Fiscal – SEFAZ/RS – 2019 – CESPE/CEBRASPE) Considerando que, nessa situação hipotética, somente uma das afirmações feitas pelos auditores seja falsa, assinale a opção que apresenta o maior número de empresas de porte G que podem ser fiscalizadas por um mesmo auditor.

(A) 1
(B) 2
(C) 3
(D) 4
(E) 5

Resolução
Tem-se que
I) Caso Aldo fiscalize as cinco empresas de porte médio, Bruno não pode fiscalizar quatro empresas de um mesmo setor pois um dos setores já estará com Aldo;
II) Caso Bruno fiscalize as quatro empresas do mesmo setor, Aldo não pode fiscalizar as cinco empresas de porte médio, pois uma dessas já estará com Aldo.
Assim, as afirmações de Aldo e Bruno estão conflitantes e não podem ser ambas verdadeiras – uma delas é falsa – o que torna as afirmações de Carlos e Dário verdadeiras pois só se tem uma falsa.

Suponha que Aldo diz a verdade.
Então Carlos fiscalizou as 5 microempresas(ME) pois começam com a letra M
Nesse caso, porém, Dário não pode fiscalizar rês empresas de um setor pois só restaram as empresas P e G e com, no máximo, um setor em comum.

Logo, Aldo não diz a verdade e, portanto, é Bruno quem diz a verdade, ou seja,
Bruno fiscalizou quatro empresas de um mesmo setor, sendo, portanto, uma delas Grande.
Restam, assim, quatro empresas porte Grande para outro auditor.

Logo, o maior número de empresas de porte G que podem ser fiscalizadas por um mesmo auditor é de 4.
Gabarito "D".

(Analista – TRT/5ª – 2008 – CESPE) Em uma universidade, setorizada por cursos, os alunos de cada curso podem cursar disciplinas de outros cursos para integralização de seus currículos. Por solicitação da diretoria, o secretário do curso de Matemática informou que, dos 200 alunos desse curso, 80 cursam disciplinas do curso de Física; 90, do curso de Biologia; 55, do curso de Química; 32, dos cursos de Biologia e Física; 23, dos cursos de Química e Física; 16, dos cursos de Biologia e Química; e 8 cursam disciplinas desses três cursos. O secretário informou, ainda, que essa distribuição inclui todos os alunos do curso de Matemática.

Com relação a essa situação, julgue os itens seguintes.

(1) Se as informações do secretário acerca das matrículas dos alunos em disciplinas estiverem corretas, então, dos alunos que cursam disciplinas de apenas um desses cursos, a maior concentração de alunos estará no curso de Física.
(2) Considerando corretas as informações do secretário acerca das matrículas dos alunos, mais de 50 desses alunos cursam disciplinas de apenas dois dos cursos mencionados.
(3) De acordo com os dados da situação em apreço, as informações do secretário estão realmente corretas.

Do enunciado, sabemos que 8 alunos cursaram disciplinas dos três cursos, ou seja, Biologia, Química e Física. Sabemos também que 32 alunos cursaram disciplinas de Biologia e Física. Desta forma, 32 – 8 = 24 alunos cursaram apenas disciplinas de Biologia e Física, mas não Química. De forma semelhante, 23 – 8 = 15 alunos cursaram disciplinas de Química e Física, mas não de Biologia, e 16 – 8 = 8 alunos cursaram disciplinas de Biologia e Química mas não de Física. Como sabemos que 80 alunos cursaram disciplinas de Física, temos que a quantidade de alunos que cursaram apenas Física é 80 – 24 (Biologia e Física) – 15 (Química e Física) – 8 (Química, Biologia e Física) = 33 alunos. De forma semelhante, 90 – 24 – 8 – 8 = 50 alunos cursaram apenas disciplinas de Biologia e 55 – 15 – 8 – 8 = 24 alunos cursaram apenas disciplinas de Química. O diagrama de Venn referente a este problema pode ser dado portanto como:

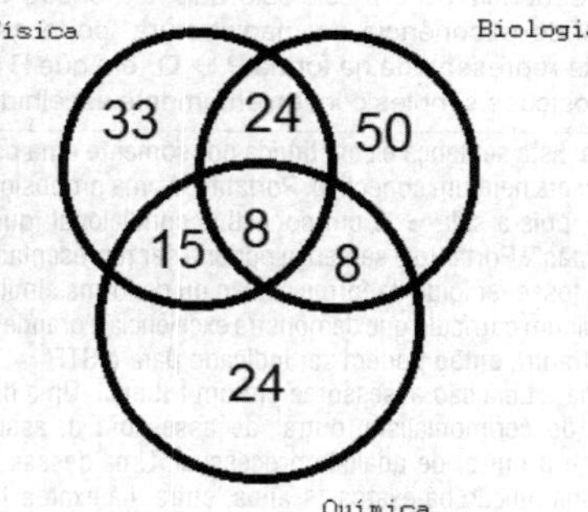

Desta forma, temos:

1. Errado. Dos alunos que cursaram apenas uma disciplina, a maior concentração estará em Biologia (50 alunos).

2. Errado. Temos que 24 + 15 + 8 = 47 alunos cursaram duas e apenas duas disciplinas.

3. Errado. Observamos um total de 33 + 24 + 50 + 15 + 8 + 8 + 24 = 162 alunos. Portanto, como o curso possui 200 alunos, 38 alunos não devem ter feito disciplinas destes cursos, o que não condiz com o secretário.

Gabarito 1E, 2E, 3E

(Analista – MPU – 1996 – CESPE) Paulo, Gabriel e Francisco concorreram em um processo para a escolha do diretor de uma escola pública. Cada eleitor votou em exatamente dois candidatos de sua preferência. Houve 70 votos para a dupla Paulo e Francisco, 100 votos para a dupla Paulo e Gabriel e 80 votos para a dupla Gabriel e Francisco. Com base nessa situação, assinale a opção correta.

(A) Gabriel e Francisco empataram em 1º lugar.
(B) Paulo ficou em 2º lugar, com 34% dos votos.
(C) Gabriel venceu com 72% dos votos.
(D) Francisco venceu com 60% dos votos.
(E) Houve eleitor que não votou em Paulo nem em Francisco.

Seja "P" o Paulo, "F" o Francisco e "G" o Gabriel:

P e F = 70
P e G = 100
G e F = 80

Portanto, Paulo recebeu 170 votos (70+100), Francisco recebeu 150 votos e Gabriel recebeu 180 votos. Como o número total de VOTOS foi 500 (= 170+150+180), concluímos que Gabriel ficou em 1º lugar, com 36% dos votos ($= \frac{180}{500} = 0{,}36$), Paulo ficou em 2º lugar com 34% e Francisco ficou em 3º lugar com 30%.

Gabarito "B"

(Escrivão de Polícia/AC – 2008 – CESPE) Com relação às operações com conjuntos, julgue o item abaixo.

(1) Considere que os candidatos ao cargo de programador tenham as seguintes especialidades: 27 são especialistas no sistema operacional Linux, 32 são especialistas no sistema operacional Windows e 11 desses candidatos são especialistas nos dois sistemas. Nessa situação, é correto inferir que o número total de candidatos ao cargo de programador é inferior a 50.

i) Como 27 sabem Linux temos que 27 – 11(sabem os dois) = 16 só sabem Linux .
ii) Como 32 sabem Windows temos que 32-11(sabem os dois) = 21 só sabem Windows.
iii) Temos, então o total de 16 + 21 + 11 = 48 programadores. Correto.

Gabarito 1C

(Técnico – ANAC – 2009 – CESPE) As equipes A, B e C disputaram as finais de um torneio de futebol, jogando cada equipe contra as outras duas uma vez. Sabe-se que a equipe B ganhou da equipe A por 2×1; a equipe A marcou 3 gols; e cada equipe ficou com saldo de gols zero. As regras do torneio para a classificação final são, nessa ordem:

- maior número de vitórias;
- maior número de gols feitos;
- se as três equipes ficarem empatadas segundo os critérios anteriores, as três serão consideradas campeãs.

Se uma equipe for campeã ou 3ª colocada e as outras duas equipes ficarem empatadas segundo os critérios anteriores, será considerada mais bem colocada a equipe vencedora do confronto direto entre as duas.

A respeito dessa situação hipotética e considerando que os três critérios listados foram suficientes para definir a classificação final das três equipes, julgue os itens seguintes quanto aos valores lógicos das proposições apresentadas.

(1) Se **a equipe B fez 3 gols, então a equipe C foi campeã** é uma proposição falsa.

Como a equipe A marcou 3 gols, então ela marcou 2 gols contra a equipe C. Além do mais, como a equipe B fez 3 gols, esta marcou 1 gol contra a equipe C. Dessa forma, para que todas as equipes tenham saldo zero, temos que:

Equipe A	1	2	Equipe B
Equipe A	2	1	Equipe C
Equipe B	1	2	Equipe C

A partir dessa tabela, todas as equipes têm 3 pontos com 1 vitória cada e 3 gols marcados. A partir das regras, as 3 equipes são campeãs. Portanto, a equipe C foi de fato campeã.

Gabarito 1E

(2) **A equipe B foi campeã e a equipe A ficou em último lugar** é uma proposição falsa.

Se considerarmos a tabela do item anterior, que é uma possibilidade factível, então a equipe A foi campeã, e, portanto não ficou em último lugar. Ou seja, a proposição é falsa.

Gabarito 2C

(3) **O número de gols marcados pelas equipes nas finais foi maior que 6** é uma proposição verdadeira.

Correto. A tabela de resultados que retorna o mínimo de gols marcados, e que ainda satisfazem as condições fornecidas é:

Equipe A	1	2	Equipe B
Equipe A	2	1	Equipe C
Equipe B	0	1	Equipe C

Ou seja, o número mínimo de gols nas finais é 7.

Gabarito 3C

(4) Se a equipe A foi campeã então a equipe C foi campeã ou 2ª colocada é uma proposição falsa.

Dos termos dados, temos que, em termos gerais

Equipe A	1	2	Equipe B
Equipe A	2	1	Equipe C
Equipe B	N	N+1	Equipe C

com N inteiro, maior ou igual a 0. Dessa forma, todas as equipes têm 1 vitória, com 3 pontos cada. A equipe A marcou 3, a equipe B marcou 2 + N e a equipe C também marcou 2 + N gols. Dessa forma, para a equipe A ser campeã, N = 0 ou N = 1. Se N = 1, então todas as equipes são campeãs. Se N = 0, então a Equipe A foi a única campeã. Como as equipes B e C marcaram o mesmo número de gols, a classificação depende do confronto direto, com vantagem para a Equipe C. Ou seja, observamos que para todos os casos, a proposição é correta.

Gabarito 4E

(5) A equipe A foi campeã ou a equipe C foi campeã é uma proposição verdadeira.

Correto. Considerando a tabela anterior. Para N = 0 ou N = 1, a equipe A é campeã. Para N maior ou igual a 2, a Equipe A é 3ª colocada, e, portanto, a campeã é decidida por confronto direto, com vantagem para a Equipe C. Portanto, para todo N, ou a Equipe A ou a Equipe C é campeã.

Gabarito 5C

(Agente Administrativo – Ministério do Esporte – 2008 – CESPE) Um casal tem 3 filhos, cujas idades em anos são números inteiros distintos que, multiplicados, correspondem a 132. A soma das idades dos 3 filhos, em anos, é um número cujos únicos divisores positivos são a unidade e a própria soma. Com base nessas informações, julgue o item subsequente.

(1) Um dos filhos tem 3 anos de idade.

Seja x, y e z a idade dos filhos desse casal. Então $x \times y \times z = 132$. Observamos que $132 = 2^2 \times 3 \times 11$. Portanto, supondo que um dos filhos tem 3 anos, as idades dos outros filhos são, necessariamente, (1,44), (2,22) ou (4,11), Temos também que x + y + z é primo. Porém, 1+3+44 = 48, que não é primo. Também 2+3+22 = 27 que não é primo. Finalmente 3+4+11 = 18 que não é primo. Portanto, a premissa que um dos filhos tem 3 anos de idade está errada.

Gabarito 1E

(Analista – ANAC – 2009 – CESPE) Paulo, Mauro e Arnaldo estão embarcando em um voo para Londres. Sabe-se que:

- os números de suas poltronas são C2, C3 e C4;
- a idade de um deles é 35 anos e a de outro, 22 anos;
- Paulo é o mais velho dos três e sua poltrona não é C4;
- a poltrona C3 pertence ao de idade intermediária;
- a idade de Arnaldo não é 22 anos.

Com base nessas informações, julgue os itens seguintes.

(1) Se a soma das idades dos três passageiros for 75 anos, então as idades de Paulo, Mauro e Arnaldo serão, respectivamente, 35, 22 e 18 anos.

Inicialmente, as idades dos três somam 75 anos. Como um tem 35 e o outro 22 anos, o último tem 75 – 35 – 22 = 18 anos. Como a poltrona C3 pertence ao de idade intermediária, e Paulo, o mais velho não está na poltrona C4, então Paulo tem 35 anos e está na poltrona C2. Como Arnaldo não tem 22 anos, ele tem 18 anos, e está, portanto, na poltrona C4. Finalmente, Mauro tem 22 anos e está na poltrona C3. Logo, as idades de Paulo, Mauro e Arnaldo serão, em ordem, 35, 22 e 18 anos.

Gabarito 1C

(2) Se a soma das idades dos três passageiros for igual a 100 anos, então a poltrona de numero C4 pertencerá a Mauro, que terá 35 anos.

Se a idade dos três passageiros for igual a 100 anos, então o último passageiro tem 100 – 35 – 22 = 43 anos, sendo portanto Paulo, o mais velho, na poltrona C2. Dessa forma Arnaldo, que não tem 22 anos, terá 35 anos e ficará na poltrona C3 e finalmente Mauro terá 22 anos, possuindo a poltrona C4.

Gabarito 2E

3. CONCEITOS BÁSICOS DE RACIOCÍNIO LÓGICO

(Técnico – STF – 2013 – CESPE) Julgue os itens seguintes, relativos à lógica proposicional.

(1) A sentença "um ensino dedicado à formação de técnicos negligencia a formação de cientistas" constitui uma proposição simples.

(2) A sentença "A indicação de juízes para o STF deve ser consequência de um currículo que demonstre excelência e grande experiência na magistratura" pode ser corretamente representada na forma $P \rightarrow Q$, em que P e Q sejam proposições simples convenientemente escolhidas.

1: Correta. Esta sentença é constituída por somente uma proposição e não apresenta nenhum conectivo. Portanto, é uma proposição simples.
2: Errada, pois a seta → é um conectivo condicional, que simboliza "se"... "então". Portanto a sentença poderia ser representado na forma $P \rightarrow Q$ se fosse redigida da forma abaixo ou de forma similar: "**Se** um juiz possuir um currículo que demonstre excelência e grande experiência na magistratura **então** poderá ser indicado para o STF".

Mara, Júlia e Lina são assessoras em um tribunal. Uma delas ocupa a função de cerimonialista, outra, de assessora de assuntos internacionais e a outra, de analista processual. Uma dessas assessoras ocupa a sua função há exatos 11 anos, outra, há exatos 13 anos, e a outra, há exatos 20 anos. Sabe-se, ainda, que:

- Mara não é a cerimonialista e não é a assessora que exerce a função há exatos 11 anos;
- a analista processual ocupa a função há exatos 20 anos;
- Júlia não é a assessora de assuntos internacionais nem é a assessora que ocupa a função há exatos 13 anos;
- Lina ocupa a função há exatos 13 anos.

Gabarito 1C, 2E

(Técnico – STF – 2013 – CESPE) Com base nessa situação hipotética, julgues os itens subsequentes.

(1) A assessora de assuntos internacionais ocupa a função há exatos 11 anos.

(2) Mara é a assessora que ocupa essa função há mais tempo.

(3) Lina é a cerimonialista.

Vamos construir uma tabela, com base nas informações:
1ª) Mara não é a cerimonialista**(1)** e não é a assessora que exerce a função há exatos 11 anos**(2)**:

	Cerimo-nialista	Assuntos Interna-cionais	Analista Processual	11 anos	13 anos	20 anos
Mara	**(1)Não**			**(2)Não**		
Júlia						
Lina						

3ª) Júlia não é a assessora de assuntos internacionais**(3)** nem é a assessora que ocupa a função há exatos 13 anos**(4)** e 4ª) Lina ocupa a função há exatos 13 anos**(5)**:

	Cerimo-nialista	Assuntos Interna-cionais	Analista Processual	11 anos	13 anos	20 anos
Mara	Não			Não		
Júlia		**(3)Não**			**(4)Não**	
Lina					**(5)Sim**	

Como Lina obrigatoriamente ocupa sua função há 13 anos, concluímos que Mara não pode ocupar a sua função há 13 anos **(6)** e, portanto, ela só pode ocupar sua função há 20 anos**(7)**. Lina não ocupa função nem há 11**(8)** e nem há 13 anos**(9)**.

Portanto, Julia ocupa a função há 11 anos**(10)** e não há 20**(11)**.

	Cerimo--nialista	Assuntos Interna-cionais	Analista Proces-sual	11 anos	13 anos	20 anos
Mara	Não			Não	(6) **Não**	(7) **Sim**
Júlia		Não		(10) **Sim**	Não	(11) **Não**
Lina				(8) **Não**	Sim	(9) **Não**

2ª) A analista processual ocupa a função há exatos 20 anos e, portanto, esta função é ocupada por Mara **(12)**. Podemos assinalar que Mara não se encarrega de assuntos internacionais **(13)**, mas Lina, por outro lado, sim**(14)**. Podemos também descartar as opções de que a analista processual seja Júlia **(15)** ou a Lina **(16)**.
Conclui-se ainda, que Júlia é a cerimonialista **(17)** e, portanto,Lina não pode ser **(18)**.

	Cerimo--nialista	Assuntos Internacio-nais	Analista Processual	11 anos	13 anos	20 anos
Mara	Não	**(13)Não**	**(12)Sim**	Não	Não	Sim
Júlia	**(17)Sim**	Não	**(15)Não**	Sim	Não	Não
Lina	**(18)Não**	**(14)Sim**	**(16)Não**	Não	Sim	Não

Julgando os itens.
1. Errado, pois a assessora de assuntos internacionais ocupa a função há exatos 20 anos.
2. Correto, pois a Mara é a assessora que ocupa essa função há mais tempo (20 anos).
3. Errado, pois a Lina cuida de assuntos internacionais.

Gabarito 1E, 2C, 3E

(Escrivão de Polícia Federal – 2013 – CESPE) Suspeita-se de que um chefe de organização criminosa tenha assumido as despesas de determinado candidato em curso de preparação para concurso para provimento de vagas do órgão X.

P1: Existe a convicção por parte dos servidores do órgão X de que, se um chefe de organização criminosa pagou para determinado candidato curso de preparação para concurso, ou o chefe é amigo de infância do candidato ou então esse candidato foi recrutado pela organização criminosa para ser aprovado no concurso;

P2: Há, ainda, entre os servidores do órgão X, a certeza de que, se o candidato foi recrutado pela organização criminosa para ser aprovado no concurso, então essa organização deseja obter informações sigilosas ou influenciar as decisões do órgão X.

Diante dessa situação, o candidato, inquirido a respeito, disse o seguinte:

P3: Ele é meu amigo de infância, e eu não sabia que ele é chefe de organização criminosa;

P4: Pedi a ele que pagasse meu curso de preparação, mas ele não pagou.

Considerando essa situação hipotética, julgue os itens subsecutivos.

(1) Com fundamento nas proposições P1, P2, P3 e P4, confirma-se a suspeita de que o chefe de organização criminosa tenha custeado para o candidato curso de preparação para o concurso.

(2) A negação da proposição P4 é equivalente a "Não pedi a ele que pagasse meu curso, mas ele pagou".

(3) Com base nas proposições P1, P2, P3 e P4, é correto concluir que "A organização deseja obter informações sigilosas ou influenciar as decisões do órgão X".

Inicialmente faremos uma análise das proposições P1, P2, P3 e P4.
A premissa P1 é uma proposição composta do tipo se P, então (Q ou R), onde
– P: um chefe de organização criminosa pagou para determinado candidato curso de preparação para concurso;
– Q: o chefe é amigo de infância do candidato;
– R: esse candidato foi recrutado pela organização criminosa para ser aprovado no concurso

A premissa P2 é uma proposição composta do tipo (se S então (T ou U), onde
– S: o candidato foi recrutado pela organização criminosa para ser aprovado no concurso
– T: essa organização deseja obter informações sigilosas
– U: influenciar as decisões do órgão X.

A premissa P3 é uma proposição composta do tipo (V e X), onde:
– V: Ele é meu amigo de infância
– X: eu não sabia que ele é chefe de organização criminosa

A premissa P4 é uma proposição composta do tipo (Y e Z), onde:
– Y: Pedi a ele que pagasse meu curso de preparação
– Z: ele não pagou
As tabelas verdade citadas na resolução dos itens são:

CONDICIONAL:

P	Q	se P então Q
V	V	V
V	F	F
F	V	V
F	F	V

(Se P então Q) só é valorada como "F" quando P for valorada como "V" e Q for valorada como "F". Nos demais casos, o resultado é sempre "V".

CONJUNÇÃO:

P	Q	P e Q
V	V	V
V	F	F
F	V	F
F	F	F

(P e Q) só é valorada como "V" quando P for valorada como "V" e Q for valorada como "V". Nos demais casos, o resultado é sempre "F".
1. Errado, conforme abaixo:
Observaremos se a conclusão é consequência das premissas, supondo que essas premissas sejam simultaneamente verdadeiras, independente dos respectivos conteúdos.
Desta forma, para que se confirme a suspeita de que o chefe de uma organização criminosa tenha custeado para o candidato curso de preparação para o concurso, seria necessário que, na premissa P1, a proposição P fosse valorada como "V".
No entanto, não se pode afirmar que a proposição P é "V" uma vez que, para que a premissa P1 seja valorada como "V", tanto faz necessário que a proposição P for "V" ou "F" (veja a tabela verdade do se P então Q).
Além disso, para que premissa P4 seja valorada como "V", tanto Y quanto Z devem ser valoradas como "V" (veja a tabela verdade de conjunção) e a proposição Z afirma o seguinte: "ele não pagou"
2. Errado, pois já sabemos que, a premissa P4 é do tipo (Y e Z) e que a negação de (Y e Z) é equivalente a (não Y) ou (não Z) e que a proposição P4 é equivalente a não pedi a ele que pagasse meu curso de preparação ou ele pagou.

3. Errado, pois assim como no item (1) devemos observar se a conclusão é consequência das premissas, supondo que essas premissas sejam simultaneamente verdadeiras, independente dos respectivos conteúdos.

Então, para concluir-se que "A organização deseja obter informações sigilosas ou influenciar as decisões do órgão X" é necessário que, na premissa P2, a proposição composta (T ou U) seja valorada como "V".

Para isso, na mesma premissa P2, a proposição S tem que ser valorada como "V" (o que obrigaria que a proposição (T ou U) também fosse valorada como "V"). No entanto, não se pode concluir na premissa P1 que "o candidato foi recrutado pela organização criminosa para ser aprovado no concurso". Logo, na premissa P2, a proposição S pode ser tanto "V" quanto "F".

Nota: Este item (3) foi anulado.

Gabarito: 1E, 2E, 3 Anulada

(Escrivão de Polícia/DF – 2013 – CESPE) Em uma pescaria, os pescadores Alberto, Bruno e Carlos colocavam os peixes que pescavam em um mesmo recipiente. Ao final da pescaria, o recipiente continha 16 piaus e 32 piaparas. Na divisão dos peixes, cada um deles afirmou que teria pescado mais peixes que os outros dois.

Julgue os itens a seguir, a respeito dessa situação.

(1) Considere que, a um amigo comum, cada um dos pescadores afirmou ter pescado mais peixes que os outros dois e que, além disso, eles fizeram as seguintes afirmações: Alberto: — Bruno ou Carlos está mentindo. Bruno: — Carlos está mentindo. Carlos: — Alberto está mentindo. Nessa situação, é correto afirmar que apenas Carlos está mentindo.

(2) Na situação dada, se 2 peixes fossem retirados do recipiente, aleatoriamente, a probabilidade de que pelo menos um fosse um piau seria maior que $\frac{1}{2}$.

(3) Considere que, a um amigo comum, além de afirmar que pescou mais peixes que os outros dois, cada um dos pescadores afirmou que os outros dois estariam mentindo. Nessa situação, é correto afirmar que dois deles estão mentindo.

(4) Na situação dada, se, mediante um acordo, cada pescador ficasse com a mesma quantidade de peixes — 16 peixes — e, do total de peixes de Alberto, 3 fossem piaus, então a quantidade de maneiras de se dividir os peixes entre Bruno e Carlos, de modo que cada maneira resultasse em uma quantidade diferente de piaparas para Carlos, seria menor que 15.

(5) Considere que a discussão tenha sido assistida por 9 amigos de Alberto; 8 amigos de Bruno; e 8 amigos de Carlos; dos quais 3 eram amigos apenas de Alberto; 1 era amigo apenas de Bruno; 2 eram amigos apenas de Carlos; 2 eram amigos apenas de Alberto e Carlos. Nessa situação, é correto afirmar que, entre os que assistiram à discussão, a quantidade de amigos de Bruno e Carlos era superior à quantidade de amigos de Alberto ou Bruno.

Analisando as afirmativas:

1. Incorreto, pois:

Alberto disse: Bruno ou Carlos está mentindo.

Bruno disse: Carlos está mentindo.

Carlos disse: Alberto está mentindo.

Se Bruno está mentindo, então Carlos está dizendo a verdade e, portanto, Alberto também. Analogamente, é incorreto afirmar que apenas Carlos está mentindo, pois é impossível que duas pessoas diferentes dentre os três tenham pescado mais que os outros dois:

Hipótese	Alberto	Bruno	Carlos	Total
01	22	14	12	48
02	15	24	9	48
03	11	10	27	48
04	15	15	18	48

Percebam que podemos tentar várias outras hipóteses. Porém, em todas elas somente um indivíduo poderá ter pescado mais que os outros dois. Sendo assim, apenas um fala a verdade e os outros mentem.

2. Correto, pois a probabilidade: Evento /Espaço amostral é maior do 1/2.

Espaço amostral: Todas as possibilidades de escolher aleatoriamente dois peixes dois a dois em meio aos 48. Ou seja, a combinação 48 peixes dois a dois.

$C^{n,p} = [n!]/[(n-p)!(p!)] = C^{48,2} = [48!]/[(48-2)!(2)!] = [(48x47x46!]/[46!x2!] = 48x47/2 = 1.128$.

Logo, o tamanho do nosso espaço amostral é 1.128. Para sabermos o evento onde temos, pelo menos, um Piau, retiramos do espaço amostral todas as possibilidades em que estão presentes apenas os Piaparas, ou seja, combinação de 32 peixes 2 a dois: $C^{32,2} = (32!)/(30!.2!) = 496$.

Assim, o evento desejado será o espaço amostral 1.128 subtraído do evento 496. O resultado é 632. E este é o evento no qual pelo menos 1 Piau encontra-se presente.

Assim: Espaço amostral: 1.128. Evento desejado: 632 e Probabilidade : 632/1128 = 0,56 > ½.

3. Correto, pois nunca teremos mais de um pescador pescando mais que os outros dois. Como todos afirmaram isto , temos que, dos três pescadores, dois estão mentindo.

4. Correto, pois:

– A quantidade de cada peixe de Alberto já está definida:

	Piaus	Piaparas	Total
Alberto	3	13	16

- Verificando de quantas maneiras podemos distribuir os 13 Piaus e 19 Piaparas que sobraram entre Bruno e Carlos, de modo que a quantidade de Piapara seja sempre menor do que 15.

Hipótese	Bruno Piaus	Bruno Piaparas	Bruno Total	Carlos Piaus	Carlos Piaparas	Carlos Total
01	13	3	16	0	16	16
02	12	4	16	1	15	16
03	11	5	16	2	14	16
04	10	6	16	3	13	16
05	]9	7	16	4	12	16
06	8	8	16	5	11	16
07	7	9	16	6	10	16
08	6	10	16	7	9	16
09	5	11	16	8	8	16
10	4	12	16	9	7	16
11	4	13	16	10	6	16
12	2	14	16	11	5	16
13	1	15	16	12	4	16
14	0	16	16	13	3	16

Portanto, respeitando as condições imposta pelo problema, teremos 14 formas diferentes de distribuir os peixes. Como a quantidade é menor que 15 o item está correto.

5. Errado, pois nessa situação, não é correto afirmar que, entre os que assistiram à discussão, a quantidade de amigos de Bruno e Carlos era superior à quantidade de amigos de Alberto ou Bruno. Utilizando os conhecimentos de conjuntos numéricos no Diagrama de Venn conforme distribuímos abaixo, temos:

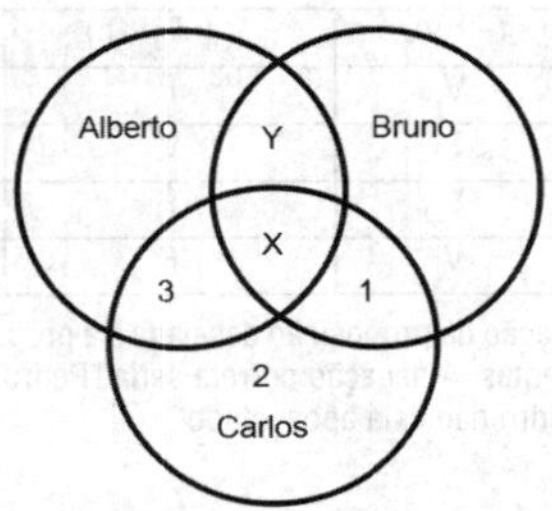

A quantidade X vale X = 8-(3+2+1) = 2. Não há informações suficientes para o cálculo de Y e, deste modo, não é possível definir a quantidade de amigos de Alberto e Bruno. Também não é possível afirmar que a quantidade de amigos de Bruno e Carlos é superior à quantidade de amigos de Alberto ou Bruno, conforme enunciado no item.

A: Amigo de Carlos e apenas de Alberto.
B: Amigo Carlos e apenas de Bruno.
C: Amigo somente de Carlos

Gabarito 1E, 2C, 3C, 4C, 5E

(Agente Administrativo – Ministério do Esporte – 2008 – CESPE) Uma proposição é uma declaração que pode ser afirmativa ou negativa. Uma proposição pode ser julgada verdadeira ou falsa. Quando ela é verdadeira, atribui-se o valor lógico V e, quando é falsa, atribui-se o valor lógico F. Uma proposição simples é uma proposição única, como, por exemplo, "Paulo é engenheiro". As proposições simples são representadas por letras maiúsculas A, B, C etc. Ligando duas ou mais proposições simples entre si por conectivos operacionais, podem-se formar proposições compostas. Entre os conectivos operacionais, podem-se citar: "e", representado por ∧; "ou", representado por V; "se, ..., então", representado por →; e "não", representado por ¬. A partir dos valores lógicos de duas (ou mais) proposições simples A e B, pode-se construir a tabela-verdade de proposições compostas. Duas proposições são equivalentes quando possuem a mesma tabela-verdade. A seguir, são apresentadas as tabelas-verdade de algumas proposições.

A	B	A∧B	AVB	A→B	¬A
V	V	V	V	V	F
V	F	F	V	F	
F	V	F	V	V	V
F	F	F	F	V	

Com base nessas informações, julgue os itens a seguir.

(1) Considere as seguintes proposições.

A: Maria não é mineira.
B: Paulo é engenheiro.

Nesse caso, a proposição "Maria não é mineira ou Paulo é engenheiro", que é representada por AVB, é equivalente à proposição "Se Maria é mineira, então Paulo é engenheiro", simbolicamente representada por (¬A)→B.

Temos a tabela-verdade

A	B	A∨B	A → B	(¬A) → B
V	V	V	V	V
V	F	V	F	V
F	F	F	V	F
F	V	V	V	V

Portanto, como as duas proposições fornecidas possuem a mesma tabela-verdade, elas são equivalentes.

Gabarito 1C

(2) Considere as seguintes proposições.

A: Está frio.
B: Eu levo agasalho.
Nesse caso, a negação da proposição composta "Se está frio, então eu levo agasalho" — A→B — pode ser corretamente dada pela proposição "Está frio e eu não levo agasalho" — A∧(¬B).

Construindo a tabela-verdade

A	B	A → B	¬ (A → B)	A ∧ (¬B)
V	V	V	F	F
V	F	F	V	V
F	F	V	F	F
F	V	V	F	F

Da tabela observamos que a negação da primeira proposição é equivalente à segunda.

Gabarito 2C

(3) O número de linhas da tabela-verdade de uma proposição composta (A∧B)VC é igual a 6.

Como temos três proposições (A,B,C), o número de linhas é $2^3 = 8$.

Gabarito 3E

(4) Uma proposição composta é uma tautologia quando todos os seus valores lógicos são V, independentemente dos valores lógicos das proposições simples que a compõem. Então, a proposição [A∧(A→B)]→B é uma tautologia.

Correto. Construindo a tabela-verdade, lembrando que X → Y é sempre verdadeiro salvo se X é falso e Y verdadeiro, temos que

A	B	A → B	A ∧ (A → B)	[A ∧ (A → B)] → B
V	V	V	V	V
V	F	F	F	V
F	F	V	F	V
F	V	V	F	V

Portanto, a proposição dada é uma tautologia.

Gabarito 4C

Uma proposição é uma frase a respeito da qual é possível afirmar se é verdadeira (V) ou se é falsa (F). Por exemplo: "A Terra é plana"; "Fumar faz mal à saúde". As letras maiúsculas A, B, C etc. serão usadas para identificar as proposições, por exemplo:

A: A Terra é plana;
B: Fumar faz mal à saúde.

As proposições podem ser combinadas de modo a representar outras proposições, denominadas proposições compostas. Para essas combinações, usam-se os denominados conectivos lógicos: ∧ significando "e" ∨; significando "ou"→; significando "se ... então"; ↔ significando "se e somente se"; e ¬ significando "não". Por exemplo, com as notações do parágrafo anterior, a proposição "A Terra é plana e fumar faz mal à saúde" pode ser representada, simbolicamente, por A∧B. "A Terra é plana ou fumar faz mal à saúde" pode ser representada, simbolicamente, por A∨B. "Se a Terra é plana, então fumar faz mal à saúde" pode ser representada, simbolicamente, por A→B. "A Terra não é plana" pode ser representada, simbolicamente, por ¬A. Os parênteses são usados para marcar a pertinência dos conectivos, por exemplo: (A∧B) → ¬A, significando que "Se a Terra é plana e fumar faz mal à saúde, então a Terra não é plana".

Na lógica, se duas proposições são tais que uma é a negação de outra, então uma delas é F. Dadas duas proposições em que uma contradiz a outra, então uma delas é V. Para determinar a valoração (V ou F) de uma proposição composta, conhecidas as valorações das proposições simples que as compõem, usam-se as tabelas abaixo, denominadas tabelas-verdade.

A	¬A	A	B	A∧B	A	B	A∨B	A	B	A→B
V	F	V	V	V	V	V	V	V	V	V
F	V	F	V	F	F	V	V	F	V	V
		V	F	F	V	F	V	V	F	F
		F	F	F	F	F	F	F	F	V

Uma proposição composta que é valorada sempre como V, independentemente das valorações V ou F das proposições simples que a compõem, é denominada tautologia. Por exemplo, a proposição A∨ (¬A) é uma tautologia.

(Agente Administrativo – Ministério da Previdência – 2010 – CESPE) Julgue os itens que se seguem, acerca de tautologia, proposições e operações com conjuntos.

(1) Considerando as proposições P e Q e os símbolos lógicos: ¬(negação); V (ou); ⋀ (e); → (se,... então), é correto afirmar que a proposição (¬P) ⋀ Q → (¬P)VQ é uma tautologia.

Podemos construir a tabela-verdade das proposições desejadas lembrando que X → Y só é falso quando X for verdadeiro e Y falso

P	Q	(¬P)∧Q	(¬P)∨Q	(¬P)∧Q → (¬P)∨Q
V	V	F	V	V
V	F	F	F	V
F	F	F	V	V
F	V	V	V	V

Portanto, como a última coluna é sempre verdadeira, a expressão é uma tautologia.

Gabarito 1C

(2) Se A for um conjunto não vazio e se o número de elementos do conjunto A∪B for igual ao número de elementos do conjunto A∩B, então o conjunto B terá pelo menos um elemento.

Se A é um conjunto não vazio, então o conjunto A∪B é não vazio também. Portanto, como sabemos que o número de elementos de A∪B é o mesmo de A∩B, então A∩B é não vazio, o que implica que B é não vazio.

Gabarito 2C

(3) A negação da proposição "Pedro não sofreu acidente de trabalho ou Pedro está aposentado" é "Pedro sofreu acidente de trabalho ou Pedro não está aposentado".

Seja P a proposição "Pedro sofreu acidente de trabalho" e Q a proposição "Pedro está aposentado". Dessa forma, "Pedro não sofreu acidente de trabalho ou Pedro está aposentado" pode ser descrita por (¬P)∨Q, com sua negação sendo ¬((¬P)∨Q). A proposição "Pedro sofreu acidente de trabalho ou Pedro não está aposentado" é dada por P∨(¬Q). Construindo a tabela-verdade, vemos

P	Q	(¬P)∨Q	¬((¬P)∨Q)	P∨(¬Q)
V	V	V	F	V
V	F	F	V	V
F	F	V	F	V
F	V	V	F	F

E portanto a negação da proposição desejada e a proposição fornecida não são equivalentes. A negação correta seria "Pedro sofreu acidente de trabalho **e** Pedro não está aposentado"

Gabarito 3E

(Agente Administrativo – Ministério da Saúde – 2008 – CESPE) Tendo como referência as informações apresentadas no texto, julgue os seguintes itens.

(1) Considere que a proposição "O Ministério da Saúde cuida das políticas públicas de saúde do Brasil e a educação fica a cargo do Ministério da Educação" seja escrita simbolicamente na forma P∧Q. Nesse caso, a negação da referida proposição é simbolizada corretamente na forma ¬P∧¬Q, ou seja: "O Ministério da Saúde não cuida das políticas públicas de saúde do Brasil nem a educação fica a cargo do Ministério da Educação".

Podemos construir a tabela-verdade abaixo, de onde observamos que ¬(P∧Q), a negação da proposição desejada, não é equivalente a ¬P∧¬Q.

P	Q	P∧Q	¬(P∧Q)	¬P∧¬Q
V	V	V	F	F
V	F	F	V	F
F	F	F	V	V
F	V	F	V	F

Gabarito 1E

(2) Se A e B são proposições, completando a tabela abaixo, se necessário, conclui-se que a proposição ¬(A∨B) → ¬A∧¬B é uma tautologia.

Construímos a tabela abaixo, de onde observamos que a proposição a ser analisada é sempre verdadeira, portanto, uma tautologia.

A	B	A∨B	¬A	¬B	¬(A∨B)	¬A∧¬B	¬(A∨B) → ¬A∧¬B
V	V	V	F	F	F	F	V
V	F	V	F	V	F	F	V
F	F	F	V	V	V	V	V
F	V	V	V	F	F	F	V

Gabarito 2C

(3) Se A e B são proposições simples, então, completando a coluna em branco na tabela abaixo, se necessário, conclui-se que a última coluna da direita corresponde à tabela-verdade da proposição composta A → (B→A).

A	B	B→A	A → (B→A)
V	V		V
V	F		V
F	F		V
F	V		F

Errado. Lembrando que X → Y só é falso quando X for verdadeiro e Y falso, temos que

A	B	B→A	A → (B→A)
V	V	V	
V	F	V	
F	F	V	
F	V	F	

Dessa forma, podemos completar a última coluna por

A	B	B→A	A → (B→A)
V	V	V	V
V	F	V	V
F	F	V	V
F	V	F	V

O que difere da última coluna fornecida.

Gabarito 3E

(Agente Administrativo – Ministério da Saúde – 2008 – CESPE) Raul, Sidnei, Célio, João e Adélio, agentes administrativos do MS, nascidos em diferentes unidades da Federação: São Paulo, Paraná, Bahia, Ceará e Acre, participaram, no último final de semana, de uma reunião em Brasília – DF, para discutir projetos do MS. Raul, Célio e o paulista não conhecem nada de contabilidade; o paranaense foi almoçar com Adélio; Raul, Célio e João fizeram duras críticas às opiniões do baiano; o cearense, Célio, João e Sidnei comeram um lauto churrasco no jantar, e o paranaense preferiu fazer apenas um lanche.

Com base na situação hipotética apresentada acima, julgue o item a seguir. Se necessário, utilize a tabela à disposição no espaço para rascunho.

(1) A proposição "Se Célio nasceu no Acre, então Adélio não nasceu no Ceará", que pode ser simbolizada na forma A → (¬B), em que A é a proposição "Célio nasceu no Acre" e B, "Adélio nasceu no Ceará", é valorada como V.

Errado. De "o cearense, Célio, João e Sidnei comeram um lauto churrasco no jantar, e o paranaense preferiu fazer apenas um lanche" temos que Célio, João e Sidnei não são cearenses nem paranaenses, portanto:

	Raul	Sidnei	Célio	João	Adélio
S. Paulo					
Paraná		X	X	X	
Bahia					
Ceará		X	X	X	
Acre					

De "o paranaense foi almoçar com Adélio" sabemos que Adélio não é paranaense, e assim:

	Raul	Sidnei	Célio	João	Adélio
S. Paulo	X				X
Paraná	0	X	X	X	X
Bahia	X				X
Ceará	X	X	X	X	0
Acre	X				X

A partir de " Raul, Célio e João fizeram duras críticas às opiniões do baiano", temos que:

	Raul	Sidnei	Célio	João	Adélio
S. Paulo	X	X			X
Paraná	0	X	X	X	X
Bahia	X	0	X	X	X
Ceará	X	X	X	X	0
Acre	X	X			X

E finalmente de "Célio e o paulista não conhecem nada de contabilidade" temos;

	Raul	Sidnei	Célio	João	Adélio
S. Paulo	X	X	X	0	X
Paraná	0	X	X	X	X
Bahia	X	0	X	X	X
Ceará	X	X	X	X	0
Acre	X	X	0	X	X

Portanto Célio nasceu no Acre e Adélio nasceu no Ceará, de forma que A → (¬B) é falsa.

Gabarito 1E

(Analista – PREVIC – 2011 – CESPE) Considere que P, Q e R sejam proposições simples que possam ser julgadas como verdadeiras (V) ou falsas (F). Com relação às operações lógicas de negação (~), conjunção (Λ), disjunção (V) e implicação (→), julgue os itens subsecutivos.

(1) A proposição (P V Q) → (Q Λ P) é uma tautologia.

1) Lembrando que X → Y só é falso se X for verdadeiro e Y falso, temos a seguinte tabela-verdade.

P	Q	P V Q	Q ^ P	(P V Q) → (Q ^ P)
V	V	V	V	
V	F	V	F	F
F	F	F	F	V
F	V	V	F	F

Como a última coluna não é totalmente verdadeira, a proposição não é uma tautologia.

Gabarito 1E

(2) O número de linhas da tabela-verdade da proposição (P Λ Q → R) é inferior a 6.

2) O número de linhas dessa tabela-verdade, dado que ela possui 3 proposições simples, será de $2^3 = 8$ linhas.

Gabarito 2E

(3) Se a proposição P for falsa, então a proposição P → (Q V R) será uma proposição verdadeira.

3) Se P é falso, então independentemente de Q e R, P → (Q V R) é sempre verdadeira.

Gabarito 3C

4. IMPLICAÇÕES LÓGICAS

(Agente de Polícia Federal – 2009 – CESPE) Uma proposição é uma declaração que pode ser julgada como verdadeira — V —, ou falsa — F —, mas não como V e F simultaneamente. As proposições são, frequentemente, simbolizadas por letras maiúsculas: A, B, C, D etc.

As proposições compostas são expressões construídas a partir de outras proposições, usando-se símbolos lógicos, como nos casos a seguir.

A → B, lida como "se A, então B", tem valor lógico F quando A for V e B for F; nos demais casos, será V;

A ∨ B , lida como "A ou B", tem valor lógico F quando A e B forem F; nos demais casos, será V;

A ∧ B , lida como "A e B", tem valor lógico V quando A e B forem V; nos demais casos, será F;

¬A é a negação de A: tem valor lógico F quando A for V, e V, quando A for F.

Uma sequência de proposições A1, A2, ..., Ak, é uma dedução correta se a última proposição, Ak, denominada conclusão, é uma consequência das anteriores, consideradas V e denominadas premissas.

Duas proposições são equivalentes quando têm os mesmos valores lógicos para todos os possíveis valores lógicos das proposições que as compõem.

A regra da contradição estabelece que, se, ao supor verdadeira uma proposição P, for obtido que a proposição

Pv (¬P) é verdadeira, então P não pode ser verdadeira; P tem de ser falsa.

A partir dessas informações, julgue os itens os itens subsequentes.

(1) Considere as proposições A, B e C a seguir.

A: Se Jane é policial federal ou procuradora de justiça, então Jane foi aprovada em concurso público.

B: Jane foi aprovada em concurso público.

C: Jane é policial federal ou procuradora de justiça.

Nesse caso, se A e B forem V, então C também será V.

Por #A sabemos que Jane é policial federal ou procuradora de justiça e que foi aprovada em concurso público.
Porém se A e B forem V não implica C pois, por B, ela foi aprovada em concurso público mas pode ter sido para outro cargo. = > Item Errado.

Gabarito 1E

(2) As proposições "Se o delegado não prender o chefe da quadrilha, então a operação agarra não será bem-sucedida" e "Se o delegado prender o chefe da quadrilha, então a operação agarra será bem-sucedida" são equivalentes.

Para que as proposições sejam equivalentes devem ter os mesmos valores lógicos para todos os possíveis valores lógicos das proposições que as compõem, isto é, suas tabelas-verdade devem possuir valores iguais. No caso temos

¬A ¬B	¬ A → ¬B		A B	A→B	
V V	V		V V	V	**A:** prender o chefe da quadrilha
V F	V	e	V F	F	**B:** operação bem-sucedida
F V	F		F V	V	
F F	V		F F	V	

Conclusão: as proposições não são equivalentes. = > Item Errado.

Gabarito 2E

(3) Considere que um delegado, quando foi interrogar Carlos e José, já sabia que, na quadrilha à qual estes pertenciam, os comparsas ou falavam sempre a verdade ou sempre mentiam. Considere, ainda, que, no interrogatório, Carlos disse: José só fala a verdade, e José disse: Carlos e eu somos de tipos opostos. Nesse caso, com base nessas declarações e na regra da contradição, seria correto o delegado concluir que Carlos e José mentiram.

---

i) Carlos disse que José V:
Se Carlos V então José V.
Se Carlos F então José F.
ii) Se o que José disse é V então Carlos F → não pode ser pois ambos são de mesmo tipo.
Se o que José disse é F então Carlos V → não pode ser pois ambos são de mesmo tipo.
Conclusão: ambos mentiram. = > Item correto.

Outra solução

José disse: Carlos e eu somos de tipos opostos: mentira porque são do mesmo tipo conforme o enunciado.
Logo José é F e também Carlos é F.
Daí, os dois mentiram. = > Item correto.

Gabarito 3C

(4) Se A for a proposição "Todos os policiais são honestos", então a proposição ¬A estará enunciada corretamente por "Nenhum policial é honesto".

A negação de Todos não é Nenhum e sim Nem Todos, isto é , existe algum policial que não é honesto. Item errado.

Gabarito 4E

(5) A sequência de proposições a seguir constitui uma dedução correta.
Se Carlos não estudou, então ele fracassou na prova de Física.
Se Carlos jogou futebol, então ele não estudou.
Carlos não fracassou na prova de Física.
Carlos não jogou futebol.

---

p: estudar
q: passar na prova de Física
r: jogar futebol
Proposições:
¬p → ¬q Verdadeira
r → ¬p V
q → ¬r V pois p → q e p → ¬r. = > Item correto.

Gabarito 5C

(Escrivão de Polícia/AC – 2008 – CESPE) Uma proposição simples é representada, frequentemente, por letras maiúsculas do alfabeto. Se A e B são proposições simples, então a expressão AVB representa uma proposição composta, lida como "A ou B", e que tem valor lógico F quando A e B são ambos F e, nos demais casos, é V. A expressão ¬A representa uma proposição composta, lida como "não A", e tem valor lógico V quando A é F, e tem valor lógico F quando A é V. Com base nessas informações e no texto, julgue o item seguinte.

(1) Considere que a proposição composta "Alice não mora aqui ou o pecado mora ao lado" e a proposição simples "Alice mora aqui" sejam ambas verdadeiras. Nesse caso, a proposição simples "O pecado mora ao lado" é verdadeira.

A: Alice mora aqui
B: o pecado mora ao lado
Façamos a Tabela-verdade
A ¬AouB = > ¬A B
V V VV = > O item está correto.

Gabarito 1C

4. Matemática Básica

Elson Garcia, Enildo Garcia, André Braga Nader Justo e André Fioravanti*

(Auditor Fiscal – SEFAZ/RS – 2019 – CESPE/CEBRASPE) Os quadrados A, B e C foram colocados lado a lado, de modo que uma reta contém os três vértices superiores, como mostra a figura a seguir.:

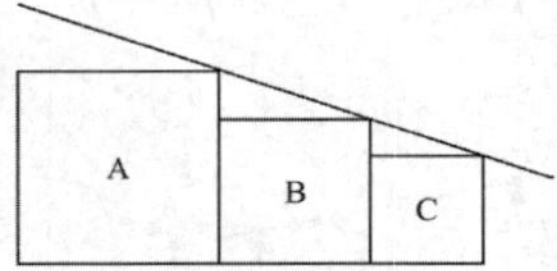

Se a área do quadrado A for 24 cm², e a área do quadrado C for 6 cm², então a área do quadrado B será igual a

(A) 9 cm².
(B) 10 cm².
(C) 12 cm².
(D) 15 cm².
(E) 18 cm².

1ª solução

Áreas de figuras semelhantes (A ~B~V~c~C) são proporcionais ao quadrado de uma constante k:

$$\frac{\text{área de A}}{\text{área de B}} = \frac{\text{área de B}}{\text{área de C}} = k^2$$

$$\frac{24}{\text{área de B}} = \frac{\text{área de B}}{6}$$

(área de B)² = 144

área de B = 12 cm².

2ª solução

Os triângulos t1, t2 e t3, acima dos quadrados são semelhantes:

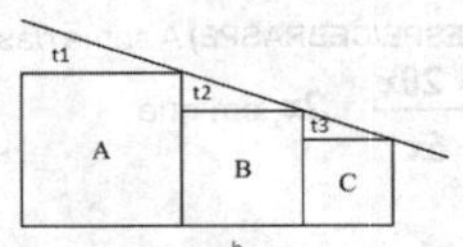

$$\frac{\text{altura t2}}{\text{base t2}} = \frac{\text{altura t3}}{\text{base t3}}$$

$$\frac{\sqrt{24} - b}{b} = \frac{b - \sqrt{6}}{\sqrt{6}}$$

$$\sqrt{144} - b\sqrt{6} = b^2 - b\sqrt{6}$$

$$b^2 = \sqrt{144}$$

Área de B:

b² = 12 cm².

(Auditor Fiscal – SEFAZ/RS – 2019 – CESPE/CEBRASPE) Para construir uma rampa de acesso a uma garagem, foi feito um projeto conforme a figura a seguir.

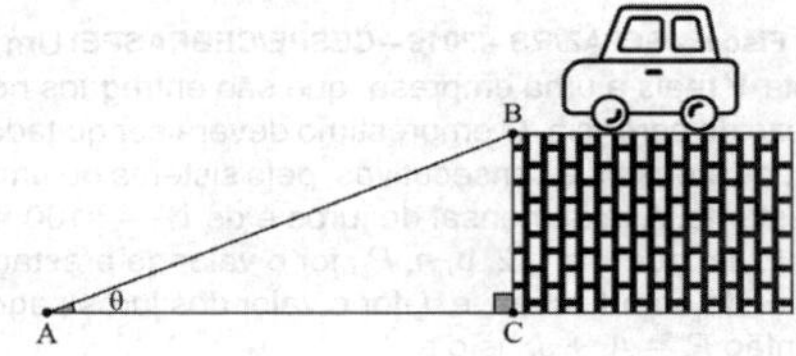

No projeto, a rampa é a hipotenusa AB do triângulo retângulo ABC. A altura da rampa, representada pelo cateto BC, deverá medir 2 m. A distância AC, representada pelo outro cateto do triângulo, deverá ser tal que a inclinação da rampa, dada pelo ângulo θ no vértice A, não seja superior a 30º.

Nessa situação, sabendo-se que $tg30^o = \frac{\sqrt{3}}{3}$, o comprimento do cateto AC, em metros, deverá ser tal que

(A) $AC < \frac{\sqrt{3}}{4}$.

(B) $\frac{\sqrt{3}}{4} \le AC < \frac{\sqrt{3}}{2}$.

(C) $\frac{\sqrt{3}}{2} \le AC < \sqrt{3}$.

(D) $\sqrt{3} \le AC < 2\sqrt{3}$.

(E) $AC \ge 2\sqrt{3}$.

Resolução

Tem-se

$tg\,\Theta = \frac{BC}{AC}$ com $\Theta \le 30^o$.

Uma vez que a tangente é crescente no primeiro quadrante segue que

$tg\,\Theta \le tg\,30^o$

$$\frac{BC}{AC} \le \frac{\sqrt{3}}{3}$$

$$\frac{2}{AC} \le \frac{\sqrt{3}}{3}$$

ou

* As questões dos concursos de ministérios, agências reguladoras e autarquias federais, bem como dos concursos bancários e da Petrobras foram comentadas pelo autor **André Fioravanti**. As questões dos concursos fiscais e policiais, pelos autores **Enildo Garcia e Elson Garcia**. E as demais, pelos autores **Enildo Garcia** e **André Justo**.

$$\frac{AC}{2} \geq \frac{3}{\sqrt{3}}$$

$$AC \geq \frac{6}{\sqrt{3}}$$

$$AC \geq \frac{6\sqrt{3}}{3}$$

$$AC \geq 2\sqrt{3}$$

EG

Gabarito "E".

(Auditor Fiscal – SEFAZ/RS – 2019 – CESPE/CEBRASPE) Um banco empresta *V* reais a uma empresa, que são entregues no ato e sem prazo de carência. O empréstimo deverá ser quitado em *n* prestações mensais e consecutivas, pelo sistema de amortização constante. A taxa mensal de juros é de *I*% = *I*/100 = *i*. Se, no mês *k*, em que *k* = 1, 2, þ, *n*, P_k for o valor da prestação, A_k for o valor da amortização, e J_k for o valor dos juros pagos, em reais, então $P_k = A_k + J_k$, isto é,

$$P_k = \frac{V}{n} + \frac{V \times i}{n}(n-k+1), \qquad 1 \leq k \leq n.$$

Nesse caso, assinale a opção que mostra o comportamento das amortizações A_k, dos juros J_k e das prestações P_k em cada mês *k*.

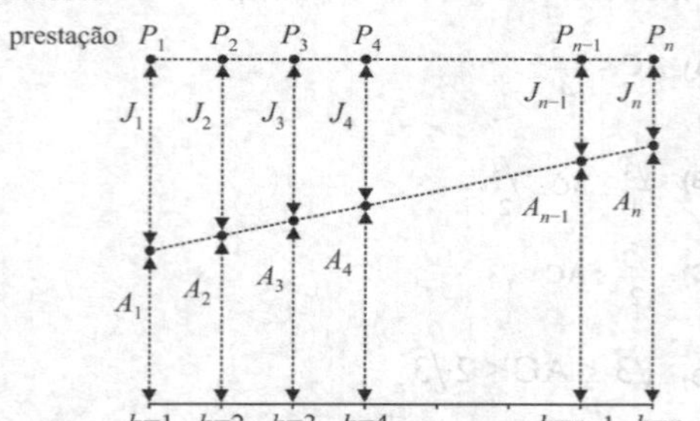

(A)

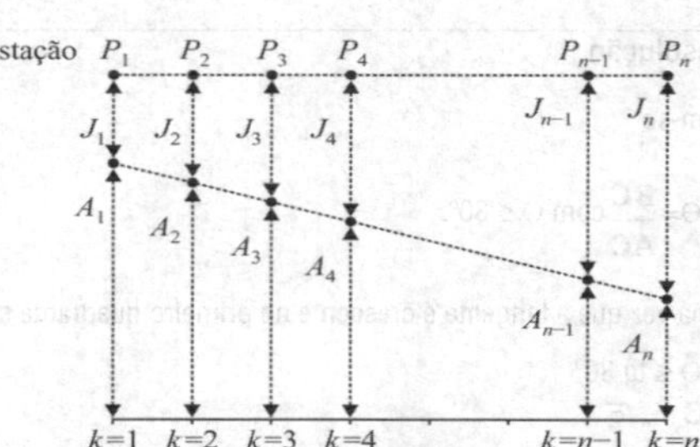

(B)

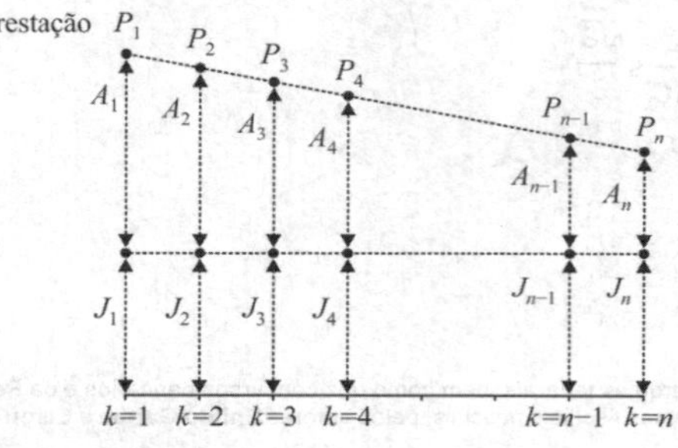

(C)

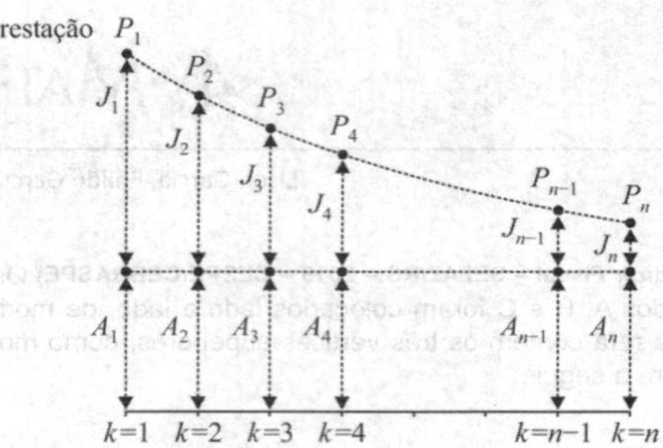

(D)

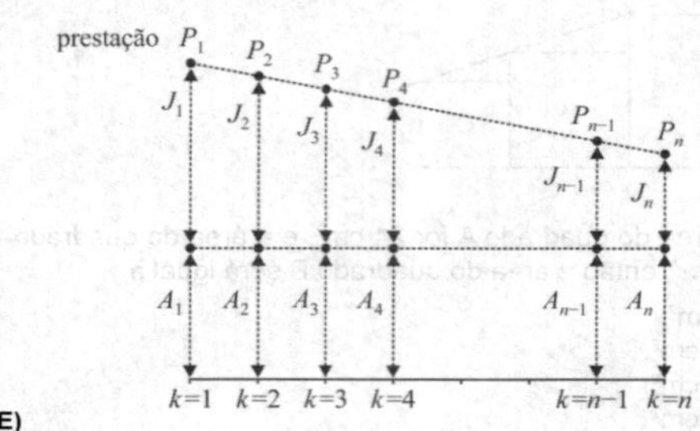

(E)

1ª solução

As amortizações são constantes e os juros são decrescentes, o que ocasiona prestações também decrescentes formando uma progressão aritmética.

O decaimento é linear para as prestações.

2ª solução

Uma vez que as amortizações são constantes, as opções de resposta A, B e C estão incorretas.

Como as prestações e os juros são lineares, a opção D também está errada. EG

Gabarito "E".

(Auditor Fiscal – SEFAZ/RS – 2019 – CESPE/CEBRASPE) A soma das soluções reais da equação $\frac{2x^2 - 20x}{x^2 - 6x} = 2x$, em que $x \neq 0$, é igual a

(A) - 7.
(B) 2.
(C) 5.
(D) 7.
(E) 10.

1ª solução

Tem-se, simplificando o primeiro membro por x,

$$\frac{2x-20}{x-6} = 2x$$

$$2x - 20 = 2x^2 - 12x$$

$$2x^2 - 14x + 20 = 0$$

$$x^2 - 7x + 10 = 0 \ (*)$$

$$x = \frac{7 \pm \sqrt{49-40}}{2}$$

$$x = \frac{7 \pm 3}{2}$$

$x\mathbf{1} = 5$

$x\mathbf{2} = 2$

Logo,

$x\mathbf{1} + x\mathbf{2} = 7$

2ª solução

Na equação (*)

$x^2 - 7x + 10 = 0$

Sabe-se que a soma das raízes é dada por

$$\frac{-b}{a}$$

ou seja,

soma das raízes = $\frac{-(-7)}{1}$ = 7.

Gabarito "D".

Em uma fábrica de doces, 10 empregados igualmente eficientes, operando 3 máquinas igualmente produtivas, produzem, em 8 horas por dia, 200 ovos de Páscoa. A demanda da fábrica aumentou para 425 ovos por dia. Em razão dessa demanda, a fábrica adquiriu mais uma máquina, igual às antigas, e contratou mais 5 empregados, tão eficientes quanto os outros 10.

(Auditor Fiscal – SEFAZ/RS – 2019 – CESPE/CEBRASPE) Nessa situação, para atender à nova demanda, os 15 empregados, operando as 4 máquinas, deverão trabalhar durante

(A) 8 horas por dia.
(B) 8 horas e 30 minutos por dia.
(C) C 8 horas e 50 minutos por dia.
(D) D 9 horas e 30 minutos por dia.
(E) E 9 horas e 50 minutos por dia.

Resolução

Seja a disposição prática para a Regra de Três Composta

Empregados	Máquinas	horas/dia	ovos de Páscoa
10 ↑	3 ↑	8 ↓	200 ↓
15	4	x	425

No entanto, o número de empregados é inversamente proporcional ao número de horas/dia e, igualmente, o número de máquinas porque mais empregados ou mais máquinas implicam menos horas/dia.

Assim invertem-se os valores desses dois grupos e o dispositivo fica

Empregados	Máquinas	horas/dia	ovos de Páscoa
15 ↓	4 ↓	8 ↓	200 ↓
10	3	x	425

Logo,

$$\frac{8}{x} = \frac{15}{10} \cdot \frac{4}{3} \cdot \frac{200}{425}$$

$$\frac{8}{x} = \frac{400}{425}$$

x = 8,5 horas/dia

x = 8h 30 min por dia

Gabarito "B".

Um grupo de 256 auditores fiscais, entre eles Antônio, saiu de determinado órgão para realizar trabalhos individuais em campo. Após cumprirem suas obrigações, todos os auditores fiscais retornaram ao órgão, em momentos distintos. A quantidade de auditores que chegaram antes de Antônio foi igual a um quarto da quantidade de auditores que chegaram depois dele.

(Auditor Fiscal – SEFAZ/RS – 2019 – CESPE/CEBRASPE) Nessa situação hipotética, Antônio foi o

(A) 46.º auditor a retornar ao órgão.
(B) 50.º auditor a retornar ao órgão.
(C) 51.º auditor a retornar ao órgão.
(D) 52.º auditor a retornar ao órgão.
(E) 64.º auditor a retornar ao órgão.

Resolução

Seja *X* a quantidade de auditores que chegaram antes de Antônio e que foi igual a um quarto da quantidade de auditores que chegaram depois dele.

Ou seja,

$$X = \frac{255 - X}{4}$$

4X = 255 – X

5X = 255

X = 51

Logo, 51 auditores chegaram antes de Antônio e ele foi, assim, o 52.º auditor a retornar ao órgão.

Gabarito "D".

Texto 1A10-II

O relógio analógico de Audir danificou-se exatamente à zero hora (meia-noite) de certo dia, e o ponteiro dos minutos passou a girar no sentido anti-horário, mas com a mesma velocidade que tinha antes do defeito. O ponteiro das horas permaneceu funcionando normalmente, girando no sentido horário.

(Auditor Fiscal – SEFAZ/RS – 2019 – CESPE/CEBRASPE) Considerando as informações do texto 1A10-II, assinale a opção que apresenta a relação entre os arcos *x* e *y* percorridos, respectivamente, pelos ponteiros dos minutos e das horas do relógio de Audir entre duas sobreposições consecutivas.

(A) $x - y = 90°$
(B) $x - y = 180°$
(C) $x + y = 180°$
(D) $x + y = 360°$
(E) $x = y$

Resolução

Os ponteiros percorrem uma volta completa, ou seja

x + y =360º.

Gabarito "D".

(Auditor Fiscal – SEFAZ/RS – 2019 – CESPE/CEBRASPE) A partir das informações do texto 1A10-II, assinale a opção que apresenta a quantidade de vezes que os ponteiros do relógio de Audir se sobrepuseram no intervalo de zero hora às 23 horas e 59 minutos (marcado por um relógio sem defeito) do dia em que seu relógio quebrou.

(A) 26
(B) 25
(C) 24
(D) 23
(E) 22

Resolução

A velocidade com que o ponteiro dos minutos anda é de 6º por minuto, pois ele dá uma volta (360º) em 60 minutos = 360º/60 = 6º/min.

O ponteiro das horas anda 360º em 12 horas = 12x60 minutos = 720.

Ou seja, 360º/720 = 0,5º/min.

Seja T o tempo para primeiro encontro dos ponteiros.

Em T minutos tem-se que os arcos x e y valem

x = 6 T

y = 0,5T

Como x + y =360º, resulta que

6T + 0,5T = 360º

ou

6,5T = 360

T = 360/6,5 ≈ 55,4 min

Portanto há encontro dos ponteiros a cada 55 minutos, aproximadamente.

Assim, a quantidade de vezes que os ponteiros do relógio de Audir se sobrepuseram no intervalo de zero hora às 23 horas e 59 minutos ou 1.439 min, é de

$\frac{1.439}{360/6,5} \approx \frac{1.439}{55,4} \approx$ 25,97 sobreposições.

Em termos de números inteiros tem-se 25 encontros que, somados ao momento inicial em que os ponteiros estavam sobrepostos, perfazem o total de 26 vezes.

Gabarito "A".

Ao organizar uma prova de concurso público com 24 questões, uma instituição estabeleceu o seguinte critério de correção:

• o candidato receberá 4 pontos por cada resposta correta (ou seja, em concordância com o gabarito oficial);

• o candidato perderá 1 ponto por cada resposta errada;

• o candidato não ganhará nem perderá pontos por questões deixadas por ele em branco (ou seja, sem resposta) ou por questões anuladas.

(Auditor Fiscal – SEFAZ/RS – 2019 – CESPE/CEBRASPE) Nessa situação hipotética, a quantidade máxima de respostas corretas que podem ser dadas por um candidato que obtiver 52 pontos na prova é igual a

(A) 14.
(B) 15.
(C) 16.
(D) 17.
(E) 18.

Resolução

Sejam C, E e B, respectivamente, as quantidades de questões certas, erradas e deixadas em branco.

Tem-se o total de 24 questões na prova,

Assim,

C + E + B = 24

Um candidato que obtiver 52 pontos fará

4C – E = 52.

Somando as duas equações, obtém-se

5C + B = 76

ou

B = 76 – 5C

Como o número de questões em branco não pode ser negativo, tem-se

B = 76 – 5C ≥ 0

ou

76 ≥ 5C

C ≤ 15,2

E o maior número inteiro C que satisfaz essa inequação é 15.

Gabarito "B".

Uma repartição com 6 auditores fiscais responsabilizou-se por fiscalizar 18 empresas. Cada empresa foi fiscalizada por exatamente 4 auditores, e cada auditor fiscalizou exatamente a mesma quantidade de empresas.

(Auditor Fiscal – SEFAZ/RS – 2019 – CESPE/CEBRASPE) Nessa situação, cada auditor fiscalizou

(A) 8 empresas.
(B) 10 empresas.
(C) 12 empresas.
(D) 14 empresas.
(E) 16 empresas.

Resolução

Uma vez que cada empresa foi fiscalizada por exatamente 4 auditores, houve

4x18 = 72 fiscalizações.

Assim, ao dividir igualmente entre os 6 auditores fiscais da repartição, cada auditor fiscalizou

$\frac{72}{6}$ = 12 empresas.

Gabarito "C".

(Técnico – STF – 2013 – CESPE) O colegiado do Supremo Tribunal Federal (STF) é composto por 11 ministros, responsáveis por decisões que repercutem em toda a sociedade brasileira. No julgamento de determinados processos, os ministros votam pela absolvição ou pela condenação dos réus de forma independente uns dos outros. A partir dessas informações e considerando que, em determinado julgamento, a probabilidade de qualquer um dos ministros decidir pela condenação ou pela absolvição do réu seja a mesma, julgue os itens seguintes.

(1) A probabilidade de todos os 11 ministros votarem pela absolvição do réu é superior à probabilidade de que os votos dos 6 primeiros ministros a votar sejam pela condenação do réu e os votos dos 5 demais ministros sejam pela absolvição do réu.

(2) Se, no julgamento de determinado réu, 8 ministros votarem pela absolvição e 3 ministros votarem pela condenação, a quantidade de maneiras distintas de se atribuir os votos aos diferentes ministros será inferior a 170.

(3) Se os votos dos 5 primeiros ministros a votar forem pela condenação do réu, a probabilidade de o voto do sexto ministro a votar também ser pela condenação do réu será inferior a 0,02.

1: Está incorreto. Considerando os cálculos de PI e PII, conforme:

PI: Probabilidade de todos os ministros votarem pela absolvição

O espaço amostral S é igual a: {Condenação (C), Absolvição (A)}. Portanto, a probabilidade de que cada ministro vote pela condenação, Pc, é igual a ½ e a de votar pela absolvição também é igual a ½ .

Portanto, a probabilidade de todos os ministros votarem pela absolvição é: PI = (½).(½).(½).(½).(½).(½).(½).(½)..(½).(½).(½) = $(½)^{11}$.

PII: Probabilidade de que os votos dos 6 primeiros ministros sejam pela condenação do réu e os votos dos 5 demais ministros sejam pela absolvição do réu.

Queremos: C e C e C e C e C e C e A e A e A e A e A.
½ ½ ½ ½ ½ ½ ½ ½ ½ ½ ½

O produto das probabilidades para o cálculo de PII será também igual a $(½)^{11}$. Portanto, PI =PII (e não PI > PII) **Item incorreto**.

2: Está correto, pois queremos:

A A A A A A A A e C C C A = 8 vezes e C = 3 vezes, o que é uma permutação com repetição, tipo anagrama.

Portanto, o cálculo da quantidade de maneiras distintas de se atribuir os votos aos diferentes ministros será feito pela fórmula de combinação simples dada pela seguinte equação:

$$C_{n,p} = \frac{n!}{(n-p)!\,p!}$$

Nesta fórmula n = 11 e p = 8 . Portanto: P = [11!]/[(8!).(3!)] = [11.10.9.8!]/[(8!)(3.2)] = 165. Portanto P < 170 – Item Correto.

3: Está errado, pois cada ministro vota pela absolvição ou condenação de forma independente dos outros.

Gabarito 1E, 2C, 3E

(Escrivão de Polícia Federal - 2013 – CESPE) Dos 5.000 candidatos inscritos para determinado cargo, 800 foram eliminados pelos procedimentos de investigação social; 4.500 foram desclassificados na primeira etapa; 50 foram reprovados no curso de formação (segunda etapa), apesar de não serem eliminados na investigação social; 350 foram nomeados; todos os classificados na primeira etapa e não eliminados na investigação social até o momento da matrícula no curso de formação foram convocados para a segunda etapa; todos os aprovados no curso de formação e não eliminados na investigação social foram nomeados.

Tendo como referência esses dados hipotéticos, julgue os itens a seguir.

(1) Infere-se das informações apresentadas que 50 candidatos foram reprovados no curso de formação e também eliminados no processo de investigação social.

(2) Se um candidato inscrito para o referido cargo for selecionado ao acaso, então a probabilidade de ele ter sido eliminado no processo de investigação social será inferior a 20%.

(3) Menos de 130 candidatos foram classificados na primeira etapa e eliminados na investigação social.

Como o total de candidatos foi de 5.000 e 4.500 foram eliminados na 1ª etapa, conclui-se que 500 passaram para a 2ª etapa. Na 2ª etapa, restaram 450 candidatos, pois 50 foram reprovados no curso de formação. Dos 450 restante, foram nomeados 350 candidatos. Portanto, 100 candidatos foram eliminados na investigação social.

Como foram eliminados na investigação social, no total, 800 candidatos e 100 deles foram eliminados na 2ª etapa, podemos concluir que, na 1ª etapa foram eliminados 700 candidatos.

Analisando as afirmativas:

1: Errada, pois não há informações para deduzir quantos candidatos dos 100 reprovados na 2ª etapa foram eliminados nesta etapa pela investigação social.

2: Correta, pois se os candidatos inscritos forem selecionados ao acaso, a probabilidade de serem eliminados no processo de investigação social é de (800)(100)/(5.000) = 16%, ou seja, inferior a 20%.

3: Correta, pois dos 500 classificados na 1ª etapa e que, portanto, passaram para a segunda etapa, apenas 100 foram eliminados na investigação social, ou seja, menos de 130 candidatos.

Gabarito 1E, 2C, 3C

(Polícia Rodoviária Federal – 2013 – CESPE) Considerando que uma equipe de 30 operários, igualmente produtivos, construa uma estrada de 10 km de extensão em 30 dias, julgue os próximos itens.

(1) Se a tarefa estiver sendo realizada pela equipe inicial de 30 operários e, no inicio do quinto dia, 2 operários abandonarem a equipe, e não forem substituídos, então essa perda ocasionara atraso de 10 dias no prazo de conclusão da obra.

(2) Se, ao iniciar a obra, a equipe designada para a empreitada receber reforço de uma segunda equipe, com 90 operários igualmente produtivos e desempenho igual ao dos operários da equipe inicial, então a estrada será concluída em menos de $\frac{1}{5}$ do tempo inicialmente previsto.

Analisando as afirmativas:

1: Errada, pois o atraso será de 1,89 dias:

Item	Número operários	Número dias	km construídos	Cálculos	Total km/ dias
1	30	30	10	-	10 km
2	1	1	-	[10]/[(30)(30)]	1/90=0,0111 km
3	30	4	-	(30)(4)(0,0111)	1,33 km
4	28	26	-	(28)(26)(0,0111)	8,08 km
5	km faltantes	-		10– 1,33 - 8,08	0,59 km
6	28	X	0,59	0,59 = (X)(28)(0,0111)	X = 1,89 dias

2: Errada, pois serão necessários 7,5 dias, que é maior que 1/5 de 30 = 6 dias.

Item	Número operários	Número dias	km construídos	Cálculos	Total km/ dias
1	30	30	10	-	10 km
2	120	Y	-	Y =(1/4)(30)	Y = 7,5 dias

Gabarito 1E, 2E

(Agente de Polícia/DF – 2013 – CESPE) O Instituto de Pesquisa Econômica Aplicada (IPEA) divulgou, em 2013, dados a respeito da violência contra a mulher no país. Com base em dados do Sistema de Informações sobre Mortalidade, do Ministério da Saúde, o instituto apresentou uma estimativa de mulheres mortas em razão de violência doméstica.

Alguns dos dados apresentados nesse estudo são os seguintes:

- mais da metade das vítimas eram mulheres jovens, ou seja, mulheres com idade entre 20 e 39 anos: 31% estavam na faixa etária de 20 a 29 anos e 23% na faixa etária de 30 a 39 anos;
- 61% das vítimas eram mulheres negras;
- grande parte das vítimas tinha baixa escolaridade: 48% cursaram até o 8.º ano.

Com base nessas informações e considerando que V seja o conjunto formado por todas as mulheres incluídas no estudo do IPEA; $A \subset V$, o conjunto das vitimas jovens; $B \subset V$, o conjunto das vitimas negras; e $C \subset V$, o conjunto das vítimas de baixa escolaridade — vítimas que cursaram até o 8.o ano —, julgue os itens que se seguem.

(1) Se V\C for o conjunto complementar de C em V, então (V\C) ∩ A será um conjunto não vazio

(2) Se 15% das vítimas forem mulheres negras e com baixa escolaridade, então V = B ∩ C.

(3) Se V\A for o conjunto complementar de A em V, então 46% das vítimas pertencerão a V\A.

Seja:
A: jovens no total de 54%, sendo 31% entre 20 a 29 anos e 23% entre 30 e 39 anos.
B: negras, 61%
C: baixa escolaridade, 48%

Analisando as afirmativas:

1: Correta, pois:
Se V\C for o conjunto complementar de C em V, então (V\C) A será um conjunto não vazio.
Complementar de C em V é o que complementa C para totalizar V, ou seja, V – C
100% – 48% = 52%
Temos agora que verificar se há intersecção entre este conjunto e o conjunto A, que totaliza 54%.
Basta somar. Se o resultado for maior de 100%, deve haver intersecção.
52% + 54% = 106%. Ocorre intersecção entre eles e, portanto, não é conjunto vazio.

(2) Incorreta, pois:
Se 15% das vítimas forem mulheres negras e com baixa escolaridade, então V= B ∩ C.
B união com C = B + C – (B intersecção com C)
B união com C = 61% + 48% – 15% - B união com C = 94% e V = 100%.

(3) Correto, pois se V\A for o conjunto complementar de A em V, então 46% das vítimas pertencerão a V\A.
Complementar de A em V é o que complementa A para totalizar V, ou seja, é V – A.
100% – 54% = 46%.

Gabarito 1C, 2E, 3C

(Agente de Polícia/DF – 2013 – CESPE) Considere que a empresa X tenha disponibilizado um aparelho celular a um empregado que viajou em missão de 30 dias corridos.

O custo do minuto de cada ligação, para qualquer telefone, é de R$ 0,15. Nessa situação, considerando que a empresa tenha estabelecido limite de R$ 200,00 e que, após ultrapassado esse limite, o empregado arcará com as despesas, julgue os itens a seguir.

(1) Se, ao final da missão, o tempo total de suas ligações for de 20 h, o empregado não pagará excedente.

(2) Se, nos primeiros 10 dias, o tempo total das ligações do empregado tiver sido de 15 h, então, sem pagar adicional, ele disporá de mais de um terço do limite estabelecido pela empresa.

(3) Se, ao final da missão, o empregado pagar R$ 70,00 pelas ligações excedentes, então, em média, suas ligações terão sido de uma hora por dia.

(4) Considere que, em uma nova missão, o preço das ligações tenha passado a depender da localidade, mesma cidade ou cidade distinta da de origem da ligação, e do tipo de telefone para o qual a ligação tenha sido feita, celular, fixo ou rádio. As tabelas abaixo mostram quantas ligações de cada tipo foram feitas e o valor de cada uma:

	celular	fixo	rádio
mesma cidade	6	3	1
cidade distinta	7	1	3

Tabela I: número de ligações realizadas por tipo de telefone

	mesma cidade	cidade distinta
celular	0,20	0,50
fixo	0,15	0,30
rádio	0,20	0,20

Tabela II: preço de cada ligação, em reais

Nessas condições, se $A = \begin{bmatrix} 6 & 3 & 1 \\ 7 & 1 & 3 \end{bmatrix}$ for a matriz formada pelos dados da tabela I, e $B = \begin{bmatrix} 0,20 & 0,50 \\ 0,15 & 0,30 \\ 0,20 & 0,20 \end{bmatrix}$ for a matriz formada pelos dados da tabela II, então a soma de todas as entradas da matriz A × B será igual ao valor total das ligações efetuadas.

Analisando as afirmativas:

1: Correto, pois cada hora de ligação custa (0,15)(60) = R$ 9,00 e como o empregado utilizou 20 horas em suas ligações o valor destas ligações é de R$ 180,00, inferior ao limite de R$ 200,00 pago pela empresa X.

2: Incorreto, pois o tempo limite dado pela empresa será de: (R$200)/(R$ 9/h) = 200/9 =22,22 horas. Se em 10 dias ele gastou 15 h e sobraram (22,22 -15,00) = 7,22 horas, que corresponde à 7,22/22,22 = 0,325 do limite estabelecido pela empresa. Como 0,325 é menor que 1/3 do tempo, a afirmativa está incorreta.

3: Correto, pois se o empregado pagou R$ 70,00 de ligações excedentes, então o total de gastos nesse mês foi de: R$ 200,00 + R$ 70,00 = R$ 270,00. Como 1 hora custa: (0,15)(60) = R$9,00, o número total de horas desse empregado foi de: (270)/(9) = 30 horas /mês ou de 1 hora por dia.

4: O valor total das ligações será dado pela seguinte relação entre os valores das tabelas acima:

Mesma cidade: Celular: 6x0,20 = R$ 1,20
Fixo: 3x0,15 = R$ 0,45
Rádio: 1x0,20 = R$ 0,20
Total = R$ 1,20 + R$ 0,45 + R$ 0,20 = R$ 1,85
Cidade distinta: Celular: 7x0,50 = R$ 3,50
Fixo: 1x0,30 = R$ 0,30
Rádio: 3x0,20 = R$ 0,60
Total = R$ 3,50 + R$ 0,30 + R$ 0,60 = R$ 4,40
Total entre as cidades: R$ 1,85 + R$ 4,40 = R$ 6,25
Fazendo o produto A × B, entre as matrizes, teremos:

$$\begin{bmatrix} 6 & 3 & 1 \\ 7 & 1 & 3 \end{bmatrix}_{2x3} \times \begin{bmatrix} 0,20 & 0,50 \\ 0,15 & 0,30 \\ 0,20 & 0,20 \end{bmatrix}_{3x2} =$$

$$\begin{bmatrix} 6 \times 0,20 + 3 \times 0,15 + 1 \times 0,20 & 6 \times 0,50 + 3 \times 0,30 + 1 \times 0,20 \\ 7 \times 0,20 + 1 \times 0,15 + 3 \times 0,2 & 7 \times 0,50 + 1 \times 0,30 + 3 \times 0,20 \end{bmatrix}_{2x2}$$

$$= \begin{bmatrix} 1,85 & 4,40 \\ 2,15 & 4,40 \end{bmatrix}_{2x2}$$

Portanto, o total a ser pago corresponde somente à soma dos valores encontrados na 1ª linha (R$ 1,85 + R$ 4,40) da matriz resultante da matriz produto de A × B, e não de todas as entradas da matriz A × B. Logo, esse item está errado.

Gabarito 1C, 2E, 3C, 4E

(Agente de Polícia/DF – 2013 – CESPE) Considerando que P e Q representem proposições conhecidas e que V e F representem, respectivamente, os valores verdadeiro e falso, julgue os próximos itens.

(1) As proposições Q e P → (¬ Q) são, simultaneamente, V se, e somente se, P for F.

(2) A proposição [P∨Q] → Q é uma tautologia.

(3) Se P for F e P∨Q for V, então Q é V.

Analisando as afirmativas:

1: Observando a tabela-verdade da proposição composta "P -> (¬ Q)", em função dos valores lógicos de "P" e "Q", temos:

P	Q	¬ Q	P → (¬ Q)	P → (¬ Q)
V	V	F	V → F	F
V	F	V	V → V	V
F	V	F	F → F	V
F	F	V	F → V	V

Observando-se a 3ª linha da tabela-verdade acima, "Q" e "P -> (¬ Q) são, simultaneamente, V se, e somente se, "P" for falso. Portanto, esse item está correto.

2: Construindo a tabela-verdade da proposição composta: [P v Q] -> Q, teremos como solução:

P	Q	P ∨ Q	[P∨Q] → Q	$(p \wedge \sim q) \leftrightarrow (\sim p \vee q)$
V	V	V	V → V	V
V	F	V	V → F	F
F	V	V	V → V	V
F	F	F	F → F	V

P(P;Q) = VFVV (solução verificada na última coluna)
Portanto, essa proposição composta é uma contingência ou indeterminação lógica.
Logo, esse item está errado.

3: Lembramos que uma disjunção simples, na forma: "P v Q", será verdadeira (V) se, pelo menos, uma de suas partes for verdadeira (V). Nesse caso, se "P" for falsa e "P v Q" for verdadeira, então "Q" será, necessariamente, verdadeira.

$$\underbrace{P}_{F} \vee \underbrace{Q}_{V} : V$$

Logo, esse item está CERTO.

Gabarito 1E, 2E, 3C

(Agente de Polícia/DF – 2013 – CESPE) Considerando que 300 pessoas tenham sido selecionadas para trabalhar em locais de apoio na próxima copa do mundo e que 175 dessas pessoas sejam do sexo masculino, julgue os seguintes itens.

(1) Se, em um dia de jogo, funcionarem 24 postos de apoio e se cada posto necessitar de 6 mulheres e 6 homens, então a quantidade de pessoas selecionadas será suficiente.

(2) É impossível dividir as 300 pessoas em grupos de modo que todos os grupos tenham a mesma quantidade de mulheres e a mesma quantidade de homens.

(3) Considere que 50 locais de apoio sejam espalhados pela cidade. Considere ainda que cada um deles necessite, para funcionar corretamente, de 3 pessoas trabalhando por dia, independentemente do sexo. Nessa situação, se todas as pessoas selecionadas forem designadas para esses locais de apoio e se cada uma delas intercalar um dia de trabalho com um dia de folga ou vice-versa, então os postos funcionarão da forma desejada.

Analisando as afirmativas:

1: Incorreto, pois das 300 pessoas, 175 são homens e 125 são mulheres, portanto faltarão mulheres conforme abaixo:

Em dia de jogo, funcionarem 24 postos de apoio e se cada posto necessitar de 6 mulheres e 6 homens, então teremos que ter, no mínimo: 6 homens por posto x 24 postos = 144 homens disponíveis, e 6 mulheres por posto x 24 postos = 144 mulheres disponíveis.

A quantidade total de homens (175 homens disponíveis) atende a necessidade para esses 24 postos, porém a quantidade de mulheres disponíveis (125 mulheres) não é suficiente para preencher as 144 vagas para os 24 postos.

2: Incorreto, pois é possível dividir as 300 pessoas em grupos de modo que todos os grupos tenham a mesma quantidade de mulheres e a mesma quantidade de homens, conforme abaixo:

O MDC (Máximo Divisor Comum) entre 125 e 175 é:

125 e 175 (Divisor comum:5)

25 35 (Divisor comum:5)

5 7 MDC (125 ; 175) = 5 x 5 = 25 Portanto, podemos formar: 5 grupos de 25 mulheres e 7 grupos de 25 homens.

3: Correto, pois se em cada posto são necessários 3 funcionários por dia, então teremos que ter, por dia, 50 x 3 = 150 pessoas. Se cada pessoa trabalhar um dia e folgar 1 dia, poderemos ter o possível arranjo: No 1º dia de trabalho, teremos as 150 primeiras pessoas trabalhando e, se todas folgarem no 2º dia de trabalho as outras 150 pessoas ocuparão suas respectivas vagas.

Para o 3º dia, as 150 primeiras pessoas voltarão ao trabalho, possibilitando que o segundo grupo folgue1.

Gabarito 1E, 2E, 3C

(Escrivão de Polícia/DF – 2013 – CESPE) Com base nos conceitos de probabilidade, julgue os itens seguintes.

(1) Considere três eventos (A, B e C), de modo que A depende de B, mas não de C, e B depende de C. Nessa situação, se $P(A \cap B \cap C) = \frac{1}{4}$, $P(B) = \frac{3}{5}$ e $P(C) = \frac{5}{8}$ então $P(A \mid B) = \frac{2}{3}$

(2) Considerando que a probabilidade de um investigador de crimes desvendar um delito seja igual a $\frac{2}{3}$ e que, nas duas últimas investigações, ele tenha conseguido desvendar ambos os delitos relacionados a essas investigações, é correto afirmar que a probabilidade de ele não desvendar o próximo delito será igual a 1.

(3) Se três eventos (A, B e C) formam uma partição do espaço amostral com $P(A) = P(B) = \frac{1}{4}$, então $P(C) > \frac{1}{3}$

Analisando as alternativas:

1: Correto, pois:

– Evento A dependo do Evento B e não depende do Evento C.

– Evento B depende do Evento C.

A dependência ou independência entre eventos pode ser ilustrada a partir do experimento envolvendo um conjunto de bolas numeradas no interior de uma urna. Este experimento aleatório pode ser feito com ou sem reposição das bolas. Quando existe dependência entre dois eventos, é porque, neste contexto, não há reposição. Quanto os eventos são independentes, é porque existe reposição evento após evento.

A intersecção entre eventos dependentes é dada por:

P(A e B) = P(A∩B) = P(A)P(B A) ou P(A∩B) = P(B)P(A B)

Então:

P(A∩B∩C) = P(A∩B)∩P(C)

P(A∩B∩C) = P(B)P(A|B)P(C)

$$\frac{1}{4} = \frac{3}{5} P(A|B) \frac{5}{8}$$

$$\frac{1}{4} = \frac{15P(A \mid B)}{40}$$

$$\frac{10}{15} = P(A|B)$$

$$P(A|B) = \frac{2}{3}$$

2: Errado, pois estamos tratando de eventos independentes. A cada investigação a probabilidade É a mesma (2/3). O fato de ter desvendado dois delitos em sequência não tem implicações sobre a probabilidade de desvendar ou não a próxima investigação.

3: Correto, pois:

$P(A) – P(B) – \frac{1}{4}$, então $P(C) > \frac{1}{3}$.

Se os três eventos formam o espaço amostral, com certeza a soma dos três deve ser igual a 1. Assim temos:

P(A) + P(B) + P(C) = 1

$$\frac{1}{4} + \frac{1}{4} + P(C) = 1$$

$$P(C) = 1 - \frac{2}{4}$$

$$P(C) = \frac{1}{2} = 0,5$$

Afirma-se que P(C)>1/3, como 1/3~0,3 portanto 0,5>0,3.

Gabarito 1C, 2E, 3C

(Analista – TRT/9ª – 2007 – CESPE) Na questão a seguir, é apresentada uma situação hipotética, seguida de uma assertiva a ser julgada.

(1) O piso de uma sala deve ser revestido com peças de cerâmica em forma de triângulos retângulos isósceles cuja hipotenusa mede 16 $\sqrt{2}$ cm. Calculou-se que seriam necessárias pelo menos 3 000 peças para cobrir todo o piso. Nessa situação, conclui-se que a área desse piso é superior a 38 m^2.

1: Em primeiro lugar, precisamos calcular a área de cada triângulo. Como são triângulos retângulos isósceles e foi dada a medida da hipotenusa, devemos aplicar o Teorema de Pitágoras, lembrando que os dois catetos têm a mesma medida:

$h^2 = a^2 + b^2$ (lembre-se que a=b, pois é um triangulo isósceles)

$(16\sqrt{2}cm)^2 = a^2 + a^2 \rightarrow (0,16\sqrt{2}\,m)^2 = 2a^2 \rightarrow a = (\frac{0,16\sqrt{2}}{\sqrt{2}})\,m =$ 0,16 metros

Área do triângulo $\frac{a\,.\,a}{2} = \frac{0,16^2}{2} = \frac{0,0256}{2} = 0,0128\ m^2$

Como seriam necessárias pelo menos 3 000 peças para cobrir todo o piso, concluímos que a área do piso é superior a:

(3000) x (0,0128) = 38,4 m^2.

Gabarito 1C

(Analista – MPU – 1996 – CESPE) O líquido contido em uma lata cilíndrica será distribuído em potes também cilíndricos. O diâmetro da base de cada pote é 1/6 do diâmetro da base da lata e a altura de cada pote é de 1/4 da altura da lata. O número de potes necessários para conter todo o líquido da lata é

(A) 24. (B) 48. (C) 72. (D) 96. (E) 144.

Para resolver este problema, temos inicialmente que calcular a área da base da lata e dos potes. Seja *X* o diâmetro da base cilíndrica da lata (e, portanto, $\frac{x}{2}$ é o seu raio), e $\frac{x}{6}$ o diâmetro dos potes (e, portanto, $\frac{x}{12}$ é o seu raio):

área da base da lata = $\pi \cdot R^2 = \pi \cdot \left(\frac{x}{2}\right)^2 = \frac{\pi \cdot x^2}{4}$

área da base do pote = $\pi \cdot \left(\frac{x}{12}\right)^2 = \frac{\pi \cdot x^2}{144}$

Seja *h* a altura da lata e $\frac{h}{4}$ a altura dos potes. Portanto, o volume da lata e de cada pote é:

Volume da lata = (área da base).(altura)= $\frac{\pi \cdot x^2}{4} \cdot h = \frac{\pi \cdot h \cdot x^2}{4}$

Volume do pote = $\frac{\pi \cdot x^2}{144} \cdot \frac{h}{4} = \frac{\pi \cdot h \cdot x^2}{4} \cdot \frac{1}{144} = \frac{\text{(volume da lata)}}{144}$.

Ou seja, serão necessários 144 potes para igualar o volume da lata.

Gabarito "E".

(Agente Administrativo – Ministério do Esporte – 2008 – CESPE) Julgue os itens seguintes, acerca de geometria básica.

(1) O ângulo *x* do triângulo BCF mostrado na figura abaixo é superior a 60º.

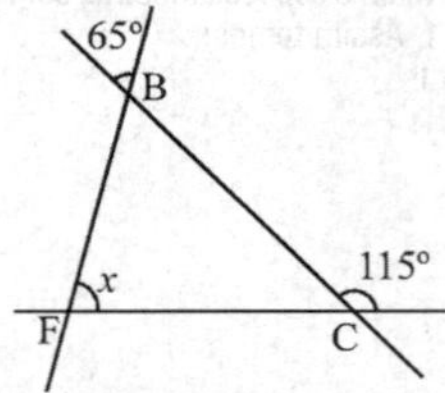

1: Errado. O ângulo y, interno ao triângulo no vértice C é tal que y + 115 = 180, y = 65º. O ângulo interno ao triângulo em B também é 65º. Portanto x + 65 + 65 = 180, x = 50º.

Gabarito 1E

(2) Considerando que, no trapézio ABCD mostrado na figura a seguir, os lados AB e CD sejam paralelos, e os ângulos internos nos vértices A, B, C e D meçam, respectivamente, 115º, 3x – 10 graus, x + 10 graus e y graus, é correto concluir que o ângulo no vértice C é menor que o ângulo no vértice D.

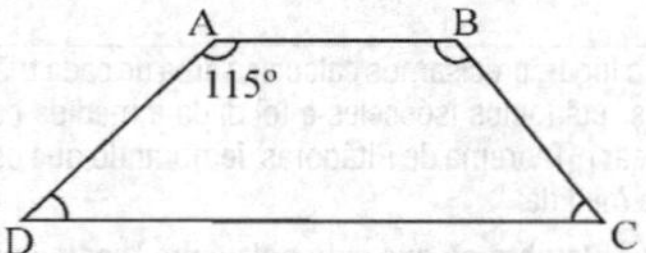

2: Correto. Temos que 115 + (3x – 10) + (x + 10) + y = 360, ou seja, 4x + y = 245º. Traçando uma reta, a partir do ponto A, perpendicular ao segmento CD, marcamos o ponto E. Dessa forma, como AB é paralelo a CD, temos que o ângulo EDC, que é y, é tal que y + 90 + (115 – 90) = 180, e, portanto, y = 65º. Dessa forma, 4x = 245 – 65 = 180, x = 45º. O ângulo no vértice C mede x + 10 = 50º, é, então, menor do que o ângulo do vértice D com 65º.

Gabarito 2C

(Agente Administrativo – MDS – 2006 – CESPE) Julgue os itens que se seguem.

(1) Um caminhão tanque recolhe leite nas fazendas e sítios produtores e o transporta para o beneficiamento em laticínio. Em determinado dia, o tanque do caminhão continha 240 litros de leite em seu interior e, após recolher a produção nos sítios *A* e *B*, passou a ter 380 litros. Sabe-se que, naquele dia, o sítio *B* produziu 30 litros a mais que o sítio A. Nesse caso, a produção do sítio *A* naquele dia foi inferior a 58 litros de leite.

Correto. Seja *y* a produção do sítio A e *z* a produção do sítio B naquele dia. Portanto, do enunciado, temos que 240 + y + z = 380, ou seja, y + z = 140. Além disso, z = y + 30. Portanto, y + (y + 30) = 140, 2y = 110, y = 55 litros de leite.

Gabarito 1C

(2) Sabe-se que 4 quilos de batatas e 3 quilos de tomates custam R$ 25,00 e que 5 quilos de batatas e 4 quilos de tomates custam R$ 32,00. Nesse caso, o preço de 6 quilos de batatas é o mesmo que o preço de 8 quilos de tomates.

Correto. Seja y o preço do quilo de batata e z o do quilo de tomate. Portanto 4y + 3z = 25,00 e 5y + 4z = 32,00. Da última igualdade, temos que z = 8,00 – (5/4)y, e, portanto, 4y + 3 × (8,00 – (5/4)y) = 4y + 24,00 – (15/4)y = 25,00, ou seja, (1/4)y = 1,00, y = 4,00. Dessa forma, 4 × (4,00) + 3z = 25,00, z = 3,00. Portanto, o preço de 6kg de batata é 6 × 4,00 = R$ 24,00 e de 8 kg de tomate é 8 × 3,00 = R$ 24,00.

Gabarito 2C

(3) o preço do quilo de tomates é igual a R$ 3,50.

Errado. Como calculado anteriormente, o preço do kg do tomate é R$ 3,00.

Gabarito 3E

(Agente Administrativo – Ministério da Educação – 2009 – CESPE) Considerando que, na compra de material escolar, uma pessoa gastou entre R$ 125,00 e R$ 135,00 comprando cadernos e frascos de corretor líquido, em um total de 10 unidades dos 2 produtos, que cada caderno custou R$ 15,00 e que cada frasco de corretor líquido custou R$ 5,00, julgue os itens seguintes.

(1) O gasto na compra dos frascos de corretor líquido foi superior a R$ 11,00.

Errado. Seja x o número de frascos de corretor e y o número de cadernos que essa pessoa comprou. Então x + y = 10, e também 125 ≤ 5x + 15y ≤ 135, ou seja, 25 ≤ x + 3y ≤ 27. Porém x = 10 – y, logo 25 ≤ (10 – y) + 3y ≤ 27, ou seja, 15 ≤ 2y ≤ 17. Dessa forma, 7,5 ≤ y ≤ 8,5, e, portanto y = 8 cadernos e x = 2 frascos de corretor. Dessa forma, o gasto com corretor líquido foi de 2 × 5,00 = R$ 10,00.

Gabarito 1E

(2) Com o que foi gasto com os cadernos seria possível comprar determinada quantidade de frascos de corretor líquido, e essa quantidade é inferior a 25.

Correto. Foram gastos 8 × 15,00 = R$ 120,00 com cadernos. Com essa quantidade, seria possível comprar 120 / 5 = 24 frascos de corretor líquido.

Gabarito 2C

(Agente Administrativo – Ministério da Saúde – 2008 – CESPE) Com relação à álgebra linear, julgue o item abaixo.

(1) 30 Se uma matriz quadrada A = (a_{ij}) tem dimensão 3 × 3 e é tal que a_{ij} = 1, se i ≤ j e a_{ij} = i - j, se i > j, então o determinante de A é um número estritamente positivo.

Errado. Conforme o enunciado, temos que $A = \begin{pmatrix} 1 & 1 & 1 \\ 1 & 1 & 1 \\ 2 & 1 & 1 \end{pmatrix}$. Portanto, o determinante de A é igual a 1 + 2 + 1 – 2 – 1 – 1 = 0. Podíamos observar diretamente que o determinante seria nulo dado que a 1ª e a 2ª linhas de A são iguais.

Gabarito 1E

(Analista – MPU – 1996 – CESPE) Uma lata com capacidade igual a 50 L está totalmente cheia, contendo, além de tinta, 2L de solvente. Deseja-se acrescentar mais solvente para se obter uma mistura com 20% de solvente. Para isso, será necessário retirar X litros da mistura inicial. Então, X satisfaz à expressão

(A) X = 8,0.
(B) 8,0 < X < 8,5.
(C) X = 8,5.
(D) 8,5 < X < 9,0.
(E) X > = 9,0.

Essa é uma questão relativamente difícil. Em uma lata de 50L, temos 2L de solvente (concentração 4%). Para termos uma concentração de 20%, precisamos de 10L. O candidato deve entender que não basta retirar 8L da da mistura da lata e adicionar 8L de solvente, pois na mistura da lata também foi embora parte do solvente. Devemos colocar o problema em uma equação. Seja *X* a quantidade a ser retirada da lata: a mistura final, que deverá ter 10L de solvente, será composta por *X* litros de solvente e o restante (50 – X) da mistura contida na lata, que tem concentração 4%:

(50 – X) . (4%) + X . (100%) = 10 litros de solvente

(50 – X) . (0,04) + X . (1) = 10L

2L – (0,04) . X + X = 10L

(0,96) . X = 8 L

$$X = \frac{8}{(0,96)}$$

X = 8,33 L

Gabarito "B".

O Brasil vai crescer menos

O ritmo de crescimento da economia brasileira se desacelerou mais rápido ante o previsto. No segundo trimestre deste ano, o produto interno bruto (PIB)—que mede a produção de riquezas do país — foi inferior ao do período de janeiro a março. Isso interrompe a sequência de expansão que vinha sendo registrada desde o segundo trimestre de 1999. No semestre, o país cresceu 2,49%. Esse resultado, divulgado pelo Instituto Brasileiro de Geografia e Estatística (IBGE), contraria todas as previsões do mercado, que esperava uma expansão de 3% na comparação com 2000.

O mau desempenho da economia é resultado do aumento dos juros e das turbulências no mercado de câmbio provocados pela crise argentina. Além disso, em maio, pouco antes de fechar o trimestre, o país deparou-se com a escassez de energia. Surpreendido pelo PIB do segundo trimestre, o mercado financeiro se prepara para rever suas projeções para este ano. Os gráficos abaixo ilustram as variações do PIB brasileiro. O gráfico superior, intitulado "Variação do PIB por trimestre", representa a taxa acumulada do PIB nos últimos quatro trimestres (em relação aos quatro trimestres imediatamente anteriores).

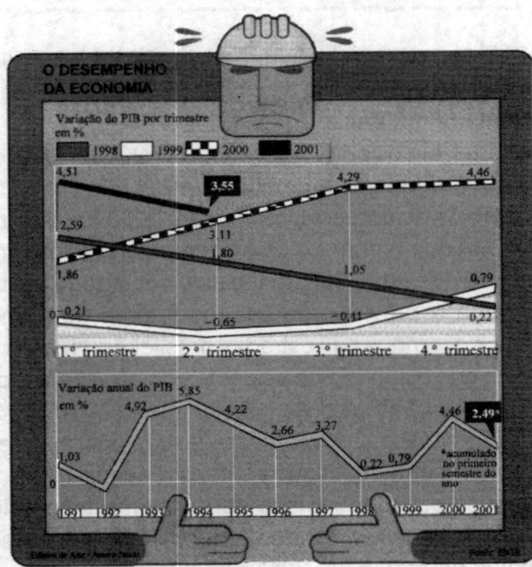

Produção. "Economia". *In*: **Correio Braziliense**, 16/8/2001, p. 25 (com adaptações).

(Auditor Fiscal/Limeira-SP – 2006 – CESPE) A secretaria de fazenda da prefeitura de um município arrecada os impostos A = iluminação noturna e B = manutenção do sistema de esgotos e águas pluviais, de competência municipal. Considere que esses impostos têm valores únicos por domicílio, sendo de R$ 28,00 o valor mensal referente ao imposto A e de R$ 45,00 o valor mensal referente ao imposto B. A arrecadação referente a 23 desses valores rendeu ao município o montante de R$ 780,00. Com referência a essa situação e a essas 23 quantias arrecadadas, julgue os itens que se seguem.

(1) Se, das 23 quantias arrecadadas, *x* referem-se ao imposto A e *y*, ao imposto B, então $x \times y > 100$.

(2) Dessas 23 quantias arrecadadas, o total referente ao imposto B é superior ao referente ao imposto A

imposto A B

- -

- -

....

28 45

Seja *x* impostos A e *y* impostos B

x + y = 23

28x + 45y = 780

Resolutivo

28x + 28y = 23.28 = 644

28x + 45y = 780 => 17y = 136 => y = 8 e x = 15

(1) Certa, pois x.y = 15.8 = 120

Imposto A = 28x = 28.15 = 420

" B = 45y = 45.8 = 360

(2) Errada

Gabarito 1C, 2E

(Auditor Fiscal/Limeira-SP – 2006 – CESPE) A despesa mensal de uma empresa com cada um de seus empregados de nível superior, incluindo salário e encargos sociais, é igual a R$ 2.500,00. O total dessas despesas com esse pessoal, mensalmente, é um valor superior a R$ 18.000,00 e inferior a R$ 26.000,00. Por motivos de economia, essa despesa deverá ficar entre R$ 13.000,00 e R$ 17.000,00 mensalmente e, para isso, a empresa terá de demitir alguns desses profissionais. Com base nessas informações, julgue os itens seguintes.

(1) As informações do texto são suficientes para se concluir que a empresa terá de demitir mais de 3 empregados.

(2) Dependendo da quantidade de empregados, a menor economia que a empresa fará com as demissões é de R$ 5.000,00 e a maior, de R$ 10.000,00.

Atualmente,

18 000 < despesa1 < 26 000 e deve passar para 13 000 < despesa2 < 17 000

Cada empregado significa uma despesa mensal de 2 500

Então, se n1 for o número atual de empregados, temos

18 000 < 2 500n < 26 000

180 < 25n1 < 260

7,2 < n1 < 10,4 => há 8, 9 ou 10 funcionários

E para a nova despesa,

13 000 < 2 500n2 < 17 000

130 < 25n2 < 170

5,2 < n2 < 6,8 n2 = 5, .., 6

Número de empregados atuais	Demitir	Economia
8, 9 ou 10	2	5 000
	3	7 500
	4	10 000

Gabarito 1E, 2C

(Agente Administrativo – MDS – 2006 – CESPE) Julgue os itens que se seguem.

(1) Maurício atendeu determinado número de pessoas na segunda-feira. Na terça-feira, ele atendeu 6 pessoas a menos do que atendeu na segunda-feira. Se o produto do número de pessoas que ele atendeu nos dois dias é igual a 91, então Maurício atendeu, nesses dois dias, mais de 22 pessoas.

Errado. Seja y o número de pessoas que Maurício atendeu na segunda feira. Dessa forma, na terça ele atendeu y – 6 pessoas. Portanto, o produto do número de pessoas que ele atendeu nesses dois dias é y(y – 6) = 91, ou seja, $y^2 - 6y - 91 = 0$. A única raiz positiva deste polinômio é y = 13, portanto, nos dois dias, Maurício atendeu 13 + (13 – 6) = 13 + 7 = 20 pessoas.

Gabarito 1E

(2) Paula recebe R$ 35,00 para cada hora extra trabalhada. Considere que o número de horas extras trabalhadas por Paula — h — é tal que $-h^2 + 16h - 60 > 0$. Então, Paula recebeu de horas extras mais de R$ 210,00 e menos de R$ 350,00.

Correto. As raízes do polinômio -h2 + 16h – 60 = 0 são h = 6 ou h = 10. Como a concavidade da parábola y(h) = -h2 + 16h – 60 tem concavidade para baixo, então, -h2 + 16 h – 60 > 0 somente para valores de h entre 6 e 10. Portanto, Paula recebeu de horas extras mais de 35,00 × 6 = R$ 210,00 e menos de 35,00 × 10 = R$ 350,00.

Gabarito 2C

(Agente Administrativo – Ministério do Esporte – 2008 – CESPE) Em um programa de televisão, um jogador, para ganhar um prêmio em dinheiro, deve chutar uma bola que está localizada no ponto A = (4, 0) do plano cartesiano xOy e acertar o gol localizado no ponto G = (–2, 3), conforme ilustrado na figura seguinte.

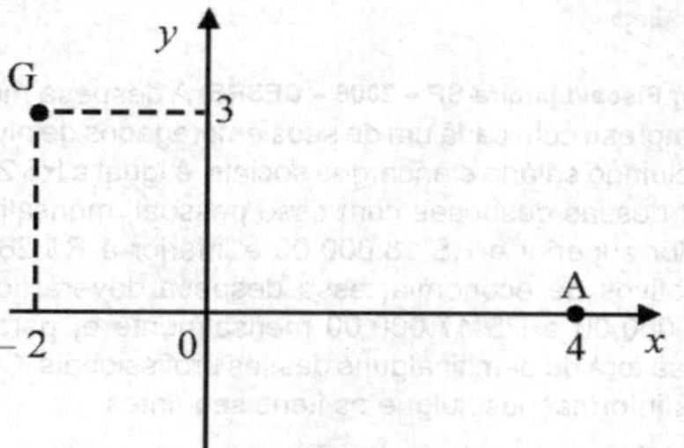

Com relação a essa situação hipotética, julgue os itens a seguir.

(1) Se a trajetória da bola for uma reta, e o jogador acertar o gol, então a bola passará pelo ponto de coordenadas (0, 2).

Correto. A inclinação da reta que passa pelos pontos (4,0) e (-2,3) é (3 – 0) / (-2 – 4) = 3 / (-6) = -1/2. Portanto, a equação da reta que passa nesses dois pontos é y(x) = (-1/2)(x – 4) = -x/2 + 2. Portanto, se x = 0, temos, pela equação, que y(0) = -0/2 + 2 = 2.

Gabarito 1C

(2) Se a trajetória da bola for uma parábola cujo ponto de máximo esteja localizado no eixo y, e o jogador acertar o gol, então a bola passará pelo ponto de coordenadas (2, 4).

Errado. Se a parábola possui um ponto de máximo, então sua concavidade é para baixo. Portanto, temos que $y = -ax^2 + bx + c$, com a positivo. Sabemos que 0 = -16a + 4b + c, e que 3 = -4a – 2b + c. Finalmente, como o ponto de máximo da parábola, ocorre no ponto médio das suas raízes, temos que essa parábola também passa por (-4,0), portanto, 0 = -16a – 4b + c. Somando a 1ª e a 3ª equação, temos que -32a + 2c = 0, c = 16a. Portanto, 4b = 0, b = 0. Finalmente, 3 = -4a + 16a, ou seja, 3 = 12a, a = (1/4), com c = 16.(1/4) = 4. A parábola então será $y(x) = -x^2/4 + 4$. Portanto, para x = 2, temos que y(2) = -4/4 + 4 = 3.

Gabarito 2E

(Analista – ANAC – 2009 – CESPE) Com referência à função f(x), x > 0, que representa o montante de um capital de R$ 90.000,00 aplicado por 2 anos à taxa de juros simples anuais de x, e à função g(x), x > 0, que representa o montante de um capital de R$ 80.000,00 aplicado por 2 anos à taxa de juros compostos anuais de x, julgue os itens subsequentes.

(1) Os gráficos das funções f e g se interceptam em um ponto no qual a abscissa é superior a 1/3.

1: Correto. Temos que
f(x) = 90 000,00.(1 + 2x) = 90 000,00 + 180 000,00x.
Além, $g(x) = 80000{,}00.\ (1 + x)^2 = 80000{,}00 + 160000{,}00x + 80000{,}00x^2$.
Portanto, f(x) = g(x) implica que 90 000,00 + 180 000,00x = $80\,000{,}00 + 160\,000{,}00x + 80\,000{,}00x^2$, de onde, dividindo tudo por 10 000,00, temos $9 + 18x = 8 + 16x + 8x^2$, $8x^2 - 2x - 1 = 0$. A solução positiva desse polinômio é x = 0,5, que é superior a 1/3.

Gabarito 1C

(2) $$\left| f\left(\frac{1}{4}\right) - g\left(\frac{1}{4}\right) \right| < 12.000$$

2: Correto. Temos que f(1/4) = 90 000,00 + 180 000,00 × (1/4) = 135 000,00. Temos também que g(1/4) = 80 000,00 + 160 000,00 × (1/4) + 80 000,00 × $(1/4)^2$ = 125 000,00. Logo, | 135 000,00 – 125 000,00 | = 10 000,00.

Gabarito 2C

(3) $g(x) = f\left(\frac{x}{2}\right)$ $(x>0)$, então x > ½.

3: Errado. Temos que f(x/2) = 90 000,00 + 90 000,00x.
Logo g(x) = f(x/2) implica em $80\,000{,}00 + 160\,000{,}00x + 80\,000{,}00x^2$ = 90 000,00 + 90 000,00x, ou, dividindo tudo por 10 000,00, $8 + 16x + 8x^2 = 9 + 9x$, $8x^2 + 7x - 1 = 0$.
A única solução positiva deste polinômio é x = 0,125.

Gabarito 3E

(Polícia Rodoviária Federal – 2013 – CESPE) Considerando os dados apresentados no gráfico, julgue os itens seguintes.

(1) A média do numero de acidentes ocorridos no período de 2007 a 2010 e inferior a mediana da sequência de dados apresentada no gráfico.

(2) Os valores associados aos anos de 2008, 2009 e 2010 estão em progressão aritmética.

(3) O numero de acidentes ocorridos em 2008 foi, pelo menos, 26% maior que o numero de acidentes ocorridos em 2005. Considere que, em 2009, tenha sido construído um modelo linear para a previsão de valores futuros do numero de acidentes ocorridos nas estradas brasileiras. Nesse sentido, suponha que o numero de acidentes no ano *t* seja representado pela função *F*(*t*) = *At* + *B*, tal que *F*(2007) = 129.000 e *F*(2009) =159.000. Com base nessas informações e no gráfico apresentado, julgue os itens a seguir.

(4) A diferença entre a previsão para o numero de acidentes em 2011 feita pelo referido modelo linear e o numero de acidentes ocorridos em 2011 dado no gráfico e superior a 8.000.

(5) O valor da constante *A* em *F*(*t*) e superior a 14.500.

Analisando as afirmativas:

1: Incorreta, pois a média de acidentes de 2007 a 2010 = 153 é superior à mediana da sequência = 141.

2: Incorreta, pois 141, 159 e 183 não estão em progressão aritmética. 159-141=18, diferente de 183-159=24.

3: Correta, pois como o número de acidentes em 2.008 foi de 141 e o número de acidentes em 2.005 foi de 110, a relação entre 2.008 e 2.005 foi 141/110 ~ 1,28, portanto maior que 26%.

Para analisar as afirmativas (4) e (5), vamos construir um gráfico a partir dos dados fornecidos:

F(2.007) = 129.000 acidentes; F(2.009) = 159.000 acidentes.

Consideraremos como eixo das abcissas os anos e como eixo das ordenadas os números de acidentes.

Em seguida traçaremos uma linha reta, conforme abaixo, representando a equação F(t) = B + At, que é equação de uma reta.

Examinando a figura, notamos que o triângulo CDE é semelhante ao triângulo BDF ,e portanto:

DE/CE = DF/BF, onde DE = 159.000 – 129.000 = 30.000; CE = 2.009 – 2.007 = 2 e BF = 2.009 – 2.000 = 9.

Então: DF = (9)(30.000/2) = 135.000 e B - 0 = 159.000 – 135.000 = 24.000 e B = 24.000.

Como DE/CE= tangente α = 15.000 = A e a equação da reta é F(t) = B + At = 24.000 + 15.000t.

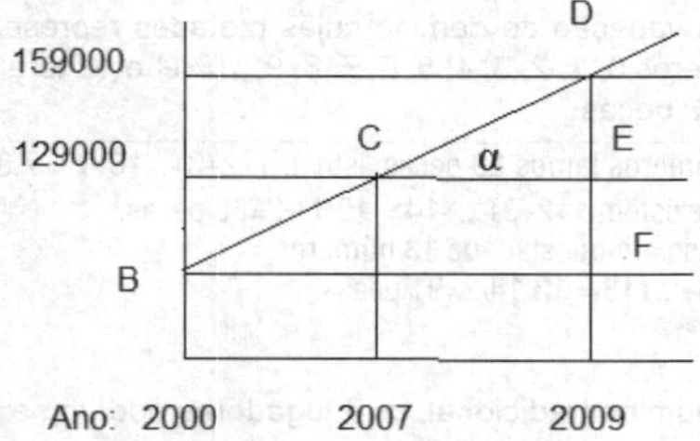

4: Incorreta, pois a previsão para o número de acidentes pelo modelo linear, que é igual a 24.000 + 15.000t = 189.000, onde t = 11 anos. Esta previsão é igual ao número de acidentes realmente ocorridos em 2.011.

5: Correto, pois o valor da constante A em F(t), que é de 15.000 acidentes, é superior a 14.500.

Gabarito 1E, 2E, 3C, 4E, 5C

(Polícia Rodoviária Federal – 2013 – CESPE)

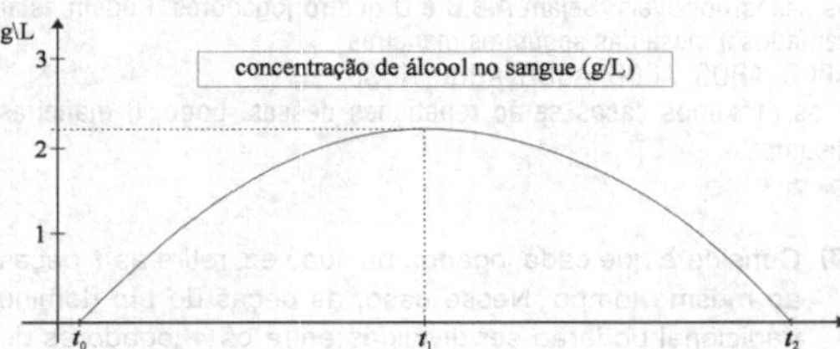

Considere que o nível de concentração de álcool na corrente sanguínea, em g/L, de uma pessoa, em função do tempo *t*, em horas, seja expresso por $N = -0{,}008(t_2 - 35t + 34)$. Considere, ainda, que essa pessoa tenha começado a ingerir bebida alcoólica a partir de $t = t_0$ ($N(t_0) = 0$), partindo de um estado de sobriedade, e que tenha parado de ingerir bebida alcoólica em $t = t_1$, voltando a ficar sóbria em $t = t_2$. Considere, por fim, a figura acima, que apresenta o gráfico da função $N(t)$ para t 0 $[t_0, t_2]$. Com base nessas informações e tomando 24,3 como valor aproximado de $\sqrt{589}$, julgue os itens que se seguem.

(1) O nível de concentração mais alto de álcool na corrente sanguínea da referida pessoa ocorreu em $t = t_1$ com $t_1 > 18$ horas.

(2) O nível de concentração de álcool na corrente sanguínea da pessoa em questão foi superior a 1 g/L por pelo menos 23 horas.

(3) O valor de t_2 e inferior a 36.

Analisando as afirmativas:

1: Incorreta, pois o nível de concentração mais alto de álcool na corrente sanguínea ocorre no ponto situado bem no meio das raízes da equação, ou seja: t1 = (to + t2)/2

N = 0 = -0,008(t^2– 35t + 34) ou t^2– 35t + 34 = 0.

Portanto: t = [+35 +/- √(35² - 4x34)]/[2] t = [+35 +/- √ 1.225 – 136]/2

t = [35 +/- 33]/2 e to = 1 h e t2 = 34h e, portanto t1 = (1 + 34)/(2) = 17,5horas, inferior a 18 horas.

2: Correto, pois N = 1 g/l = -0,008(t^2– 35t+ 34) ou (1)/(-0,008) = -125 = (t^2– 35t + 34) ou t^2– 35t + 159 = 0 t = [+35 +/- √(35² - 4x159)]/[2] t = [+35 +/- √ 589]/2 t = [+35 +/- 24,3]/2 t' = 5,35 h t'' = 29,65 h t'' – t' = 24,3 h, superior a 23 horas.

3: Correto, pois t2 = 34 h , inferior a 36 horas.

Gabarito 1E, 2C, 3C

(Auditor Fiscal/Limeira-SP – 2006 – CESPE) Na figura acima, o triângulo ABC é retângulo e o ângulo BAC é reto. O cateto AB mede 6 cm e AC, 8 cm. Do vértice A, traçou-se um segmento perpendicular ao lado BC, formando-se os triângulos retângulos ABD e ADC. Do vértice D, traçou-se um novo segmento, perpendicular ao lado AC, obtendo-se os triângulos retângulos ADE e CDE.

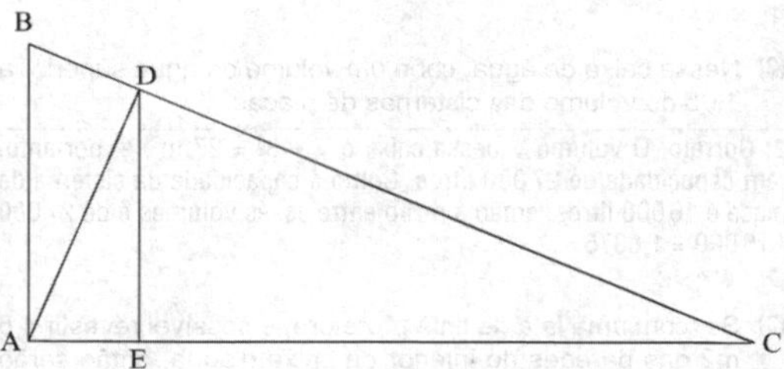

Com relação a esses triângulos, julgue os itens que se seguem.

(1) O perímetro do triângulo ABD é superior a 14 cm.

(2) A área do trapézio ABDE é superior a 15 cm².

(3) Os comprimentos dos segmentos AB, AD e DE estão em progressão geométrica.

1: AB= 6; AC=8.

ângulo ADE = ângulo C, pois AB // DE e BC reta cortam 2 paralelas;

angulo DAE = ângulo B, porque DAE + ADE = 90 → DAE + C = 90 e B + C = 90 → DAE – B = 0 → B = DAE;

ângulo CDE = ângulo B, porque os triângulos ABC e CDE são semelhantes (caso AA)

ângulo BAD = ângulo C, pois BAD + B = 90 e B + C = 90.

Pelo Teorema de Pitágoras BC² = AB² + AC²

BC2 = 36 + 64 = 100 → BC = 10

sen C = AB / BC = 6 /10

sen C = 3/5

sen B = AC / BC = 8/10

sen B = 4/5

i) No triângulo retângulo ACD, senC = AD/AC => 3/5 = AD/8 => AD = 24/5

No triângulo ABD, sem BAD=senC=BD/AB => 3/5 = BD/6 => BD = 3/5 = 18/5

Então,

(!) o perímetro do triângulo ABD = AB + BD + AD = 6 + 18/5 + 24/5 = 6 + 42/5 = (30 +42)/5 = 72/5 = 14,4cm

Resp. O item (1) está Correto.

2: S=Área do trapézio ABDE = (AB + DE)AE/2.

No triângulo ADE, sen ang.DAE = sem B = 4/5 = DE/AD = DE/((24/5) => DE = 96/25.

No triângulo ADE, sen ang. ADE = sem C = 3/5 = AE/AD = AE/(24/5) => AE = 72/25.

Temos, então,

S = (6 + 96/25) . (72/25)/(2) = [(150 + 96)/(25)] . [36/25] = (246/25).(36/25) = 8856/625 = 14,1696 cm².

Resp. O item (2) está Errado.

3: O comprimento dos segmentos AB, AD e DE estão em PG de razão 96/25 / 24/25 = 24/5/6 = 4/5.

AB=6

AD=24/5

DE=96/25

Resp. O item (3) está Correto.

Gabarito 1C, 2E, 3C

(Agente Administrativo – MDS – 2006 – CESPE) Um dos projetos sociais do governo é o de construir cisternas de placas, isto é, revestidas com placas de cimento, com capacidade para armazenar 16 000 litros de água em comunidades carentes, principalmente do semiárido nordestino e com falta de água. Considere uma caixa d'água cúbica de modo que no interior as arestas medem 3 m. Com base nessas informações, julgue os itens seguintes.

(1) O comprimento da diagonal da parte interna da caixa d'água é inferior a 5 m.

1: Errado. O comprimento da diagonal d de uma das paredes da caixa é tal que $d^2 = 3^2 + 3^2 = 18$. Dessa forma, a diagonal D da parte interna da caixa é tal que $D^2 = 3^2 + d^2 = 27$, e, portanto, D = 5,2m.

Gabarito 1E

(2) Nessa caixa de água, cabe um volume de água superior a 1,65 do volume das cisternas de placas.

2: Correto. O volume V dessa caixa é $V = 3^3 = 27\ m^3$, e, portanto, tem capacidade de 27 000 litros. Como a capacidade da cisterna de placa é 16 000 litros, então a razão entre esses volumes é de 27 000 / 16 000 = 1,6875.

Gabarito 2C

(3) Se, com uma lata de tinta protetora, é possível revestir 4,5 m2 das paredes do interior da caixa d'água, então serão necessárias 9 latas para revestir todo o interior da caixa de água, sem revestir a tampa.

3: Errado. Cada parede da caixa d'água possui área de $A = 3 \times 3 = 9m^2$. Desta forma cada parede precisa-se 9 / 4,5 = 2 latas para ser completamente revestida. Sem contar a tampa, a caixa d'água possui 5 paredes, e portanto, são necessários 5 × 2 = 10 latas para revestir todo o interior.

Gabarito 3E

(Agente Administrativo – MDS – 2006 – CESPE) Um terreno tem a forma de um trapézio retângulo *ABCD* em que os lados *AB*, *AD* e *CD* medem, respectivamente, 15 m, 30 m e 25 m, os lados AD e BC são paralelos e o ângulo ABC é reto, conforme mostrado na figura abaixo.

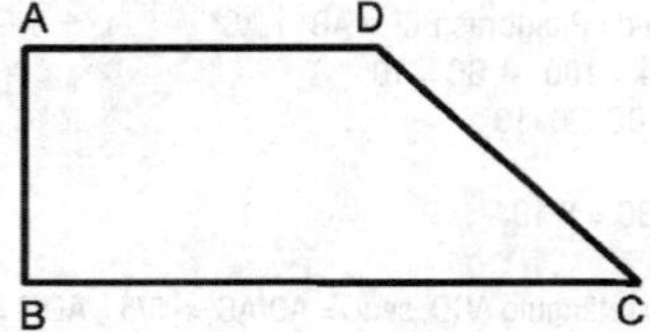

Com relação a esse terreno, julgue os seguintes itens.

(1) Considere que do ponto D seja traçada uma reta perpendicular ao segmento reta BC, determinando sobre esse segmento um ponto E. Nesse caso, a área do triângulo *CDE* será igual a 200 m².

1: Errado. Neste caso, o segmento DE mede exatamente como AB, ou seja, 15m. Portanto, o segmento CE é tal que $(CE)^2 + (DE)^2 = (CD)^2$, ou seja, $(CE)^2 = 25^2 - 15^2$, CE = 20m. A área do triângulo *CDE* será, então, de $15 \times 20 / 2 = 150m^3$.

Gabarito 1E

(2) Seriam necessários 120 m de tela para cercar com uma volta completa esse terreno.

2: Correto. O perímetro P deste terreno é P = AB + BE + EC + CD + AD, ou seja, P = 15 + 30 + 20 + 25 + 30 = 120m.

Gabarito 2C

(Técnico Judiciário – TRE/BA – 2010 – CESPE) O jogo de dominó tradicional é jogado com 28 peças, igualmente divididas entre 4 jogadores sentados face a face em torno de uma mesa retangular. As peças são retangulares e possuem uma marcação que as divide em duas metades iguais; em cada metade: ou não há nada gravado, ou está gravado um determinado número de buracos que representam números. As metades representam 7 números: 1, 2, 3, 4, 5, 6 e 0, sendo este último representado por uma metade sem marcação. Cada número ocorre em 7 peças distintas. Em 7 peças, denominadas buchas, o número aparece nas duas metades. Existe também uma variação de dominó conhecida como *double nine*, em que as metades representam os números 0, 1, 2, 3, 4, 5, 6, 7, 8 e 9, em um total de 55 peças.

M. Lugo. How to play better dominoes. New York: Sterling Publishing Company, 2002 (com adaptações).

A partir dessas informações, julgue os itens subsequentes.

(1) Uma variação de dominó cujas metades representem os números 0, 1, 2, 3, 4, 5, 6, 7, 8, 9, 10, 11 e 12 terá um total de 82 peças.

Para 7 números temos 28 peças, isto é, 1+2+3+...+6+7 = 7.8/2=28.
Para 10, existem 1+2+3+...+10 = 10.11/2=55 peças.
Para o caso em questão, de 13 números,
há 1+2+3+...+13 = 13.14/2=91 peças.

Gabarito 1E

(2) No dominó tradicional, os 4 jogadores podem se sentar à mesa de 6 maneiras distintas.

1ª Solução:
Pela fórmula de Permutação Circular
O número de maneiras distintas de n pessoas se sentarem em torno de uma mesa é dado por (PC)n = (n-1)!. No caso, temos n=4 => (PC)4 = 3! = 3.2.1 = 6.
2ª solução:
Quem não se lembrar da fórmula de permutação circular pode verificar os casos possíveis: Sejam A,B,C e D quatro jogadores. Podem estar sentados à mesa das seguintes maneiras
ABCD, ABDC, ACBD, ACDB, ADBC, ADCB.
E os próximos casos serão repetições desses. Logo, 6 maneiras distintas.

Gabarito 2C

(3) Considere que cada jogador, na sua vez, retire as 7 peças ao mesmo tempo. Nesse caso, as peças de um dominó tradicional poderão ser divididas entre os 4 jogadores de maneiras distintas.

Como existem 28 peças distintas, têm-se 28/7 = 4 conjuntos distintos a serem divididos entre os jogadores. Logo, as peças podem ser divididas entre os 4 jogadores de maneiras distintas.

Gabarito 3C

(4) Entre todas as possíveis divisões das peças de um dominó tradicional entre os 4 jogadores, em mais de 100 milhões delas algum deles começará o jogo com todas as 7 buchas.

Temos T = C28,7xC21,7xC14,7xC7,7 = 28!/7! x 21!/7! x 14!/7! x 1 = 28!x21!x14!/(7!)"3 possibilidades e probabilidades
P = 7/28 x 6/27 x 5/26 x 4/25x2)23x1/22.
Dai,
existem P.T = = 21!/(7!)^3 = 399 072 960 divisões das peças, ou seja,mais de 100 milhões.

Gabarito 4C

(Técnico Judiciário – TRE/BA – 2010 – CESPE)

Art. 1. O Tribunal Regional Eleitoral do Estado da Bahia (TRE/BA), com sede na capital do estado e jurisdição em todo o território estadual, compõe-se:

I – mediante eleição, pelo voto secreto:

a) de dois juízes, entre os desembargadores do tribunal de justiça;

b) de dois juízes, entre juízes de direito, escolhidos pelo tribunal de justiça;

II – de um juiz federal escolhido pelo tribunal regional federal respectivo;

III – por nomeação, pelo presidente da República, de dois juízes, entre seis advogados de notável saber jurídico e idoneidade moral, indicados pelo tribunal de justiça.

Art. 20. O TRE/BA, mediante eleição secreta, elegerá o presidente entre os juízes da classe de desembargador, cabendo ao outro a vice-presidência.

Art. 29. O corregedor regional eleitoral será escolhido, por escrutínio secreto, entre os membros do TRE/BA, exceto o presidente; se eleito o vice-presidente, este acumulará as duas funções.

Art. 31. Parágrafo único – O corregedor será substituído, nas suas férias, licenças, faltas ou impedimentos, pelo membro mais antigo do TRE/BA, excluído o presidente.

Com base nos artigos acima, transcrito com adaptações, do Regimento Interno do TRE/BA, julgue os itens a seguir, referentes a raciocínio lógico.

(1) Considere que o tribunal de justiça tenha 53 desembargadores e 117 juízes de direito, que o juiz Federal tenha sido escolhido pelo TRF, os 6 advogados tenham sido indicados pelo tribunal de justiça e que todos esses juristas tenham igual possibilidade de compor o TRE/BA. Nesse caso, é correto afirmar que o TRE/BA pode ser formado, com esses juristas, de mais de 10_9 maneiras distintas.

Temos C6,2 x C117,2 x C53,2 = 15 x 117x58 x 53 x26 = 8135463960, ou seja, mais de 10^9 maneiras distintas de se formar o TRE/BA.

Gabarito 1C

(2) Sabendo que um anagrama é qualquer ordenação formada com as letras de uma palavra, tendo ou não significado, então, com a palavra CORREGEDOR será possível formar 151200 anagramas distintos.

Trata-se de permutações com repetição (PR).
No caso, $(PR)_{10;2,2,3}$ = 10!/2!2!3! = 151200 anagramas distintos.

Gabarito 2C

(3) Se o membro mais antigo do TRE/BA for um juiz da classe de desembargador, então ele estará impedido de substituir o corregedor quando necessário.

Gabarito 3E

(4) A negação da proposição "O presidente é o membro mais antigo do tribunal e o corregedor é o vice-presidente" é "O presidente é o membro mais novo do tribunal e o corregedor não é o vice-presidente".

O caso de negação da conjunção lógica (^).
Sejam as proposições
p: O presidente é o membro mais antigo do tribunal e
q: o corregedor é o vice-presidente. Então, a negação de (p^q) é não-p ou não-q, ou seja , presidente não é o membro mais antigo do tribunal ou o corregedor não é o vice-presidente. Errado.
Os 100 empregados de uma empresa foram convocados para escolher, entre 5 opções, o novo logotipo da empresa.
O empregado poderá escolher, no momento do voto, a cédula I ou a cédula II. Caso ele escolha a cédula I, deverá listar as 5 opções de logotipo, na ordem de sua preferência, que serão assim pontuadas: 1ª – 5 pontos; 2ª – 4 pontos; 3ª – 3 pontos; 4ª – 2 pontos; 5ª – 1 ponto. Se escolher a cédula II, deverá indicar 3 das 5 opções, e cada uma receberá 3 pontos.

Gabarito 4E

(Técnico Judiciário – TRE/BA – 2010 – CESPE) Acerca dessa escolha de logotipo, julgue os itens seguintes.

(1) Considerando que não haverá votos brancos ou nulos, o número de votos distintos possíveis para cada empregado é igual a 130.

Temos
Votos distintos da cédula I: 5!=5x4x3x2x1=120 votos e da cédula II: C5,3=5.4/2 = 10 votos.
Portanto, o número de votos distintos possíveis para cada empregado é igual a 120+10=130.

Gabarito 1C

(2) Se apenas 35 empregados optarem pela cédula II, então qualquer das opções de logotipo receberá pelo menos 170 pontos.

Se apenas 35 empregados optarem pela cédula II, então haverá 10x35=350 escolhas com 5 opções cada, isto é, 350/5=70 opções com 3 pontos cada no total de 70x3=210 pontos.

Gabarito 2E

(Agente de Polícia Federal – 2009 – CESPE) A Polícia Federal brasileira identificou pelo menos 17 cidades de fronteira como locais de entrada ilegal de armas; 6 dessas cidades estão na fronteira do Mato Grosso do Sul (MS) com o Paraguai.

Internet: <www.estadao.com.br> (com adaptações).

Considerando as informações do texto acima, julgue o próximo item.

(1) Se uma organização criminosa escolher 6 das 17 cidades citadas no texto, com exceção daquelas da fronteira do MS com o Paraguai, para a entrada ilegal de armas no Brasil, então essa organização terá mais de 500 maneiras diferentes de fazer essa escolha.

Como a organização vai escolher 6 cidades entre as 11 cidades que que não são fronteira, temos o numero de combinações possíveis de C11,6 =[11!]/[(6!)(5!)]
[11.10.9.8.7.6!]/[(6!)(5.4.3.2.1)]=462
C11,6 = 462 cidades. O item está Errado.

Gabarito 1E

(Agente de Polícia Federal – 2009 – CESPE) Considerando que, em um torneio de basquete, as 11 equipes inscritas serão divididas nos grupos *A* e *B*, e que, para formar o grupo A, serão sorteadas 5 equipes, julgue o item que se segue.

(1) A quantidade de maneiras distintas de se escolher as 5 equipes que formarão o grupo A será inferior a 400.

Trata-se de combinações de 11 equipes 5 a 5:
C11,5= =[11!]/[(6!)(5!)]= [11.10.9.8.7.6!]/[(6!)(5.4.3.2.1)]=462=> Item Errado.

Gabarito 1E

(Técnico – ANAC – 2009 – CESPE) Considerando que, para ocupar os dois cargos que compõem a diretoria de uma empresa, diretor e vice-diretor, existam 5 candidatos, julgue os itens subsequentes.

(1) Se cada um dos candidatos for capaz de ocupar qualquer um dos dois cargos, o número possível de escolhas para a diretoria da empresa será igual a 10.

Errado. Como os cargos são distintos, então existem 5 × 4 = 20 escolhas para formar a diretoria.

Gabarito 1E

(2) Se, dos 5 candidatos, 2 concorrem apenas ao cargo de diretor e os demais, apenas ao cargo de vice-diretor, o número possível de escolhas para a diretoria da empresa será igual 5.

Errado. Como existem 2 candidatos para o cargo de diretor e 3 candidatos para o cargo de vice-diretor, o número de escolhas para a diretoria é de 2 × 3 = 6.

Gabarito 2E

(Técnico – ANAC – 2009 – CESPE) Considerando um grupo formado por 5 pessoas, julgue os itens a seguir.

(1) Há 24 modos de essas 5 pessoas se posicionarem em torno de uma mesa redonda.

Correto. Como, em uma mesa redonda, não existe um início da mesa, o relevante é apenas o posicionamento relativo entre as pessoas, e, portanto, pode-se considerar sem perda de generalidade que uma pessoa já está sentada e as restantes se posicionam após esta, criando assim uma ordem. Desta forma, existem (5-1)! = 4! = 24 formas de 5 pessoas se sentarem em torno de uma mesa redonda

Gabarito 1C

(2) Se, nesse grupo, existirem 2 crianças e 3 adultos e essas pessoas se sentarem em 5 cadeiras postadas em fila, com cada uma das crianças sentada entre 2 adultos, então, haverá 12 modos distintos de essas pessoas se posicionarem.

Correto. Para estas 5 pessoas se sentarem em fila nestas condições, teremos um adulto seguido de uma criança, seguido novamente de um adulto e outra criança e finalmente o último adulto. Como as cadeiras estão postadas em fila, existem
3 (adultos) × 2 (crianças) × 2 (adultos) × 1 (criança) × 1 (criança) = 12 formas delas se posicionarem.

Gabarito 2C

(3) Caso essas 5 pessoas queiram assistir a um concerto musical, mas só existam 3 ingressos disponíveis e não haja prioridade na escolha das pessoas que irão assistir ao espetáculo, essa escolha poderá ser feita de 20 maneiras distintas.

Errado. Podemos calcular o número de grupos de 3 pessoas de um grupo total de 5 através da combinação de 5, 3 a 3. Ou seja, C(5;3) = 5! / (3! × 2!) = 5 × 4 / 2 = 10.

Gabarito 3E

(Técnico – ANAC – 2009 – CESPE) Acerca do princípio da contagem, julgue os itens a seguir.

(1) O controle de tráfego aéreo define, segundo regras, a sequência em que ocorrem pousos e decolagens. Suponha que, em dado instante, os aviões P_1, P_2 e P_3 encontrem-se prontos para o pouso (nessa ordem), e que os aviões D_1 e D_2 encontrem-se prontos para a decolagem (nessa ordem). Considere não haver prioridade para a decisão do controlador. Nessas condições, há mais de 9 possibilidades distintas de os controladores organizarem as sequências de pouso e decolagem.

Correto. Podemos calcular o número de possibilidades distintas através do número de anagramas da palavra PPPDD, pois, a partir de cada anagrama, podemos numerar cada P e cada D de forma crescente formando a ordem de pousos e decolagens seguindo a ordem definida. O número de anagramas desta palavra é dado por 5! / (3! × 2!) = 10.

Gabarito 1C

(2) Os prefixos de aeronaves podem ser iniciados por duas letras, seguidas de três letras. Por exemplo, PT-GYK é o prefixo de uma aeronave monomotor do aeroclube de Brasília. Portanto, considerando-se um alfabeto com 26 letras, a quantidade de prefixos de aeronaves que podem ser iniciados por PT é inferior a 13000.

Errado. Como não está explicitado que as letras devem ser distintas, o total de prefixos iniciados por PT é de 26 × 26 × 26 = 17576.

Gabarito 2E

(Técnico – ANATEL – 2009 – CESPE) Julgue o item a seguir

(1) Considerando-se que um anagrama da palavra ANATEL seja uma permutação das letras dessa palavra, tendo ou não significado na linguagem comum, que n_1 seja a quantidade de anagramas distintos que é possível formar com essa palavra e n_2 seja a quantidade de anagramas distintos dessa palavra que começam por vogal, então, $\frac{n_2}{n_1} \neq \frac{1}{2}$.

Errado. O número de anagramas da palavra ANATEL é dado, devido à repetição do A, por 6! / 2! = 360. O número de anagramas começados por E é de 5! / 2! = 60, e de anagramas começados por A é 5! = 120. Desta forma, n2/n1 = 360 / (60 + 120) = 1/2.

Gabarito 1E

(Agente Administrativo – Ministério da Saúde – 2008 – CESPE) Com relação a probabilidade, combinações, arranjos e permutações, julgue os seguintes itens.

(1) Se uma gaveta de arquivo contiver 7 processos distintos: 3 referentes à compra de materiais hospitalares e 4 referentes à construção de postos de saúde, então, retirando-se ao acaso, simultaneamente, 3 processos dessa gaveta, a probabilidade de que pelo menos dois desses processos sejam referentes a compra de materiais hospitalares será superior a 0,4.

Errado. A probabilidade de que pelo menos dois dos processos sejam referentes à compra de materiais hospitalares é equivalente à probabilidade de que exatamente três dos processos sejam referentes a esse tipo de compra mais a soma da probabilidade de que exatamente dois dos processos sejam referentes a essa compra. A probabilidade de que exatamente três dos processos sejam desse tipo é (3/7)×(2/6)×(1/5) = 1/35. A probabilidade de exatamente 2 ser desse tipo é dada por 3x(3/7)×(2/6)×(4/5) = (12/35). Portanto, a probabilidade procurada é 1/35 + 12/35 = 13/35 = 0.37.

Gabarito 1E

(2) Sabe-se que, no Brasil, as placas de identificação dos veículos têm 3 letras do alfabeto e 4 algarismos, escolhidos de 0 a 9. Então, seguindo-se essa mesma lei de formação, mas utilizando-se apenas as letras da palavra BRASIL, é possível construir mais de 600000 placas diferentes que não possuam letras nem algarismos repetidos.

Correto. Como BRASIL tem 6 letras, e nenhuma se repete, o número de placas diferentes sem repetições nem de letras nem de algarismos é (6 × 5 × 4) × (10 × 9 × 8 × 7) = 604800.

Gabarito 2C

(3) Se o diretor de uma secretaria do MS quiser premiar 3 de seus 6 servidores presenteando um deles com um ingresso para cinema, outro com um ingresso para teatro e o terceiro com um ingresso para *show*, ele terá mais de 100 maneiras diferentes para fazê-lo.

Correto. Como a ordem de entrega dos bilhetes é relevante, pois os ingressos são diferentes, precisamos encontrar o arranjo de 6 pessoas, 3 a 3. Portanto, A(6;3) = 6! / 3! = 120.

Gabarito 3C

(4) Se o diretor de uma secretaria do MS quiser premiar 3 de seus 6 servidores presenteando cada um deles com um ingresso para teatro, ele terá mais de 24 maneiras diferentes para fazê-lo.

Errado. Como agora a ordem de entrega não importa, pois os ingressos são os mesmos, então, precisamos encontrar a combinação de 6 pessoas, 3 a 3. Portanto, C(6;3) = 6! / (3! × 3!) = 20.

Gabarito 4E

(Analista – ANAC – 2009 – CESPE) Com relação à análise combinatória, julgue os itens que se seguem.

(1) O número de rotas aéreas possíveis partindo de Porto Alegre, Florianópolis ou Curitiba com destino a Fortaleza, Salvador, Natal, João Pessoa, Maceió, Recife ou Aracaju, fazendo uma escala em Belo Horizonte, Brasília, Rio de Janeiro ou São Paulo é múltiplo de 12.

Correto. Temos 3 cidades de origem, 7 cidades de destino e 4 pontos de escala, sem repetições entre estas. Desta forma, o número de rotas possíveis com uma escala é de 3 x 7 x 4 = 12 x 7 = 84, portanto múltiplo de 12.

Gabarito 1C

(2) Considerando que: um anagrama de uma palavra é uma permutação das letras dessa palavra, tendo ou não significado na linguagem comum, α seja a quantidade de anagramas possíveis de se formar com a palavra AEROPORTO, β seja a quantidade de anagramas começando por consoante e terminando por vogal possíveis de se formar com a palavra TURBINA; e sabendo que 9! = 362880 e 5! = 120, então, $\alpha = 21\beta$.

Correto. O número de anagramas de AEROPORTO, dado que possui 3 letras "O" e 2 letras "R" é dado por α = 9! / (3! x 2!) = 9! / 12.

O número de anagramas de TURBINA começando por consoante e terminado por vogal é, dado que a palavra tem 4 consoantes e 3 vogais, $\beta = 4 \times 5! \times 3 = 12 \times 5!$.
Portanto, $\alpha / \beta = 9! / (5! \times 12^2) = 21$, ou seja, $\alpha = 21\beta$.

Gabarito 2C

(3) Considere a seguinte situação hipotética. Há 6 estradas distintas ligando as cidades A e B, 3 ligando B e C; e 2 ligando A e C diretamente. Cada estrada pode ser utilizada nos dois sentidos. Nessa situação, o número de rotas possíveis com origem e destino em A e escala em C é igual a 400.

Correto. Temos que considerar que o caminho deverá passar apenas uma vez por C. Portanto, temos apenas 4 caminhos possíveis:
1) A -> C ->A, com 2 x 2 = 4 rotas.
2) A -> B -> C -> A, com 6 x 3 x 2 = 36 rotas.
3) A -> C -> B -> A, com 2 x 3 x 6 = 36 rotas.
4) A -> B -> C -> B -> A = 6 x 3 x 3 x 6 = 324 rotas.
Logo temos, no total, 4 + 36 + 36 + 324 = 400 rotas possíveis.

Gabarito 3C

(4) O número de comissões constituídas por 4 pessoas que é possível obter de um grupo de 5 pilotos e 6 copilotos, incluindo, pelo menos, 2 pilotos, é superior a 210.

Correto. Existem C(5;4) = 5! / (4! x 1!) = 5 formas de obter um grupo com 4 pilotos,
C(5;3) x C(6,1) = [5! / (3! x 2!)] x [6! / (1! x 5!)] = 10 x 6 = 60 formas de obter um grupo com 3 pilotos e 1 copiloto,
e C(5;2) x C(6;2) = 10 x 15 = 150 formas de obter um grupo com 2 pilotos e 2 copilotos.
Dessa forma, existem 5 + 60 + 150 = 215 formas de formar tal comissão.

Gabarito 4C

(Analista – ANAC – 2009 – CESPE) Considerando que, de um grupo de n pessoas, devam ser escolhidas duas pessoas distintas, julgue os itens a seguir.

(1) Se houver 2n modos possíveis de escolher as duas pessoas, então n será superior a 6.

Errado. A forma de escolher 2 pessoas de um grupo de n é dada por C(n;2) = n! / (2! × (n – 2)!) = n.(n – 1) / 2.
Portanto, se esse valor é igual a 2n,
então 2n = n.(n – 1) / 2, n – 1 = 4, n = 5.

Gabarito 1E

(2) Se houver n + 2 modos possíveis de escolher as duas pessoas, então n será inferior a 5.

Correto. Nesse caso, n + 2 = n.(n – 1) / 2, 2n + 4 = n^2 – n, ou seja, n^2 – 3n – 4 = 0. A solução positiva deste polinômio é n = 4.

Gabarito 2C

(Agente Administrativo – Ministério da Educação – 2009 – CESPE) Levando em consideração que, em um supermercado, há biscoitos recheados de chocolate em embalagens de 130 g, 140 g e 150 g, com preços de R$ 1,58, R$ 1,68 e R$ 1,80, respectivamente, julgue os itens a seguir.

(1) Proporcionalmente, os biscoitos nas embalagens de 130 g são mais baratos que aqueles nas embalagens de 140 g.

Errado. Podemos calcular o preço dos pacotes por grama. Portanto, o primeiro pacote custa, por grama, 1,58 / 130 = 0,0121. O segundo pacote, por grama, custa 1,68 / 140 = 0,012. Finalmente, o terceiro pacote, por grama, custa 1,80/150 = 0,012. Portanto, proporcionalmente, os biscoitos na embalagem de 130g são os mais caros.

Gabarito 1E

(2) Proporcionalmente, os biscoitos nas embalagens de 140 g e 150 g saem pelo mesmo preço.

Correto. Como calculado no item anterior, ambos custam R$ 0,012 por grama.

Gabarito 2C

(Agente Administrativo – Ministério do Esporte – 2008 – CESPE) Um órgão público realizará concurso para provimento de 30 vagas em cargos de nível médio e superior. O salário mensal de cada profissional de nível médio será de R$ 1.900,00, e o de cada profissional de nível superior, de R$ 2.500,00. Os gastos mensais desse órgão com os salários desses 30 profissionais serão de R$ 67.800,00.

Com relação a essa situação hipotética, julgue os itens que se seguem.

(1) O número de vagas para profissionais de nível médio no referido concurso será superior a 10.

Correto. Seja y o número de vagas em nível médio. Portanto, 30 – y vagas serão em nível superior. Dessa forma, 1900,00y + 2500,00 × (30 – y) = 67800,00, ou seja, -600y = -7200, y = 12.

Gabarito 1C

(2) O órgão público deverá gastar, mensalmente, menos de R$ 42.000,00 com os salários dos novos profissionais de nível superior, caso eles sejam contratados.

Errado. Os 30 – 12 = 18 profissionais de nível superior receberão, juntos, 18 × (2500,00) = R$ 45.000,00.

Gabarito 2E

(Agente Administrativo – Ministério do Esporte – 2008 – CESPE) Uma empresa realizará concurso para contratar profissionais de níveis de escolaridade fundamental, médio e superior. O salário mensal depende apenas do nível de escolaridade do profissional. Os salários mensais a serem pagos em cada um desses níveis são diretamente proporcionais aos números 2, 5 e 11, respectivamente. Com referência a essa situação e sabendo que o profissional de nível superior receberá, por mês, R$ 2.340,00 a mais que o profissional de nível fundamental, julgue os itens seguintes.

(1) Cada profissional de nível médio receberá um salário mensal superior a R$ 1.200,00.

Correto. Observamos que um profissional de nível superior recebe (11/2) = 5,5 vezes mais que um de nível fundamental. Seja então x o salário de um profissional do nível fundamental e y do nível superior. Então y = 5,5x, e y = 2340,00 + x. Logo, 5,5x = 2340,00 + x, x = 520,00. Portanto, um profissional de nível médio recebe (5/2) . (520,00) = R$ 1.300,00.

Gabarito 1C

(2) A soma do salário mensal de um profissional de nível fundamental com o de um profissional de nível superior é inferior a R$ 3.300,00.

Errado. O profissional de nível superior recebe 520,00 + 2340,00 = 2860,00 reais. Portanto, a soma dos salários dos profissionais de níveis superior e fundamental é 2860,00 + 520,00 = R$ 3.380,00.

Gabarito 2E

(3) Por mês, 8 profissionais de nível médio receberão, juntos, o mesmo que 4 profissionais de nível superior.

Errado. Temos que 8 profissionais de nível médio recebem, juntos, 8 × 1300,00 = R$ 10.400,00, enquanto que 4 profissionais de nível superior recebem 4 × 2860,00 = R$ 11.440,00.

Gabarito 3E

(Agente Administrativo – Ministério do Meio Ambiente – 2009 – CESPE) Em determinada fábrica de parafusos, para a produção de parafusos ao custo de R$ 1,00 a unidade, a máquina X tem um custo fixo de R$ 300,00 por dia, e a máquina Y fabrica os parafusos ao custo fixo diário 25% maior que o da máquina X, mas a um custo unitário de cada parafuso produzido 25% menor que o da máquina X.

Considerando essa situação, julgue os itens a seguir.

(1) Com a máquina X, para se produzir 100 parafusos em um dia, o custo é de R$ 400,00.

Correto. A máquina X tem custo diário de 300,00 reais e unitário de 1,00 real por parafuso. Portanto, para produzir 100 parafusos em um dia, o custo é de 300,00 + 100 × 1,00 = R$ 400,00.

Gabarito 1C

(2) Com a máquina Y, o custo total de produção diária de 100 parafusos é de R$ 450,00.

Correto. O custo diário da máquina Y é de 300,00 × 1,25 = R$ 375,00, porém o custo unitário de cada parafuso é de 1,00 × (1 – 0,25) = R$ 0,75. Portanto, para produzir 100 parafusos em 1 dia, o custo é de 375,00 + 100 × 0,75 = R$ 450,00.

Gabarito 2C

(3) Considerando que, em determinado dia, as duas máquinas produzam a mesma quantidade de parafusos e que essa quantidade seja superior a 200 parafusos, o custo total de fabricação desses parafusos na máquina Y será inferior ao da máquina X.

Errado. Vamos supor uma produção de 201 parafusos em um dia. Portanto, o custo da máquina X é de 300,00 + 201 × 1,00 = R$ 501,00. Na máquina Y, a mesma produção custa 375,00 + 201 × 0,75 = R$ 525,75.

Gabarito 3E

(4) Independentemente da máquina utilizada, o custo de fabricação aumenta à medida que cresce o número de parafusos produzidos.

Certo. O custo unitário na máquina X é R$ 1,00 e na máquina Y de R$ 0,75. Portanto o custo de fabricação cresce com o aumento de parafusos produzidos.

Gabarito 4C

(5) Se, em determinado dia, a máquina X produzir o dobro de parafusos produzidos pela máquina Y, de forma que os custos totais de produção sejam iguais, então, nesse caso, a máquina Y produzirá menos de 50 parafusos.

Errado. Seja z a quantidade de parafusos que a máquina Y produziu. Portanto, temos que 300,00 + 1,00 × (2z) = 375,00 + 0,75z, ou seja, 1,25z = 75,00, z = 60 parafusos que a máquina Y produziu.

Gabarito 5E

(Técnico – ANAC – 2009 – CESPE) Com relação a regra de três, julgue o item que se segue.

(1) Em um aeroporto, se uma esteira transportadora gasta 50 segundos para transportar uma bagagem até a sala de distribuição, então ela gastará menos de 1 minuto caso sua velocidade seja reduzida em 20%.

Errado. Podemos, sem perda de generalidade, considerar que a esteira tenha 50 metros e que opere com velocidade de 1 m/s, e portanto, leva 50 / 1 = 50 segundos para transportar. Desta forma, se sua velocidade for reduzida em 20%, ou seja, para 0,8 m/s, o tempo para transporte será de 50 / 0,8 = 62,5 segundos.

Gabarito 1E

(Técnico – ANAC – 2009 – CESPE) De acordo com a nova política de bagagem despachada entre os EUA e a China, um passageiro da classe econômica não pagará excesso de bagagem nos casos em que

- a soma das dimensões altura + largura + comprimento de cada peça não exceda 158 cm;
- o peso total da bagagem seja inferior ou igual a 23 kg (50 lb.).

Internet: <www.br.fly-airchina.com> (com adaptações).

Considere que, sob a política de taxação por excesso de bagagem descrita no texto acima, o excesso de peso na empresa aérea K seja cobrado como ágio no valor de R$ 50,00, acrescido de R$ 10,00 por kg de peso excedente. A partir dessas informações, julgue os itens subsequentes.

(1) Para uma bagagem com dimensões de altura, largura e comprimento na proporção, respectivamente, de 14:25:40, cujo valor da soma altura + largura + comprimento seja igual a 158 cm, a medida do comprimento será inferior à soma das medidas da altura e da largura.

Errado. Como a proporção de altura, largura, e comprimento é de 14:25:40, a proporção da soma de altura e largura, e comprimento é de (14+25):40, ou seja, 39:40. Portanto, a medida de comprimento é maior que a soma de altura e largura.

Gabarito 1E

(2) A soma dos pesos de três bagagens que, individualmente, tenham 30%, 60% e 25% do peso máximo admissível para não se pagar excesso de bagagem será superior a 60 lb.

Errado. As três bagagens somam 30% + 60% + 25% = 115% do peso máximo, ou seja, 1,15 × 50 = 57,5 lb.

Gabarito 2E

(3) Um passageiro cuja bagagem pese 70 lb. deverá desembolsar, para pagamento do excedente do peso autorizado, uma quantia superior a R$ 150,00.

Errado. Como 23 kg = 50 lb, temos que 1 lb = 23 / 50 kg. Portanto, o excesso, em quilograma, da bagagem deste passageiro é de (70 – 50) × (23 / 50) = 46 / 5 = 9,2 kg. O valor do excedente será portanto de 50,00 + 9,2 × 10,00 = 50,00 + 92,00 = 142,00 reais.

Gabarito 3E

(4) Caso a empresa aérea J cobre R$ 20,00 por kg de peso excedente, sem cobrança de ágio, um passageiro com bagagem pesando 28 kg pagará o mesmo valor pelo excesso de peso nas empresas *J* e *K*.

Correto. Na empresa J, o custo do excesso de bagagem é de 20,00 × (28 – 23) = R$ 100,00. Na empresa K será de 50,00 + 10,00 × (28 – 23) = 50,00 + 50,00 = R$ 100,00.

Gabarito 4C

(5) Caso o critério fosse cobrar ágio de R$ 20,00, acrescidos de R$ 5,00 pelo quadrado do kg excedente, uma fórmula para encontrar o desembolso *d*, em reais, efetuado por passageiro em função do peso *p*, em kg, de sua bagagem poderia ser a seguinte $d(p)=\begin{cases} 0 \text{ se } p \leq 23 \\ 5p^2 - 230p + 2.665 \text{ se } p>23 \end{cases}$.

Errado. De fato, a primeira parte, se então não há custo por excesso de bagagem, e desta forma, para este intervalo, d(p) = 0. Para o segundo intervalo, se p > 23, então d(p) = 5,00 × (p – 23)^2, ou seja, 5 vezes o quadrado do excesso de peso. Simplificando a expressão, temos que d(p) = 5p^2 – 230p + 2 645.

Gabarito 5E

(Técnico – ANATEL – 2009 – CESPE) O setor de telefonia celular no Brasil atravessa um período de grande expansão. Segundo a ANATEL, em 2008, o número de acessos no serviço móvel pessoal (SMP) aumentou, com relação a 2007, 24,5% e chegou a 150,6 milhões. Desse total, alguns dados merecem destaque:

– 133,9 milhões de acessos utilizam a tecnologia GSM;
– 122,7 milhões de acessos são pré-pagos e 27,9 milhões são pós-pagos;
– a teledensidade, indicador utilizado internacionalmente para demonstrar o número de telefones em serviço em cada grupo de 100 habitantes, saltou de 63,59 em 2007 para 78,11 em 2008, sendo que, entre as unidades da Federação, o Distrito Federal (DF) possui a maior teledensidade, com índice de 137,7;
– o mercado de telefonia móvel, com relação ao número de acessos, é controlado por 4 operadoras principais, conforme o quadro abaixo.

Operadora	% do mercado
A	29,8
B	25,7
C	24,2
D	16,2

Internet: <www.anatel.gov.br> (com adaptações).

Com relação às informações apresentadas no texto acima, julgue os itens de 1 a 9.

(1) Se 7,7% dos acessos controlados pela operadora *C* e 14,3% dos da operadora *D* migrarem para a operadora *B*, e se o número de acessos controlados pela operadora A se mantiver constante, então, a operadora *B* assumirá a liderança do mercado de telefonia móvel no Brasil.

Correto. A porcentagem do mercado da operadora B será, depois das migrações, de $0{,}257 + 0{,}088 \times 0{,}242 + 0{,}143 \times 0{,}162 = 0{,}3015$ ou 30,15%, ultrapassando assim a operadora A que se mantém com 29,8%.

Gabarito 1C

(2) Infere-se do texto que, em 2007, havia mais de 120 milhões de acessos no SMP no Brasil.

Correto. Sabemos que em 2008, com aumento de 24,5% no número de acessos em relação à 2007, chegou a 150,6 milhões. Desta forma, o número de acessos N em 2007 era de $N \times (1 + 0{,}245) = 150{,}6$, ou seja, $N = 120{,}96$ milhões de acessos.

Gabarito 2C

(3) Em 2008, a porcentagem de acessos no *SMP* no Brasil que utilizava a tecnologia *GSM* era inferior à porcentagem do mercado desse serviço ocupado pelas 3 principais operadoras de telefonia móvel.

Errado. Como 133,9 milhões dos 150,6 milhões de acessos utilizavam a tecnologia GSM, podemos calcular a porcentagem desta utilização como $133{,}9 / 150{,}6 = 0{,}8891$ ou 88,91%. As 3 principais operadoras detinham, juntas, $100{,}0 - 16{,}2 = 83{,}8\%$ do mercado.

Gabarito 3E

(4) Considerando que o número de acessos no *SMP* no Brasil, em 2009, aumente 20% em relação ao de 2008 e que as quantidades de acessos pré-pagos e pós-pagos sejam números diretamente proporcionais àqueles de 2008, então, nessa situação, é correto inferir que haverá mais de 147 milhões de acessos pré-pagos e menos de 34 milhões de acessos pós-pagos ao final de 2009, no SMP no Brasil.

Correto. Como a proporção entre pré e pós-pagos não se alterou, podemos considerar que cada uma destas modalidades aumentou 20%. Desta forma, o número de acessos pré-pagos será de $1{,}2 \times 122{,}7 = 147{,}24$ milhões e, de pós pagos, $1{,}2 \times 27{,}9 = 33{,}48$ milhões.

Gabarito 4C

(5) Supondo que, em 2008, o número de telefones em serviço no Brasil fosse P_{2008} e que, a partir desse ano, ele sofresse crescimento anual à taxa de 30%, então os números P_{2008}, P_{2009}, ..., P_k, ..., em que P_k, $k = 2008, 2009, ...$, represente o número de telefones em serviço no Brasil no ano *k*, constituirão uma progressão geométrica de razão $\frac{39}{30}$.

Correto. Com taxa de crescimento de 30%, a razão da progressão geométrica é de $1 + 0{,}3 = 1{,}3$, que equivale a 13/10 ou ainda, 39/30.

Gabarito 5C

(6) De acordo com os dados do texto, havia, em 2008, mais de 2 telefones em serviço para cada habitante do DF.

Errado. No DF havia, em 2008, 137,7 telefones para cada 100 habitantes, ou seja $137{,}7 / 100 = 1{,}377$ telefone para cada habitante.

Gabarito 6E

(7) O crescimento da teledensidade no Brasil em 2008 com relação a 2007 foi superior a 23%.

Errado. O crescimento ΔT da teledensidade em 2008 foi de $63{,}59 \times (1 + \Delta T) = 78{,}11$, ou seja, $\Delta T = 0{,}2283$ ou 22,83%.

Gabarito 7E

(8) Suponha que as operadoras C e D ofereçam também serviço de telefonia fixa residencial segundo os planos mostrados na tabela a seguir.

operadora	plano mensal
C	R$ 30,00 de assinatura básica para 200 minutos em ligações locais de fixo para fixo + R$ 0,12 por minuto adicional
D	R$ 40,00 de assinatura básica para 200 minutos em ligações locais de fixo para fixo + R$ 0,08 por minuto adicional

Nessa situação, para um usuário que costuma realizar 5 horas de ligações locais de fixo para fixo por mês, será mais vantajoso ser cliente da operadora D.

Errado. 5 horas equivalem a $5 \times 60 = 300$ minutos. Desta forma, na operadora C o custo mensal para o usuário será de $30{,}00 + 0{,}12 \times (300 - 200) =$ R$ 42,00.
Já na operadora C será de $40{,}00 + 0{,}08 \times (300 - 200) =$ R$ 48,00.

Gabarito 8E

(9) Em 2008, a probabilidade de que um acesso no SMP no Brasil não fosse controlado por nenhuma das 4 operadoras principais que controlam o mercado era inferior a $\frac{1}{25}$.

Errado. As 4 operadoras principais detinham $29{,}8 + 25{,}7 + 24{,}2 + 16{,}2 = 95{,}9\%$ do mercado, ou seja, eles não controlavam os $100 - 95{,}9 = 4{,}1\%$ restantes. Como 1/25 equivale a 4%, então as 4 operadoras principais não controlavam mais do que 1/25 do mercado.

Gabarito 9E

(Agente Administrativo – Ministério da Educação – 2009 – CESPE) Considerando que uma equipe de trabalhadores igualmente eficientes seja formada para proceder à codificação de documentos, e que cada elemento dessa equipe consiga codificar 10% dos documentos em 3 h, julgue os itens que se seguem.

(1) Para codificar metade dos documentos, 6 elementos da equipe gastarão mais de 2 h.

Correto. Temos que 6 elementos codificam $6 \times 10 = 60\%$ dos documentos em 3 horas, ou seja, eles codificam $60 / 3 = 20\%$ dos documentos por hora. Para codificar 50% dos documentos, eles precisam de $50 / 20 = 2{,}5$ horas.

Gabarito 1C

(2) Em uma hora e meia, 4 elementos da equipe codificarão menos de 18% dos documentos.

Errado. Sabemos que 4 elementos da equipe codificam $4 \times 10 = 40\%$ dos documentos em 3 horas, e portanto, codificam $40 / 2 = 20\%$ dos documentos em 1 hora e meia.

Gabarito 1E

(Agente Administrativo – Ministério da Educação – 2009 – CESPE) Considere que uma empresa tenha contratado N pessoas para preencher vagas em 2 cargos; que o salário mensal de um dos cargos seja de R$ 2.000,00 e o do outro seja de R$ 2.800,00 e que o gasto mensal para pagar os salários dessas pessoas seja de R$ 34.000,00. A partir dessas considerações, julgue os itens subsequentes.

(1) Se o gasto mensal, em reais, com os contratados para o cargo com salário mensal de R$ 2.000,00 estiver para 3, assim como o gasto mensal, em reais, com os contratados para o cargo com salário mensal de R$ 2.800,00 está para 14, então o número de contratados para estes 2 cargos será superior a 12.

Correto. Seja *x* o número de contratados para o cargo com salário de R$ 2.000,00. Portanto, $N - x$ foram contratados com o outro salário. Dessa forma, $2000{,}00x + 2800{,}00(N - x) = 34000{,}00$, ou seja, $7N - 2x = 85$. Finalmente, $2000x / 3 = 2800(N - x)/14$, e, portanto, $28000x = 8400N - 8400x$, o que implica que $13x = 3N$, $x = (3/13)N$. Portanto, $7N - 2(3/13)N = 85$, $N = 13$.

Gabarito 1C

(2) O número de pessoas que essa empresa contratará não poderá ser um número par.

Correto. Se observarmos a equação 7N – 2x = 85, como 2x é sempre um número par e 85 é ímpar, então obrigatoriamente 7N é ímpar, o que implica que N é ímpar.

Gabarito 2C

(Agente Administrativo – Ministério do Esporte – 2008 – CESPE) Para implantar um novo plano de saúde em uma empresa, uma equipe foi incumbida de fazer o cadastro dos empregados que desejam aderir ao plano. Sabendo que 12 elementos dessa equipe conseguem cadastrar 1 296 empregados em 9 horas de trabalho e que a equipe trabalha de forma homogênea, julgue os itens a seguir.

(1) Dez elementos da equipe, em 1 h, 10 min e 30 s, conseguem cadastrar 141 empregados.

Correto. Temos que 1 elemento consegue cadastrar 1 296 / 12 = 108 empregados em 9 horas de trabalho. Portanto, em 1 hora de trabalho, 1 elemento consegue cadastrar 108/9 = 12 empregados. Observamos que 1h 10 min e 30s = 1h 10,5min = (1 + 10,5/60)h = 1,175h. Portanto, 10 elementos da equipe, neste tempo, cadastram
12 × 10 × 1,175 = 141 empregados.

Gabarito 1C

(2) Em 5 min, 2 empregados são cadastrados por um elemento da equipe.

Errado. Cada elemento da equipe cadastra 12 empregados por hora, ou seja, 12/60 = 0,2 empregados por minuto. Desta forma, em 5 minutos, ele cadastra 5 × 0,2 = 1 empregado.

Gabarito 2E

(3) Para cadastrar 468 empregados, 6 elementos da equipe levariam 6 h e 30 min.

Correto. Temos que 6 elementos da equipe cadastram 6 × 12 = 72 empregados por hora. Portanto, para cadastrar 468 empregados, eles precisam de 468/72 = 6,5 horas, ou seja, 6 h e 30 min.

Gabarito 3C

(Analista – ANAC – 2009 – CESPE) Segundo um novo levantamento da Agência Nacional de Aviação Civil (ANAC), o mercado doméstico de aviação no Brasil é controlado por 5 companhias principais, conforme a tabela abaixo.

companhia aérea	participação no número de passageiros no mercado nacional (%)
A	49,2
B	38,7
C	3,7
D	3,6
E	2,7

ANAC. In: Veja, 27/5/2009 (com adaptações).

A partir das informações apresentadas, julgue os itens a seguir.

(1) De cada 1 000 passageiros que voam regularmente por mês no Brasil, menos que 25 deles utilizam uma outra companhia aérea que não as 5 maiores.

1: Correto. Temos que as 5 maiores companhias aéreas têm
49,2 + 38,7 + 3,7 + 3,6 + 2,7 = 97,9 % do mercado.
Portanto, as outras companhias possuem 100 – 97,9 = 2,1% do mercado, e, em cada 1 000 passageiros, 0,021 × 1 000 = 21 passageiros as utilizam.

Gabarito 1C

(2) A participação da companhia A é superior à soma das participações das companhias B, C, D e E em mais de 1%.

2: Errado. A soma das participações das companhias B, C, D e E é de 38,7 + 3,7 + 3,6 + 2,7 = 48,7 %, ou seja, 0,5% a menos que a companhia A.

Gabarito 2E

(3) Para que a companhia E assuma a terceira posição isolada do ranque, supondo que C e D não alterem a sua participação no mercado, a companhia E deverá apresentar uma taxa de crescimento inferior a 37%.

3: Errado. A taxa t de crescimento da companhia E deverá ser tal que 2,7 × (1 + t) = 3,7, ou seja, t = 0,3704 = 37,04%.

Gabarito 3E

(Analista – ANAC – 2009 – CESPE) Acerca de grandezas proporcionais e de matemática financeira, julgue os itens que seguem.

(1) Se, em determinado mês, um trabalhador não sofrer reajuste salarial e os preços subirem 25%, então o poder de compra desse trabalhador será reduzido em 20% no referido mês.

1: Correto. Podemos considerar o poder de compra PC de um trabalhador como sendo a razão de seu salário S sobre um padrão de preços P. Portanto, PC = S / P. Se o preço crescer em 25%, então o novo poder de compra será PC = S / (1,25 × P) = 0,8 × S / P, ou seja, 80% do poder de compra original, o que indica uma queda de 100 – 80 = 20%.

Gabarito 1C

(2) Se um avião a uma velocidade média de 800 km por hora gasta 2 h 30 min entre os aeroportos A e B, então, para efetuar o mesmo percurso em exatamente 2 h, a velocidade média desse avião deverá ter um aumento de 20%.

2: Errado. Se o avião gasta 2h30 min a uma velocidade de 800km/h entre os aeroportos A e B, então a distância entre esses aeroportos é de 800 × 2,5 = 2 000km. Portanto, para efetuar o percurso em 2h, o avião deverá fazer o percurso com média de 2 000 / 2 = 1 000 km/h, ou seja, um aumento de velocidade de
800 × (1 + d) = 1 000, d = 0,25 ou 25%.

Gabarito 2E

(3) Considerando que, no hangar de uma companhia de aviação, 20 empregados, trabalhando 9 horas por dia, façam a manutenção dos aviões em 6 dias, então, nessas mesmas condições, 12 empregados, trabalhando com a mesma eficiência 5 horas por dia, farão a manutenção do mesmo número de aviões em menos de 2 semanas.

3: Errado. Para a manutenção dos aviões, são necessárias
20 × 9 × 6 = 1 080 homens × horas de serviço. Portanto, 12 empregados trabalhando 5 horas por dia, por N dias precisam executar o mesmo serviço, ou seja, 12 × 5 × N = 1 080, N = 18 dias, ou 2 semanas e 4 dias.

Gabarito 3E

(4) Investindo-se 80% de um capital em um fundo de renda fixa e o restante em um fundo de renda variável, cujas cotas sofram, respectivamente, valorização de 1,5% e 4,5% após um mês, é correto concluir que a rentabilidade desse capital no referido mês será superior a 2%.

4: Correto. A rentabilidade do capital no mês será de
0,8 × 0,015 + (1 – 0,8) × 0,045 = 0,021 ou 2,1%.

Gabarito 4C

(5) A taxa percentual de aumento sobre o preço original de um produto que foi submetido a um aumento de 30% seguido de um desconto de 20% é superior a 5%.

5: Errado. Seja P o preço do produto. Com aumento de 30%, este produto tem preço (1 + 0,3)P = 1,3P. Seguindo uma redução de 20%, temos o novo preço 1,3 × (1 – 0,2) × P = 1,04.P, ou seja, 4% superior ao preço original.

Gabarito 5E

(6) Se a maquete de um helicóptero, construída na escala de 1:24, tiver o comprimento igual a 20 cm, então o comprimento real dessa aeronave será inferior a 5 m.

6: Correto. O comprimento real da aeronave será de 20 × 24 = 480 cm, ou seja, 4,8m.

Gabarito 6C

(Analista – ANAC – 2009 – CESPE) Considerando que uma torneira totalmente aberta despeje 10 L de água em um tanque no tempo de 1 min e assumindo que essa vazão seja mantida, julgue os itens seguintes.

(1) Em meia hora, essa torneira despejará 250 L de água no tanque.

1: Errado. Em meia hora, ou seja, 30 min, a torneira despejará 10 × 30 = 300 litros de água.

Gabarito 1E

(2) Se o tanque tiver capacidade para 1 000 L, a água vertida pela torneira atingirá 85% da capacidade do tanque em 1 hora e 25 minutos.

2: Correto. Para atingir 85% da capacidade, a torneira deverá despejar 1 000 × 0,85 = 850 litros. Portanto, ela levará 850 / 10 = 85 minutos para isso, ou seja, 1 hora e (85 – 60) min = 1 hora 25 min.

Gabarito 2C

(Técnico – ANAC – 2009 – CESPE) Acerca de progressões e de funções, julgue os itens a seguir.

(1) Considerando que a tabela a seguir indique a quantidade de atrasos de voos em seis aeroportos ao longo de quatro meses, é correto afirmar que a soma dos voos atrasados nesses 6 aeroportos nos meses de janeiro, fevereiro, março e abril formam, nessa ordem, uma progressão aritmética decrescente.

ANAC	aeroporto 1	aeroporto 2	aeroporto 3	aeroporto 4	aeroporto 5	aeroporto 6
Janeiro	90	97	104	111	118	125
Fevereiro	85	92	99	106	113	120
Março	80	87	94	101	108	115
Abril	75	82	89	96	103	110

1: Correto. Como em cada aeroporto, individualmente, a quantidade de atrasos de voos forma uma PA decrescente de razão -5, a soma dos voos atrasados também é uma PA decrescente de razão -5 × 6 = -30.

Gabarito 1C

(2) Considerando que a planilha abaixo represente a evolução do preço de determinado produto ao longo do tempo, conforme uma sequência lógica, é correto afirmar que a expressão $p(t) = 10(2)^{\frac{t-1980}{5}}$, $t \geq 1980$, permite calcular o preço $p(t)$ a qualquer tempo t a partir de 1980.

tempo (anos) t	1980	1985	1990	1995	...	...	...
preço (R$) p	10	20	40	80	...	...	...

2: Correto. Podemos observar que o preço p(t) dobra a cada 5 anos a partir de 1980, e portanto este crescimento pode ser modelado pela função exponencial $p(t) = p(1980) * 2^{\frac{t-1980}{5}}$. Como p(1980) = 10, a expressão dada é correta.

Gabarito 2C

(Analista – ANAC – 2009 – CESPE) Considerando que, nos números positivos a, b, c, e d, os números a, b e d estejam, nessa ordem, em progressão geométrica; a, c e d estejam, nessa ordem, em progressão aritmética, e considerando, ainda, que a razão $\frac{a}{d}$ seja igual a $\frac{16}{25}$ e a soma dos números a, b, c e d seja 163, julgue os itens que se seguem.

(1) A razão da progressão geométrica é igual a $\frac{5}{4}$.

Correto. Seja r a razão da progressão geométrica. Portanto, b = r.a e d = r.b = r².a. Portanto, a / d = 1 / r², ou seja, r² = 25 / 16, r = 5 / 4.

Gabarito 1C

(2) A razão da progressão aritmética é menor que 8.

Errado. Seja n a razão da progressão aritmética. Assim sendo, c = a + n, d = c + n = a + 2n. Mas sabemos que d = r² × a = (25/16)a. Portanto, (25/16)a = a + 2n, 2n = (9/16)a. Como a + b + c + d = a + r.a + (a + n) + (a + 2n) = 163, temos que (3 + 5/4)a + 3n = 163. Finalmente, de 2n = (9/16)a., temos que 3n = (27/32)a, o que nos leva a (17/4)a + (27/32)a = 163, ou seja, (163/32)a = 163, a = 32. Dessa forma, 2n = (9/16)a, n = 9.

Gabarito 2E

(3) O número b é maior que o número c.

Errado. Temos que b = r.a = 32 × (5 / 4) = 40. Temos também que c = n + a = 32 + 9 = 41. Logo c > b.

Gabarito 3E

Texto para as três questões seguintes.

Uma manicure, um policial militar, um arquivista e uma auxiliar de administração são todos moradores de Ceilândia e unidos pela mesma missão. Vão assumir um trabalho até então restrito aos gabinetes fechados do Fórum da cidade. Eles vão atuar na mediação de conflitos, como representantes oficiais do TJDFT. Os quatro agentes comunitários foram capacitados para promover acordos e, assim, evitar que desentendimentos do dia a dia se transformem em arrastados processos judiciais. E isso vai ser feito nas ruas ou entre uma xícara de café e outra na casa do vizinho. O projeto é inédito no país e vai contar com a participação do Ministério da Justiça, da Ordem dos Advogados do Brasil (OAB), da Universidade de Brasília (UnB), do Ministério Público do Distrito Federal e dos Territórios e da Defensoria Pública.

Internet: <www2.correioweb.com.br>, acessado em 23/1/2001 (com adaptações).

(Técnico Judiciário – TJ/DF – 2008 – CESPE) Considerando o contexto apresentado acima, julgue os itens seguintes.

(1) Considere-se que, em determinada semana, o arquivista tenha promovido 27 acordos, o que correspondeu a 18% do total de acordos promovidos pelos quatro agentes referidos acima. Nesse caso, o número total de acordos promovidos naquela semana foi igual a 150.

(2) Suponha-se que, em certa semana, a manicure tenha promovido 25% a mais de acordos que a auxiliar de admi-

nistração, e que, juntas, as duas agentes comunitárias tenham promovido 180 acordos. Nesse caso, o número de acordos promovidos pela auxiliar de administração na referida semana foi inferior a 78.

(3) Considere-se que os números de acordos promovidos pela manicure e pelo policial militar em determinada semana estejam na proporção 2 : 5 e que os números de acordos promovidos pela manicure e pelo arquivista nessa mesma semana estejam na proporção 4 : 7. Nessa situação, na referida semana, se o policial militar promoveu 70 acordos, o número de acordos promovidos pelo arquivista foi igual a 63.

1: Para resolver esta questão, o candidato poderia utilizar regra de três, ou então, mais objetivamente, escrever o problema em forma de equação (para isso, lembramos que 18% também pode ser escrito como 0,18):

(0,18) . X = 27
X = 27/(0,18)
X = 150

A conclusão está certa.

2: Sejam "M" e "A" o número de acordos promovidos pela manicure e pela auxiliar de administração, respectivamente. Como M é 25% maior que A, podemos escrever isto como:

M = (1,25) . A (equação 1)
Temos também que **M + A = 180** e, portanto,
M = 180 – A (equação 2)
Substituindo a eq. 2 na eq. 1, temos:
M = (1,25).A
180 – A = (1,25).A
180 = (1,25).A + A
(2,25).A = 180
A = 180/(2,25) = 80 acordos promovidos pela auxiliar de administração.

Logo, a conclusão do enunciado está errada, pois o numero de acordos promovidos pela auxiliar de administração foi SUPERIOR a 78.

3: Sejam M, P e A o número de acordos promovidos pela manicure, pelo policial e pelo arquivista, respectivamente.

De acordo com o enunciado, temos que:
P/M = 5/2 , logo: M = (2/5).P (I)
M/A = 4/7 , logo: M = (4/7).A (II)

Como, por definição, (I) = (II), se o policial promoveu 70 acordos, o arquivista promoveu:
(2/5).P = (4/7).A
(2/5).70 = (4/7).A
(140/5).(7/4) = A
A = 49

Portanto, a afirmação do enunciado está errada, pois o arquivista promoveu 49 acordos.

Gabarito 1C, 2E, 3E

(Técnico Judiciário – TJ/DF – 2008 – CESPE) Considere-se que os quatro agentes comunitários mencionados no texto tenham mediado 440 conflitos em determinado mês. Sabe-se que o número de mediações feitas pela manicure foi igual ao número de mediações feitas pelo policial militar acrescido do número de mediações feitas pela auxiliar de administração, e que o número de mediações feitas pelo arquivista foi o dobro do número de mediações feitas pela auxiliar de administração. A partir dessas informações, julgue os próximos itens.

(1) A auxiliar de administração mediou pelo menos 113 conflitos.
(2) A manicure mediou pelo menos 110 conflitos.
(3) Se a manicure mediou exatamente 150 conflitos, então o policial militar mediou 90 conflitos.

1: Sejam "M", "P", "Ad" e "A" o número de mediações feitas pela manicure, policial, auxiliar de administração e arquivista, respectivamente. Pelas informações do enunciado, temos que:

M+P+A+Ad = 440 , logo: **P = 440 – (M) – (A) – (Ad)** (I)
M = (P)+(Ad) , logo: **P = M – Ad** (II)
A = 2Ad (III)

Substituindo (III) em (I):
P = 440 – M – 3Ad (I)

Como temos 3 incógnitas e apenas 2 equações, esse sistema não pode ser resolvido. Entretanto, podemos testar a veracidade da afirmativa feita no enunciado. Vamos testar a hipótese de Ad=113 para ver se chegamos a um resultado válido:

Ad = 113 (IV)
A = 2.(112) = 226 (V)

Agora substituiremos (IV) e (V) em (I) e (II), e teremos um sistema com 2 equações e 2 incógnitas:

M + P + 226 + 113 = 440 (VI)
M = P + 113 (VII)
(VII) em (VI):
P + 113 + P + 339 = 440
2P = 440 – 113 – 339
2P = -12
P = - 6 (valor inválido, pois o número de mediações feitas deve ser maior ou igual a zero).

Portanto, o enunciado está errado.

2: Substituindo M=110 nas equações (I) e (II), temos:
P = 440 – 110 – 3Ad, logo: P = 330 – 3Ad
110 = P + Ad , logo: P = 110 - Ad
Portanto,
330 – 3Ad = 110 – Ad
2Ad = 220
Ad = 110
A = 220
P = 110 – Ad = 110 – 110 = 0
M+P+A+Ad = 110 + 0 + 220 + 110 = 440 (VERDADEIRO).

Caso M<110, teríamos valores inválidos (negativos). Como exercício, sugerimos que o candidato teste esta conclusão.

Portanto, o enunciado é certo.

3: Substituindo M=150 em (I) e (II), temos:
P = 440 – 150 – 3Ad = 290 – 3Ad
P = 150 – Ad
150 – Ad = 290 – 3Ad
3Ad – Ad = 290 – 150
2Ad = 140
Ad = 70

Substituindo Ad=70 em qualquer uma das duas equações de P, temos:
P = 150 – Ad = 150 – 70 = 80

Portanto, o enunciado está errado, pois o policial mediou apenas 80 conflitos.

Gabarito 1E, 2C, 3E

(Técnico Judiciário – TJ/DF – 2008 – CESPE) No ano em que começou a atuação dos agentes comunitários referidos no texto, o número de processos ajuizados diminuiu consideravelmente na cidade de Ceilândia. Suponha-se que, nesse ano, $P(t)$ e $F(t)$ correspondam, respectivamente, ao número total de processos e ao número desses processos relacionados à justiça da família ajuizados no TJDFT no mês t. Suponha-se que $P(t) = -10t^2 + 100t + 600$ e que $F(t) = 720 - 30t$, com $1 \le t \le 12$, em que $t = 1$ corresponde ao mês de janeiro, $t = 2$ corresponde a fevereiro, e assim por diante.

Com base nessas informações, julgue os itens seguintes, referentes ao ano inicial de atuação dos agentes.

(1) O número total de processos ajuizados em agosto — t = 8 — foi superior a 696.

(2) Nesse ano, maio — t = 5 — foi o mês em que mais processos foram ajuizados.

(3) O gráfico a seguir ilustra corretamente o comportamento de P(t) ao longo do tempo t, para $1 \le t \le 12$.

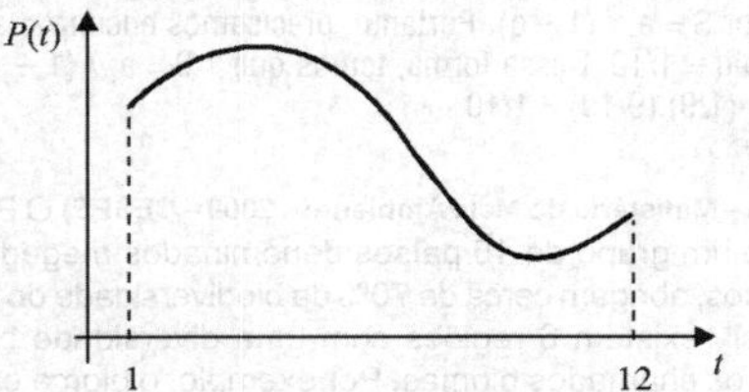

(4) Em determinado mês do ano inicial de atuação dos agentes, o número total de processos ajuizados foi igual a 600.

(5) Foi superior a 230 o número de processos ajuizados em abril que não envolveram questões familiares.

(6) Em exatamente dois dos meses do ano inicial de atuação dos agentes, todos os processos ajuizados estavam relacionados à justiça da família.

(7) O gráfico a seguir representa corretamente o comportamento da função F(t).

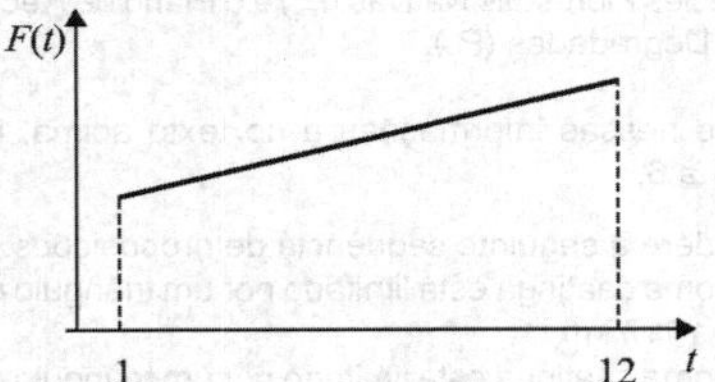

1: Para resolver este problema, o candidato deve substituir o valor "t=8" na equação P(t), e o resultado será o numero total de processos ajuizados em agosto.

$P(t) = -10t^2 + 100t + 600$

$P(8) = -10(8)^2 + 100.(8) + 600$

$P(8) = -640 + 800 + 600$

$P(8) = 760$

Como 760>696, o enunciado está correto.

2: Este problema pode ser resolvido de 2 maneiras. A mais objetiva é utilizando técnicas de derivada para encontrar o ponto de máximo da função. Entretanto, como provavelmente a maior parte dos candidatos não está familiarizado com este conteúdo, apresentamos abaixo as duas formas.

1ª forma de resolução (utilizando derivada):

$P(t) = -10t^2 + 100t + 600$

$P(t)' = -2.10.t + 100$ (derivada da função)

O ponto máximo de qualquer função é o ponto onde a derivada é igual a zero. Portanto:

$-20t + 100 = 0$

$t = 100/20$

$t = 5$

Portanto, o mês 5 (maio) foi o mais em que mais processos foram ajuizados. O enunciado está correto.

2ª forma de resolução:

Para os candidatos não familiarizados com técnicas de derivada, o problema pode ser resolvido por substituição de "t" na equação, desde 1 (janeiro) até 12 (dezembro). Dessa forma, encontraremos o número total de processos ajuizados em cada mês do ano.

Janeiro: $P(1) = -10(1)^2 + 100(1) + 600 = 690$ processos

Fevereiro: $P(2) = -10(2)^2 + 100(2) + 600 = 760$ processos

Março: $P(3) = -10(3)^2 + 100(3) + 600 = 810$ processos

Abril: $P(4) = -10(4)^2 + 100(4) + 600 = 840$ processos

Maio: $P(5) = -10(5)^2 + 100(5) + 600 = 850$ processos

Junho: $P(6) = -10(6)^2 + 100(6) + 600 = 840$ processos

Julho: $P(7) = -10(7)^2 + 100(7) + 600 = 810$ processos

O candidato nem precisaria perder tempo substituindo os valores até dezembro para perceber que tivemos um crescimento de janeiro a maio, e depois um decréscimo progressivo. Portanto, em maio tivemos o maior numero de processos ajuizados (850). O enunciado está correto.

3: Os pontos de máximo e mínimo da função podem ser encontrados calculando-se a derivada e igualando a zero, como vimos na questão anterior. O único ponto de derivada igual a zero é no mês 5, que é o mês em que o numero de processos ajuizados foi máximo. Portanto, não existe este ponto de mínimo ilustrado no final do gráfico. O gráfico não ilustra corretamente o comportamento de P(t).

Mas o candidato não familiarizado com técnicas de derivação pode substituir os valores de 1 a 12 na equação, como fizemos na questão anterior. Fazendo isso, verá que após o mês 5, P(t) é decrescente, e o gráfico não ilustra corretamente o comportamento de P(t).

4: Utilizando a fórmula, vamos verificar se existe algum "t" que chega a um cálculo de 600 processos ajuizados:

$P(t) = -10t^2 + 100t + 600$

$600 = -10t^2 + 100t + 600$

$-10t^2 + 100t + 600 - 600 = 0$

$t^2 - 10t = 0$

$t.(t - 10) = 0$

As raízes da equação são:

t= 0 (valor inválido) ou t=10 (valor válido)

Portanto, no mês 10 (outubro), o numero total de processos ajuizados foi 600. O enunciado está correto.

5: Para encontrar o número de processos que não envolveram questões familiares, devemos primeiro encontrar o numero total de processos de abril ("t=4"), e depois subtrair o número de processos que envolveram questões familiares.

Número total de processos:

$P(t) = -10t^2 + 100t + 600$

$P(4) = -10.(4)^2 + 100t + 600$

$P(4) = -160 + 400 + 600 = 840$ processos em abril

Número de processos envolvendo questões familiares:

$F(t) = 720 - 30t$

$F(4) = 720 - 30.(4)$

$F(4) = 720 - 120 = 600$ processos familiares

Como tivemos 840 processos em abril, sendo 600 familiares, concluímos que 240 processos não envolveram questões familiares. Como 240>230, o enunciado está correto.

6: Os momentos em que todos os processos estejam relacionados à família são aqueles em que:

P(t) = F(t)

$-10t^2 + 100t + 600 = 720 - 30t$

$-10t^2 + 100t + 30t + 600 - 720 = 0$

$-10t^2 + 130t - 120 = 0$

Para resolver esta equação do 2º grau, utilizamos a Fórmula de Báskara:

$$x = \frac{-b \pm \sqrt{b^2 - 4ac}}{2a}$$

$$x = \frac{-130 \pm \sqrt{(130)^2 - 4.(-10).(-120)}}{2.(-10)}$$

$$x = \frac{-130 \pm \sqrt{16900 - 4800}}{-20} = \frac{-130 \pm \sqrt{12100}}{-20}$$

$$= \frac{-130 \pm 110}{-20}$$

1ª raiz:

$$x = \frac{-130 + 110}{-20} = \frac{-20}{-20}$$

x = 1 (mês JANEIRO)

2º raiz:

$$x = \frac{-130 - 110}{-20} = \frac{-240}{-20}$$

x = 12 (mês DEZEMBRO)

Portanto, em janeiro e dezembro todos os processos ajuizados estavam relacionados à justiça da família. Portanto, o enunciado está correto.

7: Como F(t)= 720 – 30t, o gráfico será inclinação negativa, pois quanto maior for "t", maior será F(t). Portanto, o gráfico ilustrado está incorreta para a função F(t).

Gabarito 1C, 2C, 3E, 4C, 5C, 6C, 7E

(Agente Administrativo – Ministério do Meio Ambiente – 2009 – CESPE) Considere as equações que representam cada uma das sentenças a seguir.

I. A soma de 64,24 com o quadrado de um número é igual a 70.

II. A multiplicação de um número subtraído de 7 pelo mesmo número adicionado a 7 é igual a 576.

III. O triplo de um número somado a $\frac{1}{3}$ é igual a $\frac{2}{3}$.

Acerca dessas equações, julgue os próximos itens.

(1) Todas as soluções das equações que representam as sentenças I, II e III são números positivos.

1: Errado. Observamos a equação II. Seja y o número procurado. Então $(y - 7).(y + 7) = 576$. Portanto, $y^2 - 49 = 576$, $y^2 = 625$, $y = \pm 25$. Portanto, temos uma solução negativa.

Gabarito 1E

(2) As equações que representam as sentenças I, II e III são equações do segundo grau.

2: Errado. Vamos observar agora a equação III. Seja z o número procurado. Então 3.z + 1/3 = 2/3, ou seja, 3.z = 1/3, z = 1/9. Essa equação é de primeiro grau.

Gabarito 2E

(3) As equações que representam as sentenças I e II têm pelo menos uma solução comum.

3: Errado. Vamos resolver a equação I. Seja x o número procurado, então $64,24 + x^2 = 70$, $x^2 = 5,76$, $x = \pm 2,4$. Portanto, I e II não tem soluções comuns.

Gabarito 3E

(4) Todas as soluções das equações que representam as sentenças II e III são números racionais.

4: Correto. Observamos que as soluções de II, y = ± 25, e de III, z = 1/9 são todas racionais.

Gabarito 4C

(5) A equação que representa a sentença III possui solução que é a soma de uma progressão geométrica infinita em que a razão é igual a $\frac{1}{10}$.

5: Correto. A soma dos termos de uma progressão geométrica infinita é dada por $S = a_1 / (1 - q)$. Portanto, precisamos encontrar a_1 tal que S = 1/9 e q = 1/10. Dessa forma, temos que $1/9 = a_1 / (1 - 1/10)$, ou seja, $a_1 = (1/9).(9/10) = 1/10$.

Gabarito 5C

(Analista – Ministério do Meio Ambiente – 2008 – CESPE) O Brasil faz parte de um grupo de 15 países denominados megadiversos, que, juntos, abrigam cerca de 70% da biodiversidade do planeta. No Brasil, existem 6 regiões com uma diversidade biológica própria, os chamados biomas. Por exemplo, o bioma caatinga, no nordeste do país, ocupa uma área de aproximadamente 844 452 km²; o bioma pantanal, no centro-oeste do país, ocupa uma área de aproximadamente 150 500 km².

A Comissão Nacional de Biodiversidade (CONABIO), que atua fundamentalmente na implementação da política nacional de biodiversidade, é constituída pelo presidente e mais 6 membros titulares, tendo estes 6 últimos 2 suplentes cada.

No Programa Nacional de Florestas, há alguns projetos em andamento, como, por exemplo, o Plano Nacional de Silvicultura com Espécies Florestais Nativas (P_1) e o Plano de Recuperação de Áreas Degradadas (P_2).

Com base nessas informações e no texto acima, julgue os itens de 1 a 6.

(1) Considere a seguinte sequência de proposições:
A O bioma caatinga está limitado por um triângulo cuja base mede 1 117 km;
B O bioma caatinga está limitado por um triângulo cuja base mede 1 117 km e a altura desse triângulo com relação a essa base é inferior a 1 500 km.
Nessa situação, se a proposição A for verdadeira, então a proposição composta A → B é verdadeira.

1: Errado. Seja P a proposição "o bioma caatinga está limitado por um triângulo cuja base mede 1 117 km" e Q "a altura desse triângulo com relação a essa base é inferior a 1 500 km. Portanto, A → B é equivalente a P → (P ∧ Q). Construindo a tabela verdade, temos

P	Q	P ∧ Q	P → (P ∧ Q)
V	V	V	V
V	F	F	F
F	F	F	V
F	V	F	V

Portanto, se P é verdadeiro mas Q falso, P → (P ∧ Q) é falso.

Gabarito 1E

(2) Considere 3,14 como valor aproximado para p e que a proposição seguinte seja verdadeira: "O bioma pantanal pode ser inscrito em um círculo de raio aproximadamente igual a 219 km". Nesse caso, será também verdadeira a seguinte proposição: "O bioma pantanal não pode ser inscrito em um círculo de raio aproximadamente igual a 219 km ou esse bioma pode ser inserido em um círculo cuja fronteira — perímetro — mede mais de 1 370 km".

2: Correto. O perímetro de um círculo de raio de 219 km é 2 × π × 219 = 6,28 × 219 = 1375,32 km. Dessa forma, se o bioma pode ser inscrito em um círculo de raio de 219 km, ele pode ser inscrito em um círculo de perímetro de mais de 1370km.

Gabarito 2C

(3) Suponha que as probabilidades de os planos P_1 e P_2, referidos no texto, terem 100% de suas metas atingidas sejam, respectivamente, iguais a $\frac{3}{7}$ e $\frac{2}{5}$, e que ambos estejam em andamento independentemente um do outro. Nesse caso, a probabilidade de pelo menos um desses planos ter suas metas plenamente atingidas é superior a 0,7.

3: Errado. A probabilidade de pelo menos um dos planos ter sua meta plenamente atingida é 1 menos a probabilidade de nenhum dos planos ter a meta plenamente atingida. Ou seja, o valor dessa probabilidade é $1 - (1 - 3/7)\times(1 - 2/5) = 1 - (4/7)\times(3/5) = 1 - 12/35 = 23/35 = 0{,}657$.

Gabarito 3E

(4) Considere que se deseje formar 3 comissões distintas com os 15 representantes dos países do grupo dos megadiversos: uma comissão terá 9 membros e as outras duas, 3 membros cada uma. Supondo que cada país tenha um representante e que este atue somente em uma comissão, é correto concluir que existem mais de 100 000 maneiras distintas de se constituírem essas comissões.

4: Correto. Para a primeira comissão, temos C(15;9) maneiras, para a segunda C(6;3) e para a terceira C(3;3). Portanto, o número de maneiras distintas é $[\,15!\,/\,(\,9! \times 6!\,)\,] \times [\,6!\,/\,(3! \times 3!)\,] \times 1 = 15 \times 14 \times 13 \times 12 \times 11 \times 10\,/\,36 = 100\,100$.

Gabarito 4C

(5) Por definição, um anagrama de uma palavra é uma permutação das letras dessa palavra, formando uma sequência de letras que pode ou não ter significado em língua portuguesa. Dessa forma, a quantidade de anagramas que podem ser formados com a palavra CONABIO de modo que fiquem sempre juntas, e na mesma ordem, as letras de cada palavra utilizada na formação dessa sigla é superior a 7.

5: Errado. Como CONABIO é a sigla de Comissão Nacional de BIOdiversidade, as letras CO, NA e BIO devem ficar sempre juntas. Portanto, os anagramas possíveis são CONABIO, COBIONA, NACOBIO, NABIOCO, BIONACO e BIOCONA, portanto 6 anagramas.

Gabarito 5E

(6) Considere que seja necessária a presença de exatamente 7 membros para a realização de uma reunião da CONABIO, sendo a presença do presidente e a de pelo menos um membro titular obrigatórias. Nessa situação, a quantidade de maneiras diferentes que essa comissão poderá ser formada para suas reuniões é inferior a 250.

6: Considerado correto, apesar de errado. Tirando o presidente, de presença obrigatória, os outros 6 membros para a reunião podem ser formadas por qualquer quantidade de membros titulares e suplentes, salvo 6 suplentes juntos. Como cada membro titular tem 2 suplentes, então, se não houvesse essa restrição, a comissão poderia ser formada de $3^6 = 729$ formas. Porém, existem $2^6 = 64$ comissões somente com suplentes, e, portanto, existem $729 - 64 = 665$ maneiras diferentes que podem ser usadas para essas reuniões.

Gabarito 6C

5. Matemática Financeira

Enildo Garcia, André Braga Nader Justo e André Fioravanti*

(Auditor Fiscal - SEFAZ/RS - 2019 - CESPE/CEBRASPE) Um título com valor nominal de R$ 2.250 foi descontado 4 meses antes do seu vencimento à taxa de desconto comercial simples de 36% ao ano. Nesse caso, o valor atual (valor descontado comercial) foi igual a

(A) R$ 1.710.
(B) R$ 1.980.
(C) R$ 1.992.
(D) R$ 1.999.
(E) R$ 2.009.

Resolução
Sabe-se que o desconto comercial simples d tem por fórmula

d = N(1 – it)
onde N é o valor nominal do título
i é a taxa de desconto, e
t o tempo.

Assim,
t = 36% a.a. = 3% a.m.

d = 2.250 (1 – 0,03x4)

d = 2.250 (1 – 0,12)

d = 2.250 (0,88)

d = 1.980

Gabarito "B".

(Auditor Fiscal - SEFAZ/RS - 2019 - CESPE/CEBRASPE) A tabela a seguir mostra as taxas de rendimentos de um fundo de previdência privada em cada um dos primeiros 4 meses do ano de 201X.

Mês	taxa
Janeiro	2,11%
fevereiro	1,7%
Março	– 0,5%
Abril	1,6%

Nessa situação, no regime de juros compostos, a taxa de rendimentos acumulada nesse período é expressa por

(A) [(2,11 + 1,7 ! 0,5 + 1,6) ! 1] × 100%.
(B) [(1,0211 × 1,017 × 0,995 × 1,016) ! 1] × 100%.
(C) [(2,11 × 1,17 × 0,995 ×1,6) ! 1] × 100%.
(D) (1,0211 + 1,017 ! 1,005 + 1,016)%.
(E) (2,11 + 1,7 + 0,5 + 1,6)%

Resolução
A taxa acumulada tem por fórmula
iacum = (1 +**i1**) (1 +**i2**) (1 +**i3**) (1 +**i4**) – 1
com os dados do enunciado,
iacum = (1 + 0211) (1 + 0,017) (1 – 0,005) (1 + 0,016) - 1
iacum = (1,0211) (,0217) (0,995) (1,016) - 1

Transforma-se em porcentagem multiplicando-se por 100%:
iacum = [(1,0211) (,0217) (0,995) (1,016) – 1]x100%

Gabarito "B".

(Auditor Fiscal - SEFAZ/RS - 2019 - CESPE/CEBRASPE) Uma dívida de R$ 5.000 foi liquidada pelo valor de R$ 11.250, pagos de uma única vez, dois anos após ter sido contraída. Nesse caso, no regime de juros compostos, a taxa anual de juros empregada nesse negócio foi de

(A) 5%.
(B) 12,5%.
(C) 25%.
(D) 50%.
(E) 62,5%.

Resolução
Sabe-se que a fórmula do montante com juros compostos é
$M = C(1 + i)^n$
Assim,
$11.250 = 5.000(1 + i)^2$
$2,25 = (1 + i)^2$
1,5 = (1 + i)
i = 0,50 = 50 %

Gabarito "D".

(Analista – MPU – 1996 – CESPE) Se não houvesse inflação e se a capitalização dos rendimentos da caderneta de poupança fosse simples, a taxa de juros seria então de 0,5% ao mês. Admitindo isso, o tempo t, em anos, necessário para que um depósito em caderneta de poupança, aplicado à taxa mensal de 0,5%, produza juros simples iguais a 150% de seu valor, satisfaz à condição

(A) t < 10.
(B) 10 <= t < = 20.
(C) t = 20.
(D) 20 < t < 30.
(E) t > = 30.

A fórmula para o cálculo de juros simples é:
$J = \frac{C.i.t}{100}$, sendo "c" o capital aplicado, "i" os juros e "t" o tempo (em meses).
Como queremos um montante de juros igual a 150% do capital aplicado (ou seja, o valor do capital mais a metade), devemos ter: J = (1,5).C

$$J = \frac{C.i.t}{100}$$

$$(1,5).C = \frac{C.i.t}{100}$$

150 = i . t

$$t = \frac{150}{i} = \frac{150}{0,5} = 300 \text{ meses}$$

Como um ano tem 12 meses, então o número de anos necessário para acumular 150% de rendimento é:

* As questões dos concursos de ministérios, agências reguladoras e autarquias federais, bem como dos concursos bancários e da Petrobras foram comentadas pelo autor **André Fioravanti**. As questões dos concursos fiscais e policiais, pelo autor **Enildo Garcia**. E as demais, pelos autores **Enildo Garcia** e **André Justo**.

$T = \frac{300}{12} = 25$ anos.

Gabarito "D"

(Técnico – ANAC – 2009 – CESPE) Julgue o item que se segue.

(1) Caso as instruções para o pagamento de um boleto bancário prevejam multa de 2%, acrescida de 0,1% de juros (simples, sobre o principal) por dia de atraso, então, para se quitar um boleto de R$ 1.000,00 que esteja atrasado 3 dias, serão necessários mais de R$ 1.025,00.

1: Errado. Com o atraso de 3 dias, serão acrescidos $2 + 0,1 \times 3 = 2,3\%$ de juros. Ou seja, para quitar o boleto, serão necessários $1.000,00 \times (1 + 0,023) = 1.023,00$ reais.

Gabarito 1E

(Analista – ANAC – 2009 – CESPE) Acerca de grandezas proporcionais e de matemática financeira, julgue o item que segue.

(1) Considerando-se, no âmbito brasileiro, a redução da taxa básica de juros (taxa aparente) para 9,25% ao ano em junho de 2009, e projetando-se a inflação em 4,5% ao ano para 2009, é correto afirmar que a taxa real de juros no país para 2009 será inferior a 4,3% ao ano.

1: Errado. A taxa real TR é dada por $TR = (1 + TA) / (1 + TI) - 1$, onde TA é a taxa aparente e TI a taxa da inflação.
Portanto $TR = 1,0925 / 1,043 - 1 = 0,047 = 4,7\%$.

Gabarito 1E

(Analista – ANTAQ – 2005 – CESPE) Dois capitais, um de R$ 26.600,00 e outro de R$ 28.500,00, foram aplicados na mesma data, em uma instituição financeira que usa o regime de capitalização simples. O primeiro foi aplicado à taxa de 60% ao ano e o segundo, à taxa de 48% ao ano.

Com relação a essas aplicações, julgue os itens que se seguem.

(1) A taxa bimestral equivalente à taxa de 48% ao ano é igual a 24%.

1: Errado. Como um ano tem 6 bimestres, a taxa bimestral equivalente à taxa de 48% ao ano é $48 / 6 = 8\%$ ao bimestre.

Gabarito 1E

(2) Em menos de 8 meses do início das aplicações, os dois capitais aplicados terão montantes iguais.

2: Errado. Os capitais terão montantes iguais quando $26.600,00 \times (1 + 0,6t) = 28.500,00 \times (1 + 0,48t)$, e, portanto, $26.600,00 + 15.960t = 28.500,00 + 13.680t$, $2.280t = 1900$, $t = 0,833$ anos, ou $0,833 * 12 = 10$ meses.

Gabarito 2E

(Analista – ANTAQ – 2005 – CESPE) Julgue o item seguinte.

(1) Considere que um capital tenha sido aplicado por 1 ano à taxa de 23,2% ao ano. Se, nesse mesmo período, a inflação foi de 10%, então a taxa real de juros dessa aplicação foi de 12% ao ano.

1: Correto. A taxa real de juros i é tal que $i + 1 = 1,232 / 1,1 = 1,12$, ou seja, $i = 0,12$ ou 12% ao ano.

Gabarito 1C

(Analista – ANVISA – 2004 – CESPE) Julgue o item seguinte.

(1) Considere que um capital de R$ 10.000,00 aplicado por 1 mês renda R$ 302,00 de juros e que a taxa de inflação naquele mês seja de 1%. Nessa situação, a taxa real de juros será superior a 2,5%.

1: Errado. Esse capital foi aplicado sob uma taxa aparente i_a tal que $10.000,00.i_a = 302,00$, $i_a = 0,0302$. Dessa forma, a taxa real de juros i_r é tal que $1 + i_r = (1 + i_a) / (1 + i)$, onde i é a taxa de inflação. Portanto, $i_r = 1.0302 / 1,01 - 1 = 0,02$ ou 2%.

Gabarito 1E

(Analista – INSS – 2008 – CESPE) Julgue o item seguinte., acerca de taxas de juros.

(1) Se, em determinado ano, a inflação for igual a 20%, será mais atraente para um investidor fazer suas aplicações à taxa real de 10% do que à taxa aparente de 30%.

1: Correto. Calculando a taxa real de uma aplicação em taxa aparente de 30%, temos que $1 + i_r = (1 + i_a) / (1 + i)$, onde i_r é a taxa real, i_a a taxa aparente, e i a taxa da inflação.
Assim sendo, $i_r = 1,3 / 1,2 - 1 = 0,0833$ ou 8,33%.

Gabarito 1C

(Analista – INSS – 2008 – CESPE) O instituto de previdência privada IPP paga, no início de cada mês, a cada um de seus segurados, um auxílio — que pode ser auxílio-doença ou auxílio-maternidade — no valor de R$ 500,00. Também no início de cada mês, o IPP concede 800 novos auxílios-doença e uma quantidade constante *x* de auxílios-maternidade. Para o pagamento desses auxílios, o IPP recorre a uma instituição financeira, tomando empréstimos à taxa de juros simples de 2,5% ao mês.

Com referência aos meses de janeiro, fevereiro e março do último ano, o IPP pagou R$ 90.000,00 de juros à instituição financeira por conta dos empréstimos para pagamento desses novos auxílios.

Com base nessa situação hipotética, julgue o item subsequente.

(1) A taxa de juros simples anual proporcional à taxa de juros cobrada pela referida instituição financeira é igual a 25%.

1: Errado. como a instituição cobra taxa de juros simples de 2,5% ao mês, a taxa de juros simples anual proporcional é de $12 \times 2,5 = 30\%$ de juros ao ano.

Gabarito 1E

(2) Com referência aos 3 meses considerados, a soma dos novos auxílios-doença pagos pelo IPP foi inferior a R$ 2.000.000,00.

2: Errado. No início de cada mês, o IPP concede 800 novos auxílios-doença no valor de R$ 500,00 cada, ou seja, a cada mês, são gastos $800 \times 500,00$ = R$ 400.000,00. Os novos auxílios-doença pagos no 1º mês considerado receberam este auxílio 3 vezes (no mês inicial e nos dois subsequentes). Os que receberam no 2º mês considerado receberam 2 vezes (no 2º e 3º meses). Finalmente os que receberam no 3º mês, receberam apenas uma vez.
Portanto, o IPP gastou, nos 3 meses considerados, uma quantia de $(3 + 2 + 1) \times$ R$ 400.000,00 = R$ 2.400.000,00 com os novos auxílios-doença.

Gabarito 2E

(3) Com referência aos 3 meses considerados, o IPP destinou mais de R$ 1.200.000,00 para pagar os novos auxílios-maternidade.

Considerado correto, apesar de duvidoso. No 1º mês, o IPP emprestou $(800 + x) \times 500,00$ reais da instituição financeira. Portanto, os juros a serem pagos, referente a essa parcela, é $J1 = (800 + x) \times 500,00 \times 0,075$.

Os juros pagos referente ao segundo mês,

$J2 = (800 + x) \times 500,00 \times 0,05$, e com o 3º mês,

$J3 = (800 + x) \times 500,00 \times 0,025$. Portanto, $J = J1 + J2 + J3 =$

$(800 + x) \times 500,00 \times (0,075 + 0,05 + 0,025) = (800 + x) \times 500,00 \times 0,15$.

Como J = R$ 90.000,00, temos que $800 + x = 1.200$, ou seja, $x = 400$. Portanto, nos 3 meses considerados, o IPP destinou metade do que destinou para auxílios-doença com auxílios-maternidade, ou seja 2.400.000,00 / 2 = R$ 1.200.000,00. Dessa forma, o IPP destinou R$ 1.200.000,00 ou mais (e não mais de R$ 1.200.000,00) para pagar esses novos auxílios-maternidade.

Gabarito 3C

(Auditor Fiscal/ES – 2009 – CESPE) Se um capital de R$ 2.000,00 foi aplicado por um período de 2 meses, sem saques no período, e o montante desse investimento, ao final dos 2 meses, foi de R$ 2.205,00, então, nesse investimento, foi praticada a taxa de juros compostos de 5% a.m.

1: Certo. $M = C(1+i)^2$
$2205 = 2000(1+i)^2$
$(1+i)2 = 2205/2000 = 1{,}1025$
Extraindo a raiz obtemos
$1 + i = 1{,}05 \Rightarrow i = 0{,}05 = 5\%$

Gabarito 1C

(Auditor Fiscal/ES – 2009 – CESPE) Considere que R$ 2.000,00 tenham sido investidos em uma aplicação financeira que paga juros compostos de 5% a.m. e que, depois de certo período em que não houve qualquer saque ou nova aplicação nesse investimento, o montante era de R$ 2.315,25. Nessas condições, é correto concluir que esse investimento foi feito por 3 meses

1: Certo. $2000(.1 + 0{,}05)^t = 2315{,}25$
$(1{,}05)t = 1{,}157625$ calculo $(1{,}05)^2 = 1{,}1025$ e $(1{,}05)^3 = 1{,}157625$
$t = 3$

Gabarito 1C

(Analista – ANAC – 2009 – CESPE) Acerca de grandezas proporcionais e de matemática financeira, julgue os itens que seguem.

(1) No regime de capitalização composta, a taxa nominal ao semestre, capitalizada mensalmente, equivalente à taxa nominal de 103,5% ao trimestre, capitalizada bimestralmente, é inferior a 150%.

1: Errado. A taxa nominal de 103,5% ao trimestre, capitalizada bimestralmente, é de $103{,}5 \times (2/3) = 69\%$. Portanto, a taxa efetiva mensal i é tal que $(1+i)^2 = 1{,}69$, ou seja, $i = 0{,}3$ ou 30%. Portanto, essa taxa nominal ao semestre, capitalizada mensalmente, é de $30 \times 6 = 180\%$.

Gabarito 1E

(2) Considerando que um banco empreste dinheiro a um cliente por 2 meses a juros compostos de 40% ao mês, então, no mesmo período, a taxa de juros simples que renderá os mesmos juros pagos pelo cliente será superior a 47%.

2: Correto. Os juros a serem pagos depois de 2 meses é de $(1+0{,}4)^2 - 1 = 1{,}96 - 1 = 0{,}96$ ou 96%. Portanto, a taxa de juros simples que rende os mesmos juros é de $96/2 = 48\%$.

Gabarito 2C

(3) Caso as ações de uma empresa de aviação sofram um aumento de 20% durante dois meses consecutivos e uma queda também de 20% nos dois meses seguintes, então, ao fim do referido período, essas ações sofrerão desvalorização de 7,84%.

3: Correto. Seja V o valor original das ações. Depois do referido período, seu novo valor é de $V \times (1+0{,}2)^2 \times (1-0{,}2)^2 = 0{,}9216V$, ou seja, queda de $1 - 0{,}9216 = 0{,}0784$ ou 7,84%.

Gabarito 3C

(4) Caso o Banco A cobre uma taxa efetiva de juros de 23% ao ano e o Banco B cobre uma taxa nominal de juros de 22% ao ano com capitalização semestral, então a melhor taxa de juros para o cliente será a do Banco B.

4: Errado. A taxa efetiva de juros do banco B é de $(1 + 22/2)^2 - 1 = 1{,}11^2 - 1 = 0{,}2321 = 23{,}21\%$ ao ano. Portanto a melhor taxa de juros é do banco A.

Gabarito 4E

(Analista – ANTAQ – 2009 – CESPE) Com relação a juros e descontos, julgue os itens a seguir.

(1) Duas taxas de juros são efetivas se, considerados o mesmo prazo de aplicação e o mesmo capital, for indiferente fazer a aplicação com uma ou com outra taxa.

1: Errado. Neste caso, as taxas de juros são ditas equivalentes.

Gabarito 1E

(2) Diferentemente do regime de juros simples, no regime de juros compostos, os juros são capitalizados.

2: Correto. No regime de juros compostos, os juros de todo o período anterior ao atual também são capitalizados.

Gabarito 2C

(Analista – INSS – 2008 – CESPE) Julgue o item seguinte, acerca de taxas de juros.

(1) A taxa mensal de juros compostos que equivale à taxa semestral de juros compostos de 10% é dada por $[1{,}1^{\frac{1}{6}} - 1] \times 12$.

Considerado correto, apesar de errado. A taxa mensal i equivalente a uma taxa semestral de 10% é tal que $(1+i)^6 = 1{,}1$, ou seja, $i = 1{,}1^{1/6} - 1$ (observe que não há a multiplicação por 12 na resposta correta).

Gabarito 1C

(Analista – ANTAQ – 2009 – CESPE) Com relação a juros e descontos, julgue o item seguinte.

(1) Desconto racional é aquele valor que se obtém pelo cálculo do juro simples sobre o valor nominal do compromisso que seja saldado *n* períodos antes de seu vencimento.

1: Errado. Esta definição trata do desconto comercial. O desconto racional é o desconto obtido pela diferença entre o valor nominal e o valor atual de um compromisso que seja saldado n períodos antes do seu vencimento.

Gabarito 1E

6. Estatística

Elson Garcia, Enildo Garcia, André Braga Nader Justo e André Fioravanti*

(Escrivão de Polícia/DF – 2013 – CESPE) Julgue o item a seguir, acerca de estatística descritiva.

(1) Em uma amostra com assimetria positiva, observa-se que a média é igual à moda e que a mediana está deslocada à direita da média.

1: Errado, pois uma amostra com assimetria positiva apresenta a média maior do que a mediana e a mediana maior do que a moda.

Gabarito 1E

(Escrivão de Polícia/DF – 2013 – CESPE) Julgue o item abaixo, a respeito de técnicas de amostragem.

(1) Em uma amostragem sistemática cuja fração de seleção seja igual a 3 e o tamanho resultante da amostra seja igual a 125.000 observações, o tamanho da população será superior a 300.000 elementos.

1: Correto, pois a amostragem sistemática é aquela na qual, através de um sistema, se escolhe uma determinada parcela de indivíduos entre subgrupos. Esta estratégia é empregada devido à inviabilidade de amostrar toda população.
Exemplo: A cada 7 indivíduos escolhe-se três.
Este intervalo é definido pela quantidade total que se deseja consultar.
Intervalo = População/Consulta pretendida.
Neste caso, a consulta pretendida era de 125.000.
Intervalo = População/125.000 e (Intervalo)(125.000) = População
Note que a quantidade de elementos do intervalo deve ser no mínimo igual à quantidade de elementos a serem escolhidos nos intervalos. Assim o intervalo pode ser composto por 3,4,5, n elementos. Pois o item deixou claro que se escolherá 3 elementos por intervalo.
Sendo assim, pegando o menor intervalo, que é 3, a população já seria maior que 300.000 elementos, como afirma o item. Para um intervalo igual a 3 temos: 3 x 125.00 = 375.000

Gabarito 1C

(Técnico – ANATEL – 2004 – CESPE) Em uma pesquisa acerca da utilização de telefone celular, foram entrevistadas 2.000 pessoas. Dos entrevistados que possuem telefone celular, 75% usam o sistema pré-pago. Entre os que adquiriram celular há menos de 6 meses, 80% optaram por esta forma de pagamento. Em relação aos entrevistados que não possuem celular, 10% declararam usar emprestado o telefone de outra pessoa, sendo que 50% destes pretendem adquirir um celular do tipo pré-pago nos próximos seis meses.

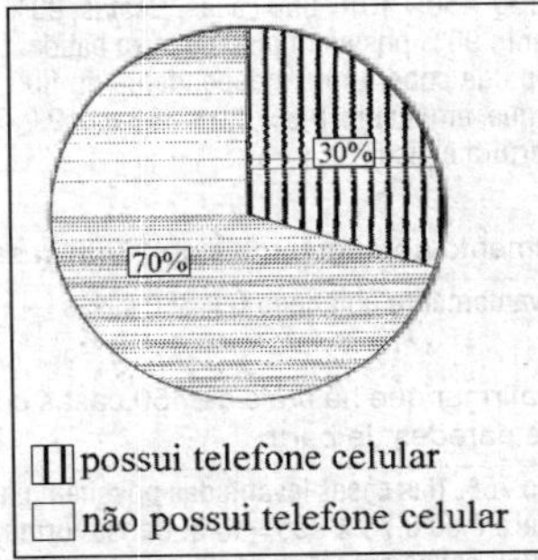

Figura II

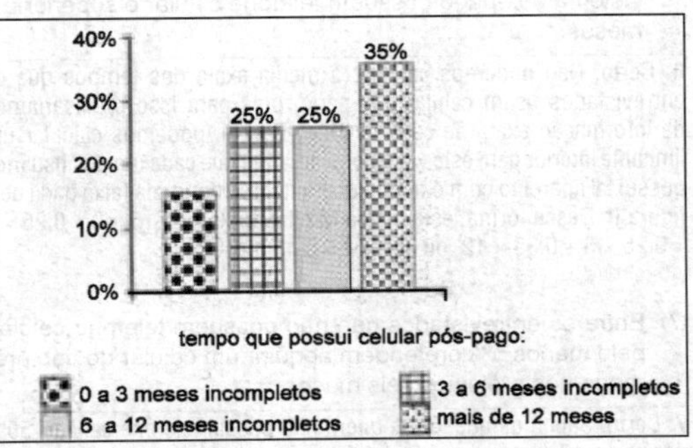

Figura II

As figuras I e II acima contêm gráficos que ilustram parte dos resultados obtidos nessa pesquisa. A figura II refere-se apenas aos entrevistados que possuem celular pós-pago. A partir dessas informações, julgue os itens a seguir.

(1) Entre os entrevistados, havia menos de 120 pessoas com telefone celular pós-pago.

1: Errado. Das 2.000 pessoas entrevistadas, 30% possuem telefone celular, ou seja, $0,3 \times 2.000 = 600$ pessoas. Destas, 100% – 75% = 25% usam celular pós-pago, ou seja, $0,25 \times 600 = 150$ pessoas.

Gabarito 1E

(2) Na pesquisa, havia entre 230 e 250 pessoas que utilizavam telefone celular pré-pago há menos de 6 meses.

2: Certo. Das 150 pessoas que usam celular pós-pago, 15% + 25% = 40% utilizam este sistema há menos de 6 meses, ou seja, $0,4 \times 150 = 60$ pessoas. Como sabemos que 80% das pessoas que adquiriram celular nos últimos 6 meses escolheram o sistema pré-pago, temos que 20% das pessoas que adquiriram neste período equivalem a 60 pessoas, ou seja, $N \times 0,2 = 60$, $N = 300$. Como 80% adquiriram pré-pago, $0,8 \times 300 = 240$ pessoas.

Gabarito 2C

(3) Na pesquisa, havia mais de 330 pessoas que utilizavam telefone celular há mais de 6 meses.

3: Errado. Como 600 pessoas possuem telefone celular, e 300 adquiriram nos últimos 6 meses, 600 – 300 = 300 pessoas utilizavam celular há mais de 6 meses.

Gabarito 3E

(4) Entre os entrevistados que adquiriram celular há mais de 6 meses, 70% haviam optado pelo sistema pré-pago.

4: Certo. Das 150 pessoas que usam celulares pós-pago, 25% + 35% = 60% o usam há mais de 6 meses, ou seja, $0,6 \times 150 = 90$ pessoas. Portanto, como 300 pessoas utilizam celular há mais de 6 meses, 300 – 90 = 210 usam o sistema pré-pago, o que equivale, portanto, a 210 / 300 = 0,7 = 70%.

Gabarito 4C

(5) Para a distribuição dos entrevistados que possuem telefone celular pré-pago, em relação ao tempo de aquisição, a mediana é superior a 7 meses.

* As questões dos concursos de ministérios, agências reguladoras e autarquias federais, bem como dos concursos bancários e da Petrobras foram comentadas pelo autor **André Fioravanti**. As questões dos concursos fiscais e policiais, pelos autores **Enildo Garcia e Elson Garcia**. E as demais, pelos autores **Enildo Garcia** e **André Justo**.

5: Errado. Como 600 – 150 = 450 pessoas usam celulares pré-pagos, e 210 o utilizam há mais de 6 meses, então 450 – 210 = 240 o utilizam há menos de 6 meses. Dessa forma, como mais usuários o utilizam a menos de 6 meses do que há mais de 6 meses, a mediana é inferior a 6 meses.

Gabarito 5E

(6) A média dos tempos que os entrevistados usuários do sistema pós-pago possuem telefone celular é superior a 6 meses.

6: Certo. Não podemos calcular a média exata dos tempos que os entrevistados usam celular pós-pago, pois para isso precisaríamos da informação exata de cada usuário. Porém, podemos calcular um limitante inferior para este valor considerando que cada um dos usuários possui tal aparelho com o tempo do limitante inferior da faixa dada pela figura II. Dessa forma, esta média M é tal que M > 0,15 × 0 + 0,25 × 3 + 0,25 × 6 + 0,35 × 12, ou seja, M > 6,45 meses.

Gabarito 6C

(7) Entre os entrevistados que não possuem telefone celular, pelo menos 5% pretendem adquirir um celular do tipo pré-pago nos próximos seis meses.

7: Certo. Sabemos que, entre quem não possui telefone celular, 50% dentre os 10% que pegam telefone emprestado, pretendem comprar um aparelho pré-pago nos próximos 6 meses, ou seja, no mínimo, 0,5 × 0,1 = 0,05 = 5% pretende fazer tal aquisição.

Gabarito 7C

(8) O gráfico mostrado na figura II é um histograma.

8: Errado. Apesar do histograma também ser um gráfico de barras (que pode ter a área normalizada como o que ocorre aqui), em um histograma, no eixo das abscissas, a largura de cada elemento tem representatividade, e, nesse caso, deveria ser proporcional ao tempo que cada usuário possui o aparelho pós-pago. Ou seja, a primeira e segunda barras deveriam ser mais finas que a terceira, por exemplo, pois as duas representam um período de 3 meses enquanto a terceira, de 6 meses.

Gabarito 8E

(9) O gráfico mostrado na figura I é denominado diagrama de dispersão.

9: Errado. O gráfico da figura I é denominado gráfico de setores ou gráfico circular (ou tradicionalmente chamado de gráfico de pizza).

Gabarito 9E

(Técnico – ANATEL – 2004 – CESPE) A tabela abaixo mostra os números mensais de reclamações (N) feitas por usuários de telefonia fixa, registradas em uma central de atendimento, entre os meses de fevereiro a novembro de 2003.

Meses	fev	mar	abr	mai	jun	jul	ago	set	out	nov
N	100	70	70	60	50	100	50	50	30	20

Considerando esses dados, julgue os itens que se seguem.

(1) No período de fevereiro a novembro de 2003, o número médio mensal de reclamações registradas foi igual a 60.

1: Certo. O número de reclamações registradas neste período foi de 100 + 70 + 70 + 60 + 50 + 100 + 50 + 50 + 30 + 20 = 600, em um período de 10 meses, ou seja, a média mensal foi de 600 / 10 = 60 reclamações por mês.

Gabarito 1C

(2) A mediana dos números mensais de reclamações registradas é um valor entre 48 e 62.

2: Certo. Podemos ordenar o número de reclamações no vetor [20 30 50 50 50 60 70 70 100 100]. Como esse vetor possui 10 elementos, a mediana é a média entre o 5º e o 6º, ou seja, (50+60) / 2 = 55.

Gabarito 2C

(3) A moda dos números mensais de reclamações registradas é igual a 100.

3: Errado. A moda é o valor com maior frequência na distribuição, ou seja, 50.

Gabarito 3E

(4) O maior desvio absoluto dos números mensais de reclamações registradas é superior a 45.

4: Errado. O desvio absoluto é a diferença absoluta entre o elemento e a média. Nesta tabela, o maior desvio absoluto é | 60 – 100 | = 40, ou seja, não é superior a 45.

Gabarito 4E

(5) O desvio médio absoluto da sequência formada pelos números mensais de reclamações é um valor entre 25 e 35.

5: Errado. O desvio médio absoluto é a média dos desvios médios de cada elemento. Ou seja, é a média do vetor [40 10 10 0 10 40 10 10 30 40], ou seja, 200 / 10 = 20.

Gabarito 5E

(6) O desvio-padrão da sequência formada pelos números mensais de reclamações é igual ao quadrado da variância dessa sequência.

6: Errado. O desvio-padrão de qualquer sequência é a raiz quadrada da sua variância.

Gabarito 6E

(Agente Administrativo – MDS – 2006 – CESPE) Um levantamento foi realizado pelo governo para avaliar as condições de todas as casas existentes em uma comunidade remanescente de quilombos. Os resultados mostram o seguinte:

75% das casas têm paredes de barro;

80% das casas têm a cobertura de palha;

90% das casas têm piso de terra batida;

70% das casas têm portas externas de madeira.

O gráfico abaixo apresenta a distribuição do número de dormitórios existentes nas casas dessa comunidade.

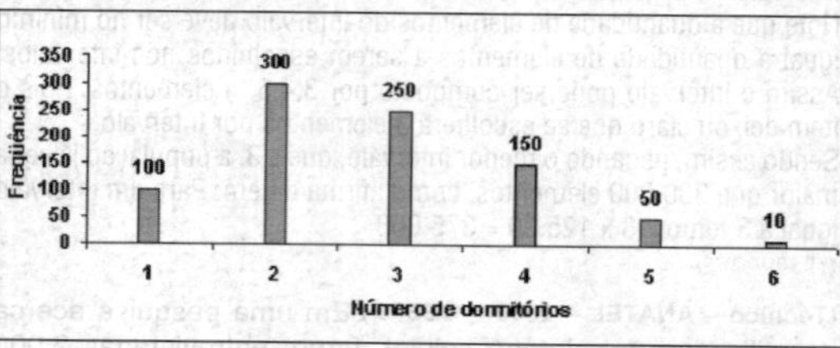

Seppir, 2005. **Perfil das comunidades quilombolas**.

Com base nas informações acima, julgue os itens que se seguem.

(1) Se o tipo de cobertura for independente do tipo de piso, então são esperadas menos do que 620 casas com cobertura de palha com piso de terra batida.

1: Certo. Do gráfico, observamos que o levantamento foi feito em (100 + 300 + 250 + 150 + 50 + 10) = 860 casas. Destas, 80% têm cobertura de palha enquanto 90% possuem piso de terra batida. Como consideramos que o tipo de cobertura é independente do tipo de piso, então são esperadas que, em média, 0,8 × 0,9 × 860 = 619,2 casas possuam tal tipo de cobertura e piso.

Gabarito 1C

(2) O levantamento abrangeu mais de 1.000 casas.

2: Errado. O levantamento abrangeu C = 860 casas.

Gabarito 2E

(3) É correto afirmar que há mais de 650 casas com cobertura de palha e paredes de barro.

3: Errado. Como 75% das casas levantadas possuem parede de barro, então seu número é de 0,75 × 860 = 645. Dessa forma, é impossível haver mais de 650 casas com parede de barro e cobertura de palha.

Gabarito 3E

(4) Há de 602 a 688 casas com piso de terra batida e cobertura de palha.

4: Certo. Como 80% das casas possuem cobertura de palha e 90%, piso de terra batida, no máximo, todas as casas que possuem cobertura de palha também têm piso de terra batida. Nesse caso, existem 0,8 × 860 =

688 casas com tal tipo de piso e cobertura. Por outro lado, no mínimo, os 100% - 90% = 10% das residências que não possuem piso de terra batida possuem cobertura de palha. Nesse caso, 80% - 10% = 70% das residências, ou seja, 0,7 × 860 = 602 casas possuem os tipos de piso e cobertura mencionados.

Gabarito 4C

(5) Mais de 80% das casas têm pelo menos dois dormitórios.

5: Certo. Do gráfico observamos que 300 + 250 + 150 + 50 + 10 = 760 das 860 casas possuem dois ou mais territórios, ou seja, 760 / 860 = 0,883 ou 88,3%.

Gabarito 5C

(6) No máximo, 70% das casas possuem paredes de barro, cobertura de palha, piso de terra batida e portas externas de madeira.

6: Certo. Como, entre estas características, ter portas externas de madeira é aquela com menor porcentagem (70%) então, no máximo, todas as casas que possuem portas externas de madeira também possuem paredes de barro, cobertura de palha e piso de terra batida, totalizando, portanto, 70%.

Gabarito 6C

(7) Se uma casa localizada na referida comunidade for escolhida ao acaso para receber uma visita de um representante do governo, a probabilidade de ela ter exatamente um dormitório é inferior ou igual a 0,10.

7: Errado. Temos que 100 das 860 casas, ou seja, 100 / 860 = 0,116 ou 11,6% das casas têm exatamente um dormitório.

Gabarito 7E

(8) Se duas casas localizadas na citada comunidade forem escolhidas por meio de um sorteio aleatório, a probabilidade de que ambas tenham paredes de barro é igual a 0,75.

8: Errado. Como a probabilidade de uma casa escolhida ao acaso ter parede de barro é de 0,75, a probabilidade de duas casas escolhidas ao acaso de ter tal tipo de parede é de $0{,}75^2 = 0{,}5625$ ou 56,25%.

Gabarito 8E

(9) Se quatro casas localizadas na mencionada comunidade forem escolhidas de forma aleatória, então a probabilidade de que exatamente três dessas casas tenham portas de externas de madeira será superior ou igual a 0,60.

9: Errado. Como 70% das residências possuem portas de madeira, a probabilidade de que exatamente três tenham portas de madeira é de $4 \times (0{,}7)^3 \times (1 - 0{,}7) = 0{,}4116 = 41{,}16\%$.

Gabarito 9E

(10) Considere o experimento aleatório em que uma casa localizada na comunidade em questão seja escolhida ao acaso. Dados os seguintes eventos: A = "a casa tem piso de terra batida" e B = "a casa tem paredes de barro", é correto afirmar que A e B são eventos mutuamente exclusivos

10: Errado. Como 75% das residências possuem paredes de barro e 90% piso de terra batida então, no mínimo, 65% das residências possuem estes tipos de piso e parede. Dessa forma, os eventos certamente não são mutuamente exclusivos.

Gabarito 10E

(Agente Administrativo – Ministério da Educação – 2009 – CESPE) Em uma escola, há 2 mil estudantes distribuídos em 100 turmas: 50 são do turno matutino e as outras 50, do turno vespertino. A figura abaixo representa a distribuição percentual desses estudantes segundo o turno em que estão matriculados.

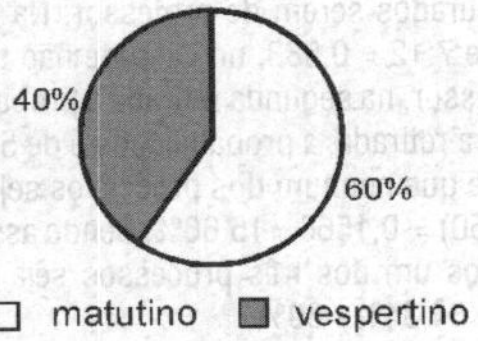

A média das idades dos estudantes matriculados no turno vespertino é 10% superior à média das idades dos estudantes do turno matutino. A variância das idades daqueles que estudam no turno matutino (O^2_M) é igual à variância das idades dos estudantes do turno vespertino (O^2_V). Com base nessas informações, julgue os itens que se seguem.

(1) O número médio de estudantes por turma no turno matutino é 50% maior que o número médio de estudantes por turma no turno vespertino.

1: Certo. Dos 2 mil estudantes, 60% está no turno matutino, ou seja, 2.000 × 0,6 = 1.200 estudantes. Isso resulta em uma média de 1.200 / 50 = 24 alunos por turma. No turno vespertino, os 2.000 × 0,4 = 800 estudantes se dividem em turmas com média de 800 / 50 = 16 alunos por turma. Portanto, no turno matutino, a média de estudantes é 16 × (1 + d) = 24, d = 0,5 ou 50% maior.

Gabarito 1C

(2) A média das idades dos dois mil estudantes da referida escola é 4% maior que a média das idades da parcela dos estudantes que estão matriculados no turno matutino.

2: Certo. Seja y a média das idades dos estudantes matriculados no período matutino. Dessa forma, 1,1y é a média de idade dos estudantes do período vespertino. Portanto, a média de idade dos 2.000 alunos é (1.200y + 800 × 1,1y) / 2000 = (1.200 + 880)y / 2000 = 1,04y, ou seja, 4% maior que a média das idades dos estudantes do turno matutino.

Gabarito 2C

(3) Com respeito à dispersão, a variância da distribuição das idades dos 2 mil estudantes é igual a O^2_M.

3: Errado. A variância da distribuição das idades depende tanto da distribuição das idades dos estudantes do turno matutino quanto do turno vespertino. Por exemplo, suponha que $O^2_M = O^2_V = 0$, ou seja, todos os alunos do turno matutino tenham a mesma idade entre si, e todos os alunos do turno vespertino tenham a mesma idade entre si. Como as idades dos estudantes matriculados no turno vespertino é 10% maior que a dos estudantes no turno matutino, O^2_T, a variância das idades dos 2.000 alunos não será nula.

Gabarito 3E

(4) Se a mediana das idades dos 2 mil estudantes da escola em questão for igual a 10 anos, então haverá, pelo menos, 200 estudantes no turno matutino com idades iguais ou inferiores a 10 anos.

4: Correto. Se a mediana das idades dos 2 mil estudantes for 10 anos, então teremos, ao menos, 1.000 estudantes com 10 anos ou menos. No caso extremo, todos os 800 alunos do turno vespertino estão nesta faixa etária, portanto, pelo menos, 1.000 – 800 = 200 alunos com 10 anos ou menos estarão matriculados no período matutino.

Gabarito 4C

(5) Se cinco estudantes da mencionada escola forem escolhidos ao acaso, a probabilidade de haver exatamente dois estudantes matriculados no turno vespertino e três no turno matutino será igual ou superior a 0,4.

5: Errado. Escolhendo 5 estudantes ao acaso, a probabilidade dos dois primeiros serem do turno vespertino e os três seguintes serem do matutino é (800/2000)×(799/1999)×(1200/1998)×(1199/1997)×(1198/1996). Podemos aproximar esse valor para $0{,}4^2 \times 0{,}6^3 = 0{,}03456$. Como no problema a ordem de escolha não é definida, precisamos multiplicar esse valor pela permutação possível da ordem desses alunos, ou seja, por 5! / (2! X 3!) = 10. Logo, a probabilidade de, em 5 estudantes, 2 serem do turno vespertino e três do matutino é, aproximadamente, 0,03456 × 10 = 0,3456 ou 34,56%.

Gabarito 5E

(6) Se um estudante da referida escola for escolhido aleatoriamente, a probabilidade de ele estar matriculado no turno vespertino será igual a 0,5.

6: Errado. A probabilidade de ele estar matriculado no turno vespertino é de 800 / 2.000 = 0,4.

Gabarito 6E

(Agente Administrativo – Ministério da Educação – 2009 – CESPE) Os dados abaixo correspondem às quantidades diárias de merendas escolares demandadas em 10 diferentes escolas:

200, 250, 300, 250, 250, 200, 150, 200, 150, 200.

Com base nessas informações, julgue os próximos itens.

(1) A mediana da distribuição do número diário de merendas escolares é igual a 225.

1: Errado. Ordenando os dados fornecidos, temos {150, 150, 200, 200, 200, 200, 250, 250, 250, 300}. A mediana de um conjunto de 10 elementos é a média entre o 5º e o 6º elementos, ou seja, (200 + 200) / 2 = 200.

Gabarito 1E

(2) O desvio-padrão amostral dos números diários de merendas escolares é superior a 50.

2: Errado. A média dos números diários de merenda é (2x150 + 4x200 + 3x250 + 300) / 10 = 215. Portanto, o desvio-padrão amostral S é tal que $S^2 = (2 \times (150-215)^2 + 4 \times (200-215)^2 + 3 \times (250-215)^2 + (300-215)^2) / 9 = (8.450 + 900 + 3.675 + 7.225) / 9 = 2250$. Portanto, S = 47,43.

Gabarito 2E

distribuição percentual da população brasileira por faixa etária

faixa etária	2007	2050*
0 a 14 anos	27,5	17,7
15 a 24 anos	18,3	12,6
15 a 64 anos	66,1	63,5
60 anos ou mais	9,0	24,7
70 anos ou mais	4,0	13,2
80 anos ou mais	1,2	5,3

*estimativa

Fonte: IBGE

(Analista – INSS – 2008 – CESPE) De acordo com dados do IBGE, em 2007, 6,4% da população brasileira tinha 65 anos de idade ou mais e, em 2050, essa parcela, que constitui o grupo de idosos, corresponderá a 18,8% da população. Com base nessas informações e nas apresentadas na tabela acima, julgue os itens seguintes.

(1) Segundo o IBGE, em 2007, para cada idoso com 65 anos de idade ou mais, havia, em média, pelo menos, quatro crianças de 0 a 14 anos de idade. Em 2050, para cada idoso com 65 anos de idade ou mais, haverá, em média, no máximo, uma criança de 0 a 14 anos de idade.

1: Certo. Como 27,5 / 6,4 = 4.29, em 2007, para idoso de 65 anos ou mais há 4,29 crianças entre 0 e 14 anos de idade. Em 2050, essa relação vai para 17,7/18.8 = 0,94, ou seja, para cada idoso haverá 0,94 criança entre 0 e 14 anos.

Gabarito 1C

(2) Se, em 2050, três pessoas da população brasileira forem escolhidas ao acaso, a probabilidade de todas elas terem até 59 anos de idade é inferior a 0,4.

2: Errado. Em 2050, a probabilidade de uma pessoa escolhida ao acaso ter até 59 anos de idade é de 100 – 24,7 = 75,3%, ou 0,753. Portanto, escolhendo 3 pessoas ao acaso, a probabilidade das 3 estarem nessa faixa etária é de $0,753^3 = 0,427$.

Gabarito 2E

(3) Considere-se que, em 2050, serão aleatoriamente selecionados três indivíduos, um após o outro, do grupo de pessoas que compõem a parcela da população brasileira com 15 anos de idade ou mais. Nessa situação, a probabilidade de que apenas o terceiro indivíduo escolhido tenha pelo menos 65 anos de idade será superior a 0,5 e inferior a 0,6.

3: Considerado correto, apesar de errado. Vamos considerar, para efeitos de cálculos, uma população de 100 pessoas, cujas idades se distribuem exatamente como a tabela em 2050. Dessa forma, 177 têm entre 0 e 14 anos, e 188 têm idade superior a 65 anos. Portanto, a probabilidade de, dentre as pessoas com 15 anos ou mais, se escolher uma pessoa com mais de 65 anos é de 188 / (1000 – 177) = 0,2284. Portanto, escolhendo 3 indivíduos, a chance de apenas o 3º ter esta idade é de (1 – 0,2284) × (1 – 0,2284) × 0,2284 = 0,1360.

Gabarito 3C

(4) Considere-se que os anos de idade estejam distribuídos de forma equiprovável na faixa de 15 a 18 anos. Nessa situação, a média e a mediana das idades nessa faixa serão ambas iguais a 16,5 anos.

4: Certo. Em uma distribuição uniforme, a média e a mediana se equivalem no valor intermediário dos limites da faixa, ou seja, (15 + 18)/2 = 16,5.

Gabarito 4C

(Analista – TRT/1ª – 2008 – CESPE) Se, entre as 16 empresas contratadas para atender aos serviços diversos do TRT, houver 4 empresas que prestem serviços de informática e 2 empresas que cuidem da manutenção de elevadores, e uma destas for escolhida aleatoriamente para prestar contas dos custos de seus serviços, a probabilidade de que a empresa escolhida seja prestadora de serviços de informática ou realize a manutenção de elevadores será igual a

(A) 0,125.
(B) 0,250.
(C) 0,375.
(D) 0,500.
(E) 0,625.

Como entre as 16 empresas prestadoras de serviços há 4 de informática e 2 de manutenção de elevadores, se for escolhida aleatoriamente uma dentre as 16 para prestar contas, a probabilidade de que a sorteada seja uma empresa de informática ou de manutenção de elevadores será:

$$\frac{(4+2)}{16} = \frac{6}{16} = 0,375$$

Gabarito "C"

(Analista – TRT/10ª – 2004 – CESPE) Um juiz deve analisar 12 processos de reclamações trabalhistas, sendo 4 de médicos, 5 de professores e 3 de bancários. Considere que, inicialmente, o juiz selecione aleatoriamente um grupo de 3 processos para serem analisados. Com base nessas informações, julgue os itens a seguir.

(1) A probabilidade de que, nesse grupo, todos os processos sejam de bancários é inferior a 0,005.

(2) As chances de que, nesse grupo, pelo menos um dos processos seja de professor é superior a 80%.

(3) O número de possíveis grupos contendo 1 processo de professor, 1 de bancário e 1 de médico é inferior a 55.

1: Certo. Se for retirado ao acaso 1 processo deste conjunto de 12, a probabilidade de ser um processo de reclamação de um bancário é de 3:12, ou 1:4, ou 25% (0,25). Considerando que o 1º processo retirado foi bancário, a probabilidade de o 2º processo ser do mesmo tipo é de 2:11, ou 18%. E a probabilidade de o 3º processo retirado ser também bancário é de 1:10, ou de 10%. Então, a probabilidade de ocorrerem os 3 eventos seguidos é (0,25)x(0,18)x(0,10) = 0,0045. Essa probabilidade é menor que 0,005.

2: Certo. Vamos calcular inicialmente a probabilidade de nenhum dos processos retirados serem de professor. Na primeira retirada, a probabilidade é de 7:12 = 0,583; no caso de não ter sido retirado um processo de professor, na segunda retirada a probabilidade é de 6:11 = 0,545; e na terceira retirada, a probabilidade é de 5:10 = 0,5. Portanto, a probabilidade de que nenhum dos processos seja de professor é de (0,58)x(0,54)x(0,50) = 0,1566 = 15,66%. Sendo assim, a probabilidade de que pelo menos um dos três processos seja de professor é de: 100% - 15,66% = 84,34%> 80%.

3: Errado. Cada um dos 5 processos de professor podem se combinar com 4 de médicos, o que resulta em 20 arranjos. Como cada um desses 20 arranjos podem se combinar com 3 diferentes processos de bancários, temos 20 x 3 = 60 arranjos possíveis. Logo, o número de possíveis grupos é superior a 55.

Gabarito 1C, 2C, 3E

(Analista – TRT/17ª – 2009 – CESPE) Julgue os itens seguintes, acerca de contagem e probabilidades.

(1) Se, em um concurso público com o total de 145 vagas, 4.140 inscritos concorrerem a 46 vagas para o cargo de técnico e 7.920 inscritos concorrerem para o cargo de analista, com provas para esses cargos em horários distintos, de forma que um indivíduo possa se inscrever para os dois cargos, então a probabilidade de que um candidato inscrito para os dois cargos obtenha uma vaga de técnico ou de analista será inferior a 0,025.

(2) Considere que a corregedoria-geral da justiça do trabalho de determinado estado tenha constatado, em 2007, que, no resíduo de processos em fase de execução nas varas do trabalho desse estado, apenas 23% tiveram solução, e que esse índice não tem diminuído. Nessa situação, caso um cidadão tivesse, em 2007, um processo em fase de execução, então a probabilidade de seu processo não ser resolvido era superior a 4/5.

(3) Se, de um grupo de pessoas formado por 15 graduados em direito, 12 graduados em arquitetura e 11 graduados em estatística, 5 forem graduados em direito e estatística; 8, em direito e arquitetura; 4, em arquitetura e estatística; e 3, em direito, arquitetura e estatística, então, nesse grupo, haverá mais de 5 pessoas graduadas somente em direito.

1: Certo. A probabilidade de um dos 4.140 candidatos ser aprovado para uma das 46 vagas de técnico é: 46/4140 = 0,0111. Como das 145 vagas, 46 são para o cargo de técnico, concluímos que as 99 restantes são para o cargo de analista. Portanto, a probabilidade de um dos 7.920 candidatos passar para o cargo de analista é: 99/7920 = 0,0125. Sendo assim, a probabilidade de um candidato passar em ao menos um dos concursos é (0,0111)+(0,0125) = 0,0236<0,025.

2: Errado. (4/5) = 0,8 = 80%. A probabilidade de o processo não ser resolvido em 2007 era: (100-23)% = 77%<80%. Logo, a afirmação do enunciado está incorreta.

3: Errado. Como temos 15 pessoas formadas em Direito, para encontrar o número de pessoas graduadas APENAS em Direito, basta subtrair aquelas pessoas que são formadas em uma segunda faculdade:
Formadas apenas em Direito = 15 – 5 (Direito e Estatística) – 8 (Direito e Arquitetura) – 3 (Direito, Arquitetura e Estatística) = -1.

Ou seja, este anunciado é uma falácia, pois ele afirma que 16 pessoas cursaram Direito e mais uma faculdade, sendo que ao todo apenas 15 pessoas cursaram Direito.

Gabarito 1C, 2E, 3E

(Analista – TRT/21ª – 2010 – CESPE) O sustentáculo da democracia é que todos têm o direito de votar e de apresentar a sua candidatura. Mas, enganoso é o coração do homem. Falhas administrativas e maior tempo no poder andam de mãos dadas. Por isso, todos precisam ser fiscalizados. E a alternância no poder é imprescindível. Considerando o argumento citado, julgue os itens subsequentes.

(1) Esse é um argumento válido.

(2) A sentença "Falhas administrativas e maior tempo no poder andam de mãos dadas" é uma premissa desse argumento.

(3) A afirmação "E a alternância no poder é imprescindível" é uma premissa desse argumento.

1: Errado. Esse argumento é uma falácia, uma vez que a conclusão "por isso, todos precisam ser fiscalizados" não pode ser logicamente derivada das premissas apresentadas na 1ª e na 3ª frase. O candidato deve tomar muito cuidado na análise da veracidade de um argumento lógico, pois a simpatia com as premissas ou com as conclusões pode induzi-lo a acreditar que o argumento é verdadeiro. A falácia é uma técnica de manipulação muito utilizada por políticos e marqueteiros. Atenção! **2:** Certo. O argumento é formado por premissas e conclusões. As premissas são peças que constroem a conclusão. A frase acima é uma premissa. **3:** Errado. Na verdade, essa frase está jogada no final do argumento, ocupando o papel de conclusão. Entretanto, é uma conclusão falaciosa.

Gabarito 1E, 2C, 3E

(Agente de Polícia Federal – 2009 – CESPE) De acordo com o jornal espanhol El País, em 2009 o contrabando de armas disparou nos países da América Latina, tendo crescido 16% nos últimos 12 anos. O crime é apontado como o principal problema desses países, provocando uma grande quantidade de mortes. O índice de homicídios por 100.000 habitantes na América Latina é alarmante, sendo, por exemplo, 28 no Brasil, 45 em El Salvador, 65 na Colômbia, 50 na Guatemala.

Internet: <www.noticias.uol.com.br>.

Tendo como referência as informações apresentadas no texto acima, julgue o item que se segue.

(1) Se, em cada grupo de 100.000 habitantes da Europa, a probabilidade de que um cidadão desse grupo seja assassinado é 30 vezes menor que essa mesma probabilidade para habitantes de El Salvador ou da Guatemala, então, em cada 100.000 habitantes da Europa, a probabilidade referida é inferior a 10-5.

1: Errado. Ao se calcular a probabilidade, na Europa, p: 30x menor que 45(El Salvador) ou 50(Guatemala),obtém-se p menor que 45/30 = 1,5 ou p menor que 50/30 = 1,67(aprox.) por 100.000 habitantes, isto é, p<1,5x10 -5 ou p<1,67x10 -5.

O item sugere que a probabilidade p é menor que 1x10-5 o que está errado.

Gabarito 1E

(Agente de Polícia/TO – 2008 – CESPE) Cada um dos itens subsequentes contém uma situação hipotética seguida de uma assertiva a ser julgada.

(1) Uma empresa fornecedora de armas possui 6 modelos adequados para operações policiais e 2 modelos inadequados. Nesse caso, se a pessoa encarregada da compra de armas para uma unidade da polícia ignorar essa adequação e solicitar ao acaso a compra de uma das armas, então a probabilidade de ser adquirida uma arma inadequada é inferior a 1/2.

6 modelos adequados e 2 inadequados = > total de 8 modelos.
P(inadequada) = 2/8 = ¼ = 25%.

Gabarito 1C

(Agente Administrativo – MDS – 2006 – CESPE) Com os algarismos 1, 2, 4, 5, 6 e 8 deseja-se formar números de 3 algarismos, não sendo permitida a repetição de algarismos em um mesmo número. Julgue os itens subsequentes com relação a esses números.

(1) Escolhendo-se um desses números ao acaso, a probabilidade de ele ser múltiplo de 5 é inferior a 0,15.

1: Errado. Como temos 6 algarismos, a probabilidade de o último algarismo ser 5, e portanto de o número ser múltiplo de 5, é de 1/6 = 0,167.

Gabarito 1E

(2) Desses números, mais de 50 são números ímpares.

2: Errado. Podemos formar 6 × 5 × 4 = 120 números de 3 algarismos sem repetições conforme exige o enunciado. Como no conjunto temos 2 números ímpares e 4 pares, então 2/6 destes serão ímpar, ou seja, 120 × (2/6) = 40.

Gabarito 2E

(3) Escolhendo-se um desses números ao acaso, a probabilidade de ele ser menor que 300 é superior a 0,3.

3: Certo. Para que o número seja menor que 300 é preciso que o primeiro algarismo seja 1 ou 2. Portanto, a probabilidade deste evento é de 2/6 = 0,33.

Gabarito 3C

(Analista – PREVIC – 2011 – CESPE) Considerando que, em uma concessionária de veículos, tenha sido verificado que a probabilidade de um comprador adquirir um carro de cor metálica é 1,8 vez maior que a de adquirir um carro de cor sólida e sabendo que, em determinado período, dois carros foram comprados, nessa concessionária, de forma independente, julgue os itens a seguir.

(1) A probabilidade de que ao menos um dos dois carros comprados seja de cor sólida é igual a $\frac{460}{784}$.

1: Certo. Seja p a probabilidade de um comprador adquirir um carro de cor sólida e q dele adquirir um carro de cor metálica. Portanto, q = 1,8p. Porém, p + q = 1, portanto, p + 1,8p = 2,8p = 1; p = 1 / 2,8 = 10/28. Dessa forma, q = 1,8/2,8 = 18/28. A probabilidade de que na venda de 2 carros, pelo menos um deles seja de cor sólida é igual a 1 menos a probabilidade de que os dois carros vendidos sejam de cor metálica, ou seja, $1 – (18/28)^2 = 1 – 324/784 = 460/784$.

Gabarito 1C

(2) A probabilidade de que os dois carros comprados sejam de cor metálica é 3,24 vezes maior que a probabilidade de que eles sejam de cor sólida.

2: Certo. A probabilidade de que os dois carros comprados sejam de cor metálica é $q^2 = (1{,}8p)^2 = 3{,}24p^2$, onde p^2 é a probabilidade de que os dois carros comprados sejam de cor sólida.

Gabarito 2C

(3) A probabilidade de que somente um dos dois carros comprados seja de cor metálica é superior a 50%.

3: Errado. A probabilidade de que apenas um dos dois carros seja da cor metálica é igual a $1 – p^2 – q^2 = 1 – (18/28)^2 – (10/28)^2 = 460/784 – 100/784 = 360/784 = 0{,}4592$ ou 45,925.

Gabarito 3E

(Auditor Fiscal/ES – 2009 – CESPE) Uma auditoria foi realizada nas filiais I e II da empresa A&B, com o propósito de examinar a lisura dos processos de compras efetuadas em determinado trimestre. Para a realização de um estudo-piloto e considerando que a população de notas fiscais existentes nessas filiais era muito grande, em cada filial foi tomada uma amostra aleatória simples de 900 notas fiscais. Para cada nota fiscal examinada, registrou-se, entre outras coisas, o logaritmo natural do valor da compra constante na nota fiscal: X. Uma avaliação estatística mostrou que as distribuições de X para as filiais I e II são aproximadamente normais, com médias μ_I e μ_{II} e desvios-padrão σ_I e σ_{II}, respectivamente, em que $\sigma_I \neq \sigma_{II}$. Os resultados por filial são mostrados na tabela abaixo.

Filial	número de notas fiscais examinadas	média amostral da distribuição de X (em ln R$)	variância amostral da distribuição de X
I	900	8,5	4
II	900	8,3	5

Com base nas informações acima e considerando-se que Φ(2) = 0,9772 e Φ(0,675) = 0,7500, em que Φ(z) representa a função de distribuição acumulada da distribuição normal padrão, julgue os itens a seguir.

(1) Para ambas as filiais, a margem de erro para a estimativa do valor médio de X é igual a 2,28%, considerando-se que o nível de confiança seja igual a 97,72%

1: Errado. Épsilon = s/Sqrt(n) (margem de erro)
Épsilon = .sqrt(4)/sqrt(900)
Épsilon = 2/30 = 0,06667x100 = 6,6667%

Gabarito 1E

(2) A margem de erro para a estimativa do valor médio de X para a filial I diminuirá se o nível de confiança desejado para a estimativa intervalar aumentar de 95% para 99,9%

2: Errado, pois o intervalo passa de 1,96s (a 95% para 3s (a 99,9%), e a margem de erro aumenta.

Gabarito 2E

(Auditor Fiscal/ES – 2009 – CESPE) O p-valor correspondente ao teste de hipóteses $H_0 : \mu_I = \mu_{II}$, *versus* $H_A : \mu_I \ \mu_{II}$, é inferior a 4,8% e a hipótese nula não é rejeitada quando o nível de significância for igual ou superior a 5%.

p- valor = (xbarra – mu)/s/sqrt(n)
p-valor = (8,5 – 8,3)/2/30
p-valor = 0,2/1/15 = 3,0 → inferior a 4,8

Gabarito "C"

(Auditor Fiscal/ES – 2009 – CESPE) Se uma nota fiscal da filial I for selecionada aleatoriamente, estima-se que a probabilidade de essa nota apresentar um valor X igual a 12,5 é inferior a 0,995.

z = (zc - 8,5)/s = (12,5-8,5)/2 = 4/2 = 2 e Φ(2) = 0,9772

Gabarito "E"

(Auditor Fiscal/ES – 2009 – CESPE) Uma auditoria foi realizada nas filiais I e II da empresa A&B, com o propósito de examinar a lisura dos processos de compras efetuadas em determinado trimestre. Para a realização de um estudo-piloto e considerando que a população de notas fiscais existentes nessas filiais era muito grande, em cada filial foi tomada uma amostra aleatória simples de 900 notas fiscais. Para cada nota fiscal examinada, registrou-se, entre outras coisas, o logaritmo natural do valor da compra constante na nota fiscal: X. Uma avaliação estatística mostrou que as distribuições de X para as filiais I e II são aproximadamente normais, com médias μ_I e μ_{II} e desvios padrão σ_I e σ_{II}, respectivamente, em que $\sigma_I \ \sigma_{II}$. Os resultados por filial são mostrados na tabela abaixo.

Filial	número de notas fiscais examinadas	média amostral da distribuição de X (em ln R$)	variância amostral da distribuição de X
I	900	8,5	4
II	900	8,3	5

Com base nas informações acima e considerando-se que Φ(2) = 0,9772 e Φ(0,675) = 0,7500, em que Φ(z) representa a função de distribuição acumulada da distribuição normal padrão, julgue os itens a seguir.

(1) Por regressão linear simples obtém-se um modelo na forma = 8,5 – 0,2z em que representa o valor médio da distribuição de X em função de z = 0 (para a filial I) ou z = 1 (para a filial II), o que permite concluir que a correlação linear entre X e z é igual a –0,2.

1: Errado. Corr(X,Y) = (900.26 – 8.29)/sqrt [(900.12 – 64)(900.100 – 100.100)]
Corr(X,Y) = (23 400 – 232)/sqrt [(10 800 - 64)(90 000 – 10 000)]
Corr(X,Y) = 23 168/sqrt(10 736 x 80 000)
Corr(X,Y) = 23 168/29 306,65 = 0,7905

Gabarito 1E

(2) O erro padrão da estimativa da média de X para a filial I é inferior a 0,07.

2: Certo. Épsilon = s/sqrt(n)
Épsilon = 2/30 = 0,06667
06667

Gabarito 2C

7. INFORMÁTICA

Helder Satin e André Fioravanti*

1. *HARDWARE*

(Analista – TRT/21ª – 2010 – CESPE) Julgue o item a seguir relativo a conceitos e modos de utilização da Internet e de intranets, assim como a conceitos básicos de tecnologia e segurança da informação.

(1) Um *hub* é um equipamento que permite a integração de uma ou mais máquinas em uma rede de computadores, além de integrar redes entre si, com a característica principal de escolher qual é a principal rota que um pacote de dados deve percorrer para chegar ao destinatário da rede.

1: Errada, o *hub* não realiza a escolha de rotas, ele apenas retransmite os pacotes recebidos para todos os segmentos da rede nele conectados.

Gabarito 1E

(Delegado/PB – 2009 – CESPE) Acerca dos conceitos de *hardware* e *software*, assinale a opção correta.

(A) Para se fazer cópia de segurança, procedimento fundamental para proteger os dados contra infecção devírus, são necessários *hardware* e *software* específicos para *backup*.

(B) A expansão da memória ROM, que armazena os programas em execução temporariamente, permite aumentar a velocidade de processamento.

(C) USB (*universal serial bus*) é um tipo de barramento usado para conectar facilmente ao computador várias categorias de dispositivos, como teclados, *mouses*, monitores,escâneres, câmeras e outros.

(D) Multimídia é um *software* que executa músicas compactadas com qualidade.

(E) A informação Intel core duo indica que o computador possui dupla memória RAM, o que acelera o processamento dos dados.

A: Errada, não é necessário um *software* ou *hardware* específico para a realização de *backups*, basta que possua uma mídia confiável (CD, DVD, HD externo, etc.). **B:** Errada, a memória que armazena os programas em execução é a memória RAM, a memória ROM não permite leitura e é apenas auxiliar na inicialização do computador. **C:** Correta, o barramento USB é o mais utilizado atualmente para conexão de diversos tipos de periféricos. **D:** Errada, multimídia é a combinação, controlada por computador, de pelo menos um tipo de média estática (texto, fotografia, gráfico), com pelo menos um tipo de média dinâmica (vídeo, áudio, animação). **E:** Errada, Intel Core Duo especifica um tipo de processador e não de memória.

Gabarito "C"

(Delegado/RN – 2009 – CESPE) Entre os dispositivos de entrada de dados em informática, incluem-se

(A) o teclado e o *mouse*.

(B) o *mouse* e a memória ROM.

(C) o teclado e a impressora.

(D) o monitor e a impressora.

(E) a impressora e o *mouse*.

A: Correta, teclado e *mouse* são dispositivos de entrada de informações para o computador. **B:** Errada, a memória ROM é um dispositivo de armazenamento. **C:** Errada, a impressora é um dispositivo de saída. **D:** Errada, monitor e impressora são dispositivos de saída (a menos que o monitor seja do tipo Touchscreen). **E:** Errada, impressora é um dispositivo de saída.

Gabarito "A"

(Agente de Polícia Federal – 2009 – CESPE) Julgue os itens a seguir, acerca de *hardware* e de *software* usados em computadores pessoais.

(1) ROM é um tipo de memória não volátil, tal que os dados nela armazenados não são apagados quando há falha de energia ou quando a energia do computador é desligada.

(2) Existem dispositivos do tipo *pendrive* que possuem capacidade de armazenamento de dados superior a 1 bilhão de *bytes*. Esses dispositivos podem comunicar-se com o computador por meio de porta USB.

1: Correta, a memória ROM é uma memória que não permite escrita e que mantém seu conteúdo mesmo quando o computador está desligado. **2:** Correta, 1 bilhão de *bytes* equivale a menos de 1 Gigabyte, os *pendrives* atuais possuem capacidade em geral superior a este valor e possuem como interface de comunicação uma entrada USB.

Gabarito 1C, 2C

2. PLANILHAS ELETRÔNICAS

2.1. OFFICE

(Analista – MPU – 2010 – CESPE) A figura abaixo ilustra uma planilha em edição no Microsoft Excel 2007 (MSExcel 2007), que apresenta valores hipotéticos de seis processos.

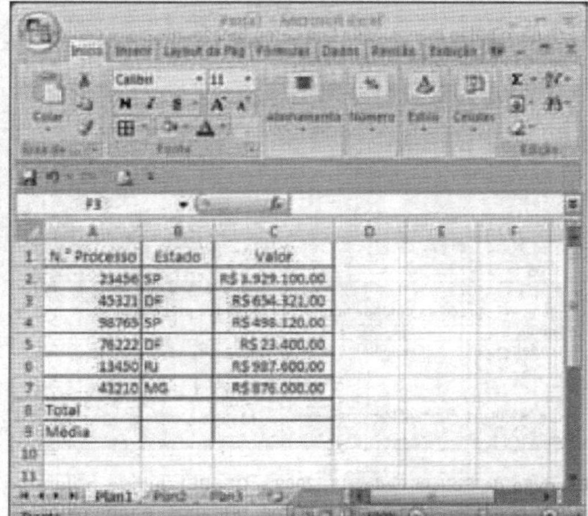

	A	B	C
1	N.º Processo	Estado	Valor
2	23456	SP	R$ 1.929.100,00
3	43321	DF	R$ 654.321,00
4	98765	SP	R$ 498.120,00
5	76222	DF	R$ 23.400,00
6	13450	RJ	R$ 987.600,00
7	43210	MG	R$ 876.000,00
8	Total		
9	Média		

Nessa planilha, o total e a média aritmética dos valores dos seis processos serão inseridos nas células C8 e C9, respectivamente.

Com base nessas informações, julgue os itens subsequentes.

(1) O valor da média aritmética dos seis processos pode ser obtido com o seguinte procedimento: clicar a célula C9 e, em seguida, digitar a fórmula =MÉDIA(C2;C7).

* **André Fioravanti** comentou todas as provas de concursos bancários e **Helder Satin** comentou todas as demais provas.

(2) Para formatar a fonte dos valores abaixo de R$ 500.000,00 com a cor vermelha e a dos valores acima de R$ 500.000,00 com a cor azul, é suficiente selecionar a coluna, clicar o menu Fórmulas, digitar =SE(C2<500000;"vermelho";"azul") e arrastar tudo, copiando a fórmula para as demais células dessa coluna.

(3) Para classificar os processos do menor valor para o maior, é suficiente selecionar as células de C2 até C7; clicar a ferramenta [ícone]; selecionar a opção Classificar do Menor para o Maior e, em seguida, clicar o botão Classificar.

(4) Para se obter o valor total desses processos, é suficiente clicar a célula C8; pressionar a ferramenta Σ e, em seguida, pressionar a tecla "ENTER"

1: Errada, para se definir um intervalo de número deve-se utilizar os dois pontos e não ponto e vírgula; **2:** Errada, a fórmula mencionada apenas troca o conteúdo da célula na qual ela foi digitada por "vermelho" ou "azul" dependendo do valor da célula C2; **3:** Correta, a ferramenta mencionada organiza as células da seleção atual de acordo com a função escolhida, neste caso, do Menor para o Maior.; **4:** Correta, a ferramenta Σ corresponde à função Somatório, que soma todos os valores no intervalo acima da célula atual por padrão, podendo este intervalo ser alterado a gosto do usuário.

Gabarito 1E, 2E, 3C, 4C

(Agente de Polícia Federal – 2009 – CESPE) Julgue o item a seguir, considerando a figura acima, que mostra uma planilha em edição no Excel 2002, com uma lista de preços unitários de mesas e cadeiras, bem como a quantidade a ser adquirida de cada item.

(1) Para se inserir uma nova linha entre as linhas 1 e 2, movendo os conteúdos das linhas 2 e 3 para baixo, é suficiente clicar no cabeçalho da linha 2 — 2 — e, em seguida, clicar o botão [ícone].

1: Errada, o botão mencionado tem como função mesclar e centralizar células e não adicionar novas linhas.

Gabarito 1E

Microsoft Excel - Pasta1

Arquivo Editar Exibir Inserir Formatar Ferramentas Dados Janela Ajuda

D5

	A	B	C	D	E
1	item	preço da unidade	número de unidades	preço total	
2	mesa	300	2		
3	cadeira	100	8		
4					
5					

Plan1 / Plan2 / Plan3 — Pronto

(Escrivão de Polícia Federal – 2009 – CESPE) Julgue o item a seguir, considerando a figura acima, que mostra uma planilha em edição no Excel 2002, com uma lista de preços unitários de mesas e cadeiras, bem como a quantidade a ser adquirida de cada item.

(1) Ao se clicar a célula C3 e, em seguida, se clicar o botão [ícone], a célula B3 será selecionada.

1: Errada, o botão mencionado apenas desfaz a ultima ação realizada, como voltar o conteúdo excluído de uma célula ou adicionar uma linha apagada anteriormente.

Gabarito 1E

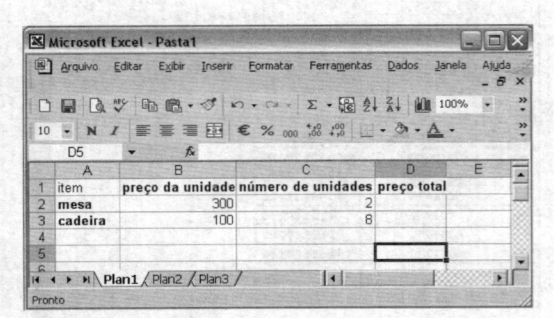

(Escrivão de Polícia Federal – 2009 – CESPE) Com relação a bancos de dados e processos de informação, julgue os itens seguintes.

(1) O uso de chaves estrangeiras em bancos de dados que adotam modelos relacionais permite que o fortalecimento da característica de integridade de dados seja melhor do que o das características de confidencialidade, autenticidade e disponibilidade de dados e informações.

(2) O ciclo de vida da informação em uma organização pode corresponder às seguintes fases: criação e recebimento; distribuição; uso; manutenção; e descarte.

1: Correta, as chaves estrangeiras forçam uma tabela que tenha uma relação com outra tabela possua apenas registros válidos existentes na segunda, isso garante a integridade dos dados mais que qualquer outra característica. **2:** Correta, toda informação é criada e recebida por algo ou alguém, ela pode ser distribuída, utilizada e receber manutenção durante um período até que seja por fim descartada.

Gabarito 1C, 2C

Microsoft Excel - Pasta1

C14

	A	B	C	D
1				
2				
3		Cadastro de Brinquedos		
4				
5				
6	Código	Descrição	Preço(R$)	
7	A001	Bola de futebol	15,00	
8	A002	Boneca de porcelana	37,00	
9	A003	Carrinho	26,50	
10	B001	Jogo de cartas	6,50	
11	B002	Jogo de dados	7,90	
12	C001	Quebra-cabeças	49,00	
13				
14				
15				
16				

(Agente Administrativo – Ministério da Previdência – 2010 – CESPE) Considerando a figura acima, que ilustra uma janela do Microsoft Excel 2003, julgue os itens que se seguem.

(1) Sabendo que a célula C7 foi definida para o formato do tipo numérico e contém o valor 15,00, é correto afirmar que o seu valor será alterado para 15.000,00, caso o botão [ícone] seja clicado.

(2) A fórmula =SE(MÉDIA(C7:C12)>10;SOMA(C7:C12);0) está sintaticamente correta e pode ser inserida na célula C14.

1: Errada, o botão em questão apenas diminui o número de casas decimais, neste caso não aconteceria nada pois o valor é inteiro. **2:** Correta, a sintaxe da formula é =SE(condição; ação se verdadeiro; ação se falso), portanto está corretamente escrita.

Gabarito 1E, 2C

	A	B
1	Processo	Valor
2	232/2005	R$ 3.452.089,00
3	532/2006	R$ 134.254,00
4	632/2007	R$ 5.678.234,00
5	871/2008	R$ 23.412,00
6	872/2009	R$ 2.345.123,00
7	Total	
8	Média	

(Técnico – TCU – 2009 – CESPE) Com referência à figura acima, que mostra parte de uma janela do *software* Excel 2007, contendo uma planilha em processo de edição, julgue os itens que seguem.

(1) Para se formatar as células da planilha que contêm valores inferiores a R$ 1.000.000,00 com a cor verde, pode-se utilizar o recurso Formatação condicional do menu Formatar.

(2) O total e a média dos valores mostrados na coluna B podem ser calculados a partir das fórmulas =Soma(B2:B6) e =Média (B2:B6), respectivamente.

1: Correta, o recurso Formatação Condicional presente no menu Formatar permite que as células sejam formatadas de formas diferentes dependendo de seu conteúdo, podendo ser alterado a cor de fundo, cor de escrita e várias outras características; **2:** Correta, a fórmula =SOMA(B**2**:B6) calcula o somatório do intervalo B2 até B6 e a fórmula =MÉDIA(B**2**:B6) calcula a média deste mesmo intervalo.

Gabarito 1C, 2C

Arquivo Editar Exibir Inserir Formatar Ferramentas Dados Janela Ajuda

Arial 10

A12 fx Média dos Valores

	A	B	G	H
1	Data/Hora	Chamadas Recebidas	Chamadas Realizadas	Chamadas Totais
2	01/01/2004 11:00	0	0	0
3	02/01/2004 11:00	45	58	
4	03/01/2004 11:00	44	91	
5	04/01/2004 11:00	63	94	
6	05/01/2004 11:00	59	98	
7	06/01/2004 11:00	61	98	
8	07/01/2004 11:00	81	104	
9	08/01/2004 11:00	66	104	
10	09/01/2004 11:00	67	107	
11	10/01/2004 11:00	70	107	
12	Média dos Valores	55,6	86,1	
13				
14				

Plan1 / Plan2 / Plan3

Pronto SCRL

(Analista – ANATEL – 2009 – CESPE) A figura acima ilustra uma planilha em elaboração em uma janela do Microsoft Office Excel 2003, relacionando os números de chamadas recebidas e realizadas por uma empresa fictícia, nos dez primeiros dias do ano de 2004, até onze horas. A respeito dessa planilha e do Excel 2003, julgue os itens subsequentes.

(1) O Excel 2003 permite o modo de exibição de diversas barras de ferramentas que contêm diferentes campos e botões. Na janela acima, os campos ou botões [botões da barra de formatação]; A12 fx Média de Valores; e [botões da barra padrão] fazem parte, respectivamente, das barras de formatação, de fórmulas e padrão.

(2) Só é possível encontrar o valor total das chamadas recebidas e realizadas na data/hora, 05/01/2004 11:00" mediante a realização da seguinte sequência de ações: selecionar a célula H6; digitar = B6 + G6; teclar Enter.

1: Correta, as barras apresentadas estão corretamente descritas, é possível que o usuário adicione mais barras de menu ou personalize as existentes; **2:** Errada, existem várias fórmula diferentes que poderia ser usadas além da informada, como por exemplo =SOMA(B6;G6).

Gabarito 1C, 2E

2.2. BrOFICCE

(Analista – TRT/21ª – 2010 – CESPE) Acerca dos sistemas operacionais, dos aplicativos de edição de textos, das planilhas e apresentações nos ambientes Windows e Linux, julgue o item abaixo.

(1) Em uma planilha em edição no Calc do BrOffice, se uma célula for preenchida com número e, em seguida, a alça de preenchimento dessa célula for arrastada para células seguintes na mesma linha ou coluna, as células serão automaticamente preenchidas com uma sequência numérica iniciada com número digitado.

1: Correta, utilizando-se a alça de preenchimento, as células conseguintes são preenchidas respeitando a progressão dos primeiros números selecionados.

Gabarito 1C

(Analista – TRE/MA – 2009 – CESPE) Com relação aos aplicativos do ambiente BR Office, assinale a opção correta.

(A) O Writer é um editor de texto do BR Office cuja única limitação é não permitir a edição de documentos em código HTML.

(B) Um documento armazenado em arquivo no formato nativo padrão .odt do BR Office pode ser aberto por qualquer *software* do ambiente BR Office e também pelo Microsoft Office.

(C) O Impress, que reconhece arquivos com extensão .odt, é a ferramenta do BR Office utilizada para a criação de documentos, de forma equivalente ao aplicativo Microsoft Office Word.

(D) O BR Office é um *software* gratuito e livre, sendo encontrado em versões que podem ser executadas em diferentes plataformas de *hardware* e sistemas operacionais, incluindo Linux e Windows.

(E) O Calc é o *software* do BR Office usado para a edição de tabelas e cálculos de fórmulas, de forma semelhante ao Excel, mas que possui recursos próprios para a sintaxe das fórmulas e regras de cálculo diferentes das utilizadas no Microsoft Office Excel.

A: errada, o Writer permite a edição de documentos em código HTML. **B:** errada, o Microsoft Office não consegue abrir documentos no formato .odt. **C:** errada, o Impress é uma ferramenta de criação de apresentação de slides e não de documentos. **D:** correta, o BR Office é um *software* livre, gratuito e que pode ser encontrado em versões que rodam tanto em Windows como Linux. **E:** errada, a sintaxe das fórmulas e regras de cálculo não é diferente das utilizadas no Microsoft Office Excel.

Gabarito "D"

(Analista – TJ/ES – 2011 – CESPE) Com relação aos conceitos e aplicativos dos ambientes Microsoft Office e BrOffice, julgue os itens a seguir.

(1) O Layout de Impressão, um dos modos de exibição de arquivos no Microsoft Word, permite que se visualize o documento aberto para posterior impressão em papel, sem que seja possível, no entanto, fazer qualquer alteração do processo de edição e impressão.

(2) Em uma planilha em edição no Calc, se houver um número em uma célula e se, a partir dessa célula, a alça de preenchimento for levada para as células adjacentes, será automaticamente criada uma sequência numérica a partir desse número.

(3) No MS Word, os temas são recursos que auxiliam na definição de formatos de textos por meio de estilos criados com tamanhos de fontes variados, plano de fundo, marcadores de tópicos que podem ser utilizados para caracterizar um documento ou um conjunto deles.

(4) Para se inserir uma função em uma célula de planilha do Microsoft Excel, é necessário, primeiramente, selecionar essa célula e acionar o assistente Inserir Função. Por meio dele, é possível inserir funções de diversas categorias, como as funções estatísticas média aritmética, média geométrica e desvio padrão, entre outras.

1: Errada, o processo de edição e impressão ainda podem ser alterados no modo de exibição de Layout de Impressão. **2:** Correta, a alça de preenchimento segue a progressão do número criando uma sequência numérica a partir das células selecionadas. **3:** Correta, o tema agrupa um conjunto de configurações que podem ser aplicadas a outros documentos. **4:** Correta, uma função só pode ser inserida em uma célula previamente selecionada, após isso utiliza-se a função Inserir Função ou digitar a função na linha de escrita.

Gabarito 1E, 2C, 3C, 4C

(Técnico Judiciário – MPU – 2010 – CESPE) No que se refere ao BrOffice, julgue os próximos itens.

(1) A opção Estrutura de tópicos do menu Exibir do Impress permite fazer a conversão de um texto que foi digitado em forma de parágrafos dentro da caixa para a exibição em forma de tópicos, construídos a partir de cada frase isolada por um ponto final.

(2) O formato padrão de arquivos criados no aplicativo Writer do BrOffice possui a terminação ODT, que é um dos formatos do OpenDocument format.

(3) Para facilitar a publicação de arquivos na Internet, usuários do aplicativo Impress podem visualizar uma apresentação de slides em forma de arquivo HTML por meio da opção Visualizar no Navegador da Web, disponível no menu Arquivo.

1: Errada, a opção Estrutura de tópicos exibe o conteúdo dos slides em forma de tópicos hierárquicos, sendo cada tópico composto por título e conteúdo, **2:** Correta, o BrOffice utiliza o padrão ODT para seus arquivos de texto, sendo este parte do formato OpenDocument format, um padrão criado para arquivos de programas de escritório, **3:** Correta, a opção Visualizar no Navegador da Web, disponível através do menu Arquivo, permite que o documento atual seja aberto pelo navegador padrão para que possa ser visualizado.

Gabarito 1E, 2C, 3C

3. EDITORES DE TEXTO

3.1. OFFICE

(Analista – TRT/21ª – 2010 – CESPE) Acerca dos sistemas operacionais, dos aplicativos de edição de textos, das planilhas e apresentações nos ambientes Windows e Linux, julgue o item abaixo.

(1) Um arquivo cujo nome tem a extensão DOCX contém um documento criado no Microsoft Word e pode ser aberto normalmente por qualquer versão desse aplicativo. Esse tipo de arquivo possui também a versatilidade de permitir a sua abertura em ambiente Linux, utilizando-se a ferramenta BrOffice.

1: Errada, os arquivos DOCX só podem ser abertos utilizando-se as versões posteriores a 2007 do Microsoft Word.

Gabarito 1E

(Analista – TRE/MT – 2010 – CESPE) Considerando os aplicativos do Microsoft Office, assinale a opção correta.

(A) A desvantagem de se utilizar o MS Word para a edição de tabelas é a impossibilidade de criar fórmulas para totalizar valores.

(B) Ao se criar uma apresentação no MS Power Point, é possível inserir textos do MS Word ou da Internet e ainda inserir planilha do MS Excel bem como imagens e vídeos de diversos tipos.

(C) No MS Excel 2007, a criação de macros é possível com a instalação do plugin macroware.

(D) Ao se copiar um resultado de uma fórmula criada no MS Excel e colá-lo em um relatório criado no MS Word, quando alterados os dados no MS Excel, o valor apresentado no MS Word será alterado automaticamente.

(E) Para se criar um organograma no MS Word, é necessário instalar o Microsoft Organise.

A: Errada, o MS Word permite a utilização de fórmulas em suas tabelas. **B:** Correta, o MS Power Point permite a inserção de dados vindos do MS Word, MS Excel ou diretamente da internet, sejam eles textos, vídeos, imagens ou vídeos. **C:** Errada, não é necessária a instalação de plugins para a criação de macros no MS Excel. **D:** Errada, os valores não serão automaticamente alterados entre programas. **E:** Errada, não é necessária a utilização de nenhum *software* adicional para a criação de organogramas no MS Word.

Gabarito "B"

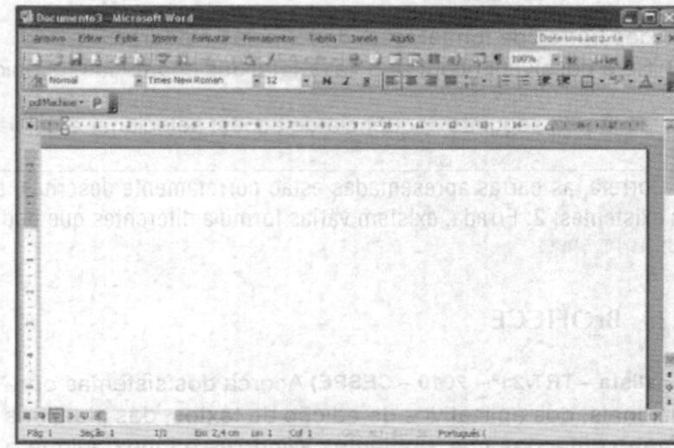

(Analista – TRE/MA – 2009 – CESPE) Considerando a figura acima, que ilustra uma janela do Microsoft Office Word 2003, assinale a opção correta.

(A) O botão [ícone], que permite inserir tabela no documento, executa o programa Microsoft Office Excel para edição avançada de opções de tabela.

(B) Para se inserir hiperlinks em um documento Word 2003 associados a arquivos na Web, pode-se usar o botão [ícone], o qual serve também para incluir hiperlink para arquivos armazenados no disco rígido do computador em uso.

(C) Os botões [ícones], na parte inferior esquerda da janela, podem ser usados, respectivamente, para criar novo documento em branco, salvar o documento em edição como página da Web, salvar o documento atual como outro documento, salvar o documento sem imagem e imprimir o documento em duas páginas por folha.

(D) O Word permite comparar duas versões de documentos que estejam abertos, por meio de opção acionada pelo botão .

(E) Para se abrir um documento associado a um arquivo em formato que não seja .doc, convertendo-o em documento do Word 2003, deve-se clicar o botão .

A: errada, o botão apenas insere uma tabela simples no documento e não faz uso do Microsoft Office Excel. **B:** correta, o botão é usado para a criação de hyperlinks que podem inclusive levar a arquivos no disco rígido do computador. **C:** errada, os botões alteram o modo como a página em edição é exibido para o usuário, alterando seu layout. **D:** errada, o botão copia o formato de um objeto ou texto selecionado e o aplica ao objeto ou texto clicado. **E:** errada, o botão apenas abre um documento suportado pelo Word, ele não tem função de conversão de formatos.

Gabarito "B"

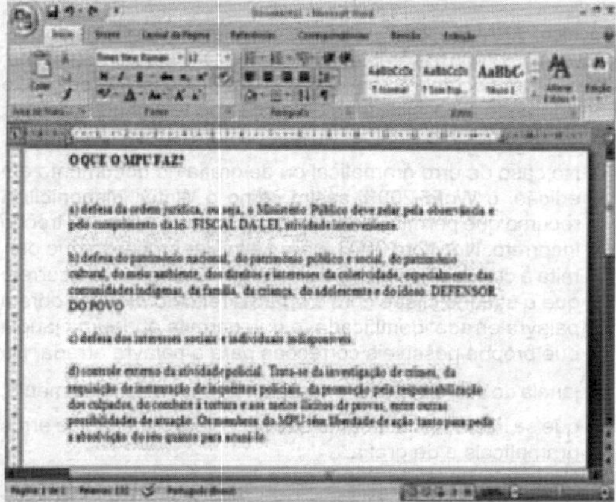

(Analista – MPU – 2010 – CESPE) Com base na figura acima, que apresenta um texto em edição no Microsoft Word 2007 (MSWord 2007), julgue o próximo item, relativo à edição de textos e planilhas.

(1) Considere que o último parágrafo do texto mostrado na figura seja copiado do MSWord 2007 para uma célula de uma planilha do Microsoft Excel 2007. Nesse caso, é possível tornar todo o conteúdo visível nessa célula, com exibição em várias linhas, formatando-a com a opção Quebrar Texto Automaticamente.

1: Correta, a função Quebrar Texto Automaticamente faz com que o texto seja quebrado em linhas para que ele caiba em sua célula de forma que todo o seu conteúdo seja visível.

Gabarito 1C

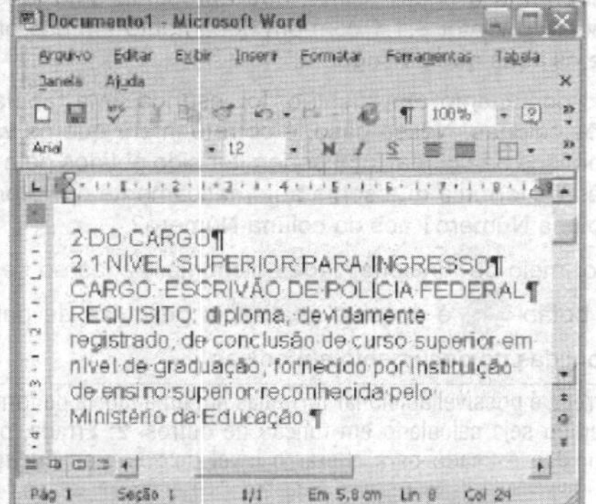

(Agente de Polícia Federal – 2009 – CESPE) Considerando a figura acima, que mostra uma janela do Word 2002, com um texto em edição, em que nenhuma parte está formatada como negrito, julgue os próximos itens.

(1) Ao se clicar à direita da palavra "devidamente" e, em seguida, clicar o botão ¶, o símbolo ¶ será exibido à direita da referida palavra.

(2) Ao se aplicar um clique duplo em um local da barra de título que não contenha botão ou ícone, a janela mostrada será maximizada.

(3) O conteúdo da primeira linha do texto mostrado será centralizado, após a realização da seguinte sequência de ações: selecionar a referida linha; pressionar e manter pressionada a tecla Ctrl; acionar a tecla C, pressionando-a e liberando-a; liberar a tecla Ctrl.

1: Errada, o botão mencionado ativa a função de exibição dos símbolos de marcação de parágrafo e outras formatações ocultas. **2:** Correta, o duplo clique na barra de título de uma janela faz com que esta seja maximizada caso não esteja ou é restaurada ao tamanho anterior caso esteja maximizada. **3:** Errada, as teclas mencionadas apenas copiam o texto selecionado para a área de transferência, não alterado sua formatação.

Gabarito 1E, 2C, 3E

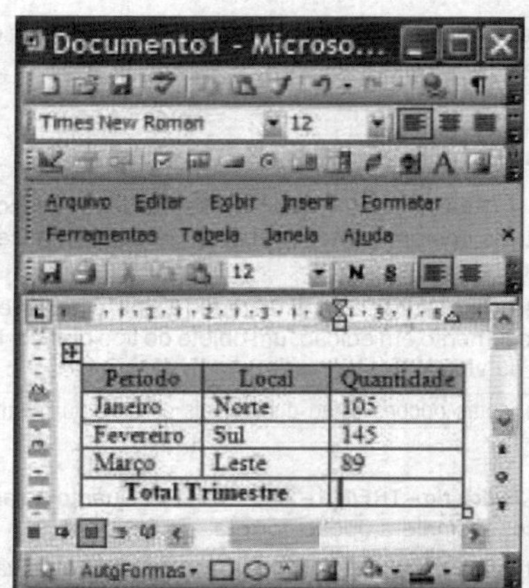

(Agente de Polícia/ES – 2009 – CESPE) Considerando a figura acima, que apresenta uma tabela em edição do Word, julgue os itens que se seguem.

(1) O Word possui recurso que permite criar um gráfico de barras com os valores apresentados na tabela.

(2) Para se calcular o "Total Trimestre" usando-se fórmula é necessário copiar a tabela para o Excel e digitar a fórmula =soma (C1:C3).

(3) Sistema de arquivo é a maneira como o sistema operacional organiza e administra os dados em disco.

1: Correta, é possível criar gráficos a partir de dados tabelados diretamente pelo Word por meio de função acessível pelo menu Inserir. **2:** Errada, o Word também permite a inserção de fórmulas como a de somatória sem a necessidade de uso de Excel. **3:** Correta, o sistema de arquivo define não só os parâmetros com que os arquivos serão salvos mas também a capacidade máxima do disco e velocidade de gravação.

Gabarito 1C, 2E, 3C

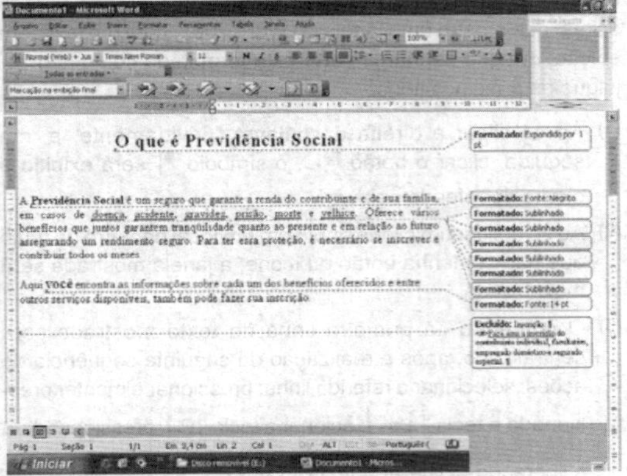

(Agente Administrativo – Ministério da Previdência – 2010 – CESPE) A partir da figura acima, que mostra uma janela do Microsoft Word 2003 sendo usada para a edição de documento que contém correções em sua formatação, julgue o item seguinte.

(1) Para se aceitar todas as correções de uma só vez, é suficiente clicar o botão [ícone] e selecionar, em seguida, a opção Aceitar todas as alterações no documento.

1: Correta, os passos descritos fazem com que todas as correções sugeridas sejam aceitas e aplicadas no documento atual.

Gabarito 1C

3.2. BrOFICCE

(Analista – TRE/BA – 2010 – CESPE) Com relação aos conceitos e aplicativos dos ambientes Microsoft Office e BrOffice, julgue o item que se segue.

(1) No BrOffice Writer, a partir do menu Exibir, é possível inserir, no documento em edição, um objeto do tipo gráfico, fórmula, som ou vídeo.

1: Errada, estas opções estão disponíveis a partir do menu Inserir.

Gabarito 1E

(Técnico Judiciário – TRE/MA – 2009 – CESPE) Quanto ao ambiente BR Office, assinale a opção correta.

(A) O BrOffice pode ser utilizado para se criar e salvar documentos em diversos formatos e tem como vantagem o fato de um arquivo salvo no formato padrão BR Office poder ser aberto em qualquer aplicativo de outros fornecedores comerciais.

(B) A barra de ferramentas do Writer possui as mesmas opções da barra do Microsoft Office e os ícones utilizados para representar as respectivas opções são idênticos em ambos aplicativos.

(C) Nos aplicativos do BR Office, a opção **Caracteres não imprimíveis** oferece a ação de exibir ou ocultar itens como tabulações, marcas de espaço, parágrafos e demais itens de edição que não aparecem na versão impressa.

(D) Documentos que estejam correntemente abertos em um editor do BR Office apenas devem ser acessados pelo *menu* **Janela**, na opção **Lista de documentos**.

(E) O Impress é uma alternativa para a criação e edição de planilhas eletrônicas, com opções de formatação visual, regras de cálculo e fórmulas.

A: errada, os formatos utilizados pelo BR Office não podem ser lidos por arquivos de certos fornecedores comerciais. **B:** errada, há algumas diferenças nos ícones e nos conteúdos das barras de ferramentas dos dois *softwares*. **C:** correta, a opção Caracteres não imprimíveis oferece a ação de exibir ou ocultar itens como tabulações, marcas de espaço, etc. **D:** errada, eles também podem ser acessados pela barra de tarefas do sistema operacional. **E:** errada, o Impress é uma alternativa para a criação de apresentação de slides.

Gabarito "C"

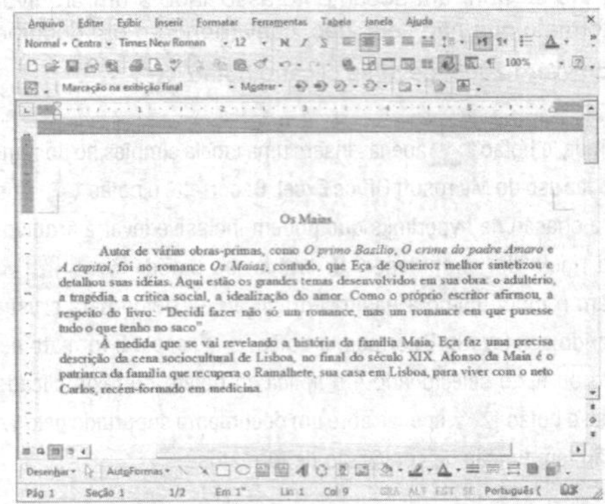

(Técnico – ANATEL – 2009 – CESPE) Com referência à janela do aplicativo Word 2003, do ambiente Microsoft Office, ilustrada acima, em que um documento encontra-se em processo de edição, e considerando a possibilidade de edição de textos no aplicativo Writer, do ambiente BrOffice, julgue os itens subsequentes.

(1) No caso de erro gramatical ou de grafia no documento em edição, o Word 2003, assim como o Writer, disponibiliza recurso que permite identificar e corrigir a palavra ou trecho incorreto. No Word 2003, para se iniciar processo que permita a correção de grafia de determinada palavra, é correto que o usuário clique com o botão direito do *mouse* sobre a palavra errada identificada, o que permite abrir uma janela que propõe possíveis correções para a palavra errada. Na janela do Word 2003, a ferramenta [ícone] permite, igualmente, que se inicie procedimento que permite a correção de erros gramaticais e de grafia.

(2) Na janela do Word 2003, caso, após formatar os trechos "*O primo Basílio*", "*O crime do padre Amaro*" e "*A capital*" para o itálico, o usuário desejasse voltar à formatação sem itálico, seria suficiente clicar a ferramenta [ícone]. O Writer possui ferramenta específica e distinta da do Word que permite realizar tal procedimento.

1: Correta, ambos os editores mencionados possuem funções de correção ortográfica. Ambos os procedimentos informados estão corretos, no primeiro é possível escolher uma correção para a palavra selecionada e no segundo todo o texto é analisado em busca de erros; **2:** Errada, a ferramenta mencionada copia a formatação de um local para que seja aplicado em outro, tendo o Writer uma função idêntica.

Gabarito 1C, 2E

(Agente Administrativo – Ministério da Previdência – 2010 – CESPE) Considerando a figura acima, que apresenta uma janela do BrOffice.org Writer 3.1.1 com um documento em elaboração, julgue os itens que se seguem.

(1) No documento em questão, foi inserida uma tabela com três colunas. Nesse caso, é correto inferir que os valores contidos na coluna Total podem ter sido obtidos pela inserção de fórmula que some automaticamente os valores da coluna Número1 aos da coluna Número2.

(2) Por meio de funcionalidades disponibilizadas ao se clicar o botão [ícone] é possível realizar a pesquisa de palavras contidas no documento em edição.

1: Correta, é possível adicionar fórmulas em uma tabela de forma que um campo seja calculado em função de outros. **2:** Errada, o botão em questão é usado para alterar o nível de *zoom* do documento.

Gabarito 1C, 2E

4. INTERNET

4.1. REDE, INTERNET E INTRANET

(Técnico Judiciário – STM – 2011 – CESPE) Com relação a Windows XP, Microsoft Office, Internet e *intranet*, julgue os itens a seguir.

(1) Na Internet, *backbones* correspondem a redes de alta velocidade que suportam o tráfego das informações.

(2) Em uma *intranet*, utilizam-se componentes e ferramentas empregadas na Internet, tais como servidores *web* e navegadores, mas seu acesso é restrito à rede local e aos usuários da instituição proprietária da *intranet*.

(3) Por meio da ferramenta Windows Update, pode-se baixar, via Internet, e instalar as atualizações e correções de segurança disponibilizadas pela Microsoft para o sistema operacional Windows XP.

(4) O Microsoft Word 2003 não possui recursos para sombrear ou destacar parágrafos em documentos nele produzidos.

(5) No Microsoft Excel 2003, por meio da função lógica *Se*, pode-se testar a condição especificada e retornar um valor caso a condição seja verdadeira ou outro valor caso a condição seja falsa.

1: Correta, os backbones formam a espinha dorsal da internet, interligando as várias redes de alta velocidade. **2:** Correta, as intranets funcionam de maneira idêntica à internet com a diferença de ter o acesso restrito às redes locais. **3:** Correta, a ferramenta do Windows Update automatiza a realização de atualizações do sistema operacional Windows. **4:** Errada, o Microsoft Word 2003 possui os recursos mencionados. **5:** Correta, a função lógica SE realiza verificações para a tomada de ações dependendo das condições indicadas na função.

Gabarito 1C, 2C, 3C, 4E, 5C

(Técnico Judiciário – TRE/BA – 2010 – CESPE) Acerca de navegação, correio eletrônico, grupos de discussão, ferramentas de busca e pesquisa na Internet, julgue os itens que se seguem.

(1) Ao verificar a caixa postal de correio eletrônico, na realidade, o usuário acessa o servidor central de e-mail da Internet, chamado de cliente de e-mail, o qual direciona as mensagens que possuem o endereço do usuário reconhecido por sua senha pessoal e intransferível.

(2) Uma das formas de busca de informações na Internet utilizando os sítios de busca, como o Google, é por meio da utilização de operadores booleanos, os quais podem variar dependendo da ferramenta de busca utilizada.

(3) Um sítio de *chat* ou de bate-papo é um exemplo típico de grupo de discussão em que os assuntos são debatidos em tempo real. Para essa finalidade, a comunicação pode ser de forma assíncrona, o que significa que é desnecessária a conexão simultânea de todos os usuários.

1: Errada, ao verificar a caixa postal de correio eletrônico, o usuário acessa o servidor que está hospedando seu domínio de correio; **2:** Correta, os operadores booleanos ajudam a refinar as buscas feitas em sites de busca, melhorando o resultado da pesquisa; **3:** Errada, os sites de *chat* ou bate-papo são comunicadores instantâneos que requer a conexão simultânea de seus participantes.

Gabarito 1E, 2C, 3E

(Técnico Judiciário – MPU – 2010 – CESPE) A respeito de Internet e intranet, julgue os itens subsequentes.

(1) O acesso autorizado à intranet de uma instituição restringe-se a um grupo de usuários previamente cadastrados, de modo que o conteúdo dessa intranet, supostamente, por vias normais, não pode ser acessado pelos demais usuários da Internet.

(2) Um modem ADSL permite que, em um mesmo canal de comunicação, trafeguem sinais simultâneos de dados e de voz. Por isso, com apenas uma linha telefônica, um usuário pode acessar a Internet e telefonar ao mesmo tempo.

1: Correta, as intranets possuem conteúdo restrito e não podem ser acessadas pela Internet; **2:** Correta, os modens ADSL modulam o sinal de forma que possam trafegar conjuntamente com voz sem que um interfira no outro.

Gabarito 1C, 2C

(Delegado/RN – 2009 – CESPE) O envio e o recebimento de mensagens de correio eletrônico contendo documentos e imagens anexos podem ser realizados por meio do *software*

(A) Microsoft Publisher.
(B) Hyper Terminal.
(C) Skype.
(D) Adobe Acrobat.
(E) Microsoft Outlook.

A: Errada, o Microsoft Publisher tem como objetivo criar e manter publicações na web. **B:** Errada, o Hyper Terminal é um *software* de acesso remoto. **C:** Errada, o Skype é um programa de comunicação instantânea. **D:** Errada, o Adobe Acrobat é um programa de apresentação de documentos em formato PDF. **E:** Correta, o Microsoft Outlook é um programa gerenciador de e-mail e tem a capacidade de enviar e receber mensagens de correio eletrônico.

Gabarito "E"

(Agente de Polícia Federal – 2009 – CESPE) Julgue os itens subsequentes, a respeito de Internet e intranet.

(1) As intranets, por serem redes com acesso restrito aos usuários de empresas, não utilizam os mesmos protocolos de comunicação usados na Internet, como o TCP/IP.

(2) Um *cookie* é um arquivo passível de ser armazenado no computador de um usuário, que pode conter informações utilizáveis por um *website* quando este for acessado pelo usuário. O usuário deve ser cuidadoso ao aceitar um cookie, já que os navegadores da Web não oferecem opções para excluí-lo.

1: Errada, a intranet é baseada nos mesmos protocolos utilizados para a Internet, principalmente o TCP/IP. **2:** Errada, todo navegador permite a exclusão dos *cookies* por meio de função interna.

Gabarito 1E, 2E

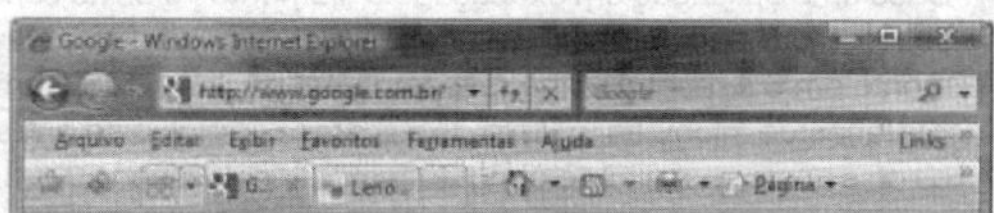

(Agente de Polícia Federal – 2009 – CESPE) A figura acima mostra a parte superior de uma janela do Internet Explorer 7 (IE7), em execução em um computador com sistema operacional Windows Vista, em que a página da Web http://www.google.com.br está sendo acessada. Com relação a essa janela, ao IE7 e a conceitos de Internet, julgue os itens que se seguem.

(1) Ao se clicar o botão [ícone], a página que estiver sendo exibida no navegador passará a ser a página inicial do IE7 sempre que este navegador for aberto.

(2) O Google é um instrumento de busca que pode auxiliar a execução de diversas atividades, como, por exemplo, pesquisas escolares.

1: Errada, o botão mencionado leva o usuário para a página inicial configurada no navegador. **2:** Correta, a Google é um dos sites de buscas mais utilizado no mundo e auxilia em atividades como pesquisas de forma muito eficiente.

Gabarito 1E, 2C

(Agente de Polícia Federal – 2009 – CESPE) Com relação a conceitos de Internet, julgue o item abaixo.

(1) A sigla FTP designa um protocolo que pode ser usado para a transferência de arquivos de dados na Internet.

1: Correta, o protocolo FTP trata do envio de arquivos em rede.

Gabarito 1C

(Escrivão de Polícia Federal – 2009 – CESPE) Com relação à Internet, julgue o item abaixo.

(1) Na tecnologia TCP/IP, usada na Internet, um arquivo, ao ser transferido, é transferido inteiro (sem ser dividido em vários pedaços), e transita sempre por uma única rota entre os computadores de origem e de destino, sempre que ocorre uma transmissão.

1: Errada, os arquivos são divididos em várias partes quando transferidos e nem sempre fazem o mesmo caminho, tomando sempre o caminho mostrado pelo roteador onde os pacotes passam.

Gabarito 1E

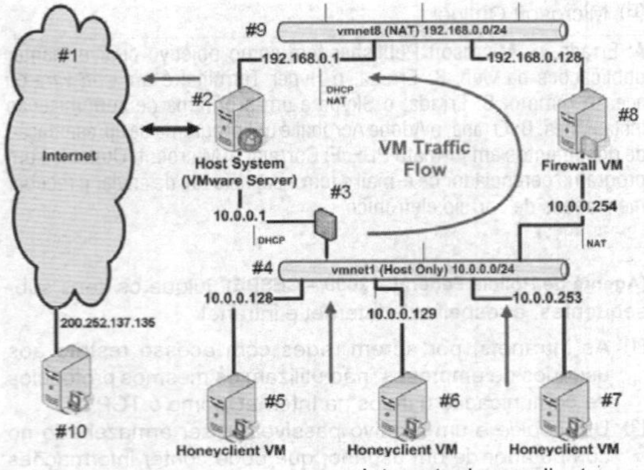

Internet: <honeyclient.org>.

(Escrivão de Polícia Federal – 2009 – CESPE) Considerando a figura acima, que apresenta o esquema de uma rede de computadores conectada à Internet, na qual se destacam elementos nomeados de 1 a 10, julgue os itens a seguir, a respeito de redes de computadores, segurança de redes e segurança da informação.

(1) Caso uma aplicação em execução no elemento 10 envie com sucesso um pedido http para um servidor web em funcionamento em 6 e receba como resposta uma página HTML com centenas de kilobytes, o fluxo de pacotes estabelecido entre os dois hosts será filtrado obrigatoriamente pelo dispositivo 3.

(2) O endereço IP 10.0.0.253 deve ser usado na URL inserida em um browser em funcionamento em 10 para viabilizar a comunicação entre esse browser e um servidor http em funcionamento na porta 80 do dispositivo 7, caso não seja possível usar um servidor de DNS em 10.

(3) Se uma aplicação cliente de correio eletrônico, em funcionamento em 5, recupera o conjunto de e-mails de um usuário de serviço de e-mail do tipo POP3 localizado em 10, então o fluxo de pacotes UDP deve ser estabelecido entre esses computadores.

1: Errada, o tráfego entre a internet e os servidores é filtrado no dispositivo 8 e não no dispositivo 3, este segundo apenas encaminha os dados. **2:** Errada, o IP 10.0.0.253 é um IP interno, não possuindo acesso direto pela internet, apenas na rede local em que se encontra. **3:** Errada, o tipo de pacote utilizado pelo protocolo POP3 é o TCP e não o UDP, pois ele precisa garantir a entrega da informação ao host requisitante.

Gabarito 1E, 2E, 3E

(Agente de Polícia/ES – 2009 – CESPE) Considerando os conceitos de Internet, intranet e correio eletrônico, julgue os itens a seguir.

(1) As redes *wireless* possuem a vantagem de permitir conexão à Internet, mas não permitem a conexão à intranet por se tratar de rede corporativa local.

(2) O navegador Internet Explorer 7.0 possibilita que se alterne de um sítio para outro por meio de separadores no topo da moldura do browser, fato que facilita a navegação.

(3) O Outlook Express possui recurso para impedir a infecção de vírus enviados por e-mail.

(4) Para se fazer *upload* e *download* de arquivos na intranet é necessário que o usuário tenha o sistema zipdriver instalado no computador.

1: Errada, tanto a Internet como a intranet podem ser acessadas por meio de redes wireless. **2:** Correta, o IE7 apresenta a navegação por meio de abas que se encontram na parte superior da página, facilitando a navegação quando o usuário deseja abrir várias páginas. **3:** Errada, o Outlook Express em sua configuração padrão não conta com nenhum sistema antivírus. **4:** Errada, o sistema zipdrive é apenas uma interface de entrada e saída que permite o uso de disquetes de capacidade superior aos disquetes de 3½".

Gabarito 1E, 2C, 3E, 4E

(Técnico – ANATEL – 2009 – CESPE) A respeito da Internet e de *intranets*, julgue os itens subsequentes.

(1) *As intranets* possuem as características e fundamentos semelhantes aos da Internet e baseiam-se no mesmo conjunto de protocolos utilizados na Internet. Entre outros, são exemplos de protocolos para *intranets*: *transmission control protocol* (TCP) e *internet protocol* (IP).

(2) As máquinas na Internet comunicam-se entre si por meio do conjunto de protocolos TCP/IP, o qual permite que sistemas heterogêneos operem por meio de redes inteiramente diversas. O *domain name system* (DNS) pode ser compreendido como um esquema de atribuição de nomes que possui estrutura hierárquica e natureza distribuída.

1: Correta, tanto a Internet quanto a Intranet são baseadas nos mesmos preceitos, o que faz a diferenciação entre elas é o tipo de acesso que os usuários possuem, sendo a Internet pública e a Intranet privada; **2:** Correta, o DNS permite a tradução dos nomes de URLs de serviços e máquinas em endereços de IP, que são usados no roteamento das informações na rede. Todo este processo é suportado pelo protocolo TCP/IP, que é a base da Internet.

Gabarito 1C, 2C

(Agente Administrativo – Ministério da Educação – 2009 – CESPE) Com relação a Internet e intranet, julgue os itens seguintes.

(1) Os usuários que desejam trocar mensagens de e-mail pela Internet precisam estar cadastrados em um provedor de caixas postais de mensagens eletrônicas, pelo qual o usuário tem o direito de utilizar um endereço de e-mail particular, com nome e senha exclusivos.

(2) No Internet Explorer 7, o acesso a páginas em HTML é feito por meio do protocolo HTTP. O nome da página, por exemplo, http://www.cespe.unb.br, deve ser obrigatoriamente digitado no campo endereço para que o sistema identifique o protocolo do serviço em uso.

(3) A *intranet* é uma tecnologia utilizada nas grandes empresas apenas para a disponibilização de documentos internos de interesse exclusivo da própria empresa; logo, essa ferramenta não pode disponibilizar nenhuma informação que já esteja na Internet, a fim de que não haja duplicidade de informações.

1: Correta, provedores de e-mail permitem, por meio de usuário e senha exclusivos, que pessoas cadastradas realizem o envio e recebimento de mensagens eletrônicas; **2:** Errada, caso o protocolo não seja informado o navegador adota o http como padrão, portanto o endereço www.cespe.unb.br também é válido, **3:** Errada, a intranet pode ser usada para a disponibilização de qualquer tipo de conteúdo, inclusive de algum que já esteja na Internet.

Gabarito 1C, 2E, 3E

(Técnico – TCU – 2009 – CESPE) Acerca de conceitos e tecnologias relacionados à Internet, julgue os itens subsequentes.

(1) A Internet é controlada no Brasil pela ANATEL, órgão governamental regulamentador de telecomunicação no país.

(2) Intranet e extranet são redes de computadores em que se utiliza a tecnologia da Internet para o fornecimento de serviços.

1: Errada, a ANATEL apenas dita as regras pelas quais os provedores devem se basear para definir os serviços prestados; **2:** Correta, ambas são baseadas nos mesmo protocolos e permitem o fornecimento de serviços em redes.

Gabarito 1E, 2C

(Analista – ANATEL – 2009 – CESPE) Com referência ao funcionamento da Internet e das *intranets*, julgue os itens a seguir.

(1) O funcionamento da Internet depende de três camadas de protocolos base: o protocolo de Internet IP, definidor de datagramas que carregam dados de um nó a outro da rede; os protocolos TCP, UDP e ICMP, responsáveis pela transmissão de dados; e, na camada final, os protocolos definidores de mensagens específicas e de formatos digitais, como os DNS, POP3 e HTTP, entre outros.

(2) Baseada nos padrões de comunicação da Internet, uma intranet pode ser caracterizada como uma rede privada de computadores, acessível apenas a membros de uma mesma organização. Mesmo assim, sua utilização requer componentes básicos, como sistemas de proteção e servidores web, sem, no entanto, ser obrigatório o uso do protocolo TCP/IP.

1: Correta, essas três camadas dão base ao funcionamento das redes e por consequência à Internet. O protocolo IP se encarrega da localização na transmissão dos dados, os protocolos TCP, UDP e ICMP fazem a transmissão dos pacotes e os protocolos de camada superior gerenciam os serviços utilizados; **2:** Errada, a Intranet, assim como a Internet, é baseada no protocolo TCP/IP, portanto seu uso é indispensável.

Gabarito 1C, 2E

(Analista – PREVIC – 2011 – CESPE) Julgue os itens subsecutivos, referentes a conceitos de Internet e intranet.

(1) Apesar de o HTTP (Hypertext Transfer Protocol) ser normalmente utilizado para acessar páginas web, em alguns casos ele também é usado na transferência de mensagens de correio eletrônico do computador do usuário final para o servidor de correio eletrônico.

(2) Por meio do uso de certificados digitais, é possível garantir a integridade dos dados que transitam pela Internet, pois esses certificados são uma forma confiável de se conhecer a origem dos dados.

(3) Para que as aplicações disponibilizadas na intranet de uma empresa possam ser acessadas por usuários via Internet, é suficiente incluir tais usuários no grupo de usuários com acesso autorizado à intranet.

1: Correta, por meio de sistemas de Webmail a mensagem pode ser enviada do computador do usuário até o servidor de e-mail por meio do protocolo HTTP. **2:** Errada, quem pode garantir a origem de um documento é a assinatura digital por meio de chave privada. **3:** Errada, para que Intranets sejam acessadas por meio da Internet é necessário o uso de uma rede virtual privada (VPN).

Gabarito 1C, 2E, 3E

4.2. FERRAMENTAS E APLICATIVOS DE NAVEGAÇÃO

(Analista – TRE/BA – 2010 – CESPE) Com relação ao uso seguro das tecnologias de informação e comunicação, julgue os itens subsequentes.

(1) No acesso à Internet por meio de uma linha digital assimétrica de assinante (ADSL), a conexão é feita usando-se uma linha de telefone ligada a um modem e os dados trafegam em alta velocidade.

(2) Firewall é um recurso utilizado para a segurança tanto de estações de trabalho como de servidores ou de toda uma rede de comunicação de dados. Esse recurso possibilita o bloqueio de acessos indevidos a partir de regras preestabelecidas.

1: Correta, as conexões ADSL utilizam um modem que codifica os dados que trafegam pela linha telefônica convencional, sua velocidade é muito superior à de conexões do tipo *dial-up*; **2:** Correta, o Firewall é um dos principais itens de segurança de uma rede ou computador pessoal, ele permite bloquear o acesso a portas específicas e assim garantir a integridade da rede.

Gabarito 1C, 2C

(Analista – TRE/MT – 2010 – CESPE) Assinale a opção que apresenta um protocolo responsável pelo envio de mensagens eletrônicas na Internet.

(A) UDP
(B) POP3
(C) SNMP
(D) SMTP
(E) RTP

A: Errada, UDP designa um tipo de pacote sem confirmação de entrega que transita em redes de computador. **B:** Errada, o POP3 é um protocolo destinado ao recebimento de mensagens eletrônicas. **C:** Errada, o SNMP é um protocolo de monitoramento de rede utilizado para controle e gestão de redes de computadores. **D:** Correta, o protocolo SMTP é o protocolo utilizado no envio de mensagens eletrônicas. **E:** Errada, o RTP é um protocolo utilizado em aplicações em tempo real como transmissão de vídeo ou áudio via rede.

Gabarito "D"

(Analista – TRE/MT – 2010 – CESPE) Considerando os conceitos básicos de tecnologias e ferramentas associadas à Internet e intranet, assinale a opção correta.

(A) Para se acessar a Internet ou uma intranet, é suficiente que o usuário tenha o Internet Explorer instalado em seu computador.
(B) A tecnologia 3G disponibiliza serviços de telefonia e transmissão de dados a longas distâncias, em um ambiente móvel, incluindo o acesso a Internet.
(C) O Outlook Express possui mais funcionalidades do que o Microsoft Outlook, como, por exemplo, Agenda e Contatos.
(D) A intranet disponibiliza serviços semelhantes aos da Internet dentro de uma rede local, mas não permite que esses serviços sejam acessados de outros locais.
(E) ADSL é um serviço implementado pelo Internet Explorer que permite aumentar a velocidade de acesso a Internet.

A: Errada, é necessária também uma conexão de rede com a Internet ou com a intranet desejada. **B:** Correta, a conexão 3G permite que a transmissão de dados e telefonia seja feitos com maior velocidade. **C:** Errada, o Outlook Express é uma versão com menos funcionalidades que o Microsoft Outlook. **D:** Errada, uma intranet pode ser acessada de outros locais por meio de uma VPN por exemplo. **E:** Errada, ADSL é um tipo de conexão de banda larga que utiliza a linha telefônica como meio de transmissão.

Gabarito "B"

(TJ/SC – 2010) Assinale a alternativa que NÃO INDICA um recurso disponível no navegador Internet Explorer:

(A) Bloqueador de *pop-ups*.
(B) Navegação com guias.
(C) Barra de favoritos.
(D) Botões de avançar e retroceder páginas.
(E) Função "User Location". Trata-se de um botão que, ao ser clicado, mostra automaticamente o mapa da cidade onde se encontra o computador.

A: Errada, o bloqueador de *pop-ups* é um recurso disponível no Internet Explorer. **B:** Errada, a navegação com guias é um recurso disponível nas versões mais atuais do Internet Explorer. **C:** Errada, a barra de favoritos também é um recurso disponível no Internet Explorer. **D:** Errada, o Internet Explorer possui botões de avançar e retroceder páginas durante a navegação. **E:** Correta, a função "User Location" não é um recurso presente no Internet Explorer.

Gabarito "E"

(Analista – TRE/MA – 2009 – CESPE) Acerca das ferramentas de navegação na Internet, assinale a opção correta.

(A) É possível configurar qual será o navegador padrão usado para navegação na Web, caso haja mais de um *software* com essa finalidade instalado no computador.
(B) O Firefox é um browser que não precisa de *plug-ins* para executar arquivos de som ou vídeo.
(C) O Internet Explorer é uma ferramenta utilizada para navegar na Internet que também disponibiliza opções de edição de arquivos e tratamento de imagens no formato HTML.
(D) Os *pop-ups* são janelas adicionais abertas automática e obrigatoriamente pelo browser para apresentar ao usuário recursos como confirmar senha, imprimir ou enviar uma página por e-mail.
(E) O Outlook Express é um *software* de webmail do sistema Windows que pode ser usado para gerenciar caixas de correio eletrônico e acessar páginas HTML e que também permite o envio destas a destinatários incluídos no catálogo de endereços do usuário.

A: correta, existindo mais de um navegador instalado no computador o usuário pode definir qual será o navegador-padrão. **B:** errada, são necessários *plug-ins* para a execução de alguns arquivos de som ou vídeo. **C:** errada, ele não disponibiliza opções de edição de arquivos e tratamento de imagens no formato HTML. **D:** errada, os recursos apresentados pelos *pop-ups* para o usuário não se limitam a confirmação de senha, impressão ou envio de página por e-mail. **E:** errada, o Outlook Express é um gerenciador de e-mails e não um *software* de webmail.

Gabarito "A"

(Analista – TRT/21ª – 2010 – CESPE) Julgue os itens a seguir, relativos a conceitos e modos de utilização da Internet e de intranets, assim como a conceitos básicos de tecnologia e segurança da informação.

(1) Considere a estrutura do seguinte URL hipotético: www.empresahipotetica.com.br. Nessa estrutura, os caracteres br indicam que o endereço é de uma página de uma organização brasileira e os caracteres com indicam que o sítio web é de uma empresa especializada no comércio e(ou) na fabricação de computadores.
(2) O protocolo SMTP permite que sejam enviadas mensagens de correio eletrônico entre usuários. Para o recebimento de arquivos, podem ser utilizados tanto o protocolo Pop3 quanto o IMAP.
(3) Se um usuário enviar um *e-mail* para outro usuário e usar o campo cc: para enviar cópias da mensagem para dois outros destinatários, então nenhum destinatário que receber a cópia da mensagem saberá quais outros destinatários também receberam cópias.
(4) No sítio web google.com.br, se for realizada busca por "memórias póstumas" — com aspas delimitando a expressão memórias póstumas —, o Google irá realizar busca por páginas da Web que contenham a palavra memórias ou a palavra póstumas, mas não necessariamente a expressão exata memórias póstumas. Mas se a expressão memórias póstumas não foi delimitada por aspas, então o Google irá buscar apenas as páginas que contenham exatamente a expressão memórias póstumas.

1: Errada, por meio dos caracteres com não é possível especificar o ramo de atuação da empresa detentora do domínio; **2:** Correta, o protocolo SMTP realiza o envio de mensagens de correio eletrônico, enquanto os protocolos POP3 e IMAP fazem o recebimento destas mensagens; **3:** Errada, para que nenhum destinatário tenha conhecimento do envio de cópias deve-se utilizar o campo Bcc; **4:** Errada, a realização de uma busca no sítio web google.com.br com a utilização de aspas faz com que o resultado contenha a expressão na forma como foi digitada, neste caso ela deve conter as palavras memórias póstumas, escritas desta forma e nesta mesma ordem.

Gabarito 1E, 2C, 3E, 4E

(Técnico Judiciário – TRE/MA – 2009 – CESPE) Acerca de conceitos relacionados à Internet e intranet, assinale a opção correta.

(A) A Internet é uma rede mundial de computadores, administrada pelo governo norte-americano, para disponibilizar informações do mundo inteiro.
(B) *Intranet* é a mesma coisa que Internet, só que ela foi criada para ser acessada apenas por usuários externos a determinada instituição.
(C) Para se acessar a Internet, basta ter um computador conectado na rede elétrica, pois, com o advento das redes sem fio, atualmente não são mais necessários cabos ou fios de telefonia para o acesso.
(D) Fazer parte da Internet significa usufruir de diversos serviços, como correio eletrônico, acesso a conteúdo livre ou pago, sendo necessário, para tanto, utilizar o protocolo TCP/IP.
(E) O endereço **www.minhaempresa.com.br** identifica uma intranet que só pode ser acessada por usuários comerciais no Brasil.

A: errada, a Internet não é administrada pelo governo norte-americano. **B:** errada, Intranet é uma rede local interna, a Internet é uma rede de alcance global. **C:** errada, é necessário um meio específico de conexão para se acessar a Internet. **D:** correta, fazer parte da Internet significa poder utilizar vários serviços, pagos ou livres, utilizando o protocolo TCP/IP. **E:** errada, o endereço www.minhaempresa.com.br é um endereço da Internet que pode ser acessado por qualquer usuário no mundo.

Gabarito "D"

(Analista – TRE/MA – 2009 – CESPE) Com relação às ferramentas de busca na Internet, assinale a opção correta.

(A) O Mozzila é uma ferramenta de busca avançada na Internet que oferece acesso a páginas que não são apresentadas pelo Google.
(B) Na opção de páginas em português do Google, o usuário poderá ter acesso apenas a conteúdos disponíveis no domínio .pt, de Portugal.
(C) O Google é uma ferramenta de busca para acesso a páginas indexadas pelo sítio Wikipedia em qualquer idioma.
(D) As ferramentas de busca disponíveis na Internet evoluíram para permitir o acesso aos arquivos armazenados em máquinas pessoais de todos os usuários que estejam, no momento da busca, conectados à rede.
(E) As opções avançadas de busca do Google permitem a combinação de diversas palavras para formar um nome, seja com todas as palavras informadas no campo de busca, seja com qualquer uma das palavras ou até sem uma palavra específica que se deseja utilizar para filtrar a pesquisa.

A: errada, o Mozzila é um navegador, e não uma ferramenta de busca. **B:** errada, na opção de páginas em português do Google, o usuário terá como resposta da busca websites em português. **C:** errada, o Google não se limita a pesquisa de páginas do sítio Wikipedia. **D:** errada, não é possível acessar arquivos armazenados em qualquer computador pessoal da internet. **E:** correta, as opções avançadas de busca do Google permitem refinar a busca para qualquer uma das palavras, todas as palavras ou até sem uma certa palavra informada pelo usuário.

Gabarito "E"

4.3. CORREIO ELETRÔNICO

(Analista – STM – 2011 – CESPE) Julgue os itens seguintes, referentes a correio eletrônico, Outlook 2003 e Internet Explorer 7.

(1) Uma ferramenta *anti-spam* tem a capacidade de avaliar as mensagens recebidas pelo usuário e detectar se estas são ou não indesejadas.

(2) Caso o usuário tenha uma lista de contatos de *e-mail* em uma planilha Excel, esta poderá ser utilizada pelo Outlook, sem que haja necessidade de usar os recursos de exportação do Excel e de importação do Outlook.

(3) O Internet Explorer passou a ter o recurso de navegação por guias a partir da versão 7.

(4) Se o administrador de rede de uma empresa tiver registrado o domínio empresa.com.br e for criar um endereço eletrônico de *e-mail* para um novo colaborador, cujo primeiro nome seja Marcelo, então o endereço eletrônico necessariamente deverá ter o formato marcelo@marcelo.empresa.com.br.

1: Correta, os anti-spam atuando detectando e diminuindo a quantidade de mensagens indesejadas recebidas pelos usuários por meio de vários filtros. **2:** Correta, por meio da opção Arquivo, Importar e Exportar do Outlook é possível carregar os contatos diretamente do Excel. **3:** Correta, a navegação por guias foi uma das novidades presentes em todas as versões do Internet Explorer a contar da versão 7. **4:** Errada, o nome do usuário vem apenas antes do símbolo da arroba (@) portanto o correto seria marcelo@empresa.com.br

Gabarito 1C, 2C, 3C, 4E

(Analista – STM – 2011 – CESPE) Com relação a Windows XP, Microsoft Office, Internet e *intranet*, julgue os itens de 1 a 3.

(1) Para registro de um nome pertencente ao domínio de uma instituição no Brasil, como, por exemplo, o nome instituição.com.br, é necessário contatar o registro.br, organização responsável pelo registro de domínios para a Internet no Brasil.

(2) Considere que um membro da área de recursos humanos de determinada empresa tenha publicado, no espaço acessível de *intranet* da empresa, documentos relativos às avaliações de desempenho dos departamentos e dos servidores aí lotados. Nesse caso, em função da natureza do meio em que foram disponibilizados, os documentos serão de acesso público e irrestrito para outros usuários da *Internet*.

(3) A ferramenta Painel de controle do Windows XP não possui recursos capazes de adicionar impressora para imprimir documentos produzidos a partir de *software* instalado nesse sistema operacional.

1: Correta, o registro.br é uma entidade que controla o registro de domínios .br, estando ligada diretamente ao Nic.br, entidade civil, sem fins lucrativos, que implementa as decisões e projetos do Comitê Gestor da Internet no Brasil. **2:** Errada, por terem sido disponibilizados dentro de uma intranet, o acesso a eles está restrito ao domínio da intranet, não sendo publico ou de acesso irrestrito. **3:** Errada, um dos itens do Painel de Controle tem por função justamente a instalação e gerenciamento de impressoras.

Gabarito 1C, 2E, 3E

(Analista – STM – 2011 – CESPE) Julgue os itens seguintes, acerca de correio eletrônico, do Outlook 2003 e do Internet Explorer 7.

(1) O Outlook tem a capacidade de gerar arquivos de catálogo de endereços no formato .pab.

(2) O Internet Explorer 7 não permite que o usuário se inscreva em um RSS *feeds*, procure notícias ou filtre a sua exibição.

(3) Para o funcionamento de um serviço de correio eletrônico, são necessários cliente e servidor. A função do cliente de *e-mail* é a de acesso do usuário a mensagens, e o servidor tem a função de envio, recebimento e manutenção das mensagens.

(4) Um *firewall* pessoal instalado no computador do usuário impede que sua máquina seja infectada por qualquer tipo de vírus de computador.

1: Correta, o Outlook utiliza a extensão .pab para salvar seus catálogos de endereço, que são armazenados separadamente das mensagens de uma conta. **2:** Errada, pelo Internet Explorer 7 o usuário tem acesso a funções de RSS inclusive filtros de busca. **3:** Correta, o servidor atua realizando os envios, recebimentos e também armazenando as mensagens recebidas , já o cliente funciona como uma interface de acesso ao servidor e suas funções. **4:** Errada, o firewall apenas limita o acesso a certas portas, não tendo a mesma função que um *softwares* antivírus.

Gabarito 1C, 2E, 3C, 4E

(Analista – TRE/BA – 2010 – CESPE) Acerca de navegação, correio eletrônico, grupos de discussão e ferramentas de busca e pesquisa, julgue o próximo item.

(1) A caixa postal de correio eletrônico é um diretório criado no servidor de e-mail, o qual fica localizado no computador do usuário. Ao ser ligada à máquina, esse servidor recebe da Internet, via provedor de acesso, as mensagens que foram enviadas para o endereço do usuário.

1: Errada, a caixa postal não fica no computador do usuário, mas sim no servidor da empresa que hospeda este e-mail. Ao ligar o computador o usuário apenas recebe as mensagens lá armazenadas.

Gabarito 1E

(Analista – TJ/ES – 2011 – CESPE) Com referência a aplicativos e conceitos relacionados à Internet, julgue os itens que se seguem.

(1) O Microsoft Outlook é uma ferramenta de correio eletrônico que facilita o gerenciamento de mensagens por meio de opções avançadas. Porém, sua desvantagem é a necessidade de o computador estar conectado à Internet ou à *intranet* da organização quando for preciso acessar as pastas de mensagens recebidas.

(2) O Mozilla Thunderbird é um programa livre e gratuito de *e-mail* que, entre outras funcionalidades, possui um recurso de *anti-spam* que identifica as mensagens indesejadas. Essas mensagens podem ser armazenadas em uma pasta diferente da caixa de entrada de *e-mail* do usuário.

(3) No Internet Explorer, a opção Adicionar a Favoritos permite armazenar localmente uma página visitada frequentemente. Assim, em acessos futuros, essa página adicionada a Favoritos estará disponível, mesmo que o computador não esteja conectado à Internet.

1: Errada, as mensagens que já foram recebidas pelo Outlook podem ser acessadas normalmente sem a necessidade de uma conexão com a internet ou qualquer outra rede. **2:** Correta, o Mozilla Thundebird é o gerenciador de e-mails do projeto Mozilla, que produz uma série de produtos gratuitos para uso na internet. **3:** Errada, a opção Adicionar ao Favoritos apenas cria um link para fácil acesso a página adicionada, não ficando ela salva no computador local.

Gabarito 1E, 2C, 3E

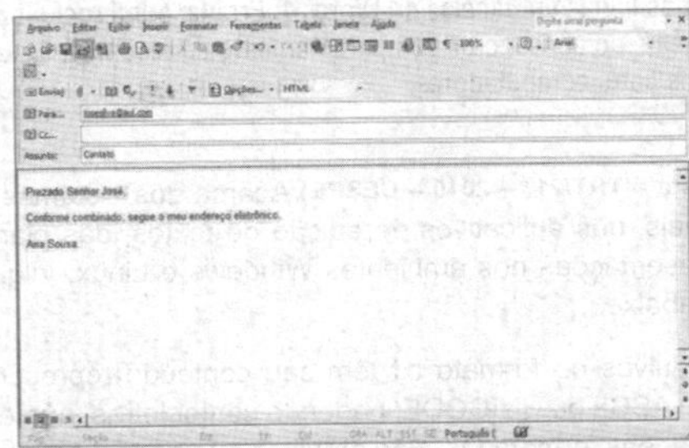

(Analista – ANATEL – 2009 – CESPE) Considerando a figura acima, que ilustra uma janela do Microsoft Outlook 2003 sendo executada, julgue o item seguinte.

(1) Se uma pessoa quiser enviar mensagem a destinatário específico com cópia para outros destinatários, deve considerar que o Microsoft Outlook não permite que a mensagem seja enviada simultaneamente a terceiros sem que o destinatário tenha conhecimento. Em contrapartida, o programa permite a inclusão de diversos endereços de e-mail no campo Cc... que receberão uma cópia da mesma mensagem com conhecimento do destinatário.

1: Errada, o campo Cco... permite o envio de uma mensagem a vários destinatários sem que o destinatário principal tenha conhecimento dos outros;

Gabarito 1E

(Técnico Judiciário – STM – 2011 – CESPE) Julgue os itens seguintes, relativos a correio eletrônico, Outlook 2003 e Internet Explorer 7.

(1) O Outlook tem a capacidade de armazenar os dados referentes a mensagens de *e-mail* em um computador local, utilizando arquivos .pst.

(2) No Internet Explorer 7, não é possível adicionar, de uma só vez, diversas guias abertas em uma janela à lista de páginas favoritas; para fazê-lo, é preciso adicionar uma guia de cada vez.

(3) O SMTP é um protocolo padrão para envio de mensagens de *e-mail* que, automaticamente, criptografa todas as mensagens enviadas.

1: Correta, os arquivos de extensão PST são utilizados pelo Outlook para armazenar e-mails, contatos e outras informações. **2:** Errada, o IE7 permite a adição, de forma simultânea, de várias abas aos Favoritos. **3:** Errada, o SMTP é responsável pelo envio de mensagens porém não faz criptografia de forma automática.

Gabarito 1C, 2E, 3E

5. SISTEMAS OPERACIONAIS

(Analista – STM – 2011 – CESPE) Acerca do Windows XP, do Microsoft Office, da Internet e de *intranet*, julgue os itens a seguir.

(1) A *intranet* é um tipo de rede de uso restrito a um conjunto de usuários específicos de determinada organização.

(2) O Windows XP possui recurso interativo de ajuda que pode ser acionado a partir de *menus* ou teclas de atalho.

(3) Com os recursos do Microsoft Word 2003 é possível manipular estruturas em forma de tabelas, com linhas e colunas. Todavia, as linhas de grade não podem ser ocultadas.

(4) A Internet não possui recursos que permitam a interligação entre computadores e a consequente disponibilização ou compartilhamento de arquivos entre os usuários.

1: Correta, as intranets são como uma versão privada da Internet, tendo seu acesso limitado a uma rede ou grupo de usuários. **2:** Correta, todo programa assim como o próprio sistema operacional conta com um recurso de ajuda, geralmente ativado pela tecla F1. **3:** Errada, é possível ocultar as linhas em tabelas do Word. **4:** Errada, a Internet é baseada justamente no conceito de compartilhamento de recursos, arquivos e serviços entre computadores.

Gabarito 1C, 2C, 3E, 4E

(Analista – TRT/21ª – 2010 – CESPE) Acerca dos sistemas operacionais, dos aplicativos de edição de textos, das planilhas e apresentações nos ambientes Windows e Linux, julgue os itens abaixo.

(1) Arquivos no formato txt têm seu conteúdo representado em ASCII ou UNICODE, podendo conter letras, números e imagens formatadas. São arquivos que podem ser abertos por editores de textos simples como o bloco de notas ou por editores avançados como o Word do Microsoft Office ou o Writer do BrOffice.

(2) No Windows, um arquivo ou pasta pode receber um nome composto por até 255 caracteres quaisquer: isto é, quaisquer letras, números ou símbolos do teclado. Além disso, dois ou mais objetos ou arquivos pertencentes ao mesmo diretório podem receber o mesmo nome, pois o Windows reconhece a extensão do arquivo como diferenciador.

1: Errada, em função de sua simplicidade, arquivos txt não suportam a utilização de imagens formatadas; **2:** Errada, nem todo símbolo é permitido na nomenclatura de pastas ou arquivos para evitar conflitos no sistema.

Gabarito 1E, 2E

(Analista – TRT/21ª – 2010 – CESPE) Julgue o item a seguir, relativo a conceitos e modos de utilização da Internet e de intranets, assim como a conceitos básicos de tecnologia e segurança da informação.

(1) No Windows XP, o gerenciamento de conexões de rede, presente no menu Iniciar ou também por meio da opção de Conexões de rede via Acessórios – Comunicações, permite ao usuário configurar dados do protocolo TCP/IP nas conexões de rede existentes, configurar uma rede local doméstica ou também fazer as configurações do Firewall do Windows.

1: Correta, por meio do gerenciamento de conexões de rede o usuário pode configurar uma rede local, realizar ajustes no Firewall do Windows ou alterar configurações do protocolo TCP/IP.

Gabarito 1C

(Analista – TRT/21ª – 2010 – CESPE) Acerca dos sistemas operacionais, dos aplicativos de edição de textos, das planilhas e apresentações nos ambientes Windows e Linux, julgue o item abaixo.

(1) No Linux, o diretório raiz, que é representado pela barra /, e o diretório representado por /dev servem para duas funções primordiais ao funcionamento do ambiente: o primeiro é onde fica localizada a estrutura de diretórios e subdiretórios do sistema; o segundo é onde ficam os arquivos de dispositivos de *hardware* do computador em que o Linux está instalado.

1: Correta, o diretório raiz contém toda a estrutura de pastas do sistema operacional, enquanto o /dev armazena drives e outros arquivos de dispositivos de *hardware*.

Gabarito 1C

(Analista – TRE/BA – 2010 – CESPE) o item que se segue, a respeito dos sistemas operacionais Windows XP e Linux.

(1) No Windows XP, é possível tornar um diretório restrito, usando-se funcionalidade encontrada na aba Compartilhamento, que é acessada a partir da opção Propriedades do menu Arquivo do Windows Explorer.

1: Correta, marcando-se a caixa de seleção "Tornar esta pasta particular" é possível limitar o acesso a um diretório e suas subpastas.

Gabarito 1C

(Analista – TRE/MT – 2010 – CESPE) Considerando os sistemas operacionais Windows XP e Linux, assinale a opção correta.

(A) Gnome é o sistema gerenciador de usuário do Linux.

(B) A opção Meu computador no Windows XP apresenta as características do usuário atual.

(C) No Linux, para se acessar a Internet é suficiente entrar no Windows Explorer.

(D) O Painel de controle do Linux possibilita a criação de arquivos e pastas.

(E) Nautilus é um programa semelhante ao Windows Explorer que permite gerenciar arquivos.

A: Errada, Gnome é é um projeto de *software* livre abrangendo o Ambiente de Trabalho GNOME. **B:** Errada, a opção Meu Computador exibe as unidades de armazenamento e outras funções de administração do computador. **C:** Errada, o Windows Explorer é um manipulador de arquivos do Windows, e não um navegador web. **D:** Errada, O Painel de Controle é um componente do Windows, e não do Linux. **E:** Correta, o Nautilus é um gerenciador de arquivos, semelhante ao Windows Explorer, para ambientes baseados em Linux.

Gabarito "E"

(Analista – TRE/MA – 2009 – CESPE) Entre as diferentes distribuições do sistema operacional Linux estão

(A) Debian, Conectiva, Turbo Linux e Slackware.

(B) Fedora, RedHat, Kurumim e Posix.

(C) Conectiva, OpenOffice, StarOffice e Debian.

(D) GNU, Conectiva, Debian e Kernel.
(E) KDE, Blackbox, Debian e Pipe.

A: correta, todos os nomes mencionados são diferentes distribuições do sistema operacional Linux. **B:** errada, Posix refere-se a normas que garantem portabilidade de código. **C:** errada, OpenOffice se refere à suíte de programas de escritório. **D:** errada, Kernel refere-se ao núcleo do sistema operacional. **E:** errada, Pipe refere-se ao redirecionamento da saída padrão de um programa para a entrada padrão de outro.

Gabarito "A"

(Analista – TRE/MA – 2009 – CESPE) A respeito do sistema operacional Windows, assinale a opção correta.

(A) A opção de propriedades de disco local, contida na janela Meu computador, apresenta a lista dos arquivos armazenados localmente, para facilitar a execução de um programa sem a necessidade de se usar o botão Iniciar.
(B) A central de segurança do Windows XP oferece duas opções de configuração do firewall do Windows: ativado (não recomendada), que não permite exceções; e desativado (recomendada), que oferece uma lista de exceções disponibilizadas pelo fabricante.
(C) O Painel de controle do Windows é uma ferramenta de gerenciamento de arquivos e diretórios utilizada para localizar, armazenar e excluir arquivos, bem como compactar ou fazer *backup* de informações.
(D) A área de trabalho (*desktop*) é composta por diversos itens, entre eles, o botão Iniciar, a barra de tarefas, a área de notificação da barra de tarefas, o relógio, assim como os ícones criados pelo usuário.
(E) Para se fazer a troca de usuários cadastrados no Windows, deve-se acionar o botão Fazer logoff e imediatamente reiniciar o computador para que o novo usuário não tenha acesso aos documentos de outros usuários.

A: errada, a opção propriedades de disco local exibe informações sobre o estado do disco rígido do computador, como sistema de arquivos, espaço utilizado etc. **B:** errada, a configuração recomendada para o firewall do Windows é estar ativado e não desativado; além disso, existe uma possibilidade de lista de exceções para o modo ativado e não para o modo desativado. **C:** errada, o Painel de Controle é uma ferramenta de gerenciamento do Windows cujas configurações podem ser alteradas. **D:** correta, a área de trabalho é composta por botão Iniciar, a barra de tarefas, a área de notificação da barra de tarefas, o relógio e ícones criados pelo usuário. **E:** errada, para fazer a troca de usuários deve-se acionar o botão Fazer logoff e após isso a opção Trocar de usuário; não é necessário reiniciar o sistema.

Gabarito "D"

(Analista – TJ/ES – 2011 – CESPE) Julgue os itens a seguir, acerca do sistema operacional Windows XP.

(1) A criação de novas pastas no Windows Explorer pode ser feita pelo usuário, de modo a facilitar a forma com que os arquivos possam ser armazenados.
(2) O recurso de atualização do Windows Update permite, entre outras coisas, baixar automaticamente novas versões do Windows, efetuar atualização de *firewall* e antivírus, assim como registrar os programas em uso mediante pagamento de taxa de administração para a empresa fabricante desse sistema operacional no Brasil.
(3) Por meio das Opções de energia no Painel de Controle do Windows XP, o usuário pode ajustar as opções de gerenciamento de energia à configuração de *hardware* exclusiva suportada pelo seu computador.

1: Correta, a organização por pastas ajuda a manter os arquivos organizados e o armazenamento dos mesmos. **2:** Errada, o Windows Update apenas baixa pacotes de correção da versão atual do Windows, não atualizando o sistema para uma versão mais atual ou atualizando outros programas. **3:** Correta, as Opções de Energia do Painel de Controle permitem gerenciar vários aspectos do uso de energia do computador.

Gabarito 1C, 2E, 3C

(Técnico Judiciário – TRE/MA – 2009 – CESPE) Assinale a opção correta com relação ao sistema operacional Windows.

(A) A barra de ferramentas do Windows, geralmente localizada no rodapé da tela do monitor, apresenta o botão Iniciar e ícones associados aos programas que estão em execução.
(B) O ícone **Meu computador**, presente na área de trabalho do Windows, permite o acesso direto aos locais de armazenamento de arquivos do computador em uso, mas não aos locais de rede.
(C) Ao se desinstalar um programa no Windows XP, é recomendado o uso da opção **Adicionar ou remover programas** para que os arquivos sejam devidamente removidos.
(D) Os *menus* de atalho, para se realizar acesso rápido a opções avançadas de configuração de rede e dispositivos móveis, podem ser acionados apenas a partir da área de trabalho do Windows.
(E) No Windows, o uso da tecla [Ctrl] junto com o *mouse* é um recurso eficiente de seleção simultânea de todos os objetos presentes na área de trabalho, geralmente para atribuir um mesmo comando a todos os itens selecionados por esse recurso.

A: errada, essas são funções da barra de tarefas e não da barra de ferramentas. **B:** errada, a partir do Meu Computador também é possível acessar locais de rede. **C:** correta, a opção Adicionar ou remover programas é a opção recomendada para desinstalar um programa no Windows XP. **D:** errada, os *menus* de atalho podem ser acionados a partir de outros lugares. **E:** errada, o uso da tecla [Ctrl] juntamente com o *mouse* ativa a função de seleção múltipla, e não de seleção de todos os objetos presentes na área de trabalho.

Gabarito "C"

(Técnico Judiciário – TRE/MA – 2009 – CESPE) A respeito da organização e gerenciamento de arquivos e pastas, assinale a opção correta.

(A) No Windows, o Internet Explorer é o programa utilizado para acesso às pastas e arquivos, assim como aos programas instalados.
(B) No Windows, para se excluir definitivamente um arquivo do computador, deve-se removê-lo para a lixeira a partir do gerenciador de arquivos e, em seguida, deve-se também removê-lo da lixeira.
(C) Para se criar um novo arquivo ou diretório, o usuário deve, antes, estar certo do que vai fazer, pois não é possível alterar o nome de um arquivo criado.
(D) Para se remover programas do computador, basta excluir a pasta inteira que os contém, por meio do comando Delete, contido no diretório **Arquivos de programas**, do Windows.
(E) O usuário que deseja criar um novo diretório deve selecionar uma área no computador, clicar no arquivo que deseja guardar e salvá-lo com outro nome, para não haver sobreposição.

A: errada, o Internet Explorer é um navegador de páginas web. **B:** correta, para que um arquivo seja excluído definitivamente ele deve ser excluído também da lixeira. **C:** errada, é possível alterar o nome de um arquivo após sua criação. **D:** errada, para se remover um programa de computador é necessário utilizar a função Adicionar ou Remover Programas contida no Painel de Controle. **E:** errada, para criar um novo diretório o usuário deve selecionar uma área onde ele deseja criar o diretório, clicar com o botão direito do *mouse* e escolher a opção Novo e depois Pasta.

Gabarito "B"

(Técnico Judiciário – TRE/BA – 2010 – CESPE) Com relação aos sistemas operacionais Windows XP e Linux, julgue os próximos itens.

(1) As informações de espaço livre em um disco rígido de uma máquina que tenha instalado o sistema Windows XP podem ser obtidas a partir do menu Arquivo do Windows Explorer, acessando-se a opção Propriedades, que exibe informações específicas sobre a unidade selecionada.

(2) O Linux é um sistema operacional que pode ser usado apenas em servidores, não sendo adequado para a utilização em estações de trabalho do tipo PC. No entanto, é um sistema cujo código fonte fica disponível para alterações, permitindo que os usuários contribuam para a sua melhoria.

1: Correta, por meio dos passos mencionados é possível obter detalhes do disco como espaço livre e utilizado; **2**: Errada, o Linux pode ser utilizado em qualquer tipo de computador, seja servidor ou de uso pessoal.

Gabarito 1C, 2E

(Técnico Judiciário – TRE/BA – 2010 – CESPE) Quanto ao uso seguro das tecnologias de informação e comunicação, julgue os itens que se seguem.

(1) As intranets são estruturadas de maneira que as organizações possam disponibilizar suas informações internas de forma segura, irrestrita e pública, sem que os usuários necessitem de autenticação, ou seja, de fornecimento de nome de login e senha.

(2) Uma das formas de bloquear o acesso a locais não autorizados e restringir acessos a uma rede de computadores é por meio da instalação de firewall, o qual pode ser instalado na rede como um todo, ou apenas em servidores ou nas estações de trabalho.

1: Errada, intranets funcionam como a internet porém limitado à organização, podendo haver áreas restritas; **2**: Correta, os firewalls permitem aplicar uma camada de segurança, limitando o acesso a serviços ou locais específicos da rede.

Gabarito 1E, 2C

(Técnico Judiciário – MPU – 2010 – CESPE) Acerca do ambiente Windows e das ferramentas a ele associadas, julgue os itens a seguir.

(1) Os operadores aritméticos do MS Excel 2007 para multiplicação, divisão, potenciação e porcentagem são, respectivamente, * , / , ^ e % .

(2) Na área de transferência do Windows XP, ficam armazenados, por padrão, atalhos para alguns aplicativos úteis, como o Gerenciador de Arquivos, Meu Computador, Meus Locais de Rede e Lixeira, podendo o usuário criar outros atalhos que desejar.

1: Correta, o símbolo * representa a multiplicação, / a divisão, ^ a potenciação e % a porcentagem; **2**: Errada, a área de transferência é o local onde textos e arquivos ficam armazenados quando copiados ou recortados, até que sejam colados em outro local.

Gabarito 1C, 2E

(Delegado/RN – 2009 – CESPE) O sistema operacional Linux não é

(A) capaz de dar suporte a diversos tipos de sistema de arquivos.
(B) um sistema monousuário.
(C) um sistema multitarefa.
(D) capaz de ser compilado de acordo com a necessidade do usuário.
(E) capaz de suportar diversos módulos de dispositivos externos.

A: Errada, o Linux tem suporte a vários tipos de sistemas de arquivos. **B**: Correta, o Linux não é um sistema monousuário, ele permite que mais de um usuário se conecte a ele de forma simultânea. **C**: Errada, o Linux é um sistema monotarefa, onde cada usuário pode realizar apenas uma tarefa por acesso. **D**: Errada, o Linux é um sistema de código aberto, portanto pode ser modificado de acordo com as necessidades do usuário. **E**: Errada, o Linux tem suporte a vários módulos de dispositivos externos assim como qualquer outro sistema operacional.

Gabarito "B"

(Técnico – ANATEL – 2009 – CESPE) Em relação aos sistemas operacionais Windows XP e Linux, julgue o iten que se segue.

(1) O Windows XP, pertencente à família de sistemas operacionais produzidos pela Microsoft, é reconhecido pela sua estabilidade e eficiência. Características como a alternância entre contas de usuários, o suporte para redes *wireless* e sequências rápidas de iniciação popularizaram e difundiram o uso desse compilador, apesar de a interface gráfica das versões anteriores, por seu aperfeiçoamento e simplicidade, ter sido mantida.

1: Errada, o Windows XP apresentou a primeira alteração nas interface gráfica desde a versão 95 do Windows, que foi novamente alterada com os lançamentos das versões Windows Vista e Windows 8.

Gabarito 1E

(Agente Administrativo – Ministério da Educação – 2009 – CESPE) Acerca do ambiente Windows, de editores e sistema operacional, julgue os próximos itens.

(1) No Windows XP, a funcionalidade de mapear unidade de rede oferece a opção de se criar uma espécie de disco virtual em outro computador, mas que só pode ser acessado quando os computadores estiverem conectados em rede.

(2) No Microsoft Word 2003, a função de comparação de documentos lado a lado permite que sejam mescladas as alterações feitas em dois documentos distintos a partir de um deles, o que facilita a identificação de diferenças entre as versões dos documentos.

(3) Para se justificar todos os parágrafos de um texto contido em uma caixa de texto do Microsoft PowerPoint, pode-se selecionar a caixa de texto em que estão contidos os parágrafos, atribuindo-se a todo o texto da caixa a justificação do parágrafo.

(4) No Microsoft Excel, o caractere que se utiliza para iniciar fórmulas de cálculo é o sinal de igual (=), sem o qual o sistema interpreta os dados como sendo números simples ou dados alfanuméricos.

1: Correta, unidades mapeadas de rede acessam pastas em outros computadores na forma de um disco virtual; **2**: Errada, a comparação de documentos lado a lado apenas exibe as diferenças entre os documentos, não mesclando seu conteúdo; **3**: Correta, quando um efeito é aplicado à caixa de texto, todo seu conteúdo recebe o referido efeito; **4**: Correta, o símbolo de igual inicia todas as fórmulas do Excel, sendo obrigatório sua presença no inicio da fórmula.

Gabarito 1C, 2E, 3C, 4C

(Agente Administrativo – Ministério da Educação – 2009 – CESPE) A respeito de sistemas operacionais e de editores de texto, de apresentações e de planilhas eletrônicas, julgue os itens a seguir.

(1) No BrOffice Writer, a opção Salvar tudo permite salvar todos os arquivos correntemente abertos, e a opção Recarregar permite desfazer as alterações feitas em um documento, recuperando o estado original de quando ele foi aberto.

(2) O BrOffice Calc é um aplicativo que possui as mesmas funcionalidades do Microsoft Excel e apresenta os mesmos símbolos de botões para facilitar a utilização por usuários que fazem uso simultâneo desses aplicativos.

(3) O BrOffice Impress é um programa utilizado para a criação de apresentações em slides que, ao contrário de outros *software* da suíte BrOffice, não possui um assistente para auxiliar o usuário na criação do documento.

1: Correta, o Writer possui a opção Salvar tudo, onde todos os arquivos que estão atualmente abertos são salvos e a opção Recarregar faz com que todas as alterações feitas desde que o arquivo foi salvo sejam desfeitas; **2**: Errada, nem todos os símbolos de botões nos programas mencionados são idênticos; **3**: Errada, o Impress também possui um assistente que ajuda o usuário durante a criação de uma apresentação.

Gabarito 1C, 2E, 3E

(Agente Administrativo – Ministério da Previdência – 2010 – CESPE) Tendo como referência a figura acima, julgue os próximos itens.

(1) Na figura, observa-se uma janela que é mostrada, no Windows XP, quando um *pendrive* é inserido em uma entrada USB, na qual se encontra opção para abrir esse dispositivo. Caso essa janela não seja mostrada automaticamente, é

necessário clicar o botão direito do *mouse* e selecionar a opção Executar *pendrive*.

(2) No Windows XP, quando ocorre problema em um programa em execução, o sistema operacional mostra uma mensagem avisando que aquele programa parou de funcionar. Nesse caso, para finalizar o referido programa, é necessário acionar simultaneamente as teclas Ctrl + Alt + Delete e, na janela disponibilizada, selecionar a aba Processos e clicar o botão Finalizar tarefa.

(3) No modo de exibição Detalhes do Windows Explorer, encontra-se o conteúdo da pasta aberta, com informações detalhadas sobre os arquivos, as quais podem ser escolhidas pelo usuário.

1: Errada, não existe opção denominada Executar *pendrive* no Windows XP, basta abrir o Windows Explorer para ter acesso ao conteúdo do *pendrive*. **2:** Errada, na própria tela de aviso há uma opção que permite cancelar a execução do programa em questão. **3:** Correta, o modo de exibição Detalhes mostra ao usuário uma série de informações sobre o arquivo, como data de criação, modificação, tamanho, entre outros.

Gabarito 1E, 2E, 3C

(Agente Administrativo – Ministério da Previdência – 2010 – CESPE) A respeito do sistema operacional Linux, julgue o item abaixo.

(1) No Linux, os comandos rm e cp permitem, respectivamente, remover e copiar um ou mais arquivos.

1: Correta, o comando rm permite a exclusão de arquivos e o comado cp realiza a cópia de arquivos dentro de um ambiente Linux.

Gabarito 1C

(Técnico – TCU – 2009 – CESPE) Com relação a conceitos de informática e características de sistemas operacionais, julgue os itens a seguir.

(1) O firewall do Windows XP restringe as informações que chegam ao computador no qual ele está instalado vindas de outros computadores, o que permite maior controle sobre os dados e oferece proteção contra pessoas ou programas que tentem conectar o computador sem permissão.

(2) O Linux é pouco vulnerável a vírus de computador devido à separação de privilégios entre processos, desde que sejam respeitadas as recomendações padrão de política de segurança e uso de contas privilegiadas.

1: Correta, o firewall tem por função filtrar as informações que entram e saem do computador, ajudando assim a evitar que o computador seja acessado sem o consentimento do usuário; **2:** Correta, a política de privilégios do Linux garante um nível de segurança muito maior ao sistema, diferente do Windows onde quase sempre os processos são executados com permissão de administrador.

Gabarito 1C, 2C

Sistema Linux já é coisa de gente grande: cresce a adoção do *software* nas empresas brasileiras

O Linux, principal concorrente do Microsoft Windows, já serve de base a um mercado bilionário no país e dá suporte a atividades essenciais de gigantes nacionais. O uso do Linux é tranquilo, estável e confiável. Além disso, permite reduções de 30% a 40% nos investimentos em equipamentos. Os terminais não têm disco rígido e carregam os programas diretamente dos servidores. Com essa configuração rodando Linux, as redes varejistas podem usar computadores bem mais simples e baratos como terminais, reduzindo os custos das máquinas e de sua manutenção.

O Estado de S. Paulo, 13/4/2004 (com adaptações).

(Analista – ANATEL – 2009 – CESPE) Tendo o texto acima como referência inicial, julgue os itens seguintes, a respeito do sistema operacional Linux.

(1) O sistema operacional Linux é considerado um *software* livre, o que significa que não é propriedade exclusiva de nenhuma empresa e que a seu usuário é assegurada a liberdade de usá-lo, manipulá-lo e redistribuí-lo ilimitadamente e sem restrições.

(2) A redução de gastos com investimentos em equipamentos, a que se refere o texto, pode ser relacionada ao fato de o Linux ser um *kernel* modular, o que significa que as suas funções de agendamento de processos, gerenciamento de memória, operações de entrada e saída, acesso ao sistema de arquivos entre outras, são executadas no espaço *kernel*.

1: Correta, o Linux é distribuído de forma gratuita e pode ser livremente usado, manipulado e distribuído por seus usuários; **2:** Errada, o Linux necessita de um *hardware* menos robusto para ser executado e também economiza com a aquisição de licenças de uso.

Gabarito 1C, 2E

(Analista – PREVIC – 2011 – CESPE) A respeito do sistema operacional Windows e de suas ferramentas, julgue o item a seguir.

(1) No Windows XP Professional, a ferramenta de limpeza do disco seleciona automaticamente arquivos que possam ser excluídos com segurança, possibilitando a liberação de espaço no disco rígido do computador.

1: Correta, a ferramenta de Limpeza de disco vasculha o computador por arquivos temporários e outros tipos de arquivos que podem ser excluídos sem causar impacto no funcionamento do sistema, aumentando assim o espaço disponível em disco.

Gabarito 1C

6. SEGURANÇA

(Analista – TRT/21ª – 2010 – CESPE) Julgue o item a seguir, relativo a conceitos e modos de utilização da Internet e de intranets, assim como a conceitos básicos de tecnologia e segurança da informação.

(1) No governo e nas empresas privadas, ter segurança da informação significa ter-se implementada uma série de soluções estritamente tecnológicas que garantem total proteção das informações, como um firewall robusto que filtre todo o tráfego de entrada e saída da rede, um bom *software* antivírus em todas as máquinas e, finalmente, senhas de acesso a qualquer sistema.

1: Errada, a segurança de dados também envolve conceitos de disponibilidade (garantir que a informação esteja disponível sempre que necessário), integridade dos dados (eles não podem sofrer modificações não autorizadas), sua confidencialidade (não estará disponível ou divulgada a indivíduos, entidades ou processos sem autorização) e autenticidade (a informação provém das fontes anunciadas e que não foi alvo de mutações ao longo de um processo).

Gabarito 1E

(Analista – TRE/BA – 2010 – CESPE) Com relação ao uso seguro das tecnologias de informação e comunicação, julgue o item subsequente.

(1) Confidencialidade, disponibilidade e integridade da informação são princípios básicos que orientam a definição de políticas de uso dos ambientes computacionais. Esses princípios são aplicados exclusivamente às tecnologias de informação, pois não podem ser seguidos por seres humanos.

1: Errada, a confidencialidade (garantia que a informação não estará disponível ou divulgada a indivíduos, entidades ou processos sem autorização), a disponibilidade (manter um serviço disponível o máximo de tempo possível) e a integridade (garantia que algo não pode sofrer modificações não autorizadas) são princípios aplicáveis também ao ser humano.

Gabarito 1E

(Analista – TRE/MT – 2010 – CESPE) Considerando conceitos de segurança da informação, assinale a opção correta.

(A) A segurança das informações que transitam pela Internet é de total responsabilidade do administrador de rede.

(B) Instalar e utilizar antivírus em um computador é uma ação preventiva que elimina completamente a possibilidade de ataques a arquivos e pastas.
(C) Ao se utilizar firewall é garantido o bloqueio de vírus e worms, pois a sua principal função é identificar e eliminar arquivos corrompidos.
(D) Recursos e instalações de processamento de informações críticas ou sensíveis do negócio devem ser mantidas em áreas seguras, protegidas por um perímetro de segurança definido, com barreiras de segurança apropriadas e controle de acesso.
(E) Os sistemas operacionais modernos possuem mecanismos que evitam a propagação de vírus e cavalos de troia. Tais mecanismos devem ser ativados por meio do gerenciador de arquivos ou pelo gerenciador de aplicativos.

A: Errada, administradores de rede possuem controle dos dados apenas enquanto eles trafegam em seu segmento de rede, após irem para a Internet ele não possui controle sobre eles. **B:** Errada, o antivírus é uma ferramenta reativa, ela funciona após a infecção, para evitá-la deve-se utilizar um Firewall e medidas de segurança. **C:** Errada, a principal função do Firewall é bloquear o acesso a portas e garantir que a política de segurança da rede seja cumprida. **D:** Correta, toda e qualquer informação crítica dentro do negócio deve estar protegida por barreiras e medidas de segurança a fim de garantirem sua integridade e confiabilidade. **E:** Errada, nem todo sistema operacional possui um sistema de defesa em sua configuração-padrão, estando este a cargo do usuário.

Gabarito "D"

(Analista – TRF/1ª – 2011 – FCC) Dispositivo que tem por objetivo aplicar uma política de segurança a um determinado ponto de controle da rede de computadores de uma empresa. Sua função consiste em regular o tráfego de dados entre essa rede e a internet e impedir a transmissão e/ou recepção de acessos nocivos ou não autorizados. Trata-se de

(A) antivírus.
(B) *firewall.*
(C) *mailing.*
(D) *spyware.*
(E) *adware.*

A: Errada, o antivírus tem por função remover ou bloquear vírus que tenha sido instalados ou detectados no computador. **B:** Correta, o firewall aplica as politicas de segurança de uma rede ou computador, bloqueando portas ou serviços e garantindo a segurança da rede. **C:** Errada, *mailing* é uma forma de envio de mensagens eletrônicas. **D:** Errada, o *spyware* é um tipo de ameaça de computador. **E:** Errada, o *adware* é um tipo de ameaça de computador.

Gabarito "B"

(Analista – TJ/ES – 2011 – CESPE) Julgue os itens subsecutivos, referentes a conceitos de tecnologia da informação.

(1) Tecnologias como a biometria por meio do reconhecimento de digitais de dedos das mãos ou o reconhecimento da íris ocular são exemplos de aplicações que permitem exclusivamente garantir a integridade de informações.
(2) Um filtro de *phishing* é uma ferramenta que permite criptografar uma mensagem de *e-mail* cujo teor, supostamente, só poderá ser lido pelo destinatário dessa mensagem.
(3) O conceito de confidencialidade refere-se a disponibilizar informações em ambientes digitais apenas a pessoas para as quais elas foram destinadas, garantindo-se, assim, o sigilo da comunicação ou a exclusividade de sua divulgação apenas aos usuários autorizados.

1: Errada, esse tipo de tecnologia garante a segurança do sistema como um todo, limitando o acesso as informações apenas a pessoas autorizadas. **2:** Errada, o filtro de phishing tem como função atacar as mensagens e sites que tem como intenção enganar o usuário a fim de obter dados confidenciais. **3:** Correta, a confidencialidade é a característica que garante que os dados estão disponíveis apenas àqueles que tenham autorização para acessá-los.

Gabarito 1E, 2E, 3C

(Técnico Judiciário – MPU – 2010 – CESPE) Acerca de conceitos básicos de segurança da informação, julgue os itens seguintes.

(1) É recomendável que, entre as medidas de segurança propostas para gerenciar um ambiente automatizado, seja incluída a instalação, em rede, de ameaças que possam servir de armadilhas para usuários mal-intencionados, como criptografia, algoritmos, assinatura digital e antivírus.
(2) Cavalo de Troia é exemplo de programa que atua na proteção a um computador invadido por *hackers*, por meio do fechamento de portas, impedindo o controle remoto do sistema.
(3) De acordo com o princípio da disponibilidade, a informação só pode estar disponível para os usuários aos quais ela é destinada, ou seja, não pode haver acesso ou alteração dos dados por parte de outros usuários que não sejam os destinatários da informação.

1: Errada, as medidas mencionadas na verdade são ações de segurança contra ameaças e não armadilhas contra usuários mal-intencionados; **2:** Errada, o Cavalo de Troia é um programa que uma vez no computador, mantém uma porta de conexão aberta para que um invasor possa operar a máquina a distância; **3:** Errada, o princípio da disponibilidade diz que um arquivo deve estar sempre disponível para ser acessado a quem lhe é de direito.

Gabarito 1E, 2E, 3E

(Delegado/PB – 2009 – CESPE) A respeito de segurança e proteção de informações na Internet, assinale a opção incorreta.

(A) Embora o uso de aplicativo antivírus continue sendo importante, grande parte da prevenção contra os vírus depende dos usuários, porque as infecções ocorrem em função do comportamento do usuário, como abrir anexo de e-mail, clicar em um link ou fazer download de arquivo.
(B) Uma forma de evitar infecções no computador é manter o antivírus ativado e atualizado e deixar agendadas varreduras periódicas.
(C) Uma forma de proteção contra vírus eletrônicos é a troca periódica de senhas sensíveis.
(D) Usuários devem atentar para e-mail desconhecido e evitar propagar correntes com o objetivo de minimizar infecções por vírus.
(E) Os vírus surgem cada vez mais rapidamente, mas a instalação de antivírus é suficiente para eliminá-los, por meio do reconhecimento da assinatura do vírus.

A: Errada, a afirmativa está correta. **B:** Errada, a afirmativa está correta. **C:** Errada, a afirmativa está correta. **D:** Errada, a afirmativa está correta. **E:** Errada, pois a afirmativa está incorreta, ou seja, os antivírus utilizam várias técnicas para reconhecer e remover vírus, mas mesmo assim, por mais atualizado que esteja não é possível garantir que ele removerá todos e quaisquer vírus.

Gabarito "E"

(Técnico – ANATEL – 2009 – CESPE) Com o desenvolvimento da Internet e a migração de um grande número de sistemas especializados de informação de grandes organizações para sistemas de propósito geral acessíveis universalmente, surgiu a preocupação com a segurança das informações no ambiente da Internet. Acerca da segurança e da tecnologia da informação, julgue os itens a seguir.

(1) A disponibilidade e a integridade são itens que caracterizam a segurança da informação. A primeira representa a garantia de que usuários autorizados tenham acesso a informações e ativos associados quando necessário, e a segunda corresponde à garantia de que sistemas de informações sejam acessíveis apenas àqueles autorizados a acessá-los.
(2) Em uma organização, a segurança da informação é responsabilidade corporativa do gerente e deve ser mantida no âmbito particular desse gerente.

1: Errada, a integridade garante que a informação estará disponibilizada da maneira como foi originada, sem alterações não autorizadas em sua forma e conteúdo; **2:** Errada, em uma organização todos são responsáveis pela segurança dos dados, porém cabe ao gerente disponibilizar diretrizes de segurança e juntamente com sua equipe criar meios que ajudem no cumprimento destas diretrizes.

Gabarito 1E, 2E

(Agente Administrativo – Ministério da Educação – 2009 – CESPE) Com referência à segurança da informação, julgue os itens subsequentes.

(1) Uma das principais preocupações com relação a ambientes eletrônicos, a segurança deve ser considerada sob diversos aspectos, como de conscientização dos usuários, regras e cuidados de acesso, uso, tráfego de dados em uma rede, além da utilização correta de *software* autorizados, que devem ser legalmente adquiridos.

(2) O acesso seguro a um ambiente eletrônico deve ser feito por meio de firewall, que é um sistema que reconhece o nome e a senha do usuário, elimina os vírus que podem estar na máquina cliente e no servidor e impede o envio de informações sem criptografia.

(3) Os arquivos recebidos anexados a mensagens eletrônicas devem ser abertos imediatamente, a fim de se descobrir se contêm vírus. Para tanto, basta ter um programa de antivírus instalado, que vai automaticamente eliminar a mensagem, caso seja identificado um vírus dentro dela.

(4) Vírus, spywares, worms e trojans são conhecidas ameaças aos ambientes eletrônicos que devem ser monitoradas por meio de *software* de segurança específicos para cada tipo de ameaça.

1: Correta, a segurança de ambientes eletrônicos é feita não só com medidas digitais mas também com a conscientização por parte dos usuários com um correto acompanhamento pelo setor de segurança, mantendo as diretrizes de segurança sempre ativas; **2:** Errada, o Firewall é um sistema que protege o computador contra invasão, deixando aberta apenas as portas de comunicação usadas por programas reconhecidamente seguros; **3:** Errada, arquivos só devem ser abertos após verificados por um *software* antivírus, caso ela seja aberta antes disso corre-se o risco de infecção; **4:** Correta, as ameaças mencionadas podem afetar o correto funcionamento do sistema operacional, é recomendado que o computador possua programas de detecção como antivírus e antispywares para que se mantenha sempre protegido.

Gabarito 1C, 2E, 3E, 4C

(Analista – ANATEL – 2009 – CESPE) Acerca da segurança da informação, julgue os itens a seguir.

(1) Segurança da Informação é a proteção contra um grande número de ameaças às informações, de forma a assegurar a continuidade dos negócios, minimizando danos comerciais e maximizando o retorno de investimentos. Ela pode ser garantida fazendo-se uso de controles físicos da informação, de mecanismos de controle de acesso, como firewalls e proxies, entre outras medidas.

(2) Uma organização, ao estabelecer seus requisitos de segurança da informação, deve avaliar riscos, a partir da vulnerabilidade e da probabilidade de ocorrência de eventos de ameaça, sempre obtidas por meio de dados históricos de incidentes e problemas registrados nos bancos de dados da central de serviços.

1: Correta, a segurança da informação é responsável por manter toda a estrutura digital disponível e livre de ameaças, para isso são usados controle tanto de *hardware* quanto de peopleware; **2:** Errada, não apenas dados da central de serviços devem ser levados em consideração mas sim todas as possibilidades que possam porventura afetar o funcionamento da empresa.

Gabarito 1C, 2E

(Auditor Fiscal – SEFAZ/RS – 2019 – CESPE/CEBRASPE) Para o estabelecimento de padrões de segurança, um dos princípios críticos é a necessidade de se verificar a legitimidade de uma comunicação, de uma transação ou de um acesso a algum serviço. Esse princípio refere-se à

(A) confidencialidade.
(B) autenticidade.
(C) integridade.
(D) conformidade.
(E) disponibilidade.

A: Errada, a confidencialidade é a garantia de que uma informação só será acessada por aqueles com a devida permissão. **B:** Correta, a autenticidade é a característica que garante que um documento ou informação veio de uma determinada fonte. **C:** Errada, a integridade é a garantia de que uma determinada informação ou documento não sofreu alterações, não foi corrompido ou comprometido de alguma forma. **D:** Errada, a conformidade é a garantia que atesta o cumprimento de determinada normal. **E:** Errada, a disponibilidade é garantia de que determinado serviço ou informação estará disponível sempre que necessário. HS

Gabarito "B"

(Auditor Fiscal – SEFAZ/RS – 2019 – CESPE/CEBRASPE) Julgue os itens a seguir, acerca de segurança da informação.

I. São exemplos de ameaças as contas sem senhas ou configurações erradas em serviços DNS, FTP e SMTP.
II. Não repúdio indica que o remetente de uma mensagem não deve ser capaz de negar que enviou a mensagem.
III. Vulnerabilidade é a fragilidade de um ativo ou de um grupo de ativos que pode ser explorada.
IV. Pessoas não são consideradas ativos de segurança da informação.

Estão certos apenas os itens

(A) I e III.
(B) I e IV.
(C) II e III.
(D) I, II e IV.
(E) II, III e IV.

As afirmativas **I** e **IV** estão incorretas, embora contas sem senha sejam uma ameaça, configurações erradas em serviços como DNS, FTP e SMTP nem sempre apresentam riscos de segurança, este só seria o caso quando o erro consistir na utilização de servidores inseguros que possam ser manipulados por usuários maliciosos, porém, nem todo erro de configuração incorre em uma falha de segurança. Além disso, pessoas são um dos ativos mais importantes na segurança da informação, uma vez que são independentes e suas ações impactam de forma direta nas garantias de segurança. Portanto, apenas a alternativa C está correta. HS

Gabarito "C"

(Auditor Fiscal – SEFAZ/RS – 2019 – CESPE/CEBRASPE) A respeito dos métodos de criptografia, assinale a opção correta.

(A) Esses métodos classificam-se em cifragem e decifragem de chaves.
(B) Na criptografia simétrica, as chaves utilizadas para criptografar uma mensagem possuem o mesmo tamanho, todavia são diferentes na origem e no destino.
(C) Na utilização de chaves públicas, a chave é dividida em duas partes complementares, uma das quais é secreta, eliminando-se, dessa forma, o processo de geração e distribuição de chaves de cifragem.
(D) A cifragem é suficiente para garantir a integridade dos dados que são transmitidos, por isso é dispensável o uso de chaves de autenticação e de assinaturas digitais.
(E) Independentemente da técnica de criptografia empregada, a transmissão das chaves de cifragem do emissor para o receptor é desnecessária.

A: Errada, os métodos de criptografia são divididos em simétricos (a mesma chave é usada pelo emissor e receptor) ou assimétricos (é usado um conjunto de chaves, pública e privada). **B:** Errada, na criptografia simétrica a mesma chave é usada pelo emissor e pelo receptor para cifrar e decifrar a informação. **C:** Correta, na criptografia de chave pública ou assimétrica a chave do receptor é secreta e só conhecida por ele, as mensagens enviadas para o receptor são assinadas com sua chave pública que é amplamente disseminada. **D:** Errada, a assinatura digital, processo resultante da encriptação do resumo (*hash*) do conteúdo original com a chave privada, é essencial para garantir a integridade da informação, que pode ser verificada a partir da comparação do resumo do arquivo (seu *hash*) com o conteúdo descriptografado da assinatura digital pela chave pública do emissor. **E:** Errada, na criptografia simétrica o receptor deve possuir a mesma chave utilizada pelo emissor e na criptografia assimétrica o emissor deve possuir a chave pública do receptor.

Gabarito "C".

(Auditor Fiscal – SEFAZ/RS – 2019 – CESPE/CEBRASPE) Acerca de certificação digital, assinale a opção correta.

(A) Normalmente, cada certificado inclui a chave pública referente à chave privada de posse da entidade especificada no certificado.
(B) Certificado digital comprado não pode ser revogado.
(C) É função da autoridade certificadora identificar e cadastrar usuários presencialmente e, depois, encaminhar as solicitações de certificados, mantendo registros das operações.
(D) No Brasil, adota-se o modelo de certificação hierárquica com várias raízes; SERPRO, SERASA e CERTISIGN são exemplos de autoridades certificadoras raiz que credenciam os participantes e auditam os processos.
(E) A utilização do certificado digital em documentos ainda não dispensa a apresentação física destes documentos no formato impresso em órgãos públicos.

A: Correta, o certificado digital trabalha com autenticação de chave pública e privada, onde a chave privada fica armazenada na unidade certificadora e é usada para validar a informação com base na chave pública que acompanha o certificado. **B:** Errada, os certificados digitais podem ser revogados (em caso de perda, roubo, constatação de informação incorreta no certificado ou necessidade de atualização de informações) e possuem validade, que deve ser renovada periodicamente. **C:** Errada, a função descrita nesta alternativa na verdade se aplica as ARs (Autoridades de Registro) segundo o Art. 7º da Medida Provisória 2.200-2. **D:** Errada, SERPRO, SERASA e CERTISIGN não são autoridades certificadoras (ACs) raiz, elas são ACs de primeiro nível ou Normativas, que podem emitir certificados para outras autoridades certificadoras. No Brasil é usado um modelo de raiz única e não de várias raízes e a AC raiz do Brasil é chamada de AC-Raiz. **E:** Errada, documentos assinados com certificados digitais que fazem parte da estrutura do ICP-Brasil possuem validade jurídica e devem ser considerados como confiáveis, com amparo na MP 2.200-2.

Gabarito "A".

7. BANCO DE DADOS

(Auditor Fiscal – SEFAZ/RS – 2019 – CESPE/CEBRASPE) As funções de um sistema de gerenciamento de banco de dados (SGBD) incluem

(A) gerenciar a integridade de dados, o dicionário e o armazenamento de dados, bem como a memória do computador enquanto o SGBD estiver em execução.
(B) transformar e apresentar dados, controlar o acesso de multiusuário e prover interfaces de comunicação do banco de dados.
(C) gerenciar o becape e a recuperação dos dados, bem como o escalonamento de processos no processador por meio do banco de dados.
(D) gerenciar o sistema de arquivos e a segurança do banco de dados.
(E) gerenciar a entrada e saída de dispositivos, linguagens de acesso ao banco de dados e interfaces de programação de aplicações.

A: Errada, a gestão da memória do computador não é parte das tarefas de um SGBD, e sim do sistema operacional. **B:** Correta, o SGBD (Sistema de Gerenciamento de Banco de Dados) é responsável por garantir e gerenciar o acesso e a persistência dos dados assim como permitir sua manipulação, através de uma interface, e a organização dos dados. **C:** Errada, o escalonamento de processos no processador não é tarefa do SGBD. **D:** Errada, é papel do sistema operacional realizar o gerenciamento do sistema de arquivos do disco. **E:** Errada, gerenciar a entrada e saída de dispositivos é papel do sistema operacional.

Gabarito "B".

(Auditor Fiscal – SEFAZ/RS – 2019 – CESPE/CEBRASPE) No modelo relacional, a afirmação "Duas tuplas distintas, em qualquer estado da relação, não podem ter valores idênticos para os atributos na chave" é

(A) falsa.
(B) uma restrição de domínio do modelo.
(C) uma propriedade exclusiva do modelo objeto-relacional.
(D) uma condição que deverá estar explícita na representação dos atributos de uma tupla.
(E) uma propriedade de chave do modelo.

A: Errada, a afirmação é verdadeira, atributos chave devem possuir valores exclusivos, portanto, duas tuplas distintas não podem ter valores iguais para o atributo chave. **B:** Errada, na restrição de domínio um determinado atributo deve possuir um valor dentro de um conjunto preestabelecido, o que não se aplica a valores de chave primária. **C:** Errada, esta é uma propriedade também presente em bancos de dados relacionais. **D:** Errada, por definição valores de chaves primárias devem ser únicos e não nulos, logo, é uma condição implícita. **E:** Correta, uma chave primária deve ser sempre única para que uma tupla possa ser identificada de forma inequívoca.

Gabarito "E".

(Auditor Fiscal – SEFAZ/RS – 2019 – CESPE/CEBRASPE) No modelo relacional, variável corresponde a

(A) uma constante individual.
(B) um valor variável que não possui local no tempo nem no espaço.
(C) uma matriz de valores codificados e armazenados na memória.
(D) um recipiente para se armazenar um valor que pode ser atualizado.
(E) um valor que não admite substituição.

No modelo relacional, assim como em linguagens de programação, uma variável é um elemento que recebe um valor para ser armazenado por um determinado período de tempo, dentro de algum contexto, e cujo valor pode ser alterado durante sua existência, portanto apenas a alternativa D está correta.

Gabarito "D".

(Auditor Fiscal – SEFAZ/RS – 2019 – CESPE/CEBRASPE) Uma das regras de Codd para o modelo relacional consiste

(A) na independência de distribuição.
(B) na presença de uma linguagem de programação no SGBD que promova interface com o banco de dados, com a segurança e com a atualização dos dados.
(C) na subversão das regras de integridade ou restrições quando utilizada uma linguagem de baixo nível.
(D) no não tratamento das atualizações de visões de dados.
(E) na dependência de dados físicos (mudança na memória e no método de acesso).

A: Correta, a regra da independência de distribuição diz que aqueles que consumem a informação não devem ser afetados pela localização dos dados. **B:** Errada, a regra 5 trata da Sublinguagem ampla de dados, dizendo que o SGBD deve suportar uma linguagem declarativa bem definida que suporte definições e manipulações de dados, assim como a definição de visualizações, restrições de integridade, autorização e gerenciamento de transações. **C:** Errada, a regra 10 trata da Independência de Integridade, que diz que todas as restrições de integridade devem ser especificadas de forma separada das aplicações, de forma que alterações nestas regras não impliquem em alterações nas aplicações. **D:** Errada, a regra 6 trata da Atualização de Visualizações, que diz que todas as visualizações que são teoricamente atualizáveis devem ser atualizáveis pelo SGBD. **E:** Errada, pelo contrário, a regra 8 trata da independência física de dados, que diz que não deve haver alterações lógicas para aplicativos e recursos *ad hoc* em decorrência de mudanças nos métodos de acesso ou estruturas de armazenamento físicos.

Gabarito "A".

(Auditor Fiscal – SEFAZ/RS – 2019 – CESPE/CEBRASPE) Com relação aos modelos de dados multidimensionais, assinale a opção correta.

(A) A principal característica da tabela de fatos é a ausência de dados redundantes, o que melhora o desempenho nas consultas.
(B) Esses modelos são cubos de dados, sendo cada cubo representado por uma única tupla com vários atributos.
(C) Esses modelos proporcionam visões hierárquicas, ou seja, exibição *roll-up* ou *drill-down*.
(D) Os modelos de dados multidimensionais dão ênfase à coleta e às transações de dados.
(E) Esses modelos não utilizam processos de transferência de dados, mas sim acessos nativos do próprio SGBD utilizado.

A: Errada, uma tabela fato é uma tabela que contém medidas, métricas ou fatos que serão analisados a partir do modelo multidimensional, elas são descritas pelas tabelas dimensão, que se relacionam a estas e fornecem as qualificações dos dados, e a total ausência de redundância não é uma imposição. **B:** Errada, os cubos compreendem mais de uma dimensão de análise. **C:** Correta, os modelos multidimensionais permitem análises de forma a aumentar (processo de *drill-down*) ou diminuir (processo de *roll-up*) a granularidade da informação. **D:** Errada, essa descrição se encaixa melhor para os modelos transacionais. **E:** Errada, para estes modelos são utilizadas ferramentas de ETL para realizar a extração, tratamento e carregamento dos dados. HS

Gabarito "C".

(Auditor Fiscal – SEFAZ/RS – 2019 – CESPE/CEBRASPE) O *data warehouse* diferencia-se dos bancos de dados transacionais porque

(A) trabalha com dados atuais, mas não com dados históricos.
(B) faz uso intenso de operações diárias e de processamento de transações continuamente.
(C) possui milhares de usuários de diferentes níveis hierárquicos dentro da organização.
(D) tem dimensionalidade genérica e níveis de agregação ilimitados.
(E) utiliza ferramentas de prospecção e consulta de dados baseadas em OLTP (*on-line transaction processing*).

Data warehouses são repositórios de dados que concentram informações de diversas fontes diferentes, extraindo, organizando e centralizando-as de forma que possam, sem restrições de quantidades de dimensões ou níveis hierárquicos, serem analisados pela área de negócios. Dentre suas principais características podemos destacar a capacidade de gerenciar o histórico de grandes volumes de informações, permitindo a identificação de padrões auxiliando nas tomadas de decisão. Portanto apenas a alternativa D está correta. HS

Gabarito "D".

(Auditor Fiscal – SEFAZ/RS – 2019 – CESPE/CEBRASPE) A respeito do BI (*business intelligence*), assinale a opção correta.

(A) O BI consiste na transformação metódica e consciente das informações exclusivamente prestadas pelos tomadores de decisão em novas formas de conhecimento, para evolução dos negócios e dos resultados organizacionais.
(B) ETL é o processo de análise de dados previsto pela arquitetura de BI.
(C) As técnicas do BI objetivam definir regras para a formatação adequada dos dados, com vista a sua transformação em depósitos estruturados de informações, sem considerar a sua origem.
(D) O repositório de dados analíticos de BI é representado pelas diversas bases de dados relacionais e por repositórios de dados que utilizem modelagens relacionais.
(E) A camada de apresentação de uma arquitetura de BI é aquela em que as informações são organizadas e centralizadas.

A: Errada, o termo BI (*Business Inteligence*) engloba as diversas ferramentas, metodologias, processos e tecnologias usadas para analisar grandes conjuntos de dados, gerando novas informações e conhecimentos, fornecendo o suporte necessário para a tomada de decisões estratégicas. **B:** Errada, o ETL (sigla para *Extract, Transform, Load*, ou Extrair, Transformar e Carregar) é o processo de extração e organização dos dados para que possam ser usados nas análises desejadas. **C:** Correta, para que as análises de BI sejam possíveis é necessário extrair dados das diversas fontes possíveis, tratá-los de forma adequada, garantindo que sua extração ocorra sem problemas e posteriormente possam ser relacionados e interpretados corretamente. **D:** Errada, os modelos de BI não trabalham apenas com bases de dados ou modelagens relacionais, eles podem extrair informações de diversas fontes diferentes e organizá-las de forma que possam ser analisadas e gerar conhecimento. **E:** Errada, a camada de apresentação é aquela que trata da exibição dos dados para os usuários. HS

Gabarito "C".

8. GESTÃO DE TECNOLOGIA DA INFORMAÇÃO

Em determinado órgão, foi identificada a necessidade de solucionar os seguintes problemas:

A) ausência de gerenciamento dos *softwares* desenvolvidos internamente, quanto a versão, recursos e arquiteturas;
B) falhas na entrega de informações que deveriam ser precisas, na perspectiva de serem corretas, para a pessoa certa, no momento certo.

(Auditor Fiscal – SEFAZ/RS – 2019 – CESPE/CEBRASPE) De acordo com a ITIL v3, esses problemas podem ser resolvidos com a implantação

(A) da função gerenciamento de aplicativo, para (a), e do processo gerenciamento de conhecimento, para (b).
(B) do processo gerenciamento de problemas, para ambos.
(C) do processo gerenciamento de configuração, para (a), e da função central de serviço, para (b).
(D) do processo gerenciamento da liberação, para ambos.
(E) do processo gerenciamento de nível de serviço, para ambos.

A: Correta, a função do gerenciamento de aplicativos tem como objetivo suportar a gestão de uma aplicação durante todo seu ciclo de vida, auxiliando nos processos de *design*, teste, implementação, operação e otimização da aplicação, e o gerenciamento de conhecimento visa permitir a obtenção, análise, armazenamento e compartilhamento do conhecimento dentro da organização, melhorando a eficiência da resolução de problemas. **B:** Errada, o gerenciamento de problemas é o processo que visa administrar o ciclo de vida dos problemas em um ambiente de TI, com o objetivo de preveni-los quando possível e minimizar seus impactos quando não evitáveis. **C:** Errada, o gerenciamento de configuração visa garantir que os ativos necessários para a entrega dos serviços de TI sejam controlados e que estas informações estejam disponíveis sempre que preciso, como por exemplo detalhes sobre os ativos, como foram configurados e como se relacionam e a central de serviços é o ponto único de contato dos usuários para realizar demandas para a área de TI. **D:** Errada, o processo de gerenciamento de liberação visa prover garantias de que atualizações de *hardware* ou *software* possam ser realizadas sem gerar impactos negativos para a operação, por meio do planejamento, programação, testes e definição de rotinas de recuperação em caso de problemas. **E:** Errada, o processo de gerenciamento de nível de serviço visa garantir a qualidade do serviço prestado a partir da definição de prazos para a realização de ações dentro de um fluxo de trabalho. HS

Gabarito "A".

Em auditoria externa para analisar um serviço implementado em determinado órgão, o auditor observou que esse serviço seguia inicialmente as boas práticas da ITIL, mas passou a ficar inoperante ou com baixa *performance* em alguns momentos, durante picos de acesso de uso. O auditor constatou, ainda, que não havia tido avaliação prévia sobre picos de demanda.

(Auditor Fiscal – SEFAZ/RS – 2019 – CESPE/CEBRASPE) De acordo com a ITIL v3, esses problemas podem ser resolvidos com a implantação

(A) de incidentes, que, no caso descrito, ficaria limitado ao atendimento da inoperância e aos casos de baixa *performance* com a função central de serviços.

(B) da demanda do estágio estratégia, que visa gerenciar os ciclos de produção dos serviços e os ciclos de consumo dos serviços.
(C) de disponibilidade, especialmente no que se refere à métrica MTTR, que mede a *performance* dos serviços.
(D) de capacidade do estágio transição, especialmente no que se refere à quantidade de recursos necessários para o sistema funcionar sem interrupções.
(E) de mudança no estágio desenho, especialmente no que se refere à mensuração da capacidade prévia necessária para uso do serviço.

A: Errada, o gerenciamento de incidentes trata da resolução de problemas de forma que ocorra a retomada de um serviço ou funcionalidade da forma mais breve possível. **B:** Correta, é parte do gerenciamento de demanda entender a demanda dos usuários pelo serviço e aprovisionar a capacidade necessária para atender tais demandas, levando em conta questões de sazonalidade como no caso descrito. **C:** Errada, no gerenciamento de disponibilidade a métrica MTTR (Mean-Time-To-Repair ou Tempo médio de reparo) trata do tempo necessário para reparar um item de configuração ou serviço e não sua performance. **D:** Errada, além do gerenciamento de capacidade ser parte do estágio de Desenho e não de Transição. **E:** Errada, o gerenciamento de mudança faz parte do estágio de Transição e não de Desenho. HS

Gabarito "B"

No desenvolvimento de um produto, verificou-se que não havia identificação de precedência entre algumas atividades antes do início das execuções.

(Auditor Fiscal – SEFAZ/RS – 2019 – CESPE/CEBRASPE) De acordo com o PMBOK, a representação das relações lógicas entre as atividades do projeto é obtida com

(A) a técnica Delphi.
(B) a estrutura analítica do projeto (EAP).
(C) o diagrama de rede do cronograma do projeto.
(D) a matriz de rastreabilidade de requisitos.
(E) a linha de base do escopo.

A: Errada, a técnica Delphi é utilizada como ferramenta de gestão de conflitos para obtenção de um consenso entre um grupo de especialistas preservando o anonimato dos indivíduos através de uma pessoa que atua como facilitadora da comunicação. **B:** Errada, a EAP é uma decomposição hierárquica do escopo total do trabalho a ser executado pela equipe de um projeto a fim de atingir os objetivos deste e criar as entregas necessárias. **C:** Correta, o diagrama de rede do cronograma do projeto apresenta de uma forma gráfica as dependências entre as atividades do projeto. **D:** Errada, a matriz de rastreabilidade de requisitos mostra a associação dos requisitos às suas origens e faz seu acompanhamento durante o ciclo de vida do projeto. **E:** Errada, a linha de base do escopo é composta pela declaração do escopo do projeto, a estrutura analítica do projeto e o dicionário da EAP, que tem como objetivo orientar a equipe do projeto em relação ao que deve ser entregue e os resultados esperados. HS

Gabarito "C"

(Auditor Fiscal – SEFAZ/RS – 2019 – CESPE/CEBRASPE) Assinale a opção que indica o documento que, no projeto de um novo serviço, é descrito na área de conhecimento integração no PMBOK e, apesar de não ser considerado um contrato, informa as necessidades do negócio, as premissas e os requisitos de alto nível do cliente.

(A) estrutura analítica do projeto (EAP)
(B) plano de gerenciamento da qualidade
(C) termo de abertura de projeto
(D) plano de gerenciamento do projeto
(E) registro das mudanças

A: Errada, a estrutura analítica do projeto é uma decomposição hierárquica do escopo total do trabalho a ser executado pela equipe de um projeto a fim de atingir os objetivos deste e criar as entregas necessárias. **B:** Errada, o plano de gerenciamento da qualidade é parte do plano de gerenciamento do projeto que detalha os procedimentos, políticas e diretrizes que serão usadas para atingir o nível de qualidade desejado, descrevendo os recursos e atividades necessárias para o cumprimento deste objetivo. **C:** Correta, o termo de abertura de projeto é uma autorização formal para o projeto emitido pelo patrocinador ou responsável pelo projeto e detalha as necessidades e objetivos que devem ser alcançados, garantindo o entendimento da equipe, definição dos papéis, responsabilidades e marcos do projeto. **D:** Errada, o plano de gerenciamento do projeto descreve a forma que o projeto será executado, controlado, monitorado e finalizado, consolidando os planos de gerenciamento e linhas de base do projeto. **E:** Errada, o registro de mudanças tem por finalidade documentar as mudanças ocorridas durante o projeto. HS

Gabarito "C"

(Auditor Fiscal – SEFAZ/RS – 2019 – CESPE/CEBRASPE) É dispensável que o gerenciamento de finanças como custos e orçamentos conste em guias e(ou) modelos de governança de TI, apesar de esse tipo de gerenciamento caracterizar ação associada à governança. Aliado ao gerenciamento de finanças, o orçamento

(A) é abordado na ITIL, no estágio estratégia, e no PMBOK, no gerenciamento de custos do projeto.
(B) é abordado no PMBOK, no gerenciamento financeiro do projeto, mas não na ITIL.
(C) é abordado na ITIL, no estágio desenho, e no PMBOK, na área de conhecimento gerenciamento do escopo do projeto.
(D) não é abordado na ITIL nem no PMBOK.
(E) é abordado na ITIL, no gerenciamento financeiro, mas não no PMBOK.

No ITIL o orçamento, assim como a contabilidade, é tratado no estágio inicial do ciclo de vida de serviço chamado de estratégia, que visa fornecer as diretrizes necessárias para os próximos estágios do ciclo de vida do serviço, através do Gerenciamento financeiro de serviços de TI e no PMBOK como parte do gerenciamento de custos do projeto, dividindo-o no planejamento de recursos, estimativa, orçamento e controle dos custos. Portanto apenas a alternativa A está correta. HS

Gabarito "A"

Ao rever a aplicação da ITIL em determinado órgão, um auditor verificou que os processos gerenciamento da mudança e gerenciamento da configuração e de ativos de serviço atuavam em outros estágios além daquele em que se encontram organizados na ITIL v3.

(Auditor Fiscal – SEFAZ/RS – 2019 – CESPE/CEBRASPE) À luz da ITIL v3, infere-se desse achado da auditoria

(A) irregularidade, pois todos os processos da ITIL atuam somente nos estágios aos quais eles pertençam.
(B) irregularidade, pois somente o processo gerenciamento da mudança pode atuar fora do seu estágio.
(C) irregularidade, pois somente o processo gerenciamento da configuração e de ativos de serviço pode atuar fora do seu estágio.
(D) ausência de irregularidade, pois todos os processos do estágio transição podem operar tanto nos respectivos estágios quanto no estágio operação.
(E) ausência de irregularidade, pois ambos os processos atuam em todo o ciclo de vida, apesar de descritos no estágio transição de serviços.

Durante o ciclo de vida de um serviço as mudanças devem ser registradas, avaliadas, documentadas e revisadas a todo tempo, isso gera a constante necessidade de manter controle sempre atualizado sobre os itens de configuração e ativos de serviço (que podem ser componentes de *hardware*, *software*, documentações etc.), logo, ainda que descritos no estágio de transição, o gerenciamento da mudança e das configurações e ativos de serviço acabam sendo atuantes por todo o ciclo de vida, cenário diferente por exemplo do processo de Validação e Testes do Serviço, que ocorre apenas durante o estágio de Transição de Serviço para fornecer evidências de que os serviços irão atender as necessidades de negócio. Portanto, não há irregularidades neste fato e assim apenas a alternativa E está correta. HS

Gabarito "E"

Ao final da implementação de uma aplicação de TI, um auditor verificou que houve falha no momento de priorizar e equilibrar programas e serviços com base nas demandas e nas restrições de financiamento.

(Auditor Fiscal – SEFAZ/RS – 2019 – CESPE/CEBRASPE) À luz do COBIT 5, é correto inferir que a falha decorreu de erro na aplicação do processo

(A) gerenciar portfólio, do domínio alinhar, planejar e organizar.
(B) gerenciar a estratégia, do domínio avaliar, dirigir e monitorar.
(C) garantir a otimização de recursos, do domínio alinhar, planejar e organizar.
(D) gerenciar riscos, do domínio construir, adquirir e implementar.
(E) garantir a otimização do risco, do domínio monitorar, avaliar e analisar.

A: Correta, dentre as responsabilidades do processo de gerenciar o portfólio podemos destacar a avaliação e priorização de programas e serviços, gerenciamento demanda dentro das restrições de recursos e orçamento com base no alinhamento com os objetivos estratégicos e de risco e execução das orientações estratégicas para os investimentos. **B:** Errada, o processo de gerenciar a estratégia pertence ao domínio Alinhar, Planejar e Organizar. **C:** Errada, o processo de garantir a otimização de recursos pertence ao domínio Avaliar, Dirigir e Monitorar. **D:** Errada, o processo de gerenciamento de riscos pertence ao domínio Alinhar, Planejar e Organizar. **E:** Errada, o processo de garantir a otimização do risco pertence ao domínio Avaliar, Dirigir e Monitorar. HS

Gabarito "A"

O diretor de TI de determinado órgão implantou, de acordo com a ITIL v3, os processos voltados para gerenciar mudanças, gerenciar problemas e gerenciar a continuidade de serviço.

(Auditor Fiscal – SEFAZ/RS – 2019 – CESPE/CEBRASPE) Nessa situação, a implantação do COBIT 5 para as mesmas finalidades mencionadas seria

(A) inviável, pois no COBIT há somente os processos gerenciar continuidade e gerenciar problemas.
(B) apropriada, pois o COBIT lida apenas com a governança de TI, o que não interfere nesses processos.
(C) inviável, pois no COBIT há somente o processo gerenciar continuidade.
(D) inviável, pois no COBIT há somente os processos gerenciar mudanças e gerenciar problemas.
(E) apropriada, pois esses processos também se encontram no COBIT.

Um dos princípios do COBIT é o de aplicar um framework único e integrado, fazendo com que sua utilização acabe por convergir com diversos outros frameworks como ITIL, PMBOK, Risk IT e muitos outros. Dentro deste contexto diversas ações do ITIL também são aplicáveis dentro do COBIT, neste caso destacamos os itens de Gestão de Mudança, presente no domínio BAI (Build, Acquire and Implement) e a Gestão de Problemas e Gestão de Continuidade, encontradas no domínio DSS (Deliver, Service and Support). Portanto apenas a alternativa E está correta. HS

Gabarito "E"

(Auditor Fiscal – SEFAZ/RS – 2019 – CESPE/CEBRASPE) No tocante à implantação de processos de governança, assinale a opção correta, acerca da gestão de recursos humanos e de pessoas, conforme as boas práticas descritas no COBIT 5, na ITIL v3 e no PMBOK.

(A) Somente o guia PMBOK inclui gestão de pessoas; a ITIL, por gerenciar serviços, não aborda os recursos humanos necessários.
(B) No COBIT, não há referência a gestão de pessoas; no PMBOK consta o processo gerenciamento de recursos humanos na área de conhecimento escopo do projeto.
(C) Na ITIL, as pessoas são consideradas habilidades e constituem um dos 4 Ps do desenho de serviço; no PMBOK, a área de conhecimento gerenciamento das partes interessadas do projeto lida com a gestão de pessoas.
(D) A ITIL lida com pessoas estritamente no estágio estratégia; o PMBOK lida com pessoas estritamente nos processos afetos à área de conhecimento integração.
(E) Nem a ITIL, nem o COBIT, nem o PMBOK mencionam a gestão de pessoas: todos eles constituem guias de boas práticas para governança de TI, exclusivamente.

Dentro do PMBOK a gestão de pessoas é tratada como parte da área de conhecimento gerenciamento das partes interessadas do projeto e visa identificar as pessoas, grupos e organizações que estarão envolvidas pelo projeto. Dentro do ITIL dentro do estágio de Desenho de serviço temos o conceito dos quatro Ps, que incluem Pessoas, Produtos, Processos e Parceiros; além disso o ITIL considera pessoas como um recurso e também como uma habilidade. Já em relação ao COBIT, a gestão de recursos humanos faz parte do domínio Alinhar, Planejar e Organizar. Portanto apenas a alternativa C está correta. HS

Gabarito "C"

O diretor de TI de uma empresa pública de pequeno porte deseja melhorar a governança e a gestão de TI dessa empresa.

(Auditor Fiscal – SEFAZ/RS – 2019 – CESPE/CEBRASPE) Nesse caso, a aplicação do COBIT 5

(A) é admissível apenas em relação à governança, mas não em relação à gestão.
(B) não é viável, pois o COBIT 5 não pode ser utilizado em empresa pública.
(C) não compete ao diretor de TI, mas somente à presidência da empresa, porque alterará a governança da empresa.
(D) é admissível, pois esse guia pode ser utilizado em empresa de qualquer natureza e porte.
(E) não é viável, por ser incompatível com empresa de pequeno porte.

O principal objetivo do COBIT é auxiliar na gestão e controle de todos os componentes que são pertinentes à gestão corporativa de TI, fornecendo um *framework* abrangente que integra o conhecimento dispersos em outros *frameworks*, criando uma linguagem comum entre TI e a área de negócio para a governança e gestão de TI corporativa, não havendo restrições quanto a natureza ou porte da organização que as aplicará. Portanto apenas a alternativa D está correta. HS

Gabarito "D"

8. Administração Pública

Robinson Barreirinhas

1. TEORIAS E CORRENTES DOUTRINÁRIAS

(Analista Judiciário – STJ – 2018 – CESPE) Com referência à evolução do modelo racional-legal para o paradigma pós-burocrático, julgue os itens a seguir.

(1) São princípios inerentes à administração pública burocrática: a impessoalidade, o formalismo e a hierarquia funcional.

(2) O aparelho do Estado patrimonialista funcionava como uma extensão do poder do soberano e os servidores possuíam status de nobreza real.

(3) Contrapondo-se à ideologia do formalismo e à recompensa pelo desempenho, características da boa administração burocrática, o paradigma gerencial fundamenta-se nos princípios da confiança e da capacitação permanente.

1: correta. A doutrina se refere à *administração pública patrimonialista*, à *administração pública burocrática* e à *administração pública gerencial*. A *administração pública patrimonialista* é aquela arcaica, anterior à *administração pública burocrática* (descrita por Max Weber) e à moderna *administração pública gerencial*. Na administração pública patrimonialista, "o aparelho do Estado funciona como uma extensão do poder do soberano". A *administração pública burocrática* é uma resposta ao patrimonialismo anterior, visando a combater a corrupção e o nepotismo, enfatizando os controles prévios, nos procedimentos. Tem como características a profissionalização, a ideia de carreira, a hierarquia funcional, a impessoalidade, o formalismo. Entretanto, a *administração pública burocrática* caracteriza-se também pelo direcionamento de esforços para a própria manutenção do poder estatal (o governo voltado para si mesmo, não para o cidadão). Isso tende a levar ao engessamento da estrutura do governo, refratária à evolução e à eficiência. Após as experiências da *administração pública patrimonialista* e da *administração pública burocrática*, ganhou força, nos anos 1990, o conceito de *administração pública gerencial* como paradigma a ser adotado, buscando redução de custos e aumento da qualidade dos serviços, tendo sempre em foco seu beneficiário: o cidadão. A estratégia da moderna *administração pública gerencial* exige (i) definição precisa dos objetivos que o administrador público deverá atingir em sua unidade, (ii) garantia de autonomia do administrador na gestão dos recursos humanos, materiais e financeiros que lhe forem colocados à disposição para que possa atingir os objetivos contratados, e (iii) controle ou cobrança *a posteriori* dos resultados, além da (iv) competição administrada no interior do próprio Estado, quando há a possibilidade de estabelecer concorrência entre unidades internas (Capítulo 2 do Plano Diretor da Reforma do Aparelho do Estado – PDRAE/1995). A *administração pública gerencial* não abandona as conquistas da *administração pública burocrática*, em especial o combate aos vícios da *administração pública patrimonialista* (corrupção, personalismo, confusão entre o patrimônio do soberano e o público, nepotismo etc.); **2:** correta, conforme comentário inicial; **3:** incorreta, pois a administração burocrática não é caracterizada pela recompensa ao desempenho, conforme comentários iniciais.

Gabarito 1C, 2C, 3E

(Técnico – INSS – 2008 – CESPE) Julgue os itens seguintes, que versam sobre reforma e revitalização do Estado.

(1) A reforma do Estado restringe-se ao ajuste fiscal, que deverá devolver ao Estado a capacidade de definir e implementar políticas públicas.

(2) Visando-se ao fortalecimento da regulação coordenada pelo Estado, é importante reforçar a governança, que diz respeito à maneira pela qual o poder é exercido no gerenciamento dos recursos sociais e econômicos de um país, e que engloba, desse modo, as técnicas de governo.

(3) Um aspecto importante para dar seguimento à reforma do Estado é a existência de governabilidade, conceito que descreve as condições sistêmicas de exercício do poder em um sistema político. Desse modo, é correto afirmar que uma nação é governável quando oferece aos seus representantes as circunstâncias necessárias para o tranquilo desempenho de suas funções.

(4) Atualmente, o modelo vivenciado pelo Estado brasileiro é o da administração pública patrimonialista.

1: incorreta, pelo uso do termo "restringe-se". Em concursos públicos, o tema reforma do Estado remete, muitas vezes, ao Plano Diretor da Reforma do Aparelho do Estado – PDRAE/1995 (pode ser encontrado no site da Presidência da República e em http://www.bresserpereira.org.br/Documents/MARE/PlanoDiretor/planodiretor.pdf). A leitura e estudo cuidados desse Plano são essenciais para a preparação do concursando. O documento refere-se à reforma como "instrumento indispensável para consolidar a estabilização e assegurar o crescimento sustentável da economia", permitindo "promover a correção das desigualdades sociais e regionais". Mais especificamente, a reforma do aparelho do Estado vista a "aumentar sua 'governança', ou seja, sua capacidade de implementar de forma eficiente políticas públicas"; **2:** correta, pois *governança* refere-se à capacidade de governo do Estado, de implementar as decisões tomadas, de viabilizar as condições financeiras e administrativas indispensáveis à execução das decisões que o governo toma; **3:** correta, já que *governabilidade* refere-se ao "poder para governar, dada sua legitimidade democrática e o apoio com que conta na sociedade civil" (trecho do PDRAE/1995); **4:** incorreta, pois estamos no estágio da *administração pública gerencial*. Identificam-se três formas de administração pública: administração pública *patrimonialista, burocrática* e *gerencial*. A *administração pública patrimonialista* é aquela arcaica, anterior à *administração pública burocrática* (descrita por Max Weber) e à moderna *administração pública gerencial*. Na administração pública patrimonialista, "o aparelho do Estado funciona como uma extensão do poder do soberano". A *administração pública burocrática* é uma resposta ao patrimonialismo anterior, visando a combater a corrupção e o nepotismo, enfatizando os controles prévios, nos procedimentos. Tem como características a profissionalização, a ideia de carreira, a hierarquia funcional, a impessoalidade, o formalismo. Entretanto, a *administração pública burocrática* caracteriza-se também pelo direcionamento de esforços para a própria manutenção do poder estatal (o governo voltado para si mesmo, não para o cidadão). Isso tende a levar ao engessamento da estrutura do governo, refratária à evolução e à eficiência. Após as experiências da *administração pública patrimonialista* e da *administração pública burocrática*, ganhou força, nos anos 1990, o conceito de *administração pública gerencial* como paradigma a ser adotado, buscando redução de custos e aumento da qualidade dos serviços, tendo sempre em foco seu beneficiário: o cidadão. A estratégia da moderna *administração pública gerencial* exige (i) definição precisa dos objetivos que o administrador público deverá atingir em sua unidade, (ii) garantia de autonomia do administrador na gestão dos recursos humanos, materiais e financeiros que lhe forem colocados à disposição para que possa atingir os objetivos contratados, e (iii) controle ou cobrança *a posteriori* dos resultados, além da (iv) competição administrada no interior do próprio Estado, quando há a possibilidade de estabelecer concorrência entre unidades internas (Capítulo 2 do Plano Diretor da Reforma do Aparelho do Estado – PDRAE/1995). A *administração pública gerencial* não abandona as conquistas da *administração pública burocrática*, em especial o combate aos vícios da *administração pública patrimonialista* (corrupção, personalismo, confusão entre o patrimônio do soberano e o público, nepotismo etc.).

Gabarito 1E, 2C, 3C, 4E

(Analista – Ministério das Comunicações – 2008 – CESPE) Julgue o item que se segue, a respeito das novas tecnologias gerenciais e das convergências e diferenças entre a gestão pública e a gestão privada.

(1) Do mesmo modo que a gestão privada, a gestão pública deve incentivar com total liberdade a iniciativa de seus cola-

boradores desde que não contrariem nenhuma proibição expressa na legislação.

1: incorreta. No âmbito privado, pode-se fazer tudo que não for proibido por lei (autonomia da vontade – art. 5º, II, da CF). No âmbito público, entretanto, a Administração somente pode fazer aquilo que é permitido por lei (estrita legalidade – art. 37, *caput*, da CF).

Gabarito 1E

(Analista – Ministério das Comunicações – 2008 – CESPE) Desde o governo de Getúlio Vargas, diversas modificações ocorreram nas dimensões estruturais e culturais da máquina administrativa brasileira. Acerca dessas modificações e da administração pública brasileira, julgue os itens a seguir.

(1) Uma das primeiras reformas empreendidas pelo governo de Vargas visando à racionalização da administração pública foi a criação das primeiras carreiras burocráticas.

(2) A implantação da administração pública burocrática é uma consequência da emergência de um capitalismo moderno no Brasil à época.

(3) O Departamento Administrativo do Serviço Público (DASP) foi criado com o objetivo de realizar a modernização administrativa no âmbito da administração pública.

(4) Nos primórdios, a administração pública sofreu influência da teoria comportamental da administração.

(5) No período inicial, foi instituída a função orçamentária como atividade formal, desvinculada, contudo, do planejamento.

(6) No que tange à administração de recursos humanos, foram valorizados instrumentos importantes como o instituto do concurso público e do treinamento; deste modo, foi adotada consistentemente uma política de recursos humanos que respondia às necessidades do Estado.

(7) A administração pública burocrática se instalou no Brasil visando a acabar com o patrimonialismo vigente.

(8) O Decreto-lei n.º 200/1967 surgiu no bojo de uma reforma que tentou aprimorar o modelo burocrático vigente na administração pública.

(9) O Programa Nacional de Desburocratização (PRND) buscou revitalizar e agilizar as organizações do Estado. Suas ações foram voltadas para simplificação das práticas administrativas e para maior estatização, consolidando assim os esforços estimulados pelo Decreto-lei n.º 200/1967.

(10) As ações rumo a uma administração pública gerencial foram aceleradas com a transição democrática de 1985 e consolidadas com a promulgação da Constituição Federal de 1988.

1: correta, pois, a partir da reforma empreendida no governo Vargas por Maurício Nabuco e Luiz Simões Lopes, a administração pública sofre um processo de racionalização que se traduziu no surgimento das primeiras carreiras burocráticas e na tentativa de adoção do concurso como forma de acesso ao serviço público – item 3.1 do PDRAE/1995; **2:** correta, sendo transcrição de trecho do item 3.1 do PDRAE/1995; **3:** correta, sendo transcrição de outro trecho do item 3.1 do PDRAE/1995; **4:** incorreta, pois, em seus primórdios, a administração pública sofre a influência da teoria da administração científica de Taylor (não da teoria comportamental), tendendo à racionalização mediante a simplificação, padronização e aquisição racional de materiais, revisão de estruturas e aplicação de métodos na definição de procedimentos; **5:** incorreta, pois já nas reformas da década de 1960 prestigia-se o orçamento como ferramenta de planejamento (orçamento-programa) – ver DL 200/1967 e a Lei 4.320/1964; **6:** incorreta. No que diz respeito à administração dos recursos humanos, o Departamento Administrativo do Serviço Público – DASP representou a tentativa de formação da burocracia nos moldes weberianos, baseada no princípio do mérito profissional. Entretanto, embora tenham sido valorizados instrumentos importantes à época, tais como o instituto do concurso público e do treinamento, não se chegou a adotar consistentemente uma política de recursos humanos que respondesse às necessidades do Estado – item 3.1 do PDRAE/1995; **7:** correta, pois a administração pública gerencial é descrita exatamente como reação ao patrimonialismo do modelo anterior; **8:** correta, sendo que a reforma veiculada pelo DL 200/1967 é considerada primeiro momento da administração gerencial no Brasil – item 3.2 do PDRAE/1995; **9:** incorreta. O objetivo do Programa Nacional de Desburocratização (PrND) da década de 1980 era a revitalização e agilização das organizações do Estado, a descentralização da autoridade, a melhoria e simplificação dos processos administrativos e a promoção da eficiência. As ações do PrND voltaram-se inicialmente para o combate à burocratização dos procedimentos. Posteriormente, foram dirigidas para o desenvolvimento do Programa Nacional de Desestatização, num esforço para conter os excessos da expansão da administração descentralizada, estimulada pelo Decreto-Lei 200/67 (daí porque a assertiva é incorreta) – item 3.2 do PDRAE/1995; **10:** incorreta, pois as ações rumo a uma administração pública gerencial foram paralisadas na transição democrática de 1985 que, embora representasse uma grande vitória democrática, teve como um de seus custos mais surpreendentes o loteamento dos cargos públicos da administração indireta e das delegacias dos ministérios nos Estados para os políticos dos partidos vitoriosos – item 3.3 do PDRAE/1995 (O Retrocesso de 1988).

Gabarito 1C, 2C, 3C, 4E, 5E, 6E, 7C, 8C, 9E, 10E

(Analista – Ministério do Meio Ambiente – 2008 – CESPE) Com relação aos conceitos e aplicações da administração em geral, e, em particular, no que concerne à administração pública no Brasil, julgue o item seguinte.

(1) Nos termos do Programa Nacional de Desburocratização, consta como um dos pressupostos a prevalência do princípio da presunção da veracidade nas relações da administração com seus servidores ou com o público em geral. Para todos os efeitos, a falsidade documental e o estelionato constituem crime de ação pública punível pelo Código Penal, e a dispensa de precauções administrativas não elide a ação penal.

1: correta, conforme dispõe o Decreto 63.166/1968 – ver também Decretos 83.740/1979 e 5.378/2005.

Gabarito 1C

(Analista – INSS – 2008 – CESPE) Com base nos conceitos gerais e no histórico da administração, julgue o item abaixo.

(1) Os modelos de administração, organização e sociedade que emergiram da Revolução Industrial tiveram Marx como um de seus principais críticos, o qual exerceu forte influência sobre sindicatos e partidos políticos. Entre outros aspectos, Marx propunha, em contraposição ao poder dos capitalistas sobre o Estado, um modelo alternativo de gestão embasado na propriedade coletiva dos meios de produção.

1: correta, referindo-se adequadamente ao socialismo marxista.

Gabarito 1C

(Analista – TRT/10ª – 2013 – CESPE) Tendo em vista que a administração pública é uma matéria essencial para a efetivação das políticas públicas e para a gestão governamental, julgue os itens a seguir.

(1) A moderna gestão pública trata essencialmente da eficiência e da eficácia do sistema de administração governamental.

(2) A perspectiva da nova gestão pública ressalta que o interesse público é uma representação da agregação de interesses individuais.

(3) O modelo de administração burocrática adotado no Brasil separou serviços de controle e passou a definir, medir e analisar resultados.

1: incorreta, pois a moderna gestão pública foca os resultados, sempre relacionados ao interesse público, mais do que os processos. Assim, tanto ou mais que a eficiência e a eficácia, a moderna gestão pública (administração pública gerencial) foca a efetividade, que pressupõe eficiência e eficácia e implica comparação entre: (a) os objetivos e metas fixados e (b) os resultados efetivamente alcançados; **2:** correta. A análise da administração pública gerencial procura abandonar a cultura anterior, em que os indivíduos são vistos como essencialmente egoístas e antiéticos, de forma que só o controle a *priori*, passo a passo, dos processos administrativos permitiria proteção da coisa pública e, embora "não se part[a] para o oposto, para uma confiança ingênua na humanidade", busca "dar um voto de confiança provisório aos administradores, e controlar a *posteriori* os resultados" (item 7.4 do

Plano Diretor da Reforma do Aparelho do Estado – PDRAE/1995 – pode ser encontrado no site da Presidência da República e em http://www.bresserpereira.org.br/Documents/MARE/PlanoDiretor/planodiretor.pdf). Essa diretriz indica um viés de valorização do indivíduo e de suas necessidades nessa nova cultura da administração pública gerencial; **3:** incorreta, pois essa é uma diretriz da administração pública gerencial, não da burocrática. A doutrina se refere à *administração pública patrimonialista*, à *administração pública burocrática* e à *administração pública gerencial*. A *administração pública patrimonialista* é aquela arcaica, anterior à *administração pública burocrática* (descrita por Max Weber) e à moderna *administração pública gerencial*. Na administração pública patrimonialista, "o aparelho do Estado funciona como uma extensão do poder do soberano". A *administração pública burocrática* é uma resposta ao patrimonialismo anterior, visando a combater a corrupção e o nepotismo, enfatizando os controles prévios, nos procedimentos. Tem como características a profissionalização, a ideia de carreira, a hierarquia funcional, a impessoalidade, o formalismo. Entretanto, a *administração pública burocrática* caracteriza-se também pelo direcionamento de esforços para a própria manutenção do poder estatal (o governo voltado para si mesmo, não para o cidadão). Isso tende a levar ao engessamento da estrutura do governo, refratária à evolução e à eficiência. Após as experiências da *administração pública patrimonialista* e da *administração pública burocrática*, ganhou força, nos anos 1990, o conceito de *administração pública gerencial* como paradigma a ser adotado, buscando redução de custos e aumento da qualidade dos serviços, tendo sempre em foco seu beneficiário: o cidadão. A estratégia da moderna *administração pública gerencial* exige (i) definição precisa dos objetivos que o administrador público deverá atingir em sua unidade, (ii) garantia de autonomia do administrador na gestão dos recursos humanos, materiais e financeiros que lhe forem colocados à disposição para que possa atingir os objetivos contratados, e (iii) controle ou cobrança *a posteriori* dos resultados, além da (iv) competição administrada no interior do próprio Estado, quando há a possibilidade de estabelecer concorrência entre unidades internas (Capítulo 2 do Plano Diretor da Reforma do Aparelho do Estado – PDRAE/1995). A *administração pública gerencial* não abandona as conquistas da *administração pública burocrática*, em especial o combate aos vícios da *administração pública patrimonialista* (corrupção, personalismo, confusão entre o patrimônio do soberano e o público, nepotismo etc.).

Gabarito 1E, 2C, 3E

(Analista – STM – 2011 – CESPE) A respeito da evolução da administração pública e de suas divergências em relação a gestão privada e respectiva estrutura organizacional, julgue o item seguinte.

(1) A administração pública gerencial, a administração pública burocrática e a administração pública histórica constituem os principais modelos para a gestão do Estado.

Incorreta, pois a doutrina se refere à *administração pública patrimonialista*, à *administração pública burocrática* e à *administração pública gerencial* – ver o Capítulo 2 do Plano Diretor da Reforma do Aparelho do Estado – PDRAE/1995 – pode ser encontrado no site da Presidência da República e em http://www.bresserpereira.org.br/Documents/MARE/PlanoDiretor/planodiretor.pdf.

Gabarito 1E

(Analista – TRT/1ª – 2008 – CESPE) Considerando convergências e divergências entre gestão pública e gestão privada, assinale a opção correta.

(A) A gestão privada sustenta-se na autonomia de vontade, ao passo que a gestão pública baseia-se no princípio da estrita legalidade.

(B) As ferramentas de gestão privada e da gestão pública diferem substancialmente, não se prestando a adaptação dessas ferramentas para utilização em outro ambiente distinto daquele para que foi concebido inicialmente.

(C) Inexiste a possibilidade de obtenção de lucro nas empresas públicas e sociedade de economia mista, devendo todo o valor obtido ser reinvestido na própria organização.

(D) Em todos os setores em que o Estado atuar, a gestão pública estará dotada de poderes de império que o colocará em situação de superioridade em relação ao particular e aos demais competidores inseridos no mercado.

(E) Visando dar maior celeridade e efetividade à ação pública, a gestão pública deve adotar os mesmos pressupostos gerenciais de eficiência e eficácia da gestão privada.

A: no âmbito privado, pode-se fazer tudo que não for proibido por lei (autonomia da vontade – art. 5º, II, da CF). No âmbito público, a Administração somente pode fazer aquilo que é permitido por lei (estrita legalidade – art. 37, *caput*, da CF); **B:** a moderna gestão pública (*administração pública gerencial*) adota técnicas e ferramentas desenvolvidas no ambiente privado, com adaptações (por exemplo, planejamento estratégico, qualidade total, controle por resultados, orientação para o cidadão-cliente etc.); **C:** as empresas públicas e as sociedades de economia mista sujeitam-se ao regime privado e podem buscar o lucro e distribuí-los entre os sócios – art. 173, II, da CF; **D:** a atuação do Estado por meio de empresas públicas e sociedades de economia mista sujeitam-se às regras do mercado (inclusive concorrenciais), sendo vedados privilégios fiscais não extensivos às do setor privado – art. 173, § 2º, da CF; **E:** embora a moderna administração pública seja influenciada pelos pressupostos gerenciais de eficiência e eficácia da gestão privada, não são os mesmos (por exemplo, a administração direta não busca o lucro ou o retorno empresarial de investimentos, evidentemente).

Gabarito "A"

(Analista – TRT/1ª – 2008 – CESPE) Acerca da evolução da gestão pública na busca da excelência dos serviços públicos, assinale a opção correta.

(A) A excelência na gestão pública está centrada no modelo de administração pública patrimonialista, no qual a preservação do patrimônio público deve ser a finalidade precípua.

(B) O modelo de administração pública burocrática apresenta, originalmente, como vantagem em relação a outros modelos, a busca do controle de abusos e do fim do nepotismo.

(C) O modelo de administração pública gerencial, por se inspirar no modelo adotado na administração privada, é confundido com ele.

(D) Uma das políticas formuladas na busca da excelência nos serviços públicos é o GesPública, elaborado com base na premissa de que a gestão de órgãos e entidades públicos pode e deve ser excelente, mas não pode ser comparada com padrões internacionais de qualidade em gestão, devido às especificidades de cada país.

(E) A qualidade da gestão pública deve ser orientada para o Estado e desenvolver-se no âmbito de valores demarcados por princípios similares àqueles preconizados em empresas de classe mundial.

A: a *administração pública patrimonialista* é aquela arcaica, anterior à *administração pública burocrática* (descrita por Max Weber) e à moderna *administração pública gerencial*. Na administração pública patrimonialista, "o aparelho do Estado funciona como uma extensão do poder do soberano" (Capítulo 2 do Plano Diretor da Reforma do Aparelho do Estado – PDRAE/1995 – pode ser encontrado no site da Presidência da República e em http://www.bresserpereira.org.br/Documents/MARE/PlanoDiretor/planodiretor.pdf). A preservação do patrimônio público é uma preocupação relevante da *administração pública burocrática*; **B:** a *administração pública burocrática* é uma resposta ao patrimonialismo anterior, visando, exatamente, a combater a corrupção e o nepotismo; **C:** a assertiva é subjetiva, mas não se deve confundir a *administração pública gerencial* com a administração das empresas privadas, dados os pressupostos absolutamente distintos (a administração pública volta-se diretamente ao interesse público, enquanto a privada direciona-se imediatamente a interesses particulares); **D:** o Programa Nacional de Gestão Pública e Desburocratização – GESPÚBLICA não rejeita os padrões internacionais de qualidade em gestão – Decreto 5.378/2005; Atenção: o Programa Nacional de Gestão Pública e Desburocratização (Gespública) foi descontinuado pelo Decreto 9.904/2017, que revogou o Decreto 5.378/2005; **E:** a qualidade da gestão pública deve ser orientada para o cidadão. O enfoque no próprio Estado é característica ultrapassada da antiga *administração pública burocrática*.

Gabarito "B"

2. RECURSOS HUMANOS

(Técnico Judiciário – STJ – 2018 – CESPE)

(1) Promover a motivação de indivíduos significa proporcionar a satisfação de suas necessidades, e, em termos hierárquicos, necessidades de estima são prioritárias em relação a necessidades sociais, por exemplo.

(2) Ao planejar capacitações para sua equipe, o gestor deve estabelecer objetivos para o treinamento, a exemplo da promoção de atitudes, que se refere ao desenvolvimento de capacidades intelectuais.

1: incorreta. A sequência das necessidades humanas para Maslow são (do mais necessário para o menos necessário): fisiológicas, segurança, sociais, estima, autorrealização; **2:** incorreta. Treinamento se refere-se a mudança (aprimoramento) de habilidades, conhecimento, atitudes ou comportamentos. Atitudes se referem ao relacionamento com as atividades, os demais colaboradores e a postura perante todo o conjunto da organização, de modo que não se refere a capacidades intelectuais.

Gabarito 1E, 1E

(Técnico Judiciário – STJ – 2018 – CESPE)

(1) Ao realizar a avaliação por resultados de um empregado de alto nível hierárquico, o gestor deve buscar avaliações de superiores e de pares do empregado, desconsiderando avaliações de funcionários a este subordinados, assim como as autoavaliações do próprio empregado.

1: incorreta, pois a avaliação por resultados não é focada no indivíduo, mas sim nos resultados alcançados pela equipe na organização, para os objetivos da organização.

Gabarito 1E

(Técnico – ANTAQ – 2009 – CESPE) Julgue o item seguinte acerca de administração de recursos humanos.

(1) A efetividade do processo de seleção está diretamente ligada, entre outros aspectos, à qualidade da análise e descrição do cargo a ser ocupado.

1: correta, pois não é possível haver processo de seleção adequado sem correta e prévia descrição do cargo a ser preenchido.

Gabarito 1C

(Administrador – Ministério do Esporte – 2008 – CESPE) Acerca da administração de pessoal e recursos humanos, julgue os itens subsequentes.

(1) Apesar da legislação específica sobre contratação de pessoal no serviço público, a área de recrutamento e seleção do ME poderá direcionar o perfil desejado dos novos servidores, por meio dos conteúdos cobrados e tipos de avaliação realizada nos concursos públicos.

(2) Antes de se iniciar os procedimentos de recrutamento e seleção, deve-se realizar o levantamento das necessidades de pessoal; para isso, pode ser utilizada a pesquisa interna de necessidades.

1: correta, desde que as exigências do edital harmonizem-se com as competências delimitadas pela lei que rege o respectivo cargo; **2:** correta, pois a análise das necessidades de pessoal a serem supridas pelo processo seletivo é pressuposto básico do procedimento.

Gabarito 1C, 2C

(Analista – Ministério das Comunicações – 2008 – CESPE) Julgue o item que se segue, a respeito das novas tecnologias gerenciais e das convergências e diferenças entre a gestão pública e a gestão privada.

(1) Atualmente, uma das técnicas mais indicadas para o recrutamento e a seleção de pessoal na iniciativa privada baseia-se na gestão por competências, sendo a mesma técnica indicada para ser utilizada de forma ampla e irrestrita na gestão pública.

1: incorreta, pois o recrutamento no serviço público sujeita-se ao concurso público, o que restringe a adoção ampla da gestão por competências – art. 37, II, da CF.

Gabarito 1E

Quem conhece Marcos sabe que ele é muito rigoroso quando se trata de selecionar candidatos para sua empresa. Ele exige que cada candidato forneça o nome e telefone de cinco pessoas com quem trabalhou em cada um dos empregos anteriores. A verificação das referências é demorada, mas eficaz. Além disso, todos os candidatos precisam se submeter a um teste que avalia a predisposição do candidato a se comportar de maneira sociável no trabalho, pois a empresa atua prioritariamente com atividades de atendimento ao público. Marcos ainda realiza levantamento do histórico das indenizações trabalhistas do candidato e das multas de trânsito. Como entrevistador, Marcos elabora um roteiro minucioso a ser realizado com o candidato. O roteiro gira em torno da habilidade do candidato em projetar como seria seu comportamento em determinadas situações. Segundo Marcos, nos primeiros cinco minutos de entrevista, ele já possui seu parecer sobre o candidato. As informações errôneas e duvidosas são logo detectadas por Marcos, que elimina o candidato caso existam duas informações desse tipo seguidas. Certa vez, Marcos avaliou vários candidatos que ele considerou como fracos, e, quando já ia desistir, apareceu um candidato considerado, por ele, como muito bom. Depois de contratado, o candidato não apresentou um desempenho tão bom assim.

G. Dessler. **Administração de recursos humanos.** 2.ª ed. São Paulo: Pearson-Prentice Hall, 2003 (com adaptações).

(Analista – Ministério do Meio Ambiente – 2008 – CESPE) Com relação aos conceitos e aplicações da administração em geral, e, em particular, no que concerne à administração pública no Brasil, julgue o item seguinte.

(1) O recrutamento de pessoal visa atrair candidatos potencialmente qualificados e capazes de ocupar cargos dentro da administração. É correto afirmar que o recrutamento externo é mais seguro que o recrutamento interno, porque atrai profissionais com formação mais diversificada e se constitui em mecanismo vigoroso de motivação para os empregados, pela competição com os novos colegas de trabalho.

1: incorreta, pois aceita-se que o recrutamento interno é o que mais motiva os empregados, dando-lhes expectativa real de crescimento profissional dentro da organização.

Gabarito 1E

(Técnico – ANATEL – 2009 – CESPE) Um gestor de uma organização fornecedora de serviços de telecomunicações tem encontrado dificuldades em relação aos integrantes da organização que prestam serviços de manutenção de redes. Assim, decidiu reestruturar a gestão de recursos humanos de sua organização. Supondo que o organograma acima seja o da referida organização julgue o item seguinte, que versa sobre noções de recursos humanos e administração financeira.

(1) Se um atendente participar de um curso cujo objetivo seja apresentar as novas tendências de prestação de serviço no mercado das telecomunicações, essa participação caracterizará um desenvolvimento.

1: correta, pois o *treinamento* foca o desempenho do colaborador nas atividades atuais, enquanto o *desenvolvimento* volta-se às habilidades necessárias para atividades futuras. Obs.: o organograma é irrelevante para resolução desta questão, razão pela qual deixamos de reproduzi-lo.

Gabarito 1C

(Técnico – ANTAQ – 2009 – CESPE) Julgue o item seguinte acerca de administração de recursos humanos.

(1) O treinamento produzirá impacto positivo e utilidade para a organização independentemente do perfil dos treinandos.

1: incorreta, pois o sucesso do treinamento depende diretamente do perfil dos treinandos e de sua adequação a ele.

Gabarito 1E

(Analista – Ministério do Meio Ambiente – 2011 – CESPE) Com relação a recursos humanos, julgue o item seguinte.

(1) Entre as finalidades da política nacional de desenvolvimento de pessoal para os órgãos e entidades da administração pública federal direta, incluem-se a melhora da eficiência, da eficácia e da qualidade dos serviços públicos prestados ao cidadão; a promoção do desenvolvimento permanente do servidor público; e a adequação das competências requeridas dos servidores aos objetivos das instituições.

1: correta, conforme o art. 1º do Decreto 5.707/2006.

Gabarito 1C

(Analista – ANTAQ – 2009 – CESPE) As organizações cada vez mais acreditam e apostam no potencial e no desenvolvimento dos seus profissionais, o que se traduz em mais investimentos em formação e capacitação de pessoal. Com relação a treinamento, desenvolvimento, educação e aprendizagem nas organizações, julgue os itens seguintes.

(1) Dentro de uma organização, a aprendizagem das práticas relevantes para o exercício de suas funções por um trabalhador só ocorre se esse for submetido a situações formais de instrução ou treinamento.

(2) A avaliação de desempenho do trabalhador no cargo, após o treinamento, tem por objetivo avaliar o grau de satisfação inicial do treinando com o treinamento e com as condições do treinamento.

(3) O fato dos alunos terem assimilado o conteúdo do curso e a qualidade do relacionamento entre professor e aluno indicam resultados de treinamento no nível da aprendizagem.

(4) Há vários tipos de treinamento: o técnico-operacional objetiva adaptar as pessoas à organização; o de integração objetiva capacitar o indivíduo a desempenhar tarefas específicas e o gerencial objetiva desenvolver as competências técnica, administrativa e comportamental do treinando.

(5) A meta, ao se elaborar os objetivos de um treinamento, é que eles sejam mensuráveis, específicos, que estabeleçam datas limite e visem a obter resultados relevantes para aspectos essenciais do trabalho.

(6) O diagnóstico de quais treinamentos são necessários pode ser feito a partir da análise organizacional, da análise das operações e tarefas, sem incluir a análise individual das competências dos colaboradores.

(7) Ao se avaliar a necessidade de se realizar um determinado treinamento, é imprescindível levar em consideração os conhecimentos, as habilidades e as atitudes necessárias ao desenvolvimento tanto das tarefas que os empregados já realizam, quanto das tarefas que eles podem vir a realizar no futuro.

1: incorreta, pois boa parte da aprendizagem se dá no dia a dia da organização, na efetiva realização de tarefas, no convívio com os outros trabalhadores; **2:** incorreta, pois a principal função da avaliação após o treinamento é aferir sua eficácia e efetividade, ou seja, se o treinamento atingiu seus objetivos; **3:** incorreta, pois a relação entre o professor e os alunos refere-se à avaliação de reação. Admitem-se as seguintes etapas no processo de treinamento: (a) identificação das necessidades de treinamento, (b) esforço de treinamento, (c) avaliação e (d) *feedback*. A avaliação de aprendizagem busca verificar se o treinando absorveu o conteúdo do treinamento. A avaliação de valor final pretende aferir a relação custo/benefício das ações. A avaliação de reação aprecia o modo de reagir do treinando em relação ao treinamento oferecido (didática do instrutor, conteúdo, metodologia etc.). A avaliação de comportamento pretende aferir a atuação posterior do treinando, se houve incorporação do conteúdo do treinamento (novos conhecimentos, metodologias, técnicas etc.) em suas atividades; **4:** incorreta. O treinamento de integração é oferecido aos novos trabalhadores, que ingressam na organização. O treinamento técnico-operacional busca a capacitação específica para atuação no cargo. O treinamento gerencial busca a capacitação para a gestão da organização, com desenvolvimento das competências técnica, administrativa e comportamental. O treinamento comportamental visa a aprimorar as relações humanas, interpessoais na organização; **5:** correta, referindo-se a aspectos essenciais do planejamento; **6:** correta, pois é possível, em tese, a identificação da necessidade de treinamento pela (a) análise organizacional, (b) análise das operações e tarefas e (c) análise dos recursos humanos); **7:** incorreta, pois o *treinamento* foca o desempenho do colaborador nas atividades atuais, enquanto o *desenvolvimento* volta-se às habilidades necessárias para atividades futuras.

Gabarito 1E, 2E, 3E, 4E, 5C, 6C, 7E

(Analista – INSS – 2008 – CESPE) Julgue os itens seguintes, acerca de educação nas empresas.

(1) Um servidor público que faz curso de capacitação, buscando sua preparação para a carreira, recebe uma forma de treinamento com o foco em resultados de médio e longo prazos.

(2) Um programa de desenvolvimento organizacional é instrumento adequado para uma repartição pública que busque uma mudança planejada em sua cultura e estrutura organizacional.

(3) O treinamento, pelo seu caráter pragmático, não possui como foco de mudança de comportamento o desenvolvimento de conceitos.

(4) Em um treinamento, entre os tipos de mudança de comportamento esperados, a transmissão de informações é encarada como o tipo mais difícil e complexo.

(5) A responsabilidade pelo treinamento é atribuição da área técnica voltada para a educação empresarial. Cabe ao gerente de linha, em caráter excepcional e sem responsabilidade formal, auxiliar este setor técnico na referida tarefa.

(6) Para o levantamento de necessidades de treinamento, são utilizados como subsídios dados e informações decorrentes de resultados de avaliação de desempenho, problemas de pessoal e de produção.

1 e **2:** corretas, sendo importante ter clara a distinção entre *treinamento*, que foca o desempenho do colaborador nas atividades atuais, e *desenvolvimento*, que se volta às habilidades necessárias para atividades futuras; **3:** incorreta, pois o treinamento busca a transmissão de informações, o desenvolvimento de habilidades e de conceitos e o desenvolvimento ou modificação de atitudes; **4:** incorreta, pois a transmissão da informação é o mais fácil e simples; **5:** incorreta, pois a identificação das necessidades do treinamento é função essencialmente de linha (dos gestores em relação aos seus subordinados); **6:** correta, pois são esses dados que indicarão ao gestor a necessidade de treinamento e seu objetivo.

Gabarito 1C, 2C, 3E, 4E, 5E, 6C

(Analista – INSS – 2008 – CESPE) Acerca de gestão de competências, julgue os itens seguintes.

(1) As competências humanas ou profissionais podem ser entendidas como combinações sinérgicas de conhecimentos, habilidades e atitudes, expressas pelo desempenho profissional dentro de determinado contexto organizacional.

(2) A identificação das competências já existentes na organização é um processo sofisticado, não se valendo para isso de instrumentos como a avaliação de desempenho.

(3) As empresas que têm sistemas de gestão de pessoas por competências definem níveis de complexidade para cada uma das competências requeridas.

(4) As competências traduzem a forma de contribuição das pessoas para as organizações interagirem com seu ambiente.

(5) O desenvolvimento de competências demanda um processo de capacitação, devendo refletir-se na capacidade de mobilizar recursos em práticas de trabalho.

(6) O desenvolvimento de competências serve de pilar para a busca da manutenção de desempenhos e perpetuação, nos mesmos moldes, do modelo organizacional.

(7) O desenvolvimento de competências desencadeia um processo de aprendizagem individual, cuja responsabilidade maior deve ser atribuída ao próprio indivíduo.

(8) A transferência e a consolidação de competências ocorrem independentemente do relacionamento com outras pessoas.

(9) As *core competences*, ou competências essenciais da organização, são responsáveis pela atuação da empresa no mercado, estimulando a construção de um diferencial competitivo baseado nas especialidades e especificidades de cada organização.

(10) A definição das competências essenciais da organização garante que a empresa se torne mais competitiva.

1 e **4**: corretas, pois descrevem adequadamente as competências humanas ou profissionais; **2**: incorreta, pois a avaliação de desempenho, que não é necessariamente sofisticada, indica as competências dos colaboradores, ao focar os resultados alcançados; **3**: correta, pois a gestão por competências parte da identificação das competências individuais e o estabelecimento de níveis de complexidade; **5**: correta, indicando adequadamente o processo de desenvolvimento; **6**: incorreta, pois a ideia de desenvolvimento é de evolução, melhoria, e não estagnação; **7**: correta, pois a responsabilidade essencial e final é sempre do indivíduo que está sendo treinado; **8**: incorreta, pois o treinamento envolve necessariamente as relações interpessoais na organização, influenciando-as e sendo por elas influenciadas; **9**: correta, definindo adequadamente as *core competences* (competências nucleares, essenciais, centrais), competências únicas e distintivas que conferem vantagem competitiva para a organização; **10**: incorreta, pois a competitividade depende de muitos outros fatores além da definição das competências essenciais, como produtividade, estratégia, ambientes interno e externo etc.

Gabarito 1C, 2E, 3C, 4C, 5C, 6E, 7C, 8E, 9C, 10E

(Administrador – Ministério do Esporte – 2008 – CESPE) Acerca da administração de pessoal e recursos humanos, julgue os itens subsequentes.

(1) A avaliação de desempenho deve encorajar os avaliados a assumir responsabilidades e a definir metas de trabalho, também contribuindo para o levantamento das necessidades de treinamento.

(2) A formulação de objetivos consensuais, o comprometimento pessoal com relação à busca desses objetivos e a negociação quanto à alocação de recursos e meios necessários ao seu alcance são estratégias de administração do desempenho relacionadas à nova roupagem da administração por objetivos.

(3) O treinamento de desenvolvimento de atitudes tem por objetivo melhorar as habilidades dos servidores, de forma a habilitá-los para a execução das tarefas do cargo exercido.

1: correta, pois o envolvimento dos avaliados é diretriz da moderna avaliação de desempenho, cujos resultados são indicadores primordiais da necessidade de treinamento; **2**: correta, indicando a moderna avaliação participativa por objetivos (APPO); **3**: incorreta, pois a assertiva refere-se ao desenvolvimento de habilidades, não ao desenvolvimento ou modificação de atitudes (outro objetivo dos treinamento).

Gabarito 1C, 2C, 3E

(Técnico – ANAC – 2009 – CESPE) No que concerne à gestão de recursos humanos, julgue o próximo item.

(1) A avaliação de desempenho circular ou 360º aplicada ao profissional avaliado em uma organização limita os avaliadores aos superiores e, quando houver, aos subordinados.

1: incorreta. Na avaliação 360 graus, amplamente adotada atualmente, há troca de impressões entre superiores, subordinados, colegas, clientes etc. (*stakeholders*) – *feedback* em rede.

Gabarito 1E

(Técnico – ANTAQ – 2009 – CESPE) Julgue o item seguinte acerca de administração de recursos humanos.

(1) A avaliação de desempenho é vista com reservas por vários teóricos e profissionais em recursos humanos, haja vista o baixo envolvimento das chefias na conclusão do processo.

1: correta, pois indica crítica frequente à avaliação de desempenho.

Gabarito 1C

(Técnico – ANATEL – 2009 – CESPE) Um gestor de uma organização fornecedora de serviços de telecomunicações tem encontrado dificuldades em relação aos integrantes da organização que prestam serviços de manutenção de redes. Assim, decidiu reestruturar a gestão de recursos humanos de sua organização.

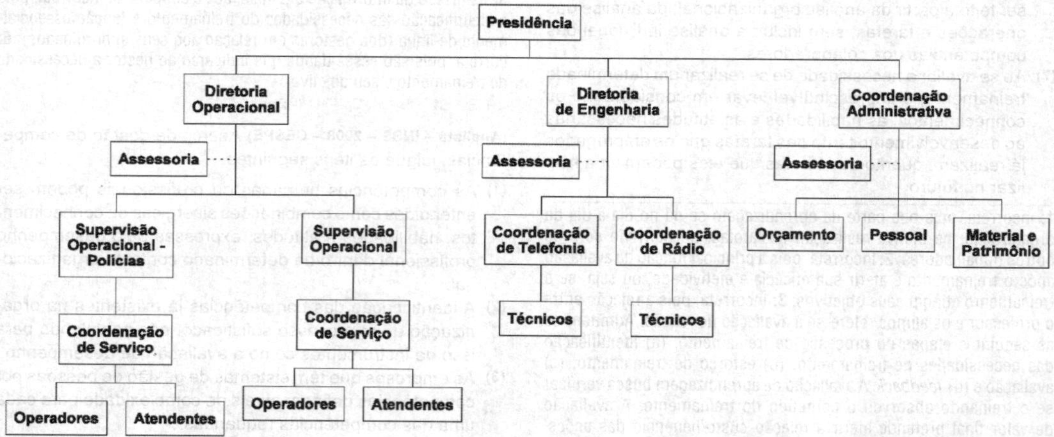

Supondo que o organograma acima seja o da referida organização, julgue o item seguinte, que versam sobre noções de recursos humanos e administração financeira.

(1) Na organização em questão, um atendente, considerando o sistema de avaliação de desempenho organizacional 360 graus, tem como avaliadores, necessariamente, o seu chefe imediato, ou seja, o coordenador de serviço; os seus superiores; os integrantes do departamento de Pessoal; além de si próprio, mediante autoavaliação.

1: incorreta, pois, na avaliação 360 graus, amplamente adotada atualmente, há troca de impressões entre superiores, subordinados, colegas (outros atendentes e operadores, no caso), clientes (ao atendidos pelos avaliados, outros órgãos da organização eventualmente atendidos por ele) etc. (*stakeholders*) – *feedback* em rede.

Gabarito 1E

Uma empresa de eventos desenvolve atividades na área de promoção de congressos e demais atividades da área de turismo de negócios. Para o ano de 2010, estão programados 15 eventos, sendo que dois envolvem a participação direta de duas entidades internacionais. A partir da elaboração do planejamento do evento, detectou-se a necessidade de contratação e treinamento de profissionais. Com base na sua experiência pessoal, o dono da empresa identificou algumas características pessoais, alguns cursos, e alguma experiência profissional que os candidatos a serem contratados deveriam ter. Os candidatos contratados foram submetidos a um período de experiência de três meses. Ao final do período, os candidatos foram avaliados pelo presidente e aqueles que apresentaram desempenho satisfatório foram efetivados. Aos candidatos desligados, os gerentes se encarregaram de informar que eles não possuíam um perfil adequado e nem a competência necessária para atuarem na instituição.

(Analista – ANTAQ – 2009 – CESPE) Tendo como referência inicial a situação hipotética apresentada acima, julgue os seguintes itens.

(1) Os métodos de seleção permitem a avaliação das habilidades dos candidatos e têm por objetivo a previsão do comportamento deles nos cargos a serem efetivamente ocupados, o que pode ser analisado durante as etapas de escolha dos candidatos e o período em que eles estiverem contratados em regime de experiência.

(2) Os dados sobre desempenho no trabalho servem para aferir os níveis de produtividade individual, como no caso apresentado.

(3) A análise dos requisitos essenciais e desejáveis para os cargos e a elaboração do perfil profissiográfico são etapas preliminares à realização do recrutamento e da seleção e aconteceram de forma efetiva no relato apresentado.

(4) A concepção de gestão do desempenho não foi usada na situação apresentada, pois ela envolve um processo cíclico que consiste em: planejamento, desenvolvimento, revisão e avaliação.

(5) Para a tomada de decisão em um processo seletivo, são recomendáveis a elaboração e o uso de planilhas de avaliação em que estejam especificados os fatores a serem avaliados.

(6) Os mecanismos de recrutamento interno dificultam o relacionamento entre as áreas de recursos humanos e outras áreas da organização e entre a área de recursos humanos e o próprio candidato.

1: correta, pois a assertiva descreve exatamente o que ocorreu no caso narrado inicialmente; **2:** correta, pois a produtividade individual pode indicar o desempenho do candidato; **3:** incorreta, pois a análise dos requisitos foi mais intuitiva, a cargo do dono da empresa, com base em sua experiência profissional; **4:** incorreta, pois as etapas do processo de gestão do desempenho normalmente indicadas são (a) planejamento, (b) acompanhamento, (c) avaliação e (d) melhoria do desempenho; **5:** correta, pois os principais métodos de avaliação de desempenho adotam planilhas com critérios objetivos para a tarefa; **6:** discutível. Não há dúvida que o recrutamento interno pode gerar conflitos, inclusive por conta da perda de um bom funcionário pelo departamento de origem, eventualmente, mas parece errado afirmar isso peremptoriamente, como na assertiva.

Gabarito 1C, 2C, 3E, 4E, 5C, 6C

(Agente Administrativo – Ministério da Educação – 2009 – CESPE) Acerca das relações humanas, julgue o item a seguir.

(1) Nas relações humanas, deve-se partir do pressuposto de que os conflitos podem ser eliminados do ambiente de trabalho, promovendo-se, assim, um ambiente harmônico e de conciliação entre todos.

1: incorreta, pois conflitos são inevitáveis. Procura-se apenas minorá-los e, principalmente, solucioná-los. Importante salientar que a solução dos conflitos pode ser oportunidade de ganhos para os colaboradores e para a organização (ver as abordagens *estrutural, processual* e *mista* para resolução dos conflitos).

Gabarito 1E

Integrante de uma equipe de uma unidade administrativa, Elisa apresenta um comportamento ríspido e ofensivo nos seus contatos interpessoais, fazendo ironias frequentemente e demonstrando desvalorização dos sentimentos dos colegas, de modo que estes evitam estar em contato com ela, o que prejudica a consecução das metas do grupo.

(Agente Administrativo – Ministério do Esporte – 2008 – CESPE) Com base nessa situação hipotética e a respeito de trabalho em equipe, julgue os itens a seguir.

(1) Elisa poderia melhorar sua competência interpessoal desenvolvendo uma percepção mais acurada das variáveis e inter-relações envolvidas no contexto grupal.

(2) O comportamento do grupo, de evitar o contato com Elisa, justifica-se, pois essa atitude é mais adequada do que a exposição dos sentimentos de cada um com relação ao comportamento da servidora, com vistas ao diálogo.

(3) Pode-se considerar o comportamento de Elisa com os membros da equipe como não construtivo, devido aos impactos negativos nas atividades e no grupo.

(4) Ao desenvolver uma atitude empática, tentando entender os sentimentos de Elisa, o grupo contribuiria para a possibilidade de compreensão mútua e efetividade interpessoal.

(5) Uma abordagem adequada para o líder do grupo resolver o problema seria buscar a harmonização da equipe por meio de atitudes de bom humor, que subestimassem os efeitos do problema interpessoal.

1: correta, pois o comportamento de Elisa, que prejudica o ambiente de trabalho, pode decorrer de sua falta de percepção quanto aos elementos que orientam a atuação em equipe; **2:** incorreta, pois o isolamento dificilmente será solução adequada, devendo prestigiar-se a comunicação. Evitar o conflito poderia ser solução apenas se a questão não focasse o resultado, nem o relacionamento (o que não é o caso); **3:** correta, pois o comportamento de Elisa reduz a harmonia entre os membros da equipe, essencial para o sucesso do trabalho; **4:** correta, pois buscar entender as razões para o comportamento de Elisa é essencial para a solução dos conflitos; **5:** incorreta, pois não há como subestimar os feitos do problema de relacionamento, que podem minar inapelavelmente o trabalho em equipe.

Gabarito 1C, 2E, 3C, 4C, 5E

Recentemente, fizemos um processo seletivo na instituição em que trabalho, e eu fazia parte da comissão para a escolha de pessoal para a área de saúde: médicos, enfermeiros, fisioterapeutas, farmacêuticos, técnicos diversos e maqueiros.

Aplicamos as provas de manhã e na parte da tarde fomos realizar a correção, em um processo que envolveu aproximadamente 500 candidatos para 100 vagas distribuídas entre os cargos acima citados. Como teríamos de corrigir um montante grande de provas, fizemos pequenos grupos com quatro pessoas para realizar o trabalho. Cada grupo implementou um mecanismo de correção, tendo sempre o cuidado de fazer uma análise clara e imparcial.

Em alguns grupos, cada membro dos grupos fazia toda a análise do gabarito, a observação de duplicidade de respostas, rasuras e nomes na folha e a contagem dos pontos com a folha espelho e, feito isso, passava para outro do grupo avaliar o mesmo gabarito, e assim houve demora no processo de análise.

Houve muita discussão no meu grupo, mas todos se mostraram dispostos a sugerir e aceitar sugestões de como fazer o trabalho. Meu grupo resolveu realizar uma sequência, ou seja, um conferia se não havia duplicidade de respostas, o outro, com a folha espelho, destacava com caneta especial as respostas certas, outro contava os pontos e o último recontava a pontuação e passava o resultado para a lista contendo o nome do candidato.

Assim, conseguimos, no meu grupo, ter um bom rendimento, trabalhando e preservando a lisura do processo. Terminamos primeiro que os outros grupos, não nos cansamos, ficamos satisfeitos com o resultado e ainda fomos ajudar colegas de outro grupo, onde também implantamos nossa metodologia, que foi bem aceita porque esse outro grupo já era sabedor do nosso rendimento.

Internet: <www.plugbr.net/um-exemplo-de-trabalho-em-equipe> (com adaptações).

(Técnico – ANATEL – 2009 – CESPE) Considerando o relato acima apresentado, julgue os próximos itens, acerca do trabalho em equipe.

(1) A satisfação dos membros com a equipe, como foi ilustrado no exemplo, é um dos critérios de efetividade de equipes.

(2) O exemplo ilustra como o trabalho em equipe requer uma divisão clara das atividades e atribuições dos membros.

(3) A equipe que terminou primeiro conseguiu demonstrar sua superioridade perante os outros, pois demonstrou que a liderança é fundamental para o alcance de propósitos coletivos.

(4) Na situação descrita no texto, os membros do grupo que terminou primeiro a tarefa apresentaram um comportamento receptivo dentro do grupo.

1: correta, pois a satisfação dos membros tende a aumentar a adesão ao método de trabalho e o comprometimento com a equipe, o que, por sua vez, tende a facilitar o atingimento do resultado previsto (eficácia e efetividade); **2:** correta, pois a equipe mais efetiva foi exatamente aquela que promoveu a distribuição clara de tarefas (além da especialização) entre os membros da equipe; **3:** incorreta, pois o exemplo não é de liderança, especificamente, mas de discussão produtiva entre os membros da equipe, divisão de trabalho e efetividade; **4:** correta, pois a receptividade é demonstrada pelo trecho segundo o qual "Houve muita discussão no meu grupo, mas todos se mostraram dispostos a sugerir e aceitar sugestões de como fazer o trabalho".

Gabarito 1C, 2C, 3E, 4C

No lindo e charmoso GP noturno de Cingapura, Felipe Massa poderia assumir a ponta do campeonato, caso ficasse à frente do adversário direto ao título da temporada 2008, o inglês Lewis Hamilton. No entanto, aconteceu uma falha na equipe. Na situação que se está ilustrando, a alegação de muitos foi de que a falha teria sido do mecânico-chefe da Ferrari, Federico Uguzzoni. O automobilismo é um dos maiores exemplos do trabalho de equipe bem-sucedido. O que é feito no *pit stop* é um modelo de sincronia total e resultado de aperfeiçoamento permanente. A equipe sabe que muitas vezes é no *pit stop* que o piloto garante a sua vitória. Mesmo sendo modelo de trabalho de equipe, o automobilismo, como todos os esportes, pode errar. Além da parte emocional, também uma competência a ser constantemente trabalhada, é importante aceitar que a tecnologia está no top, mas não é infalível. O sistema eletrônico falhou nos boxes da equipe italiana, como pode ocorrer no sistema da empresa, do banco etc. Recentemente, a cidade de São Paulo e algumas outras do estado entraram em pânico, porque a Internet saiu do ar. O jovem piloto brasileiro Felipe Massa foi campeão ao chamar a responsabilidade para toda a equipe e, principalmente, ao convocar a energia de todos para a próxima corrida. Independentemente do resultado da prova, ele já mostrou que é vitorioso como líder, como parte de um time e como piloto que sabe do esforço de muitos para que ele possa subir no pódio.

Internet: <www.ativo.com> (com adaptações).

(Agente Administrativo – Ministério do Meio Ambiente – 2009 – CESPE) Tendo o texto acima como referência inicial e considerando a multiplicidade de aspectos que ele suscita, julgue os seguintes itens.

(1) Uma equipe de trabalho é reconhecida como um conjunto de relações dinâmicas e complexas que envolvem pessoas que são vistas e se veem como membros de um grupo relativamente estável, que interagem e compartilham técnicas, regras, procedimentos e responsabilidades, utilizadas para desempenhar tarefas e atividades com a finalidade de atingir objetivos mútuos. Tal situação é ilustrada no caso relatado no texto.

(2) Para que uma equipe de trabalho funcione adequadamente, é necessário que o poder seja exercido de forma desigual entre os membros do grupo, como ilustrado no caso em tela.

(3) Fatores psicológicos, como cortesia, presteza e tolerância, influenciam negativamente a produtividade do grupo.

(4) Nas equipes de trabalho, a responsabilidade é individual, apesar de o autor do texto argumentar o contrário.

(5) O desempenho não é igual quando se está sozinho e quando se faz parte de uma equipe. Como ilustrado no texto em apreço, o desempenho na equipe, em qualquer circunstância, é sempre superior.

1: correta, pois descreve muito bem a equipe de trabalho; **2:** correta, pois o trabalho de equipe eficiente pressupõe distribuição clara de deveres e correspondentes poderes, relacionados a cada tarefa; **3:** incorreta, pois cortesia, presteza e tolerância são características essenciais para a produtividade da equipe; **4:** incorreta, pois, apesar da distribuição clara de tarefas, o conjunto coeso responde unitariamente pela efetividade do trabalho; **5:** incorreta, pois o texto deixa claro que qualquer trabalho é suscetível a erro, o que pode prejudicar o desempenho. Ademais, há diversos casos em que o trabalho individual pode apresentar desempenho superior que o de equipe.

Gabarito 1C, 2C, 3E, 4E, 5E

(Técnico – ANAC – 2009 – CESPE) No que concerne à gestão de recursos humanos, julgue o próximo item.

(1) Douglas MacGregor desenvolveu as teorias X e Y. Segundo tal conceituação, a teoria X parte do pressuposto de que as pessoas teriam aversão ao trabalho e à responsabilidade, preferindo ser dirigidas, demandando, portanto, um tipo de liderança que privilegia o controle, ao passo que o pressuposto da teoria Y seria de que as pessoas são criativas, têm propensão a gostar do trabalho e, portanto, rendem melhor quando submetidas a um tipo de liderança que incentive a motivação e a perspectiva de valorização profissional e pessoal.

A teoria Y de Douglas MacGregor, pela qual o trabalho é fonte de satisfação para as pessoas (entre outros aspectos) opõe-se à teoria X (visão clássica), segundo a qual as pessoas são indolentes e precisam ser dirigidas e impulsionadas para o trabalho. Por essa razão, a assertiva é correta.

Gabarito 1C

(Técnico – ANTAQ – 2009 – CESPE) Julgue o item seguinte acerca de administração de recursos humanos.

(1) Na área de recursos humanos, o modelo de recompensar pessoas baseia-se em metas e valores variáveis e flexíveis.

1: correta, com base na moderna administração, embora nem sempre seja fácil aplicar o modelo na prática (especialmente no âmbito público).

Gabarito 1C

(Agente Administrativo – Ministério da Educação – 2009 – CESPE) Acerca das relações humanas, julgue o item a seguir.

(1) Visando estimular a equipe de trabalho, o gestor que aumenta o salário de seus colaboradores tem um incremento proporcional no desempenho destes.

1: incorreta, pois não há, necessariamente, relação direta e proporcional entre o aumento salarial e aumento de desempenho.

Gabarito 1E

(Administrador – Ministério do Esporte – 2008 – CESPE) Acerca da administração de pessoal e recursos humanos, julgue os itens subsequentes.

(1) O enriquecimento do cargo é o aumento da remuneração paga a seu ocupante, monetariamente ou em benefícios, com vistas à melhoria nos índices de desempenho e satisfação.

(2) A avaliação e a classificação dos cargos na estrutura salarial da organização têm por objetivo proporcionar o equilíbrio interno dos salários.

1: incorreta. Enriquecimento vertical é o aumento do grau de dificuldade do trabalho a ser realizado. Enriquecimento lateral é a diversificação de atribuições a serem cumpridas pelo colaborador; 2: correta, pois esse é um dos objetivos essência da avaliação e classificação de cargos.

Gabarito 1E, 2C

(Agente Administrativo – Ministério da Previdência – 2010 – CESPE) Em uma agência bancária pública, os servidores são obrigados a cumprir mensalmente uma meta estipulada por equipe. Se não cumprir a meta, o servidor precisa apresentar no quadro de informações o quanto da meta foi cumprido e as razões pelas quais não foi integralmente cumprida. Essa prática tem causado constrangimento aos servidores, que veem sua situação de trabalho exposta aos cidadãos que procuram por atendimento na agência. Outra fonte de constrangimento têm sido as constantes repreensões da chefia pela dificuldade que alguns servidores apresentam de cumprir as metas estipuladas.

Com base nessa situação, julgue os itens subsequentes, acerca da ética e da postura no serviço público.

(1) No caso em apreço, os sistemas de metas da organização reforçam alguns comportamentos considerados corretos ou errados, o que caracteriza uma relação com questões éticas.

(2) O caso apresentado ilustra eventos aceitáveis envolvendo a chefia e as regras da organização, tendo em vista que a missão do banco é produzir lucro financeiro.

(3) Algumas normas sociais vinculadas às noções do capitalismo reforçam a ideia, como no caso em tela, de que o acúmulo de bens a qualquer custo é louvável.

(4) O caso apresentado exemplifica uma situação de exacerbada sensibilidade ética por parte da chefia.

(5) Uma recomendação para resolver o caso em apreço seria a proposta de um programa de desenvolvimento da ética nessa organização.

1: correta, pois a ética refere-se exatamente ao padrão e aos valores adotados pelas pessoas, para decidirem sobre o que é certo e errado; 2: incorreta, pois o comportamento ético não se preocupa apenas com a finalidade, mas também com os meios pelos quais o poder público atinge seus objetivos – ver, a propósito, o Código de Ética Profissional do Servidor Público Civil do Poder Executivo Federal – Decreto 1.171/1994; 3: correta, embora subjetiva, a assertiva reflete provavelmente a visão do gestor dessa agência bancária, que foca o lucro e desconsidera o constrangimento imposto aos trabalhadores; 4: incorreta, pois, ainda que se possa debater o enfoque ético, no caso, não há como afirmar que há exacerbada sensibilidade ética da chefia; 5: correta, pois há claro conflito entre o que a chefia entende como correto e aquilo percebido pelos funcionários.

Gabarito 1C, 2E, 3C, 4E, 5C

(Técnico – ANAC – 2009 – CESPE) No que concerne à gestão de recursos humanos, julgue os próximos itens.

(1) É facultado ao presidente da República, por meio de decreto, o estabelecimento dos casos de contratação por tempo determinado para atender a necessidade temporária de excepcional interesse público.

(2) A Constituição Federal de 1988 (CF) define o prazo de validade dos concursos públicos em até dois anos e permite sua prorrogação uma vez, por igual período.

(3) Denomina-se *turnover* a soma dos períodos em que os empregados de uma organização se ausentam do trabalho, seja por falta, atraso, doenças ou quaisquer outros motivos.

1: incorreta, pois a lei (não norma infralegal) estabelecerá os casos de contratação por tempo determinado para atender a necessidade temporária de excepcional interesse público – art. 37, IX, da CF; 2: correta, nos termos do art. 37, III, da CF; 3: incorreta, rotatividade ou *turnover* refere-se à saída dos colaboradores de uma organização (mudança de emprego). Absenteísmo, absentismo ou ausentismo refere-se à ausência do colaborador (faltas).

Gabarito 1E, 2C, 3E

(Agente Administrativo – Ministério da Educação – 2009 – CESPE) Acerca das relações humanas, julgue os itens a seguir.

(1) As relações humanas são influenciadas pelas características pessoais dos indivíduos bem como pelo contexto social em que estes estão inseridos.

(2) O gestor que busca sucesso no relacionamento com seus colaboradores deve levar em conta as organizações informais existentes no âmbito de sua organização e usá-las como meio de comunicação, coesão e proteção da integridade individual.

1: corretas, segundo, entre outras, a Teoria Comportamental, que enfatiza as pessoas, o comportamento humano (com ênfase em suas necessidades e na motivação) e sua influência sobre a organização; 2: correta, pois a Teoria das Relações Humanas, entre outras, reconhece a existência e a importância das organizações informais.

Gabarito 1C, 2C

(Técnico – INSS – 2008 – CESPE) O ambiente de trabalho, mesmo com diferentes modelos gerenciais de organização, possui riscos inerentes aos processos. Com relação a esse tema, cada item a seguir apresenta uma situação hipotética, seguida de uma assertiva a ser julgada.

(1) Cláudio, que trabalha no setor de contabilidade de uma grande organização, é responsável pela digitação e montagem de processos de licitação para aquisição de bens e serviços. Ele tem reclamado, frequentemente, de fadiga e lombalgia. Nesse caso, a condição de Cláudio pode estar relacionada a postura inadequada causada por erros ergonômicos do mobiliário do setor em que trabalha.

(2) Os empregados que trabalham no escritório de uma grande indústria produtora de tintas e solventes têm reclamado, constantemente, de forte dor de cabeça e ardência nos olhos, durante o expediente. Nessa situação, é correto que a empresa providencie, com urgência, a inspeção no sistema de filtros e o aperfeiçoamento dos mecanismos de ventilação da sala, de modo a melhorar a qualidade do ar no escritório.

1: correta, pois indica investigação adequada das causas do problema descrito (postura incorreta, por conta do mobiliário inadequada, pode ser a causa da fadiga e lombalgia); 2: correta, pois, mais uma vez, buscou-se causa bastante provável para o problema e, adicionalmente, propôs solução.

Gabarito 1C, 2C

(Técnico – ANVISA – 2007 – CESPE) Julgue o próximo item, relativos a administração financeira, de materiais e de recursos humanos.

(1) A política salarial e o pagamento da folha de salários relacionam-se, respectivamente, à administração de recursos humanos e à administração financeira.

1: correta, pois política salarial refere-se a recrutamento, retenção e estímulo dos colaboradores. O pagamento em si é despesa ligada à administração financeira.

Gabarito 1C

(Analista – Ministério do Meio Ambiente – 2011 – CESPE) Com relação a recursos humanos, julgue o item seguinte.

(1) Entre os fatores que influenciam na qualidade de vida no trabalho, incluem-se as condições ambientais, a segurança do trabalho e o grau de satisfação das pessoas em relação à organização.

1: correta. A qualidade de vida no trabalho refere-se a aspectos físicos e ambientais (condições ambientais e de segurança do trabalho, indicados na assertiva) e a aspectos psicológicos no local de trabalho (grau de satisfação das pessoas indicado na assertiva).

Gabarito 1C

(Analista – ANATEL – 2009 – CESPE) Uma organização pode ser definida como um processador, no qual os insumos — pessoas, informação, conhecimento, espaço, tempo, dinheiro e instalações — são geridos de modo a atingir, da melhor forma possível, os objetivos que lhe são próprios. E, mediante o alcance desses objetivos, os fornecedores daqueles insumos são remunerados, o que os faz fornecer, novamente, os insumos para a transformação social. Dentro desse contexto de organizações, julgue o item seguinte.

(1) Dentro dessa visão sistêmica, a expressão *stakeholder* designa as pessoas interessadas na continuidade das organizações, como os funcionários, clientes e fornecedores.

1: correta, pois indica adequadamente o conceito de *stakeholder*.

Gabarito 1C

(Analista – ANATEL – 2009 – CESPE) Com relação à gestão de pessoal, há algumas diferenças entre os empregados contratados pelas empresas de direito privado, regidos, portanto, pela Consolidação das Leis do Trabalho, e os servidores públicos admitidos nos órgãos e entidades de direito público, regidos, na esfera federal, pela Lei n.º 8.112/1990. No entanto, em face da escola gerencial da administração pública, consagrada na Constituição brasileira vigente, via emendas constitucionais, alguns institutos aproximam a gestão de pessoal do serviço público à dos empregados privados. A respeito desse assunto e de seus desdobramentos, julgue os itens seguintes.

(1) São paradigmas da gestão de recursos humanos nos órgãos e entidades públicos a existência de carreiras estáveis e grandes estruturas organizacionais, o que contrasta com a gestão nas empresas privadas, posto que, nestas, costumam-se valorizar os conceitos de empregabilidade, terceirização e estruturas organizacionais enxutas.

(2) Posto ser direito fundamental social dos trabalhadores em geral, previsto na CF, é possível a fixação de vencimentos dos servidores públicos via convenção coletiva; contudo, deve haver dotação orçamentária prévia para tal despesa.

(3) Os servidores públicos têm estabilidade, garantida na CF, razão pela qual a eles não se aplica a avaliação de desempenho.

1: correta, pois, apesar da adoção da administração pública gerencial como paradigma, o serviço público continua muito atrelado às estruturas da administração pública burocrática, com todas as vantagens e também desvantagens do modelo; **2:** incorreta, pois a remuneração do servidor público é fixada por lei – art. 37, X, da CF; **3:** incorreta, pois o art. 41, § 4º, da CF impõe a avaliação especial de desempenho como condição para aquisição da estabilidade.

Gabarito 1C, 2E, 3E

(Analista – TRT/10ª – 2013 – CESPE) Julgue o item subsequente, relativos a planejamento, ferramentas organizacionais, gestão da qualidade e assuntos correlatos.

(1) Para assegurar maior controle sobre as operações da instituição, é essencial concentrar esforços para desconstruir os grupos informais presentes em sua estrutura.

Incorreta, pois a estrutura informal é algo natural, inevitável e até desejável em qualquer organização. É aquela estrutura formada naturalmente pelas relações interpessoais, por afinidade, independentemente da hierarquia e da subordinação formais. Os líderes da estrutura informal podem, por exemplo, vir a ser aproveitados futuramente pela estrutura formal, inclusive por gozarem de legitimidade entre os colaboradores.

Gabarito 1E

Veja a tabela abaixo com características distintivas das estruturas organizacionais formais e informais:

Estrutura formal	Estrutura informal
– formalizada por regulamentos, normas jurídicas – relações de autoridade e hierarquia – liderança formal – papéis definidos previamente, há planejamento, divisão do trabalho segundo capacidades – impessoalidade nas relações – estabilidade, racionalidade – representada graficamente pelo organograma – prioriza os canais formais de comunicação – objeto das teorias clássicas de administração e estruturalistas	– relações não convencionais, não há formalização em regulamentos ou normas jurídicas – relações de afinidade, interesses comuns, prestígio relacionado à aceitação pelos outros (não pela hierarquia) – liderança informal – surge da interação social, com espontaneidade, não por planejamento – pessoalidade nas relações – instabilidade – prioriza os canais informais de comunicação – objeto das teorias das relações humanas e estruturalistas

(Analista – TRT/10ª – 2013 – CESPE) No que se refere a gestão de pessoas, julgue o item seguinte.

(1) A descrição de cargos é o processo de planejamento de recursos humanos que descreve os talentos, conhecimentos, habilidades e outras características necessárias ao desempenho do cargo.

Incorreta. A descrição de cargos é processo que consiste em enumerar tarefas ou atribuições que compõem cada cargo e o torna distinto dos demais existentes na organização (Chiavenato), de modo que é providência anterior à descrição dos talentos, conhecimento, habilidades e outras características para seu desempenho.

Gabarito 1E

(Analista – TRT/10ª – 2013 – CESPE) Julgue os itens a seguir, acerca da gestão de pessoas.

(1) O desenvolvimento dos servidores públicos que se baseia na noção de competência é um exemplo de como a administração por objetivos tem-se tornado tendência na administração pública brasileira.

(2) Entre os resultados possíveis de um mapeamento de competências, o principal deles é a lacuna de competências. A partir desse resultado, podem-se estabelecer as prioridades da gestão de pessoas. Quando há lacunas grandes de competências e não há mão de obra qualificada disponível, recomenda-se o desenvolvimento e a capacitação das pessoas. Porém, quando há lacuna de competência, mas há mão de obra qualificada disponível, pode-se priorizar a seleção ou a movimentação nas organizações.

(3) As funções administrativas características da gestão de pessoas nas organizações públicas incluem a realização de rotinas típicas de departamento pessoal e a elaboração de políticas de desenvolvimento e de gestão de desempenho de pessoas.

(4) A divisão de um processo organizacional em partes e a designação de cargos para a realização de cada parte é um exemplo de como os cargos são abordados no modo clássico, enquanto que a vinculação de um cargo amplo a um processo e aos seus respectivos níveis de complexidade revela a tendência contemporânea na análise de cargos.

(5) O mapeamento de competências nas organizações procura identificar as competências relevantes para o alcance dos objetivos organizacionais a partir de técnicas de coleta e análise de dados como entrevistas, grupos focais, questionários e estatísticas, entre outros mecanismos.

1: incorreta. A formulação de objetivos consensuais, o comprometimento pessoal com relação à busca desses objetivos e a negociação quanto à alocação de recursos e meios necessários ao seu alcance são estratégias de administração do desempenho relacionadas à nova roupagem da administração por objetivos (Gabarito Administrador – Ministério do Esporte – 2008 – CESPE); **2:** correta. O *treinamento* foca o desempenho do colaborador nas atividades atuais, enquanto o *desenvolvimento* volta-se às habilidades necessárias para atividades futuras. Os meios de recrutamento são (a) interno, dentre os funcionários da própria organização, (b) externo, com candidatos de fora da organização, e (c) misto, abrangendo pessoas de dentro e de fora. Os modelos de seleção são (i) colocação, quando há apenas um candidato para a única vaga, (ii) seleção, com vários candidatos para a mesma vaga e (iii) classificação, quando há diversos candidatos para cada vaga e várias vagas para cada candidato (Chiavenato); **3:** incorreta, pois a elaboração de políticas de desenvolvimento e de gestão de desempenho de pessoas não é função puramente administrativa, mas de planejamento organizacional; **4:** correta, pois tendência moderna é envolver os cargos nos processos de maneira completa, não restringindo-os a partes do todo; **5:** correta, descrevendo adequadamente o mapeamento de competências.

Gabarito 1E, 2C, 3E, 4C, 5C

(Analista – TRT/10ª – 2013 – CESPE) Com referência a comportamento organizacional, julgue os itens que se seguem.

(1) Os conflitos no trabalho têm sido gerenciados sob diversos enfoques, uma vez que, de acordo com suas características funcionais e disfuncionais, pode haver necessidade do uso de abordagens em que o enfretamento seja mais adequado ou em que a evitação seja mais apropriada para a solução do problema.

(2) A qualidade de vida no trabalho é uma importante dimensão da vida organizacional e sua gestão deve-se dar com ênfase nos aspectos específicos da satisfação humana, bem como considerando os aspectos mais gerais da avaliação que as pessoas fazem sobre sua satisfação no trabalho.

(3) A motivação para o trabalho, sob o enfoque das necessidades humanas, é resultado do quanto a pessoa se percebe capaz de realizar uma determinada tarefa de forma autônoma e exemplar.

1: correta. O confronto e a evitação podem ser, a depender do caso, adequados para a solução de conflitos, considerando a prioridade para a organização. Indicam-se como modos de administração de conflitos: (a) acomodação, evitando-se o confronto, (b) dominação, quando uma das partes impõe a solução, (c) compromisso, quando há concessões mútuas para solução do conflito, (d) solução integrativa dos problemas, em que se busca aquela que atenda integralmente as pretensões das partes. A competição pode ser a melhor solução para o conflito, com resolução ganha-perde, quando a prioridade é o resultado, e não o relacionamento interpessoal. Caso o foco no relacionamento seja mais importante, a solução poderia ser a cooperação (perde-ganha). Se ambos forem igualmente relevantes (resultado e relacionamento), a negociação seria indicada, para se buscar o ganha-ganha. Finalmente, se a questão não focasse o resultado, nem o relacionamento, a solução poderia ser evitar o conflito, simplesmente; **2:** correta. A qualidade de vida no trabalho refere-se a aspectos físicos e ambientais (condições ambientais e de segurança do trabalho) e a aspectos psicológicos no local de trabalho (grau de satisfação das pessoas); **3:** incorreta. O entendimento pelo qual as pessoas são motivadas por necessidades humanas não se refere especificamente à percepção da capacidade de realização a que se refere a assertiva, mas sim à percepção de que o indivíduo consegue atender a essas necessidades. A sequência das necessidades humanas para Maslow são, (do mais necessário para o menos necessário): fisiológicas, segurança, sociais, estima, autorrealização.

Gabarito 1C, 2C, 3E

Eis uma representação gráfica dos níveis hierárquicos de necessidade, segundo Maslow, da base para o topo:

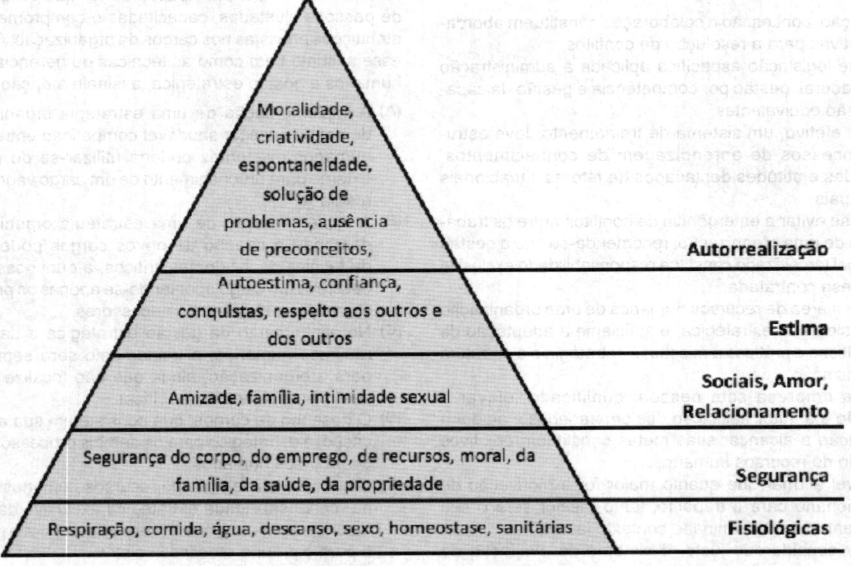

(Analista – TRT/10ª – 2013 – CESPE) Com referência a comportamento organizacional, julgue o item que se segue.

(1) Quando uma chefia valoriza de modo mais evidente as habilidades interpessoais de um subordinado em detrimento de sua capacidade de realização e entrega de desempenho, pode estar havendo a predominância de um estilo de liderança que se baseia na execução de tarefas e atividades.

1: incorreta, pois esse estilo é claramente centrado nos relacionamentos interpessoais, e não na execução de tarefas e atividades. É comum a abordagem da liderança centrada nas tarefas, em contraposição à liderança centrada nas pessoas (relacionamento). O estilo centrado nas tarefas refere-se à preocupação com a execução dessas tarefas e com o atingimento dos resultados, adotando-se métodos preestabelecidos de trabalho. O líder centrado nas tarefas tende a planejar e definir quem realizará e como cada colaborador realizará suas tarefas, além de monitorar seu desempenho. O estilo centrado nas pessoas refere-se à preocupação com as características e competências dos subordinados, com ênfase no trabalho em equipe e nas metas a serem atingidas, mais do que nos métodos. O líder centrado nas pessoas busca apoiar os subordinados, respeitando suas características, necessidades e privilegia as relações interpessoais. Perceba que a descrição no problema indica apenas enfoque nos relacionamentos, sem menção a tarefas.

Gabarito 1E

Veja a seguinte tabela, com características desses dois estilos de liderança (gabarito da CESPE):

Líder centrado nas tarefas	Líder centrado nas pessoas
– preocupa-se com os métodos de trabalho das pessoas; – define claramente os padrões de trabalho a serem desenvolvidos pelas pessoas; – atribui as responsabilidades de acordo com a tarefa desenvolvida pelas pessoas; – focaliza a produtividade e a qualidade das atividades das pessoas; – monitora os resultados do desempenho das pessoas;	– expõe os objetivos do trabalho para as pessoas; – atua como apoio e retaguarda para as pessoas; – respeita os sentimentos das pessoas; – procura ensinar as tarefas e desenvolver as pessoas; – demonstra confiança nas pessoas; – preocupa-se com as metas mais do que com os métodos.

(Analista – STM – 2011 – CESPE) Com relação à gestão de recursos humanos, julgue os itens a seguir.

(1) Competição, concessão e colaboração constituem abordagens efetivas para a resolução de conflitos.

(2) Conforme legislação específica aplicada à administração pública federal, gestão por competência e gestão da capacitação são equivalentes.

(3) Para ser efetivo, um sistema de treinamento deve estruturar processos de aprendizagem de conhecimentos, habilidades e atitudes destacados de fatores situacionais e individuais.

(4) A fim de se evitar a emergência de conflitos entre os trabalhadores de uma organização, recomenda-se que a gestão do pessoal terceirizado constitua responsabilidade exclusiva da empresa contratada.

(5) Para que a área de recursos humanos de uma organização seja considerada estratégica, é suficiente a adaptação de suas políticas e práticas à missão, à estratégia e à estrutura da organização.

(6) Prover a empresa com pessoal qualificado, elevar a satisfação e a autorrealização dos empregados e ajudar a organização a alcançar suas metas constituem objetivos da gestão de recursos humanos.

(7) É possível afirmar que quanto maior for a motivação de um funcionário para o trabalho, tanto melhor será o seu desempenho em determinado contexto laboral.

(8) Para ser considerado justo, o sistema de avaliação de desempenho deve incluir informações acerca do contexto de trabalho a que se submetem os empregados.

(9) A criação e a disponibilização de espaços públicos internos para discussão de regras de trabalho favorece o desenvolvimento de competências interpessoais relevantes para o trabalho.

1: assertiva incorreta, sendo comum a referência a (i) competição, (ii) cooperação e (iii) negociação para solução de conflitos. A competição tende a ser a melhor solução para o conflito, com resolução ganha-perde, quando a prioridade é o resultado, e não o relacionamento interpessoal. Caso o foco no relacionamento seja mais importante, a solução poderia ser a cooperação (perde-ganha). Se ambos forem igualmente relevantes (resultado e relacionamento), a negociação poderia ser indicada, para se buscar o ganha-ganha. Finalmente, não houvesse relevância do resultado, nem do relacionamento, a solução poderia ser evitar o conflito, simplesmente; **2:** assertiva incorreta. Nos termos do art. 2º, I, do Decreto 5.707/2006, *capacitação* é o processo permanente e deliberado de aprendizagem, com o propósito de contribuir para o desenvolvimento de competências institucionais por meio do desenvolvimento de competências individuais. Já a *gestão por competência* é a gestão da capacitação orientada para o desenvolvimento do conjunto de conhecimentos, habilidades e atitudes necessárias ao desempenho das funções dos servidores, visando ao alcance dos objetivos da instituição – art. 2º, II, do Decreto 5.707/2006; **3:** incorreta, pois o treinamento deve estar relacionado aos fatores situacionais e individuais, e não destacado deles; **4:** o pessoal terceirizado atua na organização, muitas vezes ao lado do pessoal efetivo, de modo que sua gestão não pode ser totalmente dissociada; **5:** incorreta, pois, embora necessária, essa adaptação não é suficiente. Para que a área de recursos humanos seja estratégica é preciso também que os gestores reconheçam sua importância colaborem com a implementação de suas políticas; **6:** assertiva correta, pois aponta adequadamente os principais objetivos da gestão de recursos humanos; **7:** incorreta, pois, embora a motivação seja muito importante, não é suficiente para o desempenho adequado. É possível, por exemplo, que o funcionário, embora motivado, não possua os meios para realizar adequadamente suas atividades ou esteja alocado em uma função inadequada para seu perfil ou para suas habilidades; **8:** assertiva correta, pois contexto de trabalho a que o funcionário está submetido influencia decisivamente seu desempenho, o que deve ser ponderado na avaliação; **9:** assertiva correta, pois fomentar o debate construtivo agrega e motiva os colaboradores, tendendo a fortalecer as competências interpessoais (relativas ao relacionamento das pessoas).

Gabarito 1E, 2 ANULADA, 3 ANULADA, 4E, 5E, 6C, 7E, 8C, 9C

(Analista – TRT/1ª – 2008 – CESPE) A gestão estratégica pressupõe, em sua implementação, o alinhamento da gerência de recursos humanos, principalmente no que tange à alocação de pessoas ajustadas, capacitadas e comprometidas com as atribuições previstas nos cargos da organização. Considerando esse assunto bem como as técnicas de gerência de recursos humanos e gestão estratégica, assinale a opção correta.

(A) A implementação de uma estratégia organizacional que demande suscitar saudável competição entre os recursos humanos existentes poderia utilizar-se do recrutamento externo para preenchimento de um cargo vago em gerência média.

(B) A implementação de uma estratégia organizacional que demande a criação de novos cargos poderá se utilizar da técnica de incidentes críticos, a qual possibilita que se descreva um cargo apontando-se apenas os principais erros cometidos pelos seus antecessores.

(C) No alinhamento da gestão estratégica e da gerência de recursos humanos, o treinamento será sempre benéfico para a organização, ainda que não focalize nenhuma de suas necessidades específicas.

(D) O desenho de cargos, que consiste em sua análise e descrição, é estratégico para os demais processos da gerência de recursos humanos.

(E) O sucesso da seleção de recursos humanos está calcado na responsabilidade estratégica exclusiva da gerência de recursos humanos, que deverá atentar para o perfil do cargo e para o próprio processo seletivo.

A: em princípio, o recrutamento interno (entre os integrantes da organização) tende a fomentar a competição, o que não tende a ocorrer no caso de recrutamento externo; **B:** o método dos incidentes críticos avalia os funcionários (não seus antecessores) com base nos fatos excepcionalmente positivos e negativos em seu desempenho; **C:** caso o treinamento não focalize nenhuma das necessidades específicas da organização, poderá ser inútil e, portanto, não será benéfico para a organização (implicará desperdício de recursos); **D:** a assertiva é verdadeira; **E:** a responsabilidade no sucesso da seleção é de toda a organização, não apenas do setor de recursos humanos (note que termos extremos, como "exclusiva", muitas vezes indicam que a assertiva é falsa).

Gabarito "D"

(Analista – TRT/1ª – 2008 – CESPE) Assinale a opção correta a respeito da gestão do desempenho.

(A) Uma das aplicações dos resultados da avaliação de desempenho é servir como instrumento de recrutamento interno ou movimentação interna.
(B) A avaliação de desempenho é uma responsabilidade gerencial do gestor de recursos humanos que procura acompanhar e monitorar o trabalho das equipes da organização.
(C) A relevância da avaliação de desempenho para o alcance e a melhoria dos resultados organizacionais é consensual entre os estudiosos da área de recursos humanos.
(D) A gestão do desempenho enfatiza o foco na medição dos resultados finais visando à comparação do desempenho obtido com os objetivos fixados.
(E) A gestão de desempenho deve ter como principal função a integração entre as ferramentas de avaliação e as políticas de remuneração de pessoal.

A: a assertiva é verdadeira; **B:** em geral, embora a avaliação de desempenho dos funcionários seja coordenada pelo setor de recursos humanos, sua execução depende da participação de toda a organização, em especial os gestores a que se subordinam os avaliados; **C:** embora a importância da avaliação de desempenho seja amplamente aceita, há diversas críticas, especialmente quanto à forma de sua execução, o que torna a assertiva incorreta (note que termos extremos, como consensual, muitas vezes indicam que a afirmação é inverídica); **D:** há vários métodos para a avaliação de desempenho (e a expressão gestão de desempenho denota esse sentido mais amplo), incluindo a avaliação por resultados. No entanto, é muito comum a utilização de indicadores objetivos (não resultados) como padrão de avaliação, o que torna a assertiva incorreta. Note que nos contratos de gestão haverá "estipulação das metas a serem atingidas e os respectivos prazos de execução, bem como previsão expressa dos critérios objetivos de avaliação de desempenho a serem utilizados, mediante indicadores de qualidade e produtividade" – art. 7º, I, da Lei 9.637/1998; **E:** a função primordial da gestão de desempenho é aprimorar a organização e seus recursos humanos, e não apenas a política de remuneração.

Gabarito "A"

(Analista – TRT/1ª – 2008 – CESPE) Com relação aos métodos tradicionais de avaliação de desempenho funcional, assinale a opção correta.

(A) Para avaliar o desempenho funcional, visando garantir a facilidade de planejamento e de construção do instrumento de avaliação, recomenda-se a utilização do método de escolha forçada.
(B) A utilização do método de escala gráfica evita a influência pessoal do avaliador, ou seja, a subjetividade.
(C) A utilização do método de escala gráfica apresenta a desvantagem de produzir o efeito de generalização.
(D) A utilização do método de pesquisa de campo garante a participação dos avaliados tanto na avaliação como nas providências.
(E) O método de avaliação de desempenho por incidentes críticos é de difícil montagem e utilização.

A: o método da escolha forçada, em que o avaliador classifica o desempenho do avaliado em relação a determinadas descrições preestabelecidas, não é recomendado isoladamente. Sugere-se a avaliação do desempenho funcional primordialmente pela análise do cumprimento de metas e objetivos previamente traçados; **B:** a escala gráfica implica ativa participação do avaliador, ao apontar a posição do avaliado em cada um dos indicadores predefinidos. Procura-se minorar a subjetividade, mas é incorreto afirmar que ela é evitada; **C:** a adoção de indicadores predefinidos e a tentativa de se minorar a subjetividade implicam, no mais das vezes, generalização, como no caso das escalas gráficas; **D:** o método da pesquisa de campo refere-se, em regra, à entrevista do avaliador com os gestores (líderes, superiores dos avaliados), não diretamente com os próprios avaliados; **E:** o método dos incidentes críticos exige a anotação dos fatos excepcionalmente positivos e negativos no desempenho dos avaliados, e não sugere dificuldade excepcional (em relação aos demais métodos), o que torna a assertiva incorreta.

Gabarito "C"

(Analista – TRT/1ª – 2008 – CESPE) A respeito das características de uma avaliação de desempenho efetiva, que busca proporcionar benefícios para a organização e para as pessoas, assinale a opção incorreta.

(A) A avaliação deve abarcar, além do desempenho dentro do cargo ocupado, o alcance de metas e objetivos.
(B) A avaliação deve enfatizar o indivíduo no cargo e não a impressão a respeito dos hábitos pessoais observados no trabalho.
(C) A avaliação deve ser aceita por ambas as partes: avaliador e avaliado.
(D) A avaliação do desempenho deve ser utilizada para melhorar a produtividade do indivíduo dentro da organização.
(E) A avaliação de desempenho deve evitar que o funcionário conheça o que o chefe pensa a seu respeito.

A: de fato, a avaliação com base no alcance de metas e resultados é cada vez mais comum e indicada para a boa administração pública gerencial; **B:** o que é relevante, para a organização, é a atividade profissional do avaliado, e não, necessariamente, seus hábitos pessoais (esses hábitos somente passam a ter relevância quando há reflexo no ambiente de trabalho e na atividade profissional); **C:** uma avaliação que não seja aceita pelas partes envolvidas tende a ser impositiva e improdutiva; **D:** esse é um dos objetivos essenciais da avaliação de desempenho, além de fornecer informações essenciais aos gestores, relacionadas aos recursos humanos da organização; **E:** há métodos amplamente aceitos de avaliação de desempenho, como a avaliação 360 graus, em que há troca de impressões entre superiores, subordinados, colegas, clientes etc. (*stakeholders*).

Gabarito "E"

(Analista – TRT/1ª – 2008 – CESPE) Acerca das teorias concernentes à gerência de recursos humanos, assinale a opção correta.

(A) Segundo a teoria de Hezberg, na abordagem dos fatores motivacionais em recursos humanos, quanto maior for o salário dos funcionários como retribuição pelo seu trabalho, maior será sua motivação.
(B) A teoria de Hezberg enfatiza que os fatores higiênicos a serem observados pelo gestor de recursos humanos estão circunscritos no conteúdo do cargo desempenhado pelo funcionário.
(C) A teoria de Y de Douglas McGregor enfatiza que o gestor de recursos humanos deve partir do pressuposto de que todos os colaboradores são automotivados para o trabalho, o que não demanda uma postura coercitiva por parte do gestor.
(D) A teoria de McCleland enfatiza que o gestor de recursos humanos deve considerar que todos os colaboradores estão buscando prioritariamente a necessidade de afiliação.
(E) O gestor de recursos humanos que se pauta pela teoria de Maslow deve levar em conta a existência, nos indivíduos, de múltiplas necessidades que surgem simultaneamente e que devem ser atendidas de modo simultâneo.

A: a abordagem dos fatores motivacionais na teoria de Herzberg não se reduz a uma relação direta e necessária entre salário e motivação; **B:** os fatores higiênicos na teoria de Herzberg referem-se ao contexto (não ao conteúdo) do cargo ocupado (relações interpessoais, condições de trabalho, salários, *status* etc.). O conteúdo do cargo refere-se aos fatores motivacionais (reconhecimento, crescimento, promoção responsabilidade etc.); **C:** a teoria Y de Douglas MacGregor, pela qual o trabalho é fonte de satisfação para as pessoas (entre outros aspectos) opõe-se à teoria X (visão clássica), segundo a qual as pessoas são indolentes e precisam ser dirigidas e impulsionadas para o trabalho; **D:** A teoria da motivação de McCleland reconhece a existência de necessidades adquiridas ao longo da vida das pessoas, que orientam seu comportamento. São as necessidades de realização, afiliação e poder. Não há prioridade ou hierarquia entre essas necessidades (diferentemente da teoria de Maslow, por exemplo) – todos temos as três necessidades, embora a prevalência de cada uma seja diferente para cada indivíduo; **E:** para Maslow, há uma hierarquia de necessidades que as pessoas buscam atender, na seguinte ordem: fisiológicas, segurança, sociais, estima e autorrealização.

Gabarito "C"

(Analista – TRT/1ª – 2008 – CESPE) Uma das teorias que buscaram integrar a gerência de recursos humanos com a gestão estratégica foi a do desenvolvimento organizacional (DO). A respeito dessa teoria, assinale a opção correta.

(A) Um dos objetivos do DO é centralizar a administração na alta direção, a qual define os papéis dos funcionários e os respectivos métodos de trabalho.
(B) Um dos pressupostos básicos do DO é o de que a mutação do ambiente se dá de maneira gradativa, exercendo pouca influência sobre o desenvolvimento e o êxito das organizações.
(C) As comunicações e as interações constituem os aspectos fundamentais do DO para que ele obtenha a multiplicação dos esforços rumo à mudança.
(D) O DO focaliza setores específicos da organização, visando, desse modo, mudanças gradativas e consistentes.
(E) O DO segue procedimento rígido e imutável para garantir a homogeneidade do desenvolvimento no âmbito da organização.

A: o desenvolvimento organizacional – DO enfatiza a participação e o comprometimento dos colaboradores, o que vai contra a ideia de centralização da administração; **B:** um pressuposto básico do DO é a mutação constante e rápida do ambiente, que exerce grande influência sobre as organizações, impondo a necessidade de contínua adaptação; **C:** a assertiva é verdadeira; **D:** o DO analisa a estrutura organizacional, com enfoque sistêmico, e não cada setor isoladamente; **E:** não há um procedimento único para o DO, muito menos rígido e imutável. Há diversos modelos e estratégias, que devem ser adotados conforme as características de cada organização, as demais variáveis envolvidas (além da própria organização, o ambiente, o grupo social e os indivíduos), as situações e os desafios a serem enfrentados.

Gabarito "C"

(Analista – TRT/1ª – 2008 – CESPE) Constitui diretriz da nova política de recursos humanos da administração pública

(A) promover o recrutamento com base em perfis especialistas, tanto no que se refere à formação quanto no que se refere à experiência profissional.
(B) possibilitar a permanente capacitação dos servidores a partir da elaboração de plano anual que reflita um diagnóstico de necessidades.
(C) evitar patamares de remuneração maiores do que os praticados no setor privado.
(D) buscar a indexação da remuneração à inflação passada.
(E) organizar a prestação de serviços auxiliares, como manutenção, segurança e atividades de apoio, enfatizando a contratação dos servidores dessas áreas e a sua capacitação nos órgãos públicos.

A: em sentido diverso, há tendência, em muitos casos, de privilegiar a diversidade de formação e experiência profissional; **B:** a assertiva é verdadeira; **C:** o patamar de remuneração maior é, em muitos casos, fator para atrair bons profissionais para o serviço público. O ideal é que tais patamares não sejam inferiores aos do setor privado, como ocorre, muitas vezes, com os cargos de nível superior e executivos (conforme detectado pelo Plano Diretor da Reforma do Aparelho do Estado – PDRAE/1995 (Tabela 8); **D:** a indexação pelos índices de inflação é evitada em todos os setores da economia, pois tende a alimentar a própria inflação (círculo vicioso, inflação inercial). No caso do setor público, "é vedada a vinculação ou equiparação de quaisquer espécies remuneratórias para o efeito de remuneração de pessoal do serviço público" (art. 37, XIII, da CF); **E:** a ênfase é nas carreiras típicas de Estado, que tendem a ser valorizadas pela *administração pública gerencial*, e não a contratação de servidores para a prestação de serviços auxiliares, que tendem a ser terceirizados.

Gabarito "B"

3. GESTÃO E LIDERANÇA

(Técnico Judiciário – STJ – 2018 – CESPE)

(1) Ao gerenciar o desempenho de uma organização pública, é correto mensurar a satisfação do cidadão como um indicador de desempenho para os serviços públicos prestados.
(2) Decisões do gestor que envolvam departamentos internos da organização são denominadas decisões operacionais.

1: correta, sendo que a satisfação do cliente, no caso do setor público, do cidadão é um dos indicadores de desempenho mais relevantes; **2:** incorreta, pois, como diz o nome, decisões operacionais se referem às operações da empresa, suas atividades diárias, seus processos, não suas estruturas internas.

Gabarito 1C, 2E

(Analista Judiciário – STJ – 2018 – CESPE) Tendo em vista as convergências e divergências entre a gestão pública e a gestão privada, julgue os itens que se seguem.

(1) Na gestão pública, o foco das ações é o cliente, indivíduo que manifesta seus interesses no mercado; na gestão privada, é o cidadão, membro da sociedade, que possui direitos e deveres.
(2) Gestão para resultados e indicadores de desempenho são aplicáveis à gestão pública e à gestão privada.
(3) Tanto na gestão pública quanto na gestão privada é lícito fazer tudo que a lei não proíbe.

1: incorreta, pois as assertivas estão absolutamente invertidas. O foco da gestão pública é o cidadão, enquanto o foco na gestão privada é o cliente privado; **2:** correta, trata-se de técnicas e ferramentas desenvolvidas no ambiente privado, aplicadas posteriormente no setor público; **3:** incorreta. Na gestão pública vige a legalidade estrita: só é permitido fazer o que a lei autoriza. Na gestão privada pode-se fazer tudo que a lei não proíbe.

Gabarito 1E, 2C, 3E

(Analista Judiciário – STJ – 2018 – CESPE) Com referência à gestão por competências, julgue os próximos itens.

(1) As competências organizacionais essenciais são atributos da organização passíveis de serem imitados pela concorrência.
(2) A aplicação sinergética de conhecimento, habilidades e atitudes no trabalho gera desempenho profissional.
(3) O mapeamento de competências se propõe a identificar as lacunas de aprendizagem e os recursos para a concretização da estratégia organizacional.

1: incorreta, pois as competências organizacionais essenciais referem-se exatamente à identidade da organização, aquilo que a distingue das demais; **2:** correta, definindo adequadamente os fundamentos do desempenho organizacional; **3:** incorreta, pois o mapeamento é a descrição das competências existentes, que servirá de base para a gestão por competências.

Gabarito 1E, 2C, 3E

(Analista Judiciário – STJ – 2018 – CESPE) Julgue os itens a seguir, referentes ao processo decisório.

(1) Decisões não programadas costumam caracterizar-se pelo risco e pela incerteza, razão por que demandam uma maior capacidade de análise e de posicionamento do gestor.
(2) Decisões táticas destinam-se a lidar com problemas de rotina, visando à execução de atividades.
(3) No caso das decisões programadas, tomam-se por base julgamentos pessoais, uma vez que essas decisões são demandadas em condições nas quais o ambiente é estático, com um alto grau de certeza.

1: correta. Decisões programadas se dão por meio de um conjunto de normas preestabelecidas, com base em um acervo de soluções da organização. Decisões *não programadas* são aquelas para demandas específicas, que não seguem procedimento estruturado; **2:** incorreta, pois as decisões *operacionais* referem-se ao nível básico da organização, à suas atividades rotineiras. As decisões táticas referem-se a cada área funcional da organização; **3:** incorreta, pois decisões se dão por meio de um conjunto de normas preestabelecidas, com base em um acervo de soluções da organização, sem margem para julgamentos pessoais.

Gabarito 1C, 2E, 3E

(Agente Administrativo – Ministério da Previdência – 2010 – CESPE) A organização no trabalho não se faz apenas com procedimentos, uso correto de agenda e treinamento adequado, mas, acima de tudo, com o casamento perfeito entre o profissional e a função que ele ocupa. A respeito das prioridades e da organização do trabalho, julgue os próximos itens.

(1) A definição de prioridades e a especificação de metas em uma empresa diminuem o desperdício de tempo com atividades menores.

(2) Uma das razões relacionadas ao aumento da sobrecarga de trabalho diz respeito à estruturação complexa das funções desempenhadas pelos trabalhadores.

(3) Uma organização do trabalho embasada em atividades individualizadas e especializadas elimina a possibilidade de conflitos no trabalho.

(4) Dar a um subordinado a responsabilidade de execução de um trabalho e de decisões afins contribui para o acúmulo de atividades e sobrecarga no trabalho, principalmente porque gera possibilidade de retrabalho.

(5) Se o grau de responsabilidade e autoridade não for perfeitamente definido e entendido, o processo de organização do trabalho poderá fracassar.

(6) Quanto maior for a complexidade das atividades a serem realizadas, maior será o número máximo de subordinados que deve reportar-se a um gestor.

(7) Uma das melhorias ao se estabelecerem prioridades no trabalho reside na identificação antecipada da informação e dos recursos necessários para o desenvolvimento do projeto.

(8) Os empregados com metas mais claras, infraestrutura mais bem composta e esquema de trabalho definido podem usufruir de melhor qualidade de vida.

1: correta, pois refere-se à organização do tempo e foco nas questões efetivamente importantes para a organização; **2:** incorreta, pois a sobrecarga de trabalho pode decorrer da má-organização das tarefas ou mesmo da falta de funcionários, mas não à complexidade da estruturação das funções; **3:** incorreta, pois conflitos de trabalho são inevitáveis, ainda que haja preponderância de atividades individualizadas e especializadas (haverá sempre interação interpessoal, o que leva a conflitos, nem sempre negativos para a organização e colaboradores); **4:** incorreta, pois aceita-se que o envolvimento e a responsabilidade de todos os colaboradores no processo decisório e de execução do trabalho motiva e tende a melhores resultados; **5:** correta, pois autoridade exige legitimidade para que seja aceita por todos, não prescindindo de delimitação e conhecimento desses limites; **6:** incorreta, pois a complexidade do trabalho não implica concentração na estrutura organizacional. Pelo contrário, pode ser conveniente maior descentralização ou adoção de estrutura matricial; **7:** correta, pois o estabelecimento de prioridades torna mais eficiente a alocação de recursos materiais e humanos na organização, com acesso mais fácil às informações e necessidades de cada projeto; **8:** correta, pois a clareza nas metas motiva os colaboradores e evita frustrações, enquanto a boa infraestrutura e o esquema de trabalho definidos aumentam a produtividade e facilitam o atingimento das metas, tudo isso tendendo a uma melhor qualidade de vida.

Gabarito 1C, 2E, 3E, 4E, 5C, 6E, 7C, 8C

(Analista – ANATEL – 2009 – CESPE) Uma organização pode ser definida como um processador, no qual os insumos — pessoas, informação, conhecimento, espaço, tempo, dinheiro e instalações — são geridos de modo a atingir, da melhor forma possível, os objetivos que lhe são próprios. E, mediante o alcance desses objetivos, os fornecedores daqueles insumos são remunerados, o que os faz fornecer, novamente, os insumos para a transformação social. Dentro desse contexto de organizações, julgue os itens seguintes.

(1) A teoria da liderança situacional procura definir qual estilo de liderança se ajusta melhor a cada situação organizacional. Para atingir-se esse propósito, deve-se, preliminarmente, diagnosticar a situação existente.

(2) O verdadeiro modelo de autogestão é aquele no qual os empregados detêm a propriedade da organização. Nesse ponto, devido ao modelo econômico adotado, o Brasil não tem alcançado esse índice de participação organizacional, dada a inexistência em solo nacional de empresas pertencentes a seus empregados.

1: correta, pois o termo *situacional* refere-se exatamente a essa flexibilidade e capacidade de se amoldar à situação atual, o que depende, evidentemente, da identificação correta dessa situação interna e externa em relação a organização; **2:** incorreta, pois existem no Brasil muitas empresas que, à beira da falência, foram adquiridas pelos próprios trabalhadores, com o intuito de manterem seu trabalho. São, em regra, pequenas ou médias empresas industriais, com uso intensivo de mão de obra.

Gabarito 1C, 2E

(Administrador – Ministério do Esporte – 2008 – CESPE) Acerca da dinâmica das organizações e dos processos organizacionais, julgue os itens subsequentes.

(1) O estilo de liderança é uma variável que contribui de forma decisiva para o sucesso ou fracasso de programas de mudança cultural planejada.

(2) No trabalho em equipe, o estilo de liderança democrático, por compartilhar o processo decisório, contribui para o aumento da motivação dos membros da equipe.

(3) Quando um diretor do Ministério do Esporte (ME) transfere a um funcionário subordinado o poder para tomar as decisões sobre a organização de determinado evento sob a responsabilidade de sua diretoria, essa transferência caracteriza uma delegação da autoridade.

(4) A descentralização administrativa tem como vantagem básica a maior uniformidade dos procedimentos da organização.

1: correta, pois um estilo de liderança autocrático, por exemplo, pode dificultar bastante a mudança cultural, enquanto o democrático tende a ser mais favorável; **2:** correta, sendo interessante lembrar a usual classificação dos estilos de liderança em (a) autocrática (centralização das decisões, sem participação dos subordinados, focada nas tarefas), (b) democrática (com participação dos liderados nas decisões) e (c) liberal ("laissez faire", decisões tomadas por cada indivíduo); **3:** correta, pois descreve adequadamente a delegação de parcela da autoridade do diretor para o subordinado; **4:** incorreta, pois uniformidade dos procedimentos é uma vantagem da centralização. A descentralização favorece a inovação, a agilidade, mas tende a gerar diversidade de procedimentos, não uniformidade.

Gabarito 1C, 2C, 3C, 4E

(Analista – TRT/10ª – 2013 – CESPE) A respeito de gestão de projetos e de processos, julgue os itens que se seguem.

(1) Um dos principais objetivos da gestão de processos é investir qualitativamente em suas variáveis (pessoal, material, método e máquina) com o objetivo de reduzir a entropia do sistema.

(2) De acordo com o PMBOK, existem quatro grupos principais de processos para gerenciamento de projetos: iniciação, planejamento, execução e encerramento.

(3) O gráfico de Gantt é uma ferramenta muito eficaz para o controle do progresso de projetos, pois permite visualizar o avanço de cada etapa da estrutura analítica do projeto sob controle.

(4) A gestão de escopo é a área de conhecimento definida no PMBOK como responsável por delimitar o que será feito ou não em determinado projeto e, ainda, por mapear, analisar e definir planos de mitigação para os riscos encontrados.

1: correta. Entropia refere-se à tendência para a desordem interna na organização, que leva à desintegração. Os sistemas abertos buscam afastar a entropia por meio de importação de energia e informação (entropia negativa ou negentropia), que é a que se refere a assertiva. Anotamos que *homeostase* (equilíbrio dinâmico) refere-se à capacidade de manutenção do sistema em face das influências externas; **2:** incorreta, pois, segundo o PMBOOK (Project Management Body of Knowledge), são cinco os processos de gerenciamento de projetos: iniciação, planejamento, execução, controle e encerramento; **3:** correta, definindo precisamente o gráfico de Gantt; **4:** incorreta, pois a gestão do escopo refere-se a garantir que o projeto inclua todo o trabalho exigido para completá-lo adequadamente, mas apenas os trabalhos necessários, evitando desvio do foco. Mapear, analisar e definir planos de mitigação para os riscos refere-se à gestão de riscos do projeto, e não especificamente à gestão de escopo.

Gabarito 1C, 2E, 3C, 4E

(Analista – TRE/RJ – 2012 – CESPE) Julgue os itens a seguir, que versam acerca de noções de administração pública.

(1) A carta de serviços, documento elaborado por uma organização pública com vistas a informar os cidadãos sobre os serviços por ela prestados, sobre a forma de acesso a esses serviços e sobre os compromissos de atendimento estabelecidos, tem sido adotada pela gestão pública como ferramenta auxiliar na mudança para o paradigma do cliente.

(2) A adoção de um paradigma empreendedor nas organizações públicas depende, em grande monta, da mudança da cultura organizacional, composta, entre outros elementos, pelo herói, que consiste em uma figura viva ou morta, real ou imaginária, que representa valores positivos e virtuosos valorizados pela sociedade em geral.

(3) Na gestão de organizações privadas, utilizam-se estratégias de segmentação do mercado, definindo-se diferenciais de tratamento para grupos. Na gestão pública, por outro lado, não se deve, por uma questão de isonomia, discriminar grupos de pessoas. Os casos de tratamento diferenciado, nas organizações públicas, devem-se restringir aos previstos em lei.

(4) O modelo de excelência em gestão pública não adota o critério resultados, haja vista ser o interesse público o seu foco principal.

1: correta, pois define adequadamente a carta de serviços **2:** imprecisa, pois o herói, dentro da cultura organizacional, encarna os valores da organização, não se referindo necessariamente àqueles reconhecidos pela sociedade em geral. A ESAF já se referiu a heróis que personificam os valores e condensam a força da organização com a função de tornar o sucesso atingível, fornecer modelos, estabelecer padrões de desempenho e motivar os empregados; **3:** adequada, pois a administração deve atuar sempre dentro dos limites legais; **4:** incorreta. A moderna administração pública gerencial, orientada pela excelência e pela qualidade, foca os resultados e é orientada para o cidadão (não há foco nos procedimentos e orientação para ela própria, situação tipicamente relacionada à administração burocrática).

Gabarito 1C, 2E, 3C, 4E

(Analista – STM – 2011 – CESPE) A respeito da evolução da administração pública e de suas divergências em relação a gestão privada e respectiva estrutura organizacional, julgue o item seguinte.

(1) Apesar de partilharem de algumas funções básicas, gestores públicos e privados têm posições antagônicas quanto ao aspecto econômico e à orientação dos negócios sob sua responsabilidade.

Assertiva correta, pois, por mais que a moderna administração pública gerencial absorva conquistas da administração privada, incorporando tecnologias, ferramentas e estruturas organizacionais, o gestor privado em geral visa, em última análise, o lucro, enquanto o gestor público foca o interesse coletivo.

Gabarito 1C

(Analista – TRT/1ª – 2008 – CESPE) A atuação do gestor de recursos humanos caracterizada pela liderança centrada nas pessoas

(A) preocupa-se com os métodos de trabalho das pessoas.
(B) define claramente os padrões de trabalho a serem desenvolvidos pelas pessoas.
(C) atribui as responsabilidades de acordo com a tarefa desenvolvida pelas pessoas.
(D) focaliza a produtividade e a qualidade das atividades das pessoas.
(E) expõe os objetivos do trabalho para as pessoas.

É comum a abordagem da liderança centrada nas tarefas, em contraposição à liderança centrada nas pessoas. O estilo centrado nas tarefas refere-se à preocupação com a execução dessas tarefas e com o atingimento dos resultados, adotando-se métodos preestabelecidos de trabalho. O líder centrado nas tarefas tende a planejar e definir quem realizará e como cada colaborador realizará suas tarefas, além de monitorar seu desempenho. O estilo centrado nas pessoas refere-se à preocupação com as características e competências dos subordinados, com ênfase no trabalho em equipe e nas metas a serem atingidas, mais do que nos métodos. O líder centrado nas pessoas busca apoiar os subordinados, respeitando suas características, necessidades e privilegia as relações interpessoais. A, B, C e D indicam características da liderança centrada nas tarefas, enquanto a assertiva em E indica características da liderança centrada nas pessoas.

Gabarito "E"

(Analista – TRT/1ª – 2008 – CESPE) O gestor de recursos humanos que utiliza a liderança centrada nas tarefas

(A) atua como apoio e retaguarda para as pessoas.
(B) respeita os sentimentos das pessoas.
(C) procura ensinar as tarefas e desenvolver as pessoas.
(D) monitora os resultados do desempenho das pessoas.
(E) demonstra confiança nas pessoas.

Veja os comentários à questão anterior. **A**, **B**, **C** e **E** indicam características da liderança centrada nas pessoas, enquanto a assertiva em D indica características da liderança centrada nas tarefas. Interessante notar que essas duas questões permitem o estudo sistematizado das características desses dois estilos de liderança, na visão da CESPE, conforme a seguinte tabela:

Líder centrado nas tarefas	Líder centrado nas pessoas
– preocupa-se com os métodos de trabalho das pessoas; – define claramente os padrões de trabalho a serem desenvolvidos pelas pessoas; – atribui as responsabilidades de acordo com a tarefa desenvolvida pelas pessoas; – focaliza a produtividade e a qualidade das atividades das pessoas; – monitora os resultados do desempenho das pessoas;	– expõe os objetivos do trabalho para as pessoas; – atua como apoio e retaguarda para as pessoas; – respeita os sentimentos das pessoas; – procura ensinar as tarefas e desenvolver as pessoas; – demonstra confiança nas pessoas; – preocupa-se com as metas mais do que com os métodos.

Gabarito "D"

(Analista – TRT/1ª – 2008 – CESPE) Assinale a opção correta no que se refere à gestão de resultados na produção de serviços públicos.

(A) A implementação de mecanismos de avaliação institucional garante uma boa prática de gestão pública.
(B) A gestão pública por resultados busca o alcance dos resultados, já que considera, para fins dessa técnica de gestão, resultado igual a produto.
(C) Os indicadores utilizados na gestão pública por resultados têm como finalidade exclusiva o monitoramento do atingimento dos resultados propostos em seus objetivos.
(D) A adoção da gestão pública por resultados limita a autonomia do gestor público na forma como implementar a produção dos serviços públicos, em função dos resultados acordados.
(E) A gestão pública por resultados desenvolveu-se como uma estratégia que tem início no momento do planejamento

estratégico e vai até o processo de *feedback* das políticas públicas.

A: os mecanismos de avaliação são necessários, mas não suficientes para uma boa prática de gestão pública. É preciso que todo o esforço da administração seja orientado pelos valores da eficiência e da qualidade na prestação de serviços públicos em benefício do cidadão; **B:** o resultado esperado e cobrado pela *administração* pública *gerencial* é o atendimento às necessidades do cidadão, a correta prestação dos serviços públicos; **D:** é o oposto. A gestão por resultados pressupõe a autonomia do gestor público. A cobrança e o controle ocorrem *posteriormente*, sobre os resultados; **E:** a partir do planejamento estratégico são fixados objetivos, estratégias e medidas a serem implementadas pelos gestores. A *administração pública gerencial* cobra dos gestores o atingimento dos resultados (correta implementação das medidas traçadas) e observa o retorno (*feedback*) para avaliação.

Gabarito "E".

(Analista – TRE/GO – 2008 – CESPE) De acordo com as teorias da liderança, os líderes podem ser agrupados em três estilos diferentes. Assinale a opção que corresponde ao comportamento típico de um líder de estilo liberal.

(A) Tanto a divisão das tarefas como a escolha dos colegas ficam por conta do grupo, sem a participação do líder.
(B) As diretrizes são debatidas e decididas pelo grupo, que é estimulado e assistido pelo líder.
(C) O líder determina qual tarefa cada um deverá executar e qual o seu companheiro de trabalho.
(D) O próprio grupo esboça providências e técnicas para atingir o alvo com o aconselhamento técnico do líder. As tarefas ganham novos contornos com os debates.

É comum a classificação dos estilos de liderança em autocrática (centralização das decisões, sem participação dos subordinados, focada nas tarefas), democrática (com participação dos liderados nas decisões) e liberal ("laissez-faire", decisões tomadas por cada indivíduo). A assertiva em "A" indica liderança liberal; as assertivas em "B" e "D" apontam para um líder democrático; e a assertiva em "C" caracteriza um líder autocrático.

Gabarito "A".

4. ESTRUTURAS ORGANIZACIONAIS

(Analista Judiciário – STJ – 2018 – CESPE) Com relação a características das organizações formais modernas; tipos de estrutura organizacional; natureza, finalidades e critérios de departamentalização, julgue os próximos itens.

(1) A estrutura matricial prejudica a coordenação porque dificulta a comunicação e diminui a flexibilidade.
(2) No desenvolvimento do processo de departamentalização, deve ser levado em consideração o clima da organização tanto na área formal quanto na informal.
(3) A estrutura organizacional é a configuração vertical e horizontal de tarefas, autoridade e cargos, e sua representação é feita por meio da departamentalização.

1: incorreta, pois é exatamente o oposto. Na estrutura matricial há intensa colaboração entre distintos níveis e setores da organização, de maneira transversal (fora da hierarquia tradicional); **2:** correta. Clima organizacional refere-se ao ambiente de trabalho, mais especificamente aos fatores ambientais que influenciam o grau de satisfação (motivação, portanto) e o comportamento dos integrantes da organização. Pode também ser definido como reflexo desse grau de satisfação e motivação dos integrantes da organização, do seu estado de ânimo; **3:** incorreta, pois estrutura organizacional refere-se a setores, centros de competência e responsabilidade.

Gabarito 1E, 2C, 3E

(Técnico – ANATEL – 2009 – CESPE) Um gestor de uma organização fornecedora de serviços de telecomunicações tem encontrado dificuldades em relação aos integrantes da organização que prestam serviços de manutenção de redes. Assim, decidiu reestruturar a gestão de recursos humanos de sua organização.

Supondo que o organograma acima seja o da referida organização, julgue os itens seguintes, que versam sobre noções de recursos humanos e administração financeira.

(1) De acordo com o organograma em apreço, a Coordenação Administrativa, por ter denominação diferenciada, não está no mesmo nível hierárquico das outras diretorias.
(2) Um cargo, como o de técnico em telefonia, refere-se a um conjunto de atividades desempenhadas por uma pessoa e normalmente está incluído em algum departamento, divisão ou área da organização.

1: incorreta, pois a mesma posição vertical no organograma, subordinada diretamente ao mesmo órgão (presidência), indica nível hierárquico idêntico; **2:** correta, pois (a) tarefa e atribuição são atividades individualizadas, (b) função é um conjunto sistematizado de tarefas ou atribuições realizadas reiteradamente, e (c) cargo é o conjunto de funções com posição definida na estrutura organizacional.

Gabarito 1E, 2C

(Analista – Ministério das Comunicações – 2008 – CESPE) Acerca de estrutura e estratégia organizacional, avalie os itens seguintes.

(1) A estrutura organizacional que subordina um funcionário a dois chefes simultaneamente se denomina estrutura linear.
(2) Uma das consequências da estrutura matricial é evitar a ambiguidade.
(3) Se, no Ministério das Comunicações, existir um servidor que esteja subordinado direta e unicamente a um chefe, mas receba orientações técnicas de outro órgão, essa situação caracterizará uma estrutura linha-estafe.
(4) Caso o Ministério das Comunicações busque contemplar uma estrutura que disponha seus órgãos componentes em áreas especializadas em assuntos específicos e que possua servidores especialistas nestes temas, essa disposição caracterizará uma estrutura funcional.
(5) Atualmente, é recomendada a existência de estruturas organizacionais com uma amplitude administrativa que possibilite um menor número de colaboradores por chefia.
(6) Sabendo que a estratégia fornece o caminho que a organização deve trilhar visando a atingir um objetivo, pode se dar, como exemplo de objetivo, atingir, até o final de 2009, o nível de excelência na prestação de serviços ao público; e como exemplo de estratégia para atingir esse objetivo, a capacitação dos servidores permanentes em ferramentas de excelência no serviço público.
(7) Visando a otimizar os custos da organização, uma estratégia que pode ser adotada é a centralização.

1: incorreta, pois na estrutura linear cada pessoa é subordinada a um único superior; **2:** incorreta, pois essa seria uma vantagem da estrutura linear. Na estrutura matricial, determinados departamentos relacionam-se horizontal e diagonalmente com outros, o que, embora dê agilidade e flexibilidade à organização, não tem como característica evitar ambiguidade; **3:** correta, pois a linha indica a hierarquia clássica, em que cada pessoa subordina-se a um único superior. *Staff* refere-se às assessorias fora da linha, que atendem a diversos departamentos da organização (por exemplo, o departamento de recursos humanos é um órgão de *staff*); **4:** correta, pois esse é um exemplo de departamentalização funcional; **5:** incorreta, pois aceita-se que as estruturas organizacionais mais modernas devem ser, na medida do possível, flexíveis, situacionais, adaptáveis a cenários distintos; **6:** correta, pois indica exemplo adequado de fixação de objetivo e de estratégia para atingi-lo; **7:** correta, pois uma das vantagens da descentralização pode ser a economia de recursos, decorrente da redução de gestores e de duplicidades.

Gabarito 1E, 2E, 3C, 4C, 5E, 6C, 7C

(Analista – Ministério do Meio Ambiente – 2008 – CESPE) Com relação aos conceitos e aplicações da administração em geral, e, em particular, no que concerne à administração pública no Brasil, julgue o item seguinte.

(1) Quando uma organização adota um tipo de departamentalização por projetos, uma das vantagens obtidas é a possibilidade de operar com pessoal permanente e altamente especializado, que pode ser distribuído de acordo com a quantidade e dispersão das demandas externas.

1: incorreta, pois a departamentalização por projetos implica transitoriedade das equipes, privilegiando a multidisciplinariedade dos colaboradores, e não permanência e especialidade do pessoal.

Gabarito 1E

Uma empresa pública em processo de reestruturação elaborou um documento contendo um desenho gráfico que mostra a disposição de cada integrante da empresa e sua vinculação a uma área específica. Nesse documento, ficou evidente que a autoridade é funcional e fundamentada em projetos e também que existe uma integração entre as diversas áreas funcionais.

(Analista – INSS – 2008 – CESPE) Acerca dessa situação e à luz dos fundamentos, escolas e metodologias de estruturas organizacionais, julgue os itens a seguir.

(1) O documento gráfico citado no texto é o fluxograma da empresa.
(2) A estrutura informal da empresa está descrita, obrigatoriamente, nesse documento.
(3) A estrutura organizacional de uma empresa deve descrever relações formais de hierarquia e amplitude de controle.
(4) A estrutura organizacional descrita no documento do caso em questão é a estrutura matricial.
(5) Uma das vantagens da estrutura descrita no documento é a maior especialização nas atividades desenvolvidas.
(6) Uma das desvantagens da estrutura descrita no documento é a possibilidade de dupla subordinação, que gera um clima de ambiguidade de papéis e relações.
(7) Dentro da estrutura informal dessa empresa, podem surgir futuros líderes formais.
(8) Dentro da estrutura organizacional dessa empresa, deve-se considerar tanto os aspectos verticais como os horizontais.
(9) Sabendo-se que, antes da reestruturação, a empresa em apreço possuía uma estrutura organizacional em que a autoridade era única e centralizada, com aspecto piramidal, pode-se afirmar que, naquela situação, tratava-se de uma estrutura funcional.

1: incorreta, pois se trata do organograma; **2:** incorreta, pois o organograma indica a estrutura formal; **3:** correta, pois essas são as funções básicas do organograma; **4:** correta. A estrutura organizacional matricial combina a estrutura funcional (divisão por funções na organização – por exemplo, departamentos comercial, financeiro, jurídico etc.) com a estrutura por projetos, serviços ou produtos; **5:** correta, pois a estrutura funcional (ainda que combinada com a por projetos) favorece a especialização; **6:** correta, pois na estrutura matricial determinados departamentos relacionam-se horizontal e diagonalmente com outros, o que, embora dê agilidade e flexibilidade à organização, não tem como característica evitar ambiguidade; **7:** correta, pois os líderes da estrutura informal podem vir a ser aproveitados futuramente pela estrutura formal, inclusive por gozarem de legitimidade entre os colaboradores; **8:** correta, pois há relações verticais (entre os líderes e subordinados) como horizontais (entre diversos departamentos e colaboradores de mesmo ou diferentes níveis hierárquicos); **9:** incorreta, pois a estrutura piramidal permite afirmar que havia também estrutura linear, mas não necessariamente funcional (embora isso seja possível).

Gabarito 1E, 2E, 3C, 4C, 5C, 6C, 7C, 8C, 9E

(Analista – INSS – 2008 – CESPE) De acordo com dados do IBGE, 6,4% da população tem, hoje, 65 anos de idade ou mais e, em 2050, essa parcela corresponderá a 18,8% da população. Com base nessas informações, julgue os itens seguintes.

(1) As mudanças previstas para 2050 na estrutura da população brasileira demandam um consistente processo de planejamento, que pressupõe o desenvolvimento de premissas quanto às condições futuras. Como a organização Previdência Social opera em ambientes complexos, devem ser gerados cenários alternativos para as futuras ações, analisando-se o que pode ajudar ou prejudicar o progresso em direção aos objetivos.
(2) Para se alcançar uma situação de equilíbrio na previdência social nos próximos anos, deve-se garantir, no planejamento, que os objetivos de nível mais elevado — os fins — estejam claramente interligados aos objetivos de nível mais baixo — os meios.
(3) O planejamento operacional está relacionado com a adaptação da previdência social ao ambiente mutável externo, ou seja, está focalizado no exterior da organização.
(4) Para se detectarem as causas do problema e se estabelecer uma relação de causa e efeito do desequilíbrio da previdência social, é recomendada a utilização da técnica GUT.
(5) As forças, fraquezas, oportunidades e ameaças do modelo de previdência vigente podem ser identificadas por meio da análise SWOT.
(6) A análise SWOT aponta o envelhecimento da população brasileira como um dos exemplos de fraqueza do modelo de previdência social.
(7) Um exemplo de ameaça no âmbito do INSS, de acordo com a análise SWOT, seria o caso em que os técnicos que realizam os cálculos e projeções atuariais não tivessem formação necessária para realizar corretamente essa atividade.
(8) Um planejamento estratégico do INSS que vise à obtenção de respostas para solucionar os problemas deste novo contexto de envelhecimento deverá ter uma visão de longo prazo.
(9) A primeira fase na elaboração de um planejamento de longo prazo voltado para uma possível mudança no modelo de previdência social seria a fixação dos novos objetivos.

1: correta. As mudanças na estrutura previdenciária são lentas, realizadas durante décadas, o que exige sólido planejamento de longo prazo. A existência de inúmeras variáveis (crescimento econômico, aumento de expectativa de vida, avanços da medicina, redução de natalidade, nível de ocupação e recolhimento de contribuições previdenciárias, alteração da taxa básica de juros etc.) sugere o planejamento com diversos cenários, tal qual indicado na assertiva; **2:** correta, referindo-se à necessária harmonia entre os planejamentos estratégico, tático e operacional. **3:** incorreta, pois refere-se especialmente ao planejamento estratégico, mais amplo, em que se avalia o ambiente externo em que está inserida a organização; **4:** incorreta. A Matriz GUT (Gravidade, Urgência e Tendência) é uma ferramenta pela qual o gestor prioriza estratégias, decisões e soluções de problemas na organização. Para cada problema, confere-se índice em relação à gravidade (de 1 a 5), à urgência (de 1 a 5) e à tendência (também de 1 a 5). Pela multiplicação dos 3 índices, listam-se os problemas (do maior número para o menor), indicando aqueles cuja solução é prioritária. A Matriz GUT é utilizada muitas vezes em conjunto com a Matriz SWOT. O Diagrama Ishikawa, Diagrama de Causa e Efeito, Diagrama 6M ou Diagrama Espinha de Peixe é uma ferramenta gráfica que indica as causas e os efeitos de determinado evento; **5:** correta. A matriz SWOT permite a análise do ambiente interno no que se refere às forças (*Strenghts*) e às fraquezas (*Weaknesses*) da organização, e o ambiente externo, quanto às oportunidades (*Opportunities*) e às ameaças (*Threats*); **6:** incorreta, pois o envelhecimento da população refere-se ao ambiente externo (ameaças e oportunidades); **7:** incorreta, pois a deficiência dos técnicos refere-se ao ambiente interno (fraquezas ou forças); **8:** correta, conforme comentário à primeira assertiva; **9:** incorreta, pois a primeira etapa do planejamento estratégico é análise da situação atual (recursos humanos, financeiros, materiais disponíveis, possibilidades do mercado). O estabelecimento de objetivos é feito somente no momento em que se formula o plano estratégico.

Gabarito 1C, 2C, 3E, 4E, 5C, 6E, 7E, 8C, 9E

(Administrador – Ministério do Esporte – 2008 – CESPE) Com referência ao planejamento organizacional e à relação das organizações com o ambiente, julgue os itens a seguir.

(1) O diagnóstico estratégico é etapa previa à implementação do planejamento estratégico e engloba a análise do ambiente em que a organização atua.
(2) O planejamento estratégico, diferentemente do planejamento tático e do operacional, deve abranger a organização como um todo.
(3) Considerando que se estabeleça um período de dez anos como horizonte do planejamento estratégico de uma organização, recomenda-se que o planejamento tático tenha um horizonte de, pelo menos, dez anos.
(4) O monitoramento e a revisão do planejamento operacional devem ocorrer apenas após o período de revisão dos planos táticos.
(5) Entre as etapas do planejamento operacional estão o planejamento do uso do tempo e dos recursos, a análise da turbulência externa e a previsão dos meios de controle.

1: correta, pois o diagnóstico estratégico refere-se às etapas anteriores à definição do plano estratégico, em que se identifica a situação atual da organização (análise da situação atual, análise dos ambientes externo e interno); **2:** correta, pois o planejamento estratégico é o mais amplo, relativo aos objetivos e às estratégias de longo prazo para toda a organização; **3:** incorreta, pois o planejamento tático, relativo a cada área funcional da organização, tem horizonte temporal menor que o estratégico (o plano estratégico enseja diversos planos táticos); **4:** incorreta, pois o monitoramento e a revisão se dão ao longo da implementação dos planos, de modo contínuo e cíclico; **5:** incorreta. O planejamento operacional refere-se aos meios e aos recursos para realização dos objetivos traçados nos planejamentos estratégico e tático. Definem-se as atividades necessárias, o tempo a ser despendido, recursos humanos, materiais etc. Não se insere no planejamento operacional a análise de turbulências externas e a previsão dos meios de controle.

Gabarito 1C, 2C, 3E, 4E, 5E

(Analista – TRT/10ª – 2013 – CESPE) Julgue o item subsequente, relativo a planejamento, ferramentas organizacionais, gestão da qualidade e assuntos correlatos.

(1) Embora confira dinamicidade aos projetos de uma organização, o modelo de departamentalização matricial costuma gerar múltiplas subordinações e ambiguidade na definição de papeis e relações.

1: Correta. A estrutura organizacional matricial combina a estrutura funcional (divisão por funções na organização – por exemplo, departamentos comercial, financeiro, jurídico etc.) com a estrutura por projetos, serviços ou produtos. Na estrutura matricial, determinados departamentos relacionam-se horizontal e diagonalmente com outros, gerando múltiplas subordinações, o que, embora dê agilidade e flexibilidade à organização, não tem como característica evitar ambiguidade.

Gabarito 1C

(Analista – STM – 2011 – CESPE) A respeito da evolução da administração pública e de suas divergências em relação a gestão privada e respectiva estrutura organizacional, julgue o item seguinte.

(1) A departamentalização funcional, forma estrutural predominante no setor público, é caracterizada pela construção de departamentos em torno dos programas executados pelo órgão.

1: Incorreta, pois a departamentalização funcional, como diz o nome, refere-se às funções exercidas pelos servidores (departamento jurídico, contábil, administrativo), e não aos programas a serem executados.

Gabarito 1E

(Analista – TRE/GO – 2008 – CESPE) Todas as decisões relativas à divisão do trabalho, responsabilidades e autoridade resumem-se na estrutura organizacional, representada no organograma. As organizações de projetos, que são atividades temporárias, estão alojadas dentro da organização

(A) funcional.
(B) por produto.
(C) por cliente.
(D) por processo.

A: a estrutura funcional permite a clara visualização das divisões de trabalho, responsabilidade e autoridade no organograma (por exemplo, departamento financeiro, departamento comercial, departamento jurídico etc.); **B:** por exemplo, departamento de cosméticos, departamento de roupas, departamento de acessórios etc.; **C:** por exemplo, departamento de vendas para lojistas, departamento de vendas para atacadistas, departamento de vendas para clientes estrangeiros etc.; **D:** por exemplo, departamento de compras, departamento de manufatura, departamento de vendas, departamento de pós-venda etc.

Gabarito "A"

(Analista – TRE/GO – 2008 – CESPE) A implementação da estratégia por meio da administração de projetos depende da natureza das atividades realizadas pela organização. Em função disso, há duas categorias de organizações, dependendo de sua atividade principal ser os projetos ou o fornecimento de bens e serviços de forma contínua. Pertencem à primeira categoria

(A) os bancos.
(B) as empresas industriais que produzem e fornecem bens em série.
(C) as empresas de consultoria e de desenvolvimento de software.
(D) as empresas comerciais em geral.

Projeto é uma ação limitada no tempo, relativa à expansão ou ao aperfeiçoamento de atividade. Atividade é ação contínua no tempo, relativa a um produto já oferecido aos clientes. Perceba que os bancos, as indústrias e as empresas comerciais em geral tendem a realizar atividades contínuas, oferecendo seus produtos aos seus clientes ao longo do tempo. Já as empresas de consultoria e desenvolvimento de software tendem a realizar projetos, limitados no tempo e destinados a aprimorar as atividades de seus clientes.

Gabarito "C"

5. FERRAMENTAS E TÉCNICAS GERENCIAIS

(Técnico Judiciário – STJ – 2018 – CESPE) Acerca da gestão e da prestação de serviços públicos no Brasil, julgue os itens a seguir.

(1) Excelência é uma medida de desempenho associada à qualidade de um serviço e, no âmbito do serviço público, se refere ao nível máximo de desempenho que se pode alcançar.
(2) Na incorporação de técnicas oriundas da gestão empresarial na administração pública, devem ser consideradas as discrepâncias entre as organizações e suas dinâmicas, a exemplo da posição monopolista de organizações públicas, que contrasta com a dinâmica concorrencial típica de mercados privados.

1: correta, referindo-se a meta a ser buscada por meio de aprendizado, aprimoramento contínuo e integridade *(compliance)*; **2:** correta, sendo comum a incorporação de técnicas e ferramentas gerenciais desenvolvidas no ambiente privado, sendo necessárias adaptações em relação às características do setor público, como isso que a banca chamou de "monopólio" (realmente, o setor público não se sujeita a "concorrência"), mas também o regime estatutário dos servidores, estabilidade, regimes de contratações (sujeição às licitações por exemplo), princípio da legalidade estrita etc.

Gabarito 1C, 2C

(Técnico Judiciário – STJ – 2018 – CESPE)

(1) Na elaboração de um planejamento estratégico, devem-se privilegiar objetivos e metas de curto prazo, isto é, realizáveis dentro de um horizonte temporal de três meses a doze meses.
(2) Ao planejar a estratégia de uma organização, devem-se considerar os cenários internos, que se referem a aspectos intraorganizacionais, tais como os conceitos de missão e visão.

1: incorreta. O planejamento pode ser classificado em estratégico, tático ou operacional, pelo critério de abrangência. O planejamento estratégico é o mais amplo, relativo aos objetivos e estratégias de longo prazo para toda a organização. O planejamento tático refere-se a cada área funcional da organização. O planejamento operacional corresponde ao nível básico da organização, às suas atividades rotineiras; **2:** correta, pois o planejamento estratégico busca definir ou reconhecer a missão e a visão da organização, relacionados ao ambiente interno.

Gabarito 1E, 2C

(Técnico Judiciário – STJ – 2018 – CESPE) A respeito do uso de ferramentas gerenciais na gestão pública, julgue os itens que se seguem.

(1) O *balanced scorecard* é uma ferramenta para gestão do desempenho e, em sua elaboração, devem ser incluídas as perspectivas financeira, de processos, do cliente e de aprendizagem para a organização.

1: correta. O *balanced scorecard* é um método de avaliação da *performance* organizacional e também uma ferramenta de gestão estratégica. Por meio do BSC é possível verificar se as operações da organização se alinham à estratégia delineada pela alta administração. São adotados indicadores financeiros e não financeiros para fins de comparação da realidade da organização com determinadas metas. O modelo mais disseminado abrange três perspectivas (dimensões) não financeiras e apenas uma financeira: (1) Financeira, (2) Clientes, (3) Negócio interno e (4) Inovação e aprendizagem.

Gabarito 1C

(Analista Judiciário – STJ – 2018 – CESPE) Acerca do planejamento estratégico, julgue os seguintes itens.

(1) O diagnóstico estratégico possibilita a identificação dos pontos fortes e fracos, assim como das fraquezas e das oportunidades das organizações.

(2) O processo até se chegar à estratégia é predominantemente quantitativo, embasado no estabelecimento detalhado de dados.

1: correta, embora, a rigor, seja mais comum se referir a *ameaças,* não a fraquezas, em oposição às oportunidades. Veja que a matriz SWOT permite a análise do ambiente interno no que se refere às forças (*Strenghts*) e às fraquezas (*Weaknesses*) da organização, e o ambiente externo, quanto às oportunidades (*Opportunities*) e às ameaças (*Threats*); **2:** incorreta, pois há avaliação relevantemente qualitativa dos achados, para fins de definição da estratégia.

Gabarito 1C, 2E

(Analista – Ministério do Meio Ambiente – 2011 – CESPE) Acerca de processos organizacionais, julgue o item seguinte.

(1) Reengenharia consiste na redefinição das macro-organizações em uma operação completa, cuja finalidade é refletir sobre os processos de negócio que satisfazem às necessidades dos consumidores.

1: incorreta, pois a reengenharia é caracterizada, essencialmente, pela mudança profunda e radical da organização, em relação a seus processos, produtos e serviços, buscando a inovação.

Gabarito 1E

(Analista – ANATEL – 2009 – CESPE) Uma organização pode ser definida como um processador, no qual os insumos – pessoas, informação, conhecimento, espaço, tempo, dinheiro e instalações – são geridos de modo a atingir, da melhor forma possível, os objetivos que lhe são próprios. E, mediante o alcance desses objetivos, os fornecedores daqueles insumos são remunerados, o que os faz fornecer, novamente, os insumos para a transformação social. Dentro desse contexto de organizações, julgue os itens seguintes.

(1) Correlacionado à ideia de administração estratégica, consolidada no final dos anos 70 do século passado, tem-se, sequencialmente, as fases de planejamento estratégico, acompanhamento e avaliação da estratégia e implementação da estratégia.

(2) A expressão benchmarking pode ser definida como a reformulação da maneira de condução dos negócios de uma organização.

1: incorreta, pois a implementação da estratégia antecede a do acompanhamento e a da avaliação; **2:** incorreta, pois no *benchmarking* comparam-se os indicadores da organização com os modelos, ou seja, com os melhores indicadores encontrados em outras organizações.

Gabarito 1E, 2E

(Analista – Ministério das Comunicações – 2008 – CESPE) Acerca de estrutura e estratégia organizacional, avalie os itens seguintes.

(1) Uma das dimensões a ser verificada para a escolha da estratégia da organização é a análise do ambiente interno, por intermédio do efetivo conhecimento de suas forças e fraquezas.

(2) Em um cenário de crise, no qual se percebe a predominância de pontos fracos e a existência de ameaças, se configura o cenário ideal para a adoção da estratégia de crescimento.

(3) Um cenário no qual predominam pontos fortes, mas há ameaças, se configura o cenário ideal para a adoção da estratégia de desenvolvimento.

1: correta – ver a tabela SWOT, ferramenta de análise do ambiente interno, com seus pontos fortes e fracos, e do ambiente externo, com suas ameaças e oportunidades; **2:** incorreta, pois a estratégia de desenvolvimento normalmente está relacionada ao ambiente externo de oportunidade conjugado com o ambiente interno de ponto forte; **3:** incorreta, pois a conjugação de ambiente interno com pontos fortes e ambiente externo com ameaças indica a estratégia de manutenção.

Gabarito 1C, 2E, 3E

(Administrador – Ministério do Esporte – 2008 – CESPE) Acerca da dinâmica das organizações e dos processos organizacionais, julgue os itens subsequentes.

(1) Uma das principais práticas da reengenharia organizacional é a eliminação das barreiras funcionais, por meio da reorganização das atividades em processos.

(2) A atuação da reengenharia em nível de processos pressupõe a reavaliação de cada uma das atividades relacionadas aos processos desenvolvidos e operacionalizados pela organização.

(3) A ênfase nos clientes, tanto internos quanto externos, impede que sejam previstos, nos processos de reengenharia, programas de corte de despesas.

1: correta, pois essa tem sido uma diretriz da reengenharia, reestruturando a organização com foco nos processos; **2:** correta, descrevendo a gestão dos processos prevista na reengenharia; **3:** incorreta, pois a reengenharia comumente implica corte de despesas, buscando ampliação da eficiência.

Gabarito 1C, 2C, 3E

(Analista – Ministério das Comunicações – 2008 – CESPE) Julgue os itens que se seguem, a respeito das novas tecnologias gerenciais e das convergências e diferenças entre a gestão pública e a gestão privada.

(1) Visando ao êxito do processo de reengenharia, propõe-se na organização que seu modelo seja implementado *top-down*, ou seja, de cima para baixo.

(2) Caso determinado órgão público adote o modelo puro da reengenharia, conforme proposto originalmente, deve evitar adotar mudanças radicais.

(3) O líder da equipe assume papel preponderante na implementação da reengenharia organizacional.

(4) Uma das vantagens da implementação da reengenharia no âmbito da gestão pública é a semelhança à gestão privada no que tange à técnica de orçamentação utilizada, que se pauta em planejamentos incrementais e que considera o orçamento do período anterior como base para elaboração da nova versão da peça orçamentária.

1: correta, pois a reengenharia tipicamente se inicia nos escalões superiores da organização, que devem tomar as decisões de reestruturação radical, descendo aos níveis intermediários e básicos; **2:** incorreta, pois a reengenharia é definida pelas mudanças radicais na organização, sua reinvenção; **3:** correta, pois todos os gestores são envolvidos na reengenharia; **4:** incorreta, o orçamento brasileiro não é elaborado dessa forma (incrementos em relação ao orçamento anterior).

Gabarito 1C, 2E, 3C, 4E

(Administrador – Ministério do Esporte – 2008 – CESPE) Considerando que o ME pretenda implantar em sua estrutura administrativa algumas ferramentas e práticas relacionadas à qualidade e produtividade, julgue o item que se segue.

(1) A implantação do ciclo PDCA refere-se às ações de projetar, distribuir, cadastrar e ajustar os processos do ME.

1: incorreta. O ciclo PDCA, de Shewhart ou de Deming é uma ferramenta de gestão (de processos, de qualidade etc.), que parte do planejamento, passa pela execução, pelo controle do que foi executado e, por fim, pelas ações corretivas e realimentação do círculo, para que as próximas ações sejam aprimoradas. O ciclo PDCA indica quatro passos, correspondendo a cada quadrante do círculo: Planejar (Plan), Executar (Do), Verificar (Check) e Agir (Act). Veja uma representação simplificada do ciclo PDCA:

Agir (Act)
- ações corretivas, melhorar para a próxima vez
Planejar (Plan)
- o que fazer (meta)
- como fazer (métodos)
Verificar (Check)
- controle, comparar o que foi executado com aquilo que foi planejado
Executar (Do)
- treinamento
- execução do que foi planejado

Gabarito 1E

(Analista – TRT/10ª – 2013 – CESPE) Acerca de noções de administração, julgue os itens a seguir.

(1) A gestão de pessoas na atualidade tem adotado formas organizacionais com base na confiança, rompendo com a filosofia tradicional que privilegia apenas os aspectos econômicos da relação entre o indivíduo e o trabalho.

(2) Os modos de conversão do conhecimento (externalização, internalização, socialização e combinação) são operacionalizados nas organizações a partir dos espaços de interação, chamados de Ba, em que conhecimentos, experiências, habilidades e demais recursos valiosos são combinados nas interações entre as pessoas.

(3) O diagrama de Ishikawa é recomendado para avaliar os principais aspectos e recursos valiosos que permitirão que os processos e projetos possam ter sucesso quando colocados em prática nas organizações.

(4) A alavancagem é uma estratégia oriunda da combinação entre os pontos fortes e as oportunidades identificados na análise SWOT.

1: correta. A concepção do *homo economicus* é aquela das teorias clássicas (Taylor e Fayol). A Teoria das Relações Humanas rompeu com a ideia clássica do homem como uma peça na máquina industrial (homem econômico), visualizando-o como ser humano complexo, suscetíveis às influências sociais, dos grupos, das organizações informais etc. (homem social); **2:** correta, indicando adequadamente o conceito de Ba, espaço compartilhado que serve como base para a criação do conhecimento; **3:** incorreta. O Diagrama Ishikawa, Diagrama de Causa e Efeito, Diagrama 6M ou Diagrama Espinha de Peixe é uma ferramenta gráfica que indica as causas e os efeitos de determinado evento. As causas podem ser classificadas em 6 tipos, no caso da indústria (método, matéria-prima, mão de obra, máquinas, medição e meio-ambiente); **4:** correta. A Matriz SWOT é ferramenta de análise do ambiente interno, no que se refere às forças (Strenghts) e às fraquezas (Weaknesses) da organização, e do ambiente externo, quanto às oportunidades (Opportunities) e às ameaças (Threats). Alavancagem é termo utilizado para a situação de ponto forte interno combinado com oportunidade externa. Problema há na situação de ponto fraco interno combinado com ameaça externa. Restrição na situação de ponto fraco interno combinado com oportunidade externa. Vulnerabilidade quando há ponto forte interno combinado com ameaça externa.

Eis um modelo de Matriz SWOT:

		Ambiente interno	
		Pontos fortes (Streghts)	**Pontos fracos** (Weaknesses)
Ambiente externo	**Oportunidades (Opportunities)**	– a organização deve capitalizar as oportunidades; – Estratégias de Desenvolvimento: de mercado, de produtos e serviços, financeiro, de capacidades, de estabilidade, de diversificação; – Alavancagem.	– a organização deve melhorar, corrigir seus pontos fracos e identificar as oportunidades que podem ser aproveitadas; – Estratégias de Crescimento: inovação, internacionalização, parceria, expansão – Restrição.
	Ameaças (Threats)	– a organização deve monitorar as ameaças; – Estratégias Manutenção: estabilidade, nicho, especialização; – Vulnerabilidade.	– a organização deve eliminar os pontos fracos; – Estratégias de Sobrevivência: redução de custos, desinvestimento, liquidação; – Problema.

Gabarito 1C, 2C, 3E, 4C

(Analista – TRT/10ª – 2013 – CESPE) Julgue os itens subsequentes, relativos a planejamento, ferramentas organizacionais, gestão da qualidade e assuntos correlatos.

(1) O modelo de redução de custos elaborado por Deming tem como base a melhora contínua do sistema de produção com o fim de incrementar a qualidade e produtividade e assim reduzir constantemente os custos.

(2) O BSC (**Balanced Scorecard**) possui perspectivas bem definidas: financeira, processos internos, inovação, clientes e aprendizagem e crescimento.

1: correta. Os 14 princípios de Deming, em resumo, são: (1) estabelecer constância de propósitos; (2) adotar a nova filosofia, acordar para o novo desafio; (3) a qualidade deve fazer parte do produto ou serviço desde o início, afastando a dependência pela inspeção; (4) importância da redução do custo total, favorecendo relacionamentos de longo prazo e exclusivos com fornecedores (não mais aprovar orçamentos com base exclusivamente em preço); (5) constante melhoria no processo e serviço para aumento de produtividade e qualidade; (6) treinamento no local de trabalho; (7) instituição da liderança; (8) eliminação do medo; (9) trabalho conjunto; (10) eliminação de metas do tipo "zero defeito"; (11) gestão por processos e substituição das quotas na linha de produção por liderança; (12) abolição da avaliação por números absolutos (avaliações de desempenho e administração por objetivos), passando à avaliação por qualidade, possibilitando que o trabalhador tenha orgulho do que faz; (13) sólido programa de educação e autoaprimoramento; (14) envolvimento de todos no processo de transformação. O ciclo PDCA, de Shewhart ou de Deming é uma ferramenta de gestão (de processos, de qualidade etc.), que parte do planejamento, passa pela execução, pelo controle do que foi executado e, por fim, pelas ações corretivas e realimentação do círculo, para que as próximas ações sejam aprimoradas. O ciclo PDCA indica quatro passos, correspondendo a cada quadrante do círculo: Planejar (Plan), Executar (Do), Verificar (Check) e Agir (Act); **2:** incorreta, pois o BSC não possui essas perspectivas bem definidas. O *balanced scorecard* – BSC é um método de avaliação da performance organizacional e também uma ferramenta de gestão estratégica. Por meio do BSC é possível verificar e alinhar as operações da organização à estratégia definida pela alta administração, sua missão e visão. São adotados indicadores financeiros e não financeiros para fins de comparação da realidade da organização com determinadas metas. O modelo mais disseminado abrange quatro perspectivas (dimensões): (1) Financeira, (2) Clientes, (3) Negócio interno e (4) Inovação e aprendizagem.

A seguir, apresentamos uma representação gráfica simplificada do Ciclo PDCA:

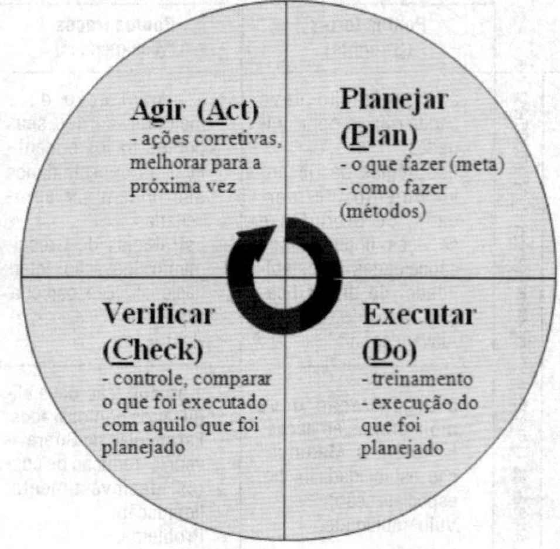
Agir (Act)
- ações corretivas, melhorar para a próxima vez
Planejar (Plan)
- o que fazer (meta)
- como fazer (métodos)
Verificar (Check)
- controle, comparar o que foi executado com aquilo que foi planejado
Executar (Do)
- treinamento
- execução do que foi planejado

Gabarito 1C, 2E

(Analista – TRE/RJ – 2012 – CESPE) Julgue o item a seguir, que versa acerca de noções de administração pública.

(1) Mesmo restringindo-se à análise do ambiente interno da organização, o que implica a adoção de outra ferramenta para se analisar o ambiente externo, a análise SWOT desempenha um papel relevante no processo de diagnóstico estratégico.

1: incorreta, pois a matriz SWOT permite a análise do ambiente interno no que se refere às forças (*strenghts*) e fraquezas (*weaknesses*) da organização, e do ambiente externo, quanto às oportunidades (*opportunities*) e ameaças (*threats*).

Gabarito 1E

(Analista – STM – 2011 – CESPE) Julgue os próximos itens, relativos ao gerenciamento de projetos.

(1) Segundo o guia PMBOK, o termo escopo refere-se ao período necessário para se entregar um produto, serviço ou resultado com características e funções especificadas.

(2) Atualmente, o planejamento das comunicações está mais concentrado nas fases iniciais de um projeto.

1: assertiva incorreta, pois se refere à gestão do tempo do projeto, não à gestão do escopo. O guia PMBOK (*Project Management Body of Knowledge*), conjunto de práticas em gerência de projetos, descreve nove áreas: gestão de (i) integração do projeto, (ii) escopo do projeto, (iii) tempo do projeto, (iv) custos do projeto, (v) qualidade do projeto, (vi) recursos humanos do projeto, (vii) comunicações do projeto, (viii) riscos do projeto e (ix) aquisições do projeto. A gestão do escopo busca manter o foco, garantido que todo o trabalho necessário para o sucesso do projeto, e somente esse trabalho essencial, seja realizado; **2:** assertiva correta, considerando que o planejamento é sempre realizado no início do projeto. Importante ressaltar, entretanto, que a gestão da comunicação ocorre durante toda sua execução.

Gabarito 1E, 2C

(Analista – TRT/1ª – 2008 – CESPE) O planejamento estratégico

(A) contém detalhes sobre os recursos necessários para seu desenvolvimento e implantação.
(B) focaliza determinada área da organização ou centro de resultados.
(C) tem flexibilidade menor que outros tipos de planejamento por envolver a organização como um todo.
(D) contém a identificação dos responsáveis por sua execução e implantação.
(E) focaliza as atividades-meio da organização.

A e **D:** o planejamento estratégico, por sua natureza de planejamento amplo e a longo prazo, não desce a detalhes, como descrito nessas assertivas; **B:** o planejamento estratégico busca uma visão global da organização; **C:** a assertiva é verdadeira, considerando ser planejamento a longo prazo (o que, em certos aspectos, reduz a flexibilidade); **E:** o planejamento estratégico busca definir ou reconhecer a missão e a visão da organização, voltando-se, portanto, às finalidades e objetivos maiores, não às atividades-meio.

Gabarito "C"

(Analista – TRT/1ª – 2008 – CESPE) Assinale a opção correta acerca das características básicas do planejamento organizacional.

(A) Segundo teóricos como Peter Drucker, o planejamento diz respeito a decisões futuras.
(B) O planejamento dos vários níveis e escalões de uma organização deve ser integrado.
(C) O processo de planejamento é menos importante que seu resultado final, ou seja, o plano.
(D) No processo de planejamento, não existe hierarquia de objetivos, sendo todos de igual importância para o atingimento do resultado final almejado.
(E) O planejamento deve possuir perenidade, visando garantir a estabilidade da organização.

A: o planejamento estratégico refere-se a decisões presentes (tomadas no momento atual), embora busque prever e analisar seus efeitos no futuro; **B:** esse é o aspecto amplo, global e essencial do planejamento estratégico; **C:** se não houver um plano, ou seja, uma estratégia resultante do planejamento, ele terá sido inócuo; **D:** a visão da empresa é exatamente seu objetivo maior que, por definição, pressupõe importância diferenciada para a organização; **E:** a ideia do planejamento estratégico é exatamente permitir a evolução da empresa, não, necessariamente, sua estabilidade. Ademais, embora seja planejamento de longo prazo, não significa que seja perene (= eterno), podendo e devendo ser revisto ao longo do tempo.

Gabarito "B"

(Analista – TRT/1ª – 2008 – CESPE) Considerando o cruzamento das análises interna e externa de uma organização e a postura estratégica por ela adotada, assinale a opção correta.

(A) Se uma organização apresenta, na análise interna, a predominância de pontos fortes e, na análise externa, a predominância de oportunidades, a postura estratégica adotada é a de sobrevivência.
(B) Caso uma organização apresente a predominância de pontos fracos em sua análise interna e a predominância de oportunidades em sua análise externa, a postura estratégica por ela adotada é a de manutenção.
(C) Adota a postura estratégica de crescimento a organização que apresenta, em sua análise interna, a predominância de pontos fracos e, em sua análise externa, a predominância de ameaças.
(D) Quando apresenta, na análise interna, a predominância de pontos fortes e, na análise externa, a predominância de ameaças, a organização apresenta postura estratégica de crescimento.
(E) A postura estratégica de desenvolvimento é adotada pela organização que apresenta, em sua análise interna, a predominância de pontos fortes e, em sua análise externa, a predominância de oportunidades.

A: a estratégia deve ser de desenvolvimento; **B:** estratégia de crescimento; **C:** a situação descrita indica a estratégia de sobrevivência; **D:** estratégia de manutenção; **E:** correta.

Gabarito "E"

(Analista – TRT/1ª – 2008 – CESPE) As ações características da estratégia de sobrevivência incluem a

(A) redução de custos.
(B) especialização da organização.
(C) expansão da organização.
(D) diversificação horizontal.
(E) diversificação vertical.

Veja a matriz Swot, nos comentários da página anterior. **A:** correta; **B:** especialização é estratégia de manutenção; **C:** expansão é estratégia de crescimento; **D** e **E:** a diversificação horizontal e a diversificação vertical são, como os nomes indicam, estratégias de diversificação, subespécie da estratégia de crescimento.

Gabarito "A".

(Analista – TRT/1ª – 2008 – CESPE) Assinale a opção que apresenta uma ação característica da estratégia de crescimento.

(A) Desinvestimento.
(B) Inovação e busca de prestação de novos serviços.
(C) Busca de reconhecimento pela dominação de um nicho específico.
(D) Desenvolvimento de produtos e serviços.
(E) Junção de organizações para compensação de pontos fracos.

Veja a matriz Swot, nos comentários da página anterior. **A:** desinvestimento é estratégia de sobrevivência; **B:** inovação é estratégia de crescimento; **C:** estratégia de nicho é espécie de estratégia de manutenção; **D:** desenvolvimento de produtos e serviços é uma das espécies de estratégia de desenvolvimento, em sentido lato; **E:** as parcerias (não simples junção de organização) pode ser estratégia de crescimento.

Gabarito "B".

(Analista – TRT/1ª – 2008 – CESPE) Considerando que a análise SWOT, clássica ferramenta de planejamento estratégico, seja realizada em um tribunal, será correto classificá-la como exemplo de

(A) fraqueza o grande volume de processos que dá entrada nesse tribunal.
(B) ameaça o número limitado de serventuários existente no protocolo.
(C) oportunidade o surgimento de novas tecnologias de gestão de documentos no mercado.
(D) ameaça o número excessivo de serventuários existente no protocolo.
(E) oportunidade o número excessivo de serventuários existente.

A: o grande volume de processos é um elemento do ambiente externo, de modo que jamais será considerado fraqueza, que é aspecto do ambiente interno da organização. O grande volume de processos pode ser considerado ameaça; **B**, **D** e **E:** o número limitado ou excessivo de serventuário é aspecto interno da organização, de modo que jamais será considerado ameaça ou oportunidade, que são características do ambiente externo. O número limitado ou excessivo de serventuários pode ser considerado fraqueza ou força, a depender do ponto de vista; **C:** a assertiva é verdadeira. Perceba que o surgimento de novas tecnologias é elemento do ambiente externo, favorável à organização.

Gabarito "C".

(Analista – TRE/GO – 2008 – CESPE) Julgue os itens seguintes acerca de novas tecnologias gerenciais.

I. Com o advento do conceito de qualidade total, os departamentos de controle de qualidade ganharam importância e tendem a aumentar de tamanho nas organizações.
II. Cada etapa da produção, de acordo com o conceito de qualidade total, deve ser verificada com atenção, o que significa um aumento inevitável do ciclo de produção.
III. Os departamentos tendem a desaparecer quando empregado o conceito de reengenharia, que direciona as características organizacionais para os processos.
IV. De acordo com o método *balance scorecard*, as organizações devem dar atenção aos indicadores e medidas extraídos dos demonstrativos contábeis e financeiros.

Assinale a opção correta.

(A) Apenas o item III está certo.
(B) Apenas os itens I e IV estão certos.
(C) Apenas os itens II e IV estão certos.
(D) Apenas os itens I, II e III estão certos.

I: a qualidade total foca a execução do processo, e não o controle posterior e centralizado. Assim, não há tendência à ampliação de departamentos de controle de qualidade; II: a qualidade total não tende a aumentar o ciclo de produção, mas sim a racionalizar os processos e aumentar a eficiência, com resultado positivo para a organização e para seus clientes; III: de fato, o foco da reengenharia é a inovação e a reestruturação radical dos processos. Tende-se a privilegiar o trabalho multidisciplinar, o que, nesse sentido, tende a enfraquecer a divisão da organização por departamentos; IV: o *balanced scorecard* é um método de avaliação da performance organizacional e também uma ferramenta de gestão estratégica. Por meio do BSC é possível verificar se as operações da organização alinham-se à estratégia delineada pela alta administração. São adotados indicadores financeiros e não financeiros para fins de comparação da realidade da organização com determinadas metas. O modelo mais disseminado abrange três perspectivas (dimensões) não financeiras e apenas uma financeira (daí o erro na assertiva): (1) Financeira, (2) Clientes, (3) Negócio interno e (4) Inovação e aprendizagem.

Gabarito "A".

(Analista – TRE/GO – 2008 – CESPE) Os sistemas tradicionais de avaliação e controle dos resultados da organização têm a tendência de enfatizar o resultado financeiro final. As deficiências dos sistemas tradicionais e os desafios que as organizações passaram a enfrentar criaram a necessidade de sistemas de controle que pudessem dar uma visão de conjunto das diferentes dimensões do desempenho. Uma das ferramentas para isso é o chamado *balanced scorecard*, que focaliza quatro dimensões (perspectivas) importantes do desempenho da organização, que se desdobram em medidas específicas, que podem dividir-se em indicadores. Desse modo, a pergunta "em que processos precisamos ser eficientes?" corresponde à perspectiva

(A) do cliente.
(B) interna.
(C) da inovação.
(D) financeira.

Como visto nos comentários à assertiva anterior, o modelo mais disseminado de BSC abrange quatro perspectivas:

– Financeira. Qual a percepção dos acionistas? Como a organização pode satisfazê-los? Quais os objetivos financeiros a serem atingidos?
– Clientes. Qual a percepção dos clientes? Quais as necessidades dos clientes que devem ser atendidas?
– Negócio interno. Em que a organização deve ser excelente? Em quais processos a organização deve buscar a excelência?
– Inovação e aprendizagem. Podemos continuar a melhorar e a criar valor? Como a organização deve aprender e inovar para atingir suas metas?

Gabarito "B".

6. CULTURA E CLIMA ORGANIZACIONAL

(Analista Judiciário – STJ – 2018 – CESPE) Julgue os seguintes itens, relativos à gestão de clima e cultura organizacionais.

(1) Em uma cultura organizacional forte, os valores essenciais da organização são intensamente acatados e amplamente compartilhados pelos colaboradores.
(2) Na avaliação de clima organizacional, verifica-se a percepção, pelos empregados, da ausência ou da presença de determinados aspectos do ambiente organizacional.

1: correta. Cultura organizacional é o conjunto de valores em uma organização, seus princípios, crenças políticas, clima organizacional, relações e hierarquia, definindo os padrões de comportamento e de atitudes que governam as ações e decisões mais importantes da administração; **2:** correta. Clima organizacional refere-se ao ambiente de trabalho, mais especificamente aos fatores ambientais que influenciam o grau de satisfação (motivação, portanto) e o comportamento dos integrantes da organização. Pode também ser definido como reflexo desse grau de satisfação e motivação dos integrantes da organização, do seu estado de ânimo. A cultura organizacional influencia diretamente o clima organizacional.

Gabarito 1C, 2C

(Analista – Ministério do Meio Ambiente – 2011 – CESPE) Com relação a recursos humanos, julgue o item seguinte.

(1) Em um mesmo ambiente de trabalho, em razão de a percepção do clima organizacional depender do grau de satisfação ou insatisfação do indivíduo em relação a sua organização, é possível haver diferentes percepções sobre o clima organizacional.

Clima organizacional refere-se ao ambiente de trabalho, mais especificamente aos fatores ambientais que influenciam o grau de satisfação (motivação, portanto) e o comportamento dos integrantes da organização. Pode também ser definido como reflexo desse grau de satisfação e motivação dos integrantes da organização, do seu estado de ânimo. Essa subjetividade na aferição do clima organizacional mostra que a assertiva é correta.

Gabarito 1C

(Analista – ANATEL – 2009 – CESPE) A cultura organizacional dispõe de indicadores importantes que o administrador deve sempre acompanhar, visto que o bom convívio interno contribui para que as empresas enfrentem um mercado cada vez mais competitivo. A respeito da gestão de recursos humanos focada na cultura organizacional, julgue os itens que se seguem.

(1) Faz parte do processo de entrada de novos colaboradores em uma organização a aculturação que sofrerão do grupo, tendo em vista o novo ambiente que lhes é apresentado, não sendo salutar que alterem o clima organizacional já existente, sob pena de causarem prejuízo à empresa.

(2) Na classificação do clima organizacional quanto à relação com o futuro, as organizações são classificadas em adaptativas e não adaptativas.

(3) Ao se comparar a cultura organizacional predominante entre os japoneses e a dos norte-americanos, verifica-se que ambas valorizam muito a hierarquia.

(4) Entre as classificações mecanicista e orgânica, as repartições públicas são enquadradas nesta última.

1: incorreta, pois a cultura organizacional não é imutável, podendo ser beneficiada por mudanças trazidas por novos colaboradores; **2:** incorreta, pois, no que se refere à atitude em relação ao futuro, as organizações são classificadas como proativa ou reativa. A classificação entre adaptativas ou não adaptativas refere-se ao indicador orientação para o ambiente; **3:** a assertiva é bastante subjetiva e, a rigor, baseada em estereótipos muito questionáveis. As organizações são bastantes distintas entre si, especialmente no que se refere à cultura organizacional. Não há uniformidade, seja no Japão ou nos Estados Unidos. Entretanto, é inquestionável que há um estereótipo muito forte em relação aos japoneses, relacionada à valorização da hierarquia. Não nos parece que o mesmo possa ser dito em relação aos americanos, bastando imaginar as modernas empresas de alta tecnologia, por exemplo, fortemente abertas à inovação e refratárias à hierarquia formal. Talvez o examinador faça referência a japoneses e americanos em contraposição ao brasileiro, adotando outro estereótipo, este desfavorável a nós; **4:** incorreta. Essa classificação refere-se ao mecanicismo e ao organicismo, caracterizando as organizações como máquinas ou organismos vivos. As organizações mecânicas seriam aquelas estruturadas de modo tradicional, rígido, com forte hierarquia e lineares. As orgânicas são aquelas mais flexíveis, situacionais, adaptáveis ao ambiente interno e externo atual. Nesse sentido, as repartições públicas podem ser classificadas como mecânicas.

Gabarito 1E, 2E, 3C, 4E

(Analista – Ministério das Comunicações – 2008 – CESPE) Julgue os itens seguintes, acerca da cultura organizacional.

(1) A cultura organizacional existente no Ministério das Comunicações é a mesma dos demais órgãos públicos brasileiros, em suas três esferas: federal, estadual e municipal.

(2) A análise da cultura organizacional é vislumbrada efetivamente nas normas formais e escritas existentes na organização.

(3) Um servidor que marcou a história do Ministério, sendo citado como exemplo e modelo a ser seguido pelos novos ingressantes, deve ser entendido como exemplo de artefato da cultura organizacional.

(4) As culturas organizacionais caracterizam-se mais conservadoras ou mais flexíveis, dependendo da receptividade à mudança de seus valores e de suas pressuposições básicas.

(5) O discurso adotado pelos chefes reflete facilmente a cultura organizacional vigente.

(6) A sobrevivência e o crescimento da organização dependem da manutenção intocada de sua cultura organizacional, de modo a fazer frente às mudanças do ambiente externo.

(7) Na tradicional classificação de três níveis da cultura organizacional, as pressuposições básicas constituem o terceiro nível, o mais íntimo, profundo e oculto.

(8) Na tradicional classificação de três níveis da cultura organizacional, o primeiro nível corresponde aos valores compartilhados, que apresentam para as pessoas da organização as razões pelas quais elas desenvolvem as tarefas.

(9) A cultura organizacional é um dos fatores determinantes do clima organizacional.

(10) Várias formas de aprendizagem, por exemplo: rituais, cerimônias, histórias e mesmo a linguagem utilizada na organização, são utilizadas para que a cultura organizacional seja assimilada pelos novos servidores.

1: incorreta, pois a cultura organizacional é, por definição, própria e distintiva de cada organização; **2:** incorreta, pois a cultura organizacional, suas crenças, valores, símbolos aproximam-se dos valores que orientam a estrutura informal, ou seja, aquela formada espontaneamente pelas relações interpessoais; **3:** correta, pois a história e os mitos são manifestações verbais que se inserem na cultura organizacional no nível dos artefatos; **4:** correta, pois a flexibilidade ou conservadorismo referem-se aos níveis dos valores e dos pressupostos da cultura organizacional; **5:** incorreta, pois a cultura organizacional, como dito, orienta a estrutura informal, nem sempre refletida pelo discurso dos dirigentes; **6:** incorreta, pois a cultura organizacional é mutável e, ademais, a sobrevivência e o crescimento da organização não estão relacionados diretamente com sua manutenção; **7:** correta, pois o nível dos *pressupostos* refere-se àqueles que também orientam os comportamentos (como o nível dos valores), mas em patamar mais profundo, inconsciente; **8:** incorreta, pois o primeiro nível é o dos *artefatos,* atinente aos fatores imediatamente visíveis da organização (prédios, marcas, uniformes, rituais, tradições etc.); **9:** correta. Clima organizacional refere-se ao ambiente de trabalho, mais especificamente aos fatores ambientais que influenciam o grau de satisfação (motivação, portanto) e o comportamento dos integrantes da organização. Pode também ser definido como reflexo desse grau de satisfação e motivação dos integrantes da organização, do seu estado de ânimo. A cultura organizacional influencia diretamente o clima organizacional; **10:** correta, pois os rituais, as cerimônias e as histórias são manifestações comportamentais e verbais que se insere na cultura organizacional no nível dos artefatos.

Gabarito 1E, 2E, 3C, 4C, 5E, 6E, 7C, 8E, 9C, 10C

(Administrador – Ministério do Esporte – 2008 – CESPE) Acerca da dinâmica das organizações e dos processos organizacionais, julgue o item subsequente.

(1) As práticas e rituais, por constituírem a camada mais profunda da cultura organizacional, são aspectos cuja mudança requer mais tempo, planejamento e cuidados.

1: incorreta, pois as práticas e rituais estão no nível dos artefatos, ou seja, o primeiro e mais visível da cultura organizacional.

Gabarito 1E

7. PROJETOS E PROCESSOS

(Técnico Judiciário – STJ – 2018 – CESPE) Com relação à gestão de projetos e à governança em organizações públicas, julgue os itens subsecutivos.

(1) Na gestão de projetos, o objeto de análise é o projeto, que consiste em uma sequência de atividades inter-relacionadas, de caráter permanente, que ocorrem em diferentes setores da organização.

(2) A gestão de projetos prevê a definição de escopo, que consiste em descrever a abrangência de um projeto especificando-se suas entregas e seus componentes de apoio.

(3) No gerenciamento de serviços públicos, devem-se observar, entre outros elementos de governança, a supervisão, a qual permite garantir que as ações beneficiem a sociedade, e o controle, o qual visa garantir o atingimento dos objetivos estabelecidos.

(4) O gestor público promove a governança ao prever o atendimento às práticas de *accountability*, dimensão que se refere à capacidade de execução das ações gerenciais de um órgão público.

1: incorreta, pois projeto é definido como uma ação limitada no tempo, relativa à expansão ou ao aperfeiçoamento de atividade. Atividade é ação contínua no tempo, relativa a um produto já oferecido aos clientes; **2:** correta, sendo que o projeto pressupõe definição das entradas e o resultado esperado (entregas); **3:** correta. Governança refere-se à capacidade de implementar de forma eficiente políticas públicas, e controle se refere ao acompanhamento concomitante e *a posteriori* das atividades, processos e resultados; **4:** incorreta, pois *accountability* se refere à transparência, disponibilização ativa e passiva de informações, responsabilidade ética, não à capacidade de execução, especificamente.

Gabarito 1E, 2C, 3C, 4E

(Analista Judiciário – STJ – 2018 – CESPE) Com relação a técnicas de mapeamento, análise e melhoria de processos, julgue os próximos itens.

(1) Considerada a primeira etapa da melhoria de processos, a normatização proporciona maior operacionalidade dos processos, pois, nela, são elaboradas as normas e fluxos bem como documentação de apoio.

(2) O *brainstorming* é utilizado como técnica de melhoria de processos, pois facilita para os envolvidos as atividades de identificação do contexto e de diagnóstico da situação atual do negócio.

(3) A identificação dos processos consiste em relacionar os processos da organização ou área funcional.

1: incorreta, pois a primeira etapa é sempre de mapeamento, colheita de dados; **2:** correta, sendo que no *barinstorming*, tempestade de ideias, há intensa colaboração entre todos os envolvidos, de maneira ampla e participativa; **3:** correta, sendo que a identificação se refere ao mapeamento, à colheita de dados.

Gabarito 1E, 2C, 3C

(Analista – ANATEL – 2009 – CESPE) Uma estratégia, na fase de implementação, desdobra-se em outros planos e meios, nos quais os projetos ganham grande importância. Acerca da conceituação dos projetos, julgue os itens a seguir.

(1) Os projetos não precisam necessariamente ter uma duração, pois há casos em que não é possível definir o tempo de execução, como no caso da elaboração de produtos intelectuais.

(2) Segundo Archibald, há dois tipos de organizações quanto aos projetos: as que têm neles sua atividade principal, e as que têm como atividade principal o fornecimento de bens e serviços de forma contínua.

(3) A boa técnica de administração aconselha que os projetos sejam geridos em conjunto, em uma carteira, visto que, nesse caso, tem-se a visão do todo de uma organização e a possibilidade do compartilhamento de recursos.

(4) O planejamento organizacional deve ser flexível a ponto de poder retroalimentar o sistema, com vista ao seu ajustamento, ainda que no seu transcurso.

1: incorreta, pois projeto é definido como uma ação limitada no tempo, relativa à expansão ou ao aperfeiçoamento de atividade. Atividade é ação contínua no tempo, relativa a um produto já oferecido aos clientes; **2:** correta, indicando a organização focada em projetos e aquela focada no produto ou serviço prestado; **3:** correta, sendo que a gerência em conjunto aumenta a eficiência, reduzindo custos, evitando retrabalho, e amplia igualmente a eficácia da organização, facilitando o atingimento dos objetivos; **4:** correta, pois se refere à ação corretiva do Ciclo PDCA, ao *feedback* que permite correção e melhorias nos processos.

Gabarito 1E, 2C, 3C, 4C

(Analista – Ministério das Comunicações – 2008 – CESPE) Julgue os próximos itens, referentes a gestão estratégica e noções de elaboração, análise, avaliação e gerenciamento de projetos.

(1) Na linha de gerenciamento por projeto, o plano plurianual já se apresenta como estrutura de gestão das ações e projetos governamentais.

(2) Uma atividade desenvolvida de forma rotineira e atribuída como responsabilidade de um único gestor é um exemplo clássico de projeto.

(3) Os projetos têm os seus processos. Segundo o PMBOOK, são cinco os processos de gerenciamento de projetos: iniciação, planejamento, execução, controle e encerramento.

(4) É possível avaliar e constatar o sucesso da implementação de um projeto, a partir de dois fatores: custo e tempo.

(5) Entre os diversos métodos e ferramentas para gerenciamento de projetos, consta o método ZOPP ou método de planejamento de projeto por objetivos, que foi desenvolvido a partir da experiência do governo federal alemão em projetos de cooperação técnica.

(6) O planejamento de projeto implica diversos tipos de análises, por exemplo: análise dos atores sociais relevantes envolvidos e análise da situação-problema e do contexto no qual se insere.

(7) Em um projeto, quando se diz que um determinado produto está 60% completo significa que já se gastou 60% do seu orçamento.

(8) A estrutura organizacional existente no contexto do projeto pode restringir a disponibilidade ou as condições sob as quais os recursos se tornam disponíveis para o projeto. Essa estrutura varia em uma faixa que vai da estrutura mais enrijecida quanto a projetos — funcional — até a mais flexível — projetizada.

(9) Os marcos críticos de um projeto são os problemas enfrentados ao longo de seu desenvolvimento.

(10) Em um projeto, os indicadores podem ser estabelecidos de forma quantitativa e(ou) qualitativa.

1: correta, pois o PPA representa planejamento de médio prazo (quatro anos), estabelecendo, de forma regionalizada, as diretrizes, objetivos e metas da administração pública para as despesas de capital e outras delas decorrentes e para as relativas aos programas de duração continuada – art. 165, § 1º, da CF; **2:** incorreta, pois projeto é uma ação limitada no tempo, relativa à expansão ou ao aperfeiçoamento de atividade. Atividade é ação contínua no tempo, relativa a um produto já oferecido aos clientes; **3:** correta, conforme o Guia PMBOK (Project Management Body of Knowledge); **4:** incorreta, pois há outros fatores relevantes. Em geral, costuma-se indicar como variáveis principais tempo, custo, riscos e escopo (a qualidade, muitíssimo relevante, é apresentada dentro do escopo, ou mesmo como variável específica); **5:** correta, referindo-se adequadamente ao Planejamento de Projeto Orientado por Objetivos (ZOPP, na sigla em alemão); **6:** correta, referindo-se a análises inseridas no processo de planejamento; **7:** incorreta, pois o cálculo do percentual completado se dá, em regra, pela aferição do volume de trabalho já feito em relação ao total necessário para a realização do produto. Por exemplo, se um projeto requer 100 homens-horas para ser completamente realizado e já foram concluídos 50 homens-horas, é possível afirmar, por esse critério, que o percentual de execução do projeto é de 50%; **8:** correta. A organização com estrutura funcional é a tradicional, hierarquizada, rígida, em que cada colaborador tem um único superior. A organização projetizada é aquela estruturada por projetos, cada um deles subordinado a um gerente, totalmente flexível (não há departamento funcionais, especializados por funções). Finalmente, a organização matricial combina as duas estruturas anteriores (funcional e projetizada); **9:** incorreta, pois marcos críticos são apenas as etapas ou eventos mais importantes para o monitoramento da execução das ações de um projeto; **10:** correta, pois os indicadores (de desempenho, efetividade) podem ser quantitativos (quantificação do resultado) ou qualitativos (qualidade do produto ou serviço).

Gabarito 1C, 2E, 3C, 4E, 5C, 6C, 7E, 8C, 9E, 10C

(Administrador – Ministério do Esporte – 2008 – CESPE) Acerca da dinâmica das organizações e dos processos organizacionais, julgue o item subsequente.

(1) Segundo a abordagem de sistemas, as organizações são sistemas fechados, compostos de partes inter-relacionadas e interdependentes que funcionam como um todo, tendo o objetivo de alcançar metas comuns.

1: incorreta, pois não há sistemas fechados no mundo real, ou seja, todo sistema é influenciado pelo ambiente externo (por meio das entradas) e acaba interferindo nele (por meio das saídas).

Gabarito 1E

8. GESTÃO DE QUALIDADE

(Analista Judiciário – STJ – 2018 – CESPE) Julgue os itens subsequentes, relativos a qualidade de vida no trabalho.

(1) A conciliação dos interesses dos indivíduos e das organizações gera conflitos e reduz a produtividade da empresa.

(2) Na implementação de programas de qualidade, não se podem descartar o papel da cultura e a mentalidade da organização.

(3) Reconhecimento, responsabilidade e desenvolvimento profissional são fatores motivacionais que elevam a qualidade de vida no trabalho.

1: incorreta, pois a conciliação é exatamente um método de solução de conflitos; **2:** correta. Cultura organizacional é o conjunto de valores em uma organização, seus princípios, crenças políticas, clima organizacional, relações e hierarquia, definindo os padrões de comportamento e de atitudes que governam as ações e decisões mais importantes da administração. Não há como implementar adequadamente qualquer programa relevante na organização sem levar em conta a cultura organizacional; **3:** correta, referindo-se a fatores pessoais (responsabilidade), organizacionais (desenvolvimento) e de liderança (reconhecimento) essenciais para a qualidade de vida no trabalho.

Gabarito 1E, 2C, 3C

(Técnico – ANVISA – 2007 – CESPE) Julgue os próximos itens, relativos a administração financeira, de materiais e de recursos humanos.

(1) A eliminação de perdas é etapa independente e distinta da implantação da gestão da qualidade.

(2) A gestão da qualidade estabelece que os recursos humanos devem ser valorizados e entendidos como integrantes do sucesso da organização.

(3) Na política da qualidade, desde que o produto final atenda às especificações técnicas estabelecidas no processo produtivo, considera-se que o cliente está satisfeito.

1: incorreta. A identificação das etapas na gestão de qualidade depende muito do autor que se consulte. Entretanto, é correto afirmar que a eliminação das perdas, das causas dessas perdas e da otimização do processo ocorrem na implantação da gestão da qualidade; **2:** correta, pois a gestão da qualidade busca envolver todos os membros da organização no comprometimento com o objetivo; **3:** incorreta, pois, embora o atendimento às especificações técnicas aceitas previamente pelo cliente seja essencial para sua satisfação, não há uma relação de suficiência. Dito de outra forma, a satisfação do cliente depende de outras variáveis, como o atendimento no prazo e a própria situação do ambiente externo.

Gabarito 1E, 2C, 3E

(Analista – Ministério das Comunicações – 2008 – CESPE) Julgue os itens que se seguem, a respeito das novas tecnologias gerenciais e das convergências e diferenças entre a gestão pública e a gestão privada.

(1) A decisão sobre se um produto ou serviço prestado na organização pública é ou não de qualidade é do cliente.

(2) As atividades de garantia e busca da qualidade devem ser consideradas atividade-fim da organização pública, sendo a obtenção de certificações e premiações um grande objetivo organizacional a ser perseguido.

(3) Considerando pressupostos clássicos da qualidade, como aqueles preconizados por Deming, a organização deve criar, entre as unidades organizacional, nítidas separações de espaços e níveis de acesso às comunicações.

(4) Uma unidade organizacional que fixe quotas claras e mensuráveis para avaliar o desenvolvimento do seu pessoal de atendimento ao público vai ao encontro do que pressupõem os princípios de qualidade propostos por Deming.

1: correta, pois a gestão da qualidade foca o cliente, quem diz, em última análise, se o produto ou o serviço efetivamente tem qualidade; **2:** incorreta, pois a busca da qualidade é atividade-meio. A atividade fim é a realização do serviço ou a produção do bem; **3:** incorreta, pois uma das diretrizes de Deming para a gestão e qualidade é a derrubada de divisões entre departamentos, ampliando-se a comunicação entre eles; **4:** incorreta, pois os princípios delineados por Deming são contra as metas numéricas típicas da administração científica.

Gabarito 1C, 2E, 3E, 4E

(Analista – Ministério das Comunicações – 2008 – CESPE) Julgue os itens a seguir, a respeito da excelência e gestão de resultados na produção de serviços públicos.

(1) O Programa Nacional de Gestão Pública e Desburocratização (GESPÚBLICA) tem como uma de suas ações estratégicas o Prêmio Nacional da Gestão Pública (PQGF) e atualmente possui oito critérios de avaliação, entre eles: liderança, pessoas, processos e resultados.

(2) O PQGF apresenta como um de seus objetivos de proposta de alavancar setores estratégicos do governo para a excelência na gestão pública.

(3) O modelo de excelência em gestão pública foi concebido a partir da premissa de que uma organização pública pode e deve ser excelente, levando em conta os mesmos moldes da iniciativa privada.

(4) Na busca de resultados e de qualidade na prestação dos serviços, à administração pública cabe, em regra, fazer acepção de pessoas. O tratamento diferenciado se justifica em função das metas previstas pelo governo.

(5) O modelo de excelência em gestão pública considera que a liderança é o elemento promotor da gestão, sendo responsável pela orientação, estímulo e comprometimento para o alcance e melhoria dos resultados organizacionais.

1: correta, pois os critério do PQGF são (a) liderança, (b) estratégia e planos, (c) cidadãos, (d) sociedade, (e) informações e conhecimento, (f) pessoas, (g) processos e (h) resultados – Instrumento para Avaliação da Gestão Pública, ver em www.gespublica.gov.br, também ver Decreto 5.378/2005; Atenção: o Programa Nacional de Gestão Pública e Desburocratização (Gespública) foi descontinuado pelo Decreto 9.904/2017, que revogou o Decreto 5.378/2005; **2:** correta, pois esse é um dos objetivos, conforme as fontes antes citadas; **3:** incorreta, pois o modelo de excelência em gestão pública, embora reconheça as técnicas desenvolvidas pela administração privada, afirma as peculiaridades do setor público, em especial o objetivo último, que é sempre o atendimento do interesse público; **4:** incorreta, pois o tratamento isonômico é diretriz constitucional para a administração pública – art. 37, *caput*, da CF; **5:** correta, sendo a liderança o primeiro critério de avaliação do PQGF.

Gabarito 1C, 2C, 3E, 4E, 5C

9. COMUNICAÇÃO E INFORMAÇÃO

(Agente Administrativo – Ministério da Educação – 2009 – CESPE) Julgue os próximos itens, acerca de relações públicas.

(1) Visando à efetiva atuação na área de relações públicas de uma organização, o gestor deve considerar como público a comunidade em geral que circunscreve essa organização.

(2) Para ser bem-sucedido em relações públicas, o gestor de uma organização deve dividir seu público em diversas categorias específicas, oferecendo atendimento diferenciado a cada uma delas.

(3) Tendo em vista a boa imagem da organização e o bom relacionamento com o público, deve-se orientar os atendentes a adotarem formas de tratamento carinhosas, que estabeleçam empatia com esse público, por exemplo: meu caro ou minha amiga.

(4) Caso enfrente uma situação de silêncio constrangedor, no atendimento a um cliente ou usuário, o atendente deve conversar com ele sobre qualquer assunto, para preencher o silêncio.

(5) Ao se orientar colaboradores acerca de como conversar com seus usuários, fornecedores e a comunidade em geral, deve-se instruí-los a evitar o uso de siglas ou códigos internos da organização.

(6) Incluem-se no planejamento de ações de relações públicas as seguintes fases: apreciação do comportamento do público; revisão e ajustamento da política administrativa; programa de informações.

1: incorreta, pois público, no caso, são os grupos de pessoas que mantêm relações com a organização (ou têm interesse nela), sejam elas empresariais, consumeristas, trabalhistas, ambientais etc. São clientes da organização, destinatários efetivos e potenciais dos serviços e produtos, trabalhadores, fornecedores, investidores, comunidade próxima etc.; **2:** correta, pois quanto maior for a especificação, melhor será o atendimento às peculiares necessidades do público; **3:** incorreta, pois a forma de tratamento vai depender da organização, dos serviços ou produtos e, principalmente, do perfil dos clientes. Tudo isso indicará uma forma mais ou menos formal; **4:** incorreta, pois o atendente deve ter um roteiro preciso para a comunicação eficiente, o que evita tal silêncio constrangedor. Em último caso, não é indicado tratar de assuntos estranhos à relação entre a organização e o cliente; **5:** correta, pois o uso do jargão interno pode tornar incompreensível a comunicação com o cliente; **6:** correta, pois indica adequadamente etapas para o planejamento de ações de relações públicas.

Gabarito 1E, 2C, 3E, 4E, 5C, 6C

(Técnico – INSS – 2008 – CESPE) Acerca da comunicação institucional, julgue os itens a seguir.

(1) A comunicação institucional propõe-se a tornar pública a instituição, agregando valores e projetando-a junto ao público desejado, com o intuito direto e específico de vender os produtos e serviços existentes na organização.

(2) A comunicação institucional utiliza técnicas de relações públicas, *marketing*, publicidade, propaganda e jornalismo.

1: incorreta, pois a comunicação institucional não se restringe à venda de produtos e serviços, podendo ser direcionada diretamente, por exemplo, à valorização da marca, contato com investidores, informação a clientes acerca de produtos já vendidos etc.; **2:** correta, pois a comunicação institucional agrega técnicas de todas as áreas indicadas.

Gabarito 1E, 2C

(Agente Administrativo – Ministério da Educação – 2009 – CESPE) Acerca das relações humanas, julgue os itens a seguir.

(1) No relacionamento humano, a comunicação tem papel preponderante, constituindo a mensagem visual o método mais adequado para se interagir com qualquer indivíduo.

(2) Visando ao bom relacionamento humano, o comunicador deve escolher a forma que lhe é mais conveniente para comunicar uma mensagem ao seu interlocutor.

1: incorreta, pois não se pode afirmar que a mensagem visual seja sempre a mais adequada. Há diversos casos em que a comunicação exclusivamente sonora é a adequada, por exemplo (basta pensar nas comunicações telefônicas); **2:** incorreta, pois a forma de comunicação não deve atender apenas a conveniência do comunicador, mas principalmente a efetividade na transmissão da mensagem.

Gabarito 1E, 2E

(Agente Administrativo – Ministério da Educação – 2009 – CESPE) Julgue os itens que se seguem, relativos à redação de expedientes.

(1) Caso o diretor de um órgão do MEC pretenda solicitar demanda dos recursos que gerencia ao Ministério da Defesa, ele deve encaminhar um memorando.

(2) Ao se elaborar um memorando, deve-se utilizar o padrão ofício, no entanto, o seu destinatário deve ser mencionado pelo cargo que ocupa.

(3) Caso a autoridade competente do MEC pretenda desenvolver um projeto que dependa de aprovação presidencial, ela deverá enviar ao presidente da República, por meio do respectivo ministro de Estado, um aviso ministerial.

(4) Aviso e ofício são modalidades de comunicação oficial muito semelhantes; ambos têm como finalidade o tratamento de assuntos oficiais pelos órgãos da administração pública.

(5) Caso o ministro da Educação precise requerer o apoio de outro ministério em determinado assunto, ele deverá encaminhar tal solicitação por intermédio de uma exposição de motivos.

(6) A exposição de motivos, de acordo com sua finalidade, apresenta duas formas básicas de estrutura: uma para aquela que tenha caráter exclusivamente informativo e outra para a que proponha alguma medida ou submeta projeto de ato normativo.

(7) Para encaminhar um projeto de lei ordinária ao Congresso Nacional, o Presidente da República deverá utilizar-se da mensagem.

(8) Os atos assinados pelo presidente da República devem trazer a identificação de seu signatário e o número de anos decorridos da Proclamação da República e da Independência do Brasil.

(9) Na administração pública, o telegrama deve ter sua utilização priorizada em detrimento de outras modalidades de comunicação oficial, tendo-se em vista a desburocratização no trâmite de expedientes públicos.

(10) Mesmo que o fax seja assinado por autoridade competente, seu envio não dispensa o encaminhamento do original, posteriormente, pelo meio de praxe.

(11) Ao se redigir um ofício de acordo com as orientações do Manual de Redação da Presidência da República, deve-se obedecer à seguinte instrução: utilizar fonte do tipo Times New Roman de corpo 12 no texto em geral, 11 nas citações e 10 nas notas de rodapé.

1: incorreta. Segundo o **Manual de Redação da Presidência da República** há três tipos de expedientes que se diferenciam pela finalidade: ofício, aviso e memorando. Aviso e ofício são modalidades de comunicação oficial praticamente idênticas. A única diferença entre eles é que o aviso é expedido exclusivamente por Ministros de Estado, para autoridades de mesma hierarquia, ao passo que o ofício é expedido para e pelas demais autoridades. Ambos têm como finalidade o tratamento de assuntos oficiais pelos órgãos da Administração Pública entre si e, no caso do ofício, também com particulares. O memorando é a modalidade de comunicação entre unidades administrativas de um mesmo órgão, que podem estar hierarquicamente em mesmo nível ou em nível diferente. Trata-se, portanto, de uma forma de comunicação eminentemente interna. No caso, portanto, o diretor do MEC deveria enviar um ofício; **2:** correta, conforme o item 3.4.1. do Manual de Redação da Presidência da República; **3:** incorreta, pois o aviso é expedido exclusivamente por Ministros de Estado para autoridades de mesma hierarquia; **4:** correta, conforme comentário à primeira assertiva; **5:** incorreta. Exposição de motivos é o expediente dirigido ao Presidente da República ou ao Vice-Presidente para (a) informá-lo de determinado assunto; (b) propor alguma medida; ou (c) submeter a sua consideração projeto de ato normativo. Em regra, a exposição de motivos é dirigida ao Presidente da República por um Ministro de Estado. Nos casos em que o assunto tratado envolva mais de um Ministério, a exposição de motivos deverá ser assinada por todos os Ministros envolvidos, sendo, por essa razão, chamada de interministerial; **6:** correta, conforme o item 4.2. do Manual de Redação da Presidência da República; **7:** correta. Mensagem é o instrumento de comunicação oficial entre os Chefes dos Poderes Públicos, notadamente as mensagens enviadas pelo Chefe do Poder Executivo ao Poder Legislativo para informar sobre fato da Administração Pública; expor o plano de governo por ocasião da abertura de sessão legislativa; submeter ao Congresso Nacional matérias que dependem de deliberação de suas Casas; apresentar veto; enfim, fazer e agradecer comunicações de tudo quanto seja de interesse dos poderes públicos e da Nação; **8:** incorreta, pois não há essa exigência. É interessante anotar, entretanto, que consagrou-se a inclusão dessas informações no fecho dos atos legislativos; **9:** incorreta. Por tratar-se de forma de comunicação dispendiosa aos cofres públicos e tecnologicamente superada, deve restringir-se o uso do telegrama apenas àquelas situações que não seja possível o uso de correio eletrônico ou fax e que a urgência justifique sua utilização e, também em razão de seu custo elevado, esta forma de comunicação deve pautar-se pela concisão; **10:** discutível. Somente quando necessário é que o original deve seguir pela via e na forma de praxe – item 7.1 do Manual de Redação da Presidência da República; **11:** correta, conforme o item 3.2, "a", do Manual de Redação da Presidência da República.

Gabarito 1E, 2C, 3E, 4C, 5E, 6C, 7C, 8E, 9E, 10C, 11C

10. ADMINISTRAÇÃO DE MATERIAIS

(Técnico – ANAC – 2009 – CESPE) Quanto à administração de materiais, julgue os seguintes itens.

(1) No método PEPS, a saída de estoque é sempre das unidades de mercadoria mais antigas, ficando no estoque as mais recentes.

(2) Quanto à previsão de estoques, o método da média móvel utiliza como previsão de quantitativos de estoques para o próximo período o quantitativo verificado no período anterior.

(3) Sistemas de produção embasados no método *just in time* são intensivos em utilização de espaço físico para estocagem de matéria-prima ou de mercadorias a serem vendidas pela organização.

1: correta. PEPS significa "primeiro a entrar, primeiro a sair"; **2:** incorreta, pois o método da média móvel, aplicado à previsão de estoques, refere-se à média dos últimos períodos (a quantidade de períodos anteriores depende da decisão gerencial) como critério para se definir o estoque para o período seguinte; **3:** incorreta, pois o *just in time* tende a reduzir a utilização de espaço físico para estocagem, pois busca manter apenas os insumos necessários para a produção atual.

Gabarito 1C, 2E, 3E

(Técnico – ANATEL – 2009 – CESPE) Acerca do tema noções de administração de materiais, julgue os itens subsequentes.

(1) Quando um equipamento não mais puder ser utilizado para o fim a que se destina, devido à perda de suas características ou em razão da inviabilidade econômica de sua recuperação, tal equipamento será denominado material ocioso.

(2) Se determinado órgão público adquirir 50 cartuchos de *toner* para as suas impressoras a *laser*, tais produtos deverão ser considerados como produtos acabados para o referido órgão.

(3) Há relação diretamente proporcional entre o custo de armazenagem e a quantidade de produtos existente em estoque. No entanto, quando o estoque estiver zerado, ainda assim haverá um mínimo de custo de armazenagem.

(4) A movimentação interna de materiais, mesmo quando necessária, em nada contribui para a agregação de valores ao produto final, podendo, apenas, se realizada de modo eficaz, minimizar os custos que impactam no custo final.

1: incorreta, pois refere-se a bens inservíveis (obsoletos ou deteriorados); **2:** incorreta, pois os cartuchos são material de almoxarifado. Os produtos acabados são aqueles produzidos e disponíveis para venda; **3:** correta, pois há custos fixos, como aluguel do espaço, limpeza e manutenção etc.; **4:** correta, pois, como diz a assertiva, a movimentação interna não aumenta o valor do bem (não amplia seu valor), embora possa impactar negativamente nos custos.

Gabarito 1E, 2E, 3C, 4C

(Técnico – ANATEL – 2009 – CESPE) Um gestor de uma organização fornecedora de serviços de telecomunicações tem encontrado dificuldades em relação aos integrantes da organização que prestam serviços de manutenção de redes. Assim, decidiu reestruturar a gestão de recursos humanos de sua organização.

Supondo que o organograma acima seja o da referida organização, julgue o item seguinte, que versa sobre noções de recursos humanos e administração financeira.

(1) Considerando que a unidade de Material e Patrimônio tenha adquirido uma leitora óptica para controle dos itens patrimoniais da organização e que essa leitora seja capaz de ler os códigos de barra existentes nas placas de tombamento e assim inventariar mais rápida e eficazmente os bens da organização, é correto afirmar que o gasto foi feito na aquisição de um bem de capital.

1: correta, pois o equipamento é utilizado na operação da empresa (não é um bem de consumo).

Gabarito 1C

(Agente Administrativo – Ministério da Educação – 2009 – CESPE) Julgue os itens seguintes, que tratam de administração de material, administração de recursos humanos e administração financeira.

(1) Quando adota uma administração de materiais em estoque que privilegia a saída dos materiais que deram entrada mais recentemente, o encarregado de material utiliza o método UEPS.

(2) Ao garantir o estoque mínimo, o gestor de materiais terá a quantidade necessária de um item para suprir a organização em um período estabelecido mais o estoque de segurança.

(3) Entre os principais objetivos a serem perseguidos pelo administrador de materiais inclui-se o alto giro do estoque.

(4) O custo original de um ativo instalado corresponde ao valor contábil desse ativo, que, por sua vez, é igual ao valor do respectivo bem à época da sua aquisição.

1: correta, pois UEPS significa "último a entrar, primeiro a sair"; **2:** Incorreta. Os autores costumam adotar estoque "mínimo" e "de segurança" como expressões sinônimas. Assim, a assertiva é incorreta, pois dá a entender que se tratam de coisas distintas; **3:** correta, pois busca evitar a manutenção desnecessária de bem em estoque, o que implica imobilização ineficiente de capital; **4:** incorreta, pois o valor contábil do ativo indica dedução da depreciação e da perda por redução ao valor recuperável acumuladas. Custo original é o valor de aquisição.

Gabarito 1C, 2E, 3C, 4E

(Técnico – ANTAQ – 2009 – CESPE) A respeito de administração de materiais, julgue os itens subsequentes.

(1) O custo médio é o método de avaliação de estoque mais indicado para períodos inflacionários.

(2) Uma vantagem de se adotar a centralização do processo de compras é a obtenção de maior controle de materiais em estoque.

(3) A administração de materiais efetiva visa minimizar o conflito existente entre as áreas-fim e as áreas-meio de uma organização, como a área de compras e a área financeira.

(4) Para se fazer uma avaliação dos estoques, podem ser tomados por base o preço de custo ou preço de mercado.

(5) Caso existam preços diferentes de um item no processo de avaliação de estoque, deve ser dada a preferência ao preço maior.

(6) UEPS (último que entra primeiro que sai) e PEPS (primeiro que entra primeiro que sai) são métodos utilizados para realização de uma avaliação de estoques.

1: incorreta, pois o custo médio em época de inflação tende a gerar grande distorção (valor médio muito inferior ao custo atual do bem); **2:** correta, pois há não apenas ganho de escala, mas também esse controle maior do estoque. As desvantagens são a perda de flexibilidade e sensibilidade em relação às diversas demandas dentro da organização; **3:** correta, pois as áreas de compras, produção e vendas tendem a pressionar por estoques maiores, enquanto a área financeira tende a pleitear estoques menores, com menos imobilização de capital; **4:** correta, pois são possíveis ambos os critérios, a depender da necessidade do gestor; **5:** incorreta, pois isso dependerá do método de avaliação adotado (média, UEPS, PEPS). Importante salientar que o método UEPS (último que entra, primeiro que sai) não é aceito pela legislação tributária, pois distorce o valor adicionado pela organização e, portanto, o lucro apurado no período (os itens que entram posteriormente no estoque tendem a ter preço maior, pelo efeito da inflação, diminuindo o lucro apurado) – ver art. 289 e seguinte do Regulamento do Imposto de Renda, por exemplo. Nada impede, entretanto, que a organização utilize o método para fins de gestão; **6:** correta, sendo possível a avaliação por UEPS (último a entrar, primeiro a sair), PEPS (primeiro a entrar, primeiro a sair) ou média ponderada.

Gabarito 1E, 2C, 3C, 4C, 5E, 6C

(Técnico – ANVISA – 2007 – CESPE) Julgue os próximos itens, relativos a administração financeira, de materiais e de recursos humanos.

(1) A realização de inventário físico é a atividade em que se calcula o valor dos bens existentes no registro, descontado-se a depreciação acumulada.

(2) A gestão de estoques é uma atividade característica da administração de materiais.

1: incorreta, pois inventário físico é a contagem real dos itens em estoque, para verificação das quantidades contabilizadas; **2:** correta, pois a gestão de estoques está abrangida pela administração de materiais.

Gabarito 1E, 2C

11. OUTRAS MATÉRIAS E TEMAS COMBINADOS

(Analista – STM – 2011 – CESPE) No que se refere à excelência na prestação de serviços e à gestão estratégica e de resultados no âmbito da administração pública, julgue os itens subsequentes.

(1) As iniciativas de e-gov (governo eletrônico) têm se mostrado insuficientes no que se refere ao fornecimento de acesso de maior qualidade às informações e serviços públicos à população.

(2) A partir do Plano Diretor de Reforma do Aparelho do Estado, a relação entre a administração e o usuário-cidadão passou a pautar-se notadamente por dimensões de excelência na prestação de serviços públicos com a participação de entidades da sociedade civil.

(3) No setor público, a noção de gestão para resultados relaciona-se ao atendimento das demandas dos cidadãos e à criação de valor público por meio de um gerenciamento integrado e eficiente de políticas, programas e projetos públicos.

(4) Nas organizações públicas, a gestão estratégica tem a função precípua de articular os macroprocessos organizacionais necessários ao alcance de metas.

(5) Na administração pública, o planejamento estratégico deve levar em consideração, entre outros aspectos, as relações de um órgão com seus usuários-cidadãos, governo e servidores.

1: a assertiva é muito subjetiva, mas, sem dúvida, o programa de Governo Eletrônico, no âmbito federal, ampliou e facilitou o acesso da população às informações e aos serviços públicos; **2:** outra assertiva bastante subjetiva, mas que indica objetivo essencial do Plano Diretor da Reforma do Aparelho do Estado – PDRAE/1995 – pode ser encontrado no site da Presidência da República e em http://www.bresserpereira.org.br/Documents/MARE/PlanoDiretor/planodiretor.pdf; **3:** assertiva correta, considerando que a moderna *administração pública gerencial* foca os resultados, sempre relacionados ao interesse público; **4:** assertiva incorreta. O planejamento pode ser classificado em estratégico, tático ou operacional, pelo critério de abrangência. O planejamento estratégico é o mais amplo, relativo aos objetivos e estratégias de longo prazo para toda a organização. O planejamento tático refere-se a cada área funcional da organização. O planejamento operacional corresponde ao nível básico da organização, à suas atividades rotineiras. Embora os macroprocessos envolvam, geralmente, mais de uma função da organização, tendo impacto significativo em toda ela, sua articulação refere-se aos níveis táticos e operacionais; **5:** assertiva correta, pois a relação de cada unidade (órgão, no caso da administração pública) com a organização (governo), colaboradores (servidores, no caso) e clientes internos e externos (cidadãos) é aspecto essencial do planejamento estratégico.

Gabarito 1E, 2C, 3C, 4E, 5C

9. Administração Financeira e Orçamentária

Robinson Barreirinhas

1. PRINCÍPIOS E NORMAS GERAIS

(Analista Judiciário – STJ – 2018 – CESPE) Acerca dos fundamentos de administração financeira e orçamentária, julgue os itens a seguir.

(1) É vedada a inclusão de dotações orçamentárias destinadas a despesas correntes de propósitos distintos.

(2) Os princípios da unidade e da universalidade são válidos, ainda que haja orçamentos diferentes no âmbito de cada ente da Federação.

1: correta, sendo essa uma consequência do princípio da especificação; **2:** correta, nos termos do art. 165, § 5º, da CF e arts. 1º, 3º e 4º da Lei 4.320/1964.

Gabarito 1C, 2C

Veja a seguinte tabela com os mais importantes princípios orçamentários, para estudo e memorização:

Princípios orçamentários	
Anualidade	A lei orçamentária é anual (LOA), de modo que suas dotações orçamentárias referem-se a um único exercício financeiro – art. 165, § 5º, da CF. Ver o art. 165, § 14, da CF (incluído pela EC 100/2019)
Universalidade	A LOA inclui todas as despesas e receitas do exercício – arts. 3º e 4º da Lei 4.320/1964
Unidade	A LOA refere-se a um único ato normativo, compreendendo os orçamentos fiscal, de investimento e da seguridade social – art. 165, § 5º, da CF e art. 1º da Lei 4.320/1964. Ademais, cada esfera de governo (União, Estados, DF e Municípios) terá uma única LOA para cada exercício, o que também é indicado como princípio da unidade
Exclusividade	A LOA não conterá dispositivo estranho à previsão da receita e à fixação da despesa, admitindo-se a autorização para abertura de créditos suplementares e para contratação de operações de crédito – art. 165, § 8º, da CF
Equilíbrio	Deve haver equilíbrio entre a previsão de receitas e a autorização de despesas, o que deve também ser observado na execução orçamentária. Isso não impede a realização de *superávits* – ver art. 48, *b*, da Lei 4.320/1964 e art. 31, § 1º, II, da LRF (LC 101/2000)
Especificação, especialização ou discriminação	Deve haver previsão pormenorizada de receitas e despesas, não cabendo dotações globais ou ilimitadas – art. 167, VII, da CF e art. 5º da Lei 4.320/1964
Unidade de tesouraria	**As receitas devem ser recolhidas em caixa único, sendo vedada qualquer fragmentação para criação de caixas especiais – art. 56 da Lei 4.320/1964**
Não afetação ou não vinculação da receita dos impostos	É vedada a vinculação de receita de impostos a órgão, fundo ou despesa, com as exceções previstas no art. 167, IV, da CF

(Técnico Judiciário – STJ – 2018 – CESPE) A respeito das técnicas, dos princípios e do ciclo orçamentários, julgue o item a seguir.

(1) A publicação do orçamento em diário oficial é o ato que garante o cumprimento do princípio orçamentário da clareza.

1: incorreta, pois a publicação dos atos se refere ao princípio da publicidade, que rege toda a administração pública, não apenas as finanças – art. 37, *caput*, da CF.

Gabarito 1E

(Analista – STM – 2011 – CESPE) A respeito da Lei nº 4.320/1964, julgue os itens a seguir.

(1) Se determinado município criar uma taxa de fiscalização sanitária, poderá vincular o produto de sua arrecadação para a constituição de um fundo especial com o objetivo de construir uma usina de reciclagem de lixo.

(2) Todos os entes da Federação estão proibidos de compensar o direito líquido e certo de receber seus recursos com obrigações perante terceiros, ressalvados os créditos de natureza tributária.

1: correta, pois a vedação à vinculação de receitas tributárias a fundos aplica-se apenas aos impostos, nos termos e com as restrições previstas no art. 167, IV, da CF/1988. Ver também o art. 71 da Lei 4.320/1964; **2:** correta, porém a assertiva é discutível. De fato, em regra, os créditos dos particulares contra o poder público não podem ser compensados com créditos da fazenda contra o particular, nos termos do art. 54 da Lei 4.320/1964. Há exceção no caso de créditos tributários, desde que haja lei autorizativa do ente tributante, conforme o art. 170 do CTN. A assertiva é discutível, pois entendemos que a impossibilidade de compensação é norma em favor do Fisco, pelo princípio da supremacia do interesse público sobre o particular, não impedido, em princípio, a compensação que seja de interesse da fazenda.

Gabarito 1C, 2C

2. LEI ORÇAMENTÁRIA ANUAL – LOA, LEI DE DIRETRIZES ORÇAMENTÁRIAS – LDO E PLANO PLURIANUAL – PPA

(Analista Judiciário – STJ – 2018 – CESPE) Acerca dos fundamentos de administração financeira e orçamentária, julgue os itens a seguir.

(1) A consequência legal da inclusão de uma despesa no orçamento público é diferente da consequência legal da inclusão de uma receita nesse orçamento.

(2) O ciclo orçamentário começa a partir da mensagem presidencial que encaminha o projeto de lei orçamentária ao Congresso Nacional.

(3) A proposta orçamentária do Poder Legislativo deve ser apresentada ao Congresso Nacional pelo Poder Executivo.

(4) Se determinado órgão público elaborar um plano que envolva apenas sua área de atuação, esse plano deverá ser submetido ao sistema de planejamento e de orçamento federal.

1: correta, pois a LOA é autorizativa apenas em relação às despesas (o fato de a receita não estar prevista na LOA não impede sua realização); **2:** incorreta, pois a elaboração do projeto inicia o ciclo orçamentário. Lembre que o ciclo orçamentário apresenta quatro fases: (a) elaboração e apresentação da proposta orçamentária; (b) discussão e aprovação da LOA, autorização legislativa; (c) programação e execução orçamentária; e (d) avaliação e controle; **3:** correta – arts. 165, III, e 166 da CF; **4:** correta, pois todos os planos devem ser submetidos ao Sistema de Planejamento e de Orçamento Federal, responsável por formular o PPA, a LDO e a LOA.

Dica: É importante destacar que a EC 86/2015 tornou o orçamento impositivo em relação às emendas individuais ao projeto de lei orçamentária, até o limite de 1,2% da receita corrente líquida realizada no exercício anterior, nos termos do art. 166, §§ 9º a 12 da CF. Posteriormente, a EC 100/2019 previu também a impositividade para as programações incluídas por todas as emendas de iniciativa de bancada de parlamentares de Estado ou do Distrito Federal, no montante de até 1% da receita corrente líquida realizada no exercício anterior (nova redação para o § 12).

Gabarito 1C, 2E, 3C, 4C

(Analista Judiciário – STJ – 2018 – CESPE) A respeito dos principais mecanismos no planejamento e execução do orçamento público, julgue o item que se segue.

(1) A identificação da localização do gasto público na estrutura programática é feita por meio do subtítulo.

1: correta, conforme o art. 4º, I, da LDO da União para 2018 – Lei 13.473/2017.

Gabarito 1C

(Técnico Judiciário – STJ – 2018 – CESPE) Acerca do plano plurianual, das classificações orçamentárias e da estrutura programática, julgue os itens a seguir.

(1) A principal finalidade da classificação orçamentária institucional é evidenciar as unidades administrativas responsáveis pela execução da despesa.

(2) Conforme a classificação da receita orçamentária por indicador de resultado primário, receitas financeiras são aquelas que não alteram o endividamento líquido do governo no exercício financeiro correspondente.

(3) A classificação orçamentária da receita por fonte de recursos é dividida em cinco grupos, entre eles inclui-se o grupo de recursos condicionados.

(4) Ações orçamentárias definidas como operações especiais são aquelas despesas que não contribuem para a manutenção, expansão ou aperfeiçoamento das ações de governo.

1: correta, pois a classificação institucional indica exatamente o órgão e a unidade orçamentária responsáveis pela despesa; **2:** correta, conforme o art. 6º, § 4º, I, e item 2.3.2 do Anexo de Metas Fiscais da LDO da União para 2018 – Lei 13.473/2018; **3:** correta – ver Portaria SOF 1/2001; **4:** correta, conforme o art. 4º, XIII, da LDO da União para 2018 – Lei 13.473/2018.

Gabarito 1C, 2C, 3C, 4C

(Técnico Judiciário – STJ – 2018 – CESPE) Acerca do plano plurianual, das classificações orçamentárias e da estrutura programática, julgue os itens a seguir.

(1) A regionalização das diretrizes, dos objetivos e das metas da administração federal no plano plurianual deve ser feita por macrorregiões geoeconômicas.

(2) A última lei do plano plurianual foi elaborada como instrumento mais estratégico, no qual é possível identificar as principais diretrizes de governo e a relação dessas diretrizes com os objetivos a serem alcançados nos programas temáticos.

(3) De acordo com a última lei do plano plurianual, programa temático é aquele que expressa e orienta as ações destinadas ao apoio, à gestão e à manutenção da atuação governamental.

1: incorreta, pois o art. 165, § 1º, da CF determina apenas que o estabelecimento das diretrizes, objetivos e metas seja de forma regionalizada; **2:** correta. As diretrizes para 2016-2019 estão descritas no art. 4º da Lei 13.249/2016, sendo que a gestão do PPA consiste exatamente na articulação dos meios para viabilizar o alcance dos objetivos e metas – art. 11. Cada programa possui um objetivo (art. 6º, I, da Lei 13.249/2016, sendo que a vinculação com cada ação orçamentária consta das LOAs (art. 8º, § 3º); **3:** incorreta pois o programa temático expressa e orienta a ação governamental para a entrega de bens e serviços à sociedade – art. 5º, I, da Lei 13.249/2016.

Gabarito 1E, 2C, 3E

(Analista Judiciário – STJ – 2018 – CESPE) A respeito dos principais mecanismos no planejamento e execução do orçamento público, julgue o item que se segue.

(1) A fonte de um indicador no plano plurianual constitui o conjunto de receitas que será utilizado para o programa temático.

1: incorreta, pois indicador é uma referência que permite identificar e aferir, periodicamente, aspectos relacionados a um Programa, auxiliando a avaliação dos seus resultados. A fonte do indicador é o órgão que produz as informações relativas a esse indicador.

Gabarito 1E

(Analista Judiciário – STJ – 2018 – CESPE) A respeito dos principais mecanismos no planejamento e execução do orçamento público, julgue os itens que se seguem.

(1) Determinada alteração na legislação tributária somente poderá entrar em vigor depois de regularmente autorizada pela lei de diretrizes orçamentárias.

(2) É vedado alterar atributos dos créditos orçamentários sem autorização da lei orçamentária anual ou de créditos adicionais.

1: incorreta, pois, embora o art. 165, § 2º, da CF preveja que a LDO disponha sobre as alterações da legislação tributária, a vigência e eficácia dessas alterações não são condicionadas a isso; **2:** incorreta, pois os atributos dos créditos (não seus valores) podem ser alterados – veja o art. 43 da LDO da União para 2018 – Lei 13.473/2017.

Gabarito 1E, 2E

(Analista – STM – 2011 – CESPE) Julgue os itens que se seguem, relativos a conceitos básicos de orçamento.

(1) O princípio do orçamento bruto se aplica indistintamente à lei orçamentária anual e a todos os tipos de crédito adicional.

(2) O orçamento é popularmente chamado de lei de meios, porque seu objetivo principal é discriminar em suas tabelas e anexos quais os meios que o governo deve utilizar para atingir os seus fins.

1: correta. O princípio do orçamento bruto está relacionado ao princípio da universalidade e determina a indicação de receitas e despesas sem qualquer dedução (ou seja, pelos valores brutos, jamais líquidos). Por exemplo, um salário de R$ 1 mil reais corresponde a uma despesa exatamente desse valor, ainda que o IR retido na fonte seja receita do ente público (o valor do imposto não é abatido do montante da despesa com salário). Esse princípio se aplica a todas as receitas e despesas, sejam aquelas previstas originariamente na LOA, como aquelas atinentes a créditos adicionais; **2:** incorreta, pois a LOA indica os meios que poderão ser utilizados para a realização das ações e projetos pelo governo (ela é autorizativa, não impositiva – o governo *pode* utilizar, não sendo correto dizer que ele *deve* utilizar).

Dica: É importante destacar que a EC 86/2015 tornou o orçamento impositivo em relação às emendas individuais ao projeto de lei orçamentária, até o limite de 1,2% da receita corrente líquida realizada no exercício anterior, nos termos do art. 166, §§ 9º a 12 da CF. Posteriormente, a EC 100/2019 previu também a impositividade para as programações incluídas por todas as emendas de iniciativa de bancada de parlamentares de Estado ou do Distrito Federal, no montante de até 1% da receita corrente líquida realizada no exercício anterior (nova redação para o § 12).

Gabarito 1C, 2E

3. LEI DE RESPONSABILIDADE FISCAL – LRF

(Analista Judiciário – STJ – 2018 – CESPE) A respeito da Lei de Responsabilidade Fiscal e do novo regime fiscal, julgue os itens subsequentes.

(1) A receita corrente líquida é apurada somando-se as receitas arrecadadas no exercício financeiro em curso até o mês de apuração, excluídas as duplicidades.

(2) Se um órgão público alienar edifício de sua propriedade, os recursos obtidos com a alienação, bem como a destinação desses recursos, devem ser demonstrados em anexo próprio da lei de diretrizes orçamentárias.

(3) Se determinado ente da Federação emitir títulos para pagamento do principal da dívida mobiliária acrescido de atualização monetária, o montante da emissão integrará obrigatoriamente a dívida consolidada do ente.

(4) O parecer prévio emitido pelo Tribunal de Contas da União sobre as contas prestadas anualmente pelo presidente da República está dispensado de divulgação nos meios eletrônicos de acesso público.

(5) Se o Senado Federal ultrapassar o limite individualizado de despesas definido pelo novo regime fiscal, a Câmara dos Deputados ficará proibida de promover alteração na estrutura de suas carreiras que implique aumento de despesa até o final do exercício em que as despesas do Senado Federal retornarem aos respectivos limites.

1: incorreta, pois a RCL é apurada somando-se as receitas arrecadadas no mês em referência e nos onze anteriores, excluídas as duplicidades – art. 2º, § 3º, da LRF; **2:** correta, arts. 4º, § 2º, III, 50, VI, 53, § 1º, III, 59, V, da LRF; **3:** incorreta, pois integrará a dívida consolidada somente se a amortização dessa nova dívida tiver prazo superior a 12 meses – art. 29, I, da LRF; **4:** incorreta, pois será dada ampla divulgação, inclusive por meios eletrônicos de acesso público, conforme art. 48 da LRF; **5:** correta, conforme art. 107, III e art. 109, III, do ADCT. A EC 95/2016 (decorrente da "PEC do Teto dos gastos públicos") instituiu o Novo Regime Fiscal no âmbito dos Orçamentos Fiscal e da Seguridade Social da União, que vigorará por 20 anos, basicamente limitando a despesa de cada ano ao limite do exercício anterior, corrigido pelo IPCA (há regra específica para o exercício de 2017) – art. 107, § 1º, II, do ADCT. Em relação às ações e serviços públicos de saúde e desenvolvimento do ensino, foram fixados patamares mínimos de despesa a partir de 2018 correspondentes aos valores calculados para as aplicações mínimas do exercício imediatamente anterior, corrigidos na forma estabelecida pelo inciso II do § 1º do art. 107 do ADCT [IPCA].

Gabarito 1E, 2C, 3E, 4E, 5C

(Analista – STM – 2011 – CESPE) Com base na Lei de Responsabilidade Fiscal (LRF), que constitui um marco das finanças públicas brasileiras, julgue os itens subsequentes.

(1) O Poder Legislativo de cada ente não pode reestimar a receita prevista na proposta orçamentária encaminhada pelo Poder Executivo, salvo em caso de guerra, comoção intestina ou calamidade pública.

(2) Os municípios que não instituírem a taxa municipal de iluminação pública, bem como os que não a tenham previsto em seus orçamentos e não a estejam arrecadando, estão proibidos de receber transferências voluntárias de outros entes, ressalvadas aquelas destinadas a ações com saúde, educação e assistência social.

1: incorreta, pois o Poder Legislativo pode, excepcionalmente, reestimar a receita em caso de comprovado erro ou omissão de ordem técnica ou legal – art. 12, § 1º, da LRF; **2:** incorreta, pois a sanção pela omissão na instituição e cobrança de tributo refere-se exclusivamente aos impostos (não a taxas e contribuições) – art. 11, parágrafo único, da LRF.

Gabarito 1E, 2E

(Analista – STM – 2011 – CESPE) Com relação à disciplina da Lei de Responsabilidade Fiscal sobre prestação de contas, julgue o item a seguir.

(1) Nas diversas esferas de governo, as prestações de contas dos Poderes Executivo, Legislativo e Judiciário serão realizadas pelo presidente de cada Poder e receberão parecer conjunto do respectivo tribunal de contas antes de sua apreciação pela casa legislativa competente.

Assertiva incorreta, pois o parecer prévio do Tribunal de Contas não é conjunto (os tribunais emitem pareceres separadamente em relação às contas de cada Poder e do Ministério Público) – art. 56, *caput*, da LRF.

Gabarito 1E

4. RECEITAS

(Analista Judiciário – STJ – 2018 – CESPE) A respeito dos principais mecanismos no planejamento e execução do orçamento público, julgue os item que se segue.

(1) A classificação da receita para apuração do resultado primário é obrigatória para todos os entes da Federação.

1: incorreta, pois não há essa obrigação constitucional ou legal para todos os entes, embora seja medida adequada de transparência e planejamento adotada pela União – art. 6º, § 4º, da LDO da União para 2018 – Lei 13.473/2018.

Gabarito 1E

(Procurador do Estado/SE – 2017 – CESPE) Do ponto de vista orçamentário, os empréstimos compulsórios com prazo de devolução superior a doze meses

(A) são classificados, quanto à entrada orçamentária, como receita corrente, por configurarem tributo.

(B) auferem valores que integram a dívida pública mobiliária.

(C) geram créditos exigíveis que integrarão a dívida ativa não tributária.

(D) são classificados como créditos públicos voluntários.

(E) integram o montante da dívida pública flutuante.

A: incorreta – art. 11, § 1º, da Lei 4.320/1964; **B:** incorreta, pois a dívida mobiliária decorre da emissão de títulos – art. 29, II, da LRF; **C:** correta, conforme o gabarito oficial, nos termos do art. 39, § 2º, da Lei 4.320/1964, que inclui os créditos relativos a empréstimos compulsórios na dívida ativa não tributária. Entretanto, ressalvamos nosso entendimento, pois empréstimos compulsórios são espécie de tributo; **D:** incorreta, pois empréstimos compulsórios são receitas correntes; **E:** incorreta, pois não está indicada no art. 92 da Lei 4.320/1964.

Gabarito "C"

Veja a seguinte tabela, com a classificação das receitas por diversos critérios:

Classificações da Receita Pública			
Critério	**Espécies**	**Definição**	**Exemplos**
Previsão orçamentária	Orçamentária	Prevista (ou deveria) no orçamento	Tributos, transferências
	Extraorçamentária	À margem do orçamento	Depósitos, cauções, consignações, fianças, superávit, restos a pagar, operações de ARO
Origem	Originária	Decorre da exploração do patrimônio estatal e da prestação de serviço em regime privado	Recebimento de aluguel, preço pela venda de imóvel ou veículo da administração, juros em aplicações financeiras
	Derivada	Decorre da imposição legal	Tributos, multas
	Transferida	Auferida por outra entidade política e transferida para quem vai utilizá-la	Advinda dos Fundos de Participação dos Estados e dos Municípios

Classificações da Receita Pública			
Critério	**Espécies**	**Definição**	**Exemplos**
Regularidade	Ordinária	Usual, comum	Tributos
	Extraordinária	Esporádica, eventual	Doações, preço pela venda de bem, imposto extraordinário
Categoria econômica	Corrente	Listagem no art. 11, § 1º, da Lei 4.320/1964 – muito próximo das receitas ordinárias	Tributos, transferências correntes
	De Capital	Listagem no art. 11, § 2º, da Lei 4.320/1964 – muito próximo das receitas extraordinárias	Decorrente de operação de crédito (empréstimo), preço pela alienação de bens, transferências de capital

Veja a seguinte tabela, para estudo e memorização da classificação das receitas por categorias econômicas – art. 11, § 4º, da Lei 4.320/1964:

RECEITAS	Correntes	Receita tributária (Impostos, Taxas, Contribuições de melhoria) Receita de contribuições Receita patrimonial Receita agropecuária Receita industrial Receita de serviços Transferências correntes Outras receitas correntes
	de Capital	Operações de crédito Alienação de bens Amortização de empréstimos Transferências de capital Outras receitas de capital

(Analista – STM – 2011 – CESPE) Acerca das normas de execução do orçamento, julgue o item seguinte.

(1) Do ponto de vista patrimonial, uma receita pública só pode ser considerada efetiva quando contribui para o aumento do patrimônio líquido da entidade onde ocorreu.

1: correta. Na classificação das receitas em *efetivas* ou *por mutação patrimonial*, as primeiras referem-se à entradas que não correspondem à saídas de ativos ou ampliação do passivo, ou seja, que aumentam efetivamente o patrimônio público. Essa classificação corresponde, grosso modo, àquela da doutrina jurídica clássica (Aliomar Baleeiro), que distingue as *receitas* (amplia o patrimônio sem qualquer ressalva ou correspondência no passivo) dos *simples ingressos* (não implicam real ampliação do patrimônio público).

Gabarito 1C

5. DESPESAS

(Procurador do Estado/SE – 2017 – CESPE) As subvenções econômicas, sob a ótica da lei orçamentária – Lei 4.320/1964 –, são classificadas como

(A) inversões financeiras.
(B) despesas de custeio.
(C) transferências de capital.
(D) transferências correntes.
(E) despesas de capital.

As subvenções econômicas são classificadas como transferências correntes, nos termos do art. 12, § 2º, da Lei 4.320/1964, de modo que a alternativa "D" é a correta.

Gabarito "D"

(Analista Judiciário – STJ – 2018 – CESPE) Julgue os próximos itens, relativos a receita e despesa públicas.

(1) A descentralização ou movimentação de créditos orçamentários integra a etapa de fixação da despesa pública.

(2) Uma despesa que for regularmente inscrita em restos a pagar ao final do exercício financeiro terá de ser contabilizada como despesas de exercícios anteriores no exercício em que ocorrer o pagamento.

1: incorreta, pois tanto a fixação como a descentralização compõem o planejamento. As etapas da despesa orçamentária são: (i) planejamento (fixação, descentralizações, programação) e (ii) execução (empenho, liquidação, pagamento) – item 4.4.1. do Manual de Contabilidade Aplicada ao Setor Público (2017). Questão claramente incorreta, mas a banca examinadora optou pela anulação e não pela alteração do gabarito de certo para incorreto; **2:** incorreta, pois os restos a pagar são despesa extraorçamentária no exercício do pagamento, enquanto as DEA são despesas orçamentárias suportadas por essa rubrica.

Gabarito 1 Anulada, 2E

Veja a seguinte tabela com as fases da realização da despesa segundo outra classificação

Fases da realização das despesas
1º – Empenho: art. 60 da Lei 4.320/1964 2º – Contratação na forma da Lei 8.666/1993 3º – O serviço é realizado ou o bem é entregue 4º – Liquidação da despesa: art. 63 da Lei 4.320/1964 5º – Ordem de pagamento: art. 64 da Lei 4.320/1964 6º – Entrega do dinheiro ao contratado: art. 65 da lei 4.320/1964

Veja as seguintes tabelas, para estudo e memorização da discriminação da despesa por elementos, conforme as categorias econômicas – art. 13 da Lei 4.320/1964:

DESPESAS CORRENTES	Despesas de Custeio	Pessoa Civil Pessoal Militar Material de Consumo Serviços de Terceiros Encargos Diversos
	Transferências Correntes	Subvenções Sociais Subvenções Econômicas Inativos Pensionistas Salário-Família e Abono Familiar Juros da Dívida Pública Contribuições de Previdência Social Diversas Transferências Correntes

DESPESAS DE CAPITAL	Investimentos	– Obras Públicas – Serviços em Regime de Programação Especial – Equipamentos e Instalações – Material Permanente – Participação em Constituição ou Aumento de Capital de Empresas ou Entidades Industriais ou Agrícolas
	Inversões Financeiras	– Aquisição de Imóveis – Participação em Constituição ou Aumento de Capital de Empresas ou Entidades Comerciais ou Financeiras – Aquisição de Títulos Representativos de Capital de Empresa em Funcionamento – Constituição de Fundos Rotativos – Concessão de Empréstimos – Diversas Inversões Financeiras
	Transferências de Capital	– Amortização da Dívida Pública – Auxílios para Obras Públicas – Auxílios para Equipamentos e Instalações – Auxílios para Inversões Financeiras – Outras Contribuições

Veja a discriminação da despesa por elementos, conforme as categorias econômicas, no art. 13 da Lei 4.320/1964:

DESPESAS CORRENTES	
Despesas de Custeio	**Transferências Correntes**
Pessoa Civil Pessoal Militar Material de Consumo Serviços de Terceiros Encargos Diversos	Subvenções Sociais Subvenções Econômicas Inativos Pensionistas Salário Família e Abono Familiar **Juros da Dívida Pública** Contribuições de Previdência Social Diversas Transferências Correntes

As demais despesas são classificadas como de capital, segundo o esquema previsto no mesmo dispositivo legal:

DESPESAS DE CAPITAL		
Investimentos	**Inversões Financeiras**	**Transferências de Capital**
– Obras Públicas – Serviços em Regime de Programação Especial – Equipamentos e Instalações – Material Permanente – Participação em Constituição ou Aumento de Capital de Empresas ou Entidades Industriais ou Agrícolas	– Aquisição de Imóveis – Participação em Constituição ou Aumento de Capital de Empresas ou Entidades Comerciais ou Financeiras – Aquisição de Títulos Representativos de Capital de Empresa em Funcionamento – Constituição de Fundos Rotativos – Concessão de Empréstimos – Diversas Inversões Financeiras	– Amortização da Dívida Pública – Auxílios para Obras Públicas – Auxílios para Equipamentos e Instalações – Auxílios para Inversões Financeiras – Outras Contribuições

(Analista – STM – 2011 – CESPE) A respeito da Lei nº 4.320/1964, julgue o item a seguir.

(1) Caso a União destine recursos para atender aos gastos com manutenção de uma fundação estadual que tenha como objetivo principal o controle de epidemias, essa dotação deverá ser classificada no orçamento federal como despesa de custeio.

1: incorreta, pois se trata de Transferências Correntes, pois destinadas a outras entidades (a União transfere recursos para a fundação estadual) – art. 12, § 2º, da Lei 4.320/1964.

Gabarito 1E

6. EXECUÇÃO ORÇAMENTÁRIA E FINANCEIRA

(Técnico Judiciário – STJ - 2018 – CESPE) Com relação à programação e à execução orçamentária e financeira e ao acompanhamento da execução, julgue os itens que se seguem.

(1) Uma alteração orçamentária qualitativa para a abertura de créditos especiais pode resultar na criação de um programa de trabalho, de uma ação com todos os seus atributos e de um novo subtítulo de uma ação já existente.

(2) As dotações orçamentárias descentralizadas podem ser empregadas em programas de trabalho distintos do original, desde que autorizados por decreto.

(3) Define-se destaque como transferência de créditos entre unidades gestoras de um mesmo órgão ou entidade.

1: correta. Nos casos de abertura de créditos especiais ou extraordinários, em que há necessidade de criação de um novo programa de trabalho, deve-se proceder à solicitação de uma alteração orçamentária qualitativa. Tal alteração implica a criação de uma nova ação com todos os seus atributos, ou no desdobramento de uma ação existente em novo subtítulo – item 7.2.6.1 do Manual Técnico de Orçamento – MTO de 2018; **2:** incorreta, pois não há alteração da dotação, apenas do órgão ou unidade responsável por sua execução; **3:** incorreta, pois o destaque é a descentralização externa, para unidades de outros órgãos ou entidades. Quando há descentralização interna, denomina-se provisão.

Gabarito 1C, 2E, 3E

(Analista Judiciário – STJ – 2018 – CESPE) Com relação às técnicas de execução financeira e orçamentária, julgue os itens seguintes.

(1) A consulta aos tipos de eventos do Sistema Integrado de Administração Financeira do Governo Federal (SIAFI) pode ser filtrada por parâmetros especiais que estão disponíveis para todos os usuários.

(2) A descentralização de créditos orçamentários deve ser acompanhada da modificação da unidade orçamentária na classificação institucional.

(3) A verificação do cumprimento das metas fiscais durante o exercício financeiro depende da programação financeira.

1: incorreta, pois o SIAFI é aberto apenas para usuários cadastrados; **2:** incorreta, pois não há alteração da dotação (mantém-se as classificações institucional, funcional, programática e econômica), alterando-se apenas do órgão ou unidade responsável por sua execução; **3:** correta – art. 8º da LRF.

Gabarito 1E, 2E, 3C

Veja a seguinte tabela, para estudo e memorização dos créditos adicionais – art. 41 da Lei 4.320/1964 e art. 167, § 3º, da CF:

Créditos Adicionais		
Suplementares	Destinados a reforço de dotação orçamentária já existente	– autorizados por lei e abertos por decreto executivo – dependem da existência de recursos disponíveis para ocorrer a despesa
Especiais	Destinados a despesas para as quais não haja dotação orçamentária específica	
Extraordinários	Para atender a despesas imprevisíveis e urgentes, como as decorrentes de guerra, comoção interna ou calamidade pública	– abertos por decreto do Executivo, que deles dará imediato conhecimento ao Legislativo (o art. 167, § 3º, da CF faz referência à medida provisória – art. 62 da CF)

(Analista – STM – 2011 – CESPE) Acerca das normas de execução do orçamento, julgue o item seguinte.

(1) A despesa pública é definida como todo pagamento autorizado ou efetuado a qualquer título por autoridades competentes do poder público.

1: incorreta, pois a despesa não se confunde com seu pagamento. É possível haver despesa efetivamente empenhada e realizada, mas não paga.

Gabarito 1E

(Analista – STM – 2011 – CESPE) Acerca das normas de execução do orçamento, julgue o item seguinte.

(1) A unidade administrativa se distingue da unidade orçamentária, porque depende de destaques ou provisões para executar seus programas de trabalho.

1: correta, pois a unidade administrativa, diferente da unidade orçamentária, não possui dotação orçamentária própria, de modo que depende de destaques ou provisões para executar seus programas de trabalho – art. 14 da Lei 4.320/1964.

Gabarito 1C

7. OUTROS TEMAS E COMBINADOS

(Analista Judiciário – STJ – 2018 – CESPE) A respeito dos principais mecanismos no planejamento e execução do orçamento público, julgue o item que se segue.

(1) O órgão público que realizar operação de crédito por antecipação da receita orçamentária deverá liquidar essa operação antes do final do exercício financeiro.

1: correta, pois as operações de ARO devem ser liquidadas até 10 de dezembro de cada ano – art. 38, II, da LRF.

Gabarito 1C

(Analista Judiciário – STJ – 2018 – CESPE) Julgue o próximo item, relativo a receita e despesa públicas.

(1) A dívida fundada deve ser registrada no passivo financeiro.

1: correta, conforme art. 105, § 3º, da Lei 4.320/1964.

Gabarito 1C

(Analista – TRT/10ª – 2013 – CESPE) Tendo em vista que o crescimento dos gastos públicos e o consequente aumento do peso do governo na economia tornam o planejamento da ação governamental cada vez mais importante, julgue os itens subsequentes, relativos à evolução do orçamento público e ao papel do Estado na economia.

(1) A regulação econômica é uma das formas de intervenção da administração na economia, sendo que o bem-estar do consumidor e a melhoria nos níveis de eficiência alocativa podem ser definidos como alguns dos objetivos fundamentais da regulação.

(2) Concomitantemente ao aumento dos gastos, o orçamento público evoluiu como peça de planejamento, ao mesmo tempo em que perdeu a sua forma de programa de operação e apresentação dos meios de financiamento desse programa, assumindo características contábeis formais, determinadas por lei.

(3) O orçamento-programa é uma técnica ambiciosa de conciliação entre planejamento e controle político na peça orçamentária. É sua eficácia como instrumento de controle político que torna difícil sua implantação, já que não há grandes dificuldades técnicas para a sua operacionalização.

(4) A maneira como a legislação observa o princípio do equilíbrio orçamentário é útil para a compreensão dos instrumentos de intervenção econômica disponíveis ao governo, principalmente no tocante à geração de déficits. Na abordagem desse princípio, a CF, ao limitar as possíveis razões de endividamento do governo, interferiu na questão do déficit das operações correntes.

(5) A alteração das preferências da sociedade é uma possível explicação para a mudança na forma de atuação do Estado na economia e a consequente expansão de suas funções.

1: correta. A intervenção indireta por *indução* se refere à normatização e à regulação, com estímulos e desestímulos a determinadas condutas, conforme as leis que regem os mercados – art. 174 da CF/1988; **2:** incorreta, pois o orçamento atual é considerado orçamento-programa, sendo plano de trabalho, instrumento de planejamento da ação do governo, por meio da identificação dos seus programas de trabalho, projetos e atividades, além do estabelecimento de objetivos e metas a serem implementados, bem como a previsão dos custos relacionados; **3:** incorreta, pois o orçamento-programa é o que vem sendo utilizado no Brasil; **4:** correta, sendo interessante notar, por exemplo, que é vedada a realização de operações de créditos que excedam o montante das despesas de capital, ressalvadas as autorizadas mediante créditos suplementares ou especiais com finalidade precisa, aprovados pelo Poder Legislativo por maioria absoluta – art. 167, III, da CF/1988. Isso tende a impedir que operações de crédito sejam contratadas para diminuir déficits correntes; **5:** correta, pois a ampliação ou redução do Estado na economia depende, em larga medida, das preferências da sociedade.

Gabarito 1C, 2E, 3E, 4C, 5C

(Analista – TRT/10ª – 2013 – CESPE) Problemas financeiros originados no Estado provocaram diversas crises econômicas ao longo da história brasileira. A Lei Complementar nº 101/2000 – Lei de Responsabilidade Fiscal (LRF) – representou uma resposta a essa realidade, tendo sido um esforço organizado no sentido de garantir um melhor equilíbrio nas contas públicas. À luz desse instrumento legal e da legislação pertinente ao orçamento público no Brasil, julgue os itens que se seguem, referentes à receita e à despesa pública.

(1) A impossibilidade de se realizar uma despesa sem prévio empenho compromete o uso do orçamento como ferramenta de planejamento do gasto, visto que, em muitos casos, não é possível determinar precisamente o montante de recursos que deverá ser empenhado para a execução de certas atividades.

(2) A concessão de incentivos ou benefícios de natureza tributária é um instrumento comum de estímulo econômico utilizado pelo governo em momentos de crise. Quando o incentivo ou benefício concedido origina renúncia de receita, a LRF exige a adoção das seguintes medidas de compensação: elevação de alíquotas, ampliação da base de cálculo, majoração ou criação de tributo ou contribuição.

(3) No âmbito federal, a classificação por fontes de recursos permite a visualização de eventuais vinculações existentes entre receitas e despesas, cuja principal base legal encontra-se na lei de diretrizes orçamentárias.

1: incorreta, pois é exatamente o oposto. A exigência de prévio empenho impede que o gestor público realize despesas dissociadas do orçamento-programa – art. 60 da Lei 4.320/1964; **2:** incorreta, pois essa é uma das condições possíveis, mas não a única, para concessão ou ampliação do incentivo ou benefício, sendo possível também aquela prevista no art. 14, I, da LRF; **3:** correta – ver o item 4.2.3 do Manual Técnico de Orçamento Federal – MTO e o item 9.3.3 do Manual de Receita Nacional (Portaria Conjunta STN/SOF 3/2008).

Gabarito 1E, 2E, 3C

(Analista – TRT/10ª – 2013 – CESPE) Considerando que, entre outros instrumentos, a integração entre planejamento e orçamento no Brasil se serve do tripé composto pelo plano plurianual (PPA), pela lei de diretrizes orçamentárias (LDO) e pela lei orçamentária anual (LOA), julgue os itens seguintes.

(1) Sendo os três poderes da República independentes e as leis orçamentárias iniciativa do Poder Executivo, há, naturalmente, uma relação polêmica quanto ao encaminhamento das propostas remuneratórias dos Poderes Legislativo e Judiciário. Para que eventuais litígios e ingerências nesse âmbito sejam minimizados, a legislação determina que os parâmetros para a fixação da remuneração no Poder Legislativo, assim como os limites para a proposta orçamentária do Poder Judiciário e do Ministério Público, sejam incluídos no PPA.

(2) Em virtude das fortes diferenças regionais existentes no país, a CF impôs a regionalização do PPA com base na divisão tradicional das cinco regiões brasileiras.

1: incorreta, pois os Tribunais e o Ministério Público elaboram suas propostas orçamentárias dentro dos limites estipulados conjuntamente com os demais Poderes na LDO (não no PPA), e encaminham para a consolidação pelo Poder Executivo (arts. 99, § 1º, e 127, § 3º, da CF/1988); **2:** incorreta, pois, embora o art. 165, § 1º, da CF/1988 preveja que o PPA estabelecerá a diretrizes, objetivos e metas da Administração de forma regionalizada, não detalhou os limites territoriais correspondentes.

Gabarito 1E, 2E

(Analista – STM – 2011 – CESPE) Com relação a licitações e administração patrimonial e de materiais, julgue os itens a seguir.

(1) De acordo com a legislação brasileira, a licitação deve seguir, obrigatoriamente, os princípios básicos da legalidade, da impessoalidade, da moralidade, da igualdade, da publicidade, da probidade administrativa, da vinculação ao instrumento convocatório, do julgamento objetivo e dos que lhes são correlatos.

(2) No processo licitatório, a desistência de proposta após a fase de habilitação só é permitida por motivo justo decorrente de fato superveniente e aceito pela comissão de licitação.

1: correta, conforme o art. 37, XXI, da CF e art. 3º da Lei 8.666/1993; **2:** correta, nos termos do art. 43, § 6º, da Lei 8.666/1993.

Gabarito 1C, 2C

(Analista – STM – 2011 – CESPE) Julgue os seguintes itens, acerca de contratos administrativos.

(1) Todos os contratos celebrados pela administração pública são regidos por normas de direito público.

(2) As cartas-contrato, notas de empenho de despesa, autorizações de compra e ordens de execução de serviço podem substituir os termos do contrato desde que não se refiram a:

licitações realizadas nas modalidades concorrência, tomada de preços e pregão; dispensa ou inexigibilidade de licitação, cujo valor esteja compreendido nos limites das modalidades concorrência e tomada de preços; contratações de qualquer valor das quais resultem obrigações futuras.

(3) No caso de obras e serviços, após executado o contrato, o objeto só pode ser recebido por comissão designada pela autoridade competente para tal fim.

(4) Nos casos de emergência ou de calamidade pública, é permitido o contrato com prazo de vigência indeterminado.

(5) Quando o objeto do contrato interessar a mais de uma entidade pública, caberá a todas as entidades envolvidas, solidariamente, responder pela sua boa execução e fiscalização.

1: assertiva imprecisa, pois se admitem contratos regidos predominantemente por normas de direito privado – art. 62, § 3º, I, da Lei 8.666/1993. Todavia, pelo gabarito oficial foi considerada incorreta; **2:** correta, nos termos do art. 62 da Lei 8.666/1993; **3:** incorreta, pois o objeto do contrato, em se tratando de obras e serviços, será recebido (i) provisoriamente, pelo responsável por seu acompanhamento e fiscalização e (ii) definitivamente, por servidor ou comissão designada pela autoridade competente – art. 73, I, da Lei 8.666/1993; **4:** incorreta, pois o art. 57, § 3º, da Lei 8.666/1993 veda expressamente contratos com prazo de vigência indeterminado. No caso de calamidade pública ou emergência, admite-se a dispensa da licitação nos termos do art. 24, IV, da Lei 8.666/1993, mas o prazo máximo para conclusão do contrato é de 180 dias, vedada a prorrogação; **5:** incorreta, pois, quando o objeto do contrato interessar a mais de uma entidade pública, caberá ao órgão contratante, perante a entidade interessada, responder pela sua boa execução, fiscalização e pagamento – art. 112 da Lei 8.666/1993.

Gabarito 1E, 2C, 3E, 4E, 5E

10. Arquivologia

Elson Garcia

As questões deste capítulo devem ser resolvidas pela leitura da **NOBRADE** – Norma Brasileira de Descrição Arquivística, que deve ser lida pelo candidato. Acesse a norma no seguinte link: http://www.conarq.arquivonacional.gov.br/Media/publicacoes/nobrade.pdf

Outro documento de leitura importante é a Consolidação da Legislação Arquivística Brasileira – **CLAB**, que pode ser encontrada no seguinte link:

http://www.conarq.arquivonacional.gov.br/cgi/cgilua.exe/sys/start.htm?sid=48

De acordo com o tema perguntado, também devem ser acessados os documentos contidos nas Publicações Digitais - **PD**, que podem ser encontradas na seguinte página:

http://www.conarq.arquivonacional.gov.br/cgi/cgilua.exe/sys/start.htm

1. CONCEITOS FUNDAMENTAIS DE ARQUIVOLOGIA

(Escrivão de Polícia/DF – 2013 – CESPE) No que se refere à arquivologia, julgue os itens que se seguem.

(1) O protocolo visa, sobretudo, a identificação de metadados, com os quais são possíveis o controle e o acesso aos documentos de arquivo.

(2) A classificação de documentos de arquivo é realizada a partir de um instrumento específico para essa tarefa denominado tabela de temporalidade.

(3) De acordo com a legislação arquivística brasileira, o conceito das três idades documentais é um meio de dar sentido à massa documental acumulada pelas organizações.

(4) A gestão de documentos é uma condição necessária para a restauração de documentos de arquivo.

1: Correto, pois os metadados são informações úteis para identificar, localizar, compreender e gerenciar os dados dos documentos. O protocolo visa, sobretudo, a identificação destes metadados, com os quais serão possíveis o controle e o acesso aos documentos de arquivo; **2**: Errado, pois a tabela de temporalidade é um instrumento com o qual se determina o prazo de permanência de um documento em um arquivo e sua destinação após este prazo. **3**: Correto, pois o conceito das três idades documentais corresponde às sucessivas fases por que passam os documentos de um arquivo desde sua produção à guarda permanente ou eliminação. Os arquivos são considerados arquivos correntes, intermediários ou permanentes. Desta forma se dá um sentido à massa documental acumulada pelas organizações; **4**: Errado, pois o gestão de documentos corresponde a um conjunto de procedimentos e operações técnicas referentes à sua produção, tramitação, uso, avaliação e arquivamento em fase corrente e intermediária, visando a sua eliminação ou recolhimento para guarda permanente (Lei 8.159/9, art. 3º).

Gabarito 1C, 2E, 3C, 4E

(Escrivão de Polícia Federal - 2013 – CESPE) Acerca de arquivologia, julgue os itens abaixo.

(1) O princípio arquivístico fundamental para a organização dos documentos é o princípio temático, também conhecido como princípio da pertinência.

(2) O arquivo do Departamento de Polícia Federal é constituído de todos os documentos produzidos e(ou) recebidos, no cumprimento da missão institucional. O tratamento desse arquivo deve ser feito de acordo com as orientações do Conselho Nacional de Arquivos.

(3) A gestão de documentos, reconhecida inclusive na legislação arquivística brasileira, visa garantir que os arquivos sejam instrumentos de apoio à administração, à cultura, ao desenvolvimento científico e elementos de prova e informação.

(4) Em algumas situações, os documentos de arquivo precisam passar por vários setores da instituição, onde são tomadas decisões com relação ao tema do documento. A trajetória realizada pelo documento desde sua produção até o cumprimento de sua função administrativa é conhecida como tramitação. A trajetória realizada pelo documento deverá ser registrada para futuro conhecimento.

1: Errado, pois o princípio fundamental para organização dos documentos é o da proveniência. De acordo com este princípio, o arquivo que é produzido por uma entidade não deve ser misturado aos de outras entidades produtoras; **2**: Correto, pois os arquivos da Polícia Federal, assim como os dos demais órgãos e entidades do governo federal, devem ser tratados de acordo com as Diretrizes do Conselho Nacional de Arquivos – Conarq. Este órgão é responsável pela definição da política nacional de arquivos públicos e privados e pela orientação normativa visando à gestão documental e à proteção especial aos documentos de arquivo; **3**: Correto, pois a gestão de documentos é o conjunto de procedimentos e operações técnicas referentes à sua produção, tramitação, uso, avaliação e arquivamento em fase corrente e intermediária, visando a sua eliminação ou recolhimento para guarda permanente. Esta gestão visa garantir o apoio à administração (finalidade primária) e à cultura e desenvolvimento científico (finalidades secundárias); e **4**: Correto, pois a tramitação é a trajetória realizada pelo documento desde a sua produção ou recepção até o cumprimento de sua função administrativa. Este percurso deve ser registrado para permitir o seu controle e possibilitar seu conhecimento futuro.

Gabarito 1E, 2C, 3C, 4C

(Escrivão de Polícia Federal - 2013 – CESPE) Julgue os itens seguintes, no que se refere à classificação e à tabela de temporalidade de documentos.

(1) A organização de documentos de arquivo envolve a classificação, a ordenação e o arquivamento. A classificação e a ordenação são operações intelectuais e o arquivamento, uma operação física.

(2) Definir a destinação final de determinado documento de arquivo é estabelecer o seu prazo de guarda nos arquivos corrente e intermediário.

(3) O Departamento de Polícia Federal deve utilizar a tabela de temporalidade de documentos de arquivo elaborada pelo Conselho Nacional de Arquivos, para avaliar os documentos de arquivo produzidos e(ou) recebidos pela sua atividade-meio.

(4) Os documentos de arquivo, após cumprirem o prazo de guarda nos arquivos correntes, devem ser transferidos para o arquivo permanente.

(5) O instrumento elaborado para a classificação dos documentos de arquivo é o plano de destinação de documentos.

1: Correto, pois a classificação de um arquivo é uma atividade de análise do conteúdo de documentos. Portanto ela é uma atividade intelectual. A ordenação é o ato de dispor documentos ou informações segundo um determinado método, portanto também é uma atividade intelectual. Já o arquivamento é uma operação física que visa à guarda ordenada dos documentos; **2**: Errado, pois definir a destinação final de determinado documento de arquivo é decidir a sua eliminação ou o seu recolhimento para a guarda permanente; **3:** Correto, pois a Polícia Federal assim como os dos demais órgãos e entidades do governo federal, devem adotar a tabela de temporalidade elaborada pelo Conarq, para avaliação dos documentos acumulados em suas atividades; **4**: Errado, pois não existe a obrigação de enviar, para a fase permanente, os documentos que cumpriram o prazo de guarda na fase corrente. Após o cumprimento de prazo de guarda nos arquivos correntes os documentos de arquivo podem ser eliminados, transferidos aos arquivos intermediários, ou recolhidos ao arquivo permanente; e **5**: Errado, pois o instrumento utilizado para a classificação dos documentos de arquivo é denominado plano ou código de classificação.

Gabarito 1C, 2E, 3C, 4E, 5E

(Técnico – STM – 2011 – CESPE) Julgue os itens a seguir, relativos a conceitos fundamentais de arquivo.

(1) Os arquivos setoriais têm o mesmo papel dos arquivos intermediários, visto que recebem documentos provenientes dos diversos órgãos que integram a estrutura de uma organização.

(2) O agrupamento sistemático dos documentos de um fundo deve ser feito de forma que os documentos não se misturem com os demais fundos.

(3) A fase permanente corresponde à fase em que os documentos são abrigados durante seu uso jurídico e sua tramitação legal.

(4) Denominam-se documentos de arquivo os documentos produzidos por uma entidade, pública ou privada, ou por uma família ou pessoa, no transcurso das funções que justificam sua existência como tal, guardando esses documentos relações orgânicas entre si.

(5) Entre as características dos documentos de arquivo, incluem-se a tridimensionalidade e a existência de diversos tipos, naturezas, formas e dimensões.

(6) Caso haja documentos que não sejam frequentemente consultados, eles devem, por questões econômicas, ser transferidos a outro espaço, que é conhecido como arquivo intermediário.

1: está errado, pois os arquivos setoriais são unidades responsáveis pelas atividades de Arquivos Corrente (ativos) e Intermediário (semiativos). Arquivo Intermediário (Segunda idade): "Conjunto de documentos originários de arquivos correntes, com uso pouco frequente, que aguarda destinação ." (DTA-2005, p. 32:Dicionário brasileiro de terminologia arquivística. Rio de Janeiro: Arquivo Nacional, 2005); **2: está certo**, pois documentos de um fundo que é um conjunto de documentos de uma mesma proveniência, não podem se misturar a documentos de outro fundo; **3: está errado**, pois os documentos *permanentes* (3ª idade) são aqueles que devem ser conservados definitivamente; **4: está certo**, pois documentos de arquivo são conjunto de documentos, organicamente acumulados, produzidos ou recebidos por pessoas físicas e instituições públicas ou privadas em decorrência do exercício de atividade específica, qualquer que seja o suporte da informação ou a natureza do documento; **5: está errado**, pois os Documentos de Arquivo podem ser classificados de acordo com seus diversos elementos, formas e conteúdos, os documentos podem ser caracterizados segundo o gênero (textuais, cartográficos , etc) a espécie (atos normativos, atos enunciativos, etc)e a natureza do assunto (ostensivos ou sigilosos); **6: está certo**, pois arquivos intermediários ou de 2ª idade são constituído de documentos que deixaram de ser frequentemente consultados, mas que ainda podem ser solicitados para embasar assuntos idênticos. A permanência dos documentos em arquivos intermediários é temporária.

Gabarito 1E, 2C, 3E, 4C, 5E, 6C

(Técnico – STM – 2011 – CESPE) Com base no código de classificação e na tabela de temporalidade, julgue os itens seguintes.

(1) A destinação final dos documentos indicada na tabela de temporalidade consiste na eliminação ou na guarda permanente.

(2) Nos arquivos: corrente e intermediário, os prazos de guarda dos documentos devem ser expressos em anos ou pela indicação da vigência dos documentos.

(3) A tabela de temporalidade deve ser aplicada, periodicamente, no arquivo permanente.

(4) Aplica-se o código de classificação exclusivamente em arquivos permanentes, pois somente nesse tipo de arquivo essa classificação facilita o acesso aos documentos.

1: está certo, pois a tabela de temporalidade documental (TTD) estabelece critérios para a eliminação ou recolhimento dos documentos ao arquivo permanente; **2: está certo,** pois os prazos de guarda que se referem ao tempo necessário para arquivamento dos documentos, nas fases corrente e intermediária, visando atender exclusivamente às necessidades da administração que os gerou, são mencionados preferencialmente, em anos. Excepcionalmente pode ser expresso a partir de uma ação concreta que deverá necessariamente ocorrer em relação a um determinado conjunto documental; **3: está errado,** pois a TTD é o instrumento de gestão arquivística que determina os prazos em que os documentos devem ser mantidos no arquivo corrente (setorial); quando eles devem ser transferidos ao arquivo intermediário (central) e por quanto tempo devem ali permanecer; **4: está errado,** pois o código de classificação de documentos de arquivo é um instrumento de trabalho utilizado para classificar todo e qualquer documento produzido ou recebido por um órgão no exercício de suas funções e atividades.

Gabarito 1C, 2C, 3E, 4E

(Técnico – TRE/BA – 2010 – CESPE) Acerca de arquivologia, julgue os itens a seguir.

(1) Os documentos de arquivo devem ser organizados a partir dos mesmos princípios aplicados na organização das bibliotecas, principalmente no que se refere aos métodos de classificação.

(2) A vinculação que se estabelece entre os documentos de arquivo, no momento em que são criados ou recebidos, é chamada de orgânica.

(3) O estágio de evolução dos arquivos é conhecido como princípio de respeito aos fundos, que é o principal fundamento da arquivologia.

(4) O arquivo é constituído de documentos em variados suportes, entre outros: papel; papel fotográfico; película fotográfica; mídias digitais.

1: está errado,pois: embora arquivo e biblioteca tenham a mesma finalidade (guardar documentos), seus objetivos são diferentes, tendo em vista os tipos documentais de que cada instituição trata. Assim, pode ser definida cada instituição:

Arquivo - É o conjunto de documentos, criados ou recebidos por uma instituição ou pessoa, no exercício de sua atividade, preservados para garantir a consecução de seus objetivos.

Biblioteca - É o conjunto de material, em sua maioria impresso e não produzido pela instituição em que está inserida, de forma ordenada para estudo, pesquisa e consulta. Normalmente é constituída de coleções temáticas e seus documentos são adquiridos através de compra ou doação, diferentemente dos arquivos, cujos documentos são produzidos ou recebidos pela própria instituição.

Como os objetivos e tipos documentais de arquivos e bibliotecas são diferentes, seus métodos de organização especialmente de classificação são diferenciados.

2: está certo, pois a relação orgânica refere-se aos vínculos que os documentos arquivísticos guardam entre si; **3: está errado,** pois o **estágio de evolução dos arquivos** são : Corrente, Intermediário e Permanente, o que nada tem a ver com princípio de respeito aos fundos que são conjuntos de documentos de uma mesma proveniência; **4: está certo,** pois o **suporte** é o material sobre o qual as informações são registradas. Ex.: fita magnética, filme de nitrato, papel, pergaminho, "bytes", madeira, tela, etc.

Gabarito 1E, 2C, 3E, 4C

(Técnico Judiciário – TRE/GO – 2008 – CESPE) A respeito da prática arquivística em esfera pública no Brasil, assinale a opção correta.

(A) A legislação brasileira define arquivo como sendo o conjunto formado exclusivamente por documentos textuais oficiais, produzidos e recebidos por órgãos públicos de âmbito federal, estadual, do Distrito Federal e municipal, em suas funções administrativas, legislativas e judiciárias, ou por instituições de caráter público, ou ainda por entidades privadas, encarregadas da gestão de serviços públicos.

(B) Chama-se gestão de documentos o conjunto de procedimentos e operações técnicas realizados na fase corrente e na intermediária e que abrangem produção, tramitação, uso, avaliação e arquivamento de documentos, estabelecendo sua destinação, isto é, determinando a eliminação ou recolhimento para guarda permanente.

(C) O cidadão brasileiro tem o direito de receber dos órgãos públicos informações relativas a seus direitos e deveres, exclusivamente particulares, contidas em documentos de arquivo, quando autorizado pelo judiciário. Outras informações são originariamente consideradas sigilosas, a fim de garantir a segurança do Estado e a inviolabilidade da intimidade, da honra e da imagem de outras pessoas.
(D) A gestão da informação é o conjunto de procedimentos automatizados por meio dos quais é feita a indexação e o armazenamento dos documentos eletrônicos, obedecendo a princípios específicos, uma vez que tais documentos não são regidos pela legislação arquivística.

Apenas a alternativa "b" traz definição correta.

Gabarito "B".

(Técnico Judiciário – TRE/GO – 2008 – CESPE) É correto afirmar que o princípio teórico-metodológico fundamental da teoria arquivística é o(a)

(A) respeito à pertinência territorial.
(B) gestão de documentos.
(C) arranjo estrutural funcional.
(D) respeito à proveniência.

O princípio da proveniência é princípio básico da arquivologia segundo o qual o arquivo produzido por uma entidade coletiva, pessoa ou família não deve ser misturado aos de outras entidades produtoras. Também chamado princípio do respeito aos fundos.

Gabarito "D".

(Técnico Judiciário – TRE/GO – 2008 – CESPE) Os processos de passagem de documentos do arquivo corrente para o intermediário e deste para o permanente são denominados, respectivamente,

(A) arranjo e classificação.
(B) arquivamento e acondicionamento.
(C) avaliação e seleção.
(D) transferência e recolhimento.

De fato os conceitos trazidos no enunciado coincidem com os institutos mencionados na alternativa "d".

Gabarito "D".

(Técnico Judiciário – TRE/GO – 2008 – CESPE) Assinale a opção que apresenta corretamente a definição de documento de arquivo.

(A) Toda informação gerada por atividades de órgãos públicos, fixada em suportes e reunida intencionalmente por características culturais comuns.
(B) Qualquer documento considerado autêntico e preservado em velino por causa dos fatos sociais ou históricos registrados por seu conteúdo.
(C) Qualquer documento produzido ou recebido por pessoa física ou jurídica, acumulado naturalmente ao longo das atividades e preservado como prova de tais atividades.
(D) A informação textual gerada oficialmente no decurso de ação administrativa ou judicial de órgão público, fixada ou não em suporte.

Documentos de arquivo são todos os que produzidos e/ou recebidos por uma pessoa física ou jurídica, pública ou privada, no exercício de suas atividades, constituem elementos de prova ou de informação. Já *documentos públicos* são todos os documentos de qualquer suporte ou formato, produzidos e/ou recebidos por um órgão governamental na condução de suas atividades, ou também aqueles produzidos e/ou recebidos por instituições de caráter público e por entidades privadas responsáveis pela execução de serviços públicos.

Gabarito "C".

(Técnico Judiciário – TRE/MA – 2009 – CESPE) A respeito dos arquivos intermediários, assinale a opção correta.

(A) O acesso aos documentos no arquivo intermediário é aberto ao público.
(B) As características provisórias do arquivamento intermediário impedem a aplicação da tabela de temporalidade.
(C) Os arquivos intermediários são constituídos, fundamentalmente, por documentos com valor informativo.
(D) Os documentos do arquivo intermediário são mantidos por conta dos prazos prescricionais e precaucionais e aguardam a destinação final: eliminação ou guarda permanente.
(E) Os arquivos intermediários são formados por documentos que perderam a vigência administrativa, mas são providos de valor histórico-cultural.

A alternativa "d" está correta, conforme a definição de arquivos intermediários, já mencionada em comentários anteriores.

Gabarito "D".

(Técnico Judiciário – TRE/MA – 2009 – CESPE) Com relação ao arquivo permanente, assinale a opção correta.

(A) A função de um arquivo permanente é reunir, conservar, arranjar, descrever e facilitar a consulta aos documentos.
(B) Os documentos do arquivo permanente têm valor primário decrescente.
(C) O acesso aos documentos do arquivo permanente é feito com a autorização do órgão acumulador.
(D) As atividades intelectuais no arranjo de documentos estão relacionadas ao acondicionamento e à fixação de etiquetas de identificação nas unidades de armazenamento.
(E) O tratamento da documentação permanente deve ser feito a partir da aplicação do princípio da territorialidade, um dos princípios fundamentais da arquivologia.

A alternativa "a" está correta, conforme a definição de arquivos permanentes, já mencionada em comentários anteriores.

Gabarito "A".

(Técnico – MPU – 2010 – CESPE) Acerca de conceitos fundamentais de arquivologia, julgue os itens a seguir.

(1) Um arquivo documental tem por objetivo servir como prova ou testemunho da ação de pessoas jurídicas ou físicas.
(2) Em regra, a inclusão de documentos em um arquivo ocorre por compra ou permuta de fontes múltiplas.

1: está certo, pois a informação contida nos arquivos possui valor testemunhal, administrativo e funcional; **2: está errado,** pois os documentos são arquivados, normalmente, conforme são produzidos ou recebidos por uma instituição. Em bibliotecas, via de regra, os documentos são arquivados após compra ou permuta.

Gabarito 1C, 2E

(Técnico – MPU – 2010 – CESPE) No que diz respeito aos arquivos do tipo corrente, intermediário e permanente, julgue os itens de 1 a 5.

(1) Dada a importância da preservação dos documentos que compõem o arquivo corrente de determinado setor de trabalho,recomenda-se o arquivamento desses documentos em local afastado do referido setor.
(2) A ênfase ao valor primário é característica marcante dos documentos de um arquivo corrente, condição não verificada nas outras idades documentais.
(3) A função do arquivo intermediário é possibilitar o armazenamento de documentos que, embora usados com pouca frequência, devem ser mantidos, por questões legais, fiscais,técnicas ou administrativas.
(4) O arquivo permanente é uma extensão do arquivo intermediário, tendo este último a única função de evitar a transferência prematura de documentos do arquivo corrente para o arquivo permanente.
(5) A descrição, uma das atividades desenvolvidas no arquivo permanente, é concretizada com a elaboração de instrumentos de pesquisa.

1: está errado, pois não há nenhuma restrição quanto ao local para guarda dos arquivos correntes, desde que o local escolhido seja adequado para a conservação e integridade física dos documentos; **2: está errado,** pois em arquivística o valor primário dos documentos define-se, segundo **Rousseau e Couture** (1998, p. 117-118)- COUTURE, Carol; ROUSSEAU, Jean-Yves. **Os Fundamentos da Disciplina Arquivística.** Lisboa: Dom Quixote, 1998. 357 p., como sendo a qualidade de um documento baseado nas utilizações imediatas e administrativas que lhe deram os seus criadores, por outras palavras, nas razões para as quais o documento foi criado. A noção de valor primário está diretamente ligada à razão de ser de documentos e exatamente a utilização dos documentos para fins administrativos. **BELLOTO (2004, p. 25)**-BELOTTO, Heloísa L. **Arquivos Permanentes:** tratamento documental. 2ª ed. Rio de Janeiro: FGV, 2004. p. 25, destaca que o valor primário é o valor que o documento apresenta para a consecução dos fins explícitos a que se propõe, ou seja, está ligado ao interesse administrativo, fiscal e jurídico que o documento apresenta para a instituição.Observa-se, portanto, que a ênfase do valor primário do documento não é exclusiva da fase corrente, como o item afirma, mas também da fase intermediária, onde os documentos ainda são armazenados para fins administrativos, legais e fiscais; **3: está certo,** pois o arquivo intermediário ou de 2ª idade é constituído de documentos que deixaram de ser frequentemente consultados, mas que ainda podem ser solicitados para embasar assuntos idênticos; **4: está errado,** pois o arquivo permanente ou de 3ª idade é constituído de documentos que já cumpriram as finalidades de sua criação, mas são preservados em razão de seu valor probatório, informativo, cultural, de pesquisa por parte da entidade que o produziu ou por terceiros (valor secundário); **5: está certo,** pois o trabalho de um arquivo só se completa com a elaboração de instrumentos de pesquisa, que consistem na descrição e na localização dos documentos no acervo, e se destinam a orientar os usuários nas diversas modalidades de abordagem a um acervo documental. Além de tornar o acervo acessível, os instrumentos de pesquisa objetivam divulgar o conteúdo e as características dos documentos.

Gabarito 1E, 2E, 3C, 4E, 5C

(Técnico – MPU – 2010 – CESPE) Acerca da avaliação de documentos, julgue os itens subsequentes.

(1) A destinação final dos documentos deve ser a eliminação, a guarda temporária no arquivo intermediário, a guarda permanente ou a eliminação por amostragem.

(2) O processo de avaliação de um documento tem como resultado a elaboração da tabela de temporalidade do documento.

(3) Os prazos de guarda dos documentos nos arquivos do tipo corrente e intermediário devem ser definidos com base na legislação pertinente e nas necessidades administrativas.

1: está errado, pois a destinação final dos documentos deve ser a eliminação, a guarda temporária no arquivo intermediário, ou a guarda permanente, não existindo a hipótese de eliminação por amostragem; **2: está certo,** pois realmente, o processo de avaliação segue procedimentos que visam a alcançar resultados mais amplos com a elaboração de uma tabela de temporalidade de documentos; **3: está certo,** pois os prazos de guarda dos documentos nos arquivos do tipo corrente e intermediário têm de ser aprovados por dirigente do órgão e pela instituição arquivística pública na sua esfera de competência; seguido de publicação do Edital de Ciência de Eliminação de Documentos, no Diário Oficial da União.

Gabarito 1E, 2C, 3C

(Técnico – ANAC – 2009 – CESPE) Acerca das teorias e dos princípios arquivísticos, julgue os itens a seguir.

(1) A instituição de interesse público com objetivo de conservar, estudar e colocar à disposição do público coleções de peças e objetos de valor cultural é considerada um arquivo.

(2) A função primária do arquivo é funcional, isto é, ser instrumento da administração. Em um segundo momento, considera-se o valor para a história e a cultura de uma sociedade.

(3) A teoria das três idades considera o valor secundário dos documentos como principal elemento para a definição das idades documentais.

(4) O fundo de arquivo é resultado da aplicação da teoria das três idades.

(5) Os estágios de evolução dos arquivos são conhecidos como arquivos setoriais e arquivos gerais ou centrais.

(6) O arquivo intermediário, assim como o arquivo corrente, é constituído de documentos de valor primário.

1: incorreto, pois o conceito acima é de museu e não de um arquivo; **2:** correto, pois os documentos de arquivo são conservados de acordo com o valor primário, ou do interesse que apresentam para a instituição. Numa segunda etapa pelo valor histórico, ou secundário; **3:** incorreto, pois para a definição das idades documentais devem ser considerados os valores primário e secundário e, além disso, a frequência de uso dos documentos; **4:** incorreto, pois o fundo de arquivo que é formado por documentos de uma mesma instituição é resultado do princípio da proveniência e não da teoria das três idades; **5:** incorreto, pois os estágios de evolução dos arquivos são: corrente, intermediário e permanente; **6:** correto, pois os arquivos corrente e intermediário têm valor primário, ou seja, têm interesse administrativo.

Gabarito 1E, 2C, 3E, 4E, 5E, 6C

(Agente Administrativo – MDS – 2006 – CESPE) Para o Arquivo Nacional, "avaliar é estabelecer preceitos capazes de orientar a ação dos responsáveis pela análise e seleção de documentos, com vistas à fixação de prazos para sua guarda ou eliminação, contribuindo para a racionalização dos arquivos públicos". No Dicionário Brasileiro de Terminologia Arquivística, a avaliação é definida como "o processo de análise de arquivos, visando estabelecer sua destinação de acordo com os valores que lhe são atribuídos". Para a ABNT, avaliação é o processo de análise da documentação de arquivo, visando estabelecer a sua destinação, de acordo com seus valores probatórios e informativos". Na Instrução Normativa n.º 1/1986 CD-CEDI/CoArq., da Câmara dos Deputados, a avaliação é definida como "análise e fixação do destino final dos documentos produzidos e recebidos pela Câmara dos Deputados, em caráter oficial (...) no desempenho de suas funções".

Com base nas afirmações acima, julgue os itens a seguir, acerca do processo de avaliação de documentos de arquivo.

(1) Conseguir a participação ativa de autoridade da área administrativa, conhecer o funcionamento da instituição a que está subordinado o arquivo e conhecer as atividades típicas referentes às várias fases de arquivamento são requisitos para o processo de avaliação.

(2) Há inúmeras possibilidades de serem inventadas técnicas que reduzam o trabalho de decidir sobre os valores dos documentos a uma operação mecânica.

(3) A avaliação de documentos não fornece subsídios à fixação de prazos para guarda ou eliminação de documentos.

1: correta; **2:** incorreta, pois não há como inventar técnicas para reduzir o trabalho de decidir a uma operação mecânica. A avaliação de documentos é uma atividade intelectual e que exige experiência do examinador; **3:** incorreta, pois a avaliação de documentos visa à fixação de prazos para sua guarda ou eliminação.

Gabarito 1C, 2E, 3E

2. O GERENCIAMENTO DA INFORMAÇÃO E A GESTÃO DE DOCUMENTOS – DIAGNÓSTICOS – ARQUIVOS CORRENTES E INTERMEDIÁRIO – PROTOCOLOS – AVALIAÇÃO DE DOCUMENTOS – ARQUIVOS PERMANENTES

(Técnico – STM – 2011 – CESPE) Com relação à pesquisa na Internet e aos métodos de arquivamento, julgue os itens subsecutivos.

(1) Por meio do método Variadex, atribui-se um número ao documento, em ordem crescente, de acordo com a entrada deste no arquivo.

(2) No método numérico simples, um método de arquivamento do tipo direto, não se faz necessário consultar um índice para localizar o documento.

1: está errado, pois o método VARIADEX é uma variante do método alfabético que aplica cores. A grande vantagem é que o trabalho se reduz em até 80%, evitando-se, desta forma, arquivamentos errôneos, agilizando dessa forma a pesquisa. **2: está errado,** pois o método numérico simples constitui-se na atribuição de um número a cada correspondente, onde é obedecida a ordem de entrada, sem preocupação com a ordem alfabética.Além do registro das pastas ocupadas, em livro ou fichas, é indispensável o índice alfabético-remissivo, em fichas, sem o qual é impossível localizar os documentos.

Gabarito 1E, 2E

(Técnico – TRE/BA – 2010 – CESPE) Com relação à gestão de documentos, julgue os itens que se seguem.

(1) A gestão de documentos visa ao tratamento do documento desde o momento de sua criação ou recepção em um serviço de protocolo até a sua destinação final, que pode ser a eliminação ou a guarda permanente.

(2) Os documentos que não apresentam mais valor primário, mesmo que tenham valor secundário, podem ser eliminados, pois não são mais necessários como prova de uma atividade desenvolvida pela organização.

(3) A fase de destinação de documentos, em um programa de gestão de documentos, é mais complexa que as fases anteriores, por envolver a avaliação de documentos que devem ser encaminhados para o arquivo ou o descarte.

(4) Os ofícios datilografados ou impressos, os mapas e as plantas fazem parte do gênero de documentos escritos ou textuais e são muito comuns nos arquivos permanentes.

1: está certo, pois corresponde à definição de gestão de documentos, que é um conjunto de medidas e rotinas que garante o efetivo controle de todos os documentos de qualquer idade desde sua produção até sua destinação final(eliminação ou guarda permanente), com vistas à racionalização e eficiência administrativas, bem como à preservação do patrimônio documental de interesse histórico-cultural; **2: está errado,** pois o documento de valor secundário tem valor histórico e jamais poderá ser eliminado. O documento que possuir valor secundário poderá ser recolhido ao arquivo permanente; **3: está certo,** por ser uma operação intelectual e que exige bastante experiência do responsável; **4: está errado**, pois conforme Marilena Leite Paes página 29 Arquivo: teoria e prática - FVG Editora (2007), os documentos podem ser classificados de acordo com o gênero entre outros como: escritos ou textuais (documentos manuscritos, datilografados ou impressos); cartográficos em formatos e dimensões variáveis, contendo representações geográficas, arquitetônicas ou de engenharia (mapas, plantas, perfis).Portanto como mapas e plantas não são documentos escritos ou textuais, a afirmação acima está errada.

Gabarito 1C, 2E, 3C, 4E

(Técnico Judiciário – TRE/GO – 2008 – CESPE) A destinação dos documentos é indicada

(A) pelo plano de classificação.

(B) pelos instrumentos de pesquisa.

(C) pela tabela de temporalidade.

(D) pela tipologia documental.

A alternativa "c" está correta. A Tabela de Temporalidade Documental é o registro esquemático do ciclo de vida documental do órgão. A tabela é criada após a análise da documentação, com aprovação pela autoridade competente. O objetivo é determinar o prazo de guarda dos documentos no arquivo corrente, sua transferência ao arquivo intermediário, os critérios para a microfilmagem, a eliminação ou o recolhimento ao arquivo permanente.

Gabarito "C"

(Técnico Judiciário – TRE/GO – 2008 – CESPE) Acerca das rotinas de tratamento documental em arquivos, assinale a opção correta.

(A) As atividades que compõem as rotinas de classificação são as seguintes: receber o documento; ler o conteúdo do documento identificando a data, o(s) responsável(is) pela assinatura e o assunto; localizar o(s) assunto(s) no Índice de classificação bibliográfica; anotar o código no verso do documento; preencher a(s) folha(s) de identificação com a data e o(s) nome(s) do(s) responsável(is).

(B) As rotinas de arquivamento consistem em: inspeção do documento para verificar se está assinado e se é original; formação de dossiê, agrupando os documentos emitidos na mesma data, que devem ser acondicionados em pasta suspensa com prendedor; na pasta, deve-se registrar o dia ou o mês em que foram emitidos os documentos e os números de protocolo, para facilitar sua localização; dentro do dossiê, os documentos devem ser ordenados alfabeticamente pelo nome das pessoas que os assinam.

(C) As atividades a seguir são rotinas de protocolo: receber documentos enviados por outras instituições; despachar documentos enviados por setores do órgão; armazenar os documentos em fase corrente; emprestar os documentos aos setores que os solicitarem; fazer o controle de retirada; controlar o prazo para devolução do documento; prestar informações contidas nos documentos; estabelecer procedimentos de conduta dos arquivistas com relação à prática e à ética profissional.

(D) Fazem parte das rotinas para destinação de documentos na fase corrente as seguintes atividades: verificar se os documentos a serem destinados estão organizados de acordo com os conjuntos definidos na tabela de temporalidade; verificar se cumpriram o prazo de guarda estabelecido; registrar os documentos a serem eliminados; proceder à eliminação; elaborar termo de eliminação; elaborar lista de documentos destinados à fase intermediária; operacionalizar a passagem ao arquivo intermediário.

A alternativa "d" traz, corretamente, elementos da rotina de destinação de documentos na fase corrente.

Gabarito "D"

(Técnico Judiciário – TRE/MA – 2009 – CESPE) Acerca da gestão de documentos, assinale a opção correta.

(A) Não é objetivo da gestão de documentos racionalizar a produção dos documentos, mas, sim, eliminar os documentos de valor secundário.

(B) As atividades de protocolo fazem parte da fase de destinação na gestão de documentos.

(C) Os principais instrumentos de gestão arquivística são o plano de classificação e a tabela de temporalidade.

(D) A preservação é a função arquivística que permite a agilização do acesso aos documentos.

(E) A avaliação de documentos de arquivo é executada com a aplicação do código de classificação.

A alternativa "c" é a única que condiz com a gestão de documentos.

Gabarito "C"

(Técnico Judiciário – TRE/MA – 2009 – CESPE) Os arquivos correntes são

(A) formados por documentos com valor secundário.

(B) armazenados em depósitos centralizados, localizados distantes dos setores de trabalho onde foram acumulados.

(C) transferidos, após o final de sua utilização, aos arquivos permanentes, onde aguardam a destinação final.

(D) formados por documentos com prazos precaucionais esgotados.

(E) alocados perto dos seus usuários diretos, devido à grande possibilidade de uso que apresentam, e são conhecidos também como arquivos ativos.

A alternativa "e" está correta, conforme a definição de arquivos correntes, já mencionada em comentários anteriores.

Gabarito "E"

(Técnico Judiciário – TRE/MT – 2005 – CESPE) Acerca dos métodos de arquivamento adotados nas instituições arquivísticas, assinale a opção correta.

(A) O método de arquivamento numérico decimal possibilita a criação de mais de 10 classes.

(B) No método de arquivamento enciclopédico, os temas criados são relacionados obedecendo a uma ordem alfabética.

(C) O método de arquivamento duplex apresenta como desvantagem a definição de apenas dez classes.

(D) Uma das desvantagens do método de arquivamento alfabético é a utilização de instrumentos auxiliares para a recuperação das informações.

(E) O método de arquivamento dígito-terminal apresenta como desvantagem a lentidão na recuperação da informação.

Os métodos básicos de arquivamento mais utilizados são os seguintes:

- alfabético: quando o elemento principal para a recuperação da informação for o nome;
- geográfico: quando o elemento principal para a recuperação da informação for o local (cidade, estado e país);
- numérico simples: quando o elemento principal para a recuperação da informação for o número do documento;
- numérico-cronológico: quando ao número do documento vier associado a data;
- ideográfico: quando o elemento principal para a recuperação da informação for o assunto. A ordenação dos assuntos deverá seguir a modalidade alfabética (dicionária ou enciclopédica) ou numérica (decimal ou duplex).

Gabarito "B".

(Técnico Judiciário – TRE/PA – 2005 – CESPE) Quanto ao gerenciamento da informação, assinale a opção em que todas as atividades apresentadas, referentes a documentos e processos, são de responsabilidade do setor de protocolo.

(A) autuação, encaminhamento e arquivamento

(B) recebimento, classificação, controle da tramitação e expedição

(C) classificação, descrição, arquivamento e expedição

(D) registro, classificação, destinação e avaliação

(E) autuação, registro, organização e descrição

As atividades de protocolo consistem no conjunto de operações visando o **controle** dos documentos que ainda tramitam no órgão, de modo a assegurar sua imediata localização, garantindo, assim o acesso à informação. Tais operações envolvem *recebimento* e *classificação* dos documentos; registro, autuação e *controle* da tramitação; e *expedição*.

Gabarito "B".

(Técnico – MPU – 2010 – CESPE) A respeito da gestão de documentos, julgue os itens seguintes.

(1) A produção, uma das fases básicas da gestão de documentos,engloba as seguintes atividades de protocolo: recebimento,classificação, registro, distribuição e tramitação dosdocumentos.

(2) A análise e a avaliação dos documentos para o estabelecimento dos prazos de guarda fazem parte da fase de destinação.

(3) Na fase de produção de documentos, o arquivista deve evitara duplicação e a emissão de vias desnecessárias, além de poder sugerir a criação ou extinção de modelos e formulários.

(4) Considera-se gestão de documentos o conjunto de procedimentos e operações técnicas referentes a produção, tramitação, uso, avaliação e arquivamento de documentos.

1: está errado, pois a produção de documentos refere-se ao ato de elaborar documentos em razão das atividades específicas de um órgão ou setor. Nesta fase deve-se otimizar a criação de documentos, evitando-se a produção daqueles não essenciais, diminuindo o volume a ser manuseado, controlado, armazenado e eliminado, garantindo assim o uso adequado de recursos. Esta fase é composta pelos seguintes elementos: elaboração e gestão de fichas, formulários e correspondência; controle da produção e da difusão de documentos normativos; utilização de processadores de palavras e textos; **2: está certo,** realmente a destinação de documentos envolve as atividades de análise, seleção e fixação de prazos de guarda de documentos a serem eliminados e quais serão preservados permanentemente; **3: está certo,** pois na fase de produção de documentos deve-se otimizar a criação de documentos, evitando-se a produção daqueles não essenciais, diminuindo o volume a ser manuseado, controlado, armazenado e eliminado, garantindo assim o uso adequado de recursos de reprografia e de automação; **4: está certo,** pois a gestão de documentos envolve as etapas de produção, utilização e destinação de documentos.

Gabarito 1E, 2C, 3C, 4C

(Técnico – ANAC – 2009 – CESPE) Uma das principais funções do arquivo é permitir o acesso rápido e eficiente aos documentos. Essa função somente pode ser cumprida se os documentos forem organizados de maneira lógica e racional, respeitando as características dos documentos de arquivo. Quanto aos métodos de arquivamento, julgue os itens subsequentes.

(1) O método de arquivamento dos documentos de arquivo deve ser definido a partir da natureza dos documentos e da estrutura da organização que os produz ou recebe.

(2) A localização dos documentos de arquivo nos métodos de arquivamento do sistema direto depende de um índice ou de um código.

(3) Nome, local, número, data e assunto são os elementos de um documento que devem ser considerados na ordenação dos documentos de arquivo.

(4) A ordenação geográfica, que é típica do sistema direto, tem como elemento principal o correspondente.

(5) Pastas de um arquivo classificadas como acordos, convênios, correspondências, relatórios, processos, formulários e guias são exemplos da utilização do método de arquivamento por assunto.

(6) É possível encontrar vários esquemas padronizados de classificação por assunto em arquivos, entre eles o esquema dígito-cronológico.

1: correto, pois o método de arquivamento é determinado pela natureza dos documentos a serem arquivados e pela estrutura da entidade, podendo a instituição adotar quantos métodos forem necessários para bem organizar seus documentos; **2:** incorreto, pois o sistema direto de arquivamento não depende de um índice ou de um código. Neste sistema a busca do documento é feita diretamente no local onde se acha guardado. Por exemplo, se você procura por um documento endereçado ao João e os documentos estão organizados alfabeticamente basta ir à letra "J" para encontrá-lo; **3:** correto, pois, os elementos informativos mais comumente tomados como referência para a ordenação são: número do documento (atribuído pelo emissor ou pelo receptor) data, local de procedência; nome do emissor ou do destinatário e o objeto ou tema específico do documento; **4:** incorreto, pois o método geográfico é um método direto e tem como elemento principal o local e não o correspondente; **5:** incorreto, pois o método por assunto (o mesmo que ideográfico) tem como elemento principal o assunto. Exemplos: Admissão de Pessoal, Assistência Jurídica, Imóveis. Não podemos confundir assunto com os tipos físicos dos documentos (espécies documentais), como acordos, convênios, correspondências, memorandos, telegramas e relatórios. Estes podem até servir de subdivisão auxiliar, contudo, não são assuntos; **6:** incorreto, pois os métodos dígito-cronológicos ao contrário do método por assunto são métodos básicos e numéricos.

Gabarito 1C, 2E, 3C, 4E, 5E, 6E

(Técnico – ANATEL – 2009 – CESPE) Os documentos chegam, em determinado órgão público instalado em Brasília, de forma variada. Uns são registrados e, em seguida, enviados ao destinatário, outros entram sem nenhum tipo de anotação. Além disso, há aqueles que, atualmente, entram no órgão por meio das tecnologias da informação (*fax*, correio eletrônico). Cada setor de trabalho organiza seus documentos de maneira independente, sem nenhum tipo de orientação e, depois, por falta de espaço físico ou devido ao final do ano civil, esses documentos são transferidos para outro lugar, conhecido, geralmente, como arquivo morto.

Considerando a situação hipotética acima, julgue os itens subsequentes, acerca das técnicas de arquivamento e dos procedimentos administrativos no âmbito do setor público.

(1) O método de arquivamento por assunto depende da interpretação dos documentos e de um amplo conhecimento das atividades organizacionais.

(2) O registro dos documentos que chegam a um órgão público deve ser feito no setor de protocolo e consiste na reprodução dos dados do documento destinada a controlar a movimentação e fornecer dados de suas características fundamentais aos interessados.

(3) Um documento classificado como secreto, confidencial ou reservado poderá ser autuado por qualquer servidor sem nenhum tipo de tratamento diferenciado em relação aos documentos ostensivos.

(4) Para a formação de processo em órgãos públicos, deverão ser observados os documentos cujo conteúdo esteja relacionado a ações e operações contábeis financeiras ou requeira análises, informações, despachos e decisões de diversas unidades organizacionais.

(5) Quando, no momento do ato da anexação, for constatada a ausência de uma peça, será necessário utilizar uma nota chamada termo de ressalva, para informar a inexistência de tal peça.

(6) As mensagens e documentos resultantes de transmissão por meio de aparelho de fac-símile (fax) podem constituir peças de processo.

(7) Parte da documentação de um processo, de acordo com as normas em vigor, não pode ser separada para formar outro processo.

(8) O processo desaparecido ou extraviado não poderá ser reconstituído. O desaparecimento ou extravio de processo deverá ser comunicado à respectiva chefia, que terá de promover a sua apuração imediata, mediante sindicância ou processo administrativo disciplinar.

(9) Os documentos que entram no órgão público descrito na situação hipotética em questão e que vão para os setores destinatários irão formar os arquivos correntes dessas unidades.

(10) Os documentos produzidos e (ou) recebidos por uma unidade ou setor de trabalho de um órgão público que deixaram de ser frequentemente consultados, mas que ainda podem ser solicitados deverão ser transferidos ao arquivo intermediário.

(11) Os arquivos correntes e as atividades de controle, como o protocolo, podem ser centralizados ou descentralizados.

(12) A análise cuidadosa do gênero e da natureza dos documentos que chegam a um órgão público ou que dele saem é suficiente para se determinar a escolha dos métodos principal e auxiliares de arquivamento a serem adotados na organização da documentação corrente.

(13) Os documentos arquivados nos diversos setores do órgão público podem ser ordenados de várias maneiras; entre elas, destacam-se as seguintes classificações: ostensiva, sigilosa, particular, oficial, interna e externa.

(14) A divisão da documentação em classes, conforme os temas caracteriza o método de arquivamento dígito-terminal.

1: correto, pois a aplicação deste método, que não é de fácil execução, depende realmente da correta interpretação dos documentos submetidos à análise, além de amplo conhecimento das atividades institucionais; **2:** correto, pois o registro de documentos é feito no Setor de Protocolo e consiste na inserção dos elementos identificadores de cada documento recebido pela unidade cadastradora e de sua tramitação, para fins de acompanhamento controle e consulta; **3:** incorreto, pois a autuação de documentos classificados como "SECRETO", "CONFIDENCIAL" ou "RESERVADO" será processada por servidor com competência para tal, da mesma forma que os demais documentos, devendo, no entanto, as unidades de protocolo central ou setorial, após a autuação, lacrarem o envelope do processo, apondo o número do processo, o órgão de destino e o carimbo correspondente ao grau de sigilo; **4:** correto, pois na autuação ou formação do processo realmente deverão ser observados os documentos cujo conteúdo esteja relacionado a ações e operações contábeis financeiras, ou requeira análises, informações, despachos e decisões de diversas unidades organizacionais de uma Instituição; **5:** correto, pois a ressalva é uma nota utilizada para informar que uma peça foi retirada do processo quando do ato da apensação, isto é, ao proceder a apensação foi constatada a ausência de uma peça; **6:** incorreto, pois as mensagens e documentos resultantes de transmissão via fax e de termo-impressão (processo de impressão, p.ex. de cupons fiscais) deverão ser fotocopiados para se constituir em peças de Processo; **7:** incorreto, pois por intermédio da juntada, pode-se fazer a união de um processo a outro, ou de um documento a um processo. Esta juntada realiza-se por anexação ou por apensação. A juntada por anexação é a união definitiva e irreversível de 01 (um) ou mais processo(s)/documentos(s), a 01 (um) outro processo (considerado principal), desde que pertencentes a um mesmo interessado e que contenham o mesmo assunto. A juntada por apensação é a união provisória de um ou mais processos a um processo mais antigo, destinada ao estudo e à uniformidade de tratamento em matérias semelhantes, com o mesmo interessado ou não; **8:** incorreto, pois a autoridade competente que tiver ciência do fato promoverá a apuração imediata e, quando necessário, solicitará a reconstituição do processo. Na reconstituição do processo, são observados os seguintes procedimentos: elaborar documento para registrar o desaparecimento ou extravio do processo que será a primeira folha do processo reconstituído; certificar se existem cópias dos documentos que integravam o processo. Caso existam, essas serão inseridas como folhas do processo reconstituído; ordenar as folhas para que sejam autuadas; autuar um novo processo, utilizando-se a sequência numérica atual do órgão. Se, no decorrer do trâmite processual, for encontrado o processo extraviado ou desaparecido, poderá ser realizada a juntada por anexação; **9:** correto, pois quando os documentos recebidos são distribuídos para os setores destinatários passarão a formar as arquivos correntes destas unidades; **10:** correto, pois os arquivos intermediários ou de segunda idade, são conjunto de documentos originários de arquivo corrente, com uso pouco frequente, que aguardam, em depósito de armazenamento temporário, sua destinação final. Os documentos são ainda conservados por razões administrativas, legais ou financeiras. É uma fase de retenção temporária que se dá por razões de precaução; **11:** correto, pois se pode utilizar um sistema centralizado de arquivos correntes, entendendo-se não apenas a reunião da documentação em um único local, como também a concentração de todas as atividades de controle como: recebimento, registro, distribuição, movimentação e expedição – de documentos de uso corrente em um único órgão da estrutura organizacional, ou então a descentralização dos arquivos correntes; **12:** incorreto, pois os métodos de arquivamento devem considerar os documentos a serem arquivados e a estrutura da instituição que está sendo organizada; **13:** incorreto, pois os objetivos da classificação e da ordenação são diferentes. A classificação é, basicamente, para dar visibilidade às funções e às atividades do organismo produtor do arquivo, deixando claras as ligações entre os documentos. A ordenação é muito menos complexa que a classificação: trata-se de estabelecer um ou mais critérios que determinem a disposição física de um dado conjunto de documentos. Portanto as classes: ostensiva, sigilosa, particular, oficial, interna e externa, não estão ligados à ordenação; **14:** incorreto, pois o método dígito-terminal surgiu em decorrência da necessidade de serem reduzidos erros no arquivamento de grande volume de documentos, cujo elemento principal de identificação é o número. Os documentos são numerados sequencialmente, mas sua leitura apresenta uma peculiaridade que caracteriza o método: os números, dispostos em três grupos de dois dígitos cada um, são lidos da direita para a esquerda, formando pares. Exemplo: o número 831.423, será lido 23.14.83. Quando o número for composto de menos de seis dígitos, serão colocados zeros à sua esquerda para fins de complementação. São vantagens do método dígito-terminal a redução de erros de arquivamento e a rapidez na localização e arquivamento. Portanto, este método não tem nada a ver com divisão de documentos em classes.

Gabarito 1C, 2C, 3E, 4C, 5C, 6E, 7E, 8E, 9C, 10C, 11C, 12E, 13E, 14E

(Técnico – ANS – 2005 – CESPE) Arquivo pode ser entendido como a guarda sistemática de informações para servir de base para pesquisas futuras. Com relação a esse assunto, julgue os itens seguintes.

(1) O arquivo que tem sob sua guarda documentos que merecem tratamento especial de armazenamento, acondicionamento ou conservação é chamado arquivo especializado.

(2) A organização dos documentos segundo seu aspecto formal é chamada de classificação por gênero.

(3) Na elaboração de um plano de arquivo deve ser definida a centralização ou descentralização dos serviços de arquivo nas fases corrente e intermediária.

(4) O arquivamento é composto de uma sequência de etapas. É chamada de ordenação a etapa que consiste na disposição dos documentos em consonância com a classificação e a codificação estabelecidas.

(5) Considerando as regras de alfabetação, está correta a sequência abaixo.
Andrade, Sibelius de
Barbosa, Rodolfo de Campos
Júnior, Pedro de Alcântara
Lima, Bernadete Barbosa

1: incorreto, pois o arquivo que tem sob sua guarda documentos que merecem tratamento especial de armazenamento, acondicionamento ou conservação é chamado de arquivo especial. O arquivo especializado é aquele que guarda documentos de determinado assunto específico; **2:** incorreto, pois a organização dos documentos segundo seu aspecto formal é chamada de diplomática. A diplomática é a disciplina que tem como objeto o estudo da estrutura formal e da autenticidade dos documentos; **3:** incorreto, pois na elaboração de um plano de arquivo, somente na fase corrente deverá ser definida a centralização ou descentralização dos serviços de arquivo; **4:** correto; **5:** incorreto, pois os sobrenomes que exprimem grau de parentesco como Filho, Júnior, Neto, Sobrinho são considerados parte integrante do último sobrenome, mas não são considerados na ordenação alfabética. Portanto a sequência correta é:
Júnior, Pedro de Alcântara
Andrade, Sibelius de
Barbosa, Rodolfo de Campos
Lima, Bernadete Barbosa

Gabarito 1E, 2E, 3E, 4C, 5E

(Técnico – ANTAQ – 2009 – CESPE) Acerca de arquivamento e procedimentos administrativos, julgue os itens a seguir.

(1) As operações de arquivamento são inspeção, estudo, classificação, codificação, ordenação e guarda dos documentos.

(2) O recolhimento é a passagem dos documentos dos arquivos correntes para os arquivos intermediários e tem como objetivo racionalizar os trabalhos de arquivamento e de localização dos documentos, liberando espaços e economizando recursos materiais.

(3) Os documentos de arquivo não são objeto de coleção, mas produtos e subprodutos das funções e das atividades de uma organização pública ou privada e das atividades de uma pessoa física.

(4) O método de avaliação dos documentos de um arquivo aplica-se a unidades isoladas e não ao conjunto dos documentos.

(5) O arquivo intermediário é constituído de documentos que perderam todo o valor de natureza administrativa.

(6) Na expedição dos documentos deve-se expedir a cópia do documento, com os anexos, se for o caso, e encaminhar o original, acompanhado dos antecedentes que deram origem a ele, ao arquivo.

(7) Na ordenação geográfica de documentos relativos à correspondência com outros países, deve-se alfabetar em primeiro lugar o país, seguido da cidade e do correspondente. Por exemplo: França Paris — Duchein, Michel.

(8) O método numérico simples determina a numeração sequencial dos documentos, dispondo os números em três grupos de dois dígitos cada um. Por exemplo: 52-63-19.

(9) No arquivamento por assunto, pode ser adotado o método alfabético ou o método numérico. O método alfabético deve ser aplicado quando o volume e a diversidade de assuntos da documentação a ser arquivada forem pequenos.

(10) Uma das vantagens apresentadas pelo método duplex de arquivamento é a possibilidade ilimitada de classes de documentos.

1: correto, pois o arquivamento é uma sequência de operações intelectuais e físicas que visam à guarda ordenada de documentos. Estas operações são inspeção, estudo, classificação, codificação, ordenação e guarda dos documentos. Este é o conceito apresentado no livro: Arquivo: teoria e prática; PAES, Marilena Leite. Rio de Janeiro, Ed. FGV, 2002; **2:** incorreto, pois o recolhimento é o deslocamento dos documentos do arquivo intermediário para o arquivo permanente; **3:** correto; **4:** incorreto, pois é feita a avaliação do conjunto de documentos de um arquivo, analisando seu conteúdo e o contexto dos documentos. Isso permite eliminar aqueles destituídos de valor informativo e legais para a administração que o gerou, preservando, assim, aqueles de valor probatório e testemunhal das ações; **5:** incorreto, pois o arquivo intermediário é um conjunto de documentos originários de arquivos correntes, com uso pouco frequente e que aguarda destinação; **6:** incorreto, pois a expedição de documentos consiste no envio dos originais (com anexos, se for o caso) aos destinatários, via correio, malotes ou em mãos. Faz parte ainda do processo de expedição o envio das cópias, devidamente classificadas acompanhadas dos antecedentes que lhes deram origem, ao setor de arquivamento (ao Arquivo propriamente dito); **7:** Ccorreto, pois a ordenação geográfica é um método direto cujo elemento principal é o local. Na correspondência com outros países deve-se alfabetar em primeiro lugar o país seguido da cidade e do correspondente; **8:** errado, pois o método numérico simples é um método indireto, pois exige a consulta a um índice alfabético. Nesse método atribui-se a cada entrada uma numeração sequencial sem qualquer preocupação com a ordenação alfabética. Além disso, será necessário um registro para controle da numeração utilizada nas pastas a fim de impedir duplicidades; **9:** correto, pois no arquivamento por assunto ou ideográfico pode ser adotado os métodos alfabéticos ou numéricos. Os métodos numéricos permitem maior volume e diversidade de assuntos; **10:** correto, pois neste método classifica-se a documentação em classes correspondentes a assuntos, partindo-se do geral para o particular. Exemplo: 0:Administração; **1**:Pesquisas;**1-1**: Psicologia;**1.1.1**: Aplicada ao trabalho. Em relação a outros métodos apresenta a vantagem de permitir a abertura ilimitada de classes.

Gabarito 1C, 2E, 3C, 4E, 5E, 6E, 7C, 8E, 9C, 10C

(Técnico – ANVISA – 2007 – CESPE) Os arquivos são reconhecidos, cada vez mais, como um capital informacional importante para as organizações públicas e privadas. Eles estão situados em um contexto administrativo e organizacional em que a informação deve ser considerada, organizada e tratada como um recurso tão importante quanto os recursos humanos, materiais ou financeiros.

Jean-Yves Rousseau e Carol Couture. **Os fundamentos da disciplina arquivística.** Lisboa: Dom Quixote, 1998 (com adaptações).

Tendo o texto acima como referência inicial, julgue os itens a seguir, relativos aos arquivos.

(1) Arranjo, descrição, publicação, preservação, avaliação, criação e referência são atividades desenvolvidas nos arquivos permanentes.

(2) O caráter orgânico é uma das características básicas dos arquivos.

(3) O princípio da naturalidade dos arquivos é a lei que rege as intervenções arquivísticas.

(4) Os arquivos são constituídos pelos documentos produzidos pela própria organização. Quando recebidos de outras organizações, os documentos são registrados nos serviços de protocolo, mas não são considerados arquivísticos.

(5) Os arquivos podem ser setoriais e gerais ou centrais.

(6) Protocolo, expedição, arquivamento, empréstimo, consulta e destinação são atividades dos arquivos correntes.

(7) Arquivos intermediários, também denominados limbos ou purgatórios, são constituídos de documentos em curso ou consultados frequentemente, conservados em escritórios ou em dependências próximas de fácil acesso.

(8) Documentos transferidos a arquivos intermediários devem conservar a classificação que lhes foi dada nos arquivos correntes.

1: incorreto, pois dentre as atividades típicas do arquivo permanente, destacam-se o arranjo, a descrição, a preservação e a conservação de documentos. Por exemplo, não faz parte do arquivo permanente a atividade de avaliação; **2:** correto, pois é o caráter orgânico que liga o documento aos outros do mesmo conjunto. Um documento, destacado de seu conjunto, do todo à que pertence, significa muito menos do que quando em conjunto; **3:** incorreto, pois o princípio da naturalidade ou cumulatividade considera os arquivos como uma formação progressiva natural e orgânica, isto é, os documentos vão surgindo em um contexto específico, ao longo do tempo e das necessidades da instituição ou pessoa e mantém uma relação orgânica entre si, justificando sua acumulação/reunião; **4:** incorreto, pois de acordo com o art. 2º da Lei 8.159/1991, consideram-se arquivos, para os fins desta lei, os conjuntos de documentos produzidos e recebidos por órgãos públicos, instituições de caráter público e entidades privadas, em decorrência do exercício de atividades especificas bem como por pessoa física, qualquer que seja o suporte da informação ou a natureza dos documentos; **5:** correto, pois os arquivos pela extensão de sua atuação podem ser setoriais e gerais ou centrais; **6:** correto, pois conforme o livro **Arquivo: teoria e prática**, Marilena Leite Paes, Rio de Janeiro, Ed. FGV, 2007, as atividades dos arquivos corrente são: protocolo, expedição, arquivamento, empréstimo, consulta e destinação; **7:** incorreto, pois os arquivos intermediários são conjunto de documentos originários de arquivos correntes, com uso pouco frequente, que aguardam destinação; **8:** correto pois de acordo com o livro **Arquivo: teoria e prática**, Marilena Leite Paes, Rio de Janeiro, Ed. FGV, 2007, os documentos transferidos a arquivos intermediários devem conservar a classificação que lhes foi dada nos arquivos correntes.

Gabarito 1E, 2C, 3E, 4E, 5C, 6C, 7E, 8C

(Agente Administrativo – Ministério do Esporte – 2008 – CESPE) Os arquivos têm um papel fundamental nas organizações contemporâneas. Quanto maior o número e a qualidade das informações, mais decisões seguras são tomadas. O arquivo, como um estoque informacional estratégico e privilegiado, tem muito a contribuir para a tomada de decisão e comprovação de direitos e deveres. Entretanto, para cumprir essa função primordial de disponibilizar as informações contidas nos documentos, é necessário que esses documentos estejam organizados. Acerca das técnicas de arquivamento, julgue os itens de 1 a 7.

(1) Considere os seguintes nomes.

Antônio Silva
José Sousa
B. dos Santos
Roberto Teixeira Neto
Carlos Monte Alegre
Ministro Paulo de Tarso
Antônia Heredia Herrera
III Congresso Nacional de Arquivologia.

Aplicando-se corretamente as regras de alfabetação, a ordenação alfabética dos nomes acima ficaria da forma apresentada a seguir.

Congresso Nacional de Arquivologia (III)
Heredia Herrera, Antônia
Monte Alegre, Carlos
Santos, B. dos
Silva, Antônio
Sousa, José
Tarso, Paulo de (Ministro)
Teixeira Neto, Roberto

(2) Quando se organiza um arquivo por estados da Federação, as capitais são ordenadas alfabeticamente como qualquer outra cidade, mas quando o principal elemento de identificação é a cidade e não o estado da Federação, as capitais devem ser alfabetadas em primeiro lugar.

(3) Na correspondência com outros países, as pastas devem ser alfabetadas, em primeiro lugar, pelo país, seguido da capital e do correspondente. As pastas das demais cidades serão alfabetadas em ordem alfabética, após as respectivas capitais dos países a que se referem.

(4) A classificação fundamenta-se basicamente na interpretação dos documentos, mas isso não determina que todos os documentos de, para ou sobre uma pessoa, assunto ou acontecimento devam estar classificados sob o mesmo título e arquivados juntos.

(5) Apor os símbolos correspondentes ao método de arquivamento adotado é uma atividade conhecida como codificação dos documentos.

(6) O código de classificação de documentos é o instrumento de destinação que determina os prazos em que os documentos devem ser mantidos nos arquivos correntes.

(7) Os arquivos correntes são de acesso restrito e devem ficar próximos dos usuários diretos.

1: correta. Levando em conta as seis regras de alfabetação abaixo, a classificação apresentada está correta: - nos nomes de pessoas físicas, considera-se o último sobrenome e depois o prenome; s.- obrenomes compostos de um substantivo e um adjetivo ou ligados por hífen não se separam; .- os sobrenomes que exprimem grau de parentesco como Filho, Júnior, Neto, Sobrinho são considerados parte integrante do último sobrenome,mas não são considerados na ordenação alfabética; .os títulos não são considerados na alfabetação, sendo colocados após o nome completo, entre parênteses; .- os nomes espanhóis são registrados pelo penúltimo sobrenome,que corresponde ao sobrenome de família do pai; .nos títulos de congressos, conferência, reuniões, assembleias e assemelhados, os números arábicos, romanos ou escritos por extenso deverão aparecer no fim, entre parênteses. **2:** incorreta. Quando se organiza um arquivo por estados da Federação, o método básico de arquivamento é o denominado geográfico. É um método direto, cujo elemento principal é o local. Esse método pode ser ordenado de duas formas: 1. Nome do estado, cidade e correspondente (Nota: as capitais sempre devem estar em primeiro lugar, frente as outras cidades do mesmo estado); 2. Nome da cidade, estado e correspondente (Nota: a regra das capitais não se aplica a esse tipo de ordenação). Portanto, a afirmativa está errada, pois a ordenação das capitais apresentadas são opostas em relação ao que prevê as regras. **3:** correta. **4:** incorreta, pois no livro *Arquivo: teoria e prática,* Marilena Leite Paes, Rio de Janeiro, Ed. FGV, 2002, consta que "a classificação fundamenta-se basicamente na interpretação dos documentos e isso determina que todos os documentos de, para ou sobre uma pessoa, assunto ou acontecimento devem estar classificados sob o mesmo título e arquivados juntos, formando o que se chama de dossiê". **5:** correto pois, a codificação consiste na aposição dos símbolos correspondentes ao método de arquivamento adotado. **6:** incorreto, pois é a Tabela de temporalidade que é o instrumento com o qual se determina a prazo de permanência de um documento ém uma arquivo corrente. **7:** correta.

Gabarito 1C, 2E, 3C, 4E, 5C, 6E, 7C

(Agente Administrativo – Ministério do Esporte – 2008 – CESPE) Acerca do protocolo e de procedimentos administrativos, julgue os itens subsequentes.

(1) As atividades dos arquivos correntes são as seguintes: recolhimento de documentos, preparação de catálogo seletivo, eliminação de documentos e preparação de amostragem documental.

(2) O registro de documentos consiste na identificação de procedência, espécie, número e data do documento, primeira distribuição, entre outros elementos.

(3) Desmembramento é o ato pelo qual um processo, tendo deixado de atender as formalidades indispensáveis ou de cumprir alguma disposição legal, é devolvido ao órgão de origem a fim de que sejam corrigidas ou sanadas as falhas apontadas.

(4) A decisão proferida pela autoridade administrativa em caso que lhe é submetido à apreciação é conhecida como despacho.

(5) Correspondência é toda espécie de comunicação escrita que circula nos órgãos ou entidades, à exceção dos processos. Quanto à sua natureza, a correspondência classifica-se em interna ou externa, oficial ou particular, recebida ou expedida.

(6) A autuação ou formação do processo deve ser realizada, obrigatoriamente, por meio de um documento original.

(7) Documentos reservados são aqueles cuja tramitação requer maior celeridade que a rotineira. Entre esses tipos de documentos, incluem-se pedidos de informação oriundos do Poder Executivo, do Poder Judiciário e das casas do Congresso Nacional; mandados de segurança; licitações judiciais ou administrativas; pedidos de exoneração ou dispensa; demissão; auxílio-funeral; diárias para afastamento da instituição; folhas de pagamento; e outros que, por conveniência da administração ou por força de lei, exijam tramitação preferencial.

(8) Um processo em um ministério pode ser encerrado, por exemplo, pelo cumprimento dos compromissos arbitrados ou quando seu desenvolvimento foi interrompido por período superior a um ano, por omissão da parte interessada.

1: incorreta, pois as principais atividades do arquivo corrente são as seguintes: Produção,Utilização e destinação; 2: correta; 3: incorreta. Na etapa de Protocolo, caso haja alguma inconsistência, o processo será devolvido à unidade destinatária, por meio de despacho na última folha do processo, comunicando as razões da devolução e solicitando que sejam providenciadas as correções ou sanadas as irregularidades. Portanto trata-se de uma devolução e não um desmembramento; 4: correto, pois despacho é toda decisão proferida pela autoridade administrativa em caso que lhe é submetido à apreciação; 5: correta; 6: incorreta, pois o processo deve *ser autuado*, preferencialmente, por um *documento original*. No entanto, a *autuação* pode *ser* feita em uma cópia de *documento*; 7: incorreta, pois os documentos reservados são relativos a assuntos que não devem ser do conhecimento do público em geral. Recebem essa classificação, entre outros, partes de planos, programas e projetos e as suas respectivas ordens de execução; cartas, fotografias aéreas e negativos que indiquem instalações importantes; 8: correta.

Gabarito 1E, 2C, 3E, 4C, 5C, 6E, 7E, 8C

(Agente Administrativo – Ministério da Int. Nacional – 2006 – CESPE)

De acordo com a ABNT, no grupo de documentos de guarda permanente deverão estar inseridos os documentos de valor probatório, relativos a direitos, tanto de pessoas físicas ou jurídicas, como da coletividade, e os de valor informativo sobre pessoas, fatos ou fenômenos, cuja memória, do ponto de vista histórico, seja considerada relevante. A propósito desse tema, julgue os itens subsequentes, a respeito da guarda permanente em relação às instituições públicas e privadas.

(1) Atos de criação, atos constitutivos e documentos relativos a direitos patrimoniais não pertencem ao grupo de documentos permanentes por prevalecer o interesse administrativo para determinar o valor das informações.

(2) A guarda permanente deve abranger documentos concernentes à administração de pessoal, como, por exemplo, acordos e reajustes salariais, planos de remuneração e classificação de cargos etc.

(3) Os documentos relativos às instituições públicas, que, mesmo originais, detenham interesse administrativo somente por determinado período, têm a sua guarda permanente.

1: incorreta, pois quanto aos órgãos públicos a guarda permanente deve abranger, entre outros, os documentos relativos à origem, aos direitos e aos objetivos da instituição. Ex: atos de criação (leis, decretos, portarias e resoluções); atos constitutivos(estatutos, contratos sociais, alvarás); documentos relativos a direitos patrimoniais); 2: correta; 3: incorreta, pois documentos que detenham somente interesse administrativo não têm guarda permanente.

Gabarito 1E, 2C, 3E

(Agente Administrativo – Ministério da Int. Nacional – 2006 – CESPE)

Os resultados esperados de um processo de avaliação de documentos de arquivo incluem o(a)

(1) Aumento do índice de recuperação da informação.

(2) Conquista de espaço físico e redução de peso.

1: correta; 2: correta.

Gabarito 1C, 2C

(Agente Administrativo – Ministério da Int. Nacional – 2006 – CESPE)

Em determinado setor de trabalho de um ministério, tramitam cerca de quinhentos processos por ano. Enquanto permanecem nesse setor, os processos são acondicionados em caixas-arquivo e dispostos por número. O acesso a esses documentos só é possível com a informação do número do processo, que é gerado no momento de sua autuação. Os demais documentos, como ofícios, memorandos, contratos, relatórios etc., são arquivados pela origem (órgãos governamentais, entidades da sociedade civil etc.) ou pela espécie documental (ofícios recebidos e expedidos, memorandos, contratos etc.), tornando complexa e demorada a localização dos documentos desejados. Em geral, os processos são solicitados pelos interessados segundo os assuntos de que tratam (aquisição de material e contratação de serviços; solicitação de transporte; pedido de férias etc.). Considerando essa situação hipotética, julgue os itens subsequentes.

(1) O recebimento, o registro, a movimentação e a expedição de documentos são atividades de responsabilidade do setor de protocolo.

(2) A autuação mencionada na situação descrita é o termo que caracteriza a abertura do processo.

(3) O controle da tramitação dos processos pelos setores de trabalho responsáveis pela condução dos assuntos tratados nos processos é de responsabilidade do setor de protocolo e dos próprios setores de trabalho por onde tramitam os processos.

(4) O ato pelo qual um processo é devolvido para cumprir as formalidades indispensáveis é conhecido como distribuição.

(5) Por meio da operação conhecida como juntada por anexação, é possível unir provisoriamente um ou mais processos a um processo mais antigo para o estudo e a uniformização de tratamento em matérias semelhantes.

(6) O desentranhamento de peças de um processo pode ocorrer quando houver interesse da administração ou a pedido do interessado.

(7) As folhas do processo que tramita pelos setores que decidirão sobre a matéria nele tratada devem ser numeradas em ordem crescente.

(8) A correspondência recebida que tiver caráter ostensivo — ofício ou carta — não deve ser aberta pelo protocolo. Deve-se registrar, apenas, a espécie do documento e o órgão emissor para, em seguida, encaminhá-lo imediatamente ao seu destinatário.

(9) A correspondência particular não deve ser expedida pelas unidades de protocolo — central ou setorial — do órgão.

(10) As correspondências tais como ofícios, memorandos e avisos são classificadas quanto à natureza em secreta, confidencial, ultrassecreta e reservada.

1: correta; 2: correta; 3: correta; 4: incorreto, pois o ato pelo qual um processo que, tendo deixado de atender as formalidades indispensáveis ou de cumprir alguma disposição legal, é devolvido ao órgão que assim procedeu, a fim de corrigir ou sanar as falhas apontadas é conhecido como diligência; 5: incorreta. A juntada de processo é o ato pelo qual ocorre a juntada definitiva ou provisória de um processo a outro. De acordo com a literatura, existem dois tipos de juntada: por anexação ou apensação. A juntada por anexação é o ato de juntar definitivamente um ou mais processos em tramitação em outro, desde que, o interessado e o pedido sejam os mesmos, passando ambos a constituírem peça única, se dando por solicitação da área identificadora. A juntada por apensação é o ato de juntar definitivamente ou provisoriamente um ou mais processos ao processo principal quando há interesse quanto ao objeto, relativos ao mesmo interessado ou não, se dando por solicitação no processo em análise. A afirmativa está errada, pois relata que a juntada por anexação é provisória; 6: correta. O ato de desentranhamento consiste na retirada de um determinado documento ou qualquer folha juntada a um processo. Ele pode ocorrer por interesse da administração ou a pedido do interessado; 7: correta; 8: incorreta. O recebimento e o controle da tramitação de documentos da instituição é efetuado pelo setor de protocolo. Ao receber um documento de caráter ostensivo o responsável deve abrí-lo, tomar conhecimento de seu conteúdo e tomar as demais providências necessárias; 9: correta; 10: incorreta. Os documentos são classificados de acordo com sua natureza em: Ostensivos ou ordinários, cuja divulgação não prejudica a administração e Sigilosos, por sua natureza devem ter conhecimento restrito. Os sigilosos são divididos em ultrassecretos, secretos, confidenciais e reservados. Portanto a afirmativa acima está errada.

Gabarito 1C, 2C, 3C, 4E, 5E, 6C, 7C, 8E, 9C, 10E

(Agente Administrativo – Ministério da Int. Nacional – 2006 – CESPE)

Acerca dos arquivos correntes e da classificação de documentos, julgue os itens a seguir.

(1) Os arquivos correntes são constituídos de documentos com pouca frequência de uso que, pelo valor informativo que apresentam, são mantidos próximos de quem os recebe ou os produz.

(2) Enquanto tramitam pelas unidades político-admininistrativas, os processos fazem parte dos arquivos ativos ou correntes do órgão ao qual pertencem.

(3) A disposição de processos por seu número é um método de classificação de documentos conhecido como duplex.

(4) Na organização feita segundo a origem dos documentos, o correto é dispor as pastas alfabeticamente a partir dos nomes dos órgãos ou das empresas, não considerando, para fins de ordenação, os artigos e preposições que os constituem.

(5) Caso seja necessário adotar o método dígito-terminal nos documentos referentes à correspondência com órgãos públicos ou com entidades da sociedade civil, deve-se atribuir um número a cada órgão público ou entidade da sociedade civil, obedecendo a ordem de entrada ou de registro, sem qualquer preocupação com a ordem alfabética.

1: incorreta, pois os arquivos correntes são constituídos de documentos com alta frequência de uso; **2:** correta; **3:** incorreta, pois a disposição de processos por seu número é um método de classificação de documentos conhecido como numérico; **4:** correta; **5:** incorreta. Esse método surgiu em decorrência da necessidade de serem reduzidos erros no arquivamento de grande volume de documentos cujo elemento principal de identificação é o número. Os documentos são numerados sequencialmente mas sua leitura apresenta uma pecularіedade que caracteriza o método: os números dispostos em 3 grupos de dois dígitos cada um, são lidos da direita para a esquerda formando pares.

Gabarito 1E, 2C, 3E, 4C, 5E

(Agente Administrativo – Ministério do Meio Ambiente – 2009 – CESPE) A respeito da gestão de documentos aplicada a arquivos governamentais, julgue os itens seguintes.

(1) Na gestão de documentos, a fase de produção refere-se à elaboração de documentos resultantes de atividades de um órgão ou setor e contribui para que sejam criados apenas documentos essenciais à administração e evitadas a duplicação e a emissão de vias desnecessárias.

(2) A fase da gestão de documentos em que são feitas a análise e a avaliação de documentos acumulados em arquivos é conhecida como preservação de documentos.

(3) Na gestão de documentos, as atividades de protocolo, a recuperação de informações e a elaboração de normas de acesso à documentação são desenvolvidas na fase de utilização de documentos.

(4) A gestão de documentos é aplicada originalmente na idade permanente.

(5) Uma das principais finalidades da gestão de documentos é a proteção dos documentos de valor permanente para a organização e a sociedade.

1: correta; **2:** incorreta. O processo de análise de documentos de arquivo que estabelece os prazos de guarda e a destinação, de acordo com os valores que lhes são atribuídos é de avaliação. Portanto a afirmativa acima está incorreta; **3:** correta; **4:** incorreta, pois a gestão de documentos é aplicada às três idades: corrente, intermediário e permanente; **5:** correta.

Gabarito 1C, 2E, 3C, 4E, 5C

(Agente Administrativo – Ministério do Meio Ambiente – 2009 – CESPE) Determinada organização instalada em Brasília enviou um documento a funcionário do MMA, a fim de que fossem resolvidos problemas entre as duas instituições. No MMA, o setor que recebeu o documento coletou algumas informações deste, incluindo-as em uma base de dados. Em seguida, o documento foi enviado para o destinatário, tramitando, posteriormente, em vários setores até que os problemas fossem resolvidos. Depois de arquivado por determinado período no último setor para onde havia sido enviado, o documento foi encaminhado a outro espaço, onde deve ser mantido até ser eliminado.

Considerando a situação hipotética acima, julgue os itens subsequentes, acerca de arquivo.

(1) A inclusão de dados sobre o documento em uma base de dados é conhecida como registro de documentos e faz parte das atividades de protocolo, vinculadas aos arquivos correntes.

(2) Na situação em apreço, se o documento fosse um ofício de caráter ostensivo, ele não deveria ser aberto no setor de protocolo, mas encaminhado diretamente ao destinatário, que deveria fazer o respectivo registro no sistema de protocolo.

(3) Enquanto tramitava nos vários setores, o documento em questão fez parte dos arquivos correntes do MMA.

(4) Na situação considerada, o documento, antes de ser eliminado, deve ser mantido no arquivo permanente.

(5) O arquivo intermediário deve ser subordinado técnica e administrativamente ao arquivo permanente, para que seja evitada a proliferação de depósitos e mantida uniforme a política arquivística da instituição.

(6) O código de classificação deve ser anotado na primeira folha do documento.

(7) O inventário sumário é o instrumento técnico responsável pela gestão dos prazos de guarda e pela destinação final de documentos.

(8) A tabela de temporalidade é aplicada somente em arquivo semiativo e em arquivo inativo, de acordo com as normas do Arquivo Nacional.

(9) Após ter tramitado e ter sido classificado, o documento deve ser arquivado, obedecendo-se às seguintes operações: inspeção, ordenação, arquivamento, retirada e controle.

(10) As cópias de documentos cujos originais encontram-se no mesmo conjunto não devem ser descartadas, pois são consideradas originais arquivísticos.

1: correta; **2:** incorreta, pois o documento de caráter ostensivo ou ordinário deve ser aberto e registrado no setor de protocolo; **3:** correta; **4:** incorreta, pois o documento antes de ser eliminado deve ser mantido no arquivo intermediário; **5:** correta; **6:** correta; **7:** incorreta, pois o instrumento técnico responsável pela gestão dos prazos de guarda e pela destinação final de documentos e a Tabela de Temporalidade; **8:** incorreta, pois a tabela de temporalidade é aplicada em arquivos ativos; **9:** correta; **10:** incorreta. A norma de descarte de documentos públicos estabelece que a eliminação de documentos somente poderá ocorrer após a aplicação da Tabela de Temporalidade de Documentos. Excetuam-se desse procedimento de eliminação as cópias e vias de documentos cujo original ou um exemplar encontram-se no mesmo conjunto documental ou dossiê.

Gabarito 1C, 2E, 3C, 4E, 5C, 6C, 7E, 8E, 9C, 10E

(Agente Administrativo – Ministério da Previdência – 2010 – CESPE)
As atribuições da unidade administrativa de um grande órgão público têm gerado, em relação ao arquivo, duas situações distintas, mas intimamente vinculadas. A primeira é a necessidade de arquivamento de um volume sempre crescente de documentos, que são mantidos em dossiês. O arquivo recebe para guarda, mensalmente, cerca de trinta novas caixas-arquivo ou 135 pastas suspensas. A segunda situação que surge das atribuições dessa unidade é a intensa demanda de consulta aos documentos. Há uma demanda interna (estagiários, servidores, outras unidades) e uma demanda externa (representações e escritórios regionais). Segundo informações coletadas no local, são atendidas, diariamente, cerca de vinte solicitações de consulta ao acervo.

Você sabia que os arquivos também têm ciclo de vida?

É verdade, e este é contado a partir da produção do documento e do encerramento do ato, da ação ou do fato que motivou a sua produção e a sua frequência de uso. Na arquivologia, diz-se que essa fase tem relação com a vigência do documento (a razão de ser do documento). Depois de destituído dessa vigência, o documento pode ser guardado em função da importância das informações nele contidas, para a história da administração ou mesmo para tomadas de decisões pautadas nas ações do passado.

Lembre-se: é importante saber esses conceitos, porque os métodos de organização em cada fase do ciclo poderão sofrer algumas alterações, devido à frequência de uso e mesmo ao perfil do usuário.

Neire do Rossio Martins. **Manual técnico de organização de arquivos correntes e intermediários.** Campinas: UNICAMP, 2005, p. 16-7 (com adaptações).

Considerando o texto acima, julgue os itens a seguir.

(1) Documento é toda informação registrada em um suporte material que pode ser consultada para fins de estudo e pesquisa, pois comprova fatos, fenômenos e pensamentos da humanidade nas diferentes épocas e nos diversos lugares.

(2) O documento é o suporte da informação, e a informação é a ideia ou mensagem contida em um documento.

(3) Pode-se denominar arquivo também a instituição ou o serviço que tem a custódia de documentos, com a finalidade de fazer o processamento técnico, garantir a conservação e promover a utilização dos arquivos.

(4) Fase corrente é a fase em que os documentos estão ativos, em curso ou que, mesmo sem movimentação, ainda são muito consultados pela administração e, por isso, são conservados junto aos órgãos produtores.

1: correto; 2: correto; 3: correto; 4: correto.

Gabarito 1C, 2C, 3C, 4C

(Agente Administrativo – Ministério da Previdência – 2010 – CESPE) Julgue os itens de 1 a 9 considerando os procedimentos gerais para utilização dos serviços de protocolo na administração pública federal.

(1) Protocolo é o serviço encarregado de recebimento, registro, distribuição, controle da tramitação e expedição de documentos. Caso faça parte de um sistema de arquivos, o protocolo pode, também, identificar os documentos de acordo com a classificação arquivística.

(2) A legislação determina que cada órgão tenha um protocolo central, responsável por realizar exclusivamente as rotinas de recebimento e registro de documentos, e protocolos setoriais encarregados do controle de tramitação e da expedição de documentos de cada área.

(3) A expressão unidade protocolizadora identifica qualquer unidade organizacional, sendo irrelevante seu nome ou posição na hierarquia do órgão, desde que, entre suas competências, exista a de autuar/numerar processos e(ou) documentos.

(4) Registro é o nome dado a uma informação que é acrescentada a um documento para alterá-lo, explicando ou corrigindo seu conteúdo.

(5) Denomina-se juntada o procedimento de abertura ou formação do processo.

(6) Correspondência é o nome dado a todas as espécies de comunicação escrita que circulam nos órgãos ou nas entidades, exceto os processos. Classifica-se em interna ou externa, oficial ou particular, recebida ou expedida.

(7) O processo é formado por um documento ou conjunto de documentos que exigem um estudo mais detalhado, despachos, pareceres técnicos, anexos ou instruções para pagamento de despesas. Precisa ser protocolado e autuado pelos órgãos autorizados a executar tais procedimentos.

(8) Chama-se tramitação a passagem dos documentos por sucessivas fases durante a transmissão formal da custódia ou propriedade dos documentos ou arquivos.

(9) O protocolo central do órgão deve manter controle da expedição de correspondência, de modo a ser capaz de informar sua localização aos usuários em tempo real.

1: correto; 2: incorreto, pois o Protocolo Central é a unidade junto ao órgão ou entidade, encarregada dos procedimentos com relação às rotinas de recebimento e expedição de documentos e o Protocolo Setorial é a unidade localizada junto aos setores específicos dos órgãos ou entidades, encarregada de dar suporte às atividades de recebimento e expedição de documentos no âmbito da área a qual se vincula, também tem a finalidade de descentralizar as atividades do protocolo central; 3: correto; 4: incorreto, pois o registro é a reprodução dos dados do documento, feita em sistema próprio, destinado a controlar a movimentação da correspondência e do processo e fornecer dados de suas características fundamentais, aos interessados; 5: incorreto, pois a juntada é a união de um processo a outro, ou de um documento a um processo. A juntada realiza-se por anexação ou apensação; 6: correto; 7: correto; 8: incorreto, pois tramitação é a movimentação do processo de uma unidade à outra, interna ou externa, através de sistema próprio; 9: correta.

Gabarito 1C, 2E, 3C, 4E, 5E, 6C, 7C, 8E, 9C

(Agente Administrativo – Ministério da Previdência – 2010 – CESPE) Julgue os itens subsequentes, relativos às rotinas de tratamento documental em arquivos correntes.

(1) As atividades que compõem as rotinas de classificação são as seguintes: receber o documento; ler o conteúdo do documento identificando a data e o assunto; localizar o código no inventário de temporalidade e assuntos; anotar o código no verso do documento; preencher uma folha de identificação com a data e o código.

(2) O arquivamento consiste em inspecionar o documento para verificar se está assinado e se é original; formar dossiês, agrupando os documentos pela data em que foram emitidos em uma pasta suspensa. Dentro da pasta, deve-se anotar o número de protocolo; fora da pasta, deve-se colocar uma etiqueta com a data.

(3) O código de classificação é um instrumento utilizado nos órgãos federais para agrupar os documentos de arquivo em classes e subclasses, segundo as funções e atividades desempenhadas pelo órgão. Também são identificados espécies e tipos documentais, que são chamados de assuntos e recebem códigos numéricos.

1: incorreta, pois as atividades mencionadas compõem as rotinas do protocolo; 2: incorreta, pois as atividades mencionadas compõem as rotinas da classificação; 3: correta.

Gabarito 1E, 2E, 3C

(Agente Administrativo – Ministério da Saúde – 2008 – CESPE) Acerca da situação hipotética acima apresentada e das técnicas de arquivo, julgue os itens de 1 a 15.

(1) Os documentos acumulados por órgãos públicos e entidades públicas, em decorrência de suas funções e atividades, são considerados arquivos públicos.

(2) Na situação apresentada, a aplicação da teoria das três idades documentais permitiria melhor fluxo documental na unidade, melhorando as condições de seus arquivos.

(3) A legislação arquivística brasileira, apesar do grande avanço, não considera os arquivos como instrumento de apoio à administração.

(4) A unidade em questão poderia, anualmente, eliminar os documentos sem uso, independentemente de autorização.

(5) Na situação considerada, devido à quantidade de consultas recebidas pelo arquivo da unidade, pode-se considerá-lo como um arquivo corrente.

(6) O arquivo setorial é aquele estabelecido juntos aos órgãos operacionais, cumprindo funções de arquivo corrente.

(7) Na situação em apreço, o acesso aos documentos contidos no arquivo da unidade é público, embora exista restrição de acesso apenas para os documentos considerados permanentes.

(8) O registro dos documentos que chegam ao setor é uma atividade conhecida como de arquivo especializado.

(9) As atividades de protocolo são de responsabilidade dos arquivos centrais ou gerais.

(10) Os documentos pouco usados na mencionada unidade poderiam ser transferidos para o arquivo permanente, onde aguardariam o término de seus prazos de guarda.

(11) O recebimento e a expedição dos documentos em um órgão público são tarefas realizadas pelo protocolo.

(12) O curso do documento desde a sua produção ou recepção até o cumprimento de sua função administrativa é conhecido como termo de recolhimento.

(13) O dossiê é um conjunto de documentos relacionados entre si por assunto (ação, evento, pessoa, lugar, projeto), que constitui uma unidade de arquivamento.

(14) O dossiê é um documento do gênero iconográfico.

(15) O conjunto de operações técnicas referentes à produção, à tramitação, ao uso, à avaliação e ao arquivamento em fase corrente e intermediária é conhecido por gestão de documentos.

1: correta; **2:** correta; **3:** incorreta, pois a legislação arquivísitica considera os arquivos como instrumento de apoio a administração; **4:** incorreta, para eliminação de documentos é necessário autorização do órgão competente; **5:** correta; **6:** correta; **7:** incorreta, pois é possível consultar os documentos considerados permanentes; **8:** incorreta, pois o registro dos documentos que chegam ao setor é uma atividade conhecida como de protocolo; **9:** incorreta, pois as atividades de protocolo são de responsabilidade dos arquivos correntes; **10:** incorreta, pois os documentos pouco usados na mencionada unidade poderiam ser transferidos para o arquivo intermediário, onde aguardariam o término de seus prazos de guarda; **11:** correta; **12:** incorreta, pois o curso do documento desde a sua produção ou recepção até o cumprimento de sua função administrativa é conhecido como ciclo vital; **13:** correta; **14:** A afirmativa está incorreta, pois o gênero iconográfico se refere a obras de arte, fotografias, negativos,slides, microformas; **15:** correta.

Gabarito 1C, 2C, 3E, 4E, 5C, 6C, 7E, 8E, 9E, 10E, 11C, 12E, 13C, 14E, 15C

(Agente Administrativo – Ministério da Educação – 2009 – CESPE) Acerca de arquivamento, julgue os itens a seguir.

(1) Arquivamento é o conjunto das operações de acondicionamento e armazenamento de documentos.

(2) O arquivamento horizontal permite consulta rápida e evita manipulação ou remoção de outros documentos.

(3) É possível, na escolha do método de arquivamento, definir um método principal e métodos auxiliares para a organização da documentação.

(4) Quando as pastas que contêm documentos de arquivo de determinado setor são dispostas pelo nome dos correspondentes, isso caracteriza a utilização do método de arquivamento do tipo unitermo.

(5) Na ordenação das pastas, não devem ser considerados os artigos e as preposições que fazem parte dos nomes de empresas e de órgãos governamentais.

1: correto; **2:** incorreto, pois o arquivamento horizontal dificulta a consulta rápida e exige a remoção de outros documentos; **3:** correto; **4:** incorreto, pois quando as pastas que contêm documentos de arquivo de determinado setor são dispostas pelo nome dos correspondentes, isso caracteriza a utilização do método de arquivamento do tipo geográfico; **5:** correto.

Gabarito 1C, 2E, 3C, 4E, 5C

(Agente Administrativo – Ministério da Educação – 2009 – CESPE) A respeito dos procedimentos administrativos, julgue os itens subsequentes.

(1) As correspondências consideradas ostensivas são classificadas, pelo grau de sigilo, em confidenciais, sigilosas e ultrassecretas.

(2) A correspondência oficial, com indicações de confidencial, reservado ou particular no envelope deve ser aberta para registro no sistema de protocolo antes de ser encaminhada ao destinatário.

(3) Para que ocorra a expedição de documentos, os setores de trabalho devem encaminhar o original, acompanhado de uma cópia, ao setor de protocolo, que faz o devido registro, arquiva o original e expede a cópia do documento ao destinatário.

(4) Os órgãos públicos devem manter registros da tramitação de todos os documentos de arquivo produzidos e(ou) recebidos, independentemente da espécie documental (por exemplo, ofício, processo, projeto, contrato).

(5) Ao se proceder à abertura do envelope de uma correspondência, deve-se observar se ele contém o comprovante de recebimento, para que seja providenciada a devolução desse documento ao remetente.

1: incorreto, pois as correspondências ostensivas não são sigilosas não havendo necessidade de restrição de acesso, pois sua natureza de assunto não prejudica a administração; **2:** incorreto, pois a correspondência oficial, com indicações de confidencial, reservado ou particular no envelope não deve ser aberta para registro no sistema de protocolo antes de ser encaminhada ao destinatário; **3:** incorreto, pois cabe ao setor de trabalho, expedir o original com os anexos e encaminhar as cópias acompanhadas com os antecedentes que lhes deram origem ao arquivo; **4:** correto; **5:** correto.

Gabarito 1E, 2E, 3E, 4C, 5C

(Agente Administrativo – Ministério da Previdência – 2010 – CESPE) Com relação à situação do servidor que trabalha no protocolo central de um órgão da administração pública federal, onde executa atividades de recebimento, registro e distribuição de documentos, julgue os itens de 1 a 10, acerca dos procedimentos adotados pelo servidor com a correspondência e na formação de processos.

(1) Ao receber a correspondência, o servidor deverá proceder à abertura do envelope, observar se a assinatura é do próprio remetente, de representante legal ou procurador. Nesse caso, deverá estar anexado o instrumento de procuração.

(2) O servidor deve autuar toda a correspondência e, caso ela contenha anexos, autuar cada anexo separadamente.

(3) Ao chegar ao protocolo um documento oficial que tenha como destinatário uma pessoa que não ocupa mais o cargo, o servidor deverá considerar o documento como correspondência particular daquela pessoa e, portanto, não fará a autuação, apenas lacrará o documento e o encaminhará diretamente ao destinatário.

(4) Para a formação de processo, o servidor deverá seguir a seguinte rotina: prender toda a documentação dentro de uma capa, com colchetes, seguindo uma ordem cronológica na qual os documentos mais antigos sejam os primeiros do conjunto.

(5) O servidor deve identificar cada processo, registrando, na capa, a procedência, a data, o nome do interessado e o assunto.

(6) Antes de numerar todas as folhas, o servidor deverá incluir, no processo, o envelope que encaminhou a correspondência, a fim de comprovar o endereço do remetente.

(7) O servidor deverá numerar as folhas dos processos sem rasuras, em ordem crescente, começando pelo número 1 e usando o carimbo próprio para colocação do número no canto superior direito da página.

(8) O servidor deverá conferir o registro e a numeração das folhas antes de encaminhar fisicamente o processo autuado para a unidade do órgão a que se destina.

(9) Documentos classificados como secreto, confidencial ou reservado não são processados nas unidades de protocolo, ao contrário dos demais documentos. Nesse caso, o servidor deverá apenas colocar um carimbo correspondente ao grau de sigilo no envelope e o encaminhar para o órgão de destino, sem fazer a autuação.

(10) O processo somente pode ser autuado a partir de um documento original. Documentos enviados por fax ou qualquer tipo de cópia, mesmo que autenticada, não podem ser autuados.

1: correto; **2:** incorreto, pois o servidor deve autuar toda a correspondência , inclusive os anexos, que receberão numeração única e capa padronizada; **3:** incorreto, pois documentos oficiais estão destinados ao cargo do destinatário e não à pessoa que o ocupa. Portanto, quando um documento oficial for encaminhado a um destinatário que não ocupe mais o cargo, sem identificação do destino ele deverá ser devolvido; **4:** correto; **5:** incorreto, pois o servidor deve identificar cada processo, registrando, na capa, o **tipo documental; a data de autuação; o número do processo; o interessado principal; a proveniência e o resumo; 6:** incorreto, pois o envelope encaminhando a correspondência não será peça do processo, devendo ser descartado, anotando-se ou registrando-se as informações necessárias referentes ao endereço do remetente; **7:** correto; **8:** correto; **9:** incorreto, pois a autuação de documentos classificados como "SECRETO", "CONFIDENCIAL" ou "RESERVADO" será processada por servidor com competência para tal, da mesma forma que os demais documentos, devendo, no entanto, as unidades de protocolo central ou setorial, após a autuação, lacrarem o envelope do processo, apondo o número do processo, o órgão de destino e o carimbo correspondente ao grau de sigilo; **10:** incorreto, pois o processo deve ser autuado, preferencialmente, por um documento original; no entanto, pode ser autuado utilizando-se uma cópia de documento, considerando-se que o servidor tem fé pública para autenticar documentos e fazer reconhecimento de firma.

Gabarito 1C, 2E, 3E, 4C, 5E, 6E, 7C, 8C, 9E, 10E

3. TIPOLOGIAS DOCUMENTAIS E SUPORTES FÍSICOS – MICROFILMAGEM – AUTOMAÇÃO – PRESERVAÇÃO – CONSERVAÇÃO E RESTAURAÇÃO DE DOCUMENTOS

(Escrivão de Polícia Federal - 2013 – CESPE) Com relação à preservação e conservação de documentos de arquivo, julgue os itens que se seguem.

(1) A principal medida para preservar documentos em suporte papel é a encapsulação.

(2) Para preservar e conservar documentos de arquivo é necessário desenvolver ações nos momentos de produção, de tramitação, de acondicionamento e de armazenamento físico, independentemente do suporte documental utilizado.

(3) Deve ser previsto espaço para o armazenamento separado dos diversos suportes documentais nas áreas de depósito de documentos de arquivo.

1: Errado, pois a principal medida para preservar documentos em suporte papel é a laminação. Este processo de restauração consiste no reforço de documentos deteriorados ou frágeis, colocando-os entre folhas de papel de baixa gramatura, fixadas por adesivo natural, semissintético ou sintético, por meio de diferentes técnicas, manuais ou mecânicas; **2:** Correto, pois a preservação e conservação dos documentos exige ações nas fases de produção, de tramitação, de acondicionamento e de armazenamento físico. Podem incluir o monitoramento e o controle ambiental, as restrições de acesso, os cuidados no manuseio direto e na obtenção de suportes e materiais mais duráveis; **3:** Correto, pois suportes diferentes deverão ser armazenados em locais distintos, conforme suas características físicas, pois a temperatura e a umidade variarão de acordo com a necessidade do suporte dos documentos.

Gabarito 1E, 2C, 3C

(Técnico – STM – 2011 – CESPE) Julgue os itens que se seguem, referentes a noções básicas de conservação e preservação de documentos.

(1) A luz, o ar seco, a umidade, o mofo, a poeira e os gases são, a médio e longo prazo, altamente prejudiciais à conservação do acervo documental.

(2) O alisamento consiste no processo em que são introduzidos documentos em uma câmara, onde é aplicado um produto para fumigação.

1: está certo, portanto a **luz do dia** deve ser **abolida** na área de armazenamento, porque não só **acelera o desaparecimento das tintas**, como **enfraquece o papel**. A própria luz artificial deve ser usada com parcimônia. O **ar seco** é outro fator de **enfraquecimento do papel**.A temperatura não deve sofrer oscilações, mantendo-se **entre 20 e 22º C**. O **calor constante destrói as fibras do papel**. O ideal é a utilização ininterrupta de **aparelhos de ar condicionado e de desumidificadores**, a fim de climatizar as áreas de armazenamento e filtrar as impurezas do ar. Não sendo viável tal prática, deve-se empregar **sílica-gel**; **2: está errado,** pois o alisamento consiste em colocar os documentos em bandejas de aço inoxidável, expondo-os à ação do ar com forte percentagem de umidade, 90 a 95%, durante uma hora, em uma câmara de umidificação. Em seguida, são passados a ferro, folha por folha, em máquinas elétricas. Caso existam documentos em estado de fragilidade, recomenda-se o emprego de prensa manual sob pressão moderada. Na falta de equipamento adequado, aconselha-se usar ferro de engomar caseiro.

Gabarito 1C, 2E

(Técnico Judiciário – TRE/GO – 2008 – CESPE) A respeito da preservação da integridade dos documentos, assinale a opção correta.

(A) Preservação é o nome dado ao processo de exposição de uma peça documental a vapores químicos, dentro de câmaras especiais a vácuo, para destruição de insetos e fungos, resultando na polimerização do documento.

(B) Denomina-se conservação o conjunto de atividades que visam à preservação dos documentos, isto é, ações realizadas com o objetivo de desacelerar os processos de degradação por meio de controle ambiental e de tratamentos específicos, como higienização, acondicionamento, reparos e outros.

(C) A limpeza do depósito do arquivo deve ser rigorosa para evitar a proliferação de fungos e insetos; o chão deve ser limpo com pano umedecido em uma mistura de água, solventes, cera e substâncias bactericidas. Uma vez por mês, pelo menos, as estantes devem ser limpas com a mesma mistura.

(D) A luz natural e o calor são prejudiciais aos documentos. Recomenda-se, para o local de armazenamento, a utilização de lâmpadas fluorescentes, por não produzirem calor nem radiação ultravioleta (UV), e o uso de condicionadores de ar para manter a temperatura abaixo de 5 graus durante o dia. Durante a noite, os aparelhos podem ser desligados, para reduzir os custos e o risco de incêndio.

A alternativa "b" traz o exato conceito de conservação.

Gabarito "B"

(Técnico Judiciário – TRE/MA – 2009 – CESPE) Quanto à preservação, à conservação e à restauração de documentos, assinale a opção correta.

(A) A conservação compreende os cuidados prestados aos documentos e não se refere ao local de guarda.

(B) A luz do dia e a umidade são prejudiciais à conservação do acervo documental.

(C) A desinfestação e o alisamento são técnicas de restauração de documentos.

(D) A higienização dos documentos consiste em mergulhar o documento em banho de gelatina.

(E) O *silking* é um método de desinfestação que combate os insetos e apresenta maior eficiência que a fumigação.

De fato, a luz do dia e a umidade são prejudiciais à conservação do acervo documental.

Gabarito "B"

(Técnico – MPU – 2010 – CESPE) Quanto às tipologias documentais e aos suportes físicos, julgue os próximos itens.

(1) Os documentos originais considerados de guarda permanente somente poderão ser eliminados depois de microfilmados e digitalizados.

(2) O problema relacionado à obsolescência dos equipamentos e dos programas de informática, que compromete a preservação de documentos digitais, pode ser resolvido com o uso de laminação.

(3) Os documentos do gênero iconográfico têm suporte sintético, em papel emulsionado ou não, e contêm imagens estáticas, tais como ampliações fotográficas, slides, diapositivos e gravuras

(4) O alisamento é uma das operações de restauração de documentos mais utilizadas em países tropicais.

1: está errado, pois os documentos originais considerados de guarda permanente não poderão ser eliminados; **2: está errado,** pois o processo de laminação se aplica à restauração de documentos escritos em papel. O processo consiste em **envolver o documento, nas duas faces, com uma folha de papel de seda e outra de acetato de celulose,** colocando-o numa prensa hidráulica. O acetato de celulose, por ser termoplástico, adere ao documento, juntamente com o papel de seda. A durabilidade e as qualidades permanentes do papel são asseguradas sem perda da legibilidade e da flexibilidade, tornando-o **imune à ação de fungos e pragas; 3: está certo,** pois os documentos iconográficos pertencem ao gênero documental integrado por documentos que contêm imagens fixas, impressas, desenhadas ou fotografadas, como fotografias e gravuras; **4: está errado,** pois o alisamento não é uma operação de restauração e de sim de conservação. Das operações de conservação de documentos a mais utilizada em países tropicais é a **climatização**, que é **controle de temperatura, de umidade relativa e de poluentes, por meio de instrumentos,** com o objetivo de criar uma atmosfera favorável à conservação dos documentos. A luz, a temperatura, a umidade, a poluição ácida do ar e as impurezas no papel são os principais agentes de deterioração. Os agentes externos mais responsáveis pela deterioração são os gases ácidos da atmosfera e particularmente o dióxido sulfúrico (H2S05). A poluição ácida do ar, bem como outros fatores externos de deterioração, temperatura e umidade desfavoráveis, somente podem ser tratados pelo uso de aparelhos de ar-condicionado. Nas áreas onde se observa elevada poluição atmosférica, os prédios destinados a arquivos devem ser equipados com aparelhos de ar-condicionado.

Gabarito 1E, 2E, 3C, 4E

(Técnico – ANAC – 2009 – CESPE) A respeito da conservação e da proteção de documentos, julgue os seguintes itens.

(1) O ar seco e a alta umidade são fatores de enfraquecimento do papel.

(2) A higienização mecânica dos documentos feita com uma trincha ou uma flanela é uma ação importante para a conservação dos documentos em papel.

(3) O processo químico mais efetivo para a desinfestação e desinfecção de materiais arquivísticos é a emulação.

1: correto; **2:** correto; **3:** incorreto, pois o processo químico mais efetivo para a desinfestação e desinfecção de materiais arquivísticos é o de fumigação.

Gabarito 1C, 2C, 3E

(Técnico – ANVISA – 2007 – CESPE) Acerca do assunto abordado no texto acima, julgue os seguintes itens.

(1) Uma das vantagens da microfilmagem é a característica de poder prescindir da organização arquivística de documentos e do estabelecimento de um programa de avaliação e seleção do acervo documental.

(2) Microfilmagem é a produção de imagens fotográficas de um documento em formato altamente reduzido.

1: incorreto, pois de acordo com o Art.11° da Lei 1.799/1996, os documentos em tramitação ou em estudo poderão a critério da autoridade competente ser microfilmados, não sendo permitida a sua eliminação até a definição de sua destinação final.O artigo 13° da mesma lei,estabelece que os documentos oficiais ou públicos, com valor de guarda permanente, não poderão ser eliminados após a microfilmagem, devendo ser recolhidos ao arquivo público de sua esfera de atuação ou preservados pelo próprio órgão detentor; **2:** correto.

Gabarito 1E, 2C

(Agente Administrativo – Ministério da Saúde – 2008 – CESPE) No que se refere à conservação preventiva de documentos em arquivos, julgue os itens a seguir.

(1) A higienização e o acondicionamento são ações de conservação dos documentos.

(2) O ar seco e a umidade são fatores de enfraquecimento do papel.

(3) A ação antrópica não interfere na degradação dos arquivos.

(4) A higienização de documentos é um procedimento em que documentos quebradiços e ressecados são colocados em uma atmosfera úmida para readquirirem flexibilidade.

1: correto; **2:** correto; **3:** incorreto. A ação antrópica se refere a efeitos derivados de atividades humanas, em oposição a aqueles que ocorrem em ambientes naturais sem influência humana. A afirmativa não está correta, pois esta ação antrópica pode interferir na degradação dos arquivos; **4:** incorreto, pois a higienização, ou limpeza dos documentos é um procedimento de retirada, por meio de técnicas apropriadas,de poeira e outros resíduos.

Gabarito 1C, 2C, 3E, 4E

11. Lei 8.112/1990

Wander Garcia, Ana Paula Garcia, Ivo Shigueru Tomita, Georgia Renata Dias, Flavia Barros e Sebastião Edilson Gomes*

1. PROVIMENTO, VACÂNCIA, REMOÇÃO, DISTRIBUIÇÃO E SUBSTITUIÇÃO

1.1. PROVIMENTO

(Técnico Judiciário – STJ – 2018 – CESPE) Julgue os seguintes itens de acordo com as disposições constitucionais e legais acerca dos agentes públicos.

(1) A acumulação remunerada de cargos públicos é vedada, exceto quando houver compatibilidade de horários, caso em que será possível, por exemplo, acumular até três cargos de profissionais de saúde.

(2) Em regra, o servidor público da administração autárquica que estiver no exercício de mandato eletivo ficará afastado do seu cargo, emprego ou função, disposição também aplicável ao servidor da administração pública fundacional.

(3) A reversão constitui a reinvestidura do servidor estável no cargo anteriormente ocupado, e ocorre quando é invalidada a demissão do servidor por decisão judicial ou administrativa. Nesse caso, o servidor deve ser ressarcido de todas as vantagens que deixou de perceber durante o período demissório.

(4) A investidura em cargo, emprego ou função pública exige a prévia aprovação em concurso público de provas ou de provas e títulos, na forma prevista em lei.

1: incorreta – São cumuláveis apenas dois cargos ou empregos privativos de profissionais da saúde – Art. 37, inciso XVI, alínea "c", da CF/1988; **2**: correta – Art. 94 da Lei 8.112/1991; **3**: incorreta – a reversão consiste no retorno à atividade do servidor aposentado por invalidez, quando a junta médica oficial considerar insubsistentes os motivos da aposentadoria ou no interesse da Administração, desde que tenha solicitado a reversão, a aposentadoria tenha sido voluntária, estável na atividade, que a aposentadoria tenha ocorrido nos cinco anos anteriores à solicitação e haja cargo vago – Art. 25 da Lei 8.112/1991; **4**: incorreta – Diz o Art. 37, inciso II, da CF/1988 que: "a investidura em cargo ou emprego público depende de aprovação prévia em concurso público de provas ou de provas e títulos, de acordo com a natureza e a complexidade do cargo ou emprego, na forma prevista em lei, ressalvadas as nomeações para cargo em comissão declarado em lei de livre nomeação e exoneração". FB

Gabarito 1E, 2C, 3E, 4E

(Analista Judiciário – TRT/8ª – 2016 – CESPE) De acordo com a Lei n.º 8.112/1990, que trata do regime jurídico dos servidores públicos federais, a reversão

(A) não se aplica ao servidor aposentado que já tiver completado setenta anos de idade.

(B) ocorrerá quando a demissão do servidor for anulada por decisão administrativa ou judicial.

(C) ocorre quando o servidor estável retorna ao cargo anterior, em decorrência de inabilitação em estágio probatório relativo a outro cargo.

(D) pode ocorrer no interesse do requerente aposentado, desde que haja solicitação nos últimos cinco anos.

(E) poderá ser aplicada quando o servidor aposentado por invalidez ou por tempo de contribuição tiver a sua aposentadoria anulada por decisão judicial.

A: correta (art. 27 da Lei 8.112/1990); **B**: incorreta, pois nesse caso tem-se a *reintegração* (art. 28, *caput*, da Lei 8.112/1990), e não a *reversão*; **C**: incorreta, pois nesse caso tem-se a *recondução* (art. 29, I, da Lei 8.112/1990), e não a *reversão*; **D**: incorreta, pois, mesmo que o aposentado tenha solicitado a reversão, está no interesse da Administração (art. 25, II, da Lei 8.112/1990); **E**: incorreta, pois esse caso não está previsto no art. 25 da Lei 8.112/1990.

Gabarito "A"

(Técnico Judiciário – Área Administrativa – TRT8 – 2013 – CESPE) Ainda sobre a Lei n.º 11.416/2006, assinale a opção correta.

(A) A remuneração dos cargos em comissão é composta pelo vencimento básico do cargo e pela gratificação judiciária.

(B) Devem ser enquadrados na especialidade de oficial de justiça avaliador federal os ocupantes do cargo de analista judiciário – área administrativa cujas atribuições estejam relacionadas com a execução de mandados e atos processuais de natureza externa, na forma estabelecida pela legislação processual civil, penal, trabalhista e demais leis especiais.

(C) A progressão funcional é a movimentação do servidor do último padrão de uma classe para o primeiro padrão da classe seguinte.

(D) O TRT da 8.ª Região, órgão integrante do Poder Judiciário da União, é autorizado a transformar, sem aumento de despesa, no âmbito de suas competências, as funções comissionadas de seu quadro de pessoal, vedada a transformação de função em cargo.

(E) Na elaboração dos regulamentos de que trata a lei em questão, não é possível contar com a participação de entidades sindicais.

A: Incorreta. "A remuneração dos **cargos de provimento efetivo** das Carreiras dos Quadros de Pessoal do Poder Judiciário é composta pelo Vencimento Básico do cargo e pela Gratificação Judiciária (GAJ), acrescida das vantagens pecuniárias permanentes estabelecidas em lei" (art. 11, *caput*, da Lei 11.416/2006); **B**: Incorreta. Serão enquadrados na especialidade de Oficial de Justiça Avaliador Federal os ocupantes do cargo de Analista Judiciário – **área judiciária** cujas atribuições estejam relacionadas com a execução de mandados e atos processuais de natureza externa, na forma estabelecida pela legislação processual civil, penal, trabalhista e demais leis especiais (art. 4º, § 1º, da Lei 11.416/2006); **C**: Incorreta. A progressão funcional é a movimentação do servidor de um padrão para o seguinte **dentro de uma mesma classe**, observado o interstício de um ano, sob os critérios fixados em regulamento e de acordo com o resultado de avaliação formal de desempenho (art. 9º, § 1º, da Lei 11.416/2006); **D**: Correta. Não somente o TRT da 8ª Região, como todos os órgãos do Poder Judiciário da União estão autorizados a transformar, sem aumento de despesa, no âmbito de suas competências, as funções comissionadas e os cargos em comissão de seu quadro de pessoal, vedada a transformação de função em cargo ou vice-versa (art. 24, parágrafo único, da Lei 11.416/2006); **E**: Incorreta. É possível, conforme dispõe o art. 27 da Lei 11.416/2006, a participação de entidades sindicais na elaboração dos regulamentos de que trata a Lei recentemente mencionada.

Gabarito "D"

(Técnico Judiciário – STM – 2011 – CESPE) Acerca do regime jurídico dos servidores públicos civis da União, julgue os itens a seguir.

(1) As formas de provimento de cargo incluem a readaptação, que consiste no retorno de servidor aposentado por invalidez à atividade, em decorrência de comprovação, por junta médica oficial, de cessação dos motivos da aposentadoria.

(2) Aplica-se suspensão em caso de reincidência de falta punida com advertência e de violação de proibição que

* **FB Flavia Barros; Georgia Renata Dias** comentou as questões de Analista/STF/13 e Analista/TRT/8/13; **Ivo Shigueru Tomita** comentou as questões de Técnico/STF/13 e Técnico/TRT/8/13; **Wander Garcia** comentou a questão do concurso Analista/TRT/8/16; **Wander Garcia, Ana Paula Garcia e Sebastião Edilson Gomes** comentaram as demais questões.

não tipifique infração sujeita à penalidade de demissão, não podendo a suspensão exceder a noventa dias.

1: incorreta, pois embora a readaptação seja uma forma de provimento de cargo público (art. 8º, V, da Lei 8.112/1990), ela é "a investidura do servidor em cargo de atribuições e responsabilidades compatíveis com a limitação que tenha sofrido em sua capacidade física ou mental verificada em inspeção médica" (art. 24, *caput*, da Lei 8.112/1990); **2**: correta (art. 130 da Lei 8.112/1990).

Gabarito 1E, 2C

(Analista – TRT/21ª – 2010 – CESPE) No que se refere ao regime jurídico dos servidores públicos civis da União, julgue o item que se segue.

(1) Se determinado servidor não puder estar presente no dia da posse, ela poderá ocorrer mediante procuração específica.

1: correta, (art. 13, § 3º, da Lei 8.112/1990).

Gabarito 1C

(Analista – TRE/MT – 2010 – CESPE) Acerca da Lei n.º 8.112/1990 e suas alterações, assinale a opção correta em relação às formas de provimento de cargo público.

(A) Não se admite que a posse no cargo público ocorra mediante procuração específica.
(B) O prazo para o servidor empossado em cargo público entrar em exercício é de trinta dias, contados da data da posse.
(C) A reintegração é o retorno do servidor estável ao cargo anteriormente ocupado em decorrência de inabilitação em estágio probatório relativo a outro cargo.
(D) A reversão como forma de provimento em cargo público é o retorno à atividade do servidor público aposentado, no interesse da administração.
(E) O servidor em estágio probatório não pode exercer cargo de provimento em comissão, ainda que seja no seu órgão de lotação.

A: incorreta (admite-se a posse mediante procuração - art. 13, § 3º, da Lei 8.112/1990); **B**: incorreta (o prazo é de 15 dias - art. 15, § 1º, da Lei 8.112/1990); **C**: incorreta (art. 28, *caput*, da Lei 8.112/1990); **D**: correta (art. 25, II, da Lei 8.112/1990); **E**: incorreta (art. 20, § 3º, da Lei 8.112/1990).

Gabarito "D"

(Analista – TRE/MT – 2010 – CESPE) Acerca da Lei n.º 8.112/1990, assinale a opção correta.

(A) Todos os cargos públicos são acessíveis apenas aos brasileiros, sejam estes natos ou naturalizados.
(B) O servidor que não puder, após ocorrência de fato que lhe provoque limitações físicas ou mentais, atuar no seu cargo será declarado como desnecessário ao órgão ou à entidade e ficará sob tutela do Sistema de Pessoal Civil (SIPEC) até o seu adequado reposicionamento. Tal forma de provimento denomina-se aproveitamento.
(C) Os servidores públicos podem, além do vencimento, receber como vantagens indenizações, gratificações e adicionais. As indenizações referem-se a ajuda de custo, diárias e indenização de transporte. O auxílio-moradia é categorizado como vantagem adicional.
(D) A Lei n.º 11.770/2008 permite a prorrogação da licença-maternidade tão somente às servidoras gestantes, excluindo desse benefício as servidoras adotantes.
(E) O ato de posse refere-se ao ato administrativo solene e formal que torna válida a investidura em um cargo público de provimento efetivo ou não. No entanto, somente com a posse é que a nomeação se consolida, salvo nos casos de formas de provimento derivadas.

A: incorreta (art. 12, § 3º, da CF); **B**: incorreta, pois no caso de eventual limitação física ou mental o servidor será readaptado ou aposentado, conforme inspeção médica (art. 24 da Lei 8.112/1990); **C**: incorreta, pois o auxílio-moradia também é uma das formas de indenização (art. 51, IV, da Lei 8.112/1990); **D**: incorreta, pois o benefício se estende, na mesma proporção, à empregada e ao empregado que adotar ou obtiver guarda judicial para fins de adoção de criança (art. 1º, § 2º, da Lei 11.770/2008, com redação dada pela Lei 13.257/2016); **E**: correta, pois a alternativa conceitua corretamente o ato de posse (art. 13, § 4º, da Lei 8.112/1990).

Gabarito "E"

(Analista – MPU – 2010 – CESPE) Julgue o seguinte item, acerca dos agentes públicos.

(1) A vacância do cargo público decorre de: exoneração, demissão, promoção, ascensão, transferência, readaptação, aposentadoria, posse em outro cargo inacumulável e falecimento.

1: incorreta, pois a ascensão e a transferência não são mais formas de vacância do cargo público. Os incisos IV e V do art. 33 da Lei 8.112/1990, que previam essas duas formas de vacância, foram revogados pela Lei 9.527/1997.

Gabarito 1E

1.2. REMOÇÃO, REDISTRIBUIÇÃO E SUBSTITUIÇÃO

(Auditor Fiscal - SEFAZ/RS - 2019 - CESPE/CEBRASPE) O deslocamento de servidor público, por interesse da administração, para o exercício em uma nova sede, com mudança de domicílio permanente, configura

(A) recondução, com direito a ajuda de custo para sua instalação.
(B) readaptação, com direito a ajuda de custo para sua instalação.
(C) remoção, com direito a ajuda de custo para sua instalação.
(D)readaptação, sem direito a ajuda de custo para sua instalação.
(E)remoção, sem direito a ajuda de custo para sua instalação.

Eis o que diz a lei: "Remoção é o deslocamento do servidor, a pedido ou de ofício, no âmbito do mesmo quadro, com ou sem mudança de sede. Parágrafo único. Para fins do disposto neste artigo, entende-se por modalidades de remoção: I – de ofício, no interesse da Administração – Art. 36, par. Único da Lei 8.112/1990

Gabarito "C"

Técnico Judiciário – TRE/BA – 2010 – CESPE) Julgue os itens que se seguem, acerca do regime jurídico dos servidores públicos, estabelecido na Lei nº 8.112/1990.

(1) A remoção a pedido ocorre apenas se houver interesse da administração.
(2) O servidor que faltar ao serviço sem motivo justificado perderá o dia de remuneração.

1: incorreta, pois a remoção a pedido pode ocorrer se houver interesse da Administração Pública e também pode ocorrer a pedido, para outra localidade, independentemente do interesse da Administração nas hipóteses descritas no art. 36, parágrafo único, III, da Lei 8.112/1990; **2**: correta (art. 44, I, da Lei 8.112/1990).

Gabarito 1E, 2C

2. DIREITOS E VANTAGENS

2.1. VENCIMENTOS E REMUNERAÇÃO

(Analista – MPU – 2010 – CESPE) Com relação ao vencimento e à remuneração dos servidores públicos, julgue o próximo item.

(1) Assegura-se a isonomia de vencimentos para cargos de atribuições iguais ou assemelhadas do mesmo Poder, ou entre servidores dos três Poderes, ressalvadas as vantagens de caráter individual e as relativas à natureza ou ao local de trabalho.

1: correta (art. 41, § 4º, da Lei 8.112/1990).

Gabarito 1C

2.2. VANTAGENS[2]

(Técnico Judiciário – Área Administrativa – TRT8 – 2013 – CESPE) A propósito das vantagens previstas na Lei n.º 8.112/1990 que podem ser pagas ao servidor, assinale a opção correta.

(A) Ao servidor ocupante de cargo efetivo investido em função de chefia é devido o pagamento de adicional pelo seu exercício.

(B) A gratificação por encargo de curso ou concurso será devida ao servidor que, em caráter eventual, participar de banca examinadora para exames orais e somente será paga se a referida atividade for exercida sem prejuízo das atribuições de seu cargo, ou mediante compensação de carga horária, quando desempenhada durante a jornada de trabalho.

(C) As gratificações, os adicionais e as indenizações incorporam-se ao vencimento, nos casos e condições indicados em lei.

(D) É possível a concessão de auxílio-moradia para o servidor cujo deslocamento tenha ocorrido por força de alteração de lotação resultante de concurso de remoção a pedido.

(E) A ajuda de custo consiste em vantagem indenizatória que se destina a compensar as despesas de instalação do servidor que, no interesse do serviço, passar a ter exercício em nova sede, com mudança de domicílio em caráter transitório ou permanente.

A: Incorreta. Ao servidor ocupante de cargo efetivo investido em função de chefia é devida retribuição pelo seu exercício (art. 62 da Lei 8.112/1990); **B**: Correta, conforme art. 76-A, II, e § 2º, da Lei 8.112/1990; **C**: Incorreta. Apenas as gratificações e os adicionais incorporam-se ao vencimento ou provento, diferentemente das indenizações (art. 49, §§ 1º e 2º, da Lei 8.112/1990); **D**: Incorreta. O auxílio-moradia não será concedido se o deslocamento decorrer por força de alteração de lotação ou nomeação para cargo efetivo (art. 60-A, VIII, da Lei 8.112/1990); **E**: Incorreta. A ajuda de custo consiste em vantagem indenizatória que se destina a compensar as despesas de instalação do servidor que, *no* interesse do serviço, passar a ter exercício em nova sede, com mudança de domicílio em caráter permanente (art. 53, *caput*, da Lei 8.112/1990).

Gabarito "B".

(Analista – TRT/10ª – 2013 – CESPE) Julgue os itens seguintes, a respeito da Lei n.º 8.112/1990.

(1) Ao servidor é facultado abater de suas férias as faltas injustificadas, de modo a preservar a remuneração referente aos dias em que deixar de comparecer ao serviço.

(2) O servidor público civil que fizer jus aos adicionais de insalubridade e periculosidade acumulará ambos os acréscimos sobre seu vencimento.

1: incorreta, pois não há previsão legal nesse sentido; aliás, mesmo quanto às faltas justificadas, estas só podem ser compensadas a critério da chefia imediata, em situações de caso fortuito ou de força maior (art. 44, parágrafo único, da Lei 8.112/1990); **2**: incorreta, pois o servidor que fizer jus aos adicionais de insalubridade e de periculosidade deverá optar por um deles (art. 68, § 1º, da Lei 8.112/1990).

Gabarito 1E, 2E.

(Analista – TRE/BA – 2010 – CESPE) Acerca do regime jurídico dos servidores públicos, estabelecido na Lei n.º 8.112/1990, julgue os itens que se seguem.

(1) Os substitutos dos servidores investidos em cargo ou função de direção ou chefia e dos ocupantes de cargo em natureza especial devem ser indicados no regimento interno ou, no caso de omissão, designados previamente pela chefia imediata do substituído.

(2) As diárias são devidas ao servidor que se ausenta a serviço da sede da repartição para outro ponto do território nacional em caráter eventual ou transitório. Se o deslocamento em caráter eventual ou transitório se der para o exterior, o servidor fará jus ao recebimento de ajuda de custo.

1: Errada, pois, no caso de omissão do regimento interno, os substitutos serão previamente designados pelo dirigente máximo do órgão ou entidade (art. 38, *caput*, da Lei 8.112/1990); **2**: Errada, pois no caso de deslocamento eventual ou transitório para o exterior também serão devidas diárias (art. 58, *caput*, da Lei 8.112/1990).

Gabarito 1E, 2E.

(Analista – TRE/MT – 2010 – CESPE) No que diz respeito aos direitos e às vantagens do servidor público consoante estabelece a Lei n.º 8.112/1990, assinale a opção correta.

(A) Podem ser pagas ao servidor, além do vencimento, indenizações, como as diárias, que se incorporam ao vencimento conforme estabelecido em lei.

(B) O servidor que, a serviço, afastar-se da sede, em caráter eventual ou transitório, para outro ponto do território nacional fará jus a ajuda de custo destinada a indenizar as parcelas de despesas com pousada, alimentação e locomoção urbana.

(C) As gratificações e os adicionais incorporam-se ao vencimento, nos casos e nas condições indicados em lei.

(D) Nada impede que o servidor exerça atividade remunerada durante o período da licença por motivo de doença em família.

(E) O servidor pode receber simultaneamente o adicional de insalubridade e o adicional de periculosidade, desde que trabalhe com habitualidade em locais insalubres ou em contato permanente com substâncias tóxicas, radioativas ou com risco de morte.

A: incorreta (art. 49, § 1º, da Lei 8.112/1990); **B**: incorreta, a alternativa trata do conceito de diária – art. 58, *caput*, da Lei 8.112/1990; **C**: correta (art. 49, § 2º, da Lei 8.112/1990); **D**: incorreta (art. 81, § 3º, da Lei 8.112/1990); **E**: incorreta (art. 68, § 1º, da Lei 8.112/1990).

Gabarito "C".

2.3. LICENÇAS

(Técnico Judiciário – Área Administrativa – TRT8 – 2013 – CESPE) No que tange às licenças e aos afastamentos disciplinados pela Lei n.º 8.112/1990, assinale a opção correta.

(A) Um dos requisitos necessários para a autorização de afastamento de servidor público, para estudo no exterior, destinado à realização de programa de doutorado, consiste na exigência de que o servidor titular de cargo efetivo esteja no respectivo órgão há pelo menos quatro anos, incluído o período de estágio probatório.

(B) O servidor público federal investido em mandato de deputado federal será afastado do cargo, sendo-lhe facultado optar pela sua remuneração.

(C) A licença para capacitação concedida dentro de noventa dias do término de outra da mesma espécie será considerada como prorrogação.

(D) O estágio probatório deve ser interrompido durante a licença para atividade política e será reiniciado a partir do término do impedimento.

(E) É assegurado ao servidor o direito a licença, sem prejuízo da remuneração, para o desempenho de mandato classista.

A: Correta, nos termos do art. 96-A, § 2º, da Lei 8.112/1990. **B**: Incorreta. Ao servidor investido em mandato eletivo federal, estadual ou distrital, a Lei menciona tão somente o afastamento do cargo. A possibilidade de optar pela remuneração decorrente do exercício do mandato eletivo ocorrerá apenas na hipótese de investidura no mandato de vereador, desde que não haja compatibilidade de horário, ocasião em que será afastado do cargo (art. 94, III, *b*, da Lei 8.112/1990); **C**: Incorreta. As licenças do art. 81 da Lei 8.112/1990 concedidas dentro do prazo de 60 (sessenta) dias do término da outra da mesma espécie serão consideradas como prorrogação (art. 82 da Lei 8.112/1990); **D**: Incorreta. O estágio probatório ficará **suspenso** durante a licença para atividade política e será retomado a partir do término do impedimento (art. 20, § 5º, da Lei 8.112/1990); E: Incorreta. À luz do art. 92, *caput*, é assegurado

2. Indenização, ajuda de custo, diária, indenização de transporte, auxílio-moradia, gratificações e adicionais, retribuição, gratificação natalina, adicionais, gratificação por encargo de cursos ou concurso

ao servidor o direito à licença **sem remuneração** para o desempenho de mandato classista. Sobre o tema, é importante analisar o art. 92 em sua integralidade, após a alteração pela Lei 12.998, de 18 de junho de 2014.

Gabarito "A"

(Analista – STM – 2011 – CESPE) A respeito dos servidores públicos e do regime estabelecido pela Lei n.º 8.112/1990, julgue os itens a seguir.

(1) Servidor público federal que esteja cumprindo o período de estágio probatório pode obter licença para exercer mandato classista em um sindicato.

(2) A remuneração de servidor público pode ser fixada ou alterada apenas mediante lei específica.

1: errada, pois o servidor público em estágio probatório não pode obter licença para exercer mandado classista (art. 20, § 4º, da Lei 8.112/1990); **2:** certa (art. 37, X, da CF).

Gabarito 1E, 2C

2.4. DIREITO DE PETIÇÃO

(Analista – TRT/21ª – 2010 – CESPE) No que se refere a servidores públicos e ao regime jurídico dos servidores civis da União, julgue o item subsecutivo.

(1) É assegurado ao servidor o exercício do direito de petição, sendo cabível pedido de reconsideração à autoridade que houver expedido o ato ou proferido a primeira decisão; não se admite, contudo, a renovação do pedido de reconsideração.

1: certa (arts. 104 e 106 da Lei 8.112/1990).

Gabarito 1C

3. REGIME DISCIPLINAR

3.1 PROIBIÇÕES

(Técnico Judiciário – TRE/BA – 2010 – CESPE) Acerca do processo administrativo disciplinar, estabelecido na Lei nº 8.112/1990, julgue os itens seguintes.

(1) O servidor público é proibido de ausentar-se do serviço sem prévia autorização do chefe imediato.

(2) É cabível a aplicação da pena de demissão ao servidor que receber propina, comissão, presente ou vantagem de qualquer espécie.

1: correta (art. 117, I, da Lei 8.112/1990); **2:** correta (art. 132, XIII, e 117, XII, da Lei. 8.112/1990).

Gabarito 1C, 2C

3.2. PENALIDADES

(Analista – TRE/MT – 2010 – CESPE) Assinale a opção correta em relação ao regime disciplinar aplicável ao servidor público, conforme dispõe a Lei nº 8.112/1990.

(A) O servidor que estiver no gozo de licença para tratar de interesses particulares pode participar de gerência ou administração de sociedade privada, personificada ou não personificada, e exercer o comércio.

(B) No caso de reincidência em faltas punidas com advertência, pode ser aplicada ao servidor efetivo a suspensão, limitada a sessenta dias.

(C) A ação disciplinar prescreve em cinco anos quanto à suspensão.

(D) A abertura de sindicância contra o servidor não interrompe o curso do prazo prescricional da ação disciplinar.

(E) Instaurado o processo administrativo disciplinar, o servidor acusado pode ser afastado preventivamente por determinação da autoridade instauradora, por até quarenta dias após o término do processo e sem remuneração.

A: correta (art. 117, parágrafo único, II, da Lei 8.112/1990); **B:** incorreta, pois a suspensão fica limitada a noventa dias (art. 130, *caput*, da Lei 8.112/1990); **C:** incorreta, pois a ação disciplinar prescreve em dois anos quanto à suspensão (art. 142, II, da Lei 8.112/1990); **D:** incorreta (art. 142, § 3º, da Lei 8.112/1990); **E:** incorreta, pois o prazo do afastamento é de até sessenta dias, sem prejuízo da remuneração (art. 147 da Lei 8.112/1990).

Gabarito "A"

(Analista – TRE/MT – 2010 – CESPE) Com base na Lei n.º 8.112/1990, assinale a opção correta.

(A) A ascensão funcional é forma de provimento de cargo público atualmente vigente.

(B) A contagem do tempo de estágio probatório não será interrompida caso o servidor entre em gozo de licença por motivo de doença de cônjuge ou filhos, mas será interrompida caso ele entre em gozo de licença para participação em curso de formação.

(C) A licença por motivo de doença em pessoa da família será concedida ao servidor, sem prejuízo da remuneração, pelo prazo de três meses, podendo haver uma única prorrogação por igual prazo, mediante justificativa, sem a remuneração.

(D) As penalidades de advertência e de suspensão terão seus registros cancelados, após o decurso de três e cinco anos de efetivo exercício, respectivamente, se o servidor não houver, nesse período, praticado nova infração disciplinar, mas o cancelamento não surtirá efeitos retroativos.

(E) As sanções civis, penais e administrativas podem cumular-se e são independentes entre si, razão pela qual, ainda que haja absolvição criminal que negue a existência do fato ou sua autoria, poderá restar configurada a responsabilidade administrativa do servidor público.

A: incorreta, pois a ascensão funcional é forma de provimento que foi revogada pela Lei 9.527/1997; **B:** incorreta, pois a contagem do tempo de estágio probatório também será interrompida em caso de licença por motivo de doença de cônjuge ou filhos (art. 20, § 5º, da Lei 8.112/1990); **C:** incorreta (art. 83 da Lei 8.112/1990); **D:** correta (art. 131 da Lei 8.112/1990); **E:** incorreta, pois embora as sanções civis, penais e administrativas podem cumular-se e são independentes entre si (art. 125 da Lei 8.112/1990), no caso de absolvição criminal que negue a existência do fato ou sua autoria, a responsabilidade administrativa do servidor será afastada (art. 126 da Lei 8.112/1990).

Gabarito "D"

4. PROCESSO DISCIPLINAR

4.1. PROCESSO DISCIPLINAR (EM GERAL, INQUÉRITO, JULGAMENTO E REVISÃO)

(Analista Judiciário – STJ – 2018 – CESPE) Tendo como referência a jurisprudência dos tribunais superiores a respeito da organização administrativa e dos agentes públicos, julgue os itens a seguir.

(1) Situação hipotética: Luiz, servidor público federal aposentado, desviou recurso público quando foi gestor de uma fundação de natureza privada de apoio a instituição federal de ensino superior. Assertiva: Nesse caso, de acordo com o Superior Tribunal de Justiça, será legal a instauração de procedimento disciplinar, assim como a punição de Luiz, nos moldes do regime jurídico dos servidores públicos da União.

(2) O fato de a advocacia pública, no âmbito judicial, defender ocupante de cargo comissionado pela prática de ato no exercício de suas atribuições amolda-se à teoria da representação.

1: correta – Desde que dentro do prazo prescricional, pode e deve ser instaurado processo administrativo disciplinar para apuração de ato de servidor público cometido em razão do exercício da função pública, ainda que esteja ele aposentado. O Processo Administrativo Disciplinar (PAD) é um instrumento pelo qual se apura a responsabilidade de servidor que comete infração no exercício de suas atribuições, ou que tenha relação com as atribuições do cargo em que está investido (Lei 8.112/1990, art. 148). É um processo administrativo punitivo ou sancionador (para a aplicação de sanções) e interno, pois é dirigido aos servidores públicos. É exatamente por essa razão que se tem o previsto na Lei 8.112/1991, que determina que "Será cassada a aposentadoria ou a disponibilidade do inativo que houver praticado, na atividade, falta punível com a demissão" – Art. 134 da Lei 8.112/1991; **2**: incorreta – a advocacia pública não defende o agente público, seja ele ocupante de cargo comissionado ou não. Ela defende a legalidade, moralidade, razoabilidade e proporcionalidade dos atos administrativos por eles praticados. FB

Gabarito 1C, 2E

(Analista Judiciário – Área Administrativa – TRT8 – 2013 – CESPE) Acerca do processo administrativo e dos servidores públicos, assinale a opção correta com base na legislação e na jurisprudência.

(A) É absoluta a regra que exige a divulgação oficial dos atos administrativos, assim como a que determina a motivação obrigatória dos atos administrativos.

(B) No âmbito do processo administrativo, além das formalidades essenciais à garantia dos direitos dos administrados, a interpretação da norma administrativa deve ser realizada da forma que melhor garanta o atendimento do fim público a que se dirige, vedada a aplicação retroativa da nova interpretação.

(C) A legislação de regência veda, em caráter absoluto, a cobrança de despesas processuais no processo administrativo.

(D) Quando a administração pública, ao interpretar erroneamente a lei, efetuar pagamentos indevidos ao servidor, os valores recebidos deverão ser restituídos, ainda que caracterizada a boa-fé do servidor.

(E) Como a natureza da vinculação estabelecida entre servidor e Estado é de caráter legal, a legislação posterior não pode alterar o regime jurídico originariamente estabelecido, tendo o servidor, de acordo com o STJ, direito adquirido ao regime jurídico estabelecido no ato da vinculação.

A: incorreta, as hipóteses de sigilo previstas na Constituição constituem exceção à regra da divulgação oficial dos atos administrativos (art. 2º, parágrafo único, V, da Lei 9.784/1999). No tocante à motivação, afirmam Marcelo Alexandrino e Vicente Paulo: "(...) nem sempre a lei exige que a administração declare expressamente os motivos que a levaram à prática do ato administrativo (...) ou seja, embora o motivo exista, não haverá motivação do ato (*Direito Administrativo Descomplicado*. 19. Ed. São Paulo: Método, 2011. p. 461). Vide, também, art. 50 da Lei 9.784/1999; **B**: correta, em consonância com o art. 2º, parágrafo único, XIII, da Lei 9.784/1999. Vide, também: TRF 5.ª Reg., EI em AR 5045 RN 00276345320044050000002, Pleno, j. 17.10.2007, rel. Des. Margarida Cantarelli, *DJ* 04.12.2007; **C**: incorreta, não há essa vedação em caráter absoluto (art. 2º, parágrafo único, XI, da Lei 9.784/1999); **D**: incorreta, "3. Descabe restituição de valores recebidos de boa-fé pelo servidor em decorrência de errônea interpretação ou má aplicação da lei pela Administração Pública" (STJ, EDcl em RMS 32.706/SP, 1.ª T., j. 25.10.2011, rel. Min. Arnaldo Esteves Lima; **E**: incorreta, não existe direito adquirido a regime jurídico. Vide: STJ, AgRg no REsp 1226058 RS 2010/0229414-5, 6ª T., j. 21.05.2013, rel. Min. Og Fernandes, *DJ* 31.05.2013.

Gabarito "B".

(Analista Judiciário – Área Administrativa – TRT8 – 2013 – CESPE) Com base no regime disciplinar do servidor público, assinale a opção correta.

(A) A penalidade de demissão não poderá ser aplicada ao servidor caso não haja registro, em sua vida funcional, de imposição prévia de qualquer outra sanção disciplinar.

(B) Constitui penalidade administrativa a decisão que conclui pela inabilitação do servidor em razão do não preenchimento dos requisitos do estágio probatório.

(C) A conduta do servidor que se vale do cargo para lograr proveito pessoal em detrimento da função pública não enseja a aplicação da penalidade de demissão.

(D) Em decorrência do princípio da legalidade, é vedada a conversão da penalidade de suspensão em multa.

(E) Na hipótese de acumulação ilegal de cargos, a infração será apurada mediante processo administrativo disciplinar sumário conduzido por comissão disciplinar composta por apenas dois servidores estáveis.

A: incorreta, a demissão independe de imposição prévia de outra sanção disciplinar. Vide trecho de jurisprudência do STJ, MS 14.856/DF, 3ª Seção, j. 12.09.2009, rel. Min. Marco Aurélio Bellizze, *DJe* 25.09.2012: "(...)Servidor cuja vida funcional pregressa não registra imposição de nenhuma sanção disciplinar; Fato que, por si só, não impede a aplicação da pena de demissão, mormente em razão da gravidade da sanção (...)". Os casos em que será aplicada a penalidade de demissão estão previstos no art. 132 da lei 8.112/1990; **B**: incorreta, não constitui penalidade administrativa, tanto que não está elencada nas penalidades disciplinares do art. 127 da Lei 8.112/1990. O servidor é "desligado" (exonerado ou, se estável, reconduzido ao cargo anteriormente ocupado) do serviço público por não ter preenchido os requisitos do art. 20, I a V, da Lei 8.112/1990; **C**: incorreta, pois enseja a aplicação da penalidade de demissão (art. 132, XIII, c/c o art. 117, IX, da Lei 8.112/1990); **D**: incorreta, se houver conveniência para o serviço, é possível tal conversão (§ 2º do art. 130 da Lei 8.112/1990); **E**: correta, de acordo com o inc. I do art. 133 da Lei 8.112/1990.

Gabarito "E".

(Técnico Judiciário – Área Administrativa – TRT8 – 2013 – CESPE) Acerca das disposições da Lei n.º 8.112/1990 relacionadas ao processo administrativo disciplinar, assinale a opção correta.

(A) O processo disciplinar poderá ser revisto quando se aduzirem fatos novos suscetíveis de justificar a inadequação da penalidade aplicada, devendo o requerimento de revisão do processo ser dirigido ao ministro de Estado competente ou a autoridade equivalente.

(B) O processo disciplinar deve ser conduzido por comissão composta de três servidores estáveis e ocupantes de cargo efetivo de mesmo nível ou de nível superior ao do indiciado.

(C) Concluído o interrogatório do acusado, a comissão deverá promover a inquirição das testemunhas.

(D) Na hipótese de sugestão, pela comissão processante, em um mesmo processo administrativo disciplinar, de aplicação da penalidade de cassação de aposentadoria a um indiciado e da aplicação da penalidade de suspensão de vinte dias a outro indiciado, o julgamento, em cada caso, caberá ao chefe da repartição em que estiver lotado o indiciado.

(E) Da sindicância poderá resultar a aplicação de penalidade de suspensão de até sessenta dias.

A: Correta, nos termos dos arts. 174 e 176 da Lei 8.112/1990; **B**: Incorreta, pois o presidente da comissão deverá ser ocupante de cargo efetivo superior ou de mesmo nível, ou ter nível de escolaridade igual ou superior ao do indiciado. A referida comissão será composta de três servidores estáveis designados pela autoridade competente prevista no art. 143, § 3º, da Lei 8.112/1990 (art. 149 da Lei 8.112/1990); **C**: Incorreta. A ordem é inversa, pois, uma vez concluída a inquirição das testemunhas, a comissão promoverá o interrogatório do acusado (art. 159 da Lei 8.112/1990); **D**: Incorreta, pois apenas as penalidades disciplinares de advertência ou de suspensão até 30 dias serão aplicadas pelo chefe da repartição (art. 141, III, da Lei 8.112/1990). Já a pena de cassação de aposentadoria será aplicada pelo Presidente da República, pelos Presidentes das Casas do Poder Legislativo e dos Tribunais Federais e pelo Procurador-Geral da República, quando se tratar de demissão e cassação de aposentadoria ou disponibilidade de servidor vinculado ao respectivo Poder, órgão, ou entidade (art. 141, I, da Lei 8.112/1990); **E**: Incorreta, pois da sindicância poderá resultar aplicação de suspensão até 30 dias (art. 145, II, da Lei 8.112/1990). É importante salientar que se o ilícito praticado pelo servidor ensejar a imposição da penalidade de suspensão por mais de 30 dias, será obrigatória a instauração de processo disciplinar (art. 146 da Lei 8.112/1990).

Gabarito "A".

(Analista – TRE/BA – 2010 – CESPE) No que se refere ao processo administrativo disciplinar, estabelecido na Lei nº 8.112/1990, julgue os itens subsequentes.

(1) É proibido ao servidor retirar, sem prévia anuência da autoridade competente, qualquer documento ou objeto da sua repartição.

(2) O servidor em gozo de licença para tratamento de assuntos particulares pode participar de gerência ou administração de sociedade privada, personificada ou não personificada, bem como exercer o comércio.

(3) O rito sumário do processo administrativo disciplinar aplica-

-se apenas à apuração das irregularidades de acumulação ilícita de cargos públicos, abandono de cargo e inassiduidade habitual.

1: Certa (art. 117, II, da Lei 8.112/1990); **2:** Certa (art. 117, p. único, II, da Lei 8.112/1990); **3:** Certa (arts. 133, *caput*, e 140, *caput*, da Lei 8.112/1990).

Gabarito 1C, 2C, 3C

5. TEMAS COMBINADOS

(Analista Judiciário – STJ – 2018 – CESPE) Com base no disposto na Lei 8.112/1990, julgue os itens seguintes.

(1) Apesar de as instâncias administrativa e penal serem independentes entre si, a eventual responsabilidade administrativa do servidor será afastada se, na esfera criminal, ele for beneficiado por absolvição que negue a existência do fato ou a sua autoria.

(2) O servidor em estágio probatório não poderá afastar-se para servir em organismo internacional de que o Brasil participe ou com o qual coopere, ainda que com a perda total da remuneração.

(3) Será cassada a aposentadoria voluntária do servidor inativo que for condenado pela prática de ato de improbidade administrativa à época em que ainda estava na atividade.

(4) O auxílio-moradia poderá ser concedido a servidor público que resida com outra pessoa que receba o mesmo benefício.

1: correta. A responsabilidade administrativa do servidor será afastada no caso de absolvição criminal que negue a existência do fato ou sua autoria – Art. 126 da Lei 8.112/1991; **2:** incorreta – A lei não faz distinção entre o servidor estável ou em estágio probatório. Vejamos: "O afastamento de servidor para servir em organismo internacional de que o Brasil participe ou com o qual coopere dar-se-á com perda total da remuneração" – Art. 96 da Lei 8.112/1991; **3:** correta – Art. 132, inciso IV (que pune com demissão o cometimento de improbidade administrativa) c/ c Art. 134 da Lei 8.112/1991; **4:** incorreta – Art. 60-B, inciso IV da Lei 8.112/1991. FB

Gabarito 1C, 2E, 3C, 4E

(Analista – STF – 2013 – CESPE) Com relação ao regime jurídico dos servidores públicos civis da União, julgue os itens a seguir.

(1) De acordo com a Lei n.º 8.112/1990, a aplicação das penalidades disciplinares advertência, suspensão, demissão, cassação de aposentadoria e disponibilidade deve ser precedida da garantia, ao servidor público, do direito ao exercício do contraditório e da ampla defesa, não se aplicando tal garantia aos casos de penalidades de destituição de cargo em comissão e destituição de função comissionada, por serem de livre nomeação e exoneração.

(2) O cálculo de gratificações e outras vantagens do servidor público não deve incidir sobre o abono utilizado para se atingir o salário mínimo, pois tal prática equivaleria à utilização do salário mínimo como indexador automático de remuneração.

(3) Caso um servidor público atue frequentemente como instrutor em cursos de formação periódicos devidamente instituídos para a preparação dos novos servidores admitidos por concurso para seu órgão de lotação, as gratificações por encargo de curso ou concurso pagas periodicamente a esse servidor deverão ser utilizadas como base de cálculo de proventos e aposentadoria, haja vista a frequência com que ele presta esse serviço e o fato de que o valor pago pela gratificação é devidamente descontado para fins de contribuição previdenciária.

(4) A sindicância e o processo administrativo disciplinar (PAD), procedimentos administrativos de apuração de infrações, devem ser, obrigatoriamente, instaurados pela autoridade responsável sempre que esta tiver ciência de irregularidade no serviço público. O PAD, mais complexo do que a sindicância, deve ser instaurado em caso de ilícitos para os quais sejam previstas penalidades mais graves do que a suspensão por trinta dias.

1: incorreta. Aplica-se tal garantia também aos casos de destituição de cargo em comissão e de função comissionada. Vide: art. 5º, LV, da CF e arts. 127, 143 e 146 da Lei 8.112/1990; **2:** correta, conforme dispõe Súmula Vinculante 15 e RE 572921, j. 13.11.2008, rel. Min. Ricardo Lewandowski, *DJe* 06.02.2009; **3:** incorreta, "a gratificação por encargo de curso ou concurso não se incorpora ao vencimento ou salário do servidor para qualquer efeito e não poderá ser utilizada como base de cálculo para quaisquer outras vantagens, inclusive para fins de cálculo dos proventos da aposentadoria e das pensões" (§ 3º do art. 76-A da Lei 8.112/1990); **4:** correta (arts. 143 e 146 da Lei 8.112/1990).

Gabarito 1E, 2C, 3E, 4C

(Analista – STF – 2013 – CESPE) Com relação a dispositivos da Lei n.º 8.112/1990, julgue os itens a seguir.

(1) A responsabilidade do servidor público pode se dar na esfera civil, penal e administrativa, sendo afastada esta última no caso de absolvição criminal que negue a existência do fato ou de sua autoria.

(2) Em se tratando de processo administrativo disciplinar, a autoridade instauradora pode, como medida cautelar e para que não haja interferências na apuração da irregularidade, decretar o afastamento do servidor investigado, sem prejuízo da remuneração.

1: correta, conforme se depreende da leitura dos arts. 121 e 126 da Lei 8.112/1990; **2:** correta, corresponde ao disposto no art. 147 da Lei 8.112/1990.

Gabarito 1C, 2C

(Analista Judiciário – Área Administrativa – TRT8 – 2013 – CESPE) Com base no que dispõe a lei que trata das carreiras dos servidores do Poder Judiciário da União, assinale a opção correta.

(A) O denominado adicional de qualificação é devido ao servidor a partir do ato de deferimento do pedido pela chefia imediata.

(B) Observados os requisitos legais, é assegurado ao servidor designado para o exercício de função comissionada o recebimento da gratificação de atividade externa.

(C) É vedada a remoção de servidor da justiça militar para a justiçado trabalho.

(D) No que se refere à progressão funcional, não se exige o interstício de um ano entre a movimentação de um padrão para o outro; em se tratando de promoção do servidor, é indispensável que seja observado o interstício de um ano em relação à progressão funcional imediatamente anterior.

(E) O servidor das carreiras dos quadros de pessoal do Poder Judiciário que, cedido para órgão da União para ocupar cargo em comissão, optar pela remuneração do aludido cargo não poderá perceber a gratificação judiciária durante o período de afastamento.

A: incorreta: é "devido a partir do dia da apresentação do título, diploma ou certificado" (§ 3º do art. 15 da Lei 11.416/2006); **B:** incorreta, tal gratificação é vedada para o exercício de função comissionada (ou cargo em comissão) – § 2º do art. 16 da Lei 11.416/2006; **C:** incorreta, é possível tal remoção (art. 20 da Lei 11.416/2006); **D:** incorreta, a progressão funcional exige o interstício de um ano em relação à progressão funcional imediatamente anterior. A promoção, além do interstício de um ano, depende, "cumulativamente, do resultado de avaliação formal de desempenho e da participação em curso de aperfeiçoamento oferecido, preferencialmente, pelo órgão, na forma prevista em regulamento" (§§ 1º e 2º do art. 9º da Lei 11.416/2006); **E:** correta, pois só poderia perceber a gratificação judiciária se tivesse optado pela remuneração do cargo efetivo. Vide §§ 2º e 3º da Lei 11.416/2006.

Gabarito "E"

(Técnico – STF – 2013 – CESPE) A respeito do regime jurídico dos servidores públicos civis da União, das autarquias e das fundações públicas federais, julgue os itens que se seguem.

(1) Ao servidor é proibido recusar fé a documentos públicos.

(2) Cargo público é o conjunto de atribuições e responsabili-

dades previstas na estrutura organizacional que devem ser cometidas a um servidor.

(3) Invalidada por sentença judicial a demissão do servidor estável, deverá ele ser reintegrado, e o eventual ocupante da vaga, se for estável, deverá ser reconduzido ao cargo de origem, sem direito a indenização, aproveitado em outro cargo ou posto em disponibilidade com remuneração proporcional ao tempo de serviço.

1. Correta, nos termos do art. 117, III, da Lei 8.112/1990; **2**. Correta, segundo dispõe a literalidade do art. 3º da Lei 8.112/1990; **3**. Correta, nos termos do art. 28 da Lei 8.112/1990.

Gabarito 1C, 2C, 3C

(Técnico Judiciário – Área Administrativa – TRT8 – 2013 – CESPE) A respeito da Lei n.º 11.416/2006, que dispõe sobre as carreiras dos servidores do Poder Judiciário da União, assinale a opção correta.

(A) Para fins de identificação funcional, aos ocupantes do cargo da carreira de técnico judiciário – área administrativa cujas atribuições estejam relacionadas às funções de segurança é conferida a denominação de inspetor de segurança judiciária.

(B) As funções comissionadas de natureza gerencial em que haja poder de decisão devem ser exercidas por servidores com formação superior.

(C) As carreiras de analista judiciário, técnico judiciário e auxiliar técnico integram os quadros de pessoal efetivo do Poder Judiciário da União.

(D) O adicional de qualificação não será considerado no cálculo dos proventos e das pensões.

(E) É possível o recebimento do adicional de qualificação por técnico judiciário que tenha apresentado certificado de curso de especialização em área de interesse do órgão do Poder Judiciário da União em que esteja lotado.

A: Incorreta. Para fins de identificação funcional, aos ocupantes de cargo da carreira de *Técnico Judiciário* - área administrativa cujas atribuições estejam relacionadas às funções de segurança são conferidas a denominação de *Agente de Segurança Judiciária*. Por outro lado, a denominação de *Inspetor de Segurança Judiciária*, mencionada na alternativa, é atribuída aos ocupantes da carreira de *Analista Judiciário - área administrativa* (art. 4º, § 2º, da Lei 11.416/2006); **B**: Incorreta. As funções comissionadas de natureza gerencial serão exercidas *preferencialmente* por servidores com formação superior (art. 5º, § 2º, da Lei 11.416/2006); **C**: Incorreta. Conforme dispõe o art. 2º da Lei 11.416/2006, os Quadros de Pessoal efetivo do Poder Judiciário são compostos pelas carreiras de Analista Judiciário, Técnico Judiciário e *Auxiliar Judiciário*, constituídas pelos respectivos cargos de provimento efetivo, diferentemente do que afirma a alternativa "C" (auxiliar técnico); **D**: Incorreta. O Adicional de Qualificação, destinados aos servidores mencionados no art. 2º da Lei 11.416/2006, será considerado no cálculo dos proventos e das pensões (art. 14, § 5º, da Lei 11.416/2006); **E**: Correta, pois o adicional de qualificação é destinado aos servidores das Carreiras de Analista Judiciário, Técnico Judiciário e Auxiliar Judiciário (art. 14 da Lei 11.416/2006).

Gabarito "E"

(Agente Administrativo – Ministério da Previdência – 2010 – CESPE) Acerca da vacância e do regime disciplinar dos servidores públicos, previstos na Lei nº 8.112/1990, julgue os itens seguintes.

(1) É cabível a exoneração de ofício quando não satisfeitas as condições do estágio probatório.

(2) As vantagens pecuniárias não são computadas nem acumuladas para efeito de concessão de quaisquer outros acréscimos pecuniários ulteriores, sob o mesmo título ou idêntico fundamento.

(3) É cabível aplicação de pena de demissão a servidor que atue de forma desidiosa, isto é, que apresente conduta negligente de maneira reiterada.

(4) Uma das hipóteses de aplicação da pena de suspensão é a reincidência em faltas punidas com a pena de advertência.

1: correta conforme o art. 34, parágrafo único, I; **2:** assertiva correta, conforme disposto no art. 50; **3:** correta: art. 132, XIII, c/c art. 117, XV; **4:** assertiva correta, conforme determina no art. 130.

Gabarito 1C, 2C, 3C, 4C

12. Lei 8.666/1993

Ana Paula Garcia, Georgia Renata Dias, Ivo Shigueru Tomita, Sebastião Edilson Gomes, Flavia Barros e Wander Garcia*

1. LICITAÇÃO

1.1. PRINCÍPIOS

(Procurador do Município – Prefeitura Fortaleza/CE – CESPE – 2017) Acerca da intervenção do Estado na propriedade, das licitações e dos contratos administrativos, julgue o seguinte item.

Situação hipotética: A Procuradoria-Geral do Município de Fortaleza decidiu ceder espaço de suas dependências para a instalação de lanchonete que atendesse aos procuradores, aos servidores e ao público em geral.

(1) Assertiva: Nessa situação, por se tratar de ato regido pelo direito privado, não será necessária a realização de processo licitatório para a cessão de uso pelo particular a ser contratado.

1: Incorreta. A Procuradoria é um órgão público (art. 131, CF), por isso necessita realizar licitação para as suas contratações, cessões, como essa da lanchonete, conforme disposto no art. 37, XXI, CF, estando incorreta a assertiva, portanto. AW

Gabarito 1E

1.2. CONTRATAÇÃO DIRETA (LICITAÇÃO DISPENSADA, DISPENSA E INEXIGIBILIDADE)

(Auditor Fiscal - SEFAZ/RS - 2019 - CESPE/CEBRASPE) Um estado da Federação criou uma premiação como forma de reconhecimento pelos serviços prestados por agentes públicos de diversos órgãos. Assim, o estado contratou um artista plástico amplamente consagrado pela crítica especializada para elaborar os troféus e as medalhas, hipótese que configura

(A) inexigibilidade de licitação.
(B) dispensa de licitação.
(C) leilão.
(D) concorrência.
(E) tomada de preço.

Eis o que diz a lei: "Art. 25. É inexigível a licitação quando houver inviabilidade de competição, em especial: III – para contratação de profissional de qualquer setor artístico, diretamente ou através de empresário exclusivo, desde que consagrado pela crítica especializada ou pela opinião pública". FB

Gabarito "A"

(Delegado Federal – 2018 – CESPE) Considerando que determinado órgão público, visando aumentar sua eficiência na prestação de serviços, pretenda contratar empresa particular especializada para capacitar seus servidores, julgue os itens a seguir, com base nas disposições da legislação que regula a contratação de serviços na administração pública.

(1) Se o serviço for de natureza singular e a empresa possuir notória especialização, a contratação poderá ocorrer por inexigibilidade de licitação.

(2) Havendo os pressupostos fáticos e jurídicos para a realização de uma licitação, a administração pública poderá selecionar a empresa a ser contratada por meio de pregão eletrônico, desde que o serviço seja qualificado como comum, isto é, seja um serviço cujo padrão de desempenho e qualidade possa ser objetivamente definido pelo edital.

(3) A empresa poderá ser contratada por dispensa de licitação se a capacitação custar entre R$ 18.000 e R$ 25.000.

1: correta – Art. 25, inc. II da Lei 8.666/1993; **2:** correta – Pregão é uma modalidade de licitação do tipo menor preço, para aquisição de bens e de serviços comuns, qualquer que seja o valor estimado, e a disputa é feita por propostas e lances sucessivos, em sessão pública, presencial ou eletrônica. Bens e serviços comuns são aqueles rotineiros, usuais, sem maiores complexidades e cuja especificação é facilmente reconhecida pelo mercado; **3:** incorreta – não se trata de hipótese de dispensa de licitação em razão do valor, mas de inexigibilidade de licitação em razão da natureza singular do serviço ou, não sendo assim considerado, de realização de pregão. FB

Gabarito 1C, 2C, 3E

(Defensor Público/AC – 2017 – CESPE) É hipótese de inexigibilidade de licitação

(A) a contratação de profissional do setor artístico, consagrado pela crítica especializada ou pela opinião pública, diretamente ou mediante empresário exclusivo.
(B) a venda direta de imóveis residenciais construídos, destinados ou efetivamente utilizados no âmbito de programas habitacionais ou de regularização fundiária de interesse social desenvolvidos por entidade da administração pública.
(C) a contratação, para obras e serviços de engenharia, de valor até 10% da importância limitadora da modalidade licitatória convite.
(D) a contratação de coleta, processamento e comercialização de resíduos sólidos urbanos recicláveis ou reutilizáveis, em áreas com sistema de coleta seletiva de lixo, efetuados por associações formadas por pessoas de baixa renda.
(E) o não atendimento, por parte de interessados, à licitação anterior, quando o procedimento não puder ser repetido sem prejuízo da administração pública.

A: correta – Art. 25, inc. III, da Lei 8.666/1993; **B:** incorreta – trata-se de hipótese de licitação dispensada e não de inexigibilidade de licitação – Art. 17, inc. I, alínea "f", da Lei 8.666/1993; **C:** incorreta – trata-se de hipótese de dispensa de licitação em razão do valor – Art. 24, inc. I, da Lei 8.666/1993; **D:** incorreta – trata-se de hipótese de dispensa de licitação – Art. 24, inc. XXVII, da Lei 8.666/1993; **E:** incorreta – trata-se de hipótese de dispensa de licitação no caso de licitação fracassada – Art. 24, inc. V, da Lei 8.666/1993. FB

Gabarito "A"

(Juiz – TRF5 – 2017 – CESPE) Acerca de licitações e contratações na administração pública, assinale a opção correta.

(A) No processo de licitação, a classificação é ato administrativo vinculado mediante o qual a comissão acolhe as propostas apresentadas nos termos e nas condições do edital e, se for constatada fraude nessa etapa, os membros da comissão respondem solidariamente, independentemente de posições individuais divergentes registradas em ata.
(B) Situação hipotética: Uma autarquia federal vinculada à área de educação pretende contratar pessoa jurídica de direito privado, sem fins lucrativos, para a prestação de serviços de educação. Assertiva: Nessa situação, a qualificação da futura contratada como organização social para as atividades de ensino contempladas no contrato de gestão possibilita a contratação com dispensa de licitação.
(C) Situação hipotética: Uma autarquia federal publicou edital para a contratação, pelo regime diferenciado de contratação (RDC), de empresa fornecedora de canetas da marca X. No entanto, um fornecedor de canetas similares, mas de outra marca, solicitou que o instrumento convocatório fosse impugnado. Assertiva: Nessa situação, a impugnação é

* **FB Flavia Barros; Georgia Renata Dias** comentou as questões de Analista/STF/13 e Analista/TRT/8/13; **Ivo Shigueru Tomita** comentou as questões de Técnico/TRT/8/13 e Técnico/TJ/CE/13; **Wander Garcia** comentou as questões de Juiz de Direito/DF/16, Delegado/PE/16, Analista TRE/PI/16, Analista TRT/8/16, Analista/TCE/PR/16 e Promotor de Justiça/PI/14 e **Ana Paula Garcia** e **Sebastião Gomes** comentaram as demais questões.

indevida, já que a indicação da marca é legal, por se tratar de RDC.

(D) Situação hipotética: Lei estadual fixou normas para regular os procedimentos licitatórios em seu âmbito de atuação. Adotou os parâmetros gerais da Lei de Licitações e, de forma específica, estabeleceu que, para a aquisição de bens ou serviços, a empresa licitante deva ter fábrica no respectivo estado da Federação. Assertiva: Conforme entendimento do STF, tem caráter constitucional a referida exigência, devido às singularidades existentes no estado e ao interesse de fomentar o desenvolvimento industrial local.

(E) Na hipótese de uma empresa pública pretender vender imóvel desafetado a entidade pertencente ao terceiro setor, configura-se dispensa de licitação, considerando-se o interesse público presente na alienação e as características do imóvel.

A: incorreta – no procedimento licitatória, o julgamento e ulterior classificação consiste na fase em que ocorre a verificação objetiva da conformidade das propostas com os critérios previamente estabelecidos, bem como na sua ordenação em ordem da melhor para a pior para a Administração. Nessa fase, deve a Administração abrir os envelopes que contêm as propostas comerciais dos licitantes. As propostas devem ser analisadas, em primeiro lugar, quanto à sua aptidão. Havendo vícios na proposta, o licitante será desclassificado; **B:** correta – Art. 24, inc XXIV, da Lei 8.666/1993; **C:** incorreta – no caso em tela, simplesmente não caberá a realização de licitação por meio do Regime Diferenciado de Licitação, nos termos do que dispõe o Art. 1º da Lei 12.462/2011; **D:** incorreta – Na ADI 3.755, o STF definiu o entendimento de que somente a lei federal poderá, em âmbito geral, estabelecer desequiparações entre os concorrentes e assim restringir o direito de participar de licitações em condições de igualdade. Ao direito estadual (ou municipal) somente será legítimo inovar neste particular se tiver como objetivo estabelecer condições específicas, nomeadamente quando relacionadas a uma classe de objetos a serem contratados ou a peculiares circunstâncias de interesse local; **E:** incorreta – não se trata de qualquer das hipótese de licitação dispensada na alienação de imóveis prevista no Art. 17 da Lei 8.666/1993. FB

Gabarito "B".

(Delegado/PE – 2016 – CESPE) Com base nas regras e princípios relativos à licitação pública e aos contratos administrativos, assinale a opção correta.

(A) É inexigível a licitação para aquisição de materiais, equipamentos, ou gêneros de determinada marca, quando essa só possa ser fornecida por representante comercial exclusivo.

(B) Na contratação direta de serviço de engenharia por dispensa ou inexigibilidade de licitação, se o valor da contratação for inferior a R$ 150.000,00, o instrumento de contrato não será obrigatório.

(C) De acordo com a Lei 10.520/2002 (modalidade de licitação denominada pregão, para aquisição de bens e serviços comuns), se a licitação for feita na modalidade de pregão, será obrigatória a exigência de garantia de proposta para a aquisição de serviços comuns.

(D) Admite-se a participação de bolsas de mercadorias para o apoio técnico e operacional ao pregão, desde que sejam constituídas na forma de cooperativas.

(E) É dispensável a licitação para a contratação de instituição que promoverá a recuperação social de presos. Para esse fim, o poder público pode contratar pessoa jurídica com ou sem fim lucrativo, desde que a instituição seja de inquestionável reputação ético-profissional.

A: incorreta, pois o caso só seria de inexigibilidade caso não houvesse "preferência de marca" (art. 25, I, da Lei 8.666/1993); **B:** correta; o instrumento de contrato só é obrigatório nas dispensas e inexigibilidades que se encaixariam em casos de tomada de preços e concorrência (art. 62, *caput*, da Lei 8.666/1993); no caso em tela temos uma dispensa ou inexigibilidade que se enquadra num caso de convite, pois esta modalidade é usada para a contratação de serviços de engenharia de até R$ 150.000,00 (art. 23, I, "a", da Lei 8.666/1993), sendo que, com o Decreto 9.412/98, esse limite agora foi atualizado para valor ainda maior, no caso R$ 330.000,00; **C:** incorreta, pois na modalidade pregão é vedada a exigência de garantia de proposta (art. 5º, I, da Lei 10.520/2002); **D:** incorreta, pois nesse caso não se exige que tais bolsas sejam constituídas na forma de cooperativa, mas sim que estejam organizadas na forma de "sociedades civis sem fins lucrativos e com a participação plural de corretoras que operem sistemas eletrônicos unificados de pregões" (art. 2º, §§ 2º e 3º, da Lei 10.520/2002); **E:** incorreta, pois é necessário que a instituição não tenha fins lucrativos (art. 24, XIII, da Lei 8.666/1993).

Gabarito "B".

(Juiz de Direito/DF – 2016 – CESPE) A licitação é inexigível

(A) para a contratação de fornecimento ou suprimento de energia elétrica e gás natural com concessionário, permissionário ou autorizado.

(B) quando a União tiver de intervir no domínio econômico para regular preços ou normalizar o abastecimento.

(C) se houver possibilidade de comprometimento da segurança nacional, nos casos estabelecidos em decreto do presidente da República, ouvido o Conselho de Defesa Nacional.

(D) para a contratação de profissional de qualquer setor artístico, diretamente ou mediante empresário exclusivo, desde que o profissional seja consagrado pela crítica especializada ou pela opinião pública.

(E) para a aquisição ou a restauração de obras de arte e objetos históricos, de autenticidade certificada, compatíveis ou inerentes às finalidades do órgão ou da entidade.

A: incorreta, pois esse caso é de *dispensa* de licitação (art. 24, XXII, da Lei 8.666/1993), e não de *inexigibilidade* (art. 25 da Lei 8.666/1993); **B:** incorreta, pois esse caso é de *dispensa* de licitação (art. 24, VI, da Lei 8.666/1993), e não de *inexigibilidade* (art. 25 da Lei 8.666/1993); **C:** incorreta, pois esse caso é de *dispensa* de licitação (art. 24, IX, da Lei 8.666/1993), e não de *inexigibilidade* (art. 25 da Lei 8.666/1993); **D:** correta (art. 25, III, da Lei 8.666/1993); **E:** incorreta, pois esse caso é de *dispensa* de licitação (art. 24, XV, da Lei 8.666/1993), e não de *inexigibilidade* (art. 25 da Lei 8.666/1993).

Gabarito "D".

(Analista Jurídico – TCE/PR – 2016 – CESPE) Acerca da alienação de bens pela administração pública, assinale a opção correta.

(A) A alienação de bens imóveis desafetados da administração pública direta para outro órgão da administração pública far-se-á por contratação direta, uma vez que a licitação é inexigível.

(B) Não é possível a alienação de bens da administração pública direta.

(C) Não é possível a alienação de bens imóveis da administração pública direta, mesmo que desafetados.

(D) É possível a alienação de bens móveis e imóveis da administração pública direta, desde que haja autorização legislativa.

(E) É possível a alienação de bens móveis desafetados da administração pública direta se houver demonstração de interesse público, avaliação prévia do bem e prévia licitação.

A: incorreta, pois o caso não é de inexigibilidade (art. 25 da Lei 8.666/1993), mas de licitação dispensada (art. 17, I, "e", da Lei 8.666/1993); **B** e **C:** incorretas, pois é possível, desde que preenchidos os requisitos do art. 17 da Lei 8.666/1993; **D:** incorreta, pois não é necessário autorização legislativa na alienação de bens móveis (art. 17, II, da Lei 8.666/1993); **E:** correta (art. 17, *caput* e II, da Lei 8.666/1993).

Gabarito "E".

(Técnico Judiciário – STM – 2011 – CESPE) Julgue os itens subsecutivos, referentes à licitação.

(1) Após a homologação de licitação, ocorre a adjudicação, que consiste na atribuição, ao vencedor da licitação, do objeto da contratação.

(2) As diversas situações em que é possível aplicar a hipótese de dispensa de licitação prevista na Lei n.º 8.666/1993 incluem a caracterizada pela urgência concreta e efetiva de atendimento a situação decorrente de estado emergencial ou calamitoso, visando afastar risco de danos a bens, à saúde ou à vida das pessoas.

(3) Melhor técnica ou técnica e preço são tipos de licitação que não podem ser utilizados para serviços de natureza

intelectual; na elaboração de projetos, cálculos, estudos técnicos preliminares e projetos básicos e executivos; e na fiscalização, supervisão e gerenciamento de engenharia consultiva, em geral.

1: Certa (art. 43, VI, da Lei 8.666/1993), **2:** Certa (art. 24, IV, da Lei 8.666/1993), **3:** Errada, pois os tipos de licitação "melhor técnica" ou "técnica e preço" **serão utilizados exclusivamente para serviços de natureza predominantemente intelectual**, em especial na elaboração de projetos, cálculos, fiscalização, supervisão e gerenciamento e de engenharia consultiva em geral e, em particular, para a elaboração de estudos técnicos preliminares e projetos básicos e executivos (art. 46, *caput*, da Lei 8.666/1993).

Gabarito 1C, 2C, 3E

1.3. MODALIDADES

Um município deseja realizar obra de construção deuma ponte. Embora pequena, a obra é complexa, sem especificação usual, dada a peculiaridade do terreno, e está orçada em cerca de R$ 1,6 milhão.

(Juiz de Direito - TJ/BA - 2019 - CESPE/CEBRASPE) Nessa situação hipotética, o gestor poderá escolher, para a contratação, a licitação na modalidade

(A) convite.
(B) concorrência.
(C) pregão.
(D) leilão.
(E) concurso.

A assertiva apresenta dois dados essenciais para sua compreensão. O primeiro deles é a afirmação de que se trata de uma obra complexa e sem especificação usual, o que retira a possibilidade de uso da modalidade pregão, somente utilizável para bens e serviços comuns. O segundo é o valor da obra que, por se tratar de orçamento feito em torno de 1,6 milhões, torna necessário que a licitação seja realizada por meio da modalidade concorrência. Vejamos o que diz a lei: "Art. 23. As modalidades de licitação a que se referem os incisos I a III do artigo anterior serão determinadas em função dos seguintes limites, tendo em vista o valor estimado da contratação: c) concorrência: acima de R$ 1.500.000,00 (um milhão e quinhentos mil reais)". FB

Gabarito "B"

(Juiz – TJ/CE – 2018 – CESPE) A modalidade licitatória restrita aos interessados devidamente cadastrados ou que atendam a todas as condições exigidas no cadastramento até o terceiro dia anterior à data do recebimento das propostas é denominada

(A) convite.
(B) tomada de preços.
(C) concorrência.
(D) pregão.
(E) registro de preços.

A: incorreta – Convite é a modalidade de licitação entre interessados do ramo pertinente ao seu objeto, cadastrados ou não, escolhidos e convidados em número mínimo de 3 (três) pela unidade administrativa, a qual afixará, em local apropriado, cópia do instrumento convocatório e o estenderá aos demais cadastrados na correspondente especialidade que manifestarem seu interesse com antecedência de até 24 (vinte e quatro) horas da apresentação das propostas – Art. 22, § 3º, da Lei 8.666/1993; **B:** correta – Tomada de preços é a modalidade de licitação entre interessados devidamente cadastrados ou que atenderem a todas as condições exigidas para cadastramento até o terceiro dia anterior à data do recebimento das propostas, observada a necessária qualificação – Art. 22, § 2º, da Lei 8.666/1993; **C:** incorreta – Concorrência é a modalidade de licitação entre quaisquer interessados que, na fase inicial de habilitação preliminar, comprovem possuir os requisitos mínimos de qualificação exigidos no edital para execução de seu objeto – Art. 22, § 1º, da Lei 8.666/1993; **D:** incorreta – Pregão é uma modalidade de licitação do tipo menor preço, para aquisição de bens e de serviços comuns, qualquer que seja o valor estimado, e a disputa é feita por propostas e lances sucessivos, em sessão pública, presencial ou eletrônica. Bens e serviços comuns são aqueles rotineiros, usuais, sem maiores complexidades e cuja especificação é facilmente reconhecida pelo mercado **E:** incorreta – O registro de preços é um sistema utilizado pelo Poder Público para aquisição de bens e serviços em que os interessados concordam em manter os preços registrados pelo "órgão gerenciador". Estes preços são lançados em uma "ata de registro de preços" visando as contratações futuras, obedecendo-se as condições estipuladas no ato convocatório da licitação. FB

Gabarito "B"

(Procurador do Município – Prefeitura Fortaleza/CE – CESPE – 2017) Acerca da intervenção do Estado na propriedade, das licitações e dos contratos administrativos, julgue os seguintes itens.

(1) Caso, em decorrência de uma operação da Polícia Federal, venha a ser apreendida grande quantidade de equipamentos com entrada ilegal no país, a administração poderá realizar leilão para a venda desses produtos.

1: Correta. Trata-se do disposto no art. 22, § 5º, da Lei 8.666/1993, que dispõe sobre ser hipótese de Leilão para "produtos apreendidos legalmente ou penhorados". AW

Gabarito 1C

(Analista Judiciário – TRT/8ª – 2016 – CESPE) O órgão X, integrante da administração pública federal, lançou um edital de licitação do tipo técnica e preço, para a formação de regime de preços e a compra de 350 unidades de determinado equipamento para serem usadas em sua finalidade institucional. Compareceram ao certame as duas únicas empresas fabricantes desse tipo de equipamento. Embora a primeira empresa tenha apresentado a melhor proposta de preço, no valor unitário de R$ 45.000, a segunda empresa saiu-se vencedora, considerando-se que os equipamentos comercializados por essa empresa, no valor unitário de R$ 46.000, a despeito de serem importados, seriam mais apropriados ao objeto do contrato, já que teriam qualidade bem superior e um valor pouco acima do da concorrente. Por sua vez, uma autarquia do estado Y, com finalidade institucional semelhante à do órgão X, também demonstrou interesse nesse tipo de equipamento e resolveu usar o regime de preços daquele órgão e comprar 100 unidades do mesmo fabricante. Foi firmado o contrato de compra e venda, e os equipamentos foram montados e colocados no almoxarifado da autarquia estadual. Antes do recebimento do objeto do contrato, porém, o governador do estado, ciente do fato pela mídia, determinou a suspensão da licitação, em razão do não esclarecimento da necessidade de aquisição de um produto mais caro em detrimento de um mais barato.

Acerca dessa situação hipotética e do que estabelece a legislação relativamente a licitações e contratos e ao exercício do poder de polícia, assinale a opção correta.

(A) A modalidade de licitação no sistema de registro de preços deverá ser a concorrência, haja vista a adoção do julgamento por técnica e preço.
(B) Em vista dos fatos na situação hipotética em apreço, há direito subjetivo da autarquia estadual de rescindir unilateralmente o contrato, ao verificar que a aquisição dos equipamentos não é conveniente ou oportuna para a administração pública.
(C) No caso do estado Y, se for comprovada a ilegalidade no procedimento licitatório, sem culpa da contratada, o governador poderá anular o contrato e, consequentemente, a licitação, sem necessidade de indenizar o contratante pela montagem e pela entrega dos equipamentos.
(D) Se a finalidade institucional do órgão X fosse a atividade de policiamento de rodovias, seria correto relacioná-la com o conceito subjetivo de administração pública.
(E) A especificação de marcas de produtos em editais de licitação é permitida para compras pela administração pública, quando a licitação for do tipo técnica e preço.

A: correta (art. 15, § 3º, I, da Lei 8.666/1993); **B:** incorreta, pois a revogação da licitação é permitida e estabelecida em lei (art. 49, *caput*, da Lei 8.666/1993), mas no caso já se tem um contrato firmado e este deve ser respeitado, sendo que a exceção do art. 78, XII, da Lei 8.666/1993 requer também os requisitos "alta relevância" e "amplo conhecimento"; **C:** incorreta; primeiro porque a autarquia tem autonomia administrativa e em geral não há permissão legal para o ente político criador de uma autarquia determinar a anulação de atos administrativos desta; segundo porque a licitação foi feita pela esfera federal e a estadual não pode anulá-la; e terceiro porque, quando se anula a licitação por ilegalidade sem culpa da contratada, esta deve ser indenizada (art. 59, parágrafo único, da Lei 8.666/1993); **D:** incorreta, pois o conceito subjetivo de Administração Pública foca na *entidade*, no *sujeito*, e não na *atividade* do ente; **E:** incorreta, pois nas compras não é permitida a indicação de marcas (art. 15, § 7º, I, da Lei 8.666/1993).

Gabarito "A"

(Analista – Judiciário – TRE/PI – 2016 – CESPE) Assinale a opção correta acerca do Sistema de Registro de Preços.

(A) A licitação para registro de preços de equipamentos eletrônicos essenciais à atividade finalística de determinada instituição, deve ser feita na modalidade tomada de preços, com julgamento do tipo técnica e preço.

(B) É admissível que um órgão ou entidade da administração pública, direta ou indireta, utilize o mesmo registro de preços para adquirir o dobro do quantitativo total publicado no edital, independentemente de anuência do órgão gerenciador.

(C) A ata de registro de preços deve ser assinada com validade de doze meses, prorrogável por igual período.

(D) Por se tratar de ato discricionário da autoridade competente, a adoção do Sistema de Registro de Preços deverá ser decidida unilateralmente pela administração pública, não havendo restrições legais que impeçam sua admissão.

(E) A existência de preços registrados não obriga a administração pública a contratar, devendo-se, no entanto, no caso de o objeto ser novamente licitado, dar-se preferência ao fornecedor registrado em igualdade de condições.

A: incorreta, pois no registro de preços deve ser utilizada a modalidade de licitação *concorrência* (art. 15, § 3º, I, da Lei 8.666/1993); **B:** incorreta, pois as aquisições nesse caso não podem exceder, por órgão ou entidade, a 100% dos quantitativos dos itens do instrumento convocatório e registrados na ata de registro de preços para o órgão gerenciador e órgãos participantes (art. 22, § 3º, do Decreto 7.892/2013); **C:** incorreta, pois o prazo de validade da ata de registro de preços não será superior a 12 meses, incluídas eventuais prorrogações (art. 12, *caput*, do Decreto 7.892/2013 e art. 15, § 3º, III, da Lei 8.666/1993); **D:** incorreta, pois adoção desse registro deve obedecer aos requisitos legais (art. 15 da Lei 8.666/1993); **E:** correta (art. 15, § 4º, da Lei 8.666/1993).

Gabarito "E"

(Procurador do Município – Prefeitura Fortaleza/CE – CESPE – 2017) Acerca da intervenção do Estado na propriedade, das licitações e dos contratos administrativos, julgue o seguinte item.

Situação hipotética: Pretendendo contratar determinado serviço por intermédio da modalidade convite, a administração convidou para a disputa cinco empresas, entre as quais apenas uma demonstrou interesse apresentando proposta.

(1) Assertiva: Nessa situação, a administração poderá prosseguir com o certame, desde que devidamente justificado.

1: Correta, tendo em vista o disposto no art. 22, § 7º, da Lei 8.666/1993, que possibilita o prosseguimento do certame, desde que justificado o ato.

Gabarito 1C

(Advogado União – AGU – CESPE – 2015) A propósito das licitações, dos contratos, dos convênios e do sistema de registro de preços, julgue os itens a seguir com base nas orientações normativas da AGU.

(1) Na hipótese de nulidade de contrato entre a União e determinada empresa, a despesa sem cobertura contratual deverá ser reconhecida pela União como obrigação de indenizar a contratada pelo que esta houver executado até a data em que a nulidade do contrato for declarada e por outros prejuízos regularmente comprovados, sem prejuízo da apuração da responsabilidade de quem der causa à nulidade.

(2) Se, em procedimento licitatório na modalidade convite deflagrado pela União, não se apresentarem interessados, e se esse procedimento não puder ser repetido sem prejuízo para a administração, ele poderá ser dispensado, mantidas, nesse caso, todas as condições preestabelecidas.

(3) Se a União, por intermédio de determinado órgão federal situado em um estado da Federação, celebrar convênio cuja execução envolva a alocação de créditos de leis orçamentárias subsequentes, a consequente indicação do crédito orçamentário do respectivo empenho para atender aos exercícios posteriores dispensará a elaboração de termo aditivo, bem como a prévia aprovação pela consultoria jurídica da União no mencionado estado.

(4) Na licitação para registro de preços, a indicação da dotação orçamentária é exigível apenas antes da assinatura do contrato, sendo o prazo de validade da ata de registro de preços de, no máximo, um ano, no qual devem ser computadas as eventuais prorrogações, que terão de ser devidamente justificadas e autorizadas pela autoridade superior, devendo a proposta continuar sendo mais vantajosa.

1: Correta. Trata-se do disposto no art. 49, § 1º, da Lei 8.666/1993, que assim dispõe: "A anulação do procedimento licitatório por motivo de ilegalidade não gera obrigação de indenizar, ressalvado o disposto no parágrafo único do art. 59 desta Lei." **2:** Incorreta. O procedimento será dispensável (art. 24, V, da Lei 8666/93), e não dispensado. **3:** Correta. Trata-se da Orientação Normativa 40/2014, do AGU, que assim dispõe: "nos convênios cuja execução envolva a alocação de créditos de leis orçamentárias subsequentes, a indicação do crédito orçamentário e do respectivo empenho para atender à despesa relativa aos exercícios posteriores poderá ser formalizada, relativamente a cada exercício, por meio e apostila, tal medida dispensa o prévio exame e aprovação pela assessoria juridical." **4:** Correta. Trata-se do disposto no art. 15, da Lei 8.666/1993, inclusive quanto à validade de 1 ano (art. 15, § 1º).

Gabarito 1C, 2E, 3C, 4C

(Técnico Judiciário – Área Administrativa – TRT8 – 2013 – CESPE) A respeito do conceito de licitação e das modalidades concorrência e tomada de preços, assinale a opção correta.

(A) Na hipótese de venda de um bem imóvel da administração pública a outro órgão público, a alienação, além de ter de ser subordinada à existência de interesse público devidamente justificado, deve ser precedida de avaliação e de licitação na modalidade concorrência.

(B) Licitação é o procedimento prévio à celebração dos contratos administrativos que tem por objetivo selecionar a proposta mais vantajosa para ambas as partes do contrato, promover o desenvolvimento nacional e garantir a isonomia entre os licitantes.

(C) Concorrência é a modalidade de licitação entre quaisquer interessados que, na fase inicial de habilitação preliminar, ou até o terceiro dia anterior à data do recebimento das propostas, comprovem possuir os requisitos mínimos de qualificação exigidos no edital para execução de seu objeto.

(D) Na hipótese de licitação feita por entidade da administração pública federal na modalidade tomada de preços, o aviso contendo o resumo do edital da tomada de preços deve ser publicado com antecedência, no mínimo por uma vez, no Diário Oficial da União.

(E) A seleção de licitantes, no sistema de registro de preços, deve ser feita por meio da modalidade tomada de preços.

A: Incorreta, pois a licitação, na modalidade concorrência, será dispensada nesses casos (art. 17, I, *e*, da Lei 8.666/1993); **B:** Incorreta, pois, conforme o art. 3º, *caput*, da Lei 8.666/1993, a licitação destina-se a garantir a seleção da proposta mais vantajosa para a administração e não para ambas as partes do contrato; **C:** Incorreta, pois a comprovação dos requisitos mínimos de qualificação ocorrerão apenas na fase inicial da habilitação preliminar (art. 22, § 1º, da Lei 8.666/1993); **D:** Correta, conforme art. 21, I, da Lei 8.666/1993); **E:** Incorreta, pois a seleção de licitantes deverá ser feita mediante concorrência (art. 15, § 3º, I, da Lei 8.666/1993). É importante mencionar que o art. 7º, *caput*, do Dec. 7.892/2013, prevê que a licitação para registro de preços será realizada na modalidade de concorrência, do tipo menor preço, nos termos da Lei 8.666, de 1993, ou na modalidade de pregão, nos termos da Lei nº 10.520, de 2002, e será precedida de ampla pesquisa de mercado.

Gabarito "D"

(Técnico – TJ/CE – 2013 – CESPE) Assinale a opção em que se apresenta a ordem que caracteriza, respectivamente, as hipóteses de contratação direta quando 1) há discricionariedade da administração para que se decida realizar a contratação direta; 2) há hipóteses exemplificativas de contratação direta; e 3) a contratação direta decorre da inviabilidade de competição.

(A) licitação dispensável; inexigível; e inexigível
(B) licitação inexigível; inexigível; e dispensável
(C) licitação dispensável; inexigível; dispensável
(D) licitação inexigível; dispensável; e dispensável
(E) licitação dispensável; dispensável; e inexigível

1. Há discricionariedade da Administração em contratar diretamente, ou seja, a licitação é dispensável, nas hipóteses para obras e serviços de engenharia de valor até 10% (dez por cento) do limite previsto na alínea "a", do inciso I do art. 23, desde que não se refiram a parcelas de uma mesma obra ou serviço ou ainda para obras e serviços da mesma natureza e no mesmo local que possam ser realizadas conjunta e concomitantemente e, ainda, para outros serviços e compras de valor até 10% (dez por cento) do limite previsto na alínea "a", do inciso II do art. 23 e para alienações, nos casos previstos nesta Lei, desde que não se refiram a parcelas de um mesmo serviço, compra ou alienação de maior vulto que possa ser realizada de uma só vez (art. 24, I e II, da Lei 8.666/1993); **2**. Os casos de licitação inexigível é meramente exemplificativo, conforme se extrai do *caput* do art. 25 da Lei 8.666/1993; **3**. Hipótese de inexigibilidade de licitação, a teor do art. 25, *caput*, da Lei 8.666/1993.

Gabarito "A".

1.4. FASES/PROCEDIMENTO (EDITAL, HABILITAÇÃO, JULGAMENTO, ADJUDICAÇÃO E HOMOLOGAÇÃO)

(Juiz de Direito/AM – 2016 – CESPE) Com relação a licitação, assinale a opção correta.

(A) A empreitada por preço global refere-se à contratação de um empreendimento em sua integralidade, compreendidas todas as etapas da obra, serviços e instalações necessários, sob inteira responsabilidade da contratada.
(B) Para fins de julgamento das propostas de preços, será computada a atualização monetária das obrigações de pagamento como valor da obra ou serviço.
(C) O autor do projeto básico não poderá participar, ainda que indiretamente, do fornecimento de bens necessários à execução de obra.
(D) As margens de preferência por produto manufaturado e por serviços nacionais que atendam a normas técnicas brasileiras são definidas pelo Congresso Nacional, não podendo seu preço ultrapassar o montante de 50% do preço dos produtos manufaturados e serviços estrangeiros.
(E) Os conteúdos das propostas e todos os atos e procedimentos licitatórios são públicos.

A: incorreta, pois essa definição é de "empreitada integral", e não de "empreitada por preço integral" (art. 6º, VIII, "a" e "e", da Lei 8.666/1993); **B:** incorreta, pois a atualização monetária não será computada nesse caso (art. 7º, § 7º, da Lei 8.666/1993); **C:** correta (art. 9º, I, da Lei 8.666/1993); **D:** incorreta, pois serão definidas pelo Executivo, sendo que o limite é de 25%, e não 50% (art. 3º, § 8º, da Lei 8.666/1993); **E:** incorreta, pois, apesar de toda a licitação não ser sigilosa, o conteúdo das propostas é sigiloso até sua respectiva abertura (art. 3º, § 3º, da Lei 8.666/1993).

Gabarito "C".

(Juiz de Direito/AM – 2016 – CESPE) No que se refere a licitação e contratos, assinale a opção correta.

(A) A apresentação de documentos relativos à qualificação econômico-financeira pode ser dispensada, desde que seja notória a solidez do patrimônio líquido da empresa.
(B) Os registros cadastrais deverão ser revisados pela administração pública a cada cinco anos, ocasião em que se dará publicidade aos registros para atualização.
(C) O direito à revisão do contrato depende de previsão expressa no instrumento contratual.
(D) O edital de licitação pode ser alterado por qualquer meio, desde que se garanta ampla visibilidade da alteração aos participantes.
(E) Quando do pagamento de fatura, a administração pública não pode preterir a ordem cronológica de sua exigibilidade.

A: incorreta, pois a comprovação da boa situação financeira da empresa deve ser feita de forma objetiva, por meio de específicos cálculos contábeis previstos no edital (art. 31, § 5º, da Lei 8.666/1993); **B:** incorreta, pois os registros cadastrais serão válidos por no máximo 1 ano (art. 34, *caput*, da Lei 8.666/1993); **C:** incorreta, pois tal direito decorre também da lei, como nos casos dos parágrafos 5º e 6º do art. 65 da Lei 8.666/1993; **D:** incorreta, pois qualquer modificação no edital exige divulgação pela mesma forma que se deu com o texto original (art. 21, § 4º, da Lei 8.666/1993); **E:** correta (art. 5º, *caput*, da Lei 8.666/1993).

Gabarito "E".

2. CONTRATOS

2.1. DISPOSIÇÕES PRELIMINARES

(Analista Judiciário – Área Administrativa – TRT8 – 2013 – CESPE) No que se refere aos contratos administrativos e a aspectos do procedimento licitatório, assinale a opção correta.

(A) De acordo com a legislação aplicável, a administração pública pode alterar unilateralmente o regime de execução da obra ou do serviço contratado.
(B) De acordo com a legislação de regência, se a administração pública deixar de efetuar os pagamentos à empresa contratada por mais de noventa dias, o contratado poderá suspender a execução do contrato, mediante autorização judicial específica.
(C) Na hipótese de inexecução total ou parcial do contrato, a administração pública pode aplicar a penalidade de multa ao contratado, independentemente da instauração de procedimento administrativo destinado a assegurar o contraditório e a ampla defesa.
(D) A decisão administrativa a respeito da prorrogação do contrato cuja vigência tenha sido expirado tem natureza discricionária, pois a lei não assegura ao contratado direito subjetivo à manutenção do ajuste.
(E) A administração pode, ao término do prazo do contrato celebrado com a empresa vencedora do procedimento licitatório, contratar a segunda colocada no certame, com base no mesmo procedimento licitatório.

A: incorreta, *unilateralmente* a Administração não pode alterar o *regime* de execução da obra ou do serviço. Só pode alterar unilateralmente *o contrato* "a) quando houver modificação do projeto ou das especificações, para melhor adequação técnica aos seus objetivos; b) quando necessária a modificação do valor contratual em decorrência de acréscimo ou diminuição quantitativa de seu objeto, nos limites permitidos por esta Lei" (art. 65, I, *a* e *b*, da Lei 8.666/1993); **B:** incorreta, não precisa de autorização judicial específica, pois a lei já o autoriza (art. 78, XV, da Lei 8.666/1993); **C:** incorreta, é garantida a prévia defesa do contrato (art. 87, *caput*, II. Vide também art. 5º, LV, da CF); **D:** correta, "Inexiste direito subjetivo à prorrogação de contrato administrativo dotado de caráter contínuo. Decisão que recai ao âmbito de discricionariedade do administrador público, observados, ainda, os requisitos constitucionais e infraconstitucionais pertinentes" (TJRS, MS 70047528203/RS, 1º Grupo de Câmaras Cíveis, j. 11.05.2012, rel. Almir Porto da Rocha Filho, DJ 18.05.2012); **E:** incorreta, é necessário licitar novamente. O procedimento licitatório visa garantir a isonomia e melhor proposta para a administração, o que ficaria comprometido se ao fim de cada contrato, pudesse a administração contratar o segundo colocado.

Gabarito "D".

2.2. FORMALIZAÇÃO DOS CONTRATOS

(Técnico Judiciário – Área Administrativa – TRT8 – 2013 – CESPE) Assinale a opção correta com referência à formalização dos contratos administrativos.

(A) Para que o contrato administrativo tenha eficácia, é indispensável a publicação resumida do instrumento de contrato na imprensa oficial, sendo dispensável a adoção da mesma formalidade para os aditamentos contratuais.

(B) O instrumento de contrato não será obrigatório nas hipóteses em que a administração puder substituí-lo pela ordem de execução de serviço.

(C) É permitido a quaisquer licitantes ou interessados obter cópia autenticada gratuita do contrato administrativo.

(D) A administração deve convocar regularmente o interessado para assinar o termo de contrato, dentro do prazo e das condições estabelecidos, sem direito a prorrogação.

(E) A formalização adequada para os contratos administrativos relativos a direitos reais sobre imóveis se dá mediante a lavratura de instrumento na repartição interessada.

A: Incorreta, pois a condição de eficácia também se aplica aos aditamentos do instrumento de contrato, que deverão ser publicados na imprensa oficial (art. 61, parágrafo único, da Lei 8.666/1993); **B:** Correta, conforme a parte final do *caput* do art. 62 da Lei 8.666/1993; **C:** Incorreta, pois a obtenção de cópia autenticada está condicionada ao pagamento dos emolumentos devidos (art. 63 da Lei 8.666/1993); **D:** Incorreta, pois o prazo de convocação poderá ser prorrogado uma vez, por igual período, quando solicitado pela parte durante o seu transcurso e desde que ocorra motivo justificado aceito pela administração (art. 64, § 1º, da Lei 8.666/1993); **E:** Incorreta, pois a formalização dos contratos administrativos relativos a direitos reais sobre imóveis será lavrada em cartório de notas.

Gabarito "B"

2.3. EXECUÇÃO DOS CONTRATOS

(Juiz de Direito/AM – 2016 – CESPE) Os contratos administrativos regulam-se pelas suas cláusulas e pelos preceitos de direito público, aplicando-lhes, supletivamente, os princípios da teoria geral dos contratos e as disposições de direito privado. Com base na legislação de regência dos contratos administrativos, assinale a opção correta.

(A) São cláusulas implícitas de todos os contratos administrativos os direitos e as responsabilidades das partes.

(B) Não é condição indispensável para a eficácia do contrato a publicação, na imprensa oficial, do instrumento ou de seus aditamentos.

(C) É facultado ao contratado manter preposto, no local da obra ou serviço, para representá-lo na execução do contrato, estando a indicação desse preposto condicionada à aceitação da administração.

(D) É vedada a subcontratação de partes da obra, de serviço ou fornecimento.

(E) A declaração de nulidade do contrato administrativo susta os efeitos jurídicos que ele, ordinariamente, deveria produzir.

A: incorreta, pois os contratos devem trazer com clareza e precisão as condições para sua execução, com cláusulas expressas sobre os pontos levantados na alternativa (art. 54, § 1º, da Lei 8.666/1993); **B:** incorreta, pois a publicação é condição indispensável para a eficácia do contrato (art. 61, parágrafo único, da Lei 8.666/1993); **C:** incorreta, pois a indicação desse preposto não está condicionada à aceitação da administração (art. 68 da Lei 8.666/1993); **D:** incorreta, pois é permitida a subcontratação de partes da obra, serviço ou fornecimento, até o limite admitido pela Administração; **E:** correta (art. 59, *caput*, da Lei 8.666/1993).

Gabarito "E"

(Analista – Judiciário – TRE/PI – 2016 – CESPE) A empresa Alfa Ltda. firmou com a administração pública federal contrato de prestação de serviços comuns e contínuos, com vigência de quarenta e oito meses. Em dispositivo do edital havia sido fixado o preço global do contrato e o prazo improrrogável de implantação dos serviços. O edital previa, ainda, a possibilidade de rescisão amigável do contrato, bastando, para tanto, a manifestação de uma das partes, com antecedência mínima de sessenta dias, sem prejuízo à execução dos serviços. A partir dessa situação hipotética, assinale a opção correta, considerando a legislação que trata das compras e contratações públicas.

(A) O prazo de implantação de serviços contínuos pode ser livremente alterado pelos executores ou fiscais do referido contrato, ainda que isso contrarie o disposto inicialmente no edital, uma vez que retrata momento ulterior à fase licitatória.

(B) Ao concordar com a rescisão amigável do contrato, a administração pública fica impedida de rescindi-lo unilateralmente.

(C) Nesse caso, para a contratação de serviços comuns mediante licitação, admite-se a modalidade pregão eletrônico.

(D) O referido contrato poderia ter sido firmado com vigência inicial de setenta e dois meses, caso representasse maior vantagem para a administração.

(E) O preço global fixado inicialmente poderá sofrer variações unilaterais por vontade do administrador, independentemente de limites e consentimento da contratada.

A: incorreta, pois há de se observar o princípio da vinculação ao instrumento convocatório (art. 3º, *caput*, da Lei 8.666/1993); **B:** incorreta, pois o poder de rescisão unilateral é estabelecido em lei e pode ser exercido pela Administração sempre que presentes os requisitos legais (art. 79, I, da Lei 8.666/1993); **C:** correta (art. 1º, *caput*, c/c o art. 2º, § 2º, da Lei 8.666/1993); **D:** incorreta, pois o limite inicial de prazo contratual para a prestação de serviços a serem executados de forma contínua é de 60 meses (art. 57, II, da Lei 8.666/1993); **E:** incorreta, pois devem ser respeitados os limites previstos em lei (art. 65, §§ 1º e 2º, da Lei 8.666/1993).

Gabarito "C"

(Técnico Judiciário – Área Administrativa – TRT8 – 2013 – CESPE) Sobre a execução dos contratos administrativos, assinale a opção correta.

(A) A administração é solidariamente responsável pelos encargos comerciais resultantes da execução do contrato.

(B) Executado o contrato de locação de equipamentos, o objeto deverá ser recebido provisoriamente, após a verificação da qualidade e quantidade do material.

(C) Em regra, os testes exigidos por normas técnicas oficiais para a boa execução do objeto do contrato correm por conta da administração.

(D) Na hipótese de dano causado diretamente pelo contratado a terceiros, de corrente de sua culpa na execução do contrato, o contratado será responsável pelo dano, ainda que tenha ocorrido a fiscalização pelo órgão interessado.

(E) Não é permitida a contratação de terceiros para assistir o representante da administração designado para acompanhar e fiscalizar a execução do contrato.

A: Incorreta, pois a Administração Pública apenas responde solidariamente com o contratado pelos encargos previdenciários resultantes da execução do contrato, nos termos do art. 31 da Lei 8.212/1991 (art. 71, § 2º, da Lei 8.666/1993); **B:** incorreta, pois o objeto será recebido, em se tratando de locação de equipamentos, **definitivamente**, após a verificação da qualidade e quantidade do material e consequente aceitação (art. 73, II, *b*, da Lei 8.666/1993); **C:** Incorreta, pois os testes e demais provas exigidos por normas técnicas oficiais para a boa execução do objeto do contrato correm por conta do **contratado** (art. 75 da Lei 8.666/1993); **D:** Correta, conforme art. 70 da Lei 8.666/1993; **E:** Incorreta, pois é permitida a contratação de terceiros para assisti-lo e subsidiá-lo de informações pertinentes a essa atribuição (art. 67, *caput*, parte final, da Lei 8.666/1993).

Gabarito "D"

3. PREGÃO

(Analista – STF – 2013 – CESPE) Com referência ao sistema de registro de preços e à modalidade de licitação denominada pregão, julgue os seguintes itens.

(1) Caso determinado órgão federal deseje realizar contratação de serviço comum pelo sistema de registro de preços, não será possível, nesse caso, a adoção da modalidade de pregão.

(2) É facultada aos órgãos da administração pública federal a adesão à ata de registro de preços gerenciada por órgão estadual.

1: incorreta, pois é possível a adoção da modalidade pregão (vide arts. 7º do Dec. 7.892/2013, 11 da Lei 10.520/2002 e 15 da Lei

8.666/1993); **2**: incorreta, tal adesão é vedada (§ 8º do art. 22 do Dec. 7.892/2013)

Gabarito 1E, 2E

4. TEMAS COMBINADOS E OUTROS TEMAS

(Procurador do Município - Campo Grande/MS - 2019 - CESPE/ CEBRASPE) Após processo licitatório na modalidade de concorrência, determinada empresa foi contratada para reformar imóvel pertencente à administração pública; por enfrentar, no entanto, graves problemas financeiros, essa empresa deixou de realizar 30% da obra licitada, o que equivale a uma monta de R$ 250.000. Por isso, a administração pública pretende contratar outra empresa para finalizar a obra remanescente.

Considerando essa situação hipotética, julgue os próximos itens.

1. A situação narrada caracteriza hipótese legal de dispensa de licitação para a contratação de remanescente de obra, caso em que deve ser atendida a ordem de classificação da licitação anterior e devem ser aceitas as mesmas condições oferecidas pelo licitante vencedor.

2. Para a conclusão da obra, pode ser realizada nova licitação na modalidade de tomada de preços.

3. O princípio do julgamento objetivo visa afastar o caráter discricionário quando da escolha de propostas em processo licitatório, obrigando os julgadores a se ater aos critérios prefixados pela administração pública, o que reduz e delimita a margem de valoração subjetiva no certame.

(Promotor de Justiça/RR – 2017 – CESPE) Com referência aos crimes, às penas e ao processo judicial previstos na Lei de Licitações e Contratos, julgue os seguintes itens.

I. Dispensa de licitação em situação estranha às hipóteses taxativas previstas em lei constitui crime passível de punição com pena de detenção e multa fixada na sentença a ser revertida à fazenda federal, distrital, estadual ou municipal, conforme o caso.

II. Em casos de crimes previstos na lei em apreço, a ação penal é pública incondicionada e a sua promoção cabe ao MP.

III. Em relação aos crimes previstos na lei em questão, não será admitida ação penal privada subsidiária da pública.

IV. Quando os autores dos crimes previstos na referida lei forem ocupantes de cargo em comissão ou exercerem função de confiança em órgão da administração pública direta ou indireta, a pena imposta será acrescida da terça parte.

Assinale a opção correta.

(A) Apenas os itens III e IV estão certos.
(B) Apenas os itens I, II e III estão certos.
(C) Apenas os itens I, II e IV estão certos.
(D) Todos os itens estão certos.

I: correta – Art. 89 da Lei 8.666/1993; **II**: correta – Art. 100 da Lei 8.666/1993; **III**: incorreta – será admitida ação penal privada subsidiária da pública, se esta não for ajuizada no prazo legal, aplicando-se, no que couber, o disposto nos arts. 29 e 30 do Código de Processo Penal – Art. 103 da Lei 8.666/1993; **IV**: correta – Art. 84, § 2º, da Lei 8.666/1993. FB

Gabarito "C"

(Defensor Público – DPE/RN – 2016 – CESPE) No que concerne às licitações e aos contratos administrativos, assinale a opção correta com base na legislação e na doutrina.

(A) Em nome do princípio *pacta sunt servanda*, é vedado à administração modificar, sem prévia concordância do contratado, o contrato administrativo de concessão de serviço público.
(B) Segundo o instituto da encampação, ao término do contrato de concessão de serviços públicos, dá-se a incorporação dos bens da concessionária ao patrimônio do concedente, independentemente de indenização.
(C) Configura hipótese de licitação dispensável a contratação de profissionais do setor artístico consagrados pela crítica especializada.
(D) O pregão é a modalidade de licitação restrita ao âmbito da União Federal e destinada à aquisição de bens e à contratação de serviços comuns.
(E) A homologação da licitação não obsta a que a administração pública possa anulá-la, por ilegalidade, ou revogá-la, por motivos de interesse público superveniente.

A: Incorreta, Há possibilidade de alteração unilateral do contrato pelo Poder Público, em determinadas circunstâncias, conforme dispõe o art. 65, I, da Lei 8.666/1993; **B**: Incorreta. O art. 37, da Lei 8.987/1995 determina que a encampação deva ser precedida de indenização, sendo esse o erro da assertiva; **C**: Incorreta. Essa é uma hipótese de licitação inexigível (art. 25, III, da Lei 8.666/1993); **D**: Incorreta. O pregão pode ser utilizado por todos os Entes Federativos, sendo a Lei 10.520/2002 uma Lei Geral, portanto; **E**: Correta. A ilegalidade e a superveniência de motivos que ensejam a revogação de um procedimento, como é a licitação sempre podem ser reconhecidos. A homologação atesta a legiti-midade dos atos do procedimento, mas ela não é absoluta, podendo ser questionada, assim como os atos do procedimento por ela avaliados, isso tanto pelo Poder Judiciário (quanto à legalidade), quanto pela própria Administração Pública (quanto à legalidade e conveniência e oportunidade).

Gabarito "E"

(Procurador do Estado – PGE/BA – CESPE – 2014) Considerando as regras aplicáveis às licitações e aos contratos administrativos, julgue os itens que se seguem.

(1) Desde que o preço contratado seja compatível com o praticado no mercado, é possível a dispensa de licitação para a aquisição, por secretaria estadual de planejamento, de bens produzidos por autarquia estadual que tenha sido criada para esse fim específico em data anterior à vigência da Lei n.º 8.666/1993.
(2) Secretário estadual de saúde pretende construir hospital para atuar no âmbito do SUS. No caso, pode realizar licitação no regime diferenciado de contratação e utilizar a empreitada por preço global.

1: Correta. Trata-se do disposto no art. 23, VIII, da Lei 8.666/1993. **2**: Correta. A Lei 12462/12, art. 1º, V, enumera as ações de saúde relativas ao SUS como eletivas ao Regime Diferenciado de Contratação Pública. AW

Gabarito 1C, 2C

(Promotor de Justiça/PI – 2014 – CESPE) No que concerne à licitação e aos contratos administrativos, assinale a opção correta.

(A) A penalidade de suspensão e a de declaração de inidoneidade, em caso de irregularidades na execução do contrato administrativo, aplicadas pela União não produzem efeitos perante estado da Federação.
(B) Para fim de habilitação nas licitações, a administração pública não deve exigir dos licitantes a apresentação de certidão de quitação de obrigações fiscais, mas a mera prova de sua regularidade.
(C) No que se refere à documentação relativa à qualificação econômico-financeira para compras para entrega futura e execução de obras e serviços, a administração não pode exigir das licitantes capital social mínimo, patrimônio líquido mínimo ou garantias que assegurem o adimplemento do contrato a ser celebrado.
(D) Segundo entendimento do STJ, deve-se reconhecer a nulidade, em processo licitatório, do julgamento de recurso administrativo por autoridade incompetente, ainda que tenha havido posterior homologação do certame pela autoridade competente.
(E) A CF autoriza a gestão associada de serviços públicos por meio de convênios, mas não a transferência total ou parcial de serviços, de pessoal e de bens essenciais à continuidade dos serviços transferidos.

A: incorreta; o art. 6º, XI e XII, da Lei 8.666/1993 traz as definições, para efeito da aplicação dessa lei, de "Administração Pública" (que abrange toda a Administração Direta e Indireta, de todas as esferas federativas) e de "Administração" (que diz respeito ao órgão ou entidade que atua no caso concreto); já o art. 87, III e IV, da Lei 8.666/1993 estabelece que a sanção de suspensão temporária de participação da licitação diz respeito à "Administração" e a sanção de inidoneidade para licitar ou contratar diz respeito à "Administração Pública"; assim, parte da doutrina entende que a penalidade de suspensão produz efeito apenas ao ente concreto que a tiver aplicado (no caso, a União) e a penalidade de declaração de inidoneidade produz efeito em relação à Administração Pública de todos os entes federativos; porém, o STJ tem decidido que as duas sanções se aplicam às diferentes esferas federativas (STJ, MS 19.657/DF, *DJ* 14.08.2013), entendimento com o qual concordamos, considerando a interpretação teleológica dos dispositivos à luz do princípio da moralidade administrativa; **B:** correta, estando de acordo com a Súmula TCU 283 ("Para fim de habilitação, a Administração Pública não deve exigir dos licitantes a apresentação de certidão de quitação de obrigações fiscais, e sim prova de sua regularidade"); **C:** incorreta, pois a Administração pode fazer essas exigências, conforme o art. 31, § 2º, da Lei 8.666/1993); **D:** incorreta, pois o STJ entendeu que "O vício na competência poderá ser convalidado desde que não se trate de competência exclusiva, o que não é o caso dos autos. Logo, não há falar em nulidade do procedimento licitatório ante o saneamento do vício com a homologação" (Resp 1.348.472/RS, *DJ* 28.05.2013); **E:** incorreta, pois o art. 241 da CF autoriza a gestão associada de serviços públicos por meio de convênios, inclusive com transferência total ou parcial de encargos, serviços, pessoal e bens essenciais à continuidade dos serviços transferidos.

Gabarito "B".

(Analista Judiciário – Área Administrativa – TRT8 – 2013 – CESPE) No que se refere ao instituto da licitação, assinale a opção correta.

(A) É inválido o ato de revogação de licitação fundamentado no comparecimento de um único licitante ao certame.

(B) Configura hipótese de inexigibilidade de licitação a contratação de fornecimento de energia elétrica e gás natural com concessionário autorizado.

(C) No pregão, assim como nas demais modalidades de licitação, a homologação antecede a adjudicação.

(D) O dever de realizar procedimento licitatório estende-se às instituições privadas quando suas compras, aquisições, serviços ou alienações envolverem recursos repassados voluntariamente pela União.

(E) Caso determinado administrador público, durante procedimento licitatório, não observe uma das formalidades previstas na lei, independentemente da natureza do ato formal inobservado, o procedimento deverá ser declarado nulo, em atenção ao princípio do formalismo procedimental, que norteia a atuação da administração pública nas licitações.

A: incorreta, pois a participação exclusiva de um só licitante poderia frustrar o princípio da competitividade. Além disso, a Administração Pública pode revogar a licitação em andamento por razões de interesse público superveniente, devidamente justificado. (TRF-2.ª Reg., Ap em MS 60792/RJ 2004.51.01.005931-6) **B:** incorreta, configura hipótese de *dispensa de licitação* (art. 24, XXII, da Lei 8.666/1993); **C:** incorreta, no pregão é o inverso das demais modalidades de licitação: a homologação ocorre depois da adjudicação (art. 4º, XXI e XXII, da Lei 8.666/1993); **D:** correta, por envolver dinheiro público, o particular não pode dele dispor livremente, devendo se sujeitar ao disposto na Lei 8.666/1993 (vide art. 37, XXI, da CF); **E:** incorreta. "(...) Não se deve exigir *excesso de formalidades capazes de afastar a real finalidade da licitação*, ou seja, a escolha da melhor proposta para a Administração em prol dos administrados (...)" (STJ, REsp 1190793/SC, 2ª T., j. 24.08.2010, rel. Min. Castro Meira, *DJe* 08.09.2010).

Gabarito "D".

(Técnico Judiciário – Área Administrativa – TRT8 – 2013 – CESPE) A propósito das modalidades de licitação convite, concurso e leilão, assinale a opção correta.

(A) O leilão pode ser cometido a leiloeiro indicado pelos interessados ou a servidor designado pela administração, procedendo-se na forma da legislação pertinente.

(B) O prazo mínimo até o recebimento das propostas é de dez dias úteis para a modalidade convite, contados a partir da expedição do convite.

(C) Quando, por manifesto desinteresse dos convidados, for impossível a obtenção de três licitantes e tal circunstância for devidamente justificada no processo, não será necessária a repetição do convite.

(D) Concurso é a modalidade de licitação realizada entre quaisquer interessados para escolha de trabalho técnico, científico ou artístico, mediante a instituição exclusiva de remuneração aos vencedores, conforme critérios constantes no edital.

(E) Deve ser adotada a modalidade de licitação leilão para a alienação de bens imóveis da administração pública cuja aquisição haja derivado de procedimentos administrativos ou de dação em pagamento.

A: Incorreta, pois o leilão pode ser cometido a **leiloeiro oficial** ou a servidor designado pela Administração, procedendo-se na forma da legislação pertinente (art. 53, *caput*, da Lei 8.666/1993); **B:** Incorreta, pois o prazo mínimo para recebimento das propostas para a modalidade convite é de cinco dias úteis (art. 21, § 2º, IV, da Lei 8.666/1993); **C:** Correta, conforme art. 22, § 7º, da Lei 8.666/1993); **D:** Incorreta, pois concurso é a modalidade de licitação entre quaisquer interessados para escolha de trabalho técnico, científico ou artístico, **mediante a instituição de prêmios** ou remuneração aos vencedores, conforme critérios constantes de edital publicado na imprensa oficial (...) (art. 22, § 4º, da Lei 8.666/1993); **E:** Incorreta, pois Os bens imóveis da Administração Pública, cuja aquisição haja derivado de procedimentos judiciais ou de dação em pagamento, poderão ser alienados por ato da autoridade competente, observada a adoção do procedimento licitatório, sob a modalidade de **concorrência ou leilão** (art. 19, *caput*, e inciso III, da Lei 8.666/1993).

Gabarito "C".

(Técnico – TJ/CE – 2013 – CESPE) Acerca do procedimento licitatório, assinale a opção correta.

(A) Determinado bem imóvel adquirido pela União em decorrência de dação em pagamento pode ser alienado por meio de concorrência ou leilão, independentemente de seu valor.

(B) Sendo a adjudicação compulsória ato declaratório e vinculado, obriga-se a administração a celebrar contrato com o vencedor do certame.

(C) Nos casos em que couber leilão, a administração poderá utilizar a modalidade convite e, em qualquer caso, a modalidade concorrência.

(D) A empresa líder de um consórcio é responsável pelos atos praticados em consórcio tanto na fase de licitação quanto na de execução do contrato, de modo que as demais consorciadas respondem subsidiariamente.

(E) No âmbito da União, deve ser utilizada a licitação na modalidade pregão se o objeto da contratação for bens ou serviços comuns, desde que seja respeitado o valor estimado da contratação de R$1.500.000.

A: Correta (art. 19, III, da Lei 8.666/1993); **B**: Incorreta, Hely Lopes Meireles ensina que o princípio da adjudicação compulsória assegura ao vencedor que o objeto da licitação deverá ser obrigatoriamente adjudicado ao licitante cuja proposta for classificada em primeiro lugar, excetuado um justo motivo. A compulsoriedade veda também que se abra nova licitação enquanto válida a adjudicação anterior (**Direito Administrativo Brasileiro**. 33. ed. São Paulo: Malheiros, p. 245); **C**: Nos casos em que couber **convite**, a Administração poderá utilizar a tomada de preços e, em qualquer caso, a concorrência (art. 23, § 4º, da Lei 8.666/1993); **D**: Incorreta. Segundo o art. 33, V, da Lei 8.666/1993, quando permitida na licitação a participação de empresas em consórcio, os integrantes serão solidariamente responsáveis pelos atos praticados em consórcio, tanto na fase de licitação quanto na de execução do contrato; **E:** Incorreta, pois a Lei 10.520/2002, que instituiu a modalidade de licitação pregão, não faz alusão a limites de valores para aquisição de bens ou serviços comuns.

Gabarito "A".

(Agente Administrativo – Ministério da Previdência – 2010 – CESPE) Acerca dos contratos administrativos e das licitações, julgue os itens que se seguem.

(1) A inexistência de orçamento detalhado em planilhas que expressem a composição de todos os custos unitários implica a nulidade dos atos ou contratos administrativos realizados e a responsabilidade de quem lhes tenha dado causa.

(2) Cabe apenas aos órgãos de controle e ao Ministério Público requerer à Administração Pública os quantitativos das obras e preços unitários de determinada obra executada.

1: correta. As obras e os serviços somente poderão ser licitados quando existir orçamento detalhado em planilhas que expressem a composição de todos os seus custos unitários. Destaque-se que a infringência do disposto no art. 26 da Lei de Licitações implica a nulidade dos atos ou contratos realizados e a responsabilidade de quem lhes tenha dado causa (art. 7º, § 2º, II e § 6º); **2: incorreta.** A afirmativa encontra-se incorreta, pois qualquer cidadão poderá requerer à Administração Pública os quantitativos das obras e preços unitários de determinada obra executada (art. 7º, § 8º).

Gabarito 1C, 2E

13. Direito Constitucional

André Nascimento, Bruna Vieira, Fábio Tavares, Eduardo Dompieri, Felipe Maciel, Georgia Renata Dias, Henrique Subi, Ivo Shigueru Tomita, Licínia Rossi e Teresa Melo*

1. PODER CONSTITUINTE

Quando o termo "povo" aparece em textos de normas, sobretudo em documentos constitucionais, deve ser compreendido como parte integrante plenamente vigente da formulação da prescrição jurídica (do tipo legal); deve ser levado a sério como conceito jurídico a ser interpretado *lege artis*.

Friedrich Müller. Quem é o povo? A questão fundamental da democracia. São Paulo: Revista dos Tribunais, 2009, p. 67 (com adaptações).

(Juiz de Direito – TJ/BA – 2019 – CESPE/CEBRASPE) Tendo o texto anterior como referência inicial, assinale a opção correta, relativamente ao poder constituinte originário, ao poder constituinte derivado e ao poder derivado estadual.

(A) O poder constituinte originário é uma categoria pré-constitucional que fundamenta a validade da nova ordem constitucional.

(B) Para resguardar os interesses do povo, cabe à jurisdição constitucional fiscalizar a ação do poder constituinte originário com base no direito suprapositivo.

(C) Como titular passivo do poder constituinte originário, o povo delega o seu exercício a representantes e, em seguida, exerce a soberania apenas de forma indireta.

(D) Os direitos adquiridos são oponíveis ao poder constituinte originário para evitar óbice ao retrocesso social.

(E) A limitação material negativa ao poder constituinte dos estados federados se manifesta no dever de concretizar, no nível estadual, os preceitos da CF.

A: correta, porque o poder constituinte originário é um poder político que antecede o Direito, inaugurando a ordem jurídica pela elaboração da nova Constituição. Assim, o poder constituinte originário é o fundamento de validade da nova ordem constitucional; **B:** incorreta, pois o poder constituinte originário é ilimitado, não sendo regido pela ordem jurídica precedente e não sendo limitado por ela. A esse respeito, o STF já decidiu: "*Na atual Carta Magna 'compete ao Supremo Tribunal Federal, precipuamente, a guarda da Constituição' (artigo 102, "caput"), o que implica dizer que essa jurisdição lhe é atribuída para impedir que se desrespeite a Constituição como um todo, e não para, com relação a ela, exercer o papel de fiscal do Poder Constituinte originário, a fim de verificar se este teria, ou não, violado os princípios de direito suprapositivo que ele próprio havia incluído no texto da mesma Constituição.*" (ADI 815, Relator: Min. Moreira Alves, Tribunal Pleno, julgado em 28/03/1996); **C:** incorreta, pois a soberania popular é exercida de forma indireta (por representantes eleitos pelo voto popular) e de forma direta (mediante plebiscito, referendo e iniciativa popular); **D:** incorreta, pois os direitos adquiridos anteriormente ao surgimento de uma nova constituição não estão protegidos contra ela, salvo se o próprio poder constituinte originário assim o desejar. Nesse sentido, o STF já decidiu que "*a supremacia jurídica das normas inscritas na Carta Federal não permite, ressalvadas as eventuais exceções proclamadas no próprio Texto Constitucional, que contra elas seja invocado o direito adquirido*" (ADI 248, Rel. Min. Celso de Mello, Tribunal Pleno, julgado em 18/11/1993); **E:** incorreta, pois a limitação material **positiva** ao poder constituinte decorrente dos estados federados se manifesta no dever de a Constituição Estadual concretizar os preceitos e os fins da Constituição Federal, ao passo que a limitação material **negativa** se manifesta no dever de a Constituição Estadual não contrariar a Constituição Federal. AN

"A" Gabarito

(Delegado Federal – 2018 – CESPE) A possibilidade de um direito positivo supraestatal limitar o Poder Legislativo foi uma invenção do constitucionalismo do século XVIII, inspirado pela tese de Montesquieu de que apenas poderes moderados eram compatíveis com a liberdade. Mas como seria possível restringir o poder soberano, tendo a sua autoridade sido entendida ao longo da modernidade justamente como um poder que não encontrava limites no direito positivo? Uma soberania limitada parecia uma contradição e, de fato, a exigência de poderes políticos limitados implicou redefinir o próprio conceito de soberania, que sofreu uma deflação.

Alexandre Costa. O poder constituinte e o paradoxo da soberania limitada. In: Teoria & Sociedade. n. 19, 2011, p. 201 (com adaptações).

Considerando o texto precedente, julgue os itens a seguir, a respeito de Constituição, classificações das Constituições e poder constituinte.

(1) A concepção de "soberania limitada", citada no texto, implica a divisão da titularidade do poder constituinte entre o povo e a assembleia constituinte que o representa.

(2) A ideia apresentada no texto reflete a Constituição como decisão política fundamental do soberano, o que configura o sentido sociológico de Constituição.

(3) Do caráter supraestatal do constitucionalismo, referido no texto, extraem-se a formalidade e a rigidez das Constituições modernas.

(4) A exigência de poderes políticos limitados após a manifestação do poder constituinte originário fundamenta tanto o sentido lógico-jurídico quanto o sentido jurídico-positivo da Constituição.

(5) Entende-se como limitação material implícita aos poderes instituídos pelo poder constituinte originário o agravamento dos processos de reforma da Constituição.

1: errada, porque a concepção de soberania limitada se refere ao paradoxo do constitucionalismo por admitir uma soberania popular absoluta (para fundamentar a validade da constituição) e ao mesmo tempo limitada (para respeitar a validade da constituição); ademais, a titularidade do poder constituinte pertence apenas ao povo; **2:** errada, pois a ideia de Constituição como decisão política fundamental configura o **sentido político** de Constituição (Carl Schmitt), enquanto o sentido sociológico se refere à ideia de somatória dos fatores reais do poder dento de uma sociedade (Ferdinand Lassale); **3:** certo, pois o estabelecimento de um direito positivo supraestatal – que deriva diretamente do exercício soberano do povo e, portanto, não está sujeito à alteração pelas autoridades políticas – foi materializado num conjunto de regras escritas que somente podem ser modificadas por um sistema rígido de emendas; **4:** certo, pois Hans Kelsen pressupõe que a validade de uma ordem jurídica somente pode ter como fundamento uma norma suprema, e não um poder político, de forma que a limitação de poderes políticos após a manifestação do poder constituinte originário advém de uma norma, o que fundamenta tanto o sentido lógico-jurídico (para o qual a Constituição é norma hipotética fundamental, fundamento lógico-transcendental de validade da ordem jurídica) quanto o sentido jurídico-positivo da Constituição (para o qual a Constituição é

* AN André Nascimento; **Bruna Vieira** comentou as questões de Delegado/PE/16; **Eduardo Dompieri** comentou as questões de Promotor de Justiça/AC/14; **Georgia Renata Dias** comentou as questões de Analista/TJ/CE/13, Analista/STF/13 e Analista/TRT/8/13; **Ivo Shigueru Tomita** comentou as questões de Analista/TJ/CE/13, Técnico/TJ/CE/13, Técnico/STF/13 e Técnico/TRT/8/13; **Bruna Vieira** e **Teresa Melo** comentaram as questões de Procurador do Estado/AM/16, Analista/TRT/8/16, Analista TCE/PR/16, Analista TRE/PI/16, Juiz de Direito/AM/16, Juiz de Direito/DF/16; **Teresa Melo** comentou as questões de Analista TCE/PA/16 e Defensor Público/RN/16; **Bruna Vieira**, **Fábio Tavares**, **Felipe Maciel**, **Henrique Subi**, **Licínia Rossi** e **Teresa Melo** comentaram as demais questões.

norma positiva suprema, fundamento de validade de todo o sistema infraconstitucional); **5:** anulada devido a problemas de interpretação. Segundo a doutrina, entende-se como limitação material implícita ao poder reformador ou revisor a **atenuação ou abrandamento** dos processos de reforma da Constituição (emenda), admitindo-se, por sua vez, a dificultação ou agravamento desse processo (José Afonso da Silva, *Curso de Direito Constitucional Positivo*, 32. ed., São Paulo: Malheiros, 2009, p. 68). AN

Gabarito 1E, 2E, 3C, 4C, 5anulada

(Procurador do Município – Prefeitura Fortaleza/CE – CESPE – 2017) A respeito do poder constituinte, julgue os itens a seguir.

(1) Não foram recepcionadas pela atual ordem jurídica leis ordinárias que regulavam temas para os quais a CF passou a exigir regramento por lei complementar.

(2) De acordo com o STF, cabe ação direta de inconstitucionalidade para sustentar incompatibilidade de diploma infraconstituci-onal anterior em relação a Constituição superveniente.

(3) Os direitos adquiridos sob a égide de Constituição anterior, ainda que sejam incompatíveis com a Constituição atual, devem ser respeitados, dada a previsão do respeito ao direito adquirido no próprio texto da CF.

(4) O poder constituinte derivado reformador manifesta-se por meio de emendas à CF, ao passo que o poder constituinte deriva-do decorrente manifesta-se quando da elaboração das Constituições estaduais.

(5) Com a promulgação da CF, foram recepcionadas, de forma implícita, as normas infraconstitucionais anteriores de conteúdo compatível com o novo texto constitucional.

1: Incorreta. As normas anteriores à CF de 1988 que estivessem *materialmente* de acordo com a nova ordem constitucional foram recepcionadas, ainda que sua forma tenha sido alterada pela CF/88. **2:** Incorreta. Para a verificação da compatibilidade de normas pré-constitucionais (ou anteriores à Constituição) com a CF/88 cabe ADPF, não ADIn. **3:** Incorreta. As normas da constituição anterior, ainda que sobre direito adquirido, não são oponíveis ao Poder Constituinte Originário. Assim, não há falar em direito adquirido sob a égide da Constituição anterior, contra a Constituição atual. **4:** Correta. O poder constituinte derivado reformador manifesta-se por meio de emendas constitucionais ou de emendas de revisão. O Poder constituinte derivado decorrente manifesta-se tanto para a elaboração de constituições estaduais, quanto para a revisão dessas mesmas normas. **5:** Correta. Todas as normas infraconstitucionais que não confrontassem materialmente com a nova CF foram recepcionadas. TM

Gabarito 1E, 2E, 3E, 4C, 5C

(Procurador Municipal – Prefeitura/BH – CESPE – 2017) Assinale a opção correta, com relação ao direito constitucional.

(A) Expresso na CF, o direito à educação, que possui aplicabilidade imediata, é de eficácia contida.

(B) De acordo com a doutrina dominante, a possibilidade de o município de Belo Horizonte editar a sua própria lei orgânica provém do poder constituinte derivado decorrente.

(C) Conforme entendimento do STF, é vedada a aplicação de multa ao poder público nas situações em que este se negar a cumprir obrigação imposta por decisão judicial, sob o risco de violação do princípio da separação dos poderes.

(D) O poder constituinte difuso manifesta-se quando uma decisão do STF altera o sentido de um dispositivo constitucional, sem, no entanto, alterar seu texto.

A: incorreta. O STF tem jurisprudência no sentido de que se trata de norma constitucional de eficácia plena; **B:** incorreta. O Poder Constituinte Derivado Decorrente é atribuído aos Estados e ao DF, para organizar suas Constituições Estaduais e a Lei Orgânica do DF (não existe, para a maioria dos doutrinadores, para os Municípios e Territórios). Além disso, condiciona-se ao Poder Constituinte Originário, relacionando-se diretamente com ele; **C:** incorreta. O respeito às decisões do Poder Judiciário é garantia para a continuidade de seu funcionamento, conforme previsto pelo próprio princípio da separação dos Poderes; **D:** correta. Trata-se do fenômeno da mutação constitucional, sendo um poder de fato, não ilimitado, já que deve observar os limites impostos pela própria Constituição. TM

Gabarito "D".

(Delegado/PE – 2016 – CESPE) Acerca do poder de reforma e de revisão constitucionais e dos limites ao poder constituinte derivado, assinale a opção correta.

(A) Além dos limites explícitos presentes no texto constitucional, o poder de reformada CF possui limites implícitos; assim, por exemplo, as normas que dispõem sobre o processo de tramitação e votação das propostas de emenda não podem ser suprimidas, embora inexista disposição expressa a esse respeito.

(B) Emendas à CF somente podem ser apresentadas por proposta de um terço, no mínimo, dos membros do Congresso Nacional.

(C) Emenda e revisão constitucionais são espécies do gênero reforma constitucional, não havendo, nesse sentido, à luz da CF, traços diferenciadores entre uma e outra.

(D) Não se insere no âmbito das atribuições do presidente da República sancionar as emendas à CF, mas apenas promulgá-las e encaminhá-las à publicação.

(E) Se uma proposta de emenda à CF for considerada prejudicada por vício de natureza formal, ela poderá ser reapresentada após o interstício mínimo de dez sessões legislativas e ser apreciada em dois turnos de discussão e votação.

A: correta. De fato existem no texto constitucional limites explícitos e implícitos. Os primeiros vêm previstos no art. 60 da CF e se dividem em: materiais (cláusulas pétreas – art. 60, § 4º, I ao IV, da CF), formais (regras sobre o processo rígido de alteração da Constituição – art. 60, § § 2º, 3º e 5º, da CF) e circunstanciais (não possibilidade de alteração da Constituição na vigência de estado de sítio, estado de defesa e intervenção federal – art. 60, § 1º, da CF). Por outro lado, os **limites implícitos** decorrem do próprio sistema e um exemplo seria justamente o determinado pela impossibilidade de se fazer uma emenda constitucional que altere a forma rígida de se fazer emenda. Se isso fosse possível, a Constituição poderia, por meio de emenda, perder a sua supremacia e, dessa maneira, não haveria mais o controle de constitucionalidade. Enfim, os limites implícitos também protegem o texto constitucional; **B:** incorreta. Determina o art. 60, I, II e III, da CF que a Constituição poderá ser emendada mediante proposta: I – de **um terço, no mínimo, dos membros da Câmara dos Deputados ou do Senado Federal**; II – do Presidente da República e III – de mais da metade das Assembleias Legislativas das unidades da Federação, manifestando-se, cada uma delas, pela maioria relativa de seus membros; **C:** incorreta. Ao contrário do mencionado, há diferenças entre emenda e revisão. A **emenda** pode ser feita, desde que observadas as regras rígidas previstas no art. 60 da CF, por exemplo, aprovação por 3/5 dos membros, nas duas Casas do Congresso Nacional e em 2 turnos de votação. A **revisão**, por outro lado, só pôde ser feita uma única vez, após cinco anos da promulgação da Constituição, em sessão unicameral e pelo voto da maioria absoluta dos membros do Congresso Nacional. Seis emendas constitucionais de revisão foram fruto disso (1 a 6/1994). Hoje não há mais possibilidade de utilização desse instituto. Vejam que, no poder de revisão, não se exigiu o processo solene das emendas constitucionais. Por fim, vale lembrar que o poder derivado se divide em: decorrente (poder dos estados de se auto regulamentarem por meio das suas próprias Constituições – art. 25, *caput*, da CF), reformador (poder de alterar a Constituição por meio das emendas constitucionais – art. 60 da CF) e revisor (poder de fazer a revisão constitucional – art. 3º do ADCT); **D:** incorreta. O Presidente da República não sanciona ou veta, nem promulga as emendas constitucionais. De acordo com o art. 60, § 3º, da CF, as emenda contorcionais serão **promulgada pelas Mesas da Câmara dos Deputados e do Senado Federal**, com o respectivo número de ordem; **E:** incorreta. Determina o art. 60, § 5º, da CF, que a matéria constante de proposta de emenda rejeitada ou havida por prejudicada não pode ser objeto de nova proposta na mesma sessão legislativa.

Gabarito "A".

(Defensor Público – DPE/RN – 2016 – CESPE) Com relação ao poder constituinte, assinale a opção correta.

(A) Tendo em vista os limites autônomos ao poder constituinte derivado decorrente, devem as Constituições estaduais observar os princípios constitucionais extensíveis, tais como aqueles relativos ao processo legislativo.

(B) A mutação constitucional é fruto do poder constituinte derivado reformador.

(C) De acordo com a CF, em razão das limitações procedimentais impostas ao poder constituinte derivado reformador, é de iniciativa privativa do presidente da República proposta de emenda à CF que disponha sobre o regime jurídico dos servi-dores públicos do Poder Executivo federal.

(D) Ao poder constituinte originário esgota-se quando se edita uma nova Constituição.

(E) Para a legitimidade formal de uma nova Constituição, exige-se que o poder constituinte siga um procedimento padrão, com disposições predeterminadas.

A: Correta. O art. 25 da CF afirma que os Estados têm capacidade de auto-organização, *obedecidos os princípios da Constituição*, o que demonstra o caráter derivado. Uadi Lammêgo Bulos defende que os referidos princípios são os sensíveis, os estabelecidos (organizatórios) e os extensíveis. Os sensíveis encontram-se listados no art. 34, VII, da CF. Os princípios estabelecidos (ou organizatórios) são os que limitam a ação indiscriminada do Poder Constituinte Decorrente (repartição de competências, sistema tributário, organização de Poderes, direitos políticos, nacionalidade, direitos fundamentais, sociais, da ordem econômica, dentre outros). Por fim, de acordo com Bulos, os extensíveis correspondem aos princípios "que integram a estrutura da federação brasileira, relacionando-se, por exemplo, com a forma de investidura em cargos eletivos (art. 77), o processo legislativo (art. 59 e s.), os orçamentos (arts. 165 e s.), os preceitos ligados à Administração Pública (art. 37 e s.) etc."; **B:** Errada. É fruto do poder constituinte *difuso*, já que é mecanismo informal de alteração da Constituição. Na mutação não há qualquer alteração formal das normas constitucionais, mas atribuição de novo sentido ou conteúdo ao texto, seja por interpretação ou por construção; **C:** Errada. Não se trata de exercício de poder constituinte, já que a matéria é tratada por lei (art. 61, § 1º, II, *c*, CF), sem necessidade de reforma da Constituição; **D:** Errada. Uma das características do poder constituinte originário é ser *permanente*, ou seja, não se esgota com a promulgação da nova Constituição, mas a ela sobrevive como expressão da liberdade; **E:** Errada. Segundo Pedro Lenza, o poder constituinte originário é inicial, autônomo, ilimitado juridicamente, incondicionado, soberano na tomada de decisões, um poder de fato e político, além de permanente.

Gabarito "A"

(Analista Jurídico – TCE/PR – 2016 – CESPE) A respeito do poder constituinte, assinale a opção correta.

(A) O caráter ilimitado do poder constituinte originário não impede o controle de constitucionalidade sobre norma constitucional originária quando esta conflitar com outra norma constitucional igualmente originária.

(B) Se não houver ressalva expressa no seu próprio texto, a Constituição nova atingirá os efeitos pendentes de situações jurídicas consolidadas sob a égide da Carta anterior.

(C) O poder constituinte originário não desaparece com a promulgação da Constituição, permanecendo em convívio estreito com os poderes constituídos.

(D) As assembleias nacionais constituintes são as entidades que titularizam o poder constituinte originário.

(E) O poder constituinte originário é incondicionado, embora deva respeitar os direitos adquiridos sob a égide da Constituição anterior, ainda que esses direitos não sejam salvaguardados pela nova ordem jurídica instaurada.

A: incorreta. Não há controle de constitucionalidade em relação à norma advinda do poder constituinte originário, já que ela é o padrão de confronto. Sendo assim, se houver conflito entre normas constitucionais originárias, caberá ao intérprete da Constituição, em especial ao STF, compatibilizá-las, a fim de que tais normas permaneçam vigentes; **B:** correta. De fato, como a nova Constituição rompe por completo o ordenamento jurídico anterior, não havendo disposição sobre a não incidência de suas normas em relação a situações jurídicas consolidadas sob a égide da Carta anterior, os efeitos pendentes serão dados pela nova Constituição; **C:** incorreta. Após a promulgação da constituição, fruto do poder constituinte **originário**, seu texto pode ser alterado, mas por força do poder constituinte **derivado**. Sendo assim, não há falar em exercício do poder constituinte originário em concomitância com o poder constituinte derivado ou constituído; **D:** incorreta. O titular do poder é o povo. Determina o art. 1º, parágrafo único, da CF que todo o poder emana do povo, que o exerce por meio de representantes eleitos ou diretamente, nos termos desta Constituição. Desse modo, o povo, detentor do poder, delega às assembleias nacionais constituintes a atribuição de elaborar uma nova Constituição, por meio da manifestação do poder constituinte originário; **E:** incorreta. Como mencionado, o poder constituinte rompe a antiga e existente ordem jurídica de forma integral, instaurando uma nova. É ele quem impõe uma nova ordem jurídica para o Estado. Tal poder é incondicionado e ilimitado porque não encontra condições, limitações ou regras preestabelecidas pelo ordenamento jurídico anterior. Portanto, os direitos adquiridos sob a égide da Constituição anterior, não salvaguardados pela nova ordem jurídica, não precisam ser respeitados. É o entendimento majoritário.

Gabarito "B"

(Analista Judiciário – TRT/8ª – 2016 – CESPE) Acerca do poder constituinte e dos princípios fundamentais da CF, assinale a opção correta.

(A) Nas relações internacionais, o Brasil rege-se, entre outros princípios, pela soberania, pela dignidade da pessoa humana e pelo pluralismo político.

(B) O preâmbulo da CF constitui vetor interpretativo para a compreensão do significado de suas prescrições normativas, de modo que também tem natureza normativa e obrigatória.

(C) O titular do poder constituinte é aquele que, em nome do povo, promove a instituição de um novo regime constitucional ou promove a sua alteração.

(D) Embora seja, em regra, ilimitado, o poder constituinte originário pode sofrer limitações em decorrência de ordem supranacional, sendo inadmissível, por exemplo, uma nova Constituição que desrespeite as normas internacionais de direitos humanos.

(E) O poder constituinte derivado reformador efetiva-se por emenda constitucional, de acordo com os procedimentos e limitações previstos na CF, sendo passível de controle de constitucionalidade pelo Supremo Tribunal Federal (STF).

A: incorreta. De acordo com o art. 4º da CF, o Brasil é regido nas suas relações internacionais pelos seguintes princípios: I – independência nacional; II – prevalência dos direitos humanos; III – autodeterminação dos povos; IV – não-intervenção; V – igualdade entre os Estados; VI – defesa da paz; VII – solução pacífica dos conflitos; VIII – repúdio ao terrorismo e ao racismo; IX – cooperação entre os povos para o progresso da humanidade; e X – concessão de asilo político. Por outro lado, a soberania, a dignidade da pessoa humana e o pluralismo político são considerados **fundamentos** da República Federativa do Brasil, conforme determina o art. 1º, I, III e V, da CF; **B:** incorreta. O preâmbulo, de fato, deve ser utilizado como vetor interpretativo para a busca do significado e compreensão de todo o texto constitucional. Todavia, embora o preâmbulo tenha de ser utilizado como alicerce, segundo o Supremo, ele não tem força normativa, não cria direitos e obrigações e não pode ser utilizado como parâmetro para eventual declaração de inconstitucionalidade. Por exemplo: uma lei que fira tão somente o preâmbulo não pode ser objeto de ação direta de inconstitucionalidade no STF, nem de outro mecanismo de controle de constitucionalidade; **C:** incorreta. O titular do poder constituinte é o povo. O fundamento é encontrado no parágrafo único do art. 1º da CF. Por outro lado, a manifestação e o exercício desse poder são delegados aos governantes que, em nome do povo, promovem a instituição de um novo regime constitucional e as suas alterações; **D:** incorreta. Alternativa polêmica, pois parte da doutrina entende dessa forma, embora não seja a doutrina majoritária. Como a questão não foi anulada, é bom lembrar que o poder constituinte originário é ilimitado juridicamente, pois no Brasil adota-se a teoria positivista; **E:** correta. De fato, o poder de reformar a Constituição se manifesta por meio do processo legislativo das emendas constitucionais, previsto no art. 60 da CF, e as normas advindas desse poder estão sujeitas ao controle de constitucionalidade (ao contrário das normas constitucionais originárias).

Gabarito "E"

(Procurador do Estado/AM – 2016 – CESPE) Julgue os itens que se seguem, acerca do poder de auto-organização atribuído aos estados-membros no âmbito da Federação brasileira.

(1) Dado o princípio majoritário adotado pela CF, pode a Constituição estadual prever que o pedido de criação de comissão parlamentar de inquérito efetuado por um terço dos deputados estaduais no âmbito da assembleia legisla-

tiva fique condicionado à vontade da maioria do plenário, que, se assim deliberar, poderá impedir a instalação da respectiva comissão.

(2) Ao instituir sistema estadual de controle abstrato de normas, o estado não estará obrigado a prever em sua Constituição um rol de legitimados para a ação necessariamente equivalente àquele previsto para o controle abstrato de normas no STF.

(3) A despeito do seu papel auxiliar em relação a algumas competências das assembleias legislativas, os tribunais de contas dos estados têm igualmente a atribuição de fiscalizá-las, não podendo as Constituições estaduais vedar-lhes tal incumbência.

(4) São de observância obrigatória para os estados, devendo ser reproduzidas nas Constituições estaduais, as normas constitucionais federais relativas às imunidades parlamentares, ao processo legislativo e ao regime dos crimes de responsabilidade e às garantias processuais penais do chefe do Poder Executivo federal.

1: errada. O § 3º do art. 58 da CF, ao tratar das Comissões Parlamentares de Inquérito, determina que elas sejam criadas pela Câmara dos Deputados e pelo Senado Federal, em conjunto ou separadamente, **mediante requerimento de um terço de seus membros** (garantia das minorias), para a apuração de fato determinado e por prazo certo. Tal regra deve ser aplicada, por simetria, nos âmbitos estadual e municipal. O STF já decidiu que deve ser estendida aos membros das Assembleias Legislativas estaduais a garantia das minorias, ou seja, as CPIs no âmbito estadual também devem ser criadas por um terço dos membros. Na ADI 3.619, o STF afirmou que "o modelo federal de criação e instauração das comissões parlamentares de inquérito constitui matéria a ser compulsoriamente observada pelas casas legislativas estaduais. A garantia da instalação da CPI **independe de deliberação plenária**, seja da Câmara, do Senado ou da Assembleia Legislativa. (...) Não há razão para a submissão do requerimento de constituição de CPI a qualquer órgão da Assembleia Legislativa. Os requisitos indispensáveis à criação das comissões parlamentares de inquérito estão dispostos, estritamente, no art. 58 da CB/1988"; **2:** correta. Determina o § 2º do art. 125 da CF que os Estados poderão instituir representação de inconstitucionalidade de leis ou atos normativos estaduais ou municipais em face da Constituição Estadual, **sendo vedada a atribuição da legitimação para agir a um único órgão**. Sendo assim, os estados não precisam prever em sua Constituição o mesmo rol de legitimados do âmbito federal. A única regra é a de que tal legitimação não pode ser atribuída a um único órgão; **3:** correta. De acordo com o *caput* do art. 75 da CF, as normas que regem o Tribunal de Contas da União (TCU) têm aplicação, no que couber, à organização, composição e **fiscalização** dos Tribunais de Contas dos Estados e do Distrito Federal, bem como dos Tribunais e Conselhos de Contas dos Municípios. De fato, os Tribunais de Contas Estaduais detêm atribuição de fiscalizar as assembleias legislativas e as Constituições estaduais não podem vedar essa incumbência; **4:** errada. Ao contrário do mencionado, tais normas não são de observância obrigatória nas Constituições Estaduais. Aliás, o STF já decidiu reiteradas vezes que as normas relativas ao regime dos crimes de responsabilidade e às garantias processuais penais do chefe do Poder Executivo federal **não podem ser estendidas** aos demais chefes do Executivo.

Gabarito 1E, 2C, 3C, 4E

(Defensor Público/TO – 2013 – CESPE) A respeito do poder constituinte e dos direitos e garantias fundamentais, assinale a opção correta.

(A) A dissolução compulsória de associação já constituída ocorrerá por decisão judicial, não sendo necessário, em face da comprovação de atividade ilícita, aguardar o trânsito em julgado para a efetiva dissolução.

(B) Na hipótese de cancelamento de naturalização por decisão judicial fundada na constatação de ocorrência de prática de atividade nociva ao interesse nacional, o interessado não pode readquirir naturalização mediante novo processo de naturalização.

(C) No sistema brasileiro, o exercício do poder constituinte originário implica revogação das normas jurídicas inseridas na constituição anterior, apenas quando forem materialmente incompatíveis com a constituição posterior.

(D) Conforme regra expressamente prevista na CF, os estados membros devem obrigatoriamente observar as linhas fundamentais do modelo federal no que se refere ao modo de elaboração da constituição estadual.

(E) Segundo a doutrina, a proteção dada pela CF ao direito de propriedade autoral é dirigida exclusivamente aos direitos patrimoniais, não se estendendo, por exemplo, aos direitos morais do autor.

A: Errada. Exige-se trânsito em julgado para a dissolução compulsória de associação. A suspensão de atividades só pode ser determinada por decisão judicial, mas não se exige o trânsito em julgado da decisão nesse caso (Art. 5º, XVII e XIX da CF); **B:** Correta. Art. 12, § 4º, I, da CF; **C:** Errada. No direito brasileiro não existe o fenômeno da desconstitucionalização; **D:** Errada. Não existe esse princípio expresso na CF, mas normas de observância obrigatória são impostas pelo princípio (não escrito) da simetria; **E:** Errada. Abrange as duas faces do direito autoral.

Gabarito "B"

(Ministério Público/TO – 2012 – CESPE) Com referência à CF e ao poder constituinte, assinale a opção correta.

(A) Os princípios constitucionais sensíveis estão previstos implicitamente na CF; os princípios constitucionais taxativamente estabelecidos limitam a ação do poder constituinte decorrente e os princípios constitucionais extensíveis se referem à estrutura da Federação brasileira.

(B) As normas programáticas são dotadas de eficácia jurídica, pois revogam as leis anteriores com elas incompatíveis; vinculam o legislador, de forma permanente, à sua realização; condicionam a atuação da administração pública e informam a interpretação e aplicação da lei pelo Poder Judiciário.

(C) A proposta de emenda constitucional não pode tratar de temas que formem o núcleo intangível da CF, tradicionalmente denominado como cláusulas pétreas, como, por exemplo, a separação de poderes e os direitos e garantias individuais.

(D) A CF pode ser classificada como promulgada, analítica, histórica e rígida.

(E) Poder constituinte derivado decorrente é o poder que os entes da Federação (estados, DF e municípios) têm de estabelecer sua própria organização fundamental, nos termos impostos pela CF.

A: incorreta, pois os princípios constitucionais sensíveis: são expressamente indicados na Constituição como impeditivos da atuação dos Estados-membros, cuja violação autoriza a intervenção federal para assegurar a prevalência da ordem constitucional (art. 34, inc. VII, alíneas "a" a "e" da CF. Já os princípios constitucionais extensíveis (paralelismo, simetria): São as regras de organização da União, obrigatoriamente estendidas aos Estados. Por fim, temos a classe dos princípios constitucionais estabelecidos: limitam a autonomia dos Estados-membros na organização de suas respectivas estruturas. Podem ser expressos e implícitos. Expressos: são limitações que constam da Constituição. Exemplo: art. 19, incs. I a III da Lei Maior. Implícitos: são limitações decorrentes dos princípios adotados pela Constituição. Exemplo: norma que atribua ao Poder Legislativo Estadual funções típicas de um regime parlamentarista (aprovar os nomes do secretariado estadual) será inconstitucional, uma vez que contrasta com o regime político presidencialista adotado pelo Brasil; **B:** correta, de fato as normas programáticas são dotadas de eficácia jurídica, pois revogam as leis anteriores com elas incompatíveis; vinculam o legislador, de forma permanente, à sua realização; condicionam a atuação da administração pública e informam a interpretação e aplicação da lei pelo Poder Judiciário; **C:** incorreta, já que a proposta de emenda constitucional não pode abolir ou reduzir as cláusulas pétreas, mas pode perfeitamente tratar de tais temas; **D:** incorreta, a CF pode ser classificada como promulgada, analítica, dogmática e rígida (nunca histórica); **E:** incorreta, pois o Poder Constituinte Derivado Decorrente só se manifesta nos estados. É o poder de se criar constituições estaduais.

Gabarito "B"

(Defensor Público/RO – 2012 – CESPE) Assinale a opção correta a respeito do poder constituinte e da ação direta de inconstitucionalidade por omissão.

(A) Compete ao poder constituinte decorrente elaborar e modificar as constituições dos estados-membros da Federação.
(B) O poder constituinte reformador é, por característica, incondicionado.
(C) A mutação constitucional é expressão do poder constituinte derivado.
(D) Denomina-se repristinação o fenômeno pelo qual a constituição nova recebe a ordem normativa infraconstitucional anterior, surgida sob égide das constituições precedentes, quando compatível com o novo ordenamento constitucional.
(E) A ação direta de inconstitucionalidade por omissão tem por escopo controlar apenas as omissões legislativas.

A: Correta. O poder constituinte derivado pode ser exercido através da reforma da Constituição Federal ou da Constituição Estadual (poder constituinte derivado reformador), pela revisão da Constituição Federal (poder constituinte derivado revisor, art. 3º do ADCT) ou por intermédio da elaboração das constituições estaduais e da lei orgânica do Distrito Federal (poder constituinte derivado decorrente); **B:** Errada. O Poder Constituinte Originário (PCO) é inicial porque inaugura uma nova ordem jurídica; ilimitado porque não se submete aos limites impostos pela ordem jurídica anterior; autônomo, porque exercido livremente por seu titular (o povo) e incondicionado por não se submeter a nenhuma forma preestabelecida para sua manifestação. Já o poder constituinte reformador é, por característica, condicionado; **C:** Errada. A alteração da Constituição pode ocorrer pela via formal (emendas à Constituição) ou pela via informal (mutação constitucional). A mutação permite que o sentido e o alcance da norma constitucional sejam alterados sem que haja qualquer modificação no texto do dispositivo da Constituição; **D:** Errada. Denomina-se recepção; **E:** Errada. Cabível em face de medida que impeça a efetividade de norma constitucional.

Gabarito "A".

(Defensor Público/SE – 2012 – CESPE) Assinale a opção correta no que se refere ao poder constituinte.

(A) O caráter ilimitado do poder constituinte originário deve ser entendido guardadas as devidas proporções: embora a Assembleia Nacional Constituinte de 1987/1988 não se subordinasse a nenhuma ordem jurídica que lhe fosse anterior, devia observância a certos limites extrajurídicos, como valores éticos e sociais.
(B) Com a promulgação da CF, esgotou-se, no Brasil, o poder constituinte originário.
(C) Ao serem eleitos, os parlamentares que integraram a Assembleia Nacional Constituinte instalada no Brasil em 1987 tornaram-se os únicos titulares do poder constituinte originário.
(D) A Assembleia Nacional Constituinte instalada no Brasil em 1987 exerceu poder constituinte derivado.
(E) A Assembleia Nacional Constituinte instalada no Brasil em 1987 exerceu poder constituinte originário, caracterizado como inicial e autônomo, não se subordinando a limitações de nenhuma ordem, ainda que extrajurídicas.

A: Correta. O Poder Constituinte Originário (PCO) é inicial porque inaugura uma nova ordem jurídica; ilimitado porque não se submete aos limites impostos pela ordem jurídica anterior; autônomo porque exercido livremente por seu titular (o povo) e incondicionado por não se submeter a nenhuma forma preestabelecida para sua manifestação. Importante ressaltar que, para a doutrina jusnaturalista, o direito natural impõe limites ao PCO que, por essa razão, não seria totalmente autônomo; **B:** Errada. Pode ser exercido novamente, para a criação de uma nova Constituição; **C:** Errada. O titular do poder constituinte é sempre o povo; **D:** Errada: Exerceu poder constituinte originário; **E:** Errada. V. comentários à alternativa "a".

Gabarito "A".

(Advogado da União/AGU – CESPE – 2012) A respeito das disposições constitucionais transitórias, da hermenêutica constitucional e do poder constituinte, julgue os itens subsequentes.

(1) De acordo com o denominado método da tópica, sendo a constituição a representação do sistema cultural e de valores de um povo, sujeito a flutuações, a interpretação constitucional deve ser elástica e flexível.
(2) O poder constituinte de reforma não pode criar cláusulas pétreas, apesar de lhe ser facultado ampliar o catálogo dos direitos fundamentais criado pelo poder constituinte originário.
(3) O sistema constitucional brasileiro não admite a denominada cláusula pétrea implícita, estando as limitações materiais ao poder de reforma exaustivamente enumeradas na CF.
(4) Pelo poder constituinte de reforma, assim como pelo poder constituinte originário, podem ser inseridas normas no ADCT, admitindo-se, em ambas as hipóteses, a incidência do controle de constitucionalidade.

1: Errada. De acordo com Pedro Lenza, por meio do método tópico-problemático "parte-se de um problema concreto para a norma, atribuindo-se à interpretação um caráter prático na busca da solução dos problemas concretizados. A Constituição é, assim, um sistema aberto de regras e princípios" (Pedro Lenza, **Direito constitucional esquematizado**, 2012, p.154); **2:** Correta. O procedimento de reforma da Constituição, estabelecido no art. 60 da CF, é considerado uma limitação *implícita* ao poder de reforma, ou seja, o Poder Constituinte Derivado não pode alterá-lo, embora não haja regra expressa nesse sentido. O Brasil não adotou a chamada teoria da dupla revisão; **3:** Errada. Há limitações implícitas ao poder de reforma da Constituição, podendo existir limitações materiais implícitas; **4:** Errada. Após a promulgação da CF, só o Poder Constituinte Derivado pode inserir regras no ADCT. Além disso, apesar de ser cabível controle de constitucionalidade de normas oriundas do Poder Constituinte Derivado (provenientes de emendas constitucionais, por exemplo), não cabe controle de constitucionalidade de normas originárias.

Gabarito 1E, 2C, 3E, 4E

2. TEORIA DA CONSTITUIÇÃO E PRINCÍPIOS FUNDAMENTAIS

(Auditor Fiscal – SEFAZ/RS – 2019 – CESPE/CEBRASPE) À luz do disposto na CF, assinale a opção correta no que se refere aos princípios fundamentais da CF.

(A) O Legislativo, o Executivo e o Judiciário — poderes independentes e harmônicos entre si, integrantes da República Federativa do Brasil — não estão sujeitos ao princípio da indissolubilidade do vínculo federativo.
(B) A República Federativa do Brasil é composta pela união entre os estados federados, municípios e o Distrito Federal, não podendo ser nem mesmo objeto de deliberação uma proposta de emenda constitucional tendente a abolir a forma federativa.
(C) A independência nacional como princípio significa a manifestação da soberania na ordem interna com superioridade a todas as demais manifestações de poder em âmbito global.
(D) A solução pacífica dos conflitos é um dos objetivos fundamentais da República Federativa do Brasil.
(E) O Legislativo, o Executivo e o Judiciário são poderes harmônicos e preservam o equilíbrio no exercício das funções estatais essenciais, coibindo o sistema de freios e contrapesos.

A: incorreta, pois os Poderes Legislativo, Executivo e Judiciário **estão** sujeitos ao princípio da indissolubilidade do vínculo federativo previsto no art. 1º da CF; **B:** correta, nos termos do art. 1º, *caput*, c/c art. 60, § 4º, I, da CF; **C:** incorreta, porque o princípio da independência nacional significa que as relações internacionais de um país devem consolidar-se na soberania política e econômica, e de autodeterminação dos povos, repudiando a intervenção direta ou indireta nos negócios políticos de outros Estados. Ademais, não se pode falar em superioridade às demais manifestações de poder em âmbito global em face do princípio da igualdade entre os Estados (art. 4º, V, da CF); **D:** incorreta, pois a solução pacífica dos conflitos é um dos princípios que regem as relações internacionais da República Federativa do Brasil (art. 4º, VII, da CF); **E:** incorreta, pois a separação dos poderes é manifestação do sistema de freios e contrapesos, o qual serve para evitar que os poderes cometam abusos e tentem se sobrepor uns aos outros. AN

Gabarito "B".

(Juiz de Direito – TJ/BA – 2019 – CESPE/CEBRASPE) A concepção que compreende o texto da Constituição como não acabado nem findo, mas como um conjunto de materiais de construção a partir dos quais a política constitucional viabiliza a realização de princípios e valores da vida comunitária de uma sociedade plural, caracteriza o conceito de Constituição

(A) em branco.
(B) semântica.
(C) simbólica.
(D) dúctil.
(E) dirigente.

A: incorreta, pois constituição em branco é aquela que não traz limitações expressas ao Poder Constituinte reformador, de modo que as reformas ficam susceptíveis a uma margem de discricionariedade do Poder Constituinte Derivado de Reforma; **B:** incorreta, pois constituição semântica é aquela que visa formalizar a situação daqueles que detêm o poder no momento, servindo apenas para estabilizar e manter a intervenção da classe dominante em seu benefício exclusivo; **C:** incorreta, pois constituição simbólica, na acepção de Marcelo Neves, é aquela que dá maior importância à função simbólica (funções ideológicas, morais e culturais) do que à função jurídico-instrumental (força normativa), gerando um déficit de concretização das normas constitucionais em razão da maior importância dada ao simbolismo do que à efetivação da norma; **D:** correta, pois constituição dúctil ou suave, na acepção do jurista italiano Gustavo Zagrebelsky, é aquela cuja tarefa básica é assegurar as condições possíveis para a vida comum nas sociedades plurais atuais, dotadas de certo grau de relativismo e caracterizadas pela diversidade de interesses, ideologias e projetos. O adjetivo *dúctil* ou *suave* é utilizado com o intuito de expressar a necessidade de a constituição acompanhar a descentralização do Estado e refletir o pluralismo social, político e econômico; **E:** incorreta, pois constituição dirigente, na acepção de J. J. Canotilho, é aquela que estabelece fins, programas, planos e diretrizes para a atuação futura dos órgãos estatais, de modo que o legislador constituinte dirige a futura atuação do Estado por meio de programas e metas a serem perseguidos. AN

Gabarito "D".

O Estado constitucional, para ser um Estado com as qualidades identificadas com o constitucionalismo moderno, deve ser um Estado de direito democrático. Eis aqui as duas grandes qualidades do Estado constitucional: Estado de direito e Estado democrático. Estas duas qualidades surgem muitas vezes separadas. Fala-se em Estado de direito, omitindo-se a dimensão democrática, e alude-se a Estado democrático, silenciando-se a dimensão do Estado de direito. Essa dissociação corresponde, por vezes, à realidade das coisas: existem formas de domínio político em que esse domínio não está domesticado do ponto de vista de Estado de direito, e existem Estados de direito sem qualquer legitimação democrática. O Estado constitucional democrático de direito procura estabelecer uma conexão interna entre democracia e Estado de direito.

J. J. Gomes Canotilho. Direito constitucional e teoria da Constituição. 7.ª ed., Coimbra: Almedina, 2003, p. 93 (com adaptações).

(Juiz de Direito – TJ/BA – 2019 – CESPE/CEBRASPE) Tendo o texto precedente como referência inicial, assinale a opção correta, a respeito do Estado democrático de direito.

(A) A domesticação do domínio político pelo Estado de direito referida no texto não implica a sujeição dos atos do Poder Executivo ao Poder Legislativo.
(B) A existência do controle judicial de constitucionalidade das leis é garantia inerente ao Estado de direito.
(C) Por legitimação democrática entendem-se a eleição dos representantes do povo e a obrigatoriedade de participação deste na deliberação pública das questões políticas.
(D) No Brasil, as exceções ao princípio da legalidade no Estado de direito admitidas incluem o estado de defesa, o estado de sítio e a intervenção federal.
(E) No Estado constitucional, os direitos políticos implicam limites à maioria parlamentar.

A: incorreta. De acordo com José Joaquim Gomes Canotilho, a ideia de um Estado domesticado pelo direito alicerçou-se paulatinamente nos Estados ocidentais de acordo com as circunstâncias e condições concretas existentes nos vários países. Na Inglaterra, emergiu a ideia do *rule of law* (regra do direito ou império do direito); na França, surgiu o Estado de legalidade (*État légal*); nos Estados Unidos, o Estado Constitucional; e na Alemanha, o princípio do Estado de direito (*Rechtsstaat*). A sujeição de todos os atos do Poder Executivo à soberania dos representantes do povo (Parlamento) é uma das características da regra do direito; **B:** incorreta, pois a existência do **controle judicial** de constitucionalidade depende do arranjo institucional e normativo adotado pelo Estado, sendo possível que haja Estado de Direito sem controle judicial da atividade legislativa, como na Inglaterra. Há modelos de Estados de Direito em que o controle judicial é submetido à revisão parlamentar (ex. Canadá), ou que não possuem um controle judicial de constitucionalidade (ex. Inglaterra), ou que o possuem de forma mitigada e sujeito à fiscalização de órgão do próprio parlamento (ex. França); **C:** incorreta, porque a legitimação democrática também compreende a participação do povo por vias diretas (lei de iniciativa popular, referendo, plebiscito, ação popular), bem como a representatividade das minorias e o exercício do papel contramajoritário pelo Judiciário na defesa das regras da democracia e dos direitos fundamentais; **D:** incorreta, pois as exceções ao princípio da legalidade previstas na Constituição são a **medida provisória**, o estado de defesa e o estado de sitio. Vale esclarecer que o estado de defesa, o estado de sítio e a intervenção federal são mecanismos extraordinários previstos na Constituição Federal de 1988 para o gerenciamento de crises, não constituindo exceções ao Estado de Direito; **E:** correta, pois os direitos políticos, na condição de direitos fundamentais, implicam limites à maioria parlamentar, uma vez que a vontade da maioria, ainda que legitimada, não pode suprimir ou negligenciar o direito das minorias. Segundo Ingo Wolfgang Sarlet: "*Assim, os direitos políticos, ainda mais quando assumem a condição de direitos fundamentais (vinculando os órgãos estatais, incluindo o Poder Legislativo), exercem, nesse contexto, dúplice função, pois se por um lado são elementos essenciais (e garantes) da democracia no Estado Constitucional – aqui se destaca a função democrática dos direitos fundamentais –, por outro representam limites à própria maioria parlamentar, já que esta, no campo de suas opções políticas, há de respeitar os direitos fundamentais e os parâmetros estabelecidos pelos direitos políticos, de tal sorte que entre os direitos políticos e os direitos fundamentais em geral e a democracia se verifica uma relação de reciprocidade e interdependência, caracterizada por uma permanente e recíproca implicação e tensão*" (Ingo Wolfgang Sarlet, Luiz Guilherme Marinoni e Daniel Mitidiero. *Curso de Direito Constitucional*, 6. ed., São Paulo: Saraiva, 2017, p. 743). AN

Gabarito "E".

(Juiz de Direito – TJ/BA – 2019 – CESPE/CEBRASPE) Assinale a opção que indica o instrumento da democracia direta ou participativa que constitui consulta popular ao eleitorado sobre a manutenção ou revogação de um mandato político.

(A) *impeachment*
(B) referendo
(C) plebiscito
(D) *recall*
(E) moção de desconfiança

A: incorreta, porque *impeachment* é o instrumento do sistema presidencialista pelo qual o Parlamento pode destituir o presidente em razão do cometimento de crime de responsabilidade (infrações político-administrativas). Trata-se de um processo jurídico-político conduzido pelo Poder Legislativo com o intuito de julgar irregularidades jurídicas nas condutas do presidente e de outras autoridades; **B:** incorreta, pois referendo é o instrumento da democracia direta que consiste na consulta aos cidadãos convocada posteriormente a ato legislativo ou administrativo, cumprindo ao povo a respectiva ratificação ou rejeição (art. 2º, § 2º, da Lei 9.709/1998); **C:** incorreta, pois plebiscito é o instrumento da democracia direta que consiste na consulta aos cidadãos convocada anteriormente a ato legislativo ou administrativo, cabendo ao povo aprovar ou denegar o que lhe tenha sido submetido (art. 2º, § 1º, da Lei 9.709/1998); **D:** correta, visto que *recall* é o instrumento da democracia direta pelo qual os eleitores podem revogar mandatos eletivos. Segundo Paulo Bonavides, o *recall* é um instrumento por meio do qual o eleitorado fica autorizado a destituir agentes políticos cujo comportamento, por qualquer motivo, não lhe esteja agradando

(*Ciência Política*. 17. ed. São Paulo: Malheiros, 2010, p. 313◘316); **E:** incorreta, porque moção de desconfiança (ou moção de censura) é o instrumento do sistema parlamentarista pelo qual o Parlamento pode destituir o primeiro-ministro em razão da perda de confiança ou de apoio político. Trata-se de uma votação em que a maioria do Parlamento demonstra desconfiança em relação ao governo – não há necessidade de apontar irregularidades jurídicas nas condutas do chefe de governo – para que esse caia em uma crise de legitimidade, sendo forçado a abandonar seu gabinete.

Gabarito "D"

(Juiz – TJ/CE – 2018 – CESPE) No sentido moderno, o conceito de Constituição articula fundamentalmente a limitação de poder do Estado e a garantia de direitos dos cidadãos em textos dotados de supremacia que diferenciam normas de caráter formal das de caráter material. O conceito contemporâneo de Constituição, por sua vez, contempla aspectos diversos àqueles. Com relação a esses aspectos, assinale a opção correta.

(A) Constituição compromissória é o pacto político-jurídico celebrado pelo poder constituinte que não incorpora limites ao poder de reforma.
(B) Constituição plástica é aquela definida pelos fatores reais presentes nas disputas de poder na sociedade.
(C) Constituição unitextual consagra, em um único documento, emendas à Constituição, embora admita a existência de leis com valor normativo igual ao da Constituição.
(D) Constituição subconstitucional admite a constitucionalização de temas excessivos e o alçamento de detalhes e interesses momentâneos ao patamar constitucional.
(E) Constituição processual é aquela que define um programa e estabelece parâmetros para gerir a atividade estatal.

A: incorreta, pois **Constituição compromissória** é aquela que busca conciliar ideologias antagônicas presentes numa sociedade plural e complexa, assumindo compromissos constitucionais estabelecidos a partir da barganha, argumentação, convergências e diferenças resultantes da pluralidade de forças políticas e sociais. Por outro lado, Constituição em branco é aquela que não possui limitações explícitas ao poder de reforma; **B:** incorreta, porque **Constituição plástica** é aquela dotada de certa maleabilidade que permite a adequação de suas normas às mudanças da realidade fática e oscilações da opinião pública, sem necessidade de alteração do seu texto. Em contrapartida, o sentido sociológico de constituição se refere à ideia de somatória dos fatores reais do poder dento de uma sociedade (Ferdinand Lassale); **C:** incorreta, pois **Constituição unitextual (unitária ou orgânica)** é aquela disposta num único documento, no qual todos os dispositivos estão organizados de forma lógica, coerente e sistematizada. Não admite a existência de leis com valor constitucional fora do texto da Constituição; **D:** correta, pois **Constituição subconstitucional (ou subconstituição)** é um conjunto de normas que, mesmo elevadas formalmente ao patamar constitucional, não o são, porque encontram-se limitadas nos seus objetivos, sendo fruto de detalhamentos inúteis, preocupações momentâneas e interesses esporádicos. Para Hild Krüger, a Constituição só deve trazer aquilo que diz respeito à comunidade, à nação e ao sistema político; o excesso de temas gera as subconstituições (Uadi Lammêgo Bulos, *Vinte anos da Constituição de 1988*. Revista Jus Navigandi, Teresina, ano 13, n. 1922, 5 out. 2008. Disponível em: <https://jus.com.br/artigos/11798>. Acesso em: 27 jan. 2019); **E:** incorreta, já que **Constituição processual (instrumental ou formal)** é um instrumento de governo definidor de competências, regulador de processos e limitador da ação política. Em contrapartida, Constituição dirigente (programática ou diretiva) é aquela que dirige a atuação do Estado por meio de programas de ação com o fim de concretizar determinados objetivos e finalidades a serem atingidos.

Gabarito "D"

(Juiz – TJ/CE – 2018 – CESPE) A preocupação com a implementação de dispositivos constitucionais e, em particular, de suas promessas sociais, não é central. As controvérsias constitucionais são decididas com base nos códigos da política e conforme conflitos de interesse. Nessa luta, acabam preponderando os interesses dos grupos mais poderosos, dos denominados "sobrecidadãos", que conseguem utilizar a Constituição e o Estado em geral como instrumento para satisfazer seus interesses. A juridicidade da Constituição fica comprometida pela corrupção da normatividade jurídica igualitária e impessoal, conforme o binômio legal-ilegal. As controvérsias constitucionais são decididas com base no código do poder.

S. Lunardi & D. Dimoulis. Resiliência constitucional: compromisso maximizador, consensualismo político e desenvolvimento gradual. São Paulo: Direito GV, 2013, p. 15 (com adaptações).

A concepção de Constituição a respeito da qual o texto precedente discorre denomina-se

(A) neoconstitucionalismo.
(B) Constituição chapa-branca.
(C) Constituição ubíqua.
(D) Constituição liberal-patrimonialista.
(E) Constituição simbólica.

A: incorreta. A teoria do **neoconstitucionalismo ou Constituição principiológica e judicialista** sustenta que as principais características da Constituição de 1988 são (i) a importância dos direitos fundamentais, incluindo os sociais; (ii) a centralidade dos princípios constitucionais, que adquirem relevância prática e aplicabilidade imediata; e (iii) a importância do Poder Judiciário, que se torna protagonista em razão da ampliação do controle de constitucionalidade e da incumbência de implementar o projeto constitucional mediante aplicação de métodos abertos de interpretação. A Constituição optou pelo fortalecimento do Judiciário enquanto agente primordial de transformação social, utilizando-se, para tanto, da abertura normativa do texto e do discurso relacionado aos direitos fundamentais. (Dimitri Dimoulis e Soraya Lunardi. *Resiliência Constitucional*: compromisso maximizador, consensualismo político e desenvolvimento gradual, 1. ed., São Paulo: Direito GV, 2013, pp. 12-13); **B:** incorreta. A teoria da **Constituição chapa-branca**, criada por Carlos Ari Sundfeld, destaca que o intuito principal da Constituição de 1988 foi tutelar interesses e privilégios tradicionalmente reconhecidos aos integrantes e dirigentes do setor público, bem como assegurar posições de poder a corporações e organismos estatais ou paraestatais. Apesar da retórica relacionada aos direitos fundamentais e das normas liberais e sociais, o núcleo duro do texto preserva interesses corporativos do setor público e estabelece formas de distribuição e de apropriação dos recursos públicos entre vários grupos (*Idem, ibidem*, pp. 14-15); **C:** incorreta. A teoria da **Constituição ubíqua**, criada por Daniel Sarmento, sustenta que a incorporação de uma infinidade de valores substanciais, princípios abstratos e normas concretas pela Constituição de 1988 gerou o fenômeno da "panconstitucionalização", isto é, a onipresença de normas e valores constitucionais no direito brasileiro. Esse fenômeno apresenta riscos, como (i) a ampliação do poder discricionário dos tribunais, que podem invocar normas constitucionais vagas para fundamentar decisões nos mais variados sentidos, e (ii) a falta de estabilidade e eficácia constitucional causada pelas contradições entre valores e princípios. A solução desses problemas virá mediante reformas constitucionais, que tornem seu texto menos prolixo e contraditório, e aumento do rigor argumentativo, que permita controlar a ampla margem de liberdade do Poder Judiciário, exigindo uma fundamentação rigorosa das opções interpretativas (*Idem, ibidem*, p. 16); **D:** incorreta. A teoria da **Constituição liberal-patrimonialista** defende que o principal objetivo da Constituição de 1988 foi garantir os direitos individuais, preservando o direito de propriedade e limitando a intervenção estatal na economia. Embora haja a proclamação de direitos sociais e a relevante atuação do Estado na economia, tais normas possuem caráter programático – ao contrário dos direitos individuais e patrimoniais, previstos em normas densas – e devem ser interpretadas de maneira restritiva e de forma a não atingir a tutela do patrimônio dos particulares (*Idem, ibidem*, p. 12); **E:** correta. A teoria da **Constituição simbólica**, criada por Marcelo Neves, preconiza que a Constituição de 1988, com suas promessas de mudança social e de tutela de interesses populares, tem valor tão somente simbólico. A corrupção do direito pela política fica, de certa forma, compensada pela generosidade das promessas constitucionais que desempenham uma "função hipertroficamente simbólica". A constitucionalização das demandas populares permanece no nível da simbolicidade, não objetivando a efetivação do texto constitucional. (*Idem, ibidem*, p. 15).

Gabarito "E"

(Procurador Municipal – Prefeitura/BH – CESPE – 2017) Acerca das Constituições, assinale a opção correta.

(A) De acordo com a doutrina, derrotabilidade das regras refere-se ao ato de se retirar determinada norma do ordenamento jurídico, declarando-a inconstitucional, em razão das peculiaridades do caso concreto.

(B) O neoconstitucionalismo, que buscou, no pós-guerra, a segurança jurídica por meio de cartas constitucionais mais rígidas a fim de evitar os abusos dos três poderes constituídos, entrou em crise com a intensificação do ativismo judicial.

(C) A concepção de Constituição aberta está relacionada à participação da sociedade quando da proposição de alterações politicamente relevantes no texto da Constituição do país.

(D) Devido às características do poder constituinte originário, as normas de uma nova Constituição prevalecem sobre o direito adquirido.

A: incorreta. A derrotabilidade das normas jurídicas (*defeasibility*, de Herbert Hart) refere-se à possibilidade de uma norma que preencha todas as condições para sua aplicação ao caso concreto seja, entretanto, afastada, por conta de uma exceção relevante não prevista de forma exaustiva. Dá-se como exemplo a decisão do STF sobre possibilidade de antecipação terapêutica do parto (aborto) em casos de gravidezes de fetos anencefálicos, exceção não prevista no Código Penal, mas relevante o suficiente para afastar a aplicação da sanção penal; **B:** incorreta. De acordo com Pedro Lenza, busca-se, dentro da realidade do neoconstitucionalismo, "não mais atrelar o constitucionalismo à ideia de limitação do poder político, mas, acima de tudo, buscar a eficácia da Constituição, deixando o texto de ter um caráter meramente retórico e passando a ser mais efetivo, especialmente diante da expectativa de concretização dos direitos fundamentais"; **C:** incorreta. A sociedade aberta dos intérpretes da Constituição opera não apenas quando da proposição de alterações politicamente relevantes, mas se dá a partir de uma participação mais ativa da população na interpretação da Constituição, independentemente da sua forma ou conteúdo; **D:** correta. Não há direito adquirido em face da nova Constituição, já que o Poder Constituinte Originário é inicial, autônomo, ilimitado e incondicionado.

Gabarito "D"

(Defensor Público – DPE/RN – 2016 – CESPE) A respeito da classificação e das concepções de Constituição, do conteúdo do direito constitucional e das normas constitucionais, assinale a opção correta.

(A) Consoante Hans Kelsen, a concepção jurídica de Constituição a concebe como a norma por meio da qual é regulada a produção das normas jurídicas gerais, podendo ser produzida, inclusive, pelo direito consuetudinário.

(B) No que tange ao conteúdo do direito constitucional e a seus aspectos multifacetários, denomina-se direito constitucional comunitário o conjunto de normas e princípios que disciplinam as relações entre os preceitos de Estados estrangeiros e as normas constitucionais de determinado país.

(C) As Constituições rígidas, também denominadas Constituições fixas, são aquelas que só podem ser modificadas por um poder de competência idêntico àquele que as criou.

(D) O preâmbulo da CF possui caráter dispositivo.

(E) De acordo com a concepção de Constituição trazida por Konrad Hesse, a força condicionante da realidade e a normatividade da Constituição são independentes. Nesse sentido, a Constituição real e a Constituição jurídica devem apresentar-se de forma autônoma.

A: Correta. Para Hals Kelsen a Constituição é norma pura, encontrando-se no mundo do dever-ser (normativo), sem fundamentação sociológica, política ou sociológica; **B:** Errada. Esse o conceito do direito constitucional internacional; **C:** Errada. As constituições rígidas podem ser modificadas pelo poder constituinte derivado, portanto diferente do poder que a criou (originário). São rígidas as constituições que preveem um processo qualificado para alteração de suas próprias normas, diverso do processo de alteração das leis ordinárias; **D:** Errada. O STF entende que o preâmbulo não tem força normativa, encontrando-se no âmbito da política; **E:** Errada. Justo o contrário. Em razão de a realidade e a normatividade serem dependentes, a constituição real e a constituição jurídica não se apresentam de forma autônoma.

Gabarito "A"

(Analista Jurídico – TCE/PR – 2016 – CESPE) Assinale a opção correta no que concerne às classificações das constituições.

(A) As Constituições cesaristas são elaboradas com base em determinados princípios e ideais dominantes em período determinado da história.

(B) Constituição escrita é aquela cujas normas estão efetivamente positivadas pelo legislador em documento solene, sejam leis esparsas contendo normas materialmente constitucionais, seja uma compilação que consolide, em um só diploma, os dispositivos alusivos à separação de poderes e aos direitos e garantias fundamentais.

(C) A classificação ontológica das Constituições põe em confronto as pretensões normativas da Carta e a realidade do processo de poder, sendo classificada como nominativa, nesse contexto, a Constituição que, embora pretenda dirigir o processo político, não o faça efetivamente.

(D) As Constituições classificadas como populares ou democráticas são materializadas com o tempo, com o arranjo e a harmonização de ideais e teorias outrora contrastantes.

(E) As Constituições semânticas possuem força normativa efetiva, regendo os processos políticos e limitando o exercício do poder.

A: incorreta. As Constituições **cesaristas**, também conhecidas como plebiscitárias, referendárias ou bonapartistas, são aquelas que, embora elaboradas de maneira unilateral e impostas, após sua criação são **submetidas a um referendo** popular; **B:** incorreta. As Constituições **escritas** são aquelas sistematizadas **num único texto**, criadas por um órgão constituinte. Esse texto único é a única fonte formal do sistema constitucionalista. Exemplo: Constituição Federal de 1988. Por outro lado, as não escritas não estão sistematizadas e codificadas num único texto, são baseadas em textos esparsos, jurisprudências, costumes, convenções, atos do parlamento etc. Há várias fontes formais do direito constitucional no país de constituição não escrita. Exemplo: Constituição Inglesa; **C:** correta. De fato, o critério ontológico leva em conta a correspondência com a realidade. Pedro Lenza, em Direito Constitucional Esquematizado, 19ª Ed., 2015, Saraiva, p. 115, menciona que "Karl Loewenstein distinguiu as Constituições normativas, nominalistas (nominativas ou nominiais) e semânticas. Trata-se do critério ontológico que busca identificar a correspondência entre a realidade política do Estado e o texto constitucional" e continua "... Enquanto nas Constituições **normativas** a pretendida limitação ao poder se implementa na prática, havendo, assim, correspondência com a realidade, nas **nominalistas** busca-se essa concretização, porém, sem sucesso, não se conseguindo uma verdadeira normatização do processo real do poder. Nas **semânticas**, por sua vez, nem sequer se tem essa pretensão, buscando-se conferir legitimidade meramente formal aos detentores do poder, em seu próprio benefício"; **D:** incorreta. As Constituições promulgadas, populares ou democráticas são aquelas advindas de uma Assembleia Constituinte composta por representantes do povo. Sua elaboração se dá de maneira consciente e livre, diferentemente das Constituições outorgadas, que são impostas; **E:** incorreta. Como mencionado, as semânticas apenas buscam conferir "legitimidade meramente formal aos detentores do poder, em seu próprio benefício".

Gabarito "C"

(Analista Judiciário – TRT/8ª – 2016 – CESPE) Acerca do conceito de Constituição, da classificação das Constituições, da classificação das normas constitucionais e dos princípios estabelecidos na Constituição Federal de 1988 (CF), assinale a opção correta.

(A) Normas constitucionais de eficácia plena são autoaplicáveis ou autoexecutáveis, como, por exemplo, as normas que estabelecem o mandado de segurança, o *habeas corpus*, o mandado de injunção e o *habeas data*.

(B) Quanto à estabilidade, a CF classifica-se como super-rígida, porque, em regra, pode ser alterada por processo legislativo ordinário diferenciado, sendo, excepcionalmente, imutável em alguns pontos (cláusulas pétreas).

(C) A repristinação ocorre quando uma norma infraconstitucional revogada pela anterior ordem jurídica é restaurada tacitamente pela nova ordem constitucional.

(D) A CF, compreendida como norma jurídica fundamental e suprema, foi originalmente concebida como um manifesto político com fins essencialmente assistencialistas, tendo a atuação do constituinte derivado positivado direitos políticos e princípios de participação democrática no texto constitucional.

(E) Decorrem do princípio da supremacia das normas constitucionais tanto a exigência de que os estados-membros se organizam obedecendo ao modelo adotado pela União quanto a de que as unidades federativas estruturem seus governos de acordo com o princípio da separação de poderes.

A: correta. De fato, as normas de eficácia plena são autoaplicáveis ou autoexecutáveis. São aquelas que, por si só, produzem todos os seus efeitos no mundo jurídico e de forma imediata. Não dependem da interposição do legislador para que possam efetivamente produzir efeitos e não admitem que uma norma infraconstitucional limite ou reduza seu conteúdo. Os direitos fundamentais e os remédios constitucionais para sua tutela são de aplicabilidade direta e eficácia imediata (art. 5º, § 1º, CF). São também autoaplicáveis e autoexecutáveis, por exemplo: o 1º – que trata dos fundamentos da República Federativa do Brasil, o 2º – que trata da independência e harmonia que deve existir entre os poderes Legislativo, Executivo e Judiciário, o 13 – que diz que a língua portuguesa é o idioma oficial do Brasil, o 18, § 1º, que menciona que Brasília é a capital do Brasil, dentre outros; **B:** incorreta. Segundo a doutrina majoritária, a CF/88 é classificada como rígida, pois o seu processo de alteração depende de um procedimento mais solene, mais dificultoso que o processo de alteração das demais normas, ditas infraconstitucionais. O mecanismo hábil para essa alteração, processo legislativo das emendas constitucionais, vem previsto no art. 60 da CF. As cláusulas pétreas não são imutáveis, podendo ser editadas emendas constitucionais para ampliá-las. Uma emenda constitucional não pode, entretanto, diminuir-lhe a aplicabilidade ou eficácia; **C:** incorreta. A repristinação é o fenômeno jurídico pelo qual se restabelece a vigência de uma lei que foi revogada pelo fato de a lei revogadora ter sido posteriormente revogada. No Brasil não existe repristinação automática ou tácita. Se o legislador, porventura, quiser restabelecer a vigência de uma lei anteriormente revogada por outra, terá de fazê-lo expressamente, conforme dispõe o § 3º do art. 2º da Lei de Introdução às Normas do Direito Brasileiro (Decreto-Lei 4657/1942); **D:** incorreta. Os direitos políticos e os princípios de participação democrática foram colocados no Texto Constitucional pelo constituinte originário; **E:** incorreta. Tais regras decorrem do princípio da simetria, que por sua vez tem fundamento no princípio federativo (simetria federativa). Os princípios e as normas trazidas pela Constituição Federal devem servir de diretrizes para os Estados quando da elaboração de suas Constituições, ou seja, deve haver um paralelismo entre a Constituição Federal e as Constituições Estaduais.

Gabarito "A".

(Analista – Judiciário – TRE/PI – 2016 – CESPE) Acerca do direito constitucional, assinale a opção correta.

(A) As várias reformas já sofridas pela CF, por meio de emendas constitucionais, são expressão do poder constituinte derivado decorrente.

(B) De acordo com a doutrina dominante, a CF, ao se materializar em um só código básico, afasta os usos e costumes como fonte do direito constitucional.

(C) O neoconstitucionalismo, ao promover a força normativa da Constituição, acarretou a diminuição da atividade judicial, dado o alto grau de vinculação das decisões judiciais aos dispositivos constitucionais.

(D) A derrotabilidade de uma norma constitucional ocorrerá caso uma norma jurídica deixe de ser aplicada em determinado caso concreto, permanecendo, contudo, no ordenamento jurídico para regular outras relações jurídicas.

(E) A interpretação da Constituição sob o método teleológico busca investigar as origens dos conceitos e institutos pelo próprio legislador constituinte.

A: incorreta. As várias reformas que o Texto Constitucional sofreu, por meio de emendas constitucionais, se deram por manifestação do poder constituinte derivado **reformador**. O poder constituinte derivado **decorrente** é poder que os Estados têm de se autorregulamentarem por meio da elaboração das suas próprias Constituições (e, também, de alteração de suas próprias normas constitucionais estaduais); **B:** incorreta. Os usos e costumes continuam sendo fontes de direito constitucional. A Constituição, materializada em um só documento básico, não afasta as demais fontes de direito constitucional, como os usos e costumes; **C:** incorreta. Com o neoconstitucionalismo, os valores constitucionais passam a ser priorizados e concretizados, há uma aproximação das ideias de direito e justiça. Ao contrário do mencionado, há no neoconstitucionalismo uma **ascensão do Poder Judiciário,** na medida que ao validar princípios e valores constitucionais, atribui-lhes força normativa. Segundo Ana Paula de Barcellos: "Do ponto de vista material, ao menos dois elementos caracterizam o neoconstitucionalismo e merecem nota: (i) a incorporação explícita de valores e opções políticas nos textos constitucionais, sobretudo no que diz respeito à promoção da dignidade humana e dos direitos fundamentais; e (ii) a expansão de conflitos específicos e gerais entre as opções normativas e filosóficas existentes dentro do próprio sistema constitucional"; **D:** correta. A **derrotabilidade** de uma norma constitucional, de fato, ocorre quando uma norma jurídica deixa de ser aplicada em um caso concreto, mas permanece no ordenamento jurídico para regular outras relações jurídicas. A ideia advinda da teoria é a de que não é possível que todos os acontecimentos sejam abarcados previamente pelo ordenamento jurídico, de modo que uma norma, em determinado caso, pode deixar de ser aplicada; **E:** incorreta. A interpretação da Constituição sob o método teleológico, ao contrário do mencionado, busca investigar o **fim pretendido** pela norma.

Gabarito "D".

(Advogado União – AGU – CESPE – 2015) Julgue os itens seguintes, que se referem ao Estado federal, à Federação brasileira e à intervenção federal.

(1) No federalismo pátrio, é admitida a decretação de intervenção federal fundada em grave perturbação da ordem pública em caso de ameaça de irrupção da ordem no âmbito de estado-membro, não se exigindo para tal fim que o transtorno da vida social seja efetivamente instalado e duradouro.

(2) Entre as características do Estado federal, inclui-se a possibilidade de formação de novos estados-membros e de modificação dos já existentes conforme as regras estabelecidas na CF.

1: Incorreta. Não reflete o disposto no art. 34, III, CF. **2:** Correta. Art. 18 da CF. TM

Gabarito 1E, 2C

(Analista Judiciário – Área Administrativa – TRT8 – 2013 – CESPE) Acerca dos princípios fundamentais da CF e da aplicabilidade das normas constitucionais, assinale a opção correta.

(A) De acordo com a CF, a soberania popular no Brasil é exercida por meio de um modelo de democracia semidireta ou participativa.

(B) Ao estabelecer que os poderes são independentes entre si, a CF instituiu o sistema de pesos e contrapesos, em que o exercício de cada poder constituído se dá de forma exclusiva, a fim de garantir independência e assegurar o princípio da separação dos poderes.

(C) Preocupado com o avanço das atividades de grupos extremista se com a intenção de proteger a população, o constituinte originário alçou o repúdio ao terrorismo a objetivo fundamental da República Federativa do Brasil.

(D) O direito à educação, constitucionalmente previsto, veicula um programa a ser implementado pelo Estado e se classifica como norma de eficácia contida, pois possui aplicabilidade direta e imediata, mas não integral, devendo o Estado integralizá-las por meio de normas infraconstitucionais.

(E) A forma de Estado adotada pela CF é a Federação, que se embasa na descentralização política, isto é, na soberania dos estados-membros, que possuem capacidade de se auto-organizarem por meio de suas próprias constituições.

A: correta, como se depreende dos arts. 1º, parágrafo único e 5.º, XXXIV, *a*(direito de petição), 14, I (plebiscito), 14, II (referendo), 14, III (iniciativa popular), 5º, LXXIII (ação popular) e art. 37, § 3º (direito de participação); **B:** incorreta, a CF instituiu o sistema de *freios* e contrapesos, que é exceção à regra da separação dos poderes e só pode ser utilizado em casos expressos, cujo objetivo principal é evitar a concentração de poder e o desrespeito aos direitos constitucionais; **C:** incorreta, o repúdio ao terrorismo constitui princípio que rege o Brasil nas suas relações internacionais (art. 4º, VIII, da CF). Os objetivos fundamentais estão previstos no art. 3º, I a IV, da CF); **D:** incorreta, é norma de eficácia plena (arts. 205 a 214 da CF); **E:** incorreta, o estado federal "é a atual forma adotada pelo Brasil. Esta forma de Estado se caracteriza pela coexistência de um poder soberano e diversas forças políticas autônomas, unidas por uma Constituição. Nesta hipótese, diferentemente da confederação, só existe um poder soberano, sendo os demais entes detentores de autonomia. O ente soberano possui poder supremo na ordem interna e independente na ordem externa, podendo firmar relações e acordos com quem entender. Já o poder autônomo é o poder concedido aos demais entes para elaborarem normas de auto-organização, autolegislação, possibilitando o estabelecimento de autogoverno para autoadministração, sempre pautados pelos limites impostos pelo poder soberano" (Padilha, Rodrigo. *Direito Constitucional*. 4. ed. São Paulo: Método, 2014. p. 372).

Gabarito "A".

(Técnico – STF – 2013 – CESPE) A respeito da classificação da Constituição Federal de 1988 (CF) e dos princípios fundamentais nela dispostos, julgue os próximos itens.

(1) Embora os valores da livre iniciativa não estejam incluídos entre os princípios fundamentais da República Federativa do Brasil, a CF reserva à livre concorrência a qualidade de regra programática sobre a qual se assentam as ordens econômica e social.

(2) Quanto ao modo de elaboração, a vigente CF é uma Constituição histórica, pois configura a retomada de valores e preceitos constantes das Constituições democráticas de 1934 e 1946.

1: Incorreta. A Constituição Federal enumera, no art. 1º, IV, os valores sociais do trabalho e da livre iniciativa como fundamentos da República Federativa do Brasil; **2:** Incorreta. Segundo José Afonso da Silva a Constituição Federal, quanto ao modo de elaboração, pode ser dogmática ou histórica. Constituição dogmática, sempre escrita, é a elaborada por órgão constituinte, e sistematiza os dogmas ou ideias fundamentais da teoria política e do Direito dominantes no momento. Constituição *histórica* ou *costumeira*, não escrita, é, ao contrário, a resultante de lenta formação histórica, do lento evoluir das tradições, dos fatos sociopolíticos, que se cristalizam como normas fundamentais da organização de determinado Estado, e o exemplo ainda vivo é o da Constituição inglesa (**Direito Constitucional Positivo**. 25. ed. São Paulo: Malheiros Editores, p. 41)

Gabarito 1E, 2E

(Defensor Público/RO – 2012 – CESPE) Tendo em vista a teoria geral do Estado, assinale a opção correta.

(A) O federalismo brasileiro classifica-se, quanto à origem, como federalismo por agregação.

(B) Federação é, por definição, um sistema de governo marcado pela garantia das autonomias regionais de seus membros.

(C) Com o advento da República, em 1889, adotou-se no Brasil o federalismo de terceiro grau, sistema cujo poder estatal é dividido em três graus: federal, estadual e municipal.

(D) As características fundamentais da República são: temporariedade, eletividade e responsabilidade.

(E) O conceito de povo, um dos elementos constitutivos do Estado, está relacionado ao conjunto de brasileiros e estrangeiros que se encontrem em território nacional, ainda que transitoriamente.

A: Errada. O federalismo brasileiro é decorrente de desagregação do Estado Unitário; **B:** Errada. A Federação é forma de Estado e, no caso brasileiro, difere um pouco do modelo clássico de federalismo, pois nela tanto União, Estados-membros, como também os Municípios, são autônomos. V. art. 18, *caput*, da CF. Segundo a doutrina, a autonomia é a capacidade de auto-organização (cada um dos entes federativos pode elaborar sua própria Constituição), autogoverno (garantia assegurada ao povo de escolher seus próprios dirigentes e de, através deles, editar leis) e autoadministração (capacidade assegurada aos estados de possuir administração própria, faculdade de dar execução às leis vigentes; **C:** Errada. O federalismo no Brasil é de segundo grau, pois apesar de existirem três ordens (federal, estadual e municipal – além da peculiaridade distrital), os Municípios submetem-se a duas ordens: federal e estadual. Por isso, o federalismo no Brasil acaba sendo de segundo grau; **D:** Correta. O governante não se eterniza no poder, sendo sujeito a mandato, é eleito pelos cidadãos e submete-se à responsabilização nos casos listados pela CF; **E:** Errada. Povo é o elemento humano do Estado, composto pelos cidadãos com vínculo jurídico-político com o Estado. Não se confunde com "população", conceito presente no enunciado.

Gabarito "D".

(Advogado da União/AGU – CESPE – 2012) No que se refere ao conceito e à classificação das constituições bem como das normas constitucionais, julgue os itens que se seguem.

(1) De acordo com o critério da função exercida pela norma constitucional, considera-se impositiva a regra que veda a imposição de sanção penal ao indivíduo no caso de inexistir lei anterior que defina como crime conduta por ele praticada.

(2) Consoante a concepção moderna de constituição material, ou substancial, o texto constitucional trata da normatização de aspectos essenciais vinculados às conexões das pessoas com os poderes públicos, não abrangendo os fatores relacionados ao contato das pessoas e dos grupos sociais entre si.

1: Errada. De acordo com José Afonso da Silva, as normas constitucionais de eficácia limitada podem ser classificadas em: de princípio institutivo ou de princípio programático. As normas constitucionais de eficácia limitada de princípio institutivo, por sua vez, dividem-se em impositivas ou permissivas. A norma citada na questão é de eficácia plena; **2:** Errada: a constituição em sentido material leva em consideração as normas que, por seu conteúdo, são consideradas constitucionais – pode englobar tanto a relação das pessoas com os poderes públicos, como a relação das pessoas entre si.

Gabarito 1E, 2E

(Advogado da União/AGU – CESPE – 2012) Julgue o item seguinte, a respeito do ADCT.

(1) Dada a natureza jurídica das normas prescritas no ADCT, por meio delas podem ser estabelecidas exceções às regras constantes no corpo principal da CF.

1: Correta. De acordo com Pedro Lenza, "O ADCT, como o nome já induz (Ato das Disposições **Constitucionais** Transitórias), tem natureza de norma constitucional e poderá, portanto, trazer exceções às regras colocadas no corpo da Constituição. Assim como no corpo, encontramos regras (por exemplo, tratamento igual entre brasileiro nato e naturalizado, art. 12, § 2º) e exceções a essas regras (por exemplo, art. 12, § 3º, I, que reserva o cargo de Presidente da República somente para brasileiros natos), também o ADCT poderá excepcionar regras gerais do corpo, por apresentar a mesma natureza jurídica delas. Dessa forma, em razão de sua natureza constitucional, a alteração das normas do ADCT ou a inclusão de novas regras dependerão da manifestação do poder constituinte derivado reformador, ou seja, necessariamente por meio de emendas constitucionais" (**Direito Constitucional Esquematizado**, 2012, p. 171).

Gabarito 1C

3. HERMENÊUTICA CONSTITUCIONAL E EFICÁCIA DAS NORMAS CONSTITUCIONAIS

(Auditor Fiscal – SEFAZ/RS – 2019 – CESPE/CEBRASPE) Os itens a seguir apresentam proposições normativas a respeito da eficácia das normas constitucionais.

I. A lei disporá sobre a criação e a extinção de ministérios e órgãos da administração pública.

II. É direito dos trabalhadores urbanos e rurais, além de outros que visem à melhoria de sua condição social, o piso salarial proporcional à extensão e à complexidade do trabalho.

III. Cessado o estado de defesa ou o estado de sítio, cessarão também seus efeitos, sem prejuízo da responsabilidade pelos ilícitos cometidos por seus executores ou agentes.

IV. A organização político-administrativa da República Federativa do Brasil compreende a União, os estados, o Distrito Federal e os municípios, todos autônomos, nos termos da Constituição Federal de 1988.

São normas de eficácia limitada apenas as proposições normativas apresentadas nos itens

(A) I e II.
(B) I e III.
(C) II e IV.
(D) I, III e IV.
(E) II, III e IV.

I: o art. 88 da CF é norma de eficácia limitada (declaratória de princípio institutivo ou organizativo), pois depende de lei para produzir todos os seus efeitos; **II:** o inciso V do art. 7º da CF é norma de eficácia limitada (declaratória de princípios programáticos), pois depende de regulamentação futura para produzir todos os seus efeitos; **III:** o art. 141 da CF é norma de eficácia plena já que, desde a entrada em vigor da Constituição, produz ou têm possibilidade de produzir todos os seus efeitos, independendo de norma regulamentadora; **IV:** o *caput* do art. 18 da CF é norma de eficácia plena já que, desde a entrada em vigor da Constituição, produz ou têm possibilidade de produzir todos os seus efeitos, independendo de norma regulamentadora. **AN**

Gabarito "A".

(Juiz de Direito – TJ/BA – 2019 – CESPE/CEBRASPE) A respeito de hermenêutica constitucional e de métodos empregados na prática dessa hermenêutica, assinale a opção correta.

(A) A noção de filtragem constitucional da hermenêutica jurídica contemporânea torna dispensável a distinção entre regras e princípios.
(B) De acordo com o método tópico, o texto constitucional é ponto de partida da atividade do intérprete, mas nunca limitador da interpretação.
(C) Segundo a metódica jurídica normativo-estruturante, a aplicação de uma norma constitucional deve ser condicionada às estruturas sociais que delimitem o seu alcance normativo.
(D) O princípio da unidade da Constituição orienta o intérprete a conferir maior peso aos critérios que beneficiem a integração política e social.
(E) Os princípios são mandamentos de otimização, como critério hermenêutico, e implicam o ideal regulativo que deve ser buscado pelas diversas respostas constitucionais possíveis.

A: incorreta, pois a noção de filtragem constitucional pressupõe a preeminência normativa da Constituição enquanto sistema aberto de regras e princípios. A filtragem constitucional consiste no fenômeno segundo o qual toda ordem jurídica deve ser lida e aprendida sob as lentes da Constituição, de modo a realizar os valores nela consagrados; **B:** incorreta, pois, de acordo com o **método hermenêutico-concretizador**, o texto constitucional é o ponto de partida da atividade do intérprete, sendo também limitador da interpretação (para solucionar um problema o aplicador está vinculado ao texto constitucional). No método da tópica, por sua vez, o problema é o ponto de partida, servindo as normas constitucionais de catálogo de variados princípios, onde se busca argumento para a solução de uma questão prática; **C:** incorreta, porque, segundo o **método científico-espiritual**, a interpretação de uma norma constitucional deve ser condicionada aos elementos da realidade social que delimitem o seu alcance normativo. No método normativo-estruturante, entende-se que a norma jurídica é resultado do conjunto formado pelo texto (programa normativo) pela realidade social (domínio normativo), sendo este elemento indispensável para a extração do significado da norma por fazer parte da sua estrutura; **D:** incorreta, pois o **princípio do efeito integrador** orienta o intérprete a conferir maior peso aos critérios que beneficiem a integração política e social e o reforço da unidade política. Já o princípio da unidade da Constituição postula que a Constituição seja interpretada como um todo harmônico, evitando contradições entre as suas normas. O intérprete deve considerar a Constituição como um todo unitário, harmonizando as tensões existentes entre as normas constitucionais; **E:** correta, já que os princípios, na concepção de Robert Alexy, são mandamentos de otimização, ou seja, normas que ordenam que algo seja realizado na maior medida possível, dentro das possibilidades jurídicas e fáticas do caso concreto. **AN**

Gabarito "E".

(Juiz – TJ/CE – 2018 – CESPE) A interpretação conforme a Constituição

(A) é um tipo de situação constitucional imperfeita, pois somente atenua a declaração de nulidade em caso de inconstitucionalidade.
(B) é admitida para ajustar o sentido do texto legal com a Constituição, ainda que o procedimento resulte em regra nova e distinta do objetivo do legislador.
(C) é um método cabível mesmo em se tratando de texto normativo inconstitucional que apresenta sentido unívoco.
(D) é incompatível com a manutenção de atos jurídicos produzidos com base em lei inconstitucional.
(E) é fixada por decisão do STF, mas não se reveste do efeito vinculante próprio das decisões declaratórias de inconstitucionalidade.

A: correta (apesar de a redação ser criticável). O STF tem utilizado o termo "situação constitucional imperfeita" para se referir aos casos de "normas ainda constitucionais", ou melhor, normas que se situam num estágio intermediário e transitório entre a situação de plena constitucionalidade e a de absoluta inconstitucionalidade, mas que devem ser mantidas no ordenamento jurídico em razão de suas circunstâncias fáticas relevantes (ADI 2415/SP, Rel. Min. Ayres Britto, j. em 22.09.2011 – Informativo 641). Segundo Uadi Lammêgo Bulos (*Curso de Direito Constitucional*. 6. ed., São Paulo: Saraiva, 2011, p. 158), "*situação constitucional imperfeita é o estágio provisório de constitucionalidade, no qual o ato legislativo está passando por um progressivo processo de inconstitucionalização*". Na interpretação conforme a Constituição, tem-se a declaração de que uma lei é constitucional com a interpretação que lhe foi conferida pelo órgão judicial, cujo objetivo é a conservação da norma no ordenamento jurídico vigente, evitando que seja declarada inconstitucional. Diante de norma polissêmica (plurívoca ou plurissignificativa) potencialmente inconstitucional, o órgão judicial escolhe, dentre os vários sentidos possíveis, aquele que se coaduna com o texto constitucional, de modo a evitar a declaração de nulidade em caso de inconstitucionalidade; **B:** incorreta, pois a interpretação conforme a Constituição não é admitida quando resultar em uma regra nova e distinta, em contradição com o sentido literal ou o sentido objetivo da lei ou em manifesta dissintonia com os objetivos pretendidos pelo legislador. O STF já afirmou que "*a aplicação desse princípio* [da interpretação conforme a Constituição] *sofre, porém, restrições, uma vez que, ao declarar a inconstitucionalidade de uma lei em tese, o STF – em sua função de corte constitucional – atua como legislador negativo, mas não tem o poder de agir como legislador positivo, para criar norma jurídica diversa da instituída pelo poder legislativo. Por isso, se a única interpretação possível para compatibilizar a norma com a constituição contrariar o sentido inequívoco que o poder legislativo lhe pretendeu dar, não se pode aplicar o princípio da interpretação conforme a constituição, que implicaria, em verdade, criação de norma jurídica, o que é privativo do legislador positivo*" (Rp 1417, Rel. Min. Moreira Alves, Tribunal Pleno, j. em 09/12/1987); **C:** incorreta, porque a técnica da interpretação conforme a Constituição somente se aplica para normas plurívocas (polissêmicas ou plurissignificativas), isto é, normas que ensejam diferentes possibilidades de interpretação, possibilitando ao intérprete escolher, dentre as várias interpretações possíveis, aquela que a compatibilize com o texto constitucional. Nesse sentido, o STF asseverou a "*legitimidade da utilização da técnica da interpretação conforme à Constituição nos casos em que o ato estatal tenha conteúdo polissêmico*" (ADPF 187, Rel. Min. Celso de Mello, Tribunal Pleno, j. 15.06.2011), uma vez que essa técnica só é utilizável quando a norma impugnada admite, dentre as várias interpretações possíveis, uma que a compatibilize com a Carta Magna, e não quando o sentido da norma é unívoco (ADI 1344 MC, Rel. Min. Moreira Alves, Tribunal Pleno, j. em 18.12.1995); **D:** incorreta, porque a interpretação conforme a constituição não é apenas simples regra de interpretação, é também técnica de decisão no âmbito do controle da constitucionalidade, sendo possível aplicar a modulação dos efeitos temporais da decisão, prevista no art. 27 da Lei 9.868/1999, para a manutenção de atos jurídicos produzidos com base em lei inconstitucional; **E:** incorreta, uma vez que a declaração de constitucionalidade ou de inconstitucionalidade, inclusive a interpretação conforme a Constituição e a declaração parcial de inconstitucionalidade sem redução de texto, têm eficácia contra todos e efeito vinculante em relação aos órgãos do Poder Judiciário e à Administração Pública federal, estadual e municipal (art. 28, parágrafo único, da Lei 9.868/1999). **AN**

Gabarito "A".

(Defensor Público – DPE/RN – 2016 – CESPE) A respeito de constitucionalização simbólica, de hermenêutica e de interpretação constitucional, assinale a opção correta.

(A) Os conceitos jurídicos indeterminados são expressões de sentido fluido, que podem ser encontradas na Constituição, destinadas a lidar com situações nas quais o constituinte não pôde ou não quis, no relato abstrato do enunciado normativo, especificar de forma detalhada suas hipóteses de incidência. Assim, a atribuição de sentido a essas cláusulas abertas deve dar-se mediante valoração concreta dos elementos da realidade, a partir de um juízo discricionário.

(B) Da relação entre texto constitucional e realidade constitucional, tem-se, como reflexo da constitucionalização simbólica em sentido negativo, uma ausência generalizada de orientação das expectativas normativas conforme as determinações dos dispositivos da Constituição.

(C) Como forma básica de manifestação da constitucionalização simbólica, tem-se a constitucionalização-álibi, caracterizada pela presença de dispositivos constitucionais que, sem relevância normativo-jurídica, confirmam as crenças e o *modus vivendi* de determinados grupos.

(D) A hermenêutica filosófica de matriz gadameriana assemelha-se à hermenêutica clássica, na medida em que trabalha com a atribuição de sentido às normas.

(E) Casos difíceis são aqueles que não têm uma solução abstratamente prevista e pronta na Constituição, devendo o intérprete, para tanto, valer-se da subsunção.

A: Errada. Os conceitos jurídicos indeterminados encontram-se nas normas constitucionais com conteúdo aberto, vagueza semântica, justamente para que permaneça atual com o passar do tempo. Sua interpretação, entretanto, não parte de um juízo discricionário, mas sempre do ordenamento jurídico; **B:** Correta. O conceito foi trazido para o Brasil por Marcelo Neves; **C:** Errada. De acordo com Pedro Lenza "busca a legislação álibi dar uma aparente solução para problemas da sociedade, mesmo que mascarando a realidade. Destina-se, como aponta Neves, a 'criar a imagem de um Estado que responde normativamente aos problemas reais da sociedade, embora as respectivas relações sociais não sejam realmente normatizadas de maneira consequente conforme o respectivo texto legal"; **D:** Errada. A filosofia de Gadamer é contra o método subsuntivo, já que defende que qualquer compreensão começa pela pré-compreensão do intérprete sobre o tema, com seus preconceitos; **E:** Errada. Nos casos difíceis, o intérprete deve buscar aplicar os princípios constitucionais com respeito à unidade do sistema jurídico, mediante ponderação ou construção.

Gabarito "B".

(Analista Jurídico – TCE/PR – 2016 – CESPE) Assinale a opção correta acerca da interpretação constitucional.

(A) Como as Constituições regulam direitos e garantias fundamentais e o exercício do poder, deve-se priorizar o emprego de linguagem técnica em seu texto, restringindo-se a sofisticada atividade interpretativa às instâncias oficiais.

(B) A interpretação constitucional deve priorizar o espírito da norma interpretada em detrimento de expressões supérfluas ou vazias; por isso, a atividade do intérprete consiste em extrair o nú cleo essencial do comando constitucional, ainda que isso implique desconsiderar palavras, dispositivos ou expressões literais.

(C) Sendo a Constituição impregnada de valores, sua interpretação é norteada essencialmente por diretrizes políticas, em detrimento de cânones jurídicos.

(D) Na interpretação da Constituição, prepondera a teleologia, de modo que a atividade do hermeneuta deve priorizar a finalidade ambicionada pela norma; o texto da lei, nesse caso, não limita a interpretação nem lhe serve de parâmetro.

(E) O caráter aberto e vago de muitas das disposições constitucionais favorece uma interpretação atualizadora e evolutiva, capaz de produzir, por vezes, uma mutação constitucional informal ou não textual.

A: incorreta. A função de interpretar a Constituição não deve ser restringida por meio da utilização de linguagem técnica. Pelo contrário, a **interpretação constitucional** deve ser **aberta à sociedade**, não cabendo apenas aos órgãos estatais. Nesse sentido, Dirley da Cunha Júnior, em Curso de Direito Constitucional, 6ª edição, p. 237 e 238, resume bem a teoria sustentada por Peter Haberle: "propõe o festejado autor a substituição de uma 'sociedade fechada dos intérpretes da Constituição' para uma 'sociedade aberta', sob o argumento de que todo aquele que vive no contexto regulado pela norma constitucional e que vive com este contexto é, direta ou indiretamente, um intérprete dessa norma, pois o destinatário da norma é participante ativo do processo hermenêutico". E continua: "Para Haberle, a interpretação constitucional deve ser desenvolvida sob a influência da teoria democrática, no âmbito da qual todo cidadão ativo, grupos, opinião pública e demais potências públicas representam forças produtivas da interpretação, de modo que são intérpretes constitucionais em sentido lato, atuando pelo menos como pré-intérpretes da Constituição"; **B:** incorreta. Sob o argumento de que a interpretação constitucional deve priorizar o espírito da norma interpretada em detrimento de expressões supérfluas ou vazias, **não pode** o intérprete simplesmente desconsiderar palavras, dispositivos ou expressões literais. Tal comportamento faria com que intérprete usurpasse a função legislativa; **C:** incorreta. Não são essencialmente diretrizes políticas que norteiam a interpretação da Constituição. Preceitos jurídicos, combinados com outros, são utilizados na interpretação da Constituição; **D:** incorreta. De fato, a visão teleológica busca os **objetivos e as finalidades** da norma, mas, ao contrário do mencionado, o texto da lei serve de parâmetro e limita a sua interpretação; **E:** correta. De fato, as disposições constitucionais favorecem uma interpretação atualizadora que pode se dar por meio de **mutação constitucional**. Esse fenômeno tem relação não com o aspecto formal do texto constitucional, mas com a interpretação dada à Constituição. É a alteração informal da Constituição. Não podemos interpretar a CF/88 da mesma maneira que a interpretávamos quando ela foi feita, a mudança social, que se deu com o passar do tempo, fez e faz com que a interpretação seja modificada. Por exemplo: O STF, na ADI 4277/2011, ampliou o conceito de família ao acrescentar os casais homoafetivos. Mencionou que "A Constituição de 1988, ao utilizar-se da expressão família, não limita sua formação a casais heteroafetivos nem a formalidade cartorária, celebração civil ou liturgia religiosa. Família como instituição privada que, voluntariamente constituída entre pessoas adultas, mantém com o Estado e a sociedade civil uma necessária relação tricotômica".

Gabarito "E".

(Procurador do Estado/AM – 2016 – CESPE) Julgue os itens seguintes, relativos à aplicabilidade de normas constitucionais e à interação destas com outras fontes do direito.

(1) Ao afirmar que o estado do Amazonas, nos limites de sua competência, assegura, em seu território, a brasileiros e estrangeiros, a inviolabilidade dos direitos e garantias fundamentais declarados na CF, o constituinte estadual incorporou, na ordem constitucional do estado, os direitos e as garantias fundamentais constantes da CF, fazendo uso, para tanto, da chamada técnica de remissão normativa.

(2) Em razão do princípio da autonomia política dos entes federativos, estados e municípios não podem ser submetidos a disposições implícitas da CF, devendo obediência, tão somente, às suas disposições expressas.

(3) Embora o preâmbulo da CF não tenha força normativa, podem os estados, ao elaborar as suas próprias leis fundamentais, reproduzi-lo, adaptando os seus termos naquilo que for cabível.

(4) Por serem normas de observância obrigatória para os estados, os municípios e o DF, as chamadas cláusulas pétreas da CF devem ser reproduzidas nas respectivas leis fundamentais desses entes e constituem os únicos limites materiais a serem observados quando de suas reformas.

1: correta. O Supremo já decidiu (RTJ 134/1033 – RTJ 166/785) que: "Com a técnica de **remissão normativa**, o Estado-membro confere parametricidade às normas, que, embora constantes da Constituição Federal, passam a compor, formalmente, em razão da expressa referência a elas feita, o "corpus" constitucional dessa unidade política da Federação, o que torna possível erigir-se, como parâmetro de confronto, para os fins a que se refere o art. 125, § 2º, da Constituição da República, a própria norma constitucional estadual de conteúdo remissivo. Doutrina. Precedentes" (Pleno, do agravo regimental na Rcl 10.500, rel. min. Celso de Mello, *DJe* 29.09.2011); **2:** errada. Ao contrário do mencionado, os princípios que decorrem da interpretação do Texto

Constitucional, ainda que não expressos, devem ser obedecidos pelos entes federativos, como o princípio da razoabilidade; **3:** correta. O preâmbulo traz princípios que norteiam a interpretação das normas e pode ser reproduzido pelos Estados com ou sem adaptações, ainda que não tenha força normativa; **4:** errada. As cláusulas pétreas são de observância obrigatória e não precisam ser reproduzidas nas normas estaduais, distritais ou municipais para que sejam respeitadas. Além disso, diversos limites devem ser observados pelos entes federativos. Dentre os materiais podemos citar, além das cláusulas pétreas, os princípios constitucionais sensíveis, previstos no art. 34, VII, da CF.

Gabarito 1C, 2E, 3C, 4E

(Advogado União – AGU – CESPE – 2015) Julgue os itens a seguir, relativos a normas constitucionais, hermenêutica constitucional e poder constituinte.

(1) De acordo com o princípio da unidade da CF, a interpretação das normas constitucionais deve ser feita de forma sistemática, afastando-se aparentes antinomias entre as regras e os princípios que a compõem, razão por que não devem ser consideradas contraditórias a norma constitucional que veda o estabelecimento de distinção pela lei entre os brasileiros natos e os naturalizados e a norma constitucional que estabelece que determinados cargos públicos devam ser privativos de brasileiros natos.

(2) Diferentemente do poder constituinte derivado, que tem natureza jurídica, o poder constituinte originário constitui-se como um poder, de fato, inicial, que instaura uma nova ordem jurídica, mas que, apesar de ser ilimitado juridicamente, encontra limites nos valores que informam a sociedade.

1: Correta. Pelo princípio da unidade da Constituição, as normas constitucionais devem ser observadas não como preceitos isolados, mas como parte de um sistema, devendo, por isso, ser interpretadas em conjunto com as demais regras e princípios constitucionais. Além disso, dele decorre também a afirmação de que não há hierarquia formal entre normas constitucionais, podendo-se falar, apenas, em hierarquia axiológica. **2:** Correta. Como o Poder Constituinte Originário é inicial, ilimitado, incondicionado e autônomo, considera-se como poder de fato. Já o Poder Constituinte Derivado, que é condicionado pelo Poder Constituinte Originário e nele encontra limites, é considerado um poder estabelecido juridicamente. TM

Gabarito 1C, 2C

(Analista – STF – 2013 – CESPE) Acerca do conceito de constituição e da interpretação das normas constitucionais, julgue os itens a seguir.

(1) Para Peter Häberle, jurista alemão cujo pensamento doutrinário tem influenciado o direito constitucional brasileiro, a constituição deve corresponder ao resultado, temporário e historicamente condicionado, de um processo de interpretação levado adiante na esfera pública por parte dos cidadãos e cidadãs.

(2) Para que as decisões produzidas mediante ponderação tenham legitimidade, deve o intérprete observar, alternativamente, os seguintes parâmetros gerais: os enunciados com estrutura de princípio têm preferência sobre aqueles com estrutura de regra; as normas que promovem diretamente os direitos fundamentais dos indivíduos e a dignidade da pessoa humana têm preferência sobre aqueles que apenas indiretamente contribuem para esse resultado.

1: correta, "na busca de um modelo adequado a uma sociedade democrática, pluralista e aberta, Häberle afirma não ser possível estabelecer um elenco fechado de intérpretes, pois não apenas os órgãos estatais, mas também os cidadãos e os grupos sociais (igrejas, sindicatos...) estão potencialmente vinculados ao processo de interpretação constitucional" (Novelino, Marcelo. **Direito constitucional**. 5. Ed. São Paulo: Método, 2011. p. 170). *Vide* também: "A participação da sociedade civil organizada nos processos de controle abstrato de constitucionalidade deve ser estimulada, como consectário de uma sociedade aberta dos intérpretes da Constituição, na percepção doutrinária de Peter Häberle, mercê de o incremento do rol dos legitimados à fiscalização abstrata das leis indicar esse novel sentimento constitucional" (STF, ADIn 4029/DF, Plenário, 08.03.2012, rel. Min. Luiz Fux); **2:** incorreta. "a existência de uma regra específica afasta, a priori, a possibilidade de aplicação do princípio" (Novelino, Marcelo. **Direito constitucional**. 5. Ed. São Paulo: Método, 2011. p. 142).

Gabarito 1C, 2E

(Técnico Judiciário – Área Administrativa – TRT8 – 2013 – CESPE) Com relação à eficácia e à aplicabilidade das normas constitucionais contidas na CF, assinale a opção correta.

(A) Ao assegurar aos presos o respeito à integridade física e moral, a CF estabeleceu uma norma de eficácia limitada, devendo referido direito ser regulamentado pelo Congresso Nacional, abrindo-se a possibilidade da propositura de mandado de injunção se a regulamentação não ocorrer.

(B) O preceito constitucional segundo o qual é livre a manifestação do pensamento, ressalvada a vedação ao anonimato, constitui norma de eficácia plena.

(C) No momento em que ocorreu a promulgação da CF, as normas de eficácia plena nela contidas já seriam passíveis de produzir efeitos, não havendo necessidade de regulamentação infraconstitucional; porém tais normas poderiam ter seu conteúdo e alcance restringido sem consequência de legislação superveniente.

(D) A dignidade da pessoa humana é uma norma de eficácia limitada, devendo haver regulamentação infraconstitucional para que referido direito possa ser exercido.

(E) As normas programáticas são espécies do gênero normas de eficácia contida.

A: Incorreta, pois a norma que assegura aos presos o respeito à integridade física e moral é de eficácia plena. Segundo Pedro Lenza, "normas constitucionais de eficácia plena e aplicabilidade direta, imediata e integral são aquelas normas da Constituição que, no momento em que esta entra em vigor, estão aptas a produzir todos os seus efeitos, independentemente de norma integrativa infraconstitucional (situação esta que pode ser observada, também, na hipótese de introdução de novos preceitos por emendas à Constituição, ou na hipótese do art. 5.°, § 3.°)" (**Direito Constitucional Esquematizado**. 17. ed. São Paulo: Saraiva, 2013, 277); **B:** Correta, o preceito do inciso IV do art. 5° da CF é norma de eficácia plena; **C:** Incorreta, ver comentário à alternativa "A"; **D:** Incorreta, pois a dignidade da pessoa humana constitui um dos fundamentos do da República Federativa do Brasil (art. 1°, III, da CF), ou seja, é norma de eficácia plena. Assim, não há que se falar em regulamentação infraconstitucional para o exercício desse direito; **E:** Incorreta. As normas de princípio programático são espécies do gênero das normas constitucionais de eficácia limitada. Para José Afonso da Silva, "normas programáticas são aquelas através das quais o constituinte, em vez de regular, direta e imediatamente, determinados interesses, limitou-se a traçar-lhes os princípios para serem cumpridos pelos seus órgãos (legislativos, executivos, jurisdicionais e administrativos), como programas das respectivas atividades, visando à realização dos fins sociais do Estado" (Aplicabilidade das normas constitucionais, p. 138).

Gabarito "B"

(Magistratura/BA – 2012 – CESPE) Com relação aos elementos da Constituição, à aplicabilidade e à interpretação das normas constitucionais, assinale a opção correta.

(A) Apenas os dispositivos que versam sobre os direitos e deveres individuais e coletivos, por possuírem todos os elementos necessários à sua executoriedade direta e integral, podem ser considerados normas constitucionais de eficácia plena e aplicabilidade imediata.

(B) Denomina-se hermenêutico-concretizador o método desenvolvido por Rudolf Smend, para quem o intérprete constitucional não pode separar o programa normativo inserido nas constituições da realidade social.

(C) O método hermenêutico clássico de interpretação constitucional concebe a interpretação como uma atividade puramente técnica de conhecimento do texto constitucional e preconiza que o intérprete da Constituição deve se restringir a buscar o sentido da norma e por ele se guiar na sua aplicação, sem formular juízos de valor ou desempenhar atividade criativa.

(D) Os elementos de estabilização constitucional consubstanciam-se nas normas que regulam a estrutura do Estado e do poder, a segurança pública e as Forças Armadas.

(E) O preâmbulo da CF e as disposições constitucionais transitórias constituem exemplos de elementos limitativos, que restringem a atuação do legislador constituinte derivado e dos titulares do poder estatal.

A: incorreta, pois o Professor José Afonso da Silva, ao contrário do que entendia a doutrina clássica, afirmou que todas as normas constitucionais, sem exceção, são revestidas de eficácia jurídica, ou seja, de aptidão à produção de efeitos jurídicos, sendo assim todas aplicáveis, em maior ou menor grau, nos termos do art. 5º, §§ 1º e 2º, da CF; **B:** incorreta, pois o método Hermenêutico-Concretizador foi desenvolvido por Konrad Hesse. O saudoso Rudolf Smend desenvolveu o método Científico Espiritual; **C:** correta. O método Hermenêutico Clássico ou Jurídico foi desenvolvido por Enest Forshoff. Esse autor parte da ideia de "tese da identidade", segundo a qual a constituição nada mais é do que uma lei, como todas as demais, com algumas peculiaridades. Se a constituição é uma lei (tese da identidade), ela deve ser interpretada pelos mesmos métodos clássicos de interpretação das leis, aqueles desenvolvidos por Savigny, sendo suas inegáveis particularidades apenas um elemento adicional, incapaz de afastar a utilização das regras clássicas de interpretação. Quais são os elementos tradicionais desenvolvidos por Savigny? **c1) Gramatical ou literal**: é importante. É o início de uma interpretação. Além disso, é também o limite para a interpretação. O texto da norma funciona, portanto, como início e limite para a interpretação. Por isso, critica-se o entendimento do STF quanto ao art. 52, X, da CF. **c2) Histórico:** no seu desdobramento, entra o elemento histórico evolutivo. Imagine a Constituição norte-americana. A interpretação dessa constituição não é hoje da mesma forma como se fazia há 200 anos. **c3) Lógico:** Os princípios da lógica formal também devem orientar a interpretação. Ex: princípio da não contradição. **c4) Sistemático:** talvez seja um dos mais importantes. Esse elemento estará presente em vários métodos e em vários princípios interpretativos. O que diz esse elemento? Ele parte da seguinte premissa – se a norma faz parte de um sistema, ela deve ser interpretada de acordo com as demais normas ou em conjunto com as demais normas que compõem o sistema, e não isoladamente. Não existe uma norma jurídica sozinha. Toda norma está dentro de um sistema. É necessário interpretar o dispositivo dentro do sistema ao qual ele pertence." Crítica: Quando Savigny desenvolveu esses elementos, ele o fez pensando exclusivamente no direito privado. O grande problema é que, para o direito privado, eles são suficientes; para o direito público, esses elementos são insuficientes, devido à complexidade da interpretação constitucional; **D:** incorreta, pois os elementos de Estabilização constitucional consubstanciam-se nas normas ou mecanismos previstos na própria Constituição Federal, destinados a assegurar a sua supremacia. Ex: Título V (Estado de Defesa e Estado de Sítio, Segurança Pública e Forças Armadas); Intervenção Federal; Ação Direta de Inconstitucionalidade. Todavia, a estrutura do Estado e do Poder não pertence aos elementos de estabilização, mas sim, aos Elementos Organizacionais ou Orgânicos; **E:** incorreta, pois o preâmbulo e as disposições constitucionais transitórias são Elementos Formais de Aplicabilidade.

Gabarito "C".

(Defensor Público/ES – 2012 – CESPE) Em relação ao conceito de supremacia constitucional e de constitucionalismo, julgue os itens seguintes.

(1) A rigidez e o controle de constitucionalidade não se relacionam com a supremacia da CF, mas com a compatibilidade das leis com o texto constitucional.

(2) Na perspectiva moderna, o conceito de constitucionalismo abrange, em sua essência, a limitação do poder político e a proteção dos direitos fundamentais.

1. Errada. São rígidas as constituições em que o mecanismo de alteração das normas constitucionais é mais difícil que o previsto para a modificação de normas infraconstitucionais. A CF/1988 é rígida, pois estabelece em seu texto um procedimento mais qualificado para aprovação de emendas constitucionais que o de alteração das leis em geral (art. 60 da CF). A rigidez, portanto, tem como consequência a supremacia da Constituição sobre as demais normas jurídicas, pois nenhuma lei ou ato normativo pode contrariar o disposto na CF. Assim, também pelo princípio da supremacia da Constituição qualquer lei ou ato normativo só será válido se compatível com os ditames constitucionais, o que fundamenta o controle de constitucionalidade; **2.** Correta. De acordo com Pedro Lenza (**Direito Constitucional Esquematizado**, 2013, p. 58), "partindo, então, da ideia de que todo Estado deva possuir uma Constituição, avança-se no sentido de que os textos constitucionais contêm regras de limitação ao poder autoritário e de prevalência dos direitos fundamentais, afastando-se da visão autoritária do antigo regime".

Gabarito 1E, 2C

(Defensor Público/ES – 2012 – CESPE) Julgue os itens a seguir, relativos as normas constitucionais.

(1) Uma das características da hermenêutica constitucional contemporânea é a distinção entre regras e princípios; segundo Ronald Dworkin, tal distinção é de natureza lógico-argumentativa, pois somente pode ser percebida por meio dos usos dos argumentos e razões no âmbito de cada caso concreto.

(2) De acordo com a classificação de José Afonso da Silva, as normas constitucionais podem ser classificadas, quanto à eficácia e a aplicabilidade, em normas de eficácia plena, normas de eficácia contida e normas de eficácia absoluta.

(3) De acordo com o que dispõe a CF, as normas definidoras de direitos fundamentais tem aplicação imediata, mas gradual.

1. Correta. Já para Alexy, a diferenciação é de natureza morfológica-estrutural; **2.** Errada. De acordo com José Afonso da Silva há: a) normas constitucionais de eficácia plena (ou absoluta) e aplicabilidade imediata, que produzem efeitos plenos tão logo entram em vigor; b) normas constitucionais de eficácia contida (ou redutível ou restringível) e aplicabilidade mediata, que muito embora tenham eficácia direta e aplicabilidade imediata quando da promulgação da CF, podem vir a ser restringidas pelo legislador infraconstitucional no futuro e c) normas constitucionais de eficácia limitada, que, por sua vez, podem ser: c.1) de princípio institutivo (ou organizativo) ou c.2) de princípio programático. Normas constitucionais de eficácia limitada são as que possuem aplicabilidade indireta e eficácia mediata, pois dependem da intermediação do legislador infraconstitucional para que possam produzir seus efeitos jurídicos próprios. Serão de princípio institutivo se contiverem regras de estruturação de instituição, órgãos ou entidades, como a norma do art. 18, § 2º, da CF. As normas constitucionais de eficácia limitada e de princípio programático veiculam programas a serem implementados pelo Estado (arts. 196, 205 e 215, da CF); **3.** Errada. Nem todas as normas definidoras de direitos são de eficácia plena, ou seja, de aplicabilidade direta e eficácia imediata.

Gabarito 1C, 2E, 3E

(Defensor Público/SE – 2012 – CESPE) Com relação aos métodos de interpretação das normas constitucionais, assinale a opção correta.

(A) Segundo o método tópico-problemático, as normas constitucionais são fechadas e determinadas, sem nenhum viés fragmentário.

(B) Para cada caso concreto que envolva normas constitucionais, há um método de interpretação adequado que se revela o correto.

(C) De acordo com o método hermenêutico clássico, devem-se adotar os critérios tradicionais relacionados por Savigny como forma de se preservar o conteúdo da norma interpretada e evitar que ele se perca em considerações valorativas.

(D) Uma das características do método hermenêutico-concretizador é ignorar a pré-compreensão do intérprete.

(E) Consoante o método científico-espiritual, a interpretação da Constituição restringe-se ao campo jurídico-formal, não sendo admitida qualquer perspectiva política ou sociológica de construção e preservação da unidade social.

De acordo com Canotilho, a interpretação das normas constitucionais é um conjunto de métodos, que o mestre português divide em: a) jurídico (ou hermenêutico clássico); b) tópico-problemático; c) hermenêutico-concretizador; d) científico-espiritual; e) normativo-estruturante; f) da comparação constitucional. O científico-espiritual é o método valorativo, sociológico, segundo o qual a interpretação das normas constitucionais não se fixa à literalidade da norma, mas leva em conta a realidade social e os valores subjacentes ao texto da Constituição. O normativo-estruturante defende que a literalidade da norma deve ser analisada "à luz da concretização da norma em sua realidade social". O método hermenêutico-concretizador difere do método tópico-problemático justamente porque, no primeiro, parte-se da Constituição para o problema, valendo-se o intérprete de suas pré-compreensões sobre o tema para obter o sentido da norma. Na tópica, ao contrário, parte-se do caso concreto para a norma. O método hermenêutico clássico entende a Constituição como lei e, por isso, a interpreta através dos métodos tradicionais de hermenêutica (gramatical, lógico, sistemático, histórico, teleológico *etc.*).

Gabarito "C"

4. DO CONTROLE DE CONSTITUCIONALIDADE

4.1. CONTROLE DE CONSTITUCIONALIDADE EM GERAL

(Auditor Fiscal – SEFAZ/RS – 2019 – CESPE/CEBRASPE) De acordo com a CF, tem legitimidade ativa para propor originariamente ação direta de inconstitucionalidade e ação declaratória de constitucionalidade o

(A) Conselho Nacional do Ministério Público.
(B) defensor público geral da União.
(C) Conselho Federal da Ordem dos Advogados do Brasil.
(D) advogado geral da União.
(E) Conselho Nacional de Justiça.

De acordo com o art. 103 da CF, podem propor a ação direta de inconstitucionalidade e a ação declaratória de constitucionalidade: o Presidente da República; a Mesa do Senado Federal; a Mesa da Câmara dos Deputados; a Mesa de Assembleia Legislativa; a Mesa de Assembleia Legislativa ou da Câmara Legislativa do Distrito Federal; o Governador de Estado; o Governador de Estado ou do Distrito Federal; o Procurador-Geral da República; o Conselho Federal da Ordem dos Advogados do Brasil; partido político com representação no Congresso Nacional; confederação sindical ou entidade de classe de âmbito nacional. AN

Gabarito "C"

(Auditor Fiscal – SEFAZ/RS – 2019 – CESPE/CEBRASPE) Julgue os itens a seguir, acerca da supremacia da Constituição Federal de 1988 (CF) e do controle de constitucionalidade.

I. O sistema de controle de constitucionalidade adotado no Brasil é o misto: as leis federais, além de realizar exame sobre a inconstitucionalidade tanto material quanto formal das normas, ficam sob o controle político do Congresso Nacional, e as estaduais e municipais, sob o controle jurisdicional.
II. O controle de constitucionalidade está ligado à supremacia da CF sobre todas as leis e normas jurídicas.
III. A supremacia material deriva do fato de a CF organizar e distribuir as formas de competências, hierarquizando-as. Já a supremacia formal apoia-se na ideia da rigidez constitucional.
IV. Sob o prisma constitucional, o governo federal, os governos dos estados da Federação, os dos municípios e o do Distrito Federal são soberanos, pois estão investidos de poderes e competências governamentais absolutas.

Estão certos apenas os itens

(A) I e II.
(B) I e IV.
(C) II e III.
(D) I, III e IV.
(E) II, III e IV.

I: errada, pois o sistema de controle de constitucionalidade adotado no Brasil é o jurisdicional, haja vista que a Constituição atribui ao Poder Judiciário a função precípua de declarar a inconstitucionalidade de leis e de atos do Poder Público que contrariem, formal ou materialmente, preceitos ou princípios constitucionais. O controle de constitucionalidade misto é aquele em que a Constituição submete certas categorias de leis ao controle político e outras ao controle jurisdicional, como ocorre na Suíça, onde as leis federais ficam sob controle político da Assembleia Nacional, e as leis locais sob o controle jurisdicional; **II:** certa, porque uma das premissas do controle de constitucionalidade é o princípio da supremacia da Constituição; **III:** certa. A supremacia material se refere ao conteúdo material da Constituição, às normas elementares das Constituições, quais sejam, direitos e garantias fundamentais, estrutura do Estado e organização dos poderes. Já a supremacia formal diz respeito à superioridade hierárquica das normas constitucionais em relação às demais normas produzidas no ordenamento jurídico, sendo um atributo específico das Constituições rígidas, isto é, aquelas cujas normas possuem um processo de elaboração mais solene e dificultoso do que o ordinário. Para fins de controle de constitucionalidade, é imprescindível a existência da supremacia formal; **IV:** errada, porque a soberania é um atributo exclusivo da República Federativa do Brasil, que é pessoa jurídica de direito público internacional, integrada por todos os entes federados. Os entes federados (União, Estados, Distrito Federal e Municípios) são dotados de autonomia, a qual está assentada na capacidade de auto-organização, de autogoverno e de autoadministração. AN

Gabarito "C"

(Juiz de Direito – TJ/BA – 2019 – CESPE/CEBRASPE) A respeito da situação conhecida como estado de coisas inconstitucional, assinale a opção correta.

(A) Tal situação resulta sempre de má vontade de autoridade pública em modificar uma conjuntura de violação a direitos fundamentais.
(B) Constatada a ocorrência dessa situação, verifica-se, em consequência, violação pontual de direito social a prestação material pelo Estado.
(C) No plano dos remédios estruturais para saneamento do estado de coisas inconstitucional, estão a superação dos bloqueios institucionais e políticos e o aumento da deliberação de soluções sobre a demanda.
(D) Em função do caráter estrutural e complexo do litígio causador do estado de coisas inconstitucional, não é admitido ao Poder Judiciário impor medidas concretas ao Poder Executivo.
(E) De modo tácito, o reconhecimento do estado de coisas inconstitucional autoriza o Poder Judiciário a assumir tarefas do Poder Legislativo na coordenação de medidas com o objetivo de assegurar direitos.

Concebida em julgados da Corte Constitucional da Colômbia (Sentencia de Unificación (SU) 559, de 1997), a técnica da declaração do "estado de coisas inconstitucional" permite ao juiz constitucional impor aos Poderes Públicos a tomada de ações urgentes e necessárias ao afastamento das violações massivas de direitos fundamentais, assim como supervisionar a efetiva implementação. Essa prática pode ser levada a efeito em casos excepcionais, quando presente transgressão grave e sistemática a direitos humanos e constatada a imprescindibilidade da atuação do Tribunal em razão de "bloqueios institucionais" nos outros Poderes. O estado de coisas inconstitucional possui três pressupostos principais: situação de violação generalizada de direitos fundamentais; inércia ou incapacidade reiterada e persistente das autoridades públicas em modificar a situação; superação das transgressões que exige a atuação não apenas de um órgão, mas sim de uma pluralidade de autoridades. O STF reconheceu que o sistema penitenciário nacional deve ser caraterizado como "estado de coisas inconstitucional" em razão do presente quadro de violação massiva e persistente de direitos fundamentais, decorrente de falhas estruturais e falência de políticas públicas e cuja modificação depende de medidas abrangentes de natureza normativa, administrativa e orçamentária (ADPF 347 MC, Relator: Min. Marco Aurélio, Tribunal Pleno, julgado em 09/09/2015).

A: incorreta, pois o estado de coisas inconstitucional é causado pela inércia ou incapacidade das autoridades em modificar a conjuntura de violação a direitos fundamentais; **B:** incorreta, porque o estado de coisas inconstitucional é caracterizado pela violação generalizada e sistêmica de direitos fundamentais; **C:** correta; visto que a Corte Constitucional deve adotar remédios estruturais com os objetivos de superar bloqueios políticos e institucionais e de aumentar a deliberação e o diálogo sobre causas e soluções do estado de coisas inconstitucional; **D:** incorreta, pois, ante a gravidade excepcional do quadro, a Corte Constitucional pode interferir na formulação e implementação de políticas públicas e em alocações de recursos orçamentários, bem como coordenar as medidas concretas necessárias para superação do estado de inconstitucionalidades; **E:** incorreta, pois o Poder Judiciário não pode substituir o Legislativo e o Executivo na consecução de tarefas próprias. O Judiciário deve superar bloqueios políticos e institucionais sem afastar os outros Poderes dos processos de formulação e implementação das soluções necessárias. Cabe ao Judiciário catalisar ações e políticas públicas, coordenar a atuação dos órgãos do Estado na adoção dessas medidas e monitorar a eficiência das soluções. AN

Gabarito "C"

(Juiz – TJ/CE – 2018 – CESPE) Considerando o entendimento do STF acerca dos modelos, dos instrumentos e dos efeitos das decisões no controle de constitucionalidade, assinale a opção correta.

(A) Apenas no controle abstrato o STF admite a modulação dos efeitos temporais da declaração de inconstitucionalidade.
(B) Embora seja ação típica do modelo concentrado, a arguição de descumprimento de preceito fundamental se presta, entre outros fins, ao controle concreto de constitucionalidade.
(C) O STF admite a intervenção do *amicus curiae* na edição *ex officio* dos enunciados de súmula vinculante.
(D) A admissão de reclamação constitucional ajuizada contra omissão do poder público que contrarie súmula vinculante independe do esgotamento da via administrativa.
(E) O STF entende ser incabível a realização de audiência pública antes do julgamento de recurso extraordinário, por ser mecanismo típico do controle abstrato.

A: incorreta, porque, embora prevista expressamente apenas no controle abstrato, o STF admite, de forma excepcional, a possibilidade de modulação dos efeitos temporais da declaração de inconstitucionalidade no controle concreto realizado incidentalmente, quando presentes razões de segurança jurídica ou de interesse social. Nesse sentido, o seguinte julgado do STF: "*Em princípio, a técnica da modulação temporal dos efeitos de decisão reserva-se ao controle concentrado de constitucionalidade, em face de disposição legal expressa. Não obstante, e embora em pelo menos duas oportunidades o Supremo Tribunal Federal tenha aplicado a técnica da modulação dos efeitos da declaração de inconstitucionalidade no controle difuso da constitucionalidade das leis, é imperioso ter presente que a Corte o fez em situações extremas, caracterizadas inequivocamente pelo risco à segurança jurídica ou ao interesse social.*" (AI 641798, Rel. Min. Joaquim Barbosa, j. em 22.10.2010); **B:** correta, pois a arguição de descumprimento de preceito fundamental (ADPF) é uma ação de controle concentrado de constitucionalidade que pode ser proposta de forma autônoma, em face de situações abstratas, ou incidental, em face de situações concretas, inclusive decisões judiciais (vide ADPF 101, Rel. Min. Cármen Lúcia, Tribunal Pleno, j. em 24.06.2009). Segundo Gilmar Mendes: "*Como típico instrumento do modelo concentrado de controle de constitucionalidade, a ADPF tanto pode dar ensejo à impugnação ou questionamento direto de lei ou ato normativo federal, estadual ou municipal, como pode acarretar uma provocação a partir de situações concretas, que levem à impugnação de lei ou ato normativo. No primeiro caso, tem-se um tipo de controle de normas em caráter principal, opera-se de forma direta e imediata em relação à lei ou ao ato normativo. No segundo, questiona-se a legitimidade da lei tendo em vista a sua aplicação em uma dada situação concreta (caráter incidental). Aqui a instauração do controle de legitimidade da norma na ADPF repercutirá diretamente sobre os casos submetidos à jurisdição ordinária (...)*" (Gilmar F. Mendes e Paulo Gustavo G. Branco, *Curso de Direito Constitucional*, 10ª ed., São Paulo: Saraiva, 2015, p. 1.264); **C:** incorreta, pois o STF **não** admite a intervenção do *amicus curiae* na edição *ex officio* dos enunciados de súmula vinculante por entender que a admissão formal de terceiros é incompatível com o procedimento simplificado criado para a edição de enunciados de súmulas vinculantes de iniciativa interna (*ex officio*), o qual é distinto do procedimento por provocação externa previsto no art. 3º da Lei 11.417/2006 (vide Debate de Aprovação da Súmula Vinculante 2 do STF); **D:** incorreta, pois o uso da reclamação contra omissão ou ato da administração pública que contrariar enunciado de súmula vinculante só será admitido após esgotamento das vias administrativas (art. 7º, § 1º, da Lei 11.417/2006); **E:** incorreta, pois o art. 1.038, inciso II, do CPC prevê que, no julgamento dos recursos extraordinário e especial repetitivos, o relator poderá fixar data para, em audiência pública, ouvir depoimentos de pessoas com experiência e conhecimento na matéria, com a finalidade de instruir o procedimento. Nessa linha, o STF tem realizado audiência pública antes do julgamento de recursos extraordinários, sendo exemplos os REs 1.010.606, n. 973.837, n. 581.488, n. 641.320, dentre outros. AN

Gabarito "B".

(Delegado Federal – 2018 – CESPE) A respeito dos direitos fundamentais e do controle de constitucionalidade, julgue os itens que se seguem.

(1) Segundo o STF, é inconstitucional a definição de critérios, além da autodeclaração, como forma de identificação dos beneficiários da política de cotas nos concursos públicos.
(2) Em relação aos estrangeiros, a norma constitucional que garante o acesso a cargos, empregos e funções públicas é de eficácia contida.
(3) De acordo com o STF, é inconstitucional proibir que emissoras de rádio e TV difundam áudios ou vídeos que ridicularizem candidato ou partido político durante o período eleitoral.
(4) Regulamento que disponha sobre o licenciamento ambiental de cemitérios tem caráter autônomo e abstrato, razão por que o STF admite ação direta de inconstitucionalidade contra esse tipo de norma.
(5) Dada a concretude regulamentar de decreto do Poder Executivo que verse sobre a liberdade de reunião em manifestação pública, sua suspensão não pode ser pleiteada mediante ação direta de inconstitucionalidade.

1: errada, pois o STF entende ser legítima a utilização, além da autodeclaração, de critérios subsidiários de heteroidentificação (*e.g.*, a exigência de autodeclaração presencial perante a comissão do concurso), desde que respeitada a dignidade da pessoa humana e garantidos o contraditório e a ampla defesa (ADC 41, Rel. Min. Roberto Barroso, j. 08.06.2017); **2:** errada, já que o STF fixou entendimento no sentido de que o art. 37, I, da Constituição do Brasil (redação após a EC 19/1998) consubstancia, relativamente ao acesso aos cargos públicos por estrangeiros, preceito constitucional dotado de **eficácia limitada**, dependendo de regulamentação para produzir efeitos, sendo assim, não autoaplicável (RE 544.655 AgR, Rel. Min. Eros Grau, j. 09.09.2008, 2ª T); **3:** certa, porque o STF entende serem inconstitucionais quaisquer leis ou atos normativos tendentes a constranger ou inibir a liberdade de expressão a partir de mecanismos de censura prévia, tal como a proibição de que emissoras de rádio e TV difundam áudios ou vídeos que ridicularizem candidato ou partido político durante o período eleitoral (art. 45, II, da Lei 9.504/1997); **4:** errada, pois o regulamento que disponha sobre o licenciamento ambiental de cemitérios **não** tem caráter autônomo e abstrato, razão pela qual o STF **não** admite ação direta de inconstitucionalidade contra esse tipo de norma, conforme o seguinte julgado: "*Não se admite a propositura de ação direta de inconstitucionalidade para impugnar Resolução do CONAMA, ato normativo regulamentar e não autônomo, de natureza secundária. O parâmetro de análise dessa espécie de ato é a lei regulamentada e não a Constituição*" (ADI 3074 AgR, Rel. Min. Teori Zavascki, Tribunal Pleno, j. em 28.05.2014); **5:** errada, pois o decreto do Poder Executivo que verse sobre a liberdade de reunião em manifestação pública possui característica de ato autônomo abstrato, podendo, assim, sua suspensão ser pleiteada mediante ação direta de inconstitucionalidade. Nesse sentido, o seguinte julgado do STF: "*Possuindo o decreto característica de ato autônomo abstrato, adequado é o ataque da medida na via da ação direta de inconstitucionalidade. Isso ocorre relativamente a ato do Poder Executivo que, a pretexto de compatibilizar a liberdade de reunião e de expressão com o direito ao trabalho em ambiente de tranquilidade, acaba por emprestar à Carta regulamentação imprópria, sob os ângulos formal e material.[...] De início, surge com relevância ímpar pedido de suspensão de decreto mediante o qual foram impostas limitações à liberdade de reunião e de manifestação pública, proibindo-se a utilização de carros de som e de outros equipamentos de veiculação de ideias.*" (ADI 1969 MC, Rel. Min. Marco Aurélio, Tribunal Pleno, j. em 24.03.1999). AN

Gabarito 1E, 2E, 3C, 4E, 5E

(Procurador do Município – Prefeitura Fortaleza/CE – CESPE – 2017) No que concerne a controle de constitucionalidade, julgue o item a seguir.

(1) Se a demanda versar exclusivamente sobre direitos disponíveis, é vedado ao juiz declarar de ofício a inconstitucionalidade de lei, sob pena de violação do princípio da inércia processual.

1: Incorreta. Qualquer juiz ou tribunal pode conhecer questões de inconstitucionalidade de ofício, ainda que se trate apenas de direitos disponíveis. TM

Gabarito 1E

(Procurador Municipal – Prefeitura/BH – CESPE – 2017) O STF declarou a inconstitucionalidade da interpretação da norma que proíbe a realização de aborto na hipótese de gravidez de feto anencefálico, diante da omissão de dispositivos penais quanto àquela situação. Essa decisão visou a garantir a compatibilidade da lei com os princípios e direitos fundamentais previstos na CF.

De acordo com a doutrina pertinente, nesse caso, o julgamento do STF constituiu sentença ou decisão:

(A) interpretativa de aceitação.
(B) aditiva.
(C) substitutiva.
(D) interpretativa de rechaço.

A: incorreta. No âmbito da intepretação constitucional, mais propriamente dentro da interpretação conforme a Constituição, existem as chamadas sentenças meramente interpretativas e as sentenças normativas ou manipuladoras. As sentenças de interpretação conforme *interpretativas*, por sua vez, podem ser divididas em interpretativas de aceitação e de rechaço (ou repúdio). As interpretativas de aceitação anulam as decisões que estejam contrárias à Constituição, por conterem interpretações da Constituição que não são válidas. Assim, a norma permanece no ordenamento, mas a interpretação que lhe foi conferida é declarada inconstitucional; **B:** correta. Já as decisões *manipuladoras ou normativas*, podem ser aditivas ou substitutivas. Nas aditivas, a Corte declara a existência de uma omissão inconstitucional na norma, como no caso do direito de greve do servidor público. Diante da omissão do legislador em regulamentá-lo, o STF garantiu seu exercício a partir da aplicação por analogia da lei de greve da iniciativa privada; **C:** incorreta. Nas decisões manipulativas substitutivas, ao contrário, a Corte declara a inconstitucionalidade da norma atacada substituindo-a por outra, criada pelo próprio tribunal; **D:** incorreta. Nas sentenças interpretativas de repúdio ou rechaço, o enunciado da norma permanece válido, mas a Corte adota a interpretação da norma que está de acordo com a Constituição, repudiando todas as demais. TM

Gabarito "B".

(Procurador Municipal – Prefeitura/BH – CESPE – 2017) À luz do entendimento do STF, assinale a opção correta, a respeito do controle de constitucionalidade.

(A) Admite-se reclamação para o STF contra decisão relativa à ação direta que, proposta em tribunal estadual, reconheça a inconstitucionalidade do parâmetro de controle estadual em face da CF.
(B) Lei municipal poderá ser objeto de pedido de representação de inconstitucionalidade, mas não de arguição de descumprimento de preceito fundamental.
(C) Ato normativo editado por governo de estado da Federação que proíba algum tipo de serviço de transporte poderá ser questionado mediante ação declaratória de constitucionalidade no STF.
(D) Súmula vinculante poderá ser cancelada ou revista se demonstradas modificação substantiva do contexto político, econômico ou social, alteração evidente da jurisprudência do STF ou alteração legislativa sobre o tema.

A: incorreta. Nesse caso cabe recurso extraordinário, já que o tribunal estadual declarou a inconstitucionalidade de lei estadual em face da Constituição Federal; **B:** incorreta. Cabe ADPF em face de leis municipais, por expressa previsão no art. 1º da Lei 9.882/1999; **C:** incorreta. Só cabe ação declaratória de constitucionalidade em face de lei ou ato normativo federal (art. 102, I, *a*, CF); **D:** correta. Entendimento do STF consagrado ao julgar a PSV 13. TM

Gabarito "D".

(Delegado/PE – 2016 – CESPE) Com relação ao controle de constitucionalidade, assinale a opção correta.

(A) Como atos *interna corporis*, as decisões normativas dos tribunais, estejam elas sob a forma de resoluções administrativas ou de portarias, não são passíveis do controle de constitucionalidade concentrado.
(B) Se o governador de um estado da Federação ajuizar ADI contra lei editada por outro estado, a ação não deverá ser conhecida pelo STF, pois governadores de estado somente dispõem de competência para ajuizar ações contra leis e atos normativos federais e de seu próprio estado.
(C) A ADPF pode ser proposta pelos mesmos legitimados ativos da ADI genérica e da ADC, além do juiz singular quando, na dúvida sobre a constitucionalidade de uma lei, este suscita o incidente de arguição de inconstitucionalidade perante o STF.
(D) Se a câmara de vereadores de um município entender que o prefeito local pratica atos que lesam princípios ou direitos fundamentais, ela poderá propor uma ADPF junto ao STF visando reprimir e fazer cessar as condutas da autoridade municipal.
(E) São legitimados universais para propor ADI, não se sujeitando ao exame da pertinência temática, o Presidente da República, as mesas da Câmara dos Deputados e do Senado Federal, o procurador-geral da República, partido político com representação no Congresso Nacional e o Conselho Federal da OAB.

A: incorreta. O STF, ADI 4.108/MG, 'tem admitido o controle concentrado de constitucionalidade de preceitos oriundos da atividade administrativa dos tribunais, desde que presente, de forma inequívoca, o caráter normativo e autônomo do ato impugnado'". Vicente Paulo e Marcelo Alexandrino, em Direito Constitucional Descomplicado, 14ª Edição, 2015, p. 850, ensinam que "Pode, ainda, ser objeto de ação direta de inconstitucionalidade perante o STF os seguintes atos normativos: resoluções e decisões administrativas dos tribunais do Poder Judiciário"; **B:** incorreta. O governador é legitimado ativo para propor as ações do controle concentrado (ADI, ADC e ADPF), conforme determina o art. 103, V, da CF. O único detalhe é que ele precisa demonstrar pertinência temática, ou seja, o conteúdo do ato deve ser pertinente aos interesses do Estado que o Governador representa, sob pena de carência da ação (falta de interesse de agir); **C:** incorreta. O juiz singular não é legitimado para propor tal ação. Apenas o rol de legitimados previsto no art. 103 da CF pode propor as ações do controle concentrado. São os seguintes: I – o Presidente da República; II – a Mesa do Senado Federal; III – a Mesa da Câmara dos Deputados; IV – a Mesa de Assembleia Legislativa ou da Câmara Legislativa do Distrito Federal; V – o Governador de Estado ou do Distrito Federal; VI – o Procurador-Geral da República; VII – o Conselho Federal da Ordem dos Advogados do Brasil; VIII – partido político com representação no Congresso Nacional; IX – confederação sindical ou entidade de classe de âmbito nacional. **Legitimidade.** Vale lembrar que segundo o STF, os previstos nos incisos IV, V e IX do art. 103 da CF precisam demonstrar pertinência temática; **D:** incorreta. A Câmara de Vereadores não é legitimada ativa à propositura da ADPF. Como mencionado, apenas o rol do art. 103 da CF detém legitimidade; **E:** correta. O art. 103 da CF traz os legitimados e o STF os classifica em universais ou neutros e especiais, temáticos ou interessados. Os primeiros podem impugnar quaisquer normas, os segundos são aqueles que precisam demonstrar pertinência temática ao ingressar com essas ações, ou seja, o conteúdo do ato deve ser pertinente aos interesses do legitimado, sob pena de carência da ação. O Supremo já definiu que pertinência temática significa que a ação proposta pelo ente tem de estar de acordo com sua finalidade institucional. Devem vir acompanhadas de tal requisito as ações propostas pelos seguintes legitimados: a Mesa de Assembleia Legislativa ou da Câmara Legislativa do Distrito Federal (inciso IV); o Governador de Estado ou do Distrito Federal (inciso V); e confederação sindical ou entidade de classe de âmbito nacional (inciso IX). Por exclusão, os demais entes são considerados legitimados universais, ou seja, não precisam demonstrar a existência de pertinência temática, quais sejam: o Presidente da República, a Mesa do Senado Federal, a Mesa da Câmara dos Deputados, o Procurador-Geral da República, o partido político com representação no Congresso Nacional e o Conselho Federal da Ordem dos Advogados do Brasil.

Gabarito "E".

(Defensor Público – DPE/RN – 2016 – CESPE) Em relação a controle de constitucionalidade, assinale a opção correta.

(A) Segundo o entendimento do STF, o Conselho Nacional do Ministério Público pode, excepcionalmente, no exercício de suas atribuições de controle da legitimidade dos atos administrativos praticados por membros do MP, afastar a aplicação de norma identificada como inconstitucional.
(B) Consoante entendimento do STF, em ADI, após a deliberação a respeito do mérito da declaração de inconstitucionalidade e, mesmo já proclamado o resultado final do julgamento, é possível a reabertura do julgamento para fins de deliberação a respeito da modulação dos efeitos da decisão.
(C) De acordo com alteração constitucional promovida por emenda constitucional, o defensor público-geral federal passou a ser um dos legitimados a propor ADI e a ação declaratória de constitucionalidade.

(D) A decisão que julgar procedente o pedido em ADPF é irrecorrível, não podendo ser objeto de ação rescisória ou de reclamação contra o seu descumprimento.

(E) De acordo com entendimento do STF, para admitir-se a revisão ou o cancelamento de súmula vinculante, faz-se necessário demonstrar: a evidente superação da jurisprudência do STF no trato da matéria; a alteração legislativa quanto ao tema; ou, ainda, a modificação substantiva de contexto político, econômico ou social.

A: Errada. "O Conselho Nacional do Ministério Público não ostenta competência para efetuar controle de constitucionalidade de lei, posto consabido tratar-se de órgão de natureza administrativa, cuja atribuição adstringe-se ao controle da legitimidade dos atos administrativos praticados por membros ou órgãos do Ministério Público federal e estadual" (MS 27.744, Rel. Min. Luiz Fux, j. 6/5/2014, 1ª T, p. 8/6/2015); **B:** Errada. "Em ação direta de inconstitucionalidade, com a proclamação do resultado final, se tem por concluído e encerrado o julgamento e, por isso, inviável a sua reabertura para fins de modulação" (ADI 2949 QO/MG, Rel. p/ o acórdão Min. Marco Aurélio); **C:** Errada. Não se encontra no rol de legitimados do art. 103 da CF e 2º da Lei 9.868/1999 para a propositura de ADI, nem no rol de legitimados para propositura de ADC (art. 13, I a IV, da Lei 9.868/1999); **D:** Errada. O art. 12 da Lei 9.882/1999 prevê a irrecorribilidade da decisão em ADPF e o não cabimento de ação rescisória, mas não veda a reclamação. A reclamação, de acordo com a doutrina majoritária, tem natureza jurídica de "ação", não de recurso; **E:** Correta. As balizas foram estabelecidas pelo STF ao apreciar pedido de revisão/cancelamento dos enunciados 11 e 25 da Súmula Vinculante do Tribunal (V. Informativo/STF 800).

Gabarito "E".

(Defensor Público – DPE/RN – 2016 – CESPE) No tocante à jurisdição constitucional dos TJs estaduais, assinale a opção correta de acordo com a jurisprudência do STF.

(A) Pela técnica da remissão normativa, a Constituição estadual pode incorporar o conteúdo de normas da CF, podendo os preceitos constitucionais estaduais de remissão servir de parâmetro no controle abstrato de normas de âmbito estadual.

(B) Não será exigido o requisito da pertinência temática para qualquer dos legitimados ao controle abstrato de constitucionalidade estadual, salvo se a Constituição estadual contemplar expressamente essa exigência.

(C) Se o autor de representação de inconstitucionalidade estadual invocar como parâmetro de controle norma da Constituição estadual incompatível com a CF, o TJ deverá, mesmo assim, julgar a ação, ainda que em face desse parâmetro local, não lhe sendo admitido controlar incidentalmente a constitucionalidade dessa norma constitucional estadual em face da CF.

(D) A decisão de TJ que, em ação direta, declarar inconstitucional lei estadual somente terá eficácia contra todos após a assembleia legislativa do respectivo estado suspender a execução do referido ato normativo.

(E) Cabe aos estados instituir a representação de inconstitucionalidade de leis ou de atos normativos estaduais ou municipais em face da Constituição estadual, vedada a instituição de ADI por omissão.

A: Correta. "Revela-se legítimo invocar, como referência paradigmática, para efeito de controle abstrato de constitucionalidade de leis ou atos normativos estaduais e/ou municipais, cláusula de caráter remissivo, que, inscrita na Constituição Estadual, remete, diretamente, às regras normativas constantes da própria Constituição Federal, assim incorporando-as, formalmente, mediante referida técnica de remissão, ao plano do ordenamento constitucional do Estado-membro. – Com a técnica de remissão normativa, o Estado-membro confere parametricidade às normas, que, embora constantes da Constituição Federal, passam a compor, formalmente, em razão da expressa referência a elas feita, o "corpus" constitucional dessa unidade política da Federação, o que torna possível erigir-se, como parâmetro de confronto, para os fins a que se refere o art. 125, § 2º da Constituição da República, a própria norma constitucional estadual de conteúdo remissivo" (STF, Rcl 10500, Rel. Mn. Celso de Mello, Pleno, j. 22.06.2011); **B:** Errada. O requisito da pertinência temática, embora não previsto formalmente em lei, é exigido pela jurisprudência do STF dos legitimados não universais para propositura das ações do controle abstrato de constitucionalidade. No controle estadual abstrato foi também consagrado pela jurisprudência, constando ou não do texto da constituição estadual; **C:** Errada. Se o parâmetro de controle de constitucionalidade é, em última análise, a Constituição Federal, não cabe controle abstrato pelos tribunais dos estados (art. 125, §; 2º, CF). Da decisão do tribunal estadual que reconhecer sua incompetência para apreciar o pedido (de declaração de inconstitucionalidade em face de parâmetro estadual que viola a Constituição Federal) caberá recurso extraordinário para o STF; **D:** Errada. A decisão terá efeitos *inter partes*; **E:** Errada. Embora o art. 125, § 2º, da CF refira-se apenas à representação de inconstitucionalidade, o STF já decidiu que a simetria federativa permite a instituição das outras espécies de controle existentes em nível federal.

Gabarito "A".

(Juiz de Direito/AM – 2016 – CESPE) À luz da jurisprudência do STF, assinale a opção correta acerca da supremacia da CF e dos diferentes tipos de inconstitucionalidade.

(A) Se o Estado deixar de adotar as medidas necessárias à realização concreta dos preceitos da CF, ou seja, a torná-los efetivos, operantes e exequíveis, abstendo-se, em consequência, de cumprir o dever de prestação que a CF lhe impôs, incidirá em violação negativa do texto constitucional. Desse *non facere* ou *non praestare*, resultará a inconstitucionalidade por omissão, que pode ser total ou parcial.

(B) Lei estadual que regule a comercialização de artigos de conveniência e prestação de serviços de utilidade pública em farmácias e drogarias do estado, editada no exercício de competência suplementar dos estados para legislar sobre a matéria, embora formalmente constitucional, incidirá em inconstitucionalidade material, embora observado o princípio da proporcionalidade.

(C) Lei estadual que imponha proibição ao Poder Executivo estadual de iniciar, renovar ou manter, em regime de exclusividade, em qualquer instituição bancária privada, as disponibilidades de caixas estaduais, com clara intenção de revogar o regime anterior e desconstituir todos os atos e contratos firmados com base em suas normas, violará o princípio da separação dos poderes e da segurança jurídica, padecendo de inconstitucionalidade formal.

(D) Somente pelo voto da maioria absoluta de seus membros ou dos membros do respectivo órgão especial poderão os tribunais declarar a inconstitucionalidade de lei ou ato normativo do poder público. Por isso, não viola a cláusula de reserva de plenário a decisão de órgão fracionário de tribunal que, embora não declare expressamente a inconstitucionalidade de lei ou ato normativo do poder público, afasta sua incidência, no todo ou em parte.

(E) Lei estadual de iniciativa parlamentar que disponha sobre entidades municipais legitimadas a integrar órgão da administração pública estadual ou firmar convênios com o estado-membro, usurpando competência legislativa exclusiva do chefe do Poder Executivo, incidirá em inconstitucionalidade material, mas não formal.

A: correta. O texto da alternativa foi extraído da ADI 1457/DF. Segundo a Corte Maior: "Se o Estado deixar de adotar as medidas necessárias à realização concreta dos preceitos da CF, ou seja, a torná-los efetivos, operantes e exequíveis, abstendo-se, em consequência, de cumprir o dever de prestação que a CF lhe impôs, incidirá em violação negativa do texto constitucional. Desse *non facere* ou *non praestare*, resultará a inconstitucionalidade por omissão, que pode ser total, quando é nenhuma a providência adotada, ou parcial, quando é insuficiente a medida efetivada pelo Poder Público."; **B:** incorreta. **Não há inconstitucionalidade na norma**. O assunto já foi julgado pelo STF: "Mais uma vez o Plenário julgou improcedente pedido formulado em ação direta de inconstitucionalidade ajuizada contra a Lei 2.149/2009, do Estado do Acre, que disciplina o comércio varejista de artigos de conveniência em farmácias e drogarias. O Tribunal, preliminarmente, afastou a alegação de que a via eleita seria inadequada por ser imprescindível o exame de compatibilidade entre a norma estadual impugnada e a legislação federal, para concluir-se pela usurpação ou não de competência da

União. Aduziu que, à vista da regra constitucional do § 1º do art. 24 da CF, bastaria o exame do ato normativo atacado, mediante a ação direta, para saber se o Estado-membro adentrara o campo reservado à União. Observou que, nos autos, se discutiria se a lei estadual usurpara a competência da União para legislar sobre normas gerais de proteção e de defesa da saúde, além de violar o direito à saúde (CF, artigos 6º, "caput"; 24, XII, §§ 1º e 2º; e 196). Reconheceu que o sistema de distribuição de competências materiais e legislativas privativas, concorrentes e comuns entre os três entes da Federação, assim como estabelecido na Constituição e tendo em vista a aplicação do princípio da predominância do interesse, seria marcado pela complexidade, e não seria incomum acionar-se o STF para solucionar problemas de coordenação e sobreposição de atos legislativos, especialmente federais e estaduais". ADI 4954/AC, rel. Min. Marco Aurélio, 20.8.2014. (ADI-4954); **C:** incorreta. **A inconstitucionalidade, nesse ponto, é material**. Há julgado no Supremo sobre o tema: "Ação direta de inconstitucionalidade. Lei 14.235/2003, do Estado do Paraná. Proibição ao Poder Executivo Estadual de iniciar, renovar, manter, em regime de exclusividade a qualquer instituição bancária privada, as disponibilidades de caixa estaduais. 2. Reserva da Administração. A matéria trazida pela lei impugnada, por referir-se à disciplina e à organização da Administração Pública, é de iniciativa do Chefe do Poder Executivo. O Projeto de Lei 655/2003, que deu origem à Lei 14.235/2003, é de autoria parlamentar. 3. Violação ao § 3º do art. 164 da Constituição Federal. Necessidade de lei nacional para estabelecer exceções ao comando constitucional. Inconstitucionalidade formal. 4. A legislação impugnada teve a clara intenção de revogar o regime anterior e desconstituir todos os atos e contratos firmados com base em suas normas. A Lei 14.235/00, ao afirmar, em seu art. 3º, que caberá ao Poder Executivo revogar, imediatamente, todos os atos e contratos firmados nas condições previstas no art. 1º desta lei', viola o princípio da separação dos Poderes e da segurança jurídica. Inconstitucionalidade material. 5. Ação direta de inconstitucionalidade julgada procedente" (ADI 3075/PR, Min. Gilmar Mendes, rel. 24.09.14); **D:** incorreta. Ao contrário do mencionado, **há violação da cláusula de reserva de plenário** quando a decisão de órgão fracionário de tribunal, embora não declare expressamente a inconstitucionalidade de lei ou ato normativo do Poder Público, afasta sua incidência, no todo ou em parte. É o que determina a Súmula Vinculante 10 (STF); **E:** incorreta. **A inconstitucionalidade é formal**, por vício de iniciativa.

Gabarito "A".

(Analista Judiciário – TRT/8ª – 2016 – CESPE) Com base no disposto na CF, assinale a opção correta a respeito de controle de constitucionalidade.

(A) Entre os legitimados universais para a propositura de ação direta de inconstitucionalidade inclui-se o governador de estado, e entre os legitimados especiais inclui-se o presidente da República.

(B) É possível o controle abstrato de constitucionalidade de leis ou atos normativos municipais em face da lei orgânica municipal.

(C) A sanção presidencial a projeto de lei não supre vícios de iniciativa, padecendo de vício formal a lei sancionada, a ser declarado por meio de ação judicial própria.

(D) Na apreciação do controle de constitucionalidade em grau de recurso, os autos devem ser remetidos ao relator da Câmara Julgadora do Tribunal, que poderá monocraticamente declarar a inconstitucionalidade da lei.

(E) Os efeitos da declaração de inconstitucionalidade em controle de constitucionalidade difuso no âmbito do tribunal de justiça são *erga omnes* e *ex nunc*, como o são os efeitos de declaração de inconstitucionalidade de lei em controle difuso no âmbito do STF.

A: incorreta. O **governador é legitimado especial**, ou seja, precisa demonstrar pertinência temática (o conteúdo do ato deve ser pertinente aos interesses do legitimado, com a finalidade institucional, sob pena de carência da ação) ao propor as ações do controle concentrado (ADI – Ação Direta de Inconstitucionalidade, ADC – Ação Declaratória de Constitucionalidade e ADPF – Arguição de Descumprimento de Preceito Fundamental). Por outro lado, **o Presidente da República é considerado legitimado universal**, ou seja, não precisa demonstrar pertinência temática, pode impugnar qualquer norma. Vale lembrar que o art. 103 da CF traz os legitimados e o STF faz divisão em universais e especiais. Devem vir acompanhadas da demonstração de pertinência temática as ações propostas pelos seguintes legitimados: a Mesa de Assembleia Legislativa ou da Câmara Legislativa do Distrito Federal (inciso IV do art. 103 da CF); o Governador de Estado ou do Distrito Federal (inciso V do art. 103 da CF); e confederação sindical ou entidade de classe de âmbito nacional (inciso IX do art. 103 da CF); **B:** incorreta. **Não existe previsão constitucional** nesse sentido. Segundo o STF: "Tendo em vista que o controle abstrato de lei ou ato normativo municipal somente é admitido em face da constituição estadual, perante o tribunal de justiça (CF, art. 125, § 2º), a Turma manteve acórdão do Tribunal de Justiça do Estado de São Paulo que julgara prefeito carecedor da ação direta de inconstitucionalidade interposta contra lei municipal em face da lei orgânica do mesmo município. Precedente citado: ADIn (AgRg) 1.268-MG (*DJU* de 20.10.95). RE 175.087-SP, rel. Min. Néri da Silveira, 19.3.2002. (RE-175087). Além disso, a Suprema Corte já decidiu que "Em se tratando de lei municipal, o controle de constitucionalidade se faz pelo sistema difuso – e não concentrado –, ou seja, apenas no julgamento de casos concretos, com eficácia *inter partes*, e não *erga omnes*, quando confrontado o ato normativo local com a CF. O controle de constitucionalidade concentrado, nesse caso, somente será possível, em face da Constituição dos Estados, se ocorrer a hipótese prevista no § 2º do art. 125 da CF. [ADI 209, rel. min. Sydney Sanches, j. 20.05.1998, P, *DJ* de 11.09.1998.] = ADI 5.089 AgR, rel. min. Celso de Mello, j. 16.10.2014, P, *DJE* de 06.02.2015. Por fim, é oportuno lembrar que, de acordo com o STF, a lei orgânica do DF "tem força e autoridade equivalente a um verdadeiro estatuto constitucional, podendo ser equiparada às Constituições promulgadas pelos Estados-Membros, como assentado no julgamento que deferiu a medida cautelar nesta ação direta". [ADI 980, rel. min. Menezes Direito, j. 06.03.2008, P, *DJE* de 01.8.2008.]; **C:** correta. De fato, vício de iniciativa não é convalidado por posterior sanção presidencial. O STF já decidiu reiteradas vezes que "**A sanção do projeto de lei não convalida o vício de inconstitucionalidade** resultante da usurpação do poder de iniciativa. A ulterior aquiescência do chefe do Poder Executivo, mediante sanção do projeto de lei, ainda quando dele seja a prerrogativa usurpada, não tem o condão de sanar o vício radical da inconstitucionalidade. Insubsistência da Súmula 5/STF. [ADI 2.867, rel. min. Celso de Mello, j. 03.12.2003, P, *DJ* de 09.02.2007.] = ADI 2.305, rel. min. Cezar Peluso, j. 30.06.2011, P, *DJE* de 05.08.2011; **D:** incorreta. A declaração de inconstitucionalidade **não pode ser dada monocraticamente**, deve ser respeitada a denominada **cláusula de reserva de plenário**, prevista no art. 97 da CF. De acordo com tal norma, somente pelo voto da maioria absoluta de seus membros ou dos membros do respectivo órgão especial poderão os tribunais declarar a inconstitucionalidade de lei ou ato normativo do Poder Público; **E:** incorreta. Os efeitos da declaração de inconstitucionalidade em **controle difuso** no âmbito do tribunal de justiça, assim como os da declaração de inconstitucionalidade de lei em **controle difuso** no âmbito do STF, ao contrário do mencionado, são, em regra, inter partes (entre as partes do processo) e ex tunc (retroativos).

Gabarito "C".

(Procurador do Estado/AM – 2016 – CESPE) Com relação aos mecanismos de defesa da CF e das Constituições estaduais, julgue os itens a seguir.

(1) Ante a constatação de que determinada lei municipal contraria princípio de intervenção (princípio sensível) presente tanto na CF como na Constituição estadual, o governador do estado poderá ajuizar ação de controle abstrato de normas tanto em relação à CF, perante o STF, como em relação à Constituição estadual, perante o respectivo tribunal de justiça.

(2) No caso de representação com vistas à intervenção estadual em município para assegurar a observância de princípios indicados na Constituição estadual, o provimento do pedido pelo tribunal de justiça não pode consistir na suspensão da execução do ato normativo impugnado, mesmo que essa medida baste ao restabelecimento da normalidade.

(3) No exercício da competência para o chamado veto jurídico no âmbito dos correspondentes processos legislativos, governadores e prefeitos podem invocar tão somente violações às respectivas leis fundamentais (Constituições estaduais e leis orgânicas municipais), sendo-lhes vedado vetar projetos de lei com base na sua incompatibilidade com a CF.

(4) Decreto legislativo editado pelo Poder Legislativo para sustar ato normativo do Poder Executivo por exorbitância do poder regulamentar pode ser apreciado em controle abstrato de normas, oportunidade em que o tribunal competente deverá analisar se tal ato normativo efetivamente extrapolou a lei objeto de regulamentação para, somente depois disso, decidir sobre a constitucionalidade do referido decreto legislativo.

1: correta. Em regra, os entes federativos são autônomos (art. 18, CF), mas, diante de afronta a um dos "princípios constitucionais sensíveis" (art. 34, VII, CF), poderá haver intervenção. A União só intervém em estado-membro, no Distrito Federal, ou em município **localizado em território federal** (art. 34, *caput*, CF); e os estados-membros só podem intervir em seus próprios municípios (art. 35, *caput*, CF); e em qualquer desses casos mediante "representação interventiva" (art. 36, III, CF). No caso, se a lei municipal afronta princípio constitucional sensível da CF, reproduzido na Constituição do Estado por simetria federativa, caberá simultaneamente representação interventiva federal – perante o STF – e representação interventiva estadual – perante o TJ local; **2:** incorreta. Na hipótese, o Tribunal de Justiça, ao dar provimento à representação interventiva para assegurar a observância de princípios indicados na Constituição Estadual (ou para prover a execução de lei, de ordem ou de decisão judicial), pode apenas suspender o ato impugnado, se essa medida bastar ao restabelecimento da normalidade (art. 36, § 3º, CF); **3:** incorreta. Ao exercer seu poder de veto, o parâmetro de aferição da constitucionalidade pelo Chefe do Executivo estadual ou municipal corresponde tanto à Constituição do Estado quanto à Constituição Federal (controle prévio ou preventivo de constitucionalidade das leis); **4:** correta. Embora o art. 49, V, CF refira ser da competência exclusiva do Congresso Nacional a sustação dos atos do Poder Executivo que exorbitem do poder regulamentar (ou dos limites da delegação legislativa), não significa que o decreto legislativo que veicula tal sustação não possa ser, ele próprio, sujeito a controle abstrato de constitucionalidade. Nesse caso, o exame pelo Tribunal competente é faseado: primeiro se analisa se o ato sustado efetivamente violou os limites do poder regulamentar ou da delegação legislativa para, somente depois, examinar a constitucionalidade do decreto legislativo em si.

Gabarito 1C, 2E, 3E, 4C

(Advogado União – AGU – CESPE – 2015) Acerca do controle de constitucionalidade das normas, julgue os itens subsecutivos.

Situação hipotética: O presidente da República ajuizou no STF ação direta de inconstitucionalidade que impugna a constitucionalidade de uma lei estadual com base em precedente dessa corte. A petição inicial dessa ação também foi assinada pelo AGU.

(1) Nessa situação, conforme entendimento do STF, o AGU deverá defender a constitucionalidade da lei ao atuar como curador da norma.

(2) Considerando-se que a emenda constitucional, como manifestação do poder constituinte derivado, introduz no ordenamento jurídico normas de hierarquia constitucional, não é possível a declaração de inconstitucionalidade dessas normas. Assim, eventuais incompatibilidades entre o texto da emenda e a CF devem ser resolvidas com base no princípio da máxima efetividade constitucional.

(3) O caso Marbury *versus* Madison, julgado pela Suprema Corte norte-americana, conferiu visibilidade ao controle difuso de constitucionalidade, tendo a decisão se fundamentado na supremacia da Constituição, o que, consequentemente, resultou na nulidade das normas infraconstitucionais que não estavam em conformidade com a Carga Magna.

1: Incorreta. A regra é de que o Advogado-Geral da União atua como curador da constitucionalidade das leis, ou seja, tem o dever de defender a constitucionalidade da norma quando é questionada perante o STF (art. 103, § 3º, CF). Entretanto, interpretando a norma do art. 103, § 3º, CF, o Supremo entendeu "ser necessário fazer uma interpretação sistemática, no sentido de que o § 3º do art. 103 da CF concede à AGU o direito de manifestação, haja vista que exigir dela defesa em favor do ato impugnado em casos como o presente, em que o interesse da União coincide com o interesse do autor, implicaria retirar-lhe sua função primordial que é a defender os interesses da União (CF, art. 131). Além disso, a despeito de reconhecer que nos outros casos a AGU devesse exercer esse papel de contraditora no processo objetivo, constatou-se um problema de ordem prática, qual seja, a falta de competência da Corte para impor-lhe qualquer sanção quando assim não procedesse, em razão da inexistência de previsão constitucional para tanto" (ADIn 4309/TO, Rel. Min. Cezar Peluso). Vide Informativo STF 562/2009. O AGU tampouco precisa defender a constitucionalidade da norma quando já houver precedentes do STF pela inconstitucionalidade, como é o caso da questão. **2:** Incorreta. O STF tem firme jurisprudência no sentido de que as normas constitucionais oriundas de emendas à constituição (fruto do Poder Constituinte Derivado) podem ser objeto de controle de constitucionalidade. Apenas as normas constitucionais originárias não podem ser objeto de controle. **3:** Incorreta. É assente na doutrina que o caso Marbury x Madison inaugurou o controle de constitucionalidade difuso nos EUA, afirmando a supremacia da Constituição e do Poder Judiciário para conferir a "última palavra" sobre a interpretação e a aplicação da Constituição. Entretanto, como explica o professor Rodrigo Brandão em artigo sobre o precedente americano, "cuida-se, a bem da verdade, de leitura dos seus fundamentos com total abstração do seu 'dispositivo', e, sobretudo, do contexto político vivido nos EUA na primeira década do século XIX". 'William Marbury e outros, embora nomeados pelo governo (anterior) para o cargo de juiz de paz no Distrito de Colúmbia, não receberam as suas investiduras, pois Marshall, na condição de Secretário de Estado de (John) Adams, não teve tempo de entregá-las; assim postulavam a obtenção de ordem judicial que compelisse o novo governo a dar-lhes posse'. O mesmo Marshall, que era secretário de Estado do Presidente anterior (John Adams), julgou o caso como Ministro da Suprema Corte dos EUA. 'Marshall afirmou, inicialmente, que os impetrantes possuíam direito à investidura nos cargos, já que o poder discricionário do Executivo se encerraria no momento da nomeação, de modo que após a prática deste ato deveria ser respeitada a estabilidade dos juízes em seus cargos. Assim, a conduta de Madison, secretário de Estado de (Thomas) Jefferson (Presidente que sucedeu John Adams), no sentido de reter os atos de investidura foi tida como ilegal, na medida em que violara o direito dos nomeados a exercerem o cargo de juiz de paz pelo lapso de tempo determinado legalmente. Todavia, o desafio perpetrado ao governo de Jefferson parou por aí. Sob o argumento de que as competências originárias da Suprema Corte estão submetidas à 'reserva de Constituição', a Corte reconheceu a inconstitucionalidade do dispositivo legal que lhe concedera competência para julgar o caso, e, assim, negou-se a ordenar o Presidente a dar posse aos impetrantes". A ação, portanto, não foi conhecida. Ver Rodrigo Brandão, "O outro lado de Marbury x Madison". TM

Gabarito 1E, 2E, 3E

(Procurador/DF – 2013 – CESPE) No que se refere ao controle de constitucionalidade e ao controle exercido pelos TCs, julgue os itens a seguir.

(1) Não se admite ação direta de inconstitucionalidade, perante o STF, cujo objeto seja ato normativo editado pelo DF no exercício de competência que a CF/1988 reserve aos municípios, tal como a disciplina e polícia do parcelamento do solo.

(2) Embora os TCs não detenham competência para declarar a inconstitucionalidade das leis ou dos atos normativos em abstrato, eles podem, no caso concreto, reconhecer a desconformidade formal ou material de normas jurídicas com a CF/1988, deixando de aplicar, ou providenciando a sustação, de atos que considerem inconstitucionais.

(3) O STF possui competência para apreciar a inconstitucionalidade por omissão, legislativa ou administrativa, de órgãos federais em face da CF/1988, mas, no que diz respeito aos órgãos estaduais, a competência para conhecer essas omissões pertence aos tribunais de justiça dos estados.

1: correta. Nos termos da Súmula 642 do STF: "Não cabe ação direta de inconstitucionalidade de lei do distrito federal derivada da sua competência legislativa municipal". Portanto, Lei do DF só pode ser objeto de ADI quando tratar de assunto de competência estadual. Agora, se a mesma lei utilizar de suas duas competências, o STF somente conhecerá do pedido de julgamento da inconstitucionalidade no que tange à competência estadual, alegando incompetência na parte municipal. Isso porque, somente o TJ do DF pode julgar ADI contra lei de conteúdo municipal em face da Lei Orgânica do DF; **2:** correta. A Súmula n. 347 do órgão de Cúpula do Poder Judiciário (STF), determina que "o Tribunal de Contas, no exercício de suas atribuições, pode apreciar a constitucionalidade das leis e dos atos do Poder Público". A referida regra sumular foi aprovada na Sessão Plenária de 13.12.1963; **3:** incorreta, pois a regra se aplica a todos os órgãos, independentemente da esfera.

Gabarito 1C, 2C, 3E

(Analista – STF – 2013 – CESPE) Acerca do sistema brasileiro de controle de constitucionalidade, julgue os itens que se seguem.

(1) A arguição de descumprimento de preceito fundamental é instrumento de controle concentrado de constitucionalidade que possui caráter subsidiário ou residual, só podendo ser utilizada quando não houver qualquer outro meio eficaz de sanar a lesividade.

(2) Ao julgar procedente uma ação direta de inconstitucionalidade, o STF poderá, por maioria de dois terços de seus membros, realizar a modulação dos efeitos da declaração de inconstitucionalidade.

1: correta (art. 4°, § 1°, da Lei 9.882/1999); **2:** correta (art. 27 da Lei 9.868/1999).

Gabarito 1C, 2C

(Analista – STF – 2013 – CESPE) Ainda a respeito de controle de constitucionalidade, julgue os itens abaixo.

(1) A repercussão geral de questão constitucional objeto de recurso extraordinário, reconhecida pelo plenário virtual do STF, não poderá ser, posteriormente, rejeitada pelo plenário presencial sob o argumento de se tratar de matéria infraconstitucional.

(2) Pela teoria da inconstitucionalidade por reverberação normativa, a norma dependente daquela declarada inconstitucional em processo anterior também estará eivada do vício da inconstitucionalidade, haja vista a relação de instrumentalidade existente entre elas.

(3) Constitui requisito da petição inicial da ação declaratória de constitucionalidade a indicação da existência de controvérsia judicial relevante sobre a aplicação da disposição objeto da ação declaratória. Essa controvérsia pode ser caracterizada pela demonstração do simples desacordo entre os tribunais acerca da aplicação da norma.

1: incorreta, "embargos parcialmente providos para que fique esclarecido que o reconhecimento da repercussão geral da matéria pelo plenário virtual não obstaculiza o superveniente julgamento pelo Pleno desta Corte no sentido do não conhecimento do recurso extraordinário com fundamento na exigência de interpretação da legislação infraconstitucional e do direito local" (STF, RE 607.607/RS, Plenário, rel. Min. Luiz Fux, j. 02.10.2013, DJe 09.05.2014); **2:** correta, "Declaração de inconstitucionalidade consequencial ou por arrastamento de decreto regulamentar superveniente em razão da relação de dependência entre sua validade e a legitimidade constitucional da lei objeto da ação" (STF, ADIn 3645/PR, Pleno, j. 31.05.2006, rel. Min. Ellen Gracie). A teoria da inconstitucionalidade por reverberação normativa também é conhecida por: arrastamento, atração, consequência; **3:** incorreta, "O ajuizamento da ação declaratória de constitucionalidade, que faz instaurar processo objetivo de controle normativo abstrato, supõe a existência de efetiva controvérsia judicial em torno da legitimidade constitucional de determinada lei ou ato normativo federal. Sem a observância desse pressuposto de admissibilidade, torna-se inviável a instauração do processo de fiscalização normativa in abstracto, pois a inexistência de pronunciamentos judiciais antagônicos culminaria por converter, a ação declaratória de constitucionalidade, em um inadmissível instrumento de consulta sobre a validade constitucional de determinada lei ou ato normativo federal, descaracterizando, por completo, a própria natureza jurisdicional que qualifica a atividade desenvolvida pelo STF" (STF, ADC 8-MC, Plenário, j. 13.10.1999, rel. Min. Celso de Mello, DJ 04.04.2003).

Gabarito 1E, 2C, 3E

(Magistratura/CE – 2012 – CESPE) No que concerne ao sistema brasileiro de controle da constitucionalidade, assinale a opção correta.

(A) No caso de lesão ou ameaça de lesão, por ato do poder público, a direito relacionado com a soberania, a cidadania, a dignidade da pessoa humana, os valores sociais do trabalho e o pluralismo político, qualquer pessoa atingida estará legitimada a ingressar com arguição de descumprimento de preceito fundamental junto ao STF, desde que faça prova concreta da ofensa, ou de sua iminente concreção.

(B) Mesmo nos tribunais judiciais que dispõem de órgão especial ou órgão fracionário, a inconstitucionalidade de lei ou ato normativo só pode ser declarada pelo tribunal pleno, mediante o voto da maioria absoluta de seus membros.

(C) A doutrina diverge sobre a obrigatoriedade de o Senado Federal suspender a execução de lei declarada inconstitucional pelo STF em um caso concreto e converge no entendimento de que a suspensão total só é cabível em relação a leis federais.

(D) O STF pode conceder medida cautelar em ação direta de inconstitucionalidade por omissão, em caso de excepcional urgência e relevância da matéria, por decisão da maioria absoluta de seus membros, após a audiência dos órgãos ou autoridades responsáveis pela omissão inconstitucional.

(E) Como as ações diretas de inconstitucionalidade têm como objeto leis ou atos normativos federais e estaduais, não é possível, no sistema jurídico brasileiro, a realização do controle de constitucionalidade de lei ou ato normativo municipal em face da CF.

A: incorreta, somente os legitimados do art. 103, da CF podem ingressar com a arguição de descumprimento de preceito fundamental junto ao STF; **B:** incorreta, pois por força da cláusula de reserva de plenário prevista no art. 97, da CF, somente pelo voto da maioria absoluta de seus membros ou dos membros do respectivo órgão especial poderão os tribunais declarar a inconstitucionalidade de lei ou ato normativo do Poder Público (*vide* Súmula vinculante 10 do STF); **C:** incorreta, pois o artigo 52, X, da CF, é expresso: "suspender a execução, no todo em parte, de lei (qualquer lei) declarada inconstitucional por decisão definitiva do Supremo Tribunal Federal". A decisão definitiva do Supremo Tribunal Federal é proveniente do controle difuso, desconcentrado, concreto, incidental, de defesa ou de exceção; **D:** correta, literalidade do art. 12-F, da Lei n. 9.868/99. Devemos apenas ressaltar que deverão pronunciar-se no prazo de 5 dias; **E:** incorreta, pois como o advento da Lei n. 9.882/99, toda e qualquer lei ou ato normativo municipal em face da CF pode ser objeto de arguição de descumprimento de preceito fundamental – ADPF, que é uma das ações do controle concentrado.

Gabarito "D"

(Defensor Público/AC – 2012 – CESPE) Considerando o entendimento jurisprudencial do STF no que se refere ao sistema brasileiro de controle de constitucionalidade, assinale a opção correta.

(A) A aplicação direta de norma constitucional que implique juízo de desconsideração de preceito infraconstitucional dispensa a observância da cláusula de reserva de plenário.

(B) Lei ou norma de caráter ou efeito concreto já exaurido pode ser objeto de controle abstrato de constitucionalidade, em ação direta de inconstitucionalidade.

(C) É lícito conhecer de ação direta de inconstitucionalidade como arguição de descumprimento de preceito fundamental, quando coexistentes todos os requisitos de admissibilidade desta, em caso de inadmissibilidade daquela.

(D) A não aplicação, por órgão fracionário de tribunal, de determinada norma jurídica ao caso sob seu exame caracteriza violação da cláusula de reserva de plenário, mesmo que o julgamento não se fundamente na incompatibilidade entre a norma legal tomada como base dos argumentos expostos na ação e a CF.

(E) A cláusula constitucional de reserva de plenário, fundada na presunção de constitucionalidade das leis, impede que os órgãos fracionários dos tribunais rejeitem a arguição de invalidade dos atos normativos.

A: Errada. STF, RE 463278: "Aplicação direta de norma constitucional que implique juízo de desconsideração de preceito infraconstitucional só pode dar-se com observância da cláusula de reserva de Plenário prevista no art. 97 da Constituição da República"; **B:** Errada. STF, ADIn 2980: "Lei ou norma de caráter ou efeito concreto já exaurido não pode ser objeto de controle abstrato de constitucionalidade, em ação direta de inconstitucionalidade"; **C:** Correta. STF, ADIn 4163.

Aplicação do princípio da fungibilidade; **D:** Errada. STF, Rcl. 6944: "Para caracterização da contrariedade à súmula vinculante n. 10, do Supremo Tribunal Federal, é necessário que a decisão se fundamente na incompatibilidade entre a norma legal tomada como base dos argumentos expostos na ação e a Constituição". Súmula Vinculante 10 do STF: "Viola a cláusula de reserva de plenário (CF, artigo 97) a decisão de órgão fracionário de tribunal que, embora não declare expressamente a inconstitucionalidade de lei ou ato normativo do poder público, afasta sua incidência, no todo ou em parte"; **E:** Errada. STF, RE 636359: "A cláusula constitucional de reserva de plenário, insculpida no art. 97 da Constituição Federal, fundada na presunção de constitucionalidade das leis, não impede que os órgãos fracionários ou os membros julgadores dos Tribunais, quando atuem monocraticamente, rejeitem a arguição de invalidade dos atos normativos, conforme consagrada lição da doutrina".

Gabarito "C"

(Defensor Público/ES – 2012 – CESPE) Em relação ao sistema de controle de constitucionalidade brasileiro, julgue os itens que se seguem.

(1) A DP insere-se entre as instituições legitimadas a ingressar com ACP cujo pedido principal seja a declaração de inconstitucionalidade de uma lei que viole o meio ambiente.

(2) Consoante a jurisprudência do STF, admite-se o controle judicial preventivo de constitucionalidade nos casos de mandado de segurança impetrado por parlamentar, com a finalidade de impedir a tramitação de proposta de emenda constitucional tendente a abolir cláusula pétrea.

(3) A sustação, pelo Poder Legislativo, de atos normativos do presidente da República que exorbitem do poder regulamentar constitui exemplo do controle de constitucionalidade político preventivo.

(4) Adotando-se a tese da inconstitucionalidade superveniente, como o fez o STF, admite-se ação direta de inconstitucionalidade em face de lei anterior a CF.

1: Errada. O controle de constitucionalidade em ACP é exercido incidentalmente, pois a inconstitucionalidade da norma é apreciada como causa de pedir e não como pedido principal da ação; **2:** Correta. O STF admite a impetração de MS por deputados e senadores (não pelo Presidente da República), para evitar a tramitação de proposta de emenda constitucional que fira o art. 60, § 4º, da CF, por entender que os congressistas têm direito líquido e certo ao devido processo legislativo; **3:** Errada. Hipótese de controle político repressivo (após a edição da norma); **4:** Errada. O STF não adota a doutrina da "inconstitucionalidade superveniente", mas entende que as normas pré-constitucionais que não se compatibilizam com o *conteúdo* da nova Constituição são por ela revogadas.

Gabarito 1E, 2C, 3E, 4E

(Defensor Público/RO – 2012 – CESPE) Assinale a opção correta acerca do controle de constitucionalidade.

(A) As leis municipais não se sujeitam ao controle de constitucionalidade concentrado perante o STF, podendo, no entanto, ser objeto de ação direta de inconstitucionalidade a ser ajuizada perante o tribunal de justiça do respectivo estado-membro, desde que se alegue ofensa à constituição estadual.

(B) Na ação declaratória de constitucionalidade, é cabível pedido de medida cautelar, cujo provimento pode consistir na suspensão da eficácia da norma objeto da ação ou na suspensão dos processos em que se discuta a constitucionalidade dessa norma.

(C) De acordo com a denominada regra do *fullbench*, somente pelo voto da maioria dos membros do tribunal pode ser declarada a constitucionalidade ou a inconstitucionalidade de leis ou atos normativos emanados do poder público.

(D) O defensor público-geral da União possui legitimidade para ajuizar, no STF, arguição de descumprimento de preceito fundamental, mas não para ajuizar ação direta de inconstitucionalidade ou ação declaratória de constitucionalidade.

(E) Tratando-se de controle de constitucionalidade difuso, a alegação de inconstitucionalidade pode ser apresentada pelo autor, pelo réu, pelo MP ou, ainda, por terceiro interessado, e a inconstitucionalidade pode também ser reconhecida de ofício pelo juiz de primeira instância ao proferir a sentença.

A: Errada. Podem ser objeto de ADPF, que é exemplo de controle concentrado; **B:** Errada. A cautelar na ADC consiste na determinação de que os juízes e os Tribunais suspendam o julgamento dos processos que envolvam a aplicação da lei ou do ato normativo objeto da ação até seu julgamento definitivo. Art. 21 da Lei 9.868/1999; **C:** Errada. A regra do *fullbench*, mais conhecida como regra da reserva de plenário (art. 97 da CF), só se aplica em caso de declaração de inconstitucionalidade; **D:** Errada. A legitimidade para propor ADPF é a mesma para propor ADIN e ADC (art. 103 da CF c/c art. 2º, I, da Lei 9882/1999); **E:** Correta. Lembrando-se que constitui causa de pedir, e não pedido principal da ação.

Gabarito "E"

(Advogado da União/AGU – CESPE – 2012) Com relação à ADI e à ADIO, julgue os itens subsecutivos.

(1) Considere a seguinte situação hipotética. Foi ajuizada ADI no STF contra lei estadual por contrariedade a dispositivo expresso na CF. Porém, antes do julgamento da ação, o parâmetro de controle foi alterado, de modo a tornar a norma impugnada consentânea com o dispositivo constitucional. Nessa situação hipotética, admite-se, de acordo com recente jurisprudência do STF, a denominada constitucionalidade superveniente, devendo, portanto, ser afastada a aplicação do princípio da contemporaneidade e julgada improcedente a ação.

(2) O atual posicionamento do STF admite a fungibilidade entre a ADI e a ADIO.

(3) Assim como ocorre na ADC e na ADI, ato normativo já revogado não pode ser objeto de ADPF.

(4) Ao contrário da ADC, a ADPF não exige a demonstração de controvérsia judicial relevante.

1: Errada. O STF alterou o entendimento anterior sobre o tema (V. ADIn 2.158 e ADIn 2.189, Rel. Min. Dias Toffoli). Hoje, como bem explica Pedro Lenza, "o STF não admite fenômeno da constitucionalidade superveniente e, assim, por esse motivo, a referida lei, que nasceu inconstitucional, deve ser nulificada perante a regra da Constituição que vigorava à época de sua edição (princípio da contemporaneidade). Dessa forma, analisando a situação do caso concreto, modificando o seu entendimento, o STF não admitiu o pedido de prejudicialidade, analisando a constitucionalidade da lei à luz da regra constitucional que à época vigorava" (**Direito Constitucional Esquematizado**, 2012, p. 301); **2:** Correta. O STF admite, em tese, a fungibilidade entre as ações constitucionais, porém no caso de ADPF, só é possível a fungibilidade se inexistir outro meio capaz de sanar a lesividade (art. 4º, § 1º, da Lei 9.882/1999); **3:** Errada. O STF entende que não cabe ADIn se a lei ou ato normativo questionado for revogado, independentemente da produção de efeitos residuais; **4:** Errada. V. art. 1º, parágrafo único, I e art. 3º, V, ambos da Lei 9.882/1999.

Gabarito 1E, 2C, 3E, 4E

4.2. CONTROLE DIFUSO DE CONSTITUCIONALIDADE

(Advogado – CEF – 2010 – CESPE) A CAIXA pretende discutir a inconstitucionalidade da cobrança do imposto sobre serviços que lhe está sendo imposta pelo município de Itaperuna – RJ. Considerando essa situação hipotética, é correto afirmar que o advogado da CAIXA deverá ajuizar a ação

(A) originariamente no STF, por se tratar de causa entre entidade da administração indireta da União e um município, dando ensejo a conflito federativo.

(B) originariamente no STJ, por se tratar de causa entre entidade da administração indireta da União e um município, dando ensejo a conflito federativo.

(C) em uma das varas federais da seção judiciária do DF, por se tratar de causa em que empresa pública federal é interessada na condição de autora e por ser esta a seção judiciária onde tem domicílio a CAIXA.

(D) em uma das varas de fazenda pública da comarca da capital do estado do Rio de Janeiro, por se tratar de causa de interesse de município daquele estado.

(E) na vara federal da subseção judiciária de Itaperuna, por se tratar de causa em que empresa pública federal é interessada na condição de autora e por ser esta a subseção que jurisdiciona territorialmente o município de Itaperuna.

Como a CAIXA não é legitimada para propositura de ações de controle concentrado de constitucionalidade, a discussão pretendida deverá ocorrer incidentalmente em ação concreta, vale dizer, mediante controle difuso de constitucionalidade, que pode ser realizado por qualquer juiz ou tribunal. Em face da posição de autora assumida pela CAIXA, empresa pública federal, a competência para processar e julgar o feito, necessariamente, será da Justiça Federal (art. 109, inciso I, da CF).

Gabarito "E".

4.3. CONTROLE CONCENTRADO DE CONSTITUCIONALIDADE

4.3.1. AÇÃO DIRETA DE INCONSTITUCIONALIDADE

(Juiz de Direito – TJ/BA – 2019 – CESPE/CEBRASPE) Em relação à ADI e aos efeitos da declaração de inconstitucionalidade no Brasil, assinale a opção correta.

(A) Não se admitem embargos de declaração opostos por *amicus curiae* nas ADIs, exceto para impugnar decisão de inadmissibilidade da sua intervenção nos autos.

(B) Não perderá seu objeto a ADI que for proposta com fundamento em disposição constitucional alterada por emenda superveniente.

(C) Não se podem cumular pedidos de declaração de inconstitucionalidade de normas de natureza federal e estadual em uma única ADI.

(D) A declaração de inconstitucionalidade de norma estadual por tribunal de justiça com efeito *erga omnes* não causa a perda de objeto de ADI contra a mesma norma no STF.

(E) Não se admite conhecer ADI como arguição de preceito fundamental, ainda que os requisitos desta estejam presentes naquela.

A: incorreta, pois o Plenário do STF decidiu que não cabe a interposição de agravo regimental para reverter decisão de relator que tenha inadmitido no processo o ingresso de determinada pessoa ou entidade como *amicus curiae* (RE 602584 AgR/DF, Rel. orig. Min. Marco Aurélio, Red. p/ o ac. Min. Luiz Fux, 17.10.2018, Informativo STF 920). Logo, o entendimento mais recente do STF afirma que é irrecorrível a decisão do relator para admitir ingresso como *amicus curiae*, ressalvada a interposição de embargos de declaração para prestar esclarecimentos (art. 138, § 1º, do CPC); **B:** a jurisprudência mais recente do STF entende que a alteração do parâmetro constitucional, quando o processo ainda está em curso, não prejudica a ação direta de inconstitucionalidade (Informativo STF 907, ADI 145/CE, Rel. Min. Dias Toffoli, julgamento em 20/6/2018; ADI 239, Rel. Min. Dias Toffoli, Tribunal Pleno, julgamento em 19/2/2014; ADI 94, Rel. Min. Gilmar Mendes, Tribunal Pleno, julgamento em 7/12/2011; ADI 2158 e 2189, Rel. Min. Dias Toffoli, Tribunal Pleno, julgamento em 15/9/2010). De acordo com a justificativa da banca examinadora para alteração do gabarito, essa alternativa incide em dubiedade, pois a ADI que for proposta com fundamento em disposição constitucional alterada por emenda superveniente, conforme a jurisprudência do STF, perderá ou não seu objeto a depender das circunstâncias do caso; **C:** incorreta, pois o STF admite a cumulação de pedidos de declaração de inconstitucionalidade de normas de natureza federal e estadual em duas hipóteses excepcionais: quando houver imbricação substancial entre a norma federal e a estadual, sendo a cumulação indispensável para viabilizar a eficácia do provimento judicial; e quando houver relação material entre as normas cuja inconstitucionalidade de uma possa tornar-se questão prejudicial da invalidez da outra. Nesse sentido, confira o seguinte julgado: "*I. Em princípio, não é de admitir, no mesmo processo de ação direta, a cumulação de arguições de inconstitucionalidade de atos normativos emanados de diferentes entes da Federação, ainda quando lhes seja comum o fundamento jurídico invocado. II. Há, no entanto, duas hipóteses pelo menos em que a cumulação objetiva considerada, mais que facultada, é necessária: a) a primeira é aquela em que, dada a imbricação substancial entre a norma federal e a estadual, a cumulação é indispensável para viabilizar a eficácia do provimento judicial visado: assim, por exemplo, quando, na área da competência concorrente da União e dos Estados, a lei federal de normas gerais e a lei local contiverem preceitos normativos idênticos ou similares cuja eventual inconstitucionalidade haja de ser simultaneamente declarada, sob pena de fazer-se inócua a decisão que só a um deles alcançasse; b) a segunda é aquela em que da relação material entre os dois diplomas resulta que a inconstitucionalidade de um possa tornar-se questão prejudicial da invalidez do outro, como sucede na espécie.*" (ADI 2844 QO, Relator: Min. Sepúlveda Pertence, Tribunal Pleno, julgado em 24/04/2003); **D:** incorreta, porque o STF decidiu que a declaração de inconstitucionalidade de norma estadual por tribunal de justiça em ADI estadual causa a perda de objeto de ADI contra a mesma norma no STF quando a inconstitucionalidade for por incompatibilidade com dispositivo da Constituição do Estado sem correspondência na Constituição Federal. Nesse sentido, confira o seguinte julgado: "*1. Coexistindo ações diretas de inconstitucionalidade de um mesmo preceito normativo estadual, a decisão proferida pelo Tribunal de Justiça somente prejudicará a que está em curso perante o STF se for pela procedência e desde que a inconstitucionalidade seja por incompatibilidade com dispositivo constitucional estadual tipicamente estadual (= sem similar na Constituição Federal). 2. Havendo declaração de inconstitucionalidade de preceito normativo estadual pelo Tribunal de Justiça com base em norma constitucional estadual que constitua reprodução (obrigatória ou não) de dispositivo da Constituição Federal, subsiste a jurisdição do STF para o controle abstrato tendo por parâmetro de confronto o dispositivo da Constituição Federal reproduzido.*" (ADI 3659, Relator: Min. Alexandre de Moraes, Tribunal Pleno, julgado em 13/12/2018); **E:** incorreta, pois o STF entende ser lícito conhecer ação direta de inconstitucionalidade como arguição de descumprimento de preceito fundamental, quando coexistentes todos os requisitos de admissibilidade desta, em caso de inadmissibilidade daquela (ADI 4163, Relator: Min. Cezar Peluso, Tribunal Pleno, julgado em 29/02/2012). AN

Gabarito Anulada

(Procurador Municipal – Prefeitura/BH – CESPE – 2017) De acordo com o previsto na CF e considerando a jurisprudência do STF, assinale a opção correta, a respeito do controle de constitucionalidade.

(A) Em relação à ADI interventiva, a intervenção estadual em município será possível quando o Poder Judiciário verificar que ato normativo municipal viola princípio constitucional sensível previsto na Constituição estadual.

(B) Turma do STF poderá deliberar sobre revisão de súmula vinculante pelo quórum qualificado de dois terços de seus membros.

(C) O CNJ, como órgão do Poder Judiciário, tem competência para apreciar a constitucionalidade de atos administrativos.

(D) O ingresso como *amicus curiae* em ADI independe da demonstração da pertinência temática entre os objetivos estatutários da entidade requerente e o conteúdo material da norma questionada.

A: correta. Art. 35, IV, da CF; **B:** incorreta. A competência é do Pleno do STF, por quórum de 2/3 (art. 2º, § 3º, Lei 11.417/2006); **C:** incorreta. O CNJ é órgão do Poder Judiciário, mas não possui competências judicantes; **D:** incorreta. Para ser aceito como *amicus curiae*, a pessoa ou entidade deve demonstrar a relevância da matéria e a representatividade do postulante. A pertinência temática está ligada à demonstração do segundo requisito. TM

Gabarito "A".

(Defensor Público/TO – 2013 – CESPE) No que se refere ao controle de constitucionalidade, assinale a opção correta.

(A) Quando o STF julga improcedente o pedido deduzido em sede de ação declaratória de constitucionalidade, tal circunstância não impede o posterior ajuizamento, por um dos legitimados ativos, de ADI com o mesmo objeto.

(B) A arguição de descumprimento de preceito fundamental não pode ter por objeto ato normativo já revogado.

(C) Com fundamento na denominada inconstitucionalidade por arrastamento, o STF pode declarar a inconstitucionalidade de norma que não tenha sido objeto do pedido na ADI, sendo a inconstitucionalidade declarada não em decorrência da incompatibilidade direta da norma com a CF, mas da inconstitucionalidade de outra norma com a qual aquela guarde relação de dependência.

(D) Segundo entendimento do STF, não cabe ação direta de inconstitucionalidade contra resoluções do Conselho Nacional de Justiça (CNJ), órgão que não dispõe de poder para editar ato normativo primário.

(E) A entidade de classe de âmbito nacional tem legitimidade para propor ADI, sendo necessário, segundo o STF, que a referida entidade esteja situada em, pelo menos, três estados da Federação.

A: Errada. A doutrina costuma dizer que a ADC é a ADIn com sinal trocado. Assim, ao se julgar improcedente o pedido da ADC (que visa à declaração de constitucionalidade), pode-se dizer que a lei foi considerada inconstitucional (V. art. 23 da Lei 9.868/1999); **B:** Errada. Pode ser proposta em face de "ato do poder público" em geral, incluídos os anteriores à Constituição (art. 1º, *caput* e parágrafo único, I, da Lei 9882/1999); **C:** Correta. Segundo o glossário jurídico do STF: "A inconstitucionalidade por arrastamento ou por atração ocorre quando a declaração de inconstitucionalidade de uma norma impugnada se estende aos dispositivos normativos que apresentam com ela uma relação de conexão ou de interdependência"; **D:** Errada. O STF já julgou, por exemplo, ADIn contra a resolução do CNJ sobre nepotismo; **E:** Errada. De acordo com a jurisprudência do STF, o critério da espacialidade, além da atuação transregional da instituição, demanda a existência de associados em pelo menos nove estados da Federação (aplicação, por analogia, da Lei Orgânica dos Partidos Políticos). V. ADIn 79 QO, Rel. Min. Celso de Mello.

Gabarito "C"

(Magistratura/BA – 2012 – CESPE) Com relação ao controle de constitucionalidade, assinale a opção correta.

(A) No processo objetivo do controle de constitucionalidade, a intervenção do *amicus curiae* equivale à intervenção de terceiros, o que lhe garante a prerrogativa de interpor recurso para discutir a matéria objeto de análise na ação em que atua.

(B) Contra lei estadual que desrespeitar princípios sensíveis da CF pode o Procurador-Geral da República impetrar, no STF, ação direta de inconstitucionalidade interventiva, que, acolhida, implicará a nulificação do ato impugnado e, ao mesmo tempo, determinará que o presidente da República decrete a intervenção no estado respectivo.

(C) Todos os tribunais judiciários, com exceção do STF, estão obrigados a seguir a cláusula de reserva de plenário, que prevê que somente pelo voto da maioria absoluta de seus membros, ou dos membros do respectivo órgão especial, poderá ser declarada a inconstitucionalidade de lei ou de ato normativo do poder público.

(D) Embora lei municipal que contrarie a CF não possa ser objeto de ação direta de inconstitucionalidade perante o STF, cabe o controle difuso de constitucionalidade, ou mesmo o controle concentrado, dessa lei, por meio de arguição de descumprimento de preceito fundamental.

(E) No âmbito do Poder Legislativo – federal e estadual –, são legitimados para propor, no STF, a ação direta de inconstitucionalidade e a ação declaratória de constitucionalidade as mesas do Congresso Nacional, do Senado Federal e da Câmara dos Deputados e as mesas de assembleia legislativa e da Câmara Legislativa do DF.

A: incorreta, a figura do *amicus curiae* encontra fundamento no art. 7º, § 2º, da Lei 9.868/99, que dispõe sobre a ação direta de inconstitucionalidade e da ação declaratória de constitucionalidade perante o Supremo Tribunal Federal. O *amicus curiae* é uma figura no processo objetivo do controle concentrado de constitucionalidade, e diz-se objetivo, pois ao contrário do controle difuso, o controle de constitucionalidade de ato normativo é marcado pelos traços da abstração, generalidade e impessoalidade, portanto, não é possível no processo objetivo defender ou tentar proteger interesses subjetivos. Estabeleceu-se assim, a regra que não se admite no controle concentrado a participação de terceiros, pois assim dispõe a clara redação do art. 7º, *caput*, da supracitada lei. Porém, o § 2º do mesmo artigo permitiu que o relator do processo, tendo em vista a relevância da matéria e a representatividade dos postulantes, poderá, por despacho irrecorrível, admitir, observado o prazo de 30 dias contado do recebimento do pedido de informações aos órgãos ou às autoridades das quais emanou a lei ou o ato normativo impugnado, a manifestação de outros órgãos ou entidades. Portanto a regra é a inadmissibilidade da intervenção de terceiros no controle concentrado, entretanto, cumpridas as exigências do artigo citado, poderá o relator do processo admitir a participação de órgão ou entidades no processo objetivo, permitindo assim a presença do *amicus curiae* na demanda; **B:** incorreta, pois nos casos do art. 34, VI e VII, da CF, dispensada a apreciação do Congresso Nacional o decreto limitar-se à a suspender a execução do ato impugnado, se essa medida bastar ao restabelecimento da normalidade; **C:** incorreta, já que o sistema brasileiro de controle de constitucionalidade é jurisdicional, ou seja, é deferida competência para que o Poder Judiciário declare inconstitucionalidade de lei ou ato normativo do Poder Público. A Constituição Federal adotou dois critérios de controle de constitucionalidade: o controle difuso (realizado por todos os tribunais judiciários, inclusive, pelo STF) e o controle concentrado (exclusivo do STF); **D:** correta, pois qualquer modalidade de ato normativo sujeita-se ao controle difuso. Contudo, na via do controle concentrado, o constituinte excluiu as leis municipais do art. 102, I, "a", da CF, mas o poder constituído ao elaborar Lei 9.882/99, incluiu no seu art. 1º a hipótese da lei municipal ser objeto de ADPF; **E:** incorreta, pois as mesas do Congresso Nacional não têm legitimidade para propor, no STF, a ação direta de inconstitucionalidade, e muito menos, a ação declaratória de constitucionalidade, nos termos do art. 103, da CF.

Gabarito "D"

(Ministério Público/TO – 2012 – CESPE) Acerca do controle de constitucionalidade concentrado, assinale a opção correta à luz da jurisprudência do STF.

(A) A súmula de jurisprudência e a súmula vinculante são consideradas atos normativos, sujeitos, portanto, ao controle de constitucionalidade concentrado pelo STF.

(B) Com a regulamentação legal das centrais sindicais e sua equiparação às confederações sindicais, passou-se a reconhecer a legitimidade ativa dessas entidades para ajuizar ADI perante o STF.

(C) Estando presentes os requisitos de admissibilidade da ADI, admite-se a conversão de arguição de descumprimento de preceito fundamental em ADI.

(D) A eficácia geral e o efeito vinculante de decisão proferida pelo STF em ação declaratória de constitucionalidade ou ADI, de lei ou ato normativo federal, atingem os demais órgãos do Poder Judiciário e todos os órgãos dos Poderes Executivo e Legislativo.

(E) O STF não tem competência para realizar controle de constitucionalidade concentrado de lei ou ato normativo municipal em face da CF.

A: incorreta, súmulas convencionais e vinculantes são proposições jurídicas que consolidam a jurisprudência de um tribunal acerca de assuntos controvertidos, logo, não apresentam características de ato normativo (STF, Pleno, Adin 594-MC/DF. Carlos Velloso, decisão de 19.02.1992; **B:** incorreta, a legitimidade neste contexto pertence apenas às Confederação Sindicais (art. 103, IX, da CF), que são organizadas com um mínimo de três federações, estabelecidas em pelo menos três Estados, nos termos do art. 535 da CLT; **C:** correta, em nome da instrumentalidade, da economia e da celeridade processuais, além da certeza jurídica, **admite-se fungibilidade entre a ação direta de inconstitucionalidade e arguição de descumprimento de preceito fundamental** (STF, ADI 4163/SP, rel. Min. Cezar Peluso, 29.02.2012, Plenário, informativo 656); **D:** incorreta, pois não atinge o Poder Legislativo; **E:** incorreta, pois o STF tem competência para realizar o controle de constitucionalidade de lei ou ato normativo municipal em face da CF por meio da ADPF, nos termos do art. 102, § 1º, da CF c/c o art. 1º da Lei 9.882/1999.

Gabarito "C"

(Defensor Público/SE – 2012 – CESPE) Com base no que determina a CF, no que dispõe a legislação pertinente e no entendimento do STF, assinale a opção correta a respeito das ações de controle concentrado de constitucionalidade.

(A) O presidente da República possui legitimidade universal, podendo ajuizar, no STF, ação direta de inconstitucionalidade, ainda que contra ato normativo municipal, sem a necessidade de demonstração de pertinência temática.

(B) O partido político com representação na Câmara dos Deputados possui legitimidade universal, podendo ajuizar, no STF, ação direta de inconstitucionalidade contra emenda constitucional, sem a necessidade de demonstração de pertinência temática.

(C) Governador de estado possui legitimidade universal, podendo ajuizar, no STF, ação declaratória de constitucionalidade de ato normativo estadual, sem a necessidade de demonstração de pertinência temática.

(D) O procurador-geral da República possui legitimidade universal, podendo ajuizar, no STF, arguição de descumprimento de preceito fundamental contra ato normativo federal, mesmo havendo outros meios eficazes de sanar a controvérsia constitucional, desde que comprove pertinência temática.

(E) A entidade de classe de âmbito regional possui legitimidade especial, podendo ajuizar, no STF, ação declaratória de constitucionalidade contra ato normativo estadual, desde que comprove pertinência temática.

A: Errada. O Presidente da República é legitimado universal para propor ADIn, mas não cabe ação direta de inconstitucionalidade em face de lei municipal (art. 102, I, "a", da CF); **B:** Correta. O partido político com representação na Câmara dos Deputados é legitimado universal e cabe controle de constitucionalidade em face de emendas constitucionais, por constituírem exercício do poder constituinte derivado (art. 103, VIII da CF); **C:** Errada. Os governadores de Estado são legitimados especiais para proporem ADIn, ou seja, precisam demonstrar pertinência temática entre os interesses de seu Estado e a norma atacada. Em acréscimo, não cabe ADC em face de lei estadual, mas apenas em face de lei federal (art. 102, I, "a", da CF); **D:** Errada. A primeira parte está correta, mas só cabe ADPF se não houver outro meio capaz de sanar a lesividade – princípio da subsidiariedade (art. 4º, § 1º, da Lei 9.882/1999); **E:** Errada. Entidades de âmbito **nacional** têm legitimidade especial para propor ADC, que só cabe em face de lei federal (art. 102, I, "a", da CF).

Gabarito "B".

4.3.2. AÇÃO DECLARATÓRIA DE CONSTITUCIONALIDADE

(Juiz de Direito/DF – 2016 – CESPE) Em atenção à ADC e à respectiva jurisprudência do STF, assinale a opção correta.

(A) A decisão final proferida é irrecorrível, salvo a oposição de embargos de declaração, e eventual propositura de ação rescisória, desde que modificado o entendimento do STF sobre a matéria.

(B) A controvérsia judicial relevante diz respeito ao mérito, e não rende ensejo ao indeferimento monocrático da inicial pelo Relator.

(C) O parâmetro de controle é a Constituição vigente, excluindo-se os tratados e convenções internacionais, ainda que sobre direitos humanos e aprovados por quórum qualificado no Congresso Nacional.

(D) Pode ser deferida medida cautelar, suspendendo-se os processos que envolvam a aplicação da lei ou ato normativo questionado, devendo ser julgada a ação em noventa dias, sob pena de perda de eficácia.

(E) Decorrido o prazo da rescisória, a imutabilidade da sentença de mérito transitada em julgado é insuperável, ainda que aplicada lei objeto de ulterior ADC improcedente, com a inconstitucionalidade proclamada pelo STF.

A: incorreta. Não cabe ação rescisória. De acordo com o art. 26 da Lei 9.868/1999, a decisão que declara a constitucionalidade ou a inconstitucionalidade da lei ou do ato normativo em ADIn ou ADC é irrecorrível, ressalvada a interposição de embargos declaratórios, **não podendo, igualmente, ser objeto de ação rescisória**; **B:** incorreta. Determina o art. 14, III, da Lei 9.868/1999 que a petição inicial da ADC deverá indicar, além de outros requisitos, a existência de **controvérsia judicial relevante sobre a aplicação do ato normativo objeto da ação declaratória.** Caso tal indicação não conste da petição inicial, a ADC pode ser indeferida monocraticamente pelo Relator (art. 15 da Lei 9.868/1999); **C:** incorreta. O parâmetro de controle, de fato, é a Constituição vigente e só podem ser objeto de ADC leis ou atos normativos **federais** (art. 102, I, "a", CF). Ocorre que as normas oriundas de tratados e convenções internacionais sobre direitos humanos aprovadas pelo mesmo processo legislativo das emendas constitucionais equivalem a normas constitucionais (art. 5º, § 3º, CF) e, portanto, podem servir como parâmetro para aferição da constitucionalidade de leis ou atos normativos com eles conflitantes; **D:** incorreta. Apesar de a medida cautelar ser cabível para determinar aos juízes e tribunais a suspensão dos processos que envolvam a aplicação da lei ou ato normativo objeto da ADC, o prazo para julgamento da ação é de 180 dias, sob pena de perda de eficácia da medida cautelar deferida (art. 21, *caput* e parágrafo único, da Lei 9.868/1999); **E:** correta. A declaração de improcedência da ADC corresponde à declaração de procedência da ADIn, ou seja, tem como resultado a pronúncia da inconstitucionalidade da lei (art. 24 da Lei 9.868/1999), com os mesmos efeitos da ADIn (inclusive o vinculante – art. 28, parágrafo único, da Lei 9.868/1999). Por isso diz-se que a ADC é a ADIn "com sinal trocado". Entretanto, se, **anteriormente** ao julgamento de improcedência da ADC pelo STF, a lei ou ato normativo tiver sido aplicado por juízes ou tribunais, e tenha transcorrido o prazo para a ação rescisória desses julgados, sua sentença ou acórdão não pode ser modificado. Nesse caso, alguns autores referem que se operou sobre o julgamento dos juízes e tribunais a "coisa **soberanamente** julgada", porque além de a ação já ter "transitado em julgado", também decorreu o prazo da ação rescisória do julgado, não podendo ser desconstituída nem mesmo em razão da posterior declaração de inconstitucionalidade com efeitos vinculantes – seja em ADC ou em ADIn.

Gabarito "E".

4.3.3. ARGUIÇÃO DE DESCUMPRIMENTO DE PRECEITO FUNDAMENTAL

(Analista Jurídico – TCE/PR – 2016 – CESPE) Conforme o entendimento do Supremo Tribunal Federal (STF), é cabível a arguição de descumprimento de preceito fundamental

(A) contra súmula do STF.

(B) contra proposta de emenda à Constituição Federal de 1988.

(C) para desconstituir coisa julgada material oriunda de decisão judicial já transitada em julgado.

(D) contra normas secundárias regulamentares — como, por exemplo, decretos presidenciais — vulneradoras de preceito fundamental.

(E) para revisar, alterar ou cancelar súmula vinculante do STF.

A: incorreta. Súmula não pode ser objeto de controle concentrado de constitucionalidade (ADI – Ação Direta de Inconstitucionalidade, ADC – Ação Declaratória de Constitucionalidade e ADPF – Arguição de Descumprimento de Preceito Fundamental), pois não é dotada de abstração e generalidade; **B:** incorreta. A ADPF é uma ação subsidiária (art. 4º, § 1º, da Lei nº 9.868/1999), portanto só pode ser proposta quando não houver qualquer outro meio eficaz para sanar a lesividade. Uma PEC (proposta de emenda à Constituição) tendente a abolir cláusulas pétreas, por exemplo, pode ser questionada no STF por meio de mandado de segurança; **C:** incorreta. A ADPF faz parte do controle abstrato de constitucionalidade. Sendo assim, os comandos abstratos e genéricos da norma é que são analisados. Não há discussão de caso concreto, não tem por finalidade desconstituir coisa julgada; **D:** correta. A jurisprudência do STF firmou-se no sentido de que "a arguição de descumprimento de preceito fundamental é, via de regra, meio inidôneo para processar questões controvertidas derivadas de normas secundárias e de caráter tipicamente regulamentar" [ADPF 210 AgR, rel. min. Teori Zavascki, j. 6-6-2013, P, *DJE* de 21-6-2013]; **E:** incorreta. Segundo o STF: "A arguição de descumprimento de preceito fundamental não é a via adequada para se obter a interpretação, a revisão ou o cancelamento de súmula vinculante." (ADPF 147-AgR, rel. min. Cármen Lúcia, julgamento em 24.03.2011, Plenário, *DJE* de 08.04.2011). Vide: ADPF 80-AgR, rel. min. Eros Grau, julgamento em 12.06.2006, Plenário, *DJ* de 10.08.2006.

Gabarito "D".

(Defensor Público/RO – 2012 – CESPE) A respeito do controle de constitucionalidade, assinale a opção correta.

(A) A ação declaratória de inconstitucionalidade e a ação declaratória interventiva possuem os mesmos legitimados ativos.

(B) Na ação declaratória de constitucionalidade, cabe ao advogado-geral da União fazer a defesa do ato normativo.

(C) A arguição de descumprimento de preceito fundamental tem preferência em relação a outros meios eficazes de sanar a lesividade.

(D) Senador da República possui legitimação ativa para suscitar o controle incidental de constitucionalidade pertinente à observância pelas casas do Congresso Nacional dos requisitos que condicionam a válida elaboração das proposições normativas, enquanto estas se acharem em curso no Senado Federal.

(E) A arguição de descumprimento de preceito fundamental não se presta a controle de constitucionalidade de normas infralegais ou atos normativos estaduais e municipais.

A: Errada. Os legitimados para a ADC estão listados no art. 103 da CF. O único legitimado ativo para propor ADIn Interventiva é o Procurador--Geral da República; **B:** Errada. Na ação declaratória já se pede a confirmação da constitucionalidade, não havendo necessidade de o AGU defender a constitucionalidade da norma, como o faz na ADIn (art. 103, § 3º, da CF); **C:** Errada. Deve ser proposta caso não haja outro meio capaz de sanar a lesividade (art. 4º, § 1º, da Lei 9882/1999); **D:** Correta. O STF entende que os congressistas possuem direito líquido e certo ao devido processo legislativo; **E:** Errada. Cabe ADPF contra "ato do Poder Público" em geral, incluídos os anteriores à Constituição (art. 1º, *caput* e parágrafo único, I, da Lei 9882/1999).

Gabarito "D"

5. DOS DIREITOS E GARANTIAS FUNDAMENTAIS

5.1. DIREITOS E DEVERES EM ESPÉCIE

(Delegado – PC/SE – 2018 – CESPE/CEBRASPE) Julgue os itens seguintes, relativos aos direitos e deveres individuais e coletivos e às garantias constitucionais.

(1) Em razão do princípio da legalidade penal, a tipificação de conduta como crime deve ser feita por meio de lei em sentido material, não se exigindo, em regra, a lei em sentido formal.

(2) O princípio da individualização da pena determina que nenhuma pena passará da pessoa do condenado, razão pela qual as sanções relativas à restrição de liberdade não alcançarão parentes do autor do delito.

(3) Conforme texto constitucional vigente, a prisão de qualquer pessoa e o local onde se encontra terão de ser comunicados em até vinte e quatro horas ao juiz competente e à família do preso ou a pessoa por ele indicada.

(4) No âmbito do inquérito policial, cuja natureza é inquisitiva, não se faz necessária a aplicação plena do princípio do contraditório, conforme a jurisprudência dominante.

(5) Em caso de perigo à integridade física do preso, admite--se o uso de algemas, desde que essa medida, de caráter excepcional, seja justificada por escrito.

1: errada, porque a tipificação de conduta como crime deve ser feita por lei em sentido formal (obediência ao devido processo legal) e material (respeito ao conteúdo da Constituição e dos tratados internacionais de direito humanos, observando os direitos e garantias do cidadão); **2:** errada, pois a assertiva define o princípio da responsabilidade pessoal, também denominado princípio da intranscendência ou pessoalidade da pena, que está previsto no inciso XLV do art. 5º da CF; **3:** errada, já que a prisão de qualquer pessoa e o local onde se encontre serão comunicados **imediatamente** ao juiz competente e à família do preso ou à pessoa por ele indicada (art. 5º, LXII, da CF); **4:** certa, pois não há a aplicação <u>plena</u> do princípio do contraditório no inquérito policial. Isso não significa, contudo, que não haja qualquer dimensão de contraditório ou de defesa na investigação, já que o inquérito está submetido ao contraditório mitigado (ex.: Lei 13.245/2016 e Súmula Vinculante 14 do STF); **5:** certa, conforme a Súmula Vinculante 11 do STF, que prevê: só é lícito o uso de algemas em casos de resistência e de fundado receio de fuga ou de perigo à integridade física própria ou alheia, por parte do preso ou de terceiros, justificada a excepcionalidade por escrito, sob pena de responsabilidade disciplinar, civil e penal do agente ou da autoridade e de nulidade da prisão ou do ato processual a que se refere, sem prejuízo da responsabilidade civil do Estado. AN

Gabarito: 1E, 2E, 3E, 4C, 5C

(Juiz de Direito – TJ/BA – 2019 – CESPE/CEBRASPE) De acordo com a doutrina e com a jurisprudência do STF, assinale a opção correta, acerca da proteção ao princípio constitucional da dignidade da pessoa humana e da prática do crime de tortura.

(A) Em tempo de paz, a vedação da prática de tortura está sujeita a regulamentação ou restrição do legislador.

(B) A norma constitucional que veda a concessão de fiança, graça e anistia ao crime de tortura é de eficácia limitada.

(C) A Lei de Anistia não se estende aos crimes de tortura praticados pelos agentes do Estado que atuaram na repressão durante os governos militares.

(D) Segundo sua estrutura, a norma constitucional que veda a prática de tortura tem caráter de princípio, e não de regra.

(E) É da justiça militar a competência para decretar a perda do oficialato de policial militar que for condenado pela prática do crime de tortura.

A: incorreta, visto que a vedação da prática de tortura **não** está sujeita a regulamentação ou restrição do legislador, em qualquer tempo (art. 5º, III, da CF); **B:** correta, pois o inciso XLIII do art. 5º depende da atuação do legislador infraconstitucional para ter eficácia (<u>a lei considerará</u> crimes inafiançáveis e insuscetíveis de graça ou anistia a prática da tortura , o tráfico ilícito de entorpecentes e drogas afins, o terrorismo e os definidos como crimes hediondos...); **C:** incorreta, porque a Lei de Anistia se estende aos crimes de tortura praticados pelos agentes do Estado que atuaram na repressão durante os governos militares (art. 1º, § 1º, da Lei 6.683/1979). Essa interpretação foi ratificada pelo STF, nos seguintes termos: "(..) *3. Conceito e definição de "crime político" pela Lei n. 6.683/79. São crimes conexos aos crimes políticos "os crimes de qualquer natureza relacionados com os crimes políticos ou praticados por motivação política"; podem ser de "qualquer natureza", mas [i] hão de terem estado relacionados com os crimes políticos ou [ii] hão de terem sido praticados por motivação política; são crimes outros que não políticos; são crimes comuns, porém [i] relacionados com os crimes políticos ou [ii] praticados por motivação política. A expressão crimes conexos a crimes políticos conota sentido a ser sindicado no momento histórico da sanção da lei. A chamada Lei de anistia diz com uma conexão* sui generis, *própria ao momento histórico da transição para a democracia. Ignora, no contexto da Lei n. 6.683/79, o sentido ou os sentidos correntes, na doutrina, da chamada conexão criminal; refere o que "se procurou", segundo a inicial, vale dizer, estender a anistia criminal de natureza política aos agentes do Estado encarregados da repressão. 4. A lei estendeu a conexão aos crimes praticados pelos agentes do Estado contra os que lutavam contra o Estado de exceção; daí o caráter bilateral da anistia, ampla e geral, que somente não foi irrestrita porque não abrangia os já condenados – e com sentença transitada em julgado, qual o Supremo assentou – pela prática de crimes de terrorismo, assalto, sequestro e atentado pessoal. (...)*" (ADPF 153, Relator: Min. Eros Grau, Tribunal Pleno, julgado em 29/04/2010); **D:** incorreta, já que a norma de direito fundamental que veda a prática de tortura tem estrutura de regra, pois se trata de norma proibitiva de determinada conduta; **E:** correta, de acordo com a justificativa do CEBRASPE para alteração do gabarito. A jurisprudência do STF era firme no seguinte sentido: "*Em se tratando de condenação de oficial da polícia militar pela prática do crime de tortura, sendo crime comum, a competência para decretar a perda do oficialato, como efeito da condenação, é da Justiça comum. O disposto no art. 125, § 4º, da CF refere-se à competência da Justiça Militar para decidir sobre a perda do posto e da patente dos oficiais e da graduação das praças quando se tratar de crimes militares definidos em lei.*" (AI 769.637 AgR, Rel. Min. Joaquim Barbosa, j. 20/03/2012, 2ª T, DJE de 22/05/2012; AI 769.637 AgR--ED-ED, Rel. Min. Celso de Mello, j. 25/06/2013, 2ª T, DJE de 16/10/2013). Contudo, com o advento da Lei 13.491/2017, tal entendimento não pode mais ser considerando como adotado pelas atuais doutrina e jurisprudência do STF, conforme a justificativa do CEBRASPE. A Lei nº 13.491/17 alterou o Código Penal Militar para considerar como crimes militares, em tempo de paz, os delitos previstos na legislação penal, quando praticados, entre outras situações, por militar em situação de atividade ou assemelhado, em lugar sujeito à administração militar, contra militar da reserva, ou reformado, ou assemelhado, ou civil (art. 9º, II, "b", do CPM). Em assim sendo, a lei passou a considerar como crime militar e, portanto, subordinado à jurisdição militar, por exemplo, a conduta do policial militar que, em serviço, pratica tortura contra o civil no interior do quartel, fato que, entre outras hipóteses possíveis, se amolda à alternativa. AN

Gabarito Anulada

(Juiz de Direito – TJ/BA – 2019 – CESPE/CEBRASPE) No que se refere à liberdade de expressão, à liberdade de imprensa e aos seus limites, assinale a opção correta.

(A) De acordo com o STF, o consumo de droga ilícita em passeata que reivindique a descriminalização do uso dessa substância é assegurado pela liberdade de expressão.

(B) A legislação pertinente determina que os comentários de

usuários da Internet nas páginas eletrônicas dos veículos de comunicação social se sujeitem ao direito de resposta do ofendido.

(C) A publicação de informações falsas em veículos de comunicação social não está assegurada pela liberdade de imprensa.

(D) A retratação ou retificação espontânea de mensagem de conteúdo ofensivo à honra ou imagem de outrem impede eventual direito de resposta do ofendido.

(E) Além do direito de resposta, a liberdade de expressão garante o direito de acesso e exposição de ideias em veículos de comunicação social.

A: incorreta, pois o STF liberou a realização dos eventos chamados "marcha da maconha", que reúnem manifestantes favoráveis à descriminalização da droga, com fundamento nos direitos constitucionais de reunião (liberdade-meio) e de livre expressão do pensamento (liberdade-fim), todavia não liberou o consumo de droga ilícita na ocasião do evento. Para o STF, o debate sobre abolição penal de determinadas condutas puníveis é um legítimo debate que não se confunde com incitação à prática de delito nem se identifica com apologia de fato criminoso, podendo ser realizado de forma racional, com respeito entre interlocutores, ainda que a ideia, para a maioria, possa ser eventualmente considerada estranha, extravagante, inaceitável ou perigosa (ADPF 187, Relator: Min. Celso de Mello, Tribunal Pleno, julgado em 15/06/2011); **B:** incorreta, porque os comentários realizados por usuários da internet nas páginas eletrônicas dos veículos de comunicação social não se sujeitam ao direito de resposta do ofendido (art. 2º, § 2º, da Lei 13.188/2015). A Lei 13.188/2015 prevê, *in verbis*: "*Art. 2º Ao ofendido em matéria divulgada, publicada ou transmitida por veículo de comunicação social é assegurado o direito de resposta ou retificação, gratuito e proporcional ao agravo. § 1º Para os efeitos desta Lei, considera-se matéria qualquer reportagem, nota ou notícia divulgada por veículo de comunicação social, independentemente do meio ou da plataforma de distribuição, publicação ou transmissão que utilize, cujo conteúdo atente, ainda que por equívoco de informação, contra a honra, a intimidade, a reputação, o conceito, o nome, a marca ou a imagem de pessoa física ou jurídica identificada ou passível de identificação. § 2º São excluídos da definição de matéria estabelecida no § 1º deste artigo os comentários realizados por usuários da internet nas páginas eletrônicas dos veículos de comunicação social.*"; **C:** correta, pois a liberdade de expressão e de imprensa não asseguram a divulgação de fato sabidamente falso, o que pode ser objeto de restrição judicial. A respeito, Mendes e Branco ensinam que "*a informação falsa não seria protegida pela Constituição, porque conduziria a uma pseudooperação da formação da opinião*" (MENDES, Gilmar e BRANCO, Paulo. *Curso de Direito Constitucional*. São Paulo: Saraiva, 2015, p. 274). De acordo com o STJ, a liberdade de imprensa – embora amplamente assegurada e com proibição de controle prévio – acarreta responsabilidade *a posteriori* pelo eventual excesso e não compreende a divulgação de especulação falsa (REsp 1582069/RJ, Rel. Ministro Marco Buzzi, Rel. p/ Acórdão Ministra Maria Isabel Gallotti, Quarta Turma, julgado em 16/02/2017, DJe 29/03/2017); **D:** incorreta, visto que a retratação ou retificação espontânea, ainda que a elas sejam conferidos os mesmos destaque, publicidade, periodicidade e dimensão do agravo, não impedem o exercício do direito de resposta pelo ofendido nem prejudicam a ação de reparação por dano moral (art. 2º, § 3º, da Lei 13.188/2015); **E:** incorreta, pois o direito à liberdade de expressão não garante o direito de expor ideias em veículos de comunicação social, visto que violaria a livre-iniciativa e o direito de propriedade desses veículos. De acordo com Mendes e Branco: "*Vem prevalecendo uma interpretação mais restrita da garantia constitucional da liberdade de expressão. Não se vê suporte nesse direito fundamental para exigir que terceiros veiculem as ideias de uma dada pessoa. A liberdade se dirige, antes, a vedar que o Estado interfira no conteúdo da expressão. O direito não teria por sujeito passivo outros particulares, nem geraria uma obrigação de fazer para o Estado. O princípio constitucional da livre-iniciativa e mesmo o direito de propriedade desaconselhariam que se atribuísse tamanha latitude a essa liberdade*" (MENDES, Gilmar e BRANCO, Paulo. Curso de Direito Constitucional. São Paulo: Saraiva, 2015, p. 267). AN

Gabarito "C".

(Procurador Municipal – Prefeitura/BH – CESPE – 2017) Acerca dos direitos e garantias fundamentais, assinale a opção correta.

(A) Após a condenação criminal transitada em julgado, os direitos políticos do infrator ficarão suspensos enquanto durarem os efeitos da referida condenação.

(B) Nas situações em que se fizer necessário, o cidadão poderá impetrar *habeas data* para obter vistas dos autos de processo administrativo de seu interesse.

(C) O *habeas corpus* é o instrumento adequado para impedir o prosseguimento de processo administrativo.

(D) Os direitos fundamentais são personalíssimos, razão por que somente o seu titular tem o direito de renunciá-los.

A: correta. Art. 15, III, CF; **B:** incorreta. De acordo com o art. 5º, LXXII, CF, o habeas data somente pode ser proposto: a) para assegurar o conhecimento de informações relativas à pessoa do impetrante, constantes de registros ou bancos de dados de entidades governamentais ou de caráter público; ou b) para a retificação de dados, quando não se prefira fazê-lo por processo sigiloso, judicial ou administrativo; **C:** incorreta. A hipótese é de impetração de mandado de segurança, haja vista não estar em jogo o direito de locomoção; **D:** incorreta. A doutrina clássica defende a irrenunciabilidade dos direitos fundamentais. TM

Gabarito "A".

(Procurador Municipal – Prefeitura/BH – CESPE – 2017) À luz do entendimento do STF, assinale a opção correta, a respeito dos direitos e garantias fundamentais.

(A) A licença-maternidade não é garantida à mulher adotante.

(B) Lei para alteração de processo eleitoral pode ser aplicada no mesmo ano das eleições, desde que seja editada cento e oitenta dias antes do pleito.

(C) O direito de reunião e o direito à livre expressão do pensamento legitimam a realização de passeatas em favor da descriminalização de determinada droga.

(D) As prerrogativas constitucionais de investigação das CPIs possibilitam a quebra de sigilo imposto a processo sujeito ao segredo de justiça.

A: incorreta. O STF estendeu a licença-maternidade também à adotante, por igual prazo. Ver RE 778889, Rel. Min. Roberto Barroso; **B:** incorreta. De acordo com o art. 16 da CF, a lei que alterar o processo eleitoral entrará em vigor na data de sua publicação, não se aplicando à eleição que ocorra até um ano da data de sua vigência; **C:** correta. Ao julgar a ADPF 197, o STF conferiu interpretação conforme a Constituição ao art. 287 do Código Penal, para não considerar as manifestações em defesa da legalização das drogas como apologia de "fato criminoso"; **D:** incorreta. CPI não pode quebrar sigilo judicial, conforme decido pelo STF no MS 27.483: "Comissão Parlamentar de Inquérito não tem poder jurídico de, mediante requisição, a operadoras de telefonia, de cópias de decisão nem de mandado judicial de interceptação telefônica, quebrar sigilo imposto a processo sujeito a segredo de justiça. Este é oponível a Comissão Parlamentar de Inquérito, representando expressiva limitação aos seus poderes constitucionais". TM

Gabarito "C".

(Delegado/PE – 2016 – CESPE) Acerca dos direitos e garantias fundamentais previstos na CF, assinale a opção correta.

(A) Em obediência ao princípio da igualdade, o STF reconhece que há uma impossibilidade absoluta e genérica de se estabelecer diferencial de idade para o acesso a cargos públicos.

(B) Conforme o texto constitucional, o civilmente identificado somente será submetido à identificação criminal se a autoridade policial, a seu critério, julgar que ela é essencial à investigação policial.

(C) São destinatários dos direitos sociais, em seu conjunto, os trabalhadores, urbanos ou rurais, com vínculo empregatício, os trabalhadores avulsos, os trabalhadores domésticos e os servidores públicos genericamente considerados.

(D) Embora a CF vede a cassação de direitos políticos, ela prevê casos em que estes poderão ser suspensos ou até mesmo perdidos.

(E) Os direitos e garantias fundamentais têm aplicação imediata, razão porque nenhum dos direitos individuais elencados na CF necessita de lei para se tornar plenamente exequível.

A: incorreta. Não há essa impossibilidade absoluta e genérica de se estabelecer diferencial de idade para o acesso a cargos públicos. Dispõe o art. 7º, XXX, da CF que são direitos dos trabalhadores urbanos e rurais, além de outros que visem à melhoria de sua condição social, **a proibição de diferença de salários**, de exercício de funções e de critério de admissão **por motivo de** sexo, **idade**, cor ou estado civil. Ocorre que a Súmula 683 do STF determina que **o limite de idade** para a inscrição em concurso público só se legitima em face do art. 7º, XXX, da Constituição, **quando possa ser justificado pela natureza das atribuições do cargo** a ser preenchido; **B:** incorreta. De acordo com o art.5°, LVIII, da CF, o civilmente identificado não será submetido a identificação criminal, salvo nas hipóteses previstas em lei. A Lei 12.037/2009 – Lei de identificação criminal, em seu art.3º, I a VI, traz situações em que embora apresentado documento de identificação, poderá ocorrer identificação criminal, por exemplo, I – o documento apresentar rasura ou tiver indício de falsificação; II – o documento apresentado for insuficiente para identificar cabalmente o indiciado; III – o indiciado portar documentos de identidade distintos, com informações conflitantes entre si; IV – a identificação criminal for essencial às investigações policiais, segundo despacho da autoridade judiciária competente, que decidirá de ofício ou mediante representação da autoridade policial, do Ministério Público ou da defesa; V – constar de registros policiais o uso de outros nomes ou diferentes qualificações; VI – o estado de conservação ou a distância temporal ou da localidade da expedição do documento apresentado impossibilite a completa identificação dos caracteres essenciais. Sendo assim, não é a autoridade policial, a seu critério, que vai julgar se a identificação criminal é ou não essencial à investigação policial; **C:** incorreta. O rol de destinatários dos direitos sociais é mais amplo que o mencionado na alternativa; **D:** correta. Determina o art. 15 da CF que é proibida a cassação de direitos políticos, cuja perda ou suspensão só se dará nos casos de: I – cancelamento da naturalização por sentença transitada em julgado; II – incapacidade civil absoluta; III – condenação criminal transitada em julgado, enquanto durarem seus efeitos; IV – recusa de cumprir obrigação a todos imposta ou prestação alternativa, nos termos do art. 5º, VIII; V – improbidade administrativa, nos termos do art. 37, § 4º; **E:** incorreta. Ao contrário do mencionado, os direitos previstos em normas de eficácia limitada precisam de lei para se tornarem plenamente exequíveis. Além disso, os direitos previstos em normas de eficácia contida podem ter seus efeitos restringidos por lei.

Gabarito "D"

(Defensor Público – DPE/RN – 2016 – CESPE) Assinale a opção correta em relação aos direitos fundamentais e aos conflitos que podem ocorrer entre eles.

(A) A proibição do excesso e da proteção insuficiente são institutos jurídicos ligados ao princípio da proporcionalidade utilizados pelo STF como instrumentos jurídicos controladores da atividade legislativa.

(B) Sob pena de colisão com o direito à liberdade de pensamento e consciência, o STF entende que a autorização estatutária genérica conferida à associação é suficiente para legitimar a sua atuação em juízo na defesa de direitos de seus filiados.

(C) Como tentativa de evitar a ocorrência de conflito, a legislação brasileira tem imposto regras que impedem o exercício cumulado de diferentes direitos fundamentais.

(D) Os direitos fundamentais poderão ser limitados quando conflitarem com outros direitos ou interesses, não havendo restrição a tais limitações.

(E) A garantia de proteção do núcleo essencial dos direitos fundamentais está ligada à própria validade do direito, mas não guarda relação com a sua eficácia no caso concreto.

A: Correta. Estão ligados aos subprincípios da proporcionalidade. De acordo com o STF, "os direitos fundamentais não podem ser considerados apenas proibições de intervenção (Eingriffsverbote), expressando também um postulado de proteção (Schutzgebote). Pode-se dizer que os direitos fundamentais expressam não apenas uma proibição do excesso (Übermassverbote), como também podem ser traduzidos como proibições de proteção insuficiente ou imperativos de tutela (Untermassverbote)" (STF, HC 102087, Rel. p/ o acórdão Min. Gilmar Mendes, 2T, j. 28/02/2012); **B:** Errada. "A autorização estatutária genérica conferida a associação não é suficiente para legitimar a sua atuação em juízo na defesa de direitos de seus filiados, sendo indispensável que a declaração expressa exigida no inciso XXI do art. 5º da CF ("as entidades associativas, quando expressamente autorizadas, têm legitimidade para representar seus filiados judicial ou extrajudicialmente") seja manifestada por ato individual do associado ou por assembleia geral da entidade" (RE 573232, Rel. p/ o acórdão Min. Marco Aurélio, j. 14/05/2014); **C:** Errada. A Constituição Federal prevê extenso rol de direitos fundamentais que têm eficácia direta e aplicabilidade imediata, configurando-se inconstitucional qualquer leitura que vise a impedir o "exercício cumulativo" de direitos fundamentais; **D:** Errada. Os direitos fundamentais podem ser sopesados quando em conflito, devendo-se resguardar o núcleo essencial de cada um deles; E: Errada. A proteção do núcleo essencial dos direitos fundamentais opera em todos os planos da norma.

Gabarito "A"

(Defensor Público – DPE/RN – 2016 – CESPE) Com referência aos direitos fundamentais em espécie, assinale a opção correta com base no entendimento do STF acerca desse tópico.

(A) A inviolabilidade domiciliar refere-se à residência que o indivíduo ocupa com intenção de moradia definitiva, mas não alcança seu escritório profissional ou outro local de trabalho.

(B) A determinação de foro justificada por prerrogativa de função, ainda que instituída exclusivamente por Constituição estadual, prevalece sobre a competência do tribunal de júri.

(C) Por ferir o direito à privacidade, é ilegítima a publicação, em qualquer tipo de veículo, dos nomes de servidores da administração pública e do valor dos vencimentos e vantagens pecuniárias por eles recebidos.

(D) O Estado brasileiro reconhece que a família tem como base a união entre o homem e a mulher, fato que exclui a união de pessoas do mesmo sexo do âmbito da proteção estatal.

(E) Salvo quando envolver criança e(ou) adolescente, os direitos à reunião e à livre manifestação do pensamento podem ser exercidos mesmo quando praticados para defender a legalização de drogas.

A: Errada. O STF tem firme entendimento de que o conceito de casa não se refere apenas à residência, alcançando igualmente o local de trabalho; **B:** Errada. A competência do Tribunal do Júri prevalece, por tratar-se de competência absoluta; **C:** Errada. O STF já firmou entendimento contrário, permitindo a divulgação desses dados em portal de transparência (ou equivalente); **D:** Errada. O STF já decidiu, em controle concentrado, pela legitimidade das uniões homoafetivas (V. STF, ADPF 132, Rel. Min. Ayres Britto, j. 05/05/2011); **E:** Correta. Ao apreciar a legitimidade da realização da "Marcha da Maconha", o Min. Luiz Fux votou pela possibilidade do evento, desde que observados os seguintes parâmetros: "1) que se tratasse de reunião pacífica, sem armas, previamente noticiada às autoridades públicas quanto à data, ao horário, ao local e ao objetivo, e sem incitação à violência; 2) que não existisse incitação, incentivo ou estímulo ao consumo de entorpecentes na sua realização; 3) que não ocorresse o consumo de entorpecentes na ocasião da manifestação ou evento público e 4) que não houvesse a participação ativa de crianças e adolescentes na sua realização". (STF, ADI 4274, Rel. Min. Ayres Britto, j. 23/11/2011).

Gabarito "E"

(Procurador do Estado – PGE/BA – CESPE – 2014) No que se refere aos tratados e convenções internacionais sobre direitos humanos de que o Brasil seja signatário, julgue os itens seguintes.

(1) A Corte Interamericana de Direitos Humanos, composta de sete juízes, detém, além de competência contenciosa, de caráter jurisdicional, competência consultiva.

(2) Suponha que a Corte Interamericana de Direitos Humanos tenha determinado ao Estado brasileiro o pagamento de indenização a determinado cidadão brasileiro, em decorrência de sistemáticas torturas que este sofrera de agentes policiais estaduais. Nesse caso, a sentença da Corte deverá ser executada de acordo com o procedimento vigente no Brasil.

(3) O Pacto Internacional sobre Direitos Civis e Políticos de 1966, juntamente com a Convenção Americana sobre

Direitos Humanos de 1969 e outros atos internacionais compõem o denominado Sistema Regional Interamericano de Proteção dos Direitos Humanos.

1: Correta. A Corte Interamericana de Direitos Humanos é órgão do Sistema da Organização de Estados Americanos – OEA, com sede na Costa Rica, da qual o Brasil faz parte. Foi criada pela Convenção Interamericana de Direitos Humanos (Pacto de San José da Costa Rica), com competência contenciosa e consultiva. De acordo com o art. 52 da Convenção, é integrada por sete juízes, escolhidos dentre os países-membros da OEA. **2:** Correta. Se houver lei ou convenção assinada pelo Brasil afirmando que a sentença da corte internacional tem natureza de título executivo, deve ser executada no Brasil como as demais sentenças nacionais contra a Fazenda Pública (sem necessidade de homologação da sentença estrangeira). De acordo com Juan Carlos Hitters, "Não nos deve passar inadvertido que, no âmbito da proteção internacional dos direitos humanos, o art. 68, apartado 2, da Convenção Americana sobre Direitos Humanos, chamada também Pacto de San José de Costa Rica, expressa que a parte da sentença da Corte Interamericana de Direitos Humanos que imponha indenização compensatória poderá ser executada no país respectivo pelo procedimento interno vigente para a execução de sentenças contra o Estado, isso sem nenhum tipo de exequatur nem trâmite de conhecimento prévio". **3:** Incorreta. Há três Sistemas Regionais de Proteção aos Direitos Humanos: o americano, o europeu e o africano. Os três formam o Sistema Interamericano de Proteção aos Direitos Humanos. TM

Gabarito 1C, 2C, 3E

(Promotor de Justiça/AC – 2014 – CESPE) Acerca das garantias processuais previstas no art. 5.º da CF, assinale a opção correta.

(A) De acordo com o entendimento do STF, é possível a quebra do sigilo das comunicações telefônicas no âmbito de processos administrativos disciplinares, em especial quando a conduta investigada causar dano ao erário.

(B) A CF admite em situações específicas, como as que envolvam ação de grupos armados, civis ou militares, contra a ordem constitucional e o Estado democrático, que alguém possa ser julgado por órgão judicial constituído *ex post facto*.

(C) Em se tratando de crimes de ação pública, o oferecimento da ação penal é de competência privativa do MP, não se admitindo a ação privada, ainda que aquela não seja proposta no prazo legal.

(D) Consoante o STF, configura expressão do direito de defesa o acesso de advogado, no interesse do representado, aos elementos de prova produzidos por órgão com competência de polícia judiciária, desde que já estejam documentados em procedimento investigativo.

(E) Embora não exista norma expressa acerca da matéria, o sigilo fiscal e bancário, segundo o STF, é protegido constitucionalmente no âmbito do direito à intimidade, portanto, o acesso a dados bancários e fiscais somente pode ser feito por determinação judicial, do MP, de comissão parlamentar de inquérito ou de autoridade policial.

A: incorreta. Embora a jurisprudência admita a possibilidade de utilizar-se, no processo administrativo disciplinar, a prova produzida a partir de interceptação telefônica realizada no âmbito do processo penal (prova emprestada), é incorreto afirmar-se que a quebra do sigilo telefônico pode se dar no bojo do processo administrativo. Isso porque tal providência, conforme estabelecem os arts. 5º, XII, da CF e 1º da Lei 9.296/1996, somente pode ser determinada com o fim de instruir investigação criminal ou processo penal; **B:** incorreta, uma vez que a Constituição Federal não contemplou tal possibilidade (art. 5º, XXXVII, CF); **C:** incorreta. Nos casos em que restar configurada, no âmbito da ação penal pública, desídia do órgão acusador, que deixou de promovê-la no prazo estabelecido em lei, poderá o ofendido ou quem o represente ajuizar *ação penal privada subsidiária da pública* ou *substitutiva*, que encontra previsão nos arts. 5º, LIX, da CF, 100, § 3º, do CP e 29 do CPP. Cuidado: o ofendido somente poderá se valer deste instrumento, de índole constitucional, na hipótese de inércia, desídia do membro do Ministério Público; **D:** correta, pois em conformidade com o teor da Súmula Vinculante 14, a seguir transcrita: "É direito do defensor, no interesse do representado, ter acesso amplo aos elementos de prova que, já documentados em procedimento investigatório realizado por órgão com competência de polícia judiciária, digam respeito ao exercício do direito de defesa"; **E:** incorreta. A autoridade policial não está credenciada a determinar a quebra dos sigilos fiscal e bancário.

Gabarito "D".

(Analista – STF – 2013 – CESPE) Julgue os itens subsequentes, com relação aos direitos e garantias fundamentais, aos remédios constitucionais e à aplicabilidade das normas constitucionais.

(1) Considerando- se que o art. 5.º da CF prevê que todos são iguais perante a lei, sem distinção de qualquer natureza, garantindo-se aos brasileiros e aos estrangeiros residentes no país a inviolabilidade do direito à vida, à liberdade, à igualdade, à segurança e à propriedade, é correto afirmar que aos estrangeiros não residentes no Brasil não se garantem esses direitos.

(2) De acordo com o STF, o *habeas data* não pode ser utilizado para garantir o conhecimento de informações concernentes a terceiros.

1: incorreta. "Estrangeiro não domiciliado no Brasil – Irrelevância – Condição jurídica que não o desqualifica como sujeito de direitos e titular de garantias constitucionais e legais" (STF, HC 94016-1/SP, 2ª T., j. 16.09.2008, rel. Min. Celso de Mello); **2:** correto, "o habeas data não se presta para solicitar informações relativas a terceiros, pois, nos termos do inc. LXXII do art. 5.º da CF, sua impetração deve ter por objetivo 'assegurar o conhecimento de informações relativas à pessoa do impetrante'." (HD 87-AgR, Plenário, j. 25.11.2009, rel. Min. Cármen Lúcia, *DJE* 05.02.2010.)"

Gabarito 1E, 2C

(Analista – TJ/CE – 2013 – CESPE) Acerca de princípios fundamentais, direitos e garantias fundamentais e aplicabilidade das normas constitucionais, assinale a opção correta. Nesse sentido, considere que a sigla CF, sempre que empregada, se refere à Constituição Federal de 1988.

(A) O princípio constitucional do direito de acesso à informação veda o sigilo da fonte, ainda que se aleguem motivos profissionais.

(B) O repúdio à prática do racismo configura um dos princípios que norteia a República Federativa do Brasil em suas relações internacionais. Essa prática constitui crime inafiançável e imprescritível, e o referido princípio é considerado norma constitucional de eficácia contida.

(C) As normas programáticas, que veiculam princípios a serem cumpridos pelo Estado, podem ser exemplificadas, entre outras, pela previsão constitucional de proteção ao mercado de trabalho da mulher mediante incentivos específicos.

(D) Os fundamentos da República Federativa do Brasil incluem, entre outros, a dignidade da pessoa humana, o pluralismo político e a construção de uma sociedade livre, justa e solidária.

(E) Segundo a CF, a casa é asilo inviolável do indivíduo, razão por que ninguém, independentemente da circunstância, poderá nela ingressar sem o consentimento do morador.

A: incorreta, é "resguardado o sigilo da fonte, quando necessário ao exercício profissional" (art. 5º, XIV, da CF); **B:** incorreta, referido princípio não pode sofrer restrição pela superveniência lei infraconstitucional. É norma de eficácia plena (arts. 4º, VIII, e 5º, XLII, da CF); **C:** correta. O exemplo citado na alternativa, segundo José Afonso da Silva, citado por Marcelo Novelino, é espécie de "normas programáticas vinculadas ao princípio da legalidade: mencionam uma legislação futura para implementação do programa previsto, o qual fica dependente da atividade do legislador e de sua discricionariedade". Outros exemplos, além do previsto no art. 7º, XX, da CF: art. 7º, XI, XXVII, 173, § 4º, 216, § 3º, 218, § 4º (*Direito constitucional.* 5. ed. São Paulo: Método, 2011. p. 127); **D:** incorreta, a construção de uma sociedade livre, justa e solidária é *objetivo fundamental,* não é fundamento (art. 3º, I, da CF); **E:** incorreta, as exceções à inviolabilidade da casa são: em caso de flagrante delito ou desastre, ou para prestar socorro, ou, durante o dia, por determinação judicial (art. 5º, XI, da CF).

Gabarito "C".

(Agente de Polícia Federal – 2012 – CESPE) Acerca dos direitos e deveres individuais e coletivos, julgue os itens subsequentes.

(1) O direito ao silêncio, constitucionalmente assegurado ao preso, estende-se a pessoa denunciada ou investigada em qualquer processo criminal, em inquérito policial, em processo administrativo disciplinar e àquela que for convocada a prestar depoimento perante comissão parlamentar de inquérito.

(2) O exercício do direito à liberdade de reunião em locais abertos ao público, previsto na Constituição Federal, condiciona-se a dois requisitos expressos: o encontro não pode frustrar outro anteriormente convocado para o mesmo local e a autoridade competente deve ser previamente avisada a respeito de sua realização.

1: correta, pois a prisão de qualquer pessoa e o local onde se encontre serão comunicados imediatamente ao juiz competente e à família do preso ou à pessoa por ele indicada, logo, o preso será informado de seus direitos, entre os quais o de permanecer calado, sendo-lhe assegurada a assistência da família e do advogado. Os incisos LXII e LXIII, do art. 5º da CF se complementam; **2:** correta, nos termos do art. 5º, XVI, da CF. Reunir-se a outros é condição para o desenvolvimento da personalidade humana, pois somente a interação dos membros da comunidade é que permite ao homem realizar suas virtudes. Aristóteles já dizia que o homem é um animal político, ou seja, somente vive se estiver em comunidade com os outros, com eles se relacionando por meio da palavra, do contato e da educação cívica. Entretanto, essa aproximação entre homens deve ocorrer de forma pacífica, em praças onde haja acesso para todos – espaços públicos – e, desde que não perturbe ou atrapalhe a realização de outra reunião anteriormente marcada para o mesmo local. Da mesma forma, a reunião há de ser transitória, sem objetivo de perenidade. A passeata, mesmo estando em constante movimento, pode ser entendida como espécie de reunião, contudo, quando realizada em vias públicas de grande circulação, ela pode ser proibida. Foi o caso da passeata realizada pela Polícia Civil, ocorrida em 16 de outubro de 2008, que resultou em batalha com a Polícia Militar em frente ao Palácio dos Bandeirantes em São Paulo. Não obstante o direito de se reunir em espaços públicos sem necessidade de autorização, há necessidade de comunicar previamente a autoridade competente.

Gabarito 1C, 2C

(Defensor Público/AC – 2012 – CESPE) Considerando o entendimento do STF acerca dos direitos e garantias fundamentais, assinale a opção correta.

(A) O fato de um estrangeiro condenado por crime praticado no Brasil não possuir domicílio neste país impede a substituição da pena privativa de liberdade a ele aplicada por pena restritiva de direito.

(B) É inconstitucional o tratamento mais rigoroso previsto no Código de Trânsito Brasileiro para os crimes de homicídio culposo praticado por agente na direção de veículo automotor.

(C) Não constitui violação do princípio constitucional da legalidade penal imputar a alguém o crime de exercício ilegal de profissão não regulamentada.

(D) A execução da pena privativa de liberdade antes do trânsito em julgado da sentença penal condenatória não contraria o disposto na CF.

(E) A estipulação do cumprimento da pena em regime inicialmente fechado com base apenas nos aspectos inerentes ao tipo penal ou no reconhecimento da gravidade objetiva do delito cometido viola o princípio da individualização da pena.

A: Errada. V. HC 94477, Rel. Min. Gilmar Mendes. Há possibilidade da substituição da pena privativa de liberdade por restritiva de direitos desde que o fato seja anterior à Lei 11.343/2006. A Lei 9.714/1998 – mediante a qual foi ampliado o rol de penas restritivas de direitos, no ordenamento jurídico brasileiro – não conteria norma específica que proibisse o benefício legal pretendido para os crimes hediondos, mas apenas restringiria tal possibilidade para os crimes que envolvessem violência ou grave ameaça à pessoa, como defluiria do art. 44, I, do CP; **B:** Errada. O STF confirmou a constitucionalidade do art. 302, § 1º, da Lei 9.503/1997 (Código de Trânsito) no RE 428.864: "A majoração das margens penais – comparativamente ao tratamento dado pelo art. 121, § 3º, do Código Penal – demonstra o enfoque maior no desvalor do resultado, notadamente em razão da realidade brasileira envolvendo os homicídios culposos provocados por indivíduos na direção de veículo automotor"; **C:** Errada. De acordo com o STF (HC 92183), "os requisitos referidos na figura típica devem estar regulamentados por lei, sem os quais restaria inviabilizado, no caso, o manejo da ação penal com base no art. 47 da LCP que, por se tratar de norma penal em branco, depende da indicação de lei que estabeleça as condições para o exercício de determinada atividade"; **D:** Errada. Contraria o disposto no art. 5º, LVII, da CF. STF, HC 84078: "Ofende o princípio da não culpabilidade a execução da pena privativa de liberdade antes do trânsito em julgado da sentença condenatória, ressalvada a hipótese de prisão cautelar do réu, desde que presentes os requisitos autorizadores previstos no art. 312 do CPP"; **E:** Correta. STF, HC 85531.

Gabarito "E"

(Defensor Público/AC – 2012 – CESPE) Ainda com relação aos direitos e garantias fundamentais, assinale a opção correta.

(A) Segundo entendimento do STF, a prisão em flagrante, autorizada pela CF como exceção à inviolabilidade domiciliar, prescinde de mandado judicial, qualquer que seja a sua natureza.

(B) De acordo com decisão do STF, a inviolabilidade do domicílio durante o período noturno não alcança ordem judicial, podendo a oposição ao cumprimento dessa ordem ser caracterizada como crime de resistência.

(C) Conforme entendimento do STF, é constitucional a norma que proíbe a concessão de liberdade provisória nos crimes de tráfico ilícito de entorpecentes.

(D) Consoante a jurisprudência do STF, constitui ofensa ao princípio constitucional da presunção de inocência a aplicação, como medida sancionatória, da regressão do regime de cumprimento da pena, prevista na Lei de Execução Penal.

(E) Foi declarada constitucional, pelo STF, a exigência do recolhimento do condenado à prisão como requisito para o conhecimento da apelação.

A: Correta. STF, HC 91189; **B:** Errada. A garantia constitucional do inciso XI do artigo 5º da Carta da República, a preservar a inviolabilidade do domicílio durante o período noturno, alcança também ordem judicial, não cabendo cogitar de crime de resistência (STF, RE 460880); **C:** Errada. O STF, no julgamento do HC 104.339/SP, decidiu pela inconstitucionalidade da vedação abstrata à concessão de liberdade provisória em crimes de tráfico de drogas, invalidando parcialmente a provisão da espécie contida no art. 44 da Lei n.11.343/2006. Não obstante, a Corte também ressalvou a possibilidade da decretação da prisão cautelar em processos por crimes de tráfico de drogas. **D:** Errada. STF, HC 93782: "A regressão aplicada sob o fundamento do art. 118, I, segunda parte, da Lei de Execuções penais, não ofende ao princípio da presunção de inocência ou ao vetor estrutural da dignidade da pessoa humana"; **E:** Errada. STF, RHC 83810: "O recolhimento do condenado à prisão não pode ser exigido como requisito para o conhecimento do recurso de apelação, sob pena de violação aos direitos de ampla defesa e à igualdade entre as partes no processo. Não recepção do art. 594 do Código de Processo Penal da Constituição de 1988".

Gabarito "A"

(Defensor Público/AC – 2012 – CESPE) Considerando o disposto na CF e o entendimento jurisprudencial do STF com relação a direitos e garantias fundamentais, assinale a opção correta.

(A) A falta de defesa técnica por advogado no processo administrativo viola preceito constitucional.

(B) É inconstitucional a exigência de depósito ou de arrolamento prévio de dinheiro ou bens para a admissibilidade de recurso administrativo, mas não para a de recurso interposto junto à autoridade trabalhista.

(C) É inconstitucional a exigência de depósito prévio como requisito de admissibilidade de ação judicial na qual se pretenda discutir a exigibilidade de crédito tributário.

(D) Não constitui violação do princípio da ampla defesa o comparecimento pessoal da parte, sem advogado, perante os juizados especiais, inclusive nos processos de natureza criminal.

(E) É obrigatória a observância, no inquérito civil, dos princípios do contraditório e da ampla defesa.

A: Errada. Súmula Vinculante 5 do STF: "A falta de defesa técnica por advogado no processo administrativo disciplinar não ofende a Constituição"; **B:** Errada. Súmula Vinculante 21 do STF: "É inconstitucional a exigência de depósito ou arrolamento prévios de dinheiro ou bens para admissibilidade de recurso administrativo"; **C:** Correta. Súmula Vinculante 28 do STF; **D:** Errada. STF, ADIn 3168: "Perante os juizados especiais federais, em processos de natureza cível, as partes podem comparecer pessoalmente em juízo ou designar representante, advogado ou não, desde que a causa não ultrapasse o valor de sessenta salários mínimos (art. 3º da Lei 10.259/2001) e sem prejuízo da aplicação subsidiária integral dos parágrafos do art. 9º da Lei 9.099/1995. Já quanto aos processos de natureza criminal, em homenagem ao princípio da ampla defesa, é imperativo que o réu compareça ao processo devidamente acompanhado de profissional habilitado a oferecer-lhe defesa técnica de qualidade, ou seja, de advogado devidamente inscrito nos quadros da Ordem dos Advogados do Brasil ou defensor público. Aplicação subsidiária do art. 68, III, da Lei 9.099/1995. Interpretação conforme, para excluir do âmbito de incidência do art. 10 da Lei 10.259/2001 os feitos de competência dos juizados especiais criminais da Justiça Federal"; **E:** Errada. O STF entende pela desnecessidade da observância desses princípios no inquérito civil. *Vide* RE 481955.

Gabarito "C"

(Defensor Público/ES – 2012 – CESPE) Acerca dos direitos e garantias individuais e coletivos, julgue os itens subsequentes.

(1) A alimentação adequada é um dos direitos sociais constitucionalmente protegidos, devendo o poder público adotar as políticas e ações que se façam necessárias para promover e garantir a segurança alimentar e nutricional da população.

(2) De acordo com a jurisprudência do STF, a exigência de diploma de curso superior para a prática do jornalismo é compatível com a ordem constitucional, pois o direito a liberdade de profissão e o direito a liberdade de informação não são absolutos.

1: Correta. Art. 6º, *caput*, da CF; **2:** Errada. STF, RE 511961: "A exigência de diploma de curso superior para a prática do jornalismo – o qual, em sua essência, é o desenvolvimento profissional das liberdades de expressão e de informação – não está autorizada pela ordem constitucional, pois constitui uma restrição, um impedimento, uma verdadeira supressão do pleno, incondicionado e efetivo exercício da liberdade jornalística, expressamente proibido pelo art. 220, § 1º, da Constituição Federal".

Gabarito 1C, 2E

5.2. REMÉDIOS CONSTITUCIONAIS

(Auditor Fiscal – SEFAZ/RS – 2019 – CESPE/CEBRASPE) Acerca das ações constitucionais, assinale a opção correta.

(A) Mandado de injunção destina-se a regulamentar normas constitucionais de eficácia contida e de eficácia limitada.

(B) Ação popular pode ser ajuizada por pessoa física ou jurídica, podendo figurar como réus a administração pública e pessoa física ou jurídica que tenha causado danos ao meio ambiente e(ou) ao patrimônio público, histórico e cultural.

(C) Nas ações de *habeas corpus*, o juiz está adstrito à causa de pedir e aos pedidos formulados.

(D) Mandado de segurança coletivo pode ser impetrado por partido político legalmente constituído e em funcionamento há pelo menos um ano.

(E) *Habeas data* pode ser impetrado tanto por pessoa física, brasileira ou estrangeira, quanto por pessoa jurídica, sendo uma ação isenta de custas.

A: incorreta, pois o mandado de injunção destina-se a regulamentar apenas norma constitucional de eficácia limitada, cuja falta de norma regulamentadora torna inviável o exercício dos direitos e liberdades constitucionais e das prerrogativas inerentes à nacionalidade, à soberania e à cidadania (art. 5º, LXXI, da CF). O mandado de injunção não se aplica no caso de normas de eficácia contida, visto que não há omissão legislativa; **B:** incorreta, pois somente poderá ser autor da ação popular o cidadão, assim considerado o brasileiro nato ou naturalizado, desde que esteja no pleno gozo de seus direitos políticos (art. 5º, LXXIII, da CF); **C:** incorreta, visto que, na apreciação do *habeas corpus*, o juiz não está vinculado à causa de pedir e ao pedido, podendo, assim, conceder a ordem em sentido diverso ou mais amplo do que foi pleiteado ou mencionado pelo impetrante; **D:** incorreta, pois o mandado de segurança coletivo pode ser impetrado por partido político com representação no Congresso Nacional (art. 5º, LXX, "a", da CF); **E:** correta, pois tem legitimidade ativa para impetração do *habeas data* qualquer pessoa, física ou jurídica, nacionais ou estrangeiras, para garantir o acesso a informações a seu respeito, sendo uma ação isenta de custas conforme o inciso LXXVII do art. 5º da CF. AN

Gabarito "E"

(Procurador do Município – Prefeitura Fortaleza/CE – CESPE – 2017) Acerca dos remédios constitucionais, julgue os próximos itens.

(1) Pessoa jurídica pode impetrar *habeas corpus*.

(2) Embora não tenham personalidade jurídica própria, os órgãos públicos titulares de prerrogativas e atribuições emanadas de suas funções públicas — como, por exemplo, as câmaras de vereadores, os tribunais de contas e o MP — têm personalidade judiciária e, por conseguinte, capacidade ativa de ser parte em mandado de segurança para defender suas atribuições constitucionais e legais.

1: Correta. Pessoas jurídicas podem impetrar HC, mas em favor de pessoa física, ou seja, embora possam impetrar o remédio, não podem ser beneficiárias (haja vista a ausência de direito de locomoção). **2:** Correta. Os entes despersonalizados não podem ajuizar ações pelo procedimento comum, mas podem impetrar mandado de segurança. Veja-se o teor da Súmula 525 do STJ: "A Câmara de Vereadores não possui personalidade jurídica, apenas personalidade judiciária, somente podendo demandar em juízo para defender os seus direitos institucionais". TM

Gabarito 1C, 2C

(Defensor Público – DPE/RN – 2016 – CESPE) Com relação ao mandado de injunção, ao *habeas data* e à ADPF, assinale a opção correta.

(A) O STF é competente para processar e julgar originariamente o *habeas data* impetrado contra ato de ministro de Estado.

(B) Não se admite a impetração de mandado de injunção coletivo, por ausência de previsão constitucional expressa para tal.

(C) Ato normativo já revogado é passível de impugnação por ADPF.

(D) É cabível a impetração de mandado de injunção coletivo para proceder à revisão geral anual dos vencimentos dos servidores públicos, conforme entendimento do STF.

(E) Quando a sentença conceder o *habeas data*, o recurso interposto em face dessa decisão terá efeito suspensivo e devolutivo.

A: Errada. Competência do STJ: art. 105, I, "b", da CF; **B:** Errada. Há previsão expressa do mandado de injunção coletivo no art. 12 da Lei 13.300/2016; **D:** Errada. Segundo entendimento pacífico do STF; **E:** Errada. O efeito é meramente devolutivo. Art. 15, parágrafo único, da Lei 9.507/1997.

Gabarito "C"

(Defensor Público – DPE/RN – 2016 – CESPE) Assinale a opção correta no que diz respeito à ação popular.

(A) A competência para processar e julgar ação popular proposta contra o presidente da República é do STF.

(B) O menor de dezesseis anos pode propor ação popular, mas, para fazê-lo, tem de ser assistido em juízo.

(C) De acordo com o entendimento do STJ, o cidadão autor de ação popular tem de residir no domicílio eleitoral do local onde for proposta a ação, sob pena de indeferimento da inicial.

(D) A execução de multa diária por descumprimento de obrigação fixada em medida liminar concedida em ação popular independe do trânsito em julgado desta ação, conforme posição do STJ.

(E) A jurisprudência do STJ vem admitindo o emprego da ação popular para a defesa de interesses difusos dos consumidores.

A: Errada. A competência para julgar ação popular é da primeira instância, não havendo falar em foro por prerrogativa de função em ações de natureza cível; **B:** Errada. Só pode propor ação popular o cidadão, sendo necessária a comprovação dessa qualidade pela juntada do título de eleitor. O menor de 16 anos não possui cidadania ativa (art. 14, § 1º, II, "c", da CF); **C:** Errada. O STJ distinguiu as figuras de "eleitor" e "cidadão" para concluir que a circunscrição eleitoral é importante para fins da legislação eleitoral, não podendo se aplicada para restringir o direito à propositura de ação popular pelo cidadão, que é exercício de democracia (STJ, REsp 1242800, Rel. Min. Mauro Campbell Marques, j. 07/06/2011); **D:** Correta. "A execução de multa diária (astreintes) por descumprimento de obrigação de fazer, fixada em liminar concedida em Ação Popular, pode ser realizada nos próprios autos, por isso que não carece do trânsito em julgado da sentença final condenatória" (STJ, REsp 1098028, Rel. Min. Luiz Fux, j. 09/02/2010); **E:** Errada. O STJ **em regra** não admite ação popular para defesa de interesse dos consumidores, mas é importante salientar a existência de precedente em sentido diverso, do Min. Herman Benjamin: "(...) Segundo o entendimento da Segunda Turma, no caso do fornecimento de energia elétrica para iluminação pública, a coletividade assume a condição de consumidora (REsp 913.711/SP, Rel. Ministro Mauro Campbell Marques, j. 19/8/2008, DJe 16/9/2008). Aplica-se, assim, o CDC, porquanto o pedido é formulado em nome da coletividade, que é indubitavelmente a consumidora da energia elétrica sob forma de iluminação pública. (...) a viabilidade da Ação Popular, *in casu*, decorre do pedido formulado e do objetivo da demanda, qual seja, proteger o Erário contra a cobrança contratual indevida, nos termos do art. 1º da Lei 4.717/1965, conforme o art. 5º, LXXIII, da CF, questão que não se confunde com a condição de consumidor daqueles que são titulares do bem jurídico a ser protegido (a coletividade, consumidora da energia elétrica). A Ação Popular deve ser apreciada, quanto às hipóteses de cabimento, da maneira mais ampla possível, de modo a garantir, em vez de restringir, a atuação judicial do cidadão". (STJ, REsp 1164710, Rel. Min. Herman Benjamin, j. 14/02/2012).

Gabarito "D".

(Analista Jurídico – TCE/PR – 2016 – CESPE) À luz da jurisprudência do STF, assinale a opção correta acerca de *habeas corpus*.

(A) O *habeas corpus* é instrumento viável para a revisão de súmulas de tribunais se o teor da súmula atentar abstratamente contra o direito à liberdade de locomoção.

(B) A utilização do *habeas corpus* como mecanismo judicial para salvaguarda do direito à liberdade de locomoção é limitada no tempo, sujeitando-se a preclusão e decadência.

(C) A inadmissibilidade de impetração sucessiva de *habeas corpus*, ou seja, de apreciação de um segundo *habeas corpus* quando ainda não definitivamente julgado o anteriormente impetrado, é relativizada se tratar de ilegalidade flagrante e prontamente evidente.

(D) O *habeas corpus* é meio idôneo para impugnar ato de sequestro ou confisco de bens em processo criminal.

(E) O afastamento de cargo público é impugnável por *habeas corpus*.

A: incorreta. Segundo o STF, 'o *habeas corpus* não se presta à revisão, em tese, do teor de súmulas da jurisprudência dos tribunais [RHC 92.886 AgR, rel. min. Joaquim Barbosa, j. 21.09.2010, 2ª T, *DJE* de 22.10.2010.]. De acordo com art. 5º, LXVIII, da CF, conceder-se-á *habeas corpus* sempre que **alguém sofrer ou se achar ameaçado de sofrer violência ou coação em sua liberdade de locomoção**, por ilegalidade ou abuso de poder. Por meio do remédio é possível fazer controle concreto de constitucionalidade, não abstrato. Sendo assim, o teor de uma súmula que atente contra o direito à liberdade de locomoção não pode ser combatido pelo *habeas corpus*; **B:** incorreta. A utilização do *habeas corpus* **não está sujeita à preclusão e decadência**, ao contrário do mandado de segurança, que deve ser impetrado no prazo decadencial de 120 dias; **C:** correta. Determina o próprio Supremo que "é pacífica a jurisprudência deste STF no sentido da inadmissibilidade de impetração sucessiva de *habeas corpus*, sem o julgamento definitivo do writ anteriormente impetrado. Tal jurisprudência **comporta relativização**, quando de logo avulta que o cerceio à liberdade de locomoção dos pacientes decorre de ilegalidade ou de abuso de poder (inciso LXVIII do art. 5º da CF/1988) [HC 94.000, rel. min. Ayres Britto, j. 17.06.2008, 1ª T, *DJE* de 13.03.2009.]; **D:** incorreta. Duas importantes decisões do STF sobre o tema: 1ª – "O *habeas corpus*, garantia de liberdade de locomoção, não se presta para discutir confisco criminal de bem". [HC 99.619, rel. p/ o ac. min. Rosa Weber, j. 14.02.2012, 1ª T, *DJE* de 22.03.2012.], 2ª – O *habeas corpus* não é o meio adequado para impugnar ato alusivo a sequestro de bens móveis e imóveis bem como a bloqueio de valores. [HC 103.823, rel. min. Marco Aurélio, j. 03.04.2012, 1ª T, *DJE* de 26.04.2012.]; **E:** incorreta. O Supremo já decidiu, reiteradas vezes, que "**o afastamento ou a perda do cargo** de juiz federal **não são ofensas atacáveis por** habeas corpus. [HC 99.829, rel. min. Gilmar Mendes, j. 27.09.2011, 2ª T, *DJE* de 21.11.2011.] = HC 110.537 AgR, rel. min. Roberto Barroso, j. 22.10.2013, 1ª T, *DJE* de 18.11.2013. *Vide*: HC 95.496, rel. min. Cezar Peluso, j. 10.03.2009, 2ª T, *DJE* de 17.04.2009.

Gabarito "C".

(Juiz de Direito/DF – 2016 – CESPE) No que se refere à ação popular, assinale a opção correta.

(A) A decisão proferida pelo STF em ação popular possui força vinculante para juízes e tribunais, quando do exame de outros processos em que se discuta matéria similar.

(B) A ação popular sujeita-se a prazo prescricional quinquenal previsto expressamente em lei, que a jurisprudência consolidada do STJ aplica por analogia à ação civil pública.

(C) Para o cabimento da ação popular é exigível a demonstração do prejuízo material aos cofres públicos.

(D) O MP, havendo comprometimento de interesse social qualificado, possui legitimidade ativa para propor ação popular.

(E) Compete ao STF julgar ação popular contra autoridade cujas resoluções estejam sujeitas, em sede de mandado de segurança, à jurisdição imediata do STF.

A: incorreta. A sentença tem eficácia "erga omnes", mas não vinculante (art. 18, Lei 4.717/1965); **B:** correta. Art. 21 da Lei 4.717/1965, aplicável por analogia à ACP, por fazerem parte do mesmo "microssistema de tutela" dos direitos difusos, segundo o STJ; **C:** incorreta. O art. 5º, LXXIII, da CF visa a proteger tanto o patrimônio material quanto o moral, o cultural e o histórico – não se exigindo, assim, demonstração de prejuízo material aos cofres públicos (conferir: ARE 824.781, rel. min. Dias Toffoli, j. 27.08.2015, Pleno, *DJE* de 09.10.2015, com repercussão geral); **D:** incorreta. A legitimidade ativa na ação popular é exclusiva do cidadão, sendo instrumento de democracia direta e participação política (art. 5º, LXXIII, CF), ou seja, somente pode ser proposta por nacional brasileiro (nato ou naturalizado) no pleno gozo dos direitos políticos (comprovado por meio do título de eleitor – art. 1º, § 3º, Lei 4.717/1965). Por igual razão, pessoa jurídica não tem legitimidade para propor ação popular (Súmula 365/STF); **E:** incorreta. A regra geral é o julgamento da ação popular em primeira instância, mesmo que proposta em face do Presidente da República. O STF pode vir a ser competente se presentes as condições do art. 102, I, "f" e "n", da CF.

Gabarito "B".

(Advogado União – AGU – CESPE – 2015) No que se refere a ações constitucionais, julgue os itens subsequentes.

(1) O princípio constitucional da norma mais favorável ao trabalhador incide quando se está diante de conflito de normas possivelmente aplicáveis ao caso.

(2) De acordo com o atual entendimento do STF, a decisão proferida em mandado de injunção pode levar à concretização da norma constitucional despida de plena eficácia, no tocante ao exercício dos direitos e das liberdades constitucionais e das prerrogativas relacionadas à nacionalidade, à soberania e à cidadania.

1: Correta. Como o próprio princípio afirma, é necessária a existência de mais de uma norma aplicável ao caso para que ele possa incidir. Trata-se de princípio de solução de antinomias. **2:** Correta. O STF, que antes adotava a corrente não concretista em relação ao mandado de injunção (equiparando seus efeitos ao da ADI por omissão) evoluiu para adotar a corrente concretista geral, ou seja, na ausência de norma regulamentadora, o Supremo edita a norma faltante, com caráter geral (*erga omnes*), que deve subsistir até que a omissão seja suprida pelo Poder Legislativo. TM

Gabarito 1C, 2C

(Promotor de Justiça/AC – 2014 – CESPE) No que concerne aos denominados remédios constitucionais, assinale a opção correta.

(A) Compete aos juízes estaduais processar e julgar mandado de segurança contra ato de autoridade federal sempre que a causa envolver o INSS e segurados.
(B) No âmbito do mandado de injunção, a atual jurisprudência do STF adota a posição não concretista em defesa apenas do reconhecimento formal da inércia do poder público para materializar a norma constitucional e viabilizar o exercício dos direitos e liberdades constitucionais e das prerrogativas inerentes à nacionalidade, à soberania e à cidadania.
(C) O *habeas corpus* pode ser impetrado contra ato de coação ilegal à liberdade de locomoção, seja ele praticado por particular ou agente público.
(D) São da competência originária do STF o processamento e o julgamento dos *habeas corpus* quando o coator ou paciente for governador de estado.

A: incorreta (art. 109, VIII, da CF); **B:** incorreta, na medida em que, atualmente, a nossa Corte Suprema adota a posição concretista geral, em que a decisão, proferida em sede de mandado de injunção, ao conferir exequibilidade às normas constitucionais, produz efeitos *erga omnes* (atinge a todos). Nesse sentido o Mandado de Injunção n. 758/DF, no qual, depois de reconhecer a omissão legislativa consistente em regulamentar o direito constitucional de greve do setor público, determinou-se que a ele (setor público) se aplicasse a Lei 7.783/1989, que disciplina o direito de greve no âmbito do setor privado; **C:** correta. É tranquilo o entendimento no sentido de que o particular, sendo o causador do ato que implique constrangimento ilegal, figure no polo passivo da ação de *habeas corpus*; **D:** incorreta, já que o julgamento, neste caso, cabe ao STJ (art. 105, I, *c*, da CF).

Gabarito "C"

(Magistratura/DF – 2013 – CESPE) Julgue os itens subsequentes, relativos aos direitos e garantias fundamentais.

(1) É possível a impetração de mandado de segurança contra ato comissivo ou omissivo praticado por representantes ou órgãos de partido político e por administradores de entidades autárquicas, bem como por dirigentes de pessoas jurídicas e por pessoas naturais no exercício de atribuições do poder público.
(2) As infrações penais comuns cometidas pelos ministros de Estado, pelo procurador-geral da República e pelos membros do TCU, entre outros, são processadas e julgadas pelo STF, mas os crimes dolosos contra a vida praticados por essas autoridades são da competência do tribunal do júri do local em que se der o crime.
(3) Qualquer pessoa do povo, nacional ou estrangeira, independentemente de capacidade civil, política, idade, sexo, profissão ou estado mental pode fazer uso do "habeas corpus", em benefício próprio ou alheio, não sendo permitida, porém, a impetração apócrifa, sem a precisa identificação do autor.

1: correta. Interpretação do art. 5º, LXIX, da CF/1988. Vejamos algumas Súmulas do STF: a) "É constitucional lei que fixa prazo de decadência para impetração de mandado de segurança" (**Súmula 632**); b) "A entidade de classe tem legitimação para o mandado de segurança ainda quando a pretensão veiculada interesse apenas a uma parte da respectiva categoria" (**Súmula 630**); c) "Controvérsia sobre matéria de direito não impede concessão de mandado de segurança" (**Súmula 625**); d) "Não cabe condenação em honorários de advogado na ação de mandado de segurança" (**Súmula 512**); e) "Praticado o ato por autoridade, no exercício de competência delegada, contra ela cabe o mandado de segurança ou a medida judicial" (**Súmula 510**); f) "Pedido de reconsideração na via administrativa não interrompe o prazo para o mandado de segurança" (**Súmula 430**); g) "Concessão de mandado de segurança não produz efeitos patrimoniais em relação a período pretérito, os quais devem ser reclamados administrativamente ou pela via judicial própria" (**Súmula 271**); h) "Não cabe mandado de segurança para impugnar enquadramento da Lei 3.780, de 12.07.1960, que envolva exame de prova ou de situação funcional complexa" (**Súmula 270**); i) "O mandado de segurança não é substitutivo de ação de cobrança" (**Súmula 269**); j) "Não cabe mandado de segurança contra decisão judicial com trânsito em julgado" (**Súmula 268**); l) "Não cabe mandado de segurança contra ato judicial passível de recurso ou correição." (**Súmula 267**); m) "Não cabe mandado de segurança contra lei em tese" (**Súmula 266**); e n: "O mandado de segurança não substitui a ação popular" (**Súmula 101**); 2: incorreta. As infrações penais comuns cometidas pelos ministros de Estado, pelo procurador-geral da República e pelos membros do TCU, entre outros, são processadas e julgadas pelo STF, inclusive, os crimes dolosos contra a vida. Observe que a Constituição Federal não fez distinção entre os crimes comuns. Interpretação extraída do art. 102, I, "b" e "c" da CF/1988; 3: correta. Na verdade, o *HABEAS CORPUS* nem chegará a ser conhecido, pois a petição inicial deve atender os requisitos da alínea "c" do § 1º do art. 654, do CPP. Não obstante o "habeas corpus" possa ser impetrado por qualquer pessoa do povo, independentemente de procuração, é inadmissível, porém, a petição que não contenha a assinatura do impetrante ou de alguém a seu rogo. Sobre o tema, vale citar o comentário de JULIO FABBRINI MIRABETE (**Código de Processo Penal Interpretado**, Atlas, 7ª edição, pág. 1469). "(...) Por fim, deve a petição conter 'a assinatura do impetrante, ou de alguém a seu rogo, quando não souber ou não puder escrever, e a designação das respectivas residências'. Evidentemente, a petição pode ser assinada por advogado, sem procuração do paciente, mesmo porque o *habeas corpus* pode ser interposto por qualquer pessoa do povo. Mesmo para posterior recurso da decisão em favor do paciente não há necessidade de juntada do instrumento procuratório. Não pode ser conhecida, todavia, petição apócrifa, não assinada pelo impetrante e que não contenha qualquer autenticação, máxime quando se concede prazo para sua regularização e tal não ocorre."

Gabarito 1C, 2E, 3C

(Analista Judiciário – Área Administrativa – TRT8 – 2013 – CESPE) Ao constatar que o esgoto produzido em uma edificação que sediava um órgão da administração pública era lançado diretamente no principal rio da cidade, um cidadão local, inconformado com tal situação de descaso com o meio ambiente, decidiu pleitear, pela via judicial, a obtenção de medida que protegesse o meio ambiente da agressão constatada.

Nessa situação hipotética, para requerer a medida protetiva pretendida, o referido cidadão deverá impetrar

(A) *habeas corpus*.
(B) ação popular.
(C) mandado de segurança coletivo.
(D) *habeas data*.
(E) mandado de injunção.

O art. 5º, LIII, da CF aduz que "qualquer cidadão é parte legítima para propor *ação popular* que vise a anular ato lesivo ao patrimônio público ou de entidade de que o Estado participe, à moralidade administrativa, *ao meio ambiente* e ao patrimônio histórico e cultural...". Vide também, art. 1º da Lei 4.717/1965.

Gabarito "B"

(Técnico – TJ/CE – 2013 – CESPE) No que se refere aos direitos e deveres individuais e coletivos e às garantias fundamentais previstos na CF, assinale a opção correta.

(A) Os presos federais não têm direito à identificação dos responsáveis por sua prisão.
(B) A publicidade dos atos processuais é restrita às partes e aos seus advogados.
(C) A todos os cidadãos é gratuita a ação de *habeas data*.
(D) O mandado de segurança coletivo pode ser impetrado sempre que alguém sofrer violência em sua liberdade de locomoção.
(E) A prisão ilegal só será imediatamente relaxada pela autoridade judiciária quando decorrente de prova ilícita.

A: Incorreta. **O preso tem direito** à identificação dos responsáveis por sua prisão ou por seu interrogatório policial (art. 5º, LXIV, da CF); **B:** Incorreta. Os atos processuais são públicos. A lei só poderá restringir a publicidade dos atos processuais quando a defesa da intimidade ou o interesse social o exigirem (art. 5º, LX, da CF); **C:** Correta, conforme art. 5º, LXXVII, da CF e art. 21 da Lei 9.507/1997; **D:** Incorreta. O remédio constitucional descrito na alternativa é o *habeas corpus* (art. 5º, LXVIII, da CF). Sobre o Mandado de Segurança, ler o art. 5º, LXIX, da CF; **E:** Incorreta, uma vez que a prisão ilegal será imediatamente relaxada pela autoridade judiciária, **independentemente de decorrer de prova ilícita** ou não, bastando, apenas que seja ilícita (art. 5º, LXV, da CF).

Gabarito "C".

(Magistratura/BA – 2012 – CESPE) Em relação aos instrumentos de tutela dos direitos e garantias constitucionais, assinale a opção correta.

(A) A legitimidade ativa para impetrar mandado de injunção restringe-se às pessoas físicas e ao MP, não podendo, portanto, as pessoas jurídicas e as coletividades, como, por exemplo, os sindicatos e as associações, impetrá-lo.

(B) Embora não possa figurar como paciente na ação de *habeas corpus*, a pessoa jurídica dispõe de legitimidade para ajuizá-lo em favor de pessoa física.

(C) Entre as pessoas jurídicas, somente aquelas regidas pelo direito público podem figurar como sujeitos passivos da ação de *habeas data*.

(D) O mandado de segurança pode ser impetrado contra ilegalidade ou abuso de poder apenas no caso de esses atos serem praticados por autoridade pública no exercício de função de natureza estatal.

(E) Tanto o cidadão quanto o MP dispõem de legitimidade para ajuizar ação popular, cuja proposição está condicionada à ocorrência de lesão ao patrimônio público causada por ilegalidade ou imoralidade.

A: incorreta, pois o mandado de injunção poderá se impetrado por qualquer pessoa cujo exercício de um direito, liberdade ou prerrogativa constitucional esteja sendo inviabilizado em virtude de falta de norma regulamentadora da Constituição Federal. Segundo o STF (MI 102 Rel. Min. Carlos Veloso, DJ 25.10.2002), a exemplo do mandado de segurança coletivo, admite a utilização do mandado de injunção coletivo, tendo como legitimados as mesmas entidades legitimadas para o exercício daquela ação, nos termos do art. 5º, LXX e LXXI, da CF c/c Lei 8.038/90, art. 24, parágrafo único; **B:** correta, nos termos da jurisprudência do STF (HC 92.921 – BA) que dispõe que a pessoa jurídica não pode figurar como paciente de *habeas corpus*, pois jamais estará em jogo a sua liberdade de ir e vir, objeto que essa medida visa proteger, mas pode ser utilizada em favor de pessoa natural, como é comum nos crimes ambientais (Lei 9.605/98, art. 3º, parágrafo único; **C:** incorreta, na exata medida que o art. 5º, LXXII, "a", da CF, determina que "conceder-se à *habeas data* para assegurar o conhecimento de informações relativas à pessoa do impetrante, constantes de registros ou bancos de dados de entidades governamentais ou de caráter público; **D:** incorreta, pois o mandado de segurança pode ser impetrado quando o responsável pela ilegalidade ou abuso de poder for autoridade pública ou agente de pessoa jurídica no exercício de atribuições do Poder Público. Reafirma-se que a pessoa jurídica de direito público sempre será parte legítima para integrar a lide em qualquer fase, pois suportará o ônus da decisão proferida em sede de mandado de segurança. Sendo assim, poderão ser sujeitos passivos do mandado de segurança os praticantes de atos ou omissões revestidos de força jurídica especial e componentes de qualquer dos Poderes da União, Estados e Municípios, de autarquias, de empresas públicas e sociedades de economia mista exercentes de serviços públicos e, ainda, de pessoas naturais ou jurídicas de direito privado com funções delegadas do Poder Público, como ocorre com relação as concessionárias de serviços de utilidade pública; **E:** incorreta, pois a ação popular tem por finalidade exatamente permitir a todo cidadão (somente)(cidadão é todo nacional detentor e na plena posse de seus direitos civis e políticos) postular a anulação de ato praticado pelo poder público em detrimento do seu patrimônio em geral ou da moralidade pública, nos termos do art. 5º, LXXIII, da CF.

Gabarito "B".

(Ministério Público/PI – 2012 – CESPE) Assinale a opção correta com relação ao *habeas corpus*.

(A) Caracteriza-se como repressivo o *habeas corpus* impetrado por alguém que se julgue ameaçado de sofrer violência ou coação em sua liberdade de locomoção por ilegalidade ou abuso de poder.

(B) Denomina-se doutrina brasileira do *habeas corpus* o entendimento atual do STF, reunido em diversas súmulas, acerca da aplicação e cabimento desse instituto.

(C) A jurisprudência do STF não admite impetração de *habeas corpus* em favor de pessoa jurídica, ainda que esta figure como ré em ação de crime contra o meio ambiente.

(D) Considere que um veículo de comunicação seja proibido, por decisão judicial, de divulgar matéria desfavorável ao autor da ação, sendo a proibição estendida a blogues, páginas pessoais, redes sociais e outros sítios da Internet. Considere, ainda, que um cidadão, sentindo-se coagido na sua liberdade de navegar na Internet, impetre *habeas corpus* a fim de garantir sua liberdade de locomoção nessa rede mundial de comunicação. Nessa situação, de acordo com o entendimento do STF, a referida decisão, de fato, viola o livre trânsito do impetrante no mundo virtual, estando a demanda no âmbito de proteção do *habeas corpus*.

(E) Segundo a jurisprudência dominante do STF, é cabível *habeas corpus* contra decisão condenatória à pena de multa.

A: incorreta. Preliminarmente, o *habeas corpus* é uma ação penal popular, de berço constitucional e procedimento sumário. Ora assume o posto de ação cautelar, declaratória ou constitutiva, ora de ação rescisória constitutiva negativa. Não é em todo e qualquer caso que o remédio heroico pode ser usado, visto que somente serve para tutelar a liberdade ambulatória. Sendo assim, o enunciado inverteu as espécies de *habeas corpus*, pois caracteriza-se repressivo o *habeas corpus* impetrado por alguém que já tenha sofrido violência ou coação em sua liberdade de locomoção por ilegalidade ou abuso de poder. Também chamado de *habeas corpus* liberatório; **B:** incorreta, pois as súmulas do STF e do STJ apontam para os casos de descabimento do *habeas corpus* (Exemplos: Súmulas do STF 395, 692, 693, 694); **C:** correta, pessoa jurídica não pode ser beneficiária de *habeas corpus*, porquanto não tem liberdade de locomoção a ser protegida. A medida é privativa do ser humano. O pronome indefinido "alguém", empregado no bojo do art. 5º, LXVIII, da CF, em nada mudou o entendimento de que o instituto só serve para tutelar a liberdade humana. Embora não seja beneficiária do remédio heroico, nada obsta que a pessoa jurídica impetre para a pessoa física (STF, HC 8874 Agr/ES, Rel. Min. Carlos Brito, j. em 15.09.2009); **D:** incorreta, pois a liberdade de locomoção pelos sítios informativos – acesso a sites – existentes no universo virtual não comporta *habeas corpus*, garantia existente para tutelar a liberdade de locomoção física, de todo inconfundível com a liberdade de locomoção irrestrita em sites (STF, HC 100.3231 MC/DF, Rel. Min. Celso de Mello, j. em 07.08.2009); **E:** incorreta, já que não *cabe habeas corpus* contra decisão condenatória a pena de multa, ou relativo a processo em curso por infração penal a que a pena pecuniária seja a única cominada, conforme a Súmula 693 do STF.

Gabarito "C".

(Ministério Público/TO – 2012 – CESPE) Assinale a opção correta com relação aos direitos e garantias fundamentais.

(A) O *habeas data* configura remédio jurídico-processual de natureza constitucional que se destina a garantir, em favor da pessoa interessada, o exercício de pretensão jurídica discernível em seu tríplice aspecto: direito de acesso aos registros; direito de retificação dos registros e direito de complementação dos registros, neles incluído o direito de obter vista de processo administrativo.

(B) O *habeas corpus* é o remédio constitucional de mais amplo espectro, podendo ser utilizado contra a imposição da pena de exclusão de militar ou de perda de patente ou de função pública.

(C) Ao estrangeiro residente no exterior não é assegurado o direito de impetrar mandado de segurança.

(D) O parlamentar e o partido político com representação no Congresso Nacional têm legitimidade para impetrar mandado de segurança com a finalidade de garantia do devido processo legislativo, a fim de coibir atos praticados no processo de aprovação de leis e emendas constitucionais que não se compatibilizem com o processo legislativo constitucional.

(E) Para o cabimento do mandado de injunção, é imprescindível a existência de um direito previsto na CF que não esteja sendo exercido por ausência de norma infraconstitucional regulamentadora.

A: incorreta, a ação de *habeas data* é criação brasileira, proposta em 1985 por José Afonso da Silva aos constituintes. Segundo o subprocurador-geral da República Pedro Henrique Niess, inspirou-se em previsões constitucionais da China, Portugal e Espanha. O objetivo dessa ação é evitar que o estado armazene informações privadas incorretas ou excessivas a respeito do cidadão. Ao direito de ter a informação relativa a determinada pessoa, corresponde o dever de tê-la certa e assim passá-la, bem como respeitar o direito ao resguardo, ao segredo. Apesar da efervescência inicial, a ação perdeu interesse desde sua criação. No STJ, nos últimos quatro anos, dos 54 pedidos de *habeas data*, somente um foi concedido, em 2009. Apenas em 2006 o número de processos desse tipo passou o número de 20, ficando na média anual de nove casos. Sendo assim, podemos arrematar a questão afirmando que o enunciado se opõe a jurisprudência do STJ, já que não é cabível o *habeas data* para se obter cópia de processo administrativo. Para o Ministro Teori Zavascki, se o impetrante não busca apenas garantir o conhecimento de informações sobre si ou esclarecimentos sobre arquivos ou bancos de dados governamentais, não é caso para *habeas data*, mas de eventual mandado de segurança (REsp 904.447); **B:** incorreta, já que a Súmula 694 do Supremo Tribunal Federal é taxativa: "Não cabe *habeas corpus* contra a imposição da pena de exclusão de militar ou de perda de patente ou de função pública"; **C:** incorreta, pois qualquer pessoa pode impetrar mandado de segurança, basta ser titular de um direito líquido e certo não amparado por *habeas corpus* e *habeas data*. Em suma, podem impetrar mandado de segurança: a pessoa física ou jurídica residente ou sediada no Brasil ou no exterior, a massa falida, a herança, a sociedade sem personalidade jurídica, o condomínio edilício e a massa do devedor civil insolvente, dentre outras; **D:** incorreta, apenas os Deputados Federais e Senadores têm legitimação para impetrar Mandado de Segurança a fim de impedir a tramitação de projeto de lei ou emenda constitucional em que se alegue uma inconstitucionalidade, seja formal, seja material. Ao decidir a esse respeito, o que foi feito nos autos do MS 23.334-RJ, Rel. Min. Celso de Mello, o STF assentou que é direito público subjetivo do parlamentar não participar de um processo legislativo que culminará numa lei ou emenda inconstitucional. É de se ressaltar, ainda, que o controle de constitucionalidade nesta hipótese, versará, segundo o STF, sobre a inconstitucionalidade material ou formal; neste último caso, quando desrespeitar o trâmite legislativo previsto na Constituição da República, ficando de fora da análise judicial prévia os possíveis desrespeitos aos regimentos internos das casas legislativas; **E:** correta, nos moldes do art. 5º. LXXI, da CF, que reza que conceder-se á mandado de injunção sempre que a falta de norma regulamentadora torne inviável o exercício dos direitos e liberdades constitucionais e das prerrogativas inerentes à nacionalidade, à soberania e à cidadania.

Gabarito "E"

(Defensor Público/AC – 2012 – CESPE) Acerca do entendimento sumulado do STF no que se refere a *habeas corpus* assinale a opção correta.

(A) É cabível *habeas corpus* contra a imposição da pena de exclusão de militar ou de perda de patente ou de função pública.

(B) Cabe o *habeas corpus* contra decisão condenatória a pena de multa.

(C) É cabível *habeas corpus* contra omissão de relator de extradição, se fundado em fato ou direito estrangeiro cuja prova não tenha constado dos autos, mesmo não tendo havido provocação a respeito.

(D) Não se conhece de recurso de *habeas corpus* cujo objeto seja resolver sobre o ônus das custas.

(E) Esse remédio jurídico é cabível mesmo quando já extinta a pena privativa de liberdade.

A: Errada. Súmula 694 do STF: "Não cabe 'habeas corpus' contra a imposição de pena de exclusão de militar ou de perda de patente ou de função pública"; **B:** Errada. Súmula 693 do STF: "Não cabe 'habeas corpus' contra decisão condenatória a pena de multa, ou relativo a processo em curso por infração penal a que a pena pecuniária seja a única cominada"; **C:** Errada. Súmula 692 do STF: "Não se conhece de '*habeas corpus*' contra omissão de relator de extradição, se fundado em fato ou direito estrangeiro cuja prova não constava dos autos, nem foi ele provocado a respeito"; **D:** Correta. Súmula 395 do STF: "Não se conhece de recurso de 'habeas corpus' cujo objeto seja resolver sobre o ônus das custas, por não estar mais em causa a liberdade de locomoção"; **E:** Errada. Súmula 695 do STF: "Não cabe 'habeas corpus' quando já extinta a pena privativa de liberdade".

Gabarito "D"

(Defensor Público/AC – 2012 – CESPE) A respeito do entendimento sumulado do STF no que se refere a mandado de segurança, assinale a opção correta.

(A) Controvérsia sobre matéria de direito impede a concessão de mandado de segurança, instituto de defesa de direito certo e incontestável.

(B) A impetração de mandado de segurança coletivo por entidade de classe em favor de seus associados independe da autorização destes.

(C) É cabível a condenação em honorários de advogado em ações de mandado de segurança.

(D) É inconstitucional a estipulação de prazo de decadência para a impetração de mandado de segurança.

(E) As entidades de classe não têm legitimidade para impetrar mandado de segurança caso a pretensão veiculada interesse apenas a parte da categoria representada.

A: Errada. Súmula 625 do STF: "Controvérsia sobre matéria de direito não impede concessão de mandado de segurança"; **B:** Correta. Súmula 629 do STF; **C:** Errada. Súmula 512 do STF: "Não cabe condenação em honorários de advogado na ação de mandado de segurança"; **D:** Errada. Súmula 632 do STF: "É constitucional lei que fixa o prazo de decadência para a impetração de mandado de segurança"; **E:** Errada. Súmula 630 do STF: "A entidade de classe tem legitimação para o mandado de segurança ainda quando a pretensão veiculada interesse apenas a uma parte da respectiva categoria".

Gabarito "B"

(Defensor Público/SE – 2012 – CESPE) De acordo com a CF, a legislação pertinente e o entendimento do STF, possui legitimidade ativa para impetrar mandado de segurança coletivo

(A) a organização sindical legalmente constituída e em funcionamento há pelo menos um ano, em defesa de quaisquer pessoas;

(B) a associação legalmente constituída, em defesa de seus membros;

(C) o partido político com representação no Congresso Nacional, em defesa de quaisquer pessoas e mesmo com finalidade extrapartidária;

(D) a entidade de classe legalmente constituída e em funcionamento há pelo menos um ano, em defesa de seus associados, independentemente da autorização especial destes;

(E) o partido político legalmente constituído há pelo menos um ano, em defesa de seus filiados.

A: Errada (art. 5º, LXX, *b*, da CF) "organização sindical, entidade de classe ou associação legalmente constituída e em funcionamento há pelo menos um ano, em defesa dos interesses de seus membros ou associados;" **B:** Errada. A associação em funcionamento há pelo menos um ano (art. 5º, LXX, "b", da CF); **C:** Errada. Não é cabível para finalidade extrapartidária; **D:** Correta. Art. 5º, LXX, "b" da CF e Súmula 629 do STF; **E:** Errada. Partido político com representação no Congresso Nacional (art. 5º, LXX, "a", da CF).

Gabarito "D"

(Advogado da União/AGU – CESPE – 2012) À luz da jurisprudência do STF, julgue os itens subsequentes, relativos aos denominados remédios constitucionais, ao direito à saúde na ordem constitucional e à Federação brasileira.

(1) Embora a proteção à saúde esteja inserida no rol de competências de todos os entes da Federação, os estados-membros não têm competência para criar contribuição compulsória destinada ao custeio de serviços médicos, hospitalares, farmacêuticos e odontológicos prestados aos seus servidores.

(2) De acordo com o entendimento do STF, o estado-membro não dispõe de legitimidade para propor, contra a União, mandado de segurança coletivo em defesa de supostos interesses da população residente na unidade federada.

1: Correta. STF, RE 630784, Rel. Min. Dias Toffoli: "O Plenário desta Corte, ao apreciar o RE nº 573.540/MG-RG, cuja repercussão geral já havia sido reconhecida, Relator o Ministro Gilmar Mendes, DJe de 11/6/10, decidiu que falece aos Estados-membros competência para a criação de contribuição compulsória ou de qualquer outra espécie tributária destinada ao custeio de serviços médicos, hospitalares, farmacêuticos ou odontológicos prestados aos seus servidores"; **2**: Correta. STF, MS 21059, Rel. Min. Sepúlveda Pertence. Nesse sentido: "é importante mencionar que o Supremo Tribunal já teve oportunidade de afirmar que o Estado-membro não dispõe de legitimação para propor mandado de segurança coletivo contra a União em defesa de supostos interesses da população residente na unidade federada, seja porque se cuide de legitimação restrita, seja porque esse ente político da federação não se configura propriamente como órgão de representação ou de gestão de interesse da população" (**Curso de Direito Constitucional**. Gilmar Ferreira Mendes e Paulo Gustavo Gonet Branco. 6ª ed., pág. 483).

Gabarito 1C, 2C

5.3. TEORIA GERAL DOS DIREITOS FUNDAMENTAIS

(Juiz – TJ/CE – 2018 – CESPE) De acordo com a doutrina e a jurisprudência dos tribunais superiores acerca da eficácia horizontal dos direitos fundamentais, assinale a opção correta.

(A) Síndico de condomínio não está obrigado a oportunizar o direito de defesa a morador para o qual aplicará multa por comportamento antissocial.
(B) As relações especiais de sujeição a que estão vinculados os militares justificam a restrição da possibilidade de crítica pública veiculada por associação de praças do exército.
(C) A exclusão de sócio de associação privada sem fins lucrativos independe do contraditório e da ampla defesa, desde que haja previsão estatutária.
(D) O efeito horizontal indireto obriga o Poder Judiciário a observar a normatividade dos direitos fundamentais ao decidir conflitos interindividuais.
(E) A eficácia horizontal imediata impõe a igualdade de tratamento dos direitos fundamentais entre particulares, tal como ocorre nas relações entre indivíduos e o Estado.

A: incorreta, pois o síndico de condomínio está obrigado a oportunizar o direito de defesa a morador sujeito a punição por comportamento antissocial (art. 1.337 do CC) em razão da eficácia horizontal dos direitos fundamentais (ou eficácia dos direitos fundamentais nas relações privadas). Segundo a jurisprudência do STJ, "*o art. 1.337 do Código Civil estabeleceu sancionamento para o condômino que reiteradamente venha a violar seus deveres para com o condomínio, além de instituir, em seu parágrafo único, punição extrema àquele que reitera comportamento antissocial [...] Por se tratar de punição imputada por conduta contrária ao direito, na esteira da visão civil-constitucional do sistema, deve-se reconhecer a aplicação imediata dos princípios que protegem a pessoa humana nas relações entre particulares, a reconhecida eficácia horizontal dos direitos fundamentais que, também, deve incidir nas relações condominiais, para assegurar, na medida do possível, a ampla defesa e o contraditório. Com efeito, buscando concretizar a dignidade da pessoa humana nas relações privadas, a Constituição Federal, como vértice axiológico de todo o ordenamento, irradiou a incidência dos direitos fundamentais também nas relações particulares, emprestando máximo efeito aos valores constitucionais. [...] Também foi a conclusão tirada das Jornadas de Direito Civil do CJF: En. 92: Art. 1.337: As sanções do art. 1.337 do novo Código Civil não podem ser aplicadas sem que se garanta direito de defesa ao condômino nocivo.*" (REsp 1365279/SP, Rel. Ministro Luis Felipe Salomão, Quarta Turma, j. em 25.08.2015); **B**: incorreta. Relações especiais de sujeição são aquelas firmadas, no âmbito interno da Administração Pública, entre o Estado e particulares que mantêm um vínculo diferenciado com o Poder Público, tais como alunos de escolas públicas, agentes públicos e presidiários. A concepção moderna de relações especiais de sujeição admite a incidência do princípio da legalidade e da tutela dos direitos fundamentais no âmbito dessas relações, não admitindo, portanto, limitações genéricas aos direitos fundamentais, como a restrição da liberdade de associação dos militares. Nessa linha, o STF concedeu a ordem de *habeas corpus* para trancar ação penal movida contra militar pelos crimes de incitamento (art.155 do CPM) e publicação ou crítica indevida (art. 166 do CPM) sob o argumento de que, embora as Forças Armadas sejam organizadas com base na hierarquia e na disciplina (art. 142 da CF), "*disciplina e desmandos não se confundem*", pois "*quem critica o autoritarismo não está a criticar a disciplina*". E acrescentou: "*o direito à plena liberdade de associação (art. 5º, XVII, da CF) está intrinsecamente ligado aos preceitos constitucionais de proteção da dignidade da pessoa, de livre iniciativa, da autonomia da vontade e da liberdade de expressão. Uma associação que deva pedir licença para criticar situações de arbitrariedades terá sua atuação completamente esvaziada*" (HC 106808, Rel. Min. Gilmar Mendes, Segunda Turma, j. em 09.04.2013); **C**: incorreta, pois o espaço de autonomia privada conferido às associações está limitado pela observância aos princípios e direitos fundamentais inscritos na Constituição, de modo que a exclusão de sócio de associação privada depende do contraditório e da ampla defesa. Nesse sentido, o seguinte julgado do STF: "*A ordem jurídico-constitucional brasileira não conferiu a qualquer associação civil a possibilidade de agir à revelia dos princípios inscritos nas leis e, em especial, dos postulados que têm por fundamento direto o próprio texto da Constituição da República, notadamente em tema de proteção às liberdades e garantias fundamentais. O espaço de autonomia privada garantido pela Constituição às associações não está imune à incidência dos princípios constitucionais que asseguram o respeito aos direitos fundamentais de seus associados. [...] A exclusão de sócio do quadro social da UBC, sem qualquer garantia de ampla defesa, do contraditório, ou do devido processo constitucional, onera consideravelmente o recorrido, o qual fica impossibilitado de perceber os direitos autorais relativos à execução de suas obras.*" (RE 201819, Rel. Min. Ellen Gracie, Relator(a) p/ Acórdão: Min. Gilmar Mendes, Segunda Turma, j. em 11.10.2005); **D**: correta. A teoria da eficácia indireta ou mediata dos direitos fundamentais defende que a aplicação desses direitos nas relações entre particulares deve ser sempre mediada pela atuação do legislador (por meio da produção normativa) ou pelo juiz (por meio da interpretação do direito privado à luz das normas de direitos fundamentais). A força jurídica dos preceitos constitucionais no âmbito das relações entre particulares incide apenas mediatamente, por meio dos princípios e normas próprias do direito privado (intermediação legislativa), obrigando, assim, o Poder Judiciário a observar a normatividade dos direitos fundamentais ao decidir conflitos interindividuais; **E**: incorreta. A teoria da eficácia imediata ou direta dos direitos fundamentais defende que a incidência desses direitos nas relações entre particulares decorre diretamente da Constituição, sendo desnecessária qualquer intermediação legislativa. Os direitos fundamentais trazem condições de plena aplicabilidade nas relações entre particulares, dispensando qualquer tipo de mediação infraconstitucional ou recursos interpretativos, malgrado não ocorra da mesma forma e com a mesma intensidade tal qual nas relações entre indivíduos e o Estado. Na relação entre particulares, ambos são titulares de direitos fundamentais e gozam de proteção constitucional à autonomia da vontade, o que não ocorre na relação entre indivíduos e o Estado. AN

Gabarito "D"

(Defensor Público – DPE/RN – 2016 – CESPE) Acerca da distinção entre princípios e regras, do princípio da proibição do retrocesso social, da reserva do possível e da eficácia dos direitos fundamentais, assinale a opção correta.

(A) De acordo com entendimento do STF, não é cabível à administração pública invocar o argumento da reserva do possível frente à imposição de obrigação de fazer consistente na promoção de medidas em estabelecimentos prisionais para assegurar aos detentos o respeito à sua integridade física e moral.
(B) Os direitos fundamentais são também oponíveis às relações privadas, em razão de sua eficácia vertical.
(C) As colisões entre regras devem ser solucionadas mediante a atribuição de pesos, indicando-se qual regra tem prevalência em face da outra, em determinadas condições.
(D) Tanto regras quanto princípios são normas, contudo, tão somente as regras podem ser formuladas por meio das expressões deontológicas básicas do dever, da permissão e da proibição.
(E) O princípio da proibição do retrocesso social constitui mecanismo de controle para coibir ou corrigir medidas restritivas ou supressivas de direitos fundamentais, tais como as liberdades constitucionais.

A: Correta. A reserva do possível não pode ser legitimamente invocada para a não adoção de políticas públicas ligadas ao mínimo existencial da dignidade humana; **B:** Errada. Os direitos fundamentais são sim oponíveis nas relações privadas, mas aí se trata de eficácia horizontal (particular contra particular). A eficácia vertical refere-se à incidência padrão dos direitos fundamentais, pelo indivíduo em face do Estado; **C:** Errada. De acordo com a doutrina majoritária, as regras não podem ser ponderadas. A atribuição de pesos é dada aos *princípios*, quando colidem entre si, visando a solução do conflito; **D:** Errada. Normas são gênero, das quais os princípios e as regras são espécies. Entretanto, tanto regras quanto princípios são formuladas por expressões normativas e deontológicas (do dever ser); **E:** Errada. O princípio opera no plano dos direitos *sociais*, não se referindo a todos os direitos fundamentais.

Gabarito "A"

(Analista Judiciário – TRT/8ª – 2016 – CESPE) Acerca dos direitos e das garantias fundamentais previstos na CF, assinale a opção correta.

(A) É permitido ao preso provisório e ao maior de dezoito anos de idade internado ao tempo em que era adolescente alistar-se ou transferir o título de eleitor para o domicílio dos estabelecimentos penais e de internação onde se encontrem.

(B) A CF assegura personalidade jurídica aos partidos políticos, na forma da lei, além de estabelecer as sanções cabíveis no caso de indisciplina partidária, que podem ser tanto a advertência quanto a perda do mandato.

(C) Os direitos sociais assegurados à categoria dos trabalhadores domésticos incluem a proteção do mercado de trabalho da mulher, mediante incentivos específicos e piso salarial proporcional à extensão e à complexidade do trabalho, atendidas as condições estabelecidas em lei.

(D) Todos os direitos e as garantias expressos na CF foram expressamente editados como cláusula pétrea, constituindo rol taxativo, cuja ampliação depende de edição de emendas constitucionais.

(E) No que se refere aos direitos e garantias fundamentais elencados na CF, os estrangeiros residentes e não residentes no Brasil equiparam-se aos brasileiros.

A: correta. De acordo com o art. 15, III, da CF, apenas o preso com condenação criminal transitada em julgado e pena não integralmente cumprida pode ser impedido de votar. Assim, o preso provisório (aquele que, no dia da eleição, ainda aguarda decisão definitiva) e os adolescentes internados têm direito ao voto; **B:** incorreta. A primeira parte está correta (art. 17, § 2º, da CF), mas a CF não prevê sanções cabíveis por indisciplina partidária. Ao contrário, ao dispor sobre os casos de perda do mandato (art. 55, CF), a Constituição não contempla a hipótese de indisciplina partidária; **C:** incorreta. Os direitos previstos no art. 7º, V e XX, CF ("piso salarial proporcional à extensão e à complexidade do trabalho" e "proteção do mercado de trabalho da mulher, mediante incentivos específicos, nos termos da lei") não são extensíveis aos trabalhadores domésticos. O rol dos direitos sociais aplicáveis aos trabalhadores domésticos está previsto no art. 7º, parágrafo único, CF; **D:** incorreta. Nem todo direito e garantia expresso na CF caracteriza-se como cláusula pétrea. São "cláusulas pétreas" da Constituição apenas as listadas no art. 60, § 4º, da CF. O legislador constituinte derivado não pode restringir o rol de cláusulas pétreas – que constitui, assim, um limite material implícito ao poder de reforma da Constituição, mas pode ampliá-las; **E:** incorreta. Embora o art. 5º, *caput*, da CF afirme que os direitos e garantias fundamentais aplicam-se aos brasileiros e aos "estrangeiros **residentes** no país", deve ser interpretado à luz do princípio da dignidade da pessoa humana, de modo que também aos estrangeiros **de passagem** pelo Brasil são garantidos direitos fundamentais. Embora essa seja a regra geral, a própria Constituição limitou o exercício de certos direitos e garantias fundamentais apenas a brasileiros, como no caso da ação popular, que só pode ser ajuizada por cidadãos brasileiros. Assim, não é correto falar em "equivalência".

Gabarito "A"

(Analista – Judiciário – TRE/PI – 2016 – CESPE) A respeito dos princípios fundamentais e dos direitos e das garantias fundamentais, assinale a opção correta.

(A) Por constituírem direitos relativos às pessoas naturais, os direitos e garantias fundamentais não são extensíveis às pessoas jurídicas.

(B) Enquanto os direitos civis e políticos se baseiam em abstenções por parte do Estado, os direitos sociais pressupõem prestações positivas do Estado.

(C) De acordo com o STF, um direito fundamental constitucionalmente previsto possui caráter absoluto e se sobrepõe a eventual interesse público.

(D) A adoção da Federação como forma de Estado pela CF é embasada na descentralização política e na soberania dos Estados-membros, que são capazes de se auto-organizar por meio de suas próprias constituições.

(E) Em relação aos direitos políticos, o mandado de segurança coletivo e o *habeas corpus* são formas de exercício direto da soberania popular, como previsto na CF.

A: incorreta. As pessoas jurídicas também possuem direitos e garantias fundamentais, por exemplo, direito à inviolabilidade de domicílio (art. 5º, XI, da CF), à liberdade de associação (art. 5º, XIX, da CF), dentre outros; **B:** correta. Diferentemente dos direitos de primeira dimensão (direitos civis e políticos fazem parte da primeira dimensão), os de segunda exigem uma conduta positiva do Estado, uma ação propriamente dita e, por conta disso, também são chamados de direitos a prestações positivas. Encontram-se assegurados, aqui, os chamados direitos sociais, ou seja, aqueles relacionados ao trabalho, à educação e à saúde. Notem que a doutrina prefere referir-se às "dimensões" de direitos fundamentais, não a "gerações" – pois a ideia de "geração" pressupõe a substituição da anterior pela posterior, o que não ocorre com os direitos fundamentais, que coexistem; **C:** incorreta. Não há direito absoluto. Ainda que sejam considerados fundamentais, não são direitos absolutos. Uma das características desses direitos é a limitabilidade ou o caráter relativo. Significa que, na crise advinda do confronto entre dois ou mais direitos fundamentais, ambos terão de ceder. Além disso, para um Estado que tem como tarefa a promoção dos direitos fundamentais, sua tutela torna-se, assim, um autêntico interesse público. Por fim, ainda que a doutrina refira-se à existência de um "princípio da supremacia interesse público sobre o particular", a moderna doutrina de direito constitucional (embora minoritária), vem afastando sua configuração, pois a hipótese é de ponderação dos interesses (públicos e privados) no caso concreto, sem prevalência *a priori* de um sobre o outro. A primazia do interesse público sobre o particular foi forjada no Brasil durante o período de exceção, para fundamentar a doutrina da segurança nacional. É, portanto, um princípio autoritário e justificador das "razões de Estado", que não encontram guarida no Estado Democrático de Direito; **D:** incorreta. Os Estados-membros não possuem soberania, mas autonomia. Dessa autonomia decorrem as capacidades de auto-organização, autogoverno e autoadministração. Apenas a União é dotada de soberania; **E:** incorreta. O mandado de segurança coletivo e o *habeas corpus* não são considerados direitos políticos, mas remédios constitucionais fundamentados nos incisos LXX e LXVIII do art. 5º da CF. Por outro lado, as formas de exercício direto da soberania popular são as seguintes: sufrágio universal, plebiscito, referendo e iniciativa popular de leis.

Gabarito "B"

(Analista – Judiciário – TRE/PI – 2016 – CESPE) Assinale a opção correta acerca dos direitos e das garantias fundamentais.

(A) Deverão ser cassados os direitos políticos de parlamentar condenado por crime de corrupção em sentença criminal transitada em julgado.

(B) Lei que altere o processo eleitoral editada no mesmo ano de um pleito eletivo, ainda que em vigor, será aplicada no ano subsequente, conforme o princípio da anterioridade eleitoral.

(C) Gravação de conversa telefônica sem autorização judicial, registrada por um dos interlocutores, é considerada prova ilícita, ante o sigilo das comunicações telefônicas, constitucionalmente assegurado.

(D) A instauração de processo administrativo disciplinar contra servidor público para apuração de irregularidade funcional garante ao servidor o direito de impetrar *habeas corpus* para impedir o prosseguimento do processo administrativo.

(E) Estrangeiro de qualquer nacionalidade pode se candidatar a cargos eletivos, com exceção dos cargos para os quais se exige a condição de brasileiro nato.

A: incorreta. A Constituição **proíbe a cassação de direitos políticos**. Determina o *caput* do art. 15 da CF que é proibida a cassação de direitos políticos. O mesmo dispositivo autoriza apenas a perda e a suspensão desses direitos nas seguintes situações: I – cancelamento da naturalização por sentença transitada em julgado; II – incapacidade civil absoluta; III – condenação criminal transitada em julgado, enquanto durarem seus efeitos; IV – recusa de cumprir obrigação a todos imposta ou prestação alternativa, nos termos do art. 5º, VIII; e V – improbidade administrativa, nos termos do art. 37, § 4º. Vale lembrar que **a condenação criminal** transitada em julgado, enquanto durarem seus efeitos, **gera suspensão dos direitos políticos**; **B:** correta. O princípio da anterioridade ou anualidade eleitoral, previsto no art. 16 da CF, determina que a lei que alterar o processo eleitoral entrará em vigor na data de sua publicação, mas não se aplicará à eleição que ocorra até um ano da data de sua vigência; **C:** incorreta. O STF já decidiu (HC 75.338-RJ) que a gravação de conversa telefônica feita por um dos interlocutores é lícita, vejamos: "Considera-se prova lícita a gravação telefônica feita por um dos interlocutores da conversa, sem o conhecimento do outro. Afastou-se o argumento de afronta ao art. 5º, XII da CF ("XII – é inviolável o sigilo ... das comunicações telefônicas, salvo ... por ordem judicial, nas hipóteses e na forma que a lei estabelecer ..."), uma vez que esta garantia constitucional refere-se à interceptação de conversa telefônica feita por terceiros, o que não ocorre na hipótese. Com esse entendimento, o Tribunal, por maioria, indeferiu o pedido de *habeas corpus* em que se pretendia o trancamento da ação penal contra magistrado denunciado por crime de exploração de prestígio (CP, art. 357: "Solicitar ou receber dinheiro ou qualquer outra utilidade, a pretexto de influir em juiz, jurado, órgão do Ministério Público, funcionário de justiça, perito, tradutor, intérprete ou testemunha") com base em conversa telefônica gravada em secretária eletrônica pela própria pessoa objeto da proposta. Vencidos os Ministros Marco Aurélio e Celso de Mello, que deferiam a ordem". Vicente Paulo e Marcelo Alexandrino, em Direito Constitucional Descomplicado, 14ª Ed., p. 144, ensinam que "A **interceptação telefônica** é a captação de conversa feita por um terceiro, sem o conhecimento dos interlocutores, situação que depende, sempre, de ordem judicial prévia, por força do art. 5º, XII, da CF. Por exemplo: no curso de uma instrução processual penal, a pedido do MP, o magistrado autoriza a captação do conteúdo da conversa entre dois traficantes de drogas ilícitas, sem o conhecimento destes. A **escuta telefônica** é a captação de conversa feita por um terceiro, com o conhecimento de apenas um dos interlocutores. Por exemplo: João e Maria conversam e Pedro grava o conteúdo do diálogo, com o consentimento de Maria, mas sem que João saiba. A **gravação telefônica** é feita por um dos interlocutores do diálogo, sem o consentimento ou a ciência do outro. Por exemplo: Maria e João conversam e ela grava o conteúdo dessa conversa, sem que João saiba. A relevância de tal distinção é que **a escuta e a gravação telefônicas – por não constituírem interceptação telefônica em sentido estrito – não se sujeitam à inarredável necessidade de ordem judicial prévia e podem, a depender do caso concreto (situação de legítima defesa, por exemplo), ser utilizadas licitamente como prova no processo**" (grifos nossos); **D:** incorreta. Como no problema apresentado não há violação à liberdade de locomoção, o remédio não pode ser utilizado. Caberia, se observados seus requisitos legais, impetração de mandado de segurança; **E:** incorreta. O **estrangeiro não pode se candidatar a cargos eletivos**. A nacionalidade brasileira é uma das condições de elegibilidade, conforme determina o art. 14, § 3º, I, da CF. Além disso, o estrangeiro é tratado na CF/88 como inalistável, ou seja, não pode fazer o alistamento eleitoral e exercer o direito de voto. Se não pode o menos, que é votar, também não poderá o mais, que é ser votado. Por fim, o alistamento eleitoral também é considerado condição de elegibilidade, previsto no art. 14, § 3º, III, da CF, de modo que ambos os artigos fundamentam a impossibilidade do estrangeiro de se candidatar a cargos eletivos, quaisquer que sejam eles.

Gabarito "B"

(Juiz de Direito/DF – 2016 – CESPE) Em atenção aos direitos e garantias fundamentais da Constituição brasileira, assinale a opção correta.

(A) A constituição consagra expressamente a teoria absoluta do núcleo essencial de direitos fundamentais.
(B) Direitos fundamentais formalmente ilimitados, desprovidos de reserva legal, não podem sofrer restrições de qualquer natureza.
(C) O gozo da titularidade de direitos fundamentais pelos brasileiros depende da efetiva residência em território nacional.
(D) Há direitos fundamentais cuja titularidade é reservada aos estrangeiros.
(E) A reserva legal estabelecida para a inviolabilidade das comunicações telefônicas é classificada como simples, e para a identificação criminal reserva qualificada.

A: incorreta. Além de não haver previsão expressa na CF nesse sentido, nenhum direito fundamental é absoluto (nem mesmo o da dignidade da pessoa humana). Quando há colisão entre direitos fundamentais, busca-se a solução para o conflito por meio da técnica da ponderação, com concessões recíprocas entre os direitos fundamentais em jogo, desde que preservados os núcleos essenciais de cada um; **B:** incorreta. Não há reserva legal ou reserva constitucional para previsão de direitos fundamentais, ou seja, são igualmente fundamentais os direitos decorrentes dos princípios e do regime adotados pela Constituição Federal – o que se costumou chamar de "abertura do catálogo" ou de "cláusula de abertura" dos direitos fundamentais (art. 5º, § 2º, CF). O fato de serem "fundamentais" não significa que não possam sofrer restrições, o que invariavelmente ocorre quando há colisão entre direitos fundamentais (liberdade de expressão x direitos da personalidade, por exemplo): **C:** incorreta. A proteção de direitos fundamentais se prolonga até mesmo "para muito além da vida", como ocorre com os direitos à honra e à imagem (ver, por exemplo, o "Caso Oreco" – STJ, Resp 113.963, rel. min. Aldir Passarinho – e o "Caso Garrincha" – STJ, Resp 521.697, rel. min. César Asfor Rocha); **D:** correta. Há referência expressa no art. 5º, *caput*, da CF à aplicação dos direitos fundamentais aos estrangeiros "residentes no país", embora seja pacífico o entendimento de que os direitos fundamentais se aplicam também aos estrangeiros não residentes; **E:** incorreta. A reserva legal simples corresponde à exigência constitucional de lei para regulamentar determinada matéria, sem estabelecer conteúdo ou limites (art. 5º, VII, CF, por exemplo). Na reserva legal qualificada a CF já estabelece conteúdo e/ou finalidades da lei a ser editada, tendo o legislador menor liberdade para regulamentar a matéria. O exemplo clássico de reserva legal qualificada é o art. 5º, XII, CF, pois a Constituição já estabelece que a lei formal autorize a interceptação telefônica apenas por ordem judicial e com a finalidade de instruir processo penal ou para investigação criminal.

Gabarito "D"

(Juiz de Direito/DF – 2016 – CESPE) Em atenção aos direitos e garantias fundamentais e às ações constitucionais, assinale a opção correta.

(A) É consolidado no STF o entendimento de que, presente a dúvida sobre o real interesse do paciente na impetração do *habeas corpus*, deve o juiz intimá-lo para que manifeste sua vontade em prosseguir ou não com a impetração.
(B) O direito ao duplo grau de jurisdição é assegurado expressamente na CF, decorre da proteção judiciária efetiva e não admite ressalvas, salvo a preclusão decorrente da própria inação processual.
(C) A arbitragem, alheia à jurisdição estatal no que se refere ao compromisso arbitral firmado, tem sua sentença sujeita à revisão judicial, por meio de recurso próprio, em atenção ao princípio da universalidade da jurisdição do Poder Judiciário.
(D) Atos ou decisões de natureza política são indenes à jurisdição, ainda que violadoras de direitos individuais, conforme jurisprudência consolidada do STF.
(E) O STF possui orientação pacífica segundo a qual a fixação de prazo decadencial para impetração de mandado de segurança ou de *habeas corpus* é compatível com a ordem constitucional.

A: correta. O art. 192, § 3º, do Regimento Interno do STF estabelece que não se conhecerá de *habeas corpus* "desautorizado pelo paciente". Para obedecer à regra, consolidou-se o entendimento de que o paciente deve ser intimado a se manifestar, caso haja dúvida sobre o interesse na impetração; **B:** incorreta. Não há previsão expressa na Constituição a respeito do duplo grau de jurisdição. Além disso, ainda que decorrente implicitamente do texto constitucional, admite ressalvas, como nos casos de competência originária do STF; **C:** incorreta. Decorre do art. 18 da Lei de Arbitragem (Lei 9.307/1996) que "o árbitro é juiz de fato e de direito, e a sentença que proferir não fica sujeita a recurso ou a homologação pelo Poder Judiciário". Tal regra não viola o princípio da inafastabilidade do controle pelo Poder Judiciário (art. 5º, XXXV, CF); **D:** incorreta. Os atos políticos (atos discricionários, mérito administrativo) não são indenes à jurisdição, ainda que o controle jurisdicional nesses casos deva ocorrer com maior cautela, por deferência aos poderes democraticamente eleitos. A regra constitucional é de que nenhuma lesão ou ameaça de lesão a direito é imune ao controle pelo Poder Judiciário (art. 5º, XXXV, CF), principalmente aquelas que violam direitos fundamentais. Os direitos fundamentais são oponíveis não apenas em relação ao Estado (eficácia vertical dos direitos fundamentais), como também nas relações eminentemente privadas, entre particulares (eficácia horizontal dos direitos fundamentais), gerando a possibilidade de controle judicial quando não observados. Além disso, uma das características dos direitos fundamentais consiste em sua "dimensão objetiva", ou seja, na capacidade de irradiarem seus efeitos para os diversos ramos do direito, como manifestação de uma ordem ou "sistema de valores" a ser respeitada; **E:** incorreta. Súmula 632/STF: "É constitucional lei que fixa prazo de decadência para impetração de mandado de segurança" (no caso, de 120 dias, previsto pelo art. 23 da Lei 12.016/2009), mas não há que falar em prazo decadencial para a impetração de *habeas corpus*.

Gabarito "A".

6. DIREITOS SOCIAIS

(Juiz de Direito/AM – 2016 – CESPE) Assinale a opção correta acerca dos direitos e deveres individuais e coletivos e dos direitos sociais, considerando a jurisprudência do STF.

(A) O dispositivo da CF que cuida do direito dos trabalhadores urbanos e rurais à remuneração pelo serviço extraordinário com acréscimo de, no mínimo, 50% não se aplica imediatamente aos servidores públicos, por não consistir norma autoaplicável.

(B) A vedação constitucional à dispensa arbitrária ou sem justa causa da empregada gestante, desde a confirmação da gravidez até cinco meses após o parto, não se aplica às militares.

(C) Desde que expressamente autorizado pelos sindicalizados, o sindicato tem legitimidade para atuar como substituto processual na defesa de direitos e interesses coletivos ou individuais homogêneos da categoria que representa.

(D) Viola os princípios constitucionais da liberdade de associação e da liberdade sindical norma legal que condicione, ainda que indiretamente, o recebimento do benefício do seguro-desemprego à filiação do interessado a colônia de pescadores de sua região.

(E) A CF proíbe tão somente o emprego do salário mínimo como indexador, sendo legítima a sua utilização como base de cálculo para o pagamento do adicional de insalubridade.

A: incorreta. O STF já decidiu que o dispositivo mencionado é considerado norma autoaplicável: "O art. 7º, XVI, da CF, que cuida do direito dos trabalhadores urbanos e rurais à remuneração pelo serviço extraordinário com acréscimo de, no mínimo, 50%, aplica-se imediatamente aos servidores públicos, por consistir em **norma autoaplicável**." (AI 642.528-AgR, rel. min. Dias Toffoli, julgamento em 25.09.2012, Primeira Turma, *DJE* de 15.10.2012); **B:** incorreta. Ao contrário do mencionado, entende o Supremo que: "A estabilidade provisória advinda de licença-maternidade decorre de proteção constitucional às trabalhadoras em geral. O direito amparado pelo art. 7º, XVIII, da CF, nos termos do art. 142, VIII, da CF/1988, **alcança as militares**. [RE 523.572 AgR, rel. min. Ellen Gracie, j. 06.10.2009, 2ª T, *DJE* de 29.10.2009.] = AI 811.376 AgR, rel. min. Gilmar Mendes, j. 01.03.2011, 2ª T, *DJE* de 23.03.2011; **C:** incorreta. Não é necessária essa autorização. Segundo o STF: "Esta Corte firmou o entendimento segundo o qual o sindicato tem legitimidade para atuar como substituto processual na defesa de direitos e interesses coletivos ou individuais homogêneos da categoria que representa. (...) Quanto à violação ao art. 5º, LXX e XXI, da Carta Magna, esta Corte firmou entendimento de que é **desnecessária a expressa autorização dos sindicalizados** para a substituição processual" [RE 555.720 AgR, voto do rel. min. Gilmar Mendes, j. 30.09.2008, 2ª T, *DJE* de 21.11.2008]; **D:** correta. De acordo com o STF: "Art. 2º, IV, *a*, *b* e *c*, da Lei 10.779/2003. Filiação à colônia de pescadores para habilitação ao seguro-desemprego (...). **Viola os princípios constitucionais** da liberdade de associação (art. 5º, XX) e da liberdade sindical (art. 8º, V), ambos em sua dimensão negativa, a **norma legal que condiciona**, ainda que indiretamente, **o recebimento do benefício do seguro-desemprego à filiação do interessado a colônia de pescadores de sua região**. [ADI 3.464, rel. min. Menezes Direito, j. 29.10.2008, P, *DJE* de 06.03.2009.]; **E:** incorreta. Determina a Súmula Vinculante 4 (STF) que "Salvo nos casos previstos na Constituição, **o salário mínimo não pode ser usado como indexador de base de cálculo de vantagem de servidor público ou de empregado**, nem ser substituído por decisão judicial.

Gabarito "D".

(Técnico Judiciário – Área Administrativa – TRT8 – 2013 – CESPE) Assinale a opção correta com referência aos princípios fundamentais e aos direitos e garantias fundamentais consagrados na CF.

(A) A CF estabelece a proibição de qualquer tipo de distinção entre trabalho manual e técnico, porém ressalva que o trabalho intelectual poderá sofrer discriminações positivas em razão do tempo e da produção de cada trabalhador.

(B) O direito a igualdade entre homens e mulheres foi consagrado como direito individual fundamental. Observa-se que referido direito não é absoluto, sendo relativizado pelo direito social da mulher à proteção do seu mercado de trabalho.

(C) A moradia é um direito individual fundamental e não um direito social do brasileiro, devendo ser consagrado para garantir e promover o bem de todos, sempre conceitos de origem, raça, sexo, cor, idade e quaisquer outras formas de discriminação.

(D) De acordo com a CF, o direito à relação de emprego protegida contra despedida arbitrária ou sem justa causa é uma norma de eficácia plena, que deverá ser regulada por lei complementar prevendo indenização compensatória, entre outros direitos.

(E) A CF assegura o direito de greve ao servidor público, estabelecendo de forma clara a competência para decidir sobre a oportunidade de exercê-lo e sobre os interesses que devam por meio dele ser defendidos.

A: Incorreta, pois a Constituição veda a distinção entre trabalho manual, técnico e intelectual ou entre os profissionais respectivos; **B:** Correta, nos termos dos arts. 5º, II, e 7º, XX, da CF; **C:** Incorreta. A moradia é, dentre outros, um direito social previsto no art. 6º da CF; **D:** Incorreta. A norma do art. 7º, I, da CF é, quanto à aplicabilidade, de eficácia limitada, ou seja, a norma, no momento em que a Constituição entra em vigor, não possui condições de produzir todos os seus efeitos, necessitando de uma norma infraconstitucional para a sua plena aplicação; **E:** Incorreta. A Constituição prevê no art. 37, VII, que o direito de greve será exercido nos termos e **nos limites definidos em lei específica**. Trata-se de norma de eficácia limitada. Não há, até o momento, regulamentação do direito de greve do servidor público. Porém, em 25.10.2007, o STF, ao julgar os Mandados de Injunção 670, 708 e 712, entendeu, por maioria, determinar a aplicação das Leis 7.701/1988 e 7.783/1989 aos conflitos e às ações judiciais que envolvam a interpretação do direito de greve dos servidores públicos civis.

Gabarito "B".

(Magistratura/CE – 2012 – CESPE) Nos termos do que dispõe a CF, assinale a opção correta acerca dos direitos sociais, da nacionalidade e dos direitos políticos.

(A) Em decorrência do princípio da unicidade sindical, é vedada a criação de mais de uma organização sindical, em qualquer grau, representativa de categoria profissional ou econômica, na mesma base territorial, que não pode ser inferior à área de um município.

(B) O cargo de ministro de Estado das Relações Exteriores e o de ministro da Defesa são privativos de brasileiros natos.

(C) O presidente da República, os governadores de estado e do DF, os prefeitos e quem os houver sucedido ou substituído no curso dos mandatos poderão ser reeleitos para um único período subsequente, devendo, para participar das eleições, licenciar-se de seus cargos até seis meses antes do pleito.

(D) Os militares com menos de dez anos de serviço são inelegíveis, podendo os com mais de dez anos de serviço ser candidatos a qualquer cargo e, nesse caso, se eleitos, passam automaticamente para a inatividade no ato da diplomação.

(E) Os direitos sociais elencados no texto constitucional são integralmente assegurados aos trabalhadores urbanos, rurais e domésticos.

A: correta, replica do art. 8º, II, da CF; **B:** incorreta, pois o único cargo de ministro de Estado que é privativo de brasileiro nato é o de Ministro de Estado da Defesa, nos termos do art. 12, § 3º, VII, da CF c/c a Lei Complementar n. 97, de 9 de junho de 1999, que criou o Ministério da Defesa; **C:** incorreta, pois os chefes do Poder Executivo e quem os houver sucedido ou substituído no curso dos mandatos poderão ser reeleitos para um único período subsequente, mas para CONCORREREM a outros cargos, o Presidente da República, os Governadores de Estado e do Distrito Federal e os Prefeitos devem renunciar aos respectivos mandatos até seis meses antes do pleito, nos termos do art. 14, § 5º e 6º, da CF; **D:** incorreta, pois o militar alistável é elegível, mas se contar menos de dez anos de serviço, deverá afastar-se da atividade, nos termos do art. 14, § 8º, I, da CF. Agora, se o militar alistável contar com de dez anos de serviço, será agregado pela autoridade superior e, se eleito, passará automaticamente, no ato da diplomação, para a inatividade, os termos do art. 14, § 8º, II, da CF; **E:** incorreta, pois os direitos sociais elencados no texto constitucional são integralmente assegurados aos trabalhadores urbanos e rurais, mas não aos domésticos. São assegurados à categoria dos trabalhadores domésticos os direitos previstos nos incisos IV, VI, VII, VIII, X, XIII, XV, XVI, XVII, XVIII, XIX, XXI, XXII, XXIV, XXVI, XXX, XXXI, e XXXIII, do art. 7º, da CF, e, atendidas as condições estabelecidas em lei e observada a simplificação do cumprimento das obrigações tributárias, principais e acessórias, decorrentes da relação de trabalho e suas peculiaridades, os previstos nos incisos I, II, III, IX, XII, XXV e XXVIII, bem como a sua integração à previdência social, nos termos do art. 7º, parágrafo único, da CF.

Gabarito "A".

7. NACIONALIDADE

(Auditor Fiscal – SEFAZ/RS – 2019 – CESPE/CEBRASPE) Felipe é brasileiro naturalizado e foi morar no Japão, onde se casou com Júlia, uma mexicana. Quando Júlia estava a serviço de seu país na Alemanha, nasceu Alberto, filho do casal, que não foi registrado no consulado brasileiro nem no mexicano. Aos vinte anos de idade, Alberto veio para o Brasil, onde instaurou residência e, ato contínuo, optou pela nacionalidade brasileira. Nessa situação hipotética, no que diz respeito à nacionalidade, a CF estabelece que Alberto

(A) é alemão e brasileiro, tendo obrigatoriamente dupla nacionalidade.
(B) é brasileiro naturalizado.
(C) é brasileiro nato.
(D) não pode optar pela nacionalidade brasileira por não estar residindo, sem condenação penal, há mais de quinze anos ininterruptos no Brasil.
(E) é alemão, brasileiro e mexicano, tendo obrigatoriamente cidadania múltipla.

De acordo com Constituição, são brasileiros **natos** os nascidos no estrangeiro de **pai brasileiro ou de mãe brasileira**, desde que sejam registrados em repartição brasileira competente ou venham a residir na República Federativa do Brasil e optem, em qualquer tempo, depois de atingida a maioridade, pela nacionalidade brasileira (art. 12, I, "c", da CF). Ressalte-se que a Constituição não fez distinção entre brasileiro nato e naturalizado, podendo, então, o filho de um brasileiro naturalizado ser brasileiro nato.

Gabarito "C".

(Analista – STF – 2013 – CESPE) Ainda a respeito dos direitos fundamentais, julgue os seguintes itens.

(1) De acordo com o STF, uma vez concedida a naturalização pelo ministro de Estado da Justiça, a revisão desse ato somente pode ser feita mediante processo judicial, e não administrativamente.
(2) Se o reconhecimento do direito adquirido beneficiar a sociedade como um todo e não se destinar, única e exclusivamente, ao atendimento de interesses individuais, considera-se cumprida a função social desse direito fundamental.

1: correta, "em divergência, o Min. Marco Aurélio proveu o recurso para assentar que, uma vez formalizado o deferimento da naturalização, seu desfazimento apenas poderia ocorrer mediante processo judicial. Asseverou que a cláusula do inciso I do § 4º do art. 12 da CF seria abrangente – no que revelaria que o cancelamento da naturalização deveria ocorrer por sentença judicial" (Informativo 604 do STF, RMS 27840/DF, j. 13.10.2010, rel. Min. Ricardo Lewandowski); **2:** correta, "por derradeiro, conclui-se que um direito adquirido somente deve ser reconhecido se este reconhecimento também beneficiar a coletividade como um todo. Se o seu reconhecimento se destinar, única e exclusivamente, ao atendimento de interesses individuais e trouxer prejuízos à coletividade, ele poderá sofrer restrições e outro princípio poderá ser-lhe superior" (Oliveira, Lilian Barros. Lei dos royalties não prejudica direito adquirido. Disponível em: [http://www.conjur.com.br/2013-abr-19/lilia-almeida-lei-royalties-nao-prejudica-direito-adquirido]. Acesso em: 20.09.2014).

Gabarito 1C, 2C

(Analista Judiciário – Área Administrativa – TRT8 – 2013 – CESPE) Saulo, brasileiro, casou-se com Andrea, de nacionalidade italiana, com quem foi residir na Espanha. Anos depois, o casal teve seu primeiro filho, Pedro, e decidiu registrá-lo em repartição consular brasileira naquele país.

Nessa situação hipotética, e nos termos da CF, Pedro é

(A) brasileiro naturalizado, podendo vir a ser considerado brasileiro nato se residir no Brasil e optar, a qualquer tempo, depois de atingir a maioridade, pela nacionalidade brasileira.
(B) brasileiro nato se optar, a qualquer tempo, pela nacionalidade brasileira.
(C) brasileiro nato.
(D) estrangeiro.
(E) estrangeiro, podendo vir a ser considerado brasileiro nato se residir no Brasil e optar, a qualquer tempo, depois de atingir a maioridade, pela nacionalidade brasileira.

Dispõe o art. 12, I, *c*, primeira parte, que são brasileiros natos: "c) os *nascidos no estrangeiro* de *pai brasileiro* ou de mãe brasileira, desde que *sejam registrados em repartição brasileira competente*".

Gabarito "C".

(Técnico – STF – 2013 – CESPE) Acerca dos direitos de nacionalidade e dos direitos sociais, julgue os itens seguintes.

(1) A CF expressamente estabelece serem direitos sociais a educação, a saúde, o lazer, a buscado bem-estar e a proteção à infância e à adolescência, além da assistência aos deficientes, na forma da lei.
(2) A naturalização de uma pessoa que tenha adquirido a nacionalidade brasileira poderá ser cancelada por ato do presidente da República, na condição de chefe de Estado, com a indicação dos fatos e fundamentos jurídicos que embasarem sua decisão.

1: Incorreta, pois o art. 6º da CF prevê que são direitos sociais a educação, a saúde, a alimentação, o trabalho, a moradia, o lazer, a **segurança**, a **previdência social**, a proteção à **maternidade** e à infância, a assistência aos **desamparados** na forma prevista na Constituição; **2:** Incorreta, pois o cancelamento da naturalização ocorrerá apenas por sentença judicial, em virtude de atividade nociva ao interesse nacional; ou adquirir outra nacionalidade, salvo nos casos de reconhecimento de nacionalidade originária pela lei estrangeira ou de imposição de naturalização, pela norma estrangeira, ao brasileiro residente em estado estrangeiro, como condição para permanência em seu território ou para o exercício de direitos civis (art. 12, § 4º, da CF).

Gabarito 1E, 2E

(Técnico – TJ/CE – 2013 – CESPE) Em relação aos direitos de nacionalidade, assinale a opção correta considerando o disposto na CF.

(A) Aos portugueses com residência permanente no país, serão atribuídos os direitos inerentes a brasileiro nato.
(B) Será declarada a perda da nacionalidade do brasileiro que cometer crime contra a vida do presidente da República.
(C) É privativo de brasileiro nato o cargo de juiz de direito.
(D) Considera-se brasileiro naturalizado o nascido no estrangeiro, de pai brasileiro e mãe estrangeira, se o pai estiver a serviço da República Federativa do Brasil.
(E) O Distrito Federal e os municípios poderão ter símbolos próprios.

A: Incorreta, pois aos portugueses com residência permanente no País, desde que haja reciprocidade em favor de brasileiros, serão atribuídos os direitos inerentes ao brasileiro. Não há previsão na constituição de que haverá atribuição dos direito de brasileiro nato; **B:** Incorreta, pois não há previsão da hipótese descrita na alternativa no art. 12, § 4º, da CF; **C:** Incorreta, o cargo de Juiz de Direito não está no rol dos cargos privativos de brasileiros natos do § 3º do art. 12 da CF; **D:** Incorreta, pois será brasileiro nato o nascido no estrangeiro, de pai brasileiro ou mãe brasileira, desde que qualquer deles esteja a serviço da República Federativa do Brasil (art. 12, I, *b*, da CF); **E:** Correta, conforme art. 13, § 2º, da CF.

Gabarito "E".

8. DIREITOS POLÍTICOS

(Juiz de Direito/DF – 2016 – CESPE) Considerando as interpretações doutrinárias e jurisprudenciais conferidas às normas constitucionais referentes aos direitos políticos, assinale a opção correta.

(A) Os direitos políticos insculpidos na Constituição possuem eficácia limitada, ante a necessidade da edição de legislação infraconstitucional para concretizá-los.

(B) A dissolução da sociedade conjugal no curso do mandato eletivo de governador de Estado implica a inelegibilidade de sua ex-cônjuge para o cargo de deputado estadual na mesma unidade da Federação para o pleito subsequente.

(C) O governador do Distrito Federal que pretende se candidatar ao cargo de deputado federal no pleito subsequente não precisa se desincompatibilizar do cargo que atualmente ocupa, uma vez que tal exigência constitucional aplica-se apenas quando o novo cargo almejado é disputado mediante eleição majoritária.

(D) O cidadão naturalizado brasileiro poderá ocupar os cargos eletivos de deputado federal e de governador do Distrito Federal, mas não poderá ser eleito senador ou vice-presidente, diante de vedação constitucional.

(E) A capacidade eleitoral passiva limita-se às restrições que estão expressamente veiculadas na CF e a nenhum outro dispositivo legal.

A: incorreta. Os direitos e garantias fundamentais (individuais, sociais, políticos e difusos) têm aplicação imediata (art. 5º, § 1º, CF); **B:** correta. Súmula Vinculante 18/STF: "A dissolução da sociedade ou do vínculo conjugal, no curso do mandato, não afasta a inelegibilidade prevista no § 7º do artigo 14 da Constituição Federal", a não ser que o titular tenha se desincompatibilizado seis meses antes; **C:** incorreta. O art. 14, § 6º, da CF refere-se a "outros cargos", sem qualificar o sistema eleitoral (se majoritário ou proporcional); **D:** incorreta. Os brasileiros naturalizados, por força do art. 12, § 3º, da CF, não podem se candidatar aos cargos de Presidente e Vice-Presidente da República; Presidente da Câmara dos Deputados; Presidente do Senado Federal; Ministro do STF; da carreira diplomática; de oficial das Forças Armadas e de Ministro de Estado da Defesa (o rol não inclui o cargo de senador); **E:** incorreta. A capacidade eleitoral passiva corresponde à possibilidade de alguém ser eleito e rege-se não apenas pelo art. 14, §§ 3º o a 8º, da CF, como também pela "Lei de Inexigibilidades" (Lei Complementar 64/1990), exigida pelo art. 14, § 9º, da CF.

Gabarito "B".

(Juiz de Direito/AM – 2016 – CESPE) De acordo com o que está expresso na CF acerca dos partidos políticos, é livre a criação, a fusão, a incorporação e a extinção de partidos políticos, resguardados a soberania nacional, o regime democrático, o pluripartidarismo e os direitos fundamentais da pessoa humana, desde que observado(a)

(A) a obrigação de prestar contas à justiça eleitoral.

(B) a apreciação da legalidade dos atos de admissão de pessoal para fins de registro.

(C) a vinculação entre as candidaturas em âmbito nacional, estadual, distrital ou municipal em caso de coligações eleitorais.

(D) o caráter regional do novo partido que se pretenda criar.

(E) a ampla publicidade dos orçamentos dos partidos políticos.

A: correta. De acordo com o art. 17 da CF, é livre a criação, fusão, incorporação e extinção de partidos políticos, resguardados a soberania nacional, o regime democrático, o pluripartidarismo, os direitos fundamentais da pessoa humana e observados os seguintes preceitos: I – caráter nacional; II – proibição de recebimento de recursos financeiros de entidade ou governo estrangeiros ou de subordinação a estes; III – **prestação de contas à Justiça Eleitoral**; e IV – funcionamento parlamentar de acordo com a lei; **B:** incorreta. Os requisitos legais para registro do partido político estão listados no art. 8º da Lei 9.096/1995: "Art. 8º O requerimento do registro de partido político, dirigido ao cartório competente do Registro Civil das Pessoas Jurídicas, da Capital Federal, deve ser subscrito pelos seus fundadores, em número nunca inferior a cento e um, com domicílio eleitoral em, no mínimo, um terço dos Estados, e será acompanhado de: I – cópia autêntica da ata da reunião de fundação do partido; II – exemplares do Diário Oficial que publicou, no seu inteiro teor, o programa e o estatuto; III – relação de todos os fundadores com o nome completo, naturalidade, número do título eleitoral com a Zona, Seção, Município e Estado, profissão e endereço da residência; § 1º O requerimento indicará o nome e função dos dirigentes provisórios e o endereço da sede do partido na Capital Federal; § 2º Satisfeitas as exigências deste artigo, o Oficial do Registro Civil **efetua** o registro no livro correspondente, expedindo certidão de inteiro teor"; **C:** incorreta. Não há obrigatoriedade de vinculação entre as candidaturas em âmbito nacional, estadual, distrital ou municipal em caso de coligações eleitorais, conforme art. 17, § 1º, da CF, na redação dada pela Emenda Constitucional nº 97/2017: "É assegurada aos partidos políticos autonomia para definir sua estrutura interna e estabelecer regras sobre escolha, formação e duração de seus órgãos permanentes e provisórios e sobre sua organização e funcionamento e para adotar os critérios de escolha e o regime de suas coligações nas eleições majoritárias, vedada a sua celebração nas eleições proporcionais, sem obrigatoriedade de vinculação entre as candidaturas em âmbito nacional, estadual, distrital ou municipal, devendo seus estatutos estabelecer normas de disciplina e fidelidade partidária."; **D:** incorreta. Partidos políticos devem obrigatoriamente ter caráter nacional (art. 17, I, CF); **E:** incorreta. A CF prevê o recebimento de verbas do fundo partidário, mas não há regra constitucional a respeito da ampla publicidade a respeito de seus orçamentos.

Gabarito "A".

(Analista Jurídico – TCE/PR – 2016 – CESPE) Com base na jurisprudência do STF, assinale a opção correta a respeito dos direitos políticos.

(A) O princípio da anterioridade da lei eleitoral subordina, inclusive, a incidência das hipóteses de inelegibilidade introduzidas por normas constitucionais originárias constantes da Constituição Federal de 1988.

(B) As condições de elegibilidade podem ser estabelecidas por simples lei ordinária federal, diferentemente das hipóteses de inelegibilidade, que são reservadas a lei complementar.

(C) É constitucional a exigência legal que, independentemente da identificação civil, condiciona o voto à apresentação, pelo eleitor, do título eleitoral.

(D) É dos estados a competência para legislar sobre condições específicas de elegibilidade dos juízes de paz.

(E) A filiação partidária como condição de elegibilidade não se estende aos juízes de paz.

A: incorreta. A anualidade da lei eleitoral (ou anterioridade eleitoral) encontra-se consagrada no art. 16 da CF e não subordina normas constitucionais originárias porque o poder constituinte **originário** é inicial, ilimitado, autônomo, incondicionado e soberano; **B:** correta. O art. 14, § 9º, CF, por constituir exceção, deve ser interpretado restritivamente. Assim, em razão de a norma constitucional se referir apenas à exigência de lei complementar para a imposição de outros casos de **inelegibilidades**, mera lei ordinária poderia dispor sobre outras condições de **elegibilidade**; **C:** incorreta. O STF já reconheceu que impedir o eleitor com documento oficial de identidade com foto de votar, por não estar portando o título de eleitor, afronta a razoabilidade. Apenas a ausência de documento oficial com fotografia impede o exercício do direito de voto (ADI 4.467-MC, rel. min. Ellen Gracie, j. 30.09.2010, Pleno, *DJE* 01.06.2011); **D:** incorreta. O art. 14, § 3º, VI, "c", da CF estabelece a idade mínima de 21 anos para a elegibilidade dos juízes de paz. Por se tratar de matéria eleitoral, a competência legislativa é privativa da União (art. 22, I, "a", CF), embora não sob a forma de medidas provisórias (art. 62, § 1º, I, "a", CF); **E:** incorreta. Ver art. 98, II, CF. O STF já decidiu que a obrigatoriedade de filiação partidária para candidatos a juiz de paz (art. 14, 3º, da CF) decorre do sistema eleitoral. (ADI 2.938, rel. min. Eros Grau, j. 09.06.2005, Pleno, *DJ* de 09.12.2005).

Gabarito "B"

(Procurador do Estado – PGE/BA – CESPE – 2014) Acerca dos direitos políticos, julgue os itens a seguir.

(1) Não são alistáveis como eleitores nem os estrangeiros nem os militares.

(2) As ações de impugnação de mandato eletivo tramitam necessariamente em segredo de justiça.

(3) Os direitos políticos passivos consagram as normas que impedem a participação no processo político eleitoral.

1: Incorreta. Art. 14, § 2ª, CF: "Não podem alistar-se como eleitores os estrangeiros e, durante o período do serviço militar obrigatório, os conscritos". **2:** Correta. Art. 14, § 11, CF: "A ação de impugnação de mandato tramitará em segredo de justiça, respondendo o autor, na forma da lei, se temerária ou de manifesta má-fé". **3:** Incorreta. A capacidade eleitoral passiva corresponde à possibilidade de alguém ser eleito e rege-se não apenas pelo art. 14, §§ 3º a 8º, da CF, como também pela "Lei de Inexigibilidades" (Lei Complementar 64/1990), exigida pelo art. 14, § 9º, da CF. TM

Gabarito 1E, 2C, 3E

(Técnico – TJ/CE – 2013 – CESPE) No que se refere a direitos políticos dispostos na CF, assinale a opção correta.

(A) É vedada a cassação de direitos políticos.

(B) Os brasileiros naturalizados podem votar, mas não podem concorrer a cargo eletivo.

(C) O alistamento eleitoral e o voto são obrigatórios para todos os brasileiros naturalizados.

(D) Os militares federais não são alistáveis.

(E) Para ser eleito vereador é preciso ter, no mínimo, 21 anos de idade.

A: Correta, conforme *caput* do art. 15 da CF; **B:** Incorreta. Conforme o art. 14, § 4º, da CF, são inelegíveis os inalistáveis (eleitores estrangeiros e conscritos durante o período do serviço militar obrigatório – § 2º) e os analfabetos. A Constituição elenca os cargos de brasileiros natos no art. 12, § 2º. É possível, portanto, que o brasileiro naturalizado possa concorrer aos cargos que não sejam privativos de brasileiros natos; **C:** Incorreta. Pois o alistamento eleitoral e o voto são facultativos para os analfabetos, maiores de setenta anos e os maiores de dezesseis e menores de dezoito anos (art. 14, § 1º, II, da CF); **D:** Incorreta, o militar alistável é, também, elegível, desde que atendidas as condições do § 8º do art. 14 da CF; **E:** Incorreta. A idade mínima para se candidatar ao cargo de vereador é de dezoito anos (art. 14, § 3º, VI, *d*, da CF).

Gabarito "A"

(Técnico Judiciário – TJDFT – 2013 – CESPE) A respeito dos direitos e garantias fundamentais, julgue os itens que se seguem.

(1) Partido político poderá receber recursos financeiros de governo estrangeiro, desde que faça a declaração específica desses valores em sua prestação de contas.

(2) Conforme disposição da CF/1988, será brasileiro nato o filho, nascido em Paris, de mulher alemã e de embaixador brasileiro que esteja a serviço do governo brasileiro naquela cidade quando do nascimento do filho.

(3) Os recrutados pelas forças armadas não podem alistar-se como eleitores durante o período em que estiverem cumprindo o serviço militar obrigatório.

(4) Cidadão brasileiro que tiver trinta anos de idade poderá ser candidato a senador, desde que possua pleno exercício dos direitos políticos, alistamento eleitoral, filiação partidária e domicílio eleitoral no estado pelo qual pretenda concorrer.

1: incorreto. De acordo com o art. 17, II, da CF/1988, é **proibido** o recebimento de recursos financeiros de entidade ou **governo estrangeiros** ou de subordinação a estes; **2:** correto. A situação hipotética se enquadra na regra trazida pelo art. 12, I, *b*, da CF/1988, o qual determina que seja considerado brasileiro nato os sujeitos nascidos no estrangeiro, de pai brasileiro ou mãe brasileira, desde que qualquer deles esteja a serviço da República Federativa do Brasil; **3:** correto. De fato, a CF/1988, em seu art. 14, § 2º, determina que a não possibilidade de alistarem-se como eleitores os estrangeiros e, **durante o período do serviço militar obrigatório, os conscritos; 4:** incorreto. Para o cargo de Senador a idade mínima exigida pela CF/1988 é de 35 anos (art. 14, § 3º, VI, *a*, da CF/1988).

Gabarito 1E, 2C, 3C, 4E

9. ORGANIZAÇÃO DO ESTADO

9.1. DA UNIÃO, ESTADOS, MUNICÍPIOS E TERRITÓRIOS

(Auditor Fiscal – SEFAZ/RS – 2019 – CESPE/CEBRASPE) A respeito da organização do Estado, a União, os estados federados e o Distrito Federal podem legislar concorrentemente sobre

(A) direito tributário, financeiro, penitenciário, econômico e urbanístico.

(B) ordenamento territorial, mediante planejamento e controle do uso, do parcelamento e da ocupação do solo urbano.

(C) combate às causas da pobreza e aos fatores de marginalização, promovendo a integração social dos setores desfavorecidos.

(D) direito civil, comercial, penal, processual, eleitoral, agrário, marítimo, aeronáutico, espacial e do trabalho.

(E) política de crédito, câmbio, seguros e transferência de valores.

A: correta, nos termos do art. 24, I, da CF; **B:** incorreta, porque compete aos **municípios** promover o adequado ordenamento territorial, mediante planejamento e controle do uso, do parcelamento e da ocupação do solo urbano (art. 30, VIII, da CF); **C:** incorreta, porque é competência **comum** da União, dos Estados, do Distrito Federal e dos Municípios combater as causas da pobreza e os fatores de marginalização, promovendo a integração social dos setores desfavorecidos (art. 23, X, da CF); **D:** incorreta, porque compete **privativamente** à União legislar sobre direito civil, comercial, penal, processual, eleitoral, agrário, marítimo, aeronáutico, espacial e do trabalho (art. 22, I, da CF); **E:** incorreta, porque compete **privativamente** à União legislar sobre política de crédito, câmbio, seguros e transferência de valores (art. 22, VII, da CF). (AN)

Gabarito "A"

A lei estadual X estabeleceu a obrigatoriedade da realização de adaptações nos veículos de transporte coletivo intermunicipal de propriedade das empresas concessionárias do serviço, com a finalidade de facilitar o acesso de pessoas com deficiência física ou com dificuldades de locomoção.

(Juiz de Direito – TJ/BA – 2019 – CESPE/CEBRASPE) Conforme as disposições do texto constitucional, a legislação, a doutrina e a jurisprudência do STF, a lei estadual X é

(A) inconstitucional por ofensa à competência privativa da União para legislar sobre trânsito e transporte.

(B) inconstitucional por ofensa à competência concorrente dos entes federados, ainda que inexistente lei geral nacional.

(C) inconstitucional por ofensa à livre-iniciativa e ao caráter competitivo das licitações públicas para a área de transportes.

(D) constitucional, pois está compatível com a CF e com a Convenção Internacional sobre os Direitos das Pessoas com Deficiência, incorporada ao direito nacional como norma de caráter supralegal.

(E) constitucional, pois está compatível com a CF e com a Convenção Internacional sobre os Direitos das Pessoas com Deficiência, incorporada ao direito nacional como norma constitucional.

O Plenário do STF julgou improcedente pedido formulado em ação direta de inconstitucionalidade proposta contra a Lei 10.820/92, do Estado de Minas Gerais, que dispõe sobre a obrigatoriedade de empresas concessionárias de transporte coletivo intermunicipal promoverem adaptações em seus veículos, a fim de facilitar o acesso e a permanência de pessoas com deficiência física ou com dificuldade de locomoção. Salientou-se que a Constituição dera destaque à necessidade de proteção às pessoas com deficiência, ao instituir políticas e diretrizes de acessibilidade física (CF, artigos 227, § 2º; e 244), bem como de inserção nas diversas áreas sociais e econômicas da comunidade. Enfatizou-se a incorporação, ao ordenamento constitucional, da Convenção Internacional sobre os Direitos das Pessoas com Deficiência — primeiro tratado internacional aprovado pelo rito legislativo previsto no art. 5º, § 3º, da CF —, internalizado por meio do Decreto 6.949/2009. Aduziu-se que prevaleceria, no caso, a densidade do direito à acessibilidade física das pessoas com deficiência (CF, art. 24, XIV), não obstante pronunciamentos da Corte no sentido da competência privativa da União (CF, art. 22, XI) para legislar sobre trânsito e transporte. Consignou-se que a situação deveria ser enquadrada no rol de competências legislativas concorrentes dos entes federados. Observou-se que, à época da edição da norma questionada, não haveria lei geral nacional sobre o tema. Desse modo, possível aos estados-membros exercerem a competência legislativa plena, suprindo o espaço normativo com suas legislações locais (CF, art. 24, § 3º). (Informativo STF 707, ADI 903/MG, Rel. Min. Dias Toffoli, julgamento em 22/05/2013). AN

Gabarito "E".

(Juiz – TJ/CE – 2018 – CESPE) Com relação à disciplina constitucional acerca do pacto federativo e da repartição de competências entre as entidades federadas, assinale a opção correta, com base na jurisprudência do STF.

(A) A previsão, em lei estadual, de proibição de revista íntima em empregados de estabelecimentos comerciais é constitucional.
(B) A inscrição de estado-membro em cadastro de inadimplência da União em sede de convênio não implica conflito federativo.
(C) Lei estadual que reproduza o conteúdo de lei federal sobre licitações e contratos não ofenderá a competência privativa da União de legislar sobre o assunto.
(D) Lei estadual que obrigue prestadoras do serviço de Internet móvel a apresentar a velocidade média da conexão na fatura mensal é constitucional.
(E) Lei federal que fixe piso remuneratório nacional para professores da educação básica é inconstitucional, por ser competência comum proporcionar meios de acesso à educação.

A: incorreta, pois, de acordo com o STF, "*é inconstitucional norma do Estado ou do Distrito Federal que disponha sobre proibição de revista íntima em empregados de estabelecimentos situados no respectivo território*" (ADI 2947, Rel. Min. Cezar Peluso, Tribunal Pleno, j. em 05.05.2010); **B:** incorreta, porque o STF reconhece sua competência originária "*para processar e julgar as causas que revelem potencial conflito federativo entre a União e os Estados-membros (art. 102, I, 'f', da CRFB/88), como nos casos em que se discute a inscrição destes nos cadastros federais de irregularidades ou inadimplência*" (ACO 2764 AgR, Rel. Min. Ricardo Lewandowski, Relator p/ Acórdão: Min. Luiz Fux, Tribunal Pleno, j. em 16.10.2017). Reconhece ainda conflito federativo "*em situações nas quais a União, valendo-se de registros de apontadas inadimplências dos Estados no Sistema Integrado de Administração Financeira – Siafi, impossibilita o repasse de verbas federais e a celebração de convênios*" (ACO 2733 MC-Ref, Rel. Min. Cármen Lúcia, Tribunal Pleno, j em 18.08.2016); **C:** correta, pois não há ofensa à competência privativa da União se a lei estadual tão somente reproduzir conteúdo da lei federal. Nesse diapasão, o STF entende que "a parcela da função normativa contida em uma de suas espécies, a função legislativa, afirmada pelos artigos 22 e 24 da Constituição ("legislar"), se expressa em inovação do ordenamento jurídico. A União exerceu essa função, inovando o ordenamento jurídico quanto à matéria de que ora cogitamos, estabelecendo preceitos que devem ser observados, por força do mandamento constitucional (artigo 22, inciso XXVII), pelas administrações públicas diretas, autárquicas e fundacionais da União, Estados, Distrito Federal e Municípios. O Estado-membro, no caso, ao dispor sobre a matéria de que já trata a lei federal, e no mesmo sentido dessa, não avança indevidamente sobre competência legislativa da União. Não foi além da simples reprodução dos preceitos da lei federal, preceitos que veiculam norma geral." (ADI 3158, Rel. Min. Eros Grau, j. em 14.04.2005); **D:** incorreta, pois lei estadual que obrigue prestadoras do serviço de Internet móvel a apresentar a velocidade média da conexão na fatura mensal é inconstitucional, por invadir a competência privativa da União para regular a exploração do serviço público de telefonia – espécie do gênero telecomunicação. De acordo com a jurisprudência do STF: "Ao obrigar as empresas prestadoras de serviço de internet móvel e de banda larga, na modalidade pós-paga, a apresentar ao consumidor, na fatura mensal, gráficos informando a velocidade diária média de envio e de recebimento de dados entregues no mês, a Lei 4.824/2016 do Estado do Mato Grosso do Sul, a pretexto de tutelar interesses consumeristas, altera, no tocante às obrigações das empresas prestadoras, o conteúdo dos contratos administrativos firmados no âmbito federal para a prestação do serviço público de telefonia, perturbando o pacto federativo. Segundo a jurisprudência reiterada desta Suprema Corte, revela-se inconstitucional, por invadir a competência privativa da União para regular a exploração do serviço público de telefonia – espécie do gênero telecomunicação –, a lei estadual cujos efeitos não se esgotam na relação entre consumidor-usuário e o fornecedor-prestador, interferindo na relação jurídica existente entre esses dois atores e o Poder Concedente, titular do serviço (arts. 21, XI, 22, IV, e 175 da Constituição da República)." (ADI 5569, Rel. Min. Rosa Weber, Tribunal Pleno, j. em 18.05.2017); **E:** incorreta, visto que o STF entende ser constitucional "a norma geral federal que fixou o piso salarial dos professores do ensino médio com base no vencimento, e não na remuneração global. Competência da União para dispor sobre normas gerais relativas ao piso de vencimento dos professores da educação básica, de modo a utilizá-lo como mecanismo de fomento ao sistema educacional e de valorização profissional, e não apenas como instrumento de proteção mínima ao trabalhador" (ADI 4167, Rel. Min. Joaquim Barbosa, Tribunal Pleno, j. em 27.04.2011). AN

Gabarito "C".

(Procurador Municipal – Prefeitura/BH – CESPE – 2017) Acerca da organização político-administrativa, assinale a opção correta.

(A) A fim de fazer cumprir ordem legal, a União poderá decretar intervenção federal nos municípios que se recusarem a cumprir lei federal que tenha sido recentemente sancionada, em razão de discordarem de seu conteúdo.
(B) Conforme o entendimento do STF, para realizar o desmembramento de determinado município, é necessário consultar, por meio de plebiscito, a população pertencente à área a ser desmembrada, mas não a população da área remanescente.
(C) De acordo com o entendimento do STF, as terras indígenas recebem tratamento peculiar no direito nacional devido ao fato de, juridicamente, serem equiparadas a unidades federativas.
(D) O parecer técnico elaborado pelo tribunal de contas tem natureza meramente opinativa, competindo à câmara municipal o julgamento anual das contas do prefeito.

A: incorreta. A União só pode decretar intervenção nos estados (ou no DF). A intervenção em municípios é realizada pelos estados, nas hipóteses constitucionais (arts. 34 e 35, CF); **B:** incorreta. Ver ADI 2650, Rel. Min. Dias Toffoli: "Após a alteração promovida pela EC 15/1996, a Constituição explicitou o alcance do âmbito de consulta para o caso de reformulação territorial de Municípios e, portanto, o significado da expressão 'populações diretamente interessadas', contida na redação originária do § 4º do art. 18 da Constituição, no sentido de ser necessária a consulta a toda a população afetada pela modificação territorial, o que, no caso de desmembramento, deve envolver tanto a população do território a ser desmembrado, quanto a do território remanescente. Esse sempre foi o real sentido da exigência constitucional – a nova redação conferida pela emenda, do mesmo modo que o art. 7º da Lei 9.709/1998, apenas tornou explícito um conteúdo já presente na norma originária. A utilização de termos distintos para as hipóteses de desmembramento de Estados-membros e de Municípios não pode resultar na conclusão de que cada um teria um significado diverso, sob pena de se admitir maior facilidade para o desmembramento de um Estado do que para o desmembramento de um Município"; **C:** incorreta. Ver Pet 3388, Rel. Min. Carlos Britto: "Todas as 'terras indígenas' são um bem público federal (inciso XI do art. 20 da CF), o que não significa dizer que o ato em si da demarcação extinga ou amesquinhe qualquer unidade federada. Primeiro, porque as unidades federadas pós-Constituição de 1988 já nascem com seu território jungido ao regime constitucional de preexistência dos direitos originários dos índios sobre as terras por eles 'tradicionalmente ocupadas'. Segundo, porque a titularidade de bens não se confunde com o senhorio de um território político. Nenhuma terra indígena se eleva ao patamar de território político, assim como nenhuma etnia ou comunidade indígena se constitui em unidade federada. Cuida-se, cada etnia indígena, de realidade sociocultural, e não de natureza político-territorial"; **D:** correta. Tese de repercussão geral estabelecida no RE 729744: ""Parecer técnico elaborado pelo Tribunal de Contas tem natureza meramente opinativa, competindo exclusivamente à Câmara de Vereadores o julgamento das contas anuais do chefe do Poder Executivo local, sendo incabível o julgamento ficto das contas por decurso de prazo". TM

Gabarito "D".

(Defensor Público – DPE/RN – 2016 – CESPE) Assinale a opção correta acerca do perfil constitucional do Estado federal brasileiro.

(A) Os territórios federais, quando criados, elegerão um senador para integrar o Congresso Nacional.

(B) No tocante às competências legislativas concorrentes, a superveniência de norma suplementar específica proveniente de ente federativo local suspenderá de pronto a eficácia de lei federal sobre normas gerais, no que esta lhe for contrária.

(C) A CF não poderá ser emendada na vigência de intervenção federal, salvo por iniciativa de mais da metade das assembleias legislativas das unidades da Federação, manifestando-se, cada uma delas, pela maioria relativa de seus membros.

(D) Por não integrarem a Federação, municípios podem ter sua autonomia político-constitucional suprimida por emenda à CF.

(E) A despeito de a CF fixar os números mínimo e máximo de deputados federais por unidade da Federação, é ao Congresso Nacional que cabe, dentro dessa margem, fixar o efetivo número desses parlamentares por estado e pelo DF, mediante a edição de lei complementar, sem possibilidade de delegação de tal tarefa a outro órgão estatal.

A: Errada. O Senado é composto por representantes dos estados e do Distrito Federal, não dos Territórios. Os territórios, se e quando criados, elegem quatro deputados (art. 45, § 2º, CF); **B:** Errada. A alternativa confunde competências concorrentes com competências suplementares. No caso de competência legislativa concorrente, a competência da União restringe-se a estabelecer normas gerais, que não exclui a competência suplementar dos Estados. Caso não haja lei federal sobre normas gerais, os estados podem editar tal norma mas, nesse caso, na superveniência de lei federal também sobre normas gerais, as regras gerais estabelecidas pelo estado são suspensas no que forem contrárias às normas gerais federais (art. 24, §§ 1º a 4º, CF); **C:** Errada. O art. 60, § 1º, CF não prevê exceções à regra de impossibilidade de emenda na vigência de intervenção federal; **D:** Errada. Os municípios são entes da Federação (art. 18, CF); **E:** Correta. Art. 45, § 1º, CF e ADI 5028.

Gabarito "E".

(Defensor Público – DPE/RN – 2016 – CESPE) A respeito do estatuto constitucional das leis orgânicas dos municípios, assinale a opção correta.

(A) A lei orgânica municipal será aprovada por dois terços dos membros da câmara municipal, após dois turnos de discussão e votação, podendo ser declarada constitucional ou inconstitucional, em abstrato, tanto pelo TJ do respectivo estado quanto pelo STF.

(B) A lei orgânica municipal definirá as situações em que a autoridade local gozará de foro por prerrogativa de função no TJ do respectivo estado-membro.

(C) Lei orgânica municipal, por seu caráter hierárquico-normativo superior no âmbito local, pode servir de parâmetro no controle abstrato de constitucionalidade estadual.

(D) Como consequência do seu caráter subordinante em relação às leis orgânicas dos municípios localizados no respectivo estado-membro, podem as Constituições estaduais estabelecer limites à auto-organização municipal não previstos na CF.

(E) Na condição de lei fundamental do ente municipal, a lei orgânica pode inovar em matéria de direitos básicos do funcionalismo público local, devendo tais direitos ser necessariamente observados pelas leis ordinárias municipais regulamentadoras.

A: Correta. Art. 29, *caput*, CF; **B:** Errada. São previstas na Constituição Federal (art. 96, III, CF); **C:** Errada. O parâmetro de controle abstrato estadual é a constituição do estado (perante o TJ ou o TRF), podendo também ser exercido controle abstrato de leis estaduais no STF, se o parâmetro for a Constituição Federal; **D:** Errada. Considerando que os municípios são autônomos (art. 18, CF) apenas os limites impostos pela CF são legítimos; **E:** Errada. Embora a primeira parte esteja correta, a regulamentação das leis não se faz por "leis ordinárias municipais regulamentadoras", mas por decreto.

Gabarito "A".

(Analista Jurídico –TCE/PA – 2016 – CESPE) Acerca da organização do Estado, julgue os itens subsecutivos.

(1) Compete privativamente à União legislar sobre direito civil, comercial e financeiro.

(2) Os estados-membros, mediante lei ordinária específica, podem instituir regiões metropolitanas, constituídas por agrupamentos de municípios, para integrar a organização, o planejamento e a execução de funções públicas de interesse comum.

1: errada. A competência para legislar sobre direito **financeiro** é **concorrente**, conforme determina o art. 24, I, da CF; **2:** errada. Determina o § 3º do art. 25 da CF que os Estados poderão, **mediante lei complementar**, instituir regiões metropolitanas, aglomerações urbanas e microrregiões, constituídas por agrupamentos de municípios limítrofes, para integrar a organização, o planejamento e a execução de funções públicas de interesse comum.

Gabarito 1E, 2E

(Procurador do Estado/AM – 2016 – CESPE) Acerca do regime constitucional de distribuição de competências normativas, julgue os itens subsequentes.

(1) A competência dos estados para suplementar a legislação federal sobre normas gerais é indelegável. As competências oriundas do seu poder remanescente, por sua vez, são delegáveis, conforme disposição na Constituição estadual.

(2) Embora, conforme a CF, a lei orgânica municipal esteja subordinada aos termos da Constituição estadual correspondente, esta última Carta não pode estabelecer condicionamentos ao poder de auto-organização dos municípios.

(3) A incidência de lei emanada da União é determinada na própria lei, independentemente das regras constitucionais federais sobre repartição de competências: é a previsão na própria lei, quando de sua edição, que determinará se ela se aplicará aos demais entes federativos (lei nacional, portanto) ou apenas à União (lei federal, por conseguinte).

(4) No âmbito das competências concorrentes, lei federal sobre normas gerais suspende a eficácia de lei estadual superveniente, no que esta lhe for contrária.

1: incorreta. A competência legislativa suplementar em relação à legislação federal foi conferida pela CF aos estados e, também, aos municípios (art. 24, § 2º, e art. 30, II, CF). A competência **legislativa** residual (ou remanescente, ou reservada) está prevista no art. 25, § 1º, da CF e, justamente por ser exercida apenas na ausência de outras normas sobre a matéria, não há falar em "delegação"; **2:** correta. O exercício do poder constituinte derivado, pelos Estados, subordina-se aos princípios da Constituição Federal, como o da autonomia municipal (art. 18 da CF, do qual decorrem a autoadministração, o autogoverno e a auto-organização); **3:** incorreta. A legitimidade das leis decorre da observância da repartição constitucional de competências legislativas. Assim, se a Constituição define que uma matéria é de competência legislativa dos estados, uma lei federal que regule essa mesma matéria será inconstitucional. Ademais, a lei será nacional se a União estiver legislando em razão de sua soberania (alcançando a todos), assim como será federal se a União estiver legislando com base em sua autonomia, no exercício de sua capacidade de auto-organização (alcançando o Poder Executivo Federal); **4:** incorreta. A alternativa seria correta se se referisse a competências **suplementares,** para as quais se aplica o art. 24, § 4º, da CF. No âmbito da legislação **concorrente**, a competência da União limitar-se-á a estabelecer normas gerais (art. 24, § 1º, CF). Aplicando as duas regras, se o estado exerce sua competência suplementar e edita norma geral, e posteriormente a União legisla sobre as mesmas normas gerais, a lei estadual geral (suplementar, anterior) terá sua eficácia suspensa no que for contrária à lei federal (posterior) sobre normas gerais.

Gabarito 1E, 2C, 3E, 4E

(Advogado União – AGU – CESPE – 2015) A respeito das competências atribuídas aos estados-membros da Federação brasileira, julgue os itens subsecutivos à luz da jurisprudência do STF.

(1) Seria constitucional norma instituída por lei estadual exigindo depósito recursal como pressuposto para sua interposição no âmbito dos juizados especiais cíveis do estado, uma vez que esse tema está inserido entre as competências legislativas dos estados-membros acerca de procedimento em matéria processual.

(2) Seria constitucional lei estadual que, fundada no dever de proteção à saúde dos consumidores, criasse restrições ao comércio e ao transporte de produtos agrícolas importados no âmbito do território do respectivo estado.

(3) Situação hipotética: Determinada Constituição estadual condicionou a deflagração formal de processo acusatório contra governador pela prática de crime de responsabilidade a juízo político prévio da assembleia legislativa local. Assertiva: Nessa situação, a norma estadual é compatível com o estabelecido pela CF quanto à competência legislativa dos estados-membros.

1: Incorreta. A matéria é privativa da União (art. 22, I, CF) e, no caso, contraria o disposto na Lei 9.099/95, que não prevê nenhum tipo de depósito como requisito de admissibilidade para recursos. **2:** Incorreta. A competência é privativa da União (art. 22, VIII, CF), o que atrai a inconstitucionalidade formal. Ver ADI 3813: "1. É formalmente inconstitucional a lei estadual que cria restrições à comercialização, à estocagem e ao trânsito de produtos agrícolas importados no Estado, ainda que tenha por objetivo a proteção da saúde dos consumidores diante do possível uso indevido de agrotóxicos por outros países. A matéria é predominantemente de comércio exterior e interestadual, sendo, portanto, de competência privativa da União (CF, art. 22, inciso VIII). 2. É firme a jurisprudência do Supremo Tribunal Federal no sentido da inconstitucionalidade das leis estaduais que constituam entraves ao ingresso de produtos nos Estados da Federação ou a sua saída deles, provenham esses do exterior ou não". **3:** Correta. Ver ADIs 4791, 4800 e 4792. Em julgamento conjunto das ações diretas, o STF firmou o seguinte entendimento: "1. Inconstitucionalidade formal decorrente da incompetência dos Estados-membros para legislar sobre processamento e julgamento de crimes de responsabilidade (art. 22, inc. I, da Constituição da República). 2. Constitucionalidade das normas estaduais que, por simetria, exigem a autorização prévia da assembleia legislativa como condição de procedibilidade para instauração de ação contra governador (art. 51, inc. I, da Constituição da República)". TM

Gabarito 1E, 2E, 3C

(Procurador do Estado – PGE/BA – CESPE – 2014) No que concerne ao estatuto constitucional da União, dos estados, dos municípios, do Distrito Federal (DF) e dos territórios, julgue os itens seguintes.

(1) Compete exclusivamente à União legislar sobre direito financeiro.

(2) Cabe aos municípios explorar os serviços locais de gás canalizado.

(3) Os estados têm competência para criar, organizar e suprimir distritos.

(4) A CF autoriza a divisão de territórios em municípios.

1: Incorreta. A competência legislativa é concorrente (art. 24, I, CF). **2:** Incorreta. A competência é dos estados-membros (art. 25, § 2º, CF). **3:** Incorreta. A competência é municipal (art. 30, IV, CF). **4:** Correta. Ver art. 33, § 1º, CF. TM

Gabarito 1E, 2E, 3E, 4C

(Promotor de Justiça/AC – 2014 – CESPE) No que tange à organização político-administrativa brasileira, assinale a opção correta.

(A) Compete à União, aos estados, ao DF e aos municípios legislar concorrentemente sobre educação, saúde, trânsito e transporte, cabendo a cada ente federativo adotar a sua legislação de acordo com as peculiaridades nacional, regional e local.

(B) A aplicação anual de 25% da receita resultante de impostos estaduais na manutenção e desenvolvimento do ensino e a prestação de contas da administração pública são consideradas princípios constitucionais sensíveis, cujo descumprimento autoriza a intervenção federal nos estados.

(C) Perderá o mandato o prefeito que assumir o cargo de secretário estadual de educação, exceto nos casos em que houver autorização da câmara municipal.

(D) Segundo o STF, a previsão do instituto da reclamação nas constituições estaduais viola disposição da CF, pois configura invasão da competência privativa da União para legislar sobre direito processual.

(E) O princípio geral que norteia a repartição de competência entre os entes federativos é o da predominância do interesse, em decorrência do qual seria inconstitucional delegação legislativa que autorizasse os estados a legislar sobre questões específicas das matérias de competência privativa da União.

A: incorreta, pois em desconformidade com o art. 22, XI, da CF; **B:** correta (art. 34, VII, "d" e "e", da CF); **C:** incorreta (arts. 28, § 1º, e 29, XIV, da CF); **D:** incorreta. Conferir: "Ação direta de inconstitucionalidade: dispositivo do Regimento Interno do Tribunal de Justiça do Estado da Paraíba (art. 357), que admite e disciplina o processo e julgamento de reclamação para preservação da sua competência ou da autoridade de seus julgados: ausência de violação dos artigos 125, *caput* e § 1º e 22, I, da Constituição Federal. 1. O Supremo Tribunal Federal, ao julgar a ADIn 2.212 (Pl. 2.10.03, Ellen, *DJ* 14.11.2003), alterou o entendimento – firmado em período anterior à ordem constitucional vigente (v.g., Rp 1092, Pleno, Djaci Falcão, *RTJ* 112/504) – do monopólio da reclamação pelo Supremo Tribunal Federal e assentou a adequação do instituto com os preceitos da Constituição de 1988: de acordo com a sua natureza jurídica (situada no âmbito do direito de petição previsto no art. 5º, XXIV, da Constituição Federal) e com os princípios da simetria (art. 125, *caput* e § 1º) e da efetividade das decisões judiciais, é permitida a previsão da reclamação na Constituição Estadual. 2. Questionada a constitucionalidade de norma regimental, é desnecessário indagar se a colocação do instrumento na seara do direito de petição dispensa, ou não, a sua previsão na Constituição estadual, dado que consta do texto da Constituição do Estado da Paraíba a existência de cláusulas de poderes implícitos atribuídos ao Tribunal de Justiça estadual para fazer valer os poderes explicitamente conferidos pela ordem legal – ainda que por instrumento com nomenclatura diversa (Const. Est. (PB), art. 105, I, *e* e *f*). 3. Inexistente a violação do § 1º do art. 125 da Constituição Federal: a reclamação paraibana não foi criada com a norma regimental impugnada, a qual – na interpretação conferida pelo Tribunal de Justiça do Estado à extensão dos seus poderes implícitos – possibilita a observância das normas de processo e das garantias processuais das partes, como exige a primeira parte da alínea *a* do art. 96, I, da Constituição Federal. 4.Ação direta julgada improcedente" (ADI 2480, Sepúlveda Pertence, STF); **E:** incorreta (art. 22, parágrafo único, da CF).

Gabarito "B".

(Analista Judiciário – Área Administrativa – TRT8 – 2013 – CESPE) Acerca da organização político-administrativa brasileira, assinale a opção correta.

(A) Os municípios, em simetria com os estados, possuem governos próprios autônomos e desempenham as funções dos Poderes Executivo, Judiciário e Legislativo.

(B) É comum a competência da União, dos estados e do DF para estabelecer e implantar política de educação para a segurança do trânsito, não se incluindo entre os detentores dessa competência os municípios, por falta de previsão constitucional.

(C) A repartição de competências, prevista na CF, pode ser classificada em dois grupos: competência material ou não legislativa, e competência legislativa.

(D) A organização político-administrativa da República Federativa do Brasil compreende a União, os estados e o DF, mas excetua os municípios e territórios federais devido ao fato de estes não possuírem Constituição própria.

(E) No âmbito da competência legislativa concorrente, não poderão os estados-membros editar leis estaduais com normas específicas enquanto a União não editar normas gerais acercada matéria.

A: incorreta, os municípios não têm Poder Judiciário; **B:** incorreta, há previsão constitucional nesse sentido (art. 23, XII, da CF); **C:** correta, trata-se de classificação quanto à natureza: "1. Competência material: é a prática de atos de gestão. Todos os entes possuem competência para atuar. A União (art. 21), os Estados (art. 25, §§ 1º, 2º e 3º), os Municípios (art. 30, III ao IX) e o Distrito Federal, que, apesar de o art. 32, § 1.º, referir-se à competência legislativa, por óbvio são detentores de competência administrativa, pois, caso contrário, não terão como gerir seus interesses. (...) 2. Competência legislativa – é a faculdade de elaborar leis sobre determinados assuntos. À União foi atribuída ampla competência legislativa (arts. 22 e 24). Os Municípios legislam sobre assuntos de interesse local e suplementar à legislação federal e estadual, no que couber (art. 30, I e II), enquanto o Distrito Federal acumula competência atribuída aos Estados e aos Municípios (art. 32, § 1.º).Quanto aos Estados, além da competência legislativa remanescente (art. 25, § 1.º), a Constituição ainda lhe concede poder legislativo sobre diversos assuntos, como o poder de legislar sobre seu Poder Legislativo (art. 27), Executivo (art. 28) e Judiciário (art. 125), dispor sobre repartição de receitas pertencentes aos Municípios (art. 158, III e IV) e estabelecer regras específicas para seus tributos (art.155) (PADILHA, Rodrigo. *Direito Constitucional.* 4. ed. São Paulo: Método, 2014. p. 390); **D:** incorreta, "A organização político-administrativa da República Federativa do Brasil compreende a União, os Estados, o Distrito Federal e os Municípios..." (art. 18 da CF); **E:** incorreta, pois enquanto a União não editar lei federal com normas gerais, os Estados terão competência legislativa plena, podendo editar leis específicas (art. 24, § 3º, da CF).

Gabarito "C"

(Técnico – STF – 2013 – CESPE) No que tange à organização político-administrativa do Estado brasileiro, julgue os itens que se seguem.

(1) Compete à União, por expressa disposição constitucional, a instituição de diretrizes para o desenvolvimento urbano, inclusive habitação, saneamento básico e transportes urbanos.

(2) A CF inovou ao elevar os municípios e os territórios à condição de entes federativos dotados de autonomia político-administrativa.

1: Correta, conforme art. 21, XX, da CF; **2**: Incorreta, pois a autonomia da organização político-administrativa compreende a União, os Estados, o DF e os Municípios. Os territórios integram a união, e sua criação, transformação em Estado ou reintegração ao Estado de origem serão reguladas em lei complementar (art. 18, *caput* e § 2º, da CF).

Gabarito 1C, 2E

(Técnico Judiciário – Área Administrativa – TRT8 – 2013 – CESPE) Assinale a opção correta a respeito da organização político-administrativa da República Federativa do Brasil, em especial do estabelecido pela CF quanto à repartição de competências constitucionais entre a União, os estados e os municípios.

(A) As competências federativas, em se tratando de matérias relevantes para o equilíbrio do desenvolvimento e do bem-estar em âmbito nacional, serão compartilhadas entre todos os entes da Federação.

(B) Os estados podem editar leis que regulem o transporte de trabalhadores, uma vez que a competência para legislar sobre trânsito e transporte é concorrente.

(C) É competência comum da União, dos estados, do DF e dos municípios organizar, manter e executar a inspeção do trabalho.

(D) A competência da União para legislar acerca de matérias de interesse nacional é privativa, não podendo ser delegada a estados e municípios.

(E) A União e os estados-membros possuem competências expressas estabelecidas no texto da CF e os municípios possuem apenas competência residual.

A: Correta, conforme se depreende nos arts. 21 ao 24 da CF; **B:** Incorreta, pois compete privativamente à União legislar sobre trânsito e transporte (art. 22, XI, da CF); **C:** Incorreta, pois compete à União organizar, manter e executar a inspeção do trabalho (art. 21, XXIV, da CF); **D:** Incorreta, pois a Lei Complementar poderá autorizar os Estados a legislar sobre questões específicas das matérias relacionadas no art. 22 (art. 22, parágrafo único, da CF); **E:** Incorreta, pois a competência residual pertence aos Estados e não aos municípios (art. 25, § 1º, da CF).

Gabarito "A"

(Técnico Judiciário – TJDFT – 2013 – CESPE) No que se refere à organização político-administrativa do Estado brasileiro, julgue os itens a seguir.

(1) Os municípios contam com os Poderes Legislativo e Executivo, com cargos para os quais há eleição, na qual votam seus eleitores, mas não com Poder Judiciário próprio.

(2) A União pode realizar intervenção em municípios localizados nos territórios, mas não pode intervir nos municípios localizados nos estados.

(3) Mesmo não sendo estado nem município, o Distrito Federal (DF) possui autonomia, parcialmente tutelada pela União.

1: correto. Os municípios elegem os seus vereadores que são integrantes do Poder Legislativo Municipal e os seus Prefeitos que chefiam o Poder Executivo Municipal. Além disso, de fato, não há, no âmbito municipal, Poder Judiciário próprio; **2:** item anulado pela banca examinadora; **3:** correto. De fato, o Distrito Federal, embora seja considerado ente federado, possui uma autonomia parcialmente tutelada pela União. Pedro Lenza, em sua obra *Direito Constitucional Esquematizado*, 17ª edição, 2013, p. 478 e 479, destaca dois itens que demonstram essa tutela: "a) o art. 32, § 4º, da CF/1988 declara inexistir polícias civil, militar e corpo de bombeiros militar, pertencentes ao Distrito Federal. Tais instituições, embora subordinadas ao Governador do Distrito Federal (art. 144, § 6º, da CF/1988), são organizadas e mantidas diretamente pela União (art. 21, XIV, da CF/1988), sendo que referida utilização pelo Distrito Federal será regulada por lei federal (cf. S. 647/STF, 24.09.2003) e b) também observar que o Poder Judiciário e o Ministério Público do Distrito Federal e dos Territórios são organizados e mantidos pela União (arts. 21, XIII, e 22, XVII, ambos da CF/1988)". Vale lembrar que a EC 69/2012 passou da União para o Distrito Federal as competências para organizar e manter a Defensoria Pública do Distrito Federal.

Gabarito 1C, 2 ANULADA, 3C

(Magistratura/DF – 2013 – CESPE) Acerca da organização político-administrativa do Estado brasileiro, julgue os itens a seguir.

(1) A União, dentro do seu juízo discricionário, pode delegar, por meio de lei específica, assuntos de sua competência legislativa privativa a determinado estado da Federação, sem necessidade de estender essa delegação a todos os estados.

(2) A iniciativa popular de lei, no âmbito municipal, tanto pode envolver projetos de interesse específico do município como da cidade ou de bairros, por meio da manifestação de, pelo menos, 5% do eleitorado.

1: incorreta. Lei complementar poderá autorizar os ESTADOS a legislar sobre questões específicas das matérias relacionadas no art. 22 da CF/1988. Observe que o dispositivo supracitado traz à tona a COMPETÊNCIA PRIVATIVA DA UNIÃO que poderá ser delegada a todos os estados (parágrafo único do art. 22 da CF/1988); **2:** correta (art. 29, XIII, da CF/1988).

Gabarito 1E, 2C

(Defensor Público/TO – 2013 – CESPE) Considerando o disposto na CF e o entendimento do STF a respeito da organização do Estado brasileiro, assinale a opção correta.

(A) Não invade a competência legislativa da União a edição de lei estadual que obrigue, sob pena de multa, veículo automotor a transitar permanentemente com os faróis acesos nas rodovias do estado, já que a norma dispõe sobre segurança, matéria cuja competência é concorrente entre os entes da Federação.

(B) Lei estadual que disponha sobre questões inerentes a custas forenses é inconstitucional, visto que a competência para legislar sobre direito processual é privativa da União.

(C) O estado-membro pode intervir em município quando o tribunal de justiça der provimento à representação para assegurar a observância de princípios insertos na constituição estadual, ou para prover a execução de lei, ordem ou decisão judicial, embora seja cabível recurso extraordinário contra o respectivo acórdão.

(D) Compete à União a tarefa de organizar e manter a polícia civil, militar e o corpo de bombeiros dos territórios.

(E) É constitucional lei municipal que estabeleça limite de tempo de espera em fila para os usuários dos serviços prestados pelos cartórios, já que a matéria não está inserida na disciplina dos registros públicos, de competência da União.

A: Errada. Compete privativamente à União legislar sobre trânsito (art. 22, XI, da CF); **B:** Errada, Competência concorrente (art. 24, IV, da CF); **C:** Errada. Não reflete o disposto no art. 35, IV, da CF; **D:** Errada. Compete à União organizar e manter a polícia do DF (art. 21, XIV, da CF); **E:** Correta. STF, RE 397094: "A imposição legal de um limite ao tempo de espera em fila dos usuários dos serviços prestados pelos cartórios não constitui matéria relativa à disciplina dos registros públicos, mas assunto de interesse local, cuja competência legislativa a Constituição atribui aos Municípios".

Gabarito "E".

(Defensor Público/TO – 2013 – CESPE) No que concerne aos entes da Federação e à organização dos poderes no ordenamento jurídico nacional, assinale a opção correta.

(A) É inconstitucional a criação, por estado-membro, de procuradoria especial para representação judicial do tribunal de contas do estado, ainda que para a prática, em juízo, de atos processuais em defesa de sua autonomia e independência, visto que tal competência é atribuída, com exclusividade, à procuradoria do estado.

(B) Na CF, a regra que diz respeito à recondução de membros das mesas das casas legislativas constitui norma de preordenação para os estados-membros.

(C) De acordo com o entendimento do STF, a validade jurídica da quebra de sigilo bancário determinada por comissão parlamentar de inquérito demanda aprovação da maioria absoluta dos membros que compõe o órgão de investigação legislativa.

(D) O deputado ou senador que tenha praticado crime antes da diplomação não terá direito à imunidade formal em relação ao processo e à prisão.

(E) É constitucional norma inserida na constituição estadual que repute crime de responsabilidade a ausência injustificada de secretário do estado à convocação da assembleia legislativa para prestar esclarecimentos.

A: Errada. STF, ADIn 94: "asseverou-se a possibilidade de existência de carreiras especiais para representação judicial das assembleias e dos tribunais de contas nos casos em que estes necessitassem praticar, em juízo e em nome próprio, atos processuais na defesa de sua autonomia e independência em face dos demais Poderes. Sublinhou-se, outrossim, que essas procuradorias poderiam ser responsáveis pela consultoria e pelo assessoramento jurídico dos demais órgãos da assembleia e do tribunal de contas"; **B:** Errada. STF, ADIn-MC 2371: "O art. 57, § 4º, da CF, que veda a recondução dos membros das Mesas das Casas Legislativas federais para os mesmos cargos na eleição imediatamente subsequente, não é de reprodução obrigatória pelos Estados-Membros"; **C:** Correta. Sim, e por decisão fundamentada que comprove a necessidade da medida excepcional; **D:** Errada. Não reflete o disposto no art. 53, § 2º, da CF; **E:** Errada. STF, ADIn 3279: "É inconstitucional a norma de Constituição do Estado que, como pena cominada, caracterize como crimes de responsabilidade a ausência injustificada de secretário de Estado a convocação da Assembleia Legislativa, bem como o não atendimento, pelo governador, secretário de Estado ou titular de entidade da administração pública indireta, a pedido de informações da mesma Assembleia."

Gabarito "C".

(Técnico – TJ/CE – 2013 – CESPE) Assinale a opção correta no que se refere à organização político-administrativa.

(A) São bens dos estados-membros os recursos minerais, inclusive os do subsolo, localizados em seus respectivos territórios.

(B) Com o advento da CF ficou proibida a criação de novos territórios federais.

(C) São bens dos municípios os sítios arqueológicos localizados em seus territórios.

(D) A criação de conselhos de contas municipais depende de autorização legal específica.

(E) Segundo a CF, a faixa de até cento e cinquenta quilômetros de largura, ao longo das fronteiras terrestres, é considerada essencial para a defesa do território nacional.

A: Incorreta, pois são bens da união, conforme art. 20, IX, da CF; **B:** Incorreta, pois os Territórios Federais integram a União, e sua criação, transformação em Estado ou reintegração ao Estado de origem serão reguladas em lei complementar (art. 18, § 2º, da CF); **C:** Incorreta, pois são bens da União, conforme art. 20, X, da CF; **D:** Incorreta, pois é vedada a criação de Tribunais, Conselhos ou órgãos de Contas Municipais (art. 31, § 4º, da CF); **E:** Correta, conforme art. 20, § 2º, da CF.

Gabarito "E".

(Técnico – TJ/CE – 2013 – CESPE) Acerca da organização político-administrativa, assinale a opção correta.

(A) Compete privativamente à União legislar sobre orçamento.

(B) Compete à União, aos estados e ao Distrito Federal legislar concorrentemente a respeito de comércio interestadual.

(C) Compete privativamente à União legislar a respeito de direito econômico.

(D) Incumbe aos estados explorar os serviços locais de gás canalizado.

(E) É competência comum da União e do Distrito Federal exercer a classificação de diversões públicas para efeito indicativo.

A: Incorreta, pois compete à União, aos Estados e ao Distrito Federal legislar **concorrentemente** sobre orçamento (art. 24, II, da CF); **B:** incorreta, pois compete **privativamente** à união legislar sobre comércio exterior e interestadual (art. 22, VIII, da CF); **C:** Incorreta, pois Compete à União, aos Estados e ao Distrito Federal legislar **concorrentemente** sobre direito econômico (art. 24, I, da CF); **D:** Correta, nos termos do art. 25, § 2º, da CF; **E:** Incorreta, pois compete à União exercer a classificação, para efeito indicativo, de diversões públicas e de programas de rádio e televisão (art. 21, XVI, da CF).

Gabarito "D".

(Magistratura/CE – 2012 – CESPE) Com relação à organização político-administrativa do Estado brasileiro, assinale a opção correta.

(A) Compete à União, aos estados e ao DF legislar concorrentemente sobre trânsito e transporte, estando na esfera de competência dos estados explorar, diretamente ou mediante autorização, concessão ou permissão, os serviços de transporte rodoviário interestadual de passageiros.

(B) As regiões metropolitanas, as aglomerações urbanas e as microrregiões são constituídas por agrupamentos de municípios limítrofes, podendo ser instituídas por lei complementar estadual.

(C) Cabe às assembleias legislativas fixar, por meio de decreto legislativo, o subsídio dos deputados dos respectivos estados, o que deve ocorrer a cada legislatura, para a subsequente, observado o limite máximo de noventa por cento do subsídio estabelecido, em espécie, para os deputados federais.

(D) Aos vereadores impõem-se, em igual extensão, as regras, aplicáveis aos deputados estaduais, relativas a inviolabilidade, imunidades, remuneração, perda de mandato, licença, impedimentos e incorporação às Forças Armadas.

(E) Lei complementar federal pode autorizar os estados e o DF a legislar sobre as normas gerais que, no âmbito da competência legislativa concorrente, são de responsabilidade da União.

A: incorreta, pois compete privativamente à União legislar sobre diretrizes da política nacional de transporte e trânsito e transporte, nos termos do art. 22, IX e XI, da CF. Contudo, a lei complementar poderá autorizar os Estados a legislar sobre questões específicas, conforme o art. 22, parágrafo único, da CF; **B:** correta, pois reza o art. 25, § 3º, da CF que os Estados poderão, mediante lei complementar, instituir regiões metropolitanas, aglomerações urbanas e microrregiões, constituídas por agrupamentos de Municípios limítrofes , para integrar a organização, o planejamento e a execução de funções públicas de interesse comum; **C:** incorreta, na exata medida que o subsídio dos Deputados Estaduais será fixado por lei de iniciativa da Assembleia Legislativa, na razão de, no máximo 75% (setenta e cinco por cento) daquele estabelecido, em espécie, para os Deputados Federais, observando o que dispõem os arts. 39, § 4º, 57, § 7º, 150, II, 153, III, e 153, § 2º, I e 27, § 2º, da CF; **D:** incorreta, pois aos vereadores impõem-se apenas a inviolabilidade por suas opiniões, palavras e votos no exercício do mandato e na circunscrição do Município, nos termos do art. 29, VIII, da CF. Em outras palavras, os vereadores são titulares apenas da imunidade material; **E:** incorreta, pois no âmbito da legislação concorrente, a competência da União limitar-se à a estabelecer as normas gerais. Contudo, a competência da União para legislar normas gerais não exclui a competência suplementar dos Estados, nos termos do art. 24, § 1º e 2º, da CF.

Gabarito "B"

(Magistratura/BA – 2012 – CESPE) A respeito da organização político-administrativa do Estado federal brasileiro, assinale a opção correta.

(A) É permitido à União autorizar, por meio de lei complementar, os estados, o DF e os municípios a legislar sobre questões específicas das matérias que são de sua competência legislativa privativa.

(B) A eleição do prefeito e do vice-prefeito realiza-se no primeiro domingo de outubro do ano anterior ao término do mandato daqueles que estão em exercício nesses cargos, devendo haver segundo turno, nos municípios com mais de duzentos mil eleitores, no caso de nenhum candidato alcançar maioria absoluta na primeira votação.

(C) Embora Brasília seja a sede político-administrativa dos poderes da República e das representações estrangeiras, a CF define que a capital da República Federativa do Brasil é, formalmente, o DF.

(D) Os estados podem, mediante lei complementar, instituir regiões metropolitanas, aglomerações urbanas e microrregiões, com o fim de integrar o planejamento e a execução de funções públicas de interesse comum. Dessas formas de organização administrativa, apenas as regiões metropolitanas, constituídas de um conjunto de municípios que se unem em torno de um município-polo, dispõem de personalidade jurídica.

(E) A CF, ao contrário do que dispõe acerca da divisão territorial dos estados-membros, veda a divisão de territórios e do DF em municípios.

A: incorreta, pois é permitido à União autorizar, por meio de lei complementar somente os Estados a legislar sobre questões específicas das matérias relacionadas no art. 22, parágrafo único, da CF; **B:** correta, réplica dos arts. 29, II e 77, da CF; **C:** incorreta, pois, após Salvador, o Rio de Janeiro foi a capital brasileira, mas, no dia 21 de abril de 1960 a Capital Federal foi transferida para Brasília que é uma das atuais dezenove regiões administrativas do Distrito Federal e nela se concentra a sede do governo do país ou da República Federativa do Brasil (art. 18, § 1º, da CF), dos órgãos da União (que representam o país externamente) e, por fim, é também a capital do Distrito Federal. Assim, conclui-se que Brasília não é um ente federativo, é uma circunscrição territorial e uma região administrativa, destinada a ser a base territorial da Capital da Federação, nos termos dos arts. 6º a 13, da Lei Orgânica do Distrito Federal; **D:** incorreta, pois o art. 25, § 3º, da CF determina que os Estados poderão mediante lei complementar, instituir regiões metropolitanas, aglomerações urbanas e microrregiões, CONSTITUÍDAS POR AGRUPAMENTOS DE MUNICÍPIOS LIMÍTROFES, para integrar a organização, o planejamento e a execução de funções públicas de interesse comum; **E:** incorreta, já que os Estados podem incorporar-se entre si, subdividir-se ou desmembrar-se para se anexarem a outros, ou formarem novos Estados ou Territórios Federais, mediante a aprovação da população diretamente interessada, através de plebiscito, e do Congresso Nacional, por lei complementar, nos termos do art. 18, § 3º, da CF. Sem prejuízo, o art. 32, da CF, de fato, veda a divisão do DF em municípios.

Gabarito "B"

(Ministério Público/TO – 2012 – CESPE) Acerca da organização do Estado, assinale a opção correta.

(A) A repartição de competências entre as entidades que compõem o Estado Federal é baseada no princípio geral da predominância do interesse. As matérias objeto da competência legislativa privativa da União podem ser delegadas aos estados e ao DF, desde que a delegação seja feita por lei ordinária federal.

(B) Os estados-membros são autônomos, em razão da capacidade de auto-organização, autogoverno, autoadministração e autolegislação, esta última entendida como a possibilidade de estruturação do Poder Legislativo, do Poder Executivo e do Poder Judiciário.

(C) Os municípios se organizam por lei orgânica, votada em dois turnos – observado o intervalo de, no mínimo, dez dias entre as votações –, sendo necessário, para a sua aprovação, o voto de três quintos dos membros da câmara municipal, que a promulgará.

(D) A República Federativa do Brasil se organiza político--administrativamente pela congregação das comunidades regionais: estados, DF e municípios, todos autônomos entre si.

(E) A União, os estados, o DF e os municípios não podem recusar fé aos documentos públicos, tendo em vista que estes se presumem idôneos.

A: incorreta, A repartição de competências entre as entidades que compõem o Estado Federal é baseada no princípio geral da predominância do interesse, que outra coisa não é senão, à União caberão aquelas matérias e questões de predominante interesse geral, nacional, ao passo que aos Estados e ao DF tocarão as matérias e assuntos de predominante interesse regional, e aos Municípios e ao DF concernem os assuntos de interesse local. Sendo assim, as matérias objeto da competência legislativa privativa da União podem ser delegadas aos estados e ao DF, desde que a delegação seja feita por *Lei Complementar* federal, nos termos do art. 22, parágrafo único, da CF; **B:** incorreta, pois a autolegislação não concede aos Estados soberania, pois devem observar a Constituição Federal, logo não há que se falar em possibilidade estruturação dos Poderes, mas sim, o poder inerente aos Estados de se organizarem e regerem-se pelas Constituições e leis que adotarem, nos termos do art. 25 da CF; **C:** incorreta, os municípios se organizam por lei orgânica, votada em dois turnos, com o interstício mínimo de dez dias, e aprovada por 2/3 (dois terços) dos membros da Câmara Municipal, que a promulgará, atendidos os princípios estabelecidos na Constituição Federal e na Constituição do respectivo Estado, como determina o art. 29 da CF; **D:** incorreta, a organização política-administrativa da República Federativa do Brasil compreende a União, Os Estados, o Distrito Federal e os Municípios, todos autônomos, nos termos da Constituição Cidadã, como determina o *caput* do art. 18 da CF; **E:** correta, é vedada à União, aos Estados, ao Distrito Federal e aos Municípios estabelecer cultos religiosos ou igrejas, subvencioná-los, embaraçar-lhes o funcionamento ou manter com eles ou seus representantes relações de dependência ou aliança, ressalvada, na forma da lei, a colaboração de interesse público, recusar fé aos documentos públicos e criar distinções entre brasileiros ou preferências entre si, nos termos do art. 19: I a III, da CF.

Gabarito "E"

(Ministério Público/TO – 2012 – CESPE) CF estabelece situações em que, excepcionalmente, se admite a intervenção, suprimindo-se, temporariamente, a autonomia de determinados entes da Federação. Sobre esse tema, assinale a opção correta.

(A) A permanência da intervenção federal por prazo superior ao estabelecido no decreto interventivo importa crime de responsabilidade do chefe do Poder Executivo federal, que será julgado pelo STF.

(B) A intervenção federal pode ser espontânea ou provocada; neste último caso, se a provocação for oriunda do Poder Executivo ou do Poder Legislativo, o presidente da República será obrigado a intervir.

(C) A intervenção se exterioriza mediante decreto interventivo de competência do presidente da República ou do governador de estado, conforme o caso. O decreto de intervenção deverá nomear o interventor e terá de ser submetido à apreciação do Congresso Nacional ou da assembleia legislativa do estado, no prazo de quarenta e oito horas.

(D) A decretação da intervenção estadual em município na hipótese de inobservância de princípios indicados na constituição estadual depende de decisão do tribunal de justiça do respectivo estado, sujeita a recurso extraordinário e, portanto, a eventual confirmação pelo STF.

(E) A única hipótese de intervenção da União em municípios prevista na CF se refere aos municípios localizados em território federal. Tendo em vista que, atualmente, não existem territórios federais, uma intervenção federal levada a efeito em um município brasileiro seria inconstitucional.

A: incorreta, pois em se tratando de crime de responsabilidade, será o Presidente da República processado e julgado pelo Senado Federal, após a autorização de 2/3 dos membros da Câmara dos Deputados, nos termos dos arts. 51, I e 52, I, da CF; **B:** incorreta, na exata medida que a intervenção federal provocada por solicitação é decretada para garantir o livre exercício das funções executiva e legislativa, quando coação ou impedimento recaírem sobre elas. Nesse caso, para o Presidente da República decretar a intervenção, é necessário que os Poderes Executivo e Legislativo coactos ou impedidos solicitem (CF, art. 34, IV, c/c o art. 36, I, 1ª parte). Cumpre asseverar que, na intervenção federal provocada por solicitação, o Presidente da República é árbitro da conveniência e oportunidade de decretar o ato interventivo. Ele não está obrigado a intervir, pois age com discricionariedade; **C:** incorreta, pois o decreto interventivo poderá nomear um interventor, cujo nome há de ser submetido à apreciação do Congresso Nacional ou da Assembleia Legislativa, no prazo de vinte e quatro horas (CF, art. 36, §§ 1º e 2º). Escolhido pelo Presidente da República, o interventor nada mais é do que um elevado servidor público federal, cujas funções federais devem constar no decreto interventivo; **D:** incorreta, já que inexiste a possibilidade de interpor recurso para o STF; **E:** correta, réplica dos artigos 34 e 35, da CF.

Gabarito "E".

(Defensor Público/AC – 2012 – CESPE) Considerando a jurisprudência do STF acerca do Estado federal brasileiro, assinale a opção correta.

(A) O estado federado tem competência para dispor sobre as condições do exercício da profissão de motoboy no âmbito do seu território.

(B) A competência do tribunal de justiça para julgar prefeitos abrange os crimes de competência da justiça federal.

(C) É da competência do respectivo estado federado a edição de lei que disponha sobre a sucessão do prefeito e do vice-prefeito no caso de dupla vacância dos cargos de direção do Poder Executivo em município localizado em seu território.

(D) O estado federado pode estabelecer em sua constituição a exigência de prévia autorização da assembleia legislativa para que o chefe do Poder Executivo estadual se ausente do país por qualquer prazo.

(E) A consulta prévia às populações diretamente interessadas na modificação territorial de um município deve contemplar tanto a população do território a ser desmembrado quanto a do território remanescente.

A: Errada. STF, ADIn 3610: "É inconstitucional a lei distrital ou estadual que disponha sobre condições do exercício ou criação de profissão, sobretudo quando esta diga à segurança de trânsito". Competência da União; **B:** Errada. Súmula 702 do STF: "A competência do Tribunal de Justiça para julgar prefeitos restringe-se aos crimes de competência da justiça comum estadual; nos demais casos, a competência originária caberá ao respectivo tribunal de segundo grau"; **C:** Errada. Competência municipal. STF, ADIn 3549: "O art. 30, inc. I, da Constituição da República outorga aos Municípios a atribuição de legislar sobre assuntos de interesse local. A vocação sucessória dos cargos de prefeito e vice-prefeito põem-se no âmbito da autonomia política local, em caso de dupla vacância"; **D:** Errada. STF, ADIn 738: "Afronta os princípios constitucionais da harmonia e independência entre os Poderes e da liberdade de locomoção norma estadual que exige prévia licença da Assembleia Legislativa para que o Governador e o Vice-Governador possam ausentar-se do País por qualquer prazo. Espécie de autorização que, segundo o modelo federal, somente se justifica quando o afastamento exceder a quinze dias. Aplicação do princípio da simetria"; **E:** Correta. STF, ADIn 2650: "Após a alteração promovida pela EC 15/1996, a Constituição explicitou o alcance do âmbito de consulta para o caso de reformulação territorial de municípios e, portanto, o significado da expressão "populações diretamente interessadas", contida na redação originária do § 4º do art. 18 da Constituição, no sentido de ser necessária a consulta a toda a população afetada pela modificação territorial, o que, no caso de desmembramento, deve envolver tanto a população do território a ser desmembrado, quanto a do território remanescente. Esse sempre foi o real sentido da exigência constitucional – a nova redação conferida pela emenda, do mesmo modo que o art. 7º da Lei 9.709/1998, apenas tornou explícito um conteúdo já presente na norma originária".

Gabarito "E".

(Defensor Público/SE – 2012 – CESPE) Acerca da organização do Estado e da intervenção na CF, assinale a opção correta.

(A) Os estados-membros da Federação, além de autônomos, são soberanos, possuindo direito de secessão.

(B) A intervenção da União em estado, para assegurar a observância dos chamados princípios constitucionais sensíveis, depende do provimento, pelo STF, de representação interventiva ajuizada pelo procurador-geral da República.

(C) A União pode intervir no município que deixar de prestar as devidas contas, na forma da lei, em caso de inércia do estado em que este se situe.

(D) O DF pode intervir nos municípios situados em seu entorno.

(E) A intervenção federal decorre da hierarquia existente entre a União, os estados, o DF e os municípios.

A: Errada. A CF não garante direito de secessão (o art. 1º da CF fala em "união indissolúvel"). Ao contrário, prevê a forma federativa como cláusula pétrea (art. 60, § 4º, I); **B:** Correta. Art. 36, III, da CF; **C:** A União só pode intervir em Município localizado em Território Federal (art. 35, *caput*, da CF); **D:** Errada. O DF não é dividido em Municípios; **E:** Errada. Não existe hierarquia entre os entes federativos, mas divisão constitucional de competências entre eles.

Gabarito "B".

9.2. DA ADMINISTRAÇÃO PÚBLICA

Determinado estado da Federação pretende editar lei para disciplinar o regime próprio de previdência de seus servidores, mas não há nenhuma previsão a respeito na Constituição estadual.

(Procurador do Município – Campo Grande/MS – 2019 – CESPE/ CEBRASPE) A partir dessa situação hipotética, julgue os itens a seguir.

(1) Em obediência à Constituição Federal de 1988, para que o estado possa editar a referida lei, é imprescindível que a Constituição estadual discipline o mesmo tema.

(2) Se editada, essa lei estadual não poderá isentar servidores públicos aposentados e pensionistas portadores de doenças incapacitantes de pagar contribuição previdenciária sobre qualquer valor recebido a título de pensão ou aposentadoria.

1: errado, porque o art. 40, §§ 14 e 15, da CF autoriza a União, os Estados, o Distrito Federal e os Municípios a instituírem regime de previdência complementar para servidores públicos, por lei de iniciativa do respectivo Poder Executivo. Sendo assim, a competência para editar a referida lei deriva diretamente da Constituição Federal, não sendo necessária previsão na Constituição Estadual; **2:** errado, porque a referida lei poderá isentar servidores públicos aposentados e pensionistas portadores de doenças incapacitantes de pagar contribuição previdenciária sobre o valor recebido a título de pensão ou aposentadoria que não supere o dobro do limite máximo estabelecido para os benefícios do regime geral de previdência social (art. 40, § 21, da CF). Vale esclarecer que, embora esse dispositivo tenha sido revogado pela EC 103/2019, tal alteração só entrará em vigor para os regimes próprios de previdência social dos Estados, do Distrito Federal e dos Municípios na data de publicação de lei de iniciativa privativa do respectivo Poder Executivo que a referende integralmente (art. 36, II, c/c art. 35, I, "a", da EC 103/2019). AN

Gabarito 1E, 2E

(Procurador do Município – Prefeitura Fortaleza/CE – CESPE – 2017) De acordo com a jurisprudência dos tribunais superiores, julgue os itens subsecutivos, relativos a servidores públicos.

(1) Os reajustes de vencimentos de servidores municipais podem ser vinculados a índices federais de correção monetária.

(2) Caso um procurador municipal assuma mandato de deputado estadual, ele deve, obrigatoriamente, se afastar de seu cargo efetivo, devendo seu tempo de serviço ser contado para todos os efeitos legais durante o afastamento, exceto para promoção por merecimento.

(3) Havendo previsão no edital que regulamenta o concurso, é legítima a exigência de exame psicotécnico para a habilitação de candidato a cargo público.

(4) É inconstitucional a supressão do auxílio-alimentação em decorrência da aposentadoria do servidor.

1: Incorreta. Ver Súmula Vinculante 42/STF: "É inconstitucional a vinculação do reajuste de vencimentos de servidores estaduais ou municipais a índices federais de correção monetária". **2:** Correta. Art. 38, IV, CF. **3:** Incorreta. Ver Súmula Vinculante 44/STF: Só por lei se pode sujeitar a exame psicotécnico a habilitação de candidato a cargo público. **4:** Incorreta. Súmula Vinculante 55/STF: O direito ao auxílio-alimentação não se estende aos servidores inativos. TM

Gabarito 1E, 2C, 3E, 4E

(Procurador Municipal – Prefeitura/BH – CESPE – 2017) No que diz respeito à responsabilidade civil do Estado, assinale a opção incorreta.

(A) Como o direito brasileiro adota a teoria do risco integral, a responsabilidade extracontratual do Estado converte-o em segurador universal no caso de danos causados a particulares.

(B) Cabe indenização em decorrência da morte de preso dentro da própria cela, em razão da responsabilidade objetiva do Estado.

(C) O regime publicístico de responsabilidade objetiva, instituído pela CF, não é aplicável subsidiariamente aos danos decorrentes de atos notariais e de registro causados por particulares delegatários do serviço público.

(D) As pessoas jurídicas de direito público e as de direito privado, nas hipóteses de responsabilidade aquiliana, responderão pelo dano causado, desde que exista prova prévia de ter havido culpa ou dolo de seus agentes em atos que atinjam terceiros.

A: incorreta. O direito brasileiro não adota a teoria do risco integral, que não admite excludentes de responsabilidade do Estado. No Brasil vige a Teoria do Risco Administrativo, segundo a qual o Estado responde por atos causados a terceiros, salvo por caso fortuito ou força maior, ou por culpa exclusiva da vítima; **B:** correta. O STF, ao julgar com repercussão geral o RE 580252, fixou a seguinte tese: "Considerando que é dever do Estado, imposto pelo sistema normativo, manter em seus presídios os padrões mínimos de humanidade previstos no ordenamento jurídico, é de sua responsabilidade, nos termos do artigo 37, § 6º, da Constituição, a obrigação de ressarcir os danos, inclusive morais, comprovadamente causados aos detentos em decorrência da falta ou insuficiência das condições legais de encarceramento"; **C:** correta. A Lei 13.286/2016 alterou o art. 22 da Lei 8.935/1994, alterando a responsabilidade antes objetiva para subjetiva. Hoje, notários e oficiais de registro somente respondem quando houver dolo ou culpa, tendo a prescrição sido reduzida para 3 anos; **D:** correta. A responsabilidade civil aquiliana é a extracontratual. Nesse caso, a responsabilidade civil do Estado é subjetiva. De acordo com magistério de Hely Lopes Meirelles, "o que a Constituição distingue é o dano causado pelos agentes da Administração (servidores) dos danos ocasionados por atos de terceiros ou por fenômenos da natureza. Observe-se que o art. 37, § 6º, só atribui responsabilidade objetiva à Administração pelos danos que seus agentes, nessa qualidade, causem a terceiros. Portanto o legislador constituinte só cobriu o risco administrativo da atuação ou inação dos servidores públicos; não responsabilizou objetivamente a Administração por atos predatórios de terceiros, nem por fenômenos naturais que causem danos aos particulares". TM

Gabarito "A".

(Procurador Municipal – Prefeitura/BH – CESPE – 2017) A respeito da administração pública, assinale a opção correta.

(A) Um assessor da PGM/BH que, após ocupar exclusivamente cargo em comissão por toda a sua carreira, alcançar os requisitos necessários para se aposentar voluntariamente terá direito a aposentadoria estatutária.

(B) A paridade plena entre servidores ativos e inativos constitui garantia constitucional, de forma que quaisquer vantagens pecuniárias concedidas àqueles se estendem a estes.

(C) De acordo com o STF, apesar da ausência de regulamentação, o direito de greve do servidor público constitui norma autoaplicável, de forma que é proibido qualquer desconto na remuneração do servidor pelos dias não trabalhados.

(D) No Brasil, de acordo com o STF, a regra é a observância do princípio da publicidade, razão pela qual, em *impeachment* de presidente da República, o sigilo do escrutínio é incompatível com a natureza e a gravidade do processo.

A: incorreta. A aposentadoria seguirá as regras do Regime Geral de Previdência; **B:** incorreta. O art. 40, § 8º, foi alterado pela EC 41/2003, que acabou com a paridade entre ativos e inativos; **C:** incorreta. O direito de greve depende de lei regulamentadora, mas o STF entendeu que, na sua ausência, deve-se aplicar a lei de greve da iniciativa privada. Entretanto, não há vedação para o desconto de dias não trabalhados, tendo a hipótese sido considerada legítima pelo STF. Segundo o Supremo, em repercussão geral, o desconto dos dias não trabalhados é possível, desde que não tenha havido acordo para a compensação das horas ou que a greve não tenha sido causada por conduta abusiva do Poder Público (ver RE 693456); **D:** correta. Ao julgar a ADPF 378, Rel. para acórdão Min. Roberto Barroso, o STF entendeu que: "Em uma democracia, a regra é a publicidade das votações. O escrutínio secreto somente pode ter lugar em hipóteses excepcionais e especificamente previstas. Além disso, o sigilo do escrutínio é incompatível com a natureza e a gravidade do processo por crime de responsabilidade. Em processo de tamanha magnitude, que pode levar o Presidente a ser afastado e perder o mandato, é preciso garantir o maior grau de transparência e publicidade possível. Nesse caso, não se pode invocar como justificativa para o voto secreto a necessidade de garantir a liberdade e independência dos congressistas, afastando a possibilidade de ingerências indevidas. Se a votação secreta pode ser capaz de afastar determinadas pressões, ao mesmo tempo, ela enfraquece o controle popular sobre os representantes, em violação aos princípios democrático, representativo e republicano. Por fim, a votação aberta (simbólica) foi adotada para a composição da Comissão Especial no processo de impeachment de Collor, de modo que a manutenção do mesmo rito seguido em 1992 contribui para a segurança jurídica e a previsibilidade do procedimento". TM

Gabarito "D".

(Analista Jurídico – TCE/PR – 2016 – CESPE) Com base na Constituição Federal de 1988 e na jurisprudência do STF, assinale a opção correta a respeito do concurso público.

(A) É incabível o controle judicial do resultado alcançado por avaliação psicológica em etapa eliminatória de concurso público, seja por conta da alta carga do exame, seja por força da presunção de legalidade dos atos administrativos ou, ainda, pela vedação à ingerência judicial no mérito administrativo.

(B) As etapas por que passa o concurso público devem ser exaustivamente detalhadas por lei em sentido formal e material.

(C) A competência legislativa para a regulamentação do acesso dos estrangeiros aos cargos públicos é dos estados-membros da Federação, e não da União.

(D) A demonstração do preenchimento da habilitação legal para ingresso em determinado cargo, aí incluídos o diploma em área de formação e o registro no órgão profissional competente, deve ser feita pelo candidato no momento de sua inscrição no concurso público.

(E) É no momento da posse que o candidato deve comprovar o cumprimento do requisito de idade mínima para o cargo, se houver.

A: incorreta. O STF já decidiu, com repercussão geral, que além da necessidade de lei prevendo o exame psicológico como requisito para ingresso no serviço público, o exame psicotécnico depende de um grau mínimo de objetividade e de publicidade dos atos em que se desdobra (justamente para possibilitar o controle jurisdicional). Ver: AI 758.533-QO, rel. min. Gilmar Mendes, j. 23.06.2010, Pleno, *DJE* 13.08.2010); **B:** incorreta. "As etapas do concurso prescindem de disposição expressa em lei no sentido formal e material, sendo suficientes a previsão no edital e o nexo de causalidade consideradas as atribuições do cargo" (MS 30.177, rel. min. Marco Aurélio, j. 24.04.2012, 1ª T, *DJE* 17.05.2012); **C:** correta. Em razão de a norma do art. 37, I, da CF não constituir "matéria reservada à competência privativa da União, deve ser de iniciativa dos Estados-membros" (AI 590.663-AgR, rel. min. Eros Grau, j. 15.12.2009, 2ª. T, *DJE* 12.02.2010); **D:** incorreta. "A exigência de habilitação para o exercício do cargo objeto do certame dar-se-á no ato da posse e não da inscrição do concurso" (MS 26.668, MS 26.673 e MS 26.810, rel. min. Ricardo Lewandowski, j. 15.04.2009, Pleno, *DJE* 29.05.2009); **E:** incorreta. Apesar de ser no momento da posse, a lei estabeleceu idade mínima de 18 anos para investidura em cargos públicos, tornando errada a parte final da questão ("se houver") (art. 5º, V, da Lei 8.112/90).

Gabarito "C"

(Analista Judiciário – TRT/8ª – 2016 – CESPE) A respeito da organização do Estado e da administração pública, assinale a opção correta.

(A) É proibida a adoção de requisitos e critérios diferenciados para a concessão de aposentadoria pelo regime de previdência de caráter contributivo e solidário, ainda que para proteger trabalhadores que exerçam atividades sob condições que prejudiquem a saúde ou a integridade física.
(B) A vedação de acumulação remunerada de cargos públicos aplica-se aos militares, independentemente da compatibilidade de horário e do tipo de atividade profissional exercida, de modo que o militar que tome posse em cargo civil deverá ser transferido para a reserva, nos termos da lei.
(C) A forma de federalismo adotada no Brasil é conhecida como federalismo de segregação e centrífugo, sendo os estados-membros dotados de autogoverno.
(D) Deve o presidente da República decretar a intervenção federal, entre outras hipóteses, quando dois estados tentarem incorporar-se entre si ou desmembrar-se, formando novos estados ou territórios federais.
(E) O prazo de prescrição para a pretensão de condenar réus pela prática de atos de improbidade administrativa que causem prejuízos ao erário é estabelecido pela CF.

A: incorreta. O § 4º do art. 40 da CF de fato determina a proibição da adoção de requisitos e critérios diferenciados para a concessão de aposentadoria aos abrangidos pelo regime de que trata este artigo. Ocorre que o mesmo dispositivo, nos termos definidos em leis complementares, **ressalva algumas hipóteses**, quais sejam: os casos de servidores: portadores de deficiência, que exerçam atividades de risco e **cujas atividades sejam exercidas sob condições especiais que prejudiquem a saúde ou a integridade física**. A EC 103/2019 alterou a redação do § 4º do art. 40, mantendo a vedação da adoção de requisitos ou critérios diferenciados para concessão de benefícios em regime próprio de previdência social, porém tratou das ressalvas nos §§ 4º-A, 4º-B, 4º-C e 5º. Segundo o § 4º-C do art. 40, lei complementar do respectivo ente federativo poderá estabelecer idade e tempo de contribuição diferenciados para aposentadoria de servidores cujas atividades sejam exercidas com efetiva exposição a agentes químicos, físicos e biológicos prejudiciais à saúde, ou associação desses agentes, vedada a caracterização por categoria profissional ou ocupação; **B:** incorreta. De acordo com o art. 142, III, da CF, **o militar da ativa que**, de acordo com a lei, **tomar posse em cargo, emprego ou função pública civil temporária, não eletiva**, ainda que da administração indireta, ressalvada a hipótese prevista no art. 37, inciso XVI, alínea "c", **ficará agregado ao respectivo quadro** e somente poderá, enquanto permanecer nessa situação, ser promovido por antiguidade, contando-se-lhe o tempo de serviço apenas para aquela promoção e transferência para a reserva, sendo depois de dois anos de afastamento, contínuos ou não, transferido para a reserva, nos termos da lei; **C:** correta. Pedro Lenza, em Direito Constitucional Esquematizado, 2015, p. 502, Ed. Saraiva, ensina que: "No **federalismo por agregação**, os Estados independentes ou soberanos resolvem abrir mão de parcela de sua soberania para agregar-se entre si e formar um novo Estado, agora, Federativo, passando a ser, entre si, autônomos. O modelo busca uma maior solidez, tendo em vista a indissolubilidade do vínculo federativo. Como exemplo, podemos citar a formação dos Estados Unidos, da Alemanha e da Suíça. Por sua vez, no **federalismo por desagregação (segregação)**, a Federação surge a partir de determinado Estado unitário que resolve descentralizar-se, 'em obediência a imperativos políticos (salvaguarda das liberdades) e de eficiência'. O **Brasil** é um exemplo de federalismo por desagregação, que surgiu a partir da proclamação da República, materializando-se, o novo modelo, na Constituição de 1891". Ademais, é centrífugo, porque teve origem em um Estado Unitário que se fragmentou "de dentro para fora"; **D:** incorreta. Tal situação não configura hipótese de intervenção federal. Como a regra é a não intervenção, as hipóteses excepcionais vêm previstas em rol taxativo, previsto no art. 34 da CF. Além disso, conforme determina o § 3º do art. 18 da CF, **os Estados podem incorporar-se entre si**, subdividir-se ou desmembrar-se para se anexarem a outros, ou formarem novos Estados ou Territórios Federais, mediante aprovação da população diretamente interessada, através de plebiscito, e do Congresso Nacional, por lei complementar; **E:** incorreta. O art. 37, § 5º, da CF, estabelece a imprescritibilidade das ações de ressarcimento ao erário. Até o julgamento do RE 669.069, em 03/02/2016, o STF entendia que a ação de improbidade administrativa era imprescritível por força desse dispositivo constitucional. Entretanto, no recurso extraordinário citado decidiu-se, com repercussão geral, ser "prescritível a ação de reparação de danos à Fazenda Pública decorrente de ilícito civil". O tema tem impacto não apenas para o ressarcimento ao erário decorrente de atos de improbidade administrativa, como também nas ações de ressarcimento ao erário (execução fiscal) propostas pela Agência Nacional de Saúde – ANS, contra operadoras de planos de saúde quando seus beneficiários fazem uso do Sistema Único de Saúde – SUS. No caso de improbidade administrativa o tema foi tratado no art. 23 da Lei 8.429/1992 (Lei de Improbidade Administrativa), o qual dispõe que as ações destinadas a levar a efeitos as sanções previstas nesta lei podem ser propostas: I – até cinco anos após o término do exercício de mandato, de cargo em comissão ou de função de confiança; II – dentro do prazo prescricional previsto em lei específica para faltas disciplinares puníveis com demissão a bem do serviço público, nos casos de exercício de cargo efetivo ou emprego; III – até cinco anos da data da apresentação à administração pública da prestação de contas final pelas entidades referidas no parágrafo único do art. 1ª desta Lei.

Gabarito "C"

(Analista – Judiciário –TRE/PI – 2016 – CESPE) Acerca das mudanças institucionais que afetaram diretamente a administração pública, como a criação de conselhos e organizações sociais, entre outras entidades, conforme a Constituição Federal de 1988 (CF), assinale a opção correta.

(A) Agências executivas como a Agência Nacional de Saúde Complementar (ANS), a Agência Nacional de Águas (ANA) e a Agência Nacional de Vigilância Sanitária (ANVISA) possuem atribuições de regulação e fiscalização, podendo exercer também atividades de controle econômico.
(B) As organizações sociais, cuja qualificação é concedida pelo Ministério do Desenvolvimento Social e Combate à Fome, são constituídas por pessoas jurídicas de direito público com a finalidade de atender assuntos que correspondam às relações entre o Estado e a sociedade.
(C) As organizações da sociedade civil de interesse público (OSCIP), cuja qualificação é concedida pelo Ministério da Justiça, são constituídas por pessoas jurídicas de direito privado, mediante termo de parceria com o poder público, e visam atender ao princípio da universalização dos serviços.
(D) As agências executivas são compostas por órgãos da administração pública direta que têm como finalidade executar atividades delegadas pelo poder público em função da comprovada capacidade de gestão estratégica nos dois anos de atuação anteriores à delegação.
(E) As agências reguladoras, compostas por autarquias e fundações, são vinculadas ao Poder Executivo e exercem atividades delegadas pelo poder público.

A: incorreta. As agências citadas são **reguladoras**, não **executivas**. As agências reguladoras são autônomas em relação às suas atividades--fim, às suas finalidades, enquanto que as agências executivas detêm maior autonomia em relação apenas às atividades-meio, ou seja, possuem um maior poder de gestão, conferido por meio dos contratos de gestão (art. 37, § 8º, da CF); **B:** incorreta. Podem ser qualificadas como organizações sociais as pessoas jurídicas de direito **privado, sem fins lucrativos**, cujas atividades sejam dirigidas ao ensino, à pesquisa científica, ao desenvolvimento tecnológico, à proteção e preservação do meio ambiente, à cultura e à saúde (art. 1º da Lei 9.637/1998). Além disso, o art. 2º, II, da mesma lei estabelece que o juízo de conveniência e oportunidade da qualificação como "organização social" é do "Ministro ou titular de órgão supervisor ou regulador da área de atividade correspondente ao seu objeto social"; **C:** correta. Arts. 3º, 4º, 5º e 9º, da Lei 9.790/1999; **D:** incorreta. A qualificação de agência executiva é conferida apenas aos órgãos e entidades da Administração Pública **Indireta** (art. 1º do Decreto 2.487/1998); **E:** incorreta. As agências reguladoras, nacionais e estaduais, tem natureza jurídica de "**autarquias especiais**" (não há hipótese de agência reguladora com natureza jurídica de fundação).

Gabarito "C".

(Advogado União – AGU – CESPE – 2015) De acordo com o entendimento do STF, julgue o item seguinte, a respeito da administração pública e do servidor público.

(1) Segundo o STF, por força do princípio da presunção da inocência, a administração deve abster-se de registrar, nos assentamentos funcionais do servidor público, fatos que não forem apurados devido à prescrição da pretensão punitiva administrativa antes da instauração do processo disciplinar.

1: Correta. Ver MS 23262, Rel. Min. Dias Toffoli: "(...) 2. O princípio da presunção de inocência consiste em pressuposto negativo, o qual refuta a incidência dos efeitos próprios de ato sancionador, administrativo ou judicial, antes do perfazimento ou da conclusão do processo respectivo, com vistas à apuração profunda dos fatos levantados e à realização de juízo certo sobre a ocorrência e a autoria do ilícito imputado ao acusado. 3. É inconstitucional, por afronta ao art. 5º, LVII, da CF/88, o art. 170 da Lei nº 8.112/90, o qual é compreendido como projeção da prática administrativa fundada, em especial, na Formulação nº 36 do antigo DASP, que tinha como finalidade legitimar a utilização dos apontamentos para desabonar a conduta do servidor, a título de maus antecedentes, sem a formação definitiva da culpa". TM

Gabarito 1C

(Promotor de Justiça/AC – 2014 – CESPE) Em relação às regras constitucionais aplicáveis à administração pública e ao entendimento do STF sobre a matéria, assinale a opção correta.

(A) De acordo com o entendimento pacificado do STF, a fixação de limite de idade para a inscrição em concurso público viola o princípio constitucional da igualdade, independentemente da justificativa apresentada.

(B) De acordo com a CF, as parcelas de caráter indenizatório devem ser computadas para efeito do cálculo do teto constitucional da remuneração dos servidores públicos.

(C) A exigência constitucional da realização de concurso público não se aplica ao provimento de vagas no cargo de titular de serventias judiciais nem ao ingresso na atividade notarial e de registro, dado o regime jurídico específico aplicável a essas funções.

(D) Ao servidor ocupante, exclusivamente, de cargo em comissão declarado em lei de livre nomeação e exoneração aplica-se o mesmo regime de previdência dos cargos efetivos.

(E) É constitucionalmente permitido o acúmulo de proventos de aposentadoria de servidor aposentado em cargo efetivo estadual com a remuneração percebida em razão de exercício de cargo em comissão, declarado em lei como de livre nomeação e exoneração.

A: incorreta, uma vez que não reflete o entendimento firmado na Súmula n. 683 do STF: "O limite de idade para a inscrição em concurso público só se legitima em face do art. 7º, XXX, da Constituição, quando possa ser justificado pela natureza das atribuições do cargo a ser preenchido"; **B:** incorreta, pois não reflete o disposto no art. 37, § 11, da CF; **C:** incorreta, pois contraria o que estabelece o art. 236, § 3º, da CF; **D:** incorreta, pois contraria o que estabelece o art. 40, § 13, da CF; **E:** correta (art. 37, § 10, da CF).

Gabarito "E".

(Analista – STF – 2013 – CESPE) No que se refere à administração pública e às normas constitucionais que disciplinam o regime jurídico dos servidores públicos, julgue os itens seguintes.

(1) A declaração de desnecessidade de cargo público, derivada de juízo de oportunidade e conveniência da administração pública, deve ser realizada mediante lei ordinária específica.

(2) Tendo a CF assegurado o direito à ampla defesa e ao contraditório nos processos administrativos disciplinares, o STF considera que a ausência de defesa técnica realizada por advogado gera nulidade desse tipo de processo.

(3) Considere que determinado ente da administração indireta do qual Pedro é servidor tenha concedido, contrariamente à legislação, benefícios salariais a um grupo de servidores. Nessa situação, dados o princípio da isonomia e o respeito ao direito adquirido, Pedro fará jus aos mesmos benefícios se provar que executa função similar àquela desempenhada pelo referido grupo de servidores.

1: incorreta, "já assentou a Suprema Corte que a declaração de desnecessidade de cargos públicos está subordinada ao juízo de conveniência e oportunidade da Administração, não dependendo de lei ordinária para tanto". (STF, RE 194082/SP, 1ª T., j. 22.04.2008, rel. Menezes Direito, *DJe* 19.05.2008"; **2:** incorreta, "a falta de defesa técnica por advogado no processo administrativo disciplinar não ofende a Constituição" (Súmula Vinculante 5); **3:** incorreta, "não cabe ao Poder Judiciário, que não tem função legislativa, aumentar vencimentos de servidores públicos sob fundamento de isonomia" (Súmula 339 do STF).

Gabarito 1E, 2E, 3E

(Analista Judiciário – Área Administrativa – TRT8 – 2013 – CESPE) Assinale a opção correta acerca da administração pública.

(A) A CF veda qualquer possibilidade de acumulação remunerada de cargos públicos.

(B) A CF prevê a possibilidade de acesso a cargos, empregos e funções públicas por estrangeiros.

(C) Nos termos da CF, o servidor ocupante, exclusivamente, de cargo em comissão tem direito a aposentadoria estatutária.

(D) Com base nos princípios da universalidade e do direito adquirido, todos os servidores aposentados por invalidez têm direito à aposentadoria com proventos integrais.

(E) Os princípios constitucionais explícitos da administração pública não se aplicam às sociedades de economia mista, haja vista que elas são formadas pela conjugação de capital público e privado.

A: incorreta, é possível cumular: dois cargos de professor; um de professor com um técnico ou científico; dois cargos ou empregos privativos de profissionais de saúde, com profissões regulamentadas (desde que haja compatibilidade de horário (art. 37, XVI, *a, b, c,* da CF); **B:** correta, tal previsão está no art. 37, I, da CF, mas precisa de regulamentação para produzir efeitos (RE 544.655-AgR, 2ª T., j. 09.09.2008, rel. Min. Eros Grau, *DJe* 10.10.2008); **C:** incorreta, a esse servidor será aplicado o regime geral de previdência social (art. 40, § 13, da CF); **D:** incorreta, os proventos serão proporcionais, exceto se a invalidez for decorrente de acidente em serviço, moléstia profissional ou doença grave, contagiosa ou incurável, na forma da lei (art. 40, § 1º, I, da CF. Vide STF, ARE 769391/MG, 2ª T., j. 26.11.2013, rel. Min. Ricardo Lewandowski, DJe 10.12.2013 e TRF-1ª Reg., ApCiv 35582/MG, 1ª T., j. 23.01.2008, rel. Antônio Sávio de Oliveira Chaves, *DJe* 23.01.2008; **E:** incorreta, o art. 37, *caput*, da CF (no qual estão dispostos os princípios explícitos) inclui a Administração pública direta e *indireta*. As sociedades de economia mista compõem a administração pública indireta (art. 4º, II, *c*, do Dec.-lei 200/1967).

Gabarito "B".

(Técnico – STF – 2013 – CESPE) Com relação aos servidores públicos, julgue o item a seguir.

(1) Aos servidores titulares de cargos efetivos é vedada a percepção de mais de uma aposentadoria à conta do regime de previdência próprio de que eles desfrutem.

1: Incorreta. É vedada a percepção simultânea de proventos de aposentadoria decorrentes do art. 40 ou dos arts. 42 e 142 com a remuneração de cargo, emprego ou função pública (art. 37, § 10, da CF). Entretanto, é possível a percepção simultânea de aposentadoria nos cargos acumuláveis na forma da Constituição, os cargos eletivos e os cargos em comissão declarados em lei de livre nomeação e exoneração, por exemplo, nos casos do art. 37, XVI, da CF.

Gabarito 1E

(Técnico – TJ/CE – 2013 – CESPE) Conforme disposições da CF, assinale a opção correta a respeito da administração pública.

(A) A lei deverá reservar parte dos cargos e empregos públicos para afrodescendentes e pessoas portadoras de deficiência.
(B) É vedada a vinculação ou equiparação de quaisquer espécies remuneratórias, exceto entre os cargos do Poder Executivo e do Legislativo.
(C) Somente por lei complementar poderão ser criadas autarquia, empresa pública, sociedade de economia mista e fundação.
(D) É deferida aos servidores públicos a garantia da vitaliciedade, após dois anos de efetivo exercício.
(E) As funções de confiança destinam-se apenas às atribuições de chefia, direção e assessoramento.

A: Incorreta, pois a Constituição Federal dispõe que "a lei reservará percentual dos cargos e empregos públicos para as pessoas **portadoras** de **deficiência** e definirá os critérios de sua admissão" (art. 37, VIII, da CF). Importante mencionar a Lei 12.990/2014, que reserva aos negros 20% (vinte por cento) das vagas oferecidas nos concursos públicos para provimento de cargos efetivos e empregos públicos no âmbito da **administração pública federal, das autarquias, das fundações públicas, das empresas públicas e das sociedades de economia mista controladas pela União; B:** Incorreta, pois é vedada a vinculação ou equiparação de quaisquer espécies remuneratórias para o efeito de remuneração de pessoal do serviço público em geral, sem exceção (art. 37, XIII, da CF); **C:** Incorreta. Somente por **lei específica** poderá ser criada autarquia e autorizada a instituição de empresa pública, de sociedade de economia mista e de fundação, **cabendo à lei complementar, neste último caso, definir as áreas de sua atuação (art. 37, XIX, da CF); D: Incorreta, pois** são estáveis **após três anos de efetivo exercício** os servidores nomeados para cargo de provimento efetivo em virtude de concurso público. Importante dizer que apenas os juízes (art. 95, I, da CF) e os membros do MP (art. 128, § 5º, I, *a*, da CF) possuem a garantia da vitaliciedade; **E:** Correta, nos termos do art. 37, V, da CF.

Gabarito "E".

(Magistratura/BA – 2012 – CESPE) Assinale a opção correta acerca da administração e dos servidores públicos.

(A) Segundo a CF, para a fixação dos padrões de vencimento e dos demais componentes do sistema remuneratório dos servidores públicos, devem ser observados, além da natureza, do grau de responsabilidade e da complexidade dos cargos componentes de cada carreira, os requisitos para a investidura e as peculiaridades dos cargos.
(B) O regime de previdência assegurado aos servidores titulares de cargos efetivos da administração direta da União, dos estados, do DF e dos municípios tem caráter contributivo e solidário, distinto do regime geral de previdência social aplicável aos servidores das autarquias, fundações e entidades de direito privado que integram a administração pública.
(C) A CF prevê que o prazo de validade dos concursos públicos é de até dois anos, prorrogável uma vez por igual período, e determina que a não observância dessa regra constitucional implicará a revogação do ato e a sujeição da autoridade responsável a julgamento por crime de responsabilidade.
(D) A remuneração dos servidores públicos só pode ser fixada ou alterada por lei específica, observada a iniciativa privativa em cada caso, enquanto os subsídios dos membros de poder, dos detentores de mandato eletivo, dos ministros de Estado e dos secretários estaduais e municipais só podem ser fixados por decreto legislativo, instrumento por meio do qual se veiculam as competências exclusivas do Congresso Nacional e das casas legislativas.
(E) O servidor público da administração direta, autárquica ou fundacional investido no mandato de prefeito municipal tem direito a perceber as vantagens de seu cargo ou função e a remuneração do cargo eletivo, se houver compatibilidade de horários, ou a optar pela remuneração de servidor, se não houver compatibilidade.

A: correta, pois o ditame constitucional deve ser analisado não horizontalizando as carreiras, mas verticalizando cada uma delas; vale dizer, dentro de uma mesma carreira, portanto, dentro de um determinado órgão, a hierarquização – e por decorrência a remuneração – deve ser ditada face à complexidade e ao grau de responsabilidade que cada cargo impõe. A questão se coaduna com o art. 39, § 1º, I, II e III, da CF; **B:** incorreta, pois o art. 40, da CF, inclui suas autarquias e fundações e a alternativa exclui tais entes, chegando a afirmar que o regime é totalmente distinto; **C:** incorreta, na exata medida que a publicação de um concurso público não gera direito do inscrito, oponível à Administração Pública, quanto à sua realização pois, por critérios de oportunidade de conveniência, ela pode anular ou revogar o edital convocatório. O mesmo raciocínio pode ser aplicado durante o após a realização do sobredito certame; ainda, se encerrado e homologado o procedimento, mesmo assim não fica obrigada a Administração Pública a dar provimento ao cargo, podendo, a seu critério, postergar o provimento ao cargo vago, podendo, a seu critério, postergar o provimento e as subsequentes nomeação e posse dos candidatos vencedores até o limite máximo de dois anos, prorrogável por igual prazo. Até que o provimento pela nomeação ocorra, não emerge direito concreto ao candidato, mas mera expectativa de direito, reservando-se ao Poder Público, como dito, o juízo valorativo da oportunidade do provimento do cargo (inteligência do art. 37, III e IV, da CF c/c Súmula n. 15 do STF); **D:** incorreta, pois a remuneração dos servidores públicos e dos membros de Poder, o detentor de mandato eletivo, os Ministros de Estado, e os Secretários Estaduais e Municipais serão remunerados exclusivamente por subsídio fixado em parcela única, vedado o acréscimo de qualquer gratificação, adicional, abono, prêmio, verba de representação ou outra espécie remuneratória, obedecido, em qualquer caso os temos da lei específica, nos termos dos arts. 37, incisos X e XI, e 39, § 4º, ambos da CF. Devemos ressaltar que os decretos legislativos veiculam as competências exclusivas somente do Congresso Nacional, nos termos do art. 49, da CF, pois as casas legislativas do Congresso Nacional, quais sejam, Câmara dos Deputados e Senado Federal, se veiculam as competências privativas, logo, se utilizam das resoluções, nos termos dos arts. 51 e 52, da CF; **E:** incorreta, pois em se tratando de prefeito municipal, será ele afastado do cargo, emprego ou função, sendo-lhe facultado optar pela sua remuneração, conforme art. 38, II, da CF. Todavia, o enunciado diz respeito aos Vereadores, que uma vez investido no mandato, havendo compatibilidade de horário, perceberá as vantagens de seu cargo, emprego ou função, sem prejuízo da remuneração do cargo eletivo, e, não havendo compatibilidade, será aplicada as regras pertinentes aos Prefeitos, nos termos do art. 38, III, da CF.

Gabarito "A".

(Defensor Público/AC – 2012 – CESPE) Com relação à administração pública, assinale a opção correta.

(A) Conforme entendimento do STF, o candidato que, aprovado em concurso para provimento de cargo público, seja classificado dentro do número de vagas especificado no respectivo edital goza de mera expectativa à nomeação.
(B) É constitucional o recebimento de subsídio mensal e vitalício por ex-governadores de estados que tenham exercido mandato integral em caráter permanente antes da vigência da atual CF.
(C) Segundo entendimento do STF, a responsabilidade civil das pessoas jurídicas de direito privado prestadoras de serviço público é objetiva relativamente a terceiros usuários e não usuários do serviço.
(D) Dado o princípio constitucional da isonomia, a jurisprudência do STF considera cabível a inovação de lei federal para reger os vencimentos dos servidores públicos estaduais.
(E) Consoante jurisprudência do STF, é constitucional o estabelecimento do exercício de função pública como título a ser apresentado em prova de títulos de concurso para provimento de cargo público.

A: Errada. STF, ARE 675202: "O Plenário desta Corte, no julgamento do RE 598.099/MS, Rel. Min. Gilmar Mendes, firmou jurisprudência no sentido do direito subjetivo à nomeação de candidato aprovado dentro do número de vagas previstas no edital de concurso público. Tal direito também se estende ao candidato aprovado fora do número de vagas previstas no edital, mas que passe a figurar entre as vagas em decorrência da desistência de candidatos classificados em colocação superior"; **B:** Errada. STF, ADIn 3853: "No vigente ordenamento República no e democrático brasileiro, os cargos políticos de chefia do Poder Executivo não são exercidos nem ocupados 'em caráter permanente', por serem os mandatos temporários e seus ocupantes, transitórios. Conquanto a norma faça menção ao termo 'benefício', não se tem configurado esse instituto de direito administrativo e previdenciário, que requer atual e presente desempenho de cargo público. Afronta o equilíbrio federativo e os princípios da igualdade, da impessoalidade, da moralidade pública e da responsabilidade dos gastos públicos (arts. 1º, 5º, *caput*, 25, § 1º, 37, *caput* e inc. XIII, 169, § 1º, incs. I e II, e 195, § 5º, da Constituição da República)"; **C:** Correta. STF, RE 591874; **D:** Errada. STF, RE 459128: "A regência dos vencimentos dos servidores estaduais decorre de normas do próprio Estado. Não cabe, sob o ângulo da isonomia, acionar legislação federal"; **E:** Errada. STF, ADIn 3443: "Viola o princípio constitucional da isonomia norma que estabelece como título o mero exercício de função pública".

Gabarito "C"

(Defensor Público/SE – 2012 – CESPE) Assinale a opção correta com referência à administração pública direta e indireta de qualquer dos poderes da União, dos estados, do DF e dos municípios.

(A) É permitida a vinculação ou equiparação de quaisquer espécies remuneratórias para o efeito de remuneração de pessoal do serviço público.

(B) É garantido ao servidor público civil o direito à livre associação sindical.

(C) A proibição de acumulação de cargos públicos não se estende a empregos e funções e não abrange autarquias, fundações, empresas públicas e sociedades de economia mista.

(D) Os cargos, empregos e funções públicas são acessíveis aos brasileiros que preencham os requisitos estabelecidos em lei, mas não aos estrangeiros.

(E) À lei cabe estabelecer os casos de contratação por tempo determinado, independentemente da necessidade temporária de excepcional interesse público.

A: Errada. Viola o art. 37, XIII, da CF: "é vedada a vinculação ou equiparação de quaisquer espécies remuneratórias para o efeito de remuneração de pessoal do serviço público"; **B:** Correta. Art. 37, VI, da CF: "é garantido ao servidor público civil o direito à livre associação sindical"; **C:** Errada. Viola o art. 37, XVII, da CF: "a proibição de acumular estende-se a empregos e funções e abrange autarquias, fundações, empresas públicas, sociedades de economia mista, suas subsidiárias, e sociedades controladas, direta ou indiretamente, pelo poder público"; **D:** Errada. Viola o art. 37, I, da CF: "os cargos, empregos e funções públicas são acessíveis aos brasileiros que preencham os requisitos estabelecidos em lei, assim como aos estrangeiros, na forma da lei"; **E:** Errada. Não reflete o disposto no art. 37, IX, da CF: "a lei estabelecerá os casos de contratação por tempo determinado para atender a necessidade temporária de excepcional interesse público".

Gabarito "B"

10. ORGANIZAÇÃO DO PODER EXECUTIVO

(Auditor Fiscal – SEFAZ/RS – 2019 – CESPE/CEBRASPE) A respeito do julgamento dos crimes de responsabilidade e dos crimes comuns cometidos pelo presidente da República, assinale a opção correta.

(A) Qualquer pessoa tem legitimidade para oferecer acusação contra o presidente da República pela prática de crime de responsabilidade.

(B) O presidente da República será responsabilizado por crime comum que guardar conexão com o exercício das funções presidenciais somente após o término do seu mandato.

(C) O processamento e o julgamento do presidente da República por crimes de responsabilidade e por crimes comuns são de competência do Senado Federal e da Câmara dos Deputados.

(D) O juízo positivo de admissibilidade da acusação pela Câmara dos Deputados vincula o Senado Federal, que não tem discricionariedade para deliberar sobre a instauração ou não do processo de *impeachment* do presidente da República.

(E) O presidente da República, ao longo do processo de julgamento dos crimes de responsabilidade, será afastado do cargo, e o presidente do Supremo Tribunal Federal ocupará, temporariamente, a Presidência da República.

A: incorreta, pois é permitido a qualquer **cidadão** denunciar o Presidente da República, por crime de responsabilidade, perante a Câmara dos Deputados (art. 14 da Lei 1.079/1950); **B:** incorreta, já que o presidente da República, na vigência de seu mandato, não pode ser responsabilizado por atos estranhos ao exercício de suas funções (art. 86, § 4º, da CF); **C:** incorreta, pois admitida a acusação contra o presidente da República, por dois terços da Câmara dos Deputados, será ele submetido a julgamento perante o Supremo Tribunal Federal, nas infrações penais comuns, ou perante o Senado Federal, nos crimes de responsabilidade (art. 86, *caput*, da CF); **D:** incorreta, pois a mais recente jurisprudência do STF fixou o entendimento de que o juízo positivo de admissibilidade da acusação pela Câmara dos Deputados **não** vincula o Senado Federal, que tem discricionariedade para deliberar sobre a instauração ou não do processo de *impeachment* do presidente da República, conforme acórdão assim ementado: "(...) *1. PAPÉIS DA CÂMARA DOS DEPUTADOS E DO SENADO FEDERAL NO PROCESSO DE IMPEACHMENT (ITENS C, G, H E I DO PEDIDO CAUTELAR): 1.1. Apresentada denúncia contra o Presidente da República por crime de responsabilidade, compete à Câmara dos Deputados autorizar a instauração de processo (art. 51, I, da CF/1988). A Câmara exerce, assim, um juízo eminentemente político sobre os fatos narrados, que constitui condição para o prosseguimento da denúncia. Ao Senado compete, privativamente, processar e julgar o Presidente (art. 52, I), locução que abrange a realização de um juízo inicial de instauração ou não do processo, isto é, de recebimento ou não da denúncia autorizada pela Câmara. 1.2. Há três ordens de argumentos que justificam esse entendimento. Em primeiro lugar, esta é a única interpretação possível à luz da Constituição de 1988, por qualquer enfoque que se dê: literal, histórico, lógico ou sistemático. Em segundo lugar, é a interpretação que foi adotada pelo Supremo Tribunal Federal em 1992, quando atuou no impeachment do então Presidente Fernando Collor de Mello, de modo que a segurança jurídica reforça a sua reiteração pela Corte na presente ADPF. E, em terceiro e último lugar, trata-se de entendimento que, mesmo não tendo sido proferido pelo STF com força vinculante e erga omnes, foi, em alguma medida, incorporado à ordem jurídica brasileira. Dessa forma, modificá-lo, estando em curso denúncia contra a Presidente da República, representaria uma violação ainda mais grave à segurança jurídica, que afetaria a própria exigência democrática de definição prévia das regras do jogo político. 1.3. Partindo das premissas acima, depreende-se que não foram recepcionados pela CF/1988 os arts. 23, §§ 1º, 4º e 5º; 80, 1ª parte (que define a Câmara dos Deputados como tribunal de pronúncia); e 81, todos da Lei nº 1.079/1950, porque incompatíveis com os arts. 51, I; 52, I; e 86, § 1º, II, todos da CF/1988. (...)*" (ADPF 378 MC, Relator: Min. Edson Fachin, Relator p/ Acórdão: Min. Roberto Barroso, Tribunal Pleno, julgado em 17/12/2015); **E:** incorreta, porque o presidente da República , nos crimes de responsabilidade, ficará suspenso de suas funções após a instauração do processo pelo Senado Federal, e o vice-presidente ocupará, temporariamente, a Presidência da República (art. 86, § 1º, II, c/c art. 79, caput, da CF). AN

Gabarito Anulada

(Juiz de Direito/AM – 2016 – CESPE) Assinale a opção correta acerca do Poder Executivo, considerando o disposto na CF e a doutrina.

(A) Os atos do presidente da República que atentem especialmente contra a probidade na administração, a lei orçamentária e o cumprimento das leis e das decisões judiciais são crimes de responsabilidade classificados como crimes funcionais.

(B) Admitida a acusação contra o presidente da República, por dois terços da Câmara dos Deputados, será ele suspenso de suas funções e submetido a julgamento perante o Senado Federal, nos casos de crimes de responsabilidade.

(C) No texto constitucional, a afirmação de que o Poder Executivo é exercido pelo presidente da República, auxiliado pelos ministros de Estado, indica que a função é compartilhada, caracterizando-se o Poder Executivo como colegial, dependendo o seu chefe da confiança do Congresso Nacional para permanecer no cargo.

(D) Se, decorridos dez dias da data fixada para a posse, o presidente ou o vice-presidente eleitos, salvo motivo de força maior, não tiverem assumido o cargo, este será declarado vago, sendo a declaração de vacância ato político feito pelo TSE.

(E) A competência privativa do presidente da República para nomear os ministros do STF e dos tribunais superiores, o procurador-geral da República, o presidente e os diretores do Banco Central do Brasil é classificada como função básica de chefia do Estado.

A: correta. Art. 85, CF: "São crimes de responsabilidade os atos do Presidente da República que atentem contra a Constituição Federal e, especialmente, contra: I – a existência da União; II – o livre exercício do Poder Legislativo, do Poder Judiciário, do Ministério Público e dos Poderes constitucionais das unidades da Federação; III – o exercício dos direitos políticos, individuais e sociais; IV – a segurança interna do País; V – a probidade na administração; VI – a lei orçamentária; VII – o cumprimento das leis e das decisões judiciais"; **B:** incorreta. A acusação deve ser admitida por 2/3 da Câmara dos Deputados e o julgamento, nos casos de **crimes de responsabilidade**, ocorre pelo Senado Federal, sendo o Presidente da República suspenso apenas após a **instauração do processo** pelo Senado Federal (art. 86, *caput* e § 1º, II, da CF); **C:** incorreta. No presidencialismo a chefia do Poder Executivo é exercida pelo Presidente, com **auxílio** dos Ministros de Estado (art. 76, CF). No parlamentarismo, ao contrário, pode-se falar em exercício compartilhado da função executiva, pois o Presidente depende da confiança do Parlamento para permanecer no cargo; **D:** incorreta. A regra do art. 78, parágrafo único, da CF é de eficácia direta e aplicação imediata, não estando sujeito a juízo político pelo TSE; **E:** incorreta. O art. 84, XIV, CF é exemplo de exercício da chefia de Governo (ligada à autonomia), não da chefia de Estado (ligada à soberania). No presidencialismo, o Presidente da República acumula o exercício das duas funções, diferentemente do Parlamentarismo, em que a função de Chefe de Estado é atribuída ao Primeiro-Ministro.

Gabarito "A"

(Analista Judiciário – Área Administrativa – TRT8 – 2013 – CESPE) Caso o presidente da República cometa crime de responsabilidade, tal conduta desencadeará um procedimento bifásico, que se iniciará com a fase do juízo de admissibilidade, seguida por uma fase final, na qual transcorrerão o processo e o julgamento. Tais fases sedarão, respectivamente,

(A) no Senado Federal e no STJ.

(B) no STJ e no STF.

(C) na Câmara dos Deputados e no Senado Federal.

(D) na Câmara dos Deputados e no STF.

(E) no Senado Federal e no STF.

A Câmara dos deputados Autoriza, por dois terços de seus membros a instauração do processo (art. 51, I, da CF) e o Senado Federal processa e julga (art. 52, I, da CF).

Gabarito "C"

(Técnico – STF – 2013 – CESPE) Julgue o item abaixo, acerca das atribuições dos ministros de Estado.

(1) Aos ministros de Estado compete referendar os atos e decretos assinados pelo presidente da República, bem como expedir instruções para a execução de leis, decretos e regulamentos.

1: Correta, conforme art. 87, I e II, da CF.

Gabarito 1C

(Técnico – TJ/CE – 2013 – CESPE) A respeito do Poder Executivo, assinale a opção correta.

(A) Os ministros de Estado serão escolhidos pelo presidente da República, entre brasileiros aprovados em concurso público de provas e títulos.

(B) Compete exclusivamente ao presidente da República conceder anistia, graça e indulto.

(C) O vice-presidente da República, na vigência de seu mandato, não pode ser responsabilizado por crimes funcionais.

(D) O presidente da República está sujeito a prisão quando comete infração comum.

(E) Em caso de impedimento do presidente e do vice-presidente da República, serão sucessivamente chamados ao exercício da presidência o presidente da Câmara dos Deputados, o do Senado Federal e o do Supremo Tribunal Federal.

A: Incorreta. Os ministros de Estado serão nomeados pelo Presidente da República (art. 84, I, da CF) e serão escolhidos dentre brasileiros maiores de vinte e um anos e no exercício dos direitos políticos (art. 87 da CF); **B:** Incorreta. Compete privativamente ao Presidente da República conceder indulto e comutar penas, com audiência, se necessário, dos órgãos instituídos em lei, apenas (art. 84, XII, da CF); **C:** Incorreta, pois o Presidente e o vice-presidente da República poderão ser responsabilizados por crimes funcionais praticados na vigência do mandato. **D:** Incorreta, pois o Presidente da República ficará suspenso de suas funções nas infrações penais comuns, se recebida a denúncia ou queixa-crime pelo STF (art. 86, § 1º, da CF); **E:** Correta, nos termos do art. 80 da CF.

Gabarito "E"

(Magistratura/CE – 2012 – CESPE) A respeito do Poder Executivo e das atribuições, prerrogativas e responsabilidades do presidente da República, assinale a opção correta.

(A) A CF dedica um capítulo à caracterização dos atos do presidente da República considerados crimes de responsabilidade e apresenta, de forma exaustiva, as normas sobre processo e julgamento desses crimes pelo Senado Federal.

(B) Se, decorridos dez dias da data fixada para a posse, o presidente, salvo motivo de força maior, não tiver assumido o cargo, o vice-presidente da República será chamado a exercer a Presidência, em caráter interino, devendo convocar eleição noventa dias depois da declaração de vacância do cargo presidencial.

(C) Instaurado processo, na Câmara dos Deputados, contra o presidente da República, por crime de responsabilidade, ficará o chefe do Poder Executivo imediatamente suspenso de suas funções.

(D) O presidente e o vice-presidente da República só poderão ausentar-se do país mediante licença do Senado Federal, sob pena de perda do cargo.

(E) Compete ao presidente da República, na condição de chefe de Estado, declarar guerra no caso de agressão estrangeira e celebrar a paz, mediante autorização ou referendo do Congresso Nacional.

A: incorreta, pois o *caput* do art. 85, da CF, dispõe que são crimes de responsabilidade os atos do Presidente da República que atentem contra a Constituição Federal e, elenca os principais atos que configuram crimes de responsabilidade. A Lei n. 1.079/1950, define os crimes de responsabilidade e a Lei n. 8.429/1992, dispõe sobre as sanções aplicáveis aos agentes públicos no casos de enriquecimento ilícito no exercício do mandato, cargo, emprego ou função na administração pública direta, indireta ou fundacional; **B:** incorreta, pois o cargo será apenas declarado vago, logo, em caso de impedimento do Presidente ou Vice-Presidente da República, ou vacância dos respectivos cargos, serão sucessivamente chamados ao exercício da Presidência o Presidente da Câmara dos Deputados, o do Senado Federal e o do Supremo Tribunal Federal. Sendo assim, vagando os cargos de Presidente e Vice-Presidente da República, far-se-á eleição noventa dias depois de aberta a última vaga, conforme arts. 78, parágrafo único, 80 e 81, da CF; **C:** incorreta, pois o Presidente da República ficará suspenso de suas funções nos crimes de responsabilidade, após a instauração do processo pelo Senado Federal, nos termos doa art. 86, § 1º, II, da CF; **D:** incorreta, na exata medida que a licença será concedida pelo Congresso Nacional, nos termos do art. 83, da CF; **E:** correta, pois compete privativamente ao Presidente da República declarar guerra, no caso de agressão estrangeira e celebrar a paz, autorizado em ambos os casos pelo Congresso nacional, nos termo do art. 84, XIX e XX, da CF.

Gabarito "E"

(Magistratura/BA – 2012 – CESPE) Acerca do Poder Executivo, do Conselho da República e do Conselho de Defesa Nacional e da intervenção federal, assinale a opção correta.

(A) A CF caracteriza como crimes de responsabilidade os atos do presidente da República que atentem contra a lei orçamentária e contra o cumprimento das leis e das decisões judiciais.

(B) Participam do Conselho da República, como membros natos, entre outros, os ministros de Estado da Defesa e das Relações Exteriores, já que o conselho é o órgão consultivo para assuntos relacionados à soberania nacional e à defesa do Estado democrático.

(C) Embora tanto o Conselho de Defesa Nacional quanto o Conselho da República devam opinar sobre a decretação do estado de defesa e do estado de sítio, apenas o pronunciamento do Conselho de Defesa Nacional sobre esses assuntos vincula o presidente da República.

(D) A intervenção federal em estados da Federação somente surtirá efeitos após o decreto de intervenção editado pelo presidente da República ser aprovado pelo Congresso Nacional.

(E) Compete privativamente ao presidente da República nomear, após aprovação pelo Congresso Nacional, os ministros do STF e dos tribunais superiores, os governadores de territórios, o procurador-geral da República e o advogado-geral da União.

A: correta, nos termos do art. 85, VI e VII, da CF; **B:** incorreta, pois o único ministro de Estado que participa do Conselho da República que é o órgão superior de consulta do Presidente da República é o Ministro da justiça, acompanhado do Vice-Presidente da República, o Presidente da Câmara dos Deputados, o Presidente do Senado Federal, os líderes da maioria e da minoria na Câmara dos Deputados e do Senado Federal e seis cidadãos natos, com mais de trinta e cinco anos de idade, sendo dois nomeados pelo Presidente da República, dois eleitos pelo Senado Federal e dois eleitos pela Câmara dos Deputados, todos com mandato de três anos, vedada a recondução, nos termos do art. 89, da CF; **C:** incorreta, pois ambos os Conselhos da República e de Defesa Nacional se pronunciam, opinam sem vincular o presidente da República; **D:** incorreta, na exata medida que o art. 34, da CF apresenta duas modalidade de intervenção federal: a espontânea nos termos do art. 34, I, II, III e V, da CF, e a provocada nos termos do art. 34, IV, VII e VII, da CF. Em ambos os casos, o presidente da República irá decretar a intervenção federal através de decreto de intervenção, que especificará amplitude, o prazo e as condições de execução, que, se couber, nomeará o interventor, será submetido à apreciação do Congresso Nacional no prazo de vinte e quatro horas. Observem, o presidente da República decreta em um primeiro momento e no segundo, comunica o Congresso Nacional; **E:** incorreta, já que compete privativamente ao presidente da República nomear, após aprovação pelo Senado federal e não do Congresso Nacional, os Ministros do Supremo Tribunal Federal e dos Tribunais Superiores, os Governadores de Territórios, o Procurador Geral da República, o Advogado-geral da União, o presidente e os diretores do banco central, os Ministros do Tribunal de Contas da União, conforme o art. 73, da CF, e outros servidores, quando determinado em lei, nos termos do art. 84, XIV, XV e XVI, da CF.

Gabarito "A".

(Ministério Público/TO – 2012 – CESPE) Com referência à organização, às competências e ao exercício dos Poderes Executivo e Legislativo, assinale a opção correta.

(A) O decreto presidencial que concede o indulto configura ato de governo, caracterizado pela ampla discricionariedade, sendo vedada, no entanto, a imposição de condições para tê-lo como aperfeiçoada, ainda que em conformidade com a CF.

(B) A definição das condutas típicas configuradoras do crime de responsabilidade e o estabelecimento de regras que disciplinem o processo e julgamento dos agentes políticos federais, estaduais ou municipais envolvidos são de competência concorrente da União, dos estados e do DF.

(C) Nos termos da CF e da interpretação do STF, a imunidade à prisão cautelar é prerrogativa exclusiva dos chefes do Poder Executivo.

(D) O Conselho da República é órgão superior de consulta do presidente da República nos assuntos relacionados com a soberania nacional e a defesa do Estado democrático.

(E) Segundo a jurisprudência do STF, a competência dos presidentes da Câmara dos Deputados e da Mesa do Senado Federal para o recebimento, ou não, de denúncia no processo de *impeachment* contra o presidente da República não se restringe a uma admissão meramente burocrática, cabendo-lhes, inclusive, a faculdade de rejeitá-la, de plano, acaso entendam-na patentemente inepta ou despida de justa causa.

A: incorreta, pois a concessão do benefício do indulto é uma faculdade atribuída ao Presidente da República. Assim, é possível a imposição de condições para tê-lo como aperfeiçoado, desde que em conformidade com a CF (AI 701.673-AgR, Rel. Min. Ricardo Lewandowski, julgamento em 05.05.2009, 1ª Turma, *DJe* de 05.06.2009) No mesmo sentido: HC 96.475, Rel. Min. Eros Grau, julgamento em 14.04.2009, 2ª Turma, *DJe* de 14.08.2009); **B:** incorreta, trata-se de competência privativa da União, nos termos do art. 22 da CF; **C:** incorreta, pois a própria CF no art. 53, § 2º, determina que, desde a expedição do diploma, os membros do Congresso Nacional não poderão ser presos, salvo em flagrante delito de crime inafiançável. Nesse caso, os autos serão remetidos dentro de vinte e quatro horas à Casa respectiva, para que, pelo voto da maioria de seus membros, resolva sobre a prisão; **D:** incorreta, já que o Conselho da República é órgão superior de consulta do Presidente da República, nos termos do art. 89 da CF. Em contrapartida, o Conselho de Defesa Nacional é órgão de consulta do Presidente da República nos assuntos relacionados com a soberania nacional e a defesa do Estado democrático; **E:** correta, o *impeachment* do presidente da República: apresentação da denúncia à Câmara dos Deputados: competência do presidente desta para o exame liminar da idoneidade da denúncia popular, 'que não se reduz à verificação das formalidades extrínsecas e da legitimidade de denunciantes e denunciados, mas se pode estender (...) à rejeição imediata da acusação patentemente inepta ou despida de justa causa, sujeitando-se ao controle do Plenário da Casa, mediante recurso (...). MS 20.941-DF, Sepúlveda Pertence, *DJ* de 31.08.1992." (**MS 23.885**, Rel. Min. **Carlos Velloso**, julgamento em 28.08.2002, Plenário, *DJ* de 20.09.2002) **Vide:** MS 30.672-AgR, Rel. Min. **Ricardo Lewandowski**, julgamento em 15.09.2011, Plenário, *DJe* de 18.10.2011.

Gabarito "E".

(Agente de Polícia Federal – 2012 – CESPE) Acerca das atribuições do presidente da República, julgue o próximo item.

(1) Como são irrenunciáveis, todas as atribuições privativas do presidente da República previstas no texto constitucional não podem ser delegadas a outrem.

1: incorreta, pois como regra geral, as competências reservadas ao Presidente da República com base no art. 84 da CF são indelegáveis. Configuram atribuições de exercício privativo do chefe do Poder Executivo. No entanto, o parágrafo único do art. 84 admite, em caráter excepcional, que algumas dessas competências podem constituir objeto de delegação presidencial. Expressamente é conferido ao Presidente da República o poder de delegar o exercício de encargos e prerrogativas que lhe foram constitucionalmente atribuídos. Não é, porém, qualquer autoridade que detém legitimidade para receber delegação e desempenhar tais funções. O texto constitucional define com destinatários apenas os Ministros de Estado, o Procurador-Geral da República e o Advogado-Geral da União. As competências que se sujeitam a esse regime são poucas. Somente podem ser delegadas atribuições para (a) conceder indulto e comutar apenas (art. 84, XII, da CF); (b) prover cargos públicos federais (art. 84, XXV, primeira parte, da CF) e; (c) dispor, mediante ato normativo autônomo, sobre organização e funcionamento da administração federal, bem assim a extinção de funções e cargos públicos quando vagos (art. 84, VI, da CF). O ato de delegação dispensa fundamento em texto de lei. Constitui medida sujeita à esfera de discricionariedade do Presidente da República, a quem cabe, observados os parâmetros constantes do parágrafo único do art. 84, estabelecer condições e limites ao exercício da atribuição delegada.

Gabarito 1E

11. ORGANIZAÇÃO DO PODER LEGISLATIVO. PROCESSO LEGISLATIVO

11.1. ORGANIZAÇÃO E COMPETÊNCIAS DO SENADO, DA CÂMARA DOS DEPUTADOS E DO CONGRESSO NACIONAL

(Analista Judiciário – TRT/8ª – 2016 – CESPE) Acerca da organização dos poderes, assinale a opção correta.

(A) O Senado Federal é composto de representantes dos estados e do Distrito Federal, eleitos pelo princípio proporcional para mandato de oito anos.

(B) As comissões parlamentares de inquérito possuem poderes de investigação próprios das autoridades judiciais e só podem ser criadas pela Câmara dos Deputados e pelo Senado Federal, em conjunto.

(C) Compete ao Senado Federal fiscalizar as contas das empresas supranacionais de cujo capital social a União participe de forma direta, nos termos do tratado constitutivo.

(D) Apenas o vice-presidente da República e o ministro da Justiça devem obrigatoriamente compor tanto o Conselho da República quanto o Conselho de Defesa Nacional, devendo os presidentes da Câmara dos Deputados e do Senado Federal participar da composição de apenas um dos dois.

(E) A CF adota o sistema de freios e contrapesos ou de controle do poder pelo poder ao dispor que, embora independentes, os poderes são harmônicos entre si. O princípio da separação dos poderes é cláusula pétrea.

A: incorreta. Determina o art. Art. 46, *caput* e § 1º, da CF que o Senado Federal compõe-se de representantes dos Estados e do Distrito Federal, eleitos segundo o **princípio majoritário**. Cada Estado e o Distrito Federal elegerão três Senadores, com mandato de oito anos; **B:** incorreta. As CPIs podem ser criadas separadamente também. O § 3º do art. 58 da CF determina que as comissões parlamentares de inquérito, que terão poderes de investigação próprios das autoridades judiciais, além de outros previstos nos regimentos das respectivas Casas, **serão criadas pela Câmara dos Deputados e pelo Senado Federal, em conjunto ou separadamente**, mediante requerimento de um terço de seus membros, para a apuração de fato determinado e por prazo certo, sendo suas conclusões, se for o caso, encaminhadas ao Ministério Público, para que promova a responsabilidade civil ou criminal dos infratores; **C:** incorreta. Tal atribuição é do Congresso Nacional, não do Senado Federal. De acordo com o art. 71, V, da CF, o controle externo, a cargo do Congresso Nacional, será exercido com o auxílio do Tribunal de Contas da União, ao qual compete, dentre outras atribuições, fiscalizar as contas nacionais das empresas supranacionais de cujo capital social a União participe, de forma direta ou indireta, nos termos do tratado constitutivo; **D:** incorreta. Os presidentes da Câmara dos Deputados e do Senado Federal, ao contrário do mencionado, participam da composição dos dois conselhos. É o que determina os arts. 89, II e III, e 91, II e III, ambos da CF; **E:** correta. Determina o art. 2º da CF que são Poderes da União, independentes e **harmônicos** entre si, o Legislativo, o Executivo e o Judiciário. Além disso, o inciso III do § 4º do art. 60 da CF, trata a separação de poderes como cláusula pétrea.

Gabarito "E"

(Juiz de Direito/DF – 2016 – CESPE) A respeito do Poder Legislativo, assinale a opção correta.

(A) A convocação extraordinária do Congresso Nacional realizada pelo presidente do Senado Federal, em caso de relevante interesse público, está na margem de sua discricionariedade política, prescindindo-se, assim, de confirmação.

(B) O STF possui entendimento consolidado de que é possível a participação de Assembleia Legislativa na nomeação de dirigentes de autarquias ou fundações públicas.

(C) Conforme entendimento consolidado do STF, o direito contra a autoincriminação, facultando-se o silêncio, deve ser observado pelas Comissões Parlamentares de Inquérito, mas os advogados dos depoentes não podem intervir.

(D) A rejeição ao veto de LC deve ser realizada pelo Senado Federal no prazo máximo de trinta dias da aposição comunicada ao presidente da Casa.

(E) Os trabalhos do Congresso se desenvolvem ao longo da legislatura que compreende período coincidente com o mandato dos senadores.

A: incorreta. A convocação extraordinária pelo Presidente do Senado Federal somente pode ocorrer nas hipóteses listadas no art. 57, § 6º, I, CF, não bastando a invocação genérica de "interesse público": "Art. 57, § 6º: A convocação extraordinária do Congresso Nacional far-se-á: I – pelo Presidente do Senado Federal, em caso de decretação de estado de defesa ou de intervenção federal"; **B:** correta. Trata-se da aplicação por simetria, aos estados-membros, do art. 52, III, "f", da CF, que submete ao crivo do Senado Federal a aprovação prévia dos indicados para ocupar determinados cargos. Por outro lado, o STF também entende que o procedimento **não** pode ser aplicado às empresas públicas e sociedades de economia mista, em razão da natureza jurídica de direito privado; **C:** incorreta. Os intimados para depor/testemunhar perante as CPIs possuem direito ao silêncio, para não produzir provas contra si mesmo, e de assistência do seu advogado – justamente para decidir quais perguntas devem ser respondidas; **D:** incorreta. O veto é apreciado em **sessão conjunta** da Câmara e do Senado, no prazo de **trinta dias** a contar do recebimento da mensagem de veto, pelo voto da **maioria absoluta** dos Deputados e Senadores. Note que a sessão **não mais ocorre** em escrutínio secreto; **E:** incorreta. Cada legislatura terá a duração de quatro anos (art. 44, parágrafo único, CF) e o mandato dos senadores é de oito anos (art. 46, § 1º, CF).

Gabarito "B"

(Técnico – TJ/CE – 2013 – CESPE) Acerca do Poder Legislativo, assinale a opção correta.

(A) Os territórios não podem eleger deputados.

(B) Diferentemente do que ocorre com os senadores, cada deputado federal será eleito com dois suplentes.

(C) O mandato de senador é de quatro anos.

(D) Em razão de regra constitucional expressa, as deliberações da Câmara dos Deputados serão tomadas por dois terços dos votos.

(E) O Senado Federal é composto por senadores, representantes dos estados e do Distrito Federal, eleitos segundo o princípio majoritário.

A: Incorreta, pois cada Território elegerá quatro Deputados (art. 45, § 2º, da CF); **B:** Incorreta, pois cada Senador será eleito com dois suplentes (art. 45, § 3º, da CF); **C:** Incorreta, pois o mandato de senador é de oito anos (art. 45, § 1º, da CF); **D:** Incorreta, pois salvo disposição constitucional em contrário, as deliberações de cada Casa e de suas Comissões serão tomadas por maioria dos votos, presente a maioria absoluta de seus membros (art. 47 da CF); **E:** Correta, conforme art. 46, *caput*, da CF.

Gabarito "E"

(Técnico – STF – 2013 – CESPE) Acerca da disciplina constitucional atinente ao Congresso Nacional, julgue os itens a seguir.

(1) Na sessão legislativa extraordinária, o Congresso Nacional somente deliberará sobre as matérias que constem da pauta da convocação. Entretanto, se houver medidas provisórias em vigor na data da convocação, serão elas automaticamente incluídas no rol das matérias a serem apreciadas.

(2) No caso de o presidente da República, dentro de sessenta dias após a abertura da sessão legislativa, deixar de apresentar ao Congresso Nacional suas contas relativas ao exercício anterior, caberá à Câmara dos Deputados proceder à tomada de contas.

1: Correta, conforme art. 57, §§ 7º e 8º, da CF; **2:** Correta, conforme art. 51, II, da CF.

Gabarito 1C, 2C

(Magistratura/CE – 2012 – CESPE) À luz do disposto na CF, assinale a opção correta acerca da estrutura, do funcionamento e das atribuições do Poder Legislativo.

(A) Os deputados e senadores dispõem de foro privilegiado desde a expedição do diploma, estando, portanto, uma vez diplomados, ainda que ainda não tenham tomado posse, submetidos a julgamento perante o STF.

(B) Se o presidente da República não apresentar ao Congresso Nacional as contas relativas ao exercício anterior até sessenta dias após a abertura da sessão legislativa, caberá ao Senado Federal proceder à tomada de contas.

(C) O número total de deputados federais deve ser estabelecido por lei complementar, enquanto o número de representantes por estado e pelo DF deve ser estabelecido por lei ordinária, proporcionalmente ao número de eleitores.

(D) Cabe ao Congresso Nacional aprovar o estado de defesa e a intervenção federal; entretanto, a suspensão dessas medidas é competência privativa do presidente da República, dispensada a manifestação do Poder Legislativo.

(E) Compete privativamente ao Senado Federal escolher dois terços dos membros do TCU.

A: correta, pois a diplomação é o ato pelo qual, em solenidade previamente marcada, os tribunais eleitorais entregam os títulos que dão os candidatos como eleitos. É a solenidade em que é entregue ao candidato eleito documento oficial que reconhece a validade de sua eleição, logo, ainda que não tenham tomado posse, os Deputados e Senadores, desde a expedição do diploma, serão submetidos a julgamento perante o Supremo Tribunal Federal, nos termos do art. 53, § 1º, da CF; **B:** incorreta, já que o art. 51, II, da CF, reza que compete privativamente à Câmara dos Deputados proceder à tomada de contas do Presidente da República, quando não apresentadas ao Congresso Nacional dentro de sessenta dias após a abertura da sessão legislativa; **C:** incorreta, pois quem estabelece o número mínimo e máximo de representantes do povo, dos Estados e do Distrito Federal é a própria CF, sendo, que a Câmara dos Deputados compõe-se de representantes do povo, eleitos, pelo sistema proporcional, em cada Estado, em cada Território e no Distrito Federal, nos termos do art. 45, da CF. Já o Senado Federal compõe-se de representantes dos Estados e do Distrito Federal, eleitos segundo o princípio majoritário, conforme art. 46, da CF; **D:** incorreta, pois compete exclusivamente ao Congresso Nacional APROVAR o estado de defesa e a intervenção federal, AUTORIZAR o estado de sítio, ou SUSPENDER qualquer uma dessas medidas (inteligência do art. 49, IV, da CF); **E:** incorreta, já que a competência não é do Senado Federal, mas sim, do Congresso Nacional, conforme art. 49, XIII, da CF. Inclusive, o Decreto Legislativo n. 6, de 22 de abril de 1993, regulamenta a escolha de Ministros do Tribunal de Contas da União pelo Congresso Nacional.

Gabarito "A".

(Ministério Público/TO – 2012 – CESPE) Acerca da estrutura, do funcionamento e das atribuições do Poder Legislativo, assinale a opção correta.

(A) O Congresso Nacional se reúne, anualmente, na capital federal. Cada legislatura tem a duração de quatro anos, compreendendo oito sessões legislativas, que podem ser interrompidas, ainda que esteja pendente a aprovação do projeto de lei de diretrizes orçamentárias.

(B) Como forma de garantia da independência do Poder Legislativo, a CF estabelece algumas vedações aos parlamentares, denominadas incompatibilidades, entre as quais se insere a impossibilidade de, desde a posse, aceitar ou exercer cargo, função ou emprego remunerado, inclusive os de que sejam demissíveis *ad nutum* em sociedades de economia mista.

(C) As comissões temáticas, criadas em razão da matéria, são permanentes, cabendo-lhes, entre outras atribuições, discutir e votar projeto de lei que dispensar, na forma do regimento, a competência do Plenário, salvo se houver recurso de um décimo dos membros da Casa.

(D) No Congresso Nacional, as decisões são, em regra, tomadas por maioria absoluta de votos, salvo nos casos em que a CF expressamente disponha de forma diversa, para hipóteses específicas.

(E) Para participarem das sessões legislativas extraordinárias do Congresso Nacional, os parlamentares recebem uma parcela indenizatória em valor não superior ao do subsídio mensal.

A: incorreta, pois a sessão legislativa não será interrompida sem a aprovação do projeto de lei de diretrizes orçamentárias, nos termos do art. 57, § 2º, da CF; **B:** incorreta, já que a hipótese ocorre desde a expedição do diploma e não desde a posse, conforme art. 54, I, *b*, da CF; **C:** correta, as comissões temáticas são permanentes e criadas em razão da matéria. Têm por finalidade principal fornecer um parecer técnico ao Plenário. Ex: Comissão de Constituição e Justiça; Comissão da Saúde; Comissão do orçamento. Compete às comissões temáticas: Discutir e votar o projeto de lei que dispensar, na forma do regimento, a competência do Plenário, salvo se houver recurso de 1/10 dos membros da Casa (art. 58, § 2º, I, da CF); **D:** incorreta, pois salvo disposição constitucional em contrário, as deliberações de cada Casa e de suas Comissões serão tomadas por maioria dos votos, presente a maioria absoluta de seus membros, nos termos do art. 47 da CF; **E:** incorreta, na exata medida que na sessão legislativa extraordinária, o Congresso Nacional somente deliberará sobre a matéria para a qual foi convocado, vedado o pagamento de parcela indenizatória, em razão da convocação, conforme art. 57, § 7º, da CF.

Gabarito "C".

11.2. PRERROGATIVAS E IMUNIDADES PARLAMENTARES

(Defensor Público – DPE/RN – 2016 – CESPE) Com relação ao regime constitucional das imunidades parlamentares, assinale a opção correta.

(A) Para que incida a inviolabilidade do vereador, é necessário que suas opiniões, palavras e votos sejam expressos na circunscrição do município em que ele exerça seu mandato, não se exigindo a demonstração de conexão com o efetivo exercício da vereança.

(B) Deputados distritais desfrutam de imunidade formal apenas quanto aos fatos de competência da justiça local.

(C) Não perderá o foro por prerrogativa de função o parlamentar federal que estiver licenciado para exercer cargo de ministro de Estado.

(D) Vereadores não poderão ser presos desde a expedição do diploma, salvo em caso de flagrante de crime inafiançável cometido fora da circunscrição do município em que forem eleitos.

(E) Enquanto deputados federais e senadores compartilham de um regime de imunidades abrangente tanto da chamada inviolabilidade como da imunidade formal, deputados estaduais e vereadores são detentores tão somente da inviolabilidade.

A: Errada. A imunidade material dos vereadores está limitada à circunscrição do município e só existe no exercício do mandato (art. 29, VIII, CF); **B:** Errada. A imunidade formal de deputados refere-se tanto à justiça federal quanto à justiça local; **C:** Correta. Porque o STF é o foro tanto dos parlamentares quanto dos Ministros de Estado para processar e julgar crimes comuns; **D:** Errada. Vereadores só possuem imunidade material, não se lhes aplicando as regras da imunidade formal (art. 29, VIII, CF); **E:** Errada. Deputados (federais, estaduais e distritais) e senadores possuem imunidades material e formal. Vereadores só possuem imunidade material (também chamada de inviolabilidade).

Gabarito "C".

11.3. COMISSÕES PARLAMENTARES DE INQUÉRITO – CPI

(Juiz – TJ/CE – 2018 – CESPE) A respeito das competências das CPI e do controle jurisdicional, assinale a opção correta, segundo o entendimento doutrinário e a jurisprudência do STF.

(A) A CPI tem poder para requisitar de operadoras de telefonia acesso a informações que estejam sob segredo de justiça em processo judicial.

(B) Eventual decretação da quebra de sigilo telefônico por CPI está isenta de posterior controle judicial.

(C) Concluídos os trabalhos, a CPI poderá encaminhar o seu relatório circunstanciado à autoridade policial.

(D) O fornecimento de informações resguardadas sob sigilo bancário independe de aprovação pelo plenário da CPI.

(E) Busca e apreensão domiciliar podem ser determinadas pela CPI, independentemente de ordem judicial.

A: incorreta, pois a CPI **não** tem poder para requisitar de operadoras de telefonia acesso a informações que estejam sob segredo de justiça em processo judicial. Nesse sentido, o seguinte precedente do STF: "*Comissão Parlamentar de Inquérito não tem poder jurídico de,* *mediante requisição, a operadoras de telefonia, de cópias de decisão nem de mandado judicial de interceptação telefônica, quebrar sigilo imposto a processo sujeito a segredo de justiça. Este é oponível a CPI, representando expressiva limitação aos seus poderes constitucionais.*" (MS 27483 MC-REF, Rel. Min. Cezar Peluso, Tribunal Pleno, j. em 14.08.2008); **B:** incorreta, porque a decretação da quebra de sigilo telefônico por CPI **não** está isenta de posterior controle judicial em face do princípio da inafastabilidade da jurisdição (art. 5º, XXXV, da CF). Segundo a jurisprudência do STF, o controle jurisdicional de abusos praticados por CPI não ofende o princípio da separação de poderes por se tratar de atribuição voltada a garantir a integridade e a supremacia da Constituição. (MS 25.668, Rel. Min. Celso de Mello, Tribunal Pleno, j. 23.03.2006); **C:** correta, de acordo com o art. 6º-A da Lei 1.579/1952, incluído pela Lei 13.367/2016, e a jurisprudência do STF: "*As CPIs possuem permissão legal para encaminhar relatório circunstanciado não só ao Ministério Público e à AGU, mas, também, a outros órgãos públicos, podendo veicular, inclusive, documentação que possibilite a instauração de inquérito policial em face de pessoas envolvidas nos fatos apurados (art. 58, § 3º, CRFB/1988, c/c art. 6º-A da Lei 1.579/1952, incluído pela Lei 13.367/2016)*" (MS 35.216 AgR, Rel. Min. Luiz Fux, Tribunal Pleno, j. 17.11.2017); **D:** incorreta, visto que o fornecimento de informações resguardadas sob sigilo bancário depende de aprovação pelo plenário da CPI. Nesse sentido, o seguinte julgado do STF: "*O princípio da colegialidade traduz diretriz de fundamental importância na regência das deliberações tomadas por qualquer CPI, notadamente quando esta, no desempenho de sua competência investigatória, ordena a adoção de medidas restritivas de direitos, como aquelas que importam na revelação (disclosure) das operações financeiras ativas e passivas de qualquer pessoa. A legitimidade do ato de quebra do sigilo bancário, além de supor a plena adequação de tal medida ao que prescreve a Constituição, deriva da necessidade de a providência em causa respeitar, quanto à sua adoção e efetivação, o princípio da colegialidade, sob pena de essa deliberação reputar-se nula.*" (MS 24.817, Rel. Min. Celso de Mello, Tribunal Pleno, j. 03.02.2005); **E:** incorreta, haja vista que a busca e apreensão domiciliar está sujeita ao princípio constitucional da reserva de jurisdição (art. 5º, XI, da CF), não podendo ser determinada pela CPI. De acordo com a jurisprudência do STF, "*a Comissão Parlamentar de Inquérito não tem competência para praticar atos sujeitos à cláusula constitucional de reserva de jurisdição, vale dizer, não dispõe de competência para promover atos cuja efetivação a Constituição Federal atribuiu, com absoluta exclusividade, aos membros do Poder Judiciário. [...] Isso significa – considerada a cláusula de primazia judiciária que encontra fundamento no próprio texto da Constituição – que esta exige, para a legítima efetivação de determinados atos, notadamente daqueles que implicam restrição a direitos, que sejam eles ordenados apenas por magistrados, tais como (a) a busca domiciliar (CF, art. 5º inciso XI), (b) a interceptação telefônica (CF, art. 5º inciso XII) e (c) a decretação de prisão, ressalvada a situação de flagrância penal (CF, art. 5º, inciso LXI)*" (MS 33663 MC, Rel. Min. Celso de Mello, j. em 19.06.2015). **AN**

Gabarito "C".

(Delegado/PE – 2016 – CESPE) No que se refere a CPI, assinale a opção correta.

(A) CPI proposta por cinquenta por cento dos membros da Câmara dos Deputados e do Senado Federal não poderá ser instalada, visto que, conforme exige o texto constitucional, são necessários dois terços dos membros do Congresso Nacional para tanto.

(B) As CPIs, no exercício de suas funções, dispõem de poderes de investigação próprios das autoridades judiciais, tais como os de busca domiciliar, interceptação telefônica e decretação de prisão.

(C) A CF só admite CPIs que funcionem separadamente na Câmara dos Deputados ou no Senado Federal.

(D) Não poderá ser criada CPI que versar sobre tema genérico e indefinido, dada a exigência constitucional de que esse tipo de comissão deva visar à apuração de fato determinado.

(E) As conclusões de determinada CPI deverão ser encaminhadas ao TCU para que este promova a responsabilidade civil ou administrativa dos que forem indicados como infratores.

A: incorreta. O texto constitucional exige que a CPI seja instalada mediante requerimento de um terço dos membros (não cinquenta por cento). Determina o art. 58, § 3º, da CF que as comissões parlamentares de inquérito, que terão poderes de investigação próprios das autoridades judiciais, além de outros previstos nos regimentos das respectivas Casas, **serão criadas pela Câmara dos Deputados e pelo Senado Federal, em conjunto ou separadamente, mediante requerimento de um terço de seus membros**, para a apuração de fato determinado e por prazo certo, sendo suas conclusões, se for o caso, encaminhadas ao Ministério Público, para que promova a responsabilidade civil ou criminal dos infratores; **B:** incorreta. As CPIs têm poderes típicos as autoridades judiciais, com algumas **exceções**. Há assuntos que estão acobertados pela cláusula de reserva jurisdicional, ou seja, dependem de ordem judicial. Dentre tais proibições, em especial as medidas restritivas de direito, encontra-se as mencionadas na alternativa como decretação de prisão (só em flagrante é que a CPI pode decretar a prisão), interceptação telefônica – art. 5º, XII, da CF – (apenas a quebra do sigilo dos dados telefônicos, ou seja acesso às contas, é que a CPI pode determinar) e busca domiciliar (art. 5, XI, da CF); **C:** incorreta. As CPIs podem ser criadas pelas Casas do Congresso Nacional, em conjunto (CPI mista) ou separadamente, além de também poderem ser criadas nas esferas estadual e municipal; **D:** correta. A CPI não pode ser criada, por exemplo, para investigar, genericamente, a corrupção ocorrida no Brasil. O fato investigado tem que ser determinado, aquele em que é possível verificar seus requisitos essenciais; **E:** incorreta. As conclusões deverão ser **encaminhadas ao Ministério Público**. Vale lembrar que a CPI não promove responsabilidades. Ao final das apurações, ela encaminha seus relatórios conclusivos ao Ministério Público para que este órgão, se entender pertinente, promova a responsabilização civil ou criminal dos investigados.

Gabarito "D".

(Ministério Público/TO – 2012 – CESPE) Assinale a opção correta com referência às CPIs.

(A) A testemunha ou indiciado, quando convocado, não é obrigado a comparecer à CPI e não precisa responder às perguntas que possam incriminá-lo, em razão do seu direito constitucional ao silêncio e a não autoincriminação.

(B) O princípio da colegialidade traduz diretriz de fundamental importância na regência das deliberações tomadas por qualquer CPI, notadamente quando esta, no desempenho de sua competência investigatória, ordena a adoção de medidas restritivas de direitos, como aquelas que impliquem a revelação das operações financeiras ativas e passivas de qualquer pessoa.

(C) Por constituírem exercício da função político-administrativa do Poder Legislativo, as CPIs, mediante decisões fundamentadas, podem impor sanções administrativas aos infratores.

(D) É vedada a ampliação da atuação de CPI para além da finalidade para a qual ela tenha sido criada, ainda que sejam descobertos elementos novos não previstos originariamente no ato de instauração dessa CPI.

(E) Insere-se na competência da CPI a determinação da quebra de sigilo da comunicação telefônica, sendo-lhe vedado, no entanto, requerer a quebra de registros telefônicos pretéritos, isto é, a lista de ligações efetuadas e recebidas pelo investigado durante determinado período de tempo já transcorrido.

A: incorreta. O dever de comparecer ao recinto da comissão parlamentar de inquérito é impostergável, porque ninguém pode escusar-se de comparecer a ela para depor, sob pena de condução coercitiva, ressalvado, sempre, o exercício do privilégio constitucional contra a autoincriminação (STF, HC 80.427-MC, Rel. Min. Celso de Mello, *DJ* de 13.09.2000). Sem prejuízo, o direito ao silêncio nos depoimentos prestados em comissões parlamentares de inquérito é um corolário da prerrogativa ou privilégio contra a autoincriminação, que impede, inclusive, as CPIs de obrigarem o depoente a assinar termos de compromisso. Trata-se de matéria consubstanciada em convenções ratificadas pelo Brasil e em normas constitucionais – Decreto 678/1992: "Toda pessoa tem o direito de não ser obrigada a depor contra si mesma, nem a declarar-se culpada (art. 8º, § 2º, *g*, do Pacto de San José da Costa Rica). Com efeito, o privilégio contra a autoincriminação é uma manifestação eloquente da dignidade da pessoa humana (CF, art. 1º, III), da cláusula da ampla defesa (CF, art. 5º, LV); do direito de permanecer calado (CF, art. 5º, LXIII) e da presunção de inocência (CF, art. 5º, LVII); **B:** correta, traduz de forma incontestável a jurisprudência do STF; **C:** incorreta, as CPIs não podem nunca impor penalidades ou condenações, compete ao MP promover a responsabilização civil e penal dos infratores; **D:** incorreta, pois as CPIs servem para investigar fatos determinados que impliquem atos de improbidade – é o acontecimento pelo qual torna possível a realização de investigações relacionadas a pessoas ou entidades envolvidas na consumação daquilo que provavelmente aconteceu – que é o ponto culminante da consagração constitucional das CPIs, que não têm poderes ilimitados de investigação. Trata-se de um requisito formal imprescindível para a realização de inquéritos parlamentares. Outros fatos, inicialmente imprevistos, também podem ser aditados aos objetivos da comissão de inquérito, já em ação ou andamento, desde que sejam certos, inconcussos, indiscutíveis, de evidente constatação; **E:** incorreta, pois a quebra do sigilo da comunicação telefônica se submete a cláusula de reserva jurisdicional, nos termos do art. 5º, XII, da CF.

Gabarito "B".

(Defensor Público/RO – 2012 – CESPE) No que se refere ao Poder Legislativo, assinale a opção correta.

(A) Segundo a jurisprudência do STF, as CPIs podem determinar as diligências necessárias à investigação para a qual foi criada, sendo-lhes inclusive permitido determinar quebra de sigilo fiscal, bancário e de dados, vedada, entretanto, a determinação da quebra do sigilo das comunicações telefônicas.

(B) Os parlamentares federais gozam de imunidades formais e materiais, razão por que não podem ser presos ou condenados, civil e penalmente, por quaisquer de suas opiniões, palavras e votos, desde que proferidos em razão de suas funções parlamentares; além disso, somente podem ser processados após licença prévia da casa parlamentar a que pertencem.

(C) O TCU, órgão técnico e auxiliar do Poder Legislativo, é responsável pelo julgamento das contas do presidente da República e dos administradores e demais responsáveis por recursos públicos, cabendo-lhe aplicar a estes últimos as sanções previstas em lei.

(D) Compete exclusivamente ao Senado Federal sustar os atos normativos do Poder Executivo que exorbitem do poder regulamentar ou dos limites de delegação legislativa.

(E) As CPIs, de caráter temporário, destinam-se à investigação de um fato certo e determinado, somente podendo ser criadas mediante requerimento da maioria absoluta dos membros do Congresso Nacional.

A: Correta. O STF entende que as CPIs podem determinar a quebra de sigilo bancário, fiscal e de dados por terem poderes próprios de autoridades judiciais (art. 58 § 3º, da CF), desde que o ato seja adequadamente fundamentado e revele a necessidade objetiva da medida extraordinária; **B:** Errada. A imunidade material (por opiniões, palavras e votos) só protege o parlamentar no exercício do mandato ou em razão dele. No âmbito penal, o parlamentar responde sem necessidade de prévia licença da Casa respectiva, mas há a possibilidade de sustação da ação na forma do art. 53, § 3º, da CF (imunidade formal); **C:** Errada. O TCU **aprecia** as contas do Presidente da República e **julga** as contas dos administradores e demais responsáveis por recursos públicos (art. 71, I e II, da CF), cabendo-lhe aplicar sanções a todos os responsáveis por ilegalidade de despesa ou irregularidade de contas (art. 71, VIII, da CF); **D:** Errada. A competência é do Congresso Nacional. Art. 49, V, da CF; **E:** Errada. Podem ser criadas por um terço dos membros do Congresso Nacional (art. 58, § 3º, da CF).

Gabarito "A".

11.4. PROCESSO LEGISLATIVO

(Delegado/PE – 2016 – CESPE) Assinale a opção correta acerca do processo legiferante e das garantias e atribuições do Poder Legislativo.

(A) A criação de ministérios depende de lei, mas a criação de outros órgãos da administração pública pode se dar mediante decreto do chefe do Poder Executivo.

(B) Se um projeto de lei for rejeitado no Congresso Nacional, outro projeto do mesmo teor só poderá ser reapresentado, na mesma sessão legislativa, mediante proposta da maioria absoluta dos membros da Câmara dos Deputados ou do Senado Federal.

(C) Uma medida provisória somente poderá ser reeditada no mesmo ano legislativo se tiver perdido sua eficácia por decurso de prazo, mas não se tiver sido rejeitada.

(D) Somente após a posse, deputados e senadores passam a gozar do foro por prerrogativa de função, quando deverão ser submetidos a julgamento perante o STF.

(E) Os deputados e os senadores gozam de imunidades absolutas, que não podem ser suspensas nem mesmo em hipóteses como a de decretação do estado de defesa ou do estado de sítio.

A: incorreta. De acordo com o art. 48, XI, da CF, é competência do Congresso Nacional, com a sanção do Presidente da República, dispor sobre todas as matérias de competência da União, especialmente sobre criação e extinção de Ministérios e órgãos da administração pública. Sendo assim, **a criação de órgãos da administração pública também depende de lei**; **B:** correta. É o que determina o art. 67 da CF. Menciona tal dispositivo a matéria constante de projeto de lei rejeitado somente poderá constituir objeto de novo projeto, na mesma sessão legislativa, mediante proposta da maioria absoluta dos membros de qualquer das Casas do Congresso Nacional; **C:** incorreta. Conforme determina o art. 62, § 10, da CF, é **proibida a reedição**, na mesma sessão legislativa, **de medida provisória que tenha sido rejeitada** ou que tenha perdido sua eficácia por decurso de prazo; **D:** incorreta. De acordo com o art. 53, § 1º, da CF, os Deputados e Senadores, **desde a expedição do diploma** (ato do Tribunal Superior Eleitoral que valida a candidatura e autoriza a posse), serão submetidos a julgamento perante o Supremo Tribunal Federal; **E:** incorreta. As imunidades não são absolutas. Determina o art. 53, § 8º, da CF que as imunidades de Deputados ou Senadores subsistirão durante o estado de sítio, **só podendo ser suspensas mediante o voto de dois terços dos membros** da Casa respectiva, nos casos de atos praticados fora do recinto do Congresso Nacional, que sejam incompatíveis com a execução da medida.

Gabarito "B".

(Analista – TJ/CE – 2013 – CESPE) Assinale a opção correta com base nas normas constitucionais que disciplinam as medidas provisórias e na jurisprudência do STF relativa a essa matéria.

(A) Caso o texto original de uma medida provisória seja aprovado e convertido em lei, essa lei terá de ser sancionada pelo presidente da República, em homenagem ao princípio da separação de poderes.

(B) Em qualquer caso, poderá o STF analisar o preenchimento dos requisitos de relevância e urgência estabelecidos constitucionalmente para as medidas provisórias, em homenagem ao princípio da inafastabilidade da jurisdição.

(C) Caso medida provisória tenha versado sobre matéria reservada a lei complementar, sua conversão em lei, pelo Congresso Nacional, convalidará o vício inicial, desde que tal conversão seja aprovada por maioria absoluta.

(D) Apesar de o presidente da República, após a edição da medida provisória, não poder mais retirá-la da apreciação do Congresso Nacional, ele pode ab-rogá-la por meio da edição de nova medida provisória.

(E) A competência constitucional do presidente da República para adotar medidas provisórias, em caso de relevância e urgência, poderá ser delegada, mediante decreto, ao ministro de Estado da Justiça.

A: Incorreta. O art. 62, § 12, da CF prevê que "aprovado projeto de lei de conversão alterando o texto original da medida provisória, esta *manter-se-á integralmente em vigor* até que seja sancionado ou vetado o projeto". **B:** Incorreta, conforme decisão do STF: Esta Corte já firmou o entendimento de que é excepcional o controle judicial dos requisitos da urgência e da relevância de Medida Provisória, só sendo esse controle admitido quando a falta de um deles se apresente objetivamente, o que, no caso, não ocorre (ADI 2.332/DF MC, Informativo 342, rel. Min. Moreira Alves); **C:** Incorreta. É vedada a edição de medidas provisórias sobre matérias reservadas a lei complementar (art. 62, § 1º, III); **D:** Correta. O STF decidiu na ADI 1.348-MC que "o Presidente da República pode expedir medida provisória revogando outra medida provisória, ainda em curso no Congresso Nacional. A medida provisória revogada fica, entretanto, com sua eficácia suspensa, até que haja pronunciamento do Poder Legislativo sobre a medida provisória ab-rogante. Se for acolhida pelo Congresso Nacional a medida provisória ab-rogante, e transformada em lei, a revogação da medida anterior torna-se definitiva; se for, porém, rejeitada, retomam seu curso os efeitos da medida provisória ab-rogada, que há de ser apreciada, pelo Congresso Nacional, no prazo restante à sua vigência. 5. Hipótese em que não se justifica a medida cautelar pleiteada, visando suspender os efeitos da medida provisória ab-rogante" (Informativo 16); **E:** Incorreta. A Constituição não prevê quaisquer modalidades de delegação de competência para edição de medidas provisórias.

Gabarito "D"

(Magistratura/CE – 2012 – CESPE) À luz das disposições constitucionais sobre o processo legislativo, assinale a opção correta.

(A) As leis delegadas serão elaboradas pelo presidente da República após a edição pelo Congresso Nacional de decreto legislativo com a especificação do conteúdo e dos termos de exercício da delegação.

(B) Como regra, os projetos de lei, assim como as propostas de emenda à CF, são submetidos a dois turnos de discussão e votação.

(C) As medidas provisórias devem ser votadas em sessão conjunta do Congresso Nacional, no prazo de sessenta dias a contar de sua publicação, sob pena de imediata perda da sua eficácia.

(D) Não se admite, nos projetos que versam sobre a criação e extinção de ministérios e órgãos da administração pública, emenda parlamentar que gere aumento da despesa prevista.

(E) O veto a projeto de lei deverá ser apreciado em cada uma das casas do Congresso Nacional dentro de trinta dias a contar da decisão presidencial, e sua rejeição dependerá do voto de dois terços dos membros de cada uma delas, em votação nominal.

A: incorreta: na exata medida que de fato as leis delegadas serão elaboradas pelo Presidente da República, que deverá solicitar a delegação ao Congresso Nacional. A delegação ao Presidente da República terá a forma de resolução, nos termos do art. 68, § 2º, da CF; **B:** incorreta, pois os únicos atos legislativos que serão submetidos a dois turnos de discussão e votação são as propostas de emendas à CF. Graças a esse procedimento diferenciado destacamos as emendas constitucionais dos demais atos legislativos, o que indica que a Constituição da República é rígida, conforme a doutrina predominante; **C:** incorreta, pois tais atos legislativos serão deliberadas em dada uma das Casas do Congresso Nacional sobre o mérito das medidas provisórias dependerá de juízo prévio sobre o atendimento de seus pressupostos constitucionais, nos termos do art. 62 e seus parágrafos; **D:** correta, pois o art. 61, § 1º, II, "e", da CF, reza que compete privativamente ao Presidente da República dispor sobre criação e extinção de ministérios e órgãos da administração pública, observado dispostos do art. 84, VI, da CF, ou seja, quando não implicar aumento de despesa; **E:** incorreta, pois "o veto será apreciado em sessão conjunta, dentro de trinta dias a contar de seu recebimento, só podendo ser rejeitado pelo voto da maioria absoluta dos Deputados e Senadores, nos termos do art. 66, § 4º, da CF.

Gabarito "D"

(Defensor Público/SE – 2012 – CESPE) Considerando a hipótese de que a presidenta da República apresente, durante a vigência de estado de defesa, PEC cujo conteúdo verse sobre a instituição do voto censitário no Brasil, assinale a opção correta com base no que dispõe a CF e no entendimento do STF.

(A) Um parlamentar da Casa em que esteja tramitando a PEC poderá ajuizar mandado de segurança no STF, questionando, em controle difuso, a constitucionalidade da proposta por ofensa a limitações materiais e circunstanciais ao poder de reforma.

(B) A despeito de ofender limitações materiais e circunstanciais ao poder de reforma, a PEC será considerada constitucional se aprovada, em dois turnos de votação, por unanimidade em ambas as Casas do Congresso Nacional.

(C) A PEC, inconstitucional por ofensa a limitações materiais e circunstanciais ao poder de reforma, não poderá ser objeto de controle de constitucionalidade preventivo pela via difusa, devendo-se aguardar a sua promulgação para que, em seguida, um dos legitimados possa ajuizar ação direta de inconstitucionalidade.

(D) Para estar de acordo com a CF, a PEC deverá ser aprovada, em dois turnos de votação, por três quintos dos membros de cada Casa do Congresso Nacional, podendo ser promulgada na vigência do estado de defesa.

(E) Para estar de acordo com a CF, a PEC deverá ser aprovada, em dois turnos de votação, por três quintos dos membros de cada Casa do Congresso Nacional, desde que promulgada depois de cessado o estado de defesa.

A: Correta. O STF admite a impetração de MS por deputados e senadores (não pelo Presidente da República), para evitar a tramitação de proposta de emenda constitucional que fira o art. 60, da CF, por entender que os congressistas têm direito líquido e certo ao devido processo legislativo; **B**, **D** e **E:** Erradas. Não pode ser aprovada por violar cláusulas pétreas da CF (art. 60, §§ 1º e 4º, II, da CF); **C:** Errada. V. comentários à alternativa "a".

Gabarito "A"

(Advogado da União/AGU – CESPE – 2012) A respeito do processo legislativo e da competência legislativa da União e dos estados, julgue os próximos itens.

(1) Serão constitucionais leis estaduais que disponham sobre direito tributário, financeiro, penitenciário, econômico e urbanístico, matérias que se inserem no âmbito da competência concorrente da União, dos estados e do DF.

(2) A competência para votar os projetos de lei é, em regra, dos plenários da Câmara dos Deputados e do Senado Federal, mas as mesas diretoras das respectivas casas podem, mediante decreto legislativo, outorgar às comissões permanentes, em razão da matéria de sua competência, a prerrogativa de discutir, votar e decidir as proposições legislativas.

1: Correta. Art. 24, I, da CF; **2:** Errada. Não reflete o disposto no art. 58, § 2º, I, da CF.

Gabarito 1C, 2E

11.5. FISCALIZAÇÃO CONTÁBIL, FINANCEIRA E ORÇAMENTÁRIA. TRIBUNAIS DE CONTAS

(Juiz de Direito/AM – 2016 – CESPE) Sabendo que o controle externo a cargo do Congresso Nacional é exercido com o auxílio do TCU, assinale a opção correta.

(A) Deverá o TCU sustar, diretamente, a execução de atos e de contratos impugnados, devendo comunicar a decisão à Câmara dos Deputados e ao Senado Federal e solicitar ao Poder Executivo que adote as medidas cabíveis.

(B) O TCU deve encaminhar, mensalmente, ao Congresso Nacional relatório de suas atividades.

(C) O TCU é competente para julgar as contas dos administradores e demais responsáveis por valores públicos da administração direta e indireta, tendo eficácia de título executivo as decisões desse tribunal das quais resulte imputação de débito ou multa.

(D) Compete ao TCU apreciar, para fins de registro, a legalidade dos atos de admissão de pessoal, a qualquer título, na administração direta e indireta, inclusive nomeações para cargo de provimento em comissão, bem como a das concessões de aposentadorias, reformas e pensões.

(E) O TCU fiscalizará as contas nacionais de empresas supranacionais apenas quando houver participação direta da União em seu capital social, nos termos do tratado constitutivo.

A: incorreta. Na hipótese de impugnação de "atos", o TCU fixa prazo para a regularização e, se não atendido, pode sustar diretamente o ato impugnado, comunicando a decisão à Câmara dos Deputados e ao Senado Federal. No caso de impugnação de "contratos", o ato de sustação será adotado diretamente pelo Congresso Nacional, que solicitará ao Poder Executivo, de imediato, as medidas cabíveis (art. 71, X, XI e §§ 1º e 2º, CF); **B:** incorreta. O envio é trimestral e anual (art. 71, § 4º, CF); **C:** correta. Art. 71, II e § 3º, CF: Art. 71. O controle externo, a cargo do Congresso Nacional, será exercido com o auxílio do Tribunal de Contas da União, ao qual compete: (...) II – julgar as contas dos administradores e demais responsáveis por dinheiro, bens e valores públicos da administração direta e indireta, incluídas as fundações e sociedades instituídas e mantidas pelo Poder Público federal, e as contas daqueles que derem causa a perda, extravio ou outra irregularidade de que resulte prejuízo ao erário público; (...) § 3º As decisões do Tribunal de que resulte imputação de débito ou multa terão eficácia de título executivo"; **D:** incorreta. Excetuam-se da regra do art. 71, III, CF, as nomeações para cargo de provimento em comissão; **E:** incorreta. De acordo com o art. 71, V, CF, o TCU fiscalizará as contas nacionais das empresas supranacionais de cujo capital social a União participe, de forma direta ou indireta, nos termos do tratado constitutivo.

Gabarito "C"

(Juiz de Direito/DF – 2016 – CESPE) No que se refere ao tema controle interno e externo e seus respectivos órgãos estatais, assinale a opção correta.

(A) Qualquer cidadão ou sindicato é parte legítima para denunciar irregularidades ou ilicitudes ao tribunal de contas.
(B) O controle da atividade administrativa exercido pelo CNJ sujeita todos os órgãos do Poder Judiciário Nacional.
(C) O TCU, mediante controle externo que lhe cabe por competência exclusiva, exerce a fiscalização da atividade contábil, financeira, orçamentária, operacional e patrimonial da União.
(D) Nos processos perante o TCU, em que há apreciação da legalidade do ato de concessão inicial de aposentadoria, é prescindível assegurar-se o contraditório e a ampla defesa, a despeito do decurso de qualquer lapso temporal.
(E) No que tange ao controle interno da administração, é lícito condicionar a admissibilidade de recurso administrativo a prévio depósito.

A: correta. Art. 74, 2º, CF: "§ 2º Qualquer cidadão, partido político, associação ou sindicato é parte legítima para, na forma da lei, denunciar irregularidades ou ilegalidades perante o Tribunal de Contas da União"; **B:** incorreta. O controle da atividade administrativa feito pelo CNJ refere-se a todo o Poder Judiciário, não apenas ao Judiciário nacional (art. 103-B, § 4º, CF c/c art. 92, I a VII, da CF); **C:** incorreta. O controle de tais atividades é exercido pelo TCU em controle **externo**, e também pelo controle **interno** de cada Poder (art. 70, *caput*, CF) – não há exclusividade do TCU; **D:** incorreta. Após o lapso temporal de cinco anos é necessária a observância do contraditório e da ampla defesa, constituindo exceção à Súmula Vinculante 3/STF: "Nos processos perante o TCU asseguram-se o contraditório e a ampla defesa quando da decisão puder resultar anulação ou revogação de ato administrativo que beneficie o interessado, excetuada a apreciação da legalidade do ato de concessão inicial de aposentadoria, reforma e pensão"; **E:** incorreta. Súmula Vinculante 21/STF: "É **inconstitucional** a exigência de depósito ou arrolamento prévios de dinheiro ou bens para admissibilidade de recurso administrativo".

Gabarito "A"

(Analista Judiciário – Área Administrativa – TRT8 – 2013 – CESPE) Acerca da fiscalização contábil, financeira e orçamentária exercida pelo Poder Legislativo, assinale a opção correta.

(A) Qualquer cidadão que tiver ciência de irregularidades na gestão de dinheiro público poderá fazer a denúncia diretamente ao TCU.
(B) Os ministros do TCU gozam das mesmas garantias e prerrogativas dos ministros do STF e sujeitam-se aos mesmos impedimentos a estes impostos.
(C) A CF retirou dos estados a competência para dispor sobre seus respectivos tribunais de contas.
(D) Nos termos da CF, somente prestarão contas pessoas jurídicas de direito público, ante a impossibilidade de punição de particulares, ainda que estes administrem bens públicos.
(E) É competência exclusiva do TCU julgar as contas prestadas anualmente pelo presidente da República.

A: correta (art. 74, § 2º, da CF); **B:** incorreta, ministros do STJ, não do STF (art. 73, § 3º, da CF); **C:** incorreta, os Estados possuem tal competência (art. 75, parágrafo único, da CF); **D:** incorreta, prestarão contas "qualquer pessoa física ou jurídica, pública ou privada, que utilize, arrecade, guarde, gerencie ou administre dinheiros, bens e valores públicos ou pelos quais a União responda, ou que, em nome desta, assuma obrigações de natureza pecuniária (art. 70, parágrafo único, da CF); **E:** incorreta, é competência exclusiva do Congresso Nacional julgar anualmente as contas prestadas pelo Presidente da República (art. 49, IX, da CF).

Gabarito "A"

(Técnico Judiciário – Área Administrativa – TRT8 – 2013 – CESPE) Com referência ao princípio da separação das funções do poder e à fiscalização financeira, contábil e orçamentária, assinale a opção correta.

(A) Cabe ao presidente da República representar ao poder competente sobre irregularidades ou abusos apurados mediante o controle externo do Poder Executivo.
(B) Os ministros que compõem o TCU devem possuir, entre outras exigências constitucionais, idoneidade moral e reputação ilibada.
(C) O poder, no sistema jurídico-constitucional brasileiro, está dividido em funções, sendo elas: legislativa, executiva e jurisdicional. A fiscalização contábil, financeira e orçamentária é exercida precipuamente pelo Poder Judiciário.
(D) A fiscalização contábil, financeira, orçamentária, operacional e patrimonial da União e das entidades da administração direta e indireta quanto à legalidade, legitimidade, economicidade, aplicação das subvenções e renúncia de receitas será exercida pelos tribunais superiores, mediante controle externo, e pelo sistema de controle interno de cada poder.
(E) Compete ao Congresso Nacional o controle interno dos Poderes Executivo e Judiciário por meio da fiscalização contábil, financeira e orçamentária, como auxílio do TCU.

A: Incorreta, pois O controle externo, a cargo do Congresso Nacional, será exercido com o auxílio do Tribunal de Contas da União, ao qual compete representar ao Poder competente sobre irregularidades ou abusos apurados (art. 71, XI, da CF); **B:** Correta, conforme art. 73, § 1º, II, da CF; **C:** Incorreta, pois a fiscalização mencionada será exercida pelo Congresso Nacional, ou seja, pelo Poder Legislativo (art. 70, *caput*, da CF); **D:** Incorreta, *vide* comentário à alternativa anterior; **E:** Incorreta, pois o controle exercido pelo Congresso Nacional é externo, conforme *caput* do art. 71 da CF.

Gabarito "B"

(Procurador/DF – 2013 – CESPE) Considerando a disciplina constitucional relativa aos TCs, julgue os itens subsecutivos.

(1) Os membros do MP junto ao TCU ocupam cargos vitalícios, providos por concurso público específico; são titulares dos mesmos direitos atribuídos aos membros do MP comum e sujeitos às mesmas vedações a que estes se submetem.
(2) As decisões dos TCs não são imunes à revisão judicial, mas, quando imputarem débito ou multa, constituirão título executivo extrajudicial.

1: correta. Interpretação extraída do art. 130, da CF/1988 que dispõe que aos membros do Ministério Público junto aos Tribunais de Contas aplicam-se as disposições da Seção I, Capítulo IV, arts. 127 a 130-A, da CF/1988, pertinentes a DIREITOS, VEDAÇÕES e forma de INVESTIDURA; **2:** correta (art. 71, § 3º, da CF/1988).

Gabarito 1C, 2C

12. DA ORGANIZAÇÃO DO PODER JUDICIÁRIO

(Juiz – TJ/CE – 2018 – CESPE) A respeito da organização, das funções e das decisões do CNJ, assinale a opção correta.

(A) Cabe ao CNJ zelar pela legalidade dos atos administrativos do Poder Judiciário, o que exclui a competência do TCU para fiscalizá-los.
(B) Compete aos juízes estaduais e federais o julgamento de ações ordinárias ajuizadas contra decisões do CNJ.
(C) Segundo o STF, pode o CNJ realizar controle de constitucionalidade de lei ou ato normativo, desde que no exame de ato concreto e no exercício de sua competência.
(D) O prévio ajuizamento de ação que questione ato de concurso público para a magistratura não impede o conhecimento de pedido de providências sobre o tema pelo CNJ.
(E) É concorrente a competência da corregedoria do CNJ para o exercício do poder correicional e disciplinar.

A: incorreta, pois cabe ao CNJ zelar pela observância do art. 37 da CF e apreciar, de ofício ou mediante provocação, a legalidade dos atos administrativos praticados por membros ou órgãos do Poder Judiciário, podendo desconstituí-los, revê-los ou fixar prazo para que se adotem as providências necessárias ao exato cumprimento da lei, sem prejuízo da competência do Tribunal de Contas da União (art. 103-B, § 4º, II, da CF); **B:** incorreta, porque compete à justiça federal o julgamento de ações ordinárias ajuizadas contra decisões do CNJ devido à presença da União no polo passivo dessas ações (art. 109, I, da CF). A competência do STF prevista no art. 102, I, *r*, da CF é restrita às ações tipicamente constitucionais, quais sejam, mandados de segurança, mandados de injunção, *habeas corpus* e *habeas data* (STF, AO 1692 AgR, Rel. Min. Luiz Fux, Primeira Turma, j. em 02.06.2015). Nessa linha, a jurisprudência do STF "*tem conferido interpretação estrita à competência insculpida na alínea 'r' do inciso I do art. 102 da Carta Política, vinculando-a às hipóteses em que o Conselho Nacional de Justiça, órgão do Poder Judiciário, teria personalidade judiciária para figurar no polo passivo da lide – mandados de segurança, habeas corpus, habeas data. Nas ações ordinárias ajuizadas contra a União – ente dotado de personalidade jurídica –, ainda que envolvendo discussão acerca de ato emanado do Conselho Nacional de Justiça, a competência é da Justiça Federal.*" (AO 1718, Rel. Min. Rosa Weber, j. em 30.03.2012); **C:** incorreta, já que o CNJ não possui competência para declarar a inconstitucionalidade de atos estatais (atribuição sujeita à reserva de jurisdição). O STF entende que o "*Conselho Nacional de Justiça, embora seja órgão do Poder Judiciário, nos termos do art. 103-B, § 4º, II, da Constituição Federal, possui, tão somente, atribuições de natureza administrativa e, nesse sentido, não lhe é permitido apreciar a constitucionalidade dos atos administrativos, mas somente sua legalidade*" (MS 28872 AgR, Rel. Min. Ricardo Lewandowski, Tribunal Pleno, j. em 24.02.2011). Todavia, vale destacar que o CNJ pode recusar-se a conferir aplicabilidade a normas inconstitucionais, eis que "*há que [se] distinguir entre declaração de inconstitucionalidade e não aplicação de leis inconstitucionais, pois esta é obrigação de qualquer tribunal ou órgão de qualquer dos Poderes do Estado*" (RMS 8.372/CE, Rel. Min. Pedro Chaves, Tribunal Pleno / Pet 4656/PB, Rel. Min. Cármen Lúcia, Tribunal Pleno, j. em 19.12.2016); **D:** incorreta, pois "*não compete ao Conselho Nacional de Justiça apreciar Pedido de Providências cujo objeto coincida com o de ação judicial anteriormente proposta, a fim de prestigiar a segurança jurídica, evitar interferência na atividade jurisdicional do Estado e afastar o risco de decisões conflitantes*" (CNJ – RA – Recurso Administrativo em PCA – Procedimento de Controle Administrativo – 0000916-39.2015.2.00.0000 – Rel. Carlos Augusto de Barros Levenhagen – 4ª Sessão Virtual – j. 01.12.2015); **E:** correta. Nesse sentido, o seguinte julgado do STF: "*O CNJ não está condicionado à atuação do órgão correicional local (artigo 103-B, §4º, II, III e V), para somente após proceder, consoante a exegese adotada pelo Supremo Tribunal Federal. A jurisprudência desta Corte firmou entendimento no sentido de que o Conselho Nacional de Justiça detém competência originária e concorrente com os Tribunais de todo o país para instaurar processos administrativo-disciplinares em face de magistrados.*" (MS 28353 AgR, Rel. Min. Luiz Fux, Primeira Turma, j. em 24.11.2015). AN

Gabarito "E"

(Juiz de Direito/DF – 2016 – CESPE) Em atenção à organização dos Poderes, assinale a opção correta.

(A) Compete ao governador, recebida a lista tríplice do tribunal, a nomeação de desembargador para o quinto constitucional do Poder Judiciário do DF.

(B) Conforme entendimento do STF, sua competência originária contra atos do CNJ deve ser interpretada de forma restrita e se limita às ações tipicamente constitucionais.

(C) Se o ato questionado é a lista tríplice do quinto constitucional formada por tribunal estadual, é atribuição do CNJ o controle do procedimento, ainda que ocorra após a nomeação e posse do desembargador.

(D) Os ministros de Estado, nos crimes de responsabilidade conexos com os do presidente da República, serão processados e julgados pelo STF.

(E) Conferindo a lei prerrogativas, garantias, vantagens e direitos equivalentes aos dos titulares dos ministérios é de se reconhecer ao ocupante do cargo, para as infrações penais, a prerrogativa de foro no STF.

A: incorreta. A nomeação é realizada pelo Presidente da República, pois cabe à União organizar e manter o Poder Judiciário, o Ministério Público e a Defensoria Pública **do Distrito Federal** (art. 21, XIII, e art. 94, *caput* e parágrafo único, da CF); **B:** correta. Compete ao STF, **originariamente**, processar e julgar mandado de segurança, *habeas corpus*, *habeas data* e mandado de injunção impetrados contra o CNJ, pois, nessas situações, o Conselho qualifica-se como órgão coator com legitimidade passiva (art. 102, I, "d", "q" e "r", CF). Nas demais ações (como nas de rito ordinário, por exemplo), o polo passivo é ocupado pela União, afastando a competência originária do STF; **C:** incorreta. Na hipótese, o controle **não** cabe ao CNJ, pois se trata de procedimento subjetivamente complexo em que o ato final de investidura pertence, exclusivamente, ao Chefe do Poder Executivo (MS 27.033-AgR, rel. min. Celso de Mello, j. 30.06.2015, 2ª T, *DJE* 27.10.2015); **D:** incorreta. É competência do **Senado Federal** julgar Ministros de Estado por crimes de responsabilidade conexos com os crimes de responsabilidade do Presidente da República (art. 52, I, CF); **E:** incorreta. O rol de hipóteses de competência originária do STF é taxativo, não cabendo interpretação ampliativa.

Gabarito "B"

(Juiz de Direito/AM – 2016 – CESPE) Considerando a jurisprudência do STF, assinale a opção correta acerca do Poder Judiciário, do STF e das justiças federal, do trabalho e eleitoral.

(A) Caso o número total da composição dos tribunais estaduais, TREs e TRFs não seja divisível por cinco, arredondar-se-á a fração restante (seja superior ou inferior à metade) para o número inteiro seguinte, a fim de alcançar-se a quantidade de vagas destinadas ao quinto constitucional assegurado a advogados e membros do MP.

(B) Se o fundamento da impetração de mandado de segurança for nulidade ocorrida na elaboração da lista tríplice pelos tribunais competentes, o presidente da República não poderá ser considerado autoridade coatora no mandado de segurança impetrado contra ato de sua competência em que ele tenha nomeado magistrado.

(C) A falta ou a insuficiência de fundamentação de prisão preventiva podem ser supridas pela fundamentação constante das informações prestadas em *habeas corpus* ou em acórdão que o denegue ou negue provimento a recurso, o que afasta a causa de nulidade da decisão por descumprimento do disposto na CF acerca da publicidade dos julgamentos.

(D) Não satisfaz a exigência de fundamentação das decisões o ato judicial que apenas faz remissão expressa a manifestações ou peças processuais existentes nos autos, produzidas pelas partes, pelo MP ou por autoridades públicas, cujo teor indique os fundamentos de fato e(ou) de direito que justifiquem a decisão emanada do Poder Judiciário.

(E) A publicidade assegurada constitucionalmente alcança os autos do processo, e não somente as sessões e audiências, razão pela qual padece de inconstitucionalidade disposição normativa que determine abstratamente segredo de justiça em todos os processos em curso perante vara criminal.

A: incorreta. **A regra do quinto constitucional**, prevista no art. 94 da CF, **não é aplicada aos TREs**. De acordo com o § 1º do art. 120 da CF, os TRFs são compostos: I – mediante eleição, pelo voto secreto: a) de dois juízes dentre os desembargadores do Tribunal de Justiça, b) de dois juízes, dentre juízes de direito, escolhidos pelo Tribunal de Justiça; II – de um juiz do Tribunal Regional Federal com sede na Capital do Estado ou no Distrito Federal, ou, não havendo, de juiz federal, escolhido, em qualquer caso, pelo Tribunal Regional Federal respectivo; e III – por nomeação, pelo Presidente da República, de dois juízes dentre seis advogados de notável saber jurídico e idoneidade moral, indicados pelo Tribunal de Justiça; **B:** incorreta. Determina a Súmula 627 do STF que "No mandado de segurança contra a nomeação de magistrado da competência do Presidente da República, este é considerado autoridade coatora, ainda que o fundamento da impetração seja nulidade ocorrida em fase anterior do procedimento"; **C:** incorreta. Não é dessa forma que o Supremo entende, vejamos: "Prisão preventiva: análise dos critérios de idoneidade de sua motivação à luz de jurisprudência do Supremo Tribunal. 1. A **fundamentação idônea é requisito de validade do decreto de prisão preventiva**: no julgamento do 'habeas-corpus' que o impugna não cabe às sucessivas instâncias, para denegar a ordem, suprir a sua deficiência originária, mediante achegas de novos motivos por ele não aventados: precedentes." (RTJ 179/1135-1136, Rel. Min. Sepúlveda Pertence); **D:** incorreta. O STF entende que: "**Revela-se legítima e plenamente compatível** com a exigência imposta pelo art. 93, IX, da Constituição da República, a utilização, por magistrados, da técnica da motivação *per relationem*, que se caracteriza pela **remissão que o ato judicial expressamente faz a outras manifestações ou peças processuais existentes nos autos**, mesmo as produzidas pelas partes, pelo Ministério Público ou por autoridades públicas, cujo teor indique os fundamentos de fato e/ou de direito que justifiquem a decisão emanada do Poder Judiciário. Precedentes. [MS 25.936 ED, rel. min. Celso de Mello, j. 13.06.2007, P, *DJE* de 18.09.2009] = AI 814.640 AgR, rel. min. Ricardo Lewandowski, j. 02.12.2010, 1ª T, *DJE* de 01.02.2011 = HC 92.020, rel. min. Joaquim Barbosa, j. 21.09.2010, 2ª T, *DJE* de 08.11.2010; **E:** correta. Determina o STF que: "A **publicidade** assegurada constitucionalmente (art. 5º, LX, e 93, IX, da CRFB) alcança os autos do processo, e **não somente as sessões e audiências**, razão pela qual padece de inconstitucionalidade disposição normativa que determine abstratamente segredo de justiça em todos os processos em curso perante vara Criminal. [ADI 4.414, rel. min. Luiz Fux, j. 31.05.2012, P, *DJE* de 17.06.2013] (grifos nossos).

Gabarito "E".

(Analista Jurídico – TCE/PR – 2016 – CESPE) De acordo com a jurisprudência do STF, assinale a opção correta acerca da regra do quinto constitucional.

(A) Não afrontará o princípio da simetria a norma que, presente em Constituição estadual, imponha a sabatina, pela assembleia legislativa do estado, do candidato escolhido pelo Poder Executivo a partir de lista tríplice para preenchimento de vaga em tribunal de justiça destinada ao quinto constitucional.

(B) A inobservância, pelo tribunal, da regra do quinto constitucional para preenchimento de sua composição provoca a nulidade de seus julgamentos, por força do princípio do juiz natural.

(C) O juiz de tribunal regional eleitoral ocupante de vaga destinada à advocacia estará impedido de concorrer ao quinto constitucional para preenchimento de vaga no tribunal de justiça de estado também destinada à advocacia.

(D) Os tribunais de justiça possuem a prerrogativa de, fundamentada e objetivamente, devolver a lista sêxtupla encaminhada pela Ordem dos Advogados do Brasil para preenchimento de vaga destinada à advocacia quando faltar a algum dos indicados requisito constitucional para a investidura.

(E) O quinto constitucional que destina parcela das vagas de um tribunal à advocacia não se estende aos tribunais regionais do trabalho.

A: incorreta. De acordo com o Supremo: "**Conflita com a CF** norma da Carta do Estado que junge à aprovação da Assembleia Legislativa a escolha de candidato à vaga do quinto em Tribunal" [ADI 4.150, rel. min. Marco Aurélio, j. 25.02.2015, P, *DJE* de 19.03.2015]; **B:** incorreta. O STF entende de modo diverso: "O quinto constitucional previsto para o provimento de lugares em Tribunal, quando eventualmente não observado, não **gera nulidade do julgado**, máxime em razão da ilegitimidade da parte para questionar os critérios de preenchimento das vagas nos órgãos do Judiciário, mercê da incidência do princípio *pas de nullité sans grief*, consagrado no art. 499 do CPPM (...)" [RE 484.388, rel. p/ o ac. min. Luiz Fux, j. 13.10.2011, P, *DJE* de 13.03.2012]; **C:** incorreta. Ao contrário do mencionado, o STF entende que: "...Os cargos de juiz do TRE, assim como o de desembargador do TJ, possuem os mesmos requisitos para o respectivo preenchimento, a saber: notório saber jurídico e idoneidade moral. Dessa forma, se o impetrante preenchia o requisito para atuar no TRE, **nada impede que assuma o cargo no TJ local**. Não há, na legislação vigente, nenhum impedimento a que ocupante do cargo de juiz no TRE na vaga destinada aos advogados no TRE concorra ao cargo de desembargador pelo quinto constitucional no TJ." (MS 32.491, rel. min. Ricardo Lewandowski, julgamento em 19.08.2014, Segunda Turma, *DJE* de 10.10.2014); **D:** correta. É o que entende a Suprema Corte: "Composição do Tribunal de Justiça do Estado de São Paulo. (...) A devolução da lista apresentada pela OAB com clara indicação dos motivos que a suportaram **não viola** decisão desta Suprema Corte que, expressamente, ressalvou essa possibilidade "à falta de requisito constitucional para a investidura, desde que fundada a recusa em razões objetivas, declinadas na motivação da deliberação do órgão competente do colegiado judiciário" (MS 25.624/SP, Rel. Min. Sepúlveda Pertence, *DJ* de 19.12.2006).[Rcl 5.413, rel. min. Menezes Direito, j. 10.04.2008, P, *DJE* de 23.05.2008.]; **E:** incorreta. O STF já decidiu que: "Com a promulgação da EC 45/2004, deu-se a **extensão, aos tribunais do trabalho, da regra do "quinto"** constante do art. 94 da Carta Federal" [ADI 3.490, rel. min. Marco Aurélio, j. 19.12.2005, P, *DJ* de 07.04.2006.] (grifos nossos).

Gabarito "D".

(Juiz de Direito/DF – 2016 – CESPE) Compete ao CNJ, instituído pela EC n.º 45/2004 – Reforma do Judiciário,

(A) avocar processos disciplinares em curso contra magistrados, e determinar a aplicação das penas de remoção, disponibilidade, aposentadoria compulsória com subsídios proporcionais ao tempo de serviço, ou a demissão a bem do serviço público.

(B) receber e conhecer das reclamações em desfavor de órgãos prestadores de serviços notariais e de registro, sem prejuízo da competência disciplinar e correcional dos tribunais de justiça.

(C) rever, de ofício ou mediante provocação, processos disciplinares de juízes e membros de tribunais — exceto de integrantes de tribunais superiores — julgados há menos de um ano.

(D) processar e julgar ação penal referente a crime contra a administração pública ou de abuso de autoridade praticado por magistrado.

(E) apreciar e julgar, em grau de recurso, ato jurisdicional prolatado por órgão judicial em flagrante violação de dever funcional.

A: incorreta. As funções do CNJ estão previstas no art. 103-B, § 4º, da CF. O assunto veiculado na alternativa é encontrado na segunda parte do inciso III do § 4º do 103-B da CF. Embora o CNJ possa avocar processos disciplinares em curso e determinar a remoção, a disponibilidade ou a aposentadoria com subsídios ou proventos proporcionais ao tempo de serviço e aplicar outras sanções administrativas, assegurada ampla defesa, ele **não pode aplicar a demissão a bem do serviço público, pois não há fundamento constitucional para tanto**. A EC 103/2019 acabou com a pena disciplinar de aposentadoria compulsória para os magistrados; **B:** correta. É o que determina a primeira parte do inciso III do § 4º do 103-B da CF. Segundo tal norma, compete ao CNJ **receber e conhecer das reclamações contra** membros ou órgãos do Poder Judiciário, inclusive contra seus serviços auxiliares, **serventias e órgãos prestadores de serviços notariais e de registro** que atuem por delegação do poder público ou oficializados, sem prejuízo da competência disciplinar e correicional dos tribunais, podendo avocar processos disciplinares em curso e determinar a remoção, a disponibilidade ou a aposentadoria com subsídios ou proventos proporcionais ao tempo de serviço e aplicar outras sanções administrativas, assegurada ampla defesa; **C:** incorreta. **Não há essa exceção** no texto constitucional. Compete ao CNJ rever, de ofício ou mediante provocação, os processos disciplinares de juízes e membros de tribunais julgados há menos de um ano, conforme determina o inciso V do § 4º do 103-B da CF; **D:** incorreta. O CNJ **não detém função jurisdicional**. Na hipótese trazida pela alternativa, o CNJ apenas representará ao Ministério Público, no caso de crime contra a administração pública ou de abuso de autoridade, conforme determina o inciso IV do § 4º do 103-B da CF; **E:** incorreta. Como mencionado, o CNJ não possui função jurisdicional. O Supremo já decidiu desta maneira diversas vezes: "(...) esta Suprema Corte em distintas ocasiões já afirmou que o **CNJ não é dotado de competência jurisdicional**, sendo mero órgão administrativo. Assim sendo, a Resolução 135, ao classificar o CNJ e o Conselho da Justiça Federal de "tribunal", ela simplesmente disse – até porque mais não poderia dizer – que as normas que nela se contém aplicam-se também aos referidos órgãos" [ADI 4.638 MC-REF, rel. min. Marco Aurélio, voto do min. Ricardo Lewandowski, j. 08.02.2012, P, *DJE* de 30.10.2014.]

Gabarito "B".

(Procurador do Estado – PGE/BA – CESPE – 2014) No que se refere ao Poder Judiciário, julgue os itens seguintes, considerando que STJ se refere ao Superior Tribunal de Justiça.

(1) Os tribunais regionais federais não podem funcionar de forma descentralizada, ressalvada a justiça itinerante.

(2) O tribunal regional eleitoral deve eleger seu vice-presidente entre os juízes federais.

(3) Compete ao STJ processar e julgar, originariamente, o conflito de competência instaurado entre juiz federal e juiz do trabalho.

(4) A função de ministro-corregedor do Conselho Nacional de Justiça deve ser exercida por ministro do STJ.

1: Incorreta. Ver art. 107, § 3º, CF. **2:** Incorreta. Ver art. 120, § 2º, CF. O vice-presidente será um dos seus desembargadores. **3:** Correta. Art. 105, I, *d*, CF. **4:** Correta. Art. 103-B, § 5º, CF. TM

Gabarito 1E, 2E, 3C, 4C

(Promotor de Justiça/AC – 2014 – CESPE) Com relação ao Poder Judiciário, assinale a opção correta.

(A) De acordo com a CF, membro do MPE poderá compor o tribunal regional eleitoral, desde que nomeado pelo presidente da República, devendo atuar pelo prazo mínimo de dois anos e nunca por mais de dois biênios consecutivos.

(B) Desde que haja previsão na constituição estadual, é possível a criação da justiça militar estadual, constituída, em primeiro grau, pelos juízes auditores e, em segundo grau, pelas auditorias militares.

(C) Em casos de crimes dolosos contra a vida, o julgamento de prefeito, de competência da justiça comum estadual, será realizado perante o tribunal de justiça respectivo, dada a previsão constitucional específica, que prevalece sobre a competência geral do tribunal do júri.

(D) As decisões administrativas dos tribunais de justiça em matéria disciplinar devem ser motivadas e podem ser realizadas em sessão secreta por decisão da maioria absoluta de seus membros.

(E) Constituição estadual pode prever representação de inconstitucionalidade de leis ou atos normativos estaduais em face de seu texto, desde que estabeleça a legitimidade exclusiva para o seu oferecimento ao procurador-geral de justiça.

A: incorreta, pois em desacordo com o que preceitua o art. 120, § 1º, da CF, que estabelece as regras concernentes à composição dos tribunais regionais eleitorais; **B:** incorreta (art. 125, § 3º, da CF); **C:** correta. De fato, os prefeitos municipais serão julgados, pela prática de crimes comuns e dolosos contra a vida, pelo Tribunal de Justiça (art. 29, X, da CF). Pela prática de crimes da esfera federal, o julgamento caberá aos Tribunais Regionais Federais. Agora, se se tratar de crimes de responsabilidade, previstos no Dec.-lei 201/1967, o chefe do executivo municipal será submetido a julgamento pelo Poder Legislativo local. Nesse sentido: Súmula 702, STF: "A competência do Tribunal de Justiça para julgar prefeitos restringe-se aos crimes de competência da Justiça comum estadual; nos demais casos, a competência originária caberá ao respectivo tribunal de segundo grau"; **D:** incorreta, pois contraria o disposto no art. 93, X, da CF, que impõe que as decisões administrativas dos tribunais, aqui as incluídas as atinentes a matéria disciplinar, serão tomadas em sessão pública; **E:** incorreta, nos termos do art. 125, § 2º, da CF.

Gabarito "C"

(Analista – STF – 2013 – CESPE) A respeito da organização do Estado e do Poder Judiciário, julgue o item a seguir, de acordo com a jurisprudência do STF.

(1) Em razão de ausência de previsão expressa na Constituição Federal de1988 (CF), na hipótese de promoção, por merecimento, de juízes federais para tribunal regional federal, o presidente da República não está vinculado a escolher o nome que figurar em lista tríplice por três vezes consecutivas ou cinco alternadas.

1: incorreta, "Promoção de juiz federal pelo critério de merecimento para o Tribunal Regional Federal. Ampla discricionariedade do Presidente da República fundada em interpretação literal do art. 107 da CF. Inadmissibilidade. Vinculação da escolha presidencial ao nome que figure em lista tríplice por três vezes consecutivas ou cinco alternadas" (STF, MS 3085/DF, Pleno, j. 12.09.2012, rel. Min. Ricardo Lewandowski, DJe 27.11.2012).

Gabarito 1E

(Analista – STF – 2013 – CESPE) Com relação ao tratamento constitucional dos direitos e garantias fundamentais, julgue os itens subsequentes.

(1) A justiça federal comum possui competência para processar e julgar as causas em que sociedades de economia mista federal forem interessadas na condição de autoras, rés, assistentes ou oponentes, exceto as de falência, as de acidentes de trabalho e as sujeitas à justiça eleitoral e à justiça do trabalho.

(2) De acordo com o Supremo Tribunal Federal (STF), é direito do defensor, no interesse do representado, ter acesso amplo aos elementos de prova que, já documentados em procedimento investigatório realizado por órgão com competência de polícia judiciária, digam respeito ao exercício do direito de defesa.

1: incorreta, "as sociedades de economia mista só têm foro na Justiça Federal, quando a União intervém como assistente ou opoente" (Súmula 517 do STF). *Vide*, também: Súmula 556 do STF e art. 109, I, da CF; **2:** correto (Súmula Vinculante 14).

Gabarito 1E, 2C

(Analista – STF – 2013 – CESPE) Julgue os itens subsecutivos, no que se refere ao Supremo Tribunal Federal (STF), a sua relação com os demais poderes republicanos e à organização do Poder Judiciário brasileiro.

(1) Compete originariamente ao STF julgar as ações propostas contra o Conselho Nacional do Ministério Público.

(2) Cabe ação direta de inconstitucionalidade contra resolução do Senado Federal que, ao suspender a execução de lei declarada inconstitucional pelo STF, extrapole os limites da decisão a que faz referência.

1: correta (art. 102, I, *r*, da CF); **2:** correta (ADIn 3.929-MC, Plenário, j. 29.08.2007, rel. Min. Ellen Gracie, DJ 11.10.2007).

Gabarito 1C, 2C

(Analista Judiciário – Área Administrativa – TRT8 – 2013 – CESPE) Acerca do Poder Judiciário, notadamente a respeito dos tribunais e dos juízes do trabalho, assinale a opção correta.

(A) Entre as competências da justiça do trabalho está a de processar e julgar as ações de indenização por danos morais decorrentes de relação de trabalho.

(B) Os tribunais regionais do trabalho são órgãos unos, dentro da respectiva jurisdição, e não podem descentralizar o seu funcionamento.

(C) São órgãos da justiça do trabalho, nos termos da CF, o TST, os TRTs, as juntas de conciliação e as varas do trabalho.

(D) Onde não houver varas da justiça do trabalho, as atribuições em matérias trabalhistas serão exercidas por juiz federal, com recurso para o respectivo tribunal regional federal.

(E) Compete à justiça do trabalho julgar as causas entre o poder público e servidores estatutários.

A: correta (art. 114, VI, da CF); **B:** incorreta, "os Tribunais Regionais do Trabalho poderão funcionar descentralizadamente, constituindo Câmaras regionais, a fim de assegurar o pleno acesso do jurisdicionado à justiça em todas as fases do processo (art. 115, § 2º, da CF); **C:** são órgãos do trabalho: TST, TRTs e os juízes do trabalho (art. 111, I, II, e III, da CF); **D:** incorreta, as atribuições serão exercidas por juiz de direito (art. 112 da CF); **E:** incorreta, "o disposto no art. 114, I, da Constituição da República não abrange as causas instauradas entre o Poder Público e servidor que lhe seja vinculado por relação jurídico-estatutária" (MC na ADIn 3395, Pleno, j. 05.04.2006,rel. Min. Cezar Peluso).

Gabarito "A"

(Analista – TJ/CE – 2013 – CESPE) Com base nas normas relativas ao Poder Judiciário e na jurisprudência do STF, assinale a opção correta.

(A) A CF estabelece vedação absoluta a que os juízes exerçam a advocacia perante o juízo ou tribunal do qual se tenham afastado em virtude de aposentadoria ou exoneração.

(B) A fim de dirimir conflitos relativos a questões agrárias, de consumo e ambientais, a CF permite expressamente que os tribunais de justiça estaduais proponham a criação de varas especializadas, com competências exclusivas.

(C) Em atenção ao princípio do duplo grau de jurisdição, das decisões judiciais proferidas pelos tribunais de justiça estaduais e pelos tribunais regionais federais, caberá recurso ao Conselho Nacional de Justiça, que funcionará como um novo grau de jurisdição.

(D) Em homenagem ao princípio do acesso à justiça, a CF permite o funcionamento descentralizado dos tribunais de justiça estaduais mediante a criação de câmaras regionais.

(E) Com base no princípio da simetria, podem os estados federados instituir conselho estadual de justiça destinado ao controle da atividade administrativa, financeira e disciplinar da respectiva justiça.

A: Incorreta. A vedação aos juízes é temporária, uma vez que não poderão exercer a advocacia no juízo ou tribunal do qual se afastou, **antes de decorridos três anos** do afastamento do cargo por aposentadoria ou exoneração; **B:** Incorreta. O art. 126, *caput*, da CF, alterado pela EC 45/2004, dispõe que: "para dirimir **conflitos fundiários**, o Tribunal de Justiça proporá a criação de varas especializadas, com competência **exclusiva** para questões agrárias." **C: Incorreta. Ao Conselho Nacional de Justiça compete** o controle da atuação **administrativa** e **financeira** do Poder Judiciário e do cumprimento dos deveres funcionais dos juízes (art. 103-B, § 4º, da CF). O direito ao duplo grau de jurisdição será exercido pelo Superior Tribunal de Justiça (art. 105 da CF) e pelo Supremo Tribunal Federal (art. 102 da CF); **D:** Correta, conforme o § 6º do art. 125 da CF; **E:** Incorreta, pois o controle de atuação administrativa e financeira do CNJ é exercido em todo o Poder Judiciário.

Gabarito "D"

(Técnico – STF – 2013 – CESPE) Com relação aos órgãos do Poder Judiciário, julgue os itens que se seguem.

(1) Os ministros do Supremo Tribunal Federal e os membros do Conselho Nacional de Justiça e do Conselho Nacional do Ministério Público serão processados e julgados pelo Senado Federal nos crimes de responsabilidade.

(2) Processar e julgar membro de tribunal regional federal, de tribunal regional eleitoral e do trabalho, nos crimes comuns, cabe originariamente ao Superior Tribunal de Justiça.

(3) Insere-se na esfera das competências privativas do Poder Executivo da União e dos estados a iniciativa de, a requerimento do tribunal interessado, propor ao Poder Legislativo respectivo a alteração da organização e da divisão judiciárias.

1: Correta, nos termos do art. 52, II, da CF; **2**: Correta, nos termos do art. 105, I, *a*, da CF; **3**: Incorreta, pois se trata de competência do Poder Judiciário, especificamente ao Supremo Tribunal Federal, aos Tribunais Superiores e aos Tribunais de Justiça propor ao Poder Legislativo respectivo, privativamente, a alteração da organização e da divisão judiciárias.

Gabarito 1C, 2C, 3E

(Técnico – STF – 2013 – CESPE) Acerca das disposições constitucionais pertinentes ao Conselho Nacional de Justiça (CNJ), julgue o item a seguir.

(1) Compete ao CNJ rever, de ofício ou mediante provocação, os processos disciplinares de juízes e membros de tribunais julgados há menos de um ano.

1: Correta, nos termos do art. 103-B, § 4º, V, da CF.

Gabarito 1C

(Técnico Judiciário – Área Administrativa – TRT8 – 2013 – CESPE) Assinale a opção correta a respeito do Poder Judiciário.

(A) Salvo autorização do CNJ, o juiz titular terá de residir na respectiva comarca.

(B) Deverão ser motivadas e tomadas em sessão pública as decisões administrativas dos tribunais, sendo as disciplinares tomadas pelo voto da maioria absoluta de seus membros.

(C) Os servidores dos tribunais receberão delegação para a prática de atos de mero expediente, contudo referidas práticas só possuirão caráter decisório se a delegação for expressa nesse sentido.

(D) A CF estabelece que as custas e emolumentos serão destinados ao custeio dos serviços afetos às atividades da administração pública em geral.

(E) O CNJ é um órgão de natureza judicial, com sede na capital federal e jurisdição em todo o território nacional.

A: Incorreta. O juiz titular deverá residir na respectiva comarca, salvo autorização do **tribunal** (art. 93, VII, da CF); **B:** Correta, conforme art. 93, X, da CF; **C:** Incorreta, pois os servidores apenas receberão delegação para a prática de atos de administração e atos de mero expediente **sem caráter decisório** (art. 93, XIV, da CF); **D:** Incorreta, pois as custas e emolumentos serão destinados exclusivamente ao custeio dos serviços afetos às atividades específicas da Justiça (art. 98, § 2º, da CF); **E:** Incorreta. O STF, ao julgar o AgR do MS 28.872, entendeu que o CNJ não possui jurisdição, ou seja, "o Conselho Nacional de Justiça, embora seja órgão do Poder Judiciário, nos termos do art. 103-B, § 4º, II, da Constituição Federal, possui, tão somente, atribuições de natureza administrativa e, nesse sentido, não lhe é permitido apreciar a constitucionalidade dos atos administrativos, mas somente sua legalidade".

Gabarito "B"

(Técnico Judiciário – Área Administrativa – TRT8 – 2013 – CESPE) Considerando a função jurisdicional do Estado, sua estrutura, organização e órgãos, assinale a opção correta.

(A) Objetivando assegurar o pleno acesso do jurisdicionado à justiça em todas as fases do processo, os TRTs poderão funcionar de modo descentralizado mediante a constituição de câmaras municipais.

(B) As causas e os conflitos entre o DF e a União, os estados e a União, ou entre uns e outros, inclusive as respectivas entidades da administração indireta, são de competência do STF.

(C) As ações contra o CNJ são de competência do STJ.

(D) Incumbe aos tribunais superiores, precipuamente, a guarda da Constituição.

(E) O TST compor-se-á de vinte e sete membros, escolhidos mediante eleição, pelo voto secreto, de, entre outros, três juízes dos TRTs.

A: Incorreta, pois, conforme o § 2º do art. 115 da CF, os Tribunais Regionais do Trabalho poderão funcionar descentralizadamente, constituindo **Câmaras regionais** e não câmaras municipais, a fim de assegurar o pleno acesso do jurisdicionado à justiça em todas as fases do processo"; **B:** Correta, conforme art. 102, I, *f*, da CF; **C:** Incorreta. As ações contra o CNJ são de competência do STF (art. 102, I, *r*, da CF); **D:** Incorreta, pois cabe ao STF a guarda da Constituição (art. 102, caput, da CF); **E:** Incorreta, pois o Tribunal Superior do Trabalho compor-se-á de vinte e sete Ministros (1/5 dentre advogados com mais de dez anos de efetiva atividade profissional e membros do Ministério Público do Trabalho com mais de dez anos de efetivo exercício e os demais dentre juízes dos Tribunais Regionais do Trabalho, oriundos da magistratura da carreira, indicados pelo próprio Tribunal Superior), escolhidos dentre brasileiros com mais de trinta e cinco e menos de sessenta e cinco anos, de notável saber jurídico e reputação ilibada, nomeados **pelo Presidente da República após aprovação pela maioria absoluta do Senado Federal** (art. 111-A, *caput*, da CF).

Gabarito "B"

(Técnico Judiciário – Área Administrativa – TRT8 – 2013 – CESPE) Assinale a opção correta com relação às competências da justiça do trabalho.

(A) Os juízes dos TRTs, salvo motivo justificado, serão eleitos por dois anos, no mínimo, e nunca por mais de dois biênios consecutivos, sendo os substitutos escolhidos na mesma ocasião e pelo mesmo processo, em número igual para cada categoria.

(B) A lei criará varas da justiça do trabalho, podendo, nas comarcas não abrangidas por sua jurisdição, atribuí-las aos juízes de direito da justiça estadual, com recurso para o respectivo tribunal de justiça.

(C) O Conselho Superior da Justiça do Trabalho funcionará junto aos TRTs.

(D) A Escola Nacional de Formação e Aperfeiçoamento de Magistrados do Trabalho funcionará junto ao CNJ.

(E) É competência originária dos TRFs processar e julgar, ressalvada a competência da justiça eleitoral, os juízes da justiça do trabalho, nos crimes de responsabilidade e comuns.

A: Incorreta. Os **juízes dos tribunais eleitorais**, salvo motivo justificado, servirão por dois anos, no mínimo, e nunca por mais de dois biênios consecutivos, sendo os substitutos escolhidos na mesma ocasião e pelo mesmo processo, em número igual para cada categoria (art. 121, § 2º, da CF); **B:** Incorreta, uma vez que a competência para julgar os recursos será do respectivo Tribunal Regional do Trabalho (art. 112 da CF); **C:** Incorreta. O Conselho Superior da Justiça do Trabalho **funcionará junto ao TST** (art. 111-A, § 2º, II, da CF); **D:** Incorreta. A Escola Nacional de Formação e Aperfeiçoamento de Magistrados **funcionará junto ao STJ** (art. 105, parágrafo único, I, da CF). **E:** Correta, conforme art. 108, I, *a*, da CF.

Gabarito "E".

(Técnico – TJ/CE – 2013 – CESPE) No que concerne ao Conselho Nacional de Justiça (CNJ), assinale a opção correta.

(A) Compete ao CNJ processar e julgar as ações penais impetradas contra os seus conselheiros.

(B) O CNJ é integrado por quinze membros, entre eles dois juízes estaduais e dois desembargadores de tribunal de justiça, indicados pelo STJ.

(C) Junto ao CNJ oficiarão o procurador-geral de justiça e o presidente da Ordem dos Advogados do Brasil.

(D) O CNJ não está autorizado a propor ação direta de inconstitucionalidade.

(E) O CNJ, apesar de órgão do Poder Judiciário, está tecnicamente subordinado ao Tribunal de Contas da União em razão de seu caráter correcional.

A: Incorreta. Compete ao Conselho Nacional de Justiça o controle da atuação administrativa e financeira do Poder Judiciário e do cumprimento dos deveres funcionais dos juízes, cabendo-lhe, além de outras atribuições que lhe forem conferidas pelo Estatuto da Magistratura as obrigações elencadas no art. 103-B, § 4º, da CF; **B:** Incorreta. Serão indicados pelo **STF** um juiz estadual e um Desembargador de Tribunal de Justiça (art. 103-B, IV e V, da CF); **C:** Incorreta. Junto ao Conselho oficiarão o Procurador-Geral da **República** e o Presidente do **Conselho Federal** da Ordem dos Advogados do Brasil (art. 103-B, § 6º, da CF); **D:** Correta, pois não está elencado dentre os legitimados do art. 103 da CF; **E:** Incorreta, pois o Conselho Nacional de Justiça não está subordinado ao TCU, ante a ausência de previsão legal.

Gabarito "D".

(Técnico – TJ/CE – 2013 – CESPE) Assinale a opção correta, considerando as normas da CF relativas ao Poder Judiciário.

(A) As decisões administrativas dos tribunais deverão ser proferidas em sessões reservadas, como regra.

(B) A promoção do juiz que figure por três vezes consecutivas ou cinco alternadas em lista de merecimento é medida obrigatória.

(C) Compete ao Poder Judiciário fixar a remuneração de seus servidores, observados os critérios que preservem o equilíbrio financeiro e atuarial.

(D) Cabe ao STJ processar e julgar os juízes estaduais e do Distrito Federal nos crimes comuns e de responsabilidade.

(E) São órgãos do Poder Judiciário os tribunais de justiça dos estados e os conselhos de justiça dos municípios.

A: Incorreta. As decisões administrativas dos tribunais serão motivadas e **em sessão pública**, sendo as disciplinares tomadas pelo voto da maioria absoluta de seus membros (art. 93, X, da CF); **B:** Correta, conforme art. 93, II, *a*, da CF; **C:** Incorreta, pois compete ao o Supremo Tribunal Federal, aos Tribunais Superiores e aos Tribunais de Justiça propor ao Poder Legislativo respectivo, observado o disposto no art. 169 (limites de despesas estabelecidos em Lei Complementar) a criação e a extinção de cargos e a remuneração dos seus serviços auxiliares e dos juízos que lhes forem vinculados, bem como a fixação do subsídio de seus membros e dos juízes, inclusive dos tribunais inferiores, onde houver (art. 96, II, *b*, da CF); **D:** Incorreta, pois compete privativamente aos **Tribunais de Justiça** julgar os juízes estaduais e do Distrito Federal e Territórios, bem como os membros do Ministério Público, nos crimes comuns e de responsabilidade, ressalvada a competência da Justiça Eleitoral (art. 96, III, da CF); **E:** Incorreta, pois não há conselhos de justiça dos municípios no rol taxativo do art. 92 da CF.

Gabarito "B".

(Técnico Judiciário – TJDFT – 2013 – CESPE) Acerca do Poder Judiciário, julgue os itens seguintes.

(1) O Conselho Nacional de Justiça poderá intervir no mérito da atividade jurisdicional exercida pelos juízes.

(2) A justiça eleitoral é competente para julgar ação civil pública destinada a apurar ato praticado por prefeito que, no decorrer do mandato eletivo, tenha utilizado símbolo que caracterizasse promoção pessoal na publicidade de obras realizadas pela prefeitura.

(3) O cargo de juiz é vitalício, razão por que seu ocupante somente o perderá por decisão judicial transitada em julgado.

1: incorreto. O Conselho Nacional de Justiça, embora seja considerado órgão do Poder Judiciário (art. 92, I-A, da CF/1988), não detém função jurisdicional. É tido como um órgão administrativo ao qual compete o controle da atuação administrativa e financeira do Poder Judiciário e do cumprimento dos deveres funcionais dos juízes. Suas funções vêm descritas nos incisos do § 4º do art. 103-B da CF/1988; **2:** incorreto. De acordo com as decisões do STJ a justiça eleitoral não é competente para julgar essa ação civil pública. "COMPETÊNCIA. ATO. PREFEITO. JUSTIÇA ELEITORAL. Trata-se de ação civil pública para apurar ato praticado por prefeito no decorrer do mandato eletivo, quando utilizou símbolos pessoais na publicidade de obras e serviços realizados pela prefeitura. Diante disso, resta incompetente a Justiça Eleitoral, pois sua competência restringe-se às controvérsias ligadas ao processo eleitoral e cessa com a diplomação definitiva dos eleitos, com exceção da ação de impugnação de mandato (art. 14, § 10 e § 11, da CF/1988). Com esse entendimento, a Seção, prosseguindo o julgamento, declarou competente o Tribunal de Justiça estadual. Precedentes citados: CC 10.903-RJ, *DJ* 12/12/1994, e CC 5.286-CE, *DJ* 04/10/1993". (STJ / Informativo 203 – CC 36.533-MG, Rel. Min. Luiz Fux, julgado em 24/03/2004; **3:** incorreto. De acordo com o art. 95, I, da CF/1988, a vitaliciedade, no primeiro grau, só é adquirida após dois anos de exercício, **dependendo a perda do cargo, nesse período, de deliberação do tribunal a que o juiz estiver vinculado**, e, nos demais casos, de sentença judicial transitada em julgado.

Gabarito 1E, 2E, 3E

(Magistratura/CE – 2012 – CESPE) No que concerne à organização e às competências dos órgãos do Poder Judiciário e do CNJ, assinale a opção correta.

(A) Em se tratando de crimes comuns, compete aos tribunais de justiça julgar os juízes dos estados e os do DF, bem como os membros do MP estadual; nos casos de crime de responsabilidade, a competência é das assembleias legislativas.

(B) Aos tribunais de justiça é assegurada autonomia para elaborar sua proposta orçamentária, respeitados os limites estipulados na lei de diretrizes orçamentárias, que deve ser encaminhada dentro do prazo convencionado com o Poder Executivo; caso contrário, serão considerados, para fins de consolidação da proposta orçamentária anual, os valores médios dos orçamentos do tribunal nos três últimos anos.

(C) O Procurador-Geral da República e o Advogado-Geral da União deverão ser previamente ouvidos em todos os processos de competência do STF, mas apenas aquele é obrigado a se pronunciar nas ações de inconstitucionalidade de competência do tribunal.

(D) O CNJ é presidido pelo presidente do STF e, na ausência ou no impedimento deste, pelo seu vice-presidente; os demais membros do CNJ serão nomeados pelo presidente da República, após aprovação pela maioria absoluta do Senado Federal.

(E) A competência dos tribunais de justiça é definida na Lei Orgânica da Magistratura Nacional, mas sua organização e composição são estabelecidas na lei de organização judiciária estadual, cuja propositura cabe aos governadores, ouvido o tribunal de justiça respectivo.

A: incorreta, pois compete aos tribunais de justiça julgar os juízes estaduais e do Distrito Federal e Territórios, bem como os membros do Ministério Público, nos crimes comuns e de responsabilidade, ressalvada a competência da Justiça Eleitora, nos termos do art. 96, III, da

CF; **B:** incorreta, na exata medida que ao Poder Judiciário é assegurado autonomia administrativa e financeira, assim, os tribunais poderão elaborar suas propostas orçamentárias dentro dos limites estipulados conjuntamente com os demais Poderes na lei de diretrizes orçamentárias. Se os tribunais não encaminharem as propostas orçamentárias dentro do prazo estabelecido na lei de diretrizes orçamentárias, o Poder Executivo considerará, para fins de consolidação da proposta orçamentária anual, os valores aprovados na lei orçamentária vigente, nos termos do art. 99, § 1º, 2º, 3º e 4º, da CF; **C:** incorreta: pois o Procurador-Geral da República deverá ser previamente ouvido nas ações de inconstitucionalidade, salvo quando ele for o autor, e em todos os processos de competência do STF, nos termos do art. 103, § 1º, da CF. Em se tratando do AGU, quando o STF apreciar a inconstitucionalidade , em tese, de norma geral ou ato normativo, citará, previamente, o Advogado-Geral da União, que defenderá o ato ou texto impugnado, salvo se o STF ainda não se pronunciou sobre aquela matéria, ou em se tratando de ação declaratória de constitucionalidade, conforme art. 103, § 3º, da CF; **D:** correta, réplica do art. 103-B, § 1º e 2º, da CF; **E:** incorreta, pois a competência dos tribunais será definida na Constituição do Estado, sendo a lei de organização judiciária de iniciativa do Tribunal de Justiça, nos termos do art. 125, § 1º da CF e o art. 70, do ADCT.

Gabarito "D"

(Magistratura/BA – 2012 – CESPE) Em relação ao Poder Judiciário, assinale a opção correta.

(A) O CNJ é presidido pelo presidente do STF e, nas suas ausências e impedimentos, pelo vice-presidente do tribunal, cabendo, ainda, ao STF nomear os demais membros do conselho, depois de aprovada a escolha pela maioria absoluta do Senado Federal.

(B) Compete à justiça militar estadual processar e julgar os militares acusados da prática dos crimes militares definidos em lei ou da prática de crimes contra civis, assim como as ações judiciais contra atos disciplinares militares.

(C) O ingresso na carreira da magistratura, cujo cargo inicial é o de juiz substituto, depende de aprovação em concurso de provas e títulos organizado e realizado, ao menos em sua fase preliminar, com a participação do conselho seccional da OAB.

(D) A CF veda a promoção do juiz que, injustificadamente, retiver autos em seu poder além do prazo legal, não podendo devolvê-los ao cartório sem o devido despacho ou decisão.

(E) O ato de remoção do magistrado por interesse público depende de decisão tomada pelo voto de dois terços do respectivo tribunal, conforme procedimento próprio, e desde que lhe seja assegurada a ampla defesa.

A: incorreta. O Conselho será presidido pelo Presidente do Supremo Tribunal Federal, e, nas suas ausências e impedimentos, pelo Vice-Presidente do Supremo Tribunal Federal. Todavia, os demais membros do Conselho serão nomeados pelo Presidente da República, depois de aprovada a escolha pela maioria absoluta do Senado Federal, nos termos do art. 103-B, § 1º e 2º, da CF; **B:** incorreta, pois a Justiça Militar de fato tem competência para processar e julgar os crimes militares definidos em lei (art. 9º, do Código Penal Militar) e as ações contra atos disciplinares militares, ressalvada à competência do Júri quando a vítima for civil, cabendo ao tribunal competente decidir sobre a perda do posto e da patente dos oficiais e da graduação das praças, conforme art. 125, § 4º, da CF; **C:** incorreta, pois o art. 93, I, da CF, exige a participação da Ordem dos Advogados do Brasil em todas as fases, exigindo-se do bacharel em direito, no mínimo, três anos de atividade jurídica e obedecendo-se, nas nomeações à ordem de classificação; **D:** correta, já que se trata de réplica do art. 93, II, "e", da CF; **E:** incorreta, já que o ato de remoção, disponibilidade e aposentadoria do magistrado, por interesse público, fundar-se à em decisão por voto da maioria absoluta, e não dois terços, do respectivo tribunal ou do Conselho Nacional de Justiça, assegurada ampla defesa.

Gabarito "D"

(Defensor Público/RO – 2012 – CESPE) Acerca do Poder Judiciário e das funções essenciais à justiça, assinale a opção correta.

(A) Ao CNJ, órgão do Poder Judiciário criado pela EC n. 45/2004, compete o controle da atuação administrativa, financeira, disciplinar e jurisdicional dos órgãos do Poder Judiciário, podendo seus atos ser revistos pelo STF.

(B) No CNJ, o membro proveniente do STJ exercerá a função de ministro-corregedor e ficará excluído da distribuição de processos no tribunal, competindo-lhe, entre outras atribuições, rever, de ofício ou mediante provocação, os processos disciplinares de juízes e membros de tribunais julgados há menos de um ano.

(C) Entre os princípios institucionais do MP, destaca-se a autonomia funcional, segundo a qual seus membros não se submeterão a nenhum dos três Poderes, a órgão ou a autoridade pública, mas tão somente à CF, às leis e à sua própria consciência.

(D) Segundo a CF, aos advogados públicos é vedado o exercício da advocacia fora das atribuições institucionais.

(E) Por meio da EC n. 45/2004, conhecida como Reforma do Judiciário, ampliou-se o âmbito da imparcialidade dos órgãos jurisdicionais, com a instituição, por exemplo, da denominada "quarentena de saída", segundo a qual os membros da magistratura ficam impedidos de exercer, pelo prazo de três anos, a advocacia no juízo ou tribunal do qual tenham se afastado por aposentadoria ou exoneração.

A: Errada. Não reflete o disposto no art. 103-B, § 4º, da CF; **B:** Errada. Não reflete o disposto no art. 103-B, § 5º, I a III, da CF; **C:** Errada. "São princípios institucionais do MP: unidade, indivisibilidade e independência funcional. A independência funcional corresponde à autonomia de convicção, na medida em que os membros do MP não se submetem a qualquer poder hierárquico no exercício de seu mister, podendo agir, no processo, da maneira que melhor entenderem. A hierarquia restringe-se a questões de caráter administrativo, não funcionais" (Pedro Lenza, **Direito Constitucional Esquematizado**, 2013, p. 913); **D:** Errada. A CF não proíbe a advocacia privada aos advogados públicos, mas o faz para os membros da defensoria (art. 134, § 1º, da CF); **E:** Correta. Art. 95, parágrafo único, V, da CF.

Gabarito "E"

(Advogado da União/AGU – CESPE – 2012) No que se refere ao estatuto constitucional da magistratura e às competências do STF, julgue os itens subsequentes.

(1) Embora o rol de matérias de competência originária do STF seja taxativo na CF, esse tribunal reconheceu serem de sua própria competência as causas de natureza civil instauradas contra o presidente da República ou qualquer das autoridades que, em matéria penal, disponham de prerrogativa de foro perante essa Corte ou que, em sede de mandado de segurança, estejam sujeitas à jurisdição imediata desta.

(2) A CF veda aos juízes que se aposentarem ou forem exonerados o exercício da advocacia no juízo ou tribunal do qual se afastaram até o decurso de três anos após o desligamento.

1: errada. V. STF, Pet 1.738-AgR, Rel. Min. Celso de Mello: "A competência do STF – cujos fundamentos repousam na CR – submete-se a regime de direito estrito. A competência originária do STF, por qualificar-se como um complexo de atribuições jurisdicionais de extração essencialmente constitucional – e ante o regime de direito estrito a que se acha submetida –, não comporta a possibilidade de ser estendida a situações que extravasem os limites fixados, em *numerus clausus*, pelo rol exaustivo inscrito no art. 102, I, da CR. Precedentes. O regime de direito estrito, a que se submete a definição dessa competência institucional, tem levado o STF, por efeito da taxatividade do rol constante da Carta Política, a afastar, do âmbito de suas atribuições jurisdicionais originárias, o processo e o julgamento de causas de natureza civil que não se acham inscritas no texto constitucional (ações populares, ações civis públicas, ações cautelares, ações ordinárias, ações declaratórias e medidas cautelares), mesmo que instauradas contra o presidente da República ou contra qualquer das autoridades, que, em matéria penal (CF, art. 102, I, *b* e *c*), dispõem de prerrogativa de foro perante a Corte Suprema ou que, em sede de mandado de segurança, estão sujeitas à jurisdição imediata do Tribunal (CF, art. 102, I, *d*)"; **2:** correta. Art. 95, parágrafo único, V, da CF.

Gabarito 1E, 2C

13. DAS FUNÇÕES ESSENCIAIS À JUSTIÇA

(Auditor Fiscal – SEFAZ/RS – 2019 – CESPE/CEBRASPE) Com base nas normas constitucionais que versem sobre as funções essenciais à justiça, assinale a opção correta.

(A) A Procuradoria-Geral da Fazenda Nacional integra o Ministério Público Federal.

(B) Incumbe à Advocacia Geral da União representar a União, judicial e extrajudicialmente.

(C) A Defensoria Pública da União faz parte do Conselho Nacional do Ministério Público.

(D) Aos membros da Defensoria Pública e aos integrantes da Advocacia Geral da União são asseguradas as prerrogativas constitucionais da inamovibilidade e da vitaliciedade.

(E) A autonomia administrativa é garantida constitucionalmente ao Ministério Público, à Defensoria Pública e à Advocacia Pública.

A: incorreta, porque a Procuradoria-Geral da Fazenda Nacional integra a Advocacia-Geral da União (art. 131, § 3º, da CF); **B:** correta, nos termos do art. 131, *caput*, da CF; **C:** incorreta, pois a Defensoria Pública é instituição permanente, essencial à função jurisdicional do Estado, incumbindo-lhe a orientação jurídica, a promoção dos direitos humanos e a defesa, em todos os graus, judicial e extrajudicial, dos direitos individuais e coletivos, de forma integral e gratuita, aos necessitados (art. 134 da CF). Por sua vez, o Conselho Nacional do Ministério Público exerce o controle da atuação administrativa e financeira do Ministério Público e o cumprimento dos deveres funcionais de seus membros (art. 130-A, § 2º, da CF); **D:** incorreta, pois aos membros da Defensoria Pública é assegurada apenas a garantia da inamovibilidade (art. 134, § 1º, da CF), ao passo que nenhuma dessas prerrogativas é assegurada aos integrantes da Advocacia-Geral da União. As prerrogativas constitucionais da inamovibilidade e da vitaliciedade são asseguradas aos magistrados (art. 95, I e II, da CF) e aos membros do Ministério Público (art. 128, § 5º, I, "a" e "b", da CF); **E:** incorreta, já que a autonomia administrativa é garantida constitucionalmente ao Ministério Público (art. 127, § 2º, da CF) e à Defensoria Pública (art. 134, §§ 2º e 3º, da CF), mas não à Advocacia Pública. AN

Gabarito "B"

(Procurador do Município – Prefeitura Fortaleza/CE – CESPE – 2017) A respeito das funções essenciais à justiça, julgue os itens seguintes à luz da CF.

(1) Aos defensores públicos é garantida a inamovibilidade e vedada a advocacia fora das atribuições institucionais.

(2) Em decorrência do princípio da unidade, membro do MP não pode recorrer de decisão proferida na segunda instância se o acórdão coincidir com o que foi preconizado pelo promotor que atuou no primeiro grau de jurisdição.

(3) De acordo com o entendimento do STF, são garantidas ao advogado público independência funcional e inamovibilidade.

(4) O ente federado tanto pode optar pela constituição de defensoria pública quanto firmar convênio exclusivo com a OAB para prestar assistência jurídica integral aos hipossuficientes.

1: Correta. Art. 134, § 1º, CF. **2:** Incorreta. O princípio da unidade tem natureza administrativa. Significa que os membros do MP estão sob a direção de um único chefe, devendo ser visto como uma única instituição. Não impede que o procurador regional da República discorde do procurador da República que atue em primeira instância. **3:** Incorreta. A advocacia pública não tem independência funcional e nem garantia de inamovibilidade. **4:** Incorreta. O ente federado deve organizar sua defensoria pública, sob pena de omissão inconstitucional. TM

Gabarito 1C, 2E, 3E, 4E

(Promotor de Justiça/AC – 2014 – CESPE) De acordo com as normas constitucionais e o entendimento doutrinário e jurisprudencial referentes ao MP, assinale a opção correta.

(A) Compete ao Conselho Nacional do MP o controle da atuação administrativa, financeira e da independência funcional dos membros do MP, competindo-lhe, entre outras atribuições, a revisão, de ofício ou mediante provocação, de processos disciplinares de membros do MPE julgados há menos de um ano.

(B) Cabe ao STF dirimir conflito negativo de atribuições entre o MPF e o MPE, quando não configurado virtual conflito de jurisdição que, por força da CF, seja da competência do STJ.

(C) Desde que previsto em lei estadual, o membro do MPE pode atuar como procurador do MP junto ao tribunal de contas estadual.

(D) Em decorrência do princípio da simetria, é obrigatória a aprovação, pela assembleia legislativa, de indicado pelo governador, em lista tríplice, ao cargo de procurador-geral de justiça.

(E) Por caber privativamente ao procurador-geral da República o exercício das funções do MP junto ao STF, os membros do MPE não podem propor, de forma autônoma, reclamação perante a suprema corte.

A: incorreta, uma vez que não constitui atribuição do CNMP controlar a independência funcional de seus membros (art. 130-A, CF); **B:** correta. Conferir: "Compete ao Supremo Tribunal Federal dirimir conflito de atribuições entre os Ministérios Públicos Federal e Estadual, quando não configurado virtual conflito de jurisdição que, por força da interpretação analógica do art. 105, I, *d*, da CF, seja da competência do Superior Tribunal de Justiça. Com base nesse entendimento, o Tribunal, resolvendo conflito instaurado entre o MP do Estado da Bahia e o Federal, firmou a competência do primeiro para atuação em inquérito que visa apurar crime de roubo (CP, art. 157, § 2º, I). Considerou-se a orientação fixada pelo Supremo no sentido de ser dele a competência para julgar certa matéria diante da inexistência de previsão específica na Constituição Federal a respeito, e emprestou-se maior alcance à alínea *f* do inciso I do art. 102 da CF, ante o fato de estarem envolvidos no conflito órgãos da União e de Estado-membro. Asseverou-se, ademais, a incompetência do Procurador-Geral da República para a solução do conflito, em face da impossibilidade de sua interferência no parquet da unidade federada. (...)" (Pet 3528/BA, rel. Min. Marco Aurélio, 28.9.2005); **C:** incorreta. Nesse sentido: "Mandado de segurança. Ato do Conselho Nacional do Ministério Público. Atuação de Procuradores de Justiça nos Tribunais de Contas. Ofensa à Constituição. 1. Está assente na jurisprudência deste Supremo Tribunal Federal que o Ministério Público junto ao Tribunal de Contas possui fisionomia institucional própria, que não se confunde com a do Ministério Público comum, sejam os dos Estados, seja o da União, o que impede a atuação, ainda que transitória, de Procuradores de Justiça nos Tribunais de Contas (cf. ADI 2.884, Relator o Ministro Celso de Mello, DJ de 20/5/05; ADI 3.192, Relator o Ministro Eros Grau, *DJ* de 18.08.2006). 2. Escorreita a decisão do CNMP que determinou o imediato retorno de dois Procuradores de Justiça que oficiavam perante o Tribunal de Contas do Estado do Rio Grande do Sul às suas funções próprias no Ministério Público estadual, não sendo oponíveis os princípios da segurança jurídica e da eficiência, a legislação estadual ou as ditas prerrogativas do Procurador-Geral de Justiça ao modelo institucional definido na própria Constituição 3. Não se pode desqualificar decisão do Conselho Nacional do Ministério Público que, no exercício de suas atribuições constitucionais, identifica situação irregular de atuação de Procuradores de Justiça estaduais junto ao Tribunal de Contas, o que está vedado em julgados desta Corte Suprema. O argumento de que nasceu o exame de representação anônima, considerando a realidade dos autos, não malfere a decisão do colegiado que determinou o retorno dos Procuradores de Justiça às funções próprias do Ministério Público estadual. 4. Denegação da segurança" (MS 27339, Menezes Direito, STF); **D:** incorreta. Conferir: "Ação direta de inconstitucionalidade. Constituição do Estado do Mato Grosso. Competência da assembleia legislativa para aprovar a escolha do procurador-geral de justiça. Inconstitucionalidade. 1. A escolha do Procurador-Geral da República deve ser aprovada pelo Senado (CF, artigo 128, § 1º). A nomeação do Procurador-Geral de Justiça dos Estados não está sujeita à aprovação da Assembleia Legislativa. Compete ao Governador nomeá-lo dentre lista tríplice composta de integrantes da carreira (CF, artigo 128, § 3º). Não aplicação do princípio da simetria. Precedentes. 2. Dispositivo da Constituição do Estado de Mato Grosso que restringe o alcance do § 3º do artigo 128 da Constituição Federal, ao exigir a aprovação da escolha do Procurador-Geral de Justiça pela Assembleia Legislativa. Ação julgada procedente e declarada a inconstitucionalidade da alínea "c" do inciso XIX do artigo 26 da Constituição do Estado de Mato Grosso" (ADI 452, Maurício Corrêa, STF); **E:** incorreta. Nesse sentido: "Reclamação. Execução penal. Restabelecimento dos dias remidos. Contrariedade à Súmula Vinculante n. 9 do Supremo Tribunal Federal. Reconhecida, por maioria, a legitimidade do Ministério Público do Estado de São Paulo para propor reclamação, independentemente de ratificação da inicial pelo Procurador-Geral da República. Decisão reclamada contrária à Súmula Vinculante n. 9 e proferida após a sua publicação. 1. O Supremo Tribunal reconheceu a legitimidade ativa autônoma do Ministério Público estadual para ajuizar reclamação no Supremo Tribunal, sem que se exija a ratificação da inicial pelo Procurador-Geral da República. Precedente: Reclamação n. 7.358. 2. A decisão reclamada foi proferida após a publicação da súmula vinculante n. 9 do Supremo Tribunal, pelo que, nos termos do art. 103-A da Constituição da República, está a ela sujeita. 3. Reclamação julgada procedente" (STF, Cármen Lúcia, 7101).

Gabarito "B".

(Defensor Público/TO – 2013 – CESPE) Considerando as disposições constitucionais e a jurisprudência, assinale a opção correta a respeito das funções essenciais à justiça.

(A) Não são devidos honorários advocatícios sucumbenciais em favor da DP, ainda que patrocine demanda ajuizada contra ente federativo diverso daquele a que pertença.

(B) O advogado é indispensável à administração da justiça, e o efetivo exercício da profissão demanda inscrição na OAB, razão pela qual a atuação em processo judicial sem a correspondente habilitação torna anuláveis os atos processuais praticados.

(C) De acordo com entendimento do STJ, o advogado dativo nomeado na hipótese de não existência de DP no local da prestação do serviço tem direito a honorários advocatícios, que não podem ser fixados pelo juiz em valores distintos dos fixados em tabela da OAB.

(D) Embora as DPs estaduais detenham autonomia funcional e administrativa, a CF confere à União a competência para organizar e manter a DP do DF.

(E) Segundo o STF, o MP do Trabalho não possui legitimidade para atuar, em sede processual, perante o STF, visto que essa competência é privativa do procurador-geral da República.

A: Errada. Súmula 421 do STJ: "Os honorários advocatícios não são devidos à Defensoria Pública quando ela atua contra a pessoa jurídica de direito público à qual pertença"; **B**: Errada. Embora seja polêmica a matéria, a banca parece entender que os procuradores e advogados da União possuem mandato *ex lege*, prescindindo de inscrição na OAB; **C**: Errada. Tem direito a honorários, que podem ser fixados em valores diferentes da Tabela da OAB; **D**: Errada. Compete à União organizar e manter a DP dos Territórios (art. 21, XIII, da CF); **E**: Correta. STF, Rcl 6239: "O exercício das funções do Ministério Público junto ao Supremo Tribunal Federal cabe privativamente ao Procurador-Geral da República, nos termos do art. 103, § 1º, da CF e do art. 46 da LC 75/1993 (Estatuto do Ministério Público da União)".

Gabarito "E".

(Analista – TJ/CE – 2013 – CESPE) Acerca das funções essenciais à justiça, assinale a opção correta.

(A) O Conselho Nacional do Ministério Público somente exercerá o controle da atuação administrativa e jurisdicional do Ministério Público.

(B) Apesar de a CF determinar que os procuradores dos estados exerçam a representação judicial e a consultoria jurídica dos respectivos estados, segundo o STF, o Poder Legislativo local poderá praticar em juízo, em nome próprio, atos processuais na defesa de sua autonomia e independência.

(C) Segundo a CF, compete à defensoria pública a orientação jurídica e a defesa dos necessitados no âmbito da justiça ordinária, não tendo tal órgão competência para atuar perante os tribunais superiores.

(D) O ingresso nas carreiras da Advocacia-Geral da União e das procuradorias dos estados e do Distrito Federal será feito mediante concurso público de provas e títulos, com a participação da Ordem dos Advogados do Brasil em todas as suas fases.

(E) O procurador-geral da República será nomeado pelo presidente da República, devendo a sua escolha ser feita entre integrantes da carreira, com mais de trinta e cinco anos de idade, para mandato de dois anos, sendo permitida a recondução somente se não houver outros candidatos.

A: Incorreta. Compete ao Conselho Nacional do Ministério Público o controle da atuação administrativa e financeira do Ministério Público (art. 130-A da CF); **B**: Correta. O STF decidiu, na ADI 1.557, que a Procuradoria-Geral do Distrito Federal é a responsável pelo desempenho da atividade jurídica consultiva e contenciosa exercida na defesa dos interesses da pessoa jurídica de direito público Distrito Federal. **Não obstante, a jurisprudência desta Corte reconhece a ocorrência de situações em que o Poder Legislativo necessite praticar em juízo, em nome próprio, uma série de atos processuais na defesa de sua autonomia e independência frente aos demais Poderes**, nada impedindo que assim o faça por meio de um setor pertencente a sua estrutura administrativa, também responsável pela consultoria e assessoramento jurídico de seus demais órgãos (j. 31.03.2004, rel. Min. Ellen Gracie); **C**: Incorreta, pois o art. 134, *caput*, da CF prevê que a Defensoria Pública é instituição permanente, essencial à função jurisdicional do Estado, incumbindo-lhe, como expressão e instrumento do regime democrático, fundamentalmente, a orientação jurídica, a promoção dos direitos humanos e a defesa, **em todos os graus, judicial e extrajudicial**, dos direitos individuais e coletivos, de forma integral e gratuita, aos necessitados, na forma do inciso LXXIV do art. 5º desta Constituição Federal. **D**: Incorreta. A Constituição Federal prevê, no art. 131, § 2º, que *o ingresso nas classes iniciais da Advocacia-Geral da União far-se-á mediante concurso público de provas e títulos*. Note que não há menção sobre a participação da OAB em todas as fases. Já o art. 132, *caput*, dispõe sobre a participação da OAB em todas as fases do concurso de Procuradorias estaduais e do DF. **E**: Incorreta, pois a recondução não é condicionada a presença de outros candidatos (art. 128, § 1º, da CF).

Gabarito "B".

(Técnico – STF – 2013 – CESPE) Julgue o item seguinte, acerca do Ministério Público (MP).

(1) Caso o MP deixe de elaborar e encaminhar sua proposta orçamentária dentro do prazo estabelecido na lei de diretrizes orçamentárias, caberá ao Poder Legislativo considerar, para fins de consolidação da proposta orçamentária anual, a média dos valores destinados ao MP nos últimos cinco anos.

1: Incorreta, pois, se o Ministério Público não encaminhar a respectiva proposta orçamentária dentro do prazo estabelecido na lei de diretrizes orçamentárias, caberá ao **Poder Executivo (e não ao Poder Legislativo)** considerar, para fins de consolidação da proposta orçamentária anual, os valores aprovados na **lei orçamentária vigente**, ajustados de acordo com os limites estabelecidos na lei de diretrizes orçamentárias.

Gabarito 1E

(Técnico Judiciário – Área Administrativa – TRT8 – 2013 – CESPE) Considerando as funções essenciais à justiça, em especial as do MP, assinale a opção correta.

(A) Tanto o CNJ quanto o Conselho Nacional do Ministério Público possuem, por expressa determinação constitucional, em sua composição, duas vagas reservadas a pessoas, não necessariamente nacionais, que possuam notável saber jurídico e reputação ilibada, indicadas uma pela Câmara dos Deputados e outra pelo Senado Federal.

(B) O Ministério Público da União compreende, entre outros, o Ministério Público do Trabalho, o Ministério Público junto ao Tribunal de Contas e o Ministério Público Militar.

(C) São princípios institucionais do MP e da defensoria pública a unidade, a indivisibilidade e a independência funcional.

(D) A criação de varas da justiça do trabalhos e dará por meio de lei, sendo que, nas comarcas não abrangidas por sua jurisdição, a competência poderá ser atribuída aos juízes de direito, e os recursos, direcionados ao TRF respectivo.

(E) As funções institucionais do MP incluem, entre outras, a proteção do meio ambiente, do patrimônio público e social e de outros interesses coletivos e difusos mediante a promoção do inquérito civil e da ação civil pública.

A: Incorreta. Os arts. 103-B, XIII, e 130-A, VI, da CF, preveem que o CNJ e o CNMP serão compostos por **dois cidadãos** de notável saber jurídico e reputação ilibada, indicados um pela Câmara dos Deputados e outro pelo Senado Federal. Pedro Lenza entende que a "cidadania tem por pressuposto a nacionalidade (que é mais ampla que a cidadania), caracterizando-se como a titularidade de direitos políticos de votar e ser votado. O cidadão, portanto, nada mais é do que o nacional que goza de direitos políticos" (**Direito Constitucional Esquematizado**. 17. ed. São Paulo: Saraiva, p. 1422). Portanto, não poderão integrar o CNJ e o CNMP os não cidadãos; **B:** Incorreta, pois o Ministério Público junto aos Tribunais de Contas não integram o Ministério Público da União (art. 128, I, da CF); **C:** Incorreta para a banca examinadora. À época da aplicação da prova, a EC 80/2014 não havia sido publicada. A EC 80/2014 trouxe ao § 4º ao art. 134 os princípios institucionais da unidade, indivisibilidade e independência funcional à Defensoria Pública. Entretanto, não obstante a EC 80, o art. 3º da LC 80/1994 (Lei Orgânica da Defensoria Pública) já trazia os princípios institucionais da mencionada Instituição, razão pela qual também consideramos a alternativa correta. A questão está correta no que tange os princípios institucionais do MP, conforme dispõe o art. 127, § 1º, da CF); **D:** Incorreta. Os recursos serão direcionados ao respectivo Tribunal Regional do Trabalho (art. 112 da CF); **E:** Correta, conforme art. 129, III, da CF).

Gabarito "E".

(Técnico Judiciário – Área Administrativa – TRT8 – 2013 – CESPE) Acerca das funções essenciais à justiça, em especial as da advocacia pública e da defensoria pública, assinale a opção correta.

(A) A advocacia pública compreende a advocacia e a defensoria pública.
(B) A Advocacia-Geral da União formará lista tríplice com nomes de integrantes da carreira, na forma da lei respectiva, para a escolha de seu procurador-geral, que será nomeado pelo chefe do Poder Executivo, para mandato de dois anos, permitida uma recondução.
(C) É função institucional da defensoria pública defender judicialmente os direitos e interesses das populações indígenas.
(D) Considerando que, de acordo com a CF, o advogado é indispensável à administração da justiça, sendo inviolável por seus atos e manifestações no exercício da profissão, nos limites da lei, é correto afirmar que tal preceito representa uma norma constitucional de aplicabilidade imediata que poderá sofrer regulamentação legislativa.
(E) A advocacia pública é instituição essencial à função jurisdicional do Estado, incumbindo-lhe a orientação jurídica e a defesa, em todos os graus, dos necessitados.

A: Incorreta, pois a Advocacia e a Defensoria Pública são Funções Essenciais à Justiça e não compreendem a Advocacia Pública; **B:** Incorreta, pois a Advocacia-Geral da União tem por chefe o Advogado-Geral da União, de livre nomeação pelo Presidente da República (art. 131, § 1º, da CF e art. 3º, *caput*, da LC 73/1993 – Lei Orgânica da Advocacia-Geral da União). Importante mencionar que o § 1º do mencionado art. 3º prevê que O Advogado-Geral da União é o mais elevado órgão de assessoramento jurídico do Poder Executivo, submetido à direta, pessoal e imediata supervisão do Presidente da República; **C:** Incorreta. É função institucional do Ministério Público defender judicialmente os direitos e interesses das populações indígenas (art. 129, V, da CF); **D:** Correta. O art. 133 da CF é norma de eficácia contida, ou seja, em que pese tenha aplicabilidade imediata e produza todos os efeitos, poderá, posteriormente, ter sua abrangência reduzida por norma infraconstitucional; **E:** Incorreta no tocante ao encargo constitucionalmente previsto. A defesa, em todos os graus, dos necessitados é incumbência da Defensoria Pública e não da Advocacia Pública (art. 134 da CF)

Gabarito "D".

(Técnico – TJ/CE – 2013 – CESPE) No que se refere ao Ministério Público, assinale a opção correta.

(A) O Conselho Nacional do Ministério Público é composto por quatorze membros nomeados pelo presidente da República, após aprovação do Senado Federal.
(B) O Ministério Público, instituição permanente que desempenha atividade essencial à função jurisdicional do Estado, é subordinado administrativamente ao Poder Judiciário.
(C) São princípios institucionais do Ministério Público a seletividade, a uniformidade e a independência funcional.
(D) Os procuradores-gerais dos estados poderão ser destituídos por deliberação do procurador-geral da República.
(E) É função institucional do Ministério Público apreciar, para fins de registro, a legalidade dos atos de admissão de pessoal na administração direta e indireta.

A: Correta, conforme o caput do art. 130-A da CF; **B:** Incorreta. O Ministério Público não possui subordinação com os Poderes da União. Importante esclarecer que são princípios institucionais do Ministério Público a unidade, a indivisibilidade e a **independência funcional** (art. 127, § 1º, da CF); **C:** Incorreta, conforme mencionado no comentário anterior; **D:** Incorreta. Os Procuradores-Gerais nos Estados e no Distrito Federal e Territórios poderão ser destituídos por deliberação da maioria absoluta do Poder Legislativo, na forma da lei complementar respectiva (v. art. 9º da Lei 8.625/1993, que institui a Lei Orgânica do Ministério Público) (art. 128, § 4º, da CF); **E:** Incorreta, pois a hipótese descrita na alternativa é de competência do Tribunal de Contas da União, no exercício do controle externo (art. 71, III, da CF).

Gabarito "A".

(Técnico – TJ/CE – 2013 – CESPE) Assinale a opção correta acerca das funções essenciais à justiça, conforme dispõe a CF.

(A) A representação da União, na execução da dívida ativa de natureza tributária, cabe à Procuradoria-Geral da Fazenda Nacional.
(B) O Ministério Público Federal abrange o Ministério Público Militar.
(C) A Advocacia-Geral da União consubstancia órgão do Poder Judiciário.
(D) À defensoria pública incumbe a orientação jurídica e a defesa daqueles que não desejam pagar por um advogado.
(E) A Advocacia-Geral da União tem por chefe o ministro da Justiça.

A: Correta, conforme art. 131, § 3º, da CF; **B:** Incorreta. O Ministério Público da União compreende o Ministério Público Militar, o Ministério Público Federal, dentre outros (art. 128 da CF); **C:** A Advocacia-Geral da União é a instituição que, diretamente ou através de órgão vinculado, representa a União, judicial e extrajudicialmente, cabendo-lhe, nos termos da lei complementar que dispuser sobre sua organização e funcionamento, as atividades de consultoria e assessoramento jurídico do **Poder Executivo e não do Poder Judiciário** (art. 131, *caput*, da CF); **D:** Incorreta, pois à Defensoria Pública incumbe a orientação jurídica, promoção dos direitos humanos e a defesa, em todos os graus, judicial e extrajudicial, dos direitos individuais e coletivos, de forma integral e gratuita, **aos necessitados**, ou seja, àqueles que não possuem condições de pagar um advogado e não àqueles que simplesmente não desejam pagar a prestação dos serviços de um profissional da advocacia (art. 134, *caput*, da CF); **E:** Incorreto, pois a Advocacia-Geral da União tem por chefe o Advogado-Geral da União (art. 131, § 1º, da CF).

Gabarito "A".

(Ministério Público/TO – 2012 – CESPE) A respeito das funções essenciais à justiça, assinale a opção correta.

(A) O MP pode deflagrar o processo legislativo de lei concernente aos planos de carreira de seus membros e servidores, não podendo, no entanto, fixar ou estabelecer a revisão dos respectivos vencimentos, em razão da iniciativa privativa do chefe do Poder Executivo para essa matéria.
(B) A DPU é regulamentada por lei complementar, e as DPs estaduais, assegurada a autonomia funcional e administrativa, são regulamentadas por lei ordinária própria de cada estado da Federação, cabendo ao Poder Executivo estadual elaborar a proposta orçamentária da instituição.
(C) O advogado é indispensável à administração da justiça, sendo absolutamente inviolável por seus atos e manifestações, inclusive em entrevistas aos meios de comunicação.
(D) Ao MP cabe a defesa da ordem jurídica, do regime democrático e dos interesses sociais e coletivos; para isso, ele possui, por exemplo, legitimidade para ajuizar ACP em defesa do patrimônio público e do meio ambiente.
(E) A Advocacia-Geral da União é instituição que representa a União, em juízo e fora dele, e presta consultoria jurídica e assessoramento ao Poder Executivo e ao Poder Legislativo.

A: incorreta, pois leis complementares da União e dos Estados, cuja iniciativa é facultada aos respectivos Procuradores-Gerais, estabelecerão a organização, as atribuições e o estatuto de cada Ministério Público, nos termos do art. 128, § 5º, da CF. É oportuno citarmos o seguinte julgado do STF: "Atribuições do Ministério Público: matéria não sujeita à reserva absoluta de lei complementar: improcedência da alegação de inconstitucionalidade formal do art. 66, *caput* e § 1º, do CC (Lei 10.406/2002). O art. 128, § 5º, da Constituição, não substantiva reserva absoluta a lei complementar para conferir atribuições ao Ministério Público ou a cada um dos seus ramos, na União ou nos Estados-membros. A tese restritiva é elidida pelo art. 129 da Constituição, que, depois de enumerar uma série de 'funções institucionais do Ministério Público', admite que a elas se acresçam a de 'exercer outras funções que lhe forem conferidas, desde que compatíveis com sua finalidade, sendo-lhe vedada a representação judicial e a consultoria jurídica de entidades públicas'. Trata-se, como acentua a doutrina, de uma 'norma de encerramento', que, à falta de reclamo explícito de legislação complementar, admite que leis ordinárias – qual acontece, de há muito, com as de cunho processual – possam aditar novas funções às diretamente outorgadas ao Ministério Público pela Constituição, desde que compatíveis com as finalidades da instituição e às vedações de que nelas se incluam 'a representação judicial e a consultoria jurídica das entidades públicas'" (**ADI 2.794**, Rel. Min. **Sepúlveda Pertence**, julgamento em 14.12.2006, Plenário, *DJ* de 30.03.2007.); **B:** incorreta, a Defensoria Pública é instituição essencial à função jurisdicional do Estado, incumbindo-lhe a orientação jurídica e a defesa, em todos os graus, dos necessitados, na forma do art. 5º, LXXIV. Sendo assim, a lei complementar organizará a Defensoria Pública da União e do Distrito Federal e dos Territórios e prescreverá normas gerais para sua organização nos Estados, em cargos de carreira, providos, na classe inicial, mediante concurso público de provas e títulos, assegurada a seus integrantes a garantia da inamovibilidade e vedado o exercício da advocacia fora das atribuições institucionais. Em contrapartida, às Defensorias Públicas Estaduais são asseguradas autonomia funcional e administrativa e a iniciativa de sua proposta orçamentária (e não lei ordinária própria de cada Estado) dentro dos limites estabelecidos na lei de diretrizes orçamentárias e subordinação ao disposto no art. 99, § 2º, da CF; **C:** incorreta, o advogado é indispensável à administração da justiça, sendo inviolável (não absolutamente) por seus atos e manifestações no exercício da profissão, nos limites da Lei 8.906/1994; **D:** correta, ao MP cabe a defesa da ordem jurídica, do regime democrático e dos interesses sociais e coletivos; para isso, ele possui, por exemplo, legitimidade para ajuizar ACP em defesa do patrimônio público e do meio ambiente, nos termos art. 129, III, da CF c/c a Lei 7.347/1985; **E:** incorreta, pois a Advocacia-Geral da União é a instituição que, diretamente ou por meio de órgão vinculado, representa a União, judicial e extrajudicialmente, cabendo-lhe, nos termos da lei complementar que dispuser sobre sua organização e funcionamento, as atividades de consultoria e assessoramento jurídico do Poder Executivo e não do Poder Legislativo. Ou seja, representa **judicialmente** os três Poderes da União (Executivo, Legislativo e Judiciário) e, em âmbito consultivo, apenas o Poder Executivo. É interessante consignarmos que ao titular do cargo de Procurador de autarquia (já extinto, pois hoje o cargo é denominado de "Procurador Federal") não se exige a apresentação de instrumento de mandato para representá-la em juízo (**Súmula 644** do STF).

Gabarito "D"

(Defensor Público/AC – 2012 – CESPE) Assinale a opção correta com base na jurisprudência do STF acerca da advocacia e da DP.

(A) Norma estadual pode estabelecer a vinculação da respectiva DP a secretarias de Estado.

(B) O escritório de advocacia é inviolável, ainda que o advogado seja suspeito da prática de crime concebido e consumado no âmbito desse local de trabalho.

(C) A garantia da inamovibilidade é conferida pela CF aos magistrados, aos membros do MP e aos membros da DP, não podendo ser estendida aos procuradores dos estados e do DF.

(D) Norma estadual pode atribuir à DPE a defesa judicial dos servidores públicos estaduais processados criminalmente em razão do regular exercício do cargo.

(E) Lei estadual pode equiparar, para todos os fins, o defensor público-geral a secretário de Estado.

A: Errada. STF, ADIn 3569: "A EC 45/2004 outorgou expressamente autonomia funcional e administrativa às defensorias públicas estaduais, além da iniciativa para a propositura de seus orçamentos (art. 134, § 2º, da CF): donde ser inconstitucional a norma local que estabelece a vinculação da Defensoria Pública a Secretaria de Estado"; **B:** Errada. STF, Inq. 2424: "Não opera a inviolabilidade do escritório de advocacia, quando o próprio advogado seja suspeito da prática de crime, sobretudo concebido e consumado no âmbito desse local de trabalho, sob pretexto de exercício da profissão"; **C:** Correta. STF, ADIn 291, conforme preceitua os arts. 95, II; 128, I *b*; 134 § 1º, da Constituição Federal; **D:** Errada. STF, ADIn 3022: "Norma estadual que atribui à Defensoria Pública do estado a defesa judicial de servidores públicos estaduais processados civil ou criminalmente em razão do regular exercício do cargo extrapola o modelo da Constituição Federal (art. 134), o qual restringe as atribuições da Defensoria Pública à assistência jurídica a que se refere o art. 5º, LXXIV do referido diploma legal"; **E:** Errada. STF, ADIn 2903: "A mera equiparação de altos servidores públicos estaduais, como o Defensor Público-Geral do Estado, a Secretário de Estado, com equivalência de tratamento, só se compreende pelo fato de tais agentes públicos, destinatários de referida equiparação, não ostentarem, eles próprios, a condição jurídico-administrativa de Secretário de Estado. – Consequente inocorrência do alegado cerceamento do poder de livre escolha, pelo Governador do Estado, dos seus Secretários estaduais, eis que o Defensor Público-Geral local – por constituir cargo privativo de membro da carreira – não é, efetivamente, não obstante essa equivalência funcional, Secretário de Estado".

Gabarito "C"

(Advogado da União/AGU – CESPE – 2012) Acerca da AGU, julgue os itens a seguir.

(1) Incumbe à AGU, diretamente ou mediante órgão vinculado, exercer a representação judicial e extrajudicial da União, assim como as atividades de consultoria e assessoramento jurídico dos Poderes Executivo, Legislativo e Judiciário, no âmbito federal.

(2) A CF estabelece expressamente que a representação da União, na execução da dívida ativa de natureza tributária, cabe à Procuradoria-Geral da Fazenda Nacional, observado o disposto em lei.

1: Errada. A AGU representa **judicialmente** os três poderes da União (Legislativo, Executivo e Judiciário), mas no âmbito **consultivo**, apenas assessora o Poder Executivo (art. 131 da CF); **2:** Correta. Art. 131, § 3º, da CF.

Gabarito 1E, 2C

14. DEFESA DO ESTADO

(Delegado – PC/SE – 2018 – CESPE/CEBRASPE) Conforme disposições constitucionais a respeito da organização da segurança pública, julgue os itens a seguir.

(1) A segurança pública, exercida para preservação da ordem pública e da incolumidade das pessoas e do patrimônio, é responsabilidade de todos.

(2) As polícias militares, os corpos de bombeiros militares e as polícias civis subordinam-se aos governadores dos estados, do Distrito Federal e dos territórios.

(3) Incumbem às polícias civis a função de polícia judiciária e a apuração de infrações penais contra a ordem política e social, excetuadas as infrações de natureza militar.

(4) Compete à União estabelecer normas gerais sobre a organização das polícias civis.

(5) O poder constituinte originário, ao tratar da segurança pública no ordenamento constitucional vigente, fez menção expressa à segurança viária, atividade exercida para a preservação da ordem pública, da incolumidade das pessoas e de seu patrimônio nas vias públicas.

1: certa, pois a segurança pública é dever do Estado e direito e responsabilidade de todos (art. 144, *caput*, da CF); **2:** certa, nos termos do art. 144, § 6º, da CF; **3:** errada, porque compete à polícia federal apurar infrações penais contra a ordem política e social (art. 144, § 1º, I, da CF); **4:** certa, porque, no âmbito da legislação concorrente, a competência da União limita-se a estabelecer normas gerais (art. 24, XVI, c/c § 1º, da CF); **5:** errada, porque a segurança viária foi incluída na

Constituição pela Emenda Constitucional 82/2014, que é manifestação do poder constituinte derivado reformador. AN

Gabarito: 1C, 2C, 3E, 4C, 5E

(Delegado Federal – 2018 – CESPE) Acerca da disciplina constitucional da segurança pública, do Poder Judiciário, do MP e das atribuições da PF, julgue os seguintes itens.

(1) Compete à justiça estadual o julgamento de crimes relativos à difusão ou aquisição, em determinado estado da Federação, de material pornográfico envolvendo crianças e adolescentes por meio da rede mundial de computadores.

(2) Segundo o STF, o MP não possui legitimidade para propor ação civil pública em matéria tributária em defesa de contribuintes.

(3) É concorrente a competência da União e dos estados para legislar sobre a organização, os direitos e os deveres das polícias civis dos estados.

(4) A vedação absoluta ao direito de greve dos integrantes das carreiras da segurança pública é compatível com o princípio da isonomia, segundo o STF.

(5) A PF tem competência para apurar infrações penais que causem prejuízos aos interesses da União, ressalvadas aquelas que atinjam órgãos da administração pública indireta no âmbito federal.

1: errada, pois compete à Justiça Federal processar e julgar os crimes consistentes em disponibilizar ou adquirir material pornográfico envolvendo criança ou adolescente (arts. 241, 241-A e 241-B da Lei 8.069/1990) quando praticados por meio da rede mundial de computadores (STF, RE 628624 RG, Rel. Min. Marco Aurélio, j. em 28.04.2011, Tema 393); **2:** certa, pois o STF entende que o Ministério Público não possui legitimidade ativa *ad causam* para, em ação civil pública, deduzir em juízo pretensão de natureza tributária em defesa dos contribuintes, que vise questionar a constitucionalidade/legalidade de tributo (ARE 694294 RG, Rel. Min. Luiz Fux, j. em 25.04.2013, Tema 645); **3:** certa, nos termos do art. 24, XVI, da CF; **4:** certa, porque, segundo o STF, o exercício do direito de greve, sob qualquer forma ou modalidade, é vedado aos policiais civis e a todos os servidores públicos que atuem diretamente na área de segurança pública (ARE 654432 RG, Rel. Min. Ricardo Lewandowski, j. em 19.04.2012, Tema 541); **5:** errada, já que compete à polícia federal apurar infrações penais contra a ordem política e social ou em detrimento de bens, serviços e interesses da União ou de suas entidades autárquicas e empresas públicas, assim como outras infrações cuja prática tenha repercussão interestadual ou internacional e exija repressão uniforme (art. 144, § 1º, I, da CF). AN

Gabarito 1E, 2C, 3C, 4C, 5E

(Procurador Municipal – Prefeitura/BH – CESPE – 2017) Com relação ao estado de defesa, assinale a opção correta.

(A) A prisão por crime contra o Estado, determinada pelo executor da medida, será por este comunicada imediatamente ao juiz competente, ficando a autoridade policial dispensada de apresentar o exame de corpo de delito do detido.

(B) O estado de defesa poderá ser instituído por decreto que especifique as áreas a serem abrangidas e as medidas coercitivas a vigorarem, a exemplo de restrições de direitos e ocupação e uso temporário de bens e serviços públicos.

(C) O tempo de duração do estado de defesa não poderá ser prorrogado.

(D) O sigilo de correspondência e de comunicação telefônica permanecem invioláveis na vigência do estado de defesa.

A: incorreta. Não reflete o disposto no art. 136, § 3º, I, da CF, que prevê a possibilidade de o preso requerer exame de corpo de delito; **B:** correta. Art. 136, § 1º, CF; **C:** incorreta. Não reflete o disposto no art. 136, § 2º, que prevê o prazo de 30 dias, podendo ser prorrogado uma única vez; **D:** Incorreta. Podem ser restringidos de acordo com o art. 136, § 1º, I, *b* e *c*, CF. TM

Gabarito "B".

(Agente de Polícia Federal – 2012 – CESPE) Considerando as disposições constitucionais acerca de segurança pública, julgue os itens a seguir.

(1) Cabe à Polícia Federal apurar infrações penais que atentem contra os bens, serviços e interesses da administração direta, das autarquias e das fundações públicas da União. Às polícias civis dos estados cabem as funções de polícia judiciária das entidades de direito privado da administração indireta federal.

(2) A Polícia Federal, as polícias militares e os corpos de bombeiros militares são forças auxiliares e reserva do exército.

1: incorreta. Preliminarmente, é oportuno pontuarmos que os primeiros órgãos ou instituições criados na Carta Constitucional foram a Polícia Federal, que há de ser implantada por meio de lei federal, devendo ser composta por órgãos permanentes e organizada em carreira. Em segundo, suas atribuições, além de outras correlatas, são apurar infrações penais contra a ordem política e social ou em detrimento de bens, serviços e interesses da União ou de suas entidades autárquicas e empresas públicas (art. 109, IV, da CF), assim como outras infrações cuja prática tenha repercussão interestadual ou internacional (Lei 10.446, de 08 de maio de 2002) e exija repressão uniforme, conforme dispuser em lei, e prevenção e repressão ao tráfico ilícito de entorpecentes e drogas afins, o contrabando e o descaminho, sem prejuízo da ação fazendária e de outros órgãos públicos nas respectivas áreas de competência. A Polícia Federal está vinculada ao Ministério da Justiça (e como desdobramento lógico em última instância ao Presidente da República) e é custeada com recursos da União, como determina o art. 144, § 1º, I e II, da CF. No que diz respeito às policias civis, dirigidas por delegados de polícia de carreira incumbem, ressalvada a competência da União, as funções de polícia judiciária e a apuração de infrações penas, exceto as militares, nos termos do art. 144, § 4º, da CF. Em outras palavras, as polícias civis, exceto as do Distrito Federal e dos Territórios, cuja incumbência toca à União (art. 21, XIV, da CF), são de responsabilidade dos Estados-membros e deverão ser dirigidas por delegados de polícia de carreira (com curso de bacharelado em Direito e aprovados em virtude de concurso público de provas e títulos). Possuem competência residual, isto é, excluídas as competências da União, as quais tocam à polícia federal, todas as demais infrações (crimes ou contravenções penais), exceto as de natureza militares, serão apuradas pela polícia judiciária estadual, o que denota seu caráter repressivo, ou seja, o desenvolvimento de seus trabalhos, em regra, após a consumação do fato delituoso; **2:** incorreta, na exata medida que o constituinte reservou à segurança pública um capítulo especial (Capítulo III do Título V). A preocupação fixou-se no passado recente, no qual segurança púbica e segurança nacional se confundiam e a segunda passou a ser utilizada como ato de império. Utilizavam-se as forças públicas e militares para perseguirem e mesmo aniquilar os críticos do regime militar ditatorial. A segurança é dever de todos (poder público e sociedade) e tem como objetivos a preservação da ordem pública e da integridade das pessoas e do patrimônio, enfim é a manutenção da ordem pública no âmbito interno. Preocupou-se o constituinte em criar órgãos com atribuições específicas e definidas, na esfera federal, estadual e municipal. Inovou o texto constitucional, pois possibilitou ao município a criação de forças públicas, denominadas, em regra, guardas municipais, com função específica de proteção a bens, serviços e instalações municipais. Sendo assim, a segurança pública é formada pelos seguintes órgãos: I – Polícia Federal, II – Polícia Rodoviária Federal, III – Polícia Ferroviária Federal, IV – Polícias Civis e V – Polícias Militares e Corpos de Bombeiros Militares. Por fim, somente as polícias militares e corpos de bombeiros militares são forças auxiliares e reserva do Exército, subordinam-se, juntamente com as polícias civis, aos Governadores dos Estados, do Distrito Federal e dos Territórios, nos termos do art. 144, § 6º, da CF. A EC 104/2019 acrescentou ao rol dos órgãos responsáveis pela segurança pública as polícias penais federal, estaduais e distrital, vinculadas ao órgão administrador do sistema penal da unidade federativa a que pertencem, a quem cabe a segurança dos estabelecimentos penais (art. 144, § 5º-A, da CF).

Gabarito 1E, 2E

(Defensor Público/SE – 2012 – CESPE) No que diz respeito ao estado de defesa, assinale a opção correta.

(A) O preso por crime contra o Estado poderá ficar em cárcere por tempo indeterminado, independentemente de autorização do Poder Judiciário, enquanto perdurar o estado de defesa durante o qual se tenha determinado a sua prisão.

(B) O decreto que instituir o estado de defesa poderá restringir, nos termos e limites da lei, o direito de reunião, inclusive no âmbito das associações.

(C) Em nenhuma hipótese, o estado de defesa poderá durar mais de trinta dias.

(D) Decretado o estado de defesa, o presidente da República submeterá o ato, no prazo de vinte e quatro horas, com a respectiva justificação, ao Congresso Nacional, que o apreciará; caso o Parlamento esteja em recesso, a apreciação do ato ocorrerá assim que este retomar seus trabalhos.

(E) Durante a vigência do estado de defesa, o preso por crime contra o Estado poderá ficar incomunicável.

A: Errada. Viola o art. 136, § 3º, III, da CF: "Na vigência do estado de defesa, a prisão ou detenção de qualquer pessoa não poderá ser superior a dez dias, salvo quando autorizada pelo Poder Judiciário"; **B:** Correta. Art. 136, § 1º, I, "a", da CF; **C:** Errada. Não reflete o disposto no art. 136, § 2º, da CF; **D:** Errada. Não reflete o disposto no art. 136, §§ 4º e 5º, da CF: "O tempo de duração do estado de defesa não será superior a trinta dias, podendo ser prorrogado uma vez, por igual período, se persistirem as razões que justificaram a sua decretação"; **E:** Errada. Viola o art. 136, § 3º, IV, da CF: "é vedada a incomunicabilidade do preso".

Gabarito "B".

15. TRIBUTAÇÃO E ORÇAMENTO

(Procurador do Município – Prefeitura Fortaleza/CE – CESPE – 2017) Acerca de tributação e finanças públicas, julgue os itens subsequentes, conforme as disposições da CF e a jurisprudência do STF.

(1) As disponibilidades financeiras do município devem ser depositadas em instituições financeiras oficiais, cabendo unicamente à União, mediante lei nacional, definir eventuais exceções a essa regra geral.

(2) Os municípios e o DF têm competência para instituir contribuição para o custeio do serviço de iluminação pública, tributo de caráter *sui generis*, diferente de imposto e de taxa.

(3) A imunidade tributária recíproca que veda à União, aos estados, ao DF e aos municípios instituir impostos sobre o patrimônio, renda ou serviços uns dos outros é cláusula pétrea.

1: Correta. Art. 164, § 3º, CF. **2:** Correta. Art. 149-A da CF. 3: Correta. A imunidade recíproca está prevista no art. 150, VI, *a* da CF e é considerada cláusula pétrea pelo STF.

Gabarito 1C, 2C, 3C

(Procurador Municipal – Prefeitura/BH – CESPE – 2017) De acordo com a CF e a jurisprudência dos tribunais superiores, assinale a opção correta, acerca do Sistema Tributário Nacional.

(A) A jurisprudência do STF considera a mora do contribuinte, pontual e isoladamente considerada, fator suficiente para determinar a ponderação da multa moratória.

(B) Aos estados e aos municípios cabe legislar o modo como isenções, incentivos e benefícios fiscais serão concedidos e revogados.

(C) A fazenda pública pode exigir prestação de fiança, garantia real ou fidejussória para a impressão de notas fiscais de contribuintes em débito com o fisco.

(D) A exigência de depósito prévio como requisito de admissibilidade de ação judicial na qual se pretenda discutir a exigibilidade de crédito tributário é inconstitucional.

A: incorreta. Segundo o STF, "a mera alusão à mora, pontual e isoladamente considerada, é insuficiente para estabelecer a relação de calibração e ponderação necessárias entre a gravidade da conduta e o peso da punição. É ônus da parte interessada apontar peculiaridades e idiossincrasias do quadro que permitiriam sustentar a proporcionalidade da pena almejada" (RE 523471); **B:** incorreta. Pelo art. 155, § 2º, XII, *g*, CF, a competência é dos Estados e do DF e deve ser exercida por lei complementar; **C:** incorreta. A exigência foi considerada inconstitucional pelo STF, em repercussão geral (RE 565048); **D:** correta. Texto da Súmula Vinculante 28/STF.

Gabarito "D".

(Procurador Municipal – Prefeitura/BH – CESPE – 2017) Tendo como referência as determinações constitucionais acerca do PPA, da LDO e da LOA, assinale a opção correta.

(A) A implementação do PPA após a aprovação da LOA ocorre por meio da execução dos programas contemplados com dotações.

(B) A regionalização a que se refere o PPA na CF é aplicável apenas no âmbito federal.

(C) O STF admite ADI contra disposições da LDO em razão de seu caráter e efeitos abstratos.

(D) A LDO é o instrumento de planejamento que deve estabelecer as diretrizes relativas aos programas de duração continuada.

A: correta. A implementação do plano plurianual ocorre, ano a ano, pelas Leis Orçamentárias Anuais. Após a elaboração do plano plurianual (diretrizes, objetivos e metas), do estabelecimento das metas e prioridades pela lei de diretrizes orçamentárias e da aprovação da Lei Orçamentária Anual é que ocorre a implementação do PPA, por meio da execução dos programas contemplados com dotações na LOA; **B:** incorreta. O art. 165, § 1º, CF, deve ser observado pelos demais entes por simetria federativa; **C:** incorreta. Não cabe ADI, por constituir lei de efeitos concretos; **D:** incorreta. Programas de duração continuada são previstos no PPA.

Gabarito "A".

(Defensor Público – DPE/RN – 2016 – CESPE) Assinale a opção correta acerca do regime constitucional dos gastos públicos.

(A) A existência de prévia autorização legislativa é requisito suficiente para a abertura de crédito suplementar ou especial.

(B) A transposição, o remanejamento ou a transferência de recursos de uma categoria de programação para outra ou de um órgão para outro não depende de prévia autorização legislativa.

(C) A instituição de fundos de qualquer natureza pode ser autorizada por decreto do Poder Executivo, circunstância em que tal ato terá a natureza de decreto autônomo.

(D) Para se iniciar investimento cuja execução ultrapasse um exercício financeiro, basta que esse investimento esteja previsto na LOA do primeiro exercício financeiro de sua execução.

(E) O início de programas e projetos governamentais não será possível sem a inclusão deles na LOA.

A: Errada. O art. 167, V, da CF exige também a indicação dos recursos correspondentes; **B:** Errada. Depende de prévia autorização legislativa, conforme redação do art. 167, VI, da CF; **C:** Errada. Também depende de prévia autorização legislativa. Art. 167, IX, da CF; **D:** Errada. Art. 167, § 1º, da CF: "Nenhum investimento cuja execução ultrapasse um exercício financeiro poderá ser iniciado sem prévia inclusão no plano plurianual, ou sem lei que autorize a inclusão, sob pena de crime de responsabilidade"; **E:** Correta. Art. 167, I, da CF.

Gabarito "E".

(Juiz de Direito/AM – 2016 – CESPE) Acerca da competência tributária no âmbito constitucional, assinale a opção correta.

(A) Aos estados e aos municípios compete regular a maneira como isenções, incentivos e benefícios fiscais serão concedidos e revogados.

(B) Lei estadual poderá prever a possibilidade de concessão de incentivos fiscais a empreendimentos, afastada a necessidade de prévio acordo conjunto entre os estados e o DF.

(C) Além dos tributos previstos expressamente na CF, a União detém competência residual para instituir, por lei complementar, outros impostos, ainda que cumulativos.

(D) É vedada qualquer distinção em razão de ocupação profissional ou função exercida pelos contribuintes, independentemente da denominação jurídica dos rendimentos, títulos ou direitos.

(E) A CF estabelece o limite de 47% do produto da arrecadação do imposto sobre a renda e proventos de qualquer natureza e do imposto sobre produtos industrializados para estados e municípios, por meio dos respectivos fundos de participação.

A: incorreta. Cada ente federado só pode regular isenções, incentivos e benefícios fiscais relativos aos tributos de sua própria competência constitucional (art. 150, § 6º, CF); **B:** incorreta. Isenções, incentivos e benefícios fiscais só podem ser concedidos, por lei complementar, mediante **deliberação** dos Estados e do Distrito Federal (art. 155, § 2º, XII, "g", CF), justamente para evitar a chamada "guerra fiscal" entre os estados; **C:** incorreta. Embora a competência **tributária** residual seja da União (a competência **legislativa** residual é dos Estados), o art. 154, I, CF prescreve que somente **impostos** podem ser criados por competência residual da União, e desde que a) por lei complementar; b) sejam não-cumulativos; e c) não possuam fato gerador ou base de cálculo próprios de outros impostos; **D:** correta. Art. 150, II, CF: "Art. 150. Sem prejuízo de outras garantias asseguradas ao contribuinte, é vedado à União, aos Estados, ao Distrito Federal e aos Municípios: (...) II – instituir tratamento desigual entre contribuintes que se encontrem em situação equivalente, proibida qualquer distinção em razão de ocupação profissional ou função por eles exercida, independentemente da denominação jurídica dos rendimentos, títulos ou direitos"; **E:** incorreta. Art. 159, I, CF. Em relação ao IR e ao IPI, a União entrega o total de 49% do produto da arrecadação, sendo 46% para os fundos constitucionais (FPE – Fundo de Participação dos Estados e do Distrito Federal; e FPM – Fundo de Participação dos Municípios). Tais 46% destinados ao FPE e ao FPM são divididos, por sua vez, da seguinte forma: a) 21,5% para o FPE; b) 22,5% para o FPM; c) 1% também para o FPM, nos primeiros dez dias de julho; e d) 1% também ao FPM, nos primeiros dez dias de dezembro.

Gabarito "D"

(Promotor de Justiça/AC – 2014 – CESPE) Considerando as normas constitucionais aplicáveis ao sistema tributário nacional, às finanças públicas e à ordem econômica, assinale a opção correta.

(A) Incorrerá em inconstitucionalidade a lei estadual que criar taxa incidente sobre o patrimônio, renda ou serviços de municípios, visto que, na CF, é prevista, para esse caso, a limitação constitucional ao poder de tributar denominada imunidade recíproca.

(B) Em razão do regime de livre mercado estabelecido na CF, é vedado ao Estado explorar diretamente atividade econômica.

(C) De acordo com a CF, não se pode vincular a receita de impostos estaduais a despesas com manutenção e desenvolvimento do ensino e ações e serviços públicos de saúde.

(D) Os municípios, os estados e o DF poderão instituir imposto para custeio do serviço de iluminação pública, desde que o façam com observância ao princípio da legalidade, da anterioridade e da irretroatividade.

(E) Viola disposição da CF o convênio firmado entre estado e município com o objetivo de realizar transferência voluntária de recursos financeiros para pagamento de despesas com professores integrantes da rede pública de ensino.

A: incorreta, já que o art. 150, VI, *a*, da CF somente se referiu a imposto; a taxa, também modalidade de tributo, não foi contemplada; **B:** incorreta, na medida em que o art. 173, *caput*, da CF autoriza o Estado a explorar, diretamente, atividade econômica, desde que necessária aos imperativos da segurança nacional ou a relevante interesse coletivo; **C:** incorreta (art. 167, IV, da CF); **D:** incorreta (art. 149-A, CF); **E:** correta, pois em conformidade com a regra presente no art. 167, X, da CF.

Gabarito "E"

(Procurador/DF – 2013 – CESPE) Julgue os itens seguintes, relativos ao Sistema Tributário Nacional, às limitações do poder de tributar e aos princípios gerais da atividade econômica.

(1) O princípio da imunidade recíproca, mediante o qual é vedado à União, aos estados, ao DF e aos municípios instituir impostos sobre patrimônio, renda ou serviços uns dos outros, é extensivo às autarquias e às fundações instituídas e mantidas pelo poder público, no que se refere ao patrimônio, à renda e aos serviços, vinculados a suas finalidades essenciais ou às delas decorrentes.

(2) As empresas públicas, as sociedades de economia mista e suas subsidiárias que explorem atividade econômica de produção ou comercialização de bens, mas não as que se destinem à prestação de serviços, sujeitam-se ao regime jurídico próprio das empresas privadas, inclusive quanto aos direitos e obrigações civis, comerciais, trabalhistas e tributários.

(3) A União pode criar empréstimos compulsórios visando investimentos públicos de caráter urgente e de relevante interesse nacional, mas está impedida de cobrar tais tributos no mesmo exercício financeiro em que haja sido publicada a lei que os instituiu.

1: correta (art. 150, VI, "a" e o seu § 2º, da CF/1988); **2:** Incorreta, pois a assertiva excluiu a prestação de serviços públicos, sendo que o correto é, "as empresas públicas, as sociedades de economia mista e suas subsidiárias que explorem atividade econômica de produção ou comercialização de bens **ou prestação de serviços**, sujeitam-se ao regime jurídico próprio das empresas privadas, inclusive quanto aos direitos e obrigações civis, comerciais, trabalhistas e tributários", nos termos do art. 173, § 1º, II, da CF/1988; **3:** correta. Na doutrina tributária brasileira, **empréstimo compulsório** é considerado um tributo, e consiste na tomada compulsória de certa quantidade em dinheiro do contribuinte a título de "empréstimo", para que este o resgate em certo prazo, conforme as determinações estabelecidas por lei. Na prática, o passado está recheado de episódios em que empréstimos compulsórios só foram devolvidos após muito tempo. Como o Brasil vivia crise de hiperinflação, o dinheiro devolvido foi "reduzido a pó". O empréstimo compulsório serve para atender a situações excepcionais, e só pode ser instituído pela União empréstimos compulsórios para atender às despesas extraordinárias decorrentes de calamidade pública, guerra externa ou sua iminência (art. 148, I, da CF/1988). Diferentemente, o empréstimo compulsório para assuntos de interesse relevante precisa atender ao princípio da anterioridade (art. 148, II da CF/1988). Os empréstimos compulsórios, a rigor e de acordo com a Teoria Geral do Direito Tributário, são tributos por não representarem incremento à receita do Estado, vez que sua contabilização no ativo também gera lançamentos em contrapartida no passivo, que representa o endividamento. Contudo, a Constituição de 1967, através da Emenda Constitucional n. 1/1969, determinou a aplicação, em se tratando de empréstimo compulsório, das normas e princípios gerais aplicáveis aos tributos. Determinou-se, portanto, assim, uma equivalência prática entre empréstimos compulsórios e tributos. Há doutrinadores que entendem ser tal disposição da antiga constituição prova cabal da carência de natureza tributária dos empréstimos compulsórios, vez que não seria necessária norma explícita no sentido de definir conceitos (o que não representa o propósito clássico da norma jurídica) se fosse tal espécie classificável como tributo.

Gabarito 1C, 2E, 3C

(Magistratura/CE – 2012 – CESPE) No que concerne às disposições constitucionais sobre o Sistema Tributário Nacional, assinale a opção correta.

(A) É vedado à União cobrar tributo que implique distinção de estado ou município em detrimento de outro, ou instituir incentivos fiscais que não sejam concedidos, de modo uniforme, às diferentes regiões do país.

(B) Os estados e o DF podem instituir, por decreto do Poder Executivo, contribuição para o custeio do serviço de iluminação pública, cuja cobrança pode ocorrer na fatura de consumo de energia elétrica.

(C) A CF veda a instituição de tratamento desigual entre contribuintes que se encontrem em situação equivalente, mas admite, em caráter excepcional, distinções em razão da ocupação profissional ou função por eles exercida.

(D) As alíquotas de ICMS aplicáveis às operações interestaduais e de exportação de mercadorias e sobre prestação de serviços são estabelecidas por resolução do Senado Federal.

(E) Pertence integralmente aos municípios, relativamente aos imóveis neles situados, o produto da arrecadação do imposto sobre a propriedade territorial rural.

A: incorreta, pois a CF admite a concessão de incentivos fiscais destinados a promover o equilíbrio do desenvolvimento socioeconômico entre as diferentes regiões do País, conforme o art. 151, I, da CF; **B:** incorreta, pois os estados não poderão instituir contribuições para o custeio do serviço de iluminação pública, mas tão somente, os Municípios e o Distrito Federal, na forma das respectivas LEIS, observado o disposto nos arts. 149-A e 150, I e III, da CF. Sem prejuízo, é facultada a cobrança da contribuição na fatura de consumo de energia elétrica; **C:** incorreta. O art. 150, II, da CF, estabelece que a União, os Estados,

Distrito Federal e os Municípios, não poderão exigir ou aumentar tributo sem lei o que estabeleça instituir tratamento desigual entre contribuintes que se encontrem em situação equivalente, proibida QUALQUER DISTINÇÃO em razão de ocupação profissional ou função por eles exercida, independentemente da denominação jurídica dos rendimentos, títulos ou direitos; **D:** correta, réplica do art. 155, II e o seu § 2º, IV, da CF; **E:** incorreta, pois compete à União instituir impostos sobre propriedade rural (Lei n. 9.393, de 19 de dezembro de 1996) e pertencem ao Municípios apenas cinquenta por cento do produto da arrecadação, relativamente aos imóveis neles situados, cabendo a totalidade na hipótese da opção a que se refere o art. 153, § 4º, II, da CF, ou seja, o ITR não incidirá sobre pequenas glebas rurais, definidas em lei, quando as explore o proprietário que não possua outro imóvel.

Gabarito "D"

(Magistratura/BA – 2012 – CESPE) No que concerne ao sistema tributário nacional e aos orçamentos, assinale a opção correta.

(A) O presidente da República dispõe de competência para enviar mensagem ao Congresso Nacional propondo modificação nos projetos de lei relativos ao plano plurianual, às diretrizes orçamentárias e ao orçamento anual enquanto não iniciada a votação, no plenário das duas casas legislativas, da parte do projeto a ser alterada.

(B) Aos municípios e ao DF é permitido instituir contribuição, na forma das respectivas leis, para o custeio do serviço de iluminação pública, sendo facultado cobrar o valor da contribuição na fatura de consumo de energia elétrica.

(C) Lei ordinária pode estabelecer normas gerais em matéria de legislação tributária, mas somente lei complementar pode regular as limitações constitucionais ao poder de tributar.

(D) É vedado à União, aos estados, ao DF e aos municípios exigir ou aumentar tributo sem lei que estabeleça essa exigência ou esse aumento, não se aplicando essa vedação aos empréstimos compulsórios para atender a despesas extraordinárias decorrentes de calamidade pública, de guerra externa ou sua iminência.

(E) Cabe à lei orçamentária anual estabelecer as metas e prioridades da administração pública federal, incluindo as despesas de capital para o exercício financeiro subsequente, assim como dispor sobre as alterações na legislação tributária e sobre a política de aplicação do orçamento das agências financeiras oficiais de fomento.

A: incorreta, pois compete privativamente ao Presidente da República enviar ao Congresso Nacional o plano plurianual, o projeto de lei de diretrizes orçamentárias e as propostas de orçamento previstos na Constituição nos termos do art. 84, XXIII, da CF. Se não bastasse os projetos de lei relativos ao plano plurianual, ás diretrizes orçamentárias, ao orçamento anual e aos créditos adicionais serão apreciados pelas duas Casas do Congresso Nacional, na forma do regimento comum. Desta forma, caberá a uma Comissão mista permanente de Senadores e Deputados examinar e emitir parecer sobre os projetos ora referidos e sobre as contas apresentadas anualmente pelo Presidente da República; examinar e emitir parecer sobre os planos e programas nacionais, regionais e setoriais previstos na Constituição e exercer o acompanhamento e a fiscalização orçamentária, sem prejuízo da atuação das demais comissões do Congresso Nacional e de suas Casas, criadas de acordo como art. 58. Por fim, concluímos, que o Presidente da República poderá enviar mensagem ao Congresso Nacional para propor modificação nos projetos referidos enquanto não iniciada a votação, na COMISSÃO MISTA, da parte cuja alteração é proposta; **B:** correta, réplica do art. 149-A e do seu parágrafo único, da CF, que é fruto da Emenda Constitucional – EC n. 39, de 19/12/02, o art. 149-A, da Constituição Federal – CF, instituiu a **Contribuição** para **Custeio do Serviço de Iluminação Pública – CIP**, espécie de tributo que incidirá sobre a prestação do serviço de iluminação pública, efetuada pelo Município, no âmbito do seu território. Esta Emenda Constitucional n. 39, de 19/12/02, entrou em vigor na data de sua publicação, em 20/12/02 e, mais que depressa, muitos Municípios, no Brasil, estavam instituindo a CIP, através de Lei Complementar Municipal, que deveria ter sido publicada ainda no exercício de 2002, para que se respeitasse o disposto no art. 150, incisos I e III, que tratam, respectivamente, dos princípios constitucionais da Legalidade Tributária (art. 150, I), que exige lei e, no caso, lei complementar (art. 146, III, "a", da CF) para estabelecer normas gerais em matéria de legislação tributária; da Irretroatividade (art. 150, III, "a") onde é vedado cobrar tributo em relação a fatos geradores ocorridos antes do início da vigência da lei que o instituiu, e da Anterioridade (art. 150, III, "b"), já que é vedado cobrar tributo no mesmo exercício financeiro em que haja sido publicada a lei que o aumentou; **C:** incorreta, já que o art. 146, II e III, da CF, dispõe que: "Cabe à lei complementar e não as leis ordinárias, regular as limitações constitucionais ao poder de tributar e estabelecer normas gerais em matéria de legislação tributária"; **D:** incorreta, pois compete exclusivamente a União, mediante lei complementar, instituir empréstimos compulsórios para atender a despesas extraordinárias, decorrentes de calamidade pública, de guerra externa ou sua iminência, conforme art. 148, I, da CF; **E:** incorreta, pois não cabe à lei orçamentária anual, mas a lei de diretrizes orçamentárias, nos termos do art. 165, § 2º, da CF.

Gabarito "B"

16. ORDEM ECONÔMICA E FINANCEIRA

(Procurador Municipal – Prefeitura/BH – CESPE – 2017) Considerando as disposições constitucionais acerca da ordem econômica e financeira, assinale a opção correta.

(A) Os beneficiários da distribuição de imóveis rurais pela reforma agrária receberão títulos de domínio ou de concessão de uso inegociáveis pelo prazo de dez anos.

(B) Compete ao município, concorrentemente, as funções de fiscalização, incentivo e planejamento, sendo esta última determinante para o setor público e indicativo para o setor privado.

(C) Lei municipal poderá impedir a instalação de estabelecimentos comerciais do mesmo ramo em determinada área.

(D) O Estado favorecerá a organização da atividade garimpeira em OSCIPs que privilegiem a proteção do meio ambiente e a promoção econômico-social dos garimpeiros.

A: correta. Art. 189, CF; **B:** incorreta. As funções de incentivo, fiscalização e planejamento cabem ao Estado como um todo, não apenas aos municípios (art. 174, CF); **C:** incorreta. Súmula Vinculante 49/STF: "Ofende o princípio da livre concorrência lei municipal que impede a instalação de estabelecimentos comerciais do mesmo ramo em determinada área"; **D:** incorreta. Favorecerá sua organização em cooperativas (art. 174, § 3º, CF). TM

Gabarito "A"

(Advogado da União/AGU – CESPE – 2012) Julgue os itens a seguir, acerca da ordem econômica e financeira e da edição de medida provisória sobre matéria tributária.

(1) A CF admite a edição de medida provisória que institua ou majore impostos, desde que seja respeitado o princípio da anterioridade tributária.

(2) Não ofende o princípio da livre-iniciativa edição de lei que regule a política de preços de bens e serviços em face da configuração de circunstância em que o poder econômico, com vistas ao aumento arbitrário dos lucros, atue de forma abusiva.

1: Correta. Art. 62, § 2º, da CF; **2:** Correta. V. STF, ADIn 314-QO, Rel. Min. Moreira Alves: "Em face da atual Constituição, para conciliar o fundamento da livre-iniciativa e do princípio da livre concorrência com os da defesa do consumidor e da redução das desigualdades sociais, em conformidade com os ditames da justiça social, pode o Estado, por via legislativa, regular a política de preços de bens e de serviços, abusivo que é o poder econômico que visa ao aumento arbitrário dos lucros."

Gabarito 1C, 2C

(Defensor Público/SE – 2012 – CESPE) De acordo com a CF, a ordem econômica deve observância ao princípio que estabelece

(A) a livre concorrência;

(B) tratamento favorecido para empresas de médio porte;

(C) a defesa do meio ambiente, com tratamento uniforme dos produtos e serviços, independentemente do impacto ambiental de cada um;

(D) a eliminação da desigualdade em nível nacional;

(E) garantia a todos do livre exercício de qualquer atividade econômica, desde que atendida a exigência, em todo caso, de autorização prévia dos órgãos públicos.

Art. 170, I a IX, da CF: "A ordem econômica, fundada na valorização do trabalho humano e na livre-iniciativa, tem por fim assegurar a todos existência digna, conforme os ditames da justiça social, observados os seguintes princípios: (...) IV – livre concorrência".

Gabarito "A"

17. ORDEM SOCIAL

A Constituição Federal de 1988 estabelece que todos têm direito ao meio ambiente ecologicamente equilibrado, bem de uso comum do povo e essencial à sadia qualidade de vida, impondo-se ao poder público e à coletividade o dever de defendê-lo e preservá-lo para as presentes e futuras gerações.

(Delegado – PC/SE – 2018 – CESPE/CEBRASPE) Nesse sentido, julgue o próximo item.

(1) Não são consideradas cruéis as práticas desportivas que utilizem animais, desde que sejam manifestações culturais e estejam registradas como bem de natureza imaterial integrante do patrimônio cultural brasileiro, como é o caso da prática da vaquejada no Nordeste brasileiro.

1: Inicialmente, o STF declarou a inconstitucionalidade da Lei 15.299/2013, do Estado do Ceará, que regulamentava a atividade de vaquejada, em decisão assim ementada: "*VAQUEJADA – MANIFESTAÇÃO CULTURAL – ANIMAIS – CRUELDADE MANIFESTA – PRESERVAÇÃO DA FAUNA E DA FLORA – INCONSTITUCIONALIDADE. A obrigação de o Estado garantir a todos o pleno exercício de direitos culturais, incentivando a valorização e a difusão das manifestações, não prescinde da observância do disposto no inciso VII do artigo 225 da Carta Federal, o qual veda prática que acabe por submeter os animais à crueldade. Discrepa da norma constitucional a denominada vaquejada*" (ADI 4983, Relator: Min. Marco Aurélio, Tribunal Pleno, julgado em 06/10/2016). Posteriormente, o Congresso Nacional editou a Lei 13.364/2016 para reconhecer o rodeio, a vaquejada e o laço, bem como as respectivas expressões artísticas e esportivas, como manifestações culturais nacionais e elevar essas atividades à condição de bens de natureza imaterial integrantes do patrimônio cultural brasileiro. Por fim, o Congresso Nacional promulgou a Emenda Constitucional 96/2017 para acrescentar o § 7º ao art. 225 da Constituição Federal que determina que não são consideradas cruéis as práticas desportivas que utilizem animais, desde que sejam manifestações culturais e estejam registradas como bem de natureza imaterial integrante do patrimônio cultural brasileiro.

Gabarito Anulada

Considerando a pouca quantidade de defensores públicos indispensáveis ao atendimento adequado dos necessitados na forma da lei, determinado estado da Federação aprovou o respectivo projeto e sancionou a lei Y, que criou a obrigatoriedade de estágio curricular no atendimento da assistência jurídica gratuita por núcleo de prática jurídica integrante do departamento de direito de universidade estadual, estabelecendo sua organização, seu funcionamento e seus horários, inclusive determinando sua atuação em regime de plantão, bem como vinculando a certificação da conclusão do curso de bacharelado pelos alunos ao cumprimento do referido estágio.

(Juiz de Direito – TJ/BA – 2019 – CESPE/CEBRASPE) Conforme a CF, a doutrina e a jurisprudência do STF, a lei Y é

(A) constitucional por atender ao princípio da indissociabilidade entre ensino, pesquisa e extensão disposto em norma constitucional.
(B) inconstitucional por ferir a autonomia didático-científica e administrativa da universidade.
(C) constitucional, mas não atende a legislação que estabelece os critérios nacionais para a política educacional.
(D) inconstitucional por atribuir função exclusiva de órgão da DP à universidade estadual.
(E) inconstitucional apenas quanto ao condicionamento da certificação da conclusão do curso ao cumprimento do estágio curricular obrigatório.

O Plenário do STF julgou procedente pedido formulado em ação direta para declarar a inconstitucionalidade da Lei 8.865/2006 do Estado do Rio Grande do Norte. O diploma impugnado determina que os escritórios de prática jurídica da Universidade Estadual do Rio Grande do Norte (UERN) mantenham plantão criminal para atendimento, nos finais de semana e feriados, dos hipossuficientes presos em flagrante delito. O STF, de início, destacou a autonomia universitária, conforme previsão do art. 207 da CF/1988. Lembrou que, embora esse predicado não tenha caráter de independência (típico dos Poderes da República), a autonomia impossibilita o exercício de tutela ou a indevida ingerência no âmago de suas funções, assegurando à universidade a discricionariedade de dispor ou propor sobre sua estrutura e funcionamento administrativo, bem como sobre suas atividades pedagógicas. Segundo consignou, a determinação de que escritório de prática jurídica preste serviço aos finais de semana, para atender hipossuficientes presos em flagrante delito, implica necessariamente a criação ou, ao menos, a modificação de atribuições conferidas ao corpo administrativo que serve ao curso de Direito da universidade. Ademais, como os atendimentos seriam realizados pelos acadêmicos de Direito matriculados no estágio obrigatório, a universidade teria que alterar as grades curriculares e horárias dos estudantes para que desenvolvessem essas atividades em regime de plantão, ou seja, aos sábados, domingos e feriados. Assim, o diploma questionado fere a autonomia administrativa, financeira e didático-científica da instituição, pois não há anuência para criação ou modificação do novo serviço a ser prestado. (Informativo STF 840, ADI 3792/RN, Rel. Min. Dias Toffoli, julgamento em 22/09/2016).

Gabarito "B"

(Juiz – TJ/CE – 2018 – CESPE) Acerca do direito constitucional à saúde e à seguridade social, assinale a opção correta, segundo entendimento doutrinário e jurisprudencial.

(A) A seguridade social compreende saúde, previdência e assistência social, todas prestadas independentemente de contribuição dos usuários.
(B) De acordo com o STF, desde que seguidos os padrões regulamentados pela ANVISA, não é proibido o uso industrial e comercial do amianto.
(C) Os objetivos da seguridade social não incluem equidade dos benefícios entre as populações urbana e rural.
(D) De acordo com o STF, não ofende a CF a internação hospitalar em acomodações superiores, no âmbito do SUS, mediante pagamento da diferença de valor correspondente.
(E) O polo passivo de ações que versem sobre responsabilidade nos tratamentos médicos pode ser ocupado por qualquer dos entes federados.

A: incorreta, porque apenas a saúde e a assistência social independem de contribuição dos usuários (arts. 196 e 203, da CF), a previdência social possui caráter contributivo, conforme art. 201, caput, da CF; **B:** incorreta, pois é proibida a comercialização e a utilização de qualquer tipo de amianto, incluindo a variedade crisotila (asbesto branco), visto que o STF declarou inconstitucional o art. 2º da Lei 9.055/95 (vide ADINs 3.356, n. 3.357, n. 3.406, n. 3.470, n. 3.937, n. 4.066 e ADPF 109); **C:** incorreta, já que o art. 194, parágrafo único, inciso II, da CF consagra o princípio da uniformidade e equivalência dos benefícios e serviços às populações urbanas e rurais, o que assegura a igualdade das prestações (uniformidade) e do valor pecuniário delas (equivalência) para toda a população; **D:** incorreta, pois o STF entende que ofende a CF a internação hospitalar em acomodações superiores, no âmbito do SUS, mediante pagamento da diferença de valor correspondente. Conforme entendimento do STF em sede de repercussão geral, "*é constitucional a regra que veda, no âmbito do Sistema Único de Saúde, a internação em acomodações superiores, bem como o atendimento diferenciado por médico do próprio Sistema Único de Saúde, ou por médico conveniado, mediante o pagamento da diferença dos valores correspondentes*" (RE 581488, Rel. Min. Dias Toffoli, Tribunal Pleno, j. em 03.12.2015, Tema 579); **E:** correta, pois o STF entendeu, em sede de repercussão geral, que "*o tratamento médico adequado aos necessitados se insere no rol dos deveres do Estado, sendo responsabilidade solidária dos entes federados, podendo figurar no polo passivo qualquer um deles em conjunto ou isoladamente*"(RE 855178 RG, Rel. Min. Luiz Fux, j. em 05.03.2015, Tema 793).

Gabarito "E"

(Procurador do Município – Prefeitura Fortaleza/CE – CESPE – 2017) Acerca de assuntos relacionados à disciplina da saúde e da educação na CF, julgue os itens que se seguem.

(1) A rede privada de saúde pode integrar o Sistema Único de Saúde, de forma complementar, por meio de contrato administrativo ou convênio.

(2) É permitida a intervenção do estado nos seus municípios nas situações em que não for aplicado o mínimo exigido da receita municipal nas ações e nos serviços públicos de saúde.

(3) Os municípios devem atuar prioritariamente no ensino fundamental e na educação infantil, ao passo que os estados devem atuar prioritariamente no ensino fundamental e no médio.

(4) Desenvolver políticas públicas para a redução da ocorrência de doenças e a proteção da saúde da população é competência concorrente da União, dos estados, do DF e dos municípios.

1: Correta. Art. 199, § 1º, CF. **2:** Correta. Art. 35, III, CF. **3:** Correta. Art. 211, §§ 2º e 3º, CF. **4:** Incorreta. A competência é do Município, ainda que com auxílio da União e dos Estados (art. 30, VII, CF). TM

Gabarito 1C, 2C, 3C, 4E

(Juiz de Direito/AM – 2016 – CESPE) Tendo em vista que o direito à vida — valor central do ordenamento jurídico — desdobra-se em direito à existência física e direito a uma vida digna, assinale a opção correta.

(A) O direito à saúde efetiva-se mediante ações distributivas e alocativas relacionadas à promoção, proteção e recuperação da saúde.

(B) Os serviços públicos de saúde integram uma rede regionalizada e hierarquizada, que constitui um sistema único, organizado de forma centralizada.

(C) O STF afastou a possibilidade de o SUS pagar por tratamento diferenciado oferecido a pessoa que comprove necessitar de medida curativa ainda não incorporada ao sistema público, para evitar o chamado efeito multiplicador que o precedente judicial poderia causar.

(D) Constitui direito dos trabalhadores a assistência dos filhos e dependentes desde o nascimento até cinco anos de idade em creches e pré-escolas mediante pagamento de contraprestação fixada em lei.

(E) É dever privativo da União desenvolver políticas públicas que visem à redução de doenças e outros agravos.

A: correta. "Art. 196. A saúde é direito de todos e dever do Estado, garantido mediante políticas sociais e econômicas que visem à redução do risco de doença e de outros agravos e ao acesso universal e igualitário às ações e serviços para sua promoção, proteção e recuperação"; **B:** incorreta. "Art. 198. As ações e serviços públicos de saúde integram uma rede regionalizada e hierarquizada e constituem um sistema único, organizado de acordo com as seguintes diretrizes: I – descentralização, com direção única em cada esfera de governo; II – atendimento integral, com prioridade para as atividades preventivas, sem prejuízo dos serviços assistenciais; III – participação da comunidade"; **C:** incorreta. O Plenário do STF já se manifestou em sentido contrário, afirmando a obrigação de o Poder Público custear tratamentos de alto custo para tratamento de doentes graves. No entanto, a matéria está sendo revisitada pelo Supremo, que reconheceu repercussão geral dos temas referentes ao fornecimento de remédios de alto custo não disponíveis na lista do SUS e de medicamentos não registrados na ANVISA (RE 566.471 e RE 657.718), cujo julgamento conjunto encontra-se suspenso em razão de pedido de vista do Ministro Teori Zavascki; **D:** incorreta. A assistência, no caso, é gratuita (art. 7º, XXV, CF); **E:** incorreta. O dever de prestação de serviços de saúde é do Estado (União, estados-membros e municípios). Ver art. 196, *caput* e §§ 1º e 2º, CF.

Gabarito "A".

(Procurador do Estado – PGE/BA – CESPE – 2014) Considerando o disposto na Constituição Federal de 1988 (CF) a respeito dos índios, dos idosos e da cultura, julgue os itens a seguir.

(1) A CF assegura a gratuidade dos transportes coletivos urbanos aos maiores de sessenta e cinco anos.

(2) Aplica-se ao Sistema Nacional de Cultura o princípio da complementaridade nos papéis dos agentes culturais.

(3) Os índios detêm o usufruto exclusivo das riquezas do solo, do subsolo, dos rios e dos lagos existentes nas terras por eles tradicionalmente ocupadas.

1: Correta. Art. 230, § 2º, CF. **2:** Correta. Art. 216-A, § 1º, VI, CF. **3:** Incorreta. O subsolo não está incluído no usufruto exclusivo dos índios previsto pelo art. 231, § 2º, da CF. TM

Gabarito 1C, 2C, 3E

(Promotor de Justiça/AC – 2014 – CESPE) No tocante à ordem social, assinale a opção correta.

(A) De acordo com a CF, os municípios devem atuar, no âmbito educacional, prioritariamente, nos ensinos fundamental e médio.

(B) Em razão da proibição constitucional de vinculação de receita de impostos a órgão, fundo ou despesa, não podem os estados vincular a fundo estadual de fomento à cultura percentual de sua receita tributária líquida.

(C) O oferecimento de alimentação escolar no âmbito do ensino médio estadual não constitui dever estatal, estando condicionado à discricionariedade e às prioridades do governo no momento da elaboração da política pública de educação.

(D) É direito público subjetivo das crianças de até cinco anos de idade o atendimento em creches e pré-escolas, exceto nos casos de inexistência de recursos orçamentários.

(E) No âmbito da saúde, existe proibição constitucional para o repasse de recursos públicos para auxílios ou subvenções às instituições privadas com fins lucrativos.

A: incorreta, uma vez que em desconformidade com o que estabelece o art. 211, §§ 2º e 3º, da CF; **B:** incorreta (art. 216, § 6º, da CF); **C:** incorreta, pois contraria a regra presente no art. 208, VII, da CF; **D:** incorreta, visto que o exercício do direito público subjetivo, pelas crianças de até cinco anos, de atendimento em creches e pré-escolas não está condicionado à existência de recursos orçamentários (art. 208, IV, da CF); **E:** correta (art. 199, § 2º, da CF).

Gabarito "E".

(Procurador/DF – 2013 – CESPE) Com relação às disposições constitucionais acerca da seguridade social, julgue o próximo item.

(1) As contribuições sociais dos empregadores para a seguridade social têm caráter uniforme, não se admitindo alíquotas ou bases de cálculo diferenciadas em razão do porte das empresas ou das atividades econômicas que desenvolvem.

1: incorreta. Nos termos do art. 195, § 9º, da CF/1988 as contribuições sociais do empregador, da empresa e da entidade a ela equiparada na forma da lei, poderão ter alíquotas ou bases de cálculo diferenciadas, em razão da atividade econômica, da utilização intensiva de mão de obra, do porte da empresa ou da condição estrutural do mercado de trabalho. A EC 103/2019 alterou a redação desse dispositivo para estabelecer que as contribuições sociais do empregador, da empresa e da entidade a ela equipara poderão ter **alíquotas diferenciadas** em razão da atividade econômica, da utilização intensiva de mão de obra, do porte da empresa ou da condição estrutural do mercado de trabalho, sendo também autorizada a adoção de **bases de cálculo diferenciadas** apenas no caso das contribuições sobre a receita ou o faturamento e sobre o lucro.

Gabarito 1E

(Ministério Público/TO – 2012 – CESPE) De acordo com a jurisprudência do STF relacionada à ordem social, assinale a opção correta.

(A) Caso se reconheça a ilegalidade do pagamento de benefício previdenciário, as importâncias recebidas devem ser devolvidas, ainda que se comprove a boa-fé do beneficiado.

(B) As diferentes formas de comunicação social são regidas pelo princípio da plena inexistência de restrição e pelo princípio da plena liberdade de informação jornalística; nesse sentido, a liberdade de imprensa compreende, entre outras prerrogativas relevantes que lhe são inerentes, o direito de informar, o direito de buscar a informação, o direito de opinar e, inclusive, o direito de crítica jornalística.

(C) O MP não possui legitimidade para ajuizar ACP contra município com o objetivo de compeli-lo a incluir, no orçamento seguinte, percentual que completaria o mínimo de 25% de aplicação da receita resultante de impostos no ensino.

(D) As crianças com até cinco anos de idade têm direito subjetivo público ao atendimento em creches e pré-escolas, mas, em respeito ao princípio da separação dos poderes, não se admite a intervenção do Poder Judiciário para que seja efetivado esse direito constitucional.

(E) Inexiste a possibilidade de compatibilização da preservação do meio ambiente com a proteção das terras indígenas, se estas estiverem em lugares de conservação e preservação ambiental.

A: incorreta, o Supremo Tribunal Federal reconhece que o julgamento pela ilegalidade do pagamento do benefício previdenciário não importa na obrigatoriedade da devolução das importâncias recebidas de boa-fé." (**AI 746.442-AgR**, Min. **Cármen Lúcia**, julgamento em 25.08.2009, 1ª Turma, *DJe* de 23.10.2009.); **B:** correta, a manifestação de pensamento, criação, expressão e informação, sob qualquer forma, processo ou veículo não sofrerão qualquer restrição, observado o disposto na Constituição Federal. Nenhuma lei conterá dispositivo que possa contribuir embaraço à plena liberdade de informação jornalística que deve ser interpretada em sentido amplo, tais como, buscar a informação, opinar e criticar. Por fim, e vedada toda e qualquer censura de natureza política, ideológica e artística, nos termos dos arts. 220, §§ 1º e 2º; 5º, IV, V, X, XIII e XIV, todos da Constituição Federal; **C:** incorreta, nos termos do art. 212 da CF que deve ser interpretado da seguinte maneira: A União aplicará, anualmente, nunca menos de 18 (dezoito), e os Estados, o Distrito Federal e os Municípios 25 (vinte e cinco) por cento, da receita resultante de impostos, compreendida a proveniente de transferências, na manutenção e desenvolvimento do ensino. Nesta esteira, a Instrução Normativa n. 60, de 4 de novembro de 2009, do Tribunal de Contas da União, dispõe sobre os procedimentos para a fiscalização do cumprimento do disposto no art. 212 da CF. Sem prejuízo, temos ainda o art. 127 da CF, que reza que o Ministério Público é instituição permanente, essencial à função jurisdicional do Estado, incumbindo-lhe a defesa da ordem jurídica, do regime democrático e dos *interesses sociais* e individuais indisponíveis, logo, a questão da educação no Brasil é definitivamente de interesse social, e diante de tal omissão por parte do ente federativo, o representante do "parquet" deve propor a ação civil pública para compelir a cumprir aquilo que foi determinado na Carta Constitucional, como determina o art. 129, III, da CF e a Lei 7.347/1985; **D:** incorreta, pois a educação infantil representa prerrogativa constitucional indisponível, que, deferida às crianças, a estas assegura, para efeito de seu desenvolvimento integral, e como primeira etapa do processo de educação básica, o atendimento em creche e o acesso à pré-escola (CF, art. 208, IV). Essa prerrogativa jurídica, em consequência, impõe, ao Estado, por efeito da alta significação social de que se reveste a educação infantil, a obrigação constitucional de criar condições objetivas que possibilitem, de maneira concreta, em favor das 'crianças até cinco anos de idade' (CF, art. 208, IV), o efetivo acesso e atendimento em creches e unidades de pré-escola, sob pena de configurar-se inaceitável omissão governamental, apta a frustrar, injustamente, por inércia, o integral adimplemento, pelo Poder Público, de prestação estatal que lhe impôs o próprio texto da CF. A educação infantil, por qualificar-se como direito fundamental de toda criança, não se expõe, em seu processo de concretização, a avaliações meramente discricionárias da administração pública nem se subordina a razões de puro pragmatismo governamental." (ARE 639.337-AgR, Rel. Min. **Celso de Mello**, julgamento em 23.08.2011, 2ª Turma, *DJe* de 15.09.2011.) **No mesmo sentido**: **RE 464.143-AgR**, Rel. Min. **Ellen Gracie**, julgamento em 15.12.2009, 2ª Turma, *DJe* de 19.02.2010. A jurisprudência do STF firmou-se no sentido da existência de direito subjetivo público de crianças até cinco anos de idade ao atendimento em creches e pré-escolas. (...) também consolidou o entendimento de que é possível a intervenção do Poder Judiciário visando à efetivação daquele direito constitucional." (**RE 554.075-AgR**, Rel. Min. **Cármen Lúcia**, julgamento em 30.06.2009, 1ª Turma, *DJe* de 21.08.2009.) **No mesmo sentido**: AI 592.075-AgR, Rel. Min. **Ricardo Lewandowski**, julgamento em 19.05.2009, 1ª Turma, *DJe* de 05.06.2009; RE 384.201-AgR, Rel. Min. **Marco Aurélio**, julgamento em 26.04.2007, Segunda Turma, *DJ* de 03.08.2007; **E:** incorreta, pois existe a possibilidade de compatibilização da preservação do meio ambiente com a proteção das terras indígenas, se estas estiverem em lugares de conservação e preservação ambiental. Tanto é verdade, que a jurisprudência do STF aponta que somente o 'território' enquanto categoria jurídico-política é que se põe como o preciso âmbito espacial de incidência de uma dada Ordem Jurídica soberana, ou autônoma. O substantivo 'terras' é termo que assume compostura nitidamente sociocultural, e não política. A Constituição teve o cuidado de não falar em territórios indígenas, mas, tão só, em 'terras indígenas'. A traduzir que os 'grupos', 'organizações', 'populações' ou 'comunidades' indígenas não constituem pessoa federada. Não formam circunscrição ou instância espacial que se orne de dimensão política. Daí não se reconhecer a qualquer das organizações sociais indígenas, ao conjunto delas, ou à sua base peculiarmente antropológica a dimensão de instância transnacional. Pelo que nenhuma das comunidades indígenas brasileiras detêm estatura normativa para comparecer perante a Ordem Jurídica Internacional como 'Nação', 'País', 'Pátria', 'território nacional' ou 'povo' independente. Sendo de fácil percepção que todas às vezes em que a Constituição de 1988 tratou de 'nacionalidade' e dos demais vocábulos aspeados (País, Pátria, território nacional e povo) foi para se referir ao Brasil por inteiro. (...) Áreas indígenas são demarcadas para servir concretamente de habitação permanente dos índios de uma determinada etnia, de par com as terras utilizadas para suas atividades produtivas, mais as 'imprescindíveis à preservação dos recursos ambientais necessários a seu bem-estar' e ainda aquelas que se revelarem 'necessárias à reprodução física e cultural' de cada qual das comunidades étnico-indígenas, 'segundo seus usos, costumes e tradições' (usos, costumes e tradições deles, indígenas, e não usos, costumes e tradições dos não índios). (...) A Constituição de 1988 faz dos usos, costumes e tradições indígenas o engate lógico para a compreensão, entre outras, das semânticas da posse, da permanência, da habitação, da produção econômica e da reprodução física e cultural das etnias nativas. O próprio conceito do chamado 'princípio da proporcionalidade', quando aplicado ao tema da demarcação das terras indígenas, ganha um conteúdo peculiarmente extensivo. (**Pet 3.388**, Rel. Min. **Ayres Britto**, julgamento em 19.03.2009, Plenário, *DJe* de 01.07.2010).

Gabarito "B"

18. TEMAS COMBINADOS

(Procurador do Município – Campo Grande/MS – 2019 – CESPE/CEBRASPE) Acerca dos direitos e das garantias fundamentais previstos na Constituição Federal de 1988, julgue os itens a seguir.

(1) Entidade sindical constituída há menos de um ano e sediada em município da Federação tem legitimidade para impetrar mandado de segurança coletivo a fim de garantir direito líquido e certo de seus filiados que tenha sido lesado por ato de autoridade da administração fazendária federal.

(2) A supremacia material da norma constitucional decorre da rigidez constitucional, isto é, da existência de um processo legislativo distinto, mais laborioso.

(3) Os direitos individuais, por estarem ligados ao conceito de pessoa humana e de sua própria personalidade, correspondem às chamadas liberdades negativas; os direitos sociais, por sua vez, constituem as chamadas liberdades positivas, de observância obrigatória em um estado social de direito para a concretização de um ideal de vida digna na sociedade.

(4) Situação hipotética: Carlos requereu o registro de sua candidatura para concorrer ao cargo de prefeito de município criado por desmembramento territorial de município cujo Poder Executivo é chefiado pelo seu irmão. Assertiva: Nesse caso, Carlos, por ser irmão do prefeito do município-mãe, é inelegível.

1: certo, pois o mandado de segurança coletivo pode ser impetrado por (i) organização sindical, (ii) entidade de classe ou (iii) associação legalmente constituída e em funcionamento há pelo menos um ano, em defesa dos interesses de seus membros ou associados. Observe-se que o requisito "em funcionamento há pelo menos um ano" é somente para as associações, e não para as entidades de classe ou sindicatos; **2:** errado, já que a supremacia **formal** da norma constitucional decorre da rigidez constitucional, isto é, da existência de um processo legislativo distinto, mais laborioso; **3:** certo. Os direitos fundamentais de primeira dimensão são os direitos civis e políticos, que estão ligados ao valor liberdade, exigindo uma abstenção do Estado. Os direitos fundamentais de segunda geração são os direitos sociais, econômicos e culturais, que estão ligados ao valor igualdade, exigindo uma prestação do Estado. Já os direitos fundamentais de terceira geração são os direitos difusos relacionados ao desenvolvimento, ao meio ambiente, à autodeterminação dos povos, que estão ligados ao valor fraternidade; **4:** certo, pois são inelegíveis, no município desmembrado, e ainda não instalado, o cônjuge e os parentes consanguíneos ou afins, até o segundo grau ou por adoção, do prefeito do município-mãe, ou de quem o tenha substituído, dentro dos seis meses anteriores ao pleito, salvo se já titular de mandato eletivo (Súmula 12 do TSE e RE 158.314, Rel. Min. Celso de Mello, j. 15/12/1992, 1ª T, DJ de 12/02/1993). AN

Gabarito: 1C, 2E, 3C, 4C

(Procurador do Município – Campo Grande/MS – 2019 – CESPE/ CEBRASPE) Com relação à organização do Estado e às funções essenciais à justiça, julgue os itens subsecutivos.

(1) Por ser competência privativa da União legislar sobre telecomunicações, é inconstitucional lei municipal que discipline o uso e a ocupação do solo urbano para instalação de torres de telefonia celular no respectivo município.

(2) Em observância ao princípio da simetria, a nomeação do procurador-geral de justiça de estado está condicionada à prévia aprovação pela assembleia legislativa estadual.

(3) A forma federativa de Estado é cláusula pétrea, porque a Constituição Federal de 1988 veda a possibilidade de emenda constitucional tendente a aboli-la, não fazendo o mesmo em relação à forma de governo, que constitui princípio sensível da ordem federativa, podendo ser autorizada intervenção federal no ente federado que a desrespeitar.

(4) Situação hipotética: Maria, proprietária de um apartamento em Natal – RN e de um automóvel emplacado em Porto Alegre – RS, faleceu em Belo Horizonte – MG, e seu inventário foi feito no estado de Goiás. Assertiva: O imposto sobre transmissão *causa mortis* e doação de quaisquer bens ou direitos (ITCMD) referente ao apartamento e o ITCMD referente ao automóvel serão recolhidos, respectivamente, pelo estado de Goiás e pelo estado do Rio Grande do Sul.

(5) Situação hipotética: Determinado estado da Federação violou autonomia municipal por ter repassado a seus municípios, em valor menor do que o devido e com atraso, receitas tributárias obrigatórias determinadas pela Constituição Federal de 1988. Assertiva: Nessa situação, o presidente da República não pode decretar de ofício intervenção federal no referido estado.

1: errado, porque o STF reconhece a competência dos Municípios para legislar sobre assuntos de interesse local e para disciplinar o uso e a ocupação do solo urbano no que tange à instalação de torres de telefonia celular (RE 632.006 AgR, Rel. Min. Cármen Lúcia, j. 18/11/2014, 2ª T, DJE de 1º/12/2014); **2:** errado, pois o STF entende que a nomeação do procurador-geral de Justiça dos Estados não está sujeita à prévia aprovação da assembleia legislativa, uma vez que a Constituição Federal não prevê a participação do Poder Legislativo estadual no processo de escolha do chefe do Ministério Público estadual (art. 128, § 3º) (ADI 452, Rel. Min. Maurício Corrêa, j. 28/08/2002, Pleno, DJ de 31/10/2002; ADI 3.727, Rel. Min. Ayres Britto, j. 12/05/2010, Pleno, DJE de 11/06/2010); **3:** certo, pois a Constituição Federal de 1988 estabeleceu a forma federativa de Estado como cláusula pétrea (art. 60, § 4º, I), não fazendo o mesmo em relação à forma republicana de governo, a qual constitui princípio sensível da ordem federativa (art. 34, VII, "a"); **4:** errado, pois o imposto sobre transmissão *causa mortis* e doação de quaisquer bens ou direitos (ITCMD) referente a bens imóveis compete ao estado da situação do bem (art. 155, § 1º, I, da CF) e o ITCMD relativo a bens móveis, títulos e créditos compete ao estado onde se processar o inventário ou arrolamento (art. 155, § 1º, II, da CF). Logo, o ITCMD referente ao apartamento será recolhido no Estado do Rio Grande do Norte, e o ITCMD referente ao automóvel será recolhido no Estado de Goiás; **5:** certo, porém passível de questionamento. De fato, a Constituição estabelece que a autonomia municipal é um princípio constitucional sensível (art. 34, VII, "c", da CF), hipótese em que a decretação da intervenção depende de provimento, pelo Supremo Tribunal Federal, de representação do Procurador-Geral da República (art. 36, III, da CF). É caso, portanto, de intervenção provocada. Saliente-se que o enunciado afirmou explicitamente que o estado da Federação **violou a autonomia municipal**, situação na qual o presidente da República não poderia decretar de ofício intervenção federal. Todavia, a Constituição também estabelece outra hipótese de intervenção federal para reorganizar as finanças da unidade da Federação que deixar de entregar aos Municípios receitas tributárias fixadas na Constituição, dentro dos prazos estabelecidos em lei (art. 34, V, "b", da CF), hipótese em que o presidente de República poderia decretar de ofício intervenção federal (intervenção espontânea). A falta de entrega, total ou parcial, aos Municípios, dos recursos que lhes pertencem na forma e nos prazos previstos, sujeita o Estado faltoso à intervenção de ofício, conforme previsão do art. 10 da Lei Complementar 63/1990. AN

Gabarito: 1E, 2E, 3C, 4E, 5C

(Juiz – TJ/CE – 2018 – CESPE) O prefeito de determinado município recebeu recursos da União para ampliar o acesso ao ensino fundamental e valorizar o magistério das escolas municipais por meio de ações de capacitação. Contudo, ultrapassado o prazo fixado no cronograma de aplicação dos recursos, verificou-se que as atividades planejadas não haviam sido executadas e que a verba transferida pela União havia sido utilizada no fundo de campanha eleitoral do vereador que era filho do referido prefeito.

Conforme entendimento do STF acerca do regime constitucional da responsabilidade do chefe do Poder Executivo, o julgamento do crime praticado pelo prefeito compete ao

(A) tribunal de justiça, por se tratar de crime comum contra bens e interesses do município.

(B) respectivo tribunal regional federal, já que a aplicação do recurso desviado está sujeita à fiscalização do TCU.

(C) juiz de direito da comarca local investido da jurisdição eleitoral, pois se trata de crime conexo com o abuso de poder econômico no processo eleitoral.

(D) juízo federal de primeiro grau, em virtude da origem federal dos recursos desviados.

(E) tribunal regional eleitoral local, em virtude da conexão entre as condutas e da prerrogativa de foro do prefeito.

O STJ, mudando a jurisprudência anterior, passou a entender que compete à Justiça Federal a apuração, no âmbito penal, de malversação de verbas públicas oriundas do FUNDEF, independentemente da complementação de verbas federais, diante do caráter nacional da política de educação, o que evidencia o interesse da União na correta aplicação dos recursos. Vale transcrever um trecho desse precedente: *"A malversação de verbas decorrentes do FUNDEF, no âmbito penal, ainda que não haja complementação por parte da União, vincula a competência do Ministério Público Federal para a propositura de ação penal, atraindo, nessa hipótese, a da Justiça Federal, bem como o controle a ser exercido pelo TCU, conforme dispõe o artigo 71 da CR/88. Evidenciado o interesse da União frente à sua missão constitucional na coordenação de ações relativas ao direito fundamental da educação, principalmente por tratar-se de fiscalização concorrente entre entes federativos, a competência é da Justiça Federal, sendo nula a sentença condenatória proferida por Juízo Estadual, a teor do disposto no artigo 5º, III, da Carta Republicana."* (STJ, CC 119.305/SP, Rel. Ministro Adilson Vieira Macabu (Desembargador Convocado do TJ/RJ), Terceira Seção, j. em 08.02.2012). Considerando esse entendimento jurisprudencial e o disposto na Súmula 702 do STF (a competência do Tribunal de Justiça para julgar prefeitos restringe-se aos crimes de competência da Justiça comum estadual; nos demais casos, a competência originária caberá ao respectivo tribunal de segundo grau), tem-se que o julgamento do crime praticado pelo prefeito compete ao respectivo tribunal regional federal, já que a aplicação do recurso desviado está sujeita à fiscalização do TCU. É bastante didático o seguinte julgado do STJ: *"'Consoante entendimento firmado pelo Superior Tribunal de Justiça, na hipótese de complementação de verba federal aos recursos do FUNDEF, como no caso dos autos, resta evidenciada a competência da Justiça Federal para analisar possível desvio, bem como fiscalização pelo Tribunal de Contas da União' [...] Ademais, 'independentemente de repasse ou não de recursos federais ao município, a malversação de verbas decorrentes do Fundo de Manutenção e Desenvolvimento do Ensino Fundamental e de Valorização do Magistério – FUNDEF enseja o interesse da União, diante da sua competência constitucional em prol do direito à educação, a evidenciar, desse modo, a competência da Justiça Federal' [...] Portanto, não há como afastar a competência da Justiça Federal para processar e julgar o feito. Afastada, pela Corte regional, a participação do atual Prefeito Municipal nos fatos denunciados, não há como este*

Superior Tribunal de Justiça reconhecer a competência do Tribunal Regional Federal para processar e julgar o feito. Por outro lado, caso venha a ser apresentada denúncia acerca dos mesmos fatos contra o Prefeito Municipal naquele Tribunal, a questão no que diz respeito ao desmembramento, ou não, em relação aos demais corréus que não detenham a prerrogativa de foro, será decidido por aquele Colegiado." (RHC 76.444/BA, Rel. Ministro Reynaldo Soares da Fonseca, Quinta Turma, j. em 01.06.2017). AN

Gabarito "B".

(Procurador do Município – Prefeitura Fortaleza/CE – CESPE – 2017) Acerca dos direitos fundamentais, do regime jurídico aplicável aos prefeitos e do modelo federal brasileiro, julgue os itens que se seguem.

(1) De acordo com o STJ, é exigida prévia autorização do Poder Judiciário para a instauração de inquérito ou procedimento investigatório criminal contra prefeito, já que prefeitos detêm foro por prerrogativa de função e devem ser julgados pelo respectivo tribunal de justiça, TRF ou TRE, conforme a natureza da infração imputada.

(2) Não se admite o manejo de reclamação constitucional contra ato administrativo contrário a enunciado de súmula vinculante durante a pendência de recurso interposto na esfera administrativa. Todavia, esgotada a via administrativa e judicializada a matéria, a reclamação constitucional não obstará a interposição dos recursos eventualmente cabíveis e a apresentação de outros meios admissíveis de impugnação.

1: Incorreta. O entendimento do STJ dispensa a autorização prévia, no que diverge do entendimento do STF. **2:** Correta. Art. 7º, *caput* e § 1º, da Lei 11.417/2006.

Gabarito 1E, 2C

(Procurador do Município – Prefeitura Fortaleza/CE – CESPE – 2017) A respeito das normas constitucionais, do mandado de injunção e dos municípios, julgue os itens subsequentes.

(1) Os municípios não gozam de autonomia para criar novos tribunais, conselhos ou órgãos de contas municipais.

(2) Pessoa jurídica pode impetrar mandado de injunção.

(3) O princípio da legalidade diferencia-se do da reserva legal: o primeiro pressupõe a submissão e o respeito à lei e aos atos normativos em geral; o segundo consiste na necessidade de a regulamentação de determinadas matérias ser feita necessariamente por lei formal.

1: Correta. Art. 31, § 4º, CF. **2:** Correta. Art. 3º da Lei 13.300: "São legitimados para o mandado de injunção, como impetrantes, as pessoas naturais ou jurídicas que se afirmam titulares dos direitos, das liberdades ou das prerrogativas referidos no art. 2º e, como impetrado, o Poder, o órgão ou a autoridade com atribuição para editar a norma regulamentadora". **3:** Correta. De acordo com José Afonso da Silva, "o primeiro (princípio da legalidade) significa a submissão e o respeito à lei, ou a atuação dentro da esfera estabelecida pelo legislador. O segundo (princípio da reserva legal) consiste em estatuir que a regulamentação de determinadas matérias há de fazer-se necessariamente por lei". TM

Gabarito 1C, 2C, 3C

(Delegado/PE – 2016 – CESPE) A respeito das atribuições constitucionais da polícia judiciária e da organização político-administrativa do Estado Federal brasileiro, assinale a opção correta.

(A) Todos os anos, as contas dos municípios devem ficar, durante sessenta dias, à disposição de qualquer contribuinte, para exame e apreciação, o qual poderá questionar a legitimidade dessas contas, nos termos da lei.

(B) O DF, como ente federativo *sui generis*, possui as competências legislativas reservadas aos estados, mas não aos municípios; entretanto, no que se refere ao aspecto tributário, ele possui as mesmas competências que os estados e municípios dispõem.

(C) As polícias civis, dirigidas por delegados de polícia de carreira, exercem as funções de polícia judiciária e de apuração de infrações penais, sejam elas civis ou militares.

(D) Dirigidas por delegados de polícia, as polícias civis subordinam-se aos governadores dos respectivos estados, com exceção da polícia civil do DF, que é organizada e mantida pela União.

(E) Os territórios não são entes federativos; assim, na hipótese de vir a ser criado um território federal, ele não disporá de representação na Câmara dos Deputados nem no Senado Federal.

A: correta. É o que determina o art. 31, § 3º, da CF. Tal dispositivo informa que as contas dos Municípios ficarão, durante sessenta dias, anualmente, à disposição de qualquer contribuinte, para exame e apreciação, o qual poderá questionar-lhes a legitimidade, nos termos da lei; **B:** incorreta. Ao contrário do mencionado, o DF detém competências legislativas estaduais e municipais. O § 1º do art. 32 da CF indica que ao Distrito Federal são atribuídas as competências legislativas reservadas aos Estados e Municípios; **C:** incorreta. O § 4º do art. 144 da CF determina que às polícias civis, dirigidas por delegados de polícia de carreira, incumbem, ressalvada a competência da União, as funções de polícia judiciária e a apuração de infrações penais, exceto as militares; **D:** incorreta. De acordo com o art. 144, § 6º, da CF, as polícias militares e corpos de bombeiros militares, forças auxiliares e reserva do Exército, subordinam-se, juntamente com as polícias civis, aos Governadores dos Estados, do Distrito Federal e dos Territórios. É da competência da União, conforme determina o art. 21, XIV, da CF, organizar e manter a polícia civil, a polícia penal, a polícia militar e o corpo de bombeiros militar do Distrito Federal, bem como prestar assistência financeira ao Distrito Federal para a execução de serviços públicos, por meio de fundo próprio (redação dada pela EC 104/2019). Mas tais órgãos estão subordinados ao governador do Distrito Federal; **E:** incorreta. Dispõe o art. 45, § 2º, da CF que cada Território elegerá quatro Deputados.

Gabarito "A".

(Delegado/PE – 2016 – CESPE) Considerando os dispositivos constitucionais relativos ao STN e à ordem econômica e financeira, assinale a opção correta.

(A) Como entidades integrantes da administração pública indireta, as empresas públicas e as sociedades de economia mista gozam de privilégios fiscais não extensivos às empresas do setor privado.

(B) Em razão do princípio da anterioridade tributária, a cobrança de tributo não pode ser feita no mesmo exercício financeiro em que fora publicada a norma impositiva tributária.

(C) De acordo com a CF, é vedado à administração tributária, visando aferir a capacidade econômica do contribuinte, identificar, independentemente de ordem judicial, o patrimônio, os rendimentos e as atividades econômicas do contribuinte.

(D) Embora a CF vede a retenção ou qualquer outra restrição à entrega e ao emprego dos recursos atribuídos aos estados, ao DF e aos municípios, neles compreendidos adicionais e acréscimos relativos a impostos, a União e os estados podem condicionar a entrega de recursos.

(E) A CF, ao diferenciar empresas brasileiras de capital nacional de empresas estrangeiras, concede àquelas proteção, benefícios e tratamento preferencial.

A: incorreta. De acordo com o art. 173, § 2º, da CF, as empresas públicas e as sociedades de economia mista **não poderão gozar** de privilégios fiscais não extensivos às do setor privado; **B:** incorreta. Há exceções. Determina o art. 150, III, *b*, da CF que sem prejuízo de outras garantias asseguradas ao contribuinte, é vedado à União, aos Estados, ao Distrito Federal e aos Municípios cobrar tributos no mesmo exercício financeiro em que haja sido publicada a lei que os instituiu ou aumentou. Ocorre que o § 1º do mesmo artigo informa que a vedação do inciso III, *b*, **não se aplica aos tributos** previstos nos arts. 148, I, 153, I, II, IV e V; e 154, II; **C:** incorreta. O princípio da capacidade contributiva, previsto no art. § 1º do art. 145 da CF, determina que, sempre que possível, os impostos terão caráter pessoal e **serão graduados segundo a capacidade econômica do contribuinte**, facultado à administração tributária, especialmente para conferir efetividade a esses objetivos, identificar, respeitados os direitos individuais e nos termos da lei, o patrimônio, os rendimentos e as atividades econômicas do contribuinte; **D:** correta. É o que determina o art. 160, parágrafo único, da CF; **E:** incorreta. Não há esse tratamento diferenciado previsto no texto constitucional.

Gabarito "D".

(Defensor Público – DPE/RN – 2016 – CESPE) No que diz respeito à disciplina constitucional da autonomia financeira, aos poderes e aos órgãos públicos, assinale a opção correta.

(A) Lei de iniciativa exclusiva do Poder Executivo poderá restringir a execução orçamentária do Poder Judiciário, mesmo no tocante às despesas amparadas na LDO e na LOA.

(B) Ao elaborar sua proposta orçamentária, deve o MP ater-se aos limites estabelecidos na LDO, não sendo dado ao chefe do Poder Executivo estadual interferir nessa proposta, ressalvada a possibilidade de pleitear a sua redução ao respectivo parlamento.

(C) Por exercer função constitucional autônoma e contar com fisionomia institucional própria, o MP junto aos TCs tem assegurada a garantia institucional da autonomia financeira nos mesmos moldes consagrados ao MP comum.

(D) Em razão do seu caráter de auxiliar do respectivo Poder Legislativo, os TCs estaduais não gozam de autonomia financeira, ficando a sua proposta orçamentária condicionada à proposição daquele poder.

(E) A despeito da autonomia financeira das DPs, sua proposta orçamentária deve estar atrelada à proposta do respectivo Poder Executivo, como uma subdivisão desta, tendo em vista especialmente a circunstância de as DPs, não constituindo um poder autônomo e independente, atuarem no exercício de função executiva.

A: Errada. V. art. 99, § 5º, da CF; **B:** Correta. Art. 127, §§ 3º, 4º e 5º, da CF; **C:** Errada. V. art. 130 da CF; **D:** Errada. Por força dos arts. 73 e 96 da CF, o STF já entendeu que os tribunais de contas possuem as mesmas garantias do Poder Judiciário, o que inclui a autonomia financeira; **E:** Errada. As defensorias públicas possuem autonomia. V. art. 134, § 2º, da CF.

Gabarito "B"

(Juiz de Direito/AM – 2016 – CESPE) À luz da jurisprudência do STF, assinale a opção correta acerca da CF e da Constituição do Estado do Amazonas, dos estados federados, dos princípios constitucionais e das imunidades parlamentares.

(A) Como a regra da CF quanto à iniciativa do chefe do Poder Executivo para projeto a respeito de certas matérias suplanta o tratamento dessas matérias pela assembleia constituinte estadual, é inconstitucional previsão, na Constituição estadual, de escolha do procurador-geral do estado entre integrantes da carreira.

(B) O reconhecimento aos deputados estaduais das imunidades dos congressistas não deriva necessariamente da CF, mas decorre de decisão autônoma do constituinte local, de modo que a imunidade concedida a deputados estaduais é restrita à justiça do estado.

(C) Compreende-se na esfera de autonomia dos estados a concessão de anistia de infrações disciplinares de seus respectivos servidores, podendo concedê-la a assembleia constituinte estadual, principalmente no que se refere às punições impostas sob o regime da Constituição anterior por motivos políticos, medida concedida pela CF.

(D) Os estados organizam-se e regem-se pelas Constituições e leis que adotarem, observados os princípios da CF, sendo, por isso, considerado constitucional o aumento do número de desembargadores pela assembleia constituinte estadual sem prévia proposta do tribunal de justiça.

(E) Os princípios constantes da CF sobre processo legislativo não são de observância obrigatória pelos estados-membros em suas Constituições, mas é vedado ao legislador estadual, como ao federal, dispor sobre as matérias de iniciativa privativa do chefe do Poder Executivo.

A: incorreta. O STF entendeu ser constitucional a previsão, na Constituição do Estado-membro, da escolha do Procurador-Geral do Estado entre os integrantes da carreira (ADI 2.581, rel. p/ o acórdão min. Marco Aurélio, j. 16.08.2007, Pleno, *DJE* 15.08.2008); **B:** incorreta. O regime constitucional das imunidades parlamentares se estende aos deputados estaduais por previsão constitucional expressa (art. 27, § 1º, CF); **C:** correta. O STF entende que a prerrogativa de anistiar decorre da autonomia dos estados, podendo concedê-la a Assembleia Constituinte local, principalmente se a punição disciplinar tiver sido imposta por motivos políticos (ADI 104, rel. min. Sepúlveda Pertence, j. 04.06.2007, Pleno, *DJ* 24.08.2007); **D:** incorreta. A primeira parte está correta (art. 25 da CF), porém desta regra não decorre a segunda parte, que foi considerada inconstitucional por ofender o art. 96, II, "b", da CF, de observância obrigatória pelo poder constituinte derivado estadual, por força do art. 11 do ADCT (ADI 142, rel. min. Ilmar Galvão, j. 19.06.1996, Pleno, *DJ* 06.09.1996); **E:** incorreta. É pacífico o entendimento de que as regras básicas do processo legislativo da União são de observância obrigatória pelos Estados, "por sua implicação com o princípio fundamental da separação e independência dos Poderes". (STF, ADI 774, rel. min. Sepúlveda Pertence, Pleno, *DJ* 26.02.1999).

Gabarito "C"

(Juiz de Direito/AM – 2016 – CESPE) Assinale a opção correta acerca das garantias constitucionais individuais, do funcionamento e atribuições das CPIs e dos chamados remédios constitucionais, considerando a jurisprudência do STF.

(A) Embora as CPIs possuam poderes de investigação próprios das autoridades judiciais, é vedada a CPI criada por assembleia legislativa de estado a quebra de sigilo de dados bancários dos investigados.

(B) Em decorrência de norma constitucional acrescentada pela EC n.º 45/2004, os tratados e convenções internacionais sobre direitos humanos subscritos pelo Brasil antes da promulgação dessa emenda têm status normativo de emenda constitucional.

(C) *Habeas data* serve para assegurar o conhecimento de informações relativas ao impetrante, constantes de registros ou bancos de dados de entidades governamentais ou de caráter público, podendo ser impetrado inclusive por pessoa jurídica nacional ou estrangeira.

(D) *Habeas data* não é garantia constitucional adequada para obtenção de dados concernentes ao pagamento de tributos do próprio contribuinte constantes de sistemas informatizados de apoio à arrecadação dos órgãos da administração fazendária dos entes estatais.

(E) Não se admite que o impetrante desista da ação de mandado de segurança sem aquiescência da autoridade apontada como coatora ou da entidade estatal interessada, após prolação de sentença de mérito.

A: incorreta. Por possuírem poderes próprios das autoridades judiciais, o STF reconhece a possibilidade de quebra de sigilo de dados pelas CPIs, desde que em decisão fundamentada e comprovada a necessidade objetiva da medida. A extensão dessa prerrogativa às CPIs estaduais foi reconhecida na ACO 730-5/RJ, rel. min. Joaquim Barbosa; **B:** incorreta. De acordo com o art. 5º, § 3º, da CF (acrescentado pela EC 45/04), os tratados e convenções internacionais sobre direitos humanos **que forem** aprovados, em cada Casa do Congresso Nacional, em dois turnos, por três quintos dos votos dos respectivos membros, serão equivalentes às emendas constitucionais. Não houve previsão na EC 45/2004 a respeito da "hierarquia" das normas dos tratados sobre direitos humanos **anteriores** à sua vigência, ainda que aprovados pelo mesmo procedimento das emendas à Constituição. O STF já conferiu a tais tratados (anteriores à EC 45) o caráter de "supralegalidade"; **C:** correta. Art. 5º, LXXII, CF. Além das hipóteses constitucionais de cabimento do *habeas data*, a lei de regência acrescentou a possibilidade do *writ* para "anotação nos assentamentos do interessado, de contestação ou explicação sobre dado verdadeiro, mas justificável, e que esteja sob pendência judicial ou amigável" (art. 7º, III, Lei 9.507/1997). Além disso, o STF entende que a garantia do *habeas data* estende-se às pessoas jurídicas, nacionais ou estrangeiras, por se tratar de direito fundamental; **D:** incorreta. O STF já decidiu, com repercussão geral, que o *habeas data* é garantia adequada para a obtenção de dados referentes ao pagamento de tributos do próprio contribuinte, constantes de sistemas informatizados de apoio à arrecadação dos entes estatais (RE 673.707, rel. min. Luiz Fux, j. 17.06.2015, Pleno, *DJE* 30.09.2015); **E:** incorreta. Em repercussão geral, o STF concluiu ser lícito ao impetrante desistir do mandado de segurança, independentemente de concordância da autoridade impetrada, mesmo após a sentença (RE 669.367, rel. para o acórdão min. Rosa Weber, j. 02.05.2013, Pleno, *DJE* 30.10.2014)

Gabarito "C"

(Analista Jurídico –TCE/PA – 2016 – CESPE) No que se refere aos direitos e garantias fundamentais e a outros temas relacionados ao direito constitucional, julgue os próximos itens.

(1) É do Supremo Tribunal Federal a competência para o processo e o julgamento de mandado de injunção coletivo apontando ausência de norma regulamentadora a cargo do Tribunal de Contas da União (TCU) ajuizado por associação de classe devidamente constituída.

(2) Como o *habeas data* não pode ser utilizado por pessoa jurídica, deve ser reconhecida a ilegitimidade ativa na hipótese de pessoa jurídica ajuizar *habeas data* para obter informações de seu interesse constante de dados de determinada entidade governamental.

(3) Considere que, em procedimento de controle administrativo, o Conselho Nacional de Justiça (CNJ) tenha rejeitado pedido do interessado de reconhecimento da ilegalidade de ato praticado por tribunal de justiça e que, inconformado, o interessado tenha impetrado mandado de segurança contra o CNJ no Supremo Tribunal Federal (STF). Nessa situação, conforme o entendimento do STF, a decisão negativa do CNJ não está sujeita a revisão por meio de mandado de segurança impetrado diretamente na Suprema Corte.

1: correta. A competência, de fato, é do STF, conforme determina o art. 102, I, *q*, da CF. Determina tal dispositivo que compete ao Supremo Tribunal Federal o processo e julgamento, de forma originária, do mandado de injunção, **quando a elaboração da norma** regulamentadora **for atribuição** do Presidente da República, do Congresso Nacional, da Câmara dos Deputados, do Senado Federal, das Mesas de uma dessas Casas Legislativas, **do Tribunal de Contas da União**, de um dos Tribunais Superiores, ou do próprio Supremo Tribunal Federal. Além disso, de acordo com o art. 12, III, da Lei 13.300, de 23 de junho de 2016 (Lei do Mandado de Injunção), o mandado de injunção coletivo pode ser promovido por organização sindical, **entidade de classe ou associação legalmente constituída** e em funcionamento há pelo menos 1 (um) ano, para assegurar o exercício de direitos, liberdades e prerrogativas em favor da totalidade ou de parte de seus membros ou associados, na forma de seus estatutos e desde que pertinentes a suas finalidades, dispensada, para tanto, autorização especial; **2:** errada. Ao contrário do mencionado, o habeas data **pode ser impetrado por pessoa jurídica**; **3:** correta. O STF, no julgamento do MS 26676 DF, já decidiu que "**as deliberações negativas do Conselho Nacional de Justiça não estão sujeitas a revisão por meio de mandado de segurança impetrado diretamente no Supremo Tribunal Federal**. II – Para o reconhecimento de eventual nulidade, ainda que absoluta, faz-se necessária a demonstração do prejuízo efetivamente sofrido. III – Mandado de segurança conhecido em parte e, nessa extensão, denegada a ordem" (grifos nossos).

Gabarito 1C, 2E, 3C

(Analista Jurídico –TCE/PA – 2016 – CESPE) No que se refere aos poderes da República e ao Tribunal de Contas da União, julgue os itens subsequentes.

(1) Em decorrência das prerrogativas da autonomia e do autogoverno, o TCU detém iniciativa reservada para instaurar processo legislativo destinado a alterar sua organização e funcionamento, sendo formalmente inconstitucional lei de iniciativa parlamentar que disponha sobre a referida matéria.

(2) Segundo o STF, configura hipótese de inconstitucionalidade formal, por vício de iniciativa, a edição de lei de iniciativa parlamentar que estabeleça atribuições para órgãos da administração pública.

1: correta. De acordo com o STF: "Conforme reconhecido pela Constituição de 1988 e por esta Suprema Corte, **gozam as Cortes de Contas do país das prerrogativas da autonomia e do autogoverno, o que inclui, essencialmente, a iniciativa reservada para instaurar processo legislativo que pretenda alterar sua organização e seu funcionamento**, como resulta da interpretação sistemática dos arts. 73, 75 e 96, II, *d*, da CF (...). [ADI 4.418 MC, rel. min. Dias Toffoli, j. 06.10.2010, P, *DJE* de 15.06.2011.] Vide: ADI 1.994, rel. min. Eros Grau, j. 24.05.2006, P, *DJ* de 08.09.2006 (grifos nossos); **2:** correta. Determina o STF que "**É indispensável a iniciativa do chefe do Poder Executivo** (mediante projeto de lei ou mesmo, após a EC 32/2001, por meio de decreto) **na elaboração de normas que de alguma forma remodelem as atribuições de órgão pertencente à estrutura administrativa** de determinada unidade da Federação. [ADI 3.254, rel. min. Ellen Gracie, j. 16.11.2005, P, *DJ* de 02.12.2005.] (grifos nossos).

Gabarito 1C, 2C

(Analista Jurídico – TCE/PR – 2016 – CESPE) No que concerne ao mandado de segurança, à reclamação e às ações popular, civil pública e de improbidade administrativa, assinale a opção correta de acordo com a legislação e com a jurisprudência dos tribunais superiores.

(A) O cabimento do mandado de segurança depende da presença de direito líquido e certo e, portanto, esse instrumento será inadequado quando a matéria de direito, objeto da ação, for controvertida.

(B) O Superior Tribunal de Justiça possui competência originária para julgar ação popular quando no polo passivo da demanda figurar ministro de Estado.

(C) O Superior Tribunal de Justiça reconhece o direito à propositura de ação de improbidade exclusivamente contra particular, nos casos em que não se possa identificar agente público autor do ato de improbidade.

(D) A reclamação é a medida que poderá ser utilizada para garantir a observância do caráter vinculante de decisão proferida nos incidentes de resolução de demandas repetitivas e de assunção de competência.

(E) O Supremo Tribunal Federal consagrou o entendimento no sentido da indispensabilidade da observância do princípio do contraditório no inquérito civil que fundamente o ajuizamento de ação civil pública.

A: incorreta. Embora a expressão seja "direito líquido e certo", o que deve ser comprovado de plano é o fato. Será dotado de certeza e liquidez aquele fato que contenha prova pré-constituída. Por exemplo, o portador do vírus HIV, que possui um laudo médico confirmando a existência da doença – AIDS –, tem direito líquido e certo a receber a medicação do governo para se manter vivo. Por outro lado, **a controvérsia sobre matéria de direito**, conforme determina a Súmula 625 do STF, **não impede concessão de mandado de segurança**; **B:** incorreta. O STJ não detém competência para julgar ação popular. O entendimento do STF é de que "A competência para julgar ação popular contra ato de qualquer autoridade, até mesmo do presidente da República, é, via de regra, **do juízo competente de primeiro grau**. [AO 859 QO, rel. p/ o ac. min. Maurício Corrêa, j. 11.10.2001, P, *DJ* de 01.08.2003.]; **C:** incorreta. A ação de improbidade administrativa **não pode ser proposta apenas em relação a particulares**. Segundo o STJ: "os particulares não podem ser responsabilizados com base na LIA [Lei de improbidade Administrativa] sem que figure no polo passivo um agente público responsável pelo ato questionado, o que não impede, contudo, o eventual ajuizamento de Ação Civil Pública comum para obter o ressarcimento do Erário" (REsp 896.044/PA, Rel. Min. Herman Benjamin, Segunda Turma, julgado em 16.09.2010, *DJe* 19.04.2011); **D:** correta. Determina o art. 988, IV, do CPC, alterado pela Lei nº 13.256, de 2016, que caberá reclamação da parte interessada ou do Ministério Público, dentre outras hipóteses, para garantir a observância de acórdão proferido em julgamento de incidente de resolução de demandas repetitivas ou de incidente de assunção de competência; **E:** incorreta. Ao contrário do mencionado, de acordo com o STF: "AGRAVO DE INSTRUMENTO. ADMINISTRATIVO. AÇÃO CIVIL PÚBLICA. DEFESA DO PATRIMÔNIO PÚBLICO. LEGITIMIDADE DO MINISTÉRIO PÚBLICO. **DESNECESSIDADE DE OBSERVÂNCIA, NO INQUÉRITO CIVIL, DOS PRINCÍPIOS DO CONTRADITÓRIO E DA AMPLA DEFESA**. PRECEDENTES. AGRAVO AO QUAL SE NEGA SEGUIMENTO" (STF – AI: 790829 RS, Relator: Min. CÁRMEN LÚCIA, Data de Julgamento: 13.06.2011, Data de Publicação: *DJe*-121 DIVULG 24.06.2011 PUBLIC 27.06.2011) (grifos nossos).

Gabarito "D"

(Analista – Judiciário –TRE/PI – 2016 – CESPE) A respeito do controle de constitucionalidade, das finanças públicas e da ordem econômica financeira, assinale a opção correta.

(A) De acordo com a CF, a realização de licitação para a prestação de serviços públicos é obrigatória sob o regime de concessão, mas dispensável no caso de permissão.

(B) Em razão da sua natureza meramente administrativa, o TCU não poderá exercer o controle de constitucionalidade incidental de uma lei ou de atos do poder público quando do julgamento de seus processos.

(C) A decisão em sede de ADI, apesar de sua eficácia contra todos e de seu efeito vinculante, não atinge o Poder Legislativo em sua função típica.

(D) Lei Orgânica municipal que receba emenda com previsão para obrigação vedada expressamente pela CF, em razão da pertinência temática, poderá ser objeto de ADI perante o STF.

(E) Ainda que tenha vedado a possibilidade de abertura de crédito extraordinário por medida provisória para atender despesas imprevisíveis e urgentes, a CF previu a possibilidade de tramitação legislativa em regime de urgência.

A: incorreta. De acordo com o *caput* do art. 175 da CF, incumbe ao Poder Público, na forma da lei, diretamente ou sob regime de concessão ou permissão, **sempre por meio de licitação**, a prestação de serviços públicos; **B:** incorreta. Determina a Súmula 347 do STF que o Tribunal de Contas, no exercício de suas atribuições, **pode apreciar a constitucionalidade das leis e dos atos do Poder Público**; **C:** correta. O **efeito vinculante não atinge o Poder Legislativo** na sua função típica, pois, caso contrário, haveria uma petrificação no sistema e as decisões do Supremo, que fossem dotadas de efeito vinculante, impediriam o exercício da função típica do legislativo; **D:** incorreta. Lei de natureza municipal não pode ser questionada no STF por meio de ADI. De acordo com art. 102, I, *a*, da CF, é da competência do Supremo Tribunal Federal o processo e julgamento, de forma originária, da ação direta de inconstitucionalidade **de lei ou ato normativo federal ou estadual** e a ação declaratória de constitucionalidade de lei ou ato normativo federal; **E:** incorreta. Ao contrário do mencionado, **a CF admite a abertura de crédito extraordinário por meio de medida provisória**, conforme determina os arts. 62, § 1º, I, *d*, e 167, § 3º, ambos da CF.

Gabarito "C"

(Analista – Judiciário –TRE/PI – 2016 – CESPE) Acerca dos Poderes da República e das funções essenciais à justiça, assinale a opção correta.

(A) Em razão do princípio da separação dos poderes, a súmula vinculante editada pelo STF é efetiva apenas para os órgãos do Poder Judiciário.

(B) Eventual conflito de competência entre um tribunal regional eleitoral e um tribunal regional federal deverá ser revolvido pelo STF.

(C) A Advocacia-Geral da União, por ser órgão do Poder Executivo, não detém competência para representar judicialmente o Poder Judiciário.

(D) De acordo com o STF, as comissões parlamentares de inquérito possuem poderes de investigação próprios das autoridades judiciais, mas não têm competência para determinar a interceptação telefônica.

(E) Convalida o vício de iniciativa a sanção presidencial a projeto de lei de autoria de senador acerca de matéria de iniciativa privativa do presidente da República.

A: incorreta. De acordo com *caput* do art. 103-A da CF, a súmula vinculante terá efeito em relação aos órgãos do Poder Judiciário **e à administração pública direta e indireta, nas esferas federal, estadual e municipal**. Vale lembrar que a súmula não vincula a função legislativa, ainda que exercida de forma atípica; **B:** incorreta. A competência para o julgamento do conflito entre um tribunal regional eleitoral e um tribunal regional federal é resolvida pelo Superior Tribunal de Justiça, conforme determina o art. 105, I, "d", da CF; **C:** incorreta. Determina o *caput* do art. 131 da CF que a **Advocacia-Geral da União** é a instituição que, diretamente ou através de órgão vinculado, **representa a União, judicial e extrajudicialmente**, cabendo-lhe, nos termos da lei complementar que dispuser sobre sua organização e funcionamento, as atividades de **consultoria e assessoramento jurídico do Poder Executivo**. Sendo assim, a AGU representa **judicialmente** os três Poderes da União (Legislativo, Executivo e Judiciário) mas, no âmbito consultivo, assessora apenas o Poder **Executivo**; **D:** correta. De fato, as comissões parlamentares de inquérito – CPIs detém funções típicas das autoridades judiciais, mas há algumas exceções, assuntos que estão acobertados pela cláusula de reserva jurisdicional, ou seja, só podem ser efetivados por ordem judicial. Por exemplo: a CPI não pode determinar a interceptação telefônica, pois, segundo o art. 5º, XII, da CF, somente para fins de investigação criminal ou instrução processual penal é que poderá haver tal diligência. Ressalta-se que o acesso às contas telefônicas (dados telefônicos) não se confunde com quebra de comunicação telefônica (que é a interceptação ou escuta). A primeira se inclui nos poderes da CPI, já a segunda é acobertada pela cláusula de reserva de jurisdição e, portanto, não cabe à CPI determiná-la. De acordo com o § 3º do art. 58 da CF, as CPIs, que terão **poderes de investigação próprios das autoridades judiciais**, além de outros previstos nos regimentos das respectivas Casas, serão criadas pela Câmara dos Deputados e pelo Senado Federal, em conjunto ou separadamente, mediante requerimento de um terço de seus membros, para a apuração de fato determinado e por prazo certo, sendo suas conclusões, se for o caso, encaminhadas ao Ministério Público, para que promova a responsabilidade civil ou criminal dos infratores; **E:** incorreta. O vício de iniciativa não é convalidado por posterior sanção presidencial. O STF já decidiu reiteradas vezes que "**A sanção do projeto de lei não convalida o vício de inconstitucionalidade** resultante da usurpação do poder de iniciativa. A ulterior aquiescência do chefe do Poder Executivo, mediante sanção do projeto de lei, ainda quando dele seja a prerrogativa usurpada, não tem o condão de sanar o vício radical da inconstitucionalidade. Insubsistência da Súmula 5/STF" [ADI 2.867, rel. min. Celso de Mello, j. 03.12.2003, P, *DJ* de 09.02.2007.] = ADI 2.305, rel. min. Cezar Peluso, j. 30.06.2011, P, *DJE* de 05.08.2011.

Gabarito "D"

(Advogado União – AGU – CESPE – 2015) Acerca de aspectos diversos relacionados à atuação e às competências dos Poderes Executivo, Legislativo e Judiciário, do presidente da República e da AGU, julgue os itens a seguir.

(1) Caso um processo contra o presidente da República pela prática de crime de responsabilidade fosse instaurado pelo Senado Federal, não seria permitido o exercício do direito de defesa pelo presidente da República no âmbito da Câmara dos Deputados.

(2) Conforme entendimento do STF, compete à justiça federal processar e julgar o crime de redução à condição análoga à de escravo, por ser este um crime contra a organização do trabalho, se for praticado no contexto das relações de trabalho.

(3) Compete à AGU a representação judicial e extrajudicial da União, sendo que o poder de representação do ente federativo central pelo advogado da União decorre da lei e, portanto, dispensa o mandato.

(4) Caso uma lei de iniciativa parlamentar afaste os efeitos de sanções disciplinares aplicadas a servidores públicos que participarem de movimento reivindicatório, tal norma padecerá de vício de iniciativa por estar essa matéria no âmbito da reserva de iniciativa do chefe do Poder Executivo.

(5) O veto do presidente da República a um projeto de lei ordinária insere-se no âmbito do processo legislativo, e as razões para o veto podem ser objeto de controle pelo Poder Judiciário.

(6) No ordenamento jurídico brasileiro, admitem-se a autorização de referendo e a convocação de plebiscito por meio de medida provisória.

1: Incorreta. O STF tem entendimento de que o direito de defesa deve ser oportunizado na fase pré-processual, em razão do dano que o próprio processo causa à figura pública do Presidente da República (Ver MS-MC-QO 21564). **2:** Correta. Embora constitua crime contra a liberdade individual, a doutrina defende que se trata de crime contra a organização do trabalho, o que atrai a competência da Justiça Federal. **3:** Correta. Os advogados públicos possuem procuração "ex lege", não necessitando de procuração para defesa do ente. À AGU compete a representação judicial e extrajudicial da União, sendo que realiza as atividades de consultoria e assessoramento jurídico apenas do Poder Executivo. O Poder Legislativo tem órgão próprio de consultoria, sendo judicialmente representado pela AGU. O Judiciário é judicialmente representado pela AGU. **4:** Correta. Matéria reservada à iniciativa do Chefe do Poder Executivo. Ver ADI 1440. **5:** Incorreta. Embora a fase de sanção ou veto faça parte do processo legislativo, o STF, ao julgar a ADPF n. 1, entendeu que não se enquadra no conceito de "ato do Poder Público" que justificaria o cabimento de ADPF. **6:** Incorreta. Plebiscito e referendo não são convocados por lei, mas por decreto legislativo.

Medida provisória tem força de lei, mas não substitui os atos deliberativos do Congresso Nacional, como a edição de um decreto legislativo. Além disso, não cabe MP para dispor sobre direitos políticos. TM

Gabarito 1E, 2C, 3C, 4C, 5E, 6E

(Advogado União – AGU – CESPE – 2015) Com base nas normas constitucionais e na jurisprudência do STF, julgue os itens seguintes.

(1) Situação hipotética: Servidor público, ocupante de cargo efetivo na esfera federal, recebia vantagem decorrente do desempenho de função comissionada por um período de dez anos. O servidor, após ter sido regularmente exonerado do cargo efetivo anterior, assumiu, também na esfera federal, novo cargo público efetivo. Assertiva: Nessa situação, o servidor poderá continuar recebendo a vantagem referente ao cargo anterior, de acordo com o princípio do direito adquirido.

(2) Situação hipotética: Determinado estado e um dos seus municípios estão sendo processados judicialmente em razão de denúncias acerca da má qualidade do serviço de atendimento à saúde prestado à população em um hospital do referido município. Assertiva: Nessa situação, o estado, em sua defesa, poderá alegar que, nesse caso específico, ele não deverá figurar no polo passivo da demanda, já que a responsabilidade pela prestação adequada dos serviços de saúde à população é do município, e, subsidiariamente, da União.

(3) Vice-governador de estado que não tenha sucedido ou substituído o governador durante o mandato não precisará se desincompatibilizar do cargo atual no período de seis meses antes do pleito para concorrer a outro cargo eletivo.

1: Incorreta. Houve exoneração do cargo efetivo antes de assumir o novo cargo efetivo, não havendo direito adquirido na hipótese. **2:** Incorreta. Os entes respondem em conjunto, haja vista que a saúde é dever do Estado. **3:** Correta. Ver Resolução 19491/TSE. TM

Gabarito 1E, 2E, 3C

(Procurador do Estado – PGE/BA – CESPE – 2014) Em relação ao Ato das Disposições Constitucionais Transitórias (ADCT), julgue os itens seguintes.

(1) No ADCT, não há previsão expressa para que o Brasil envide esforços para a formação de um tribunal internacional dos direitos humanos.

(2) O ADCT concedeu anistia àqueles que foram atingidos por atos de exceção, institucionais ou complementares, em decorrência de motivação exclusivamente política.

(3) Segundo o ADCT, a revisão constitucional será feita a cada cinco anos, em sessão bicameral do Congresso Nacional.

1: Incorreta. Ver art. 7º do ADCT. **2:** Correta. Art. 8º do ADCT. **3:** Incorreta. Eis a redação do art. 3º do ADCT: "A revisão constitucional será realizada após cinco anos, contados da promulgação da Constituição, pelo voto da maioria absoluta dos membros do Congresso Nacional, em sessão unicameral". TM

Gabarito 1E, 2C, 3E

(Analista – STF – 2013 – CESPE) Acerca do Estado federal brasileiro, tendo como referência a Constituição Federal de 1988 (CF), julgue os itens a seguir.

(1) Dada a subordinação dos entes federados à força normativa da CF, seu preâmbulo deve ser obrigatoriamente reproduzido nas constituições estaduais.

(2) A norma constitucional consistente na obrigatoriedade de repasse, pela União, de 10% da arrecadação do imposto sobre produtos industrializados aos estados e ao Distrito Federal objetiva a preservação da autonomia estadual e distrital.

(3) A CF atribui ao Distrito Federal competências legislativas reservadas aos estados e aos municípios, como, por exemplo, a de organizar seu Ministério Público.

1: incorreta, "Preâmbulo da Constituição: não constitui norma central. Invocação da proteção de Deus: não se trata de norma de reprodução obrigatória na constituição estadual, não tendo força normativa" (STF, ADIn 2076/AC, Pleno, j. 15.08.2002, rel. Carlos Velloso, DJ 08.08.2003); **2:** correta (art. 159, II, da CF); **3:** incorreta, a organização do Ministério Público do Distrito Federal é de competência privativa da União (arts. 32, § 1º e 22, XVII, da CF).

Gabarito 1E, 2C, 3E

(Magistratura/BA – 2012 – CESPE) Acerca dos princípios e dos direitos e garantias fundamentais previstos na CF, assinale a opção correta.

(A) A CF assegura a gratuidade das ações de *habeas corpus* e mandado de segurança, e, na forma da lei, de todos os atos necessários ao exercício da cidadania.

(B) Se um juiz, ao praticar ato de natureza penal, agir de modo negligente e condenar alguém por sentença que contenha erro judiciário, caberá ao Estado a responsabilidade de indenizar essa pessoa.

(C) Assim como os estrangeiros não residentes no Brasil, as pessoas jurídicas também não são destinatárias de direitos fundamentais elencados na CF.

(D) A integração econômica, política, social e cultural dos povos da América do Sul, com vistas à formação de um mercado comum regional, expressamente prevista na CF, materializou-se com a criação do Mercado Comum do Sul (MERCOSUL) e da União de Nações Sul-Americanas (UNASUL).

(E) A República Federativa do Brasil rege-se, nas suas relações internacionais, entre outros princípios, pela erradicação da pobreza e redução das desigualdades entre os povos da América Latina e pelo pluralismo político e igualdade entre os Estados.

A: incorreta, pois, a CF assegura a gratuidade das ações de habeas corpus e habeas data, nos termos do art. 5º, LXXVII, da CF. A Lei 9.265/96 dispõe sobre a gratuidade dos atos necessários ao exercício da cidadania; **B:** correta, nos termos do art. 5º, LXXV, da CF. O erro judiciário é, sem dúvida, um dos piores defeitos de atuação do poder público, uma vez que fere precisamente o direito de a pessoa humana buscar a realização de justiça por meio do Judiciário (art. 5º, XXXV, da CF); **C:** incorreta, pois todos são destinatários de direitos fundamentais elencados na CF. Em tese, direitos fundamentais são os valores jurídico-políticos originados da dignidade inerente ao humano, pois atualizam as potencialidades essenciais ao ser, nos termos do caput do art. 5º, da CF; **D:** incorreta, já que o constituinte de 5 de outubro de 1988 proclama a intenção de o Estado Brasileiro buscar parceiros para a formação de organismos internacionais que congregue os países da América Latina. O parágrafo único, do art. 4º, da CF reflete a ideia já posta em prática no continente europeu, onde se busca a realização de objetivos que valem não apenas para uma sociedade política, mas para uma comunidade maior, que vai além das fronteiras do próprio Estado, e que só podem ser obtidos, eficientemente, mediante cooperação. Consoante a isso, materializou-se somente a criação do Mercado Comum do Sul (MERCOSUL), através do Decreto nº 350, de 21.11.91. A UNASUL é uma união intergovernamental que integra duas uniões aduaneiras existentes na região: o Mercado Comum do Sul e a Comunidade Andina de Nações (CAN), como parte de um contínuo processo de integração sul-americana que foi assinado 23 de maio de 2008, na Terceira Cúpula de Chefes de Estado, realizada em Brasília (atualmente é formada pelos doze países da América do Sul); **E:** incorreta, pois de fato a República Federativa do Brasil rege-se, nas suas relações internacionais, nos termos do art. 4º, da CF. Todavia, os princípios fundamentais, da erradicação da pobreza e do pluralismo políticos, não são princípios internacionais, mas sim, respectivamente, objetivos e fundamentos da República Federativa do Brasil, nos termos dos arts. 3º, III e 1º, V, da CF. Por fim, é oportuno destacarmos que o Decreto-Lei nº 7.935/1945, aprova a Carta das Nações Unidas, assinada em São Francisco, da qual faz parte integrante o anexo Estatuto da Corte Internacional da Justiça que é baseada no princípio da igualdade soberana de todos os membros, e não somente dos povos da América Latina, nos termos do art. 4º, V, da CF.

Gabarito "B"

(Defensor Público/RO – 2012 – CESPE) Com base no disposto na CF, assinale a opção correta.

(A) Denomina-se projeto básico o instrumento da política de desenvolvimento e de expansão urbana aprovado pela câmara municipal e obrigatório para cidades com mais de vinte mil habitantes.

(B) Compete ao STF processar e julgar originariamente mandado de segurança contra ministro de Estado.

(C) Aquele que, não sendo proprietário de imóvel rural ou urbano, possua como seu, por cinco anos ininterruptos, sem oposição, área de terra, em zona rural, não superior a cinquenta hectares, tornando-a produtiva por seu trabalho ou de sua família e tendo nela sua moradia, adquirir-lhe-á a propriedade.

(D) As desapropriações de imóveis urbanos serão feitas com prévia e justa indenização em títulos do Tesouro Nacional com vencimento não superior a cinco anos.

(E) Cabe à DP impetrar mandado de injunção, em favor de pessoa que não disponha de recursos para pagar advogado, para assegurar o conhecimento de informações constantes de registros ou bancos de dados de entidades governamentais ou de caráter público.

A: Errada. Trata-se do plano diretor. "O plano diretor, aprovado pela Câmara Municipal, obrigatório para cidades com mais de vinte mil habitantes, é o instrumento básico da política de desenvolvimento e de expansão urbana" (art. 182, § 1º, da CF); **B:** Errada. A competência é do STJ (art. 105, I, "b", da CF; **C:** Correta. Art. 191 da CF; **D:** Errada. As indenizações serão justas e prévias e em dinheiro (art. 182, § 3º, da CF); **E:** Errada. O remédio constitucional a ser impetrado é o *habeas data* (art. 5º, LXXII, "a", da CF).

Gabarito "C"

(Analista – TRE/RJ – 2012 – CESPE) Julgue os itens a seguir, relativos aos direitos sociais e de nacionalidade previstos na Constituição Federal de 1988 (CF).

(1) A alimentação tem, no ordenamento jurídico nacional, o estatuto de direito fundamental, o que obriga o Estado a garantir a segurança alimentar de toda a população.

(2) Com a Emenda Constitucional n.º 36/2002, a situação jurídica de brasileiros natos e naturalizados, no que se refere à propriedade de empresas jornalísticas e de radiodifusão sonora e de sons e imagens, foi igualada.

(3) Os efeitos jurídicos de sentença transitada em julgado que trate da perda da nacionalidade brasileira não são personalíssimos, podendo-se estender, portanto, a terceiros.

(4) As normas que tratam de direitos sociais são de eficácia limitada, ou seja, de aplicabilidade mediata, já que, para que se efetivem de maneira adequada, se devem cumprir exigências como prestações positivas por parte do Estado, gastos orçamentários e mediação do legislador.

1: incorreta. O direito à alimentação, acrescentado ao texto constitucional pela EC 64/10, diferente do mencionado, faz parte do rol dos direitos sociais, previsto no art. 6º da CF; **2:** incorreta. De acordo com o art. 222 da CF, a propriedade de empresa jornalística e de radiodifusão sonora e de sons e imagens é privativa de brasileiros natos ou naturalizados há mais de dez anos, ou de pessoas jurídicas constituídas sob as leis brasileiras e que tenham sede no País. A EC 36/02 alterou as regras sobre a participação da pessoa jurídica na propriedade dessas empresas. A situação jurídica dos brasileiros natos e naturalizados no que se refere à propriedade de empresas jornalísticas e de radiodifusão sonora e de sons e imagens continuou sendo disciplinada do mesmo modo; **3:** incorreta. Os efeitos, ao contrário, são personalíssimos e não podem ser estendidos a terceiros. **4:** correta. De fato, o poder público tem de adotar políticas públicas para a efetiva promoção dos direitos sociais, pois se tratam de norma de eficácia limitada de conteúdo programático. A mera regulamentação do direito não é suficiente. Sua efetiva concretização depende condutas administrativas.

Gabarito 1E, 2E, 3E, 4C

(Analista – TRE/RJ – 2012 – CESPE) Ainda a respeito dos direitos sociais, julgue os itens seguintes.

(1) A CF garante ao trabalhador a irredutibilidade salarial, o que impede que o empregador diminua, por ato unilateral ou por acordo individual, o valor do salário do trabalhador. A redução salarial só será possível se estiver prevista em convenção ou acordo coletivo.

(2) A garantia da dignidade da pessoa humana e do direito à vida depende da garantia do mínimo necessário à existência; por isso, a teoria da reserva do possível propõe que os direitos sociais sejam transformados em direitos subjetivos a prestações positivas.

(3) Apenas brasileiros natos podem compor o Conselho da República, já que ele é formado pelo vice-presidente da República, pelo presidente da Câmara dos Deputados, pelo presidente do Senado Federal, pelos líderes da maioria e da minoria da Câmara dos Deputados e do Senado Federal, além do ministro de Estado da Justiça.

(4) A deportação, pena aplicada a quem pratica algum delito em território brasileiro, consiste na retirada compulsória de estrangeiro residente ou domiciliado no país.

1: correta (art. 7.º, VI, da CF); **2:** correta. O STF, ao julgar a ADPF 45/DF, rel. Min. Celso de Mello, já definiu que "a cláusula de **reserva do possível** tem **caráter relativo** e que há necessidade de preservação, em favor dos indivíduos, da integridade e da intangibilidade do núcleo que consubstancia o 'mínimo existencial'. Assim, determinou a viabilidade instrumental da ADPF no processo de **concretização das liberdades positivas** (...)"; **3:** incorreta. O ministro da Justiça e os líderes da maioria e da minoria da Câmara dos Deputados e do Senado Federal não precisam ser brasileiros natos; **4:** incorreta. A deportação não está relacionada à prática de crime. São questões administrativas ligadas às situações de entrada e a estada irregular do estrangeiro em território brasileiro que podem gerar essa saída compulsória (art. 57, *caput*, da Lei 6.815/80 – Estatuto do Estrangeiro).

Gabarito 1C, 2C, 3E, 4E

14. DIREITO ADMINISTRATIVO

Wander Garcia, Ariane Wady, Flavia Barros, Georgia Renata Dias, Ivo Shigueru Tomita, Marcos Destefenni e Sebastião Edilson Gomes*

1. PRINCÍPIOS DO DIREITO ADMINISTRATIVO

(Procurador do Município/Manaus – 2018 – CESPE) Quanto às transformações contemporâneas do direito administrativo, julgue os itens subsequentes.

(1) Um dos aspectos da constitucionalização do direito administrativo se refere à releitura dos seus institutos a partir dos princípios constitucionais.

(2) O princípio da juridicidade, por constituir uma nova compreensão da ideia de legalidade, acarretou o aumento do espaço de discricionariedade do administrador público.

(3) A processualização do direito administrativo, a participação do cidadão na gestão pública e o princípio da transparência são elementos que contribuem para a democratização da administração pública.

1: correta – os princípios administrativos acabaram previstos de forma expressa na CF/1988 e de forma implícita, como decorrência de outros ditames constitucionais. Eles acabaram por remoldar princípios antigos e reestruturá-los para essa nova realidade. Tanto é assim que o princípio da supremacia do interesse público sobre o privado permanece vigente, mas não pode violar direitos individuais previstos na carta constitucional; **2:** incorreta – o princípio da juridicidade da administração, entendido como a subordinação ao direito como um todo, implica a submissão a princípios gerais de direito, à Constituição, a normas internacionais, a disposições de caráter regulamentar, a atos constitutivos de direitos etc. Daí porque implica em diminuição e não em aumento da discricionariedade administrativa; **3:** correta – essas são todas facetas do devido processo legal no processo administrativo e na própria Administração Pública, como resultado dos direitos constitucionalmente garantidos. FB

Gabarito 1C, 2E, 3C

(Delegado/PE – 2016 – CESPE) Considerando os princípios e fundamentos teóricos do direito administrativo, assinale a opção correta.

(A) As empresas públicas e as sociedades de economia mista, se constituídas como pessoa jurídica de direito privado, não integram a administração indireta.

(B) Desconcentração é a distribuição de competências de uma pessoa física ou jurídica para outra, ao passo que descentralização é a distribuição de competências dentro de uma mesma pessoa jurídica, em razão da sua organização hierárquica.

(C) Em decorrência do princípio da legalidade, é lícito que o poder público faça tudo o que não estiver expressamente proibido pela lei.

(D) A administração pública, em sentido estrito e subjetivo, compreende as pessoas jurídicas, os órgãos e os agentes públicos que exerçam função administrativa.

(E) No Brasil, por não existir o modelo da dualidade de jurisdição do sistema francês, o ingresso de ação judicial no Poder Judiciário para questionar ato do poder público é condicionado ao prévio exaurimento da instância administrativa.

A: incorreta; primeiro porque elas sempre são pessoas jurídicas de direito privado, não havendo outra opção; segundo porque integram a administração indireta; **B:** incorreta, pois houve inversão das definições; ou seja, deu-se o nome de desconcentração ao que é descentralização e vice-versa; **C:** incorreta, pois esse sentido do princípio da legalidade só se aplica ao particular; ao poder público o princípio da legalidade impõe que este faça apenas o que a lei permitir; **D:** correta, pois esse sentido (subjetivo = sujeito) foca nas pessoas, aí incluída as pessoas jurídicas (e, por tabela, seus órgãos) e os agentes públicos; **E:** incorreta, pois o princípio constitucional da universalidade da jurisdição não condiciona o ingresso de ação judicial ao prévio exaurimento da instância administrativa (art. 5º, XXXV, da CF).

Gabarito "D"

1.1. PRINCÍPIOS ADMINISTRATIVOS EXPRESSOS NA CONSTITUIÇÃO

(Procurador do Município – Prefeitura Fortaleza/CE – CESPE – 2017) Acerca do direito administrativo, julgue os itens que se seguem.

(1) Considerando os princípios constitucionais explícitos da administração pública, o STF estendeu a vedação da prática do nepotismo às sociedades de economia mista, embora elas sejam pessoas jurídicas de direito privado.

1: Correta. Sendo as Sociedades de Economia Mista integrantes da Administração Indireta, são atingidas pela Súmula Vinculante 13, STF, que inclui todas as pessoas jurídicas da Administração Pública Direta e Indireta. AW

Gabarito 1C

(Advogado União – AGU – CESPE – 2015) Acerca do direito administrativo, julgue o item que se segue.

(1) Conforme a doutrina, diferentemente do que ocorre no âmbito do direito privado, os costumes não constituem fonte do direito administrativo, visto que a administração pública deve obediência estrita ao princípio da legalidade.

1: Incorreta. Conforme ensina Hely Lopes Meirelles, "No direito administrativo brasileiro o costume exerce ainda influência, em razão da deficiência da legislação. A prática administrativa vem suprindo o texto escrito, e, sedimentada na consciência dos administradores e administrados, a praxe burocrática passa a suprir a lei, ou atua como elemento informativo da doutrina."(Direito Administrativo Brasileiro, 38 ed, p.37). AW

Gabarito 1E

(Advogado União – AGU – CESPE – 2015) Com relação a processo administrativo, poderes da administração e serviços públicos, julgue o item subsecutivo.

(1) Situação hipotética: Um secretário municipal removeu determinado assessor em razão de desentendimentos pessoais motivados por ideologia partidária. Assertiva: Nessa situação, o secretário agiu com abuso de poder, na modalidade excesso de poder, já que atos de remoção de servidor não podem ter caráter punitivo.

1: Incorreta. O secretário agiu com abuso de poder na modalidade "desvio de poder ou de finalidade", eis que o excesso se configura quando o agente atua alem de sua competência. No caso, houve afronta ao princípio da impessoalidade, havendo atitude contrária ao interesse público, portanto. AW

Gabarito 1E

(Técnico – TJ/CE – 2013 – CESPE) Assinale a opção que explicita o princípio da administração pública na situação em que um administrador público pratica ato administrativo com finalidade pública, de modo que tal finalidade é unicamente aquela que a norma de direito indica como objetivo do ato.

* **FB Flavia Barros; AW Ariane Wady** comentou as questões de Defensor Público/RN/16; **Georgia Renata Dias** comentou as questões de Analista/STF/13 e Analista/TRT/8/13; **Ivo Shigueru Tomita** comentou as questões de Analista/TJ/CE/14, Técnico/TRT/8/13 e Técnico/STF/13; **Wander Garcia** comentou as questões de Delegado/PE/16, Procurador do Estado/16, Juiz de Direito/16, Analis-ta/TRT/8/16, Analista TRE/PI/16, Analista TCE/PA/16, Analista TCE/PA/16, Analista TCE/PR/16, Promotor de Justiça/PI/14, Cartório/DF/14, Cartório/RR/13, Cartório/PI/13, Cartó-rio/ES/13, Defensoria/DF/13; **Wander Garcia, Flavia Barros, Marcos Destefenni e Sebastião Edilson Gomes** comentaram as demais questões.

(A) impessoalidade
(B) segurança jurídica
(C) eficiência
(D) moralidade
(E) razoabilidade

Hely Lopes Meirelles ensinou que "o princípio da impessoalidade, referido na Constituição de 1988 (art. 37, *caput*), nada mais é que o clássico princípio da finalidade, o qual impõe ao administrador público que só pratique o ato para o seu fim legal. E o fim legal é unicamente aquele que a norma de Direito indica expressa ou virtualmente como objetivo do ato, de forma impessoal" (**Direito Administrativo Brasileiro**. 23. ed. São Paulo: Malheiros Editores, p. 88) Portanto, a alternativa correta é a "A".

Gabarito "A"

(Ministério Público/RR – 2012 – CESPE) Considerando o conceito de administração pública e os princípios que a regem, assinale a opção correta em conformidade com a doutrina e a jurisprudência.

(A) Em se tratando de processo administrativo disciplinar, não configura ofensa ao princípio da legalidade, consoante posicionamento do STJ, a instauração de comissão processante provisória em hipótese para a qual esteja legalmente prevista apuração por comissão permanente.
(B) Embora a administração pública esteja submetida ao princípio da legalidade estrita, o STJ admite que a administração pública institua sanção restritiva de direito ao administrado por meio de ato administrativo de hierarquia inferior à lei.
(C) Segundo jurisprudência do STJ, a administração, por estar submetida ao princípio da legalidade, não pode levar a termo interpretação extensiva ou restritiva de direitos, quando a lei assim não o dispuser de forma expressa.
(D) No direito brasileiro, não há previsão expressa dos princípios da segurança jurídica e da proteção à confiança.
(E) Segundo a doutrina, em sentido formal ou orgânico, a expressão administração pública, que abrange a natureza da atividade exercida pelos entes públicos, representa a própria função administrativa.

A: incorreta, pois, segundo o STJ, "a instauração de comissão provisória, nas hipóteses em que a legislação de regência prevê expressamente que as transgressões disciplinares serão apuradas por comissão permanente, inquina de nulidade o respectivo processo administrativo por inobservância dos princípios da legalidade e do juiz natural" (MS 13.148/DF, *DJe* 01.06.2012); **B:** incorreta, pois, segundo o STJ, "somente a Lei, em razão do princípio da estrita adstrição da Administração à legalidade, pode instituir sanção restritiva de direitos subjetivos; neste caso, a reprimenda imposta ao recorrente pela Agência Nacional de Saúde-ANS não se acha prevista em Lei, mas apenas em ato administrativo de hierarquia inferior (Resolução Normativa 11/2002-ANS [revogada pela Instrução Normativa 311/2012]), desprovido daquela potestade que o sistema atribui somente à norma legal" (AgRg no REsp 1287739, *DJe* 31.05.2012); **C:** correta, pois, segundo o STJ, "a atuação da Administração Pública é cingida ao princípio da legalidade estrita, devendo obediência aos preceitos legais, sendo-lhe defeso proceder interpretação extensiva ou restritiva, onde a lei assim não o determinar" (RMS 26.944, *DJe* 21.06.2010); **D:** incorreta, pois o princípio da segurança jurídica está expresso no art. 2º, *caput*, da Lei 9.784/1999; **E:** incorreta, pois a administração em sentido formal ou orgânico (ou subjetivo) significa o *conjunto de órgãos e pessoas jurídicas administrativas*; a *função administrativa*, ao contrário, diz respeito à administração em sentido material, objetivo ou funcional.

Gabarito "C"

(Defensor Público/TO – 2013 – CESPE) Em relação aos princípios do direito administrativo, assinale a opção correta.

(A) A personalização do direito administrativo é consequência da aplicação do princípio democrático e dos direitos fundamentais em todas as atividades da administração pública.
(B) Não se qualifica a violação aos princípios da administração pública como modalidade autônoma de ato que enseja improbidade administrativa.
(C) O princípio da impessoalidade limita-se ao dever de isonomia da administração pública.
(D) A disponibilização de informações de interesse coletivo pela administração pública constitui obrigação constitucional a ser observada até mesmo nos casos em que as informações envolvam a intimidade das pessoas.
(E) O princípio da eficiência administrativa funda-se na subordinação da atividade administrativa à racionalidade econômica.

A: correta; de fato, o respeito ao princípio democrático e aos direitos fundamentais propiciam uma maior personalização do direito administrativo, antes mais focado nas prerrogativas de império da Administração; **B:** incorreta, pois há três modalidades de improbidade, a de enriquecimento ilícito do agente (art. 9º da Lei 8.429/1992), a de prejuízo ao erário (art. 10 da Lei 8.429/1992) e a de violação a princípios da administração (art. 11 da Lei 8.429/1992); **C:** incorreta, pois esse princípio tem três facetas, quais sejam, impõe a isonomia, a imputação dos atos dos agentes à Administração e o respeito à finalidade administrativa; **D:** incorreta, pois, o art. 5º, LX, dispõe que a lei pode restringir a publicidade dos atos processuais quando a defesa da intimidade ou o interesse social o exigirem; **E:** incorreta, pois a eficiência não significa racionalização econômica, com busca incessante de redução de custos e otimização de recursos, muito ligado ao princípio da economicidade, que também tem guarida nos princípios administrativos (art. 70 da CF); o princípio da eficiência mitiga um pouco o princípio da economicidade no ponto em que exige que haja um mínimo de qualidade e de efetividade na atuação estatal, o que, muitas vezes, impõe um maior investimento público.

Gabarito "A"

(Defensor Público/ES – 2012 – CESPE) Julgue os itens a seguir, referentes aos princípios do direito administrativo.

(1) A nomeação de cônjuge da autoridade nomeante para o exercício de cargo em comissão não afronta os princípios constitucionais.
(2) Como o direito administrativo disciplina, além da atividade do Poder Executivo, as atividades administrativas do Poder Judiciário e do Poder Legislativo, os princípios que regem a administração pública, previstos na CF, aplicam-se aos três poderes da República.
(3) De acordo com o princípio da publicidade, a administração deve divulgar informações de interesse público, sendo o sigilo dos atos administrativos admitido apenas excepcionalmente e se imprescindível a segurança da sociedade e do Estado.

1: incorreta, pois ofende a Súmula Vinculante n. 13 do STF, que veda o nepotismo; **2:** correta, nos termos do *caput* do art. 37 da CF, que é claro no sentido de que os princípios administrativos obrigam à administração pública "de qualquer dos Poderes"; **3:** correta (art. 5º, XXXIII, da CF).

Gabarito 1E, 2C, 3C

(Procurador/DF – 2013 – CESPE) Julgue o seguinte item.

(1) Por força do princípio da legalidade, a administração pública não está autorizada a reconhecer direitos contra si demandados quando estiverem ausentes seus pressupostos.

1: certa, pois, ausentes os pressupostos legais autorizadores do reconhecimento de um direito, este, por óbvio não existe e não pode ser reconhecido.

Gabarito 1C

1.2. PRINCÍPIOS ADMINISTRATIVOS EXPRESSOS EM OUTRAS LEIS OU IMPLÍCITOS E PRINCÍPIOS COMBINADOS

(Analista Judiciário – STJ – 2018 – CESPE) Em relação aos princípios aplicáveis à administração pública, julgue os próximos itens.

(1) Em decorrência do princípio da segurança jurídica, é proibido que nova interpretação de norma administrativa tenha efeitos retroativos, exceto quando isso se der para atender o interesse público.
(2) O servidor público que revelar a particular determinado fato sigiloso de que tenha ciência em razão das atribuições praticará ato de improbidade administrativa atentatório aos princípios da administração pública.

(3) O princípio da proporcionalidade, que determina a adequação entre os meios e os fins, deve ser obrigatoriamente observado no processo administrativo, sendo vedada a imposição de obrigações, restrições e sanções em medida superior àquelas estritamente necessárias ao atendimento do interesse público.

(4) A indicação dos fundamentos jurídicos que determinaram a decisão administrativa de realizar contratação por dispensa de licitação é suficiente para satisfazer o princípio da motivação.

1: incorreta – o princípio da segurança jurídica refere-se à relativa segurança que os indivíduos possuem de que as relações realizadas sob a égide de uma norma deve perdurar ainda que tal norma seja substituída. Daí a existência de expressa previsão legal no Art. 2º, parágrafo único, inciso XIII, da Lei 9.784/4999, vedando a aplicação retroativa de novas interpretações de dispositivos legais, sem exceção, no sentido de que nos processos administrativos serão adotados os critérios de "interpretação de norma administrativa de forma que melhor garanta o atendimento do fim público a que se dirige, vedada aplicação retroativa de nova interpretação"; **2:** correta – Art. 11, inciso III, da Lei 8.429/1992; **3:** correta – "*nos processos administrativos serão observados, entre outros, os critérios de adequação entre meios e fins, vedada a imposição de obrigações, restrições e sanções em medida superior àquelas estritamente necessárias ao atendimento do interesse público*" – Art. 2º, inciso VI, da Leu 9.784/1999; **4:** incorreta – não basta o fundamento que autoriza a contratação direta para que ela ocorra. Há que se justificar os motivos para tanto, devendo explicitar justificativas para a sua discricionariedade. Em atendimento ao interesse público, a fundamentação deve ser pormenorizada, demonstrando de forma indubitável os motivos que levaram o administrador a utilizar do seu juízo de oportunidade e conveniência. Ademais, nos casos de dispensa da licitação deve a Administração demonstrar as vantagens obtidas com esta opção, bem como justificar o preço, vez que este deve ser compatível com o de mercado. **FB**

Gabarito 1E, 2C, 3C, 4E

(Analista Judiciário – STJ – 2018 – CESPE) Considerando a doutrina e a jurisprudência dos tribunais superiores no tocante aos princípios administrativos e a licitação, julgue os itens que se seguem.

(1) Embora sem previsão expressa no ordenamento jurídico brasileiro, o princípio da confiança relaciona-se à crença do administrado de que os atos administrativos serão lícitos e, portanto, seus efeitos serão mantidos e respeitados pela própria administração pública.

(2) Após a efetivação do procedimento de registro de preços, o poder público ficará obrigado a contratar com o ofertante registrado.

(3) O poder público poderá promover treinamento de seus servidores mediante contratação direta, por dispensa de licitação, de profissional de notória especialização de natureza singular.

1: correta – o princípio da confiança legítima decorre da ideia de Estado de Direito e traz em si a necessidade de manutenção dos atos administrativos, ainda que antijurídicos, desde que haja a configuração de uma expectativa legítima do administrado quanto à estabilização dos efeitos decorrentes da conduta administrativa. Não se encontra expresso em nosso ordenamento, mas emana da interpretação sistemática dos princípios expressos; **2:** incorreta – o Sistema de Registro de Preços consiste em um contrato, resultante de procedimento licitatório específico, por meio do qual se estabelecem regras vinculantes entre a Administração Pública e o particular para contratações futuras com condições predeterminadas. Não gera a obrigação de contratar, mas o Poder Público fica vinculado pelos termos do resultado da licitação, devendo respeitar as condições ali previstas e que são formalizadas em um instrumento escrito denominado "ata de registro de preços". Essa Ata não produz diretamente um contrato de serviço ou de fornecimento, formalizando apenas um contrato preliminar, que disciplina eventuais futuras contratações entre as partes. **3:** incorreta – em se tratando de profissional de notória especialização de natureza singular não é o caso de dispensa de licitação, mas de inexigibilidade de licitação, por impossibilidade de estabelecimento de uma competição. Ademais, se assim não fosse, nos termos do art. 13, § 1º, da Lei 8.666/1993, "ressalvados os casos de inexigibilidade de licitação, os contratos para a prestação de serviços técnicos profissionais especializados deverão, preferencialmente, ser celebrados mediante a realização de concurso, com estipulação prévia de prêmio ou remuneração". **FB**

Gabarito 1C, 2E, 3E

(Juiz – TJ/CE – 2018 – CESPE) Considerando o entendimento doutrinário e jurisprudencial acerca dos princípios constitucionais e infraconstitucionais que regem a atividade administrativa, julgue os itens a seguir.

I. Em obediência ao princípio da legalidade, a vedação à prática do nepotismo no âmbito da administração pública é condicionada à edição de lei formal.

II. A publicidade é condição de eficácia dos atos administrativos, razão pela qual pode caracterizar prática de ato de improbidade administrativa a desobediência ao dever de publicação de atos oficiais.

III. Viola o princípio da isonomia a previsão de critérios discriminatórios de idade em certame de concursos públicos, ressalvados os casos em que a natureza das atribuições do cargo justificar.

IV. O princípio da proteção da confiança legítima não autoriza a manutenção em cargo público de servidor público empossado por força de decisão judicial de caráter provisório posteriormente revista, ainda que decorridos mais de cinco anos da investidura no cargo.

Estão certos apenas os itens

(A) I e II.
(B) I e III.
(C) III e IV.
(D) I, II e IV.
(E) II, III e IV.

I: incorreta – não há necessidade de edição de lei formal que vede a prática do nepotismo porque essa proibição decorre tanto do princípio da moralidade administrativa como do princípio da impessoalidade no trato da coisa pública; **II:** correta – constitui ato de improbidade administrativa que atenta contra os princípios da Administração Pública negar publicidade a atos oficiais – Art. 11, inc. IV, da Lei 8.429/1992; **III:** correta – O estabelecimento de limite de idade para inscrição em concurso público apenas é legítimo quando justificado pela natureza das atribuições do cargo a ser preenchido(Tese definida no ARE 678.112 RG, rel. min. Luiz Fux, P, j. 25.04.2013, DJE 93 de 17.05.2016, Tema 646.); **IV:** correta – não se trata no caso de proteção da segurança jurídica, mas de situação em que o caráter de provisoriedade se manteve durante todo o período de investidura no cargo. **FB**

Gabarito "E"

(Procurador Municipal – Prefeitura/BH – CESPE – 2017) A respeito dos princípios aplicáveis à administração pública, assinale a opção correta.

(A) Dado o princípio da autotutela, poderá a administração anular a qualquer tempo seus próprios atos, ainda que eles tenham produzido efeitos benéficos a terceiros.

(B) Apesar de expressamente previsto na CF, o princípio da eficiência não é aplicado, por faltar-lhe regulamentação legislativa.

(C) Ao princípio da publicidade corresponde, na esfera do direito subjetivo dos administrados, o direito de petição aos órgãos da administração pública.

(D) O princípio da autoexecutoriedade impõe ao administrador o ônus de adequar o ato sancionatório à infração cometida.

A: incorreta. A Administração poderá anular seus próprios atos, respeitados os direitos de terceiros de boa-fé, conforme disposto na Súmula 473, STF; **B:** incorreta. O princípio da eficiência consta de uma norma de eficácia plena (art. 37, "caput", CF), por isso independe de regulamentação; **C:** correta. O direito de petição (art. 5º, XXXIII e XXXIV, CF) só pode ser exercido se o ato for público, caso contrário, não será possível impugná-lo; **D:** incorreta. O princípio da autoexecutoriedade é o que determina que o administrador pode praticar seus atos independentemente de autorização judicial, não se relacionando à adequação à infração cometida, portanto. **AW**

Gabarito "C"

(Procurador Municipal – Prefeitura/BH – CESPE – 2017) Considerando as modernas ferramentas de controle do Estado e de promoção da gestão pública eficiente, assinale a opção correta acerca do direito administrativo e da administração pública.

(A) Em função do dever de agir da administração, o agente público omisso poderá ser responsabilizado nos âmbitos civil, penal e administrativo.
(B) O princípio da razoável duração do processo, incluído na emenda constitucional de reforma do Poder Judiciário, não se aplica aos processos administrativos.
(C) Devido ao fato de regular toda a atividade estatal, o direito administrativo aplica-se aos atos típicos dos Poderes Legislativo e Judiciário.
(D) Em sentido objetivo, a administração pública se identifica com as pessoas jurídicas, os órgãos e os agentes públicos e, em sentido subjetivo, com a natureza da função administrativa desempenhada.

A: correta. O art. 125, da Lei 8.112/1990 dispõe que as responsabilidades civil, comercial e administrativas são independentes entre si; **B:** incorreta. O art. 5º, LXXVIII, CF é expresso quanto à aplicação do princípio da razoabilidade também no âmbito administrativo; **C:** incorreta. O direito administrativo só se aplica aos atos atípicos dos demais Poderes, já que os atos típicos, no caso, são os de julgar (Poder Judiciário) e legislar (Poder Legislativo); **D:** incorreta. O conceito está invertido, pois em sentido objetivo a Administração Pública se identifica com a atividade administrativa, enquanto que em sentido subjetivo, com as pessoas, agentes e órgãos públicos. AW

Gabarito "A".

(Analista Jurídico – TCE/PR – 2016 – CESPE) Quando a União firma um convênio com um estado da Federação, a relação jurídica envolve a União e o ente federado e não a União e determinado governador ou outro agente. O governo se alterna periodicamente nos termos da soberania popular, mas o estado federado é permanente. A mudança de comando político não exonera o estado das obrigações assumidas. Nesse sentido, o Supremo Tribunal Federal (STF) tem entendido que a inscrição do nome de estado-membro em cadastro federal de inadimplentes devido a ações e(ou) omissões de gestões anteriores não configura ofensa ao princípio da administração pública denominado princípio do(a)

(A) intranscendência.
(B) contraditório e da ampla defesa.
(C) continuidade do serviço público.
(D) confiança legítima.
(E) moralidade.

A questão diz respeito ao princípio da intranscendência, decorrente do art. 5º, XLV, da CF e pelo qual nenhuma pena passará da pessoa do apenado. Porém, a Administração Pública é impessoal e pouco importa a mudança de "governo" caso um ente público tenha sido apenado, devendo permanecer intacta a apenação. Assim, não há ofensa ao princípio na inscrição do nome de estado-membro em cadastro federal de inadimplentes devido a ações e/ou omissões de gestões anteriores.

Gabarito "A".

(Procurador do Estado – PGE/BA – CESPE – 2014) Acerca do regime jurídico-administrativo e dos princípios jurídicos que amparam a administração pública, julgue os itens seguintes.

(1) O atendimento ao princípio da eficiência administrativa autoriza a atuação de servidor público em desconformidade com a regra legal, desde que haja a comprovação do atingimento da eficácia na prestação do serviço público correspondente.
(2) De acordo com a jurisprudência do Supremo Tribunal Federal (STF), a administração pública está obrigada a nomear candidato aprovado em concurso público dentro do número de vagas previsto no edital do certame, ressalvadas situações excepcionais dotadas das características de superveniência, imprevisibilidade e necessidade.
(3) Suponha que o governador de determinado estado tenha atribuído o nome de Nelson Mandela, ex-presidente da África do Sul, a escola pública estadual construída com recursos financeiros repassados mediante convênio com a União. Nesse caso, há violação do princípio da impessoalidade, dada a existência de proibição constitucional à publicidade de obras com nomes de autoridades públicas.
(4) A prerrogativa de presunção de veracidade dos atos da administração pública autoriza a aplicação de penalidade disciplinar a servidor público com base na regra da verdade sabida.
(5) Suponha que, em razão de antiga inimizade política, o prefeito do município X desaproprie área que pertencia a Cleide, alegando interesse social na construção de uma escola de primeiro grau. Nessa situação hipotética, a conduta do prefeito caracteriza desvio de poder.

1: Incorreta. Nunca é possível o descumprimento da lei para atender outro dispositivo legal ou um princípio. O Poder Público está adstrito ao que determina a lei, por isso não pode descumpri-la (princípio da estrita legalidade). **2:** Correta. Trata-se da súmula 15, do STF, que se coaduna com a seguinte jurisprudência: "Dentro do prazo de validade do concurso, a Administração poderá escolher o momento no qual se realizará a nomeação, mas não poderá dispor sobre a própria nomeação, a qual, de acordo com o edital, passa a constituir um direito do concursando aprovado e, dessa forma, um dever imposto ao poder público. Uma vez publicado o edital do concurso com número específico de vagas, o ato da Administração que declara os candidatos aprovados no certame cria um dever de nomeação para a própria Administração e, portanto, um direito à nomeação titularizado pelo candidato aprovado dentro desse número de vagas." (RE 598099, Relator Ministro Gilmar Mendes, Tribunal Pleno, julgamento em 10.8.2011, DJe de 3.10.2011, com repercussão geral - tema 161)" **3:** Incorreta. Não há afronta ao principio da impessoalidade, tendo em vista que o ato administrativo não foi realizado com subjetividade, sendo o nome atribuído à escola um nome público, notoriamente reconhecido. **4:** Incorreta. O atributo da presunção de legitimidade ou veracidade dos atos administrativos é relativo, ou seja, sempre admite prova em contrário. Por isso, não se admite condenação, nem mesmo qualquer outra decisão, com fundamento nessa regra da "verdade sabida", devendo-se sempre respeito ao princípio do contraditório e ampla defesa (art. 5º, LV, CF). **5:** Correta. Houve desvio de finalidade ou de poder, ou seja, o Prefeito atuou contrariamente ao interesse público. AW

Gabarito 1E, 2C, 3E, 4E, 5C

(Promotor de Justiça/PI – 2014 – CESPE) Com relação aos princípios que regem a administração pública, assinale a opção correta.

(A) Constatadas a concessão e a incorporação indevidas de determinada gratificação especial aos proventos de servidor aposentado, deve a administração suprimi-la em respeito ao princípio da autotutela, sendo desnecessária a prévia instauração de procedimento administrativo.
(B) Segundo o entendimento do STF, para que não ocorra violação do princípio da proporcionalidade, devem ser observados três subprincípios: adequação, finalidade e razoabilidade *stricto sensu*.
(C) O princípio da razoabilidade apresenta-se como meio de controle da discricionariedade administrativa, e justifica a possibilidade de correção judicial.
(D) O princípio da segurança jurídica apresenta-se como espécie de limitação ao princípio da legalidade, prescrevendo o ordenamento jurídico o prazo decadencial de cinco anos para a administração anular atos administrativos que favoreçam o administrado, mesmo quando eivado de vício de legalidade e comprovada a má-fé.
(E) Ferem os princípios da isonomia e da irredutibilidade dos vencimentos as alterações na composição dos vencimentos dos servidores públicos, mediante a retirada ou modificação da fórmula de cálculo de vantagens, gratificações e adicionais, ainda que não haja redução do valor total da remuneração.

A: incorreta, pois o STF impõe respeito ao contraditório e à ampla defesa no caso (MS 26.085/DF, DJ 13.06.2008); o STF também expressou esse entendimento ao editar a Súmula Vinculante 3; **B:** incorreta, pois os três subprincípios são adequação, necessidade e proporcionalidade em sentido estrito (STF, RE 466.343-1); **C:** correta, valendo salientar que o Judiciário pode controlar não só a legalidade em sentido estrito, como também a moralidade e a razoabilidade; **D:** incorreta, pois o prazo de 5 anos para anulação dos atos existe apenas quando o beneficiário do ato age de boa-fé, sendo que, quando se comprova que o beneficiário age de má-fé, não incide esse prazo (art. 54, *caput*, da Lei 9.784/1999); **E:** incorreta, pois, segundo o STF, desde que mantido montante global da remuneração, não há ofensa aos princípios citados em caso de alterações na composição dos vencimentos dos servidores públicos, não havendo direito adquirido a um determinado regime jurídico-funcional (ARE 678082/DF, DJ 14.09.2012).

Gabarito "C".

(Analista Judiciário – Área Administrativa – TRT8 – 2013 – CESPE) A respeito dos princípios que norteiam a atuação administrativa e dos poderes da administração pública, assinale a opção correta.

(A) O sigilo quanto ao resultado do exame de capacidade física do candidato, em sede de concurso público, não afronta o princípio da impessoalidade.

(B) No âmbito da administração pública federal direta ou indireta, a ação punitiva decorrente do exercício do poder de polícia é imprescritível.

(C) Considere que determinado candidato aprovado em concurso público tenha sido nomeado, mediante a exclusiva publicação no diário oficial, após três anos da data de homologação do certame. Nesse caso, segundo entendimento do STJ, independentemente do lapso temporal transcorrido entre a data da homologação e a da nomeação, é presumida a ciência do candidato, visto que a comunicação por meio de diário oficial é suficiente para atender às exigências do princípio da publicidade.

(D) O exercício do poder regulamentar pela administração pública não se restringe à atuação do chefe do Poder Executivo, por meio de decreto regulamentar, visto que outras autoridades podem expedir atos normativos, com fundamento no exercício do mesmo poder.

(E) O denominado poder hierárquico é inerente à atividade administrativa, razão por que não se admite a distribuição de competências na organização administrativa sem que a relação hierárquica esteja presente no desempenho das atividades.

A: incorreta, ocorre afronta ao princípio da impessoalidade (STJ, RO em MS 26927,6ª T., rel. Maria Thereza de Assis Moura, *DJ* 17.08.2011); **B:** incorreta, prescreve em cinco anos "contados da data da prática do ato ou, no caso de infração permanente ou continuada, do dia em que tiver cessado" (art. 1º da Lei 9.873/1999); **C:** incorreta, "(...) 3. Caracteriza violação ao princípio da razoabilidade a convocação para determinada fase de concurso público, mediante publicação do chamamento em diário oficial e pela internet, quando passado considerável lapso temporal entre a homologação final do certame e a publicação da nomeação, uma vez que é inviável exigir que o candidato acompanhe, diariamente, durante longo lapso temporal, as publicações no Diário Oficial e na internet" (STJ, MS 15450/DF, 1.ª Seção, j. 24.10.2012, rel. Min. Mauro Campbell Marques, *DJe* 12.11.2012); **D:** correta, "Há também atos normativos que, editados por outras autoridades administrativas, podem caracterizar-se como inseridos no poder regulamentar. É o caso de instruções normativas, resoluções, portarias etc." (Carvalho Filho, José dos Santos. *Manual de Direito Administrativo*. 27. ed. São Paulo: Atlas, 2014. p. 108); **E:** incorreta, é possível a distribuição de competências sem que exista subordinação hierárquica (art. 12 da Lei 9.784/1999)

Gabarito "D".

(Analista – TJ/CE – 2014 – CESPE) No que se refere ao regime jurídico administrativo, assinale a opção correta.

(A) A criação de órgão público deve ser feita, necessariamente, por lei; a extinção de órgão, entretanto, dado não implicar aumento de despesa, pode ser realizada mediante decreto.

(B) A autotutela administrativa compreende tanto o controle de legalidade ou legitimidade quanto o controle de mérito.

(C) A motivação deve ser apresentada concomitantemente à prática do ato administrativo.

(D) De acordo como princípio da publicidade, que tem origem constitucional, os atos administrativos devem ser publicados em diário oficial.

(E) No Brasil, ao contrário do que ocorre nos países de origem anglo-saxã, o costume não é fonte do direito administrativo.

A: Incorreta, pois a criação ou extinção de órgãos públicos deve ser realizada por meio de Lei, conforme art. 84, VI, *a*, da CF; **B:** Correta, pois a autotutela administrativa abrange o controle dos atos tanto pelo mérito administrativo quanto pela legalidade; **C:** Incorreta, pois conforme lição de Celso Antônio Bandeira de Mello, "parece-nos que a exigência de a motivação dos atos administrativos, contemporânea à prática do ato, ou pelo menos anterior a ela, há de ser tida como uma regra geral (...)" (**Curso de Direito Administrativo**. 26. ed. São Paulo: Malheiros Editores, p. 396); **D:** Incorreta, pois a lei só poderá restringir a publicidade dos atos processuais quando a defesa da intimidade ou o interesse social o exigirem (art. 5º, LX, da CF); **E:** Incorreta, pois são fontes do direito administrativo o costume, juntamente com a jurisprudência, doutrina e os princípios gerais do direito.

Gabarito "B".

(Técnico Judiciário – Área Administrativa – TRT8 – 2013 – CESPE) À luz da CF, assinale a opção correta a respeito da administração pública.

(A) CF estabelece que a aposentadoria dos servidores públicos da União será compulsória aos setenta anos de idade no caso dos homens e aos sessenta e cinco anos de idade no caso das mulheres, com proventos proporcionais ao tempo de contribuição.

(B) As funções de confiança, que deverão ser exercidas exclusivamente por servidores ocupantes de cargo efetivo, e os cargos em comissão, que deverão ser preenchidos por servidores de carreira, são exceções à regra estabelecida pelo princípio da eficiência administrativa.

(C) A lei deverá reservar percentual dos cargos e empregos públicos para as pessoas idosas e definir os critérios de admissão dessas pessoas.

(D) É vedada a acumulação remunerada de cargos públicos, salvos e um dos cargos for de nível superior e o outro, de nível médio, ambos na área jurídica.

(E) Os servidores nomeados para cargo de provimento efetivo em virtude de concurso público poderão adquirir a estabilidade após três anos de efetivo exercício, sendo condição para a aquisição da referida estabilidade avaliação especial de desempenho por comissão instituída para essa finalidade.

A: Incorreta. A Constituição Federal dispõe que os servidores públicos da União, dos Estados, do DF e dos Municípios serão aposentados compulsoriamente aos setenta anos de idade, com proventos proporcionais ao tempo de contribuição, ou seja, não há distinção de gênero para a aposentadoria compulsória; **B:** Incorreta, pois nos termos do art. 37, V, da CF, constitui exceção ao princípio da **livre-nomeação** de servidores para cargos em comissão; **C:** Incorreta, pois a Constituição reservará percentual dos cargos e empregos públicos para as pessoas com deficiência, não para pessoas idosas, definindo os critérios para a admissão (art. 37, VIII, da CF); **D:** Incorreta, pois a acumulação é vedada, exceto quando houver compatibilidade de horários *a*) a de dois cargos de professor; *b*) a de um cargo de professor com outro técnico ou científico; e c) a de dois cargos ou empregos privativos de profissionais de saúde, com profissões regulamentadas (art. 37, XVI, da CF); **E:** Correta, conforme art. 41, *caput*, e § 4º, da CF.

Gabarito "E".

(Técnico – TJ/CE – 2013 – CESPE) Com relação aos princípios que fundamentam a administração pública, assinale a opção correta.

(A) Pelo princípio da autotutela, a administração o pode, a qualquer tempo, anular os atos eivados de vício de ilegalidade.

(B) O regime jurídico-administrativo compreende o conjunto de regras e princípios que norteia a atuação do poder público e o coloca numa posição privilegiada.

(C) A necessidade da continuidade do serviço público é demonstrada, no texto constitucional, quando assegura ao servidor público o exercício irrestrito do direito de greve.

(D) O princípio da motivação dos atos administrativos, que impõe ao administrador o dever de indicar os pressupostos de fato e de direito que determinam a prática do ato, não possui fundamento constitucional.

(E) A publicidade marca o início da produção dos efeitos do ato administrativo e, em determinados casos, obriga ao administrados o cumprimento.

A: Incorreta. Sobre a autotutela, Wander Garcia entende que "diante de *ilegalidade*, fala-se em dever (ato vinculado) de anular. E que diante de motivo de *conveniência e oportunidade*, fala-se em poder (ato discricionário) de revogar. O nome do princípio remete à ideia de que a Administração agirá sozinha, ou seja, sem ter de levar a questão ao Poder Judiciário". Ademais, conforme o art. 53 e 54 da Lei 9.784/1999, o direito da Administração de anular os atos administrativos de que decorram efeitos favoráveis para os destinatários decai em cinco anos, contados da data em que foram praticados, salvo comprovada má-fé, diferentemente da redação da alternativa em comento. Ver a Súmula 346 do STF; B: Correta. Di Pietro ensina que a expressão regime jurídico administrativo é reservada tão somente para abranger o conjunto de traços, de conotações, que tipificam o Direito Administrativo, colocando a Administração Pública numa posição privilegiada, vertical, na relação jurídico-administrativa (**Direito Administrativo**. 25. ed. São Paulo: Atlas, 2012, p. 61); C: Incorreta, pois o direito de greve não é irrestrito e será exercido nos termos e nos limites definidos em lei específica (art. 37, VII, da CF). Sobre o tema, ver os Mandados de Injunção 670, 708 e 712, do STF. D: Incorreta. A motivação está prevista no art. 93, IX, da CF; E: Incorreta, pois a publicidade é requisito de eficácia do ato administrativo, sendo certo que após a publicação, inicia-se a obrigação do destinatário ao cumprimento do ato. De suma importante recordar que a regra é a publicidade. Porém, excepcionalmente, declarar-se-á o sigilo nas hipóteses em que sigilo seja imprescindível à segurança da sociedade e do Estado (art. 5º, XXXIII, da CF).

Gabarito "B".

(Magistratura/BA – 2012 – CESPE) Após a edição da CF, havia controvérsia sobre a obrigatoriedade de concurso público para o provimento de cargos nas empresas públicas e sociedades de economia mista. A questão foi pacificada pelo STF, no ano de 1993, em decisão que confirmou a obrigatoriedade do concurso público. Posteriormente, avaliando contratações sem concurso público ocorridas no período entre 1988 e 1993, o STF assim decidiu: "(...) A existência de controvérsia, à época das contratações, quanto à exigência de concurso público no âmbito das empresas públicas e sociedades de economia mista, questão dirimida somente após a concretização dos contratos, não tem o condão de afastar a legitimidade dos provimentos, realizados em conformidade com a legislação então vigente." Nessa decisão, fica evidenciada a aplicação do princípio da

(A) juridicidade.
(B) recepção.
(C) segurança jurídica.
(D) continuidade do serviço público.
(E) supremacia do interesse público.

A decisão tem por fundamento o princípio da segurança jurídica, que veda, dentre outras coisas, que novas interpretações retroajam e que se frustre, junto aos administrados, expectativas legítimas que a Administração lhes tenha criado.

Gabarito "C".

(Magistratura/PA – 2012 – CESPE) No que se refere ao regime jurídico-administrativo, assinale a opção correta.

(A) Os institutos da suplência, da delegação e da substituição para o preenchimento de funções públicas temporariamente vagas no âmbito da administração pública decorrem da aplicação do princípio da continuidade do serviço público.
(B) Em atenção ao princípio da motivação, a administração pública deve indicar os fundamentos de fato e de direito de suas decisões, sendo vedada a indicação por órgão diverso daquele que profira a decisão.
(C) Embora o princípio da segurança jurídica não conste expressamente na CF como um dos princípios da administração pública, esta pode basear sua atuação nesse princípio orientador, que pode ser invocado para impedi-la de anular atos praticados sem a observância da lei.
(D) Dadas as prerrogativas que integram o regime jurídico administrativo, a administração pública pode, por simples ato administrativo, conceder direito de qualquer espécie, criar obrigações ou impor vedações aos administrados.
(E) A possibilidade de encampação da concessão de serviço público decorre da aplicação do denominado princípio da especialidade.

A: correta, pois os institutos em questão permitem que os serviços não parem, por exemplo, por impedimento ou férias do titular da competência; B: incorreta, pois a autoridade, ao decidir, pode fazer referência a fundamentos de anteriores pareceres, informações, decisões ou propostas, nos termos do art. 50, § 1º, da Lei 9.784/1999; C: incorreta, pois nem sempre o princípio da segurança jurídica tem o poder de impedir a anulação de atos administrativos ilegais; como regra, tais atos devem ser anulados pela Administração, que só deixará de fazê-lo em caso excepcionais, como é a hipótese em que tiver decorrido mais de cinco anos da prática de ato que beneficia alguém de boa-fé (art. 54, *caput*, da Lei 9.784/1999) ou quando se tratar de vício sanável em situação concreta que enseje a convalidação do ato (art. 55 da Lei 9.784/1999); D: incorreta, pois o princípio da legalidade impede que a Administração crie direitos, obrigações e vedações aos administrados, que não estiverem previstos em lei; E: incorreta, pois a encampação de serviço público (extinção de uma concessão de serviço público por motivo de interesse público) decorre do princípio da autotutela da Administração, que permite que esta reveja seus atos quando ilegais (anulação) ou quando não convenham mais ao interesse público (revogação, para os atos em geral, e encampação, para as concessões).

Gabarito "A".

(Procurador/DF – 2013 – CESPE) Julgue o seguinte item.

(1) Constitui exteriorização do princípio da autotutela a súmula do STF que enuncia que "A administração pode anular seus próprios atos, quando eivados dos vícios que os tornam ilegais, porque deles não se originam direitos; ou revogá-los, por motivo de conveniência e oportunidade, respeitados os direitos adquiridos, e ressalvada, em todos os casos, a apreciação judicial".

1: certa, valendo salientar que o princípio da autotutela também está previsto no art. 53 da Lei 9.784/1999.

Gabarito 1C

2. PODERES DA ADMINISTRAÇÃO PÚBLICA

Para resolver as questões deste item, vale citar as definições de cada poder administrativo apresentadas por Hely Lopes Meirelles, definições estas muito utilizadas em concursos públicos. Confira:

a) **poder vinculado** – "é aquele que o Direito Positivo – a lei – confere à Administração Pública para a prática de ato de sua competência, determinando os elementos e requisitos necessários à sua formalização";
b) **poder discricionário** – "é o que o Direito concede à Administração, de modo explícito, para a prática de atos administrativos com liberdade na escolha de sua conveniência, oportunidade e conteúdo";
c) **poder hierárquico** – "é o de que dispõe o Executivo para distribuir e escalonar as funções de seus órgãos, ordenar e rever a atuação de seus agentes, estabelecendo a relação de subordinação entre os servidores do seu quadro de pessoal";
d) **poder disciplinar** – "é a faculdade de punir internamente as infrações funcionais dos servidores e demais pessoas sujeitas à disciplina dos órgãos e serviços da Administração";
e) **poder regulamentar** – "é a faculdade de que dispõem os Chefes de Executivo (Presidente da República, Governadores e Prefeitos) de explicar a lei para sua correta execução, ou de expedir decretos autônomos sobre matéria de sua competência ainda não disciplinada por lei";
f) **poder de polícia** – "é a faculdade de que dispõe a Administração Pública para condicionar e restringir o uso e gozo de bens, atividades e direitos individuais, em benefício da coletividade ou do próprio Estado".

(**Direito Administrativo Brasileiro**, 26ª ed., São Paulo: Malheiros, p. 109 a 123)

2.1. PODER VINCULADO E DISCRICIONÁRIO

(Analista – TJ/CE – 2014 – CESPE) Em relação aos poderes administrativos, assinale a opção correta.

(A) O poder discricionário não é passível de controle pelo Poder Judiciário.
(B) O desvio de poder configura-se quando o agente atua fora dos limites de sua competência administrativa.
(C) Nenhum ato inerente ao poder de polícia pode ser delegado, dado ser expressão do poder de império do Estado.
(D) O poder hierárquico restringe-se ao Poder Executivo, uma vez que não há hierarquia nas funções desempenhadas no âmbito dos Poderes Legislativo e Judiciário.
(E) As prerrogativas do Poder Legislativo incluem a sustação dos atos normativos do Poder Executivo que exorbitem do poder regulamentar.

A: Incorreta. O STJ já solidificou entendimento de que cabe ao Poder Judiciário, apenas, o controle da legalidade dos atos administrativos: "é defeso ao Poder judiciário apreciar o mérito do ato administrativo, cabendo-lhe unicamente examiná-lo sob o aspecto de sua legalidade, isto é, se foi praticado conforme ou contrariamente à lei. Esta solução se funda no princípio da separação dos poderes, de sorte que a verificação das razões de conveniência ou de oportunidade dos atos administrativos escapa ao controle jurisdicional do Estado" (STJ, RO em MS 1288/91, 4ª T. rel. Min. Cesar Asfor Rocha, *DJ* 02.05.1994); **B:** Incorreta. O **abuso de poder** subdivide-se em **excesso de poder** e **desvio de poder**. Ocorre **excesso de poder** na hipótese em que há atuação fora dos limites de sua competência. Já no **desvio de poder**, o agente, em que pese atue nos limites de sua competência, se afasta do interesse público norteador do direito administrativo. Portanto, a descrição da alternativa subsume-se à hipótese de excesso de poder. **C:** Incorreto. José dos Santos Carvalho Filho entende que "Indispensável, todavia, para a validade dessa atuação é que a delegação seja feita por lei formal, originária da função regular do Legislativo. Observe-se que a existência da lei é o pressuposto de validade da polícia administrativa exercida pela própria Administração Direta e, desse modo, nada obstaria que servisse também como respaldo da atuação de entidades paraestatais, mesmo que sejam elas dotadas de personalidade jurídica de direito privado. O que importa, repita-se, é que haja expressa delegação na lei pertinente e que o delegatário seja entidade integrante da Administração Pública (**Manual de Direito Administrativo**. 27. ed. São Paulo: Atlas, 2014, p. 80); **D:** Incorreta. O Poder Hierárquico está presente em todos os poderes da União e, também, no MP e nas Defensorias **E:** Correta, nos termos do art. 49, V, da CF.

Gabarito "E".

2.2. PODER HIERÁRQUICO

(Técnico Judiciário – TRE/BA – 2010 – CESPE) Julgue o seguinte item.

(1) A hierarquia é o escalonamento em plano vertical dos órgãos e agentes da administração. Desse modo, se, de um lado, os agentes de grau superior têm poderes de fiscalização e de revisão sobre os agentes de grau menor, os órgãos superiores, como os ministérios, exercem o controle sobre os demais órgãos de sua estrutura administrativa e sobre os entes a eles vinculados.

1: incorreta, pois os órgãos superiores exercem hierarquia, e não controle, sobre os demais órgãos de sua estrutura administrativa; o controle (ou supervisão ministerial) é exercido apenas em relação a outros entes (pessoas jurídicas); assim, o Ministério da Previdência, por exemplo, exerce hierarquia em relação a um órgão desse Ministério, e controle (ou supervisão ministerial) em relação ao INSS, que é uma pessoa jurídica.

Gabarito 1E

(Defensor Público/BA – 2010 – CESPE) Acerca dos poderes administrativos, julgue o seguinte item.

(1) Em decorrência do poder hierárquico, é permitida a avocação temporária de competência atribuída a órgão hierarquicamente inferior, devendo-se, entretanto, adotar essa prática em caráter excepcional e por motivos relevantes devidamente justificados.

1: correta (art. 15 da Lei 9.784/1999).

Gabarito 1C

2.3. PODER REGULAMENTAR

(Juiz – TRF5 – 2017 – CESPE) Acerca dos atos administrativos, do poder regulamentar e do poder de polícia, assinale a opção correta.

(A) Para o STJ, as balanças de pesagem corporal oferecidas gratuitamente a clientes por farmácias são passíveis de fiscalização pelo INMETRO, a fim de preservar as relações de consumo, sendo, portanto, legítima a cobrança de taxa decorrente do poder de polícia no exercício da atividade de fiscalização.
(B) Situação hipotética: Um servidor público efetivo indicado para cargo em comissão foi exonerado *ad nutum* sob a justificativa de haver cometido assédio moral no exercício da função. Posteriormente, a administração reconheceu a inexistência da prática do assédio, mas persistiu a exoneração do servidor, por se tratar de ato administrativo discricionário. Assertiva: Nessa situação, o ato de exoneração é válido por não se aplicar a teoria dos motivos determinantes.
(C) Conforme o STF, o Poder Judiciário não detém competência para substituir banca examinadora de concurso público para reexaminar o conteúdo das questões e os critérios de correção utilizados, admitindo-se, no entanto, o controle do conteúdo das provas ante os limites expressos no edital.
(D) A homologação é um ato administrativo unilateral vinculado ao exame de legalidade e conveniência pela autoridade homologante, sendo o ato a ser homologado passível de alteração, em virtude do princípio da hierarquia presente no exercício da atividade administrativa.
(E) Situação hipotética: Lei ordinária instituiu a criação de autarquia federal vinculada ao Ministério X, com o objetivo de atuar na fiscalização e no fomento de determinado setor. Publicada a referida lei, o ministro expediu decreto estabelecendo a estrutura organizacional e o funcionamento administrativo da nova autarquia. Assertiva: Esse caso ilustra a constitucionalidade do decreto regulamentar por delegação do presidente da República.

A: incorreta – As balanças disponíveis gratuitamente nas farmácias para uso do público não estão sujeitas à fiscalização periódica do Instituto Nacional de Metrologia, Qualidade e Tecnologia (Inmetro). Essa foi a decisão tomada pela Segunda Turma do Superior Tribunal de Justiça (STJ) ao negar, por unanimidade, recurso no qual o Inmetro buscava o reconhecimento da legitimidade da fiscalização e da cobrança de taxas de verificação dos equipamentos de peso corporal. No REsp 1655383, a segunda Turma do STJ concluiu que o poder de polícia do Inmetro para fiscalizar a regularidade de balanças visa a preservar precipuamente as relações de consumo, sendo imprescindível verificar se o equipamento objeto de aferição é essencial ou não à atividade mercantil. No caso das farmácias, as balanças não se integram à atividade econômica, pois são oferecidas aos clientes como cortesia, razão pela qual descabe falar em aferição periódica pelo Inmetro e, menos ainda, em possibilidade de autuação por eventual irregularidade nesse tipo de balança; **B:** incorreta – trata-se da teoria dos motivos determinantes, a qual dispõe que o motivo invocado para a prática do ato condiciona sua validade. Se se provar que o motivo é inexistente, falso ou mal qualificado, o ato será nulo. Os motivos devem, portanto, coincidir com a realidade, sob pena de o ato ser nulo, mesmo se a motivação não era necessária. É exatamente esse o caso: a motivação não era necessária, na medida em que a exoneração *ad nutum* de um servidor ocupante de cargo de confiança pode ocorrer sem necessidade de motivação, visto tratar-se de ato de natureza discricionária de *per se*, mas se o fundamento para a exoneração foi dado como sendo o assédio moral, aplicável a teoria dos motivos determinantes, de sorte que o ato seria inválido; **C:** correta – Eis o que diz o julgado com Repercussão Geral reconhecida: Recurso extraordinário com repercussão geral. 2. Concurso público. Correção de prova. Não compete ao Poder Judiciário, no controle de legalidade, substituir banca examinadora para avaliar respostas dadas pelos candidatos e notas a elas atribuídas. Precedentes. 3. Excepcionalmente, é permitido ao Judiciário juízo de compatibilidade do conteúdo das questões do concurso com o previsto no edital do certame. Precedentes. 4. Recurso extraordinário provido.(RE 632853, Relator(a): Min. Gilmar Mendes, Tribunal Pleno, julgado em 23.04.2015, acórdão eletrônico repercussão geral – Mérito DJe-125 divulg 26.06.2015 public 29.06.2015); **D:** incorreta – É ato unilateral e vinculado pelo qual se reconhece a legalidade de um ato, sendo, em regra, realizada *a posteriori*. Não pode haver a modificação do ato administrativo homologado, na medida em que isso implicaria a não aceitação do ato praticado pela autoridade anterior; **E:** incorreta – apenas o Presidente da República poderia expedir Decreto – Art. 84, VI, a CF/ 1988. FB

Gabarito "C"

(Procurador Municipal – Prefeitura/BH – CESPE – 2017) Em relação aos poderes e deveres da administração pública, assinale a opção correta.

(A) É juridicamente possível que o Poder Executivo, no uso do poder regulamentar, crie obrigações subsidiárias que viabilizem o cumprimento de uma obrigação legal.

(B) De acordo com o STF, ao Estado é facultada a revogação de ato ilegalmente praticado, sendo prescindível o processo administrativo, mesmo que de tal ato já tenham decorrido efeitos concretos.

(C) De acordo com o STF, é possível que os guardas municipais acumulem a função de poder de polícia de trânsito, ainda que fora da circunscrição do município.

(D) Do poder disciplinar decorre a atribuição de revisar atos administrativos de agentes públicos pertencentes às escalas inferiores da administração.

A: incorreta. O poder regulamentar é subsidiário, infralegal. Ele só pode atuar se houver lei, por isso é que, não sendo possível saber pelo enunciado se há lei anterior sobre a obrigação que se pretende regulamentar, não podemos afirmar que está correta a assertiva; **B:** incorreta. Não há prescindibilidade quanto à anulação de um ato ilegal. É dever do Poder Público anular os atos ilegais, havendo, portanto, dois erros, um quanto ao fato de que se trata de anulação, e outro, pelo fato dessa ser obrigatória; **C:** correta. O STF entende ser constitucional a atribuição às guardas municipais do exercício do poder de polícia, conforme RE 658570/MG, sendo que o art. 144, § 8º, CF dispõe que "Os Municípios poderão constituir guardas municipais destinadas à proteção de seus bens, serviços e instalações, conforme dispuser a lei; **D:** incorreta. O poder disciplinar é instrumento do Poder Público para aplicar penalidades. AW

Gabarito "C"

(Procurador do Município – Prefeitura Fortaleza/CE – CESPE – 2017) Com relação a processo administrativo, poderes da administração e serviços públicos, julgue o item subsecutivo.

(1) O exercício do poder regulamentar é privativo do chefe do Poder Executivo da União, dos estados, do DF e dos municípios.

1: Correta. O poder regulamentar só pode ser exercido pelo Chefe do Poder Executivo, que é o único que pode regulamentar as leis e outros atos normativos infraconstitucionais. O art. 84, VI, CF é um exemplo desse poder e de sua privatividade. AW

Gabarito 1C

(Procurador/DF – 2013 – CESPE) Acerca do direito administrativo, julgue o item a seguir.

(1) Segundo jurisprudência do STJ, no direito brasileiro admite-se o regulamento autônomo, de modo que podem os chefes de Poder Executivo expedir decretos autônomos sobre matérias de sua competência ainda não disciplinadas por lei.

1: errada, pois, no Brasil, os Decretos são de execução de lei, e não autônomos de lei; assim, um decreto não pode inovar na ordem jurídica, mas apenas explicar a lei; as únicas hipóteses de decreto autônomo no Brasil são as previstas no art. 84, VI, da CF.

Gabarito 1E

(Advogado da União/AGU – CESPE – 2012) A respeito dos limites do poder regulamentar, julgue o próximo item.

(1) O AGU, utilizando-se do poder regulamentar previsto na CF, pode conceder indulto e comutar penas, desde que por delegação expressa do presidente da República.

1: Correta, pois o art. 84, parágrafo único, da CF faculta ao Presidente da República a delegação da competência para conceder indulto e comutar penas (art. 84, XII, da CF) aos Ministros de Estado, ao Procurador-Geral da República ou ao Advogado-Geral da União, que observarão os limites traçados nas respectivas delegações.

Gabarito 1C

(Magistratura Federal/1ª Região – 2011 – CESPE) Assinale a opção correta a respeito do exercício do poder regulamentar, do poder normativo não legislativo e do poder de polícia.

(A) No âmbito federal, prescreve em cinco anos a ação punitiva da administração federal, direta e indireta, no exercício do poder de polícia, para apurar infração à legislação em vigor, prazo não passível de interrupção ou suspensão.

(B) De acordo com o entendimento do STF, quando o Poder Executivo expede regulamento, ato normativo de caráter não legislativo, não o faz no exercício de função legislativa, mas no de função normativa, sem que haja derrogação do princípio da divisão dos poderes.

(C) O poder normativo da administração pode ser expresso por meio de deliberações e de instruções editadas por autoridades que não o chefe do Poder Executivo, as quais podem inovar no ordenamento jurídico, criando direitos e impondo obrigações.

(D) De acordo como o STF, o exercício do poder de polícia deve ser necessariamente presencial e depende da existência de órgão de controle estruturado para a fiscalização do exercício dos direitos individuais.

(E) A autoexecutoriedade, atributo do poder de polícia, consiste na possibilidade de a administração executar suas decisões sem prévia autorização do Poder Judiciário e sem a necessidade de observância de procedimento em todas as denominadas medidas de polícia.

A: incorreta. "Prescreve em cinco anos a ação punitiva da Administração Pública Federal, direta e indireta, no exercício do poder de polícia, objetivando apurar infração à legislação em vigor, contados da data da prática do ato ou, no caso de infração permanente ou continuada, do dia em que tiver cessado" (art.1º da Lei 9.873/1999). Essa mesma lei estabelece em seus artigos 2º e 3º causas para interrupção e suspensão da contagem do prazo prescricional; **B:** correta. Na verdade, qualquer dos três poderes possui suas funções típicas, mas também exerce funções atípicas. No presente caso, embora a função típica do Poder Executivo seja administrar e executar, ele também exerce atipicamente a função normativa, expedindo regulamentos a fim de dar fiel execução ao quanto previsto em lei (art. 84, IV da CF/1988); **C:** incorreta. O poder normativo ou regulamentar não tem o condão de inovar a ordem jurídica, mas tão somente de dar fiel cumprimento ao que determina a lei – art. 84, IV da CF/1988; **D:** incorreta. Vale a pena transcrever aqui a ementa do RE 361.009 AgR/RJ, em que restou definida a possibilidade de exercício do poder de polícia de local remoto, desde que com o auxílio de instrumentos e técnicas que permitam a aferição da licitude ou não da conduta do administrado. Eis o que estabeleceu a ementa desse julgado: "Ementa: constitucional. Tributário. Taxa de localização e funcionamento. Hipótese de incidência. Efetivo exercício de poder de polícia. Ausência eventual defiscalização presencial. Irrelevância. Processual civil. Agravo regimental. 1. A incidência de taxa pelo exercício de poder de polícia pressupõe ao menos (1) competência para fiscalizar a atividade e (2) a existência de órgão ou aparato aptos a exercer a fiscalização. 2. O exercício do poder de polícia não é necessariamente presencial, pois pode ocorrer a partir de local remoto, com o auxílio de instrumentos e técnicas que permitam à administração examinar a conduta do agente fiscalizado (cf., por semelhança, o RE 416.601, rel. min. Carlos Velloso, Pleno, DJ de 30.09.2005). Matéria debatida no RE 588.332-RG (rel. min. Gilmar Mendes, Pleno, julgado em 16.06.2010. Cf. Informativo STF 591/STF). 3. Dizer que a incidência do tributo prescinde de "fiscalização porta a porta" (in loco) não implica reconhecer que o Estado pode permanecer inerte no seu dever de adequar a atividade pública e a privada às balizas estabelecidas pelo sistema jurídico. Pelo contrário, apenas reforça sua responsabilidade e a de seus agentes. 4. Peculiaridades do caso. Necessidade de abertura de instrução probatória. Súmula 279/STF. Agravo regimental ao qual se nega provimento"; **E:** incorreta. Autoexecutoriedade é a possibilidade que tem a Administração Pública de, com seus próprios meios, isto é, sem necessidade de recorrer previamente ao Poder Judiciário, executar suas próprias decisões.

Gabarito "B"

2.4. PODER DE POLÍCIA

(Juiz de Direito - TJ/BA - 2019 - CESPE/CEBRASPE) O poder de polícia administrativo

(A) limita ou disciplina direito, interesse ou liberdade individual, regulando e fiscalizando atos civis ou penais.
(B) inclui, no âmbito das agências reguladoras, a possibilidade de tipificar ineditamente condutas passíveis de sanção, de acordo com o STJ.
(C) pode ser delegado a sociedade de economia mista que explore serviço público, a qual poderá praticar atos de fiscalização e aplicar multas.
(D) possui autoexecutoriedade, princípio segundo o qual o ato emanado será obrigatório, independentemente da vontade do administrado.
(E) deve obedecer ao princípio da proporcionalidade no exercício do mérito administrativo e, por isso mesmo, é impassível de revisão judicial nesse aspecto.

A: incorreta – o poder de polícia consiste no dever-poder que possui a Administração Pública de, nos termos determinados pela lei, limitar a liberdade e a propriedade em prol do bem comum. Não possui relação com atos de natureza penal; **B:** correta – Vejamos ementa de julgado do STJ em que a questão é analisada: "PROCESSUAL CIVIL. ADMINISTRATIVO. MULTA ADMINISTRATIVA APLICADA PELA ANAC. PRINCÍPIO DA LEGALIDADE. LEGITIMIDADE PASSIVA DO ESTADO DE SANTA CATARINA. CONVÊNIO ADMINISTRATIVO ENTRE MUNICÍPIO DE CHAPECÓ E AERÓDROMO. 1. A análise que enseja a responsabilidade do Estado de Santa Catarina sobre a administração do aeródromo localizado em Chapecó/SC enseja observância das cláusulas contratuais, algo que ultrapassa a competência desta Corte Superior, conforme enunciado da Súmula 5/STJ. 2. Não há violação do princípio da legalidade na aplicação de multa previstas em resoluções criadas por agências reguladoras, haja vista que elas foram criadas no intuito de regular, em sentido amplo, os serviços públicos, havendo previsão na legislação ordinária delegando à agência reguladora competência para a edição de normas e regulamentos no seu âmbito de atuação. Precedentes. 3. O pleito de se ter a redução do valor da multa aplicada ao recorrente, por afronta à Resolução da ANAC e à garantia constitucional do art. 5º, XL, da CF/88 e arts. 4º. e 6º da LICC, bem como art. 106, III, alínea "c", c/c art. 112 do CTN, não merece trânsito, haja vista que a respectiva matéria não foi devidamente prequestionada no acórdão em debate. Agravo regimental improvido. (AgRg no AREsp 825.776/SC, Rel. Ministro HUMBERTO MARTINS, SEGUNDA TURMA, julgado em 05/04/2016, DJe 13/04/2016); **C:** incorreta – Trata-se da aplicação dos ciclos do poder de polícia, sendo delegáveis apenas a atividade de polícia de consentimento e fiscalização, e indelegáveis a aplicação de multas. Vejamos julgado a respeito do tema: ADMINISTRATIVO. PODER DE POLÍCIA. TRÂNSITO. SANÇÃO PECUNIÁRIA APLICADA POR SOCIEDADE DE ECONOMIA MISTA. IMPOSSIBILIDADE. 1. Antes de adentrar o mérito da controvérsia, convém afastar a preliminar de conhecimento levantada pela parte recorrida. Embora o fundamento da origem tenha sido a lei local, não há dúvidas que a tese sustentada pelo recorrente em sede de especial (delegação de poder de polícia) é retirada, quando o assunto é trânsito, dos dispositivos do Código de Trânsito Brasileiro arrolados pelo recorrente (arts. 21 e 24), na medida em que estes artigos tratam da competência dos órgãos de trânsito. O enfrentamento da tese pela instância ordinária também tem por consequência o cumprimento do requisito do prequestionamento. 2. No que tange ao mérito, convém assinalar que, em sentido amplo, poder de polícia pode ser conceituado como o dever estatal de limitar-se o exercício da propriedade e da liberdade em favor do interesse público. A controvérsia em debate é a possibilidade de exercício do poder de polícia por particulares (no caso, aplicação de multas de trânsito por sociedade de economia mista). 3. As atividades que envolvem a consecução do poder de polícia podem ser sumariamente divididas em quatro grupo, a saber: (i) legislação, (ii) consentimento, (iii) fiscalização e (iv) sanção. 4. No âmbito da limitação do exercício da propriedade e da liberdade no trânsito, esses grupos ficam bem definidos: o CTB estabelece normas genéricas e abstratas para a obtenção da Carteira Nacional de Habilitação (legislação); a emissão da carteira corporifica a vontade o Poder Público (consentimento); a Administração instala equipamentos eletrônicos para verificar se há respeito à velocidade estabelecida em lei (fiscalização); e também a Administração sanciona aquele que não guarda observância ao CTB (sanção). 5. Somente os atos relativos ao consentimento e à fiscalização são delegáveis, pois aqueles referentes à legislação e à sanção derivam do poder de coerção do Poder Público. 6. No que tange aos atos de sanção, o bom desenvolvimento por particulares estaria, inclusive, comprometido pela busca do lucro - aplicação de multas para aumentar a arrecadação. 7. Recurso especial provido. (REsp 817.534/MG, Rel. Ministro MAURO CAMPBELL MARQUES, SEGUNDA TURMA, julgado em 10/11/2009, DJe 10/12/2009); **D:** incorreta. Autoexecutoriedade é a faculdade que possui a Administração de decidir e executar diretamente e por seus próprios meios suas decisões, sem precisar recorrer ao Judiciário para tanto; **E:** incorreta – a legalidade, a razoabilidade e a proporcionalidade são passíveis de análise pelo Poder Judiciário. (FB)

Gabarito "B"

(Juiz de Direito - TJ/BA - 2019 - CESPE/CEBRASPE) O Estado, no exercício do poder de polícia, pode restringir o uso da propriedade particular por meio de obrigações de caráter geral, com base na segurança, na salubridade, na estética, ou em outro fim público, o que, em regra, não é indenizável. Essa forma de exercício do poder de polícia pelo Estado corresponde a

(A) uma servidão administrativa.
(B) uma ocupação temporária.
(C) uma requisição.
(D) uma limitação administrativa.
(E) um tombamento.

A: incorreta. Servidão administrativa é ônus real de uso, de natureza pública, imposto pela Administração ao particular para assegurar a realização e conservação de obras e serviços públicos ou de utilidade pública, mediante indenização dos prejuízos efetivamente suportados pelo proprietário. Deve ser parcial, a fim de possibilitar a utilização da propriedade particular para uma finalidade pública sem a desintegração do domínio privado, e só se efetiva com o registro competente para que possa produzir efeitos *erga omnes*, nos termos do art. 167 I item 6 da Lei nº 6.015/73; **B:** incorreta. Ocupação temporária é a forma de limitação do Estado à propriedade privada que se caracteriza pela utilização transitória, gratuita ou remunerada, de imóvel de propriedade particular, para fins de interesse público; **C:** incorreta. Requisição de bens ou serviços é *o ato pelo qual o Estado determina e efetiva a utilização de bens ou serviços particulares, mediante indenização ulterior, para atender necessidades públicas urgentes e transitórias, ou seja, em caso de iminente perigo público.* O **requisito** para requisição de *bens* está previsto na CF, em seu artigo 5º, XXV: *no caso de iminente perigo público, a autoridade competente poderá usar de propriedade particular, assegurada ao proprietário indenização ulterior, se houver dano*; **D:** correta. Limitação administrativa é *a imposição unilateral, geral e gratuita, que traz os limites dos direitos e atividades particulares de forma a condicioná-los às exigências da coletividade.* Ex.: proibição de construir sem respeitar recuos mínimos; proibição de instalar indústria ou comércio em determinadas zonas da cidade; leis de trânsito, de obras e de vigilância sanitária; lei do silêncio; **E:** incorreta. O tombamento pode ser **conceituado** como o *ato do Poder Público que declara de valor histórico, artístico, paisagístico, turístico, cultural ou científico, bens ou locais para fins de preservação.* Trata-se de ato intervenção administrativa na propriedade pela qual o Poder Público sujeita determinados bens a limitações para sua conservação e preservação. É uma restrição parcial, que não impede o proprietário de exercer os direitos inerentes ao domínio, razão pela qual, em regra, não dá direito a indenização, de sorte que apenas enseja indenização quando comprovado ser ele ensejador de danos ao proprietário em razão da grande afetação por ele causada aos direitos de propriedade de seu titular. FB

Gabarito "D"

(Auditor Fiscal - SEFAZ/RS - 2019 - CESPE/CEBRASPE) O alvará de licença e o alvará de autorização concedidos pela administração pública constituem meio de atuação do poder

(A) disciplinar.
(B) regulamentar.
(C) hierárquico.
(D) de polícia.
(E) hierárquico e do disciplinar.

A: incorreta. O **poder disciplinar** é *aquele conferido ao agente público para aplicação de sanções ou penalidades aos demais agentes, dada a prática de uma infração disciplinar;* **B:** *incorreta,* poder regulamentar é a faculdade dada aos Chefes do Executivo de explicitar a lei para sua correta execução, ou de expedir decretos autônomos sobre matéria de sua competência ainda não disciplinada pela lei. Pode ser delegada apenas no tocante à fixação de normas de ordem técnica sobre matéria de competência das agências reguladoras; **C:** incorreta, poder hierárquico consiste no poder de que dispõe o Executivo para distribuir e escalonar as funções de seus órgãos, ordenar e rever a atuação de seus agentes, estabelecendo uma relação de subordinação entre servidores de seu quadro de pessoal; **D:** correta. Poder de polícia consiste na faculdade que possui a Administração Pública de estabelecer limitações à liberdade e à propriedade em prol do bem comum. Em geral, impõe um "non facere", isto é, impõe ao particular uma abstenção. As sanções aplicadas em decorrência da inobservância dessas limitações são de natureza repressiva, visando a punir o infrator. É indelegável, embora seja possível que certos aspectos meramente materiais sejam realizados por particulares ou mesmo por meio eletrônico. Ele atua em caráter geral, isto é, independentemente da existência de uma relação específica entre a Administração e determinada pessoa, abrangendo a todos nos limites previstos pela lei. Ele dá ensejo, para seu custeio, à cobrança de taxa. Todavia, é importante notar, apenas o regular **exercício** do poder de polícia pode ser remunerado por taxas, ao passo que a utilização efetiva ou potencial dos serviços público dá ensejo à sua cobrança. Vejamos o que diz o Código Tributário Nacional (Lei nº 5.172/1966): "Art. 77. As taxas cobradas pela União, pelos Estados, pelo Distrito Federal ou pelos Municípios, no âmbito de suas respectivas atribuições, têm como fato gerador o *exercício regular do poder de polícia*, ou a utilização, efetiva ou potencial, de serviço público específico e divisível, prestado ao contribuinte ou posto à sua disposição"; **E:** incorreta, a diferença entre o poder hierárquico e o poder disciplinar é que o primeiro diz respeito ao dia a dia das relações de subordinação (escalonamento de funções, ordens, revisão de atos), ao passo que o segundo só atua quando houver um ilícito disciplinar, possibilitando à Administração a aplicação de sanções disciplinares. O **poder hierárquico** *é aquele conferido ao agente público para organizar a estrutura da Administração e fiscalizar a atuação de seus subordinados, expressando-se na distribuição e orientação das funções, na expedição de ordens e na revisão dos atos dos demais agentes, numa relação de ampla subordinação.* O **poder disciplinar** é *aquele conferido ao agente público para aplicação de sanções ou penalidades aos demais agentes, dada a prática de uma infração disciplinar.* FB

Gabarito "D".

(Delegado - PC/SE - 2018 - CESPE/CEBRASPE) Acerca do poder de polícia — poder conferido à administração pública para impor limites ao exercício de direitos e de atividades individuais em função do interesse público —, julgue os próximos itens.

(1) São características do poder de polícia a discricionariedade, a autoexecutoriedade e a coercibilidade.

(2) A polícia administrativa propõe-se a restringir o exercício de atividades ilícitas e, em regra, tem caráter preventivo.

(3) O poder de polícia é indelegável.

1: correta – Trata-se de matéria que não se encontra pacificada na doutrina pátria, usando alguns autores o nome "atributos" e outros "características" do poder de polícia. Para autores como Hely Lopes Meirelles e Maria Sylvia Zanella Di Pietro são atributos do poder de polícia a discricionariedade, a autoexecutoriedade e a coercibilidade. A discricionariedade consiste na liberdade dada pela lei ao administrador para efetuar a escolha que melhor atinja a finalidade pública perseguida diante de um determinado caso concreto. A autoexecutoridade consiste na possibilidade de que a Administração execute suas próprias decisões sem interferência do poder Judiciário. Ela existe quando se tem a necessidade de um contraditório diferido, pois para a garantia do interesse público confere-se o direito à defesa após a prática do ato. Coercibilidade, por sua vez, é o atributo que torna obrigatório, podendo a Administração Pública usar meios indiretos de coerção para cumprir a determinação; **2:** correta - Embora tanto a polícia administrativa como a polícia judiciária tenham traços repressivos, a primeira tem caráter mais preventivo do que propriamente repressivo, visando tão somente a impedir ou paralisar atividades antissociais. Já a polícia judiciária tem a função de reprimir a atividade dos delinquentes através da instrução criminal e aplicação da lei penal. Volta-se, destarte, à responsabilização dos infratores da ordem jurídica. Daí porque se pode afirmar que a polícia judiciária volta-se predominantemente para as pessoas, sendo preparatória para a repressão penal e ligada ao valor contido na liberdade de ir e vir, ao passo que a polícia administrativa volta-se para a atividade das pessoas, relacionando-se com os valores informadores dos interesses gerais, condicionando ou restringindo a liberdade e a propriedade em prol do bem comum; **3:** incorreta – o poder de polícia é parcialmente delegável, na medida em que é possível delegar aspectos materiais de seu exercício. Não por outro motivo alguns autores da doutrina nacional dividem a atividade de polícia em 4 ciclos: 1 – ordem de polícia (sua previsão em lei, decorrência da imperatividade, que incitamente é indelegável pois só por meio dela se tem a possibilidade de restringir a liberdade e a propriedade em prol do bem comum); 2 – consentimento de polícia (a lei autoriza o exercício de determinada atividade condicionada à aceitabilidade estatal); 3 – fiscalização de polícia (decorre da possibilidade conferida à Administração Pública de controlar as atividades submetidas ao poder de polícia, com o intuito de verificar seu cumprimento e ensejando, em caso de descumprimento, a aplicação de penalidades, também chamada de 4 – sanção de polícia. Considera-se que tanto a atividade de polícia de consentimento como a fiscalização são delegáveis pois relativas ao poder de gestão do Estado (ao passo que a ordem de polícia e a sanção são manifestações do poder de império estatal). FB

Gabarito: 1C, 2C, 3E

Delegado Federal – 2018 – CESPE) Em relação aos poderes administrativos, julgue os itens seguintes.

(1) A demissão de servidor público configura sanção aplicada em decorrência do poder de polícia administrativa, uma vez que se caracteriza como atividade de controle repressiva e concreta com fundamento na supremacia do interesse público.

(2) Embora possam exercer o poder de polícia fiscalizatório, as sociedades de economia mista não podem aplicar sanções pecuniárias.

1: incorreta – o poder de polícia consiste em dever poder que possui a Administração Pública para, em caráter geral, limitar a liberdade e a propriedade em prol do bem comum e nos termos da lei. Dirige-se a todos e uma relação de sujeição geral. Não se confunde com o poder disciplinar que ela possui para com seus servidores, decorrente dessa relação de sujeição especial que possuem; **2:** correta, o poder de polícia não é delegável no que concerne ao aspecto de aplicação da sanção decorrente de seus descumprimento, razão pela qual falta às sociedades de economia mista tal poder. FB

Gabarito 1E, 2C

(Juiz – TRF5 – 2017 – CESPE) Acerca da administração indireta, das formas de intervenção do Estado e do direito administrativo econômico, assinale a opção correta.

(A) Segundo o STF, o tratamento constitucional favorecido para empresas de pequeno porte resguarda o acesso aos programas de benefícios fiscais mesmo a empresas de pequeno porte que tenham débitos fiscais.

(B) Situação hipotética: A autarquia X, vinculada ao Ministério Y, foi instituída para fiscalizar as atividades desenvolvidas pelo setor Z. Assertiva: Nessa situação, a transferência de recursos do ente instituidor é vedada à autarquia X, visto que esta possui personalidade jurídica de direito público e autonomia administrativa e financeira.

(C) Situação hipotética: Em razão de grave crise hídrica que assola o estado X, o governo local instituiu empresa subsidiária da empresa de abastecimento primária para atuar nos problemas emergenciais de abastecimento de água. Assertiva: Nessa situação, houve descentralização do serviço por delegação, sendo legal a instituição de subsidiária da empresa de abastecimento.

(D) Situação hipotética: Com base em competência constitucional, o Ministério X proibiu, por meio de portaria, a venda de combustíveis para transportadoras e revendedoras do tipo Y, com o objetivo de combater o transporte clandestino de combustíveis e regulamentar o mercado em defesa do consumidor. Assertiva: Conforme entendimento do STF, a referida portaria é inconstitucional, por ofensa ao princípio da livre-iniciativa.

(E) Conforme o STJ, embora seja permitido o exercício do poder de polícia fiscalizatório por sociedade de economia mista, é vedada a possibilidade de aplicação de sanções pecuniárias derivadas da coercitividade presente no referido poder.

A: incorreta – no RE 627.543/RS, de Repercussão Geral Reconhecida, restou entendido que o regime favorecido foi criado para diferenciar, em iguais condições, os empreendedores com menor capacidade contributiva e menor poder econômico, sendo desarrazoado que, nesse universo de contribuintes, se favoreçam aqueles em débito com os fiscos pertinentes, os quais participariam do mercado com uma vantagem competitiva em relação àqueles que cumprem pontualmente com suas obrigações. A condicionante do inciso V do art. 17 da LC 123/2006 não se caracteriza, *a priori*, como fator de desequilíbrio concorrencial, pois se constitui em exigência imposta a todas as pequenas e as microempresas (MPE), bem como a todos os microempreendedores individuais (MEI), devendo ser contextualizada, por representar também, forma indireta de se reprovar a infração das leis fiscais e de se garantir a neutralidade, com enfoque na livre concorrência; **B:** incorreta – com a passagem por lei de uma competência que antes era exercida por um ente da Administração Direta para a Indireta, com a criação de uma autarquia, é razoável supor que possam ser também transferidos recursos públicos para o exercício de tal mister; **C:** incorreta – na descentralização por serviço, a lei atribui ou autoriza que outra pessoa detenha a *titularidade* e a execução do serviço e fala-se em *outorga* do serviço. Na assertiva em tela, tem-se precisamente a descentralização do serviço por outorga e não por delegação; **D:** incorreta – trata-se de exercício de poder regulamentar em prol do direito do consumidor; **E:** correta – De acordo com a teoria do professor Diogo de Figueiredo, existem quatro ciclos do poder de polícia: a ordem de polícia, o consentimento de polícia, a fiscalização de polícia e a **sanção de polícia**. Tanto o primeiro, referente à ordem de polícia e à obrigatoriedade de que a limitação à liberdade e à propriedade seja prevista em lei; como a última, referente à sanção de polícia, com a submissão coercitiva do infrator a medidas inibidoras impostas pela Administração no caso de ocorrência de infração às ordens de polícia, são indelegáveis. FB

Gabarito "E".

(Delegado/PE – 2016 – CESPE) A fiscalização ambiental de determinado estado da Federação verificou que a água utilizada para o consumo dos hóspedes de um hotel era captada de poços artesianos. Como o hotel não tinha a outorga do poder público para extração de água de aquífero subterrâneo, os fiscais lavraram o auto de infração e informaram ao gerente do hotel que lacrariam os poços artesianos, conforme a previsão da legislação estadual. O gerente resistiu à ação dos fiscais, razão pela qual policiais militares compareceram ao local e, diante do impasse, o gerente, acompanhado do advogado do hotel, e os fiscais foram conduzidos à delegacia local. O advogado alegou que os fiscais teriam agido com abuso de autoridade, uma vez que o poder público estadual não teria competência para fiscalizar poços artesianos, e requereu ao delegado de plantão a imediata liberação do gerente e o registro, em boletim de ocorrência, do abuso de poder por parte dos fiscais. A partir dessa situação hipotética, assinale a opção correta, considerando as regras e princípios do direito administrativo.

(A) Agentes de fiscalização não possuem poder de polícia, que é exclusivo dos órgãos de segurança pública. Por essa razão, os fiscais não poderiam entrar no hotel, propriedade privada, sem o acompanhamento dos policiais militares.

(B) A fiscalização estadual agiu corretamente ao aplicar o auto de infração: o hotel não poderia fazer uso de poço artesiano sem a outorga do poder público estadual. Contudo, os fiscais somente poderiam lacrar os poços se dispusessem de ordem judicial, razão pela qual ficou evidente o abuso de poder.

(C) As águas subterrâneas e em depósito são bens públicos da União, razão pela qual a fiscalização estadual não teria competência para atuar no presentecaso.

(D) Os estados membros da Federação possuem domínio das águas subterrâneas e poder de polícia para precaver e prevenir danos ao meio ambiente. Assim, a fiscalização estadual não só tinha o poder, mas também, o dever de autuar.

(E) Não é necessária a outorgado ente público para o simples uso de poço artesiano. Logo, a conduta dos fiscais foi intempestiva e abusiva.

A: incorreta, pois o poder de polícia relacionado à fiscalização de ilícitos administrativos e ambientais é, na verdade, atividade típica de agentes de fiscalização, e não é atividade típica de órgãos de segurança pública, que se direcionam para evitar e investigar outro tipo de ilícito, no caso o ilícito penal; **B:** incorreta, pois a possibilidade de a Administração, por si só, fazer executar suas ordens é comum e basta ler previsão legal ou situação de urgência que impossibilite buscar o Judiciário, que a fiscalização poderá impor materialmente o cumprimento da lei que estiver sendo violada; **C:** incorreta, pois as águas superficiais ou subterrâneas incluem-se entre os bens dos Estados (art. 26, I, da CF); **D:** correta, pois o domínio das águas subterrâneas pelos Estados está previsto no art. 26, I, da CF, e a competência para precaver e prevenir danos ambientais está prevista no art. 23, VI, da CF; **E:** incorreta, pois qualquer uso de recursos hídricos superficiais ou subterrâneos de depende de prévia autorização ou licença do órgão público estadual, por se tratar de um bem público pertencente ao Estado (art. 26, I, da CF).

Gabarito "D".

(Ministério Público/RR – 2012 – CESPE) Com relação aos poderes da administração pública, assinale a opção correta de acordo com o entendimento do STJ e da doutrina.

(A) O exercício do poder de polícia é passível de delegação a pessoa jurídica de direito privado, a qual somente poderá aplicar sanções administrativas ao administrado quando o ato praticado estiver previamente definido por lei como infração administrativa.

(B) O ato administrativo decorrente do exercício do poder de polícia é autoexecutório porque dotado de força coercitiva, razão pela qual a doutrina aponta ser a coercibilidade indissociável da autoexecutoriedade no ato decorrente do poder de polícia.

(C) A administração pública, no exercício do poder de limitar o exercício dos direitos individuais em benefício do interesse público, pode condicionar a renovação de licença de veículo ao pagamento de multa, ainda que o infrator não tenha sido notificado.

(D) O termo inicial do prazo prescricional da ação disciplinar é a data em que o fato foi praticado.

(E) Nas situações em que a conduta do investigado configure hipótese de demissão ou cassação de aposentadoria, a administração pública dispõe de discricionariedade para aplicar penalidade menos gravosa que a de demissão ou de cassação.

A: incorreta, pois não se admite delegação do poder de polícia a pessoa de direito privado; **B:** correta, pois a coercibilidade ou executoriedade (possibilidade de uso da força pela própria Administração) pressupõe autoexecutoriedade (no sentido de a Administração não ter de buscar o Judiciário para executar suas decisões); **C:** incorreta, pois, de acordo com a Súmula STJ n. 127, "é ilegal condicionar a renovação da licença de veículo ao pagamento de multa, da qual o infrator não foi notificado"; **D:** incorreta, pois o prazo de prescrição começa a correr da data em que o fato se tornou conhecido (art. 142, § 1º, da Lei 8.112/1990); **E:** incorreta, pois a Administração está adstrita aos comandos legais, não havendo margem de liberdade fora do que determina a lei.

Gabarito "B".

(Advogado da União/AGU – CESPE – 2012) Julgue o item seguinte.

(1) Por serem atos de polícia administrativa, a licença e a autorização, classificadas, respectivamente, como ato vinculado e ato discricionário, são suscetíveis de cassação pela polícia judiciária.

1: Incorreta, pois a polícia judiciária tem como finalidade a investigação de ilícitos criminais e não o exercício do poder de polícia.

Gabarito 1E

2.5. PODERES ADMINISTRATIVOS COMBINADOS

(Técnico Judiciário – STJ – 2018 – CESPE) Acerca dos poderes da administração pública e da responsabilidade civil do Estado, julgue os itens a seguir.

(1) O poder disciplinar, decorrente da hierarquia, tem sua discricionariedade limitada, tendo em vista que a administração pública se vincula ao dever de punir.

(2) Em razão da discricionariedade do poder hierárquico, não são considerados abuso de poder eventuais excessos que o agente público, em exercício, sem dolo, venha a cometer.

(3) É objetiva a responsabilidade do agente público em exercício que, por ato doloso, cause danos a terceiros.

(4) Força maior, culpa de terceiros e caso fortuito constituem causas atenuantes da responsabilidade do Estado por danos.

1: correta – quando a administração constata que um servidor público, ou um particular que com ela possua vinculação jurídica específica, praticou uma infração administrativa, ela é obrigada a puni-lo; não há discricionariedade quanto a punir ou não alguém que comprovadamente tenha praticado uma infração disciplinar; **2:** incorreta – a questão fala em poder hierárquico quando trata de poder disciplinar e, ainda, traz hipótese impossível, na medida em que todo abuso de poder, por se tratar de situação em que o agente público se utiliza de seu cargo ou função pública para benefício próprio ou para exigir que sua vontade prevaleça sobre a de outrem não existe na modalidade culposa e, se eventualmente ocorrer, não deixa de ser como tal configurada; **3:** incorreta – a responsabilidade do Estado é objetiva e do agente público é subjetiva, ou seja, depende da caracterização de sua culpabilidade; **4:** incorreta – A Constituição Federal consagra a teoria da responsabilidade objetiva do Estado, estabelecendo que: "as pessoas jurídicas de direito público e as de direito privado prestadoras de serviços públicos responderão pelos danos que seus agentes, nessa qualidade, causarem a terceiros, assegurado o direito de regresso contra o responsável nos casos de dolo ou culpa" – art. 37, § 6º, CF/1988. Mas essa responsabilidade, ainda que objetiva, tem limites. O direito administrativo brasileiro não adota a teoria do risco integral, mas sim a do risco administrativo, o que implica a existência de excludentes da responsabilidade estatal, quais sejam: a culpa exclusiva da vítima, em caso fortuito ou de força maior.

Gabarito 1C, 2E, 3E, 4E

(Delegado/PE – 2016 – CESPE) Acerca dos poderes e deveres da administração pública, assinale a opção correta.

(A) A autoexecutoriedade é considerada exemplo de abuso de poder: o agente público poderá impor medidas coativas a terceiros somente se autorizado pelo Poder Judiciário.

(B) À administração pública cabe o poder disciplinar para apurar infrações e aplicar penalidades a pessoas sujeitas à disciplina administrativa, mesmo que não sejam servidores públicos.

(C) Poder vinculado é a prerrogativa do poder público para escolher aspectos do ato administrativo com base em critérios de conveniência e oportunidade; não é um poder autônomo, devendo estar associado ao exercício de outro poder.

(D) Faz parte do poder regulamentar estabelecer uma relação de coordenação e subordinação entre os vários órgãos, incluindo o poder de delegar e avocar atribuições.

(E) O dever de prestar contas aos tribunais de contas é específico dos servidores públicos; não é aplicável a dirigente de entidade privada que receba recursos públicos por convênio.

A: incorreta, pois esse é um atributo comum dos atos administrativos e, havendo permissão legal ou situação de urgência em que não se possa aguardar a apreciação pelo Judiciário, esse atributo pode ser aplicado pela Administração; **B:** correta, pois na definição de poder disciplinar está não só a aplicação de penalidades para servidores públicos típicos, como também para outros tipos de agentes públicos, como os tabeliães e registradores; **C:** incorreta, pois a definição em tela está associada ao *poder discricionário* e não ao *poder vinculado*; **D:** incorreta, pois a definição em tela está associada ao *poder hierárquico* e não ao *poder regulamentar*; **E:** incorreta, pois qualquer particular que gerencie recursos públicos por meio de instrumento dessa natureza (que se chamava *convênio* e cujo nome agora é *termo de colaboração* ou *termo de fomento*) tem o dever de prestar contas (art. 70, parágrafo único, da CF).

Gabarito "B"

(Defensor Público – DPE/RN – 2016 – CESPE) Com relação aos poderes da administração pública e aos poderes e deveres dos administradores públicos, assinale a opção correta.

(A) A cobrança de multa constitui exemplo de exceção à autoexecutoriedade do poder de polícia, razão por que o pagamento da multa cobrada não pode se configurar como condição legal para que a administração pública pratique outro ato em favor do interessado.

(B) A autorização administrativa consiste em ato administrativo vinculado e definitivo segundo o qual a administração pública, no exercício do poder de polícia, confere ao interessado consentimento para o desempenho de certa atividade.

(C) O desvio de finalidade é a modalidade de abuso de poder em que o agente público atua fora dos limites de sua competência, invadindo atribuições cometidas a outro agente.

(D) No exercício do poder regulamentar, é conferida à administração pública a prerrogativa de editar atos gerais para complementar a lei, em conformidade com seu conteúdo e limites, não podendo ela, portanto, criar direitos e impor obrigações, salvo as excepcionais hipóteses autorizativas de edição de decreto autônomo.

(E) Decorre do sistema hierárquico existente na administração pública o poder de delegação, segundo o qual pode o superior hierárquico, de forma irrestrita, transferir atribuições de um órgão a outro no aparelho administrativo.

A: Incorreta. O erro está em afirmar que a cobrança da multa não pode ser feita pela Administração Pública, sendo apenas vedada a essa a sua execução, que se faz por meio de ação judicial de execução fiscal. A cobrança em si pode ser feita, assim como vemos a todo o tempo, pela própria Administração Pública (autoexecutoriedade administrativa); **B:** Incorreta. A autorização é ato administrativo discricionário e precário, sendo esse o erro da assertiva; **C:** Incorreta. O desvio de finalidade é espécie de abuso de poder, mas é definido como atuação do agente contrariamente ao interesse público previsto em lei. O conceito da assertiva é o de excesso de poder; **D:** Correta. O Poder Regulamentar é o que o Chefe do Poder Executivo detém para complementar a lei, sendo esse o limite desse Poder. Há exceções no que diz respeito ao decreto autônomo, que é o infraconstitucional (art. 84, VI, CF), e por isso admite maior generalidade; **E:** Incorreta. O Poder Hierárquico é o de escalonar cargos e funções e órgãos, mas é restrito, limitado a determinadas hipóteses de atos delegáveis (art. 14, § 1º, da Lei 9.784/1999).

Gabarito "D"

(Advogado União – AGU – CESPE – 2015) Foi editada portaria ministerial que regulamentou, com fundamento direto no princípio constitucional da eficiência, a concessão de gratificação de desempenho aos servidores de determinado ministério.

Com referência a essa situação hipotética e ao poder regulamentar, julgue os próximos itens.

(1) A portaria em questão poderá vir a ser sustada pelo Congresso Nacional, se essa casa entender que o ministro exorbitou de seu poder regulamentar.

(2) As portarias são qualificadas como atos de regulamentação de segundo grau.

(3) Na hipótese considerada, a portaria não ofendeu o princípio da legalidade administrativa, tendo em vista o fenômeno da deslegalização com fundamento na CF.

1: Correta. Trata-se do disposto no art. 49, V, CF, ou seja, o Congresso poderia sustar atos normativos que exorbitem do poder regulamentar. **2:** Correta. As portarias são atos normativos infralegais e por estarem submetidas à lei, também se denominam de "segundo grau". **3:** Incorreta. Houve violação da hierarquia legal, eis que a portaria é ato administrativo infralegal e não poderia ser editada com fundamento direito no texto constitucional. AW

Gabarito 1C, 2C, 3E

(Procurador do Estado – PGE/BA – CESPE – 2014) Em relação aos poderes administrativos, julgue os itens subsecutivos.

(1) Constitui exemplo de poder de polícia a interdição de restaurante pela autoridade administrativa de vigilância sanitária.

(2) Ao secretário estadual de finanças é permitido delegar, por

razões técnicas e econômicas e com fundamento no seu poder hierárquico, parte de sua competência a presidente de empresa pública, desde que o faça por meio de portaria.

(3) A aplicação das penas de perda da função pública e de ressarcimento integral do dano em virtude da prática de ato de improbidade administrativa situa-se no âmbito do poder disciplinar da administração pública.

1: Correta. Trata-se da polícia sanitária, que visa a limitar e condicionar essa atividade para preservar a qualidade da alimentação disponibilizada à população em geral. **2:** Incorreta. Não é possível essa delegação com fundamento no poder hierárquico, pois a empresa pública não é subordinada ao Ministério, havendo apenas uma relação de controle de legalidade entre aquele e essa. **3:** Incorreta. Não temos poder disciplinar nesse caso, e sim, atuação judicial, decorrente de um processo civil de improbidade administrativa. AW

Gabarito 1C, 2E, 3E

(Analista – STF – 2013 – CESPE) Em relação aos poderes da administração pública, julgue os itens subsequentes.

(1) A aplicação de multa pela administração pública a restaurante que violou norma de vigilância sanitária inclui-se no âmbito do poder disciplinar.

(2) A avocação de competência atribuída a órgão hierarquicamente inferior é juridicamente possível, desde que seja temporária, excepcional e fundada em motivos relevantes devidamente justificados.

1: incorreta, inclui-se no âmbito do poder de polícia (*vide* art. 78 do CTN); **2:** correta (vide art. 15 da Lei 9.784/1999).

Gabarito 1E, 2C

(Analista – STF – 2013 – CESPE) Julgue os itens seguintes, relativos ao poder disciplinar e ao poder hierárquico.

(1) No âmbito do Poder Judiciário, não existe hierarquia, no sentido de relação de coordenação e subordinação, no que diz respeito às suas funções judicantes.

(2) De acordo com o STF, a demissão de empregado público de empresa pública ou de sociedade de economia que preste serviço público não precisa ser motivada, em razão de esse empregado não gozar da estabilidade assegurada constitucionalmente aos servidores públicos estatutários.

1: correta, "inexiste hierarquia entre os agentes que exercem função jurisdicional ou legislativa, visto que inaplicável o regime de comando que a caracteriza. No que concerne aos primeiros, prevalece o princípio da livre convicção do juiz, pelo qual age este com independência, 'sem subordinação jurídica aos tribunais superiores' (Theodoro Jr., Humberto; Apud Carvalho Filho, José dos Santos. *Manual de Direito Administrativo.* 27. ed. São Paulo: Atlas, 2013. p. 121); **2:** incorreta, "Em atenção, no entanto, aos princípios da impessoalidade e isonomia, que regem a admissão por concurso público, a dispensa do empregado de empresas públicas e sociedades de economia mista que prestam serviços públicos *deve ser motivada*, assegurando-se, assim, que tais princípios, observados no momento daquela admissão, sejam também respeitados por ocasião da dispensa" (STF, RE 589998/PI, Pleno, j. 20.03.2013, rel. Min. Ricardo Lewandowski).

Gabarito 1C, 2E

(Técnico – TJ/CE – 2013 – CESPE) Considere que a Prefeitura de determinado município tenha concedido licença para reforma de estabelecimento comercial. Nessa situação hipotética, assinale a opção em que se explicita o poder da administração correspondente ao ato administrativo praticado, além das classificações que podem caracterizá-lo.

(A) poder de polícia, ato unilateral e vinculado
(B) poder hierárquico, ato unilateral e vinculado
(C) poder disciplinar, ato bilateral e discricionário
(D) poder de polícia, ato bilateral e discricionário
(E) poder disciplinar, ato unilateral e discricionário

A Licença é o meio pelo qual a Administração exerce o poder de polícia fiscalizatório. Segundo Di Pietro, é o ato administrativo unilateral e vinculado pelo qual a Administração faculta àquele que preencha os requisitos legais o exercício de uma atividade (DI PIETRO, Maria Sylvia Zanella. **Direito Administrativo**. 25. ed. São Paulo: Atlas, 2012. p. 235). Portanto, correta é a alternativa "A".

Gabarito "A"

(Técnico – TJ/CE – 2013 – CESPE) A respeito dos poderes da administração, assinale a opção correta.

(A) A delegação de atribuições de um órgão público para outra pessoa jurídica configura exemplo de desconcentração administrativa.
(B) Ao tomar conhecimento da ocorrência de infração disciplinar, a administração o deve, em um primeiro momento, avaliar a conveniência e oportunidade da instauração de processo administrativo.
(C) O poder regulamentar é prerrogativa conferida à administração pública para expedir normas de caráter geral, em razão de eventuais lacunas, com a finalidade de complementar ou modificara lei.
(D) Em respeito ao princípio da separação dos poderes, o Congresso Nacional não pode sustar ato normativo do Poder Executivo.
(E) Um dos meios pelo quais a administração exerce seu poder de polícia é a edição de atos normativos de caráter geral e abstrato.

A: Incorreta. Pois a delegação de um órgão para o outro configura exemplo de descentralização administrativa. A desconcentração consiste na distribuição interna de competências dentro da mesma pessoa jurídica; **B:** Incorreta. A aplicação do poder disciplinar tem caráter vinculado. Assim, não cabe à Administração avaliar a conveniência e oportunidade da instauração de processo administrativo. Sobre o regime jurídico dos servidores públicos civis da união, das autarquias e das fundações federais, ver o art. 143 da Lei 8.112/1990; **C:** Incorreta. O poder regulamentar é prerrogativa conferida à administração pública para expedir decretos e regulamentos para sua fiel execução (art. 84, IV, da CF); **D:** Incorreta, nos termos do art. 49, V, da CF; **E:** Correta. Maria Sylvia Zanella Di Pietro entende que o Poder de Polícia tem como exercício os atos normativos em geral, a saber: a lei, criam-se as limitações administrativas ao exercício dos direitos e das atividades individuais, estabelecendo-se normais gerais e abstratas dirigidas indistintamente às pessoas que estejam em idêntica situação (**Direito Administrativo**. 25. ed. São Paulo: Atlas, 2012. p. 125).

Gabarito "E"

(Técnico – TJ/CE – 2013 – CESPE) Assinale a opção correta no que se refere aos poderes e deveres dos administradores públicos.

(A) Caracteriza-se desvio de finalidade quando o agente atua além dos limites de sua competência, buscando alcançar fins diversos daqueles que a lei permite.
(B) Há excesso de poder quando o agente, mesmo que agindo dentro de sua competência, exerce atividades que a lei não lhe conferiu.
(C) Em caso de omissão do administrador, o administrado pode exigir, por via administrativa ou judicial, a prática do ato imposto pela lei.
(D) No exercício do poder hierárquico, os agentes superiores têm competência, em relação aos agentes subordinados, para comandar, fiscalizar atividades, revisar atos, delegar, avocar atribuições e ainda aplicar sanções.
(E) O poder de agir da administração refere-se à sua faculdade para a prática de determinado ato de interesse público.

A: Incorreta. Desvio de finalidade ou desvio de poder consiste na atuação do agente com fim diverso do que a lei lhe permitiu, ou seja, é atuação dentro dos seus limites de competência visando fim diverso do que a lei permitiu; **B:** Incorreta. Há excesso de poder na hipótese em que o agente atua fora dos limites de sua competência, invadindo a atribuição de outro agente, ou se arroga o exercício de atividades que a lei lhe não conferiu **Manual de Direito Administrativo**. 27. ed. São Paulo: Atlas, 2014, p. 99); **C:** Correta, nos termos art. 5º, XXXV e LXXI, da CF; **D:** Incorreta no que tange ao trecho "aplicar sanções", uma vez que essa atribuição decorre do poder disciplinar; **E:** Incorreta. O poder de agir da administração não é faculdade e sim uma obrigação. Trata-se de um poder-dever da administração visando o interesse público.

Gabarito "C"

(Magistratura/PA – 2012 – CESPE) Assinale a opção correta acerca dos poderes da administração.

(A) O STF admite a delegação do exercício do poder de polícia a pessoas jurídicas de direito privado.
(B) A avocação de atribuições, decorrente do poder hierárquico da administração pública, é admitida desde que estas não sejam de competência exclusiva do órgão subordinado.
(C) No âmbito federal, a aplicação de sanções relacionadas ao exercício do poder de polícia submete-se a prazo de prescrição de cinco anos, não passível de interrupção ou suspensão.
(D) No que se refere ao exercício do denominado poder normativo da administração, é vedado ao ministro de Estado expedir ato de natureza regulamentar, instrumento de uso exclusivo do chefe do Poder Executivo.
(E) Segundo a doutrina, o exercício do poder disciplinar pela administração pública deve ficar adstrito à apuração de infrações e à aplicação de penalidades aos servidores públicos.

A: incorreta; é pacífico na doutrina e na jurisprudência que não é possível com o exercício do poder de polícia, que é privativo de autoridade pública, ou seja, não é permitida sua delegação ao particular, sendo que a este somente é possível ser credenciado para contribuir materialmente com o poder de polícia, como no caso de empresa que controla radares fotográficos de trânsito, mas a declaração de vontade será, ao final, da autoridade pública, que, com base nesses elementos materiais, poderá aplicar ou não uma multa de trânsito; **B:** correta, pois, caso a lei tenha estabelecido expressamente que determinada competência é exclusiva de algum cargo ou órgão, a autoridade superior não poderá promover a avocação, que, como se sabe, é, também, providência excepcional, nos termos do art. 15 da Lei 9.784/1999; **C:** incorreta, pois a Lei 9.873/1999 estabelece casos de interrupção e de suspensão do prazo do prazo de prescrição da ação punitiva (tecnicamente o prazo é decadencial e não prescricional, mas a lei usa a expressão prescrição), bem como prazo de prescrição da ação executória da punição aplicada (aqui sim o prazo é, tecnicamente, prescricional); **D:** incorreta, pois o ministro de Estado não pode expedir regulamentos em sentido estrito, mas pode expedir outros atos normativos, como as instruções normativas; **E:** incorreta, pois o conceito de poder disciplinar é mais amplo abrangendo as demais pessoas sujeitas à disciplina dos órgãos e serviços da Administração.

Gabarito "B".

3. ATOS ADMINISTRATIVOS

3.1. CONCEITO, PERFEIÇÃO, VALIDADE E EFICÁCIA

(Analista – TJ/CE – 2014 – CESPE) No que se refere aos atos administrativos, assinale a opção correta.

(A) São convalidáveis tanto os atos administrativos vinculados quanto os discricionários.
(B) A autoexecutoriedade é um atributo presente em todos os atos administrativos.
(C) A autorização configura-se como ato discricionário e gratuito.
(D) As formas de extinção do ato administrativo incluem a cassação, a anulação e a reintegração.
(E) Os atos administrativos distinguem-se dos atos legislativos, entre outros fatores, por serem individuais, enquanto os atos legislativos são atos gerais.

A: Correta. O art. 55 da Lei 9.784/1999 dispõe que em decisão na qual se evidencie não acarretarem lesão ao interesse público nem prejuízo a terceiros, os atos [vinculados ou discricionários] que apresentarem defeitos sanáveis poderão ser convalidados pela própria Administração; **B:** Incorreta. O atributo da autoexecutoriedade só é aplicável aos atos administrativos quando previstos em lei (exemplo: art. 80, IV, da Lei 8.666/1993) ou, ainda, segundo Maria Sylvia Zanella Di Pietro, "quando se tratar de medida urgente que, se não adotada de imediato, possa ocasionar prejuízo maior para o interesse público; isso acontece no âmbito também da polícia administrativa, podendo-se citar, como exemplo, a demolição de prédio que ameaça ruir, o internamento de pessoa com doença contagiosa, a dissolução de reunião que ponha em risco a segurança de pessoas e coisas" (DI PIETRO, Maria Sylvia Zanella. **Direito Administrativo**. 25. ed. São Paulo: Atlas, 2012. p. 207 e 208). Importante lembrar a disposição do art. 5º, XXXV, da CF; **C:** Incorreta para a banca examinadora, pois a autorização, instrumento jurídico de outorga do uso privativo de bem público ao particular, poderá ser gratuito ou oneroso (exemplo: art. 4º, § 1º, da Lei 10.826/2003 - Estatuto do Desarmamento). É importante lembrar que o art. 131, § 1º, da Lei 9.472/1997 dispõe que "autorização de serviço de telecomunicações é o ato administrativo vinculado que faculta a exploração, no regime privado, de modalidade de serviço de telecomunicações, quando preenchidas as condições objetivas e subjetivas necessárias"; **D:** Incorreta. São formas de extinção do ato administrativo a cassação, a anulação e a revogação. A reintegração consiste em uma das formas de provimento expressamente prevista na Constituição (art. 41, § 1º, da CF); **E:** Incorreta. Hely Lopes Meirelles classifica **os atos administrativos**, quanto aos seus destinatários, em atos individuais (ou especiais) ou atos gerais (ou regulamentares).

Gabarito "A".

(Analista – STF – 2013 – CESPE) Relativamente a ato administrativo, julgue os itens a seguir.

(1) A presunção de veracidade dos atos administrativos discricionários torna-os imunes ao controle de legalidade exercido pelo Poder Judiciário.
(2) Com base no poder de autotutela, a administração pública pode anular seus próprios atos quando eivados de vícios que os tornem ilegais. Nesse caso, a declaração de nulidade terá efeitos retroativos.

1: incorreta, "o controle judicial alcançará todos os aspectos de legalidade dos atos administrativos" (Carvalho Filho, José dos Santos. *Manual de Direito Administrativo*. 27. ed. São Paulo: Atlas, 2014. p. 55); **2:** correta; pelo poder de autotutela "é possível que a Administração reveja seus próprios atos, podendo a revisão ser ampla, para alcançar aspectos de legalidade e de mérito" (Carvalho Filho, José dos Santos. *Manual de Direito Administrativo*. 27. ed. São Paulo: Atlas, 2014. p. 211). Ato nulo não gera direitos, portanto, seus efeitos são "ex tunc". Vide Súmulas 346 e 473 do STF.

Gabarito 1E, 2C

(Técnico Judiciário – Área Administrativa – TRT8 – 2013 – CESPE) No que diz respeito ao conceito e à classificação dos atos administrativos, assinale a opção correta.

(A) Ato administrativo imperfeito é aquele que já completou o seu ciclo de formação, mas está sujeito a condição o ou termo para que comece a produzir efeitos.
(B) O ato administrativo declaratório consiste naquele em que a administração apenas reconhece um direito que já existia antes do ato, como é o caso da revogação.
(C) Os atos de direito privado da administração são considerados atos administrativos.
(D) Quanto às prerrogativas com que atua a administração, os atos administrativos podem ser classificados como simples, complexos e compostos.
(E) Pelo critério formal, ato administrativo é o que ditam os órgãos administrativos, ficando excluídos dessa conceituação os atos provenientes dos órgãos legislativo e judicial, ainda que tenham a mesma natureza daqueles.

A: Incorreta. Ato administrativo imperfeito é aquele que não completou o ciclo de formação, portanto, é um ato ineficaz; **B:** Incorreta. O conceito de ato administrativo declaratório está correto. Entretanto, o exemplo demonstrado não. São exemplos de atos declaratórios a emissão de certidão, de atestados, declarações etc. A revogação é um instrumento jurídico pelo qual a Administração retira, por discricionariedade, um ato administrativo; **C:** Incorreta. Os atos regidos pelo direito privado são atos da administração e não atos administrativos. São exemplos de atos da administração: locação de prédio para uso do poder público, escritura de compra e venda; emissão de cheque. Wander Garcia entende que "tais atos não têm os atributos (as qualidades e forças) do ato administrativo; vale ressaltar que os atos antecedentes dos citados devem obedecer ao Direito Público" (**Manual Completo de Direito Administrativo para Concursos**. Indaiatuba: Editora FOCO, 2014, p. 131). Atos administrativos são emanados por agentes da administração pública ou por quem tenha suas prerrogativas; o conteúdo deve propiciar a produção de efeitos jurídicos com fim público e, por fim, deve ser regida basicamente pelo direito público (CARVALHO FILHO, José dos Santos. **Manual de Direito Administrativo**. 27. ed. São Paulo:

Atlas, 2014, p. 101); **D:** Incorreta. Quanto às prerrogativas, os atos administrativos são classificados em: atos de império, atos de gestão e atos de expediente; **E:** Correta. Segundo Maria Sylvia Zanella Di Pietro, pelo critério subjetivo, orgânico ou forma, ato administrativo é o que ditam os órgãos administrativos; ficam excluídos os atos provenientes dos órgãos legislativo e judicial, ainda que tenham a mesma natureza daqueles (DI PIETRO, Maria Sylvia Zanella. **Direito Administrativo**. 25. ed. São Paulo: Atlas, 2012. p. 200).

Gabarito "E"

(Analista Judiciário – Área Administrativa – TRT8 – 2013 – CESPE) No que se refere aos atos administrativos, assinale a opção correta.

(A) A convalidação, que ocorre quando o ato administrativo está eivado de vício sanável, produz efeitos *ex nunc*, sem retroagir, portanto, para atingir o momento em que tenha sido praticado o ato originário.

(B) O princípio da presunção de veracidade, atributo do ato administrativo, não impede que o Poder Judiciário aprecie de ofício a nulidade de ato administrativo.

(C) Em decorrência do atributo da autoexecutoriedade dos atos administrativos, a administração pública pode interditar estabelecimento comercial irregular independentemente de autorização prévia do Poder Judiciário.

(D) O motivo, requisito do ato administrativo, é definido como a exposição escrita das razões que justificam a prática do ato pela administração.

(E) A revogação pode atingir os atos administrativos discricionários ou vinculados e deverá ser emanada da mesma autoridade competente para a prática do ato originário, objeto da revogação.

A: incorreta, os efeitos são "ex tunc", ou seja, retroagem; **B:** incorreta, o judiciário não pode apreciar de ofício, a validade do ato; **C:** correta, "a autoexecutoriedade jamais afasta a apreciação judicial do ato; apenas dispensa a administração de obter ordem judicial prévia para poder praticá-lo" (Alexandrino, Marcelo e Paulo, Vicente. *Direito administrativo descomplicado*. 19 ed. São Paulo: Método, 2011. p. 467); **D:** incorreta, a exposição escrita das razões que justificam a prática do ato pela administração é a *motivação*. O motivo "é a situação de fato e de direito que determina ou autoriza a prática do ato (Idem, p. 451); **E:** incorreta, a revogação só se aplica aos atos discricionários.

Gabarito "C"

(Técnico – TJ/CE – 2013 – CESPE) A respeito de alguns aspectos do ato administrativo, assinale a opção correta.

(A) A administração tem o poder de revogar todos os atos administrativos, desde que observadas a conveniência e a oportunidade.

(B) O ato discricionário é editado com base em um juízo de conveniência e oportunidade do administrador e com a devida demonstração do interesse público, o que dispensa o controle de legalidade pelo Poder Judiciário.

(C) Por meio da convalidação, os atos administrativos que apresentam vícios são confirmados no todo ou em parte pela administração, e, em caso de vício insanável, ao processo de convalidação dá-se o nome de reforma.

(D) Os atos de gestão da administração pública são regidos pelo direito público.

(E) Agente incompetente, vício de forma e desvio de finalidade são fundamentos que podem resultar em anulação do ato administrativo.

A: Incorreta. A revogação não pode atingir atos que geram direito adquirido, atos vinculados, atos exauridos e nulos e, por fim, atos enunciativos; **B:** Incorreta. Mesmo que o ato administrativo seja editado com base no juízo de conveniência e oportunidade, não se pode falar em dispensa do controle de legalidade pelo Poder Judiciário (art. 5º, XXXV, da CF); **C:** Incorreta, pois os vícios insanáveis não são passíveis de aproveitamento do ato, portanto, de convalidação. Entende-se por reforma o ato que supre a parte inválida do ato anterior, mantendo sua parta válida; **D:** Incorreta, pois os atos da administração pública são regidos pelo direito privado, diferentemente dos atos administrativos. **E:** Correta. Os fundamentos mencionados na alternativa podem resultar em anulação do ato administrativo.

Gabarito "E"

(Defensor Público/RO – 2012 – CESPE) De acordo com os ensinamentos de direito administrativo, assinale a opção correta.

(A) São exemplos de atos de gestão a desapropriação de um bem privado, a interdição de um estabelecimento comercial e a apreensão de mercadorias.

(B) A assinatura de uma nota promissória e a oferta de ações de uma sociedade anônima são exemplos de atos jurídicos multilaterais.

(C) Os atos administrativos unilaterais, também chamados de atos de autoridade, são fundamentados no princípio da supremacia do interesse público, e sua prática configura manifestação do denominado poder extroverso.

(D) O Poder Judiciário pode, sempre, desde que provocado, revogar um ato editado pelo Poder Executivo ou pelo Poder Legislativo, sendo a revogação o exercício do controle de mérito administrativo.

(E) Quando uma situação concreta, no âmbito do juízo de mérito administrativo, estiver enquadrada na zona de indeterminação jurídica, poderá o Poder Judiciário decidir ou não sobre a prática do ato administrativo.

A: incorreta, pois nos atos de gestão a Administração não age com prerrogativas públicas, diferentemente dos atos de império, em que a Administração age com prerrogativas públicas; na desapropriação, a Administração age com tal prerrogativa, de modo que se tem um ato de império e não um ato de gestão; **B:** incorreta, pois os atos multilaterais são aqueles em que mais de duas partes participam de sua formação, o que não é o caso da assinatura de uma nota promissória; **C:** correta; diferentemente de um ato bilateral, em que há um acordo de vontades entre a Administração e o particular, no ato unilateral a Administração atua independentemente da concordância do particular, impondo obrigações a este com base no atributo da imperatividade, também chamado de poder extroverso; mesmo quando o particular solicita um ato para Administração (como é o caso da licença para construir) temos a imperatividade, pois este (no caso, a licença) estabelece uma série de deveres para o particular continuar se beneficiando do ato, mesmo que o particular não concorde com essas determinações; **D:** incorreta, pois a revogação de um ato só pode ser feita pela própria Administração que o tiver expedido; **E:** incorreta, pois, nesses casos (de dúvida), fica-se com a opção tomada pela Administração, que é quem tem competência para a prática do ato, devendo o Judiciário respeitar a presunção de legitimidade do ato administrativo.

Gabarito "C"

(Procurador/DF – 2013 – CESPE) Julgue o seguinte item.

(1) O ato administrativo pode ser perfeito, inválido e eficaz.

1: certa, pois ato perfeito é o ato que existe; ato inválido é o que está em desacordo com a lei e ato eficaz é o que produz efeitos; um ato que existe (ato perfeito), mesmo sendo inválido (ato inválido), pode estar a produzir efeitos (ato eficaz), efeitos esses que podem ser extirpados da ordem jurídica no momento em que a invalidade é pronunciada pela Administração ou pelo Judiciário.

Gabarito 1C

3.2. REQUISITOS DO ATO ADMINISTRATIVO (ELEMENTOS, PRESSUPOSTOS)

Para resolver as questões sobre os requisitos do ato administrativo, vale a pena trazer alguns elementos doutrinários. Confira:

Requisitos do ato administrativo (são requisitos para que o ato seja válido)

– Competência: é a atribuição legal de cargos, órgãos e entidades. São vícios de competência os seguintes: a1) usurpação de função: alguém se faz passar por agente público sem o ser, ocasião em que o ato será inexistente; a2) excesso de poder: alguém que é agente público acaba por exceder os limites de sua competência (ex.: fiscal do sossego que multa um bar que visita por falta de higiene); o excesso de poder torna nulo ato, salvo em caso de incompetência relativa, em que o ato é considerado anulável; a3) função de fato: exercida por agente que está irregularmente investido em cargo público, apesar de a situação ter aparência de legalidade; nesse caso, s praticados serão considerados válidos, se houver boa-fé.

– Objeto: é o conteúdo do ato, aquilo que o ato dispõe, decide, enuncia, opina ou modifica na ordem jurídica. O objeto deve ser lícito, possível e determinável, sob pena de nulidade. Ex.: o objeto de um alvará para construir é a licença.
– Forma: são as formalidades necessárias para a seriedade do ato. A seriedade do ato impõe a) respeito à forma propriamente dita; b) motivação.
– Motivo: fundamento de fato e de direito que autoriza a expedição do ato. Ex.: o motivo da interdição de estabelecimento consiste no fato de este não ter licença (motivo de fato) e de a lei proibir o funcionamento sem licença (motivo de direito). Pela Teoria dos Motivos Determinantes, o motivo invocado para a prática do ato condiciona sua validade. Provando-se que o motivo é inexistente, falso ou mal qualificado, o ato será considerado nulo.
– Finalidade: é o bem jurídico objetivado pelo ato. Ex.: proteger a paz pública, a salubridade, a ordem pública. Cada ato administrativo tem uma finalidade. Desvio de poder (ou de finalidade): *ocorre quando um agente exerce uma competência que possuía, mas para alcançar finalidade diversa daquela para a qual foi criada*. Não confunda o excesso de poder (vício de sujeito) com o desvio de poder (vício de finalidade), espécies do gênero abuso de autoridade.

(Auditor Fiscal - SEFAZ/RS - 2019 - CESPE/CEBRASPE) Caso uma autoridade da administração pública, como forma de punição, determine, de ofício, a remoção de um agente público com quem tenha tido desavenças anteriormente, o ato administrativo em questão revelará vício

(A) no motivo, sendo passível de convalidação.
(B) na competência, sendo passível de convalidação.
(C) na forma, sendo inviável a convalidação.
(D) na finalidade, sendo inviável a convalidação.
(E) na competência, sendo inviável a convalidação.

Trata-se de típico caso de desvio de finalidade, consistente na pratica de um ato por agente competente para tanto, mas por motivos ou com fins diversos dos objetivados pela lei ou exigidos pelo interesse público. É ato impassível de convalidação, devendo gerar a nulidade do ato que o ensejou. FB

Gabarito "D."

(Analista Judiciário – STJ – 2018 – CESPE) Julgue os itens a seguir, relativos aos atos administrativos.

(1) No caso de vício de competência, cabe a revogação do ato administrativo, desde que sejam respeitados eventuais direitos adquiridos de terceiros e não tenha transcorrido o prazo de cinco anos da prática do ato.
(2) São exemplos de atos administrativos normativos os decretos, as resoluções e as circulares.
(3) O ato administrativo praticado com desvio de finalidade pode ser convalidado pela administração pública, desde que não haja lesão ao interesse público nem prejuízo a terceiros.

1: incorreta – quando se está diante de um vício, o caso é de anulação ou de convalidação, o que dependerá do vício do ato. Vícios relativos ao sujeito, como é o caso do vício de competência, admitem convalidação; **2:** incorreta – atos normativos são aqueles que possuem um comando geral da Administração Pública Executivo, visando à correta aplicação da lei. Exemplos de atos normativos: decreto regulamentar ou de execução (regulamento), regimento (ato administrativo normativo de atuação interna, dado que se destina a reger o funcionamento de órgãos colegiados e de corporações legislativas"), resolução e deliberação (conteúdo geral) etc. A pegadinha da questão refere-se à circular, que não é ato administrativo normativo, mas ordinatório, visando a disciplinar o funcionamento da Administração e a conduta funcional de seus agentes. **3:** incorreta – os vícios passíveis de convalidação são aqueles referentes ao sujeito e à forma, e desde que não haja lesão ao interesse público nem prejuízo a terceiros. Não cabe convalidação quando o vício seja relativo ao motivo, ao objeto ou **à finalidade**. FB

Gabarito 1E, 2E, 3E

(Defensor Público – DPE/RN – 2016 – CESPE) Acerca da disciplina dos atos administrativos, assinale a opção correta.

(A) Em nome do princípio da inafastabilidade da jurisdição, deve o Poder Judiciário apreciar o mérito do ato administrativo, ainda que sob os aspectos da conveniência e da oportunidade.
(B) Os atos administrativos são dotados dos atributos da veracidade e da legitimidade, havendo presunção absoluta de que foram editados de acordo com a lei e com a verdade dos fatos.
(C) O parecer administrativo é típico ato de conteúdo decisório, razão pela qual, segundo entendimento do STF, há possibilidade de responsabilização do parecerista por eventual prejuízo causado ao erário.
(D) São passíveis de convalidação os atos administrativos que ostentem vícios relativos ao motivo, ao objeto e à finalidade, desde que não haja impugnação do interessado.
(E) Segundo a teoria dos motivos determinantes, mesmo que um ato administrativo seja discricionário, não exigindo, portanto, expressa motivação, se tal motivação for declinada pelo agente público, passa a vinculá-la aos termos em que foi mencionada.

A: Incorreta. O ato administrativo discricionário, que é o praticado conforme critérios de conveniência e oportunidade não pode ter o seu mérito, composto por esses dois elementos, analisado pelo Poder Judiciário. O Poder Judiciário somente pode analisar a legalidade desses atos, não interferindo no poder decisório da Administração Pública, portanto; **B:** Incorreta. A presunção de legitimidade ou veracidade é relativa, ou seja, admite prova em contrário, sendo esse o erro dessa assertiva; **C:** Incorreta. Os pareceres são enunciações ou manifestações de órgãos técnicos sobre assuntos submetidos à sua consideração, tendo caráter apenas opinativo, nunca decisório; **D:** Incorreta. Os atos com vícios na competência (elemento sujeito) ou forma é que admitem convalidação, eis que esses elementos, quando viciados, produziriam nulidade relativa, conforme doutrina dominante, passível de saneamento ou convalidação; **E:** Correta. Os motivos do ato, quando expostos, transformam-se em motivação, que vinculam o ato.

Gabarito "E."

(Defensor Público – DPE/ES – 2016 – FCC) Sobre os elementos do ato administrativo,

(A) desde que atendido o interesse da Administração, fica descaracterizada a figura do desvio de finalidade.
(B) a inexistência do elemento formal não é causa necessária de invalidação do ato, em vista da teoria de instrumentalidade das formas.
(C) a noção de ilicitude do objeto, no direito administrativo, não coincide exatamente com a noção de ilicitude do objeto no âmbito cível.
(D) sujeito do ato é seu destinatário; assim, o solicitante de uma licença é o sujeito desse ato administrativo.
(E) havendo vício relativo ao motivo, haverá, por consequência, desvio de finalidade.

A: Incorreta. O desvio de finalidade ou de poder ocorre quando o agente pratica ato visando fim diverso da regra de competência prevista em lei. Assim, é possível que o interesse da Administração seja atendido, mas não o interesse público, a exemplo de um servidor que desapropria bem imóvel para perseguir um inimigo político, mesmo sabendo que o Poder Público poderá usufruir desse bem; **B:** Incorreta. A forma é elemento do ato. Sem ela o ato não se forma, sendo exigível e obrigatória a forma escrita, sem a qual o ato é nulo; **C:** Correta, pois o ato pode ser nulo para o direito administrativo, como na maioria o é, e anulável para o direito civil; **D:** Incorreta. O sujeito do ato é quem o pratica, e não o seu destinatário; **E:** Incorreta. O vício de motivo é o vício quanto ao fundamento do ato, ou seja, as razões de fato e/ou de direito que ensejam sua prática, não se confundindo e não influenciando na finalidade do ato (a finalidade pública prevista em regra de competência para a prática do ato).

Gabarito "C."

(Juiz de Direito/AM – 2016 – CESPE) Assinale a opção correta com referência aos atos administrativos.

(A) A finalidade reflete o fim mediato dos atos administrativos, enquanto o objeto, o fim imediato, ou seja, o resultado prático que deve ser alcançado.
(B) O silêncio administrativo consubstancia ato administrativo, ainda que não expresse uma manifestação formal de vontade.
(C) Autorização é o ato pelo qual a administração concorda com um ato jurídico já praticado por particular em interesse próprio.
(D) O objeto dos atos administrativos normativos é equivalente ao dos atos administrativos enunciativos.
(E) Motivação e motivo são juridicamente equivalentes.

A: correta, pois traz a exata diferença entre "finalidade" e "objeto"; **B:** incorreta, pois em Direito Administrativo o silêncio administrativo só produzirá efeito se houver lei expressa determinando isso; **C:** incorreta, pois a autorização é um ato unilateral, precário e discricionário da Administração, pela qual esta faculta, após pedido do particular, que este use um bem público ou exerça uma atividade; repare que o ato principal é o ato da Administração, pois ele quem produz efeitos jurídicos e outorga direitos, não se tratando de mera concordância da Administração com um ato já perfeito e acabado do particular; **D:** incorreta, pois os atos normativos prescrevem (determinam) condutas, ao passo que os atos enunciativos apenas atestam uma dada situação de fato ou de direito; **E:** incorreta, pois a motivação integra a forma e significa a explicação que se dá para a prática de um ato administrativo, ao passo que o motivo é um requisito de validade autônomo do ato administrativo, tratando-se do específico fato que autoriza a prática de um dado ato administrativo.

Gabarito "A"

(Advogado União – AGU – CESPE – 2015) No item a seguir é apresentada uma situação hipotética seguida de uma assertiva a ser julgada, a respeito da organização administrativa e dos atos administrativos.

(1) Removido de ofício por interesse da administração, sob a justificativa de carência de servidores em outro setor, determinado servidor constatou que, em verdade, existia excesso de servidores na sua nova unidade de exercício. Nessa situação, o ato, embora seja discricionário, poderá ser invalidado.

1: Correta. O ato de remoção teve como motivação a "carência de servidores em outro setor", sendo comprovada, posteriormente, a sua falsidade (da motivação), razão pela qual o ato é nulo, eis que os motivos, quando declarados, vinculam o ato, conforme Teoria dos Motivos Determinantes.

Gabarito 1C

(Advogado União – AGU – CESPE – 2015) O titular do Ministério da Ciência, Tecnologia e Inovação redigiu e submeteu à análise de sua consultoria jurídica minuta de despacho pelo indeferimento de pedido da empresa Salus à habilitação em dada política pública governamental. A despeito de não apresentar os fundamentos de fato e de direito para o indeferimento, o despacho em questão invoca como fundamento da negativa uma nota técnica produzida no referido ministério, cuja conclusão exaure matéria coincidente com aquela objeto do pedido da empresa Salus. A propósito dessa situação hipotética, julgue os itens que se seguem, relativos à forma dos atos administrativos.

(1) O ato em questão — indeferimento de pedido — deve ser prolatado sob a forma de resolução e não de despacho.
(2) Na hipótese considerada, a minuta do ato do ministro apresenta vício de forma em razão da obrigatoriedade de motivação dos atos administrativos que neguem direitos aos interessados.

1: Incorreta. As resoluções são atos normativos infralegais e só podem ser emitidos para complementar uma lei, o que não temos no problema, e sim, uma decisão a respeito de uma consultoria jurídica, sendo tipicamente um despacho (**despachos são atos administrativos praticados no curso de um processo administrativo**). **2:** Incorreta. Houve motivação, sendo essa remissiva a outra ato, denominada, portanto, de motivação "aliunde".

Gabarito 1E, 2E

(Defensoria/DF – 2013 – CESPE) Em relação ao direito administrativo, julgue o próximo item.

(1) Tratando-se de delegação de competência de superior em uma estrutura hierarquizada, a autoridade delegante não pode exercê-la após a transferência da atribuição.

1: incorreta, pois em sendo a autoridade delegante superior hierárquico da autoridade delegatária da competência e considerando que o superior hierárquico pode rever os atos do subordinado, a primeira pode exercer a competência delegada mesmo após a transferência da atribuição, seja revogando a delegação, seja avocando a competência, seja revisando o ato praticado pelo subordinado.

Gabarito 1E

(Técnico Judiciário – Área Administrativa – TRT8 – 2013 – CESPE) Com referência aos requisitos dos atos administrativos, assinale a opção correta.

(A) A finalidade, em sentido estrito, corresponde à consecução de um resultado de interesse público.
(B) Motivo é o pressuposto de direito que serve de fundamento ao ato administrativo, sendo possível a invalidação do ato na hipótese de ter ele sido indicado um motivo falso.
(C) O silêncio da administração pública pode significar forma de manifestação de vontade, quando a lei assim o prevê.
(D) A competência é indelegável e se exerce pelos órgãos administrativos a que foi atribuída como própria.
(E) O objeto é o efeito jurídico mediato que o ato produz.

A: Incorreta. A finalidade, em sentido amplo, corresponde à consecução de um resultado de interesse público. Em sentido estrito, a finalidade é aquela que tem previsão legal para o ato administrativo específico; **B:** Incorreta. Wander Garcia concluiu que *motivo* é tão somente o *fato* autorizador, enquanto que o fundamento de direito é o pressuposto de validade que veremos a seguir, que está dentro da *formalização* (**Manual Completo de Direito Administrativo para Concursos**. Indaiatuba: Editora FOCO, 2014, p. 136); **C:** Correta. Caso um particular faça um pedido para a Administração e a lei dispuser expressamente que a inexistência de resposta num certo prazo (silêncio) importa em aprovação do pedido, aí sim o silêncio terá efeito jurídico, no caso o de se considerar aprovada a solicitação feita (Idem, p. 132); **D:** Incorreta. A competência é **delegável**. Sobre o tema, conferir os arts. 12 a 14 da Lei 9.784/1999; **E:** Incorreta. O objeto é o efeito jurídico **imediato** que o ato produz.

Gabarito "C"

(Técnico Judiciário – TJDFT – 2013 – CESPE) Com relação aos atos administrativos, julgue os itens subsecutivos.

(1) O ato administrativo eivado de vício de forma é passível de convalidação, mesmo que a lei estabeleça forma específica essencial à validade do ato.
(2) Considere que determinado agente público detentor de competência para aplicar a penalidade de suspensão resolva impor, sem ter atribuição para tanto, a penalidade de demissão, por entender que o fato praticado se encaixaria em uma das hipóteses de demissão. Nesse caso, a conduta do agente caracterizará abuso de poder, na modalidade denominada excesso de poder.

1: incorreta, pois, havendo forma específica e essencial desrespeitada, tem-se hipótese de ato nulo de pleno direito e, assim, não passível de convalidação, já que, repetido o ato, permanece o vício; **2:** correta, pois há dois casos de abuso de poder, o excesso de poder (agente público agir fora de suas competências) e desvio de poder ou de finalidade (agente público atuar de forma contrária à finalidade da lei), e, no caso, tem-se justamente uma hipótese de excesso de poder.

Gabarito 1E, 2C

(Defensor Público/AC – 2012 – CESPE) O agente público que, ao editar um ato administrativo, extrapole os limites de sua competência estará incorrendo em

(A) desvio da motivação do ato.
(B) avocação.
(C) excesso de poder.
(D) usurpação de função pública.
(E) desvio da finalidade do ato.

A: incorreta, pois a motivação está ligada ao requisito "forma" e não ao requisito "competência"; **B:** incorreta, pois a avocação é procedimento previsto em lei, não ofendendo às regras de competência (art. 15 da Lei 9.784/1999); **C:** correta, pois o excesso de poder (assim como a usurpação de função e a função de fato) é um vício no requisito competência. No caso do excesso de poder, este consiste em um agente público extrapolar os limites de sua competência, coincidindo, assim, com o conceito trazido no enunciado; **D:** incorreta, pois a usurpação de função, apesar de ser um vício na competência, consiste em alguém que **não é** agente público agir como se fosse um; no caso do excesso de poder, está-se diante de alguém que **é** agente público, mas que excede os limites de sua competência; **E:** incorreta, pois o desvio de finalidade (ou desvio de poder) é um vício no requisito "finalidade" e não no requisito "competência".

Gabarito "C"

3.3. ATRIBUTOS DO ATO ADMINISTRATIVO

Para resolver as questões sobre os atributos do ato administrativo, vale a pena trazer alguns elementos doutrinários. Confira:

Atributos do ato administrativo (são as qualidades, as prerrogativas dos atos)

– Presunção de legitimidade é a qualidade do ato pela qual este se presume verdadeiro e legal até prova em contrário; ex.: uma multa aplicada pelo Fisco presume-se verdadeira quanto aos fatos narrados para a sua aplicação e se presume legal quanto ao direito aplicado, a pessoa tida como infratora e o valor aplicado.

– Imperatividade é a qualidade do ato pela qual este pode se impor a terceiros, independentemente de sua concordância; ex.: uma notificação da fiscalização municipal para que alguém limpe um terreno ainda não objeto de construção, que esteja cheio de mato.

– Exigibilidade é a qualidade do ato pela qual, imposta a obrigação, esta pode ser exigida mediante coação indireta; ex.: no exemplo anterior, não sendo atendida a notificação, cabe a aplicação de uma multa pela fiscalização, sendo a multa uma forma de coação indireta.

– Autoexecutoriedade é a qualidade pela qual, imposta e exigida a obrigação, esta pode ser implementada mediante coação direta, ou seja, mediante o uso da coação material, da força; ex.: no exemplo anterior, já tendo sido aplicada a multa, mais uma vez sem êxito, pode a fiscalização municipal ingressar à força no terreno particular, fazer a limpeza e mandar a conta, o que se traduz numa coação direta. A autoexecutoriedade não é a regra. Ela existe quando a lei expressamente autorizar ou quando não houver tempo hábil para requerer a apreciação jurisdicional.

Obs. 1: a expressão autoexecutoriedade também é usada no sentido da qualidade do ato que enseja sua imediata e direta execução pela própria Administração, independentemente de ordem judicial.

Obs. 2: repare que esses atributos não existem normalmente no direito privado; um particular não pode, unilateralmente, valer-se desses atributos; há exceções, em que o particular tem algum desses poderes; mas essas exceções, por serem exceções, confirmam a regra de que os atos administrativos se diferenciam dos atos privados pela ausência nestes, como regra, dos atributos acima mencionados.

(Técnico Judiciário – STJ – 2018 – CESPE) Julgue os itens que se seguem, a respeito dos atos da administração pública.

(1) Todos os fatos alegados pela administração pública são considerados verdadeiros, bem como todos os atos administrativos são considerados emitidos conforme a lei, em decorrência das presunções de veracidade e de legitimidade, respectivamente.

(2) A motivação do ato administrativo pode não ser obrigatória, entretanto, se a administração pública o motivar, este ficará vinculado aos motivos expostos.

1: correta – trata-se precisamente da presunção relativa de veracidade e legitimidade dos atos administrativos; **2:** correta – trata-se da teoria dos motivos determinantes, a qual dispõe que *o motivo invocado para a prática do ato condiciona sua validade*. Se se provar que o motivo é inexistente, falso ou mal qualificado, o ato será nulo. Em suma, tal teoria dispõe que os atos administrativos, quando forem motivados, ficam vinculados aos motivos expostos, para todos os fins de direito. Os motivos devem, portanto, coincidir com a realidade, sob pena de o ato ser nulo, mesmo se a motivação não era necessária.

Gabarito 1C, 2C

(Procurador Municipal – Prefeitura/BH – CESPE – 2017) No que tange a conceitos, requisitos, atributos e classificação dos atos administrativos, assinale a opção correta.

(A) Licença e autorização são atos administrativos que representam o consentimento da administração ao permitir determinada atividade; o alvará é o instrumento que formaliza esses atos.

(B) O ato que decreta o estado de sítio, previsto na CF, é ato de natureza administrativa de competência do presidente da República.

(C) Ainda que submetido ao regime de direito público, nenhum ato praticado por concessionária de serviços públicos pode ser considerado ato administrativo.

(D) O atributo da autoexecutoriedade não impede que o ato administrativo seja apreciado judicialmente e julgado ilegal, com determinação da anulação de seus efeitos; porém, nesses casos, a administração somente responderá caso fique comprovada a culpa.

A: correta. A licença e autorização são veiculados por meio de um alvará, que é um ato formal de aprovação para a realização de uma atividade (uma ordem do Poder Público para permitir ao particular o exercício de uma atividade); **B:** incorreta. Esse decreto previsto no art. 137, CF tem natureza político-administrativa, eis que é um ato hierarquicamente superior aos demais atos administrativos, por isso está incorreto equiparar aos atos administrativos como um todo; **C:** incorreta.Os atos praticados pelas concessionárias são de direito privado, nunca de direito público, porque são particulares contratados pelo Poder Público, não integrando esse Poder, portanto; **D:** incorreta. No caso de anulação de um ato administrativo pelo Poder Judiciário os efeitos dessa (anulação) incidem, independentemente do ato ser praticado com culpa ou dolo, eis que devem ser respeitados os direitos dos terceiros de boa-fé, conforme disposto na súmula 473, STF. AW

Gabarito "A"

(Juiz de Direito/DF – 2016 – CESPE) André recebeu auto de infração de trânsito, lavrado presencialmente por policial militar, em razão de conduzir o seu veículo sem cinto de segurança. No prazo legal, apresentou defesa prévia, alegando que houve equívoco na abordagem policial. Considerando essa situação hipotética, assinale a opção correta.

(A) A administração pública deve notificar o policial militar que lavrou o auto de infração para justificar o ato, demonstrando sua condição funcional, seus motivos e aspectos formais, sem os quais a infração será anulada de ofício.

(B) O consentimento expresso do condutor autuado não é exigível, mas há impossibilidade da administração pública impor obrigações ao condutor sem a intervenção do Poder Judiciário.

(C) A penalidade de trânsito deve ser afastada pela autoridade competente, uma vez que a multa aplicada somente poderia ser exigível após ação judicial de cobrança julgada procedente.

(D) Se o condutor não apresentar elementos probatórios convincentes, demonstrando que usava o cinto de segurança na ocasião da abordagem, deve prevalecer o auto de infração lavrado pelo agente público.

(E) A aplicação de multa de trânsito dispensa a existência de lei tipificando-a, razão pela qual é possível que o agente público lavre auto de infração para a conduta que considerar nociva ao tráfego ou à segurança da via.

A: incorreta, pois os atos administrativos têm como um de seus atributos a *presunção de legitimidade*, pela qual se presume, até prova em contrário, que narra fatos verdadeiros e que apresenta decisões legais; portanto, não há que se falar em chamar o policial para justificar o seu ato, pois este se presume verdadeiro e legal até prova em contrário; **B:** incorreta, pois os atos administrativos têm como um de seus atributos a *imperatividade*, pela qual a Administração pode impor obrigações ao particular independentemente de sua concordância e de busca do Judiciário; **C:** incorreta, pois os atos administrativos têm como um de seus atributos a *exigibilidade*, pela qual a Administração pode compelir indiretamente o administrado a cumprir a lei, aplicando e exigindo multas, independentemente da concordância do particular e de busca do Judiciário; **D:** correta, pois a presunção de legitimidade dos atos administrativos é relativa, admitindo, portanto, prova em contrário; **E:** incorreta, pois o princípio da legalidade exige lei para que a Administração imponha obrigações aos particulares.

Gabarito "D"

3.4. VINCULAÇÃO E DISCRICIONARIEDADE

(Procurador do Município - Campo Grande/MS - 2019 - CESPE/ CEBRASPE) Acerca de atos administrativos, julgue os itens que se seguem.

(1) Ato administrativo vinculado que tenha vício de competência poderá ser convalidado por meio de ratificação, desde que não seja de competência exclusiva.

(2) A administração pública poderá revogar atos administrativos que possuam vício que os torne ilegais, ainda que o ato revogatório não tenha sido determinado pelo Poder Judiciário.

1: correta – Ato vinculado é aquele em que a lei já determina todos os elementos do ato administrativo (competência, finalidade, forma, motivo e objeto), não havendo qualquer margem de escolha ao administrador. São atos que não estão sujeitos à revogação. Os atos vinculados, diferente dos atos discricionários (que podem ser revogados ou anulados) só podem ser anulados, na medida em que a lei determinada de forma expressa todos os seus elementos, não havendo margem de liberdade para o mérito administrativo. Em caso de mero vício de competência, é possível sua convalidação mediante ratificação pela autoridade competente; **2:** incorreta. Revogação é o desfazimento de ato **lícito** e perfeito por razões de conveniência e oportunidade da Administração Pública, razão pela qual produz efeitos *ex nunc*, ou seja, sem retroagir ao momento de produção e formação do ato. É justamente porque se trata de ato administrativo legítimo e eficaz e, portanto, sem qualquer ilegalidade a maculá-lo, ele produz efeitos até o seu desfazimento via revogação, razão pela qual seus efeitos são *ex nunc*. Logicamente a revogação tem limites, não incidindo sobre atos: que geram direitos subjetivos a seus destinatários (em respeito aos direitos adquiridos), que exaurem desde logo seus efeitos ou, ainda, quando já tenham transcorridos os prazos dos recursos internos, tendo decaído o poder de a Administração Pública modificá-los ou revogá-los. Note-se que a Administração Pública tem, nesse ponto, poderes de invalidação mais amplos que os do Poder Judiciário: ela tanto pode revogar um ato legítimo e eficaz por não ser mais conveniente sua existência (revogação), como deve anular os atos administrativos ilegítimos ou ilegais. O Poder Judiciário, de outra banda, não pode revogar os atos administrativos do Poder Executivo, mas tão somente anulá-los, quando eivados de vícios que afetem sua legalidade, nos termos da Súmula 473 STF. FB)

Gabarito 1C, 2E

(Magistratura/BA – 2012 – CESPE) O prefeito de um pequeno município brasileiro decidiu construir, em praça pública, um monumento para homenagear a própria família, fundadora da cidade. A obra seria construída em bronze e produzida por renomado artista plástico. O promotor de justiça da cidade, contudo, ajuizou ação civil pública para impedir que recursos públicos fossem destinados a tal finalidade, alegando que o dinheiro previsto para a obra seria suficiente para a construção de uma escola de ensino fundamental no município e que o ato administrativo estava em desacordo com os princípios da moralidade, impessoalidade e economicidade. Os advogados do município argumentaram que, embora não houvesse escola de ensino fundamental na cidade, a prefeitura disponibilizava transporte para as crianças frequentarem a escola na cidade vizinha, destacando, também, que a obra teria a finalidade de preservar a memória da cidade e que a alocação de recursos públicos era ato discricionário do Poder Executivo.

Em face dessa situação hipotética e com base na moderna doutrina sobre o controle jurisdicional da administração pública, assinale a opção correta.

(A) O ato do prefeito, embora discricionário, é passível de sindicância pelo Poder Judiciário, a fim de que este avalie a conformidade desse ato com os princípios que regem a administração pública.

(B) O Poder Judiciário, caso vislumbre violação de princípio constitucional, poderá revogar o ato administrativo do prefeito.

(C) O ato administrativo discricionário não é passível de controle pelo Poder Judiciário.

(D) Ao juiz é atribuída a competência para, por meio de decisão, alterar o projeto e o material a ser utilizado no monumento, de forma que os custos da obra adquiram valor razoável e compatível com o orçamento municipal.

(E) O MP não tem legitimidade ativa para ajuizar ação visando discutir as opções do prefeito.

A: correta, pois, a moderna doutrina sobre o controle jurisdicional da Administração Pública prega que o Judiciário pode sim controlar atos discricionários da administração, o que se fará sobre os aspectos de legalidade, bem como sobre outros princípios administrativos, como os da razoabilidade, moralidade e impessoalidade; no caso em tela, inclusive, o Prefeito certamente violou os princípios da moralidade e da impessoalidade; todavia, como se trata de um concurso para juiz, e ficaria chato que se impusesse ao candidato um julgamento do caso numa questão objetiva, o banca examinadora acabou criando uma alternativa mais elegante e que traz uma informação verdadeira; **B:** incorreta, pois quando um ato administrativo viola um princípio constitucional, o caso é de *anulação* deste ato e não de *revogação*; **C:** incorreta, pois o Judiciário pode controlar atos discricionários, conforme já explicado; **D:** incorreta, pois esse tipo de providência vai além do que o Judiciário pode fazer; este não pode se imiscuir em questões puramente técnicas, do ponto de vista administrativo; tem-se aí o chamado mérito administrativo, que não pode ser substituído pela vontade judicial, sob pena de violação ao princípio da separação dos poderes; **E:** incorreta, pois o Ministério Público tem legitimidade prevista na própria Constituição Federal para a proteção do patrimônio público e social (art. 129, III, da CF).

Gabarito "A"

(Magistratura/PB – 2011 – CESPE) Acerca do controle jurisdicional de legalidade dos atos administrativos, assinale a opção correta.

(A) A evolução no controle judicial dos atos administrativos permite, atualmente, que o magistrado substitua o administrador e reavalie o mérito do ato administrativo, com a finalidade de alterar a conveniência e oportunidade manifestadas pela administração na realização do referido ato.

(B) A doutrina majoritária entende não ser possível o controle judicial das omissões administrativas ilícitas, em razão da discricionariedade conferida ao administrador para decidir o momento de agir.

(C) O STF decidiu pela legitimidade do controle judicial de ato parlamentar (político), na hipótese de ofensa a direito público subjetivo previsto na CF, razão pela qual tal controle não se caracterizaria como interferência na esfera de outro poder.

(D) É ilegítima a verificação, pelo Poder Judiciário, da regularidade do ato discricionário no que se refere às suas causas, motivos e finalidades.

(E) O STJ firmou jurisprudência no sentido de que o exame dos atos da banca examinadora e das normas do edital de concurso público pelo Poder Judiciário não se restringe aos princípios da legalidade e da vinculação ao edital.

A: incorreta, pois o Judiciário não pode invadir o mérito administrativo (a margem de liberdade que sobrar ao administrador público), podendo apenas apreciar, quanto aos atos discricionários, aspectos de legalidade, moralidade e razoabilidade do ato; **B:** incorreta, pois uma omissão administrativa, em violando algum direito, dá ensejo à procura pelo Judiciário, pois nenhuma lesão ou ameaça de lesão a direito pode ser subtraída da apreciação deste (art. 5º, XXXV, da CF); **C:** correta, valendo salientar que esse tipo de controle ocorre, por exemplo, em relação a atos praticados nas Comissões Parlamentares de Inquérito (ex: quebra inconstitucional de sigilo bancário por CPI); outro exemplo é um próprio parlamentar ingressar com mandado de segurança com a finalidade de coibir atos parlamentares praticados no processo de aprovação de lei ou emenda constitucional incompatíveis com disposições que disciplinam o processo legislativo (STF, MS 24.667, *DJ* 04.12.2003); **D:** incorreta, pois o Judiciário pode verificar os aspectos de legalidade, moralidade e razoabilidade do ato administrativo, aspectos que poderão ter relação com as causas, motivos e finalidades do ato administrativo; **E:** incorreta, pois o Judiciário não pode substituir-se à Administração entrando no mérito das questões dos exames, devendo se limitar a analisar se os requisitos previstos no edital são pertinentes e estão previstos na lei, bem como se há respeito, por parte da Administração, às normas do edital.

Gabarito "C"

3.5. EXTINÇÃO DOS ATOS ADMINISTRATIVOS

Segue resumo acerca das formas de extinção dos atos administrativos

- Cumprimento de seus efeitos: como exemplo, temos a autorização da Prefeitura para que seja feita uma festa na praça de uma cidade. Este ato administrativo se extingue no momento em que a festa termina, uma vez que seus efeitos foram cumpridos.
- Desaparecimento do sujeito ou do objeto sobre o qual recai o ato: morte de um servidor público, por exemplo.
- Contraposição: extinção de um ato administrativo pela prática de outro antagônico em relação ao primeiro. Ex.: com o ato de exoneração do servidor público, o ato de nomeação fica automaticamente extinto.
- Renúncia: extinção do ato por vontade do beneficiário deste.
- Cassação: extinção de um ato que beneficia um particular por este não ter cumprido os deveres para dele continuar gozando. Não se confunde com a revogação – que é a extinção do ato por não ser mais conveniente ao interesse público. Também difere da anulação – que é a extinção do ato por ser nulo. Como exemplo desse tipo de extinção tem-se a permissão para banca de jornal se instalar numa praça, cassada porque seu dono não paga o preço público devido; ou a autorização de porte de arma de fogo, cassada porque o beneficiário é detido ou abordado em estado de embriaguez ou sob efeito de entorpecentes (art. 10, § 2º, do Estatuto do Desarmamento – Lei 10.826/2003).
- Caducidade. Extinção de um ato porque a lei não mais o permite. Trata-se de extinção por invalidade ou ilegalidade superveniente. Exs.: autorização para condutor de perua praticar sua atividade que se torna caduca por conta de lei posterior não mais permitir tal transporte na cidade; autorizações de porte de arma que caducaram 90 dias após a publicação do Estatuto do Desarmamento, conforme reza seu art. 29.
- Revogação. Extinção de um ato administrativo legal ou de seus efeitos por outro ato administrativo, efetuada somente pela Administração, dada a existência de fato novo que o torne inconveniente ou inoportuno, respeitando-se os efeitos precedentes (efeito ex nunc). Ex.: permissão para a mesma banca de jornal se instalar numa praça, revogada por estar atrapalhando o trânsito de pedestres, dado o aumento populacional, não havendo mais conveniência na sua manutenção.

O sujeito ativo da revogação é a Administração Pública, por meio da autoridade administrativa competente para o ato, podendo ser seu superior hierárquico. O Poder Judiciário nunca poderá revogar um ato administrativo, já que se limita a apreciar aspectos de legalidade (o que gera a anulação), e não de conveniência, salvo se se tratar de um ato administrativo da Administração Pública dele, como na hipótese em que um provimento do próprio Tribunal é revogado.

Quanto ao tema objeto da revogação, tem-se que este recai sobre o ato administrativo ou relação jurídica deste decorrente, salientando-se que o ato administrativo deve ser válido, pois, caso seja inválido, estaremos diante de hipótese que enseja anulação. Importante ressaltar que não é possível revogar um ato administrativo já extinto, dada a falta de utilidade em tal proceder, diferente do que se dá com a anulação de um ato extinto, que, por envolver a retroação de seus efeitos (a invalidação tem efeitos ex tunc), é útil e, portanto, possível.

O fundamento da revogação é a mesma regra de competência que habilitou o administrador à prática do ato que está sendo revogado, devendo-se lembrar que só há que se falar em revogação nas hipóteses de ato discricionário.

Já o motivo da revogação é a inconveniência ou inoportunidade da manutenção do ato ou da relação jurídica gerada por este. Isto é, o administrador público faz apreciação ulterior e conclui pela necessidade da revogação do ato para atender ao interesse público.

Quanto aos efeitos da revogação, esta suprime o ato ou seus efeitos, mas respeita os efeitos que já transcorreram. Trata-se, portanto, de eficácia ex nunc.

Há limites ao poder de revogar. São atos irrevogáveis os seguintes atos: os que a lei assim declarar; os atos já exauridos, ou seja, que cumpriram seus efeitos; os atos vinculados, já que não se fala em conveniência ou oportunidade neste tipo de ato, em que o agente só tem uma opção; os meros ou puros atos administrativos (exs.: certidão, voto dentro de uma comissão de servidores); os atos de controle; os atos complexos (praticados por mais de um órgão em conjunto); e atos que geram direitos adquiridos. Os atos gerais ou regulamentares são, por sua natureza, revogáveis a qualquer tempo e em quaisquer circunstâncias, respeitando-se os efeitos produzidos.

- **Anulação (invalidação):** *extinção do ato administrativo ou de seus efeitos por outro ato administrativo ou por decisão judicial, por motivo de ilegalidade, com efeito retroativo* (*ex tunc*). Ex.: anulação da permissão para instalação de banca de jornal em bem público por ter sido conferida sem licitação.

O sujeito ativo da invalidação pode ser tanto o administrador público como o juiz. A Administração Pública poderá invalidar de ofício ou a requerimento do interessado. O Poder Judiciário, por sua vez, só poderá invalidar por provocação ou no bojo de uma lide. A possibilidade de o Poder Judiciário anular atos administrativos decorre do fato de estarmos num Estado de Direito (art. 1º, CF), em que a lei deve ser obedecida por todos, e também por conta do princípio da inafastabilidade da jurisdição ("a lei não poderá excluir da apreciação do Poder Judiciário lesão ou ameaça de lesão a direito" – artigo 5º, XXXV) e da previsão constitucional do mandado de segurança, do "habeas data" e da ação popular.

O objeto da invalidação é o ato administrativo inválido ou os efeitos de tal ato (relação jurídica).

Seu fundamento é o dever de obediência ao princípio da legalidade. Não se pode conviver com a ilegalidade. Portanto, o ato nulo deve ser invalidado.

O motivo da invalidação é a ilegalidade do ato e da eventual relação jurídica por ele gerada. Hely Lopes Meirelles diz que o motivo da anulação é a ilegalidade ou ilegitimidade do ato, diferente do motivo da revogação, que é a inconveniência ou inoportunidade.

Quanto ao prazo para se efetivar a invalidação, o art. 54 da Lei 9.784/1999 dispõe "O direito da Administração de anular os atos administrativos de que decorram efeitos favoráveis para os destinatários decai em 5 (cinco) *anos, contados da data em que foram praticados, salvo comprovada má-fé"*. Perceba-se que tal disposição só vale para atos administrativos em geral de que decorram efeitos favoráveis ao agente (ex.: permissão, licença) e que tal decadência só aproveita ao particular se este estiver de boa-fé. A regra do art. 54 contém ainda os seguintes parágrafos: § 1º: *"No caso de efeitos patrimoniais contínuos, o prazo de decadência contar-se-á da percepção do primeiro pagamento"*; § 2º: *"Considera-se exercício do direito de anular qualquer medida de autoridade administrativa que importe impugnação à validade do ato".*

No que concerne aos efeitos da invalidação, como o ato nulo já nasce com a sanção de nulidade, a declaração se dá retroativamente, ou seja, com efeito ex tunc. Invalidam-se as consequências passadas, presentes e futuras do ato. Do ato ilegal não nascem direitos. A anulação importa no desfazimento do vínculo e no retorno das partes ao estado anterior. Tal regra é atenuada em face dos terceiros de boa-fé. Assim, a anulação de uma nomeação de um agente público surte efeitos em relação a este (que é parte da relação jurídica anulada), mas não em relação aos terceiros que sofreram consequências dos atos por este praticados, desde que tais atos respeitem a lei quanto aos demais aspectos.

(Delegado - PC/SE - 2018 - CESPE/CEBRASPE) A respeito da extinção de atos administrativos, julgue os próximos itens.

(1) Tanto a anulação como a revogação retiram do mundo jurídico atos com defeitos e produzem efeitos prospectivos.

(2) A cassação de um ato administrativo corresponde a extingui--lo por descumprimento dos requisitos estabelecidos para a sua execução.

(3) A anulação de ato administrativo fundamenta-se na ilegalidade do ato, enquanto a revogação funciona como uma espécie de sanção para aqueles que deixaram de cumprir as condições determinadas pelo ato.

1: incorreta – A diferença entre a anulação e a revogação encontra-se precisamente no fato de que o primeiro refere-se ao um ato ilícito, ao passo que o segundo diz respeito a um ato lícito. Com efeito, a Revogação é o desfazimento de ato lícito e perfeito por razões de conveniência e oportunidade da Administração Pública, razão pela qual produz efeitos *ex nunc*, ou seja, sem retroagir ao momento de produção e formação do ato. É justamente porque se trata de ato administrativo legítimo e eficaz e, portanto, sem qualquer ilegalidade a maculá-lo, ele produz efeitos até o seu desfazimento via revogação, razão pela qual seus efeitos são *ex nunc*. Logicamente a revogação tem limites, não incidindo sobre atos: que geram direitos subjetivos a seus destinatários (em respeito aos direitos adquiridos), que exaurem desde logo seus efeitos ou, ainda, quando já tenham transcorridos os prazos dos recursos internos, tendo decaído o poder de a Administração Pública modificá-los ou revogá-los. Note-se que a Administração Pública tem, nesse ponto, poderes de invalidação mais amplos que os do Poder Judiciário: ela tanto pode revogar um ato legítimo e eficaz por não ser mais conveniente sua existência (revogação), como deve anular os atos administrativos ilegítimos ou ilegais. O Poder Judiciário, de outra banda, não pode revogar os atos administrativos do Poder Executivo, mas tão somente anulá-los, quando eivados de vícios que afetem sua legalidade, nos termos da Súmula 473 STF; **2:** correta. Cassação é forma de extinção do ato administrativo que ocorre quando o destinatário descumpriu condições que deveriam permanecer atendidas para que continuasse desfrutando de sua situação jurídica. Enquanto na anulação o vício se dá na formação do ato, na cassação o vício se dá em sua execução; **3:** incorreta. Anulação ou invalidação é o desfazimento do ato administrativo por razões de ilegalidade. A diferença entre a anulação e a revogação encontra-se precisamente no fato de que o primeiro refere-se ao um ato ilícito, ao passo que o segundo diz respeito a um ato lícito. Com efeito, a Revogação é o desfazimento de ato lícito e perfeito por razões de conveniência e oportunidade da Administração Pública, razão pela qual produz efeitos *ex nunc*, ou seja, sem retroagir ao momento de produção e formação do ato. É justamente porque se trata de ato administrativo legítimo e eficaz e, portanto, sem qualquer ilegalidade a maculá-lo, ele produz efeitos até o seu desfazimento via revogação, razão pela qual seus efeitos são *ex nunc*. Logicamente a revogação tem limites, não incidindo sobre atos: que geram direitos subjetivos a seus destinatários (em respeito aos direitos adquiridos), que exaurem desde logo seus efeitos ou, ainda, quando já tenham transcorridos os prazos dos recursos internos, tendo decaído o poder de a Administração Pública modificá-los ou revogá-los. Note-se que a Administração Pública tem, nesse ponto, poderes de invalidação mais amplos que os do Poder Judiciário: ela tanto pode revogar um ato legítimo e eficaz por não ser mais conveniente sua existência (revogação), como deve anular os atos administrativos ilegítimos ou ilegais. O Poder Judiciário, de outra banda, não pode revogar os atos administrativos do Poder Executivo, mas tão somente anulá-los, quando eivados de vícios que afetem sua legalidade, nos termos da Súmula 473 STF.

Gabarito 1E, 2C, 3E

(Defensor Público/AL – 2017 – CESPE) A prefeitura de determinado município concedeu licença a um comerciante para que o restaurante dele funcionasse em determinado imóvel. Alguns meses após a concessão da licença, o comerciante decidiu transformar seu restaurante em uma boate.

Considerando-se essa situação hipotética, a administração municipal deverá proceder à

(A) revogação da licença.
(B) cassação da licença.
(C) rescisão unilateral da licença.
(D) invalidação da licença.
(E) anulação da licença.

A: incorreta – a revogação de um ato administrativo ocorre quando, em um juízo de conveniência e oportunidade, entende-se ser melhor por fim a um ato lícito em prol do interesse público, com efeitos *ex nunc*. No caso em tela, a licença fora expedida para um determinado funcionamento, mas o requerente, cometendo um ilícito, usou o local para finalidade diversa; **B:** correta – licença é o ato vinculado, unilateral, pelo qual a Administração faculta a alguém o exercício de uma atividade, uma vez demonstrado pelo interessado o preenchimento dos requisitos legais exigidos. Quando se tem, como no caso em tela, o descumprimento das condições estabelecidas para a concessão do ato administrativo, tem-se a cassação do ato, como uma espécie de penalidade sancionada pelo Poder Público ao particular; **C:** incorreta – o ato administrativo que concede a licença não tem natureza contratual, razão pela qual descabe falar em rescisão; **D:** incorreta – não se trata de invalidação, na medida em que o ato da licença de funcionamento não apresentou qualquer invalidade: foi o particular que, detendo uma licença de funcionamento para restaurante houve por bem descumprir os termos da licença recebida e abrir uma boate; **E:** incorreta – não se trata de anulação, na medida em que o ato da licença de funcionamento não apresentou qualquer invalidade: foi o particular que, detendo uma licença de funcionamento para restaurante houve por bem descumprir os termos da licença recebida e abrir uma boate.

Gabarito "B".

(Promotor de Justiça/RR – 2017 – CESPE) Decreto de um governador estadual estabeleceu que determinado tema fosse regulamentado mediante portaria conjunta das secretarias estaduais A e B. Um ano depois de editada a portaria conjunta, nova portaria, editada apenas pela secretaria A, revogou a portaria inicial.

Nessa situação, considerando-se o entendimento do STJ,

I. a segunda portaria não poderia gerar efeitos revocatórios.
II. a revogação de ato complexo, ou seja, ato formado pela manifestação de dois ou mais órgãos, demanda a edição de ato igualmente complexo; vale dizer, formado pela manifestação dos mesmos órgãos subscritores do ato a ser revogado.

A respeito das asserções I e II, assinale a opção correta.

(A) A asserção I é falsa, e a II é verdadeira.
(B) As asserções I e II são falsas.
(C) As asserções I e II são verdadeiras, e a II é uma justificativa correta da I.
(D) As asserções I e II são verdadeiras, mas a II não é uma justificativa correta da I.

De acordo com o entendimento do STJ, tratando-se de ato administrativo complexo temos que, para sua formação, faz-se necessária a manifestação de dois ou mais órgãos para dar existência ao ato. Exige-se, nesse contexto, a expressão de vontade de ambos os órgãos, sendo a ausência de um destes circunstância de invalidação do ato, por deficiência de formação ou, em outras palavras, por não se caracterizar como um ato completo/terminado. A revogação do ato administrativo é expressão do poder discricionário, atrelado à conveniência e à oportunidade da Administração, não podendo atingir os atos já exauridos ou aqueles em que o Poder Público está vinculado à prática. Ainda para os atos discricionários cujo exaurimento não é imediato, há limites dispostos de maneira implícita ou explícita na lei, tais como a competência/legitimidade para a revogação. Por regra de simetria, a revogação do ato, por conveniência e oportunidade, somente poderia advir de novo ato, agora desconstitutivo, produzido por ambas as Pastas. Ausente uma delas, não se considera completa a desconstituição (MS 14.731-DF, Rel. Min. Napoleão Nunes Maia Filho, por unanimidade, julgado em 14/12/2016, DJe 02.02/.2017). FB

Gabarito "C".

(Procurador Municipal – Prefeitura/BH – CESPE – 2017) No que concerne a revogação, anulação e convalidação de ato administrativo, assinale a opção correta.

(A) Assim como ocorre nos negócios jurídicos de direito privado, cabe unicamente à esfera judicial a anulação de ato administrativo.

(B) Independentemente de comprovada má-fé, após o prazo de cinco anos da prática de ato ilegal, operar-se-á a decadência, o que impedirá a sua anulação.

(C) O prazo de decadência do direito de anular ato administrativo de que decorram efeitos patrimoniais será contado a partir da ciência da ilegalidade pela administração.

(D) Um ato administrativo que apresente defeitos sanáveis poderá ser convalidado quando não lesionar o interesse público, não sendo necessário que a administração pública o anule.

A: incorreta. Tanto o Administração quanto o Poder Judiciário poderão anular os atos administrativos, não sendo exclusividade do Poder Judiciário, tendo o princípio da autoexecutoriedade dos atos administrativos; **B:** incorreta. Se comprovada a má-fé, a prescrição não correrá, conforme disposto no art. 54, da Lei 9.784/1999; **C:** incorreta. O prazo inicial para a contagem da decadência é o dia da prática do ato, conforme disposto no art. 54, da Lei 9.784/1999; **D:** correta. Trata-se do disposto no art. 55, da Lei 9.784/1999, que possibilita o saneamento dos atos quando não acarretarem lesão a terceiros, nem ao interesse público. AW

Gabarito "D".

(Analista Jurídico – TCE/PR – 2016 – CESPE) A revogação do ato administrativo é a supressão de um ato legítimo e eficaz, seja por oportunidade, seja por conveniência, seja por interesse público; entretanto, o poder de revogar da administração pública não é absoluto, pois há situações insuscetíveis de modificação por parte da administração. Tendo as considerações apresentadas como referência inicial, assinale a opção que apresenta ato suscetível de revogação.

(A) parecer emitido por órgão público consultivo

(B) ato de concessão de licença para exercer determinada profissão, segundo requisitos exigidos na lei

(C) ato de posse de candidato nomeado após aprovação em concurso público

(D) ato administrativo praticado pelo Poder Judiciário

(E) ato de concessão de licença funcional já gozada pelo servidor

A: incorreta, pois um parecer consultivo é uma mera opinião técnica sobre um determinado assunto, não havendo que se falar em revogação dessa opinião; **B:** incorreta, pois a licença é *ato vinculado* e esse tipo de ato; ao contrário do *ato discricionário*, não pode ser revogado; **C:** incorreta, pois a posse é a mera aceitação do cargo pelo candidato, não havendo que se falar em ato administrativo revogável; **D:** correta; os atos administrativos do Poder Judiciário tem o mesmo regime jurídico dos atos administrativos do Poder Executivo, o que inclui a possibilidade de serem revogados nos casos em que a revogação é admitida; **E:** incorreta, pois, se a licença já foi gozada, o ato administrativo em questão já se extinguiu pelo decurso de seus efeitos e, uma vez já extinto, não há que se falar em nova extinção pela revogação, que é uma forma de extinção do ato administrativo.

Gabarito "D".

(Analista Jurídico –TCE/PA – 2016 – CESPE) Em relação às formas de anulação de atos ou contratos administrativos e à perda de função pública, julgue os itens a seguir.

(1) Em se tratando de ação de improbidade, a perda da função pública é uma sanção administrativa decorrente de sentença de procedência dos pedidos.

(2) A revogação aplica-se a atos praticados no exercício da competência discricionária.

1: incorreta, pois as sanções não são cumulativas, podendo ser aplicadas isolada ou cumulativamente (art. 12, *caput*, da Lei 8.429/92); **2:** correta, pois a revogação é a extinção do ato pela existência de um motivo novo que o torne inconveniente ou inoportuno, e tal possibilidade só existe quando se trata de um ato discricionário, já que este é o tipo de ato que autoriza que a Administração tenha mais de uma opção, podendo ora praticar o ato, ora não praticar, ora modificá-lo e ora extingui-lo.

Gabarito 1E, 2C

(Defensoria/DF – 2013 – CESPE) Julgue os itens a seguir, concernentes aos atos administrativos.

(1) Caso verifique que determinado ato administrativo se tornou inoportuno ao atual interesse público e, ao mesmo tempo, ilegal, a administração pública terá, como regra, a faculdade de decidir pela revogação ou anulação do ato.

(2) A edição de atos administrativos é exclusiva dos órgãos do Poder Executivo, não tendo as autoridades dos demais poderes competência para editá-los.

(3) O direito da administração de anular os atos administrativos dos quais decorram efeitos favoráveis para os destinatários decai em cinco anos, contados da data em que tenham sido praticados, salvo comprovada má-fé. Segundo o STF, tal entendimento aplica-se as hipóteses de auditorias realizadas pelo TCU em âmbito de controle de legalidade administrativa.

1: incorreta, pois a ilegalidade é prejudicial à inconveniência, ou seja, se um ato é ilegal, ele deve ser anulado, perdendo sentido a discussão sobre se ele é conveniente ou não; **2:** incorreta, pois, de fato, há atos administrativos que não são praticados pelo Poder Executivo, como os da vida funcional do Poder Judiciário e do Poder Legislativo, tais como a contratação de servidores e a licitação para obras e aquisições nesses dois últimos Poderes; **3:** correta, pois está de acordo com o art. 54, *caput*, da Lei 9.784/99 e também com o entendimento do STF expresso no MS 31.344/DF (DJ 23/04/13).

Gabarito 1E, 2E, 3C

(Ministério Público/PI – 2012 – CESPE) Acerca dos atos administrativos, assinale a opção correta.

(A) A revogação do ato administrativo tem efeitos *ex tunc*.

(B) É legítima a verificação, pelo Poder Judiciário, da regularidade do ato discricionário da administração, no que se refere às suas causas, motivos e finalidade.

(C) Todos os atos administrativos são exigíveis e executórios.

(D) De acordo com entendimento do STF, opera-se a decadência quando decorrido o prazo de cinco anos entre o período compreendido entre o ato administrativo concessivo de aposentadoria e o julgamento de sua legalidade e registro pelo Tribunal de Contas da União.

(E) Para o fim de anulação do ato administrativo, o conceito de ilegalidade ou ilegitimidade restringe-se à violação frontal da lei.

A: incorreta, pois tem efeito *ex nunc*, ou seja, não retroage; **B:** correta, pois o ato discricionário é, sempre, parcialmente regrado, devendo obedecer aos comandos legais objetivamente definidos na lei que estabelecer a competência, bem como aos princípios da moralidade e da razoabilidade, aspectos esses que adensam os requisitos *causa*, *motivo* e *finalidade* do ato discricionário; **C:** incorreta, pois os atributos da exigibilidade (que permite o uso da coação indireta) e da executoriedade (que permite o uso da coação direta, da força) não estão presentes em todos os atos administrativos, sendo necessário previsão legal, no caso do primeiro atributo, e, quanto ao segundo, previsão legal ou existência de situação em que não haja tempo hábil para buscar o Judiciário; **D:** incorreta, pois o prazo decadencial de 5 anos só se inicia após o registro da aposentadoria no Tribunal de Contas; entre a concessão da aposentadoria e o registro desta não corre o referido prazo; nesse sentido, confira a seguinte decisão do STF: *"1. Esta Suprema Corte possui jurisprudência pacífica no sentido de que o Tribunal de Contas da União, no exercício da competência de controle externo da legalidade do ato de concessão inicial de aposentadorias, reformas e pensões (art. 71, inciso III, CF/1988), não* *se submete ao prazo decadencial da Lei 9.784/1999, iniciando-se o prazo quinquenal somente após a publicação do registro na imprensa oficial. 2. O TCU, em 2008, negou o registro da aposentadoria do ora recorrente, concedida em 1998, por considerar ilegal "a incorporação de vantagem de natureza trabalhista que não pode subsistir após a passagem do servidor para o regime estatutário". Como o ato de aposentação do recorrente ainda não havia sido registrado pelo Tribunal de Contas da União, não há que se falar em decadência administrativa, tendo em vista a inexistência do registro do ato de aposentação em questão. 3. Sequer há que se falar em ofensa aos princípios da segurança jurídica, da boa-fé e da confiança, pois foi assegurado ao recorrente o direito ao contraditório e à ampla defesa, fato apresentado na própria inicial, uma vez que ele apresentou embargos de declaração e também pedido de reexame da decisão do TCU. 4. Agravo regimental não provido"* (MS 27746 ED, *DJ* 06.09.2012); **E:** incorreta, pois a ilegitimidade também alcança os atos que ferem princípios e outras normas jurídicas.

Gabarito "B."

(Ministério Público/RR – 2012 – CESPE) Com base na doutrina e na jurisprudência, assinale a opção correta a respeito dos atos administrativos.

(A) Segundo o STJ, a possibilidade de a administração poder anular ou revogar os seus próprios atos quando eivados de irregularidades não se estende ao desfazimento de situações constituídas com aparência de legalidade, sem a necessária observância do devido processo legal e da ampla defesa.

(B) Conforme a classificação dos atos administrativos quanto aos seus efeitos, a anulação do ato administrativo configura exemplo de ato constitutivo, por criar, modificar ou extinguir um direito ou situação do administrado.

(C) A falta da aprovação da autoridade competente para o ato administrativo produzir efeitos configura hipótese de ato administrativo pendente de exequibilidade, visto que está sujeito a condição ou termo para o início da produção de seus efeitos.

(D) Estando o servidor impedido ou sob suspeição ao praticar o ato administrativo, resta configurada hipótese de vício insanável.

(E) De acordo com o entendimento do STJ, o administrador, consoante a teoria dos motivos determinantes, vincula-se aos motivos elencados para a prática do ato administrativo, porém o vício de legalidade resta configurado quando inexistentes ou inverídicos os motivos suscitados pela administração, independentemente da existência de coerência entre as razões explicitadas no ato e o resultado obtido.

A: correta, pois, segundo o STJ, "o princípio de que a administração pode anular (ou revogar) os seus próprios atos, quando eivados de irregularidades, não inclui o desfazimento de situações constituídas com aparência de legalidade, sem observância do devido processo legal e ampla defesa. A desconstituição de ato de nomeação de servidor provido, mediante a realização de concurso público devidamente homologado pela autoridade competente, impõe a formalização de procedimento administrativo, em que se assegure, ao funcionário demitido, o amplo direito de defesa" (AgRg no AREsp 150441, *DJe* 25.05.2012); **B:** incorreta, pois, em se tratando de um ato nulo, a decisão é meramente declaratória, pois a nulidade se dá de pleno direito; **C:** incorreta, pois a aprovação da autoridade é evento futuro e incerto, tratando-se, assim, de condição e não de termo; **D:** incorreta, pois o vício é sanável; com efeito, a doutrina aponta que tanto o impedimento como a suspensão de alguém para a prática de um ato administrativo tornam este anulável, passível, portanto, de convalidação por autoridade que não esteja na mesma situação de impedimento ou suspeição; **E:** incorreta, pois, segundo o STJ, configura-se vício de legalidade a falta de coerência entre as razões expostas no ato e o resultado nele contido (MS 13948, *DJe* 07.11.2012).

Gabarito "A."

(Defensor Público/SE – 2012 – CESPE) A respeito dos atos administrativos, assinale a opção correta.

(A) O objeto, elemento teleológico do ato administrativo, representa o fim mediato do ato praticado.

(B) Para a teoria dualista, segundo a qual os atos administrativos podem ser nulos e válidos, se existir o vício de legalidade no ato, ainda assim este produzirá todos os efeitos que emanem de um ato nulo.

(C) O contrato administrativo é exemplo de ato administrativo unilateral, pois somente há necessidade de manifestação de vontade do particular (contratado) para sua formação.

(D) O conceito de fato administrativo está contido no de fato jurídico.

(E) O ato administrativo integrativo de procedimento administrativo concluído é exemplo de ato insuscetível de revogação pela administração pública.

A: incorreta, pois a finalidade é que é o elemento teleológico do ato administrativo; **B:** incorreta, pois, para essa teoria, ou o ato é válido ou o ato é nulo, não havendo meio termo (ato anulável); assim, um ato ilegal está condenando a ser invalidado, não podendo, assim, produzir efeitos, vez que a nulidade é sanção que se aplica de pleno direito, ou seja, no momento da formação do ato; **C:** incorreta, pois o contrato administrativo é ato bilateral; **D:** incorreta, pois os fatos administrativos são atos materiais praticados pela Administração (ex: a pavimentação de uma rua feita por um agente público) e os fatos jurídicos podem ser tanto qualquer acontecimento que produz efeito jurídico (fato jurídico em sentido amplo), como acontecimentos não humanos que produzam efeitos jurídicos); no segundo caso, o fato administrativo não está contido em seu interior, pois o fato administrativo necessariamente tem uma conduta humana, ainda que meramente material; **E:** correta, pois, no caso, tem-se um ato complexo (praticado por mais de um órgão), ato esse que, segundo a doutrina, é insuscetível de revogação.

Gabarito "E."

(Procurador/DF – 2013 – CESPE) Julgue o item que se segue.

(1) O direito da administração de anular os atos administrativos de que decorram efeitos favoráveis para os destinatários decai em cinco anos, contados da data em que foram praticados. Não obstante, segundo orientação jurisprudencial que vem sendo firmada no âmbito do STF, não se opera esse prazo decadencial no período compreendido entre o ato administrativo concessivo de aposentadoria ou pensão e o posterior julgamento de sua legalidade e registro pelo TCU – que consubstancia o exercício da competência constitucional de controle externo.

1: certa; de fato, segundo o STF, a "(...) Suprema Corte possui jurisprudência pacífica no sentido de que o Tribunal de Contas da União, no exercício da competência de controle externo da legalidade do ato de concessão inicial de aposentadorias, reformas e pensões (art. 71, inciso III, CF/88), não se submete ao prazo decadencial da Lei nº 9.784/1999, iniciando-se o prazo quinquenal somente após a publicação do registro na imprensa oficial. 2. Ainda que pudesse subsistir a argumentação da impetrante de que o exame de legalidade realizado pela Corte de Contas recaiu sobre situação consolidada desde 1996, relativa à aposentadoria de seu falecido marido, não foram apresentados fatos e provas concretos de que o cálculo da aposentadoria concedida ao marido da recorrente tivesse sido considerado legal pelo TCU. 3. Submetida que está a administração pública ao princípio da legalidade, havendo previsão normativa, não há óbice a que o Tribunal de Contas da União – na qualidade de órgão auxiliar do controle externo exercido pelo Congresso Nacional e no exercício da competência que lhe foi conferida pelo art. 71, III, da Constituição Federal – aprecie a correspondência do ato de concessão inicial de pensão com o regime legal vigente na data em que veio a óbito o instituidor do benefício." (AgRg em MS 30.830/DF, DJ 13/12/2012).

Gabarito 1C

(Advogado da União/AGU – CESPE – 2012) Julgue o item seguinte.

(1) Embora a revogação seja ato administrativo discricionário da administração, são insuscetíveis de revogação, entre outros, os atos vinculados, os que exaurirem os seus efeitos, os que gerarem direitos adquiridos e os chamados meros atos administrativos, como certidões e atestados.

1: Incorreta, pois a doutrina aponta que são irrevogáveis os seguintes atos, mencionados na afirmativa: a) atos vinculados, pois não há margem para análise de conveniência e oportunidade; b) atos exauridos e seus efeitos, pois, se já extinto o ato, não há o que se revogar; c) atos que geraram direito adquirido, pois nem a lei pode prejudicar um direito adquirido, quanto mais um outro ato administrativo; d) meros ou puros atos administrativos (ex: certidões), pois esses atos não ficam inconvenientes ou inoportunos com o tempo, mas apenas desatualizados.

Gabarito 1E

3.6. CONVALIDAÇÃO E CONVERSÃO

(Juiz – TJ/CE – 2018 – CESPE) José, servidor público do estado do Ceará, por preencher os requisitos legais, requereu a concessão de sua aposentadoria por tempo de serviço, o que foi deferido pelo respectivo órgão público no qual era lotado. Após mais de cinco anos do ato concessivo, o Tribunal de Contas do Estado do Ceará julgou ilegal aquele ato, em procedimento no qual José não havia sido intimado a se manifestar.

Considerando o entendimento do STF acerca do ato concessivo de aposentadoria, o tribunal de contas estadual, na situação hipotética apresentada, agiu

(A) corretamente, pois se trata de ato administrativo complexo, o qual somente se aperfeiçoa pelo exame de legalidade do tribunal de contas, não havendo necessidade, portanto, de prévia intimação de José.

(B) incorretamente, pois, em que pese se tratar de ato administrativo complexo, transcorrido o prazo decadencial de cinco anos sem a apreciação da legalidade do ato pelo tribunal de contas, eventual ilegalidade existente deveria ser convalidada.

(C) incorretamente, pois, em que pese se tratar de ato administrativo complexo, transcorrido lapso temporal superior a cinco anos, em nome da segurança jurídica, deveria José ter sido previamente intimado a se manifestar.

(D) incorretamente, pois se trata de ato administrativo simples e, salvo comprovação de má-fé, o prazo decadencial de cinco anos para anulação de eventual ilegalidade existente já havia se operado.

(E) corretamente, pois se trata de ato administrativo simples e a autotutela administrativa autoriza o tribunal de contas a apreciar a legalidade do ato concessivo de aposentadoria a qualquer tempo.

Segundo a Súmula Vinculante 3 do STF, "Nos processos perante o Tribunal de Contas da União asseguram-se o contraditório e a ampla defesa quando da decisão puder resultar anulação ou revogação de ato administrativo que beneficie o interessado, excetuada a apreciação da legalidade do ato de concessão inicial de aposentadoria, reforma e pensão". Todavia, já tendo sido concedida a aposentadoria, a questão volta a exigir o contraditório, pois se trata de ato jurídico já perfeito. Vejamos julgado a respeito do tema: "(...) quando o Tribunal de Contas aprecia a legalidade de um ato concessivo de pensão, aposentadoria ou reforma, ele não precisa ouvir a parte diretamente interessada, porque a relação jurídica travada, nesse momento, é entre o Tribunal de Contas e a Administração Pública. Num segundo momento, porém, concedida a aposentadoria, reconhecido o direito à pensão ou à reforma, já existe um ato jurídico que, no primeiro momento, até se prove o contrário, chama-se ato jurídico perfeito, porque se perfez reunindo os elementos formadores que a lei exigia para tal. E, nesse caso, a pensão, mesmo fraudulenta – porque restou convencido, também, de que, na sua origem, ela foi fraudulenta –, ganha esse tônus de juridicidade. (MS 24.268, rel. min. Ellen Gracie, red. p/ o ac. Min. Gilmar Mendes, voto do min. Ayres Britto, P, j. 05.02-.004, *DJ* de 17.09.2004). FB

Gabarito "C"

(Defensor Público/AC – 2017 – CESPE) Acerca do ato administrativo de concessão de aposentadoria, assinale a opção correta de acordo com o entendimento do STF.

(A) Em nome da segurança jurídica, a não observância do prazo de cinco anos para o exame de legalidade do ato inicial concessivo de aposentadoria resulta na convalidação de eventual nulidade existente.

(B) Trata-se de ato administrativo simples, cujos efeitos se produzem a partir da sua concessão pelo órgão de origem do servidor, sujeitando-se a controle *a posteriori* pelo tribunal de contas competente.

(C) Trata-se de ato administrativo complexo, que somente se aperfeiçoa com o exame de sua legalidade e consequente registro no tribunal de contas competente.

(D) O exame de legalidade da concessão de aposentadoria, por ser este um ato administrativo concessivo de direitos ao destinatário, submete-se ao prazo decadencial de cinco anos, contado a partir da sua concessão, salvo comprovada má-fé.

(E) Em razão do devido processo legal, o exame de legalidade e registro do referido ato junto ao tribunal de contas necessita, impreterivelmente, da observância do contraditório e da ampla defesa do servidor público interessado.

Considera-se que o ato concessivo de aposentadoria, reforma e pensão tem natureza complexa (STF MS 3.881). Com isso, os efeitos da decadência só se operam com o crivo daquele Órgão de controle externo (STF MS 25.072), impedindo, assim, que o artigo 54 da Lei 9.784/1999 ("O direito da Administração de anular os atos administrativos de que decorram efeitos favoráveis para os destinatários decai em cinco anos, contados da data em que foram praticados, salvo comprovada má-fé") venha a ser acionado antes da publicação do registro na imprensa oficial (STF AgR-MS 30.830 e STF MS 24.781). Ao atribuir natureza complexa – e não composta – aos atos administrativos concessivos de aposentadorias, reformas e pensões temos importante impacto na aplicação do referido prazo decadencial, como bem observou o procurador-geral da República em manifestação formalizada em processo submetido ao instituto da repercussão geral (STF RE 636.553). É que, segundo a doutrina tradicional, o ato complexo "só se forma com a conjugação de vontades de órgãos diversos, ao passo em que o ato composto é formado pela vontade única de um órgão, sendo apenas ratificado por outra autoridade". Sendo operante desde a concessão, a decadência passa a ter como termo inicial a publicação do ato e não o registro. FB

Gabarito "C"

(Magistratura/CE – 2012 – CESPE) No que tange aos atos administrativos, assinale a opção correta.

(A) É possível a convalidação de ato administrativo praticado por sujeito que não disponha de competência para praticá-lo, desde que não se trate de competência outorgada com exclusividade.

(B) A anulação de ato administrativo que afete interesses ou direitos de terceiros depende de provocação da pessoa interessada.

(C) A licença é ato administrativo unilateral, discricionário e precário, por meio do qual a administração faculta ao particular o desempenho de uma atividade que, sem esse consentimento, seria legalmente proibida.

(D) O motivo, como pressuposto de fato que antecede a prática do ato administrativo, será sempre vinculado, não havendo, quanto a esse aspecto, margem a apreciações subjetivas por parte da administração.

(E) Uma declaração de utilidade pública para fins de desapropriação feita por meio de portaria, e não de decreto, constitui vício sanável, que, portanto, não torna o ato inválido.

A: correta, pois a convalidação será chamada de ratificação nas hipóteses em que há vício de incompetência, não podendo incidir nos casos em que esta for outorgada com exclusividade ou em razão de matéria; **B:** incorreta, pois, pelo princípio da legalidade, a Administração não pode conviver com atos ilegais, devendo anular os que estiverem com esse vício; ademais, pelo princípio da autotutela, a Administração pode fazê-lo não só independentemente de provocação, como também mesmo sem a apreciação jurisdicional; **C:** incorreta, pois a *licença* é um ato vinculado e não precário; a definição dada pela alternativa foi de *autorização*; **D:** incorreta, pois o *motivo* (assim com o *objeto*) pode ser vinculado ou discricionário; os demais requisitos do ato (*competência*, *forma* e *finalidade*) é que são vinculados; **E:** incorreta, pois, no caso, tem-se problema no requisito *forma*, que torna o ato nulo e não meramente anulável.

Gabarito "A"

(Defensor Público/ES – 2012 – CESPE) No que se refere aos atos administrativos, julgue os itens subsequentes.

(1) Por meio da revogação, a administração extingue, com efeitos *ex tunc*, um ato valido, por motivos de conveniência e oportunidade, ainda que esse ato seja vinculado.

(2) A convalidação, ato administrativo por meio do qual se supre o vício existente em um ato eivado de ilegalidade, tem efeitos retroativos, mas o ato originário não pode ter causado lesão a terceiros.

1: incorreta, pois a revogação tem efeitos ex nunc (não retroage); ademais, a revogação só incide sobre atos discricionários e nunca sobre atos vinculados; 2: correta, pois a convalidação de fato tem efeitos retroativos; ademais, tem como requisito o não prejuízo ao interesse público e a terceiros (art. 55 da Lei 9.784/1999).

Gabarito 1E, 2C

3.7. CLASSIFICAÇÃO DOS ATOS ADMINISTRATIVOS E ATOS EM ESPÉCIE

Antes de verificarmos as questões deste item, vale trazer um resumo das principais espécies de atos administrativos.

Espécies de atos administrativos segundo Hely Lopes Meirelles:

- Atos normativos são aqueles que contêm comando geral da Administração Pública, com o objetivo de executar a lei. Exs.: regulamentos (da alçada do chefe do Executivo), instruções normativas (da alçada dos Ministros de Estado), regimentos, resoluções etc.
- Atos ordinatórios são aqueles que disciplinam o funcionamento da Administração e a conduta funcional de seus agentes. Ex.: instruções (são escritas e gerais, destinadas a determinado serviço público), circulares (escritas e de caráter uniforme, direcionadas a determinados servidores), avisos, portarias (expedidas por chefes de órgãos – trazem determinações gerais ou especiais aos subordinados, designam alguns servidores, instauram sindicâncias e processos administrativos etc.), ordens de serviço (determinações especiais ao responsável pelo ato), ofícios (destinados às comunicações escritas entre autoridades) e despacho (contém decisões administrativas).
- Atos negociais são declarações de vontade coincidentes com a pretensão do particular. Ex.: licença, autorização e protocolo administrativo.
- Atos enunciativos são aqueles que apenas atestam, enunciam situações existentes. Não há prescrição de conduta por parte da Administração. Ex.: certidões, atestados, apostilas e pareceres.
- Atos punitivos são as sanções aplicadas pela Administração aos servidores públicos e aos particulares. Ex.: advertência, suspensão e demissão; multa de trânsito.

Confira mais classificações dos atos administrativos:

– **Quanto à liberdade de atuação do agente**

Ato vinculado é aquele em que a lei tipifica objetiva e claramente a situação em que o agente deve agir e o único comportamento que poderá tomar. Tanto a situação em que o agente deve agir, como o comportamento que vai tomar são únicos e estão clara e objetivamente definidos na lei, de forma a inexistir qualquer margem de liberdade ou apreciação subjetiva por parte do agente público. Exs.: licença para construir e concessão de aposentadoria.

Ato discricionário é aquele em que a lei confere margem de liberdade para avaliação da situação em que o agente deve agir ou para escolha do melhor comportamento a ser tomado.

Seja na situação em que o agente deve agir, seja no comportamento que vai tomar, o agente público terá uma margem de liberdade na escolha do que mais atende ao interesse público. Neste ponto fala-se em mérito administrativo, ou seja, na valoração dos motivos e escolha do comportamento a ser tomado pelo agente.

Vale dizer, o agente público fará apreciação subjetiva, agindo segundo o que entender mais conveniente e oportuno ao interesse público. Reconhece-se a discricionariedade, por exemplo, quando a regra que traz a competência do agente traz conceitos fluídos, como bem comum, moralidade, ordem pública etc. Ou ainda quando a lei não traz um motivo que enseja a prática do ato, como, por exemplo, a que permite nomeação para cargo em comissão, de livre provimento e exoneração. Também se está diante de ato discricionário quando há mais de uma opção para o agente quanto ao momento de atuar, a forma do ato (ex.: verbal, gestual ou escrita), sua finalidade ou conteúdo (ex.: advertência, multa ou apreensão).

A discricionariedade sofre alguns temperamentos. Em primeiro lugar é bom lembrar que todo ato discricionário é parcialmente regrado ou vinculado. A competência, por exemplo, é sempre vinculada (Hely Lopes Meirelles entende que competência, forma e finalidade são sempre vinculadas, conforme vimos). Ademais, só há discricionariedade nas situações marginais, nas zonas cinzentas. Assim, se algo for patente, como quando, por exemplo, uma dada conduta fira veementemente a moralidade pública (ex.: pessoas fazendo sexo no meio de uma rua), o agente, em que pese estar diante de um conceito fluído, deverá agir reconhecendo a existência de uma situação de imoralidade. Deve-se deixar claro, portanto, que a situação concreta diminui o espectro da discricionariedade (a margem de liberdade) conferida ao agente.

Assim, o Judiciário até pode apreciar um ato discricionário, mas apenas quanto aos aspectos de legalidade, razoabilidade e moralidade, não sendo possível a revisão dos critérios adotados pelo administrador (mérito administrativo), se tirados de dentro da margem de liberdade a ele conferida pelo sistema normativo.

– **Quanto às prerrogativas da administração**

Atos de império são os praticados no gozo de prerrogativas de autoridade. Ex.: interdição de um estabelecimento.

Atos de gestão são os praticados sem uso de prerrogativas públicas, em igualdade com o particular, na administração de bens e serviços. Ex.: contrato de compra e venda ou de locação de um bem imóvel.

Atos de expediente são os destinados a dar andamentos aos processos e papéis que tramitam pelas repartições, preparando-os para decisão de mérito a ser proferida pela autoridade. Ex.: remessa dos autos à autoridade para julgá-lo.

A distinção entre ato de gestão e de império está em desuso, pois era feita para excluir a responsabilidade do Estado pela prática de atos de império, de soberania. Melhor é distingui-los em atos regidos pelo direito público e pelo direito privado.

– **Quanto aos destinatários**

Atos individuais são os dirigidos a destinatários certos, criando-lhes situação jurídica particular. Ex.: decreto de desapropriação, nomeação, exoneração, licença, autorização, tombamento.

Atos gerais são os dirigidos a todas as pessoas que se encontram na mesma situação, tendo finalidade normativa.

São diferenças entre um e outro as seguintes:

- só ato individual pode ser impugnado individualmente; atos normativos, só por ADIN ou após providência concreta.
- ato normativo prevalece sobre o ato individual
- ato normativo é revogável em qualquer situação; ato individual deve respeitar direito adquirido.
- ato normativo não pode ser impugnado administrativamente, mas só após providência concreta; ato individual pode ser impugnado desde que praticado.

– **Quanto à formação da vontade**

Atos simples: decorrem de um órgão, seja ele singular ou colegiado. Ex.: nomeação feita pelo Prefeito; deliberação de um conselho ou de uma comissão.

Atos complexos: decorrem de dois ou mais órgãos, em que as vontades se fundem para formar um único ato. Ex.: decreto do Presidente, com referendo de Ministros.

Atos compostos: decorrem de dois ou mais órgãos, em que vontade de um é instrumental à vontade de outro, que edita o ato principal. Aqui existem dois atos pelo menos: um principal e um acessório. Exs.: nomeação do Procurador Geral da República, que depende de prévia aprovação pelo Senado; e atos que dependem de aprovação ou homologação. Não se deve confundir atos compostos com atos de um procedimento, vez que este é composto de vários atos acessórios, com vistas à produção de um ato principal, a decisão.

– **Quanto aos efeitos**

Ato constitutivo é aquele em que a Administração cria, modifica ou extingue direito ou situação jurídica do administrado. Ex.: permissão, penalidade, revogação e autorização.

Ato declaratório é aquele em que a Administração reconhece um direito que já existia. Ex.: admissão, licença, homologação, isenção e anulação.

Ato enunciativo é aquele em que a Administração apenas atesta dada situação de fato ou de direito. Não produz efeitos jurídicos diretos. São juízos de conhecimento ou de opinião. Ex.: certidões, atestados, informações e pareceres.

– **Quanto à situação de terceiros**

Atos internos são aqueles que produzem efeitos apenas no interior da Administração. Ex.: pareceres, informações.

Atos externos são aqueles que produzem efeitos sobre terceiros. Nesse caso, dependerão de publicidade para terem eficácia. Ex.: admissão, licença.

– **Quanto à estrutura.**

Atos concretos são aqueles que dispõem para uma única situação, para um caso concreto. Ex.: exoneração de um agente público.

Atos abstratos são aqueles que dispõem para reiteradas e infinitas situações, de forma abstrata. Ex.: regulamento.

Confira outros atos administrativos, em espécie:

– **Quanto ao conteúdo:** a) **autorização**: *ato unilateral, discricionário e precário pelo qual se faculta ao particular, em proveito deste, o uso privativo de bem público ou o desempenho de uma atividade, os quais, sem esse consentimento, seriam legalmente proibidos*. Exs.: autorização de uso de praça para festa beneficente; autorização para porte de arma; b) **licença**: *ato administrativo unilateral e vinculado pelo qual a Administração faculta àquele que preencha requisitos legais o exercício de uma atividade*. Ex.: licença para construir; c) **admissão**: *ato unilateral e vinculado pelo qual se reconhece ao particular que preencha requisitos legais o direito de receber serviço público*. Ex.: aluno de escola; paciente em hospital; programa de assistência social; d) **permissão**: *ato administrativo unilateral, discricionário e precário, pelo qual a Administração faculta ao particular a execução de serviço público ou a utilização privativa de bem público, mediante licitação*. Exs.: permissão para perueiro; permissão para uma banca de jornal. Vale lembrar que, por ser precária, pode ser revogada a qualquer momento, sem direito à indenização; e) **concessão**: *ato bilateral e não precário, pelo qual a Administração faculta ao particular a execução de serviço público ou a utilização privativa de bem público, mediante licitação*. Ex.: concessão para empresa de ônibus efetuar transporte remunerado de passageiros. Quanto aos bens públicos, há também a *concessão de direito real de uso*, oponível até ao poder concedente, e a *cessão de uso*, em que se transfere o uso para entes ou órgãos públicos; f) **aprovação**: *ato de controle discricionário*. Vê-se a conveniência do ato controlado. Ex.: aprovação pelo Senado de indicação para Ministro do STF; g) **homologação**: *ato de controle vinculado*. Ex.: homologação de licitação ou de concurso público; h) **parecer**: *ato pelo qual órgãos consultivos da Administração emitem opinião técnica sobre assunto de sua competência*. Podem ser das seguintes espécies: *facultativo* (parecer solicitado se a autoridade quiser); *obrigatório* (autoridade é obrigada a solicitar o parecer, mas não a acatá-lo) e *vinculante* (a autoridade é obrigada a solicitar o parecer e a acatar o seu conteúdo; ex.: parecer médico). Quando um parecer tem o poder de *decidir* um caso, ou seja, quando o parecer é, na verdade, uma decisão, a autoridade que emite esse parecer responde por eventual ilegalidade do ato (ex.: parecer jurídico sobre edital de licitação e minutas de contratos, convênios e ajustes – art. 38 da Lei 8.666/1993).

– **Quanto à forma:** a) **decreto**: é a forma de que se revestem os atos individuais ou gerais, emanados do Chefe do Poder Executivo. Exs.: nomeação e exoneração (atos individuais); regulamentos (atos gerais que têm por objeto proporcionar a fiel execução da lei – art. 84, IV, da CF); b) **resolução e portaria**: são as formas de que se revestem os atos, gerais ou individuais, emanados de autoridades que não sejam o Chefe do Executivo; c) **alvará**: forma pela qual a Administração confere licença ou autorização para a prática de ato ou exercício de atividade sujeita ao poderes de polícia do Estado. Exs.: alvará de construção (instrumento da licença); alvará de porte de arma (instrumento da autorização).

(Defensor Público/PE – 2018 – CESPE) No que se refere à classificação dos atos administrativos e suas espécies, assinale a opção correta.

(A) Parecer é exemplo de ato administrativo constitutivo.
(B) Licença para o exercício de determinada profissão é exemplo de ato administrativo vinculado.
(C) Autorização administrativa é exemplo de ato de consentimento administrativo de caráter irrevogável.
(D) Decisão proferida por órgão colegiado é exemplo de ato administrativo complexo.
(E) Cobrança de multa imposta em sede de poder de polícia é exemplo de ato administrativo autoexecutório.

A: incorreta – parecer é ato administrativo enunciativo pelo qual os órgãos consultivos da Administração emitem opinião sobre assuntos técnicos ou jurídicos de sua competência; **B:** correta – licença é ato administrativo vinculado e definitivo, formalmente disposto em lei própria. Se o pretendente ao direito preenche os requisitos de lei, tem o direito de recebê-la, independentemente da vontade do administrador; **C:** incorreta – a precariedade é uma característica da autorização administrativa; **D:** incorreta – a decisão de um órgão colegiado forma-se mediante a sua manifestação da vontade, formando um único ato administrativo simples; **E:** incorreta – a cobrança de multa pela Fazenda Pública deve ser realizada mediante a devida inscrição em dívida ativa, seguida do ajuizamento de execução fiscal perante o Poder Judiciário. Carece, destarte, do atributo da autoexecutoriedade. FB

Gabarito "B".

(Delegado/PE – 2016 – CESPE) Acerca dos atos do poder público, assinale a opção correta.

(A) A convalidação implica o refazimento de ato, de modo válido. Em se tratando de atos nulos, os efeitos da convalidação serão retroativos; para atos anuláveis ou inexistentes tais efeitos não poderão retroagir.
(B) A teoria dos motivos determinantes não se aplica aos atos vinculados, mesmo que o gestor tenha adotado como fundamento um fato inexistente.
(C) Atos complexos resultam da manifestação de um único órgão colegiado, em que a vontade de seus membros é heterogênea. Nesse caso, não há identidade de conteúdo nem de fins.
(D) Atos gerais de caráter normativo não são passíveis de revogação, eles podem ser somente anulados.
(E) Atos compostos resultam da manifestação de dois ou mais órgãos, quando a vontade de um é instrumental em relação a do outro. Nesse caso, praticam-se dois atos: um principal e outro acessório.

A: incorreta, pois a convalidação atinge atos anuláveis (e não os nulos e os inexistentes) e é sempre retroativa; **B:** incorreta, pois caso o gestor tenha adotado como fundamento um fato inexistente tem-se a aplicação da teoria em questão, já que a existência do motivo invocado condiciona a validade do ato; **C:** incorreta, pois quando um ato é praticado por apenas um órgão, ainda que colegiado, tem-se o chamado ato simples; **D:** incorreta, pois nada impede a anulação; um exemplo é uma portaria normativa ou um regulamento que venha a ser revogado pela autoridade competente; é algo normal, do dia a dia da Administração; **E:** correta, pois nesse caso se tem o ato composto; já o ato complexo é aquele que decorrem de dois ou mais órgãos, mas que formam um ato apenas, não havendo, então, um ato principal e outro ato acessório.

Gabarito "E".

3.8. TEMAS COMBINADOS DE ATO ADMINISTRATIVO

(Defensor Público/TO – 2013 – CESPE) Acerca dos atos administrativos, assinale a opção correta.

(A) A licença é ato administrativo editado no exercício de competência vinculada; preenchidos os requisitos necessários a sua concessão, ela não poderá ser negada pela administração pública.

(B) A administração pública tem sempre o dever de invalidar os atos administrativos que apresentem vício de legalidade.

(C) São suscetíveis de revogação os atos vinculados e os que geram direitos adquiridos.

(D) A presunção de legitimidade é atributo de todos os atos administrativos, estando presente mesmo nos casos de desrespeito ao devido processo legal pela administração pública.

(E) Para motivar a edição de determinado ato administrativo, é suficiente a indicação da norma constitucional ou legal atributiva da competência do servidor público.

A: correta; a licença é o ato unilateral e vinculado pelo qual a Administração faculta ao particular o exercício de uma atividade; assim, uma vez que o particular tenha cumprido os requisitos para a sua concessão, a Administração Pública não terá discricionariedade para concedê-la, ficando vinculada a atender à solicitação do particular; **B:** incorreta, pois a convalidação, quando possível, evita a invalidação (art. 55 da Lei 9.784/1999); ademais, atos que beneficiam particulares de boa-fé não podem ser invalidados decorridos 5 anos de sua prática (art. 54, *caput*, da Lei 9.784/1999); **C:** incorreta, pois tais atos são irrevogáveis, assim como são irrevogáveis os atos já exauridos; **D:** incorreta, pois, uma vez comprovado o desrespeito ao devido processo legal, a presunção, que havia, desfaz-se, impondo a invalidação do ato; **E:** incorreta, pois a motivação deve indicar não só os pressupostos de direito que autorizam a edição do ato, mas também os pressupostos de fático para a prática do ato (art. 50, *caput*, da Lei 9.784/1999).

Gabarito "A".

(Defensor Público/RO – 2012 – CESPE) Assinale a opção correta com relação aos atos administrativos.

(A) Quanto à formação da vontade administrativa, o ato administrativo é classificado em simples, composto ou complexo, sendo a aposentadoria de servidor público, de acordo com o entendimento do STF, exemplo de ato composto.

(B) Permite-se, em caráter excepcional, a avocação temporária de competência atribuída a órgão hierarquicamente inferior, e, sendo a avocação ato discricionário da administração pública, não há necessidade de motivação.

(C) Todo ato administrativo goza do atributo da autoexecutoriedade, a exemplo das obrigações pecuniárias como os tributos, que são exigíveis e autoexecutáveis.

(D) A administração pública, por intermédio de seus órgãos, tem competência para editar atos administrativos ordinatórios com o objetivo de organizar e otimizar a atividade administrativa.

(E) A competência, um dos elementos do ato administrativo, é irrenunciável, salvo os casos de delegação e avocação legalmente admitidos; entre as hipóteses cabíveis de delegação inclui-se a edição de decretos normativos.

A: incorreta, pois a aposentadoria de servidor é considerada ato complexo (STF, MS 25.697, DJ 12.03.10); **B:** incorreta, pois a avocação é excepcional e deve ser devidamente motivada, já que a lei determina a existência de "motivos relevantes devidamente justificados"(art. 15 da Lei 9.784/1999); **C:** incorreta, pois a Administração Pública nem sempre pode impor seus atos e executá-los sem a participação do Judiciário; no exemplo citado, apenas por meio de ação judicial é possível usar a força para fazer com que determinado crédito tributário seja cumprido; **D:** correta, pois traz a exata definição de atos ordinatórios; **E:** incorreta, pois não pode ser objeto de delegação a edição de atos de caráter normativo (art. 13, I, da Lei 9.784/1999).

Gabarito "D".

(Advogado – Correios – 2011 – CESPE) Considerando a disciplina dos atos administrativos, julgue os itens subsequentes.

(1) Elemento do ato administrativo, o sujeito é aquele a quem a lei atribui competência para a prática do ato, razão pela qual não pode o próprio órgão estabelecer, sem lei que o determine, as suas atribuições.

(2) Segundo a doutrina, no que se refere à exequibilidade, ato administrativo consumado é aquele que já exauriu seus efeitos e se tornou definitivo, não sendo passível de impugnação na via administrativa nem na judicial.

(3) Quanto ao conteúdo, a aprovação e a homologação são espécies de atos administrativos unilaterais e discricionários, por meio dos quais se exerce o controle *a posteriori* do ato.

(4) O atributo da autoexecutoriedade está presente em todos os atos administrativos, como também o da presunção de legitimidade e o da imperatividade.

1: correta, pois traz informações adequadas acerca do sujeito; **2:** correta, valendo salientar que, em se tratando o ato consumado aquele que exauriu os efeitos, não mais existe no mundo jurídico, não havendo mesmo que se falar em impugnação nas vias administrativa ou judicial; **3:** incorreta, pois a homologação é ato vinculado e não discricionário; **4:** incorreta, pois a autoexecutoriedade, consistente na possibilidade de se usar a força para fazer valer um ato administrativo, só existe quando a lei expressamente autorizar ou quando não houver tempo hábil para se buscar o Judiciário, não sendo atributo, portanto, presente em todos os atos administrativos.

Gabarito 1C, 2C, 3E, 4E

(Magistratura Federal/1ª Região – 2011 – CESPE) A respeito da disciplina dos atos administrativos, assinale a opção correta.

(A) A licença é ato administrativo discricionário, de natureza constitutiva de direito, pelo qual a administração concede àquele que preencha os requisitos legais o exercício de determinada atividade.

(B) Não enseja anulação do ato de nomeação de candidato aprovado em concurso público o fato de a administração pública constatar, após a posse, que o candidato omitiu informações que lhe seriam desfavoráveis na etapa do certame, relativas à idoneidade e conduta ilibada na vida pública e privada.

(C) Embora o ato administrativo seja dotado da denominada presunção de veracidade, o Poder Judiciário pode apreciar de ofício sua validade.

(D) De acordo com a doutrina, a competência para a prática do ato administrativo decorre sempre de lei, não podendo o próprio órgão estabelecer, por si, as suas atribuições.

(E) Quanto à exequibilidade, é denominado ato administrativo pendente aquele que não completou seu ciclo de formação, razão pela qual não está apto à produção de efeitos.

A: incorreta. Licença é ato administrativo negocial, *vinculado* e definitivo, pelo qual o Poder Público, verificando que o interessado atendeu a todas as exigências expressas na legislação, faculta-lhe o desempenho de atividades ou a realização de fatos materiais antes vedados ao particular; **B:** incorreta. Tendo em vista a autotutela administrativa, que autoriza a Administração Pública a anular os próprios atos quando eivados de vícios que o maculem (Súmula 473, STF), cabe perfeitamente a anulação da nomeação e posse de candidato que logrou aprovação na fase de comprovação de idoneidade e conduta ilibada na vida pública e privada mediante a omissão de informações que lhe seriam desfavoráveis. Vale aqui a leitura do acórdão do STJ proferido no recurso em Mandado de Segurança nº 33.384-SP; **C:** incorreta. Uma das características essenciais do Poder Judiciário é justamente sua inércia, de modo que ele só poderá atuar quando devidamente provocado. Especificamente no caso dos atos administrativos, a existência de uma presunção relativa de veracidade, isto é, de que os fatos alegados pela Administração Pública como ensejadores do ato efetivamente ocorreram e são verdadeiros, gera para o administrado o ônus de provar em juízo os fatos constitutivos de seu direito – art. 333, I, do CPC [corresponde ao art. 373, I, do NCPC]; **D:** correta. A competência para a prática do ato administrativo deve necessariamente ter previsão legal; **E:** incorreta. Ato administrativo pendente é aquele que, embora já perfeito por reunir todos os elementos de sua formação, não produz seus efeitos, por não verificado o termo ou a condição de que depende sua exequibilidade ou operatividade. Ele pressupõe um ato administrativo perfeito, pois não poderia estar suspenso em seus efeitos se já não tivesse todos os elementos de sua formação.

Gabarito "D"

(Magistratura Federal/3ª Região – 2011 – CESPE) Com relação aos elementos, às espécies e à revogação do ato administrativo, assinale a opção correta.

(A) Os pareceres e as certidões caracterizam-se como atos administrativos propriamente ditos, pois expressam declaração de vontade da administração, voltada à obtenção de determinados efeitos jurídicos definidos em lei.

(B) Por motivos de segurança e certeza jurídicas, os atos administrativos devem obrigatoriamente adotar a forma escrita, garantia de verificação e controle desses atos.

(C) A aprovação é ato unilateral e vinculado, manifestado sempre *a posteriori*, pelo qual a administração exerce o controle de outro ato administrativo.

(D) A competência é definida em lei, razão pela qual será ilegal o ato praticado por quem não seja detentor das atribuições fixadas na norma.

(E) A revogação do ato administrativo, como poder que a administração dispõe para rever a sua atividade interna, incide sobre atos válidos e inválidos e produz efeitos *ex nunc*.

A: incorreta. Pareceres e certidões são atos administrativos enunciativos, ou seja, são aqueles que enunciam uma situação existente, *sem qualquer manifestação de vontade da Administração Pública;* **B:** incorreta. Embora todo ato administrativo seja, em princípio, formal e a forma escrita seja a mais corriqueira e normal, existem atos consubstanciados em ordens verbais e até mesmo em sinais convencionais, tal como ocorre com a atuação de guardas de trânsito no controle do fluxo de veículos; **C:** incorreta. Aprovação é o ato administrativo pelo qual o Poder Público verifica a legalidade e o mérito de outro ato ou de situações e realizações materiais de seus próprios órgãos, outras entidades ou ainda particulares, dependentes de seu controle, a consente na sua execução ou manutenção. Justamente por sua amplitude de objeto, a aprovação pode ser prévia ou subsequente, vinculada ou discricionária, segundo o que dispuser a lei; **D:** correta. A competência é irrenunciável e se exerce pelos órgãos administrativos a que foi atribuída como própria, salvo os casos de delegação e avocação legalmente admitidos – art. 11 da Lei nº 9.784/1999. Essa atribuição é definida em lei; **E:** incorreta. A revogação é modalidade de extinção do ato administrativo que se dá por razões de conveniência e oportunidade e, justamente porque o ato extinto não possuía qualquer vício, incidindo apenas sobre atos válidos, essa extinção produz efeitos não retroativos, isto é, *ex nunc*.

Gabarito "D"

4. ORGANIZAÇÃO ADMINISTRATIVA

4.1. TEMAS GERAIS (ADMINISTRAÇÃO PÚBLICA, ÓRGÃOS E ENTIDADES, DESCENTRALIZAÇÃO E DESCONCENTRAÇÃO, CONTROLE E HIERARQUIA, TEORIA DO ÓRGÃO)

Segue um resumo sobre a parte introdutória do tema Organização da Administração Pública:

O objetivo deste tópico é efetuar uma série de distinções, de grande valia para o estudo sistematizado do tema. A primeira delas tratará da relação entre pessoa jurídica e órgãos estatais.

Pessoas jurídicas estatais são entidades integrantes da estrutura do Estado e dotadas de personalidade jurídica, ou seja, de aptidão genérica para contrair direitos e obrigações.

Órgãos públicos são centros de competência integrantes das pessoas estatais instituídos para o desempenho das funções públicas por meio de agentes públicos. São, portanto, parte do corpo (pessoa jurídica). Cada órgão é investido de determinada competência, dividida entre seus cargos. Apesar de não terem personalidade jurídica, têm prerrogativas funcionais, o que admite até que interponham mandado de segurança, quando violadas. Tal capacidade processual, todavia, só têm os órgãos independentes e os autônomos. Todo ato de um órgão é imputado diretamente à pessoa jurídica da qual é integrante, assim como todo ato de agente público é imputado diretamente ao órgão à qual pertence (trata-se da chamada "teoria do órgão", que se contrapõe à teoria da representação ou do mandato). Deve-se ressaltar, todavia, que a representação legal da entidade é atribuição de determinados agentes, como o Chefe do Poder Executivo e os Procuradores. Confiram-se algumas classificações dos órgãos públicos, segundo o magistério de Hely Lopes Meirelles:

Quanto à posição, podem ser órgãos independentes (originários da Constituição e representativos dos Poderes do Estado: Legislativo, Executivo de Judiciário – aqui estão todas as corporações legislativas, chefias de executivo e tribunais, e juízos singulares); *autônomos* (estão na cúpula da Administração, logo abaixo dos órgãos independentes, tendo autonomia administrativa, financeira e técnica, segundo as diretrizes dos órgãos a eles superiores – cá estão os Ministérios, as Secretarias Estaduais e Municipais, a AGU etc.), *superiores* (detêm poder de direção quanto aos assuntos de sua competência, mas sem autonomia administrativa e financeira – ex.: gabinetes, procuradorias judiciais, departamentos, divisões etc.) e *subalternos* (são os que se acham na base da hierarquia entre órgãos, tendo reduzido poder decisório, com atribuições de mera execução – ex.: portarias, seções de expediente).

Quanto à estrutura, podem ser simples ou unitários (constituídos por um só centro de competência) e *compostos* (reúnem outros órgãos menores com atividades-fim idênticas ou atividades auxiliares – ex.: Ministério da Saúde).

Quanto à atuação funcional, podem ser singulares ou unipessoais (atuam por um único agente – ex.: Presidência da República) e *colegiados* ou *pluripessoais* (atuam por manifestação conjunta da vontade de seus membros – ex.: corporações legislativas, tribunais e comissões).

Outra distinção relevante para o estudo da estrutura da Administração Pública é a que se faz entre desconcentração e descentralização. Confira-se.

Desconcentração é a distribuição interna de atividades administrativas, de competências. Ocorre de órgão para órgão da entidade Ex.: competência no âmbito da Prefeitura, que poderia estar totalmente concentrada no órgão Prefeito Municipal, mas que é distribuída internamente aos Secretários de Saúde, Educação etc.

Descentralização é a distribuição externa de atividades administrativas, que passam a ser exercidas por pessoa ou pessoas distintas do Estado. Dá-se de pessoa jurídica para pessoa jurídica como técnica de especialização. Ex.: criação de autarquia para titularizar e executar um dado serviço público, antes de titularidade do ente político que a criou.

Na descentralização por serviço a lei atribui ou autoriza que outra pessoa detenha a titularidade e a execução do serviço. Depende de lei. Fala-se também em outorga do serviço.

Na descentralização por colaboração o contrato ou ato unilateral atribui a outra pessoa a execução do serviço. Aqui o particular pode colaborar, recebendo a execução do serviço, e não a titularidade. Fala-se também em delegação do serviço e o caráter é transitório.

É importante também saber a seguinte distinção.

Administração direta compreende os órgãos integrados no âmbito direto das pessoas políticas (União, Estados, Distrito Federal e Municípios).

Administração indireta compreende as pessoas jurídicas criadas pelo Estado para titularizar e exercer atividades públicas (autarquias e fundações públicas) *e para agir na atividade econômica quando necessário (empresas públicas e sociedades de economia mista)*.

Outra classificação relevante para o estudo do tema em questão é a que segue.

As pessoas jurídicas de direito público são os entes políticos e as pessoas jurídicas criadas por estes para exercerem típica atividade administrativa, o que impõe tenham, de um lado, prerrogativas de direito público, e, de outro, restrições de direito público, próprias de quem gere coisa pública.2 Além dos entes políticos (União, Estados, Distrito Federal e Municípios), são pessoas jurídicas de direito público as *autarquias*, *fundações públicas*, *agências reguladoras* e *associações públicas* (consórcios públicos de direito público).

As pessoas jurídicas de direito privado estatais são aquelas criadas pelos entes políticos para exercer atividade econômica, devendo ter os mesmos direitos e restrições das demais pessoas jurídica privadas, em que pese terem algumas restrições adicionais, pelo fato de terem sido criadas pelo Estado. São pessoas jurídicas de direito privado estatais as empresas públicas, as sociedades de economia mista, as fundações privadas criadas pelo Estado e os consórcios públicos de direito privado.

Também é necessário conhecer a seguinte distinção.

Hierarquia consiste no poder que um órgão superior tem sobre outro inferior, que lhe confere, dentre outras prerrogativas, uma ampla possibilidade de fiscalização dos atos do órgão subordinado.

Controle (tutela ou supervisão ministerial) *consiste no poder de fiscalização que a pessoa jurídica política tem sobre a pessoa jurídica que criou, que lhe confere tão somente a possibilidade de submeter a segunda ao cumprimento de seus objetivos globais, nos termos do que dispuser a lei*. Ex.: a União não pode anular um ato administrativo de concessão de aposentadoria por parte do INSS (autarquia por ela criada), por não haver hierarquia; mas pode impedir que o INSS passe a comercializar títulos de capitalização, por exemplo, por haver nítido desvio dos objetivos globais para os quais fora criada a autarquia. Aqui não se fala em subordinação, mas em vinculação administrativa.

Por fim, há entidades que, apesar de não fazerem parte da Administração Pública Direta e Indireta, colaboram com a Administração Pública e são estudadas no Direito Administrativo. Tais entidades são denominadas entes de cooperação ou entidades paraestatais. São entidades que não têm fins lucrativos e que colaboram com o Estado em atividades não exclusivas deste. São exemplos de paraestatais as seguintes: a) *entidades do Sistema S* (SESI, SENAI, SENAC etc. – ligadas a categorias profissionais, cobram contribuições parafiscais para o custeio de suas atividades); b) *organizações sociais* (celebram *contrato de gestão* com a Administração); c) *organizações da sociedade civil de interesse público* – OSCIPs (celebram *termo de parceria* com a Administração).

(Delegado - PC/SE - 2018 - CESPE/CEBRASPE) No que se refere aos institutos da centralização, da descentralização e da desconcentração, julgue os itens a seguir.

(1) A diferença preponderante entre os institutos da descentralização e da desconcentração é que, no primeiro, há a ruptura do vínculo hierárquico e, no segundo, esse vínculo permanece.

(2) Na administração pública, desconcentrar significa atribuir competências a órgãos de uma mesma entidade administrativa.

(3) A centralização consiste na execução de tarefas administrativas pelo próprio Estado, por meio de órgãos internos e integrantes da administração pública direta.

1: correta. A **descentralização** *é a distribuição externa de atividades administrativas, que passam a ser exercidas por pessoa ou pessoas distintas do Estado*. Com a criação de uma nova pessoa jurídica extingue-se a relação de vínculo hierárquico, formando-se um vínculo de tutela. Dá-se de *pessoa jurídica para pessoa jurídica* como técnica de especialização. A descentralização pode ser de duas espécies: a) na descentralização **por serviço**, a lei atribui ou autoriza que outra pessoa detenha a *titularidade* e a execução do serviço; repare que é necessária lei; aqui, fala-se em *outorga* do serviço; b) na descentralização **por colaboração**, o contrato ou ato unilateral atribui à outra pessoa a *execução* do serviço; repare que a delegação aqui se dá por contrato, não sendo necessária lei; o particular colabora, recebendo a execução do serviço e não a titularidade deste; aqui, fala-se também em *delegação* do serviço e o caráter é transitório; **2:** correta. A **desconcentração** *é a distribuição interna de atividades administrativas, de competências*. Ocorre de *órgão* para *órgão* da entidade; **3:** correta – Na centralização não há a criação de uma nova pessoa jurídica, e a organização administrativa se dá por meio da desconcentração, isto é, a execução de tarefas administrativas é realizada pelo próprio Estado, por meio de órgãos internos e integrantes da administração pública direta. FB

Gabarito: 1C, 2C, 3C

(Defensor Público/AL – 2017 – CESPE) Assinale a opção que apresenta a entidade da administração pública indireta que deve obrigatoriamente ser constituída com personalidade jurídica de direito público.

(A) sociedade de economia mista
(B) serviços sociais autônomos
(C) autarquia
(D) fundação pública
(E) empresa pública

Art. 41, IV c/c 44 do CC. FB

Gabarito "C"

(Procurador Municipal – Prefeitura/BH – CESPE – 2017) No que se refere a organização administrativa, administração pública indireta e serviços sociais autônomos, assinale a opção correta.

(A) Por execução indireta de atividade administrativa entende-se a adjudicação de obra ou serviço público a particular por meio de processo licitatório.

(B) É possível a participação estatal em sociedades privadas, com capital minoritário e sob o regime de direito privado.

(C) Desde que preenchidos certos requisitos legais, as sociedades que comercializam planos de saúde poderão ser enquadradas como OSCIPs.

(D) Desconcentração administrativa implica transferência de serviços para outra entidade personalizada.

A: incorreta. O erro dessa assertiva está no fato de que a execução indireta abrange também a execução da obra ou serviço pelas pessoas jurídicas integrantes da Administração Indireta, e não somente aos particulares; **B:** correta. Tratam-se das Sociedades de Economia Mista, que podem explorar atividade econômica, em regime tipicamente privado, conforme disposto no art. 173, CF; **C:** incorreta. O art. 2º, VI, da Lei 9.790/1999 dispõe ser vedado às OSCIP desenvolver atividades de comercialização de planos de saúde; **D:** incorreta. A desconcentração é a divisão interna da atividade administrativa em órgãos ou departamentos, tendo em vista o cumprimento do princípio da eficiência. AW

Gabarito "B"

(Defensor Público – DPE/RN – 2016 – CESPE) Com referência à administração pública direta e indireta e à sua organização, assinale a opção correta.

(A) As empresas públicas e a sociedade de economia mista, entidades da administração indireta com natureza jurídica de direito privado, devem constituir-se sob a forma jurídica de sociedade anônima.

(B) Por meio da descentralização, o Estado transfere a titularidade de certas atividades que lhe são próprias a particulares ou a pessoas jurídicas que institui para tal fim.

(C) Segundo a doutrina, pertinente à posição dos órgãos estatais, os órgãos superiores seriam aqueles situados na cúpula da administração, diretamente subordinados à chefia dos órgãos independentes, gozando de autonomia administrativa, técnica e financeira.

(D) Mediante contrato a ser firmado entre administradores e o poder público, tendo por objeto a fixação de metas de desempenho para órgão ou entidade, a autonomia gerencial, orçamentária e financeira dos órgãos e entidades da administração direta e indireta poderá ser ampliada.

2. *Vide* art. 41 do atual Código Civil. O parágrafo único deste artigo faz referência às *pessoas de direito público com estrutura de direito privado*, que serão regidas, no que couber, pelas normas do CC. A referência é quanto às fundações públicas, aplicando-se as normas do CC apenas quando não contrariarem os preceitos de direito público.

(E) Como pessoas jurídicas de direito público instituídas por lei, às quais são transferidas atividades próprias da administração pública, as autarquias se submetem ao controle hierárquico da administração direta.

A: Incorreta. As sociedades de economia mista só podem ter a forma de sociedades anônimas. Já as empresas públicas podem ter qualquer forma societária, sendo esse o erro da assertiva; **B**: Incorreta. Na descentralização há apenas a transferência da execução do serviços (atividade estatal própria) aos particulares, nunca da titularidade, que não pode sair das "mãos" do Estado. A outorga, que é a transferência da titularidade e execução do serviço é admitida à pessoas de direito público integrantes da Administração Indireta, somente; **C**: Incorreta. Conforme Hely Lopes Meirelles, 38ªEd, pg.72: "Órgãos superiores são os que detém poder de direção, controle, decisão e comando dos assuntos de sua competência específica, mas sempre sujeitos à subordinação e ao controle hierárquico de uma chefia mais alta.". Não estão, portanto, na "cúpula" da Administração, sendo inferiores hierárquicos em relação aos órgãos independentes e autônomos; **D**: Correta. Trata-se do Contrato de Gestão, fundamentado no art. 37, § 8º, CF, celebrado com Agencias Executivas para a ampliação de suas atividades e estabelecimentos de metas e melhor desempenho administrativo; **E**: Incorreta. Não existe hierarquia entre as pessoas jurídicas integrantes da Administração Direta e as da Administração Indireta. Há apenas a denominada "tutela" ou supervisão ministerial, que se trata de um controle de legalidade e finalidade dos objetivos contidos pela lei que as cria ou autoriza suas criações.

Gabarito "D"

(Juiz de Direito/DF – 2016 – CESPE) No que se refere a características e regime jurídico das entidades da administração indireta, assinale a opção correta.

(A) As agências reguladoras são fundações de regime especial, cuja atividade precípua é a regulamentação de serviços e de atividades concedidas, que possuem regime jurídico de direito público, autonomia administrativa e diretores nomeados para o exercício de mandato fixo.

(B) As autarquias são pessoas jurídicas de direito público com autonomia administrativa, beneficiadas pela imunidade recíproca de impostos sobre renda, patrimônio e serviços, cujos bens são passíveis de aquisição por usucapião e cujas contratações são submetidas ao dever constitucional de realização de prévia licitação.

(C) As sociedades de economia mista, cuja criação e cuja extinção são autorizadas por meio de lei específica, possuem personalidade jurídica de direito privado, são constituídas sob a forma de sociedade anônima e aplica-se ao pessoal contratado o regime de direito privado, com empregados submetidos ao regime instituído pela legislação trabalhista.

(D) As empresas públicas, que possuem personalidade jurídica de direito público, são organizadas sob qualquer das formas admitidas em direito, estão sujeitas à exigência constitucional de contratação mediante licitação e têm quadro de pessoal instituído pela legislação trabalhista, cuja contratação condiciona-se a prévia aprovação em concurso público.

(E) As agências executivas são compostas por autarquias, fundações, empresas públicas ou sociedades de economia mista que celebram contrato de gestão com órgãos da administração direta a que estão vinculadas, com vistas ao aprimoramento de sua eficiência no exercício das atividades-fim e à diminuição de despesas.

A: incorreta, pois as agências reguladoras não são fundações sob regime especial, mas autarquias sob regime especial; **B**: incorreta, pois as autarquias, em sendo pessoas de direito público, possuem bens públicos, que, por sua vez, não são passíveis de usucapião; **C**: correta, pois está de acordo com os arts. 4º, *caput*, da Lei 13.303/2016 e 173, § 1º, II, da CF; **D**: incorreta, pois as empresas públicas têm personalidade de direito privado e não de direito público (art. 3º, *caput*, da Lei 13.303/2016); **E**: incorreta, pois somente autarquias e fundações públicas podem receber o qualificativo de agência executiva (art. 51 da Lei 9.649/1998).

Gabarito "C"

(Advogado União – AGU – CESPE – 2015) À luz da legislação pertinente à organização administrativa e ao funcionamento da AGU, julgue os seguintes itens.

(1) A Secretaria-Geral de Contencioso é o órgão de direção superior da AGU competente para subsidiar as informações a serem prestadas pelo presidente da República ao STF em mandados de segurança, tendo em vista a sua atribuição de assistência na representação judicial da União perante referido tribunal.

(2) Se a consultoria jurídica junto ao Ministério do Meio Ambiente divergir acerca da interpretação dada pela consultoria jurídica junto ao Ministério do Desenvolvimento Agrário sobre determinada lei, a controvérsia deverá ser dirigida à Secretaria-Geral de Consultoria, órgão de direção superior da AGU competente para orientar e coordenar os trabalhos das consultorias jurídicas no que se refere à uniformização da jurisprudência administrativa e à correta interpretação das leis.

(3) Na hipótese de haver controvérsia extrajudicial entre um órgão municipal e uma autarquia federal, poderá a questão ser dirimida, por meio de conciliação, pela Câmara de Conciliação e Arbitragem da Administração Federal.

(4) Para prevenir litígios nas hipóteses que envolvam interesse público da União, pode o AGU autorizar a assinatura de termo de ajustamento de conduta pela administração pública federal, o qual deve conter, entre outros requisitos, a previsão de multa ou sanção administrativa para o caso de seu descumprimento.

1: Incorreta. O art. 8º, II, do Decreto 7.392/2010 dispõe: "I – assistir o Advogado-Geral da União na representação judicial, perante o Supremo Tribunal Federal, dos Ministros de Estado e do Presidente da República, ressalvadas as informações deste último em mandados de segurança e injunção;" **2**: Incorreta. A competência não é a Secretaria Geral de Consultoria e sim a Consultoria Geral da União (art. 2º, I, c da LC 73/1993 e art. 2º, II, c, do Decreto 7.392/2010). **3**: Correta. Trata-se do disposto no art. 18, III, do Decreto 7392/2010, que assim dispõe: "Art. 18. A Câmara de Conciliação e Arbitragem da Administração Federal compete: (...) III – dirimir, por meio de conciliação, as controvérsias entre órgãos e entidades da Administração Pública Federal, bem como entre esses e a Administração Pública dos Estados, do Distrito Federal. **4**: Correta. Trata-se do disposto no art. 4º, V, da Lei 9.649/1997, que possibilita a aplicação da pena de multa pelo descumprimento dos termos de ajustamento de conduta. AW

Gabarito 1E, 2E, 3C, 4C

(Analista – TJ/CE – 2014 – CESPE) A respeito de organização administrativa, assinale a opção correta.

(A) Os consórcios públicos sob o regime jurídico de direito público são associações públicas sem personalidade jurídica criadas para a gestão associada de serviços públicos de interesse de mais de um ente federativo.

(B) Tratando-se de órgão público, a competência é irrenunciável e intransferível.

(C) As autarquias são entidades criadas pelos entes federativos para a execução atividades que requeiram gestão administrativa e financeira descentralizada, porém, o ente federativo continuará titular do serviço, sendo responsável, dessa forma, pelos atos praticados pela autarquia.

(D) As organizações sociais são pessoas jurídicas de direito público que celebram contrato de gestão como poder público para a prestação de serviços públicos de natureza social.

(E) São consideradas agências executivas as autarquias, fundações, empresas públicas e sociedades de economia mista que apresentam regime jurídico especial que lhes concede maior autonomia em relação ao ente federativo que as criou.

A: Incorreta, pois o consórcio público adquirirá personalidade jurídica de direito público, no caso de constituir associação pública, mediante a vigência das leis de ratificação do protocolo de intenções (art. 6º, I, da Lei 11.107/2005); **B**: Correta, conforme arts. 11 a 15 da Lei 9.784/1999; **C**: Incorreta. Carvalho Filho entende que há descentralização por outorga e por delegação, entendendo-se que pela primeira o Poder **Público transfere a própria titularidade do serviço**, ao passo que pela segunda a transferência tem por alvo apenas a execução do serviço. Nesse caso, a delegação somente ocorreria quando o Estado firmasse negócio jurídico, **mas não quando criasse entidade para sua Administração Indireta** (Carvalho Filho, José dos Santos. **Manual de Direito Administrativo**. 27. ed. São Paulo: Atlas, 2014, p. 353); **D**: Incorreta, pois as Organizações Sociais são pessoas jurídicas de direito privado (art. 1º da Lei 9.637/1998); **E**: Incorreta, pois apenas as autarquias e fundações integrantes da Administração Pública federal poderão, observadas as diretrizes do Plano Diretor da Reforma do Aparelho do Estado, ser qualificadas como Agências Executivas (art. 1º do Decreto 2.487/1998).

Gabarito "B"

(Técnico – TJ/CE – 2013 – CESPE) No que se refere à administração direta e à indireta, à centralizada e à descentralizada, assinale a opção correta.

(A) Trata-se de administração indireta quando o Estado, a fim de obter maior celeridade e eficiência, exerce algumas de suas atividades de forma desconcentrada.

(B) As empresas públicas e as sociedades de economia mista são integrantes da administração indireta, independentemente de prestarem serviço público ou de exercerem atividade econômica de natureza empresarial.

(C) Toda pessoa integrante da administração indireta está vinculada a determinado órgão da administração direta, fato que decorre do princípio da especificidade.

(D) Em virtude do princípio da separação dos poderes, a administração pública direta é exercida exclusivamente pelo Poder Executivo, o qual é incumbido da atividade administrativa em geral.

(E) A criação de empresa pública e de sociedade de economia mista depende de autorização legislativa, porém, o mesmo não ocorre às suas subsidiárias.

A: Incorreta. Pois a Administração Indireta consiste no conjunto de pessoas administrativas vinculadas à Administração Direta com o objetivo de desempenhar as atividades administrativas de forma descentralizada; **B**: Correta, conforme arts.4º, II, *b* e *c*, e 5º, II e III, do Dec.-lei 200/1967; **C**: Incorreta. O princípio da especialidade assinala a necessidade de a atividade a ser exercida pela pessoa integrante da administração indireta estar expressamente prevista em lei, ou seja, não se pode falar em instituição de entidade com finalidades genéricas. Vale dizer que o preceito descrito na alternativa é o princípio do controle; **D**: Incorreta. Pois a Administração Direta do Estado engloba os órgãos de todos os Poderes Políticos dos entes federativos que tenham competência de exercer a atividade administrativa, não apenas o Poder Executivo; **E**: Incorreta. Somente por lei específica poderá ser criada autarquia e autorizada a instituição de empresa pública e de sociedade de economia mista. A criação de subsidiárias, nesses dois casos, dependerá de autorização legislativa (art. 37, XIX e XX, da CF).

Gabarito "B"

(Técnico – TJ/CE – 2013 – CESPE) Acerca das disposições gerais dos agentes públicos, assinale a opção correta.

(A) O agente público não poderá desempenhar função sem que ocupe cargo público.

(B) É condição para a dispensa de ocupantes de cargos em comissão a existência de processo administrativo em que são garantidos o contraditório e a ampla defesa.

(C) Os agentes delegados são pessoas físicas que desempenham atividades de natureza estatal, sendo, para isso, remunerados pelo poder público.

(D) Todo cargo público é condicionado à adoção de regime jurídico estatutário.

(E) Particulares em colaboração com a administração pública são agentes públicos que exercem função pública com vínculo empregatício, em caráter episódico, sem que percam a qualidade de particulares.

A: Incorreta. Poderão ser agentes públicos os particulares em colaboração com a Administração, exemplo: jurados e mesários; **B**: Incorreta. Não se faz necessária a dispensa de ocupantes de cargos em comissão (art. 37, II, da CF); **C**: Incorreta. Segundo Maria Sylvia Zanella Di Pietro, **são agentes delegados** "os empregados das **empresas concessionárias e permissionárias de serviços públicos, os** que exercem serviços notariais e de registro (art. 236 da Constituição), **os leiloeiros, tradutores e intérpretes públicos; eles exercem função pública, em seu próprio nome, sem vínculo empregatício, porém sob** fiscalização do Poder Público. A remuneração que recebem não é paga pelos cofres públicos mas pelos terceiros usuários do serviço" (**Direito Administrativo**. 25. ed. São Paulo: Atlas, 2012. p. 125, p. 589); **D**: Correta, pois o detentor de cargo público terá regime estatutário, ao passo que o empregado público será celetista; **E**: Incorreta. O particular em colaboração com a Administração Pública exercem função pública sem vínculo empregatício, podendo ser concessionários e permissionários de serviços públicos bem como delegados de função ou ofício público.

Gabarito "D"

(Técnico – TJ/CE – 2013 – CESPE) Acerca do controle da administração pública, assinale a opção correta.

(A) Controle legislativo é a prerrogativa atribuída ao Poder Legislativo de fiscalizar atos da administração pública sob os critérios jurídicos, políticos e financeiros.

(B) O controle judicial incide sobre a atividade administrativa do Estado, seja qual foro o Poder em que esteja sendo desempenhada, de modo a alcançar os atos administrativos do Executivo, do Legislativo e do próprio Judiciário.

(C) O controle da administração pública contempla os instrumentos jurídicos de fiscalização da atuação dos agentes e órgãos públicos, não podendo haver controle sobre pessoas administrativas que compõem a administração indireta, uma vez que aquelas são entes independentes.

(D) Um importante instrumento de controle administrativo é o direito de petição, que consiste na obrigatoriedade que têm os indivíduos de formular pretensões aos órgãos públicos quando verificar em uma irregularidade, sob pena de multa.

(E) Coisa julgada administrativa é a situação jurídica pela qual determinada decisão firmada pela administração não mais pode ser modificada na via administrativa e judicial.

A: Incorreta, pois o controle legislativo não abarca a fiscalização sob o critério jurídico; **B**: Correta, pois Poder Judiciário realizará o controle judicial de legalidade dos atos administrativos emanados pelos três poderes da União. **C**: Incorreta. O princípio do controle da Administração Pública, também conhecido como tutela administrativa, permite a fiscalização das pessoas (agentes) administrativas; **D**: Incorreta. São a todos assegurados, independentemente do pagamento de taxas, o direito de petição aos poderes público em defesa de direitos ou contra ilegalidade ou abuso de poder (art. 5º, XXXIV, *a*, da CF); **E**: Incorreta. A coisa julgada administrativa consiste, segundo Carvalho Filho, na situação jurídica pela qual determinada decisão firmada pela Administração não mais pode ser modificada na via administrativa. A irretratabilidade, pois, se dá apenas nas instâncias da Administração (CARVALHO FILHO, José dos Santos. **Manual de Direito Administrativo**. 27. ed. São Paulo: Atlas, 2014. p. 979). A definitividade, conforme menciona o autor, é relativa, porque o administrado, ainda inconformado, poderá oferecer sua pretensão ao Judiciário, e este poderá amanhã decidir em sentido contrário ao que foi decidido pela Administração (idem, p. 979).

Gabarito "B"

(Técnico – TJ/CE – 2013 – CESPE) Ainda com relação ao controle da administração pública, assinale a opção correta.

(A) Verificada a existência de uma irregularidade na atividade administrativa, surgirá a faculdade de o órgão de controle propor as providências a serem adotadas.

(B) O controle interno da atividade administrativa pode ser provocado por atuação de terceiros, desde que estes estejam investidos da condição de agentes estatais.

(C) O controle externo realizado pelo Poder Judiciário é diverso daquele realizado pelo TCU, o que não inviabiliza que o Poder Judiciário revise a atividade de controle executada pelo TCU.

(D) Ao realizar a atividade de controle externo, um órgão pode assumir exercício de competências reservadas por lei a outro órgão e invalidar um ato administrativo viciado.

(E) A titularidade do controle externo da atividade financeira do Estado é da Câmara dos Deputados, com auxílio técnico do Tribunal de Contas da União (TCU).

A: Incorreta, pois o órgão, após verificar a existência de irregularidades, não possuirá a faculdade de propor providências a serem adotadas, possui, este o dever de fazê-lo; **B:** Incorreta, conforme art. 74, § 2º, da CF; **C:** Correta, pois o controle realizado pelo TCU será aquele previsto no art. 70 da CF, diferentemente do controle realizado pelo Poder Judiciário, que realizará o controle da legalidade, cuja apreciação não poderá ser excluída (art. 5º, XXXV, da CF); **D:** Incorreta, pois a conduta descrita na alternativa não é permitida, sendo considerada excesso de poder. Trata-se de um vício de competência. **E:** Incorreta, pois a titularidade do controle externo da atividade financeira do Estado é da Assembleia Legislativa, com auxílio técnico do Tribunal de Contas de Estado em aplicação ao princípio da simetria e de acordo com o disposto no art. 75 da CF.

Gabarito "C"

(Técnico Judiciário – TJDFT – 2013 – CESPE) A respeito da administração direta e indireta e dos conceitos de centralização e descentralização, julgue os próximos itens.

(1) Entidades paraestatais, pessoas jurídicas de direito privado que integram a administração indireta, não podem exercer atividade de natureza lucrativa.

(2) Quando o Estado cria uma entidade e a ela transfere, por lei, determinado serviço público, ocorre a descentralização por meio de outorga.

(3) A criação, por uma universidade federal, de um departamento específico para cursos de pós-graduação é exemplo de descentralização.

1: incorreta, pois as entidades paraestatais não integram a administração direta e indireta, tratando-se de entidades privadas não criadas pelo Estado, apesar de atuarem na colaboração com este; são exemplos de entidades paraestatais as entidades do Sistema "S" (SESI, SENAC, SENAI etc.) e as organizações sociais e OSCIPs; **2:** correta; trata-se de "descentralização", pois tal transferência se dá de pessoa jurídica para pessoa jurídica (e não de órgão para órgão, hipótese em que se teria a desconcentração) e "por outorga", pois há transferência da própria competência, diferentemente da "por colaboração", em que há mera delegação para a simples prestação de um serviço público; **3:** incorreta, pois tal atribuição se dá de órgão para órgão (ou seja, internamente a uma pessoa jurídica), de modo que se tem desconcentração e não descentralização.

Gabarito 1E, 2C, 3E

(Defensor Público/SE – 2012 – CESPE) Assinale a opção correta acerca de aspectos gerais da administração pública.

(A) A fundação pública de direito privado, também conhecida como fundação governamental, possui personalidade privada e submete-se, inteiramente, ao direito público.

(B) As sociedades de economia mista, as empresas públicas e as autarquias só podem ser criadas por meio de lei.

(C) Entre as teorias que tratam da natureza jurídica da relação entre o Estado e seus agentes, é amplamente adotada pela doutrina e jurisprudência brasileiras a teoria da representação.

(D) As autarquias, pessoas jurídicas de direito privado, fazem parte da administração indireta do Estado e gozam de liberdade administrativa nos limites da lei de regência.

(E) O ato da administração, praticado pela administração pública no exercício da função administrativa, pode ser regido tanto pelo direito público quanto pelo direito privado, ao passo que o ato administrativo rege-se, necessariamente, pelo direito público.

A: incorreta, pois, em sendo de direito privado, obedece ao regime jurídico de direito privado especial, próprio das pessoas privadas da Administração Indireta; **B:** incorreta, pois as sociedades de economia mista e as empresas públicas são autorizadas por lei (específica) e não criadas por lei; em seguida à autorização legislativa elas devem ter seus atos constitutivos arquivados no Registro Público, para que passem a existir; **C:** incorreta, pois a teoria da representação é muito criticada, pelo fato de se tratar de um instituto de direito privado, muitas vezes relacionado aos incapazes, sendo que o Estado está longe de ser incapaz; a teoria adotada no Brasil é a da presentação, pela qual os agentes públicos se fazem presentes enquanto Administração, quando atuam em suas funções públicas; A **teoria da presentação** fez com que se desenvolvesse a teoria do órgão, de acordo com a qual todo ato expedido por um agente público é imputado diretamente à Administração Pública. De fato, quando um agente público pratica um ato, esse agente nada mais está do que se fazendo presente (presentando) como Estado. No fundo, quem pratica o ato é o próprio Estado, e não o agente público, que é um mero presentante deste. Essa conclusão tem várias consequências, dentre as quais a de que, causado um dano a terceiro por conduta de agente estatal, o Estado responderá objetivamente, não sendo sequer possível que a vítima ingresse com ação diretamente em face do agente público, devendo acionar o Estado, que, regressivamente, poderá se voltar em face do agente público que tiver agido com culpa ou dolo (art. 37, § 6º, da CF). **D:** incorreta, pois as autarquias são pessoas jurídicas de direito público; **E:** correta, visto que a Administração pratica dois tipos de atos, os atos administrativos e os meros atos da Administração; os primeiros são dotados de prerrogativas públicas, ao passo que os segundos, não, de modo que os primeiros são regidos pelo direito público, ao passo que os segundos, não; uma multa aplicada pela Administração é um ato administrativo; um contrato de locação em que o Poder Público é locatário não é um ato administrativo, sendo regido pelo Direito Privado.

Gabarito "E"

4.2. AUTARQUIAS

(Auditor Fiscal - SEFAZ/RS - 2019 - CESPE/CEBRASPE) A entidade da administração pública indireta criada por meio de lei para desempenho de atividades específicas, com personalidade jurídica pública e capacidade de autoadministração é a

(A) autarquia.

(B) fundação privada.

(C) sociedade de economia mista.

(D) empresa pública.

(E) empresa subsidiária.

A: correta – As autarquias podem ser **conceituadas** como *as pessoas jurídicas de direito público, criadas por lei específica, para titularizar atividade administrativa.* Realizam atividades próprias (típicas) da Administração Direta, as quais são passadas para as autarquias para agilizar, facilitar e principalmente especializar a prestação dos serviços públicos. São um prolongamento, um *longa manus* do Estado. Qualquer ente político (União, Estados-membros, Distrito Federal e Municípios) pode criar uma autarquia, desde que por lei específica e para realizar atividades típicas da Administração; **B:** incorreta – A fundação privada possui personalidade jurídica de direito privado. Não se pode confundir as fundações públicas com as fundações privadas criadas pelo Estado. Isso porque nada impede que o Estado crie fundações com personalidade de direito privado, sendo apenas necessário que haja autorização legal. Muitas vezes deseja-se criar uma pessoa jurídica, cujo elemento patrimonial terá caráter preponderante, para um fim de interesse público, mas que não trate de típica atividade administrativa. Em tal hipótese, cria-se uma fundação privada, com regime jurídico de direito privado. Nesse caso haverá fiscalização por parte do Ministério Público, na forma da lei civil. Portanto, o critério que diferencia uma *fundação pública de direito público* de uma *fundação privada criada pelo Estado* é a natureza da atividade da pessoa jurídica criada. Se se tratar de típica atividade administrativa, será uma fundação pública. Se não, uma fundação privada; **C:** incorreta. As **sociedades de economia mista** são pessoas jurídicas de direito privado, cuja criação foi autorizada em lei, constituídas necessariamente sob a forma de sociedade por ações e cujo capital majoritariamente deve ser formado por recursos de pessoas públicas de direito interno ou de pessoas integrantes de suas respectivas administrações indiretas, sendo possível que as demais ações sejam de propriedade privada. Portanto, são empresas estatais com as seguintes peculiaridades: a) constituídas somente pela forma de sociedade anônima (S/A); b) possuem necessariamente capital privado e público, sendo que a maioria das ações com direito a voto é do Poder Público; c) a Justiça Comum é o foro próprio de tais sociedades mesmo sendo federais; **D:** incorreta. As empresas públicas podem ser **conceituadas** como *pessoas jurídicas de direito privado especial, cuja criação se dá pelo Estado, autorizado por lei específica, com a finalidade de executar serviço público ou explorar atividade econômica não ligada a esse tipo de serviço, em caráter suplementar, desde que necessário aos imperativos da segurança nacional ou a relevante interesse coletivo.* Apresentam as seguintes características: a) constituídas por qualquer modalidade societária admitida (S/A, Ltda. etc.); b) com capital social formado integralmente por recursos de pessoas jurídicas de direito público (caso tenha participação da União, esta deve ter a maioria do capital votante);c) caso sejam da União, têm foro na Justiça Federal (art. 109, I e IV, da CF) na área cível e criminal, salvo quanto às contravenções penais, cujo julgamento é da competência da Justiça Comum; **E:** incorreta. Uma empresa subsidiária ou subordinada é uma empresa controlada ou pertencente a outra empresa. Aquela que possui ou controla a empresa subsidiária é chamada de empresa-mãe. FB

Gabarito "A".

(Procurador do Estado – PGE/BA – CESPE – 2014) Considerando a necessidade de melhorar a organização da administração pública estadual, o governador da Bahia resolveu criar autarquia para atuar no serviço público de educação e empresa pública para explorar atividade econômica.

Com base nessa situação hipotética, julgue os itens que se seguem.

(1) Observados os princípios da administração pública, a empresa pública pode ter regime específico de contratos e licitações, sujeitando-se os atos abusivos praticados no âmbito de tais procedimentos licitatórios ao controle por meio de mandado de segurança.

(2) De acordo com o que dispõe a Lei Complementar nº 34/2009 do estado da Bahia, as atividades do serviço técnico-jurídico de autarquias estaduais devem ser acompanhadas pela Procuradoria Geral do Estado (PGE), com vistas à preservação da uniformidade de orientação, no âmbito da administração pública.

(3) Desde que presentes a relevância e urgência da matéria, a criação da autarquia pode ser autorizada por medida provisória, devendo, nesse caso, ser providenciado o registro do ato constitutivo na junta comercial competente.

1: Correta. Tanto é verdade que hoje temos a Lei 13.306/2016, que estabelece um novo regime para essas empresas estatais, específico, a fim de conformá-las com suas atividades específicas de exploração econômica. **2:** Correta. Trata-se do disposto no art. 23, III, da Lei Complementar 34/2009. **3:** Incorreta. Somente por lei específica pode ser criada uma autarquia, conforme disposto no art. 37, XIX, CF. AW

Gabarito 1C, 2C, 3E

(Técnico Judiciário – MPU – 2010 – CESPE) Julgue o seguinte item.

(1) O Banco Central do Brasil (BACEN) tem autonomia política para criar suas próprias normas.

1: incorreta, pois o BACEN é uma autarquia e, como tal, não tem poder legiferante; o máximo que pode fazer é expedir resoluções sublegais, ou seja, que tenham por fim a fiel execução da lei.

Gabarito 1E

(Procurador do Município/Boa Vista-RR – 2010 – CESPE) Com relação à autarquia, julgue o item seguinte.

(1) São características das autarquias a descentralização, a criação por lei, a especialização dos fins ou atividades, a personalidade jurídica pública, a capacidade de autoadministração e a sujeição a controle ou tutela.

1: Correta, pois traz as características próprias da autarquia.

Gabarito 1C

4.3. AGÊNCIAS REGULADORAS

(Procurador do Estado/SE – 2017 – CESPE) Acerca do poder regulamentar e do regime jurídico das agências reguladoras e executivas, assinale a opção correta.

(A) O STJ entende que a aplicação de multas previstas em resoluções editadas por agência reguladora do setor de aviação civil ofende o princípio da legalidade.

(B) A autonomia de gestão das agências executivas torna dispensável a celebração de contrato de gestão com o ministério supervisor para o seu funcionamento.

(C) O período de quarentena, que é condição legal para ex-dirigentes iniciarem o exercício de atividade na iniciativa privada, tem como objetivo evitar transtornos e prejuízos à fiscalização das agências reguladoras.

(D) Observada a especificidade de sua atuação, as agências reguladoras têm competência para instituir modalidades próprias para a licitação e contratação de obras e serviços.

(E) A existência de subordinação hierárquica das agências reguladoras ao governo é exemplificada pela possibilidade de o interessado interpor recurso na pasta ministerial competente.

A: incorreta – Segundo o STJ, havendo previsão na legislação ordinária delegando à agência reguladora competência para a edição de normas e regulamentos no seu âmbito de atuação, não há que se falar em ofensa ao princípio da legalidade. Vejamos julgado a respeito do tema: Processual civil. Administrativo. Multa administrativa aplicada pela Anac. Princípio da legalidade. Legitimidade passiva do Estado de Santa Catarina. Convênio administrativo entre município de Chapecó e aeródromo.1. A análise que enseja a responsabilidade do Estado de Santa Catarina sobre a administração do aeródromo localizado em Chapecó/SC enseja observância das cláusulas contratuais, algo que ultrapassa a competência desta Corte Superior, conforme enunciado da Súmula 5/STJ. 2. *Não há violação do princípio da legalidade na aplicação de multa previstas em resoluções criadas por agências reguladoras, haja vista que elas foram criadas no intuito de regular, em sentido amplo, os serviços públicos, havendo previsão na legislação ordinária delegando à agência reguladora competência para a edição de normas e regulamentos no seu âmbito de atuação.* Precedentes. 3. O pleito de se ter a redução do valor da multa aplicada ao recorrente, por afronta à Resolução da ANAC e à garantia constitucional do art. 5º, XL, da CF/88 e arts. 4º. e 6º da LICC, bem como art. 106, III, alínea "c", c/c art. 112 do CTN, não merece trânsito, haja vista que a respectiva matéria não foi devidamente prequestionada no acórdão em debate. Agravo regimental improvido. (AgRg no AREsp 825.776/SC, Rel. Ministro Humberto Martins, Segunda Turma, julgado em 05.04.2016, DJe 13.04.2016); **B:** incorreta – Art. 37, § 8º, CF/1988; **C:** correta – "O ex-dirigente fica impedido para o exercício de atividades ou de prestar qualquer serviço no setor regulado pela respectiva agência, por um período de quatro meses, contados da exoneração ou do término do seu mandato. [...]" – Art. 8º da Lei 9.986/2000; **D:** incorreta – é certo que no que tange ao procedimento licitatório algumas leis criadoras das agências regulatórias tentaram esquivá-las da obediência às normas licitatórias na Lei 8.666/1993. A Lei 9.472/1997, denominada Lei Geral das Telecomunicações e que criou a Anatel, chegou até mesmo a estabelecer que tal agência não se submetia à Lei 8.666/1993 e que poderia inclusive adotar modalidades específicas como o pregão e a consulta. Todavia, essa disposição foi objeto da ADI 1.668, que em medida cautelar determinou a suspensão do artigo 119, proibindo a definição de procedimento administrativo pela própria Anatel tendo em vista a violação ao Art. 22, inc. XXVII, da CF/1988. No que tange ao pregão e à consulta, previstos no Art. 54 da Lei 9.472/2000, não houve a suspensão cautelar desses dispositivos e, atualmente, temos que o pregão encontra-se hoje regulado pela Lei 10.520/2002 e, no tocante à consulta, ela tem sido utilizada, embora na verdade dependesse da edição de uma lei que a instituísse de fato como modalidade licitatória; **E:** incorreta – as agências reguladoras possuem natureza jurídica de autarquias especiais, ou seja, são entes que compõem a chamada Administração Indireta. Não existe subordinação hierárquica entre o ente da Administração Pública Direta que deu ensejo à criação da agência reguladora e essa. Há somente um poder de tutela, a chamada supervisão ministerial. FB

Gabarito "C".

(Procurador/DF – 2013 – CESPE) Julgue o seguinte item.

(1) As agências reguladoras consistem em mecanismos que ajustam o funcionamento da atividade econômica do país como um todo. Foram criadas, assim, com a finalidade de ajustar, disciplinar e promover o funcionamento dos serviços públicos, objeto de concessão, permissão e autorização, assegurando o funcionamento em condições de excelência tanto para o fornecedor/produtor como principalmente para o consumidor/usuário.

1: certa, pois traz um exato panorama sobre os objetivos das agências reguladoras, conforme posicionamento adotado pelo STJ (REsp 757.971/RS, DJ 19/12/2008).

Gabarito 1C

(Advogado da União/AGU – CESPE – 2012) Julgue o item seguinte.

(1) A qualificação de agência executiva federal é conferida, mediante ato discricionário do presidente da República, a autarquia ou fundação que apresente plano estratégico de reestruturação e de desenvolvimento institucional em andamento e celebre contrato de gestão com o ministério supervisor respectivo.

1: Correta, nos termos dos arts. 51 e 52 da Lei 9.649/1998.

Gabarito 1C

4.4. CONSÓRCIOS PÚBLICOS

(Advogado da União/AGU – CESPE – 2012) Julgue o item seguinte.

(1) O consórcio público com personalidade jurídica de direito público integra a administração indireta dos entes da Federação consorciados.

1: correta, pois de acordo com o disposto no art. 6º, § 1º, da Lei 11.107/2005.

Gabarito 1C

4.5. EMPRESAS ESTATAIS

(Defensor Público/AC – 2012 – CESPE) Com relação a empresas públicas e sociedades de economia mista, assinale a opção correta.

(A) Empresas públicas possuem personalidade jurídica de direito público.
(B) A existência legal de uma empresa pública inicia-se com a edição da lei que autoriza sua criação.
(C) Uma ação de reparação de danos materiais contra o Serviço Federal de Processamento de Dados (SERPRO) deve tramitar em uma das varas cíveis da justiça comum estadual.
(D) Admite-se participação de capital privado na constituição de empresa pública.
(E) A única forma jurídica admitida para a composição de sociedade de economia mista é a sociedade anônima.

A: incorreta, pois possuem personalidade jurídica de direito privado (art. 5º, II, do Dec.-lei 200/1967); **B:** incorreta, pois se inicia com o arquivamento de seus atos constitutivos no registro público competente; **C:** incorreta, pois o SERPRO é uma empresa pública federal e, como tal, tem foro na Justiça Federal (art. 109, I, da CF); **D:** incorreta, pois a empresa pública tem capital exclusivamente público; **E:** correta, pois, de fato, a sociedade de economia mista só pode ter a forma jurídica de sociedade anônima (art. 5º, III, do Dec.-lei 200/1967 e art. 4º da Lei 13.303/2016).

Gabarito "E".

(Advogado da União/AGU – CESPE – 2012) Julgue o item seguinte.

(1) As empresas públicas e as sociedades de economia mista não se sujeitam à falência e, ao contrário destas, aquelas podem obter do Estado imunidade tributária e de impostos sobre patrimônio, renda e serviços vinculados às suas finalidades essenciais ou delas decorrentes.

1: incorreta, pois tanto as empresas públicas, como as sociedades de economia mista não gozam da imunidade tributária recíproca, sujeitando-se às regras tributárias próprias das empresas privadas (art. 173, § 1º, I, e § 2º, da CF).

Gabarito 1E

(Advogado – Correios – 2011 – CESPE) Com referência ao estatuto da Empresa Brasileira de Correios e Telégrafos (ECT), julgue o seguinte item.

(1) A ECT tem por finalidade manter o serviço postal, executando-o e controlando-o, em regime de monopólio, em todo o território nacional, podendo celebrar contratos e convênios que objetivem assegurar a prestação de serviços.

1: correta, pois está de acordo com os arts. 2º, I, e 18, do Dec.-lei 509/1969).

Gabarito 1C

4.6. ENTES DE COOPERAÇÃO

(Analista Judiciário – STJ – 2018 – CESPE) Acerca das organizações da sociedade civil de interesse público (OSCIP) e dos atos administrativos, julgue os itens seguintes.

(1) A concessão, pelo poder público, da qualificação como OSCIP de entidade privada sem fins lucrativos é ato vinculado ao cumprimento dos requisitos legais estabelecidos para tal.
(2) Situação hipotética: Após celebrar termo de parceria com a União e receber recursos públicos, determinada OSCIP anunciou a contratação de terceiros para o fornecimento de material necessário à consecução dos objetivos do ajuste. Assertiva: Nessa situação, para efetivar a contratação de terceiros, a OSCIP deverá realizar licitação pública na modalidade concorrência.

1: correta – trata-se de ato vinculado, na medida em que, uma vez preenchidos os requisitos legais, não existe liberdade para a autoridade pública não conceder a qualificação de OSCIP – Art. 1º, § 2º, da Lei 9.790/1999; **2:** incorreta – a OSCIP é uma qualificação dada vinculadamente a um ente que não compõe a organização administrativa, de modo que a obrigatoriedade de licitação não lhe é aplicável.

Gabarito 1C, 2E

(Promotor de Justiça/RR – 2017 – CESPE) Determinado estado da Federação pretende propor a celebração de parceria com uma organização da sociedade civil na área de preservação do meio ambiente, visando à consecução de interesse público e recíproco. Tal parceria envolverá o repasse de recursos financeiros do estado para a organização.

Nessa situação, deverá ser firmado o instrumento denominado

(A) termo de parceria, realizado mediante prévio chamamento público.
(B) termo de colaboração, realizado mediante prévio chamamento público.
(C) convênio, que dependerá de prévia licitação.
(D) acordo de cooperação, que prescinde de licitação.

A: incorreta – Segundo os termos da Lei 13.019/2014, se a proposta partir da Administração Pública e envolver a transferência de recursos, teremos um caso de **termo de colaboração**; ao passo que se a proposta partir da organização da sociedade civil, também com transferência de recursos públicos, estar-se-á diante de uma parceria celebrada mediante termo de fomento. O "termo de parceria" não tem previsão nessa lei, mas na Lei 9.790/1999, que dispõe sobre as Organizações da Sociedade Civil de Interesse Público – OSCIP, em seu artigo 9º estabelece que "Fica instituído o Termo de Parceria, assim considerado o instrumento passível de ser firmado entre o Poder Público e as entidades qualificadas como Organizações da Sociedade Civil de Interesse Público destinado à formação de vínculo de cooperação entre as partes, para o fomento e a execução das atividades de interesse público" – Art. 9º da Lei 9.790/1999; **B:** correta – termo de colaboração, que é o "instrumento por meio do qual são formalizadas as parcerias estabelecidas pela administração pública com organizações da sociedade civil para a consecução de finalidades de interesse público e recíproco propostas pela administração pública que envolvam a transferência de recursos financeiros" – Art. 2º da Lei 13.019/2014; **C:** incorreta – após o advento da Lei 13.019/2014, se há o repasse de recursos financeiros e se há a presença de um particular, não há que se falar em convênio; **D:** incorreta – segundo o Art. 2º, inciso VIII-A, da Lei 13.019/2014, acordo de cooperação consiste no "instrumento por meio do qual são formalizadas as parcerias estabelecidas pela administração pública com organizações da sociedade civil para a consecução de finalidades de interesse público e recíproco que não envolvam a transferência de recursos financeiros.

Gabarito "B".

(Defensor Público – DPE/RN – 2016 – CESPE) Acerca dos serviços sociais autônomos, assinale a opção correta.

(A) Segundo entendimento jurisprudencial consolidado no âmbito do STF, os serviços sociais autônomos integrantes do denominado Sistema S estão submetidos à exigência de concurso público para a contratação de pessoal, nos moldes do que prevê a CF para a investidura em cargo ou emprego público.

(B) Por serem destinatários de dinheiro público arrecadado mediante contribuições sociais de interesse corporativo, os serviços sociais autônomos estão sujeitos aos estritos procedimentos e termos estabelecidos na Lei 8.666/1993.

(C) Assim como outras entidades privadas que atuam em parceria com o poder público, como as OSs e as OSCIPs, os serviços sociais autônomos necessitam da celebração de contrato de gestão com o poder público para o recebimento de subvenções públicas.

(D) Serviços sociais autônomos são pessoas jurídicas de direito privado integrantes do elenco das pessoas jurídicas da administração pública indireta e têm como finalidade uma atividade social que representa a prestação de um serviço de utilidade pública em benefício de certos agrupamentos sociais ou profissionais.

(E) Referidos entes de cooperação governamental, destinatários de contribuições parafiscais, estão sujeitos à fiscalização do Estado nos termos e condições estabelecidos na legislação pertinente a cada um.

A: Incorreta. Os Serviços Sociais Autônomos são pessoas jurídicas de direito privado que prestam assistência e ensino a certas categorias profissionais, sendo paraestatais, ou seja, atuam ao lado do Estado, não integrando, portanto, a estrutura da Organização da Administração Pública. Sendo assim, não se sujeitam às regras do art. 37, CF por completo, inclusive quanto à necessidade de concurso para ingresso de seu "quadro de pessoal", que pode ser livremente contratado; **B:** Incorreta. A doutrina e jurisprudência dominantes são unânimes no sentido de não ser necessária a licitação para os Serviços Sociais Autônomos, bastando que prestem contas aos Tribunais de Contas, em relação ao dinheiro estatal que recebem como subvenção e auxílio no desenvolvimento de suas atividades; **C:** Incorreta. Os Serviços Sociais Autônomos são instituídos por lei, não dependendo de Contrato de Gestão, como as Organizações Sociais, nem Termos de Parceria como as OSCIPs; **D:** Incorreta. Os Serviços Sociais Autônomos estão "fora" da estrutura administrativa, sendo paraestatais, ou seja, pessoas jurídicas que atuam "ao lado" do Estado, colaborando com este; **E:** Correta. Perfeita a assertiva, pois os Serviços Sociais Autônomos são denominados "Entes de Cooperação" e recebem dotações orçamentárias e contribuições parafiscais para o desempenho de suas atividades, sendo fiscalizados pelo Poder Público, quanto ao emprego desses recursos.

Gabarito "E"

(Advogado União – AGU – CESPE – 2015) Acerca da intervenção do Estado na propriedade, das licitações e dos contratos administrativos, julgue o seguinte item.

(1) No caso de parceria a ser firmada entre a administração pública e organização da sociedade civil, se não houver transferências voluntárias de recursos, deverá ser utilizado o instrumento jurídico estabelecido em lei denominado acordo de cooperação.

1: Correta. O art. 2º, VIII-A, da Lei 13.204/2015, dispõe que: "acordo de cooperação: instrumento por meio do qual são formalizadas as parcerias estabelecidas pela administração pública com organizações da sociedade civil para a consecução de finalidades de interesse público e recíproco que não envolvam a transferência de recursos financeiros."

Gabarito 1C

(Advogado da União/AGU – CESPE – 2012) Julgue o item seguinte.

(1) Para que sociedades comerciais e cooperativas obtenham a qualificação de organizações da sociedade civil de interesse público, é preciso que elas não possuam fins lucrativos e que tenham em seus objetivos sociais a finalidade de promoção da assistência social.

1: Incorreta, pois sociedades comerciais e cooperativas não podem se qualificar como sociedade civil de interesse público (art. 2º, I e X, da Lei 9.790/1999).

Gabarito 1E

5. SERVIDORES PÚBLICOS

5.1. CONCEITO E CLASSIFICAÇÃO

Para resolver as questões deste item, vale lembrar que há três grandes grupos de agentes públicos, que são os seguintes: a) **agentes políticos**, que são os que têm cargo estrutural no âmbito da organização política do País (exs.: chefes do Executivo, secretários estaduais e municipais, vereadores, deputados, senadores, juízes, entre outros); **b) agentes administrativos ou servidores públicos**, que são os que possuem cargo, emprego ou função na Administração Direta e Indireta, compreendendo os empregados públicos e servidores estatutários e temporários (exs.: professor, médico, fiscal, técnico, analista, delegado, procurador etc.); **c) particulares em colaboração com o Poder Público**, que são aqueles que, sem perder a condição de particulares, são chamados a contribuir com o Estado (ex.: *agentes honoríficos*, como os mesários das eleições e os jurados do Tribunal do Júri; *agentes credenciados*, como um advogado contrato para defender um Município numa ação judicial específica; *agentes delegados*, como o registrador e o tabelião, nos Cartórios). Assim, dentro da expressão *servidores públicos*, não estão contidos os *agentes políticos* e os *particulares em colaboração com o Poder Público.* Para alguns autores, como Maria Sylvia Zanella Di Pietro, os *militares* devem ser considerados uma espécie a mais de servidores públicos. Assim, para essa doutrina, há quatro grandes grupos de agentes públicos: a) agentes políticos; b) servidores públicos; c) militares; d) particulares em colaboração com a Administração.

(Analista – Judiciário –TRE/PI – 2016 – CESPE) A cidade de Parintins, no Amazonas, detém a maior proporção do Brasil de funcionários públicos em relação ao total de trabalhadores formais — lá são 3.971 servidores públicos, que correspondem a 62,71% desse total, considerados apenas os estatutários.

Internet: <http://exame.abril.com.br > (com adaptações).

Tendo o texto acima como referência inicial e supondo que a notícia apresentada tenha sido confirmada por diversos organismos renomados pelo elevado grau assertivo em suas pesquisas e que a realidade apresentada permaneça até o presente, assinale a opção correta acerca de aspectos diversos do direito administrativo.

(A) As contratações de agentes públicos para o exercício de cargo efetivo e permanente no referido município devem ocorrer mediante concurso, cuja validade inicial pode ser de até dois anos, prorrogável, uma vez, por igual período.

(B) A existência do elevado número de servidores públicos é suficiente para concluir que o chefe do Poder Executivo municipal, por utilizar a técnica administrativa da concentração, agiu contrariamente ao princípio da eficiência, estando, pois, sujeito à ação de improbidade, cuja prescrição ocorre no prazo de cinco anos, a contar da abertura do respectivo processo administrativo disciplinar.

(C) O mesário convocado para servir no dia das eleições é considerado servidor público estatutário.

(D) A administração pública, em sentido objetivo, compreende as pessoas jurídicas de direito público e seus agentes.

(E) Com base no entendimento do STF, é correto afirmar que o prefeito de Parintins pode nomear sobrinha para ocupar cargo de confiança em órgão da administração, uma vez que a vedação à nomeação de parentes alcança apenas aqueles em linha reta ou por afinidade.

A: correta (art. 37, II e III, da CF); **B:** incorreta, por vários motivos; primeiro porque o enunciado não diz que esses funcionários todos são municipais, podendo ser também estaduais e federais; segundo porque não se sabe se o Chefe do Executivo Municipal usou mesmo com exagero a técnica administrativa da concentração; terceiro porque essa técnica não é necessariamente causa de inchaço de servidores públicos; quarto porque o prazo prescricional no caso, se houvesse improbidade administrativa, seria de 5 anos contados do término do mandato do Prefeito e não no prazo indicado no enunciado; **C:** incorreta, pois o mesário é considerado particular em colaboração com a Administração; **D**: incorreta, pois o conceito dado no enunciado é de administração pública em sentido objetivo; **E**: incorreta, pois tal nomeação violaria a Súmula Vinculante STF n. 13, já que a sobrinha é parente em 3º grau do Prefeito.

Gabarito "A"

5.2. VÍNCULOS (CARGO, EMPREGO E FUNÇÃO)

(Advogado – Correios – 2011 – CESPE) Julgue o item abaixo, acerca da relação jurídica dos servidores e dos empregados públicos.

(1) Os ocupantes de cargo público ou de emprego público têm vínculo estatutário e institucional regido por estatuto funcional próprio, que, no caso da União, é a Lei n. 8.112/1990.

1: incorreta, pois o estatuto funcional próprio só se aplica aos ocupantes de cargos públicos (art. 1º c/c art. 2º, ambos da Lei 8.112/1990), sendo que, quanto aos ocupantes de emprego público, aplica-se a CLT.

Gabarito 1E

(Magistratura do Trabalho – 1ª Região – 2010 – CESPE) Com relação aos servidores públicos, assinale a opção correta.

(A) A norma constitucional que reconhece aos servidores públicos o direito de greve, ainda que considerada de eficácia limitada, consagra direito de índole coletiva em relação ao qual a legislação infraconstitucional não pode, sob pretexto algum, estabelecer limites ou condições.

(B) Em 2007, o STF deferiu medida cautelar, com efeitos retroativos, restabelecendo a eficácia da redação original do art. 39, *caput*, da CF, que previa o regime jurídico único. Com essa decisão, não mais se admite a criação de empregos públicos no âmbito da administração direta, autárquica e fundacional, devendo ser invalidadas as situações constituídas anteriormente a 2007 que ignorem a existência do regime único.

(C) Os trabalhadores públicos celetistas das empresas públicas sujeitam-se às regras disciplinadoras da CLT; seu regime básico é o mesmo que se aplica às relações de emprego no setor privado.

(D) A Lei Federal n. 9.962/2000 disciplina o regime de emprego público, o qual incide no âmbito da administração federal direta, das autarquias e das sociedades de economia mista.

(E) Em virtude da alteração introduzida pela Emenda Constitucional n. 45/2004 – Reforma do Poder Judiciário – na CF, os litígios entre a União e servidores estatutários são dirimidos perante a justiça do trabalho, do mesmo modo que os litígios envolvendo servidores trabalhistas e os diversos entes federativos, na condição de empregadores.

A: incorreta, pois tal norma, ao ser regulamentada, estabelecerá limites e condições para o exercício do direito de greve; **B**: incorreta, pois a exigência de regime jurídico único, que consta da redação original do art. 39, *caput*, da CF quer dizer que não é possível haver mais de um estatuto de funcionário público para reger os servidores com *cargo público* na Administração Direta e Indireta; há de existir um estatuto de funcionário público único; no entanto, para reger os servidores com *emprego público* a CLT continuará sendo utilizada; **C**: correta, pois quem tem emprego público é regido pela CLT, mesma lei aplicável ao setor privado; **D**: incorreta, pois a Lei 9.962/2000 disciplina o regime de emprego público apenas para a administração federal direta, e para as autarquias e fundações (art. 1º), não se aplicando às sociedades de economia mista federal; vale salientar que esta lei traz algumas disposições sobre tal regime e, no que não contrariar a lei em questão, aplica-se a CLT; **E**: incorreta, pois os litígios envolvendo servidores estatutários são julgados pela Justiça Comum, e não pela Justiça do Trabalho.

Gabarito "C"

5.3. PROVIMENTO

(Procurador/DF – 2013 – CESPE) Acerca do direito administrativo, julgue o item a seguir.

(1) A promoção constitui investidura derivada, enquanto a nomeação traduz investidura originária do servidor público.

1: certa, pois a promoção de um servidor só pode ocorrer quando este já tenha tido uma designação anterior para algum cargo, ou seja, a promoção nunca é o primeiro provimento (o provimento originário), mas sim um provimento derivado; já a nomeação é o primeiro provimento, ou seja, o provimento originário.

Gabarito 1C

5.4. VACÂNCIA

(Delegado/PE – 2016 – CESPE) Assinale a opção correta a respeito de servidor público, agente público, empregado público e das normas do regime estatutário e legislação correlata.

(A) O processo administrativo disciplinar somente pode ser instaurado por autoridade detentora de poder de polícia.

(B) Nomeação, promoção e ascensão funcional são formas válidas de provimento de cargo público.

(C) Empregado público é o agente estatal, integrante da administração indireta, que se submete ao regime estatutário.

(D) A vacância de cargo público pode decorrer da exoneração de ofício de servidor, quando não satisfeitas as condições do estágio probatório.

(E) Para os efeitos de configuração de ato de improbidade administrativa, não se considera agente público o empregado de empresa incorporada ao patrimônio público municipal que não seja servidor público.

A: incorreta, pois o processo administrativo disciplinar deve ser instaurado pela autoridade detentora de competência legal para tanto, não se podendo confundir o *poder de polícia* com o *poder disciplinar*; **B**: incorreta, pois a ascensão funcional não é uma forma de provimento de cargo público; **C**: incorreta, pois o empregado público se submete ao regime celetista e não ao regime estatutário; vale informar também que há empregados públicos também na administração direta; **D**: correta (arts. 33, I, e 34, parágrafo único, I, da Lei 8.112/1990); **E**: incorreta, pois a Lei de Improbidade considera agente público o empregado mencionado (art. 1º, *caput*, c/c art. 2º, ambos da Lei 8.429/1992).

Gabarito "D"

5.5. ACESSIBILIDADE E CONCURSO PÚBLICO

(Promotor de Justiça/RR – 2017 – CESPE) De acordo com o entendimento do STF, no que se refere à inscrição de candidatos que possuam tatuagens gravadas na pele, não havendo lei que disponha sobre o tema, os editais de concursos públicos

(A) estão impedidos de restringi-la, com exceção dos casos em que essas tatuagens violem valores constitucionais.

(B) devem restringi-la com base na relação objetiva e direta entre tatuagem e conduta atentatória à moral e aos bons costumes.

(C) estão impedidos de restringi-la, para garantir o pleno e livre exercício da função pública.

(D) devem restringi-la, quando se tratar de cargo efetivo da polícia militar.

O plenário do STF entendeu no RE 898450, com repercussão geral reconhecida, ser inconstitucional a proibição de tatuagens a candidatos a cargo público estabelecida em leis e editais de concurso público, salvo situações excepcionais, em razão de conteúdo que viole valores constitucionais. O relator do RE, Ministro Luiz Fux, observou que a criação de barreiras arbitrárias para impedir o acesso de candidatos a cargos públicos fere os princípios constitucionais da isonomia e da razoabilidade. Qualquer obstáculo a acesso a cargo público deve estar relacionado unicamente ao exercício das funções como, por exemplo, idade ou altura que impossibilitem o exercício de funções específicas. A tatuagem, por si só, não pode ser confundida como uma transgressão ou conduta atentatória aos bons costumes, representando na atualidade, de modo geral, uma autêntica forma de liberdade de manifestação do indivíduo, pela qual não pode ser punido, sob pena de flagrante violação dos princípios constitucionais. O desejo de se expressar por meio de pigmentação definitiva não pode ser obstáculo a que um cidadão exerça cargo público. A exceção se dá apenas quando as tatuagens prejudiquem a disciplina e a boa ordem, sejam extremistas, racistas, preconceituosas ou que atentem contra a instituição devem ser coibidas. O Min. Luiz Fux observou em seu voto que, por exemplo, um policial não pode ostentar sinais corporais que signifiquem apologias ao crime ou exaltem organizações criminosas. Entretanto, não pode ter seu ingresso na corporação impedido apenas porque optou por manifestar-se por meio de pigmentação definitiva no corpo. FB

Gabarito "A".

(Ministério Público/PI – 2012 – CESPE) Paulo, aprovado em concurso público para provimento de cargo em determinado órgão da administração pública direta, não foi nomeado, apesar da existência de cargo vago e da necessidade administrativa de provê-lo, dada a publicação, pelo citado órgão, de edital de novo certame. Considerando a situação hipotética acima apresentada, assinale a opção correta com base na jurisprudência do STF acerca da matéria.

(A) Se a administração tiver recusado a nomeação do candidato sob o argumento da inexistência de vaga, revelando-se essa motivação factualmente equivocada, em face da constatação da existência de cargo vago, o candidato aprovado terá direito à nomeação, com fundamento na teoria da vinculação do administrador ao motivo determinante do seu ato.

(B) Não havendo vacância do cargo para cujo provimento Paulo foi aprovado no citado concurso público, poderá a administração nomeá-lo para outro cargo, presente a necessidade administrativa após a realização do certame, ainda que sem previsão no edital, desde que haja semelhança entre os cargos e estes sejam oferecidos no mesmo órgão administrativo.

(C) Causaria grave lesão à ordem pública decisão judicial que determinasse a observância da ordem classificatória no concurso público em questão, a fim de evitar a preterição de Paulo pela contratação de temporários em razão da necessidade do serviço.

(D) O não provimento, pela administração pública, do cargo vago em detrimento da aprovação de Paulo no concurso público deve ser motivado; entretanto, tal motivação, por veicular razões de oportunidade e conveniência, não é suscetível de apreciação jurisdicional, sob pena de vulneração do princípio da separação dos poderes.

(E) É incabível, no caso relatado, a impetração de mandado de segurança, visto que a participação e a aprovação em concurso público não geram, em relação à nomeação, direito líquido e certo, mas mera expectativa de direito.

A: correta; diante de alguns abusos da Administração Pública, os tribunais começaram a reconhecer o direito à nomeação em situações em que a Administração Pública, no prazo de validade do concurso, externa de alguma maneira que tem interesse em nomear novos servidores; um exemplo é justamente o citado na alternativa, ou seja, quando se abre novo concurso no prazo de validade de concurso anterior; **B:** incorreta, pois tal conduta viola os princípios da obrigatoriedade de concurso público e da vinculação ao edital; **C:** incorreta, pois é vedada a nomeação de outro servidor para o cargo (inclusive agentes terceirizados temporários – STJ, AgRg no RMS 33.893, *DJ* 30.11.2012) para exercer as mesmas funções do cargo para o qual um candidato fora aprovado, estando em validade o concurso realizado por este; **D:** incorreta, pois no caso se aplica a teoria dos motivos determinantes; como a Administração já externou a necessidade de nomeação de servidor, não há como inventar uma desculpa retroativa para não mais nomeá-lo; cuidado para confundir essa situação com aquela em que há aprovados nos limites das vagas previstas no edital, mas logo em seguida a Administração, motivada em fato novo idôneo (o que não se coaduna com a publicação de novo edital de concurso), decide que não poderá nomear os aprovados, circunstância excepcionalíssima, que depende de demonstração cabal da possibilidade, com ônus da prova a cargo da Administração; *vide*, a respeito, decisão do STF proferida no RE 227.480, *DJ* 21.08.2009 em que se traz essa exceção em favor da Administração, mas com a lembrança de que o Judiciário poderá controlar esse ato, verificando detalhadamente se o motivo invocado é verdadeiro e pertinente; **E:** incorreta, nos termos do comentário à alternativa "a"; vale salientar, outrossim, que o mandado de segurança é cabível no caso, pois é possível levar em juízo provas documentais, não sendo necessário dilação probatória.

Gabarito "A".

5.6. EFETIVIDADE, ESTABILIDADE E VITALICIEDADE

(Procurador Municipal – Prefeitura/BH – CESPE – 2017) No que tange aos servidores públicos do Quadro Geral de Pessoal do Município de Belo Horizonte vinculados à administração direta, assinale a opção correta.

(A) Servidor habilitado em concurso público municipal e empossado em cargo de provimento efetivo adquirirá estabilidade no serviço público ao completar dois anos de efetivo exercício.

(B) Sem qualquer prejuízo, poderá o servidor ausentar-se do serviço por oito dias consecutivos em razão do falecimento de irmão.

(C) Posse é a aceitação formal, pelo servidor, dos deveres, das responsabilidades e dos direitos inerentes ao cargo público ou função pública, concretizada com a assinatura do respectivo termo pela autoridade competente e pelo empossado e ocorre no prazo de vinte dias contados do ato de nomeação, prorrogável por igual período, motivadamente e a critério da autoridade competente.

(D) Exercício é o efetivo desempenho, pelo servidor, das atribuições do cargo ou de função pública, sendo de quinze dias o prazo para o servidor empossado em cargo público no município de Belo Horizonte entrar em exercício, contados do ato da posse.

A: Incorreta. O prazo para se adquirir a estabilidade é de 3 anos, conforme disposto no art. 41, CF. Lei Municipal não pode contrariar o disposto em norma constitucional. Somente os titulares de cargos vitalícios é que podem adquirir esse direito em 2 anos (art. 95, CF); **B:** correta. É o que dispõe o art. 97, III, *b*, da Lei 8.112/1990: o prazo da licença "nojo" por falecimento de irmão é de 8 dias, sendo o mesmo nos demais estatutos funcionais de todas as esferas da federação, eis que a Lei 8.112/1990 é uma lei geral e se aplica a todos os demais Entes Políticos; **C:** correta. Trata-se do disposto nos arts. 19 e 20, da Lei 7.169/1996; **D:** incorreta. O prazo é de 10 dias, conforme disposto no art. 24, § 1º, da Lei 7169/96. AW

Gabarito "B e C estão corretas".

(Ministério Público/RO – 2010 – CESPE) A partir das considerações constantes na CF e da jurisprudência dos tribunais superiores acerca dos servidores públicos, assinale a opção correta.

(A) Consoante jurisprudência pacífica do STJ, servidor estável que for investido em novo cargo estará dispensado de cumprir novo período de estágio probatório.

(B) De acordo com a jurisprudência majoritária do STF, a estabilidade dos servidores públicos deve ser estendida aos empregados de sociedade de economia mista contratados mediante concurso público, razão pela qual esses empregados somente poderão ser dispensados por justa causa.

(C) Segundo decisão do STF, servidor público que obteve determinada vantagem funcional, ainda que por ato administrativo com vício de legalidade, mas que não tenha lhe dado causa, tem, após o prazo de cinco anos, direito à manutenção da vantagem, não podendo a administração pública exercer o poder de autotutela.

(D) O subteto determinado pela CF estipula que os membros do MP, os procuradores, os defensores e os delegados de polícia recebam subsídio mensal limitado a 90,25% do subsídio mensal dos ministros do STF.

(E) De acordo com a CF, a vedação de acúmulo remunerado de cargos, empregos e funções públicas não atinge a sociedade de economia mista, mas tão somente as empresas públicas.

A: incorreta, pois cada cargo tem suas atribuições e competências, de modo que o estágio probatório de cada cargo levará em conta critérios de avaliação diferentes, fazendo com que seja necessário que o servidor empossado em novo cargo cumpra o estágio probatório específico para esse cargo, mesmo que, no passado, já tenha cumprido um estágio probatório referente à outro cargo; **B:** incorreta, pois, segundo o art. 41, *caput*, da CF somente aquele que tem *cargo* público, poderá vir a ter estabilidade; assim, alguém que trabalhe numa sociedade de economia mista (pessoa jurídica de direito privado estatal), como detém apenas um *emprego* público, regido pela CLT, não tem esse mesmo direito; a única exceção é quanto aquele que tem um emprego público numa pessoa jurídica de direito público; nesse caso, a Súmula 390 do TST é no sentido de que essa pessoa tem direito à estabilidade; **C:** correta, por conta do princípio da segurança e do prazo decadencial para anular atos que beneficiam terceiro de boa-fé (5 anos – art. 54 da Lei 9.784/1999); **D:** incorreta, pois os delegados não estão nesse subteto (art. 37, XI, da CF); **E:** incorreta, a vedação se estende à toda Administração Direta e Indireta.

Gabarito "C"

5.7. ACUMULAÇÃO REMUNERADA E AFASTAMENTO

(Delegado Federal – 2018 – CESPE) No que se refere aos servidores públicos e aos atos administrativos, julgue os itens que se seguem.

(1) Havendo compatibilidade de horários, é possível a acumulação remunerada do cargo de delegado de polícia federal com um cargo público de professor.

(2) Situação hipotética: Um servidor público efetivo em exercício de cargo em comissão foi exonerado *ad nutum* em razão de supostamente ter cometido crime de peculato. Posteriormente, a administração reconheceu a inexistência da prática do ilícito, mas manteve a exoneração do servidor, por se tratar de ato administrativo discricionário. Assertiva: Nessa situação, o ato de exoneração é válido, pois a teoria dos motivos determinantes não se aplica a situações que configurem crime.

1: correta – é possível a acumulação remunerada de cargos públicos, sendo um cargo de professor com outro técnico, desde que haja compatibilidade de horários , nos termos do Art. 37, inc. XVI, *b,* da CF/1988; **2:** incorreta – se o fundamento para a exoneração foi dado como sendo o cometimento do crime, aplicável a teoria dos motivos determinantes, de sorte que o ato seria inválido. Todavia, a exoneração *ad nutum* de um servidor ocupante de cargo de confiança pode ocorrer sem necessidade de motivação, visto tratar-se de ato de natureza discricionária de per se. FB

Gabarito 1C, 2E

(Procurador Federal – 2010 – CESPE) No que concerne aos agentes públicos, julgue os itens subsequentes.

(1) É constitucional o decreto editado por chefe do Poder Executivo de unidade da Federação que determine a exoneração imediata de servidor público em estágio probatório, caso fique comprovada a participação deste na paralisação do serviço, a título de greve.

(2) Caso uma enfermeira do Ministério da Saúde ocupe também o cargo de professora de enfermagem da Universidade Federal de Goiás e, em cada um dos cargos, cumpra o regime de quarenta horas semanais, tal acumulação, segundo o entendimento da AGU, deverá ser declarada ilícita.

1: incorreta, pois tal medida, segundo o STF, fere o princípio da isonomia; **2:** correta, pois, segundo o entendimento da AGU, o máximo de horas semanais admitidas é sessenta.

Gabarito 1E, 2C

5.8. REMUNERAÇÃO E SUBSÍDIO

(Procurador do Estado/SE – 2017 – CESPE) À luz do entendimento dos tribunais superiores, assinale a opção correta no que tange à disciplina normativa sobre os direitos e deveres dos servidores e empregados públicos, inclusive quanto ao regime previdenciário.

(A) A contratação temporária de pessoal por tempo determinado é possível, desde que sejam demonstrados o interesse público profissional e a imprescindibilidade da contratação, ainda que a excepcionalidade dos casos não esteja prevista em lei.

(B) Norma estadual que preveja a redução de vencimentos de servidores públicos afastados de suas funções enquanto estes responderem a processo criminal não violará a cláusula constitucional de irredutibilidade de vencimentos.

(C) Ocorre, em cinco anos, a prescrição do fundo do direito quanto à pretensão do servidor público de pleitear a cobrança de remuneração não paga pelo poder público.

(D) O candidato aprovado em concurso público cuja classificação entre as vagas oferecidas no edital se der em razão da desistência de candidatos mais bem classificados no certame não terá direito subjetivo à nomeação.

(E) A percepção do adicional de periculosidade por servidor público não constitui elemento suficiente para o reconhecimento do direito a aposentadoria especial.

A: correta – Em diversos julgados, o Supremo Tribunal Federal, estabeleceu os seguintes requisitos para a regularidade da contratação temporária pela Administração pública em todos os níveis da Federação: *1. Previsão legal da hipótese de contratação temporária, 2. Prazo predeterminado da contratação, 3. A necessidade deve ser temporária, 4. O interesse público deve ser excepcional.* Nesse sentido, o seguinte acórdão: Constitucional. Servidor público: contratação temporária. C.F., art. 37, IX. Lei 4.957, de 1994, art. 4º, do Estado do Espírito Santo. Resolução 1.652, de 1993, arts. 2º e 3º, do Estado do Espírito Santo. Servidor Público: Vencimentos: Fixação. Resolução 8/95 do Tribunal de Justiça do Estado do Espírito Santo. I. – A regra é a admissão de servidor público mediante concurso público. C.F., art. 37, II. As duas exceções à regra são para os cargos em comissão referidos no inc. II do art. 37, e a contratação de pessoal por tempo determinado para atender a necessidade temporária de excepcional interesse público. C.F., art. 37, IX. Nesta hipótese, **deverão** *ser atendidas as seguintes condições: a) previsão em lei dos casos; b) tempo determinado; c) necessidade temporária de interesse público; d) interesse público excepcional.* II. – Lei 4.957, de 1994, art. 4º, do Estado do Espírito Santo e arts. 2º e 3º da Resolução 1.652, de 1993, da Assembleia Legislativa do mesmo Estado: inconstitucionalidade. III. – Os vencimentos dos servidores públicos devem ser fixados mediante lei. C.F., art. 37, X. Vencimentos dos servidores dos Tribunais: iniciativa reservada aos Tribunais: CF, art. 96, II, *b.* IV. – Ação direta de inconstitucionalidade não conhecida relativamente ao artigo 1º da Resolução 1.652/1993 da Assembleia Legislativa e julgada procedente, em parte. (STF – ADI: 1500 ES , Relator: Carlos Velloso, Data de Julgamento: 19/06/2002, Tribunal Pleno, Data de Publicação: DJ 16.08.2002); **B:** incorreta – o STF entende que a redução de vencimentos de servidores públicos processados criminalmente viola os princípios da presunção de inocência e da irredutibilidade de vencimentos. Vejamos julgado a respeito do tema: "Ementa: Art. 2º da Lei Estadual 2.364/61 do Estado de Minas Gerais, que deu nova redação à lei estadual 869/52, autorizando a redução de vencimentos de servidores públicos processados criminalmente. dispositivo não recepcionado pela constituição de 1988. afronta aos princípios da presunção de inocência e da irredutibilidade de vencimentos. recurso improvido. I – *A redução de vencimentos de servidores públicos processados criminalmente colide com o disposto nos arts. 5º, LVII, e 37, XV, da Constituição, que abrigam, respectivamente, os princípios da presunção de inocência e da irredutibilidade de vencimentos.* II – Norma estadual não recepcionada pela atual Carta Magna, sendo irrelevante a previsão que nela se contém de devolução dos valores descontados em caso de absolvição. III – Impossibilidade de pronunciamento desta Corte sobre a retenção da Gratificação de Estímulo à Produção Individual – GEPI, cuja natureza não foi discutida pelo tribunal *a quo*, visto implicar vedado exame de normas infraconstitucionais em sede de RE.IV – Recurso extraordinário conhecido em parte e, na parte conhecida, improvido".(RE 482006/MG, Rel. Min. Ricardo Lewandowski, j. 07.11.2007); **C**: incorreta – o que prescreve não é o direito material em si, mas o direito de ação do servidor em face da Fazenda Pública – Art. 1º do Decreto 20.910/1932; **D**: incorreta – O Superior Tribunal de Justiça tem entendimento consagrado no sentido de que, em concurso público, a desistência de candidatos nomeados para a vaga existente gera ao candidato em classificação posterior o direito à nomeação, ainda que classificado fora do número de vagas. Segue ementa a respeito do tema: Administrativo. Agravo regimental no recurso especial. Mandado de segurança. Concurso público. Desistência de candidato convocado para preenchimento de vaga prevista no edital. Direito subjetivo do candidato classificado imediatamente após. Existência. Demonstração da necessidade e do interesse da administração. 1. A desistência de candidatos aprovados dentro do número de vagas previsto no edital do certame resulta em direito do próximo classificado à convocação para a posse ou para a próxima fase do concurso, conforme o caso. 2. É que a necessidade e o interesse da administração no preenchimento dos cargos ofertados está estabelecida no edital de abertura do concurso e a convocação do candidato que, logo após desiste, comprova a necessidade de convocação do próximo candidato na ordem de classificação. A respeito: RE 643674 AgR, Relator Min. Ricardo Lewandowski, Segunda Turma, DJe-168; ARE 675202 AgR, Relator Min. Ricardo Lewandowski, Segunda Turma, DJe-164. 3. Agravo regimental não provido. (STJ, AgRg no RMS 48.266/TO, Rel. Ministro Benedito Gonçalves, Primeira Turma, julgado em 18/08/2015); **E:** incorreta, aplicam-se ao servidor público, no que couber, as regras do regime geral da previdência social sobre aposentadoria especial de que trata o artigo 40, § 4º, inciso III, da Constituição Federal, até a edição de lei complementar específica – Súmula Vinculante 33 do STF. FB

Gabarito "A".

(Procurador do Município – Prefeitura Fortaleza/CE – CESPE – 2017) No item a seguir é apresentada uma situação hipotética seguida de uma assertiva a ser julgada, a respeito da organização administrativa e dos atos administrativos.

(1) Em razão de incorporações legais, determinado empregado público recebe uma remuneração que se aproxima do teto salarial constitucional. Nessa situação, conforme o entendimento do STF, a remuneração do servidor poderá ser superior ao teto constitucional se ele receber uma gratificação por cargo de chefia.

1: Incorreta. A remuneração do servidor abrange o salário e as vantagens, sendo que as gratificações, no caso, são as vantagens. Por isso, sabendo-se que o art. 37, XI, CF dispõe que a remuneração, incluindo as vantagens dos servidores, não podem exceder ao teto geral, a assertiva se apresenta como incorreta. AW

Gabarito 1E

(Defensor Público/ES – 2012 – CESPE) Acerca das regras constitucionais aplicáveis a administração pública, julgue os itens que se seguem.

(1) A investidura em cargo ou emprego público, incluindo-se os cargos em comissão, depende, de acordo com disposição expressa da CF, da aprovação previa em concurso público de provas ou provas e títulos.

(2) Em decorrência de expressa vedação legal, os membros da DP não podem ser remunerados por subsidio, já que o recebimento desse tipo de remuneração violaria o regime jurídico-administrativo aplicável a instituição.

(3) De acordo com a CF, as parcelas de caráter indenizatório previstas em lei não são computadas para efeito de cumprimento do teto constitucional da remuneração dos servidores públicos.

1: incorreta, pois a investidura em cargo em comissão independe de concurso público, pois esse cargo é de livre nomeação (art. 37, II, da CF), também chamados de cargo demissível ad nutum; **2:** incorreta, pois os defensores públicos devem ser remunerados por subsídio por força de expressa determinação constitucional (art. 135 c/c art. 39, § 4º, da CF); **3:** correta (art. 37, § 11, da CF).

Gabarito 1E, 2E, 3C

5.9. DIREITOS, VANTAGENS, DEVERES E PROIBIÇÕES DO SERVIDOR PÚBLICO

(Juiz de Direito/DF – 2016 – CESPE) São direitos sociais atribuídos pela CF aos servidores públicos estatutários

(A) o fundo de garantia por tempo de serviço.

(B) a remuneração do serviço extraordinário superior, no mínimo, em cinquenta por cento do valor normal.

(C) a participação, desvinculada da remuneração, nos lucros ou resultados e, excepcionalmente, a participação na gestão da organização pública.

(D) a proibição de distinção entre trabalho manual, técnico e intelectual ou entre os profissionais respectivos.

(E) o piso salarial proporcional à extensão e à complexidade do trabalho.

O artigo 39, § 3º, da CF estabelece os casos em que são estendidos aos servidores públicos direitos sociais dos demais trabalhadores e a única alternativa que traz um desses direitos estendidos é a que trata da remuneração do serviço extraordinário (hora extra) com no mínimo 50% do valor normal.

Gabarito "B".

(Defensoria/DF – 2013 – CESPE) No que se refere aos agentes públicos, julgue os itens subsequentes.

(1) Segundo entendimento do STJ, a acumulação de proventos de servidor aposentado em decorrência do exercício cumulado de dois cargos de profissionais da área de saúde legalmente exercidos, nos termos autorizados pela CF, não se submete ao teto constitucional, devendo os cargos ser considerados isoladamente para esse fim.

(2) Servidores públicos transferidos de ofício e que estejam matriculados em instituição de ensino superior tem direito a matricula em instituição de ensino superior do local de destino, desde que observado o requisito da congeneridade em relação a instituição de origem. Entretanto, conforme entendimento dominante do STJ, se não houver curso correspondente em estabelecimento congênere no local da nova residência ou em suas imediações, ao servidor não será assegurado o direito a matricula em instituição não congênere.

(3) Segundo entendimento do STJ, e cabível a concessão de licença a servidor público para acompanhamento de cônjuge na hipótese em que se tenha constatado o preenchimento dos requisitos legais para tanto, ainda que o cônjuge a ser acompanhado não seja servidor público e que o deslocamento não tenha sido atual.

1: correta; trata-se de uma polêmica decisão do STJ, dada no RMS 38.682/ES (DJ 05/11/12); o fundamento da decisão é o disposto no art. 17 do ADCT, que, segundo o decidido, abriria essa exceção para os profissionais da saúde, o que ao nosso ver não procede, por burlar a regra do teto constitucional numa redação (do art. 17 do ADCT) que não leva expressamente a essa conclusão; **2:** incorreta, pois, segundo o STJ, "Servidores públicos, civis ou militares, transferidos de ofício, têm direito a matrícula em instituição de ensino superior do local de destino, observado, todavia, o requisito da congeneridade em relação à instituição de origem", porém, não havendo curso correspondente em estabelecimento congênere "deve ser assegurada a matrícula em instituição não congênere" (AgRg no REsp 1335562 / RS, DJ 14.11.12); **3:** correta, já que o STJ deu um caráter amplo ao direito que decorre do art. 84 da Lei 8.112/90 e ainda assentou que se trata de direito subjetivo do servidor, não havendo qualquer juízo de conveniência ou oportunidade por parte da Administração (STJ, AgRg no Ag 1157234/ RS, DJ 06/12/2000).

Gabarito 1C, 2E, 3C

(Advogado – Correios – 2011 – CESPE) A respeito do conceito e dos direitos e deveres dos agentes administrativos, julgue os itens seguintes.

(1) Os direitos e deveres do servidor público são consagrados na Constituição Federal e na legislação federal, vedada a instituição de outros direitos e deveres no âmbito das leis ordinárias dos estados e dos municípios.

(2) Em sentido subjetivo, a administração pública compreende o conjunto de órgãos e de pessoas jurídicas ao qual a lei confere o exercício da função administrativa do Estado.

1: incorreta, pois a Constituição traz um rol mínimo de direitos, nada impedindo que as leis locais estabeleçam novos direitos, proibido, naturalmente, a criação de direitos que desrespeitem regras proibitivas estabelecidas na Constituição, como a regra que trata do teto remuneratório; **2:** correta, pois traz a adequada definição de administração em sentido subjetivo; já em sentido objetivo, é conjunto de funções necessárias aos serviços públicos em geral.

Gabarito 1E, 2C

5.10. INFRAÇÕES E PROCESSOS DISCIPLINARES. COMUNICABILIDADE DE INSTÂNCIAS

(Defensor Público/AC – 2017 – CESPE) Em razão da prática de infração disciplinar tipificada como crime, foi instaurado procedimento administrativo disciplinar em desfavor de determinado servidor público, o qual já responde à ação penal relacionada aos mesmos fatos.

Acerca dessa situação hipotética, assinale a opção correta, de acordo com a jurisprudência dos tribunais superiores sobre o assunto.

(A) A independência das esferas administrativa e criminal não permite que a efetivação de penalidade de demissão imposta em sede administrativa ocorra anteriormente ao trânsito em julgado da ação penal.

(B) É aceita a utilização de prova emprestada no procedimento administrativo disciplinar em curso, desde que autorizada pelo juiz criminal e respeitados o contraditório e a ampla defesa.

(C) A absolvição criminal fundada na inocorrência de crime impede a imposição de penalidade em sede do procedimento administrativo disciplinar.

(D) A condenação criminal impõe a aplicação da penalidade administrativa em sede de procedimento disciplinar, independentemente da regularidade do procedimento administrativo instaurado.

(E) A fim de serem evitadas decisões contraditórias nas instâncias administrativa e penal, impõe-se o sobrestamento do procedimento administrativo disciplinar até o julgamento final da ação penal em tramitação.

A: incorreta – as instâncias civil, administrativa e penal são independentes entre si, de modo que é possível a ocorrência da demissão antes do trânsito em julgado da ação penal – Art. 125 da Lei 8.112/1990. Essa regra apresenta exceções: o caso de inexistência do fato e de negativa de autoria. Nessas hipóteses, transitada em julgado decisão nesse sentido, será efetuada a reintegração do servidor, nos termos do Art. 28 c/c 126 da Lei 8.112/1990; **B:** correta – "É permitida a "prova emprestada" no processo administrativo disciplinar, desde que devidamente autorizada pelo juízo competente e respeitados o contraditório e a ampla defesa" – Súmula 591 STJ; **C:** incorreta – as instâncias civil, administrativa e penal são independentes entre si, de modo que é possível a ocorrência de aplicação de penalidade no âmbito de processo administrativo disciplinar antes do trânsito em julgado da ação penal – Art. 125 da Lei 8.112/1990. Essa regra apresenta exceções: o caso de inexistência do fato e de negativa de autoria. Nessas hipóteses, transitada em julgado decisão nesse sentido, será efetuada a reintegração do servidor, nos termos do Art. 28 da Lei 8.112/1990; **D:** incorreta – as instâncias civil, administrativa e penal são independentes entre si – Art. 125 da Lei 8.112/1990; **E:** incorreta – as instâncias civil, administrativa e penal são independentes entre si – Art. 125 da Lei 8.112/1990.

Gabarito "B".

(Promotor de Justiça/PI – 2014 – CESPE) Acerca do entendimento do STJ sobre o processo administrativo disciplinar, assinale a opção correta.

(A) Não é obrigatória a intimação do interessado para apresentar alegações finais após o relatório final de processo administrativo disciplinar.

(B) Não é possível a utilização, em processo administrativo disciplinar, de prova emprestada produzida validamente em processo criminal, enquanto não houver o trânsito em julgado da sentença penal condenatória.

(C) No processo administrativo disciplinar, quando o relatório da comissão processante for contrário às provas dos autos, não se admite que a autoridade julgadora decida em sentido diverso do indicado nas conclusões da referida comissão, mesmo que o faça motivadamente.

(D) Considere que se constate que servidor não ocupante de cargo efetivo tenha-se valido do cargo comissionado para indicar o irmão para contratação por empresa recebedora de verbas públicas. Nessa situação, a penalidade de destituição do servidor do cargo em comissão só será cabível caso se comprove dano ao erário ou proveito pecuniário.

(E) Caso seja ajuizada ação penal destinada a apurar criminalmente os mesmos fatos investigados administrativamente, deve haver a imediata paralisação do curso do processo administrativo disciplinar.

A: correta, pois não há previsão legal nesse sentido (MS 18.090-DF, *DJ* 08.05.2013); **B:** incorreta, pois o STJ admite a utilização dessa prova, em processo disciplinar, na qualidade de "prova emprestada", caso tenha sido produzida em ação penal, e desde que devidamente autorizada pelo juízo criminal e com a observância das diretrizes da Lei 9.296/1996 (MS 16.146, j. 22.05.2013); **C:** incorreta, pois, desde que o faça motivadamente, a autoridade não fica vinculada ao relatório da comissão processante; **D:** incorreta, pois aqui se tem violação aos arts. 117, IX, e 132, XIII, da Lei 8.112/1990, sujeito a demissão no caso de servidor ocupante de cargo público (art. 132, IV, da Lei 8.112/1990) e a destituição do cargo em comissão no caso de servidor ocupante deste (art. 135, *caput*, da Lei 8.112/1990); **E:** incorreta, pois as instâncias em questão são independentes entre si (art. 125 da Lei 8.112/1990).

Gabarito "A".

(Magistratura/CE – 2012 – CESPE) Em face da disciplina estabelecida nas Leis n. 8.112/1990 e n. 9.784/1999, assinale a opção correta a respeito do regime administrativo disciplinar e do processo administrativo.

(A) O prazo de conclusão de processo disciplinar, cujas fases são a instauração, o inquérito administrativo e o julgamento, não pode exceder sessenta dias, contados da data de publicação do ato que constituir a comissão, admitida sua prorrogação por igual prazo, quando as circunstâncias o exigirem.

(B) As denúncias sobre irregularidades devem ser apuradas mediante a instauração de sindicância, ainda que o fato narrado não configure evidente infração disciplinar, sendo necessários, para a referida instauração, a identificação e o endereço do denunciante e a formulação por escrito das denúncias, confirmada a sua pertinência.

(C) A jurisprudência do STF firmou o entendimento de que é obrigatória a presença de advogado em todas as fases do processo administrativo disciplinar.

(D) Para o atendimento do interesse público e a proteção dos direitos dos particulares, os atos do processo administrativo estão sujeitos a formas determinadas, e, para a garantia da autenticidade e da segurança dos autos processuais, a legislação exige, como regra, o reconhecimento de firma e a autenticação dos documentos apresentados em cópia.

(E) O processo administrativo disciplinar deve ser conduzido por comissão composta de três servidores estáveis designados pela autoridade competente, vedada a apuração por entidade ou órgão diverso daquele em que tenha ocorrido a irregularidade.

A: correta (art. 152 da Lei 8.112/1990); **B:** incorreta, pois, quando o fato narrado não configurar evidente infração disciplinar ou ilícito penal, será arquivada, por falta de objeto (art. 144, parágrafo único, da Lei 8.112/1990); **C:** incorreta, pois a Súmula Vinculante STF n. 5º estabelece que "a falta de defesa técnica por advogado no processo administrativo disciplinar não ofende a Constituição"; **D:** incorreta, pois é o contrários, ou seja, os atos administrativos do processo não dependem de forma determinada senão quando a lei expressamente a exigir (art. 22, *caput*, da Lei 9.784/1999); ademais, o reconhecimento de firma não deve ser exigido como regra, mas apenas em caso de dúvida acerca da autenticidade (art. 22, § 2º, da Lei 9.784/1999); **E:** incorreta, pois a apuração "poderá ser promovida por autoridade de órgão ou entidade diverso daquele em que tenha ocorrido a irregularidade, mediante competência específica para tal finalidade, delegada em caráter permanente ou temporário pelo Presidente da República, pelos presidentes das Casas do Poder Legislativo e dos Tribunais Federais e pelo Procurador-Geral da República, no âmbito do respectivo Poder, órgão ou entidade, preservadas as competências para o julgamento que se seguir à apuração" (art. 149, *caput*, c/c art. 143, § 3º, ambos da Lei 8.112/1990).

Gabarito "A".

(Magistratura/ES – 2011 – CESPE) No que diz respeito aos servidores públicos, assinale a opção correta à luz da legislação aplicável e da jurisprudência do STJ.

(A) O empregado de sociedade de economia mista não pode ser equiparado a funcionário público para fins penais.

(B) A autoridade administrativa não pode instaurar processo administrativo disciplinar para a apuração de falta comedida por servidor público e, simultaneamente, ajuizar ação de improbidade administrativa que tenha por objeto o mesmo fato.

(C) Na hipótese de aplicação de pena de demissão a servidor público submetido a processo administrativo disciplinar, o controle jurisdicional é amplo, no sentido de verificar se há motivação para o ato demissório.

(D) A legislação estabelece o direito de o servidor público federal afastar-se de suas atribuições, por prazo indeterminado e sem remuneração, para acompanhar cônjuge ou companheiro que tenha sido deslocado para outro ponto do território nacional, desde que este seja também servidor público.

(E) O servidor público federal tem direito a licença sem remuneração para desempenho de mandato em associação de classe de âmbito nacional, pelo período correspondente à duração do mandato, vedada prorrogação.

A: incorreta, pois o conceito de funcionário público para fins penais inclui aquele que tem emprego público (art. 327 do CP), que é vínculo que se tem nesse tipo de entidade; **B:** incorreta, pois não há impedimento legal algum nesse sentido; aliás, as esferas civil, administrativa e penal são independentes da esfera da improbidade administrativa (art. 12, *caput*, da Lei 8.429/1992); **C:** correta, pois o Judiciário poderá investigar se há ou não motivação (requisito formal indispensável para a validade do ato), bem como se os motivos invocados são verdadeiros e pertinentes sob os aspectos da legalidade, da razoabilidade e da moralidade; **D:** incorreta, pois não é necessário que o cônjuge ou companheiro deslocado seja também servidor público (art. 84, *caput*, da Lei 8.112/1990); **E:** incorreta, pois a licença poderá ser prorrogada, no caso de reeleição (art. 92, § 2º, da Lei 8.112/1990).

Gabarito "C"

(Procurador do Município/Boa Vista-RR – 2010 – CESPE) De acordo com a Lei n. 8.112/1990, que trata do regime jurídico dos servidores públicos civis da União, julgue os itens a seguir.

(1) O chefe imediato do servidor tem a faculdade de autorizar ou não a compensação de horário. Não havendo tal compensação, o servidor perderá a parcela da remuneração correspondente ao atraso, sem que, nessa hipótese, se caracterize violação ao princípio da irredutibilidade de vencimentos.

(2) A comissão de sindicância não é pré-requisito para a instauração do processo administrativo disciplinar.

1: correta (art. 44, II, da Lei 8.112/1990); **2:** incorreta, pois o processo disciplinar será conduzido pela comissão (art. 149, *caput* e § 2º, da Lei 8.112/1990).

Gabarito 1C, 2E

(Advogado da União/AGU – CESPE – 2012) Com base na jurisprudência dos tribunais superiores e na legislação de regência, julgue os próximos itens, relativos a agentes públicos.

(1) Conforme o disposto na Lei nº 8.112/1990, a instauração de PAD interrompe a prescrição até a decisão final, a ser proferida pela autoridade competente; conforme entendimento do STF, não sendo o PAD concluído em cento e quarenta dias, o prazo prescricional volta a ser contado em sua integralidade.

(2) Qualquer pessoa pode representar ao corregedor-geral da AGU contra abuso, erro grosseiro, omissão ou qualquer outra irregularidade funcional dos membros da AGU.

1: correta, nos termos do art. 142, § 3º, da Lei 8.112/1990 (interrupção da prescrição); já quanto ao entendimento do STF, de fato foi consagrado, conforme se verifica no MS 23.299; **2:** correta (art. 34 da Lei Complementar 73/1993).

Gabarito 1C, 2C

(Magistratura Federal/2ª Região – 2011 – CESPE) No que diz respeito aos agentes públicos, assinale a opção correta.

(A) De acordo com posição firmada no STJ, o excesso de prazo para a conclusão do processo administrativo disciplinar é causa de nulidade, mesmo quando não comprovado prejuízo à defesa do servidor.

(B) Conforme dispõe a Lei nº 8.112/1990, é indispensável, no processo administrativo disciplinar, a concessão de prazo para a apresentação, pela defesa, de alegações após o relatório final da comissão processante, sob pena de nulidade processual.

(C) Segundo entendimento do STJ, caso o servidor público adira a programa de demissão voluntária promovido pelo Estado e, anos depois, ingresse novamente no serviço público, mediante aprovação em concurso, tem ele direito à manutenção das vantagens pessoais percebidas em decorrência do vínculo anterior.

(D) A CF conferiu estabilidade e efetividade àqueles que, embora não tivessem ingressado no serviço público mediante aprovação em concurso público, estavam em exercício, no serviço público, na data da promulgação da Carta, por pelo menos cinco anos continuados.

(E) Consoante entendimento do STJ, a supressão, pelo poder público, de gratificação que esteja sendo paga a servidor público configura ato comissivo, de efeitos permanentes, e não de trato sucessivo, razão pela qual a impetração de mandado de segurança para impugnar o ato deve ocorrer no prazo de cento e vinte dias contados da sua edição.

A: incorreta. O excesso de prazo para conclusão do PAD não é causa nulidade capaz de invalidar o procedimento administrativo (a respeito do tema, entre outros, *vide* a seguinte jurisprudência do STJ: MS 9.807-DF, DJ 11/10/2007; RMS 15.937-SE, DJ 29/3/2004; MS 7.051-DF, DJ 5/5/2003, RMS 7.791-MG, DJ 1º/9/1997 e MS 8.928-DF); **B:** incorreta. A Lei nº 8.112/1990 sequer prevê a intimação após o relatório final da comissão processante e sua ausência não implica violação ao contraditório e à ampla defesa quando o servidor tenha se defendido ao longo de todo o processo disciplinar; **C:** incorreta. Como a perda de vantagens é indenizada no plano de demissão voluntária – PDV, não é razoável que mais tarde essas vantagens, em claro *bis in idem*, sejam aproveitadas pelo servidor ao ser aprovado em novo concurso público. A respeito do tema, vejamos julgado do STJ: "Recurso ordinário em mandado de segurança. Administrativo. Servidor público. Adesão a PDV. Novo ingresso no serviço público estadual. Recebimento de vantagens, tais como licença-prêmio, triênios e gratificações. Prazo decadencial para a administração rever seus atos. Termo inicial. Ausência de demonstração. Reutilização do tempo de serviço no cargo anterior. Descabimento. 1. A recorrente não logrou demonstrar o termo *a quo* da contagem do prazo decadencial para a Administração rever seus atos, o qual, no presente caso, corresponde à data em que foi efetuado o primeiro pagamento das vantagens recebidas pela servidora. 2. Declarado inconstitucional, pelo Tribunal de Justiça gaúcho, o dispositivo legal que previa o ressarcimento da indenização recebida pelo desligamento voluntário por quem retornasse ao serviço público estadual (art. 4º, § 3º, da LC do Rio Grande do Sul n. 10.727/1996, a qual instituiu o Programa de Desligamento Voluntário - PDV), deve ser aplicada, em razão da lacuna deixada na legislação estadual, a norma referente ao PDV dos servidores federais – Lei n. 9.468/1999 -, que prevê a possibilidade de reingresso no serviço público, impossibilitando, no entanto, a recontagem do tempo de serviço no cargo anterior para fins outros que não para aposentadoria. 3. O art. 4º da LC do Rio Grande do Sul n. 10.727/1996 evidencia a natureza ressarcitória da indenização em razão da perda da antiguidade – quanto maior o tempo de serviço, maior será o valor da indenização -, não se podendo admitir que o tempo de serviço anterior ao PDV possa novamente ser utilizado em benefício do servidor para recebimento de vantagens - tais como licença-prêmio, triênios e gratificações -, cuja perda já foi indenizada, sob pena de *bis in idem*. 4. A norma de caráter geral prevista no Estatuto do Servidor Público do Rio Grande do Sul – que, em seu art. 64, parágrafo único, além de permitir o reingresso na Administração, sem ressalvas, autoriza a contagem, para todos os efeitos legais, do tempo de serviço público prestado anteriormente ao reingresso na Administração - não deve ser aplicada na hipótese dos autos, por não se adequar à situação específica em que o afastamento do servidor se dá na forma de adesão ao PDV. 5. Recurso em mandado de segurança improvido" (RMS 30855 / RS,

Rel. Min. OG. Fernandes, 6ª T, j. 15/05/2012); **D:** incorreta. O art. 19 da ADCT da CF/1988 conferiu estabilidade, mas não efetividade àqueles que, embora não tivessem ingressado no serviço público mediante aprovação em concurso público, estavam em exercício, no serviço público, na data da promulgação da Carta, por pelo menos cinco anos continuados. Eles são, por isso mesmo, usualmente denominados como servidores "admitidos" não efetivos; **E:** correta. A supressão de gratificação pecuniária devida a servidor público caracteriza-se como ato comissivo, único e de efeitos permanentes, nesse sentido quando pretende configurar ou restabelecer uma situação jurídica, o prazo passa a ser contado do momento em que o direito foi atingido de forma inequívoca, incidindo, consequentemente, sobre o próprio fundo de direito, nos exatos termos da orientação firmada pelo STJ: "Agravo regimental em agravo de instrumento. Administrativo e processo civil. Servidor público. Aposentadoria. Posterior retificação. Supressão de gratificação de escolaridade. Ato de efeitos concretos. Mandado de segurança. Decadência. Ocorrência. Precedentes. 1. Esta Corte possui orientação consolidada no sentido de que a prescrição, quando se pretende configurar ou restabelecer uma situação jurídica, deve ser contada a partir do momento em que o direito foi atingido de forma inequívoca, incidindo, consequentemente, sobre o próprio fundo de direito. 2. A Terceira Seção deste Superior Tribunal de Justiça firmou entendimento no sentido de que a supressão de vantagem pecuniária devida a servidor público caracteriza-se como ato comissivo, único e de efeitos permanentes, não havendo, pois, que se falar em prestações de trato sucessivo. 3. Agravo regimental improvido. (STJ, AgRg no Ag 909.400/PA, Rel. Ministra Maria Thereza de Assis Moura, Sexta Turma, julgado em 15/04/2010, DJe 03/05/2010).

Gabarito "E"

5.11. TEMAS COMBINADOS DE SERVIDOR PÚBLICO

(Analista Jurídico –TCE/PA – 2016 – CESPE) Com base no disposto nas súmulas do Supremo Tribunal Federal relativas a direito administrativo, julgue os itens subsequentes.

(1) Tratando-se de processo administrativo disciplinar, se o acusado não tiver advogado, deve ser providenciado um *ad hoc* para formulação da sua defesa técnica, sob pena de nulidade do procedimento, por cerceamento de defesa.

(2) Insere-se na esfera de poder discricionário da administração pública a decisão de incluir o exame psicotécnico como fase de concurso para provimento de cargos públicos, o que pode ser feito mediante previsão em edital.

1: incorreta, pois a Súmula Vinculante STF n. 5 dispõe que a falta de defesa técnica por advogado no processo disciplinar não ofende a Constituição; **2:** incorreta, pois todo e qualquer requisito para ingresso de novos servidores nos quadros públicos depende de expressa previsão legal, nos termos do art. 37, I, da CF; ademais, a Súmula 686 do STF dispõe que só por lei se pode sujeitar a exame psicotécnico a habilitação de candidato a cargo público; nesse sentido é também a Súmula Vinculante STF n. 44: "Só por lei se pode sujeitar a exame psicotécnico a habilitação de candidato a cargo público".

Gabarito 1E, 2E

(Procurador do Estado – PGE/BA – CESPE – 2014) No que concerne às regras aplicáveis aos servidores públicos estaduais da Bahia, estabelecidas na Lei n.º 6.677/1994, julgue o item abaixo.

(1) Para obter licença para tratamento de saúde, o servidor deve submeter-se a inspeção médica, que poderá ser feita por médico do Sistema Único de Saúde (SUS) ou do setor de assistência médica estadual, caso o prazo da licença seja inferior a quinze dias.

1: Incorreta. O art. 125, da Lei 6.677/1994 dispõe que é preciso de um Laudo Médico de Medicina Especializada ratificado pela Junta Médica Oficial do Estado. AW

Gabarito 1E

(Analista – STF – 2013 – CESPE) Julgue os itens que se seguem, com base no disposto nas Leis n.º 11.416/2006 e n.º 12.618/2012.

(1) De acordo com a Lei n.º 11.416/2006, em um tribunal, o inspetor de segurança judiciária deverá ser servidor ocupante de cargo da carreira de analista judiciário.

(2) Com a criação da Fundação de Previdência Complementar do Servidor Público Federal, deixou de existir a possibilidade de aposentadoria com proventos integrais para os servidores admitidos após a criação do fundo, tendo a base de cálculo do valor das aposentadorias e pensões no serviço público civil sido limitada ao teto do regime geral de previdência social.

(3) O regime de previdência complementar do servidor instituído pela Lei n.º 12.618/2012 e vinculado à previdência social oficial é público, possui caráter obrigatório e está organizado sob a forma de fundo de pensão.

(4) Na hipótese de um analista judiciário do STF ser cedido ao Ministério da Defesa na condição de optante pela remuneração do cargo efetivo, não será cabível, durante o seu afastamento, o pagamento da gratificação judiciária.

1: correta (§ 2º do art. 4º da Lei 11.416/2006); **2:** correta (arts. 1º e 3º, *caput*, e § 2º, da Lei 12.618/2012); **3:** incorreta, o regime de previdência complementar é autônomo em relação ao regime geral de previdência social. Não é obrigatório para os servidores que ingressaram antes da vigência do regime de previdência complementar (arts. 1º, § 1º, 4º, § 1º, da Lei 12.618/2012; art. 40, § 16, da CF); **4:** incorreta, como optou pela remuneração do cargo efetivo e foi cedido para um órgão da União, fará jus ao recebimento de gratificação judiciária (art. 31, § 2º, da Lei 12.618/2012).

Gabarito 1C, 2C, 3E, 4E

(Técnico – STF – 2013 – CESPE) No que diz respeito aos aspectos pertinentes à responsabilidade dos agentes públicos, conforme disposto na Lei de Acesso à Informação, julgue os itens subsecutivos.

(1) A pena mínima aplicável ao servidor público condenado em processo administrativo pela divulgação de informação sigilosa é a suspensão.

(2) O servidor está obrigado a resguardar o sigilo da informação classificada como sigilosa, a menos que tenha acesso ao seu conteúdo em razão de causas fortuitas ou eventuais.

1: Correta, conforme art. 32, § 1º, II, da Lei 12.527/2011, que regulamenta o acesso à informações do inciso XXXIII do art. 5º da CF; **2:** Incorreta, pois é dever do Estado controlar o acesso e a divulgação de informações sigilosas produzidas por seus órgãos e entidades, assegurando a sua proteção. O acesso à informação classificada como sigilosa cria a obrigação para aquele que a obteve de resguardar o sigilo (art. 25, § 2º, da Lei 12.527/2011).

Gabarito 1C, 2E

(Magistratura Federal/1ª Região – 2011 – CESPE) Assinale a opção correta no que se refere a servidores públicos federais, regimes jurídicos e previdenciário, cargos, empregos e funções, bem como a processo disciplinar.

(A) O atual regime previdenciário do servidor público não prevê a garantia de reajustamento dos benefícios para a preservação de seu valor real.

(B) No processo administrativo disciplinar, eventuais irregularidades na portaria inaugural ensejam a anulação do processo, ainda que comprovada a ausência de prejuízo para o servidor público envolvido, já que se trata de ato essencial à legalidade do processo.

(C) É vedado novo julgamento do processo administrativo disciplinar, ainda que para fins de abrandamento da sanção disciplinar aplicada ao servidor público.

(D) Compete à justiça do trabalho processar e julgar causas que envolvam o poder público e os servidores a ele vinculados por contrato temporário, quando ocorre o desvirtuamento da contratação temporária para o exercício de função pública.

(E) Não é admitida a acumulação de proventos de duas aposentadorias, decorrentes do exercício de dois cargos de professor, com os vencimentos de cargo público ocupado em face de aprovação em concurso público.

A: incorreta. O art. 40, § 8º, da CF/1988 estabelece que: "é assegurado o reajustamento dos benefícios para preservar-lhes, em caráter permanente, o valor real, conforme critérios estabelecidos em lei"; **B:** incorreta. Vige no direito administrativo o brocardo "pas de nullitê sans grief", ou seja, não se decreta nulidade se da ilegalidade não resultou qualquer prejuízo; **C:** incorreta. O art. 174 da Lei nº 8.112/1990 determina que: "o processo disciplinar poderá ser revisto, a qualquer tempo, a pedido ou de ofício, quando se aduzirem fatos novos ou circunstâncias suscetíveis de justificar a inocência do punido ou a inadequação da penalidade aplicada"; **D:** incorreta. Trata-se de competência da Justiça Estadual; **E:** correta. Desde que obedecido o teto remuneratório constitucional, uma vez que a cumulação dos cargos públicos de professor é lícita face ao que prescreve o art. 37, XVI, "a", da CF/1988, a acumulação dos proventos de aposentadoria decorrentes desse exercício com os de vencimentos de cargo público ocupado em razão de aprovação em concurso público é possível.

Gabarito "E".

(Magistratura Federal/3ª Região – 2011 – CESPE) Considerando o regime jurídico e o previdenciário dos servidores públicos, bem como direitos e deveres desses servidores, assinale a opção correta.

(A) Litígios entre o Estado e servidores estatutários da administração direta, sejam eles federais, estaduais ou municipais, são dirimidos pela justiça do trabalho.
(B) Os servidores públicos titulares de cargos efetivos da União, dos estados, do DF e dos municípios, incluídas suas autarquias e fundações, submetem-se a regime previdenciário especial, não ao RGPS, aplicável aos trabalhadores em geral da iniciativa privada.
(C) Entre os direitos sociais estendidos ao servidor público incluem-se o décimo terceiro salário, o salário família, o seguro-desemprego e o piso salarial proporcional à extensão e à complexidade do trabalho desenvolvido.
(D) Tendo o STF deferido medida cautelar para suspender a eficácia do art. 39 da CF, com a redação dada pela Emenda Constitucional nº 19/1998, o regime jurídico único voltou a ser obrigatório em toda a administração direta e indireta da União, dos estados, do DF e dos municípios.
(E) A unicidade de regime jurídico alcança os servidores permanentes e os temporários, cabendo à pessoa federativa, após a opção, aplicar o mesmo regime jurídico a ambas as espécies de servidores.

A: incorreta, pois o entendimento do STF é pela competência da Justiça Estadual ou Federal (Justiça Comum), sendo importante frisar que o STF, em 27 de janeiro de 2001, concedeu liminar, com efeito *ex tunc*, na ADI nº 3.395-65, dando interpretação conforme ao inciso I do art. 114 da CF, na redação da EC nº 45/2004 e suspendendo, *ad referendum*, toda e qualquer interpretação dada ao inciso I do art. 114 da CF, na redação dada pela EC 45/2004, que inclua, na competência da Justiça do Trabalho, a "... apreciação ... de causas que ... sejam instauradas entre o Poder Público e seus servidores, a ele vinculados por típica relação de ordem estatutária ou de caráter jurídico-administrativo"; **B:** correta, nos termos estabelecidos pelo art. 40 da CF/1988. Eis o que esse artigo diz: "Art. 40. Aos servidores titulares de cargos efetivos da União, dos Estados, do Distrito Federal e dos Municípios, incluídas suas autarquias e fundações, é assegurado regime de previdência de caráter contributivo e solidário, mediante contribuição do respectivo ente público, dos servidores ativos e inativos e dos pensionistas, observados critérios que preservem o equilíbrio financeiro e atuarial e o disposto neste artigo"; **C:** incorreta, pois não há qualquer previsão de seguro desemprego ou de piso salarial proporcional à extensão e complexidade do trabalho desenvolvido. Os direitos que lhe são assegurados são os previstos no § 3º do art. 39 da CF/1988 e são os seguintes: art. 7º, IV (salário mínimo), VII (garantia de salário, nunca inferior ao mínimo, para os que percebem remuneração variável), VIII (décimo terceiro salário com base na remuneração integral ou no valor da aposentadoria), IX (remuneração do trabalho noturno superior à do diurno), XII (salário-família pago em razão do dependente do trabalhador de baixa renda nos termos da lei), XIII (duração do trabalho normal não superior a oito horas diárias e quarenta e quatro semanais, facultada a compensação de horários e a redução de jornada, mediante acordo ou convenção coletiva de trabalho), XV (repouso semanal remunerado, preferencialmente aos domingos), XVI (remuneração do serviço extraordinário, superior, no mínimo, em cinquenta por cento à do normal), XVII (gozo de férias anuais remuneradas com, pelo menos, um terço a mais que o salário normal), XVIII (licença à gestante, sem prejuízo do emprego e dos salários, com a duração de cento e vinte dias), XIX (licença paternidade, nos termos fixados em lei), XX (proteção do mercado de trabalho da mulher, mediante incentivos específicos, nos termos da lei), XXII (redução dos riscos inerentes ao trabalho, por meio de normas de saúde, higiene e segurança) e XXX (proibição de diferença de salários, de exercício de funções e de critério de admissão por motivo de sexto, idade, cor ou estado civil); **D:** incorreta, pois o que a ADI nº 2.135-4 fez foi tentar justamente salvaguardar a eficácia da regra do regime único estabelecida no art. 39, *caput*, da CF/1988. Eis a ementa da cautelar proferida na ADI citada: "Medida cautelar em ação direta de inconstitucionalidade. Poder constituinte reformador. Processo legislativo. Emenda constitucional 19, de 04.06.1998. Art. 39, *caput*, da constituição federal. Servidores públicos. Regime jurídico único. Proposta de implementação, durante a atividade constituinte derivada, da figura do contrato de emprego público. Inovação que não obteve a aprovação da maioria de três quintos dos membros da câmara dos deputados quando da apreciação, em primeiro turno, do destaque para votação em separado (DVS) Nº 9. Substituição, na elaboração da proposta levada a segundo turno, da redação original do caput do art. 39 pelo texto inicialmente previsto para o parágrafo 2º do mesmo dispositivo, nos termos do substitutivo aprovado. Supressão, do texto constitucional, da expressa menção ao sistema de regime jurídico único dos servidores da administração pública. Reconhecimento, pela maioria do plenário do supremo tribunal federal, da plausibilidade da alegação de vício formal por ofensa ao art. 60, § 2º, da Constituição Federal. Relevância jurídica das demais alegações de inconstitucionalidade formal e material rejeitada por unanimidade. 1. A matéria votada em destaque na Câmara dos Deputados no DVS nº 9 não foi aprovada em primeiro turno, pois obteve apenas 298 votos e não os 308 necessários. Manteve-se, assim, o então vigente *caput* do art. 39, que tratava do regime jurídico único, incompatível com a figura do emprego público. 2. O deslocamento do texto do § 2º do art. 39, nos termos do substitutivo aprovado, para o *caput* desse mesmo dispositivo representou, assim, uma tentativa de superar a não aprovação do DVS nº 9 e evitar a permanência do regime jurídico único previsto na redação original suprimida, circunstância que permitiu a implementação do contrato de emprego público ainda que à revelia da regra constitucional que exige o *quorum* de três quintos para aprovação de qualquer mudança constitucional. 3. Pedido de medida cautelar deferido, dessa forma, quanto ao *caput* do art. 39 da Constituição Federal, ressalvando-se, em decorrência dos efeitos *ex nunc* da decisão, a subsistência, até o julgamento definitivo da ação, da validade dos atos anteriormente praticados com base em legislações eventualmente editadas durante a vigência do dispositivo ora suspenso. 4. Ação direta julgada prejudicada quanto ao art. 26 da EC 19/1998, pelo exaurimento do prazo estipulado para sua vigência. 5. Vícios formais e materiais dos demais dispositivos constitucionais impugnados, todos oriundos da EC 19/1998, aparentemente inexistentes ante a constatação de que as mudanças de redação promovidas no curso do processo legislativo não alteraram substancialmente o sentido das proposições ao final aprovadas e de que não há direito adquirido à manutenção de regime jurídico anterior. 6. Pedido de medida cautelar parcialmente deferido" (ADI 2135 MC / DF, Rel. Min. NÉRI DA SILVEIRA, Tribunal Pleno, j. 02/08/2007); **E:** incorreta, pois a regra geral é mesmo a unicidade de regimes, mas a assertiva dá a entender que cada ente federado teria liberdade para optar por servidores temporários e permanentes, quando na verdade a contratação temporária deve ser feita nos termos expresso na Lei nº 8.745/1993.

Gabarito "B".

6. IMPROBIDADE ADMINISTRATIVA

6.1. CONCEITO, MODALIDADES, TIPIFICAÇÃO E SUJEITOS ATIVO E PASSIVO

(Juiz de Direito - TJ/BA - 2019 - CESPE/CEBRASPE) De acordo com a legislação pertinente e a jurisprudência dos tribunais superiores, na hipótese de o prefeito de determinado município desviar dolosamente recursos públicos obtidos pelo ente municipal mediante convênio com a União,

(A) a ação de ressarcimento ao erário será submetida ao prazo prescricional quinquenal.
(B) a ação de improbidade administrativa prescreverá em cinco anos, contados a partir da data do fato.

(C) ainda que o tribunal de contas local condene o prefeito ao ressarcimento ao erário, o Poder Judiciário também poderá condená-lo em ressarcimento ao erário em ação civil pública por improbidade administrativa.
(D) não será possível a configuração do ato de improbidade administrativa se o prefeito tiver agido culposamente.
(E) o magistrado, em ação de improbidade administrativa, será obrigado a aplicar todas as penalidades legalmente previstas para a conduta, submetendo-se à discricionariedade regrada somente a dosimetria da pena.

A: incorreta – O STF no RE 852475, por maioria, apreciando o tema 897 da repercussão geral, deu parcial provimento ao recurso para afastar a prescrição da sanção de ressarcimento e determinar o retorno dos autos ao tribunal recorrido para que, superada a preliminar de mérito pela imprescritibilidade das ações de ressarcimento por improbidade administrativa, aprecie o mérito apenas quanto à pretensão de ressarcimento. Vencidos os Ministros Alexandre do Moraes (Relator), Dias Toffoli, Ricardo Lewandowski, Gilmar Mendes e Marco Aurélio. Em seguida, o Tribunal fixou a seguinte tese: "**São imprescritíveis as ações de ressarcimento ao erário fundadas na prática de ato doloso tipificado na Lei de Improbidade Administrativa**", vencido o Ministro Marco Aurélio. Redigirá o acórdão o Ministro Edson Fachin. Nesta assentada, reajustaram seus votos, para acompanhar a divergência aberta pelo Ministro Edson Fachin, os Ministros Luiz Fux e Roberto Barroso. Presidiu o julgamento a Ministra Cármen Lúcia. Plenário, 8.8.2018; **B:** incorreta – Eis o que diz a lei a respeito do tema: "Art. 23. As ações destinadas a levar a efeitos as sanções previstas nesta lei podem ser propostas: I – até cinco anos após o término do exercício de mandato, de cargo em comissão ou de função de confiança; II – dentro do prazo prescricional previsto em lei específica para faltas disciplinares puníveis com demissão a bem do serviço público, nos casos de exercício de cargo efetivo ou emprego; III – até cinco anos da data da apresentação à administração pública da prestação de contas final pelas entidades referidas no parágrafo único do art. 1º desta Lei"; **C:** correta – O STJ firmou entendimento pela possibilidade de dupla condenação ao ressarcimento ao erário pelo mesmo fato. Vale a pena transcrever uma ementa a respeito do tema: "ADMINISTRATIVO. RECURSO ESPECIAL. IMPROBIDADE ADMINISTRATIVA. CONDENAÇÃO DE RESSARCIMENTO DO PREJUÍZO PELO TCU E NA ESFERA JUDICIAL. FORMAÇÃO DE DUPLO TÍTULO EXECUTIVO. POSSIBILIDADE. RESSARCIMENTO AO ERÁRIO. PENALIDADE QUE DEVE SER NECESSARIAMENTE IMPOSTA QUANDO HÁ COMPROVADO PREJUÍZO AO ERÁRIO. APLICAÇÃO DE MULTA CIVIL. DESNECESSIDADE. SANÇÕES DEFINIDAS NA ORIGEM QUE SE MOSTRAM SUFICIENTES E PROPORCIONAIS. RECURSO ESPECIAL PARCIALMENTE PROVIDO, ACOMPANHANDO EM PARTE O RELATOR. (REsp 1413674/SE, Rel. Ministro OLINDO MENEZES (DESEMBARGADOR CONVOCADO DO TRF 1ª REGIÃO), Rel. p/ Acórdão Ministro BENEDITO GONÇALVES, PRIMEIRA TURMA, julgado em 17/05/2016, DJe 31/05/2016)"; **D:** incorreta – Os atos de improbidade administrativa que causam prejuízo ao Erário admitem, como pode ser verificado pela leitura do Art. 10 da Lei 8.429/1992, admitem também a modalidade culposa; **E:** incorreta. O *caput* do art. 12 da Lei 8.429/92 infere-se que a aplicação cumulativa das sanções cominadas nos incisos I, II e III, exceto o ressarcimento dos danos, se sujeita ao juízo de necessidade e proporcionalidade do magistrado. FB

Gabarito "C"

(Auditor Fiscal - SEFAZ/RS - 2019 - CESPE/CEBRASPE) De acordo com a Lei n.º 8.429/1992, constitui ato de improbidade administrativa que atenta especificamente contra os princípios da administração pública qualquer ação ou omissão que violar os deveres de honestidade, imparcialidade, legalidade e lealdade às instituições, e notadamente

(A) negar publicidade aos atos oficiais.
(B) facilitar para que terceiro se enriqueça ilicitamente.
(C) conceder indevidamente benefício administrativo ou fiscal.
(D) representar negligência na arrecadação de tributo e na conservação do patrimônio público.
(E) consistir em uso, em proveito próprio, de bens ou valores integrantes do acervo patrimonial da administração pública.

A: correta, Art. 11, IV da Lei 8.429/1992; **B:** incorreta, Art. 10, I, da Lei 8.429/1992; **C:** incorreta, Art. 10-A da Lei 8.429/1992; **D:** incorreta - Art. 10, X, da Lei 8.429/1992; **E:** incorreta, Art. 9º, XII, da Lei 8.429/1992. FB

Gabarito "A"

(Procurador do Município - Campo Grande/MS - 2019 - CESPE/CEBRASPE) Considerando as disposições da Lei de Improbidade Administrativa (Lei n.º 8.429/1992) e o processo administrativo disciplinar, julgue os itens seguintes.

(1) Servidor público que receber quantia em dinheiro para deixar de tomar providência a que seria obrigado em razão do cargo que ocupa estará sujeito, entre outras sanções, à suspensão dos seus direitos políticos por um período de oito anos a dez anos.
(2) A ação principal relativa a procedimento administrativo que apure a prática de ato de improbidade terá o rito ordinário e será proposta pelo Ministério Público ou pela pessoa jurídica interessada, dentro do prazo de sessenta dias no caso de efetivação de medida cautelar.
(3) Nos processos administrativos disciplinares, o uso de prova emprestada, ainda que haja autorização do juízo competente, é vedado em razão do direito de proteção à intimidade previsto na Constituição Federal de 1988.

1: correta – Art. 9º, I c/c Art. 12, I, da Lei 8.429/1992; **2:** incorreta. A ação principal relativa a procedimento administrativo que apure a prática de ato de improbidade terá o rito ordinário e será proposta pelo Ministério Público ou pela pessoa jurídica interessada, dentro do prazo de trinta dias no caso de efetivação de medida cautelar – Art. 17 da Lei 8.429/1992; **3:** incorreta, Súmula 591 STJ: É permitida a "prova emprestada" no processo administrativo disciplinar, desde que devidamente autorizada pelo juízo competente e respeitados o contraditório e a ampla defesa. FB

Gabarito: 1C, 2E, 3E

Em fevereiro de 2018, o delegado de polícia de uma cidade determinou a realização de diligências para apurar delito de furto em uma padaria do local. Sem mandado judicial, os agentes de polícia conduziram um suspeito à delegacia. Interrogado pelos próprios agentes, o suspeito negou a autoria do crime e, sem que lhe fosse permitido se comunicar com parentes, foi trancafiado em uma cela da delegacia. A ação dos agentes foi levada ao conhecimento do delegado, que determinou a abertura de processo administrativo disciplinar contra eles para se apurar a suposta ilicitude nos atos praticados.

(Delegado - PC/SE - 2018 - CESPE/CEBRASPE) Com referência a essa situação hipotética, julgue os itens seguintes.

(1) A prisão ilegal do suspeito, por caracterizar ato praticado contra particular, não configurou a prática de ato ímprobo, que é aquele praticado em prejuízo da administração pública.
(2) De acordo com o entendimento jurisprudencial do STJ, eventual punição dos agentes de polícia no âmbito administrativo não impedirá a aplicação a eles das penas previstas na Lei de Improbidade Administrativa.
(3) A apuração de eventual responsabilidade civil dos agentes dispensa a presença de conduta dolosa ou culposa.

1: incorreta – No RE 1.081.743-MG restou decidido que prisões realizadas sem as formalidades da lei são atos que atentam contra os princípios da Administração Pública e podem configurar ato de improbidade administrativa. Atentado à vida e à liberdade individual de particulares, praticado por agentes públicos armados – incluindo tortura, prisão ilegal e "justiciamento" –, afora repercussões nas esferas penal, civil e disciplinar, pode configurar improbidade administrativa, porque, além de atingir a pessoa-vítima, também alcança, simultaneamente, interesses caros à Administração em geral, às instituições de segurança pública em especial e ao próprio Estado Democrático de Direito; **2:** correta. Conforme orientação jurisprudencial do STJ, eventual punição administrativa do servidor faltoso não impede a aplicação das penas da Lei de Improbidade Administrativa, porque os escopos de ambas as esferas são diversos; e as penalidades dispostas na Lei 8.429/1992, mais amplas. Precedentes: MS 16.183/DF, Rel. Ministro Ari Pargendler, Primeira Seção, DJe 21.10.2013; **3:** incorreta – a responsabilidade pessoal dos agentes públicos sempre depende da comprovação da existência de dolo ou culpa, por ser do tipo subjetiva.

Gabarito: 1E, 2C, 3E

(Promotor de Justiça/RR – 2017 – CESPE) Após a captura em flagrante de um homem, policiais o detiveram na delegacia, onde o torturaram na tentativa de obter dele a confissão da prática de determinado crime. O MP ajuizou ação de improbidade administrativa contra esses policiais.

Nessa situação hipotética, conforme o entendimento do STJ, a conduta dos policiais

(A) não configurou ato de improbidade administrativa, que se caracteriza como ato imoral com feição de corrupção de natureza econômica, conduta inexistente no tipo penal de tortura.

(B) configurou ato de improbidade administrativa que atenta contra os princípios da administração pública.

(C) configurou ato de improbidade administrativa, pois a tortura é expressamente prevista no rol de condutas ímprobas na Lei de Improbidade Administrativa.

(D) não configurou ato de improbidade administrativa, que pressupõe lesão direta à própria administração, e não a terceiros.

A situação de tortura praticada por policiais, além das repercussões nas esferas penal, civil e disciplinar, configura também ato de improbidade administrativa, porque, além de atingir a pessoa-vítima, alcança simultaneamente interesses caros à Administração em geral, às instituições de segurança pública em especial, e ao próprio Estado Democrático de Direito. Vejamos o que disse julgado do STJ a respeito do tema: A tortura de preso custodiado em delegacia praticada por policial constitui ato de improbidade administrativa que atenta contra os princípios da administração pública. STJ. 1ª Seção. REsp 1.177.910-SE, Rel. Ministro Herman Benjamin, julgado em 26.08.2015 (Info 577).

Gabarito "B"

(Defensor Público/AL – 2017 – CESPE) Constitui ato de improbidade administrativa que importa enriquecimento ilícito

(A) concorrer, por qualquer forma, para a incorporação ao patrimônio particular, de pessoa jurídica, de bens integrantes do acervo patrimonial da administração direta estadual.

(B) permitir a utilização, em obra particular, de material que seja de propriedade de pessoa jurídica da administração direta estadual.

(C) doar à pessoa jurídica, ainda que sem fins patrimoniais, verbas do patrimônio de pessoa jurídica da administração direta estadual.

(D) permitir que pessoa física utilize renda integrante do acervo patrimonial de pessoa jurídica da administração indireta estadual.

(E) exercer atividade de consultoria para pessoa jurídica que tenha interesse suscetível de ser atingido por ação decorrente das atribuições do agente público, durante a atividade.

A: incorreta – trata-se de ato de improbidade administrativa que causa prejuízo ao Erário – Art. 10, inc. I, da Lei 8.429/1992; **B:** incorreta – trata-se de ato de improbidade administrativa que causa prejuízo ao Erário – Art. 10, inc. XIII, da Lei 8.429/1992; **C:** incorreta – trata-se de ato de improbidade administrativa que causa prejuízo ao Erário – Art. 10, inc. III, da Lei 8.429/1992; **D:** incorreta – trata-se de ato de improbidade administrativa que causa prejuízo ao Erário – Art. 10, inc. II, da Lei 8.429/1992; **E:** correta – Art. 9º, inc. VIII, da Lei 8.429/1992.

Gabarito "E"

(Procurador do Município/Manaus – 2018 – CESPE) Considerando o entendimento do STJ acerca da improbidade administrativa, julgue os itens subsequentes.

(1) O ato de improbidade administrativa violador do princípio da moralidade não requer a demonstração específica de dano ao erário ou de enriquecimento ilícito, exigindo-se apenas a demonstração do dolo genérico.

(2) Não é permitida a utilização de prova emprestada do processo penal nas ações de improbidade administrativa.

1: correta – trata-se de ato de improbidade do tipo que atenta contra os princípios da Administração Pública, a qual é admissível apenas na modalidade dolosa – Precedentes: AgRg nos EDcl no AREsp 33898/RS, Rel. Ministro Benedito Gonçalves, Primeira Turma, julgado em 02.05.2013, DJe 09.05.2013; REsp 1275469/SP, Rel. Ministro Napoleão Nunes Maia Filho, Rel. p/ Acórdão Ministro Sérgio Kukina, Primeira Turma, julgado em 12.02.2015, DJe 09.03.2015; AgRg no AREsp 562250/GO, Rel. Ministro Humberto Martins, Segunda Turma, julgado em 19.05.2015, DJe 05.08.2015; AgRg no AREsp 560613/ES, Rel. Ministro Og Fernandes, Segunda Turma, julgado em 20.11.2014, DJe 09.12.2014; AgRg no REsp 1500812/SE, Rel. Ministro Mauro Campbell Marques, Segunda Turma, julgado em 21.05.2015, DJe 28.05.2015; AgRg no REsp 1337757/DF, Rel. Ministra Marga Tessler (Juíza Federal Convocada do TRF 4ª Região), Primeira Turma, julgado em 05.05.2015, DJe 13.05.2015; MS 12660/DF, Rel. Ministra Marilza Maynard (Desembargadora Convocada do TJ/SE), Terceira Seção, julgado em 13/08/2014, DJe 22.08.2014.; **2:** incorreta – Nas ações de improbidade administrativa é admissível a utilização da prova emprestada, colhida na persecução penal, desde que assegurado o contraditório e a ampla defesa.

Gabarito 1C, 2E

(Procurador do Estado/AM – 2016 – CESPE) Por ter realizado contratação direta sem suporte legal, determinado agente público é réu em ação civil pública por improbidade administrativa, sob o argumento de violação ao princípio de obrigatoriedade de licitação, tendo-lhe sido imputado ato de improbidade previsto no art. 11 da Lei de Improbidade Administrativa (violação aos princípios da administração pública). A respeito dessa situação hipotética, julgue os itens subsecutivos.

(1) Para que haja condenação, deverá ser comprovado o elemento subjetivo de dolo, mas não há necessidade de que seja dolo específico, bastando para tal o dolo genérico de atentar contra os princípios da administração pública.

1: correta, pois é pacífico na jurisprudência que essa modalidade de improbidade administrativa do art. 11 da Lei 8.429/1992 exige o elemento subjetivo dolo, mas basta o dolo genérico (STJ, REsp 765.212/AC, j. em 02.03.2010).

Gabarito 1C

(Analista – STF – 2013 – CESPE) No que tange às disposições da Lei n.º 8.429/1992, julgue os itens subsequentes.

(1) Considere que, alegando direito à privacidade, determinado servidor, ao tomar posse em cargo público, tenha negado entregar a devida declaração dos bens e valores que compõem o seu patrimônio privado. Nessa situação, persistindo a recusa, o servidor poderá ser demitido a bem do serviço público.

(2) O ressarcimento integral do dano, em matéria de improbidade administrativa, dar-se-á se houver lesão ao patrimônio público por conduta comissiva ou omissiva, exclusivamente dolosa, praticada por agente público ou por terceiro. Nesse caso, caberá à autoridade administrativa responsável pelo inquérito representar ao Ministério Público para a indisponibilidade dos bens do indiciado.

1: correta (art. 13, § 3º, da Lei 8.429/1992); **2:** incorreta, a conduta pode ser dolosa ou culposa (arts. 5º e 7º da Lei 8.429/1992)

Gabarito 1C, 2E

(Analista Judiciário – Área Administrativa – TRT8 – 2013 – CESPE) Considerando o disposto na Lei de Improbidade Administrativa, assinale a opção correta.

(A) Quando o ato de improbidade causar lesão ao patrimônio público, caberá à autoridade administrativa responsável pelo inquérito determinar a indisponibilidade dos bens do indiciado.

(B) Os atos de improbidade administrativa praticados por todas as categorias de agentes públicos, servidores ou não, serão punidos na forma da Lei de Improbidade Administrativa, estando o sucessor daquele que causar lesão ao patrimônio público sujeito às cominações dessa lei, até o limite da herança.

(C) O agente que adquire para outrem, no exercício do mandato, bem cujo valor seja desproporcional à evolução do seu patrimônio ou renda pratica ato de improbidade administrativa que atenta contra os princípios da administração pública.

(D) O servidor que permite a utilização de veículo de propriedade do ente público em serviço particular pratica ato de improbidade que importa enriquecimento ilícito.

(E) O servidor que, indevidamente, retardar a prática de ato de ofício não estará sujeito a qualquer sanção prevista na Lei de Improbidade, pois, segundo a legislação de regência, a conduta descrita como ato de improbidade que atenta contra os princípios da administração pública consiste em deixar de praticar ato de ofício.

A: incorreta, a autoridade responsável pelo inquérito representa ao Ministério público, para a indisponibilidade dos bens (art. 7º da Lei 8.429/1992); **B:** correta (arts. 1º e 8º da Lei 8.429/1992); **C:** incorreta, pratica ato de improbidade administrativa que importa enriquecimento ilícito (art. 9º, VII, da Lei 8.429/1992); **D:** incorreta, pratica ato de improbidade administrativa que importa prejuízo ao erário (art. 10, XIII, da Lei 8.429/1992); **E:** incorreta, também prevê a conduta "retardar" (art. 11, II, da Lei 8.429/1992).

Gabarito "B"

(Técnico Judiciário – Área Administrativa – TRT8 – 2013 – CESPE) A respeito dos atos de improbidade administrativa previstos na Lei n.º 8.429/1992, assinale a opção correta.

(A) Os atos de improbidade administrativa que atentam contra os princípios da administração pública estão disciplinados na lei em apreço, em um rol taxativo de condutas.

(B) Não constitui ato de improbidade administrativa causador de lesão ao erário a doação, a pessoa jurídica de fins assistenciais, de bens integrantes do patrimônio de fundação pública de direito público, ainda que não haja a observância das formalidades regulamentares aplicáveis.

(C) A ação dolosa que enseje malbarateamento dos haveres de entidade que receba incentivo fiscal de órgão público constitui ato de improbidade administrativa que causa lesão ao erário.

(D) Constitui ato de improbidade administrativa que importa enriquecimento ilícito a facilitação da incorporação, ao patrimônio particular de pessoa física, de renda integrante do acervo patrimonial de órgão pertencente ao Poder Judiciário da União.

(E) A conduta consistente no recebimento, por técnico judiciário, de bem móvel, a título de presente destinado a terceiro, dado por pessoa que tenha interesse indireto, que possa ser amparado por ação decorrente das atribuições do referido agente público, não constitui ato de improbidade administrativa que importa enriquecimento ilícito.

A: Incorreta, pois o rol do art. 11 da Lei 8.429/1992 não é taxativo. Nos termos do mencionado *caput*: "Constitui ato de improbidade administrativa que atenta contra os princípios da administração pública qualquer ação ou omissão que viole os deveres de honestidade, imparcialidade, legalidade e lealdade às instituições, e notadamente". Ou seja, além dos atos descritos nos incisos, será considerado ato de improbidade administrativa aqueles que violares os deveres do mencionado art. 11; **B:** Incorreta, pois a conduta está descrita no art. 10, III, da Lei 8.429/1992; **C:** Correta, nos termos do art. 10 da Lei 8.429/1992; **D:** Incorreta, pois a modalidade descrita consiste em ato de improbidade administrativa **que causa prejuízo ao erário** diferentemente do que afirma a alternativa; **E:** Incorreta, nos temos do art. 9º, I, da Lei 8.429/1992.

Gabarito "C"

(Técnico Judiciário – TJDFT – 2013 – CESPE) Com base no disposto na Lei 8.429/1992, julgue os itens seguintes.

(1) O servidor que estiver sendo processado judicialmente pela prática de ato de improbidade somente perderá a função pública após o trânsito em julgado da sentença condenatória.

(2) As penalidades aplicadas ao servidor ou a terceiro que causar lesão ao patrimônio público são de natureza pessoal, extinguindo-se com a sua morte.

1: correta (art. 20 da Lei 8.429/1992); **2:** incorreta, pois são transferidas aos seus sucessores até o limite do valor da herança (art. 8º da Lei 8.429/1992).

Gabarito 1C, 2E

(Agente de Polícia Federal – 2012 – CESPE) A respeito da improbidade administrativa, julgue o item abaixo.

(1) Se o suposto autor do ato alegar que não tinha conhecimento prévio da ilicitude, o ato de improbidade restará afastado, por ser o desconhecimento da norma motivo para afastá-lo.

1. incorreta. Conforme dispõe o art. 5º da Lei 8.429/1992 (Lei de Improbidade Administrativa), a lesão ao patrimônio público pode ocorrer por ação ou omissão, e da forma dolosa ou culposa. Para o autor não ser responsabilizado, deveria comprovar que não agiu com dolo ou culpa a fim de que não se configurasse o ato de improbidade. A simples alegação de desconhecimento da norma não basta para afastar a aplicação das sanções previstas para tal. Inclusive, há julgados nesse sentido, onde a alegação de desconhecimento da norma não foi considerada, pois hoje existem diversos modos de publicidade da norma, com o objetivo de que a mesma se torne conhecida (STJ, AgRg no REsp 1107310/MT, 2ª T., j. 06.03.2012, rel. Ministro Humberto Martins, *DJe* 14.03.2012).

Gabarito 1E

O prefeito de determinado município firmou contrato de aluguel de milhares de computadores para as escolas municipais. A contratação foi feita sem licitação, sob o argumento de que a fornecedora dos computadores é uma organização social sem fins lucrativos. Posteriormente, o tribunal de contas do estado detectou que o aluguel anual de cada máquina custava o dobro do valor de um computador novo, tendo o MP estadual, por seu turno, descoberto que os dirigentes da organização social mantêm relação direta com donos de empresa de material de informática à qual pertencem os computadores alugados. A quebra do sigilo bancário da organização social demonstrou que os pagamentos recebidos do município eram repassados à referida empresa.

(Magistratura/BA – 2012 – CESPE) Com base na situação hipotética acima e no disposto na Lei n. 8.429/1992 (lei que trata da improbidade administrativa), assinale a opção correta.

(A) O disposto nessa lei não se aplica a prefeitos, agentes políticos que se submetem ao regime do Decreto-Lei n. 201/1967 (crime de responsabilidade).

(B) De acordo com a referida lei, na hipótese de o prefeito morrer, seus sucessores hereditários estarão sujeitos às cominações legais até o limite do valor da herança.

(C) Embora imoral e antiética, a conduta do prefeito não tem repercussão na esfera administrativa, visto que se restringe à violação de princípios.

(D) O prazo prescricional para se processar o prefeito pela prática de ato de improbidade administrativa é de cinco anos, contados da data do fato.

(E) O MP poderá ajuizar ação de improbidade contra o prefeito, mas nada poderá fazer em relação aos dirigentes da organização social ou aos donos da empresa de informática, visto que a referida lei alcança apenas os ocupantes de cargos públicos.

A: incorreta. No tocante aos sujeitos ativos do ato de improbidade, o STF fixou entendimento de que os agentes políticos que respondam por crime de responsabilidade (exs.: Presidente, Ministros de Estado, desembargadores, entre outros) não estão sujeitos à incidência da Lei 8.429/1992 (RE 579.799, *DJ* 19.12.2008), dada a similitude das sanções nas duas esferas. Todavia, o STF não incluiu os Prefeitos nesse rol, apesar destes responderem por crime de responsabilidade (Rcl 6034, *DJ* 29.08.2008). De qualquer forma, é bom ficar de olho no tema (submissão do Prefeito à Lei 8.429/1992), que foi reconhecido como de repercussão geral pelo STF no início de 2013 (ARE 683.235), podendo haver mudança de entendimento a qualquer momento; **B:** correta (art. 8º da Lei 8.429/1992); **C:** incorreta, pois não houve simples violação a princípios, o que, de resto, também ensejaria responsabilização; houve também prejuízo ao erário, configurando a modalidade de improbidade prevista no art. 10, V e VIII, da Lei 8.429/1992; **D:** incorreta, pois o prazo é de 5 anos, contados do término do mandato (art. 23, I, da Lei 8.429/1992); **E:** incorreta, pois, além do Prefeito, é possível acionar os dirigentes da organização social também, por se tratar de agente de entidade que recebe recursos estatais (art. 1º, parágrafo único, c/c art. 2º, ambos da Lei 8.429/1992), bem como se tratar de pessoas que concorreram para a prática do ato (art. 3º da Lei 8.429/1992); no mais, outros beneficiários do ato também poderão ser acionados (art. 3º, parte final, da Lei 8.429/1992).

Gabarito "B".

(Magistratura/BA – 2012 – CESPE) Ainda com base na situação hipotética apresentada, assinale a opção correta.

(A) De acordo com a lei que dispõe sobre a improbidade administrativa, o agente público que se recusar a apresentar suas declarações de bens ao órgão ou ente a que esteja vinculado será punido com pena de suspensão.

(B) De acordo com o que dispõe a Lei n. 8.429/1992, se o prefeito adquirir, no exercício do mandato, bens cujos valores sejam desproporcionais a sua evolução patrimonial ou renda, estará configurada hipótese de improbidade administrativa.

(C) Pelo princípio da especialidade, a responsabilização civil e criminal dos envolvidos dar-se-á exclusivamente conforme as cominações da Lei n. 8.666/1993 (Lei de Licitações).

(D) Após o transcurso do prazo prescricional para o ajuizamento de ação por improbidade, os prejuízos causados ao município não poderão mais ser cobrados.

(E) Caso os envolvidos efetuem o ressarcimento dos prejuízos causados aos cofres públicos até o recebimento da ação, esta será automaticamente extinta.

A: incorreta, pois será punido com a pena de demissão a bem do serviço público e não com mera pena de suspensão (art. 13, § 3º, da Lei 8.429/1992); **B:** correta (art. 9º, VII, da Lei 8.429/1992); **C:** incorreta, pois a responsabilização civil também levará em conta as disposições da Lei 8.429/1992; **D:** incorreta, pois as sanções de improbidade administrativa (art. 12 da Lei 8.429/1992) prescrevem (art. 23 da Lei 8.429/1992), mas a pretensão de ressarcimento ao erário, não (art. 37, § 5º, da CF; STF, MS 26.210, *DJ* 10.10.2008); **E:** incorreta, pois esse fato não tem o condão de excluir as demais cominações previstas na Lei 8.429/1992; aliás, as sanções são independentes entre si (art. 12, *caput*, da Lei 8.429/1992).

Gabarito "B".

(Ministério Público/TO – 2012 – CESPE) Constitui ato de improbidade administrativa, importando enriquecimento ilícito

(A) revelar fato de que se tenha conhecimento em função do cargo ou função ocupada, que deveria permanecer em segredo.

(B) receber, para si ou para outrem, bem móvel ou imóvel ou qualquer outra vantagem econômica a título de comissão, percentagem ou gratificações de quem tenha interesse direto ou indireto que possa ser atingido por ação ou omissão decorrente das atribuições de agente público.

(C) retardar ou deixar de praticar, indevidamente, ato de ofício.

(D) deixar de prestar contas quando esteja obrigado a fazê-lo.

(E) deixar de atender o contribuinte de forma célere, cordata e imparcial.

A: incorreta, pois, no caso, trata-se de ato que atenta contra os princípios da administração pública (LIA, art. 11, III); **B:** correta, pois assim estabelece o art. 9º, I, da LIA; **C:** incorreta, pois se trata de ato que atenta contra os princípios da administração pública (LIA, art. 11, II); **D:** incorreta, pois a conduta descrita também configura ato que atenta contra os princípios da administração pública (LIA, art. 11, VI); **E:** incorreta, pois, no caso, não há enriquecimento ilícito por parte do agente público.

Gabarito "B".

(Ministério Público/TO – 2012 – CESPE) A respeito da disciplina jurídica relativa aos atos de improbidade administrativa, assinale a opção correta.

(A) A Lei de Improbidade Administrativa não é aplicável a prefeito, presidente da República, ministros de Estado, ministros do STF e ao procurador-geral da República.

(B) O agente público que prestar falsa declaração de bens estará sujeito à pena de demissão, a bem do serviço público, sem prejuízo de outras sanções cabíveis.

(C) Segundo a jurisprudência do STJ, é indispensável a presença de dolo específico para a configuração de ato de improbidade por atentado aos princípios da administração pública.

(D) Prescreve em dois anos após o término do exercício de mandato, de cargo em comissão ou de função de confiança a ação destinada a levar a efeito as sanções previstas na Lei de Improbidade Administrativa.

(E) Nas ações submetidas ao rito da Lei de Improbidade Administrativa, a falta de notificação do acusado para apresentar defesa prévia constitui motivo para a decretação da nulidade absoluta do feito.

A: incorreta, pois a LIA é aplicável a prefeito. No que diz respeito ao Presidente da República e aos Ministros de Estado, o STF entende que há mecanismo de responsabilização específica, isto é, estão regidos por normas especiais de responsabilidade (CF, art. 102, I, "c"; Lei 1.079/1950), conforme se decidiu na Reclamação 2.138/DF; **B:** correta, pois é o que estabelece o art. 13, § 3º da LIA; **C:** incorreta, pois a jurisprudência fala na suficiência do "dolo genérico": "A caracterização de improbidade censurada pelo art. 11 da Lei 8.429/1992 dispensa a comprovação de intenção específica de violar princípios administrativos, sendo suficiente o dolo genérico. Precedentes do STJ" (REsp 1.229.779/MG, *DJe* 05.09.2011); **D:** incorreta, pois a prescrição ocorre em cinco anos (art. 23, I, da LIA); **E:** incorreta, pois a nulidade, no caso, é relativa. Conforme noticiou o Informativo n. 441 do STJ, "a falta da notificação prevista no art. 17, § 7º, da citada lei não invalida os atos processuais ulteriores, salvo se ocorrer efetivo prejuízo".

Gabarito "B".

(Ministério Público/PI – 2012 – CESPE) De acordo com o que dispõe a Lei n. 8.429/1992, são atos de improbidade administrativa que atentam contra os princípios da administração pública

(A) perceber o agente público vantagem econômica, direta ou indireta, para facilitar a alienação, permuta ou locação de bem público ou o fornecimento de serviço por ente estatal por preço inferior ao valor de mercado, bem como receber, para si ou para outrem, dinheiro, bem móvel ou imóvel, ou qualquer outra vantagem econômica, direta ou indireta, a título de comissão, porcentagem, gratificação ou presente de quem tenha interesse, direto ou indireto, que possa ser atingido ou amparado por ação ou omissão decorrente das atribuições do agente público.

(B) adquirir o agente público, para si ou para outrem, no exercício de mandato, cargo, emprego ou função pública, bens de qualquer natureza cujo valor seja desproporcional à evolução de seu patrimônio ou renda, bem como aceitar emprego, comissão ou exercer atividade de consultoria ou assessoramento para pessoa física ou jurídica que tenha interesse suscetível de ser atingido ou amparado por ação ou omissão decorrente das atribuições do agente público, durante a atividade.

(C) permitir ou facilitar o agente público a aquisição, permuta ou locação de bem ou serviço por preço superior ao de mercado e realizar operação financeira sem observância das normas legais e regulamentares ou aceitar garantia insuficiente ou inidônea.

(D) conceder o agente público benefício administrativo ou fiscal sem a observância das formalidades legais ou regulamentares aplicáveis à espécie bem como frustrar a licitude de processo licitatório ou dispensá-lo indevidamente.

(E) negar o agente público publicidade aos atos oficiais, frustrar a licitude de concurso público e deixar de prestar contas quando esteja obrigado a fazê-lo.

A: incorreta, pois, no caso, trata-se de ato de improbidade que importa enriquecimento ilícito (LIA, art. 9º, I e III); **B:** incorreta, pois a hipótese também é de ato de improbidade que importa enriquecimento ilícito (LIA, art. 9º, VII); **C:** incorreta, pois a hipótese é de ato de improbidade que causa prejuízo ao erário (LIA, art. 10, IV e VI); **D:** incorreta, pois as condutas mencionadas configuram ato de improbidade que causa prejuízo ao erário (LIA, art. 10, VII e VIII); **E:** correta, pois assim dispõe o art. 11, incisos IV, V e VI, da LIA.

Gabarito "E"

(Defensor Público/RO – 2012 – CESPE) Assinale a opção correta a respeito da improbidade administrativa.

(A) Comprovado ato de improbidade que cause prejuízo ao erário, o agente público acusado do ato poderá ser condenado a pena de suspensão dos direitos políticos pelo prazo de até dez anos.

(B) Segundo a doutrina majoritária, a probidade administrativa tem natureza de direito individual homogêneo.

(C) O sujeito passivo de ato de improbidade administrativa restringe-se à pessoa jurídica de direito público atingida pelo ato.

(D) Pratica ato de improbidade administrativa o agente público que adquire, para si ou para outrem, no exercício do cargo ou função pública, bens cujo valor seja desproporcional à evolução do respectivo patrimônio ou renda.

(E) Não restando configurado prejuízo financeiro para o ente público e, portanto, ausente a lesão ao patrimônio público, não há de se falar em eventual ato de improbidade administrativa.

A: incorreta, pois a suspensão dos direitos políticos, no caso, é regulada pelo art. 12, II, da Lei 8.429/1992, que estabelece o prazo de 5 a 8 anos para a sua fixação; **B:** incorreta, pois é um direito difuso, autorizando, assim, a atuação irrestrita do Ministério Público; **C:** incorreta, pois também são sujeitos passivos desse ato as entidades mencionadas pelo art. 1.º, *caput* e § único, da Lei 8.429/1992, tais como as demais entidades da administração indireta que não forem de direito público (sociedades de economia mista, empresas públicas, consórcios públicos de direito privado e fundações governamentais de direito privado), as empresas incorporadas ao patrimônio público, as entidades para cuja criação ou custeio o erário haja concorrido ou concorra com mais de 50% do patrimônio ou receita anual e também as entidades que recebam subvenção, benefício ou incentivo, fiscal ou creditício, na forma do dispositivo citado; **D:** correta (art. 9.º, VII, da Lei 8.429/1992); **E:** incorreta, pois as modalidades enriquecimento ilícito (art. 9.º da Lei 8.429/1992) e ofensa a princípios (art. 11 da Lei 8.429/1992) não reclamam prejuízo ao erário para se configurar; ademais, o art. 21, I, da Lei 8.429/1992 dispõe que a aplicação das sanções da Lei 8.429/1992 independem da ocorrência de danos ao erário.

Gabarito "D"

(Advogado da União/AGU – CESPE – 2012) Julgue o seguinte item.

(1) É necessária a comprovação de enriquecimento ilícito ou da efetiva ocorrência de dano ao patrimônio público para a tipificação de ato de improbidade administrativa que atente contra os princípios da administração pública.

1: incorreta, pois a modalidade mencionada, prevista no art. 11 da Lei 8.429/1992, é absolutamente independente das modalidades relacionadas ao enriquecimento ilícito (art. 9º) e ao dano ao erário (art. 10).

Gabarito 1E

6.2. SANÇÕES E PROVIDÊNCIAS CAUTELARES

(Procurador do Município – Prefeitura Fortaleza/CE – CESPE – 2017) A respeito de bens públicos e responsabilidade civil do Estado, julgue o próximo item.

(1) Se, após um inquérito civil público, o MP ajuizar ação de improbidade contra agente público por ofensa ao princípio constitucional da publicidade, o agente público responderá objetivamente pelos atos praticados, conforme o entendimento do STJ.

1: Incorreta. Os agentes públicos só respondem pelos atos de improbidade que violarem os princípios administrativos (art. 11 da Lei 8.429/1992), de forma subjetiva, ou seja, se provado o dolo ou culpa do agente (REsp 1654542 SE 2017/0033113-6). AW

Gabarito 1E

(Procurador do Município – Prefeitura Fortaleza/CE – CESPE – 2017) Um servidor da Procuradoria-Geral do Município de Fortaleza, ocupante exclusivamente de cargo em comissão, foi preso em flagrante, em operação da Polícia Federal, por fraudar licitação para favorecer determinada empresa. Com referência a essa situação hipotética, julgue os itens subsequentes tendo como fundamento o controle da administração pública e as disposições da Lei de Improbidade Administrativa e da Lei Municipal n.º 6.794/1990, que dispõe sobre o Estatuto dos Servidores do Município de Fortaleza.

(1) Mesmo que o servidor mencionado colabore com as investigações e ressarça o erário, não poderá haver acordo ou transação judicial em sede de ação de improbidade administrativa.

(2) Segundo o entendimento do STJ, caso o referido servidor faleça durante a ação de improbidade administrativa, a obrigação de reparar o erário será imediatamente extinta, dado o caráter personalíssimo desse tipo de sanção.

(3) No caso de ajuizamento de ação penal, o processo administrativo disciplinar ficará suspenso até o trânsito em julgado do processo na esfera criminal.

(4) Nesse caso, a sentença criminal absolutória transitada em julgado que negar a autoria vinculará, necessariamente, a esfera administrativa.

(5) Caso o referido servidor seja demitido por decisão de processo administrativo disciplinar, poderá o Poder Judiciário revogar esse ato administrativo se ficar comprovado o cerceamento de defesa, ainda que exista recurso administrativo pendente de decisão.

1: Correta. Não há mais possibilidade de transação em Ação Civil Pública de Improbidade Administrativa (art. 17, § 1º, da Lei 8.429/1992), sendo essa revogada pela perda da eficácia da MP 703/15. **2:** Incorreta. A Ação de Improbidade Administrativa corre também contra os herdeiros, que são legitimados passivos, conforme disposto no art. 8º, da Lei 8.429/1992. **3:** Incorreta. As esferas administrativa, cível e penal são independentes entre si (art. 125 da Lei 8.112/1990), por isso é que não é necessário aguardar o processo criminal, sendo somente afastada a responsabilidade administrativa se houver absolvição por inexistência do fato ou sua autoria, por isso, somente nesses casos é que seria prudente suspender o processo administrativo disciplinar, mas como o problema não traz essa informação, a resposta mais genérica é pena desnecessidade dessa suspensão. **4:** Correta. É o que dispõe o art. 126 da Lei 8.112/1990. **5:** Incorreta. O Poder Judiciário poderá anular o ato administrativo por cerceamento de defesa, já que ilegal. Não pode revogar o ato administrativo, porque a revogação é própria e exclusiva do Poder Executivo. AW

Gabarito 1C, 2E, 3E, 4C, 5E

(Magistratura/CE – 2012 – CESPE) À luz da Lei n. 8.429/1992, que trata da improbidade administrativa, assinale a opção correta.

(A) A instauração de processo judicial por ato de improbidade obsta a instauração de processo administrativo para apurar fato de idêntico teor enquanto aquele não for concluído.

(B) Constitui ato de improbidade administrativa que causa lesão ao erário qualquer ação ou omissão que enseje perda patrimonial, desvio ou dilapidação dos bens e haveres públicos, mas apenas se configurado o dolo do agente.

(C) Os atos de improbidade que importem enriquecimento ilícito, que causem lesão ao erário ou que atentem contra os princípios da administração pública causam a perda ou a suspensão dos direitos políticos, por período que varia de cinco a dez anos.

(D) Entre as medidas de natureza cautelar que, previstas nessa lei, só podem ser decretadas judicialmente incluem-se a indisponibilidade dos bens, o bloqueio de contas bancárias e o afastamento do agente do exercício do cargo, emprego ou função.

(E) Tanto a perda da função pública quanto a suspensão dos direitos políticos pela prática de ato de improbidade só se efetivam com o trânsito em julgado da sentença condenatória.

A: incorreta, pois as sanções de improbidade são independentes das sanções administrativas (art. 12 da Lei 8.429/1992); **B:** incorreta, pois a modalidade de improbidade trazida na alternativa é a prevista no art. 10 da Lei 8.429/1992 (prejuízo ao erário), modalidade esse que se configura por conduta dolosa ou culposa (EREsp 875.163/RS), e não só por conduta dolosa; as outras duas modalidades – enriquecimento ilícito (art.9º da Lei 8.429/1992) e violação a princípio administrativo (art. 11 da Lei 8.429/1992) – é que só se configuram mediante conduta dolosa; **C:** incorreta, pois tais atos causam a suspensão (e não a perda) dos direitos políticos, e o prazo varia de 3 a 10 anos (art. 12, I a III, da Lei 8.429/1992); **D:** incorreta, pois a indisponibilidade (art. 7º da Lei 8.429/1992) e o afastamento do agente (art. 20, parágrafo único, da Lei 8.429/1992) estão previstos, mas o bloqueio de contas, não, o que não quer dizer que não se possa ingressar com pedido cautelar nesse sentido, com base no poder geral de cautela; **E:** correta (art. 20, *caput*, da Lei 8.429/1992).

Gabarito "E".

(Advogado da União/AGU – CESPE – 2012) Julgue o seguinte item.

(1) Autorizada a cumulação do pedido condenatório e do de ressarcimento em ação por improbidade administrativa, a rejeição do pedido condenatório por prescrição não obsta o prosseguimento da demanda relativa ao pedido de ressarcimento, que é imprescritível.

1: correta, pois, de fato, o STF, com fundamento no art. 37, § 5º, da CF, vem entendendo que é imprescritível a pretensão de ressarcimento ao erário pela prática de ato administrativo, desde que seja um ato doloso, conforme se verifica no (RE, 852475/SP, 08.08.2018).

Gabarito 1C

(Analista – TJ/ES – 2011 – CESPE) Julgue o seguinte item.

(1) As sanções penais, civis e administrativas previstas em lei podem ser aplicadas aos responsáveis pelos atos de improbidade, de forma isolada ou cumulativa, de acordo com a gravidade do fato.

1: correta (art. 12, *caput*, da Lei 8.429/1992).

Gabarito 1C

6.3. DECLARAÇÃO DE BENS

(Defensor Público/AL – 2009 – CESPE) Julgue o seguinte item.

(1) A posse e o exercício de agente público ficam condicionados à apresentação de declaração dos bens e valores que compõem o seu patrimônio privado. O agente público que se recusar a prestar declaração dos bens, dentro do prazo determinado, ou que a prestar falsa, será punido com a pena de demissão, a bem do serviço público, sem prejuízo de outras sanções cabíveis.

1: correta (art. 13, *caput* e § 3º, da Lei 8.429/1992).

Gabarito 1C

6.4. REPRESENTAÇÃO ADMINISTRATIVA

(Procurador do Município/Boa Vista-RR – 2010 – CESPE) Considerando a Lei de Improbidade – Lei n. 8.429/1992 – e os procedimentos administrativos, julgue os itens seguintes.

(1) O procedimento administrativo cabe à administração pública, mas a Lei de Improbidade permite ao Ministério Público designar um representante do órgão para acompanhar esse procedimento.

(2) As disposições da Lei n. 8.429/1992 não são aplicáveis àqueles que, não sendo agentes públicos, se beneficiarem, de forma direta ou indireta, com o ato de improbidade cometido por prefeito municipal.

1: correta (art. 15, parágrafo único, da Lei 8.429/1992); **2:** incorreto (art. 3º da Lei 8.429/1992).

Gabarito 1C, 2E

6.5. QUESTÕES PROCESSUAIS

(Juiz – TJ/CE – 2018 – CESPE) Com base na legislação de regência e na jurisprudência do STJ, é correto afirmar que a ação de improbidade administrativa

(A) pode ser ajuizada tanto em caráter preventivo como em caráter repressivo.

(B) exige a formação de litisconsórcio passivo necessário entre o réu agente público e os particulares beneficiados pelo ato ímprobo.

(C) pode ser encerrada por meio de acordo firmado entre as partes e devidamente homologado pelo juízo.

(D) admite a utilização de prova emprestada colhida na persecução penal, desde que assegurado o direito ao contraditório e à ampla defesa.

(E) deve ser ajuizada e processada nas instâncias ordinárias, salvo se a conduta ímproba tiver sido praticada por agente público com foro privilegiado.

A: incorreta – a ação de improbidade administrativa tem sempre caráter repressivo, não existindo "tentativa" de ato de improbidade; **B:** incorreta, conforme pacífica jurisprudência do STJ, nas ações de improbidade administrativa, não há litisconsórcio passivo necessário entre o agente público e os terceiros beneficiados do ato improbo. Vejamos acórdão a respeito do tema: Processual civil e administrativo. Agravo regimental no recurso especial. Improbidade administrativa. Violação do art. 535 do CPC. Não ocorrência. Violação do art. 47 do CPC e art. 3º da Lei de Improbidade Administrativa. Não caracterizada. Ausência de hipótese de litisconsórcio passivo necessário. 1. Não há violação ao artigo 535 do CPC quando o Tribunal de origem, mesmo sem ter examinado individualmente cada um dos argumentos do recorrente, adota fundamentação suficiente para decidir de modo integral a controvérsia, apenas não acolhendo a tese do recorrente. 2. Não há falar em formação de litisconsórcio passivo necessário entre eventuais réus e as pessoas participantes ou beneficiárias das supostas fraudes e irregularidades nas ações civis públicas movidas para o fim de apurar e punir atos de improbidade administrativa, pois não há, na Lei de Improbidade, previsão legal de formação de litisconsórcio entre o suposto autor do ato de improbidade e eventuais beneficiários, tampouco havendo relação jurídica entre as partes a obrigar o magistrado a decidir de modo uniforme a demanda. 3. Agravo regimental não provido. (AgRg no REsp 1421144/PB, Rel. Ministro Benedito Gonçalves, Primeira Turma, julgado em 26.05.2015, DJe 10.06.2015). **C:** incorreta – Art. 17, § 1º, da Lei 8.429/1992; **D:** correta – trata-se de entendimento pacificado no STJ. Vejamos ementa a respeito: (...) 4. A conclusão do Tribunal de origem pela regularidade da prova emprestada, acentuando que a quebra de sigilo das comunicações telefônicas foi precedida de autorização judicial, impede seu reexame na via especial, por demandar o revolvimento do contexto fático-probatório. Incidência da Súmula 7/STJ. 5. Não há falar em nulidade da prova colhida mediante interceptação telefônica, por mera extrapolação do prazo de quinze dias constante do art. 5º da Lei 9.296/96, uma vez que a medida pode ser prorrogada por períodos sucessivos, desde que precedida de autorização judicial devidamente fundamentada. Precedentes. **6**. É firme a jurisprudência desta Corte no sentido da admissibilidade do transplante de prova colhida em persecução penal ao processo em que se imputa a prática de ato de improbidade, desde que assegurado o contraditório e a ampla defesa no processo em que utilizada. 7. A exordial em ação de improbidade só pode ser rejeitada, em consonância com o previsto no art. 17, §§ 7º e 8º, da Lei 8.429/92, quando manifesta a improcedência da ação ou a inadequação da via eleita. 8. Assim, rever a conclusão do acórdão recorrido quanto à ocorrência de indícios mínimos atos a deflagrar a ação de improbidade atrai o óbice da Súmula 7/STJ, por demandar o reexame dos elementos de prova. Precedentes. 9. Agravo regimental a que se nega provimento. (AgRg no REsp 1299314/DF, Rel. Ministro Og Fernandes, Segunda Turma, julgado em 23.10.2014, DJe 21.11.2014); **E:** incorreta – a ação de improbidade deve ser processada e julgada nas instâncias ordinárias, ainda que contra agente político que tenha foro privilegiado. Isto porque se trata de uma ação de natureza cível e não penal, razão pela qual o foro privilegiado não possui aplicabilidade. FB

Gabarito "D"

(Delegado Federal – 2018 – CESPE) Com base nas disposições da Lei de Improbidade Administrativa e na jurisprudência do STJ acerca dos aspectos processuais da ação civil pública de responsabilização por atos de improbidade, julgue os itens a seguir.

(1) Constatado indício de ato ímprobo, fica autorizado o recebimento fundamentado da petição inicial, devendo prevalecer, no juízo preliminar, o princípio do *in dubio pro societate* e cabendo, contra a decisão que receber a petição inicial, o agravo de instrumento.

(2) Embora não haja litisconsórcio passivo necessário entre o agente público e os terceiros beneficiados com o ato ímprobo, é inviável que a ação civil por improbidade seja proposta exclusivamente contra os particulares, sem concomitante presença do agente público no polo passivo da demanda.

(3) Situação hipotética: Em uma ação de improbidade administrativa com pedido cumulado de ressarcimento ao erário, foi decretada a indisponibilidade de bens. Por ocasião da sentença, o juiz reconheceu a prescrição da pretensão de impor sanções decorrentes dos atos de improbidade. Assertiva: Nessa situação, a medida de indisponibilidade de bens deverá ser revogada.

1: correta – A presença de indícios de cometimento de atos ímprobos autoriza o recebimento fundamentado da petição inicial nos termos do art. 17, §§ 7º, 8º e 9º, da Lei 8.429/1992, devendo prevalecer, no juízo preliminar, o princípio do *in dubio pro societate*. Vejamos ementa a respeito do tema: Processo civil. Improbidade administrativa. Petição inicial. Recebimento. Presença de indícios de cometimento de ato ímprobo. *In dubio pro societate*. Matéria fático-probatória. Incidência da súmula 7/STJ. Agravo regimental não provido.1. Cuida-se, na origem, de Ação de Improbidade Administrativa proposta pelo Ministério Público Estadual contra o ora recorrente, objetivando a condenação pela prática de atos ímprobos.2. O Juiz de 1º Grau recebeu a petição inicial, e dessa decisão o ora agravante interpôs Agravo de Instrumento.3. O Tribunal a quo negou provimento ao Agravo de Instrumento e assim consignou na decisão: "E, especificamente quanto à Contplan e seus sócios, aqui incluído o agravante, destaca que 'respondem por improbidade administrativa, porque anuíram e colaboraram para que a fraude restasse perfectilizada e beneficiaram-se de modo direto com o recebimento dos valores indevidamente1 (fl. 25). Diante deste contexto, não se pode afirmar, ao menos em sede de cognição sumária, tenha sido agravante incluído desarrazoadamente no polo passivo da demanda, como quer fazer crer" (fl. 785, grifo acrescentado).4. O Ministério Público Federal, no seu parecer, bem analisou a questão: "O fundamento central da decisão agravada é que não só sua qualidade de sócio foi considerada na petição inicial, mas também o fato de ter a exordial aludido a suposto conluio entre os agentes públicos e particulares integrantes do polo passivo da demanda" (fl.786, grifo acrescentado).5. Nos termos do art. 17, § 8º, da Lei 8.429/1992, a presença de indícios de cometimento de atos previstos na referida lei autoriza o recebimento da petição inicial da Ação de Improbidade Administrativa, devendo prevalecer na fase inicial o princípio do *in dubio pro societate*. 6. Ademais, modificar a conclusão a que chegou a Corte de origem, de modo a acolher a tese do recorrente, demandaria reexame do acervo fático-probatório dos autos, o que é inviável em Recurso Especial, sob pena de violação da Súmula 7 do STJ.7. Agravo Regimental não provido. (AgRg no AREsp 604.949/RS, Rel. Ministro Herman Benjamin, Segunda Turma, julgado em 05.05.2015, DJe 21.05.2015); **2:** correta – É inegável que o particular sujeita-se à Lei de Improbidade Administrativa, porém, para figurar no polo passivo, deverá, como bem asseverou o eminente Min. Sérgio Kukina, "a) induzir, ou seja, incutir no agente público o estado mental tendente à prática do ilícito; b) concorrer juntamente com o agente público para a prática do ato; e c) quando se beneficiar, direta ou indiretamente do ato ilícito praticado pelo agente público" (REsp 1.171.017/PA, Rel. Min. Sérgio Kukina, Primeira Turma, julgado em 25.02.2014, DJe 06.03.2014.). Por essa razão, o STJ tem firme entendimento no sentido de que "os particulares não podem ser responsabilizados com base na LIA sem que figure no polo passivo um agente público responsável pelo ato questionado, o que não impede, contudo, o eventual ajuizamento de Ação Civil Pública comum para obter o ressarcimento do Erário" (REsp 896.044/PA, Rel. Min. Herman Benjamin, Segunda Turma, julgado em 16.9.2010, DJe 19.04.2011). **3:** incorreta – A eventual prescrição das sanções decorrentes dos atos de improbidade administrativa não obsta o prosseguimento da demanda quanto ao pleito de ressarcimento dos danos causados ao erário, que é imprescritível (art. 37, § 5º, da CF). FB

Gabarito 1C, 2C, 3E

(Defensor Público – DPE/RN – 2016 – CESPE) Considerando os termos da responsabilidade administrativa, civil e criminal dos agentes públicos e a disciplina da improbidade administrativa, assinale a opção correta.

(A) O sistema punitivo na esfera administrativa se assemelha ao da esfera criminal, na medida em que as condutas são tipificadas com precisão, sendo cominadas sanções específicas para cada conduta infracional prevista.

(B) Se estiver em tramitação ação de improbidade contra servidor público pela prática de ato de improbidade administrativa, haverá que se aguardar o trânsito em julgado de referida ação para que seja editado ato de demissão oriundo de procedimento administrativo disciplinar.

(C) Segundo entendimento jurisprudencial já pacificado no âmbito do STJ, eventual prescrição das sanções decorrentes dos atos de improbidade administrativa não impede o prosseguimento de ação judicial visando ao ressarcimento dos danos causados ao erário, tendo em vista a imprescritibilidade de referida ação.

(D) É inadmissível, na aplicação da Lei 8.429/1992, a responsabilização objetiva do agente público por ato de improbidade administrativa, exceto em relação aos atos de improbidade que causem lesão ao erário.

(E) À luz da jurisprudência do STJ, em nome do princípio constitucional da vedação do anonimato, será nulo o processo administrativo disciplinar instaurado com fundamento em denúncia anônima.

A: Incorreta. A Lei de Improbidade determina condutas exaustivas, ou seja, não há uma taxatividade na enumeração das condutas nos artigos 9º, 10 e 11, da Lei 8.429/1992; **B:** Incorreta. As instancias administrativas, cíveis e criminais são independentes, podendo o servidor ser demitido por meio de processo administrativo disciplinar, antes da sentença de improbidade, por exemplo (art. 12, da Lei 8.429/1992); **C:** Correta. Há entendimento já pacificado (STJ Resp 1.089492) de que há prescrição dos atos de improbidade, conforme também dispõe o art. 23, da Lei 8.429/1992, não havendo o mesmo para as Ações de Ressarcimento decorrentes do ato ímprobo (art. 37, § 5º, CF), desde que se trate de ato doloso (RE, 852475/SP, 08.08.2018). O ressarcimento do dano é independente dos ilícitos de improbidade, de forma que a Ação poderá continuar quanto ao ressarcimento, mesmo reconhecida a prescrição quanto ao ato de improbidade; **D:** Incorreta. Exige-se o dolo ou culpa para a existência do Ato de Improbidade que causa dano ao erário, conforme "caput", art. 10, da Lei 8.429/1992; **E:** Incorreta. O STF e STJ tem entendido que é possível a instauração de processo administrativo decorrente de denúncia anônima, desde que seja feita apuração prévia. (RMS 29198/DF e MS10419/DF).

Gabarito "C"

(Analista Judiciário – TRT/8ª – 2016 – CESPE) Maria praticou ato de improbidade administrativa em 5/3/2010, por violar os princípios da administração pública, sem ter causado dano ao erário, enquanto ainda ocupava exclusivamente cargo em comissão na administração direta da União. Depois da notícia do fato pela imprensa, em 6/3/2015, Maria foi exonerada do cargo em comissão e do serviço público. Com referência a essa situação hipotética, assinale a opção correta com base na Lei n.º 8.429/1992 (Lei de Improbidade Administrativa).

(A) A titularidade da ação civil por ato de improbidade administrativa, no caso, é exclusiva do Ministério Público Federal.

(B) A eventual aprovação das contas de Maria, como gestora pública, pelo Tribunal de Contas da União afasta a possibilidade de propositura da ação de improbidade administrativa.

(C) Antes do recebimento da ação de improbidade, o juiz competente deverá notificar Maria para apresentar defesa prévia, no prazo de quinze dias, e poderá rejeitar liminarmente a ação, se estiver convencido da inexistência da improbidade, da improcedência da ação ou da inadequação da via eleita.

(D) A eventual condenação de Maria por ato de improbidade administrativa não impede nova investidura em cargo público estadual ou municipal, dentro do prazo de suspensão dos direitos políticos.

(E) Na data da exoneração de Maria, já estava prescrita a pretensão condenatória por ato de improbidade administrativa, pois o ato ilícito fora cometido havia mais de cinco anos.

A: incorreta, pois a pessoa jurídica interessada (no caso, a União) também tem legitimidade ativa para a ação de improbidade (art. 17, *caput*, da Lei 8.429/92); **B:** incorreta, pois a aplicação das sanções da Lei de

Improbidade independe da aprovação ou rejeição de contas pelo órgão de controle interno ou pelo Tribunal de Contas (art. 21, II, da Lei 8.429/92); **C:** correta, nos termos do art. 17, §§ 7º e 8º, da Lei 8.429/92; **D:** incorreta, pois o gozo dos direitos políticos costuma ser requisito para o ingresso no serviço público também nos outros entes políticos, como o é na esfera da União (art. 5º, II, da Lei 8.112/90); **E:** incorreta, pois, quando o servidor que comete ato de improbidade detinha cargo em comissão, o prazo de 5 anos para aplicação das sanções da Lei de Improbidade é contado da data do término do exercício do cargo (art. 23, I, da Lei 8.429/92), que se deu apenas em 2015, sendo que a questão é do ano de 2016.

Gabarito "C"

(Ministério Público/PI – 2012 – CESPE) A respeito da atuação do MP em matéria de improbidade administrativa, assinale a opção correta com base na jurisprudência.

(A) É absolutamente vedada a condenação do MP ao pagamento de honorários advocatícios em ACP.

(B) Não se admite que o MP utilize a denominada prova emprestada em ACP cujo objeto seja ato de improbidade administrativa.

(C) É imprescritível a ACP que tenha por objeto o ressarcimento de danos causados ao erário por atos de improbidade administrativa.

(D) O critério para fixar a competência para a ACP por ato de improbidade administrativa proposta pelo MP é o do domicílio do réu, e não o do local do dano.

(E) O MP não pode instaurar inquérito civil contra magistrado, com o fim de apurar a prática de ato de improbidade a este atribuída.

A: incorreta, pois o MP poderá ser condenado, segundo o STJ, no caso de má-fé: "Processual civil. Agravo regimental. Ação civil pública. Honorários advocatícios. Ministério Público autor e vencedor. 1. 'Posiciona-se o STJ no sentido de que, em sede de ação civil pública, a condenação do Ministério Público ao pagamento de honorários advocatícios somente é cabível na hipótese de comprovada e inequívoca má-fé do *Parquet*. Dentro de absoluta simetria de tratamento e à luz da interpretação sistemática do ordenamento, não pode o parquet beneficiar-se de honorários, quando for vencedor na ação civil pública' (EREsp 895.530/PR, Rel. Min. Eliana Calmon, *DJe* 18.12.2009). 2. Agravo regimental não provido". (AgRg no REsp 1.320.333/RJ, 2ª Turma, *DJe* 04.02.2013); **B:** incorreta, pois, como se vê do Informativo 440 do STJ, é possível a utilização de prova emprestada em sede de ação de improbidade: "Na ação de responsabilidade por ato de improbidade administrativa, utilizou-se prova emprestada constante de inquérito civil público consistente de laudo pericial produzido administrativamente, sem a observância de contraditório e ampla defesa. Conforme precedentes, essa circunstância, por si só, não é capaz de nulificar a prova, pois se deve contrapô-la às demais postas nos autos. Sucede que esses outros elementos, com ênfase na prova testemunhal (genérica e sem convicção), não conduzem à conclusão de que possa haver prática de ato de improbidade pelos réus, solução também adotada pelo tribunal *a quo*, que não pode ser revista pelo STJ (Súmula 7 do STJ). Precedentes citados: REsp 849.841-MG, *DJ* 11.09.2007, e HC 141.249-SP, *DJe* 03.05.2010. REsp 1.189.192-GO, Rel. Min. Eliana Calmon, julgado em 22.06.2010."; **C:** correta, pois a pretensão de ressarcimento ao erário, decorrente de ato de improbidade administrativa, é imprescritível, nos termos do art. 37, § 5º, da Constituição Federal, desde que se trate de ato doloso (RE, 852475/SP, 08.08.2018); **D:** incorreta, pois a ação de improbidade, por ser ação coletiva, deve ser proposta no foro do local do dano ou onde o ato foi praticado, se não houve dano; **E:** incorreta, pois os magistrados também estão sujeitos à Lei 8.429/1992.

Gabarito "C"

6.6. PRESCRIÇÃO

(Defensor Público/AC – 2012 – CESPE) Antônio tomou posse, em seu primeiro mandato como prefeito municipal, em 01 /01/2009 e, embora tenha cometido ato de improbidade administrativa enquanto comandava a prefeitura, pretende candidatar-se para o mesmo cargo no pleito de 2012.

Nessa situação hipotética, admitindo-se que Antônio seja reeleito e que sua posse para o segundo mandato ocorra em 1/1/2013, a contagem do prazo prescricional para o ajuizamento de ação de improbidade administrativa contra o ato praticado por Antônio na vigência de seu primeiro mandato se inicia

(A) a partir do término do segundo mandato.

(B) na data da posse do segundo mandato.

(C) após cento e oitenta dias da data de posse do segundo mandato.

(D) a partir do término do primeiro mandato.

(E) na data da posse do primeiro mandato.

O art. 23, I, da Lei 8.429/1992 estabelece que o prazo será contado a partir do término do exercício do mandato. No caso, havendo continuidade na Administração por conta de um segundo mandato, o prazo prescricional somente se inicia ao fim do segundo mandato. Aliás, objetivo da lei em fazer iniciar o prazo prescricional apenas após o fim do mandato, é garantir que haja maior possibilidade de se descobrir atos ímprobos, muitas vezes feitos de forma escondida, sendo que, enquanto o agente público está no cargo, fica difícil, em boa parte das vezes, verificar-se a ocorrência de ilícitos. No caso, somente ao cabo do segundo mandato é que se atenderá a essa preocupação da lei, o que impõe que o prazo prescricional se inicie do término do segundo mandato.

Gabarito "A"

6.7. TEMAS COMBINADOS E OUTRAS QUESTÕES DE IMPROBIDADE ADMINISTRATIVA

(Delegado Federal – 2018 – CESPE) João, servidor público responsável pelo setor financeiro de uma autarquia federal, sem observar as formalidades legais necessárias, facilitou a incorporação, ao patrimônio particular de entidade privada sem fins lucrativos, de valores a ela repassados mediante a celebração de parceria.

Nessa situação hipotética, conforme a legislação e a doutrina a respeito de improbidade administrativa e regime disciplinar do servidor público federal,

(1) João poderá ser responsabilizado pela prática de ato de improbidade administrativa causador de prejuízo ao erário.

(2) a pena disciplinar máxima a que João estará sujeito é a suspensão por noventa dias.

(3) João poderá ser condenado, no âmbito judicial, ao ressarcimento integral do dano, à suspensão dos seus direitos políticos e ao pagamento de multa.

(4) a responsabilidade de João é objetiva, independentemente da demonstração de culpa ou dolo.

1: correta – Art. 10, inc. I, da Lei 8.429/1992; **2:** incorreta – as penas possível no caso de cometimento de ato de improbidade administrativa que causem dano ao erário são ressarcimento integral do dano, perda dos bens ou valores acrescidos ilicitamente ao patrimônio, se concorrer esta circunstância, perda da função pública, suspensão dos direitos políticos de cinco a oito anos, pagamento de multa civil de até duas vezes o valor do dano e proibição de contratar com o Poder Público ou receber benefícios ou incentivos fiscais ou creditícios, direta ou indiretamente, ainda que por intermédio de pessoa jurídica da qual seja sócio majoritário, pelo prazo de cinco anos – Art. 12, inc. II, da Lei 8.429/1992; **3:** correta – Art. 12, inc. II, da Lei 8.429/1992; **4:** incorreta – a responsabilidade do agente público tem sempre natureza subjetiva, dependendo da comprovação de seu dolo ou culpa. FB

Gabarito 1C, 2E, 3C, 4E

(Procurador Municipal – Prefeitura/BH – CESPE – 2017) De acordo com o disposto na Lei de Improbidade Administrativa — Lei nº 8.429/1992 —, assinale a opção correta.

(A) A efetivação da perda da função pública, penalidade prevista na lei em apreço, independe do trânsito em julgado da sentença condenatória.

(B) A configuração dos atos de improbidade administrativa que importem em enriquecimento ilícito, causem prejuízo ao erário ou atentem contra os princípios da administração pública depende da existência do dolo do agente.

(C) O sucessor do agente que causou lesão ao patrimônio público ou que enriqueceu ilicitamente responderá às cominações da lei em questão até o limite do valor da sua herança.

(D) O responsável por ato de improbidade está sujeito, na hipótese de cometimento de ato que implique enriquecimento ilícito, à perda dos bens ou dos valores acrescidos ilicitamente ao seu patrimônio, ao ressarcimento integral do dano e à perda dos direitos políticos.

A: incorreta. A perda da função pública e suspensão dos direitos políticos dependem do trânsito em julgado da sentença condenatória, conforme disposto no art. 20, da Lei 8.429/1992; **B:** incorreta. O dolo só é necessário no ato de improbidade que cause prejuízo ao erário (art. 10, da Lei 8.429/1992; **C:** correta. Trata-se do disposto no art. 8º, da Lei 8.429/1992; **D:** incorreta. Conforme disposto no art. 12, I, da Lei 8.429/1992, o ressarcimento integral do dano só incidira (a pena), quando houver esse dano comprovado. AW

Gabarito "C"

(Advogado União – AGU – CESPE – 2015) Julgue os itens a seguir, referentes a agentes públicos.

(1) Se determinado agente público responder ação de improbidade administrativa por desvio de recursos públicos, um eventual acordo ou uma eventual transação entre as partes envolvidas no processo estarão condicionados ao ressarcimento integral dos recursos públicos ao erário antes da sentença.

(2) A Lei nº 12.618/2012, que instituiu o regime de previdência complementar dos servidores públicos federais, prevê como beneficiários apenas os servidores públicos de cargo efetivo, excluindo do seu alcance, por conseguinte, os servidores ocupantes de cargos comissionados.

(3) De acordo com o STF, embora exista a possibilidade de desconto pelos dias que não tenham sido trabalhados, será ilegal demitir servidor público em estágio probatório que tenha aderido a movimento paredista.

(4) Se, em uma operação da Polícia Federal, um agente público for preso em flagrante devido ao recebimento de propina, e se, em razão disso, houver ajuizamento de ação penal, um eventual processo administrativo disciplinar deverá ser sobrestado até o trânsito em julgado do processo criminal.

1: Incorreta. Não cabe transação em ação civil de improbidade administrativa (art. 17, § 1º, da Lei 8.429/1992). **2:** Correta. Trata- se do art. 2º, II, da Lei 12.618/2012, que assim dispõe: "Art. 2º Para os efeitos desta Lei, entende-se por: (...) II – participante: o servidor público titular de cargo efetivo da União, inclusive o membro do Poder Judiciário, do Ministério Público e do Tribunal de Contas da União, que aderir aos planos de benefícios administrados pelas entidades a que se refere o art. 4º desta Lei."Servidor ocupante de cargo exclusivamente em comissão é regido pelo regime geral de previdência social (RGPS). **3:** Correta, tendo em vista o seguinte entendimento do STF: "DIREITOS CONSTITUCIONAL E ADMINISTRATIVO. DIREITO DE GREVE. SERVIDOR PÚBLICO EM ESTÁGIO PROBATÓRIO. FALTA POR MAIS DE TRINTA DIAS. DEMISSÃO. SEGURANÇA CONCEDIDA. 1. A simples circunstância de o servidor público estar em estágio probatório não é justificativa para demissão com fundamento na sua participação em movimento grevista por período superior a trinta dias. 2. A ausência de regulamentação do direito de greve não transforma os dias de paralização em movimento grevista em faltas injustificadas. 3. Recurso extraordinário a que se nega seguimento" (RE 226966/RS). **4:** Incorreta. Os processos administrativo, cível e penal são independentes (art. 125 e 126, da Lei 8.112/1990). AW

Gabarito 1E, 2C, 3C, 4E

(Promotor de Justiça/AC – 2014 – CESPE) A respeito dos agentes públicos e da improbidade administrativa, assinale a opção correta.

(A) A regra da aposentadoria compulsória por idade aplica-se ao servidor público que ocupe exclusivamente cargo em comissão.

(B) Segundo entendimento do STJ, não configura ato de improbidade administrativa a conduta de professor da rede pública de ensino que, aproveitando-se dessa condição, assedie sexualmente seus alunos.

(C) Os candidatos com a deficiência denominada pé torto congênito bilateral não têm direito a concorrer às vagas em concurso público reservadas às pessoas com deficiência, pois, segundo o STJ, tal anomalia constitui mero problema estético, que não produz dificuldade para o desempenho de funções.

(D) Caso se determine, no edital de concurso, que as comunicações com os candidatos devam ocorrer unicamente por meio da imprensa oficial, é possível exigir que o candidato acompanhe diariamente, no diário oficial, qualquer referência ao seu nome durante a vigência do concurso.

(E) Ao servidor público é garantido o direito ao recebimento de auxílio-alimentação no período de férias.

A: incorreta, pois, segundo o STJ, "Os servidores comissionados, mesmo no período anterior à EC 20/98, não se submetem à regra da aposentadoria compulsória aos setenta anos de idade." (RMS 36950 / RO); **B**: incorreta, pois, como noticiou o Informativo nº 0523 do STJ: "Direito administrativo. Improbidade administrativa por violação aos princípios da administração pública. Configura ato de improbidade administrativa a conduta de professor da rede pública de ensino que, aproveitando-se dessa condição, assedie sexualmente seus alunos. Isso porque essa conduta atenta contra os princípios da administração pública, subsumindo-se ao disposto no art. 11 da Lei 8.429/1992. REsp 1.255.120-SC, Rel. Min. Humberto Martins, j. 21.05.2013"; **C**: incorreta, pois o STJ já decidiu que pé torto congênito bilateral caracteriza deficiência física nos moldes do Decreto 3.298/99, alterado pelo Decreto nº 5.296/04 (Ag 1420359); **D**: incorreta, pois "a jurisprudência do Superior Tribunal de Justiça compreende que esse procedimento viola o princípio da razoabilidade, sendo inviável exigir que o candidato acompanhe diariamente, com leitura atenta, as publicações oficiais. (RMS 33.077/DF, relator Ministro Mauro Campbell Marques, Segunda Turma, j. 22.02.2011, *DJe* 04.03.2011)." (AgRg no REsp 1399539 / PB); **E**: correta, pois "A jurisprudência desta Corte firmou entendimento no sentido de que os servidores públicos fazem jus ao recebimento do auxílio-alimentação durante o período de férias e licenças" (AgRg no REsp 1211687 / RJ).

Gabarito "E"

(Defensoria/DF – 2013 – CESPE) Julgue os itens subsecutivos, referentes ao controle da administração pública.

(1) Segundo entendimento do STJ, se o governo do DF, amparado em legislação local, realizar contratações temporárias de servidores sem concurso público, tal ação configurara, por si só, ato de improbidade administrativa.

(2) A decretação de indisponibilidade de bens em decorrência da apuração de atos de improbidade administrativa deve limitar-se a constrição dos bens necessários ao ressarcimento integral do dano, não atingindo os bens adquiridos antes do suposto ato de improbidade.

(3) Considere que, negado o pleito de um indivíduo perante a administração pública, o chefe da respectiva repartição pública tenha inadmitido o recurso administrativo sob a alegação de que o recorrente não teria apresentado prévio deposito ou caução, exigidos por lei. Nessa situação hipotética, o agente público agiu de acordo com o ordenamento jurídico brasileiro, visto que, segundo entendimento do STF, a exigência de deposito ou caução pode ser realizada desde que amparada por lei.

1: errada, pois, como decidiu o STJ, "a prorrogação da contratação temporária, com fundamento em lei municipal que estava em vigor quando da contratação - gozando tal lei de presunção de constitucionalidade - descaracteriza o elemento subjetivo doloso. Precedentes: REsp 1.231.150/MG, Rel. Min. Herman Benjamin, Segunda Turma, julgado em 13.3.2012, DJe 12.4.2012; AgRg no Ag 1.324.212/MG, Rel. Min. Mauro Campbell Marques, julgado em 28.9.2010, DJe 13.10.2010." (EDcl no AgRg no AgRg no AREsp 166766 / SE). 2: errada, pois "a indisponibilidade acautelatória prevista na Lei de Improbidade Administrativa tem como finalidade a reparação integral dos danos que porventura tenham sido causados ao erário; trata-se de medida preparatória da responsabilidade patrimonial, representando, em essência, a afetação de todos os bens necessários ao ressarcimento, podendo, por tal razão, atingir quaisquer bens ainda que adquiridos anteriormente ao suposto ato de improbidade. Precedentes." (STJ, REsp 1176440 / RO). **3**: errada, pois, conforme a Suìmula Vinculante nº 21 do STF, "é inconstitucional a exigência de depoìsito ou arrolamento preìvios de dinheiro ou bens para admissibilidade de recurso administrativo".

Gabarito 1E, 2E, 3E

(Cartório/ES – 2013 – CESPE) No que se refere a improbidade administrativa, assinale a opção correta.

(A) Será punido com pena de demissão, a bem do serviço público, sem prejuízo de outras sanções, o agente público que se recusar a prestar declaração de seus bens dentro do prazo determinado.

(B) Qualquer pessoa poderá representar a autoridade administrativa competente, ainda que anonimamente, pedido de instauração de investigação de ato de improbidade.

(C) Para a caracterização de ato de improbidade administrativa, e imprescindível o dolo, ainda que genérico.

(D) A gravidade dos ilícitos imputados ao agente público e a existência de robustos indícios contra ele justificam o seu afastamento do exercício do cargo, por via administrativa, desde que determinado pela autoridade administrativa competente.

(E) Não poderá haver a imposição de pena ao agente público pela pratica de ato de improbidade que cause dano ao erário se o tribunal de contas tiver aprovado suas contas.

A: correta, pois assim estabelece o art. 13, § 3º, da Lei 8.429/1992; **B**: incorreta, pois, nos termos do art. 14, § 1º, da Lei n. 8.429/92, a representação conterá a qualificação do representante, sob pena de rejeição; **C**: incorreta, pois, embora a exigência de conduta dolosa seja a regra, o ato de improbidade que causa prejuízo ao erário (art. 10 da Lei n. 8.429/92) pode ser praticado culposamente; **D**: incorreta, pois, conforme o art. 20, parágrafo único, a autoridade judicial ou administrativa competente poderá determinar o afastamento do agente público. Porém, poderá fazê-lo quando a medida se fizer necessária à instrução processual; **E**: incorreta, pois, nos termos do art. 21, II, da Lei n. 8.429/92, a aplicação das sanções independe da aprovação ou rejeição das contas pelo órgão de controle interno ou pelo Tribunal ou Conselho de Contas.

Gabarito "A"

(Cartório/ES – 2013 – CESPE) O MP ajuizou ação civil por improbidade administrativa contra prefeito e contador, devido à contratação deste por aquele, sem a realização de prévia licitação. O MP registrou que ambos foram condenados criminalmente pela prática do ato doloso de fraude à licitação, tipificado no art. 90 da Lei n.º 8.666/1993, com decisão já transitada em julgado, reconhecendo, contudo, que os serviços foram efetivamente prestados e pagos em conformidade com a média do mercado. O MP caracterizou os atos de improbidade como atentatórios aos princípios da administração pública. Os pedidos foram julgados procedentes e foi acolhida a tipificação proposta pelo MP.

Com base nessa situação, assinale a opção correta à luz da jurisprudência dos tribunais superiores.

(A) O MP é parte ilegítima para a propositura da referida ação, uma vez que o próprio município tem o dever de zelar por seu patrimônio, sendo a parte legitima para a propositura da ação de improbidade descrita.

(B) Para a condenação de réu por ato de improbidade na modalidade sob análise, basta a configuração do dolo genérico de praticar conduta que atente contra os princípios da administração pública.

(C) É cabível a ação civil pública por improbidade contra o prefeito, conforme recente entendimento do STF.

(D) Caso seja imposta multa cível e os réus faleçam antes de pagá-la, a obrigação de pagar transmite-se aos sucessores dos réus, até o limite do valor da herança.

(E) A ação não poderá tramitar no primeiro grau de jurisdição, haja vista o privilégio de foro dos prefeitos.

A: incorreta, pois o MP tem legitimidade para ajuizar a ação, conforme o art. 17 da Lei n. 8.429/1+92, a Súmula n. 329 do STJ ("O Ministério Público tem legitimidade para propor ação civil pública em defesa do patrimônio público") e o art. 129, III, da CF; **B**: correta, pois, conforme a advertência da 1ª Turma do STJ, no julgamento do AgRg no AREsp 324640 / RO: "Este Tribunal Superior tem reiteradamente se manifestado no sentido de que "o elemento subjetivo, necessário à configuração de improbidade administrativa censurada nos termos do art. 11 da Lei 8.429/1992, é o dolo genérico de realizar conduta que atente contra os princípios da Administração Pública, não se exigindo a presença de dolo específico" (REsp 951.389/SC, Rel. Ministro Herman Benjamin, Primeira Seção, DJe 4/5/2011)."; **C**: incorreta, pois o STF já entendeu, recentemente, inexistir dolo em caso como este: "Ação Penal. Ex-prefeito municipal. Atual deputado federal. Dispensa irregular de licitação (art. 89, *caput*, da Lei 8.666/1993). Dolo. Ausência. Atipicidade. Ação penal improcedente. 1. A questão submetida ao presente julgamento diz respeito à existência de substrato probatório mínimo que autorize a deflagração da ação penal contra os denunciados, levando-se em consideração o preenchimento dos requisitos do art. 41 do Código de Processo Penal, não incidindo qualquer uma das hipóteses do art. 395 do mesmo diploma legal. 2. As imputações feitas na denúncia aos ora denunciados foram de, na condição de prefeito municipal e de secretária de economia e finanças do município, haverem acolhido indevidamente a inexigibilidade de procedimento licitatório para a contratação de serviços em favor da Prefeitura Municipal de Santos/SP. 3. Não se verifica a existência de indícios de vontade livre e conscientemente dirigida por parte dos denunciados de superarem a necessidade de realização da licitação. Pressupõe o tipo, além do necessário dolo simples (vontade consciente e livre de contratar independentemente da realização de prévio procedimento licitatório), a intenção de produzir um prejuízo aos cofres públicos por meio do afastamento indevido da licitação. 4. A incidência da norma que se extrai do art. 89, caput, da Lei nº 8.666/93 depende da presença de um claro elemento subjetivo do agente político: a vontade livre e consciente (dolo) de lesar o Erário, pois é assim que se garante a necessária distinção entre atos próprios do cotidiano político-administrativo e atos que revelam o cometimento de ilícitos penais. A ausência de indícios da presença do dolo específico do delito, com o reconhecimento de atipicidade da conduta dos agentes denunciados, já foi reconhecida pela Suprema Corte (Inq. 2.646/RN, Tribunal Pleno, Relator o Ministro Ayres Britto, DJe de 7/5/10). 5. Denúncia rejeitada. Ação penal julgada improcedente." (Inq 2616 / SP); **D**: incorreta, pois a responsabilidade do sucessor restringe-se aos atos de improbidade que causam lesão ou que importam enriquecimento ilícito. Assim dispõe o art. 8° da Lei n. 8.429/92: "O sucessor daquele que causar lesão ao patrimônio público ou se enriquecer ilicitamente está sujeito às cominações desta lei até o limite do valor da herança"; **E**: incorreta, pois, como já decidiu o STJ, "'A ação de improbidade administrativa deve ser processada e julgada nas instâncias ordinárias, ainda que proposta contra agente político que tenha foro privilegiado no âmbito penal e nos crimes de responsabilidade' (AgRg na Rcl 12.514/MT, Rel. Ministro ARI PARGENDLER, CORTE ESPECIAL, julgado em 16/09/2013, DJe 26/09/2013)." (AIA 45 / AM). No mesmo sentido o STF: "Reclamação – Ação civil por improbidade administrativa – Competência de magistrado de primeiro grau, quer se cuide de ocupante de cargo público, quer se trate, como na espécie, de titular de mandato eletivo (prefeito municipal) Ainda No Exercício Das Respectivas Funções – Recurso De Agravo Improvido. - O Supremo Tribunal Federal tem advertido que, tratando-se de ação civil por improbidade administrativa (Lei nº 8.429/92), mostra-se irrelevante, para efeito de definição da competência originária dos Tribunais, que se cuide de ocupante de cargo público ou de titular de mandato eletivo ainda no exercício das respectivas funções, pois a ação civil em questão deverá ser ajuizada perante magistrado de primeiro grau. Precedentes." (Rcl 2766 AgR / RN).

Gabarito "B"

(Cartório/PI – 2013 – CESPE) Em relação a serviços públicos, improbidade administrativa e responsabilidade civil do Estado, assinale a opção correta.

(A) A responsabilidade do tabelião, conforme entendimento do STJ, e objetiva pelos danos resultantes de sua atividade notarial e de registro, exercida por delegação.

(B) De acordo com o STF, os serviços públicos notariais e de registros públicos são funções próprias do Estado, delegadas as pessoas naturais ou a empresa constituída para tal finalidade especifica, sob a fiscalização do Poder Executivo, com auxílio do Poder Judiciário.

(C) Segundo o STJ, os agentes públicos respondem objetivamente pelos atos de improbidade administrativa, todavia, quando da aplicação de eventual penalidade, deverão ser observadas a natureza e a gravidade da infração.

(D) Existe a possibilidade de acordo ou transação em sede de ação de improbidade administrativa, desde que o agente público realize o ressarcimento ao erário antes da sentença.

(E) Ao contrário das permissões, ato para o qual não se exige prévio procedimento licitatório, exige-se, em regra, a realização de licitação para as concessões para a prestação de serviços públicos.

A: correta, pois, de acordo com a 2ª Turma do STJ, "a jurisprudência do Superior Tribunal de Justiça tem assentado que o exercício de atividade notarial delegada (art. 236, § 1º, da CF/88) deve se dar por conta e risco do delegatário, de modo que é do notário a responsabilidade objetiva por danos resultantes dessa atividade delegada (art. 22 da Lei 8.935/1994), cabendo ao Estado apenas a responsabilidade subsidiária. Precedentes do STJ e do STF (AgRg no AREsp 474524 / PE, DJe 18/06/2014); **B**: incorreta, pois no julgamento da ADI 3151 / MT, o STF (Pleno) consignou que "a sua delegação somente pode recair sobre pessoa natural, e não sobre uma empresa ou pessoa mercantil"; **C**: incorreta, pois, a Lei n. 8.429/92 enuncia a responsabilidade subjetiva, o que é ratificado pela jurisprudência; **D**: incorreta, pois há vedação expressa à realização de acordo (art. 17, § 1º da Lei n. 8.429/92); **E**: incorreta, pois, como advertiu a 2ª Turma do STJ, no julgamento do AgRg no AREsp 481094 / RJ, "a Lei 8.666/93, que regulamenta o art. 37, inciso XXI, da Carta Magna, instituindo normas para licitações e contratos da Administração Pública, em seu art. 2º, afirma que as obras, serviços, inclusive de publicidade, compras, alienações, concessões, permissões e locações da Administração Pública, quando contratadas com terceiros, serão necessariamente precedidas de licitação, ressalvadas as hipóteses previstas nesta Lei. Assim, a exigibilidade da licitação é proveniente da Constituição Federal, devendo a legislação infraconstitucional ser compatibilizada com os preceitos insculpidos nos artigos 37, inciso XXI, e 175 da Carta República, não podendo admitir-se um longo lapso temporal, com respaldo no art. 42, § 2º, da Lei n. 8.987/95, uma vez que o comando constitucional deve ser plenamente cumprido. Precedente: ADI 3521, Relator(a): Min. EROS GRAU, Tribunal Pleno, julgado em 28/09/2006, DJ 16-03-2007".

Gabarito "A".

(Cartório/PI – 2013 – CESPE) À luz da legislação de regência e da jurisprudência do STJ, assinale a opção correta no que se refere a improbidade administrativa e responsabilidade civil do Estado e dos delegados de serviço público.

(A) Em se tratando de ações de improbidade administrativa, o deferimento, pelo magistrado, da medida cautelar de indisponibilidade de bens depende da comprovação de que o réu esteja dilapidando ou esteja na iminência de dilapidar seu patrimônio.

(B) É imprescritível a ação de indenização contra a fazenda pública fundada na responsabilidade civil extracontratual do Estado.

(C) A Lei de Improbidade Administrativa contém rol exemplificativo dos atos de improbidade administrativa que atentam contra os princípios da administração pública.

(D) Conforme entendimento jurisprudencial, o agente que perceber vantagem econômica direta para facilitar a alienação de bem público responderá pela prática de ato de improbidade independentemente de estar presente em sua conduta o elemento subjetivo, isto é, o dolo.

(E) De acordo com a jurisprudência recente, os notários e registradores devem responder direta e objetivamente pelos danos causados a terceiros em decorrência da prática dos atos da serventia, não havendo responsabilidade solidária do ente estatal.

A: incorreta, pois, no caso das medidas de indisponibilidade ou de sequestro de bens, por ato de improbidade administrativa, o *periculum in mora* é presumido: "administrativo e processual civil. Ação civil pública. Improbidade administrativa. Liminar. Indisponibilidade de bens. Periculum in mora presumido. A concessão da medida de indisponibilidade não está condicionada à comprovação de que os réus estejam dilapidando seu patrimônio, ou na iminência de fazê-lo, tendo em vista que o periculum in mora está implícito no comando legal. Assim deve ser a interpretação da lei, porque a dilapidação é ato instantâneo que impede a atuação eficaz e acautelatória do Poder Judiciário. Precedentes: Edcl no REsp 1.211.986/MT, Rel. Ministro Herman Benjamin, Segunda Turma, DJe 9/6/2011; REsp 1.244.028/RS, Rel. Ministro Mauro Campbell Marques, Segunda Turma, DJe 2/9/2011; Edcl no REsp 1.205.119/MT, Rel. Ministro Mauro Campbell Marques, Segunda Turma, Dje 8.2.2011; REsp 1.190.846/PI, Rel. Ministro Castro Meira, Segunda Turma, DJe 10/2/2011; REsp 967.841/PA, Rel. Ministro Mauro Campbell Marques, Segunda Turma, DJe 8/10/2010; REsp 1.203.133/MT, Rel. Ministro Castro Meira, Segunda Turma, DJe 28/10/2010; REsp 1.199.329/MT, Rel. Ministro Mauro Campbell Marques, Segunda Turma, Dje 8.10.2010; REsp 1.177.290/MT, Rel. Ministro Herman Benjamin, Segunda Turma, DJe 1º/7/2010; REsp 1.177.128/MT, Rel. Ministro Herman Benjamin, Segunda Turma, Dje 16.9.2010; REsp 1.135.548/PR, Rel. Ministra Eliana Calmon, Segunda Turma, DJe 22/6/2010; REsp 1.134.638/MT, Relator Ministra Eliana Calmon, Segunda Turma, Dje 23.11.2009; REsp 1.098.824/SC, Rel. Ministra Eliana Calmon, Segunda Turma, DJe 4/8/2009"; **B**: incorreta, pois: "A Primeira Seção do Superior Tribunal de Justiça, no julgamento do REsp 1.251.993/PR, de relatoria do Min. MAURO CAMPBELL MARQUES, submetido ao rito do art. 543-C do CPC, firmou entendimento no sentido de que é de cinco anos o prazo prescricional para o ajuizamento de ação indenizatória contra a Fazenda Pública." (STJ, AgRg no AREsp 198078 / RJ); **C**: correta, pois, de fato, a palavra "notadamente" evidencia o caráter exemplificativo. Ademais, existem princípios previstos na Constituição Federal cuja violação também configura improbidade; **D**: incorreta, pois resta configurado, no caso, o ato de improbidade que importa enriquecimento ilícito, definido no art. 9º, III, da Lei n. 8.429/92. A responsabilidade pelo mencionado ato de improbidade administrativa é subjetiva e, mais do que isso, exige o dolo. A questão é pacífica no STJ; **E**: correta, pois, como proclamou a 2ª Turma do STJ, "a jurisprudência do Superior Tribunal de Justiça tem assentado que o exercício de atividade notarial delegada (art. 236, § 1º, da CF/88) deve se dar por conta e risco do delegatário, de modo que é do notário a responsabilidade objetiva por danos resultantes dessa atividade delegada (art. 22 da Lei 8.935/1994), cabendo ao Estado apenas a responsabilidade subsidiária. Precedentes do STJ e do STF (AgRg no AREsp 474524 / PE, DJe 18/06/2014).

A banca examinadora indicou como alternativa correta a "E". Todavia, a alternativa "C" também está correta.

Gabarito "E".

(Cartório/RR – 2013 – CESPE) A pedido do juiz da comarca, um oficial registrador de determinado município transferiu a propriedade de um imóvel, mesmo havendo gravame sobre o bem. Os beneficiários desse ato foram o próprio juiz, vendedor do imóvel, e um corretor de imóveis, que pretendia transferir o imóvel para um cliente. Após investigação do MP, a fraude foi constatada e o registro, anulado. A corregedoria do tribunal de justiça instaurou procedimento disciplinar contra o juiz e o oficial registrador.

Considerando a situação acima, assinale a opção correta à luz da Lei n.º 8.429/1992 (Lei de Improbidade Administrativa).

(A) O corretor de imóveis não pode ser sujeito passivo da ação de improbidade administrativa.

(B) A perda da função pública, a multa e a suspensão dos direitos políticos, sanções previstas na referida lei, aplicam-se independentemente da efetiva ocorrência de dano ao patrimônio público.

(C) As sanções cominadas pela referida lei são sempre supletivas e subsidiárias à responsabilização dos agentes nas esferas cível e criminal.

(D) O oficial registrador não se sujeita às sanções previstas na referida lei, uma vez que seu contrato de trabalho é regido pelo regime previsto na Consolidação das Leis do Trabalho.

(E) O juiz somente poderá perder o cargo por força de decisão judicial transitada em julgado na esfera criminal.

A: incorreta, pois a Lei de Improbidade Administrativa também pode atingir os beneficiários do ato (Lei n. 8.429/92, art. 3º); **B**: correta, pois assim determina o art. 21, I, da Lei n. 8.429/92; **C**: incorreta, pois há autonomia e independência entre as instâncias (civil, penal e administrativa); **D**: incorreta, pois há, no caso, prestação de serviços públicos por delegação; **E**: incorreta, pois a perda da função pública é sanção aplicável no caso de improbidade administrativa (art. 12 da Lei n. 8.429/92).

Gabarito "B".

(Cartório/DF – 2014 – CESPE) Em relação a improbidade administrativa e a proteção e a defesa do usuário de serviço público, assinale a opção correta.

(A) A aplicação, ao gestor público, das penalidades decorrentes da pratica de ato de improbidade administrativa depende da comprovação da ocorrência de dano ao erário e da não aprovação da prestação de contas pelo respectivo tribunal de contas.

(B) Para fins de aplicação das sanções de improbidade administrativa, não se considera agente público o servidor contratado por necessidade temporária de excepcional interesse público, dada a inexistência de vinculo estatutário deste com a administração pública.

(C) A participação do usuário de serviço público na administração pública direta e indireta e garantida pela CF, devendo a lei regulamentar mecanismos de aferição da qualidade do serviço como reclamações, serviços de atendimento do usuário e avaliação periódica, externa e interna.

(D) No que diz respeito a responsabilidade pela pratica de ato de improbidade administrativa, não vigora o princípio da individualidade da pena, podendo o sucessor daquele que causar lesão ao patrimônio público ou enriquecer ilicitamente estar sujeito as cominações da lei além do limite do valor da herança.

(E) O direito de acesso a informação dos usuários de serviço público aplica-se apenas aos casos de prestação direta do serviço pela administração pública.

A: incorreta, pois o art. 21 da Lei n. 8.429/92 determina o contrário; **B**: incorreta, pois o conceito de agente público é bastante amplo, no que diz respeito à responsabilidade por improbidade administrativa (vide art. 2º da Lei n. 8.429/92); **C**: correta, pois assim estabelece o art. 37, § 3º, da CF; **D**: incorreta, pois, além de ser necessária a individualização da sanção, a responsabilidade se limita ao valor da herança (art. 8º da Lei n. 8.429/92); **E**: incorreta, pois o art. 37, § 3º, da CF, estabelece que a lei disciplinará as formas de participação do usuário na administração pública direta e indireta.

Gabarito "C".

(Cartório/DF – 2014 – CESPE) Assinale a opção correta no que se refere à improbidade administrativa e à proteção e defesa do usuário de serviço público.

(A) De acordo com o princípio da continuidade do serviço público, a concessionária não poderá interromper o serviço, mesmo nos casos em que haja interesse da coletividade e inadimplemento do usuário.

(B) Tratando-se de prefeito, as ações de ressarcimento em virtude da prática de atos de improbidade administrativa prescrevem até cinco anos após o término do exercício do mandato.

(C) A aplicação da pena de multa e de ressarcimento integral do dano em virtude da prática de ato de improbidade administrativa exemplifica o exercício do poder de polícia da administração pública.

(D) O MP, a pessoa jurídica de direito público interessada e as associações são os únicos legitimados a ingressar com a ação principal no Poder Judiciário para a responsabilização por ato de improbidade administrativa.

(E) Desde que observadas as restrições estabelecidas constitucionalmente, é assegurado o direito de acesso dos usuários de serviço público aos respectivos registros administrativos e às informações sobre atos de governo.

A: incorreta, pois, conforme já decidiu o STJ: "O princípio da continuidade do serviço público assegurado pelo art. 22 do CDC deve ser obtemperado, ante a exegese do art. 6º, § 3º, II, da Lei nº 8.987/95 que prevê a possibilidade de interrupção do fornecimento de energia elétrica quando, após aviso, permanecer inadimplente o usuário, considerado o interesse da coletividade. Precedentes." (REsp 805113 / RS); **B**: incorreta, pois a pretensão de ressarcimento ao erário, em decorrência de ato de improbidade administrativa, é imprescritível. O fundamento da imprescritibilidade é constitucional (art. 37, § 5º) e depende de o ato ser doloso (RE, 852475/SP, 08.08.2018); **C**: incorreta, pois a responsabilidade, no caso, é civil e só pode ser aplicada por órgão jurisdicional (reserva de jurisdição). Assim, não decorre do poder de polícia; **D**: incorreta, pois as associações não são legitimadas à propositura da ação de improbidade (*vide* art. 17, *caput*, da Lei n. 8.429/92); **E**: correta, pois assim estabelece o art. 37, § 3º, da CF.

Gabarito "E".

(Procurador/DF – 2013 – CESPE) Julgue os próximos itens, referentes à improbidade administrativa.

(1) O prazo para a proposição da ação de improbidade administrativa visando o ressarcimento dos danos causados pelo agente público é de cinco anos, a contar do término do exercício de mandato, de cargo em concurso ou de função de confiança por esse agente.

(2) O ato de improbidade, que, em si, não constitui crime, caracteriza-se como um ilícito de natureza civil e política.

1: errada, pois a pretensão de ressarcimento ao erário é imprescritível, nos termos do art. 37, § 5º, da CF, desde que o ato de improbidade respectivo seja doloso (RE, 852475/SP, 08.08.2018); **2**: certa; de fato, o ato de improbidade que não constituir crime é considerado um ilícito de natureza civil (no sentido de não penal, já que há sanções civis em sentido estrito, como ressarcimento ao erário e multa civil, e administrativas, como proibição de contratar com o Poder Público e a perda do cargo) e política (suspensão dos direitos políticos).

Gabarito 1E, 2C

7. BENS PÚBLICOS

7.1. CONCEITO E CLASSIFICAÇÃO

(Auditor Fiscal - SEFAZ/RS - 2019 - CESPE/CEBRASPE) Um terreno pertencente ao Estado e anteriormente sem utilização passou a ser usado por um órgão público para o desempenho de determinadas tarefas. Trata-se de bem público que era de uso

(A) dominical e, após afetação, passou a ser bem de uso especial.

(B) especial e, após desafetação, passou a ser bem de uso comum do povo.

(C) especial e, após afetação, passou a ser bem dominical.

(D) dominical e, após desafetação, passou a ser bem de uso comum do povo.

(E) especial e, após afetação, passou a ser bem de uso comum do povo.

Tratando-se de bem público que não possuía qualquer destinação específica (que estava, portanto, desafetado), ele era do tipo dominical. Com a devida afetação do bem público a um fim, ele passou a ser um bem de uso especial.

Gabarito "A".

(Defensor Público/AC – 2017 – CESPE) Com referência à disciplina constitucional dos bens públicos, assinale a opção correta.

(A) As terras tradicionalmente ocupadas pelos índios são exemplos de bens de uso especial e pertencem aos estados.

(B) As terras devolutas, não se encontrando afetadas a nenhuma finalidade pública específica, são bens públicos dominiais.

(C) Salvo a hipótese de usucapião especial para fins de moradia prevista na CF, não é permitido usucapião de bens públicos.

(D) A utilização dos bens de uso comum do povo, os quais são destinados à utilização geral pelos indivíduos, não pode sofrer restrições por ato do poder público.

(E) Os bens de uso especial são aqueles que, por ato formal da administração pública, são destinados à execução dos serviços administrativos e serviços públicos em geral.

A: incorreta – são bens de uso especial, mas pertencem à União – Art. 20, XI, da CF/1988; **B**: correta – Terras devolutas são terras públicas não afetadas a qualquer finalidade pública, isto é, são terras tidas como bem dominical (art. 99, inc. III, do CC), as quais podem ser alienadas/vendidas desde que observadas as exigências legais; **C**: incorreta – os imóveis públicos não serão adquiridos por usucapião – Art. 191, parágrafo único, CF/ 1988; **D**: incorreta – os bens públicos podem ter seu uso devidamente regulamentado em ato do poder público, o qual pode até mesmo prever o uso privado de bem público mediante autorização, permissão ou concessão de uso de bem público; **E**: incorreta – os bens de uso especial são aqueles usados para a prestação de serviço público pela administração pública ou conservados pelo Poder Público, mas não necessariamente por meio de ato formal como asseverado na assertiva.

Gabarito "B".

(Defensor Público/AL – 2017 – CESPE) Aparelho de ressonância magnética adquirido pela prefeitura de determinado município e localizado em hospital de mesma municipalidade classifica-se, quanto à sua destinação, como bem público

(A) dominical.

(B) desafetado.
(C) de uso especial.
(D) municipal.
(E) de uso comum do povo.

A: incorreta – **bens dominicais – ou do patrimônio disponível** – *são aqueles que não têm destinação específica, nem se encontram sujeitos ao uso comum do povo.* São bens que simplesmente integram o patrimônio do Estado e que, eventualmente, podem ser alienados: **B**: incorreta – bem público desafetado é aquele que, em virtude de lei ou de ato administrativo decorrente de autorização legislativa, teve sua destinação anterior retirada, com o consequente ingresso na categoria dos bens dominicais; **C**: correta – **bens de uso especial – ou do patrimônio administrativo indisponível** – *são aqueles destinados à execução dos serviços públicos ou a servirem de estabelecimento para os entes públicos;* **D**: incorreta – os bens tratados na assertiva são municipais, mas ela fala em classificação "quanto à destinação", de modo que aqui temos um bem público municipal de uso especial; **E**: incorreta – **bens de uso comum do povo – ou do domínio público** – *são os destinados a uso público, podendo ser utilizados indiscriminadamente por qualquer do povo.* Ex.: mares, rios, estradas, ruas e praças. FB

Gabarito "C"

(Procurador Municipal – Prefeitura/BH – CESPE – 2017) Com relação aos bens públicos, assinale a opção correta.

(A) Bens dominicais são os de domínio privado do Estado, não afetados a finalidade pública e passíveis de alienação ou de conversão em bens de uso comum ou especial, mediante observância de procedimento previsto em lei.
(B) Consideram-se bens de domínio público os bens localizados no município de Belo Horizonte afetados para destinação específica precedida de concessão mediante contrato de direito público, remunerada ou gratuita, ou a título e direito resolúvel.
(C) O uso especial de bem público, por se tratar de ato precário, unilateral e discricionário, será remunerado e dependerá sempre de licitação, qualquer que seja sua finalidade econômica.
(D) As áreas indígenas são bens pertencentes à comunidade indígena, à qual cabem o uso, o gozo e a fruição das terras que tradicionalmente ocupa para manter e preservar suas tradições, tornando-se insubsistentes pretensões possessórias ou dominiais de particulares relacionados à sua ocupação.

A: incorreta. O erro dessa assertiva está no fato de que os bens dominiais constituem patrimônio disponível do Poder Público, por isso, para que sejam alienados, não precisam ser convertidos em outras categorias de bens; **B**: incorreta. O domínio público é expressão própria para designar todos os bens públicos, sejam os bens integrantes do patrimônio próprio do Estado (domínio patrimonial), sejam os integrantes do patrimônio de interesse público, coletivo (domínio eminente), por isso está errado delimitar esses bens como sendo somente os localizados em um Município e afetados; **C**: incorreta. A autorização de uso é ato discricionário, unilateral e precário, sem licitação, sendo ato informal, portanto; **D**: correta. Trata-se do teor do art. 231, § 1º, CF, sendo reprodução deste dispositivo. AW

Gabarito "D"

(Juiz de Direito/DF – 2016 – CESPE) Acerca dos bens públicos, assinale a opção correta.

(A) Os bens privados do Estado, que não se submetem ao regime jurídico de direito público, são aqueles adquiridos de particulares por meio de contrato de direito privado.
(B) Bens dominicais são aqueles que podem ser utilizados por todos os indivíduos nas mesmas condições, por determinação de lei ou pela própria natureza do bem.
(C) Os bens de uso especial do Estado são as coisas, móveis ou imóveis, corpóreas ou não, que a administração utiliza para a realização de suas atividades e finalidades.
(D) Os bens de uso comum não integram o patrimônio do Estado, constituindo coisas que não pertencem ao ente público ou a qualquer particular, não sendo passíveis, portanto, de aquisição por pessoa física ou jurídica.
(E) Os bens dominicais são aqueles pertencentes ao Estado e afetados a uma finalidade específica da administração pública.

A: incorreta, pois os bens privados do Estado são aqueles adquiridos pelo próprio Estado, mas que não são afetados a qualquer utilidade de interesse público; são os chamados bens dominicais (art. 99, III, do CC); **B** e **E**: incorretas, pois esses bens são os que não têm qualquer destinação de interesse público, tratando-se de mero patrimônio estatal (art. 99, III, do CC); **C**: correta (art. 99, II, do CC); **D**: incorreta, pois tais bens pertencem, sim, ao Estado e têm como destinação pública o uso comum do povo (arts. 99, *caput* e I, e 103, ambos do CC).

Gabarito "C"

(Defensoria/DF – 2013 – CESPE) Acerca dos bens públicos, julgue os itens a seguir.

(1) A autorização de uso de bem público por particular caracteriza-se como ato administrativo unilateral, discricionário e precário, para o atendimento de interesse predominantemente do próprio particular.
(2) Sendo uma das características do regime jurídico dos bens públicos a inalienabilidade, e correto afirmar que, segundo o ordenamento jurídico brasileiro vigente, todos os bens públicos são absolutamente inalienáveis.
(3) Segundo o ordenamento jurídico vigente, são considerados públicos os bens do domínio nacional pertencentes as pessoas jurídicas de direito público interno; sendo os demais considerados bens particulares, seja qual for a pessoa a que pertencerem.

1: correta, pois traz a exata definição de autorização de uso de bem público; **2**: incorreta, pois os bens dominicais não são inalienáveis (art. 101 do Código Civil); **3**: correta (art. 98 do Código Civil).

Gabarito 1C, 2E, 3C

(Ministério Público/TO – 2012 – CESPE) O conceito de patrimônio público, segundo a lei, abrange

(A) apenas os bens que atendam a destinação pública relativa a seus atributos, componentes e elementos formadores.
(B) não só os bens materiais e imateriais pertencentes às entidades da administração pública, mas também aqueles bens materiais e imateriais que pertencem a todos, de uma maneira geral, como o patrimônio cultural, o patrimônio ambiental e o patrimônio moral.
(C) os bens públicos pertencentes à administração pública, exclusivamente.
(D) apenas o conjunto de bens e direitos de valor econômico pertencentes aos entes da administração pública direta e indireta.
(E) os bens públicos, excetuando-se os bens do domínio nacional pertencentes às pessoas jurídicas de direito público interno.

O conceito de patrimônio público em sentido amplo abrange os bens pertencentes às pessoas jurídicas de direito público (bens públicos - art. 98 do CC) e os bens materiais e imateriais mencionados na alternativa "b", por força do disposto nos arts. 216, *caput*, e 225, *caput*, da CF.

Gabarito "B"

(Ministério Público/TO – 2012 – CESPE) A respeito dos bens públicos e do controle da administração pública, assinale a opção correta.

(A) Os bens, da mesma forma que as coisas, se caracterizam pelos mesmos atributos: escassez, valor econômico e livre circularidade.
(B) No caso de sentença judicial transitada em julgado que imponha créditos contra a fazenda pública, o pagamento efetuar-se-á por meio de precatórios, conforme o disposto na CF, uma vez que os bens públicos não estão sujeitos aos efeitos jurídicos do regime da penhora.
(C) Os bens públicos de uso comum do povo e os de uso especial são os únicos imprescritíveis, isto é, insuscetíveis de aquisição da propriedade mediante usucapião.
(D) A transferência do direito real de propriedade dos bens públicos imóveis, em qualquer dos poderes da República,

dependerá de autorização do chefe máximo do poder a que estiver submetido o órgão alienante.

(E) Os bens públicos de uso comum do povo e aqueles que tenham natureza jurídica especial serão passíveis de alienação, ainda que se mantenha incólume a sua qualificação, na forma que a lei determinar.

A: incorreta; pois as coisas podem ser *bens* (que tem as características mencionadas) ou não (que não tem essas características); um grão de areia, por exemplo, é uma coisa que não é considerada *bem*; **B:** correta; de fato, os bens públicos, inclusive os dominicais (que são alienáveis), são impenhoráveis; também é verdade que o regime constitucional impede a penhora, impondo o pagamento mediante precatório, salvo pagamentos de pequeno valor, que são feitos independentemente da expedição de precatório (art. 100, *caput* e § 3º, da CF); **C:** incorreta, pois todo e qualquer bem público é imprescritível, por disposição expressa não só do Código Civil (art. 102), como também da Constituição (arts. 183, § 3º, e 191, parágrafo único); **D:** incorreta, pois a alienação de bens imóveis depende de autorização legislativa (art. 17, I, da Lei 8.666/1993); **E:** incorreta, pois um dos requisitos para a alienação desses bens é justamente que deixem de ter essa qualificação (art. 100 do CC).

Gabarito "B"

7.2. REGIME JURÍDICO (CARACTERÍSTICAS)

(Defensor Público/PE – 2018 – CESPE) Com relação à disciplina dos bens públicos, assinale a opção correta.

(A) À exceção dos bens dominiais não afetados a qualquer finalidade pública, os bens públicos são impenhoráveis.

(B) A ocupação irregular de bem público não impede que o particular retenha o imóvel até que lhe seja paga indenização por acessões ou benfeitorias por ele realizadas, conforme entendimento do Superior Tribunal de Justiça.

(C) Aos municípios pertencem as terras devolutas não compreendidas entre aquelas pertencentes à União.

(D) As terras tradicionalmente reservadas aos índios são consideradas bens públicos de uso especial da União.

(E) Bens de uso comum do povo, destinados à coletividade em geral, não podem, em nenhuma hipótese, ser privativamente utilizados por particulares.

A: incorreta – todos os bens públicos são impenhoráveis, mesmo os dominiais. O fato de um bem dominial não estar afetado a uma finalidade pública apenas permite que ele seja, mediante a devida motivação e presente o interesse público, alienado conforme dispõe a lei; **B:** incorreta – não se aplica, às hipóteses de ocupação irregular de bem público, o art. 1.219 do Código Civil, segundo o qual "o possuidor de boa-fé tem direito à indenização das benfeitorias necessárias e úteis, bem como, quanto às voluptuárias, se não lhe forem pagas, a levantá-las, quando o puder sem detrimento da coisa, e poderá exercer o direito de retenção pelo valor das benfeitorias necessárias e úteis". Tratando-se de ocupação irregular de bem público, não se configura a posse, mas apenas detenção, não podendo o mero detentor ser considerado possuidor de boa-fé. É "inadmissível que um particular retenha imóvel público, sob qualquer fundamento, pois seria reconhecer, por via transversa, a posse privada do bem coletivo, o que está em desarmonia com o Princípio da Indisponibilidade do Patrimônio Público. Entender de modo diverso é atribuir à detenção efeitos próprios da posse, o que enfraquece a dominialidade pública, destrói as premissas básicas do Princípio da Boa-Fé Objetiva, estimula invasões e construções ilegais e legitima, com a garantia de indenização, a apropriação privada do espaço público." (REsp 945.055/DF); **C:** incorreta – a CF/1988 no seu Art. 20, inc. II, inclui entre os bens pertencentes à União "as terras devolutas indispensáveis à defesa das fronteiras, das fortificações e construções militares, das vias federais de comunicação e à preservação ambiental". As demais terras devolutas pertencem aos Estados; **D:** correta – Art. 20, inc. XI, CF/1988; **E:** incorreta – é possível a utilização de bem de uso comum do povo por particular mediante autorização de uso, cessão de uso, permissão de uso, concessão de uso etc. FB

Gabarito "D"

(Procurador do Município – Prefeitura Fortaleza/CE – CESPE – 2017) A respeito de bens públicos e responsabilidade civil do Estado, julgue o próximo item.

Situação hipotética: Determinado município brasileiro construiu um hospital público em parte de um terreno onde se localiza um condomínio particular.

(1) Assertiva: Nessa situação, segundo a doutrina dominante, obedecidos os requisitos legais, o município poderá adquirir o bem por usucapião.

1: Correta. O Poder Público poderá usucapir como o particular, só não podendo os imóveis públicos serem adquiridos por usucapião (art. 183, § 3º, CF). AW

Gabarito 1C

(Procurador do Município – Prefeitura Fortaleza/CE – CESPE – 2017) A respeito de bens públicos e responsabilidade civil do Estado, julgue o próximo item.

Situação hipotética: A associação de moradores de determinado bairro de uma capital brasileira decidiu realizar os bailes de carnaval em uma praça pública da cidade.

(1) Assertiva: Nessa situação, a referida associação poderá fazer uso da praça pública, independentemente de autorização, mediante prévio aviso à autoridade competente.

1: Incorreta. O uso de bens públicos depende de prévia autorização do Poder Público. A autorização é ato discricionário, unilateral e precário, por isso, o particular deverá solicitá-la à Prefeitura, que poderá ou não autorizá-la, conforme sua discrição (sua decisão "interna" enquanto pessoa jurídica administradora desses bens públicos). AW

Gabarito 1E

(Advogado União – AGU – CESPE – 2015) Acerca dos serviços públicos e dos bens públicos, julgue os itens a seguir.

(1) De acordo com a doutrina dominante, caso uma universidade tenha sido construída sobre parte de uma propriedade particular, a União, assim como ocorre com os particulares, poderá adquirir o referido bem imóvel por meio da usucapião, desde que sejam obedecidos os requisitos legais.

(2) Se o Ministério da Saúde adquirir um grande lote de medicamentos para combater uma epidemia de dengue, essa aquisição, no que se refere ao critério, será classificada como serviço coletivo devido ao fato de esses medicamentos se destinarem a um número indeterminado de pessoas.

(3) Situação hipotética: Durante a realização de obras resultantes de uma PPP firmada entre a União e determinada construtora, para a duplicação de uma rodovia federal, parte do asfalto foi destruída por uma forte tempestade. Assertiva: Nessa situação, independentemente de o referido problema ter decorrido de fato imprevisível, o Estado deverá solidarizar-se com os prejuízos sofridos pela empresa responsável pela obra.

(4) Situação hipotética: A União decidiu construir um novo prédio para a Procuradoria-Regional da União da 2ª Região para receber os novos advogados da União. No entanto, foi constatado que a única área disponível, no centro do Rio de Janeiro, para a realização da referida obra estava ocupada por uma praça pública. Assertiva: Nessa situação, não há possibilidade de desafetação da área disponível por se tratar de um bem de uso comum do povo, razão por que a administração deverá procurar por um bem dominical.

1: Correta. Todos os entes políticos podem usucapir, sendo vedado aos bens públicos, somente, serem usucapidos, conforme disposto no art. 183, §3º, CF. **2:** Incorreta. Não temos esse critério de "serviço coletivo" elencado na Lei 8.666/1993, sendo apenas os critérios de julgamento ou tipos os de melhor preço, melhor lance ou oferta, melhor técnica e técnica e preço (art. 45, § 1º). **3:** Correta. Nas Parcerias Público-Privadas há repartição de riscos e prejuízos, conforme disposto no art. 4º,VI, da Lei 11.079/2005. **4:** Incorreta. As praças são bens de uso comum do povo, mas podem ser desafetadas para tornarem-se bens de uso especial e, aí sim, serem destinadas a uma finalidade específica como a construção da Procuradoria. AW

Gabarito 1C, 2E, 3C, 4E

7.3. USO DOS BENS PÚBLICOS

(Promotor de Justiça/RR – 2017 – CESPE) Considerando o entendimento do STJ, julgue as asserções seguintes.

I. É ilegal cobrar de concessionária de serviço público taxas pelo uso de solo, subsolo ou espaço aéreo.

II. A utilização do uso de bem público por concessionária de serviço público para a instalação de, por exemplo, postes, dutos ou linhas de transmissão será revertida em benefício para a sociedade.

A respeito dessas asserções, assinale a opção correta.

(A) As asserções I e II são falsas.
(B) As asserções I e II são verdadeiras, e a II é uma justificativa correta da I.
(C) As asserções I e II são verdadeiras, mas a II não é uma justificativa correta da I.
(D) A asserção I é falsa, mas a II é verdadeira.

A jurisprudência consolidada do STJ não deixa dúvidas a respeito do tema: Administrativo. Bens públicos. Uso de solo, subsolo e espaço aéreo por concessionária de serviço público. Cobrança. Impossibilidade. 1. Cinge-se a controvérsia no debate acerca da legalidade da cobrança de valores pela utilização do bem público, consubstanciado pela faixa de domínio da rodovia federal BR-493, por concessionária de serviço público estadual. 2. O Superior Tribunal de Justiça possui jurisprudência firme e consolidada no sentido de que a cobrança em face de concessionária de serviço público pelo uso de solo, subsolo ou espaço aéreo é ilegal (seja para a instalação de postes, dutos ou linhas de transmissão, por exemplo), uma vez que: a) a utilização, nesse caso, se reverte em favor da sociedade – razão pela qual não cabe a fixação de preço público; e b) a natureza do valor cobrado não é de taxa, pois não há serviço público prestado ou poder de polícia exercido. Nesse sentido: AgRg na AR 5.289/SP, Rel. Ministro Napoleão Nunes Maia Filho, Primeira Seção, DJe 19.09.2014; AI no RMS 41.885/MG, Rel. Ministro Benedito Gonçalves, Corte Especial, DJe 28.08.2015; AgRg no REsp 1.191.778/RS, Rel. Ministro Napoleão Nunes Maia Filho, Primeira Turma, DJe 26.10.2016; REsp 1.246.070/SP, Rel. Ministro Mauro Campbell Marques, Segunda Turma, DJe 18.6.2012; REsp 863.577/RS, Rel. Ministro Mauro Campbell Marques, Segunda Turma, DJe 10.09.2010; REsp 881.937/RS, Rel. Min. Luiz Fux, Primeira Turma, DJe 14.04.2008. 3. Agravo Interno não provido. Vistos, relatados e discutidos os autos em que são partes as acima indicadas, acordam os Ministros da Segunda Turma do Superior Tribunal de Justiça: ""A Turma, por unanimidade, negou provimento ao agravo interno, nos termos do voto do(a) Sr(a). Ministro(a)-Relator(a)." Os Srs. Ministros Og Fernandes, Mauro Campbell Marques, Assusete Magalhães (Presidente) e Francisco Falcão votaram com o Sr. Ministro Relator." (STJ – AgInt no REsp 1482422 / RJ 2014/0238746-0, Relator: Ministro Herman Benjamin (1132), Data do Julgamento: 22/11/2016, Data da Publicação: 30/11/2016, T2 – Segunda Turma). FB

Gabarito "B"

(Analista Jurídico – TCE/PR – 2016 – CESPE) Determinado órgão da administração pública pretende disponibilizar, mediante contrato por prazo determinado, uma área do prédio de sua sede — um bem público — para um particular instalar refeitório destinado aos servidores desse órgão. Nessa situação, de acordo com a doutrina pertinente, o instituto legalmente adequado para se disponibilizar o uso privativo do bem público por particular é a

(A) concessão de uso.
(B) cessão de uso.
(C) autorização de uso.
(D) concessão de direito real de uso.
(E) permissão de uso.

A: correta, pois esta tem natureza contratual e o investimento necessário para instalar um refeitório impõe que se proteja o particular concessionário com um instrumento com essa natureza, que lhe assegurará uma indenização na hipótese de a administração revogar o contrato antes do prazo; **B:** incorreta, pois esse nome em geral é utilizado para passagem de um bem de um ente para outro da Administração Pública; **C:** incorreta, pois esse instituto é utilizado para uso muitíssimo curto de um bem público por um particular; um exemplo é uma autorização para alguém instalar uma barraquinha para vender bebidas numa festa em uma rua pública durante um final de semana; **D:** incorreta, pois não é necessário estabelecer um direito real em favor do particular num caso desses, bastando uma concessão comum, que já o protege caso a Administração queira revogar a concessão antes do término de seu prazo; **E:** incorreta, pois a permissão é um ato unilateral e, a qualquer tempo, revogável, não tendo natureza contratual, o que não é compatível com o investimento necessário para instalar um refeitório, que impõe que se proteja o particular interessado com um instrumento contratual, como é a concessão, garantindo-lhe uma indenização no caso de a administração revogar o contrato antes do prazo.

Gabarito "A"

(Promotor de Justiça/PI – 2014 – CESPE) No que se refere aos bens públicos, assinale a opção correta.

(A) Nas hipóteses em que a alienação de bens públicos imóveis depender da realização de procedimento licitatório, em regra, a modalidade será o leilão.
(B) Admite-se a aquisição, por usucapião, de bem público imóvel submetido a regime de aforamento, desde que a ação seja ajuizada em face de pessoa jurídica de direito público e do foreiro.
(C) A concessão de direito real de uso de bem público pode ser outorgada por prazo indeterminado, não sendo transmissível por ato *inter vivos* ou *causa mortis*.
(D) São bens públicos as florestas, naturais ou plantadas, localizadas nos entes públicos e nas entidades da administração indireta, excetuadas as que estejam sob o domínio das sociedades de economia mista.
(E) Como forma de compatibilizar o direito de reunião, previsto na CF, e o direito da coletividade de utilizar livremente dos bens públicos de uso comum, a administração, previamente comunicada a respeito do fato, pode negar autorização para a utilização de determinado bem público de uso comum, ainda que a finalidade da reunião seja pacífica, desde que o faça por meio de decisão fundamentada e disponibilize aos interessados outros locais públicos.

A: incorreta, pois em matéria de alienação de imóveis públicos, a regra é a realização de concorrência e a exceção é a possibilidade de realização de leilão (arts. 23, § 3º, e 19, III, da Lei 8.666/1993); **B:** incorreta, pois os bens públicos não são passíveis de usucapião (art. 102 do Código Civil); **C:** incorreta, pois pode ser transferida por ato *inter vivos* (art. 7º, § 4º, do Dec.-lei 271/1967); **D:** incorreta, pois bens públicos são os pertencentes às pessoas jurídicas de direito público (art. 98 do CC), sendo que os demais são privados; assim, bens de outras entidades da administração indireta que sejam pessoas jurídicas de direito privado, como é o caso das empresas públicas, são também bens privados; ou seja, são bens privados, ainda que sejam florestas, não só bens das sociedades de economia mista, como também os bens das empresas públicas; **E:** correta; o direito em questão não é absoluto, de modo que é possível, em circunstâncias excepcionais e devidamente motivadas, a providência mencionada na questão; aliás, a própria Constituição já traz uma exceção, ao dispor que esse direito cede se for frustrar outra reunião anteriormente convocada para o mesmo local (art. 5º, XVI, da CF).

Gabarito "E"

7.4. TEMAS COMBINADOS DE BENS PÚBLICOS

(Magistratura Federal/2ª Região – 2011 – CESPE) No que diz respeito aos bens públicos e às limitações administrativas, assinale a opção correta.

(A) A faixa de fronteira é bem de uso especial da União pertencente ao seu domínio indisponível, razão pela qual é vedada a alienação de terras nela situadas.
(B) A autorização de uso de bem público é ato administrativo bilateral e discricionário, por intermédio do qual a administração consente que o particular utilize a coisa sem exclusividade.
(C) Consoante o STJ, é ilegal a cobrança, pelo poder público, da concessionária de serviço público, pelo uso do solo,

subsolo ou espaço aéreo para a instalação de postes, dutos ou linhas de transmissão.

(D) De acordo com posicionamento do STJ, as benfeitorias realizadas em bem público que se incorporam ao imóvel devem ser indenizadas quando há a rescisão do contrato de concessão de uso por inadimplemento das prestações mensais, ainda que o contrato contenha cláusula em sentido contrário.

(E) A afetação de bens públicos não pode ser tácita.

A: incorreta, pois a faixa de fronteira pode ser formada tanto pode bens públicos como por bens particulares e constitui tão somente área de 150 Km de largura, paralela à linha divisória terrestre do território nacional, indispensável à segurança nacional, e que, portanto, tem sua ocupação, utilização e alienação reguladas por lei; **B:** incorreta, pois autorização de uso é ato administrativo unilateral e discricionário, pelo qual a Administração Pública consente ou faculta, a título precário, que o particular se utilize do bem público *com exclusividade*. Trata-se de ato administrativo de natureza negocial, pois é declaração de vontade da Administração Pública coincidente com a pretensão do particular; **C:** correta, pois, apesar da polêmica a respeito do tema, o STJ firmou entendimento pela ilegalidade da cobrança em face de concessionária de serviço público pelo uso de solo, subsolo ou espaço aéreo é ilegal (seja para a instalação de postes, dutos ou linhas de transmissão, p. ex.) porque (i) a utilização, neste caso, reverte em favor da sociedade - razão pela qual não cabe a fixação de preço público - e (ii) a natureza do valor cobrado não é de taxa, pois não há serviço público prestado ou poder de polícia exercido; **D:** incorreta, pois não se indenizam benfeitorias realizadas em bem público se expressamente estabelecido, no contrato de concessão de direito real de uso, que seriam incorporadas ao imóvel, sem direito à indenização, em caso de rescisão por inadimplemento das prestações mensais. Tem-se, no caso, a validade da cláusula de não indenizar (REsp 1169109/DF, Rel. Min. Eliana Calmon, 2ª Turma, j. 22.06.10); **E:** incorreta, pois existe uma imensa gama de bens reconhecidamente de uso comum do povo cuja afetação é ínsita e tácita: o mar, as praias etc.

Gabarito "C".

(Magistratura Federal/3ª Região – 2011 – CESPE) No que se refere à classificação e ao regime jurídico dos bens públicos, às terras devolutas e aos terrenos de marinha, assinale a opção correta.

(A) Como regra, as terras devolutas pertencem à União e, por serem bens patrimoniais, enquadram-se na categoria de bens de uso especial.

(B) Justifica-se o domínio da União sobre os terrenos de marinha em virtude da necessidade de defesa e de segurança nacional, motivo por que é expressamente vedada sua utilização por particulares.

(C) Os bens que constituem o patrimônio da União, dos estados ou dos municípios, como objeto de direito pessoal ou real, são considerados de uso especial.

(D) Os bens públicos de uso comum do povo e os de uso especial são inalienáveis enquanto conservarem essa qualificação, mas os bens públicos dominicais podem ser alienados, observadas as exigências da lei.

(E) Os bens públicos de uso comum e os dominicais, mas não os de uso especial, podem ser utilizados por particulares, desde que essa utilização atenda ao interesse público e esteja de acordo com os preceitos legais.

A: incorreta, pois terras devolutas "são todas aquelas que, pertencentes ao domínio público de qualquer das entidades estatais, *não se acham utilizadas* pelo Poder Público, nem destinadas a fins administrativos específicos" (MEIRELLES, Hely Lopes. *Direito Administrativo Brasileiro*, 39ª ed., São Paulo: Malheiros, 2013, p. 617); **B:** incorreta, visto que, embora o domínio pleno dos terrenos de marinha pertença à União, o domínio útil desses bens pode ser de particulares; **C:** incorreta, pois os bens que constituem o patrimônio dos entes federados podem ser de uso comum do povo, de uso especial ou dominicais; **D:** correta, pois embora se diga que um dos atributos dos bens públicos é a inalienabilidade, o fato é que os bens dominicais são passíveis de alienação, respeitadas as exigências legais (art. 17 da Lei nº 8.666/1993), justamente porque não se encontram afetados a qualquer finalidade pública específica. Diversa é a situação dos bens públicos de uso comum do povo ou de uso especial, que estão afetados a uma ou mais finalidade públicas e que precisam ser previamente desafetados para que possam ser alienados; **E:** incorreta. Na verdade, desde não sejam incompatíveis com a finalidade principal a que um determinado bem público esteja afetado, o uso de bens públicos por particulares é possível. Um exemplo é a possibilidade de uso oneroso, para a realização de evento privativo, do Teatro Municipal ou do outros espaços, desde que não colidam com o uso principal desses bens.

Gabarito "D".

8. INTERVENÇÃO DO ESTADO NA PROPRIEDADE

8.1. DESAPROPRIAÇÃO

(Analista Judiciário – STJ – 2018 – CESPE) Tendo como referência a jurisprudência dos tribunais superiores relativa a desapropriação, improbidade administrativa e processo administrativo, julgue os seguintes itens.

(1) Conforme entendimento do Superior Tribunal de Justiça, o ente público desapropriante responderá pelos tributos incidentes sobre o imóvel desapropriado, mesmo que o período de ocorrência do fato gerador seja anterior ao ato de aquisição originária da propriedade.

(2) De acordo com o Superior Tribunal de Justiça, caso uma ação de improbidade administrativa seja julgada improcedente, a respectiva sentença deverá sujeitar-se à remessa necessária.

(3) Situação hipotética: João, ao ter completado cinquenta anos de idade, apresentou requerimento a órgão público federal, o que culminou na abertura de processo administrativo. No procedimento, ele anexou documento probatório da sua condição de portador de doença crônica grave no fígado e requereu à autoridade competente a declaração da prioridade de tramitação do feito. Assertiva: Nessa situação, o benefício de tramitação prioritária deverá ser deferido.

1: incorreta – a desapropriação é forma originária de aquisição da propriedade, razão pela qual o ente desapropriante não responde por tributos incidentes sobre o imóvel desapropriado, nas hipóteses em que o período de ocorrência do fato gerador é anterior ao ato de aquisição originária da propriedade. Vale a pena ler o recente julgado a respeito do tema: "A questão trazida à colação trata de sucessão tributária, em decorrência da desapropriação de imóvel pertencente à empresa privada pela União Federal, visto que os débitos, objetos de cobrança em execução fiscal promovida por fazenda municipal, tem como fundamento fatos geradores ocorridos em momento pretérito à ocorrência da imissão na posse, relativos ao Imposto Predial Territorial Urbano (IPTU) e Taxa de Limpeza Pública de Coleta de Resíduos Sólidos. Primeiramente, cumpre referir que o art. 34 do CTN considera contribuintes do IPTU o proprietário do imóvel, o titular do seu domínio útil ou o seu possuidor a qualquer título. Por seu turno, da análise dos artigos 130 e 131, I, do CTN, extrai-se que o comprador do imóvel se sub-roga nos direitos e obrigações que decorrem da aquisição, ou seja, se torna pessoalmente responsável pelos impostos referentes ao bem adquirido. No mesmo sentido, as taxas de limpeza pública de coleta de resíduos sólidos estão vinculadas ao imóvel, ou seja, são obrigações *propter rem*, independentemente de quem seja o proprietário, detentor do domínio útil ou possuidor. Noutra quadra, a desapropriação, de acordo com doutrina, "(...) *é forma originária de aquisição da propriedade, porque não provém de nenhum título anterior, e, por isso, o bem expropriado torna-se insuscetível de reivindicação e libera-se de quaisquer ônus que sobre ele incidissem precedentemente, ficando os eventuais credores sub-rogados no preço*". Extrai-se, portanto, que a propriedade adquirida em decorrência da desapropriação desvincula-se dos títulos dominiais pretéritos e não mantém nenhuma ligação com estes, o que impede a imposição de ônus tributário sobre o bem por quem quer que seja, nos termos do artigo 35 do Decreto-Lei 3.365/1941. À vista desse entendimento e considerando que à legislação tributária é vedado alterar a definição, o conteúdo e o alcance dos institutos, conceitos e formas de direito privado (art. 110 do CTN), conclui-se ser inexigível perante à União, os créditos tributários incidentes sobre o imóvel expropriado, devendo eventuais direitos creditórios em favor da exequente ser imputados ao expropriado. (STJ. REsp 1.668.058-ES, Rel. Min. Mauro Campbell Marques, por unanimidade, julgado em 08.06.2017, DJe 14.06.2017); **2:** correta – Aplica-se às ações de improbidade administrativa o reexame necessário previsto no Art. 19

da Lei da Ação Popular. Segundo esse artigo, "a sentença que concluir pela carência ou pela improcedência da ação está sujeita ao duplo grau de jurisdição, não produzindo efeito senão depois de confirmada pelo tribunal; da que julgar a ação procedente caberá apelação, com efeito suspensivo". O STJ entendeu que esse artigo se aplica por analogia às ações de improbidade administrativa: *A sentença que concluir pela carência ou pela improcedência de ação de improbidade administrativa está sujeita ao reexame necessário, com base na aplicação subsidiária do CPC e por aplicação analógica da primeira parte do art. 19 da Lei 4.717/65* (STJ. 1ª Seção. EREsp 1.220.667-MG, Rel. Min. Herman Benjamin, julgado em 24.05.2017 (Info 607); **3:** correta – É o que estabelece o Art. 69-A da Lei 9.784/1999, com a redação dada pela Lei 12.008/2009. FB

Gabarito 1E, 2C, 3C

(Promotor de Justiça/RR – 2017 – CESPE) Concluído determinado processo de desapropriação, com o pagamento integral do valor e a incorporação do bem ao patrimônio do poder público, este decidiu devolver o bem expropriado ao antigo dono, por não lhe ter sido atribuída a destinação prevista no decreto expropriatório nem qualquer outra destinação pública.

Essa reversão do procedimento expropriatório é denominada

(A) tredestinação lícita.
(B) desapropriação indireta.
(C) desistência da desapropriação.
(D) retrocessão.

A: incorreta – Na assertiva, não há a destinação do bem desapropriado para outra finalidade pública. A tredestinação lícita se dá quando a Administração Público dá ao bem finalidade diversa da que constava no ato declaratório, mas ainda assim de interesse público. Um exemplo seria a tredestinação de um imóvel, desapropriado para a instalação de uma repartição da Secretaria de Direitos Humanos para construção de um hospital; **B:** incorreta – desapropriação indireta é aquela decorrente de uma apossamento administrativo do bem pelo Poder Público sem seguir os trâmites previstos legalmente; **C:** incorreta – no caso em tela, a ação de desapropriação já se extinguiu e a desapropriação já foi realizada; **D:** correta – também conhecida como reversão ou reaquisição, a retrocessão é a devolução do domínio expropriado, para que se integre ou regresse ao patrimônio daquele de quem foi tirado, pelo mesmo preço da desapropriação. FB

Gabarito "D."

(Procurador do Estado/SE – 2017 – CESPE) À luz da doutrina e da jurisprudência sobre a intervenção do Estado na propriedade, assinale a opção correta.

(A) Situação hipotética: Determinada propriedade rural é produtiva e cumpre sua função social em metade de sua extensão, ao passo que, na outra metade, são cultivadas plantas psicotrópicas ilegais. Assertiva: Nessa situação, eventual desapropriação recairá somente sobre a metade que se destina ao cultivo de plantas psicotrópicas ilegais.
(B) Situação hipotética: Um estado emitiu decreto expropriatório para a construção de um hospital. Após a execução do ato expropriatório, a região foi acometida por fortes chuvas, que destruíram um grande número de escolas. Assertiva: Nessa situação, se determinar a alteração da destinação do bem para a construção de escolas, o estado não terá obrigação de garantir ao ex-proprietário o direito de retrocessão.
(C) Situação hipotética: Maria adquiriu um apartamento na cobertura de um edifício. Após a aquisição do imóvel, com a averbação do registro, Maria pleiteou indenização contra o estado, considerando a prévia existência de linha de transmissão em sua propriedade. Assertiva: Nessa situação, Maria terá direito a indenização, desde que o prejuízo alegado não recaia também sobre as demais unidades do edifício.
(D) Situação hipotética: Um imóvel com área efetivamente registrada equivalente a 90% da sua área real, de propriedade de Pedro, foi objeto de desapropriação direta. Assertiva: Nessa situação, o pagamento de indenização a Pedro deverá recair sobre a totalidade da área real do referido imóvel.
(E) Um imóvel rural produtivo, mas que não cumpre a sua função social, poderá ser desapropriado para fins de reforma agrária, segundo a CF.

A: incorreta – a parte do terreno destinada ao cultivo de plantas psicotrópicas ilegais não será objeto de desapropriação, mas de confisco, sem ensejar qualquer direito à indenização – Art. 243 CF/1988; **B:** correta – a retrocessão *importa no direito do ex-proprietário de reaver o bem expropriado que não foi utilizado em finalidade pública.* Mas isso depende de a tredestinação ser lícita ou ilícita. O requisito aqui é o desvio de finalidade, a chamada tredestinação, que nada mais é que a destinação em desconformidade com o inicialmente previsto, e que pode ser ilícita (quando então, dentre outras ações cabíveis, será possível ao ex-proprietário a retrocessão) ou lícita (quando, ainda que diverso, persiste o interesse público sobre o bem desapropriado, ou seja, quando a nova finalidade for também de interesse público); **C:** incorreta – caberá indenização apenas se a limitação administrativa tiver o condão de afetar o conteúdo econômico do bem, o que deve ser aferido caso a caso; **D:** incorreta – O valor da indenização de um imóvel, em caso de desapropriação, deve ser estipulado levando-se em consideração a área registrada em cartório, ainda que a extensão real do terreno seja diferente do registro. Este é entendimento do Superior Tribunal de Justiça (STJ) sobre a matéria. Para a Corte, a indenização do imóvel deve limitar-se à área do decreto expropriatório constante do registro imobiliário. Se houver maior porção do terreno não inclusa no registro, porém ocupada pelo expropriante, o valor da indenização referente à porção deverá ser mantido em depósito até solução sobre a propriedade do terreno. Segue ementa sobre o tema: Processual civil e administrativo. Desapropriação para fins de reforma agrária. Divergência entre a área registrada e a planimetrada do imóvel. Justa indenização. Ofensa ao art. 535 do CPC não configurada. 1. Cuida-se de Ação de Desapropriação para fins de Reforma Agrária proposta pelo Incra contra Geraldo Xavier Grunwald e sua esposa, visando a desapropriar propriedade rural denominada "Fazenda Barreirão", com área registrada de 5.823,1246 hectares, localizada no Município de Nortelândia, Estado do Mato Grosso. 2. A solução integral da controvérsia, com fundamento suficiente, não caracteriza ofensa ao art. 535 do CPC. 3. Atende ao postulado da justa indenização o acórdão adequadamente fundamentado que fixa seu montante em conformidade com os critérios legais (art. 12 da Lei 8.629/1993). 4. Havendo divergência entre a área registrada e a medida, o expropriado somente poderá levantar o valor da indenização correspondente à registrada. O depósito indenizatório relativo ao espaço remanescente ficará retido em juízo até que o expropriado promova a retificação do registro ou seja decidida, em ação própria, a titularidade do domínio (art. 34 do DL 3.365/1941). 5. Recurso Especial parcialmente provido. (REsp 1286886/MT, Rel. Ministro Herman Benjamin, Segunda Turma, julgado em 06/05/2014, DJe 22.05.2014); **E:** incorreta – a propriedade produtiva é insuscetível de desapropriação para fins de reforma agrária – Art. 185, II, CF/1988. FB

Gabarito "B."

(Procurador Municipal – Prefeitura/BH – CESPE – 2017) Com relação à intervenção do Estado na propriedade, assinale a opção correta.

(A) Compete à União, aos estados e ao DF legislar, de forma concorrente, sobre desapropriação, estando a competência da União limitada ao estabelecimento de normas gerais.
(B) Expropriação ou confisco consiste na supressão punitiva de propriedade privada pelo Estado, a qual dispensa pagamento de indenização e incide sobre propriedade urbana ou rural onde haja cultura ilegal de psicotrópico ou ocorra exploração de trabalho escravo.
(C) Servidão administrativa é a modalidade de intervenção que impõe obrigações de caráter geral a proprietários indeterminados, em benefício do interesse geral abstratamente considerado, e afeta o caráter absoluto do direito de propriedade.
(D) Requisição é a modalidade de intervenção do Estado supressiva de domínio, incidente sobre bens móveis e imóveis, públicos ou privados, e, em regra, sem posterior indenização.

A: incorreta. Conforme dispõe o art. 22, III, CF, trata-se de competência privativa da União legislar sobre desapropriação, e não concorrente; **B:** correta. Trata-se da desapropriação – pena prevista no art. 243, CF; **C:** incorreta. Na servidão não há imposição de uma obrigação geral, e sim, de uma submissão de um imóvel dominante a outro serviente, ou, no caso da servidão administrativa, de um serviço ou obra em relação a um bem público; **D:** incorreta. A requisição administrativa determina indenização ulterior, se houver dano, conforme disposto no art. 5º, XXV, CF. AW

Gabarito "B".

(Advogado União – AGU – CESPE – 2015) Acerca da intervenção do Estado na propriedade, das licitações e dos contratos administrativos, julgue o seguinte item.

(1) Segundo o entendimento do STJ, ao contrário do que ocorre em desapropriação para fins de reforma agrária, é irregular, nos casos de desapropriação por utilidade pública, a imissão provisória na posse pelo poder público.

1: Incorreta . O STJ, súmula 652, entende que é constitucional a imissão provisória da posse na desapropriação para fins de reforma agrária, sendo o que determina o art. 15, § 1º, do Decreto-Lei 3.365/1941. AW

Gabarito 1E

(Advogado União – AGU – CESPE – 2015) Julgue os próximos itens, referentes à utilização dos bens públicos e à desapropriação.

(1) De acordo com o STJ, ao contrário do que ocorre nos casos de desapropriação para fins de reforma agrária, é vedada a imissão provisória na posse de terreno pelo poder público em casos de desapropriação para utilidade pública.

(2) Se os membros de uma comunidade desejarem fechar uma rua para realizar uma festa comemorativa do aniversário de seu bairro, será necessário obter da administração pública uma permissão de uso.

1: O art. 15, § 1º, do Decreto-Lei 3.365/1941 dispõe que é possível a imissão provisória nos casos de desapropriação para utilidade pública. **2:** Incorreta. Para realizar uma "festa", os membros dessa comunidade devem obter uma autorização de uso de bem público, que é ato unilateral, discricionário e precário, pelo qual o Poder Público concede o uso do bem no interesse do particular. AW

Gabarito 1E, 2E

(Procurador do Estado – PGE/BA – CESPE – 2014) No que se refere aos atos administrativos, julgue os itens subsequentes.

(1) Caso um governador resolva desapropriar determinado imóvel particular com o objetivo de construir uma creche para a educação infantil e, posteriormente, com fundamento no interesse público e em situação de urgência, mude a destinação do imóvel para a construção de um hospital público, o ato deve ser anulado, por configurar tredestinação ilícita.

(2) Os atos enunciativos, como as certidões, por adquirirem os seus efeitos por lei, e não pela atuação administrativa, não são passíveis de revogação, ainda que por razões de conveniência e oportunidade.

(3) Incorre em vício de forma a edição, pelo chefe do Executivo, de portaria por meio da qual se declare de utilidade pública um imóvel, para fins de desapropriação, quando a lei exigir decreto.

(4) O ato de exoneração do ocupante de cargo em comissão deve ser fundamentado, sob pena de invalidade por violação do elemento obrigatório a todo ato administrativo: o motivo.

1: Incorreta. Nesse caso, não temos mudança de finalidade pública, por isso o ato é ilícito, sendo realmente hipótese de tredestinação lícita. **2:** Correta. As certidões são atos vinculados, porque apenas certificam o que já consta de uma lei, por isso não admitem revogação. **3:** Correta, tendo em vista que viola a forma do ato o fato de ele ser um tipo diferente do que exige a lei. **4:** Incorreta. O ato de exoneração de servidor comissionado é livre, não necessitando de motivação. Pode ser motivado, mas a lei não exige esse requisito para a validade do ato. AW

Gabarito 1E, 2C, 3C, 4E

(Promotor de Justiça/PI – 2014 – CESPE) O prefeito de determinado município realizou a desapropriação de um imóvel para fins de implantação de um parque ecológico, tendo a prefeitura instalado posteriormente, na área expropriada, um conjunto habitacional popular. Nesse caso hipotético,

(A) como a área expropriada não foi utilizada para a implantação do parque ecológico, cabe indenização dos expropriados por perdas e danos sofridos, desde que devidamente comprovados.

(B) não houve desvio de finalidade, dado o atendimento do interesse público, estando configurada a tredestinação lícita.

(C) embora tenha ocorrido desvio de finalidade, o bem expropriado foi incorporado ao patrimônio público, o que torna inviável a retrocessão, cabendo, entretanto, indenização por perdas e danos.

(D) houve desvio de finalidade, dado o descumprimento dos objetivos que justificaram a desapropriação, cabendo a retrocessão.

(E) houve desvio de finalidade, devendo ser decretada a nulidade do ato expropriatório com a reintegração dos expropriados na posse do imóvel e indenização em lucros cessantes.

A: incorreta, pois se a mudança de finalidade da desapropriação se dá para outra finalidade que também é de interesse público, essa mudança é considerada lícita, o que a doutrina e a jurisprudência denominam tredestinação lícita; **B:** correta, pois, preservada a atuação em prol do interesse público, o ato deve ser mantido, configurando o instituto da tredestinação lícita; **C** a **E:** incorretas, pois o ato da Administração é considerado regular (tredestinação lícita) e não cabe qualquer indenização em favor do expropriado ou pedido de anulação do ato.

Gabarito "B".

(Magistratura/BA – 2012 – CESPE) Considerando a disciplina que rege a desapropriação, assinale a opção correta.

(A) A União poderá desapropriar bens para atendimento de necessidades coletivas, urgentes e transitórias, decorrentes de situações de perigo iminente, de calamidade pública ou de irrupção de epidemias.

(B) Conforme entendimento sumulado pelo STJ, o prazo prescricional da ação de desapropriação indireta é de cinco anos.

(C) Caso recaia hipoteca sobre o imóvel a ser desapropriado, o poder público ficará impedido de dar início ao processo expropriatório.

(D) O Poder Legislativo pode tomar a iniciativa da desapropriação, cabendo, nesse caso, ao Executivo praticar os atos necessários à sua efetivação.

(E) Um município é competente para, presentes os requisitos legais, desapropriar bens de empresa pública federal.

A: incorreta, pois, nesses casos o instituto adequado é o da requisição administrativa, que é temporária, já que não é o caso de desapropriar o bem para um uso meramente temporário para acautelar as situações mencionadas; **B:** incorreta, pois o STJ estabelece que esse prazo é de 20 anos (Súmula 119 do STJ); porém, o fundamento da súmula é que esse é o prazo para a usucapião extraordinária de bens imóveis, sob a égide do antigo Código Civil (arts. 550/551); todavia, no atual CC, o prazo da usucapião extraordinária é de 15 anos, como regra, e de 10 anos, quando o possuidor houver estabelecido no imóvel sua moradia habitual, ou nele realizado obras ou serviços de caráter produtivo, conforme o art. 1.238 do CC; dessa forma, o prazo prescricional da ação de desapropriação indireta deve ser, hoje, de 10 ou 15 anos, de acordo com a situação; **C:** incorreta, pois, nesse caso, a desapropriação se dá, adquirindo o Poder Público a propriedade originária do bem (ou seja, livre de quaisquer ônus), ficando a hipoteca sub-rogada no preço depositado pelo Poder Público (art. 31 do Dec.-lei 3.365/1941); **D:** correta (art. 8º do Dec.-lei 3.365/1941); **E:** incorreta, pois é vedado a Municípios (e a Estados também) desapropriar entidades cujo funcionamento dependa da União ou que sejam controladas por esta (art. 2º, § 3º, do Dec.-lei 3.365/1941).

Gabarito "D".

(Defensor Público/TO – 2013 – CESPE) No que tange aos requisitos necessários para que a propriedade rural cumpra a sua função social, assinale a opção correta.

(A) O proprietário rural deve residir no imóvel.

(B) A propriedade rural não pode ter área superior a cinco mil hectares.

(C) Não é necessário que se observem as disposições que regulam as relações de trabalho, desde que se respeitem os contratos de arrendamento e parcerias rurais.

(D) A propriedade rural não pode ser objeto de contrato de arrendamento.
(E) A propriedade rural deve ser aproveitada de forma racional e adequada.

A: incorreta, pois não há esse requisito nos incisos do art. 186 da CF; **B:** incorreta, pois não há teto máximo para o tamanho de uma propriedade, como requisito para que esta cumpra sua função social; **C:** incorreta, pois é requisito para a propriedade rural atender à sua função social a observância das disposições que regulam as relações de trabalho (art. 186, III, da CF); **D:** incorreta, pois não há proibição constitucional nesse sentido (art. 186 da CF); **E:** correta (art. 186, I, da CF).

Gabarito "E"

(Defensor Público/TO – 2013 – CESPE) Em relação à propriedade rural produtiva, assinale a opção correta.

(A) Para que a propriedade rural seja considerada produtiva, o grau de utilização da terra deverá ser igual ou superior a 60%, percentual calculado pela relação entre a área efetivamente utilizada e a área aproveitável total do imóvel.
(B) As áreas de exploração florestal nativas, de acordo com o plano de exploração estabelecido conforme as condições legais, não são consideradas efetivamente utilizadas.
(C) Para que a propriedade rural seja considerada produtiva, o grau de eficiência na exploração da terra deve ser igual ou superior a 80%.
(D) Para ser considerada produtiva, a propriedade rural deve atingir, simultaneamente, graus de utilização da terra e de eficiência na exploração.
(E) As áreas plantadas com produtos vegetais não são consideradas efetivamente utilizadas para fins de avaliação da propriedade rural produtiva.

A: incorreta, pois o grau de utilização deve ser igual ou superior a 80% (art. 6º, § 1º, da Lei 8.629/1993); **B:** incorreta, pois são consideradas, sim, efetivamente utilizadas (art. 6º, § 3º, IV, da Lei 8.629/1993); **C:** incorreta, pois o grau de eficiência deve ser igual ou superior a 100% (art. 6º, § 2º, da Lei 8.629/1993); **D:** correta (art. 6º, *caput*, da Lei 8.629/1993); **E:** incorreta, pois são consideradas, sim, efetivamente utilizadas (art. 6º, § 3º, I, da Lei 8.629/1993).

Gabarito "D"

(Defensor Público/SE – 2012 – CESPE) A respeito da desapropriação, assinale a opção correta.

(A) A desapropriação indireta consiste no fato administrativo por meio do qual o Estado se apropria de bem particular sem observância dos requisitos legais necessários para a desapropriação.
(B) Mediante a desapropriação, forma de intervenção restritiva do Estado na propriedade privada, o poder público retira algumas das faculdades relativas ao domínio, mas mantém a propriedade em favor do dono.
(C) A natureza jurídica da desapropriação é a de procedimento administrativo, somente.
(D) Na desapropriação, a declaração de utilidade pública do bem particular, realizada pelo poder público, não tem prazo para se efetivar.
(E) Denomina-se direito de extensão a faculdade de o expropriado permanecer na propriedade durante certo período após a conclusão do procedimento de desapropriação.

A: correta, pois traz a exata definição de desapropriação indireta; vale lembrar que o particular vítima dessa conduta da Administração deve ingressar com ação de indenização por desapropriação indireta, não sendo possível a tentativa de retomada da área; **B:** incorreta, pois a desapropriação não é forma restritiva da propriedade (como é a servidão, por exemplo, que restringe o uso da coisa pelo seu proprietário), mas forma extintiva da propriedade, pois o particular deixa de ser proprietário, passando a coisa para a titularidade do Poder Público; **C:** incorreta, pois a desapropriação pode se dar mediante decisão judicial também; quando o Poder Público e o particular entram num acordo sobre a desapropriação da área, tem-se desapropriação extrajudicial, fruto de um processo administrativo; quando o particular não aceita resolver a questão administrativamente, o Poder Público entra com desapropriação judicial; **D:** incorreta, pois, uma vez feita a declaração de utilidade pública, a Administração tem 5 anos para efetivar a desapropriação, sob pena de caducidade do decreto expropriatório (art. 10, *caput*, do Dec.-lei 3.365/1941); **E:** incorreta, pois o direito de extensão consiste na faculdade do expropriado de exigir que na desapropriação se inclua a parte restante do bem que se tornou inútil ou de difícil utilização; deve ser exercido quando da realização do acordo administrativo ou no bojo da ação de desapropriação, sob pena de se considerar que houve renúncia.

Gabarito "A"

(Advogado da União/AGU – CESPE – 2012) Julgue os itens seguintes, que versam sobre desapropriação.

(1) Sujeitam-se à desapropriação o espaço aéreo, o subsolo, a posse, bem como direitos e ações, entre outros bens, desde que sejam privados e se tornem objeto de declaração de utilidade pública ou de interesse social.
(2) Tratando-se de desapropriação por zona, o domínio do expropriante sobre as áreas que sofrem valorização extraordinária é provisório, ficando, por isso, os novos adquirentes sujeitos ao pagamento da contribuição de melhoria, conforme dispõe a CF.
(3) O ato de a União desapropriar, mediante prévia e justa indenização, para fins de reforma agrária, imóvel rural que não esteja cumprindo a sua função social configura desapropriação por utilidade pública.

1: incorreta, pois bens públicos dos municípios e dos estados também pode ser desapropriados (art. 2º, § 2º, do Dec.-lei 3.365/1941); **2:** incorreta, pois, na desapropriação por zona, o ente expropriante passa a ser proprietário da coisa, não sendo devido valor algum pelos antigos proprietários, que, afinal de contas, já perderam o bem expropriado e nada ganharão com a eventual valorização extraordinária deste; **3:** incorreta, pois se trata de desapropriação-sanção por interesse social (art. 184, *caput*, da CF).

Gabarito 1E, 2E, 3E

8.2. REQUISIÇÃO DE BENS E SERVIÇOS

(Juiz de Direito/AM – 2016 – CESPE) A CF, em seu artigo 5.º, XXII, garante o direito de propriedade; no inciso XXIII do mesmo artigo, condiciona o exercício desse direito ao atendimento da função social. Acerca da intervenção do Estado na propriedade privada, assinale a opção correta.

(A) A ocupação temporária é direito real, uma vez que só incide sobre a propriedade imóvel.
(B) A limitação administrativa enseja ao pagamento de indenização em favor dos proprietários.
(C) As modalidades de intervenção supressiva incluem a desapropriação e a ocupação temporária.
(D) A requisição é modalidade de intervenção em que o Estado utiliza propriedade particular no caso de perigo público iminente.
(E) É exemplo de servidão administrativa a utilização temporária de terrenos particulares contíguos a estradas em construção ou em reforma, para, por exemplo, a alocação transitória de máquinas de asfalto.

A: incorreta, pois nem toda ocupação que se faz de um imóvel consiste em direito real, já que os direitos reais são tipificados expressamente pela lei e a ocupação temporária não é considerada um direito real, diferentemente da servidão administrativa por exemplo; **B:** incorreta, pois a limitação administrativa é um ato geral e indeterminado, que apenas delimita o direito das pessoas, não ensejando assim direito a indenização; **C:** incorreta, pois a ocupação temporária, como o próprio nome diz, não importa em supressão do direito do proprietário da coisa sobre esta; **D:** correta, sendo que o nome inteiro é requisição administrativa e o Estado deve pagar indenização ao particular, posteriormente ao uso da coisa, se este tiver prejuízo; **E:** incorreta, pois no caso tem-se o instituto autônomo da *ocupação temporária*, que não se confunde com *servidão administrativa*, já que a última é direito real e tem caráter duradouro.

Gabarito "D"

8.3. OCUPAÇÃO TEMPORÁRIA

(Defensor Público/AL – 2017 – CESPE) Com o intuito de dar apoio logístico à obra de construção de um hospital municipal, o prefeito de determinada cidade exarou ato declaratório informando a necessidade de utilização, por tempo determinado, de um imóvel particular vizinho à obra, o qual serviria como estacionamento para as máquinas e como local de armazenamento de materiais.

Nessa situação hipotética, a modalidade de intervenção do ente público na propriedade denomina-se

(A) ocupação temporária.
(B) desapropriação.
(C) requisição administrativa.
(D) servidão administrativa.
(E) limitação administrativa.

A: correta – ocupação temporária ou provisória consiste no direito de uso do Poder Público sobre um bem particular não edificado, de forma transitória, remunerada ou gratuita, com o objetivo de executar obras, serviços ou atividades públicas. O artigo 36 do Decreto-lei 3.365/1941, que trata das desapropriações, prevê tal ocupação: é permitida a ocupação temporária, que será indenizada, a final, por ação própria, de terrenos não edificados, vizinhos às obras e necessários à sua realização; **B:** incorreta – desapropriação pode ser conceituada como o procedimento pelo qual o Poder Público, fundado em necessidade pública, utilidade pública ou interesse social, compulsoriamente adquire para si um bem certo, em caráter originário, mediante indenização prévia, justa e pagável em dinheiro, salvo no caso de imóveis em desacordo com a função social da propriedade, hipóteses em que a indenização far-se-á em títulos da dívida pública; **C:** incorreta – a requisição administrativa é o ato pelo qual o Estado determina e efetiva a utilização de bens ou serviços particulares, mediante indenização ulterior, para atender necessidades públicas urgentes e transitórias, ou seja, em caso de iminente perigo público. Seu fundamento legal encontra-se no 5º, XXV, da CF/1988: no caso de iminente perigo público, a autoridade competente poderá usar de propriedade particular, assegurada ao proprietário indenização ulterior, se houver dano; **D:** incorreta – servidão administrativa é o ônus real de uso imposto pela Administração a um bem alheio, particular ou público, nesse último caso desde que obedecida a mesma hierarquia aplicável às desapropriações, com objetivo de assegurar a realização de obras e serviços públicos, assegurada indenização ao particular, salvo se não houver prejuízo; **E:** incorreta – a limitação administrativa consiste na imposição unilateral, geral e gratuita, que traz os limites dos direitos e atividades particulares de forma a condicioná-los às exigências da coletividade. Ex.: proibição de construir sem respeitar recuos mínimos; proibição de instalar indústria ou comércio em determinadas zonas da cidade etc. FB

Gabarito "A".

8.4. SERVIDÃO ADMINISTRATIVA

(Auditor Fiscal - SEFAZ/RS - 2019 - CESPE/CEBRASPE) Se, na instalação de uma passagem de fios com a finalidade de distribuição de energia elétrica para a população local, apresentar-se como uma necessidade pública a utilização de parte de um terreno privado, caberá, sobre essa propriedade privada, a intervenção estatal na modalidade

(A) servidão civil.
(B) desapropriação.
(C) servidão administrativa.
(D) tombamento.
(E) requisição.

A: incorreta – servidão civil é um direito real, voluntariamente imposto a um prédio (serviente) em favor de outro (dominante), em virtude do qual o proprietário do primeiro perde o exercício de seus direitos dominiais sobre o seu prédio, ou tolera que dele se utilize o proprietário do segundo, tornando este mais útil; **B:** incorreta. Desapropriação é o procedimento administrativo pelo qual o Poder Público ou seus delegados, mediante prévia declaração de utilidade pública ou interesse social, impõe ao proprietário a perda de um bem, substituindo-o em seu patrimônio por justa indenização; **C:** correta, servidão administrativa é ônus real de uso, de natureza pública, imposto pela Administração ao particular para assegurar a realização e conservação de obras e serviços públicos ou de utilidade pública, mediante indenização dos prejuízos efetivamente suportados pelo proprietário. Deve ser parcial, a fim de possibilitar a utilização da propriedade particular para uma finalidade pública sem a desintegração do domínio privado, e só se efetiva com o registro competente para que possa produzir efeitos *erga omnes*, nos termos do art. 167, I, item 6 da Lei nº 6.015/73; **D:** incorreta, tombamento é a intervenção administrativa na propriedade pela qual o Poder Público sujeita determinados bens a limitações para sua conservação e preservação. É sempre uma restrição parcial, que não impede o proprietário de exercer os direitos inerentes ao domínio, razão pela qual, em regra, não dá direito a indenização, de sorte que apenas enseja indenização quando comprovado ser ele ensejador de danos ao proprietário em razão da grande afetação por ele causada aos direitos de propriedade de seu titular; **E:** incorreta. Requisição é a utilização coativa de bens ou serviços particulares pelo poder público por ato de execução imediata e direta da autoridade requisitante e indenização ulterior, para atendimento de necessidades coletivas urgentes e transitórias (que não necessariamente se caracterizam como perigo público iminente). FB

Gabarito "C".

(Analista Judiciário – TRT/8ª – 2016 – CESPE) Assinale a opção que indica a modalidade interventiva do Estado na propriedade que tenha como características natureza jurídica de direito real, incidência sobre bem imóvel, caráter de definitividade, indenização prévia e condicionada à existência de prejuízo e constituição mediante acordo ou decisão judicial.

(A) requisição
(B) tombamento
(C) servidão administrativa
(D) ocupação temporária
(E) desapropriação

A: incorreta, pois a requisição é *temporária*, pode incidir sobre imóvel ou *móvel*, *não* constitui direito real, é constituída por *ato administrativo* e a indenização, quando cabível, é *ulterior* (posterior); **B:** incorreta, pois o tombamento pode incidir sobre imóvel ou móvel, só em casos excepcionais enseja indenização e em geral é constituído por ato administrativo; **C:** correta, pois a servidão tem todas as características apontadas no enunciado, em especial o fato de que é direito real incidente apenas sobre imóvel, o que vai diferenciá-la da desapropriação, pois esta recai tanto sobre imóvel, como sobre bem móvel; **D:** incorreta, pois esta é temporária e é constituída por ato administrativo; **E:** incorreta, pois a desapropriação recai tanto sobre imóvel, como sobre bem móvel.

Gabarito "C".

8.5. TOMBAMENTO

(Promotor de Justiça/RR – 2017 – CESPE) O bem de propriedade particular tombado pelo Serviço do Patrimônio Histórico e Artístico Nacional poderá

(A) sair do país se houver transferência de domínio.
(B) sair do país, por prazo indeterminado, desde que autorizado.
(C) ser alienado, cabendo ao adquirente fazê-lo constar do devido registro.
(D) ser reparado ou restaurado sem prévia autorização do órgão competente.

O tombamento é o ato de reconhecimento do valor histórico de um bem, transformando-o em patrimônio oficial público e instituindo um regime jurídico especial de propriedade, levando em conta sua função social. É uma modalidade de intervenção estatal na propriedade e destina-se a proteger o patrimônio cultural brasileiro, incluído neste a memória nacional, bens de ordem histórica, artística, arqueológica, cultural, científica, turística e paisagística. Até o advento do Código de Processo Civil, que em seu Art. 1.072 revogou o Art. 22 do Decreto-Lei 25, de 30 de novembro de 1937, havia um direito de preferência da União, Estados e Municípios no caso de alienação onerosa de bens tombados. Agora ficou assim: Art. 889. Serão cientificados da alienação judicial, com pelo menos 5 (cinco) dias de antecedência: (...) VIII – a União, o Estado e o Município, no caso de alienação de bem tombado. A ciência prévia à alienação judicial, *permite que os entes públicos exerçam o direito de preferência no caso de leilão judicial do bem tombado*, conforme previsão do art. 892, § 3º, do NCPC: Art. 892. (...) § 3º No caso de leilão de bem tombado, a União, os Estados e os

Municípios terão, nessa ordem, o direito de preferência na arrematação, em igualdade de oferta. FB

Gabarito "C".

(Procurador do Estado/SE – 2017 – CESPE) Com referência às formas de limitação da propriedade, à proteção do patrimônio histórico, artístico e cultural e à desapropriação, assinale a opção correta.

(A) Após o prazo fixado na lei que define a área sujeita ao direito de preempção, não viola o direito de preferência a venda de imóvel a particular mediante proposta diferente da apresentada ao poder público, ainda que sem previamente consultá-lo.

(B) Em virtude da aplicação do princípio da isonomia, incide o prazo prescricional de três anos à pretensão do proprietário para a reparação de prejuízos decorrentes da requisição.

(C) Enquanto a requisição administrativa pode ser gratuita ou remunerada, a ocupação temporária, devido ao seu caráter precário, será sempre gratuita.

(D) Admite-se a instituição de servidão administrativa de bem da União por município, desde que declarada a utilidade pública e observado o procedimento da desapropriação.

(E) Segundo o STJ, não incide o princípio da hierarquia federativa no exercício da competência concorrente para o tombamento de bens públicos, o que autoriza um município a tombar bens do respectivo estado.

A: incorreta – "Transcorrido o prazo mencionado no *caput* sem manifestação, fica o proprietário autorizado a realizar a alienação para terceiros, nas condições da proposta apresentada" – Art. 27, § 3º, da Lei 10.257/2001; **B:** incorreta – por aplicação analógica, tendo em vista que não se trata de um direito real mas pessoal, é possível a indenização por prejuízos decorrentes de limitações administrativas, tombamentos, requisições administrativas e etc. no prazo de 5 anos, conforme o Decreto 20.910/1932; **C:** incorreta – quanto às diferenças entre a ocupação e a requisição, a primeira incide sobre bens, enquanto a segunda sobre *bens* e *serviços*; a requisição é típica de situações de urgência, enquanto a ocupação não tem essa característica necessariamente; o exemplo de ocupação mais comum prevê que ela só se dá sobre terrenos não edificados e mediante caução (se instituída), enquanto a requisição incide sobre qualquer bem e sem caução. Por fim, a requisição gera ao proprietário direito a indenização se houver dano, ao passo que a ocupação temporária é sempre indenizada; **D:** incorreta – Tal como na desapropriação, embora de constitucionalidade questionável, entende-se que a União pode instituir servidão administrativa de bens dos Estados, Distrito Federal e Municípios, que os Estados podem instituir esse ônus real em relação aos municípios insertos em seu território, mas os municípios não poderão instituir servidão quer de imóveis federais, quer de imóveis estaduais. Assim, temos que a servidão administrativa *é* ônus real de uso imposto pela Administração a um bem alheio, particular ou público, nesse último caso desde que obedecida a mesma hierarquia aplicável às desapropriações, com objetivo de assegurar a realização de obras e serviços públicos, assegurada indenização ao particular, salvo se não houver prejuízo; **E:** correta – restou pacificado o entendimento no STF de que não incide para o tombamento o princípio da hierarquia federativa. FB

Gabarito "E".

(Promotor de Justiça/RR – 2017 – CESPE) Determinada pessoa física apresentou proposta para registro de manifestação musical no livro de registro de forma de expressão, e determinada associação civil, constituída havia seis meses, apresentou proposta para registro de uma praça no livro de registro de lugares. As propostas foram dirigidas ao presidente do IPHAN.

Com base no que determina o Decreto 3.551/2000, nas situações apresentadas, o presidente do IPHAN deverá

(A) indeferir as duas propostas de registro, por terem sido apresentadas por partes ilegítimas.

(B) submeter somente a proposta de registro proveniente da associação civil – parte legítima – ao Conselho Consultivo do Patrimônio Cultural.

(C) encaminhar as duas propostas ao ministro de estado da Cultura, autoridade responsável para instruir e deliberar sobre elas.

(D) submeter somente a proposta de registro proveniente da pessoa física – parte legítima – ao Conselho Consultivo do Patrimônio Cultural.

A: incorreta – A pessoa física não é parte legítima para a instauração do processo de registro, mas a associação civil sim – Art. 2º do Decreto 3.551/2000; **B:** correta – só a proposta da associação civil, por ser legitimada para tanto, pode ser submetida ao Conselho consultivo do Patrimônio Cultural – Art. 2º, inciso IV, e Art. 3º do Decreto 3.551/2000; **C:** incorreta – A pessoa física não é parte legítima para a instauração do processo de registro, mas a associação civil sim – Art. 2º do Decreto 3.551/2000. Ademais, as propostas para registro, acompanhadas de sua documentação técnica, serão dirigidas ao Presidente do Instituto do Patrimônio Histórico e Artístico Nacional – IPHAN, que as submeterá ao Conselho Consultivo do Patrimônio Cultural; **D:** incorreta – A pessoa física não é parte legítima para a instauração do processo de registro, mas a associação civil sim – Art. 2º do Decreto 3.551/2000. FB

Gabarito "B".

(Juiz de Direito/DF – 2016 – CESPE) Assinale a opção correta, segundo a qual a modalidade de intervenção na propriedade privada sujeita o bem, cuja conservação seja de interesse público, por sua importância histórica, artística, arqueológica, bibliográfica ou etnológica, a restrições parciais, mediante procedimento administrativo.

(A) tombamento
(B) ocupação temporária
(C) servidão administrativa
(D) limitação administrativa
(E) desapropriação

A: correta, tratando-se do tombamento, cujas regras estão previstas no Decreto-lei 25/37; **B:** incorreta, pois nesta apenas se tem o interesse do poder público em fazer uso de um imóvel particular enquanto realiza uma obra pública vizinha a esse imóvel; **C:** incorreta, pois o objetivo da servidão é ligado em geral à prestação de um serviço público, e não à defesa do patrimônio cultural; ademais, a servidão se constitui por acordo ou ação judicial, e não por procedimento administrativo; **D:** incorreta, pois a limitação administrativa é ato geral e atinge pessoas indeterminadas, ao passo que o tombamento recai sobre bem específico; **E:** incorreta, pois o objetivo da desapropriação é a aquisição de um bem e o do tombamento apenas a conservação de um bem de interesse cultural; ademais, a desapropriação se constitui por acordo ou ação judicial, e não por procedimento administrativo.

Gabarito "A".

8.6. LIMITAÇÃO ADMINISTRATIVA

(Juiz – TJ/CE – 2018 – CESPE) Conforme entendimento jurisprudencial do STJ, a limitação administrativa sobre determinado bem constitui modalidade de intervenção restritiva na propriedade de caráter

(A) exclusivo e pode dar ensejo a indenização de natureza jurídica de direito real em favor do proprietário, ainda que não seja demonstrada a efetiva redução do valor econômico do bem em função da referida limitação.

(B) geral e condição inerente ao exercício do direito de propriedade, inexistindo hipóteses de indenização.

(C) geral, mas que pode dar ensejo a indenização em favor do proprietário na hipótese de a limitação causar redução do valor econômico do bem, independentemente do momento em que tenha sido instituída a restrição.

(D) exclusivo e pode dar ensejo a indenização de natureza jurídica de direito real em favor do proprietário, desde que a aquisição do bem tenha ocorrido anteriormente à instituição da restrição.

(E) geral, mas que pode dar ensejo a indenização de natureza jurídica de direito pessoal, se a limitação causar redução do valor econômico do bem e a sua aquisição tiver ocorrido anteriormente à instituição da restrição.

A limitação administrativa é uma das espécies de intervenção do Estado da propriedade que institui restrição de caráter geral sobre o bem, com a imposição do Poder Público a proprietários indeterminados de obrigações positivas, negativas ou permissivas a fim de condicionar a propriedade ao interesse público, sem lhe atingir o conteúdo econômico, razão pela qual não gera como regra direito à indenização. Todavia, se houver redução do valor econômico do bem e se sua aquisição tiver ocorrido anteriormente à instituição da restrição, pode dar ensejo à indenização. FB

Gabarito "E"

(Juiz – TRF5 – 2017 – CESPE) Em cada uma das opções a seguir é apresentada uma situação hipotética acerca das formas de intervenção do Estado na propriedade, seguida de uma assertiva a ser julgada. Assinale a opção correspondente à assertiva correta.

(A) O comprador de um imóvel com restrição pretende ser indenizado por ter sofrido limitação administrativa preexistente constante em nota *non aedificandi* – proibição de construir – referente a parte do imóvel, em razão de normas ambientais. Nesse caso, é indevida a indenização pretendida, pois não há perda da propriedade, mas apenas restrições de uso.

(B) Um imóvel de propriedade privada situado às margens de um rio navegável que atravessa todo o estado foi objeto de decreto expropriatório. Nessa situação, é devida ao proprietário a indenização de toda a propriedade, incluindo-se a área situada às margens do rio.

(C) Uma propriedade particular foi objeto de decreto expropriatório para a construção de um parque público no local. No entanto, o desabamento de uma escola pública situada em área de risco levou o estado a construir emergencialmente uma escola na referida propriedade. Nessa situação, o particular cujo bem foi expropriado poderá utilizar-se da retrocessão para readquirir a sua propriedade, considerando-se a alteração da finalidade do decreto expropriatório.

(D) Decreto do presidente da República instituiu estado de defesa em determinado estado da Federação, em razão de fortes chuvas que causaram destruição e fizeram muitos habitantes desabrigados em determinada região. Em virtude do decreto, foi possível a ocupação temporária de uma propriedade privada próxima ao local mais afetado. Nessa situação, considerando-se a relevância do interesse público e a urgência da situação, a União não responderá pelos custos decorrentes da ocupação temporária.

(E) Um imóvel de propriedade da União situa-se no centro histórico de um município e conserva todas as características históricas e arquitetônicas da época colonial. Nesse caso, o município é impedido de efetuar o tombamento desse imóvel, pois, apesar de se tratar de hipótese de exercício de competência concorrente, incide o princípio da hierarquia federativa.

A: correta – a limitação administrativa é a imposição unilateral, geral e gratuita, que traz os limites dos direitos e atividades particulares de forma a condicioná-los às exigências da coletividade. Ela não enseja indenização ao particular, visto que são imposições que atingem a todos igualmente, não prejudicando ninguém especificamente, mas apenas traçando os limites do direito que cada um de nós temos. A exceção, ou seja, o direito à indenização em razão de uma limitação administrativa só se dá caso reste comprovado que essa afetou o conteúdo econômico do direito de propriedade, o que deve ser analisado caso a caso; **B:** incorreta – "As margens dos rios navegáveis são de domínio público, insuscetíveis de expropriação e, por isso mesmo, excluídas de indenização" – Súmula 479 STF; **C:** incorreta – a retrocessão importa no direito do ex-proprietário de reaver o bem expropriado que não foi utilizado em finalidade pública. Mas isso depende de a tredestinação ser lícita ou ilícita. O requisito aqui é o desvio de finalidade, a chamada tredestinação, que nada mais é que a destinação em desconformidade com o inicialmente previsto, e que pode ser ilícita (quando então, dentre outras ações cabíveis, será possível ao ex-proprietário a retrocessão) ou lícita (quando, ainda que diverso, persiste o interesse público sobre o bem desapropriado, ou seja, quando a nova finalidade for também de interesse público); **D:** incorreta – O artigo 36 do Decreto-lei 3.365/1941 (Lei de Desapropriação) prevê tal ocupação: é permitida a ocupação temporária, que será indenizada, a final, por ação própria, de terrenos não edificados, vizinhos às obras e necessários à sua realização. O expropriante prestará caução, quando exigida; **E:** incorreta – Segundo o STF, não incide o princípio da hierarquia federativa no exercício da competência concorrente para o tombamento de bens públicos, o que autoriza um município a tombar bens do respectivo Estado ou mesmo da União. Com efeito, no ACO 1208, restou consolidado o entendimento de que a legislação federal de fato veda a desapropriação dos bens da União pelos estados, segundo o Decreto-Lei 3.365/1941, mas não há referência a tal restrição quanto ao tombamento, disciplinado no Decreto-Lei 25/1937 e, ademais, a lei de tombamento apenas indica ser aplicável a bens pertencentes a pessoas físicas e pessoas jurídicas de direito privado e de direito público interno. FB

Gabarito "A"

Determinado município deferiu a um empreendedor alvará para a construção de um hotel de vinte andares. Entretanto, antes do início da obra, sobrevieram normas de caráter geral, limitando a apenas quinze andares as construções no local. Foi solicitado, então, parecer jurídico sobre a legalidade de se revogar o primeiro alvará, para o devido cumprimento das novas regras urbanísticas.

(Advogado da União/AGU – CESPE – 2012) Com base nessa situação hipotética e na jurisprudência do STF acerca do tema, julgue os itens que se seguem.

(1) A norma que limitou a quinze o número de andares dos prédios a serem construídos na localidade constitui limitação administrativa que, dotada de caráter geral, se distingue das demais formas de intervenção estatal na propriedade, não caracterizando, via de regra, situação passível de indenização.

(2) As normas de ordem pública que impõem altura máxima aos prédios podem gerar obrigações e direitos subjetivos entre os vizinhos, interessados na sua fiel observância por parte de todos os proprietários sujeitos às suas exigências.

(3) O parecer deve orientar o governo municipal a não revogar o alvará concedido ao empreendedor, visto que o seu deferimento gerou direito adquirido ao particular.

1: correta, pois limitação administrativa é a imposição geral e gratuita, que delimita o direito de grupos indeterminados de pessoas, ajustando-os ao interesse público; no caso, trata-se de uma imposição geral, pois afeta pessoas indeterminadas, não cabendo indenização, por se tratar de intervenção gratuita na propriedade, conforme se viu no conceito; **2:** correta, o que vem sendo reconhecido pela jurisprudência face às normas decorrentes dos direitos de vizinhança, tais como as decorrentes dos artigos 1.277, 1.278, 1.299 e 1.312 do CC; **3:** incorreta, pois o alvará é ato vinculado e esse tipo de ato não pode ser revogado; não bastasse, também não cabe anulação do ato, pois, quando concedido, a lei foi adequadamente cumprida.

Gabarito 1C, 2C, 3E

8.7. TEMAS COMBINADOS DE INTERVENÇÃO NA PROPRIEDADE

(Defensor Público – DPE/RN – 2016 – CESPE) Acerca da intervenção do Estado na propriedade, assinale a opção correta.

(A) Limitações administrativas são determinações de caráter individual por meio das quais o poder público impõe aos proprietários determinadas obrigações, positivas, negativas ou permissivas, com o fim de condicionar as propriedades ao atendimento da função social.

(B) Compete à União e aos estados desapropriar por interesse social, para fins de reforma agrária, mediante prévia e justa indenização em títulos da dívida agrária, o imóvel rural que não estiver cumprindo a sua função social.

(C) Segundo entendimento do STF, a desapropriação-confisco, prevista no art. 243 da CF, incide sobre a totalidade da propriedade em que forem cultivadas plantas psicotrópicas, e não apenas sobre a área efetivamente plantada.

(D) A servidão administrativa instituída por acordo com o proprietário do imóvel, ao contrário daquela instituída por sentença judicial, prescinde da declaração de utilidade pública do poder público.

(E) A instituição de requisição administrativa, quando recair sobre bens imóveis, não dispensa o prévio e necessário registro na matrícula do imóvel.

A: Incorreta. Limitações administrativas são determinações de caráter geral, feitas por meio de lei; **B:** Incorreta. A desapropriação por interesse social para fins de reforma agrária é privativa da União (art. 184, CF); **C:** Correta. Esse é o entendimento do STF, que considerou que "gleba" constante do art. 243, CF deve ser entendida como "propriedade" (RE 54.3974/MG, rel. Min. Eros Grau); **D:** Incorreta. Na servidão administrativa não existe a figura do "decreto ou declaração de utilidade pública", mesmo que seja promovida judicialmente, sendo esse o erro da assertiva; **E:** Incorreta. Não há necessidade de registro do imóvel, sendo a requisição um ato emergencial, conforme disposto no art. 5º, XXV, CF.

Gabarito "C"

(Procurador do Estado/AM – 2016 – CESPE) Acerca da intervenção do Estado no direito de propriedade, julgue os itens subsequentes.

(1) A limitação administrativa é instituída pela administração pública sobre determinado imóvel privado, para atendimento do interesse público, sem operar transferência de domínio, nem de posse, nem do uso total do bem a terceiros ou ao poder público.

(2) Tendo o direito de propriedade garantia constitucional, ao Estado só é lícito desapropriar mediante indenização prévia e se a propriedade não estiver cumprindo sua função social.

(3) A desapropriação para fins de reforma agrária, prevista na CF, incide sobre imóveis rurais que não estejam cumprindo sua função social, sendo o expropriante exclusivamente a União Federal, e a indenização paga por meio de títulos, e não em dinheiro.

(4) O tombamento pode ocorrer no âmbito federal, estadual ou municipal, sendo um de seus principais efeitos a impossibilidade de modificação do bem. Ele pode, ainda, acarretar restrições quanto à destinação e à alienabilidade do bem.

1: incorreta, pois a limitação administrativa é de caráter geral e indeterminado, e sobre determinado imóvel; **2:** incorreta, pois, além da desapropriação por *interesse social* (para cumprimento da função social da propriedade), também é possível desapropriar em caso de *necessidade ou utilidade pública* (*vide* o inciso XXIV do art. 5º da CF); **3:** correta (art. 184, *caput*, da CF); **4:** correta, pois de acordo com o disposto no Decreto-lei 25/1937.

Gabarito 1E, 2E, 3C, 4C

9. RESPONSABILIDADE DO ESTADO

9.1. EVOLUÇÃO HISTÓRICA E TEORIAS

(Técnico Judiciário – TRE/MA – 2009 – CESPE) Com relação à responsabilidade civil do Estado, assinale a opção correta.

(A) O fundamento da teoria da responsabilidade objetiva, trazida na CF/1988 e adotada atualmente no Brasil, é a teoria do risco administrativo.

(B) As pessoas jurídicas de direito privado prestadoras de serviços públicos estão sujeitas à responsabilidade subjetiva comum.

(C) Para configurar-se a responsabilidade objetiva do Estado, basta apenas a comprovação de dois pressupostos: o fato administrativo e o dano.

(D) De acordo com a responsabilidade objetiva consagrada na CF/1988, mesmo na hipótese de o poder público comprovar a culpa exclusiva da vítima, ainda assim persiste o dever de indenizá-la.

(E) As ações de ressarcimento propostas pelo Estado contra os seus agentes prescrevem no prazo de dez anos.

A: correta, pois adotamos a teoria do *risco administrativo* (que admite excludentes de responsabilidade do Estado), e não do *risco integral* (que não admite excludentes de responsabilidade do Estado); **B:** incorreta, pois tais pessoas, como são prestadoras de serviço público, também respondem objetivamente (art. 37, § 6º, da CF/1988); **C:** incorreta, pois além do *fato* e do *dano*, há de se demonstrar o *nexo de causalidade* entre o primeiro e o segundo; **D:** incorreta, pois adotamos a teoria do risco administrativo, que admite excludentes de responsabilidade do Estado, sendo que a *culpa exclusiva da vítima* é uma delas; **E:** incorreta, pois o prazo para ingressar com ação visando à reparação civil é de 3 anos (art. 206, § 3º, V, do CC).

Gabarito "A"

9.2. MODALIDADES DE RESPONSABILIDADE (OBJETIVA E SUBJETIVA). REQUISITOS DA RESPONSABILIDADE OBJETIVA

(Juiz de Direito - TJ/BA - 2019 - CESPE/CEBRASPE) A respeito da responsabilidade civil do Estado, julgue os itens a seguir.

I. O Estado é responsável pela morte de detento causada por disparo de arma de fogo portada por visitante do presídio, salvo se comprovada a realização regular de revista no público externo.

II. O Estado necessariamente será responsabilizado em caso de suicídio de pessoa presa, em razão do seu dever de plena vigilância.

III. A responsabilidade do Estado, em regra, será afastada quando se tratar da obrigação de pagamento de encargos trabalhistas de empregados terceirizados que tenham deixado de receber salário da empresa de terceirização.

Assinale a opção correta.

(A) Apenas o item I está certo.

(B) Apenas o item III está certo.

(C) Apenas os itens I e II estão certos.

(D) Apenas os itens II e III estão certos.

(E) Todos os itens estão certos.

I: incorreta – Não existe a excludente de ilicitude aventada na segunda parte da assertiva. Predomina o entendimento da jurisprudência, nas hipóteses de crimes comissivos cometidos por agentes públicos contra o detento, a responsabilização será na modalidade objetiva, com fundamento no art. 37, § 6º, da Constituição Federativa, onde prevê que o ente público responderá, independentemente de culpa, por atos praticados por seus agentes no desempenho de suas funções. Nessa ótica, basta conferir o teor de alguns julgados: PROCESSUAL CIVIL. APELAÇÃO CÍVEL. AÇÃO DE INDENIZAÇÃO AJUIZADA PELA GENITORA DA VÍTIMA MENOR DE IDADE FALECIDA EM DELEGACIA POLICIAL. DANOS MATERIAIS E MORAIS. RESPONSABILIDADE CIVIL E OBJETIVA DO ESTADO – ART. 37, § 6º DA CF/88. RESPONSABILIDADE SUBJETIVA DA POLICIAL MILITAR – DIREITO DE REGRESSO. RECURSOS CONHECIDOS E IMPROVIDOS PARA MANTER A R. DO JUÍZO MONOCRÁTICO QUANDO A FIXAÇÃO DOS DANOS MATERIAIS – CONDENADO O ESTADO DO AMAZONAS AO PAGAMENTO DA PENSÃO MENSAL DE UM SALÁRIO MÍNIMO MENSAL, ATÉ A DATA EM QUE A VÍTIMA ALCANÇARIA A PROVÁVEL IDADE DE 65 (SESSENTA E CINCO) ANOS. CONDENAÇÃO EM *QUANTUM* RAZOÁVEIS DANOS MORAIS. RAZOABILIDADE NA FIXAÇÃO DE HONORÁRIO ADVOCATÍCIOS EM 10% (DEZ POR CENTO). RECONHECIMENTO DA PROCEDÊNCIA DE DENUNCIAÇÃO À LIDE. MANTIDO OS DEMAIS TERMOS DA R. DECISÃO DE 1º GRAU" (fl. 255). [...] Não merece prosperar a irresignação, uma vez que **a jurisprudência desta Corte firmou entendimento de que o Estado tem o dever objetivo de zelar pela integridade física e moral do preso sob sua custódia, atraindo então a responsabilidade civil objetiva**, razão pela qual é devida a indenização por danos morais e materiais decorrentes da morte do detento. Agravo regimental em recurso extraordinário. 2. Morte de preso no interior de estabelecimento prisional. 3. Indenização por danos morais e matérias. Cabimento. 4. **Responsabilidade objetiva do Estado. Art. 37, § 6.º, da Constituição Federal. Teoria do risco administrativo. Missão do Estado de zelar pela integridade física do preso**. 5. Agravo regimental a que se nega provimento. (STF. RE 418566 AgR, Relator(a): min. GILMAR MENDES, Segunda Turma, julgado em 26/02/2008). Destarte, vê-se que há entendimento consolidado pela Corte do Supremo no sentido de que o Estado tem o dever de zelar pela integridade física e moral do preso sob sua custódia por força do disposto no art. 5º, XLIX, ao imperar que "é assegurado aos presos o respeito à integridade física e moral". Desse modo, deve o Poder Público suportar o risco natural das atividades de guarda, ou seja, assume a responsabilidade por risco administrativo; **II:** incorreta – Trata-se de tema de certa forma polêmico. O suicídio de detento dentro do sistema carcerário não excluí a responsabilidade estatal se caso houver inobservância do dever específico de guarda e proteção, principalmente dos direitos fundamentais. A CF/88 determina que o Estado se responsabiliza pela integridade física do preso sob sua custódia: Art. 5º (...) XLIX - é assegurado aos presos o respeito à integridade física e moral. Todavia, a responsabilidade civil neste caso, apesar de ser objetiva, é regida pela teoria do risco administrativo. Desse modo, o Estado poderá ser dispensado de indenizar se ficar demonstrado que ele não tinha a efetiva possibilidade de evitar a ocorrência do dano. Sendo inviável a atuação estatal para evitar a morte do preso, é imperioso reconhecer que se rompe o nexo de causalidade entre essa omissão e o dano. Entendimento em sentido contrário implicaria a adoção da teoria do risco integral, não acolhida pelo texto constitucional. A exceção se dá quando o Estado conseguir provar que a morte do detento não podia ser evitada. Rompendo-se o nexo de causalidade entre o resultado morte e a omissão estatal. Não havendo nexo de causalidade consequentemente não terá a responsabilidade civil estatal. Se o detento que praticou o suicídio já possuía indícios de que poderia se matar, e o Estado foi omisso ele deverá indenizar sua família e seus dependentes. Entendendo-se que o Estado deveria ter fornecido tratamento para que o mesmo não ocorresse. Porém existe uma outra situação que é quando o preso não apresenta sinais de que praticará suicídio, assim sendo o Estado não será responsabilizado civilmente, pois foi um ato totalmente imprevisível. Nas duas hipóteses caberá a administração pública demonstrar o ônus da prova que se enquadrará nas excludentes de responsabilidade; **III:** correta: Art. 71 da Lei 8.666/1993 FB

Gabarito "B"

(Analista Judiciário – STJ – 2018 – CESPE) Julgue os itens a seguir, relativos à responsabilidade civil do Estado.

(1) Excetuados os casos de dever específico de proteção, a responsabilidade civil do Estado por condutas omissivas é subjetiva, devendo ser comprovados a negligência na atuação estatal, o dano e o nexo de causalidade.

(2) As empresas prestadoras de serviços públicos responderão pelos danos que seus agentes, nessa qualidade, causarem a terceiros, assegurado o direito de regresso contra o responsável exclusivamente no caso de dolo.

(3)A responsabilidade civil do Estado por atos comissivos abrange os danos morais e materiais.

1: correta – os atos omissivos ensejam, conforme pacífica jurisprudência, a responsabilidade subjetiva do Estado. Ela apenas é do tipo objetiva no caso de ato omissivo nos casos em que há um dever de proteção, com fundamento no Art. 5º, inciso XLIX, da Constituição Federal, como na morte de detento dentro de presídio. Nesse caso, a responsabilidade é do tipo objetiva, tal como consta do entendimento pacificado no SFT no julgamento do RE 841.526/RS, com repercussão geral reconhecida (Tema 592); **2:** incorreta – o Art. 37, § 6º, da CF/1988 estabelece que "as pessoas jurídicas de direito público e as de direito privado prestadoras de serviços públicos responderão pelos danos que seus agentes, nessa qualidade, causarem a terceiros, assegurado o direito de regresso contra o responsável nos casos de dolo ou culpa"; **3:** correta – o entendimento pacífico é no sentido de que a responsabilidade objetiva refere-se tanto a danos materiais como morais. FB

Gabarito 1C, 2E, 3C

(Procurador do Município/Manaus – 2018 – CESPE) A respeito do entendimento do STJ sobre a responsabilidade civil do Estado, julgue o item seguinte.

(1) A existência de causa excludente de ilicitude penal não impede a responsabilidade civil do Estado pelos danos causados por seus agentes.

1: correta – A Administração Pública pode responder civilmente pelos danos causados por seus agentes, ainda que estes estejam amparados por causa excludente de ilicitude penal (Acórdãos REsp 1266517/PR, Rel. Ministro Mauro Campbell Marques, Segunda Turma, Julgado em 04.12.2012, DJE 10.12.2012 REsp 884198/RO, Rel. Ministro Humberto Martins, Segunda Turma, Julgado em 10.04.2007, DJ 23.04.2007 REsp 111843/PR, Rel. Ministro José Delgado, Primeira Turma, Julgado em 24.04.1997, DJ 09.06.1997). FB

Gabarito 1C

(Delegado Federal – 2018 – CESPE) Acerca da responsabilidade civil do Estado, julgue os itens a seguir.

(1) A responsabilidade civil do Estado pela morte de detento sob sua custódia é objetiva, conforme a teoria do risco administrativo, em caso de inobservância do seu dever constitucional específico de proteção.

(2) O Estado não será civilmente responsável pelos danos causados por seus agentes sempre que estes estiverem amparados por causa excludente de ilicitude penal.

1: correta – os atos omissivos ensejam, conforme pacífica jurisprudência, a responsabilidade subjetiva do Estado. Ela apenas é do tipo objetiva no caso de ato omissivo nos casos em que há um deve de proteção, com fundamento no Art. 5º, inciso XLIX da Constituição Federal, como na morte de detento dentro de presídio. Nesse caso, a responsabilidade é do tipo objetiva, tal como consta do entendimento pacificado no SFT no julgamento do RE 841.526/RS, com repercussão geral reconhecida (Tema 592); **2:** incorreta – A Administração Pública pode responder civilmente pelos danos causados por seus agentes, ainda que estes estejam amparados por causa excludente de ilicitude penal (Acórdãos REsp 1266517/PR, Rel. Ministro mauro Campbell Marques, segunda turma, julgado em 04.12.2012, DJe 10.12.2012 Resp 884198/Ro, rel. Ministro Humberto Martins, segunda turma, Julgado em 10.04.2007, DJ 23.04.2007 REsp 111843/PR, Rel. Ministro José Delgado, Primeira Turma, Julgado em 24.04.1997, DJ 09.06.1997). FB

Gabarito 1C, 2E

(Defensor Público/AL – 2017 – CESPE) Caio, detento em unidade prisional do estado de Alagoas, cometeu suicídio no interior de uma das celas, tendo se enforcado com um lençol. Os companheiros de cela de Caio declararam que, mesmo diante de seus apelos, nada foi feito pelos agentes penitenciários em serviço para evitar o ato. A família de Caio procurou a Defensoria Pública a fim de obter esclarecimentos quanto à possibilidade de receber indenização do Estado.

Nessa situação hipotética, à luz da jurisprudência do Supremo Tribunal Federal, o defensor público responsável pelo atendimento deverá informar a família de Caio de que

(A) será necessário, para o ajuizamento de ação de reparação de danos morais, provar que as condições de cumprimento de pena eram desumanas.

(B) é cabível o ajuizamento de ação de reparação de danos morais em face do estado de Alagoas.

(C) não houve omissão estatal, pois o suicídio configura ato exclusivo da vítima.

(D) houve fato exclusivo de terceiro, pois o dever de evitar o ato cabia aos agentes penitenciários em serviço no momento.

(E) não cabe direito a reparação de qualquer natureza, por não ser possível comprovar nexo causal entre a morte do detento e a conduta estatal.

Os atos omissivos ensejam, conforme pacífica jurisprudência, a responsabilidade subjetiva do Estado. Todavia, ela é do tipo objetiva no caso de ato omissivo em que há um deve de proteção, com fundamento no Art. 5º, inciso XLIX, da Constituição Federal, como na morte de detento dentro de presídio. Foi esse o entendimento pacificado no SFT no julgamento do RE 841.526/RS, com repercussão geral reconhecida (Tema 592), de modo que, no caso em tela, é cabível o ajuizamento de ação de reparação de danos morais em face do estado de Alagoas. FB

Gabarito "B"

(Defensor Público/AL – 2017 – CESPE) Por imperícia, um policial militar disparou, acidentalmente, sua arma de fogo, ao manuseá-la em via pública, ferindo um transeunte.

No que tange à responsabilidade civil do Estado nessa situação hipotética, assinale a opção correta.

(A) A responsabilidade civil do Estado independe da análise da culpa da conduta estatal.

(B) A responsabilidade do Estado é objetiva, devendo ele e o policial figurar no polo passivo da demanda em litisconsórcio necessário.

(C) A responsabilidade do Estado é subjetiva, e há litisconsórcio facultativo.

(D) Não há responsabilidade civil do Estado, visto que o policial agiu com culpa, devendo, por isso, responder pessoalmente.

(E) O Estado responde civilmente em razão da conduta culposa de seu agente, fixando-se a responsabilidade civil subjetiva estatal.

A teoria do risco administrativo revela-se fundamento de ordem doutrinária subjacente à norma de direito positivo que instituiu, em nosso sistema jurídico, a responsabilidade civil objetiva do Poder Público, pelos danos que seus agentes, nessa qualidade, causarem a terceiros, por ação ou por omissão (CF, art. 37, § 6º). Essa concepção faz emergir, da mera ocorrência de lesão causada à vítima pelo Estado, o dever de indenizá-la pelo dano pessoal e/ou patrimonial sofrido, independentemente de caracterização de culpa dos agentes estatais ou de demonstração de falta do serviço público. Na linha da jurisprudência prevalecente no Supremo Tribunal Federal (RTJ 163/1107-1109, Rel. Min. Celso De Mello, v.g.), que os elementos que compõem a estrutura e delineiam o perfil da responsabilidade civil objetiva do Poder Público compreendem (a) a alteridade do dano, (b) a causalidade material entre o "eventus damni" e o comportamento positivo (ação) ou negativo (omissão) do agente público, (c) a oficialidade da atividade causal e lesiva imputável a agente do Poder Público, que, nessa condição funcional, tenha incidido em conduta comissiva ou omissiva, independentemente da licitude, ou não, do seu comportamento funcional (RTJ 140/636) e (d) a ausência de causa excludente da responsabilidade estatal (RTJ 55/503 – RTJ 71/99 – RTJ 91/377 – RTJ 99/1155 – RTJ 131/417). No caso da presente assertiva temos hipótese em que incide a responsabilidade objetiva do Estado, sem prejuízo de eventual ação regressiva desse contra o policial militar, cuja responsabilidade restará caracterizada em caso de comprovação de sua culpabilidade. FB

Gabarito "A".

(Procurador do Município – Prefeitura Fortaleza/CE – CESPE – 2017) A respeito de bens públicos e responsabilidade civil do Estado, julgue o próximo item.

(1) Situação hipotética: Um veículo particular, ao transpassar indevidamente um sinal vermelho, colidiu com veículo oficial da Procuradoria-Geral do Município de Fortaleza, que trafegava na contramão. Assertiva: Nessa situação, não existe a responsabilização integral do Estado, pois a culpa concorrente atenua o *quantum* indenizatório.

1: Correta. Havendo culpa recíproca ou concorrente, essa deve ser utilizada como excludente de responsabilidade civil ou, no mínimo, como atenuante. AW

Gabarito 1C

(Analista Judiciário – TRT/8ª – 2016 – CESPE) Marcos, motorista de um ônibus de transporte público de passageiros de determinado município, ao conduzir o veículo, por sua culpa, atropelou e matou João. A família da vítima ingressou com uma ação de indenização contra o município e a concessionária de transporte público municipal, que administra o serviço. Citada, a concessionária municipal denunciou à lide Marcos, por entender que ele deveria ser responsabilizado, já que fora o causador do dano. O município alegou ilegitimidade passiva e ausência de responsabilidade no caso. A respeito dessa situação hipotética, assinale a opção correta conforme o entendimento doutrinário e jurisprudencial relativamente à responsabilidade civil do Estado.

(A) A denunciação à lide, no caso, não será obrigatória para se garantir o direito de regresso da concessionária contra Marcos.
(B) A culpa exclusiva ou concorrente da vítima afasta a responsabilidade civil objetiva da concessionária.
(C) A reparação civil do dano pelo município sujeita-se ao prazo prescricional de vinte anos.
(D) A responsabilidade civil da concessionária, na hipótese, será subjetiva, pois João não era usuário do serviço público de transporte coletivo.
(E) A responsabilidade civil do município, no caso, será objetiva, primária e solidária.

A: correta, pois a jurisprudência já se pacificou no sentido de que a denunciação à lide não é obrigatória para se garantir o direito de regresso da concessionária de serviço público em face de seu funcionário; **B:** incorreta, pois a culpa concorrente da vítima não afasta a responsabilidade objetiva da concessionária; **C:** incorreta, pois o prazo prescricional para reparação civil em face do município é de 5 anos; **D:** incorreta, pois o STF pacificou o entendimento no sentido de que a responsabilidade do prestador de serviço público é objetiva tanto em favor do usuário do serviço quanto em favor do não usuário do serviço vítima de dano pela prestação do serviço público; **E:** incorreta, pois a responsabilidade do Município é *subsidiária*, devendo-se acionar a empresa concessionária e, caso esta não possa suportar o pagamento da indenização, o município deverá assumir esse pagamento.

Gabarito "A".

(Procurador do Estado/AM – 2016 – CESPE) Um motorista alcoolizado abalroou por trás viatura da polícia militar que estava regularmente estacionada. Do acidente resultaram lesões em cidadão que estava retido dentro do compartimento traseiro do veículo. Esse cidadão então ajuizou ação de indenização por danos materiais contra o Estado, alegando responsabilidade objetiva. O procurador responsável pela contestação deixou de alegar culpa exclusiva de terceiro e não solicitou denunciação da lide. O corregedor determinou a apuração da responsabilidade do procurador, por entender que houve negligência na elaboração da defesa, por acreditar que seria útil à defesa do poder público alegar culpa exclusiva de terceiro na geração do acidente. Considerando essa situação hipotética, julgue os próximos itens.

(1) Foi correto o corregedor quanto ao entendimento de que seria útil à defesa do poder público alegar culpa exclusiva de terceiro na geração do acidente, uma vez que, provada, ela pode excluir ou atenuar o valor da indenização.
(2) O procurador poderá defender-se pessoalmente, advogando em causa própria, se contra ele for instaurado processo administrativo disciplinar. Outras categorias de servidores, contudo, necessitariam contratar advogado, imprescindível para o exercício da ampla defesa no processo administrativo disciplinar.
(3) Diante da ausência de denunciação da lide, ficou prejudicado o direito de regresso do Estado contra o motorista causador do acidente.

1: correta, pois a culpa exclusiva de terceiro pode excluir a responsabilidade do Estado, de modo que o procurador foi desidioso ao não alegá-la diante de um caso em que o terceiro abalroou por trás e ainda estava alcoolizado; **2:** incorreta, pois, segundo a Sumula Vinculante STF 5, a falta de defesa técnica por advogado no processo disciplinar não ofende a Constituição; **3:** incorreta, pois o direito de regresso continua podendo ser exercido pelo Estado por haver previsão constitucional a esse respeito (art. 37, § 6º, da CF), não podendo uma lei processual eliminar esse direito do Estado se este não denunciar da lide seu agente público na própria ação promovida pela vítima em face do Estado.

Gabarito 1C, 2E, 3E

(Advogado União – AGU – CESPE – 2015) No que se refere à responsabilidade do parecerista pelas manifestações exaradas, julgue o próximo item.

Situação hipotética: Determinado ministério, com base em parecer opinativo emitido pela sua consultoria jurídica, decidiu adquirir alguns equipamentos de informática. No entanto, durante o processo de compra dos equipamentos, foi constatada, após correição, ilegalidade consistente em superfaturamento dos preços dos referidos equipamentos.

(1) Assertiva: Nessa situação, de acordo com o entendimento do STF, ainda que não seja comprovada a má-fé do advogado da União, ele será solidariamente responsável com a autoridade que produziu o ato final.

1: Incorreta. Conforme STF (STF, MS 24.631), os pareceres são apenas opinativos e, ainda que seja comprovada a má-fé do parecerista, ele não responde com a autoridade final do ato, sendo essa, integralmente responsável pelo uso do seu conteúdo. AW

Gabarito 1E

(Advogado União – AGU – CESPE – 2015) Com relação ao controle da administração pública e à responsabilidade patrimonial do Estado, julgue os seguintes itens.

Situação hipotética: Um veículo oficial da AGU, conduzido por servidor desse órgão público, passou por um semáforo com sinal vermelho e colidiu com um veículo particular que trafegava pela contramão.

(1) Assertiva: Nessa situação, como o Brasil adota a teoria da responsabilidade objetiva, existirá a responsabilização

indenizatória integral do Estado, visto que, na esfera administrativa, a culpa concorrente elide apenas parcialmente a responsabilização do servidor.

1: Incorreta. No caso, havendo culpa concorrente da vítima, a responsabilidade deverá ser atenuada.

Gabarito 1E

(Procurador do Estado – PGE/BA – CESPE – 2014) Suponha que viatura da polícia civil colida com veículo particular que tenha ultrapassado cruzamento no sinal vermelho e o fato ocasione sérios danos à saúde do condutor do veículo particular. Considerando essa situação hipotética e a responsabilidade civil da administração pública, julgue os itens subsequentes.

(1) No caso, a ação de indenização por danos materiais contra o Estado prescreverá em vinte anos.

(2) Sendo a culpa exclusiva da vítima, não se configura a responsabilidade civil do Estado, que é objetiva e embasada na teoria do risco administrativo.

1: Incorreta. A ação prescreverá em 5 anos, tendo em vista o art. 1º, do Decreto-Lei 20.910/1932. **2:** Correta. A culpa exclusiva da vítima é excludente de responsabilidade civil do Estado, pois rompe com o nexo causal entre a ação e o resultado, excluindo, também, a responsabilização do Estado.

Gabarito 1E, 2C

(Promotor de Justiça/PI – 2014 – CESPE) Acerca da responsabilidade civil do Estado, assinale a opção correta.

(A) Para que se configure a responsabilidade civil objetiva do Estado, o dano deve ser causado por agente público, não abrangendo a regra a categoria dos agentes políticos.

(B) Embora seja cabível a responsabilidade do Estado por atos praticados pelo Poder Judiciário, em relação a atos judiciais que não impliquem exercício de função jurisdicional, não é cabível responsabilização estatal.

(C) Segundo a CF, a responsabilidade civil do Estado abrange prejuízos causados pelas pessoas jurídicas de direito público e as de direito privado que integram a administração pública indireta, não abarcando atos danosos praticados pelas concessionárias de serviço público.

(D) Segundo entendimento do STJ, é imprescritível a pretensão de recebimento de indenização por dano moral decorrente de atos de tortura ocorridos durante o regime militar de exceção.

(E) De acordo com a jurisprudência do STJ, é objetiva a responsabilidade civil do Estado nas hipóteses de omissão, devendo-se demonstrar a presença concomitante do dano e do nexo de causalidade entre o evento danoso e o comportamento ilícito do poder público.

A: incorreta, pois a regra inclui os agentes políticos, que são espécies de agentes públicos; **B:** incorreta, pois os atos jurisdicionais geram responsabilidade civil estatal, ainda que em casos excepcionais, como em caso de erro judiciário; **C:** incorreta, pois o texto do art. 37, § 6º, da CF abarca a responsabilidade das pessoas jurídicas prestadoras de serviço público (ou seja, concessionárias de serviço público); **D:** correta (STJ, AgRg no REsp 1.424.680/SP, *DJ* 09.04.2014); **E:** incorreta, pois a questão da responsabilidade objetiva do Estado por condutas omissivas é ainda controversa, havendo decisões pela responsabilidade subjetiva no caso e também pela responsabilidade objetiva.

Gabarito "D"

(Analista – STF – 2013 – CESPE) A respeito da responsabilidade civil do Estado, julgue o item abaixo.

(1) Se, no exercício de suas funções, um servidor público agride verbalmente cidadão usuário de serviço público, não haverá responsabilidade objetiva do Estado devido à inexistência de danos materiais.

1: incorreta. "Não há falar em responsabilidade civil sem que a conduta haja provocado um dano. Não importa a natureza do dano: tanto é indenizável o dano patrimonial como o *dano moral*" (CARVALHO FILHO, José dos Santos. *Manual de Direito Administrativo*. 27. ed. São Paulo: Atlas, 2014. p. 613). *Vide* art. 37, § 6º, da CF.

Gabarito 1E

(Defensoria/DF – 2013 – CESPE) A respeito da responsabilidade civil do Estado, julgue os itens seguintes.

(1) Segundo a jurisprudência atualizada do STJ, em ação de indenização por ilícito penal praticado por agente do Estado, o termo inicial da prescrição e o transito em julgado da ação penal condenatória.

(2) Considere que o Poder Judiciário tenha determinado prisão cautelar no curso de regular processo criminal e que, posteriormente, o cidadão aprisionado tenha sido absolvido pelo júri popular. Nessa situação hipotética, segundo entendimento do STF, não se pode alegar responsabilidade civil do Estado, com relação ao aprisionado, apenas pelo fato de ter ocorrido prisão cautelar, visto que a posterior absolvição do réu pelo júri popular não caracteriza, por si só, erro judiciário.

(3) Segundo o ordenamento jurídico brasileiro, todas as pessoas jurídicas de direito público e as de direito privado que integrem a administração pública responderão objetivamente pelos danos que seus agentes, nessa qualidade, causarem a terceiros.

(4) Caso um DP recorra de decisão judicial que arbitre indenização de valor irrisório a ser paga pelo poder público, pleiteando revisão do valor, o recurso interposto, segundo a jurisprudência consolidada do STJ, será inviável, visto que a revisão do valor a ser indenizado somente e possível quando a importância arbitrada é exorbitante.

1: correta; de acordo com o STJ, "O termo inicial para contagem de prazo prescricional para propositura de ação indenizatória contra o Estado por ilícito penal praticado por seus agentes é a data do trânsito em julgado da sentença penal condenatória" (AgRg no REsp 1197746/CE, DJe 27/03/2014); **2:** correta; de acordo com o STF é necessário que haja um erro grave para que a responsabilidade estatal advenha (ex: prisão de alguém totalmente arbitrária e sem qualquer envolvimento com o fato criminoso – vide o caso do "Bar Bodega" no Informativo 570 do STF); **3:** incorreta, pois só as pessoas de direito público e as pessoas de direito privado *que forem prestadoras de serviço público* é que respondem dessa forma (art. 37, § 6º, da CF) ; **4:** incorreta, pois a revisão do valor é admitida tanto quando o valor arbitrado é exorbitante, como quando o valor é muito baixo, somente não se admitindo a revisão do valor se este foi arbitrado dentro de uma razoabilidade.

Gabarito 1C, 2C, 3E, 4E

(Técnico – TJ/CE – 2013 – CESPE) Acerca da responsabilidade civil do Estado, assinale a opção correta.

(A) A responsabilidade do agente público, causador do dano a particular, é subjetiva, devendo o Estado, ao ingressar com ação regressiva, comprovar a culpado agente.

(B) O Estado é civilmente responsável pelos danos que seus agentes, nessa qualidade, venham a causar a terceiros, excetuados os casos dos agentes sem vínculo típico de trabalho e dos agentes colaboradores sem remuneração.

(C) Entidade integrante da administração indireta, dotada de personalidade jurídica de direito privado e exploradora de atividade econômica, responderá objetivamente pela reparação de danos a terceiros, com fundamento na teoria do risco administrativo.

(D) A demonstração da ocorrência do fato administrativo e do dano causado é suficiente para gerar ao Estado a obrigação de indenizar.

(E) Os casos de ilícito omissivo impróprio são equiparáveis aos atos comissivos para efeito de responsabilidade civil do Estado.

A: Correta. A responsabilidade civil objetiva é atribuída ao Estado, diferentemente da responsabilidade civil do agente, que será subjetiva, ou seja, somente responderá pelos danos causados ao particular se agir com dolo ou culpa em ação regressiva ajuizada pelo Estado (art. 37, § 6º, da CF); **B:** Incorreta. As pessoas jurídicas de direito público e as de direito privado prestadoras de serviços públicos responderão pelos danos que seus agentes, **nessa qualidade**, causarem a terceiros, independentemente de vínculo empregatício ou da transitoriedade do exercício da função; **C:** Incorreta, pois nesse caso não se aplica o art. 37, § 6º, da CF. A pessoa jurídica de direito privado responderá no civilmente pelas regras de direito privado (art. 186 do CC); **D:** Incorreta. Para que haja a obrigação de indenizar pelo Estado, é necessária a presença do fato, do **nexo de causalidade** e o dano; **E:** Incorreta, pois os atos omissivos impróprios não se comparam aos atos comissivos, pois não ensejam a responsabilidade civil objetiva do Estado. Diferentemente dos atos omissivos próprios que se comparam aos atos comissivos, ou seja, não indenizáveis independentemente de culpa.

Gabarito "A"

(Técnico Judiciário – TJDFT – 2013 – CESPE) Acerca da responsabilidade civil do Estado, julgue o item abaixo.

(1) Se um particular sofrer dano quando da prestação de serviço público, e restar demonstrada a culpa exclusiva desse particular, ficará afastada a responsabilidade da administração. Nesse tipo de situação, o ônus da prova, contudo, caberá à administração.

1: correta, pois, de fato, tem-se, de um lado, a responsabilidade objetiva do Estado, que impõe que este responda quando o particular sofrer dano quando da prestação de serviço público, mas, de outro, tem-se a possibilidade de, em o Estado demonstrando uma excludente de responsabilidade (e a culpa exclusiva da vítima), ficar afastada a responsabilidade estatal.

Gabarito 1C

(Magistratura/CE – 2012 – CESPE) Acerca da responsabilidade civil do Estado, assinale a opção correta.

(A) A doutrina e a jurisprudência têm reconhecido a obrigatoriedade de o Estado indenizar tanto os danos materiais quanto os danos morais, mas não os danos emergentes e os lucros cessantes.

(B) Diferentemente das entidades estatais de direito privado que desempenham serviços públicos, as empresas privadas que prestam serviços públicos por delegação não se submetem ao regime da responsabilidade civil objetiva prevista no texto constitucional.

(C) Para que o Estado responda por danos causados por agente seu a particular, é necessário que a pessoa lesada faça prova da culpabilidade direta ou indireta da administração, tanto no caso de ação quanto no de omissão.

(D) Em matéria de responsabilidade civil do Estado, é possível a cumulação de indenizações por dano material e dano moral que decorram de um só fato.

(E) Como a responsabilidade do poder público só se configura em face de atos lícitos, os atos contrários à lei, à moral ou ao direito podem gerar a responsabilidade penal e civil do agente público, mas não a responsabilidade civil do Estado.

A: incorreta, pois a indenização tem de ser cabal, completa; outro problema da alternativa é que trouxe um erro conceitual, já que os danos emergentes e os lucros cessantes são justamente os danos materiais; **B:** incorreta, pois o art. 37, § 6º, é expresso no sentido de que as pessoas de direito privado prestadoras de serviço público respondem objetivamente; **C:** incorreta, pois a responsabilidade estatal é objetiva, ou seja, independe de demonstração de culpa ou dolo do agente público; **D:** correta; de fato a jurisprudência reconhece essa possibilidade; aliás, a jurisprudência reconhece a possibilidade de cumular três indenizações, quais sejam, por *dano material*(danos emergentes e lucros cessantes), por *dano moral* e por *dano estético*, quando houver; **E:** incorreta, pois a responsabilidade estatal é objetiva, ou seja, pode se configurar em caso de atos lícitos ou ilícitos, não perquirindo acerca da questão da ilicitude; verifica-se apenas se há conduta estatal, dano e nexo de causalidade.

Gabarito "D"

(Magistratura/PA – 2012 – CESPE) Com relação à responsabilidade civil do Estado, assinale a opção correta.

(A) Em caso de assalto praticado por policial fardado que empunhe arma da corporação militar, o Estado responde subjetivamente pelos danos causados pelo agente, ainda que o crime seja cometido fora do horário de expediente, dada a função pública exercida pelo policial.

(B) Segundo entendimento do STF, a qualificação do tipo de responsabilidade imputável ao Estado – objetiva ou subjetiva – constitui circunstância de menor relevo caso as instâncias ordinárias demonstrem, com base no acervo probatório, que a inoperância estatal injustificada tenha sido condição decisiva para a produção do dano.

(C) Segundo a jurisprudência do STF e a doutrina majoritária, para a caracterização da responsabilidade objetiva do poder público, é imprescindível a comprovação, com base na teoria do risco administrativo, da ilicitude da ação administrativa causadora do dano.

(D) Na hipótese de um raio matar presidiário em prisão estadual, o Estado responderá objetivamente pelos danos causados ao preso, dada a aplicação, no caso concreto, da teoria da responsabilidade objetiva por danos causados a pessoas sob a guarda estatal.

(E) A comprovação do dano e a existência de ação administrativa, independentemente de haver nexo causal entre eles, são os requisitos necessários para a caracterização da responsabilidade objetiva do Estado.

A: incorreta, pois o caso não é de responsabilidade subjetiva, mas de responsabilidade objetiva do Estado (STF, RE 418.023); **B:** correta (STF, AI 600.652 AgR); **C:** incorreta, pois, na responsabilidade objetiva, basta demonstrar conduta comissiva, dano e nexo de causalidade, não sendo necessário comprovar a ilicitude da ação administrativa; **D:** incorreta, pois, nesse caso, tem-se caso fortuito ou de força maior, que exclui a responsabilidade estatal, já que, no Brasil, não se adotou a Teoria do Risco Integral, que não admite excludentes de responsabilidade, mas a Teoria do Risco Administrativo, que admite excludentes de responsabilidade estatal; **E:** incorreta, pois o nexo de causalidade é elemento essencial na caracterização da responsabilidade objetiva do Estado.

Gabarito "B"

(Defensor Público/TO – 2013 – CESPE) Em relação à responsabilidade civil do Estado pelo exercício da função administrativa e a improbidade administrativa, assinale a opção correta.

(A) O Estado, no exercício da função administrativa, responde objetivamente por danos morais causados a terceiros por seus agentes.

(B) A responsabilidade do Estado pelo exercício da função administrativa é subjetiva, de acordo com a teoria do risco administrativo.

(C) As sociedades de economia mista que se dedicam à exploração de atividade econômica são responsáveis objetivamente pelos danos que seus agentes causem a terceiro.

(D) O servidor público que utiliza, em proveito próprio, carro de propriedade da União pratica infração disciplinar, mas não ato de improbidade administrativa.

(E) Não há previsão da penalidade de suspensão dos direitos políticos para o responsável por ato de improbidade administrativa que atente contra os princípios da administração pública.

A: correta, nos termos do art. 37, § 6º, da CF; **B:** incorreta, pois a responsabilização do Estado independe de culpa ou dolo, de modo que é objetiva (art. 37, § 6º, da CF); **C:** incorreta, pois a responsabilidade objetiva do Estado, prevista no art. 37, § 6º, da CF, abrange apenas as pessoas jurídicas de direito público e as pessoas de direito privado prestadoras de serviço público (art. 37, § 6º, da CF), o que não é caso da sociedade de economia mista mencionada, que explora atividade econômica; **D:** incorreta, pois essa conduta também é um ato de improbidade (art. 10, XIII, da Lei 8.429/1992); **E:** incorreta, pois há sim tal previsão (art. 12, III, da Lei 8.429/1992).

Gabarito "A"

(Defensor Público/ES – 2012 – CESPE) Julgue os itens subsecutivos, relativos a responsabilidade civil do Estado.

(1) De acordo com a jurisprudência consolidada do STF, a responsabilidade objetiva do Estado aplica-se a todos os atos do Poder Judiciário.

(2) A responsabilidade civil da administração pública por atos comissivos e objetiva, embasada na teoria do risco administrativo, isto e, independe da comprovação da culpa ou dolo.

1: incorreta, pois o STF é pacífico no sentido de que "salvo nos casos expressamente previstos em lei, a responsabilidade do Estado não se aplica aos atos de juízes" (RE 553.637, DJ 25.09.09); são exemplos de caso expressamente previstos na lei o erro judiciário (art. 5º, LXXV, da CF) e a fraude ou dolo do juiz (art. 133 do CPC [corresponde ao art. 143 do NCPC]); **2:** correta, nos termos do art. 37, § 6º, da CF.

Gabarito 1E, 2C

(Defensor Público/AC – 2012 – CESPE) Um paciente internado em hospital público de determinado estado da Federação cometeu suicídio, atirando-se de uma janela próxima a seu leito, localizado no quinto andar do hospital.

Com base nessa situação hipotética, assinale a opção correta acerca da responsabilidade civil do Estado.

(A) A responsabilidade incidirá apenas sobre os enfermeiros que cuidavam do paciente.

(B) Exclui-se a responsabilidade do Estado, por ter sido a culpa exclusiva da vítima, sem possibilidade de interferência do referido ente público.

(C) A responsabilidade é objetiva, dada a omissão do ente público.

(D) A responsabilidade é subjetiva, dependente de prova de culpa.

(E) Não é cabível a responsabilização do Estado, pela inexistência de dano a ser reparado.

A jurisprudência ainda é no sentido de que, nas condutas omissivas estatais, a responsabilidade do Estado é subjetiva, devendo-se avaliar se há ou não falta do serviço. Em caso de suicídio de paciente com deficiência mental em hospital psiquiátrico a jurisprudência entende que o serviço estatal é defeituoso, por falta de vigilância. Porém, no caso em tela, por não haver referência a essa situação específica, tem-se a chamada culpa exclusiva da vítima, que exclui a responsabilidade estatal. Vale ressaltar que o STF tem decisão no sentido de que a responsabilidade estatal por *atos omissivos* **específicos** é objetiva; um exemplo de caso de omissão específica do Estado é a agressão física a aluno por colega, em escola estadual, hipótese em que a responsabilidade estatal será objetiva, com base na Teoria do Risco Administrativo (STF, ARE 697.326 AgR/RS, DJ 26/04/13); não se pode confundir uma *conduta omissiva genérica* (ex: o Estado não conseguir evitar todos os furtos de carros), com uma *conduta omissiva específica* (ex: o Estado ter o dever de vigilância sobre alguém e não evitar o dano); no primeiro caso, o Estado responde *subjetivamente*, só cabendo indenização se ficar provado que o serviço foi defeituoso (ex: um policial presencia um furto e nada faz); no segundo caso, o Estado responde *objetivamente*, não sendo necessário perquirir sobre se o serviço estatal foi ou não defeituoso. Vale ressaltar, outrossim, que há decisão do STJ no seguinte sentido de que, no caso de suicídio de **detento**, o Estado responde objetivamente "face aos riscos inerentes ao meio no qual foram inseridos pelo próprio Estado", com fundamento nos arts. 927, parágrafo único, e 948, II, do CC (STJ, REsp 1.305.259-SC, j. em 02/04/13).

Gabarito "B"

9.3. RESPONSABILIDADE DAS CONCESSIONÁRIAS DE SERVIÇO PÚBLICO

(Defensor Público/AC – 2017 – CESPE) Após falecimento de Pedro, vítima de atropelamento em linha férrea, seus herdeiros compareceram à DP para que fosse ajuizada ação indenizatória por danos morais contra a empresa concessionária responsável pela ferrovia onde havia acontecido o acidente, localizada em área urbana. Na ocasião, seus parentes informaram que, apesar de Pedro ter atravessado a ferrovia em local inadequado, inexistia cerca na linha férrea ou sinalização adequada.

Com base nessa situação hipotética e no entendimento dos tribunais superiores acerca da responsabilidade civil do Estado, assinale a opção correta.

(A) O poder público concedente tem responsabilidade solidária para reparar os danos decorrentes do acidente, devendo vir a figurar no polo passivo da ação indenizatória.

(B) A responsabilização do agente responsável pela falha ao deixar de cercar ou sinalizar o local do acidente exigirá a denunciação da lide nos autos da ação indenizatória.

(C) A responsabilização civil da empresa concessionária independerá da demonstração da falha na prestação do serviço pela empresa, ante o risco inerente à atividade econômica desenvolvida.

(D) A conduta de Pedro, que atravessou a ferrovia em local inadequado, afastará a responsabilização civil da empresa concessionária, ainda que fique demonstrada a falha no isolamento por cerca ou na sinalização do local do acidente.

(E) A demonstração da omissão no isolamento por cerca ou na sinalização do local do acidente acarretará a responsabilização civil da empresa concessionária, embora possa haver redução da indenização dada a conduta imprudente de Pedro.

O caso é de responsabilidade objetiva da concessionária em razão de danos causados a terceiro não usuário. Com efeito, em repercussão geral foi reconhecida a responsabilidade objetiva das concessionárias pelos danos causados a terceiros não usuários. Eis o julgado que consolidou esse entendimento: Ementa: Constitucional. Responsabilidade do estado. Art. 37, § 6º, da Constituição. Pessoas jurídicas de direito privado prestadoras de serviço público. concessionário ou permissionário do serviço de transporte coletivo. responsabilidade objetiva em relação a terceiros não usuários do serviço. recurso desprovido. I – A responsabilidade civil das pessoas jurídicas de direito privado prestadoras de serviço público é objetiva relativamente a terceiros usuários *e não usuários do serviço*, segundo decorre do art. 37, § 6º, da Constituição Federal. II – A inequívoca presença do nexo de causalidade entre o ato administrativo e o dano causado ao terceiro não usuário do serviço público, é condição suficiente para estabelecer a responsabilidade objetiva da pessoa jurídica de direito privado. III – Recurso extraordinário desprovido (RE 591874 / MS, Relator: Min. RICARDO LEWANDOWSKI, j. 26.08.2009, Tribunal Pleno). De todo modo, cabe aqui ressaltar que a Constituição Federal consagra a teoria da responsabilidade objetiva do Estado, estabelecendo que: "as pessoas jurídicas de direito público e as de direito privado prestadoras de serviços públicos responderão pelos danos que seus agentes, nessa qualidade, causarem a terceiros, assegurado o direito de regresso contra o responsável nos casos de dolo ou culpa" – art. 37, § 6º, CF/88. Mas essa responsabilidade, ainda que objetiva, tem limites. O direito administrativo brasileiro não adota a teoria do risco integral, mas sim a do risco administrativo, o que implica a existência de excludentes da responsabilidade estatal, quais sejam: a culpa exclusiva da vítima, em caso fortuito ou de força maior. Destarte, na assertiva em comento, em razão da existência de culpa parcial e concorrente da vítima para a ocorrência do evento danoso, tal responsabilidade estatal pode ser minorada. FB

Gabarito "E"

(Procurador do Município – Prefeitura Fortaleza/CE – CESPE – 2017) A respeito de bens públicos e responsabilidade civil do Estado, julgue os próximos itens.

(1) De acordo com o entendimento do STF, empresa concessionária de serviço público de transporte responde objetivamente pelos danos causados à família de vítima de atropelamento provocado por motorista de ônibus da empresa.

1: Correta. Está correta a assertiva, porque as concessionárias estão incluídas no disposto no art. 37, § 6º, CF, além do que determina o art. 25, da Lei 8.987/1995. AW

Gabarito 1C

Instruções: Para responder às próximas três questões, considere a seguinte situação:

Determinada empresa privada, concessionária de serviço público, por falha técnica em sua prestação. faz faltar o serviço a certos usuários. Estes, considerando-se prejudicados em seu direito de receberem o serviço, procuram partido político, que ajuíza mandado de segurança coletivo, com o objetivo de obter indenização, por parte da empresa concessionária, aos usuários lesados, garantindo-se, por ordem judicial, que não haja futuras interrupções no serviço em questão.

(Procurador Federal – 2010 – CESPE) Julgue os seguintes itens, que versam sobre responsabilidade civil do Estado.

(1) As ações de reparação de dano ajuizadas contra o Estado em decorrência de perseguição, tortura e prisão, por motivos políticos, durante o Regime Militar não se sujeitam a qualquer prazo prescricional.

(2) A responsabilidade civil objetiva da concessionária de serviço público alcança também não usuários do serviço por ela prestado.

1: correta, nos termos da jurisprudência do STJ: "Processual civil – Administrativo – Indenização – Reparação de danos morais – Regime militar – Perseguição e prisão por motivos políticos – Imprescritibilidade – Dignidade da pessoa humana – Inaplicabilidade do art. 1º do Decreto n. 20.910/1932 – Responsabilidade civil do Estado – Danos morais – Indenização." (REsp 1085358/PR, rel. Min. Luiz Fux, 1.ª Turma, julgado em 23.04.2009, *DJe* 09.10.2009); **2:** correta, tendo o STF mudado seu entendimento a respeito do assunto; assim, hoje, o STF entende que são beneficiários da responsabilidade objetiva das concessionárias de serviço público não só os usuários do serviço (ex.: passageiro de um ônibus que se acidenta), como também os não usuários do serviço (ex.: alguém que não é passageiro do ônibus, mas que estava caminhando ou andando de bicicleta quando do acidente no primeiro, vindo a sofrer danos por conta do evento); *vide*, a respeito, o RE 591.874/MS, j. 26.08.2009).

Gabarito 1C, 2C

9.4. RESPONSABILIDADE POR ATOS LEGISLATIVOS E JUDICIAIS

(Juiz de Direito/DF – 2016 – CESPE) Acerca da responsabilidade do Estado na doutrina pátria e na jurisprudência do STF, assinale a opção correta.

(A) A responsabilidade civil do Estado por atos legislativos incide nos mesmos termos da responsabilidade da administração pública, bastando que o ato legislativo produza danos ao lesado para que surja o dever de indenizar.

(B) O servidor público responderá por atos dolosos e culposos que causem danos ao administrado, e essa responsabilidade será apurada regressivamente em litígio que envolva o servidor e o ente público ao qual está vinculado, em caso de obrigação do Estado de ressarcir o dano causado ao lesado.

(C) O Estado responde, pelos atos jurisdicionais, nos casos de condenação errônea do jurisdicionado em processo criminal, prisão por prazo superior ao previsto no título condenatório, prisão preventiva seguida de posterior absolvição em processo criminal e dolo do magistrado na prática de ato jurisdicional danoso à parte.

(D) A responsabilidade objetiva do Estado, pela teoria do risco administrativo, indica ser suficiente a concorrência da conduta do agente público, do dano ao terceiro e do nexo de causalidade, não havendo causas excludentes da responsabilidade estatal.

(E) A responsabilidade do Estado pelos danos decorrentes de atos de seus agentes independente de culpa, exceto nos casos de culpa dativa do preposto do ente público.

A: incorreta, pois os atos legislativos apenas *delimitam* os direitos das pessoas, e não *tiram* os direitos destas; somente um ato legislativo de efeito concreto e que ferisse o princípio da igualdade e um ato legislativo inconstitucional são capazes de gerar indenização em favor do particular; **B:** correta, pois tratado corretamente da questão à luz do art. 37, § 6º, da CF; **C:** incorreta, pois o Estado somente responde por atos judiciais em caso de prisão além do tempo e de erro judiciário, sendo que este só se reconhece em revisão criminal em casos extremos de gravíssimo e patente erro jurisdicional, o que não se vem reconhecendo no simples fato de alguém ser preso preventivamente e depois absolvido; **D:** incorreta, pois a responsabilidade estatal pelo *risco administrativo* (diferentemente da responsabilidade estatal pelo *risco integral*) admite, sim, excludentes de responsabilidade; **E:** incorreta, pois a responsabilidade do Estado pelos atos de seus agentes independe de culpa em qualquer caso, pois é objetiva (art. 37, § 6º, da CF).

Gabarito "B"

10. LICITAÇÃO

10.1. CONCEITO, OBJETIVOS E PRINCÍPIOS

(Analista – TRT/10ª – 2013 – CESPE) Com base na Lei de Licitações (Lei n.º 8.666/1993), julgue os próximos itens.

(1) Uma entidade controlada indiretamente por município da Federação que pretenda alugar um imóvel para nele funcionar estará dispensada da observância das normas gerais sobre licitações e contratos administrativos impostas pela lei em questão, devido ao fato de esta lei ser um diploma federal, não alcançando, portanto, a esfera da municipalidade.

(2) A licitação objetiva garantir o princípio constitucional da isonomia, selecionar a proposta mais vantajosa para a administração e promover o desenvolvimento nacional sustentável.

1: incorreto, pois a Administração Direta e Indireta de todos os entes da federação, inclusive dos municípios, está sujeita à Lei 8.666/1993 (art. 1º, parágrafo único, da Lei 8.666/1993); **2:** correto (art. 3º, *caput*, da Lei 8.666/1993).

Gabarito 1E, 2C

10.2. CONTRATAÇÃO DIRETA (LICITAÇÃO DISPENSADA, DISPENSA DE LICITAÇÃO E INEXIGIBILIDADE DE LICITAÇÃO)

(Magistratura/ES – 2011 – CESPE) Com relação ao instituto da licitação, assinale a opção correta.

(A) No concurso, modalidade de licitação, o julgamento deve ser feito por comissão especial, composta necessariamente por servidores qualificados, pertencentes ao quadro permanente do órgão responsável pela licitação, de reputação ilibada e notório conhecimento da matéria.

(B) É inexigível licitação na celebração de contrato de programa com ente da Federação para a prestação de serviços públicos de forma associada, nos termos do que for autorizado em contrato de consórcio público.

(C) Mesmo após a adjudicação válida, a administração pública pode revogar ou anular o procedimento licitatório, ou, mesmo, contratar com outrem.

(D) Segundo a jurisprudência majoritária, a dispensa ou inexigibilidade de licitação fora das hipóteses legais configura delito de mera conduta, para cuja consumação não se exige a demonstração de efetivo prejuízo para a administração pública.

(E) Se a administração pública realizar contratação direta com determinada empresa com base em inexigibilidade de licitação e, posteriormente, constatar a ocorrência de vício no procedimento, o vínculo contratual não poderá ser desconstituído, pois, segundo a jurisprudência, o vício de procedimento não autoriza o desfazimento do ato administrativo.

A: incorreta, pois, na modalidade de licitação concurso, o julgamento será feito por uma comissão especial integrada por pessoas de reputação ilibada e de reconhecido conhecimento da matéria em exame, podendo ser servidores públicos ou não (art. 51, § 5º, da Lei 8.666/1993); **B:** incorreta, pois esse caso é de dispensa de licitação (art. 24, XXVI, da Lei 8.666/1993) e não de inexigibilidade; **C:** incorreta, pois contratar com outrem não será possível, devendo-se respeitar a posição do adjudicatário; **D:** correta; porém, há decisões em sentido contrário (*vide* STF, Inq 2.482/MG, rel. Min. Luiz Fux, j. em 15.09.2011), devendo-se atentar para a evolução jurisprudencial do tema, que pode tornar incorreta a afirmação contida na alternativa; **E:** incorreta, pois o vício de procedimento acarreta sim o desfazimento do ato administrativo (v., por exemplo: STF, MS 26.000, *DJ* 14.11.2012).

Gabarito "D"

10.3. MODALIDADES DE LICITAÇÃO E REGISTRO DE PREÇOS

(Magistratura/CE – 2012 – CESPE) No que se refere às disposições das Leis n. 10.520/2002 e n. 8.666/1993, que dispõem sobre licitação, sistema de registro de preços e contratos administrativos, assinale a opção correta.

(A) Quando a administração procede à alteração unilateral do contrato administrativo com o propósito de adequá-lo às finalidades de interesse público, não se faz necessária a revisão das suas cláusulas econômico-financeiras.

(B) Os contratos para os quais a lei exige licitação são firmados *intuitu personae*, ou seja, em razão de condições pessoais do contratado, apuradas no procedimento da licitação, razão pela qual é vedada a cessão ou transferência, total ou parcial, de seu objeto para outrem.

(C) Para a licitação na modalidade pregão, consideram-se bens e serviços comuns aqueles cujos padrões de desempenho e qualidade possam ser objetivamente definidos pelo edital, por meio de especificações usuais no mercado.

(D) Organizado o sistema de registro de preços para a prestação de serviços e aquisição de bens, a administração fica obrigada a firmar as contratações que dele possam advir, vedada a utilização de outros meios licitatórios que tenham idêntico objeto e finalidade.

(E) Conforme previsão legal, a concorrência, a tomada de preços, o convite, o concurso e o leilão devem adotar, obrigatoriamente, um dos seguintes tipos de licitação: menor preço, melhor técnica, técnica e preço e maior lance ou oferta.

A: incorreta, pois sempre que tal alteração afetar o equilíbrio econômico-financeiro do contrato será necessário revisar as cláusulas respectivas; **B:** incorreta, pois a Lei 8.666/1993 admite a subcontratação de partes do contrato, até o limite admitido, em cada caso, pela Administração (art. 72); **C:** correta (art. 1º, parágrafo único, da Lei 10.520/2002); **D:** incorreta, pois a existência de registro de preços não obriga a Administração a firmar as contratações que dele poderão advir, ficando facultada à Administração a utilização de outros meios, respeitada a legislação relativa às licitações, sendo assegurado ao beneficiário do registro preferência em igualdade de condições (art. 15, § 4º, da Lei 8.666/1993); **E:** incorreta, pois obrigatoriedade não existe para a modalidade concurso (art. 45, § 1º, da Lei 8.666/1993).

Gabarito "C"

(Defensor Público/AC – 2012 – CESPE) Nos casos de concessão de direito real de uso, é cabível a modalidade de licitação denominada

(A) pregão.
(B) concorrência.
(C) tomada de preços.
(D) convite.
(E) leilão.

O art. 23, § 3º, da Lei 8.666/1993 dispõe que a concorrência é a modalidade de licitação cabível nas concessões de direito real de uso.

Gabarito "B"

(Advogado da União/AGU – CESPE – 2012) Julgue o item seguinte.

(1) Se um órgão da administração pública federal, ao divulgar pregão eletrônico para o sistema de registro de preços, no valor total estimado de R$ 50.000,00, publicar aviso de edital no seu próprio sítio na Internet e no Diário Oficial da União, estará caracterizado o uso de todos os meios de divulgação exigidos pela legislação para convocar os eventuais interessados em participar do pregão.

1: incorreta, pois no caso de pregão eletrônico para o sistema de *registro de preços* é necessário também publicação do aviso de edital em jornal de grande circulação regional e nacional (art. 17, § 6º, do Decreto 5.450/2005).

Gabarito 1E

10.4. FASES DA LICITAÇÃO

(Magistratura/PI – 2011 – CESPE) À luz do disposto na Lei n. 8.666/1993, assinale a opção correta com relação a licitação.

(A) Os casos de inexigibilidade de licitação, por representarem inviabilidade de competição e exceção ao princípio da licitação, estão exaustivamente arrolados na legislação federal, não podendo, portanto, ser ampliados pela administração pública.

(B) Em qualquer caso, os membros das comissões de licitação devem responder solidariamente pelos atos que praticarem.

(C) Sob pena de nulidade, a licitação de obras e serviços somente será possível quando, entre outras exigências, houver orçamento que detalhe a composição de seus custos unitários e projeto básico aprovado pela autoridade competente, disponível para exame dos interessados em participar do processo licitatório.

(D) É vedada a licitação ou contratação de obra ou serviço que inclua a elaboração de projeto executivo como encargo do licitante ou do contratado.

(E) Para o resguardo da lisura e da isonomia entre os concorrentes, todos os atos do procedimento licitatório devem permanecer sigilosos até a fase de abertura das propostas.

A: incorreta, pois os casos de inexigibilidade de licitação tem rol exemplificativo no art. 25 da Lei 8.666/1993; os casos de dispensa de licitação é que tem rol exaustivo (art. 24 da Lei 8.666/1993); **B:** incorreta, pois a responsabilidade solidária de um membro da comissão fica afastada caso a posição individual divergente deste esteja devidamente fundamentada e registrada em ata lavrada na reunião em que tiver sido tomada a decisão; **C:** correta (art. 7º, § 2º, I e II, e § 6º, da Lei 8.666/1993); **D:** incorreta, pois é possível que haja esse tipo de encargo (art. 9º, § 2º, da Lei 8.666/1993); **E:** incorreta, pois só devem ficar em sigilo, até a abertura das propostas, o conteúdo destas (art. 3º, § 3º, da Lei 8.666/1993).

Gabarito "C"

10.5. TEMAS COMBINADOS E OUTROS TEMAS

(Promotor de Justiça/PI – 2014 – CESPE) No que concerne à licitação e aos contratos administrativos, assinale a opção correta.

(A) A penalidade de suspensão e a de declaração de inidoneidade, em caso de irregularidades na execução do contrato administrativo, aplicadas pela União não produzem efeitos perante estado da Federação.

(B) Para fim de habilitação nas licitações, a administração pública não deve exigir dos licitantes a apresentação de certidão de quitação de obrigações fiscais, mas a mera prova de sua regularidade.

(C) No que se refere à documentação relativa à qualificação econômico-financeira para compras para entrega futura e execução de obras e serviços, a administração não pode exigir das licitantes capital social mínimo, patrimônio líquido mínimo ou garantias que assegurem o adimplemento do contrato a ser celebrado.

(D) Segundo entendimento do STJ, deve-se reconhecer a nulidade, em processo licitatório, do julgamento de recurso administrativo por autoridade incompetente, ainda que tenha havido posterior homologação do certame pela autoridade competente.

(E) A CF autoriza a gestão associada de serviços públicos por meio de convênios, mas não a transferência total ou parcial de serviços, de pessoal e de bens essenciais à continuidade dos serviços transferidos.

A: incorreta; o art. 6º, XI e XII, da Lei 8.666/1993 traz as definições, para efeito da aplicação dessa lei, de "Administração Pública" (que abrange toda a Administração Direta e Indireta, de todas as esferas federativas) e de "Administração" (que diz respeito ao órgão ou entidade que atua no caso concreto); já o art. 87, III e IV, da Lei 8.666/1993 estabelece que a sanção de suspensão temporária de participação da licitação diz respeito à "Administração" e a sanção de inidoneidade para licitar ou contratar diz respeito à "Administração Pública"; assim, parte da doutrina entende que a penalidade de suspensão produz efeito apenas ao ente concreto que a tiver aplicado (no caso, a União) e a penalidade de declaração de inidoneidade produz efeito em relação à Administração Pública de todos os entes federativos; porém, o STJ tem decidido que as duas sanções se aplicam às diferentes esferas federativas (STJ, MS 19.657/DF, *DJ* 14.08.2013), entendimento com o qual concordamos, considerando a interpretação teleológica dos dispositivos à luz do princípio da moralidade administrativa; **B:** correta, estando de acordo com a Súmula TCU 283 ("Para fim de habilitação, a Administração Pública não deve exigir dos licitantes a apresentação de certidão de quitação de obrigações fiscais, e sim prova de sua regularidade"); **C:** incorreta, pois a Administração pode fazer essas exigências, conforme o art. 31, § 2º, da Lei 8.666/1993); **D:** incorreta, pois o STJ entendeu que "O vício na competência poderá ser convalidado desde que não se trate de competência exclusiva, o que não é o caso dos autos. Logo, não há falar em nulidade do procedimento licitatório ante o saneamento do vício com a homologação" (Resp 1.348.472/RS, *DJ* 28.05.2013); **E:** incorreta, pois o art. 241 da CF autoriza a gestão associada de serviços públicos por meio de convênios, inclusive com transferência total ou parcial de encargos, serviços, pessoal e bens essenciais à continuidade dos serviços transferidos.

Gabarito "B"

(Analista – STF – 2013 – CESPE) A respeito da responsabilidade civil do Estado e do controle judicial da administração pública, julgue os itens que se seguem.

(1) De acordo com o STF, havendo omissão de estado-membro quanto à ampliação e melhoria no atendimento de gestantes em maternidades estaduais, é legítimo o controle jurisdicional, não cabendo à administração, nesse caso, a alegação da reserva do possível.

(2) A responsabilidade patrimonial extracontratual do Estado consiste na obrigação de reparar economicamente os danos lesivos à esfera juridicamente garantida de outrem e que lhe sejam imputáveis em decorrência de comportamentos unilaterais, desde que ilícitos.

1: correta (STF, AgRg no RE 581.352/AM, 2ª T., j. 29.10.2013, rel. Min. Celso de Mello, DJe 22.11.2013); **2:** incorreta, a responsabilidade extracontratual pode ser decorrente de *comportamentos lícitos* (exemplo: fato do príncipe, que se caracteriza por ser imprevisível, extracontratual e extraordinário).

Gabarito 1C, 2E

(Analista – STF – 2013 – CESPE) Cada um dos itens subsequentes apresenta uma situação hipotética, seguida de uma assertiva a ser julgada com base na Lei de Acesso à Informação.

(1) Oscar, ex-servidor do STF, requereu ao STF cópia de alguns documentos relacionados ao seu vínculo de trabalho com aquele tribunal. Nessa situação, o tribunal poderá cobrar o valor necessário ao ressarcimento do custo dos serviços e dos materiais utilizados, sem que tal cobrança descaracterize a gratuidade do serviço de busca e fornecimento da informação.

(2) Determinada entidade privada requereu informação de interesse público ao STF. Nessa situação, caso seja negado o acesso à informação solicitada tal decisão deverá ser informada ao Conselho Nacional de Justiça.

(3) Carlos, cidadão comum, requereu ao STF informação pessoal, relativa à intimidade e à vida privada de alguém. Nessa situação, o acesso à informação deverá ser negado a Carlos, pois ela é classificada como restrita pelo prazo de cem anos, independentemente de ter classificação sigilosa.

1: correta (art. 12 da Lei 12.527/2011); **2:** incorreta, a decisão que será informada ao Conselho Nacional de Justiça deve ser em grau de recurso (art. 19, § 2º, da Lei 12.527/2011); **3:** correta. Apesar de a afirmativa trazer "cem anos" e não "no prazo máximo de cem anos", foi considerada correta (art. 31, § 1º, I, da Lei 12.527/2011).

Gabarito 1C, 2E, 3C

O Tribunal de Justiça do Estado do Ceará (TJCE) publicou edital de licitação para a compra de equipamentos de informática. No edital de pregão eletrônico, por questões de ordem técnica, exigia-se que os equipamentos fossem de determinada marca. Uma empresa que não participou do certame apresentou impugnação ao edital e dirigiu uma representação ao Tribunal de Contas do Estado do Ceará (TC/CE), alegando que a cláusula em que se determinava a marca do produto era inválida, uma vez que se restringia indevidamente a competitividade e isonomia da licitação.

(Analista – TJ/CE – 2013 – CESPE) Considerando essa situação hipotética, assinale a opção correta.

(A) O TJCE não se submete ao controle do TC/CE, ao qual compete julgar as contas do governador e dos agentes do Poder Executivo responsáveis pela administração de recursos públicos.

(B) A nulidade do procedimento de licitação não importa a nulidade do contrato, desde que a empresa contratada não tenha concorrido para o vício.

(C) Somente as empresas licitantes têm legitimidade para impugnar o edital de licitação, sendo inadmissível impugnação apresentada pela empresa não participante do certame.

(D) Para a aquisição desses equipamentos de informática, não se pode realizar licitação na modalidade pregão.

(E) A indicação da marca do produto é admitida, desde que seja acompanhada de justificativa técnica.

A: incorreta (art. 1º, I, da Lei Orgânica do Tribunal de Contas do Ceará), **B:** incorreta (art. 49, § 2º, da Lei 8.666/1993); **C:** incorreta (art. 41, § 1º, da Lei 8.666/1993); **D:** incorreta (art. 3º, § 3º, do Decreto 3.555/2000); **E:** correta (art. 7º, § 5º, da Lei 8.666/1993). "A indicação de marca na licitação deve ser precedida da apresentação de justificativas técnicas que demonstrem, de forma clara e inafastável, que a alternativa adotada e a mais vantajosa é a única que atende as necessidades da Administração" (TCU, Acórdão 636/2006, Plenário, rel. Min. Valmir Campelo).

Gabarito "E"

(Agente de Polícia Federal – 2012 – CESPE) No que se refere às licitações, julgue o item que se segue.

(1) Configura-se a inexigibilidade de licitação quando a União é obrigada a intervir no domínio econômico para regular preço ou normalizar o abastecimento.

1: incorreta. A intervenção da União no domínio econômico é hipótese de licitação dispensável. A licitação *dispensável é aquela que admite concorrência entre interessados*, mas a Administração Pública, em razão de seu *poder discricionário*, e levando-se em conta os critérios de conveniência e oportunidade, pode realizá-la ou não. Prescreve o art. 24, VI da Lei 8.666/1993 que *é dispensável a licitação (...) quando a União tiver que intervir no domínio econômico para regular preços ou normalizar o abastecimento*. Convém salientar que a intervenção no domínio econômico é hipótese aplicável somente à União. A Lei Delegada 4/1962, em seu art. 1º e parágrafo único, informa que *a União fica autorizada a intervir no domínio econômico para assegurar a livre distribuição de mercadorias e serviços essenciais ao consumo e uso do povo, nos limites fixados nesta lei* e *para assegurar o suprimento dos bens necessários às atividades agropecuárias, da pesca e indústrias do País*. Essa forma de intervenção (se ocorrer) consistirá na compra, armazenamento, distribuição e venda de gêneros e produtos alimentícios, medicamentos, equipamentos e outros elencados no art. 2º da citada lei.

Gabarito 1E

(Ministério Público/RR – 2012 – CESPE) Assinale a opção correta relativamente ao instituto da licitação.

(A) Em regra, o procedimento licitatório fica a cargo de comissão cujos membros terão mandato de até um ano, admitida a recondução de todos os membros para a mesma comissão no período subsequente.

(B) No pregão, a fase da habilitação deve preceder a de classificação.

(C) Contra o ato de anulação ou revogação do procedimento licitatório cabe, por força de lei, recurso dotado de efeito suspensivo.

(D) A alienação de bens imóveis em se tratando de dação em pagamento configura situação de dispensa de licitação determinada por lei, razão pela qual não há discricionariedade administrativa quanto ao ato de dispensa.

(E) A legislação de regência admite a dispensa de licitação para a contratação de coleta, processamento e comercialização de resíduos sólidos urbanos recicláveis ou reutilizáveis, em áreas com sistema de coleta seletiva de lixo, efetuados por cooperativas formadas por pessoas físicas de baixa renda ou por empresas de pequeno porte.

A: incorreta, pois a investidura dos membros de comissão permanente é de até 1 ano, **mas** é vedada a recondução da totalidade de seus membros para a mesma comissão no período subsequente (art. 51, § 4º, da Lei 8.666/1993); **B:** incorreta, pois, no pregão, há uma inversão de fases, de modo que a fase de julgamento das propostas e classificação ocorre primeiro que a fase de habilitação (art. 4º, VII e XII, da Lei 10.520/2002); **C:** incorreta, pois o recurso, nesses casos, não está dentre as hipóteses em que lei impõe automaticamente o efeito suspensivo (art. 109, § 2º, da Lei 8.666/1993); **D:** correta (art. 17, I, "a", da Lei 8.666/1993); **E:** incorreta, pois a parte final da alternativa, que faz referência a "empresas de pequeno porte" não se encontra prevista na lei (art. 24, XXVII, da Lei 8.666/1993).

Gabarito "D".

(Advogado da União/AGU – CESPE – 2012) Julgue o item seguinte.

(1) Caso uma empresa participante de concorrência pública apresente recurso em decorrência da publicação de ato que a declare inabilitada para o certame, tal recurso terá, necessariamente, efeito suspensivo.

1: correta (art. 109, § 2º, da Lei 8.666/1993).

Gabarito 1C

11. CONTRATOS ADMINISTRATIVOS

11.1. CONCEITO, CARACTERÍSTICAS PRINCIPAIS, FORMALIZAÇÃO E CLÁUSULAS CONTRATUAIS NECESSÁRIAS

(Defensor Público/AC – 2012 – CESPE) A respeito dos contratos administrativos, assinale a opção correta.

(A) A administração pública goza da prerrogativa de, unilateralmente e sem motivação, rescindir contratos administrativos.
(B) Se a inexecução do contrato decorrer de culpa da administração, poderá o contratado rescindi-lo, recebendo apenas as parcelas devidas até a data da rescisão.
(C) Não se admite a celebração de contrato verbal com a administração pública, e, em face do princípio constitucional da publicidade, a lei não comporta excepcionalidade a essa vedação.
(D) O instrumento de contrato é obrigatório em todas as modalidades de licitação.
(E) A publicação resumida do instrumento de contrato é condição indispensável para sua eficácia.

A: incorreta, pois a motivação é necessária, tratando-se de princípio administrativo (art. 2º *caput* da Lei 9.784/1999); **B:** incorreta, pois quando cabível a rescisão judicial do contrato por culpa da administração (o particular deve pedir em juízo a rescisão, fundando seu pedido no art. 78, XIII a XVI, da Lei 8.666/1993), o contratado terá também direito de ser ressarcido dos prejuízos regularmente comprovados que houver sofrido (art. 79, § 2º, da Lei 8.666/1993); **C:** incorreta, pois há caso excepcional em que se admite o contrato verbal, que é na compra de pronto pagamento de valor até 5% do limite para o convite (art. 60, § Único, da Lei 8.666/1993); **D:** incorreta, pois o instrumento de contrato somente é obrigatório na concorrência e na tomada de preços e nas contratações sem licitação respectivas, sendo facultativo nos demais casos, em que é possível usar carta-contrato, nota de empenho de despesa, autorização de compra ou ordem de execução de serviço (art. 62, *caput*, da Lei 8.666/1993); **E:** correta (art. 61parágrafo único, da Lei 8.666/1993).

Gabarito "E".

(Procurador/DF – 2013 – CESPE) Julgue o seguinte item.

(1) No contrato administrativo, é vedada a existência de cláusula compromissória que institua o juízo arbitral para dirimir conflitos relativos a direitos patrimoniais disponíveis pertencentes a sociedade de economia mista.

1: errada, pois, dado o regime de direito privado dessas entidades, o STJ admite a arbitragem na situação mencionada (MS 11.308/DF, DJ 19/05/2008).

Gabarito 1E

11.2. ALTERAÇÃO DOS CONTRATOS

(Magistratura/AL – 2008 – CESPE) Medidas de ordem geral não relacionadas diretamente com o contrato, mas que nele repercutem, provocando desequilíbrio econômico-financeiro em detrimento do contratado, é um instituto aplicado aos contratos administrativos definido como

(A) fato da administração.
(B) força maior.
(C) caso fortuito.
(D) *exceptio non adimpleti contractus.*
(E) fato do príncipe.

O fato do príncipe é um fato **geral** que onera o contrato, ao contrário do fato da administração, que é um fato que se dirige **especificamente** ao contrato, onerando-o. O fato do príncipe está previsto no art. 65, II, *d*, da Lei 8.666/1993.

Gabarito "E".

(Procurador do Estado/PB – 2008 – CESPE) A respeito dos contratos administrativos, assinale a opção incorreta.

(A) É possível a existência de contrato administrativo com prazo de vigência indeterminado.
(B) Fato do príncipe é situação ensejadora da revisão contratual para a garantia da manutenção do equilíbrio econômico-financeiro do contrato.
(C) Força maior e caso fortuito são eventos imprevisíveis e inevitáveis, que geram para o contratado excessiva onerosidade ou mesmo impossibilidade da normal execução do contrato.
(D) Ocorre fato da administração quando uma ação ou omissão do poder público especificamente relacionada ao contrato impede ou retarda a sua execução.
(E) Interferências imprevistas consistem em elementos materiais que surgem durante a execução do contrato, dificultando extremamente a sua execução e tornando-a insuportavelmente onerosa.

A: incorreta, devendo ser assinalada, (art. 57, § 3º, da Lei 8.666/1993); **B:** correta (art. 65, II, *d*, da Lei 8.666/1993); **C:** correta (art. 65, II, *d*, da Lei 8.666/1993); **D:** correta, pois o fato da administração é uma ação ou omissão da Administração que se dirige **especificamente** ao contrato, onerando-o; já o fato do príncipe é um fato **geral** do Poder Público, que acaba onerando um contrato; **E:** correta, pois, de fato, essa é a definição doutrinária de sujeições ou interferências imprevistas.

Gabarito "A".

(Cartório/DF – 2008 – CESPE) Com relação aos contratos administrativos julgue o item seguinte.

(1) Caracteriza-se o fato do príncipe quando alteração no contrato administrativo, decorrente de fato imprevisível, extracontratual e extraordinário licitamente provocado pelo Estado, causa prejuízo ao particular que contratou com o poder público.

1: correta, fato do príncipe é toda determinação estatal, positiva ou negativa, geral, imprevista e imprevisível, que onera substancialmente a execução do contrato administrativo.

Gabarito 1C

11.3. EXECUÇÃO DO CONTRATO

(Analista – TRE/RJ – 2012 – CESPE) Julgue os itens que se seguem, referentes aos contratos administrativos.

(1) Contratos de compra de pequeno valor e com pagamento imediato podem ser celebrados verbalmente pela administração pública.
(2) Os contratos administrativos, ressalvadas as espécies de contratos previstas em lei, devem, necessariamente, conter

cláusula que identifique o crédito orçamentário que responderá pela despesa. Portanto, considerando-se as normas vigentes no país, a duração e a execução dos contratos administrativos não podem, via de regra, ultrapassar o prazo de um ano.

(3) Os contratos relativos à constituição, modificação e extinção de direitos reais sobre imóveis, como os demais contratos administrativos, devem ser lavrados e arquivados em ordem cronológica na repartição interessada.

1: correta, nos termos do art. 60, parágrafo único, da Lei 8.666/1993; **2:** errada, pois em todos os contratos administrativos deverá conter cláusula que estabeleça o crédito pelo qual correrá a despesa (art. 55, V, da Lei 8.666/1993). A lei de licitações, ressalva, porém, que a duração do contrato poderá ser superior à vigência do respectivo crédito orçamentário nos casos descritos em seu art. 57; **3:** correta, nos termos do art. 60, *caput*, da Lei 8.666/1993.

Gabarito 1C, 2E, 3C

11.4. EXTINÇÃO DO CONTRATO

Uma empresa contratada pela administração pública não entregou bens em conformidade com o projeto básico, razão pela qual, após o regular processo administrativo, a contratante rescindiu unilateralmente o contrato e aplicou uma multa à citada empresa.

(Juiz de Direito - TJ/BA - 2019 - CESPE/CEBRASPE) Nessa situação hipotética,

(A) a multa deverá ser descontada, preferencialmente, dos pagamentos eventualmente ainda devidos pela administração pública.

(B) a multa deverá ser descontada, primordialmente, da garantia do respectivo contrato.

(C) a administração agiu equivocadamente, pois multa e rescisão unilateral são inacumuláveis quando motivadas pelo mesmo fato.

(D) a administração pública, em regra, não estará autorizada a reter unilateralmente pagamentos devidos à empresa para compensar os prejuízos sofridos.

(E) excepcionalmente, caso a multa aplicada seja superior ao saldo a pagar à contratada, a administração pública poderá reter o pagamento até a quitação da multa.

Eis o que diz a lei: "A multa, aplicada após regular processo administrativo, será descontada da garantia do respectivo contratado" – Art. 86, § 2º, da Lei 8.666/1993.

Gabarito "B"

(Auditor Fiscal - SEFAZ/RS - 2019 - CESPE/CEBRASPE) De acordo com a legislação pertinente, se o objeto de um contrato administrativo for a construção de uma estrutura essencial para um evento internacional a ser sediado pelo país e, injustificadamente, o contratado atrasar a execução desse contrato, de modo que a conclusão da obra não seja mais possível em tempo hábil para o evento, poderá a administração pública

(A) alterar unilateralmente o contrato, sem a possibilidade de aplicação de multa contratual.

(B) rescindir unilateralmente o contrato, com a possibilidade de aplicação de multa contratual.

(C) rescindir unilateralmente o contrato, sem a possibilidade de aplicação de multa contratual.

(D) alterar unilateralmente o contrato, com a possibilidade de aplicação de multa contratual.

(E) aplicar a multa contratual, o que exclui a possibilidade de rescisão unilateral do contrato.

Art. 86, § 1º, da Lei 8.666/1993.

Gabarito "B"

(Magistratura/BA – 2012 – CESPE) Assinale a opção correta com relação aos contratos administrativos.

(A) Caso a administração constate, no cumprimento do contrato, lentidão que impossibilite a conclusão da obra ou prestação nos prazos estipulados, o contrato poderá ser rescindido unilateralmente.

(B) Caso haja rescisão unilateral do contrato pela administração, em razão de cumprimento irregular de prazos, especificações ou projetos, a administração deverá devolver a garantia prestada pelo contratado, arcando com os custos de desmobilização.

(C) A instauração de insolvência civil do contratado não serve de motivo para a administração rescindir o contrato.

(D) A subcontratação total ou parcial do objeto contratado não admitida no edital ou no contrato não autoriza a rescisão unilateral do contrato, desde que este seja cumprido de acordo com o prazo estipulado.

(E) É nulo e sem nenhum efeito, em qualquer caso, qualquer contrato verbal com a administração pública.

A: correta (art. 78, III, da Lei 8.666/1993); **B:** incorreta, pois a rescisão por esse motivo não está dentre as exceções previstas no art. 79, § 2º, da Lei 8.666/1993 (v. art. 78, II, da Lei 8.666/1993); **C:** incorreta, pois é caso sim de rescisão (art. 78, IX, da Lei 8.666/1993); **D:** incorreta, pois admite a rescisão sim (art. 78, VI, da Lei 8.666/1993); **E:** incorreta, pois há exceção em que é possível contrato verbal, quando se tratar de valor bem pequeno (até 5% do limite para o convite), nos termos do art. 60, parágrafo único, da Lei 8.666/1993.

Gabarito "A"

(Ministério Público/RR – 2012 – CESPE) Assinale a opção correta acerca dos contratos administrativos, conforme a lei, a doutrina e a jurisprudência.

(A) Conforme a legislação de regência, admite-se a exigência de prestação de garantia em diversas modalidades nas contratações de obras, serviços e compras, cabendo ao contratante a escolha da modalidade de garantia.

(B) Segundo a doutrina, a natureza *intuito personae* não se insere, em regra, entre as peculiaridades do contrato administrativo.

(C) De acordo com o STJ, a rescisão de contrato administrativo por ato unilateral da administração, com fundamento no interesse público, impõe ao contratante a obrigação de indenizar o contratado pelos prejuízos decorrentes do ato, entre os quais se incluem os danos emergentes, mas não os lucros cessantes.

(D) A rescisão amigável ou administrativa mediante acordo entre as partes não é cabível nas hipóteses configuradoras dos chamados fatos da administração.

(E) Os contratos administrativos em sentido próprio e restrito são lavrados nas repartições interessadas, com exceção dos contratos relativos a direitos reais sobre imóveis, os quais devem ser formalizados por instrumento lavrado em cartório de notas.

A: incorreta, pois cabe ao contratado essa escolha (art. 56, § 1º, da Lei 8.666/1993); **B:** incorreta, pois o contrato administrativo é considerado *intuito personae*, já que não pode ser cumprido por terceiros que não o contratado, ressalvadas as exceções legais (ex: art. 72 da Lei 8.666/1993); **C:** incorreta, pois, segundo o STJ, "esta Corte Superior já se pronunciou no sentido de que a rescisão do contrato administrativo por ato unilateral da Administração Pública, sob justificativa de interesse público, impõe ao contratante a obrigação de indenizar o contratado pelos prejuízos daí decorrentes, como tais considerados não apenas os danos emergentes, mas também os lucros cessantes. Precedentes. É que, sob a perspectiva do Direito Administrativo Consensual, os particulares que travam contratos com a Administração Pública devem ser vistos como parceiros, devendo o princípio da boa-fé objetiva (e seus corolários relativos à tutela da legítima expectativa) reger as relações entre os contratantes público e privado" (REsp 1240057/AC, *DJe* 21.09.2011); **D:** incorreta, pois a única condicionante legal a que se faça a rescisão amigável é que "haja conveniência para a Administração" (art. 79, II, da Lei 8.666/1993), situação que não é incompatível com a ocorrência de um fato da administração a justificar resilição bilateral do contrato; **E:** correta (art. 60, *caput*, da Lei 8.666/1993).

Gabarito "E"

11.5. FIGURAS ASSEMELHADAS (CONTRATO DE GESTÃO, TERMO DE PARCERIA, CONVÊNIO, CONTRATO DE PROGRAMA ETC.)

(Auditor Fiscal - SEFAZ/RS - 2019 - CESPE/CEBRASPE) No âmbito administrativo, convênio caracteriza-se por ser

(A) um contrato administrativo, dada a oposição dos interesses envolvidos.

(B) uma cooperação, dado o estrito objetivo de lucro dos envolvidos.

(C) uma cooperação, dada a coincidência dos interesses dos envolvidos.

(D) um contrato administrativo, dado o caráter episódico da cooperação mútua.

(E) uma cooperação, dado o objetivo de alcançar resultados diversos.

Convênio é o acordo, ajuste ou qualquer outro instrumento que tenha como partícipe, de um lado, um órgão ou entidade da Administração Pública e, de outro, órgão da ou entidade da Administração Pública Direta ou Indireta, ou ainda, entidades privadas sem fins lucrativos, visando a execução de programas de governo, envolvendo a realização de atividade, serviço, aquisição de bens ou evento de interesse recíproco, em regime de mútua cooperação. FB

Gabarito "C"

12. SERVIÇOS PÚBLICOS

12.1. CONCEITO, CARACTERÍSTICAS PRINCIPAIS, CLASSIFICAÇÃO E PRINCÍPIOS

(Juiz de Direito - TJ/BA - 2019 - CESPE/CEBRASPE) O corte de energia elétrica pela administração pública é

(A) admissível em razão do inadimplemento contemporâneo do consumidor, desde que haja o aviso prévio de suspensão e que sejam respeitados o contraditório e a ampla defesa.

(B) admissível em detrimento do novo morador, por débito pretérito pelo qual este não era responsável, uma vez que a dívida é *propter rem*.

(C) admissível sem prévio aviso na hipótese de detecção de fraude no medidor cometida pelo consumidor.

(D) admissível em razão de fraude no medidor pelo consumidor, desde que o débito seja relativo ao período máximo de sessenta dias anteriores à constatação da fraude.

(E) inadmissível caso a dívida derivada de fraude no medidor cometida pelo consumidor seja relativa a período anterior a noventa dias precedentes à constatação da fraude.

Vale a pena replicar aqui a ementa do julgado que apreciou e decidiu diversas questões a respeito do corte no fornecimento de energia elétrica em sede de recurso repetitivo: ADMINISTRATIVO E PROCESSUAL CIVIL. RECURSO REPRESENTATIVO DE CONTROVÉRSIA. ART. 543-C DO CPC/1973 (ATUAL 1.036 DO CPC/2015) E RESOLUÇÃO STJ 8/2008. SERVIÇOS PÚBLICOS. FORNECIMENTO DE ENERGIA ELÉTRICA. FRAUDE NO MEDIDOR DE CONSUMO. CORTE ADMINISTRATIVO DO SERVIÇO. DÉBITOS DO CONSUMIDOR. CRITÉRIOS. ANÁLISE DA CONTROVÉRSIA SUBMETIDA AO RITO DO ART. 543-C DO CPC/1973 (ATUAL 1.036 DO CPC/2015) 1. A concessionária sustenta que qualquer débito, atual ou antigo, dá ensejo ao corte administrativo do fornecimento de energia elétrica, o que inclui, além das hipóteses de mora do consumidor, débitos pretéritos relativos à recuperação de consumo por fraude do medidor. *In casu*, pretende cobrar débito oriundo de fraude em medidor, fazendo-o retroagir aos cinco anos antecedentes. TESE CONTROVERTIDA ADMITIDA 2. Sob o rito do art. 543-C do CPC/1973 (atualmente 1036 e seguintes do CPC/2015), admitiu-se a seguinte tese controvertida: "a possibilidade de o prestador de serviços públicos suspender o fornecimento de energia elétrica em razão de débito pretérito do destinatário final do serviço". PANORAMA GERAL DA JURISPRUDÊNCIA DO STJ SOBRE CORTE DE ENERGIA POR FALTA DE PAGAMENTO 3. São três os principais cenários de corte administrativo do serviço em decorrência de débitos de consumo de energia elétrica por inadimplemento: a) consumo regular (simples mora do consumidor); b) recuperação de consumo por responsabilidade atribuível à concessionária; e c) recuperação de consumo por responsabilidade atribuível ao consumidor (normalmente, fraude do medidor). 4. O caso tratado no presente recurso representativo da controvérsia é o do item "c" acima, já que a apuração de débitos pretéritos decorreu de fato atribuível ao consumidor: fraude no medidor de consumo. 5. Não obstante a delimitação supra, é indispensável à resolução da controvérsia fazer um apanhado da jurisprudência do STJ sobre a possibilidade de corte administrativo do serviço de energia elétrica. 6. Com relação a débitos de consumo regular de energia elétrica, em que ocorre simples mora do consumidor, a jurisprudência do STJ está sedimentada no sentido de que é lícito o corte administrativo do serviço, se houver aviso prévio da suspensão. A propósito: REsp 363.943/MG, Rel. Ministro Humberto Gomes de Barros, Primeira Seção, DJ 1º.3.2004, p. 119; EREsp 302.620/SP, Rel. Ministro José Delgado, Rel. p/ Acórdão Ministro Franciulli Netto, Primeira Seção, DJ 3.4.2006, p. 207; REsp 772.486/RS, Rel. Ministro Francisco Falcão, Primeira Turma, DJ 6.3.2006, p. 225; AgRg no Ag 1.320.867/RJ, Rel. Ministra Regina Helena Costa, Primeira Turma, DJe 19.6.2017; e AgRg no AREsp 817.879/SP, Rel. Ministro Humberto Martins, Segunda Turma, DJe 12.2.2016. 7. Quanto a débitos pretéritos, sem discussão específica ou vinculação exclusiva à responsabilidade atribuível ao consumidor pela recuperação de consumo (fraude no medidor), há diversos precedentes no STJ que estipulam a tese genérica de impossibilidade de corte do serviço: EREsp 1.069.215/RS, Rel. Ministro Herman Benjamin, Primeira Seção, DJe 1º.2.2011; EAg 1.050.470/SP, Rel. Ministro Benedito Gonçalves, Primeira Seção, DJe 14.9.2010; REsp 772.486/RS, Rel. Ministro Francisco Falcão, Primeira Turma, DJ 6.3.2006, p. 225; AgRg nos EDcl no AREsp 107.900/RS, Rel. Ministro Ari Pargendler, Primeira Turma, DJe 18.3.2013; AgRg no REsp 1.381.468/RN, Rel. Ministro Arnaldo Esteves Lima, Primeira Turma, DJe 14.8.2013; AgRg no REsp 1.536.047/GO, Rel. Ministro Humberto Martins, Segunda Turma, DJe 15.9.2015; AgRg no AREsp 273.005/ES, Rel. Ministro Humberto Martins, Segunda Turma, DJe 26.3.2013; AgRg no AREsp 257.749/PE, Rel. Ministro Humberto Martins, Segunda Turma, DJe 8.2.2013; AgRg no AREsp 462.325/RJ, Rel. Ministro Og Fernandes, Segunda Turma, DJe 15.4.2014; AgRg no AREsp 569.843/PE, Rel. Ministro Napoleão Nunes Maia Filho, Primeira Turma, DJe 11.11.2015; AgRg no AREsp 484.166/RS, Rel. Ministro Ministro Napoleão Nunes Maia Filho, Primeira Turma, DJe 8.5.2014; EDcl no AgRg no AREsp 58.249/PE, Rel. Ministro Napoleão Nunes Maia Filho, Primeira Turma, DJe 25.4.2013; AgRg no AREsp 360.286/RS, Rel. Ministro Mauro Campbell Marques, Segunda Turma, DJe 11.9.2013; AgRg no AREsp 360.181/PE, Rel. Ministro Benedito Gonçalves, Primeira Turma, DJe 26.9.2013; AgRg no AREsp 331.472/PE, Rel. Ministro Benedito Gonçalves, Primeira Turma, DJe 13.9.2013; AgRg no AREsp 300.270/MG, Rel. Ministro Sérgio Kukina, Primeira Turma, DJe 24.9.2015; AgRg no REsp 1.261.303/RS, Rel. Ministro Sérgio Kukina, Primeira Turma, DJe 19.8.2013; EDcl no REsp 1.339.514/MG, Rel. Ministro Sérgio Kukina, Primeira Turma, DJe 5.3.2013; AgRg no AREsp 344.523/PE, Rel. Ministra Eliana Calmon, Segunda Turma, DJe 14.10.2013; AgRg no AREsp 470/RS, Rel. Ministro Teori Albino Zavascki, Primeira Turma, DJe 4.10.2011; e AgRg no Ag 962.237/RS, Rel. Ministro Castro Meira, Segunda Turma, DJe 27.3.2008. CORTE ADMINISTRATIVO POR FRAUDE NO MEDIDOR 8. Relativamente aos casos de fraude do medidor pelo consumidor, a jurisprudência do STJ veda o corte quando o ilícito for aferido unilateralmente pela concessionária. A *contrario sensu*, é possível a suspensão do serviço se o débito pretérito por fraude do medidor cometida pelo consumidor for apurado de forma a proporcionar o contraditório e a ampla defesa. Nesse sentido: AgRg no AREsp 412.849/RJ, Rel. Ministro Humberto Martins, Segunda Turma, DJe 10.12.2013; AgRg no AREsp 370.548/PE, Rel. Ministro Humberto Martins, Segunda Turma, DJe 4.10.2013; AgRg no REsp 1.465.076/SP, Rel. Ministro Napoleão Nunes Maia Filho, Primeira Turma, DJe 9.3.2016; REsp 1.310.260/RS, Rel. Ministro Og Fernandes, Segunda Turma, DJe 28.9.2017; AgRg no AREsp 187.037/PE, Rel. Ministro Mauro Campbell Marques, Segunda Turma, DJe 8.10.2012; AgRg no AREsp 332.891/PE, Relator Min. Mauro Campbell Marques, Segunda Turma, DJe 13.8.2013; AgRg no AREsp 357.553/PE, Rel. Ministro Benedito Gonçalves, Primeira Turma, DJe 26.11.2014; AgRg no AREsp 551.645/SP, Rel. Ministro Benedito Gonçalves, Primeira Turma, DJe 3.10.2014; AgInt no AREsp 967.813/PR, Rel. Ministra Assusete Magalhães, Segunda Turma, DJe 8.3.2017; AgInt no REsp 1.473.448/RS, Rel. Ministra Assusete Magalhães, Segunda Turma, DJe 1º.2.2017; AgRg no AREsp 345.130/PE, Rel. Ministro Sérgio Kukina, Primeira Turma, DJe 10.10.2014; AgRg no AREsp 346.561/PE, Rel. Ministro Sérgio Kukina,

Primeira Turma, DJe 1º.4.2014; AgRg no AREsp 448.913/PE, Rel. Ministra Regina Helena Costa, Primeira Turma, DJe 3.9.2015; AgRg no AREsp 258.350/PE, Rel. Ministro Gurgel de Faria, Primeira Turma, DJe 8.6.2016; AgRg no REsp 1.478.948/RS, Rel. Ministro Herman Benjamin, Segunda Turma, DJe 20.3.2015; AgRg no AREsp 159.109/SP, Rel. Ministra Eliana Calmon, Segunda Turma, DJe 18.4.2013; AgRg no AREsp 295.444/RS, Rel. Ministra Marga Tessler (Desembargadora Federal Convocada do TRF/4ª Região), Primeira Turma, DJe de 17.4.2015; AgRg no AREsp 322.763/PE, Rel. Ministra Diva Malerbi (Desembargadora Federal Convocada do TRF/3ª Região), Segunda Turma, DJe 23.8.2016; e AgRg AREsp 243.389/PE, Rel. Ministro Arnaldo Esteves Lima, Primeira Turma, DJe 4.2.2013. RESOLUÇÃO DA CONTROVÉRSIA 9. Como demonstrado acima, em relação a débitos pretéritos mensurados por fraude do medidor de consumo causada pelo consumidor, a jurisprudência do STJ orienta-se no sentido do seu cabimento, desde que verificada com observância dos princípios do contraditório e da ampla defesa. 10. O não pagamento dos débitos por recuperação de efetivo consumo por fraude ao medidor enseja o corte do serviço, assim como acontece para o consumidor regular que deixa de pagar a conta mensal (mora), sem deixar de ser observada a natureza pessoal (não *propter rem*) da obrigação, conforme pacífica jurisprudência do STJ. 11. Todavia, incumbe à concessionária do serviço público observar rigorosamente os direitos ao contraditório e à ampla defesa do consumidor na apuração do débito, já que o entendimento do STJ repele a averiguação unilateral da dívida. 12. Além disso, o reconhecimento da possibilidade de corte de energia elétrica deve ter limite temporal de apuração retroativa, pois incumbe às concessionárias o dever não só de fornecer o serviço, mas também de fiscalizar adequada e periodicamente o sistema de controle de consumo. 13. Por conseguinte e à luz do princípio da razoabilidade, a suspensão administrativa do fornecimento do serviço - como instrumento de coação extrajudicial ao pagamento de parcelas pretéritas relativas à recuperação de consumo por fraude do medidor atribuível ao consumidor - deve ser possibilitada quando não forem pagos débitos relativos aos últimos 90 (noventa) dias da apuração da fraude, sem prejuízo do uso das vias judiciais ordinárias de cobrança. 14. Da mesma forma, deve ser fixado prazo razoável de, no máximo, 90 (noventa) dias, após o vencimento da fatura de recuperação de consumo, para que a concessionária possa suspender o serviço. TESE REPETITIVA 15. Para fins dos arts. 1.036 e seguintes do CPC/2015, fica assim resolvida a controvérsia repetitiva: Na hipótese de débito estrito de recuperação de consumo efetivo por fraude no aparelho medidor atribuída ao consumidor, desde que apurado em observância aos princípios do contraditório e da ampla defesa, é possível o corte administrativo do fornecimento do serviço de energia elétrica, mediante prévio aviso ao consumidor, pelo inadimplemento do consumo recuperado correspondente ao período de 90 (noventa) dias anterior à constatação da fraude, contanto que executado o corte em até 90 (noventa) dias após o vencimento do débito, sem prejuízo do direito de a concessionária utilizar os meios judiciais ordinários de cobrança da dívida, inclusive antecedente aos mencionados 90 (noventa) dias de retroação. RESOLUÇÃO DO CASO CONCRETO 16. Na hipótese dos autos, o Tribunal Estadual declarou a ilegalidade do corte de energia por se lastrear em débitos não relacionados ao último mês de consumo. 17. Os débitos em litígio são concernentes à recuperação de consumo do valor de R$ 9.418,94 (nove mil, quatrocentos e dezoito reais e noventa e quatro centavos) por fraude constatada no aparelho medidor no período de cinco anos (15.12.2000 a 15.12.2005) anteriores à constatação, não sendo lícita a imposição de corte administrativo do serviço pela inadimplência de todo esse período, conforme os parâmetros estipulados no presente julgamento. 18. O pleito recursal relativo ao cálculo da recuperação de consumo não merece conhecimento por aplicação do óbice da Súmula 7/STJ. 19. Recurso Especial não provido. Acórdão submetido ao regime dos arts. 1.036 e seguintes do CPC/2015. (REsp 1412433/RS, Rel. Ministro HERMAN BENJAMIN, PRIMEIRA SEÇÃO, julgado em 25/04/2018, DJe 28/09/2018). FB

Gabarito "E".

(Defensor Público/AC – 2017 – CESPE) Após prévia notificação pela empresa concessionária do serviço de fornecimento de energia elétrica, foi suspenso o fornecimento de luz na residência de Pedro, em consequência do não pagamento dos débitos contraídos pelo usuário anterior do imóvel.

Com relação à situação hipotética apresentada, é correto afirmar, com fundamento na jurisprudência do STJ, que a empresa prestadora do serviço público procedeu

(A) corretamente, pois o corte no fornecimento de serviço público essencial respeitou a necessidade de prévia notificação de Pedro.

(B) corretamente, pois os débitos têm natureza *propter rem*, sendo de responsabilidade de Pedro quando passou a ser usuário do imóvel.

(C) incorretamente, pois, como os referidos débitos têm natureza pessoal, não poderia Pedro ser responsabilizado pela dívida contraída pelo usuário anterior do imóvel.

(D) incorretamente, pois, por ser o fornecimento de energia elétrica serviço essencial, não é permitido o corte desse serviço por motivo de não pagamento.

(E) incorretamente, pois, por ser o fornecimento de energia elétrica serviço público essencial, o corte desse fornecimento somente poderia decorrer de determinação judicial.

É ilegítimo o corte no fornecimento de serviços públicos essenciais por débitos de usuário anterior, em razão da natureza pessoal da dívida. Vejamos julgado a respeito do tema: Processual civil e administrativo. Agravo regimental no agravo em recurso especial. Suspensão por débito pretérito de outro usuário. Serviço público essencial. Impossibilidade. Divergência não comprovada. Agravo regimental desprovido. 1. A jurisprudência desta Corte Superior pacificou o entendimento de que, em casos como o presente, em que se caracteriza a exigência de débito pretérito decorrente do inadimplemento de faturas, não deve haver a suspensão do serviço; o corte de água pressupõe o inadimplemento de dívida atual, relativa ao mês do consumo, sendo inviável a suspensão do abastecimento em razão de débitos antigos. 2. Além do mais, o art. 6º, § 3º, II, da Lei 8.987/95, fala, expressamente, em inadimplemento do usuário, ou seja, do efetivo consumidor do serviço (interrupção personalizada). É inviável, portanto, responsabilizar-se o atual usuário – adimplente com suas obrigações – por débito pretérito relativo ao consumo de água do usuário anterior (REsp 631.246/RJ, Rel. Min. Denise Arruda, DJ 23.10.2006). 3. Agravo Regimental da SABESP desprovido. (AgRg no AREsp 196.374/SP, Rel. Ministro Napoleão Nunes Maia Filho, Primeira Turma, julgado em 22.04.2014, DJe 06.05.2014). FB

Gabarito "C".

(Analista Judiciário – Área Administrativa – TRT8 – 2013 – CESPE) No que concerne à prestação de serviços públicos, assinale a opção correta.

(A) Considere que uma empresa concessionária do serviço de iluminação pública de determinado ente federativo, alegando inadimplência, tenha suspendido a prestação do serviço. Nessa situação, de acordo com a jurisprudência, o inadimplemento do ente federativo autoriza a suspensão do serviço essencial de iluminação pública, afastando legitimamente a aplicação do princípio da continuidade.

(B) A prestação de serviço público é orientada pelo princípio da obrigatoriedade, segundo o qual o Estado tem o dever jurídico, e não uma mera faculdade discricionária, de promover a prestação do serviço público.

(C) Dado o princípio da igualdade, os serviços públicos devem ser prestados de modo isonômico a todos os usuários, vedando-se, em qualquer caso, o estabelecimento de tarifas diferenciadas.

(D) O princípio da transparência, aplicável ao serviço público, não assegura ao usuário o direito de receber do poder concedente e da concessionária informações de caráter coletivo, mas apenas de interesse individual.

(E) O Estado pode delegar a prestação de serviços públicos a particulares, por meio de concessão ou permissão, porém eventuais prejuízos causados aos usuários pela prestação desses serviços são de responsabilidade direta e objetiva do Estado.

A: incorreta, "a suspensão do fornecimento de energia elétrica por motivo de inadimplência atinge o direito do usuário à prestação contínua dos serviços públicos essenciais (princípio da continuidade, CDC, art. 22), tanto quanto o uso desse meio coercitivo para efeito de compelir o usuário ao pagamento" (TJPA, 3ª Câm. Cível, j. 17.04.2006, rel. Geraldo de Moraes Correa Lima, *DJ* 15.04.2007); **B:** correta, "(...) através do princípio da obrigatoriedade o poder público ou seus delegados ficam sujeitos à prestação do serviço àqueles que deles reclamam (...)" (Willeman, Flávio Araújo. Princípios setoriais que regem a prestação dos serviços públicos – A aplicação do princípio da livre-iniciativa no regime dos serviços públicos. Rio de Janeiro, 2002. p. 143. Disponível em: [http://download.rj.gov.br/documentos/10112/781176/DLFE-46933.pdf/Revista56Sumario.pdf]. Acesso em: 17.09.2014]); **C:** incorreta, é possível o estabelecimento de tarifas diferenciadas (art. 13 da Lei 8.987/1995); Na jurisprudência: "Nenhuma ilegalidade há, portanto, em se cobrar a tarifa com base na progressividade, que leva em conta o estabelecimento de faixas de consumo, consoante prescreve o art. 13, da Lei 8.987/1995, que regula as concessões e permissões de serviços" (TJRJ, AP 01023693120048190001, 16ª Câm. Civ., j. 04.06.2013, rel. Des. Lindolpho Morais Marinho, *DJ* 29.11.2013); **D:** incorreta, assegura o recebimento de informações individuais e coletivas (art. 7º, II, da Lei 8.987/1995); **E:** incorreta, são de responsabilidade do concessionário ou permissionário (§ 6º do art. 37 da CF e art. 25 da Lei 8.987/1995).

Gabarito "B"

(Analista – TJ/CE – 2014 – CESPE) Acerca do regime jurídico dos serviços públicos, assinale a opção correta.

(A) O Estado pode transferir, eventualmente, mediante contrato, a titularidade do serviço público para empresa concessionária ou permissionária. Nessa situação, o serviço continuará sendo prestado sob o regime de direito público.

(B) A concessão de serviço público difere da permissão, entre outros fatores, pelo instrumento, haja vista que a concessão é formalizada mediante contrato e a permissão, mediante termo.

(C) São princípios que regem os serviços públicos: atualidade, universalidade, continuidade, modicidade das tarifas e cortesia na prestação.

(D) É vedada a subconcessão do contrato de concessão de serviços públicos, dado seu caráter personalíssimo, conforme expressa previsão legal.

(E) Enquadram-se no conceito de serviço público apenas as atividades de oferecimento de utilidade ou comodidade material à coletividade que o Estado desempenha por si próprio, com exclusividade, sob o regime de direito público.

A: Incorreta, pois a outorga do serviço, ou seja, a transferência da titularidade somente ocorrerá por meio de Lei. Já a delegação do serviço público, que consiste na transferência da execução do serviço, poderá ser realizada por meio de contrato; **B**: Incorreta, pois a concessão e a permissão serão formalizadas por meio de contrato (arts. 4º e 40 da Lei 8.987/1995); **C**: Correta, nos termos do § 1º do art. 6º da Lei 8.987/1995; **D**: Incorreta, pois é **admitida** a subconcessão, nos termos previstos no contrato de concessão, desde que expressamente autorizada pelo poder concedente (art. 26 da Lei 8.987/1995); **E**: Incorreta, pois, conforme Celso Antonio Bandeira de Mello, "serviço público é toda a atividade de oferecimento de utilidade ou comodidade material destinada à satisfação da coletividade em geral, mas fruível **singularmente pelos administrados, que Estado assume como pertinente a seus deveres e presta por si ou por quem lhe faça as vezes**, sob um regime de Direito Público - portanto, consagrador de prerrogativas de supremacia e de restrições especiais – instituído em favor dos interesses definidos como públicos no sistema normativo (**Curso de Direito Administrativo**. 26. ed. São Paulo: Malheiros Editores, p. 665).

Gabarito "C"

(Magistratura Federal/3ª Região – 2011 – CESPE) Em relação ao conceito de serviço público, ao regime jurídico da concessão, da permissão e da autorização e às parcerias público-privadas, assinale a opção correta.

(A) A permissão de serviço público tem natureza de contrato bilateral, comutativo e *intuitu personae*, o qual somente pode ser celebrado com pessoa física que demonstre capacidade para desempenhá-lo por sua conta e risco, não podendo ser firmado com pessoa jurídica.

(B) A autorização de serviço público constitui ato vinculado, por meio do qual o poder público delega a execução de serviço de sua titularidade para que o particular o execute predominantemente em seu próprio benefício, mas sempre sob a fiscalização do Estado.

(C) No âmbito das parcerias público-privadas, as concessões administrativas caracterizam-se pelo fato de o concessionário perceber recursos de duas fontes, uma decorrente do pagamento da tarifa pelos usuários e outra, de caráter adicional, oriunda de contraprestação pecuniária devida pelo poder concedente.

(D) Serviço público é toda a atividade prestada diretamente pelo Estado com o objetivo de satisfazer às necessidades essenciais e secundárias da coletividade, sob regime exclusivo de direito público, não sendo considerados públicos os serviços prestados por particulares por meio de concessão ou permissão.

(E) A concessão de serviço público é contrato administrativo por meio do qual a administração transfere a pessoa jurídica ou a consórcio de empresas a execução de certa atividade de interesse coletivo, de forma remunerada.

A: incorreta. Segundo o que estabelece a lei de concessões, permissão de serviço público é "a delegação, a título precário, mediante licitação, da prestação de serviços públicos, feita pelo poder concedente à pessoa física ou jurídica que demonstre capacidade para seu desempenho, por sua conta e risco" (art. 2º, IV, da Lei nº 8.987/1995); **B:** incorreta. Embora não esteja prevista no art. 175 da CF/1988, a autorização de serviço público pode ser encontrada em seu art. 21, inciso XII, bem como na legislação ordinária (em especial a lei de telecomunicações – Lei 9.472/1997). Trata-se de unilateral e discricionário pelo qual a Administração Pública faculta ao particular o desempenho de atividade material ou a prática de ato que necessite deste consentimento para ser legítimo; **C:** incorreta, pois nos termos do art. 2º, § 2º da Lei nº 11.079/2004, "concessão administrativa é o contrato de prestação de serviços de que a Administração Pública seja a usuária direta ou indireta, ainda que envolva a execução de obra ou fornecimento e instalação de bens" e a forma de remuneração dessa espécie de parceria público-privada é fundamentalmente a contraprestação paga pela Administração, por uma das formas previstas no art. 6º da Lei nº 11.079/2004, sem prejuízo de que os concessionários recebam recursos de outras fontes de receitas complementares, acessórias, alternativas ou decorrentes de projetos associados, tal como estabelecido na ampla previsão de "outros meios admitidos em lei" de que trata o inciso I do art. 6º da Lei nº 11.079/2004; **D:** incorreta, na medida em que também são considerados serviços públicos aqueles em que a Administração Pública remanesce como titular da atividade, mas delega seu exercício através de concessão ou permissão; **E:** correta, pois concessão de serviço público é "o contrato administrativo pelo qual a Administração Pública delega a outrem a execução de um serviço público, para que o execute em seu próprio nome, por sua conta e risco, assegurando-lhe remuneração mediante tarifa apaga pelo usuário ou outra forma de remuneração decorrente da exploração do serviço" (DI PIETRO, Maria Sylvia, **Direito Administrativo**, São Paulo: Atlas, 26ª ed., 2013, p.303).

Gabarito "E"

(Analista – TJ/ES – 2011 – CESPE) No que se refere aos serviços públicos, julgue os itens a seguir.

(1) Os serviços públicos devem ser prestados ao usuário com a observância do requisito da generalidade, o que significa dizer que, satisfeitas as condições para sua obtenção, eles devem ser oferecidos sem qualquer discriminação a quem os solicite.

(2) Consideram-se serviços públicos *uti universi* os que são prestados à coletividade, mas usufruídos indiretamente pelos indivíduos, como são os serviços de defesa do país contra inimigo externo e os serviços diplomáticos.

1: correta, pois um dos sentidos do princípio da generalidade é justamente a impossibilidade de se proceder à discriminação entre os usuários; **2:** correta; os serviços *uti universi* têm usuários indeterminados (ex: *vide* os exemplos citados na afirmativa), diferenciando-se dos serviços *uti singuli*, que têm usuários determinados (exs: serviços de água e energia elétrica).

Gabarito 1C, 2C

12.2. AUTORIZAÇÃO E PERMISSÃO DE SERVIÇO PÚBLICO

(Auditor Fiscal - SEFAZ/RS - 2019 - CESPE/CEBRASPE) A exploração de serviços de radiodifusão sonora bem como de sons e imagens pode ocorrer mediante

(A) autorização, apenas.

(B) permissão, apenas.

(C) concessão, apenas.
(D) autorização, permissão e concessão.
(E) autorização e concessão, apenas.

Art. 21, XI,I "a" CF/1988. FB

Gabarito "D"

12.3. CONCESSÃO DE SERVIÇO PÚBLICO

(Procurador do Município - Campo Grande/MS - 2019 - CESPE/ CEBRASPE) A respeito do regime de concessão e permissão da prestação de serviços públicos, julgue o item subsecutivo.

(1) A transferência de concessão ou de controle societário da concessionária sem a prévia anuência do poder concedente implicará a caducidade da concessão.

As sociedade empresárias que atuam em setores regulados ou ainda no caso de concessão de serviços públicos, para procederem à transferência de controle, dependem da concessão de anuência prévia por parte do poder concedente respectivo, em geral o órgão regulador da área de atuação, sob pena de caducidade – Art. 38 da Lei 8.987/1995. FB

Gabarito 1C

(Defensor Público/AL – 2017 – CESPE) Determinado município notificou uma concessionária de transporte público municipal por inadequação do serviço prestado e por paralisação do serviço sem justa causa, dando prazo para que as irregularidades fossem sanadas. Diante da inércia da concessionária, foi instaurado procedimento administrativo, com direito a ampla defesa, para a extinção do contrato administrativo de concessão.

Nessa situação hipotética, o contrato de concessão deverá ser

(A) extinto por caducidade, e o ente municipal deverá indenizar o concessionário proporcionalmente aos bens usados na prestação de serviço, descontados multa e eventuais danos causados.
(B) rescindido, de forma unilateral, pelo ente municipal, não sendo cabível indenização para o concessionário.
(C) extinto por encampação, e o ente municipal deverá indenizar o concessionário proporcionalmente aos bens usados na prestação de serviço, descontados multa e eventuais danos causados.
(D) extinto por caducidade, não cabendo indenização a ser paga ao concessionário.
(E) extinto por encampação, em razão do inadimplemento do concessionário.

A: correta – a assertiva trata de hipótese de rescisão unilateral do Poder Concedente por caducidade ou decadência, que consiste no encerramento da concessão antes do prazo, por inadimplência do concessionário. Depende de prévio processo administrativo, com direito a ampla defesa, para apuração da falta grave do concessionário, processo que só poderá ser acionado após comunicação detalhada à concessionária dos descumprimentos contratuais referidos no § 1º do art. 38 da Lei 8.987/95, dando-lhe prazo para regularização. A declaração de caducidade será feita por decreto do Poder Concedente. Só se indeniza a parcela não amortizada, uma vez que houve culpa daquele que exercia o serviço público. Da eventual indenização devida serão descontados os valores relativos a multas contratuais e danos causados pela concessionária; **B:** incorreta – a rescisão unilateral pelo poder concedente pode se dar por encampação, caducidade, anulação da concessão, falência da concessionária, extinção da empresa ou morte do concessionário: **C:** incorreta – no caso em tela houve a inadimplência do concessionário, de modo que não caracterizada a encampação ou resgate. Nessa, se dá o encerramento da concessão por ato do Poder Concedente, durante o transcurso do prazo inicialmente fixado, por motivo de conveniência e oportunidade administrativa (espécie de revogação) sem que o concessionário haja dado causa ao ato extintivo. Depende de lei específica que o autorize, como forma de proteção ao concessionário e também porque geralmente enseja grandes custos. É necessária prévia indenização, que compense o investimento ainda não amortizado, bem como que faça frente aos lucros cessantes pela extinção prematura do contrato de concessão, já que não há culpa do concessionário: **D:** incorreta – a caducidade se dá quando ocorre o encerramento da concessão antes do prazo em razão da inadimplência do concessionário e só se indeniza a parcela não amortizada, uma vez que houve culpa daquele que exercia o serviço público. Da eventual indenização devida serão descontados os valores relativos a multas contratuais e danos causados pela concessionária; **E:** incorreta – na encampação ou resgate se dá o encerramento da concessão por ato do Poder Concedente, durante o transcurso do prazo inicialmente fixado, por motivo de conveniência e oportunidade administrativa (espécie de revogação) sem que o concessionário haja dado causa ao ato extintivo. FB

Gabarito "A"

(Delegado/PE – 2016 – CESPE) Tendo como referência a legislação aplicável ao regime de concessão e permissão de serviços públicos e às parcerias público-privadas, assinale a opção correta.

(A) De acordo com a Lei 8.987/1995, as permissões de serviço público feitas mediante licitação não podem ser formalizadas por contrato de adesão.
(B) Em relação à parceria público-privada, entende-se por concessão administrativa o contrato de prestação de serviços de que a administração pública seja a usuária direta ou indireta, ainda que envolva execução de obra ou fornecimento e instalação de bens.
(C) As agências reguladoras não podem promover licitações que tenham por objeto a concessão de serviço público do objeto por ela regulado.
(D) É vedada a celebração de contrato de parceria público--privada cujo período de prestação do serviço seja superior a cinco anos.
(E) Por meio da concessão, o poder público delega a prestação de serviço público a concessionário que demonstre capacidade para seu desempenho, sendo esse serviço realizado por conta e risco do poder concedente.

A: incorreta, pois a Lei 8.987/1995 utiliza expressamente a expressão "contrato de adesão" para esse caso (art. 18, XVI); **B:** correta (art. 2º, § 2º, da Lei 11.079/2004); **C:** incorreta, pois essa é uma das principais competências das agências reguladoras, como no exemplo da ANATEL (arts. 19, VI, e 88 da Lei 9.472/1997); **D:** incorreta; é justamente o contrário; uma parceria público-privada só poderá existir se envolver prestação de serviço igual ou superior a cinco anos (art. 2º, § 4º, II, da Lei 11.079/2004); **E:** incorreta, pois o serviço é realizado por conta e risco do concessionário (pessoa jurídica ou consórcio de empresas) e não do poder concedente (art. 2º, II, da Lei 8.987/1995).

Gabarito "B"

(Defensor Público – DPE/RN – 2016 – CESPE) A respeito da prestação de serviço público por concessionárias ou permissionárias, assinale a opção correta.

(A) Ainda que motivada por situação de emergência, ou após aviso prévio, por motivos de ordem técnica ou de segurança das instalações, a interrupção no fornecimento de serviços públicos fere o princípio da continuidade dos serviços públicos.
(B) Tratando-se de obrigação propter rem, conforme entendimento do STJ, o corte no fornecimento de serviços públicos essenciais por débitos de usuário anterior é legítimo.
(C) Em nome do princípio da isonomia na prestação dos serviços públicos, é legítimo o corte no fornecimento de serviços públicos essenciais, quando se tratar de unidade prestadora de serviços de interesse público da coletividade.
(D) De acordo com entendimento do STF, é objetiva a responsabilidade das pessoas jurídicas de direito privado prestadoras de serviço público, em se tratando de danos causados a terceiros não usuários desse serviço.
(E) Segundo entendimento jurisprudencial do STJ, é legítimo o corte no fornecimento de serviços públicos essenciais quando o usuário for inadimplente quanto a débitos vencidos pretéritos, desde que precedido de prévia notificação do usuário.

A: Incorreta, pois o art. 6º, § 3º, da Lei 8.987/1995 dispõe que não se caracteriza descontinuidade do serviço a sua interrupção por motivos de urgência e após aviso prévio; **B:** Incorreta. O STJ entende que se trata de uma obrigação pessoal e de pagar pela prestação desses serviços públicos, e não real ou "propter rem" (AgReg 1382326/SP); **C:** Incorreta. Somente é legítima a interrupção da prestação do serviços nas duas hipóteses do art. 6º, da Lei 8.987/1995 (razões de segurança das instalações ou ordem técnica e por inadimplemento, considerado o interesse da coletividade); **D:** Correta. Esse é um entendimento modificado pelo STF, que igualou os usuários aos não usuários, de forma que se o dano ocorrer contra ambos, a responsabilidade será objetiva do Estado, sendo essa a mais ampla e irrestrita, conforme prevê o art. 37, § 6º, CF (RE 262.651/1 e 591.874/2); **E:** Incorreta. O art. 6º, § 6º, II, da Lei 8.987/1995 exige o interesse da coletividade para que o corte do serviço seja legítimo, mais ainda, não admite a suspensão às pessoas jurídicas e órgãos públicos, conforme se verifica no Ag Reg no Ag Reg 152296/12.

Gabarito "D"

(Analista Jurídico – TCE/PR – 2016 – CESPE) Após prévio e regular certame licitatório, um estado da Federação celebrou contrato de concessão de serviço público. No decorrer da execução do contrato, a administração, após a concessão do direito de ampla defesa, verificou que a empresa concessionária paralisou o serviço contratado sem motivo justificável. Nessa situação hipotética, com respaldo na Lei n.º 8.987/1995, o ente federativo poderá extinguir o contrato mediante o instituto da

(A) rescisão.
(B) reversão.
(C) encampação.
(D) anulação.
(E) caducidade.

A: incorreta, pois no caso incide especificamente o instituto da *caducidade*, nos termos do art. 38, § 1º, III, da Lei 8.987/95; **B:** incorreta, pois a reversão não é propriamente uma *hipótese* de extinção da concessão, mas, sim, o *efeito* da extinção da concessão consistente no retorno ao poder concedente dos bens utilizados na prestação do serviço público; **C:** incorreta, pois a encampação se dá quando o poder concedente deseja retomar o serviço público por motivo de interesse público (não relacionado a faltas contratuais da concessionária), nos termos do art. 37 da Lei 8.987/95; **D:** incorreta, pois a anulação se dá quando o ato de concessão da licitação é ilegal, o que não acontece no caso trazido no enunciado; **E:** correta (art. 38, § 1º, III, da Lei 8.987/95).

Gabarito "E"

(Analista Judiciário – TRT/8ª – 2016 – CESPE) A modalidade de extinção da concessão fundada na perda, pela concessionária de serviços públicos, das condições econômicas, técnicas ou operacionais para manter a adequada prestação do serviço concedido denomina-se

(A) encampação.
(B) caducidade.
(C) anulação.
(D) revogação.
(E) rescisão.

A: incorreta, pois a encampação se dá quando o poder concedente deseja retomar o serviço público por motivo de interesse público (não relacionado às faltas contratuais da concessionária), nos termos do art. 37 da Lei 8.987/95; **B:** correta (art. 38, § 1º, IV, da Lei 8.987/95); **C:** incorreta, pois a anulação se dá quando o ato de concessão da licitação é ilegal, o que não acontece no caso trazido no enunciado; **D:** incorreta, pois esse instituto não é aplicado em matéria de concessão de serviço público, sendo que o instituto que mais se aproxima da revogação na concessão é o da encampação (art. 37 da Lei 8.987/95); **E:** incorreta, pois no caso incide especificamente o instituto da caducidade, nos termos do art. 38, § 1º, IV, da Lei 8.987/95.

Gabarito "B"

(Defensor Público/AC – 2012 – CESPE) Assinale a opção correta acerca da concessão de serviços públicos.

(A) Se houver interesse público superveniente à concessão, poderá o poder público, por intermédio da encampação, retomar a prestação do serviço.
(B) A outorga consiste na transferência para o particular da incumbência de prestação, mediante remuneração, de determinado serviço público.
(C) Admitem-se concessões de serviços públicos por prazo indeterminado.
(D) É proibida a subconcessão de serviços públicos.
(E) A intervenção do poder concedente no serviço resulta na extinção da concessão.

A: correta (art. 37 da Lei 8.987/1995); **B:** incorreta, pois a transferência da incumbência de prestação de serviço público tem o nome de concessão ou de permissão de serviço público (art. 2º, II e IV, da Lei 8.987/1995); **C:** incorreta, pois a concessão de serviço público é sempre por prazo determinado (arts. 2º, II;18, I e 23, I, da Lei 8.987/1995); **D:** incorreta, pois a subconcessão é admitida, desde que autorizada pelo Poder Concedente e precedida de concorrência; **E:** incorreta, pois nem sempre isso ocorre, conforme se depreende do art. 34 da Lei 8.987/1995.

Gabarito "A"

(Advogado da União/AGU – CESPE – 2012) A respeito de concessões e permissões de serviço público, julgue os itens subsequentes.

(1) À concessionária cabe a execução do serviço concedido, incumbindo-lhe a responsabilidade por todos os prejuízos causados ao poder concedente, aos usuários ou a terceiros, não admitindo a lei que a fiscalização exercida pelo órgão competente exclua ou atenue tal responsabilidade.
(2) A contratação de parceria público-privada deve ser precedida de licitação na modalidade convite, estando a abertura do processo licitatório condicionada a autorização, fundamentada em estudo técnico, da autoridade competente.
(3) Reversão consiste na transferência, em virtude de extinção contratual, dos bens do concessionário para o patrimônio do concedente.

1: correta (art. 25, *caput*, da Lei 8.987/1995); **2:** incorreta, pois a licitação é na modalidade concorrência (art. 10, *caput*, da Lei 11.079/2004); **3:** correta (art. 35, § 1º, da Lei 8.987/1995).

Gabarito 1C, 2E, 3C

12.4. PARCERIAS PÚBLICO-PRIVADAS (PPP)

(Procurador do Município - Campo Grande/MS - 2019 - CESPE/CEBRASPE) À luz das disposições da Lei n.º 11.079/2004 acerca das normas gerais para licitação e contratação de parceria público-privada no âmbito da administração pública, julgue os itens a seguir.

(1) A contratação de parceria público-privada deve ser precedida de licitação na modalidade de tomada de preço, estando a abertura do processo licitatório condicionada a autorização da autoridade competente, fundamentada em estudo técnico.
(2) É dispensável a realização de licitação para celebração de contratos de parceria público-privada.

1: incorreta – A contratação de parceria público-privada será precedida de licitação na modalidade de concorrência – Art. 10 da Lei 11.079/2004; **2:** incorreta. A contratação de parceria público-privada será precedida de licitação na modalidade de concorrência– Art. 10 da Lei 11.079/2004. FB

Gabarito: 1E, 2E

(Defensor Público/PE – 2018 – CESPE) Com relação a parceria público-privada (PPP), assinale a opção correta.

(A) Para a contratação de PPP, deverá ser realizada licitação, obrigatoriamente, na modalidade de concorrência ou na modalidade convite.
(B) A modalidade de PPP direcionada à prestação de serviços públicos ou obras públicas, que envolve, adicionalmente à tarifa cobrada dos usuários, contraprestação do parceiro público ao parceiro privado, classifica-se como concessão administrativa.
(C) É vedado o contrato de PPP que tenha como objeto único o fornecimento de mão de obra ou o fornecimento e a instalação de equipamentos.
(D) É cláusula essencial do contrato de PPP a repartição de riscos entre as partes, salvo aquelas referentes a caso fortuito, fato do príncipe ou a álea econômica extraordinária.
(E) É obrigatória a constituição prévia de sociedade de propósito específico incumbida de implantar e gerir o objeto da PPP, podendo a administração pública ser titular da maioria do capital votante da referida entidade.

A: incorreta – até pelo valor envolvido para que possa haver a celebração de uma parceria público privada, que não pode ser inferior a R$ 10.000.000,00 (dez milhões de reais), a contratação deve ser precedida de licitação na modalidade concorrência – Art. 10 da Lei 11.079/2004; **B:** incorreta – o conceito dado pela assertiva é o de concessão patrocinada – Art. 2º, § 1º, da Lei 11.079/2004; **C:** correta – Art. 2º, § 4º, inc. III, da Lei 11.079/2004; **D:** incorreta – a lei prevê como cláusula essencial a previsão de repartição de riscos entre as partes, inclusive os referentes a caso fortuito, força maior, fato do príncipe e álea econômica extraordinária – Art. 5º, inc. III, da Lei 11.079/2004; **E:** incorreta – é vedado à Administração Pública ser titular da maioria do capital votante das sociedades de propósito específico – Art. 9º, § 4º, da Lei 11.079/2004. FB

Gabarito "C"

(Procurador do Município/Manaus – 2018 – CESPE) Acerca dos instrumentos jurídicos que podem ser celebrados pela administração pública para a realização de serviços públicos, julgue os itens a seguir.

(1) Quando se tratar da prestação de serviços dos quais a administração pública seja a usuária direta ou indireta, poderá ser celebrado contrato de parceria público-privada na modalidade concessão patrocinada.

(2) O termo de fomento é o instrumento jurídico adequado para concretizar parceria proposta pela administração pública com organização da sociedade civil para o alcance de finalidades de interesse público e recíproco que envolvam a transferência de recursos financeiros.

(3) A União poderá celebrar convênio com consórcio público constituído por municípios para viabilizar a descentralização e a prestação de políticas públicas em escalas adequadas na área da educação fundamental.

1: incorreta – a assertiva trata da chamada concessão administrativa e não da concessão patrocinada – Art. 2º, § 2º, da Lei 11.079/2004; **2:** incorreta – a assertiva trata do conceito de termo de colaboração, uma vez que a proposta parte da Administração Pública – Art. 2º, inciso VII, da Lei 13.019/2014; **3:** correta – Art. 14 da Lei 11.107/2005. FB

Gabarito 1E, 2E, 3C

13. PROCESSO ADMINISTRATIVO

(Procurador do Município/Manaus – 2018 – CESPE) À luz da Lei 1.997/2015, do município de Manaus, e da Lei federal 9.784/1999, julgue os itens que se seguem, pertinentes aos processos administrativos.

(1) Considerando o que dispõe a lei municipal em apreço sobre a competência legal, as atribuições recebidas por delegação podem ser objeto de subdelegação, independentemente de autorização expressa.

(2) A indicação das circunstâncias fáticas supre a exigência de motivação do ato administrativo que decidir recurso administrativo.

(3) De acordo com a lei municipal em questão, a falta de correlação lógica entre o motivo e o objeto do ato administrativo discricionário, tendo em vista a sua finalidade, implicará a invalidade desse ato.

1: incorreta – conforme o inc. III do art. 13 da Lei 1.997/2015 não é possível delegar "as atribuições re-cebidas por delegação, salvo autorização expressa e na forma por ela determinada"; **2:** incorreta – Vejamos o que diz o Art. 49 da Lei 1.997/2015: "Os atos administrativos serão motivados, com indicação dos fatos e dos fundamentos jurídicos. § 1º A motivação deverá ser explícita, clara e congruente, podendo consistir em declaração de concordância com fundamentos de pareceres, informações, decisões ou propostas, que, neste caso, serão parte integrante do ato. § 2º Na solução de vários assuntos da mesma natureza, poderá ser utilizado meio mecânico que reproduza os fundamentos das decisões. § 3º A motivação das decisões orais constará de termo escrito"; **3:** correta – Art. 53, parágrafo único, da Lei 1.997/2015. FB

Gabarito 1E, 2E, 3C

(Juiz – TJ/CE – 2018 – CESPE) Com relação aos princípios que regem os processos administrativos, assinale a opção correta.

(A) Conforme o princípio do formalismo moderado, os atos do processo administrativo não dependem de forma determinada, salvo por exigência legal.

(B) O princípio da ampla defesa impõe a participação de advogado em todas as fases do procedimento administrativo disciplinar.

(C) Por força do princípio da verdade material, admite-se a utilização, em processo administrativo, de provas obtidas por meio ilícito, desde que produzidas de boa-fé.

(D) A exigência de depósito de valores como condição de admissibilidade de recurso administrativo não viola o princípio da pluralidade de instâncias.

(E) A adoção da chamada fundamentação *per relationem* em atos administrativos viola o princípio da motivação.

A: correta – o princípio do formalismo moderado determina que a previsão de ritos e formas devem ser simples, suficientes para propiciar um grau de certeza, segurança, respeito aos direitos dos sujeitos, o contraditório e a ampla defesa. Ainda, deve possibilitar a interpretação flexível e razoável quanto a formas, para evitar que estas sejam vistas como fim em si mesmas, desligadas das verdadeiras finalidades do processo. Razão pela se pode entender que, salvo por exigência prevista em lei, os atos do processo administrativo não dependem de uma forma determinada; **B:** incorreta – A falta de defesa técnica por advogado no processo administrativo disciplinar não ofende a Constituição – Súmula Vinculante 5 STF; **C:** incorreta – Trata-se de exceção à regra do princípio da verdade material em processo administrativo. "São inadmissíveis no processo administrativo as provas obtidas por meios ilícitos" – Art. 30 da Lei 9.874/1999; **D:** incorreta: É inconstitucional a exigência de depósito ou arrolamento prévios de dinheiro ou bens para admissibilidade de recurso administrativo – Súmula Vinculante 21 STF; **E:** incorreta – a motivação aliunde é perfeitamente aceita no ordenamento brasileiro – Art. 50, § 1º, da Lei 9.784/1999. FB

Gabarito "A"

(Defensor Público/AC – 2017 – CESPE) A estrutura hierárquica da administração pública permite a

(A) delegação da competência para aplicação de sanções em sede de poder de polícia administrativa à pessoa jurídica de direito privado.

(B) revisão por agente de nível hierárquico superior de ato administrativo ou processo administrativo que contiver vício de legalidade.

(C) delegação de órgão superior a órgão inferior da atribuição para a edição de atos administrativos de caráter normativo.

(D) delegação a órgão diverso da competência para a decisão de recurso administrativo.

(E) avocação por órgão superior, em caráter ordinário e por tempo indeterminado, de competência atribuída a órgão hierarquicamente inferior.

A: incorreta – De acordo com a teoria do professor Diogo de Figueiredo, existem quatro ciclos do poder de polícia: a ordem de polícia, o consentimento de polícia, a fiscalização de polícia e a **sanção de polícia**. Tanto o primeiro, referente à ordem de polícia e à obrigatoriedade de que a limitação à liberdade e à propriedade seja prevista em lei; como a última, referente à sanção de polícia, com a submissão coercitiva do infrator a medidas inibidoras impostas pela Administração no caso de ocorrência de infração às ordens de polícia, são indelegáveis; **B:** correta – Trata-se de reflexo do chamado dever poder de autotutela administrativa – Art. 63, § 2º, da Lei 9.784/1999; **C:** incorreta – a edição de atos de caráter normativo não pode ser objeto de delegação – Art. 13, inc. I, da Lei 9.784/1999; **D:** incorreta – Art. 13, inc. II, da Lei 9.784/1999; **E:** incorreta – a avocação é sempre temporário, em caráter excepcional e por motivos relevantes – Art. 15 da Lei 9.784/1999. FB

Gabarito "B"

(Juiz – TJ/CE – 2018 – CESPE) À luz da Lei 9.784/1999, assinale a opção correta com relação à competência administrativa e à relação hierárquica existente no âmbito da administração pública.

(A) A competência administrativa pode ser renunciada em hipótese de acordo entre os órgãos públicos envolvidos.

(B) A relação de subordinação hierárquica entre os órgãos públicos envolvidos é condição imprescindível para a delegação da competência administrativa.

(C) A delegação de competência de órgãos colegiados é possível, desde que não se trate de matéria de competência exclusiva, de decisão de recursos administrativos ou de edição de atos de caráter normativo.

(D) O ato de delegação retira a competência da autoridade delegante e confere competência exclusiva ao órgão delegado.

(E) A avocação temporária de competência é permitida, em caráter excepcional e por motivos justificados, entre órgãos da administração pública, independentemente da relação hierárquica estabelecida entre eles.

A: incorreta – a competência é irrenunciável e se exerce pelos órgãos administrativos a que foi atribuída como própria, salvo os casos de delegação e avocação legalmente admitidos. Um órgão administrativo e seu titular poderão, se não houver impedimento legal, delegar parte da sua competência a outros órgãos ou titulares, ainda que estes não lhe sejam hierarquicamente subordinados, quando for conveniente, em razão de circunstâncias de índole técnica, social, econômica, jurídica ou territorial – Art. 11 c/c 12 da Lei 9.784/1999; **B:** incorreta – Um órgão administrativo e seu titular poderão, se não houver impedimento legal, delegar parte da sua competência a outros órgãos ou titulares, ainda que estes não lhe sejam hierarquicamente subordinados, quando for conveniente, em razão de circunstâncias de índole técnica, social, econômica, jurídica ou territorial – Art. 12 da Lei 9.784/1999; **C:** correta – Art. 12, parágrafo único c/c Art. 13 da Lei 9.784/1999; **D:** incorreta – o ato de delegação é revogável a qualquer tempo pela autoridade delegante – Art. 14, § 2º, da Lei 9.784/1999; **E:** incorreta – "Será permitida, em caráter excepcional e por motivos relevantes devidamente justificados, a avocação temporária de competência atribuída a órgão hierarquicamente inferior" – Art. 15 da Lei 9.784/1999. FB

Gabarito "C"

(Delegado/PE – 2016 – CESPE) A permissão da empresa Alfa, permissionária de serviços públicos de transporte coletivo de passageiros, conforme contrato de delegação firmado com o governo estadual, foi unilateralmente revogada pelo poder público, por motivos de oportunidade e conveniência. A empresa interpôs pedido de reconsideração junto ao Departamento de Regulação de Transporte Coletivo, órgão da Secretaria Estadual de Transportes, responsável pelos contratos de permissão de transporte coletivo. O pedido foi indeferido por Caio, diretor do referido departamento, que alegou a existência de interesse público na revogação. Diante desse indeferimento, a empresa interpôs recurso administrativo. Caio manteve a decisão anterior e encaminhou o recurso ao secretário de transportes, autoridade hierarquicamente superior. Semanas após, Caio foi nomeado secretário estadual de transportes e, nessa qualidade, conheceu do recurso administrativo e negou-lhe provimento, mantendo a decisão recorrida.Com referência a essa situação hipotética, assinale a opção correta.

(A) O fato de Caio não ter reconsiderado a sua decisão não equivale a julgamento de recurso. Assim, houve uma única decisão administrativa em sede de recurso administrativo, sendo irrelevante que a autoridade julgadora tenha emitido uma decisão anterior sobre a questão.

(B) O recurso administrativo deveria ter sido apreciado por autoridade hierarquicamente superior e diferente daquela que decidira anteriormente o pedido de reconsideração. Como Caio estava impedido de julgar o recurso administrativo, há de se concluir que a decisão do recurso foi nula.

(C) No caso em tela, haveria a suspeição de Caio, razão pela qual ele não poderia julgar o recurso administrativo. Dessa forma, Caio deveria anular a decisão sobre o recurso e delegar a algum subordinado seu a competência para o julgamento.

(D) A permissão de serviço público é feita a título precário e, por esse motivo, a empresa permissionária não tem direito a recorrer administrativamente do ato administrativo que revogou a sua permissão.

(E) Em razão do princípio da intranscendência subjetiva, é juridicamente possível que uma mesma pessoa decida sobre o pedido de reconsideração e o recurso administrativo, uma vez que, legalmente, eles foram decididos por autoridades administrativas distintas.

A: incorreta, pois a autoridade julgadora inicial não pode julgar o recurso, pois a lei determina que o recurso seja julgado sempre a uma autoridade diversa e superior à autoridade julgadora inicial, regra que não pode ser ignorada mesmo que a autoridade julgadora inicial tenha sido promovida (art. 56, § 3º, da Lei 9.784/1999); **B:** correta (art. 56, § 3º, da Lei 9.784/1999); **C:** incorreta, pois não poderia participar do julgamento do recurso em função do disposto no art. 56, § 3º, da Lei 9.784/1999; **D:** incorreta; primeiro porque a permissão concedida em situação que reclama grandes investimentos do permissionário não é um permissão qualquer (precária) e sim uma permissão qualificada, que tem regime jurídico mais rigoroso, aproximado de uma concessão; segundo que recorrer é um direito de qualquer um prejudicado diretamente pela decisão, sendo incorreto dizer que alguém nessas condições não tem direito de recorrer; **E:** incorreta, pois o princípio da intranscendência não tem relação alguma com essa questão, mas sim com o fato de que a punição a alguém não pode ser estendida a outra pessoa que não tenha cometido o ilícito.

Gabarito "B"

(Juiz de Direito/AM – 2016 – CESPE) Conforme a Lei n.º 9.784 /1999, que trata dos atos administrativos, são indelegáveis

(A) a edição de atos normativos e as matérias de competência exclusiva do órgão.

(B) a elaboração de ofícios e a avaliação de recursos administrativos.

(C) a decisão de recursos administrativos e as matérias de competência privativa de autoridade.

(D) a revisão de atos administrativos e a edição de atos normativos.

(E) as matérias de competência exclusiva e a publicação de edital.

A: correta (art. 13, I e III, da Lei 9.784/99); **C:** incorreta, pois a decisão de recursos é indelegável (art. 13, II, da Lei 9.784/99), mas as matérias de competência *privativa* da autoridade são delegáveis; não se deve confundir competência *privativa* (delegável), com competência *exclusiva* (indelegável, nos termos do art. 13, III, da Lei 9.784/99); **D:** incorreta, pois apenas a *edição* de *atos normativos* é indelegável (art. 13, I, da Lei 9.784/99); a *revisão* de *atos administrativos*, não; **E:** incorreta, pois as matérias de competência exclusiva são indelegáveis (art. 13, III, da Lei 9.784/99), mas a publicação de edital não.

Gabarito "A"

(Analista Jurídico – TCE/PR – 2016 – CESPE) Acerca do recurso administrativo e tendo como base as disposições da Lei n.º 9.784/1999, assinale a opção correta.

(A) O recurso não será conhecido quando interposto em órgão incompetente, mas, nesse caso, terá de ser indicada ao recorrente a autoridade competente, sendo-lhe devolvido o prazo para recurso.

(B) É de trinta dias o prazo para a interposição de recurso administrativo, contado a partir da divulgação da decisão recorrida em diário oficial.

(C) O recurso administrativo terá, como regra geral, efeitos devolutivo e suspensivo.

(D) Contra as decisões administrativas cabe recurso que verse sobre a legalidade, mas não sobre o mérito administrativo.

(E) O recurso administrativo tramitará por uma única instância administrativa, devendo ser interposto à autoridade superior àquela que tiver proferido a decisão.

A: correta (art. 63, § 1º, da Lei 9.784/99); **B:** incorreta, pois o prazo é de 10 dias (salvo disposição legal específica) e é contado da ciência ou divulgação oficial da decisão recorrida (art. 59, *caput*, da Lei 9.784/99); **C:** incorreta, pois em regra só terá efeito devolutivo (art. 61, *caput*, da Lei 9.784/99); **D:** incorreta, pois o recurso pode versar tanto sobre a legalidade, como sobre o mérito administrativo, sendo que, quanto a este último aspecto, a própria lei prevê que a autoridade competente para julgar o recurso pode modificar ou revogar a decisão recorrida (art. 64, *caput*, da Lei 9.784/99); **E:** incorreta, pois o recurso administrativo tramitará no máximo por três instâncias administrativas, salvo disposição legal diversa.

Gabarito "A"

(Analista Judiciário – TRT/8ª – 2016 – CESPE) Acerca dos atos administrativos e do processo administrativo, assinale a opção correta conforme a Lei n.º 9.784/1999.

(A) O direito da administração de anular os seus próprios atos decai em cinco anos, ainda que constatada a má-fé do destinatário do ato.

(B) A convalidação dos atos administrativos que apresentem defeitos sanáveis pode ser feita pela administração, desde que esses atos não acarretem lesão ao interesse público ou prejuízo a terceiros.

(C) O ato de exoneração do servidor público ocupante de cargo em comissão e os atos administrativos que decidam recursos administrativos dispensam motivação.

(D) A competência para a edição de atos normativos poderá ser delegada.

(E) A revogação do ato administrativo ocorre nas hipóteses de ilegalidade, devendo retroagir com efeitos *ex tunc* para desconstituir as relações jurídicas criadas com base no ato revogado.

A: incorreta, pois, em caso de má-fé do destinatário do ato, este não se beneficia desse curto prazo de 5 anos (art. 54, *caput*, da Lei 9.784/99); **B:** correta (art. 55 da Lei 9.784/99); **C:** incorreta, pois os atos administrativos que decidam recursos devem ser motivados (art. 50, V, da Lei 9.784/99); **D:** incorreta, pois não pode ser objeto de delegação a edição de atos de caráter normativo (art. 13, I, da Lei 9.784/99); **E:** incorreta, pois a definição dada é de *anulação*, e não de *revogação*, já que esta se dá no caso de *inconveniência* ou *inoportunidade* (e não de *ilegalidade*), não havendo retroação de efeitos (*ex nunc*).

Gabarito "B".

(Analista – STF – 2013 – CESPE) Acerca do processo administrativo, julgue os próximos itens.

(1) Caso o ministro da Justiça concedesse refúgio a estrangeiro, após regular processo administrativo, e, em seguida, fosse constatado ter havido vício nesse processo, que torne ilegal o refúgio concedido, o ministro não poderia anular o seu próprio ato, devendo tal anulação ser realizada pela via judicial.

(2) De acordo com o STF, é lícita, no âmbito de processo administrativo, a exigência de depósito prévio de 10% do valor do débito, como condição de admissibilidade de recurso administrativo, desde que justificada a necessidade.

1: incorreta, o ministro pode anular seu próprio ato, conforme determina a Súmula 473 do STF; **2:** incorreta, tal exigência é inconstitucional. *Vide* Súmula Vinculante 21.

Gabarito 1E, 2E

(Técnico Judiciário – Área Administrativa – TRT8 – 2013 – CESPE) A propósito da Lei n.º 9.784/1999, que regula o processo administrativo no âmbito da administração pública federal, assinale a opção correta.

(A) O administrado tem, perante a administração, o direito de ter ciência da tramitação dos processos administrativos.

(B) A lei em questão pode também ser aplicada aos órgãos do Poder Judiciário da União quando estes estiverem no desempenho de função administrativa.

(C) Para os fins da lei em questão, o Ministério do Trabalho e Emprego é considerado entidade, por ser unidade de atuação integrante da estruturada administração direta.

(D) O princípio da razoabilidade é classificado como um princípio implícito da administração pública, pois não se encontra previsto explicitamente na CF nem na lei em apreço.

(E) Em todos os processos administrativos, são garantidos aos interessados os direitos à comunicação, à apresentação de alegações finais, à produção de provas e à interposição de recursos.

A: Incorreta. O Administrado tem direito a ter ciência da tramitação dos processos administrativos em que tenha a condição de interessado, ter vista dos autos, obter cópias de documentos neles contidos e conhecer as decisões proferidas (art. 3º, II, da Lei 9.784/1999); **B:** Correta, conforme art. 1º, § 1º, da Lei 9.784/1999; **D:** Incorreta. Em que pese não esteja previsto na Constituição, a razoabilidade, juntamente com a proporcionalidade, está prevista no art. 2º da Lei 9.784/1999; **E:** Incorreta, pois as garantias do art. 2º, X, da Lei 9.784/1999 serão aplicadas apenas aos processos de que possam resultar sanções e nas situações de litígio.

Gabarito "B".

(Técnico Judiciário – TJDFT – 2013 – CESPE) À luz do que dispõe a Lei n.º 9.784/1999, julgue os próximos itens.

(1) O servidor que estiver litigando judicialmente contra a companheira de um interessado em determinado processo administrativo estará impedido de atuar nesse processo.

(2) O processo administrativo pode ser iniciado a pedido do interessado, mediante formulação escrita, não sendo admitida solicitação oral.

1: correta (art. 18, III, da Lei 9.784/1999); **2:** incorreta, pois a lei admite que, em determinados casos, é possível autorizar o requerimento inicial oral (art. 6º, *caput*, da Lei 9.784/1999).

Gabarito 1C, 2E

(Magistratura/BA – 2012 – CESPE) Com base no que dispõe a lei que regula os procedimentos administrativos (Lei n. 9.784/1999), assinale a opção correta.

(A) Um órgão administrativo e seu titular podem delegar parte da sua competência a outros órgãos ou titulares, incluindo-se a edição de atos normativos.

(B) O não atendimento da intimação feita pelo órgão competente perante o qual tramita processo administrativo implicará reconhecimento da verdade dos fatos por parte do administrado.

(C) Cabe ao interessado a prova dos fatos que tenha alegado, ainda que dependam de dados registrados em documentos existentes na própria administração.

(D) Acolhida pelo STF a reclamação fundada em violação de enunciado da súmula vinculante, deve-se dar ciência à autoridade prolatora e ao órgão competente para o julgamento do recurso, que deverão adequar as futuras decisões administrativas em casos semelhantes, sob pena de responsabilização pessoal nas esferas civil, administrativa e penal.

(E) O direito da administração de anular os atos administrativos de que decorram efeitos favoráveis para os destinatários decai em cinco anos, contados da data em que foram praticados, ainda que comprovada má-fé.

A: incorreta, pois não é possível delegar a competência para a edição de atos normativos (art. 13, I, da Lei 9.784/1999); **B:** incorreta, pois o desatendimento da intimação não importa o reconhecimento da verdade dos fatos, nem a renúncia a direito pelo administrado (art. 27, *caput*, da Lei 9.784/1999); **C:** incorreta, pois nesse caso cabe à Administração prover, de ofício, à obtenção dos documentos ou das respectivas cópias (arts. 36 e 37 da Lei 9.784/1999); **D:** correta (art. 64-B da Lei 9.784/1999); **E:** incorreta, pois, em caso de má-fé esse direito não decai (art. 54, *caput*, da Lei 9.784/1999).

Gabarito "D".

14. CONTROLE DA ADMINISTRAÇÃO PÚBLICA

14.1. CONTROLE DO LEGISLATIVO E DO TRIBUNAL DE CONTAS

(Delegado Federal – 2018 – CESPE) Julgue os seguintes itens, relativos ao controle da administração pública.

(1) O exercício do controle judicial sobre os atos da administração pública abrange os exames de legalidade e de mérito desses atos, cabendo ao juiz anulá-los ou revogá-los.

(2) A fiscalização contábil, orçamentária, operacional e patrimonial da administração pública federal sob os aspectos de legalidade, legitimidade e economicidade integra o controle externo exercido pelo Poder Legislativo Federal com o auxílio do TCU.

1: incorreta – o controle judicial sobre os atos administrativos limita-se ao âmbito da legalidade, podendo ainda verificar, quanto ao mérito desses, sua razoabilidade e a proporcionalidade desses. Não pode de modo algum substituir o administrador público na apreciação da conveniência e oportunidade do mérito administrativo; **2:** correta – Art. 70 CF/1988. FB

Gabarito 1E, 2C

(Defensor Público – DPE/RN – 2016 – CESPE) Tendo em vista que, relativamente aos mecanismos de controle da administração pública, a própria CF dispõe que os Poderes Legislativo, Executivo e Judiciário manterão, integradamente, sistemas de controle interno em suas respectivas esferas, assinale a opção que apresenta exemplo de meio de controle interno da administração pública.

(A) Fiscalização realizada por órgão de controladoria da União sobre a execução de determinado programa de governo no âmbito da administração pública federal.

(B) Controle do Poder Judiciário sobre os atos do Poder Executivo em ações judiciais.

(C) Sustação, pelo Congresso Nacional, de atos do Poder Executivo que exorbitem do poder regulamentar.

(D) Julgamento das contas dos administradores e dos demais responsáveis por dinheiro, bens e valores públicos da administração direta e indireta realizado pelos TCs.

(E) Ação popular proposta por cidadão visando à anulação de determinado ato praticado pelo Poder Executivo municipal, considerado lesivo ao patrimônio público.

A: Correta. O controle feito por um órgão do mesmo Poder (Executivo) é interno, tratando-se de Supervisão Ministerial a ele, estando correta a assertiva; **B:** Incorreta. O Poder Judiciário realiza controle "externo", sendo um Poder autônomo ao Poder Executivo; **C:** Incorreta. O Controle de Poder Legislativo é "externo", pelos mesmos motivos acima citados; **D:** Incorreta. Externo é o controle que se realiza por um Poder ou órgão constitucional independente funcionalmente sobre a atividade administrativa de outro Poder estranho à Administração responsável pelo ato controlado, como o feito pelos Tribunais de Contas (Tribunal independente e autônomo); **E:** Incorreta. A Ação Popular é decorrente de controle judicial, que é externo ao Poder Executivo.

Gabarito "A"

14.2. CONTROLE PELO JUDICIÁRIO

(Procurador/DF – 2013 – CESPE) Com referência ao controle jurisdicional, julgue o item abaixo.

(1) *O habeas corpus* é remédio cabível para o controle jurisdicional de ato da administração; contudo, salvo os pressupostos de legalidade, o referido remédio não será cabível em relação a punições disciplinares militares.

1: certa (art. 142, § 2º, da CF).

Gabarito 1C

(Procurador/DF – 2013 – CESPE) Julgue o seguinte item.

(1) Segundo o entendimento firmado no âmbito do STJ, quando se tratar de ato de demissão de servidor público, é permitido questionar o Poder Judiciário acerca da legalidade da pena a ele imposta, até porque, em tais circunstâncias, o controle jurisdicional é amplo, no sentido de verificar se há motivação para o ato de demissão.

1: certa, podendo o Judiciário verificar se o devido processo legal foi respeitado, inclusive quanto ao contraditório e à ampla defesa, bem como se a pena em si está de acordo com a lei, a moralidade e a razoabilidade.

Gabarito 1C

14.3. TEMAS COMBINADOS DE CONTROLE DA ADMINISTRAÇÃO

(Promotor de Justiça/RR – 2017 – CESPE) Com referência ao controle exercido pela administração pública, julgue os seguintes itens.

I. Segundo o STJ, o acesso do MP a informações inseridas em procedimentos disciplinares em tramitação conduzidos pela OAB depende de prévia autorização judicial.

II. Segundo o STJ, o controle externo da atividade policial exercido pelo MP não lhe garante o acesso irrestrito a todos os relatórios de inteligência produzidos pela polícia, mas somente àqueles de natureza persecutório-penal relacionados com a atividade de investigação criminal.

III. Diante de razões de legalidade e de mérito, cabe recurso de decisões administrativas, o qual deverá ser dirigido à autoridade superior àquela que tiver proferido a decisão.

IV. Em se tratando de ação popular, o MP deverá acompanhar a ação, sendo-lhe facultado assumir a defesa de ato que eventualmente seja impugnado.

Estão certos apenas os itens

(A) I e II.

(B) I e IV.

(C) II e III.

(D) III e IV.

I: correta – O STJ entendeu que a obtenção de cópia dos processos ético-disciplinares que tramitam na OAB é matéria submetida à reserva de jurisdição, de modo que pessoas estranhas ao processo somente poderão ter acesso mediante autorização judicial. O poder de requisição do Ministério Público encontra limites nas hipóteses em que o legislador expressamente afirmou que somente poderia haver a quebra do sigilo por decisão judicial. O fundamento para esta decisão encontra-se no § 2º do art. 72 da Lei 8.906/1994, que estabelece que a obtenção de cópia dos processos ético-disciplinares é matéria submetida à reserva de jurisdição, de modo que somente mediante autorização judicial poderá ser dado acesso a terceiros (STJ. Corte Especial. REsp 1.217.271-PR, Rel. Min. Humberto Martins, julgado em 18.05.2016 – Info 589); **II:** correta – Vejamos ementa de julgado do STJ a respeito do tema: Processual civil e administrativo. Recurso especial. Violação ao art. 535 do CPC/1973. Arguição genérica. Ofensa a resoluções. Análise. Impossibilidade. Controle externo do ministério público. Relatórios avulsos de inteligência policial. Acesso irrestrito. Direito. Inexistência.1. O Plenário do STJ decidiu que "aos recursos interpostos com fundamento no CPC/1973 (relativos a decisões publicadas até 17 de março de 2016) devem ser exigidos os requisitos de admissibilidade na forma nele prevista, com as interpretações dadas até então pela jurisprudência do Superior Tribunal de Justiça" (Enunciado Administrativo n. 2). 2. Aplica-se o óbice da Súmula 284 do STF quando a alegação de ofensa ao art. 535 do CPC se faz de forma genérica, sem a demonstração exata dos pontos pelos quais o acórdão se fez omisso, contraditório ou obscuro. Precedentes. 3. É inviável o manejo do recurso especial para analisar eventual afronta a resoluções, portarias, instruções normativas, visto que tais atos normativos não estão compreendidos no conceito de lei federal. 4. Entre as funções institucionais atribuídas ao Ministério Público pela Constituição Federal está o controle externo da atividade policial (CF, art. 129, VII), o que abrange o acesso a quaisquer documentos relativos àquela atividade-fim (art. 9º da LC 75/1993).5. A atividade de inteligência, disciplinada pela Lei 9.883/1999, que instituiu o Sistema Brasileiro de Inteligência (SISBIN) e criou a Agência Brasileira de Inteligência (ABIN), consiste na "obtenção, análise e disseminação de conhecimentos dentro e fora do território nacional sobre fatos e situações de imediata ou potencial influência sobre o processo decisório e a ação governamental e sobre a salvaguarda e a segurança da sociedade e do Estado". 6. "O controle e fiscalização externos da atividade de inteligência serão exercidos pelo Poder Legislativo na forma a ser estabelecida em ato do Congresso Nacional" (art. 6º daquele diploma legal). 7. A inclusão do Departamento de Polícia Federal entre os órgãos integrantes do SISBIN (art. 4º do Decreto 4.376/2002) permitiu àquela unidade a elaboração de relatório de inteligência (RELINT), que, de acordo com a União, "pode transcender o âmbito policial". *8. O controle externo da atividade policial exercido pelo Parquet deve circunscrever-se à atividade de polícia judiciária, conforme a dicção do art. 9º, da LC 75/1993, cabendo-lhe, por essa razão, o acesso aos relatórios de inteligência policial de natureza persecutório-penal, ou seja, relacionados com a atividade de investigação criminal. 9. O poder fiscalizador atribuído ao Ministério Público não lhe confere o acesso irrestrito a "todos os relatórios de inteligência" produzidos pelo Departamento de Polícia Federal, incluindo aqueles não destinados a aparelhar procedimentos investigatórios criminais formalizados.* 10. O exercício de atividade de inteligência estranha às atribuições conferidas pela Constituição Federal à Polícia Federal (polícia judiciária) demanda exame de eventual contrariedade a preceitos constitucionais, o que não é possível na via do recurso especial. 11. Recurso especial conhecido em parte e, nessa extensão, provido para denegar a segurança.(REsp 1439193/RJ, Rel. Ministro Gurgel de Faria, Primeira Turma, julgado em 14/06/2016, DJe 09.08.2016); **III:** incorreta – o recurso deve ser dirigido à autoridade que proferiu a decisão – Art. 56, § 1º, da Lei 9.784/1999; **IV:** incorreta – o MP não é legitimado ativo para a propositura da ação popular. Ele exerce função auxiliar, não lhe sendo permitido defender o ato impugnado. Na execução, o MP é dotado de legitimidade extraordinária subsidiária, devendo promovê-la após o prazo de 60 dias da sentença condenatória transitada em julgado, caso dentro deste prazo, o autor da ação ou terceiro não tenha iniciado a execução. FB

Gabarito "A".

(Analista Judiciário – Área Administrativa – TRT8 – 2013 – CESPE) Caso o Ministério do Trabalho e Emprego pretenda licitar a compra de equipamentos de informática, após a elaboração do edital, para verificar o cumprimento das normas legais sobre a contratação, nos termos da CF, o gestor responsável pelo processo de aquisição deverá submeter o referido edital à análise

(A) do TCU.
(B) da Defensoria Pública da União.
(C) do Ministério da Justiça.
(D) da Advocacia-Geral da União.
(E) do Ministério Público Federal.

O art. 38, parágrafo único, da Lei 8666/1993 aduz que as minutas dos editais de convocação "devem ser previamente examinadas e aprovadas *por assessoria jurídica da Administração*". O art. 131 da CF indica que: "A *Advocacia-Geral da União* é a instituição que, diretamente ou através de órgão vinculado, representa a União, judicial e extrajudicialmente, *cabendo-lhe, nos termos da lei complementar* que dispuser sobre sua organização e funcionamento, *as atividades de consultoria e assessoramento jurídico do Poder Executivo.*" Vide art. 11, VI, *a*, da LC 73/1993 (Lei Orgânica da Advocacia-Geral da União).

Gabarito "D".

(Ministério Público/RR – 2012 – CESPE) No que concerne à administração pública, ao servidor público e à competência administrativa, assinale a opção correta.

(A) De acordo com a legislação aplicável à matéria, a decisão de recursos administrativos pela autoridade competente não pode ser objeto de delegação.
(B) Os servidores que trabalham em serviços auxiliares da justiça ocupam função pública, não cargo público.
(C) Na classificação dos órgãos públicos segundo a posição estatal, consideram-se autônomos, sem subordinação hierárquica, os órgãos situados na cúpula da administração.
(D) A competência administrativa é derrogável e passível de delegação ou avocação.
(E) A ausência de lei que fixe a competência administrativa impede a prática do ato no âmbito da administração pública.

A: correta (art. 13, II, da Lei 9.784/1999); **B:** incorreta, pois os servidores judiciais possuem cargo público e os servidores dos serviços extrajudiciais (Cartórios) possuem emprego privado regido pela CLT; **C:** incorreta, pois os órgãos da cúpula da administração são órgãos independentes; **D:** incorreta, pois, apesar de a competência ser passível de delegação ou avocação, ela é inderrogável, ou seja, não passível de renúncia (art. 11 da Lei 9.784/1999); **E:** incorreta, pois é possível que um agente público receba parte de competência por delegação (art. 12, *caput*, da Lei 9.784/1999).

Gabarito "A".

(Ministério Público/TO – 2012 – CESPE) Com relação à administração pública, a licitações e contratos administrativos, a agentes e servidores públicos e à responsabilidade civil do Estado, assinale a opção correta.

(A) Como medida cautelar, em processo administrativo disciplinar, a autoridade competente, instauradora do processo, poderá, no âmbito de suas atribuições, afastar de suas funções o servidor público implicado, pelo prazo de sessenta dias, sem prejuízo da remuneração, para evitar, dessa maneira, que ele possa influenciar na apuração das irregularidades.
(B) A administração fazendária e seus servidores fiscais não terão, nas suas áreas de competência e jurisdição, definidas por lei, precedência de qualquer natureza sobre os demais setores da administração.
(C) Para garantir o fiel e estrito cumprimento dos contratos de mútuo de longo prazo, particularmente aqueles destinados a investimentos relativos a contratos de concessão, em qualquer de suas modalidades, não se permite que as concessionárias transfiram ou cedam ao mutuante parcelas de seus créditos operacionais futuros em caráter fiduciário.
(D) Diferentemente das empresas públicas, das companhias seguradoras, das cooperativas e das sociedades administradoras de planos de saúde, as sociedades de economia mista subordinam-se às normas da Lei de Recuperação de Empresas.
(E) Os vencimentos dos ocupantes dos cargos do Poder Executivo e do Poder Legislativo não poderão ser superiores aos pagos a ocupantes de cargos do Poder Judiciário.

A: correta (art. 147, *caput*, da Lei 8.112/1990); **B:** incorreta, pois existe essa precedência, na forma da lei (art. 37, XVIII, da CF); **C:** incorreta, pois é permitida tal transferência ou cessão de créditos operacionais futuros em caráter fiduciário (art. 28-A da Lei 8.987/1995); **D:** incorreta, pois, segundo o art. 2º, I, da Lei 11.101/2005, a lei de recuperação judicial, extrajudicial e falência não se aplica a empresas públicas e *sociedades de economia mista*; **E:** incorreta, pois a regra prevista na constituição tem outro teor, qual seja, "os vencimentos dos cargos do poder legislativo e do poder judiciário não poderão ser superiores aos pagos pelo poder executivo" (art. 37, XII, da CF).

Gabarito "A".

(Defensor Público/TO – 2013 – CESPE) Acerca do controle da administração pública, assinale a opção correta.

(A) Por ter sido adotado na CF o princípio da inafastabilidade da jurisdição, o mérito do ato administrativo pode ser controlado pelo Poder Judiciário em qualquer circunstância.
(B) O controle interno é exercido apenas no âmbito do Poder Executivo.
(C) Dado o princípio da separação de poderes, é vedado ao Congresso Nacional fiscalizar e controlar os atos do Poder Executivo, incluídos os da administração indireta.
(D) O direito de petição aos poderes públicos em defesa de direitos ou contra ilegalidade ou abuso de poder é espécie de controle judicial.
(E) O controle judicial da administração pública, no Brasil, é realizado com base no sistema da unidade de jurisdição.

A: incorreta, pois o mérito administrativo (a margem de liberdade concedida à Administração) deve ser respeitada pelo Judiciário, sob pena de indevida interferência entre os Poderes; em relação aos atos em que há mérito administrativo, o Judiciário só pode controlar aspectos de legalidade em sentido amplo, o que inclui a legalidade em sentido estrito, a moralidade e a razoabilidade; **B:** incorreta, pois o controle interno deve se dar na Administração Pública dos três poderes (art. 70, *caput*, da CF); **C:** incorreta, pois esse controle existe e é uma das principais funções do Legislativo (art. 71 da CF); **D:** incorreta, pois esse direito se exerce diretamente junto à Administração Pública, podendo resultar ou não em posterior ação judicial; pode ser que o pleito formulado pelo direito de petição seja atendido diretamente pela Administração, sem necessidade de buscar o Judiciário; ou pode ser que o pleito administrativo não tenha resultado e o particular não queira buscar a apreciação jurisdicional; em suma, não é necessária a presença do Judiciário para o exercício do direito de petição; **E:** correta, pois no Brasil o Judiciário tem o monopólio da jurisdição, diferentemente do que ocorre na França, por exemplo, em que há dualidade de jurisdição, que é exercida pelo Judiciário, quanto às causas em geral, e pelo Conselho de Estado, quanto às causas de interesse do Poder Público.

Gabarito "E".

(Procurador/DF – 2013 – CESPE) Acerca do controle da administração pública, julgue o item a seguir.

(1) Em relação ao controle externo exercido pelo Congresso Nacional, a fiscalização financeira diz respeito ao acompanhamento da execução do orçamento e da verificação dos registros adequados nas rubricas orçamentárias.

1: errada, pois a fiscalização financeira em sentido amplo também se aterá à legalidade, à legitimidade, à economicidade e aos demais elementos mencionados no art. 70, *caput*, da CF.

Gabarito 1E

(Procurador/DF – 2013 – CESPE) Acerca do controle da administração pública, julgue o item a seguir.

(1) O controle administrativo é um controle de legalidade e de mérito, exercido exclusivamente pelo Poder Executivo sobre suas próprias condutas.

1: errada, pois o Judiciário também exerce o controle de legalidade (em sentido amplo) sobre as condutas do Executivo; não bastasse, o Legislativo também fará o controle de condutas do Executivo, inclusive mediante a sustação de atos da Administração (arts. 70 a 72 da CF).

Gabarito 1E

(Magistratura Federal/1ª Região – 2011 – CESPE) Considerando a disciplina e a jurisprudência concernentes ao controle dos atos administrativos, assinale a opção correta.

(A) A análise acerca de eventual ofensa do ato administrativo ao princípio da proporcionalidade exige juízo de valor acerca da conveniência e oportunidade, razão pela qual não se revela passível de controle por parte do Poder Judiciário.

(B) Na hipótese de demissão imposta a servidor público submetido a processo administrativo disciplinar, o controle por parte do Poder Judiciário deve ficar restrito aos aspectos formais, visto que não é possível a análise da motivação do ato decisório.

(C) Em obediência ao princípio da segurança jurídica, o controle externo, oriundo dos Poderes Legislativo e Judiciário, está sujeito a prazo de caducidade, assim como o controle interno, razão pela qual decai em cinco anos o direito ao controle dos atos administrativos dos quais decorram efeitos favoráveis para os destinatários, ainda que comprovada a má-fé.

(D) Quando for exarada decisão do tribunal de contas reconhecendo a legitimidade do ato administrativo, este não poderá ser objeto de impugnação em ação de improbidade, restando inviabilizado, em tal hipótese, o controle do Poder Judiciário.

(E) Nas demandas que envolvam discussão acerca de concurso público, é vedada, em regra, a apreciação pelo Poder Judiciário dos critérios utilizados pela banca examinadora para a formulação de questões e atribuição de notas a candidatos, sob pena de incursão no denominado mérito administrativo.

A: incorreta. O princípio da proporcionalidade estabelece a obrigatoriedade de que a Administração Pública, no manejo dos poderes que lhe são outorgados pela lei para o atingimento do interesse público, atue com moderação, respeitando os direitos fundamentais e evitando o sacrifício desnecessário ou desmedido de qualquer prerrogativa assegurada ao cidadão pelo ordenamento jurídico. Desdobra-se nos postulados da necessidade (ou seja, se é preciso efetivamente a realização do ato), adequação (se a medida adotada consiste no instrumento correto para o atingimento ótimo da finalidade legal) e proporcionalidade em sentido estrito (a obrigatoriedade de o ato seja praticado na exata medida necessária para o atendimento do interesse público). Tudo isso é aspecto de legalidade e não integra o mérito administrativo, razão pela qual pode ser objeto de análise pelo Poder Judiciário; **B:** incorreta. A motivação é um dos princípios que rege os processos administrativos em geral (art. 2º da Lei nº 9.784/1999), incidindo igualmente sobre os processos administrativos disciplinares. É passível de apreciação pelo Poder Judiciário sob o aspecto da legalidade do ato; **C:** incorreta. O prazo de cinco anos para o exercício do poder de autotutela pela Administração Pública, ou seja, para, em exercício de controle interno, poder anular os próprios atos quando eivados de ilegalidade, não possui previsão legal de aplicação para o controle externo – art. 54 da Lei nº 9.784/1999; **D:** incorreta. Embora seja reconhecida a competência constitucional dos tribunais de contas de exercerem a fiscalização contábil, financeira, orçamentária, operacional e patrimonial sob o prisma da legitimidade, isto é, de sua conformidade com a lei, essa análise não extrai do Judiciário seu poder de apreciação, face ao que determina o art. 5º, XXXV, da CF/1988; **E:** correta. Desde que dentro dos parâmetros legais e previstos no edital, a formulação de questões e atribuição de notas a candidatos relacionam-se com o mérito administrativo, que se consubstancia na valoração dos motivos e na escolha do objeto do ato quando a Administração Pública é autorizada a decidir sobre sua conveniência e oportunidade.

Gabarito "E"

15. OUTROS TEMAS E TEMAS COMBINADOS DE DIREITO ADMINISTRATIVO

(Técnico Judiciário – Área Administrativa – TRT8 – 2013 – CESPE) A propósito das disposições gerais da Lei n.º 8.429/1992, assinale a opção correta.

(A) Não será considerado agente público, para os efeitos da lei em pauta, aquele que exerça, sem remuneração, função em autarquia federal.

(B) O dano deve ser ressarcido integralmente caso ocorra lesão ao patrimônio público por ação ou omissão dolosa do agente público, sendo dispensável o ressarcimento na hipótese de omissão culposa.

(C) Estará sujeito às cominações da lei em questão o sucessor daquele que se enriquecer ilicitamente, até o limite do valor das vantagens patrimoniais recebidas indevidamente.

(D) Na hipótese em que o ato de improbidade ensejar enriquecimento ilícito, caberá à autoridade administrativa responsável pelo inquérito representar ao TCU, visando a indisponibilidade dos bens do indiciado.

(E) Deve ser punido, na forma da lei em apreço, o ato de improbidade administrativa praticado por agente público contra entidade para cuja criação o erário tenha concorrido com mais de 50% do patrimônio.

A: Incorreta. Nos termos do art. 2º reputa-se agente público, para os efeitos desta lei, todo aquele que exerce, ainda que transitoriamente ou sem remuneração, por eleição, nomeação, designação, contratação ou qualquer outra forma de investidura ou vínculo, mandato, cargo, emprego ou função nas entidades mencionadas no art. 1º da Lei 8.429/1992; **B:** Incorreta, pois o ressarcimento integral do dano ocorrerá havendo ação ou omissão dolosa ou culposa (arts. 12 c.c 10 da Lei 8.429/1992); **C:** Incorreta. O sucessor daquele que causar lesão ao patrimônio público ou se enriquecer ilicitamente está sujeito às cominações da Lei 8.429/1992 **até o limite do valor da herança** (art. 8º da Lei 8.429/1992); **D:** Incorreta, pois caberá a autoridade administrativa responsável pelo inquérito representar ao **Ministério Público e não ao TCU**, para a indisponibilidade dos bens do indiciado (art. 7º, *caput*, da Lei 8.429/1992); **E:** Correta, conforme art. 1º da Lei 8.429/1992.

Gabarito "E"

(Defensor Público/RO – 2012 – CESPE) Assinale a opção correta conforme os ensinamentos de direito administrativo.

(A) Caso um servidor público seja empossado em cargo privativo de bacharel em direito, em razão da apresentação de diploma falso, a administração pública ou o poder judiciário, após a comprovação da ilegalidade, deverá anular o ato da posse, estendendo-se a anulação também aos atos que, praticados pelo servidor, envolvam terceiros, ainda que de boa-fé.

(B) Caso um servidor comissionado seja exonerado por autoridade competente por decisão motivada por escrito, na qual se justifique a exoneração pela existência de faltas frequentes e injustificadas, o ato da administração, por ser discricionário e não exigir motivação expressa, conforme a teoria dos motivos determinantes, não pode ser contestado.

(C) Os serviços públicos são concebidos, em uma acepção ampla, como as atividades materiais que a lei atribui ao Estado, em referência direta com o princípio da continuidade dos serviços públicos.

(D) As autarquias integram a administração indireta, desempenham atividades típicas da administração pública e adquirem personalidade jurídica mediante a inscrição de seus atos constitutivos nos registros públicos.

(E) A concessão de licença-paternidade aos servidores públicos, regulada pela Lei nº 8.112/1990, é um exemplo de ato administrativo discricionário, ou seja, cabe à administração negá-la ao servidor caso o seu afastamento seja considerado prejudicial ao serviço.

A: incorreta, visto que nesse caso temos a chamada função de fato, que é aquela exercida por alguém irregularmente investido em função pública; em situações como essa, em homenagem ao princípio da segurança jurídica, os atos praticados pelo servidor poderão ser mantidos caso se revelem legais quanto aos demais aspectos, preservando-se interesses de terceiros de boa-fé; **B:** incorreta, pois, de acordo com a Teoria dos Motivos Determinantes, os motivos invocados, caso se revelem falsos, viciarão o ato praticado, ainda que a motivação não fosse necessária no caso; **C:** correta, pois traz o exato conceito de serviços públicos e ainda lembra importante princípio que o rege, que é o princípio da continuidade dos serviços públicos; **D:** incorreta, pois as autarquias são criadas pela própria lei; assim, no momento em que a lei entrar em vigor, a autarquia passará a existir, não sendo necessário arquivamento dos atos constitutivos em registro público para que a autarquia adquira personalidade jurídica; **E:** incorreta, pois tal licença é ato vinculado, tendo o servidor direito subjetivo a ela, independentemente de qualquer apreciação subjetiva da administração (art. 208 da Lei 8.112/1990).

Gabarito "C"

(Defensor Público/RO – 2012 – CESPE) Assinale a opção correta a respeito dos institutos da licitação, dos contratos administrativos e da improbidade administrativa.

(A) A caracterização de ato de improbidade por ofensa aos princípios que regem a administração pública independe da demonstração de dolo *lato sensu* ou genérico.

(B) Segundo a jurisprudência, a renovação de contrato de concessão de serviço sem a realização de regular procedimento licitatório implica perpetuação da irregularidade durante o período de renovação, razão pela qual deve ser afastada a invocação de decadência se a ação civil pública for ajuizada no referido período.

(C) A ocorrência de irregularidade em contrato de concessão isenta o beneficiário do serviço da obrigação de indenizar o contratado pelos serviços prestados.

(D) Considere que determinado ente público, após prévia licitação, tenha celebrado contrato com empresa para a exploração de linha de transporte em horário diurno e que, posteriormente, tenha ampliado o conteúdo do ato para autorizar também a exploração no horário noturno. Nessa situação, a ampliação, por não se sujeitar ao princípio da obrigatoriedade de licitação, é considerada válida.

(E) De acordo com a jurisprudência, não se exige, para a configuração da prática do crime de dispensa de licitação mediante fracionamento da contratação, a presença do dolo específico de causar dano ao erário e da caracterização do efetivo prejuízo.

A: incorreta, pois é necessário dolo para a configuração da modalidade improbidade de ofensa a princípios (art. 11 da Lei 8.429/1992), diferentemente da modalidade de prejuízo ao erário (art. 10 da Lei 8.429/1992), que se configure mediante conduta culposa ou dolosa, conforme está expresso no art. 10, *caput*, da Lei 8.429/1992; **B:** correta, pois a lesão ao direito se renova a cada dia em que o contrato se perpetua sem a devida licitação, de modo que o prazo recomeça a correr a cada dia em que a contratação irregular se mantém; **C:** incorreta, pois haveria enriquecimento sem causa do usuário se fruísse do serviço sem o consequente pagamento do que lhe foi prestado; **D:** incorreta, pois a medida é uma fraude ao processo licitatório; isso porque, se os licitantes do certame em que a linha diurna foi disputada soubessem que a linha noturna também seria concedida, talvez tivessem feito propostas melhores do que a ganhadora do certame; assim, não havendo previsão no edital da licitação originária quanto à exploração da linha noturna, não há como se reconhecer a validade da ampliação do objeto da concessão; **E:** incorreta, pois a jurisprudência do STJ é pacífica no sentido de que é necessário o dolo específico mencionado para a configuração do crime previsto no art. 83 da Lei 8.666/1993 (STJ, REsp 1.349.442, DJ 15.04.13).

Gabarito "B"

(Defensor Público/TO – 2013 – CESPE) A respeito dos serviços públicos e da organização da administração pública, assinale a opção correta.

(A) A desconcentração e a descentralização administrativas constituem institutos jurídicos idênticos.

(B) Para a criação de entidades da administração pública indireta, excetuada a de subsidiárias de sociedade de economia mista e de empresas públicas, é necessária a edição de lei específica.

(C) A prestação de serviços públicos deve ser realizada diretamente pelo Estado ou por entes privados sob o regime de concessão, permissão ou autorização, caso em que é inexigível licitação.

(D) A CF passou a prever, após a reforma administrativa do Estado promovida pela Emenda Constitucional nº 19/1998, a gestão associada na prestação de serviços públicos mediante convênios de cooperação e consórcios públicos.

(E) A responsabilidade civil das pessoas jurídicas de direito privado, incluídas as que prestam serviços públicos, é subjetiva, isto é, depende da ocorrência de culpa ou dolo.

A: incorreta, pois a desconcentração é a distribuição interna de competência (de órgão para órgão), ao passo que a descentralização é a distribuição externa de competência (de pessoa jurídica para pessoa jurídica); **B:** incorreta, pois também é necessária autorização legislativa para a criação de subsidiárias de sociedade de economia mista e de empresas públicas (art. 37, XIX e XX, da CF); **C:** incorreta, pois a licitação é necessária para concessões e permissões de serviço público (art. 175, *caput*, da CF); **D:** correta (art. 241 da CF); **E:** incorreta, pois as pessoas jurídicas de direito privado prestadoras de serviço público respondem objetivamente na forma do art. 37, § 6º, da CF, diferentemente das pessoas jurídicas de direito privado exploradoras de atividade econômica, que respondem na forma das leis infraconstitucionais, ou seja, ora subjetiva, ora objetivamente.

Gabarito "D"

15. Direito Civil

Ana Paula Garcia, André de Carvalho Barros, Gabriela Rodrigues, Gustavo Nicolau, Vanessa Trigueiros e Wander Garcia*

1. LINDB

1.1. EFICÁCIA DA LEI NO TEMPO

(Técnico Judiciário – STJ – 2018 – CESPE) Julgue os itens a seguir, à luz da Lei de Introdução ao Código Civil – Lei de Introdução às Normas do Direito Brasileiro.

(1) Se a lei não dispuser em sentido diverso, a sua vigência terá início noventa dias após a data de sua publicação.

(2) Lei em vigor tem efeito imediato e geral, respeitados o ato jurídico perfeito, o direito adquirido e a coisa julgada.

(3) O intervalo temporal entre a publicação e o início de vigência de uma lei denomina-se *vacatio legis*.

(4) O prazo de *vacatio legis* se aplica às leis, aos decretos e aos regulamentos.

1: Errada, pois salvo disposição em contrário, a lei entra em vigor 45 dias após a sua publicação (art. 1º da LINDB); **2:** correta (art. 6º da LINDB); **3:** correta. *Vacatio legis* trata-se de expressão latina que significa período de vacância da lei, que é aquele que ocorre entre a data de publicação e o início de sua vigência. Existe para que os jurisdicionados possam assimilar o conteúdo de uma nova lei; **4:** errada, pois não há inovação, não modificam e nem extinguem direitos, limitam-se a detalhar (corrente majoritária). A corrente minoritária defende que necessitam de *vacatio legis*, pois trariam novos procedimentos.

Gabarito 1E, 2C, 3C, 4E

(Delegado Federal – 2018 – CESPE) Diante da existência de normas gerais sobre determinado assunto, publicou-se oficialmente nova lei que estabelece disposições especiais acerca desse assunto. Nada ficou estabelecido acerca da data em que essa nova lei entraria em vigor nem do prazo de sua vigência. Seis meses depois da publicação oficial da nova lei, um juiz recebeu um processo em que as partes discutiam um contrato firmado anos antes.

A partir dessa situação hipotética, julgue os itens a seguir, considerando o disposto na Lei de Introdução às Normas do Direito Brasileiro.

(1) A nova lei começou a vigorar no país quarenta e cinco dias depois de oficialmente publicada e permanecerá em vigor até que outra lei a modifique ou a revogue.

(2) O contrato é regido pelas normas em vigor à data de sua celebração, observados os efeitos futuros ocorridos após a *vacatio legis* da nova lei.

(3) O caso hipotético configura repristinação, devendo o julgador, por isso, diante de eventual conflito de normas, aplicar a lei mais nova e específica.

1: certa, pois nos termos do art. 1º da LINDB, não havendo disposição em contrário, a lei começa a vigorar em todo o país quarenta e cinco dias depois de oficialmente publicada. Ademais, não se tratando de lei de vigência temporária, permanecerá em vigor até que outra a modifique ou revogue (art. 2º da LINDB); **2:** errada. O art. 2º, § 2º, da LINDB prevê que: "A lei nova que estabeleça disposições gerais ou especiais a par das já existentes, não revoga nem modifica a lei anterior". Isso significa que a norma geral não revoga a especial assim como a especial não revoga a geral, podendo ambas reger a mesma matéria contanto que não haja choque entre elas. No caso em tela, embora o enunciado não tenha deixado muito claro tudo indica que houve choque, portanto a normal especial revogou a geral, razão pela qual o contrato passará a ser regido pela lei nova, pelo critério da especialidade; **3:** errada, pois repristinação consiste na lei revogada ser restaurada por ter a lei revogadora perdido a vigência (art. 2º, § 3º, da LINDB). Em nosso ordenamento jurídico não é admitida a repristinação automática.

Gabarito 1C, 2E, 3E

(Juiz – TRF5 – 2017 – CESPE) A continuidade de aplicação de lei já revogada às relações jurídicas civis consolidadas durante a sua vigência caracteriza

(A) a aplicação do princípio da segurança jurídica.

(B) a ultratividade da norma.

(C) a repristinação da norma.

(D) o princípio da continuidade normativa.

(E) a supremacia da lei revogada.

A: incorreta, pois o princípio da segurança jurídica tem o intuito de trazer estabilidade para as relações jurídicas e se divide em duas partes: uma de natureza objetiva e outra de natureza subjetiva. A natureza objetiva: versa sobre a irretroatividade de nova interpretação de lei no âmbito da Administração Pública. A natureza subjetiva: versa sobre a confiança da sociedade nos atos, procedimentos e condutas proferidas pelo Estado; **B:** correta, pois ultratividade consiste na **ação de aplicar uma lei (ou dispositivo de lei) que já foi revogada em casos que ocorreram durante o período em que esta estava vigente; C:** incorreta, pois a repristinação ocorre quando uma lei é revogada por outra e posteriormente a própria norma revogadora é revogada por uma terceira lei, que irá fazer com que a primeira tenha sua vigência reestabelecida caso assim determine em seu texto legal. No nosso ordenamento a lei revogada não se restaura por ter a lei revogadora perdido a vigência, salvo disposição em contrário (art. 2º, § 3º, da LINDB); **D:** incorreta, pois o princípio da continuidade normativa significa a manutenção, após a revogação de determinado dispositivo legal, do caráter proibido da conduta, porém com o deslocamento do conteúdo para outra lei. A intenção do legislador, nesse caso, é que não que haja a *abolitio criminis*. **E:** incorreta, pois a lei revogada não tem supremacia. A ultratividade apenas ocorrerá se houver disposição expressa.

Gabarito "B"

(Analista Judiciário – TRT/8ª – 2016 – CESPE) Assinale a opção correta, em relação à classificação e à eficácia das leis no tempo e no espaço.

(A) Quanto à eficácia da lei no espaço, no Brasil se adota o princípio da territorialidade moderada, que permite, em alguns casos, que lei estrangeira seja aplicada dentro de território brasileiro.

(B) De acordo com a Lei de Introdução às Normas do Direito Brasileiro (LINDB), em regra, a lei revogada é restaurada quando a lei revogadora perde a vigência.

(C) Por ser o direito civil ramo do direito privado, impera o princípio da autonomia de vontade, de forma que as partes podem, de comum acordo, afastar a imperatividade das leis denominadas cogentes.

(D) A lei entra em vigor somente depois de transcorrido o prazo da *vacatio legis*, e não com sua publicação em órgão oficial.

(E) Dado o princípio da continuidade, a lei terá vigência enquanto outra não a modificar ou revogar, podendo a revogação ocorrer pela derrogação, que é a supressão integral da lei, ou pela ab-rogação, quando a supressão é apenas parcial.

A: correta, pois a lei estrangeira pode ser aplicada no Brasil em casos específicos. É o que ocorre, por exemplo, com pessoa que deixa bens no Brasil, mas que tinha domicílio no exterior. Para tais casos, o juiz deverá aplicar a lei do domicílio do *DE cujus* (LI, art. 10, e CF, art. 5º, XXXI). O próprio CPC (art. 376) prevê a hipótese de aplicação de lei estrangeira; **B:** incorreta, pois a chamada repristinação depende de expressa previsão da lei que revogou a lei revogadora (LI, art. 2º, § 3º); **C:** incorreta, pois as leis cogentes não podem ser afastadas por

* **Wander Garcia** comentou as questões de Delegado/PE/16; **Gustavo Nicolau** comentou as questões de Defensor Público/RN/16, Procurador do Estado/16, Analista/TRE/PI/16, Analista TRT/8/16, Analista/PA/16, Analista/TCE/PR/16, Juiz de Direito/16, MP/PI/14, Defenso-ria/DF/14, Cartório/ES/13, Cartório/RR/13

acordo entre as partes. É o caso, por exemplo, dos deveres conjugais (CC, art. 1.566) ou das obrigações decorrentes do poder familiar (CC, art. 1.630); **D**:incorreta, pois pode haver leis que não tenham *vacatio legis*. Nesse caso, entram em vigor no dia de sua publicação no Diário Oficial (LI, art. 1°); **E**: incorreta, pois a derrogação é a revogação parcial, ao passo que a ab-rogação é a revogação integral da lei.

Gabarito "A"

(Juiz de Direito/AM – 2016 – CESPE) A respeito da eficácia da lei no tempo e no espaço, assinale a opção correta conforme a LINDB.

(A) Para ser aplicada, a norma deverá estar vigente e, por isso, uma vez que ela seja revogada, não será permitida a sua ultratividade.

(B) Tendo o ordenamento brasileiro optado pela adoção, quanto à eficácia espacial da lei, do sistema da territorialidade moderada, é possível a aplicação da lei brasileira dentro do território nacional e, excepcionalmente, fora, e vedada a aplicação de lei estrangeira nos limites do Brasil.

(C) Quando a sucessão incidir sobre bens de estrangeiro residente, em vida, fora do território nacional, aplicar-se-á a lei do país de domicílio do defunto, quando esta for mais favorável ao cônjuge e aos filhos brasileiros, ainda que todos os bens estejam localizados no Brasil.

(D) Não havendo disposição em contrário, o início da vigência de uma lei coincidirá com a data da sua publicação.

(E) Quando a republicação de lei que ainda não entrou em vigor ocorrer tão somente para correção de falhas de grafia constantes de seu texto, o prazo da *vacatio legis* não sofrerá interrupção e deverá ser contado da data da primeira publicação.

A: incorreta, pois a hipótese de ultratividade é admitida em nosso ordenamento. Imagine, por exemplo, um crime cometido sob a égide da Lei "A". Quando do julgamento, já está vigendo a Lei "B", mais severa do que a anterior. A Lei "A", mesmo revogada, será aplicada no referido julgamento penal. O mesmo ocorre com alteração de lei sucessória. O juiz deverá usar a lei do momento da morte (CC, art. 2.041), ainda que nova lei regulamente o assunto de forma diversa; **B**: incorreta, pois a lei estrangeira pode ser aplicada no Brasil em casos específicos. É o que ocorre, por exemplo, com pessoa que deixa bens no Brasil, mas que tinha domicílio no exterior. Para tais casos, o juiz deverá aplicar a lei do domicílio do *de cujus* (LI, art. 10 e CF, art. 5°, XXXI). O próprio CPC (art. 376) prevê a hipótese de aplicação de lei estrangeira; **C**: correta, pois de acordo com a previsão do art. 10 da LI. Como regra, aplica-se a lei de domicílio do *de cujus*. Nesses casos, contudo, será aplicada a lei brasileira se ela – na comparação com a estrangeira – for mais favorável ao cônjuge ou aos filhos de nacionalidade brasileira; **D**: incorreta, pois – no silêncio da lei – a *vacatio legis* será de 45 dias (LI, art. 1°); **E**: incorreta, pois nesse caso o prazo começa a correr da nova publicação (LI, art. 1°, § 3°).

Gabarito "C"

(Cartório/RR – 2013 – CESPE) Em relação à Lei de Introdução às Normas do Direito Brasileiro, assinale a opção correta.

(A) O direito pátrio admite o instituto da *vacatio legis*, aplicável a todos os atos normativos, inclusive aos decretos e regulamentos.

(B) Em regra, a equidade revela-se um método de integração das normas jurídicas.

(C) Aplica-se a Lei da Nacionalidade para regular as questões relacionadas ao nome, começo e fim da personalidade, capacidade e direitos de família.

(D) A antiga Lei de Introdução ao Código Civil mudou de nome, passando a denominar-se Lei de Introdução às Normas do Direito Brasileiro. Em que pese tal aspecto, esse diploma normativo continua sendo um apêndice do Código Civil de 2002.

(E) No que diz respeito à vigência normativa, é correto afirmar que, com a promulgação, a lei passa a existir e a ser válida.

A: incorreta. O instituto da *vacatio legis*, tal como previsto pelo art. 1° da Lei de Introdução, é voltado para a espécie normativa primária, ou seja, para a lei *stricto sensu*; **B**: incorreta, pois a Lei de Introdução não prevê a equidade como uma forma de integração da norma. Os três sistemas integradores, ou seja, que buscam tornar a norma íntegra, sem lacunas, são: analogia, costumes e princípios gerais do Direito (Lei de Introdução, art. 4º); **C**: incorreta, pois deve-se aplicar a lei do país em que domiciliada a pessoa (Lei de Introdução, art. 7º); **D**: incorreta, pois a Lei de Introdução é uma lei autônoma e específica, não fazendo parte integrante de nenhuma outra lei, quer explicita ou implicitamente. Trata-se, sim, de uma *lex legum*, ou seja, uma lei cujo objeto é a própria lei; **E**: correta, pois parte da doutrina de fato opina no sentido de que a promulgação faz a lei existir. Vale destacar, todavia, que o assunto comporta duas correntes de entendimento. Alexandre de Moraes, por exemplo, leciona: "o projeto de lei torna-se lei, ou com a sanção presidencial, ou mesmo com a derrubada do veto por parte do Congresso Nacional, uma vez que a promulgação refere-se à própria Lei" (MORAES, Alexandre. Direito Constitucional. 27. ed. São Paulo: Atlas, p. 687).

Gabarito "E"

(Magistratura/PB – 2011 – CESPE) À luz das disposições legais e da jurisprudência acerca da vigência e da eficácia da lei, assinale a opção correta.

(A) A norma declarada inconstitucional é nula *ab origine* e, em regra, não se revela apta à produção de efeito algum, sequer o de revogar a norma anterior, que volta a viger plenamente nesse caso.

(B) As regras de direito intertemporal, segundo as quais as obrigações devem ser regidas pela lei vigente ao tempo em que se constituíram, não são aplicáveis quando a obrigação tiver base extracontratual.

(C) O fato de, antes da entrada em vigor de determinada lei, haver nova publicação de seu texto para simples correção não é capaz, por si só, de alterar o prazo inicial de vigência dessa lei.

(D) Como, em regra, a lei vigora até que outra a modifique ou revogue, lei nova que estabeleça disposições especiais a par das já existentes revoga ou modifica a lei anterior.

(E) A repristinação ocorre com a revogação da lei revogadora e, salvo disposição em contrário, é amplamente admitida no sistema normativo pátrio.

A: correta, pois, como regra, o efeito da decisão que declara inconstitucional dada norma, exarada em ação que visa o controle concentrado de constitucionalidade, é *ex tunc*, ou seja, retroage, conforme interpretação a *contrario sensu* do disposto no art. 27 da Lei 9.868/99; **B**: incorreta, pois tanto as obrigações contratuais, como as extracontratuais são regidas pela lei vigente ao tempo em que se constituírem; porém, é bom lembrar que essa regra vale para reger a validade das obrigações; já, quanto aos efeitos das obrigações (ex: juros, correção monetária), são regidos pela lei que estiver em vigor quando os efeitos acontecerem, salvo se houver sido prevista pelas partes determinada forma de execução (art. 2.035 do CC); **C**: incorreta, pois se antes de a lei entrar em vigor, ocorrer nova publicação de seu texto, destinada a correção, o prazo deste artigo e dos parágrafos anteriores começará a correr da nova publicação (art. 1º, § 3º, da LINDB); **D**: incorreta (art. 2º, § 2º, da LINDB); **E**: incorreta (art. 2º, § 3º, da LINDB).

Gabarito "A"

(Ministério Público/SE – 2010 – CESPE) Considere que a Lei A, de vigência temporária, revogue expressamente a Lei B. Nesse caso, quando a lei A perder a vigência,

(A) a lei B será automaticamente restaurada, já que a lei A é temporária e os seus efeitos, apenas suspensivos.

(B) a lei B será automaticamente restaurada, já que não pode haver vácuo normativo.

(C) a lei B não será restaurada, já que não se admite antinomia real.

(D) a lei B não será restaurada, salvo disposição expressa nesse sentido.

(E) a revogação será tida como ineficaz, porque não pode ser determinada por lei de vigência temporária.

A alternativa "d" está correta, pois, no Brasil, como regra, não existe o efeito repristinatório das leis revogadas, o qual só existirá se houver disposição expressa nesse sentido. Assim, se uma lei A é revogada por uma lei B e a lei B é revogada por uma lei C, a lei A não ficará restaurada, a não ser que a lei C, expressamente, disponha que a lei A ficará restaurada.

Gabarito "D"

(Ministério Público/TO – 2012 – CESPE) Considerando a importância das leis para a manutenção da ordem jurídica, assinale a opção correta.

(A) No que se refere aos bens, a Lei de Introdução às Normas do Direito Brasileiro estabelece que a regra para aplicação da norma em relação a bens móveis transportados é a relativa à situação dos bens.
(B) No ordenamento brasileiro, uma lei revogada pode ser repristinada, caso a lei que a tenha revogado seja declarada inconstitucional.
(C) São lacunas do direito: a normativa, a ontológica, a axiológica e a antinômica.
(D) Contrato celebrado em território ficto não será regulado pela norma jurídica brasileira, mas pela lei do país onde o contrato tenha sido realizado.
(E) Em caso de conflito de norma especial anterior e norma geral posterior, prevalecerá, pelo critério hierárquico, a primeira norma.

A: incorreta, pois para esse caso a LINDB (art. 8° § 1°) determina que se aplique a lei em que domiciliado o proprietário; **B:** correta, pois nada impede a repristinação expressa de uma norma. A LINDB veda apenas a repristinação automática (art. 2° § 3°); **C:** incorreta, pois apenas as três primeiras refletem espécies de lacunas, não sendo espécie de lacuna a antinômica. A lacuna normativa é a típica lacuna, hipótese na qual não há lei para regular o caso concreto; a ontológica reflete a situação na qual existe norma, mas dissociada dos fatos sociais; a axiológica representa situação na qual existe lei, mas cuja aplicação seria injusta; **D:** incorreta, pois o contrato celebrado em território ficto (território que não corresponde às fronteiras, mas que apesar disso corresponde juridicamente ao território) será regulado pela norma brasileira; **E:** incorreta, pois nesse caso prevalecerá a segunda norma. O Código Civil, lei geral, por exemplo, revogou, total ou parcialmente, diversas leis especiais.

Gabarito "B"

(Procurador/DF – 2013 – CESPE) A respeito da eficácia da lei no tempo e no espaço, julgue os itens a seguir.

(1) No curso de uma relação contratual civil, caso surja lei nova que trate da matéria objeto da relação jurídica entabulada, essa nova lei deverá ser aplicada à referida relação se apresentar regra mais favorável ao devedor.
(2) O princípio da irretroatividade da lei nova se aplica às leis de ordem pública.

1: Errada, pois não há regra nesse sentido. A regra geral que deverá ser aplicada é a de que a nova lei respeitará o ato jurídico perfeito (art. 6º, "*caput*" e § 1º, da LINDB); **2:** Certa, pois de pleno acordo com o princípio básico da irretroatividade, previsto no art. 5º, XXXVI, da CF e no art. 6º da LINDB.

Gabarito 1E, 2C

(Procurador do Município - Campo Grande/MS - 2019 - CESPE/CEBRASPE) Considerando as disposições da Lei de Introdução às Normas do Direito Brasileiro, julgue os itens a seguir.

(1) Diante de omissão legal, o juiz decidirá de acordo com a analogia, os costumes e os princípios gerais de direito, visando atender aos fins sociais da lei e às exigências do bem comum.
(2) Salvo expressa disposição em contrário, a lei entrará em vigor no primeiro dia útil após a sua publicação no Diário Oficial da União.
(3) Autoridade judiciária brasileira tem competência concorrente para julgar ações relativas a imóveis que, situados no Brasil, sejam de propriedade de estrangeiros.

1: certa, nos termos dos arts. 4º e 5º da LINDB; **2:** errada, pois salvo disposição contrária, a lei começa a vigorar em todo o país quarenta e cinco dias depois de oficialmente publicada (art. 1º LINDB); **3:** errada, pois a autoridade judiciária brasileira tem competência exclusiva para julgar ações relativas a imóveis que, situados no Brasil, sejam de propriedade de estrangeiros (art. 12, § 1º, da LINDB) GR

Gabarito 1C, 2E, 3E

(Delegado - PC/SE - 2018 - CESPE/CEBRASPE) Tendo como referência essa situação hipotética, julgue os seguintes itens, com base na Lei de Introdução às Normas do Direito Brasileiro.

(1) No momento do ajuizamento da ação, a nova lei já estava em vigor.
(2) Apesar de a nova lei ter revogado integralmente a anterior, ela não se aplica ao contrato objeto da ação.

1: Certa, pois considerando que a nova lei foi publicada oficialmente sem estabelecer data para a sua entrada em vigor aplica-se o disposto no art. 1º da LINDB que dispõe que salvo disposição contrária, a lei começa a vigorar em todo o país quarenta e cinco dias depois de oficialmente publicada. Logo, a lei já estava em vigor quando a ação foi ajuizada, pois isso aconteceu 60 dias após a publicação da nova norma; **2:** Certa, pois nos termos do art. 6º da LINDB a Lei em vigor terá efeito imediato e geral, respeitados o ato jurídico perfeito, o direito adquirido e a coisa julgada. O contrato constitui-se como um ato jurídico perfeito, que é aquele já consumado segundo a lei vigente ao tempo em que se efetuou (art. 6º, §1º LINDB). Logo, a ele aplica-se a lei que era vigente na data em que foi celebrado. GR

Gabarito: 1C, 2C

1.2. EFICÁCIA DA LEI NO ESPAÇO

(Defensor Público/AL – 2017 – CESPE) Em 1.º/1/2017, Lúcio, que era brasileiro e casado sob o regime legal com Maria, também brasileira, ambos residentes e domiciliados em um país asiático, faleceu. Lúcio deixou dois filhos como herdeiros, Vanessa e Robson, residentes e domiciliados no Brasil, e os seguintes bens a inventariar: a casa em que residia no exterior, uma casa no Brasil e dois automóveis, localizados no exterior. O casamento de Lúcio e Maria foi celebrado no Brasil. Antes do casamento, ele residia e era domiciliado no Brasil, ao passo que ela residia e era domiciliada em um país africano. O primeiro domicílio do casal foi no exterior.

Considerando essa situação hipotética, assinale a opção correta.

(A) A lei brasileira regulará a capacidade para suceder de Vanessa e Robson.
(B) Aplica-se a lei brasileira quanto ao regime de bens do casal.
(C) As regras sobre a morte de Lúcio são determinadas pela lei brasileira.
(D) Aplica-se a lei brasileira quanto à regulação das relações concernentes a todos os bens de Lúcio.
(E) A sucessão de Lúcio obedecerá à lei brasileira.

A: correta, pois a lei do domicílio do herdeiro ou legatário regula a capacidade para suceder (art. 10, § 2º, da LINDB). Como Robson e Vanessa residem no Brasil, logo a lei aplicável será a lei brasileira; **B:** incorreta, pois quanto a regime de bens aplica-se a lei de domicílio do casal (art. 7º, § 4º, da LINDB), logo será a lei do país asiático; **C:** incorreta, pois as regras sobre a morte de Lúcio serão regidas pela lei do local de seu domicílio (arts. 7º e 10 da LINDB); **D:** incorreta, pois referente aos bens imóveis aplica-se a lei do local onde estiverem situados (art. 8º da LINDB) e no que tange aos bens móveis aplica-se e lei do país onde for domiciliado o proprietário (art. 8º, § 1º, da LINDB); **E:** incorreta, pois a sucessão obedecerá a lei de seu último domicílio (art. 10 da LINCB). GR

Gabarito "A"

(Cartório/ES – 2013 – CESPE) No que se refere à aplicação da lei estrangeira, assinale a opção correta.

(A) A lei do lugar de domicílio do estrangeiro se aplica aos bens móveis que o proprietário tiver consigo ou que se destinarem ao transporte para outros lugares.
(B) A regra do estatuto pessoal é inaplicável às pessoas jurídicas.
(C) Aplica-se a lei do domicílio do proprietário às relações de posse sobre bens imóveis.
(D) A regra do estatuto pessoal define que a norma legal do lugar de nascimento do estrangeiro será observada quanto ao começo e ao fim da personalidade, ao nome, à capacidade e aos direitos de família.
(E) O direito internacional público regula a matéria atinente à aplicação de lei estrangeira.

A: correta, pois a assertiva reproduz a regra estabelecida pelo art. 8º § 1º da Lei de Introdução; **B:** incorreta, pois há previsões que dizem respeito à pessoas jurídicas (Lei de Introdução, art. 11); **C:** incorreta, pois "*para qualificar os bens e regular as relações a eles concernentes, aplicar-se-á a lei do país em que estiverem situados*" (Lei de Introdução, art. 8º); **D:** incorreta, pois a norma legal que será aplicada nesse caso é a lei "*do país em que domiciliada a pessoa*" (Lei de Introdução, art. 7º); **E:** incorreta, pois é o Direito Internacional Privado que realiza tal regulamentação.

Gabarito "A".

1.3. INTERPRETAÇÃO DA LEI

(Juiz de Direito/DF – 2016 – CESPE) A respeito da hermenêutica e da aplicação do direito, assinale a opção correta.

(A) Diante da existência de antinomia entre dois dispositivos de uma mesma lei, à solução do conflito é essencial a diferenciação entre antinomia real e antinomia aparente, porque reclamam do interprete solução distinta.
(B) Os tradicionais critérios hierárquico, cronológico e da especialização são adequados à solução de confronto caracterizado como antinomia real, ainda que ocorra entre princípios jurídicos.
(C) A técnica da subsunção é suficiente e adequada à hipótese que envolve a denominada eficácia horizontal de direitos fundamentais nas relações privadas.
(D) Diante da existência de antinomia entre dois dispositivos de uma mesma lei, o conflito deve ser resolvido pelos critérios da hierarquia e(ou) da sucessividade no tempo.
(E) A aplicação do princípio da especialidade, em conflito aparente de normas, afeta a validade ou a vigência da lei geral.

A: correta, pois na antinomia real não há possibilidade de solução efetiva do conflito, ao passo que na antinomia aparente tal solução é possível mediante a utilização de critérios (cronológico, hierárquico, de especialidade etc.); **B:** incorreta, pois na antinomia real não há possibilidade de aplicação de tais critérios; **C:** incorreta, pois a eficácia horizontal de direitos fundamentais nas relações privadas exige comportamento criativo por parte do juiz, visando aplicar direitos fundamentais às relações privadas, para as quais aqueles direitos não foram originalmente concebidos; **D:** incorreta, pois ambos os critérios não são passíveis de aplicação numa mesma lei; **E:** incorreta, pois a lei geral continua vigente, sendo apenas afastada sua aplicação tendo em vista a existência de lei específica sobre a hipótese.

Gabarito "A".

(Analista – Judiciário –TRE/PI – 2016 – CESPE) O aplicador do direito, ao estender o preceito legal aos casos não compreendidos em seu dispositivo, vale-se da

(A) interpretação teleológica.
(B) socialidade da lei.
(C) interpretação extensiva.
(D) analogia.
(E) interpretação sistemática.

A: incorreta, pois a interpretação teleológica busca extrair o significado da lei levando em consideração a sua finalidade, o seu objetivo; **B:** incorreta, pois a socialidade visa trazer uma aplicação da lei segundo o melhor interesse da sociedade. Ex.: função social da propriedade e dos contratos; **C:** incorreta, pois a interpretação extensiva é uma compreensão da lei de forma expandida, ampliada; **D:** correta, pois a analogia é utilizada justamente quando não há lei que trate de uma determinada situação. Assim, aplica-se outra lei que regulamenta situação semelhante; **E:** incorreta, pois, pela interpretação sistemática, busca-se a compreensão da lei a partir do ordenamento jurídico de que esta seja parte, relacionando-a com outras.

Gabarito "D".

(Magistratura/PI – 2011 – CESPE) O fato de um juiz, transcendendo a letra da lei, utilizar de raciocínio para fixar o alcance e a extensão da norma a partir de motivações políticas, históricas e ideológicas caracteriza o exercício da interpretação:

(A) teleológica.
(B) sistemática.
(C) histórica.
(D) lógica.
(E) doutrinária.

A: incorreta, pois a interpretação teleológica é a que busca alcançar os fins sociais almejados pela norma. Trata-se da aplicação da teleologia, doutrina que se fundamenta na ideia de finalidade; **B:** incorreta, pois pela interpretação sistemática busca-se extrair da norma seu melhor significado através do auxílio de todo sistema jurídico, analisando outros diplomas legislativos pátrios, leis e códigos, observando o Direito como um sistema harmônico; **C:** incorreta, pois a interpretação histórica é a que busca o "occasio leggis", ou seja, o período histórico no qual a lei foi elaborada, desenvolvida e aprovada. Busca-se a razão do surgimento da norma, o andamento de seu processo legislativo, emendas, correções até sua aprovação final pelo Presidente da República; **D:** correta, pois a interpretação lógica analisa a letra da lei com o auxílio de raciocínio lógico, análise do período histórico, ideologia dominante etc.; **E:** incorreta, pois tal interpretação é aquela realizada pelos estudiosos, em suas obras, teses e ensaios acadêmicos.

Gabarito "D".

(Ministério Público/RR – 2012 – CESPE) Considerando o que dispõe a Lei de Introdução às Normas do Direito Brasileiro bem como a interpretação de seus dispositivos, assinale a opção correta.

(A) Denomina-se conflito aparente o conflito normativo passível de solução mediante critérios hierárquicos, cronológicos e embasados na especialidade.
(B) A lei nova que estabeleça disposições gerais ou especiais, a par das já existentes, revoga a lei anterior.
(C) A possibilidade de repristinação da norma é a regra geral no ordenamento jurídico pátrio.
(D) A ab-rogação corresponde à supressão parcial de norma anterior; a derrogação, à supressão total da norma.
(E) A declaração privada da vontade oriunda de outro país terá eficácia no Brasil, ainda que ofenda a ordem pública e os bons costumes locais.

A: correta, pois estabelece a definição do conflito aparente; **B:** incorreta, pois a lei nova – nessas circunstâncias – não revoga nem modifica a anterior (LINDB, art. 2º, § 2º); **C:** incorreta, pois a possibilidade de repristinação é a exceção no sistema e só ocorrerá caso a lei que revogou a revogadora expressamente determina a repristinação da primeira lei revogada; **D:** incorreta, pois a assertiva traz conceitos invertidos, definindo como ab-rogação o que é derrogação e vice-versa; **E:** incorreta, pois a ofensa à ordem pública e aos bons costumes retiram eficácia das leis, atos e sentenças de outro país (LINDB, art. 17).

Gabarito "A".

1.4. LACUNAS E INTEGRAÇÃO DA LEI

(Ministério Público/RO – 2010 – CESPE) Assinale a opção correta com referência à Lei de Introdução ao Código Civil (LICC).

(A) A equidade, uma das formas de colmatação de lacunas, está expressa na LICC.
(B) Os fatos sociais são disciplinados pela LICC, haja vista que se referem ao direito internacional privado.
(C) A LICC prevê o procedimento de integração do direito como recurso técnico para a interpretação das normas jurídicas.
(D) Segundo a LICC, a autointegração do direito, como espécie de integração, ocorre quando se utilizam recursos do próprio sistema.
(E) A LICC foi criada originariamente mediante lei ordinária.

A: incorreta, pois a equidade não está expressa na LINDB como forma de colmatação de lacunas. A equidade está expressa em outros diplomas legais, como no CDC (art. 7º, *caput*); **B:** incorreta, pois os fatos sociais, segundo a LINDB, devem ser observados pelo juiz ao aplicar a lei toda e qualquer lei (art. 5º), de modo que o juiz deverá levar em conta os acontecimentos do mundo fenomênico, não se limitando a aplicar a lei como um fim em si mesmo; **C:** incorreta, pois o procedimento de integração do direito é utilizado para solucionar os casos de lacuna de lei; **D:** correta, pois a alternativa traz o conceito correto de autointegração, técnica utilizada pela LINDB no caso da analogia e dos princípios gerais do direito (art. 4º); **E:** incorreta, pois a LINDB foi criada como decreto-lei.

Gabarito "D".

2. GERAL

2.1. PRINCÍPIOS DO CÓDIGO CIVIL, CLÁUSULAS GERAIS E CONCEITOS JURÍDICOS INDETERMINADOS

(Defensor Público/TO – 2013 – CESPE) Acerca do Direito Civil, assinale a opção correta.

(A) O princípio da eticidade, paradigma do atual direito civil constitucional, funda-se no valor da pessoa humana como fonte de todos os demais valores, tendo por base a equidade, boa-fé, justa causa e demais critérios éticos, o que possibilita, por exemplo, a relativização do princípio do *pacta sunt servanda*, quando o contrato estabelecer vantagens exageradas para um contratante em detrimento do outro.

(B) Cláusulas gerais, princípios e conceitos jurídicos indeterminados são expressões que designam o mesmo instituto jurídico.

(C) A operacionalidade do direito civil está relacionada à solução de problemas abstratamente previstos, independentemente de sua expressão concreta e simplificada.

(D) Na elaboração do Código Civil de 2002, o legislador adotou os paradigmas da socialidade, eticidade e operacionalidade, repudiando a adoção de cláusulas gerais, princípios e conceitos jurídicos indeterminados.

(E) No Código Civil de 2002, o princípio da socialidade reflete a prevalência dos valores coletivos sobre os individuais, razão pela qual o direito de propriedade individual, de matriz liberal, deve ceder lugar ao direito de propriedade coletiva, tal como preconizado no socialismo real.

A: correta, o direito à revisão ou rescisão contratual em razão de onerosidade excessiva representa exceção ao princípio da força obrigatória (*pacta sunt servanda*); **B:** incorreta, as expressões possuem significados distintos. Princípios são regras norteadoras do ordenamento jurídico e não necessariamente estão expressos na lei. Cláusulas gerais e conceitos jurídicos indeterminados são dispositivos legais com conteúdo propositalmente vago, com o objetivo de permitir maior amplitude em sua incidência, mas não se confundem: as cláusulas gerais não definem o instituto nem a consequência de sua violação (exemplo: art. 421 do CC – função social); por sua vez, os conceitos jurídicos indeterminados não definem o instituto, mas estabelecem a consequência em caso de violação (exemplo: art. 927, parágrafo único, 2ª parte – responsabilidade objetiva por atividade de **risco**). Devemos lembrar que existem diversos entendimentos doutrinários sobre os conceitos de cláusulas gerais e conceitos legais indeterminados; **C:** incorreta. O princípio da operabilidade está relacionado à aplicação concreta da norma. As cláusulas gerais e os conceitos jurídicos indeterminados têm por base o princípio da operabilidade; **D:** incorreta. O legislador contemplou diversos princípios, cláusulas gerais e conceitos jurídicos indeterminados no Código Civil de 2002; **E:** incorreta. O princípio da socialidade representa um limite aos interesses individuais quando presentes interesses da coletividade, mas não se pode afirmar que o direito de propriedade individual deve ceder lugar ao direito de propriedade coletiva.

Gabarito "A".

2.2. PESSOAS NATURAIS

(Delegado/PE – 2016 – CESPE) Com base nas disposições do Código Civil, assinale a opção correta a respeito da capacidade civil.

(A) Os pródigos, outrora considerados relativamente incapazes, não possuem restrições à capacidade civil, de acordo com a atual redação do código em questão.

(B) Indivíduo que, por deficiência mental, tenha o discernimento reduzido é considerado relativamente incapaz.

(C) O indivíduo que não consegue exprimir sua vontade é considerado absolutamente incapaz.

(D) Indivíduos que, por enfermidade ou deficiência mental, não tiverem o necessário discernimento para a prática dos atos da vida civil são considerados absolutamente incapazes.

(E) Somente os menores de dezesseis anos de idade são considerados absolutamente incapazes pela lei civil.

A: incorreta, pois os pródigos são considerados relativamente incapazes (art. 4º, IV, do CC); **B:** incorreta, pois o Estatuto da Pessoa com Deficiência (Lei 13.146/2015) retirou essa hipótese de incapacidade relativa do art. 4º do CC; **C:** incorreta, pois o Estatuto da Pessoa com Deficiência (Lei 13.146/2015) retirou essa hipótese de incapacidade absoluta do art. 3º do CC; **D:** incorreta, pois o Estatuto da Pessoa com Deficiência (Lei 13.146/2015) retirou essa hipótese de incapacidade absoluta do art. 3º do CC; **E:** correta (art. 3º do CC, com a nova redação deste com o advento do Estatuto da Pessoa com Deficiência (Lei 13.146/2015).

Gabarito "E".

(Juiz de Direito/AM – 2016 – CESPE) Assinale a opção correta a respeito da pessoa natural e da pessoa jurídica.

(A) Será tido como inexistente o ato praticado por pessoa absolutamente incapaz sem a devida representação legal.

(B) Pelo critério da idade, crianças são consideradas absolutamente incapazes e adolescentes, relativamente incapazes.

(C) As fundações são entidades de direito privado e se caracterizam pela união de pessoas com o escopo de alcançarem fins não econômicos.

(D) Para se adquirir a capacidade civil plena, é necessário alcançar maioridade civil, mas é possível que, ainda que maior de dezoito anos, a pessoa natural seja incapaz de exercer pessoalmente os atos da vida civil.

(E) O reconhecimento da morte presumida, quando for extremamente provável a morte de quem estava com a vida sob risco, independe da declaração da ausência.

A: incorreta, pois a solução legal para os atos dos absolutamente incapazes é a nulidade absolta (CC, art. 166, I); **B:** incorreta, pois o enunciado confunde critérios. O Código Civil apenas considera absolutamente incapaz o menor de dezesseis anos e relativamente incapaz aquele que já ultrapassou tal idade. O Estatuto da Criança e do Adolescente usa tal distinção (art. 2º), considerando a idade de doze anos como marco; **C:** incorreta, pois a fundação é a reunião de bens e não de pessoas; **D:** incorreta, pois o art. 3º do Código Civil (com a redação dada pela Lei 13.146/2015) determina que apenas os menores de dezesseis anos são considerados absolutamente incapazes; **E:** correta, pois o enunciado trata da hipótese de morte presumida sem decretação prévia de ausência (CC, art. 7º), que ocorre quando a morte da pessoa desaparecida é extremamente provável, como, v.g., em casos de acidente aéreo, naufrágio, operações militares etc.

Gabarito "E".

(Analista – TJ/CE – 2013 – CESPE) Acerca de pessoas naturais e negócio jurídico, assinale a opção correta à luz do Código Civil e da doutrina de referência.

(A) Na concretização do negócio jurídico, o silêncio não tem consequência concreta a favor das partes.

(B) Todas as pessoas naturais, por possuírem capacidade de direito, podem praticar, por si próprias, a generalidade dos atos da vida civil.

(C) Considera-se termo a cláusula que, derivando exclusivamente da vontade das partes, subordina o efeito do negócio jurídico a evento futuro e incerto.

(D) Os negócios jurídicos devem ser interpretados conforme a boa- fé e os usos do lugar de sua celebração.

(E) Se, da declaração de vontade, for detectado o falso motivo, o negócio jurídico será sempre anulado.

A: incorreta, pois o silêncio gera repercussão no negócio jurídico, de maneira que importa anuência, quando as circunstâncias ou os usos o autorizarem, e não for necessária a declaração de vontade expressa (art. 111 do CC); **B**: incorreta, pois prática de atos da vida civil tem a ver com a capacidade de fato, de modo que aquele que possui capacidade plena pode praticá-los livremente, contudo aqueles que não a possuem necessitam de representação ou assistência para a sua validade (art. 104, I do CC); **C**: incorreta, pois este é o conceito de condição (art. 121 do CC). No "termo", os efeitos do negócio jurídico ficam subordinados a um evento futuro e *certo*, em que já há a aquisição do direito, ficando suspenso apenas o seu exercício (art. 131 do CC); **D**: correta (art. 113 do CC); **E**: incorreta, pois o falso motivo só vicia a declaração de vontade quando expresso como razão determinante (art. 140 do CC).

Gabarito "D".

2.2.1. INÍCIO DA PERSONALIDADE E NASCITURO

(Defensoria/DF – 2013 – CESPE) No que se refere as pessoas naturais, julgue os itens que se seguem.

(1) Aqueles que, independentemente da existência de grau de parentesco, tiverem sobre os bens do ausente direito dependente de sua morte possuem legitimidade, como interessados, em requerer que se declare a ausência e se abra provisoriamente a sucessão.

(2) O ordenamento jurídico pátrio garante que toda pessoa é capaz de direitos e deveres na ordem civil, de maneira que tal proteção depende necessariamente do nascimento com vida, momento em que adquire a personalidade civil.

(3) Se dois ou mais indivíduos falecerem na mesma ocasião, não se podendo averiguar se a morte de algum dos com orientes precedeu a dos outros, será presumido que a morte do mais idoso ocorreu primeiro.

(4) Não se faz necessária a averbação em registro público dos atos judiciais ou extrajudiciais de adoção.

1: Correta, pois tais pessoas são legitimadas a pedir a declaração de ausência, conforme estabelecido pelo art. 27, III, do Código Civil; **2**: Errada, pois o nascituro tem direitos protegidos pela lei (CC, art. 2º); **3:** Errada, pois o sistema brasileiro prevê que, nessa hipótese, presumir-se-á a morte simultânea (CC, art. 8º); **4:** Correta, pois a regra que assim estabelecia foi revogada pela Lei 12.010/2009.

Gabarito 1C, 2E, 3E, 4C

(Ministério Público/PI – 2012 – CESPE) Considerando as regras de introdução às normas do direito brasileiro e os direitos do nascituro, assinale a opção correta.

(A) Segundo as regras legais brasileiras, permite-se ao julgador o *non liquet*, nos casos de lacunas ou obscuridade da norma.

(B) O Código Civil não admite a doação feita ao nascituro, apesar de lhe assegurar o *status* de pessoa humana.

(C) Como o Código Civil exige o nascimento com vida para a aquisição da personalidade civil, o nascituro não tem direito a indenização por danos morais pela morte do pai.

(D) O efeito repristinatório não é automático. Apenas excepcionalmente a lei revogada voltará a viger quando a lei revogadora for declarada inconstitucional ou quando for concedida a suspensão cautelar da eficácia da norma impugnada.

(E) De acordo com a lei brasileira, o itinerante tem como domicílio presumido o local de moradia de seus pais ou de seu curador ou tutor.

A: incorreta, pois no caso de lacuna da lei o juiz deve buscar integrar o ordenamento através da utilização de analogia, costumes e princípios gerais do Direito (LINDB, art. 4º); **B:** incorreta, pois o art. 542 do CC permite a doação ao nascituro; **C:** incorreta, pois o STJ já pacificou o entendimento segundo o qual o nascituro ostenta direitos da personalidade atinentes à sua natureza, tais como a integridade psíquica, física, dignidade e até mesmo imagem. A violação a tais direitos gera um dano moral indenizável. Neste sentido decidiu o STJ: II – O nascituro também tem direito aos danos morais pela morte do pai, mas a circunstância de não tê-lo conhecido em vida tem influência na fixação do *quantum*. (REsp 399.028/SP, Rel. Ministro Sálvio de Figueiredo Teixeira, 4ª Turma, julgado em 26/02/2002, DJ 15/04/2002, p. 232); **D:** correta. Por um lado a LINDB afirma que a revogação da lei revogadora não restaura a lei revogada (art. 2° § 3°). Por outro lado, a Lei 9.868/99, art. 11, § 2° prevê o chamado "efeito repristinatório" na decisão da ADIN. Significa que – se a lei revogadora for declarada inconstitucional pelo Supremo Tribunal Federal – volta a valer a lei revogada, pois a norma constitucional simplesmente não é válida perante o ordenamento desde o momento de sua criação (ressalva-se apenas a possibilidade de modulação de efeitos); **E:** incorreta, pois o itinerante tem como domicílio o local onde for encontrado (CC, art. 73). Sobre domicílio do itinerante, interessante arresto do Primeiro Tribunal de Alçada Cível de São Paulo: "Citação de empresa circense. Não se confundem as personalidades jurídicas da empresa com as dos seus sócios individualmente. Correto o ajuizamento da ação e a citação do circo no lugar onde foi encontrado, independentemente de seu sócio responsável ser domiciliado em outro lugar" (1º TACIV-SP, 7ª Câm., AG 652.776-4, Rel. Juiz Carlos Renato, j. 6-2-1996).

Gabarito "D"

(Delegado/AL – 2012 – CESPE) Com base no que dispões a Lei de Introdução às Normas do Direito Brasileiro (LINDB) e Direito Civil, julgue o item subsecutivo.

(1) A personalidade civil começa com o nascimento com vida, mas os direitos do nascituro estão sujeitos a uma condição resolutiva, ou seja, são direitos eventuais; esse conceito refere-se à teoria da personalidade condicional.

1: incorreta, o artigo 2º do Código Civil adotou a teoria natalista quanto ao momento do início da personalidade jurídica dos seres humanos. Quanto ao nascituro, seus direitos ficam sujeitos a uma condição suspensiva.

Gabarito 1E

(Advogado da União/AGU – CESPE – 2012) De acordo com o disposto no Código Civil brasileiro acerca da pessoa natural, julgue os itens a seguir.

(1) Embora a lei proteja o direito sucessório do nascituro, não é juridicamente possível registrar no seu nome, antes do nascimento com vida, um imóvel que lhe tenha sido doado.

(2) A recente decisão do STF em favor da possibilidade de interrupção da gravidez de fetos anencéfalos não invalida o dispositivo legal segundo o qual o feto nascido com vida adquire personalidade jurídica, razão por que adquirirá e transmitirá direitos, ainda que faleça segundos depois.

1: correta (arts. 2º e 542, do CC); **2:** correta (art. 2º, do CC). De acordo com a teoria natalista adotada por nosso ordenamento jurídico, a personalidade jurídica da pessoa natural é adquirida a partir do nascimento com vida, mas a lei põe a salvo, desde a concepção, os direitos do nascituro (art. 2º, do CC), ainda que não tenha forma humana e viabilidade de vida, bastando que haja respiração e separação do ventre materno.

Gabarito 1C, 2C

(Analista – TJ/ES – 2011 – CESPE) Julgue o seguinte item.

(1) Apesar de não reconhecer a personalidade do nascituro, o Código Civil põe a salvo os seus direitos desde a concepção. Nesse sentido, na hipótese de interdição de mulher grávida, o curador desta será também o curador do nascituro.

1: correta, pois o art. 2º do CC estabelece que "a lei põe a salvo, desde a concepção, os direitos do nascituro"; além disso, o art. 1.779, parágrafo único, estabelece que "se a mulher estiver interditada, seu curador será o do nascituro".

Gabarito 1C

2.2.2. CAPACIDADE

(Promotor de Justiça/RR – 2017 – CESPE) Com o advento do Estatuto da Pessoa com Deficiência, realizaram-se, no texto do Código Civil, alterações relativas à capacidade civil que revolucionaram a teoria das incapacidades. Acerca desse assunto, assinale a opção correta.

(A) Deixou de ser hipótese de nulidade casamento contraído por enfermo mental que não possua o necessário discernimento para os atos da vida civil.

(B) O referido estatuto ab-rogou determinados artigos do Código Civil.

(C) No que se refere à capacidade, no Código Civil, passou-se a valorizar a dignidade-vulnerabilidade para atender disposições internacionais relacionadas ao tema.

(D) Mesmo diante de incapacidade absoluta, a curatela abrange somente atos relacionados a direitos de natureza patrimonial.

A: correta, pois o enfermo mental que não possui o necessário discernimento para os atos da vida civil não é mais considerado absolutamente incapaz, pois o inciso que previa isso no art. 3º CC foi revogado pela Lei 13.146/2015. Também foi revogado pela mesma lei o art. 1.548 CC. Logo, o casamento dessa pessoa não mais gera como consequência nulidade do ato: **B:** incorreta, pois ab-rogação significa revogação total de uma lei. O Estatuto da

Pessoa com Deficiência não revogou por inteiro o CC, mas apenas em parte, logo, o termo correto seria derrogação; **C**: incorreta, pois o escopo do Estatuto da Pessoa com Deficiência é assegurar e promover, em condições de igualdade, o exercício dos direitos e das liberdades fundamentais por pessoa com deficiência, visando à sua inclusão social e cidadania (art. 1º da Lei 13.146/2015). Isso também reflete no Código Civil; **D**: incorreta, pois por força das alterações que foram feitas no artigo 3º do CC pelo Estatuto da Pessoa com Deficiência, não existem mais absolutamente incapazes maiores. Sendo assim, a curatela somente incide para os maiores relativamente incapazes. Logo, não há que se falar em curatela para absolutamente incapazes. GR

Gabarito "A".

(Analista – STM – 2011 – CESPE) Julgue o seguinte item.

(1) Com a maioridade civil, adquire-se a personalidade jurídica, ou capacidade de direito, que consiste na aptidão para ser sujeito de direito na ordem civil.

1: incorreta, pois com o nascimento com vida já se adquire a *personalidade jurídica* (art. 2º do CC), que já confere à pessoa *capacidade de direito* (art. 1º do CC); com a maioridade, a pessoa passa a ter também plena capacidade de fato, ou seja, capacidade de exercer pessoalmente direitos e deveres.

Gabarito 1E

(Analista – TJ/ES – 2011 – CESPE) Julgue o seguinte item.

(1) João formou-se em medicina aos quinze anos de idade. Nessa situação, por ser menor impúbere, o referido médico ficará impedido de exercer pessoalmente os atos de sua vida civil.

1: incorreta, pois a colação de grau em curso superior, seja qual for a idade em que essa colação se der, tem como consequência a emancipação do menor (art. 5º, parágrafo único, IV, do CC).

Gabarito 1E

2.2.3. EMANCIPAÇÃO

(Cartório/DF – 2014 – CESPE) A respeito da emancipação, assinale opção correta.

(A) Caso menor com dezesseis anos completos pretenda estabelecer-se com economia própria, na falta de emancipação voluntária, faz-se necessária a autorização dos pais.

(B) Na hipótese de casamento putativo, a nulidade do negócio jurídico produz efeitos jurídicos relativamente ao cônjuge, estando prejudicada a emancipação para a respectiva anotação no respectivo assento de nascimento.

(C) Do mandado judicial ou do ato notarial deverá constar a indicação do registro civil das pessoas naturais onde tenha sido registrado o nascimento, para o fim de comunicação da emancipação, para a devida anotação no assento de nascimento.

(D) A emancipação pode ser concedida pelo tutor ao tutelado que complete dezesseis anos, mediante instrumento público inscrito no registro civil competente.

(E) A emancipação legal decorre do casamento, logo, na hipótese de declaração de nulidade do casamento, são considerados inválidos os negócios jurídicos praticados pelo menor em razão dos efeitos *ex nunc* da sentença declaratória.

A: incorreta, pois o menor referido pela assertiva ainda não é emancipado, pois ele "pretende se estabelecer" no futuro. Somente podem exercer a atividade de empresário os que estiverem em pleno gozo da capacidade civil e não forem legalmente impedidos (CC, art. 972). O que a lei permite é que o incapaz continue exercendo a atividade empresária dos pais ou do autor da herança (CC, art. 974); **B**: o casamento putativo é uma rara hipótese de ato inválido, mas que produz efeitos, em homenagem ao cônjuge de boa-fé. Um desses efeitos é justamente a emancipação legal. A nulidade do casamento não tem a força de revogar a emancipação legalmente estabelecida; **C**: correta, pois de acordo com o disposto no art. 89 da Lei de Registros Públicos; **D**: incorreta, pois no que se refere ao tutor, a lei exige a sentença judicial para fins de emancipação (CC, art. 5º); **E**: incorreta, pois a nulidade do casamento não revoga a emancipação, nem muito menos os atos praticados pelo cônjuge.

Gabarito "C".

2.2.4. FIM DA PERSONALIDADE. COMORIÊNCIA

(Analista – TJ/CE – 2013 – CESPE) Nessa situação hipotética, com base no disposto no Código Civil, dada a impossibilidade de constatar quem morreu primeiro, presume-se que

(A) Rogério morreu primeiro, por estar em estágio terminal da vida.

(B) João morreu primeiro, por ser maior de sessenta e cinco anos de idade.

(C) Robson morreu primeiro, por ser o mais velho.

(D) todos morreram simultaneamente.

(E) Marcos morreu primeiro.

Tendo em vista que não foi possível constatar a ordem do falecimento, a Lei traz a presunção de todos morreram simultaneamente (art. 8º do CC). Não faz nenhuma diferença saber a idade ou a condição de vida da pessoa antes da morte.

Gabarito "D".

(Ministério Público/RO – 2010 – CESPE) Com relação a pessoas naturais, pessoas jurídicas, domicílio e fatos jurídicos, assinale a opção correta.

(A) O direito do indivíduo ao próprio corpo é indisponível, não sendo permitido, pois, que se pratiquem ações que afetem a integridade física do indivíduo.

(B) Os negócios jurídicos bifrontes são aqueles aos quais falta atribuição patrimonial.

(C) A teoria da ficção jurídica, definida por Rudolf Von Ihering como mentira técnica consagrada pela necessidade, configura um recurso técnico para se atribuir a uma categoria os efeitos jurídicos próprios de outra categoria.

(D) A comoriência ocorre quando duas ou mais pessoas da mesma família falecem simultaneamente e no mesmo lugar sem que seja possível precisar quem faleceu primeiro; não é possível a comoriência no caso de uma das mortes ser real e outra, presumida.

(E) A capacidade é conceito básico da ordem jurídica, o qual se estende a todos os homens, consagrado na legislação civil e nos direitos constitucionais de vida, liberdade e igualdade.

A: incorreta, pois há exceções em que ações que afetem a integridade física do indivíduo são permitidas; por exemplo, é possível a diminuição permanente da integridade física em caso de exigência médica ou para fins de transplante (art. 13 do CC); **B**: incorreta, pois os negócios jurídicos bifrontes são aqueles que podem assumir mais de uma natureza; por exemplo, o mandato, enquanto contrato, é bifronte, pois pode ser tanto unilateral (mandato não remunerado, em que só há obrigações para o mandatário), como bilateral (mandato remunerado, em que há obrigações para o mandante, que deve remunerar, e para o mandatário, que deve cumprir seus deveres decorrentes do mandato); **C**: correta, pois traz adequada definição da teoria da ficção jurídica; **D**: incorreta, pois o art. 8º não faz distinção entre a morte real e a morte presumida, para fins de aplicar a regra da comoriência; **E**: incorreta, pois todos os homens têm a capacidade de direito (ou de gozo), como se pode verificar do art. 1º do CC, mas nem todos os homens têm a capacidade de fato (ou de exercício), como se pode verificar dos arts. 3º e 4º do CC.

Gabarito "C".

2.3. PESSOAS JURÍDICAS

(Promotor de Justiça/RR – 2017 – CESPE) Para a instituição de uma fundação, que é um tipo de pessoa jurídica, é necessário que o instituidor, por meio de escritura pública ou por testamento, faça a dotação especial de bens livres bem como especifique o fim a que a fundação se destina. Nesse sentido, de acordo com as delimitações insertas no Código Civil, uma fundação poderá constituir-se para

I. fins de assistência social, para a promoção de cultura, para a defesa e a conservação do patrimônio histórico e artístico, bem como para a realização de atividades religiosas.

II. a promoção de educação, de saúde, de segurança alimentar e nutricional, para a realização de pesquisa científica, para o desenvolvimento de tecnologias alternativas, para a modernização de sistemas de gestão, para a produção e a divulgação de informações e para o desenvolvimento de conhecimentos técnicos e científicos.

III. fins de defesa, de preservação e de conservação do meio ambiente, para a promoção do desenvolvimento sustentável bem como para a promoção da ética, da cidadania, da democracia e dos direitos humanos.

Assinale a opção correta.

(A) Apenas os itens I e II estão certos.
(B) Apenas os itens I e III estão certos.
(C) Apenas os itens II e III estão certos.
(D) Todos os itens estão certos.

Todas as alternativas estão certas, nos termos do art. 62, parágrafo único, do CC, que sofreu alteração pela Lei 13. 151/2015. Logo, a alternativa correta é a letra D. GR

Gabarito "D"

(Cartório/ES – 2013 – CESPE) Assinale a opção correta com relação às normas atinentes às pessoas jurídicas e a suas diversas formas de organização.

(A) A massa falida, o espólio e o condomínio, por serem considerados entes despersonalizados, não podem ser considerados pessoas jurídicas.
(B) O cancelamento do registro civil da pessoa jurídica em processo de liquidação poderá ser promovido antes de encerrada a liquidação.
(C) As entidades sindicais, em regra, não se sujeitam ao mesmo regramento jurídico das associações.
(D) Os estatutos sociais das fundações deverão ser aprovados pelo MP, que, por isso, não tem a prerrogativa de elaborá-los diretamente.
(E) O registro civil da pessoa jurídica tem efeito retroativo para tornar válidos os atos praticados nos sessenta dias anteriores à assinatura dos documentos.

A: correta, pois tais entes despersonalizados não alcançam o status de pessoa jurídica, com personalidade jurídica; **B**: incorreta, pois de acordo com o art. 51, § 3º, do Código Civil, que dispõe: "Encerrada a liquidação, promover-se-á o cancelamento da inscrição da pessoa jurídica"; **C**: incorreta, pois segundo a doutrina, a natureza jurídica das entidades sindicais é de associações, sujeitando-se, portanto, ao mesmo regime jurídico; **D**: incorreta, pois o art. 65 do Código Civil prevê que o Ministério Público elaborará os estatutos sociais das Fundações, quando o instituidor e as pessoas por ele designadas não o fizerem; **E**: incorreta, pois "começa a existência legal das pessoas jurídicas de direito privado com a inscrição do ato constitutivo no respectivo registro" (CC, art. 45).

Gabarito "A"

(Técnico Judiciário – TJDFT – 2013 – CESPE) Em relação a pessoas jurídicas, pessoas naturais e bens, julgue os itens a seguir.

(1) O patronímico que alguém recebe refere-se ao nome de família.
(2) Ao criar uma fundação, processo que pode ocorrer por meio de documento particular, escritura pública ou testamento, o instituidor deverá fazer dotação especial de bens, especificando o fim a que se destinam, e, se assim o desejar, declarando a forma de sua administração.
(3) Os direitos da personalidade não se aplicam à pessoa jurídica.
(4) A interdição do pródigo irá restringir-lhe a prática de atos, tanto patrimoniais quanto pessoais.

1: correta, tratando-se do sobrenome, sendo o primeiro nome o chamado "prenome" (vide, ainda, o art. 16 do CC/2002); **2**: incorreta, pois a fundação só pode ser instituída por escritura pública ou testamento, não cabendo sua instituição por meio de documento particular (art. 62, *caput*, do CC/2002); **3**: incorreta, pois os direitos da personalidade se aplicam, no que couber, à pessoa jurídica (art. 52 do CC/2002); **4**: incorreta, pois a interdição restringe a prática de atos patrimoniais, não atuando sobre atos pessoais; assim, um pródigo interditado pode casar (ato pessoal), mas não pode dispor sozinho sobre seu regime de casamento (ato patrimonial).

Gabarito 1C, 2E, 3E, 4E

(Defensor Público/SE – 2012 – CESPE) Com relação às pessoas jurídicas de direito privado, assinale a opção correta.

(A) Se for coletiva a administração das referidas pessoas jurídicas, as decisões devem ser tomadas pela maioria de votos dos presentes, ainda que o ato constitutivo disponha de modo diverso.
(B) O direito de anular a constituição da pessoa jurídica de direito privado por defeito do ato constitutivo decai no prazo de cinco anos, contado da publicação do ato de inscrição no órgão competente.
(C) De acordo com a doutrina, os partidos políticos, por funcionarem e por serem organizados conforme o disposto em lei específica, não são considerados pessoas jurídicas de direito privado.
(D) As pessoas jurídicas podem ser titulares de direitos da personalidade.
(E) A existência legal dessas pessoas jurídicas inicia-se com a inscrição do seu ato constitutivo na junta comercial, vedada a exigência de registro, autorização ou aprovação do poder público.

A: incorreta. Quando for coletiva a administração da pessoa jurídica, as decisões serão tomadas pela maioria de votos dos presentes, salvo se o ato constitutivo dispuser de modo diverso (art. 48 do CC); **B**: incorreta. O prazo decadencial é de três anos (art. 45, parágrafo único, do CC); **C**: incorreta. O Código Civil inseriu os partidos políticos no rol de pessoas jurídicas de direito privado do artigo 44; **D**: correta. Conforme o art. 52 do Código Civil, "aplicar-se-á no que couber, a proteção dos direitos da personalidade à pessoa jurídica". Este também é o entendimento majoritário na doutrina e na jurisprudência do STJ; **E**: incorreta. A existência legal da pessoa jurídica de direito privado começa com a inscrição do ato constitutivo no respectivo registro, precedida, quando necessário, de autorização ou aprovação do Poder Executivo (art. 45 do CC). Nas juntas comerciais devem ser registrados os contratos sociais das sociedades empresárias.

Gabarito "D"

(Analista – STM – 2011 – CESPE) Julgue o seguinte item.

(1) A sociedade de fato, ou irregular, na medida em que celebra negócios jurídicos para a consecução de seus fins sociais, torna-se sujeito de direito, adquirindo, com isso, personalidade jurídica.

1: incorreta, pois a personalidade jurídica de uma pessoa jurídica só nasce com a inscrição de seus atos constitutivos no respectivo registro (art. 45 do CC).

Gabarito 1E

(Analista – TJ/ES – 2011 – CESPE) Julgue o seguinte item.

(1) De acordo com a sistemática adotada pelo Código Civil, a personalidade da pessoa natural tem início com o nascimento com vida. Por outro lado, no que tange às pessoas jurídicas de direito privado, em especial as sociedades, a personalidade tem início com a formalização de seus atos constitutivos, mediante a assinatura do contrato social pelos seus sócios ou fundadores.

1: incorreta, pois, no caso das pessoas jurídicas, a personalidade tem início com a inscrição (o registro) dos atos constitutivos no respectivo Registro Público (art. 45 do CC).

Gabarito 1E

2.3.1. DESCONSIDERAÇÃO DA PERSONALIDADE JURÍDICA

(Defensor Público/PE – 2018 – CESPE) A respeito da desconsideração da personalidade jurídica, assinale a opção correta.

(A) O Código de Defesa do Consumidor (CDC) exige a comprovação de confusão patrimonial ou desvio de finalidade para a desconsideração da personalidade jurídica, não sendo suficiente que a pessoa jurídica seja obstáculo ao ressarcimento dos consumidores.

(B) O Código Civil de 2002 adotou a teoria menor: basta o mero prejuízo à parte para que a desconsideração da personalidade jurídica seja deferida.
(C) A desconsideração inversa da pessoa jurídica não é admitida no ordenamento jurídico brasileiro.
(D) Para aplicar a desconsideração da personalidade jurídica, faz-se necessária a prévia decretação de falência ou insolvência da pessoa jurídica.
(E) Segundo jurisprudência do Superior Tribunal de Justiça (STJ), não se pode presumir o abuso da personalidade jurídica diante da mera insolvência ou o encerramento de modo irregular das atividades da pessoa jurídica para justificar a sua desconsideração.

A: incorreta, pois o CDC não exige a comprovação de confusão patrimonial ou desvio de finalidade para a desconsideração da personalidade jurídica. Isso apenas é exigido quando há relação civil (art. 50 CC). Nas relações de consumo basta demonstrar que a pessoa jurídica está sendo obstáculo para o ressarcimento do dano (art. 28 CDC); **B:** incorreta, pois o Código Civil de 2002 adotou a teoria maior da desconsideração da personalidade jurídica, onde são exigidos requisitos específicos para que ela seja reconhecida, tais como a comprovação de confusão patrimonial ou desvio de finalidade (art. 50 CC). Logo, não basta apenas comprovar mero prejuízo à parte; **C:** incorreta, pois a desconsideração inversa da pessoa jurídica *é* admitida no ordenamento jurídico brasileiro. Ela é utilizada como sendo a busca pela responsabilização da sociedade no tocante às dívidas ou aos atos praticados pelos sócios, utilizando-se para isto, a quebra da autonomia patrimonial. A desconsideração inversa da pessoa jurídica é um desmembramento teórico da teoria da desconsideração, cuja sede normativa precípua é o art. 50 do CC/2002. Colaciona-se julgado recente do STJ sobre o tema: Agravo interno no agravo em recurso especial AgInt no AREsp 1043928 SP 2017/0009902-3 STJ Min. Luiz Felipe Salomão; **D:** incorreta, pois para que a desconsideração seja decretada não é pré-requisito que seja a falência ou insolvência da pessoa jurídica. Basta que sejam comprovados um dos requisitos do art. 50 CC; **E:** correta, pois de fato o STJ entende que apenas esses dois fatores não são suficientes para justificar a desconsideração. "A desconsideração da personalidade jurídica de sociedade empresária com base no art. 50 CC, exige na esteira da jurisprudência dessa Corte Superior, o reconhecimento do abuso de personalidade. O encerramento irregular da atividade não é suficiente, por si só, para ao redirecionamento da execução contra os sócios". RESP 166 0197 SP 2016/0134043-0 Min. Paulo de Tarso Sanseverino. GR

Gabarito "E"

(Cartório/ES – 2013 – CESPE) No que se refere ao patrimônio das pessoas jurídicas, assinale a opção correta.

(A) Para que haja a desconsideração da personalidade jurídica, é indispensável que se demonstre o desvio de finalidade ou a confusão patrimonial, mesmo em se tratando de relações regidas pelo CDC.
(B) Para a comprovação do requisito da confusão patrimonial, exige-se demonstração de má-fé, elemento subjetivo, dos sócios.
(C) A desconsideração da personalidade jurídica não pode ser admitida com fulcro na violação dos estatutos ou do contrato social.
(D) só se aplica a desconsideração da personalidade jurídica quando comprovada a prática de ato irregular e, limitadamente, aos administradores ou sócios que nela hajam incorrido.
(E) No Código Civil brasileiro, adota-se a teoria menor da desconsideração da pessoa jurídica, ao passo que, no Código de Defesa do Consumidor (CDC), e adotada a teoria maior da desconsideração.

A: incorreta, pois no âmbito do CDC (art. 28), as hipóteses de desconsideração são muito maiores e não se restringem ao desvio de finalidade e confusão patrimonial; **B:** incorreta, pois tal exigência não encontra respaldo na lei; **C:** incorreta, pois o art. 28 do CDC permite tal hipótese como fundamento da desconsideração; **D:** correta, pois a desconsideração é uma hipótese excepcional e só atinge aos que participaram dos atos irregulares que motivaram-na; **E:** incorreta, pois ocorre exatamente o inverso. O CC adota a teoria maior e o CDC, a teoria menor.

Gabarito "D"

(Cartório/DF – 2014 – CESPE) Acerca da desconsideração da personalidade jurídica, assinale a opção correta.

(A) Configurado o ilícito praticado por sociedade em detrimento do consumidor, as sociedades consorciadas e as coligadas respondem solidária e objetivamente pelo evento danoso.
(B) No Código Civil brasileiro, é prevista a desconsideração da personalidade jurídica em caso de abuso caracterizado pelo desvio de finalidade ou confusão patrimonial, de modo a assegurar ao credor acesso aos bens particulares dos administradores e sócios da empresa para a satisfação de seu credito.
(C) Por ausência de previsão legal, a atividade que favorece o enriquecimento dos sócios em prejuízo econômico da sociedade não enseja a desconsideração da personalidade jurídica se a obrigação creditícia não decorrer de relação de consumo.
(D) No Código de Defesa do Consumidor, é prevista a desconsideração da autonomia da pessoa jurídica nos casos de práticas abusivas, infração da lei, fato ou ato ilícito, desde que se configure fraude ou abuso de direito.
(E) Não incide a hipótese de desconsideração da personalidade jurídica nos casos de encerramento ou inatividade da empresa jurídica por má administração do fornecedor, em prejuízo do consumidor.

A: incorreta, pois as sociedades coligadas só respondem por culpa (CDC, art. 28 § 4º); **B:** correta, pois a assertiva reproduz com clareza a aplicação adequada do instituto da desconsideração da personalidade jurídica, em especial os requisitos do art. 50 do Código Civil; **C:** incorreta, pois a atividade que causa prejuízo à sociedade em favorecimento direto dos sócios pode ser considerada abusiva e ensejar a desconsideração; **D:** incorreta, pois não se exige que aquelas práticas descritas sejam fraudulentas ou abusivas, bastando sua simples ocorrência (CDC, art. 28); **E:** incorreta, pois tais hipóteses estão previstas no CDC, art. 28 como aptas a ensejar a desconsideração da personalidade jurídica.

Gabarito "B"

(Analista – TJ/ES – 2011 – CESPE) Julgue o seguinte item.

(1) Nos autos de um processo judicial, restou devidamente comprovado o abuso da personalidade jurídica. Nessa situação, poderá o juiz, independentemente de requerimento da parte, decidir pela aplicação do instituto da desconsideração da personalidade jurídica.

1: incorreta, pois, de acordo com o art. 50 do CC, o juiz pode decretar a desconsideração da personalidade jurídica "a requerimento da parte, ou do Ministério Público", de modo que é incorreto dizer que o juiz poderá fazê-lo independentemente de requerimento da parte. No mesmo sentido é o art. 133 do novo Código de Processo Civil.

Gabarito 1E

2.3.2. CLASSIFICAÇÕES DAS PESSOAS JURÍDICAS

(Procurador/DF – 2013 – CESPE) Com relação às pessoas jurídicas, julgue o item que se segue.

(1) Aquele que emprestar dinheiro a uma sociedade limitada com capital integralizado estará garantido pelo patrimônio da pessoa jurídica e dos sócios, que responderão de forma subsidiária. Como forma de resguardar o direito do emprestador, a lei pertinente prevê que essa garantia não comportará excepcionalidades.

1: Errada: há uma clara distinção entre o patrimônio da pessoa jurídica e o patrimônio dos sócios. Quem responde pelas dívidas e obrigações da pessoa jurídica é o patrimônio da empresa e não o patrimônio dos sócios (art. 47, CC), ressalvada a hipótese da desconsideração da personalidade jurídica, aplicável para casos excepcionais, nos quais ocorre abuso da personalidade jurídica, normalmente caracterizado pelo desvio de finalidade, ou pela confusão patrimonial (art. 50, CC).

Gabarito 1E

2.3.3. ASSOCIAÇÕES

(Defensor Público/ES – 2012 – CESPE) Com relação aos administradores das associações e da capacidade da pessoa natural, julgue os itens a seguir.

(1) De acordo com a lei, deve ser de grau elevado a insanidade que enseje a interdição e a possibilidade de anulação dos atos praticados anteriormente.

(2) Nas associações, não há responsabilidade solidária entre os administradores, de forma que um não responde pelos atos praticados por outro.

1: incorreta, pois pode ser interditada a pessoa com qualquer grau de insanidade, desde que se configure algum caso em que a lei considera a pessoa incapaz. Além disso, em regra, a interdição produz efeitos ex nunc, não retroagindo para invalidar atos pretéritos; **2:** correta, pois não há entre os associados, obrigações ou direitos recíprocos, conforme art. 53, parágrafo único, do CC.

Gabarito 1E, 2C

(Auditor Fiscal - SEFAZ/RS - 2019 - CESPE/CEBRASPE) As associações públicas são pessoas jurídicas de direito

(A) privado.

(B) público interno.

(C) público externo.

(D) privado ou público.

(E) privado e de capital público.

A: incorreta, pois trata-se de pessoa jurídica de direito público interno, nos termos do art. 41, V, CC. Os entes federativos podem criar por lei associações, a quando o fazem elas ganham esta natureza jurídica; **B:** correta (art. 41, V, CC); **C:** incorreta, pois as pessoas jurídicas de direito público externo são os Estados estrangeiros e todas as pessoas que forem regidas pelo direito internacional público (art. 42 CC); **D:** incorreta, pois elas não possuem natureza mista (art. 41, V, CC); **E:** incorreta, pois possuem natureza de direito público interno (art. 41, V, CC).

Gabarito "B"

2.3.4. TEMAS COMBINADOS DE PESSOA JURÍDICA

(Magistratura/BA – 2012 – CESPE) A respeito das pessoas jurídicas, assinale a opção correta.

(A) A quebra de *affectio societatis* mostra-se causa suficiente à exclusão de sócio minoritário.

(B) As novas disposições sobre a desconsideração da personalidade jurídica constantes no Código Civil implicaram mudança nas disposições relativas a essa matéria constantes no CDC.

(C) A fundação constituída *inter vivos* será extinta se o instituidor não lhe transferir a propriedade do bem dotado.

(D) Na transformação, é extinta a personalidade anterior à alteração para o novo modelo societário.

(E) Na interpretação das normas relativas à empresa, deve-se considerar o princípio da função social.

A: incorreta, pois a exclusão do sócio minoritário exige outros requisitos que não apenas a quebra da "*affectio societatis*"; **B:** incorreta, pois a aplicação do art. 28 do CDC é paralela e não conflitante com a do CC, tendo em vista seu específico campo de atuação nas relações consumeristas; **C:** incorreta, pois segundo o art. 64 do Código Civil o instituidor é obrigado a transferir a propriedade dos bens dotados e – caso não o faça – mandado judicial determinará que o seja feito; **D:** incorreta, pois na transformação não se extingue a personalidade da pessoa jurídica, alterando-se apenas o tipo societário (Lei 6.404, art. 220); **E:** correta, pois a função social é vetor interpretativo de toda legislação, especialmente no campo empresarial, tendo em vista o alcance e a repercussão econômica da empresa no contexto social.

Gabarito "E"

(Magistratura/PB – 2011 – CESPE) A respeito das pessoas naturais e das pessoas jurídicas, assinale a opção correta.

(A) O Código Civil não prevê hipótese de convalescência de defeitos relativos ao ato de constituição de pessoa jurídica de direito privado.

(B) De acordo com o que dispõe o Código Civil, se a administração da pessoa jurídica vier a faltar por ato voluntário ou involuntário do administrador, o juiz deverá nomear, de ofício, administrador provisório.

(C) Para a aplicação da teoria da desconsideração da pessoa jurídica, é imprescindível a demonstração de insolvência da pessoa jurídica.

(D) O menor relativamente incapaz pode aceitar mandato, independentemente da presença de assistente.

(E) Não se admite a invalidação de negócios jurídicos praticados pela pessoa antes de sua interdição.

A: incorreta, pois "decai em três anos o direito de anular a constituição das pessoas jurídicas de direito privado, por defeito do ato respectivo, contado o prazo da publicação de sua inscrição no registro" (art. 45, parágrafo único, do CC); dessa forma, passados os três anos, há convalescência dos defeitos; **B:** incorreta, pois o juiz, a requerimento de qualquer interessado (e não de ofício), nomeará administrador provisório (art. 49 do CC); **C:** incorreta, pois a aplicação da teoria da desconsideração, descrita no art. 50 do Código Civil, prescinde da demonstração de insolvência da pessoa jurídica (Enunciado CJF 281); **D:** correta (art. 666 do CC); **E:** incorreta, pois é admitida a invalidação de negócios jurídicos praticados por incapaz antes de sua interdição; porém, será necessário demonstrar que a incapacidade existia ao tempo do negócio; já os negócios praticados pelo incapaz após a interdição são automaticamente nulos, independentemente de demonstração da persistência da incapacidade.

Gabarito "D"

(Magistratura do Trabalho – 1ª Região – 2010 – CESPE) A respeito da disciplina da pessoa jurídica, assinale a opção correta.

(A) De acordo com entendimento do STJ, a pessoa jurídica, desde que sem fins lucrativos, é beneficiária da gratuidade de justiça.

(B) A pessoa jurídica pode ser demandada no domicílio de qualquer de seus estabelecimentos, independentemente do local onde for praticado o ato gerador de responsabilidade.

(C) A autonomia da pessoa jurídica pode ser desconsiderada para responsabilizá-la por obrigações assumidas pelos sócios.

(D) Para fins de desconsideração da autonomia patrimonial da pessoa jurídica, o Código Civil adotou a teoria menor.

(E) Para desconsiderar personalidade jurídica, não se tratando de relação de consumo, o magistrado deve verificar se houve intenção fraudulenta dos sócios que aponte para desvio de finalidade ou confusão patrimonial.

A: incorreta, pois o benefício não é automaticamente concedido às pessoas jurídicas sem fins lucrativos, sendo necessário que estas formulem requerimento, comprovando o estado de "miserabilidade jurídica", assim como devem fazer as pessoas jurídicas com fins lucrativos; nesse sentido, o STJ decidiu que "O benefício da assistência judiciária gratuita pode ser deferido às pessoas jurídicas, quer sem fins lucrativos (entidades filantrópicas ou de assistência social), quer com fins lucrativos, cabendo-lhes o *onus probandi* da impossibilidade de arcar com os encargos financeiros do processo" (AgRg nos EREsp 1019237/SP, DJe 01/10/2010). Veja também o teor da Súmula 481 do STJ: "Faz jus ao benefício da justiça gratuita a pessoa jurídica com ou sem fins lucrativos que demonstrar sua impossibilidade de arcar com os encargos processuais."; **B:** incorreta, pois tal só pode ocorrer quanto aos atos praticados no respectivo estabelecimento (art. 75, § 1º, do CC); **C:** correta, tratando-se da desconsideração da personalidade (art. 50 do CC); **D:** incorreta, pois, de fato, o Código Civil adotou a Teoria Maior da Desconsideração; de acordo com essa teoria, para que a desconsideração se dê, é necessário, além da dificuldade em responsabilizar a pessoa jurídica, a presença de outros requisitos, no caso, o abuso da personalidade, caracterizado pelo *desvio de finalidade* ou pela *confusão patrimonial*; **E:** incorreta, pois não é só na relação de consumo que se adotou a Teoria Menor da Desconsideração, que exige "menos" requisitos para a desconsideração; tal teoria é adotada também, por exemplo, em matéria de responsabilidade ambiental.

Gabarito "C"

2.4. DOMICÍLIO

(Técnico Judiciário – STJ – 2018 – CESPE) Julgue os seguintes itens, relativos ao domicílio.

(1) Domicílio corresponde ao lugar onde a pessoa estabelece a sua residência com ânimo definitivo.

(2) Têm domicílio necessário o incapaz, o servidor público, o militar, o marítimo e o preso.

1: certa (art. 70 CC); **2:** certa (art. 76 CC).

Gabarito 1C, 2C

(Magistratura/PA – 2012 – CESPE) A respeito do domicílio da pessoa natural, assinale a opção correta.

(A) Se a pessoa possuir mais de um domicílio, o local onde ela exercer atividade profissional será considerado o domicílio para fins legais.

(B) Para a lei, o elemento subjetivo mostra-se importante na definição do domicílio.

(C) O domicílio profissional é tratado pela lei como residual.

(D) É considerado especial o domicílio do itinerante.

(E) A definitividade não é critério legal para se estabelecer o domicílio.

A: incorreta, pois o art. 71 prevê a hipótese de domicílio plural e estabelece que nesse caso será considerado como domicílio, qualquer das residências onde a pessoa viva; **B:** correta, pois além do elemento objetivo, que é a fixação da residência em determinado lugar, existe ainda o elemento subjetivo que é a intenção de ali permanecer, a firme ideia de um lugar do qual se saia com a intenção de voltar; **C:** incorreta, pois o itinerante não tem domicílio especial, ao contrário, seu domicílio será o local onde for encontrado (CC, art. 73); **D:** incorreta pois a ideia de permanência e definitividade é critério para fixação do domicílio.

Gabarito "B"

(Magistratura Federal/3ª região – 2011 – CESPE) Considerando que Paulo resida com sua família em Jaú-SP, seja sócio-proprietário de uma empresa de construção em Marília-SP e trabalhe como corretor de imóveis em Bauru-SP, assinale a opção correta no que se refere ao domicílio, em face da discussão da validade de modificação do contrato social da empresa de construção.

(A) Qualquer um dos três municípios pode ser considerado domicílio.

(B) Deve ser considerado domicílio o município de Jaú, local da residência de Paulo, visto que, na legislação civil, é adotada a teoria da unidade de domicílio.

(C) Bauru será o domicílio adequado caso a corretagem seja a principal atividade profissional de Paulo.

(D) Será domicílio o local em que Paulo for efetivamente encontrado quando da discussão da questão.

(E) Como a questão envolve o contrato social da empresa de construção, Marília deve ser considerada domicílio de Paulo.

A questão envolve o conceito de domicílio, cujo conceito padrão é o de residência com ânimo definitivo. Na hipótese aventada pela questão, porém, a discussão do local do domicílio gravita em torno da discussão da validade da alteração do contrato social. Para tal fim, deve-se aplicar o disposto no art. 72 do Código Civil, para o qual "é também domicílio da pessoa natural, quanto às relações concernentes à profissão, o lugar onde esta é exercida".

Gabarito "E"

2.5. DIREITOS DA PERSONALIDADE

(Técnico Judiciário – STJ – 2018 – CESPE) Acerca dos direitos da personalidade, julgue os itens que se seguem.

(1) Ressalvadas as exceções previstas em lei, os direitos da personalidade são intransmissíveis e irrenunciáveis, podendo o seu exercício, no entanto, sofrer limitação voluntária.

(2) É proibida, ainda que com objetivo científico ou altruístico, a disposição gratuita do próprio corpo, no todo ou em parte, para depois da morte.

(3) O pseudônimo adotado para atividades lícitas goza da mesma proteção que se dá ao nome.

(4) O nome da pessoa pode ser empregado por outrem em publicações ou representações que a exponham ao desprezo público, desde que não haja intenção difamatória.

1: Errada, pois com exceção dos casos previstos em lei, os direitos da personalidade são intransmissíveis e irrenunciáveis, *não* podendo o seu exercício sofrer limitação voluntária (art. 11 CC); **2:** errada, pois é *válida*, com objetivo científico, ou altruístico, a disposição gratuita do próprio corpo, no todo ou em parte, para depois da morte (art. 14); **3:** correta (art. 19 CC); **4:** errada, pois o nome da pessoa *não* pode ser empregado por outrem em publicações ou representações que a exponham ao desprezo público, ainda quando não haja intenção difamatória (art. 17).

Gabarito 1E, 2E, 3C, 4E

(Procurador do Estado/AM – 2016 – CESPE) Acerca de direitos da personalidade, responsabilidade civil objetiva e prova de fato jurídico, julgue os itens seguintes.

(1) A teoria da responsabilidade civil objetiva aplica-se a atos ilícitos praticados por agentes de autarquias estaduais.

(2) A confissão como instrumento de prova de fato jurídico pode ser firmada pela parte ou por seu representante ou pode, ainda, ser obtida por intermédio de testemunha.

(3) Uma pessoa poderá firmar contrato que limite seus direitos da personalidade caso o acordo seja-lhe economicamente vantajoso.

1: correta, pois a responsabilidade civil da administração pública pelos atos praticados pelos agentes é objetiva, ou seja, não depende de culpa (CF, art. 37, § 6°); **2:** incorreta, pois "*não tem eficácia a confissão se provém de quem não é capaz de dispor do direito a que se referem os fatos confessados*" (CC, art. 213); **3:** incorreta, pois o exercício dos direitos da personalidade não pode sofrer limitação voluntária (CC, art. 11).

Gabarito 1C, 2E, 3E

(Cartório/PI – 2013 – CESPE) Assinale a opção correta com referência aos direitos da personalidade.

(A) Em regra, não há autorização tácita para o uso de direito da personalidade, mas tem entendido o STJ que a autorização para ser fotografado inclui a publicação da fotografia.

(B) O direito à privacidade integra o rol dos direitos da personalidade, atraindo suas características essenciais, razão por que ele é absoluto, imprescritível e inalienável.

(C) A recusa a submeter-se a exame de DNA ordenado por juiz pode suprir a prova que se pretendia obter e pode ser considerada abuso do direito à integridade física.

(D) Mesmo garantindo a integridade física, o Código Civil não proíbe a ablação do corpo humano realizada em transexuais em face da proteção aos direitos da personalidade.

(E) Porquanto o direito ao uso do próprio nome tem o objetivo de proteger direito inalienável, há sobre tal direito exclusividade absoluta do titular.

A: incorreta, pois o STJ não apresenta posição no sentido de que a autorização para ser fotografado inclui a autorização para sua publicação; **B:** incorreta, pois "nenhum direito é absoluto" (REALE, Miguel em Exposição de Motivos do Código Civil). Todo direito deve ser analisado em confronto com outros direitos, prerrogativas e princípios; **C:** correta, pois a alegação do direito à integridade física é abusiva quando, por exemplo, impede o exercício do direito do menor de conhecer sua identidade genética (CC, arts. 231 e 232); **D:** incorreta, pois o art. 13 do Código Civil determina que: "*Salvo por exigência médica, é defeso o ato de disposição do próprio corpo, quando importar diminuição permanente da integridade física*"; **E:** incorreta, pois o direito ao nome não abrange sua exclusividade.

Gabarito "C"

(Cartório/ES – 2013 – CESPE) Uma pessoa colabora com a apuração de determinado crime e, depois, passa a ser ameaçada em razão desse fato. Nesse caso,

(A) o Ministério Público (MP) deverá, necessariamente, ser ouvido para a alteração do nome da pessoa.

(B) a hipótese de alteração de nome não se aplica-se a pessoa for a estrangeira domiciliada no Brasil.

(C) a alteração do nome dependerá sempre de autorização judicial, nesse e em todos os casos admitidos pela legislação.

(D) o ordenamento brasileiro impede a alteração do prenome dessa pessoa posto que livremente colaborou para a elucidação do crime.

(E) a averbação no registro de origem deverá conter o nome alterado, mesmo que o juiz autorize a alteração do nome da pessoa.

A: correta, pois a alteração do nome da testemunha encontra respaldo na Lei 9.807/1999, mas exige-se, para tanto, a oitiva do Ministério Público; **B:** incorreta, pois tal ressalva quanto à pessoa estrangeira não encontra respaldo na lei; **C:** incorreta, pois para a alteração por "erros que não exijam qualquer indagação para a constatação imediata de necessidade de sua correção", a lei dispensa a intervenção judicial (Lei 6.015/1973, art. 110); **D:** incorreta, pois a Lei 9.807/1999 autoriza referida alteração de prenome (*vide* Lei 6.015/1973, art. 58, parágrafo único); **E:** incorreta, pois o juiz determinará a averbação no registro de origem de menção da existência de sentença concessiva da alteração, sem a averbação do nome alterado (Lei 6.015/73, art. 57, § 7º).

Gabarito "A".

(Cartório/ES – 2013 – CESPE) Considerando a proteção jurídica conferida ao nome civil, direito da personalidade, assinale a opção correta.

(A) Em relação as pessoas físicas, o nome é indisponível e transmissível.

(B) O nome dado as pessoas jurídicas é um direito prescritível, podendo o titular perdê-lo pelo seu não uso.

(C) A imutabilidade absoluta é a principal característica do nome civil.

(D) O nome produz efeitos *erga omnes* e é obrigatório.

(E) O nome dado às pessoas jurídicas é exclusivo e insuscetível de desapropriação pelo poder público.

A: incorreta, pois a transmissibilidade não é característica do direito ao nome; **B:** incorreta, pois o nome da Pessoa Jurídica também é imprescritível; **C:** incorreta, pois há hipóteses na lei que possibilitam a alteração do sobrenome e até mesmo do prenome (como, por exemplo, a lei de proteção às testemunhas); **D:** correta, pois o nome apresenta de fato tais características; **E:** incorreta, pois a exclusividade refere-se apenas à necessidade de distinção "de qualquer outro já inscrito no mesmo registro" (CC, art. 1.163).

Gabarito "D".

(Analista – STF – 2013 – CESPE) Acerca das pessoas naturais, julgue os próximos itens.

(1) É característica dos direitos da personalidade a sua oponibilidade *erga omnes*.

(2) A sentença que declara a ausência da pessoa natural deve ser submetida a registro público.

1: correta, pois esse direitos geram deveres de abstenção de cada um de nós, inclusive do Estado; **2**: correta, nos termos art. 29, VI da Lei 6.015/1973.

Gabarito 1C, 2C

(Magistratura/BA – 2012 – CESPE) No que concerne a direitos autorais, assinale a opção correta.

(A) Direitos conexos aos do autor não gozam de proteção no direito autoral.

(B) À obra de gênero diferente pode ser dado título de obra já existente.

(C) A constituição do direito autoral ocorre com o registro da obra.

(D) O autor da obra feita sob encomenda não gozará de forma plena dos direitos autorais.

(E) A omissão do nome do autor na obra implica presunção relativa de anonimato.

A: incorreta, pois o art. 89 da Lei 9.610/98 estipula que "*As normas relativas aos direitos de autor aplicam-se, no que couber, aos direitos dos artistas intérpretes ou executantes*"; **B:** correta, pois o art. 10 da Lei 9.610/98 estipula que a proteção à título de obra limita-se "*às obras de mesmo gênero*"; **C:** incorreta, pois o art. 18 da referida Lei determina que a proteção aos direitos autorais independe de registro; **D:** incorreta, pois a despeito da obra ter sido encomendada, o autor continua com seus direitos autorais plenos; **E:** incorreta, pois contrária aos termos do art. 52 da mencionada Lei.

Gabarito "B".

(Magistratura/ES – 2011 – CESPE) Com base na jurisprudência edificada no STJ sobre os direitos autorais, assinale a opção correta.

(A) A pena pecuniária imposta a contrafator de programas de computador é restrita ao valor de mercado dos programas apreendidos.

(B) Para a responsabilização do agente que reproduz obra de arte sem a prévia e expressa autorização do seu autor, deve ser aferida a sua culpa.

(C) Não configura infração à legislação autoral a autorização de uso de *software* e módulos atinentes a ensino a distância por universidade contratante a outras para as quais não tenham sido licenciados os produtos, se coligadas.

(D) A utilização de obras musicais em espetáculos gratuitos promovidos pela municipalidade não enseja a cobrança de direitos autorais.

(E) A simples circunstância de serem publicadas fotografias sem a indicação de autoria é suficiente para dar ensejo a indenização por danos morais.

A: incorreta, pois o STJ entende que "*a pena pecuniária imposta ao infrator não se encontra restrita ao valor de mercado dos programas apreendidos*". Tal entendimento decorre da interpretação do art. 102 da Lei n.º 9.610/98. (RESP n.º 1.136.676/RS); **B:** incorreta, pois o STJ entende que nessa hipótese a responsabilidade é objetiva (RESP n.º 1123456/RS); **C:** incorreta, pois o STJ entende que há infração à legislação nesse caso (RESP n.º 1127220/SP); **D:** incorreta, pois o STJ entende que "*A utilização de obras musicais em espetáculos carnavalescos gratuitos promovidos pela municipalidade enseja a cobrança de direitos autorais à luz da novel Lei n. 9.610/98, que não mais está condicionada à auferição de lucro direto ou indireto pelo ente promotor*" (RESP n.º 524.873/ES); **E:** correta, pois o STJ entende que "*a simples circunstância de as fotografias terem sido publicadas sem a indicação de autoria_ como restou incontroverso nos autos – é o bastante para render ensejo à reprimenda indenizatória por danos morais*" (RESP n.º 750822/RS).

Gabarito "E".

(Magistratura/PA – 2012 – CESPE) No que se refere aos direitos autorais, assinale a opção correta.

(A) Obra publicada sob pseudônimo está fora do âmbito da proteção dos direitos de autor.

(B) De acordo com o STJ, a exteriorização da obra não é essencial à proteção dos direitos do autor.

(C) Segundo a jurisprudência, a proteção dos direitos autorais de programa de computador depende do registro.

(D) Aquele que adapta obra original é, assim como o autor da obra, titular de direito autoral.

(E) Os direitos autorais podem ser objeto de proteção possessória.

A: incorreta, pois o pseudônimo recebe proteção do Código Civil, no seu art. 19 e da Lei 9.610, art. 24, II; **B:** incorreta, pois o STJ posicionou-se no sentido de ser essencial a exteriorização da obra para fins de proteção, conforme REsp n.º 661022; **C:** incorreta, pois a jurisprudência segue a letra da lei que dispõe sobre a proteção da propriedade intelectual de programa de computador (Lei n.º 9.609/98), no seu art. 2º, § 3º que dispõe que tal proteção independe de registro; **D:** correta, pois a adaptação de obra original recebe a proteção do art. 7º, XI, da Lei 9.610; **E:** incorreta, pois no sentido contrário ao previsto pela súmula n.º 228 do STJ, segundo a qual: "*É inadmissível o interdito proibitório para a proteção do direito autoral*".

Gabarito "D".

(Ministério Público/PI – 2012 – CESPE) Com relação aos direitos da personalidade, assinale a opção correta.

(A) Ainda que provoque excepcional angústia em algum dos contratantes, o inadimplemento contratual não constitui argumento justificador de violação de direitos da personalidade.

(B) Segundo entendimento do STJ, havendo violação de direito da personalidade por meio de tortura em período de exceção, configura-se hipótese de pretensão indenizatória imprescritível.

(C) No Código Civil, adota-se a tese de que os direitos da personalidade são absolutamente indisponíveis.

(D) Conforme jurisprudência do STJ, a indenização por dano moral está sujeita à tarifação prevista na Lei de Imprensa.

(E) É vedada a cumulação, na mesma condenação, de indenizações por dano estético e dano moral.

A: incorreta, pois não importa a origem, mas sim a angustia, o sofrimento causado à vítima para que se afigure a possibilidade de condenação por danos morais; **B:** correta, pois de acordo com o entendimento jurisprudencial do STJ, o qual afirma que "*em face do caráter imprescritível das pretensões indenizatórias decorrentes dos danos a direitos da personalidade ocorridos durante o regime militar, não há que se falar em aplicação do prazo prescricional do decreto 20.910/32*" (Agrg no AG 1428635/BA, Rel. Ministro Mauro Campbell Marques, Segunda Turma, Julgado em 2/8/2012, DJE 09/08/2012); **C:** incorreta, pois há hipóteses de disponibilidade previstas no CC; **D:** incorreta, pois contrária à súmula 281 do STJ e também por conta de o STF ter declarado que a Lei de Imprensa não foi recepcionada pela Constituição Federal de 1988; **E:** incorreta, pois contrária à súmula n.° 387 do Superior Tribunal de Justiça.

Gabarito "B"

(Ministério Público/PI – 2012 – CESPE) O nome é um dos atributos da personalidade, mediante o qual é reconhecido o seu portador, tanto em sua intimidade quanto nos desdobramentos de suas relações sociais, ou seja, é por meio do nome que se personifica, se individua e se identifica exteriormente uma pessoa, de forma a impor-lhe direitos e obrigações. A partir desse conceito jurídico, assinale a opção correta.

(A) A viuvez e a mudança de sexo pela via cirúrgica não são motivos suficientes para se autorizar a mudança no nome de pessoa.

(B) Em razão do princípio da imutabilidade, não se mostra possível a adição do patronímico de família do padrasto.

(C) Para o caso de filho que não conheça e nunca tenha visto a figura do pai e deste não tenha recebido nenhuma assistência moral ou econômica, será lícita a exclusão do patronímico paterno.

(D) O pseudônimo não goza de proteção jurídica, mesmo que utilizado para fins lícitos.

(E) Dissolvido o casamento pelo divórcio litigioso, é obrigação do juiz, na sentença, decidir se o cônjuge mantém, ou não, o nome de casado.

A: incorreta, pois contrário ao entendimento remansoso da jurisprudência pátria (Sendo a morte do cônjuge a causa de extinção do vínculo conjugal, é razoável que se permita à viúva, suprimir do seu o patronímico do falecido cônjuge para incluir o do futuro marido. Inexiste qualquer vedação legal para que a viúva busque excluir o patronímico do marido, em face de seu falecimento – AC 200830074619 TJPA 2008300-74619); **B:** incorreta, pois contrária ao art. 57 § 8° da LRP; **C:** correta, pois de acordo com a orientação jurisprudencial pátria, como por exemplo na Apelação Cível n.° 1.0024.09.737734-5/001, julgada pelo Tribunal de Justiça de Minas Gerais: Registro público – Retificação de nome – Exclusão de um dos patronímicos paternos – Ausência de Prejuízo **à** designação da linhagem familiar – Ausência de prejuízo a Terceiro, à ordem pública e à identificação da pessoa. Possibilidade; **D:** incorreta, pois contrária ao disposto no art. 19 do Código Civil; **E:** incorreta, pois tal questão não deve ser decidida de ofício pelo Juiz (art. 1.578, *caput*, do CC).

Gabarito "C"

2.6. AUSÊNCIA

(Cartório/PI – 2013 – CESPE) Declarada a ausência de pessoa casada que tenha desaparecido de seu domicílio sem deixar vestígio e que não tenha deixado representante ou procurador a quem caiba administrar-lhe os bens,

(A) após o trânsito em julgado da sucessão definitiva, o domínio dos bens do ausente transferidos aos sucessores deixará de se revestir de condição resolutiva.

(B) o vínculo conjugal estará dissolvido mesmo antes do trânsito em julgado da sentença da sucessão definitiva.

(C) a lei que regerá a sucessão do ausente será a vigente na data da comprovação da ausência, de forma que a declaração de ausência tem efeitos retroativos.

(D) os bens imóveis do ausente poderão ser hipotecados ou alienados sem autorização judicial, desde que caracterizada sua ruína.

(E) o cônjuge que for sucessor provisório do ausente deverá capitalizar metade dos frutos e rendimentos dos bens que lhe couber e prestar anualmente contas ao juiz competente.

A: incorreta, pois o art. 39 do CC estabelece que, após a sucessão definitiva, se o ausente regressar no período de dez anos, ele ainda terá direito aos bens existentes no estado em que se acharem, os sub-rogados em seu lugar; **B:** correta, pois a sentença de sucessão definitiva estabelece a morte presumida do ausente, o que é suficiente para dissolver o vínculo conjugal; **C:** incorreta, pois a lei sucessória aplicável é a do momento da decretação de sua morte presumida; **D:** incorreta, pois a alienação ou a hipoteca de tais bens depende de autorização judicial (CC, art. 31); **E:** incorreta, pois os descendentes, ascendentes e cônjuge estão dispensados de tais exigências (CC, art. 33).

Gabarito "B"

(Analista – TJ/ES – 2011 – CESPE) Julgue o seguinte item.

(1) A ausência é uma causa de incapacidade reconhecida pelo Código Civil, de maneira que, se ela for declarada judicialmente, deve-se nomear curador ao ausente.

1: incorreta, pois a ausência não é mais considerada causa de incapacidade, como era considerada no Código Civil anterior; porém, é correto dizer que será nomeado curador ao ausente (art. 22 do CC).

Gabarito 1E

2.7. BENS

(Defensor Público/AL – 2017 – CESPE) João, ciente de que seu vizinho Luciano estava realizando uma longa viagem, invadiu a casa que era de propriedade de Luciano e passou a residir no imóvel com seus familiares, sem o consentimento do proprietário. Luciano cultivava em seu terreno inúmeras hortaliças, as quais João passou a comercializar. Com o lucro auferido em razão da venda das hortaliças, João instalou uma piscina no quintal de Luciano e uma rampa para cadeirantes próxima à porta de entrada da residência, já que ele sabia que Luciano tinha uma filha usuária de cadeira de rodas. Ainda durante o período em que João residiu na casa, houve uma tempestade que danificou o telhado da casa de Luciano. Luciano retornou ao imóvel e retomou sua posse por ação judicial.

Considerando-se essa situação hipotética, é correto afirmar que João

(A) poderá retirar a piscina, desde que repare os eventuais danos provocados pela sua instalação.

(B) não responderá pelas hortaliças colhidas para consumo próprio.

(C) responderá pela danificação do telhado da casa de Luciano.

(D) deverá ser ressarcido pela construção da rampa, assistindo-lhe o direito de retenção.

(E) terá direito às despesas de manutenção do cultivo das hortaliças.

A: incorreta, pois João era possuidor de má-fé, sendo assim não tem direito a retirar a piscina (benfeitoria voluptuária), nem será ressarcido pelos gastos com ela (art. 1.220 CC); **B:** incorreta, pois ele responderá pelos frutos colhidos e percebidos, por se tratar de possuidor de má-fé (art. 1.216 CC); **C:** incorreta, pois mesmo de má-fé ele não responde se provar que de igual modo o dano aconteceria estando o proprietário na posse do bem (art. 1.218 CC). A queda do telhado decorreu de força maior, que foi a tempestade. Tudo indica que o telhado cairia seja com João, seja com Luciano; **D:** incorreta, pois a rampa constitui-se como benfeitoria útil e o possuidor de má-fé apenas pode ser ressarcido por benfeitorias necessárias (art. 1.219 CC); **E:** correta (art. 1.216. parte final, CC). GR

Gabarito "E"

(Procurador do Estado/SE – 2017 – CESPE) De acordo com a classificação doutrinária dos bens, o valor pago a título de aluguel ao proprietário de um imóvel é denominado

(A) fruto.
(B) pertença.
(C) benfeitoria.
(D) imóvel por acessão.
(E) produto.

A: **correta, pois frutos** são utilidades renováveis, ou seja, que a coisa principal periodicamente produz, e cuja percepção não diminui a sua substância. **O aluguel configura fruto civil (art. 95 CC); B: incorreta, pois pertenças são** os bens que, não constituindo partes integrantes, se destinam, de modo duradouro, ao uso, ao serviço ou ao aformoseamento de outro (art. 93 CC); **C:** incorreta, pois as benfeitorias são melhoramentos ou acréscimos sobrevindos ao bem com a intervenção do proprietário, possuidor ou detentor (arts. 96 e 97 CC); **D:** incorreta, pois os imóveis por acessão estão no art. 1.248 CC (ilhas, aluvião, avulsão, abandono de álveo, plantações e construções); **E:** incorreta, pois produtos são utilidades não renováveis, cuja percepção diminui a substância da coisa principal (art. 95 CC).

Gabarito "A"

(Analista Judiciário – TRT/8ª – 2016 – CESPE) Com referência aos bens, assinale a opção correta.

(A) As benfeitorias úteis são aquelas indispensáveis à conservação do bem ou para evitar sua deterioração, acarretando ao mero possuidor que as realize o direito à indenização e retenção dobem principal.
(B) Um bem divisível por natureza não pode ser considerado indivisível pela simples vontade das partes, devendo tal indivisibilidade ser determinada por lei.
(C) O direito à sucessão aberta é considerado bem imóvel, ainda que todos os bens deixados pelo falecido sejam móveis.
(D) Bens infungíveis são aqueles cujo uso importa sua destruição.
(E) Os frutos são as utilidades que não se reproduzem periodicamente; por isso, se os frutos são retirados da coisa, a sua quantidade diminui.

A: incorreta, pois as benfeitorias úteis são aquelas que aumentam ou facilitam o uso do bem (CC, art. 96, § 2°); **B:** incorreta, pois a vontade das partes também pode determinar que o bem, naturalmente divisível, seja considerado indivisível (CC, art. 88); **C:** correta, pois o que é considerado bem imóvel é o direito em si, não importando os bens que compõem a herança (CC, art. 80, II); **D:** incorreta, pois a definição dada refere-se aos bens consumíveis (CC, art. 86); **E:** incorreta, pois os frutos se renovam periodicamente e sua retirada não implica diminuição do principal. Exemplos: juros, aluguel, safra etc. (CC, art. 95).

Gabarito "C"

(Juiz de Direito/AM – 2016 – CESPE) A propósito dos bens e do domicílio, assinale a opção correta com fundamento nos dispositivos legais, na doutrina e no entendimento jurisprudencial pátrio.

(A) Possuem domicílio necessário ou legal o militar, o incapaz, o servidor público, a pessoa jurídica de direito privado e o preso.
(B) Pelo princípio da gravitação jurídica, a propriedade dos bens acessórios segue a sorte do bem principal, podendo, entretanto, haver disposição em contrário pela vontade da lei ou das partes.
(C) O atributo da fungibilidade de um bem decorre exclusivamente de sua natureza.
(D) Os rendimentos são considerados produto da coisa, já que sua extração e sua utilização não diminuem a substância do bem principal.
(E) Ao possuidor de boa-fé faculta-se o exercício do direito de retenção para ver-se indenizado das benfeitorias úteis e voluptuárias, quando estas não puderem ser levantadas sem prejuízo ao bem principal.

A: incorreta, pois a pessoa jurídica de direito privado não possui domicílio necessário (CC, art. 76); **B:** correta, pois o princípio da gravitação jurídica implica justamente esta regra. Vale lembrar que tal determinação é dispositiva, ou seja, as partes podem afastá-la; **C:** incorreta, pois a vontade das partes também pode determinar tal característica do bem (CC, art. 88); **D:** incorreta, pois os rendimentos são frutos, tendo em vista que se renovam periodicamente e não diminuem a substância do principal (CC, art. 95); **E:** incorreta, pois o direito de retenção conferido ao possuidor de boa-fé aplica-se apenas às benfeitorias necessárias e úteis (CC, art. 1.219).

Gabarito "B"

(Cartório/ES – 2013 – CESPE) Considerando a ampla proteção jurídica conferida aos bens no Código Civil, assinale a opção correta.

(A) Os bens incorpóreos podem ser defendidos por meio da tutela possessória.
(B) Consideram-se benfeitorias os acréscimos sobrevindos ao bem, ainda que em decorrência de fenômenos da natureza.
(C) Os direitos autorais são bens moveis.
(D) Tanto os bens moveis quanto os imóveis podem ser objeto de mutuo.
(E) O direito a sucessão aberta e considerado bem móvel.

A: incorreta, pois a tutela possessória é concebida para a proteção de bens corpóreos, tangíveis e suscetíveis de apropriação; **B:** incorreta, pois nesse caso tem-se acessões naturais; **C:** correta, pois de acordo com o previsto no art. 3º, da Lei 9.610/1998; **D:** incorreta, pois os bens imóveis são considerados infungíveis e o seu empréstimo segue a natureza do comodato (CC, arts. 85 e 579); **E:** incorreta, pois o art. 80, II do CC considera o direito à sucessão aberta como um bem imóvel.

Gabarito "C"

(Delegado/AL – 2012 – CESPE) Com relação às pessoas naturais, às pessoas jurídicas e aos bens, julgue o item a seguir.

(1) O princípio da gravitação jurídica é o princípio norteador dos bens reciprocamente considerados.

1: certo, o princípio da gravitação jurídica, também conhecido como princípio da acessoriedade, é a regra pela qual o bem acessório segue a sorte do bem principal (art. 92 do CC).

Gabarito 1C

(Delegado/AL – 2012 – CESPE) No tocante aos bens públicos, julgue o próximo item.

(1) Os bens públicos, seja qual for a sua destinação, são insuscetíveis de aquisição por meio de usucapião.

1: correta, pois todos os bens públicos são insuscetíveis de aquisição pela usucapião, não importando se são de uso especial, de uso comum do povo ou dominicais (art. 102 do CC).

Gabarito 1C

(Juiz de Direito - TJ/BA - 2019 - CESPE/CEBRASPE) De acordo com o Código Civil, são bens móveis

(A) os direitos à sucessão aberta.
(B) os materiais que estejam separados provisoriamente de um prédio, para nele serem reempregados.
(C) os materiais provenientes da demolição de um prédio.
(D) as edificações que, estando separadas do solo, puderem ser movimentadas para outro local, conservando sua unidade.
(E) os materiais empregados em alguma construção.

A: incorreta, pois o direito a sucessão aberta é considerado bem imóvel (art. 80, II CC); **B:** incorreta, pois não perdem o caráter de imóveis os materiais que estejam separados provisoriamente de um prédio, para nele serem reempregados (art. 81, II CC); **C:** correta, nos termos do art. 84 CC; **D:** incorreta, pois não perdem o caráter de imóveis as edificações que, separadas do solo, mas conservando a sua unidade, forem removidas para outro local (art. 81, I CC); **E:** incorreta, pois quando empregados na construção são considerados bem móveis (interpretação *contrario sensu* do art. 84, 1ª parte CC).

Gabarito "C"

(Auditor Fiscal - SEFAZ/RS - 2019 - CESPE/CEBRASPE) De acordo com o Código Civil, terreno destinado ao estabelecimento de uma autarquia em determinado estado federado é um bem público

(A) de uso especial, que é inalienável enquanto conservar sua qualificação.
(B) singular, que é alienável desde que observada a forma como a lei determinar que ocorra esse ato.
(C) dominical, que é alienável desde que observada a forma como a lei determinar que ocorra esse ato.
(D) de uso comum, que é inalienável enquanto conservar sua qualificação.
(E) de uso restrito, que é inalienável enquanto conservar sua qualificação.

A: correta, nos termos do art. 99, II que prevê que "são bens públicos os de uso especial, tais como edifícios ou terrenos destinados a serviço ou estabelecimento da administração federal, estadual, territorial ou municipal, inclusive os de suas autarquias". São inalienáveis enquanto conservar sua qualificação (art. 100 CC); **B:** incorreta, pois bens singulares são aqueles que, embora reunidos, se consideram de per si, independentemente dos demais (art. 89 CC). Podem ser públicos ou privados e isto definirá as regras para sua alienação; **C:** incorreta, pois bens dominicais são aqueles que constituem o patrimônio das pessoas jurídicas de direito público, como objeto de direito pessoal, ou real, de cada uma dessas entidades (art. 99, III CC); **D:** incorreta, pois os bens de uso comum são aqueles de utilização concorrente de toda a comunidade, usados livremente pela população, o que não significa "de graça" e sim, que não dependem de prévia autorização do Poder Público para sua utilização, como por exemplo, rios, mares, ruas, praças (art. 99, I CC); **E:** incorreta, pois o CC não traz o conceito de bem de uso restrito, mas apenas bem de uso comum, especial e dominical (art. 99 CC). GR

Gabarito "A"

2.8. FATOS JURÍDICOS

2.8.1. ESPÉCIES, FORMAÇÃO E DISPOSIÇÕES GERAIS

(Magistratura/BA – 2012 – CESPE) Acerca dos atos e negócios jurídicos, assinale a opção correta.

(A) Testamento é exemplo de ato jurídico *stricto sensu*, devendo, por isso, os efeitos conferidos pelo testador estar em conformidade com a legislação.
(B) A gradação de culpa do agente não pode ser levada em conta para a configuração do ato ilícito ou para a determinação da indenização dele decorrente.
(C) De acordo com o Código Civil, não importa em anuência tácita o silêncio da locadora em relação à correspondência a ela encaminhada pelos fiadores comunicando-lhe a intenção de se exonerarem da fiança prestada.
(D) A aferição de abusividade no exercício de um direito deve ser realizada pelo magistrado de forma objetiva.
(E) Para os efeitos legais, não importa que a reserva mental seja ou não conhecida da outra parte contratante.

A: incorreta, pois o testamento é um negócio jurídico unilateral, tendo em vista que por seu intermédio o testador pode prever diversos efeitos jurídicos que – se obedecerem aos limites legais – serão cumpridos e efetivados; **B:** incorreta, pois o art. 944, parágrafo único, do Código Civil permite a análise dos graus de culpa do ofensor para fins de se determinar o valor da indenização; **C:** incorreta, pois tal previsão não encontra respaldo no Código Civil; **D:** correta, pois o art. 187 estabelece que a boa-fé objetiva é critério para se aferir o exercício regular de um direito; **E:** incorreta, pois é de fundamental importância averiguar se a outra parte tinha ciência da reserva mental a fim de manter a validade da declaração de vontade, conforme o art. 110.

Gabarito "D"

(Advogado da União/AGU – CESPE – 2012) Com relação à validade, existência e interpretação de negócios jurídicos, julgue o próximo item.

(1) O ilícito contratual caracteriza-se apenas pelo descumprimento de regras expressamente convencionadas, devendo o descumprimento de deveres anexos ser discutido na seara da responsabilidade civil.

1: incorreta (art. 422, do CC).

Gabarito 1E

2.8.2. CONDIÇÃO, TERMO E ENCARGO

(Juiz – TJ/CE – 2018 – CESPE) Elemento acidental do negócio jurídico, a condição possui, entre outras, as seguintes características:

(A) impositividade e certeza.
(B) acessoriedade e voluntariedade.
(C) legalidade e futuridade.
(D) involuntariedade e incerteza.
(E) legalidade e brevidade.

A: incorreta, pois a condição requer *voluntariedade*, isto é, as partes devem querer e determinar o evento e *incerteza*, isto é, o evento deve ser incerto, podendo realizar-se ou não (art. 121 CC); **B:** correta, pois por ser um elemento acidental (e não existencial) do negócio jurídico ele é considerado acessório. Isso significa que a condição existindo ou não em nada influencia na existência do negócio. A condição também é voluntária, isto é, depende exclusivamente da vontade das partes; (art. 121 CC); **C:** incorreta, pois a condição não deriva de lei, mas da vontade das partes (art. 121 CC); **D:** incorreta, pois a condição é voluntária, isto é, depende de expressa manifestação das partes, não pode ser implícita (art. 121 CC); **E:** incorreta, pois além de não poder ser imposta por lei, a condição sujeita o negócio à evento futuro e incerto, não necessariamente precisando ser breve (art. 121 CC). GR

Gabarito "B"

(Procurador do Estado/SE – 2017 – CESPE) Assinale a opção que apresenta o conceito de condição, no âmbito dos negócios jurídicos.

(A) Cláusula que sujeita o negócio ao emprego das técnicas de domínio do devedor.
(B) Cláusula que submete a eficácia do negócio jurídico a determinado acontecimento.
(C) Acontecimento futuro e certo que suspende a eficácia de um negócio jurídico.
(D) imposição de obrigação ao beneficiário de determinada liberalidade.
(E) Cláusula que visa eliminar um risco que pesa sobre o credor.

A: incorreta, pois a condição subordina o efeito do negócio jurídico a evento futuro e incerto (art. 121 CC); B: correta, pois a condição subordina os efeitos do negócio jurídico a determindado acontecimento futuro e incerto (art. 121 CC); **C:** incorreta, pois o evento deve ser futuro e incerto; D: incorreta, pois a condição não pode ser imposta, mas decorre da vontade das partes (art. 121 CC); **E:** incorreta, pois essa cláusula nada tem a ver com eliminar risco, mas sim impor requisitos para que o negócio jurídico gere efeitos (art. 121 CC). GR

Gabarito "B"

(Cartório/DF – 2014 – CESPE) Com base no direito das obrigações, assinale a opção correta acerca dos elementos acidentais e condicionais.

(A) Em se tratando de obrigação modal, diversamente da condição suspensiva, as partes subordinam os efeitos do ato negociar a um acontecimento futuro e certo.
(B) As obrigações mistas, que decorrem da vontade de um contratante e da atuação especial da outra parte, são admissíveis por não invalidarem o negócio jurídico.
(C) Em contrato de compra e venda, pendente condição suspensiva, não há direito adquirido ao cumprimento da obrigação enquanto não seja implementada a cláusula firmada pelos contraentes.
(D) No caso de a eficácia do negócio jurídico estar vinculada a evento futuro e incerto, verificado o pagamento da prestação antes do implemento da condição, se esta não se realizar, extingue-se a obrigação, não cabendo direito a restituição.
(E) Na hipótese de compra e venda de imóvel rural sob a condição, em termo estabelecido, de o contrato se resolver se não for efetivado saneamento público básico, caso não se efetive a condição, dissolve-se a obrigação, e não há efeito retroativo, remanescendo os direitos reais concedidos na sua pendência até a desconstituição judicial.

A: incorreta. A doação modal é a doação com encargo. É aquela na qual o doador estipula um ônus ao donatário. Ex: doo o sítio com o encargo de nele se construir uma capela. A despeito do encargo, a doação surte seus efeitos normalmente. Caso o encargo seja descumprido, a doação poderá ser revogada por inexecução do encargo (CC, art. 555); **B:** incorreta, pois a obrigação mista é o nome que parte da doutrina dá para a obrigação *propter rem*. Tal obrigação decorre de um direito real e apresenta como peculiaridade o fato de que ela segue a coisa. A taxa condominial é um bom exemplo. Ela nasce do direito real de propriedade da unidade imobiliária e em caso de alienação o comprador responde por tais dívidas (CC, art. 1.345); **C:** correta. A condição suspensiva é um evento futuro e incerto. Enquanto esse evento não ocorrer, o negócio jurídico não produz seus regulares efeitos e não há direito adquirido das partes, mas apenas expectativa de direito (CC, art. 125). Ex: contrato de prestação de serviços de contabilidade, o qual somente produzirá seus efeitos quando da fusão das empresas contratantes; **D:** incorreta, pois como não há direito antes da verificação da condição, também é correto afirmar que não há débito. Logo, eventual pagamento realizado estará sujeito à repetição do indébito; **E:** incorreta, pois os direitos reais concedidos na pendência de condição resolutiva também se resolvem com a ocorrência do evento futuro e incerto (CC, art. 1.359).

Gabarito "C".

(Magistratura Federal/2ª região – 2011 – CESPE) A respeito das condições e seus efeitos, assinale a opção correta.

(A) A incerteza é elemento caracterizador imprescindível à condição.
(B) As condições juridicamente impossíveis equiparam-se às ilícitas.
(C) É vedada cláusula que estabeleça condição suspensiva para pagamento.
(D) Nada sendo estipulado em contrário, o implemento da condição resolutiva produz efeitos *ex tunc*.
(E) São defesas as condições que estejam fora da alçada das partes.

A: correta, pois a condição apresenta como característica principal a incerteza de sua ocorrência (CC, art. 121); **B:** incorreta, pois a solução dada para as condições ilícitas difere daquela prevista para as condições impossíveis; **C:** incorreta, pois tal cláusula é permitida, sendo inclusive comum nos contratos de prestação de serviços advocatícios com a cláusula "*ad exitum*"; **D:** incorreta, pois como regra o implemento da condição resolutiva não altera os efeitos dos atos já produzidos (CC, art. 128); **E:** incorreta, pois nada impede que a ocorrência do evento futuro e incerto esteja mesmo fora do alcance ou da influência da parte, como ocorre, por exemplo, na doação com cláusula de reversão que determina o retorno do bem ao doador para a hipótese de ele sobreviver ao donatário (CC, art. 547, *caput*).

Gabarito "A".

2.8.3. DEFEITOS DO NEGÓCIO JURÍDICO

(Defensor Público/PE – 2018 – CESPE) Nonato ficou desempregado e deixou de pagar as prestações do financiamento de sua única casa. Na iminência de ter a sua residência leiloada e sem outro local para morar com a família, Nonato procurou Raimundo e a ele vendeu o seu veículo por R$ 5.000; o valor de mercado do veículo era R$ 25.000 e Raimundo sabia da desesperada situação financeira de Nonato. Três anos depois, Nonato procurou a Defensoria Pública com o intuito de reaver o seu veículo.

Com referência a essa situação hipotética, assinale a opção correta.

(A) Operou-se a decadência para discutir a venda do veículo: o prazo decadencial para anular o negócio jurídico em virtude de vício de consentimento é de dois anos.
(B) O negócio jurídico realizado por Nonato e Raimundo é anulável pelo vício de consentimento da lesão.
(C) Trata-se de anulação de negócio jurídico por vício de consentimento, então, dessa forma, não é possível a revisão do contrato para que Raimundo pague pelo veículo o valor de mercado da época da realização do negócio.
(D) O negócio jurídico é anulável pelo dolo, já que Raimundo se aproveitou da situação desesperadora de Nonato.
(E) O caso é de anulação de negócio jurídico pelo estado de perigo: Nonato, sob premente perigo de perder seu único imóvel, assumiu obrigação excessivamente onerosa.

A: incorreta, pois o prazo decadencial é de 4 anos (art. 178, II CC); **B:** correta, configura-se a lesão quando uma pessoa, sob premente necessidade, ou por inexperiência, se obriga a prestação manifestamente desproporcional ao valor da prestação oposta (art. 157 CC). No caso em tela Nonato estava desesperado para conseguir algum dinheiro e Raimundo se aproveitou disso, se abusando da frágil situação do parceiro; **C:** incorreta, pois é possível que o contrato seja revisto, isto é, que Raimundo pague a diferença e fique com o carro. Dessa forma, evita-se a anulação do contrato (art. 157, § 2º, CC); **D:** incorreta, pois o dolo ocorre nos casos em que há uma situação omissa em que, se a parte que foi ludibriada soubesse da circunstância não realizaria o negócio jurídico da maneira como o fez (art. 145 CC). No caso em questão não houve nada omisso, pois todas as tratativas foram feitas com a plena ciência das partes; **E:** incorreta, pois o estado de perigo ocorre quando alguém, premido da necessidade de salvar-se, ou a pessoa de sua família, de grave dano conhecido pela outra parte, assume obrigação excessivamente onerosa. Na hipótese em questão ninguém corria risco de vida (art. 156, *caput*, CC). GR

Gabarito "B".

(Defensor Público/AC – 2017 – CESPE) Pedro, recém-chegado a Rio Branco, adquiriu de Ana um apartamento na cidade e, posteriormente, descobriu que havia pagado, pelo imóvel, valor equivalente ao dobro da média constatada no mercado, uma vez que desconhecia a real situação imobiliária local e tinha pressa em adquirir um apartamento para abrigar sua família.

Nessa situação hipotética, o negócio poderá ser anulado, uma vez que apresenta o vício de consentimento denominado

(A) dolo.
(B) lesão.
(C) fraude contra credores.
(D) estado de perigo.
(E) coação.

A: incorreta, pois o dolo ocorre nos casos em que há uma situação omissa em que, se a parte que foi ludibriada soubesse da circunstância não realizaria o negócio jurídico da maneira como o fez (art. 145 CC). No caso em tela não houve nada omisso, apenas inexperiência do agente; **B:** correta, configura-se a lesão quando uma pessoa, sob premente necessidade, ou por inexperiência, se obriga a prestação manifestamente desproporcional ao valor da prestação oposta (art. 157 CC). No caso em tela Pedro estava desesperado para conseguir um apartamento e Ana se aproveitou da inexperiência do rapaz; **C:** incorreta, pois a fraude contra credores é uma prerrogativa dos credores quirografários de anular o negócio jurídico feito por devedor insolvente ou por ele reduzido à insolvência quando este pratica transmissão gratuita de bens ou perdoa dívidas (art. 158 CC); **D:** incorreta, pois o estado de perigo ocorre quando alguém, premido da necessidade de salvar-se, ou a pessoa de sua família, de grave dano conhecido pela outra parte, assume obrigação excessivamente onerosa. Na hipótese em questão ninguém corria risco de vida (art. 156, *caput*, CC); **E:** incorreta, pois a coação, para viciar a declaração da vontade, há de ser tal que incuta ao paciente fundado temor de dano iminente e considerável à sua pessoa, à sua família, ou aos seus bens (art. 151 CC). Na hipótese em questão não houve nenhum tipo de ameaça a Pedro. GR

Gabarito "B".

(Defensor Público – DPE/BA – 2016 – FCC) Hugo, ao descobrir que sua filha precisava de uma cirurgia de urgência, emite ao hospital, por exigência deste, um cheque no valor de cem mil reais. Após a realização do procedimento, Hugo descobriu que o valor comumente cobrado para a mesma cirurgia é de sete mil reais. Agora, está sendo cobrado pelo cheque emitido e, não tendo a mínima condição de arcar com o pagamento da cártula, procura a Defensoria Pública de sua cidade. Diante desta situação, é possível buscar judicialmente a anulação do negócio com a alegação de vício do consentimento chamado de

(A) erro substancial.
(B) lesão.
(C) estado de perigo.
(D) dolo.
(E) coação.

A: incorreta, pois o erro é a falsa percepção da realidade, a qual não foi induzida (CC, art. 138); **B:** incorreta, pois no caso de lesão não há necessidade de se salvar, como é a hipótese narrada (CC, art. 157); **C:** correta, pois o fato descrito encaixa-se com precisão na tipificação legal, que prevê a ocorrência do estado de perigo quando alguém "*premido da necessidade de salvar-se, ou a pessoa de sua família, de grave dano conhecido pela outra parte, assume obrigação excessivamente onerosa*" (CC, art. 156); **D:** incorreta, pois o dolo é o vício do consentimento no qual uma pessoa – mediante um artifício malicioso – conduz a vítima à falsa percepção da realidade (CC, art. 145). O dolo é, por assim dizer, o erro induzido; **E:** incorreta, pois na coação uma pessoa – mediante violência ou grave ameaça – conduz a vítima a praticar negócio que não praticaria se livre estivesse (CC, art. 151).

Gabarito "C".

(Delegado/PE – 2016 – CESPE) Assinale a opção correta a respeito dos defeitos dos negócios jurídicos.

(A) Na lesão, os valores vigentes no momento da celebração do negócio jurídico deverão servir como parâmetro para se aferir a proporcionalidade das prestações.
(B) Os negócios jurídicos eivados pelo dolo são nulos.
(C) A coação exercida por terceiro estranho ao negócio jurídico torna-o nulo.
(D) Age em estado de perigo o indivíduo que toma parte de um negócio jurídico sob premente necessidade ou por inexperiência, assumindo obrigação manifestamente desproporcional ao valor da prestação oposta ferindo o caráter sinalagmático do contrato.
(E) Se em um negócio jurídico, ambas as partes agem com dolo, ainda assim podem invocar o dolo da outra parte para pleitear a anulação da avença.

A: correta (art. 157, § 1º, do CC); **B:** incorreta, pois são anuláveis (art. 171, II, do CC); **C:** incorreta, pois a coação torna o negócio anulável (art. 171, II, do CC), sendo que o instituto abarca a coação exercida por terceiro estranho (art. 154 do CC); **D:** incorreta, pois definição é de lesão (art. 157 do CC) e não de estado de perigo (art. 156 do CC); **E:** incorreta, pois nesse caso, de dolo recíproco, nenhuma das partes pode alegá-lo para fins de anular o negócio ou mesmo para reclamar indenização (art. 150 do CC).

Gabarito "A".

(Procurador do Estado/AM – 2016 – CESPE) Julgue os itens subsequentes, relativos a atos jurídicos e negócios jurídicos.

(1) Situação hipotética: Para se eximir de obrigações contraídas com o poder público, Aroldo alienou todos os seus bens, tendo ficado insolvente. Assertiva: Nesse caso, o poder público terá o prazo decadencial de quatro anos, contados da data em que Aroldo realizou os negócios jurídicos, para requerer a anulação destes.
(2) Constitui ato lícito a ação de destruir o vidro lateral de veículo alheio, de alto valor comercial, a fim de removê-lo das proximidades de local onde se alastrem chamas de incêndio.

1: correta, pois tal alienação configura fraude contra credores, cuja solução legal é a anulabilidade (CC, arts. 158 e 171); **2:** correta, pois a conduta foi praticada em estado de necessidade, que é "*a deterioração ou destruição da coisa alheia, ou a lesão a pessoa, a fim de remover perigo iminente*". Tal prática é considera lícita pela lei (CC, art. 188).

Gabarito 1C, 2C

(Analista – Judiciário –TRE/PI – 2016 – CESPE) A remissão de dívida que leve o devedor à insolvência configura

(A) abuso de direito.
(B) má-fé.
(C) fraude contra credores.
(D) dolo.
(E) lesão.

A: incorreta, pois o abuso de direito é o exercício de um direito que ultrapassa os limites da boa-fé, bons costumes, fim social e fim econômico (CC, art. 187). Ótimo exemplo foi dado pelo STJ (REsp 811690/RR) ao concluir que houve abuso de direito da concessionária de energia elétrica que cortou o fornecimento do consumidor em virtude de débito inferior a R$ 1,00; **B:** incorreta, pois má-fé é a ciência de um vício que macula o negócio; **C:** correta, pois perdoar uma dívida equivale, na prática, a doar um valor para alguém. Se uma pessoa está devendo, ela não pode perdoar valores dos quais ela é credora, pois isso prejudica os seus próprios credores. Assim, por exemplo, "A" não pode perdoar o valor que "B" lhe deve se, ele próprio ("A"), está devendo para "C" e não tem como pagar (CC, art. 158); **D:** incorreta, pois o dolo é o vício do consentimento que se configura pelo artifício malicioso que conduz uma pessoa a praticar negócio que jamais praticaria se estivesse consciente do engano (CC, art. 145); **E:** incorreta, pois na lesão uma pessoa, sob premente necessidade, ou por inexperiência, se obriga a prestação manifestamente desproporcional ao valor da prestação oposta (CC, art. 157).

Gabarito "C".

(Cartório/PI – 2013 – CESPE) O fato de determinada pessoa obrigar-se, por inexperiência, a prestação manifestamente desproporcional ao valor da prestação oposta configura

(A) erro substancial.
(B) simulação.
(C) lesão.
(D) estado de perigo.
(E) abuso de direito.

A: incorreta, pois o erro ocorre quando uma das partes apresenta – por equívoco próprio – uma falsa percepção da realidade que torna sua vontade não esclarecida (CC, art. 138); **B:** incorreta, pois na simulação as partes fingem praticar determinado ato que não encontra respaldo na realidade fática, visando obter vantagem indevida (CC, art. 167); **C:** correta, pois a lesão se verifica justamente quando uma das partes aceita celebrar negócio manifestamente desproporcional e desvantajoso, seja por se encontrar numa situação de necessidade, seja por inexperiência (CC, art. 157); **D:** incorreta, pois no estado de perigo a parte aceita o negócio desvantajoso por estar sob necessidade de se salvar ou salvar pessoa de sua família de grave dano conhecido pela outra parte (CC, art. 156); **E:** incorreta, pois o abuso de direito (CC, art. 187) é o exercício de um direito que ultrapassa os limites impostos pela boa-fé, bons costumes, fim social e fim econômico, tornando-se assim um ato ilícito capaz de gerar indenização (CC, art. 927).

Gabarito "C".

(Magistratura/CE – 2012 – CESPE) Considerando que os vícios incidentes sobre a vontade, regulados no Código Civil sob a denominação defeitos do negócio jurídico, estão relacionados à formação ou à origem do negócio e atuam no plano da validade, assinale a opção correta.

(A) A finalidade da revisão judicial do negócio que culmine em lesão é proteger a pessoa que, ao contratar, esteja em uma situação de inferioridade em relação à outra parte e, por essa razão, se submeta a uma prestação desproporcional; presentes os requisitos legais da lesão, deve o juiz anular o negócio jurídico, e não incitar os contratantes a uma revisão judicial da avença.
(B) Por não ser considerado erro acidental, o erro de cálculo serve como fundamento para invalidar o negócio jurídico.
(C) Ainda que juridicamente relevante, a reticência não pode ser invocada para invalidar o negócio jurídico.
(D) Os vícios de consentimento prejudicam a exteriorização do negócio jurídico, atuando sobre o consentimento; já os vícios sociais se mostram quando há uma divergência entre a vontade exteriorizada e a ordem legal.
(E) A sistemática em relação aos defeitos do negócio foi alterada no novo Código Civil: além de serem incorporados ao sistema dois novos vícios, a lesão e o estado de perigo, ainda se considera a simulação como causa de anulação, e não mais de nulidade.

A: incorreta, pois não se exige – para configuração da lesão – que a vítima esteja em situação de inferioridade, bastando uma necessidade ou inexperiência. Ademais, o Código Civil, no art. 157, § 2º prevê o instituto da manutenção do negócio na hipótese de devolução do excesso, aplicando-se o princípio da conservação do negócio e deixando para última solução a anulabilidade; **B:** incorreta, pois o art. 143 do CC afasta a anulabilidade na hipótese de erro de cálculo, impondo apenas sua retificação **C:** incorreta, pois a reticência não é juridicamente relevante, assim como o motivo que levou o negócio a ser celebrado – em geral – é também irrelevante (ressalvada a hipótese do falso motivo, prevista no art. 140); **D:** correta, pois o vício do consentimento ocorre justamente quando a vontade surgiu de forma não esclarecida (erro ou dolo), não livre (coação moral), ou não ponderada (estado de perigo ou lesão). Nos vícios sociais não há qualquer vício na formação da vontade, apenas uma malícia que prejudica terceiros e – por isso – vicia o negócio; **E:** incorreta, pois a simulação gera nulidade absoluta do negócio simulado, conforme art. 167.

Gabarito "D".

(Magistratura/ES – 2011 – CESPE) Pedro, ao chegar com seu filho gravemente doente em um hospital particular, concordou em pagar quantia exorbitante para submetê-lo a cirurgia, ante a alegação do médico de que o tempo necessário para levar a criança a outro hospital poderia acarretar-lhe a morte.

Nessa situação hipotética, caracteriza-se, como causa de invalidação do negócio,

(A) o dolo, porque o pai foi induzido a aceitar condições que o prejudicavam.

(B) o estado de perigo, porquanto o pai se encontrava em situação de extrema necessidade.

(C) a lesão, porquanto o médico se aproveitou da situação.

(D) o erro, porque o pai assumiu a prestação com vício de vontade.

(E) a coação, porquanto foi incutido no pai o dano iminente ao filho.

A: Incorreta, pois na hipótese a parte não foi induzida ao engano. A parte sabia exatamente qual era o negócio celebrado e suas consequências jurídicas, não havendo que se falar em dolo, portanto; **B:** correta, pois a hipótese é tipicamente de estado de perigo (art. 156 do CC), estando o pai premido da necessidade de salvar-se e tendo a outra parte ciência da situação aflitiva. Tal conduta abusiva foi, inclusive, elevada à categoria de fato típico penal a partir da edição da Lei n.º 12.653 que criou o art. 135-A do Código Penal com a seguinte redação: "*Exigir cheque-caução, nota promissória ou qualquer garantia, bem como o preenchimento prévio de formulários administrativos, como condição para o atendimento médico-hospitalar emergencial: Pena – detenção, de 3 (três) meses a 1 (um) ano, e multa. Parágrafo único. A pena é aumentada até o dobro se da negativa de atendimento resulta lesão corporal de natureza grave, e até o triplo se resulta a morte*"; **C:** incorreta, uma vez que a necessidade era de salvar pessoa da família, o que conduz à hipótese do art. 156 do CC e não à hipótese do art. 157 do CC, que prevê a lesão; **D:** incorreta, pois a hipótese não se enquadra no conceito do erro como vício do consentimento, tendo em vista que não houve falsa percepção da realidade; **E:** incorreta, pois não houve ameaça de mal grave e injusto imposto pela outra parte, não se configurando a hipótese do art. 151 do CC.

Gabarito "B".

(Magistratura/PA – 2012 – CESPE) Pedro, percebendo que seu patrimônio seria consumido pelas dívidas que havia contraído com Marcos, decidiu doar ao seu irmão, sem qualquer encargo, seu único imóvel.

Considerando-se essa situação hipotética, é correto afirmar que

(A) Marcos somente poderá promover a anulação da doação se houver ação executiva em andamento.

(B) qualquer credor de Pedro poderá promover a anulação da doação.

(C) não é necessária a demonstração da má-fé do irmão, para que Marcos anule a doação.

(D) o negócio realizado é, à luz do Código Civil, ineficaz em relação a Marcos.

(E) não é necessário, para anular a doação, que Marcos demonstre que o prejuízo por ele sofrido tenha dela decorrido.

A: incorreta, pois a existência de uma ação em andamento em qualquer fase é pressuposto da fraude à execução (que configura inclusive o tipo penal do art. 179 do CP); **B:** incorreta, pois o art. 158 do Código Civil limita tal possibilidade aos credores quirografários, até porque os credores com garantia real apresentam outras prerrogativas mais vantajosas; **C:** correta, pois nos negócios jurídicos gratuitos (como é o caso da doação) não se exige a má-fé do donatário e a lei dispensa a exigência do *consilium fraudis*. Essa opção da lei funda-se na antiga regra do Direito Romano segundo a qual: "entre assegurar o lucro sem causa do donatário e evitar o prejuízo do credor, a lei prefere este"; **D:** incorreta – a despeito de certa divergência doutrinária, o Código Civil fez clara opção pelo regime da anulabilidade no que se refere à fraude contra credores. Tal opção do legislador é claramente observada nos artigos 158, 159, 171 e 178 do Código Civil; **E:** incorreta, pois a fraude contra credores reclama demonstração do requisito objetivo, que é o prejuízo para o credor.

Gabarito "C".

(Defensor Público/AC – 2012 – CESPE) João adquiriu de Caio uma gleba, com o propósito, conhecido das partes contratantes, de implementação de um loteamento. Efetuada a referida compra, João percebeu que a legislação municipal desautorizava a realização do empreendimento.

Considerando a situação hipotética acima apresentada e os defeitos dos negócios jurídicos, assinale a opção correta.

(A) Se, por ocasião da venda, Caio tivesse conhecimento das limitações impostas pela legislação municipal e, mesmo assim, tivesse assegurado ao comprador que a gleba poderia ser loteada, garantindo, inclusive, determinada rentabilidade, motivo determinante do negócio, o resultado prático seria totalmente dissonante da informação prestada e a manifestação de vontade seria viciosa devido a erro.

(B) Se Caio tivesse obrigado João a realizar a compra mediante a ameaça de agredir alguém de sua família, o negócio jurídico seria anulável por coação, ainda que o comprador fosse adquirir o bem de qualquer maneira.

(C) A compra e a venda não podem ser anulada, pois o desconhecimento da lei não vicia a declaração de vontade, sendo sua ignorância inescusável.

(D) O negócio jurídico em questão é passível de anulação, visto que foi celebrado com base em disciplina jurídica equivocada, ocorrendo a anulação por erro de direito.

(E) É de três anos o prazo decadencial para pleitear a anulação do negócio jurídico com fundamento na existência de vícios da vontade, como o erro, o dolo e a coação.

A: incorreta, pois se houvesse a indução maliciosa objetivando viciar a vontade de João para que realizasse o negócio jurídico estaria caracterizado o dolo positivo, previsto no art. 145 do CC; **B:** incorreta. Para anular o negócio jurídico a coação deve ser determinante para a manifestação de vontade, alterando o que era desejado livremente pelo coagido (art. 151 do CC); **C:** incorreta, pois o desconhecimento da lei (erro de direito – art. 139, III) pode ser alegado para anular negócio jurídico. Além disso, no Código Civil de 2002 o erro não precisa ser escusável para que o negócio jurídico seja anulado (art. 138/CC); **D:** correta, pois nos termos do art. 139, III do Código Civil, o erro de direito pode ser alegado para *anular negócio jurídico* celebrado entre as partes. Este dispositivo não revogou o art. 3º da LINDB que proíbe a alegação de erro de direito para *afastar a aplicação da lei* (ex: sanção legal); **E:** incorreta. Segundo o art. 178 do CC, o prazo pra pleitear a anulação do negócio jurídico é decadencial de 4 anos, contados a partir da data de celebração do negócio jurídico viciado por erro, dolo, estado de perigo, lesão ou fraude contra credores.

Gabarito "D".

(Defensor Público/SE – 2012 – CESPE) Assinale a opção correta acerca dos negócios jurídicos.

(A) Os negócios jurídicos podem ser praticados pelo titular do direito negociado ou por seu representante; assim, qualquer manifestação de vontade do representante produz efeitos em relação ao representado.

(B) Na análise de um negócio jurídico bilateral, deve-se, em atendimento ao princípio da autonomia da vontade, aplicar o sentido literal da linguagem consubstanciado no negócio, e não, o da intenção dos contratantes.

(C) Ocorrerá defeito no negócio jurídico quando as declarações de vontade emanarem de erro substancial que poderia ser percebido por pessoa de diligência normal, em face das circunstâncias do negócio; assim, considera-se substancial o erro quando, sendo de direito e não implicando recusa à aplicação da lei, for ele o motivo único ou principal do negócio jurídico.

(D) O dolo provoca a nulidade dos negócios jurídicos, exceto quando praticado por terceiro, e, se ambas as partes procederem com dolo, nenhuma delas poderá alegá-lo para anular o negócio ou reclamar indenização.

(E) Não provoca vício ao negócio jurídico o fato de as suas condições se sujeitarem ao puro arbítrio de uma das partes.

A: incorreta, pois conforme dispõe o art. 116 do CC somente a manifestação de vontade do representante realizada nos limites de seus poderes obrigará o representado; **B:** incorreta. Nos termos do art. 112 do CC, nas declarações de vontade se atenderá mais à intenção nelas consubstanciada do que ao sentido literal da linguagem; **C:** correta, pois a alternativa reproduz o conteúdo dos arts. 138 e 139, III, do CC; **D:** incorreta, pois o dolo pode provocar a *anulabilidade* do negócio jurídico e não sua *nulidade* (art. 145 do CC). Mesmo se praticado por terceiro o dolo pode determinar a anulabilidade do negócio (art. 148 do CC). Se ambas as partes procederem com dolo, nenhuma pode alegá-lo para anular o negócio (art. 150 do CC); **E:** incorreta, pois as condições puramente potestativas contaminam o negócio jurídico invalidando-o (arts. 122 e 123, II, CC).

Gabarito "C"

Júlia e Mateus, noivos e sem experiência acerca de imóveis, decidiram comprar um apartamento. André, corretor de imóveis que os atendeu, percebendo a inexperiência do casal, alterou o valor do contrato de venda e compra do imóvel para três vezes acima do preço de mercado. O contrato foi celebrado e, no ano seguinte, após terem pago a maior parte das parcelas, em uma conversa com um amigo corretor de imóveis, Júlia e Mateus descobriram o caráter abusivo do valor entabulado e decidiram ajuizar uma ação com o objetivo de permanecerem no imóvel e serem ressarcidos somente do valor excedente já pago.

(Auditor Fiscal - SEFAZ/RS - 2019 - CESPE/CEBRASPE) Considerando a situação hipotética, em conformidade com o disposto no Código Civil, deve ser alegado em juízo que o negócio jurídico celebrado tem como defeito

(A) a coação, não sendo possível a revisão judicial, mas apenas a anulação do negócio jurídico.

(B) o erro ou a ignorância, sendo possíveis a revisão judicial e a anulação do negócio jurídico.

(C) a lesão, sendo possíveis a revisão judicial bem como a anulação do negócio jurídico.

(D) o dolo, não sendo possível a revisão judicial, mas apenas a anulação do negócio jurídico.

(E) o estado de perigo, não sendo possível a revisão judicial, mas apenas a anulação do negócio jurídico.

A: incorreta, pois a coação ocorre quando há um constrangimento físico ou moral para alguém fazer algum ato sob o fundado temor de dano iminente e considerável à sua pessoa, à sua família ou a seus bens (Art. 151 do CC). No caso em tela Júlia e Mateus não foram coagidos a realizar o negócio, uma vez que o fizeram por sua própria vontade; **B:** incorreta, pois o erro é um <u>vício</u> no processo de formação da <u>vontade</u>, em forma de noção falsa ou imperfeita sobre alguma coisa ou alguma pessoa. É importante ressaltar que, no erro, o indivíduo engana-se sozinho. Ele não é vítima de artifício ou expediente astucioso por parte de outrem. A manifestação de vontade é defeituosa devido a uma má interpretação dos fatos. Apenas o erro substancial anula o negócio jurídico (art. 138 CC); **C:** correta, pois ocorre a lesão quando uma pessoa, sob premente necessidade, ou por inexperiência, se obriga a prestação manifestamente desproporcional ao valor da prestação oposta (art. 157, *caput*, CC). Foi o que houve nesta situação. Por inexperiência o casal fechou um negócio com preço desproporcional ao de marcado. O negócio jurídico é passível de anulação ou revisão (art. 157, §2º CC); **D:** incorreta, pois o **dolo** nada mais é do erro induzido de maneira artificiosa, ou seja, a intenção ardilosa de viciar a vontade de determinada pessoa em uma dada situação concreta (art. 145 CC). Na hipótese em questão Julia e Mateus não foram induzidos de maneira ardilosa a realizar o contrato. Eles erraram na verdade pela própria inexperiência; **E:** incorreta, pois configura-se estado de perigo quando alguém, premido da necessidade de salvar-se, ou a pessoa de sua família, de grave dano conhecido pela outra parte, assume obrigação excessivamente onerosa (art. 156 CC). No caso em tela não havia nenhuma situação de perigo a ser removida.

Gabarito "C"

2.8.4. INVALIDADE DO NEGÓCIO JURÍDICO

(Juiz – TJ/CE – 2018 – CESPE) Maria decidiu alugar um imóvel de sua propriedade para Ana, que, no momento da assinatura do contrato, tinha dezessete anos de idade.

Nessa situação hipotética, o contrato celebrado pelas partes é

(A) nulo, uma vez que foi firmado por pessoa absolutamente incapaz, condição que pode servir de argumento para Ana extinguir o contrato.

(B) anulável, portanto passível de convalidação, ressalvado direito de terceiros.

(C) válido, desde que tenha sido formalizado por escritura pública, visto que tem por objeto um imóvel.

(D) nulo, porque Ana deveria ter sido representada por um de seus genitores.

(E) válido, ainda que Ana não possua capacidade de direito para celebrar o contrato de aluguel.

A: incorreta, pois por Ana ter 17 anos ela é relativamente incapaz, portanto, o contrato é anulável, e não nulo (art. 4º, I, e art. 171, I, CC); **B:** correta, pois o contrato é anulável devido à idade de Ana (art. 4º, I, e art. 171, I, CC) e por esta razão é passível de convalidação (art. 172 CC); **C:** incorreta, pois o contrato de locação para ser válido não precisa ser formalizado por escritura pública, uma vez que a Lei não faz essa exigência. O contrato apenas deixa de ser válido por inosbervância da forma, quando a Lei exige forma específica e as partes não a cumprem (art. 166, IV, CC). **D:** incorreta, pois Ana não precisa de representação para firmar o contrato. Ainda que seja relativamente incapaz (art. 4º, I CC), ela pode firmar o negócio jurídico independentemente de representação, porém, a Lei o considera anulável (art. 171, I, CC); **E:** incorreta, pois Ana possui capacidade relativa de direito para exercer os atos da vida civil (art. 4º, I, CC).

Gabarito "B"

(Juiz – TRF5 – 2017 – CESPE) Beneficiário de nota promissória nula requereu em juízo que ela fosse aproveitada como confissão de dívida. Seu pedido foi aceito, ante a presença dos elementos objetivos e subjetivos.

Nesse caso, aplicou-se a

(A) teoria da máxima intenção nos negócios jurídicos.

(B) redução equivalente do negócio jurídico.

(C) conversão substancial do negócio jurídico.

(D) confirmação inversa do negócio jurídico.

(E) convalidação elementar subjetiva do negócio jurídico.

A letra C está correta, pois a conversão substancial do negócio jurídico consiste numa tentativa de aproveitar um ato nulo, conservando os seus elementos materiais (requisito objetivo), bem como a manifestação de vontade outrora externada (requisito subjetivo), convertendo-o em um negócio válido. Trata-se de uma recategorização do ato nulo em um negócio válido (art. 170 CC).

Gabarito "C"

(Delegado/PE – 2016 – CESPE) Assinale a opção correta a respeito dos defeitos dos negócios jurídicos.

(A) Na lesão, os valores vigentes no momento da celebração do negócio jurídico deverão servir como parâmetro para se aferir a proporcionalidade das prestações.

(B) Os negócios jurídicos eivados pelo dolo são nulos.

(C) A coação exercida por terceiro estranho ao negócio jurídico torna-o nulo.

(D) Age em estado de perigo o indivíduo que toma parte de um negócio jurídico sob premente necessidade ou por inexperiência, assumindo obrigação manifestamente desproporcional ao valor da prestação oposta ferindo o caráter sinalagmático do contrato.

(E) Se em um negócio jurídico, ambas as partes agem com dolo, ainda assim podem invocar o dolo da outra parte para pleitear a anulação da avença.

A: correta (art. 157, § 1º, do CC); **B:** incorreta, pois são anuláveis (art. 171, II, do CC); **C:** incorreta, pois a coação torna o negócio anulável (art. 171, II, do CC), sendo que o instituto abarca a coação exercida por terceiro estranho (art. 154 do CC); **D:** incorreta, pois definição é de *lesão* (art. 157 do CC) e não de *estado de perigo* (art. 156 do CC); **E:** incorreta, pois nesse caso, de dolo recíproco, nenhuma das partes pode alegá-lo para fins de anular o negócio ou mesmo para reclamar indenização (art. 150 do CC).

Gabarito "A".

(Cartório/ES – 2013 – CESPE) Levando-se em conta a anulabilidade do negócio jurídico, assinale a opção correta.

(A) É defeso às partes sanar o vício anulável, cabendo essa atribuição ao Poder Judiciário.
(B) O negócio jurídico anulável poderá ser reconhecido de ofício ou a pedido do MP.
(C) A decisão judicial que decreta a anulação de um ato jurídico produz efeito ex tunc em relação às partes.
(D) O reconhecimento da anulabilidade aproveita a todos os interessados, independentemente de a terem alegado.
(E) O negócio anulável está sujeito à conversão substancial em outro negócio cujos pressupostos tenham sido atendidos.

A: incorreta. Uma das principais características do negócio anulável é que ele pode ser sanado pelas partes. Isso ocorre pela confirmação do ato, que pode ocorrer de forma expressa ou tácita (CC, art. 172); **B:** incorreta, pois dada a menor gravidade dos atos anuláveis, a lei não permite que o Juiz ou o Ministério Público reconheçam de ofício que determinado negócio é anulável (CC, art. 177). Assim, por exemplo, se as partes discutem o não pagamento do preço num contrato celebrado por uma pessoa de 17 anos, o juiz não pode decretar a anulabilidade do referido contrato pela incapacidade relativa do agente, ficando limitado ao pagamento ou não do preço ajustado; **C:** correta. Sobre a questão dos efeitos da sentença que anula um determinado negócio, a doutrina clássica do Direito Civil defende a tese de que a decretação de anulabilidade do ato gera apenas efeitos *ex nunc*. Contudo, parte da doutrina moderna defende a ideia de que muitas vezes essa solução se mostra injusta e que a decretação da anulabilidade também deveria produzir efeitos *ex tunc*. Trata-se, portanto, de questão sobre a qual existem duas correntes; **D:** incorreta, pois a decretação de anulabilidade aproveita apenas aos que a alegaram, ressalvado as hipóteses de solidariedade e indivisibilidade (CC, art. 177); **E:** incorreta, pois a conversão do negócio jurídico é instituto voltado para os casos de nulidade absoluta (CC, art. 170).

Gabarito "C".

(Procurador/DF – 2013 – CESPE) A respeito do negócio jurídico, julgue os itens subsecutivos.

(1) A nulidade de negócio jurídico celebrado por absolutamente incapaz ocorrerá *ipso jure* (por força da lei), ou seja, sem que haja necessidade de manifestação do Poder Judiciário.
(2) É possível que seja válido negócio jurídico cujo instrumento de formalização possua vício de forma.

1: Errada; por mais grave que seja a hipótese de negócio jurídico celebrado pelo absolutamente incapaz, a manifestação do Judiciário é indispensável; **2:** Certa; o instituto da conversão do negócio jurídico (art. 170, CC) é concebido de forma bem adequada para esta hipótese. Assim, um negócio jurídico nulo pode ser convertido noutro válido e eficaz, desde que apresente dois requisitos: a) a forma utilizada no negócio nulo seja adequada para a criação do novo negócio, a ser criado pela conversão; b) seja possível concluir que a intenção das partes – ao celebrar o negócio nulo – fosse, na verdade, celebrar o novo negócio, a ser criado pela conversão.

Gabarito 1E, 2C

(Analista – TJ/ES – 2011 – CESPE) Julgue o seguinte item.

(1) Cometerá ato ilícito por abuso de direito o motorista de ambulância que, trafegando em situação de emergência e, portanto, com a sirene ligada, ultrapassar semáforo fechado e abalroar veículo de particular que, sem justificativa, deixe de lhe dar passagem.

1: o ato ilícito tradicional está previsto no art. 186 do CC, tratando-se de conduta culposa ou dolosa que causa um dano a alguém; já o ato ilícito por abuso de direito está previsto no art. 187 do CC, tratando-se do exercício de um direito, de forma abusiva; o caso narrado revela que sequer há um direito em favor do motorista, de modo que não se coloca se ele agiu, no exercício desse direito, de forma abusiva; o caso revela que o motorista infringiu a lei, e o fez com dolo, configurando-se a hipótese de ato ilícito prevista no art. 186 do CC.

Gabarito 1E

Dino, pai de três filhos e atualmente em seu segundo casamento, resolveu adquirir um imóvel, em área nobre de Salvador, para com ele presentear o caçula, único filho da sua atual união conjugal. A fim de evitar eventuais problemas com os outros dois filhos, tidos em casamento anterior, Dino decidiu fazer a seguinte operação negocial:

- vendeu um dos seus cinco imóveis e, com o dinheiro obtido, adquiriu o imóvel para o filho caçula; e
- colocou na escritura pública de venda e compra, de comum acordo com os vendedores do referido imóvel, o filho caçula como comprador do bem.

Alguns meses depois, os outros dois filhos tomaram conhecimento das transações realizadas e resolveram ajuizar ação judicial contra Dino, alegando que haviam sofrido prejuízos.

(Juiz de Direito - TJ/BA - 2019 - CESPE/CEBRASPE) Nessa situação hipotética, conforme a sistemática legal dos defeitos e das invalidades dos negócios jurídicos, os dois filhos prejudicados deverão alegar, como fundamento jurídico do pedido, a ocorrência de

(A) reserva mental, também conhecida como simulação unilateral, que deve ensejar a declaração de inexistência do negócio jurídico de venda e compra e o retorno das partes ao *status quo ante*.
(B) causa de anulabilidade por dolo, vício de vontade consistente em artifício, artimanha, astúcia tendente a viciar a vontade do destinatário ou de terceiros.
(C) simulação relativa, devendo ser reconhecida a invalidade da venda e compra e declarada a validade da doação, que importará adiantamento da legítima.
(D) simulação absoluta, devendo ser reconhecida a invalidade da venda e compra e da doação, com retorno ao *status quo ante*.
(E) simulação relativa, devendo ser reconhecida a invalidade da compra e venda e declarada a validade da doação, o que, contudo, não implicará adiantamento da legítima.

A: incorreta, pois não se trata de hipótese de reserva mental. A reserva mental é uma forma de simulação (lato senso) e consiste na divergência entre a vontade real do declarante e da qual a outra parte não tem conhecimento (art. 110 CC). Por ser considerada uma simulação unilateral produz negócio jurídico nulo e não inexistente (art. 167 *caput* CC); **B:** incorreta, pois no caso em tela não temos a configuração de dolo essencial passível de anulação do negócio jurídico, uma vez que este ocorre quando o negócio é realizado somente porque houve induzimento malicioso de uma das partes. Não fosse o convencimento astucioso e a manobra insidiosa, a avença não se teria concretizado. No caso em tela não houve esse induzimento por parte do vendedor ao comprador, logo não há que se falar em anulabilidade (art. 145 CC); **C:** correta, pois na simulação relativa, as partes realizam um negócio, mas é diferente daquele que verdadeiramente pretendem realizar. Neste caso, há dois negócios: o simulado, que as partes consolidaram na aparência, e não é verdadeiro (no caso a compra e venda), e o dissimulado, cujos efeitos as partes realmente almejavam (no caso a doação). A doação será válida (art. 167, 2ª parte) e será considerada adiantamento da legítima (art. 544 CC); **D:** incorreta, pois na simulação absoluta as partes não desejam efetivamente realizar determinado ato, mas apenas fazer com que outros pensem que o ato foi concretizado. Só se observa o negócio jurídico simulado. Na hipótese em tela, temos um negócio desejado que era a doação, logo não há que se falar nesse tipo de simulação (art. 167 CC); **E:** incorreta, pois implica em adiantamento da legítima, nos termos do art. 544 CC. GR

Gabarito "C".

2.9. PRESCRIÇÃO E DECADÊNCIA

(Procurador do Município/Manaus – 2018 – CESPE) Embora estabeleça como regra o prazo prescricional de três anos para a cobrança de dívida decorrente de aluguel de prédio urbano, a lei prevê a possibilidade de as partes pactuarem contratualmente prazo prescricional maior que este, até o limite de cinco anos.

(1) Se o devedor solidário de uma dívida divisível falecer e deixar três herdeiros legítimos, tais herdeiros, reunidos,

serão considerados como um devedor solidário em relação aos demais devedores, mas cada um desses herdeiros somente será obrigado a pagar a cota que corresponder ao seu quinhão hereditário.

(2) De acordo com o STJ, a transferência de veículo pelo segurado, sem a prévia anuência da seguradora, é, por si só, fato suficiente para eximi-la do dever de indenizar caso referido bem sofra sinistro após a data da alienação.

1: Certo, pois quando se fala em solidariedade, cada devedor é obrigado pela dívida toda (art. 264 CC). Falecendo o devedor, essa obrigação transmite-se aos herdeiros. Cada um deles poderá ser acionado para quitá-la, entretanto, por força das regras de sucessão cada um responde apenas nos limites do quinhão de sua herança (art. 1.792 CC); **2**: errada, pois de acordo com a Súmula 465 do *STJ "Ressalvada a hipótese de efetivo agravamento do risco, a seguradora não se exime do dever de indenizar em razão da transferência do veículo sem a sua prévia comunicação".* GR

Gabarito 1C, 2E

(Procurador do Estado/SE – 2017 – CESPE) Se uma pessoa, no dia 5 de dezembro de 2017, terça-feira, sofrer dano material em decorrência de acidente provocado por motorista que avançou sobre a faixa de pedestre, o prazo prescricional para que ela obtenha a indenização será contado a partir do dia

(A) 5 de dezembro de 2017.
(B) 11 de dezembro de 2017.
(C) 6 de dezembro de 2017.
(D) 8 de dezembro de 2017.
(E) 7 de dezembro de 2017.

Violado o direito, nasce para o titular a pretensão, a qual se extingue, pela prescrição (ART. 189 CC). Logo, o prazo prescricional para ajuizar a ação começou a correr na data em que nasceu a pretensão, isto é, 5 de dezembro de 2017, portanto, a resposta correta seria a letra A. GR

Gabarito "A".

(Delegado/PE – 2016 – CESPE) Acerca de prescrição e decadência no direito civil, assinale a opção correta.

(A) A prescrição não pode ser arguida em grau recursal.
(B) Desde que haja consenso entre os envolvidos, é possível a renúncia prévia da decadência determinada por lei.
(C) A prescrição não corre na pendência de condição suspensiva.
(D) Ao celebrarem negócio jurídico, as partes, em livre manifestação de vontade, podem alterar a prescrição prevista em lei.
(E) É válida a renúncia da prescrição, desde que determinada expressamente antes da sua consumação.

A: incorreta, pois a prescrição, de acordo com o art. 193 do CC, pode ser alegada em qualquer grau de jurisdição, pela parte a quem aproveita; **B:** incorreta, pois a decadência legal não pode ser objeto de renúncia e se o houver renúncia esta será considerada nula (art. 209 do CC); **C:** correta (art. 199, I, do CC); **D:** incorreta, pois os prazos de prescrição não podem ser alterados por acordo entre as partes (art. 192 do CC); **E:** incorreta, pois a renúncia da prescrição só é possível depois de esta ter se consumado (art. 191 do CC).

Gabarito "C".

(Defensoria/DF – 2013 – CESPE) Acerca dos institutos da prescrição e da decadência na esfera cível, julgue os próximos itens.

(1) Os prazos da prescrição podem ser alterados por acordo entre as partes, podendo, ainda, a parte por ela beneficiada alegá-la em qualquer grau de jurisdição.
(2) A interrupção da prescrição, que pode ser promovida por qualquer interessado, pode ocorrer uma única vez. Entre as causas da interrupção inclui-se o despacho do juiz, ainda que incompetente, que ordenar a citação, se o interessado a promover no prazo e na forma da lei processual.
(3) Salvo disposição legal em contrário, não se aplicam a decadência as normas que impedem, suspendem ou interrompem a prescrição, devendo o juiz conhecê-la de ofício nos casos estabelecidos em lei. Se a decadência for convencional, a parte a quem aproveita poderá alegá-la em qualquer grau de jurisdição, não podendo o juiz suprir a alegação.
(4) A violação do direito gera, para seu titular, a pretensão, a qual se pode extinguir pela prescrição, que continua a transcorrer com relação ao sucessor, em caso de falecimento do titular.
(5) O juiz não pode suprir de ofício a alegação de prescrição, salvo para favorecer o absolutamente incapaz.

1: Errada, pois as partes não podem alterar os prazos prescricionais (CC, art. 192); **2**: Correta, pois de acordo com a previsão estabelecida pelo art. 202, I do CC; **3**: Correta, pois como regra geral as causas que interrompem (CC, art. 202), impedem ou suspendem (CC, arts. 197 a 200) a prescrição não se aplicam aos prazos decadenciais. O juiz deve conhecer de ofício a prescrição e a decadência legal, não podendo fazer o mesmo com a decadência convencional. **4**: Correta, pois o que se extingue com a ocorrência da prescrição é justamente a pretensão, a qual nasceu pela violação do direito a uma prestação. Ademais, a prescrição iniciada contra uma pessoa continua a correr contra o seu sucessor (CC, art. 196). **5**: Errada, pois o juiz deve conhecer de ofício a prescrição, qualquer que seja o devedor.

Gabarito 1E, 2C, 3C, 4C e 5E

(Analista – STF – 2013 – CESPE) Em relação aos negócios jurídicos e à decadência, julgue os itens subsequentes.

(1) É válida a renúncia à decadência legal.
(2) A renúncia deve ser interpretada restritivamente, ao passo que os negócios jurídicos benéficos merecem interpretação extensiva.

1: incorreta, pois é nula a renúncia à decadência fixada em lei (art. 209 do CC); **2**: incorreta, pois tanto os negócios jurídicos benéficos como a renúncia interpretam-se estritamente (art. 114 do CC).

Gabarito 1E, 2E

(Analista – TJ/CE – 2013 – CESPE) Após ter sido cobrado extrajudicialmente por José, em face de dívida que tinha com este, Mário realizou o pagamento ao credor. Logo em seguida, Mário descobriu que, na data em que realizou o pagamento, a dívida já havia prescrito.

Com referência a essa situação hipotética, assinale a opção correta com base no Código Civil.

(A) José deverá restituir somente metade do valor pago por Mário, uma vez que deve ser reconhecida a responsabilidade concorrente pelo fato.
(B) José não deverá restituir o valor a Mário, visto que não se pode repetir o que se pagou para solver dívida prescrita, ou cumprir obrigação judicialmente inexigível.
(C) José deverá restituir integralmente o valor a Mário, já que recebeu o que não lhe era devido, tendo sido indevido o pagamento feito por Mário. O valor da dívida não deverá ser atualizado monetariamente, não devendo incidir sobre ele juros legais.
(D) José deverá restituir o valor a Mário, uma vez que se locupletou ilicitamente, recebendo o que não lhe era devido. O valor da dívida deverá ser atualizado monetariamente, não incidindo sobre ele acréscimo de juros legais.
(E) José deverá restituir o valor a Mário, visto que recebeu o que não lhe era devido. O valor da dívida deverá corresponder ao dobro do valor devido.

A: incorreta, pois José não é obrigado a restituir nenhum valor a Mário, por tratar-se de obrigação natural; **B**: correta, pois nenhum valor deve ser restituído, haja vista que a obrigação não foi extinta, muito embora estivesse prescrita. Este é um típico caso de obrigação natural, em que o débito existe, muito embora não seja mais exigível; **C**: incorreta, pois o pagamento era devido, logo José não precisa restituir nenhum valor; **D**: incorreta, pois não há falar-se em locupletamento, pois o valor pago era devido; **E**: incorreta, pois nada deverá ser devolvido.

Gabarito "B".

(Técnico Judiciário – TJDFT – 2013 – CESPE) Em relação às normas sobre prescrição, decadência e negócio jurídico, julgue os itens subsequentes.

(1) Negócio jurídico bifronte é o que tanto pode ser gratuito quanto oneroso, cabendo às partes contratantes convencionarem como ele irá ocorrer.

(2) As mesmas causas que impedem, suspendem ou interrompem a decadência aplicam-se à prescrição.
(3) Configura simulação relativa o fato de as partes contratantes pós-datarem um documento, objetivando situar cronologicamente a realização do negócio em período de tempo não verossímil.
(4) Será considerada não escrita, invalidando o negócio jurídico como um todo, cláusula de negócio jurídico que estabeleça um encargo ilícito ou impossível, se esse não for o motivo determinante do ato.

1: correta, valendo citar como exemplo o mútuo, que pode ou não ser convencionado com o pagamento de juros; **2:** incorreta, pois, segundo o art. 207 do CC/2002, "salvo disposição legal em contrário, não se aplicam à decadência as normas que impedem, suspendem ou interrompem a prescrição"; **3:** correta (art. 167, § 1º, III, do CC/2002); **4:** incorreta, pois se a cláusula em questão for o motivo determinante do ato, não haverá a sanção de considerar-se não escrito o encargo (art. 137 do CC/2002).

Gabarito 1C, 2E, 3C, 4E

(Ministério Público/PI – 2012 – CESPE) Acerca dos institutos da prescrição e decadência, assinale a opção correta.

(A) Mesmo que haja ação de evicção pendente, a contagem do prazo de prescrição corre normalmente.
(B) A renúncia da prescrição pode ser expressa ou tácita.
(C) Prescrição corresponde ao prazo estabelecido em lei ou pela vontade das partes para o exercício de um direito potestativo.
(D) De acordo com o Código Civil, os prazos de prescrição podem ser alterados por acordo das partes.
(E) A prescrição corre normalmente entre companheiros, na constância da união estável.

A: incorreta, pois a pendência de ação de evicção é hipótese de suspensão/impedimento da prescrição (CC, art. 199, III); **B:** correta, pois o Código Civil admite as duas formas de renúncia à prescrição, bastando que ela ocorra quando a prescrição já houver se consumado (CC, art. 191); **C:** incorreta, pois a assertiva refere-se à decadência e não à prescrição; **D:** incorreta, pois contrária à regra estabelecida pelo art. 192 do CC; **E:** incorreta, pois a norma (CC, art. 197, I) que prevê a suspensão/impedimento de prazo prescricional entre cônjuges durante a constância da sociedade conjugal deve ser aplicada aos companheiros, por força da analogia (Enunciado 296 do Conselho da Justiça Federal: *Não corre prescrição entre os companheiros, na constância da união estável).*

Gabarito "B"

(Advogado da União/AGU – CESPE – 2012) A respeito da prescrição, julgue o item seguinte.

(1) O devedor capaz que pagar dívida prescrita pode reaver o valor pago se alegar, na justiça, a ocorrência de pagamento indevido ao credor, estando o direito de reaver esse valor fundado no argumento de que o credor que receba o que lhe não seja devido enriquece às custas do devedor.

1: incorreta, pois *não se pode repetir o que se pagou para solver dívida prescrita, ou cumprir obrigação judicialmente inexigível* (art. 882, do CC).

Gabarito 1E

(Analista – STM – 2011 – CESPE) Julgue o seguinte item.

(1) Em caráter excepcional, mediante provimento judicial fundamentado, pode o juiz interromper prazo decadencial já iniciado, devendo constar da decisão o dia em que o prazo deve voltar a correr.

1: incorreta, pois os prazos decadenciais, como regra, não sofrem impedimento, suspensão ou interrupção (art. 207 do CC), diferente do que ocorre com os prazos prescricionais.

Gabarito 1E

(Analista – TJ/ES – 2011 – CESPE) Julgue o seguinte item.

(1) Não corre prescrição contra os excepcionais sem desenvolvimento mental completo.

1: incorreta, pois, segundo o art. 198, I, do CC não corre a prescrição contra os absolutamente incapazes; e os "excepcionais sem desenvolvimento completo", que eram considerados relativamente incapazes antes da modificações feitas pelo Estatuto da Pessoa com Deficiência (art. 4º, III, do CC), sequer são considerados incapazes hoje. Ou seja, essa hipótese de relativamente incapaz (os excepcionais, sem desenvolvimento mental completo) foi excluída pela alteração promovida pela Lei 13.146/2015.

Gabarito 1E

(Auditor Fiscal - SEFAZ/RS - 2019 - CESPE/CEBRASPE) A perda da ação atribuída a determinado direito em razão do seu não uso durante determinado período de tempo é o instituto da

(A) interrupção.
(B) prescrição.
(C) nulidade.
(D) decadência.
(E) suspensão.

A: incorreta, pois a interrupção ocorre quando o prazo zera e começa a contar novamente. A interrupção da prescrição se dá apenas uma vez e as causas estão previstas no art. 202 CC; **B:** correta, pois o direito de pleitear a pretensão se extingue pela prescrição. Violado um direito, o ofendido tem um prazo estabelecido por lei para buscar a reparação do seu direito. Esse prazo se extingue pela prescrição (art. 189 CC); **C:** incorreta, pois nulidade é uma das formas que o negócio jurídico pode se configurar como inválido (arts. 166 a 170 CC); **D:** incorreta, pois decadência é que a perda do próprio direito pela inércia de seu titular (arts. 207 a 211 CC); **E:** incorreta, pois quando ocorre a suspensão o prazo sofre uma pausa e recomeça depois de onde parou (arts. 198 a 202 CC). GR

Gabarito "B"

Determinada sociedade por quotas de responsabilidade limitada compra peças de uma sociedade em comum e as utiliza na montagem do produto que revende.

(Delegado - PC/SE - 2018 - CESPE/CEBRASPE) Considerando essa situação, julgue o item a seguir, com base no Código de Defesa do Consumidor (CDC) e nas normas de direito civil e empresarial.

(1) Ao celebrar contratos com terceiros, as duas sociedades referidas na situação hipotética podem estabelecer prazos prescricionais mais amplos que os previstos no Código Civil.

1: Errada pois, prevê o art. 192 CC que os prazos de prescrição não podem ser alterados por acordo das partes. Logo, as sociedades não podem estabelecer prazos mais amplos em suas relações comerciais. GR

Gabarito 1E

2.10. REPRESENTAÇÃO

(Ministério Público/RO – 2010 – CESPE) Com relação à representação, assinale a opção correta.

(A) Os poderes de representação podem ser conferidos pelo interessado ou pela lei.
(B) É necessária a demonstração de prejuízo para se anular negócio jurídico concluído pelo representante em conflito de interesse com o representado.
(C) É anulável o negócio jurídico que o representante celebra consigo mesmo, ainda que o permita o representado.
(D) A confissão feita pelo representante em nome do representado é sempre eficaz.
(E) Admite-se a representação em todos os atos da vida civil.

A: correta (art. 115 do CC); **B:** incorreta, pois não há necessidade de demonstração de prejuízo (art. 119 do CC); **C:** incorreta, pois dispõe o art. 117 do CC: "salvo se o permitir a lei ou o representado, é anulável o negócio jurídico que o representante, no seu interesse ou por conta de outrem, celebrar consigo mesmo"; **D:** incorreta, pois dispõe o art. 213, par. único, do CC: "se feita a confissão por um representante, somente é eficaz nos limites em que este pode vincular o representado"; **E:** incorreta, pois os atos personalíssimos não podem ser objetos de representação.

Gabarito "A"

3. OBRIGAÇÕES

3.1. INTRODUÇÃO, CLASSIFICAÇÃO E MODALIDADES DAS OBRIGAÇÕES

(Defensor Público/AC – 2017 – CESPE) Um juiz, nos autos da execução de sentença de determinado processo cível, proferiu despacho determinando que os devedores fossem intimados a efetuar o pagamento do débito, bem como a adimplir as custas recolhidas pelo credor para essa fase do processo.

Foi dado aos executados o prazo de quinze dias úteis, sob pena de multa de 10% e de honorários advocatícios de 10% sobre o valor do débito, para que pagassem o débito. Transcorrido esse prazo, caso não houvesse sido realizado o pagamento voluntário, teria início o prazo de quinze dias para que, independentemente de penhora ou de nova intimação, os executados apresentassem, nos próprios autos, sua impugnação, instrumentalizada com o demonstrativo dos cálculos.

Considerando-se as informações apresentadas na situação hipotética, conclui-se que a decisão em questão reconhece a exigibilidade de obrigação de

(A) pagar quantia certa pela fazenda pública.
(B) entregar coisa.
(C) fazer.
(D) pagar quantia certa.
(E) prestar alimentos.

A: incorreta, pois a parte devedora não é a Fazenda Pública (art. 534 NCPC); **B:** incorreta, pois em se tratando de obrigação de entregar coisa, o juiz emite mandado de busca e apreensão ou imissão na posse, a depender se a coisa é móvel ou imóvel (art. 538 NCPC); **C:** incorreta, pois em se tratando de obrigação de fazer o juiz poderá, de ofício ou a requerimento, para a efetivação da tutela específica ou a obtenção de tutela pelo resultado prático equivalente, determinar as medidas necessárias à satisfação do exequente, tais como determinar, entre outras medidas, a imposição de multa, a busca e apreensão, a remoção de pessoas e coisas, o desfazimento de obras e o impedimento de atividade nociva, podendo, caso necessário, requisitar o auxílio de força policial (art. 536, "caput", e § 1º, NCPC); **D:** correta, pois trata-se se obrigação de pagamento de débito, exequível exatamente da forma como descrita no enunciado (art. 523, NCPC); **E:** incorreta, pois a obrigação de prestar alimentos tem rito específico. O juiz, a requerimento do exequente, mandará intimar o executado pessoalmente para, em 3 (três) dias, pagar o débito, provar que o fez ou justificar a impossibilidade de efetuá-lo (art. 528, "caput", NCPC). GR

Gabarito "D".

(Promotor de Justiça/RR – 2017 – CESPE) João e Maria são credores dos devedores solidários André e Carla. Na data acordada para o pagamento da obrigação, André compareceu com o valor pactuado e o entregou integralmente a Maria.

A respeito dessa situação hipotética, julgue as asserções a seguir.

I. Como André e Carla são devedores solidários de João e Maria, o fato de André ter pagado a Maria a integralidade da obrigação contraída fez que ele passasse a ser credor de Carla, mas continuasse a ser devedor de João.

II. A solidariedade entre os devedores prevê que André pode cobrar de Carla o valor referente à parte dela pago a Maria. No entanto, a solidariedade entre devedores não se estende aos credores, ou seja, como a solidariedade não se presume, André continua sendo devedor de João.

Assinale a opção correta.

(A) A asserção I é falsa e a II é verdadeira.
(B) As asserções I e II são verdadeiras, e a II é uma justificativa da I.
(C) As asserções I e II são verdadeiras, mas a II não é uma justificativa da I.
(D) A asserção I é verdadeira e a II é falsa.

Ambas as afirmações são verdadeiras e a II é justificativa da I. A solidariedade entre os devedores faz com eles sejam obrigados pela dívida toda perante os credores (art. 264 CC). No caso em tela existe apenas solidariedade passiva, e não ativa, pois o enunciado não menciona. Por André ter pagado o valor total a Maria, ele se torna credor de Carla, podendo cobrar dela a cota a ela correspondente (art. 283 CC). Como não há solidariedade ativa, André continua a ser devedor de João, pois a dívida não será extinta com relação a João (art. 269 CC). Maria somente responderia pela parte que cabe a João se houvesse solidariedade ativa declarada (art. 272 CC). Como não há, André pagou mal, e quem paga mal paga duas vezes (art. 308), pois o pagamento deve ser feito ao credor ou a quem de direito o represente, sob pena de só valer depois de por ele ratificado, ou tanto quanto reverter em seu proveito. A alternativa correta é a letra B. GR

Gabarito "B".

(Defensor Público – DPE/RN – 2016 – CESPE) Com relação ao direito das obrigações, assinale a opção correta.

(A) É permitido transformar os bens naturalmente divisíveis em indivisíveis se a alteração se der para preservar a natureza da obrigação, por motivo de força maior ou caso fortuito, mas não por vontade das partes.
(B) As obrigações ambulatórias são as que incidem sobre uma pessoa em decorrência de sua vinculação a um direito pessoal, haja vista que da própria titularidade lhe advém a obrigação.
(C) As obrigações conjuntivas possuem múltiplas prestações ou objetos, de tal modo que seu cumprimento será dado como efetivado quando todas as obrigações forem realizadas.
(D) As obrigações disjuntivas são aquelas em que a prestação ou objeto material são indeterminados, isto é, há apenas referência quanto a gênero e quantidade.
(E) A desconcentração é característica das obrigações de dar coisa incerta. É configurada pela escolha, ato pelo qual o objeto ou prestação se tornam certos e determinados, sendo necessário, para que possa produzir efeitos, que o credor seja disso cientificado.

A: incorreta, pois "os bens naturalmente divisíveis podem tornar-se indivisíveis por determinação da lei ou por vontade das partes (CC, art. 88); **B:** incorreta, pois as obrigações ambulatórias são aquelas que decorrem de uma relação de direito real e que perseguem o dono do bem. Obrigações de imposto predial e dívidas de condomínio são bons exemplos; **C:** correta, pois a obrigação conjuntiva, também chamada de cumulativa, só será considerada cumprida quando todas as obrigações forem realizadas; **D:** incorreta, pois o conceito que a assertiva apresenta é o de obrigação de dar coisa incerta. A obrigação disjuntiva, também chamada de alternativa, apresenta uma opção de adimplemento, em regra deixada ao devedor (CC, art. 252); **E:** incorreta, pois a assertiva define o instituto da concentração, que é a escolha da coisa incerta, que faz com que passem a vigorar as regras da obrigação de dar coisa certa (CC, art. 245).

Gabarito "C".

(Analista – Judiciário –TRE/PI – 2016 – CESPE) Se toda obrigação se tornar inválida pela perda do objeto em razão de a prestação principal padecer de impossibilidade originária, haverá uma obrigação

(A) solidária.
(B) indivisível.
(C) alternativa.
(D) modal.
(E) facultativa.

A: incorreta, pois a característica principal da solidariedade é a responsabilidade integral de todos os devedores (solidariedade passiva) ou a prerrogativa de todos os credores de cobrar tudo (solidariedade ativa); **B:** incorreta, pois a perda do objeto indivisível converte a obrigação em perdas e danos, tornando-a divisível (CC, art. 263); **C:** incorreta pois, nessa espécie de obrigação, a impossibilidade da prestação principal faz concentrar a obrigação na prestação remanescente. É a chamada "concentração involuntária" (CC, art. 253); **D:** incorreta, pois a obrigação modal é aquela que apresenta um encargo, um ônus. Ex.: doo meu sítio com a obrigação de você construir uma capela (CC, art. 136); **E:** correta, pois, a rigor, a obrigação facultativa apresenta um só objeto. Caso ele pereça, extingue-se a obrigação. A sua característica marcante, todavia, é que, no momento de sua execução, o devedor tem a prerrogativa de cumprir a obrigação de forma diversa. Um exemplo desta obrigação ocorre no contrato estimatório (CC, art. 534).

Gabarito "E".

(Analista Judiciário – TRT/8ª – 2016 – CESPE) Com relação ao direito das obrigações, assinale a opção correta.

(A) Tratando-se de obrigação com objeto indivisível e pluralidade de credores, presume-se a solidariedade ativa.

(B) Dada a natureza da obrigação, a exoneração, pelo credor, da solidariedade a um dos devedores, aproveitará aos demais.

(C) Em se tratando de obrigação solidária, ainda que somente um dos devedores seja o culpado pela impossibilidade de seu cumprimento, todos os demais continuam obrigados ao pagamento do valor equivalente.

(D) Se a obrigação *intuitu personae* se tornar impossível, ainda que não haja culpa das partes, haverá conversão em perdas e danos em favor do credor.

(E) Havendo impossibilidade de cumprimento, por culpa do devedor, de apenas uma das obrigações alternativas, ao credor restará ficar com a obrigação que subsistiu, independentemente de caber a ele a escolha.

A: incorreta, pois o enunciado confunde indivisibilidade do objeto com solidariedade entre os credores. É correto afirmar que, com objeto indivisível, qualquer credor pode cobrar toda a dívida, mas isso não equipara a situação à solidariedade ativa, a qual traz outras consequências; **B:** incorreta, pois o credor pode exonerar um ou alguns dos devedores, mantendo a solidariedade entre os demais (CC, art. 282, parágrafo único); **C:** correta, mas vale a ressalva de que, pelas perdas e danos decorrentes da culpa, somente o culpado responde (CC, art. 279); **D:** incorreta, pois nessa hipótese a obrigação é considerada extinta (CC, art. 248); **E:** incorreta, pois, se a escolha cabia ao credor, ele poderá optar entre a obrigação remanescente e o valor da outra, com perdas e danos (CC, art. 255).

Gabarito "C".

(Juiz de Direito/AM – 2016 – CESPE) Acerca do direito das obrigações, assinale a opção correta.

(A) Na hipótese de pluralidade de devedores obrigados ao pagamento de objeto indivisível, presume-se a existência de solidariedade passiva, a qual, entretanto, é afastada na hipótese de conversão da obrigação em perdas e danos.

(B) Nas obrigações *in solidum*, todos os devedores, embora estejam ligados ao credor por liames distintos, são obrigados pela totalidade da dívida.

(C) Caso um credor solidário faleça e seu crédito seja destinado a três herdeiros, cada um destes poderá exigir, por inteiro, a dívida do devedor comum, já que a morte não extingue a solidariedade anteriormente estabelecida.

(D) Havendo pluralidade de credores e devedores, importa verificar se as obrigações são solidárias ou indivisíveis, já que, nas solidárias, poderá o devedor opor a todos os credores exceção pessoal que tenha contra apenas um deles, enquanto, nas indivisíveis, a exceção pessoal não se estende aos demais credores.

(E) Nas obrigações de dar coisa incerta, se for silente o contrato, terá o devedor a atuação na fase de concentração do débito, cabendo-lhe entregar ao credor a melhor coisa.

A: incorreta, pois o enunciado confunde indivisibilidade do objeto com solidariedade entre os devedores. É correto afirmar que – com objeto indivisível – o credor pode cobrar tudo de apenas um devedor, mas isso não equipara a situação à solidariedade passiva, a qual traz outras consequências; **B:** correta, pois a obrigação *in solidum* reúne diversos devedores por liames diferentes. É o que ocorre, por exemplo, quando "A" empresta carro para o amigo alcoólatra "B", o qual atropela "C". Há liames diferentes, mas todos respondem por todo o dano; **C:** incorreta, pois, caso um credor solidário faleça, os herdeiros só podem cobrar seu respectivo quinhão hereditário (CC, art. 270). Essa regra se justifica, tendo em vista que a solidariedade ativa apresenta como fundamento básico a confiança entre os credores solidários, a qual não necessariamente existirá em relação aos herdeiros do credor solidário; **D:** incorreta, pois, mesmo na solidariedade passiva, o devedor só pode opor exceções comuns e as suas pessoais, não podendo opor exceções pessoais de outro devedor (CC, art. 281); **E:** incorreta, pois a escolha cabe ao devedor (CC, art. 244).

Gabarito "B".

(Cartório/DF – 2014 – CESPE) No que diz respeito às obrigações em relação à pluralidade de sujeitos e solidariedade, assinale a opção correta.

(A) O ordenamento jurídico civil brasileiro consagra o princípio da presunção da solidariedade, em garantia ao adimplemento da obrigação e proteção do crédito.

(B) Na solidariedade ativa, a suspensão da prescrição em favor de um dos credores aproveita os demais, e a renúncia da prescrição em face de um dos credores não alcança os demais.

(C) A obrigação solidária passiva impõe ao credor a exigência ou a reclamação integral do débito, ainda que em face de apenas um dos codevedores, sob pena de extinção da solidariedade.

(D) A solidariedade, cuja fonte é o próprio título que vincula as partes obrigadas, tem natureza subjetiva, não se baseando em negócio jurídico ou norma legal.

(E) Na obrigação indivisível, cada codevedor está obrigado pela dívida toda; entretanto, o devedor que pagar a dívida sub-roga-se no direito do credor em relação aos demais coobrigados.

A: incorreta, pois em nosso sistema a "*solidariedade não se presume, resulta da lei ou da vontade das partes*" (CC, art. 265); **B:** incorreta. Na obrigação solidária ativa, a suspensão da prescrição em favor de um dos credores só aproveita aos demais se a obrigação for indivisível. Exemplo: uma devedora deve um carro a dois credores solidários e se casa com um deles. A prescrição irá se suspender para ambos, tendo em vista se tratar de solidariedade ativa e de obrigação indivisível; **C:** incorreta, pois na solidariedade passiva, o credor "*tem direito a exigir e receber de um ou de alguns dos devedores, parcial ou totalmente, a dívida comum*" (CC, art. 275); **D:** incorreta, pois a lei pode estabelecer hipóteses de solidariedade passiva. É o que faz, por exemplo, a lei de locação, quando estabelece solidariedade passiva entre os diversos inquilinos (Lei n.º 8.245/91, art. 2º); **E:** correta, pois de pleno acordo com a regra estabelecida pelo art. 259 parágrafo único do Código Civil. Ex: duas pessoas devem um carro ao credor. Se um dos devedores pagar o carro integralmente ao credor, ele terá direito de cobrar o valor equivalente a meio carro do outro codevedor.

Gabarito "E".

(Cartório/RR – 2013 – CESPE) No que se refere aos direitos das obrigações, assinale a opção correta.

(A) Para ter direito a exigir a pena convencional, o credor deve alegar e provar o prejuízo.

(B) A obrigação de ônus real é aquela que, sem perder a característica de direito pessoal, também é oponível a terceiros, em razão de seu registro, a exemplo do contrato de locação, quando registrado em cartório.

(C) O elemento imaterial das obrigações é o vínculo jurídico dos sujeitos ao objeto, tendo sido adotada, no ordenamento jurídico brasileiro, a teoria dualista ou binária, segundo a qual esse vínculo tem duas relações: a primeira, relativa ao dever do sujeito passivo de satisfazer a prestação em face do devedor, e a segunda, relacionada à autorização dada pela lei ao credor que tenha experimentado o inadimplemento de constranger o patrimônio do devedor.

(D) Considere que João deva entregar a Pedro, Jorge e Tiago um cavalo cujo valor equivalha a R$ 30.000,00 e que Pedro remita o débito. Nesse caso, Jorge e Tiago, ao exigir o cavalo, não são obrigados a indenizar João, em dinheiro, pela parte que Pedro lhe tenha perdoado.

(E) Em regra, o pagamento feito pelo devedor de boa-fé ao credor putativo é válido, salvo se, posteriormente, for provado que este não era o verdadeiro credor.

A: incorreta, pois "*Para exigir a pena convencional, não é necessário que o credor alegue prejuízo*" (CC, art. 416); **B:** incorreta, pois a assertiva confunde dois institutos. De um lado há o ônus real, que é um "*gravame que recai sobre a coisa*" (VENOSA, Sílvio. Direito Civil. Obrigações. 5.ed. Atlas:

São Paulo, p. 65). De outro há a obrigação propter rem, que decorre de um direito real sobre a coisa e que persegue o titular dela. Uma diferença "*é o fato de que a responsabilidade pelo ônus real é limitada ao bem onerado, ao valor deste, enquanto na obrigação propter rem o obrigado responde com seu patrimônio, sem limite*" (VENOSA, *in op. cit*, p. 66); **C:** correta, pois a assertiva contempla as duas faces do vínculo. De um lado o dever em si e de outro a responsabilização patrimonial que pode decorrer do seu inadimplemento; **D:** incorreta, pois nessa hipótese deve-se aplicar a regra prevista no art. 262 do Código Civil, segundo a qual se um dos credores perdoar a dívida, o devedor deve entregar o bem e pedir a devolução da quota-parte correspondente ao que perdoou. No exemplo dado, João deve entregar o cavalo e pedir a devolução de R$ 10.000,00 que era o valor correspondente à quota de Pedro; **E:** incorreta, pois o pagamento feito a quem aparentava ser credor é válido, ainda provando-se depois que este não era o credor (CC, art. 309).

Gabarito "C"

(Cartório/PI – 2013 – CESPE) Acerca das obrigações solidárias, assinale a opção correta.

(A) A solidariedade, que não prevalece no âmbito interno da relação jurídica, manifesta-se apenas nas relações externas.
(B) Cada devedor solidário responderá pelo débito integral, mas cada credor só poderá exigi-lo no todo se houver estipulação contratual expressa nesse sentido.
(C) Na solidariedade, há presunção legal de que cada obrigado se responsabiliza pelos atos dos demais obrigados, mas a convenção poderá dispor em contrário.
(D) Na solidariedade passiva, se um dos credores remitir o débito em favor de um dos devedores, haverá renúncia à solidariedade.
(E) Havendo pluralidade de credores, poderá cada um deles exigir a dívida inteira, mas o devedor que pagar se desonerará pagando a um, dando este caução de ratificação dos outros credores.

A: correta, pois o que se afirma no enunciado é que os diversos devedores solidários, por exemplo, assim respondem perante o credor. Entre eles, todavia, a relação não é de solidariedade. Tanto é verdade que, se um dos devedores solidários pagar a dívida toda, ele só poderá cobrar a quota parte de cada um dos demais codevedores (CC, art. 283); **B:** incorreta, pois a principal consequência da solidariedade passiva é justamente possibilitar que o credor cobre toda dívida de qualquer devedor, não se exigindo, portanto, estipulação contratual nesse sentido; **C:** incorreta, pois cada obrigado responde pela integralidade da dívida, mas não pelos atos dos demais; **D:** incorreta, pois o credor pode perdoar o débito em favor de um dos devedores e ainda assim manter a solidariedade passiva entre os demais, pelo valor remanescente (CC, art. 277); **E:** incorreta, pois na solidariedade ativa o pagamento feito a um dos credores solidários extingue a obrigação (CC, art. 269).

Gabarito "A"

(Defensoria/DF – 2013 – CESPE) No que se refere ao direito das obrigações, julgue os itens a seguir.

(1) Se o devedor que assumiu obrigação de abster-se da prática de determinado ato vier a praticá-lo, o credor poderá exigir que ele o desfaça, sob pena de se desfazer a sua custa, ressarcindo o culpado perdas e danos. No entanto, extingue-se a obrigação de não fazer, desde que, sem culpa do devedor, se lhe torne impossível abster-se do ato que se obrigou a não praticar.
(2) A obrigação solidária pode ser pura e simples para um dos cocredores ou codevedores, e condicional, ou a prazo, ou pagável em lugar diferente, para o outro. Esse tipo de obrigação não se presume, devendo ser sempre resultante da lei ou da vontade das partes.
(3) A obrigação de dar coisa certa não abrange os acessórios da coisa, salvo se o contrário resultar do título ou das circunstancias do caso.

1: Correta, pois o enunciado reflete com precisão as regras estabelecidas pelos arts. 250 e 251 do CC; **2:** Correta, pois o enunciado repete as disposições previstas nos arts. 265 e 266 do Código Civil; **3:** Errada, pois a obrigação de dar coisa certa abrange os acessórios, salvo disposição contrária (CC, art. 233).

Gabarito 1C, 2C e 3E

(Analista – TJ/CE – 2013 – CESPE) Rebeca, obrigada por três débitos da mesma natureza a Joana, pretende indicar a qual deles oferecerá pagamento, já que todos os débitos são líquidos e vencidos.

Nessa situação hipotética, Rebeca deverá valer-se da

(A) imputação do pagamento.
(B) dação em pagamento.
(C) compensação.
(D) sub-rogação legal.
(E) sub-rogação convencional

A: correta, pois a imputação do pagamento é a indicação ou determinação da dívida a ser quitada quando uma pessoa obrigada por dois ou mais débitos, líquidos e vencidos, da mesma natureza e com o mesmo credor só pode pagar um deles (art. 352 do CC); **B:** incorreta, pois a dação em pagamento *é o acordo de vontades por meio do qual o credor aceita receber prestação diversa da que lhe é devida* (art. 356 do CC); **C:** incorreta, pois a compensação é a extinção das obrigações entre duas pessoas que são, ao mesmo tempo, credora e devedora uma da outra (art. 368 do CC); **D** e **E:** incorretas, pois sub-rogação é a operação pela qual a dívida se transfere a terceiro que a pagou, com todos os seus acessórios (art. 349 do CC). A sub-rogação legal *é a que opera de pleno direito e a convencional é a que decorre da vontade das partes.*

Gabarito "A"

(Magistratura/PA – 2012 – CESPE) Quatro pessoas contraíram um empréstimo de R$ 100.000,00, tendo ficado estipulada, no contrato, a solidariedade entre elas quanto ao pagamento do débito. Contudo, a obrigação contratual não foi cumprida. A respeito dessa situação, assinale a opção correta.

(A) Aceitando o credor o recebimento parcial da dívida, presume-se a renúncia da solidariedade, mas não do restante da dívida.
(B) Se o devedor solidário demandado chamar os outros ao processo, na sentença deverá ser fixado o valor a ser pago ao credor por cada um.
(C) A lei admite que o credor exija de um ou de mais de um devedor solidário o pagamento parcial ou total da dívida comum.
(D) Caso um dos devedores faleça, qualquer herdeiro poderá ser acionado pelo credor, ficando, então, suscetível de responder por um quarto da dívida, nas forças da herança, após a partilha.
(E) Aquele que solver a dívida poderá cobrar R$ 75.000,00 de apenas um dos outros três, se os demais devedores forem insolventes.

A: incorreta, tendo em vista que a aceitação do pagamento parcial da dívida não implica em renúncia da solidariedade passiva (CC, art. 275); **B:** incorreta. O chamamento ao processo, modalidade de intervenção de terceiros prevista no art. 77, III, do antigo CPC (art. 130, III, do novo CPC) não tem o efeito de fracionar a dívida solidária perante o credor. Este continuará tendo o direito de demandar o valor todo perante o devedor que escolheu; **C:** correta, pois se refere ao principal efeito da solidariedade passiva, tendo em vista que possibilita ao credor exigir o pagamento parcial ou total da dívida de um ou de alguns devedores (CC, art. 275); **D:** incorreta. Com a morte do devedor solidário, seus herdeiros recebem a obrigação de pagar, mas limitada ao seu quinhão na herança do devedor falecido (CC, art. 276); **E:** incorreta. A quota dos insolventes divide-se entre todos os demais devedores solidários, incluindo aí aquele devedor que pagou a dívida perante o credor. No exemplo dado, portanto, o devedor que solveu a dívida poderia cobrar de um dos devedores a quantia de R$ 50.000,00 (CC, art. 283).

Gabarito "C"

(Magistratura/PB – 2011 – CESPE) Em relação às obrigações, assinale a opção correta.

(A) Tratando-se de solidariedade passiva legal, admite-se a renúncia tácita da solidariedade pelo credor em relação a determinado devedor.
(B) Se, na transmissão das obrigações, o cedente, maliciosamente, realizar a cessão do mesmo crédito a diversos cessionários, a primeira cessão promovida deverá prevalecer em relação às demais.

(C) Estipulada cláusula penal para o caso de total inadimplemento da obrigação, o credor poderá exigir cumulativamente do devedor a pena convencional e o adimplemento da obrigação.

(D) Nas denominadas obrigações *in solidum*, embora os liames que unem os devedores aos credores sejam independentes, a remissão da dívida feita em favor de um dos credores beneficia os outros.

(E) Se, na obrigação de restituir coisa certa, sobrevierem melhoramentos ou acréscimos à coisa restituível por acessão natural, o credor deverá pagá-los ao devedor.

A: correta (art. 282, *caput*, do CC); **B:** incorreta, pois, ocorrendo várias cessões do mesmo crédito, prevalece a que se completar com a tradição do título do crédito cedido (art. 291 do CC); **C:** incorreta, pois em caso de total inadimplemento, converter-se-á em alternativa a benefício do credor (art. 410 do CC); **D:** incorreta. As obrigações *in solidum* são originadas de uma mesma causa, porém com prestações distintas. Embora concorram vários devedores, os liames que os unem ao credor são totalmente distintos, embora decorram de único fato. Ocorrendo tal situação no polo ativo, cada credor tem direito de exigir prestações diversas. Ocorrendo no polo passivo, cada devedor é adstrito ao cumprimento de uma prestação. Assim, a remissão da dívida feita em favor de um dos credores não beneficia os outros; **E:** incorreta, pois se sobrevier melhoramento ou acréscimo à coisa, sem despesa ou trabalho do devedor, lucrará o credor, desobrigado de indenização (art. 241 do CC).

Gabarito "A"

(Defensor Público/SE – 2012 – CESPE) Considerando as diversas modalidades de obrigações e suas características, assinale a opção correta.

(A) Em caso de obrigações de dar coisa certa, se a coisa perecer antes do cumprimento da obrigação, o devedor, ainda que não tenha concorrido para o seu perecimento, responderá pelo equivalente, mais perdas e danos.

(B) Em se tratando de obrigações de não fazer, caso o devedor pratique o ato a cuja abstenção se tenha obrigado, o credor poderá exigir que ele o desfaça, sob pena de se desfazer à sua custa, obrigando-se o culpado a ressarcir perdas e danos.

(C) Tratando-se de obrigações de fazer, se a prestação do fato tornar-se impossível, ainda que sem culpa do devedor, este deverá responder por perdas e danos, dado o seu dever de garantir o cumprimento da obrigação.

(D) Nos casos de obrigações alternativas, a escolha caberá ao credor, se os contratantes não estipularem outra coisa, extinguindo-se a obrigação caso todas as prestações se tornarem impossíveis por culpa do credor.

(E) Havendo mora ou recusa do devedor em cumprir obrigação de fazer, independentemente da sua natureza, a obrigação se converterá sempre em perdas e danos.

A: incorreta. Deteriorada a coisa, não sendo o devedor culpado, poderá o credor resolver a obrigação, ou aceitar a coisa, abatido de seu preço o valor que perdeu (art. 235 do CC); **B:** correta, está de acordo com o disposto no art. 251 do CC; **C:** incorreta. Nas obrigações de fazer se a prestação do fato tornar-se impossível sem culpa do devedor, *resolver-se-á a obrigação* (art. 248 do CC); **D:** incorreta, pois nos casos de obrigação alternativa a escolha caberá ao *devedor*, salvo disposição contratual em sentido contrário (art. 252 do CC). Caso todas as prestações tenham se tornado impossíveis por *culpa do devedor*, este estará obrigado a pagar o valor da última obrigação que ficou impossibilitado de cumprir mais as perdas e danos, conforme o art. 254 do CC; **E:** incorreta, pois caso haja mora ou recusa do devedor em realizar a *obrigação de fazer fungível* (substituível), o credor poderá mandar terceiro cumpri-la às custas do devedor, sem que isto prejudique indenizações cabíveis (art. 249 do CC).

Gabarito "B"

3.2. TRANSMISSÃO, ADIMPLEMENTO E EXTINÇÃO DAS OBRIGAÇÕES

(Defensor Público/AC – 2017 – CESPE) No que se refere à extinção das obrigações, julgue os itens a seguir.

I. O segurador, por reparar ato danoso suportado pelo segurado, o sub-roga legalmente no direito contra o autor do dano.

II. Havendo recusa no recebimento de valores, o devedor poderá realizar o depósito da quantia devida em estabelecimento bancário, em nome do credor, e garantir a extinção da obrigação.

III. A dação em pagamento constitui direito subjetivo do devedor. Assinale a opção correta.

(A) Apenas o item I está certo.

(B) Apenas os itens I e II estão certos.

(C) Apenas os itens I e III estão certos.

(D) Apenas os itens II e III estão certos.

(E) Todos os itens estão certos.

A: incorreta, pois não somente o item I está certo, mas também o item II (arts. 334 e 335, I CC); **B:** correta (art. 786 CC e arts. 334 e 335, I CC); **C:** incorreta, pois o item III está errado, uma vez que a dação em pagamento não constitui um direito subjetivo do devedor, mas sim uma faculdade de escolha do credor (art. 356 CC); **D:** incorreta, pois o item III está errado, conforme exposto na alternativa "c"; **E:** incorreta, pois o item III está errado, conforme exposto na alternativa "c". GR

Gabarito "B"

(Juiz – TRF5 – 2017 – CESPE) Na hipótese de um credor aceitar, em vez do valor prometido, a entrega de um bem móvel pelo devedor, ocorrerá a

(A) sub-rogação convencional.

(B) dação em pagamento.

(C) novação.

(D) compensação.

(E) sub-rogação objetiva.

A: incorreta, pois o pagamento com sub-rogação é o pagamento efetuado por terceiro ao credor original, dessa forma o terceiro adquire o crédito e o devedor continua devendo, mas a quem extinguiu a obrigação anterior. A sub-rogação convencional é aquela que ocorre pela vontade das partes, e não por imposição legal (art. 347 CC); **B:** correta, pois a dação em pagamento ocorre quando o credor consente em receber prestação diversa da que lhe é devida (art. 356 CC); **C:** incorreta, pois novação é uma operação jurídica do Direito das obrigações que consiste em criar uma nova obrigação, substituindo e extinguindo a obrigação anterior e originária (art. 360 CC); **D:** incorreta, pois na compensação duas pessoas são ao mesmo tempo credora e devedora uma da outra. Neste caso as duas obrigações extinguem-se, até onde se compensarem (art. 368 CC); **E:** incorreta, a sub-rogação é o meio pelo qual ocorre transferência de todos os direitos e garantias do credor para aquele quem solveu a obrigação alheia ou emprestou o suficiente para que ela fosse sanada. De modo geral fala-se em sub-rogação para designar determinadas situações em que uma coisa ou uma pessoa se substitui por outra; há um objeto ou um sujeito jurídico que toma o lugar de outro diverso. É, portanto, a substituição de uma pessoa ou de uma coisa, por outra pessoa ou outra coisa em uma relação jurídica. A sub-rogação objetiva é a substituição da coisa. A sub-rogação objetiva (real) significa a substituição de uma coisa por outra com os mesmos ônus e atributos. Nesta, a coisa que toma o lugar da outra fica com os mesmos ônus e atributos da primeira. É o que ocorre, por exemplo, na sub-rogação do vínculo da inalienabilidade, em que a coisa gravada pelo testador ou doador é substituída por outra, ficando sujeita àquela restrição. (v. CC, art. 1.911, parágrafo único). O Código Civil, ao tratar de pagamento com sub-rogação, refere-se á sub-rogação pessoal (arts. 346 a 351 CC). GR

Gabarito "B"

(Procurador Municipal – Prefeitura/BH – CESPE – 2017) João celebrou contrato de locação de imóvel residencial com determinada imobiliária, que realizou negócio jurídico de administração do bem com Júlio, proprietário do referido imóvel. Conforme convencionado entre João e a imobiliária, o aluguel deveria ser pago a Carlos, um dos sócios da imobiliária, o qual costumeiramente recebia os aluguéis e dava quitação. Em determinado momento, João foi surpreendido com uma ação de despejo, na qual se argumentava que alguns pagamentos efetuados a Carlos não extinguiram a obrigação locatícia, porquanto ele tinha se retirado da sociedade no curso do contrato e o locatário não havia observado a alteração societária.

De acordo com o Código Civil, nessa situação,

(A) João deverá demonstrar que o pagamento foi revertido em favor da sociedade, para se eximir das cobranças.
(B) os pagamentos efetuados por João são válidos, pois Carlos é considerado credor putativo.
(C) a validade dos pagamentos realizados por João depende de ratificação por Júlio, proprietário do imóvel.
(D) João terá de pagar novamente o valor cobrado.

Aplica-se ao caso a teoria da aparência. O Direito valoriza aquilo que "parece ser verdadeiro". O termo latino "putare" significa "que parece ser". Tal teoria aplica-se ao pagamento válido que é feito de boa-fé pelo devedor à pessoa que parecia ser credora, muito embora juridicamente não o fosse (CC, art. 309). A mesma teoria da aparência aplica-se também ao casamento putativo, o qual "embora anulável ou mesmo nulo" poderá produzir efeitos jurídicos (CC, art. 1.561) ao cônjuge de boa-fé. GN

Gabarito "B"

(Analista Judiciário – TRT/8ª – 2016 – CESPE) Em cada uma das seguintes opções, é apresentada uma situação hipotética seguida de uma assertiva a ser julgada acerca de institutos relacionados ao adimplemento e à extinção das obrigações. Assinale a opção que apresenta a assertiva correta.

(A) César, que deve a Caio a quantia correspondente a R$ 1.000, passa por situação de dificuldade financeira, razão por que Caio resolveu perdoar-lhe a dívida. Nessa situação, a remissão, que tem o único objetivo de extinguir a dívida, independe da aceitação de César.
(B) Márcio contraiu duas dívidas com Joana, nos valores de R$ 300 e R$ 150, com vencimento, respectivamente, em20/12/2015 e em 5/1/2016; em 10/1/2016, Márcio entregou a Joana R$ 150, mas não indicou qual dívida desejava saldar.Joana tampouco apontou qual dívida estava sendo quitada.Nessa situação, presume-se que o pagamento refere-se à dívida vencida em 5/1/2016, já que o valor entregue importa em sua quitação integral.
(C) João contraiu obrigação, tornando-se devedor de Pedro, mas nada foi estabelecido quanto ao local do efetivo cumprimento da obrigação. Nessa situação, considera-se o local de cumprimento a casa do credor, uma vez que, na ausência de estipulação do local de pagamento, se presume que a dívida é portável (*portable*).
(D) Mário, estando obrigado a pagar R$ 50.000 a Paulo, ofereceu-lhe, na data do pagamento, um veículo para solver a dívida, o que foi aceito por Paulo, que, após receber o veículo, teve que entregá-lo a um terceiro em decorrência de uma ação de evicção. Nessa situação, como Paulo foi evicto da coisa recebida em pagamento, será restabelecida a obrigação primitiva.
(E) Ana tem uma dívida já prescrita no valor de R$ 300 com Maria, que, por sua vez, deve a quantia de R$ 500, vencida recentemente, a Ana. Nessa situação, ainda que sem a concordância de Ana, Maria poderá compensar as dívidas e pagar a Ana apenas R$ 200, porquanto, embora prescrita, a dívida de Ana ainda existe e é denominada obrigação moral.

A: incorreta, pois o perdão (remissão) da dívida pelo credor depende de aceitação do devedor (CC, art. 385); **B:** incorreta, pois, se não houve indicação (imputação) de qual dívida estava sendo quitada, nem pelo credor, nem pelo devedor, a lei imputa na mais antiga (CC, art. 355); **C:** incorreta, pois, como regra geral, o lugar do pagamento é o domicílio do devedor (CC, art. 327); **D:** correta. O enunciado traz hipótese de dação em pagamento e posterior evicção, ou seja, o credor aceita a coisa em pagamento e posteriormente a perde, pois terceiro demonstrou ser o verdadeiro dono da *res*. Nesse caso, a solução dada pela lei é exatamente o restabelecimento da obrigação primitiva (CC, art. 359); **E:** incorreta, pois não se efetua compensação quando uma das dívidas já está prescrita (CC, art. 190).

Gabarito "D"

(Analista Jurídico – TCE/PR – 2016 – CESPE) Carlos se obrigou a entregar a Roberto um automóvel fabricado em 1970, mas, diante da dificuldade de adimplemento, ficou acordada a substituição da obrigação pela entrega de um veículo zero km fabricado no corrente ano.

Nessa situação hipotética, de acordo com o Código Civil, ocorreu uma

(A) compensação.
(B) novação.
(C) sub-rogação convencional.
(D) transação.
(E) remissão.

A: incorreta, pois a compensação exige créditos recíprocos, o que não está presente na hipótese (CC, art. 368); **B:** correta, pois se extinguiu a primeira obrigação (*de entregar automóvel fabricado em 1970*) visando criar uma nova obrigação (*entregar veículo zero km fabricado no corrente ano*). Tal novação alterou o objeto obrigacional, assim levando o nome de novação objetiva (CC, art. 360); **C:** incorreta, pois a sub-rogação convencional exige a substituição do sujeito ativo nas hipóteses do art. 347 do Código Civil; **D:** incorreta, pois não houve prevenção de litígios por concessões recíprocas (CC, art. 840); **E:** incorreta, pois a remissão é o perdão da dívida por parte do credor (CC, art. 385).

Gabarito "B"

(Juiz de Direito/AM – 2016 – CESPE) Em cada uma das seguintes opções, é apresentada uma situação hipotética, seguida de uma assertiva a ser julgada conforme institutos relacionados ao adimplemento das obrigações. Assinale a opção que apresenta a assertiva correta.

(A) Após ter efetuado o pagamento de determinada dívida, Lauro constatou que, antes desse pagamento, tal dívida se encontrava prescrita. Nessa situação, Lauro poderá requerer a restituição do valor pago, mas o credor só estará obrigado a devolver o principal, sem atualização monetária nem incidência de juros de mora.
(B) Em situação típica de solidariedade passiva, Jorge era credor de Matias, Pedro e Vênus, mas, verificando a crítica situação financeira de Matias, resolveu perdoar-lhe a dívida. Nessa situação, não pode o credor comum conceder remissão da dívida a apenas um dos codevedores, razão por que o perdão concedido a Matias alcançará Pedro e Vênus.
(C) João foi fiador de Pedro em contrato de locação e pagou a dívida inteira referente a seis meses de aluguéis em atraso. Nessa situação, houve sub-rogação legal e João adquiriu todos os direitos, ações, privilégios e garantias do credor primitivo, podendo, inclusive, consoante entendimento pacificado pelo STJ, penhorar o atual imóvel residencial do locatário afiançado.
(D) Verificando que seu amigo Paulo não tinha condições de quitar dívida em dinheiro contraída com Manoel, Carlos dirigiu-se ao credor e disse querer assumir a obrigação. Nessa situação, se Manoel aceitar Carlos como novo devedor, em substituição a Paulo, não será necessária a concordância deste, hipótese em que haverá novação subjetiva passiva por expromissão.
(E) Júlio tem direito a indenização correspondente a R$ 5.000 em razão da meação de bens comuns que ficaram com sua ex-cônjuge Maria. Entretanto, Júlio deve a Maria R$ 2.000 a título de alimentos. Nessa situação, Júlio poderá

compensar as dívidas, já que, na hipótese, há reciprocidade de obrigações, sendo as dívidas líquidas, atuais e vencidas.

A: incorreta. A prescrição da dívida elimina a pretensão de cobrar (CC, art. 189), mas o direito pessoal de crédito continua a existir. Logo, se o devedor pagar uma dívida prescrita, ele não pode recobrar o que pagou; **B:** incorreta, pois o credor tem o direito de perdoar qualquer devedor solidário, podendo então cobrar dos demais o valor remanescente (CC, art. 277); **C:** incorreta, pois o fiador – no regresso contra o devedor principal – não pode penhorar o bem de família deste. Somente o locador pode penhorar o bem de família do fiador (Lei 8.009/1990, art. 3°, VII); **D:** correta, pois nessa modalidade de novação o novo devedor negocia diretamente com o credor, afastando o devedor originário. Vale notar, todavia, que, para que se configure uma autêntica novação, é imperativo que seja extinta a obrigação original, fazendo surgir uma nova obrigação. O simples ingresso de um novo devedor na mesma relação jurídica implicaria assunção de dívida (CC, art. 299); **E:** incorreta, pois não se efetua a compensação quando um dos créditos é alimentar (CC, art. 373, II).

Gabarito "D"

(Procurador do Estado – PGE/BA – CESPE – 2014) Com relação ao direito das obrigações, julgue os itens que se seguem.

(1) A teoria do adimplemento substancial impõe limites ao exercício do direito potestativo de resolução de um contrato.

(2) De acordo com o entendimento do STJ, havendo cláusula de arrependimento em compromisso de compra e venda, a devolução do sinal, por quem o deu, ou a sua restituição em dobro, por quem o recebeu, exclui indenização maior a título de perdas e danos, salvo os juros moratórios e os encargos do processo.

(3) Em regra, as obrigações pecuniárias somente podem ser quitadas em moeda nacional e pelo seu valor nominal.

1: Correta, pois é exatamente esse o efeito jurídico do adimplemento substancial. Uma das partes descumpre o contrato, após tê-lo cumprido quase inteiro. Isso daria à outra parte o direito de resolver o contrato, o qual fica obstado pelo adimplemento substancial. A fração que não foi cumprida será cobrada pelas vias ordinárias perante o Judiciário. **2:** A afirmação está correta, havendo inclusive Súmula do Supremo Tribunal Federal (412), a qual estabelece que: "*No compromisso de compra e venda com cláusula de arrependimento, a devolução do sinal, por quem o deu, ou a sua restituição em dobro, por quem o recebeu, exclui indenização maior, a título de perdas e danos, salvo os juros moratórios e os encargos do processo*". **3:** Correta, pois de acordo com a limitação constante do art. 315 do CC. Trata-se de um dispositivo que visa a assegurar a uniformidade das relações cambiárias, bem como a segurança jurídica. GN

Gabarito 1C, 2C, 3C

(Cartório/PI – 2013 – CESPE) Considere que Sergio, pai de Mauro, se reúna com o credor deste e ambos deliberem que a dívida de Mauro seja substituída por um debito de Sergio. Nessa situação, configura-se a ocorrência de

(A) confusão.
(B) remissão.
(C) sub-rogação.
(D) assunção de dívida.
(E) novação.

A: incorreta, pois na confusão ocorre a reunião, numa só pessoa, das qualidades de credor e devedor da mesma obrigação (CC, art. 381); **B:** incorreta, pois a remissão é o simples perdão da dívida (CC, art. 385); **C:** incorreta, pois a sub-rogação opera quando – mantém-se a obrigação – alterando por alguma causa a figura do credor (CC, art. 346). Ex: fiador paga ao credor e se sub-roga nos direitos deste em face do devedor (afiançado); **D:** incorreta, pois a assunção de dívida mantém a relação obrigacional intacta, alterando apenas o devedor, a quem se transmitiu a dívida, com anuência do credor (CC, art. 299); **E:** correta, pois na novação, extingue-se uma obrigação, com a intenção de se criar uma nova obrigação. No caso da questão, esta nova obrigação apresentou um novo devedor, sendo por isso uma novação subjetiva passiva (CC, art. 360).

Gabarito "E"

(Ministério Público/PI – 2014 – CESPE) Assinale a opção correta no que se refere ao pagamento indevido.

(A) De acordo com o Código Civil, no qual é adotada, em relação ao tema, a teoria subjetiva, a demonstração do erro cabe àquele que voluntariamente tenha pago o indevido.
(B) No Código Civil, a disposição normativa referente ao pagamento indevido tem a mesma natureza da disciplinada no CDC, segundo a qual o fornecedor deve restituir em dobro ao consumidor, com correção monetária e juros de mora, aquilo que este tenha pago indevidamente.
(C) A repetição do indébito é devida ainda que o objeto da prestação não cumprida seja ilícito, imoral ou proibido por lei.
(D) Cabe o ajuizamento de ação fundada no enriquecimento sem causa ainda que a lei confira ao lesado outros meios para ressarcir-se do prejuízo sofrido, visto que, sendo esta ação mais ampla, as demais serão por ela absorvidas.
(E) Não há possibilidade de pagamento indevido com relação a obrigações de fazer e não fazer, não cabendo, portanto, a repetição do indébito.

A: correta, pois de acordo com a regra estabelecida pelo art. 877 do CC, segundo o qual: "Àquele que voluntariamente pagou o indevido incumbe a prova de tê-lo feito por erro"; **B:** incorreta, pois a disposição do CDC e do CC nesse sentido é de que apenas a cobrança de quantia indevida é que gera tal direito de restituição em dobro. O mero pagamento indevido não acarreta tal obrigação; **C:** incorreta, pois tal repetição é vedada pelos arts. 882 e 883 do CC; **D:** incorreta, pois "Não caberá a restituição por enriquecimento, se a lei conferir ao lesado outros meios para se ressarcir do prejuízo sofrido" (CC, art. 886); **E:** incorreta, pois tal vedação não encontra amparo na lei.

Gabarito "A"

(Magistratura/PI – 2011 – CESPE) Acerca do adimplemento contratual, assinale a opção correta.

(A) Não pode o credor recusar a imputação feita pelo devedor na dívida maior, quando o montante entregue só quitar a dívida menor.
(B) É lícito aos contratantes incluir, na avença superior a um ano, cláusula de escala móvel, com o objetivo de estabelecer revisão a ser aplicada por ocasião dos pagamentos.
(C) O pagamento que o devedor de boa-fé efetuar ao credor putativo só será válido se provado que reverteu em benefício seu.
(D) O pagamento estipulado em cotas sucessivas não se presume pela apresentação da quitação da última cota.
(E) Caso o credor seja incapaz, o devedor, de acordo com a lei, deverá, sempre, consignar o pagamento do valor devido àquele.

A: incorreta, pois a imputação deve solver a dívida imputada por inteiro, até em virtude da regra segundo a qual não pode o credor ser obrigado a receber em partes o que se convencionou por inteiro (CC, art. 314); **B:** correta, pois a cláusula de escala móvel tem o condão de adequar o valor das prestações à nova realidade apresentada em virtude de ordinários fatores econômicos como custo de vida, atualização do valor da moeda etc.; **C:** incorreta. A hipótese versa sobre a teoria da aparência, garantindo o devedor que – de boa-fé – pagou a quem ostentava a aparência de credor, mas não o era (CC, art. 309) e não se exige que o pagamento tenha se revertido em favor do verdadeiro credor; **D:** incorreta, pois o art. 322 do Código Civil estipula que a quitação da última parcela faz presumir a quitação das anteriores; **E:** incorreta. A incapacidade do credor não é motivo para consignação. O representante legal do incapaz tem exatamente a função de receber por ele e dar quitação.

Gabarito "B"

(Procurador/DF – 2013 – CESPE) Julgue os itens a seguir, relativos a adimplemento e extinção de obrigações.

(1) O devedor de dois débitos da mesma natureza, líquidos, vencidos e com o mesmo credor, não poderá, caso pague quantia insuficiente para a quitação dos dois, imputar pagamento parcial de um deles.

(2) Se o devedor verificar que o credor é pessoa incapaz de receber, o pagamento deverá ser realizado mediante consignação.

(3) No pagamento de débito alheio em nome próprio pelo terceiro desinteressado não é necessária a notificação do devedor.

1: Errada, pois não tendo como solver ambos os créditos, é direito do devedor indicar (imputar) a qual deles oferece pagamento, se todos forem líquidos e vencidos (art. 352, CC); **2:** Certa, pois a incapacidade do credor de receber é hipótese de consignação de pagamento, conforme dispõe o art. 335, III, do CC; **3:** Certa, pois o art. 305 do CC, que regula a hipótese, não exige a notificação do devedor para que o terceiro não interessado pague a dívida. E, se o fizer em seu próprio nome, terá ainda direito de regresso contra o devedor.

Gabarito 1E, 2C, 3C

(Analista – TJ/ES – 2011 – CESPE) Julgue o seguinte item.

(1) O crédito é um direito que pode ser cedido pelo seu titular (credor). Entretanto, a cessão de crédito, em regra, dependerá da anuência tanto do cessionário quanto do devedor.

1: incorreta, pois a cessão de crédito não depende da anuência do devedor, mas tão somente da notificação deste acerca da cessão efetuada (art. 290 do CC).

Gabarito 1E

Pedro tem uma dívida líquida, certa e vencida com Carlos, que reside em lugar incerto. Maria, amiga de Pedro e terceira não interessada na relação jurídica de Pedro e Carlos, resolveu efetuar o pagamento da dívida. Como Maria não localizou Carlos, ela efetuou depósito judicial em nome e à conta de Pedro, que não se opôs e, assim, a dívida foi extinta.

(Auditor Fiscal - SEFAZ/RS - 2019 - CESPE/CEBRASPE) Considerando o disposto no Código Civil, Maria procedeu a um(a)

(A) pagamento com sub-rogação.
(B) dação em pagamento.
(C) novação.
(D) imputação do pagamento.
(E) pagamento em consignação.

A: incorreta, pois o pagamento com sub-rogação é um instrumento jurídico utilizado para se efetuar o pagamento de uma dívida, substituindo-se o sujeito da obrigação, mas sem extingui-la, visto que a dívida será considerada extinta somente em face do antigo credor, mas permanecendo os direitos obrigacionais do novo titular do crédito. As regras sobre o assunto estão previstas nos arts. 346 a 351 CC. No caso em tela, a dúvida em relação ao credor originário (Carlos) foi extinta, por isso a alternativa está errada; **B:** incorreta, pois a dação em pagamento ocorre quando o credor consente em receber prestação diversa da que lhe é devida (art. 356 CC). No caso em tela, o objeto obrigacional se manteve o mesmo, isto é, o pagamento em dinheiro. Não houve pagamento em prestação diferente do que foi combinado; **C:** incorreta, pois quando se fala em novação fala-se em criar uma nova obrigação substituindo e extinguindo a obrigação anterior e originária. Entretanto, na novação não há a satisfação do crédito, pois a obrigação persiste, assumindo nova forma. As hipóteses estão no art. 360 CC; D: incorreta, pois a imputação ao pagamento consiste no direito do devedor de dois ou mais débitos da mesma natureza, a um só credor indicar a qual deles oferece pagamento, se todos forem líquidos e vencidos (art. 352 CC). Na hipótese em análise havia apenas uma dívida; **E:** correta, nos termos do art. 335, III CC. Neste passo, considera-se pagamento, e extingue a obrigação, o depósito judicial ou em estabelecimento bancário da coisa devida, nos casos e forma legais (art. 334 CC). GR

Gabarito "E"

3.3. INADIMPLEMENTO DAS OBRIGAÇÕES

(Ministério Público/PI – 2014 – CESPE) Considerando os conceitos de adimplemento e inadimplemento de uma obrigação, assinale a opção correta.

(A) O devedor pode responder pelos prejuízos resultantes de caso fortuito ou força maior desde que, expressamente, tenha-se por eles responsabilizado.
(B) O juiz pode conceder ao credor indenização suplementar se os juros da mora e a pena convencional não cobrirem o prejuízo suportado.
(C) A invalidade da cláusula penal implica a invalidade da obrigação principal, visto que nesta está inserida.
(D) Considera-se em mora o devedor que não efetue o pagamento no tempo ajustado, mas não o que cumpra a obrigação de forma imperfeita.
(E) Não se admite que o credor recuse a prestação, ainda que o devedor a cumpra em mora, devendo aquele socorrer-se das perdas e danos para ver mitigado seu prejuízo.

A: correta, pois o Código Civil admite a chamada "cláusula de assunção", pela qual o devedor assume os prejuízos decorrentes de fortuito ou força maior (CC, art. 393); **B:** incorreta, pois tal possibilidade somente é disponibilizada ao juiz caso não haja pena convencional (CC, art. 404, parágrafo único); **C:** incorreta, pois tal afirmação contraria o princípio segundo o qual o acessório segue o principal. O que poderia se afirmar é que a invalidade da obrigação principal implica na invalidade da cláusula penal; **D:** incorreta, pois a mora não se refere apenas ao tempo do pagamento, mas também ao seu modo e lugar. Assim, estaria em mora o devedor que paga no tempo correto, mas em local ou forma diversa da combinada (CC, art. 394); **E:** incorreta, pois "se a prestação, devido à mora, se tornar inútil ao credor, este poderá rejeitá-la, e exigir a satisfação das perdas e danos" (CC, art. 395, parágrafo único).

Gabarito "A"

(Magistratura/ES – 2011 – CESPE) Considerando a celebração de contrato entre duas pessoas, para a construção de uma casa onde o contratante pretenda residir com a sua família, assinale a opção correta.

(A) Ainda que possível cláusula penal compensatória estipulada para o caso de a inexecução ser insuficiente para compensar os prejuízos sofridos, não será lícito ao contratante ajuizar ação buscando perdas e danos.
(B) Será anulável pena convencional pactuada após a celebração da avença se a cláusula penal não respeitar a forma do contrato principal.
(C) Se houver cumulação contratual de cláusulas penais — moratória e compensatória —, apenas esta última será válida.
(D) Ocorrendo inadimplemento contratual do contratante, o juiz poderá reduzir o montante da indenização se a culpa for considerada pequena.
(E) De acordo com entendimento do STJ, o inadimplemento dessa espécie de contrato enseja a compensação do contratante por danos morais.

A: correta. A cláusula penal compensatória impede o credor de exigir indenização suplementar se isso não foi convencionado (CC, art. 416, parágrafo único); **B:** incorreta. Não se exige a mesma forma da obrigação principal para a estipulação de cláusula penal posterior; **C:** incorreta, pois é perfeitamente possível a cumulação de cláusula penal compensatória e moratória, sem que uma implique na invalidade da outra; **D:** incorreta, pois a previsão de graus de culpa (CC, art. 944, § único) foge das fronteiras da cláusula penal compensatória, que é uma prefixação de perdas e danos; **E:** incorreta, pois a jurisprudência do STJ caminha no sentido de que o inadimplemento desta espécie de contrato – por si só – não gera dano moral, devendo a parte demonstrar o grave dissabor experimentado. Neste sentido: "*O inadimplemento de contrato, por si só, não acarreta dano moral, que pressupõe ofensa anormal à personalidade. É certo que a inobservância de cláusulas contratuais pode gerar frustração na parte inocente, mas não se apresenta como suficiente para produzir dano na esfera íntima do indivíduo, até porque o descumprimento de obrigações contratuais não é de todo imprevisível*" (RESP n.º 876.527/RJ).

Gabarito "A"

(Ministério Público/RR – 2012 – CESPE) Em relação ao direito das obrigações, assinale a opção correta.

(A) Não tendo sido ajustada época para o pagamento, deve o credor notificar o devedor, dando-lhe prazo de trinta dias para efetuar o pagamento.
(B) A mora *ex re* deriva de inadimplemento de obrigação líquida para cujo pagamento se tenha estabelecido prazo certo.
(C) A redução do valor da cláusula penal não pode ser determinada de ofício pelo magistrado.

(D) Nas obrigações *propter rem*, o abandono da coisa extingue a obrigação.

(E) O cessionário de crédito hipotecário não detém direito de fazer averbar a cessão no registro do imóvel.

A: incorreta, pois nesse caso o credor poderá exigir o pagamento imediatamente (CC, art. 331); **B:** correta, pois a mora ex re é automática, não dependendo da interpelação ou notificação humana. Aplica-se para o caso a regra "Dies interpellat pro homine"; **C:** incorreta, pois tal redução pode ocorrer de ofício (CC, art. 413); **D:** incorreta, pois é a renúncia ao direito real sobre a coisa que extingue a obrigação e não o mero abandono. Nesse sentido: nas obrigações *propter rem*, o que faz o sujeito devedor *é a circunstância de ser titular do direito real, e tanto isso é verdade que ele se libera da obrigação se renunciar a esse direito* (RODRIGUES, Sílvio. **Direito Civil**. Obrigações: São Paulo, Saraiva, 2003, p. 79); **E:** incorreta, pois contrária ao disposto no art. 289, regra protetiva do novo credor hipotecário.

Gabarito "B"

(Defensor Público/ES – 2012 – CESPE) A respeito das obrigações e contratos, julgue os itens a seguir.

(1) Levado o contrato preliminar a registro no cartório competente, se o estipulante não lhe der execução, a outra parte não poderá considerá-lo desfeito e pleitear perdas e danos, em caso de prejuízo, sem, antes, requerer a execução específica.

(2) Embora o adimplemento seja um direito subjetivo do devedor, este não poderá exercê-lo se o atraso no cumprimento da obrigação tiver acarretado o desaparecimento da necessidade do credor na obtenção da prestação.

1: incorreta. Se o estipulante não der execução ao contrato preliminar, registrado ou não, *poderá* a outra parte considerá-lo desfeito, e pleitear perdas e danos (art. 465 do CC); **2:** correta, pois se a prestação, devido à mora, se tornar inútil ao credor, este poderá enjeitá-la, e exigir a satisfação das perdas e danos (art. 395, parágrafo único, do CC).

Gabarito 1E, 2C

4. CONTRATOS

4.1. CONCEITO, PRESSUPOSTOS, FORMAÇÃO E PRINCÍPIOS DOS CONTRATOS

(Promotor de Justiça/RR – 2017 – CESPE) Se, em cumprimento a cláusula de uma relação contratual, uma das partes adota determinado comportamento e, tempos depois, ainda sob a vigência da referida relação, passa a adotar comportamento contraditório relativamente àquele inicialmente adotado, tem-se, nesse caso, um exemplo do que a doutrina civilista denomina

(A) *exceptio doli*.

(B) *supressio*.

(C) *surrectio*.

(D) *venire contra factum proprium*.

A: incorreta, pois *exceptio doli* refere-se a uma exceção de dolo. Ou seja, a boa-fé objetiva não se observa quando determinada parte de um contrato vale-se de atitude dolosa com o intuito não de preservar legítimos interesses, mas, sim, de prejudicar a parte contrária; **B:** incorreta, pois *supressio* possui conceito que remete à supressão do direito pelo seu não exercício por período considerável ou de forma a levar a outra parte a considerar que não mais o fará. Isto é, a perda de um direito pelo transcurso do tempo para exercê-lo ou pela demonstração de falta de interesse de exercê-lo; **C:** incorreta, pois quando se fala em *surrectio* tem-se que um comportamento que, mesmo que contrário as regras iniciais do acordo, se por muito tempo praticado sem qualquer oposição, acaba tomando proporções de regra. A surreição nada mais é do que o surgimento de uma posição jurídica pelo comportamento materialmente nela contido, sem a correlata titularidade. Como efeito desse comportamento, haveria, por força da necessidade de manter um equilíbrio nas relações sociais, o surgimento de uma pretensão; **D:** correta, pois o *venire contra factum proprio se verifica, basicamente, nas situações em que uma pessoa, durante determinado período de tempo, em geral longo, mas não medido em dias ou anos, comporta-se de certa maneira, gerando a expectativa justificada para outras pessoas que dependem deste seu comportamento, de que ela prosseguirá atuando naquela direção. Ou seja, existe um comportamento inicial que vincula a atuar no mesmo sentido outrora apontado. Em vista disto, existe um investimento, não necessariamente econômico, mas muitas vezes com este caráter, no sentido da continuidade da orientação outrora adotada, que após o referido arco temporal, é alterada por comportamento a ela contrário.* GR

Gabarito "D"

(Cartório/PI – 2013 – CESPE) Em uma relação negocial, a ocorrência de comportamento que, rompendo com o valor da confiança, surpreenda uma das partes, deixando-a em situação de injusta desvantagem, caracteriza o que a doutrina prevalente denomina:

(A) *supressio*.

(B) *venire contra factum proprium*.

(C) *tu quoque*.

(D) *exceptio doli*.

(E) *surrectio*.

Um exemplo pode ajudar a entender alguns dos conceitos estabelecidos pela questão. Imagine que o locador do imóvel não cobre – durante muitos meses – a multa pelo atraso no pagamento dos alugueis. Esse comportamento gerou uma justa expectativa no locatário de que poderia se atrasar, sem pagar a multa. Caso esse comportamento se prolongue, o locador perde a eficácia do direito de cobrar a multa (*supressio*) e o locatário ganha o direito de pagar sem multa (*surrectio*). Caso o locador repentinamente queira cobrar a multa sem antes avisar o locatário, pode-se dizer que ele agiu de forma contraditória, "*caminhando contra um fato próprio*" (*venire contra factum proprium*).

A: incorreta, pois a *supressio* significa a perda da eficácia de um direito em virtude da inércia do seu titular; **B:** incorreta, pois o *venire contra factum proprium* é um comportamento contraditório adotado pela parte e que rompe com uma justa expectativa criada; **C:** correta, pois a expressão tu quoque representa justamente a ideia de surpresa, de espanto, decorrente da antiga expressão "Até tu, Brutus", que Julio César teria proferido ao ser assassinado; **D:** incorreta, pois a *exceptio doli* "refere-se ao poder de repelir uma pretensão se comprovado que o seu autor agiu de forma desleal" (NEVES, José Roberto de Castro. *Boa-fé Objetiva: Posição atual no ordenamento jurídico e perspectivas de sua aplicação nas relações contratuais*); **E:** incorreta, pois a *surrectio* é a aquisição da eficácia de um direito em virtude da inércia alheia.

Gabarito "C"

(Magistratura/BA – 2012 – CESPE) A respeito das obrigações e dos contratos, assinale a opção correta.

(A) Ainda que o contrato seja oneroso, a intensidade da culpa do devedor que se negou à prestação será considerada para fins de apuração do *quantum* de sua responsabilidade contratual.

(B) Havendo boa-fé, a faculdade do credor para a resolução contratual pode ser limitada se o devedor tiver cumprido substancial parcela do contrato.

(C) Ao adotar de forma limitada o princípio da autonomia de vontade, a legislação brasileira não admite a inserção da cláusula *solve et repete* nos contratos.

(D) Caso o credor constate defeitos na qualidade da coisa entregue pelo devedor, poderá resolver o contrato por estar configurado inadimplemento relativo.

(E) Em contratos locatícios de imóvel residencial, a purgação da mora pelo locatário, depois de ajuizada ação de despejo, poderá ocorrer a qualquer tempo, desde que o pagamento seja integral.

A: incorreta, pois previsão de graus de culpa (CC, art. 944, parágrafo único) foge das fronteiras da responsabilidade contratual; **B:** correta. A possibilidade de se resolver um contrato em virtude do inadimplemento alheio configura a hipótese da cláusula resolutiva tácita, na qual o evento futuro e incerto é justamente o inadimplemento do outro contratante (CC, art. 474). O instituto do adimplemento substancial, todavia, veda a utilização da pura e simples extinção do contrato na hipótese de descumprimento pela outra parte. A solução para a parte inocente é a de buscar o cumprimento do restante da obrigação contratual por outros meios, que não a gravosa solução da extinção contratual; **C:** incorreta. É válida a instituição da cláusula *solve et repete*, que impede a utilização da cláusula resolutiva tácita. Desta forma, ainda que uma das partes não cumpra com a sua obrigação contratual, a outra deverá continuar cumprindo o contrato. Evidentemente que a parte inocente ficará com o direito de cobrar em momento posterior a satisfação de seu direito contratual, mas não pela via da extinção do contrato. Tal cláusula é muito comum nos contratos administrativos, nos quais não seria razoável, por exemplo, que uma indústria farmacêutica contratada pelo Estado cessasse a distribuição de medicamentos vitais a um hospital público, em virtude do não pagamento de algumas parcelas devidas; **D:** incorreta, pois o defeito na qualidade da coisa não implica inadimplemento relativo; **E:** incorreta, pois devedor ou fiador poderão purgar a mora no prazo de 15 dias contados da citação (Lei 8.245/91, art. 62, II).

Gabarito "B"

(Magistratura/PI – 2011 – CESPE) De acordo com a legislação de regência, a comissão de concessão de crédito cobrada por instituição financeira para fornecer crédito ao mutuário deve incidir apenas uma vez, no início do contrato.

Caso haja qualquer outra cobrança do encargo, configura-se

(A) reserva mental por parte da instituição, o que enseja a anulação da avença.
(B) declaração de nulidade parcial, o que possibilita redução do negócio jurídico.
(C) erro essencial, que enseja a anulação do negócio.
(D) violação do princípio da boa-fé objetiva, que baliza a interpretação dos contratos.
(E) lesão, o que acarretará a nulidade do contrato se a instituição não se abstiver da cobrança indevida.

A: incorreta, pois na reserva mental o sujeito manifesta vontade mas guardando para si o propósito de não querer o que manifestou, o que não ocorre na hipótese (CC, art. 110); **B:** incorreta, pois não há previsão de anulabilidade para a hipótese ventilada; **C:** incorreta, pois não houve falsa percepção da realidade a configurar o vício do consentimento denominado erro (CC, art. 138); **D:** correta, pois ocorreu na hipótese a violação de deveres anexos decorrentes da boa-fé objetiva, tais como o da informação plena, lealdade e colaboração (CC, art. 422); **E:** incorreta, pois a hipótese não é de negócio celebrado em situação de premente necessidade ou inexperiência (CC, art. 157).

Gabarito "D"

(Ministério Público/RR – 2012 – CESPE) No que se refere aos princípios contratuais, assinale a opção correta.

(A) O instituto da *pacta corvina* é admitido pelo ordenamento jurídico pátrio.
(B) O princípio da função social dos contratos limita a liberdade de A contratar com B.
(C) Determinada pessoa pode exercer um direito contrariando um comportamento anterior próprio, sem necessidade de observância dos elementos constitutivos da boa-fé objetiva.
(D) Dados os predicados do princípio da boa-fé objetiva, a violação dos deveres anexos tipifica a incidência do inadimplemento.
(E) O princípio da boa-fé objetiva se relaciona com o ânimo das pessoas envolvidas nos polos ativo e passivo da relação jurídica de direito material.

A: incorreta, pois é vedado o contrato cujo objeto seja a herança de pessoa viva (CC, art. 426). Tendo em vista que o Código proíbe a prática e não comina sanção, a solução da nulidade absoluta é dada pelo art. 166, VII; **B:** incorreta, pois a função social não limita a liberdade de contratar, apenas a regulamenta de forma mais adequada para a sociedade; **C:** incorreta, pois tal comportamento viola o princípio *nemo venire contra factum proprio*, cuja previsão encontra-se implícita ou expressa no Código, como, por exemplo, no art. 174; **D:** correta, pois o descumprimento de deveres anexos corresponde a inadimplemento contratual, conforme enunciado n.° 24 do Conselho da Justiça Federal: "*Em virtude do princípio da boa-fé, positivado no art. 422 do novo Código Civil, a violação dos deveres anexos constitui espécie de inadimplemento, independentemente de culpa*"; **E:** incorreta, pois o princípio da boa-fé objetiva relaciona-se com o comportamento efetivo e concreto das partes.

Gabarito "D"

(Defensor Público/SE – 2012 – CESPE) Por expressa disposição do Código Civil brasileiro, a liberdade de contratar deve ser exercida em razão e nos limites da função social do contrato. Acerca das normas de proteção contratual, assinale a opção correta.

(A) Nos contratos de execução continuada ou diferida, se a prestação se tornar excessivamente onerosa para uma das partes, com extrema vantagem para a outra, em virtude de acontecimentos extraordinários e imprevisíveis, admite-se que o devedor peça a resolução do contrato, retroagindo à data da realização do contrato os efeitos da sentença que decretar a resolução contratual.
(B) Em caso de alienação de bens, o adquirente não poderá responsabilizar o alienante caso a coisa alienada pereça por vício oculto já existente ao tempo da tradição, ainda que o adquirente tenha identificado tal vício antes do seu perecimento.
(C) Nos contratos de compra e venda, o vendedor de coisa imóvel pode reservar-se o direito de recobrá-la no prazo máximo de decadência de cinco anos, devendo o vendedor restituir ao comprador tão somente o preço recebido e o valor das benfeitorias úteis.
(D) Nos contratos de compra e venda, os riscos da coisa correm por conta do vendedor, até o momento da efetiva tradição, subsistindo a responsabilidade do vendedor ainda que o comprador se encontre em mora de receber a coisa adquirida posta à sua disposição no tempo, no lugar e pelo modo ajustados.
(E) Na venda de coisa móvel, o vendedor pode reservar para si a propriedade da coisa até que o preço esteja integralmente pago; nesse caso, embora se transfira a posse direta da coisa alienada, a transferência da propriedade ao comprador ocorrerá no momento em que o preço estiver integralmente pago, respondendo o comprador pelos riscos da coisa, a partir do momento em que esta lhe seja entregue.

A: incorreta, tendo em vista que na situação descrita os efeitos da sentença retroagirão *à data da citação* (art. 478 do CC); **B:** incorreta. Conforme prescreve o art. 444 do CC, *subsistirá a responsabilidade* do alienante mesmo que o bem pereça em poder do adquirente, caso seu perecimento se dê em razão de vício oculto existente ao tempo da tradição; **C:** incorreta. O prazo máximo para que o vendedor possa exercer o direito de retrovenda é de três anos (art. 505 do CC). Exercido o direito, o vendedor deverá restituir o preço recebido e reembolsar as *despesas do comprador*, inclusive as que, durante o período de resgate, se efetuaram com a sua autorização escrita, ou para a realização de *benfeitorias necessárias*; **D:** incorreta. Caso o comprador encontre-se em mora os *riscos correrão por conta dele* (art. 492, § 2º, CC); **E:** correta. Está de acordo com os arts. 521 e 524 do CC, que tratam da *venda com reserva de domínio*.

Gabarito "E"

(Magistratura Federal/2ª região – 2011 – CESPE) Assinale a opção correta com relação às hipóteses de inadimplemento contratual e seus efeitos.

(A) De acordo com a jurisprudência, poderá o juiz indeferir pedido liminar de busca e apreensão, ainda que cumpridos os requisitos legais, considerando o pequeno valor da dívida em relação ao do bem.
(B) O descumprimento de acordo firmado em audiência e homologado pelo juiz dará ensejo à aplicação da exceção do contrato não cumprido.
(C) Não sendo efetuado o pagamento, o credor não poderá enjeitá-lo alegando falta de interesse econômico, caso o devedor se disponha a cumprir a obrigação acrescida de perdas e danos.
(D) De acordo com o Código Civil, a cláusula resolutiva expressa é benefício exclusivo do credor.
(E) O STJ entende que, se for estipulada cláusula penal moratória, a parte que inadimplir o contrato não terá a obrigação de indenizar lucros cessantes.

A: correta, pois se trata da aplicação da teoria do "adimplemento substancial". Os princípios da função social do contrato e da boa-fé objetiva impõem a ideia de justiça contratual, de um equilíbrio entre meios e fins e pela necessidade de razoável exercício de direitos contratuais. Não seria razoável utilizar cegamente a possibilidade de se resolver um contrato e pleitear imediatamente a busca e apreensão do bem alienado quando o débito da outra parte é diminuto. Evidentemente que o credor poderá buscar o recebimento do seu crédito pelas vias ordinárias, mas não mais utilizando da enorme pressão que a busca e apreensão representa. "A teoria do adimplemento substancial visa a impedir o uso desequilibrado do direito de resolução por parte do credor, em prol da preservação da avença, com vistas à realização dos princípios da boa-fé e da função social do contrato" (REsp 877.965/SP, rel. Min. Luis Felipe Salomão, 4.ª T., j. 22.11.2011). Nesse sentido, o STJ não acolheu a "ação de reintegração de posse de 135 carretas, objeto de contrato de *leasing*, após o pagamento de 30 das 36 parcelas ajustadas" (RESP 1.200.105/AM, rel. Min. Paulo de Tarso Sanseverino, 3.ª T., j. 19.06.2012); **B:** incorreta, pois a solução da exceção de contrato não cumprido destina-se exclusivamente aos contratos bilaterais firmados entre as partes (CC, arts 474 e 476); **C:** incorreta, pois na hipótese de a prestação se tornar inútil ao credor, ele poderá rejeitar o pagamento, com as consequências legais advindas da *mora solvendi*; **D:** incorreta, pois a referida cláusula destina-se a contratos bilaterais, os quais possuem obrigações recíprocas. Ou seja, há em questão dois credores e qualquer uma das partes poderá valer-se da cláusula resolutiva tácita quando a outra parte não cumprir suas obrigações contratuais (CC, art. 476); **E:** incorreta, pois o entendimento do STJ é no sentido contrário. "A instituição de cláusula penal moratória não compensa o inadimplemento, pois se traduz em punição ao devedor que, a despeito de sua incidência, se vê obrigado ao pagamento de indenização relativa aos prejuízos dele decorrentes" (RESP 968.091/DF, rel. Min. Fernando Gonçalves, 4.ª T., j. 19.03.2009).

Gabarito "A"

(Analista – TJ/ES – 2011 – CESPE) Julgue o seguinte item.

(1) Nos contratos escritos, é permitido às partes pactuar acerca do foro de eleição para modificar a competência relativa.

1: correta (art. 78 do CC).

Gabarito 1C

4.2. CLASSIFICAÇÃO DOS CONTRATOS

A matéria "classificação dos contratos" é bastante doutrinária, diferente das outras, que, como se percebe da leitura deste livro, são normalmente respondidas a partir da leitura do texto da lei. Assim, seguem explicações doutrinárias sobre as principais classificações dos contratos.

1. Quanto aos efeitos (ou quanto às obrigações):

1.1) Contratos unilaterais: *são aqueles em que há obrigações para apenas uma das partes*. São exemplos a doação pura e simples, o mandato, o depósito, o mútuo (empréstimo de bem fungível – dinheiro, p. ex.) e o comodato (empréstimo de bem infungível). Os três últimos são unilaterais, pois somente se formam no instante em que há entrega da coisa (são contratos reais). Entregue o dinheiro, por exemplo, no caso do mútuo, este contrato estará formado e a única parte que terá obrigação será o mutuário, no caso a de devolver a quantia emprestada (e pagar os juros, se for mútuo feneratício).

1.2) Contratos bilaterais: *são aqueles em que há obrigações para ambos os contratantes*. Também são chamados de sinalagmáticos. A expressão "sinalagma" confere a ideia de reciprocidade às obrigações. São exemplos a prestação de serviços e a compra e venda.

1.3) Contratos bilaterais imperfeitos: *são aqueles originariamente unilaterais, que se tornam bilaterais por uma circunstância acidental*. São exemplos o mandato e o depósito não remunerados. Assim, num primeiro momento, o mandato não remunerado é unilateral (só há obrigações para o mandatário), mas, caso o mandatário incorra em despesas para exercê-lo, o mandante passará também a ter obrigações, no caso a de ressarcir o mandatário.

1.4) Contratos bifrontes: *são aqueles que originariamente podem ser unilaterais ou bilaterais*. São exemplos o mandato e o depósito. Se for estipulada remuneração em favor do mandatário ou do depositário, estar-se-á diante de contrato bilateral, pois haverá obrigações para ambas as partes. Do contrário, unilateral, pois haverá obrigações apenas para o mandatário ou para o depositário.

Importância da classificação: a classificação é utilizada, por exemplo, para distinguir contratos em que cabe a exceção de contrato não cumprido. Apenas nos contratos bilaterais é que uma parte pode alegar a exceção, dizendo que só cumpre a sua obrigação após a outra cumprir a sua. Nos contratos unilaterais, como só uma das partes tem obrigações, o instituto não se aplica. Isso vale tanto para a inexecução total (hipótese em que se alega a *exceptio non adimplecti contractus*), como para a inexecução parcial (hipótese em que se alega a *exceptio non rite adimplecti contractus*). Para aplicação do instituto, é importante verificar qual das duas partes tem de cumprir sua obrigação em primeiro lugar.

2. Quanto às vantagens:

2.1) Contratos gratuitos: *são aqueles em que há vantagens apenas para uma das partes*. Também são chamados de benéficos. São exemplos a doação pura e simples, o depósito não remunerado, o mútuo não remunerado e o comodato.

2.2) Contratos onerosos: *são aqueles em que há vantagens para ambas as partes*. São exemplos a compra e venda, a prestação de serviços, o mútuo remunerado (feneratício) e a doação com encargo.

Não se deve confundir a presente classificação com a trazida acima, para o fim de achar que todo contrato unilateral é gratuito e que todo contrato bilateral é oneroso. Como exemplo de contrato unilateral e oneroso pode-se trazer o mútuo feneratício.

3. Quanto ao momento de formação:

3.1) Contrato consensual: *é aquele que se forma no momento do acordo de vontades*. São exemplos a compra e venda e o mandato. Neste tipo de contrato, a entrega da coisa (tradição) é mera execução do contrato.

3.2) Contrato real: *é aquele que somente se forma com a entrega da coisa*. São exemplos o comodato, o depósito e o mútuo. Neste contrato, a entrega da coisa é requisito para a formação, a existência do contrato.

4. Quanto à forma:

4.1) Contratos não solenes: *são aqueles de forma livre*. São exemplos a compra e venda de bens móveis, a prestação de serviços e a locação. A regra é ter o contrato forma livre (art. 107 do CC), podendo ser verbal, gestual ou escrito, devendo obedecer a uma forma especial apenas quando a lei determinar.

4.2) Contratos solenes: *são aqueles que devem obedecer a uma forma prescrita em lei*. São exemplos a compra e venda de imóveis (deve ser escrita, e, se de valor superior a 30 salários-mínimos, deve ser por escritura pública), o seguro e a fiança. A forma, quando trazida na lei, costuma ser essencial para a validade do negócio (forma *ad solemnitatem*). Porém, em algumas situações, a forma é mero meio de prova de um dado negócio jurídico (forma *ad probationem tantum*).

5. Quanto à existência de regramento legal:

5.1) Contratos típicos (ou nominados): *são os que têm regramento legal específico*. O CC traz pelo menos vinte contratos típicos, como a compra e venda, a doação e o mandato. Leis especiais trazem diversos outros contratos dessa natureza, como o de locação de imóveis urbanos (Lei 8.245/91), de incorporação imobiliária (Lei 4.561/64) e de alienação fiduciária (Lei 4.728/65 com alterações do Decreto-Lei 911/69).

5.2) Contratos atípicos (ou inominados): *são os que não têm regramento legal específico, nascendo da determinação das partes*. Surgem da vida cotidiana, da necessidade do comércio. São exemplos o contrato de cessão de clientela, de agenciamento matrimonial, de excursão turística e de feiras e exposições. Apesar de não haver regulamentação legal desses contratos, o princípio da autonomia da vontade possibilita sua celebração, observados alguns limites impostos pela lei.

5.3) Contratos mistos: são os que resultam da fusão de contratos nominados com elementos particulares, não previstos pelo legislador, criando novos negócios contratuais. Exemplo é o contrato de exploração de lavoura de café, em que se misturam elementos atípicos com contratos típicos, como a locação de serviços, a empreitada, o arrendamento rural e a parceria agrícola.

6. Quanto às condições de formação:

6.1) Contratos paritários: são aqueles em que as partes estão em situação de igualdade, podendo discutir efetivamente as condições contratuais.

6.2) Contratos de adesão: são aqueles cujas cláusulas são aprovadas pela autoridade competente ou estabelecidas unilateralmente, sem que o aderente possa modificar ou discutir substancialmente o seu conteúdo. Exemplos: contratos de financiamento bancário, seguro e telefonia. A lei estabelece que a inserção de uma cláusula no formulário não desnatura o contrato, que continua de adesão.

Importância da classificação: os contratos por adesão têm o mesmo regime jurídico dos contratos paritários, mas há algumas diferenças. Se o contrato de adesão for regido pelo Direito Civil, há duas regras aplicáveis: a) as cláusulas ambíguas devem ser interpretadas favoravelmente ao aderente (art. 423, CC); b) a cláusula que estipula a renúncia antecipada do aderente a direito resultante da natureza do contrato é nula (art. 424, CC). Já se o contrato de adesão for regido pelo CDC, há duas regras peculiares a esse contrato (art. 54, CDC): a) os contratos de adesão admitem cláusula resolutória, mas estas são alternativas, cabendo a escolha ao consumidor, ou seja, o consumidor escolhe se deseja purgar a mora e permanecer com o contrato ou se quer a sua resolução; b) as cláusulas limitativas de direito devem ser redigidas com destaque, permitindo sua imediata e fácil identificação, sendo que o desrespeito a essa regra gera a nulidade da cláusula (art. 54, § 4º, c/c o art. 51, XV).

7. Quanto à definitividade:

7.1) Contratos definitivos: são aqueles que criam obrigações finais aos contratantes. Os contratos são, em sua maioria, definitivos.

7.2) Contratos preliminares: são aqueles que têm como objeto a realização futura de um contrato definitivo. Um exemplo é o compromisso de compra e venda. Os contratos preliminares devem conter os requisitos essenciais do contrato a ser celebrado, salvo quanto à forma. Assim, enquanto a compra e venda definitiva deve ser por escritura pública, o compromisso de compra e venda pode ser por escritura particular. Além disso, o contrato preliminar deve ser levado a registro para ter eficácia perante terceiros. Assim, um compromisso de compra e venda não precisa ser levado a registro para ser válido, mas aquele que não levá-lo a registro não tem como impedir que um terceiro o faça antes, pois, não registrando, carregará este ônus. De qualquer forma, o compromissário comprador, uma vez pagas todas as parcelas do compromisso, tem direito à adjudicação compulsória, independentemente do registro do compromisso no Registro de Imóveis. O compromissário deve apenas torcer para que alguém não tenha feito isso antes. As regras sobre o contrato preliminar estão nos artigos 462 e 463, CC.

(A) **consequência imediata do contrato preliminar:** desde que não conste cláusula de arrependimento, qualquer das partes pode exigir a celebração do contrato definitivo, assinalando prazo à outra. É importante ressaltar que, em matéria de imóveis, há diversas leis impedindo a cláusula de arrependimento.

(B) **consequência mediata do contrato preliminar:** esgotado o prazo acima sem a assinatura do contrato definitivo, a parte prejudicada pode requerer ao Judiciário que supra a vontade do inadimplente, conferindo caráter definitivo ao contrato preliminar, salvo se a isto se opuser a natureza da obrigação.

8. Quanto ao conhecimento prévio das prestações:

8.1) Contrato comutativo: *é aquele em que as partes, de antemão, conhecem as prestações que deverão cumprir.* Exs.: compra e venda, prestação de serviços, mútuo, locação, empreitada etc. A maior parte dos contratos tem essa natureza.

8.2) Contrato aleatório: *é aquele em que pelo menos a prestação de uma das partes não é conhecida de antemão.* Ex.: contrato de seguro.

9. Quanto ao momento de execução:

9.1) Contratos instantâneos: *são aqueles em que a execução se dá no momento da celebração.* Um exemplo é a compra e venda de pronta entrega e pagamento.

9.2) Contratos de execução diferida: *são aqueles em que a execução se dá em ato único, em momento posterior à celebração.* Constitui exemplo a compra e venda para pagamento em 120 dias.

9.3) Contratos de trato sucessivo ou de execução continuada: *são aqueles em que a execução é distribuída no tempo em atos reiterados.* São exemplos a compra e venda em prestações, a locação e o financiamento pago em parcelas.

(Juiz – TJ/CE – 2018 – CESPE) Contrato de prestações certas e determinadas no qual as partes possam antever as vantagens e os encargos, que geralmente se equivalem porque não envolvem maiores riscos aos pactuantes, é classificado como

(A) benéfico.
(B) aleatório.
(C) bilateral imperfeito.
(D) derivado.
(E) comutativo.

A: incorreta, pois contrato benéfico é aquele gratuito em que apenas uma das partes aufere benefício ou vantagem; **B:** incorreta, pois o contrato aleatório é aquele em que pelo menos um dos contraentes não pode antever a vantagem que receberá, em troca da prestação fornecida. A perda ou o lucro dependem de um fato futuro e imprevisível (arts. 458 a 461 CC); **C:** incorreta, pois os contratos bilaterais imperfeitos subordinam-se ao regime dos contratos unilaterais porque aquelas contraprestações não nascem com a avença, mas de fato eventual, posterior à sua formação, não sendo, assim, consequência necessária de sua celebração; **D:** incorreta, pois os contratos derivados têm por objeto direitos estabelecidos em outro contrato. Ex: sublocação, subempreitada e subconcessão. Tem em comum com os acessórios que também dependem de outrem, mas diferem dos mesmos por participar da própria natureza do direito versado no principal; **E:** correta, pois o contrato comutativo é aquele em que as prestações são certas e determinadas. As partes podem antever as vantagens e os sacrifícios, que geralmente se equivalem, decorrentes de sua celebração, porque não envolvem nenhum risco. Na ideia de comutatividade está presente a de equivalência das prestações. GR

Gabarito "E".

(Magistratura/CE – 2012 – CESPE) Assinale a opção correta a respeito do contrato preliminar.

(A) De acordo com entendimento do STF, o compromisso de compra e venda de imóveis não enseja a execução compulsória.
(B) Nos termos do Código Civil, o contrato provisório constitui avença na qual os contratantes prometem complementar o ajuste futuramente, no contrato definitivo, não se exigindo a outorga uxória de contraentes casados, pois, no contrato provisório, não se perquire a aptidão para validamente alienar.
(C) Não se exige que o *pactum de contrahendo* seja instrumentalizado com os mesmos requisitos formais do contrato definitivo a ser celebrado, ainda que se exija, para este último, a celebração por escritura pública.
(D) De acordo com a jurisprudência pretoriana, para se exigir, perante o outro contraente, pré-contrato irretratável e irrevogável, é imprescindível que este seja levado ao registro competente.
(E) Tratando-se de compra e venda de imóvel, o adquirente só poderá propor ação de adjudicação compulsória do bem registrado em nome do promitente vendedor se ocorrer o prévio registro do pacto preliminar.

A: incorreta, pois o enunciado é contrário à Súmula 413 do STF, segundo a qual: *O compromisso de compra e venda de imóveis, ainda* *que não loteados, dá direito à execução compulsória, quando reunidos os requisitos legais*; **B:** incorreta, pois o contrato preliminar deve conter todos os requisitos de substância do contato principal a ser celebrado (CC, art. 462); **C:** correta, pois no que se refere aos requisitos formais, a lei dispensa paridade de formas entre o contrato principal e o contrato preliminar (CC, art. 462); **D** e **E:** incorretas, pois o STJ sumulou entendimento pelo qual "*O direito à adjudicação compulsória não se condiciona ao registro do compromisso de compra e venda no cartório de imóveis*" (STJ, Súmula 239).

Gabarito "C"

(Analista – TJ/ES – 2011 – CESPE) Julgue o seguinte item.

(1) Os negócios jurídicos bilaterais são onerosos, pois ambas as partes auferem benefícios. Nesse sentido, é correto afirmar que a exceção de contrato não cumprido é aplicável a todo negócio jurídico oneroso.

1: incorreta, pois a classificação dos negócios em unilaterais e bilaterais leva em conta critério do número de vontades necessárias para a formação do contrato; quando, para a formação deste, faz-se necessário apenas uma vontade (ex: testamento), o negócio é unilateral; ao contrário, o negócio pode ser bilateral (duas vontades) ou plurilateral (mais de duas vontades); uma doação sem encargo, por exemplo, é negócio jurídico bilateral, pois é necessária a emissão de duas declarações de vontade para a formação desse contrato; porém, na doação sem encargo apenas uma das partes aufere benefício, o que demonstra a incorreção da afirmação; já classificação dos contratos em unilaterais e bilaterais leva em conta outro critério, qual seja, quais partes têm obrigações; o contrato é unilateral quando apenas uma das partes têm obrigações, e bilateral, quando ambas as têm; a exceção de contrato não cumprido só se aplica a contratos bilaterais, não havendo relação com o negócio jurídico oneroso ou não.

Gabarito 1E

4.3. ONEROSIDADE EXCESSIVA

(Juiz – TRF5 – 2017 – CESPE) Estabelecido contrato de fornecimento de insumos para empresa que comercializa produtos químicos, será juridicamente possível o fornecedor pedir, de acordo com a lei civil, a resolução do contrato, se a sua prestação se tornar excessivamente onerosa,

(A) com extrema vantagem para a outra parte, por acontecimento extraordinário, ainda que previsível.

(B) por acontecimento extraordinário, ainda que sem proveito para a outra parte.

(C) com vantagem extrema para a outra parte em razão de acontecimento extraordinário e imprevisível.

(D) por acontecimento extraordinário, ainda que não imprevisível.

(E) por acontecimento extraordinário, ainda que não imprevisível, provocado por fato do príncipe.

A: incorreta, pois o acontecimento deve ser imprevisível (art. 478 CC); **B:** incorreta, pois deve haver extrema vantagem para a outra parte (art. 478 CC); **C:** correta (art. 478 CC); **D:** incorreta, pois o acontecimento deve ser imprevisível (art. 478 CC); **E:** incorreta, pois o acontecimento deve ser imprevisível e extraordinário, não necessariamente provocado por fato do príncipe (art. 478 CC). GR

Gabarito "C"

4.4. EVICÇÃO

(Magistratura/CE – 2012 – CESPE) No que concerne a evicção, assinale a opção correta de acordo com o Código Civil.

(A) A responsabilidade decorrente da evicção deriva da lei e prescinde, portanto, de expressa previsão contratual; todavia, tal responsabilidade restringe-se à ação petitória, não sendo possível se a causa versar sobre posse.

(B) Responde o alienante pela garantia decorrente da evicção caso o comprador sofra a perda do bem por desapropriação do poder público, cujo decreto expropriatório seja expedido e publicado posteriormente à realização do negócio.

(C) Dá-se a evicção quando o adquirente perde, total ou parcialmente, a coisa por sentença fundada em motivo jurídico anterior, e o alienante tem o dever de assistir o adquirente, em sua defesa, ante ações de terceiros, sendo, entretanto, tal obrigação jurídica incabível caso o alienante tenha atuado de boa-fé.

(D) De acordo com o instituto da evicção, o alienante deve responder pelos riscos da perda da coisa para o evicto, por força de decisão judicial em que fique reconhecido que aquele não era o legítimo titular do direito que convencionou transmitir ao *evictor*.

(E) Sendo a evicção uma garantia legal, podem as partes, em reforço ao já previsto em lei, estipular a devolução do preço em dobro, ou mesmo minimizar essa garantia, pactuando uma devolução apenas parcial.

A: incorreta, pois não deixa de ocorrer evicção caso a ação verse apenas sobre a posse do bem que foi adquirido e que agora é reclamado por terceiro; **B:** incorreta, pois a evicção tem por requisito a anterioridade do direito do terceiro que agora reivindica a coisa perante o adquirente. Caso o direito alegado seja posterior à aquisição do bem, aplica-se o princípio segundo o qual *res perit domino* e o adquirente sofrerá os prejuízos da perda; **C:** incorreta; a boa-fé ou má-fé do alienante é irrelevante para a hipótese de evicção. Desta forma, mesmo havendo boa-fé do alienante, a eventual perda da coisa pelo adquirente em virtude de decisão judicial que confere sua titularidade a terceiro enseja toda gama protetiva que o Código Civil confere ao evicto; **D:** incorreta, pois o enunciado inverte os sujeitos da evicção. O evicto é justamente o adquirente que pagou pelo bem e agora se vê réu numa ação na qual se alega que o alienante não era o verdadeiro dono, ao passo que o evictor é o verdadeiro dono que busca retomar o bem que era de sua titularidade e que foi alienado; **E:** correta. Nossa legislação admite o reforço da evicção, convencionando, por exemplo, que o alienante pagará o dobro do preço ao adquirente caso a perda se verifique (CC, art. 448). Admite também a diminuição da garantia convencionando-se, por exemplo, que na hipótese de perda o alienante pagará metade do prejuízo suportado pelo adquirente. Admite – em termos um pouco mais rigorosos – a exclusão da garantia da evicção, exigindo neste caso que o adquirente saiba do risco da perda, assuma este risco e que a perda porventura ocorrida decorra justamente deste risco assumido (CC, art. 449).

Gabarito "E"

4.5. VÍCIOS REDIBITÓRIOS

(Defensor Público/AC – 2012 – CESPE) Renato adquiriu de seu amigo Rodolfo, em 13.02.2010, um veículo automotor, que, passados trinta dias da compra, apresentou defeito no motor e parou de funcionar. Em 15.03.2010, o comprador procurou um advogado com o propósito de ajuizar ação para anular o negócio jurídico. Em 13.01.2011, Renato ajuizou ação objetivando a redibição ou o abatimento do preço pago pelo veículo. No entanto, o processo foi extinto com resolução do mérito em razão da decadência do direito do autor.

Acerca da situação hipotética acima apresentada e da disciplina jurídica dos vícios redibitórios, das relações de consumo e da responsabilidade civil, assinale a opção correta.

(A) O prazo decadencial para o adquirente reclamar a existência de vício redibitório seria de trinta dias a contar do conhecimento do vício oculto. No caso de vício oculto de difícil constatação, Renato teria o prazo de até cento e oitenta dias após a tradição, para conhecer o defeito e, uma vez constatado o defeito, teria o prazo de mais trinta dias para ingressar com as ações edilícias.

(B) Em caso de responsabilidade de profissionais da advocacia por condutas consideradas negligentes, as demandas que invocam a teoria da perda de uma chance não passam pela análise das reais possibilidades de êxito do postulante, eventualmente perdidas em razão da desídia do causídico.

(C) O equívoco inerente ao vício redibitório não se confunde com o erro substancial, vício de consentimento previsto na parte geral do Código Civil. O legislador tratou o vício redibitório de forma especial, projetando inclusive efeitos diferentes daqueles previstos para o erro substancial. O vício redibitório, da forma sistematizada pelo Código Civil de 1916, cujas regras foram mantidas pelo Código Civil ora vigente, atinge a psique do agente. O erro substancial, por sua vez, atinge a própria coisa, objetivamente considerada.

(D) Na situação descrita, de fato, Renato decaiu do seu direito de rescindir o negócio em razão do transcurso do prazo de trinta dias previsto no CDC para a reclamação de vício redibitório.

(E) A decisão judicial que extinguiu o processo está equivocada, pois ainda seria possível a Renato exercitar seu direito de redibir ou abater o preço pago, em razão da aplicação de dispositivo do CDC que estabelece o prazo de cinco anos para a reclamação por vício do produto ou serviço.

A: correta. A assertiva está de acordo com art. 445 do CC e o entendimento doutrinário sobre o tema. Quanto à contagem do prazo de vício oculto, o Enunciado CJF 174 dispõe, "em se tratando de vício oculto, o adquirente tem os prazos do *caput* do art. 445 para obter redibição ou abatimento de preço, desde que os vícios se revelem nos prazos estabelecidos no parágrafo primeiro, fluindo, entretanto, a partir do conhecimento do defeito"; **B:** incorreta, pois segundo a jurisprudência do STJ, em caso de responsabilidade de profissionais da advocacia por condutas apontadas como negligentes, e diante do aspecto relativo à incerteza da vantagem não experimentada, as demandas que invocam a teoria da 'perda de uma chance' devem ser solucionadas a partir de detida análise acerca das reais possibilidades de êxito do postulante, eventualmente perdidas em razão da desídia do causídico" (REsp 993936/RJ, Rel. Ministro Luis Felipe Salomão, Quarta Turma, julgado em 27.03.2012); **C:** incorreta, pois o vício redibitório atinge a própria coisa, objetivamente considerada, e o erro substancial atinge a psique do agente; **D:** incorreta, no caso descrito no enunciado não há relação de consumo, e sim relação civil, devendo ser aplicado o Código Civil. E se fosse o caso, o prazo para reclamar de vício de produto durável é de 90 dias (art. 26, II, do CDC); **E:** incorreta, pelas mesmas razões da alternativa anterior.

Gabarito "A"

4.6. EXTINÇÃO DOS CONTRATOS

(Defensor Público/PE – 2018 – CESPE) Joaquim fez com Norberto contrato de promessa de compra e venda para adquirir deste um imóvel por R$ 200.000: Joaquim deu R$ 150.000 de sinal e pretendia conseguir financiamento dos R$ 50.000 restantes em uma instituição bancária. Segundo cláusula do contrato que regulava o negócio, em caso de inexecução por culpa do comprador, este perderia o sinal em favor do vendedor. Por desídia de Joaquim, que não apresentou todos os documentos exigidos pela instituição bancária, o financiamento não foi aprovado, de maneira que o contrato não pôde ser cumprido. Joaquim buscou ajuda na justiça comum.

Considerando essa situação hipotética, assinale a opção correta de acordo com a legislação pertinente e a posição dos tribunais superiores.

(A) Joaquim deverá alegar prejuízo para exigir de Norberto a devolução do sinal, mesmo existindo previsão contratual.

(B) Já que Norberto recebeu os R$ 150.000 adiantados e teve a oportunidade de aplicá-los no mercado de capitais, Joaquim deverá ser restituído do valor dado de sinal acrescido de correção com base no rendimento da caderneta de poupança.

(C) Mesmo que comprove perdas e danos pelo negócio não concluído, Norberto não poderá exigir indenização suplementar.

(D) Joaquim perderá os R$ 150.000 para Norberto e não há, por parte do juiz da causa, a possibilidade de se reduzir o montante perdido.

(E) Conforme o STJ, é possível reduzir a perda de Joaquim, já que, nesse caso, a diferença entre o valor inicial pago e o total do negócio pode gerar enriquecimento sem causa para Norberto.

A: incorreta, pois mesmo existindo previsão contratual, Joaquim pode pedir as arras de volta ou ao menos parte delas, uma vez que seu prejuízo é presumido. Nota-se uma nítida desproporção entre o valor do contrato e o valor que pagou (75%), sem sequer ingressar na posse do imóvel. Assim, nos termos do art. 413 CC: "A penalidade deve ser reduzida equitativamente pelo juiz se a obrigação principal tiver sido cumprida em parte, ou se o montante da penalidade for manifestamente excessivo, tendo-se em vista a natureza e a finalidade do negócio". Conforme Enunciado 165 CJF, essa norma também se aplica para as arras: "Em caso de penalidade, aplica-se a regra do art. 413 ao sinal, sejam as arras confirmatórias ou penitenciais"; B: incorreta, o art. 418, caput, CC prevê que o ressarcimento deve ser feito com atualização monetária segundo índices oficiais regularmente estabelecidos, juros e honorários de advogado; C: incorreta, pois Norberto pode pedir indenização suplementar, se provar maior prejuízo, valendo as arras como taxa mínima (art. 419 CC, 1ª parte); D: incorreta, pois há possibilidade de Joaquim reaver ao menos parte do valor que pagou a título de arras (art. 413 CC c/c Enunciado 165 CJF); E: correta, o juiz pode reduzir a perda de Joaquim para garantir uma decisão mais justa e evitar o enriquecimento ilícito por parte de Norberto (art. 413 CC c/c Enunciado 165 CJF). Neste sentido: "Valor dado a título de arras confirmatórias e início de pagamento. Retenção. Redução equitativa. Inadimplemento do promissário comprador. Pagamento de aluguel pelo uso do imóvel. Desnecessidade de pedido expresso. Consectário lógico do retorno ao estado anterior. Precedentes. 1. Nos termos do Enunciado 165, da III Jornada de Direito Civil do Conselho de Justiça Federal, a previsão de redução equitativa, contida no artigo 413, do Código Civil, também se aplica ao sinal, sejam as arras confirmatórias ou penitenciais. 2. O direito de recebimento de indenização a título de aluguel do promissário comprador que, mesmo dando causa à rescisão, permanece na posse do imóvel, decorre da privação do promitente vendedor do uso do imóvel, à luz do disposto nos artigos 402, que trata das perdas e danos, 419, que trata da indenização suplementar às arras confirmatórias, além dos artigos 884 e 885 , que versam sobre o princípio da vedação ao enriquecimento sem causa, todos do Código Civil . 3. Nesse contexto, o encargo locatício mostra-se devido durante todo o período de ocupação, ainda que não haja pedido expresso na petição inicial, visto que é consectário lógico do retorno ao status quo ante pretendido com a ação de rescisão de promessa de compra e venda, sob pena de premiar os inadimplentes com moradia graciosa e estimular a protelação do final do processo. 4. Agravo interno provido para dar provimento ao recurso especial. STJ – Agravo interno no recurso especial AgInt no REsp 1167766 ES 2009/0230133-1 (STJ) Data de publicação: 01.02.2018. GR

Gabarito "E"

(Defensor Público/AC – 2017 – CESPE) Entre outros aspectos, é motivo capaz de ensejar revisão ou rescisão contratual, com base na teoria da imprevisão,

(A) o dolo do contratante que obtém vantagem excessivamente onerosa.

(B) a onerosidade do contrato de natureza continuada ou diferida.

(C) a dificuldade financeira do devedor, proveniente de desempregado involuntário.

(D) o fato de o contrato ser de execução instantânea.

(E) a previsibilidade de acontecimentos futuros.

A: incorreta, pois o dolo é causa de anulabilidade do negócio jurídico (art. 178, II, CC); **B:** correta, pois apenas em contratos de execução continuada ou diferida é possível pedir sua resolução ou revisão contratual por onerosidade excessiva (art. 478 CC); **C:** incorreta, pois este motivo não está previsto em lei. O motivo legal é a prestação de uma das partes ter se tornado excessivamente onerosa, com extrema vantagem para a outra, em virtude de acontecimentos extraordinários e imprevisíveis (art. 478 CC); **D:** incorreta, pois o contrato deve ser de execução diferida ou continuada (art. 478 CC); **E:** incorreta, pois os acontecimentos devem ser extraordinários e imprevisíveis (art. 478 CC). GR

Gabarito "B"

(Defensor Público – DPE/RN – 2016 – CESPE) No tocante à extinção dos contratos, assinale a opção correta.

(A) Nos contratos bilaterais, o credor pode exigir a realização da obrigação pela outra parte, ainda que não cumpra a integralidade da prestação que lhe caiba.

(B) A extinção do contrato decorrente de cláusula resolutiva expressa configura exercício do direito potestativo de uma das partes do contrato de impor à outra sua extinção e depende de interpelação judicial.

(C) Situação hipotética: Joaquim, mediante contrato firmado, prestava serviços de contabilidade à empresa de Joana. Joaquim e Joana decidiram encerrar, consensualmente, o pactuado e dar fim à relação contratual. Assertiva: Nessa situação, configurou-se a resilição do contrato por meio de denúncia de uma das partes.

(D) A cláusula resolutiva tácita é causa de extinção contemporânea à celebração ou formação do contrato, e a presença do vício torna o contrato nulo.

(E) A resolução do contrato por onerosidade excessiva não se aplica aos contratos de execução instantânea, pois ocorre quando, no momento da efetivação da prestação, esta se torna demasiadamente onerosa para uma das partes, em virtude de acontecimentos extraordinários e imprevisíveis.

A: incorreta, pois a assertiva viola a milenar regra da *exceptio non adimpleti contractus*, atualmente estabelecida no art. 476 do Código Civil: "*Nos contratos bilaterais, nenhum dos contratantes, antes de cumprida a sua obrigação, pode exigir o implemento da do outro*"; **B:** incorreta, pois apenas a cláusula resolutiva tácita depende de interpelação judicial. A cláusula resolutiva expressa não depende (CC, art. 474); **C:** incorreta, pois nesse caso configurou-se o distrato, que é a resolução bilateral do contrato. Nessa hipótese, as duas partes estabelecem o fim da relação contratual; **D:** incorreta, pois a cláusula resolutiva tácita só irá atuar caso uma das partes não cumpra sua obrigação contratual, ou seja, é posterior à formação do contrato (CC, art. 474); **E:** correta, pois a resolução do contrato por onerosidade excessiva é típica de contratos de execução continuada. A ideia é que o contrato – com o tempo – tornou-se excessivamente oneroso para uma das partes (CC, art. 478).

Gabarito "E".

(Cartório/DF – 2014 – CESPE) Acerca da extinção dos contratos, assinale a opção correta.

(A) Em se tratando de contrato de execução continuada, as prestações efetivadas na relação de consumo não são restituídas, porquanto a resolução não tem efeito relativamente ao passado.

(B) Em regra, a morte de um dos contratantes acarreta a dissolução do contrato por inexecução involuntária, sob o fundamento de caso fortuito e forca maior.

(C) Admite-se a inscrição, nas apólices de seguro, de cláusulas de rescisão unilateral e de exclusão de sua eficácia, por conveniência da seguradora, com fundamento em fato superveniente.

(D) Nos contratos solenes, é possível a previsão de cláusulas de arrependimento, mediante ressarcimento dos prejuízos consistente na guarda das arras recebidas e perdas e danos.

(E) A resolução por inexecução voluntária implica a extinção retroativa do contrato, opera ex tunc caso este seja de execução única, desconstitui os efeitos jurídicos produzidos e determina a restituição das prestações cumpridas.

A: incorreta, pois tal vedação à restituição de prestações não encontra amparo na lei (CDC, art. 53); **B:** incorreta, pois alguns contratos permanecem válidos e eficazes perante os sucessores (ex: arts. 10 e 11 da Lei 8.245/1991); **C:** incorreta, pois o direito de rescindir o contrato unilateralmente só se verifica se houver "incidente que agrave consideravelmente o risco coberto" (CC, art. 769); **D:** incorreta, pois se houver cláusula de arrependimento "as arras terão função unicamente indenizatória. Neste caso, quem as deu perdê-las-á em benefício da outra parte; e quem as recebeu devolvê-las-á, mais o equivalente", sem direito a perdas e danos complementares (CC, art. 420); **E:** correta, pois a assertiva reproduz os efeitos jurídicos decorrentes da inexecução voluntária de um contrato.

Gabarito "E".

(Magistratura/CE – 2012 – CESPE) Acerca do modo de extinção e quitação dos contratos, assinale a opção correta.

(A) Nos contratos de trato sucessivo, a resolução por inexecução voluntária produz efeitos *ex tunc*, extinguindo o que foi executado e obrigando as restituições recíprocas.

(B) O CDC prevê hipótese excepcional de arrependimento, na qual o consumidor pode desistir do contrato, unilateralmente, em sete dias, sempre que a contratação ocorrer fora do estabelecimento comercial.

(C) Em ação de resolução de contrato, a exceção de contrato não cumprido, por ser de natureza material, não pode ser alegada pelo réu em sua defesa.

(D) À luz do que dispõe o Código Civil, tanto o distrato quanto a quitação devem ser feitos pela mesma forma exigida para o contrato.

(E) A anulabilidade de um contrato advém de uma imperfeição da vontade; por essa razão, mesmo com o vício congênito e não decretada judicialmente, a avença é eficaz, podendo ser arguida por ambas as partes e reconhecida de ofício pelo juiz.

A: incorreta, pois nesses casos o efeito da extinção é *ex nunc*; **B:** correta, pois o art. 49 traz hipótese excepcional de extinção do contrato por mero arrependimento do consumidor, desde que a contratação ocorra fora do estabelecimento, como nos casos de compra pela internet; **C:** incorreta, pois é perfeitamente possível que o réu demonstre ao juiz que não cumpriu com sua parte no contrato, justamente porque houve descumprimento anterior da outra parte contratual; **D:** incorreta. O distrato realmente segue a forma do contrato principal (CC, art. 472), mas a quitação sempre pode ser dada por instrumento particular (CC, art. 320); **E:** incorreta, pois o juiz não pode reconhecer de ofício uma hipótese eivada de anulabilidade (CC, art. 177).

Gabarito "B".

(Defensor Público/AC – 2012 – CESPE) José, agricultor, firmou contrato de fornecimento de safra futura de soja com uma sociedade empresária do ramo. No contrato, ficou estabelecida variação do preço do produto com base no dólar. Em virtude do cenário internacional, houve uma exagerada elevação no preço da soja, justificada pela baixa produtividade das safras norte-americana e brasileira, motivada, entre outros fatores, pela ferrugem asiática e pela alta do dólar. Assim, José ajuizou ação buscando resolução contratual.

Considerando a situação hipotética acima apresentada e sabendo que a soja é um produto comercializado na bolsa de valores, que a ferrugem asiática é uma doença que atinge as lavouras de soja do Brasil desde 2001 e que, segundo estudos da EMBRAPA, não há previsão da erradicação dessa doença, embora seja possível seu controle pelo agricultor, assinale a opção correta à luz da teoria da imprevisão e da onerosidade excessiva.

(A) A resolução por onerosidade excessiva assemelha-se à rescisão lesionária, na qual a onerosidade excessiva surge após a formação do contrato. Contudo, distingue-se da resolução por lesão superveniente, contemplada no CDC, já que esta última dispensa a imprevisibilidade e o caráter extraordinário dos fatos supervenientes que afetam o equilíbrio contratual.

(B) Na situação hipotética em questão, as variações de preço respaldam a resolução contratual com base na teoria da imprevisão, já que as circunstâncias que envolveram a formação do contrato de execução diferida não eram as mesmas do momento da execução da obrigação, o que tornou o contrato extremamente oneroso para uma parte em benefício da outra.

(C) A resolução contratual pela onerosidade excessiva reclama superveniência de evento extraordinário, impossível às partes antever, não sendo suficientes alterações que se inserem nos riscos ordinários do negócio. Contudo, no caso hipotético descrito, as alterações que ensejaram o prejuízo alegado pelo agricultor resultaram de um fato extraordinário e impossível de ser previsto pelas partes, o que, nos termos da jurisprudência do STJ, autoriza a resolução contratual pela onerosidade excessiva.

(D) Na situação hipotética em apreço, as prestações efetuadas antes do ingresso em juízo não podem ser revistas, mesmo comprovada a alteração no quadro econômico, porque o pagamento espontâneo do devedor produziu seus normais efeitos. O mesmo não se aplica, porém, às prestações pagas no curso do processo, visto que, conforme ditame legal, a sentença produzirá efeitos retroativos à data de citação.

(E) O instituto da onerosidade excessiva é de aplicação restrita a contratos bilaterais, já que nos unilaterais não se pode falar em desequilíbrio de prestações correspectivas.

A: incorreta. Na resolução por onerosidade excessiva (arts. 317 e 478) o desequilíbrio contratual ocorre após a formação do contrato e durante a sua execução. Na lesão (art. 157 do CC) o desequilíbrio contratual é verificado no momento da formação do contrato, não dependendo de qualquer evento futuro para sua concretização; **B:** incorreta, segundo a jurisprudência do STJ a "ferrugem asiática" na lavoura não é fato extraordinário e imprevisível, visto que, embora reduza a produtividade, é doença que atinge as plantações de soja no Brasil desde 2001, não havendo perspectiva de erradicação a médio prazo, mas sendo possível o seu controle pelo agricultor" (REsp 945.166/GO, Rel. Min. Luis Felipe Salomão, julgado em 28.02.2012, Informativo 492); **C:** incorreta, a jurisprudência do STJ não reconhece a ferrugem asiática como fato extraordinário e imprevisível como visto acima; **D:** correta. Os efeitos da sentença retroagirão à data da citação (art. 478 do CC), não alcançando, portanto, os valores pagos antes desta; **E:** incorreta. Nos contratos em que as obrigações couberem a apenas uma das partes, esta poderá pleitear que a parcela seja reduzida ou que o modo de executá-la seja alterado para que seja evitada a onerosidade excessiva (art. 480 do CC).

Gabarito "D"

(Advogado da União/AGU – CESPE – 2012) Com base nas regras relativas à extinção e à resolução dos contratos, julgue os itens subsequentes.

(1) De acordo com o STJ, contratada a venda de safra para entrega futura com preço certo, a incidência de pragas na lavoura não dará causa à resolução por onerosidade excessiva, ficando o contratante obrigado ao cumprimento da avença.

(2) Se determinado empregado de um condomínio de edifícios causar dano a uma unidade habitacional, será lícito ao condômino proprietário da unidade danificada, conforme entendimento do STJ, deixar de pagar cotas condominiais na hipótese de o condomínio não cumprir a obrigação de reparar os danos, visto que, nesse caso, terá ocorrido exceção de contrato não cumprido.

1: correta, pois está de acordo como entendimento do STJ, a saber: *ONEROSIDADE EXCESSIVA. CONTRATO DE SAFRA FUTURA DE SOJA. FERRUGEM ASIÁTICA. Reiterando seu entendimento, a Turma decidiu que, nos contratos de compra e venda futura de soja, as variações de preço, por si só, não motivam a resolução contratual com base na teoria da imprevisão. Ocorre que, para a aplicação dessa teoria, é imprescindível que as circunstâncias que envolveram a formação do contrato de execução diferida não sejam as mesmas no momento da execução da obrigação, tornando o contrato extremamente oneroso para uma parte em benefício da outra. E, ainda, que as alterações que ensejaram o referido prejuízo resultem de um fato extraordinário e impossível de ser previsto pelas partes. No caso, o agricultor argumenta ter havido uma exagerada elevação no preço da soja, justificada pela baixa produtividade da safra americana e da brasileira, motivada, entre outros fatores, pela ferrugem asiática e pela alta do dólar. Porém, as oscilações no preço da soja são previsíveis no momento da assinatura do contrato, visto que se trata de produto de produção comercializado na bolsa de valores e sujeito às demandas de compra e venda internacional. A ferrugem asiática também é previsível, pois é uma doença que atinge as lavouras do Brasil desde 2001 e, conforme estudos da Embrapa, não há previsão de sua erradicação, mas é possível seu controle pelo agricultor. Sendo assim, os imprevistos alegados são inerentes ao negócio firmado, bem como o risco assumido pelo agricultor que também é beneficiado nesses contratos, pois fica resguardado da queda de preço e fica garantido um lucro razoável. Precedentes citados: REsp 910.537-GO, DJe 7/6/2010; REsp 977.007-GO, DJe 2/12/2009; REsp 858.785-GO, DJe 3/8/2010; REsp 849.228-GO, DJe 12/8/2010; AgRg no REsp 775.124-GO, DJe 18/6/2010, e AgRg no REsp 884.066-GO, DJ 18/12/2007*". **REsp 945.166-GO, Rel. Min. Luis Felipe Salomão, julgado em 28/2/2012. 4ª Turma**; **2:** incorreta, pois de acordo com o entendimento do STJ, não é possível invocar a exceção do contrato não cumprido para se escusar do pagamento das taxas condominiais. "CONDOMÍNIO. DESPESAS CONDOMINIAIS. RECUSA DO CONDÔMINO DE PAGÁ-LAS, SOB A ALEGAÇÃO DE QUE O CONDOMÍNIO NÃO CUMPRIU A OBRIGAÇÃO DE REPARAR OS DANOS HAVIDOS EM SUA UNIDADE HABITACIONAL. EXCEPTIO NON ADIMPLETI CONTRACTUS. INADMISSIBILIDADE DA ARGUIÇÃO. ART. 1.092 DO CÓDIGO CIVIL DE 1916. – Não ostentando a Convenção de Condomínio natureza puramente contratual, inadmissível é ao condômino invocar a exceção de contrato não cumprido para escusar-se ao pagamento das cotas condominiais. Recurso especial não conhecido". (REsp 195450/SP, Rel. Min. Barros Monteiro, DJ 04/10/2004).

Gabarito 1C, 2E

Espécies de extinção dos contratos.

1) Execução. Esta é forma normal de extinção dos contratos. Na compra e venda a execução se dá com a entrega da coisa (pelo vendedor) e com o pagamento do preço (pelo comprador).

2) Invalidação. O contrato anulável produz seus efeitos enquanto não anulado pelo Poder Judiciário. Uma vez anulado (decisão constitutiva), o contrato fica extinto com efeitos *ex nunc*. Já o contrato nulo recebe do Direito uma sanção muito forte, sanção que o priva da produção de efeitos desde o seu início. A parte interessada ingressa com ação pedindo uma decisão declaratória, decisão que deixa claro que o contrato nunca pode produzir efeitos, daí porque essa decisão tem efeitos *ex tunc*. Se as partes acabaram cumprindo "obrigações", o juiz as retornará ao estado anterior.

3) Resolução. Há três hipóteses de extinção do contrato pela resolução, a saber:

3.1) Por inexecução culposa: *é aquela que decorre de culpa do contratante*. Há dois casos a considerar:

(A) se houver cláusula resolutiva expressa (pacto comissório), ou seja, previsão no próprio contrato de que a inexecução deste gerará sua extinção, a resolução opera de pleno direito, ficando o contrato extinto; o credor que ingressar com ação judicial entrará apenas com uma ação declaratória, fazendo com que a sentença tenha efeitos *ex tunc*. A lei protege o devedor em alguns contratos, estabelecendo que, mesmo existindo essa cláusula, ele tem o direito de ser notificado para purgar a mora (fazer o pagamento atrasado) no prazo estabelecido na lei.

(B) se não houver cláusula resolutiva expressa, a lei estabelece a chamada **"cláusula resolutiva tácita"**, disposição que está implícita em todo contrato, e que estabelece que o seu descumprimento permite que a outra parte possa pedir a resolução do contrato. Neste caso a resolução dependerá de interpelação judicial para produzir efeitos, ou seja, ela não ocorre de pleno direito. Repare que não basta mera interpelação extrajudicial. Os efeitos da sentença judicial serão *ex nunc*.

É importante ressaltar que a parte lesada pelo inadimplemento (item *a* ou *b*) tem duas opções (art. 474, CC): a) pedir a resolução do contrato; ou b) exigir o cumprimento do contrato. Em qualquer dos casos, por se tratar de inexecução culposa, caberá pedido de indenização por perdas e danos. Se houver cláusula penal, esta incidirá independentemente de prova de prejuízo (art. 416, CC). Todavia, uma indenização suplementar dependerá de convenção no sentido de que as perdas e os danos não compreendidos na cláusula penal também serão devidos.

3.2) Por inexecução involuntária: *é aquela que decorre da impossibilidade da prestação*. Pode decorrer de caso fortuito ou força maior, que são aqueles fatos necessários, cujos efeitos não se consegue evitar ou impedir. Esta forma de inexecução exonera o devedor de responsabilidade (art. 393, CC), salvo se este expressamente assumiu o risco (art. 393, CC) ou se estiver em mora (art. 399, CC).

3.3) Por onerosidade excessiva. Conforme vimos, no caso de onerosidade excessiva causada por fato extraordinário e imprevisível, cabe revisão contratual. Não sendo esta possível, a solução deve ser pela resolução do contrato, sem ônus para as partes. A resolução por onerosidade excessiva está prevista no art. 478 do CC.

4) Resilição.

4.1) Conceito: *é a extinção dos contratos pela vontade de um ou de ambos contratantes*. A palavra-chave é *vontade*.

Enquanto a resolução é a extinção por inexecução contratual ou onerosidade excessiva, a resilição é a extinção pela vontade de uma ou de ambas as partes.

4.2) Espécies:

(A) bilateral, *que é o acordo de vontades para pôr fim ao contrato* (**distrato**). A forma para o distrato é a mesma que a lei exige para o contrato. Por exemplo, o distrato de uma compra e venda de imóvel deve ser por escritura, pois esta é a forma que a lei exige para o contrato. Já o distrato de um contrato de locação escrito pode ser verbal, pois a lei não exige documento escrito para a celebração de um contrato de locação. É claro que não é recomendável fazer um distrato verbal no caso, mas a lei permite esse procedimento.

(B) unilateral, *que é a extinção pela vontade de uma das partes* (**denúncia**). Essa espécie de resilição só existe por exceção, pois o contrato faz lei entre as partes. Só é possível a denúncia unilateral do contrato quando: i) houver previsão contratual ou ii) a lei expressa ou implicitamente autorizar. Exemplos: em contratos de execução continuada com prazo indeterminado, no mandato, no comodato e no depósito (os três últimos são contratos feitos na base da confiança), no arrependimento de compra feita fora do estabelecimento comercial (art. 49, CDC) e nas denúncias previstas na Lei de Locações (arts. 46 e 47 da Lei 8.245/91). A lei exige uma formalidade ao denunciante. Este deverá notificar a outra parte, o que poderá ser feito extrajudicialmente. O efeito da denúncia é *ex tunc*. Há uma novidade no atual CC, que é o "aviso prévio legal". Esse instituto incide quando alguém denuncia um contrato prejudicando uma parte que fizera investimentos consideráveis. Neste caso, a lei dispõe que a denúncia unilateral só produzirá efeitos após um prazo compatível com a amortização dos investimentos (art. 473, parágrafo único).

5) Morte. Nos contratos impessoais, a morte de uma das partes não extingue o contrato. Os herdeiros deverão cumpri-lo segundo as forças da herança. Já num contrato personalíssimo (contratação de um advogado, contratação de um cantor), a morte da pessoa contratada extingue o contrato.

6) Rescisão. A maior parte da doutrina encara a rescisão como gênero, que tem como espécies a resolução, a resilição, a redibição etc.

4.7. COMPRA E VENDA E TROCA

(Procurador do Estado/SE – 2017 – CESPE) O direito que o vendedor de um imóvel guarda de reavê-lo, no prazo máximo previsto no Código Civil, restituindo ao comprador o valor recebido e reembolsando-lhe as despesas – entre elas, as que se efetuaram mediante autorização escrita do proprietário bem como aquelas destinadas à realização de benfeitorias necessárias –, constitui a

(A) venda a contento.
(B) resolução potestativa.
(C) retrovenda.
(D) preempção.
(E) reserva de domínio.

A letra correta é a C, conforme art. 505 do CC. GR

Gabarito "C".

(Cartório/ES – 2013 – CESPE) José outorgou a João uma escritura de compra e venda de imóvel e, dias depois, outorgou outra escritura referente ao mesmo imóvel a Maria, que, imediatamente, registrou a sua escritura, antes de João tomar uma iniciativa nesse sentido. Considerando essa situação hipotética, assinale a opção correta.

(A) O registro efetivado em favor de Maria é nulo e não produz efeitos entre as partes nem perante terceiros.
(B) João só terá direito a ressarcimento por perdas e danos, consolidando-se a propriedade de Maria.
(C) O tabelião do cartório de registro de imóveis poderá, de ofício, anular o registro efetivado por Maria, caso tome conhecimento da escritura outorgada anteriormente a João.
(D) João poderá pedir judicialmente a anulação do registro do imóvel efetuado por Maria, independentemente de demonstrada a má-fé dessa adquirente.
(E) João poderá valer-se de medidas judiciais possessórias para resguardar o seu direito real sobre o imóvel.

A questão envolve, de uma só vez, duas regras fundamentais do Direito Civil brasileiro. A primeira delas diz respeito ao momento no qual uma pessoa torna-se proprietária do bem imóvel. Em nosso sistema, o contrato de compra e venda não transfere a propriedade, apenas obriga o vendedor a transferir. O ato que transfere efetivamente a propriedade de bem imóvel é o registro perante o Cartório de Registro de Imóveis (CC, art. 1.227). A segunda questão é, a rigor, um verdadeiro princípio do Direito Civil brasileiro, que é a proteção ao terceiro de boa-fé. Em igualdade de condições, este terceiro que ignora o vício de determinado ato jurídico não perde nenhum embate jurídico (um dos maiores exemplos disso é o art. 686). No caso descrito nesta questão, Maria é a terceira de boa-fé, que comprou o bem, pagou por ele e agora não irá perdê-lo. A única forma segura de Maria saber que havia algum problema jurídico com sua compra seria o registro de João perante o Cartório de Registro de Imóveis, o que não ocorreu. A única solução que João terá é pedir indenização por perdas e danos em face de José, que vendeu o bem duas vezes.

Gabarito "B".

(Magistratura/PB – 2011 – CESPE) A respeito das disposições aplicáveis a contratos de compra e venda, assinale a opção correta.

(A) Na venda com reserva de domínio, o Código Civil estabelece que o vendedor somente pode executar a referida cláusula após a constituição do comprador em mora, mediante protesto de título ou interpelação judicial ou extrajudicial.
(B) O direito de retrato não é suscetível de cessão por ato *inter vivos*, mas é cessível e transmissível por ato *causa mortis*, podendo os herdeiros e legatários exercê-lo somente no prazo decadencial de três anos, contado da conclusão da compra e venda.
(C) Nesse tipo de contrato, a fixação do preço pode ser deixada ao arbítrio de terceiro designado pelos contratantes ou de uma das partes.
(D) Na venda *ad corpus*, não havendo correspondência entre a área efetivamente encontrada e as dimensões constantes do documento, o comprador lesado poderá exigir o implemento da área ou abatimento no preço.
(E) Denomina-se venda a contento a cláusula que sujeita o contrato a condição suspensiva, produzindo efeitos somente após o comprador se assegurar de que a coisa realmente possui as qualidades garantidas pelo vendedor.

A: incorreta, pois a constituição em mora só pode se dar por protesto do título ou por interpelação judicial, não podendo se dar por interpelação extrajudicial (art. 525 do CC); **B:** correta (arts. 507 e 505 do CC, respectivamente); **C:** incorreta, pois a fixação do preço pode ser deixada a arbítrio de terceiro, desde que este seja escolhido por ambas as partes (art. 485 do CC); **D:** incorreta, pois, nesse caso, não haverá complemento de área, nem devolução de excesso (art. 500, § 3º, do CC); **E:** incorreta, pois essa é a definição de *venda sujeita à prova* (art. 510 do CC); na venda a contento também existe uma condição suspensiva, que é o adquirente manifestar o seu agrado (o seu contento) com a coisa (art. 509 do CC); um exemplo é quando alguém pede um vinho num restaurante e o garçom serve um pouco do vinho para ver se está do agrado de quem pediu; se estiver, a venda, que estava sob a condição suspensiva do agrado (ou contento), passa a produzir efeitos.

Gabarito "B".

(Magistratura/PI – 2011 – CESPE) Joana adquiriu lote para pagar em vinte e quatro prestações mensais. Após o pagamento da quinta parcela, descobriu que o loteamento não estava registrado.

Considerando essa situação hipotética, assinale a opção correta.

(A) Não será lícita a suspensão do pagamento das prestações restantes sem ordem judicial.

(B) A lei veda que a prefeitura regularize o loteamento, mas determina que notifique o loteador para fazê-lo.
(C) A prefeitura deve promover a desapropriação da área para evitar lesão ao padrão de desenvolvimento urbano.
(D) Vendida mais da metade dos lotes, a prefeitura poderá afastar o requisito de área mínima para a regularização do loteamento.
(E) Deverá ser considerada nula, no caso, cláusula de rescisão de contrato por inadimplemento do adquirente.

A: incorreta, pois "*verificado que o loteamento ou desmembramento não se acha registrado, deverá o adquirente do lote suspender o pagamento das prestações restantes e notificar o loteador para suprir a falta*" (Lei n.º 6.766/79, art. 38); **B:** incorreta, pois o Município pode exigir tal registro (Lei n.º 6.766/79, art. 22 parágrafo único); **C** e **D:** incorretas por ausência de previsão legal nesse sentido; **E:** correta, pois tal previsão encontra respaldo no art. 39 da referida Lei, nos seguintes termos. "*Será nula de pleno direito a cláusula de rescisão de contrato por inadimplemento do adquirente, quando o loteamento não estiver regularmente inscrito*".

Gabarito "E".

(Analista – STM – 2011 – CESPE) Julgue o seguinte item.

(1) O contrato de promessa de compra e venda tem caráter preliminar, não obrigando as partes à transferência, salvo após a quitação integral do preço.

1: correta, pois a promessa de compra e venda só se concretizará numa compra e venda definitiva no momento em que o compromissário comprador pagar o preço, ocasião em que terá direito à outorga de escritura definitiva (art. 1.418 do CC).

Gabarito 1C

O pacto de retrovenda é uma das modalidades de compra e venda mercantis previstas no Código Civil e tem como principal característica a reserva ao vendedor do direito de, em determinado prazo, recobrar o imóvel que tenha vendido.

(Juiz de Direito - TJ/BA - 2019 - CESPE/CEBRASPE) A respeito dessa modalidade contratual, a legislação vigente dispõe que

(A) não existe a possibilidade de cessão do direito de retrovenda.
(B) a cláusula somente será válida, sendo dois ou mais os beneficiários da retrovenda, se todos exercerem conjuntamente o pedido de retrato.
(C) somente as benfeitorias necessárias serão restituídas, além do valor integral recebido pela venda.
(D) o vendedor, em caso de recusa do comprador em receber a quantia a que faz jus, depositará o valor judicialmente para exercer o direito de resgate.
(E) o prazo máximo para o exercício do direito da retrovenda é de cinco anos.

A: incorreta, pois o direito de retrovenda é cessível e transmissível a herdeiros e legatários (art. 507 CC); **B:** incorreta, pois é possível que só um exerça o direito de retrato. Neste caso poderá o comprador intimar as outras partes para entrarem num acordo, prevalecendo o pacto em favor de quem haja efetuado o depósito, contanto que seja integral (art. 508 CC); **C:** incorreta, pois também serão restituídas as despesas que se efetuarem com autorização escrita do vendedor (art. 505 CC); **D:** correta, nos termos do art. 506 *caput* CC; **E:** incorreta, pois o prazo máximo é de 3 anos (art. 505 CC). GR

Gabarito "D".

4.8. DOAÇÃO

(Defensor Público/AL – 2017 – CESPE) Isabel doou uma casa no valor de R$ 100.000 às suas sobrinhas Ana, de quatorze anos de idade, e Clara, de oito anos de idade, filhas de sua irmã Juliana.

Nessa situação hipotética,

(A) a doação importa em adiantamento ao que lhes cabe na herança.
(B) Isabel poderá estipular que o imóvel seja revertido ao patrimônio de Juliana, caso Ana e Clara faleçam antes dela.
(C) Isabel não poderá estipular que a doação seja distribuída de forma desigual entre Ana e Clara sem o aval de Juliana.
(D) a aceitação do imóvel por parte de Ana e Clara ou de Juliana é dispensada.
(E) a doação verbal é considerada válida.

A: incorreta, pois as sobrinhas não são herdeiras necessárias, logo não há que se falar em adiantamento de herança. O adiantamento apenas ocorre na doação de ascendentes a descendentes, ou de um cônjuge a outro (art. 544 CC); **B:** incorreta, pois nos termos do art. 547 CC, o doador pode estipular que os bens doados voltem ao seu patrimônio, se sobreviver ao donatário. Não prevalece cláusula de reversão em favor de terceiro. Logo, os bens podem voltar ao patrimônio de Isabel, mas não podem ir para Juliana; **C:** incorreta, pois havendo declaração expressa da doadora de que a doação será desigual, Juliana não poderá se opor a esta proporção (art. 551, "caput", CC); **D:** correta, pois se trata de doação pura e as partes são absolutamente incapazes (art. 543 CC); **E:** incorreta, pois a doação verbal só é considerada válida se, versando sobre bens móveis e de pequeno valor, se lhe seguir incontinenti a tradição (art. 541, parágrafo único, CC). No caso em tela o objeto da doação é bem imóvel. GR

Gabarito "D".

(Magistratura/PA – 2012 – CESPE) Ricardo, casado com Carla, pretende proceder à doação pura e simples de bem imóvel de sua propriedade a seu único filho, Rafael, de quatorze anos de idade.

Acerca dessa situação hipotética, assinale a opção correta.

(A) A doação só será válida sem a outorga uxória se o regime de casamento for o da separação de bens.
(B) Mesmo que Ricardo não demonstre os motivos da revogação, a doação poderá ser revogada antes de Rafael completar dezoito anos de idade.
(C) Se Rafael já tiver filhos quando falecer, o bem não poderá retornar ao patrimônio de Ricardo.
(D) O nascimento de outro filho do casal não tornará a doação ineficaz.
(E) Aplica-se ao caso a aceitação tácita do donatário para aperfeiçoamento da doação.

A: incorreta, pois no regime da participação final de aquestos também pode haver previsão expressa de dispensa dos cônjuges da vênia conjugal (CC, art. 1.656); **B:** incorreta, pois a revogação da doação é hipótese excepcional e só cabível nas situações expressamente designadas na lei (CC, arts. 555 e seguintes); **C:** incorreta, pois o bem poderá retornar ao patrimônio do doador na hipótese de haver cláusula de reversão, pela qual se estipula que o bem doado retornará ao patrimônio do doador na hipótese deste sobreviver ao donatário (CC, art. 547), tratando-se de típica cláusula resolutiva expressa, cujo evento futuro e incerto é o pré-falecimento do donatário; **D:** correta, pois seria absurdo imaginar que o nascimento posterior de um filho possa ser causa de invalidade ou mesmo ineficácia de doações anteriores. Tal hipótese geraria enorme insegurança jurídica no sistema e não encontra previsão legal; **E:** incorreta, pois não se trata de aceitação tácita, mas de dispensa de aceitação (CC, art. 543).

Gabarito "D".

(Magistratura/PI – 2011 – CESPE) Assinale a opção correta no que se refere a doação e seus efeitos.

(A) Com o advento do Código Civil de 2002, a promessa de doação que seja ato de liberalidade passou a encerrar manifestação de vontade válida e, portanto, exigível na via judicial.
(B) A doação feita pelo pai a um dos filhos, sem a anuência dos demais descendentes, configura negócio jurídico anulável.
(C) Serão válidas as doações promovidas, na constância do casamento, por cônjuges que contraírem matrimônio pelo regime da separação legal de bens em razão da idade superior à prevista na lei civil.
(D) Não configura fraude à execução, por falta do elemento subjetivo da má-fé, a doação de imóvel penhorado aos filhos menores dos executados que os reduza à insolvência, mesmo que a penhora não seja registrada.

(E) São nulas as doações feitas por homem casado à sua companheira, após a separação de fato de sua esposa.

A: incorreta, pois parte da doutrina entende que a exigibilidade forçada na via judicial retiraria o caráter de liberalidade do contrato; **B:** incorreta, pois apenas a venda a um dos filhos sem anuência dos demais é viciada e mesmo assim gerando apenas a anulabilidade (CC, art. 496); **C:** correta, pois o Código não proíbe a doação entre cônjuges. Ao contrário, a prevê no art. 544; **D:** incorreta, pois a má-fé nesse caso é presumida. Ademais, até mesmo na fraude contra credores a hipótese de ato de liberalidade dispensa a má-fé (CC, art. 158); **E:** incorreta, pois a nulidade envolveria apenas a doação à concubina, que não se confunde com a companheira da união estável (CC, art. 1.727).

Gabarito "C".

4.9. MÚTUO, COMODATO E DEPÓSITO

(Analista – STM – 2011 – CESPE) Julgue o seguinte item.

(1) No contrato de empréstimo, na modalidade de comodato, os riscos de deterioração ou destruição da coisa objeto do contrato correm por conta do comodatário, desde o momento do registro.

1: incorreta, pois o comodato é um contrato real, ou seja, um contrato que só passa a existir com a tradição do objeto (art. 579 do CC); assim, o comodatário passa a responder a partir do momento da tradição, e não do momento do registro do contrato.

Gabarito 1E

4.10. EMPREITADA

(Magistratura Federal/5ª Região – 2009 – CESPE) Carlos, de posse de projeto elaborado por uma arquiteta e por ele aprovado, celebrou contrato de empreitada mista com uma construtora para a realização de reforma em imóvel seu, não tendo sido estipulada cláusula de reajuste de preço. Com base nessa situação hipotética, assinale a opção correta.

(A) Como é usual nos contratos de empreitada mista, a responsabilidade da construtora abrangerá o fornecimento de mão de obra e de materiais, ficando a direção da obra sob a responsabilidade de Carlos.

(B) Ainda que a construtora comprove aumento do custo do material e dos salários dos empregados, não lhe cabe o direito a qualquer acréscimo no preço acertado com Carlos.

(C) Em face da natureza do contrato celebrado, a construtora é responsável por eventuais danos causados a terceiros em decorrência da reforma do imóvel, ficando Carlos isento de qualquer responsabilidade.

(D) Havendo modificações no projeto original, somente poderá a construtora exigir acréscimo no preço contratado se tais modificações forem autorizadas por instruções escritas do dono da obra, não cabendo a alegação de conhecimento tácito deste.

(E) Em regra, Carlos poderá introduzir as modificações que entender convenientes no projeto original, desde que as autorize por escrito.

A: incorreta, pois, na empreitada mista, em que o empreiteiro fornece material e mão de obra, a direção da obra compete a este; **B:** correta, tendo em vista a não estipulação de reajuste de preço; de qualquer maneira, caso se configure o disposto no art. 478 do CC, cabe pedido de revisão contratual; **C:** incorreta, pois Carlos, como dono da obra, também é responsável; **D:** incorreta, pois o consentimento tácito está previsto no parágrafo único do art. 619 do CC; **E:** incorreta, pois Carlos deverá obter autorização do autor do projeto (art. 621 do CC).

Gabarito "B".

4.11. LOCAÇÃO

(Defensor Público/PE – 2018 – CESPE) Com base na jurisprudência do STJ, assinale a opção correta, a respeito de locação de imóveis urbanos.

(A) É impenhorável o bem de família pertencente a fiador em contrato de locação.

(B) Em contrato de locação, as benfeitorias voluptuárias não são passíveis de indenização; finda a locação, essas benfeitorias podem ser levantadas pelo locatário, desde que a sua retirada não afete a estrutura nem a substância do imóvel.

(C) Nos contratos de locação, a inclusão de cláusulas de renúncia à indenização das benfeitorias e de direito de retenção é ilegal.

(D) Benfeitorias necessárias serão indenizáveis apenas se autorizadas pelo locador.

(E) Se o locatário estiver em situação de vulnerabilidade, aplica-se o CDC ao contrato de locação.

A: incorreta, pois nos termos da Súmula 549 do STJ: "É válida a penhora de bem de família pertencente a fiador de contrato de locação." (REsp 1.363.368). Logo, se a fiança for em contrato de locação, o único bem imóvel do fiador ainda que bem de família, pode ser penhorado; **B:** correta (art. 36 da Lei 8.245/1991); **C:** incorreta, pois o art. 35, primeira parte, da Lei 8.245/1991 permite expressamente que haja disposição de renúncia à indenização e ao direito de retenção; **D:** incorreta, pois as benfeitorias necessárias serão indenizáveis, ainda que feitas sem autorização do locador (art. 35 da Lei 8.245/1991); **E:** incorreta, pois o Superior Tribunal de Justiça entende que não se aplicam aos contratos de locação as normas do Código de Defesa do Consumidor, pois tais contratos não possuem os traços característicos da relação de consumo, previstos nos artigos **2º** e **3º** do CDC, e além disso, já são regulados por lei própria, a Lei 8.245/1991 (AgInt no REsp 1285546/RJ, Rel. Ministro Lázaro Guimarães (Desembargador Convocado do TRF 5ª Região), Quarta Turma, julgado em 20.03.2018, DJe 27.03.2018). GR

Gabarito "B".

(Juiz de Direito/DF – 2016 – CESPE) A respeito da locação dos imóveis urbanos da Lei n.º 8.245/1991, assinale a opção correta.

(A) Conforme entendimento consolidado do STJ, o prazo de prorrogação da ação renovatória é igual ao do contrato de locação, sem limitação de interregno máximo.

(B) É assente na jurisprudência do STJ que a cláusula de renúncia à indenização por benfeitorias viola a boa-fé objetiva e rende ensejo à nulidade.

(C) Nas locações comerciais, exige-se a anuência do locador no trespasse empreendido pelo locatário, conforme jurisprudência prevalente do STJ.

(D) Conforme entendimento do STF, a penhora de bem de família do fiador do contrato de locação viola o direito social à moradia.

(E) A responsabilidade dos fiadores, no caso de prorrogação da locação por tempo indeterminado, depende de previsão contratual estabelecendo a manutenção da garantia até a entrega das chaves.

A: incorreta, pois o STJ já firmou entendimento segundo o qual: "*O prazo máximo da renovação contratual será de 5 anos, ainda que a vigência da avença locatícia, considerada em sua totalidade, supere esse período*" (AgRg no AREsp 633.632/SP); **B:** incorreta, pois "*Nos contratos de locação, é válida a cláusula de renúncia à indenização das benfeitorias e ao direito de retenção*" (STJ, Súmula 335); **C:** correta, pois o STJ entende que a locação é um contrato de natureza pessoal, no qual importa a figura do inquilino. Assim sendo, o locador precisa anuir com o trespasse, tendo em vista que terá um novo inquilino (RESP 1202077/MS); **D:** incorreta, pois o plenário do STF entendeu que tal penhora é constitucional (Recurso Extraordinário 407.688-8/SP); **E:** incorreta, pois as garantias da locação se estendem "*até a efetiva devolução do imóvel, ainda que prorrogada a locação por prazo indeterminado*" (Lei 8.245/1991, art. 39). *Vide*, por todos, REsp 1.326.557.

Gabarito "C".

(Cartório/ES – 2013 – CESPE) Determinado imóvel urbano está alugado e o locador deseja vendê-lo antes do prazo final do contrato de locação. Nesse caso,

(A) a preferência do locatário sobrepõe-se à do condômino, nos casos em que houver condomínio no imóvel.

(B) o direito de preferência incidirá sobre a totalidade dos bens que sejam objeto da alienação, no caso de haver alienação de mais de uma unidade imobiliária.

(C) o locador não tem legitimidade para o registro do contrato de locação com cláusula de vigência, em caso de alienação.

(D) o locatário deverá exercer seu direito de preempção no prazo de sessenta dias.

(E) o locatário preterido no seu direito de preferência poderá reclamar do alienante perdas e danos, independentemente de o contrato de locação ter sido averbado no cartório de imóveis antes da alienação.

A: incorreta, pois "havendo condomínio no imóvel, a preferência do condômino terá prioridade sobre a do locatário" (Lei 8.245/1991, art. 34); **B:** correta, pois: "Em se tratando de alienação de mais de uma unidade imobiliária, o direito de preferência incidirá sobre a totalidade dos bens objeto da alienação" (Lei 8.245/1991, art. 31); **C:** incorreta, pois o locador apresenta referida legitimidade; **D:** incorreta, pois o prazo decadencial para a aceitação da proposta é de trinta dias (Lei 8.245/1991, art. 28); **E:** incorreta, pois o locatário terá direito de depositar o valor e pedir a adjudicação do imóvel para si, desde que o contrato de locação esteja averbado pelo menos trinta dias antes da alienação junto à matrícula do imóvel.

Gabarito "B"

(Magistratura/ES – 2011 – CESPE) Considerando a celebração de contrato de locação de imóvel comercial com o fim de o locatário nele apenas residir com a família, assinale a opção correta.

(A) Caso a locação tenha sido contratada oralmente, o locatário não poderá lançar mão do direito de inerência.
(B) Não caracteriza inadimplemento o fato de o locatário decidir, no curso do contrato, utilizar o imóvel para exercer o comércio.
(C) Embora o imóvel seja locado para fins de residência, o contrato é regido pelas regras da locação comercial.
(D) Para substituir as chaves e o segredo das portas, o locatário deverá pedir autorização ao locador.
(E) O locador não poderá dar o imóvel locado em dação em pagamento sem antes conceder ao locatário o direito de preferência.

A: incorreta, pois a lei n.º 8.245/91 não exige que o contrato seja escrito a fim de proporcionar o direito de preferência ao inquilino; **B:** incorreta, pois o art. 23, II, Lei n.º 8.245/91 estipula como obrigação do locatário servir-se do imóvel para o fim que foi convencionado; **C:** incorreta, pois o que rege a locação é a finalidade estipulada no contrato de locação; **D:** incorreta, pois não existe exigência legal de referida autorização; **E:** correta, pois a dação em pagamento equipara-se à venda do bem para fins da concessão de preferência ao inquilino (Lei n.º 8.245/91, art. 27).

Gabarito "E"

(Ministério Público/TO – 2012 – CESPE) A respeito da locação de imóveis urbanos, que obedece à Lei Geral dos Contratos e às regras específicas relacionadas à matéria, assinale a opção correta.

(A) A tutela em relação à locação urbana reconhece ao locador o direito de reaver o imóvel durante a vigência do contrato de locação.
(B) O direito de uso e o de gozo da coisa, assegurados pelo contrato de locação, autorizam ao locatário os atos de cessão, sublocação ou empréstimo, desde que por prazo determinado, independentemente de conhecimento prévio do locador.
(C) Com relação ao contrato de locação por temporada, destinado a atender necessidades transitórias, a lei permite o recebimento de aluguel antecipado, o estabelecimento de garantias locatícias, além da responsabilização do locatário sobre o imóvel alugado.
(D) No caso de contrato de locação de imóvel não residencial, dissolvida a sociedade locatária por morte de um dos sócios, não há previsão legal para o exercício do direito de renovação do contrato de locação do imóvel para os sócios restantes.
(E) São dois os elementos essenciais do contrato de locação: o consentimento das partes e a coisa, objeto do contrato.

A: incorreta, pois tal direito não é concedido ao locador, salvo nas hipóteses do art. 9º da Lei 8.245/91; **B:** incorreta, pois para tais atos o locatário precisaria da anuência do locador (Lei 8245/91, art. 13); **C:** correta, em virtude do art. 42 da Lei 8.245/91; **D:** incorreta, pois contrária aos termos do art. 51 § 3º, o qual disciplina que "*dissolvida a sociedade comercial por morte de um dos sócios, o sócio sobrevivente fica sub-rogado no direito a renovação, desde que continue no mesmo ramo*"; **E:** incorreta, pois o valor do aluguel também é elemento essencial do referido contrato.

Gabarito "C"

(Defensor Público/ES – 2012 – CESPE) Acerca da locação de imóveis urbanos, julgue os itens que se seguem.

(1) Se o indivíduo A adquirir do indivíduo B imóvel no qual, por força de contrato de locação, resida o indivíduo C, presumir-se-á a concordância de A com a locação, caso este não a denuncie no prazo de noventa dias.
(2) De acordo com a jurisprudência do STJ, caso uma pessoa se obrigue como principal pagador dos aluguéis de imóvel até a entrega das chaves, a prorrogação do contrato por prazo indeterminado acarretará a exoneração da fiança.

1: correta, pois de acordo com o art. 8º, § 2º, da Lei 8.245/1991, "a denúncia deverá ser exercitada no prazo de noventa dias contados do registro da venda ou do compromisso, presumindo-se, após esse prazo, a concordância na manutenção da locação"; **2:** incorreta, "a jurisprudência do STJ é firme no sentido de que, havendo cláusula contratual expressa, a responsabilidade do fiador, pelas obrigações contratuais decorrentes da prorrogação do contrato de locação, deve perdurar até a efetiva entrega das chaves do imóvel" (AgRg no AREsp 234.428/SP, Rel. Min. Ricardo Villas Bôas Cueva, julgado em 11.06.2013).

Gabarito 1C, 2E

4.12. PRESTAÇÃO DE SERVIÇO

(Advogado da União/AGU – CESPE – 2012) No que se refere a contrato de prestação de serviço, julgue o item que se segue.

(1) O objeto do contrato de prestação de serviço pode ser tanto uma atividade material quanto intelectual, sendo necessário, para que o contrato seja válido, o estabelecimento de determinação específica da natureza da atividade.

1: incorreta, pois não é necessário no contrato de prestação de serviço o estabelecimento de determinação específica da natureza da atividade (art. 601, do CC).

Gabarito 1E

4.13. MANDATO

(Juiz – TRF5 – 2017 – CESPE) Ronaldo recebeu de Flávia, por meio de instrumento público, poderes para, em nome dela, administrar uma loja de revenda de automóveis.

Considerando-se essa situação hipotética, assinale a opção correta.

(A) Caso atue fora dos poderes a ele conferidos, Ronaldo passará a ser considerado gestor de negócios.
(B) Ronaldo terá a obrigação de transferir a Flávia as vantagens que receber, salvo as que excederem ao pactuado.
(C) Em caso de morte de Flávia, assim que tiver ciência do ocorrido, Ronaldo deverá suspender os negócios iniciados, comunicando o ato aos herdeiros.
(D) Caso Ronaldo decida substabelecer o contrato a terceiro, deverá observar a mesma forma do contrato original.
(E) Se a loja sofrer prejuízos, Ronaldo estará obrigado a indenizar Flávia apenas se ele houver agido com dolo.

A: correta, nos termos do art. 665 CC: O mandatário que exceder os poderes do mandato, ou proceder contra eles, será considerado mero gestor de negócios, enquanto o mandante lhe não ratificar os atos; **B:** incorreta, pois Ronaldo deverá entregar a Flávia todas as vantagens que receber, inclusive as que excederem o pactuado, pois mesmo estas decorrem dos poderes que lhes foram outorgados (art. 668 CC); **C:** incorreta, pois embora ciente da morte, interdição ou mudança de estado do mandante, deve o mandatário concluir o negócio já começado, se houver perigo na demora (art. 674 CC). Logo, não necessariamente o mandatário deve suspender o negócio; **D:** incorreta, pois o substabelecimento não necessariamente precisa ser da mesma forma do contrato original. Neste passo "ainda quando se outorgue mandato por instrumento público, pode substabelecer-se mediante instrumento particular" (art. 655 CC); **E:** incorreta, pois o mandatário é obrigado a aplicar toda sua diligência habitual na execução do mandato, e a indenizar qualquer prejuízo causado por culpa sua ou daquele a quem substabelecer, sem autorização, poderes que devia exercer pessoalmente, e ainda quando agir com dolo (art. 667 CC). GR

Gabarito "A"

(Analista – Judiciário –TRE/PI – 2016 – CESPE) Pedro, em razão de ter mudado de cidade, concedeu a seu amigo Carlos, que tem dezesseis anos de idade, poderes para, em seu nome, praticar os atos necessários à venda de um imóvel.Considerando essa situação hipotética, assinale a opção correta.

(A) Caso Carlos desatenda a alguma instrução, Pedro se desobriga a cumprir o contrato.
(B) Para que o contrato se aperfeiçoe, Carlos deverá aceitar expressamente.
(C) Caso Pedro venha a falecer, Carlos poderá agir no interesse dos herdeiros, se houver.
(D) O fato de Carlos ter dezesseis anos não torna anulável o contrato.
(E) Por ser ato *intuitu personae*, é vedado a Carlos substabelecer.

A: incorreta, pois o mandante é obrigado a satisfazer todas as obrigações contraídas pelo mandatário, na conformidade do mandato conferido (CC, art. 675); **B:** incorreta, pois "a aceitação do mandato pode ser tácita, e resulta do começo de execução" (CC, art. 659); **C:** incorreta, pois a morte do mandante extingue o contrato de mandato (CC, art. 682); **D:** correta, pois a lei admite mandatário a partir dos dezesseis anos (CC, art. 666); **E:** incorreta, pois o substabelecimento é permitido pela lei, salvo expressa vedação no contrato de mandato.

Gabarito "D"

(Advogado da União/AGU – CESPE – 2012) No que se refere a contrato de mandato, julgue o item que se segue.

(1) Conforme o STJ, o dever de prestar contas não se transmite aos herdeiros do mandatário, haja vista o caráter personalíssimo do contrato; no caso de morte do mandante, entretanto, ocorre a transmissão.

1: correta. Segundo o entendimento do STJ, o "*dever de prestar contas no contrato de mandato está previsto no artigo 668 do Código Civil. Porém, o contrato, por ser personalíssimo, extingue-se com a morte de alguma das partes. A Terceira Turma já se posicionou no sentido de que o espólio do mandatário não está obrigado a prestar contas ao mandante (REsp 1.055.819). Naquele caso, ficou estabelecido que é impossível "obrigar terceiros a prestar contas relativas a atos de gestão dos quais não fizeram parte". Porém, em situação inversa, afirmou Sanseverino, quando se questiona o direito de os herdeiros exigirem a prestação de contas do mandatário, não há óbice*" (REsp 1122589).

Gabarito 1C

4.14. SEGURO

(Defensor Público – DPE/RN – 2016 – CESPE) Em relação aos contratos, assinale a opção correta.

(A) Caso um indivíduo firme contrato de seguro com determinada instituição financeira, e não haja dia previamente ajustado pelas partes para o pagamento de prestação do prêmio, o contrato não será desfeito automaticamente com o descumprimento da prestação pelo segurado no termo pactuado. Para o desfazimento do contrato, será necessária a prévia constituição em mora do contratante pela seguradora, mediante interpelação.
(B) O Código Civil adotou o critério subjetivo da premeditação para determinar a cobertura relativa ao suicídio do segurado. Desse modo, a seguradora não será obrigada a indenizar se houver prova cabal da premeditação do suicídio, mesmo após o decurso do período de carência de dois anos.
(C) No contrato do seguro de acidentes pessoais, como garantia por morte acidental, a seguradora se obriga, em virtude de expressa disposição legal, a indenizar também o beneficiário no caso de morte do segurado por causa natural.
(D) No contrato de seguro de automóvel, o reconhecimento da responsabilidade, a confissão da ação ou a transação retiram do segurado de boa-fé o direito à indenização e ao reembolso, pois são prejudiciais à seguradora, a menos que haja prévio e expresso consentimento desta.
(E) Se, em caso de risco, o comodatário privilegiar a segurança de seus próprios bens, abandonando os bens do comodante, responderá pelo dano que venha a ser sofrido pelo comodante, exceto nas hipóteses de caso fortuito ou força maior.

A: correta, pois "*não havendo termo, a mora se constitui mediante interpelação judicial ou extrajudicial*" (CC, art. 397 parágrafo único); **B:** incorreta, pois o Código Civil adotou um critério temporal-objetivo. O suicídio do segurado após o prazo de dois anos de vigência do seguro de vida habilita o beneficiário a receber o capital estipulado. Ademais, "é nula a cláusula contratual que exclui o pagamento do capital por suicídio do segurado" (CC, art. 798); **C:** incorreta, pois a morte acidental é aquela decorrente de acidente pessoal, definido este como "*o evento com data caracterizada, exclusiva e diretamente externo, súbito, involuntário e violento, causador de lesão física que, por si só, e independentemente de toda e qualquer outra causa, tenha como consequência direta a morte segurado*" e, portanto, não se confunde com a definição de morte natural (Circular nº 029/SUSEP e REsp 1284847/PR, Rel. Ministro Raul Araújo, Quarta Turma, julgado em 28/03/2017, DJe 03/04/2017); **D:** incorreta, pois tais condutas do segurado não retiram seu direito à indenização. Contudo, tais atos são ineficazes perante a seguradora (CJF, enunciados nºs 373 e 546). Vide, ainda, REsp 1133459/RS, Rel. Ministro Ricardo Villas Bôas Cueva, Terceira Turma, julgado em 21/08/2014, DJe 03/09/2014; **E:** incorreta. Esta é uma das raríssimas hipóteses legais de responsabilidade civil em decorrência de fortuito ou força maior. Ocorre quando o comodatário – diante de um risco iminente – prefere salvar as suas coisas e não a coisa que lhe foi emprestada (CC, art. 583). Neste caso, o comodatário responderá pelo dano ocorrido, ainda que se possa atribuir a caso fortuito, ou força maior.

Gabarito "A"

(Juiz de Direito/DF – 2016 – CESPE) Suponha que, entabulado contrato facultativo de seguro de vida e acidentes pessoais, em decorrência do sinistro, o segurado pleiteou da seguradora o respectivo pagamento. Assinale a opção correta no que se refere à prescrição.

(A) O prazo prescricional anual é interrompido com o pedido administrativo do pagamento, bem como com o pagamento parcial, diante da nova pretensão de complementação.
(B) O prazo prescricional anual é interrompido com o pedido administrativo do pagamento, voltando a correr por inteiro a partir de eventual negativa da seguradora.
(C) O prazo prescricional trienal é suspenso com o pedido administrativo de pagamento, voltando a correr a partir de eventual negativa da seguradora.
(D) O prazo prescricional anual é suspenso com o pedido administrativo do pagamento, voltando a correr pelo tempo restante a partir da eventual negativa da seguradora, mas se há pagamento parcial o prazo é interrompido voltando a correr por inteiro.
(E) Na hipótese de resseguro, o prazo prescricional é diverso do previsto para a ação do segurado contra o segurador.

Prescreve em um ano, nos termos do art. 206, § 1º, II, do Código Civil, a ação do segurado contra a seguradora. Ocorre que, de acordo com a Súmula 229 do STJ, o pedido administrativo de pagamento feito à seguradora suspende a fluência do prazo, o qual só volta a correr a partir da ciência da decisão proferida pela seguradora (*vide* também EDcl no REsp 1163239/MG). Por sua vez, o pagamento parcial faz ensejar a aplicação do art. 202, VI, segundo o qual a prescrição é interrompida "*por qualquer ato inequívoco, ainda que extrajudicial, que importe reconhecimento do direito pelo devedor*". A alternativa "D" é a única que contempla corretamente todos os dados mencionados.

Gabarito "D"

(Magistratura/ES – 2011 – CESPE) Considerando a celebração de contrato para a garantia de eventuais prejuízos decorrentes de sinistro ocorrido com veículo, assinale a opção correta.

(A) Não é nula cláusula contratual que isente a responsabilidade da seguradora quando o veículo circula, habitualmente, em região distinta da declarada no contrato de seguro.

(B) Eventual atraso do segurado em pagar prêmio complementar implica suspensão automática do contrato de seguro.
(C) Caso o veículo seja segurado, ante declaração falsa do segurado, por valor maior do que valha à época do contrato, ocorrendo o sinistro, o pagamento do valor por parte da seguradora deverá ser reduzido.
(D) Caso o segurado preste declarações inexatas no questionário de risco, será autorizada a perda automática da indenização securitária.
(E) O fato de terceiro a quem o segurado entregue seu veículo o dirigir embriagado configura agravamento direto do risco por parte do segurado.

A: correta. Referida cláusula deve ser reputada válida, pois o segurado deve manter a mais estrita boa-fé objetiva no momento da conclusão e execução do contrato de seguro, o que implica no dever de informar plenamente as condições de risco que envolvem o objeto segurado. Ademais, a própria lei já estabelece que o segurado que fizer "*declarações inexatas ou omitir circunstâncias que possam influir na aceitação da proposta ou na taxa do prêmio, perderá o direito à garantia, além de ficar obrigado ao prêmio vencido*" (CC, art. 766); **B:** incorreta, pois a mora do segurado implica na exoneração da seguradora, desde que o sinistro ocorra antes da purgação (CC, art. 763); **C:** incorreta, posto não ser esta a solução do Código Civil; **D:** incorreta, pois a solução legal para a hipótese não é esta e sim a já analisada no art. 766; **E:** incorreta, pois a jurisprudência do STJ se posiciona no sentido de que a embriaguez de terceiro não é causa de perda do direito ao seguro, posto não se configurar agravamento do risco pelo segurado. Nesse sentido decidiu o STJ: "Acidente de trânsito. Seguro. Embriaguez de terceiro condutor. Fato não imputável à conduta do segurado. Exclusão da cobertura. Impossibilidade. A culpa exclusiva de terceiro na ocorrência de acidente de trânsito, por dirigir embriagado não é causa de perda do direito ao seguro, por não configurar agravamento do risco provocado pelo segurado". (AgRg no REsp 1196799/MG).

Gabarito "A"

4.15. FIANÇA

(Defensor Público/AC – 2017 – CESPE) O contrato de fiança

(A) veda a renúncia ao benefício de ordem.
(B) não permite a exoneração do encargo, se relacionado a contrato por tempo indeterminado.
(C) é uma espécie de contrato acessório.
(D) é uma espécie de contrato de adesão.
(E) é um contrato de garantia real.

A: incorreta, pois é possível que haja a renúncia ao benefício de ordem (art. 828, I, CC); **B:** incorreta, pois o fiador poderá exonerar-se da fiança que tiver assinado sem limitação de tempo, sempre que lhe convier (art. 835, 1ª parte, CC); **C:** correta, pois pelo contrato de fiança, uma pessoa garante satisfazer ao credor uma obrigação assumida pelo devedor, caso este não a cumpra (art. 818 CC), logo há sempre uma obrigação principal que o contrato de fiança assegura (art. 823 CC); **D:** incorreta, pois o contrato de fiança em regra é paritário, isto é, as partes têm a possibilidade de discutir as cláusulas (arts. 819 e 820 CC); **E:** incorreta, pois a fiança é uma modalidade de garantia pessoal ou fidejussória. É um negócio jurídico por meio do qual o fiador garante satisfazer ao credor uma obrigação assumida pelo devedor, caso este não a cumpra (art. 818 CC). Na garantia real uma determinada coisa garante a dívida, como no caso do penhor, da hipoteca e a alienação fiduciária em garantia. Já na garantia pessoal, uma pessoa garante a dívida como acontece na fiança e no aval. GR

Gabarito "C"

(Procurador/DF – 2013 – CESPE) Mediante a formalização de um contrato escrito, Paulo, que é casado com Lúcia, se obrigou a pagar a Dimas o que este tem a receber de Lauro, caso Lauro não cumpra a obrigação.

A propósito dessa situação hipotética, julgue os itens subsequentes.

(1) O fato de Lauro não ter conhecimento do contrato não representa empecilho à formação desse instrumento.
(2) Dada a natureza do contrato entabulado, haverá solidariedade entre Paulo e Lauro.
(3) Caso o contrato seja anulado em razão da ausência de outorga uxória de Lúcia, esposa de Paulo, a consequência será a ineficácia total da garantia dada.

1: Certa, pois a hipótese versa sobre contrato de fiança, que pode ser estipulada, ainda que sem consentimento do devedor ou contra a sua vontade (art. 820, CC); **2:** Errada, pois a fiança – por si só – não enseja solidariedade; **3:** Certa, pois de acordo com o art. 1.649 do CC.

Gabarito 1C, 2E, 3C

(Analista – TJ/ES – 2011 – CESPE) Julgue o seguinte item.

(1) Em face de sua natureza benéfica, o contrato de fiança deve ser interpretado estritamente.

1: correto (arts. 114 e 819 do CC).

Gabarito 1C

4.16. OUTROS CONTRATOS E TEMAS COMBINADOS

(Defensor Público/AC – 2017 – CESPE) O contrato de arrendamento mercantil

(A) é um contrato de natureza acessória, pois fica vinculado à aquisição de bens para uma atividade empresarial de cunho mercantil desempenhada pelo arrendatário.
(B) possibilita que, concluído o prazo contratual estipulado, o arrendatário adquira a coisa arrendada pelo pagamento de valor residual.
(C) é um contrato especial de venda e compra a prazo por meio do qual a arrendadora assume a promessa de readquirir o objeto da transação, após a quitação do contrato, mediante pagamento do preço integral em parcela única.
(D) é um instrumento jurídico destinado a atender exclusivamente à necessidade das pessoas jurídicas que exercem atividade mercantil, por meio da aquisição de equipamentos e veículos destinados a sua atividade empresarial.
(E) possibilita que o bem arrendado possa ser alienado no curso do contrato sem a anuência da arrendadora, hipótese na qual o adquirente assumirá a condição de arrendatário.

A: incorreta, pois o contrato não tem natureza acessória, existindo de per si na hipótese em que uma instituição financeira ou sociedade mercantil (Arrendador) adquire um bem escolhido pela outra parte (Arrendatário) transferindo-lhe a posse e o usufruto, sendo também prevista a opção de compra ao final da avença (art. 1º, parágrafo único, da Lei 6.099/1974); **B:** correta (art. 5º, alínea "c", da Lei 6.099/1974); **C:** incorreta, pois embora o contrato de arrendamento mercantil contenha alguns elementos do contrato de compra e venda e também do contrato de locação, ele se constitui como modalidade autônoma de contrato, possuindo natureza jurídica própria. O arrendador adquire o bem, e a final do contrato o arrendatário tem a opção de compra pelo valor residual. Caso não queira comprar, o bem simplesmente permanece com o arrendador, que já era dono desde o início (art. 1º, parágrafo único, da Lei 6.099/1974); **D:** incorreta, pois esse contrato também se destina a atender as necessidades de pessoas físicas (art. 1º, parágrafo único, da Lei 6.099/1974); **E:** incorreta, pois o arrendatário apenas possui a posse provisória do bem enquanto paga as prestações. Ele detém a posse direta. A arrendadora possui a propriedade e a posse indireta. Apenas pode alienar aquele que é dono da coisa, portanto, não há possibilidade de o bem ser alienado sem a anuência da arrendadora. GR

Gabarito "B"

(Juiz de Direito/DF – 2016 – CESPE) No que se refere ao contrato estimatório do Direito Civil, assinale a opção correta.

(A) Pode ter por objeto bem fungível, e a restituição, se for o caso, será por coisa de igual gênero, qualidade e quantidade.
(B) Os riscos são do consignante, que suporta a perda ou deterioração da coisa.
(C) Após a entrega da coisa, a posse é exercida em nome do consignante, que a mantém de forma mediata ou indireta.
(D) O preço de estima é ato unilateral do consignatário e, se não alcançado em determinado lapso temporal, emerge o dever de restituir a coisa.

(E) Em decorrência da natureza própria do contrato, especialmente a obtenção da posse e o poder de disposição, o Código Civil exige a forma escrita.

O contrato estimatório é popularmente conhecido como "venda em consignação". O consignante é o dono da coisa, que deixa o bem em poder do consignatário para vendê-la pelo preço que se estimou bilateralmente. **A:** correta, pois a lei não delimitou que o objeto do contrato fosse fungível ou infungível; **B:** incorreta, pois os riscos da coisa deixada em consignação são do consignatário (CC, art. 535); **C:** incorreta, pois a posse é exclusiva do consignatário; **D:** incorreta, pois a fixação do preço é bilateral; **E:** incorreta, pois o Código Civil não exigiu forma escrita para tal contrato.

Gabarito "A".

(Juiz de Direito/AM – 2016 – CESPE) A respeito dos contratos regidos pelo Código Civil, assinale a opção correta.

(A) No contrato de transporte de pessoas, a responsabilidade do transportador pelo acidente com o passageiro será afastada quando for comprovada culpa exclusiva de terceiro.

(B) Se o suicídio do segurado ocorrer dentro do prazo dos dois primeiros anos de vigência do contrato de seguro de vida, seus beneficiários não terão direito a indenização, ainda que não premeditado o suicídio, mas o segurador será obrigado a devolver o montante da reserva técnica já formada.

(C) No silêncio do contrato, o empreiteiro contratado deve contribuir para execução da obra com seu trabalho e com os materiais necessários à sua conclusão.

(D) Na venda *ad corpus*, o imóvel é alienado com especificação de sua área, de modo que, na falta de correspondência entre a área mencionada e a efetiva área adquirida, poderá o comprador reclamar a resolução do contrato ou o abatimento proporcional do preço.

(E) O pacto de retrovenda é condição resolutiva expressa que permite ao credor reaver, a qualquer tempo, o imóvel alienado, desde que restitua ao adquirente o preço recebido, acrescido de todas as despesas por ele realizadas.

A: incorreta, pois "a responsabilidade contratual do transportador por acidente com o passageiro não é elidida por culpa de terceiro, contra o qual tem ação regressiva" (CC, art. 735); **B:** correta, pois o enunciado reproduz a regra prevista no art. 798 do CC; **C:** incorreta, pois "a obrigação de fornecer os materiais não se presume; resulta da lei ou da vontade das partes" (CC, art. 610 § 1°); **D:** incorreta, pois, na venda *ad corpus*, o tamanho exato do imóvel não é determinante. O que importa são as características genéricas, como localização, topografia do terreno, benfeitorias etc.; **E:** incorreta, pois o Código Civil limita a restituição de despesas às que "se efetuaram com a sua autorização escrita, ou para a realização de benfeitorias necessárias" (CC, art. 505).

Gabarito "B".

(Advogado União – AGU – CESPE – 2015) A respeito dos contratos, julgue os próximos itens à luz do Código Civil.

(1) No mandato outorgado por mandante capaz, são válidos os atos praticados por mandatário com dezesseis anos de idade, ainda que não emancipado, desde que não sejam excedidos os limites do mandato.

(2) Se vendedor e comprador estipularem o cumprimento das obrigações de forma simultânea em venda à vista, ficará afastada a utilização do direito de retenção por parte do vendedor caso o preço não seja pago.

1: Correta, pois de acordo com o permissivo legal previsto no art. 666 do CC. Trata-se de uma regra específica de capacidade para um ato determinado. **2:** Incorreta, pois o contrato de compra e venda é um típico contrato bilateral e – ainda que as obrigações sejam cumpridas simultaneamente – é possível a aplicação do art. 476 do CC, que determina: "*Nos contratos bilaterais, nenhum dos contratantes, antes de cumprida a sua obrigação, pode exigir o implemento da do outro*". GN

Gabarito 1C, 2E

(Cartório/RR – 2013 – CESPE) No que tange aos contratos, assinale a opção correta.

(A) O comodato, empréstimo gratuito de coisas fungíveis, perfaz-se com a tradição do objeto.

(B) Em contrato de seguro, não é possível a estipulação contratual para garantia de risco proveniente de ato doloso do segurado.

(C) O contrato de fiança deve ser elaborado por escrito, admitindo o Código Civil/2002, quando necessária, a interpretação extensiva.

(D) Ocorrido o enriquecimento sem causa, é devida a restituição do valor indevido ao lesado mesmo nos casos em que a lei prevê outros meios para o ressarcimento do prejuízo sofrido.

(E) O maior de dezesseis anos de idade e o menor de dezoito anos de idade não emancipado não podem ser mandatários.

A: incorreta, pois o contrato de comodato é o empréstimo de coisas infungíveis (CC, art. 579); **B:** correta, pois "nulo será o contrato para garantia de risco proveniente de ato doloso do segurado, do beneficiário, ou de representante de um ou de outro" (CC, art. 762); **C:** incorreta, pois a fiança não admite interpretação extensiva (CC, art. 819); **D:** incorreta, pois "não caberá a restituição por enriquecimento, se a lei conferir ao lesado outros meios para se ressarcir do prejuízo sofrido" (CC, art. 886); **E:** incorreta, pois o Código permite que o maior de dezesseis anos seja mandatário (CC, art. 666).

Gabarito "B".

(Analista – TJ/CE – 2013 – CESPE) João, mediante contrato firmado, prestava assistência técnica de computadores à empresa de Mário. João e Mário, por mútuo consenso, resolveram por fim à relação contratual.

Nessa situação hipotética, considerando o que dispõe a doutrina majoritária sobre a matéria, caracterizou-se a

(A) resolução bilateral do contrato.

(B) revogação do contrato.

(C) anulação do contrato.

(D) inexistência contratual.

(E) resilição bilateral do contrato.

A: incorreta, pois por meio da resolução ocorre a extinção do contrato por inexecução contratual ou onerosidade excessiva. Em ambos os casos, não há falar-se em vontade das partes; **B**: incorreta, pois a revogação advém da resilição unilateral do contrato, em que um dos contratantes não mais deseja continuar com a avença; **C**: incorreta, pois a anulação do contrato se dá por meio de uma decisão desconstitutiva do Poder judiciário, com efeitos "ex nunc"; **D**: incorreta, pois o contrato existe, vez que possui agente, objeto, forma, vontade e fim negocial; **E**: correta, pois resilição unilateral é a extinção do contrato pela vontade de ambos os contratantes. O elemento essencial diferenciador com a resolução é a vontade.

Gabarito "E".

(Analista – STF – 2013 – CESPE) A respeito dos contratos, julgue o item seguinte.

(1) A teoria do substancial adimplemento visa impedir o uso desequilibrado, pelo credor, do direito de resolução, preterindo desfazimentos desnecessários em prol da preservação do acordado, com vistas à realização de princípios como o da boa-fé objetiva e o da função social dos contratos.

1: Correta, pois por meio dessa teoria visa-se preservar o contrato que já foi substancialmente adimplido. Neste passo, havendo adimplemento substancial da avença, as perdas e danos deverão equitativas à parcela não atendida, respeitando-se sempre a razoabilidade. Neste contexto, cita-se o Enunciado n. 361 JDC/CJF: O adimplemento substancial decorre dos princípios gerais contratuais, de modo a fazer preponderar a função social do contrato e o princípio da boa-fé objetiva, balizando a aplicação do art. 475.

Gabarito 1C

(Defensor Público/RO – 2012 – CESPE) Com relação aos contratos, assinale a opção correta.

(A) A locação em hotéis residência ou equiparados rege-se pela Lei n.º 8.245/1991, que trata das locações dos imóveis urbanos.

(B) A tese dos deveres anexos ou secundários não gera responsabilização civil, visto que não constitui espécie de inadimplemento.

(C) Em face da aplicação, no ordenamento jurídico brasileiro, do princípio da função social do contrato, o princípio da autonomia contratual deixou de ter aplicabilidade no direito brasileiro, aplicando-se, em contrapartida, de forma atenuada, o princípio da autonomia privada.

(D) Caso haja, em contrato de adesão, cláusulas ambíguas, adota-se, no direito brasileiro, a interpretação *in dubio pro fragile*.

(E) Tanto o terceiro que assumir a obrigação do devedor quanto o devedor primitivo poderão assinar prazo para que o credor consinta na assunção da dívida; permanecendo inerte o credor, entende-se haver concordância de sua parte.

A: incorreta, em conformidade com o art. 1º, alínea *a*, 4, da Lei 8.245/1991, as locações em *apart*-hotéis, hotéis residência ou equiparados são regidas pelo Código Civil; **B:** incorreta. Em virtude do princípio da boa-fé, positivado no art. 422 do novo Código Civil, a violação dos deveres anexos constitui espécie de inadimplemento, independentemente de culpa (Enunciado CJF 24); **C:** incorreta, segundo o Enunciado CJF 23, "a função social do contrato, prevista no art. 421 do novo Código Civil, *não elimina* o princípio da autonomia contratual, mas atenua ou reduz o alcance desse princípio quando presentes interesses metaindividuais ou interesse individual relativo à dignidade da pessoa humana". Autonomia contratual e autonomia privada são expressões sinônimas; **D:** correta, pois conforme o art. 423 do CC/2002, nos casos de cláusulas ambíguas nos contratos de adesão, estas serão interpretadas da maneira mais favorável ao aderente; **E:** incorreta. A validade da assunção de dívida depende do consentimento expresso do credor. Caso o credor seja intimado e permaneça inerte, seu silêncio será *interpretado como recusa* (art. 299, parágrafo único, do CC).

Gabarito "D".

(Defensor Público/SE – 2012 – CESPE) Assinale a opção correta a respeito das obrigações contratuais.

(A) Nos contratos de empreitada, a obrigação de fornecer os materiais a serem utilizados pode resultar da vontade dos contratantes. Sendo essa a vontade da lei e não havendo disposição em contrário, a obra corre por conta e risco de quem a encomende, ainda que o empreiteiro forneça os materiais e esteja em mora quanto à entrega da obra.

(B) Ocorre contrato de mandato quando alguém recebe de outrem poderes para, em seu nome, praticar atos ou administrar seus interesses, sendo aptas a formalizá-lo somente as pessoas capazes, vedada a sua formalização aos relativa ou absolutamente incapazes, ainda que devidamente representados.

(C) Por meio do contrato de fiança, o fiador garante satisfazer uma obrigação junto ao credor caso o devedor não a cumpra, não havendo nenhum impedimento de que a fiança seja de valor inferior ao da obrigação principal e contraída em condições menos onerosas ou assumida por mais de um fiador.

(D) O contrato de mútuo consiste em empréstimo de coisas fungíveis, através do qual o mutuário é obrigado a restituir ao mutuante o que dele receber em coisa do mesmo gênero, consideradas a qualidade e a quantidade, sendo o domínio da coisa emprestada transferido ao mutuário, mas os riscos advindos desde a tradição, exclusivos do mutuante.

(E) Pelo contrato de seguro, o segurador se obriga, mediante o pagamento do prêmio, a garantir ao segurado interesse legítimo, relativo a pessoa ou a coisa, contra riscos predeterminados. Nesse tipo de contrato, a prova se faz por meio da apólice ou do bilhete do seguro, ou até mesmo por meio de documento comprobatório do pagamento do respectivo prêmio, e, para garantir a sua efetividade, as apólices ou o bilhete de seguro devem ser sempre ao portador, estando garantido o direito do segurado, ainda que este agrave intencionalmente o risco objeto do contrato.

A: incorreta, pois caso o empreiteiro forneça os materiais, os riscos correrão por sua conta até o momento da entrega da obra (art. 611 do CC); **B:** incorreta. Relativamente incapaz pode ser mandatário (art. 666 do CC); **C:** correta. A fiança pode ser de valor inferior ao da obrigação principal e contraída em condições menos onerosas (art. 823 do CC); **D:** incorreta, pois os riscos correm por conta do mutuário desde a tradição, conforme dispõe o art. 587 do CC; **E:** incorreta, pois nos contratos de seguro a apólice ou o bilhete devem ser nominativos, à ordem ou ao portador (art. 760 do CC).

Gabarito "C".

(Magistratura Federal/3ª região – 2011 – CESPE) Supondo que uma pessoa adquira de determinada empresa de transporte passagem para viajar do Rio de Janeiro a São Paulo, fazendo uso de programa de milhagem oferecido por outra empresa, conveniada à primeira, assinale a opção correta.

(A) Sendo a gratuidade, na hipótese, apenas aparente, caracteriza-se o contrato de transporte típico.

(B) Por ser gratuito, o contrato descrito não se caracteriza como de transporte.

(C) Configura-se o negócio descrito como contrato de transporte se entre as partes for firmado instrumento.

(D) Trata-se de simples contrato de prestação de serviços, porque o transporte, no caso, é cumulativo.

(E) Não existe contrato na situação descrita, mas simples ato jurídico não negocial.

A: correta, pois a despeito da aparente gratuidade, configura-se claramente um contrato de transporte, com todas as consequências advindas do Código de Defesa do Consumidor; **B:** incorreta, pois a hipótese configura claramente um contrato de transporte; **C:** incorreta, pois não há necessidade de instrumento para formação do contrato; **D:** incorreta, pois a hipótese fática enquadra-se no conceito de contrato de transporte e não no de prestação de serviços; **E:** incorreta, pois há claramente um contrato na situação descrita.

Gabarito "A".

(Magistratura Federal/2ª região – 2011 – CESPE) Considerando a controvérsia referente a determinada relação jurídica existente entre dois contratantes, assinale a opção correta.

(A) Se o direito sobre o qual controvertam as pessoas for contestado em juízo, eventual transação deverá ser efetuada mediante escritura pública ou termo nos autos.

(B) Celebrada transação, qualquer das partes poderá retratar-se unilateralmente antes de transitar em julgado a sentença homologatória.

(C) Se a controvérsia girar em torno de direito indivisível, eventual transação aproveitará às partes que nela não intervierem.

(D) Erro de direito escusável de qualquer das partes anula transação efetuada extrajudicialmente.

(E) Se, em transação, as partes incluírem cláusula impondo pena convencional, esta será considerada não escrita.

A: correta, pois de pleno acordo com o art. 842 do Código Civil; **B:** incorreta, pois inexiste previsão legal prevendo esse lapso temporal a possibilitar a resilição unilateral da transação; **C:** incorreta, pois a transação não aproveita, nem prejudica senão aos que nela intervierem, ainda que diga respeito a coisa indivisível (CC, art. 844); **D:** incorreta, pois a "transação não se anula por erro de direito a respeito das questões que foram objeto de controvérsia entre as partes" (CC, art. 849, parágrafo único); **E:** incorreta, pois é admissível na transação a pena convencional (CC, art. 847).

Gabarito "A".

5. RESPONSABILIDADE CIVIL

(Juiz – TJ/CE – 2018 – CESPE) Pedro descobriu que seu nome havia sido inscrito em órgãos de restrição ao crédito por determinada instituição financeira em decorrência do inadimplemento de contrato fraudado por terceiro.

Nesse caso hipotético, a instituição financeira

(A) não responderá civilmente, uma vez que se trata de fato de terceiro, mas deverá proceder à retirada do registro negativo no nome de Pedro.

(B) não responderá civilmente, porque a fraude configura uma excludente de caso fortuito externo.

(C) responderá civilmente na modalidade objetiva integral.

(D) responderá civilmente apenas se Pedro comprovar que sofreu prejuízos devido à inscrição de seu nome nos órgãos de restrição ao crédito.

(E) responderá civilmente na modalidade objetiva, com base no risco do empreendimento.

De início é importante pontuar que nos termos da Súmula 297 do STJ, as instituições financeiras se submetem ao Código de Defesa do Consumidor. Neste passo, não obstante os dispositivos sobre responsabilidade civil estejam previstos nos arts. 927 e seguintes do CC, na hipótese em tela as respostas serão pautadas com base na legislação consumerista. **A:** incorreta, pois a responsabilidade civil dos bancos enquadra-se na responsabilidade pelo fato do serviço, baseada no art. 14 do CDC, que prevê: "O fornecedor de serviços responde, independentemente da existência de culpa, pela reparação dos danos causados aos consumidores por defeitos relativos à prestação dos serviços, bem como por informações insuficientes ou inadequadas sobre sua fruição e riscos". Neste sentido, também temos a Súmula 479 do STJ aduz: "As instituições financeiras respondem objetivamente pelos danos gerados por fortuito interno relativo a fraudes e delitos praticados por terceiros no âmbito de operações bancárias"; **B:** incorreta, pois as excludentes estão previstas no art. 14, § 3º, CDC, e a fraude não se configura como excludente por fortuito externo; **C:** incorreta, pois no risco integral a responsabilidade sequer depende de nexo causal e ocorre até mesmo quando a culpa é da própria vítima. No caso em análise, para que se configure a responsabilidade objetiva é indispensável que se prove no mínimo o nexo causal entre a ação do agente e o dano da vítima. A teoria do risco integral somente é admitida em situações raríssimas e excepcionais; **D:** incorreta, pois o dano neste caso é presumido, afinal, o simples fato de ter o nome incluído no cadastro de maus pagadores já traz constrangimento e transtorno suficiente ao consumidor. O consumidor apenas precisa demonstrar o vínculo entre o fato e o dano. Isso é suficiente para ser indenizado (art. 14 CDC). No STJ, é consolidado o entendimento de que "*a própria inclusão ou manutenção equivocada configura o dano moral* in re ipsa, *ou seja, dano vinculado à própria existência do fato ilícito, cujos resultados são presumidos*" (Ag 1.379.761); **E:** correta, pois às instituições financeiras aplica-se art. 14 do CDC, o qual prevê a responsabilidade objetiva das mesmas, onde respondem independentemente de culpa pelos danos causados os consumidores em decorrência do risco da atividade que executam (Súmulas 297 e 479 do STJ).

Gabarito "E"

(Defensor Público/PE – 2018 – CESPE) Daniel, em 2010, com quinze anos de idade, sem que seu pai Douglas soubesse, pegou o carro da família e saiu para se divertir. Alcoolizado, Daniel atropelou Ana na faixa de pedestre, que, em decorrência do atropelamento, perdeu uma das pernas. Em 2016, Douglas foi absolvido no processo penal, em sentença transitada em julgado, por ausência de provas em relação a sua culpa no atropelamento causado por seu filho Daniel.

Com referência a essa situação hipotética, assinale a opção correta.

(A) Douglas é civilmente responsável pelo ato praticado por Daniel, de maneira objetiva, independentemente de culpa.

(B) Tendo decorrido mais de três anos da data do acidente, a pretensão de indenização cível de Ana está prescrita.

(C) A absolvição de Douglas no processo penal faz coisa julgada no processo cível, de modo que Ana não poderá mais acioná-lo civilmente.

(D) Caso seja responsabilizado civilmente pelo ato, Douglas poderá reaver do seu filho Daniel, responsável pelo acidente, o valor pago.

(E) Ana poderá ajuizar ação para pleitear danos morais e materiais, mas não danos estéticos isoladamente: dano moral já engloba dano estético.

A: correta, pois conforme arts. 932, I e 933 do CC, os pais respondem independem mente de culpa pelos atos dos filhos menores que estiverem sob sua autoridade e em sua companhia. **B:** incorreta, pois a prescrição ficou suspensa até que fosse proferida sentença transitada em julgado no juízo criminal (art. 200 CC). Tendo em vista que a sentença é datada de 2016, a prescrição retomou o seu curso, logo o prazo de 3 anos ainda não se consumou; **C:** incorreta, o fato de Douglas ter sido absolvido no juízo criminal apenas o isentaria do processo cível, caso a razão da absolvição tivesse sido prova da inexistência do fato ou negativa de autoria, todavia, como a absolvição foi em decorrência da ausência de provas em relação a culpa, ele poderá ser acionado tranquilamente no juízo cível (art. 935 CC); **D:** incorreta, pois o pai não tem o direito de reaver do filho a despesa que teve em decorrência do acidente causado por este último (art. 934 CC); **E:** incorreta, pois o Superior Tribunal de Justiça já reconheceu expressamente a autonomia e independência do dano estético, que não se confunde com dano moral ou dano material. Neste sentido prevê a Súmula 387 :"É lícita a cumulação das indenizações de dano estético e dano moral". Maria Helena Diniz, define que dano estético é toda alteração morfológica do indivíduo, que, além do aleijão, abrange as deformidades ou deformações, marcas e defeitos, ainda que mínimos, e que impliquem sob qualquer aspecto um afeiamento da vítima, consistindo numa simples lesão desgostante ou num permanente motivo de exposição ao ridículo ou de complexo de inferioridade, exercendo ou não influência sobre sua capacidade laborativa. P. ex.: mutilações (ausência de membros – orelhas, nariz, braços ou pernas etc.); cicatrizes, mesmo acobertáveis pela barba ou cabeleira ou pela maquilagem; perda de cabelos, das sobrancelhas, dos cílios, dos dentes, da voz, dos olhos (RJTJSP, 39:75); feridas nauseabundas ou repulsivas etc., em consequência do evento lesivo. Nota-se, pois que podem ser arbitrados valores diferentes para cada um deles. Neste espeque, segue trecho de decisão do STJ: "É pacífica e vasta a jurisprudência do Superior Tribunal de Justiça com relação ao entendimento no sentido de que é possível a cumulação da indenização para reparação por danos estético e moral, mesmo que derivados de um mesmo fato, se inconfundíveis suas causas e passíveis de apuração em separado, *id est*, desde que um dano e outro sejam reconhecidamente autônomos." (AGA 498706/SP, julgado em 04.09.2003 Ministro José Delgado).

Gabarito "A"

(Procurador do Estado/SE – 2017 – CESPE) Uma construtora realizou parcelamento de solo urbano, mediante loteamento, sem observância das disposições legais. Nesse caso, de acordo com o entendimento do STJ,

(A) o município tem responsabilidade solidária pela regularização do loteamento, devendo pagá-la ainda que o loteador possa fazê-lo.

(B) a responsabilidade do município em regularizar o loteamento, embora discricionária, é de execução imediata.

(C) a regularização do loteamento deverá ser decidida em ação civil pública.

(D) o poder da administração pública de regularizar o loteamento é discricionário.

(E) o município terá o poder-dever para regularizar o loteamento.

Existe posicionamento no STJ que o Município tem o poder-dever para regularizar o loteamento. Ademais, trata-se de atividade vinculada, e não discricionária. Vide notícia do site abaixo:

Municípios são responsáveis pela regularização de lotes em espaços urbanos

Na avaliação dos ministros do Superior Tribunal de Justiça (STJ), os municípios são os legítimos responsáveis pela regularização de loteamentos urbanos irregulares, em virtude de serem os entes encarregados de disciplinar o uso, ocupação e parcelamento do solo. O entendimento está disponível na ferramenta Pesquisa Pronta, que reuniu dezenas de decisões colegiadas sobre o assunto, catalogado como "Responsabilidade do município pela regularização de loteamento urbano irregular". Uma das decisões sintetiza a posição do STJ sobre o assunto: "É pacífico o entendimento desta Corte Superior de que o Município tem o poder-dever de agir para fiscalizar e regularizar loteamento irregular, pois é o responsável pelo parcelamento, uso e ocupação do solo urbano, atividade essa que é vinculada, e não discricionária". Disponível em: [http://www.stj.jus.br/sites/STJ/default/pt_BR/Comunica%C3%A7%C3%A3o/noticias/Not%C3%ADcias/Munic%C3%ADpios-s%C3%A3o-respons%C3%A1veis-pela-regulariza%C3%A7%C3%A3o-de-lotes-em-espa%C3%A7os-urbanos]. Acesso em: 29.01.2019.

Gabarito "E"

(Delegado/PE – 2016 – CESPE) João, menor impúbere, de sete anos de idade, jogou voluntariamente um carrinho de brinquedo do alto do 14.º andar do prédio onde mora com a mãe Joana. Ao cair, o carrinho danificou o veículo de Arthur, que estava estacionado em local apropriado. Tendo como referência essa situação hipotética, assinale a opção correta, considerando as disposições vigentes a respeito de responsabilidade civil no Código Civil.

(A) O dever de reparar o dano provocado por João não alcança Joana, já que não há como provar sua culpa em relação à atitude do filho.

(B) Embora a responsabilidade de Joana seja objetiva, seu patrimônio somente será atingido se João não tiver patrimônio próprio ou se este for insuficiente para reparar o prejuízo causado a Arthur.

(C) Caso seja provada a culpa de João, a mãe, Joana, responderá objetivamente pelos danos causados pelo filho.

(D) A responsabilidade civil de João é objetiva.

(E) A mãe de João tem responsabilidade subjetiva em relação ao dano causado no veículo de Arthur.

A: incorreta, pois nesse caso se tem a chamada responsabilidade por fato de terceiro, que é objetiva em relação ao terceiro que se enquadrar nas hipóteses legais, sendo que os pais respondem pelos filhos menores que estiverem em sua companhia (arts. 932, I, e 933, ambos do CC); **B:** incorreta, pois a mãe responde diretamente pelo ato do filho, nos termos dos arts. 932, I, e 933, ambos do CC; **C:** correta (art. 933 do CC); **D:** incorreta, pois a responsabilidade objetiva só existe no caso em relação à mãe, seja pelo disposto no art. 933 do CC (c/c o art. 932, I, do CC), seja pelo disposto no art. 938 do CC; **E:** incorreta, pois a responsabilidade da mãe é objetiva tanto pelo disposto no art. 933 do CC (c/c o art. 932, I, do CC), seja pelo disposto no art. 938 do CC.

Gabarito "C".

(Defensor Público – DPE/RN – 2016 – CESPE) A respeito dos atos ilícitos e da responsabilidade civil, assinale a opção correta segundo a jurisprudência do STJ.

(A) O acordo extrajudicial firmado pelos pais em nome de filho menor, para fins de recebimento de indenização por ato ilícito, dispensa a intervenção do MP.

(B) Para a aplicação da teoria da perda de uma chance, não se exige a comprovação da existência do dano final, mas a prova da certeza da chance perdida, que é o objeto de reparação.

(C) Na hipótese de indenização por dano moral decorrente da prática de ato ilícito, os juros moratórios devem fluir a partir da data do ajuizamento da ação respectiva.

(D) Segundo dispõe o Código Civil, caso repare o dano que seu filho relativamente incapaz causar a terceiro, o pai poderá reaver do filho o que pagar a título de indenização.

(E) De acordo com o entendimento do STJ, se determinado preposto, valendo-se de circunstâncias proporcionadas pelo seu labor, praticar ato culposo fora do exercício do trabalho que lhe for confiado, causando prejuízo a terceiro, não será possível a responsabilização do empregador.

A: incorreta, pois o STJ já pacificou o entendimento segundo o qual: "*São indispensáveis a autorização judicial e a intervenção do Ministério Público em acordo extrajudicial firmado pelos pais dos menores, em nome deles, para fins de receber indenização por ato ilícito*" (AgRg no REsp 1483635/PE, Rel. Ministro Moura Ribeiro, Terceira Turma, julgado em 20/08/2015, DJe 03/09/2015); **B:** correta, pois essa é a própria definição da "perda de uma chance". Não existe ainda um dano concreto e caracterizado, mas apenas a perda de uma oportunidade, uma probabilidade de ganhar algo no futuro. O exemplo clássico é o do advogado que perde um prazo para ajuizar ação de alta probabilidade de ganho em favor de seu cliente; **C:** incorreta, pois a Súmula 54 do STJ afirma que "*Os juros moratórios fluem a partir do evento danoso, e caso de responsabilidade extracontratual*"; **D:** incorreta, pois o pai – ao pagar indenização pelo ato ilícito do filho incapaz – não tem ação regressiva contra este (CC, art. 934); **E:** incorreta, pois o STJ tem posição consolidada no sentido de que "*responde o empregador pelo ato ilícito do preposto se este, embora não estando efetivamente no exercício do labor que lhe foi confiado ou mesmo fora do horário de trabalho, vale-se das circunstâncias propiciadas pelo trabalho para agir*" (REsp 1072577/PR, Rel. Ministro Luis Felipe Salomão, Quarta Turma, julgado em 12/04/2012, DJe 26/04/2012).

Gabarito "B".

(Cartório/DF – 2014 – CESPE) Em relação à responsabilidade civil contratual e extracontratual, assinale a opção correta.

(A) A decisão que julga extinta a punibilidade pela prescrição, decadência, perempção e pelo perdão aceito pelo ofendido elide a pretensão indenizatória no juízo cível.

(B) Há presunção de responsabilidade civil pelo fato da coisa inanimada contra o titular do domínio ou possuidor, pelos danos que a coisa causar a terceiros, o que somente poderá eximir-se se demonstrados culpa exclusiva da vítima, caso fortuito ou força maior.

(C) Em se tratando de evento danoso pelo fato da coisa, comprovada a existência de culpa concorrente de ambos, lesado e agente causador do dano, ou de culpa presumida do proprietário ou possuidor, haverá divisão de responsabilidade, mesmo que privado da guarda, por transferência da posse jurídica ou furto da coisa.

(D) Tem responsabilidade subjetiva perante terceiros o tutor em relação ao ato ilícito praticado pelo tutelado que estiver sob sua autoridade e em sua companhia, fazendo-se necessária a comprovação de culpa *in vigilando*, ou negligência, por encerrar a tutela *munus* público.

(E) O ato praticado em legítima defesa, estado de necessidade e no exercício regular de direito, reconhecido em sentença penal excludente de ilicitude, não exime o agente da responsabilidade civil de reparação do dano.

A: incorreta, pois apenas vinculam o juízo cível as decisões do juízo criminal que disponham sobre a existência do fato, ou sobre quem seja o seu autor; **B:** correta, pois de acordo com o disposto no art. 938 do CC; **C:** incorreta, pois o dono da coisa não responde pela coisa que foi furtada; **D:** incorreta, pois os casos de responsabilidade por ato de terceiro são todos de responsabilidade objetiva (CC, art. 933); **E:** incorreta, pois o próprio Código Civil trata esses atos como lícitos, portanto, não causadores de responsabilidade civil (CC, art. 188), ressalvada a hipótese de o ato de legítima defesa ter atingido terceiro e também ressalvada a hipótese de – no estado de necessidade – a vítima do dano for a responsável pelo risco que envolveu a situação.

Gabarito "B".

(Cartório/RR – 2013 – CESPE) Com referência à responsabilidade civil, assinale a opção correta com base na jurisprudência do STJ.

(A) A correção monetária do valor da indenização do dano moral incide desde a data do arbitramento desse valor.

(B) A responsabilidade civil por ato ilícito praticado por oficial de registro não é pessoal; assim, o seu sucessor, ou seja, o atual oficial da serventia, que não praticou o ato, pode responder solidariamente pelo dano por ser delegatário do serviço público.

(C) Uma instituição financeira pode ser responsabilizada por assalto sofrido por correntista em via pública, isto é, fora das dependências da agência bancária, após a retirada, na agência, de valores em espécie, mesmo que não tenha havido qualquer falha determinante para a ocorrência do sinistro no sistema de segurança da instituição, fato que caracteriza a responsabilidade objetiva.

(D) Em se tratando de transporte desinteressado, de simples cortesia, o transportador será responsabilizado por danos causados ao transportado, ainda que incorrer em culpa leve.

(E) A publicação não autorizada, com fins econômicos ou comerciais, de imagem de pessoa dá ensejo ao dano moral *in re ipsa*, ou seja, é necessária a prova do prejuízo.

A: correta, pois a assertiva reproduz o disposto na Súmula n.º 362 do STJ; **B:** incorreta, pois o STJ entende que: "é pessoal a responsabilidade do oficial de registros públicos por seus atos e omissões, cabendo-lhe indenizar o prejudicado pelos danos causados" (AgRg no REsp 804.759/MG, Rel. Ministra Maria Isabel Gallotti, 4ª Turma, julgado em 27/11/2012, DJe 11/12/2012); **C:** incorreta, pois o STJ entendeu que: "O ilícito ocorreu na via pública, sendo do Estado, e não da instituição financeira, o dever de garantir a segurança dos cidadãos e de evitar a atuação dos criminosos. O risco inerente à atividade exercida pela instituição financeira não a torna responsável pelo assalto sofrido pela autora, fora das suas dependências" (RESP n.º 1284962/MG, Rel. Ministra Nancy Andrighi, 3ª Turma, julgado em 11/12/2012, DJe 04/02/2013); **D:** incorreta, pois "No transporte desinteressado, de simples cortesia, o transportador só será civilmente responsável por danos causados ao transportado quando incorrer em dolo ou culpa grave" (STJ, Súmula n.º 145); **E:** incorreta, pois quando se fala em dano moral *in re ipsa*, está a se indicar um dano que dispensa a prova do prejuízo.

Gabarito "A".

(Defensor Público - DPE/DF - 2019 - CESPE/CEBRASPE) De acordo com as disposições do Código Civil e com a jurisprudência do STJ acerca da responsabilidade civil, julgue os itens a seguir.

(1) A responsabilidade civil do dono de animal é objetiva, admitindo-se a excludente do fato exclusivo de terceiro.

(2) Dano extrapatrimonial coletivo dispensa a comprovação da dor, do sofrimento e de abalo psicológico, elementos que são suscetíveis para serem apreciados na esfera do indivíduo, contudo não aplicáveis aos interesses difusos e coletivos.

(3) As concessionárias de rodovias respondem civilmente por roubos e sequestros ocorridos nas dependências de estabelecimento de suporte mantido para utilização de usuários dessas rodovias.

1: certa. De acordo com o art. 936 do Código Civil, que afirma que: O dono, ou detentor, do animal ressarcirá o dano por este causado, se não provar culpa da vítima ou força maior. **2:** certa. De acordo com o REsp 1.057.274/SP, DJe 26/02/2010 (...) ADMINISTRATIVO - TRANSPORTE - PASSE LIVRE - IDOSOS - DANO MORAL COLETIVO - DESNECESSIDADE DE COMPROVAÇÃO DA DOR E DE SOFRIMENTO - APLICAÇÃO EXCLUSIVA AO DANO MORAL INDIVIDUAL - CADASTRAMENTO DE IDOSOS PARA USUFRUTO DE DIREITO - ILEGALIDADE DA EXIGÊNCIA PELA EMPRESA DE TRANSPORTE - ART. 39, § 1º DO ESTATUTO DO IDOSO - LEI 10.741/2003 VIAÇÃO NÃO PREQUESTIONADO. 1. O dano moral coletivo, assim entendido o que é transindividual e atinge uma classe específica ou não de pessoas, é passível de comprovação pela presença de prejuízo à imagem e à moral coletiva dos indivíduos enquanto síntese das individualidades percebidas como segmento, derivado de uma mesma relação jurídica-base. 2. **O dano extrapatrimonial coletivo prescinde da comprovação de dor, de sofrimento e de abalo psicológico, suscetíveis de apreciação na esfera do indivíduo, mas inaplicável aos interesses difusos e coletivos**. 3. Na espécie, o dano coletivo apontado foi a submissão dos idosos a procedimento de cadastramento para o gozo do benefício do passe livre, cujo deslocamento foi custeado pelos interessados, quando o Estatuto do Idoso, art. 39, § 1.º exige apenas a apresentação de documento de identidade. (...) **3:** errado. De acordo com o REsp 1.749.941-PR, Rel. Min. Nancy Andrighi, por unanimidade, julgado em 04/12/2018, DJe 07/12/2018. Informativo STJ 640 – Tema: Responsabilidade civil. Concessionária de rodovia. Roubo e sequestro ocorridos em dependência de suporte ao usuário, mantido pela concessionária. Nexo de causalidade e conexidade. Inocorrência. Fato de terceiro. Fortuito externo. Excludente de responsabilidade. RECURSO ESPECIAL. RESPONSABILIDADE CIVIL. EMPRESA CONCESSIONÁRIA DE RODOVIA. ROUBO E SEQUESTRO OCORRIDOS EM DEPENDÊNCIA DE SUPORTE AO USUÁRIO, MANTIDO PELA CONCESSIONÁRIA. FORTUITO EXTERNO. EXCLUDENTE DE RESPONSABILIDADE. 1. Ação ajuizada em 20/09/2011. Recurso especial interposto em 16/09/2016 e distribuído ao Gabinete em 04/04/2018. 2. O propósito recursal consiste em definir se a concessionária de rodovia deve ser responsabilizada por roubo e sequestro ocorridos nas dependências de estabelecimento por ela mantido para a utilização de usuários (Serviço de Atendimento ao Usuário). 3. "A inequívoca presença do nexo de causalidade entre o ato administrativo e o dano causado ao terceiro não usuário do serviço público, é condição suficiente para estabelecer a responsabilidade objetiva da pessoa jurídica de direito privado" (STF. RE 591874, Repercussão Geral). 4. O fato de terceiro pode romper o nexo de causalidade, exceto nas circunstâncias que guardar conexidade com as atividades desenvolvidas pela concessionária de serviço público. 5. Na hipótese dos autos, é impossível afirmar que a ocorrência do dano sofrido pelos recorridos guarda conexidade com as atividades desenvolvidas pela recorrente. 6. A ocorrência de roubo e sequestro, com emprego de arma de fogo, é evento capaz e suficiente para romper com a existência de nexo causal, afastando-se, assim, a responsabilidade da recorrente. 7. Recurso especial provido. GR

Gabarito: 1C, 2C, 3E

(Delegado - PC/SE - 2018 - CESPE/CEBRASPE) Considerando essa situação hipotética, julgue os itens que se seguem.

(1) Diante da impossibilidade de saber de qual apartamento caiu ou foi lançada a garrafa que o atingiu, Túlio poderá buscar a responsabilização direta do condomínio, indicando-o como réu na ação de reparação de danos.

(2) Em caso de condenação do condomínio, o direito de regresso contra o morador do apartamento do qual caiu a garrafa, caso ele seja posteriormente identificado, depende da comprovação de dolo ou culpa do causador do dano.

1: Certa, nos termos do art. 938 CC que estabelece que: Aquele que habitar prédio, ou parte dele, responde pelo dano proveniente das coisas que dele caírem ou forem lançadas em lugar indevido. A redação do art. 938 do Código Civil, impõe ao morador a responsabilidade objetiva pelos objetos lançados ou caídos de seu apartamento. Essa responsabilidade funda-se no princípio da guarda, de poder efetivo sobre a coisa no momento do evento danoso. Mas, pode acontecer da vítima do dano não saber de qual unidade habitacional o objeto caiu ou foi lançado, e neste caso a doutrina entende que a responsabilidade será de todo o condomínio. Neste sentido: RECURSO ESPECIAL - RESPONSABILIDADE CIVIL - DIREITO DE VIZINHANÇA - LEGITIMIDADE PASSIVA - CONDOMÍNIO - PRESCRIÇÃO - JULGAMENTO ALÉM DO PEDIDO - MULTA COMINATÓRIA - FIXAÇÃO EM SALÁRIOS MÍNIMOS - SENTENÇA - CONDIÇÃO. 1. Na impossibilidade de identificar o causador, o condomínio responde pelos danos resultantes de objetos lançados sobre prédio vizinho. (REsp 246830/SP - Relator: Ministro Humberto Gomes de Barros - Órgão Julgador: Terceira Turma - Data do Julgamento: 22/02/2005; **2:** Errada, pois o art. 938 CC traz responsabilidade objetiva do causador do dano, logo o condomínio não precisa comprovar dolo ou culpa do dono do aparamento. GR

Gabarito 1C, 2E

5.1. OBRIGAÇÃO DE INDENIZAR

(Procurador do Município/Manaus – 2018 – CESPE) Lucas – vítima de importante perda de discernimento em razão de grave doença degenerativa em estágio avançado –, devidamente representado por sua filha e curadora Maria, ajuizou ação indenizatória por danos materiais e morais contra determinada instituição financeira, sustentando que foram realizados saques indevidos em sua conta-corrente com a utilização de um cartão magnético clonado por terceiros. Durante a instrução processual, foi comprovado que os fatos alegados na petição inicial eram verdadeiros.

Nessa situação hipotética, conforme a jurisprudência do STJ,

(1) Lucas não faz jus ao recebimento de indenização por dano moral, tendo em vista não estar conscientemente sujeito a dor ou sofrimento psíquico devido à significativa perda de discernimento.

(2) como o ilícito foi praticado por terceiro, que clonou o cartão magnético e efetuou os saques, ficou configurado evento que rompeu o nexo causal, afastando a responsabilidade da instituição financeira.

1: Errada, pois o dano moral não se liga a dor ou sofrimento psíquico. Tanto o é que a jurisprudência reconhece o dano *in re ipsa*. A base e fundamento do dano moral está na violação de algum dos caracteres dos direitos da personalidade, o que, apesar da doença, Lucas ainda preserva. O STJ entende que o dano moral se caracteriza pela simples ofensa a determinados direitos ou interesses. O evento danoso não se revela na dor, no padecimento, que são, na verdade, consequências do dano, seu resultado e não a sua causa STJ. 4ª Turma. REsp 1.245.550-MG, Rel. Min. Luis Felipe Salomão, julgado em 17/3/2015 (Informativo 559); **2:** errada, pois a Súmula 479 do STJ aduz que: "As instituições financeiras respondem objetivamente pelos danos gerados por fortuito interno relativo a fraudes e delitos praticados por terceiros no âmbito de operações bancárias". O STJ diz que responsabilidade de instituições financeiras é gerir contas com segurança. Depreende-se, portanto, o dever que os bancos assumem, independentemente de prova da culpa, de repor os danos que consumidores amargam pela insegurança das atividades bancárias. A hipótese de cartão clonado é um caso típico em que o banco deve indenizar os prejuízos sofridos pelo correntista. O cliente não utilizou o cartão para compras ou pagamentos, tendo sido vítima de um criminoso que, com sua habilidade, fraudou o sistema de segurança bancário e deu golpes. GR

Gabarito 1E, 2E

(Defensor Público/AC – 2017 – CESPE) A responsabilidade civil, de acordo com o Código Civil,

(A) na hipótese de pai e filho maior que concorrem para o ato ilícito, recairá sobre o pai, devendo o filho ser responsabilizado subsidiariamente.
(B) não poderá ser atribuída a pessoa diferente daquela que houver causado o dano.
(C) será indevida quando não for possível quantificar a extensão do dano causado.
(D) no caso de ato danoso praticado por animal, será imputável ao dono deste, se não houver culpa da vítima.
(E) se referente a ato ilícito que resulte em diminuição da capacidade laboral, fornece à vítima o direito a exigir danos morais ou pensão equivalente à depreciação sofrida.

A: incorreta, pois em se tratando de filho maior a responsabilidade é individual de cada agente. O pai apenas responderá pelos danos causados por seu filho quando este for menor de dezoito anos e estiver sob sua autoridade e em sua companhia (art. 932, I CC); **B:** incorreta, pois o art. 932 CC traz uma lista de pessoas que são responsabilizadas, ainda que elas não sejam as causadoras do dano; **C:** incorreta, pois quando não for possível quantificar a extensão do dano causado, o juiz fixará a indenização equitativamente (art. 953, parágrafo único, CC); **D:** correta (art. 936 CC); **E:** incorreta, pois neste caso a indenização deverá abranger despesas do tratamento, lucros cessantes bem como pensão correspondente à importância do trabalho para o qual a vítima se inabilitou, ou da depreciação que sofreu (art. 950, "caput", CC). Não necessariamente haverá danos morais. GR

Gabarito "D"

(Juiz – TRF5 – 2017 – CESPE) De acordo com o entendimento do STJ, a responsabilidade civil do incapaz pela reparação de danos que houver causado, quando seus pais não tiverem meios de repará-los, será

I. solidária, mas mitigada.
II. condicional.
III. subsidiária e equitativa.
IV. de eficácia diferida.

Estão certos apenas os itens

(A) I e II.
(B) I e III.
(C) I e IV.
(D) II e III.
(E) III e IV.

A alternativa correta é a letra D. Nos termos do art. 928 CC: "O incapaz responde pelos prejuízos que causar, se as pessoas por ele responsáveis não tiverem obrigação de fazê-lo ou não dispuserem de meios suficientes. Parágrafo único. A indenização prevista neste artigo, que deverá ser equitativa, não terá lugar se privar do necessário o incapaz ou as pessoas que dele dependem". Neste passo, o Enunciado 39 CJF/STJ aclara a questão: "A impossibilidade de privação do necessário à pessoa, prevista no art. 928, traduz um dever de indenização equitativa, informado pelo princípio constitucional da proteção à dignidade da pessoa humana. Como consequência, também os pais, tutores e curadores serão beneficiados pelo limite humanitário do dever de indenizar, de modo que a passagem ao patrimônio do incapaz se dará não quando esgotados todos os recursos do responsável, mas quando reduzidos estes ao montante necessário à manutenção de sua dignidade". Se o ato ilícito foi praticado por um incapaz, o responsável por ele irá responder de forma principal e o incapaz terá apenas responsabilidade subsidiária e mitigada. O art. 928 afirma que o incapaz somente responderá se as pessoas por ele responsáveis: não tiverem obrigação de fazê-lo; ou não dispuserem de meios suficientes. Desse modo, não é certo dizer que o incapaz responde de forma solidária. Ele responde de modo subsidiário. Isso porque seu patrimônio só servirá para pagar a indenização se ocorrer alguma das duas situações listadas. Além disso, o incapaz não irá responder se, ao pagar a indenização, isso ocasionar uma perda em seu patrimônio que gere uma privação de recursos muito grande, prejudicando sua subsistência ou das pessoas que dele dependam (parágrafo único do art. 928).Portanto, o art. 928 excepciona a regra da responsabilidade solidária trazida pelos arts. 932 e 942, parágrafo único CC. O art. 928 é regra especial em relação aos demais, cuidando especificamente da situação peculiar dos incapazes, ficando o art. 942, parágrafo único, responsável por normatizar todas as demais hipóteses do art. 932. Por isso, pode-se concluir dizendo que os incapazes (ex: filhos menores), quando praticarem atos que causem prejuízos, terão responsabilidade subsidiária, condicional, mitigada e equitativa, termos do art. 928 do CC. A responsabilidade dos pais dos filhos menores será substitutiva, exclusiva e não solidária. GR

Gabarito "D"

(Procurador Municipal – Prefeitura/BH – CESPE – 2017) À luz da legislação aplicável e do entendimento doutrinário prevalecente a respeito da responsabilidade civil, assinale a opção correta.

(A) O abuso do direito, ato ilícito, exige a comprovação do dolo ou da culpa para fins de responsabilização civil.
(B) No contrato de transporte de pessoas, a obrigação assumida pelo transportador é de resultado, e a responsabilidade é objetiva.
(C) O dever de indenizar pressupõe, necessariamente, a prática de ato ilícito.
(D) No que se refere ao nexo causal, elemento da responsabilidade civil, o Código Civil adota a teoria da equivalência das condições.

A: incorreta, pois já se pacificou o entendimento segundo o qual: "*A responsabilidade civil decorrente do abuso do direito independe de culpa e fundamenta-se somente no critério objetivo-finalístico*" (Enunciado 37 do Conselho da Justiça Federal); **B:** correta, pois o STJ já pacificou o entendimento segundo o qual: "*o contrato de transporte acarreta para o transportador a assunção de obrigação de resultado, impondo ao concessionário ou permissionário do serviço público o ônus de levar o passageiro incólume ao seu destino*" (EREsp 1318095/MG, Rel. Min. Raul Araújo, Segunda Seção, j. 22.02.2017, *DJe* 14.03.2017); **C:** incorreta, pois é possível que o dever de indenizar decorra de atos lícitos, como os previstos no art. 188 combinado com 929 do CC (legítima defesa que causa dano a terceiro e estado de necessidade que causa dano a quem não gerou o risco da situação); **D:** incorreta, pois o Código Civil adotou a teoria da causalidade adequada, considerando como causa apenas fatos relevantes para causar o dano. GN

Gabarito "B"

(Analista Judiciário – TRT/8ª – 2016 – CESPE) A respeito da responsabilidade civil, assinale a opção correta.

(A) Conforme o entendimento sumulado do STJ, a indenização em decorrência de publicação não autorizada de imagem de pessoa, com fins econômicos ou comerciais, depende da comprovação do prejuízo.
(B) A pessoa lesada não terá direito à indenização quando os danos que lhe foram causados decorrerem de conduta praticada em estado de necessidade, ainda que ela não seja responsável pelo perigo.
(C) Em decorrência da própria condição de incapacidade, o menor incapaz não pode responder pelos prejuízos que causar a terceiros.
(D) A sentença criminal que absolve o réu, por qualquer dos fundamentos previstos em lei, impede o reexame dos mesmos fatos para fins de responsabilização civil.
(E) De acordo com o entendimento sumulado do STF, presume-se a culpa do empregador pelos atos culposos de seus prepostos e empregados.

A: Incorreta, pois a súmula 403 do STJ determina que: "*independe de prova do prejuízo a indenização pela publicação não autorizada de imagem de pessoa com fins econômicos ou comerciais*"; **B:** incorreta, pois a vítima do dano terá direito a indenização, quando ela não for responsável pelo perigo criado (CC, arts. 188 e 930); **C:** incorreta, pois, com requisitos específicos, existe previsão de responsabilidade direta do patrimônio do incapaz (CC, art. 928); **D:** incorreta, pois apenas duas hipóteses impedem tal reexame, a saber, existência do fato e negativa de autoria (CC, art. 935); **E:** a banca do exame considerou esta alternativa como correta. De fato, a súmula 341 do STF, do ano de 1963, apresenta a seguinte redação: "*é presumida a culpa do patrão ou comitente pelo ato culposo do empregado ou preposto*". Ocorre que tal entendimento foi superado pelo art. 933 do código civil, que mudou a sistemática para a responsabilização objetiva, não se discutindo mais a culpa do empregador.

Gabarito "E"

(Analista Jurídico – TCE/PR – 2016 – CESPE) Com relação à responsabilidade civil à luz do Código Civil, assinale a opção correta.

(A) Por filiar-se à teoria do risco, o Código Civil estabelece como regra a responsabilidade objetiva, a qual prescinde da demonstração da culpa.

(B) Os pais exonerar-se-ão da obrigação de reparar dano causado pelo filho se provarem não ter havido negligência da parte deles.

(C) A escola terá direito de regresso contra o aluno, caso seja obrigada a indenizar prejuízo por ele causado a terceiros.

(D) Provado o vínculo de subordinação, o empregador responderá pelos danos causados pelo empregado a terceiros, por culpa *in eligendo*.

(E) Para que se possa exigir a restituição de pessoa que recebeu gratuitamente o produto de um crime para o qual não tenha concorrido, deve-se comprovar eventual vantagem econômica auferida.

A: incorreta, pois nosso sistema adotou a responsabilidade subjetiva como regra. A responsabilidade objetiva (aquela que não depende de comprovação de culpa) será aplicada para os casos especificados em lei e para as atividades de risco (CC, art. 927, parágrafo único); **B:** incorreta, pois a responsabilidade dos pais pelos atos ilícitos praticados pelo filho menor é objetiva. Assim, não se discute a culpa dos pais (CC, art. 933); **C:** correta, pois a escola é apenas a responsável pela indenização. O verdadeiro devedor é o aluno (ou seus pais, caso seja incapaz). Nesses casos, assegura-se direito de regresso (CC, art. 934); **D:** incorreta, pois a responsabilidade do empregador é objetiva, ou seja, não depende da demonstração de sua culpa (CC, art. 933); **E:** incorreta, pois o art. 932, V, do Código Civil não exige tal comprovação.

Gabarito "C"

(Analista Jurídico –TCE/PA – 2016 – CESPE) Determinada associação civil ajuizou ação indenizatória em face de uma sociedade empresária jornalística, com o intuito de receber indenização por danos materiais e morais decorrentes de publicação de reportagem com informações falsas, cujo único objetivo era macular a imagem e a credibilidade da associação civil, conforme ficou provado no processo.

Considerando essa situação hipotética, julgue os itens que se seguem.

(1) Na situação em apreço, para fixar o valor da condenação pelos danos materiais, o juiz deve considerar os denominados danos hipotéticos ou eventuais, pois, ainda que não tenha sido comprovado efetivo prejuízo material, presume-se que a conduta ilícita causou lesão à associação.

(2) A proteção dos direitos da personalidade positivada no Código Civil é aplicável, na medida do possível, à associação civil autora, que sofre dano moral em caso de grave violação a sua imagem e honra objetiva.

1: incorreta, pois a indenização mede-se pela extensão do dano (CC, art. 944). A indenização pelo dano material depende da comprovação do prejuízo sofrido; **2:** correta, pois, obedecendo aos limites e à natureza da pessoa jurídica, esta também pode ser vítima de danos morais (STJ, súmula 227).

Gabarito 1E, 2C

(Procurador do Estado – PGE/BA – CESPE – 2014) Acerca da responsabilidade civil, julgue os itens subsequentes, à luz da jurisprudência dominante do STJ.

(1) Na hipótese de indenização por danos morais ou materiais decorrentes do falecimento de ente querido, o termo inicial da contagem do prazo prescricional é a data do óbito, independentemente da data da ação ou da omissão.

(2) O espólio tem legitimidade para postular indenização pelos danos materiais e morais supostamente experimentados pelos herdeiros.

(3) Os juros de mora decorrentes do inadimplemento em contrato de locação fluem a partir do vencimento de cada parcela em atraso, inclusive para o fiador.

1: Correta, pois o STJ já se posicionou de forma consolidada no sentido de que na "*hipótese em que se discute dano moral decorrente do falecimento de ente querido, é a data do óbito o prazo inicial da contagem da prescrição*" (REsp 1318825/SE, Rel. Min. Nancy Andrighi, Terceira Turma, j. 13.11.2012, *DJe* 21.11.2012). **2:** Incorreta, pois nesse caso os herdeiros são os próprios "*legitimados ativos para promover a ação de indenização*" (REsp 1297611/SP, Rel. Min. Luis Felipe Salomão, Quarta Turma, j. 06.06.2017, *DJe* 01.08.2017). **3:** Correta. O STJ já se posicionou no sentido de que "*embora juros contratuais em regra corram a partir da data da citação, no caso, contudo, de obrigação contratada como positiva e líquida, com vencimento certo, os juros moratórios correm a partir da data do vencimento da dívida*" (EREsp 1250382/RS, Rel. Min. Sidnei Beneti, Corte Especial, j. 02.04.2014, *DJe* 08.04.2014). GN

Gabarito 1C, 2E, 3C

(Magistratura/PA – 2012 – CESPE) Acerca da responsabilidade por fato de outrem, assinale a opção correta.

(A) De acordo com o STJ, se ocorrer dano pessoal por mau serviço prestado pelo hotel contratado para a hospedagem de cliente que tenha adquirido pacote turístico, a agência de viagens comercializadora do pacote não poderá ser responsabilizada.

(B) Locadora de veículos tem responsabilidade subsidiária pelos danos causados a terceiro pelo locatário no decorrer da utilização do carro locado.

(C) Se, ao conduzir veículo de propriedade dos pais, o filho menor, culposamente, causar dano a terceiro, a vítima, para obter reparação civil, terá de demonstrar que o dano foi causado pelo menor, por culpa *in vigilando* dos pais.

(D) Estará afastada a responsabilidade dos pais pela reparação de danos a terceiro causados por filho menor emancipado por outorga, dada a perda do poder de direção dos atos do filho.

(E) Em regra, o patrão é responsável pela reparação de dano decorrente de ato praticado por seu preposto, ainda que com desvio de suas atribuições.

A: incorreta, pois o STJ entende que "a agência de viagens responde pelo dano pessoal que decorre do mau serviço do hotel contratado por ela para a hospedagem durante o pacote de turismo" (RESP n.º 287.849/SP); **B:** incorreta, pois a súmula 492 do STF estabelece que "*A empresa locadora de veículos responde, civil e solidariamente com o locatário, pelos danos por este causados a terceiro, no uso do carro locado*". Logo, não há que se falar em responsabilidade subsidiária, mas sim em responsabilidade solidária; **C:** incorreta, pois a vítima não precisa provar a culpa dos pais, tendo em vista que tal responsabilidade é objetiva, nos termos dos arts. 932 e 933; **D:** incorreta, pois a emancipação voluntária concedida pelos pais não afasta sua responsabilização civil em virtude de ato do filho emancipado (Conselho da Justiça Federal, Enunciado n.º 41); **E:** correta, pois a jurisprudência dominante entende que a responsabilidade do patrão se mantém mesmo diante da hipótese de o empregado não estar estritamente dentro do exercício de suas funções. Nesse sentido, entendeu o STJ que "[...] *responde o empregador pelo ato ilícito do preposto se este, embora não estando efetivamente no exercício do labor que lhe foi confiado ou mesmo fora do horário de trabalho, vale-se das circunstâncias propiciadas pelo trabalho para agir, se de tais circunstâncias resultou facilitação ou auxílio, ainda que de forma incidental, local ou cronológica, à ação do empregado.*" (REsp n.º 1072577).

Gabarito "E"

(Ministério Público/PI – 2012 – CESPE) Assinale a opção correta no que diz respeito à responsabilidade civil.

(A) De acordo com a teoria *perte d'une chance*, o agente que frustrar expectativas fluidas e hipotéticas deverá responder por danos emergentes.

(B) A indenização pela publicação não autorizada, com fins econômicos ou comerciais, de imagem de pessoa dependerá de prova do prejuízo causado à pessoa.

(C) Como os direitos da personalidade são inerentes à pessoa humana, não é juridicamente possível a pretensão de dano moral em relação à pessoa jurídica.

(D) A correção monetária do valor da indenização do dano moral incide desde a data do arbitramento.

(E) No ordenamento jurídico brasileiro, para que haja responsabilidade civil, é preciso que haja conduta ilícita.

A: incorreta, pois não se trata de expectativas fluidas, mas sim de uma efetiva chance, oportunidade, ostentada pelo titular e que agora desapareceu em virtude do ato ilícito alheio; **B:** incorreta, pois contrária aos ditames da Súmula n.º 403 do STJ, segundo a qual: "Independe de prova do prejuízo a indenização pela publicação não autorizada da imagem de pessoa com fins econômicos ou comerciais"; **C:** incorreta, pois contrária aos termos da Súmula 227, segundo a qual: *A pessoa jurídica pode sofrer dano moral*; **D:** correta, pois de acordo com a Súmula 362 do STJ, segundo a qual: "A correção monetária do valor da indenização do dano moral incide desde a data do arbitramento"; **E:** incorreta, pois é possível a responsabilidade civil em virtude de atos lícitos, como é o caso das hipóteses previstas no artigo 188, I e II, combinado com o artigo 930 do Código Civil.

Gabarito "D"

(Ministério Público/RR – 2012 – CESPE) A respeito da responsabilidade civil, assinale a opção correta.

(A) Em caso de publicação não autorizada da imagem de pessoa com fins econômicos ou comerciais, o dano moral decorrente deste fato dependerá de prova.

(B) O assalto à mão armada no interior de ônibus coletivo não constitui caso fortuito apto a excluir a responsabilidade da empresa transportadora.

(C) Segundo a jurisprudência do STJ, não é possível a responsabilidade civil por dano incerto.

(D) O contrato de seguro por danos pessoais compreende os danos morais, não sendo admitida cláusula expressa que os exclua.

(E) O dano moral se caracteriza ainda que haja mero aborrecimento inerente a prejuízo material.

A: incorreta, pois contrária aos ditames da súmula 403 do STJ, segundo a qual: "Independe de prova do prejuízo a indenização pela publicação não autorizada da imagem de pessoa com fins econômicos ou comerciais"; **B:** incorreta, pois no caso de transporte coletivo urbano, trata-se de fortuito externo, que é o fato inevitável que não guarda relação com a atividade desenvolvida pelo agente, apto, portanto a afastar a responsabilidade civil pela quebra do nexo causal; **C:** correta, pois deve existir um dano determinado ou pelo menos determinável a fim de se apurar a responsabilidade civil; **D:** incorreta, pois contrária à súmula 402 do STJ, segundo a qual: O contrato de seguro por danos pessoais compreende os danos morais, salvo cláusula expressa de exclusão; **E:** a jurisprudência já assentou que o mero aborrecimento, o mero dissabor da vida em coletividade não equivale a dano moral.

Gabarito "C"

(Defensor Público/SE – 2012 – CESPE) Acerca dos efeitos da responsabilidade civil extracontratual, assinale a opção correta.

(A) Embora a indenização por ato ilícito proveniente de dano extracontratual seja medida pela extensão do dano, se a vítima tiver concorrido culposamente para o evento danoso, a sua indenização será fixada com base na gravidade de sua culpa em confronto com a do autor do dano.

(B) Como regra, a responsabilidade civil não passa da pessoa causadora do dano; assim, não havendo determinação expressa do empregador para que seus empregados façam ou deixem de fazer alguma coisa, não se pode responsabilizar o empregador pelos atos praticados por seus empregados, serviçais e prepostos, no exercício do trabalho que lhes competir, ou em razão dele.

(C) As vítimas de lesão ou de outra ofensa à saúde têm direito de exigir do ofensor tão somente as despesas provenientes do tratamento, estendendo-se a obrigação de reparar os danos até o fim da convalescença, independentemente do tempo, e, nesse caso, o lesado, se preferir, poderá exigir que a indenização seja arbitrada e paga de uma só vez.

(D) Não comete ato ilícito civil aquele que, por ação voluntária, destrói coisa alheia a fim de remover perigo iminente de dano, ainda que a ação não seja estritamente necessária, e o agente exceda os limites do indispensável para a remoção do perigo.

(E) Mesmo que a responsabilidade civil independa da criminal, a lei veda que se questione, na esfera cível, fato decidido no juízo criminal; por conseguinte, a sentença penal absolutória, independentemente do motivo da absolvição, impede o processamento da ação civil de reparação de dano causado pelo mesmo fato que tenha provocado a absolvição do agente provocador do ilícito.

A: correta. Se a vítima tiver concorrido culposamente para o evento danoso, a sua indenização será fixada tendo-se em conta a gravidade de sua culpa em confronto com a do autor do dano (art. 945 do CC); **B:** incorreta. O empregador, ou comitente, *responde* pelos danos causados por seus empregados, serviçais e prepostos, no exercício do trabalho que lhes competir, ou em razão dele (art. 932, III, CC); **C:** incorreta. Nos casos de lesão ou outra ofensa à saúde o ofendido terá direito à indenização das despesas do tratamento e dos lucros cessantes até o final da convalescência e de outros prejuízos que prove ter sofrido (art. 949 do CC). Se resultar da ofensa, diminuição da capacidade laborativa ou se o indivíduo não puder exercer mais sua atividade poderá pleitear pensão ou, se preferir, poderá exigir que a indenização seja arbitrada e paga de uma só vez (art. 950 do CC); **D:** incorreta. Se o ato não é estritamente necessário ou se o agente exceder os limites do indispensável para a remoção do perigo estará caracterizado o ato ilícito (art. 186 e 188 do CC); **E:** incorreta. Ao contrário da sentença criminal condenatória que é sempre vinculante, a absolutória pode ser vinculante ou não. *Será vinculante* quando a absolvição reconhecer de forma categórica a não autoria ou a inexistência do fato. *Não será vinculante* se a absolvição tiver qualquer outro fundamento (ex: falta de provas, atipicidade do ato, extinção da punibilidade, não apreciação do mérito etc.).

Gabarito "A"

(Delegado/ES – 2011 – CESPE) Em cada um dos itens que se seguem, relativos às pessoas e suas responsabilidades por danos causados a outrem, é apresentada uma situação hipotética, seguida de uma assertiva a ser julgada.

(1) O carro de Rafael, que estava trancado e estacionado em frente a sua casa, foi furtado por Pedro. Nessa situação, se Pedro causar lesão a alguém na condução do veículo, Rafael também poderá ser responsabilizado por ter a guarda jurídica do bem.

1: errada, consoante entendimento doutrinário e jurisprudencial o roubo do automóvel caracteriza caso fortuito / força maior e, portanto, não gera o dever de indenizar. Diversamente, em caso de empréstimo, o comodante poderá será ser responsabilizado pelo acidente causado pelo comodatário.

Gabarito 1E

(Procurador/DF – 2013 – CESPE) Julgue os itens seguintes com base nas regras atinentes à responsabilidade civil.

(1) Haverá responsabilização do preponente ainda que a relação com o preposto tenha caráter gratuito.

(2) De acordo com o STJ, caso o incorporador não seja o executor direto da construção do empreendimento imobiliário, contratando construtor para tanto, será subsidiariamente responsável pela solidez e segurança da edificação, que teria como responsável principal o construtor.

1: Certa, pois o Código não exige atividade remunerada do preposto a fim de se permitir a responsabilização do preponente (art. 932, III, do CC); **2:** Errada, pois nesse caso o incorporador responde solidariamente pela reparação civil. Nesse sentido foi a decisão do STJ, no REsp n.º 884.367/DF (Rel. Ministro Raul Araújo, 4ª Turma, julgado em 06/03/2012, *DJe* 15/03/2012): "*Recurso Especial. Incorporação Imobiliária. Construção de edifício. Vícios e defeitos surgidos após a entrega das unidades autônomas aos adquirentes. Responsabilidade solidária do incorporador e do construtor. (...) O incorporador, como impulsionador do empreendimento imobiliário em condomínio, atrai para si a responsabilidade pelos danos que possam resultar da inexecução ou da má execução do contrato de incorporação, incluindo-se aí os danos advindos de construção defeituosa*".

Gabarito 1C, 2E

(Magistratura Federal/1ª região – 2011 – CESPE) Considerando a responsabilidade civil pelo fato da coisa, assinale a opção correta.

(A) Dono de veículo emprestado somente será responsabilizado por fato culposo do comodatário se ficar provada a negligência ao confiar a coisa a terceiro, conforme entendimento do STJ.
(B) Após aceitação de obra de pequeno porte, não haverá responsabilidade solidária entre o dono do prédio e o empreiteiro na reparação de danos causados por sua ruína.
(C) Será responsável por reparar dano causado a veículo de terceiro, caso não seja encontrado o motorista causador do dano, a pessoa em cujo nome o veículo envolvido no acidente estiver registrado no órgão competente.
(D) Conforme entendimento do STJ, em nenhuma hipótese deve-se responsabilizar o detentor de animal que cause dano a terceiro.
(E) Ainda que locado o imóvel, ao proprietário caberá a guarda jurídica da coisa.

A: incorreta, pois o STJ vem entendendo que "o proprietário do veículo responde objetiva e solidariamente pelos atos culposos de terceiro que o conduz e que provoca o acidente, pouco importando que o motorista não seja seu empregado ou preposto, ou que o transporte seja gratuito ou oneroso, uma vez que sendo o automóvel um veículo perigoso, o seu mau uso cria a responsabilidade pelos danos causados a terceiros. Provada a responsabilidade do condutor, o proprietário do veículo fica solidariamente responsável pela reparação do dano, como criador do risco para os seus semelhantes" (STJ, RESP 577.902/DF, rel. Min. Antônio de Pádua Ribeiro, rel. p/ Acórdão Min. Nancy Andrighi, 3.ª T., j. 13.06.2006); **B:** correta, pois a solidariedade não se presume, resulta da lei ou da vontade das partes (CC, art. 265) e tal responsabilidade solidária não está configurada na lei; **C:** incorreta, pois analisando casos similares, o STJ publicou a Súmula 132, segundo a qual "a ausência de registro da transferência não implica a responsabilidade do antigo proprietário por dano resultante de acidente que envolva o veículo alienado"; **D:** incorreta, pois o detentor ostenta responsabilidade objetiva pelos danos causados pelo animal a terceiros (CC, art. 936); **E:** incorreta, pois o locatário ostenta a posse direta do bem.

Gabarito "B".

(Magistratura Federal/3ª região – 2011 – CESPE) Considerando demanda promovida pela União contra advogado de seus quadros que perdeu o prazo para interpor recurso contra decisão desfavorável em mandado de segurança e permitiu o trânsito em julgado da referida decisão, assinale a opção correta.

(A) A reparação possível tem caráter moral e exige prova de que a imagem pública da autoridade identificada como coatora foi atingida.
(B) A reparação devida em razão da procedência da ação deverá abranger danos materiais atinentes à possibilidade de sucesso perdida pela não observância do prazo recursal.
(C) A responsabilidade do advogado é objetiva, já que atuava em nome da administração pública no momento em que perdeu o prazo para o recurso.
(D) O provimento do pedido deve prever a reversão aos cofres públicos exatamente daquilo que foi perdido em razão do trânsito em julgado da decisão não recorrida.
(E) Não existe direito à reparação de danos caso não reste provado que a jurisprudência se encontrava uniformizada em sentido contrário ao da decisão não recorrida.

A: incorreta, pois o dano em questão não é de natureza moral e sim material, em virtude do que deixou a União de receber por conta da omissão do procurador; **B:** correta, pois a alternativa versa sobre a responsabilidade civil pela perda de uma chance, cujo exemplo típico é a não interposição pelo advogado – no prazo processual – de peças de defesa em favor do seu cliente. Nesse tipo de situação será inevitável que – na demanda entre cliente e advogado e na qual se analisa a perda da chance – ocorra uma análise das reais chances que o cliente teria de ser bem sucedido na demanda anterior, na qual o prazo não foi observado pelo profissional da advocacia. Com isso tem-se curiosa, mas inevitável situação, pois o juiz do segundo processo deverá obrigatoriamente analisar a viabilidade da primeira demanda. Após tal análise, o juiz poderá então reconhecer se efetivamente houve uma chance desperdiçada pelo advogado; **C:** incorreta, pois a responsabilidade do advogado, ainda que atuando em defesa da União, não se enquadra na natureza objetiva; **D:** incorreta, pois deve-se ainda somar a tal valor eventuais prejuízos extras decorrentes da não interposição do recurso, além de juros e atualização monetária; **E:** incorreta, pois não se exige a prova de posicionamento contrário ao da decisão não recorrida.

Gabarito "B".

5.2. INDENIZAÇÃO

(Procurador do Município/Manaus – 2018 – CESPE) De acordo com a jurisprudência do STJ e as disposições do Código Civil, julgue os itens a seguir, acerca da responsabilidade civil.

(1) A sanção civil de pagamento em dobro por cobrança de dívida já adimplida pode ser pleiteada na defesa do réu, independentemente da propositura de ação autônoma ou de reconvenção para tanto.
(2) Uma vez ajuizada ação de cobrança de dívida já paga, o direito do requerido à restituição em dobro prescindirá da demonstração de má-fé do autor da cobrança.

1: certa. O STJ fixou a tese em recurso repetitivo ao julgar recursos especiais de consórcio e consorciados acerca do tema. Destacando a importância de se resguardar a boa-fé nas relações jurídicas, e o fato de que ***o Estado utiliza-se de sua força de império para reprimir o litigante que pede coisa já recebida***, concluiu-se que não há necessidade de propositura de ação autônoma ou manejo de reconvenção pelo credor (o consorciado no caso concreto). Recurso Especial: REsp 1111270 PR 2009/0015798-8; 2: errada, pois o STJ repetidamente exige a comprovação de má-fé, abuso ou leviandade: "Agravo interno. Agravo em recurso especial. Civil e processual. Repetição de indébito. Devolução em dobro. Má-fé. Comprovação. Necessidade. Reexame de provas. Súmula 7/STJ. Nos termos da jurisprudência da Segunda Seção do Superior Tribunal de Justiça, "[...] para se determinar a repetição do indébito em dobro deve estar comprovada a má-fé, o abuso ou leviandade, como determinam os artigos 940 do Código Civil e 42, parágrafo único, do Código de Defesa do Consumidor, o que não ocorreu na espécie, porquanto, segundo o Tribunal ***a quo***, o tema da repetição em dobro sequer foi devolvida para apreciação" (AgInt no AgRg no AREsp 730.415/RS, Rel. Ministra Maria Isabel Gallotti, Quarta Turma, julgado em 17.04.2018, DJe 23.04.2018)". GR

Gabarito 1C, 2E

(Juiz de Direito/DF – 2016 – CESPE) A respeito da responsabilidade civil, assinale a opção correta.

(A) De acordo com o Código Civil, a possibilidade legal de redução equitativa da indenização pelo juiz é aplicável às hipóteses de responsabilidade subjetiva e objetiva.
(B) Se houver concorrência de culpas e danos a ambas as partes, cada qual deve arcar com seus respectivos prejuízos.
(C) Nos termos explicitados no Código Civil, a gradação de culpa possui relevância para a configuração do ato ilícito.
(D) Segundo a atual orientação do STJ, a reparação pela lesão extrapatrimonial deve seguir o método denominado bifásico na aferição do valor da indenização.
(E) Conforme jurisprudência prevalente do STJ, a cobrança indevida já traz em si a ilicitude, bastando a prova de que se deu por meio judicial para se impor a devolução em dobro, prevista no Código Civil.

A: incorreta, pois a possibilidade de redução equitativa da indenização (CC, art. 944, parágrafo único) só é admitida se houver "*excessiva desproporção entre a gravidade da culpa e o dano*". Logo, a culpa é elemento essencial para tal redução; **B:** incorreta, pois nesse caso deverá ser fixada uma indenização específica para cada agente, de acordo com a gravidade de sua conduta (CC, art. 945); **C:** incorreta, pois a gradação da culpa tem relevância para fixação do valor da indenização, mas não para a configuração do ato ilícito (CC, art. 944, parágrafo único); **D:** correta, pois o STJ adota com frequência esse método bifásico. Segundo a própria Corte, "*Na primeira fase, o valor básico ou inicial da indenização é arbitrado tendo-se em conta o interesse jurídico lesado, em conformidade com os precedentes jurisprudenciais acerca da matéria [...] Na segunda fase, ajusta-se o valor às peculiaridades do caso, com base nas suas circunstâncias (gravidade do fato em si, culpabilidade do agente, culpa concorrente da vítima, condição econômica das* *partes), procedendo-se à fixação definitiva da indenização, por meio de arbitramento equitativo pelo juiz*" (RESP 1332366/MS); **E:** incorreta, pois "a repetição do indébito em dobro pressupõe cobrança indevida por má-fé do credor" (AgInt no REsp 1572392/RS).

Gabarito "D".

(Magistratura Federal/2ª região – 2011 – CESPE) No que se refere ao dano moral, assinale a opção correta.

(A) O inadimplemento contratual está fora do âmbito da indenização por danos morais.
(B) A gravidade do dano deve ser medida por padrão objetivo e em função da tutela do direito.
(C) De acordo com o STJ, o dano estético insere-se na categoria de dano moral e não é passível de indenização em separado.
(D) A capacidade econômica da vítima não pode ser utilizada como parâmetro para arbitramento do dano moral.
(E) De acordo com o STJ, a absolvição criminal por insuficiência de prova enseja indenização por danos morais.

A: incorreta, pois o inadimplemento contratual pode gerar danos morais e sua consequente indenização; **B:** correta, pois a mensuração do dano exige um padrão de averiguação média na sociedade para se concluir se a hipótese é efetivamente de dano ou de mero dissabor não indenizável; **C:** incorreta, pois pertencentes a categorias autônomas. Tanto assim que a Súmula 387 do STJ dispõe que "é lícita a cumulação das indenizações de dano estético e dano moral"; **D:** incorreta, pois a capacidade econômica da vítima é um dos critérios utilizados para quantificar o valor do dano moral, evitando que a indenização seja diminuta a ponto de não atenuar a dor sofrida e também que seja de altíssima monta, a ponto de a sociedade passar a desejar a ocorrência de danos morais, como se fossem jogos de loteria; **E:** incorreta, pois o entendimento do STJ é no sentido de que "não é cabível indenização por danos morais e materiais, em face de posterior absolvição na ação penal" (AgRg no AREsp 161.617/SP, rel. Min. Cesar Asfor Rocha, 2.ª T., j. 19.06.2012).

Gabarito "B".

6. COISAS

(Delegado/PE – 2016 – CESPE) O direito real, que se notabiliza por autorizar que seu titular retire de coisa alheia os frutos e as utilidades que dela advierem, denomina-se

(A) usufruto.
(B) uso.
(C) habitação.
(D) propriedade.
(E) servidão.

A: correta (art. 1.390, parte final, do CC); **B:** incorreta, pois no uso só se admite o uso da coisa e a percepção de frutos limitada às exigências das necessidades do usuário e de sua família (art. 1.412, *caput*, do CC), diferentemente do usufruto que permite fruição sem esse tipo de limite; **C:** incorreta, pois na habitação só se admite o direito de habitar a coisa, não podendo haver fruição desta (art. 1.414 do CC); **D:** incorreta, pois na propriedade o direito não é sobre "coisa alheia", mas sim sobre "coisa própria", admitindo-se não só a fruição da coisa, mas também a sua alienação e a sua reivindicação; **E:** incorreta, pois esta é um direito real (art. 1.378 do CC) que proporciona uma utilidade de um prédio (serviente) em favor de outro (dominante), não havendo que se falar em retirada de frutos típica de usufruto.

Gabarito "A".

(Juiz de Direito/DF – 2016 – CESPE) A respeito da posse e do direito das coisas, assinale a opção correta.

(A) A posse *ad interdicta* dá ensejo à prescrição aquisitiva originária pela usucapião.
(B) A propriedade, conforme disposição legal, incide exclusivamente sobre bens corpóreos.
(C) A resolução da propriedade determinada por causa originária, prevista no título, produzirá efeitos *ex nunc* e *inter partes*.
(D) A sentença que reconhece a usucapião tem natureza constitutiva.
(E) A posse pode ser adquirida por terceiro, sem mandato do pretendente, caso em que a aquisição depende de ratificação.

A: incorreta, pois a posse *ad interdicta* apenas possibilita a defesa da posse pelos interditos possessórios; **B:** incorreta, pois a lei não restringe a propriedade aos bens corpóreos. A produção intelectual, por exemplo, é um bem incorpóreo titularizado pelo autor; **C:** incorreta, pois nessa hipótese a produção de efeitos é *extunc* e *erga omnes*. Se for decorrente de causa superveniente, será *ex nunc* e *inter partes* (Enunciado 509 do CJF); **D:** incorreta, pois a sentença de usucapião tem natureza declaratória; **E:** correta, pois tal forma de aquisição da posse é prevista pelo Código Civil no art. 1.205, III.

Gabarito "E".

(Juiz de Direito/AM – 2016 – CESPE) Acerca da posse, dos direitos reais e dos direitos reais de garantia, assinale a opção correta à luz da legislação e da jurisprudência.

(A) O usufrutuário tem o direito de ceder o exercício do usufruto, a título gratuito ou oneroso, independentemente de autorização do nu-proprietário.
(B) O penhor industrial deve ser constituído mediante a lavratura de instrumento público ou particular e levado a registro no cartório de títulos e documentos.
(C) O ocupante irregular de bem público tem direito de retenção pelas benfeitorias realizadas se provar que foram feitas de boa-fé.
(D) Quando da constituição de penhor, anticrese ou hipoteca, admite-se a imposição de cláusula comissória no contrato.
(E) A decisão judicial que reconhece a aquisição da propriedade de bem imóvel por usucapião, a despeito dos efeitos *ex tunc*, não prevalece sobre a hipoteca judicial que tenha anteriormente gravado o bem.

A: correta, pois a cessão do exercício do usufruto é permitida pelo art. 1.393 do Código Civil. É evidente, neste caso, que a extinção do usufruto (que normalmente ocorre com a morte do usufrutuário) faz consolidar a propriedade nas mãos do nu-proprietário, o que acarreta a extinção do exercício concedido; **B:** incorreta, pois a exigência de registro no Cartório de Títulos e Documentos restringe-se ao penhor comum (CC, art. 1.432), ao penhor de direito (CC, art. 1.452) e ao penhor de veículos (CC, art. 1.462); **C:** incorreta, pois o direito de retenção conferido ao possuidor de boa-fé aplica-se apenas às benfeitorias necessárias e úteis (CC, art. 1.219); **D:** incorreta, pois a cláusula comissória nesses direitos reais de garantia é aquela que "autoriza o credor pignoratício, anticrético ou hipotecário a ficar com o objeto da garantia, se a dívida não for paga no vencimento". Tal cláusula é nula segundo o art. 1.428 do CC; **E:** incorreta, pois é legal a decisão que: "*reconhece ser a usucapião modo originário de aquisição da propriedade e, portanto, prevalente sobre os direitos reais de garantia que anteriormente gravavam a coisa*" (STJ, REsp 620610/DF).

Gabarito "A".

6.1. POSSE

6.1.1. POSSE E SUA CLASSIFICAÇÃO

Tendo em vista existência de elementos doutrinários no que concerne ao conceito de posse e à sua classificação, seguem algumas definições, que poderão colaborar na resolução de questões:

1. Conceito de posse: é o exercício, pleno ou não, de algum dos poderes inerentes à propriedade (art. 1.196, CC). É a exteriorização da propriedade, ou seja, a visibilidade da propriedade. Os poderes inerentes à propriedade são usar, gozar e dispor da coisa, bem como reavê-la (art. 1.228). Assim, se alguém estiver, por exemplo, usando uma coisa, como o locatário e o comodatário, pode-se dizer que está exercendo posse sobre o bem.

2. Teoria adotada: há duas teorias sobre a posse. A primeira é a **Teoria Objetiva** (de Ihering), para a qual a posse se configura com a mera conduta de dono, pouco importando a apreensão física da coisa e a vontade de ser dono dela. Já a segunda, a **Teoria Subjetiva** (de Savigny), entende que a posse só se configura se houver a apreensão física da coisa (*corpus*), mais a vontade de tê-la como própria *(animus domini)*. Nosso CC adotou a Teoria Objetiva de Ihering, pois não trouxe como requisito para a configuração da posse a apreensão física da coisa ou a vontade de ser dono dela. Exige tão somente a conduta de proprietário.

3. Detenção: é aquela situação em que alguém conserva a posse em nome de outro e em cumprimento às suas ordens e instruções. Ex: caseiro, em relação ao imóvel de que cuida, e funcionário público, em relação aos móveis da repartição. A detenção não é posse, portanto não confere ao detentor direitos decorrentes desta.

4. Classificação da posse.

4.1. Posse direta e indireta: quanto ao campo de seu exercício (art. 1.197, CC).

(A) posse indireta: é aquela exercida por quem cedeu, temporariamente, o uso ou o gozo da coisa a outra pessoa. São exemplos: a posse exercida pelo locador, nu-proprietário, comodante e depositante. O possuidor indireto ou mediato pode se valer da proteção possessória.

(B) posse direta: é aquela exercida por quem recebeu o bem, temporariamente, para usá-lo ou gozá-lo, em virtude de direito pessoal ou real.

4.2. Posse individual e composse: quanto à simultaneidade de seu exercício (art. 1.199, CC).

(A) posse individual: é aquela exercida por apenas uma pessoa.

(B) composse: é a posse exercida por duas ou mais pessoas sobre coisa indivisa. Exemplos: a posse dos cônjuges sobre o patrimônio comum e a posse dos herdeiros antes da partilha. Na composse *pro diviso* há uma divisão de fato da coisa.

4.3. Posse justa e injusta: quanto à existência de vícios objetivos (art. 1.200, CC).

(A) posse justa: é aquela que não obtida de forma violenta, clandestina ou precária. Assim, é justa a posse não adquirida pela força física ou moral (não violenta), não estabelecida às ocultas (não clandestina) e não originada com abuso de confiança por parte de quem recebe a coisa com o dever de restituí-la (não precária). Perceba que os vícios equivalem, no Direito Penal, aos crimes de roubo, furto e apropriação indébita.

(B) posse injusta: é aquela originada do esbulho. Em caso de violência ou clandestinidade, a posse só passa a existir após a cessação da violência ou da clandestinidade (art. 1.208, CC). Já em caso de precariedade (ex.: um comodatário passa a se comportar como dono da coisa), a posse deixa de ser justa e passa a ser injusta diretamente. É importante ressaltar que, cessada a violência ou a clandestinidade, a posse passa a existir, mas o vício que a inquina faz com que o Direito a considere injusta. E, mesmo depois de um ano e dia, a posse continua injusta, só deixando de ter essa característica se houver aquisição da coisa, o que pode acontecer pela usucapião, por exemplo. A qualificação de posse injusta é relativa, valendo apenas em relação ao anterior possuidor da coisa. Em relação a todas as outras pessoas, o possuidor injusto pode defender a sua posse.

4.4. Posse de boa-fé e de má-fé: quanto à existência de vício subjetivo (art. 1.201, CC):

(A) posse de boa-fé: é aquela em que o possuidor ignora o vício ou o obstáculo que impede a aquisição da coisa. É de boa-fé a posse daquele que crê que a adquiriu de quem legitimamente a possuía. Presume-se de boa-fé o possuidor com **justo título**, ou seja, aquele título que seria hábil para transferir o direito à posse, caso proviesse do verdadeiro possuidor ou proprietário da coisa.

(B) posse de má-fé: é aquela em que o possuidor tem ciência do vício ou do obstáculo que impede a aquisição da coisa. A posse de boa-fé pode se transmudar em posse de má-fé em caso de ciência posterior do vício. A citação para a demanda que visa à retomada da coisa tem o condão de alterar o caráter da posse.

Obs.: saber se a posse de alguém é de boa-fé ou de má-fé interfere no direito à indenização pelas benfeitorias feitas, no direito de retenção, no direito aos frutos, no prazo de prescrição aquisitiva (usucapião), na responsabilidade por deterioração da coisa etc.

4.5. Posse natural e jurídica: quanto à origem:

(A) posse natural: é a que decorre do exercício do poder de fato sobre a coisa.

(B) posse civil ou jurídica: é a que decorre de um título, não requerendo atos físicos ou materiais.

(Ministério Público/PI – 2014 – CESPE) Com base no que dispõe o Código Civil sobre posse, assinale a opção correta.

(A) Caracteriza-se como clandestina a posse adquirida via processo de ocultamento em relação àquele contra quem é praticado o apossamento, embora possa ser ele público para os demais. Por tal razão, a clandestinidade da posse é considerada defeito relativo.

(B) Na posse precária, o vício se inicia no momento em que o possuidor recebe a coisa com a obrigação de restituí-la ao proprietário ou ao possuidor legítimo.

(C) A ocupação de área pública, mesmo quando irregular, pode ser reconhecida como posse, podendo-se admitir desta o surgimento dos direitos de retenção e de indenização pelas acessões realizadas.

(D) É possível reconhecer a posse a quem não possa ser proprietário ou não possa gozar dos poderes inerentes à propriedade.

(E) É injusta a posse violenta, por meio da qual o usurpado seja obrigado a entregar a coisa para não ver concretizado o mal prometido, incluindo-se entre os atos de violência que tornam a posse injusta o temor reverencial e o exercício regular de um direito.

A: correta, pois o vício da clandestinidade mede-se justamente pela ocultação em relação à vítima. Enquanto durar a clandestinidade, o poder de fato do sujeito que detém a coisa será considerado pela lei como mera detenção (CC, art. 1.208); **B:** incorreta, pois a precariedade ocorre quando o possuidor de posse justa não devolve o bem no prazo estipulado. É o que ocorre com o comodatário, por exemplo, que se recusa a devolver o bem no prazo assinalado; **C:** incorreta, pois segundo a jurisprudência do STJ, "*A ocupação de área pública, quando irregular, não pode ser reconhecida como posse, mas como mera detenção*" (RESP 863939/RJ – Relatora: Ministra Eliana Calmon – Órgão Julgador: 2ª Turma: 04.11.2008); **D:** incorreta, pois o nosso sistema seguiu a teoria de Ihering, considerando como possuidor "*todo aquele que tem de fato o exercício, pleno ou não, de algum dos poderes inerentes à propriedade*" (CC, art. 1.196); **E:** incorreta, pois tanto o temor reverencial quanto o exercício regular de um direito não podem ser considerados como ameaça (CC, art. 153).

Gabarito "A".

(Analista – TJ/CE – 2013 – CESPE) No que se refere à posse, assinale a opção correta.

(A) Configura-se constituto-possessório quando o proprietário da coisa aliena esse direito e permanece na posse direta da coisa, de modo possuidor direto defender a sua posse contra o indireto o que aquele que possuía em seu próprio nome, passa a possuir em nome de outrem.

(B) A posse do imóvel não faz presumir a das coisas móveis que nele estiverem.

(C) A posse violenta ou clandestina é injusta, e a obtida a título precário pode ser considerada justa.

(D) O possuidor indireto é aquele que, achando-se em relação de dependência para com outro, conserva a posse em nome deste e em cumprimento de ordens ou de instruções suas.

(E) Dada a existência de relação de subordinação, o possuidor direto de um bem não pode defender a sua posse contra o possuidor indireto desse mesmo bem.

A: correta, pois o **constituto-possessório,** *que é aquela situação em que um possuidor em nome próprio passa a possuí-la em nome de outro, adquirindo a posse indireta da coisa.* É o caso do dono que vende a coisa e passa a nela ficar como locatário ou comodatário. Sobre o assunto, cita-se Enunciado n. 77 JDC/CJF: *A posse das coisas móveis e imóveis também pode ser transmitida pelo constituto possessório.* **B**: incorreta, pois a posse do imóvel *faz* presumir, até prova contrária, a das coisas móveis que nele estiverem (art. 1.209 do CC); **C**: incorreta, pois tanto a posse violenta, como a clandestina, como a precária são injustas (art. 1.299 do CC); **D**: incorreta, pois este é o conceito de detentor (art. 1.198 "caput" do CC). Posse indireta é aquela exercida por quem cedeu, temporariamente, o uso ou o gozo da coisa a outra pessoa; **E**: incorreta, pois o possuidor direto defender a sua posse contra o indireto, não existindo tal relação de subordinação (art. 1.197 do CC).

Gabarito "A".

(Magistratura/BA – 2012 – CESPE) A respeito da posse, assinale a opção correta.

(A) Pode haver desdobramento de posse direta, como ocorre, por exemplo, na sublocação de imóvel.

(B) A posse indireta cabe apenas ao proprietário do imóvel.

(C) Como *longa manus* do possuidor, o detentor da posse poderá ajuizar possessória em caso de esbulho.

(D) Bens públicos não são passíveis de posse particular.

(E) Somente haverá composse quando o condomínio for *pro indiviso*.

A: incorreta, pois nesse caso não ocorre desdobramento da posse direta. O sublocatário terá posse direta enquanto que o locatário e o locador permanecerão com a posse indireta; **B:** incorreta, pois é perfeitamente possível que outras pessoas ostentem posse indireta, como é o caso do nu-proprietário, bem como do locatário que subloca o imóvel; **C:** incorreta, pois o detentor não ostenta o direito de ajuizar ações possessórias; **D:** incorreta, pois embora os bens públicos não sejam passíveis de usucapião, eles são passíveis de posse particular como ocorre, por exemplo, na cessão de bem público a particular; **E:** correta, pois a ideia de condomínio "pro diviso" acaba por criar duas posses específicas para os possuidores e não a composse.

Gabarito "E"

(Defensor Público/TO – 2013 – CESPE) Com relação a posse, assinale a opção correta.

(A) Nas ações possessórias, é indispensável a outorga uxória no polo ativo, assim como o litisconsórcio é necessário no polo passivo da demanda.

(B) As teorias sociológicas da posse conferem primazia aos valores sociais nela impregnados, como um poder fático de ingerência socioeconômica concreta sobre a coisa, com autonomia em relação à propriedade e aos direitos reais.

(C) Tanto na teoria subjetiva quanto na objetiva, a posse é caracterizada como a conjugação do elemento *corpus* com o elemento *animus*, caracterizando-se o *animus*, na primeira, como a vontade de ser dono, o *animus domini*, e, na segunda, referindo-se à própria coisa, o *animus rem sibi habendi*.

(D) A natureza jurídica da posse é a de direito real, haja vista que uma de suas características é a oponibilidade *erga omnes*, inclusive contra o proprietário.

(E) O direito de sequela do possuidor é absoluto, cedendo apenas ante o direito de propriedade por meio da ação reivindicatória, bem como ante a boa-fé de terceiros, o que se justifica pelo fato de não ser conferida à posse a mesma publicidade conferida à propriedade pelo registro ou tradição.

A: incorreta. Nas ações possessórias, a participação do cônjuge do autor ou do réu somente é indispensável nos casos de composse ou de ato praticado por ambos (art. 10, § 2º, do antigo CPC; art. 73, § 2º, do novo CPC); **B:** correta. Está de acordo com o entendimento doutrinário sobre a teoria sociológica da posse – por esta teoria, o direito de posse só se legitima pelo seu exercício, seja para fins econômicos ou não; **C:** incorreta. A intenção de ter a coisa como proprietário (*animus domini*) ou de ter a coisa para si (*animus rem sibi habendi*) são requisitos da teoria subjetiva. Na teoria objetiva, há apenas o *animus tenendi* (intenção de usar) que se revela no comportamento do agente: no uso da coisa (*corpus*). É por esta razão que muitos autores afirmam não existir o elemento subjetivo (*animus*) na teoria objetiva; **D:** incorreta. A natureza jurídica da posse é objeto de profunda controversa doutrinária, mas podemos afirmar que o legislador não a considerou como direito real, pois deixou a posse de fora do rol do art. 1.225 do CC; **E:** incorreta. O direito de posse não cede, em regra, diante do direito de propriedade. Neste sentido, o art. 1.210, § 2º do CC, dispõe que "não obsta à manutenção ou reintegração na posse a alegação de propriedade, ou de outro direito sobre a coisa".

Gabarito "B"

(Defensor Público/AC – 2012 – CESPE) Com relação ao instituto da posse, assinale a opção correta.

(A) Ao conceituar a posse da mesma forma que seu antecessor, o Código Civil vigente filia-se à teoria subjetiva da posse.

(B) Possuidor indireto é aquele que detém poder físico sobre a coisa, mas apenas em cumprimento de ordens ou instruções emanadas do possuidor direto ou de seu proprietário.

(C) No constituto possessório, há inversão no título da posse com base em relação jurídica: aquele que possuía em nome alheio passa a possuir em nome próprio, remanescendo o seu poder material sobre a coisa.

(D) Ao possuidor de má-fé é facultado o ressarcimento por benfeitorias necessárias e úteis; contudo, esse possuidor jamais obterá direito de retenção sobre as benfeitorias que tenha realizado.

(E) Segundo entendimento jurisprudencial do STJ, não é possível a posse de bem público, pois sua ocupação irregular representa mera detenção de natureza precária; portanto, na ação reivindicatória ajuizada pelo ente público, não há que se falar em direito de retenção de benfeitorias, o qual pressupõe a existência de posse.

A: incorreta. Assim como seu antecessor, o Código Civil de 2002 adotou a teoria objetiva da posse como a regra do sistema (art. 1.196 do CC): "considera-se possuidor todo aquele que tem de fato o exercício, pleno ou não, de algum dos poderes inerentes à propriedade"; **B:** incorreta, pois quem detém o poder físico da coisa sobre cumprimento de ordem de outrem é o detentor (art. 1.198 do CC); **C:** incorreta. No constituto possessório aquele que possuía o bem em próprio nome, passa a possuir em nome alheio. Contrariamente, na *traditio brevi manu*, aquele que possuía em nome alheio, passa a possuir em nome próprio; **D:** incorreta. O possuidor de má-fé somente pode reclamar indenização pelas benfeitorias necessárias e não tem direito de retenção pela importância destas (art. 1.220 do CC); **E:** correta, pois, conforme o entendimento do STJ, "a impossibilidade de se reconhecer a posse de imóvel público afasta o direito de retenção pelas benfeitorias realizadas" (AgRg no AgRg no AREsp 66.538/PA, Rel. Min. Antonio Carlos Ferreira, julgado em 18.12.2012).

Gabarito "E"

(Delegado/ES – 2011 – CESPE) A respeito da posse e da servidão, julgue o item a seguir.

(1) Família que resida há mais de cinco anos em terra pública, de forma irregular, terá a posse precária dessa terra, mas poderá utilizar os interditos possessórios.

1: errada, a pessoa que invadir área pública é considerada mera detentora e não possuidora. Assim, não pode se valer dos interditos possessórios (ex: reintegração de posse)

Gabarito 1E

6.1.2. AQUISIÇÃO E PERDA DA POSSE

O tema em tela trata da aquisição da posse. Por se tratar de tema que envolve, além de questões legais, elementos doutrinários, segue um resumo que colaborará na resolução da presente questão e de outras por vir.

Aquisição e perda da posse.

(1) Aquisição da posse:

1. (1) Conceito: *adquire-se a posse desde o momento em que se torna possível o exercício, em nome próprio, de qualquer dos poderes inerentes à propriedade* (art. 1.204, CC).

1. (2) Aquisição originária: *é aquela que não guarda vínculo com a posse anterior.* Ocorre nos casos de: **a) apreensão,** *que consiste na apropriação unilateral da coisa sem dono* (abandonada – *res derelicta*, ou de ninguém – *res nullius*) *ou na retirada da coisa de outrem sem sua permissão* (cessada a violência ou a clandestinidade); **b) exercício do direito**, como no caso da servidão constituída pela passagem de um aqueduto em terreno alheio; **c) disposição**, que consiste em alguém dar uma coisa ou um direito, situação que revela o exercício de um poder de fato (posse) sobre a coisa.

1. (3) Aquisição derivada: *é aquela que guarda vínculo com a posse anterior.* Nesse caso, a posse vem gravada dos eventuais vícios da posse anterior. Essa regra vale para a sucessão a título universal (art. 1.206, CC), mas é abrandada na sucessão a título singular (art. 1.207, CC). Ocorre nos casos de **tradição**, *que consiste na transferência da posse de uma pessoa para outra, pressupondo acordo de vontades.* A tradição pode ser de três tipos:

(A) tradição real: *é aquela em que há a entrega efetiva, material da coisa.* Ex.: entrega de um eletrodoméstico para o comprador. No caso de aquisição de grandes imóveis, não há a necessidade de se colocar fisicamente a mão sobre toda a propriedade, bastando a referência a ela no título. Trata-se da chamada *traditio longa manu.*

(B) tradição simbólica: *é aquela representada por ato que traduz a entrega da coisa.* Exemplo: entrega das chaves de uma casa.

(C) tradição consensual: *é aquela decorrente de contrato, de acordo de vontades.* Aqui temos duas possibilidades. A primeira é a *traditio brevi manu*, *que é aquela situação em que um possuidor, em nome alheio, passa a possuir a coisa em nome próprio.* É o caso do locatário que adquire a coisa. Já a segunda é o **constituto possessório**, *que é aquela situação em que um possuidor em nome próprio passa a possuí-la em nome de outro, adquirindo este a posse indireta da coisa.* É o caso do dono que vende a coisa e nela permanece como locatário ou comodatário.

(2) Perda da posse:

2. (1) Conceito: *perde-se a posse quando cessa, embora contra a vontade do possuidor, o poder sobre o bem.* É importante ressaltar, quanto ao ausente (no sentido de não ter presenciado o esbulho), que este só perde a posse quando, tendo notícia desta, abstém-se de retomar a coisa ou, tentando recuperá-la, é violentamente repelido (art. 1.224).

2.(2) Hipóteses de perda de posse: a) abandono: *é a situação em que o possuidor renuncia à posse, manifestando voluntariamente a intenção de largar o que lhe pertence;* ex.: quando alguém atira um objeto na rua; **b) tradição com intenção definitiva:** *é a entrega da coisa com o ânimo de transferi-la definitivamente a outrem;* se a entrega é transitória, não haverá perda total da posse, mas apenas perda temporária da posse direta, remanescendo a posse indireta; **c) destruição da coisa e sua colocação fora do comércio; d) pela posse de outrem:** nesse caso a perda da posse se dá por esbulho, podendo a posse perdida ser retomada.

(Ministério Público/SE – 2010 – CESPE) Adquire-se a posse

(A) pelo próprio interessado, seu representante ou procurador, terceiro sem mandato (independentemente de ratificação) e pelo constituto possessório.
(B) pelo próprio interessado, seu representante ou procurador, terceiro sem mandato (dependendo de ratificação) e pelo constituto possessório.
(C) pelo próprio interessado e pelo constituto possessório, apenas.
(D) pelo próprio interessado, seu representante ou procurador (dependendo de ratificação), terceiro sem mandato e pelo constituto possessório.
(E) pelo próprio interessado, seu representante ou procurador e por terceiro sem mandato (dependendo de ratificação), apenas.

Art. 1.205 c/c art. 1.267, parágrafo único, ambos do CC.

Gabarito "B".

6.1.3. EFEITOS DA POSSE

Efeitos da posse.

(1) Percepção dos frutos. Quando o legítimo possuidor retoma a coisa de outro possuidor, há de se resolver a questão dos frutos percebidos ou pendentes ao tempo da retomada. De acordo com o caráter da posse (de boa ou de má-fé), haverá ou não direitos para aquele que teve de entregar a posse da coisa. Antes de verificarmos essas regras, vale trazer algumas definições:

1.1. Conceito de frutos: *são utilidades da coisa que se reproduzem* (frutas, verduras, filhotes de animais, juros etc.). Diferem dos **produtos**, que *são as utilidades da coisa que não se reproduzem* (minerais, por exemplo).

1.2. Espécies de frutos quanto à sua natureza: a) civis (como os alugueres e os juros); **b)** naturais (como as maçãs de um pomar); e **c)** industriais (como as utilidades fabricadas por uma máquina).

1.3. Espécies de frutos quanto ao seu estado: a) pendentes (são os ainda unidos à coisa que os produziu); **b)** percebidos ou colhidos (são os já separados da coisa que os produziu); **c)** percebidos por antecipação (são os separados antes do momento certo); **d)** percepiendos (são os que deveriam ser colhidos e não foram); **e)** estantes (são os já separados e armazenados para venda); **f)** consumidos (são os que não existem mais porque foram utilizados).

1.4. Direitos do possuidor de boa-fé: tem direito aos frutos que tiver percebido enquanto estiver de boa-fé (art. 1.214, CC).

1.5. Inexistência de direitos ao possuidor de boa-fé: não tem direito às seguintes utilidades: **a)** aos frutos pendentes quando cessar a sua boa-fé; **b)** aos frutos percebidos antecipadamente, estando já de má-fé no momento em que deveriam ser colhidos; **c)** aos produtos, pois a lei não lhe confere esse direito, como faz com os frutos. De qualquer forma, é importante ressaltar que nos casos dos itens "a" e "b", apesar de ter de restituir os frutos colhidos ou o seu equivalente em dinheiro, terá direito de deduzir do que deve as despesas com a produção e o custeio.

1.6. Situação do possuidor de má-fé: este responde por todos os frutos colhidos e percebidos, bem como pelos que, por sua culpa, deixou de perceber, desde o momento em que se constituiu de má-fé. Todavia, tem direito às despesas de produção e custeio (art. 1.216, CC), em virtude do princípio do não enriquecimento sem causa.

(2) Responsabilidade por perda ou deterioração da coisa. Quando o legítimo possuidor retoma a coisa de outro possuidor, também há de se resolver a questão referente à eventual perda ou destruição da coisa.

2.1. Responsabilidade do possuidor de boa-fé: não responde pela perda ou deterioração à qual não der causa.

2.2. Responsabilidade do possuidor de má-fé: como regra, responde pela perda ou deterioração da coisa, só se eximindo de tal responsabilidade se provar que de igual modo esse acontecimento se daria, caso a coisa estivesse com o reivindicante dela. Um exemplo de exoneração da responsabilidade é a deterioração da coisa em virtude de um raio que cai sobre a casa.

(3) Indenização por benfeitorias e direito de retenção. Outra questão importante a ser verificada quando da retomada da coisa pelo legítimo possuidor é a atinente a eventual benfeitoria feita pelo possuidor que o antecedeu. De acordo com o caráter da posse (de boa ou de má-fé), haverá ou não direitos para aquele que teve de entregar a posse da coisa. Antes de verificarmos essas regras, é imperativo trazer algumas definições.

3.1. Conceito de benfeitorias: *são os melhoramentos feitos em coisa já existente.* São bens acessórios. Diferem da **acessão**, que *é a criação de coisa nova.* Uma casa construída no solo é acessão, pois é coisa nova; já uma garagem construída numa casa pronta é benfeitoria, pois é um melhoramento em coisa já existente.

3.2. Espécies de benfeitorias: a) benfeitorias necessárias *são as que se destinam à conservação da coisa* (ex.: troca do forro da casa, em virtude do risco de cair); **b)** benfeitorias úteis *são as que aumentam ou facilitam o uso de uma coisa* (ex.: construção de mais um quarto numa casa pronta); **c)** benfeitorias voluptuárias *são as de mero deleite ou recreio* (ex.: construção de uma fonte luminosa na entrada de uma casa).

3.3. Direitos do possuidor de boa-fé: tem direito à **indenização** pelas benfeitorias necessárias e úteis que tiver feito, podendo, ainda, levantar as voluptuárias, desde que não deteriore a coisa. A indenização se dará pelo valor atual da benfeitoria. Outro direito do possuidor de boa-fé é o de retenção da coisa, enquanto não for indenizado. Significa que o possuidor não é obrigado a entregar a coisa enquanto não for ressarcido. O direito deve ser exercido no momento da contestação da ação que visa à retomada da coisa, devendo o juiz se pronunciar sobre a sua existência. Trata-se de um excelente meio de coerção para recebimento da indenização devida. Constitui verdadeiro direito real, pois não se converte em perdas e danos.

3.4. Direitos do possuidor de má-fé: tem direito apenas ao ressarcimento das benfeitorias necessárias que tiver feito, não podendo retirar as voluptuárias. Trata-se de uma punição a ele imposta, que só é ressarcido pelas benfeitorias necessárias, pois são despesas que até o possuidor legítimo teria de fazer. O retomante escolherá se pretende indenizar pelo valor atual ou pelo custo da benfeitoria. O possuidor de má-fé não tem direito de retenção da coisa enquanto não indenizado pelas benfeitorias necessárias que eventualmente tiver realizado.

(4) Usucapião. A posse prolongada, desde que preenchidos outros requisitos legais, dá ensejo a outro efeito da posse, que é a aquisição da coisa pela usucapião.

(5) Proteção possessória. A posse também tem o efeito de gerar o direito de o possuidor defendê-la contra a perturbação e a privação de seu exercício, provocadas por terceiro. Existem dois tipos de proteção possessória previstos em lei, a autoproteção e a heteroproteção.

5.1. Autoproteção da posse. A lei confere ao possuidor o direito de, por si só, proteger a sua posse, daí porque falar-se em autoproteção. Essa proteção não pode ir além do indispensável à restituição (art. 1.210, CC). Há duas situações em que isso ocorre:

(A) legítima defesa da posse: consiste no direito de autoproteção da posse no caso do possuidor, apesar de presente na coisa, estar sendo perturbado. Repare que não chegou a haver perda da coisa.

(B) desforço imediato: consiste no direito de autoproteção da posse no caso de esbulho, de perda da coisa. Repare que a vítima chega a perder a coisa. A lei só permite o desforço imediato se a vítima do esbulho "agir logo", ou seja, agir imediatamente após a agressão ("no calor dos acontecimentos") ou logo que possa agir. Aquele que está ausente (não presenciou o esbulho) só perderá esse direito se não agir logo após tomar conhecimento da agressão à sua posse (art. 1.224, CC).

5.2. Heteroproteção da posse. Trata-se da proteção feita pelo Estado Juiz, provocado por quem sofre a agressão na sua posse. Essa proteção tem o nome de interdito possessório e pode ser de três espécies: interdito proibitório, manutenção de posse e reintegração de posse. Antes de analisarmos cada um deles, é importante verificar suas características comuns.

5.2.1. Características dos interditos possessórios:

(A) fungibilidade: o juiz, ao conhecer de pedido possessório, pode outorgar proteção legal ainda que o pedido originário não corresponda à situação de fato provada em juízo. Assim, caso se ingresse com ação de manutenção de posse e os fatos comprovam que a ação adequada é a de reintegração de posse, o juiz pode determinar a reintegração, conhecendo um pedido pelo outro (art. 920 do antigo CPC; art. 554, *caput*, do novo CPC).

(B) cumulação de pedidos: nas ações de reintegração e de manutenção de posse, a vítima pode reunir, além do pedido de *correção* da agressão (pedido possessório propriamente dito), os pedidos de condenação em *perdas e danos*, indenização dos frutos e imposição de medidas necessárias para evitar nova turbação ou esbulho, ou para cumprir-se a tutela provisória ou final (art. 921 do antigo CPC; art. 555 do novo CPC).

(C) caráter dúplice: o réu também pode pedir a proteção possessória desde que, na contestação, alegue que foi ofendido na sua posse (art. 922 do antigo CPC; art. 556 do Novo CPC).

(D) impossibilidade de discussão do domínio: não se admite discussão de domínio em demanda possessória (arts. 1.210, § 2º, do CC, e 923 do antigo CPC; art. 557 no novo CPC), ou seja, ganha a ação quem provar que detinha previamente posse legítima da coisa. Essa discussão só cabe se a pretensão for deduzida em face de terceira pessoa.

5.2.2. Interdito proibitório:

(A) conceito: *é a ação de preceito cominatório utilizada para impedir agressões iminentes que ameaçam a posse de alguém* (arts. 932 e 933 do antigo CPC; arts. 567 e 568 do novo CPC). Trata-se de ação de caráter preventivo, manejada quando há justo receio de que a coisa esteja na iminência de ser turbada ou esbulhada, apesar de não ter ocorrido ainda ato material nesses dois sentidos, havendo apenas uma ameaça implícita ou expressa.

(B) ordem judicial: acolhendo o pedido, o juiz fixará uma pena pecuniária para incidir caso o réu descumpra a proibição de turbar ou esbulhar a área, daí o nome de interdito "proibitório". Segundo a Súmula 228 do STJ, não é admissível o interdito proibitório para a proteção de direito autoral.

5.2.3. Manutenção de posse:

(A) conceito: *é a ação utilizada para corrigir agressões que turbam a posse.* Trata-se de ação de caráter repressivo, manejada quando ocorre **turbação**, que é todo ato ou conduta que *embaraça* o livre exercício da posse. Vizinho que colhe frutos ou que implementa marcos na área de outro está cometendo turbação. Se a turbação é passada, ou seja, não está mais acontecendo, cabe apenas pedido indenizatório.

(B) ordem judicial: acolhendo pedido, o juiz expedirá mandado de manutenção de posse. As demais condenações (em perdas e danos, em pena para o caso de nova turbação e para desfazimento de construção ou plantação) dependem de pedido específico da parte interessada. A utilização do rito especial, que prevê liminar, depende se se trata de ação de força nova (promovida dentro de ano e dia da turbação).

5.2.4. Reintegração de posse:

(A) conceito: *é a ação utilizada para corrigir agressões que fazem cessar a posse de alguém.* Trata-se de ação de caráter repressivo, manejada quando ocorre **esbulho**, que é a privação de alguém da posse da coisa, contra a sua vontade. A ação também é chamada de *ação de força espoliativa.*

(B) requisitos: o autor deve provar a sua posse, o esbulho praticado pelo réu, a data do esbulho e a perda da posse.

(C) legitimidade ativa: é parte legítima para propor a ação o possuidor esbulhado, seja ele possuidor direto ou indireto. O mero detentor não tem legitimidade. Os sucessores a título universal continuam, de direito, a posse de seu antecessor, podendo ingressar com ação, ainda que o esbulho tenha ocorrido antes do falecimento do *de cujus*. Já ao sucessor singular é facultado unir sua posse à do seu antecessor, para efeitos legais (art. 1.207). Como regra, a lei não exige vênia conjugal para a propositura de demanda possessória (art. 10, § 2º). Em caso de condomínio de pessoas não casadas, a lei permite que cada um ingresse com ação isoladamente (art. 1.314, CC).

(D) legitimidade passiva: é parte legítima para sofrer a ação o autor do esbulho. Cabe também reintegração de posse contra terceiro que recebe a coisa sabendo que fora objeto de esbulho. Já contra terceiro que não sabia que a coisa fora objeto de esbulho, a ação adequada é a reivindicatória, em que se discutirá o domínio.

(E) ordem judicial: acolhendo o pedido, o juiz expedirá mandado de reintegração de posse. As demais condenações (em perdas e danos, em pena para o caso de nova turbação e para desfazimento de construção ou plantação) dependem de pedido específico da parte interessada. A utilização do rito especial, que prevê liminar, depende se se trata de ação de força nova (promovida dentro de ano e dia do esbulho). Após ano e dia do esbulho, deve-se promover a ação pelo rito ordinário, no qual poderá ser acolhido pedido de tutela antecipada, preenchidos seus requisitos, conforme entendimento do STJ e Enunciado CJF 238.

(Procurador do Município – Prefeitura Fortaleza/CE – CESPE – 2017) Com base na legislação processual e no Código Civil, julgue os seguintes itens, acerca de ações possessórias e servidão urbanística.

(1) No âmbito das ações possessórias, se houver pedido de reintegração de posse e a propriedade do imóvel for controvertida, o juiz deverá, em primeiro lugar, decidir quanto ao domínio do bem e, depois, conceder ou não a ordem de reintegração.

1: Incorreta: a ação possessória foi criada para ser um instrumento célere, cuja preocupação central do julgador seja apenas e tão somente a posse, ou seja, o exercício de fato de algum dos poderes inerentes à propriedade (CC, art. 1.196). A discussão de propriedade é proibida, pois atrapalharia o andamento do processo, tornando a possessória vagarosa. Daí a razão do art. 557 parágrafo único, segundo o qual: "*Não obsta à manutenção ou à reintegração de posse a alegação de propriedade ou de outro direito sobre a coisa*". GN

Gabarito 1E

(Cartório/PI – 2013 – CESPE) Assinale a opção correta acerca da posse e dos direitos reais.

(A) O direito real de servidão de trânsito exige a demonstração do encravamento do imóvel dominante por parte do interessado.

(B) É possível o reconhecimento da usucapião do usufruto de um bem imóvel àquele que o possua por longo tempo, ainda que não lhe adquira a propriedade.

(C) É lícito a um dos compossuidores transformar a comunhão pro indiviso em posse individual pro diviso por sua simples iniciativa.

(D) O compromisso de compra e venda só será considerado apto a ensejar a aquisição da propriedade por usucapião se tiver sido registrado.

(E) O registro da escritura de compra e venda de imóvel confere a condição de proprietário ao comprador com caráter ex tunc.

A: incorreta, pois o encravamento do imóvel (imóvel que não possui saída para a via pública) é requisito indispensável para a passagem forçada (CC, art. 1.285) e não para a servidão de trânsito, a qual facilita o trânsito ou acesso à via pública do dominante, utilizando para tanto parte do imóvel serviente; **B:** correta, pois a doutrina admite tal possibilidade, tendo em vista ser possível usucapir qualquer direito real no qual seja possível o exercício da posse. A hipótese não é comum, mas não pode ser descartada; **C:** incorreta, pois a transformação de uma composse pro indiviso, em posses autônomas pro diviso necessita de acordo de ambas as partes; **D:** incorreta, pois o compromisso de compra e venda pode ser considerado um justo título, ainda que não registrado, o que possibilita a futura aquisição por usucapião; **E:** incorreta, pois referido registro produz efeitos daquele momento em diante tendo, portanto, natureza *ex nunc.*

Gabarito "B"

6.2. DIREITOS REAIS E PESSOAIS

1. Conceito de Direito Real: *é o poder, direto e imediato, do titular sobre a coisa, com exclusividade e contra todos.* O direito real difere do direito pessoal, pois este gera uma relação entre pessoas determinadas (princípio da relatividade) e, em caso de violação, converte-se em perdas e danos. No direito real, ao contrário, seu titular pode perseguir a coisa sobre a qual tem poder, não tendo que se contentar com a conversão da situação em perdas e danos. O ponto em comum entre os direitos pessoais e os direitos reais é o fato de que integram a categoria dos direitos patrimoniais, diferente dos direitos da personalidade.

2. Princípios do direito real:

2.1. Princípio da aderência: *aquele pelo qual se estabelece um vínculo entre o sujeito e a coisa, independentemente da colaboração do sujeito passivo.*

2.2. Princípio do absolutismo: *aquele pelo qual os direitos reais são exercidos contra todos* (***erga omnes***). Por exemplo: quando alguém é proprietário de um imóvel, todos têm de respeitar esse direito. Daí surge o *direito de sequela* ou o ***jus persequendi***, pelo qual, violado o direito real, a vítima pode perseguir a coisa, ao invés de ter de se contentar com uma indenização por perdas e danos.

2.3. Princípio da publicidade (ou visibilidade): *aquele pelo qual os direitos reais só se adquirem depois do registro do título na matrícula (no caso de imóvel) ou da tradição (no caso de móvel).* Por ser o direito real oponível *erga omnes*, é necessária essa publicidade para que sejam constituídos.

2.4. Princípio da taxatividade: *aquele pelo qual o número de direitos reais é limitado pela lei.* Assim, por acordo de vontades não é possível criar uma nova modalidade de direito real, que são *numerus clausus*. Assim, está certa a afirmativa de que só são direitos reais aqueles que a lei, taxativamente, denominar como tal, enquanto que os direitos pessoais podem ser livremente criados pelas partes envolvidas (desde que não seja violada a lei, a moral ou os bons costumes), sendo, portanto, o seu número ilimitado.

2.5. Princípio da tipificação: *aquele pelo qual os direitos reais devem respeitar os tipos existentes em lei.* Assim, o acordo de vontades não tem o condão de modificar o regime jurídico básico dos direitos reais.

2.6. Princípio da perpetuidade: *aquele pelo qual os direitos reais não se perdem pelo decurso do tempo, salvo as exceções legais.* Esse princípio se aplica ao direito de propriedade. Os direitos pessoais, por sua vez, têm a marca da *transitoriedade*.

2.7. Princípio da exclusividade: *aquele pelo qual não pode haver direitos reais, de igual conteúdo, sobre a mesma coisa.* Exemplo: o nu-proprietário e o usufrutuário não têm direitos iguais quanto ao bem objeto do usufruto.

2.8. Princípio do desmembramento: *aquele que permite o desmembramento do direito matriz (propriedade), constituindo-se direitos reais sobre coisas alheias.* Ou seja, pelo princípio é possível desmembrar um direito real (propriedade, por exemplo) em outros direitos reais (uso, por exemplo).

(Juiz – TRF5 – 2017 – CESPE) Um devedor pretende transferir a seu credor, a título de garantia, a propriedade resolúvel de determinado bem móvel infungível.

Nessa situação,

(A) a garantia será desfeita caso o objeto já integre o patrimônio do devedor.

(B) a exigência de outras garantias será considerada cláusula não escrita.

(C) o credor poderá manter a coisa caso haja inadimplemento absoluto.

(D) o devedor poderá ceder o direito eventual que advém do contrato.

(E) a propriedade será constituída com a entrega ao credor da coisa que é objeto do contrato.

A: incorreta, pois caso o objeto já integre o patrimônio do devedor no momento da instituição da garantia, com mais razão ainda é que a garantia é válida e eficaz. O que pode acontecer é que o devedor adquira a propriedade superveniente do bem. Porém, mesmo nesse caso é eficaz, desde o arquivamento, a transferência da propriedade fiduciária (art. 1.361, § 3º, CC); **B:** incorreta, pois são admitidas outras garantias por ausência de vedação legal; **C:** incorreta, pois é nula a cláusula que autoriza o proprietário fiduciário a ficar com a coisa alienada em garantia, se a dívida não for paga no vencimento (art. 1.365 CC); **D:** correta, pois o devedor pode, com a anuência do credor, dar seu direito eventual à coisa em pagamento da dívida, após o vencimento desta (art. 1.365, parágrafo único, CC); **E:** incorreta, pois vencida a dívida, e não paga, fica o credor obrigado a vender, judicial ou extrajudicialmente, a coisa a terceiros, a aplicar o preço no pagamento de seu crédito e das despesas de cobrança, e a entregar o saldo, se houver, ao devedor (art. 1.364 CC). GR

Gabarito "D".

(Defensor Público – DPE/RN – 2016 – CESPE) No que se refere às disposições acerca de condomínio, aos direitos sobre coisa alheia e à propriedade fiduciária, assinale a opção correta.

(A) A alienação da nua propriedade em hasta pública é, segundo o Código Civil, causa de extinção do direito real de usufruto.

(B) Para o STJ, afronta o direito de propriedade e sua função social a decisão da assembleia geral de condôminos que determina a suspensão de serviços essenciais em decorrência da inadimplência de taxa condominial, já que o débito deve ser cobrado pelos meios legais.

(C) O Código Civil não veda ao condômino dar posse, uso ou gozo da propriedade a estranhos sem a prévia aquiescência dos demais condôminos.

(D) De acordo com a legislação civil, o direito de superfície pode ser transferido a terceiro mediante prévio pagamento do valor estipulado pelo concedente para a respectiva transferência.

(E) O contrato celebrado pelas partes que tenha por objeto a constituição da propriedade fiduciária poderá conter cláusula que autorize o proprietário fiduciário a ficar com a coisa alienada em garantia, caso a dívida não seja paga no vencimento.

A: incorreta. O direito de usufruto é real e daí decorre sua mais importante característica. Ele segue o titular da coisa, seja ele quem for. Assim, a venda da nua propriedade não pode afetar o titular do direito real de usufruto, ainda que a venda ocorra em hasta pública; **B:** correta, pois o STJ consolidou entendimento segundo o qual: "*O inadimplemento de taxas condominiais não autoriza a suspensão, por determinação da assembleia geral de condôminos, quanto ao uso de serviços essenciais, em clara afronta ao direito de propriedade e sua função social e à dignidade da pessoa humana, em detrimento da utilização de meios expressamente previstos em lei para a cobrança da dívida condominial*" (REsp 1401815/ES, Rel. Ministra Nancy Andrighi, Terceira Turma, julgado em 03/12/2013, DJe 13/12/2013); **C:** incorreta, pois o Código Civil (art. 1.314) é taxativo ao determinar que: "*Nenhum dos condôminos pode alterar a destinação da coisa comum, nem dar posse, uso ou gozo dela a estranhos, sem o consenso dos outros*"; **D:** incorreta, pois a transferência do direito de superfície é permitida pela lei e não se pode estipular "qualquer pagamento pela transferência" (CC, art. 1.372, parágrafo único); **E:** incorreta, pois: "*É nula a cláusula que autoriza o proprietário fiduciário a ficar com a coisa alienada em garantia, se a dívida não for paga no vencimento*" (CC, art. 1.365).

Gabarito "B".

(Cartório/RR – 2013 – CESPE) A respeito do direito das coisas, assinale a opção correta.

(A) A venda realizada por quem não seja dono não transfere a propriedade, exceto se o adquirente estiver de boa-fé.

(B) Em condomínio edilício, as partes suscetíveis de utilização independente, tais como apartamentos, escritórios, salas, lojas e sobrelojas, com as respectivas frações ideais no solo e nas outras partes comuns, sujeitam-se à propriedade exclusiva, podendo ser alienadas e gravadas livremente por seus proprietários, exceto os abrigos para veículos, que não poderão ser alienados ou alugados a pessoas estranhas ao condomínio, salvo autorização expressa na convenção de condomínio.

(C) O penhor rural constitui instrumento público ou particular, devendo ser registrado em cartório de títulos e documentos.

(D) Em relação ao fundamento jurídico da propriedade, prevalece a teoria da lei, defendida por Montesquieu, segundo a qual a propriedade é instituição do direito positivo, ou seja, existe porque a lei a criou e a garante.

(E) A usucapião é modo de aquisição da propriedade e de outros direitos reais pela posse prolongada da coisa, desde que respeitados os requisitos legais, bastando, para a configuração da usucapião tabular, basta o registro do título e o decurso do prazo de cinco anos antes de o registro ser cancelado.

A: incorreta, pois a boa-fé do adquirente não saneia a venda realizada por quem não era dono; **B:** correta, pois a assertiva apenas reproduz a regra disposta no art. 1.331 § 1º, já com a redação que lhe foi dada pela Lei nº 12.607, de 2012; **C:** incorreta, pois o Penhor Rural deve ser registrado perante o Cartório de Registro de Imóveis (CC, art. 1.438); **D:** incorreta, pois o direito de propriedade é um direito fundamental com previsão no art. 5º da Constituição Federal e sua noção antecede à lei. Esta apenas a regulamenta e disciplina; **E:** incorreta, pois a "*usucapião tabular tem como propósito proteger o proprietário que tinha o registro, o qual foi* *cancelado por vício de qualquer natureza*". O STJ, na única decisão a respeito do assunto, pronunciou-se no sentido de estabelecer o prazo de dez anos para sua configuração (REsp 1133451/SP, Rel. Ministra Nancy Andrighi, 3ª Turma, julgado em 27/03/2012, DJe 18/04/2012).

Gabarito "B"

6.3. PROPRIEDADE MÓVEL E IMÓVEL

(Defensor Público/PE – 2018 – CESPE) Francisco comprou, em janeiro de 2014, um lote de 240 m² de Antônio, que se apresentou como proprietário do imóvel. Francisco construiu uma casa de alvenaria, instalando-se no local com sua família. Depois de três anos de posse mansa e pacífica, Danilo, o verdadeiro proprietário, ajuizou ação para reaver a posse do imóvel. Só então, Francisco descobriu que fora vítima de uma fraude, pois Antônio havia falsificado os documentos para induzi-lo a erro.

Considerando essa situação hipotética, assinale a opção correta.

(A) Francisco não poderá adquirir o terreno mediante pagamento de indenização a Danilo, ainda que a construção exceda consideravelmente o valor do terreno.

(B) Não tendo observado a fraude no momento da contratação, Francisco não poderá pleitear indenização em face de Antônio.

(C) Danilo perderá o terreno em favor de Francisco, cabendo-lhe apenas o direito à indenização.

(D) Francisco adquiriu, em 2017, a propriedade do imóvel pela usucapião especial urbana, ficando, nesse caso, dispensado de pagar indenização a Danilo.

(E) Francisco, que agira de boa-fé, perderá em favor de Danilo os direitos sobre as construções realizadas no terreno, devendo, no entanto, ser indenizado.

A: incorreta, pois nos termos do art. 1.255, parágrafo único, do CC , se a construção exceder consideravelmente o valor do terreno, aquele que, de boa-fé edificou, adquirirá a propriedade do solo, mediante pagamento da indenização fixada judicialmente, se não houver acordo; **B:** incorreta, pois Francisco pode pleitear indenização em face de Antônio, uma vez que em decorrência da fraude houve enriquecimento ilícito por parte de Antônio. Nossa Lei coíbe o enriquecimento sem causa nos termos do art. 884, *caput,* CC: "Aquele que, sem justa causa, se enriquecer à custa de outrem, será obrigado a restituir o indevidamente auferido, feita a atualização dos valores monetários"; **C:** incorreta, Danilo não perderá o terreno em favor de Francisco, pois não se configurou nenhuma das causas de aquisição da propriedade imóvel por parte deste último (usucapião, art. 1.240 e seguintes; aquisição pelo registro do título, art. 1.245 e seguintes; acessão, art. 1.248; ilhas, art. 1.249; aluvião, art. 1.250; avulsão, art. 1.251; álveo abandonado, art. 1252; construções e plantações, art. 1.253 e seguintes, todos do CC); **D:** incorreta, pois ainda não se consumou o prazo de 5 anos da usucapião especial urbana (art. 1.240, "caput", CC); **E:** correta, pois aquele ou edifica em terreno alheio perde as construções em proveito do proprietário. Entretanto, se procedeu de boa-fé, terá direito a indenização (art. 1.255, "caput", CC).

Gabarito "E"

(Defensor Público/PE – 2018 – CESPE) Roberto abandonou o lar e sua companheira, Francisca, no Recife – PE e foi para São Paulo – SP, deixando um imóvel urbano de 120 m², adquirido onerosamente na constância da união estável, mas registrado no cartório de imóveis apenas no nome de Roberto. Francisca não tinha outra propriedade imóvel e residiu no local ininterruptamente e sem oposição. Após três anos, Roberto voltou ao Recife – PE com o propósito de retirar Francisca do imóvel.

Considerando essa situação hipotética, assinale a opção correta.

(A) Francisca não terá direito ao imóvel, uma vez que o bem estava registrado apenas no nome de Roberto.

(B) Francisca terá direito à metade do imóvel caso comprove que contribuiu financeiramente para a sua aquisição na constância da união estável.

(C) Roberto, por ter abandonado o lar, não terá direito ao imóvel, porque Francisca usucapiu o bem.

(D) Roberto terá direito ao imóvel, porque, para Francisca usucapir o bem, ela teria de atender ao requisito temporal mínimo de cinco anos.

(E) A residência do casal deverá ser partilhada na proporção de 50% para cada companheiro, tendo em vista que, em se tratando de união estável, aplica-se o regime de comunhão parcial de bens.

A: incorreta, pois ainda que o bem esteja registrado apenas no nome de Francisco, consumou-se o prazo de prescrição aquisitiva do imóvel por usucapião em favor de Francisca. Referida usucapião é a chamada "usucapião por abandono de lar conjugal", nos termos do art. 1.240-A do CC; **B:** incorreta, pois Francisca terá direto a integralidade do imóvel, independentemente de comprovação se contribuiu financeiramente ou não para a sua aquisição (art. 1.240-A do CC); **C:** correta, pois Francisca preenche todos os requisitos legais para a aquisição do imóvel por "usucapião por abandono de lar conjugal", quais sejam: mínimo 2 anos de posse direta e ininterrupta, exclusiva e sem oposição e imóvel urbano de até 250 m² que dividia com ex-companheiro, uso para fins de moradia da família, sem ter outro imóvel urbano ou rural (art. 1.240-A do CC); **D:** incorreta, pois o requisito temporal é de 2 anos e já foi preenchido (art. 1.240-A do CC); **E:** incorreta, pois Francisca terá direito a integralidade do imóvel, uma vez que sobre este assunto existe regra específica (art. 1.240-A). Referente às demais implicações da dissolução da união estável, daí sim se aplicam as regras gerais (art. 1.725 do CC).

Gabarito "C"

(Defensor Público/AL – 2017 – CESPE) Jonatas adquiriu de Carlos, mediante contrato de compra e venda, um veículo usado de alto valor, cujos acessórios eram de valor insignificante. Seis meses após a aquisição do bem, Jonatas perdeu a propriedade do veículo em virtude de sentença judicial transitada em julgado, em processo movido por José contra Carlos.

No que se refere a essa situação hipotética, assinale a opção correta.

(A) A perda da propriedade somente dos acessórios do veículo abre a possibilidade de Jonatas optar pela rescisão do contrato entabulado com Carlos.

(B) Jonatas poderá demandar Carlos pela perda do veículo, requerer a restituição do valor pago pelo bem e dos honorários do seu advogado, ainda que fique comprovado que, desde a assinatura do contrato, ele sabia que o veículo era objeto de disputa judicial.

(C) Carlos deverá responder, em favor de Jonatas, pela perda da propriedade do veículo, já que essa responsabilidade somente não subsistiria se Jonatas tivesse adquirido o veículo em hasta pública.

(D) Jonatas, sem conhecer o risco da perda, terá o direito de receber o valor que pagou pelo veículo, ainda que haja cláusula expressa no contrato que exclua qualquer responsabilização pela perda.

(E) Caso um meliante desconhecido pratique furto das quatro rodas do veículo no dia anterior à entrega do carro a José, Jonatas não terá o direito de receber o valor integral que pagou pelo carro.

A: incorreta, pois a perda da propriedade somente dos acessórios do veículo gera apenas direito a indenização e não à rescisão do contrato. Neste passo, prevê o art. 455 CC, segunda parte que "*Se a evicção não for considerável, caberá somente direito a indenização*"; **B:** incorreta, pois se Jonatas sabia que o veículo era objeto de disputa judicial ele não poderia demandar pela evicção (art. 457, CC); **C:** incorreta, pois ainda que o veículo fosse adquirido em hasta pública, Carlos seria responsável pela evicção (art. 447, CC); **D:** correta, pois não obstante a cláusula que exclui a garantia contra a evicção, se esta se der, tem direito o evicto a receber o preço que pagou pela coisa evicta, se não soube do risco da evicção, ou, dele informado, não o assumiu (art. 449, CC); **E:** incorreta, pois Jonatas terá o direito de receber o valor integral que pagou pelo carro, uma vez que ele não teve responsabilidade pelo furto. Neste sentido, prevê o art. 451 CC, que subsiste para o alienante a obrigação de responder pela evicção, ainda que a coisa alienada esteja deteriorada, exceto havendo dolo do adquirente. Embora não seja uma deterioração propriamente dita, o furto faz com que haja perda de valor, logo, o sentido é o mesmo.

Gabarito "D"

(Defensor Público/AL – 2017 – CESPE) Assinale a opção que apresenta um modo de aquisição ordinária da propriedade.

(A) renúncia
(B) usucapião
(C) desapropriação
(D) alienação
(E) abandono

A: incorreta, pois a renúncia é uma causa de perda da propriedade (art. 1.275, II, CC); **B:** correta, pois a usucapião é uma das formas originárias de aquisição da propriedade, o que significa que o todos os ônus que recaem sobre o imóvel são eliminados (art. 1.238 e seguintes CC); **C:** incorreta, pois a desapropriação ocorre nos casos em que proprietário pode ser privado da coisa por necessidade ou utilidade pública ou interesse social (art. 1,228, § 3º, CC); **D:** incorreta, pois a alienação é uma forma de aquisição derivada da propriedade, onde os ônus que recaem sobre o bem se mantêm (art. 1.245 CC); **E:** incorreta, pois o abandono é uma das formas de perda da propriedade (art. 1.275, III, CC). **GR**

Gabarito "B"

(Procurador do Estado/SE – 2017 – CESPE) Carlos, proprietário de um terreno, concedeu a Pedro, mediante escritura pública registrada, o direito de cultivar esse terreno pelo período de três anos.

Nessa situação hipotética, de acordo com o que dispõe o Código Civil,

(A) em caso de falecimento de Pedro, o direito poderá ser transferido a seus herdeiros ou a terceiros.
(B) Carlos poderá alienar o direito de cultivo durante o prazo estipulado, mas não poderá alienar o imóvel objeto da concessão.
(C) Pedro poderá fazer obra no subsolo para guardar em depósito os insumos destinados à plantação.
(D) caso o imóvel seja desapropriado, Pedro também fará jus à indenização.
(E) Carlos continuará obrigado ao pagamento dos tributos que incidirem sobre o terreno.

A: incorreta, pois o direito de superfície pode ser transferido a terceiros independentemente da morte de Pedro (art. 1.372, "caput", CC); **B:** incorreta, Carlos (proprietário) pode sim alienar o imóvel objeto da concessão, desde que dê preferência ao superficiário, em igualdade de condições (art. 1.373 CC). **C** incorreta, pois o direito de superfície não autoriza obra no subsolo, salvo se for inerente ao objeto da concessão (art. 1.369, parágrafo único, CC); **D:** correta, pois caso o imóvel seja desapropriado, Pedro terá direito a indenização no valor correspondente ao seu direito real (art. 1.376 CC); **E:** incorreta, pois o superficiário responderá pelos encargos e tributos que incidirem sobre o imóvel (art. 1.371 CC). **GR**

Gabarito "D"

(Cartório/ES – 2013 – CESPE) No que se refere ao direito de propriedade, assinale a opção correta.

(A) No Código Civil, são enumerados quatro modos de aquisição de propriedade imobiliária: sucessão, usucapião, acessão e transcrição.
(B) O título aquisitivo de propriedade constitui direito real mesmo antes de ser registrado.
(C) A detecção de eventual vício no negócio jurídico poderá, a qualquer tempo, justificar a invalidação do registro do bem imóvel.
(D) Cancelado o registro, poderá o proprietário reivindicar o imóvel, desde que demonstre que o tenha adquirido de boa-fé.
(E) O casamento pela comunhão universal de bens não é considerado modo aquisitivo de propriedade imobiliária.

A: incorreta, pois o Código Civil não enumera de forma expressa a sucessão como forma de aquisição da propriedade imóvel no capítulo que trata "Da Aquisição da Propriedade Imóvel" (CC, art. 1.238 *et seq*); **B:** incorreta, pois "Enquanto não se registrar o título translativo, o alienante continua a ser havido como dono do imóvel" (CC, art. 1.245 § 1º); **C:** correta, pois de acordo com o art. 1.247 do CC; **D:** incorreta, pois "*Cancelado o registro, poderá o proprietário reivindicar o imóvel, independentemente da boa-fé ou do título do terceiro adquirente*" (CC, art. 1.247 parágrafo único); **E:** incorreta. O Código Civil não prevê expressamente o casamento em comunhão universal como uma forma de aquisição da propriedade imobiliária. Todavia, é inegável que ele gera tal efeito. Contraído o casamento neste regime, comunicam-se entre os cônjuges todos os bens presentes e futuros (com raras exceções). Assim, se o noivo tinha dez bens imóveis, basta se casar em comunhão universal para perder cinco deles (CC, art. 1.667). Sua noiva, por sua vez, que entrou no casamento com nenhum bem imóvel, acaba de se tornar proprietária de cinco.

Gabarito "C"

(Magistratura/BA – 2012 – CESPE) No que se refere aos direitos reais, assinale a opção correta.

(A) No caso de o beneficiário não usar o imóvel por prazo superior a um ano, restará configurada causa legal de extinção do direito de habitação.
(B) O superficiário deverá efetuar ao proprietário do solo pagamento pela transferência do direito de superfície a terceiros, salvo estipulação contratual em contrário.
(C) O direito real de servidão de trânsito exige que reste configurado o encravamento do imóvel dominante.
(D) A morte do usufrutuário casado é causa de transmissão do usufruto ao cônjuge sobrevivente, qualquer que seja o regime de casamento.
(E) O fato de o adimplemento contratual afigurar-se economicamente insuportável para o promitente comprador lhe confere a direito de obter a resilição do compromisso de compra e venda.

A: incorreta, pois não existe no ordenamento tal hipótese de extinção de direito real de habitação; **B:** incorreta, pois o art. 1.372 veda qualquer pagamento ao concedente na hipótese da transferência do direito real de superfície; **C:** incorreta, pois o instituto adequado para a hipótese de imóvel encravado é a passagem forçada (1.285) e não servidão de trânsito, que visa apenas a facilitar o trânsito do dono do prédio dominante e não é obrigatória, mas convencionada entre as partes; **D:** incorreta, pois o falecimento do usufrutuário consolida a propriedade nas mãos do nu-proprietário, que passa a ser proprietário. Ainda que fosse hipótese de usufruto instituído em favor dos dois cônjuges, o falecimento de um deles não gera direito de acrescer ao sobrevivente. Ao contrário, salvo estipulação diversa, consolida aquela parcela da propriedade nas mãos do proprietário (CC, art. 1.411); **E:** correta, pois a função social do contrato repele a ideia de contratos extremamente onerosos, com encargos insuportáveis para uma das partes, possibilitando a extinção ou adequação do contrato (CC, art. 421).

Gabarito "E"

(Defensor Público/TO – 2013 – CESPE) Assinale a opção correta em relação ao imóvel rural.

(A) O imóvel rural de área compreendida entre um e quinze módulos fiscais é considerado pequena propriedade.
(B) A pequena propriedade rural bem como a média, legalmente consideradas, desde que seu proprietário não possua outra, são insuscetíveis de desapropriação para fins de reforma agrária.
(C) O imóvel rural considerado legalmente como pequena propriedade rural pode ser objeto de penhora para pagamento de débitos decorrentes de sua atividade produtiva.
(D) As operações de transferência de imóvel rural objeto de desapropriação para fins de reforma agrária não são isentas de impostos federais, estaduais e municipais.
(E) São suscetíveis de desapropriação para fins de reforma agrária os imóveis rurais legalmente considerados como pequena e média propriedade rural.

A: incorreta, pois o imóvel rural compreendido entre 1 (um) e 4 (quatro) módulos fiscais é considerado pequena propriedade, e o imóvel superior a 4 (quatro) e até 15 (quinze) módulos fiscais é considerado média propriedade, conforme art. 4º, incisos II e III, da Lei 8.629/1993; **B:** correta. Está de acordo com art. 185, inciso I, CF/1988, e art. 4º, parágrafo único, da Lei 8.629/1993; **C:** incorreta, pois segundo art. 5º, XXVI, CF/1988, a pequena propriedade rural trabalhada pela família não poderá ser objeto de penhora para pagamento de débitos oriundos de sua atividade produtiva; **D:** incorreta. Conforme o art. 26 da Lei 8.629/1993, as operações de transferência do imóvel desapropriado com a finalidade de reforma agrária são isentas de impostos federais, estaduais e municipais; **E:** incorreta. A pequena e a média propriedade rural, se o proprietário não possuir outra propriedade, serão insuscetíveis de desapropriação para fins de a reforma agrária (art. 185, I, CF e art. 4º, parágrafo único, da Lei 8.629/1993).

Gabarito "B"

(Defensor Público/SE – 2012 – CESPE) Com relação ao direito de propriedade, direito real por meio do qual o proprietário tem a faculdade de usar, gozar e dispor da coisa e o direito de reavê-la do poder de quem injustamente a possua ou detenha, assinale a opção correta.

(A) A lei admite a intervenção na propriedade, por meio da desapropriação, sempre que o agente público entendê-la conveniente e necessária aos interesses da administração pública, tendo, nesse caso, o proprietário direito a justa indenização.
(B) Presume-se, até que se prove o contrário, que as construções ou plantações existentes na propriedade sejam feitas pelo proprietário e às suas expensas. Entretanto, aquele que semeia, planta ou edifica em terreno alheio, ainda que tenha procedido de boa-fé, perde, em proveito do proprietário, as sementes, plantas e construções.
(C) Caso o invasor de solo alheio esteja de boa-fé e a área invadida exceda a vigésima parte do solo invadido, o invasor poderá adquirir a propriedade da parte invadida, mas deverá responder por perdas e danos, abrangendo os limites dos danos tanto o valor que a invasão acrescer à construção quanto o da área perdida e o da desvalorização da área remanescente.
(D) Uma das formas de aquisição da propriedade de bens móveis ocorre por intermédio da usucapião: segundo o Código Civil brasileiro em vigor, aquele que possuir, de boa-fé, coisa alheia móvel como sua, de forma justa, pacífica, contínua e inconteste, durante cinco anos ininterruptos, adquirir-lhe-á a propriedade.
(E) A propriedade do solo abrange também a do espaço aéreo e subsolo correspondentes, incluindo-se as jazidas, minas e demais recursos minerais, bem como os potenciais de energia hidráulica, mas não os monumentos arqueológicos, os rios e lagos fronteiriços e os que banham mais de uma unidade federativa.

A: incorreta, pois conforme o art. 1.228, § 3º, do CC/2002, poderá o proprietário ser privado da coisa pela desapropriação em razão de *necessidade* ou *utilidade pública* ou *interesse social*; **B:** incorreta. Toda construção ou plantação existente em um terreno presume-se feita pelo proprietário e à sua custa, até que se prove o contrário (1.253 do CC). Contudo, aquele que de boa-fé semear, plantar ou edificar em terreno alheio terá direito à indenização (art. 1.255, *caput*, CC); **C:** correta. Está de acordo com a primeira parte do art. 1.258 do CC; **D:** incorreta. Na usucapião ordinária de bens móveis são exigidos justo título e boa-fé, e o prazo para aquisição da propriedade é de *três anos*. Na usucapião extraordinária de bens móveis são dispensados justo título e boa-fé e o prazo para aquisição da propriedade é de *cinco anos* (art. 1.261 do CC); **E:** incorreta. A propriedade do solo abrange também a do espaço aéreo e subsolo correspondentes, *excluindo-se* as jazidas, minas e demais recursos minerais, os potenciais de energia hidráulica, os monumentos arqueológicos e outros bens referidos por leis especiais (art. 1.230 do CC).

Gabarito "C"

(Magistratura Federal/2ª região – 2011 – CESPE) Assinale a opção correta, considerando a função social da propriedade e seus consectários.

(A) A desapropriação-sanção, aplicada à propriedade urbana que não cumpra sua função social, tem por finalidade transferir permanentemente o imóvel ao poder público.
(B) De acordo com entendimento do STJ, é impossível a revogação de cláusulas de inalienabilidade, impenhorabilidade e incomunicabilidade impostas por testamento em imóvel, com base no princípio da função social da propriedade.
(C) A edificação compulsória da propriedade urbana que não cumpria sua função social não se transfere ao novo adquirente do imóvel.
(D) Uma das diretrizes do plano diretor, instrumento necessário ao cumprimento da função social da propriedade urbana, consiste em impedir a inadequada utilização do imóvel e a retenção especulativa que interfiram nos projetos de desenvolvimento urbano.
(E) Nos casos de desatendimento da função social da propriedade em áreas urbanas com mais de vinte mil habitantes, a imposição de imposto sobre a propriedade territorial urbana progressivo independe da existência de plano diretor, ao contrário do que ocorre com a edificação compulsória e a desapropriação-sanção.

A: incorreta, pois a finalidade precípua da desapropriação-sanção não é transferir o imóvel ao poder público, mas sim dar ao imóvel sua destinação social constitucionalmente prevista (CF, art. 182); **B:** incorreta, pois o STJ entende que tais cláusulas não precisam ser fielmente seguidas caso a função social da propriedade e a real intenção do testador sejam melhor atendidas com sua revogação. Nesse sentido: "Se a alienação do imóvel gravado permite uma melhor adequação do patrimônio à sua função social e possibilita ao herdeiro sua sobrevivência e bem-estar, a comercialização do bem vai ao encontro do propósito do testador, que era, em princípio, o de amparar adequadamente o beneficiário das cláusulas de inalienabilidade, impenhorabilidade e incomunicabilidade" (REsp 1.158.679/MG, rel. Min. Nancy Andrighi, 3.ª T.); **C:** incorreta, pois a edificação compulsória prevista na Constituição Federal, art. 182, § 4º, I, transfere-se ao novo adquirente; **D:** correta, pois um dos claros objetivos do Plano Diretor é exatamente impedir a inadequada utilização do imóvel (CF, art. 182); **E:** incorreta, pois o plano Diretor é obrigatório para cidades com mais de vinte mil habitantes e é ele que deve demarcar as áreas nas quais seja possível a imposição do IPTU progressivo (CF, art. 182, § 4º).

Gabarito "D"

6.4. USUCAPIÃO

(Juiz – TJ/CE – 2018 – CESPE) João propôs ação de usucapião extraordinária em uma das varas cíveis da comarca de Fortaleza – CE.

Nessa situação hipotética,

(A) a sentença servirá de título para registro no cartório de imóveis, em caso de procedência da ação.
(B) a petição inicial deve conter comprovação dos requisitos de boa-fé e do justo título de João.
(C) o requisito temporal não pode ser completado no curso do processo, em nenhuma hipótese.
(D) o juiz deverá verificar se o autor comprovou a posse ininterrupta por pelo menos cinco anos.
(E) o período de posse precária poderá ser considerado para fins de verificação do cumprimento do requisito temporal dessa modalidade de usucapião.

A: correta, nos termos do art. 1.238 CC; **B:** incorreta, pois o pedido pode ser feito sem a comprovação de boa-fé ou apresentação de justo título (art. 1.238 CC); **C:** incorreta, pois o STJ já se posicionou no sentido de que é possível o reconhecimento da usucapião de bem imóvel na hipótese em que o requisito temporal exigido pela lei é implementado no curso da respectiva ação judicial, ainda que o réu tenha apresentado contestação (Recurso Especial 1.361.226 – MG (2013/0001207-2) Relator : Ministro Ricardo Villas Bôas Cueva – 05 de junho de 2018 (Data do Julgamento); **D**: incorreta, pois o requisito temporal mínimo para a usucapião extraordinária é de 15 anos (art. 1.238 CC); **E:** incorreta, pois a posse deve ser sem vícios, isto é, mansa, pacífica e ininterrupta. Se a posse foi precária é porque provavelmente houve algum interesse do proprietário em reavê-la, logo, neste período ela não foi mansa e não se pode contar para fins temporais de usucapião (art. 1.238 CC). **GR**

Gabarito "A"

(Promotor de Justiça/RR – 2017 – CESPE) Pedro reside com a sua família, por mais de quinze anos, sem interrupção nem oposição, em um imóvel, de trezentos metros quadrados, de propriedade de João. Mesmo sem comprovar boa-fé quanto à posse, Pedro ajuizou ação por meio da qual pleiteia que seja julgado procedente seu pedido de propriedade do imóvel.

Nessa situação hipotética, observa-se um caso de usucapião

(A) pró-família.
(B) habitacional.
(C) extraordinária.
(D) pró-labore.

A: incorreta, pois a usucapião pró-família ocorre na hipótese do art. 1.240-A CC, *in verbis*: "Aquele que exercer, por 2 (dois) anos ininterruptamente e sem oposição, posse direta, com exclusividade, sobre imóvel urbano de até 250m² (duzentos e cinquenta metros quadrados) cuja propriedade divida com ex-cônjuge ou ex-companheiro que abandonou o lar, utilizando-o para sua moradia ou de sua família, adquirir-lhe-á o domínio integral, desde que não seja proprietário de outro imóvel urbano ou rural"; **B:** incorreta, pois a usucapião habitacional ocorre no caso do art. 1.242 CC: "Adquire também a propriedade do imóvel aquele que, contínua e incontestadamente, com justo título e boa-fé, o possuir por dez anos". O prazo cai para cinco anos se o imóvel houver sido adquirido, onerosamente, com base no registro constante do respectivo cartório, cancelada posteriormente, desde que os possuidores nele tiverem estabelecido a sua moradia, ou realizado investimentos de interesse social e econômico (art. 1.242, parágrafo único, CC); **C:** correta, pois aquele que, por quinze anos, sem interrupção, nem oposição, possuir como seu um imóvel, adquire-lhe a propriedade, independentemente de título e boa-fé; podendo requerer ao juiz que assim o declare por sentença, a qual servirá de título para o registro no Cartório de Registro de Imóveis (art. 1238 CC); **D:** incorreta, pois a usucapião pró-labore ocorre quando aquele que, não sendo proprietário de imóvel rural ou urbano, possua como sua, por cinco anos ininterruptos, sem oposição, área de terra em zona rural não superior a cinquenta hectares, tornando-a produtiva por seu trabalho ou de sua família, tendo nela sua moradia, adquirir-lhe-á a propriedade (art. 1.239 CC). GR

Gabarito "C"

(Ministério Público/PI – 2014 – CESPE) Assinale a opção correta acerca da usucapião.

(A) Não havendo registro de propriedade de terras, existe, em favor do Estado, a presunção *iuris tantum* de que sejam terras devolutas, sendo, então, desnecessária a prova da titularidade pública do bem, o que torna tais imóveis inalcançáveis pela usucapião.
(B) O imóvel público é insuscetível de usucapião, devendo-se, entretanto, reconhecer como possuidor o particular que ocupa, de boa-fé, aquela área, ao qual é devido o pagamento de indenização por acessões ou benfeitorias ali realizadas.
(C) O direito do usucapiente funda-se sobre o direito do titular precedente e, constituindo este o pressuposto daquele, determina-lhe a existência, as qualidades e sua extensão.
(D) Por ser a usucapião forma de aquisição originária, dispensa-se o recolhimento do imposto de transmissão quando do registro da sentença, não obstante os direitos reais limitados e eventuais defeitos que gravam ou viciam a propriedade serem transmitidos ao usucapiente.
(E) Dois elementos estão normalmente presentes nas modalidades de usucapião: o tempo e a posse, exigindo-se desta a característica ad *usucapionem*, referente à visibilidade do domínio e a requisitos especiais, como a continuidade e a pacificidade.

A: incorreta, pois "Não havendo registro de propriedade do imóvel, inexiste, em favor do Estado, presunção *iuris tantum* de que sejam terras devolutas, cabendo a este provar a titularidade pública do bem. Caso contrário, o terreno pode ser usucapido" (STJ – REsp 674558 RS); **B:** incorreta. Existe uma preocupação da lei em proibir a usucapião de bens públicos. Isso fica evidenciado quando se constata que a Constituição Federal estabelece tal vedação em dois dispositivos (arts. 183 § 3º e 191 parágrafo único) e o Código Civil ainda proíbe uma vez mais no art. 102. No que se refere ao direito de indenização por eventuais benfeitorias, o STJ já firmou posição no sentido de sua inadmissibilidade, como demonstra o aresto: "A ocupação de área pública, quando irregular, não pode ser reconhecida como posse, mas como mera detenção. Se o direito de retenção ou de indenização pelas acessões realizadas depende da configuração da posse, não se pode, ante a consideração da inexistência desta, admitir o surgimento daqueles direitos, do que resulta na inexistência do dever de se indenizar as benfeitorias úteis e necessárias". (REsp 863939/RJ – Relatora: Ministra Eliana Calmon); **C:** incorreta, pois o direito do usucapiente funda-se no exercício da sua posse com o preenchimento dos requisitos legais, bem como na lei; **D:** incorreta, pois a "usucapião é forma originária de adquirir. O usucapiante não adquire de outrem; simplesmente adquire. Assim, são irrelevantes vícios de vontade ou defeitos inerentes a eventuais atos causais de transferência da posse. No usucapião ordinário, bastam o tempo e a boa-fé, aliados ao justo título, hábil em tese a transferência do domínio" (STJ – REsp 23-PR 1989/0008158-6); **E:** correta, pois não é qualquer posse que é apta a gerar usucapião. Apenas a posse que ostenta tais qualidades é que possibilita a aquisição da propriedade.

Gabarito "E"

(Defensor Público/TO – 2013 – CESPE) Para a aquisição da propriedade imobiliária por intermédio da usucapião constitucional rural,

(A) o usucapiente pode ser proprietário de imóvel rural ou urbano, desde que tenha a posse da área objeto da usucapião por cinco anos ininterruptos.
(B) o usucapiente deve ter o *animus domini* bem como moradia na área objeto da usucapião.
(C) a área objeto da usucapião deve estar cultivada, sem necessidade de *animus domini* do usucapiente.
(D) o imóvel objeto da usucapião constitucional rural pode ser um imóvel público.
(E) o usucapiente pode ser proprietário de imóvel rural, e a área objeto da usucapião não pode ser superior a cinquenta hectares.

A alternativa "B" está de acordo com art. 191, *caput*, da CF/88: "Aquele que, não sendo proprietário de imóvel rural ou urbano, possua como seu, por cinco anos ininterruptos, sem oposição, área de terra, em zona rural, não superior a cinquenta hectares, tornando-a produtiva por seu trabalho e de sua família, tendo nela sua moradia, adquirir-lhe-á a propriedade". A usucapião rural também está prevista no artigo 1.239 do CC.

Gabarito "B"

(Defensor Público/RO – 2012 – CESPE) Acerca de parcelamento do solo, posse e direitos reais, assinale a opção correta com base no disposto na Lei 6.766/1979 e no Código Civil brasileiro.

(A) O rol de direitos reais constantes no Código Civil é meramente exemplificativo, podendo ser acrescentados a ele os demais casos previstos na legislação extravagante.
(B) Caracteriza-se a forma de aquisição denominada aluvião quando, por força natural violenta, uma porção de terra se destaca de um prédio e se junta a outro, e o dono deste adquire a propriedade do acréscimo mediante indenização ao dono do primeiro, ou, sem indenização, após dois anos, se ninguém a houver reclamado.
(C) Aquele que, sem consultar nenhum órgão público ou particular, criar parcelamento de solo em área pública, sem efetuar o devido registro em cartório, não cometerá crime, mas infração administrativa.
(D) Entende-se que o possuidor com justo título tem a presunção de boa-fé, não se admitindo, portanto, prova em contrário.
(E) Fâmulo da posse é o indivíduo que, estando em relação de dependência para com outro, conserva a posse em nome deste, em cumprimento de ordens ou instruções suas.

A: incorreta. O entendimento majoritário na doutrina é no sentido de que o rol de direitos reais previsto no art. 1.225 do CC é *taxativo*, mas não é proibida a criação de novos direitos reais por leis especiais; **B:** incorreta, pois a hipótese descrita na alternativa refere-se à avulsão (art. 1.251, do CC); **C:** incorreta, pois conforme o art. 50, I, da Lei 6.766/1979 (Lei de Parcelamento do Solo Urbano), realizar loteamento sem a autorização do órgão competente caracteriza crime contra administração pública; **D:** incorreta. A presunção é relativa, possibilitando prova em sentido contrário (art. 1.201, parágrafo único); **E:** correta, pois o fâmulo da posse, também denominado como detentor, é o indivíduo que, encontrando-se em relação de dependência com outro, conserva a posse em nome deste em razão de cumprimentos de ordens ou instruções – exemplos: caseiro, motorista, cozinheiro, secretária etc. (art. 1.198, do CC).

Gabarito "E"

Para responder questões que tratam de usucapião, segue um resumo doutrinário.

Usucapião.

1) Conceito: *é a forma de aquisição originária da propriedade pela posse prolongada no tempo e pelo cumprimento de outros requisitos legais.* A usucapião também é chamada de *prescrição aquisitiva.* Essa forma de aquisição da propriedade independe de inscrição no Registro de Imóveis. Ou seja, cumpridos os requisitos legais, o possuidor adquire a propriedade da coisa. Assim, a sentença na ação de usucapião é meramente declaratória da aquisição da propriedade, propiciando a expedição de mandado para registro do imóvel em nome do adquirente, possibilitando a todos o conhecimento da nova situação. A aquisição é originária, ou seja, não está vinculada ao título anterior. Isso faz com que eventuais restrições que existirem na propriedade anterior não persistam em relação ao novo proprietário.

2) Requisitos. São vários os requisitos para a aquisição da propriedade pela usucapião. Vamos enumerar, neste item, apenas os requisitos que devem ser preenchidos em todas as modalidades de usucapião, deixando os específicos de cada modalidade para estudo nos itens abaixo respectivos. Os requisitos gerais são os seguintes:

(A) posse prolongada no tempo: não basta mera detenção da coisa, é necessária a existência de posse. E mais: de posse que se prolongue no tempo, tempo esse que variará de acordo com o tipo de bem (móvel ou imóvel) e em função de outros elementos, como a existência de boa-fé, a finalidade da coisa etc.;

(B) posse com ***animus domini:*** não basta a mera posse; deve se tratar de posse com ânimo de dono, com intenção de proprietário; essa circunstância impede que se considere a posse de um locatário do bem como hábil à aquisição da coisa;

(C) posse mansa e pacífica: ou seja, posse sem oposição; assim, se o legítimo possuidor da coisa se opôs à posse, ingressando com ação de reintegração de posse, neste período não se pode considerar a posse como mansa e pacífica, sem oposição.

(D) posse contínua: ou seja, sem interrupção; não é possível computar, por exemplo, dois anos de posse, uma interrupção de um ano, depois mais dois anos e assim por diante; deve-se cumprir o período aquisitivo previsto em lei sem interrupção.

3) Usucapião extraordinário – requisitos:

(A) tempo: 15 anos; o prazo será reduzido para 10 anos se o possuidor houver estabelecido no imóvel a sua moradia habitual, ou nele realizado obras ou serviços de caráter produtivo (art. 1.238, CC).

(B) requisitos básicos: posse "mansa e pacífica" (sem oposição), "contínua" (sem interrupção) e com "ânimo de dono".

4) Usucapião ordinário – requisitos:

(A) tempo: 10 anos; o prazo será reduzido para 5 anos se preenchidos dois requisitos: se o imóvel tiver sido adquirido onerosamente com base no registro constante do respectivo cartório; se os possuidores nele tiverem estabelecido a sua moradia ou realizado investimentos de interesse social e econômico (art. 1.242, CC).

(B) requisitos básicos: posse "mansa e pacífica" (sem oposição), "contínua" (sem interrupção) e com "ânimo de dono".

(C) boa-fé e justo título: como o prazo aqui é menor, exige-se do possuidor, no plano subjetivo, a boa-fé, e, no plano objetivo, a titularidade de um título hábil, em tese, para transferir a propriedade.

5) Usucapião especial urbano – requisitos:

(A) tempo: 5 anos (art. 1.240, CC).

(B) requisitos básicos: posse "mansa e pacífica" (sem oposição), "contínua" (sem interrupção) e com "ânimo de dono".

(C) tipo de imóvel: área urbana; tamanho de até 250 m²;

(D) finalidade do imóvel: deve ser utilizado para a moradia do possuidor ou de sua família;

(E) requisitos negativos: que o possuidor não seja proprietário de outro imóvel urbano ou rural; que o possuidor já não tenha sido beneficiado pelo direito ao usucapião urbano.

6) Usucapião especial urbano FAMILIAR – requisitos:

(A) tempo: 2 anos (art. 1.240-A, CC).

(B) requisitos básicos: posse "mansa e pacífica" (sem oposição), "contínua" (sem interrupção) e com "ânimo de dono".

(C) tipo de imóvel: área urbana; tamanho de até 250 m²;

(D) finalidade do imóvel: deve ser utilizado para a moradia do possuidor ou de sua família;

(E) requisito específico: imóvel cuja PROPRIEDADE o possuidor dívida com ex-cônjuge ou ex-companheiro que ABANDONOU o lar;

(F) requisitos negativos: que o possuidor não seja proprietário de outro imóvel urbano ou rural; que o possuidor já não tenha sido beneficiado pelo direito ao usucapião urbano. O possuidor abandonado deve estar na posse direta e exclusiva do imóvel, e, cumpridos os requisitos da usucapião, adquirirá o domínio integral do imóvel.

7) Usucapião urbano coletivo – requisitos:

(A) tempo: 5 anos (art. 10 da Lei 10.257/01 – Estatuto da Cidade);

(B) requisitos básicos: posse "mansa e pacífica" (sem oposição), "contínua" (sem interrupção) e com "ânimo de dono".

(C) tipo de imóvel: área urbana; tamanho superior a 250 m²;

(D) finalidade do imóvel: utilização para moradia; população de baixa renda;

(E) requisitos negativos: que o possuidor não seja proprietário de outro imóvel urbano ou rural; que seja impossível identificar o terreno ocupado por cada possuidor.

8) Usucapião especial rural – requisitos:

(A) tempo: 5 anos (art. 1.239, CC);

(B) requisitos básicos: posse "mansa e pacífica" (sem oposição), "contínua" (sem interrupção) e com "ânimo de dono";

(C) tipo de imóvel: área de terra em zona rural; tamanho de até 50 hectares;

(D) finalidade do imóvel: deve ser utilizado para a moradia do possuidor ou de sua família; área produtiva pelo trabalho do possuidor ou de sua família;

(E) requisito negativo: a terra não pode ser pública.

6.5. LEI DE REGISTROS PÚBLICOS

(Ministério Público/PI – 2012 – CESPE) Com base na legislação que regula o registro de imóveis, assinale a opção correta.

(A) Na remição de hipoteca legal, havendo interesse de incapaz ou de pessoa portadora de deficiência, é obrigatória a intervenção do MP.

(B) É vedada a instituição do bem de família juntamente com a transmissão da propriedade.

(C) Enquanto não cancelado, o registro produz todos os efeitos legais, salvo se por outra maneira se provar que o título está extinto ou anulado.

(D) A averbação, no registro de imóveis, dos nomes dos logradouros decretados pelo poder público condiciona-se a requerimento a ser apresentado pelo ente público interessado.

(E) Em qualquer hipótese relacionada a registro torrens, deverá ser ouvido o órgão do MP, que poderá impugnar o registro tanto por falta de prova completa do domínio quanto por preterição de outra formalidade legal.

A: incorreta, pois a intervenção do MP na remição de hipoteca legal restringe-se a hipótese de interesse de incapaz, mas não de pessoa portadora de deficiência (Lei 6.015/77, art. 274); **B:** incorreta, pois o art. 265 da referida Lei permite tal procedimento; **C:** incorreta, pois o registro, enquanto não cancelado, produz todos os efeitos legais ainda que, por outra maneira, se prove que o título está desfeito, anulado, extinto ou rescindido (Lei de Registros Públicos, art. 252); **D:** incorreta, pois tal obrigação deve ser desempenhada *ex officio,* conforme art. 167, II, n. 13; **E:** correta, pois de pleno acordo com o art. 284 da mencionada Lei.

Gabarito "E".

(Juiz de Direito - TJ/BA - 2019 - CESPE/CEBRASPE) À luz da legislação pertinente, da jurisprudência e da doutrina, julgue os itens a seguir, a respeito de registro de imóveis.

I. De acordo com o STJ, o procedimento de dúvida registral previsto na Lei de Registros Públicos tem natureza administrativa, não constituindo prestação jurisdicional.

II. Para garantir o princípio da legalidade registral, o registrador deve fazer um prévio controle dos títulos apresentados para registro, via procedimento de qualificação registral, verificando a obediência aos requisitos legais e concluindo pela aptidão ou inaptidão dos títulos para registro.

III. O princípio da especialidade ou especialização registral é consagrado na Lei de Registros Públicos: caso o imóvel não esteja matriculado ou registrado em nome do outorgante, o oficial deverá exigir a prévia matrícula e o registro do título anterior.

Assinale a opção correta.

(A) Nenhum item está certo.

(B) Apenas os itens I e II estão certos.
(C) Apenas os itens I e III estão certos.
(D) Apenas os itens II e III estão certos.
(E) Todos os itens estão certos.

I: correta. Segue ementa de decisão com este entendimento: RECURSO ESPECIAL. DIREITO ADMINISTRATIVO. CIVIL. PROCESSUAL CIVIL. PROCEDIMENTO DE DÚVIDA REGISTRAL. NATUREZA ADMINISTRATIVA.IMPUGNAÇÃO POR TERCEIRO INTERESSADO. IRRELEVÂNCIA. CAUSA. AUSÊNCIA. ENTENDIMENTO CONSOLIDADO NA SEGUNDA SEÇÃO DO STJ. NÃO CABIMENTO DE RECURSO ESPECIAL. "O procedimento de dúvida registral, previsto no art. 198 e seguintes da Lei de Registros Públicos, tem, por força de expressa previsão legal (LRP, art. 204), natureza administrativa, não qualificando prestação jurisdicional." "Não cabe recurso especial contra decisão proferida em procedimento administrativo, afigurando-se irrelevantes a existência de litigiosidade ou o fato de o julgamento emanar de órgão do Poder Judiciário, em função atípica". (REsp 1570655/GO, Rel. Ministro ANTONIO CARLOS FERREIRA, SEGUNDA SEÇÃO, julgado em 23/11/2016, DJe 09/12/2016) 2. Recurso especial não conhecido RECURSO ESPECIAL Nº 1.396.421 - SC (2013/0252025-4) - (Ministro LUIS FELIPE SALOMÃO, 03/04/2018); **II:** correta, pois o procedimento de qualificação registral dá maior segurança e credibilidade para que o registrador afira a aptidão ou inaptidão para registro. Neste sentido, colaciona-se entendimento do Desembargador José Renato Nalini do TJ/SP na apelação (Ap. Cível nº 31881-0/1): É certo que os títulos judiciais submetem-se à qualificação registrária, conforme pacífico entendimento do E. Conselho Superior da Magistratura: Apesar de se tratar de título judicial, está ele sujeito à qualificação registrária. O fato de tratar-se o título de mandado judicial não o torna imune à qualificação registrária, sob o estrito ângulo da regularidade formal. O exame da legalidade não promove incursão sobre o mérito da decisão judicial, mas à apreciação das formalidades extrínsecas da ordem e à conexão de seus dados com o registro e a sua formalização instrumental". Ora, se os título judiciais estão sujeitos a esse procedimento, muito mais os extrajudiciais também estarão, haja vista que há maior possibilidade de fraude em sua elaboração; **III:** incorreta, pois o princípio da especialidade registral significa que tanto o objeto do negócio (o imóvel), como os contratantes devem estar perfeitamente determinados, identificados e particularizados, para que o registro reflita com exatidão o fato jurídico que o originou. A especialidade registral objetiva diz respeito ao imóvel. O artigo 176, § 1º, II, 3 da Lei 6.015/73 aponta como requisitos da matrícula, sua identificação, feita mediante a indicação de suas características e confrontações, localização, área e denominação, se rural, ou logradouro e número, se urbano, e sua designação cadastral, se houver. Já a especialidade subjetiva, diz respeito a importância de constar a qualificação completa do proprietário, número de identidade (RG), cadastro de contribuinte (CPF), e sendo casado, também do cônjuge. Igualmente necessário, dados do casamento, do regime de bens, e referência a ser ocorrido antes ou depois da Lei 6.515/77. Em havendo pacto antenupcial, deverá ser mencionado o número de seu registro junto ao Registro de Imóveis. Logo, a alternativa correta é a letra B.

Gabarito "B".

6.6. CONDOMÍNIO

(Procurador do Estado/PE – CESPE – 2009) A respeito da disciplina jurídica do condomínio em geral e edilício, assinale a opção correta.

(A) Quando a coisa for indivisível, o condômino prefere ao estranho a adjudicação da coisa. Em caso de interesse de mais de um condômino, prefere aquele que tiver na coisa benfeitorias mais valiosas, e, não as havendo, o de quinhão maior.
(B) É válida a cláusula de indivisão de condomínio firmada em testamento, excluindo dos beneficiários o direito de exigir a divisão.
(C) Determinado condômino não pode, isoladamente, defender a posse da coisa ou reivindicá-la de terceiro.
(D) A convenção do condomínio edilício é oponível a terceiros independentemente de registro no cartório de registro de imóveis.
(E) Em um condomínio, as obras ou reparações necessárias somente podem ser realizadas após autorização da maioria dos condôminos.

A: correta (art. 1.322 do CC); **B:** incorreta (art. 1.320, § 2º, do CC); **C:** incorreta (art. 1.314 do CC); **D:** incorreta (art. 1.333, parágrafo único, do CC); **E:** incorreta (art. 1.341, § 1º, do CC).

Gabarito "A".

(Defensor Público - DPE/DF - 2019 - CESPE/CEBRASPE) A respeito de condomínio em multipropriedade, julgue os itens subsequentes.

(1) O regime da multipropriedade poderá ser adotado por condomínio edilício na totalidade de suas unidades autônomas, por meio da deliberação da maioria absoluta dos condôminos.
(2) A multipropriedade somente poderá ser instituída por ato entre vivos registrado em cartório de registro de imóveis, com a necessária indicação da duração dos períodos de cada ração de tempo.

1: certo, Código Civil, Art. 1.358-O. O condomínio edilício poderá adotar o regime de multipropriedade em parte ou na totalidade de suas unidades autônomas, mediante: I: previsão no instrumento de instituição; II: deliberação da maioria absoluta dos condôminos. **2:** errado, Código Civil, Art. 1.358-F. Institui-se a multipropriedade por ato entre vivos ou por meio de testamento registrado no competente cartório de registro de imóveis, devendo constar daquele ato a duração dos períodos correspondentes a cada fração de tempo.

Gabarito: 1C, 2E

6.7. DIREITOS REAIS NA COISA ALHEIA – FRUIÇÃO

(Cartório/PI – 2013 – CESPE) Acerca do usufruto, assinale a opção correta.

(A) Pode-se penhorar o exercício do usufruto ainda que os frutos advindos dessa cessão não possuam expressão econômica imediata.
(B) Ex-cônjuge que ocupa imóvel doado aos filhos pode ser compelido a pagar ao outro ex-cônjuge o equivalente a 50% do valor de locação do imóvel, pelo usufruto, em caráter exclusivo, do bem pertencente a prole.
(C) O Código Civil não autoriza a extinção do usufruto pelo não uso ou pela não fruição do bem sobre o qual ele recai, em razão da função social.
(D) O STJ reconhece que a renúncia do usufruto efetuada pelo executado constitui fraude a execução, por frustrar a penhora.
(E) O fato de o viúvo ser beneficiário de testamento do cônjuge falecido elide o usufruto vidual, que depende da situação financeira do cônjuge sobrevivente.

A: incorreta, pois "Se o imóvel se encontra ocupado pela própria devedora, que nele reside, não produz frutos que possam ser penhorados. Por conseguinte, incabível se afigura a pretendida penhora do exercício do direito de usufruto do imóvel ocupado pela recorrente, por ausência de amparo legal" (STJ, REsp 883.085/SP, Rel. Ministro Sidnei Beneti, 3ª Turma, j. 19/08/2010, *DJe* 16/09/2010); **B:** correta, pois se os pais doaram aos filhos com reserva de usufruto, significa que os frutos devem ser divididos entre os pais. Assim, caso um deles viva no imóvel, o outro faz jus ao equivalente a 50% de aluguel; **C:** incorreta, pois o art. 1.410, VIII do CC estipula que o não uso é causa de extinção deste direito real; **D:** incorreta, pois "a renúncia ao usufruto não importa fraude à execução, porquanto, a despeito de os frutos serem penhoráveis, o usufruto é direito impenhorável e inalienável, salvo para o nú-proprietário" (AgRg no REsp 1214732/RS, Rel. Ministro Benedito Gonçalves, 1ª Turma, julgado em 17/11/2011, DJe 22/11/2011). Vale, todavia, registrar que o próprio STJ tem posições no sentido contrário. Vide, por exemplo, decisão proferida no EDcl no AgRg no Ag 1370942/SP, de Relatoria do Ministro Paulo de Tarso Sanseverino: "Fraude a execução o usufrutuário que, titular de usufruto de onze imóveis, renuncia ao usufruto logo após a expedição de mandado de penhora dos rendimentos do usufruto (aluguéis). Validade do ato de renúncia, mas ineficaz até a satisfação do crédito exequendo"; **E:** incorreta, pois o usufruto vidual não apresenta, como requisito, a situação financeira do viúvo. Vale lembrar que tal usufruto só é válido em benefício de cônjuge sobrevivente, cujo marido faleceu na vigência do Código Civil de 1916.

Gabarito "B".

(Ministério Público/PI – 2012 – CESPE) No que se refere aos direitos das coisas e aos direitos reais de garantia, assinale a opção correta.

(A) As normas previstas no Código Civil sobre direito de superfície revogaram as do Estatuto da Cidade relativas ao mesmo tema.

(B) Não é lícito que, sobre um mesmo bem imóvel, incidam simultaneamente uma anticrese e uma hipoteca.

(C) O compossuidor que receba a posse em razão do princípio da *saisine* não terá direito à proteção possessória contra outro compossuidor.

(D) O direito de passagem forçada não é garantido nos casos em que o acesso à via pública seja insuficiente ou inadequado para fins de exploração econômica.

(E) O conteúdo do usufruto é mais amplo que o da servidão, pois esta só se estabelece sobre imóvel, enquanto aquele não tem essa limitação.

A: incorreta, pois os dispositivos legais convivem nos seus respectivos âmbitos de atuação; **B:** incorreta, pois não há vedação legal a tal hipótese; **C:** incorreta, pois a proteção possessória não está afastada nesta hipótese; **D:** incorreta, pois a jurisprudência já fixou o entendimento no sentido de que não é apenas o imóvel fisicamente encravado e sem qualquer acesso à via pública que merece a proteção do instituto. Neste sentido: "Numa era em que a técnica da engenharia dominou a natureza, a noção de imóvel encravado já não existe em termos absolutos e deve ser inspirada pela motivação do instituto da passagem forçada, que deita raízes na supremacia do interesse público; juridicamente, encravado é o imóvel cujo acesso por meios terrestres exige do respectivo proprietário despesas excessivas para que cumpra a função social sem inutilizar o terreno do vizinho, que em qualquer caso será indenizado pela só limitação do domínio. (REsp 316.336/MS, Rel. Ministro ARI PARGENDLER, TERCEIRA TURMA, julgado em 18/08/2005, DJ 19/09/2005, p. 316); **E:** correta, pois a despeito da raridade da hipótese, ela não é afastada pela lei.

Gabarito "E".

Para colaborar na resolução de questões mais doutrinárias a respeito da servidão, segue um resumo acerca das principais classificações do instituto.

(1) Classificação quanto ao modo de exercício.

(A) servidões contínuas: *são as que subsistem e se exercem independentemente de ato humano direto.* São exemplos as servidões de passagem de água (aqueduto), de energia elétrica (passagem de fios, cabos ou tubulações), de iluminação (postes) e de ventilação.

(B) servidões descontínuas: *são as que dependem de ação humana atual para seu exercício e subsistência.* São exemplos a servidão de trânsito, de tirar água de prédio alheio e de pastagem em prédio alheio. Essas servidões podem ser positivas ou negativas. Serão **positivas** quando o proprietário dominante tem direito a uma utilidade do serviente (ex.: servidão de passagem ou de retirada de água). Serão **negativas** quando o proprietário dominante tiver simplesmente o direito de ver o proprietário serviente se abster de certos atos (ex.: servidão de não edificar em certo local ou acima de dada altura).

(2) Classificação quanto à exteriorização.

(A) servidões aparentes: *são as que se revelam por obras ou sinais exteriores, visíveis e permanentes.* São exemplos a servidão de trânsito e de aqueduto.

(B) servidões não aparentes: *são as que não se revelam externamente.* São exemplos as de não construir em certo local ou acima de dada altura.

Obs.: a classificação é importante, pois somente as servidões aparentes podem ser adquiridas por usucapião (art. 1.379, CC).

(3) Classificação quanto à origem.

(A) servidões legais: *são as que decorrem de lei.* Ex.: passagem forçada.

(B) servidões materiais: *são as que derivam da situação dos prédios.* Ex.: servidão para escoamento de águas.

(C) servidões convencionais: *são as que resultam da vontade das partes.* Ex: as constituídas por contrato ou testamento, com posterior registro no Registro de Imóveis.

6.8. DIREITOS REAIS NA COISA ALHEIA – GARANTIA

(Defensor Público/AC – 2017 – CESPE) A garantia por hipoteca

(A) será extinta caso morra o garantidor.

(B) extingue-se pela alienação da coisa hipotecada.

(C) é uma obrigação restrita às partes contratantes.

(D) faz que o credor assuma a propriedade da coisa hipotecada se a dívida não for paga no vencimento.

(E) afeta o objeto da garantia em caráter absoluto, podendo o credor, desde que não preferencial, se opor *erga omnes*.

A: incorreta, pois a morte do garantidor não extingue a hipoteca (arts. 1.499 e 1.500 CC); **B:** incorreta, pois a alienação da coisa hipotecada não é causa extintiva da hipoteca (arts. 1.499 e 1.500 CC). A coisa pode tranquilamente ser vendida, que a hipoteca será mantida (art. 1.475, "caput" CC); **C:** incorreta, pois a partir do momento que a hipoteca é registrada na matrícula do imóvel ela produz efeitos para terceiros (art. 1.492, "caput", CC); **D:** incorreta, pois é nula a cláusula que autoriza o credor hipotecário a ficar com o objeto da garantia, se a dívida não for paga no vencimento (art. 1.478 CC). O correto é a garantia ser executada, o bem vendido e o produto da venda ser passado para o credor para pagamento da dívida; **E:** correta, pois o credor hipotecário tem o direito de excutir a coisa hipotecada ou empenhada, e preferir, no pagamento, a outros credores, observada, quanto à hipoteca, a prioridade no registro (art. 1.422 CC). GR

Gabarito "E".

(Cartório/PI – 2013 – CESPE) No que se refere aos direitos reais de garantia, assinale a opção correta.

(A) O Código Civil veda a instituição de nova hipoteca sob o imóvel hipotecado.

(B) É vedado ao absolutamente incapaz hipotecar imóvel de sua titularidade.

(C) A hipoteca é incompatível com o cumprimento de obrigações de fazer.

(D) Terreno gravado por hipoteca não poderá ser edificado.

(E) O bem de família, a despeito de sua impenhorabilidade, pode ser objeto de hipoteca convencional.

A: incorreta, pois "O dono do imóvel hipotecado pode constituir outra hipoteca sobre ele, mediante novo título, em favor do mesmo ou de outro credor" (CC, art. 1.476); **B:** incorreta, pois o seu representante legal tem esse poder, podendo até mesmo aliená-lo com autorização judicial (CC, art. 1.750); **C:** incorreta, pois a hipoteca é um direito real que garante qualquer obrigação, seja de dar, fazer ou não fazer; **D:** incorreta, pois não há qualquer proibição legal nesse sentido sendo, ao contrário, hipótese muito comum; **E:** correta, pois nada impede que o bem de família seja oferecido em hipoteca. Nesse caso, porém, eventual e futura execução poderá resultar na penhora do referido bem, não se aplicando a proteção da impenhorabilidade (Lei n.º 8.009/90, art. 3º, V).

Gabarito "E".

(Cartório/ES – 2013 – CESPE) No que concerne aos direitos reais de garantia, assinale a opção correta.

(A) Os sucessores do devedor poderão remir parcialmente a hipoteca na proporção de seus quinhões.

(B) São características dos direitos reais de garantia a sequela, a excussão e a indivisibilidade.

(C) A preferência a outros credores no pagamento das dívidas garantidas por penhor, anticrese ou hipoteca restringe-se ao credor hipotecário.

(D) As garantias reais têm preferência em relação às despesas de condomínio incidentes sobre o imóvel.

(E) É possível a instituição de cláusula, por ocasião da constituição do débito, que autorize o credor pignoratício a ficar com o objeto da garantia, se a dívida não for paga na data do vencimento.

A: incorreta, pois "os sucessores do devedor não podem remir parcialmente o penhor ou a hipoteca na proporção dos seus quinhões; qualquer deles, porém, pode fazê-lo no todo" (CC, art. 1.429); **B:** correta, pois a assertiva reproduz as características mais importantes e que marcam o direito real; **C:** incorreta, pois "O credor hipotecário e o pignoratício têm o direito de excutir a coisa hipotecada ou empenhada, e preferir, no pagamento, a outros credores, observada, quanto à hipoteca, a prioridade no registro" (CC, art. 1.422); **D:** incorreta, pois "por se tratar de obrigação *propter rem*, o crédito oriundo de despesas condominiais em atraso prefere ao crédito hipotecário no produto de eventual arrematação" (STJ, REsp 540.025/RJ, Rel. Ministra Nancy Andrighi, 3ª Turma, j. 14/03/2006, DJ 30/06/2006, p. 214); **E:** incorreta, pois "É nula a cláusula que autoriza o credor pignoratício, anticrético ou hipotecário a ficar com o objeto da garantia, se a dívida não for paga no vencimento" (CC, art. 1.428).

Gabarito "B"

(Magistratura/ES – 2011 – CESPE) Assinale a opção correta com referência ao penhor.

(A) Pode o juiz autorizar a venda de um dos bens empenhados para obtenção de valores para pagamento do débito.

(B) O contrato de penhor não se reveste de forma solene, bastando a tradição da coisa para que o contrato se aperfeiçoe.

(C) É defeso ao credor pignoratício pretender ressarcimento do devedor pelo vício da coisa dada em garantia.

(D) Mesmo em contrato de consumo por adesão, não será considerada abusiva cláusula de alienação extrajudicial do bem.

(E) Ao contrário do que ocorre com a hipoteca, no contrato de penhor, é lícita a pactuação de cláusula comissória.

A: correta, em virtude da exata adequação da afirmação à regra prevista no art. 1.434 do CC; **B:** incorreta, pois o art. 1.432 do CC exige que o instrumento do penhor seja levado a registro, por qualquer dos contratantes, enquanto que o penhor comum será registrado no Cartório de Títulos e Documentos; **C:** incorreta, pois o art. 1.433, III, do CC permite ao credor o ressarcimento do prejuízo que houver sofrido por vício da coisa empenhada; **D:** incorreta, pois a previsão de alienação extrajudicial com consentimento do devedor é limitado às relações civilistas (CC, art. 1.433, IV); **E:** incorreta, pois a vedação ao pacto comissório é aplicável aos contratos de penhor, hipoteca e anticrese (CC, art. 1.428).

Gabarito "A"

(Magistratura/PA – 2012 – CESPE) Considerando que determinado credor exija que a obrigação objeto do contrato seja garantida por hipoteca, assinale a opção correta.

(A) Não há óbice para que o devedor loteie o imóvel hipotecado.

(B) Somente por convenção das partes poderá ser constituída nova hipoteca sobre o mesmo bem.

(C) Bem de família, legal ou convencional, não poderá ser objeto dessa hipoteca.

(D) Se a obrigação for de fazer, não caberá o reforço pela hipoteca.

(E) Se o devedor for absolutamente incapaz, não será lícita a constrição de bem seu.

A: correta, em virtude da permissão prevista no art. 1.488 do CC; **B:** incorreta, pois não se exige convenção entre as partes para se constituir nova hipoteca sobre o mesmo bem (CC, art. 1.476); **C:** incorreta, pois não há óbice de se hipotecar o bem de família. A Lei n.º 8.009/90, por exemplo, não só prevê tal possibilidade, como também preceitua que nessa hipótese não incidirá a proteção legal da impenhorabilidade (art. 3º, V); **D:** incorreta, pois não há vedação legal a tal hipótese; **E:** incorreta, pois o art. 1.691 do CC permite aos pais a hipoteca dos bens dos filhos menores, desde que *"por necessidade ou evidente interesse da prole, mediante prévia autorização do juiz"*.

Gabarito "A"

(Defensor Público/RO – 2012 – CESPE) Pablo, proprietário do imóvel I, situado em Candeias do Jamari – RO, contratou, com o Banco B, empréstimo fora do Sistema Financeiro da Habitação, tendo instituído, a favor do banco, hipoteca do referido imóvel. O contrato de hipoteca, lavrado por meio de escritura pública em tabelionato situado em Porto Velho – RO foi regularmente registrado no competente cartório de registro de imóveis. Meses depois, Pablo vendeu o mesmo imóvel a Antônio.

Considerando a situação hipotética acima apresentada, assinale a opção correta.

(A) O cartório de registro de imóveis competente para o registro do contrato de hipoteca do imóvel I será a serventia imobiliária situada na mesma circunscrição do tabelionato de notas em que tiver sido lavrada a escritura pública do referido imóvel.

(B) Seria válida e eficaz cláusula que, no contrato de hipoteca firmado entre Pablo e o Banco B, proibisse ao proprietário a alienação do imóvel, e, em razão dessa cláusula, Pablo só poderia vender o imóvel a Antônio mediante prévia e expressa anuência do Banco B.

(C) Seria nula a cláusula que, no contrato de hipoteca firmado entre Pablo e o Banco B, autorizasse a instituição financeira a ficar com o imóvel objeto da garantia na hipótese de a dívida não ser paga no vencimento.

(D) Caso tenha sido estabelecida, no contrato de hipoteca firmado entre Pablo e o Banco B, cláusula que proíba ao proprietário a alienação do imóvel, a venda do bem hipotecado gerará, como consequência imediata e necessária, o vencimento antecipado do crédito hipotecário a favor daquela instituição financeira.

(E) Seria nula a cláusula que, no contrato de hipoteca firmado entre Pablo e o Banco B, autorizasse o devedor hipotecante a dar em pagamento, após o vencimento da dívida, o imóvel objeto da garantia.

A: incorreta. As hipotecas serão sempre registradas no cartório do lugar do imóvel, pois o registro deve ser feito na matrícula do imóvel, no Livro 2 – Registro Geral (art. 1.492 do CC e 167, I, item 2 da Lei 6.015/1973); **B:** incorreta, uma vez que a cláusula que proíbe a venda do imóvel em razão da hipoteca é nula (art. 1.475 do CC); **C:** correta. No direito brasileiro é proibido o *pacto comissório*. Assim é *nula* a cláusula que permite o credor hipotecário a ficar com o objeto da garantia caso a dívida não seja paga (art. 1.428 do CC); **D:** incorreta, é nula a cláusula que proíbe ao proprietário alienar imóvel hipotecado, mas pode ser convencionado que vencerá o crédito hipotecário, se o imóvel for alienado (art. 1.475, parágrafo único, do CC); **E:** incorreta, após o vencimento da hipoteca, o devedor poderá dar o imóvel em pagamento da dívida (art. 1.428, parágrafo único, CC).

Gabarito "C"

(Procurador/DF – 2013 – CESPE) Considerando que determinada pessoa física tenha contraído dívida em dinheiro e garantido o pagamento do débito mediante hipoteca de imóvel seu, julgue os próximos itens.

(1) O devedor somente poderá alienar o imóvel hipotecado se não houver cláusula contratual expressa que vede a alienação.

(2) Em caso de execução, poderão os ascendentes do devedor remir o imóvel hipotecado, desde que paguem a integralidade da dívida.

1: Errada, pois é nula a cláusula que proíbe ao proprietário alienar imóvel hipotecado (art. 1.475, CC); **2:** Errada, pois a lei não limita a remição aos ascendentes.

Gabarito 1E, 2E

(Magistratura Federal/1ª região – 2011 – CESPE) Assinale a opção correta a respeito da hipoteca.

(A) A hipoteca pode ser transmitida por atos *inter vivos* ou por causa *mortis*.

(B) A divisibilidade da dívida contraída reflete na hipoteca, não havendo disposição contrária.

(C) A hipoteca poderá envolver bens futuros.

(D) A especialização da hipoteca não pode ser renovada.

(E) Não pode ser fixado o valor do bem dado em hipoteca.

A: correta. Nada impede que o credito hipotecário seja transmitido ao herdeiro. No que se refere à transmissão *causa mortis*, uma observação deve ser feita. Por se tratar de direito real sobre bem imóvel alheio, esse direito de crédito com garantia real é considerado pela lei como um bem imóvel e, portanto, sua transferência exigirá escritura pública e vênia conjugal; **B:** incorreta, pois a hipoteca é indivisível. Assim, eventual pagamento parcial da dívida não implica exoneração correspondente da garantia real (CC, art. 1.421); **C:** incorreta, pois a lei traz um rol taxativo de bens que podem ser oferecidos em hipoteca (CC, art. 1.473). O que o Código permite é a hipoteca sobre dívidas futuras (CC, art. 1.487); **D:** incorreta, pois a especialização deve ser renovada após completar 20 anos (CC, art. 1.498); **E:** incorreta, pois o Código Civil permite (art. 1.484) a fixação do valor do bem dado em hipoteca.

Gabarito "A".

7. FAMÍLIA

(Juiz de Direito/AM – 2016 – CESPE) A respeito do direito de família, assinale a opção correta.

(A) Dos nubentes que optam pelo regime de comunhão universal de bens não se exige a formulação de pacto antenupcial, ato solene lavrado por escritura pública.

(B) É considerado bem de família, insuscetível de penhora, o único imóvel residencial do devedor no qual resida seu familiar, ainda que ele, proprietário, não habite no imóvel.

(C) O fato de um casal de namorados projetar constituir família no futuro caracteriza a união estável se houver coabitação.

(D) O casamento putativo não será reconhecido de ofício pelo juiz.

(E) Se não houver transação em sentido contrário, as verbas indenizatórias integram a base de cálculo da pensão alimentícia.

A: incorreta, pois o pacto antenupcial é negócio jurídico indispensável para os nubentes que queiram afastar o regime legal da comunhão parcial de bens (CC, art. 1.640); **B:** correta, pois, a despeito da redação do art. 1°, da Lei 8.009/1990, o STJ pacificou a orientação de que a proteção é mantida, mesmo que o grupo familiar não resida no único imóvel de sua propriedade (RESP 1616475/PE); **C:** incorreta, pois, para a configuração da união estável, há diversos requisitos subjetivos, mais amplos e profundos do que a mera "*projeção de constituir família no futuro*" (CC, art. 1.723); **D:** incorreta, pois o casamento putativo pode gerar efeitos, conforme o art. 1.561 do Código Civil; **E:** incorreta, pois o STJ decidiu que: "*Os alimentos incidem sobre verbas pagas em caráter habitual, aquelas incluídas permanentemente no salário do empregado. As parcelas denominadas auxílio-acidente, cesta-alimentação e vale-alimentação, que tem natureza indenizatória, estão excluídas do desconto para fins de pensão alimentícia porquanto verbas transitórias*" (RESP 1159408).

Gabarito "B".

7.1. CASAMENTO

7.1.1. DISPOSIÇÕES GERAIS, CAPACIDADE, IMPEDIMENTOS, CAUSAS SUSPENSIVAS, HABILITAÇÃO, CELEBRAÇÃO E PROVA DO CASAMENTO

(Defensor Público – DPE/RN – 2016 – CESPE) De acordo com as regras que disciplinam o casamento, assinale a opção correta.

(A) Os impedimentos impedientes para o casamento constituem mera irregularidade e geram apenas efeitos colaterais sancionadores, mas não a nulidade do matrimônio.

(B) Será nulo o casamento do divorciado, enquanto não for homologada ou decidida a partilha dos bens do casal, ainda que seja demonstrada a inexistência de prejuízo para o ex-cônjuge.

(C) O casamento pode ser realizado mediante procuração, por instrumento público ou particular com poderes especiais.

(D) A revogação do mandato precisa chegar ao conhecimento do mandatário, pois, celebrado o casamento sem que o mandatário ou o outro contraente tomem ciência da revogação, o casamento será válido, sem que possa o mandante ser compelido a indenizar por perdas e danos.

(E) Os impedimentos absolutamente dirimentes para o casamento são proibições legais que, se forem desrespeitadas, geram a nulidade do matrimônio, mas podem ser supridas ou sanadas.

A: correta. Os impedimentos impedientes são as chamadas causas suspensivas do casamento (CC, art. 1.523) e não tornam o casamento nulo ou anulável. Seu único efeito é impor o regime de separação obrigatória de bens (CC, art. 1.641, I); **B:** incorreta, pois o Código Civil afirma que: "*O divórcio pode ser concedido sem que haja prévia partilha de bens*" (CC, art. 1.581); **C:** incorreta, pois o casamento mediante procuração é admitido pelo Código Civil, exigindo-se, todavia a forma da escritura pública (CC, art. 1.542); **D:** incorreta, pois a revogação do mandato "não necessita chegar ao conhecimento do mandatário; mas, celebrado o casamento sem que o mandatário ou o outro contraente tivessem ciência da revogação, responderá o mandante por perdas e danos" (CC, art. 1.542, § 1°); **E:** incorreta, pois os impedimentos absolutos (CC, art. 1.521) não podem ser sanados.

Gabarito "A".

(Ministério Público/PI – 2014 – CESPE) No que se refere aos impedimentos ao casamento e às circunstâncias que o tornam nulo ou anulável, assinale a opção correta.

(A) Não podem casar-se os já casados, devendo-se observar que o casamento religioso, ainda que não inscrito em livro no registro civil de pessoas naturais, também caracteriza o referido impedimento.

(B) O MP tem legitimidade para promover ação direta requerendo a decretação de nulidade do casamento.

(C) É nulo o casamento contraído por pessoa com reduzida ou parcial capacidade de discernimento.

(D) O casamento anulável, diferentemente do nulo, se celebrado de boa-fé pelos contraentes, produzirá os efeitos do casamento válido até a data da sentença que decretar a sua invalidação, de forma a resguardar a família e, em especial, os filhos havidos desse negócio jurídico.

(E) Os impedimentos ao casamento previstos no art. 1.521 do Código Civil, por se basearem no interesse público e estarem relacionados à instituição da família e à estabilidade social, têm caráter absoluto, o que torna anulável o casamento realizado por desrespeito a qualquer um deles.

A: incorreta, pois o casamento religioso demanda registro civil (CC, art. 1.515); **B:** correta, pois tal legitimidade encontra respaldo no art. 1.549 do Código Civil; **C:** incorreta, pois a nulidade somente se verificará se o enfermo mental não tiver discernimento para os atos da vida civil; **D:** incorreta, pois a proteção ao cônjuge de boa-fé (com a atribuição de efeitos) se dá tanto no casamento nulo, quanto no anulável (CC, art. 1.561); **E:** incorreta, pois o casamento celebrado sob impedimento matrimonial enseja sua nulidade absoluta (CC, art. 1.548, II).

Gabarito "B".

(Analista – TJ/CE – 2013 – CESPE) No que diz respeito a direito de família, assinale a opção correta, considerando o disposto no Código Civil.

(A) O casamento válido dissolve-se pela morte de um dos cônjuges, pelo divórcio ou pela nulidade ou anulação do casamento.

(B) Os salários percebidos pelos cônjuges em contraprestação ao trabalho não se comunicam no regime de comunhão parcial.

(C) O pacto antenupcial, ainda que não seja feito por escritura pública, é valido e mantém sua eficácia quando lhe seguir o casamento.

(D) É vedado, em qualquer circunstância, o casamento de pessoa com menos de dezesseis anos de idade.

(E) Independentemente do regime de bens adotado no casamento, nenhum cônjuge poderá alienar ou onerar bens imóveis sem a autorização do outro.

A: incorreta, pois o casamento válido só se dissolve pela morte de um dos cônjuges ou pelo divórcio, aplicando-se a presunção estabelecida neste Código quanto ao ausente (art. 1.571, § 1° do CC); **B:** correta (art. 1.659, VI do CC); **C:** incorreta, pois é nulo o pacto antenupcial se não for feito por escritura pública, e ineficaz se não lhe seguir o casamento (art. 1.653 do CC); **D:** incorreta, pois permite-se o casamento do menor de dezesseis anos para evitar imposição ou cumprimento de pena criminal ou em caso de gravidez (art. 1.520); **E:** incorreta, pois no regime da separação absoluta de bens tal ato é permitido (art. 1.647, I do CC).

Gabarito "B".

(Ministério Público/TO – 2012 – CESPE) Com referência ao direito de família, assinale a opção correta.

(A) Entre as inúmeras semelhanças apresentadas entre união estável e concubinato inclui-se a de serem ambos os institutos discutidos, no caso de dissolução, no âmbito do direito de família.

(B) Um imóvel instituído convencionalmente como bem de família isenta o prédio da execução de qualquer dívida posterior ao ato da instituição do bem.

(C) Com a edição da Emenda Constitucional n.º 66, na qual são alteradas as formas de dissolução do casamento, o conceito de sociedade conjugal não encontra mais amparo no direito de família brasileiro.

(D) Só se admite o prolongamento dos efeitos do casamento putativo, após a publicação da sentença anulatória, quando as partes o celebrarem de boa-fé e existir pacto antenupcial, independentemente da existência de filhos; no caso de má-fé, os efeitos se mantêm apenas para justificar a concessão de alimentos.

(E) Considere que Carlos, casado com Amanda sob o regime de comunhão parcial de bens, seja avalista do irmão em empréstimo bancário de alta monta. Nesse caso, para que o ato seja considerado válido, é necessário que Amanda conceda outorga uxória.

A: incorreta, pois não se pode comparar união estável e concubinato, tendo em vista que este último envolve a manutenção de relações não eventuais entre pessoas impedidas de casar; **B:** incorreta, pois há exceções à impenhorabilidade do bem de família previstas no art. 1.715; **C:** incorreta, pois a sociedade conjugal continua existindo, especialmente para as consequências patrimoniais. A dúvida permanece apenas no que se refere à recepção ou não do instituto da separação judicial; **D:** incorreta, pois não há exigência de pacto antenupcial para se dar efeitos ao casamento putativo (CC, art. 1.561); **E:** correta, pois a concessão do aval é uma das hipóteses de atos jurídicos para os quais se exige vênia conjugal. A solução dada pela lei para o não atendimento desta exigência é a anulabilidade do ato, conforme os artigos 1.642, IV e 1.647 do Código Civil.

Gabarito "E".

(Magistratura Federal/3ª região – 2011 – CESPE) Considerando que tenha sido determinada a penhora de bem pertencente à pessoa maior e capaz, casada com outra que ainda não tenha completado 16 anos de idade, assinale a opção correta.

(A) Se a causa de impedimento do casamento não for suscitada antes da celebração, o casamento é válido e o regime deve ser o da comunhão parcial.

(B) Havendo consentimento dos pais da pessoa menor para o casamento, deverá ser considerado o que dispuseram os nubentes em seu pacto antenupcial, no qual não se admite interferência dos pais.

(C) Por ser nulo de pleno direito o casamento, a penhora não será por ele afetada.

(D) Em face da anulabilidade e do regime legal da comunhão parcial de bens aplicável à hipótese, será necessário averiguar a data em que o bem foi adquirido.

(E) Em razão da menoridade de um dos nubentes, o regime deve ser o da separação obrigatória, sendo necessário identificar a data de aquisição do bem.

A: incorreta, pois o casamento celebrado com infringência de impedimento matrimonial é nulo de pleno direito (CC, art. 1.548, II); **B:** incorreta, pois a eficácia do pacto antenupcial, realizado por menor, fica condicionado à aprovação de seu representante legal, salvo as hipóteses de regime de separação obrigatória (CC, art. 1.654); **C:** incorreta, pois o casamento de quem não atingiu a idade núbil não é nulo, mas apenas anulável (CC, art. 1.550, I); **D:** incorreta, pois o regime não é o da comunhão parcial; **E:** correta, pois o regime é o da separação obrigatória de bens (CC, art. 1.641, III).

Gabarito "E".

7.1.2. INVALIDADE

(Defensor Público/AL – 2017 – CESPE) Antônio, de vinte e cinco anos de idade, casou-se com Carla, de treze anos de idade, que estava grávida quando da realização do casamento. Embora tenha sido consentido pelos pais de Carla, o casamento foi realizado sem autorização judicial, pois os nubentes não estavam cientes dessa exigência legal.

A respeito dessa situação hipotética, assinale a opção correta.

(A) Carla poderá confirmar o casamento após o nascimento da criança.

(B) É vedada a anulação do casamento unicamente pelo fato de Carla ser menor de idade.

(C) Anulado o casamento, este retroagirá à data de sua celebração, não produzindo nenhum efeito.

(D) Antônio poderá requerer a anulação do casamento devido ao fato de Carla ser menor de idade.

(E) O casamento é nulo, pois Carla não tinha idade núbil e não havia autorização judicial.

A: incorreta, pois Carla pode confirmar o casamento após atingir a idade núbil, e não após o nascimento da criança (art. 1.553 CC) ; **B:** correta, pois apesar de ser menor de idade (menor de 18 anos) e não ter atingido a idade núbil (menor de 16 anos) para se casar, a lei considera o casamento válido, pois houve gravidez (art. 1.520 CC). Neste passo, não se anulará, por motivo de idade, o casamento de que resultou gravidez (art. 1.551 CC); **C:** incorreta, pois a sentença que decretar a nulidade do casamento retroagirá à data da sua celebração, *sem prejudicar a aquisição de direitos, a título oneroso, por terceiros de boa-fé, nem a resultante de sentença transitada em julgado* (art. 1.563 CC). Logo, os direitos de terceiros de boa-fé serão mantidos; **D:** incorreta, pois não se anulará, por motivo de idade, o casamento de que resultou gravidez (art. 1.551 CC); **E:** incorreta, vez que apesar de ser menor de idade (menor de 18 anos) e não ter atingido a idade núbil (menor de 16 anos) para se casar, a lei considera o casamento válido, pois houve gravidez (art. 1.520 CC). A autorização judicial neste caso é dispensável, bastando a autorização dos pais (art. 1.520 CC). GR

Gabarito "B".

(Magistratura/PB – 2011 – CESPE) Considerando as disposições legais e doutrinárias a respeito do direito de família, assinale a opção correta.

(A) Tanto o casamento nulo quanto o anulável requerem, para a sua invalidação, pronunciamento judicial em ação própria, visto que ao juiz é vedado declarar de ofício a invalidade.

(B) Os pais que tenham consentido, mediante ato escrito, casamento de filho menor de dezoito anos de idade poderão revogar a autorização, inclusive durante a celebração do casamento, desde que por ato escrito.

(C) É admitida a alteração de regime de bens entre os cônjuges, independentemente de autorização judicial.

(D) De acordo com o Código Civil, a relação concubinária mantida simultaneamente ao matrimônio gera, após o seu encerramento, direito a indenização e direitos hereditários.

(E) No denominado casamento religioso com efeitos civis, o registro tem natureza meramente probatória, não constituindo ato essencial para a atribuição dos efeitos civis.

A: correta, pois as duas formas requerem pronunciamento judicial. A sentença que decretar a nulidade do casamento retroagirá à data de sua celebração (art. 1.563 do CC), já na sentença que declarar a anulação do casamento os efeitos são *ex nunc*; **B:** incorreta, pois a revogação somente pode ser efetuada até a celebração do casamento (art. 1.518 do CC); **C:** incorreta, pois a alteração do regime de bens necessita de autorização judicial (art. 1.639, § 2º, do CC); **D:** incorreta, pois não existe essa previsão legal; **E:** incorreta, pois o casamento religioso só terá efeitos civis se for registrado no registro civil (art. 1.516, § 2º, do CC).

Gabarito "A".

(Analista – TJ/ES – 2011 – CESPE) Julgue o seguinte item.

(1) O casamento é um instituto de múltiplos efeitos jurídicos, irradiando sua eficácia sobre a vida pessoal dos cônjuges. Em algumas hipóteses, tais efeitos perduram mesmo depois do término da sociedade conjugal, como se dá, por exemplo, no caso de divórcio, em que, em regra, o cônjuge pode manter o nome de casado.

1: correta (art. 1.571, § 2º, do CC).

Gabarito 1C

7.1.3. EFEITOS E DISSOLUÇÃO DO CASAMENTO

Observação importante: mesmo com a edição da EC 66/10, mantivemos as questões sobre separação judicial, pois ainda há controvérsia sobre a existência ou não desse instituto após a entrada em vigor da Emenda. O próprio CNJ, chamado a se manifestar sobre assunto, preferiu apenas alterar sua Resolução nº 35, para admitir o divórcio extrajudicial mesmo que não cumpridos os prazos de 2 anos de separação de fato (antigo divórcio-direto) e de 1 ano de separação judicial (antigo divórcio-conversão), não entrando no mérito se ainda existe a possibilidade de alguém preferir, antes do divórcio, promover separação judicial. O fato é que a EC 66/10 vem sendo aplicada normalmente pelos Cartórios Extrajudiciais, para permitir o divórcio direto, sem necessidade de cumprir os prazos mencionados, tudo indicando que o instituto da separação judicial venha, no mínimo, a cair em desuso. De qualquer maneira, como não houve ainda revogação do Código Civil no ponto que trata desse instituto, mantivemos as questões sobre o assunto, que, quem sabe, podem ainda aparecer em alguns concursos públicos. Segue, para conhecimento, a decisão do CNJ sobre o assunto:

"EMENTA: PEDIDO DE PROVIDÊNCIAS. PROPOSTA DE ALTERAÇÃO DA RESOLUÇÃO Nº 35 DO CNJ EM RAZÃO DO ADVENTO DA EMENDA CONSTITUCIONAL Nº 66/2010. SUPRESSÃO DAS EXPRESSÕES "SEPARAÇÃO CONSENSUAL" E "DISSOLUÇÃO DA SOCIEDADE CONJUGAL". IMPOSSIBILIDADE. PARCIAL PROCEDÊNCIA DO PEDIDO.

- A Emenda Constitucional nº 66, que conferiu nova redação ao § 6º do art. 226 da Constituição Federal, dispõe sobre a dissolubilidade do casamento civil pelo divórcio, para suprimir o requisito de prévia separação judicial por mais de 01 (um) ano ou de comprovada separação de fato por mais de 02 (dois) anos.
- Divergem as interpretações doutrinárias quanto à supressão do instituto da separação judicial no Brasil. Há quem se manifeste no sentido de que o divórcio passa a ser o único meio de dissolução do vínculo e da sociedade conjugal, outros tantos, entendem que a nova disposição constitucional não revogou a possibilidade da separação, somente suprimiu o requisito temporal para o divórcio.
- Nesse passo, acatar a proposição feita, em sua integralidade, caracterizaria avanço maior que o recomendado, superando até mesmo possível alteração da legislação ordinária, que até o presente momento não foi definida.
- Pedido julgado parcialmente procedente para propor a modificação da redação da Resolução nº 35 do Conselho Nacional de Justiça, de 24 de abril de 2007, que disciplina a aplicação da Lei nº 11.441/2007 pelos serviços notariais e de registro, nos seguintes termos: a) seja retirado o artigo 53, que versa acerca do lapso temporal de dois anos para o divórcio direto e; b) seja conferida nova redação ao artigo 52, passando o mesmo a prever: "Os cônjuges separados judicialmente, podem, mediante escritura pública, converter a separação judicial ou extrajudicial em divórcio, mantendo as mesmas condições ou alterando-as. Nesse caso, é dispensável a apresentação de certidão atualizada do processo judicial, bastando a certidão da averbação da separação no assento do casamento." (CNJ, Pedido de Providências nº 0005060-32.2010.2.00.0000, j. 12/08/10)"

(Magistratura Federal/3ª região – 2011 – CESPE) Ao solucionar questão relacionada à origem de dívida de dois mil reais contraída por um dos cônjuges, durante o casamento, em comércio próximo à residência do casal, o juiz, diante da ausência de outros elementos de prova, tomou o débito como contraído a bem da família. Com base nesse caso, assinale a opção correta.

(A) É inadmissível utilizar presunção para resolver a questão, dada a possibilidade de prova oral.
(B) Cuida-se de presunção *hominis*, decorrente da experiência da vida.
(C) A decisão tomou a condição de casado como indício de presunção comum absoluta.
(D) A condição de casados determina presunção legal relativa de comunhão da dívida.
(E) Aplica-se ao caso a presunção legal absoluta de comunhão da dívida.

A: incorreta, pois o próprio Código estipula presunções a respeito das dívidas contraídas pelos cônjuges; **B:** incorreta, pois trata-se de presunção legal; **C:** incorreta, pois o enunciado trouxe outros elementos que contribuíram para a formação da convicção do juiz; **D:** correta, pois de acordo com o art. 1.644, as dívidas contraídas para aquisição de coisas necessárias à economia doméstica obrigam solidariamente ambos os cônjuges; **E:** incorreta, pois não há presunção absoluta nesse caso.

Gabarito "D"

7.1.4. REGIME DE BENS

(Defensor Público – DPE/RN – 2016 – CESPE) No tocante ao regime de bens do casamento, assinale a opção correta.

(A) No casamento sob o regime de participação final nos aquestos, o bem imóvel que for adquirido exclusivamente por um dos cônjuges será de livre administração e alienação, por esse cônjuge.
(B) Sob o regime da comunhão parcial de bens, não entram na comunhão os bens adquiridos na constância da sociedade conjugal, por fato eventual, com ou sem o concurso de trabalho ou despesa anterior.
(C) No regime da comunhão universal de bens, participam da comunhão todos os bens presentes e futuros do casal, inclusive as dívidas anteriores ao casamento.
(D) No regime de comunhão parcial, participam da comunhão as verbas indenizatórias decorrentes do ajuizamento de ação reclamatória trabalhista durante a vigência do vínculo conjugal, ainda que tais verbas venham a ser percebidas por um dos cônjuges após o fim do casamento.
(E) O pacto antenupcial é indispensável na celebração do casamento pelo regime da separação obrigatória de bens.

A: incorreta, pois nesse regime o Código Civil admite a livre alienação dos bens móveis (CC, art. 1.673, parágrafo único). Caso os nubentes queiram definir a livre alienação de bens imóveis, é preciso que isso conste expressamente no pacto antenupcial (CC, art. 1.656); **B:** incorreta, pois há comunicação dos bens adquiridos na constância, bem como aqueles adquiridos por fato eventual, como é o caso de sorteios, loterias, rifas etc. (CC, art. 1.660, I e II); **C:** incorreta, pois tais dívidas não se comunicam (CC, art. 1.668, III); **D:** correta, pois o que importa é o fato gerador para o recebimento de tais verbas e não o momento em que são recebidas; **E:** incorreta, pois esse regime é imposto pela lei em situações especificadas no CC, art. 1.641.

Gabarito "D"

(Ministério Público/SE – 2010 – CESPE) Um casal realizou pacto antenupcial sobre regime de bens. Mais tarde, esse pacto foi declarado nulo por defeito de forma. Nesse caso,

(A) vigorará o regime obrigatório de separação de bens.
(B) vigorará o regime da comunhão parcial de bens.
(C) os noivos deverão realizar novo pacto antenupcial.
(D) vigorará o regime da comunhão universal de bens.
(E) o casamento também será nulo.

Art. 1.640, *caput*, do CC.

Gabarito "B"

(Defensor Público/TO – 2013 – CESPE) Acerca do regime de bens entre cônjuges, assinale a opção correta.

(A) O regime de comunhão universal implica a comunicação de todos os bens presentes e futuros dos cônjuges e suas dívidas passivas, com exceção, entre outras, dos bens doados ou herdados com a cláusula de incomunicabilidade e os sub-rogados em seu lugar.
(B) O regime de participação final nos aquestos foi revogado do Código Civil, haja vista que o seu desuso desde a entrada em vigor do referido diploma legal demonstrou que os demais regimes de bens existentes eram suficientes para

reger as relações patrimoniais entre os cônjuges.

(C) No casamento celebrado sob o regime da separação de bens, enquanto não sobrevier a separação ou divórcio, a administração dos bens é conjunta dos consortes, que não poderão aliená-los ou gravá-los de ônus real sem a anuência do outro.

(D) É obrigatório o regime da separação de bens no casamento das pessoas que o contraírem com inobservância das causas suspensivas da celebração do casamento; da pessoa maior de sessenta anos e, ainda, de todos os que dependerem, para casar, de suprimento judicial.

(E) No regime de comunhão parcial de bens, comunicam-se os bens que sobrevierem ao casal na constância do casamento, denominados bens aquestos, sem qualquer exceção.

A: correta, pois reflete os textos dos arts. 1.667 e 1.668, I, do CC; **B:** incorreta. O único regime revogado do Código Civil de 1916 foi o regime dotal, substituído pelo regime da participação final dos aquestos no Código Civil de 2002; **C:** incorreta. No regime de separação de bens, cada cônjuge terá a administração exclusiva de seus bens, podendo aliená-lo ou gravá-los de ônus real (art. 1.687 do CC); **D:** incorreta. O regime de separação de bens é obrigatório para as pessoas que o contraírem com inobservância das causas suspensivas da celebração do casamento; da pessoa *maior de setenta (70) anos* e de todos os que dependerem, para casar, de suprimento judicial (art. 1.641 do CC); **E:** incorreta, pois há diversas exceções elencadas no art. 1.659 do CC (ex: bens doados ou herdados).

Gabarito "A".

(Defensor Público/AC – 2012 – CESPE) Considerando os direitos relacionados à personalidade, aos alimentos, ao divórcio e à evicção, assinale a opção correta.

(A) Prevalece, nos tribunais, a tese de que ao nascituro é garantida apenas a expectativa de direito, tornando-se este efetivamente adquirido na eventualidade de aquele nascer vivo; não tem, portanto, o nascituro direito, por exemplo, aos danos morais decorrentes da morte do pai causada por ato ilícito.

(B) O débito alimentar que autoriza a prisão civil do alimentante é o que compreende as três prestações anteriores ao ajuizamento da execução e as que vencerem no curso do processo; por essa razão, segundo entendimento do STJ, o pagamento de 30% do débito alimentar será capaz de elidir a prisão civil.

(C) Os valores oriundos do Fundo de Garantia do Tempo de Serviço configuram frutos civis do trabalho, integrando, no casamento realizado sob o regime da comunhão parcial previsto no Código Civil de 1916, patrimônio comum e, consequentemente, partilhável quando do divórcio.

(D) A responsabilidade pela evicção ocorre apenas quando a causa da constrição operada sobre a coisa é posterior à relação jurídica entabulada entre o alienante e o evicto, sendo o determinante o momento da constrição, a qual será, necessariamente, anterior à alienação.

(E) Capacidade de fato, ou capacidade de gozo, ou capacidade de aquisição, é a faculdade abstrata de alguém gozar os seus direitos; a capacidade de direito, por sua vez, é a capacidade para adquirir direitos e exercê-los por si mesmo.

A: incorreta. A natureza jurídica dos direitos do nascituro (direitos adquiridos x expectativa de direito) é objeto de *profunda divergência* na doutrina e na jurisprudência, diante da manutenção da teoria natalista pelo legislador no Código Civil (art. 2º). Contudo, há decisão do STJ deferindo indenização por danos morais suportados pelo nascituro em razão da morte de seu pai causada por ato ilícito (REsp 931.556/RS, Rel. Min. Nancy Andrighi, julgado em 17.06.2008); **B:** incorreta. A segunda parte da assertiva está errada, pois, segundo a jurisprudência do STJ, o pagamento parcial dos alimentos não elide a possibilidade de prisão civil (RHC 35.637/PR, Rel. Min. Nancy Andrighi, julgado em 09.04.2013); **C:** correta. Segundo a jurisprudência do STJ, "os valores oriundos do Fundo de Garantia do Tempo de Serviço configuram frutos civis do trabalho, integrando, nos casamentos realizados sob o regime da comunhão parcial sob a égide do Código Civil de 1916, patrimônio comum e, consequentemente, devendo ser considerados na partilha quando do divórcio" (REsp 848.660/RS, Rel. Min. Paulo de Tarso Sanseverino, julgado em 03.05.2011); **D:** incorreta. De acordo com a jurisprudência do STJ, a "responsabilidade pela evicção ocorre apenas quando a causa da constrição operada sobre a coisa é anterior à relação jurídica entabulada entre o alienante e o evicto. O que importa não é o momento da constrição, esta será, necessariamente, posterior à alienação, o que importa saber é o momento em que nasceu o direito (de terceiro) que deu origem à constrição" (REsp 873.165/ES, Rel. Min. Sidnei Beneti, julgado em 18.05.2010); **E:** incorreta, os conceitos estão invertidos: a capacidade de direito/gozo é a aptidão para ser titular de direitos e deveres e a capacidade fato/exercício/ação é a aptidão para exercer pessoalmente os atos da vida civil.

Gabarito "C".

7.1.5. TEMAS COMBINADOS DE CASAMENTO

(Cartório/DF – 2014 – CESPE) Acerca do casamento, assinale a opção correta.

(A) É possível a anulação de casamento, sob o fundamento de erro essencial quanto à pessoa, em caso de impotência coeundi do cônjuge, por impossibilitar a realização da finalidade do matrimônio, ainda que tenha havido coabitação anterior à celebração do casamento e por mais de três anos após essa celebração.

(B) O casamento nulo ou anulável produz todos os efeitos até o dia da sentença anulatória se ambos os cônjuges o contraíram de boa-fé.

(C) Sobrevindo prole, não podem ser anulados os efeitos civis do casamento celebrado em infringência a impedimento dirimente decorrente de má-fé de ambos os cônjuges.

(D) É válido o casamento nuncupativo realizado perante o oficial do registro, em caso de interditado portador de moléstia grave, na presença de duas testemunhas e do curador.

(E) O casamento religioso celebrado sem a observância das formalidades legais, das causas suspensivas e da capacidade matrimonial poderá ser inscrito no registro civil, no prazo estabelecido no Código Civil, mediante requerimento do celebrante ou dos interessados.

A: incorreta, pois o prazo de três anos gera a decadência do direito de anular o casamento por erro essencial quanto à pessoa do cônjuge (CC, art. 1.560); **B:** correta, pois a assertiva reproduz a regra sobre o casamento putativo, previsto no art. 1.561 do Código Civil; **C:** incorreta, pois apenas os cônjuges de boa-fé subjetiva é que recebem a proteção legal na hipótese de casamento putativo; **D:** incorreta, pois para tal específico matrimônio a lei exige a presença de seis testemunhas (CC, art. 1.540); **E:** incorreta, pois além do registro, o casamento religioso "deve atender às exigências da lei para a validade do casamento civil" para que se equipare a este (CC, art. 1.515).

Gabarito "B".

7.2. UNIÃO ESTÁVEL

(Defensor Público/PE – 2018 – CESPE) De acordo com a jurisprudência do Supremo Tribunal Federal (STF) e do STJ acerca da união estável e casamento, assinale a opção correta.

(A) É possível o reconhecimento da união estável entre pessoas do mesmo sexo, sendo vedado o casamento civil.

(B) A união estável homoafetiva é vedada no ordenamento jurídico brasileiro: união estável consiste de uma relação entre homem e mulher, contínua e duradoura, com o objetivo de constituição de família.

(C) Como não se trata de entidade familiar, a relação entre pessoas do mesmo sexo é uma sociedade de fato, inclusive com competência da vara cível, e não da de família, para eventual ajuizamento de ação.

(D) A união entre duas pessoas do mesmo sexo é reconhecida como entidade familiar, com convivência pública, contínua, duradoura, com o objetivo de constituição de família, e é de competência da vara de família o ajuizamento de eventual ação a respeito.

(E) Diferentemente do instituto do casamento, a companheira

ou o companheiro, na vigência da união estável, participará da sucessão do outro apenas quanto aos bens adquiridos onerosamente.

A: incorreta, pois *é* possível *a conversão da união homoafetiva em casamento, consoante Enunciado 525 do CJF: "É possível a conversão de união estável entre pessoas do mesmo sexo em casamento, observados os requisitos exigidos para a respectiva habilitação"; **B:** incorreta, pois o Supremo Tribunal Federal, no julgamento conjunto da ADPF n.132/RJ e da ADI n. 4.277/DF, conferiu ao art. 1.723 do Código Civil interpretação conforme à Constituição para dele excluir todo significado que impeça o reconhecimento da união contínua, pública e duradoura entre pessoas do mesmo sexo como entidade familiar, entendida esta como sinônimo perfeito de família; **C:** incorreta, pois a união estável é considerada entidade* familiar, *tanto a hétero como a homoafetiva (art. 1.723 CC e ADPF n.132/RJ e da ADI n. 4.277/DF). Portanto, não há que se falar em sociedade de fato. Logo, sua competência é a vara de família e sucessões; **D:** correta, pois tal afirmação está em perfeita harmonia as decisões dos tribunais superiores pátrios (ADPF n.132/RJ e da ADI n. 4.277/DF, Enunciado 525 do CJF); **E:** incorreta, pois* apenas se aplicará o regime de comunhão parcial de bens entre os companheiros, desde que não seja eleito outro regime de bens expressamente (art. 1.725 do CC). GR

Gabarito "D"

(Defensor Público/AC – 2012 – CESPE) Assinale a opção correta acerca da união estável e do casamento.

(A) A CF inaugurou uma nova fase do direito de família, fundada na adoção de um explícito polimorfismo familiar, em que arranjos multifacetados são igualmente aptos a constituir esse núcleo doméstico denominado família, recebendo todos eles a especial proteção do Estado, o que torna possível o reconhecimento de união estável entre pessoas do mesmo sexo, muito embora não se dê a estas o direito ao casamento, em virtude da literalidade da norma constitucional.

(B) O singularismo familiar fundado no casamento engendrado pela CF impede que famílias formadas por pares homoafetivos possam ter a mesma proteção legal destinada aos casais heteroafetivos.

(C) De acordo com a jurisprudência do STJ, o casamento civil é a melhor forma de proteção do Estado à família e, sendo múltiplos os arranjos familiares reconhecidos pela Carta Magna, não há de ser negada essa via a nenhuma família que por ela optar, independentemente da orientação sexual dos partícipes, muito embora as famílias constituídas por pares homoafetivos não possuam os mesmos núcleos axiológicos das constituídas por casais heteroafetivos.

(D) Os artigos do Código Civil vigente relativos ao casamento vedam expressamente o casamento entre pessoas do mesmo sexo, razão por que não se admite o casamento civil entre pessoas que estejam vivendo uma união homoafetiva.

(E) O STF conferiu ao artigo do Código Civil que reconhece como entidade familiar a união estável entre o homem e a mulher uma interpretação conforme com a CF, para dele excluir todo significado que impeça o reconhecimento da união contínua, pública e duradoura entre pessoas do mesmo sexo como entidade familiar, entendida esta como sinônimo perfeito de família.

A: incorreta. A segunda parte da assertiva está errada, pois, entre os direitos reconhecidos às pessoas do mesmo sexo que vivem em união estável (ADI 4.227), também se autoriza a celebração de casamento (REsp 1.183.378/RS, Rel. Min. Luis Felipe Salomão, julgado em 25.10.2011); **B:** incorreta. Na Constituição Federal de 1998 o singularismo familiar cedeu lugar ao polimorfismo familiar, possibilitando o reconhecimento de outras formas de família além do casamento. Nesse novo contexto jurídico, o Supremo Tribunal Federal reconheceu a união estável homoafetiva (ADI 4.277); **C:** incorreta, pois o STJ reconhece a multiplicidade dos arranjos familiares, sendo que todas possuem o mesmo núcleo axiológico (o afeto), não havendo limitações constitucionais ou jurisprudenciais; **D:** incorreta. A conversão da união estável em casamento é possível tanto para casais heteroafetivos, como para casais homoafetivos; **E:** correta, pois ao julgar a ADI 4.227, o STF reconheceu a união estável homoafetiva como entidade familiar.

Gabarito "E"

(Defensor Público/ES – 2012 – CESPE) Julgue o item seguinte, a respeito da união estável e da ordem de vocação hereditária.

(1) De acordo com a jurisprudência, não se deve declarar a união estável entre duas pessoas que celebrem expressamente contrato de namoro no qual esclareçam o propósito de não viverem em união estável, sob pena de se violar a boa-fé da parte inocente.

1: incorreta. Doutrina e jurisprudência não reconhecem a validade do contrato de namoro em razão da ilicitude de seu objeto (art. 166, VI, CC): afastar as normas de ordem pública que protegem a família formada pela união estável.

Gabarito 1E

7.3. PARENTESCO E FILIAÇÃO

(Defensor Público/TO – 2013 – CESPE) Com base no que dispõe o Código Civil sobre as relações de parentesco, assinale a opção correta.

(A) O parentesco por afinidade não se extingue com a dissolução do casamento ou da união estável.

(B) O parentesco é natural ou civil, conforme resulte de consanguinidade ou da afinidade.

(C) Cada cônjuge ou companheiro é aliado aos parentes do outro pelo vínculo da afinidade.

(D) O parentesco por afinidade limita-se aos ascendentes, aos descendentes e aos colaterais do cônjuge ou companheiro, até o quarto grau.

(E) Consideram-se parentes em linha reta as pessoas que estejam umas para com as outras na relação de ascendência, descendência e colateralidade.

A: incorreta. O parentesco por afinidade na *linha reta* não se extingue com a dissolução do casamento ou da união estável, mas o na *linha colateral* é extinto (art. 1.595 do CC); **B:** incorreta, pois segundo o art. 1.593 do CC, o parentesco pode ser natural ou civil, podem resultar de consanguinidade *ou outra origem* (ex: adoção); **C:** correta, pois reflete o disposto no art. 1.595 do CC; **D:** incorreta, pois o parentesco por afinidade limita-se aos ascendentes, descendentes e irmãos do cônjuge ou companheiro (*colaterais de 2º grau*), conforme dispõe o art. 1.595, § 1º, do CC; **E:** incorreta. São parentes em linha reta as pessoas que estão umas para com as outras na relação de *ascendentes e descendentes* (art. 1.591 do CC).

Gabarito "C"

(Defensor Público/RO – 2012 – CESPE) Edson, brasileiro, solteiro, capaz, com quarenta e oito anos de idade, manifestou, de forma inequívoca, por meio de escrito particular, o reconhecimento da paternidade de Pedro, brasileiro, solteiro, capaz, com dezenove anos de idade, em cujo registro de nascimento consta tão somente o nome da mãe, Esmeralda, e dos avós maternos.

Com base nessa situação hipotética, assinale a opção correta.

(A) Caso Edson, Esmeralda e Pedro compareçam perante um tabelião, poderá ser eficazmente estipulado, no ato de reconhecimento de paternidade, mediante concordância das partes, prazo de duração para o reconhecimento da paternidade, contado a partir da lavratura da escritura pública.

(B) O oficial de registro civil, responsável por averbar a paternidade à margem do registro de nascimento, deverá exigir que o instrumento, público ou particular, de reconhecimento de paternidade esteja acompanhado de documento ou ato comprobatório do consentimento de Pedro.

(C) O reconhecimento da paternidade de Pedro não pode ser revogado, salvo se Edson manifestar arrependimento por meio de testamento público na presença de duas testemunhas.

(D) Sendo o reconhecimento de paternidade ato jurídico unilateral, o oficial de registro civil deverá averbar o nome do pai, Edson, à margem do registro de nascimento de Pedro, independentemente do consentimento deste.

(E) Para ter eficácia, o reconhecimento de paternidade deve ser lavrado por meio de escritura pública, nas notas de um tabelião, bem como deve ser acompanhado da anuência de Pedro, independentemente da anuência de Esmeralda.

A: incorreta, são ineficazes a condição ou o termo apostos no ato de reconhecimento de filiação (art. 1.613 do CC); **B:** correta. O reconhecimento de filho maior de idade depende do consentimento dele (art. 1.614 do CC); **C:** incorreta. O reconhecimento de filho não pode ser revogado, nem mesmo quando feito em testamento (art. 1.610 do CC); **D:** incorreta, pois, por se tratar de reconhecimento de filho maior de idade, este deverá consentir (art. 1.614 do CC); **E:** incorreta, porque o reconhecimento pode ser feito por escritura pública, escrito particular, testamento ou por manifestação expressa perante o juiz (art. 1.609 do CC). Em caso de filho maior de idade será necessário seu consentimento (art. 1.614 do CC), mas não o da mãe (Esmeralda).

Gabarito "B"

(Juiz de Direito - TJ/BA - 2019 - CESPE/CEBRASPE) Com relação ao reconhecimento voluntário de filhos tidos fora do casamento, julgue os seguintes itens.

I. O Código Civil admite o reconhecimento voluntário de paternidade por declaração direta e expressa perante o juiz, desde que manifestada em ação própria, denominada ação declaratória de paternidade. Nesse caso, o ato jurídico é irrevogável.

II. De acordo com o Código Civil, o reconhecimento voluntário de paternidade por meio do testamento é revogável pelo testador, por constituir ato de última vontade, mutável a qualquer tempo antes do falecimento do testador.

III. O reconhecimento de filiação pode preceder o nascimento do filho e, até mesmo, ser posterior ao falecimento deste. Nesse último caso, admite-se o reconhecimento *post mortem* se o filho deixar descendentes.

Assinale a opção correta.

(A) Apenas o item II está certo.
(B) Apenas o item III está certo.
(C) Apenas os itens I e II estão certos.
(D) Apenas os itens I e III estão certos.
(E) Todos os itens estão certos.

I: incorreta, pois não precisa ser em ação própria (art. 1.609, *caput*, e inciso IV, CC); **II:** incorreta, pois o reconhecimento de paternidade por testamento também é irrevogável (art. 1609, III, CC); **III:** correta, nos termos do art. 1609, parágrafo único CC. Logo, a alternativa correta é a letra B. GR

Gabarito "B"

7.4. PODER FAMILIAR, ADOÇÃO, TUTELA E GUARDA

(Cartório/DF – 2014 – CESPE) No que se refere ao instituto da adoção, assinale a opção correta.

(A) Verificado o óbito do adotante no curso do procedimento de adoção, ainda que manifestada a vontade do adotante, de forma inequívoca, impõe-se a declaração de perda de objeto do pedido.
(B) Em se tratando de adoção de maiores de dezoito anos, admite-se o procedimento por ato extrajudicial perante o registro civil de pessoas naturais, com assistência de advogado, ou por meio de sentença constitutiva.
(C) A lei veda que tutor com vínculo de parentesco em segundo grau colateral com o tutelado o adote, ainda que prestadas as contas de sua administração.
(D) Configura requisito essencial à adoção o prévio estágio de convivência, excetuando-se a hipótese de a criança adotanda encontrar-se sob a guarda de fato dos adotantes.
(E) O avô detentor da guarda de neta adolescente tem legitimidade para adotá-la, dispensando-se o estágio de convivência.

A: incorreta, pois "a adoção poderá ser deferida ao adotante que, após inequívoca manifestação de vontade, vier a falecer no curso do procedimento, antes de prolatada a sentença" (ECA, art. 42 § 6º); **B:** incorreta, pois não se dispensa a manifestação do Poder Judiciário para a adoção do maior de dezoito anos (ECA, art. 40); **C:** correta, pois "Não podem adotar os ascendentes e os irmãos do adotando" (ECA, art. 42 § 1º); **D:** incorreta, pois o estágio de convivência "poderá ser dispensado se o adotando já estiver sob a tutela ou guarda legal do adotante durante tempo suficiente para que seja possível avaliar a conveniência da constituição do vínculo" (ECA, art. 46 § 1º); **E:** incorreta, pois: "não podem adotar os ascendentes e os irmãos do adotando" (ECA, art. 42 § 1º).

Gabarito "C"

(Ministério Público/PI – 2014 – CESPE) Assinale a opção correta a respeito da tutela.

(A) Aquele que, não sendo parente do menor, seja nomeado, por sentença, tutor, é obrigado a aceitar a tutela, sob pena de crime de desobediência, ainda que haja parentes idôneos, consanguíneos ou afins, em condições de exercê-la.
(B) Os tutores são obrigados a prestar contas de sua administração, podendo ser dispensados desse dever pelos pais do tutelado, em testamento, ou pelo juiz, por decisão judicial.
(C) O tutor poderá delegar a outra pessoa, física ou jurídica, o exercício total da tutela.
(D) Se o patrimônio do menor for de valor considerável, poderá o juiz condicionar o exercício da tutela à prestação de caução bastante ou dispensá-la se for o tutor de reconhecida idoneidade.
(E) A tutela testamentária é válida ainda que o nomeante, no momento de sua morte, não tenha pleno exercício do poder familiar.

A: incorreta, pois "quem não for parente do menor não poderá ser obrigado a aceitar a tutela, se houver no lugar parente idôneo, consanguíneo ou afim, em condições de exercê-la" (CC, art. 1.737); **B:** incorreta, pois os tutores apresentam tal obrigação, ainda que os pais os tenham dispensado de tal encargo (CC, art. 1.755); **C:** incorreta, pois o exercício da tutela é indelegável; **D:** correta, pois a assertiva reproduz a regra estabelecida pelo art. 1.745, parágrafo único do CC; **E:** incorreta, pois é nula a nomeação de tutor pelo pai ou pela mãe que, ao tempo de sua morte, não tinha o poder familiar (CC, art. 1.730).

Gabarito "D"

(Ministério Público/TO – 2012 – CESPE) A respeito da tutela e da curatela, institutos destinados à proteção pessoal e patrimonial de pessoas, assinale a opção correta.

(A) Adulto portador de deficiência mental relativa não pode responder civilmente por prejuízos causados a terceiros, sendo a responsabilidade exclusiva do curador, em razão da quebra objetiva do dever de vigilância.
(B) Não há amparo legal para o menor que sofra prejuízos em decorrência da ausência de nomeação de tutor, ou de nomeação realizada a destempo, arguir responsabilidade patrimonial direta contra o Estado, sendo-lhe, contudo, possível fazê-lo contra parente vivo de até segundo grau, em face de seu legítimo interesse jurídico moral.
(C) A legislação brasileira admite a nomeação conjunta de tutor, para filhos menores, pelo casal, em cédula testamentária única.
(D) Em geral, a tutela e a curatela representam múnus público para a defesa de interesses de incapazes, diferindo esses institutos do direito civil, exclusivamente, no que diz respeito às restrições da condição de tutor ou curador.
(E) O juízo competente para proceder à interdição de incapaz para fins de aposentadoria pelo INSS é o foro do interditando junto à justiça comum estadual.

A: incorreta, pois o art. 928 prevê – ainda que de forma excepcional – a responsabilização direta do incapaz; **B:** incorreta, pois o art. 1.744 prevê a responsabilidade direta e pessoal do Juiz para as hipóteses mencionadas na assertiva; **C:** incorreta, pois não se admite o testamento conjunto no Brasil (CC, art. 1.863); **D:** incorreta, pois a tutela é destinada a menores incapazes, ao passo que a curatela é destinada aos maiores incapazes; **E:** correta, pois de acordo com as normas ordinárias de competência.

Gabarito "E"

7.5. ALIMENTOS

(Defensor Público/AC – 2017 – CESPE) No que se refere aos alimentos e à obrigação de prestar alimentos, assinale a opção correta.

(A) O direito de exigir alimentos está vinculado à idade ou à incapacidade civil do alimentado.
(B) O direito a alimentos prescreve em dois anos.
(C) Os alimentos, por constituírem um direito patrimonial, podem ser renunciados.
(D) Os alimentos legítimos ou legais decorrem de parentesco, casamento ou união estável.
(E) É admissível a prisão civil por inadimplemento de obrigação de alimentos indenizatórios.

A: incorreta, pois os alimentos não estão vinculados à idade do peticionante nem a sua incapacidade civil. O critério que se usa é a necessidade do alimentado e a possibilidade do alimentante (art. 1.695 CC); **B:** incorreta, pois o direito a alimentos é imprescritível. O que prescreve em dois anos é a cobrança de prestações vencidas e não pagas (art. 206, § 2º, CC); **C:** incorreta, pois o direito a alimentos está vinculado à dignidade da pessoa humana, portanto, é um direito relacionado à personalidade do agente. Assim, nos termos do art. 1.707 CC pode o credor não exercer, porém lhe é vedado renunciar o direito a alimentos, sendo o respectivo crédito insuscetível de cessão, compensação ou penhora; **D:** correta, pois os alimentos legais são aqueles decorrentes de relação de parentesco, conforme definido em Lei (art. 1.694 CC). Diferem dos alimentos indenizatórios, cujo vínculo decorre da responsabilidade civil; **E:** incorreta, pois a prisão civil apenas é permitida por inadimplemento de obrigação alimentar legal, prevista na Lei 5.478/1968 e arts. 528 a 533 CPC. GR

Gabarito "D"

(Juiz de Direito/DF – 2016 – CESPE) Acerca das ações de alimentos, assinale a opção correta.

(A) A ação de alimentos não prossegue se o demandado for citado por edital, devendo ser suspenso o processo, que tem natureza personalíssima, enquanto o devedor não for localizado.
(B) Na ação de alimentos gravídicos, o prazo para a parte ré citada apresentar resposta é de dez dias.
(C) A fixação liminar de alimentos gravídicos, em princípio, perdurará até a sentença final ou até quando uma das partes requeira a revisão desses.
(D) Mesmo com o estabelecimento do regime de guarda compartilhada, é possível a fixação da pensão alimentícia em desfavor de um dos genitores.
(E) Na ação de alimentos, existe a isenção legal de custas processuais, por já existir, na hipótese, a presunção da hipossuficiência da pessoa requerente.

A: incorreta, pois *"não há vício de citação na execução de alimentos pelo simples fato de o ato processual ter sido efetivado mediante edital"* (AgRg no RHC 48668/MG); **B:** incorreta, pois o prazo, nesse caso, é de cinco dias (Lei 11.804/2008, art. 7º); **C:** incorreta, pois *"após o nascimento com vida, os alimentos gravídicos ficam convertidos em pensão alimentícia em favor do menor até que uma das partes solicite a sua revisão"* (Lei 11.804/2008, art. 6º, parágrafo único); **D:** correta, pois a fixação da guarda compartilhada não implica, necessariamente, pensão alimentícia dividida entre os genitores; **E:** incorreta, pois tal isenção de custas não é automática.

Gabarito "D"

(Defensor Público/AC – 2012 – CESPE) A respeito da obrigação alimentar dos avós, assinale a opção correta.

(A) O inadimplemento da obrigação alimentar do genitor, ainda que não demonstrada sua impossibilidade de prestá-la, provisória ou definitivamente, possibilita ao alimentado pleitear alimentos diretamente dos avós.
(B) Para o reconhecimento da obrigação alimentar avoenga, é imprescindível o esgotamento dos meios processuais disponíveis para obrigar o alimentante primário a cumprir sua obrigação, inclusive com o uso da coação extrema — pena de prisão — preconizada em artigo do CPC.
(C) Conforme dispõe o Código Civil brasileiro, frustrada a obrigação alimentar principal de responsabilidade dos pais e estando a guarda do menor incapaz com a mãe, a obrigação subsidiária deverá ser diluída somente entre os avós paternos, na medida de seus recursos, em face de sua divisibilidade e possibilidade de fracionamento.
(D) Consoante a jurisprudência consolidada do STJ, a responsabilidade dos avós em prestar alimentos é sucessiva, mas não complementar à obrigação dos pais.
(E) Independentemente da impossibilidade de os genitores prestarem alimentos, poderão os parentes mais remotos do alimentado ser demandados, estendendo-se a obrigação alimentar aos ascendentes mais próximos.

A: incorreta. De acordo com a jurisprudência do STJ "o mero inadimplemento da obrigação alimentar, por parte do genitor, sem que se demonstre sua impossibilidade de prestar os alimentos, não faculta ao alimentado pleitear alimentos diretamente aos avós" (REsp 1.211.314/SP, Rel. Min. Nancy Andrighi, julgado em 15.09.2011); **B:** correta. Este é o entendimento do STJ sobre o tema (vide julgado supra); **C:** incorreta. Se o parente, que deve alimentos em primeiro lugar, não estiver em condições de suportar totalmente o encargo, serão chamados a concorrer os de grau imediato; sendo várias as pessoas obrigadas a prestar alimentos, *todas devem concorrer* na proporção dos respectivos recursos, e, intentada ação contra uma delas, poderão as demais ser chamadas a integrar a lide (art. 1.698 do CC); **D:** incorreta, segundo a jurisprudência do STJ, a obrigação dos avós de prestar alimentos é complementar à obrigação dos pais (vide julgado supra); **E:** incorreta, o direito à prestação de alimentos é recíproco entre pais e filhos, e extensivo a todos os ascendentes, recaindo a obrigação nos mais próximos em grau, uns em falta de outros (art. 1.696 do CC).

Gabarito "B"

7.6. BEM DE FAMÍLIA

(Cartório/PI – 2013 – CESPE) Assinale a opção correta a respeito do bem de família.

(A) Por ostentar natureza protetiva da entidade familiar, a legislação atinente ao bem de família é suscetível de interpretação extensiva.
(B) O STJ admite a constrição sobre bem de família dado em hipoteca como garantia de dívida contraída por terceiro.
(C) O bem de família no qual resida a entidade familiar pode ter sua indisponibilidade decretada em ação de improbidade administrativa.
(D) O fato de a entidade familiar não utilizar o único imóvel como residência o descaracteriza automaticamente como bem de família.
(E) A impenhorabilidade do bem de família será oponível ainda que o empréstimo que tenha dado origem à penhora tenha sido revertido em proveito da entidade familiar.

A: incorreta, pois a norma restringe direitos do credor, que terá opções reduzidas para receber seu crédito. Logo, deve ter interpretação restritiva; **B:** incorreta, pois "a possibilidade de penhora do bem de família hipotecado só é admissível quando a garantia foi prestada em benefício da própria entidade familiar, e não para assegurar empréstimo obtido por terceiro" (STJ – AgRg nos EDcl nos EDcl no AREsp 429.435/RS); **C:** correta, pois "o caráter de bem de família de imóvel não tem a força de obstar a determinação de sua indisponibilidade nos autos de ação civil pública, pois tal medida não implica em expropriação do bem" (STJ, REsp 1204794/SP, Rel. Ministra Eliana Calmon, 2ª Turma, julgado em 16/05/2013, DJe 24/05/2013); **D:** incorreta, pois a Lei 8.009/90 não exige o uso do único bem imóvel para que receba a proteção do bem de família; **E:** incorreta, pois "a impenhorabilidade do bem de família só não será oponível nos casos em que o empréstimo contratado foi revertido em proveito da entidade familiar" (STJ, AgRg no AREsp 48.975/MG, Rel. Ministro Marco Buzzi, 4ª Turma, j. 17/10/2013, DJe 25/10/2013).

Gabarito "C"

7.7. CURATELA

(Magistratura Federal/1ª região – 2011 – CESPE) João, maior de idade e solteiro, foi designado curador de Maria, de 19 anos de idade, viciada em tóxico. A designação de João ocorreu em razão de o pai da curatelada ter falecido e de a mãe sofrer de doença mental. Considerando essa situação hipotética, assinale a opção correta.

(A) Pelo exercício da curatela, João poderá reaver o que despender em razão dela, mas não terá direito a gratificação, dado o exercício de um múnus público.
(B) O falecimento da mãe da curatelada não acarretará a extinção do bem de família, ainda que este tenha sido destinado como tal na forma do Código Civil.
(C) Se João dever à curatelada, o prazo de prescrição em curso ficará interrompido desde o início do exercício da curatela.
(D) Se o juiz não tiver obedecido à ordem prevista no rol elencado no Código Civil, o curador deverá ser substituído.
(E) João não se sujeitará às mesmas regras de responsabilidade atribuída aos pais pelos atos da curatelada.

A: incorreta, pois "O curador tem direito de receber remuneração pela administração do patrimônio do interdito, à luz do disposto no art. 1.752, *caput*, do CC/02, aplicável ao instituto da curatela, por força da redação do art. 1.774 do CC/02" (STJ, RESP 1.205.113, 3ª T., rel. Min. Nancy Andrighi, 06.09.2011); **B:** correta, pois de pleno acordo com o disposto no art. 1.720 do Código Civil; **C:** incorreta, pois a hipótese é de impedimento/suspensão de lapso prescricional, o que se verifica desde a interdição de Maria; **D:** incorreta, pois a ordem estabelecida pelo Código Civil não é determinante, podendo ser flexibilizada pelo Juiz de acordo com as circunstâncias do caso concreto; **E:** o gabarito considerou tal afirmação como incorreta. Porém, existe, sim, diferença entre a responsabilidade dos pais e a dos curadores. Na hipótese de o pai pagar pelo ato ilícito praticado pelo seu descendente, não existirá direito de regresso (CC, art. 934).

Gabarito "B".

8. SUCESSÕES

8.1. SUCESSÃO EM GERAL

(Defensor Público/PE – 2018 – CESPE) Joaquim, que era casado com Sônia no regime de comunhão parcial de bens, faleceu deixando apenas uma casa adquirida onerosamente quando do casamento. O falecido não deixou bens particulares. O casal residia no imóvel e não teve filhos, mas Joaquim tinha um filho de relacionamento anterior.

Acerca dessa situação hipotética e dos direitos sucessórios, assinale a opção correta.

(A) Por ter sido o imóvel adquirido onerosamente na constância do casamento, o filho de Joaquim não concorre na sucessão legítima, sendo Sônia a única herdeira do imóvel.
(B) Sônia concorre na sucessão legítima com o filho de Joaquim, mas não terá direito à sua cota-parte do imóvel decorrente do regime de bens do casamento.
(C) Tendo sido a casa adquirida na constância do casamento, Sônia concorre na sucessão legítima com o filho de Joaquim, inclusive com o direito de habitação.
(D) Sônia não concorre na sucessão legítima com o filho de Joaquim, mas tem o direito real de habitação.
(E) Conforme jurisprudência do STJ, Sônia somente tem o direito real de habitação se proceder ao registro no cartório de imóveis.

A: incorreta, pois tanto o Joaquim como Sônia participam da sucessão legítima, aquele por ser descendente e esta por ser cônjuge. A data da aquisição do imóvel não faz diferença para fins de sucessão neste caso (art. 1.829, I, CC); **B:** incorreta, pois Sônia terá direito a sua cota-parte por meação, porém, não concorrerá com Joaquim na cota do bem comum (sendo que esta cota ficará toda para o filho de Joaquim). Apenas concorreria sobre a esfera dos bens particulares, caso o falecido os houvesse deixado, mas como não o fez, Sônia não herda em nenhuma parte (art. 1.829, I, CC); **C:** incorreta, pois Sônia não concorre com o filho de Joaquim, isto é, ela não herda nada, ela apenas tem direito de meação (art. 1.829, I, CC). Porém, tem direito de habitação sobre o imóvel (art. 1.831 CC); **D:** correta, pois por direito próprio Sônia já tem sua meação garantida. Ela não herda sobre os bens comuns. Apenas herdaria sobre os bens particulares, porém, como eles não existem, então não herda sobre nada (art. 1.829, I, CC). Apesar disso, o art. 1.831 CC garante a Sônia o direito real de habitação; **E:** incorreta, pois o único requisito que a Lei exige para que Sônia tenha o direito real de habitação é que o imóvel destinado à residência do casal seja o único daquela natureza a inventariar (art. 1.831 CC). Logo, não se exige qualquer outro requisito (RESP 1582178 Min. Ricardo Villas Bôas Cueva – Terceira Turma), muito menos o registro imobiliário (REsp n. 565.820/PR, relator Ministro Carlos Alberto Menezes Direito, Terceira Turma, DJ de 14.03.2005). GR

Gabarito "D".

(Juiz – TJ/CE – 2018 – CESPE) Conforme classificação doutrinária, a herança, antes da formalização da partilha, pode ser considerada um bem de indivisibilidade

(A) convencional e uma universalidade de fato.
(B) convencional e uma universalidade de direito.
(C) legal e uma universalidade de direito.
(D) legal e uma universalidade de fato.
(E) natural e uma universalidade de direito.

A: incorreta, pois a herança é indivisível por determinação legal (art. 1.791 CC) e constitui-se numa universalidade de direito, pois é composta por um complexo de bens cuja finalidade é determinada por lei (art. 91 CC); **B:** incorreta, pois a herança é indivisível por determinação legal (art. 1.791 CC); **C:** correta (art. 1.791 e art. 91 CC); **D:** incorreta, pois a herança constitui-se numa universalidade de direito, pois é composta por um complexo de bens cuja finalidade é determinada por lei (art. 91 CC); **E:** incorreta, pois os bens indivisíveis por natureza são os que se não podem fracionar sem alteração na sua substância, diminuição considerável de valor ou prejuízo do uso a que se destinam. A herança, contudo, é indivisível por determinação legal (art. 1.791 CC). GR

Gabarito "C".

(Promotor de Justiça/RR – 2017 – CESPE) Com relação ao direito sucessório e suas implicações, julgue os itens a seguir.

I. Herança corresponde ao conjunto de bens deixado pelo falecido e engloba tanto os bens positivos quanto os bens negativos.
II. Os direitos patrimoniais do autor perduram por setenta anos, contados a partir da data do seu falecimento.
III. Na hipótese de doação de imóvel de ascendente a descendente, quando do falecimento daquele, o bem deverá, em regra, ser trazido à colação, sob pena de ser considerado bem sonegado.

Assinale a opção correta.

(A) Apenas os itens I e II estão certos.
(B) Apenas os itens I e III estão certos.
(C) Apenas os itens II e III estão certos.
(D) Todos os itens estão certos.

A: incorreta, pois embora o item I esteja certo, o item II está errado pois os direitos patrimoniais do autor perduram por setenta anos contados de 1° de janeiro do ano subsequente ao de seu falecimento, obedecida a ordem sucessória da lei civil (art. 41, "caput", da Lei 9.610/1998); **B:** correta, pois os itens I e III estão certos. A herança envolve tanto ativos como passivos do falecido (arts. 1.791 a 1.797 CC). A doação do imóvel do ascendente para descendente importa em adiantamento da legítima (art. 544 CC). Os bens deverão ser trazidos à colação, sob pena de serem considerados bens sonegados (art. 1.992 CC); **C:** incorreta, pois apesar do item III estar certo, o item II está errado conforme já explicado; **D:** incorreta, pois o item II está errado, conforme já explicado. GR

Gabarito "B".

(Juiz de Direito/DF – 2016 – CESPE) A propósito do direito das sucessões, com fundamento nos dispositivos legais, na doutrina e no entendimento jurisprudencial pátrio, assinale a opção correta.

(A) A herança é considerada um bem divisível, antes mesmo da partilha.

(B) O filho do autor da herança tem o direito de exigir de seus irmãos a colação dos bens recebidos por doação, a título de adiantamento da legítima, ainda que não tenha sido concebido ao tempo da liberalidade.
(C) O cônjuge supérstite pode opor o direito real de habitação aos irmãos do cônjuge falecido, caso eles já fossem, antes da abertura da sucessão, coproprietários do imóvel em que ela e o marido residiam.
(D) O testador só poderá dispor de um terço da herança no caso de haver herdeiros necessários.
(E) O cumprimento de legado de coisa que se determine pelo gênero é impossibilitado quando a coisa não mais existir entre os bens deixados pelo testador.

A: incorreta, pois a herança defere-se como um todo unitário (CC, art. 1.791); **B:** correta, pois o direito de pedir a colação dos bens (CC, art. 2.002) é deferido a todos os descendentes: "*que concorrerem à sucessão do ascendente comum*"; **C:** incorreta, pois nessa hipótese prevalece o direito de propriedade dos irmãos, em vez do direito de habitação da viúva (REsp 1184492/SE); **D:** incorreta, pois nesse caso o testador pode dispor de metade do patrimônio (CC, art. 1.846), assegurando-se assim a parte legítima aos herdeiros necessários; **E:** incorreta, pois nesse caso fica mantido o legado (CC, art. 1.915) e ao herdeiro tocará escolhê-la, guardando o meio-termo entre as congêneres da melhor e pior qualidade (CC, art. 1.929).

Gabarito "B"

(Cartório/PI – 2013 – CESPE) Com referência a sucessão, inventário e partilha, assinale a opção correta.

(A) A constatação de vício formal no testamento público acarretará a invalidade do ato, haja vista que a formalidade lhe é legalmente imposta.
(B) Romper-se-á o testamento já registrado em cartório se sobrevier ao testador outro descendente depois da lavratura do ato.
(C) O ato de disposição patrimonial da meação da viúva em favor dos herdeiros configura verdadeira renúncia à herança e depende da abertura da sucessão.
(D) Os herdeiros serão responsáveis pelo pagamento das dívidas do falecido até o momento em que for realizada a partilha.
(E) Além do herdeiro que não aponta a existência de bens do acervo, poderá ser tido como sonegador o herdeiro que não apontar a existência de locação de bem arrolado no inventário.

A: incorreta, pois em virtude do princípio da conservação dos negócios jurídicos, não se admite a invalidade do testamento por mero vício formal, buscando assim atender à vontade do testador. Ademais, o STJ já decidiu que "a análise da regularidade da disposição de última vontade (testamento particular ou público) deve considerar a máxima preservação do intuito do testador, sendo certo que a constatação de vício formal, por si só, não deve ensejar a invalidação do ato, máxime se demonstrada a capacidade mental do testador, por ocasião do ato, para livremente dispor de seus bens" (STJ – AgRg no REsp 1073860/PR, Rel. Ministro Antonio Carlos Ferreira, 4ª Turma, julgado em 21/03/2013, DJe 01/04/2013; **B:** incorreta, pois somente se sobrevier ao testador descendente que não tinha à época que testou (CC, art. 1.973); **C:** incorreta, pois a meação não se confunde com sucessão; **D:** incorreta, pois os herdeiros tem essa responsabilidade, mas limitada até o dia da morte e até os limites da herança deixada (CC, art. 1.792); **E:** correta, pois a assertiva reproduz a regra estabelecida pelo art. 1.992 do Código Civil.

Gabarito "E"

(Defensor Público/TO – 2013 – CESPE) Acerca das sucessões, assinale a opção correta.

(A) A sucessão abre-se no lugar da morte do falecido.
(B) A sucessão dá-se por lei ou por disposição de última vontade, conforme seja legítima ou testamentária, e, havendo herdeiros necessários, o testador só poderá dispor da metade da herança.
(C) A companheira ou o companheiro, na sucessão do outro, quanto aos bens adquiridos na vigência da união estável, concorre com descendentes só do autor da herança, tendo direito a uma quota equivalente à que por lei for atribuída a cada um deles.
(D) Legitimam-se a suceder apenas as pessoas já nascidas no momento da abertura da sucessão, não havendo direitos sucessórios do nascituro.
(E) Aberta a sucessão pelo ajuizamento da ação de inventário, a herança transmite-se por sentença que homologa a partilha de bens aos herdeiros legítimos e testamentários.

A: incorreta. Nos termos do art. 1.785 do Código Civil, "a sucessão abre-se no lugar do *último domicílio* do falecido". Por esta razão o inventário judicial deve ser realizado em regra no último domicílio do falecido (art. 96 do antigo CPC; art. 48 do novo CPC). Diversamente, o inventário extrajudicial pode ser realizado em qualquer lugar, pois os Cartórios de Notas (Tabelionatos) não possuem regra de competência territorial (art. 8º da Lei 8.935/1994); **B:** correta. A sucessão legítima é aquela que decorre da aplicação da lei, em especial da ordem de vocação hereditária prevista em lei (está prevista nos arts. 1.829 a 1.856 do CC). A sucessão testamentária é aquela que decorre da disposição de última vontade do falecido (testamento) e está regulada nos arts. 1.857 a 1.990 do CC. De acordo com o princípio da limitada liberdade de testar, havendo herdeiros necessários (descendentes, ascendentes ou cônjuge), o testador só poderá dispor da metade da herança (art. 1.789 do CC); **C:** incorreta. A sucessão dos companheiros é regulada pelo art. 1.790 do CC e nos termos dos incisos I e II, o companheiro pode concorrer com descendentes comuns do falecido (recebendo uma quota equivalente) e também com descendentes só do falecido (recebendo a metade do que couber a cada um deles); **D:** incorreta. Conforme preceitua o art. 1.798 do CC, legitimam-se a suceder as pessoas *nascidas ou já concebidas* (nascituro: ente concebido ainda não nascido) no momento da abertura da sucessão; **E:** incorreta, aberta a sucessão (no exato instante da morte), a herança transmite-se, desde logo, aos herdeiros legítimos e testamentários (princípio da *saisine* – art. 1.784 do CC).

Gabarito "B"

(Defensor Público/SE – 2012 – CESPE) No que se refere ao direito sucessório, assinale a opção correta.

(A) Os bens doados em vida pelo autor da herança aos seus descendentes não podem ser considerados para efeito de sucessão, devendo ser considerados, na partilha, tão somente os bens existentes à época da abertura do processo sucessório.
(B) Aberto processo sucessório e transferidos os bens para os herdeiros legítimos ou legatários, estes não poderão ser demandados em juízo para o cumprimento de obrigação assumida, em vida, pelo autor da herança; todavia, antes da partilha, admite-se que o credor demande em face do espólio.
(C) O herdeiro legítimo que houver sido autor, coautor ou partícipe de tentativa de homicídio doloso contra o autor da herança será excluído da sucessão. Todavia, aquele que tenha incorrido em atos que determinem a exclusão da herança na forma anteriormente indicada será admitido a suceder, desde que o ofendido o tenha expressamente reabilitado em testamento, ou em outro ato autêntico. Não havendo reabilitação expressa, o indigno, contemplado em testamento do ofendido, quando o testador, ao testar, já conhecia a causa da indignidade, pode suceder no limite da disposição testamentária.
(D) A sucessão por ato *causa mortis* ocorre por disposição de lei ou de última vontade, e, aberta a sucessão, o monte hereditário é, desde logo, transmitido aos herdeiros legítimos e testamentários; todavia, para a transmissão dos bens objeto da herança, deve-se considerar o estado civil do autor da herança, pois, se tiver sido este casado em regime de comunhão de bens, o cônjuge supérstite herdará 50% da herança, e os outros 50% serão herdados pelos descendentes.
(E) O herdeiro que, por qualquer motivo, seja excluído da herança pode, a qualquer momento, demandar o reconhecimento de seu direito sucessório para obter a restituição da herança ou de parte dela. Atualmente, a chamada petição de herança é admitida tanto pela via judicial quanto pela extrajudicial, desde que não haja interesse de incapaz.

A: incorreta. Nos termos do art.544 do CC, a doação de ascendentes a descendentes, ou de um cônjuge a outro, importa *adiantamento do que lhes cabe por herança*, devendo ser levado à colação no momento da abertura da sucessão. A colação é regulada nos arts. 2.002 a 2.012 do CC; **B:** incorreta. A herança responde pelo pagamento das dívidas do falecido; mas, feita a partilha, só respondem os herdeiros, cada qual em proporção da parte que na herança lhe coube (art. 1.997 do CC); **C:** correta, está de acordo com os artigos 1.814, I, 1.818, *caput* e parágrafo único, do CC; **D:** incorreta. A sucessão dá-se por lei ou por disposição de última vontade (art. 1.786 do CC). Aberta a sucessão, a herança transmite-se, desde logo, aos herdeiros legítimos e testamentários (art. 1.784 do CC). Contudo, a alternativa está incorreta, pois promove confusão entre os institutos da herança e meação. O cônjuge supérstite tem direito à *meação* (que não tem percentual fixo – é calculada de acordo com o regime de bens e a forma de aquisição dos bens) e, em regra, *também concorre* com os descendentes com direito a um quinhão igual ao dos que sucederem por cabeça, não podendo a sua quota ser inferior à quarta parte da herança, se for ascendente dos herdeiros com que concorrer (vide arts. 1.829, I, e 1.832 do CC); **E:** incorreta. Petição de herança é a pretensão do herdeiro (legítimo ou testamentário) de ver reconhecida a sua legitimidade sucessória e, consequentemente, obter a restituição da herança. Esta pretensão somente pode ser exercida através da ação de petição de herança (*petitio hereditatis*) em face de quem estiver na posse da herança.

Gabarito "C".

(Analista – TJ/ES – 2011 – CESPE) Julgue o seguinte item.

(1) No que tange à capacidade para suceder, é correto afirmar que, com a abertura da sucessão, a herança se transmite imediatamente aos herdeiros, que passam a ser titulares de direitos adquiridos, aplicando-se a lei vigente à época da morte do autor da herança.

1: correta (arts. 1.784 e 1.787 do CC)

Gabarito 1C

8.2. SUCESSÃO LEGÍTIMA

(Defensor Público/AL – 2017 – CESPE) A sociedade conjugal de Jorge e Cristina, casados sob o regime de comunhão universal de bens, encerrou-se em 1.º/2/2017, devido ao falecimento de Jorge. O casal teve três filhos: Elisa, Cíntia e Vagner, todos maiores e capazes quando da morte de Jorge. O espólio de Jorge é constituído por um imóvel A, quitado, destinado ao aluguel de terceiros; um ágio do imóvel B, financiado, destinado à residência da família; um automóvel; e uma lancha. Jorge não deixou testamento e sua filha Cíntia pagou sozinha, com recursos financeiros próprios, seu funeral.

No que concerne a essa situação hipotética, assinale a opção correta.

(A) Cristina não concorrerá com seus filhos na sucessão de Jorge, resguardados os direitos de meação.

(B) Elisa e Vagner poderão aceitar a herança somente do bem A e ceder para Cíntia o restante da herança, já que ela arcou sozinha com o funeral de Jorge.

(C) Presume-se que Cíntia foi a única herdeira de todos os bens, já que ela arcou sozinha com o funeral de Jorge.

(D) A sucessão aberta é considerada um bem móvel.

(E) É assegurado aos filhos o direito real de habitação sobre o bem A.

A: correta, pois Cristina apenas é considera meeira, e não herdeira (art. 1.829, I, CC); **B:** incorreta, pois Elisa e Vagner podem aceitar a totalidade da herança referente a cota que lhes cabe de cada bem (arts. 1.804 e 1.805 CC). Eles também são livres para renunciar a herança em favor de Cíntia, pois a lei lhes confere esse direito (art. 1.806 CC), porém isso nada tema ver com o fato de que ela arcou com as despesas do funeral; **C:** incorreta, pois essa presunção não existe, porque não exprimem aceitação de herança os atos oficiosos, como o funeral do finado (art. 1.805, § 1°, CC). Logo, não dá para dizer que houve aceitação por parte de Cíntia, nem renúncia por parte dos outros herdeiros, afinal, não houve renúncia expressa nem tácita (arts. 1.806 e 1.807 CC); **D:** incorreta, pois a sucessão aberta é considerada bem imóvel (art. 80, II CC); **E:** incorreta, pois o direito real de habitação apenas pode ser concedido sobre o bem de moradia da família, e não daquele destinado a aluguel (art. 1.831 CC). Ademais, ele é concedido ao cônjuge. GR

Gabarito "A".

(Juiz de Direito/AM – 2016 – CESPE) Em relação ao direito das sucessões, assinale a opção correta.

(A) Não havendo descendentes ou ascendentes, os herdeiros colaterais do autor da herança concorrem com o cônjuge sobrevivente.

(B) Em se tratando de casamento sob o regime de comunhão parcial de bens, o cônjuge supérstite concorrerá com os descendentes do cônjuge falecido apenas em relação aos bens particulares deste.

(C) Será rompido o testamento válido se o legatário for excluído da sucessão ou falecer antes do legante.

(D) Não goza da igualdade de condições com filho legítimo o filho adotado no ano de 1980, se a morte do autor da herança tiver ocorrido antes da vigência da Lei n.º 10.406/2012.

(E) Tratando-se de sucessão colateral, o direito de representação estende-se ao sobrinho-neto do autor da herança.

A: incorreta, pois, não havendo descendentes nem ascendentes, o cônjuge tem direito à herança por inteiro, sem concorrer com colaterais (CC, art. 1.829, III); **B:** correta, pois claramente é este o sentido do art. 1.829, I, que vem sendo confirmado reiteradamente pelo STJ. Nesse sentido: "*o cônjuge sobrevivente, casado no regime de comunhão parcial de bens, concorrerá com os descendentes do cônjuge falecido somente quando este tiver deixado bens particulares. A referida concorrência dar-se-á exclusivamente quanto aos bens particulares constantes do acervo hereditário do de cujus*" (REsp 1368123/SP). No mesmo sentido, *vide* Enunciado 270 do CJF; **C:** incorreta, pois a exclusão ou falecimento do legatário não é causa de rompimento do testamento (CC, art. 1.973); **D:** incorreta, pois tal distinção foi abolida pela CF de 1988; **E:** incorreta, pois, na sucessão colateral, somente o sobrinho do falecido é quem titulariza o direito de representação (CC, art. 1.853).

Gabarito "B".

(Cartório/RR – 2013 – CESPE) João faleceu, deixando a companheira, Maria, com dois filhos comuns, Pedro e José. O patrimônio individual de João, adquirido por seu único esforço, era de R$ 100.000,00 e Maria também possuía patrimônio individual, avaliado em R$ 80.000,00. Na constância da união estável, os dois constituíram bens no importe de R$ 300.000,00.

Considerando a situação hipotética descrita, assinale a opção correta.

(A) Em relação aos bens constituídos onerosamente durante a união estável, Maria terá direito à metade, em razão do direito de meação; Pedro e José, à outra metade, em partes iguais.

(B) Considere que João tenha tido mais um filho exclusivamente seu, fruto de outro relacionamento. Nessa situação, no que se refere aos bens adquiridos antes da união estável, aos sub-rogados em seu lugar e aos adquiridos por João a título gratuito no transcurso da união, cada um dos filhos herdaria um terço.

(C) Em relação ao patrimônio individual de João, Maria terá direito à metade em razão do direito de meação; Pedro e José terão direito à outra metade.

(D) A herança a ser partilhada equivale a R$ 400.000,00, sendo R$ 100.000,00 relativos ao patrimônio individual de João e R$ 300.000,00 referentes ao patrimônio constituído pelo casal durante a união estável.

(E) O patrimônio individual de João será dividido entre Pedro, José e Maria, na proporção de um terço para cada um.

A: incorreta, pois o art. 1.790 determina que a companheira da união estável herde sobre os bens adquiridos onerosamente na vigência da união estável. Logo, Maria teria direito à meação e também à sucessão desses bens; **B:** correta, pois esses bens são "particulares" e a companheira não tem direito de herdar sobre eles, cabendo aos filhos dividi-los por igual; **C:** incorreta, pois no que se refere ao patrimônio individual de João, Maria não terá direito de meação; **D:** incorreta, pois o valor total da herança de João equivale a R$ 250.000, sendo R$ 100.000 de bens particulares somados a R$ 150.000 de bens que cabem ao companheiro na meação dos bens comuns; **E:** incorreta, pois Maria não tem direito sucessório no patrimônio particular de João (CC, art. 1.790).

Gabarito "B"

(Ministério Público/PI – 2012 – CESPE) Com referência a partilha, ordem de vocação hereditária e demais regras de sucessão, assinale a opção correta.

(A) A aptidão para ser sucessor regula-se pela lei vigente ao tempo da abertura da sucessão.
(B) É ilícita a deixa ao filho do concubino, quando também o for do testador.
(C) Por força do princípio de *saisine*, a herança se transfere imediatamente aos herdeiros. Assim, mesmo antes da partilha, cada herdeiro já tem sua fração precisa e delimitada.
(D) No direito brasileiro, não há o chamado benefício de inventário.
(E) É vedada a sucessão testamentária em favor do *concepturo*.

A: correta, pois o instante da morte da pessoa de cuja sucessão se trata é o momento adequado para se verificar quem são os herdeiros aptos a receber seus respectivos quinhões hereditários (CC, art. 1.787); **B:** incorreta, pois o art. 1.803 prescreve pela licitude desta deixa. Vale afirmar que o artigo seria inútil, tendo em vista que a igualdade constitucional entre filhos já seria suficiente para que se permita ao pai deixar bens para o seu filho, pouco importando quem é a mãe; **C:** incorreta, pois a despeito da previsão de *saisine* (segundo a qual a herança transmite-se desde o instante da morte aos herdeiros – art. 1.784), o exato quinhão de cada herdeiro só é conhecido após a partilha; **D:** incorreta, pois o benefício de inventário é uma regra expressamente prevista no art. 1.792 que preconiza: "O herdeiro não responde por encargos superiores às forças da herança"; **E:** incorreta, pois a prole eventual pode ser beneficiária de testamento (CC, art. 1.799, I).

Gabarito "A"

(Ministério Público/TO – 2012 – CESPE) Assinale a opção correta acerca do direito das sucessões, regulado no ordenamento jurídico brasileiro.

(A) No direito brasileiro, a delação ocorre após a partilha da herança.
(B) Em uma sucessão, sobrevindo cônjuge, a ele será conferido direito real de habitação relativo ao imóvel destinado à residência da família, desde que seja o único bem dessa natureza, em qualquer situação de regime de bens.
(C) Existindo testamento e sobrevindo descendente que, sucessível ao testador, lhe seja desconhecido, o testamento pode ser invalidado por meio de ação rescisória.
(D) Considere que uma fazenda deixada por *de cujus* ocupe uma extensão que envolva três municípios de determinado estado da Federação. Considere, ainda, que a família tenha ingressado com ação no município do domicílio, comarca A, e que, no domicílio vizinho, comarca B, exista um inventário em processamento aberto pelo herdeiro primogênito. Nesse caso, o MP estadual deverá solicitar ao juiz da comarca B a nulidade do inventário, dada a aplicabilidade da regra da territorialidade para o caso.
(E) Duas pessoas podem, com amparo na lei, estabelecer acordo no qual seja prevista transferência de herança futura.

A: incorreta, pois a delação ocorre desde o momento do falecimento. A delação significa o deferimento, o oferecimento por assim dizer da herança aos herdeiros do falecido que dali em diante poderão aceitá-la, renunciá-la ou até ceder seus direitos hereditários a terceiros. Não teria sentido, portanto, que a delação ocorresse após a partilha; **B:** correta, pois o direito real de habitação independe do regime de bens adotado no casamento do falecido com sua viúva. A alternativa repete a regra prevista no art. 1.831 do CC. Talvez valha, porém, a ressalva de que o referido artigo legal contém uma imprecisão, pois ao invés de mencionar a expressão "desde que seja o único desta natureza a inventariar", deveria ter usado a expressão: "ainda que seja o único desta natureza a inventariar"; **C:** incorreta, pois a hipótese não é de rescisória e sim rompimento do testamento, hipótese na qual um relevante fato previsto em lei é capaz de – por si só – romper todas as disposições testamentárias (CC, art. 1.973); **D:** incorreta, pois a hipótese não é de nulidade do inventário (art. 96 do antigo CPC; art. 567 do novo CPC); **E:** incorreta, pois é nulo de pleno direito qualquer convenção que tenha por objeto a herança de pessoa viva (CC, art. 426).

Gabarito "B"

8.3. SUCESSÃO TESTAMENTÁRIA

(Defensor Público/AC – 2017 – CESPE) Aos setenta anos de idade, Roberto, viúvo, com três filhos maiores, sendo um deles incapaz, pretende firmar testamento a fim de dispor, após sua morte, dos bens de que é proprietário.

Nessa situação,

(A) a sucessão testamentária só poderá ser realizada mediante testamento público.
(B) Roberto só poderá dispor, no testamento, de até vinte e cinco por cento de seus bens.
(C) a sucessão testamentária depende da anuência dos filhos capazes e do representante legal do incapaz.
(D) a idade de Roberto não é fato impeditivo para firmar testamento.
(E) a existência de filho incapaz impede a sucessão testamentária.

A: incorreta, pois não existe exigência legal para que o testamento, nesta hipótese, seja feito de forma pública. A forma é livre, podendo ser pública, cerrada ou particular (art. 1.862 CC); **B:** incorreta, pois considerando que ele tem herdeiros necessários, a legítima deve ser preservada (art. 1.857, § 3º, CC), logo ele poderá dispor de até cinquenta por cento; **C:** incorreta, pois Roberto encontra-se em pleno gozo de suas faculdades mentais, logo, é livre para testar e não depende da anuência dos filhos capazes nem da do representante legal do incapaz (art. 1.857, "caput", CC); **D:** correta, pois Roberto possui mais que a idade mínima para testar (16 anos – art. 1.860, parágrafo único), não é incapaz e possui discernimento (art. 1.860, "caput", CC); **E:** incorreta, pois a existência de filho incapaz não impede a sucessão testamentária. GR

Gabarito "D"

(Cartório/DF – 2014 – CESPE) A respeito da substituição fideicomissária, assinale a opção correta.

(A) A capacidade testamentária passiva do fiduciário e do fideicomissário é apurada na abertura da sucessão, e não no momento da morte do fideicomitente.
(B) Renunciando o fideicomissário a substituição da herança do legado ao tempo da abertura da sucessão, a propriedade consolida-se em favor do fiduciário.
(C) A substituição fideicomissária caracteriza-se pela simultaneidade e dupla liberalidade ao fiduciário, que recebe o usufruto dos bens herdados, e o fideicomissário, desde logo, a propriedade.
(D) A instituição de fideicomisso em dupla vocação, para beneficiar dois herdeiros existentes ao tempo da abertura da sucessão visa ao atendimento da vontade do testador, fideicomitente, de transmitir herança ou legado a duas pessoas na ordem hereditária.
(E) Constitui requisito a configuração da substituição fideicomissária a eventualidade da vocação do fideicomissário, porquanto, até a substituição, o fiduciário será o proprietário sob condição resolutiva, e o fideicomissário o será sob condição suspensiva.

A: incorreta, pois abertura da sucessão é sinônimo de morte; **B:** incorreta, pois o fideicomissário deve ser prole eventual, ou seja, nem sequer concebido quando da morte do testador. Logo, ele não teria como renunciar "ao tempo da abertura da sucessão" (CC, art. 1.952); **C:** incorreta, pois o fiduciário recebe a propriedade resolúvel dos bens, que serão transmitidos posteriormente ao fideicomissário por ocasião de certa condição ou certo termo (CC, art. 1.951); **D:** incorreta, pois o fideicomissário deve ser prole eventual, ou seja, nem sequer concebido quando da morte do testador; **E:** correta, pois a segunda transmissão (do fiduciário para o fideicomissário) depende da ocorrência de um evento futuro.

Gabarito "E"

(Cartório/PI – 2013 – CESPE) A respeito de testamento, assinale a opção correta.

(A) Caracteriza vicio a entrega de minuta de testamento antes de sua leitura e assinatura, ainda que o autor da herança, após a sua leitura, tenha ratificado o seu conteúdo na presença das cinco testemunhas necessárias e do tabelião.
(B) Se um descendente superveniente – filho havido fora do casamento conhecido pelo testador – nascer após a escritura do testamento, deverá haver o rompimento deste, espécie de revogação tácita pela superveniência de fato que retira a eficácia da disposição patrimonial.
(C) A constatação de vicio formal, por si só, não deve ensejar a invalidação do ato, máxime se demonstrada a capacidade mental do testador, por ocasião do ato.
(D) Ainda que a escritura pública de testamento reflita as disposições de última vontade do testador, o testamento será nulo se alguma das testemunhas presentes no momento, por exemplo, um funcionário do cartório em que tenha sido lavrado o testamento, tiver assinado o ato sem assistir a manifestação do testador, seja este capaz ou incapaz.
(E) De acordo com o STJ, não e possível o abrandamento das cláusulas de inalienabilidade, incomunicabilidade e impenhorabilidade impostas por testamento para autorizar a alienação de imóvel gravado, por afronta as disposições de ultima vontade do testador.

A: incorreta, pois a lei exige duas testemunhas para a celebração do testamento público; **B:** incorreta, pois o rompimento não é espécie de revogação tácita. A revogação apresenta um ato eminentemente de vontade do testador. A revogação decorre automaticamente da lei; **C:** correta, pois "a análise da regularidade da disposição de última vontade (testamento particular ou público) deve considerar a máxima preservação do intuito do testador, sendo certo que a constatação de vício formal, por si só, não deve ensejar a invalidação do ato, máxime se demonstrada a capacidade mental do testador, por ocasião do ato, para livremente dispor de seus bens" (STJ, AgRg no REsp 1073860/PR, Rel. Ministro Antonio Carlos Ferreira, 4ª Turma, j. 21/03/2013, DJe 01/04/2013; **D:** incorreta, pois na análise do testamento deve-se levar predominantemente em conta a vontade do de cujus e não meras exigências formais, conforme descrito na explicação da assertiva C; **E:** incorreta, pois tal abrandamento já foi adotado pelo STJ. Nesse sentido: "Se a alienação do imóvel gravado permite uma melhor adequação do patrimônio à sua função social e possibilita ao herdeiro sua sobrevivência e bem-estar, a comercialização do bem vai ao encontro do propósito do testador, que era, em princípio, o de amparar adequadamente o beneficiário das cláusulas de inalienabilidade, impenhorabilidade e incomunicabilidade" (REsp 1158679/MG, Rel. Ministra Nancy Andrighi, 3ª Turma, j. 07/04/2011, DJe 15/04/2011).

Gabarito "C"

(Magistratura/BA – 2012 – CESPE) Acerca do direito das sucessões, assinale a opção correta.

(A) Testamento feito por deficiente mental se valida com a superveniência da capacidade.
(B) É vedada a retratação da renúncia à herança, ainda que essa retratação não prejudique os credores.
(C) Lei nova, se mais benéfica aos herdeiros, pode disciplinar sucessão aberta na vigência de lei anterior.
(D) Falecido o herdeiro testamentário antes da morte do testador, seus descendentes, se houver, o sucederão.
(E) Estando mortos todos os filhos do *de cujus*, os netos sucederão no direito à herança, de acordo com as quotas destinadas aos seus respectivos pais.

A: incorreta, em virtude da sábia regra estabelecida pelo Código Civil no artigo 1.861 que determina: "*A incapacidade superveniente do testador não invalida o testamento, nem o testamento do incapaz se valida com a superveniência da capacidade*"; **B:** correta, pois a renúncia à herança é irrevogável (CC, art. 1.812); **C:** incorreta, pois a lei que disciplina a sucessão é exatamente a lei em vigor no instante do falecimento do *de cujus*; **D:** incorreta, pois não se aplica o direito de representação ao herdeiro testamentário. Seu falecimento antes do testador implica na caducidade da disposição testamentária (CC, art. 1.939, V); **E:** incorreta, pois nesse caso os herdeiros descendentes estão todos no mesmo grau. São todos netos do falecido. Logo, herdarão por direito próprio e por cabeça, dividindo em igualdade de condições a herança deixada pelo avô (CC, art. 1.835).

Gabarito "B"

(Juiz de Direito - TJ/BA - 2019 - CESPE/CEBRASPE) À luz do Código Civil e da teoria das invalidades dos atos e negócios jurídicos, a elaboração de testamento conjuntivo nas modalidades simultânea, recíproca ou correspectiva é ato eivado de vício de

(A) anulabilidade em qualquer uma das três modalidades.
(B) nulidade em qualquer uma das três modalidades.
(C) ineficácia em qualquer uma das três modalidades.
(D) nulidade, nas modalidades recíproca e correspectiva, e anulabilidade na modalidade simultânea.
(E) anulabilidade, na modalidade correspectiva, e nulidade nas modalidades recíproca e simultânea.

A: incorreta, pois o art. 1.863 CC prevê que é proibido o testamento conjuntivo, seja simultâneo, recíproco ou correspectivo. De acordo com a teoria das invalidades dos atos e negócios jurídicos, considera-se nulo o ato sempre que a lei proibir-lhe a prática sem cominar sanção (art. 166, VII CC); **B:** correta, pois trata-se de ato jurídico nulo nos termos do art. 166, VII e art. 1.863 CC; **C:** incorreta, conforme justificativa da alternativa A; **D:** incorreta, pois em todos os casos temos hipótese de nulidade (art. 166, VII e art. 1.863 CC). Apenas para diferenciar, o testamento simultâneo se dá quando os dois testadores fazem disposições em favor de terceiro; o recíproco ocorre quando um testador favorece o outro, e vice-versa e no correspectivo, além da reciprocidade, cada testador beneficia o outro na mesma proporção em que este o tiver beneficiado, caso em que a interdependência, a relação causal entre as disposições, é mais intensa; **E:** incorreta, pois nos termos da alternativa D. GR

Gabarito "B"

(Auditor Fiscal - SEFAZ/RS - 2019 - CESPE/CEBRASPE) Considerando essa situação hipotética e as disposições do Código Civil, Décio pode nomear como herdeiro testamentário

(A) uma das testemunhas do seu testamento.
(B) sua esposa e sua concubina.
(C) sua filha adulterina.
(D) o cônjuge de Leila.
(E) o tabelião que aprovou o testamento.

A: incorreta, pois as testemunhas do testamento não podem ser nomeadas herdeiras (art. 1.801, II, CC); **B:** incorreta, pois não pode ser nomeado como herdeiro testamentário o concubino do testador casado, salvo se este, sem culpa sua, estiver separado de fato do cônjuge há mais de cinco anos (art. 1.801, III, CC). Como a questão não menciona mais detalhes, logo a concubina não pode ser nomeada; **C:** correta, pois não há proibição legal expressa quanto a filha adulterina ser nomeada herdeira testamentária (art. 1.801 CC); **D:** incorreta, pois o cônjuge de Leila não pode ser nomeado herdeiro testamentário (art. 1.801, I, CC); **E:** incorreta, pois o tabelião que aprovou o testamento também não pode ser nomeado como herdeiro testamentário (art. 1.801, IV, CC). GR

Gabarito "C"

8.4. INVENTÁRIO E PARTILHA

(Cartório/DF – 2014 – CESPE) Acerca da partilha de bens na sucessão, assinale a opção correta.

(A) As liberalidades e doações recebidas deverão ser colacionadas nos autos de inventario pelos herdeiros descendentes, ascendentes e pelos que renunciaram a herança ou foram dela excluídos por indignidade ou deserção.
(B) A partilha pode ser realizada de forma consensual, ou extrajudicial, quando houver acordo entre os herdeiros, mediante escritura pública, por termo nos autos de inventário, em qualquer caso, de negócio jurídico plurilateral, sendo essencial a assinatura do instrumento por todos os interessados e do curador do interditado, se houver.
(C) A ação de declaração de nulidade relativa da partilha ajuizada dentro do prazo legal da rescisão da partilha consensual e do trânsito em julgado da sentença de partilha judicial, em caso de declaração de procedência do pedido, determina nova partilha, dispensando-se, entretanto, aos

herdeiros a reposição de frutos e rendimentos auferidos até a anulação.

(D) Da partilha deverá constar auto de orçamento, incluídos os nomes do autor da herança, do inventariante, do cônjuge sobrevivente, dos herdeiros, dos legatários e dos credores admitidos, bem como o ativo, o passivo e o liquido partível, e o valor de cada quinhão.

(E) Por ser livre a manifestação de vontade na sucessão legitima ou testamentária, os atos jurídicos de aceitação e renúncia de herança podem ser retratados até a apresentação das últimas declarações nos autos da ação de inventario.

A: incorreta, pois o ascendente não tem a obrigação de colacionar (CC, art. 2.002). Vale ressaltar que o descendente que renuncia ou que é excluído por indignidade ou deserdação tem a obrigação de colacionar (CC, art. 2.008); **B:** incorreta, pois o inventário extrajudicial só pode ser realizado caso todos os herdeiros sejam capazes (antigo CPC, art. 982; novo CPC, art. 610); **C:** incorreta, pois "os herdeiros em posse dos bens da herança, o cônjuge sobrevivente e o inventariante são obrigados a trazer ao acervo os frutos que perceberam, desde a abertura da sucessão" (CC, art. 2.020); **D:** correta, pois de acordo com as diretrizes determinadas pelo CPC, (art. 1.025 do antigo CPC; art. 653 do novo CPC); **E:** incorreta, pois "são irrevogáveis os atos de aceitação ou de renúncia da herança" (CC, art. 1.812).

Gabarito "D".

(Magistratura/PB – 2011 – CESPE) Com base no disposto no Código Civil e considerando o entendimento do STJ no que se refere às sucessões, assinale a opção correta.

(A) O prazo de decadência para impugnar a validade do testamento é de cinco anos, contado da abertura da sucessão.

(B) Caso o bem sonegado não esteja mais em poder do sonegador, por ter sido por ele alienado, o juiz deverá, em ação de sonegados, declarar nula a alienação.

(C) O direito de exigir a colação dos bens recebidos a título de doação em vida do *de cujus* é privativo dos herdeiros necessários, visto que a finalidade do instituto é resguardar a igualdade das legítimas.

(D) O ato de aceitação da herança é revogável, e o de renúncia a ela, irrevogável.

(E) A incapacidade superveniente do testador invalida o testamento.

A: incorreta, pois o prazo conta-se da data do seu registro (art. 1.859 do CC); **B:** incorreta (art. 1.995 do CC); **C:** correta. Essa é a posição do STJ: "RECURSO ESPECIAL. CIVIL. DIREITO DAS SUCESSÕES. PROCESSO DE INVENTÁRIO. DISTINÇÃO ENTRE COLAÇÃO E IMPUTAÇÃO. DIREITO PRIVATIVO DOS HERDEIROS NECESSÁRIOS. ILEGITIMIDADE DO TESTAMENTEIRO. INTERPRETAÇÃO DO ART. 1.785 DO CC/16. 1. O direito de exigir a colação dos bens recebidos a título de doação em vida do "de cujus" é privativo dos herdeiros necessários, pois a finalidade do instituto é resguardar a igualdade das suas legítimas. 2. A exigência de imputação no processo de inventário desses bens doados também é direito privativo dos herdeiros necessários, pois sua função é permitir a redução das liberalidades feitas pelo inventariado que, ultrapassando a parte disponível, invadam a legítima a ser entre eles repartida. 3. Correto o acórdão recorrido ao negar legitimidade ao testamenteiro ou à viúva para exigir a colação das liberalidades recebidas pelas filhas do inventariado. 4. Doutrina e jurisprudência acerca do tema. 5. Recursos especiais desprovidos" (REsp 167421 SP 1998/0018520-8 – Relator(a) Ministro PAULO DE TARSO SANSEVERINO Julgamento: 07/12/2010 – TERCEIRA TURMA – Publicação DJe 17/12/2010); **D:** incorreta, pois os atos de aceitação e renúncia da herança são irrevogáveis (art. 1.812 do CC); **E:** incorreta (art. 1.861 do CC).

Gabarito "C".

9. REGISTROS PÚBLICOS

(Juiz – TJ/CE – 2018 – CESPE) Conforme o Código Civil e a Lei de Registros Públicos, depende de averbação a

(A) sentença de divórcio.

(B) declaração de emancipação.

(C) sentença de interdição.

(D) certidão de nascimento.

(E) certidão de óbito.

A: correta (art. 10, I, CC). **B:** incorreta, pois a declaração de emancipação é sujeita a registro no Registro Civil de Pessoas Naturais (art. 29, IV, da Lei 6.015/1973 e art. 9º, II, CC); **C:** incorreta, pois a interdição é sujeita a registro no Registro Civil de Pessoas Naturais (art. 29, V, da Lei 6.015/1973 e art. 9º, III, CC); **D:** incorreta, pois a certidão de nascimento é sujeita a registro no Registro Civil de Pessoas Naturais (art. 29, I, da Lei 6.015/1973 e art. 9º, I, CC); **E:** incorreta, pois a certidão de óbito é sujeita a registro no Registro Civil de Pessoas Naturais (art. 29, III, da Lei 6.015/1973 e art. 9º, I, CC). GR

Gabarito "A".

(Cartório/DF – 2014 – CESPE) Assinale a opção correta a respeito do registro de imóveis.

(A) A dúvida registrária configura procedimento administrativo suscitado pelo registrador, na fase de qualificação, na hipótese de títulos contraditórios, para o estabelecimento da ordem de preferência do registro.

(B) Por força dos princípios da unitariedade e do fólio real, o título não pode ser cindido, não sendo possível, portanto, averbar, a requerimento do interessado, mandado de penhora de imóvel em que conste a existência de construção não averbada na matrícula respectiva.

(C) De acordo com o princípio da prioridade, o título apresentado em primeiro lugar no registro assegura a preferência na aquisição do direito real respectivo, desse modo, protocolada escritura de hipoteca em que seja mencionada a constituição de hipoteca anterior, não inscrita, será registrada a hipoteca posterior, que obterá preferência.

(D) Consoante o princípio da especialidade, a descrição do imóvel rural deve ser obtida a partir de memorial descritivo assinado por profissional habilitado, e os eventuais erros ou discrepâncias entre os limites reais do imóvel e as constantes da matrícula somente poderão ser retificados em ação demarcatória.

(E) A retificação do registro por inexatidão causada por falsidade ou nulidade do registro ou do título que o fundamenta deverá ser declarada pelo juiz corregedor, em âmbito administrativo, somente quando for manifesta e não importar dano potencial a terceiros, ou quando houver consentimento de todos os interessados.

A: incorreta, pois "não serão registrados, no mesmo dia, títulos pelos quais se constituam direitos reais contraditórios sobre o mesmo imóvel" (Lei 6.015/1973, art. 190); **B:** incorreta, pois o princípio do fólio real apenas preconiza que cada imóvel terá uma matrícula. Não seria justo impedir a penhora do imóvel do devedor tendo em vista a não averbação da construção perante a matrícula. Nesse sentido, lapidar a decisão do TJRS (Reexame Necessário 70057918013, Vigésima 1ª Câmara Cível, Relator: Francisco José Moesch, Julgado em 29/01/2014); **C:** incorreta, pois se for apresentado um título de segunda hipoteca, com referência expressa à existência de outra anterior, "o oficial, depois de prenotá-lo, aguardará durante 30 (trinta) dias que os interessados na primeira promovam a inscrição. Esgotado esse prazo, que correrá da data da prenotação, sem que seja apresentado o título anterior, o segundo será inscrito e obterá preferência sobre aquele" (Lei 6.015/1973); **D:** incorreta, pois segundo a Lei 6.015/1973, a adequação da descrição de imóvel rural independe da retificação com as exigências dos arts. 176, §§ 3º e 4º e 225 da mesma Lei; **E:** correta, pois se o registro ou a averbação não exprimir a verdade, a retificação será feita pelo Oficial do Registro de Imóveis competente, a requerimento do interessado, por meio do procedimento administrativo previsto no art. 213, facultado ao interessado requerer a retificação por meio de procedimento judicial (Lei 6.015/1973, art. 212).

Gabarito "E".

(Cartório/PI – 2013 – CESPE) Em caso de outorga de imóvel, se este não estiver matriculado ou registrado em nome do outorgante, o oficial exigirá a previa matrícula e o registro do título anterior, qualquer que seja a sua natureza, para dar cumprimento ao princípio da:

(A) continuidade.

(B) generalidade.

(C) especialidade.
(D) prioridade.
(E) fé pública.

A: correta. O princípio da continuidade dispõe que nenhum registro pode ser feito sem a menção ao título anterior. A intenção é impedir hiatos no registro. Cada assento fundamenta-se no anterior. Daí porque o art. 195 da Lei de Registros Públicos dispõe que: "Se o imóvel não estiver matriculado ou registrado em nome do outorgante, o oficial exigirá a prévia matrícula e o registro do título anterior, qualquer que seja a sua natureza, para manter a continuidade do registro"; **B:** incorreta, pois o princípio da generalidade determina que o registro deve ser desenvolvido de forma a beneficiar o maior número de pessoas possível, sem discriminações; **C:** incorreta, pois o princípio da especialidade determina a especificação do bem, com todas suas características; **D:** incorreta, pois o princípio da prioridade refere-se a ocorrência de diversos direitos reais concorrendo sobre o mesmo bem, havendo entre eles uma preferência pela data do registro; **E:** incorreta, pois o princípio da fé pública é o que confere ao ato registral uma presunção de titularidade do direito real registrado.

Gabarito "A".

(Magistratura Federal/2ª região – 2011 – CESPE) Acerca dos registros públicos, assinale a opção correta.

(A) Ainda que o registro seja efetuado mediante sentença expropriatória, não se dispensa o requisito da individuação do bem.
(B) Não deve ser efetuada matrícula se a sentença declaratória de usucapião tiver sido proferida em processo no qual não tenha sido possível nomear os confrontantes do imóvel.
(C) Constando erro de escritura pública registrada, o juiz poderá corrigi-lo mediante retificação do registro imobiliário.
(D) Para registrar o título, o oficial do registro de imóveis, durante a fase do exame formal, deve, primeiramente, verificar a presença dos elementos extrínsecos e intrínsecos da escritura.
(E) A cessão de direitos reais hereditários somente terá eficácia após registro no cartório competente.

A: correta, pois a individuação do bem é um princípio registral, previsto na Lei de Registros Públicos (art. 176, § 1º, II, n.º 3) e como tal não pode ser afastado; **B:** incorreta, pois na hipótese não existe óbice para a efetivação da matrícula; **C:** incorreta, pois "a escritura pública só pode ser retificada por outra escritura pública. Não podem os Juízes e nem os oficiais do Registro de Imóveis corrigir equívocos constantes de escrituras públicas, por falta de competência legal". PROCESSO Corregedoria Geral n.º 1.152/97 – São Paulo; **D:** incorreta, pois nessa etapa o exame limita-se aos elementos extrínsecos; **E:** incorreta, pois os arts. 1.793 a 1.795, que regulamentam referida cessão de direitos hereditários, não condicionam sua eficácia ao registro.

Gabarito "A".

10. QUESTÕES COM TEMAS COMBINADOS

(Defensor Público - DPE/DF - 2019 - CESPE/CEBRASPE) Tendo como referência as disposições do Código Civil a respeito de sucessão provisória, perdas e danos e venda com reserva de domínio, julgue os itens subsecutivos.

(1) Na sucessão provisória, o ascendente, mesmo depois de provada a sua qualidade de herdeiro, deverá dar garantia mediante penhor ou hipoteca para imitir-se na posse do bem do ausente.
(2) As perdas e danos, nas obrigações de pagamento em dinheiro, devem compreender as custas e os honorários advocatícios e, além da atualização monetária, os juros de mora a partir do descumprimento contratual.
(3) Cláusula de reserva de domínio em contrato de compra e venda só terá validade contra terceiros se estiver estabelecida por escrito e registrada no domicílio do comprador.

1: errada. CC, Art. 30. Os herdeiros, para se imitirem na posse dos bens do ausente, darão garantias da restituição deles, mediante penhores ou hipotecas equivalentes aos quinhões respectivos. § 1.º Aquele que tiver direito à posse provisória, mas não puder prestar a garantia exigida neste artigo, será excluído, mantendo-se os bens que lhe deviam caber sob a administração do curador, ou de outro herdeiro designado pelo juiz, e que preste essa garantia. § 2.º Os ascendentes, os descendentes e o cônjuge, **uma vez provada a sua qualidade de herdeiros, poderão, independentemente de garantia,** entrar na posse dos bens do ausente. **2:** errada. CC, Art. 404. As perdas e danos, nas obrigações de pagamento em dinheiro, serão pagas com atualização monetária segundo índices oficiais regularmente estabelecidos, abrangendo juros, custas e honorários de advogado, sem prejuízo da pena convencional. (...) **Art. 405. Contam-se os juros de mora desde a citação inicial.** **3.** correta. Art. 522. A cláusula de reserva de domínio será estipulada por escrito e depende de registro no domicílio do comprador para valer contra terceiros. GR

Gabarito 1E, 2E, 3C

(Defensor Público - DPE/DF - 2019 - CESPE/CEBRASPE) Acerca da locação de imóveis urbanos, do condomínio em edificações e das incorporações imobiliárias, julgue os próximos itens, considerando a legislação pertinente.

(1) Locador de imóvel residencial poderá reaver o imóvel ainda no curso do prazo estipulado para a duração do contrato de locação, desde que pague ao locatário a multa proporcional ao cumprimento do contrato ou a que for judicialmente arbitrada.
(2) Contrato de promessa de venda de unidade autônoma integrante de incorporação imobiliária deve prever que a devolução de valores ao adquirente, cujo prazo deve estar destacado em negrito, somente ocorrerá por rescisão contratual motivada por inadimplemento de obrigação do adquirente.

1: errada, Lei 8.245/1991: Art. 4.º Durante o prazo estipulado para a duração do contrato, não poderá o locador reaver o imóvel alugado. Com exceção ao que estipula o § 2.º do art. 54-A, o locatário, todavia, poderá devolvê-lo, pagando a multa pactuada, proporcional ao período de cumprimento do contrato, ou, na sua falta, a que for judicialmente estipulada. (...) Art. 54-A. (...)
§ 2.º Em caso de denúncia antecipada do vínculo locatício pelo locatário, compromete-se este a cumprir a multa convencionada, que não excederá, porém, a soma dos valores dos aluguéis a receber até o termo final da locação. **2:** errada, Lei 4.591/1964: Art. 35-A. Os contratos de compra e venda, promessa de venda, cessão ou promessa de cessão de unidades autônomas integrantes de incorporação imobiliária serão iniciados por quadro-resumo, que deverá conter:
(...) VI - as consequências do desfazimento do contrato, seja por meio de distrato, seja por meio de resolução contratual motivada por inadimplemento de obrigação do adquirente ou do incorporador, com destaque negritado para as penalidades aplicáveis e para os prazos para devolução de valores ao adquirente. GR
Gabarito 1E, 2E

(Defensor Público - DPE/DF - 2019 - CESPE/CEBRASPE) Considerando a legislação vigente a respeito de bens de família e de registros públicos, julgue os seguintes itens.

(1) Em ação de execução de alimentos, será oponível a impenhorabilidade sobre o bem de família cujo coproprietário seja cônjuge do alimentante.
(2) Retificação de registro civil de nascimento dependerá de autorização judicial ou manifestação do Ministério Público, se ausente indicação do município de nascimento ou naturalidade do registrado.

1: certo, Lei 8.009/1990: Art. 3.º A impenhorabilidade é oponível em qualquer processo de execução civil, fiscal, previdenciária, trabalhista ou de outra natureza, salvo se movido:
(...) III: pelo credor da pensão alimentícia, resguardados os direitos, sobre o bem, do seu coproprietário que, com o devedor, integre união estável ou conjugal, observadas as hipóteses em que ambos responderão pela dívida; **2:** errado, Lei 6.015/1973: Art. 110. O oficial retificará o registro, a averbação ou a anotação, de ofício ou a requerimento do interessado, mediante petição assinada pelo interessado, representante legal ou procurador, independentemente de prévia autorização judicial ou manifestação do Ministério Público, nos casos de: (...) III: ausência de indicação do Município relativo ao nascimento ou naturalidade do registrado, nas hipóteses em que existir descrição precisa do endereço do local do nascimento. GR

Gabarito 1C, 2E

(Analista Judiciário – STJ – 2018 – CESPE) Em relação ao direito de família e ao direito das sucessões, julgue os itens subsequentes.

(1) O cônjuge supérstite casado no regime de comunhão universal de bens não concorre, na herança, com os descendentes.

(2) É reconhecido o direito sucessório do cônjuge sobrevivente separado de fato há mais de dois anos, caso ele prove que, sem culpa sua, a convivência se tornou impossível.

(3) O bem de família é constituído voluntariamente e visa proteger o ente familiar, de maneira que, se dissolvida a sociedade conjugal, fica extinto o bem de família.

(4) A existência de estado gravídico é hipótese excepcional de permissão para casamento de pessoa que não tenha atingido a idade núbil.

1: Certa, pois o art. 1.829, I CC exclui da concorrência o cônjuge supérstite casado no regime da comunhão universal; **2:** certa, pois se a convivência se tornou impossível por conta do *de cujos*, o cônjuge supérstite tem direito sucessório ainda que separado de fato por até 2 anos (art. 1.830 CC); **3:** errada, pois a dissolução da sociedade conjugal *não* extingue o bem de família (art. 1.721 CC). Se a sociedade conjugal for dissolvida pela morte de um dos cônjuges, o sobrevivente *poderá* pedir a extinção do bem de família, se for o único bem do casal (art. 1.721, parágrafo único, CC); **4:** certa, pois a gravidez é uma hipótese em que a pessoa pode casar ainda sem atingir a idade núbil, isto é, 16 anos (art. 1.520 CC).

Gabarito 1C, 2C, 3E, 4C

(Procurador do Município/Manaus – 2018 – CESPE) À luz das disposições do direito civil pertinentes ao processo de integração das leis, aos negócios jurídicos, à prescrição e às obrigações e contratos, julgue os itens a seguir.

(1) O conflito de normas que pode ser resolvido com a simples aplicação do critério hierárquico é classificado como antinomia aparente de primeiro grau.

(2) Será viável a anulação de transmissão gratuita de bens por caracterização de fraude contra credores, ainda que a conduta que se alegue fraudulenta tenha ocorrido anteriormente ao surgimento do direito do credor.

1: certa. Fala-se em antinomia a hipótese em que há choque de interpretação entre duas normas válidas. A fim de resolver a celeuma, três técnicas podem ser usadas: o critério da hierárquico, o da especialidade e o da hierarquia, sendo o primeiro o mais forte e o último o mais fraco. Quando apenas uma das técnicas precisa ser aplicada para resolver a questão, temos a chamada antinomia aparente de primeiro grau. Quando precisamos usar mais de uma técnica temos a antinomia aparente de segundo grau. Logo, quando resolvemos o conflito com a simples aplicação do critério hierárquico, o mesmo é corretamente classificado como antinomia aparente de primeiro grau; **2:** errada, pois o credor somente terá direito a anulação se ele já figurava na posição de credor na data em que ocorreu o ato de transmissão gratuita de bens ou remissão de dívida. Antes disso o seu direito ainda não estará constituído (art. 158, § 2º, CC).

Gabarito 1C, 2E

(Procurador do Município/Manaus – 2018 – CESPE) A respeito da propriedade, da posse e das preferências e privilégios creditórios, julgue os itens subsequentes.

(1) De acordo com o STJ, a responsabilidade do promitente vendedor por dívidas condominiais relativas a período em que a posse for exercida pelo promissário comprador será afastada se forem demonstradas a ciência inequívoca do condomínio acerca da transação e a efetiva imissão do promissário comprador na posse do imóvel.

(2) O ordenamento jurídico ora vigente admite a possibilidade de conversão da detenção em posse, a depender da modificação nas circunstâncias de fato que vinculem determinada pessoa à coisa.

(3) De acordo com o Código Civil, na hipótese de insolvência de devedor pessoa natural, o crédito referente a custas judiciais gozará de privilégio especial.

1: Certa, pois o Superior Tribunal de Justiça (STJ) estabeleceu que o que define a responsabilidade pelo pagamento das obrigações condominiais não é o registro do compromisso de compra e venda, mas a relação jurídica material com o imóvel, representada pela imissão do promissário comprador na posse e pela ciência inequívoca do condomínio acerca da transação. A tese foi fixada em julgamento de **recurso repetitivo** (tema **886**) e passa a orientar as demais instâncias do Judiciário na solução de casos idênticos. Havendo decisão em consonância com o que foi definido pelo STJ, não será admitido recurso contra ela para a corte superior. No caso de compromisso de compra e venda não levado a registro, dependendo das circunstâncias, a responsabilidade pelas despesas de condomínio pode recair tanto sobre o promitente vendedor quanto sobre o promissário comprador. Entretanto, se ficar comprovado que o promissário comprador se imitiu na posse e que o condomínio teve ciência inequívoca da transação, deve ser afastada a legitimidade passiva do promitente vendedor para responder por despesas condominiais relativas ao período em que a posse foi exercida pelo promissário comprador; **2:** certa, pois o Enunciado 301 CJF prevê que "é possível a conversão da detenção em posse, desde que rompida a subordinação, na hipótese de exercício em nome próprio dos atos possessórios". E justamente a partir dessa transformação é que surgem marcos jurídicos importantes, como, por exemplo, para fins de configuração do esbulho ou para aquisição originária da propriedade pela prescrição aquisitiva, como bem adverte a doutrina: cabe cogitar de usucapião apenas se houver mudança na natureza jurídica da apreensão, tornando-se possuidor o detentor, ao arrepio da vontade proprietário. Nesse caso, doutrina e jurisprudência admitem, a partir do momento em que se torna possuidor, a contagem do prazo para usucapião. (TEPEDINO, Gustavo. Código civil interpretado conforme a constituição da república. vol. III. Rio de Janeiro: Renovar, 2011, p. 449); **3:** errada, pois não é qualquer crédito decorrente de custas judiciais que tem privilégio especial, mas somente créditos de custas e despesas judiciais feitas com a arrecadação e liquidação, quando se tratar de coisa arrecada e liquidada (art. 964, I CC).

Gabarito 1C, 2C, 3E

(Procurador do Município/Manaus – 2018 – CESPE) Considerando a legislação vigente e a jurisprudência do STJ, julgue os seguintes itens, concernentes a locação de imóveis urbanos, direito do consumidor, direitos autorais e registros públicos.

(1) Na locação residencial de imóvel urbano, não será admitida a denúncia vazia, se o prazo de trinta meses exigido pela Lei 8.245/1991 for atingido após sucessivas prorrogações do contrato de locação.

(2) A reprodução de dados constantes em registro de cartório de protesto, realizada por entidade de proteção ao crédito, ainda que seja feita de forma fiel e objetiva, caracterizará prática abusiva indenizável quando for efetivada sem a ciência prévia do consumidor.

(3) Segundo o STJ, é devida a cobrança de direitos autorais em razão da transmissão de músicas por meio da rede mundial de computadores mediante o emprego da tecnologia *streaming*, nas modalidades *webcasting* e *simulcasting*.

(4) A decisão proferida pelo magistrado no procedimento de dúvida, previsto na Lei de Registros Públicos, possui natureza administrativa e, portanto, não faz coisa julgada material.

1: Certa, pois prevê o art. 46 da Lei 8.245/1991 que: "*Nas locações ajustadas por escrito e por prazo igual ou superior a trinta meses, a resolução do contrato ocorrerá findo o prazo estipulado, independentemente de notificação ou aviso*". A controvérsia é se esses trinta meses devem ser contados em um instrumento contratual, ou se podem ser vários instrumentos com prazos menores que, somados resultam em trinta meses. Tanto a doutrina como o STJ já se posicionaram que deve ser em um instrumento único. Nos RESP 1.364.668 – MG (2013/0019738-2) temos que: "*O art. 46 da Lei 8.245/1991 somente admite a denúncia vazia se um único instrumento escrito de locação estipular o prazo igual ou superior a 30 (trinta) meses, não sendo possível contar as sucessivas prorrogações dos períodos locatícios* (accessio temporis)". Já na doutrina "(...) *Não há se falar em soma de prazos contratuais para inserir a locação na hipótese deste artigo. A concessão especial, ao locador, da denúncia aqui prevista, pressupõe estrita observância das condições formal e temporal indicada na lei*". (CARNEIRO, Waldir de Arruda Miranda. Anotações à lei do inquilinato. São Paulo: Revista dos Tribunais, 2008, pág. 306) *"(...) Não se admite a soma de prazos contratuais para os fins deste artigo.*

A lei é clara quando estabelece, como requisito, contrato escrito por prazo igual ou superior a trinta meses, e seu objetivo é claro: em troca da estabilidade contratual conferida ao locatário, pelo prazo de dois anos e meio, através de um só ajuste, compensa-se o locador com o direito de retomar o prédio ao fim daquele prazo. Assim, não pode aproveitar o locador a soma de mais de um contrato, ainda que não tenha ocorrido hiato temporal entre eles, porque ausente aquela compensação acima referida" (BARROS, Francisco Carlos Rocha de. Comentários à lei do inquilinato. São Paulo: Saraiva, 1997, pág. 232); **2**: errada, pois essa reprodução de dados não caracterizará prática abusiva indenizável ainda que seja feita sem a ciência do consumidor. Consoante Informativo 0554 do STJ publicado em 25.02.2015 **"Diante da presunção legal de veracidade e publicidade inerente aos registros de cartório de protesto, a reprodução objetiva, fiel, atualizada e clara desses dados na base de órgão de proteção ao crédito – ainda que sem a ciência do consumidor – *não tem o condão de ensejar obrigação de reparação de danos*"**; **3**: certa, pois o STJ já decidiu que é possível haver a cobrança, consoante exarado no REsp 1.559.264/RJ, Rel. Ministro Ricardo Villas Bôas Cueva, Segunda Seção, julgado em 08.02.2017, DJe 15.02.2017, fundamento do Informativo 597 daquela Corte. O texto esclarece: *Streaming* é a tecnologia que permite a transmissão de dados e informações, utilizando a rede de computadores, de modo contínuo. Esse mecanismo é caracterizado pelo envio de dados por meio de pacotes, sem a necessidade de que o usuário realize *download* dos arquivos a serem executados. O *streaming* é gênero que se subdivide em várias espécies, dentre as quais estão o *simulcasting* e o *webcasting*. Enquanto na primeira espécie há transmissão simultânea de determinado conteúdo por meio de canais de comunicação diferentes, na segunda, o conteúdo oferecido pelo provedor é transmitido pela internet, existindo a possibilidade ou não de intervenção do usuário na ordem de execução. À luz do art. 29, incisos VII, VIII, i, IX e X, da Lei 9.610/1998, verifica-se que a tecnologia *streaming* enquadra-se nos requisitos de incidência normativa, configurando-se, portanto, modalidade de exploração econômica das obras musicais a demandar autorização prévia e expressa pelos titulares de direito. De acordo com os arts. 5º, inciso II, e 68, §§ 2º e 3º, da Lei Autoral, é possível afirmar que o *streaming* é uma das modalidades previstas em lei, pela qual as obras musicais e fonogramas são transmitidos e que a internet é local de frequência coletiva, caracterizando-se, desse modo, a execução como pública. Depreende-se da Lei 9.610/1998 que é irrelevante a quantidade de pessoas que se encontram no ambiente de execução musical para a configuração de um local como de frequência coletiva. Relevante, assim, é a colocação das obras ao alcance de uma coletividade frequentadora do ambiente digital, que poderá, a qualquer momento, acessar o acervo ali disponibilizado. Logo, o que caracteriza a execução pública de obra musical pela internet é a sua disponibilização decorrente da transmissão em si considerada, tendo em vista o potencial alcance de número indeterminado de pessoas. O ordenamento jurídico pátrio consagrou o reconhecimento de um amplo direito de comunicação ao público, no qual a simples disponibilização da obra já qualifica o seu uso como uma execução pública, abrangendo, portanto, a transmissão digital interativa (art. 29, VII, da Lei 9.610/1998) ou qualquer outra forma de transmissão imaterial a ensejar a cobrança de direitos autorais pelo ECAD. O critério utilizado pelo legislador para determinar a autorização de uso pelo titular do direito autoral previsto no art. 31 da Lei 9.610/1998 está relacionado à modalidade de utilização e não ao conteúdo em si considerado. Assim, no caso do *simulcasting*, a despeito do conteúdo transmitido ser o mesmo, os canais de transmissão são distintos e, portanto, independentes entre si, tonando exigível novo consentimento para utilização e criando novo fato gerador de cobrança de direitos autorais pelo ECAD. Está no âmbito de atuação do ECAD a fixação de critérios para a cobrança dos direitos autorais, que serão definidos no regulamento de arrecadação elaborado e aprovado em Assembleia Geral, composta pelos representantes das associações que o integram, e que contém uma tabela especificada de preços. Inteligência do art. 98 da Lei 9.610/1998; **4**: certa, nos termos do art. 204 da 6.015/1973 temos que: "A decisão da dúvida tem natureza administrativa e não impede o uso do processo contencioso competente. É possível, inclusive, extrair esse entendimento de decisão do STJ a respeito na ausência de cabimento de REsp nesses casos: "Recurso especial. Falência da recorrente. Suspensão do julgamento. Indeferimento. Representação processual. Mandado de segurança. Ministério público. Legitimidade. Registro de imóvel. Dúvida. Intervenção de terceiros. *Amicus curiae*. Indeferimento. Matrícula de imóvel. Formal de partilha não registrado. Continuidade registral. Recurso especial improvido. O processo de Dúvida Registral em causa possui natureza administrativa, instrumentalizado por jurisdição voluntária, não sendo, pois, de jurisdição contenciosa, de modo que a decisão, conquanto denominada sentença, não produz coisa julgada, quer material, quer formal, donde não se admitir Recurso Especial contra Acórdão proferido pelo Conselho Superior da Magistratura, que julga Apelação de dúvida levantada pelo Registro de Imóveis (REsp 1418189/RJ, Rel. Ministro Sidnei Beneti, Terceira Turma, julgado em 10.06.2014, DJe 01.07.2014)". GR

Gabarito 1C, 2E, 3C, 4C

(Defensor Público/AC – 2017 – CESPE) No que se refere à união estável, ao casamento, à filiação e aos alimentos, julgue os itens a seguir.

I. Será admissível o deferimento de alimentos gravídicos mesmo quando não for verificada hipótese de presunção legal de paternidade.
II. Na união estável, será nulo de pleno direito o contrato firmado entre os companheiros que disponha de regime patrimonial diverso do regime de comunhão parcial de bens.
III. Será vedado ao juiz impor a guarda compartilhada caso um dos genitores declare que não deseja exercer a guarda do menor.
IV. Optando pelo divórcio extrajudicial, os nubentes poderão deliberar, na mesma escritura, sobre partilha de bens, guarda de filhos e alimentos.

Estão certos apenas os itens

(A) I e II.
(B) I e III.
(C) II e IV.
(D) III e IV.
(E) II, III e IV.

A: incorreta, pois embora o item I esteja certo, o item II está errado, pois é válido que na união estável as partes fixem outro regime de bens diverso da comunhão parcial via contrato (art. 1.725 CC); **B**: correta. O item I está certo, porque para a fixação dos alimentos gravídicos basta que haja indícios de paternidade, logo não é necessário que seja verificada a presunção legal de paternidade (art. 6º, Lei 11.804/2008). O item III também está certo, pois caso um dos genitores não queira exercer a guarda, o juiz não pode obrigá-lo (art. 1.584, CC); **C**: incorreta, pois o item II está errado, vez que é válido que na união estável as partes fixem outro regime de bens diverso da comunhão parcial via contrato (art. 1.725, CC). O item IV também está errado, pois para que haja divórcio extrajudicial não é possível que haja filhos menores ou incapazes, pois neste caso é indispensável a participação do Poder Judiciário com manifestação do Ministério Público (art. 733, "caput", NCPC); **D**: incorreta, pois embora o item III esteja certo (art. 1.584, CC), o item IV está errado (art. 733, "caput", NCPC); **E**: incorreta, pois embora o item III esteja certo (art. 1.584, CC), os itens II e IV estão errados (art. 1.725 CC e art. 733, "caput", NCPC). GR

Gabarito "B"

(Promotor de Justiça/RR – 2017 – CESPE) Tendo em vista que o surgimento de novos tipos de estruturas familiares demanda do direito civil uma revisão constante do conceito de família, julgue os itens a seguir.

I. A guarda compartilhada implica igualdade de tempo de convívio da criança com cada um de seus genitores, a fim de evitar ofensa ao princípio da igualdade.
II. O direito de obter, judicialmente, a fixação de pensão alimentícia não prescreve; no entanto, há prazo prescricional para a execução de valores inadimplidos correspondentes ao pagamento da pensão.
III. O reconhecimento de união estável homoafetiva acarreta aos seus partícipes os mesmos direitos garantidos aos componentes de união estável heterossexual.
IV. Os avós detêm o direito de pleitear a regulamentação de visita aos netos, a qual poderá ser viabilizada desde que observados os interesses da criança ou do adolescente.

Assinale a opção correta.

(A) Apenas os itens I e II estão certos.
(B) Apenas os itens I, III e IV estão certos.

(C) Apenas os itens II, III e IV estão certos.

(D) Todos os itens estão certos.

A: incorreta, pois embora o item II esteja certo, o item I está errado. Neste passo, na guarda compartilhada, o tempo de convívio com os filhos deve ser dividido de *forma equilibrada* (e não necessariamente igual) com a mãe e com o pai, sempre tendo em vista as condições fáticas e os interesses dos filhos (art. 1.583, § 2º, CC); **B:** incorreta, pois embora os itens III e IV estejam certos, o item I está errado, conforme descrito na alternativa "a"; **C:** correta. O item II está certo, pois o direito a alimentos é imprescritível, vez que se enquadra como direito de personalidade (art. 11 CC). Porém, a cobrança de prestações vencidas e não pagas prescreve em 2 anos (art., 206, § 2º, CC). O item III está certo, pois são garantidos direitos iguais tanto para uniões homo como heterossexuais (Recursos Extraordinários 646721 e 878694, ambos com repercussão geral reconhecida). O item IV também está certo, pois o direito de visita estende-se a qualquer dos avós, a critério do juiz, observados os interesses da criança ou do adolescente (art. 1.589, parágrafo único, CC); **D:** incorreta, pois o item I está errado, como previsto na alternativa "a". GR

Gabarito "C"

(Juiz – TRF5 – 2017 – CESPE) Considerando-se os dispositivos legais pertinentes, em caso de dívida assumida por ente despersonalizado,

(A) os sócios responderão de forma limitada, e o ente de forma ilimitada.

(B) os sócios responderão de forma subsidiária, desde que não tenham praticado atos contrários ao estatuto ou ao contrato social.

(C) os sócios responderão de forma solidária e ilimitada pelas obrigações assumidas pelo grupamento.

(D) o sócio administrador responderá solidariamente pelos ilícitos praticados.

(E) o sócio gestor responderá de forma subsidiária e limitada pelo ato de má gestão.

A: incorreta, pois considerando que o ente é não personalizado, aplicar-se-ão as regras previstas nos arts. 986 a 996 CC. Por não haver o manto da personalidade jurídica, os sócios responderão solidária e ilimitadamente pelas obrigações sociais (art. 990 CC); **B:** incorreta, pois os sócios respondem de maneira direta, e não subsidiária. Apenas seria subsidiária, se houvesse personalidade jurídica e a responsabilidade não fosse expressamente limitada (art. 990 CC); **C:** correta, nos termos do art. 990 CC: "Todos os sócios respondem solidária e ilimitadamente pelas obrigações sociais, excluído do benefício de ordem, previsto no art. 1.024, aquele que contratou pela sociedade"; **D:** incorreta, pois não apenas o sócio administrador, mas todos os sócios responderão de forma solidária e ilimitada (art. 990 CC); **E:** incorreta, pois o sócio gestor não tem esse privilégio. Também responderá de forma solidária e ilimitada (art. 990 CC). GR

Gabarito "C"

(Procurador do Município – Prefeitura Fortaleza/CE – CESPE – 2017) Acerca de ato e negócio jurídicos e de obrigações e contratos, julgue os itens que se seguem.

(1) O ato jurídico em sentido estrito tem consectários previstos em lei e afasta, em regra, a autonomia de vontade.

(2) Em se tratando de obrigações negativas, o devedor estará em mora a partir da data em que realizar a prestação que havia se comprometido a não efetivar.

(3) Tratando-se de contrato de mandato, o casamento do mandante não influenciará nos poderes já conferidos ao mandatário.

(4) Não constitui condição a cláusula que subordina os efeitos de um negócio jurídico à aquisição da maioridade da outra parte.

1: Correta, pois no ato jurídico em sentido estrito a pessoa apenas anui com uma disposição genérica da lei que prevê o ato e quase todas as suas consequências jurídicas. Nesse caso resta pouca margem de autonomia para a pessoa. O melhor exemplo é o casamento no qual a lei já estabeleceu dezenas de efeitos jurídicos, dos quais as partes anuentes não podem se afastar, como os deveres conjugais, parentesco por afinidade, direitos sucessórios, etc. Aos nubentes resta apenas escolher o regime e utilização de sobrenome do outro. Por sua vez, o negócio jurídico (ex.: contrato) permite às partes escolher, estipular e até criar novos efeitos jurídicos os quais nem precisam estar previstos em lei (desde que a lei na proíba, é claro). É por isso que se admite um contrato de compra e venda, com inúmeras cláusulas diferentes, como preferência, retrovenda, pagamento parcelado, financiamento, etc. **2:** Incorreta. A obrigação de não fazer é descumprida com a prática do ato ao qual se comprometeu abster. A mora do devedor (*mora solvendi*), todavia, é um conceito mais elaborado, tendo em vista que ela exige culpa para se configurar. Daí a redação do art. 396 do Código Civil, segundo o qual: "Não havendo fato ou omissão imputável ao devedor, não incorre este em mora". É por isso que nada impede – em tese – uma pessoa descumprir uma obrigação e não estar em mora. Basta, por exemplo, estar atrasada com a prestação, mas devido ao fato de estar internada no hospital com doença grave. Vale a nota de que a mora do credor (mora accipiendi) independe de culpa". **3:** Incorreta, pois cessa o mandato pela "*mudança de estado que inabilite o mandante a conferir os poderes, ou o mandatário para os exercer*" (CC, art. 682, III). Assim, por exemplo, se o homem solteiro dá poderes para o mandatário vender a casa, o casamento do mandante (o qual exige vênia conjugal, em todos os regimes, salvo o da separação convencional de bens) extingue o mandato automaticamente. **4:** Correta, pois uma característica essencial da condição é a incerteza de sua ocorrência. Daí porque se diz que a condição é o evento futuro e incerto (CC, art. 121). O exemplo dado na questão (maioridade) é um evento futuro e certo e, portanto, é considerado termo (CC, art. 131). GN

Gabarito 1C, 2E, 3E, 4C

(Procurador do Município – Prefeitura Fortaleza/CE – CESPE – 2017) Acerca de atos unilaterais, responsabilidade civil e preferências e privilégios creditórios, julgue os itens subsequentes.

(1) Na hipótese de enriquecimento sem causa, a restituição do valor incluirá atualização monetária, independentemente do ajuizamento de ação judicial.

(2) No que se refere às famílias de baixa renda, há presunção de dano material e moral em favor dos pais em caso de morte de filho menor de idade, ainda que este não estivesse trabalhando na data do óbito.

(3) Quanto aos títulos legais de preferência, declarada a insolvência de devedor capaz, o privilégio especial compreenderá todos os bens não sujeitos a crédito real.

1: Correta, pois em conformidade com o disposto no art. 884 do CC, que estabelece: "*Aquele que, sem justa causa, se enriquecer à custa de outrem, será obrigado a restituir o indevidamente auferido, feita a atualização dos valores monetários*". **2:** Correta, pois o STJ entendeu que é possível presumir que – em famílias de baixa renda – a atividade laboral de filhos reverterá parcialmente para a manutenção do lar. Aplicou tal entendimento mesmo no caso de filhos portadores de deficiência. (REsp 1069288/PR, Rel. Min. Massami Uyeda, Terceira Turma, j. 14.12.2010, *DJe* 04.02.2011). **3:** Incorreta. A ordem que deverá ser obedecida é a seguinte: o crédito real prefere ao pessoal de qualquer espécie; o crédito pessoal privilegiado, ao simples; e o privilégio especial, ao geral (CC, art. 961). GN

Gabarito 1C, 2C, 3E

(Procurados do Município – Prefeitura Fortaleza/CE – CESPE – 2017) Com relação a direitos reais, parcelamento do solo urbano, locação e registros públicos, julgue os itens seguintes.

(1) Em se tratando de contrato de locação, se o fiador tiver se comprometido até a devolução do imóvel pelo locatário, a prorrogação do prazo contratual sem sua anuência o desobriga de responder por ausência de pagamento.

(2) O registrador não fará o registro de imóvel caso dependa da apresentação de título anterior, ainda que o imóvel já esteja matriculado.

(3) O imóvel objeto de contrato de promessa de compra e venda devidamente registrado pode ser objeto de hipoteca.

(4) Embora o município tenha o dever de fiscalizar para impedir a realização de loteamento irregular, ante a responsabilidade pelo uso e pela ocupação do solo urbano, a regularização está no âmbito da discricionariedade, conforme entendimento pacificado no STJ.

1: Incorreta, visto que "*salvo disposição contratual em contrário, qualquer das garantias da locação se estende até a efetiva devolução do* *imóvel, ainda que prorrogada a locação por prazo indeterminado*" (Lei 8.245/1991, art. 39). **2:** Correta, pois de acordo com o disposto no art. 237 da Lei de Registros Públicos (Lei 6.015/1973), que dispõe: "*Ainda que o imóvel esteja matriculado, não se fará registro que dependa da apresentação de título anterior, a fim de que se preserve a continuidade do registro*". **3:** Correta, pois o contrato de promessa de compra e venda devidamente registrado é considerado pela lei como direito real (CC, art. 1.225, VII) e sua hipoteca não geraria prejuízo para terceiros. Nesse sentido, o STJ definiu que: "*O ordenamento jurídico pátrio, há longa data, reconhece como direito real o contrato de* ***promessa*** *de* ***compra*** *e venda devidamente registrado, de modo que não há óbice para que sobre ele recaia* ***hipoteca****, a qual, no caso, garante o crédito decorrente da cédula de crédito industrial*". (REsp 1336059/SP, Rel. Min. Ricardo Villas Bôas Cueva, Terceira Turma, j. 18.08.2016, *DJe* 05.09.2016). **4:** Incorreta, pois não se trata de discricionariedade. O STJ já se posicionou diversas vezes no sentido de que "o Município tem o poder-dever de agir para fiscalizar e regularizar loteamento irregular, pois é o responsável pelo parcelamento, uso e ocupação do solo urbano, atividade essa que é vinculada, e não discricionária." (REsp 447.433/SP, Rel. Min. Denise Arruda, Primeira Turma, *DJ* 22.06.2006, p. 178).

Gabarito 1E, 2C, 3C, 4E

(Procurador do Município – Prefeitura Fortaleza/CE – CESPE – 2017) A respeito da Lei de Introdução às Normas do Direito Brasileiro, das pessoas naturais e jurídicas e dos bens, julgue os itens a seguir.

(1) Por não se admitir a posse dos bens incorpóreos, tais bens são insuscetíveis de aquisição por usucapião.

(2) Utiliza a analogia o juiz que estende a companheiro(a) a legitimidade para ser curador conferida a cônjuge da pessoa ausente.

(3) Conforme o modo como for feita, a divulgação de fato verdadeiro poderá gerar responsabilidade civil por ofensa à honra da pessoa natural.

(4) O registro do ato constitutivo da sociedade de fato produzirá efeitos *ex tunc* se presentes, desde o início, os requisitos legais para a constituição da pessoa jurídica.

1: Correta. A posse recai sobre bens corpóreos, tangíveis e suscetíveis de apropriação. Daí, por exemplo, o entendimento do STJ, segundo o qual o direito autoral não pode ser protegido via ação possessória (Súmula 228). Tendo em vista que a posse é elemento essencial para a usucapião, não haveria como usucapir bens imateriais. Vale a ressalva, contudo, de que é possível usucapião sobre servidão, desde que essa seja aparente e contínua. É o caso, por exemplo de uma pessoa que exerce passagem em terreno vizinho e – pelo decurso do prazo necessário – ganha a titularidade desse direito real. **2:** Incorreta, pois o juiz está – nesse caso – interpretando a lei de maneira extensiva. Não é hipótese de lacuna da lei, mas sim de ampliar o alcance de uma lei que já existe. **3:** Correta, pois a exceção da verdade não é aplicada de forma irrestrita no Direito Civil. "Verdades" compõem o que há de mais íntimo e pessoal na vida de uma pessoa e sua divulgação – a depender da forma e modo – pode gerar responsabilidade civil. O STJ já se posicionou no sentido de que: "Tratando-se de mera curiosidade, ou de situação em que esse interesse possa ser satisfeito de forma menos prejudicial ao titular, então, não se deve, desnecessariamente, divulgar dados relacionados à intimidade de alguém". (REsp 1380701/PA, Rel. Min. Marco Aurélio Bellizze, Terceira Turma, j. 07.05.2015, DJe 14.05.2015). **4:** Incorreta, pois a existência legal das pessoas jurídicas de direito privado começa "com a inscrição do ato constitutivo no respectivo registro" (CC, art. 45).

Gabarito 1C, 2E, 3C, 4E

(Defensor Público – DPE/RN – 2016 – CESPE) A respeito da Lei de Introdução às Normas do Direito Brasileiro e de institutos relacionados às pessoas naturais e jurídicas, assinale a opção correta à luz da jurisprudência do STJ.

(A) A internação psiquiátrica involuntária é também chamada de internação compulsória, pois decorre de determinação judicial e independe do consentimento do paciente ou de pedido de terceiro.

(B) São válidos os negócios jurídicos praticados pelo incapaz antes da sentença de interdição, ainda que se comprove que o estado de incapacidade tenha sido contemporâneo ao negócio.

(C) Não configura direito subjetivo da pessoa retificar seu patronímico no registro de nascimento de seus filhos após o divórcio, quando ela deixar de usar o nome de casada.

(D) A filial é uma espécie de estabelecimento empresarial que possui personalidade jurídica própria, distinta da sociedade empresária.

(E) Não se tratando de contrato de trato sucessivo, descabe a aplicação retroativa da lei nova para alcançar efeitos presentes de contratos celebrados anteriormente à sua vigência.

A: incorreta, pois – de acordo com o disposto na Lei 10.216/2001, art. 6º, parágrafo único, II, – a referida internação compulsória depende de pedido de terceiro; **B:** incorreta, pois o STJ é pacífico no sentido de que: "*A interdição judicial declara ou reconhece a incapacidade de uma pessoa para a prática de atos da vida civil, com a geração de efeitos* ex nunc *perante terceiros (art. 1.773 do Código Civil), partindo de um 'estado de fato' anterior, que, na espécie, é a doença mental de que padece o interditado*" (AgInt nos EDcl no REsp 1171108/RS, Rel. Ministro Antonio Saldanha Palheiro, Sexta Turma, julgado em 27/09/2016, *DJe* 13/10/2016); **C:** incorreta, pois o STJ já entendeu ser esse um direito da mãe (REsp n. 1.069.864-DF); **D:** incorreta, pois a filial "*não ostenta personalidade jurídica própria, não sendo sujeito de direitos, tampouco uma pessoa distinta da sociedade empresária. Cuida-se de um instrumento de que se utiliza o empresário ou sócio para exercer suas atividades*" (AgRg no REsp 1540107/PR, Rel. Ministro Mauro Campbell Marques, Segunda Turma, julgado em 17/09/2015, DJe 28/09/2015); **E:** correta, pois a incidência da nova lei se faz sobre efeitos jurídicos verificados posteriormente, o que é uma prerrogativa de contratos de trato sucessivo.

Gabarito "E".

(Defensor Público – DPE/RN – 2016 – CESPE) No que se refere aos bens jurídicos e a aspectos inerentes à posse e à propriedade, assinale a opção correta.

(A) A aquisição da posse pode ocorrer pela apreensão, a qual, segundo a doutrina, pode ser concretizada não apenas pela apropriação unilateral da coisa sem dono, como também pela retirada da coisa de outrem sem sua permissão.

(B) A tradição constitui uma das hipóteses de perda da posse que pode ser vislumbrada, por exemplo, na entrega da coisa a um representante para que este a administre.

(C) Os bens naturalmente divisíveis não se podem tornar indivisíveis por vontade das partes.

(D) Segundo o STJ, o usufrutuário pode valer-se de ações possessórias contra o nu-proprietário, mas não de ações de natureza petitória.

(E) O perecimento da coisa é hipótese de perda da propriedade que não pode resultar de ato voluntário do proprietário, já que demanda, para a sua concretização, a ocorrência de fenômenos naturais, como terremotos ou inundações.

A: correta. Em princípio, a retirada da coisa de outrem sem sua permissão gera apenas detenção. Contudo, o próprio Código Civil (art. 1.208) prevê a hipótese de – após tal apreensão – ocorrer a cessação da violência ou clandestinidade. Nesse caso (que, de resto, é bastante raro), a detenção se transforma em posse; **B:** incorreta, pois a tradição significa apenas e tão somente a entrega do bem móvel, que é uma forma de aquisição da propriedade móvel (CC, art. 1.267); **C:** incorreta, pois "*os bens naturalmente divisíveis podem tornar-se indivisíveis por determinação da lei ou por vontade das partes*" (CC, art. 88); **D:** incorreta, pois o STJ consolidou entendimento segundo o qual "*o usufrutuário – na condição de possuidor direto do bem – pode valer-se das ações possessórias contra o possuidor indireto (nu-proprietário) e – na condição de titular de um direito real limitado (usufruto) – também tem legitimidade/interesse para a propositura de ações de caráter petitório, tal como a reivindicatória, contra o nu-proprietário ou contra terceiros*" (REsp 1202843/PR, Rel. Ministro Ricardo Villas Bôas Cueva, Terceira Turma, julgado em 21/10/2014, DJe 28/10/2014); **E:** incorreta. Ainda que – em regra – o perecimento se dê por fenômenos naturais, a coisa também pode perecer por ato voluntário do proprietário.

Gabarito "A".

(Juiz de Direito/DF – 2016 – CESPE) Com fundamento na jurisprudência do STJ, assinale a opção correta acerca do direito de família.

(A) O contrato de união estável pode ter efeitos retroativos, se os conviventes que o assinam tiverem o objetivo de eleger o regime de bens aplicável ao período de convivência anterior a sua assinatura.

(B) Em regra, a pensão alimentícia devida a ex-cônjuge deve ser fixada por tempo indeterminado.

(C) Nas ações de interdição não ajuizadas pelo MP, a função de defensor do interditando deve ser exercida pelo próprio *parquet*, o que dispensa a nomeação de curador à lide.

(D) Desde que não haja disposição transacional nem decisão judicial em sentido contrário, o aviso prévio deve integrar a base de cálculo da pensão alimentícia.

(E) As verbas indenizatórias, auxílio-acidente, vale-cesta e vale-alimentação, integram a base de cálculo para fins de desconto de pensão alimentícia.

A:incorreta, pois o STJ entende pela "*invalidade da cláusula que atribui eficácia retroativa ao regime de bens pactuado em escritura pública de reconhecimento de união estável*" (REsp1597675/SP); **B:** incorreta, pois, segundo entendimento consolidado do STJ, "os alimentos entre ex-cônjuges devem ser fixados, como regra, com termo certo" (REsp 1558070/SP); **C:** correta, pois o STJ entende que "*No procedimento de interdição não requerido pelo Ministério Público, quem age em defesa do suposto incapaz é o órgão ministerial e, portanto, resguardados os interesses do interditando, não se justifica a nomeação de curador especial*" (REsp 1099458/PR); **D:** incorreta, pois o STJ entende que o aviso prévio não deve integrar tal base de cálculo (REsp 1332808/SC); **E:** incorreta, pois o STJ decidiu que "*Os alimentos incidem sobre verbas pagas em caráter habitual, aquelas incluídas permanentemente no salário do empregado. As parcelas denominadas auxílio-acidente, cesta-alimentação e vale-alimentação, que tem natureza indenizatória, estão excluídas do desconto para fins de pensão alimentícia porquanto verbas transitórias*" (RESP 1159408).

Gabarito "C"

(Juiz de Direito/DF – 2016 – CESPE) A respeito dos contratos regidos pelo Código Civil, assinale a opção correta.

(A) Na promessa de fato de terceiro, decorre do tratamento legal do Código Civil que o promitente responda pela ratificação e pela execução da obrigação.

(B) O mandatário não se responsabiliza, ainda que agindo em nome próprio, desde que o negócio seja de conta do mandante.

(C) No contrato de fiança, a sub-rogação opera-se automaticamente, salvo se o adimplemento pelo fiador tenha sido voluntário.

(D) No que se refere ao contrato preliminar, a outra parte desobriga-se diante da inércia do estipulante.

(E) A doação remuneratória, tal como a pura, não sujeita o doador às consequências do vício redibitório.

A: incorreta, pois a execução da obrigação é dever do promissário (CC, art. 440); **B:** incorreta, pois o mandatário ficará pessoalmente obrigado, se agir no seu próprio nome, ainda que o negócio seja de conta do mandante (CC, art. 663); **C:** incorreta, pois o adimplemento voluntário do fiador também gera sub-rogação legal (CC, art. 346, III); **D:** correta, pois: "*Se o estipulante não der execução ao contrato preliminar, poderá a outra parte considerá-lo desfeito, e pedir perdas e danos*" (CC, art. 465); **E:** incorreta, pois a doação remuneratória sujeita o doador às consequências dos vícios redibitórios (CC, art. 441, parágrafo único).

Gabarito "D"

(Juiz de Direito/DF – 2016 – CESPE) No que se refere às pessoas, assinale a opção correta.

(A) A declaração de ausência é a condição eficiente ao recebimento da indenização do seguro de vida da pessoa desaparecida.

(B) Está consolidado o entendimento, na doutrina e na jurisprudência, que a oposição de consciência ou de crença pode ser exercida por representante legal de adolescente para impedir transfusão de sangue, ainda que urgente e necessária.

(C) Dentre as pessoas jurídicas de direito público interno, estão as autarquias, as associações públicas, as entidades de caráter privado que se tenha dado estrutura de direito público.

(D) Conforme entendimento prevalente do STJ, a dissolução da sociedade comercial, ainda que irregular, não é causa que, isolada, baste à desconsideração da personalidade jurídica.

A: incorreta, pois é a abertura da sucessão definitiva que gera tal possibilidade de recebimento. Só então é que se presume a morte do ausente. O STJ já entendeu que: "*Transcorrido o interregno de um decênio, contado do trânsito em julgado da decisão que determinou a abertura da sucessão provisória, atinge sua plena eficácia a declaração de ausência, consubstanciada na morte presumida do ausente e na abertura da sua sucessão definitiva*" (RESP 1.298.963); **B:** incorreta, pois não existe pacificação de tal entendimento nos Tribunais; **C:** incorreta, pois as entidades de caráter privado não são consideradas pessoas jurídicas de direito público (CC, art. 41); **D:** correta, pois a desconsideração da personalidade jurídica é instituto excepcional e que somente pode ser aplicado nas restritas hipóteses legais, como, por exemplo, o art. 50 do Código Civil e o art. 28 do Código de Defesa do Consumidor. O mero encerramento irregular não é causa para a desconsideração (AgRg no AREsp 800800/SP).

Gabarito "D"

(Procurador do Estado/AM – 2016 – CESPE) Acerca de contrato de penhor, direito de herança e registros públicos, julgue os seguintes itens.

(1) O herdeiro excluído da herança poderá, a qualquer tempo, demandar o reconhecimento do seu direito sucessório por intermédio da ação de petição de herança.

(2) Qualquer pessoa pode requerer certidão de registros públicos firmados pelos serviços notariais concernentes a registro de imóveis, casamento, nascimento, óbito e outros que sejam de responsabilidade da serventia, não havendo a necessidade de se informar o motivo ou o interesse do pedido.

(3) É legítimo o contrato de penhor de veículo firmado mediante instrumento público ou particular, cujo prazo máximo de vigência é de dois anos, prorrogável até o limite de igual período.

1: incorreta, pois a ação de petição de herança somente se destina a quem possuía a qualidade de herdeiro, mas não foi contemplado na partilha. Excluídos da sucessão não titularizam tal direito (CC, art. 1.824); **2:** correta, pois tais documentos são públicos e tal direito vem contemplado no art. 17 da Lei de Registros Públicos; **3:** correta, pois de pleno acordo com as disposições legais sobre o penhor de veículos (CC, art. 1.466).

Gabarito 1E,2C,3C

(Juiz de Direito/DF – 2016 – CESPE) Em atenção ao direito das obrigações, assinale a opção correta.

(A) Se há assunção cumulativa, compreende-se como estabelecida a solidariedade obrigacional entre os devedores.

(B) A multa moratória e a multa compensatória podem ser objeto de cumulação com a exigência de cumprimento regular da obrigação principal.

(C) A obrigação portável (*portable*) é aquela em que o pagamento deve ser feito no domicílio do devedor, ficando o credor, portanto, obrigado a buscar a quitação.

(D) Na solidariedade passiva, a renúncia e a remissão são tratados, quanto aos seus efeitos, de igual forma pelo Código Civil.

(E) Na assunção de dívida, a oposição da exceção de contrato não cumprido é permitida ao assuntor em face do devedor primitivo, mas vedada em face do credor.

A: incorreta, pois a solidariedade não se presume, depende de lei ou da vontade das partes (CC, art. 265). Na assunção de dívida cumulativa, o novo devedor, com a autorização do credor, passa a ser devedor em conjunto com o antigo devedor. Contudo, a lei não previu solidariedade para essa hipótese; **B:** incorreta, pois a cláusula penal compensatória não se exige em cumulação com a obrigação principal (CC, art. 410); **C:** incorreta, pois a obrigação portável é realizada no domicílio do credor e não é a regra do sistema (CC, art. 327); **D:** incorreta, pois a renúncia libera um dos devedores do vínculo da solidariedade, mantendo-o devedor de sua quota; a remissão perdoa o quinhão devido por um específico devedor; **E:** correta, pois o novo devedor não pode opor tais exceções ao credor (CC, art. 302).

Gabarito "E".

(Procurador do Estado/AM – 2016 – CESPE) Em cada um dos próximos itens, é apresentada uma situação hipotética a respeito de extinção dos contratos, direito de posse e aquisição da propriedade, seguida de uma assertiva a ser julgada.

(1) Determinada empresa adquiriu de Paulo a posse de um imóvel urbano particular que, havia alguns anos, ele ocupava de forma mansa, pacífica e com justo título. Nessa situação, para efeito de tempo exigido para a aquisição por usucapião, a empresa poderá contar com o tempo da posse exercida por Paulo.

(2) Mauro firmou contrato com determinada empresa, por meio do qual assumiu obrigações futuras a serem cumpridas mediante prestações periódicas. No decurso do contrato, em virtude de acontecimento extraordinário e imprevisível, as prestações se tornaram excessivamente onerosas para Mauro e extremamente vantajosas para a referida empresa. Nessa situação, Mauro poderá pedir a resolução do contrato, a redução da prestação ou a alteração do modo de executá-lo.

(3) Por meio de esbulho, Ronaldo obteve a posse de lote urbano pertencente ao estado do Amazonas. Nesse lote, ele construiu sua residência, na qual edificou uma série de benfeitorias, tais como piscina e churrasqueira. O estado do Amazonas, por intermédio de sua procuradoria, ingressou em juízo para reaver o imóvel. Nessa situação, Ronaldo poderá exigir indenização por todas as benfeitorias realizadas e exercer o direito de retenção enquanto não for pago o valor da indenização.

1: correta, pois o possuidor pode somar as posses anteriores à sua para fins de usucapião (CC, art. 1.243); **2:** correta, pois o enunciado traz claro exemplo de resolução de contrato por onerosidade excessiva (CC, art. 478); **3:** incorreta, pois o direito de retenção é conferido ao possuidor de boa-fé e aplica-se apenas às benfeitorias necessárias e úteis (CC, art. 1.219).

Gabarito 1C,2C,3E

(Procurador do Estado/AM – 2016 – CESPE) A respeito de prescrição e obrigações, julgue os itens subsecutivos.

(1) Situação hipotética: Isabel firmou com Davi contrato em que se comprometia a dar-lhe coisa certa em data aprazada. Em função da mora no recebimento, ocasionada por Davi, a coisa estragou-se, sem que Isabel tenha concorrido para tal. Assertiva: Nesse caso, Davi poderá exigir indenização equivalente à metade do dano suportado.

(2) Será nula de pleno direito cláusula de contrato de seguro firmado entre pessoa física e determinada empresa que preveja prazo prescricional de um ano, contado do infortúnio, para o beneficiário reclamar da seguradora o valor de eventuais danos sofridos.

1: incorreta, pois, quando o credor está em mora, ele passa a responder pela perda da coisa, mesmo que haja culpa da devedora (CC, art. 400); **2:** correta, pois o prazo de um ano, nesse caso, deve começar a correr a partir da ciência do fato gerador da pretensão (CC, art. 206, § 1°, II, *b*).

Gabarito 1E, 2C

(Procurador do Estado/AM – 2016 – CESPE) Com relação a pessoas jurídicas de direito privado e bens públicos, julgue os itens a seguir.

(1) Consideram-se bens públicos dominicais aqueles que constituem o patrimônio das pessoas jurídicas de direito público como objeto de direito pessoal ou real, tais como os edifícios destinados a sediar a administração pública.

(2) As fundações privadas são de livre criação, organização e estruturação, cabendo aos seus instituidores definir os seus fins, que podem consistir na exploração de entidades com fins lucrativos nas áreas de saúde, educação ou pesquisa tecnológica, e outras de cunho social.

1: incorreta, pois os edifícios que sediam a administração pública são bens de uso especial (CC, art. 99, II); **2:** incorreta, pois a fundação não pode ter objetivo de lucro (CC, art. 62).

Gabarito 1E,2E

(Analista Judiciário – TRT/8ª – 2016 – CESPE) A respeito dos contratos, assinale a opção correta.

(A) O doador pode fixar cláusula de reversão, pela qual o bem doado volta ao seu patrimônio se ele sobreviver ao donatário.

(B) A pessoa que se tornar fiadora de devedor declarado insolvente poderá invocar o benefício de ordem quando for cobrada pela dívida antes do devedor principal.

(C) A outorga de mandato por meio de instrumento público desautoriza o substabelecimento mediante instrumento particular.

(D) Tratando-se de contrato consensual, considera-se concluído o comodato no momento do acordo de vontades.

(E) Em caso de descumprimento de acordo que previa o direito de preferência na venda de um imóvel, a parte preterida terá o direito de desfazer o negócio sobre o qual tinha prelação.

A: correta, pois a cláusula de reversão tem exatamente esse objetivo, ou seja, fazer o bem voltar ao doador caso ele sobreviva ao donatário (CC, art. 547). Trata-se, a rigor, de uma cláusula resolutiva expressa inserida no contrato de doação; **B:** incorreta, pois o benefício de ordem não pode ser oposto se o devedor principal for insolvente ou falido (CC, art. 828, III); **C:** incorreta, pois o que determina a forma do mandato e também do substabelecimento é a forma exigida para o negócio principal (CC, art. 657); **D:** incorreta, pois o comodato é um perfeito exemplo de contrato real, a saber, aquele que só se perfaz com a efetiva entrega do bem; **E:** incorreta, pois, nessa hipótese, a parte preterida só terá direito a perdas e danos (CC, art. 518).

Gabarito "A".

(Analista Judiciário – TRT/8ª – 2016 – CESPE) A respeito da pessoa natural e da pessoa jurídica, assinale a opção correta.

(A) São considerados absolutamente incapazes os menores de dezesseis anos de idade, os pródigos e aqueles que, mesmo por causa transitória, não puderem exprimir sua vontade.

(B) A dotação especial de bens livres do instituidor para a criação da fundação só tem validade se feita por escritura pública, sendo vedada a sua instituição mediante testamento.

(C) Os partidos políticos, assim como os municípios e a União, são pessoas jurídicas de direito público interno.

(D) Ao permitir que o nascituro pleiteie alimentos ao suposto pai, por meio de ação judicial, a lei reconheceu-lhe personalidade jurídica.

(E) No caso de um tutor pretender adquirir para si bens do tutelado, é correto afirmar que aquele tem capacidade para a prática desse negócio jurídico, mas carece de legitimação para realizar tal aquisição.

A: incorreta, pois apenas os menores de dezesseis anos são absolutamente incapazes (CC, art. 3°); **B:** incorreta, pois o testamento também é forma adequada para a criação da fundação (CC, art. 62); **C:** incorreta, pois os partidos políticos são pessoas jurídicas de direito privado (CC, art. 44); **D:** incorreta, pois somente aquele que já nasceu com vida é que possui a personalidade jurídica. Isso não impede o nascituro de titularizar direitos subjetivos (CC, art. 2°); **E:** correta. A legitimação é uma capacidade extra, que a lei exige de certas pessoas para a prática de determinados atos. Um ótimo exemplo é justamente o do tutor, que, apesar de capaz, não pode adquirir bens do tutelado, sob pena de nulidade (CC, art. 497).

Gabarito "E".

(Analista Jurídico – TCE/PR – 2016 – CESPE) A respeito da interpretação das leis, de pessoas físicas e jurídicas e de bens, assinale a opção correta.

(A) O menor, ao completar dezesseis anos de idade, adquire capacidade de direito, ainda que não tenha sido emancipado.

(B) A pessoa que viva alternadamente em mais de uma residência terá como domicílio aquela em que passe a maior parte do tempo.

(C) Caso a administração de uma associação seja exercida de modo coletivo, suas decisões terão de ser tomadas pela maioria absoluta.

(D) Um parque estadual poderá ser submetido à ordem especial de fruição mediante a cobrança para ingresso de pessoas.

(E) Pelo método sistemático, interpreta-se a norma a partir do ordenamento jurídico de que esta seja parte, relacionando--a, direta ou indiretamente, com outras de mesmo objeto.

A: incorreta, pois a capacidade de direito é adquirida no nascimento com vida (CC, art. 2º); **B:** incorreta, pois nesse caso qualquer uma delas poderá ser considerada seu domicílio (CC, art. 71); **C:** incorreta, pois o Código Civil (art. 48) exige apenas maioria dos presentes; **D:** incorreta, pois o "*uso comum dos bens públicos pode ser gratuito ou retribuído*" (CC, art. 103); **E:** correta, pois o enunciado bem conceitua o método sistemático de interpretação. Interpreta-se um dispositivo conforme o sistema jurídico no qual está inserido.

Gabarito "E".

(Analista Jurídico – TCE/PR – 2016 – CESPE) Acerca da disciplina dos contratos no Código Civil, assinale a opção correta.

(A) Se coisa recebida em virtude de contrato comutativo for enjeitada por defeito oculto que lhe diminua o valor, o alienante terá de restituir o que receber, acrescido de perdas e danos, ainda que desconheça o vício.

(B) A ausência de fixação de preço em determinado contrato de compra e venda de material de construção tornaria nulo o referido contrato.

(C) Decretada judicialmente a nulidade de um contrato por ter a prestação do devedor se tornado excessivamente onerosa, a sentença terá efeito a partir de sua publicação.

(D) Sob pena de nulidade, o contrato preliminar deve observar a mesma forma prescrita em lei para a celebração do contrato definitivo.

(E) Aprovado o projeto, é lícito ao proprietário da obra introduzir modificações de pequena monta sem anuência do autor, ainda que a execução tenha sido confiada a terceiro por contrato de empreitada.

A: incorreta, pois, na hipótese de vício redibitório, só haverá direito a pleitear perdas e danos caso o alienante tivesse ciência do vício (CC, art. 443); **B:** incorreta, pois, na "*venda sem fixação de preço ou de critérios para a sua determinação, [...] entende-se que as partes se sujeitaram ao preço corrente nas vendas habituais do vendedor*" (CC, art. 488); **C:** incorreta, pois nesse caso os efeitos da sentença retroagem até a data da citação (CC, art. 478); **D:** incorreta, pois o contrato preliminar deve conter todos os requisitos essenciais ao contrato a ser celebrado, salvo no que se refere à forma; **E:** correta, pois o art. 621, parágrafo único, do Código Civil admite as: "*alterações de pouca monta*".

Gabarito "E".

(Analista Jurídico – TCE/PR – 2016 – CESPE) A respeito da disciplina do negócio jurídico no Código Civil, assinale a opção correta.

(A) Em ação que vise à discussão de cláusulas contratuais, o juiz deverá, de ofício, declarar a nulidade do negócio caso verifique que o devedor foi coagido a contratar.

(B) Um contrato de compra e venda de imóvel que for realizado sem escritura pública poderá ser convertido em promessa de compra e venda.

(C) Caso o juiz decrete a nulidade de obrigação que uma pessoa pagou a um incapaz, ficará afastada a possibilidade de o devedor reclamar o que pagou ao credor incapaz, independentemente de este ter ou não se beneficiado do negócio.

(D) Se um dos declarantes ocultar sua verdadeira intenção quanto aos efeitos jurídicos do negócio, este será inexistente por ausência de manifestação qualificada.

(E) O silêncio de uma das partes quanto ao negócio jurídico proposto não tem o condão de criar vínculo, sendo necessária declaração de vontade expressa.

A: incorreta, pois a coação é um vício do consentimento e, como tal, gera a anulabilidade do negócio jurídico, a qual não se pronuncia de ofício pelo juiz (CC, arts. 151; 171 e 177); **B:** correta, pois o que se afirma na assertiva se enquadra perfeitamente na hipótese de conversão do negócio jurídico nulo (CC, art. 170), que permite, a partir de um negócio nulo, criar um negócio válido, desde que a forma usada seja adequada e também que seja possível concluir que a intenção das partes seria essa, caso houvessem previsto a nulidade; **C:** incorreta, pois o pagamento feito ao incapaz de quitar é valido em uma hipótese: se provado que o pagamento reverteu em favor do incapaz (CC, art. 310); **D:** incorreta, pois, nessa hipótese, denominada "reserva mental", a manifestação de vontade subsiste, exceto se o destinatário soubesse da verdadeira intenção do declarante (CC, art. 110); **E:** incorreta, pois "*O silêncio importa anuência, quando as circunstâncias ou os usos o autorizarem, e não for necessária a declaração de vontade expressa*" (CC, art. 111).

Gabarito "B".

(Analista Jurídico –TCE/PA – 2016 – CESPE) No que diz respeito às normas jurídicas, à prescrição, aos negócios jurídicos e à personalidade jurídica, julgue os itens a seguir.

(1) As partes contratantes podem, de comum acordo, alterar os prazos prescricionais referentes a pretensões de direitos disponíveis e, nessa hipótese, a prescrição terá natureza convencional.

(2) Em observância ao princípio da conservação contratual, caso ocorra o vício do consentimento denominado lesão, a parte lesionada pode optar pela revisão judicial do negócio jurídico, ao invés de pleitear sua anulação.

(3) De acordo com o Código Civil, o encerramento irregular de determinada sociedade empresária é, por si só, causa suficiente para a desconsideração da personalidade jurídica.

(4) É possível que lei de vigência permanente deixe de ser aplicada em razão do desuso, situação em que o ordenamento jurídico pátrio admite aplicação dos costumes de forma contrária àquela prevista na lei revogada pelo desuso.

1: incorreta, pois "*os prazos de prescrição não podem ser alterados por acordo das partes*" (CC, art. 192). Caso fosse possível alteração de prazos prescricionais, a segurança jurídica (objetivo maior do instituto da prescrição) estaria seriamente ameaçada; **2:** correta, pois o Código Civil prevê expressamente a possibilidade de conservação do negócio viciado pela lesão, desde que a parte favorecida aceite a diminuição do proveito obtido (CC, art. 157, § 2º). O Enunciado 148 do CJF determina a aplicação de tal instituto ao estado de perigo; **3:** incorreta, pois a desconsideração da personalidade jurídica é instituto excepcional e que somente pode ser aplicado nas restritas hipóteses legais, como, por exemplo, o art. 50 do Código Civil e o art. 28 do Código de Defesa do Consumidor. O mero encerramento irregular não é causa para a desconsideração; **4:** incorreta, pois o desuso não é causa de revogação da lei. Segundo o art. 2º da LI, a lei só se revoga por outra lei.

Gabarito 1E, 2C, 3E, 4E

(Cartório/RR – 2013 – CESPE) Acerca da pessoa natural e da pessoa jurídica, assinale a opção correta.

(A) Segundo o entendimento majoritário do STJ, a ordem constitucional consagra o direito ao conhecimento da origem genética, mas restringe o seu alcance às pessoas tuteladas pelo ECA.

(B) A proteção que o Código Civil/2002 confere ao nascituro alcança o natimorto no que concerne aos direitos da personalidade, tais como nome, imagem e sepultura.

(C) As pessoas jurídicas de direito privado sem fins lucrativos não estão incluídas no conceito de abuso da personalidade jurídica e, portanto, não sofrem incidência da chamada teoria da desconsideração da personalidade jurídica.

(D) Os partidos políticos são pessoas jurídicas de direito público interno.

(E) A pessoa física é o ente dotado de estrutura e complexidade biopsicológica, capaz de praticar os atos da vida civil. Nesse contexto, é correto afirmar que o Código Civil/2002 ainda trata da pessoa física como o ente biologicamente criado, não englobando, portanto, os métodos artificiais de criação, como a fertilização *in vitro* e a inseminação artificial.

A: incorreta, pois o STJ não restringe o alcance desse direito fundamental aos limites do ECA. Nesse sentido, "caracteriza violação ao princípio da dignidade da pessoa humana cercear o direito de conhecimento da origem genética, respeitando-se, por conseguinte, a necessidade psicológica de se conhecer a verdade biológica" (REsp 833.712/RS, Rel. Ministra Nancy Andrighi, 3ª Turma, j. 17/05/2007, DJ 04/06/2007, p. 347); **B:** correta, pois a assertiva esboça o entendimento já consagrado pelo enunciado n.º 1 do CJF, segundo o qual: "A proteção que o Código defere ao nascituro alcança o natimorto no que concerne aos direitos da personalidade, tais como: nome, imagem e sepultura"; **D:** incorreta, pois os partidos políticos são pessoas jurídicas de direito privado (CC, art. 44, V); **E:** incorreta, pois o art. 1.597 dispõe sobre as pessoas fecundadas por métodos artificiais, presumindo que foram concebidas na constância do casamento.

Gabarito "B"

(Defensoria/DF – 2013 – CESPE) Em relação a direito de família e sucessões, julgue os itens subsequentes.

(1) De acordo com a jurisprudência pacificada do STJ, não é possível alterar o regime de bens de matrimônios contraídos sob a égide do Código Civil de 1916.

(2) O espolio tem legitimidade para postular indenização pelos danos materiais e morais experimentados pelos herdeiros, inclusive sob a alegação de que os referidos danos teriam decorrido de erro médico de que fora vítima o falecido.

(3) Conforme a jurisprudência do STJ, a procedência de ação proposta com fins de exclusão do pagamento de pensão alimentícia reconhecida judicialmente não obsta a execução das parcelas já vencidas e cobradas sob o rito previsto no art. 733 do CPC [art. 528 do Novo CPC].

(4) Considerando que o estado civil de cada pessoa deve refletir sua realidade afetiva, em detrimento das formalidades e valores essencialmente patrimoniais, o STJ entende que não e necessária a prévia partilha de bens para a conversão da separação judicial em divórcio.

1: Errada, pois a jurisprudência pacificada do STJ entendeu ser possível a alteração de regimes de bens em relação a casamentos anteriores ao Código de 2002. Um dos fundamentos foi justamente o art. 2.035, o qual determina que os efeitos dos atos já praticados obedeceria à nova lei (Direito de Família. Casamento celebrado na vigência do Código Civil de 1916. Regime De Bens. Alteração. Possibilidade. (RESP 1119462/MG, Rel. Ministro Luis Felipe Salomão, 4ª Turma, j. 26/02/2013, DJe 12/03/2013); **2**: Errada, pois tal legitimidade é atribuída a certos parentes do falecido e não ao espólio (CC, arts. 12 parágrafo único e 20 parágrafo único); **3**: Correta, pois o STJ vem decidindo que: "A propositura da ação revisional não impede a execução de alimentos, ainda que sob o rito do art. 733 do antigo CPC (art. 528 do novo CPC, não consistindo em óbice a eventual decretação de prisão civil do alimentante que se revela inadimplente". (RHC 18.182/DF, Rel. Min. Jorge Scartezzini, 4ª T., j. 15/09/2005, DJ 03/10/2005, p. 251); **4**: Correta, pois há muito tempo os Tribunais permitem o divórcio sem a prévia partilha de bens, o que também foi admitido pelo Código Civil, no art. 1.518 (AgRg no REsp 1213977/PI, Rel. Ministra Maria Isabel Gallotti, 4ª T., j. 28/08/2012, DJe 04/09/2012).

Gabarito 1E, 2E, 3C, 4C

(Analista – TJ/CE – 2013 – CESPE) A respeito de direito do consumidor, relação locatícia e direito da criança e do adolescente, assinale a opção correta.

(A) Tratando-se de contratos de locação de imóvel, a prorrogação da locação por prazo indeterminado implica prorrogação automática da fiança (*ope legis*), salvo pactuação em sentido contrário, independentemente da época em que o contrato foi firmado.

(B) Para efeitos de reparação de danos, equiparam-se a consumidores todas as vítimas do evento, denominados *bystanders*, ainda que não tenham adquirido produtos como destinatário final.

(C) Para a adoção do menor por seus ascendentes ou colaterais exige-se do tutor a devida prestação de contas e o pagamento de eventual débito apurado.

(D) O desconhecimento e a boa-fé do fornecedor sobre os vícios de qualidade por inadequação do serviço eximem-no de responsabilidade.

(E) Na locação para temporada, se, ao término do prazo ajustado, o locatário não desocupar o imóvel locado, caberá ação reintegratória de posse do imóvel, com pedido liminar de desocupação.

A: incorreta, pois a prorrogação da fiança não é automática. Neste passo, findo o prazo da fiança, o locador pode exigir novo fiador ou substituição da modalidade da garantia (art. 40, V, da Lei 8.245/1991); **B**: correta (art. 17 do CDC); **C**: incorreta, pois não podem adotar os ascendentes e os irmãos do adotando (art. 42, § 1º da Lei 8.069/1990); **D**: incorreta, pois a ignorância do fornecedor sobre os vícios de qualidade por inadequação dos produtos e serviços não o exime de responsabilidade (art. 23 do CDC); **E**: incorreta, pois, se o locatário permanecer no imóvel com anuência do locador por mais de 30 dias, presumir-se-á prorrogada a locação por tempo indeterminado (art. 50, *caput*, da Lei 8.245/1991).

Gabarito "B"

(Analista – TJ/CE – 2013 – CESPE) No que se refere a aspectos diversos de contratos, direito de família e responsabilidade civil, assinale a opção correta à luz do Código Civil e da jurisprudência.

(A) A pessoa jurídica de direito público e a pessoa jurídica de direito privado têm direito à indenização por danos morais relacionados à violação da honra ou da imagem.

(B) O espólio de genitor do autor de ação de alimentos possui legitimidade para figurar no polo passivo da ação, mesmo que inexista obrigação alimentar assumida pelo genitor por acordo ou decisão judicial antes da sua morte.

(C) O direito à prestação de alimentos é recíproco entre pais e filhos, mas não é extensivo aos ascendentes.

(D) Ainda que a união estável esteja formalizada por meio de escritura pública, é válida a fiança prestada por um dos conviventes sem a autorização do outro.

(E) Ainda que haja expressa e clara previsão contratual da manutenção da fiança prestada em contrato de mútuo bancário, em caso de prorrogação do contrato principal, o pacto acessório não poderá ser prorrogado automaticamente.

A: incorreta, QUESTÃO POLÊMICA: SÚMULA 227 STJ PERMITE DANO MORAL À PJ, logo a resposta estaria correta; **B**: incorreta, pois neste caso quem figurará no polo passivo serão os herdeiros do genitor (art. 1.700 do CC); **C**: incorreta, pois o direito à prestação de alimentos é recíproco entre pais e filhos, e *extensivo a todos os ascendentes*, recaindo a obrigação nos mais próximos em grau, uns em falta de outros (art. 1.696 do CC); **D**: correta, pois a anuência para fiança apenas é exigida de pessoas casadas, salvo regime da separação absoluta de bens (art. 1.647, III do CC); **E**: incorreta, pois uma vez que houve pactuação expressa por escrito da prorrogação automática da fiança, tal cláusula será válida, pois diz respeito a esfera privada de disposição da parte. Neste caso não há falar-se em interpretação extensiva, uma vez que a disposição era explícita no contrato (art. 819 do CC).

Gabarito "D"

(Magistratura/CE – 2012 – CESPE) De acordo com as disposições do Código Civil e da jurisprudência dos tribunais pátrios, assinale a opção correta no que se refere a contratos, obrigações e capacidade para os negócios jurídicos.

(A) Constitui requisito especial na formação dos contratos a colheita do acordo de vontades, que deve ser livre e espontâneo, não sendo, em nenhuma hipótese, aceito o silêncio como forma de manifestação tácita.

(B) Diante de uma obrigação alternativa, deve-se respeitar a vontade dos contratantes e, na falta de estipulação ou de presunção contrária, a escolha entre as alternativas caberá ao credor.

(C) É válido e irrecobrável o pagamento espontâneo, feito por maior de idade, para cumprir obrigação de dívidas inexigíveis, como as prescritas ou as de jogo.

(D) É válido o ato praticado por pessoa declarada incapaz caso se comprove que essa pessoa estava lúcida no momento em que praticou o ato.

(E) Em razão da tradicional proibição do *pacta corvina*, é defeso aos pais, por ato entre vivos, partilhar o seu patrimônio entre os descendentes.

A: incorreta, pois o art. 111 admite o silêncio como manifestação de vontade, desde que "as circunstâncias ou os usos o autorizarem, e não for necessária a declaração de vontade expressa"; **B:** incorreta, pois nas obrigações alternativas a escolha caberá – em regra – ao devedor (CC, art. 252); **C:** correta, pois nesses casos as obrigações juridicamente existem, assim como o crédito correspondente do credor, inexistindo apenas a responsabilidade patrimonial (*haftung*). De modo que eventual pagamento envolverá a quitação de um débito, não ensejando nenhuma possibilidade de repetição do indébito; **D:** incorreta, pois a declaração de incapacidade protege o sujeito e meros intervalos de lucidez não seriam suficientes para permitir a validade do negócio celebrado; **E:** incorreta, pois a *pacta corvina* proíbe a compra de herança de pessoa viva (CC, art. 426). O caso mencionado na alternativa é de partilha em vida, perfeitamente lícita perante nosso ordenamento e de extrema utilidade para fins de evitar futuros litígios.

Gabarito "C"

(Magistratura/CE – 2012 – CESPE) Acerca de relações de consumo, locação, direitos autorais e títulos de crédito, assinale a opção correta.

(A) Tratando-se de conta corrente conjunta em que cada cotitular a movimente livremente, caso haja emissão de cheque sem provisão de fundos, tanto o nome do correntista emissor quanto o do outro estranho ao título poderão ser negativados no cadastro de proteção ao crédito.
(B) As concessionárias de serviços rodoviários, nas suas relações com os usuários, estão subordinadas à legislação consumerista, podendo ser qualificadas como fornecedoras.
(C) O CDC não é aplicável às instituições bancárias.
(D) Nos contratos de locação, é inválida a cláusula de renúncia à indenização das benfeitorias e ao direito de retenção.
(E) Consoante pacífica jurisprudência do STJ, é admissível o interdito proibitório para a proteção do direito autoral.

A: incorreta, pois em desacordo com a orientação do STJ sobre o assunto. Nesse sentido: "*No pleito em questão, o recorrente mantinha conta conjunta com sua esposa, sendo que esta emitiu um cheque sem provisão de fundos, acarretando a inclusão do nome do autor-recorrente no cadastro de inadimplentes – CCF/Serasa. A orientação jurisprudencial desta Corte é no sentido de que, em se tratando de conta conjunta, o cotitular detém apenas solidariedade ativa dos créditos junto à instituição financeira, sem responsabilidade pelos cheques emitidos pela outra correntista [...] Destarte, constatada a conduta ilícita do banco-recorrido e configurado o dano moral sofrido pelo autor, em razão da indevida inclusão de seu nome no rol de inadimplentes, deve-se fixar o valor do ressarcimento*". (REsp n.º 819192); **B:** correta, pois de acordo com os precedentes do STJ, as concessionárias de serviços rodoviários estão subordinadas à legislação consumerista (REsp n.º 687799); **C:** incorreta, pois no sentido contrário da orientação da súmula n.º 297 segundo a qual: "*O Código de Defesa do Consumidor é aplicável às instituições financeiras*"; **D:** incorreta, pois tal cláusula é permitida segundo o art. 35 da Lei n.º 8.245/91; **E:** incorreta, pois no sentido contrário ao previsto pela Súmula n.º 228 do STJ, segundo a qual: "*É inadmissível o interdito proibitório para a proteção do direito autoral*".

Gabarito "B"

(Ministério Público/RR – 2012 – CESPE) Com base no posicionamento do STJ no tocante a atos jurídicos lícitos e ilícitos, negócios jurídicos e contratos em geral, assinale a opção correta.

(A) É abusiva a cláusula de renúncia à indenização das benfeitorias nos contratos de locação.
(B) A fiança prestada sem a autorização de um dos cônjuges implica a invalidade parcial da garantia.
(C) O cancelamento de pensão alimentícia de filho que atinja a maioridade é automático.
(D) A correção monetária do valor da indenização do dano moral incide desde a data de seu arbitramento.
(E) A eficácia da convenção de condomínio entre os condôminos perfaz-se somente após o seu registro no cartório de títulos e documentos.

A: incorreta, pois o entendimento sumulado pelo STJ é no sentido de que "Nos contratos de locação, é válida a cláusula de renúncia à indenização das benfeitorias e ao direito de retenção" (Súmula 335 do STJ); **B:** incorreta, pois a solução dada pela lei nesse caso é de anulabilidade integral da garantia prestada; **C:** incorreta, pois contrária aos termos da Súmula 358 do STJ: *O cancelamento de pensão alimentícia de filho que atingiu a maioridade está sujeito à decisão judicial, mediante contraditório,* ainda que nos próprios autos"; **D:** correta, pois de acordo com a súmula 362 do STJ, segundo a qual: "*A correção monetária do valor da indenização do dano moral incide desde a data do arbitramento*"; **E:** incorreta, pois a convenção torna-se obrigatória entre os condôminos desde o momento de sua subscrição por dois terços das frações ideais (CC, art. 1.333).

Gabarito "D"

(Ministério Público/TO – 2012 – CESPE) O mundo jurídico confina com o mundo dos fatos (materiais, ou enérgicos, econômicos, políticos, de costumes, morais, artísticos, religiosos, científicos), daí as múltiplas interferências de um no outro. O mundo jurídico não é mais que o mundo dos fatos jurídicos, isto é, daqueles suportes fáticos que logram entrar no mundo jurídico.

F. C. Pontes de Miranda. **Tratado de direito privado**. 4ª ed., São Paulo: RT, 1974, T. II, p. 183 (com adaptações).

Tendo como referência inicial o texto acima, assinale a opção correta a respeito do assunto nele abordado.

(A) Contrato de prestação de serviço celebrado entre partes tem eficácia no mundo jurídico, ainda que presentes os requisitos de relação de emprego tutelada pela Consolidação das Leis do Trabalho.
(B) O reconhecimento de um filho fora do casamento constitui exemplo de ato-fato jurídico qualificado como uma atuação humana motivada pela vontade, que não tem relevância jurídica.
(C) A promessa de recompensa representa negócio jurídico bilateral, oneroso e bifronte.
(D) O fato de constar, em testamento redigido de próprio punho, cláusula que estipule que o herdeiro só receberá o benefício se permanecer uma hora embaixo da água, sem qualquer equipamento ou proteção, caracteriza condição impossível, que, sendo resolutiva, deve ser considerada não escrita.
(E) Pode o comprador de fundo de comércio solicitar e obter a anulação de seu negócio mediante alegação de o faturamento da empresa não ter correspondido ao que lhe tenha sido informado, visto que o motivo constitui razão determinante para o negócio.

A: incorreto, pois nesse caso tem-se o contrato de trabalho com regras, direitos e obrigações previamente estabelecidos na lei especial; **B:** incorreto, pois o exemplo dado é de ato jurídico em sentido estrito, ou seja, aquele ato no qual a vontade do agente é considerada, mas os principais e predominantes efeitos daí decorrentes estão previstos na lei, tal qual ocorre também com o casamento; **C:** incorreta, pois a promessa de recompensa exige apenas uma vontade para se formar no mundo jurídico, sendo, portanto, unilateral; **D:** correta, pois a condição resolutiva impossível tem-se por inexistente (CC, art. 124), mantendo-se válido e eficaz o negócio jurídico em si mesmo, no caso o testamento; **E:** incorreta, pois somente o motivo expresso no negócio como sua causa determinante é que pode ensejar a anulação do negócio jurídico (CC, art. 140).

Gabarito "D"

(Ministério Público/TO – 2012 – CESPE) Em relação aos negócios jurídicos e aos direitos deles decorrentes, assinale a opção correta.

(A) Ao magistrado é possível o reconhecimento, de ofício, da prescrição, assim como da decadência, seja ela legal ou convencional.
(B) Em caso de venda de imóvel de ascendente a descendente, a ausência de autorização dos outros descendentes gera direito potestativo, aplicando-se o prazo geral de prescrição de dez anos para o ajuizamento de ação anulatória.
(C) Em situação de *truck system*, caso o empregador coloque à disposição do empregado mercadorias com preços superiores ao praticado no mercado, identificam-se dois elementos caracterizadores de lesão em relação ao empregado: o subjetivo e o objetivo.
(D) De acordo com o ordenamento jurídico brasileiro, é válido o negócio jurídico realizado por mandatário na venda de imóvel para o próprio mandatário, independentemente de autorização expressa do representado.

(E) O Código Civil brasileiro em vigor expressa claramente o caráter *ex tunc* dos efeitos do implemento do evento condicional.

A: incorreta, pois o juiz só pode conhecer de ofício a prescrição e a decadência legal, não podendo reconhecer de ofício a decadência convencional (CC, art. 210 e CPC antigo, art. 219; art. 240 do novo CPC); **B:** incorreta, pois nesse caso previsto no art. 476, deve-se aplicar a regra estabelecida no art. 179 do Código Civil, que estipula em dois anos o prazo para as hipóteses de anulabilidade nas quais não se estabeleceu prazo; **C:** correta, pois nesse caso além do preço abusivo exigido, verifica-se também a relação de servidão do empregado em razão das dívidas contraídas com o patrão; **D:** incorreta, pois o mandado com a cláusula em causa própria exige autorização do mandante; **E:** incorreta, pois nesse caso operam-se efeitos ex nunc. Isso em decorrência do art. 127 do Código Civil, segundo o qual: "*Se for resolutiva a condição, enquanto esta se não realizar, vigorará o negócio jurídico, podendo exercer-se desde a conclusão deste o direito por ele estabelecidos.*

Gabarito "C"

(Defensor Público/RO – 2012 – CESPE) Acerca do direito de família e do direito de sucessão, assinale a opção correta.

(A) Caracterizada a fraude contra credores, qualquer credor quirografário poderá requerer a anulação do negócio jurídico de transmissão gratuita de bens, caso o devedor já esteja insolvente ou em caso de iminente insolvência.

(B) A deserdação *bona mente* abrange todos os casos em que os herdeiros necessários possam ser excluídos da sucessão, isto é, privados de sua legítima ou deserdados.

(C) Aberta a sucessão, a propriedade dos bens do de *cujus* transmite-se, desde logo, aos herdeiros legítimos e testamentários.

(D) A guarda compartilhada de filho(s) somente poderá ser estabelecida quando houver acordo entre a mãe e o pai.

(E) As crianças cujos pais forem desconhecidos ou falecidos terão tutores nomeados pelo juiz ou serão incluídas em programa de colocação familiar.

A: incorreta, pois segundo o art. 158 do CC, caracterizada a fraude contra credores, "só os credores que já o eram ao tempo daqueles atos podem pleitear a anulação deles" (art. 158, § 2º do CC); **B:** incorreta. A deserdação *bona mente* é aquela em que embora se reconheça o direito sucessório dos herdeiros, são adotadas medidas para proteção da legítima – exemplo: a instituição de cláusula de inalienabilidade, impenhorabilidade ou incomunicabilidade (art. 1.848 do CC); **C:** incorreta. A alternativa foi assinalada como incorreta em atenção à redação do art. 1.784 do CC: "Aberta a sucessão, a *herança* transmite-se, desde logo, aos herdeiros legítimos e testamentários". Contudo, tecnicamente entendemos que a assertiva não está errada, pois os herdeiros recebem a propriedade e a posse indireta da herança no exato instante da morte; **D:** incorreta. Quando não houver consenso entre os genitores e sempre que possível, será aplicada a guarda compartilhada (art. 1.584, § 2º, do CC). Contudo, entendemos que a imposição da guarda compartilhada não é uma boa solução na prática; **E:** correta. Está de acordo com o art. 1.734 do CC.

Gabarito "E"

(Magistratura Federal/3ª região – 2011 – CESPE) João comprou de Carlos uma joia e pagou por ela dez mil reais, sem que fosse lavrado documento entre os dois. De posse da joia, João foi, de táxi, até um restaurante, tendo o motorista, ao final do trajeto, emitido recibo de pagamento do serviço no valor de vinte reais. No restaurante, João encontrou-se com Maria, a quem presenteou com a joia. Maria recebeu o presente e saiu do local, sem sequer agradecer o agrado. Muito triste, João voltou para casa e reuniu a família, na presença de dois amigos, para dizer que pretendia viajar por um ano e, caso algo lhe acontecesse, seus bens deveriam ser distribuídos entre seus sobrinhos. Considerando essa situação hipotética, assinale a opção correta.

(A) A doação da joia a Maria é contrato inexistente por não ter ocorrido a devida formalização da aceitação do objeto.

(B) Ainda que o motorista não tivesse emitido o recibo pelo serviço prestado a João, o contrato seria válido, porém, de prova impossível, dada a inexistência de documento.

(C) A declaração de João a seus familiares, mesmo expressa e testemunhada por duas outras pessoas, não é válida, por vício de forma.

(D) O contrato firmado por João e o motorista do táxi só pode ser considerado plenamente válido porque se formalizou com o recibo emitido.

(E) A compra e venda ocorrida entre João e Carlos é inválida, porque o valor do negócio impõe a forma escrita.

A: incorreta, pois a lei não exige forma para a aceitação da doação; **B:** incorreta, pois poderia haver outras formas para se provar o referido contrato; **C:** correta, pois o testamento é ato solene, para o qual se exigem diversas formalidades indispensáveis à sua validade; **D:** incorreta, pois não se exige o recibo para formalização do contrato; **E:** incorreta, pois não existe exigência legal nesse sentido.

Gabarito "C"

Nos termos da lei especial que dispõe sobre a proteção da propriedade intelectual e comercialização de programas de computador no Brasil, as derivações autorizadas pelo titular dos direitos de programa de computador pertencerão à pessoa autorizada que as fizer, salvo estipulação contratual em contrário.

(Juiz de Direito - TJ/BA - 2019 - CESPE/CEBRASPE) Com relação a esse assunto, é correto afirmar que constitui ofensa aos direitos do titular de programa de computador a

(A) reprodução em um só exemplar que se destine à cópia de salvaguarda.

(B) ocorrência de semelhança de programa a outro preexistente, quando se der por força das características funcionais de sua aplicação ou da observância de preceitos normativos e técnicos.

(C) integração de um programa, mantendo-se suas características essenciais, a um sistema aplicativo, tecnicamente indispensável às necessidades do usuário, desde que para o uso exclusivo de quem tenha promovido tal integração.

(D) exploração econômica não pactuada e derivada do programa de computador.

(E) citação parcial do programa para fins didáticos, mesmo que com a identificação do programa e do titular dos direitos.

A: incorreta, pois não constitui ofensa aos direitos do titular de programa de computador a reprodução, em um só exemplar, de cópia legitimamente adquirida, desde que se destine à cópia de salvaguarda ou armazenamento eletrônico, hipótese em que o exemplar original servirá de salvaguarda (art. 6º, I CC da Lei 9.609/98); **B:** incorreta, pois não constitui ofensa aos direitos do titular de programa de computador a ocorrência de semelhança de programa a outro, preexistente, quando se der por força das características funcionais de sua aplicação, da observância de preceitos normativos e técnicos, ou de limitação de forma alternativa para a sua expressão (art. 6º, III, CC da Lei 9.609/98); **C:** incorreta, pois não constitui ofensa aos direitos do titular de programa de computador a integração de um programa, mantendo-se suas características essenciais, a um sistema aplicativo ou operacional, tecnicamente indispensável às necessidades do usuário, desde que para o uso exclusivo de quem a promoveu (art. 6º, IV, CC da Lei 9.609/98); **D:** correta, pois os direitos sobre as derivações autorizadas pelo titular dos direitos de programa de computador, inclusive sua exploração econômica, pertencerão à pessoa autorizada que as fizer, salvo estipulação contratual em contrário. Logo, a exploração econômica não pactuada ofende os direitos do titular de programa de computador (art. 5º da Lei 9.609/98); **E:** incorreta, pois não constitui ofensa aos direitos do titular de programa de computador a citação parcial do programa, para fins didáticos, desde que identificados o programa e o titular dos direitos respectivos (art. 6º, II CC da Lei 9609/98). GR

Gabarito "D"

16. Direito Processual Civil

Luiz Dellore e Ana Carolina Chamon

1. PRINCÍPIOS DO PROCESSO CIVIL

(Técnico Judiciário – STJ – 2018 – CESPE) A respeito da jurisdição, julgue os itens que se seguem.

(1) Entre os princípios que regem a jurisdição, o da investidura é aquele que determina que o juiz exerça a atividade judicante dentro de um limite espacial sujeito à soberania do Estado.

(2) O princípio do juiz natural, ao impedir que alguém seja processado ou sentenciado por outra que não a autoridade competente, visa coibir a criação de tribunais de exceção.

1: Errada. A afirmação define o princípio da aderência ao território. O princípio da investidura corresponde à necessidade de que a jurisdição seja exercida por pessoa regularmente investida na autoridade de juiz, por meio da aprovação em concurso público de provas e títulos. **2:** Correta, sendo essa a definição do princípio (CF/1988, art. 5º, XXXVII). **LD/ACC**

Gabarito 1E, 2C

(Analista Judiciário – STJ – 2018 – CESPE) Com referência às normas fundamentais do processo civil, julgue os itens a seguir.

(1) O julgamento de incidente de resolução de demandas repetitivas se submete à regra de atendimento da ordem cronológica de conclusão.

(2) Não cabe ao Estado promover a solução consensual de conflitos: ela depende unicamente de iniciativa privada e deverá ser realizada entre os jurisdicionados.

(3) O exercício do direito ao contraditório compete às partes, cabendo ao juiz zelar pela efetividade desse direito.

(4) No novo Código de Processo Civil, proporcionalidade e razoabilidade passaram a ser princípios expressos do direito processual civil, os quais devem ser resguardados e promovidos pelo juiz.

(5) Ainda que detenha competência para decidir de ofício determinado assunto, o juiz só poderá fazê-lo se permitir às partes a manifestação expressa sobre a matéria.

1: Errada. O julgamento do IRDR é exceção à ordem cronológica prevista no Código – que, na verdade, é preferencial (NCPC, art. 12, § 2º, III); apesar disso, o IRDR tem preferência sobre os demais processos, salvo réu preso e *habeas corpus* (NCPC, art. 980). **2:** Errada. O Estado deve estimular a autocomposição entre os jurisdicionados, sempre que possível – sendo esse um dos pilares do NCPC (arts. 3º, § 2º e 139, V, por exemplo). **3:** Correta, pois o contraditório é o diálogo entre as partes, com resposta do juiz (NCPC, arts. 7º, 9º e 10). **4:** Correta, havendo agora expressa previsão legal (NCPC, art. 8º). **5:** Correta. Trata-se do princípio da "vedação de decisões surpresa", que no Código é distinto do contraditório (NCPC, art. 10). **LD/ACC**

Gabarito 1E, 2E, 3C, 4C, 5C

(Defensor Público/PE – 2018 – CESPE) Em um processo civil cooperativo, o exercício do poder jurisdicional exige a consideração da argumentação de todos os sujeitos processuais. Essa exigência corresponde

(A) ao dever de tratar de forma isonômica as partes.

(B) ao dever de boa-fé processual.

(C) à obrigação de determinar que o autor emende a inicial antes de indeferi-la.

(D) à oportunidade conferida pelo juiz ao autor para sanar vício relativo a alguma incapacidade processual.

(E) ao dever de justificar analiticamente as decisões judiciais.

A questão combina as normas fundamentais do processo civil e os deveres do juiz na condução do processo. Embora todos os deveres mencionados se relacionem, em maior ou menor grau, ao princípio da motivação das decisões judiciais, a alternativa "E" traz correspondência específica (NCPC, art. 489, § 1º, IV). **LD/ACC**

Gabarito "E"

(Juiz de Direito/AM – 2016 – CESPE) Acerca da jurisdição e dos princípios informativos do processo civil, assinale a opção correta.

(A) No âmbito do processo civil, admite-se a renúncia, expressa ou tácita, do direito atribuído à parte de participar do contraditório.

(B) A jurisdição voluntária se apresenta predominantemente como ato substitutivo da vontade das partes.

(C) A carta precatória constitui exceção ao princípio da indeclinabilidade da jurisdição.

(D) A garantia do devido processo legal se limita à observância das formalidades previstas no CPC.

(E) O princípio da adstrição atribui à parte o poder de iniciativa para instaurar o processo civil.

A: correta. Compete ao juiz zelar pelo efetivo contraditório (NCPC, arts. 7º, 9º e 10), que é o binômio informação + possibilidade de manifestação. Agora, o seu exercício é uma escolha das partes, que, diante de direitos disponíveis, podem optar por se manifestar ou não. É o caso, por exemplo, do réu que, citado, fica revel; **B**: incorreta, pois na jurisdição voluntária o magistrado não decide uma controvérsia (ou seja, inexiste substituição da vontade das partes), mas há mera integração (complementação) da vontade dos interessados (que sequer são chamados de "partes", pois não há lide e posições antagônicas); **C**: incorreto, pois no caso da expedição de carta precatória o juiz pede a cooperação do órgão jurisdicional competente, não havendo delegação de jurisdição; **D**: incorreto. Em se tratando de cláusula geral decorrente da própria CF (art. 5º, LIV), o devido processo legal compreende a obediência a várias garantias mínimas (contraditório, motivação das decisões, duração razoável do processo, dentre outras), que não precisam estar previstas necessariamente no CPC. Exatamente por isso se trata de um princípio, que permeia todo o sistema; **E**: incorreto, pois a alternativa trata do princípio da inércia da jurisdição, consubstanciado no art. 2º, NCPC. O princípio da adstrição (também chamado de princípio da congruência), por sua vez, remonta à ideia de que o juiz deve decidir nos limites daquilo que foi pedido (art. 492, NCPC).

Gabarito "A"

2. PARTES, PROCURADORES, MINISTÉRIO PÚBLICO E JUIZ

(Técnico Judiciário – STJ – 2018 – CESPE) Julgue os próximos itens, relativos aos deveres e às responsabilidades dos sujeitos do processo.

(1) O oficial de justiça goza de proteção legal no sentido de não ser responsabilizado civil ou regressivamente em razão da recusa de cumprimento, no prazo estipulado, de atos determinados pela lei ou pelo juiz.

(2) O dever de sanear o processo impõe ao juiz, sempre que perceber a existência de vício ou ausência sanável, determinar a correção do defeito.

1: Errada. O oficial de justiça, assim como o escrivão e o chefe de secretaria, será responsabilizado quando se recusar, *sem justo motivo*, a cumprir ato determinado por lei ou pelo juiz (NCPC, art. 155, I). **2:** Correta. Esse dever está intimamente relacionado ao princípio da primazia da resolução de mérito, sendo que o juiz, na medida do possível, deve prestigiar a solução do mérito, diligenciando para que haja a correção de vícios processuais (NCPC, art. 139, IX). **LD/ACC**

Gabarito 1E, 2C

(Procurador do Município/Manaus – 2018 – CESPE) Considerando as disposições do CPC pertinentes aos sujeitos do processo, julgue os itens a seguir.

(1) Em ação fundada em dívida contraída por um dos cônjuges a bem da família, exige-se a formação de litisconsórcio passivo necessário de ambos os cônjuges.

(2) Ao postular em juízo sem procuração para evitar a prescrição, o advogado se encontrará na situação de incapacidade postulatória, a qual deverá ser sanada pela apresentação do documento de representação no prazo de quinze dias.

(3) O advogado poderá renunciar ao mandato a qualquer tempo, sendo indispensável a comunicação da renúncia ao mandante, ainda que a procuração tenha sido outorgada a vários advogados e a parte continue representada.

(4) O terceiro juridicamente interessado em determinada causa poderá intervir no processo como assistente, devendo, para tanto, requerer a assistência até o fim do prazo para a interposição de recurso contra a sentença.

(5) A falta de citação de litisconsorte necessário simples tornará a sentença de mérito inválida, mesmo para aqueles que participarem do feito, tendo em vista a nulidade do ato judicante.

1: Correta (NCPC, art. 73, § 1º, III). **2:** Errada. Na falta de procuração, esse documento deve ser apresentado em 15 dias, prorrogáveis por mais 15 dias (NCPC, art. 104, § 1º). **3:** Errada. A comunicação é dispensada quando a procuração for outorgada a vários advogados (NCPC, art. 112, § 2º). **4:** Errada. O ingresso do assistente pode ser admitido em todos os graus de jurisdição (NCPC, art. 119, parágrafo único). **5:** Correta. Tratando-se de litisconsórcio necessário simples (quando o litisconsórcio precisa existir, mas a decisão não precisa ser a mesma para todos os litisconsortes), a sentença de mérito será considerada *nula* (NCPC, art. 115, I). **LD/ACC**

Gabarito 1C, 2E, 3E, 4E, 5C

(Defensor Público/PE – 2018 – CESPE) A respeito da gratuidade da justiça para brasileiros e estrangeiros residentes no Brasil, assinale a opção correta.

(A) Alegada a insuficiência de recursos por pessoa jurídica ou natural, presume-se verdadeira a declaração para fins de concessão da gratuidade de justiça.

(B) A gratuidade de justiça abrange o pagamento das multas processuais impostas contra o seu beneficiário, que pode ser pessoa natural ou jurídica, nesse último caso, se não tiver havido desconsideração da personalidade jurídica.

(C) A gratuidade de justiça afasta a responsabilidade de pagamento dos honorários advocatícios decorrentes da sucumbência do seu beneficiário.

(D) Como decorre de direito pessoal, a gratuidade de justiça se estende aos sucessores do beneficiário.

(E) A decisão a respeito das custas processuais de agravo de instrumento interposto contra o indeferimento da gratuidade de justiça deve ser tomada preliminarmente ao julgamento do mérito recursal.

A: Errada. A presunção de veracidade da declaração abarca apenas as pessoas naturais (NCPC, art. 99, § 3º). **B:** Errada. O benefício da gratuidade de justiça não afasta o dever do beneficiário ao pagamento das multas processuais (NCPC, art. 98, § 4º). **C:** Errada. O benefício não afasta a responsabilidade ao pagamento dos ônus sucumbenciais (NCPC, art. 98, § 2º). **D:** Errada. Em regra, o benefício não se estende a terceiros, salvo requerimento expresso (NCPC, art. 99, § 6º). **E:** Correta (NCPC, art. 101, § 1º). **LD/ACC**

Gabarito "E"

(Defensor Público/PE – 2018 – CESPE) Artur, réu em uma ação de cobrança, faleceu antes da satisfação do crédito, deixando bens. Seu inventário foi aberto e foi nomeado o inventariante. Só havia herdeiros. Paralelamente, o autor da ação de cobrança cedeu o direito do crédito perseguido a terceiro.

Com referência a essa situação hipotética, assinale a opção correta.

(A) Até a consecução da partilha, é o espólio, e não os herdeiros, que deve substituir o falecido na ação de cobrança.

(B) A sucessão voluntária do autor da ação de cobrança poderia ocorrer em qualquer situação.

(C) Independentemente do consentimento da parte devedora, o cessionário pode substituir o cedente no processo de cobrança.

(D) O cessionário poderá intervir no processo como assistente litisconsorcial do cedente, após consentimento da parte devedora.

(E) O juiz não deve suspender o processo de cobrança: a substituição processual do falecido pelos herdeiros é automática.

A: Correta, em conformidade com a lei, reforçado por entendimento da 3ª Turma do STJ (NCPC, art. 110). **B:** Errada. A sucessão voluntária das partes é permitida apenas nos casos previstos em lei (NCPC, art. 108). **C:** Errada. O cessionário depende do consentimento da parte contrária para substituir o cedente (NCPC, art. 109, § 1º). **D:** Errada. O ingresso do cessionário como assistente litisconsorcial independe de consentimento da parte contrária (NCPC, art. 109, § 2º). **E:** Errada. O juiz deve suspender o processo, procedendo-se à habilitação dos sucessores do falecido (NCPC, arts. 313, I e 689). **LD/ACC**

Gabarito "A"

(Juiz – TJ/CE – 2018 – CESPE) Julgue os seguintes itens, acerca dos poderes do juiz.

I. Como regra geral, o juiz pode dilatar os prazos processuais dilatórios, mas não os peremptórios, e alterar a ordem de produção dos meios de prova.

II. O juiz exerce poder hierárquico quando, por exemplo, indefere o pedido de pergunta do advogado.

III. Incidirá a pena de confesso sobre a parte que, intimada, não comparecer ao interrogatório designado pelo juízo para aclarar pontos sobre a causa.

Assinale a opção correta.

(A) Apenas o item I está certo.

(B) Apenas o item II está certo.

(C) Apenas os itens I e III estão certos.

(D) Apenas os itens II e III estão certos.

(E) Todos os itens estão certos.

I: O gabarito preliminar indicou o item como correto. No gabarito definitivo, no entanto, a questão foi anulada pela banca, em razão de divergência doutrinária sobre a possibilidade de dilação dos prazos processuais. O NCPC, ao tratar dos poderes e deveres do juiz, não limita a dilação apenas aos prazos dilatórios – dispondo, sim, que a redução dos prazos peremptórios depende de prévia anuência das partes (NCPC, arts. 139, VI e 222, § 1º). **II:** Errada. Não existe hierarquia nem subordinação entre juízes e advogados (Lei 8.906/1994, art. 6º). **III:** Errada. O item está incompleto, já que para a incidência da pena de confesso, a parte deve ter sido *pessoalmente* intimada e advertida sobre a possibilidade de aplicação da pena (NCPC, art. 385, § 1º). **LD/ACC**

Gabarito Anulada

(Defensor Público/AC – 2017 – CESPE) No que concerne a assistência jurídica integral, assistência judiciária e gratuidade judiciária, assinale a opção correta.

(A) A gratuidade judiciária é o instituto mais amplo entre os referidos, tendo abrangido a assistência judiciária.

(B) A assistência jurídica integral é exercida por advogados públicos ou privados nomeados pelo Poder Judiciário para prestar auxílio judicial e extrajudicial à população.

(C) Exercem a assistência judiciária, entre outros, os profissionais liberais designados para o encargo de perito nos processos judiciais em que tenha sido deferida a gratuidade da justiça.

(D) O benefício da gratuidade da justiça é destinado somente às pessoas naturais.

(E) A assistência judiciária garante a concessão pelo Poder Judiciário de isenção de custas, taxas e despesas processuais, mas não de emolumentos.

A: Errada. A assistência jurídica é o termo mais amplo, que engloba a assistência judiciária e a gratuidade de justiça (CF, art. 5º, LXXIV). **B:** Errada. A assistência jurídica integral não é exercida por advogados privados, aos quais é reservada a atuação *bro bono*. **C:** Correta (Lei 1.060/1950, art. 14). **D:** Errada. É possível a concessão da gratuidade de justiça às pessoas jurídicas (NCPC, art. 98). **E:** Errada. A gratuidade de justiça abrange a isenção do pagamento de custas, taxas, despesas processuais e emolumentos (NCPC, art. 98, § 1º, IX). LD/ACC

Gabarito "C"

(Defensor Público/AC – 2017 – CESPE) De acordo com a jurisprudência do STF acerca dos honorários advocatícios decorrentes da atuação da DP, assinale a opção correta.

(A) A inexistência de condenação anterior em honorários advocatícios em favor da DP não obsta a fixação de honorários recursais.
(B) A DP não poderá receber honorários advocatícios caso ajuíze e vença ação contra o mesmo ente estatal ao qual esteja vinculada.
(C) Caso a DP proponha uma ação, de qualquer natureza, e seja vencedora, deverão ser fixados em favor dela honorários advocatícios, em decorrência de sua autonomia institucional.
(D) A atuação de DP como curador especial não impede a condenação da parte vencida em honorários advocatícios em favor da DP.
(E) Por expressa determinação constitucional, é vedado ao DP, a qualquer título e sob qualquer pretexto, o recebimento de honorários.

A: Errada. Conforme orientação do STF, a majoração de honorários na fase recursal pressupõe a fixação de honorários pelo juízo de origem (STF, ARE 1014675/MG). **B:** Errada. De acordo com o entendimento do STF, é possível a condenação do ente público ao pagamento de honorários sucumbenciais em favor da DP (ex.: União condenada a pagar honorários à DPU). Vale frisar, no entanto, que o STJ possui entendimento contrário (STF, AR 1937/DF e STJ, Súmula 421). **C:** Errada. Não são devidos honorários em sede de MS, p. ex. (Lei 12.016/2009, art. 25). **D:** Correta (STJ, Resp 1638558/RJ). **E:** Errada. Não há previsão constitucional nesse sentido. LD/ACC

Gabarito "D"

(Promotor de Justiça/RR – 2017 – CESPE) Assinale a opção correta acerca da participação do MP no processo civil.

(A) O CPC determina que, nos procedimentos das ações de família, a intervenção ministerial como fiscal da ordem jurídica somente seja exigida se houver interesse de incapaz, caso em que o MP será ouvido antes da eventual homologação de acordo.
(B) Ao atuar como fiscal da ordem jurídica, o MP fica impedido de arguir incompetência relativa, uma vez que essa matéria é de interesse exclusivo das partes.
(C) O MP deverá manifestar-se como fiscal da ordem jurídica em todo conflito de competência que tramite nos tribunais, exceto naqueles conflitos suscitados pelo próprio MP, pois, nestes, ele terá a qualidade de parte no incidente.
(D) Perícias requeridas pelo MP, nos casos em que este atue como parte ou fiscal da ordem jurídica, não serão realizadas por entidades públicas e deverão ser pagas de forma adiantada pela fazenda pública a que o MP esteja vinculado.

A: Correta, não sendo mais necessária a participação do MP em qualquer causa que envolva estado civil de pessoas capazes, como era no CPC anterior (NCPC, arts. 178, II e 698). **B:** Errada. A incompetência relativa pode ser arguida pelo MP, nas causas em que atuar (NCPC, art. 65, parágrafo único). **C:** Errada. O MP deverá manifestar-se apenas nos processos que envolvam (i) interesse público ou social; (ii) interesse de incapaz; ou (iii) litígios coletivos pela posse de terra rural ou urbana (NCPC, arts. 178 e 951, parágrafo único). **D:** Errada. É possível que as perícias requeridas pelo MP sejam realizadas por entidade pública (NCPC, art. 91, § 1º). LD/ACC

Gabarito "A"

(Procurador do Estado/AM – 2016 – CESPE) Pedro, motorista da Secretaria de Saúde do Estado do Amazonas, conduzia um veículo do referido ente público, quando provocou acidente automobilístico que resultou na incapacidade física e mental de Flávio. Após a interdição de Flávio, seu advogado pretende ajuizar ação de reparação de danos materiais e morais. Com referência a essa situação hipotética, julgue os itens que se seguem.

(1) Proposta a ação de reparação de dano, o MP do Estado do Amazonas deverá ser intimado para intervir como *custos legis* na relação processual em apreço.
(2) Proposta ação de reparação de dano, a citação deverá ser realizada na Procuradoria do Estado do Amazonas, que terá o prazo em quádruplo para apresentação da sua defesa.
(3) A ação de reparação de dano exige a formação de litisconsórcio passivo necessário em que deverão figurar como demandados o motorista Pedro e a Secretaria de Saúde do Estado do Amazonas.

1: correta, porque o enunciado dá conta acerca da interdição de Flávio, de modo que, havendo interesse de incapaz, é necessária a intervenção do Ministério Público como fiscal da ordem jurídica (art. 178, II, NCPC); **2**: incorreta. De fato, a representação judicial do Estado compete à Procuradoria Estadual (art. 182, NCPC), a qual, no entanto, terá prazo em dobro para realizar as manifestações processuais (art. 183, NCPC); **3**: incorreta. O litisconsórcio, neste caso, é facultativo (art. 113, NCPC); até porque a natureza da relação jurídica existente entre autor e réus é diferente.

Gabarito 1C, 2E, 3E

(Analista – Judiciário –TRE/PI – 2016 – CESPE) A respeito da atuação do Ministério Público (MP), do advogado e do juiz e da competência do órgão jurisdicionado, assinale a opção correta.

(A) A suspeição e o impedimento do juiz podem ser arguidos em qualquer tempo ou grau de jurisdição, ou até mesmo após o trânsito em julgado da sentença, mediante ação rescisória.
(B) A competência para processar e julgar ação reivindicatória de bens imóveis situados em dois ou mais municípios é fixada pela prevenção entre os municípios em que o bem estiver situado.
(C) A parte que não seja advogado poderá postular em causa própria perante a justiça comum, mas com atuação limitada ao primeiro grau de jurisdição, caso na localidade não haja advogados ou se os ali existentes se recusarem a fazê-lo ou se encontrarem impedidos para tal.
(D) Nas ações referentes ao estado e à capacidade das pessoas propostas pelo MP, a falta de intervenção deste como fiscal da lei provocará a nulidade do processo.
(E) A incompetência em razão da matéria e da pessoa pode ser conhecida e declarada de ofício, mas a incompetência em razão do lugar e da hierarquia só pode ser declarada mediante provocação da parte interessada.

A: incorreta, pois a ação rescisória só poderá ser ajuizada no caso de impedimento (art. 966, II, NCPC); **B**: correta, conforme se depreende do art. 60, NCPC; **C**: incorreta, já que a parte só poderá postular em causa própria quando possuir habilitação legal (art. 103, parágrafo único, NCPC) – essa previsão existia no Código anterior, mas não foi repetida no NCPC; **D**: incorreta, pois o MP não precisa intervir como fiscal da lei nas ações em que é parte; **E**: incorreta. Somente a incompetência absoluta, dentre a qual está incluída aquela em razão da hierarquia, pode ser declarada de ofício pelo juiz (arts. 64, § 1º, e 337, § 5º, NCPC).

Gabarito "B"

3. PRAZOS PROCESSUAIS. ATOS PROCESSUAIS

(Técnico Judiciário – STJ – 2018 – CESPE) Acerca dos atos processuais, julgue os seguintes itens.

(1) De acordo com o código de processo civil, os atos do juiz consistem em sentenças, decisões interlocutórias e atos ordinatórios.
(2) Decisão interlocutória consiste no ato pelo qual o juiz põe fim à fase cognitiva do procedimento comum.

1: Errada. Os atos do juiz consistem em sentenças, decisões interlocutórias e despachos – os atos ordinatórios devem ser praticados pelo *servidor* e revistos pelo juiz quando necessário (NCPC, art. 203, "caput" e § 4º). **2:** Errada. Essa é a definição do NCPC para sentença – a definição de decisão interlocutória é residual, abarcando os pronunciamentos de natureza decisória que não são qualificados como sentenças (NCPC, art. 203, §§ 1º e 2º). LD/ACC

Gabarito 1E, 2E

(Procurador do Município/Manaus – 2018 – CESPE) À luz das disposições do CPC relativas aos atos processuais, julgue os itens subsequentes.

(1) Em regra, os atos processuais são públicos e independem de forma determinada.

(2) Para a concessão da tutela de evidência, o juiz deverá verificar, além da probabilidade de direito, o perigo de dano ou de risco ao resultado útil do processo.

(3) É vedado ao juiz julgar pedido realizado em petição inicial sem antes citar o réu, em atenção aos princípios do contraditório e da ampla defesa.

(4) O réu que não comparecer injustificadamente a audiência de conciliação ou mediação designada pelo juiz será considerado revel.

(5) O princípio da adequação do procedimento admite a cumulação de pedidos iniciais procedimentalmente incompatíveis, desde que seja possível ajustá-los ao procedimento comum.

1: Correta (NCPC, arts. 188 e 189). **2:** Errada. A concessão da tutela de evidência – diferentemente da tutela de urgência – *independe* da comprovação de perigo de dano ou de risco ao resultado útil do processo (NCPC, art. 311). **3:** Errada. A afirmação desconsidera o instituto da "improcedência liminar do pedido", segundo o qual, nas demandas que dispensem a fase instrutória, é possível que o magistrado julgue liminarmente improcedente o pedido, nas hipóteses taxativas, independentemente de citação do réu (NCPC, art. 332). **4:** Errada. A consequência pelo não comparecimento injustificado em audiência de conciliação e mediação é a condenação ao pagamento de multa por ato atentatório à dignidade da justiça (NCPC, art. 334, § 8º). **5:** Correta (NCPC, art. 327). LD/ACC

Gabarito 1C, 2E, 3E, 4E, 5C

(Defensor Público/PE – 2018 – CESPE) Regra geral prevista no Código de Processo Civil determina que os atos processuais sejam realizados em dias úteis, das seis às vinte horas. Com relação aos tempos dos atos processuais, assinale a opção correta, conforme a legislação pertinente.

(A) A prática eletrônica de ato processual poderá ocorrer até as vinte e quatro horas do último dia do prazo.

(B) Em se tratando de prática eletrônica de ato processual, o horário a ser considerado será aquele vigente no juízo que emitiu o ato.

(C) Durante as férias forenses, atos processuais de tutela de evidência podem ser praticados.

(D) Ato processual iniciado antes das vinte horas não poderá ser concluído após esse horário, independentemente de o adiamento causar grave dano aos envolvidos no processo.

(E) Apenas com autorização judicial as citações poderão ser realizadas durante as férias forenses.

A: Correta (NCPC, art. 213). **B:** Errada. O horário considerado será o vigente no juízo perante o qual o ato deve ser praticado (NCPC, art. 213, parágrafo único). **C:** Errada. A exceção aplica-se apenas à tutela de urgência, considerando que a concessão da tutela de evidência independe da comprovação de perigo de dano ou risco ao resultado útil do processo (NCPC, art. 214, II). **D:** Errada. Os atos processuais poderão ser concluídos após as 20h, se o adiamento prejudicar a diligência ou causar grave dano (NCPC, art. 212, § 1º). **E:** Errada. As citações podem ser realizadas durante as férias forenses, independentemente de autorização judicial (NCPC, art. 212, § 2º). LD/ACC

Gabarito "A"

(Juiz – TJ/CE – 2018 – CESPE) A fixação de calendário para a prática de atos processuais

(A) vincula as partes, mas não o juiz.

(B) torna dispensável intimação para a audiência cuja data esteja designada no calendário.

(C) é uma convenção processual e, portanto, não pode ser firmada pela fazenda pública.

(D) deve assumir a forma determinada em lei para evitar falha que gere nulidade.

(E) é uma convenção processual que, se estipular confidencialidade, permitirá que o processo tramite em segredo de justiça.

A: Errada. O calendário processual vincula as partes e o juiz (NCPC, art. 191, § 1º). **B:** Correta (NCPC, art. 191, § 2º). **C:** Errada. Embora a questão não esteja pacificada, boa parte da doutrina admite a celebração de negócios jurídicos processuais pela Fazenda Pública – o entendimento foi, inclusive, objeto do enunciado 256 do FPPC (NCPC, art. 190). **D:** Errada. Não há forma determinada em lei para a fixação do calendário processual (NCPC, art. 191). **E:** Errada. O calendário é convenção, mas abarca somente questões relativas a como tramitará a causa, no tocante a fases e casos (NCPC, art. 191); para outros temas, a hipótese seria de negócio jurídico processual (NCPC, art. 190). LD/ACC

Gabarito "B"

(Defensor Público/AL – 2017 – CESPE) Acerca das normas processuais civis e dos atos processuais, assinale a opção correta.

(A) O pronunciamento judicial que rejeita exceção de pré-executividade, com o prosseguimento da execução, qualifica-se como decisão interlocutória.

(B) É vedado ao juiz, em quaisquer hipóteses, iniciar de ofício o processo.

(C) A substituição processual é espécie do gênero legitimação ordinária e pode ser inicial ou superveniente, exclusiva ou concorrente.

(D) Conforme a sistemática processual brasileira, é vedado ao juiz, em quaisquer hipóteses, decidir por equidade.

(E) A desistência da ação produz efeitos imediatos, dispensando-se intervenção judicial.

A: Correta, exatamente porque a execução prossegue, de modo que não se tem o fim do procedimento em 1º grau (NCPC, art. 203, § 1º). **B:** Errada, existindo alguns procedimentos em legislação extravagante em que o juiz pode dar de ofício início ao processo, como no ECA (não há mais no NCPC previsão de início de processo de inventário de ofício, como havia no NCPC). **C:** Errada. A substituição processual é espécie de legitimação *extraordinária*, já que o substituto defende, em nome próprio, direito alheio (NCPC, art. 18). **D:** Errada. É possível que o juiz decida por equidade, mas apenas nos casos previstos em lei (NCPC, art. 140, parágrafo único). **E:** Errada. A desistência só produzirá efeitos *após* homologação judicial (NCPC, art. 200, parágrafo único). LD/ACC

Gabarito "A"

(Procurador do Estado/SE – 2017 – CESPE) Caso dois particulares litiguem em demanda que tramite pelo procedimento comum, a intimação do advogado do réu pelo advogado do autor, de acordo com as regras previstas no CPC,

(A) embora contenha vício de forma por ausência de previsão legal, poderá ser convalidada, caso ocorra o comparecimento espontâneo e tempestivo do réu nos autos.

(B) deverá ser considerada nula de pleno direito, pois somente o cartório do juízo pode ser responsável por realizar atos de intimação às partes.

(C) será possível, desde que seja realizada pelo correio, devendo o advogado do autor juntar aos autos cópia do ofício de intimação e do aviso de recebimento.

(D) poderá ser feita por meio eletrônico, desde que seja comprovado que o advogado do réu recebeu cópia do pronunciamento que é objeto da intimação.

(E) somente poderá ser feita se houver convenção processual realizada entre as partes que autorize a utilização dessa forma de intimação.

Inova o NCPC ao prever a possibilidade de que a intimação de uma decisão judicial – para fins de celeridade – seja feita pelo próprio advogado para o advogado da parte contrária. Para isso, prevê o art. 269, § 1º: "É facultado aos advogados promover a intimação do advogado da outra parte por meio do correio, juntando aos autos, a seguir, cópia do ofício de intimação e do aviso de recebimento". LD/ACC

Gabarito "C"

4. LITISCONSÓRCIO E INTERVENÇÃO DE TERCEIROS

Maria comprou um imóvel de Joana e, imediatamente após a entrega das chaves, a nova proprietária passou a residir no bem adquirido. Alguns meses depois, Maria foi citada por um oficial de justiça, que a informou de que Joaquim estava promovendo uma ação reivindicatória em desfavor dela sob a alegação de ser ele o real proprietário do bem imóvel.

(Procurador do Município - Campo Grande/MS - 2019 - CESPE/ CEBRASPE) Acerca de intervenção de terceiros, julgue os itens seguintes.

(1) Maria poderá denunciar a lide à Joana — considerada alienante imediata — para que esta possa exercer os direitos que da evicção lhe resultam.

(2) É admissível que Joana solicite o seu ingresso no processo como assistente, independentemente do procedimento ou do grau de jurisdição no qual esteja tramitando o processo, desde que demonstre seu interesse jurídico em que a sentença seja favorável à Maria.

1: questão anulada pela banca, em razão da confusão gerada pelo pronome "esta". Na realidade, seria possível que Maria denunciasse a lide à Joana, a fim de exercer seu direito de evicção – e não que Joana exerça seu direito de evicção (CPC, art. 125, I); **2:** certa, considerando que o ingresso do assistente depende da demonstração de interesse jurídico na demanda (não meramente econômico ou social), além de ser possível o ingresso a qualquer tempo e grau de jurisdição, sendo que o assistente receberá o processo no estado em que se encontrar (CPC, art. 119). **LD**

Gabarito 1Anulada, 2C

(Defensor Público/PE – 2018 – CESPE) Beatriz ajuizou ação de cobrança contra determinada empresa. Paralelamente, por petição simples, ela instaurou, contra a mesma empresa, incidente de desconsideração da personalidade jurídica contemporânea e em apenso à petição inicial. No âmbito da ação de cobrança, foi julgado procedente o pedido de desconsideração da personalidade jurídica que havia sido formulado.

Com relação ao incidente referido na situação hipotética, assinale a opção correta.

(A) A alienação de bens será sempre ineficaz em relação à Beatriz, bastando, para tanto, que o seu pedido do referido incidente seja julgado procedente.

(B) Como o referido incidente foi instaurado paralelamente à inicial, dispensa-se a comunicação ao distribuidor.

(C) Seria dispensável a instauração do referido incidente caso a desconsideração tivesse sido requerida na petição inicial da ação de cobrança.

(D) A instauração do referido incidente não provoca, em nenhuma hipótese legal, a suspensão do processo.

(E) Contra a decisão que julgará o referido incidente, caberá agravo interno.

A: Errada. A alienação de bens será ineficaz em relação ao requerente apenas se comprovada fraude à execução (NCPC, art. 137). **B:** Errada. A instauração do incidente será sempre comunicada ao distribuidor para as anotações devidas (NCPC, art. 134, § 1º). **C:** Correta, sendo essa a previsão legal relativa ao IDPJ (NCPC, art. 134, § 2º). **D:** Errada. A instauração do incidente suspende o processo, a menos que seja requerida na própria petição inicial (NCPC, art. 134, § 3º). **E:** Errada. Considerando que o incidente foi instaurado em 1º grau, o recurso cabível será o agravo de instrumento (NCPC, arts. 136 e 1.015, IV). **LD/ACC**

Gabarito "C"

(Defensor Público – DPE/RN – 2016 – CESPE) A respeito de litisconsórcio e de assistência e intervenção de terceiros, assinale a opção correta segundo entendimento do STJ.

(A) Não é possível a denunciação da lide fundada no direito de regresso, quando o denunciante introduzir fundamento novo à causa, estranho ao processo principal, apto a exigir ampla dilação probatória.

(B) Procedida a denunciação da lide pelo autor, o denunciado, comparecendo aos autos, assumirá a condição de litisconsorte do denunciante, mas não poderá aditar a petição inicial.

(C) Configura nulidade o ato do juiz que decide, em sentenças distintas, a ação principal antes da oposição.

(D) A solidariedade da obrigação implica, necessariamente, a unitariedade do litisconsórcio.

(E) O recurso interposto pelo assistente simples pode ser conhecido na hipótese em que o assistido não tenha recorrido.

A: correto para a banca. Esse era o entendimento do STJ no CPC/1973, no sentido de que a denunciação da lide fundada no direito de regresso tem que derivar diretamente da lei ou de contrato, sem que seja necessário analisar outros elementos (vide Informativo STJ 535). Contudo, não há previsão a respeito disso no NCPC, sendo que resta verificar se será mantido o entendimento do STJ. **B:** incorreto, pois nesse caso o denunciado pode acrescentar novos argumentos à petição inicial (NCPC, art. 127). **C:** incorreto, pois não haverá nulidade desde que ambas sejam julgadas ao mesmo momento (Informativo STJ 531). **D:** incorreto, pois é possível se cogitar de litisconsórcio simples em obrigação solidária que seja divisível. **E:** incorreto para a banca, que seguiu o entendimento tradicional que o assistente não pode ir além do assistido. Contudo, há decisões do STJ, desde o Código anterior, que apontam a possibilidade de o assistente simples recorrer, desde que o assistido não se oponha (EREsp 1.068.391/PR, Corte Especial, DJe 7/8/2013). Resta verificar como a jurisprudência tratará do tema considerando a redação do art. 120, parágrafo único.

Gabarito "A"

(Analista Judiciário – TRT/8ª – 2016 – CESPE) Antônio ajuizou contra Pedro execução civil de título extrajudicial no valor de R$ 300.000. Para garantia do juízo, foi penhorado bem imóvel pertencente a Pedro e sua esposa, Maria. Apesar de não ser parte da execução, Maria foi intimada da penhora, conforme determinado pela legislação processual.

Nessa situação hipotética, caso deseje tomar medida judicial com a única finalidade de proteger sua meação referente ao bem penhorado, Maria deve

(A) aguardar o término da execução e, oportunamente, ingressar com ação de nulidade da sentença.

(B) impetrar mandado de segurança, porque o CPC não prevê qualquer outro mecanismo para sua defesa.

(C) ingressar no processo como assistente simples de Pedro, demonstrando seu interesse no feito.

(D) se valer da modalidade de intervenção de terceiros denominada oposição.

(E) oferecer embargos de terceiro, que serão analisados pelo mesmo juízo que determinou a penhora.

A situação narrada no enunciado envolve a constrição de meação, típica situação para utilização de embargos de terceiro (art. 674, § 2º, I, NCPC).

Gabarito "E"

(Analista Jurídico – TCE/PR – 2016 – CESPE) Maria e Fernanda são servidoras de determinado órgão público e, em litisconsórcio ativo, propuseram demanda judicial para a obtenção de vantagem pecuniária supostamente devida em razão do cargo que cada uma delas ocupa.

Nessa situação hipotética, tem-se um litisconsórcio classificado como

(A) facultativo e comum.

(B) facultativo e unitário.

(C) multitudinário.

(D) necessário e comum.

(E) necessário e unitário.

A hipótese é de litisconsórcio facultativo e comum. *Facultativo* porque as servidoras poderiam ajuizar ações distintas e autônomas, sendo certo que a eficácia da sentença não dependeria da formação do litisconsórcio; ou seja, há mera conexão entre as causas, o que permite o ajuizamento de uma única demanda (art. 113, II, NCPC). *Comum* porque, no caso, o juiz não precisa decidir de modo uniforme para as litisconsortes, notadamente porquanto deverá considerar a situação fática e jurídica circundante a cada uma delas.

Gabarito "A"

(Juiz de Direito/AM – 2016 – CESPE) Com relação ao litisconsórcio, à assistência e à intervenção de terceiros, assinale a opção correta.

(A) Não cabe a ação de oposição nas ações pessoais mobiliárias.

(B) Contra a decisão que soluciona o pedido de nomeação à autoria cabe recurso de apelação.
(C) Formado o litisconsórcio passivo necessário unitário, a contestação oferecida pelo corréu não obsta a incidência dos efeitos materiais da revelia em relação ao revel.
(D) No incidente de chamamento ao processo, extromissão da parte é o procedimento processual empregado para a substituição da parte ré pelo chamado.
(E) Se dois ou mais dos litisconsortes representados por advogado comum sucumbirem, não se contará o prazo em dobro para recorrer.

A: incorreto, pois inexiste qualquer impedimento para apresentação de oposição nas ações pessoais mobiliárias (apesar de o mais usual ser a oposição envolvendo imóveis). Cabe destacar que, no NCPC, a oposição segue existindo, mas deixou de estar prevista no capítulo das intervenções de terceiro, passando a ser um procedimento especial (art. 682); **B**: incorreta, pois a nomeação deixou de existir no NCPC. O que se tem hoje é alegação, na contestação, de ilegitimidade, com a indicação do réu que deveria figurar no polo passivo, caso se saiba (arts. 338 e 339). E acerca das intervenções de terceiro, o NCPC prevê o agravo de instrumento como recurso cabível (art. 1.015, IX); **C**: incorreto, pois no litisconsórcio unitário a conduta de um dos litisconsortes poderá beneficiar o outro (art. 117); **D**: incorreto. A extromissão (exclusão de um réu e inclusão, no seu lugar, de um novo) não possui relação com o chamamento ao processo, pelo qual há formação de um litisconsórcio passivo, com a inclusão de mais réu(s) na demanda – mas com a alegação de ilegitimidade e substituição do réu (art. 339, § 1º); **E**: correto, porquanto o pressuposto para a contagem do prazo em dobro é a existência de diferentes procuradores, nos termos do art. 229 do NCPC – isso se não forem autos eletrônicos.

Gabarito "E".

5. JURISDIÇÃO E COMPETÊNCIA

Túlio, cidadão idoso, natural de Aracaju - SE e domiciliado em São Paulo - SP, caminhava na calçada em frente a um edifício em sua cidade natal quando, da janela de um apartamento, caiu uma garrafa de refrigerante cheia, que lhe atingiu o ombro e provocou a fratura de sua clavícula e de seu braço. Em razão do incidente, Túlio permaneceu por dois meses com o membro imobilizado, o que impossibilitou seu retorno a São Paulo para trabalhar. Por essas razões, Túlio decidiu ajuizar ação de indenização por danos materiais. Apesar da tentativa, ele não descobriu de qual apartamento caiu ou foi lançada a garrafa.

(Delegado - PC/SE - 2018 - CESPE/CEBRASPE) Considerando essa situação hipotética, julgue os itens que se seguem.

(1) A ação de reparação de danos materiais deverá ser ajuizada por Túlio na capital paulista, conforme a previsão do Código de Processo Civil de que, em situações como a descrita, o foro competente para o julgamento da ação é o do domicílio do autor.
(2) Em relação à ação de dano por acidente proposta por Túlio, o foro de São Paulo tem competência absoluta em razão da pessoa, haja vista a condição de idoso de Túlio.
(3) Eventual impugnação do réu relativa à competência do foro no qual a ação foi ajuizada deverá ser manejada por meio de exceção de incompetência.

1: errada, porque o foro competente, nesse caso, será o do local do fato, ou seja, Aracaju/SE, conforme competência prevista no CPC para a propositura da ação de reparação de danos – que será mais benéfica ao idoso (CPC, art. 53, IV, "a"); **2**: errada, pois a regra da competência territorial absoluta, prevista no Estatuto do Idoso, aplica-se apenas às demandas coletivas para defesa dos interesses difusos, coletivos, individuais indisponíveis ou homogêneos (Lei nº 10.741/03, art. 80). Nesse caso, deve ser aplicada a regra da competência territorial relativa (CPC, art. 53, IV, "a"); **3**: errada, tendo em vista que a incompetência, absoluta ou relativa, do juízo deve ser alegada pelo réu em preliminar de contestação (CPC, arts. 64 e 337, II). LD

Gabarito 1E, 2E, 3E

(Analista Judiciário – STJ – 2018 – CESPE) Julgue os itens a seguir, relativos à função jurisdicional.

(1) A cooperação jurídica internacional segue parâmetros legais definidos em lei ordinária nacional.
(2) O procedimento da carta rogatória perante o Superior Tribunal de Justiça é de jurisdição voluntária e deve obedecer ao devido processo legal.
(3) O pedido passivo de cooperação jurídica internacional é aquele realizado por órgão estrangeiro.

1: Errada. A cooperação jurídica internacional é realizada com base em tratado internacional do qual o Brasil faça parte e, na ausência de tratado, fundamenta-se na reciprocidade pela via diplomática (NCPC, art. 26). **2**: Errada. O procedimento é de jurisdição *contenciosa* e não voluntária (NCPC, art. 36). **3**: Correta (NCPC, art. 26 e ss.). LD/ACC

Gabarito 1E, 2E, 3C

(Defensor Público/AC – 2017 – CESPE) No que se refere à jurisdição civil nacional, assinale a opção correta.

(A) Pode ser de caráter administrativo ou judicial.
(B) A desconstituição de uma sentença transitada em julgado por meio de ação rescisória é um exemplo de exercício dessa jurisdição.
(C) Em decorrência do princípio da inevitabilidade, essa jurisdição não alcança a todos os indivíduos.
(D) O exercício dessa jurisdição inclui a expedição de cartas rogatórias, responsáveis por determinar que os órgãos jurisdicionais brasileiros cumpram atos processuais.
(E) Trata-se de direito inerente e exclusivo dos cidadãos brasileiros.

A: Errada. A jurisdição pressupõe atividade exclusivamente de caráter judicial (NCPC, art. 16). **B**: Correta. Uma das características da jurisdição é a possibilidade de as decisões judiciais adquirirem a imutabilidade da coisa julgada material (NCPC, art. 966), sendo possível a ela própria desconstituir uma decisão. **C**: Errada. O princípio da inevitabilidade corresponde à impossibilidade de que os indivíduos optem por não seguir o que foi decidido pela jurisdição. **D**: Errada. A expedição de carta rogatória por autoridade brasileira teria por objeto a realização de um ato processual em território estrangeiro (NCPC, arts. 36 e 960). **E**: Errada. A competência da jurisdição nacional é mais ampla e pode atingir, por exemplo, réu estrangeiro domiciliado no Brasil (NCPC, art. 21 e ss.). LD/ACC

Gabarito "B".

(Defensor Público/AL – 2017 – CESPE) Julgue os itens seguintes, a respeito de demandas que envolvam instituição de ensino superior particular.

I. Caso a demanda verse sobre inadimplemento de mensalidade, a competência, em regra, é da justiça federal.
II. A competência para o processamento do feito que verse sobre credenciamento de entidade perante o MEC é da justiça federal.
III. Tratando-se de demanda sobre registro de diploma perante o MEC, a competência da justiça federal pode ser derrogada para a justiça comum estadual em decorrência do foro de eleição constante no contrato de prestação de serviços educacionais.
IV. Em se tratando de demanda sobre cobrança de taxas escolares oriunda de um mandado de segurança, a competência será da justiça federal.

Estão certos apenas os itens

(A) I e II.
(B) II e IV.
(C) III e IV.
(D) I, II e III.
(E) I, III, IV.

I: Errada. Nesse caso, a competência, em regra, é da Justiça Estadual (STJ, REsp 1.344.771/ PR). **II**: Correta, conforme jurisprudência dos Tribunais Superiores (STJ, REsp 1.344.771/ PR). **III**: Errada. Trata-se de competência absoluta da Justiça Federal, razão pela qual não poderia ser derrogada por convenção das partes (NCPC, art. 62). **IV**: Correta, conforme orientação do STJ. Ressalta-se que, caso não se tratasse de MS, a competência seria da Justiça Estadual (STJ, REsp 1.344.771/ PR). LD/ACC

Gabarito "B".

(Procurador do Estado/SE – 2017 – CESPE) Duas sociedades empresárias firmaram contrato que contém cláusula compromissária de convenção de arbitragem com a previsão de que eventual litígio de natureza patrimonial, referente ao contrato, deveria ser submetido a tribunal arbitral.

Nessa situação hipotética, caso seja instaurado procedimento arbitral,

(A) o magistrado poderá, de ofício, reconhecer a existência de convenção de arbitragem e extinguir o processo sem resolução do mérito, se o litígio referente ao contrato também for levado ao Poder Judiciário.
(B) em eventual execução judicial de sentença arbitral, será vedado ao réu arguir nulidade da decisão arbitral por meio de impugnação ao cumprimento de sentença, devendo o interessado utilizar ação própria para esse fim.
(C) as partes não estarão obrigadas a se submeter a esse procedimento, uma vez que a convenção de arbitragem é nula, por excluir da apreciação jurisdicional ameaça ou lesão a direito.
(D) a opção feita pelas partes pela arbitragem deverá ser considerada legítima, e a sentença do árbitro, título executivo extrajudicial, conforme o CPC.
(E) eventual cumprimento de carta arbitral no Poder Judiciário, referente ao caso, deverá tramitar em segredo de justiça, se houver comprovação de confidencialidade da arbitragem.

A: Errada. A existência de convenção de arbitragem não é matéria que possa ser conhecida de ofício pelo magistrado (NCPC, art. 337, § 5º). **B:** Errada. A nulidade da sentença arbitral pode ser arguida em sede de impugnação ao cumprimento de sentença (Lei 9.307/1996, art. 33, § 3º). **C:** Errada. A convenção de arbitragem está em consonância com o princípio da inafastabilidade da jurisdição, conforme já decidido pelo STF e reafirmado no NCPC (art. 3º, § 1º). **D:** Errada. A sentença arbitral constitui título executivo judicial (NCPC, art. 515, VII). **E:** Correta (NCPC, art. 189, IV). LD/ACC

Gabarito "E"

(Juiz – TRF5 – 2017 – CESPE) Após ser demitido de um órgão federal, Afonso ajuizou ação contra a União, pelo procedimento comum, pedindo sua reintegração à administração pública, sob o argumento de que o ato de sua demissão havia sido nulo. Seu processo foi distribuído a uma vara federal comum. Posteriormente, Afonso ajuizou nova demanda, em sede de juizado especial federal, buscando a condenação da União no valor de vinte mil reais, a título de danos morais, em razão dos mesmos fatos que deram ensejo à sua demissão.

Nessa situação hipotética, os dois processos

(A) deverão ser reunidos na vara federal comum, para que se evitem decisões contraditórias, ainda que não haja conexão pela causa de pedir.
(B) poderão ser reunidos apenas se o juiz da vara federal entender que a reunião não comprometerá a razoável duração do primeiro processo.
(C) não deverão ser reunidos, e o processo distribuído ao juizado especial federal deverá ser extinto sem resolução do mérito.
(D) não poderão ser reunidos para julgamento conjunto, e, por esse motivo, não haverá modificação de competência.
(E) deverão ser reunidos, em razão da conexão pela causa de pedir, salvo se um deles já houver sido sentenciado.

A: Errada. Considerando que a competência dos Juizados Especiais Federais é absoluta, não se admite a modificação de competência em razão da existência de conexão (NCPC, art. 54 e Lei 10.259/2001, art. 3º, § 3º). **B:** Errada. É possível a modificação apenas da competência relativa em função da existência de conexão (NCPC, art. 54). **C:** Errada. O processo distribuído perante o JEF não deve ser extinto, já que não há prejudicialidade entre as ações. **D:** Correta (NCPC, art. 54 e Lei 10.259/2001, art. 3º, § 3º). **E:** Errada. É possível a modificação apenas da competência relativa em função da existência de conexão (NCPC, art. 54). LD/ACC

Gabarito "D"

(Juiz – TRF5 – 2017 – CESPE) De acordo com as regras do Código de Processo Civil (CPC) que tratam da cooperação jurídica internacional, o denominado auxílio direto passivo

(A) depende, para que seja cumprido, da concessão de *exequatur*, exceto quando tiver por objeto ato de instrução processual.
(B) deve ser, caso dependa de medida judicial, pleiteado em juízo pelo Ministério Público, independentemente de quem atue como autoridade central no caso.
(C) deve ser encaminhado, pelo Estado estrangeiro interessado, diretamente a órgão do Poder Judiciário brasileiro.
(D) pode ser utilizado para qualquer medida judicial ou extrajudicial, desde que não vedada pela lei brasileira e não sujeita a juízo de delibação no Brasil.
(E) somente pode ser utilizado nos casos previstos em tratados internacionais ratificados pelo Brasil, dependendo a sua efetivação de homologação no STJ.

A: Errada. O auxílio direto dispensa a concessão do *exequatur*, já que o ato não passa por juízo de delibação (NCPC, art. 28). **B:** Errada. O MP requererá em juízo a medida apenas quando figurar como autoridade central (NCPC, art. 33, parágrafo único). **C:** Errada. Não há comunicação direta com o Poder Judiciário – o pedido deve ser encaminhado diretamente à autoridade central (NCPC, art. 29). **D:** Correta (NCPC, arts. 28 e 30, III). **E:** Errada. O auxílio direto pode ser usado também (mas não só) nos casos previstos em tratados internacionais de que o Brasil faça parte (NCPC, art. 30). LD/ACC

Gabarito "D"

(Procurador do Estado/AM – 2016 – CESPE) A respeito das normas processuais civis pertinentes a jurisdição e ação, julgue os itens seguintes.

(1) O novo CPC reconhece a competência concorrente da jurisdição internacional para processar ação de inventário de bens situados no Brasil, desde que a decisão seja submetida à homologação do STJ.
(2) Segundo as regras contidas no novo CPC, a legitimidade de parte deixou de ser uma condição da ação e passou a ser analisada como questão prejudicial. Sendo assim, tal legitimidade provoca decisão de mérito.
(3) O novo CPC aplica-se aos processos que se encontravam em curso na data de início de sua vigência, assim como aos processos iniciados após sua vigência que se referem a fatos pretéritos.

1: incorreta, porquanto se trata de competência exclusiva da autoridade brasileira (art. 23, II, NCPC); **2**: incorreta, pois a condição da ação que deixou de existir foi a possibilidade jurídica do pedido (art. 337, VI); **3**: correta. Os arts. 14 e 1.046 do NCPC impõe a aplicabilidade imediata da norma processual aos processos em curso, sem se olvidar da aplicabilidade da teoria do isolamento dos atos processuais.

Gabarito 1E, 2E, 3C

6. PRESSUPOSTOS PROCESSUAIS E CONDIÇÕES DA AÇÃO

(Juiz de Direito/AM – 2016 – CESPE) A respeito da ação e dos pressupostos processuais, assinale a opção correta.

(A) Segundo a teoria da asserção, a análise das condições da ação é feita pelo juiz com base nas alegações apresentadas na petição inicial.
(B) Na ação de alimentos contra o pai, o menor de dezesseis anos de idade tem legitimidade para o processo, mas não goza de legitimidade para a causa.
(C) O direito a determinada prestação jurisdicional se esgota com o simples exercício do direito de ação.
(D) Conforme a teoria concreta da ação, o direito de agir é autônomo e independe do reconhecimento do direito material supostamente violado.
(E) Na hipótese de legitimidade extraordinária, a presença e a higidez dos pressupostos processuais serão examinadas em face da parte substituída.

A: correta. A teoria da asserção (também chamada de teoria da prospectação) aponta que as condições da ação devem ser avaliadas segundo as afirmações do autor contidas na inicial, de modo que se alguma questão necessitar de dilação probatória para sua análise, será mérito – e é isso o exposto na alternativa. Contrapõe-se à teoria da apresentação, segundo a qual, aferida a inexistência das condições da ação ao final da instrução processual, a sentença será de extinção sem resolução de mérito (cf. ASSIS, Carlos Augusto de. *Teoria Geral do Processo Contemporâneo*. São Paulo: Atlas, 2016, p. 227/228); **B**: incorreto, pois o menor de dezesseis anos, neste caso, tem legitimidade "ad causam" (*legitimidade para a causa*, que é a pertinência entre as partes na relação jurídica processual e material), mas, por ser relativamente incapaz (art. 4º, I, CC), precisa estar assistido, nos termos do art. 71, NCPC. A capacidade de parte também é denominada de legitimidade para o processo *(legitimatio ad processum)*; **C**: incorreto, pois a atividade jurisdicional pressupõe, além da instauração do processo, a satisfação da pretensão ofertada, com a prolação de um provimento que elimine o estado de insatisfação da parte; **D**: incorreto. Pela teoria concreta da ação, só há ação se a sentença é favorável. Trata-se de entendimento superado a prevalece hoje a teoria abstrata, em que se diferencia o exercício do direito de ação, de movimentar o Judiciário, da procedência do pedido (cf. ASSIS, Carlos Augusto de. *Teoria Geral do Processo Contemporâneo*, op. cit., p. 206/7); **E**: incorreto. A legitimação extraordinária (em que há substituição processual) é pleitear, em nome próprio, direito alheio (NCPC, art. 18). Assim, apreciam-se os pressupostos processuais em relação ao substituto, que é quem figura no processo.

Gabarito "A"

7. FORMAÇÃO, SUSPENSÃO E EXTINÇÃO DO PROCESSO. NULIDADES

(Defensor Público/PE – 2018 – CESPE) Em determinado processo, o réu não foi citado nem apresentou contestação. O magistrado, além de não declarar o processo nulo, julgou-o, no mérito, favoravelmente ao réu.

Nessa situação hipotética, a conduta do magistrado foi correta porque

(A) ele aproveitou atos que não dependem da citação.

(B) ele julgou favoravelmente o mérito da causa para a parte que seria beneficiada caso a nulidade fosse decretada.

(C) o autor não requereu a nulidade do processo.

(D) o autor foi o causador da nulidade.

(E) a declaração de nulidade processual depende de requerimento da parte.

A: Errada. Na situação, não foi aplicada a regra de aproveitamento dos atos processuais (NCPC, art. 281). **B**: Correta (NCPC, art. 282, § 2º). **C**: Errada. A nulidade não pode ser requerida pela parte que lhe deu causa (NCPC, art. 276). **D**: Errada, pois não há indicações nesse sentido na questão. **E**: Errada. Por ser causa de nulidade absoluta, é possível a decretação de ofício (NCPC, arts. 239 e 337, I, § 5º). LD/ACC

Gabarito "B"

8. TUTELA PROVISÓRIA

Em ação de natureza civil, o autor requereu que determinado estado da Federação fosse condenado ao fornecimento de medicamento de alto custo. O demandante, de forma incidental, fez pedido de tutela provisória antecipada, alegando que o seu direito é certo e que corre risco de morte caso não receba o medicamento com brevidade. Todos os fatos alegados pela parte autora foram exaustivamente comprovados por documentos idôneos, razão pela qual o juízo concedeu a referida tutela antecipada e determinou a intimação do requerido para que cumprisse a decisão.

(Procurador do Município - Campo Grande/MS - 2019 - CESPE/ CEBRASPE) Considerando essa situação hipotética, julgue os itens que se seguem, concernentes à tutela provisória.

(1) Caso o estado da Federação não interponha recurso contra a concessão da tutela antecipada, essa decisão se tornará estável, não podendo ser modificada ou revogada pelo Poder Judiciário.

(2) O pedido de tutela provisória de urgência de caráter incidental exige que a parte que a requer realize o pagamento de custas processuais.

1: errada, pois a estabilização da tutela tem previsão apenas para a tutela provisória requerida em caráter antecedente (não incidental), além disso, mesmo a tutela estabilizada poderá ser revista, reformada ou invalidada pelo Poder Judiciário no prazo de 2 anos, contados da ciência da decisão que extinguir o processo (CPC, art. 304, *caput* e parágrafos); **2**: errada, já que, nessa situação, a lei dispensa o recolhimento de custas processuais (CPC, art. 295). LD

Gabarito 1E, 2E

(Defensor Público/AC – 2017 – CESPE) Uma criança necessita, com urgência, de internação em UTI. Alegando ser hipossuficientes, seus pais procuraram a DP e informaram que não havia leitos disponíveis nos hospitais da rede pública. Além disso, relataram que haviam perdido todos os laudos de exames da criança e que não poderiam aguardar a segunda via deles, tampouco submetê-la a novos exames, em razão do risco iminente de morte dela.

Nessa situação, a fim de garantir a pronta internação da criança, a DP deverá ajuizar

(A) ação, qualquer que seja ela, apenas após a entrega dos laudos dos exames da criança.

(B) mandado de segurança, com pedido cautelar em caráter antecedente.

(C) mandado de segurança, com pedido de produção de prova pericial sobre o estado de saúde dela, a ser realizada na fase de dilação probatória.

(D) ação ordinária, formulando pedido de tutela de evidência.

(E) ação ordinária, formulando pedido de tutela de urgência de caráter antecedente.

A: Errada. Considerando que a urgência é contemporânea ao ajuizamento da ação, não seria razoável aguardar a obtenção dos laudos de exames da criança. **B**: Errada. O procedimento do MS possui regramento próprio e é incompatível com o requerimento da tutela em caráter antecedente (Lei 12.016/2009, art. 6º e ss.). **C**: Errada. Descabe dilação probatória em MS, dada a natureza dessa ação e a necessidade de direito líquido e certo. **D**: Errada. A situação requer a concessão de tutela de urgência, tendo em vista a presença do perigo de dano (NCPC, art. 300 e ss.). **E**: Correta (NCPC, art. 303). *Atenção: no NCPC não mais existe "ação ordinária", mas sim procedimento comum (que não tem mais subdivisão entre sumário e ordinário). LD/ACC

Gabarito "E"

(Defensor Público/AL – 2017 – CESPE) De acordo com o Código de Processo Civil (CPC), é passível de estabilização a tutela

(A) cautelar de urgência requerida em caráter antecedente, mediante a negociação expressa entre as partes.

(B) antecipada concedida em caráter antecedente, se da decisão houver interposição de recurso por assistente simples e o réu não se manifestar.

(C) cautelar concedida em caráter antecedente, se da decisão não houver interposição de recurso cabível.

(D) antecipada de urgência requerida em caráter antecedente, mediante negociação expressa entre as partes.

(E) provisória concedida em caráter incidental, se da decisão não houver interposição tempestiva de recurso.

A: Errada. Não cabe estabilização de tutela cautelar – nesse sentido, enunciado 420 do FPPC (NCPC, art. 305). **B**: Errada. A interposição de agravo de instrumento pelo assistente simples impede a estabilização da tutela – nesse sentido, enunciado 501 do FPPC (NCPC, arts. 121 e 304). **C**: Errada. Não cabe estabilização de tutela cautelar – nesse sentido, enunciado 420 do FPPC (NCPC, art. 305). **D**: Correta, conforme enunciado 32 do FPPC (NCPC, art. 304). **E**: Errada. A estabilização é restrita à concessão da tutela em caráter antecedente (NCPC, art. 304). LD/ACC

Gabarito "D"

(Promotor de Justiça/RR – 2017 – CESPE) De acordo com expressa previsão do CPC, o fenômeno processual denominado estabilização da tutela provisória de urgência aplica-se apenas à tutela

(A) cautelar, requerida em caráter antecedente.

(B) antecipada, incidental ou antecedente.

(C) cautelar, incidental ou antecedente.

(D) antecipada, requerida em caráter antecedente.

A: Errada. Não cabe estabilização de tutela cautelar – nesse sentido, enunciado 420 do FPPC (NCPC, art. 305), inclusive porque é um contrassenso falar em estabilização de algo que tem como característica a finalidade de apenas resguardar o resultado do pedido (tutela cautelar). **B:** Errada. A estabilização da tutela se faz possível apenas quando requerida em caráter antecedente (NCPC, arts. 303 e 304). **C:** Errada. Não cabe estabilização de tutela cautelar – nesse sentido, enunciado 420 do FPPC (NCPC, art. 305). **D:** Correta (NCPC, art. 304). LD/ACC

Gabarito "D"

9. PROCESSO DE CONHECIMENTO

9.1. PETIÇÃO INICIAL E CONTESTAÇÃO

(Juiz de Direito - TJ/BA - 2019 - CESPE/CEBRASPE) De acordo com o CPC, na ação em que houver pedido subsidiário, o valor da causa corresponderá

(A) à soma dos valores dos pedidos principal e subsidiário.
(B) ao pedido de maior valor, entre o principal e o subsidiário.
(C) à média dos valores dos pedidos principal e subsidiário.
(D) ao valor do pedido principal.
(E) ao valor de qualquer dos pedidos, principal ou subsidiário, desde que a diferença dos seus valores seja de até 5%.

A: errada, já que o valor da causa corresponderá à soma dos valores dos pedidos, no caso de *cumulação simples* (CPC, art. 292, VI); **B:** errada, pois o valor da causa corresponderá ao pedido de maior valor no caso de *pedido alternativo* (CPC, art. 292, VII); **C:** errada, porque, na hipótese de pedido subsidiário, o valor da causa corresponderá ao valor do *pedido principal* (CPC, art. 292, VIII); **D:** certa, conforme expressa previsão legal (CPC, art. 292, VIII); **E:** errada, tendo em vista não existir essa previsão no CPC. LD

Gabarito "D"

(Juiz de Direito - TJ/BA - 2019 - CESPE/CEBRASPE) A respeito da petição inicial de ação civil, julgue os itens a seguir.

I. Ainda que, para atender os requisitos da petição inicial, o autor requeira uma diligência excessivamente onerosa, é vedado ao juiz indeferir a inicial sob esse fundamento.
II. Ao contrário da ausência da indicação dos fundamentos jurídicos do pedido, a falta de indicação dos fatos acarreta o indeferimento de plano da inicial.
III. Não lhe sendo possível obter o nome do réu, o autor poderá indicar as características físicas do demandado, o que, se viabilizar a citação deste, não será causa de indeferimento da inicial.
IV. Se a ação tiver por objeto a revisão de obrigação decorrente de empréstimo, o autor deverá, sob pena de inépcia, discriminar na inicial, entre as obrigações contratuais, aquelas que pretende controverter, além de quantificar o valor incontroverso do débito.

Estão certos apenas os itens

(A) I e II.
(B) I e IV.
(C) III e IV.
(D) I, II e III.
(E) II, III e IV.

I: errada, já que a possibilidade de autor requerer diligências se refere especificamente à qualificação das partes (CPC, art. 319, II e §§1° ao 3°), sendo em regra dever do autor buscar as informações para o ajuizamento da inicial – de modo que possível ao juiz indeferir a petição inicial caso não presentes os requisitos; **II:** errada, pois constitui requisito da petição inicial a apresentação dos fatos e do fundamento jurídico do pedido (causa de pedir), sob pena de indeferimento da inicial (CPC, arts. 319, III e 321); **III:** certa, conforme expressa previsão legal, considerando que a falta de informações sobre a qualificação do réu não será causa de indeferimento da inicial, se, ainda assim, for possível sua citação (CPC, art. 319, II, §2°); **IV:** certa, conforme expressa previsão legal (CPC, art. 330, §2°). LD

Gabarito "C"

(Juiz – TJ/CE – 2018 – CESPE) O autor da ação poderá alterar o pedido inicial

(A) até o saneamento do processo, desde que haja consentimento do réu.
(B) até o término da fase postulatória, independentemente do consentimento do réu.
(C) a qualquer tempo, sempre subordinado ao consentimento do réu.
(D) após a citação do réu e independentemente do seu consentimento, se este for revel.
(E) enquanto houver citações pendentes no caso de litisconsórcio passivo, desde que haja o consentimento dos réus já citados.

A: Correta (NCPC, art. 329, II). **B:** Errada. O autor poderá alterar o pedido, independentemente de consentimento do réu, até a citação (NCPC, art. 329, I). **C:** Errada. A alteração do pedido está limitada ao saneamento do processo, desde que tenha o prévio consentimento do réu (NCPC, art. 329, II). **D:** Errada. Após a citação do réu, é imprescindível seu consentimento para alteração do pedido, ainda que seja revel (NCPC, art. 329, II). **E:** Errada, considerando o exposto em "A", de modo que em relação ao réu não citado, há liberdade na alteração do pedido. LD/ACC

Gabarito "A"

(Defensor Público/AC – 2017 – CESPE) Em uma petição inicial em processo de conhecimento, o autor requereu que sua ação fosse julgada totalmente procedente, para que fosse reconhecida a impenhorabilidade do seu salário. Requereu, ainda, a condenação do réu ao pagamento de honorários sucumbenciais, nos termos da lei.

Nessa situação hipotética, quanto aos pedidos formulados pelo autor da ação, assinale a opção correta.

(A) Os pedidos são próprios de uma ação de execução de sentença.
(B) Os pedidos são, respectivamente, declaratório e condenatório.
(C) O pedido imediato é uma obrigação de fazer.
(D) O pedido mediato não é um bem da vida.
(E) O pedido imediato é uma obrigação de não fazer.

A: Errada. Os pedidos são próprios de uma ação declaratória (NCPC, art. 20). **B:** Correta. Trata-se de ação declaratória (declarar a impenhorabilidade), com pedido de condenação ao pagamento dos ônus sucumbenciais. **C:** Errada. O pedido imediato é a tutela declaratória (NCPC, art. 20). **D:** Errada. O pedido mediato é um bem da vida: a garantia de impenhorabilidade do salário e o pagamento dos honorários. **E:** Errada. O pedido imediato é a tutela declaratória (NCPC, art. 20). LD/ACC

Gabarito "B"

(Defensor Público/AL – 2017 – CESPE) No processo de conhecimento, o réu devidamente citado que, injustificadamente, não comparecer à audiência de conciliação

(A) será considerado revel e seu ato será considerado atentatório à dignidade da justiça.
(B) será sancionado com multa, cujo valor deve ser revertido em favor da União ou do estado.
(C) será considerado revel e sancionado com multa, cujo valor deve ser revertido em favor da União ou do estado.
(D) será sancionado com multa, cujo valor deve ser revertido em favor do autor.
(E) terá o prazo de dez dias para manifestar seu interesse na autocomposição.

A: Errada. O não comparecimento injustificado não conduz à revelia e, sim, à imposição de sanção correspondente ao pagamento de multa (NCPC, art. 334, § 8°). **B:** Correta (NCPC, art. 334, § 8°). **C:** Errada. O não comparecimento injustificado não conduz à revelia e, sim, à imposição de sanção correspondente ao pagamento de multa, cujo valor será, de fato, revertido em favor da União ou do Estado (NCPC, art. 334, § 8°). **D:** Errada. A multa não será revertida em favor do autor e sim da União ou do Estado (NCPC, art. 334, § 8°). **E:** Errada. O réu deve manifestar seu interesse na autocomposição com 10 dias de antecedência, contados da data designada para a realização da audiência (NCPC, art. 334, § 5°). LD/ACC

Gabarito "B"

9.2. PROVAS E JULGAMENTO CONFORME ESTADO DE PROCESSO

(Juiz – TJ/CE – 2018 – CESPE) Após as providências preliminares de saneamento, o juiz decidiu parte do mérito da causa antecipadamente, por considerar que alguns pedidos formulados eram incontroversos.

Nessa situação, o juiz exerceu

(A) cognição exauriente: a sentença é, necessariamente, líquida e o recurso cabível será a apelação.
(B) cognição sumária: a sentença é ilíquida e o recurso cabível será a apelação.
(C) cognição exauriente: o recurso cabível será o agravo de instrumento, independentemente de a decisão ter sido líquida ou ilíquida.
(D) cognição exauriente: a decisão é, necessariamente, líquida e o recurso cabível será o agravo de instrumento.
(E) cognição sumária: a decisão é, necessariamente, líquida e o recurso cabível será o agravo de instrumento.

A: Errada. Para responder à questão, deve-se considerar que: (i) a cognição é exauriente em relação aos pedidos incontroversos; (ii) não se trata de sentença e sim de decisão interlocutória; (iii) a decisão poderá reconhecer a existência de obrigação líquida ou ilíquida; e (iv) o recurso cabível será o agravo de instrumento (NCPC, arts. 356, §§ 1º e 5º e 1.015, II). **B:** Errada, pelas mesmas razões da alternativa "A" (NCPC, arts. 356, §§ 1º e 5º e 1.015, II). **C:** Correta (NCPC, arts. 356, §§ 1º e 5º e 1.015, II). **D:** Errada. A decisão poderá reconhecer a existência de obrigação líquida ou ilíquida (NCPC, art. 356, § 1º). **E:** Errada. A cognição do magistrado será exauriente e a decisão poderá reconhecer a existência de obrigação líquida ou ilíquida (NCPC, art. 356, § 1º). **LD/ACC**

Gabarito "C"

(Defensor Público/PE – 2018 – CESPE) Após encerrar a instrução de determinado processo, a juíza do caso foi removida para outra vara. O juiz substituto que assumiu a vara apreciou o referido processo, já instruído, e proferiu julgamento antecipado parcial do mérito de um dos pedidos da inicial, por ser incontroverso.

Com relação a essa situação hipotética, assinale a opção correta.

(A) Ainda que interponha recurso, a parte deverá executar, desde logo e mediante prévia caução, a obrigação reconhecida pela decisão do juiz substituto.
(B) A decisão do juiz substituto não poderá ser considerada nula com base no princípio da identidade física do juiz.
(C) Contra a decisão proferida pelo juiz substituto caberá interposição de recurso de apelação.
(D) A decisão do juiz substituto não pode ter reconhecido obrigação ilíquida.
(E) O juiz substituto deveria ter designado audiência de instrução e julgamento para apurar o pedido.

A: Errada. A parte poderá executar a obrigação *independentemente* de caução (NCPC, art. 356, § 2º). **B:** Correta. O princípio da identidade física do juiz não encontra previsão no NCPC – diferentemente do antigo CPC/1973, em seu art. 132. **C:** Errada. Contra a decisão proferida caberá agravo de instrumento (NCPC, art. 356, § 5º). **D:** Errada. A decisão pode reconhecer a existência de obrigação líquida *ou* ilíquida (NCPC, art. 356, § 1º). **E:** Errada. Não há necessidade de produção de outras provas, já que o pedido é incontroverso (NCPC, 356, I). **LD/ACC**

Gabarito "B"

(Defensor Público/PE – 2018 – CESPE) Não havendo processo anterior que trate da situação, a demonstração de que determinado fato ocorreu em rede social acessível pela Internet poderá ser realizada com a juntada aos autos

(A) de declaração pessoal do autor.
(B) de prova emprestada.
(C) do computador.
(D) da prova pericial.
(E) de ata notarial.

A questão aborda os meios de prova aptos a comprovar a existência e a veracidade de conteúdos produzidos em redes sociais. Dos meios de prova mencionados na questão, a ata notarial (instrumento dotado de fé pública e introduzido como meio de prova pelo NCPC – art. 384) seria o mais adequado para atestar a existência de fato ocorrido em rede social. Seria possível eventualmente se cogitar de prova emprestada, se o enunciado da questão não tivesse esclarecido não haver processo anterior. **LD/ACC**

Gabarito "E"

(Analista Judiciário – STJ – 2018 – CESPE) Acerca do procedimento comum, julgue os itens que se seguem.

(1) Quando for dispensável a fase instrutória e o pedido contrariar súmula do Superior Tribunal de Justiça ou do Supremo Tribunal Federal, o juiz poderá julgar liminarmente improcedente o pedido, mesmo sem a citação do réu.
(2) Havendo mais de um réu, se apenas um deles deixar de contestar a ação, sobre este incidirão os efeitos da revelia.
(3) Contra a sentença que decidir somente uma parte do processo com fundamento na prescrição, caberá agravo de instrumento.
(4) Por ser matéria de ordem pública, a distribuição diversa do ônus da prova não é possível por convenção das partes.

1: Correta (NCPC, art. 332, I). **2:** Errada. Havendo pluralidade de réus, não incidirão os efeitos da revelia, se algum deles contestar a ação (NCPC, art. 345, I). **3:** Correta. Nesse caso, seria possível, por exemplo, o julgamento antecipado parcial de mérito, impugnável pela via do agravo de instrumento (NCPC, art. 356, § 5º). **4:** Errada. É possível que as partes convencionem, por meio de negócio jurídico processual, a respeito da distribuição do ônus da prova (NCPC, arts. 190 e 373, § 3º). **LD/ACC**

Gabarito 1C, 2E, 3C, 4E

(Procurador do Estado/SE – 2017 – CESPE) Ao tratar das hipóteses de julgamento conforme o estado do processo, o CPC determina que o julgamento antecipado do mérito

(A) somente deve ser utilizado se o juiz estiver apto a prolatar decisão líquida; caso contrário, este deve prolongar a fase de conhecimento.
(B) pode ser realizado de modo parcial, por meio de decisão interlocutória impugnável por agravo de instrumento.
(C) depende, para que seja legitimamente procedido, da existência de precedente firmado no julgamento de casos repetitivos.
(D) deve ser utilizado sempre que o réu for revel, porque, nesses casos, a instrução probatória é desnecessária.
(E) deve ser feito com a utilização da técnica processual denominada tutela provisória, nas modalidades de urgência ou de evidência.

A: Errada. A decisão pode reconhecer a existência de obrigação líquida *ou* ilíquida (NCPC, art. 356, § 1º). **B:** Correta (NCPC, art. 356, § 5º). **C:** Errada. Para o julgamento antecipado do mérito basta que (i) não haja necessidade de produção de outras provas ou que (ii) o réu seja revel e não haja requerimento de produção de provas (NCPC, art. 355). **D:** Errada. É possível que o réu requeira a produção de prova, ainda que seja revel (NCPC, art. 349). **E:** Errada. O julgamento antecipado do mérito (decisão definitiva e proferida sob cognição exauriente) não se confunde com a concessão de tutela provisória (decisão precária e proferida sob cognição sumária) (NCPC, art. 355 e 356). **LD/ACC**

Gabarito "B"

(Defensor Público – DPE/RN – 2016 – CESPE) Assinale a opção correta relativamente ao direito probatório e à audiência no processo civil.

(A) O documento lavrado por servidor público incompetente, mas subscrito pelas partes, não perde a fé pública.
(B) O menor de dezesseis anos pode depor como testemunha no processo civil.
(C) A confissão espontânea pode ser feita por mandatário com poderes especiais.
(D) Com fundamento no princípio da verdade material, o juiz não poderá dispensar a produção de prova requerida pela parte cujo advogado não compareceu à audiência.

(E) O juiz poderá, de ofício, determinar o comparecimento pessoal das partes com o propósito de interrogá-las sobre os pontos controversos da demanda; todavia, se a parte intimada não comparecer, não lhe poderá aplicar a pena de confissão.

A: incorreto. Nesse caso o documento perde a fé pública, pois passa a ter a mesma eficácia probatória de documento particular (NCPC, art. 407). **B**: incorreto, pois os incapazes não podem depor como testemunhas (NCPC, art. 447, "caput" e § 1º, III) – no máximo será informante. **C**: correto (NCPC, art. 390, § 1º). **D**: incorreto. Em caso de não comparecimento do advogado à audiência, a dispensa da prova requerida é possível (NCPC, art. 362, § 2º). **E**: incorreto. O juiz pode determinar o comparecimento das partes a qualquer momento, mas somente quando do depoimento pessoal (em audiência) é que poderá ocorrer a pena de confissão (NCPC, art. 139, VIII).

Gabarito "C".

(Analista Judiciário – TRT/8ª – 2016 – CESPE) Com base nas normas processuais relativas às provas no processo civil, assinale a opção correta.

(A) **Situação hipotética:** José propôs ação anulatória de infração de trânsito, alegando que ele e seu veículo não estavam no local da autuação na hora indicada na multa. **Assertiva:** Nessa situação, o réu terá o ônus de comprovar o fato contrário ao alegado por José, haja vista que não se pode exigir do autor a prova de fato negativo.

(B) A testemunha submetida ao regime da legislação trabalhista não pode sofrer, por ter comparecido à audiência, perda de salário ou desconto no tempo de serviço, podendo, ainda, qualquer testemunha requerer o pagamento da despesa realizada para ir à audiência.

(C) **Situação hipotética:** Em 2009, Rafael ajuizou ação indenizatória contra Marcos. Durante a instrução processual, a testemunha inquirida faleceu, três meses depois da inquisição. Em 2011, Luana acionou Marcos em ação que versava sobre o mesmo fato. **Assertiva:** Nessa situação, a utilização, no processo proposto por Luana, da prova testemunhal do processo ajuizado por Rafael é manifestamente ilegítima.

(D) Viola norma expressa do CPC — que determina que a instrução probatória será feita de acordo com o princípio dispositivo — o magistrado que determina de ofício a exibição de documento que estava com o réu.

(E) Caso, durante a produção de prova pericial em processo judicial, as partes solicitem prorrogação do prazo legal de cinco dias para indicar assistente técnico e formular quesitos, o juiz deve rejeitar o pedido, dada a natureza peremptória de qualquer prazo legal.

A: incorreta, pois o ônus da prova, neste caso, incumbe ao autor, conforme art. 373, I, NCPC; ademais, em se tratando de ato administrativo (imposição de multa por infração de trânsito), subsiste presunção legal de veracidade em favor da Administração Pública, de modo que cabe ao particular o ônus de afastar referida presunção; **B**: correto (arts. 462 e 463, NCPC); **C**: incorreta, pois o Código prevê a prova emprestada (art. 372, NCPC); **D**: incorreta, pois há expressa previsão legal nesse sentido (art. 421, NCPC); **E**: incorreta, pois isso é permitido, nos termos do art. 191, NCPC, segundo o qual podem o juiz e as partes, de comum acordo, fixarem calendário para a prática de determinados atos processuais.

Gabarito "B".

9.3. SENTENÇA E COISA JULGADA

(Juiz de Direito - TJ/BA - 2019 - CESPE/CEBRASPE) O juiz proferirá sentença sem resolução de mérito quando

(A) acolher a alegação de existência de convenção de arbitragem.

(B) homologar a transação.

(C) homologar o reconhecimento da procedência do pedido formulado na ação.

(D) homologar a renúncia à pretensão formulada na ação.

(E) verificar a impossibilidade jurídica do pedido.

A: correta, conforme expressa previsão legal (CPC, art. 485, VII); **B**, **C** e **D**: erradas, pois todas essas alternativas tratam de situações nas quais haverá resolução do mérito, por homologação do juiz (CPC, art. 487, III, alíneas); **E**: errada, considerando que, a partir do CPC/15, a impossibilidade jurídica do pedido não mais integra as condições da ação, de modo que não é motivo para extinção sem mérito (CPC, art. 485, VI). LD

Gabarito "A".

(Defensor Público/AC – 2017 – CESPE) Por determinação legal, o juiz não pode proferir decisão de teor diverso daquele do pedido feito pelo autor, tampouco condenar em quantidade superior ou em objeto diverso do que lhe foi demandado. A partir desse entendimento, assinale a opção correta.

(A) É lícito ao juiz proferir sentença condicional.

(B) A sentença *extra petita* é aquela em que há majoração ilícita de algo requerido na inicial.

(C) A sentença *ultra petita* é aquela em que é conferido direito não requerido na inicial.

(D) Sentença fundamentada em razões diversas daquelas presentes no recurso não é considerada *extra petita*.

(E) Se o pedido de correção monetária não for formulado pelo autor, o juiz não poderá se pronunciar sobre a questão.

A: Errada. A relação jurídica objeto da demanda pode ser condicional, mas a sentença deve ser sempre certa (NCPC, art. 492, parágrafo único e STJ, REsp 164.110/SP). **B**: Errada. A sentença *extra petita* concede algo *diferente* do que foi pedido. **C**: Errada. A sentença *ultra petita* concede algo *além* do que foi pedido. **D**: Correta, pois o juiz não está vinculado à classificação jurídica (artigos de lei, tese jurídica sustentada), mas sim aos fatos e consequência jurídica (NCPC, art. 319, III). **E**: Errada. A correção monetária é matéria de ordem pública e integra o pedido de forma implícita (NCPC, art. 332, § 1º e STJ, REsp 1.112.524/DF). LD/ACC

Gabarito "D".

(Defensor Público/AC – 2017 – CESPE) Fato modificativo que surja após a propositura de uma ação, influenciando diretamente o julgamento do mérito,

(A) não permitirá a rediscussão das condições da ação, caso seja verificado no âmbito das ações civis públicas.

(B) não precisa, para que influencie o julgamento da lide, se referir ao mesmo fato jurídico que constitui o objeto da demanda.

(C) será considerado como questão nova, caso implique inclusão de novo fundamento de direito não presente anteriormente.

(D) deverá, para que seja considerado, ser passível de comprovação antes da propositura da ação, ainda que desconhecido quando do ajuizamento.

(E) caso constatado de ofício, obrigará o juiz a instaurar o contraditório para ouvir as partes antes de proferir decisão sobre ele.

Existindo fato superveniente, o juiz deverá considerá-lo, mas será necessário ouvir antes as partes (NCPC, art. 493, parágrafo único). LD/ACC

Gabarito "E".

10. TEMAS COMBINADOS DE PARTE GERAL / PROCESSO DE CONHECIMENTO

(Defensor Público - DPE/DF - 2019 - CESPE/CEBRASPE) A respeito da função jurisdicional, dos sujeitos do processo, dos atos processuais e da preclusão, julgue os itens seguintes.

(1) Na execução fiscal, cabe à fazenda pública decidir se a dívida será executada no foro de domicílio do réu, no de residência dele ou no do lugar onde ele for encontrado.

(2) Salvo se o regime de bens for o da separação absoluta, haverá litisconsórcio necessário entre os cônjuges para que um deles proponha ação que verse sobre direito real imobiliário.

(3) Contraria o ordenamento jurídico o juiz que negar a defensor público o fornecimento de certidão do dispositivo de sentença proferida em processo tramitado em segredo de justiça, sob o fundamento de ausência de interesse jurídico.

(4) Será considerado intempestivo o recurso de apelação interposto antes da publicação da sentença.

(5) Ocorrerá a preclusão lógica do recurso para a parte que aceitar, ainda que tacitamente, sentença que lhe foi desfavorável.

1: certa, conforme previsão específica do Código para o ajuizamento de execuções fiscais pela Fazenda (CPC, art. 46, §5º: "§ 5.º A execução fiscal será proposta no foro de domicílio do réu, no de sua residência ou no do lugar onde for encontrado"). **2:** errada, considerando que a lei exige apenas a consentimento (outorga uxória/marital), ou seja, a anuência do cônjuge para a propositura da ação que verse sobre direito real imobiliário (CPC, art. 73), e não o litisconsórcio – e no caso de separação absoluta isso não será necessário; **3:** errada. Ainda que o acesso aos autos de processo que tramita em segredo de justiça é restrito às partes e a seus procuradores, o Código prevê a possibilidade de terceiro (logo, também o defensor público) requerer a certidão do dispositivo da sentença, desde que comprove interesse jurídico (CPC, art. 189, §§1º e 2º); **4:** errada, pois, a partir do CPC/15, não há dúvida sobre a tempestividade de recurso interposto antes da publicação da decisão (CPC, art. 218, §4º: "§ 4.º Será considerado tempestivo o ato praticado antes do termo inicial do prazo"), afastando-se entendimento anterior em sentido inverso; **5:** certa, tendo em vista que a preclusão lógica consiste na perda de uma faculdade processual em decorrência da prática de ato incompatível com o direito que se pretende exercer (CPC, art. 1.000). LD

Gabarito 1C, 2E, 3E, 4E, 5C

Jorge foi devidamente citado em ação movida por Márcio e pretende alegar incompetência territorial, impugnar o valor da causa e apresentar reconvenção.

(Procurador do Município - Campo Grande/MS - 2019 - CESPE/ CEBRASPE) Considerando essa situação hipotética, julgue os itens subsequentes, a respeito do valor da causa, jurisdição e improcedência liminar do pedido.

(1) Tanto a incompetência territorial quanto o valor da causa deverão ser alegados como preliminares da contestação.

(2) A incompetência territorial é uma questão relativa, que deve ser alegada na primeira oportunidade em que a parte for se manifestar em juízo, salvo no caso de o objeto litigioso ser um bem imóvel, o que torna a competência territorial absoluta e passível de ser decretada de ofício pelo julgador.

(3) Caso Jorge, em reconvenção, resolva fazer pedidos cumulativos simples, o valor da causa será o referente à soma de todos os pedidos. Se ele for pleitear prestações periódicas vencidas e vincendas que ultrapassem um ano, o valor da causa deverá ser reduzido ao quantitativo equivalente a doze parcelas de prestações pretendidas.

(4) Se o pedido feito na inicial por Márcio contrariar qualquer acórdão proferido por tribunal superior, o juiz deverá julgar liminarmente improcedente o pedido.

1: certa, porque no CPC/15, a competência (seja absoluta e relativa) e a impugnação ao valor da causa devem ser arguidas em preliminar de contestação (CPC, arts. 64 e 337, II e III); **2:** questão anulada pela banca, considerando que o simples fato de o objeto da ação ser um bem imóvel não torna a competência territorial absoluta. A regra é que a competência territorial seja relativa, sendo considerada absoluta para os casos de ações que versem sobre direitos *reais* sobre bens imóveis (CPC, art. 47, §2º); **3:** questão anulada pela banca, em razão da segunda parte da afirmação. Quando o pedido envolve prestações periódicas, as parcelas vencidas devem ser *somadas* à uma prestação anual das vincendas (12 parcelas), já que a obrigação ultrapassa o período de um ano (CPC, art. 292, §§1º e 2º); **4:** errada, considerando que "qualquer acórdão proferido por tribunal superior" não representa o entendimento dos tribunais superiores sobre a aplicação de determinada norma, não sendo considerado precedente vinculante que justifique a improcedência liminar – deve ser, por exemplo, um acórdão de recurso repetitivo para que haja a improcedência liminar (CPC, art. 332). LD

Gabarito 1C, 2ANULADA, 3 ANULADA, 4E

Dionísio ajuizou ação possessória em desfavor de Paulo sob o fundamento de que, durante os últimos seis meses, o demandado estaria lhe prejudicando a entrada em seu próprio terreno, visto que Paulo havia descarregado um caminhão de areia no portão de entrada da propriedade de Dionísio. Ao redigir a exordial, o advogado do autor narrou nos fatos a ocorrência de esbulho, o que justificaria o ajuizamento da referida ação como de reintegração de posse.

(Procurador do Município - Campo Grande/MS - 2019 - CESPE/ CEBRASPE) Julgue os itens subsecutivos, no que se refere a procedimentos especiais, contestação, reconvenção e petição inicial.

(1) No caso, como ocorreu somente o embaraço da plena posse de Dionísio, deveria ter sido ajuizada ação de manutenção de posse. Assim, o juiz, ao receber a inicial, deverá determinar a emenda da exordial para adequação do pedido, nos termos do Código de Processo Civil.

(2) Nas ações possessórias, é admissível que o autor faça pedido liminar em relação ao restabelecimento pleno de sua posse, bastando para tanto que comprove a existência dos mesmos requisitos básicos das tutelas provisórias de urgência, quais sejam, o *periculum in mora* e o *fumus boni iuris*.

(3) Se Dionísio não fosse o proprietário do bem imóvel objeto de ação possessória, mas tão somente o inquilino, ele teria legitimidade para promover a referida demanda.

(4) O único meio processual cabível para que Paulo pudesse expor suas pretensões na demanda possessória seria a reconvenção, na qual ele poderia pleitear proteção possessória e indenização por prejuízos.

1: errada, considerando a aplicação do princípio da fungibilidade entre as ações possessórias, que permite que o juiz conheça do pedido independentemente de emenda da inicial (CPC, art. 554); **2:** errada, porque a concessão da liminar nas ações possessórias observa requisitos próprios, pautados na evidência do direito e não na urgência, são eles: (i) a prova da posse; (ii) a turbação ou o esbulho praticado; (iii) a data da turbação ou do esbulho (dentro do período de um ano e um dia); e (iv) a continuação da posse/perda da posse (CPC, arts. 561 e 562); **3:** certa, tendo em vista que o possuidor (seja o direto ou indireto) do bem imóvel pode ajuizar ação possessória (CPC, arts. 560 e 567) – o que é necessário é ter (ou já ter tido e perdido) a posse; **4:** errada, considerando a natureza dúplice das ações possessórias, que autoriza ao réu opor pedidos contra o autor na própria contestação, sem reconvir (CPC, art. 556). LD

Gabarito: 1E, 2E, 3C, 4E

Gabarito "D."

Em 29 de março de 2019, uma sexta-feira, iniciou-se o prazo para que uma autarquia apresentasse contestação a uma petição inicial de natureza cível, em procedimento ordinário, distribuída em uma das varas federais de uma comarca do estado do Mato Grosso do Sul, não tendo ocorrido nenhum feriado até a data final para protocolo da contestação.

(Procurador do Município - Campo Grande/MS - 2019 - CESPE/ CEBRASPE) Considerando essa situação hipotética, julgue os próximos itens, relativos a comunicação e prazos processuais, contestação e reconvenção.

(1) O último dia para o protocolo tempestivo da contestação era 10 de maio de 2019, uma sexta-feira.

(2) A citação da autarquia foi realizada no órgão da advocacia pública responsável pela representação judicial dessa autarquia.

(3) Na hipótese de a autarquia desejar exercer seu direito de ação e expor sua pretensão em desfavor do autor da demanda, ela deverá propor reconvenção a ser apresentada junto da contestação, sob pena de sofrer os efeitos da preclusão lógica em caso de protocolo posterior como peça autônoma.

(4) É correto afirmar que, após a citação válida da autarquia, o objeto da demanda se tornou oficialmente litigioso, mas não

é acertado dizer que o demandado foi constituído em mora, uma vez que ainda inexiste certeza acerca da veracidade dos fatos narrados pelo autor na inicial.

1: certa, considerando que a data de início do prazo deve ser excluída da contagem e que as autarquias têm de prazo em dobro para contestar – 30 dias úteis (CPC, arts.183, 219 e 224); **2**: certa, conforme expressa previsão legal (CPC, art. 242, §3º); **3**: errada. Prevê o CPC que a reconvenção é apresentada no bojo da contestação, e não em peça apartada. Mas, se houver a apresentação da contestação e não da reconvenção, não será possível apresentar depois a reconvenção por força da preclusão *consumativa*, e não em virtude da preclusão lógica; **4**: errada, pois a citação válida torna litigiosa a coisa e constitui em mora o devedor, independentemente da probabilidade do direito invocado (CPC, art. 240). LD

Gabarito: 1C, 2C, 3E, 4E

(Técnico Judiciário – STJ – 2018 – CESPE) Julgue os itens a seguir, a respeito das ações no processo civil.

(1) A teoria eclética da ação, adotada pelo ordenamento jurídico brasileiro, define ação como um direito autônomo e abstrato, independente do direito subjetivo material, condicionada a requisitos para que se possa analisar o seu mérito.

(2) O código de processo civil estabelece duas condições para se postular em juízo: o interesse de agir e a legitimidade da parte.

(3) A ação de conhecimento ou cognição visa prevenir, conservar, defender ou assegurar a eficácia de um direito.

(4) A tutela provisória pode ser concedida em caráter antecedente à propositura da ação ou em caráter incidental, quando proposta no curso da ação principal.

1: Correta. A questão traz a definição da teoria eclética, mista ou abstrata condicionada acerca da ação, cuja formulação é do autor italiano Enrico Liebman – a ação independe do direito material (pois o pedido pode ser julgado procedente ou improcedente), mas tem como requisitos as condições da ação. **2**: Correta. O NCPC excluiu a possibilidade jurídica do pedido do rol das condições da ação (NCPC, art. 485, VI). **3**: Errada. A afirmação se refere ao processo cautelar, que deixou de existir de forma autônoma no NCPC (agora é espécie do gênero tutela de urgência – NCPC, art. 294). O objetivo do processo de conhecimento é resolver uma crise de certeza, definindo a existência ou inexistência de um direito. **4**: Correta, sendo essa uma das inovações do NCPC (art. 294, parágrafo único). LD/ACC

Gabarito 1C, 2C, 3E, 4C

(Defensor Público/AL – 2017 – CESPE) Julgue os itens a seguir, a respeito de ação indenizatória.

I. Em se tratando de ação anulatória de indébito cumulada com indenizatória, o juiz poderá indeferir a petição inicial por ausência de interesse processual se existirem outras inscrições negativas relativas ao demandante.

II. Na fixação do valor indenizatório correspondente a uma única prestação pecuniária, os juros moratórios fluem a partir da citação em caso de responsabilidade extracontratual.

III. Será nula a sentença que acolher o pedido indenizatório do demandante em face de instituição financeira caso o juiz sentenciante esteja promovendo ação contra a mesma instituição.

Assinale a opção correta.

(A) Apenas o item I está certo.
(B) Apenas o item II está certo.
(C) Apenas o item III está certo.
(D) Apenas os itens I e III estão certos.
(E) Todos os itens estão certos.

I: Errada. Nesse caso, o juiz poderia indeferir o pedido de indenização por dano moral, com base em jurisprudência pacífica do STJ, mas não indeferir a petição inicial, já que há cumulação de pedidos (STJ, Súmula 385). **II**: Errada. Conforme entendimento do STJ, os juros moratórios fluem a partir do evento danoso, no caso de responsabilidade extracontratual (STJ, Súmula 54). **III**: Correta. A situação configura impedimento do juiz para apreciação da causa, acarretando a nulidade da sentença já proferida (NCPC, art. 144, IX e 146, § 7º). LD/ACC

Gabarito "C"

(Procurador do Estado/SE – 2017 – CESPE) Com relação às normas processuais, ao litisconsórcio, à jurisdição e aos deveres das partes, julgue os seguintes itens, de acordo com o CPC.

I. A boa-fé no direito processual civil exige a verificação da intenção do sujeito processual.

II. A limitação do litisconsórcio facultativo multitudinário, quando realizada pelo juiz em razão de número excessivo de litigantes, pode ocorrer na fase de conhecimento, na liquidação de sentença ou na execução.

III. A pendência de causa que tramita na justiça brasileira impede a homologação de sentença judicial estrangeira quando exigida para produzir efeitos no Brasil.

IV. Os emolumentos devidos a notário ou registrador em decorrência da prática de registro de ato notarial necessário à efetivação de decisão judicial são alcançados pelo benefício da gratuidade de justiça que tenha sido concedido.

Estão certos apenas os itens

(A) I e II.
(B) I e III.
(C) II e III.
(D) II e IV.
(E) II, III e IV.

I: Errada. A boa-fé no processo civil é objetiva e deve ser interpretada como uma norma de comportamento, portanto, independe da intenção do sujeito processual (NCPC, art. 5º). **II**: Correta, sendo que a inovação do NCPC se deu ao permitir a limitação em qualquer momento (NCPC, art. 113, § 1º). **III**: Errada. A pendência de demanda perante a justiça brasileira *não impede* a homologação de sentença estrangeira na hipótese descrita (NCPC, art. 24, parágrafo único). **IV**: Correta (NCPC, art. 98, § 1º, IX). LD/ACC

Gabarito "D"

(Juiz de Direito/DF – 2016 – CESPE) Acerca dos temas resposta do réu, prazos e litisconsórcio, assinale a opção correta, de acordo com a legislação aplicável e a jurisprudência dominante do STJ.

(A) A prerrogativa de prazo em dobro para recorrer, de que trata o artigo 191, do CPC, somente se aplica quando mais de um dos litisconsortes tiver legitimidade e interesse recursal, mesmo que sejam diversos os procuradores.

(B) A exceção de incompetência deve ser arguida em petição fundamentada e instruída, devendo o excipiente indicar o juízo para o qual declina; o excepto será ouvido em dez dias e o juiz dispõe de igual prazo para decidir a exceção, sendo incabível a produção de prova testemunhal, porque a competência é matéria de direito.

(C) Havendo litisconsórcio passivo facultativo, se o autor desistir da ação quanto a algum réu ainda não citado, o prazo para resposta correrá a partir da juntada aos autos do último mandado de citação ou aviso de recebimento.

(D) O réu deverá alegar, na contestação, toda a matéria de defesa que tiver, e deverá, no mesmo prazo da contestação, arguir, por meio de exceção, a incompetência, o impedimento ou a suspeição.

(E) A reconvenção tem natureza jurídica de lide secundária e, uma vez extinta a ação principal, também se extingue a reconvenção.

A: correta. Embora a lei indique que o pressuposto para a contagem do prazo em dobro seja a existência de diferentes procuradores, nos termos do art. 229 do NCPC (corresponde ao dispositivo mencionado na alternativa, que é do CPC/1973), o STJ consignou o entendimento de que a previsão somente se aplica quando mais de um dos litisconsortes possuir legitimidade ou interesse recursal (AgInt no AREsp 883511-MT, Rel. Min. MARCO AURÉLIO BELLIZZE, j. de 18.08.2016); **B**: incorreta, pois a incompetência será alegada como questão preliminar de contestação (art. 64, NCPC); **C**: incorreta, conforme art. 335, § 2º, NCPC; **D**: incorreto, considerando o exposto na assertiva "B"; **E**: incorreta, pois, uma vez admitida, a reconvenção passa a ser autônoma, prosseguindo mesmo que não prossiga a ação (art. 343, §2 º, NCPC).

Gabarito "A"

(Procurador do Estado/AM – 2016 – CESPE) Em relação a análise de petição inicial e julgamento antecipado parcial de mérito, julgue os seguintes itens.

(1) Cabe recurso de apelação contra julgamento antecipado parcial de mérito proferido sobre matéria incontroversa.

(2) Se, ao analisar a petição inicial, o juiz constatar que o pedido funda-se em questão exclusivamente de direito e contraria entendimento firmado em incidente de resolução de demandas repetitivas, ele deverá, sem ouvir o réu, julgar liminarmente improcedente o pedido do autor.

1: incorreta, porque o recurso cabível é o agravo de instrumento (arts. 356, § 5º, e 1.015, II, do NCPC); **2**: correta (art. 332, III, NCPC).

Gabarito 1E, 2C

(Analista – Judiciário –TRE/PI – 2016 – CESPE) Assinale a opção correta acerca dos atos processuais, da suspensão do processo e da resposta do réu.

(A) O ato do juiz que julga procedente a exceção de incompetência formulada pelo requerido é considerado uma sentença.

(B) Havendo autorização judicial expressa, qualquer ato processual poderá ser realizado fora do expediente forense ou em dias não úteis.

(C) Caso o requerido se encontre fora da sede do juízo, em outro estado da Federação, a citação pelo correio deverá ser realizada, necessariamente, via carta precatória.

(D) A arguição de suspeição e de impedimento do juiz provoca a suspensão do curso do processo, mas a arguição de incompetência só a provoca em caso de interposição de recurso contra a decisão que julga tal incidente.

(E) Nas citações realizadas por oficial de justiça, a falta da contrafé junto com o mandado de citação não vicia o ato processual nem provoca a nulidade do processo, se o réu apresentar contestação no prazo legal e não alegar esse defeito processual.

A: incorreta, pois, no NCPC, não existe mais a exceção de incompetência como um incidente autônomo, sendo certo que o tema passa a ser alegado em preliminar de contestação (arts. 64 e 337, II); **B**: incorreta, pois a possibilidade decorre de lei (art. 212, § 2º, NCPC), sendo desnecessária a autorização judicial; **C**: incorreta. A citação, neste caso, deverá ser realizada pelo correio por meio de carta registrada (arts. 247 e 248, § 1º, ambos do NCPC), sem necessidade de utilização da precatória – salvo se for um dos casos em que é vedada a citação por correio; **D**: incorreta. No que tange à suspeição/impedimento, a alternativa está correta (art. 313, III, NCPC), de modo que esta não acontece de forma automática. Quanto à incompetência, não existe incidente, de modo que a matéria deve ser alegada em preliminar de contestação (art. 64, NCPC); **E**: correta. Nesse caso, aplica-se o princípio da instrumentalidade das formas (arts. 277 e 283, NCPC).

Gabarito "E."

(Analista – Judiciário –TRE/PI – 2016 – CESPE) Tendo em vista que, em uma relação processual, o pronunciamento de mérito está condicionado ao cumprimento de algumas formalidades, tais como a atuação do órgão jurisdicional competente e o tempo dessa atuação, as condições da ação e os pressupostos processuais, assinale a opção correta.

(A) Transcorrido o prazo legal sem que o jurisdicionado ingresse em juízo para proteger seu direito, opera-se a preclusão do direito de ação.

(B) Quando a ação for considerada intransmissível por disposição legal, a morte de um dos sujeitos da relação processual provocará a extinção do processo sem resolução de mérito.

(C) Para não contrariar o princípio da inércia da jurisdição, segundo o qual a jurisdição deve ser provocada, é vedado ao juiz determinar, de ofício, a produção de provas.

(D) A jurisdição voluntária pode ser exercida extrajudicialmente em casos expressamente autorizados pelo ordenamento jurídico vigente, como nos casos de inventário ou divórcio extrajudiciais.

(E) O defeito ou a ausência de representação na relação processual provoca, por falta de uma das condições da ação, a extinção do processo sem resolução de mérito.

A: incorreta, pois o não ajuizamento da demanda importa, com o passar do tempo, na prescrição (art. 189, CC). Preclusão é a perda de um poder ou faculdade processual; **B**: correta (art. 485, IX, NCPC); **C**: incorreta, pois o juiz pode determinar, de ofício, a produção das provas necessárias ao julgamento, considerando seus poderes instrutórios (art. 370, NCPC); **D**: incorreta. Divórcio e inventário são procedimentos que de fato podem ser realizados de forma extrajudicial, se não houver conflito. Contudo, inventário é jurisdição contenciosa e não voluntária (art. 620, NCPC); **E**: incorreta, pois essa falha processual se refere a pressupostos processuais e não a condições da ação – que somente são legitimidade e interesse.

Gabarito "B."

(Analista Jurídico – TCE/PR – 2016 – CESPE) Com referência ao processo, ao procedimento comum e à intervenção de terceiros, assinale a opção correta de acordo com o Código de Processo Civil (CPC).

(A) De acordo com o CPC, sentença é o pronunciamento do magistrado que, com ou sem resolução do mérito, extingue o processo em primeiro grau. Os demais atos decisórios do juiz singular possuem natureza interlocutória.

(B) A impugnação da parte principal ao requerimento de ingresso do assistente dá ensejo à suspensão do processo principal até que sobrevenha decisão do juiz quanto ao incidente processual relativo ao ingresso do assistente.

(C) No procedimento comum, a ausência injustificada do réu à audiência de conciliação acarreta a decretação de sua revelia e a consequente presunção de veracidade dos fatos alegados pelo autor na petição inicial.

(D) No procedimento comum, contestação e reconvenção devem ser apresentadas em uma única peça processual, ressalvada ao réu a possibilidade de apresentar reconvenção isoladamente caso não deseje contestar.

(E) O pedido de desconsideração da personalidade jurídica deve ser formulado no momento da propositura da ação, sendo vedado o ingresso superveniente do sócio no processo após a estabilização da demanda.

A: incorreta, pois, pelo NCPC, a sentença é o pronunciamento por meio do qual o juiz, com fundamento nos arts. 485 e 487, NCPC, põe fim à fase cognitiva do procedimento comum, bem como extingue a execução (art. 203, §1º); **B**: incorreto, pois a petição de ingresso de assistente não dá ensejo à suspensão do processo (art. 120, parágrafo único, NCPC); **C**: incorreto. De acordo com o §8º do art. 334 do NCPC, o não comparecimento injustificado do autor ou do réu à audiência de conciliação é considerado ato atentatório à dignidade da justiça e será sancionado com multa de até dois por cento da vantagem econômica pretendida ou do valor da causa, revertida em favor da União ou do Estado; **D**: correto, conforme se afere do art. 343, *caput* e § 6º, NCPC; **E**: incorreto, pois o pedido pode ser realizado em todas as fases do processo (art. 134, NCPC).

Gabarito "D."

(Analista Jurídico –TCE/PA – 2016 – CESPE) No que diz respeito às normas processuais, aos atos e negócios processuais e aos honorários de sucumbência, julgue os itens que se seguem, com base no disposto no novo Código de Processo Civil.

(1) As partes capazes podem, antes ou durante o processo, convencionar sobre os seus ônus, poderes, faculdades e deveres processuais, sendo sempre indispensável a homologação judicial para a validade do acordo processual.

(2) Em observância ao princípio da primazia da decisão de mérito, o magistrado deve conceder à parte oportunidade para, se possível, corrigir vício processual antes de proferir sentença terminativa.

(3) No que se refere à comunicação dos atos processuais, aplica-se às entidades da administração pública direta e indireta a obrigatoriedade de manter cadastro nos sistemas de processo em autos eletrônicos, para o recebimento de citações e intimações, que serão preferencialmente realizadas por meio eletrônico.

(4) A nulidade decorrente da falta de intervenção do Ministério Público como fiscal da ordem jurídica nos processos em que deveria atuar como tal somente pode ser decretada após a manifestação do membro do Ministério Público sobre a existência ou inexistência de prejuízo.

1: incorreta, pois não há necessidade de homologação judicial para o negócio jurídico processual, apenas havendo posterior controle de validade pelo juiz (art. 190, *caput* e parágrafo único, NCPC); **2:** correta, conforme art. 317 do NCPC; **3:** correta, nos termos do §1º do art. 246 do NCPC; **4:** correta, tratando-se de inovação prevista no NCPC, art. 279, §2º.

Gabarito 1E, 2C, 3C, 4C

11. TEORIA GERAL DOS RECURSOS

(Promotor de Justiça/RR – 2017 – CESPE) Em cada uma das opções a seguir, é apresentada uma situação hipotética acerca dos processos nos tribunais e dos meios de impugnação das decisões judiciais, seguida de uma assertiva a ser julgada. Assinale a opção em que a assertiva está correta de acordo com a legislação processual civil.

(A) Ao se manifestar sobre recurso de apelação interposto contra sentença de mérito prolatada após a instrução probatória, o magistrado, em primeiro grau, não conheceu do recurso por considerar ausência de interesse. Nessa situação, caberá reclamação constitucional por usurpação de competência do tribunal.

(B) Em outubro de 2016, um cidadão interpôs recurso especial e, no STJ, verificou-se que o recorrente não havia recolhido a importância das despesas de remessa e retorno dos autos. Nessa situação, o STJ não deverá conhecer do recurso pois, não tendo a parte comprovado o pagamento das guias de porte de remessa e retorno, aplica-se automaticamente a pena de deserção.

(C) Em convenção processual, as partes acordaram quanto à possibilidade de interposição de recurso contra todos os despachos proferidos no processo. Nessa situação, se a convenção tiver decorrido da livre manifestação das partes, será legítima a criação de nova espécie recursal, porque a legislação processual admite os negócios processuais atípicos.

(D) A parte autora interpôs embargos de declaração de sentença de improcedência sob a alegação de obscuridade na fundamentação, e a de que isso dificultará a interposição de futuro recurso para o tribunal. Nessa situação, o juiz deverá intimar o embargado para manifestar-se sobre os embargos opostos porque essa providência decorre de determinação normativa e independe da finalidade do embargante.

A: Correta. A partir do NCPC, não há mais duplo juízo de admissibilidade para o recurso de apelação; se isso ocorrer, haveria usurpação de competência do Tribunal, a ser impugnada por meio de reclamação (NCPC, art. 988, I). **B:** Errada. Nessa situação, a parte terá oportunidade de realizar o recolhimento em dobro (NCPC, art. 1.007, § 4º). **C:** Errada. Ainda que se admitam negócios processuais atípicos, devem ser respeitados os limites impostos pelos princípios da taxatividade recursal e da própria legalidade (NCPC, arts. 190 e 1.001). **D:** Errada. Deve ser oportunizado o contraditório apenas se os embargos de declaração forem recebidos com efeitos infringentes (NCPC, art. 1.023, § 2º). LD/ACC

Gabarito "A".

(Juiz – TJ/CE – 2018 – CESPE) Em sentença, foi julgado procedente o pedido autoral, com base em fundamento suficiente. Em recurso, o réu pediu a apreciação de outros argumentos da defesa que não haviam sido considerados na sentença. O tribunal conheceu do recurso e, ao julgá-lo, verificou uma questão de ordem pública que não havia sido cogitada até então na demanda. Com base nessa questão de ordem pública, prolatou-se acórdão que reformou a sentença.

Com relação aos efeitos recursais no caso hipotético apresentado, são verificados, respectiva e cronologicamente, os efeitos

(A) regressivo, translativo e expansivo.
(B) regressivo, devolutivo e translativo.
(C) devolutivo, expansivo e translativo.
(D) devolutivo, translativo e substitutivo.
(E) devolutivo, translativo e regressivo.

A: Errada. Não há efeito regressivo, tendo em vista que o caso não se enquadra nas possibilidades de exercício do juízo de retratação em sede de apelação (indeferimento da inicial, improcedência liminar do pedido e hipóteses de extinção pelo NCPC, art. 485). **B:** Errada. Vide justificativa para a alternativa "A". **C:** Errada, considerando o exposto em "D". **D:** Correta. Com a interposição do recurso, houve a devolução da matéria impugnada para apreciação do Tribunal (efeito devolutivo), constatada matéria de ordem pública não cogitada até então (efeito translativo), com a consequente reforma da sentença (efeito substitutivo). **E:** Vide justificativa para a alternativa "A". LD/ACC

Gabarito "D".

(Defensor Público – DPE/RN – 2016 – CESPE) Assinale a opção correta no que diz respeito a recursos.

(A) Admite-se o cabimento dos embargos infringentes para impugnar acórdão não unânime que anule sentença em razão de vício na citação.

(B) Conforme entendimento do STJ, a pena de deserção deve ser aplicada a recurso interposto contra julgado que indeferir o pedido de justiça gratuita.

(C) De acordo com o entendimento do STF, são intempestivos os embargos declaratórios interpostos antes da publicação do acórdão embargado.

(D) Segundo o entendimento do STJ, na apelação, admite-se a juntada de documentos indispensáveis ou não à propositura da ação, desde que garantidos o contraditório e a ampla defesa.

(E) Concedida a antecipação dos efeitos da tutela em recurso adesivo, não se admite a desistência do recurso principal de apelação, ainda que a petição de desistência seja apresentada antes do julgamento dos recursos.

A: incorreto. No NCPC, os embargos infringentes deixam de existir, de modo que no caso de votação não unânime há a técnica de julgamento estendido (NCPC, art. 942). **B:** Incorreto. De acordo com o STJ, não se aplica a pena de deserção a recurso interposto contra o indeferimento do pedido de justiça gratuita (Informativo STJ 574). Esse entendimento foi incorporado ao NCPC, no art. 101, § 1º. **C:** incorreto. Esse era o entendimento do STF, mas posteriormente alterado (AI 703269 AgR-ED-ED-EDv-ED/MG, j. 5/3/2015). Esse entendimento foi incorporado ao NCPC, art. 218, § 4º. **D:** incorreto, pois o que se admite é a juntada de documentos que não sejam indispensáveis à propositura da ação (Informativo STJ 533). **E:** correto, de acordo com a jurisprudência do STJ anterior ao NCPC (Informativo STJ 554).

Gabarito "E".

(Analista Judiciário – TRT/8ª – 2016 – CESPE) Determinado indivíduo propôs ação judicial contra empresa pública federal, pelo procedimento ordinário, requerendo o pagamento no valor de R$ 200.000. O juiz proferiu sentença acolhendo o pedido relativo a R$ 100.000 e, quanto aos outros valores objeto da cobrança, reconheceu de ofício a existência de prescrição.

Considerando essa situação hipotética, assinale a opção correta.

(A) No julgamento de apelação interposta contra a sentença, caso o tribunal verifique a ocorrência de nulidade sanável no processo, deverá obrigatoriamente determinar o retorno dos autos ao juízo que prolatou a sentença.

(B) Eventual recurso de apelação interposto pelo autor da ação pode ser provido monocraticamente, pelo relator, caso a sentença esteja em manifesto confronto com súmula de tribunal superior.

(C) A sentença é nula de pleno direito porque, conforme o CPC, é vedado ao magistrado reconhecer de ofício a prescrição.

(D) A sentença que condenou a empresa pública está sujeita ao reexame necessário e somente produzirá efeitos depois de confirmada pelo tribunal.

(E) Se somente a empresa pública apelar da sentença, o tribunal poderá aumentar o valor da indenização caso entenda, pela prova dos autos, não ter havido prescrição.

A: incorreta, pois, verificada a ocorrência de nulidade sanável, o relator determinará a realização ou renovação do ato processual, o que poderá ser feito no próprio Tribunal, sem necessidade de remessa dos autos à origem (art. 938, §1º, NCPC); **B**: correta, conforme previsão do art. 932, V, "a", NCPC; **C**: incorreta, pois a prescrição pode ser reconhecida de ofício (art.

487, II, NCPC); **D**: incorreta, pois o reexame necessário restringe-se à União, Estados, DF, Municípios e suas autarquias e fundações de direito público, sendo certo que o art. 496, I, NCPC não faz menção às empresas públicas; **E**: incorreto, considerando a vedação da "reformatio in pejus" (art. 1013).

Gabarito "B"

(Juiz de Direito/DF – 2016 – CESPE) No que tange a recursos processuais e ação rescisória, assinale a opção correta.

(A) O vício de julgamento decorre da aplicação incorreta da regra processual e acarreta a anulação da sentença, ao passo que o vício de procedimento surge da incorreta apreciação da questão de direito e gera a reforma da decisão.
(B) O julgador deve proceder, diretamente, ao exame do mérito nos embargos de declaração, por ser desnecessário fazer juízo de admissibilidade desse recurso.
(C) A suspeição fundada do magistrado enseja a propositura de ação rescisória contra a sentença que ele tenha prolatado.
(D) A aptidão do órgão jurisdicional de conhecer, de ofício, as questões de ordem pública, nos recursos processuais, decorre do efeito translativo.
(E) O terceiro juridicamente interessado não figura como parte legítima para a propositura de ação rescisória.

A: incorreta, pois é o contrário (a 1ª frase se refere ao "error in procedendo" e a segunda, ao "error in judicando"); **B**: incorreta, porque, sendo os embargos de declaração recurso (art. 994, VI, NCPC), estão submetidos aos requisitos de admissibilidade recursal; **C**: incorreta, pois a ação rescisória só poderá ser ajuizada no caso de impedimento (art. 966, II, NCPC); **D**: correta, sendo o efeito translativo, para a doutrina que o admite, a possibilidade de apreciar temas não expressamente mencionados no recurso – desde que permitidos pela lei, como é o caso envolvendo matérias de ordem pública; **E**: incorreta, pois há previsão legal expressa permitindo isso (art. 967, II, NCPC).

Gabarito "D"

(Analista Jurídico – TCE/PR – 2016 – CESPE) Rafael ajuizou ação, pelo procedimento comum, contra determinado ente federativo, pedindo anulação de decisão de tribunal de contas. Durante a instrução processual, o juiz indeferiu pedido de juntada superveniente de documento feito por Rafael.

Nessa situação hipotética, a decisão que indeferiu o requerimento de juntada de documento feito pelo autor

(A) será irrecorrível, mas poderá ser impugnada por mandado de segurança.
(B) poderá ser objeto de agravo de instrumento que terá de ser interposto diretamente no tribunal.
(C) poderá ser objeto de agravo retido, sob pena de preclusão da decisão interlocutória.
(D) poderá ser objeto de recurso em apelação ou contrarrazões de apelação.
(E) não poderá ser impugnada por recurso nem por ação autônoma de impugnação.

A questão envolve a recorribilidade no NCPC. No caso, apesar de se tratar de decisão interlocutória, não há previsão no rol do art. 1.015 do NCPC de recurso de agravo de instrumento contra essa decisão. Assim, como não mais existe agravo retido, pelo Código, essa decisão deverá ser impugnada em *preliminar de apelação* ou de contrarrazões de apelação (§ 1º do art. 1.009). Assim, pela letra da lei é essa a resposta. De qualquer forma, há na doutrina quem sustente que essa decisão, por envolver prova, deveria ser objeto de imediata impugnação – o que poderia se dar via agravo (interpretação extensiva do art. 1.015) ou por MS (já que irrecorrível). A Cespe, ao menos por ora, está seguindo a letra da lei.

Gabarito "D"

12. RECURSOS EM ESPÉCIE

12.1. APELAÇÃO E AGRAVO.

(Defensor Público/AC – 2017 – CESPE) A respeito da apelação e considerando-se o entendimento dos tribunais superiores, assinale a opção correta.

(A) A eficácia de sentença que decrete a interdição não poderá ser suspensa pelo relator da apelação, mesmo se o apelante demonstrar a probabilidade de provimento do recurso.
(B) O valor das astreintes não poderá ser reduzido de ofício, pela segunda instância, quando a questão for suscitada em recurso de apelação não conhecido.
(C) Concedida à antecipação dos efeitos da tutela em recurso adesivo, será admitida a desistência do recurso de apelação principal, caso a petição de desistência tenha sido apresentada antes do julgamento dos recursos.
(D) Em caso de condenação ao pagamento de alimentos, o efeito suspensivo da apelação é dispensável, pois a sentença não começa a produzir efeitos imediatamente após sua publicação.
(E) Em razão da preclusão operada, novas questões de fato não poderão ser suscitadas em sede de apelação, mesmo se a parte comprovar que deixou de provocá-las por força maior.

A: Errada. A sentença que decreta a interdição tem eficácia imediata, mas seus efeitos poderão ser suspensos pelo relator se o apelante demonstrar a probabilidade de provimento do recurso (NCPC, art. 1.012, § 1º, VI e § 4º). **B**: Correta, conforme orientação do STJ (REsp 1508929/RN). **C**: Errada. O STJ firmou entendimento, ainda na vigência do CPC/1973, de que, após a concessão de tutela provisória em recurso adesivo, não seria mais possível ao recorrente desistir do recurso principal, tendo em vista que seria uma forma de se esquivar do cumprimento da decisão judicial (STJ, REsp 1285405/SP). **D**: Errada. A sentença de condenação ao pagamento de alimentos produz efeitos imediatamente após sua publicação (NCPC, art. 1.012, § 1º, II). **E**: Errada. Demonstrado motivo de força maior, é possível suscitar questões de fato não propostas no juízo inferior (NCPC, art. 1.014). LD/ACC

Gabarito "B"

(Juiz – TRF5 – 2017 – CESPE) Contra pronunciamento de magistrado que, em primeiro grau, decida pela impugnação ao cumprimento de sentença, caberá recurso de

(A) apelação, se o processo for extinto, ou de agravo de instrumento, se o processo prosseguir.
(B) agravo de instrumento, em qualquer caso.
(C) agravo de instrumento, apenas se o recorrente demonstrar urgência.
(D) apelação, em qualquer caso.
(E) apelação, sempre que o juiz acolher a impugnação do executado.

A: Correta, pois essa é a lógica do sistema recursal brasileiro (NCPC, art. 1.009 e art. 1.015, parágrafo único). Ademais, isso já foi adotado pelo STJ, no REsp 1.698.344/MG. **B**: Errada. O agravo de instrumento será cabível se o cumprimento de sentença prosseguir – ou seja, se improcedente ou parcialmente procedente a impugnação (NCPC, art. 1.015, parágrafo único). **C**: Errada. O regramento do AI no NCPC, em relação à execução e cumprimento, não demanda a existência de urgência (NCPC, art. 1.015, parágrafo único). **D**: Errada. A apelação será cabível apenas se a decisão proferida extinguir o processo ou uma fase processual (NCPC, art. 1.009). **E**: Errada. Caso o juiz acolha parcialmente a impugnação, o recurso cabível será o AI, como já exposto em "A" e "B". LD/ACC

Gabarito "A"

(Juiz – TRF5 – 2017 – CESPE) Caio impetrou mandado de segurança no STJ apresentando dois pedidos cumulados de reconhecimento de nulidade de dois atos praticados por ministro de Estado. O STJ, em decisão colegiada final, concedeu parcialmente a segurança para reconhecer a nulidade apenas de um dos atos praticados pelo ministro. Para impugnar essa decisão, Caio apresentou recurso ordinário, e a União interpôs recurso extraordinário.

Considerando as normas jurídicas e a jurisprudência dos tribunais superiores, assinale a opção correta a respeito dessa situação hipotética.

(A) Pedido de concessão de efeito suspensivo a qualquer um dos recursos, se feito entre a interposição e a publicação da decisão de admissão de tal recurso, deverá ser dirigido ao presidente ou ao vice-presidente do STJ.
(B) Se o Supremo Tribunal Federal negar provimento ao recurso interposto por Caio e der provimento ao recurso da União, deverão ser fixados honorários de sucumbência em grau recursal.

(C) A admissibilidade dos recursos apresentados será examinada na origem, sendo ainda possível que o tribunal recorrido determine o sobrestamento dos recursos.

(D) Caso o recurso de Caio verse apenas sobre matéria constitucional, o STJ deverá aplicar o princípio da fungibilidade e receber o recurso como extraordinário.

(E) Na hipótese de o presidente ou vice-presidente do STJ determinar, erroneamente, sobrestamento do recurso da União, a União deverá interpor recurso de agravo em recurso extraordinário.

A: Correta (NCPC, arts. 1.027, § 2º e 1.029, § 5º, III – STF, Súmulas 634 e 635). **B:** Errada. Não são devidos honorários advocatícios em sede de MS, portanto, não caberia condenação ao pagamento de honorários em sede recursal (Lei 12.016/2009, art. 25 e STJ, Súmula 105). **C:** Errada. No caso do RO, os autos são remetidos ao tribunal superior independentemente de juízo de admissibilidade (NCPC, art. 1.028, § 3º). **D:** Errada. Não há fungibilidade entre RO e RE (STF, Súmula 272). **E:** Errada. A União deverá interpor agravo interno (NCPC, art. 1.030, III, § 2º). LD/ACC

Gabarito "A"

12.2. OUTROS RECURSOS

(Defensor Público/AC – 2017 – CESPE) Com relação aos embargos declaratórios, assinale a opção correta.

(A) Caso sejam acolhidos e modifiquem a decisão embargada, o embargado que houver aviado outro recurso contra a decisão originária deverá complementar as razões deste recurso.

(B) Deverá ser ratificado recurso que houver sido interposto pela outra parte antes do julgamento dos embargos, caso estes sejam rejeitados.

(C) Por interromperem o prazo para a interposição de recursos, dispensam a intimação das partes quanto à decisão proferida em virtude do julgamento desses recursos.

(D) Se manifestamente protelatórios, o juiz, fundamentadamente, condenará o embargante a pagar ao embargado, inicialmente, multa correspondente a dez por cento sobre o valor da causa.

(E) Se forem opostos contra decisão de relator proferida em tribunal, serão decididos monocraticamente pelo órgão prolator de decisão embargada.

A: Errada. Complementar ou alterar as razões recursais é uma faculdade do embargado e não um dever (NCPC, art. 1.024, § 4º). **B:** Errada. O recurso deverá ser processado e julgado independentemente de ratificação – superada jurisprudência dominante na vigência do CPC/1973 (NCPC, art. 1.024, § 5º). **C:** Errada, pois as partes devem ser intimadas, considerando o contraditório e ampla defesa. **D:** Errada. O valor da multa não excederá 2% sobre o valor atualizado da causa (NCPC, art. 1.026, § 2º). **E:** Correta (NCPC, art. 1.024, § 2º). LD/ACC

Gabarito "E"

(Defensor Público/AL – 2017 – CESPE) Determinado recurso especial que diz respeito a uma relevante questão de direito, com grande repercussão jurídica, econômica e política, mas sem repetição em múltiplos processos, foi distribuído para determinada turma do Superior Tribunal de Justiça. Em razão do interesse social da matéria, a Defensoria Pública requereu o julgamento do recurso por órgão colegiado indicado pelo regimento do tribunal. O pedido foi acolhido, tendo o relator proposto que o julgamento fosse realizado por determinada seção, a qual proferiu acórdão, sem revisão de tese, que passou a vincular todos os juízes e órgãos fracionários.

Considerando-se essa situação hipotética, é correto afirmar que o instrumento processual suscitado pela Defensoria Pública e proposto pelo relator do recurso especial foi o

(A) incidente de resolução de demandas repetitivas.

(B) incidente de assunção de competência.

(C) julgamento de recursos especiais repetitivos.

(D) incidente de arguição de inconstitucionalidade.

(E) conflito de competências.

A: Errada. Um dos requisitos para a instauração do IRDR é a efetiva repetição de processos que contenham controvérsia sobre a mesma questão de direito (NCPC, art. 976). **B:** Correta, pois presentes os requisitos previstos em lei (NCPC, art. 947). **C:** Errada. O rito dos recursos repetitivos pressupõe a multiplicidade de recursos extraordinários ou especiais com fundamento em idêntica questão de direito (NCPC, art. 1.036). **D:** Errada. A questão não menciona arguição de inconstitucionalidade de lei ou de ato normativo do poder público (NCPC, art. 948). **E:** Errada. A questão não menciona a existência de conflito de competência (NCPC, art. 951). LD/ACC

Gabarito "B"

13. PROCEDIMENTOS ESPECIAIS

(Juiz de Direito - TJ/BA - 2019 - CESPE/CEBRASPE) De acordo com a Lei n.º 12.016/2009, que dispõe sobre o mandado de segurança, se, depois de deferido o pedido liminar, o impetrante criar obstáculos ao normal andamento do processo, o juiz deverá

(A) intimar imediatamente o MP para se manifestar sobre a protelação e notificar, posteriormente, a parte para praticar o ato necessário, sob pena de multa.

(B) notificar imediatamente a parte para praticar o ato necessário, sob pena de multa.

(C) cassar a medida liminar, desde que assim seja requerido pelo MP.

(D) revogar a decisão liminar, desde que assim seja requerido pela autoridade coatora ou pelo MP.

(E) decretar a perempção da medida liminar, de ofício ou por requerimento do MP.

A e **B:** erradas, pois a lei não prevê a fixação de multa coercitiva nessa situação (Lei 12.016, art. 8º); **C** e **D:** erradas, já que a liminar pode ser cassada/revogada, de ofício, pelo juiz (Lei 12.016, art. 8º); **E:** certa, conforme expressa previsão legal, tendo em vista que a situação narrada configura hipótese de perempção ou caducidade da liminar, que funciona como uma sanção ao impetrante por desídia na condução do processo (Lei 12.016, art. 8º). LD

Gabarito "E"

(Defensor Público - DPE/DF - 2019 - CESPE/CEBRASPE) Acerca do direito coletivo, julgue os itens a seguir.

(1) Conforme previsão legal, é competente para a propositura de ação civil pública o foro do local do dano, cujo juízo terá competência funcional para processar e julgar a causa.

(2) Pacificou-se na doutrina o entendimento de que, com a ampliação da legitimidade para a propositura de ação civil pública, as Defensorias Públicas passaram a ter a atribuição de instaurar inquéritos civis destinados a coligir provas e quaisquer outros elementos de convicção aptos a fundamentar o ajuizamento de ação civil pública.

(3) Entende o STJ que, no âmbito do direito privado, é de cinco anos o prazo prescricional para ajuizamento de execução individual em pedido de cumprimento de sentença proferida em ação civil pública, contado esse prazo a partir do trânsito em julgado da sentença exequenda.

1: certa, conforme expressa previsão legal (Lei 7.347/85, art. 2º: "Art. 2º As ações previstas nesta Lei serão propostas no foro do local onde ocorrer o dano, cujo juízo terá competência funcional para processar e julgar a causa"). **2:** errada, pois o entendimento majoritário é no sentido de somente o Ministério Público ter legitimidade para a instauração de inquérito civil, a partir da interpretação da LACP (Lei 7.347/85, art. 8º, §1º); **3:** certa, pois o STJ decidiu que o prazo prescricional para ajuizamento do cumprimento de sentença individual de decisão coletiva é de 5 anos, contados da data do trânsito em julgado da sentença coletiva (REsp 1.273.643/PR – Tema Repetitivo 515 e REsp 1.388.000/PR – Tema Repetitivo 877). Destaca-se o seguinte da ementa do acórdão: "1. Para os efeitos do art. 543-C do Código de Processo Civil, foi fixada a seguinte tese: *'No âmbito do Direito Privado, é de cinco anos o prazo prescricional para ajuizamento da execução individual em pedido de cumprimento de sentença proferida em Ação Civil Pública'*. (...) (REsp 1273643/PR, Rel. Ministro SIDNEI BENETI, SEGUNDA SEÇÃO, julgado em 27/02/2013, DJe 04/04/2013). LD

Gabarito 1C, 2E, 3C

(Defensor Público - DPE/DF - 2019 - CESPE/CEBRASPE) Julgue os próximos itens, relativos à prevenção, conexão, continência e litispendência no processo coletivo.

(1) Nas ações civis públicas, o despacho inicial de citação prevenirá a competência do juízo para todas as ações posteriormente intentadas que possuam a mesma causa de pedir ou o mesmo objeto.

(2) **Situação hipotética**: A Defensoria Pública do Distrito Federal e a Defensoria Pública da União ajuizaram ações civis públicas em situação de continência entre si. **Assertiva**: Nesse caso, em razão da autonomia dos legitimados coletivos, as referidas demandas deverão tramitar separadamente: a primeira, na justiça do Distrito Federal, e a segunda, na justiça federal.

1: errada, porque a prevenção do juízo se dá a partir da *propositura* da ação e não do despacho citatório (Lei 7.347/85, art. 2º, parágrafo único); **2:** errada, considerando que, no entendimento do STJ, havendo continência entre as duas ações civis públicas, as ações devem ser reunidas para evitar a prolação de decisões conflitantes, atraindo a competência da Justiça Federal (Súmula 489/STJ "Reconhecida à continência, devem ser reunidas na justiça federal as ações civis públicas propostas nesta e na justiça estadual"). LD

Gabarito 1E, 2E

(Defensor Público - DPE/DF - 2019 - CESPE/CEBRASPE) No que se refere a mandado de segurança, ação civil pública, ação de improbidade administrativa e ação rescisória, julgue os seguintes itens.

(1) O termo inicial do prazo de decadência para impetração de mandado de segurança contra aplicação de penalidade disciplinar é a data da publicação do respectivo ato no Diário Oficial.

(2) De acordo com o Código de Processo Civil, sentença transitada em julgado que tenha sido baseada em transação inválida poderá ser rescindida se o vício for verificado mediante simples exame dos documentos dos autos.

1: certa, conforme entendimento consolidado do STJ, no sentido de que o prazo decadencial de 120 dias para impetração de MS deve ser contado a partir da *publicação* do ato no Diário Oficial, e não da posterior intimação pessoal do servidor ("O Superior Tribunal de Justiça tem entendimento consolidado segundo o qual o termo inicial do prazo de decadência para impetração de mandado de segurança contra aplicação de penalidade disciplinar é a data da publicação do respectivo ato no Diário Oficial, e não a posterior intimação pessoal do servidor" AgInt no RMS 51.319/SP, Rel. Ministra REGINA HELENA COSTA, PRIMEIRA TURMA, julgado em 25/10/2016, DJe 10/11/2016); **2:** errada, considerando que essa hipótese de cabimento, prevista na sistemática do CPC/73, não consta do art. 966 do CPC/15, de modo que, caso não seja possível fundamentar a rescisão com base em uma das hipóteses específicas trazidas pelo CPC/15, a decisão não poderá ser objeto de ação rescisória – sendo possível se cogitar de ação anulatória (CPC, art. 966, § 4º). LD

Gabarito 1C, 2E

A empresa Soluções Indústria de Eletrônicos Ltda. veiculou propaganda considerada enganosa relativa a determinado produto: as especificações eram distintas das indicadas no material publicitário. Em razão do anúncio, cerca de duzentos mil consumidores compraram o produto. Diante desse fato, uma associação de defesa do consumidor constituída havia dois anos ajuizou ação civil pública com vistas a obter indenização para todos os lesados.

(Delegado - PC/SE - 2018 - CESPE/CEBRASPE) Com referência a essa situação hipotética, julgue os itens seguintes.

(1) A associação autora é parte legítima para propor a ação civil pública e não terá que adiantar custas ou honorários periciais; no entanto, a associação será condenada em honorários advocatícios caso seja comprovada a sua má-fé.

(2) Na hipótese de existir outra ação com idêntica causa de pedir da ação civil pública proposta e de tal ação ter sido sentenciada por outro juízo, o fenômeno da conexão exigirá que as duas demandas sejam reunidas.

1: certa, considerando que: (i) a associação preenche os requisitos estabelecidos em lei para a propositura da ACP – constituição há, pelo menos, um ano e pertinência temática (Lei 7.347, art. 5º, V), (ii) o adiantamento das custas e dos honorários periciais é dispensado por lei (Lei 7.347, art. 18), (iii) em caso de litigância de má-fé, a associação será condenada em honorários e ao décuplo das custas (Lei 7.347, art. 17); **2:** errada, considerando que os processo conexos serão reunidos para julgamento conjunto, salvo se um deles já houver sido sentenciado – como é o caso narrado (CPC, art. 55, §1º e Súmula 235/STJ). LD

Gabarito 1C, 2E

(Procurador do Município/Manaus – 2018 – CESPE) Acerca das disposições do CPC relativas aos procedimentos especiais e ao processo de execução, julgue os itens seguintes.

(1) Na hipótese do ajuizamento de ação de reintegração de posse quando se deveria ajuizar outra ação possessória, o juiz poderá conhecer o pedido e outorgar a proteção legal correspondente, desde que tenham sido comprovados os pressupostos da ação que deveria ter sido ajuizada.

(2) Admite-se o ajuizamento de ação monitória por aquele que afirma, com base em prova escrita, ou oral documentada, ter direito de exigir de devedor capaz a entrega de coisa infungível.

(3) A execução de título executivo judicial se dá em fase processual posterior à sua formação, denominada processo de execução.

1: Correta, sendo essa a fungibilidade das possessórias (NCPC, art. 554). **2:** Correta (NCPC, art. 700, II). **3:** Errada. Desde 2005 temos o sincretismo processual, em que a execução de título executivo judicial se dá via cumprimento de sentença e não processo de execução autônomo (NCPC, art. 513 e ss.). LD/ACC

Gabarito 1C, 2C, 3E

(Procurador do Município/Manaus – 2018 – CESPE) Considerando o disposto na Lei dos Juizados Especiais Cíveis e Criminais e na Lei dos Juizados Especiais da Fazenda Pública, julgue os itens que se seguem.

(1) Nas causas cíveis de menor complexidade, os embargos de declaração opostos contra a sentença interrompem o prazo para interposição de recurso.

(2) Nas ações que tramitarem nos juizados especiais cíveis, não poderão ser partes do processo as pessoas jurídicas de direito público, as empresas públicas da União, a massa falida, o insolvente civil, o preso e o incapaz.

(3) As ações populares e as ações de divisão e demarcação de terras não são abarcadas pela competência dos juizados especiais da fazenda pública, ainda que haja o interesse dos estados e que o valor da causa não exceda sessenta salários mínimos.

1: Correta (Lei 9.099/1995, art. 50, com a redação do NCPC; e Lei 12.153/2009, art. 27). **2:** Correta (Lei 9.099/1995, art. 8º). **3:** Correta (Lei 12.153/2009, art. 2º, § 1º, I). LD/ACC

Gabarito 1C, 2C, 3C

(Juiz – TJ/CE – 2018 – CESPE) Conforme a jurisprudência do STJ e a legislação pertinente, mandado de segurança pode ser impetrado

(A) contra ato de gestão comercial praticado por administrador de empresa pública.

(B) por terceiro contra ato judicial, desde que recurso tenha sido previamente interposto.

(C) por qualquer pessoa física ou jurídica, excluídos os órgãos públicos despersonalizados e as universalidades legais.

(D) contra ato praticado em licitação promovida por sociedade de economia mista.

(E) contra ato ilegal omissivo sobre relação jurídica de trato sucessivo, no prazo decadencial de cento e vinte dias, contados a partir da ciência do ato.

A: Errada (Lei 12.016/2009, art. 1º, § 2º). **B:** Errada. A alternativa contraria entendimento pacificado nos Tribunais Superiores (STJ, Súmula 202). **C:** Errada. Segundo entendimento do STJ, órgãos públicos despersonalizados e universalidades legais possuem legitimidade ativa para a impetração de MS (STJ, REsp 1.305.834/DF). **D:** Correta (STJ, Súmula 333). **E:** Errada. Conforme jurisprudência do STJ, nos casos de conduta omissiva da Administração, envolvendo obrigações de trato sucessivo, o prazo decadencial se renova mês a mês, de forma continuada (STJ, AgRg no AREsp 243.070/CE – Informativo 517). LD/ACC

Gabarito "D."

(Defensor Público/AL – 2017 – CESPE) De acordo com o que dispõe o CPC sobre os procedimentos especiais, é admissível a oposição de embargos de terceiro quando

(A) tais embargos forem opostos no cumprimento de sentença ou no processo de execução antes da adjudicação, mas sempre depois da assinatura da respectiva carta.

(B) pretender o oponente, no todo ou em parte, a coisa ou o direito sobre o que controvertem autor e réu.

(C) tais embargos forem opostos em processo de conhecimento, desde que antes da audiência de instrução e julgamento.

(D) for considerado executado o oponente indevidamente citado em processo de execução.

(E) tais embargos forem fundados em alegação de posse advinda do compromisso de compra e venda de imóvel, ainda que desprovido de registro.

A: Errada. Os embargos podem ser opostos até 5 dias depois da adjudicação do bem, mas *sempre antes* da assinatura da respectiva carta (NCPC, art. 675). **B:** Errada. A alternativa define o instituto da oposição e não dos embargos de terceiro – que têm por objeto a desconstituição de constrições indevidas (NCPC, art. 674). **C:** Errada. Os embargos podem ser opostos até o trânsito em julgado da sentença (NCPC, art. 675). **D:** Errada. Nesse caso, seria possível oferecer exceção de pré-executividade, por exemplo, mas não opor embargos de terceiro, já que o oponente integraria a relação processual (NCPC, art. 674). **E:** Correta (STJ, Súmula 84). LD/ACC

Gabarito "E."

(Defensor Público/AL – 2017 – CESPE) Caso não seja cumprida voluntariamente sentença transitada em julgado no âmbito do juizado especial cível,

(A) o interessado deverá solicitar, por escrito, a execução da sentença, sendo necessária nova citação.

(B) o juiz determinará ao vencido o imediato cumprimento da sentença, sob pena de aplicação de multa diária.

(C) o juiz procederá, de ofício, à execução da sentença.

(D) proceder-se-á desde logo à execução mediante solicitação do interessado, que poderá ser verbal, dispensada nova citação.

(E) não será admitida a execução da sentença no próprio juizado.

A: Errada. É possível que a solicitação seja verbal e é dispensada nova citação (Lei 9.099/1995, art. 52, IV). **B:** Errada. O início do cumprimento de sentença exige solicitação do interessado (Lei 9.099/1995, art. 52, IV). **C:** Errada. O início do cumprimento de sentença exige solicitação do interessado (Lei 9.099/1995, art. 52, IV). **D:** Correta, sendo essa a previsão da lei, que fala em execução e não cumprimento de sentença (Lei 9.099/1995, art. 52, IV). **E:** Errada. A execução da sentença será processada no próprio JEC (Lei 9.099/1995, art. 52, "caput"). LD/ACC

Gabarito "D."

(Defensor Público/AL – 2017 – CESPE) Maria, que ocupa área urbana com cem metros quadrados há oito anos e utiliza-a como moradia, procurou a Defensoria Pública para ajuizar ação requerendo a declaração da usucapião especial urbana da referida área.

A respeito dessa situação hipotética, assinale a opção correta.

(A) A citação dos confrontantes será necessária, se ocupados os imóveis.

(B) O ajuizamento superveniente de ação de reintegração de posse pelo proprietário da área sobrestará a ação proposta por Maria.

(C) A citação do titular do registro é de extrema relevância nesse processo.

(D) Caso seja necessária perícia, essa ação deverá ser ajuizada sob o rito ordinário.

(E) Maria terá o direito de requerer a usucapião da referida área, ainda que seja proprietária de imóvel rural em outro estado.

A: Errada. Os confinantes serão citados pessoalmente, independentemente de ocupação do imóvel (NCPC, art. 246, § 3º). **B:** Errada. A ação de reintegração ajuizada posteriormente pelo proprietário será sobrestada (Lei 10.257/2001, art. 11). **C:** Correta, seguindo orientação do STJ (REsp 1.275.559/ES). **D:** Errada. Na vigência do CPC/1973, a ação de usucapião especial de imóvel urbano era processada sob o rito sumário. Entretanto, no NCPC, a ação de usucapião deverá ser processada sob o procedimento *comum* – já que foi suprimido o rito sumário e, consequentemente, o ordinário (NCPC, art. 1.049, parágrafo único). **E:** Errada. Maria não poderia ser proprietária de outro imóvel urbano ou rural (Lei 10.257/2001, art. 9º). LD/ACC

Gabarito "C."

(Defensor Público/AL – 2017 – CESPE) Acerca de formação de litisconsórcio, conflito de competência e prazo, assinale a opção correta à luz do entendimento dos tribunais superiores.

(A) Na hipótese de litisconsórcio ativo, o valor da causa para fins de fixação da competência do juizado especial federal deve ser calculado a partir da soma do valor pretendido por cada litisconsorte, soma esta que não poderá ultrapassar o patamar de sessenta salários mínimos.

(B) No caso de litisconsórcio unitário, a independência da atividade dos litisconsortes é plena.

(C) Suscitado o conflito de competência, a intervenção do Ministério Público, na qualidade de custos legis, é facultativa.

(D) Município demandado terá prazo em dobro somente para contestar e para recorrer.

(E) É competência absoluta dos juizados especiais da fazenda pública processar e julgar as causas de interesse dos estados, do Distrito Federal, dos territórios e dos municípios cujos valores não excedam sessenta salários mínimos, inexistindo impedimento à formação de litisconsórcio passivo do ente estatal com pessoa jurídica de direito privado.

A: Errada. Para a fixação da competência do JEF, o valor da causa deve ser analisado de forma individual, ou seja, o valor pretendido pelos litisconsortes separadamente deve ser inferior a 60 salários-mínimos (STJ, REsp 1.257.935/PB – Informativo 507). **B:** Errada. A atuação de um litisconsorte unitário não prejudicará os demais, mas poderá beneficiá-los (ex.: interposição de recurso – NCPC, art. 117). **C:** Errada. A intervenção do MP será obrigatória quando envolver (i) interesse público ou social; (ii) interesse de incapaz; ou (iii) litígios coletivos pela posse de terra rural ou urbana (NCPC, arts, 178 e 951). **D:** Errada. O Município terá prazo em dobro para a apresentação de todas as suas manifestações processuais (NCPC, art. 183). **E:** Correta (Lei 12.153/2009, art. 2º). LD/ACC

Gabarito "E."

(Procurador do Estado/SE – 2017 – CESPE) Ao realizar o juízo de admissibilidade de recurso especial, o vice-presidente de um tribunal de justiça, em decisão monocrática, negou seguimento ao recurso por considerar, simultaneamente, que não existiam pressupostos de admissibilidade recursal e que o acórdão impugnado pelo recorrente estava em conformidade com precedente firmado pelo STJ em sede de recurso repetitivo.

Nessa situação hipotética, para impugnar integralmente a decisão que obsta o prosseguimento do recurso aviado, a parte interessada deverá

(A) interpor novo recurso especial.

(B) interpor recurso de agravo em recurso especial.

(C) interpor recurso de agravo interno.

(D) interpor, simultaneamente, recurso de agravo interno e recurso de agravo em recurso especial.

(E) impetrar mandado de segurança, pois não existe recurso previsto em lei para essa situação.

A: Errada. Não cabe recurso especial contra decisão monocrática (NCPC, art. 1.029 e ss.). **B:** Errada. Além do agravo em recurso especial, deve ser interposto *agravo interno* para atacar o capítulo da decisão que vislumbrou contrariedade ao precedente firmado em sede de recurso repetitivo (NCPC, art. 1.030, § 2º). **C:** Errada. Além do agravo interno, deve ser interposto *agravo em recurso especial* para atacar o capítulo da decisão que não vislumbrou os pressupostos de admissibilidade recursal (NCPC, art. 1.030, § 1º). **D:** Correta – pois cabe agravo interno para o capítulo da decisão relativo ao repetitivo e agravo em recurso especial na parte relativa aos requisitos de admissibilidade (NCPC, art. 1.030, I, "b" e V, §§ 1º e 2º). Nesse sentido, o enunciado 77 das Jornadas de Direito Processual do CJF (mais informações em https://www.jota.info/opiniao-e-analise/colunas/novo-cpc/no-ncpc-a-inadmissao-de-respre-admite-dois-agravos-13112017). **E:** Errada. Não cabe MS contra ato judicial passível de recurso (STF, Súmula 267). **LD/ACC**

Gabarito "D"

(Promotor de Justiça/RR – 2017 – CESPE) Julgue os itens a seguir, referentes à tutela coletiva.

I. Se ACP for ajuizada em comarca diversa daquela em que tiver ocorrido o dano, o juízo deverá declinar, de ofício, de sua competência.

II. Ressalvada a hipótese de má-fé, o sindicato que propuser ACP não precisará adiantar custas, emolumentos ou honorários periciais nem será condenado em honorários advocatícios ou despesas processuais.

III. As associações precisam de autorização especial para propor ACP ou mandado de segurança coletivo na defesa de interesses de seus associados.

Assinale a opção correta.

(A) Nenhum item está certo.
(B) Apenas o item III está certo.
(C) Apenas os itens I e II estão certos.
(D) Todos os itens estão certos.

I: Correta. Nesse caso, a competência é funcional e, portanto, absoluta (Lei 7.347/1985, art. 2º). **II:** Correta (Lei 7.347/1985, art. 18). **III:** Errada. A impetração de mandado de segurança coletivo por associação *independe* de autorização especial dos associados (STF, Súmula 629).

Gabarito "C"

(Promotor de Justiça/RR – 2017 – CESPE) A respeito dos procedimentos especiais de jurisdição voluntária, assinale a opção correta.

(A) Na ação de interdição, o laudo médico de incapacidade deverá ser apresentado após o saneamento do processo e somente no caso de o juiz considerar que a alegação de incapacidade precise de comprovação.
(B) O requerente deverá valer-se: da notificação, quando pretender que alguém faça ou deixe de fazer algo que afete seu direito; da interpelação, caso deseje informar uma pessoa que com ele possua relação jurídica acerca de seu propósito sobre assunto juridicamente relevante.
(C) No divórcio consensual, não havendo acordo entre os cônjuges sobre a partilha dos bens, esta será realizada apenas após a homologação do divórcio pelo juiz.
(D) O terceiro que for mero detentor do testamento particular será considerado parte ilegítima para requerer ao juízo a publicação do testamento, por não possuir a condição de herdeiro, legatário ou testamenteiro.

A: Errada. O requerente deve apresentar o laudo médico na própria inicial ou justificar a razão de não o apresentar (NCPC, art. 750). **B:** Errada. Por meio da notificação, o interessado manifesta-se de modo formal a outrem sobre assunto juridicamente relevante; já por meio da interpelação, o interessado requer que o requerido faça ou deixe de fazer algo que entenda ser de seu direito (NCPC, arts. 726 e 727). **C:** Correta (NCPC, art. 731, parágrafo único). **D:** Errada. O terceiro detentor do testamento poderá requerer sua publicação, caso não possa entregar o testamento a algum dos legitimados (NCPC, art. 737). **LD/ACC**

Gabarito "C"

(Juiz – TRF5 – 2017 – CESPE) Em um processo administrativo instaurado com a finalidade de separar terras devolutas da União de imóveis particulares, a comissão especial responsável pela instauração do procedimento realizou, na forma da lei, convocação dos interessados para a apresentação de título e documentos. Entretanto, diversos interessados não atenderam nem ao edital de convocação, nem à notificação para celebrar termo com a União.

Nessa situação hipotética, de acordo com a legislação vigente, para que ocorra a devida identificação do imóvel da União, com efeito de registro como título de propriedade,

(A) deverá ser proposta ação de divisão e demarcação de terras, conforme procedimento previsto no CPC.
(B) o Instituto Nacional de Colonização e Reforma Agrária deverá ajuizar ação discriminatória.
(C) deverá ser proposta ação reivindicatória de propriedade, porque a lei presume que os imóveis pertencem ao particular convocado.
(D) a União deverá propor ação, pelo procedimento comum, com pedido de tutela provisória, já que não há procedimento especial previsto para esse caso.
(E) será dispensável o ajuizamento de ação judicial, porque se presume a renúncia em razão da inércia dos interessados.

A: Errada. O procedimento especial previsto no NCPC aplica-se apenas às terras particulares (NCPC, art. 569 e ss.). **B:** Correta (Lei 6.383/1976, arts. 14 e 19, II). **C:** Errada. A ação a ser ajuizada é a demarcatória, considerando que há incerteza quanto à delimitação dos terrenos (Lei 6.383/1976, arts. 14 e 19, II). **D:** Errada. Há procedimento especial para discriminação das terras devolutas da União (Lei 6.383/1976). **E:** Errada. A inércia estabelece a presunção de discordância dos interessados (Lei 6.383/1976). **LD/ACC**

Gabarito "B"

(Promotor de Justiça/RR – 2017 – CESPE) O espólio de Carlos, representado por inventariante dativo, ajuizou, pelo procedimento comum, demanda para cobrar dívida no valor de R$ 50.000 de um particular.

Nessa situação hipotética,

(A) o inventariante possui plenos poderes para realizar transação judicial na ação de cobrança, sendo dispensada a manifestação dos sucessores para essa finalidade.
(B) será obrigatória a intervenção do MP na ação de cobrança, independentemente da condição dos sucessores ou dos interessados.
(C) a lei dispensa a presença de todos os sucessores no polo ativo da ação de cobrança, mas eles deverão ser intimados a respeito da propositura da ação.
(D) a ação de cobrança deverá tramitar na mesma comarca em que corra o inventário de Carlos, uma vez que o foro de domicílio do autor da herança é o competente para todas as ações das quais o espólio seja parte.

A: Errada. Nessa situação, os sucessores devem ser previamente ouvidos (NCPC, arts.75, § 1º e 619, II). **B:** Errada. O MP será intimado apenas se houver interesse de herdeiro incapaz (NCPC, art. 178, II). **C:** Correta (NCPC, arts. 75, § 1º e 618, I). **D:** Errada. O foro do domicílio do autor da herança será o competente para todas as ações das quais o espólio seja *réu* e não autor (NCPC, art. 48). **LD/ACC**

Gabarito "C"

(Defensor Público – DPE/RN – 2016 – CESPE) No que se refere ao termo de ajustamento de conduta, à medida liminar e à sentença em ações coletivas, assinale a opção correta à luz da jurisprudência do STJ.

(A) Mesmo com a previsão de multa diária no termo de ajustamento de conduta para o caso de descumprimento de ajuste, o juiz estará autorizado a aumentar o valor pactuado, quando, no caso concreto, esse valor mostrar-se insuficiente para surtir o efeito esperado.
(B) O termo de ajustamento de conduta é título executivo extrajudicial, mas somente poderá embasar a execução quando for assinado por duas testemunhas.
(C) A superveniência de acórdão que julgue improcedente pedido veiculado em ACP implica a revogação da medida antecipatória conferida pelo juiz de primeiro grau, desde que haja manifestação judicial expressa a esse respeito.

(D) A realização de termo de ajustamento de conduta na esfera extrajudicial impede a propositura de demanda coletiva a respeito do objeto transigido.

(E) Em ACP, a ausência de publicação do edital destinado a possibilitar a intervenção de interessados como litisconsortes não impede, por si só, a produção de efeitos *erga omnes* de sentença de procedência relativa a direitos individuais homogêneos.

A: incorreto. Caso o valor da multa esteja previsto no título, o juiz pode reduzi-lo se entender que é excessivo, mas não está autorizado a aumentá-lo. É a posição do STJ: "quando o título contém valor predeterminado da multa cominatória, o CPC estabelece que ao juiz somente cabe a redução do valor, caso a considere excessiva, não lhe sendo permitido aumentar a multa estipulada expressamente no título extrajudicial" (REsp 859.857/PR, DJe 19.5.2010). Esse entendimento pode ser extraído do art. 814, parágrafo único, do NCPC. **B:** incorreto, o TAC é título executivo extrajudicial, mas não há exigência legal quanto à assinatura de duas testemunhas (NCPC, art. 784, IV). **C:** incorreto. Nesse caso, a revogação é implícita, não sendo necessário que haja manifestação expressa. Nesse sentido: AgRg no AREsp 650161 / ES, j. 12.05.2015. **D:** incorreto. O que se poderia cogitar é de falta de interesse de agir nessa hipótese. Porém, o enunciado nada diz a respeito de qual seria o caso. Assim, por exemplo, poderia se cogitar de interesse de agir se o objeto da ACP for mais amplo do que o pactuado no ajustamento de conduta, ou com consequências distintas. **E:** correto, conforme a jurisprudência do STJ (Informativo STJ 536).

Gabarito "E."

(Procurador do Estado/AM – 2016 – CESPE) Julgue os itens subsequentes, relativos a ação civil pública, mandado de segurança e ação de improbidade administrativa.

(1) Conforme o entendimento do STJ, é cabível mandado de segurança para convalidar a compensação tributária realizada, por conta própria, por um contribuinte.

(2) Caso receba provas contundentes da prática de ato de improbidade por agente público, o MP poderá requerer tutela provisória de natureza cautelar determinando o sequestro dos bens do referido agente.

(3) Situação hipotética: O estado do Amazonas, por intermédio de sua procuradoria, ajuizou ação civil pública na justiça estadual do Amazonas, com o objetivo de prevenir danos ao meio ambiente. Paralelamente, o MPF ingressou com ação idêntica na justiça federal, seção judiciária do Amazonas. Assertiva: Nesse caso, as respectivas ações deverão ser reunidas na justiça federal da seção judiciária do Amazonas.

1: incorreta, pois o expediente é incabível, conforme Súmula 460, STJ: "*É incabível o mandado de segurança para convalidar a compensação tributária realizada pelo contribuinte.*"; **2**: correta, conforme previsão no art. 301, NCPC. Ademais, e medida encontra respaldo legal no art. 16 da Lei 8.429/1992; **3**: correta (art. 45 do NCPC e Súmula 150/STJ: "*Compete à Justiça Federal decidir sobre a existência de interesse jurídico que justifique a presença, no processo, da União, suas autarquias ou empresas públicas*").

Gabarito 1E, 2C, 3C

14. EXECUÇÃO, IMPUGNAÇÃO E DEFESA EXECUTADO

(Juiz de Direito - TJ/BA - 2019 - CESPE/CEBRASPE) De acordo com o CPC, se, em processo de execução de contrato inadimplido, ocorrer a penhora judicial de dinheiro depositado em conta bancária do executado, o juiz poderá cancelar o ato de penhora caso acolha o pedido de impenhorabilidade sob o argumento de que a quantia bloqueada

(A) pertence a terceiro.

(B) decorreu de venda de imóvel.

(C) corresponde a salário do executado e não ultrapassa cinquenta salários mínimos.

(D) estava vinculada ao pagamento de conta exclusivamente em débito automático.

(E) acarretará enriquecimento ilícito.

A: errada, já que o executado não teria legitimidade para defender direito de terceiro em nome próprio (CPC, art. 18); **B:** errada, considerando que essa hipótese não encontra previsão no rol do art. 833, do CPC; **C:** certa, conforme expressa previsão legal (CPC, art. 833, IV e §2º); **D:** errada, tendo em vista que essa hipótese não encontra previsão no rol do art. 833, do CPC; **E:** errada, já que, a princípio, não haveria enriquecimento ilícito na penhora de bens para satisfação de obrigação contratual inadimplida. LD

Gabarito "C."

(Promotor de Justiça/RR – 2017 – CESPE) De acordo com a jurisprudência do STJ, ao atuar como exequente em processo judicial, o MP poderá, legitimamente, requerer a penhora

(A) de único imóvel pertencente a pessoa solteira, divorciada ou viúva, pois, nessas hipóteses, não existe a proteção familiar dada pela legislação.

(B) de quantia existente em caderneta de poupança, ou outra aplicação financeira, seja qual for o valor depositado em instituição bancária.

(C) de único imóvel residencial do devedor que esteja locado a terceiros, mesmo que a renda obtida com a locação seja revertida para a moradia da família do executado.

(D) de faturamento de sociedade empresária, se for comprovada a inexistência de outros bens passíveis de penhora, desde que o percentual fixado não torne inviável o exercício da atividade empresarial.

A: Errada. A impenhorabilidade do bem de família abarca o imóvel pertencente a pessoas solteiras, separadas e viúvas (STJ, Súmula 364). **B:** Errada. É impenhorável a quantia depositada até o limite de 40 salários-mínimos (NCPC, art. 833, X). **C:** Errada. Desde que a renda seja revertida para a subsistência ou moradia da família, o imóvel locado a terceiro é impenhorável (STJ, Súmula 486). **D:** Correta (NCPC, art. 866, § 1º). LD/ACC

Gabarito "D."

(Juiz de Direito/DF – 2016 – CESPE) Acerca de liquidação de sentença e execução, assinale a opção correta.

(A) A jurisprudência do STJ vem sedimentando o entendimento de que é viável a formulação de reconvenção em sede de embargos à execução.

(B) O termo inicial para a oposição de embargos à execução fiscal é a data da juntada aos autos do mandado cumprido.

(C) O cumprimento de sentença será feito junto aos tribunais no caso de sua competência originária, sendo essa funcional e absoluta.

(D) A sentença arbitral não é legalmente considerada como um título executivo judicial, para fins de cumprimento de sentença.

(E) Com as alterações legislativas realizadas, o cumprimento de sentença passou a ser considerado um processo autônomo, no escopo do denominado sincretismo processual.

A: incorreta, pois o STJ firmou entendimento no sentido contrário (Informativo nº 567; REsp 1.528.049-RS, Rel. Min. Mauro Campbell Marques, julgado em 18.08.2015, *DJe* 28.08.2015); **B**: incorreta, pois o termo inicial para a oposição dos embargos à execução fiscal é a data da efetiva intimação da penhora, e não a da juntada aos autos do mandado cumprido, conforme art. 16 da Lei 6.830/1980. Nesse sentido: REsp repetitivo 1112416-MG, Rel. Min. HERMAN BENJAMIN, j. de 27.05.2009; **C**: correta, conforme art. 516, I, NCPC; tratando-se de competência em razão da hierarquia, é absoluta; **D**: incorreta, pois a sentença arbitral é título executivo judicial (art.515, VII); **E**: incorreto, porque não se trata de um processo autônomo, mas, sim, de fase final do processo de conhecimento – exatamente aí se inserindo o sincretismo.

Gabarito "C."

(Analista – Judiciário –TRE/PI – 2016 – CESPE) Assinale a opção correta relativamente ao cumprimento de sentença e ao processo de execução de título executivo extrajudicial.

(A) **Situação hipotética:** Contra a sentença que julgou procedente o pedido formulado pelo requerente e confirmou os efeitos da antecipação da tutela, o requerido interpôs recurso de apelação. **Assertiva:** Nessa situação, o requerente poderá requerer a execução provisória do julgado, e os autos do processo não poderão subir ao tribunal para análise do apelo, enquanto não for liquidada a sentença.

(B) **Situação hipotética:** Transitada em julgado a sentença condenatória de pagar quantia certa, o executado foi intimado para cumprir a obrigação no prazo de dez dias, embora já tivesse cumprido a obrigação imposta pela sentença. **Assertiva:** Nessa situação, o executado deverá oferecer embargos do devedor com o objetivo de desconstituir a pretensão executiva.

(C) Em ação de execução por quantia certa, caso o devedor não cumpra a obrigação, o juiz poderá mandar intimar o executado para, caso existam bens disponíveis, indicar quais são e onde se encontram, sob pena de se caracterizar ato atentatório à dignidade da justiça e sujeitar o executado ao pagamento de multa que será revertida em favor do exequente.

(D) Em ação de execução de título executivo extrajudicial na qual o devedor ofereça embargos à execução no prazo legal, objetivando desconstituir a pretensão executiva, caso haja indícios do cumprimento da obrigação, o juiz poderá, de ofício, conceder efeito suspensivo aos embargos.

(E) **Situação hipotética:** Proposta ação de execução de título executivo extrajudicial, o executado opôs embargos com o objetivo de desconstituir totalmente a pretensão executiva em função de uma dação em pagamento. **Assertiva:** Nessa situação, se acolher o pedido formulado nos embargos, o juiz deverá proferir sentença nos autos da ação executiva, na qual deve julgar improcedente a pretensão executiva e extinguir o feito com resolução de mérito.

A: incorreta. A sentença que confirma *tutela antecipada* não terá efeito suspensivo (art. 1.012, § 1º, V, NCPC), sendo possível o cumprimento provisório da sentença (art. 520, NCPC). Contudo, os autos principais serão remetidos ao Tribunal para análise do recurso (art. 1.010, § 3º, NCPC), sendo que o cumprimento provisório da sentença será requerido por petição dirigida ao juízo competente (art. 522, NCPC); **B**: incorreta. O prazo de pagamento é de 15 dias (art. 523, NCPC); além disso, em se tratando de cumprimento de sentença, o instrumento a ser utilizado pelo devedor é a impugnação, e não embargos (art. 525, NCPC); **C**: correto (art. 774, V, NCPC); **D**: incorreta, porquanto a concessão de efeito suspensivo aos embargos depende de requerimento e só será deferida se a execução já estiver garantida por penhora, depósito ou caução suficientes (art. 919, § 1º, NCPC); **E**: incorreta, pois a sentença deverá ser proferida nos próprios embargos (art. 920, III, NCPC), que, vale dizer, possuem natureza de ação e devem ser oferecidos em autos apartados (art. 914, § 1º, NCPC).

Gabarito "C"

(Analista Judiciário – TRT/8ª – 2016 – CESPE) Assinale a opção correta acerca da liquidação de sentença e da execução no processo civil.

(A) O ajuizamento de ação rescisória pelo executado suspende automaticamente o cumprimento da sentença ou do acórdão que seja objeto do pedido da referida ação autônoma de impugnação.

(B) Os atos executórios tratados pelo CPC não possuem natureza jurisdicional, motivo pelo qual não há necessidade de observância ao princípio do contraditório no processo de execução.

(C) Se o autor ou outro qualquer cidadão não promover os atos executórios no prazo legal na execução de sentença de procedência em ação popular, o juiz determinará a extinção anômala do processo.

(D) A parte pode dar início à liquidação antes do trânsito em julgado da sentença condenatória genérica, haja vista que a denominada liquidação provisória de sentença é permitida pela legislação processual.

(E) O compromisso de ajustamento de conduta firmado entre o Ministério Público e o responsável por violação a direito coletivo não possui eficácia executória, mas é documento hábil à propositura de ação monitória.

A: incorreta, pois a suspensão não é automática e depende da concessão de tutela provisória (art. 969, NCPC); **B**: incorreta. Os atos executórios possuem natureza jurisdicional, de modo que a observância ao princípio do contraditório é essencial – inclusive porque na execução é possível a perda de bens (CF, art. 5º, LIV e LV); **C**: incorreta, pois, neste caso, o Ministério Público ficará encarregado de promover a execução (art. 16 da Lei 4.717/1965), sem que haja extinção do processo; **D**: correta, conforme previsão do art. 512 do NCPC; **E**: incorreta, pois o TAC possui eficácia executiva, tratando-se de título executivo extrajudicial (§ 6º do art. 5º da Lei 7.347/1985).

Gabarito "D"

(Juiz de Direito/AM – 2016 – CESPE) Acerca da execução, assinale a opção correta.

(A) Iniciada a execução de título extrajudicial, a fraude contra credores poderá ser reconhecida em embargos de terceiro, com a consequente anulação do ato jurídico.

(B) Tratando-se de execução de título extrajudicial, a fixação de multa para cumprimento de obrigação específica pelo devedor e a sua conversão em perdas e danos dependem de requerimento do credor.

(C) A citação por hora certa, por ser incompatível com o rito, é vedada no processo de execução, consoante entendimento sumulado pelo STJ.

(D) A averbação da constrição de bem imóvel no cartório de registro de imóveis, embora prevista na legislação processual civil, não é condição de validade da penhora.

(E) As sentenças condenatórias cíveis e penais, ainda que não transitadas em julgado, constituem títulos executivos judiciais.

A: incorreto, nos termos da Súmula 195/STJ: "EM EMBARGOS DE TERCEIRO NÃO SE ANULA ATO JURIDICO, POR FRAUDE CONTRA CREDORES"; **B**: incorreto, pois o juiz poderá fixar multa independentemente de requerimento do credor (art. 139, IV, NCPC). Além disso, a obrigação será convertida em perdas e danos se impossível a tutela específica ou a obtenção de tutela pelo resultado prático equivalente (art. 499, NCPC); **C**: incorreto, porque há a possibilidade de citação por hora certa e por edital no processo de execução (NCPC, art. 830, §1º); **D**: correta. A averbação tem o condão de fazer incidir a presunção absoluta de conhecimento por terceiros (NCPC, art. 844), mas não se trata de condição de validade da penhora (cujos requisitos estão no art. 838); **E**: incorreto, pois, no caso da sentença penal, esta só passa a ser título executivo judicial a partir do seu trânsito em julgado (NCPC, art. 515, VI).

Gabarito "D"

(Juiz de Direito/AM – 2016 – CESPE) Considerando a legislação processual, a doutrina e a jurisprudência dominante nos tribunais superiores, assinale a opção correta quanto à defesa do devedor no processo de execução e na fase de cumprimento de sentença.

(A) Consoante o entendimento pacificado pelo STJ, é cabível o oferecimento de reconvenção em embargos à execução.

(B) Em se tratando de execução de título extrajudicial, a competência para o julgamento dos embargos do devedor é funcional absoluta do juízo da execução, mas, se a constrição for feita por carta precatória, o juízo deprecado poderá julgar os embargos que versem unicamente sobre vícios ou defeitos da penhora.

(C) A garantia do juízo é dispensada para a impugnação ao cumprimento de sentença e somente interessa para fins de concessão de efeito suspensivo.

(D) Na execução de alimentos pelo rito do art. 733 do CPC, o acolhimento da justificativa do devedor acerca da impossibilidade de efetuar o pagamento das prestações alimentícias desautoriza a decretação de sua prisão e acarreta a extinção da execução, que deverá ser renovada em observância ao rito da penhora.

(E) Para fins de cobrança da multa pelo descumprimento da obrigação de fazer ou não fazer, é necessária a prévia intimação do devedor, que poderá ser feita por meio de publicação oficial se houver advogado previamente constituído.

A: incorreto, pois o STJ firmou entendimento no sentido contrário (Informativo nº 567; REsp 1.528.049-RS, Rel. Min. Mauro Campbell

Marques, julgado em 18.08.2015, *DJe* 28.08.2015); **B:** correto (NCPC, art. 914, §2º); **C:** incorreta no CPC/1973, mas correta no NCPC (arts. 525, *caput* e § 6º); **D:** incorreto, pois não há extinção da execução, mas seu prosseguimento para recebimento da quantia (NCPC, art. 530 – a menção no enunciado é ao CPC/1973); **E:** incorreto, considerando a Súmula 410/STJ: "A prévia intimação pessoal do devedor constitui condição necessária para a cobrança de multa pelo descumprimento de obrigação de fazer ou não fazer" (a súmula talvez seja cancelada à luz do NCPC, mas isso ainda não ocorreu).

Gabarito "B" no CPC/1973; "B" e "C" no NCPC

15. TEMAS COMBINADOS

(Juiz de Direito - TJ/BA - 2019 - CESPE/CEBRASPE) Caso o juiz julgue parcialmente o mérito, reconhecendo a existência de obrigação ilíquida, a parte vencedora

(A) poderá promover de pronto a liquidação, mediante o depósito de caução.
(B) poderá promover de pronto a liquidação, ainda que seja interposto recurso pela parte vencida.
(C) deverá aguardar a extinção do processo para promover a liquidação.
(D) deverá promover a liquidação nos mesmos autos, em vista do princípio da eficiência.
(E) poderá promover a liquidação somente após transcorrido o prazo para interposição de recurso pela parte vencida.

A: errada, porque não há exigência de caução para a liquidação da decisão (CPC, art. 356, §2º); **B:** certa, conforme expressa previsão legal (CPC, art. 356, §2º); **C:** errada, considerando que a extinção do processo é incompatível com o ato de liquidação (CPC, art. 924); **D:** errada, pois a liquidação poderá ser processada em autos suplementares, a requerimento da parte ou a critério do juiz (CPC, art. 356, §4º); **E:** errada, uma vez que a liquidação poderá ser promovida mesmo na pendência de recurso interposto pela parte vencedora (CPC, art. 356, §2º). LD

Gabarito "B"

(Defensor Público - DPE/DF - 2019 - CESPE/CEBRASPE) Acerca do pedido, da tutela provisória, da citação, da suspeição e dos recursos, julgue os itens que se seguem.

(1) **Situação hipotética**: Em sede de liquidação de sentença, a parte impugnou decisão judicial que incluiu na condenação juros de mora e correção monetária, sob o fundamento de configurar julgamento *extra petita*. **Assertiva**: Nesse caso, a parte agiu erroneamente, porque a fixação de juros de mora e correção monetária constitui pedido implícito.
(2) Ao contrário da tutela de urgência, a tutela de evidência independe da demonstração de perigo de demora na prestação jurisdicional.
(3) Em ação cível, o mero despacho do juiz determinando a citação tem o condão de interromper a prescrição.
(4) O juiz deve suspender o processo se arguida suspeição de membro do Ministério Público em razão de amizade íntima deste com o réu; nesse caso, será lícita apenas a prática de atos processuais urgentes.
(5) Ao reformar sentença que reconheceu a prescrição, o tribunal deve determinar a devolução do processo ao juízo de primeiro grau, para julgamento e instrução, se for o caso.

1: certa, pois a fixação de juros de mora e de correção monetária são considerados pedidos implícitos (ou seja, mesmo que não expressamente presentes na inicial, devem ser deferidos pelo juiz), conforme disposição expressa do CPC (CPC, art. 322, §1º), confirmado pela jurisprudência do STJ (por exemplo, AgRg nos EDcl no AREsp 184.453/MS); **2:** certa, conforme expressa previsão legal, sendo exatamente o requisito "urgência" que distingue a tutela da evidência da outra tutela provisória (CPC, arts. 300 e 311); **3:** certa, considerando que a lei prevê que o "cite-se" tem o condão de interromper a prescrição, ainda que proferido por juiz incompetente (CPC, art. 240, §1º); **4:** errada, já que a alegação de suspeição do membro do Ministério Público, processada em incidente, não enseja a suspensão do processo principal (CPC, art. 148, I e §2º); somente no caso de suspeição e impedimento do juiz é que há suspensão do processo; **5:** errada, tendo em vista que, na hipótese de o tribunal reconhecer prescrição em grau de apelação, deverá analisar o mérito, sem determinar o retorno dos autos à origem – é a chamada hipótese de julgamento com base na "teoria da causa madura" (CPC, art. 1.013, §4º). LD

Gabarito 1C, 2C, 3C, 4E, 5E

(Juiz – TJ/CE – 2018 – CESPE) A reclamação é um instrumento jurídico que

(A) busca garantir a autoridade das decisões de tribunais e tem cabimento restrito ao STF e ao STJ.
(B) pode ser proposta em até dois anos após o trânsito em julgado da decisão reclamada.
(C) cabe para garantir a observância de acórdão de recurso extraordinário com repercussão geral reconhecida, quando não esgotadas as instâncias ordinárias.
(D) pode gerar, se julgada procedente, a cassação de ato jurisdicional, mas não a sua revisão.
(E) tem natureza recursal, uma vez que poderá reverter a decisão reclamada.

A: Errada. A reclamação pode ser proposta perante qualquer tribunal (NCPC, art. 988, § 1º). **B:** Errada. A reclamação não serve como via substitutiva da AR, tendo em vista ser inadmissível sua propositura após o trânsito em julgado da decisão (NCPC, art. 988, § 5º, I e STF, Súmula 734). **C:** Errada. A hipótese descrita é de inadmissibilidade da reclamação, enquanto *não esgotadas* as instâncias ordinárias (NCPC, art. 988, § 5º, II). **D:** Correta (NCPC, art. 992). **E:** Errada. A reclamação tem natureza de ação e não de recurso, considerando que só é recurso o que assim a lei determina (NCPC, art. 994). LD/ACC

Gabarito "D"

(Defensor Público/AL – 2017 – CESPE) A respeito de ação indenizatória, julgue os itens a seguir.

I. O beneficiário da gratuidade de justiça não pode ser condenado ao pagamento de custas e honorários ao patrono da parte demandada, no caso de sucumbência.
II. Ajuizada ação de indenização por danos morais, o valor da causa a ser atribuído à causa deve corresponder ao valor pretendido pelo demandante.
III. Denegado o pedido indenizatório, o recurso interposto ainda sob a égide do Código de Processo Civil de 1973 deverá ser processado e julgado de acordo com as normas do Código de Processo Civil de 2015.

Assinale a opção correta.

(A) Apenas o item I está certo.
(B) Apenas o item II está certo.
(C) Apenas o item III está certo.
(D) Apenas os itens I e II estão certos.
(E) Todos os itens estão certos.

I: Errada. A concessão da gratuidade não afasta a responsabilidade do beneficiário pelo pagamento das custas e honorários sucumbenciais (NCPC, art. 98, § 2º). **II:** Correta (NCPC, art. 292, V). **III:** Errada. A norma processual não retroage e respeita os atos processuais praticados sob a vigência da norma revogada, portanto, o recurso será processado e julgado com base no CPC/1973 (NCPC, art. 14). Vale conferir os enunciados administrativos aprovados pelo Plenário do STJ relacionados aos requisitos de admissibilidade recursal, honorários sucumbenciais recursais e possibilidade de correção de vícios (Enunciados 2 a 7). LD/ACC

Gabarito "B"

(Procurador do Estado/SE – 2017 – CESPE) Julgue os itens a seguir, referentes à ação civil pública, ao mandado de segurança, à ação popular e à reclamação.

I. De acordo com o STJ, as empresas públicas e as sociedades de economia mista, prestadoras de serviço público, possuem legitimidade para propositura de pedido de suspensão de segurança, notadamente, quando atuam na defesa do interesse público primário.
II. Segundo a jurisprudência do STJ, a legitimidade para a defensoria pública propor ação civil pública se restringe às hipóteses em que haja proteção de interesse de hipossuficientes econômicos.
III. Conforme entendimento majoritário da doutrina, o cidadão-eleitor de dezesseis anos possui plena capacidade processual para o ajuizamento de ação popular.

IV. O CPC assegura, na sessão de julgamento de reclamação, o direito à sustentação oral das partes e do MP, nos casos de intervenção deste.

Estão certos apenas os itens

(A) I e II.
(B) I e III.
(C) II e IV.
(D) I, III e IV.
(E) II, III e IV.

I: Correta, conforme entendimento consolidado pelo STJ (AgInt no AREsp 916084/BA – Jurisprudência em Teses 79). **II**: Errada. A Corte Especial do STJ consolidou a tese de que a DP possui legitimidade para a propositura de ACP em favor dos hipossuficientes econômicos e jurídicos (EREsp 1192577/RS). **III**: Correta, sendo esse o entendimento doutrinário prevalecente. **IV**: Correta (NCPC, art. 937, VI). LD/ACC

Gabarito "D".

(Promotor de Justiça/RR – 2017 – CESPE) Julgue os itens a seguir, a respeito de provas, revelia, sentença e coisa julgada.

I. Nos casos em que a causa possa ser resolvida por autocomposição, as partes, se plenamente capazes, poderão consensualmente escolher o perito, antecipando-se à nomeação deste pelo juiz.

II. No procedimento comum, a ausência do réu, sem justificativa, à audiência de conciliação ou mediação caracteriza a confissão ficta quanto à veracidade dos fatos alegados pelo autor na inicial.

III. É inadmissível ação rescisória diante de decisão transitada em julgado que não seja de mérito.

IV. Nas hipóteses em que a sentença se sujeite à remessa necessária, caso seja interposta apelação total pelo ente público vencido, o juiz estará dispensado de proceder à formalização do duplo grau obrigatório.

Estão certos apenas os itens

(A) I e II.
(B) I e IV.
(C) II e III.
(D) III e IV.

I: Correta, sendo essa uma das inovações do Código em relação a provas (NCPC, art. 471, II). **II**: Errada. A consequência pelo não comparecimento injustificado à audiência de conciliação é a condenação ao pagamento de multa por ato atentatório à dignidade da justiça (NCPC, art. 334, § 8º). **III**: Errada. Admite-se ação rescisória contra decisão terminativa desde que a decisão (i) impeça nova propositura da demanda ou (ii) impeça a admissibilidade de recurso (NCPC, art. 966, § 2º). **IV**: Correta. Nesse sentido, o STJ firmou entendimento de que não há nulidade ao não se realizar a remessa necessária, contanto que tenha havido amplo exame da decisão apelada (NCPC, art. 496 e STJ, REsp 1.428.841/SC). LD/ACC

Gabarito "B".

(Juiz – TRF5 – 2017 – CESPE) Com base na jurisprudência do Superior Tribunal de Justiça (STJ), julgue os seguintes itens, no que concerne à tutela provisória, à competência e ao cumprimento de sentença.

I. Mesmo após o comparecimento espontâneo do réu em juízo, é indispensável sua intimação formal para que se inicie o prazo para a impugnação na fase de cumprimento de sentença.

II. A justiça federal possui competência para julgar demanda proposta por estudante acerca de credenciamento de instituição privada de ensino superior junto ao Ministério da Educação, com vistas à expedição de diploma de ensino a distância ao autor.

III. Em demanda previdenciária, os valores recebidos por força de tutela provisória de urgência antecipada posteriormente revogada serão irrepetíveis, em razão da natureza alimentar e da boa-fé no seu recebimento.

Assinale a opção correta.

(A) Nenhum item está certo.
(B) Apenas o item I está certo.
(C) Apenas o item II está certo.
(D) Apenas o item III está certo.
(E) Todos os itens estão certos.

I: Errada. O comparecimento espontâneo do réu torna desnecessário o ato formal de intimação para apresentação de impugnação ao cumprimento de sentença, quando demonstrada ciência inequívoca do devedor quanto à penhora realizada nos autos (STJ, EREsp 1.415.522/ES – Informativo 601). **II**: Correta (STJ, REsp 1.344.771/ PR). **III**: Errada. Houve recente mudança do entendimento do STJ sobre a matéria, que resultou na seguinte orientação: *a reforma da decisão que antecipa a tutela obriga o autor da ação a devolver os benefícios previdenciários indevidamente recebidos* (STJ, REsp 1.401.560/MT). LD/ACC

Gabarito "C".

(Juiz – TRF5 – 2017 – CESPE) No que concerne ao processo de execução contra a fazenda pública, à tutela provisória, ao direito processual intertemporal e aos deveres das partes, assinale a opção correta.

(A) Os preceitos sobre direito probatório do atual CPC se aplicam às provas requeridas em data anterior a sua vigência nos casos em que a produção da prova não havia sido concluída no momento em que a Lei 13.105/2015 entrou em vigor.

(B) Em caso de ação condenatória com pedido único de obrigação de fazer proposta em face da fazenda pública, se o ente público reconhecer a procedência do pedido e cumprir a obrigação, os honorários deverão ser reduzidos pela metade.

(C) Cancelamento de precatório, sob qualquer fundamento, em razão de requerimento da administração pública, deverá ser examinado pelo presidente do tribunal responsável pela requisição de pagamento.

(D) Caso seja concedida tutela antecipada requerida em caráter antecedente, em sede de ação rescisória, a decisão do magistrado se estabilizará se não for interposto recurso ou impugnação pela parte interessada.

(E) Em caso de processo sobrestado no tribunal em razão de afetação de caso paradigma em regime repetitivo, é vedada a apreciação de novo requerimento de tutela provisória de natureza antecipada.

A: Errada. Os preceitos de direito probatório constantes do NCPC são aplicados apenas às provas requeridas a partir da vigência do código (NCPC, art. 1.047). **B**: Correta – nesse sentido, enunciado 9 das Jornadas de Direito Processual / CJF (NCPC, art. 90, § 4º). **C**: Errada, pois é possível que isso seja apreciado pelo juiz que acompanha o processo, por exemplo no caso de nulidade ou pedido de efeito suspensivo. **D**: Errada. Não cabe estabilização de tutela em sede de AR – nesse sentido, enunciado 421 do FPPC (NCPC, art. 304). **E**: Errada. Nesse caso, seria possível a apreciação e a efetivação de tutela provisória de urgência – nesse sentido, enunciado 41 das Jornadas de Direito Processual / CJF. LD/ACC

Gabarito "B".

(Juiz – TRF5 – 2017 – CESPE) O Ministério Público de determinado estado da Federação e o Ministério Público Federal ajuizaram, em litisconsórcio, ação civil pública para tutela de direitos individuais homogêneos de consumidores lesados por contrato de consumo.

De acordo com o STJ, nessa situação hipotética,

(A) caso seja rejeitado o pedido, com sentença transitada em julgado, estará vedada a propositura de nova demanda coletiva, com o mesmo objeto, por outro legitimado coletivo.

(B) se o réu for condenado em obrigação de dar quantia certa, os juros de mora incidirão a partir da sentença condenatória que vier a ser prolatada na fase de conhecimento.

(C) o juiz deve extinguir o processo sem resolução do mérito em razão da ilegitimidade do Ministério Público, por se tratar de tutela de direitos individuais homogêneos em situação decorrente de contrato particular.

(D) deve ser permitida a formação do litisconsórcio ativo independentemente de razão específica que justifique a atuação conjunta na lide, bastando que se verifique a legitimidade ministerial para propositura de demanda.

(E) caso seja julgada procedente a ação, a contagem do prazo prescricional aplicável às execuções individuais de sentença condenatória só se iniciará com a publicação de edital no órgão oficial.

A: Correta (STJ, REsp 1.302.596/SP). **B:** Errada. A tese firmada pelo STJ, em julgamento de Recurso Repetitivo, é no sentido de que os juros de mora incidem a partir da citação do devedor na fase de conhecimento da Ação Civil Pública, quando esta se fundar em responsabilidade contratual (REsp 1.370.899/SP). **C:** Errada. Segundo o STJ, o MP tem legitimidade para atuar na defesa de direitos individuais homogêneos – nesse sentido, Súmula 601/STJ. **D:** Errada. O STJ entende que deve ser demonstrada a existência de razão específica que justifique o litisconsórcio ativo facultativo (REsp 1.254.428/MG – Informativo 585). **E:** Errada. Segundo o STJ, o termo inicial para a contagem do prazo prescricional para execução individual é o trânsito em julgado da sentença condenatória (REsp 1.388.000/PR). LD/ACC

Gabarito "A"

(Juiz – TRF5 – 2017 – CESPE) Julgue os itens a seguir, referentes aos atos processuais, à intervenção de terceiros e ao processo de execução e arbitragem.

I. A União goza da prerrogativa de intimação pessoal nos processos que tramitam nos juizados especiais federais.

II. Na hipótese de condenação do réu e do terceiro denunciado à lide, será vedado ao autor, em qualquer caso, requerer o cumprimento da sentença contra o terceiro denunciado.

III. Adquirente de bem móvel ou imóvel penhorado em execução, em caso de arrematação judicial, poderá efetuar o pagamento de forma parcelada, desde que ao menos vinte e cinco por cento do valor do lance seja pago à vista.

IV. A arbitragem poderá ser utilizada em litígio que envolva entes integrantes da administração pública e, nesses casos, eventual decisão que condene a fazenda pública não se submeterá ao reexame necessário.

Estão certos apenas os itens

(A) I e IV.
(B) II e III.
(C) II e IV.
(D) I, II e III.
(E) I, III e IV.

I: Correta (Lei 10.259/2001, art. 7º). **II:** Errada. É possível que o autor da ação requeira o cumprimento de sentença também contra o denunciado, nos limites de sua condenação na ação regressiva (NCPC, art. 128, parágrafo único). **III:** Correta (NCPC, art. 895, § 1º). **IV:** Correta, conforme Enunciado 164 do FPPC (Lei 9.307/1996, art. 1º, § 1º). LD/ACC

Gabarito "E"

(Procurador do Estado/AM – 2016 – CESPE) Com relação aos procedimentos especiais e ao processo de execução no âmbito do processo civil, julgue os próximos itens.

(1) **Situação hipotética:** O INSS e a fazenda pública do estado do Amazonas ingressaram em juízo com ações executivas contra determinada empresa. Na fase de expropriação de bens, os exequentes indicaram à penhora o único bem imóvel penhorável pertencente à executada. **Assertiva:** Nesse caso, segundo interpretação do STJ, a fazenda estadual tem preferência quanto aos valores arrecadados com a venda do imóvel penhorado.

(2) É cabível, segundo o STJ, o ajuizamento de ação monitória contra a fazenda pública, com o objetivo de receber nota promissória prescrita, emitida por ente público e vencida há quatro anos.

1: incorreto, pois a preferência é do ente federal (REsp repetitivo 957.836/SP); **2**: correta. O NCPC traz a admissibilidade de ação monitória em face da Fazenda pública (art. 700, § 6º, que positiva a Súmula 339/STJ); ademais, a ação monitória é o instrumento cabível para cobrança de nota promissória prescrita, conforme se depreende do art. 700, NCPC.

Gabarito 1E, 2C

(Analista Jurídico – TCE/PR – 2016 – CESPE) Em razão do não pagamento de tributos e da consequente inscrição do contribuinte em dívida ativa, determinado município pretende acionar judicialmente esse contribuinte inadimplente.

Nessa situação,

(A) caso venha a ser ajuizada a ação, haverá obrigatoriedade de participação do Ministério Público no processo como fiscal da ordem jurídica.
(B) proposta a ação, o réu inadimplente, quando for eventualmente citado, poderá requerer gratuidade de justiça, mas a concessão dessa gratuidade não afastará definitivamente a responsabilidade do requerente quanto a despesas processuais e honorários advocatícios no processo.
(C) o Ministério Público poderá exercer a representação judicial do município, caso esse ente federativo não possua órgão oficial próprio de representação.
(D) para receber seu crédito, o município deverá propor ação de conhecimento, com pedido condenatório, no domicílio do réu.
(E) se, proposta a ação, surgir a necessidade de nomeação de curador especial para o réu, essa função deverá ser exercida pelo Ministério Público.

A: incorreta, pois a hipótese não se encontra dentre aquelas que contam com a participação do MP, sendo que o simples fato de haver participação da Fazenda Pública não impõe, por si só, a intervenção do MP (parágrafo único do art. 178, NCPC); **B**: correta, porque a concessão de gratuidade não afasta a responsabilidade do beneficiário pelas despesas processuais e pelos honorários advocatícios decorrentes de sua sucumbência (art. 98, §§2º e 3º, NCPC); **C**: incorreta, pois a representação judicial do município incumbe à Advocacia Pública, nos termos do art. 182, NCPC; **D**: incorreta, pois o município deverá propor execução fiscal, de acordo com a Lei 6.830/1980; **E**: incorreta, pois a curadoria é encargo da Defensoria Pública (art. 72, parágrafo único, NCPC).

Gabarito "B"

(Analista Jurídico –TCE/PA – 2016 – CESPE) Julgue os itens a seguir, referentes à tutela provisória e aos meios de impugnação das decisões judiciais conforme o novo Código de Processo Civil.

(1) Caso determinado ente da Federação interponha reclamação constitucional no STF para garantir a observância de súmula vinculante supostamente violada em decisão judicial, ao despachar a petição inicial, o relator da reclamação poderá determinar a suspensão do processo ou do ato impugnado, devendo requisitar informações da autoridade que tiver praticado o ato, além de determinar a citação do beneficiário da decisão impugnada para contestar.

(2) A denominada tutela provisória não pode ter natureza satisfativa, uma vez que essa modalidade de tutela jurisdicional se presta unicamente a assegurar a futura eficácia de tutela definitiva, resguardando direito a ser satisfeito.

(3) Se o recurso principal for conhecido, mas não for provido pelo tribunal, o recurso adesivo deverá ser considerado manifestamente prejudicado porque, conforme determinado pela legislação, se subordina ao recurso interposto de forma independente.

1: correta, nos termos do art. 989, incisos II e III, NCPC; **2:** incorreta. No NCPC, a tutela provisória é gênero, no qual existem duas espécies (tutela e urgência e tutela de evidência). A tutela provisória de urgência se subdivide em cautelar (para resguardar) e antecipada (para satisfazer – art. 300, § 3º); **3:** incorreta, pois a subordinação do recurso adesivo ao principal restringe-se à hipótese de inadmissibilidade ou desistência deste último (art. 997, §2º, III, NCPC).

Gabarito 1C, 2E, 3E

17. DIREITO PENAL

Arthur Trigueiros, Eduardo Dompieri e Tatiana Subi*

1. CONCEITO, FONTES E PRINCÍPIOS

(Juiz de Direito - TJ/BA - 2019 - CESPE/CEBRASPE) De acordo com a doutrina predominante no Brasil relativamente aos princípios aplicáveis ao direito penal, assinale a opção correta.

(A) O princípio da taxatividade, ou do mandado de certeza, preconiza que a lei penal seja concreta e determinada em seu conteúdo, sendo vedados os tipos penais abertos.
(B) O princípio da bagatela imprópria implica a atipicidade material de condutas causadoras de danos ou de perigos ínfimos.
(C) O princípio da subsidiariedade determina que o direito penal somente tutele uma pequena fração dos bens jurídicos protegidos, operando nas hipóteses em que se verificar lesão ou ameaça de lesão mais intensa aos bens de maior relevância.
(D) O princípio da ofensividade, segundo o qual não há crime sem lesão efetiva ou concreta ao bem jurídico tutelado, não permite que o ordenamento jurídico preveja crimes de perigo abstrato.
(E) O princípio da adequação social serve de parâmetro ao legislador, que deve buscar afastar a tipificação criminal de condutas consideradas socialmente adequadas.

A: incorreta. De fato, o *princípio da taxatividade*, que constitui um desdobramento do postulado da legalidade, impõe ao legislador o dever de descrever as condutas típicas de maneira pormenorizada e clara, de forma a não deixar dúvidas por parte do aplicador da norma. É incorreto, no entanto, afirmar-se que os chamados tipos penais abertos sejam vedados. *Tipo penal aberto*, que é admitido no Direito Penal, é aquele que exige do magistrado um juízo de valoração, por meio do qual se procederá à individualização da conduta; *tipo fechado*, ao contrário, é o que não exige juízo de valoração algum do magistrado. Exemplo sempre lembrado pela doutrina de tipo penal aberto é o delito culposo, em que o magistrado, para saber se houve ou não crime, deve fazer um cotejo entre a conduta do réu e aquela que teria sido adotada, nas mesmas circunstâncias, por um homem diligente e prudente; **B:** incorreta. O princípio que conduz à exclusão da tipicidade material de condutas causadoras de danos insignificantes ou de perigos ínfimos é o da bagatela *própria*. Ensina Luiz Flávio Gomes que "o princípio da irrelevância penal do fato está contemplado (expressamente) no art. 59 do CP e apresenta-se como consequência da desnecessidade da pena, no caso concreto; já o princípio da insignificância, ressalvadas raras exceções, não está previsto expressamente no direito brasileiro (é pura criação jurisprudencial), fundamentada nos princípios gerais do Direito Penal" (**Direito penal – Parte Geral**. 2. ed. São Paulo: RT, 2009. vol. 2, p. 220). A propósito deste tema, cabem aqui alguns esclarecimentos acerca da distinção entre esses dois princípios. Ainda segundo o magistério de Luiz Flávio Gomes, "uma coisa é o princípio da irrelevância penal do fato, que conduz à sua não punição concreta e que serve como cláusula geral para um determinado grupo de infrações (para as infrações bagatelares impróprias) e, outra, muito distinta, é o princípio da insignificância *tout court*, que se aplica para as infrações bagatelares próprias e que dogmaticamente autoriza excluir do tipo penal as ofensas (lesões ou perigo concreto) de mínima magnitude, ou nímias, assim como as condutas que revelem exígua idoneidade ou potencialidade lesiva. As infrações bagatelares são próprias quando já nascem bagatelares (...)" (**Direito Penal – parte geral**. 2. ed. São Paulo: RT, 2009. vol. 2, p. 219). Devem ser consideradas impróprias, por seu turno, as infrações que, embora não nasçam insignificantes, assim se tornam posteriormente; **C:** incorreta. A assertiva contempla o princípio da fragmentariedade do direito penal, segundo o qual a lei penal constitui, por força do postulado da intervenção mínima, uma pequena parcela (fragmento) do ordenamento jurídico. Isso porque somente se deve lançar mão desse ramo do direito diante da ineficácia ou inexistência de outros instrumentos de controle social menos traumáticos (subsidiariedade); **D:** incorreta. A despeito de parte da doutrina sustentar a incompatibilidade dos crimes de perigo abstrato com a CF/88, já que haveria afronta ao princípio da ofensividade/lesividade, pois não seria concebível a existência de um crime que não cause efetiva lesão ao bem jurídico ou, ao menos, um risco efetivo de lesão, certo é que a jurisprudência aceita essa modalidade de crime de perigo, em relação aos quais a lei presume, de forma absoluta, a exposição do bem jurídico a situação de risco. Ou seja, basta à acusação provar que o agente realizou a conduta descrita no tipo penal. Exemplos típicos são os crimes de posse e porte de arma de fogo de uso permitido (arts. 12 e 14 do Estatuto do Desarmamento, respectivamente), em que a probabilidade de ocorrer dano pelo mau uso do armamento é presumido pelo tipo penal. Outro exemplo sempre lembrado pela doutrina é o tráfico de drogas (art. 33, Lei 11.343/2006), em que o perigo a que está exposta a saúde pública é presumido; **E:** correta. Segundo o postulado da adequação social, cujo conteúdo é dirigido tanto ao aplicador/intérprete da norma quanto ao legislador, não se pode reputar criminosa a conduta tolerada pela sociedade, ainda que corresponda a uma descrição típica. É dizer, embora formalmente típica, porque subsumida num tipo penal, carece de tipicidade material, porquanto em sintonia com a realidade social em vigor. A sociedade se mostra, nessas hipóteses, indiferente ante a prática da conduta, como é o caso, por exemplo, da tatuagem. Também são exemplos: a circuncisão praticada na religião judaica; o furo na orelha para colocação de brinco etc. ED

(Juiz – TRF5 – 2017 – CESPE) João foi flagrado pela fiscalização, em determinada estação ecológica que proíbe a pesca, portando vara de pescar e com um espécime de peixe ainda vivo. A equipe de fiscalização então devolveu o peixe ao rio no qual ele havia sido pescado. João argumentou que não sabia que era proibido pescar ali e não resistiu à ação da fiscalização.

Nessa situação hipotética, configura-se

(A) desistência voluntária e arrependimento eficaz.
(B) crime tentado.
(C) erro sobre a ilicitude do fato.
(D) crime consumado, mas penalmente irrelevante.
(E) crime impossível.

Tanto o STF quanto o STJ acolhem a possibilidade de incidência do princípio da insignificância no contexto dos crimes ambientais. Conferir: "1. Esta Corte Superior de Justiça e o Supremo Tribunal Federal reconhecem a atipicidade material de determinadas condutas praticadas em detrimento do meio ambiente, desde que verificada a mínima ofensividade da conduta do agente, a ausência de periculosidade social da ação, o reduzido grau de reprovabilidade do comportamento e a inexpressividade da lesão jurídica provocada. Precedentes. 2. Hipótese em que os recorridos foram denunciados pela pesca em período proibido, com utilização de vara e molinete, tendo sido apreendidos com ínfima quantidade extraída da fauna aquática, de maneira que não causaram perturbação no ecossistema a ponto de reclamar a incidência do Direito Penal, sendo, portanto, imperioso o reconhecimento da atipicidade da conduta perpetrada, devendo ser ressaltado que os recorridos não possuem antecedentes criminais. 3. Recurso desprovido" (REsp 1743980/MG, Rel. Ministro Jorge Mussi, Quinta Turma, julgado em 04/09/2018, DJe 12/09/2018). No mesmo sentido, o STF: "Ação Penal. Crime ambiental. Pescador flagrado com doze camarões e rede de pesca, em desacordo com a Portaria 84/02,

* **Eduardo Dompieri ED** comentou as questões de Delegado/PE/16, Defensor Público/RN/16, Analista TRT/8/16, Analista TRE/PI/16, Analista TCE/PA/16, Analista TCE/PR/16, Juiz de Direito/16, Analista/TJ/CE/13, Analista/STF/13, Cartório/RR/13, Defensoria/DF/13, Promotor de Justiça/PI/14. **Arthur Trigueiros** comentou as questões de Promotor de Justiça/AC/14, Escrivão de Polícia Federal/13, PRF/13, Escrivão de Polícia/BA/13 e Escrivão de Polícia/DF/13. **Arthur Trigueiros**, **Eduardo Dompieri** e **Tatiana Subi** comentaram as demais questões.

do Ibama. Art. 34, parágrafo único, II, da Lei 9.605/98. *Rei furtivae* de valor insignificante. Periculosidade não considerável do agente. Crime de bagatela. Caracterização. Aplicação do princípio da insignificância. Atipicidade reconhecida. Absolvição decretada. HC concedido para esse fim. Voto vencido. Verificada a objetiva insignificância jurídica do ato tido por delituoso, à luz das suas circunstâncias, deve o réu, em recurso ou *habeas corpus*, ser absolvido por atipicidade do comportamento" (STF, HC 112563, Rel. Min. Ricardo Lewandowski, Rel. p/ Acórdão: Min. Cezar Peluso, 2ª Turma, j. 21.08.2012). Cuidado: há julgados do STF que não reconhecem a incidência do postulado da insignificância no crime do art. 34, parágrafo único, II, da Lei 9.605/1998.

Gabarito "D"

(Promotor de Justiça/RR – 2017 – CESPE) No direito penal, o princípio da

(A) fragmentariedade informa que o direito penal é autônomo e cuida das condutas tidas por ilícitas penalmente, sendo aplicável a lei penal independentemente da solução do problema por outros ramos do direito.

(B) irretroatividade da lei se aplica absolutamente.

(C) insignificância, segundo o entendimento do STF, pressupõe apenas três requisitos para a sua configuração: mínima ofensividade da conduta do agente, nenhuma periculosidade social e reduzidíssimo grau de reprovabilidade do comportamento.

(D) proporcionalidade fundamenta a declaração de inconstitucionalidade de parte do art. 44 da Lei Antidrogas, que veda a concessão de liberdade provisória em crimes relacionados às drogas.

A: incorreta. Pelo *princípio da fragmentariedade*, a lei penal constitui, por força do postulado da intervenção mínima, uma pequena parcela (fragmento) do ordenamento jurídico. Isso porque somente se deve lançar mão desse ramo do direito diante da ineficácia ou inexistência de outros instrumentos de controle social menos traumáticos (subsidiariedade); **B:** incorreta. O art. 5º, XL, da CF estabelece uma exceção à irretroatividade da lei penal, que é a chamada retroatividade benéfica. É dizer: a lei somente projetará seus efeitos para o passado se puder ser considerada, em relação à norma revogada, mais vantajosa ao réu. Dessa forma, está incorreta esta proposição, na medida em que a irretroatividade, pelas razões já explicitadas, não tem caráter absoluto; **C:** incorreta. Isso porque, segundo entendimento sedimentado no STF, a incidência do princípio da insignificância está condicionada ao reconhecimento conjugado de quatro vetores (e não três), a saber: i) mínima ofensividade da conduta do agente; ii) nenhuma periculosidade social da ação; iii) reduzido grau de reprovabilidade do comportamento; iv) inexpressividade da lesão jurídica provocada; **D:** correta. De fato, o Pleno do STF, em controle difuso, com arrimo no postulado da proporcionalidade, reconheceu a inconstitucionalidade da parte do art. 44 da Lei de Drogas que proibia a concessão de liberdade provisória nos crimes de tráfico (HC 104.339/SP, Pleno, j. 10.05.2012, rel. Min. Gilmar Mendes, *DJe* 06.12.2012). Atualmente, portanto, é tão somente vedada a concessão de liberdade provisória com fiança ao crime de tráfico.

Gabarito "D"

(Analista – STF – 2013 – CESPE) Acerca dos princípios gerais que norteiam o direito penal, das teorias do crime e dos institutos da Parte Geral do Código Penal brasileiro, julgue os itens a seguir.

(1) Considere que Manoel, penalmente imputável, tenha sequestrado uma criança com o intuito de receber certa quantia como resgate. Um mês depois, estando a vítima ainda em cativeiro, nova lei entrou em vigor, prevendo pena mais severa para o delito. Nessa situação, a lei mais gravosa não incidirá sobre a conduta de Manoel.

(2) A teoria finalista adota o conceito clássico de ação, entendida como mero impulso mecânico, dissociado de qualquer conteúdo da vontade.

(3) Considerando o disposto no Código Penal brasileiro, quanto à matéria do erro, é correto afirmar que, em regra, o erro de proibição recai sobre a consciência da ilicitude do fato, ao passo que o erro de tipo incide sobre os elementos constitutivos do tipo legal do crime.

1: errada. Sendo a extorsão mediante sequestro – art. 159, CP - crime permanente, em que a consumação se prolonga no tempo por vontade do agente, a sucessão de leis penais no tempo enseja a aplicação da lei vigente enquanto não cessado o comportamento ilícito, ainda que se trate de lei mais gravosa. É esse o entendimento firmado na Súmula n. 711 do STF: "A lei penal mais grave aplica-se ao crime continuado ou ao crime permanente, se a sua vigência é anterior à cessação da continuidade ou permanência"; **2:** incorreta. A assertiva se refere, em verdade, à chamada teoria causal (naturalística ou clássica), em relação à qual a conduta deve ser entendida como um comportamento humano voluntário, positivo ou negativo, apto a produzir modificação no mundo exterior. Já para a teoria finalista, a conduta corresponde a um comportamento humano, consciente e voluntário, dirigido, como o próprio nome sugere, a uma finalidade, a um propósito; **3:** correta. O erro de proibição, denominação concebida pela doutrina, é chamado, pelo Código Penal, de erro sobre a ilicitude do fato (art. 21, CP). Uma vez reconhecido, exclui a culpabilidade (art. 21, *caput*, CP), desde que escusável; se inescusável, constituirá causa de redução de pena. O erro de tipo, por sua vez, tem por objeto os elementos constitutivos do tipo penal, gerando a exclusão do dolo e, em consequência, da tipicidade penal (art. 20, *caput*, CP).

Gabarito 1E, 2E, 3C

(Magistratura/BA – 2012 – CESPE) Assinale a opção correta a respeito dos princípios aplicáveis ao direito penal.

(A) Consoante Zaffaroni, o princípio da intranscendência da pena rechaça o estabelecimento de cominações legais e a imposição de penas que careçam de relação valorativa com o fato cometido considerado em seu significado global.

(B) A fragmentariedade do direito penal é corolário dos princípios da proporcionalidade e da culpabilidade, pois, como destacou Binding, o direito penal não constitui um sistema exaustivo de proteção de bens jurídicos, de sorte a abranger todos os bens que constituem o universo de bens do indivíduo, mas representa um sistema descontínuo de seleção de ilícitos decorrentes da necessidade de criminalizá-los ante a indispensabilidade da proteção jurídico-penal.

(C) Segundo Jescheck, a responsabilização do delinquente pela violação da ordem jurídica não pode ser conseguida sem dano e sem dor, especialmente com relação às penas privativas de liberdade, a não ser que se pretenda subverter a hierarquia dos valores morais e utilizar a prática delituosa como oportunidade para premiar, o que conduziria ao reino da utopia; assim, as relações humanas reguladas pelo direito penal devem ser presididas pelo princípio da humanidade.

(D) De acordo com o princípio da ofensividade, também denominado princípio da exclusiva proteção de bens jurídicos, não compete ao direito penal tutelar valores puramente morais, éticos ou religiosos.

(E) Segundo Nelson Hungria, aplica-se o princípio da subsidiariedade aos crimes de ação múltipla ou de conteúdo variado, ou seja, aos crimes plurinucleares.

A: incorreta, pois o princípio da intranscendência (ou da personalidade da pena) diz respeito à impossibilidade de a pena ir além (transcender, ultrapassar) da pessoa do condenado, nos termos do art. 5º, XLV, da CF; **B:** incorreta. Karl Binding foi o "pai" do princípio da fragmentariedade, discutindo sua natureza e aplicabilidade em seu "Tratado de Direito Penal Alemão Comum", de 1896. Afirmava o mestre alemão que o Direito Penal desempenhava uma função "tuteladora fragmentária de bens jurídicos", somente entrando em cena nos casos em que se constatasse que a conduta fosse "merecedora de pena". Não se constitui o princípio em comento em uma decorrência dos princípios da culpabilidade e da proporcionalidade. Em verdade, a assertiva trata muito mais do princípio da necessidade, segundo o qual não bastará a análise dos elementos do fato punível para a imposição de pena ao agente, sendo indispensável que se busque aferir se a infligção da pena é estritamente necessária à proteção de determinado bem jurídico lesado; **C:** correta. De fato, para Hans-Heinrich Jescheck, em seu *Tratado de Derecho Penal, Parte General*, em célebre lição, prelecionou que "a punição do agente *não pode ser conseguida sem dano e sem dor, especialmente nas penas privativas de liberdade, a não ser que se pretenda subverter a hierarquia dos valores morais e utilizar a prática delituosa como oportunidade para premiar, o que conduziria ao reino da utopia. Dentro dessas fronteiras, impostas pela natureza de sua missão, todas as relações humanas* *reguladas pelo Direito Penal devem ser presididas pelo princípio de humanidade"*; **D:** incorreta, pois o princípio da ofensividade ou da lesividade ensina que o Direito Penal somente poderá intervir diante da existência de lesões efetivas ou potenciais ao bem jurídico tutelado pela norma penal. Assim, se uma conduta perpetrada por alguém não for capaz de produzir uma efetiva lesão (ou perigo de lesão) ao bem tutelado, não haverá punição criminal do fato; **E:** incorreta, pois, como é sabido, aos crimes de ação múltipla ou de conteúdo variado, aplica-se o princípio da alternatividade.

Gabarito "C".

(Magistratura/CE – 2012 – CESPE) Em relação às teorias do crime e à legislação especial, assinale a opção correta.

(A) Conforme entendimento jurisprudencial, é suficiente, para fundamentar a aplicação do direito penal mínimo, a presença de um dos seguintes elementos: mínima ofensividade da conduta do agente, ínfima periculosidade da ação, ausência total de reprovabilidade do comportamento e mínima expressividade da lesão jurídica ocasionada.

(B) A coculpabilidade, expressamente admitida na lei penal como uma das hipóteses de aplicação da atenuante genérica, consiste em reconhecer que o Estado também é responsável pelo cometimento de determinados delitos quando o agente possui menor autodeterminação diante das circunstâncias do caso concreto, especificamente no que se refere às condições sociais e econômicas.

(C) A teoria constitucionalista do delito, que integra o direito penal à CF, enfoca o delito como ofensa, concreta ou abstrata, a bem jurídico protegido constitucionalmente, havendo crime com ou sem lesão ou perigo de lesão ao bem jurídico relevante.

(D) Idealizado por Günther Jakobs, o direito penal do inimigo é entendido como um direito penal de terceira velocidade, por utilizar a pena privativa de liberdade, mas permitir a flexibilização de garantias materiais e processuais, podendo ser observado, no direito brasileiro, em alguns institutos da lei que trata dos crimes hediondos e da que trata do crime organizado.

(E) O abolicionismo, ou minimalismo penal, prega a eliminação total, do ordenamento jurídico penal, da pena de prisão como meio de controle social formal e a sua substituição por outro mecanismo de controle.

A: incorreta, pois, de acordo com o STF, o princípio da insignificância (decorrente da aplicação do direito penal mínimo), para ser reconhecido, exige a conjugação dos seguintes vetores: i) mínima ofensividade da conduta do agente; ii) nenhuma periculosidade social da ação; iii) reduzido grau de reprovabilidade do comportamento; iv) inexpressividade da lesão jurídica provocada; **B:** incorreta, pois a coculpabilidade, bastante difundida por Zaffaroni, não vem expressamente reconhecida como uma das atenuantes genéricas previstas no art. 65 do CP. Se tanto, poderia ser reconhecida como atenuante inominada (art. 66 do CP); **C:** incorreta, pois a teoria constitucionalista do delito preconiza que o Direito Penal somente poderá entrar em cena diante de condutas capazes de causar lesão (ou perigo de lesão) aos bens jurídicos tutelados pela norma incriminadora, constituindo-se em indiferentes penais aquelas condutas que não produzirem uma afetação concreta e intolerável a um bem jurídico com relevância penal; **D:** correta. De fato, o jurista alemão Günther Jakobs idealizou o denominado "direito penal do inimigo", que, em síntese, preconiza que àquelas pessoas consideradas "de bem" (cidadãos, portanto) deverão ser observadas todas as garantias penais e processuais penais, ao passo que àquelas consideradas "inimigas" (não cidadãos) haverá uma flexibilização (e até supressão) de garantias materiais e processuais. Referida teoria ganhou enorme força após o fatídico "11 de Setembro" (ataque terrorista às torres gêmeas em Nova Iorque), estimulando a produção legislativa "antiterror". No Brasil, há quem sustente que algumas normas têm traços de um "direito penal do inimigo", tal como se vê com o tratamento mais rigoroso que se dá aos crimes hediondos e ao crime organizado; **E:** incorreta, pois o abolicionismo penal, como o nome sugere, prega a total extinção da punição criminal como forma de controle de condutas ilícitas, sem a possibilidade de instituição de mecanismos mais brandos do que as penas. Enfim, pregam a extinção do direito penal (e não somente da pena de prisão).

Gabarito "D".

(Ministério Público/RO – 2010 – CESPE) Com relação às normas penal e processual penal, assinale a opção correta.

(A) O dispositivo que trata do crime de uso de documento falso é norma imperfeita em seu preceito primário, porque remete o intérprete a outros tipos penais para conceituar os papéis falsificados, e norma penal em branco em seu preceito secundário, por remeter a outro artigo para apurar a pena cominada.

(B) A lei penal e a lei processual penal observam o princípio da irretroatividade, excepcionando os casos em que a lei retroage para beneficiar o réu.

(C) A lei penal e a lei processual penal observam o princípio da territorialidade absoluta em razão de a prestação jurisdicional ser uma função soberana do Estado, que só pode ser exercida nos limites do território nacional.

(D) O dispositivo legal que prevê o estado de necessidade é uma norma penal não incriminadora permissiva justificante porque tem por finalidade afastar a ilicitude da conduta do agente.

(E) Caso haja antinomia entre duas leis penais, devem ser observados os seguintes critérios: especialidade, subsidiariedade, consunção, alternatividade e exclusão.

A: incorreta. O uso de documento falso, previsto no art. 304 do CP, é delito *remetido*, já que faz referência a outro dispositivo de lei que o integra; **B:** incorreta: art. 5º, XL, da CF e art. 2º do CPP. O dispositivo constitucional que estabelece que a lei não retroagirá faz alusão tão somente à lei penal. A lei processual penal, conforme preceitua o art. 2º do CPP, terá aplicação imediata, disciplinando o restante do processo. Não tem, pois, efeito retroativo. Vale, entretanto, fazer uma ressalva. Quando se tratar de uma norma processual dotada de caráter material, a sua eficácia no tempo deverá seguir o regramento do art. 2º, parágrafo único, do CP; **C:** incorreta. No que toca à lei penal, o CP adotou, em seu art. 5º, a *territorialidade temperada*. Significa, portanto, que, aos crimes perpetrados em território brasileiro, será aplicada a lei local, ressalvadas as convenções, tratados e regras de direito internacional. No que se refere à lei processual, em vista do disposto no art. 1º do CPP, esta terá incidência em todo território nacional, ressalvadas eventuais exceções decorrentes de tratado, convenções ou regras de direito internacional (princípio da territorialidade); **D:** assertiva correta. As normas penais podem ser classificadas em incriminadoras e não incriminadoras. As primeiras definem as infrações e estabelecem as respectivas sanções. As segundas podem ser divididas em permissivas e explicativas. Estas são as que, como o próprio nome diz, explicam o significado de determinada norma. Exemplo sempre lembrado é o do art. 327 do CP, que traz a definição, para efeitos penais, de funcionário público. Por fim, permissivas são as que conferem licitude a certos comportamentos. Exemplos: legítima defesa, exercício regular de direito etc.; **E:** incorreta. Antinomia é a incompatibilidade (contrariedade) entre normas que se estabelece no plano real, que não deve, por isso, ser confundida com o conflito *aparente* de normas, solucionável por meio dos princípios contidos na assertiva.

Gabarito "D".

(Analista – TRE/RJ – 2012 – CESPE) A respeito de institutos diversos de direito penal, julgue os itens a seguir.

(1) Nos casos de delitos contra o patrimônio praticados sem violência ou grave ameaça à pessoa, a aplicação do princípio da insignificância é admitida pelo Superior Tribunal de Justiça, mesmo que existam condições pessoais desfavoráveis, tais como maus antecedentes, reincidência ou ações penais em curso.

(2) Segundo a jurisprudência do Superior Tribunal de Justiça, é inidônea a utilização do critério do número de infrações penais praticadas para calcular o percentual de aumento da pena fundado no crime continuado.

1: certo. O fato de o réu ser reincidente ou ainda portador de maus antecedentes criminais não obsta a aplicação do princípio da insignificância, cujo reconhecimento está condicionado à existência de outros requisitos. Nesse sentido: STF, RE 514.531/RS, 2.ª T., j. 21.10.2008, rel. Min. Joaquim Barbosa, *DJ* 06.03.2009; STJ, HC 221.913/SP, 6.ª T., j. 14.02.2012, rel. Min. Og Fernandes, *DJ* 21.03.2012. Mais recentemente, o plenário do STF, em julgamento conjunto de três HCs, adotou o entendimento no sentido de que a incidência ou não do postulado da insignificância em favor de agentes reincidentes ou com maus antecedentes autores de crimes patrimoniais desprovidos de violência ou grave ameaça deve ser aferida caso a caso. *Vide* HCs 123.108, 123.533 e 123.734; **2:** errado. De fato, o aumento de pena será determinado pelo número de infrações: quanto maior o número de infrações, maior deve ser o aumento. Nesse sentido: STJ, HC 234.861/SP, 5.ª T., j. 02.10.2012, rel. Min. Jorge Mussi, *DJ* 09.10.2012.

Gabarito 1C, 2E

(Analista – MPU – 2010 – CESPE) Julgue o próximo item, relativo ao direito penal.

(1) De acordo com entendimento jurisprudencial, não se aplica o princípio da insignificância aos crimes ambientais, ainda que a conduta do agente se revista da mínima ofensividade e inexista periculosidade social na ação, visto que, nesse caso, o bem jurídico tutelado pertence a toda coletividade, sendo, portanto, indisponível.

1: a assertiva é falsa, já que os crimes ambientais comportam, sim, a aplicação do postulado da insignificância (delito de bagatela), segundo jurisprudência do STJ e STF. Nesse sentido, conferir: "1. Esta Corte Superior de Justiça e o Supremo Tribunal Federal reconhecem a atipicidade material de determinadas condutas praticadas em detrimento do meio ambiente, desde que verificada a mínima ofensividade da conduta do agente, a ausência de periculosidade social da ação, o reduzido grau de reprovabilidade do comportamento e a inexpressividade da lesão jurídica provocada. Precedentes. 2. Hipótese em que os recorridos foram denunciados pela pesca em período proibido, com utilização de vara e molinete, tendo sido apreendidos com ínfima quantidade extraída da fauna aquática, de maneira que não causaram perturbação no ecossistema a ponto de reclamar a incidência do Direito Penal, sendo, portanto, imperioso o reconhecimento da atipicidade da conduta perpetrada, devendo ser ressaltado que os recorridos não possuem antecedentes criminais. 3. Recurso desprovido" (REsp 1743980/MG, Rel. Ministro JORGE MUSSI, QUINTA TURMA, julgado em 04/09/2018, DJe 12/09/2018). No mesmo sentido, o STF: "AÇÃO PENAL. Crime ambiental. Pescador flagrado com doze camarões e rede de pesca, em desacordo com a Portaria 84/02, do IBAMA. Art. 34, parágrafo único, II, da Lei nº 9.605/98. *Rei furtivae* de valor insignificante. Periculosidade não considerável do agente. Crime de bagatela. Caracterização. Aplicação do princípio da insignificância. Atipicidade reconhecida. Absolvição decretada. HC concedido para esse fim. Voto vencido. Verificada a objetiva insignificância jurídica do ato tido por delituoso, à luz das suas circunstâncias, deve o réu, em recurso ou *habeas corpus*, ser absolvido por atipicidade do comportamento" (STF, HC 112563, Rel. Min. Ricardo Lewandowski, Rel. p/ Acórdão: Min. Cezar Peluso, 2ª Turma, j. 21.08.2012).

Gabarito 1E

2. APLICAÇÃO DA LEI NO TEMPO

(Auditor Fiscal - SEFAZ/RS - 2019 - CESPE/CEBRASPE) No que tange à aplicação da lei penal, a lei penal nova que

(A) diminui a pena de crime contra a ordem tributária não retroage.
(B) tipifica penalmente a conduta de deixar de cumprir alguma obrigação fiscal acessória retroage.
(C) torna atípica determinada conduta aplica-se aos fatos anteriores, desde que ainda não decididos por sentença condenatória transitada em julgado.
(D) estabelece nova hipótese de extinção de punibilidade não se aplica aos fatos anteriores.
(E) torna atípica determinada conduta cessa os efeitos penais da sentença condenatória decorrente dessa prática, ainda que já tenha transitado em julgado.

No que tange à aplicação da lei penal no tempo, valem alguns esclarecimentos preliminares. A regra, como bem sabemos, é a aplicação da lei vigente à época dos fatos (*tempus regit actum*). Excepcionalmente, poderá ocorrer a chamada *extratividade*, fenômeno segundo o qual a lei opera efeitos fora de seu período de vigência. A *extratividade* é gênero, da qual são espécies a *ultratividade* e a *retroatividade*. Por *ultratividade* se deve entender o fenômeno em que a norma jurídica é aplicada a fato ocorrido depois de sua revogação (os efeitos da lei são projetados para o futuro); já pela *retroatividade*, a norma jurídica tem incidência a fato verificado antes de iniciada a sua vigência. Como já dito, a lei penal, em regra, não deve alcançar fatos verificados antes de ela entrar em vigor tampouco depois de ela ser revogada. Sucede que, em determinadas situações, a incidência da lei penal poderá se dar de forma retroativa ou ultrativa. Uma dessas hipóteses se dá na chamada *abolitio criminis*, em que a lei posterior deixa de considerar crime fato que antes era tipificado como tal (art. 2º, *caput*, do CP). É causa extintiva da punibilidade e tem como consequência o afastamento, além do crime, de todos os seus reflexos penais; os efeitos civis, no entanto, subsistem. Para além da *abolitio criminis*, a lei posterior que, de qualquer forma, favorece o agente deve retroagir para abarcar fatos anteriores à sua entrada em vigor (art. 2º, parágrafo único, CP). Em suma, se a lei é posterior ao fato puder ser considerada mais benéfica ao agente, a retroação (espécie do gênero ultratividade) é de rigor. Além da retroatividade, que, como já dissemos, constitui exceção à regra do *tempus regit actum*, também podemos nos deparar com a ultratividade, em que, por exemplo, o juiz, ao sentenciar, tem de aplicar lei penal já revogada, na medida em que esta se revelou mais favorável ao agente do que aquela em vigor ao tempo em que se deram os fatos. Feitas essas considerações, passemos à análise das alternativas. **A:** incorreta. Se a lei penal nova for mais favorável ao agente, quer porque aboliu o crime ou mesmo porque diminuiu a pena cominada, deverá retroagir, de forma a alcançar o fato praticado antes de a lei entrar em vigor (art. 2º, CP); **B:** incorreta. A lei penal que torna crime determinado fato até então não criminoso, porque mais prejudicial ao réu, não pode retroagir. Prevalece, aqui, a regra do *tempus regit actum*. Lembremos que somente poderá ocorrer a retroação quando a lei nova é mais benéfica; se prejudicial (tornou determinado comportamento criminoso), não pode alcançar fatos anteriores à sua vigência; **C:** incorreta. Como já ponderado acima, a lei nova que torna determinada conduta atípica deve retroagir e alcançar fatos anteriores, ainda que decididos por sentença condenatória transitada em julgado. É o fenômeno da *abolitio criminis* (art. 2º, *caput*, do CP), que tem o condão de abolir o crime e todos os seus reflexos penais; os efeitos civis, no entanto, subsistem; **D:** incorreta. A lei processual penal, a teor do que dispõe o art. 2º do CPP, é aplicada desde logo e os atos realizados sob a égide da lei anterior são preservados, pouco importando a data em que a infração foi praticada. Vale, todavia, fazer uma ressalva. Quando se tratar de norma processual dotada de caráter material, a sua eficácia no tempo deverá seguir o regramento estabelecido no art. 2º, p. único, do Código Penal. Assim, se a lei processual dotada de carga penal for mais benéfica ao réu, como é o caso da lei que estabelece nova hipótese de extinção da punibilidade, deverá retroagir, já que produz reflexos no *status libertatis* do agente; **E:** correta. Vide comentários à alternativa "C". ED

Gabarito "E".

(Juiz de Direito/DF – 2016 – CESPE) Com relação à aplicação da lei penal, assinale a opção correta.

(A) As frações de dia são computadas como um dia integral de pena nas penas privativas de liberdade e nas restritivas de direitos.
(B) O direito penal, quanto ao tempo do crime, considera praticado o crime no momento do seu resultado.
(C) A sentença estrangeira, quando a aplicação da lei brasileira produz as mesmas consequências, poderá ser homologada no Brasil para todos os efeitos, exceto para obrigar o condenado à reparação do dano.
(D) Ficam sujeitos à lei brasileira os crimes contra o patrimônio ou a fé pública do DF, de estado, de município, de empresa pública, sociedade de economia mista, autarquia ou fundação instituída pelo poder público, embora cometidos no estrangeiro, sendo o agente punido segundo a lei brasileira, ainda que absolvido no estrangeiro.
(E) Não é aplicável a lei brasileira aos crimes praticados a bordo de aeronaves ou embarcações estrangeiras de propriedade privada, ainda que achando-se aquelas em pouso no território nacional ou em voo no espaço aéreo correspondente, e estas em porto ou mar territorial do Brasil.

A: incorreta, uma vez que não corresponde à regra presente no art. 11 do CP; **B:** incorreta. No que se refere ao *tempo do crime*, o Código Penal acolheu, em seu art. 4º, a *teoria da ação* ou da *atividade*, que considera praticado o crime no momento da ação ou da omissão, mesmo que outro seja o do resultado; **C:** incorreta, pois contraria o que estabelece o art. 9º, I, do CP; **D:** correta (art. 7º, I, *b*, e § 1º, do CP); **E:** incorreta, pois não corresponde ao que estabelece o art. 5º, § 2º, do CP.

Gabarito "C"

(Procurador do Estado – PGE/BA – CESPE – 2014) No que diz respeito aos diversos institutos previstos na parte geral do Código Penal, julgue o item seguinte (adaptada).

(1) Em se tratando de *abolitio criminis*, serão atingidas pela lei penal as ações típicas anteriores à sua vigência, mas não os efeitos civis decorrentes dessas ações.

1: correta. Ocorre a *abolitio criminis* (art. 2º, "*caput*", do CP) sempre que uma lei nova deixa de considerar crime determinado fato até então criminoso. É, por força do que dispõe o art. 107, III, do CP, causa de extinção da punibilidade, que pode ser arguida e reconhecida a qualquer tempo, mesmo no curso da execução da pena. Além disso, tem o condão de fazer cessar a execução e os efeitos penais da sentença condenatória. Os efeitos extrapenais, no entanto, subsistem (art. 2º, "*caput*", do CP).

Gabarito 1C

(Magistratura/PI – 2011 – CESPE) No que se refere à aplicação da lei penal, assinale a opção correta.

(A) Em relação ao lugar do crime, o legislador adotou, no CP, a teoria do resultado, considerando praticado o crime no lugar onde se produziu ou deveria produzir-se o resultado.

(B) Desprezam-se, nas penas privativas de liberdade e nas restritivas de direitos, as frações de dia, mas, nas de multa, não se desconsideram as frações da moeda.

(C) A *abolitio criminis*, que possui natureza jurídica de causa de extinção da punibilidade, conduz à extinção dos efeitos penais e extrapenais da sentença condenatória.

(D) Desde que em benefício do réu, a jurisprudência dos tribunais superiores admite a combinação de leis penais, a fim de atender aos princípios da ultratividade e da retroatividade *in mellius*.

(E) Em relação ao tempo do crime, o legislador adotou, no CP, a teoria da atividade, considerando-o praticado no momento da ação ou omissão.

A: incorreta, pois, em matéria de lugar do crime, o legislador adotou, no CP, a teoria mista ou da ubiquidade, segundo a qual se considera praticado o crime no lugar onde ocorreu a ação ou omissão, no todo ou em parte, bem como onde se produziu ou deveria produzir-se o resultado (art. 6º do CP); **B**: incorreta (art. 11 do CP); **C**: incorreta, pois a *abolitio criminis*, de acordo com o art. 2º, *caput*, do CP, faz cessar a execução e os efeitos penais da sentença condenatória. Logo, remanescerão os efeitos extrapenais da condenação; **D**: incorreta, pois é prevalente o entendimento de que não se pode admitir a combinação de leis penais no tempo, sob pena de o juiz criar uma "lex tertia", em violação à tripartição de poderes. A propósito, o STJ, consolidando tal entendimento, editou a Súmula 501, que, embora se refira ao crime de tráfico, também terá incidência no âmbito de outros delitos: "É cabível a aplicação retroativa da Lei 11.343/2006, desde que o resultado da incidência das suas disposições, na íntegra, seja mais favorável ao réu do que o advindo da aplicação da Lei 6.368/1976, sendo vedada a combinação de leis"; **E**: correta (art. 4º do CP).

Gabarito "E"

3. APLICAÇÃO DA LEI NO ESPAÇO

(Escrivão de Polícia/BA – 2013 – CESPE) Julgue os itens seguintes, com relação ao tempo, à territorialidade e à extraterritorialidade da lei penal.

(1) A extraterritorialidade da lei penal condicionada e a da incondicionada têm como elemento comum a necessidade de ingresso do agente no território nacional.

(2) Suponha que Leôncio tenha praticado crime de estelionato na vigência de lei penal na qual fosse prevista, para esse crime, pena mínima de dois anos. Suponha, ainda, que, no transcorrer do processo, no momento da prolação da sentença, tenha entrado em vigor nova lei penal, mais gravosa, na qual fosse estabelecida a duplicação da pena mínima prevista para o referido crime. Nesse caso, é correto afirmar que ocorrerá a ultratividade da lei penal.

1: errada. Na extraterritorialidade incondicionada (art. 7º, I, CP), o ingresso do agente no território nacional não é exigida para a aplicação da lei penal brasileira, diferentemente do que ocorre nas hipóteses de extraterritorialidade condicionada (art. 7º, II, CP), que pressupõe, dentre outras condições, o ingresso do agente em nosso território (art. 7º, § 2º, "a", CP). **2**: correta. Ainda que revogada a lei anterior, que previa pena menor para o estelionato, Leôncio deverá ser punido de acordo com ela, e não com a lei que, no curso do processo, entrou em vigor. Tal se deve à irretroatividade prejudicial da lei penal, nos termos do art. 5º, XL, da CF e art. 2º, CP. Importante destacar que a lei penal não pode retroagir para prejudicar o réu. No caso relatado na assertiva, se a pena mínima do crime cometido por Leôncio foi duplicada, tal alteração se afigura prejudicial, sendo de rigor que a lei anterior – embora revogada – seja aplicada. Ocorrerá, assim, a ultra-atividade de referida lei (vigente à época do fato, revogada no curso do processo).

Gabarito 1E, 2C

(Escrivão de Polícia/DF – 2013 – CESPE) Julgue os itens seguintes, relativos à teoria da norma penal, sua aplicação temporal e espacial, ao conflito aparente de normas e à pena cumprida no estrangeiro.

(1) A lei penal que, de qualquer modo, beneficia o agente tem, em regra, efeito extra-ativo, ou seja, pode retroagir ou avançar no tempo e, assim, aplicar-se ao fato praticado antes de sua entrada em vigor, como também seguir regulando, embora revogada, o fato praticado no período em que ainda estava vigente. A única exceção a essa regra é a lei penal excepcional ou temporária que, sendo favorável ao acusado, terá somente efeito retroativo.

(2) Considere a seguinte situação hipotética. Jurandir, cidadão brasileiro, foi processado e condenado no exterior por ter praticado tráfico internacional de drogas, e ali cumpriu seis anos de pena privativa de liberdade. Pelo mesmo crime, também foi condenado, no Brasil, a pena privativa de liberdade igual a dez anos e dois meses. Nessa situação hipotética, de acordo com o Código Penal, a pena privativa de liberdade a ser cumprida por Jurandir, no Brasil, não poderá ser maior que quatro anos e dois meses.

(3) Na definição de lugar do crime, para os efeitos de aplicação da lei penal brasileira, a expressão "onde se produziu ou deveria produzir-se o resultado" diz respeito, respectivamente, à consumação e à tentativa.

(4) Considere a seguinte situação hipotética. A bordo de um avião da Força Aérea Brasileira, em sobrevoo pelo território argentino, Andrés, cidadão guatemalteco, disparou dois tiros contra Daniel, cidadão uruguaio, no decorrer de uma discussão. Contudo, em virtude da inabilidade de Andrés no manejo da arma, os tiros atingiram Hernando, cidadão venezuelano que também estava a bordo. Nessa situação, em decorrência do princípio da territorialidade, aplicar-se-á a lei penal brasileira.

1: errada. De fato, a lei penal que de qualquer modo puder favorecer o agente, terá efeito extra-ativo, tendo natureza retroativa (abrangendo, portanto, fatos anteriores ou início de sua vigência) ou ultra-ativa (aplicando-se mesmo após sua revogação, regulando fatos praticados durante sua vigência). No tocante às leis excepcionais e temporárias, espécies do gênero "leis de vigência temporária", marcadas pela transitoriedade, os fatos praticados durante sua vigência serão por elas alcançados, mesmo após sua autorrevogação. São, portanto, leis ultrativas. **2**: errada. Tratando-se de hipótese de extraterritorialidade condicionada da lei penal brasileira, haja vista que o crime foi praticado, no estrangeiro, por cidadão brasileiro (art. 7º, II, "b", CP), tendo ele cumprido pena no exterior, não irá, novamente, cumprir pena no Brasil (art. 7º, II, § 2º, "d", CP). Afinal, é condição, nesse caso, para a aplicação da lei penal brasileira, que o agente, pelo crime cometido no estrangeiro, não tenha aí cumprido pena. Se Jurandir cumprir seis anos de pena privativa de liberdade no exterior, não está satisfeita uma das condições para a aplicação da lei brasileira. **3**: correta. O lugar do crime, de acordo com o art. 6º, CP, para fins de aplicação da lei penal brasileira, será tanto o local em que ocorreu a ação ou omissão, bem como onde se produziu (leia-se: consumou) ou deveria produzir-se (leia-se: onde o crime deveria consumar-se) o resultado. Assim, a expressão "onde se produziu ou deveria produzir-se o resultado" abrange, respectivamente, consumação e tentativa do crime. **4**: correta. O avião da Força Aérea Brasileira, por ser aeronave de natureza pública, é considerado, para efeitos penais, território brasileiro ficto ou por extensão (art. 5º, § 1º, CP). Portanto, crimes praticados a bordo de referida aeronave seguem o regime jurídico da legislação brasileira, que deverá incidir no caso concreto relatado na assertiva.

Gabarito 1E, 2E, 3C, 4C

(Magistratura/BA – 2012 – CESPE) No que se refere à aplicação da lei penal, assinale a opção correta.

(A) Considere que Carlos, condenado definitivamente à pena privativa de liberdade de dez anos de reclusão, tenha sido encaminhado à penitenciária, para o cumprimento da pena, às 23 h 45 min do dia 13 de agosto de 2010. Nessa situação, deverá ser excluído do cômputo do cumprimento da pena o referido dia, uma vez que Carlos ficará preso, nesse dia, menos de uma hora.

(B) A lei penal mais benéfica retroagirá se favorecer o agente, aplicando-se a fatos anteriores, respeitados os fatos já decididos por sentença condenatória transitada em julgado.

(C) Considere que Pedrosa, brasileiro de trinta e quatro anos de idade, juntamente com mexicanos, tenha tentado sequestrar, na cidade uruguaiana de Rivera, o presidente do Brasil, quando este participava de uma convenção internacional, e que, presos ainda no Uruguai, todos tenham sido processados e absolvidos no estrangeiro por insuficiência de provas. Nessa situação, dado o princípio da justiça universal, Pedrosa não poderá ser punido de acordo com a lei brasileira.

(D) Suponha que João, brasileiro de vinte e dois anos de idade, sequestre Maria, brasileira de vinte e quatro anos de idade, nas dependências do aeroporto internacional da cidade do Rio de Janeiro – RJ, levando-a, imediatamente, em aeronave alemã, para o Paraguai. A esse caso aplica-se a lei penal brasileira, sendo irrelevante eventual processamento criminal pela justiça paraguaia.

(E) De acordo com o princípio da universalidade, a sentença penal estrangeira homologada no Brasil obriga o condenado a reparar o dano, sendo facultativo o pedido da parte interessada.

A: incorreta, pois, como é sabido e ressabido, os prazos de cunho penal exigem o cômputo (leia-se: a inclusão) do dia do começo, excluindo-se o do vencimento (art. 10, CP). Logo, se a pena tiver sido iniciada às 23h45 do dia 13 de agosto de 2010, ainda que restem apenas 15 minutos para o término do dia, este será contado como o primeiro dia do prazo. Os dez anos de pena terminarão em 12 de agosto de 2020 (inclusão do dia 13 de agosto de 2010, que é o dia do começo, e exclusão do dia 13 de agosto de 2020, que seria o *dies ad quem*); **B:** incorreta, pois a retroatividade da lei penal mais favorável atingirá fatos mesmo decididos por sentença transitada em julgado (art. 2º, parágrafo único, CP); **C:** incorreta, pois, ainda que praticados no estrangeiro, crimes contra a vida ou a liberdade do Presidente da República sujeitarão os agentes à lei brasileira (art. 7º, I, "a" e § 1º, CP). Neste caso, pouco importa ter havido a absolvição dos agentes no estrangeiro, pois estamos diante de hipótese de extraterritorialidade incondicionada; **D:** correta, pois o arrebatamento da vítima ocorreu em solo brasileiro, motivo pelo qual vigorará o princípio da territorialidade (art. 5º, *caput*, CP). O fato de a vítima ter sido levada para o estrangeiro nada interfere na soberania nacional, vale dizer, na possibilidade de aplicação da lei brasileira; **E:** incorreta, pois a sentença penal estrangeira, ainda que homologada no Brasil, somente obrigará o condenado a reparar o dano se houver pedido da parte interessada (art. 9º, I e parágrafo único, "a", CP).

Gabarito "D"

(Ministério Público/SE – 2010 – CESPE) De acordo com a lei penal brasileira, o território nacional estende-se a

(A) embarcações e aeronaves brasileiras de natureza pública ou a serviço do governo brasileiro, onde quer que se encontrem.

(B) embarcações e aeronaves brasileiras de natureza pública, desde que se encontrem no espaço aéreo brasileiro ou em alto-mar.

(C) aeronaves e embarcações brasileiras, mercantes ou de propriedade privada, onde quer que se encontrem.

(D) embarcações e aeronaves brasileiras de natureza pública, desde que se encontrem a serviço do governo brasileiro.

(E) aeronaves e embarcações brasileiras, mercantes ou de propriedade privada, desde que estejam a serviço do governo do Brasil e se encontrem no espaço aéreo brasileiro ou em alto-mar.

Art. 5º do CP. Aplica-se, neste caso, o *princípio da territorialidade*, segundo o qual a lei penal terá incidência no território do Estado que a editou.

Gabarito "A"

(Defensor Público/RO – 2012 – CESPE) Luciano, brasileiro, servidor público estadual, em viagem de serviço à Argentina, utilizou o cartão de crédito governamental a que tinha acesso autorizado para adquirir, em agência de turismo situada em Buenos Aires, em seu proveito e de Bernadete, sua esposa, um pacote turístico que incluía passagens aéreas e um cruzeiro marítimo pelas costas argentina e brasileira, a bordo de um navio pertencente a uma empresa espanhola. Bernadete, eufórica com sua primeira viagem de navio, confidenciou a Cristiane, sua amiga, que gastariam tudo por conta do cartão do governo. Bernadete viajou de sua cidade a Buenos Aires, na Argentina, onde se encontrou com Luciano, e embarcaram no navio. Na primeira parada, em Porto Alegre – RS, Bernadete, no momento em que Luciano estava na piscina do navio, entrou clandestinamente no camarote de Diego, diplomata uruguaio, que, naquele momento, usava a academia de ginástica do navio, e subtraiu do local dois mil dólares norte-americanos, mas foi detida pelos seguranças do navio em sua cabine, após ter sido flagrada pelo sistema de câmera de vigilância.

Nessa situação hipotética,

(A) Luciano e Bernadete praticaram crime de furto qualificado mediante concurso de pessoas, devendo responder perante a lei brasileira.

(B) Caso sejam denunciados pelo uso irregular do cartão de crédito do governo, Luciano e Bernadete devem ser processados pelo crime de emprego irregular de verbas ou rendas públicas perante a justiça brasileira, e Bernadete será processada, ainda, pelo crime de furto simples, também pela lei brasileira.

(C) Luciano não praticou crime de furto, mas cometeu crime de emprego irregular de verbas ou rendas públicas, devendo responder por ele de acordo com a lei brasileira; Bernadete praticou somente crime de furto, devendo ser processada pela lei brasileira.

(D) Bernadete praticou os crimes de peculato e de furto simples, devendo responder pelo primeiro crime perante a lei brasileira e, pelo segundo crime, perante a lei uruguaia visto que Diego é diplomata uruguaio.

(E) Luciano e Bernadete praticaram o crime de peculato, e Bernadete cometeu, ainda, o crime de furto simples, devendo ambos ser processados perante a lei brasileira.

Não se confundem os crimes de *peculato* e de *emprego irregular de verbas ou rendas públicas*, previstos, respectivamente, nos arts. 312 e 315 do CP. No crime do art. 312 do CP, o funcionário público se apropria ou subtrai verbas *em proveito próprio* ou *de terceiro*. É este o caso narrado no enunciado, dado que os beneficiários da utilização do cartão governamental foram Luciano e sua esposa, Bernadete. No caso do crime do art. 315 do CP, a situação é bem outra. Aqui, o emprego das verbas ou rendas públicas se dá em benefício da própria Administração. O funcionário, de forma diversa da imposta pela lei, dá outra destinação ao objeto material do delito. A conduta do casal, portanto, se amolda à descrição típica contida no art. 312 do CP. Aqui vale uma observação. Embora Bernadete não seja funcionária pública, qualidade exclusiva de Luciano, pelo crime de peculato também deverá, junto com ele, responder, posto que tal qualidade (ser funcionário público), porque elementar do crime em questão, deve, por expressa disposição do art. 30 do CP, comunicar-se ao coautor/partícipe que, de alguma forma, haja contribuído. Além do crime praticado contra a Administração Pública, consta do enunciado que Bernadete, sem o conhecimento de Luciano, que estava dormindo, subtraiu, do camarote de Diego, diplomata uruguaio, a importância de dois mil dólares em espécie, incorrendo, por isso, nas penas do crime de furto simples (art. 155, *caput*, do CP). Não há que se falar em coautoria/participação na prática deste crime contra o patrimônio, entre Bernadete e Luciano, já que este, como já dito, não tomou parte na prática delituosa, cuja responsabilidade, pois, deve ser atribuída tão somente a Bernadete. Além disso, embora este crime tenha sido praticado a bordo de embarcação estrangeira (espanhola), a lei a ser aplicada, neste caso, é a brasileira, dado que o navio, que é de propriedade privada, achava-se atracado em porto brasileiro (princípio da territorialidade – art. 5º, § 2º, do CP). Por fim, o crime de peculato, mesmo tendo sido praticado fora do território nacional, sujeita-se, por força do que dispõe o art. 7º, I, *b*, do CP, à lei penal brasileira. Cuida-se de hipótese de extraterritorialidade incondicionada. A lei brasileira, neste caso, será aplicada ao crime cometido no estrangeiro contra o patrimônio ou a fé pública da Administração Pública por quem está a seu serviço, independente de qualquer condição.

Gabarito "E".

4. CONCEITO E CLASSIFICAÇÃO DOS CRIMES

(Defensor Público/PE – 2018 – CESPE) Com relação à classificação dos crimes, julgue os itens a seguir.

I. Denomina-se crime plurissubsistente o crime cometido por vários agentes.
II. Se o sujeito fizer tudo o que está ao seu alcance para a consumação do crime, mas o resultado não ocorrer por circunstâncias alheias a sua vontade, configura-se crime falho.
III. Havendo, em razão do tipo, dois sujeitos passivos, o crime é denominado vago.
IV. Crime habitual cometido com ânimo de lucro é denominado crime a prazo.
V. Crime praticado por intermédio de automóvel é denominado delito de circulação.

Estão certos apenas os itens

(A) I e II.
(B) I e IV.
(C) II e V.
(D) III e IV.
(E) III e V.

I: incorreta. Crime plurissubsistente é aquele cuja conduta do agente se exterioriza pela prática de dois ou mais atos, contrapondo-se aos crimes unissubsistentes, em que a conduta é representada por um único ato; crimes cujo tipo penal impõe a presença de mais de um agente denomina-se plurissubjetivo. São os chamados crimes de concurso necessário, tal como a rixa, a associação criminosa, entre outros. Se não houver o número mínimo de agentes exigido pelo tipo penal, não há crime; **II:** correta. *Crime falho* é outra designação dada à tentativa perfeita (acabada, frustrada). Neste caso, o agente consegue praticar todos os atos que reputa necessários à consumação, a qual, por circunstâncias alheias à sua vontade, não ocorre; *imperfeita*, por seu turno, é a tentativa na qual o agente não chega a praticar todos os atos necessários à consumação. O *iter criminis* também é interrompido por circunstâncias alheias à sua vontade; **III:** incorreta. Vago é o crime cujo sujeito passivo é desprovido de personalidade jurídica. É o que se dá nos crimes de violação de sepultura (art. 210, CP) e aborto consentido (art. 124, CP), nos quais a vítima é ente destituído de personalidade jurídica; **IV:** incorreta. Crime a prazo é aquele cuja configuração exige o escoamento de determinado prazo, sob pena de atipicidade. É o caso da apropriação de coisa achada (art. 169, II, do CP), em que a consumação somente é alcançada na hipótese de o agente deixar de restituir a coisa achada ao dono ou possuidor legítimo, ou à autoridade competente, depois de escoado o interregno de quinze dias. Antes disso, não há crime; **V:** correta. De fato, delito de circulação é aquele praticado por meio de automóvel. ED

Gabarito "C".

(Magistratura/CE – 2012 – CESPE) A respeito da classificação dos crimes, assinale a opção correta.

(A) Classifica-se como bipróprio o crime cujo agente é simultaneamente sujeito ativo e passivo em relação ao mesmo fato.
(B) A denunciação caluniosa e a extorsão mediante sequestro são consideradas crimes complexos em sentido estrito.
(C) A conduta de alguém que induza ou instigue outrem a suicidar-se ou preste auxílio para que o faça configura crime multitudinário ou de ação múltipla.
(D) O aborto com consentimento da gestante e a violação de sepultura são exemplos de crime vago.
(E) A injúria e a ameaça verbais são exemplos de crimes não transeuntes.

A: incorreta, pois se considera bipróprio o crime que exige características ou qualidades especiais tanto do sujeito ativo, quanto do sujeito passivo (ex.: infanticídio – exige-se que o sujeito ativo seja a mãe em estado puerperal e o sujeito passivo seja o próprio filho, nascente ou neonato); **B:** incorreta. Primeiramente, impõe-se destacar que se considera um crime complexo quando a figura típica deriva da junção de dois ou mais fatos típicos autônomos. Diz-se que um crime é complexo em sentido estrito quando houver a "junção", em uma mesma figura penal, de dois ou mais crimes autônomos, tal como ocorre na extorsão mediante sequestro (extorsão mediante sequestro = extorsão + sequestro). Já estaremos diante de um crime complexo em sentido amplo quando a figura criminosa resulta da fusão de um fato autonomamente típico a outro atípico. É exatamente o que ocorre com a denunciação caluniosa (calúnia + denunciação de um fato a autoridade). Quando se imputa a alguém um fato falsamente definido como crime caracteriza-se a calúnia. Porém, quando se denuncia um fato a uma autoridade, dando azo à instauração, por exemplo, de um inquérito policial, exatamente esta figura é atípica; **D:** correta. Considera-se crime vago aquele que atinge ente desprovido de personalidade jurídica. É o caso do crime de violação de sepultura (art. 210, CP), visto que, decerto, o morto não pode ser a vítima, mas, sim, a família ou a coletividade, que não têm personalidade jurídica. O mesmo ocorre com o aborto consentido (art. 124, CP), no qual o feto, sujeito passivo, não tem personalidade jurídica; **E:** incorreta. Crimes não transeuntes são aqueles cujos vestígios materiais não desaparecem, admitindo-se, pois, exame de corpo de delito. Já os crimes transeuntes não deixam vestígios. Por óbvio, ameaça e injúria verbais são delitos transeuntes.

Gabarito "D".

(Defensor Público/AC – 2012 – CESPE) Há delitos em que a ação encontra-se envolvida por determinado ânimo cuja ausência impossibilita sua concepção, ou seja, nesses crimes, não é somente a vontade do autor que determina o caráter lesivo do acontecer externo, mas outros extratos específicos, inclusive inconscientes. Esses delitos são classificados como delitos

(A) formais.
(B) de intenção.
(C) de tendência.
(D) putativos.
(E) materiais.

A: incorreta. *Formais* são os crimes em que o resultado, embora previsto no tipo penal, não é imprescindível à consumação do delito. São também chamados, bem por isso, de crimes de resultado cortado ou consumação antecipada. Exemplo sempre lembrado pela doutrina é o crime de *extorsão mediante sequestro* (art. 159 do CP), cujo momento consumativo é atingido com a privação de liberdade da vítima. A obtenção do resgate, resultado previsto no tipo penal, se ocorrer, constituirá mero exaurimento do delito (desdobramento típico). Os crimes, quanto ao momento consumativo, classificam-se ainda em *materiais* e *de mera conduta*. Nestes, a consumação se opera no exato instante em que a conduta é praticada. A lei, neste caso, não faz qualquer menção a resultado naturalístico. *Materiais*, por sua vez, são os delitos em que o tipo penal, como condição à sua consumação, impõe a realização do resultado naturalístico nele previsto. A não produção do resultado naturalístico configura, nos crimes materiais, desde que haja início de execução, mera *tentativa*; **B:** incorreta. *Delito de intenção* é gênero, do qual são espécies *delito de intenção transcendental* (o resultado perseguido pelo agente não é necessário à consumação do delito. Ex.: extorsão mediante sequestro – art. 159 do CP) e *delito mutilado de dois atos* (o resultado almejado pelo agente encontra-se fora do tipo. Ex.: falsificação de moeda – art. 289 do CP); **C:** correta. *Crimes de tendência* são aqueles cuja existência está condicionada a determinada intenção do agente; **D:** incorreta. Delito putativo (ou imaginário) é aquele cuja ilicitude existe tão somente na cabeça do agente. Em verdade, o crime sequer existe; **E:** incorreta. O conceito de crime material foi dado no comentário à assertiva "A".

Gabarito "C".

5. FATO TÍPICO E TIPO PENAL

João, com a intenção de matar José, seu desafeto, efetuou disparos de arma de fogo contra ele. José foi atingido pelos projéteis e faleceu.

(Juiz de Direito - TJ/BA - 2019 - CESPE/CEBRASPE) Considere que, depois de feitos os exames necessários, se tenha constatado uma das seguintes hipóteses relativamente à causa da morte de José.

I. Apesar dos disparos sofridos pela vítima, a causa determinante da sua morte foi intoxicação devido ao fato de ela ter ingerido veneno minutos antes de ter sido alvejada.

II. A morte decorreu de ferimentos causados por disparos de arma de fogo efetuados por terceiro no mesmo momento em que João agiu e sem o conhecimento deste.

III. A vítima faleceu em razão dos ferimentos sofridos, os quais foram agravados por sua condição de hemofílica.

IV. A morte decorreu de uma infecção hospitalar que acometeu a vítima quando do tratamento dos ferimentos causados pelos tiros.

Nessa situação hipotética, conforme a teoria dos antecedentes causais adotada pelo CP, João responderá pela morte de seu desafeto caso se enquadre em uma das hipóteses previstas nos itens

(A) I e II.
(B) I e III.
(C) III e IV.
(D) I, II e IV.
(E) II, III e IV.

I: não há responsabilização pela morte. Vejamos. Segundo consta, José é vítima de disparos de arma de fogo efetuados por João, que desejava a sua morte, o que de fato vem a ocorrer. Depois disso, constata-se, no exame necroscópico, que o resultado naturalístico adveio não dos disparos que vitimaram José, mas de veneno neste aplicado antes da conduta levada a efeito por João (causa preexistente). Perceba que a morte teria ocorrido de qualquer forma. Neste caso, imputam-se ao agente tão somente os atos que praticou, e não o resultado naturalístico (morte). Há quebra, portanto, do nexo de causalidade. João, assim, responderá por tentativa de homicídio; **II:** não há responsabilização pelo evento morte. Esta assertiva descreve o fenômeno denominado *autoria colateral*, em que os agentes, sem que um conheça a intenção do outro, dirigem sua conduta, de forma simultânea, para a prática do mesmo crime. Por inexistir liame subjetivo entre eles, não há que se falar em *coautoria* ou *participação*. Apurando-se qual dos agentes deu causa ao resultado, este será responsabilizado pelo crime consumado; o outro, pelo crime na forma tentada (é o caso de João, já que a morte de seu desafeto decorreu dos disparos de arma de fogo efetuados por terceiro). Não sendo possível, na autoria colateral, identificar qual dos agentes deu causa ao resultado, estaremos diante, então, da chamada *autoria incerta* (não é esta a hipótese do enunciado). Neste caso, a melhor solução recomenda que ambos respondam pelo crime na forma tentada, já que não foi possível apurar-se quem foi o responsável pelo resultado; **III:** há responsabilização pela morte. Trata-se de hipótese de causa preexistente relativamente independente. Como o nome sugere, existe previamente à conduta do agente. João, agindo com *animus necandi* em relação a José, contra este desfere disparados de arma de fogo; no entanto, por ser portador de hemofilia, José tem seu quadro agravado e, por conta disso, vem a falecer. Neste caso, o resultado naturalístico (morte), porque querido por João, a este será imputado, respondendo por homicídio consumado. Veja que, se excluirmos a conduta de João (disparos de arma de fogo), o resultado morte não teria ocorrido. Daí falar-se em causa *relativamente independente*; **IV:** há responsabilização pela morte. Isso porque a infecção hospitalar constitui o que a doutrina convencionou chamar de linha de desdobramento natural, já que, não raras vezes, pacientes internados pelos mais variados motivos acabam por contrair infecções hospitalares, o que, muitas vezes, levam-nos a óbito. ED

Gabarito "C".

(Delegado/PE – 2016 – CESPE) A relação de causalidade, estudada no conceito estratificado de crime, consiste no elo entre a conduta e o resultado típico. Acerca dessa relação, assinale a opção correta.

(A) Para os crimes omissivos impróprios, o estudo do nexo causal é relevante, porquanto o CP adotou a teoria naturalística da omissão, ao equiparar a inação do agente garantidor a uma ação.
(B) A existência de concausa superveniente relativamente independente, quando necessária à produção do resultado naturalístico, não tem o condão de retirar a responsabilização penal da conduta do agente, uma vez que não exclui a imputação pela produção do resultado posterior.
(C) O CP adota, como regra, a teoria da causalidade adequada, dada a afirmação nele constante de que "o resultado, de que depende a existência do crime, somente é imputável a quem lhe deu causa; causa é a ação ou omissão sem a qual o resultado não teria o corrido".
(D) Segundo a teoria da imputação objetiva, cuja finalidade é limitar a responsabilidade penal, o resultado não pode ser atribuído à conduta do agente quando o seu agir decorre da prática de um risco permitido ou de uma conduta que diminua o risco proibido.
(E) O estudo do nexo causal nos crimes de mera conduta é relevante, uma vez que se observa o elo entre a conduta humana propulsora do crime e o resultado naturalístico.

A: incorreta. É fato que o estudo do nexo causal, no contexto da omissão imprópria, é de suma relevância, já que se está a falar de crimes cuja consumação somente é alcançada com a produção de resultado naturalístico (delitos materiais). No entanto, é incorreto afirmar-se que o CP adotou, neste caso, a teoria *naturalística*. É que, nos chamamos crimes omissivos impróprios, a relação de causalidade é *normativa* (e não física), na medida em que o resultado decorrente da omissão somente será imputado ao agente diante da ocorrência de uma das hipóteses previstas no art. 13, § 2º, do CP; **B:** incorreta, já que não reflete o que estabelece o art. 13, § 1º, do CP (superveniência de causa independente); **C:** incorreta, uma vez que a teoria adotada, como regra, pelo CP, em matéria de relação de causalidade, é a chamada *equivalência dos antecedentes causais* (*conditio sine qua non*). É o que se extrai do art. 13, *caput, in fine*, do CP: *Considera-se causa a ação ou omissão sem a qual o resultado não teria ocorrido*. Para se evitar o chamado "regresso ao infinito", é imprescindível a existência de dolo ou culpa por parte do agente em relação ao resultado; se assim não fosse, o vendedor da arma de fogo responderia pelo crime de homicídio com ela praticado, mesmo desconhecendo a intenção homicida do comprador; **D:** correta. Desenvolvida e difundida por Claus Roxin, a partir de 1970, no ensaio *Reflexões sobre a problemática da imputação no direito penal*, a teoria da imputação objetiva, cujo propósito é, de fato, impor restrições à responsabilidade penal, enuncia, em síntese, que a atribuição do resultado ao agente não está a depender tão somente da relação de causalidade. É necessário ir além. Para esta teoria, deve haver a conjugação dos seguintes requisitos: criação ou aumento de um risco proibido; realização do risco no resultado; e resultado dentro do alcance do tipo; **E:** incorreta. Não há relevância alguma no estudo do nexo causal no contexto dos crimes de mera conduta, na medida em que, neste caso, inexiste resultado naturalístico.

Gabarito "D".

(Analista Jurídico – TCE/PR – 2016 – CESPE) Considerando a relação de causalidade prevista no Código Penal, assinale a opção correta.

(A) As causas supervenientes relativamente independentes possuem relação de causalidade com a conduta do sujeito e não excluem a imputação do resultado.
(B) As causas preexistentes relativamente independentes não possuem relação de causalidade com a conduta do sujeito e excluem a imputação do resultado.
(C) As causas preexistentes absolutamente independentes possuem relação de causalidade com a conduta do sujeito e não excluem o nexo causal.
(D) As causas concomitantes relativamente independentes não possuem relação de causalidade com a conduta do sujeito e não excluem a imputação do resultado.
(E) As causas concomitantes absolutamente independentes não possuem relação de causalidade com a conduta do sujeito e excluem o nexo causal.

A: incorreta. As causas supervenientes relativamente independentes excluem, sim, a imputação, desde que sejam aptas, por si sós, a produzir o resultado; os fatos anteriores, no entanto, serão imputados a quem os praticou (art. 13, § 1º, do CP). Exemplo clássico e sempre lembrado pela doutrina é aquele em que a vítima de tentativa de homicídio é socorrida e levada ao hospital e, ali estando, vem a falecer, não em razão dos ferimentos que experimentou, mas por conta de incêndio ocorrido na enfermaria do hospital. Este evento (incêndio) do qual decorreu a morte da vítima constitui causa superveniente relativamente independente que, por si só, gerou o resultado. O nexo causal, nos termos do art. 13, § 1º, do CP, é interrompido (há imprevisibilidade). O agente, por isso, responderá por homicídio na forma tentada (e não na modalidade consumada). Perceba que, neste caso, estamos a falar de causa *relativamente* independente porque, não fosse a tentativa de homicídio, o ofendido não seria, por óbvio, hospitalizado e não seria, por consequência, vítima do incêndio que produziu, de fato, a sua morte; **B:** incorreta. A chamada causa preexistente relativamente independente, como o nome sugere, existe previamente à conduta do agente. Exemplo clássico: "A", agindo com *animus necandi* em relação a "B", contra este desfere golpe de facão em região não letal; no entanto, por ser portador de hemofilia, "B" tem seu quadro agravado e, por conta disso, vem a falecer. Neste caso, o resultado naturalístico (morte), porque querido por "A", a este será imputado, respondendo por homicídio consumado. Veja que, se excluirmos a conduta de "A" (golpe de facão), o resultado morte não teria ocorrido. Daí falar-se em causa *relativamente independente*; **C:** incorreta. No comentário anterior, a causa, que preexistia à conduta do agente, era, como já dissemos, *relativamente* independente, ou seja, originou-se da conduta do sujeito ativo; agora, na assertiva "C", a causa, também preexistente, é *absolutamente* independente. Isso quer dizer que a causa preexistente é absolutamente desvinculada da conduta do agente, não se originando nesta. O resultado teria ocorrido de qualquer forma, ainda que excluíssemos a conduta do agente. Exemplo: "B" é vítima de disparos de arma de fogo efetuados por "A", que desejava a sua morte, o que de fato vem a ocorrer. Depois disso, constata-se, no exame necroscópico, que o resultado naturalístico adveio não dos disparos que vitimaram "B", mas de veneno neste aplicado antes da conduta de "A" (causa preexistente). Perceba que a morte teria ocorrido de qualquer forma. Neste caso, imputam-se ao agente tão somente os atos que praticou, e não o resultado naturalístico (morte). Há quebra, portanto, do nexo de causalidade. "A", assim, responderá por tentativa de homicídio; **D:** incorreta. Concomitante é a causa que ocorre de forma simultânea à conduta do agente. A solução, neste caso, é idêntica àquela dada à causa preexistente relativamente independente: o resultado naturalístico deve ser imputado ao agente; **E:** correta. Tal como se dá nas causas preexistentes absolutamente independentes (alternativa "C"), o resultado, no contexto das causas absolutamente independentes *concomitantes* à conduta do agente, não poderá ser imputado ao sujeito ativo, que responderá tão somente pelos atos que praticou.

Gabarito "E".

(Advogado União – AGU – CESPE – 2015) Acerca da aplicação da imputabilidade penal, julgue o item que se segue (adaptada).

(1) Como a relação de causalidade constitui elemento do tipo penal no direito brasileiro, foi adotada como regra, no CP, a teoria da causalidade adequada, também conhecida como teoria da equivalência dos antecedentes causais.

1: incorreta. Adotamos, como regra, no que toca à relação de causalidade, a teoria da *equivalência dos antecedentes*, também chamada de *conditio sine qua non*, tal como estabelece o art. 13, "*caput*", do CP, segundo a qual causa é toda ação ou omissão sem a qual o resultado não teria sido produzido. De se ver que, no que concerne às causas supervenientes relativamente independentes que, por si sós, produzem o resultado, a teoria adotada foi a da *causalidade adequada* (art. 13, § 1º, do CP), que, como se vê, constitui exceção. Disso se infere que é incorreto afirmar-se que as duas teorias acima referem-se ao mesmo instituto. ED

Gabarito 1E

(Analista – TRE/BA – 2010 – CESPE) Com relação ao crime e aos seus elementos, julgue o próximo item.

(1) A coação física irresistível afasta a tipicidade, excluindo o crime.

1: correta. Falta, na *coação física irresistível* (*vis absoluta*), voluntariedade no ato do agente, que tem eliminada, em razão dela, a conduta e, por conseguinte, o próprio crime. A coação irresistível aludida no art. 22, primeira parte, do CP é a moral (*vis compulsiva*), apta a excluir a culpabilidade do agente, visto que não lhe é razoável exigir outra conduta no caso concreto. O sujeito, aqui, é importante que se diga, conserva um resquício de liberdade, o que não acontece na coação física irresistível. Desse modo, em face da ameaça insuportável, não pode ser exigido do coato que resista de forma heroica. Vale lembrar que a coação moral irresistível pressupõe, em regra, a existência de três partes, a saber: o *coator*, o *coato* e a *vítima*.

Gabarito 1C

6. CRIMES DOLOSOS, CULPOSOS E PRETERDOLOSOS

(Ministério Público/RO – 2010 – CESPE) A respeito da teoria do crime adotada pelo CP, assinale a opção correta.

(A) A ausência de previsão é requisito da culpa inconsciente, pois, se o agente consegue prever o delito, trata-se de conduta dolosa e não culposa.

(B) O CP limitou-se a adotar a teoria do assentimento em relação ao dolo ao dispor que age dolosamente o agente que aceita o resultado, embora não o tenha visado como fim específico.

(C) A conduta do agente que, após iniciar a execução de crime por iniciativa própria, impede a produção do resultado caracteriza arrependimento posterior e tem a mesma consequência jurídica da desistência voluntária.

(D) Na desistência voluntária, o agente poderá responder pelos atos já praticados, pelo resultado ocorrido até o momento da desistência ou pela tentativa do crime inicialmente pretendido.

(E) A previsibilidade subjetiva é um dos elementos da culpa e consiste na possibilidade de ser antevisto o resultado nas circunstâncias específicas em que o agente se encontrava no momento da infração penal.

A: correta. Na *culpa inconsciente*, embora o resultado lesivo seja previsível, o agente não o prevê (ausência de previsão). Entenda bem: o sujeito, nesta modalidade de culpa, não prevê o que é previsível. A propósito, a previsibilidade objetiva constitui um dos requisitos do crime culposo. Fala-se, de outro lado, em *culpa consciente* sempre que o agente, embora preveja o resultado ofensivo, espera, sinceramente, que ele não ocorra. A rigor, o agente, diante do caso concreto, confia em sua habilidade. Embora tenha a previsão do resultado, ele não o deseja, tampouco assume o risco de produzi-lo. Agora, se o agente consegue ter a previsão do resultado, mas pouco se importa com ele (assumi o risco de causá-lo), dando sequência ao seu propósito inicial, é caso então de dolo eventual. A segunda parte da assertiva, a nosso ver, não deixa claro se a previsão se refere à culpa consciente ou ao dolo eventual; **B:** incorreta, visto que, em relação ao dolo, o Código Penal acolheu – art. 18, I – as teorias da *vontade* (dolo direto) e do *assentimento* (dolo eventual), e não somente esta; **C:** incorreta. A situação descrita nesta assertiva se refere ao instituto contemplado no art. 15, segunda parte, do CP (arrependimento eficaz), em que o agente, uma vez realizados todos os atos considerados necessários à consumação do crime, passa a agir para que o resultado não se produza. Assim como na *desistência voluntária*, este somente terá lugar antes da consumação do crime, razão pela qual tem natureza jurídica de *causa excludente de tipicidade*. O *arrependimento posterior*, que, como a própria nomenclatura sugere, deve ser posterior à consumação do crime, tem como natureza jurídica de *causa obrigatória de diminuição de pena*. Sua disciplina está no art. 16 do CP; **D:** incorreta. Na desistência voluntária e no arrependimento eficaz (art. 15 do CP), o agente somente responderá pelos atos então praticados. A tentativa fica afastada na medida em que a consumação não se concretizou por circunstâncias relacionadas à vontade do agente. Como já dito, a natureza jurídica dos dois institutos aqui tratados consiste em *causa excludente de tipicidade*, subsistindo a responsabilidade tão somente pelos atos praticados; **E:** incorreta. Cuida-se da capacidade de o agente, em face as suas condições pessoais (educação, inteligência etc.), antever o resultado. Esta é a previsibilidade subjetiva, que não constitui elemento (requisito) do fato típico culposo. Sua incidência se dá no campo da culpabilidade.

Gabarito "A".

7. ERRO DE TIPO, DE PROIBIÇÃO E DEMAIS ERROS

(Auditor Fiscal - SEFAZ/RS - 2019 - CESPE/CEBRASPE) A conduta típica será inteiramente desculpável e será excluída a culpabilidade quando o erro inevitável recair sobre

(A) a lei.
(B) a pessoa.
(C) a ilicitude do fato.
(D) a eficácia do meio empregado.
(E) as condições pessoais da vítima.

O erro sobre a ilicitude do fato (art. 21, CP), que a doutrina convencionou chamar de *erro de proibição*, uma vez reconhecido, exclui a culpabilidade (art. 21, *caput*, CP), desde que escusável (desculpável); se inescusável, constituirá causa de redução de pena. Não deve ser confundido com o erro de tipo, que tem por objeto os elementos constitutivos do tipo penal, gerando a exclusão do dolo e, em consequência, da tipicidade penal (art. 20, *caput*, CP). ED

Gabarito "C"

(Magistratura/ES – 2011 – CESPE) Acerca do erro no direito penal, assinale a opção correta.

(A) O erro sobre elemento essencial do tipo, escusável ou inescusável, exclui o dolo, mas permite a punição a título de culpa.
(B) Suponha que, em troca de tiros com policiais, certo traficante atinja o soldado A, e o mesmo projétil também atinja o transeunte B, provocando duas mortes. Nesse caso, ainda que não tenha pretendido matar B, nem aceito sua morte, o atirador responderá por dois homicídios dolosos em concurso formal imperfeito.
(C) Considere que um indivíduo pretenda assassinar uma criança de doze anos de idade e, para executar seu plano, posicione-se na janela de sua residência e acerte um disparo na cabeça de um adulto inocente. Nesse caso, o referido indivíduo responderá por homicídio doloso em sua forma simples, sem incidência de causa especial de aumento de pena.
(D) Considere a seguinte situação hipotética. Braz pretendia furtar um colar extremamente valioso e, para tanto, dirigiu-se a uma joalheria e executou sua ação com sucesso. Em seguida, ao tentar vender o objeto, ele se certificou de haver furtado bijuteria de valor irrisório. Nessa situação, Braz deverá responder pelo delito de furto e, caso seja primário, fará jus à causa especial de diminuição de pena relativa ao furto privilegiado.
(E) Caracterizada a ocorrência de erro de proibição indireto inescusável, o agente responderá pelo crime doloso, com pena diminuída de um sexto a um terço.

A: incorreta, pois o erro sobre elemento constitutivo do tipo legal do crime somente excluirá o dolo quando for escusável (ou inevitável), consoante dispõe o art. 20, *caput*, do CP. Em se tratando de erro de tipo evitável (ou inescusável), deverá o agente responder por culpa, desde que haja, por óbvio, previsão legal de referida forma do crime; **B:** incorreta, pois a assertiva trata de espécie de erro de tipo acidental, mais precisamente, *aberratio ictus* (ou erro na execução) com duplo resultado (ou unidade complexa). Nesse caso, o agente responderá pelos dois resultados, em concurso formal de crimes. Só se reconhecerá o concurso formal imperfeito (ou impróprio), que produzirá a soma das penas de cada um dos crimes, quando o agente houver agido com dolo (ainda que eventual) em relação ao outro resultado. No caso do traficante que atinge o soldado "A" e, com o mesmo projétil, atinge o pedestre "B", sem querer matá-lo (dolo direto) ou ter aceitado sua morte (dolo eventual), não se poderá somar as penas dos dois homicídios. Em verdade, será caso de aplicação do concurso formal perfeito (ou próprio), aplicando-se a pena do crime mais grave (no caso, homicídio doloso do soldado "A"), aumentando-se a pena de um sexto até a metade (art. 70, *caput*, do CP), não sendo o caso de soma das penas, admissível apenas se os dois resultados adviessem de desígnios autônomos do agente; **C:** incorreta, pois se um agente, querendo matar uma criança de doze anos, atinge um adulto, terá havido erro na execução (*aberratio ictus*), caso em que responderá como se houvesse praticado o crime contra a vítima inicialmente visada (vítima virtual), desprezando-se as características da vítima efetiva, consoante dispõe a regra insculpida no art. 73 do CP; **D:** incorreta, pois o furtador, ao subtrair um colar de uma joalheria, acreditando tratar-se de peça valiosa, mas, posteriormente, constatado que se tratava de bijuteria, ainda que primário, não poderá ser beneficiado pela figura do furto privilegiado (art. 155, § 2º, do CP). Estamos diante de hipótese de erro de tipo acidental (erro sobre o objeto), devendo o agente ser responsabilizado como se houvesse praticado um furto de peça valiosa; **E:** correta. Considera-se erro de proibição indireto a situação em que o agente, apesar de conhecer a existência de norma proibitiva, por erro, acredita encontrar-se amparado por uma causa de justificação (causa excludente da ilicitude). Se o erro for evitável (ou inescusável), o agente terá sua pena reduzida de um sexto a um terço (art. 21, *caput*, parte final, do CP). Somente será isento de pena caso o erro seja inevitável (ou escusável).

Gabarito "E"

(Magistratura Federal/3ª região – 2011 – CESPE) No tocante às situações derivadas da hipótese do erro em direito penal, assinale a opção correta.

(A) De acordo com a doutrina majoritária, incorre em erro de proibição indireto aquele que supõe situação de fato que, se existisse, tornaria a ação legítima.
(B) Nos termos do CP, no erro de execução, não se consideram, para aplicação da pena, as condições ou qualidades da pessoa contra a qual o agente queria praticar o crime, mas as condições ou qualidades da pessoa contra a qual o crime foi praticado.
(C) De acordo com a teoria extremada da culpabilidade, é preciso distinguir, em relação a causa de justificação, entre erro de proibição indireto e erro de tipo permissivo.
(D) O fato de o sujeito A disparar arma de fogo contra B, mas, por má pontaria, atingir mortalmente C, que está ao lado de B, caracteriza o denominado, de acordo com o CP, erro sobre a pessoa.
(E) Segundo a interpretação doutrinária dominante do CP, o erro de tipo, vencível ou invencível, pode recair sobre qualquer elemento constitutivo do tipo objetivo e impede a configuração do tipo subjetivo doloso.

A: incorreta. Considera-se erro de proibição indireto (ou descriminante putativa por erro de proibição) o fato de o agente, embora conhecendo o caráter ilícito do fato, acreditar, equivocadamente, que age amparado por alguma causa excludente da ilicitude, ou, ainda, agir com erro quanto aos limites de uma causa justificante efetivamente existente. Não se confunde o erro de proibição indireto com a descriminante putativa por erro de tipo (art. 20, § 1º, do CP), que se verifica quando o agente, por erro plenamente justificado pelas circunstâncias, supõe situação de fato que, se existisse, tornaria sua ação legítima. Aqui, o erro recai sobre as circunstâncias fáticas de uma causa de justificação, enquanto que no erro de proibição indireto, o erro recairá sobre a existência ou os limites de uma causa excludente da ilicitude; **B:** incorreta. Em verdade, no erro de execução, ocorre situação inversa àquela contida na alternativa. De acordo com o art. 73 do CP, *quando, por acidente ou erro no uso dos meios de execução, o agente, ao invés de atingir a pessoa que pretendia ofender, atinge pessoa diversa, responde como se tivesse praticado o crime contra aquela, atendendo-se ao disposto no § 3º do art. 20 deste Código* (*O erro quanto à pessoa contra a qual o crime é praticado não isenta de pena. Não se consideram, neste caso, as condições ou qualidades da vítima, senão as da pessoa contra quem o agente queria praticar o crime*). Em síntese, se por erro de pontaria, o agente atingir pessoa diversa daquela que almejava lesionar, responderá como se houvesse cometido o crime contra a vítima visada (ou vítima virtual), ou seja, levando em consideração as suas características pessoais, desprezando-se as características da vítima efetivamente lesada (vítima efetiva ou vítima real); **C:** incorreta. Para a teoria extremada da culpabilidade, as descriminantes putativas sempre caracterizarão erro de proibição, ao passo que para a teoria limitada, as descriminantes putativas, se disserem respeito aos pressupostos fáticos de uma causa de justificação, serão consideradas erro de tipo, ao passo que se se referirem à existência ou aos limites de causa excludente da ilicitude, receberão tratamento de erro de proibição; **D:** incorreta. Se o atirador A, querendo matar B, mas por erro de pontaria, acertar C, responderá como se houvesse atingido B (levam-se em consideração as características da vítima visada, e não da vítima efetiva). No caso relatado na alternativa, estamos diante de erro de execução (*aberratio ictus*), considerado erro de tipo acidental. Não se confunde com o erro sobre a pessoa (art. 20, § 3º, do CP), que pressupõe que o agente, equivocando-se quanto à própria vítima do crime, atinge pessoa diversa da pretendida, nada tendo que ver com erro de pontaria; **E:** correta. De fato, o erro de tipo, previsto no art. 20, *caput*, do CP, poderá recair sobre qualquer elemento constitutivo do tipo legal do crime (elementos objetivos, subjetivos e/ou normativos). Qualquer que seja a espécie de erro de tipo (vencível ou invencível), sempre restará afastado o dolo, remanescendo a punição pela forma culposa, desde que prevista em lei, se se tratar de erro vencível (evitável ou inescusável).

Gabarito "E".

(Analista – TRE/MT – 2010 – CESPE) A respeito de erro de tipo e erro de proibição, assinale a opção correta.

(A) O erro sobre elemento constitutivo do tipo legal de crime exclui o dolo e a culpa, podendo o agente, no entanto, responder civilmente pelos danos eventualmente ocasionados.
(B) Com relação à disciplina das descriminantes putativas, é isento de pena quem, por erro plenamente justificado pelas circunstâncias, supõe situação de fato que, se existisse, tornaria a ação legítima, mas essa isenção de pena não ocorre se o erro derivar de culpa e o fato for punível como crime culposo.
(C) O erro quanto à pessoa contra a qual o crime é praticado não isenta de pena e, nesse caso, não se consideram, para fins de aplicação da pena e definição do tipo, as condições ou qualidades da pessoa contra quem o agente queria praticar o crime, mas sim as da vítima real.
(D) A depender das circunstâncias pessoais do autor do crime, o desconhecimento da lei pode ser escusado.
(E) O erro sobre a ilicitude do fato, se inevitável, exclui o dolo; se evitável, constitui causa de isenção da pena.

A: incorreta – o erro sobre elemento constitutivo do tipo legal de crime (erro de tipo) gera sempre o afastamento do dolo, mas permite a punição por crime culposo, desde que previsto em lei – art. 20, *caput*, do CP; **B:** assertiva correta, visto que em consonância com a redação do art. 20, § 1º, do CP; **C:** incorreta, pois, neste caso, são levadas em consideração, segundo estabelece o art. 20, § 3º, do CP, as condições ou qualidades da pessoa contra quem o agente queria praticar o crime; **D:** incorreta – o art. 21, *caput*, do CP consagra o *princípio da inescusabilidade do desconhecimento da lei*, isto é, a ninguém é dado o direito de alegar que não conhece a lei. Assim que entra em vigor, a lei passa a vincular indistintamente a todos membros da sociedade, sendo defeso, a partir de então, invocar seu desconhecimento; **E:** incorreta – o erro sobre a ilicitude do fato (erro de proibição), se inevitável, isenta de pena; se evitável, constitui causa de diminuição de pena (um sexto a um terço) – art. 21, *caput*, do CP. O erro sobre a ilicitude exclui a culpabilidade, desde que escusável.

Gabarito "B".

8. TENTATIVA, CONSUMAÇÃO, DESISTÊNCIA, ARREPENDIMENTO E CRIME IMPOSSÍVEL

(Defensor Público/PE – 2018 – CESPE) Com relação à tentativa, à desistência voluntária e ao arrependimento, assinale a opção correta.

(A) No arrependimento eficaz, o agente interrompe a execução do crime; na desistência voluntária, o resultado é impedido após o agente ter praticado todos os atos.
(B) O arrependimento posterior pode ser aplicado aos crimes cometidos com violência ou grave ameaça.
(C) Em se tratando de tentativa branca ou incruenta, a vítima não é atingida e não sofre ferimentos; se tratar-se de tentativa cruenta, a vítima é atingida e é lesionada.
(D) A diferença entre a tentativa e a tentativa abandonada é que, no primeiro caso, o agente diz “eu consigo, mas não quero” e, no segundo, o agente diz “eu quero, mas não consigo”.
(E) A desistência voluntária e a tentativa abandonada são espécies de arrependimento eficaz.

A: incorreta, já que os conceitos estão invertidos. Com efeito, na desistência voluntária (art. 15, primeira parte, do CP), o agente, em crime já iniciado, embora disponha de meios para chegar à consumação, acha por bem interromper a execução. Ele, de forma voluntária, desiste de prosseguir no *iter criminis* (conduta negativa, omissão). No *arrependimento eficaz* (art. 15, segunda parte, do CP), a situação é diferente. O agente, em crime cuja execução também já se iniciou, esgotou os meios que reputou suficientes para atingir seu objetivo. Ainda assim, o crime não se consumou. Diante disso, ele, agente, por vontade própria, passa a agir para evitar o resultado (conduta positiva). Tanto na *desistência voluntária* quanto no *arrependimento eficaz*, o agente responderá somente pelos atos que praticou; **B:** incorreta. Por imposição do art. 16 do CP, constitui um dos requisitos do arrependimento posterior o fato de o crime ter sido cometido sem violência ou grave ameaça à pessoa; **C:** correta. *Tentativa branca* ou *incruenta* é aquela em que a vítima não é atingida fisicamente. Exemplo: o sujeito descarrega sua arma contra a vítima, mas esta não chega a ser atingida (tentativa branca de homicídio); *tentativa cruenta*, ao contrário, é aquele em que a vítima é atingida; **D:** incorreta. Na tentativa (art. 14, II, do CP), dado que a execução do crime é interrompida por circunstâncias alheias à vontade do agente, este deseja alcançar a consumação, mas, por alguma razão que foge ao seu controle, não consegue; já na tentativa abandonada ou qualificada (desistência voluntária e o arrependimento eficaz), o agente, podendo chegar à consumação do crime, desiste de fazê-lo (ele pode mas não quer), ora interrompendo a execução do delito, ora agindo para que este não se aperfeiçoe; **E:** incorreta. A desistência voluntária e o arrependimento eficaz são espécies de tentativa abandonada ou qualificada.

Gabarito "C".

(Defensor Público/AC – 2017 – CESPE) Com referência ao arrependimento posterior, assinale a opção correta.

(A) O arrependimento posterior é causa obrigatória de diminuição de pena, admitindo-se a reparação do dano ou a restituição da coisa até o trânsito em julgado da ação penal.
(B) O autor da infração, ao arrepender-se, deverá, para que sua pena seja reduzida, reparar voluntariamente danos ou restituir a coisa subtraída, até o recebimento da queixa ou da denúncia.
(C) O arrependimento posterior incide exclusivamente nos crimes contra o patrimônio e impõe a restituição espontânea e integral da coisa até o recebimento da denúncia ou da queixa.
(D) Intervenção de terceiros na reparação do dano ou na restituição da coisa, desde que ocorra antes do julgamento, não afastará o reconhecimento de arrependimento posterior.
(E) Para que sua pena seja reduzida, o agente deverá, espontaneamente, logo após a consumação do crime, minorar as consequências dele e, até a data do julgamento, reparar danos.

A: incorreta. De fato, uma vez preenchidos os requisitos contidos no art. 16 do CP, é de rigor a diminuição de pena. Agora, a reparação do dano ou a restituição da coisa deverá ocorrer até o recebimento da denúncia ou queixa, e não até o trânsito em julgado da ação penal; **B:** correta, tal como explicitado no comentário à assertiva “A”; **C:** incorreta, dado que a diminuição de pena do art. 16 do CP terá lugar em todos os crimes desprovidos de violência ou grave ameaça à pessoa. Além disso, não é necessário, segundo doutrina e jurisprudência pacíficas, que a reparação/restituição se dê de forma espontânea; basta que o agente aja de forma voluntária (ação livre do agente); **D:** incorreta. A intervenção de terceiro, por exemplo aconselhando o agente a restituir o bem ou reparar o dano, não afasta a incidência do arrependimento posterior, desde que o sujeito o faça de forma voluntária (por vontade própria), mas tal deverá necessariamente ocorrer até o recebimento da exordial; **E:** incorreta. Como dito antes, a restituição/reparação deve ser implementada até o recebimento da denúncia/queixa, exigindo-se, para tanto, que o agente aja de forma voluntária; a espontaneidade, ainda que possa existir, não é necessária.

Gabarito "B".

(Defensor Público/AL – 2017 – CESPE) Jonas descobriu, na mesma semana, que era portador de doença venérea grave e que sua esposa, Priscila, planejava pedir o divórcio. Inconformado com a intenção da companheira, Jonas manteve relações sexuais com ela, com o objetivo de lhe transmitir a doença. Ao descobrir o propósito de Jonas, Priscila foi à delegacia e relatou o ocorrido. No curso da apuração preliminar, constatou-se que ela já estava contaminada da mesma moléstia desde antes da conduta de Jonas, fato que ela desconhecia.

Nessa situação hipotética, considerando-se as normas relativas a crimes contra a pessoa, a conduta perpetrada por Jonas constitui

(A) tentativa de perigo de contágio venéreo.
(B) crime impossível, em razão do contágio anterior.
(C) delito putativo de contágio por moléstia grave.
(D) perigo de contágio por moléstia grave consumado.
(E) tentativa de lesão corporal, devido ao perigo de contágio venéreo.

Trata-se, de fato, de crime impossível por absoluta impropriedade do objeto. Com efeito, o propósito de Jonas, por mais reprovável que fosse, nunca seria alcançado, na medida em que sua esposa, pessoa contra a qual Jonas investiu, já padecia da mesma moléstia de que ele era portador e pretendia a ela transmitir. Em suma, o resultado pretendido por Jonas nunca seria implementado, já que é impossível contagiar alguém que já está contagiado. Configurado está, portanto, crime impossível (art. 17 do CP). ED

Gabarito "B"

(Técnico Judiciário – STJ – 2018 – CESPE) Considerando que crime é fato típico, ilícito e culpável, julgue os itens a seguir.

(1) São causas excludentes de culpabilidade o estado de necessidade, a legítima defesa e o estrito cumprimento do dever legal.
(2) Crime doloso é aquele em que o sujeito passivo age com imprudência, negligência ou imperícia.
(3) O crime é dito impossível quando não há, em razão da ineficácia do meio empregado, violação, tampouco perigo de violação, do bem jurídico tutelado pelo tipo penal.

1: antes de mais nada, é importante que se diga que o examinador, como se pode ver no enunciado da questão, adotou, quanto ao conceito analítico de crime, a chamada *concepção tripartida*, para a qual crime é um fato típico, antijurídico e culpável. Há ainda a *concepção bipartida*, segundo a qual crime é um fato típico e antijurídico. Dito isso, passemos à resolução das assertivas. Incorreta, dado que o estado de necessidade, a legítima defesa e o estrito cumprimento do dever legal (e também o exercício regular de direito) constituem, a teor do art. 23 do CP, causa de exclusão da ilicitude (ou antijuridicidade); **2:** incorreta. A assertiva contém dois erros. Em primeiro lugar, sujeito passivo é aquele contra o qual a conduta é praticada (pelo sujeito ativo). Ou seja, é a vítima. No caso do homicídio, por exemplo, é o titular do bem jurídico tutelado, ou seja, a pessoa contra a qual o homicida investe (isto é, é o titular do direito à vida); no roubo, são sujeitos passivos tanto o titular do patrimônio desfalcado quanto aquele que sofreu a ameaça ou violência. Além disso, a assertiva se refere às modalidades de culpa (imprudência, negligência e imperícia), que nenhuma relação tem com o crime doloso; **3:** correta. A assertiva faz referência a uma das modalidades de crime impossível (tentativa inidônea, inadequada ou quase crime), em que, por ineficácia absoluta do meio empregado pelo agente, a consumação do crime é inviável, impossível; além dessa hipótese, o art. 17 do CP contém outra modalidade de crime impossível, a caracterizar-se quando, por impropriedade absoluta do objeto, a consumação do delito é impossível de ser alcançada. Vale o registro de que a jurisprudência criou outra modalidade de crime impossível, o chamado flagrante preparado ou provocado, que restará configurado sempre que o agente provocador levar alguém a praticar uma infração penal (Súmula 145 do STF). ED

Gabarito 1E, 2E, 3C

(Delegado Federal – 2018 – CESPE) Em cada um dos itens a seguir, é apresentada uma situação hipotética, seguida de uma assertiva a ser julgada com base na legislação de regência e na jurisprudência dos tribunais superiores a respeito de execução penal, lei penal no tempo, concurso de crimes, crime impossível e arrependimento posterior.

(1) Diogo, condenado a sete anos e seis meses de reclusão pela prática de determinado crime, deve iniciar o cumprimento da pena no regime semiaberto. Todavia, na cidade onde se encontra, só há estabelecimento prisional adequado para a execução da pena em regime fechado. Nessa situação, o juiz poderá determinar que Diogo inicie o cumprimento da pena no regime fechado.
(2) Manoel praticou conduta tipificada como crime. Com a entrada em vigor de nova lei, esse tipo penal foi formalmente revogado, mas a conduta de Manoel foi inserida em outro tipo penal. Nessa situação, Manoel responderá pelo crime praticado, pois não ocorreu a *abolitio criminis* com a edição da nova lei.
(3) Elton, pretendendo matar dois colegas de trabalho que exerciam suas atividades em duas salas distintas da dele, inseriu substância tóxica no sistema de ventilação dessas salas, o que causou o óbito de ambos em poucos minutos. Nessa situação, Elton responderá por homicídio doloso em concurso formal imperfeito.
(4) Sílvio, maior e capaz, entrou em uma loja que vende aparelhos celulares, com o propósito de furtar algum aparelho. A loja possui sistema de vigilância eletrônica que monitora as ações das pessoas, além de diversos agentes de segurança. Sílvio colocou um aparelho no bolso e, ao tentar sair do local, um dos seguranças o deteve e chamou a polícia. Nessa situação, está configurado o crime impossível por ineficácia absoluta do meio, uma vez que não havia qualquer chance de Sílvio furtar o objeto sem que fosse notado.
(5) Cristiano, maior e capaz, roubou, mediante emprego de arma de fogo, a bicicleta de um adolescente, tendo-o ameaçado gravemente. Perseguido, Cristiano foi preso, confessou o crime e voluntariamente restituiu a coisa roubada. Nessa situação, a restituição do bem não assegura a Cristiano a redução de um a dois terços da pena, pois o crime foi cometido com grave ameaça à pessoa.

1: incorreta, uma vez que contraria o entendimento firmado por meio da Súmula Vinculante 56: *A falta de estabelecimento penal adequado não autoriza a manutenção do condenado em regime prisional mais gravoso, devendo-se observar, nessa hipótese, os parâmetros fixados no RE 641.320/RS*; **2:** correta. A assertiva descreve típica hipótese de incidência do fenômeno da continuidade típico-normativa, que nada mais é do que o deslocamento de determinado comportamento típico de um para outro dispositivo, fato que não tem o condão de descriminalizar a conduta. Exemplo típico é o deslocamento da conduta então prevista no art. 214 do CP (atentado violento ao pudor) para o art. 213 do CP (estupro), por força da Lei 12.015/2009; **3:** correta. Elton, imbuído do propósito de causar a morte de dois colegas de trabalho, por meio de uma única conduta (inseriu substância tóxica no sistema de ventilação das salas onde se encontravam as vítimas), produziu dois resultados (morte de ambos), que, desde o início, foram por ele desejados (desígnios autônomos em relação às duas mortes). É hipótese de concurso formal *impróprio* ou *imperfeito*. Nos termos do art. 70 do CP, o concurso formal poderá ser *próprio* (perfeito) ou *impróprio* (imperfeito). No primeiro caso (primeira parte do *caput*), temos que o agente, por meio de uma única ação ou omissão (um só comportamento), pratica dois ou mais crimes, idênticos ou não, com *unidade de desígnio*; já no *concurso formal impróprio* ou *imperfeito* (segunda parte do *caput*), a situação é diferente. Aqui, a conduta única decorre de desígnios autônomos, vale dizer, o agente, no seu atuar, deseja os resultados produzidos. Como consequência, as penas serão somadas, aplicando-se o critério ou sistema do *cúmulo material*. No concurso formal perfeito, diferentemente, se as penas previstas forem idênticas, aplica-se somente uma; se diferentes, aplica-se a maior, acrescida, em qualquer caso, de um sexto até metade (sistema da exasperação); **4:** incorreta. O chamado *furto sob vigilância* pode, em determinadas situações, a depender do caso concreto, caracterizar *crime impossível* pela *ineficácia absoluta do meio* (art. 17 do CP). É o caso, por exemplo, do agente que, desde o momento em que ingressa no supermercado, passa a ser permanentemente vigiado por sistema de câmeras e também por seguranças, que ficam o tempo todo no seu encalço. Não há, neste caso, a menor possibilidade de o crime consumar-se. Isso não quer dizer que a existência, por si só, de sistema de segurança por câmeras e de funcionários elimine a possibilidade de o crime chegar à sua consumação. É perfeitamente plausível que o agente se aproveite de determinado ângulo de monitoramento em que a subtração não é visualizada pelo sistema de câmeras. Dessa forma, a ineficácia do meio deve ser avaliada caso a caso. Nesse sentido: STF, HC 110.975-RS, 1ª T., rel. Min. Cármen Lúcia, 22.05.2012. Consagrando esse entendimento, o STJ editou a Súmula n. 567: "Sistema de vigilância realizado por monitoramento eletrônico ou por existência de segurança no interior de estabelecimento comercial, por si só, não torna impossível a configuração do crime de furto"; **5:** correta. De fato, o reconhecimento do arrependimento posterior, causa de diminuição de pena prevista no art. 16 do CP, pressupõe a ausência de violência ou grave ameaça à pessoa. ED

Gabarito 1E, 2C, 3C, 4E, 5C

(Delegado/PE – 2016 – CESPE) Na análise das classificações e dos momentos de consumação, busca-se, por meio da doutrina e da jurisprudência pátria, enquadrar consumação e tentativa nos diversos tipos penais. A esse respeito, assinale a opção correta.

(A) Conforme orientação atual do STJ, é imprescindível para a consumação do crime de furto com a posse de fato da *res furtiva*, ainda que por breve espaço de tempo, a posse mansa, pacífica e desvigiada da coisa, caso em que se deve aplicar a teoria da *ablatio*.

(B) A extorsão é considerada pelo STJ como crime material, pois se consuma no momento da obtenção da vantagem indevida.

(C) O crime de exercício ilegal da medicina, previsto no CP, por ser crime plurissubsistente, admite tentativa, desde que, iniciados os atos executórios, o agente não consiga consumá-lo por circunstâncias alheias a sua vontade.

(D) Por ser crime material, o crime de corrupção de menores consuma-se no momento em que há a efetiva prova da prática do delito e a efetiva participação do inimputável na empreitada criminosa. Assim, se o adolescente possuir condenações transitadas em julgado na vara da infância e da juventude, em decorrência da prática de atos infracionais, o crime de corrupção de menores será impossível, dada a condição de inimputável do corrompido.

(E) Segundo o STJ, configura crime consumado de tráfico de drogas a conduta consistente em negociar, por telefone, a aquisição de entorpecente e disponibilizar veículo para o seu transporte, ainda que o agente não receba a mercadoria, em decorrência de apreensão do material pela polícia, com o auxílio de interceptação telefônica.

A: incorreta. Para o STJ (e também para o STF), o crime de furto (e também o de roubo) se consuma com a posse de fato da *res furtiva*, ainda que por breve espaço de tempo e seguida de perseguição ao agente, sendo dispensável, dessa forma, a posse mansa e pacífica ou desvigiada". Em assim sendo, adotou-se a teoria da *amotio* ou *apprehensio*, e não a teoria da *ablatio*, como constou no enunciado. Nesse sentido: STF, HC 92450-DF, 1ª T., Rel. Min. Ricardo Lewandowski, 16.09.2008; STJ, REsp 1059171-RS, 5ª T., Rel. Min. Felix Fischer, j. 02.12.2008; STJ, REsp 1524450-RJ, 3ª Seção, Rel. Min. Nefi Cordeiro, j. 14.10.2015; **B:** incorreta. O crime de extorsão (art. 158 do CP) é *formal* (e não *material*); isso porque a sua consumação não está condicionada à produção do resultado naturalístico descrito no tipo penal (obtenção de vantagem indevida). A esse respeito, o STJ editou a Súmula 96: "O crime de extorsão consuma-se independentemente da obtenção da vantagem indevida"; **C:** incorreta. Tendo em conta que o crime de exercício ilegal da medicina (art. 282, CP) é considerado habitual, não se admite a forma tentada. Nessa modalidade de crime (habitual), os atos isolados são penalmente irrelevantes. Se, no entanto, vierem a ser praticados de forma reiterada, consumado estará o crime habitual. Não há, pois, meio-termo; **D:** incorreta. Há, tanto na doutrina quanto na jurisprudência, duas correntes quanto ao momento consumativo do crime de corrupção de menores, atualmente previsto no art. 244-B do ECA. Para parte da doutrina e também para o STJ, o crime em questão é *formal*, consumando-se independentemente da efetiva corrupção da vítima. Nesse sentido: "(...) A Terceira Seção do Superior Tribunal de Justiça, ao apreciar o Recurso Especial 1.127.954/DF, representativo de controvérsia, pacificou seu entendimento no sentido de que o crime de corrupção de menores – antes previsto no art. 1º da Lei 2.252/1954, e hoje inscrito no art. 244-B do Estatuto da Criança e do Adolescente – é delito formal, não exigindo, para sua configuração, prova de que o inimputável tenha sido corrompido, bastando que tenha participado da prática delituosa" (AgRg no REsp 1371397/DF, 6ª T., j. 04.06.2013, rel. Min. Assusete Magalhães, *DJe* 17.06.2013). Consolidando tal entendimento, o STJ editou a Súmula 500, a seguir transcrita: "A configuração do crime previsto no art. 244-B do Estatuto da Criança e do Adolescente independe da prova da efetiva corrupção do menor, por se tratar de delito formal". Uma segunda corrente sustenta que o crime do art. 244-B do ECA é *material*, sendo imprescindível, à sua consumação, a ocorrência do resultado naturalístico, isto é, a efetiva corrupção do menor; **E:** correta. Nesse sentido, conferir: "Penal. Processual penal. *Habeas corpus* substitutivo de recurso especial, ordinário ou de revisão criminal. Não cabimento. Arts. 12 e 14 da Lei 6.368/1976. Materialidade constatada. Tráfico sem aquisição de drogas. Modalidade adquirir e transportar. Desclassificação para crime tentado. Revolvimento de prova. Inépcia da denúncia. Arguição após sentença. Impossibilidade. 1. Ressalvada pessoal compreensão diversa, uniformizou o Superior Tribunal de Justiça ser inadequado o *writ* em substituição a recursos especial e ordinário, ou de revisão criminal, admitindo-se, de ofício, a concessão da ordem ante a constatação de ilegalidade flagrante, abuso de poder ou teratologia. 2. A imputação de negociação com aquisição de droga e contribuição material para seu transporte, configura conduta típica, de crime de tráfico consumado, com materialidade constatada pela apreensão do material entorpecente. 3. A revaloração da prova de vinculação do agente com a droga apreendida, notadamente por interceptações telefônicas, alinhadas com provas testemunhais, é descabida na via do *habeas corpus*. 4. A alegação de inépcia da denúncia resta preclusa após a sentença condenatória. Precedentes desta Corte. 5. *Habeas corpus* não conhecido" (STJ, HC 212.528/SC, Rel. Ministro Nefi Cordeiro, Sexta Turma, julgado em 01.09.2015, DJe 23.09.2015).

Gabarito "E".

(Defensor Público – DPE/RN – 2016 – CESPE) A respeito de arrependimento posterior, crime impossível, circunstâncias judiciais, agravantes e atenuantes, assinale a opção correta à luz da legislação e da jurisprudência do STJ.

(A) Existindo duas qualificadoras ou causas de aumento de pena, uma delas implica o tipo qualificado ou a majorante na terceira fase da dosimetria, enquanto a outra pode ensejar, validamente, a valoração negativa de circunstância judicial e a exasperação da pena-base.

(B) O arrependimento posterior, por ser uma circunstância subjetiva, não se estende aos demais corréus, uma vez reparado o dano integralmente por um dos autores do delito até o recebimento da denúncia.

(C) A existência de sistema de segurança ou de vigilância eletrônica torna impossível, por si só, o crime de furto cometido no interior de estabelecimento comercial.

(D) Condenações anteriores transitadas em julgado alcançadas pelo prazo depurador de cinco anos previsto no art. 64, I, do CP, além de afastarem os efeitos da reincidência, também impedem a configuração de maus antecedentes.

(E) Na hipótese de o autor confessar a autoria do crime, mas alegar causa excludente de ilicitude ou culpabilidade, não se admite a incidência da atenuante da confissão espontânea, descrita no art. 65, III, d, CP.

A: correta. No que toca à pluralidade de qualificadoras, conferir: "Consoante orientação sedimentada nessa Corte Superior, havendo pluralidade de qualificadoras, é possível a utilização de uma delas para qualificar o delito e das outras como circunstâncias negativas – agravantes, quando previstas legalmente, ou como circunstância judicial, residualmente" (HC 170.135/PE, Rel. Ministro Jorge Mussi, Quinta Turma, julgado em 14.06.2011, *DJe* 28.06.2011). Quanto às causas de aumento: "(...) Esta Corte Superior possui entendimento segundo o qual existindo duas causas de aumento, previstas no § 2º, do art. 157, do Código Penal, é possível que uma delas seja considerada circunstância judicial desfavorável, servindo para aumentar a pena-base, e a outra leve à majoração da pena na terceira fase" (HC 282.677/PA, Rel. Ministra Laurita Vaz, Rel. p/ Acórdão Ministra Regina Helena Costa, Quinta Turma, julgado em 24.04.2014, DJe 26.08.2014); **B:** incorreta. Embora não se trate de tema pacífico na doutrina, é certo que o arrependimento posterior (art. 16, CP), dado o seu caráter objetivo, é extensível, à luz da regra contida no art. 30 do CP, aos demais corréus que não tenham procedido à reparação do dano ou restituição da res. No STJ: "A reparação do dano não se restringe à esfera pessoal de quem a realiza, desde que a faça voluntariamente, sendo, portanto, nestas condições, circunstância objetiva, estendendo-se, assim, aos coautores e partícipes" (REsp 122.760-SP, 5ª Turma, rel. Min. José Arnaldo da Fonseca, *DJ* 21.02.2000); **C:** incorreta, pois não retrata o entendimento firmado na Súmula 567, do STJ: "Sistema de vigilância realizado por monitoramento eletrônico ou por existência de segurança no interior de estabelecimento comercial, por si só, não torna impossível a configuração do crime de furto". O fato é que o chamado *furto sob vigilância* pode, em determinadas situações, a depender do caso concreto, caracterizar *crime impossível* pela *ineficácia absoluta do meio* (art. 17 do CP). É o caso, por exemplo, do agente que, desde o momento em que ingressa no supermercado, passa a ser permanentemente vigiado por sistema de câmeras e também por seguranças, que ficam o tempo todo no seu encalço. Não há, neste caso, a menor possibilidade de o crime consumar-se. Isso não quer dizer que a existência, por si só, de sistema de segurança por câmeras elimine a possibilidade de o crime chegar à sua consumação. É perfeitamente plausível que o agente se aproveite de determinado ângulo de monitoramento em que a subtração não é visualizada pelo sistema de câmeras. Dessa forma, a ineficácia do meio deve ser avaliada caso a caso; **D:** incorreta. Segundo o STJ: "Nos termos da jurisprudência desta Corte Superior, as condenações criminais alcançadas pelo período depurador de 5 anos, previsto no art. 64, inciso I, do Código Penal, afastam os efeitos da reincidência, contudo, não impedem a configuração de maus antecedentes, autorizando o aumento da pena-base acima do mínimo legal" (HC 359.085/SP, Rel. Ministro Reynaldo Soares Da Fonseca, Quinta Turma, julgado em 15.09.2016, DJe 23.09.2016). No mesmo sentido: "Embora o Supremo Tribunal Federal ainda não haja decidido o mérito do RE n. 593.818 RG/SC - que, em repercussão geral já reconhecida (DJe de 3/4/2009), decidirá se existe ou não um prazo limite para se sopesar uma condenação anterior como maus antecedentes -, certo é que, por ora, este Superior Tribunal possui o entendimento consolidado de que "O conceito de maus antecedentes, por ser mais amplo, abrange não apenas as condenações definitivas por fatos anteriores cujo trânsito em julgado ocorreu antes da prática do delito em apuração, mas também aquelas transitadas em julgado no curso da respectiva ação penal, além das condenações transitadas em julgado há mais de cinco anos, as quais também não induzem reincidência, mas servem como maus antecedentes. Precedentes" (HC n. 337.068/SP, Sexta Turma, Rel. Min. Nefi Cordeiro, DJe de 28/6/2016). Ainda, menciono: HC n. 413.693/SP, Quinta Turma, Rel. Min. Reynaldo Soares da Fonseca, DJe de 16/10/2017. III - Decorrido o prazo de 5 (cinco) anos entre a data do cumprimento ou a extinção da pena e a infração posterior, a condenação anterior, embora não prevaleça mais para fins de reincidência, pode ser sopesada a título de maus antecedentes. IV - Diante da existência de precedentes em ambos os sentidos e tendo em vista a ausência de definição da matéria pelo Plenário do Supremo Tribunal Federal, não vejo como qualificar de abusiva ou de ilegal a decisão que opta por uma das duas correntes, notadamente porque, conforme anteriormente salientado, esta Corte Superior possui a compreensão, tanto na Quinta quanto na Sexta Turma, de que as condenações atingidas pelo período depurador previsto no art. 64, I, do Código Penal, embora não caracterizem mais reincidência, podem ser sopesadas a título de maus antecedentes. V - In casu, não identifico nenhuma ilegalidade manifesta no ponto em que, fundamentadamente, foi reconhecida a existência de maus antecedentes em desfavor do paciente. VI - "A ponderação das circunstâncias judiciais do art. 59 do Código Penal não é uma operação aritmética em que se dá pesos absolutos a cada uma delas, a serem extraídas de cálculo matemático, levando-se em conta as penas máxima e mínima cominadas ao delito cometido pelo agente, mas sim um exercício de discricionariedade vinculada que impõe ao magistrado apontar os fundamentos da consideração negativa, positiva ou neutra das oito circunstâncias judiciais mencionadas no art. 59 do CP e, dentro disso, eleger a reprimenda que melhor servirá para a prevenção e repressão do fato-crime" (AgRg no HC n. 188.873/AC, Quinta Turma, Rel. Min. Jorge Mussi, DJe de 16/10/2013). Habeas corpus não conhecido." (STJ, HC 540.836/SP, Rel. Ministro LEOPOLDO DE ARRUDA RAPOSO (DESEMBARGADOR CONVOCADO DO TJ/PE), QUINTA TURMA, julgado em 19/11/2019, DJe 25/11/2019). Cuidado: esse entendimento não é compartilhado pelo STF: "Decorridos mais de 5 anos desde a extinção da pena da condenação anterior (CP, art. 64, I), não é possível alargar a interpretação de modo a permitir o reconhecimento dos maus antecedentes. Aplicação do princípio da razoabilidade, proporcionalidade e dignidade da pessoa humana. 5. Direito ao esquecimento. 6. Fixação do regime prisional inicial fechado com base na vedação da Lei 8.072/1990. Inconstitucionalidade. 7. Ordem concedida" (HC 126315, Relator(a): Min. Gilmar mendes, Segunda Turma, julgado em 15.09.2015, Processo Eletrônico DJe-246 DIVULG 04.12.2015 Public 07.12.2015); **E:** incorreta. Trata-se da chamada confissão qualificada, na qual o réu admite a prática do crime, mas alega em seu favor causa descriminante ou exculpante. Qualificada ou não a confissão, se contribuir para a formação do convencimento do magistrado, é de rigor o reconhecimento da atenuante do art. 65, III, *d*, do CP. É o que se extrai da Súmula 545, do STJ: "Quando a confissão for utilizada para a formação do convencimento do julgador, o réu fará jus à atenuante prevista no art. 65, III, *d*, do Código Penal". Nesse sentido: "Para o reconhecimento da atenuante da confissão espontânea é necessário que o réu admita a prática de fato criminoso, ainda que de maneira parcial, qualificada ou até mesmo extrajudicial" (AgRg no RHC 107.606/ES, Rel. Ministro NEFI CORDEIRO, SEXTA TURMA, julgado em 16/05/2019, DJe 24/05/2019). No mesmo sentido: "A omissão em contrapor-se aos fundamentos adotados pela decisão objurgada atrai a incidência do óbice previsto na Súmula 182/STJ, em homenagem ao princípio da dialeticidade recursal. 3. "A jurisprudência desta Corte firmou-se no sentido de que a confissão, ainda que parcial, ou mesmo qualificada – em que o agente admite a autoria dos fatos, alegando, porém, ter agido sob o pálio de excludentes de ilicitude ou de culpabilidade –, deve ser reconhecida e considerada para fins de atenuar a pena." (HC 334.010/SP, 6ª Turma, Rel. Ministro Nefi Cordeiro, DJe 16.05.2016).

Gabarito "A"

(Advogado União – AGU – CESPE – 2015) Acerca da aplicação da lei penal, julgue o item que se segue (adaptada).

(1) O direito penal brasileiro não admite a punição de atos meramente preparatórios anteriores à fase executória de um crime, uma vez que a criminalização de atos anteriores à execução de delito é uma violação ao princípio da lesividade.

1: incorreta. É fato que os chamados atos preparatórios, que são aqueles que antecedem a execução do crime, são, em regra, impuníveis; há, entretanto, casos excepcionais em que o ato meramente preparatório por si só já constitui infração penal, como no caso do crime de associação criminosa (art. 288, CP). O erro da assertiva está em afirmar, assim, que o Direito Penal não admite a punição de atos preparatórios; admite, sim, em caráter, como já dito, excepcional. ED

Gabarito 1E

(Advogado União – AGU – CESPE – 2015) João, empregado de uma empresa terceirizada que presta serviço de vigilância a órgão da administração pública direta, subtraiu aparelho celular de propriedade de José, servidor público que trabalha nesse órgão.

A respeito dessa situação hipotética, julgue o item que se segue (adaptada).

(1) Se devolver voluntariamente o celular antes do recebimento de eventual denúncia pelo crime, João poderá ser beneficiado com redução de pena justificada por arrependimento posterior.

1: correta. De fato, terá lugar o arrependimento posterior (causa de diminuição de pena prevista no art. 16 do CP) desde que a reparação integral do dano ou a restituição da coisa, por ato voluntário do agente, apenas para os crimes cometidos sem violência ou grave ameaça à pessoa, ocorra até o recebimento da denúncia ou queixa. ED

Gabarito 1C

(Analista – TJ/CE – 2013 – CESPE) A respeito da inimputabilidade penal, do erro, da desistência voluntária, do arrependimento eficaz, do crime impossível e da relevância da omissão, assinale a opção correta.

(A) Crime impossível e delito putativo são considerados pela doutrina como expressões sinônimas.

(B) Aquele que causa um acidente e, sem justo motivo, deixa de socorrer a vítima, que falece no local, comete crime de omissão de socorro.

(C) De acordo com o entendimento do STJ, aquele que pratica um crime no mesmo dia em que tenha completado dezoito anos é considerado inimputável.

(D) Aquele que porta carteira nacional de habilitação falsa, acreditando ser ela um documento legítimo, não pratica o delito de uso de documento falso, uma vez que incide em erro de tipo acidental.

(E) O agente que tenha desistido voluntariamente de prosseguir na execução ou, mesmo depois de tê-la esgotado, atue no sentido de evitar a produção do resultado, não poderá ser beneficiado com os institutos da desistência voluntária e do arrependimento eficaz caso o resultado venha a ocorrer.

A: incorreta, dado que não se confundem *crime impossível* e *delito putativo*. Neste, também chamado *imaginário*, a ilicitude do comportamento existe tão somente na cabeça do agente. Sua conduta, em verdade, não é criminosa. Difere, portanto, do crime impossível, em que o agente, querendo praticar determinado crime, não alcança a sua consumação por ineficácia absoluta do meio empregado ou impropriedade absoluta do objeto. Note que, neste último caso, não há, por parte do agente, erro quanto à ilicitude de sua conduta. Há, isto sim, impossibilidade de atingir-se o resultado que ele, agente, almejara; **B**: incorreta. O causador de acidente de trânsito do qual resulta a morte da vítima deverá ser responsabilizado pelo crime de homicídio culposo de trânsito com o aumento de pena pela omissão de socorro (art. 302, § 1º, III, do CTB), e não pelo crime de omissão de socorro do art. 135 do CP, pelo qual responderá aquele que, não sendo o causador do acidente tampouco nele houver se envolvido, podendo prestar socorro, deixar de fazê-lo; **C**: incorreta. Cessa a inimputabilidade por menoridade e tem lugar a imputabilidade no primeiro instante do dia do aniversário, não importando o horário em que o agente nasceu. Conferir: "Recurso especial. Crime cometido no dia em que o agente completou 18 anos. Imputabilidade. 1. É imputável o agente que cometeu o delito no dia em que completou 18 anos, a despeito de ter nascido em fração de hora inferior ao exato momento do crime. 2. Recurso conhecido e provido" (RESP 199700364615, Hamilton Carvalhido, STJ, 6ª T., DJ 05/06/2000); **D**: incorreta, já que se trata, na verdade, de erro de tipo essencial (e não acidental), apto a afastar o dolo do agente, que agiu sem saber que a carteira de habilitação que portava era falsa (art. 20, CP); **E**: correta. Com efeito, o reconhecimento dos institutos previstos no art. 15 do CP (desistência voluntária e arrependimento eficaz) pressupõe que as intervenções tenham de fato evitado a produção do resultado outrora querido pelo agente; se assim não for, o agente, embora tenha desistido de concretizar seu intento inicial, será responsabilizado pelo resultado. Assim, se o agente, querendo, num primeiro momento, a morte da vítima, e, posteriormente, uma vez iniciada a execução do crime, desiste e passa a agir para evitá-la, será responsabilizado pelo crime de homicídio doloso se a sua intervenção não lograr evitar o resultado letal.

Gabarito "E"

(Magistratura/ES – 2011 – CESPE) A respeito da tentativa, da desistência voluntária e do arrependimento eficaz no direito penal brasileiro, assinale a opção correta.

(A) O arrependimento eficaz é instituto a ser aplicado na terceira fase de execução da sanção, como causa de diminuição de pena, podendo, ainda, ser utilizado como fundamento para a rejeição da denúncia por ausência de justa causa.

(B) Respondido categoricamente pelos jurados que o crime não se consumou por circunstâncias alheias à vontade do paciente, não resta prejudicada a formulação de quesito acerca da configuração da desistência voluntária, pois, no âmbito do tribunal do júri, tais teses não são excludentes.

(C) Configura-se desistência voluntária, e não tentativa de roubo, o fato de, após descoberta a inexistência de fundos no caixa de casa comercial alvo de ação delituosa e verificada a existência de outros objetos no estabelecimento, o agente nada levar deste ou de seus consumidores.

(D) Adota-se, em relação à consumação do crime de roubo, a teoria da *apprehensio*, também denominada *amotio*, segundo a qual é considerado consumado o delito no momento em que o agente obtém a posse da *res* furtiva, ainda que não seja de forma mansa e pacífica.

(E) Consoante a pacífica jurisprudência do STJ, a alegação de ocorrência de desistência voluntária, com o consequente pedido de absolvição, não esbarra na necessidade de revolvimento do conjunto fático-probatório, podendo, assim, tal tese jurídica ser ventilada por meio de *habeas corpus*.

A: incorreta, pois o arrependimento eficaz (art. 15 do CP) é causa de atipicidade da tentativa (ou, consoante lições doutrinárias, é espécie de tentativa abandonada ou qualificada), não tendo incidência, pois, na dosimetria da pena, que, por óbvio, pressupõe tipicidade penal e culpabilidade. De fato, constatado o arrependimento eficaz, caso tenha havido denúncia, caberá ao magistrado rejeitá-la (art. 395 do CPP); **B**: incorreta, pois, à evidência, reconhecida a tentativa pelos jurados, afastada estará a desistência voluntária, que pressupõe, exatamente, que o agente não tenha consumado o crime por sua própria vontade, interrompendo os atos executórios; **C**: incorreta. Caracterizada estará a tentativa de roubo, visto que a inexistência de numerário no caixa de casa comercial e o abandono do local pelo agente, havendo, no entanto, outros objetos no estabelecimento, caracteriza, se tanto, ineficácia relativa do objeto (e não absoluta!), não dando azo ao reconhecimento do crime impossível, mas, como dito, da tentativa; **D**: correta. De fato, com o apoderamento do bem subtraído, logo após empregar a violência ou a grave ameaça para consegui-lo, o roubador terá consumado o crime (teoria da *amotio*). Nesse caso, não se exige a posse tranquila, havendo a consumação ainda que, por exemplo, a polícia chegue ao local em seguida ao apoderamento da *res*. Trata-se da posição adotada pelo STF; **E**: incorreto, pois é entendimento do STJ que a alegação de desistência voluntária não pode ocorrer pela via estreita do *habeas corpus*, que não admite revolvimento fático-probatório (HC 126311 SP 2009/0009591-1, 5ª Turma, Rel. Min. Arnaldo Esteves Lima, DJE 15/06/2009).

Gabarito "D"

(Analista – TRE/BA – 2010 – CESPE) Com relação ao crime e aos seus elementos, julgue o próximo item.

(1) O exaurimento de um crime pressupõe a ocorrência de sua consumação.

1: correta. O *exaurimento*, que consiste no desdobramento típico de uma infração penal, somente se verifica após a consumação desta. Esses fatos posteriores à consumação – registre-se – têm repercussão na valoração do delito praticado. Exemplo sempre lembrado nos manuais de direito penal é a *obtenção de vantagem ilícita* na *extorsão*. Cuida-se de crime (formal) em que a consumação se opera no momento em que a vítima, constrangida, faz o que lhe foi imposto pelo agente ou ainda deixa de fazer o que este determinou que ela não fizesse. A obtenção, por parte do sujeito ativo, da vantagem exigida constitui mero exaurimento, isto é, desdobramento típico do delito previsto no art. 158 do CP. Este é o teor da Súmula nº 96 do STJ, que preceitua que "o crime de extorsão consuma-se independentemente da obtenção da vantagem indevida".

Gabarito 1C

(Analista – TRE/BA – 2010 – CESPE) Acerca do *iter criminis* e do crime, julgue o item seguinte.

(1) No crime impossível, jamais ocorre consumação, enquanto no crime putativo tanto pode ocorrer seu exaurimento quanto sua consumação.

1: incorreta. É correto afirmar-se que no *crime impossível* – art. 17, CP – a conduta do agente não tem o condão de conduzir o delito à consumação, seja pela ineficácia absoluta do meio, seja pela impropriedade absoluta do objeto. *Vide* Súmula 145 do STF, que estabelece outra modalidade de crime impossível: *flagrante preparado* ou *provocado*. No que toca ao *crime putativo*, a situação não é diferente, ou seja, não há que se falar em consumação tampouco em exaurimento de um crime que somente existe no imaginário do sujeito.

Gabarito 1E

(Analista – MPU – 2010 – CESPE) Julgue o próximo item, relativo ao direito penal.

(1) No sistema penal brasileiro, o arrependimento posterior, a desistência voluntária e o arrependimento eficaz são causas obrigatórias de diminuição de pena, previstas na parte geral do Código Penal, exigindo-se, para sua incidência, que o fato delituoso tenha sido cometido sem violência ou grave ameaça à pessoa.

O art. 15 do CP, que cuida da *desistência voluntária* e do *arrependimento eficaz*, dispõe que o agente que, voluntariamente, desiste de prosseguir na execução do crime (desistência voluntária) ou impede que o resultado se produza (arrependimento eficaz) responde tão somente pelos atos até então praticados. O dispositivo não exige que o crime seja cometido sem violência ou grave ameaça à pessoa. Já o *arrependimento posterior* (art. 16, CP) constitui uma causa obrigatória de redução de pena que somente tem incidência nos crimes cometidos sem violência ou grave ameaça contra a pessoa.

Gabarito 1E

9. ANTIJURIDICIDADE E CAUSAS EXCLUDENTES

Em um clube social, Paula, maior e capaz, provocou e humilhou injustamente Carlos, também maior e capaz, na frente de amigos. Envergonhado e com muita raiva, Carlos foi à sua residência e, sem o consentimento de seu pai, pegou um revólver pertencente à corporação policial de que seu pai faz parte. Voltando ao clube depois de quarenta minutos, armado com o revólver, sob a influência de emoção extrema e na frente dos amigos, Carlos fez disparos da arma contra a cabeça de Paula, que faleceu no local antes mesmo de ser socorrida.

(Delegado - PC/SE - 2018 - CESPE/CEBRASPE) Acerca dessa situação hipotética, julgue os próximos itens.

(1) Carlos agiu sob o pálio da excludente de legítima defesa justificante.

(2) Carlos agiu sob o pálio da legítima defesa putativa.

(3) Por ter agido influenciado por emoção extrema, Carlos poderá ser beneficiado pela incidência de causa de diminuição de pena.

(4) Incide a favor de Carlos circunstância atenuante que tem efeito sobre a culpabilidade.

(5) A culpabilidade de Carlos poderá ser afastada por inexigibilidade de conduta diversa.

(6) Na situação considerada, em que Paula foi vitimada por Carlos por motivação torpe, caso haja vínculo familiar entre eles, o reconhecimento das qualificadoras da motivação torpe e de feminicídio não caracterizará *bis in idem*.

1: errada. A legítima defesa, modalidade de excludente de ilicitude prevista no art. 25 do CP, tem como um de seus pressupostos a existência de injusta *agressão*, que não deve ser confundida com simples *provocação*, por mais injusta e humilhante que esta seja. Na situação hipotética narrada no enunciado, temos que Paula limitou-se a provocar e humilhar injustamente Carlos, sem, contudo, agredi-lo, o que afasta, de plano, a ocorrência de legítima defesa. Para além da existência de uma agressão injusta, é mister, também, a atualidade (ou ao menos iminência) da agressão. Dessa forma, ainda que houvesse agressão por parte de Paula, a reação de Carlos deveria ocorrer em seguida. Não foi isso que aconteceu. Com efeito, ele teve tempo de voltar à sua residência e pegar um revólver, com o qual, em seguida, matou Paula. Há, portanto, duas razões pelas quais deve-se afastar a ocorrência de legítima defesa: inexistência de agressão a justificar uma reação; e ausência de atualidade ou iminência da reação; **2:** errada. Por legítima defesa putativa (art. 20, § 1º, CP) deve-se entender a situação em que o sujeito, em face das circunstâncias, supõe a presença dos requisitos contidos no art. 25 do CP, quando, na verdade, eles não existem. Ou seja, o sujeito imagina que age em legítima defesa quando, na verdade, sequer há situação de agressão. Não é este o caso narrado acima, já que Carlos, pelas circunstâncias, não haveria por que se achar em situação de legítima defesa; **3:** errada. Além de o sujeito ativo estar sob o domínio de violenta emoção, faz-se ainda necessário que o fato se dê logo em seguida à injusta provocação da vítima, tal como estabelece o art. 121, § 1º, do CP. É o que a doutrina convencionou chamar de *homicídio emocional*. Para que nenhuma dúvida reste, o reconhecimento desta modalidade de homicídio privilegiado pressupõe: a) existência de uma violenta emoção; b) provocação injusta por parte da vítima; e c) imediatidade da reação. Este último requisito não se faz presente na hipótese narrada no enunciado, na medida em que a reação de Carlos não foi imediata. Tanto é verdade que ele se dirigiu à sua casa e ali pegou a arma que, em seguida, foi utilizada para matar Paula. Seria o caso de reconhecer o homicídio emocional na hipótese de Carlos já estar armado no momento da provocação e, de imediato, contra ela reagir, atirando contra a vítima; **4:** correta. Não se confunde o agente que age "sob o domínio de violenta emoção", que, como visto, é causa de diminuição de pena (privilégio), com aquele que age "sob influência de violenta emoção", que, nos termos do art. 65, III, "c", do CP, é circunstância atenuante genérica, tendo Carlos incorrido nesta última. Além disso, a causa de diminuição do homicídio emocional exige, como já dissemos acima, a imediatidade da reação, ao passo que a atenuante do art. 65, III, "c", do CP não exige tal requisito; **5:** errada. A exigibilidade de conduta diversa constitui um componente da culpabilidade que se funda no princípio de que somente serão punidas as condutas que podem ser evitadas. No caso narrado no enunciado, forçoso concluir que Carlos podia optar por trilhar outro caminho que não o de eliminar a vida de Paula; **6:** correta. Conferir: "Nos termos do art. 121, § 2º-A, II, do CP, é devida a incidência da qualificadora do feminicídio nos casos em que o delito é praticado contra mulher em situação de violência doméstica e familiar, possuindo, portanto, natureza de ordem objetiva, o que dispensa a análise do *animus* do agente. Assim, não há se falar em ocorrência de *bis in idem* no reconhecimento das qualificadoras do motivo torpe e do feminicídio, porquanto, a primeira tem natureza subjetiva e a segunda objetiva." (AgRg no HC 440.945/MG, Rel. Ministro NEFI CORDEIRO, SEXTA TURMA, julgado em 05/06/2018, DJe 11/06/2018). ED

Gabarito: 1E, 2E, 3E, 4C, 5E, 6C

(Juiz de Direito/DF – 2016 – CESPE) De acordo com o CP, constituem hipóteses de exclusão da antijuridicidade

(A) o estrito cumprimento do dever legal e o estado de necessidade.

(B) a insignificância da lesão e a inexigibilidade de conduta diversa.

(C) a legítima defesa putativa e o estrito cumprimento do dever legal.

(D) o estado de necessidade e a coação moral irresistível.

(E) o exercício regular de direito e a inexigibilidade de conduta diversa.

A: correta. Constituem, de fato, hipóteses de exclusão da antijuridicidade (ilicitude) tanto o *estrito cumprimento do dever legal* (art. 23, III, do CP) quanto o *estado de necessidade* (art. 23, I, do CP); **B:** incorreta. *A insignificância da lesão*, desde que conjugada com outros requisitos, pode caracterizar crime de bagatela (incidência do princípio da insignificância), que constitui *causa supralegal de exclusão da tipicidade* (material), atuando como instrumento de interpretação restritiva do tipo penal; já a *inexigibilidade de conduta diversa* constitui causa de exclusão da culpabilidade; **C:** incorreta. É que as *descriminantes putativas* (art. 20, § 1º, do CP), entre elas a legítima defesa (putativa), podem configurar, conforme o caso, erro de proibição (causa de exclusão da culpabilidade) ou erro de tipo permissivo (causa de exclusão da tipicidade); o *estrito cumprimento do dever legal*, como já dissemos, constitui causa de exclusão da antijuridicidade; **D:** incorreta. Embora o *estado de necessidade* constitua hipótese de *exclusão da ilicitude*, tal não se dá com a *coação moral irresistível*, que, uma vez reconhecida, dá azo à exclusão da culpabilidade por inexigibilidade de conduta diversa (art. 22, CP); **E:** incorreta. *Exercício regular de direito* (art. 23, III, do CP): causa de exclusão da ilicitude; *inexigibilidade de conduta diversa*: hipótese de exclusão da culpabilidade.

Gabarito "A".

(Advogado União – AGU – CESPE – 2015) Acerca da exclusão de ilicitude, julgue o item que se segue (adaptada).

(1) A legítima defesa é causa de exclusão da ilicitude da conduta, mas não é aplicável caso o agente tenha tido a possibilidade de fugir da agressão injusta e tenha optado livremente pelo seu enfrentamento.

1: incorreta. Diferentemente do que se dá com o estado de necessidade, também causa de exclusão da ilicitude, não se impõe, na legítima defesa, o chamado *commodus dicessus*, é dizer, o agredido, ainda que possa, não é obrigado a fugir do agressor e, com isso, evitar o conflito. ED

Gabarito 1E

(Magistratura/PI – 2011 – CESPE) Assinale a opção correta a respeito da ilicitude e das suas causas de exclusão.

(A) Considere que Antônio seja agredido por Lucas, de forma injustificável, embora lhe fosse igualmente possível fugir ou permanecer e defender-se. Nessa situação, como o direito é instrumento de salvaguarda da paz social, caso Antônio enfrentasse e ferisse gravemente Lucas, ele deveria ser acusado de agir com excesso doloso.

(B) Se a excludente do estrito cumprimento do dever legal for reconhecida em relação a um agente, necessariamente será reconhecida em relação aos demais coautores, ou partícipes do fato, que tenham conhecimento da situação justificadora.

(C) Considere que, para proteger sua propriedade, Abel tenha instalado uma cerca elétrica oculta no muro de sua residência e que duas crianças tenham sido eletrocutadas ao tentar pulá-la. Nesse caso, caracteriza-se exercício regular do direito de forma excessiva, devendo Abel responder por homicídio culposo.

(D) Em relação ao estado de necessidade, adota-se no CP a teoria diferenciadora, segundo a qual a excludente de ilicitude poderá ser reconhecida como justificativa para a prática do fato típico, quando o bem jurídico sacrificado for de valor menor ou igual ao do bem ameaçado.

(E) No que se refere ao terceiro que sofre a ofensa, o estado de necessidade classifica-se em agressivo, quando a ação é dirigida contra o provocador dos fatos, e defensivo, quando o agente destrói bem de terceiro inocente.

A: incorreto, pois, na legítima defesa, considerada causa excludente da ilicitude penal, não se exige aquilo que se denomina de *commodus discessus*, vale dizer, a "fuga cômoda e pacífica" da vítima da agressão injusta, a fim de evitá-la. Não se exige a covardia da vítima. Se presentes todos os requisitos da legítima defesa (art. 25 do CP), esta restará caracterizada, ainda que a vítima não tente evitar o "embate" com o agressor; **B:** correta, pois, de fato, se um dos agentes agir amparado pelo estrito cumprimento do dever legal, terá atuado licitamente, razão pela qual os demais coautores ou partícipes do fato, desde que cientes da situação justificadora (elemento subjetivo da excludente da ilicitude), também não praticarão ato ilícito; **C:** incorreta, pois os ofendículos devem ser visíveis e inacessíveis a pessoas (ou terceiros) inocentes, descaracterizando-se, pois, o exercício regular de direito se uma cerca elétrica oculta for instalada no muro para a proteção da propriedade; **D:** incorreta, pois o CP, em seu art. 24, adotou a teoria unitária, segundo a qual somente restará configurado o estado de necessidade quando o bem jurídico protegido for de *igual* ou *maior valor* do que o bem sacrificado, sob pena de não restar afastada a ilicitude, impondo-se, se for o caso, condenação ao agente, porém, com pena reduzida (art. 24, § 2º, do CP), em contraposição à teoria diferenciadora, que, como o próprio nome sugere, poderá gerar duas consequências: a) se o bem jurídico protegido for de igual ou menor valor do que o bem sacrificado, a culpabilidade (e não a ilicitude!) será afastada; b) se o bem jurídico protegido for de maior valor do que o sacrificado, restará excluída a ilicitude; **E:** incorreta, estando as definições invertidas na assertiva. Fala-se em estado de necessidade *defensivo* quando a ação é dirigida contra o provocador dos fatos, restando, aqui, excluída a ilicitude, ao passo que se denomina *agressivo* quando o agente destrói bem de terceiro inocente, podendo este demandar civilmente seu agressor.

Gabarito "B".

(Magistratura Federal/1ª região – 2011 – CESPE) No que diz respeito às causas de exclusão da ilicitude e de culpabilidade, assinale a opção correta.

(A) Para o reconhecimento da causa de exclusão de ilicitude, há necessidade da presença dos pressupostos objetivos e da consciência do agente de agir acobertado por uma excludente, de modo a evitar o dano pessoal ou de terceiro, admitindo-se as causas supralegais de justificação.

(B) A legislação extravagante prevê, entre as causas de exclusão de culpabilidade, a que assegura, na Lei de Entorpecentes, a isenção de pena do agente que, em razão da dependência de droga, seja, ao tempo da ação ou da omissão, incapaz de entender o caráter ilícito do fato, incidindo, apenas, no delito de portar ou trazer consigo drogas para uso pessoal.

(C) A condição de silvícola e a surdo-mudez completa são consideradas causas de exclusão da imputabilidade absoluta, por presunção legal expressa, com fulcro no critério biopsicológico, de as pessoas nessas condições demonstrarem incapacidade de entender o que seja ilicitude e de se autodeterminar de acordo com esse entendimento.

(D) As causas de exclusão de ilicitude são taxativas e estão previstas na parte geral do CP, tendo o legislador pátrio fornecido o conceito preciso de cada uma delas, de modo a evitar interpretações não previstas na norma, em benefício do autor da conduta.

(E) As causas de exclusão de ilicitude e de culpabilidade têm os mesmos efeitos jurídicos, reconhecem a conduta como infração penal e, em nenhuma hipótese, acarretam a imposição de pena ao agente.

A: correta. De fato, as causas de exclusão da ilicitude, com maior destaque para aquelas previstas no art. 23 do CP (estado de necessidade, legítima defesa, estrito cumprimento de dever legal e exercício regular de direito), para o seu reconhecimento, exigem a presença de pressupostos objetivos (na legítima defesa, por exemplo, será de rigor que o agente tenha feito uso moderado dos meios necessários, para repelir agressão injusta, atual ou iminente, a direito próprio ou alheio – art. 25 do CP), sem prejuízo do requisito subjetivo, qual seja, a consciência de que atua amparado por uma causa de justificação. A doutrina e a jurisprudência, ainda, admitem as causas excludentes da ilicitude não previstas expressamente em lei, denominadas, portanto, de causas supralegais. A mais aceita é o consentimento do ofendido, ou seja, *"a anuência do titular do bem jurídico ao fato típico praticado por alguém"* (Cleber Masson – **Direito Penal Esquematizado**, vol. 1, 7ª edição, Ed. Método, p. 391), admitido desde que a vítima dê sua anuência expressa ao cometimento do fato, de forma livre, previamente à consumação da infração, e desde que seja plenamente capaz para expressar o consentimento; **B:** incorreta. O art. 45 da Lei 11.343/2006 (Lei de Drogas) dispõe que o agente será isento de pena se, em razão da dependência, ou sob o efeito, proveniente de caso fortuito ou força maior, de droga, era, ao tempo da ação ou da omissão, *qualquer que tenha sido a infração penal praticada*, inteiramente incapaz de entender o caráter ilícito do fato ou de determinar-se de acordo com esse entendimento. Perceba o candidato que o dispositivo legal não limita a exclusão da culpabilidade apenas para os crimes de porte de drogas para consumo pessoal, incidindo, portanto, sobre qualquer infração penal (prevista em qualquer lei); **C:** incorreta. O silvícola somente será considerado inimputável se, realizado o exame antropológico, for constatado que não está adaptado à cultura do "homem branco". Em outras palavras, a inimputabilidade somente emergirá se constatada a incompleta capacidade de viver em sociedade, sem poder atinar às regras de convivência. Aqui, o aspecto que é levado em conta não é biopsicológico, mas, como dito, o antropológico. Com relação ao surdo-mudo, tal deficiência, por si só, não será capaz de gerar a inimputabilidade do agente. Será necessário verificar se, em razão dela, ao tempo da ação ou da omissão, era inteiramente incapaz de entender o caráter ilícito do fato ou de determinar-se de acordo com esse entendimento (art. 26, *caput*, do CP); **D:** incorreta. Primeiramente, não é verdade que as causas de exclusão da ilicitude sejam taxativas e apenas previstas na parte geral do CP. Lembre-se de que na parte especial há, sim, causas de justificação (ex.: aborto legal – art. 128), bem como admitem a doutrina e a jurisprudência as causas supralegais de exclusão da antijuridicidade (ex.: consentimento do ofendido). Em segundo lugar, mesmo para as causas justificantes expressamente enunciadas no CP, não cuidou o legislador de defini-las precisamente. É o caso do estrito cumprimento de dever legal e exercício regular de direito, previstos no art. 23, III, do CP, mas sem um tratamento expresso, tal como ocorre com o estado de necessidade (art. 24 do CP) e a legítima defesa (art. 25 do CP); **E:** incorreta. As causas excludentes da ilicitude, se adotada a concepção bipartida ou bipartite, afastarão a própria configuração do crime (que é fato típico e ilícito). Porém, ainda com base na mesma concepção, as causas de exclusão da culpabilidade produzirão efeito diverso: isentarão o agente de pena, embora permaneça a existência da infração penal.

Gabarito "A".

10. CONCURSO DE PESSOAS

João e Pedro, maiores e capazes, livres e conscientemente, aceitaram convite de Ana, também maior e capaz, para juntos assaltarem loja do comércio local. Em data e hora combinadas, no período noturno e após o fechamento, João e Pedro arrombaram a porta dos fundos de uma loja de decoração, na qual entraram e ficaram vigiando enquanto Ana subtraía objetos valiosos, que seriam divididos igualmente entre os três. Alertada pela vizinhança, a polícia chegou ao local durante o assalto, prendeu os três e os encaminhou para a delegacia de polícia local.

(Delegado - PC/SE - 2018 - CESPE/CEBRASPE) Considerando essa situação hipotética, julgue os itens subsequentes.

(1) João e Pedro tiveram participação de menor importância no crime de furto; assim, eventual indiciamento dos dois será na condição de partícipes, razão por que eles poderão ser beneficiados pela diminuição de um a dois terços da pena.

(2) Mesmo se tivesse assumido a condição de autora mediata por colocar em seu lugar na prática do delito pessoa inimputável, Ana seria responsabilizada pelo resultado do crime.
(3) Para que fique caracterizado o concurso de pessoas, é necessário que exista o prévio ajuste entre os agentes delitivos para a prática do delito.
(4) De acordo com a teoria objetivo-subjetiva, o autor do delito é aquele que tem o domínio final sobre o fato criminoso doloso.

1: errada, já que a colaboração prestada por João e Pedro não pode ser entendida como de menor importância. Ademais, a participação de menor importância leva à redução da pena de um sexto a um terço, e não de um a dois terços da pena, como consta da assertiva (art. 29, § 1º, CP); **2:** certa. Na autoria mediata, temos que o agente (autor mediato) se vale de alguém (autor imediato), que pode ser um inimputável ou alguém que aja sem dolo, para a execução de determinado crime. Evidente que a responsabilidade recairá somente sobre o autor mediato; **3:** errada. O ajuste prévio (*pactum sceleris*), embora possa estar presente, é desnecessário à caracterização do concurso de pessoas, sendo suficiente o *liame subjetivo*, além dos demais requisitos; **4:** certa. Para a teoria objetivo-subjetiva, também conhecida como *teoria do domínio do fato*, autor não é só quem realiza o verbo-núcleo contido no tipo penal. É também aquele que presta contribuição essencial ao cometimento do delito, consistente em deter o domínio pleno da ação típica (quem, embora não tenha realizado o núcleo do tipo, planeja, organiza etc.). Além disso, presta contribuição essencial sem realizar o núcleo do tipo aquele que domina a vontade de outras pessoas. O mandante, para esta teoria, é coautor. ED

Gabarito 1E, 2C, 3E, 4C

(Defensor Público/AC – 2017 – CESPE) A codelinquência será configurada quando houver

(A) reconhecimento da prática da mesma infração por todos os agentes.
(B) ajuste prévio, na fase preparatória do crime, entre todos os agentes em concurso.
(C) concurso necessário, nas infrações penais, de agentes capazes.
(D) exteriorização da vontade de fazer parte da conduta e consciência da ação de outrem.
(E) prática dos mesmos atos executivos por todos os agentes.

A: correta. De fato, a existência da codelinquência (concurso de pessoas) tem como pressuposto, entre outros, a identidade de crime para todos os envolvidos (devem colaborar, quer na condição de autor, quer na de partícipe, para o mesmo delito); **B:** incorreta, já que o *ajuste prévio* não é necessário à configuração do concurso de pessoas; basta, aqui, que haja, entre os agentes, unidade de desígnios, isto é, que uma vontade adira à outra; **C:** não é necessário, para a configuração do concurso de pessoas, que todos os agentes sejam capazes (imputáveis); **D:** incorreta. Embora seja necessária a consciência da ação dos demais envolvidos (liame subjetivo), é despicienda a exteriorização da vontade de fazer parte da empreitada criminosa; **E:** incorreta. Não é necessário que todos os agentes envolvidos pratiquem o mesmo ato executivo. Pelo contrário, é mais comum que cada sujeito ativo assuma uma função diferente no concurso. Exemplo: no roubo, enquanto um agente imobiliza a vítima, o outro dela subtrai seus pertences (ambos são coautores com funções executivas diferentes). ED

Gabarito "A".

(Técnico Judiciário – STJ – 2018 – CESPE) Julgue os itens subsequentes, relativos aos delitos praticados em concurso de pessoas.

(1) Para a configuração do concurso de pessoas, é necessário que três ou mais agentes se auxiliem mutuamente na prática do ilícito penal.
(2) Partícipe é o agente que concorre para cometer o ato criminoso sem, contudo, praticar o núcleo do tipo penal, ou seja, a sua participação é de menor importância e, por essa razão, sua pena pode ser diminuída.

1: incorreta. O concurso de pessoas, ao contrário do que se afirma acima, pressupõe, entre outros requisitos, a existência de *dois* ou mais agentes (e não no mínimo *três*), que se auxiliam mutuamente para o cometimento de uma infração penal; **2:** correta, segundo a examinadora. A nosso ver, a assertiva merece reparo. De fato, adotamos a chamada *teoria formal-objetiva* (ou restritiva), segundo a qual *autor* é aquele que executa o comportamento contido no tipo (realiza a ação/omissão representada pelo verbo-núcleo); todos aqueles que, de alguma forma, contribuem para o crime sem realizar a conduta típica devem ser considerados *partícipe*. Agora, não há, no Código Penal, norma que estabelece que as penas aplicadas a autores e partícipes devam ser diferenciadas. O que temos é que, à luz do que estabelece o art. 29 do CP, as penas devem ser aplicadas em conformidade com a culpabilidade de cada agente (... *na medida de sua culpabilidade*). Em outras palavras, devem ser levadas em conta diversas circunstâncias individuais a permitir que o magistrado, no momento da aplicação da pena, o faça em razão da gravidade e importância da colaboração de cada agente. Isso não quer dizer que ao coautor deva ser aplicada, necessariamente, pena maior do que a do partícipe. Tudo vai depender do juízo de reprovabilidade a recair sobre cada componente da empreitada criminosa, a ser analisada caso a caso. ED

Gabarito 1E, 2C

(Defensor Público – DPE/RN – 2016 – CESPE) Acerca do concurso de agentes, assinale a opção correta conforme a legislação de regência e a jurisprudência do STJ.

(A) A ciência da prática do fato delituoso caracteriza conivência e, consequentemente, participação, mesmo que inexistente o dever jurídico de impedir o resultado.
(B) Em um crime de roubo praticado com o emprego de arma de fogo, mesmo que todos os agentes tenham conhecimento da utilização do artefato bélico, somente o autor do disparo deve responder pelo resultado morte, visto que não se encontrava dentro do desdobramento causal normal da ação delitiva. Nesse caso, não há que se falar em coautoria no crime mais gravoso (latrocínio).
(C) Não se admite o concurso de agentes no crime de porte ilegal de arma de fogo, haja vista que somente o agente que efetivamente porta a arma de fogo incorre nas penas do delito.
(D) É admissível, segundo o entendimento doutrinário e jurisprudencial, a possibilidade de concurso de agentes em crime culposo, que ocorre quando há um vínculo psicológico na cooperação consciente de alguém na conduta culposa de outrem. O que não se admite nos tipos culposos é a participação.
(E) O falso testemunho, por ser crime de mão própria, não admite a coautoria ou a participação do advogado que induz o depoente a proclamar falsa afirmação.

A: incorreta. A mera ciência do fato criminoso não confere ao indivíduo, necessariamente, a condição de partícipe, salvo se sobre ele recair o dever jurídico de agir para evitar o resultado, na forma estatuída no art. 13, § 2º, do CP. É a chamada participação negativa. Bem por isso e a título ilustrativo, o policial que assiste a um assalto e nada faz por ele responde, na medida em que tem o dever, imposto por lei, de intervir a fim de evitá-lo. De igual forma, a mãe que assiste ou toma ciência do estupro, cometido por seu marido, contra a filha do casal responderá pelo crime, tal como aquele que, diretamente, o cometeu (seu marido). É que, uma vez detentora do poder familiar, tem o dever, imposto por lei, de bem cuidar e proteger sua prole. Agora, se um particular, ao qual não incumbe o dever de agir, assiste, sem nada fazer, a um roubo, por ele não poderá ser responsabilizado; **B:** incorreta. É tranquilo o entendimento segundo o qual, na hipótese de coautoria ou participação no crime de latrocínio, todos por ele serão responsabilizados, e não somente o agente que efetuou os disparos que causaram a morte da vítima. Nessa esteira: "É irrelevante saber-se quem disparou o tiro que matou a vítima, pois todos os agentes assumiram o risco de produzir o resultado morte" (RT, 747/707); **C:** incorreta. Conferir: "1. O crime previsto no artigo 14 da Lei 10.826/2003 é comum, podendo ser cometido por qualquer pessoa. 2. Não se exigindo qualquer qualidade especial do sujeito ativo, não há dúvidas de que se admite o concurso de agentes no crime de porte ilegal de arma de fogo, não se revelando plausível o entendimento pelo qual apenas aquele que efetivamente porta a arma de fogo incorre nas penas do delito em comento. 3. Ainda que apenas um dos agentes esteja portando a arma de fogo, é possível que os demais tenham concorrido de qualquer forma para a prática delituosa, motivo pelo qual devem responder na medida de sua participação, nos termos do artigo 29 do Código Penal. Precedentes"

(HC 198.186/RJ, Rel. Ministro Jorge Mussi, Quinta Turma, julgado em 17.12.2013, DJe 05.02.2014); **D:** correta. De fato, tal como afirmado, é admitida a coautoria em crime culposo, mas não a participação. Isso porque o crime culposo tem o seu tipo aberto, razão pela qual não se afigura razoável afirmar-se que alguém auxiliou, instigou ou induziu uma pessoa a ser imprudente, sem também sê-lo. Conferir o magistério de Cleber Masson, ao tratar da coautoria no crime culposo: "A doutrina nacional é tranquila ao admitir a coautoria em crimes culposos, quando duas ou mais pessoas, conjuntamente, agindo por imprudência, negligência ou imperícia, violam o dever objetivo de cuidado a todos imposto, produzindo um resultado naturalístico". No que toca à participação no contexto dos crimes culposos, ensina que "firmou-se a doutrina pátria no sentido de rejeitar a possibilidade de participação em crimes culposos" (Direito Penal esquematizado – parte geral. 8. ed. São Paulo: Método, 2014. v. 1, p. 559). Na jurisprudência: "É perfeitamente admissível, segundo o entendimento doutrinário e jurisprudencial, a possibilidade de concurso de pessoas em crime culposo, que ocorre quando há um vínculo psicológico na cooperação consciente de alguém na conduta culposa de outrem. O que não se admite nos tipos culposos, ressalve-se, é a participação" (HC 40.474/PR, Rel. Ministra Laurita Vaz, Quinta Turma, julgado em 06.12.2005, DJ 13.02.2006); **E:** incorreta. A assertiva não procede, tendo em conta que, embora se trate de crime de mão própria, é perfeitamente possível o concurso de pessoas na modalidade participação, uma vez que nada obsta que o advogado induza ou instigue a testemunha a mentir em juízo ou na polícia. A esse respeito: STF, RHC 81.327-SP, 1ª T., rel. Min. Ellen Gracie, DJ 5.4.2002.

Gabarito "D"

(Juiz de Direito/AM – 2016 – CESPE) Assinale a opção correta de acordo com a jurisprudência do STJ.

(A) Diz-se tentado o latrocínio quando não se realiza plenamente a subtração da coisa, mas ocorre a morte da vítima.

(B) Tendo o CP adotado a teoria monista, não há como punir diferentemente todos quantos participem direta ou indiretamente para a produção do resultado danoso.

(C) É impossível o concurso de pessoas nos crimes culposos, ante a ausência de vínculo subjetivo entre os agentes na produção do resultado danoso.

(D) O crime de latrocínio não admite forma preterdolosa, considerando a exigência do *animus necandi* na conduta do agente.

(E) No crime de roubo praticado com pluralidade de agentes, se apenas um deles usar arma de fogo e os demais tiverem ciência desse fato, todos responderão, em regra, pelo resultado morte, caso este ocorra, pois este se acha dentro do desdobramento normal da conduta.

A: incorreta. Em consonância com a jurisprudência do STJ (e também do STF), o crime de latrocínio (art. 157, § 3º, II, do CP) se consuma com a morte da vítima, ainda que o agente não consiga dela subtrair coisa alheia móvel. É o teor da Súmula 610, do STF. No STJ: "(...) 3. O latrocínio (CP, art. 157, § 3º, *in fine*) é crime complexo, formado pela união dos crimes de roubo e homicídio, realizados em conexão consequencial ou teleológica e com *animus necandi*. Estes crimes perdem a autonomia quando compõem o crime complexo de latrocínio, cuja consumação exige a execução da totalidade do tipo. Nesse diapasão, em tese, para haver a consumação do crime complexo, necessitar-se-ia da consumação da subtração e da morte, contudo os bens jurídicos patrimônio e vida não possuem igual valoração, havendo prevalência deste último, conquanto o latrocínio seja classificado como crime patrimonial. Por conseguinte, nos termos da Súmula 610 do STF, o fator determinante para a consumação do latrocínio é a ocorrência do resultado morte, sendo despicienda a efetiva inversão da posse do bem (...)" (HC 226.359/DF, Rel. Ministro RIBEIRO DANTAS, QUINTA TURMA, julgado em 02.08.2016, *DJe* 12.08.2016); **B:** incorreta. É fato que o art. 29, *caput*, do Código Penal adotou a chamada *teoria monista* ou *unitária*, segundo a qual todos aqueles que concorrem para uma mesma infração penal por ela respondem. Mas é incorreto afirmar-se que "não há como punir diferentemente todos quantos participem direta ou indiretamente para a produção do resultado danoso". Pelo contrário, cada agente, no concurso de pessoas, deverá responder na medida de sua culpabilidade, é dizer, a punição deve ser individualizada em razão da participação de cada agente. Tanto é assim que o art. 29, § 1º, do CP estabelece que, sendo a participação de menor importância, a pena será diminuída de um sexto a um terço (punição diferenciada); **C:** incorreta. Embora não se admita a participação no âmbito do crime culposo, é perfeitamente possível, nesses crimes, o concurso de pessoas na modalidade coautoria; **D:** incorreta. O resultado agravador "morte", no contexto do crime de latrocínio, pode resultar tanto de *dolo* (*animus necandi*) quanto de *culpa*. Nesta última hipótese, em que há dolo na subtração e culpa na morte, fala-se em delito *preterdoloso*; **E:** correta. De fato, no caso de concurso de pessoas no crime de latrocínio, todos os envolvidos responderão pela morte da vítima, e não somente aquele que a provocou, na medida em que todos assumiram o risco de produzir tal resultado.

Gabarito "E"

(Analista – Judiciário –TRE/PI – 2016 – CESPE) A respeito do concurso de pessoas, assinale a opção correta.

(A) As circunstâncias objetivas se comunicam, mesmo que o partícipe delas não tenha conhecimento.

(B) Em se tratando de peculato, crime próprio de funcionário público, não é possível a coautoria de um particular, dada a absoluta incomunicabilidade da circunstância elementar do crime.

(C) A determinação, o ajuste ou instigação e o auxílio não são puníveis.

(D) Tratando-se de crimes contra a vida, se a participação for de menor importância, a pena aplicada poderá ser diminuída de um sexto a um terço.

(E) No caso de um dos concorrentes optar por participar de crime menos grave, a ele será aplicada a pena referente a este crime, que deverá ser aumentada mesmo na hipótese de não ter sido previsível o resultado mais grave.

A: incorreta. É fato que as circunstâncias objetivas se comunicam, mas somente se forem de conhecimento dos demais agentes, sob pena de configurar responsabilidade penal objetiva, vedada no campo do direito penal. É o que se extrai do art. 30 do CP; **B:** incorreta. Embora se trate de crime próprio do funcionário público, o peculato, assim como os demais delitos dessa categoria, admite, sim, a coautoria e participação do particular (art. 30, CP); **C:** incorreta (art. 31 do CP); **D:** correta (art. 29, § 1º, do CP); **E:** incorreta (29, § 2º, do CP).

Gabarito "D"

(Escrivão de Polícia/BA – 2013 – CESPE) Acerca do concurso de crimes, do concurso de pessoas e das causas de exclusão da ilicitude, julgue os itens que se seguem.

(1) No concurso de pessoas, a caracterização da coautoria fica condicionada, entre outros requisitos, ao prévio ajuste entre os agentes e à necessidade da prática de idêntico ato executivo e crime.

(2) O agente policial, ao submeter o preso aos procedimentos estabelecidos na lei, como, por exemplo, à identificação datiloscópica, quando autorizada, e ao reconhecimento de pessoas e de coisas, no curso do inquérito policial, encontra-se amparado pelo exercício regular de direito, respondendo criminalmente nos casos de excesso doloso ou culposo.

(3) No que diz respeito ao concurso de crimes, o direito brasileiro adota o sistema do cúmulo material e o da exasperação na aplicação da pena.

(4) Considere a seguinte situação hipotética. Juca, maior, capaz, na saída de um estádio de futebol, tendo encontrado diversos desafetos embarcados em um veículo de transporte regular, aproveitou-se da oportunidade e lançou uma única bomba incendiária contra o automóvel, causando graves lesões em diversas vítimas e a morte de uma delas. Nesse caso, Juca será apenado com base no concurso formal imperfeito ou impróprio.

1: errada. Tanto coautoria, quanto participação, espécies de concurso de pessoas, exigem a conjugação dos seguintes requisitos: i) pluralidade de agentes; ii) unidade de fato (crime único); iii) liame subjetivo (ou vínculo psicológico); e iv) relevância causal de cada ação ou omissão. Não se exige prévio ajuste (leia-se: combinação prévia da prática do crime), bastando que um adira à vontade do outro, buscando, todos, o mesmo resultado; **2:** errada. O agente policial que submete o preso à identificação datiloscópica, quando autorizada, bem como ao reconhecimento de pessoas e coisas no curso da investigação, o faz no estrito cumprimento de um dever legal, que é causa excludente da ilicitude, respondendo, porém, se houver excesso doloso ou culposo, nos termos do art. 23, parágrafo único, do CP; **3**: correta. De fato, em matéria de concurso de crimes, nosso CP adotou o sistema do cúmulo material (aplicável para o concurso material – art. 69, CP e concurso formal imperfeito – art. 70, *caput*, segunda parte, do CP) e o da exasperação (aplicável ao concurso formal perfeito – art. 70, *caput*, primeira parte, do CP e à continuidade delitiva – art. 71, CP). Frise-se que no sistema do cúmulo material, as penas de cada um dos crimes serão somadas, ao passo que no da exasperação, aplicar-se-á uma só das penas, porém, aumentada nos limites previstos na lei; **4**: correta. Juca, mediante uma única ação (lançamento de uma bomba incendiária contra o automóvel), praticou diversos crimes (lesões corporais contra uns e a morte de um de seus desafetos). Em razão disso, responderá por todos os crimes em concurso formal imperfeito ou impróprio, haja vista que, nada obstante tenha praticado uma só conduta (ação), fê-lo querendo alcançar mais de um resultado, tendo, pois, agido com desígnios autônomos.

Gabarito 1E, 2E, 3C, 4C

(Técnico Judiciário – TJDFT – 2013 – CESPE) Acerca de concurso de pessoas, julgue os itens a seguir.

(1) Se determinada pessoa, querendo chegar rapidamente ao aeroporto, oferecer pomposa gorjeta a um taxista para que este dirija em velocidade acima da permitida e, em razão disso, o taxista atropelar e, consequentemente, matar uma pessoa, a pessoa que oferecer a gorjeta participará de crime culposo.

(2) Aquele que se utiliza de menor de dezoito anos de idade para a prática de crime é considerado seu autor mediato.

1: incorreta, visto que não se admite, no âmbito dos crimes culposos, a modalidade de concurso de pessoas chamada *participação*; o concurso de pessoas, nos delitos culposos, somente é admitido sob a forma de *coautoria*; **2**: correta. Esta é a chamada *autoria mediata* ou *autoria por determinação*, em que o autor mediato utiliza o executor (autor imediato) como mero instrumento para a sua empreitada criminosa. Evidente que a responsabilidade recairá somente sobre o autor mediato.

Gabarito 1E, 2C

(Magistratura/PB – 2011 – CESPE) A respeito do concurso de pessoas, assinale a opção correta.

(A) É aplicável a teoria do domínio do fato para o estabelecimento da distinção entre coautoria e participação, considerando-se coautor aquele que presta contribuição independente, essencial à prática do delito, não obrigatoriamente em sua execução.

(B) A teoria do domínio do fato, segundo doutrina majoritária, prevalece atualmente no ordenamento jurídico brasileiro, especialmente por explicar satisfatoriamente o concurso de agentes nos crimes culposos e dolosos.

(C) Segundo entendimento da doutrina majoritária, o concurso eventual de delinquentes só é compatível com os chamados delitos plurissubjetivos.

(D) Em relação à autoria, consoante a teoria unitária, todos os participantes do evento delituoso são considerados autores, não existindo a figura do partícipe.

(E) No CP, é adotada, em relação ao estudo da autoria, a teoria restritiva, na sua específica vertente objetivo-material, segundo a qual somente é considerado autor aquele que pratica o núcleo do tipo.

A: correta. Para a *teoria do domínio do fato*, autor não é só quem realiza o verbo-núcleo contido no tipo penal. É também aquele que presta contribuição essencial ao cometimento do delito, consistente em deter o domínio pleno da ação típica (quem, embora não tenha realizado o núcleo do tipo, planeja, organiza etc.). Além disso, presta contribuição essencial sem realizar o núcleo do tipo aquele que domina a vontade de outras pessoas. O mandante, para esta teoria, é coautor; **B**: incorreta – a teoria acolhida pelo CP é a formal-objetiva (restritiva), segundo a qual autor é aquele que executa o verbo-núcleo do tipo penal; **C**: incorreta, visto que o concurso eventual de delinquentes (crimes unissubjetivos ou monossubjetivos) se refere aos crimes que podem ser praticados por uma única pessoa. Já os plurissubjetivos (de concurso necessário ou coletivos) são os que só podem ser praticados por um número mínimo de agentes. A pluralidade de agentes, neste caso, faz parte do tipo penal. É o caso da rixa e da associação criminosa. Impende ressaltar que a norma de extensão do art. 29 do CP somente tem aplicação nos delitos de concurso eventual, já que a pluralidade de agentes é inerente (faz parte do tipo) aos crimes de concurso necessário, o que torna, neste caso, desnecessária a incidência da norma do art. 29 do CP; **D**: incorreta, pois a teoria monista (unitária) não sustenta a inexistência da figura do partícipe; **E**: incorreta – a teoria acolhida pelo CP é a formal-objetiva (restritiva), segundo a qual autor é aquele que executa o verbo-núcleo do tipo penal.

Gabarito "A"

(Ministério Público/TO – 2012 – CESPE) À luz do entendimento dos tribunais superiores acerca do concurso de pessoas, assinale a opção correta.

(A) Admite-se a participação nos tipos culposos ante a existência de vínculo psicológico na cooperação consciente de alguém na conduta culposa de outrem.

(B) De acordo com a teoria monista, havendo pluralidade de agentes e convergência de vontades para a prática da mesma infração penal, é possível o reconhecimento de que um agente teria praticado o delito na forma tentada e o outro, na forma consumada.

(C) O agente que, previamente, na divisão de trabalho de intento criminoso, tenha o domínio funcional do fato e fuja do local do crime é considerado partícipe.

(D) A participação de somenos corresponde à mera participação menos importante, uma vez que, embora dentro da relação de causalidade, é praticamente dispensável.

(E) Não há obrigatoriedade de redução de pena para o partícipe, em relação à pena do autor, considerada a participação em si mesma, como forma de concorrência diferente da autoria.

A: incorreta. É de conhecimento básico que os crimes culposos não admitem a participação, mas, apenas, a coautoria. Qualquer contribuição de alguém para a produção de um resultado ilícito involuntário, causado em razão da inobservância de um dever objetivo de cuidado, constituirá conduta principal, não se podendo falar em participação (conduta acessória); **B**: incorreta. No concurso de pessoas, a despeito de ser exigida pluralidade de condutas relevantes no plano causal, haverá uma identidade de fato (unidade de infração penal para todos os concorrentes). Logo, todos devem responder pelo mesmo fato; **C**: incorreta. Se o agente tiver o domínio final do fato, responderá como autor, ainda que não execute diretamente a conduta típica; **D**: incorreta. Confira-se a distinção de participação de somenos e participação menos importante no excerto extraído de julgamento no STJ: "A participação de somenos (§ 1º do art. 29 do CP) não se confunde com a mera participação menos importante (*caput* do art. 29 do CP). Não se trata, no § 1º, de "menos importante", decorrente de simples comparação, mas, isto sim, de "menor importância" ou, como dizem, "apoucada relevância". *(Precedente do STJ). IV – O motorista que, combinando a prática do roubo com arma de fogo contra caminhoneiro, leva os coautores ao local do delito e, ali, os aguarda para fazer as vezes de batedor ou, então, para auxiliar na eventual fuga, realiza com a sua conduta o quadro que, na dicção da doutrina hodierna, se denomina de coautoria funcional. (5ª Turma, Habeas Corpus 20.819/MS, rel. Min. Felix Fischer, decisão unânime, julgado em 02.05.2002, DJ 03.06.2002, p. 230)"*; **E**: correta. O fato de um dos concorrentes do crime ser autor e o outro, partícipe, não induz pensar que este último deva ser punido com pena reduzida, se comparada com aquela imposta ao autor. Afinal, o art. 29 do CP, consagrando a teoria monista ou unitária, enuncia que todos os que concorrem para a prática do crime, por ele responderão, na medida de sua culpabilidade. A pena do partícipe somente deverá ser reduzida se considerada de menor importância (art. 29, § 1º, do CP). Caso contrário, autor e partícipe poderão sofrer a mesma pena.

Gabarito "E"

(Defensor Público/RO – 2012 – CESPE) A respeito do concurso de pessoas, assinale a opção correta.

(A) De acordo com a teoria objetivo-material, autor é aquele que pratica a conduta descrita no núcleo do tipo; todos os demais que concorrerem para a consumação dessa infração penal, mas que não pratiquem a conduta expressa pelo verbo que caracteriza o tipo, são partícipes.

(B) Aplica-se aos crimes dolosos e culposos a teoria do domínio do fato, considerada objetivo-subjetiva e segundo a qual, senhor do fato é aquele que o realiza de forma final em razão de uma decisão volitiva, ou seja, autor é o que detém o poder de direção dos objetivos finais da empreitada criminosa.

(C) Segundo a teoria monista, há tantas infrações penais quantos forem o número de autores e partícipes: com efeito, a cada participante corresponde uma conduta própria, um elemento psicológico próprio e um resultado igualmente particular.

(D) De acordo com a teoria dualista, deve-se distinguir o crime praticado pelo autor daquele que tenha sido cometido pelos partícipes, havendo, portanto, uma infração penal para os autores, e outra para os partícipes. Por outro lado, segundo a teoria pluralista, todo aquele que concorre para o crime incide nas penas ao autor cominadas, na medida de sua culpabilidade, ou seja, existe um crime único, atribuído a todos aqueles que para ele tenham concorrido.

(E) Verifica-se, nos parágrafos do art. 29 do CP, que determinam punibilidade diferenciada para a participação no crime, aproximação entre a teoria monista e a teoria dualista, o que sugere que, no CP, é adotada a teoria monista temperada.

A: incorreta. A assertiva contempla a chamada *teoria formal-objetiva* (ou restritiva), segundo a qual *autor* é o que executa o comportamento contido no tipo (realiza a ação/omissão representada pelo verbo-núcleo); todos aqueles que, de alguma forma, contribuem para o crime sem realizar a conduta típica devem ser considerados, para esta teoria, *partícipe*. É esta a teoria adotada pelo CP. Para a teoria *objetivo-material*, mencionada no enunciado, *autor* não é só o que realiza o comportamento típico, mas também aquele que concorre, de qualquer outra forma, para a concretização do crime. Inexiste, aqui, como se pode ver, diferença entre coautor e partícipe. Há ainda uma terceira teoria, que é a chamada *normativa-objetiva*, mais conhecida como *teoria do domínio do fato*, para a qual *autor*, *grosso modo*, é o que tem pleno domínio da empreitada criminosa. Para esta teoria, é autor tanto o que realiza a conduta prevista no tipo quanto aquele que, sem concretizar o comportamento típico, atua como mandante; **B:** incorreta. Embora não seja consenso na doutrina, temos que o crime culposo não admite a *participação*, mas tão somente a *coautoria*. Adotamos, bem por isso, quanto ao concurso de pessoas nos crimes culposos, a *teoria extensiva*, segundo a qual não há diferença entre coautoria e participação. Todos que, de alguma forma, contribuírem devem ser considerados coautores. Dessa forma, inaplicável, aqui, a *teoria do domínio do fato*, para a qual há distinção entre coautor e partícipe; **C:** incorreta, já que, para a *teoria monista* (unitária ou monística), acolhida, como regra, pelo Código Penal, há, no concurso de pessoas, um só crime; já para a *teoria dualística*, há um crime para os autores e outro para os partícipes. Temos ainda a *teoria pluralista*, em que cada um dos agentes envolvidos na empreitada deverá responder por delito autônomo; **D:** a primeira parte da assertiva está correta, pois o conceito ali presente corresponde de fato ao que se deve entender pela *teoria dualística*; incorreta, entretanto, está a parte final da assertiva, cujo conceito ali inserido não corresponde à *teoria pluralística*; **E:** correta. De fato, há, no Código Penal, tanto na parte geral quanto na especial, várias exceções à teoria monista ou unitária. Exemplo disso, além dos previstos nos parágrafos do art. 29 do CP, é o crime de aborto, em que há um crime para a gestante que permite que nela seja praticado o aborto (art. 124 do CP) e outro para aquele que pratica os atos materiais necessários ao abortamento (art. 126 do CP).

Gabarito "E"

11. CULPABILIDADE E CAUSAS EXCLUDENTES

(Técnico Judiciário – STJ – 2018 – CESPE) Julgue os itens que se seguem, relativos à imputabilidade penal.

(1) Pessoas doentes mentais, que tenham dezoito ou mais anos de idade, mesmo que sejam inteiramente incapazes de entender o caráter ilícito da conduta criminosa ou de determinar-se de acordo com esse entendimento, são penalmente imputáveis.

(2) A embriaguez completa provocada por caso fortuito é causa de inimputabilidade do agente.

1: incorreta. Ante o que estabelece o art. 26, *caput*, do CP, desde que inteiramente incapaz de entender o caráter ilícito do fato ou ainda de determinar-se de acordo com tal entendimento, o doente mental (e também aquele que tem desenvolvimento mental incompleto ou retardado) será considerado inimputável, isto é, ficará isento de pena. Assim, o CP, no tocante à inimputabilidade por doença mental do maior de 18 anos, adotou o critério biopsicológico, que abrange, simultaneamente, os fatores biológico (doença mental ou desenvolvimento mental incompleto ou retardado) e psicológico (em razão da doença, o agente deverá ter sua capacidade de entendimento/autodeterminação completamente afetada); **2:** correta. Tal como afirmado, a embriaguez é causa excludente da culpabilidade apenas se for involuntária (caso fortuito ou força maior) e completa (art. 28, § 1º, do CP). A embriaguez voluntária ou culposa, é importante que se diga, não exclui a imputabilidade penal (art. 28, II, do CP). ED

Gabarito 1E, 2C

(Advogado União – AGU – CESPE – 2015) Acerca da imputabilidade penal, julgue o item que se segue (adaptada).

(1) O CP adota o sistema vicariante, que impede a aplicação cumulada de pena e medida de segurança a agente semi-imputável e exige do juiz a decisão, no momento de prolatar sua sentença, entre a aplicação de uma pena com redução de um a dois terços ou a aplicação de medida de segurança, de acordo com o que for mais adequado ao caso concreto.

1: de fato, prevalece entre nós o *sistema vicariante*, que aboliu a possibilidade de o condenado ser submetido a pena e a medida de segurança ao mesmo tempo (*sistema do duplo binário*). Dessa forma, se o réu é considerado imputável à época dos fatos, a ele será aplicada tão somente pena; se inimputável, receberá medida de segurança; se, por fim, tratar-se de réu semi-imputável, será submetido a uma ou outra. ED

Gabarito 1C

(Analista – TRE/BA – 2010 – CESPE) Com relação ao crime e aos seus elementos, julgue o próximo item.

(1) A imputabilidade penal é um dos elementos que constituem a culpabilidade e não integra a tipicidade.

1: correta. A *culpabilidade* é integrada por três elementos, a saber: potencial consciência da ilicitude; exigibilidade de conduta diversa; e imputabilidade. Esta não faz parte, portanto, da *tipicidade*, e sim da *culpabilidade*.

Gabarito 1C

12. PENAS E SEUS EFEITOS

(Juiz de Direito - TJ/BA - 2019 - CESPE/CEBRASPE) O benefício da suspensão condicional da pena — *sursis* penal —

(A) pode ser concedido a condenado a pena privativa de liberdade, desde que esta não seja superior a quatro anos e que aquele não seja reincidente em crime doloso.

(B) é cabível nos casos de crimes praticados com violência ou grave ameaça, desde que a pena privativa de liberdade aplicada não seja superior a dois anos.

(C) pode estender-se às penas restritivas de direitos e à de multa, casos em que se suspenderá, também, a execução dessas penas.

(D) deverá ser, obrigatoriamente, revogado no caso da superveniência de sentença condenatória irrecorrível por crime doloso, culposo ou contravenção contra o beneficiário.

(E) impõe que, após o cumprimento das condições impostas ao beneficiário, seja proferida sentença para declarar a extinção da punibilidade do agente.

A: incorreta, na medida em que a suspensão condicional da pena (*sursis*) pode ser concedida nos casos de condenação a pena privativa de liberdade não superior a dois anos, conforme estabelece o art. 77, *caput*, do CP. A não reincidência em crime doloso constitui um dos requisitos subjetivos para a concessão do *sursis* (art. 77, I, CP); **B:** correta. O fato de o crime ser praticado mediante violência ou grave ameaça não constitui impedimento à concessão do *sursis*, desde que presentes os requisitos do art. 77 do CP. Um desses requisitos é que não seja indicada ou cabível a substituição prevista no art. 44 do CP (art. 77, III, CP). O crime praticado com violência ou grave ameaça impede a substituição de pena privativa de liberdade por restritiva de direito (art. 44, I, CP), mas não impede que seja concedido o *sursis*;

C: incorreta, uma vez que não reflete o disposto no art. 80 do CP, que assim dispõe: *a suspensão não se estende às penas restritivas de direito nem à multa*; **D:** incorreta. A revogação será de fato obrigatória diante de condenação definitiva por crime doloso (art. 81, I, CP); agora, se se tratar de condenação definitiva pelo cometimento de crime culposo ou por contravenção penal, a revogação será facultativa, nos termos do art. 81, § 1º, do CP; **E:** incorreta (art. 82 do CP).

Gabarito "B".

(Defensor Público/PE – 2018 – CESPE) Assinale a opção correta, a respeito das regras do regime fechado de cumprimento das penas privativas de liberdade previstas na legislação vigente.

(A) Em regra, o condenado a pena privativa de liberdade superior a quatro anos iniciará o seu cumprimento no regime fechado.
(B) A pena de reclusão deve ser cumprida exclusivamente em regime fechado.
(C) A execução da pena em regime fechado deverá ocorrer exclusivamente em estabelecimento de segurança máxima.
(D) O condenado que cumpre pena no regime fechado pode ser autorizado a realizar trabalho externo em serviços ou obras públicas.
(E) O condenado que cumpre a pena no regime fechado deve ficar isolado durante o repouso noturno e, durante o dia, deve trabalhar em colônia agrícola, industrial ou estabelecimento similar.

A: incorreta. É que o condenado a pena privativa de liberdade superior a quatro anos (desde que não exceda a 8 anos) iniciará o seu cumprimento, em regra, no regime *semiaberto*, e não no *fechado*, que deverá ser imposto ao condenado a pena superior a 8 anos. É o que estabelece o art. 33, § 2º, *a* e *b*, do CP; **B:** incorreta, dado que a pena de reclusão, por força do que dispõe o art. 33, *caput*, do CP, será cumprida em regime fechado, semiaberto ou aberto; a pena de detenção, por sua vez, será cumprida em regime semiaberto ou aberto; **C:** incorreta, uma vez que a execução da pena em regime fechado deverá ocorrer em estabelecimento de segurança máxima ou média (art. 33, § 1º, *a*, do CP); **D:** correta, pois corresponde ao que estabelece o art. 34, § 3º, do CP; **E:** incorreta, pois, ante o que estabelece o art. 35, § 1º, do CP, a colônia agrícola, industrial ou estabelecimento similar é o local destinado ao cumprimento da pena no regime *semiaberto* (e não no *fechado*).

Gabarito "D".

(Defensor Público/PE – 2018 – CESPE) Em se tratando de regime aberto, a pena deverá ser cumprida em

(A) casa de albergado.
(B) penitenciária.
(C) centro de observação.
(D) colônia agrícola.
(E) cadeia pública.

Por força do que dispõem os arts. 33, § 1º, *c*, do CP, e 93 da LEP, o cumprimento da pena privativa de liberdade, em regime aberto, deverá se dar em casa de albergado ou em estabelecimento similar.

Gabarito "A".

(Delegado/PE – 2016 – CESPE) O ordenamento penal brasileiro adotou a sistemática bipartida de infração penal – crimes e contravenções penais –, cominando suas respectivas penas, por força do princípio da legalidade. Acerca das infrações penais e suas respectivas reprimendas, assinale a opção correta.

(A) O crime de homicídio doloso praticado contra mulher é hediondo e, por conseguinte, o cumprimento da pena privativa de liberdade iniciar-se-á em regime fechado, em decorrência de expressa determinação legal.
(B) No crime de tráfico de entorpecente, é cabível a substituição da pena privativa de liberdade por restritiva de direitos, bem como a fixação de regime aberto, quando preenchidos os requisitos legais.
(C) Constitui crime de dano, previsto no CP, pichar edificação urbana. Nesse caso, a pena privativa de liberdade consiste em detenção de um a seis meses, que pode ser convertida em prestação de serviços à comunidade.
(D) O STJ autoriza a imposição de penas substitutivas como condição especial do regime aberto.
(E) O condenado por contravenção penal, com pena de prisão simples não superior a quinze dias, poderá cumpri-la, a depender de reincidência ou não, em regime fechado, semiaberto ou aberto, estando, em quaisquer dessas modalidades, obrigado a trabalhar.

A: incorreta. Somente será considerado qualificado (e, por conseguinte, hediondo) o homicídio doloso contra mulher quando praticado *por razões da condição de sexo feminino* (art. 121, § 2º, VI, do CP). Esclarece o § 2º-A do mesmo dispositivo que *se considera que há razões de condição de sexo feminino quando o crime envolve: I – violência doméstica e familiar; II – menosprezo ou discriminação à condição de mulher*. Dito de outro modo, o simples fato de o crime de homicídio ser praticado contra mulher não autoriza a considerá-lo qualificado e, por conseguinte, como hediondo; **B:** correta. A substituição da pena privativa de liberdade por restritiva de direitos era vedada, a teor do art. 33, § 4º, da Lei de Drogas, para o crime de tráfico. Sucede que o STF, no julgamento do HC 97.256/RS, declarou, incidentalmente, a inconstitucionalidade dessa vedação. Posteriormente, o Senado Federal, por meio da Resolução 5/2012, suspendeu a execução da expressão "vedada a conversão em penas restritivas de direito", presente no art. 33, § 4º, da Lei 11.343/2006. Portanto, nada impede, atualmente, que o juiz autorize a substituição da pena privativa de liberdade por restritiva de direitos no crime de tráfico bem assim a fixação de regime aberto, desde que preenchidos os requisitos legais; **C:** incorreta, já que se trata da conduta prevista no art. 65 da Lei 9.605/1998 (crimes contra o meio ambiente); **D:** incorreta, pois contraria o entendimento firmado na Súmula 493 do STJ, "É inadmissível a fixação de pena substitutiva (art. 44 do CP) como condição especial ao regime aberto"; **E:** incorreta. Primeiro porque a prisão simples somente poderá ser cumprida em regime semiaberto ou aberto (nunca no regime fechado), conforme estabelece o art. 6º, *caput*, da LCP; segundo porque o trabalho somente será obrigatório se a pena for superior a quinze dias (art. 6º, § 2º, da LCP).

Gabarito "B".

(Magistratura/CE – 2012 – CESPE) Assinale a opção correta acerca das penas e das medidas de segurança.

(A) Exige-se motivação idônea do julgador no caso de ele impor ao condenado à pena de detenção o cumprimento de pena, inicialmente, em regime fechado.
(B) No cômputo da pena privativa de liberdade, ou seja, na detração penal, inclui-se o tempo da prisão provisória ou administrativa, mas não o correspondente à internação decorrente de medida de segurança, em face de seu caráter extrapenal.
(C) A pena de prestação pecuniária é fixada, a critério do juiz, em dias-multa, de um a trezentos e sessenta, devendo o seu valor ser deduzido do montante de eventual condenação em ação de reparação civil.
(D) Fixada a pena-base no mínimo legal, é permitido, considerando-se a gravidade abstrata do delito cometido, o estabelecimento de regime prisional mais gravoso do que o cabível em razão da sanção imposta.
(E) Tratando-se de crime culposo, é cabível a substituição da pena privativa de liberdade por pena restritiva de direito, qualquer que seja a pena aplicada ao condenado.

A: incorreta, pois aos crimes punidos com detenção não será admissível a fixação em regime inicial fechado, consoante se depreende do art. 33, *caput*, parte final, do CP; **B:** incorreta, pois será abatido do tempo de pena privativa de liberdade o período em que o agente houver ficado preso provisoriamente (leia-se: qualquer prisão cautelar), bem como o de internação em hospital de custódia e tratamento psiquiátrico ou outro estabelecimento adequado (art. 42, CP); **C:** incorreta, pois a prestação pecuniária, espécie de pena restritiva de direitos, será fixada em patamar não inferior a 1 (um) salário-mínimo, nem superior a 360 (trezentos e sessenta) salários-mínimos, destinados à vítima, seus dependentes ou entidades públicas ou privadas com destinação social, sendo certo que o valor pago será deduzido de eventual montante de condenação em ação de reparação civil, desde que coincidentes os seus beneficiários (art. 45, § 1º, do CP); **D:** incorreta (Súmulas 718 e 719 do STF; Súmula 440 do STJ); **E:** correta (art. 44, I, do CP).

Gabarito "E".

13. APLICAÇÃO DA PENA

(Juiz de Direito - TJ/BA - 2019 - CESPE/CEBRASPE) À luz da jurisprudência do STJ a respeito das circunstâncias judiciais e legais que devem ser consideradas quando da aplicação da pena, assinale a opção correta.

(A) A confissão qualificada, na qual o réu alega em seu favor causa descriminante ou exculpante, não afasta a incidência da atenuante de confissão espontânea.

(B) A confissão espontânea em delegacia de polícia pode servir como circunstância atenuante, desde que o réu não se retrate sobre essa declaração em juízo.

(C) Uma condenação transitada em julgado de fato posterior ao narrado na denúncia, embora não sirva para fins de reincidência, pode servir para valorar negativamente a personalidade e a conduta social do agente.

(D) A reincidência penal pode ser utilizada simultaneamente como circunstância agravante e como circunstância judicial.

(E) A múltipla reincidência não afasta a necessidade de integral compensação entre a atenuante da confissão espontânea e a agravante da reincidência, haja vista a igual preponderância entre as referidas circunstâncias legais.

A: correta. Qualificada ou não a confissão, se contribuir para a formação do convencimento do magistrado, é de rigor o reconhecimento da atenuante do art. 65, III, *d*, do CP. É o que se extrai da Súmula 545, do STJ: "Quando a confissão for utilizada para a formação do convencimento do julgador, o réu fará jus à atenuante prevista no art. 65, III, *d*, do Código Penal". Nesse sentido: "Para o reconhecimento da atenuante da confissão espontânea é necessário que o réu admita a prática de fato criminoso, ainda que de maneira parcial, qualificada ou até mesmo extrajudicial" (AgRg no RHC 107.606/ES, Rel. Ministro NEFI CORDEIRO, SEXTA TURMA, julgado em 16/05/2019, DJe 24/05/2019); **B:** incorreta. Ainda que o réu se retrate, em juízo, de confissão feita em sede policial, mesmo assim fará jus à atenuante do art. 65, III, *d*, do CP, desde que, conforme já ponderado acima, isso contribua para a formação do convencimento do juiz (Súmula 545, STJ). Na jurisprudência: "Se a confissão do agente é utilizada como fundamento para embasar a conclusão condenatória, a atenuante prevista no art. 65, inciso III, alínea *d*, do CP, deve ser aplicada em seu favor, pouco importando se a admissão da prática do ilícito foi espontânea ou não, integral ou parcial, ou se houve retratação posterior em juízo" (HC 176.405/RO, Rel. Ministro JORGE MUSSI, QUINTA TURMA, julgado em 23/04/2013, DJe 03/05/2013); **C:** incorreta. Ações penais com trânsito em julgado por fatos posteriores ao crime em julgamento não podem ser usadas para agravar a pena-base, seja como maus antecedentes ou como personalidade negativa do agente. Nesse sentido, conferir: "No cálculo da pena-base, é impossível a consideração de condenação transitada em julgado correspondente a fato posterior ao narrado na denúncia para valorar negativamente os maus antecedentes, a personalidade ou a conduta social do agente" (HC 210.787/RJ, Rel. Ministro MARCO AURÉLIO BELLIZZE, QUINTA TURMA, julgado em 10/09/2013, DJe 16/09/2013); **D:** incorreta, pois contraria o entendimento firmado na Súmula 241 do STJ: "A reincidência penal não pode ser considerada como circunstância agravante e, simultaneamente, como circunstância judicial"; **E:** incorreta. Conferir: "Reconhecida a atenuante, essa deve ser compensada integralmente com a agravante da reincidência, uma vez que, a Terceira Seção deste Superior Tribunal de Justiça, por ocasião do julgamento do habeas corpus n. 365.963/SP, em 11/10/2017, firmou entendimento no sentido da "possibilidade de se compensar a confissão com o gênero reincidência, irradiando seus efeitos para ambas espécies (genérica e específica), ressalvados os casos de multireincidência"." (HC 433.952/SP, Rel. Ministro FELIX FISCHER, QUINTA TURMA, julgado em 22/03/2018, DJe 27/03/2018).

Gabarito "A".

(Defensor Público/AC – 2017 – CESPE) No caso de pluralidade delitiva, deve-se adotar, na determinação da pena,

(A) o sistema de cúmulo jurídico, somando-se as penas aplicadas a cada um dos crimes.

(B) o sistema da exasperação, quando se tratar de casos de concurso formal imperfeito.

(C) o sistema da exasperação, quando se tratar de concurso material heterogêneo, para evitar que a pena ultrapasse o limite legal de cumprimento.

(D) o sistema da exasperação, que considera tão somente o número de crimes consumados para definição da pena.

(E) o sistema do cúmulo material, quando se tratar de pena pecuniária, independentemente das demais sanções aplicadas, ressalvado o crime continuado.

A: incorreta. No contexto da pluralidade delitiva (concurso de crimes), a legislação contempla, basicamente, dois sistemas: cúmulo material e exasperação; **B:** incorreta. No *concurso formal impróprio* ou *imperfeito* (segunda parte do *caput* do art. 70 do CP), a conduta única decorre de desígnios autônomos, vale dizer, o agente, no seu atuar, deseja os resultados produzidos. Como consequência, as penas serão somadas, aplicando-se o critério ou sistema do *cúmulo material,* e não o sistema da *exasperação*, que terá lugar no concurso formal perfeito, em que há unidade de desígnios; **C:** incorreta. No concurso material (art. 69, CP), seja ele homogêneo ou heterogêneo, o critério a ser aplicado é o do *cúmulo material* (as penas são somadas); **D:** incorreta. Não devem ser considerados apenas os delitos consumados; **E:** correta. Divergem doutrina e jurisprudência quanto à extensão do art. 72 do CP, que estabelece que, no concurso de crimes, a pena de multa será aplicada distinta e integralmente. Quanto aos concursos material e formal, é consenso que este art. 72 do CP tem incidência. O ponto de divergência refere-se ao crime continuado. Para parte da comunidade jurídica, este dispositivo também tem incidência no crime continuado; afinal, o art. 72 do CP não excepcionou esta modalidade de concurso de crimes; no entanto, parte da doutrina e da jurisprudência entende, diferentemente, que, no crime continuado, que é considerado delito único (ficção jurídica), deverá ser aplicada uma única pena de multa, contrariando, portanto, a regra presente no art. 72 do CP. Como se pode ver, a questão é polêmica.

Gabarito "E".

(Defensor Público/AC – 2017 – CESPE) A respeito das medidas de segurança e dos direitos das pessoas portadoras de transtornos mentais, assinale a opção correta.

(A) São vedadas a internação compulsória psiquiátrica e a medida de segurança de internação em caráter cautelar, de modo a impedir o vínculo institucional antes da decisão final do processo.

(B) As internações psiquiátricas, em qualquer uma de suas modalidades, devem ter prazo determinado, e as medidas de segurança devem durar, no mínimo, de um a três anos.

(C) As medidas de segurança, em razão da natureza e da finalidade, não se submetem ao instituto da extinção de punibilidade.

(D) A internação compulsória somente pode ser determinada pelo juiz em instituições com características asilares, sendo vedada a inserção dessa modalidade de internação em hospitais de custódia e de tratamento psiquiátrico.

(E) As internações psiquiátricas, em qualquer uma de suas modalidades, somente serão permitidas se demonstrada a insuficiência dos recursos extra-hospitalares.

A: incorreta, pois contraria os art. 319, VII, do CPP (medida cautelar de internação provisória do inimputável ou semi-imputável), e 6º, parágrafo único, III, da Lei 10.216/2001 (internação compulsória determinada pela Justiça); **B:** incorreta. Se levássemos em conta tão somente a redação do art. 97, § 1º, do CP, chegaríamos à conclusão de que a medida de segurança poderia ser eterna. Em vista da regra que veda as penas de caráter perpétuo, esta não é a melhor interpretação do dispositivo. Tanto que o STF firmou posicionamento no sentido de que o prazo máximo de duração da medida de segurança não pode ser superior a 30 anos (analogia ao art. 75 do CP). O STJ, por seu turno, entende que a medida de segurança deve ter por limite o máximo da pena em abstrato cominada para o crime (STJ, HC 125.342-RS, 6ª T., rel. Min. Maria Thereza de Assis Moura, j. 19.11.09). Consolidando tal entendimento, o STJ editou a Súmula 527, segundo a qual "o tempo de duração da medida de segurança não deve ultrapassar o limite máximo da pena abstratamente cominada ao delito praticado". Cuidado: em 24 de dezembro de 2019, foi publicada a Lei 13.964/2019, por muitos conhecida como Pacote Anticrime, que, dentre outras inúmeras alterações promovidas na legislação penal e, em especial, na processual penal, alterou a redação do art. 75 do CP, para o fim de elevar o tempo máximo de cumprimento da pena privativa de liberdade de 30 para 40 anos. Dessa forma, a partir da entrada em vigor do Pacote Anticrime

(23 de janeiro de 2020), o tempo de cumprimento das penas privativas de liberdade não poderá ser superior a 40 anos, e não mais a 30 anos, como constava da redação anterior do dispositivo. Com isso, cremos que este prazo máximo de cumprimento da medida de segurança passe para 40 anos (se mantido o atual entendimento do STF); **C:** incorreta, na medida em que a medida de segurança, porque constitui espécie do gênero sanção penal, submete-se às causas extintivas da punibilidade (art. 96, parágrafo único, do CP); **D:** incorreta, pois contraria o disposto no art. 4º, § 3º, da Lei 10.216/2001; **E:** correta, pois reflete a regra presente no art. 4º, *caput*, da Lei 10.216/2001.

Gabarito "E".

(Delegado Federal – 2018 – CESPE) Em cada um dos itens que se seguem, é apresentada uma situação hipotética seguida de uma assertiva a ser julgada com base na legislação de regência e na jurisprudência dos tribunais superiores a respeito de aplicação de pena, cominação de penas, regime de penas, medidas de segurança e livramento condicional.

(1) Ronaldo, maior e capaz, e outras três pessoas, também maiores e capazes, furtaram um veículo que estava parado em um estacionamento público. Depois de terem retirado pertences do veículo, o abandonaram perto do local do assalto. O grupo foi preso. Constatou-se que Ronaldo era réu primário, tinha bons antecedentes e que agira por coação dos outros elementos do grupo. Nessa situação, se a coação foi resistível, se houver confissão do crime e se as circunstâncias atenuantes preponderarem sobre as agravantes, a pena de Ronaldo poderá ser reduzida para abaixo do mínimo legal.

(2) Valter, maior e capaz, foi preso preventivamente em uma das fases de uma operação policial. Ele já era réu em outras três ações penais e estava indiciado em mais dois outros IPs. Nessa situação, as ações penais em curso podem ser consideradas para eventual agravamento da pena-base referente ao crime que resultou na prisão preventiva de Valter, mas os IPs não podem ser considerados para essa mesma finalidade.

(3) Flávio, maior e capaz, condenado a pena de doze anos pela prática de homicídio doloso qualificado, iniciou o cumprimento da pena em regime fechado. Durante a execução da pena, ele apresentou comportamento excelente e colaborativo, por isso, após o período mínimo para a progressão de regime, seu advogado requereu ao juiz a passagem de Flávio para o regime aberto. Nessa situação, o pedido não poderá ser atendido: a progressão do regime prisional de Flávio deverá ser para o regime semiaberto.

(4) Bruna, de vinte e quatro anos de idade, processada e julgada pela prática do crime de latrocínio, foi absolvida ao final do julgamento, por ter sido considerada inimputável, apesar de sua periculosidade. Nessa situação, mesmo tendo Bruna sido absolvida, o juiz pode impor-lhe medida de segurança.

1: incorreta. Na primeira e na segunda etapas de aplicação da pena, é defeso ao juiz fixá-la em patamar superior ou inferior ao estabelecido no preceito secundário do tipo penal incriminador. Já na terceira fase é possível fixar-se pena inferior à mínima ou superior à máxima. A esse respeito, a Súmula 231 do STJ; **2:** incorreta, uma vez que não reflete o entendimento consolidado na Súmula 444, do STJ: *É vedada a utilização de inquéritos policiais e ações penais em curso para agravar a pena-base*; **3:** correta, pois corresponde ao entendimento firmado na Súmula n. 491 do STJ: "É inadmissível a chamada progressão *per saltum* de regime prisional"; **4:** correta. A absolvição de Bruna é denominada *imprópria*, que ocorre quando o juiz, embora absolva o réu, impinge a ele medida de segurança, dado o reconhecimento de sua inimputabilidade por doença mental (art. 26, *caput*, do CP).

Gabarito 1E, 2E, 3C, 4C

(Procurador Municipal – Prefeitura/BH – CESPE – 2017) Acerca da aplicação e da execução da pena, assinale a opção correta, conforme o entendimento do STJ.

(A) De acordo com o entendimento jurisprudencial, o tempo da internação para o cumprimento de medida de segurança é indeterminado, perdurando enquanto não for averiguada a cessação da periculosidade.

(B) No momento da aplicação da pena, o juiz pode compensar a atenuante da confissão espontânea com a agravante da promessa de recompensa.

(C) É vedada a concessão de trabalho externo a apenado em empresa familiar em que um dos sócios seja seu irmão.

(D) Confissão ocorrida na delegacia de polícia e não confirmada em juízo não pode ser utilizada como atenuante, mesmo que o juiz a utilize para fundamentar o seu convencimento.

A: incorreta, já que, segundo jurisprudência consolidada do STJ, a medida de segurança tem prazo determinado. Se levássemos em conta tão somente a redação do art. 97, § 1º, do CP, chegaríamos à conclusão de que a medida de segurança poderia ser eterna. Em vista da regra que veda as penas de caráter perpétuo, esta não é a melhor interpretação do dispositivo. Tanto que o STF firmou posicionamento no sentido de que o prazo máximo de duração da medida de segurança não pode ser superior a 30 anos (analogia ao art. 75 do CP). O STJ entende que a medida de segurança deve ter por limite o máximo da pena em abstrato cominada para o crime (STJ, HC 125.342-RS, 6ª T., Rel. Min. Maria Thereza de Assis Moura, j. 19.11.09). Consolidando tal entendimento, o STJ editou a Súmula 527, segundo a qual "o tempo de duração da medida de segurança não deve ultrapassar o limite máximo da pena abstratamente cominada ao delito praticado". Cuidado: em 24 de dezembro de 2019, foi publicada a Lei 13.964/2019, por muitos conhecida como Pacote Anticrime, que, dentre outras inúmeras alterações promovidas na legislação penal e, em especial, na processual penal, alterou a redação do art. 75 do CP, para o fim de elevar o tempo máximo de cumprimento da pena privativa de liberdade de 30 para 40 anos. Dessa forma, a partir da entrada em vigor do Pacote Anticrime (23 de janeiro de 2020), o tempo de cumprimento das penas privativas de liberdade não poderá ser superior a 40 anos, e não mais a 30 anos, como constava da redação anterior do dispositivo. Com isso, cremos que este prazo máximo de cumprimento da medida de segurança passe para 40 anos (se mantido o atual entendimento do STF); **B:** correta. Tal como ocorre com a reincidência e a confissão espontânea, em relação às quais pode haver, segundo o STJ, compensação, é perfeitamente possível que isso também ocorra em relação à confissão espontânea e à agravante da promessa de recompensa ou mesmo a paga, uma vez que se trata de circunstâncias igualmente preponderantes. Na jurisprudência do STJ: "(...) III – A col. Terceira Seção deste eg. Superior Tribunal de Justiça, por ocasião do julgamento do Recurso Especial Repetitivo nº 1.341.370/MT (Rel. Min. Sebastião Reis Júnior, DJe de 17/4/2013), firmou entendimento segundo o qual 'é possível, na segunda fase da dosimetria da pena, a compensação da atenuante da confissão espontânea com a agravante da reincidência', entendimento este que deve ser estendido à presente hipótese, pois cuida-se de compensação entre circunstâncias igualmente preponderantes, nos termos do art. 67, do Código Penal, quais sejam, motivos determinantes do crime (mediante paga) e personalidade do agente (confissão espontânea)" (HC 318.594/SP, 5ª T., Rel. Min. Felix Fischer, j. 16.02.2016, *DJe* 24.02.2016); **C:** incorreta. Isso porque o STJ admite, sim, que o apenado seja, na execução do trabalho externo, empregado em empresa da qual seu irmão seja um dos sócios. Nesse sentido, conferir: "(...) *In casu*, o fato do irmão do apenado ser um dos sócios da empresa empregadora não constitui óbice à concessão do trabalho externo, sob o argumento de fragilidade na fiscalização, até porque inexiste vedação na Lei de Execução Penal (Precedente do STF)." (HC 310.515/RS, 5ª T., Rel. Min. Felix Fischer, j. 17.09.2015, *DJe* 25.09.2015); **D:** incorreta. Conferir: "O Superior Tribunal de Justiça tem entendimento de que a confissão é causa de atenuação da pena, ainda que tomada na fase inquisitorial, sendo irrelevante a sua retratação em juízo" (HC 144.165/SP, 5ª T., Rel. Min. Arnaldo Esteves Lima, j. 29.10.2009, *DJe* 30.11.2009).

Gabarito "B".

(Delegado/PE – 2016 – CESPE) Da sentença penal se extraem diversas consequências jurídicas e, quando for condenatória, emergem-se os efeitos penais e extrapenais. Acerca dos efeitos da condenação penal, assinale a opção correta.

(A) A licença de localização e de funcionamento de estabelecimento onde se verifique prática de exploração sexual de pessoa vulnerável, em caso de o proprietário ter sido condenado por esse crime, não será cassada, dada a ausência de previsão legal desse efeito da condenação penal.

(B) A condenação por crime de racismo cometido por proprietário de estabelecimento comercial sujeita o condenado à suspensão do funcionamento de seu estabelecimento, pelo prazo de até três meses, devendo esse efeitos ser motivadamente declarado na sentença penal condenatória.

(C) Segundo o CP, constitui efeito automático da condenação a perda de cargo público, quando aplicada pena privativa de liberdade por tempo igual ou superior a um ano, nos crimes praticados com abuso de poder ou violação de dever para com a administração pública.

(D) A condenação por crime de tortura acarretará a perda do cargo público e a interdição temporária para o seu exercício pelo dobro do prazo da pena aplicada, desde que fundamentada na sentença condenatória, não sendo efeito automático da condenação.

(E) A condenação penal pelo crime de maus-tratos, com pena de detenção de dois meses a um ano ou multa, ocasiona a incapacidade para o exercício do poder familiar, quando cometido pelo pai contra filho, devendo ser motivado na sentença condenatória, por não ser efeito automático.

A: incorreta, tendo em conta o teor do art. 218-B, § 3º, do CP, que estabelece que, na hipótese de punição do gerente, proprietário ou responsável pelo local em que se deu a exploração sexual, é de rigor, como efeito da condenação, a cassação da licença de localização e funcionamento do estabelecimento; **B:** correta, nos termos dos arts. 16 e 18 da Lei 7.716/1989; **C:** incorreta, na medida em que a perda de cargo público, nas circunstâncias indicadas na assertiva (art. 92, I, *a*, do CP), constitui efeito *não* automático da condenação (específico), que, por essa razão, somente pode incidir se o juiz, na sentença condenatória, declará-lo de forma motivada, justificando-o. Quanto a esse tema, cabem alguns esclarecimentos. Os efeitos da condenação contemplados no art. 91 do CP são automáticos (genéricos). Significa dizer que é desnecessário o pronunciamento do juiz, a esse respeito, na sentença. Já o art. 92 do CP trata dos efeitos da condenação *não automáticos* (específicos), cujo reconhecimento pressupõe decisão motivada. É este o caso, como já dissemos, da perda de cargo público. Quanto ao tema "efeitos da condenação", importante tecer algumas considerações a respeito de recente modificação legislativa. Vejamos. A Lei 13.964/2019, mais conhecida como Pacote Anticrime, inseriu o art. 91-A no Código Penal. Como bem sabemos e ponderamos acima, os arts. 91 e 92 do CP tratam dos efeitos extrapenais da condenação, com a diferença de que o art. 91 contém os chamados efeitos *genéricos*, que, sendo automáticos, prescindem de declaração do juiz na sentença, enquanto o art. 92 trata dos efeitos *específicos*, assim considerados os que devem ser expressamente declarados em sentença, já que somente são aplicados em determinadas situações. *Grosso modo*, o art. 91-A, recém-introduzido pela Lei 13.964/2019, cria novas modalidades de efeitos da condenação, especialmente voltadas à perda do patrimônio não vinculado, de forma direta, ao crime imputado ao agente. Explico. O art. 91, II, *b*, do CP, por exemplo, reza que será perdido o bem que constitua proveito auferido pelo agente com a prática do fato criminoso. Perceba que este proveito auferido foi incorporado ao "patrimônio" do agente em razão do cometimento do crime pelo qual ele foi processado. Ou seja, há vinculação direta do bem perdido com o crime pelo qual o agente foi condenado. Já os efeitos da condenação introduzidos por meio do art. 91-A alcançam o patrimônio auferido pelo agente que se revele incompatível com os seus ganhos (há perda deste patrimônio como produto ou proveito do crime). Não há, neste caso, como se pode ver, vinculação direta entre o bem perdido e o crime praticado. Para tanto, deverá ser apurada a diferença entre o valor do patrimônio do condenado e aquele que seja compatível com o seu rendimento lícito. O *caput* do art. 91-A estabelece que tais efeitos somente alcançarão condenações às quais a lei comine pena máxima superior a seis anos de reclusão. Ou seja, nestes casos recairá sobre o patrimônio do condenado verdadeira "prestação de contas". Por certo, haverá questionamentos de ordem constitucional. O § 1º do dispositivo aponta o que se deve entender por "patrimônio do condenado". Já o § 2º assegura a este o direito de demonstrar a inexistência de incompatibilidade ou a procedência lícita de seu patrimônio. Em outras palavras, cabe a ele, condenado, fazer prova da licitude de seu patrimônio. Imaginemos que um funcionário público amealhe, no período de 10 anos de serviço, um patrimônio correspondente a 30 milhões de reais, sendo que sua renda anual é de 150 mil reais. Evidente que há patente incompatibilidade entre o patrimônio e os ganhos lícitos do *intraneus*. Deverá ele fazer prova de que o patrimônio que, em princípio, seria incompatível com a sua renda foi construído, por exemplo, com o recebimento de uma herança, ou ainda por meio do exercício de atividade na iniciativa privada. À acusação caberá tão somente demonstrar a incompatibilidade. A perda do patrimônio ilicitamente auferido deverá ser requerida pelo MP quando do oferecimento da denúncia, com a indicação da diferença apurada. É o que estabelece o art. 91-A, § 3º, do CP. Pois somente assim a defesa terá condições de exercer o contraditório em sua plenitude, de forma a rechaçar, no curso do processo, o pleito ministerial de perda do patrimônio. Caberá ao juiz, ao termo da instrução, declarar, na sentença condenatória, o valor da diferença apurada e especificar os bens cuja perda foi decretada (art. 91-A, § 4º); **D:** incorreta, uma vez que se trata, sim, de efeito automático da condenação por crime de tortura, sendo prescindível, portanto, que o magistrado, na sentença, expressamente assim declare. Na jurisprudência: "(...) A perda do cargo, função ou emprego público – que configura efeito extrapenal secundário – constitui consequência necessária que resulta, automaticamente, de pleno direito, da condenação penal imposta ao agente público pela prática do crime de tortura (...)" (STF, AI 769637 AgR-ED – MG, 2ª T., rel. Min. Celso de Melo, 25.06.2013); **E:** incorreta, já que a incapacidade para o exercício do poder familiar, nas circunstâncias descritas na alternativa, pressupõe que o crime praticado seja apenado com reclusão (art. 92, II, CP). Não é o caso do crime de maus-tratos, cuja pena cominada, na sua forma simples, é de detenção de dois meses a um ano ou multa. Registre-se, por oportuno, que a Lei 13.715/2018, alterando a redação do precitado art. 92, II, do CP, impõe como efeito da condenação a incapacidade para o exercício do poder familiar, da tutela ou da curatela nos crimes dolosos sujeitos à pena de reclusão cometidos não somente contra filho ou filha, mas também contra outrem igualmente titular do mesmo poder familiar, ou contra tutelado ou curatelado.

Gabarito "B"

(Defensor Público – DPE/RN – 2016 – CESPE) Em cada uma das seguintes opções, é apresentada uma situação hipotética relativa ao concurso de crimes, seguida de uma assertiva a ser julgada. Assinale a opção que apresenta assertiva correta de acordo com a legislação penal e a jurisprudência do STJ.

(A) No interior de um ônibus coletivo, Sérgio subtraiu, com o emprego de grave ameaça, os aparelhos celulares de cinco passageiros, além do dinheiro que o cobrador portava. Nessa situação, como houve a violação de patrimônios distintos, Sérgio praticou o crime de roubo simples em concurso material.

(B) Plínio praticou um crime de latrocínio (previsto no art. 157, § 3.º, parte final, do CP) no qual houve uma única subtração patrimonial, com desígnios autônomos e com dois resultados mortes (vítimas). Nessa situação, Plínio praticou o crime de latrocínio em concurso formal impróprio, disposto no art. 70, *caput*, parte final, do CP, no qual se aplica a regra do concurso material, de forma que as penas devem ser aplicadas cumulativamente.

(C) Túlio, em um mesmo contexto fático, praticou, com uma menor impúbere de treze anos de idade, sexo oral (felação), além de cópula anal e conjunção carnal. Nessa situação, Túlio perpetrou o crime de estupro de vulnerável em concurso material.

(D) Zélio foi condenado pela prática de crimes de roubo e corrupção de menores em concurso formal, cometidos em continuidade delitiva. Nessa situação, na dosimetria da pena aplicar-se-ão cumulativamente as regras do concurso formal (art. 70 do CP) e da continuidade delitiva (art. 71 do CP).

(E) Múcio, mediante grave ameaça exercida com o emprego de arma de fogo, subtraiu bens pertencentes a Bruna e, ainda, exigiu dela a entrega de cartão bancário e senha para a realização de saques. Nessa situação, Múcio praticou, em concurso formal, os crimes de roubo circunstanciado e extorsão majorada.

A: incorreta. Com efeito, no crime de roubo, se as subtrações que vulneraram o patrimônio de duas ou mais pessoas se derem no mesmo contexto, fala-se em concurso *formal* de crimes (art. 70 do CP), e não em concurso *material*. Nesse sentido é a lição de Guilherme de Souza Nucci: "(...) Ilustrando, o autor ingressa num ônibus, anuncia o assalto e pede que todos passem os bens. Concretiza-se o concurso formal perfeito, pois o agente não possui desígnios autônomos, vale dizer, dolo direto em relação a cada uma das vítimas, que nem mesmo conhece (...)" (*Código Penal Comentado*. 13. ed., São Paulo: Ed. RT, 2013. p. 807). Na jurisprudência: "É assente neste Tribunal Superior que, praticado o crime de roubo mediante uma só ação, contra vítimas diferentes, não há se falar em crime único, mas sim em concurso formal, visto que violados patrimônios distintos. Precedentes" (HC 315.059/SP, Rel. Ministra Maria Thereza de Assis Moura, Sexta Turma, julgado em 06.10.2015, *DJe* 27.10.2015); **B:** correta. Conferir: "Prevalece, no Superior Tribunal de Justiça, o entendimento no sentido de que, nos delitos de latrocínio – crime complexo, cujos bens jurídicos protegidos são o patrimônio e a vida –, havendo uma subtração, porém mais de uma morte, resta configurada hipótese de concurso formal impróprio de crimes e não crime único. Precedentes" (HC 185.101/SP, Rel. Ministro Nefi Cordeiro, Sexta Turma, julgado em 07.04.2015, *DJe* 16.04.2015); **C:** incorreta. Os tribunais, até a edição da Lei 12.015/2009, tinham como consolidado o entendimento segundo o qual, quando o atentado violento ao pudor não constituísse meio natural para a prática do estupro, caracterizado estaria o concurso material de crimes: STJ, HC 102.362-SP, 5ª T., Rel. Min. Felix Fischer, j. 18.11.2008. Com a Lei 12.015/2009, que promoveu uma série de mudanças na disciplina dos crimes sexuais, o estupro – art. 213 do CP –, que incriminava tão somente a conjunção carnal realizada com mulher, mediante violência ou grave ameaça, passou a incorporar, também, a conduta antes contida no art. 214 do CP – dispositivo hoje revogado (art. 7º da Lei 12.015/2009). Dito de outro modo, constitui estupro, na sua nova forma, toda modalidade de violência sexual levada a efeito para qualquer fim libidinoso, incluída, por óbvio, a conjunção carnal. Dessa forma, o crime do art. 213 do CP, com a mudança implementada pela Lei 12.015/2009, passa a comportar, além da conduta consubstanciada na conjunção carnal violenta, contra homem ou mulher, também o comportamento consistente em obrigar alguém a praticar ou permitir que com o sujeito ativo se pratique outro ato libidinoso que não a conjunção carnal. Criou-se, assim, um tipo misto alternativo, razão pela qual a prática, por exemplo, de *felação* (sexo oral), *conjunção carnal e sexo anal* (é o caso narrado no enunciado da alternativa) no mesmo contexto fático implica o cometimento de crime único. Incide, no caso, o *princípio da alternatividade*. Nesse sentido, o seguinte julgado do STJ: "Com a superveniência da Lei 12.015/2009, a conduta do crime de atentado violento ao pudor, anteriormente prevista no art. 214 do Código Penal, foi inserida naquela do art. 213, constituindo, assim, quando praticadas contra a mesma vítima e num mesmo contexto fático, crime único de estupro" (AgRg no REsp 1127455-AC, 6ª T., rel. Min. Sebastião Reis Júnior, 28.08.2012). Tal raciocínio também se aplica no contexto do crime de estupro de vulnerável (art. 217-A, CP), sendo esta a hipótese da alternativa; **D:** incorreta. No STJ: "1. Segundo orientação deste Superior Tribunal de Justiça, quando configurada a concorrência de concurso formal e crime continuado, aplica-se somente um aumento de pena, o relativo à continuidade delitiva. Precedentes. 2. Ocorre b*is in idem* quando há majoração da reprimenda primeiramente em razão do concurso formal, haja vista o cometimento de um delito roubo contra vítimas diferentes num mesmo contexto fático, e, em seguida, em função do reconhecimento do crime continuado em relação aos outros crimes praticados em situação semelhante de tempo e modo de execução. 3. Habeas corpus não conhecido. Ordem concedida de ofício apenas para afastar a exasperação imposta pelo reconhecimento do concurso formal, reduzindo-se a reprimenda para 6 (seis) anos e 8 (oito) meses de reclusão" (HC 162.987/DF, Rel. Ministro Jorge Mussi, Quinta Turma, julgado em 01.10.2013, *DJe* 08.10.2013); **E:** incorreta. A assertiva narra hipótese de concurso *material*, e não *formal*. Conferir: "A jurisprudência desta Corte Superior e do Supremo Tribunal Federal é firme em assinalar que se configuram os crimes de roubo e extorsão, em concurso material, se o agente, após subtrair, mediante emprego de violência ou grave ameaça, bens da vítima, a constrange a entregar o cartão bancário e a respectiva senha, para sacar dinheiro de sua conta corrente" (AgRg no AREsp 323.029/DF, Rel. Ministro Rogerio Schietti Cruz, Sexta Turma, julgado em 01.09.2016, *DJe* 12.09.2016).

Gabarito "B"

(Juiz de Direito/AM – 2016 – CESPE) Determinada sentença justificou a dosimetria da pena em um crime de roubo da forma seguinte.

A culpabilidade do réu ficou comprovada, sendo a sua conduta altamente reprovável; não constam informações detalhadas sobre seus antecedentes, mas consta que ele foi anteriormente preso em flagrante acusado de roubo — embora não haja prova do trânsito em julgado da condenação — e que responde também a dois inquéritos policiais nos quais é acusado de furtar. A conduta social do réu não é boa e denota personalidade voltada para o crime; os motivos e as circunstâncias do crime não favorecem o réu; e as consequências do fato são muito graves, pois as vítimas, que em nada contribuíram para a deflagração do ato criminoso, tiveram prejuízo expressivo, já que houve desbordamento do caminho usualmente utilizado para a consumação do crime. É relevante observar que, sendo o réu pobre, semianalfabeto, sem profissão e sem emprego, muito provavelmente voltará ao crime, fato que, por si, justifica o aumento da pena-base como forma de prevenção.

Tendo em vista os elementos apresentados na justificação hipotética descrita, assinale a opção correta de acordo com a jurisprudência do STJ.

(A) Por ser inerente ao crime de roubo, compondo a fase de criminalização primária, a perda material não poderia justificar o aumento da pena-base como consequência negativa do crime.

(B) O juiz decidiu corretamente, pois apresentou justificação convincente, baseada no princípio do livre convencimento.

(C) Considerando que o réu já tinha sido preso em flagrante por roubo e, mesmo sem o trânsito em julgado da respectiva sentença, ele ainda responde a dois inquéritos policiais por furtos, justifica-se a exacerbação da pena-base.

(D) O juiz deveria ter levado em conta o fato de as vítimas em nada terem contribuído para a ocorrência do crime também como motivo para exasperação da pena-base do réu, a fim de atender as funções repressivas e preventivas da sanção penal.

(E) A exasperação da pena-base por causa da pobreza, ignorância ou desemprego caracteriza a prática do que a doutrina denomina direito penal do inimigo.

A: incorreta. A perda material (desfalque patrimonial), por si só, porque inerente ao delito de roubo, não pode levar ao aumento da pena-base; no entanto, a dimensão do desfalque patrimonial pode, sim, ser levada em conta para o fim de justificar o incremento da pena-base. Em outras palavras, se o prejuízo experimentado pela vítima do crime patrimonial for excessivo, exagerado (o enunciado fala em *prejuízo expressivo*), é de rigor a exasperação da reprimenda. Nesse sentido, conferir: "AGRAVO REGIMENTAL. *HABEAS CORPUS*. CONDENAÇÃO POR ROUBOS MAJORADOS. QUADRILHA. PENA-BASE. CONSEQUÊNCIAS E CIRCUNSTÂNCIAS DO DELITO. GRANDE PREJUÍZO ÀS VÍTIMAS. AUDÁCIA DA AÇÃO CRIMINOSA. ELEMENTOS QUE JUSTIFICAM A EXASPERAÇÃO. 1. Admite-se a exasperação da pena-base pela valoração negativa das consequências do delito com base no valor do prejuízo sofrido pela vítima. 2. *In casu*, considerando os altos valores subtraídos pelo grupo criminoso, mostra-se adequada a elevação da sanção inicial. 3. A forma audaciosa e o grau de coordenação com que praticados os delitos patrimoniais demonstram a maior reprovabilidade social das condutas e justificam o julgamento desfavorável das circunstâncias do crime (...)" (STJ, AgRg no HC 184.814/SP, Rel. Ministro JORGE MUSSI, QUINTA TURMA, julgado em 07.11.2013, *DJe* 21.11.2013). Nessa mesma linha: "(...) Ainda que a violência e o prejuízo material não tenham o condão de justificar, por si sós, o aumento da pena como consequências do delito, por constituírem, em regra, fatores comuns à espécie (roubo), enquanto delito patrimonial cuja prática de violência ou grave ameaça é elementar do tipo, constituem justificativa válida para o desvalor quando a violência e/ou o prejuízo se mostrarem expressivos, anormais, desbordando do caminho razoavelmente utilizado para o crime (...)" (STJ, HC 176.983/RJ, Rel. Ministro NEFI CORDEIRO, SEXTA TURMA, julgado em 03.09.2015, *DJe* 23.09.2015); **B:** incorreta, tendo em conta os comentários das assertivas, que ponderam por que a decisão não foi acertada; **C:** incorreta, uma vez que contraria o entendimento sufragado na Súmula 444, do STJ: "É vedada a utilização de inquéritos policiais e ações penais em curso para agravar a pena-base"; **D:** incorreta. O comportamento neutro da vítima não tem o condão de influenciar no estabelecimento da pena-base; **E:** correta. Conferir: "(...) Não enseja nenhum tipo de mácula ao ordenamento penal o fato de o Paciente não ter boas condições econômicas, ou ser assistido pela Defensoria Pública, sendo evidente que tais circunstâncias não podem ser consideradas como desfavoráveis. Admitir-se o contrário seria referendar verdadeira prática do que a doutrina denomina Direito

Penal do Inimigo" (STJ, HC 152.144/ES, Rel. Ministra LAURITA VAZ, QUINTA TURMA, julgado em 28.06.2011, *DJe* 01.08.2011).

Gabarito "E"

(Juiz de Direito/AM – 2016 – CESPE) Um policial militar, em dia de folga e vestido com traje civil, se embriagou voluntariamente e saiu à rua armado, decidido a roubar um carro. Empunhando seu revólver particular, ele abordou um motorista e o ameaçou, obrigando-o a descer do automóvel. A vítima obedeceu, mas, ao perceber a embriaguez do assaltante, saiu correndo com as chaves do carro. Deparando-se adiante com uma viatura da polícia militar, relatou o ocorrido aos componentes da guarnição, que foram ao local e prenderam o policial em flagrante. Em decorrência de tais fatos, o policial foi submetido a processo penal que resultou na sua condenação em três anos, dez meses e vinte dias de reclusão pela tentativa de roubo.

Com referência a essa situação hipotética, assinale a opção correta de acordo com a jurisprudência do STJ.

(A) Estando ausente qualquer relação da ação com o exercício do cargo público, a exoneração do serviço público como efeito da condenação extrapolaria as funções repressivas e preventivas da sanção penal.

(B) Na hipótese descrita e em casos semelhantes, sendo a pena privativa de liberdade inferior a quatro anos, a condenação por si só nunca implica a perda do cargo público.

(C) O policial militar não praticou crime funcional típico porquanto o delito previsto no art. 157 do CP — Subtrair coisa móvel alheia, para si ou para outrem, mediante grave ameaça ou violência à pessoa — é comum e, por isso, o réu em questão não poderia ser afastado do cargo.

(D) O agente não responderia por crime doloso porque estava em estado de embriaguez, sendo incapaz de entender o caráter criminoso de suas ações.

(E) O policial militar, mesmo fora do exercício da função, violou dever inerente a ela, porque está vinculado à administração pública no exercício das atividades cotidianas, sendo cabível a perda do cargo como efeito da condenação.

No que toca à perda do cargo, função pública ou mandato eletivo como efeito secundário de natureza extrapenal da condenação, há duas situações a considerar: se a pena privativa de liberdade aplicada for superior a quatro anos, é de rigor a perda do cargo, função ou mandato eletivo, pouco importando, neste caso, se a conduta do funcionário foi praticada com abuso de poder ou com violação de dever inerente à função pública (art. 92, I, "b", do CP); agora, se a pena privativa de liberdade aplicada for igual ou superior a um ano (mas inferior a quatro), a perda do cargo, função pública ou mandato eletivo do agente somente se dará se este houver agido, na prática criminosa, com abuso de poder ou violação de deveres para com a Administração Pública (art. 92, I, "a", do CP). Nas duas hipóteses, cuida-se de efeito não automático da condenação, exigindo, portanto, declaração motivada na sentença (art. 92, parágrafo único, do CP). O caso narrado no enunciado contempla hipótese de violação de dever para com a Administração Pública (art. 92, I, "b", do CP), razão por que, mesmo sendo a pena impingida ao policial inferior a quatro anos, é de rigor a perda do cargo público. Na jurisprudência do STJ: "(...) Segundo o art. 92, inciso I, alínea "a", do CP, sendo a pena privativa de liberdade inferior a quatro anos, a decretação de perda do cargo público só pode ocorrer na hipótese em que o crime tenha sido cometido com abuso de poder ou com a violação de dever para com a Administração Pública. Da análise dos elementos apresentados pela Corte de origem, verifica-se que o crime, embora não tenha sido praticado com abuso de poder, uma vez que o policial militar não estava de serviço, nem se valeu do cargo, foi executado com evidente violação de dever para com a Administração Pública. O réu, ora recorrido, é policial militar e, embora não estivesse no exercício de sua função, violou dever inerente a suas funções como policial, bem como para com a administração pública, uma vez que encontra-se vinculado a esta no exercício de suas atividades diárias. O roubo por policial militar deve ser caracterizado como uma infração gravíssima para com a Administração, a uma, em razão da relação de subordinação do policial àquela, a duas, porque é inerente às funções do policial militar coibir o roubo e reprimir a prática de crimes. Assim, correta a decisão de afastar dos quadros da polícia pessoa envolvida no crime de roubo, por ferir dever inerente à função de policial militar, pago pelo Estado justamente para combater o crime e resguardar a população (...)" (REsp 1561248/GO, Rel. Ministro REYNALDO SOARES DA FONSECA, QUINTA TURMA, julgado em 24.11.2015, *DJe* 01.12.2015). No que se refere à assertiva "D", pelo fato de o CP haver adotado, em matéria de embriaguez, a teoria da *actio libera in causa*, não há que se falar em exclusão da imputabilidade penal na hipótese de o agente se embriagar com o fim de encorajar-se para a prática criminosa.

Gabarito "E"

Texto para as duas próximas questões

Júlio foi denunciado em razão de haver disparado tiros de revólver, dentro da própria casa, contra Laura, sua companheira, porque ela escondera a arma, adquirida dois meses atrás. Ele não tinha licença expedida por autoridade competente para possuir tal arma, e a mulher tratou de escondê-la porque viu Júlio discutindo asperamente com um vizinho e temia que ele pudesse usá-la contra esse desafeto. Raivoso, Júlio adentrou a casa, procurou em vão o revólver e, não o achando, ameaçou Laura, constrangendo-a a devolver-lhe a arma. Uma vez na sua posse, ele disparou vários tiros contra Laura, ferindo-a gravemente e também atingindo o filho comum, com nove anos de idade, por erro de pontaria, matando-o instantaneamente. Laura só sobreviveu em razão de pronto e eficaz atendimento médico de urgência.

(Juiz de Direito/AM – 2016 – CESPE) Com referência à situação hipotética descrita no texto anterior, assinale a opção correta de acordo com a jurisprudência do STJ.

(A) Júlio cometeu homicídio doloso contra Laura e culposo contra o filho, porque não teve intenção de matá-lo.

(B) Júlio deverá responder por dois homicídios dolosos, sendo um consumado e o outro tentado, e as penas serão aplicadas cumulativamente, por concurso material de crimes, já que houve desígnios distintos nos dois resultados danosos.

(C) A hipótese configura *aberractio ictus*, devendo Júlio responder por duplo homicídio doloso, um consumado e outro tentado, com as penas aplicadas em concurso formal de crimes, sem se levar em conta as condições pessoais da vítima atingida acidentalmente.

(D) O fato configura duplo homicídio doloso, consumado contra o filho, e tentado contra Laura, e, em razão de aquele ter menos de quatorze anos, a pena deverá ser aumentada em um terço.

(E) Houve, na situação considerada, homicídio privilegiado consumado, considerando que Júlio agiu impelido sob o domínio de violenta emoção depois de ter sido provocado por Laura.

Segundo consta, com o propósito de matar sua esposa, contra ela Júlio desfere vários disparos de arma de fogo, ferindo-a gravemente. A morte somente não se concretizou porque a vítima foi prontamente socorrida e atendida (circunstância alheia à vontade de Júlio). Até aqui, Júlio cometeu tentativa de homicídio contra Laura. Sucede que, ao efetuar os disparos, Júlio também atingiu, por erro de pontaria e, portanto, de forma não intencional, o filho do casal, que, em razão disso, veio a falecer. Temos, portanto, dois crimes: tentativa de homicídio contra Laura e homicídio consumado contra o filho do casal. É o caso de aplicar, bem por isso, a regra presente no art. 73, segunda parte, do CP, que trata da chamada *aberratio ictus* com resultado duplo. Em vez de atingir somente a pessoa visada (esposa), também foi atingida pessoa diversa (filho). Em conformidade com o dispositivo a que fizemos menção, deve ser aplicado o *concurso formal* do art. 70 do CP. Seria então o caso de aplicar a pena correspondente ao crime mais grave acrescida de 1/6 até 1/2. Levam-se em conta, neste caso, as características da pessoa que o agente queria atingir (Laura).

Gabarito "C"

(Juiz de Direito/AM – 2016 – CESPE) Ainda com referência à situação hipotética descrita no texto anterior e a aspectos legais a ela pertinentes, assinale a opção correta com respaldo na jurisprudência do STJ.

(A) Além dos crimes de homicídio, Júlio responderá em concurso material pelo crime de posse irregular de arma de fogo, uma vez que, ao mantê-la guardada em sua residência durante mais de dois meses, já havia consumado esse crime.

(B) Opera-se o fenômeno da consunção entre o ato de possuir arma de fogo sem autorização legal e o ato de dispará-la com ânimo de matar, uma vez que o crime mais grave sempre absorve o menos grave.

(C) O fato de Júlio possuir guardado na sua casa, fora do alcance de crianças, um revólver municiado constitui *ante factum* não punível em relação ao homicídio posteriormente praticado.

(D) Laura também deverá responder pelo fato de haver escondido o revólver dentro da residência, sabendo ou devendo saber ser proibido deter sua posse sem licença da autoridade competente.

(E) O fato de possuir um revólver guardado em casa e posteriormente utilizá-lo para praticar homicídio pode caracterizar continuidade delitiva.

Somente terá incidência o princípio da consunção quando os fatos definidos como crime se derem no mesmo contexto fático. Pelo enunciado, resta claro que o delito de posse irregular de arma de fogo se consumara em momento bem anterior à prática da tentativa de homicídio contra Laura. A propósito, a intenção de matar Laura somente surgiu porque esta escondeu a arma adquirida por Júlio. São contextos fáticos, portanto, distintos. Impõe-se, por essa razão, o reconhecimento do concurso de crimes. Na jurisprudência: "(...) 1. Para a aplicação do princípio da consunção, pressupõe-se a existência de ilícitos penais chamados de consuntos, que funcionam apenas como estágio de preparação ou de execução, ou como condutas, anteriores ou posteriores de outro delito mais grave, nos termos do brocardo *lex consumens derogat legi consumptae*. 2. A conduta de portar arma ilegalmente não pode ser absorvida pelo crime de homicídio, quando restar evidenciada a existência de crimes autônomos, sem nexo de dependência ou subordinação. 3. *Habeas corpus* denegado" (STJ, HC 217.321/SP, Rel. Ministra LAURITA VAZ, QUINTA TURMA, julgado em 27.08.2013, *DJe* 04.09.2013).

Gabarito "A".

(Analista – Judiciário –TRE/PI – 2016 – CESPE) Assinale a opção correta, no que se refere ao concurso de crimes.

(A) Não se admite a suspensão condicional do processo se a soma da pena mínima com o aumento mínimo de um sexto for superior a um ano.

(B) Não se aplica a continuidade delitiva quando os delitos atingirem bens jurídicos personalíssimos de pessoas diversas, segundo o entendimento do Supremo Tribunal Federal.

(C) O Supremo Tribunal Federal admite a continuidade delitiva entre os crimes de furto e roubo.

(D) Configura-se concurso material a ação única lesiva ao patrimônio de diversas pessoas.

(E) Conforme o entendimento do Superior Tribunal de Justiça, não se aplica o princípio da consunção entre os crimes de falsidade e estelionato, por se tratar de caso de aplicação do concurso formal.

A: correta, já que retrata o entendimento sufragado nas Súmulas 723, do STF, e 243, do STJ; **B:** incorreta. Conferir, nesse sentido, o seguinte julgado do STF: "Nos termos da atual jurisprudência do STF, formada após a Reforma Penal de 1984 (art. 71, parágrafo único, do CP), a circunstância de os delitos praticados atingirem bens jurídicos personalíssimos de pessoas diversas não impede a continuação delitiva (...)" (HC 81579, Relator(a): Min. ILMAR GALVÃO, Primeira Turma, julgado em 19.02.2002, *DJ* 05.04.2002); **C:** incorreta. Nesse sentido: "A pretensão defensiva esbarra em vários pronunciamentos do Supremo Tribunal Federal. Pronunciamentos no sentido da impossibilidade do reconhecimento do fenômeno da continuidade delitiva (art. 71 do Código Penal) entre os delitos de roubo e de furto" (HC 96984, Relator(a): Min. AYRES BRITTO, Segunda Turma, julgado em 05.10.2010); **D:** incorreta, na medida em que o concurso material pressupõe que o agente, mediante mais de uma ação ou omissão, pratique dois ou mais crimes (art. 69 do CP); **E:** incorreta, uma vez que contraria o entendimento consolidado na Súmula 17, do STJ: *Quando o falso se exaure no estelionato, sem mais potencialidade lesiva, é por este absorvido*".

Gabarito "A".

(Juiz de Direito/DF – 2016 – CESPE) Considerando as orientações legais relativas a aplicação de penas, assinale a opção correta.

(A) Havendo concurso formal de delitos, em que o agente, mediante uma só ação ou omissão, pratica dois ou mais crimes, idênticos ou não, aplicar-se-á a pena privativa de liberdade mais grave, ou, se as penas forem iguais, aplicar-se-á apenas uma delas, majorada, em qualquer caso, de um sexto até metade, sem prejuízo de eventual cumulação de penas, nas situações em que a ação ou a omissão for dolosa, e os crimes resultarem de desígnios autônomos.

(B) As agravantes e as atenuantes previstas no CP são *numerus clausus*, ou seja, não é possível invocar circunstância atenuante ou agravante que não tenha sido expressamente prevista no texto legal.

(C) No caso de concurso material de delitos, quando os crimes forem praticados, mediante mais de uma ação ou omissão, e resultarem na aplicação cumulativa de penas de reclusão e detenção, o agente deverá cumprir, primeiramente, a pena de detenção.

(D) O agente, condenado por sentença transitada em julgado pela prática de crime de motim, será considerado reincidente, em caso de sentença condenatória por crime de furto.

(E) Se, no curso do prazo, o agente cometer novo crime doloso ou culposo, a suspensão condicional da pena deverá ser revogada; no entanto, se o beneficiado for condenado, irrecorrivelmente, por contravenção penal à pena privativa de liberdade, a revogação será facultativa.

A: correta, pois corresponde à descrição contida no art. 70 do CP, que trata do concurso formal de crimes; **B:** incorreta. É verdade que o rol de agravantes (art. 61 do CP) é taxativo, sendo defeso ao juiz, pois, utilizar-se, no processo de fixação da pena, de qualquer expediente para ampliar as hipóteses de incidência; no que concerne às atenuantes, listadas no art. 65 do CP, o art. 66 do CP prevê, de forma expressa, a possibilidade de o magistrado atenuar a pena *em razão de circunstância relevante, anterior ou posterior ao crime, embora não prevista expressamente em lei*; **C:** incorreta. Por expressa disposição do art. 69, *caput*, parte final, do CP, o agente, em casos assim, deverá cumprir, em primeiro lugar, a pena de *reclusão*; **D:** incorreta, já que contraria o disposto no art. 64, II, do CP; **E:** incorreta (art. 81, I, do CP).

Gabarito "A".

(Juiz de Direito/DF – 2016 – CESPE) À luz da jurisprudência sumulada do STJ, assinale a opção correta referente à aplicação da pena.

(A) Em decorrência do princípio da individualização da pena, é possível aplicar a majorante do roubo ao delito de furto qualificado pelo concurso de agentes, desde que essa ação seja fundamentada nas circunstâncias do caso concreto.

(B) Ainda que a pena-base tenha sido fixada no mínimo legal, é admissível a fixação de regime prisional mais gravoso que o cabível, em razão da sanção imposta, com fundamento na gravidade concreta ou abstrata do delito.

(C) Embora seja vedada a utilização de inquéritos policiais em andamento para aumentar a pena-base, é possível a utilização de ações penais em curso para requerer o aumento da referida pena.

(D) É inadmissível a fixação de pena restritiva de direitos substitutiva da pena privativa de liberdade como condição judicial especial ao regime aberto.

(E) O número de majorantes referentes ao delito de roubo circunstanciado pode ser utilizado como critério para a exasperação da fração incidente pela causa de aumento da pena.

A: incorreta, uma vez que não reflete o entendimento consolidado na Súmula 442, do STJ: *É inadmissível aplicar, no furto qualificado, pelo concurso de agentes, a majorante do roubo*; **B:** incorreta, uma vez que não reflete o entendimento consolidado na Súmula 440, do STJ: *Fixada a pena-base no mínimo legal, é vedado o estabelecimento de regime prisional mais gravoso do que o cabível em razão da sanção imposta, com base apenas na gravidade abstrata do delito*; **C:** incorreta, uma vez que não reflete o entendimento consolidado na Súmula 444, do STJ: *É vedada a utilização de inquéritos policiais e ações penais em curso para* *agravar a pena-base*; **D:** correta, uma vez que reflete o entendimento consolidado na Súmula 493, do STJ: *É inadmissível a fixação de pena substitutiva (art. 44 do CP) como condição especial ao regime aberto*; **E:** incorreta, uma vez que não reflete o entendimento consolidado na Súmula 443, do STJ: *O aumento na terceira fase de aplicação da pena no crime de roubo circunstanciado exige fundamentação concreta, não sendo suficiente para a sua exasperação a mera indicação do número de majorantes.*

Gabarito "D".

(Advogado União – AGU – CESPE – 2015) Um servidor público, concursado e estável, praticou crime de corrupção passiva e foi condenado definitivamente ao cumprimento de pena privativa de liberdade de seis anos de reclusão, em regime semiaberto, bem como ao pagamento de multa.

A respeito dessa situação hipotética, julgue o item seguinte (adaptada).

(1) O servidor deve perder, automaticamente, o cargo público que ocupa, mas poderá reingressar no serviço público após o cumprimento da pena e a reabilitação penal.

1: incorreta. No que toca à perda do cargo, função pública ou mandato eletivo como efeito secundário de natureza extrapenal da condenação, há duas situações a considerar: se a pena privativa de liberdade aplicada for superior a quatro anos, é de rigor a perda do cargo, função ou mandato eletivo, pouco importando, neste caso, se a conduta do funcionário foi praticada com abuso de poder ou com violação de dever inerente à função pública (art. 92, I, *b*, do CP). É o caso desta assertiva; agora, se a pena privativa de liberdade aplicada for inferior a quatro, a perda do cargo, função pública ou mandato eletivo do agente somente se dará se este houver agido, na prática criminosa, com abuso de poder ou violação de deveres para com a Administração Pública (art. 92, I, *a*, do CP). Nas duas hipóteses, cuida-se de efeito não automático da condenação, exigindo, portanto, declaração motivada na sentença (art. 92, parágrafo único, do CP). Ademais, a reabilitação não alcança os efeitos da condenação previstos no art. 92, I e II, do CP, entre as quais está a perda de cargo público (art. 93, parágrafo único, do CP). ED

Gabarito 1E

(Magistratura/BA – 2012 – CESPE) Assinale a opção correta com base no entendimento dos tribunais superiores acerca de cominações legais.

(A) Aplica-se ao crime continuado a lei penal mais grave caso a sua vigência seja anterior à cessação da continuidade.
(B) Aplica-se ao furto qualificado, em razão do concurso de agentes, a majorante do roubo.
(C) Fixada a pena-base no mínimo legal em face do reconhecimento das circunstâncias judiciais favoráveis ao réu, é possível infligir-lhe regime prisional mais gravoso considerando-se isoladamente a gravidade genérica do delito.
(D) A pena do crime de roubo circunstanciado, na terceira fase de aplicação, será exasperada em razão do número de causas de aumento.
(E) Aplica-se a continuidade delitiva aos crimes de estelionato, de receptação e de adulteração de sinal identificador de veículo automotor, infrações penais da mesma espécie.

A: correta, pois, de fato, de acordo com a Súmula 711 do STF, a lei penal mais grave aplica-se ao crime continuado (e, também, ao crime permanente), se sua vigência é anterior à cessação da continuidade (ou, no caso dos crimes permanentes, à cessação da permanência); **B:** incorreta, pois é inadmissível aplicar, no furto qualificado, pelo concurso de agentes, a majorante do roubo (Súmula 442 do STJ); **C:** incorreta (Súmula 440 do STJ; Súmulas 718 e 719 do STF); **D:** incorreta, pois o aumento na terceira fase de aplicação da pena no crime de roubo circunstanciado exige fundamentação concreta, não sendo suficiente para a sua exasperação a mera indicação do número de majorantes (Súmula 443 do STJ); **E:** incorreta, pois não há dúvidas de que a continuidade delitiva somente poderá ser reconhecida se forem praticados crimes da mesma espécie. À evidência, estelionato (art. 171, CP) e receptação (art. 180, CP), crimes patrimoniais que são, não são da mesma espécie do crime de adulteração de sinal identificador de veículo automotor (art. 311, CP), que atenta contra a fé pública.

Gabarito "A".

(Defensor Público/AC – 2012 – CESPE) De acordo com os preceitos do CP relativos à aplicação de pena, a circunstância judicial referente ao conjunto de ações que compõe o comportamento do agente em diversos âmbitos, tais como na família, na sociedade e no trabalho, corresponde

(A) aos antecedentes penais do agente.
(B) à culpabilidade do agente.
(C) à personalidade do agente.
(D) às circunstâncias do crime.
(E) à conduta social do agente.

A *conduta social*, circunstância judicial prevista no art. 59 do CP, diz respeito ao papel desempenhado pelo réu no meio social em que está inserido, abrangendo o seu comportamento no trabalho, no núcleo familiar, na escola etc.

Gabarito "E".

(Defensor Público/RO – 2012 – CESPE) Marcos adquiriu, por mil reais, em cidade do interior de Goiás, de Felipe, seu amigo conhecido pela prática de furtos, um veículo ano 2012, subtraído, na semana anterior, de Luiz por Felipe e seus comparsas Davi e Ernesto, no estacionamento em frente a um hospital, em cidade de outro estado da Federação. O delito fora presenciado por Fernando e Guilherme, que reconheceram Felipe, Davi e Ernesto como autores do fato. Luiz foi indenizado civilmente pela companhia seguradora. Marcos, abordado por policiais militares na condução do veículo, alegou, no processo criminal, não ter ciência da origem ilícita do bem, pois o teria adquirido para uso próprio, e que pagara mil reais a título de sinal e que o vendedor, conhecido apenas por Cabeludo, procederia à transferência e a entrega da documentação do veículo assim como as parcelas do financiamento. Ernesto confessou que praticara o crime na companhia de Felipe e Davi e que, na mesma data, conduziram o veículo até a cidade do interior de Goiás, onde o venderam a Marcos por mil reais. Felipe, que negou qualquer participação criminosa, não ostentava, à época, circunstância judicial desfavorável, mas era reincidente em crimes de furto e de porte ilegal de arma de fogo; também não havia, em relação a ele, circunstância atenuante da pena. Davi foi submetido a exame de sanidade mental, que concluiu que ele, à época do ocorrido, não era inteiramente capaz de entender o caráter ilícito do fato, em virtude de desenvolvimento mental incompleto.

Com base na situação hipotética acima apresentada, assinale a opção correta à luz do CP e da jurisprudência do STJ.

(A) É incabível a condenação de Davi por crime de furto, mas o juiz poderá decidir pela aplicação de medida de segurança de internação em hospital de custódia e tratamento psiquiátrico.
(B) Se Davi necessitar de especial tratamento curativo, o juiz poderá decidir pela aplicação de medida de segurança de tratamento ambulatorial, com prazo mínimo de três meses a um ano.
(C) Sendo imposta a Felipe condenação por crime de furto e sendo a pena aplicada igual ou inferior a quatro anos de reclusão, o juiz poderá substituir a pena privativa de liberdade por pena restritiva de direitos.
(D) Sendo imposta a Felipe condenação por crime de furto e sendo aplicada pena privativa de liberdade de três anos e seis meses de reclusão, o regime inicial de cumprimento da pena será obrigatoriamente o fechado, dada reincidência nos crimes de furto e de porte ilegal de arma de fogo.
(E) Sendo imposta a Felipe condenação por crime de furto, o juiz não poderá aplicar pena privativa de liberdade inferior a três anos de reclusão.

A: incorreta. Davi poderá, sim, ser condenado pela prática do crime de furto. É que estava, ao tempo da conduta, *parcialmente* privado de sua capacidade de compreender o caráter ilícito de seu ato. Deve, assim, ser considerado, nos termos do art. 26, parágrafo único, do CP, semi-imputável, fazendo jus, por isso, se condenado, a uma diminuição de pena da ordem de um a dois terços; **B:** incorreta, visto que o art. 98 do CP estabelece o prazo mínimo de 1 (um) a 3 (três) anos, e não de 3 (três) meses a 1 (um) ano; **C:** incorreta. Descabe, em relação a Felipe, a substituição da pena privativa de liberdade por restritivas de direitos, visto ser reincidente em crime doloso (furto e porte ilegal de arma de fogo), nos termos do art. 44, II, do CP; **D:** incorreta, pois não reflete o entendimento firmado na Súmula n. 269 do STJ: "É admissível a adoção do regime prisional semiaberto aos reincidentes condenados a pena igual ou inferior a quatro anos se favoráveis as circunstâncias judiciais"; **E:** correta, pois em conformidade com o que dispõe o art. 155, § 5º, do CP, que estabelece, para o crime de furto de veículo automotor que venha a ser transportado para outro estado da Federação, a pena de reclusão de 3 (três) a 8 (oito) anos.

Gabarito "E".

14. *SURSIS*, LIVRAMENTO CONDICIONAL, REABILITAÇÃO E MEDIDAS DE SEGURANÇA

(Delegado/PE – 2016 – CESPE) A respeito do livramento condicional, assinale a opção correta.

(A) O benefício do livramento condicional é um direito subjetivo do condenado, a ser concedido pelo juiz na sentença condenatória, desde que o réu preencha os requisitos legais subjetivos e objetivos, no momento da sentença penal condenatória, de modo a substituir a pena privativa de liberdade e restritiva de direitos por liberdade vigiada e condicionada.

(B) Caso o liberado condicionalmente seja condenado irrecorrivelmente por crime praticado durante o gozo do livramento condicional, sendo a nova pena imposta a privativa de liberdade, haverá a revogação obrigatória do livramento condicional e o tempo do período de prova será considerado para fins de desconto na pena.

(C) Em caso de prática de crime durante o período de prova do livramento condicional, o juiz não poderá prorrogar o benefício, devendo declarar extinta a punibilidade quando, ao chegar o fim daquele período fixado, o beneficiário não for julgado em processo a que responde por crime cometido na vigência do livramento.

(D) Entre outros requisitos legais, segundo o CP, em caso de crime doloso cometido com violência ou grave ameaça à pessoa, a concessão do livramento condicional ao condenado ficará também subordinada à constatação de condições pessoais que façam presumir que o liberado não voltará a delinquir.

(E) A prática de falta grave, devidamente apurada em procedimento disciplinar, interrompe o requisito temporal para a concessão do livramento condicional.

A: incorreta, tendo em conta que o livramento condicional somente será concedido no curso da execução da pena privativa de liberdade, haja vista que um de seus requisitos é justamente o fato de o condenado haver cumprido parte da pena que lhe foi imposta na sentença, o que somente será apreciado, sem prejuízo da observância dos demais requisitos legais, pelo juízo da execução; **B:** incorreta. Considerando que o crime pelo qual foi condenado em definitivo o liberado foi praticado durante o gozo do benefício, hipótese contemplada no art. 86, I, do CP, impõe-se, por força dos arts. 88 do CP e 142 da LEP, que o tempo em que esteve solto o liberado não seja computado para fins de desconto na pena; **C:** incorreta. Isso porque, no caso narrado nesta alternativa, em que o condenado responde a processo por delito praticado no curso do período de prova do benefício, impõe-se a prorrogação automática desse interregno com o propósito de se verificar se é ou não o caso de revogação obrigatória do benefício (art. 89, CP); **D:** correta, pois retrata o que estabelece o art. 83, parágrafo único, do CP; **E:** incorreta, pois contraria o entendimento sufragado na Súmula 441, do STJ. Atenção: a Lei 13.964/2019, com vigência a partir de 23 de janeiro de 2020 e posterior, portanto, à aplicação desta prova, introduziu novo requisito para a concessão do livramento condicional. Até então, tínhamos que o inciso III do art. 83 do CP continha os seguintes requisitos: comportamento satisfatório no curso da execução da pena; bom desempenho no trabalho atribuído ao reeducando; e aptidão para prover à própria subsistência por meio de trabalho honesto. O que fez a Lei 13.964/2019 foi inserir, neste inciso III, um quarto requisito. Doravante, além de preencher os requisitos contemplados no art. 83 do CP (nos seus cinco incisos), é de rigor que o reeducando, para fazer jus à concessão do livramento, não tenha cometido falta grave nos últimos 12 meses. O inciso III, que passou a abrigar esta modificação, foi fracionado em quatro alíneas ("a", "b", "c" e "d"), cada qual correspondente a um requisito (os três aos quais me referi acima e este novo requisito introduzido pela *novel* lei)

Gabarito "D".

(Magistratura/PA – 2012 – CESPE) Acerca das medidas de segurança, assinale a opção correta.

(A) A semi-imputabilidade não implica a imposição obrigatória de medida de segurança, visto que vigora no ordenamento jurídico brasileiro o sistema vicariante, cabendo ao juiz a aplicação da pena ou da medida de segurança.

(B) A cessação da periculosidade do agente atestada por laudo médico não enseja necessariamente a sua imediata desinternação do estabelecimento psiquiátrico, sendo necessária a demonstração, em juízo, de que a recuperação médica também tenha ensejado a recuperação social.

(C) Não configura constrangimento ilegal o recolhimento em presídio comum, pelo prazo superior a um ano, de sentenciado submetido a medida de segurança que consista em internação em hospital de custódia e tratamento psiquiátrico, caso seja comprovada a falta de vagas nesse tipo de estabelecimento.

(D) Segundo a jurisprudência do STJ, a medida de segurança não configura espécie de sanção penal embora se sujeite aos prazos prescricionais aplicáveis aos delitos cometidos pelos inimputáveis.

(E) Constitui *reformatio in pejus* o fato de o tribunal substituir a pena privativa de liberdade fixada no mínimo legal por medida de segurança, com base em laudo psiquiátrico que considere o acusado inimputável, visto que essa medida poderá ter duração igual ao máximo da pena cominada ao delito praticado.

A: correta. De fato, com a reforma da Parte Geral do CP, promovida pela Lei 7.209/1984, em matéria de medidas de segurança, adotou-se o denominado "sistema vicariante", segundo o qual, com relação ao semi-imputável, será aplicada pena (com redução de um a dois terços, consoante parágrafo único, do art. 26, do CP) ou medida de segurança (neste caso, desde que o condenado necessite de especial tratamento curativo, conforme preconiza o art. 98 do CP); **B:** incorreta, pois, uma vez constatada a cessação da periculosidade, evidentemente por laudo pericial, haverá a desinternação ou a liberação condicional do agente (art. 97, §§ 1º e 3º, do CP); **C:** incorreta, pois é direito do internado permanecer em estabelecimento dotado de características hospitalares, sendo submetido a tratamento (art. 99 do CP); **D:** incorreta, pois, como é sabido e ressabido, a medida de segurança é espécie de sanção penal, cabível, por evidente, apenas aos inimputáveis ou semi-imputáveis com periculosidade reconhecia, podendo, de plano, a assertiva ser excluída pelo candidato; **E:** incorreta. Confira-se a ementa a seguir, referente ao HC 187051/SP, da relatoria do Min. Gilson Dipp, com julgamento realizado em 06/10/11: *Processual penal. Habeas corpus. Roubo duplamente majorado. Substituição da pena por medida de segurança em sede de apelação. Alegação de reformatio in pejus e extra petita. Inocorrência. Art.149 do código de processo penal. Violação súmula 525-STF. Inocorrência. Ordem denegada. O art. 149 do Código de Processo Penal não estabelece o momento processual para a realização do exame médico legal, devendo ele ser realizado com o surgimento de dúvida razoável sobre a integridade mental do acusado. Não constitui reformatio in pejus o fato de o Tribunal substituir a pena privativa de liberdade por medida de segurança, com base em laudo psiquiátrico que considerou o acusado inimputável, vez que a medida de segurança é mais benéfica do que a pena, vez que objetiva a proteção da saúde do acusado (...).*

Gabarito "A".

(Magistratura/PB – 2011 – CESPE) A respeito das penas e das medidas de segurança, assinale a opção correta.

(A) Não se admite a concessão do trabalho externo desde o início do cumprimento da pena a condenado em regime semiaberto, ainda que verificadas condições pessoais favoráveis, no caso concreto, pelo juízo das execuções penais, sendo necessário o cumprimento de percentual mínimo da pena antes da concessão da benesse ao sentenciado.

(B) Medida de segurança não constitui espécie do gênero sanção penal, sendo sua finalidade exclusivamente preventiva, ou seja, destina-se a evitar que o agente que demonstre periculosidade volte a delinquir.

(C) No CP, adota-se, em relação à aplicação das penas, o chamado sistema duplo binário, sendo indevida a aplicação cumulativa e simultânea de pena tipicamente criminal e medida de segurança ao mesmo réu.

(D) Se o réu estiver cumprindo pena no regime semiaberto e este se tornar incompatível em razão da soma de nova pena por outro crime, deverá o magistrado proceder à regressão do acusado ao regime fechado e, ao unificar as penas, deve abater do tempo efetivamente cumprido pelo réu o lapso temporal para a concessão da progressão.

(E) Na falta de vagas em estabelecimento compatível ao regime fixado na condenação, não configura constrangimento ilegal a submissão do réu ao cumprimento de pena em regime mais gravoso, devendo ele cumprir a reprimenda sob esse regime até o surgimento de vaga em outro regime compatível com o decreto condenatório.

A: o STJ firmou entendimento segundo o qual é admitido o trabalho externo já no início do cumprimento da pena ao condenado em regime semiaberto. Nesse sentido: STJ, HC 92.320, DJU 7.4.08; **B:** medida de segurança constitui, sim, ao lado da pena, espécie do gênero *sanção penal*. Sua função é a de prevenir crimes que possam ser cometidos pelo sujeito considerado perigoso; **C:** assertiva incorreta, pois adotamos o *sistema vicariante*, que determina o cumprimento de medida de segurança (na hipótese de periculosidade) ou de pena privativa de liberdade (se houver culpabilidade), não sendo permitido que o agente cumpra as duas espécies de sanção penal ao mesmo tempo, pelo mesmo fato, o que ocorria no *sistema do duplo binário*, vigente até a reforma do Código Penal em 1984; **D:** correta, nos termos do art. 118, II, da LEP; **E:** a jurisprudência do STJ firmou entendimento no sentido de que não pode o condenado ser submetido a regime prisional mais gravoso do que aquele estabelecido na sentença (HC 8.158-SP, 5ª T., rel. Min. Felix Fischer, j. 1.6.99).

Gabarito "D".

(Defensor Público/AC – 2012 – CESPE) Ocorrerá a revogação obrigatória do *sursis* penal se, no curso do prazo, o beneficiário for

(A) preso pela prática de crime doloso.

(B) condenado, em sentença irrecorrível, por crime culposo, à pena privativa de liberdade.

(C) condenado, em sentença irrecorrível, por crime doloso, à pena restritiva de direitos.

(D) condenado, em sentença irrecorrível, por contravenção penal, à pena de prisão simples.

(E) condenado, em sentença irrecorrível, por crime culposo, à pena restritiva de direitos.

As causas de revogação do *sursis* (suspensão condicional da pena) podem ser *obrigatórias* ou *facultativas*. O art. 81, § 1º, do CP enumera as hipóteses de revogação facultativa; o art. 81, *caput*, do CP, por sua vez, elenca as causas de revogação obrigatória, entre as quais está aquela em que o beneficiário é condenado, em sentença com trânsito em julgado, por crime doloso (art. 81, I, do CP).

Gabarito "C".

(Defensor Público/RO – 2012 – CESPE) Após acidente de trânsito, Joaquim saiu apressadamente de seu veículo para cobrar do motorista do veículo que colidira com o seu os prejuízos causados à lanterna de seu veículo. Fabiano, o outro motorista, irritado com o tom de voz de Joaquim, agrediu-o fisicamente com golpes de socos e pontapés, causando-lhe ferimentos que provocaram a sua incapacidade para as ocupações habituais por mais de trinta dias. Fabiano, de sessenta e um anos de idade e já condenado, anteriormente, por crime de ameaça, à pena de multa, foi processado e condenado, definitivamente, pelo crime de lesão corporal de natureza grave, à pena privativa de liberdade de um ano e dois meses de reclusão sob o regime aberto. O juiz, embora entendesse que Fabiano não ostentava circunstâncias judiciais desfavoráveis, fez incidir a circunstância agravante da reincidência e, por fim, considerou incabível a substituição da pena por restritiva de direitos.

Com base nessa situação hipotética e no que dispõe o CP, assinale a opção correta.

(A) O juiz deve conceder a Fabiano o *sursis* etário pelo período de prova de quatro a seis anos, por se tratar de idoso.

(B) O juiz pode suspender a execução da pena pelo período de prova de dois a quatro anos, ainda que Fabiano seja reincidente em crime doloso.

(C) Durante os primeiros dois anos do período de prova, Fabiano deverá cumprir prestação de serviços à comunidade e submeter-se à limitação de fim de semana.

(D) O juiz deverá revogar a suspensão condicional da execução da pena se Fabiano, no período de prova, for condenado, em primeira instância por crime doloso, ou por sentença irrecorrível em crime culposo.

(E) A suspensão condicional da execução da pena poderá ser revogada se Fabiano for condenado irrecorrivelmente por crime culposo ao qual seja aplicada pena de multa.

A: incorreta. Dado que Fabiano tem sessenta e um anos de idade, é-lhe vedada a concessão do *sursis* etário, ao qual faz jus aquele que, à data da sentença, conta com mais de setenta anos (art. 77, § 2º, do CP); **B:** correta, pois, segundo estabelece o art. 77, § 1º, do CP, a condenação anterior a pena de multa não obsta a concessão do *sursis*; **C:** incorreta. As condições estabelecidas no art. 78, § 1º, do CP são alternativas e a elas somente se sujeitará o beneficiário durante o primeiro ano do prazo de suspensão (período de prova); **D:** incorreta, pois, nos termos do art. 81, I, do CP, somente terá lugar a revogação do *sursis*, na modalidade obrigatória, na hipótese de a sentença, que condenou o beneficiário por crime doloso, passar em julgado (sentença irrecorrível). A assertiva também está incorreta ao afirmar que o juiz *deverá* revogar o *sursis* quando o beneficiário é condenado, definitivamente, por crime culposo, dado que se trata de revogação facultativa, nos moldes do que estabelece o art. 81, § 1º, do CP; **E:** incorreta, pois, neste caso, é necessário que a pena imposta ao beneficiário seja privativa de liberdade ou restritiva de direitos (art. 81, § 1º, do CP).

Gabarito "B".

(Advogado da União/AGU – CESPE – 2012) Julgue os itens subsecutivos, a respeito dos efeitos da condenação criminal e de crimes contra a administração pública.

(1) Em regra, não se concede o direito de recorrer em liberdade ao réu que tiver permanecido preso durante toda a instrução do processo, pois a manutenção do réu na prisão constitui um dos efeitos da respectiva condenação.

(2) O tipo penal denominado peculato desvio constitui delito plurissubsistente, podendo a conduta a ele associada ser fracionada em vários atos, coincidindo o momento consumativo desse delito com a efetiva destinação diversa do dinheiro ou valor sob a posse do agente, desde que haja obtenção material do proveito próprio ou alheio.

(3) Considera-se efeito genérico e automático da condenação a restrição ao exercício de cargo público.

1: incorreta. A decretação ou manutenção da prisão cautelar (provisória ou processual), assim entendida aquela que antecede a condenação definitiva, deve sempre estar condicionada à demonstração de sua imperiosa necessidade. Bem por isso, deve o magistrado apontar as razões, no seu entender, que a tornam indispensável (art. 312 do CPP). Colocado de outra forma, a prisão provisória ou cautelar somente se justifica dentro do ordenamento jurídico quando necessária ao processo. Deve ser vista, portanto, como um instrumento do processo a ser utilizado em situações excepcionais. É por essa razão que a prisão decorrente de sentença penal condenatória recorrível deixou de constituir modalidade de prisão cautelar. Era uma prisão automática, já que, com a prolação da sentença condenatória, o réu era recolhido ao cárcere (independente de a prisão ser necessária). Nesse contexto, o acusado era considerado presumidamente culpado. Com as modificações introduzidas pela Lei 11.719/2008 e também em razão da atuação dos tribunais, esta modalidade de prisão cautelar deixou de existir, consagrando, assim, o postulado da presunção de inocência. Em vista dessa nova realidade, se o acusado permanecer preso durante toda a instrução, a manutenção dessa prisão somente terá lugar se indispensável for ao processo, pouco importando se, uma vez condenado em definitivo, permanecerá ou não preso. A prisão desnecessária decretada ou mantida antes de a sentença passar em julgado constitui antecipação da pena que porventura seria aplicada em caso de condenação, o que representa patente violação ao princípio da presunção de inocência, postulado esse de índole constitucional – art. 5º, LVII. De se ver ainda que, tendo em conta as mudanças implementadas pela Lei 12.403/2011, que instituiu as medidas cautelares alternativas à prisão provisória, esta somente terá lugar diante da impossibilidade de se recorrer às medidas cautelares. Dessa forma, a prisão, como medida excepcional que é, deve também ser vista como instrumento subsidiário, supletivo. Pois bem. Essa tônica (de somente dar-se início ao cumprimento da pena depois do trânsito em julgado da sentença penal condenatória) sofreu, no ano de 2016, um revés. Explico. O STF, em julgamento histórico realizado em 17 de fevereiro de 2016, mudou, à revelia de grande parte da comunidade jurídica, seu entendimento acerca da possibilidade de prisão antes do trânsito em julgado da sentença penal condenatória. A Corte, ao julgar o HC n. 126.292, passou a admitir a execução da pena após decisão condenatória proferida em segunda instância. Com isso, passou a ser desnecessário, para dar início ao cumprimento da pena, aguardar o trânsito em julgado da decisão condenatória. Flexibilizou-se, pois, o postulado da presunção de inocência e passou-se a admitir a execução provisória da pena. Naquela ocasião, votaram pela mudança de paradigma sete ministros, enquanto quatro mantiveram o entendimento até então prevalente. Cuidava-se, é bem verdade, de uma decisão tomada em processo subjetivo, sem eficácia vinculante, portanto. Tal decisão, a despeito disso, passou a ser vista como uma mudança de entendimento acerca de tema que há vários anos havia se sedimentado. Posteriormente a isso, nossa Suprema Corte foi chamada a se manifestar, em ações declaratórias de constitucionalidade impetradas pelo Conselho Federal da OAB e pelo Partido Ecológico Nacional, sobre a constitucionalidade do art. 283 do CPP. Existia a expectativa de que algum ou alguns dos ministros mudassem o posicionamento adotado no julgamento realizado em fevereiro de 2016. Afinal, a decisão, agora, teria uma repercussão muito maior, na medida em que tomada em ADC. Pois bem. Depois de muita especulação e grande expectativa, o STF, em julgamento realizado em 5 de outubro do mesmo ano, desta vez por maioria mais apertada (6 a 5), já que houve mudança de posicionamento do ministro Dias Toffoli, indeferiu as medidas cautelares pleiteadas nessas ADCs (43 e 44), mantendo, assim, o posicionamento que autorizava a prisão depois de decisão condenatória confirmada em segunda instância. O julgamento do mérito dessas ações permaneceu pendente até 7 de novembro de 2019, quando, finalmente, depois de muita expectativa, o STF, em novo julgamento histórico, referente às ADCs 43,44 e 54, mudou o entendimento adotado em 2016, até então em vigor, que permitia a execução (provisória) da pena de prisão após condenação em segunda instância. Reconheceu-se a constitucionalidade do art. 283 do CPP, com a redação que lhe foi dada pela Lei 12.403/2011. Por 6 x 5, ficou decidido que é vedada a execução provisória da pena. Cumprimento de pena, a partir de agora, portanto, somente quando esgotados todos os recursos. Atualmente, essa discussão acerca da possibilidade de prisão em segunda instância, que suscitou debates tão acalorados, chegando, inclusive, a ganhar as ruas, saiu do STF, onde até então se encontrava, e passou para o Parlamento. Hoje se discute qual o melhor caminho para inserir, no nosso ordenamento jurídico, a prisão após condenação em segunda instância. Aguardemos. Por fim, vale a observação de que o art. 283, *caput*, do CPP, objeto de tanta celeuma, teve sua redação modificada pela Lei 13.964/2019 (Pacote Anticrime); **2:** é verdadeira a afirmação segundo a qual o *peculato-desvio* (art. 312, "*caput*", segunda parte, do CP) constitui crime *plurissubsistente*, já que a conduta prevista no tipo penal comporta fracionamento. De outro lado, pode-se dizer que a assertiva é incorreta na medida em que este crime atinge a consumação com o efetivo desvio, independe de o agente alcançar o fim perseguido; **3:** a teor do art. 92, I, do CP, a perda de cargo, função pública ou mandato eletivo constitui *efeito específico e não automático* (é necessário que o juiz quanto a isso se manifeste). Assertiva, portanto, incorreta.

Gabarito 1E, 2E, 3E

15. AÇÃO PENAL

(Técnico Judiciário – TJDFT – 2013 – CESPE) No que se refere a ação penal e extinção da punibilidade, julgue os itens seguintes.

(1) Não é possível a concessão de anistia, graça ou indulto àqueles que tenham praticado crimes hediondos.

(2) As causas de extinção da punibilidade, como a prescrição, a morte do autor do fato e a decadência do direito de queixa, podem ser reconhecidas de ofício pelo juiz.

(3) Considere que Carlos tenha ameaçado seu amigo Maurício de mal injusto e grave, razão por que Maurício, na delegacia de polícia, representou contra ele. Nessa situação hipotética, sendo o crime de ação penal pública condicionada, se assim desejar, Maurício poderá retratar a representação até o oferecimento da denúncia pelo MP.

1: correta, pois reflete o disposto no art. 2º, I, da Lei 8.072/1990 (Crimes Hediondos); **2:** correta, pois em conformidade com o que estabelece o art. 61, *caput*, do CPP; **3:** correta. Em conformidade com o que estabelecem os arts. 25 do CPP e 102 do CP, de fato a representação será retratável até o oferecimento da denúncia. Isto é, o dispositivo legal confere à vítima o direito de retroceder e retirar do Ministério Público a autorização dada para que este dê início à ação penal, desde que o faça – repita-se – até o oferecimento da denúncia.

Gabarito 1C, 2C, 3C

16. EXTINÇÃO DA PUNIBILIDADE EM GERAL

(Defensor Público - DPE/DF - 2019 - CESPE/CEBRASPE) Acerca da ação penal, das causas extintivas da punibilidade e da prescrição, julgue os seguintes itens.

(1) Conforme entendimento do STF, a persecução penal por crime contra a honra de servidor público no exercício de suas funções é de ação pública condicionada à representação do ofendido.

(2) A concessão do perdão judicial nos casos previstos em lei é causa extintiva da punibilidade do crime, não subsistindo qualquer efeito condenatório, salvo para fins de reincidência.

(3) Nos casos de concurso formal ou de continuidade delitiva, a extinção da punibilidade pela prescrição regula-se pela pena imposta a cada um dos crimes isoladamente, afastando o acréscimo decorrente dos respectivos aumentos de pena.

1: errada. Nos termos do disposto no art. 145, parágrafo único, do CP, se se tratar de crime perpetrado contra a honra de funcionário público em razão de suas funções, a ação penal será *pública condicionada à representação do ofendido*. Ocorre, no entanto, que o STF, por meio da Súmula 714, firmou entendimento no sentido de que, nesses casos, a legitimidade é concorrente entre o ofendido (mediante queixa) e o Ministério Público (ação pública condicionada à representação do ofendido); **2:** errada, pois, sendo a sentença concessiva do perdão judicial de natureza declaratória da extinção da punibilidade, consoante dispõe a Súmula 18 do STJ, não subsistirá qualquer efeito condenatório, aqui incluída a reincidência. Também nesse sentido o art. 120 do CP: "A sentença que conceder perdão judicial não será considerada para efeitos de reincidência"; **3:** correta. De fato, nas modalidades de concurso de crimes (material, formal ou continuado), a prescrição atingirá a pena de cada crime, de forma isolada, tal como estabelece o art. 119 do CP, ou seja, não se levará em conta o aumento a que se referem os artigos 70 (concurso formal) e 71 (continuidade delitiva), do CP. É o que consta da Súmula 497 do STF: *quando se tratar de crime continuado, a prescrição regula-se pela pena imposta na sentença, não se computando o acréscimo decorrente da continuação.* ED

Gabarito 1E, 2E, 3C

(Defensor Público/PE – 2018 – CESPE) Com relação à punibilidade e às causas de sua extinção, julgue os itens a seguir.

I. A morte do agente extingue todos os efeitos penais, exceto a cobrança da pena de multa e da pena alternativa pecuniária, que poderão ser cobradas dos herdeiros.

II. O instrumento normativo para instrumentalizar o indulto e a anistia é o decreto presidencial; enquanto a graça é concedida por lei.

III. De acordo com o Código Penal, o recebimento de indenização pelo dano resultante do crime caracteriza renúncia tácita ao direito de prestar queixa.

IV. A retratação, prevista no Código Penal, é admitida nos casos de crimes contra a honra, mas apenas se tratar-se de calúnia e difamação, sendo inadmissível na injúria.

V. Em se tratando de crimes contra honra, o Código Penal prevê a possibilidade de retratação exclusivamente pessoal, ou seja, ela não se comunica aos demais ofensores.

Estão certos apenas os itens

(A) I e II.

(B) I e III.
(C) II e V.
(D) III e IV.
(E) IV e V.

I: incorreta, na medida em que a pena (em qualquer de suas modalidades), por imposição de índole constitucional (art. 5º, XLV), não passará da pessoa do condenado, podendo a obrigação de reparar o dano e a decretação do perdimento de bens alcançar os sucessores, até o limite do valor do patrimônio transferido; **II:** incorreta. A *anistia*, causa extintiva da punibilidade prevista no art. 107, II, do CP, corresponde à exclusão, por meio de lei ordinária, de fato criminoso. Já a *graça* será concedida pelo Presidente da República (art. 84, XII, da CF/1988), que poderá, no entanto, delegar tal prerrogativa aos Ministros de Estado, ao Procurador-Geral da República ou ao Advogado-Geral da União (art. 84, parágrafo único, da CF/1988). O *indulto*, a exemplo da graça, será instrumentalizado por meio de decreto do Presidente da República; **III:** incorreta, pois contraria o disposto no art. 104, parágrafo único, do CP; **IV:** correta (art. 143, *caput*, do CP); **V:** correta. De fato, a retratação, por ser causa extintiva de punibilidade de caráter subjetivo, somente alcança o querelado que se retratou; os demais que não se retrataram, portanto, não serão beneficiados. ED

Gabarito "E"

(Defensor Público – DPE/RN – 2016 – CESPE) No que se refere à extinção da punibilidade, assinale a opção correta.

(A) Nos crimes contra a ordem tributária, o pagamento integral do débito tributário após o trânsito em julgado da condenação é causa de extinção da punibilidade.
(B) Na compreensão do STF, a decisão que, com base em certidão de óbito falsa, julga extinta a punibilidade do réu não pode ser revogada, dado que gera coisa julgada material.
(C) O indulto, ato privativo do presidente da República, tem por escopo extinguir os efeitos primários da condenação, isto é, a pena, de forma plena ou parcial. Todavia, persistem os efeitos secundários, tais como a reincidência.
(D) O recebimento de queixa-crime pelo juiz não é condição para o reconhecimento da perempção.
(E) O ajuizamento da queixa-crime perante juízo incompetente *ratione loci*, no prazo fixado para o seu exercício, não obsta o decurso do prazo decadencial.

A: incorreta. Conferir: "O art. 9º da Lei 10.684/2003 trata da extinção da punibilidade pelo pagamento do débito tributário, antes do trânsito em julgado da condenação, uma vez que faz menção expressa à pretensão punitiva do Estado. Não há que se falar em extinção da punibilidade pelo pagamento, quando se trata de pretensão executória, que é o caso dos autos" (RHC 56.665/PE, Rel. Ministra Maria Thereza de Assis Moura, Sexta Turma, julgado em 19.03.2015, DJe 27.03.2015); **B:** incorreta. Ao contrário do que se afirma, entende o STF que a decisão que, com base em certidão de óbito falsa, julga extinta a punibilidade do réu pode, sim, ser revogada, dado que não gera coisa julgada material. Conferir: "A decisão que, com base em certidão de óbito falsa, julga extinta a punibilidade do réu pode ser revogada, dado que não gera coisa julgada em sentido estrito" (HC 104998, Relator(a): Min. Dias Toffoli, Primeira Turma, julgado em 14.12.2010, DJe-085 Divulg 06-05-2011 Public 09-05-2011 Ement vol-02517-01 pp-00083 RTJ vol-00223-01 PP-00401); **C:** correta. De fato, o *indulto*, que é concedido de ofício pelo presidente da República (art. 84, XII, da CF) de forma coletiva, somente atinge as sanções penais impostas (pena), permanecendo os demais efeitos, tanto os penais (tal como a reincidência) quanto os extrapenais; **D:** incorreto. Por se tratar de causa extintiva da punibilidade que somente se verifica no curso da ação penal privada, tal somente poderá se dar a partir do recebimento da queixa. Vale lembrar que a perempção, cujas hipóteses de incidência estão elencadas no art. 60 do CPP, constitui uma sanção aplicada ao querelante consubstanciada na perda do direito de continuar na ação penal, o que se dá em razão de sua desídia processual. Não cabe na ação penal privada subsidiária da pública; somente na privada exclusiva; **E:** incorreta. Conferir: "(...) Mesmo que a queixa-crime tenha sido apresentada perante Juízo incompetente, o certo é que o seu simples ajuizamento é suficiente para obstar a decadência" (RHC 25.611/RJ, Rel. Ministro Jorge Mussi, Quinta Turma, julgado em 09.08.2011, DJe 25.08.2011).

Gabarito "C"

(Procurador do Estado – PGE/BA – CESPE – 2014) No que diz respeito aos diversos institutos previstos na parte geral do Código Penal, julgue o item seguinte (adaptada).

(1) Considere que determinado indivíduo condenado definitivamente pela prática de determinado delito tenha obtido a extinção da punibilidade por meio de anistia e que, um ano depois do trânsito em julgado da sentença condenatória, tenha cometido novo delito. Nessa situação, esse indivíduo é considerado reincidente, estando, pois, sujeito aos efeitos da reincidência.

1: incorreta. A anistia, causa extintiva da punibilidade, tem o condão de apagar todos os efeitos penais. Isto é, a condenação é rescindida, razão pela qual, se praticar, no futuro, novo crime, não poderá o anistiado ser considerado reincidente. Cuidado: a despeito disso, os efeitos civis da sentença condenatória permanecem íntegros. ED

Gabarito 1E

(Magistratura/PA – 2012 – CESPE) Acerca da extinção da punibilidade, assinale a opção correta.

(A) Não se admite a extensão, para outro crime, dos efeitos da extinção da punibilidade pelo perdão judicial concedido em relação a homicídio culposo, ainda que ambos os crimes tenham sido praticados em concurso formal.
(B) De acordo com jurisprudência firmada no STJ, admite-se a extinção da punibilidade pela prescrição da pretensão punitiva, com fundamento em pena hipotética a ser aplicada no processo penal.
(C) Nos delitos de estupro, é admissível o reconhecimento da extinção da punibilidade pela perempção em ação penal privada subsidiária de ação penal pública.
(D) A sentença concessiva do perdão judicial é declaratória da extinção da punibilidade, não subsistindo, exceto quanto aos efeitos secundários, qualquer outro efeito condenatório.
(E) Nos crimes conexos, a extinção da punibilidade de um deles impede, no que diz respeito aos outros, a agravação da pena resultante da conexão.

A: correta, pois o perdão judicial, no caso do homicídio culposo, gerará a extinção da punibilidade apenas para ele, não se estendendo a outro crime, ainda que praticado em concurso formal. Afinal, referida causa extintiva da punibilidade somente será admitida nos casos permitidos por lei (art. 107, IX, do CP). Nesse sentido é a jurisprudência do STJ: *Direito penal. Recurso especial. Perdão judicial. Extensão dos efeitos. Impossibilidade. Não é possível a extensão do efeito de extinção da punibilidade pelo perdão judicial, concedido em relação a homicídio culposo que resultou na morte da mãe do autor, para outro crime, tão somente por terem sido praticados em concurso formal (Precedente do STF). Recurso provido.* (REsp 1009822 / RS – Min. Felix Fischer – julgamento em 26/08/08 – STJ); **B:** incorreta (Súmula 438 do STJ); **C:** incorreta, pois não se admite o instituto da perempção em ação penal privada subsidiária da pública. Afinal, esta somente é admissível em caso de inércia do Ministério Público para a promoção da ação penal em crimes de ação pública. Lembre-se de que a inércia do querelante, em caso de ação penal privada subsidiária da pública, produzirá a retomada, pelo Ministério Público, do polo ativo da demanda como parte principal (art. 29 do CPP); **D:** incorreta, pois sendo a sentença concessiva do perdão judicial de natureza declaratória da extinção da punibilidade, consoante dispõe a Súmula 18 do STJ, não subsistirá qualquer efeito condenatório (leia-se: principal ou secundários); **E:** incorreta (art. 108, parte final, do CP).

Gabarito "A"

(Ministério Público/RR – 2012 – CESPE) No que tange à punibilidade, às causas de extinção da punibilidade e às escusas absolutórias, assinale a opção correta à luz da legislação, da doutrina e da jurisprudência.

(A) As condições objetivas de punibilidade, acontecimentos futuros e incertos, são estruturadas de forma positiva, e a sua ausência não exclui a punibilidade do delito em relação aos demais coautores.
(B) As escusas absolutórias excluem a imposição de pena, são estruturadas de modo negativo e não se comunicam aos

eventuais partícipes que não apresentem as características personalíssimas exigidas na lei penal.

(C) As escusas absolutórias estão previstas em rol exemplificativo tanto na parte geral quanto na parte especial do CP, ficando o seu reconhecimento e aplicação, assim como ocorre com o perdão judicial, ao prudente critério do juiz ao decidir o caso concreto.

(D) Admite-se a incidência das escusas absolutórias nos delitos contra o patrimônio e contra a pessoa, desde que praticados, sem violência ou grave ameaça, em prejuízo dos sujeitos consignados na norma penal.

(E) As escusas absolutórias são causas expressas de extinção da punibilidade previstas no CP.

A: incorreta. As condições objetivas de punibilidade, de acordo com a doutrina, são, de fato, acontecimentos futuros e incertos, cujo implemento possibilitará a punibilidade do delito. Ausente as condições, excluída estará a punibilidade para todos os supostos concorrentes do crime. Afinal, trata-se de elementos objetivos, que a todos se estendem; **B:** correta. As escusas absolutórias são causas de imunidade penal absoluta, de caráter subjetivo, razão pela qual não se comunicam aos eventuais concorrentes (coautores ou partícipes) que não ostentem as condições pessoais exigidas na lei. São, de fato, de caráter negativo, ou seja, somente haverá punibilidade pelo fato se as situações descritas na lei não estiverem presentes (ex.: somente responderá por furto o agente que não houver subtraído dinheiro de seu pai, desde que este não seja idoso – art. 181, II, c.c. art. 183, III, do CP); **C:** incorreta. As escusas absolutórias não podem ser aplicadas ao prudente arbítrio do juiz, que somente poderá reconhecê-las diante de expressa previsão legal (tal como ocorre com o perdão judicial, que é causa de extinção da punibilidade – art. 107, IX, do CP); **D:** incorreta. As escusas absolutórias, definidas no art. 181do CP, são aplicáveis apenas aos crimes contra o patrimônio (arts. 155 a 180 do CP), e não aos crimes contra a pessoa (arts. 121 a 154, todos do CP); **E:** incorreta. As escusas absolutórias não são causas de extinção da punibilidade, mas, sim, imunidades penais absolutas de caráter pessoal.

Gabarito "B".

(Ministério Público/SE – 2010 – CESPE) De acordo com o CP, o curso da prescrição interrompe-se

(A) em virtude da reincidência.

(B) pelo início, mas não pela continuação do cumprimento da pena.

(C) pelo oferecimento da denúncia ou da queixa.

(D) se houver prolação de sentença absolutória.

(E) pela superveniência da confissão do acusado em juízo.

As causas interruptivas da prescrição estão contempladas no art. 117 do CP.

Gabarito "A".

17. PRESCRIÇÃO

(Juiz de Direito - TJ/BA - 2019 - CESPE/CEBRASPE) Com relação a aspectos diversos pertinentes aos prazos prescricionais previstos no CP, assinale a opção correta.

(A) Tais prazos serão reduzidos pela metade nas situações em que, ao tempo do crime, o agente fosse menor de vinte e um anos de idade ou, na data do trânsito em julgado da sentença condenatória, fosse maior de setenta anos de idade.

(B) Em se tratando de criminoso reincidente, são aumentados em um terço os prazos da prescrição da pretensão punitiva.

(C) A prescrição é regulada pela pena total imposta nos casos de crimes continuados, sendo computado o acréscimo decorrente da continuação.

(D) A prescrição da pena de multa ocorrerá em dois anos, quando for a única pena cominada, ou no mesmo prazo de prescrição da pena privativa de liberdade, se tiver sido cominada alternativamente.

(E) Na hipótese de evasão do condenado, a prescrição da pretensão executória é regulada pelo total da pena privativa de liberdade imposta.

A: incorreta. É verdade que o prazo prescricional será reduzido de metade na hipótese de o agente ser, ao tempo do crime, menor de 21 anos. Até aqui a assertiva está correta. No entanto, é incorreto afirmar-se que tal redução também valerá na hipótese de o agente, à data do trânsito em julgado, ser maior de 70 anos. Isso porque o critério a ser empregado não é o da data do trânsito em julgado, mas, sim, o da data em que foi proferida a sentença. É o que estabelece o art. 115 do CP; **B:** incorreta. A reincidência, reconhecida em sentença, aumentará em um terço o prazo da prescrição da pretensão *executória* (art. 110, *caput*, do CP), não havendo nenhuma repercussão, portanto, na prescrição da pretensão *punitiva*, conforme Súmula 220 do STJ: "*A reincidência não influi no prazo da prescrição da pretensão punitiva*"; **C:** incorreta. Nas modalidades de concurso de crimes (material, formal ou continuado), a prescrição atingirá a pena de cada crime, de forma isolada, tal como estabelece o art. 119 do CP, ou seja, não se levará em conta o aumento a que se referem os artigos 70 (concurso formal) e 71 (continuidade delitiva), do CP. É o que consta da Súmula 497 do STF: *quando se tratar de crime continuado, a prescrição regula-se pela pena imposta na sentença, não se computando o acréscimo decorrente da continuação*; **D:** correta. Sendo a pena de multa a única aplicada ou cominada, a prescrição dar-se-á em 2 (dois) anos, segundo reza o art. 114, I, do CP; se, no entanto, ela for alternativa ou cumulativamente cominada ou cumulativamente aplicada com a pena privativa de liberdade, no mesmo prazo estabelecido para a prescrição desta, conforme dispõe o art. 114, II, do CP; **E:** incorreta, uma vez que, neste caso, a prescrição será regulada em razão do tempo que resta da pena (art. 113, CP). ED

Gabarito "D".

(Delegado/PE – 2016 – CESPE) A respeito da prescrição penal, assinale a opção correta.

(A) Caso o tribunal do júri venha a desclassificar o crime para outro que não seja de sua competência, a pronúncia não deverá ser considerada como causa interruptiva da prescrição.

(B) A reincidência penal caracteriza causa interruptiva do prazo da prescrição da pretensão punitiva.

(C) Para crimes praticado sem 2016, a prescrição retroativa deverá ser regulada pela pena aplicada, tendo-se por termo inicial data anterior à da denúncia ou da queixa.

(D) O prazo de prescrição da pretensão executória deverá iniciar-se no dia em que transitar em julgado a sentença condenatória para a acusação, ainda que haja recurso exclusivo da defesa em tramitação contra a sentença condenatória.

(E) No caso de revogação do livramento condicional, a prescrição deverá ser regulada pelo total da pena aplicada na sentença condenatória, não se considerando o tempo de cumprimento parcial da reprimenda antes do deferimento do livramento.

A: incorreta, pois não corresponde ao entendimento firmado na Súmula 191, do STJ: "A pronúncia é causa interruptiva da prescrição, ainda que o Tribunal do Júri venha a desclassificar o crime"; **B:** incorreta, uma vez que é pacífico o entendimento segundo o qual a reincidência somente influi na prescrição da pretensão executória (Súmula 220 do STJ); **C:** incorreta, uma vez que não corresponde ao que estabelece o art. 110, § 1º, do CP, cuja redação foi alterada por força da Lei 12.234/2010; **D:** correta (art. 112, I, do CP); **E:** incorreta, pois não reflete o que dispõe o art. 113 do CP.

Gabarito "D".

18. CRIMES CONTRA A PESSOA

Francisco, maior e capaz, em razão de desavenças decorrentes de disputa de terras, planeja matar seu desafeto Paulo, também maior e capaz. Após analisar detidamente a rotina de Paulo, Francisco aguarda pelo momento oportuno para efetivar seu plano.

(Delegado - PC/SE - 2018 - CESPE/CEBRASPE) A partir dessa situação hipotética e de assuntos a ela correlatos, julgue os itens seguintes.

(1) O Código Penal dispõe o planejamento prévio à prática do intento criminoso como circunstância de agravamento genérico da pena.

(2) A premeditação, que ocorre quando se verifica que, ainda que pudesse ter desistido do crime, o agente o cometeu, é uma causa de aumento de pena.

(3) Caso o delito ocorra pouco tempo depois da motivação e do planejamento do crime, a premeditação poderá ser considerada uma qualificadora do delito de homicídio.

(4) Caso Francisco mate Paulo com o emprego de veneno, haverá, nessa hipótese, a possibilidade da coexistência desse tipo de homicídio com o homicídio praticado por motivo de relevante valor moral, ainda que haja premeditação.

(5) Se Francisco atacar Paulo utilizando-se de uma emboscada, isto é, se ocultar e aguardar a vítima desprevenida para atacá-la, a ação de Francisco, nessa hipótese, caracterizará uma forma de premeditação.

1: errada, já que o planejamento prévio não está inserido no rol do art. 61 do CP, que trata das circunstâncias agravantes genérica; **2:** errada, uma vez que a premeditação não está contemplada no Código Penal como circunstância de agravamento genérico da pena tampouco como causa de aumento de pena nem como qualificadora. A despeito disso, poderá a premeditação ser útil para o juiz dosar a pena com base no art. 59 do CP; **3:** errada. A premeditação não qualifica o crime de homicídio; **4:** certa. As causas de diminuição de pena previstas no art. 121, § 1º, do CP (homicídio privilegiado, entre os quais está aquele motivado por relevante valor moral), por serem de ordem *subjetiva*, ou seja, por estarem jungidas à motivação do crime, são compatíveis com as qualificadoras de ordem *objetiva* (aquelas não ligadas à motivação do crime). É o caso do homicídio privilegiado praticado por meio de veneno. Nesse caso, é perfeitamente possível a coexistência do privilégio contido no art. 121, § 1º, do CP com a qualificadora do art. 121, § 2º, III, do CP (veneno), já que esta é de ordem objetiva, isto é, não está ligada à motivação do crime, mas a sua forma de execução. É o chamado homicídio qualificado-privilegiado. Agora, se a qualificadora for de ordem *subjetiva*, como é, por exemplo, o *motivo torpe*, não há que se falar em compatibilidade entre esta e a figura privilegiada; **5:** correta. O homicídio cometido de emboscada (art. 121, § 2º, IV, do CP), que consiste na ação do agente que se oculta para poder atacar, pressupõe, sim, que o agente premedite sua ação. **ED**

Gabarito: 1E, 2E, 3E, 4C, 5C

(Defensor Público/PE – 2018 – CESPE) No que se refere aos crimes contra a pessoa, assinale a opção correta.

(A) Ocorre o feminicídio quando o homicídio é praticado contra a mulher por razões da condição de sexo feminino, como quando o crime envolve a violência doméstica e familiar ou o menosprezo ou a discriminação à condição de mulher.

(B) A pena pela prática do homicídio doloso simples será aumentada de um terço se o agente deixar de prestar imediato socorro à vítima, não procurar diminuir as consequências do seu ato ou fugir para evitar a prisão em flagrante.

(C) Em se tratando de homicídio doloso simples, o juiz poderá deixar de aplicar a pena caso as consequências da infração atinjam o próprio agente de forma tão grave que a sanção penal se torne desnecessária.

(D) A pena do feminicídio poderá ser aumentada se o crime for praticado durante a gestação ou nos seis meses posteriores ao parto.

(E) Se o agente cometer o crime de homicídio qualificado sob violenta emoção, logo após injusta provocação da vítima, o juiz deve considerar essa circunstância como atenuante genérica na aplicação da pena.

A: correta, pois reflete o disposto no art. 121, § 2º, VI, e § 2º-A, I e II, do CP, introduzido pela Lei 13.104/2015. É importante o registro de que a Lei 13.771/2018 alterou o art. 121, § 7º, do Código Penal, que trata das hipóteses de aumento de pena no caso do feminicídio (art. 121, § 2º, VI, CP). Foram modificados os incisos II e III e inserido o inciso IV. No que concerne ao inciso II, a redação dada pela Lei 13.771/2018 ampliou as hipóteses de incidência da causa de aumento de pena, que, a partir de agora, inclui a pessoa portadora de doenças degenerativas que acarretem condição limitante ou de vulnerabilidade física ou mental. A redação anterior somente contemplava a pessoa menor de 14 anos, a maior de 60 anos ou com deficiência. Já o inciso III passou a contemplar, com a nova redação que lhe foi conferida pela Lei 13.771/2108, a hipótese em que o feminicídio é praticado na presença *virtual* de descendente ou de ascendente da vítima. Antes disso, esta causa de aumento somente incidia se o cometimento do crime se desse na presença *física* de ascendente ou descendente da ofendida. Por fim, foi inserido no § 7º o inciso IV, estabelecendo nova modalidade de causa de aumento de pena aplicável ao feminicídio, a caracterizar-se na hipótese em que este crime é cometido em descumprimento das medidas protetivas de urgência previstas nos incisos I, II e III do art. 22, *caput*, da Lei 11.340/2006 (Lei Maria da Penha); **B:** incorreta, na medida em que tais hipóteses de aumento de pena somente têm incidência no homicídio culposo (art. 121, § 4º, do CP); **C:** incorreta, pois a hipótese narrada na assertiva, que corresponde ao perdão judicial (art. 121, § 5º, do CP), não tem cabimento no crime de homicídio doloso; somente no delito de homicídio culposo (art. 121, § 3º, do CP; e art. 302 do CTB); **D:** incorreta, pois não corresponde ao que estabelece o art. 121, § 7º, I, do CP (que não foi alterado por força da Lei 13.771/2018). Segundo esse dispositivo, a pena do feminicídio poderá ser aumentada se o crime for praticado durante a gestação ou nos *três* meses posteriores ao parto, e não nos *seis* meses subsequentes, tal como constou da assertiva; **E:** incorreta. Trata-se do chamado homicídio qualificado-privilegiado (ou híbrido), que, segundo jurisprudência e doutrina pacificadas, restará caracterizado sempre que houver a coexistência de uma causa de privilégio do homicídio com alguma qualificadora de ordem objetiva. **ED**

Gabarito "A".

(Juiz – TJ/CE – 2018 – CESPE) João e Maria foram casados por cinco anos e, após o divórcio, continuaram a residir no mesmo lote, porém em casas diferentes. Certo dia, João, depois de ingerir bebidas alcoólicas, abordou Maria em um ponto de ônibus e, movido por ciúmes, iniciou uma discussão e a ameaçou de morte. Maria, ao retornar para casa à noite depois do trabalho, encontrou o ex-marido ainda embriagado; ele novamente a ameaçou de morte, acusando-a de traição. Ela foi à delegacia e registrou boletim de ocorrência acerca do acontecido, o que ensejou início de procedimento criminal contra João.

Com referência a essa situação hipotética, assinale a opção correta à luz da jurisprudência dos tribunais superiores.

(A) A embriaguez voluntária de João poderá ser considerada excludente de culpabilidade caso ele comprove que estava em estado de plena incapacidade nos momentos das ameaças.

(B) A conduta de João configura crime continuado, porque ele praticou dois crimes de ameaça, com idêntica motivação e propósito, em condições semelhantes de tempo, lugar e modo de agir.

(C) João não poderá ser submetido à prisão preventiva, dado que a pena máxima para o crime de ameaça é de seis meses de detenção.

(D) A ameaça é um crime formal, que não exige resultado naturalístico, por isso é incabível indenização a título de danos morais a Maria.

(E) Por ser a ameaça um crime de menor potencial ofensivo, João, se condenado, poderá ser beneficiado com a substituição da pena de detenção por pena restritiva de direitos.

A: incorreta, tendo em vista que, por expressa disposição do art. 28, II, do CP, a embriaguez voluntária (e também a culposa) não têm o condão de elidir a imputabilidade. Dessa forma, ainda que João estivesse, ao tempo da conduta, totalmente privado de sua capacidade de determinação, ainda assim não haveria que se falar em exclusão da culpabilidade. Mesmo porque, em matéria de embriaguez, o CP adotou a chamada teoria da *actio libera in causa*, segundo a qual quem, de forma livre de deliberada, ingeriu álcool ou substâncias de efeitos análogos responderá pelo resultado lesivo que venha, nessa condição, a causar; **B:** correta, pois corresponde ao que estabelece o art. 71 do CP, que trata do crime continuado; **C:** incorreta. Isso porque, neste caso, o emprego da custódia preventiva, no contexto da violência doméstica, independe do máximo de pena abstratamente previsto para a infração penal (art. 313, III, do CPP); **D:** incorreta. Embora seja fato que o crime de ameaça é considerado formal, na medida em que não exige a produção de resultado naturalístico para alcançar a sua consumação, é incorreto afirmar-se que é incabível indenização por danos morais a Maria. Como bem sabemos, o art. 91, I, do CP contempla, como efeito da condenação, a obrigação de indenizar o dano causado pelo crime. Na jurisprudência: "Para a fixação da reparação dos danos causados pela infração deve-se realizar pedido expresso. A produção de prova específica quanto à ocorrência e extensão do dano e a indicação do valor pretendido a título de reparação, contudo, são dispensáveis, conforme entendimento firmado por esta Corte no julgamento do Recurso Especial n. 1.675.874/MS, no qual firmou-se a tese de que "nos casos de violência contra a mulher praticados no âmbito doméstico e familiar, é possível a fixação de valor mínimo indenizatório a título de dano moral, desde que haja pedido expresso da acusação ou da parte ofendida, ainda que não especificada a quantia, e independentemente de instrução probatória" (AgRg no REsp 1673181/MS, Rel. Ministro Jorge Mussi, Quinta Turma, julgado em 07.08.2018, DJe 17.08.2018); **E:** incorreta, pois contraria o entendimento firmado na Súmula 588, do STJ. **ED**

Gabarito "B".

(Defensor Público/AC – 2017 – CESPE) De acordo com a legislação vigente e o entendimento dos tribunais superiores, assinale a opção correta, com relação ao crime de injúria.

(A) A ação penal no caso de injúria discriminatória é pública incondicionada, uma vez que o bem jurídico tutelado ultrapassa os limites subjetivos.
(B) A injúria racial é crime instantâneo, ao passo que a consumação ocorre no momento em que terceiros tomam conhecimento do teor da ofensa.
(C) A exceção da verdade é admitida apenas para alguns dos elementos tutelados pela norma penal e exclui a tipicidade quando a ofensa é irrogada em juízo, na discussão da causa, pela parte ou por seu procurador.
(D) A injúria racial é um delito inserido no panorama constitucional do crime de racismo, sendo considerado imprescritível, inafiançável e sujeito à pena de reclusão.
(E) No crime de injúria, admite-se a retratação desde que se faça antes da sentença, por escrito, de forma completa, abrangendo tudo o que o ofensor disse.

A: incorreta, pois, nos termos do art. 145, parágrafo único, parte final, do CP, a injúria discriminatória (ou injúria racial) processar-se-á por meio de ação penal pública condicionada à representação da vítima. Este delito não deve ser confundido com o crime de racismo, previsto no art. 20 da Lei 7.716/1989. Tal como ocorre com o crime de injúria simples, a injúria qualificada em razão da utilização de elementos relativos à cor da pele (injúria racial ou discriminatória) pressupõe que a ofensa seja dirigida a pessoa determinada ou, ao menos, a um grupo determinado de pessoas. Já no delito de racismo, diferentemente, a ofensa não é só dirigida à vítima concreta, mas também e sobretudo a todas as pessoas negras. Neste último caso, tendo em vista que o bem jurídico tutelado ultrapassa os limites subjetivos, a ação penal é pública incondicionada; **B:** incorreta. A primeira parte da assertiva, em que se afirma que o crime de injúria racial é instantâneo, é verdadeira, já que a consumação é alcançada em momento certo, não se prolongando no tempo; agora, a segunda parte da proposição, em que se afirma que a consumação se dá no momento em que terceiro toma conhecimento da ofensa, está incorreta. Como é sabido, o delito de injúria, por atingir a honra subjetiva, tem como momento consumativo o exato instante em que a ofensa chega ao conhecimento da vítima. Não é necessário, portanto, que terceiro dela tome conhecimento; **C:** incorreta. O crime de injúria, ao contrário do de calúnia e de difamação, não comporta o instituto da exceção da verdade; **D:** correta. Se considerarmos o disposto no art. 140, § 3º, do CP, não se pode dizer que o crime de injúria racial é *inafiançável* e *imprescritível*. Agora, é importante que se diga que o STJ e alguns doutrinadores, entre eles Guilherme de Souza Nucci, entendem que a injúria racial nada mais é do que uma das manifestações de racismo, razão pela qual deve ser considerado como racista (gênero) tanto aquele que, com base em elementos preconceituosos e discriminatórios, pratica condutas segregacionistas, definidas na Lei 7.716/1989, quanto o que profere injúrias raciais (art. 140, § 3º, do CP). Adotando essa linha de pensamento, a injúria racial seria *imprescritível* e *inafiançável*, tal como estabelece o art. 5º, XLII, da CF. Assim decidiu o STJ: "Nos termos da orientação jurisprudencial desta Corte, com o advento da Lei 9.459/97, introduzindo a denominada injúria racial, criou-se mais um delito no cenário do racismo, portanto, imprescritível, inafiançável e sujeito à pena de reclusão (AgRg no AREsp 686.965/DF, Rel. Ministro Ericson Maranho (Desembargador Convocado do TJ/SP), Sexta Turma, julgado em 18.08.2015, DJe 31.08.2015). 3. A ofensa a dispositivo constitucional não pode ser examinada em recurso especial, uma vez que compete exclusivamente ao Supremo Tribunal Federal o exame de matéria constitucional, o qual já se manifestou, em caso análogo, refutando a violação do princípio da proporcionalidade da pena cominada ao delito de injúria racial. 4. Agravo regimental parcialmente provido para conhecer do agravo em recurso especial mas negar-lhe provimento e indeferir o pedido de extinção da punibilidade" (AgRg no AREsp 734.236/DF, Rel. Ministro Nefi Cordeiro, Sexta Turma, julgado em 27.02.2018, DJe 08.03.2018); **E:** incorreta. O crime de injúria não admite a retratação. **ED**

Gabarito "D".

(Defensor Público – DPE/RN – 2016 – CESPE) Dalva, em período gestacional, foi informada de que seu bebê sofria de anencefalia, diagnóstico confirmado por laudos médicos. Após ter certeza da irreversibilidade da situação, Dalva, mesmo sem estar correndo risco de morte, pediu aos médicos que interrompessem sua gravidez, o que foi feito logo em seguida. Nessa situação hipotética, de acordo com a jurisprudência do STF, a interrupção da gravidez

(A) deve ser interpretada como conduta atípica e, portanto, não criminosa.
(B) deveria ter sido autorizada pela justiça para não configurar crime.
(C) é isenta de punição por ter ocorrido em situação de aborto necessário.
(D) configurou crime de aborto praticado por Dalva.
(E) configurou crime de aborto praticado pelos médicos com consentimento da gestante.

Conferir a ementa extraída da ADPF 54, por meio da qual fixou-se o entendimento no sentido de que o produto da concepção portador de anencefalia, porque não dispõe de vida na acepção jurídica do termo, não pode figurar como vítima do crime de aborto. Dessa forma, a conduta de Dalva – e também a dos médicos que procederam à interrupção da gravidez – deve ser considerada atípica (não há crime): "Estado – Laicidade. O Brasil é uma República laica, surgindo absolutamente neutro quanto às religiões. Considerações. Feto anencéfalo – Interrupção da gravidez – Mulher – Liberdade sexual e reprodutiva – Saúde – Dignidade – Autodeterminação – Direitos fundamentais – Crime – Inexistência. Mostra-se inconstitucional interpretação de a interrupção da gravidez de feto anencéfalo ser conduta tipificada nos artigos 124, 126 e 128, incisos I e II, do Código Penal".

Gabarito "A".

(Analista Judiciário – TRT/8ª – 2016 – CESPE) No dia vinte e oito de junho de 2014, por volta de dezenove horas, na sala de espera de um posto de saúde, Paulo aguardava atendimento e exasperou-se com a demora. A funcionária Márcia, de cor negra, pediu-lhe calma, dizendo que o médico lhe atenderia brevemente, mas Paulo retrucou, exaltado: "— Chama logo o doutor, sua negrinha à toa!". Sentindo-se insultada pelos impropérios proferidos, Márcia, constrangida, chorou diante de mais de trinta pessoas que ali estavam esperando atendimento.

Considerando a situação hipotética apresentada, assinale a opção correta, considerando a jurisprudência do Superior Tribunal de Justiça.

(A) A conduta de Paulo tipifica-se como crime de injúria com elementos referentes à raça e à cor, de modo que a ação penal deve ser procedida por iniciativa do Ministério Público, mediante simples representação da ofendida.
(B) Eventual representação de Márcia só terá validade caso preencha todos os requisitos legais e seja reduzida a termo em formulário próprio, conforme modelo aprovado pelos órgãos do Poder Judiciário.
(C) Dado que a pretensão punitiva contra crime de injúria qualificada pelo preconceito racial é realizada mediante ação penal pública condicionada à representação, eventual pedido de explicação feito por Márcia suspenderia o prazo decadencial para sua propositura.
(D) O fato de Paulo ter se exasperado diante da atitude de Márcia, que lhe pediu para ter calma, configurou retorsão imediata, cabendo, portanto, o perdão judicial com extinção da punibilidade.
(E) A conduta de Paulo tipifica-se como crime de racismo e, portanto, a pretensão punitiva não está sujeita à prescrição ou à decadência, haja vista a ofensa ao princípio da dignidade humana.

A: correta. De fato, Paulo, ao xingar Márcia de "negrinha à toa", cometeu o crime de injúria racial, na medida em que a ofensa proferida por Paulo à honra subjetiva de Márcia fez referência à cor de sua pele. Cuida-se do crime capitulado no art. 140, § 3º, do CP. Oportuno proceder à distinção deste crime do de racismo, este previsto no art. 20 da Lei 7.716/1989, dado que são frequentemente confundidos. Tal como ocorre com o crime de injúria simples, a injúria qualificada em razão da utilização de elementos relativos à cor da pele pressupõe que a ofensa seja dirigida a pessoa determinada ou, ao menos, a um grupo determinado de pessoas. Já no delito de racismo, diferentemente, a ofensa não é só dirigida à vítima concreta, mas também e sobretudo a todas as pessoas, no caso do enunciado, negras. Pressupõe, assim, uma espécie de segregação social em razão da cor da pele. A ação penal, no crime praticado por Paulo (injúria qualificada pelo preconceito de cor), é, tal como consta da alternativa, pública condicionada à representação. Antes, a ação penal, neste crime, era de iniciativa privativa do ofendido. Esta mudança se deu por força da Lei 12.033/2009, que modificou a redação do parágrafo único do art. 145 do CP; **B:** incorreta. A representação (art. 39, *caput* e §§ 1º e 2º, do CPP) não tem rigor formal. Os tribunais, inclusive o STF, já se manifestaram nesse sentido. É suficiente que a vítima demonstre de forma inequívoca a intenção de ver processado o ofensor; **C:** incorreta. O pedido de explicações (art. 144 do CP) somente tem incidência no campo da ação penal privativa do ofendido, a quem cabe formular tal pedido. Ademais, tal providência não tem o condão de suspender o prazo decadencial à propositura da queixa-crime; **D:** incorreta. A retorsão imediata pressupõe que o ofensor (no caso Paulo) revide a ofensa proferida inicialmente pelo ofendido (no caso Márcia), o que não ocorreu, já que Márcia se limitou a pedir a Paulo que mantivesse a calma; **E:** incorreta. *Vide* comentário à alternativa "A".

Gabarito "A".

(Escrivão de Polícia/BA – 2013 – CESPE) Julgue os itens subsecutivos, acerca de crimes contra a pessoa.

(1) Nos crimes contra a honra – calúnia, difamação e injúria –, o Código Penal admite a retratação como causa extintiva de punibilidade, desde que ocorra antes da sentença penal, seja cabal e abarque tudo o que o agente imputou à vítima.

(2) Considere que Jonas encarcere seu filho adolescente, usuário de drogas, em um dos cômodos da casa da família, durante três dias, para evitar que ele volte a se drogar. Nesse caso, Jonas pratica o crime de cárcere privado.

(3) Considere a seguinte situação hipotética. Lúcia, maior, capaz, no final do expediente, ao abrir o carro no estacionamento do local onde trabalhava, percebeu que esquecera seu filho de seis meses de idade na cadeirinha de bebê do banco traseiro do automóvel, que permanecera fechado durante todo o turno de trabalho, fato que causou o falecimento do bebê. Nessa situação, Lúcia praticou o crime de abandono de incapaz, na forma culposa, qualificado pelo resultado morte.

1: errada. A retratação como causa extintiva da punibilidade, nos crimes contra honra, somente é admissível no tocante à calúnia e difamação (art. 143, CP), que são crimes que atentam contra a honra objetiva da vítima (vale dizer, aquilo que terceiros pensam dela). Inviável a retratação com relação ao crime de injúria (art. 140, CP), que ofende a honra subjetiva da vítima, ou seja, aquilo que ela pensa de si própria (autoestima); **2**: errada. Não haveria o dolo na conduta de Jonas, vale dizer, a vontade livre e consciente de privar a liberdade de seu filho, inviabilizando sua liberdade de locomoção. O fim último na conduta do pai foi o de impedir que o adolescente utilizasse drogas; **3**: errada. Lúcia, ao se esquecer de seu filho no banco de trás de seu carro, ocasionando, daí, a morte do infante, praticou o crime de homicídio culposo (art. 121, § 3º, CP). O crime de abandono de incapaz (art. 133, CP) é doloso, exigindo que o agente, voluntaria e conscientemente, abandone pessoa que esteja sob os seus cuidados, sem que esta possa se defender dos riscos do abandono.

Gabarito 1E, 2E, 3E

(Escrivão de Polícia/BA – 2013 – CESPE) Considerando que, em determinada casa noturna, tenha ocorrido, durante a apresentação de espetáculo musical, incêndio acidental em decorrência do qual morreram centenas de pessoas e que a superlotação do local e a falta de saídas de emergência, entre outras irregularidades, tenham contribuído para esse resultado, julgue os itens seguintes.

(1) A causa jurídica das mortes, nesse caso, pode ser atribuída a acidente ou a suicídio, descartando-se a possibilidade de homicídio, visto que não se pode supor que promotores, realizadores e apresentadores de *shows* em casas noturnas tenham, deliberadamente, intenção de matar o público presente.

(2) No caso de fraturas decorrentes do pisoteio de pessoas caídas ao chão, a natureza do instrumento causador da lesão é contundente e a energia aplicada é mecânica. No caso de mortes por queimadura, a natureza do instrumento é o calor e a energia aplicada é física.

1: errada. O enunciado retrata típica hipótese de homicídio culposo. Isso porque, segundo consta, o incêndio do qual decorreram as mortes foi causado pela superlotação da casa de espetáculos e também em razão da falta de saídas de emergência. Não se pode, pois, descartar-se a possibilidade de homicídio, ao menos culposo, já que os responsáveis pelo estabelecimento, embora não tenham perseguido, de forma deliberada, o resultado (mortes), com ele concorreram a título de culpa. De outro lado, deve-se afastar a possibilidade de suicídio. É que o enunciado não traz qualquer informação que possa conduzir a tal conclusão; **2**: certa. Na morte por pisoteamento, o instrumento é contundente. Este tem sua atuação por meio de compressão, que causa lesões nas áreas corporais atingidas. A energia que é produzida contra o corpo da vítima é de ordem mecânica. Este tipo de energia traz alterações ao corpo quando em repouso ou em movimento. No que concerne à morte por queimaduras, é correto afirmar que a energia aplicada é, diferentemente, de ordem física, assim considerada aquela que modifica o estado do corpo. As energias físicas que podem provocar lesões corporais ou morte são: temperatura, pressão, eletricidade, radioatividade, luz e som. As queimaduras são provocadas pelo calor quente que atinge diretamente o corpo.

Gabarito 1E, 2C

(Magistratura/BA – 2012 – CESPE) Considerando o que dispõe o CP sobre os crimes contra a pessoa e os crimes contra o patrimônio, assinale a opção correta.

(A) Não responderá por injúria ou difamação aquele que der publicidade à ofensa irrogada em juízo, na discussão da causa, pela parte ou por seu procurador.

(B) Suponha que Joaquim, de vinte e oito anos de idade, tenha furtado do quarto de sua própria mãe, de sessenta e um anos de idade, enquanto ela dormia, por volta das 22 horas, uma TV LCD. Nessa situação, Joaquim não está sujeito a punição, dada a incidência de imunidade penal absoluta.

(C) Enquanto aberta, a hospedaria, ainda que desocupada, está compreendida, nos termos do CP, na expressão "casa", estando sujeita ao tipo penal violação de domicílio.

(D) Suponha que Francoso, de vinte e nove anos de idade, ao agir negligentemente, provoque a morte de um desconhecido e, para evitar a prisão em flagrante, evada-se rapidamente, antes que alguém o veja no local do crime. Nessa situação, sendo Francoso condenado, a pena a ele cominada deve ser aumentada em um terço.

(E) Considere que Maria, de vinte e cinco anos de idade, instigue e auxilie Mariana, de vinte e dois anos de idade, a suicidar-se, fornecendo-lhe frasco de veneno, e que Mariana ingira a substância e logo a seguir a vomite espontaneamente, sem sofrer qualquer sequela. Nessa situação, se denunciada, Maria responderá por instigação e auxílio a suicídio e, se condenada, terá direito à diminuição da pena em dois terços.

A: incorreta, pois, a despeito de a injúria e a difamação não serem puníveis se a ofensa houver sido irrogada em juízo, na discussão da causa, pelas partes ou por seus procuradores (art. 142, I, CP), é certo que quem der publicidade ao fato responderá pelo crime contra a honra (art. 142, parágrafo único, CP); **B:** incorreta, pois a escusa absolutória (ou imunidade penal absoluta) tratada no art. 181, II, CP não terá incidência quando a vítima do crime patrimonial for idosa (art. 183, III, CP); **C:** incorreta (art. 150, § 5º, I, CP); **D:** correta (art. 121, § 4º, primeira parte, CP); **E:** incorreta, pois o crime de induzimento, instigação ou auxílio ao suicídio, previsto no art. 122, *caput*, CP, era, ao tempo em que foi elaborada esta questão, daqueles que exigia resultado naturalístico específico para a sua consumação (morte ou lesão corporal de natureza grave), conforme constava da redação anterior do preceito secundário do tipo penal. Assim, se a vítima, ainda que instigada e auxiliada pelo agente a suicidar-se, não sofresse qualquer sequela, o fato seria atípico. Pois bem. Isso mudou com o advento da Lei 13.968, de 26 de dezembro de 2019, que conferiu nova redação ao art. 122 do CP, ali incluindo, além do delito que já existia (mas em outras bases), também o crime de induzimento, instigação e auxílio à automutilação. Com isso, passamos a ter o seguinte *nomem juris*: induzimento, instigação ou auxílio a suicídio ou a automutilação. Antes de mais nada, não podemos deixar de registrar uma crítica ao legislador, que inseriu no catálogo *dos crimes contra a vida* delito que deveria ter sido incluído no capítulo *das lesões corporais*. Refiro-me ao induzimento, instigação ou auxílio à automutilação, que, à evidência, não constitui, nem de longe, crime contra a vida. Além da inserção deste novo crime (induzimento, instigação ou auxílio à automutilação), tratou o legislador de alterar o delito contra a vida já existente de *participação em suicídio*, conferindo nova redação ao tipo penal e inserindo qualificadoras e majorantes. Enfim, o art. 122, que até então contava com um parágrafo único, contém, agora, sete parágrafos. A primeira e mais significativa conclusão a que se chega por meio de uma breve leitura do *caput* deste artigo é que o crime do art. 122 do CP, que era, até então, *material*, passa a ser *formal*. Antes, conforme é sabido, o delito de participação em suicídio somente alcançava a consumação com a produção de resultado naturalístico, ora representado pela morte, ora pela lesão corporal de natureza grave. Ou seja, o crime comportava dois momentos consumativos possíveis. A tentativa não era admitida. Doravante, dada a nova redação conferida ao art. 122, *caput*, do CP, a consumação será alcançada com o mero ato de induzir, instigar ou auxiliar a vítima a suicidar-se ou a automutilar-se. A morte, se ocorrer, configurará a forma qualificada prevista no art. 122, § 2º; se sobrevier, da tentativa de suicídio ou da automutilação, lesão grave ou gravíssima, restará configurada a forma qualificada do art. 122, § 1º. Perceba que a morte e a lesão grave, na redação anterior, constituíam pressuposto à consumação da participação em suicídio; hoje, trata-se de circunstâncias que qualificam o crime de induzimento, instigação ou auxílio a suicídio ou a automutilação. O § 3º do dispositivo em análise estabelece causas de aumento de pena. Reza que a pena será duplicada: se o crime é praticado por motivo egoístico, torpe ou fútil; e se a vítima é menor ou tem diminuída, por qualquer causa, a capacidade de resistência. O § 4º, por sua vez, impõe um aumento de pena de até o dobro se a conduta é realizada por meio da internet ou rede social ou ainda transmitida em tempo real. Se o sujeito ativo for líder ou coordenador de grupo ou de rede virtual, sua pena será aumentada em metade (§ 5). O § 6º trata da hipótese em que o crime do § 1º deste artigo resulta em lesão corporal de natureza gravíssima e é cometido contra menor de 14 anos ou contra vítima que, por enfermidade ou deficiência mental, não tem o necessário discernimento para a prática do ato, ou que, por qualquer outra causa, está impedido de oferecer resistência, caso em que o agente responderá pelo delito do art. 129, § 2º, do CP; agora, se contra essas mesmas vítimas for cometido o crime do art. 122, § 2º, do CP (suicídio consumado ou morte decorrente da automutilação), o crime em que incorrerá o agente será o de homicídio(art. 121, CP). É o que estabelece o art. 122, § 7º, CP. Questão que por certo suscitará acalorados debates na doutrina e na jurisprudência diz respeito à competência para o julgamento deste crime. Seria o Tribunal do Júri competente para o julgamento tanto da conduta de participação em suicídio quanto a de participação em automutilação? Não há dúvidas que o sujeito que induz, instiga ou presta auxílio a alguém com o fim de que este dê cabo de sua própria vida deve ser julgado pelo Tribunal Popular, como sempre ocorreu. Ou seja, nunca se discutiu a competência do Tribunal do Júri para o julgamento do crime do art. 122 do CP na sua redação original. Sucede que, agora, com a nova redação conferida a este dispositivo e a inclusão de nova conduta desprovida de *animus necandi*, surge a dúvida quanto à competência para o julgamento da participação em automutilação. Aguardemos.

Gabarito "D".

(Magistratura/PA – 2012 – CESPE) No que se refere ao delito de lesões corporais, assinale a opção correta.

(A) Constitui circunstância agravante o fato de o delito ser praticado contra cônjuge ou companheiro, ou, ainda, de prevalecer-se o agente das relações domésticas, de coabitação ou de hospitalidade.

(B) Se do delito em questão resultar perigo de vida e caso se constate ter sido incompleto o primeiro exame pericial, realizar-se-á, necessariamente, exame complementar por determinação da autoridade judiciária.

(C) Na hipótese de lesão corporal culposa, o juiz poderá deixar de aplicar a pena se as consequências da infração atingirem o próprio agente de forma tão grave que a sanção penal se torne desnecessária.

(D) A lesão corporal será considerada de natureza gravíssima se do fato resultar incapacidade da vítima, por mais de trinta dias, para as suas ocupações habituais.

(E) Para o referido delito, é irrelevante o fato de o agente cometer o crime impelido por motivo de considerável valor social ou moral.

A: incorreta, não se tratando de circunstância agravante, mas, sim, de qualificadora prevista no art. 129, § 9º, do CP (violência doméstica); **B:** incorreta, pois o exame complementar será necessário apenas para a caracterização da qualificadora prevista no art. 129, § 1º, I, do CP (incapacidade para as ocupações habituais por mais de trinta dias), aqui sendo aplicável o art. 168, § 2º, do CPP. No caso de lesão corporal qualificada pela geração de perigo de vida para a vítima, desnecessário o exame complementar; **C:** correta (art. 129, § 8º, do CP); **D:** incorreta, pois se da lesão corporal resultar para a vítima incapacidade para as suas ocupações habituais por mais de trinta dias, estaremos diante de lesão corporal de natureza grave (art. 129, § 1º, I, do CP), e não gravíssima (qualificadoras constantes no art. 129, § 2º, do CP, dentre elas, a incapacidade permanente para o trabalho); **E:** incorreta, pois se o crime for cometido por motivo de relevante valor moral ou social, ou se o agente estiver sob o domínio de violenta emoção, logo em seguida a injusta provocação da vítima, incidirá a redução da pena prevista no art. 129, § 4º, do CP.

Gabarito "C".

(Magistratura/PI – 2011 – CESPE) Assinale a opção correta acerca do homicídio.

(A) É pacífico, na jurisprudência do STJ, o entendimento acerca da possibilidade de homicídio privilegiado por violenta emoção ser qualificado pelo emprego de recurso que dificulte ou torne impossível a defesa do ofendido.

(B) Na hipótese de homicídio qualificado por duas causas, uma pode ser utilizada para caracterizar a qualificadora e a outra, considerada circunstância judicial desfavorável, vedado que a segunda seja considerada circunstância agravante.

(C) No homicídio mercenário, a qualificadora da paga ou promessa de recompensa é elementar do tipo qualificado, aplicando-se apenas ao executor da ação, não ao mandante, segundo a jurisprudência do STJ.

(D) A qualificadora relativa à ação do agente mediante traição, emboscada, dissimulação ou outro recurso que dificulte ou torne impossível a defesa do ofendido, como modo de execução do delito, ocorrerá independentemente de o agente ter agido de forma preordenada.

(E) De acordo com a jurisprudência do STJ, não é possível a coexistência, no delito de homicídio, da qualificadora do motivo torpe com a atenuante genérica do cometimento do crime por motivo de relevante valor moral.

A: correta. Como é sabido, admite-se a coexistência das qualificadoras objetivas do homicídio, relativas aos meios e modo de execução do crime, com as figuras privilegiadas previstas no art. 121, § 1º, do CP; **B:** incorreta. Prevalece o entendimento doutrinário e jurisprudencial no sentido de que, presentes duas ou mais qualificadoras, apenas uma será suficiente a deslocar a pena a novos patamares, sendo que as demais incidirão como circunstâncias agravantes genéricas (desde que previstas em lei), ou, não havendo correspondência, aí sim, como circunstâncias judiciais desfavoráveis; **C:** incorreta. No homicídio mercenário, a qualificadora da paga ou promessa de recompensa é elementar do tipo qualificado e se estende ao mandante e ao executor (STJ – AgRg no REsp 912491 / DF – Min. Maria Thereza de Assis Moura, j. 09/11/2010); **D:** incorreta. Entende a doutrina que a qualificadora da "surpresa" somente restará caracterizada quando o agente, de forma deliberada, preordenada, antes de executar o crime, planeje-a; **E:** incorreta. Confira-se o entendimento do STJ: (...) *3. Com efeito, o reconhecimento pelo Tribunal do Júri de que o paciente agiu sob por motivo torpe, em razão de ter premeditado e auxiliado na morte de sua esposa para ficar com todos os bens do casal, e, concomitantemente,* *das atenuantes genéricas do relevante valor moral ou da violenta emoção, provocada pela descoberta do adultério da vítima, um mês antes do fato delituoso, não importa em contradição. 4. Cumpre ressaltar que, no homicídio privilegiado, exige-se que o agente se encontre sob o domínio de violenta emoção, enquanto na atenuante genérica, basta que ele esteja sob a influência da violenta emoção, vale dizer, o privilégio exige reação imediata, já a atenuante dispensa o requisito temporal* (...) (AgRg no Ag 1060113 / RO – Min. Og Fernandes, j. 16/09/10)

Gabarito "A"

(Ministério Público/RR – 2012 – CESPE) Em relação aos crimes contra a honra, assinale a opção correta com base no que dispõe a legislação de regência e no entendimento jurisprudencial.

(A) A causa de exclusão de crime abrange a calúnia, a difamação e a injúria irrogadas em juízo, na discussão da causa, pela parte ou seu procurador, incluindo-se órgão do MP.

(B) Havendo concurso de crimes e concurso de agentes, a retratação feita por um dos agentes, por ser circunstância de natureza pessoal, não aproveita aos demais, tampouco se admite retração a alguns dos fatos imputados.

(C) A retratação nos crimes contra a honra, cujos efeitos se restringem à esfera criminal, pode ser feita por escrito ou oralmente, exigindo-se, entretanto, que seja completa, inequívoca e incondicional.

(D) Nos crimes contra a honra perpetrados contra pessoa maior de sessenta anos incidirá a agravante de um terço da pena, exceto no caso de injúria.

(E) Constitui crime de ação penal pública incondicionada a injúria praticada mediante a utilização de elementos referentes a raça, cor, etnia, religião ou origem.

A: incorreta. Primeiramente, o art. 142 do CP, cuja natureza jurídica é de causa de exclusão dos crimes de injúria e difamação, não abarcando a calúnia. Outrossim, no tocante ao inciso I do referido dispositivo legal, tem-se que haverá a exclusão dos crimes de injúria e difamação em caso de ofensa irrogada em juízo, na discussão da causa, pela parte ou por seu procurador. Trata-se de uma imunidade judiciária. Frise-se que a expressão "parte" abrangerá, evidentemente, o órgão do Ministério Público, quando este for autor da ação. No entanto, mesmo quando ocupar a função de *custos legis*, também estará o órgão ministerial abrangido pela imunidade judiciária, inclusive por força do art. 41, V, da Lei Orgânica Nacional do Ministério Público (Lei 8.625/1993); **B:** incorreta. A retratação é admitida, de acordo com o art. 143 do CP, aos crimes de calúnia e difamação, que, exatamente, se caracterizam pela imputação de fatos violadores à honra da vítima, não havendo qualquer restrição na lei. No mais, de fato, a retratação tem caráter subjetivo, não se estendendo aos querelados que não se retratarem; **C:** incorreta. Considerando que a retratação nos crimes contra a honra deve ser cabal, completa, inequívoca, não haverá como se demonstrar referida "certeza" se ela ocorrer, simplesmente, de forma oral. A precisão e clareza exigidas para o reconhecimento da retratação são incompatíveis com a forma oral, motivo pelo qual a causa extintiva da punibilidade em comento deverá ser deduzida de forma expressa, no bojo do processo (e antes da sentença); **D:** correta. De fato, nos crimes contra a honra, a pena será majorada em um terço caso sejam praticados em detrimento de pessoa maior de 60 (sessenta) anos, exceto no caso de injúria (art. 141, IV, do CP). Isto porque haverá injúria qualificada quando a ofensa à dignidade ou decoro da vítima consistir na utilização de elementos referentes a raça, cor, etnia, religião, origem ou condição de *pessoa idosa* ou portadora de deficiência (art. 140, § 3º, do CP); **E:** incorreta. A injúria discriminatória, definida no art. 140, § 3º, do CP, é crime de ação penal pública condicionada à representação (art. 145, parágrafo único, do CP, com a redação que lhe foi dada pela Lei 12.033/2009).

Gabarito "D"

(Ministério Público/SE – 2010 – CESPE) Assinale a opção correta acerca do homicídio privilegiado.

(A) A natureza jurídica do instituto é de circunstância atenuante especial.

(B) Estando o agente em uma das situações que ensejem o reconhecimento do homicídio privilegiado, o juiz é obrigado a reduzir a pena, mas a lei não determina o patamar de redução.

(C) O relevante valor social não enseja o reconhecimento do homicídio privilegiado.

(D) A presença de qualificadoras impede o reconhecimento do homicídio privilegiado.

(E) A violenta emoção, para ensejar o privilégio, deve ser dominante da conduta do agente e ocorrer logo após injusta provocação da vítima.

A: incorreta. A natureza jurídica do instituto é de *causa obrigatória de diminuição de pena*; **B:** incorreta. Embora a lei diga que o juiz *pode* diminuir a pena, é consagrado na doutrina e na jurisprudência o entendimento segundo o qual o juiz está obrigado a proceder à redução, desde que preenchidos os requisitos contidos no art. 121, § 1º, do CP. Estamos, portanto, a falar de um direito subjetivo do réu. Não é verdade, por fim, que a lei não estabelece o patamar de redução. Tais limites vêm explicitados na parte final do dispositivo; **C:** incorreta. O relevante valor social está contemplado no art. 121, § 1º, do CP como hipótese de privilégio; **D:** incorreta. Não impede se a qualificadora for de ordem objetiva, dando origem ao chamado homicídio qualificado-privilegiado, que não é, conforme doutrina e jurisprudência amplamente majoritárias, delito hediondo; **E:** assertiva correta, visto que em consonância com o disposto no art. 121, § 1º, do CP.

Gabarito "E"

(Ministério Público/SE – 2010 – CESPE) Getúlio, a fim de auferir o seguro de vida do qual era beneficiário, induziu Maria a cometer suicídio, e, ainda, emprestou-lhe um revólver para que consumasse o crime. Maria efetuou um disparo, com a arma de fogo emprestada, na região abdominal, mas não faleceu, tendo sofrido lesão corporal de natureza grave. Em relação a essa situação hipotética, assinale a opção correta.

(A) Como o suicídio não se consumou, a conduta praticada por Getúlio é considerada atípica.

(B) Apesar de a conduta praticada por Getúlio ser típica, pois configura induzimento, instigação ou auxílio ao suicídio, ele é isento de pena, porque Maria não faleceu.

(C) Getúlio deve responder por crime de induzimento, instigação ou auxílio ao suicídio, por uma única vez, com pena duplicada pela prática do crime por motivo egoístico.

(D) Getúlio deve responder por crime de lesão corporal grave.

(E) Por ter induzido e auxiliado Maria a praticar suicídio, Getúlio deve responder por crime de induzimento, instigação ou auxílio ao suicídio, por duas vezes em continuidade delitiva, com pena duplicada pela prática do crime por motivo egoístico.

Getúlio cometeu o crime de *participação em suicídio*, previsto no art. 122 do CP, ficando sujeito a uma pena, em razão do resultado, de um a três anos de reclusão, que deverá ser duplicada em virtude do motivo que o levou a praticá-lo. Este crime não comporta a modalidade tentada, somente havendo punição diante dos eventos *morte* ou *lesão corporal de natureza grave*. Entenda bem: este crime comporta dois momentos consumativos possíveis, a saber: morte da vítima ou lesão corporal de natureza grave. Significa que, se a vítima, auxiliada, instigada ou induzida, tentar dar fim à própria vida e, com isso, sofrer lesão corporal de natureza leve, não haverá sequer tentativa do crime do art. 122 do CP. Este comentário refere-se à redação anterior do art. 122 do CP. Em 26 de dezembro de 2019, foi publicada (e entrou em vigor) a Lei 13.968, que conferiu nova conformação jurídica ao crime de participação em suicídio. Além de alterações promovidas neste delito, inseriu-se, no mesmo dispositivo, o crime de induzimento, instigação ou auxílio a automutilação. A mudança mais significativa, a nosso ver, diz respeito ao momento consumativo do crime. Até então, tínhamos que o delito de participação em suicídio, conforme ponderado no comentário acima, era *material*, exigindo-se, à sua consumação, a produção de resultado naturalístico consistente na morte ou lesão grave. Com a mudança operada na redação deste dispositivo, este crime passa a ser *formal*, de sorte que a consumação será alcançada com o mero ato de induzir, instigar ou auxiliar a vítima a suicidar-se ou a automutilar-se. A morte, se ocorrer, configurará a forma qualificada prevista no art. 122, § 2º; se sobrevier, da tentativa de suicídio ou da automutilação, lesão grave ou gravíssima, restará configurada a forma qualificada do art. 122, § 1º. Perceba que a morte e a lesão grave, na redação anterior, constituíam pressuposto à consumação da participação em suicídio; hoje, trata-se de circunstâncias que qualificam o crime de induzimento, instigação ou auxílio a suicídio ou a automutilação.

Gabarito "C"

(Defensor Público/AC – 2012 – CESPE) Uma mulher grávida, prestes a dar à luz, chorava compulsivamente na antessala de cirurgia da maternidade quando uma enfermeira, condoída com a situação, perguntou o motivo daquele choro. A mulher respondeu-lhe que a gravidez era espúria e que tinha sido abandonada pela família. Após dar à luz, sob a influência do estado puerperal, a referida mulher matou o próprio filho, com o auxílio da citada enfermeira. As duas sufocaram o neonato com almofadas e foram detidas em flagrante.

Nessa situação hipotética,

(A) a mulher e a enfermeira deverão ser autuadas pelo crime de infanticídio; a primeira na qualidade de autora e a segunda na qualidade de partícipe, conforme prescreve a teoria monista da ação.
(B) a mulher e a enfermeira deverão ser autuadas pelo crime de infanticídio; a primeira na qualidade de autora e a segunda na qualidade de coautora, visto que o estado puerperal consiste em uma elementar normativa e se estende a todos os agentes.
(C) a mulher deverá ser autuada pelo crime de infanticídio e a enfermeira, pelo crime de homicídio, já que o estado puerperal é circunstância pessoal e não se comunica a todos os agentes.
(D) a mulher e a enfermeira deverão ser autuadas pelo crime de homicídio, consoante as determinações legais estabelecidas pelas reformas penais de 1940 e 1984, que rechaçam a compreensão de morte do neonato por *honoris causae*.
(E) a mulher deverá ser autuada pelo crime de infanticídio e a enfermeira, pelo crime de homicídio, uma vez que o estado puerperal é circunstância personalíssima e não se comunica a todos os agentes.

A despeito de o crime de infanticídio ser próprio, visto que exige uma qualidade especial do sujeito ativo (a mãe sob a influência do estado puerperal), a doutrina amplamente predominante entende, com base no que dispõe o art. 30 do CP, ser possível o reconhecimento da *coautoria* e *participação* no infanticídio. Isso porque o fato de *ser mãe* e *estar sob a influência do estado puerperal* são condições de caráter pessoal que fazem parte do tipo penal (elementares). Para alguns, a incidência do art. 30 do CP representa patente injustiça.

Gabarito "B".

(Defensor Público/AC – 2012 – CESPE) No crime de calúnia, a procedência da exceção da verdade é causa

(A) de exclusão de culpabilidade, uma vez que, sendo verdadeiro o fato imputado, a conduta não será considerada reprovável.
(B) de extinção de punibilidade, já que, se verdadeiro o fato imputado, não será necessário aplicar a pena.
(C) de exclusão de crime, porque, se o fato imputado for verdadeiro, não haverá crime, já que nunca existiu a falsidade da imputação.
(D) de exclusão de ilicitude, pois, caso o fato imputado seja verdadeiro, a conduta não se caracterizará como antijurídica.
(E) irrelevante, visto que, caso seja verdadeiro o fato imputado, a conduta deverá ser analisada com base em teses eventualmente obtidas mediante defesa escrita.

Se aquele que alega a exceção da verdade, no crime de calúnia, lograr provar a veracidade de sua alegação, há de se reconhecer a atipicidade de sua conduta, não havendo, portanto, que se falar em crime. Quanto a esse tema, vale fazer as seguintes observações: o delito de *injúria* (art. 140 do CP) não admite a *exceção da verdade*; a *calúnia* (art. 138 do CP) e a *difamação* (art. 139 do CP), por sua vez, comportam o instituto, previsto, respectivamente, nos arts. 138, § 3º, e 139, parágrafo único, ambos do Código Penal, ressaltando-se que, na *difamação*, somente é admitida a *exceção da verdade* se o ofendido é funcionário público e a ofensa é relativa ao exercício de suas funções.

Gabarito "C".

(Defensor Público/RO – 2012 – CESPE) A respeito dos crimes contra a pessoa, assinale a opção correta.

(A) Considere que Paulo tenha sido acusado de ter premeditado a morte de Marta, com quem fora casado por vinte anos, para ficar com todos os bens do casal, e de ter auxiliado na consecução do homicídio. Considere, ainda que, um mês antes do fato delituoso, Paulo tenha descoberto que Marta lhe era infiel. Nessa situação, é incompatível o reconhecimento, pelo tribunal do júri, do fato de ter Paulo agido por motivo torpe e, concomitantemente, das atenuantes genéricas do relevante valor moral ou da violenta emoção, provocada pela descoberta do adultério.
(B) Para a caracterização do homicídio privilegiado, exige-se que o agente se encontre sob o domínio de violenta emoção; para a caracterização da atenuante genérica, basta que o agente esteja sob a influência da violenta emoção, vale dizer, para o privilégio, exige-se reação imediata; para a atenuante, dispensa-se o requisito temporal.
(C) O homicídio qualificado-privilegiado integra o rol dos denominados crimes hediondos.
(D) Sendo a qualificadora, no crime de homicídio, de caráter subjetivo, não há, em princípio, qualquer impeditivo para a coexistência dessa qualificadora com a forma privilegiada do crime de homicídio, dada a natureza objetiva das hipóteses previstas no § 1.º do art. 121 do CP.

A: incorreta. Nesse sentido: "(...) 2. De outra parte, de acordo com a jurisprudência do Supremo Tribunal e desta Corte, é possível a coexistência, no crime de homicídio, da qualificadora do motivo torpe, prevista no art. 121, § 2º, I, do Código Penal, com as atenuantes genéricas inseridas no art. 65, II, *a* e *c*, do mesmo dispositivo, podendo, pois, concorrerem no mesmo fato (...)" (AgRg no Ag 1060113 / RO, Min. Og Fernandes, j. 16.09.2010); **B:** correta. Nesse sentido, conferir o seguinte julgado do STJ: "(...) 3. Com efeito, o reconhecimento pelo Tribunal do Júri de que o paciente agiu sob por motivo torpe, em razão de ter premeditado e auxiliado na morte de sua esposa para ficar com todos os bens do casal, e, concomitantemente, das atenuantes genéricas do relevante valor moral ou da violenta emoção, provocada pela descoberta do adultério da vítima, um mês antes do fato delituoso, não importa em contradição. 4. Cumpre ressaltar que, no homicídio privilegiado, exige-se que o agente se encontre sob o domínio de violenta emoção, enquanto na atenuante genérica, basta que ele esteja sob a influência da violenta emoção, vale dizer, o privilégio exige reação imediata, já a atenuante dispensa o requisito temporal (...)" (AgRg no Ag 1060113 / RO, Min. Og Fernandes, j. 16.09.2010); **C:** incorreta. Prevalece na doutrina e jurisprudência o entendimento segundo o qual o homicídio qualificado-privilegiado não é considerado crime hediondo; **D:** incorreta, visto que as causas de diminuição de pena previstas no art. 121, § 1º, do CP (homicídio privilegiado) são de ordem *subjetiva*, isto é, estão jungidas à motivação do crime, sendo incompatíveis, pois, com as qualificadoras de ordem *subjetiva* (ligadas à motivação do crime). Agora, sendo a qualificadora de ordem *objetiva*, segundo doutrina e jurisprudência dominantes, nada obsta que coexista com as causas de aumento do art. 121, § 1º, do CP, que, repita-se, são de ordem *subjetiva*, porquanto ligadas aos motivos que determinaram a prática criminosa (homicídio qualificado-privilegiado).

Gabarito "B".

19. CRIMES CONTRA O PATRIMÔNIO

(Juiz de Direito - TJ/BA - 2019 - CESPE/CEBRASPE) Com relação aos crimes contra o patrimônio, julgue os itens que se seguem, com base no entendimento jurisprudencial.

I. A existência de sistema de vigilância por monitoramento, por impossibilitar a consumação do delito de furto, é suficiente para tornar impossível a configuração desse tipo de crime.
II. A presença de circunstância qualificadora de natureza objetiva ou subjetiva no delito de furto não afasta a possibilidade de reconhecimento do privilégio, se estiverem presentes a primariedade do agente e o pequeno valor da *res* furtiva.
III. Constatada a utilização de arma de fogo desmuniciada na perpetração de delito de roubo, não se aplica a circunstância majorante relacionada ao emprego de arma de fogo.
IV. No delito de estelionato na modalidade fraude mediante o pagamento em cheque, a realização do pagamento do valor relativo ao título até o recebimento da denúncia impede o prosseguimento da ação penal.

Estão certos apenas os itens

(A) I e II.
(B) I e III.
(C) III e IV.
(D) I, II e IV.
(E) II, III e IV.

I: incorreta. O chamado *furto sob vigilância* pode, em determinadas situações, a depender do caso concreto, caracterizar *crime impossível* pela *ineficácia absoluta do meio* (art. 17 do CP). É o caso, por exemplo, do agente que, desde o momento em que ingressa no supermercado, passa a ser permanentemente vigiado por sistema de câmeras e também por seguranças, que ficam o tempo todo no seu encalço. Não há, neste caso, a menor possibilidade de o crime consumar-se. Isso não quer dizer que a existência, por si só, de sistema de segurança por câmeras e de funcionários elimine a possibilidade de o crime chegar à sua consumação. É perfeitamente plausível que o agente se aproveite de determinado ângulo de monitoramento em que a subtração não é visualizada pelo sistema de câmeras. Dessa forma, a ineficácia do meio deve ser avaliada caso a caso. Nesse sentido: STF, HC 110.975-RS, 1ª T., rel. Min. Cármen Lúcia, 22.05.2012. Consagrando esse entendimento, o STJ editou a Súmula n. 567: "Sistema de vigilância realizado por monitoramento eletrônico ou por existência de segurança no interior de estabelecimento comercial, por si só, não torna impossível a configuração do crime de furto"; **II:** incorreta. É pacífico o entendimento, tanto no STJ quanto no STF, de que é possível a coexistência do furto qualificado (art. 155, § 4º, do CP) com a modalidade privilegiada do art. 155, § 2º, do CP, desde que – e aqui está o erro da assertiva – a qualificadora seja de ordem *objetiva*. Tanto é assim que o STJ, consolidando esse entendimento, editou a Súmula 511: "É possível o reconhecimento do privilégio previsto no § 2º do art. 155 do CP nos casos de crime de furto qualificado, se estiverem presentes a primariedade do agente, o pequeno valor da coisa e a qualificadora for de ordem objetiva"; **III:** correta. Trata-se de tema em relação ao qual não há consenso. Há julgados que reconhecem a incidência da majorante do art. 157, § 2º-A, I, do CP mesmo quando a arma não estiver municiada; outros julgados dão conta de que a arma desmuniciada, à míngua de potencialidade lesiva, não pode ensejar o reconhecimento da causa de aumento do art. 157, § 2º-A, I, do CP, embora tal circunstância seja apta a demonstrar o emprego de grave ameaça. No sentido de que a arma desmuniciada não pode levar ao reconhecimento da majorante em questão: "De acordo com a jurisprudência desta Corte Superior, a arma de fogo desmuniciada não pode ser considerada para o fim de caracterização da majorante do emprego de arma prevista no art. 157, § 2º, I, do Código Penal, porque presume-se ausente a sua potencialidade lesiva" (AgRg no REsp 1526961/SP, Rel. Ministro REYNALDO SOARES DA FONSECA, QUINTA TURMA, julgado em 14/02/2017, DJe 17/02/2017). Em sentido contrário, o STF: "Ainda que a arma não tivesse sido apreendida, conforme jurisprudência desta Suprema Corte, seu emprego pode ser comprovado pela prova indireta, sendo irrelevante o fato de estar desmuniciada para configuração da majorante" (RHC 115077, Relator(a): Min. GILMAR MENDES, Segunda Turma, julgado em 06/08/2013, PROCESSO ELETRÔNICO DJe-176 DIVULG 06-09-2013 PUBLIC 09-09-2013). Seja como for, é importante que façamos algumas ponderações acerca do emprego de arma como majorante no cometimento do crime de roubo, tendo em vista recentes alterações legislativas. Antes de mais nada e com vistas a facilitar a compreensão, considero oportuno que façamos um breve histórico sobre tais modificações. Pois bem. Com o advento da Lei 13.654/2018, o art. 157, § 2º, I, do CP, que impunha aumento de pena no caso de a violência ou ameaça, no crime de roubo, ser exercida com emprego de *arma*, foi revogado. Em relação à incidência desta causa de aumento, a jurisprudência havia consolidado o entendimento segundo o qual o termo *arma* tinha acepção ampla, ou seja, estavam inseridas no seu conceito tanto as armas *próprias*, como, por excelência, a de fogo, quanto as *impróprias* (faca, punhal, foice etc.). Além de revogar o dispositivo acima, a Lei 13.654/2018 promoveu a inclusão da mesma causa de aumento de pena (emprego de arma) no § 2º-A, I, do CP. Até aí, nenhum problema. Como bem sabemos, o deslocamento de determinado comportamento típico de um para outro dispositivo, por força da regra da continuidade típico-normativa, não tem o condão de descriminalizar a conduta. Sucede que a Lei 13.654/2018, ao deslocar esta causa de aumento do art. 157, § 2º, I, do CP para o art. 157, § 2º-A, I, também do CP, limitou o alcance do termo *arma*, já que passou a referir-se tão somente à arma de *fogo*, do que se conclui que somente incorrerá nesta causa de aumento o agente que se valer, para a prática do roubo, de arma de fogo (revólver, pistola, fuzil etc.); a partir da entrada em vigor desta lei, portanto, se o agente utilizar, para o cometimento deste delito, arma branca, o roubo será simples, já que, repita-se, a nova redação do dispositivo especificou que tipo de arma é apta a configurar o aumento: arma de fogo. Outro detalhe: pela redação anterior, o agente que fizesse uso de arma (de fogo ou branca) estaria sujeito a um aumento de pena da ordem de um terço até metade; a partir de agora, se utilizar arma (necessariamente de fogo), sujeitar-se-á a um incremento da ordem de dois terços. Desnecessário dizer que tal inovação não poderá retroagir e atingir fatos ocorridos antes da entrada em vigor desta lei, já que constitui *lex gravior*. De outro lado, essa mesma norma que excluiu a arma que não seja de fogo deverá retroagir para beneficiar o agente (*novatio legis in mellius*) que praticou o crime de roubo com emprego de arma branca antes de ela entrar em vigor. Este quadro, que acima explicitamos, perdurou até o dia 23 de janeiro de 2020, data em que entrou em vigor a Lei 13.964/2019 (pacote anticrime). Duas modificações foram promovidas por esta lei nas majorantes do crime de roubo. Em primeiro lugar, foi reinserida a causa de aumento na hipótese de o agente se valer, para a prática do crime de roubo, de arma branca (inserção do inciso VII no § 2º do art. 157 do CP). Lembremos que, com a edição da Lei 13.654/2018, o emprego de arma branca, no roubo, deixou de configurar causa de aumento. Pois bem. Além disso, a Lei 13.964/2019 introduziu no art. 157 do CP o § 2º-B, que estabelece nova causa de aumento de pena para o roubo, quando a violência ou grave ameaça for exercida com emprego de arma de fogo de uso restrito ou proibido. Neste caso, a pena prevista no *caput* será aplicada em dobro. Em resumo, a partir de 23 de janeiro de 2020, teremos o seguinte: violência/grave ameaça exercida com emprego de arma branca (art. 157, § 2º, VII, CP): aumento de pena da ordem de um terço até metade; violência/grave ameaça exercida com emprego de arma de fogo, desde que não seja de uso restrito ou proibido (art. 157, § 2º-A, I, CP): a pena será aumentada de dois terços; violência/grave ameaça exercida com emprego de arma de fogo de uso restrito ou proibido (art. 157, § 2º-B, CP): a pena será aplicada em dobro; **IV:** correta, pois reflete o entendimento sufragado na Súmula 554, do STF. ED

Gabarito "C"

(Juiz – TJ/CE – 2018 – CESPE) Um homem, maior de idade e capaz, foi preso em flagrante por ter subtraído duas garrafas de uísque de um supermercado. A observação da ação delituosa por meio do sistema de vídeo do estabelecimento permitiu aos seguranças a detenção do homem no estacionamento e a recuperação do produto furtado. O valor do produto subtraído equivalia a pouco mais de um terço do valor do salário mínimo vigente à época. Na fase investigatória, constatou-se que o agente do delito possuía condenação transitada em julgado por fato semelhante e que respondia por outras três ações penais em curso.

Tendo como referência essa situação hipotética, assinale a opção correta, considerando a jurisprudência dos tribunais superiores.

(A) O acusado poderá ser absolvido com base no princípio da insignificância, já que o valor dos objetos subtraídos era ínfimo e estes foram integralmente restituídos ao supermercado.
(B) Em razão da existência de sistema de monitoramento de vídeo no supermercado, trata-se de crime impossível por ineficácia absoluta do meio empregado.
(C) Não houve a consumação do furto, porque o homem foi preso em flagrante logo depois de evadir-se do supermercado.
(D) A reincidência do acusado não é motivo suficiente para afastar a aplicação do princípio da insignificância.

A: incorreta, uma vez que o valor atribuído à *res furtiva* é superior a 10% do salário mínimo, que corresponde ao limite em relação ao qual poderá incidir o princípio da insignificância, segundo parte significativa da jurisprudência. Nesse sentido: "No caso em análise, o furto foi praticado no dia 9/5/2011, quando o salário mínimo estava fixado em R$ 545,00 (quinhentos e quarenta e cinco reais). Nesse contexto, seguindo a orientação jurisprudencial desta Corte, a res furtiva avaliada em R$ 425,74 (quatrocentos e vinte e cinco reais e setenta e quatro centavos), não pode ser considerada de valor ínfimo, por superar 10% do salário mínimo vigente à época dos fatos. Precedentes. 4. A restituição dos bens não obsta o reconhecimento da materialidade delitiva. Precedentes. 5. A tese no sentido de que o prejuízo sofrido pela vítima é menor que o valor de mercado dos bens não foi analisada na apelação originária do presente *writ*. A análise do método de avaliação do laudo pericial configuraria indevida supressão de instância e revolvimento fático-probatório incabível na via estreita do writ. 6. A conduta praticada pelo paciente tem o condão de afetar substancialmente o bem jurídico protegido, qual seja, o patrimônio. No caso em análise, não se identifica um furto insignificante, mas sim um furto de pequeno valor, que configura o tipo privilegiado previsto no art. 155, § 2º, do CP" (STJ, HC 379.719/SC, Rel. Ministro Joel Ilan Paciornik, Quinta Turma, julgado em 14.02.2017, DJe 17.02.2017); **B:** incorreta. O chamado *furto sob vigilância* pode, em determinadas situações, a depender do caso concreto, caracterizar *crime impossível* pela *ineficácia absoluta do meio* (art. 17 do CP). É o caso, por exemplo, do agente que, desde o momento em que ingressa no supermercado, passa a ser permanentemente vigiado por sistema de câmeras e também por seguranças, que ficam o tempo todo no seu encalço. Não há, neste caso, a menor possibilidade de o crime consumar-se. Isso não quer dizer que a existência, por si só, de sistema de segurança por câmeras e de funcionários elimine a possibilidade de o crime chegar à sua consumação. É perfeitamente plausível que o agente se aproveite de determinado ângulo de monitoramento em que a subtração não é visualizada pelo sistema de câmeras. Dessa forma, a ineficácia do meio deve ser avaliada caso a caso. Nesse sentido: STF, HC 110.975-RS, 1ª T., rel. Min. Cármen Lúcia, 22.05.2012. Consagrando esse entendimento, o STJ editou a Súmula n. 567: "Sistema de vigilância realizado por monitoramento eletrônico ou por existência de segurança no interior de estabelecimento comercial, por si só, não torna impossível a configuração do crime de furto"; **C:** incorreta. Ainda que o agente não tenha tido a posse mansa e pacífica do objeto material do crime (foi perseguido e preso no estacionamento), operou-se, ainda assim, a sua consumação. Isso porque a jurisprudência do STF e do STJ dispensa, para a consumação do furto, o critério da saída da coisa da *esfera de vigilância da vítima* e se contenta com a constatação de que, cessada a clandestinidade ou a violência, o agente tenha tido a posse da *res*, mesmo que retomada, em seguida, pela perseguição imediata: STF, HC 92450-DF, 1ª T., Rel. Min. Ricardo Lewandowski, 16.9.08; STJ, REsp 1059171-RS, 5ª T., Rel. Min. Felix Fischer, j. 2.12.08. Vide Súmula 582, do STJ; **D:** correta. O fato de o réu ser reincidente ou ainda portador de maus antecedentes criminais não obsta a aplicação do princípio da insignificância, cujo reconhecimento está condicionado à existência de outros requisitos. Nesse sentido: STF, RE 514.531/RS, 2.ª T., j. 21.10.2008, rel. Min. Joaquim Barbosa, *DJ* 06.03.2009; STJ, HC 221.913/SP, 6.ª T., j. 14.02.2012, rel. Min. Og Fernandes, *DJ* 21.03.2012. Mais recentemente, o plenário do STF, em julgamento conjunto de três HCs, adotou o entendimento no sentido de que a incidência ou não do postulado da insignificância em favor de agentes reincidentes ou com maus antecedentes autores de crimes patrimoniais desprovidos de violência ou grave ameaça deve ser aferida caso a caso. *Vide* HCs 123.108, 123.533 e 123.734.

Gabarito "D".

(Defensor Público/AL – 2017 – CESPE) Considerando-se o entendimento dos tribunais superiores, em caso de furto de energia elétrica, o pagamento integral do débito, desde que efetuado em momento anterior ao recebimento da peça acusatória, configura

(A) escusa absolutória relativa.
(B) circunstância atenuante, apenas.
(C) arrependimento eficaz.
(D) causa supralegal de justificação.
(E) causa extintiva da punibilidade.

Cuida-se de tema sobremaneira polêmico, havendo decisões, do STJ, reconhecendo a possibilidade de extinção da punibilidade e outras não reconhecendo. De toda sorte, é importante o registro de que a 5ª Turma daquela Corte Superior, em mudança de posicionamento, adotou o entendimento de que o caso narrado no enunciado não enseja a extinção da punibilidade. Perceba que o julgamento se deu no ano de 2018, posterior, portanto, à elaboração desta questão. Conferir: "II – Este Superior Tribunal de Justiça se posicionava no sentido de que o pagamento do débito oriundo do furto de energia elétrica, antes do oferecimento da denúncia, configurava causa de extinção da punibilidade, pela aplicação analógica do disposto no art. 34 da Lei n. 9.249/95 e do art. 9º da Lei n. 10.684/03. III – A Quinta Turma desta Corte, entretanto, no julgamento do AgRg no REsp n. 1.427.350/RJ, modificou a posição anterior, passando a entender que o furto de energia elétrica não pode receber o mesmo tratamento dado aos crimes tributários, considerando serem diversos os bens jurídicos tutelados e, ainda, tendo em vista que a natureza jurídica da remuneração pela prestação de serviço público, no caso de fornecimento de energia elétrica, é de tarifa ou preço público, não possui caráter tributário, em relação ao qual a legislação é expressa e taxativa. IV – "Nos crimes patrimoniais existe previsão legal específica de causa de diminuição da pena para os casos de pagamento da "dívida" antes do recebimento da denúncia. Em tais hipóteses, o Código Penal, em seu art. 16, prevê o instituto do arrependimento posterior, que em nada afeta a pretensão punitiva, apenas constitui causa de diminuição da pena." (REsp 1427350/RJ, Quinta Turma, Rel. Min. Jorge Mussi, Rel. p/Acórdão Min. Joel Ilan Paciornik, DJe 13.03.2018) Habeas corpus não conhecido" (HC 412.208/SP, Rel. Ministro Felix Fischer, Quinta Turma, julgado em 20.03.2018, DJe 23.03.2018).

Gabarito "E".

(Defensor Público – DPE/RN – 2016 – CESPE) João, imputável, foi preso em flagrante no momento em que subtraía para si, com a ajuda de um adolescente de dezesseis anos de idade, cabos de telefonia avaliados em cem reais. Ao ser interrogado na delegacia, João, apesar de ser primário, disse ser Pedro, seu irmão, para tentar ocultar seus maus antecedentes criminais. Por sua vez, o adolescente foi ouvido na delegacia especializada, continuou sua participação nos fatos e afirmou que já havia sido internado anteriormente pela prática de ato infracional análogo ao furto. Nessa situação hipotética, conforme a jurisprudência dominante dos tribunais superiores, em tese, João praticou os crimes de

(A) furto qualificado privilegiado, corrupção de menores e falsa identidade.
(B) corrupção de menores e falsidade ideológica.
(C) furto simples, falsa identidade e corrupção de menores.
(D) furto qualificado e falsidade ideológica.
(E) furto simples e corrupção de menores.

Questão bem elaborada, exige do candidato o conhecimento de vários temas de direito penal, tais como a viabilidade do chamado furto qualificado-privilegiado, a natureza formal do crime de corrupção de menores e a prática do crime de falsa identidade como exercício da autodefesa. Em primeiro lugar, impõe-se o reconhecimento da modalidade privilegiada contida no art. 155, § 2º, do CP. Isso porque, segundo é possível inferir do enunciado, João é *primário* e o objeto material do delito de furto é de *pequeno valor* (R$ 100,00). Além do privilégio, há de se reconhecer que João incorreu na forma qualificada prevista no art. 155, § 4º, IV, do CP, já que a subtração se deu mediante o concurso de duas pessoas. Aqui, pouco importa o fato de o seu comparsa ainda não contar com 18 anos (inimputável). Além disso, hoje é inquestionável a possibilidade de o furto ser, a um só tempo, qualificado e privilegiado, desde que a qualificadora seja de ordem objetiva, como é o caso do concurso de pessoas. A propósito, o STJ, consolidando tal entendimento, editou a Súmula 511, que assim dispõe: "É possível o reconhecimento do privilégio previsto no § 2º do art. 155 do CP nos casos de crime de furto qualificado, se estiverem presentes a primariedade do agente, o pequeno valor da coisa e a qualificadora for de ordem objetiva". No que concerne à corrupção de menores, delito atualmente previsto no 244-B do ECA, é prevalente o entendimento segundo o qual se trata de crime *formal*. O fato é que há, tanto na doutrina quanto na jurisprudência, duas correntes quanto ao momento consumativo do crime de corrupção de menores. Para parte da doutrina e também para o STJ, o crime em questão é *formal*, consumando-se independentemente da efetiva corrupção da vítima. Nesse sentido: "(...) A Terceira Seção do Superior Tribunal de Justiça, ao apreciar o Recurso Especial 1.127.954/DF, representativo de controvérsia, pacificou seu entendimento no sentido de que o crime de corrupção de menores – antes previsto no art. 1º da Lei 2.252/1954, e hoje inscrito no art. 244-B do Estatuto da Criança e do Adolescente – é delito formal, não exigindo, para sua configuração, prova de que o inimputável tenha sido corrompido, bastando que tenha participado da prática delituosa" (AgRg no REsp 1371397/DF, 6ª T., j. 04.06.2013, rel. Min. Assusete Magalhães, DJe 17.06.2013). Consolidando tal entendimento, o STJ editou a Súmula 500, a seguir transcrita: "A configuração do crime previsto no art. 244-B do Estatuto da Criança e do Adolescente independe da prova da efetiva corrupção do menor, por se tratar de delito formal". Uma segunda corrente sustenta que o crime do art. 244-B do ECA é *material*, sendo imprescindível, à sua consumação, a ocorrência do resultado naturalístico, isto é, a efetiva corrupção do menor. Segundo também consta do enunciado João, no ato do seu interrogado, imbuído do propósito de ocultar seus maus antecedentes, passou-se por Pedro, seu irmão. Atualmente, prevalece o entendimento de que a conduta do agente que, com o propósito de esconder condenações anteriores, atribui a si identidade falsa comete o crime do art. 307 do CP. Nesse sentido a Súmula n. 522 do STJ. Por tudo que foi dito, forçoso concluir que João cometeu os crimes de furto qualificado-privilegiado, corrupção de menores e falsa identidade.

Gabarito "A".

(Escrivão de Polícia/BA – 2013 – CESPE) No que se refere a crimes contra o patrimônio, julgue os itens subsequentes.

(1) Para a configuração do crime de roubo mediante restrição da liberdade da vítima e do crime de extorsão com restrição da liberdade da vítima, nominado de sequestro relâmpago, é imprescindível a colaboração da vítima para que o agente se apodere do bem ou obtenha a vantagem econômica visada.

(2) Considere a seguinte situação hipotética. Heloísa, maior, capaz, em conluio com três amigos, também maiores e capazes, forjou o próprio sequestro, de modo a obter vantagem financeira indevida de seus familiares. Nessa situação, todos os agentes responderão pelo crime de extorsão simples.

(3) O reconhecimento do furto privilegiado é condicionado ao valor da coisa furtada, que deve ser pequeno, e à primariedade do agente, sendo o privilégio um direito subjetivo do réu.

1: errada. No crime de roubo majorado pela restrição da liberdade da vítima (art. 157, § 2º, V, CP), o comportamento ou colaboração da vítima é absolutamente dispensável para que o agente consiga alcançar seu intento, qual seja, o de subtrair coisa alheia móvel, diversamente do que ocorre na extorsão (art. 158, CP), que, de fato, exige que a vítima, após ser constrangida pelo agente, mediante grave ameaça ou violência, pratique determinado comportamento, sem o qual a obtenção da vantagem não poderá ser alcançada pelo extorsionário (ex.: digitação ou fornecimento de senha para saque de valores em caixa de banco); **2**: correta. A conduta de Heloísa e de seus três amigos se subsume ao crime de extorsão simples (art. 158, *caput*, CP), não se cogitando de extorsão mediante sequestro (art. 159, CP). Afinal, não houve efetivo sequestro (privação de liberdade da vítima, cuja libertação estaria condicionada ao pagamento de resgate). **3**: correta. O furto privilegiado, previsto no art. 155, § 2º, CP, exige a combinação dos seguintes requisitos: i) primariedade do agente; ii) coisa furtada de pequeno valor. Preenchidos referidos requisitos, caberá ao magistrado reconhecer a figura privilegiada do crime, que, de acordo com doutrina e jurisprudência, é direito subjetivo do réu, ou seja, não pode ser pura e simplesmente recusada sua concessão por ato discricionário do julgador.

Gabarito 1E, 2C, 3C

(Magistratura/ES – 2011 – CESPE) Assinale a opção correta acerca dos crimes de furto e roubo.

(A) Segundo pacífico entendimento do STJ, excetuadas as hipóteses de furto qualificado, o juiz pode substituir a pena de reclusão pela de detenção, diminuí-la de um a dois terços, ou aplicar somente a pena de multa ao réu primário que tenha furtado bem de pequeno valor.

(B) A jurisprudência do STJ tem pontificado que o emprego de gazuas, mixas, ou qualquer outro instrumento sem a forma de chave, ainda que apto a abrir fechadura, não qualifica o delito de furto, na medida em que não se aplica interpretação extensiva para a definição de tipos penais.

(C) Consoante a jurisprudência do STJ, é devida a exasperação da pena acima do patamar mínimo com esteio unicamente na alusão ao número de majorantes do delito de roubo.

(D) Ao contrário do que ocorre no delito de latrocínio, aplicam-se ao delito de roubo qualificado as causas especiais de aumento de pena previstas no CP, tal como na hipótese de violência ou ameaça exercida com emprego de arma.

(E) No delito de furto, é necessária a realização de perícia para a caracterização da qualificadora do rompimento de obstáculo, salvo em caso de ausência de vestígios, quando a prova testemunhal poderá suprir-lhe a falta.

A: incorreta. O STJ e o STF já reconheceram a coexistência do furto qualificado (art. 155, § 4º, do CP) e o privilegiado constante no art. 155, § 2º, do CP, a despeito da disposição topográfica (o privilégio encontra-se "acima" das qualificadoras, o que, em tese, inadmitiria sua aplicação às figuras "abaixo" dele). Para aprofundamento dos estudos, confira-se: STF – HC 96.843-MS, DJe 23/4/2009; HC 100.307-MG, DJe 3/6/2011; STJ – AgRg no HC 170.722-MG, DJe 17/12/2010. *Vide* Súmula 511; **B**: incorreta. Considera-se "chave falsa" para fins de reconhecimento da qualificadora prevista no art. 155, § 4º, III, do CP, qualquer instrumento capaz de abrir uma fechadura, pouco importando o "formato" de chave (STJ. HC 101495 / MG. Rel. Napoleão Nunes Maia Filho. T5. Julg. 19.06.2008); **C**: incorreta (Súmula 443 do STJ: *O aumento na terceira fase de aplicação da pena no crime de roubo circunstanciado exige fundamentação concreta, não sendo suficiente para a sua exasperação a mera indicação do número de majorantes*); **D**: incorreta, pois as formas qualificadas do roubo (incisos I e II do § 3º do art. 157 do CP – lesão corporal grave ou morte) decorrem, necessariamente, do emprego da violência; **E**: correta. De fato, a caracterização do rompimento de obstáculo exige prova pericial. Afinal, estamos falando de uma infração penal que deixa vestígios, aplicando-se, portanto, o art. 158 do CPP. Contudo, em caso de ausência de vestígios, admitem-se outros meios de prova (REsp 809912 / RS; RECURSO ESPECIAL 2006/0000815-0, Relator(a) Ministra LAURITA VAZ (1120), Órgão Julgador T5 – QUINTA TURMA, Data do Julgamento 02/05/2006, Data da Publicação/Fonte DJ 05.06.2006 p. 316).

Gabarito "E".

(Defensor Público/RO – 2012 – CESPE) Assinale a opção correta com relação aos crimes contra o patrimônio.

(A) Considera-se chave falsa qualquer instrumento que, sob a forma de chave, possa ser utilizado como dispositivo para abrir fechadura, incluindo-se mixas.

(B) No furto com fraude, o comportamento ardiloso, insidioso do agente é utilizado para facilitar a subtração dos bens pertencentes à vítima; no crime de estelionato, o artifício, o ardil, o engodo são utilizados pelo agente para que, induzida ou mantida em erro, a própria vítima possa entregar-lhe a vantagem ilícita. Há, portanto, dissenso da vítima no primeiro caso e consenso, no segundo.

(C) Para a incidência da causa especial de aumento de pena para o crime previsto no art. 155 do CP, é suficiente que a infração ocorra durante o repouso noturno, período de maior vulnerabilidade para as residências, lojas e veículos; entretanto, se o furto for praticado em estabelecimento comercial que se encontre fechado, segundo o STJ, a qualificadora do repouso noturno não pode ser reconhecida, por estar ausente maior grau de reprovabilidade da conduta.

(D) De acordo com a jurisprudência do STJ, não é possível o reconhecimento da figura do furto qualificado-privilegiado, ainda que exista compatibilidade entre as qualificadoras e o privilégio.

(E) A vigilância exercida no interior de estabelecimento comercial, seja por seguranças, seja pela existência de circuito interno de monitoramento, afasta a potencialidade lesiva de condutas que visem à subtração ou dano do patrimônio de estabelecimentos com esta característica, o que possibilita o reconhecimento da figura relativa ao crime impossível nesses casos.

A: incorreta, pois não há a necessidade de que o instrumento empregado tenha o formato de chave. Cuidado: é pacífico, na jurisprudência e na doutrina, o entendimento segundo o qual não deve ser considerada como falsa a chave verdadeira utilizada de forma clandestina; **B**: correta. De fato, no *furto mediante fraude*, esta se presta a viabilizar a subtração da coisa. Aqui, a vítima nem se dá conta da subtração. No *estelionato*, a situação é bem outra: o ardil é empregado com o propósito de a vítima, iludida, entregar a coisa ao agente, ou seja, no *furto qualificado* tem-se a fraude para iludir a vigilância da vítima e, dessa forma, possibilitar a subtração; no *estelionato*, tem-se a fraude para iludir a vítima a entregar a coisa; **C**: incorreta. A questão é polêmica, não havendo consenso na doutrina tampouco na jurisprudência, que inclina-se, atualmente, pela necessidade de o crime ser praticado em casa habitada em que os moradores estejam repousando; **D**: incorreta. Conferir o seguinte julgado: "É possível o reconhecimento da figura do furto qualificado-privilegiado, desde que haja compatibilidade entre as qualificadoras e o privilégio (...)" (AGRESP 201101841290, Alderita Ramos de Oliveira, Desembargadora convocada do TJ/PE, STJ, Sexta Turma, *DJE* Data: 23.10.2012); **E:** incorreta. O *furto sob vigilância* pode, em determinadas situações, a depender do caso concreto, caracterizar *crime impossível* pela *ineficácia absoluta do meio* (art. 17 do CP). É o caso, por exemplo, do agente que, desde o momento em que ingressa no supermercado, passa a ser permanentemente vigiado por sistema de câmeras e também por seguranças, que ficam o tempo todo no seu encalço. Não há, neste caso, a menor possibilidade de o crime consumar-se. Isso não quer dizer que a existência, por si só, de sistema de segurança por câmeras elimine a possibilidade de o crime chegar à sua consumação. É perfeitamente plausível que o agente se aproveite de determinado ângulo de monitoramento em que a subtração não é visualizada pelo sistema de câmeras. Dessa forma, a ineficácia do meio deve ser avaliada caso a caso. Nesse sentido: STF, HC 110.975-RS, 1ª T., rel. Min. Carmen Lúcia, 22.05.2012. Também nesse sentido a Súmula 567, do STJ.

Gabarito "B".

(Analista – TRE/BA – 2010 – CESPE) A droga, ou conjunto de drogas, usada no golpe conhecido como boa-noite, Cinderela, se colocada em bebidas e ingerida, pode deixar a pessoa semi ou completamente inconsciente, funcionando, normalmente, como um potente sonífero. Considerando, por hipótese, que Carlos tenha posto essa substância entorpecente na bebida de Maria e esta tenha entrado em sono profundo, julgue o item a seguir.

(1) Carlos praticará o crime de roubo se, valendo-se do sono de Maria, intencionalmente subtrair-lhe, em seguida, seus pertences.

1: correta – a conduta de Carlos de fato está tipificada no art. 157, *caput*, do CP, já que ofereceu bebida com tranquilizante a Maria com o propósito de nela provocar uma condição de passividade e, desse modo, reduzir-lhe a resistência com o fito de subtrair seus pertences. Nesse sentido: STJ, REsp. 1059943-SP, 5ª T., rel. Min. Arnaldo Esteves Lima, j. 21.5.09.

Gabarito 1C

20. CRIMES CONTRA A DIGNIDADE SEXUAL

(Juiz – TJ/CE – 2018 – CESPE) Considerando a jurisprudência dos tribunais superiores acerca dos crimes contra a dignidade sexual, julgue os seguintes itens.

I. Ato sexual praticado por maior de idade com menor de quatorze anos de idade não configura estupro de vulnerável se tiver havido consentimento da parte menor.
II. Toques e apalpações fugazes nos seios e na genitália da vítima são atitudes insuficientes para configurar o tipo de estupro de vulnerável.
III. O trauma psicológico sofrido pela vítima de estupro de vulnerável é justificativa para a exasperação da pena-base imposta ao agente da conduta delituosa.

Assinale a opção correta.

(A) Nenhum item está certo.
(B) Apenas o item II está certo.
(C) Apenas o item III está certo.
(D) Apenas os itens I e II estão certos.
(E) Apenas os itens I e III estão certos.

I: incorreta. Sendo a vítima de estupro menor de 14 anos, pouco importa se consentiu ou não para o ato sexual. A propósito, no que concerne ao estupro de vulnerável, previsto no art. 217-A do CP, a Lei 13.718/2018, ao inserir o § 5º nesse dispositivo legal, consagra o entendimento adotado pela Súmula 593, do STJ, no sentido de que o consentimento e a experiência sexual anterior são irrelevantes à configuração do crime de estupro de vulnerável; **II:** incorreta. Conferir: "1. A Terceira Seção desta Corte Superior, sob a égide dos recursos repetitivos, art. 543-C do CPC, no julgamento do Recurso Especial n.1.480.881/PI, de Relatoria do Exmo. Ministro Rogerio Schietti Cruz, julgado em 26.08.2015, DJe 10.09.2015, firmou o entendimento de que, "para a caracterização do crime de estupro de vulnerável previsto no art. 217-A, *caput*, do Código Penal, basta que o agente tenha conjunção carnal ou pratique qualquer ato libidinoso com pessoa menor de 14 anos. 2. Hipótese em que o Tribunal a quo, sob o entendimento de que as condutas descritas no tipo penal em comento são divididas entre "as mais graves, como penetração anal e vaginal, até condutas menos agressivas, como toques, carícias nas nádegas e nos seios, como ocorre no caso em análise", decidiu pelo reconhecimento do crime de estupro de vulnerável em sua modalidade tentada porque o réu não teria logrado concretizar a penetração anal na vítima (menor com apenas 4 anos de idade), embora tenha tocado seu órgão genital nas nádegas da ofendida. 3. Recurso especial provido para reconhecer a forma consumada do crime de estupro de vulnerável" (REsp 1707920/RJ, Rel. Ministro Jorge Mussi, Quinta Turma, julgado em 03.05.2018, DJe 09.05.2018); **III:** correta. Nesse sentido: "Em relação às consequências do crime, que devem ser entendidas como o resultado da ação do agente, a avaliação negativa de tal circunstância judicial mostra-se escorreita se o dano material ou moral causado ao bem jurídico tutelado se revelar superior ao inerente ao tipo penal. Decerto, o trauma causado às ofendidas, menores que contavam com 10 e 11 anos de idade à época dos fatos sob apuração, não pode ser confundido com mero abalo psicológico passageiro, restando justificado, a toda evidência, o incremento da pena-base a título de consequências do crime" (HC 402.373/RS, Rel. Ministro Ribeiro Dantas, Quinta Turma, julgado em 10.04.2018, DJe 17.04.2018). **ED**

Gabarito "C".

(Magistratura/PI – 2011 – CESPE) Com referência às infrações penais contra a dignidade sexual, assinale a opção correta.

(A) O crime de satisfação de lascívia mediante presença de criança ou adolescente consuma-se com dolo genérico, não se exigindo o chamado especial fim de agir.
(B) Caso o delito de violação sexual mediante fraude seja cometido com o fim de obtenção de vantagem econômica, o infrator sujeitar-se-á também à pena de multa.
(C) Segundo entendimento do STJ, após a Lei n.º 12.015/2009, o crime de corrupção de menores passou a ser material, ou seja, é exigida prova do efetivo corrompimento do menor.
(D) No estupro, se da conduta resultar lesão corporal de natureza grave ou se a vítima tiver menos de dezoito anos de idade, aplicar-se-á causa especial de aumento de pena.
(E) No assédio sexual, o fato de a vítima ter menos de dezoito anos de idade qualifica o crime, razão pela qual as penas desse delito estarão majoradas em seus limites abstratamente cominados.

A: incorreta, pois o crime do art. 218-A do CP exige, sim, um especial fim de agir do agente, qual seja, o *de satisfazer lascívia própria ou de outrem*; **B:** correta (art. 215, parágrafo único, do CP); **C:** incorreta. De acordo com entendimento do Superior Tribunal de Justiça, pacificado por ocasião do julgamento do Recurso Especial Repetitivo 1.127.954/DF, da relatoria do Ministro Marco Aurélio Bellizze, o crime de corrupção de menores é crime formal, o qual dispensa a prova da efetiva corrupção do menor para sua configuração. Referida Corte, confirmando tal entendimento, editou a Súmula 500, que a seguir transcrevemos: "A configuração do crime previsto no art. 244-B do Estatuto da Criança e do Adolescente independe da prova da efetiva corrupção do menor, por se tratar de delito formal"; **D:** incorreta. Se no estupro resultar lesão corporal de natureza grave à vítima, ou se estar for menor de dezoito anos ou maior de quatorze, restará caracterizada a qualificadora do art. 213, § 1º, do CP; **E:** incorreta, pois o fato de a vítima do assédio sexual ter menos de dezoito anos de idade justifica o aumento da pena em até um terço (art. 216-A, § 2º, do CP), não se tratando de qualificadora.

Gabarito "B".

(Ministério Público/RR – 2012 – CESPE) Durante operação conjunta das polícias civil e militar, do conselho tutelar e do juizado da infância e juventude de determinada cidade do interior, foram encontrados, em uma boate, dez adolescentes, com idades entre dezesseis e dezessete anos, de ambos os sexos, trabalhando, em trajes minúsculos, como garçons e garçonetes no estabelecimento. Havia, ainda, adolescentes se exibindo em espetáculo de *striptease*.

Considerando a situação hipotética acima apresentada e o que dispõe o CP acerca dos crimes contra a dignidade sexual, assinale a opção correta.

(A) Suponha que algum adulto tenha praticado, com outro adulto, conjunção carnal ou qualquer outro ato libidinoso na presença dos adolescentes, ou que os tenha induzido a presenciar os referidos atos, a fim de satisfazer lascívia própria ou de outrem. Nessa situação, esse adulto deve ser responsabilizado pelo delito de satisfação de lascívia na presença de criança ou adolescente.

(B) O proprietário ou o gerente do estabelecimento deve ser responsabilizado tão somente pelo delito de manutenção de estabelecimento para exploração sexual, haja ou não mediação direta na exploração sexual.

(C) Devem responder penalmente pela prática do delito de favorecimento à exploração sexual de vulnerável o proprietário, o gerente ou o responsável pela boate e, de igual modo, os clientes encontrados no local.

(D) Se algum dos clientes da boate for encontrado mantendo conjunção carnal ou qualquer outro ato libidinoso com algum adolescente, será responsabilizado por estupro de vulnerável, se restar demonstrado o pleno conhecimento da menoridade da vítima, ainda que esta tenha assentido em realizar a conduta.

(E) Caso os adolescentes tenham ingressado voluntariamente no estabelecimento para o exercício das atividades descritas e, ao tentarem deixar o local e cessar as práticas, tenham sido impedidos pelo proprietário e gerente, restará consumado o delito de exploração sexual de vulnerável na forma de impedimento ou dificultação do abandono da atividade, cuja pena será agravada da quarta parte pelo concurso de pessoas, com aplicação de pena de multa, tendo como efeito obrigatório da condenação a cassação da licença de localização e funcionamento da boate.

A: incorreta. O art. 218-A do CP pressupõe que o agente pratique conjunção carnal ou qualquer outro ato libidinoso, para a satisfação da própria lascívia ou de outrem, na presença de menor de 14 (quatorze) anos. Considerando que na boate havia adolescentes com idade entre dezesseis e dezessete anos, não se tipifica a conduta descrita no dispositivo mencionado; **B:** incorreta, pois o proprietário ou gerente da boate em que os adolescentes foram encontrados não responderão, simplesmente, pelo crime do art. 229 do CP (casa de prostituição), mas, sim, em virtude do princípio da especialidade, pelo crime do art. 218-B do CP; **C:** incorreta. O art. 218-B, § 2º, II, do CP, é dirigido ao proprietário, gerente ou responsável pelo local em que se realizam a prática da prostituição ou da exploração sexual de vulnerável, e não aos clientes da boate; **D:** incorreta, pois o estupro de vulnerável, descrito no art. 217-A do CP, pressupõe, por óbvio, que a vítima se enquadre em uma das situações de vulnerabilidade. No tocante ao fator "idade", a vulnerabilidade somente será reconhecida se a vítima for menor de quatorze anos. Considerando que os adolescentes encontrados na boate tinham entre dezesseis e dezessete anos, não se pode cogitar de estupro de vulnerável, ainda mais diante do consentimento deles com a prática dos atos libidinosos; **E:** correta (art. 218-B, *caput*, parte final, do CP). Dificultar o abandono da atividade de prostituição ou de qualquer outra forma de exploração sexual, ainda que inicialmente tenha havido consentimento do menor de dezoito anos, caracteriza o crime de favorecimento de prostituição ou outra forma de exploração sexual de vulnerável.

Gabarito "E"

(Ministério Público/RO – 2010 – CESPE) Acerca dos crimes contra a dignidade sexual, assinale a opção correta.

(A) O crime de estupro de vítima menor de dezoito anos de idade é processado mediante ação penal pública incondicionada.

(B) De acordo com o ordenamento jurídico pátrio, constranger vítima maior de dezoito anos de idade para que ela permita que se pratique nela ato libidinoso somente caracteriza crime sexual se do ato resultarem lesões.

(C) Nos crimes contra a dignidade sexual, a pena será agravada se o ato for cometido com o concurso de duas ou mais pessoas ou se dele resultar gravidez.

(D) A prática de conjunção carnal mediante violência caracteriza crime de estupro, sendo irrelevante a idade exata da vítima para a tipificação do crime.

A: correta, nos termos do art. 225, parágrafo único, do CP. Importante que se diga que, atualmente, o crime de estupro e os demais delitos contra a dignidade sexual são processados, em qualquer caso, por meio de ação penal pública incondicionada, ainda que se trate de vítima maior de 18 anos. Isso em razão da entrada em vigor da Lei 13.718/2018, que, dentre várias inovações implementadas nos crimes contra a dignidade sexual, mudou, uma vez mais, a natureza da ação penal nesses delitos. Com isso, a ação penal, nos crimes sexuais, passa a ser pública incondicionada. Vale lembrar que, antes do advento desta Lei, a ação era, em regra, pública condicionada, salvo nas situações em que a vítima era vulnerável ou menor de 18 anos. Fazendo um breve histórico, temos o seguinte quadro: a ação penal, nos crimes sexuais, era, em regra, privativa do ofendido, a este cabendo a propositura da ação penal; posteriormente, a partir do advento da Lei 12.015/2009, a ação penal, nesses crimes, deixou de ser privativa do ofendido para ser pública condicionada a representação, em regra; agora, com a entrada em vigor da Lei 13.718/2018, a ação penal, nos crimes contra a dignidade sexual, que antes era pública condicionada, passa a ser pública incondicionada. Com isso, o titular da ação penal, que é o MP, prescinde de manifestação de vontade da vítima para promover a ação penal. Dessa forma, fica sepultado o debate que antes havia acerca da aplicação da Súmula 608, do STF. É importante que se diga que, além da alteração a que fizemos referência, a Lei 13.718/2018 promoveu, no contexto dos crimes sexuais, outras relevantes mudanças. Uma das mais significativas, a nosso ver, é a introdução, no Código Penal, do crime de *importunação sexual*, disposto no art. 215-A, nos seguintes termos: *Praticar contra alguém e sem a sua anuência ato libidinoso com o objetivo de satisfazer a própria lascívia ou a de terceiro: Pena – reclusão, de 1 (um) a 5 (cinco) anos, se o ato não constitui crime mais grave*. A conduta de homens que, em ônibus e trens lotados, molestam mulheres e, em alguns casos, chegam a ejacular, se enquadra, doravante, neste novo tipo penal. Episódio amplamente divulgado pelos meios de comunicação é o de um homem que, dentro do transporte público, em São Paulo, ejaculou no pescoço de uma mulher. Antes, a responsabilização se dava pela contravenção penal de *importunação ofensiva ao pudor*, definida no art. 61 da LCP, cujo preceito secundário estabelecia exclusivamente pena de multa, dispositivo este que foi revogado, de forma expressa, pela Lei 13.718/2018, tendo a conduta ali descrita migrado para o novo art. 215-A do CP, em face da regra da continuidade típico-normativa. Evidente que a pena, agora mais grave, não poderá retroagir e atingir fatos anteriores à entrada em vigor da Lei 13.718/2018. Outra importante inovação refere-se à inclusão, no art. 218-C, do delito de *divulgação de cena de estupro ou de cena de estupro de vulnerável, de cena de sexo ou de pornografia*. O objetivo do legislador, com a tipificação desta conduta, foi o de coibir um fenômeno que, infelizmente, tem sido cada vez mais comum, que é a violação da intimidade com a exposição sexual não autorizada. Inclui-se, aqui, a chamada *pornografia da vingança*, em que fotografias e vídeos de conteúdo íntimo de alguém (normalmente mulher) são divulgados na internet pelo ex-esposo ou ex-namorado como forma de vingança. A partir daí, o conteúdo é disseminado, nas redes sociais e em grupos de *whatsapp*, de forma exponencial. O art. 218-C contempla uma causa de aumento de pena, a configurar-se quando o crime é praticado por agente que mantém ou tenha mantido relação íntima de afeto com a vítima ou com o fim de vingança ou humilhação. No que concerne ao estupro de vulnerável, previsto no art. 217-A do CP, a Lei 13.718/2018, ao inserir o § 5º nesse dispositivo legal, consagra o entendimento adotado pela Súmula 593, do STJ, no sentido de que o consentimento e a experiência sexual anterior são irrelevantes à configuração do crime de estupro de vulnerável. Além disso, a Lei 13.718/2018 fez inserir, no art. 226 do CP, o inciso IV, estabelecendo que a pena será aumentada nos casos de *estupro coletivo* e *estupro corretivo*. Por fim, ainda dentro do tema "alterações nos crimes contra a dignidade sexual", a Lei 13.772/2018 inseriu no Código Penal o crime de *registro não autorizado da intimidade sexual*, definido no art. 216-A, que passa a integrar o novo Capítulo I-A do Título VI. Segundo a descrição típica, este novo crime restará configurado quando o agente *produzir, fotografar, filmar ou registrar, por qualquer meio, conteúdo com cena de nudez ou ato sexual ou libidinoso de caráter íntimo e privado sem autorização dos participantes*. A pena é de detenção, de 6 (seis) meses a 1 (um) ano, e multa. O que fez esta Lei, ao inserir no CP este novo crime, foi superar a lacuna em relação à conduta do agente que registrava a prática de atos sexuais entre terceiros, sem que estes, obviamente, tivessem conhecimento. Esta conduta, vale dizer, não é de rara ocorrência. Imaginemos a hipótese em que o proprietário de uma casa ou mesmo de um motel instale, de forma oculta e sorrateira, uma câmera com o fim de registrar a prática de atos sexuais entre pessoas que ali se encontram. Antes do advento desta Lei, tal conduta não configurava crime. Segundo estabelece o parágrafo único do art. 216-A, incorrerá na mesma pena aquele que *realiza montagem em fotografia, vídeo, áudio ou qualquer outro registro com o fim de incluir pessoa em cena de nudez ou ato sexual ou libidinoso de caráter íntimo*. No crime do *caput*, a cena de sexo registrada às escondidas é verdadeira, ou seja, ela de fato ocorreu na forma como foi registrada. No caso do parágrafo único, o agente realiza uma montagem, ou seja, cria o registro de uma cena de sexo envolvendo pessoas que dela não participaram. Basta, aqui, recordar da montagem envolvendo certo candidato ao Governo do Estado de São Paulo nas últimas eleições, que apareceu em cena de sexo explícito. Pelo que se constatou, o rosto do então candidato foi manipulado por meio de recursos gráficos. Como não poderia deixar de ser, esta montagem ganhou, rapidamente, as redes sociais e aplicativos de mensagem. Importante que se diga que as condutas, tanto a do *caput* quanto a do parágrafo único, constituem infração penal de menor potencial ofensivo, aplicando-se, bem por isso, os benefícios e o procedimento da Lei 9.099/1995; **B:** incorreta. Constranger alguém, maior de dezoito anos, mediante violência ou grave ameaça, a permitir que nela se pratique ato libidinoso caracteriza crime de estupro (art. 213, CP), ainda que do ato não resulte lesão corporal; **C:** incorreta. O aumento de pena previsto no art. 226, I, do CP (concurso de duas ou mais pessoas) refere-se aos crimes contra a liberdade sexual; já o aumento de pena previsto no art. 234-A, III, do CP (se do crime resultar gravidez) refere-se aos crimes contra a dignidade sexual; **D:** incorreta. Se a vítima for menor de 14 anos, o crime será o do art. 217-A – estupro de vulnerável.

Gabarito "A".

(Defensor Público/RO – 2012 – CESPE) Com relação à aplicação da lei penal no tempo, aos crimes contra a dignidade sexual e aos delitos hediondos, assinale a opção correta.

(A) De acordo com a jurisprudência predominante do STJ, a presunção de violência prevista no art. 224 do CP se revela de natureza absoluta, não cedendo à existência de fatores que afastem a dita presunção.

(B) Pratica crime de corrupção de menores, previsto no art. 218 do CP, aquele que induz menor de dezesseis anos a satisfazer a lascívia de outrem.

(C) O art. 224 do CP, no qual era prevista a presunção de violência em crimes sexuais, foi revogado, tendo sido criado um novo tipo penal, tipificado como estupro de vulnerável, que caracteriza a *abolitio criminis* da conduta prevista no art. 214 (atentado violento ao pudor) c/c o art. 224 do CP.

(D) O princípio da continuidade normativa típica evidencia-se quando uma norma penal é revogada, mas a mesma conduta continua sendo crime no tipo penal revogador, ou seja, a infração penal continua tipificada em outro dispositivo, ainda que topologicamente ou normativamente diverso do originário.

(E) Aplica-se ao agente de violência real ou grave ameaça em crime de estupro ou atentado violento ao pudor a causa especial de aumento de pena prevista no art. 9.º da lei que trata dos crimes hediondos.

A: incorreta. O art. 224 do CP, que estabelecia as hipóteses de *presunção de violência*, foi revogado por força da Lei 12.015/2009, que promoveu diversas alterações no âmbito dos crimes sexuais; **B:** incorreta. O tipo penal do art. 218 do CP exige que o sujeito passivo deste crime seja menor de *14 anos*; **C:** incorreta. Não há que se falar em *abolitio criminis*, posto que, a despeito de os arts. 214 e 224 haverem sido formalmente revogados, a conduta ali prevista pela conjugação destes dois dispositivos não deixou de ser típica; passou a ser prevista no art. 217-A do CP, introduzido pela Lei 12.015/2009. Incide, aqui, o princípio da continuidade típico-normativa; **D:** correta. *Vide* comentário à alternativa anterior; **E:** incorreta. O art. 9º da Lei 8.072/1990 (Crimes Hediondos), que fazia referência ao art. 224 do CP, foi tacitamente revogado pela Lei 12.015/2009.

Gabarito "D".

21. CRIMES CONTRA A FÉ PÚBLICA

(Auditor Fiscal - SEFAZ/RS - 2019 - CESPE/CEBRASPE) De acordo com o Código Penal, o agente que altera selo destinado a controle tributário comete crime

(A) de reprodução ou adulteração de selo ou peça filatélica.

(B) de falsificação de selo ou sinal público.

(C) de falsidade ideológica.

(D) de falsificação de papéis públicos.

(E) contra a ordem tributária.

Falsificar, mediante fabrico ou alteração, selo destinado a controle tributário configura o crime de falsificação de papel público (art. 293, I, CP). ED

Gabarito "D".

(Procurador Municipal – Prefeitura/BH – CESPE – 2017) Com relação aos crimes em espécie previstos no CP, assinale a opção correta, considerando o entendimento jurisprudencial do STJ.

(A) O indivíduo que, ao ser preso em flagrante, informa nome falso com o objetivo de esconder seus maus antecedentes pratica o crime de falsa identidade, não sendo cabível a alegação do direito à autodefesa e à não autoincriminação.

(B) Para a configuração do crime de descaminho, é necessária a constituição definitiva do crédito tributário por processo administrativo-fiscal.

(C) Em se tratando de crime de concussão, a situação de flagrante se configura com a entrega da vantagem indevida.

(D) O crime de sonegação fiscal não absorve o crime de falsidade ideológica, mesmo que seja praticado unicamente para assegurar a evasão fiscal.

A: correta. Parte da doutrina sustenta que não comete o crime do art. 307 do CP o agente que atribui a si falsa identidade com o propósito de escapar de ação policial e, dessa forma, evitar sua prisão. O indivíduo estaria, segundo essa corrente, procurando preservar sua liberdade. Sucede que, atualmente, este posicionamento não mais prevalece. Segundo STF e STJ, aquele que atribui a si identidade falsa com o escopo de furtar-se à responsabilidade criminal deve, sim, responder pelo crime de falsa identidade (art. 307, CP). A propósito, o STJ, consolidando tal entendimento, editou a Súmula 522: "A conduta de atribuir-se falsa identidade perante autoridade policial é típica, ainda que em situação de alegada autodefesa". Também nesse sentido, o STF: "Direito penal. Agravo regimental em recurso extraordinário com agravo. Crime de falsa identidade. Art. 307 do Código Penal. Alegação de autodefesa. Impossibilidade. Tipicidade configurada. 1. O Plenário Virtual do Supremo Tribunal Federal, no julgamento do RE 640.139, Rel. Min. Dias Toffoli, decidiu que o princípio constitucional da autodefesa não alcança aquele que atribui falsa identidade perante autoridade policial com o intuito de ocultar maus antecedentes. Na ocasião, reconheceu-se a existência de repercussão geral da questão constitucional suscitada e, no mérito, reafirmou a jurisprudência dominante sobre a matéria. 2. Agravo regimental a que se nega provimento." (ARE 870572 AgR, 1ª T., Rel. Min. Roberto Barroso, j. 23.06.2015, *DJe* 05.08.2015, publ. 06.08.2015); **B:** incorreta, uma vez que não se aplica, no contexto do crime de descaminho, o entendimento firmado na Súmula Vinculante 24: "Não se tipifica crime material contra a ordem tributária, previsto no art. 1º, incisos I a IV, da Lei 8.137/1990, antes do lançamento definitivo do tributo". Nesse sentido, conferir: "A Quinta Turma deste Superior Tribunal de Justiça firmou entendimento no sentido de que o delito previsto no art. 334 do Código Penal se configura no ato da importação irregular de mercadorias, sendo desnecessário, portanto, o exaurimento das vias administrativas e constituição definitiva do crédito tributário para a sua apuração criminal" (AgRg no AREsp 1034891/SP, 5ª T., Rel. Min. Jorge Mussi, j. 13.06.2017, *DJe* 23.06.2017); **C:** incorreta. A entrega da vantagem indevida, na concussão (art. 316, "caput", CP), corresponde ao que a doutrina convencionou chamar de *exaurimento*, que nada mais é do que o desdobramento típico ocorrido em momento posterior à consumação. Neste crime, classificado pela doutrina como *formal* (ou de consumação antecipada ou resultado cortado), a consumação se dá com a imposição, pelo funcionário público, da vantagem indevida, pouco importando se o particular, sentindo-se acuado, faz-lhe a entrega ou não. A prisão em flagrante, bem por isso, somente é possível no momento em que o funcionário exige a vantagem; a entrega desta, pelo particular, constitui, como já dito, exaurimento do crime, não cabendo, portanto, a prisão em flagrante do *intraneus*, desde que, é claro, isso se dê em outro contexto. Para que não reste nenhuma dúvida: se a entrega da vantagem se der vários dias depois da exigência desta, não caberá mais a prisão em flagrante, uma vez que a consumação ocorreu lá atrás (com a imposição do pagamento indevido). E por falar em crime de concussão, é importante que se diga que a recente Lei 13.964/2019 (Pacote Anticrime) promoveu a alteração da pena máxima cominada a este delito. Com isso, a pena, que era de 2 a 8 anos de reclusão, e multa, passa para 2 a 12 anos de reclusão, e multa. Corrige-se, dessa forma, a distorção que até então havia entre a pena máxima cominada ao crime de concussão e aquelas previstas para os delitos de corrupção passiva (317, CP) e corrupção ativa (art. 333, CP). Doravante, a pena, para este três crime, vai de 2 a 12 anos de reclusão, sem prejuízo da multa. Mesmo porque o crime de concussão denota, no seu cometimento, maior gravidade do que o delito de corrupção passiva. No primeiro caso, o agente exige, que tem o sentido de impor, obrigar, sempre se valendo do cargo que ocupa para intimidar a vítima e, dessa forma, alcançar a colimada vantagem indevida; no caso da corrupção passiva, o *intraneus*, no lugar de exigir, solicita, recebe ou aceita promessa de receber tal vantagem; **D:** incorreta. Para o STJ, é caso de aplicação do princípio da consunção. Conferir: "A jurisprudência desta Corte Superior é firme no sentido de aplicação do princípio da consunção quando o delito de falso é praticado exclusivamente para êxito do crime de sonegação, motivo pelo qual é aplicada a súmula 83/STJ" (AgRg nos EAREsp 386.863/MG, 3ª Seção, Rel. Min. Felix Fischer, j. 22.03.2017, *DJe* 29.03.2017). **ED**

Gabarito "A".

(Analista Judiciário – TRT/8ª – 2016 – CESPE) Acerca dos crimes contra a fé pública e dos crimes praticados por associações ou organizações criminosas, assinale a opção correta.

(A) Aquele que falsifica documento para, em seguida, usá-lo em procedimento subsequente comete os crimes de falsificação de documento e de uso de documento falso, haja vista a presença de dolos distintos e autônomos em relação a cada conduta praticada.
(B) A falsidade ideológica é configurada pelo dolo genérico de se omitir, em documento público ou particular, declaração que dele devia constar, ou nele inserir ou fazer inserir declaração falsa ou diversa da que devia ser escrita, mesmo que não enseje proveito ilícito ou prejuízo a terceiros.
(C) A estabilidade e a permanência nas relações entre os agentes reunidos em conjugação de esforços para a prática reiterada de crimes são essenciais para que se configure a associação criminosa, diferenciando-se essa do simples concurso eventual de pessoas para realizaram uma ação criminosa.
(D) A associação criminosa, denominação atual do antigo crime de quadrilha ou bando, por ser crime material, só se realiza quando mais de três pessoas se reúnem, em caráter estável e permanente, para o cometimento de crimes, consumando-se com a prática efetiva de um delito.
(E) A conduta de se colocar em circulação uma única cédula falsa, no valor de cinquenta reais, não pode ser reputada como algo que efetivamente perturba o convívio social, sendo admissível enquadrá-la como materialmente atípica pela incidência do princípio da insignificância.

A: incorreta. Embora não haja consenso na doutrina e na jurisprudência, prevalece hoje o entendimento no sentido de que o agente que falsifica documento e, ato contínuo, dele faz uso somente responde pelo crime de falsificação, sendo o seu uso reputado *post factum* não punível. Nessa ótica: "O uso dos papéis falsificados, quando praticado pelo próprio autor da falsificação, configura *post factum* não punível, mero exaurimento do *crimen falsi*, respondendo o falsário, em tal hipótese, pelo delito de falsificação de documento público (CP, art. 297) ou, conforme o caso, pelo crime de falsificação de documento particular (CP, art. 298)" (STF, 2ª T., HC 84.533-MG, rel. Min. Celso de Mello, j. 14.09.2004); **B:** incorreta. No contexto da falsidade ideológica, exige-se, à configuração deste delito, o chamado *elemento subjetivo específico*, assim entendido o especial fim do agente de prejudicar direito, criar obrigação ou alterar a verdade sobre fato juridicamente relevante; **C:** correta. De fato, para a configuração do crime de *associação criminosa*, que, antes do advento da Lei 12.850/2013, denominava-se *quadrilha ou bando*, é indispensável a existência de vínculo associativo estável e permanente entre os agentes que a compõem. Em assim sendo, a reunião de agentes com o fim de praticar um crime específico configura, em tese, mero concurso eventual de pessoas (art. 29, CP), e não associação criminosa (art. 288, CP); **D:** incorreta. Cuida-se de crime formal (e não material), cuja consumação, bem por isso, se dá com a associação, de forma estável, de três ou mais pessoas, ainda que não venham a cometer delito algum; **E:** incorreta. No STF: "MOEDA FALSA – INSIGNIFICÂNCIA – AFASTAMENTO. Descabe cogitar da insignificância do ato praticado uma vez imputado o crime de circulação de moeda falsa" (HC 126.285, Relator(a): Min. MARCO AURÉLIO, Primeira Turma, julgado em 13.09.2016).

Gabarito "C".

(Procurador do Estado – PGE/BA – CESPE – 2014) Julgue o item que se segue (adaptada)

(1) Aquele que utilizar laudo médico falso para, sob a alegação de possuir doença de natureza grave, furtar-se ao pagamento de tributo, deverá ser condenado apenas pela prática do delito de sonegação fiscal se a falsidade ideológica for cometida com o exclusivo objetivo de fraudar o fisco, em virtude da aplicação do princípio da subsidiariedade.

1: incorreta. Tal como se afirma, o crime de falso, já que serviu de meio para o cometimento do crime de sonegação fiscal (crime fim), deve por este ser absorvido, em virtude, e aqui está o erro da assertiva, do princípio da consunção, e não da subsidiariedade. ED

Gabarito 1E

(Escrivão de Polícia/BA – 2013 – CESPE) Julgue os próximos itens, relativos a crimes contra a fé pública.

(1) Considere que Silas, maior, capaz, ao examinar os autos do inquérito policial no qual figure como investigado pela prática de estelionato, encontre os documentos originais colhidos pela autoridade, nos quais seja demonstrada a materialidade do delito investigado, e os destrua. Nessa situação, em razão desse ato, Silas responderá pelo crime de supressão de documento.
(2) A consumação do crime de atestar ou certificar falsamente, em razão de função pública, fato ou circunstância que habilite alguém a obter cargo público, isenção de ônus ou de serviço de caráter público, ou qualquer outra vantagem ocorre no instante em que o documento falso é criado, independentemente da sua efetiva utilização pelo beneficiário.
(3) Considere a seguinte situação hipotética. Celso, maior, capaz, quando trafegava com seu veículo em via pública, foi abordado por policiais militares, que lhe exigiram a apresentação dos documentos do veículo e da carteira de habilitação. Celso, então, apresentou habilitação falsa. Nessa situação, a conduta de Celso é considerada atípica, visto que a apresentação do documento falso decorreu de circunstância alheia à sua vontade.

1: correta. Pratica o crime de supressão de documento, tipificado no art. 305 do CP, aquele que destruir, suprimir ou ocultar, em benefício próprio ou de outrem, ou em prejuízo alheio, documento público ou particular verdadeiro, de que não podia dispor. Silas, ao destruir os documentos originais encartados no bojo do inquérito policial, a fim de, com isso, eliminar a materialidade delitiva, praticou o crime em comento; **2:** correta. Realmente, comete o crime de certidão ou atestado ideologicamente falso (art. 301, CP) aquele que atestar ou certificar falsamente, em razão de função pública, fato ou circunstância que habilite alguém a obter cargo público, isenção de ônus ou de serviço de caráter público, ou qualquer outra vantagem. Trata-se de crime formal (ou de consumação antecipada), que não exige, para sua configuração, que o beneficiário da certidão ou atestado ideologicamente falso efetivamente o utilize, bastando que o agente elabore o documento falso; **3**: errada. A CNH, como sabido e ressabido, é documento de porte obrigatório para aquele que conduz veículo automotor, especialmente em via pública. Assim, ainda que os policiais militares tenham determinado a Celso que apresentasse os documentos do veículo e, repita-se, a CNH, ao optar por apresentar este documento falso, incorreu nas penas do art. 304 do CP. Não se pode admitir o entendimento segundo o qual a exigência na exibição do documento por autoridades públicas torna atípica a conduta do agente. Poderia ele preferir não exibir o documento. Contudo, ao fazê-lo, deverá responder por aludido crime.

Gabarito 1C, 2C, 3E

(Magistratura Federal/2ª região – 2011 – CESPE) Márcio, maior, capaz, reincidente em crime doloso, comprou, na mercearia do bairro em que mora, na cidade de São João de Meriti – RJ, gêneros alimentícios no montante de R$ 60,00, pagou as compras com duas cédulas de R$ 50,00, cuja inautenticidade era de seu pleno conhecimento, e recebeu o troco em moeda nacional autêntica. No dia seguinte, arrependido de sua conduta pela repercussão que poderia adquirir, procurou o proprietário da mercearia, Paulo, maior capaz e com ensino médio completo, confessou o ocorrido, restituiu o troco e pagou integralmente, com dinheiro legal, as mercadorias. Paulo chamou a polícia, que encontrou, no caixa da mercearia, apenas uma das cédulas falsificadas, tendo sido ela apreendida. Márcio foi conduzido à delegacia, ocasião em que foram encontrados em sua posse os seguintes petrechos destinados especificamente à falsificação de moeda: duas matrizes metálicas e faixa magnética que imita o fio de segurança de cédulas autênticas. A partir dessa situação hipotética, assinale a opção correta.

(A) Paulo deve ser acusado da prática do *delictum privilegiatum* de reinserir em circulação moeda falsa, classificado como de menor potencial ofensivo, ainda que alegue desconhecer norma legal proibitiva, caso se comprove que ele, tendo recebido como verdadeira cédula falsa, portanto, de boa-fé, a tenha restituído à circulação, após perceber sua inautenticidade, para evitar prejuízo a seu regular comércio.

(B) Tendo sido o crime praticado sem violência ou grave ameaça a pessoa, com posterior reparação do prejuízo sofrido pela vítima, e em face do comportamento voluntário do agente, anterior ao oferecimento da denúncia, fica caracterizado o arrependimento eficaz, o que impõe a redução da pena de um a dois terços.

(C) Caso se demonstre, na instrução do processo, que Márcio é o autor da falsificação do dinheiro e igualmente o responsável por sua circulação, ele deverá ser responsabilizado por concurso material, em face da peculiaridade do tipo misto cumulativo que caracteriza o crime de moeda falsa.

(D) No caso de moeda falsa, o CP estabelece a sanção na modalidade culposa, de maneira excepcional, em duas circunstâncias: quando o agente tem ciência da falsidade da moeda e a guarda ou a tem em depósito de forma culposa, ou quando, ciente da falsidade, igualmente de forma culposa, a restitui à circulação.

(E) O delito de posse de petrechos para falsificação de moeda, previsto em tipo próprio no CP como ato preparatório, de perigo abstrato, deve ser punido de forma independente e autônoma em relação ao crime de falsificação, posse e circulação da moeda.

A: correta. De fato, se Paulo, embora recebendo as cédulas falsas de boa-fé, as tivesse restituído à circulação, ciente da inautenticidade, deveria ser responsabilizado pelo crime do art. 289, § 2º, do CP, considerado "privilegiado" se comparado com o tipo básico ou fundamental (art. 289, *caput*, do CP), haja vista que a pena deste último varia de 3 (três) a 12 (doze) anos de reclusão, e multa, ao passo que daquele, a pena vai de 6 (seis) meses a 2 (dois) anos de detenção, e multa, tratando-se de crime de menor potencial ofensivo; **B:** incorreta. Sendo o delito de moeda falsa (art. 289 do CP) considerado formal (ou de consumação antecipada), bastará, para sua consumação, que o agente falsifique, fabricando ou alterando, moeda metálica ou papel-moeda de curso legal no país ou no estrangeiro, sendo incompatível, pois, o reconhecimento do arrependimento eficaz (art. 15, segunda parte, do CP); **C:** incorreta. Se Márcio houver falsificado o dinheiro entregue a Paulo, dono da mercearia, sendo, pois, o responsável, também, pela circulação das cédulas falsas, responderá apenas pela falsificação (art. 289, *caput*, do CP), e não pela circulação delas (art. 289, § 1º, do CP). Aqui, bastará a aplicação do princípio da consunção, mais precisamente, da vertente que enuncia o *post factum* impunível: o agente responderá pelo crime antecedente (falsificação de moeda), sendo impunível a conduta de colocar em circulação as cédulas falsas que ele próprio houver fabricado ou alterado; **D:** incorreta, pois o crime de moeda falsa (art. 289 do CP) não prevê qualquer modalidade culposa; **E:** incorreta. O delito de petrechos para falsificação de moeda, definido no art. 291 do CP, é verdadeiro "ato preparatório" à falsificação de moeda, mas punido autonomamente. Contudo, entende-se que se o falsificador possuir, também, os petrechos para a falsificação de moeda, deverá ser punido apenas pelo crime-fim, qual seja, aquele previsto no art. 289 do CP. Aplicar-se-ia, aqui, o princípio da consunção: o crime-meio (petrechos para falsificação de moeda – art. 291 do CP) será absorvido pelo crime-fim (moeda falsa – art. 289 do CP). Essa é a posição de Nélson Hungria (*Comentários ao Código Penal*, 2ª ed., 1959, vol. 9, p. 231). Porém, importante que o candidato saiba que há, sim, divergência doutrinária sobre o tema, havendo quem sustente que o agente deverá ser responsabilizado por ambos os crimes, cometidos e consumados e momentos diferentes (por todos, confira-se Rogério Greco, em seu *Curso de Direito Penal*, vol. 4, 6ª ed., p. 240).

Gabarito "A"

22. CRIMES CONTRA A ADMINISTRAÇÃO PÚBLICA

(Juiz de Direito - TJ/BA - 2019 - CESPE/CEBRASPE) Acerca dos delitos imputáveis aos agentes públicos, assinale a opção correta.

(A) Pratica peculato-desvio o prefeito municipal que utiliza verba pública para promoção pessoal.

(B) Pratica extorsão o funcionário público que, em razão de sua função, emprega grave ameaça no intuito de obter vantagem indevida.

(C) Pratica apropriação indébita agravada pela violação de dever inerente ao cargo ocupado o funcionário público que se apropria de valores que possui em razão do cargo.

(D) Pratica corrupção passiva na modalidade tentada o funcionário público que, ao solicitar vantagem indevida em razão da prática de ato de ofício, não a recebe por circunstâncias alheias à sua vontade.

(E) Pratica prevaricação o funcionário público que, em violação ao seu dever funcional, facilita a prática de crime de contrabando ou descaminho.

A: incorreta, uma vez que o prefeito que assim agir responderá pelo crime tipificado no art. 1º, II, do Decreto-lei 201/1967; **B:** correta, segundo o gabarito preliminar. Após, a banca examinadora anulou a questão, tendo apresentado como justificativa o fato de a assertiva estar incompleta, de forma a não contemplar todos os elementos integrantes do tipo penal da extorsão (art. 158, CP). Seja como for, o emprego de violência ou grave ameaça constitui elementar do crime de extorsão. Dessa forma, se o funcionário público, em razão de sua função, se valer de um desses meios para obter vantagem indevida, cometerá o crime de extorsão (art. 158, CP), e não o de concussão (art. 316, CP). Nesta, o funcionário público, valendo-se de sua condição, exige, para si ou para outrem, vantagem indevida, impondo à vítima, ainda que de forma velada, um temor decorrente da própria autoridade que possui (*metus publicae potestatis*); **C:** incorreta. O funcionário público que se apropria de valores que possui em razão do cargo incorrerá nas penas do crime de peculato (art. 312, *caput*, 1ª parte, do CP), na modalidade *apropriação*, **que** restará caracterizado quando o agente, funcionário público, apropriar-se de dinheiro, valor ou bem móvel público ou particular de que tenha a posse em razão do cargo. O art. 312, *caput*, 2ª parte, contém a figura do *peculato-desvio*, **modalidade que pressupõe que o agente desencaminhe o bem de que tem a posse, alterando o seu destino. Há também outra modalidade de peculato doloso:** *peculato-furto* **ou** *peculato impróprio* **(art. 312, § 1º, do CP), em que o agente, embora não tendo a posse do objeto material, o subtrai ou concorre para que seja subtraído, valendo-se, para tanto, de facilidade proporcionada pelo fato de ser funcionário. Por sua vez, o art. 312, em seu § 2º, prevê a forma culposa de peculato, cuja conduta consiste em o funcionário público concorrer, de forma culposa, para o delito de terceiro, que pode ou não ser funcionário público e age sempre de forma dolosa, praticando crimes como, por exemplo, furto, peculato, apropriação indébita etc.; D: incorreta. Esta assertiva refere-se ao** momento consumativo da corrupção passiva. Trata-se de delito *formal*, isto é, a consumação é alcançada com a mera solicitação formulada pelo funcionário ao particular. Aqui, pouco importa, para o fim de consumar o crime, se o particular aceitará ou não entregar a vantagem ao funcionário, bem como se a vantagem deixou de ser auferida por qualquer outra circunstância alheia à vontade do agente. Dessa forma, forçoso concluir que pratica corrupção passiva na modalidade *consumada* o funcionário público que, ao solicitar vantagem indevida em razão da prática de ato de ofício, não a recebe por circunstâncias alheias à sua vontade; **E:** incorreta. O funcionário que assim agir será responsabilizado pelo crime de facilitação de contrabando ou descaminho (art. 318, CP). **ED**

Gabarito ANULADA

(Auditor Fiscal - SEFAZ/RS - 2019 - CESPE/CEBRASPE) O agente que patrocina, direta ou indiretamente, interesse privado perante a administração fazendária, valendo-se da qualidade de funcionário público, pratica

(A) prevaricação.
(B) advocacia administrativa.
(C) conduta penalmente atípica.
(D) corrupção passiva privilegiada.
(E) crime funcional contra a ordem tributária.

O enunciado contém a descrição típica do crime do art. 3º, III, da Lei 8.137/1990 (advocacia administrativa contra a administração fazendária), que guarda bastante similitude com o crime de advocacia administrativa em geral, previsto no art. 321 do CP. Nos dois casos, pressupõe-se que o funcionário público, valendo-se dessa qualidade, patrocine, direta ou indiretamente, interesse privado perante a Administração Pública. Apesar do nome, não se exige que o sujeito ativo seja *advogado*. Cuida-se, isto sim, como já dito, de delito praticado por funcionário público (é crime próprio) que, valendo-se do cargo que ocupa, defende interesse privado de terceiro perante a Administração.

Gabarito "E".

(Auditor Fiscal - SEFAZ/RS - 2019 - CESPE/CEBRASPE) De acordo com o Código Penal no que diz respeito às finanças públicas, caracteriza crime

(A) autorizar a assunção de obrigação no último ano do mandato ou da legislatura.
(B) prestar garantia em operação de crédito, ainda que tenha sido constituída contragarantia em valor igual ao prestado.
(C) executar ato que acarrete aumento de despesa total com pessoal nos dois últimos quadrimestres anteriores ao final do mandato.
(D) realizar operação de crédito com inobservância de limite estabelecido em lei ou em resolução do Senado Federal.
(E) ordenar a inscrição de despesa previamente empenhada em restos a pagar para o próximo exercício financeiro.

A: incorreta. É que, no crime previsto no art. 359-C do CP, a autorização para assunção de obrigação deve ocorrer nos dois últimos quadrimestres do último ano de mandato ou legislatura (e não no último ano, como consta da assertiva); **B:** incorreta, já que a configuração do crime definido no art. 359-E pressupõe a ausência de contragarantia em valor igual ou superior ao valor da garantia prestada. Dessa forma, se foi constituída contragarantia em valor igual ao prestado, não há que se falar em crime; **C:** incorreta. Isso porque somente restará configurado o delito do art. 359-G do CP na hipótese de o agente executar ato que acarrete aumento de despesa total com pessoal no prazo de 180 dias antes do final do mandato ou legislatura (e não nos dois últimos quadrimestres, conforme consta da proposição); **D:** correta. Conduta prevista no art. 359-A, parágrafo único, I, do CP; **E:** incorreta, pois não corresponde ao crime do art. 359-B do CP.

Gabarito "D".

(Auditor Fiscal - SEFAZ/RS - 2019 - CESPE/CEBRASPE) É punido na modalidade culposa o crime de

(A) peculato.
(B) falsidade ideológica.
(C) condescendência criminosa.
(D) violação de sigilo funcional.
(E) supressão de tributos mediante omissão de informação.

Dos crimes acima mencionados, o único que comporta a modalidade culposa é o *peculato*, delito previsto no art. 312, § 2º, do CP, que pressupõe que o funcionário público concorra, de forma culposa (imperícia, imprudência ou negligência), para o delito de terceiro, que pode ou não ser funcionário público e age sempre de forma dolosa, praticando crimes como, por exemplo, furto, peculato, apropriação indébita etc. No peculato culposo – art. 312, § 2º, primeira parte, do CP, a reparação do dano, quando anterior à sentença irrecorrível, extingue a punibilidade; se lhe é posterior, reduz de metade a pena imposta, conforme prescreve o art. 312, § 3º, segunda parte, do CP.

Gabarito "A".

Determinado auditor fiscal da SEFAZ exigiu do contribuinte o pagamento de tributo que sabia ser indevido, afirmando que iria recolher o valor aos cofres públicos.

(Auditor Fiscal - SEFAZ/RS - 2019 - CESPE/CEBRASPE) Nessa situação hipotética, o auditor fiscal deverá responder pelo cometimento do crime de

(A) peculato.
(B) excesso de exação.
(C) corrupção passiva.
(D) peculato mediante erro de outrem.
(E) crime funcional contra a ordem tributária.

O excesso de exação, que é modalidade de concussão, restará configurado quando o agente, funcionário público, exigir tributo ou contribuição social que sabe ou deveria saber indevido, ou, quando devido, empregar na cobrança meio vexatório ou gravoso, que a lei não autoriza (art. 316, § 1º, CP).

Gabarito "B".

(Auditor Fiscal - SEFAZ/RS - 2019 - CESPE/CEBRASPE) O proprietário de estabelecimento comercial que impeça o acesso de auditor fiscal da SEFAZ, regularmente identificado e com atribuição para dar início à ação fiscal, pratica

(A) desacato.
(B) resistência.
(C) desobediência.
(D) crime contra a ordem tributária.
(E) conduta penalmente atípica, considerada mera infração administrativa.

A: incorreta. Desacatar, ação nuclear do crime do art. 331, CP, corresponde à conduta do particular que desrespeita, despreza, ofende, trata com desdém o funcionário público no exercício da função ou em razão dela. São exemplos: rasgar mandado entregue pelo oficial de Justiça e, após, jogá-lo no chão; xingar o fiscal que esteja multando; dirigir ao funcionário sinais ofensivos e provocativos, entre outros. A recusa do proprietário de estabelecimento comercial de permitir o acesso de auditor fiscal ao local a ser fiscalizado não pode ser entendida como ato de desprezo pela figura do *intraneus*, já que não há, por parte deste, manifestação de desdém pela figura do fiscal; **B:** incorreta, na medida em que a configuração do crime de resistência, capitulado no art. 329 do CP, pressupõe que a oposição à execução do ato legal se faça por meio de violência ou ameaça a funcionário com atribuição para a execução do ato ou ainda a quem lhe esteja prestando auxílio, o que não se verifica na hipótese descrita no enunciado. Pelo enunciado, fica claro que a conduta do agente, que desobedeceu à ordem legal, é desprovida de violência ou grave ameaça; **C:** correta. De fato, a conduta narrada no enunciado se amolda ao tipo penal do art. 330 do CP (desobediência), uma vez que o sujeito ativo deixou de atender à ordem legal emanada de funcionário público com atribuição de fiscalização, permitindo com que este promovesse a fiscalização de seu estabelecimento comercial; **D:** incorreta, já que não há tal previsão na Lei 8.137/1990; **E:** incorreta, tendo em conta os comentários acima.

Gabarito "C".

(Procurador do Estado/SE – 2017 – CESPE) Francisco foi acusado de prevaricação por ter deixado de praticar ato legal com a finalidade de satisfazer interesse pessoal. Em sentença, o juiz absolveu Francisco, sob o fundamento de que não ficou demonstrado o interesse pessoal perseguido, e julgou atípica a conduta do funcionário público.

Nessa situação hipotética,

(A) o crime do qual Francisco fora acusado é punível na modalidade culposa.
(B) a absolvição penal impede a propositura de ação cível de reparação de danos promovida pelo ente público contra Francisco.
(C) seria cabível a prisão temporária de Francisco, dado o crime pelo qual ele fora acusado.
(D) a sentença foi acertada porque o crime exige, para sua configuração, dolo específico consubstanciado na satisfação do interesse ou sentimento pessoal.

(E) a sentença pode ser questionada por meio de recurso em sentido estrito, a ser aviado pelo MP.

A: incorreta, visto que o crime de prevaricação (art. 319, CP), pelo qual foi acusado e, após, absolvido Francisco, somente comporta a modalidade dolosa. A propósito, no universo dos crimes contra a Administração Pública, há somente um que admite a modalidade culposa, que é o peculato (art. 312, § 2º, CP); **B:** incorreta, pois contraria o disposto no art. 67, III, do CPP; **C:** incorreta, dado que o crime pelo qual foi acusado Francisco não integra o rol do art. 1º da Lei 7.960/1989 (Prisão Temporária). Não devemos nos esquecer de que a prisão temporária, por ser uma modalidade de custódia cautelar destinada a viabilizar a investigação, somente terá lugar no curso do inquérito policial, não havendo que se falar em decretação da prisão temporária no decorrer da ação penal; **D:** correta. No crime de prevaricação, como é possível inferir da leitura do tipo penal, não basta que o agente deixe de cumprir obrigações inerentes ao dever de ofício, ou, ainda, que execute o ato a que está obrigado contra disposição expressa de lei. É imprescindível que aja, para que fique caracterizado o crime, com o intuito de satisfazer *interesse* ou *sentimento pessoal* (elemento subjetivo especial do tipo). Dessa forma, se tal circunstância não restar comprovada ao cabo da instrução, a absolvição é de rigor; **E:** incorreta. A sentença somente pode ser combatida por meio de recurso de apelação (art. 593, I, do CPP). ED

Gabarito "D"

(Técnico Judiciário – STJ – 2018 – CESPE) Julgue o item a seguir, acerca de processos relativos a crimes praticados por servidores públicos.

(1) Se a denúncia contra servidor público a respeito da prática de crime contra a administração pública em geral vier acompanhada do respectivo inquérito policial, será desnecessária a resposta preliminar prevista no procedimento especial para crimes dessa natureza.

1: a *defesa preliminar*, prevista no art. 514 do CPP, somente terá incidência nos crimes afiançáveis praticados por funcionário público contra a administração pública (chamados delitos funcionais, como é o caso do peculato). Impende, aqui, registrar que, em face do que enuncia a Súmula nº 330 do STJ, a formalidade imposta por este dispositivo somente se fará necessária quando a denúncia se basear em outras peças de informação que não o inquérito policial. Importante que se diga que tal entendimento não é compartilhado pelo STF. Ademais disso, a *notificação* para apresentação da defesa preliminar não se estende ao particular. ED

Gabarito ANULADA

(Delegado/PE – 2016 – CESPE) O CP, em seu art. 14, assevera que o crime estará consumado quando o fato reunir todos os elementos da definição legal. Para tanto, necessária será a realização de um juízo de subsunção do fato à lei. Acerca do amoldamento dos fatos aos tipos penais, assinale a opção correta.

(A) A conduta de constituir, organizar, integrar, manter ou custear organização paramilitar, milícia particular, grupo ou esquadrão com a finalidade de praticar qualquer dos crimes previstos no CP configura crime contra a paz pública, sendo considerada como crime vago, uma vez que o sujeito passivo é a coletividade.

(B) A doutrina e a jurisprudência são unânimes ao afirmar que configura crime de desacato quando um tenente da polícia militar, no exercício de sua função, ofende verbalmente, em razão da função exercida, um de seus subordinados.

(C) Amolda-se no tipo legal de calúnia, previsto nos crimes contra a honra, a conduta de instaurar investigação policial contra alguém, imputando-lhe crime de que se sabe ser inocente.

(D) Constituem crime de corrupção ativa, praticado por particular contra a administração geral, as condutas de dar, oferecer ou prometer dinheiro ou qualquer outra vantagem a testemunha, perito, contador, tradutor ou intérprete, para fazer afirmação falsa, negar ou calar a verdade em depoimento, perícia, cálculos, tradução ou interpretação.

(E) A fraude processual será atípica, se a inovação artificiosa do estado de coisa, de pessoa ou de lugar, com o fim de induzir a erro o juiz, ocorrer antes de iniciado o processo penal.

A: correta. A redação da assertiva corresponde ao tipo penal do crime capitulado no art. 288-A, cujo *nomen juris* é *constituição de milícia privada*, dispositivo esse introduzido pela Lei 12.720/2012. De ver-se que se trata, tal como afirmado na alternativa, de crime classificado como vago, na medida em que o sujeito passivo, neste caso a coletividade, é representado por entidade destituída de personalidade jurídica; **B:** incorreta. O crime de desacato está previsto tanto no Código Penal, em seu art. 331, quanto no Código Penal Militar, neste caso nos arts. 298, 299 e 300. Pois bem. A questão é saber se há unanimidade, na doutrina e na jurisprudência, quanto à existência deste crime quando a ofensa é praticada por superior contra subordinado no contexto policial militar. E não há a tal unanimidade. Conferir, quanto a isso, o magistério de Cezar Roberto Bitencourt: "(...) Para nós, é vazia e ultrapassada a discussão sobre a possibilidade de um superior hierárquico poder praticar desacato em relação a funcionário subalterno, ou vice-versa. Ignoram os antigos defensores da orientação contrária que o bem jurídico tutelado não é o funcionário propriamente, mas a função pública e a própria Administração, as quais estão, portanto, acima das sutilezas da hierarquia funcional, que é ocasional e circunstancial. Entendemos ser irrelevante o nível de hierarquia funcional entre sujeitos ativo e passivo para configurar o crime de desacato, fazendo coro, no particular, com Magalhães Noronha, Heleno Fragoso, Regis Prado, entre outros (...)" (*Tratado de Direito Penal*. 10. ed., São Paulo: Ed. Saraiva, 2016. p. 214); **C:** antes de analisarmos a assertiva, cabem, aqui, alguns esclarecimentos. Consiste o crime de *calúnia* em atribuir a alguém fato capitulado como crime. Trata-se de crime contra a honra objetiva (conceito que o sujeito tem diante do grupo no qual está inserido). Esse crime não deve ser confundido com a *denunciação caluniosa*, delito contra a Administração da Justiça previsto no art. 339 do CP, que pressupõe que o agente *dê causa*, provoque a instauração de investigação policial, de processo judicial, de investigação administrativa, inquérito civil ou ação de improbidade administrativa contra alguém (pessoa determinada), atribuindo-lhe crime de que o sabe inocente. A assertiva está, em vista do que acima expusemos, incorreta, já que a conduta ali contida corresponde à descrição típica do crime de denunciação caluniosa (art. 339 do CP), e não do delito de calúnia, este capitulado no art. 138 do CP; **D:** incorreta, uma vez que a redação desta assertiva se enquadra, à perfeição, na descrição típica do crime previsto no art. 343 do CP. Embora tenha certa similitude com o crime de corrupção ativa do art. 333 do CP (crime praticado por particular contra a Administração em geral), este delito do art. 343 do CP é praticado contra a Administração da Justiça; **E:** incorreta. Ainda que o processo não tenha sido iniciado, mesmo assim a conduta descrita constituirá o crime previsto no art. 347 do CP (fraude processual). Ademais, em razão de a inovação se destinar a produzir efeito em processo penal (em curso ou ainda não iniciado), incorrerá o agente na modalidade qualificada deste delito, previsto no parágrafo único do dispositivo em questão.

Gabarito "A"

(Analista Jurídico –TCE/PA – 2016 – CESPE) Com base no Código Penal e na jurisprudência dos tribunais superiores, julgue os itens a seguir, a respeito dos crimes contra a administração pública.

(1) O crime de ordenação de despesa não autorizada é de natureza material, consumando-se no momento em que a despesa é efetuada.

(2) O agente público que ordena despesa sem o conhecimento de que tal despesa não era autorizada por lei incide em erro de proibição.

1: incorreta, visto que o crime de ordenação de despesa não autorizada (art. 359-D, CP) é de natureza formal (e não material). Isso porque a sua consumação não está condicionada à produção de resultado naturalístico, consistente na realização da despesa; **2:** incorreta. Ensina Cezar Roberto Bitencourt, ao tratar do crime do art. 359-D do CP, que "o eventual desconhecimento da inexistência de autorização legal caracteriza erro de tipo, que exclui o dolo e, por extensão, a tipicidade (art. 20, *caput*)" (*Código Penal Comentado*, 7. ed., Saraiva, p. 405).

Gabarito 1E, 2E

(Analista Jurídico – TCE/PR – 2016 – CESPE) No que se refere ao crime de peculato, assinale a opção correta com base na jurisprudência do Superior Tribunal de Justiça (STJ).

(A) A reparação do dano pelo funcionário público antes do recebimento da denúncia exclui a configuração do crime de peculato doloso.

(B) A qualidade de funcionário público do sujeito ativo é elementar do crime de peculato, a qual não se comunica a coautores e partícipes estranhos ao serviço público.

(C) A circunstância de o sujeito ativo ser funcionário público ocupante de cargo de elevada responsabilidade justifica a majoração da pena-base aplicada em decorrência da condenação pela prática do crime de peculato.

(D) A consumação do crime de peculato-apropriação ocorre com a posse mansa e pacífica do objeto material pelo funcionário público.

(E) A consumação do crime de peculato-desvio ocorre no momento em que o funcionário público obtém a vantagem indevida com o desvio do dinheiro, ou outro bem móvel, em proveito próprio ou de terceiro.

A: incorreta. No contexto do peculato *doloso*, a reparação do dano levada a efeito por ato voluntário do agente até o recebimento da denúncia constitui causa de diminuição de pena da ordem de um a dois terços, conforme estabelece o art. 16 do CP (arrependimento posterior); de ver-se que, se o peculato for *culposo* (não é esse o caso da assertiva), a reparação do dano, se precedente ao trânsito em julgado da sentença penal condenatória, dá azo à extinção da punibilidade (art. 312, § 3º, CP); **B:** incorreta. A despeito de o crime de peculato (art. 312, CP) ser considerado próprio, ou seja, exigir, como elementar do delito, a qualidade de funcionário público, nada obsta que o particular, no concurso de pessoas, figure como coautor ou partícipe no mesmo crime, desde que, é claro, o *extraneus* tenha ciência da condição de funcionário público de seu comparsa; **C:** correta. Com efeito, o STJ tem entendido que o fato de o funcionário público ser ocupante de cargo de elevada responsabilidade justifica a majoração da pena-base aplicada em razão de condenação pelo cometimento do crime de peculato. Cuidado: esse incremento na reprimenda, que incide na pena-base (primeira fase), não pode ser confundido com a causa de aumento de pena (terceira fase) prevista no art. 327, § 2º, do CP; **D:** incorreta, uma vez que a consumação do *peculato-apropriação* (art. 312, *caput*, 1ª parte, do CP) se dá no exato instante em que o agente passa a se comportar como se dono fosse da coisa, isto é, quando ele, funcionário, inverte o ânimo que tem sobre o objeto do delito, seja dinheiro, valor ou qualquer outro bem móvel; **E:** incorreta. Opera-se a consumação no *peculato-desvio* (art. 312, *caput*, 2ª parte, do CP) no momento em que o funcionário dá destinação diversa à coisa, sendo desnecessária a obtenção da vantagem visada.

Gabarito "C"

(Analista Jurídico – TCE/PR – 2016 – CESPE) À luz da jurisprudência do STJ, assinale a opção correta, no que se refere aos crimes contra administração pública.

(A) O crime de corrupção ativa se consuma com a realização da promessa ou apenas com a oferta de vantagem indevida.

(B) O crime de concussão se consuma com o recebimento das vantagens exigidas indevidamente, sendo mero exaurimento a utilização de tais vantagens.

(C) O funcionário público que se utiliza de violência ou grave ameaça para obter vantagem indevida em razão de sua função comete o crime de concussão.

(D) Em razão da incidência do princípio da bilateralidade nos crimes de corrupção passiva e ativa, a comprovação de um deles pressupõe a do outro.

(E) Para a configuração do crime de corrupção passiva, é prescindível a existência de nexo de causalidade entre a conduta do funcionário público e a realização de ato funcional de sua competência.

A: correta. De fato, a corrupção ativa (art. 333 do Código Penal) é delito formal, cujo *momento consumativo*, bem por isso, se opera no exato instante em que o agente *oferece* ou *promete* vantagem indevida, independentemente de efetivo prejuízo para a administração, consistente na aceitação da oferta ou mesmo da promessa; **B:** incorreta, visto que o crime de concussão, sendo formal, se consuma com a mera *exigência*, isto é, com a imposição do pagamento indevido, não sendo necessário que se concretize o recebimento da vantagem, que, se porventura ocorrer, configurará mero *exaurimento*. Cuidado: com o advento da Lei Anticrime, a pena cominada ao crime de concussão passou para 2 a 12 de reclusão (antes era 2 a 8 anos); **C:** incorreta. O funcionário que se vale de violência ou grave ameaça para obter vantagem indevida em razão de sua função comete, em tese, o crime de extorsão (art. 158, CP), e não o de concussão; **D:** incorreta. Isso porque o crime de corrupção (ativa ou passiva) não pressupõe, necessariamente, a existência de um crime bilateral (corrupção passiva de um lado e corrupção ativa de outro). Imaginemos a situação em que o funcionário solicita vantagem indevida de um particular. Neste caso, o crime funcional (corrupção passiva), porque formal, já restará consumado, pouco importando que o particular atenda ou não ao pleito formulado pelo *intraneus*. Temos, neste caso, tão somente o crime de corrupção passiva. De outro lado, se o particular oferece ao funcionário vantagem indevida e este a recusa, há somente o cometimento do crime de corrupção ativa por parte do particular. É claro que, se o funcionário aceitar a promessa formulada pelo particular, haverá dois crimes: corrupção ativa pelo particular e passiva pelo funcionário; **E:** incorreta. Conferir: "(...) Para a configuração do crime previsto no artigo 317 do Código Penal exige-se que a solicitação, o recebimento ou a promessa de vantagem se faça pelo funcionário público em razão do exercício de sua função, ainda que fora dela ou antes de seu início, mostrando-se indispensável, desse modo, a existência de nexo de causalidade entre a conduta do servidor e a realização de ato funcional de sua competência (...)" (HC 135.142/MS, Rel. Ministro JORGE MUSSI, QUINTA TURMA, julgado em 10.08.2010, *DJe* 04.10.2010).

Gabarito "A"

(Analista – Judiciário –TRE/PI – 2016 – CESPE) Com relação aos crimes contra a administração pública, assinale a opção correta.

(A) O detentor de cargo em comissão não é equiparado a funcionário público para fins penais.

(B) A exigência, por funcionário público no exercício da função, de vantagem indevida, configura crime de corrupção ativa.

(C) Caso os autores de crime contra a administração pública sejam ocupantes de função de direção de órgão da administração direta, as penas a eles impostas serão aumentadas em um terço.

(D) Tratando-se de crime de peculato culposo, a reparação do dano após o trânsito em julgado de sentença penal condenatória ocasiona a extinção da punibilidade do autor.

(E) Não configura crime o fato de o funcionário deixar de praticar ato de ofício a pedido de outrem se, com isso, ele não obtiver vantagem patrimonial.

A: incorreta, segundo a organizadora. Na verdade, o detentor de cargo em comissão é considerado funcionário público para feitos penais (art. 327, *caput*, do CP), e não por equiparação (art. 327, § 1º, do CP). Ademais, o detentor de cargo em comissão será mais severamente punido, na forma do art. 327, § 2º, do CP, que estabelece causa de aumento de pena; **B:** incorreta. A conduta do funcionário público consistente em *exigir*, no exercício da função pública, vantagem indevida configura o crime de *concussão* (art. 316, *caput*, CP). A corrupção ativa (art. 333, CP) consiste na conduta do particular que oferece ou promete vantagem indevida a funcionário público com o fim de determiná-lo a praticar, omitir ou retardar ato de ofício. Cuida-se, portanto, de crime comum, já que não se exige do sujeito ativo nenhuma qualidade especial; **C:** correta, pois corresponde ao disposto no art. 327, § 2º, do CP; **D:** incorreta, uma vez que a reparação do dano, no peculato culposo, sendo posterior ao trânsito em julgado de sentença penal condenatória, determinará a redução de metade da pena imposta (art. 312, § 3º, parte final, do CP). A extinção da punibilidade somente será alcançada, no peculato culposo, se a reparação do dano se der antes do trânsito em julgado de sentença penal condenatória (art. 312, § 3º, primeira parte, do CP); **E:** incorreta. Neste caso, o funcionário incorrerá nas penas do crime do art. 317, § 2º, do CP (corrupção passiva privilegiada).

Gabarito "C"

(Advogado União – AGU – CESPE – 2015) João, empregado de uma empresa terceirizada que presta serviço de vigilância a órgão da administração pública direta, subtraiu aparelho celular de propriedade de José, servidor público que trabalha nesse órgão.

A respeito dessa situação hipotética, julgue os itens que se seguem.

(1) O ato praticado por João configura crime de peculato-furto, em que o sujeito passivo imediato é José e o sujeito passivo mediato é a administração pública.

(2) João é funcionário público por equiparação, devendo ser a ele aplicado o procedimento especial previsto no CP, o

que possibilita a apresentação de defesa preliminar antes do recebimento da denúncia.

1: incorreto, uma vez que João não pode ser considerado funcionário público, neste caso por equiparação (art. 327, § 1º, CP), na medida em que a empresa terceirizada para a qual trabalha não executa atividade típica da Administração Pública, razão pela qual ele não poderá responder pelo crime de peculato-furto, delito próprio do funcionário público. **2:** Incorreto. Vide comentário anterior.

Gabarito 1E, 2E

(Procurador do Estado – PGE/BA – CESPE – 2014) Julgue o item que se segue (adaptada).

(1) Considere que Paulo, servidor público lotado no INSS, tenha inserido nos bancos de dados dessa autarquia informações falsas a respeito de Carlos, o que possibilitou a este receber quantia indevida a título de aposentadoria. Nessa situação hipotética, Paulo cometeu o crime de falsidade ideológica.

1: incorreta, na medida em que Paulo cometeu o crime capitulado no art. 313-A do CP (inserção de dados falsos em sistema de informações).

Gabarito 1E

(Promotor de Justiça/AC – 2014 – CESPE) Miguel, Abel e Laerte, ocupantes de cargos de direção em determinada câmara municipal, previamente ajustados e em união de esforços com Pires, empresário, todos agindo consciente e voluntariamente, associaram-se permanentemente com vistas à apropriação de verbas públicas, simulando operações comerciais entre a referida casa legislativa e empresa de fachada. Para tanto, os referidos servidores públicos determinavam que seus subordinados emitissem ordens de pagamento em valores superiores aos efetivamente contratados. O grupo foi objeto de investigação, que resultou em denúncia pela prática dos crimes de peculato doloso e de quadrilha, recebida por juízo criminal. Antes da prolação da sentença, os acusados efetuaram a reparação do dano ao erário. Em relação à situação hipotética apresentada acima, assinale a opção correta.

(A) Dada a manifesta ilegalidade da determinação dada aos subordinados para a expedição de ordens de pagamento em valores superiores aos efetivamente contratados, o fato de os ocupantes de cargo de direção se valeram de seus subordinados como instrumentos para a prática da infração penal caracteriza caso de autoria mediata.

(B) Na hipótese de impossibilidade de conhecimento da ilicitude do fato pelos subordinados que cumpriram a ordem manifestamente ilegal, ficaria afastado o dolo da conduta, consoante a teoria normativa pura da culpabilidade.

(C) O crime de peculato é delito próprio de agente na função de servidor público, de modo que Pires, por ser empresário, deve responder por delito diverso do praticado pelos servidores da câmara municipal.

(D) A reparação do dano ao erário antes da sentença extingue a punibilidade dos agentes apenas em relação ao delito de peculato doloso, devendo o processo prosseguir quanto ao crime de quadrilha.

(E) É possível ao magistrado fixar a pena-base em conjunto para os corréus servidores públicos, na hipótese em que todos eles sejam funcionários da mesma entidade pública e as circunstâncias judiciais se mostram equivalentes, sem que isso importe em ofensa ao princípio constitucional da individualização da pena, segundo entendimento do STJ.

A: incorreta, pois, se a ordem for manifestamente ilegal, mandante e executor respondem pela infração penal, em razão do concurso de pessoas, sendo que a pena do superior hierárquico será agravada (art. 62, II, do CP) e a do subalterno será atenuada (art. 65, III, "c", 1ª parte, do CP). Portanto, não há que se falar em autoria mediata, caso em que não há concurso de pessoas, por inexistir o vínculo subjetivo, já que o agente se utiliza de um inculpável ou de alguém de atua sem dolo ou culpa, como por exemplo, no caso da obediência hierárquica pelo subalterno a uma ordem não manifestamente ilegal emitida pelo superior hierárquico; **B:** incorreta, pois na impossibilidade de conhecimento da ilicitude do fato pelos subordinados que cumpriram a ordem, haverá inexigibilidade de conduta diversa, afastando a culpabilidade (art. 22, do CP). Se, entretanto, a ordem for manifestamente ilegal, mandante e executor respondem pela infração penal, em razão do concurso de pessoas, sendo que a pena do superior hierárquico será agravada (art. 62, II, do CP) e a do subalterno será atenuada (art. 65, III, "c", 1ª parte, do CP); **C:** incorreta, pois como o fato de ser "funcionário público" é uma elementar do crime de peculato, ainda que de caráter subjetivo, comunica-se aos demais agentes, de modo que todos respondem pela prática do mesmo crime, consoante o disposto no art. 30, do CP; **D:** incorreta, pois a reparação do dano ao erário como causa extintiva da punibilidade está prevista apenas no peculato culposo, nos termos do art. 312, § 3º, do CP; **E:** correta, pois, de fato, apesar de não se mostrar recomendável, a fixação das reprimendas dos corréus em conjunto não fere a garantia constitucional da individualização das penas quando os fatores pessoais de cada um são levados em consideração, notadamente quando a maioria deles é idêntica (STJ – H**C:** 92291 RJ 2007/0238767-1, Data de Julgamento: 15.05.2008, T6 – Sexta Turma).

Gabarito "E"

(Promotor de Justiça/AC – 2014 – CESPE) No que concerne ao crime de falso testemunho, assinale a opção correta.

(A) De acordo com o entendimento firmado pelo STJ, mostra-se imprescindível, para a configuração do delito de falso testemunho, o compromisso de dizer a verdade.

(B) Não se aplica a causa especial de aumento de pena prevista no CP para o crime de falso testemunho praticado em processo judicial destinado a apurar a prática de contravenção penal.

(C) O STF e o STJ já se posicionaram no sentido de que, em tese, é possível atribuir a advogado a coautoria pelo crime de falso testemunho.

(D) Para a consumação do delito de falso testemunho, é essencial que o depoimento falso seja determinante para o resultado do processo.

(E) A prolação da sentença no processo em que ocorra afirmação falsa é condição de procedibilidade da ação penal pelo crime de falso testemunho.

A: incorreta, pois o compromisso de dizer a verdade não é elementar do crime de falso testemunho. Porém, é possível que, analisando o caso concreto, não se possa exigir da testemunha que fale a verdade, em razão de fortes laços afetivos com o réu (Informativo n. 432, do STJ); **B:** incorreta, pois o art. 342, § 1º, do CP não faz distinção entre as espécies de infração penal, estabelecendo a causa de aumento se o crime de falso testemunho for cometido com o fim de obter prova destinada a produzir efeito em processo penal; **C:** correta, pois o advogado que instrui testemunha a apresentar falsa versão favorável à causa que patrocina responde pelo crime de falso testemunho (STF, HC/SP, 75037, Rel. Marco Aurélio, *DJ* 20.04.2001; STJ REsp, 200.785/SP, Rel. Min. Felix Fischer, *DJ* 21.08.2000). Todavia, a doutrina critica tais julgados por entender que o advogado responde como partícipe e não como coautor, tendo em vista que o crime de falso testemunho é de mão própria, ou seja, de atuação personalíssima do agente; **D:** incorreta, pois o crime de falso testemunho se consuma no momento em que o juiz encerra o depoimento da testemunha. Assim, por se tratar de crime formal, consuma-se com a simples prestação do depoimento falso, sendo irrelevante a sua influência ou não para o resultado do processo; **E:** incorreta, pois como já explicitado acima, o crime de falso testemunhado é formal, consumando-se com o encerramento do depoimento prestado pela testemunha. Oportuno frisar que, muito embora não haja condição de procedibilidade da ação penal pelo crime de falso testemunho, é certo que se o agente se retrata ou fala a verdade antes da prolação da sentença no processo em que ocorreu a afirmação falsa, o fato deixa de ser punível, nos termos do art. 342, § 2º, do CP.

Gabarito "C"

(Escrivão de Polícia/BA – 2013 – CESPE) No que concerne aos crimes contra a administração pública, julgue os itens que se seguem.

(1) Incorrem na prática de condescendência criminosa tanto o servidor público hierarquicamente superior que deixe, por indulgência, de responsabilizar subordinado que tenha cometido infração no exercício do cargo quanto os funcionários públicos de mesma hierarquia que não levem o fato ao conhecimento da autoridade competente para sancionar o agente faltoso.

(2) O crime de concussão é delito próprio e consiste na exigência do agente, direta ou indireta, em obter da vítima vantagem indevida, para si ou para outrem, e consuma-se com a mera exigência, sendo o recebimento da vantagem considerado como exaurimento do crime.

(3) A consumação do crime de corrupção passiva ocorre quando o agente deixa efetivamente de praticar ou retarda ato de ofício, com infração de dever funcional, cedendo a pedido ou influência de outrem, em troca de vantagem indevida anteriormente percebida.

1: correta. Comete o crime de condescendência criminosa (art. 320, CP) aquele funcionário que deixar, por indulgência, de responsabilizar subordinado que cometeu infração no exercício do cargo ou, quando lhe falte competência (ex.: colegas de mesma hierarquia funcional), não levar o fato ao conhecimento da autoridade competente; **2**: correta. A concussão (art. 316, CP) é crime funcional, ou seja, cometido por funcionário público (crime próprio) contra a Administração em geral. Consiste no fato de o agente – repita-se, funcionário público – exigir, para si ou para outrem, direta ou indiretamente, ainda que fora da função ou antes de assumi-la, mas em razão dela, vantagem indevida. Considera-se crime formal (ou de consumação antecipada), não se exigindo, para sua configuração e consumação, efetivo recebimento, pelo funcionário público, da vantagem indevida exigida, o que, se ocorrer, caracterizará mero exaurimento do delito. **3**: errada. A corrupção passiva (art. 317, CP) é crime que se consuma com a mera solicitação ou aceitação de promessa de vantagem indevida, ou mesmo com o recebimento desta, não sendo imprescindível, para sua configuração, que o funcionário público retarde, deixe de praticar ou pratique ato de ofício com infração a dever funcional. Apenas a corrupção passiva privilegiada (art. 317, § 2º, CP), que se verifica quando o agente pratica, deixa de praticar ou retarda ato de ofício, com infração a dever funcional, cedendo a pedido ou influência de outrem, depende, para sua consumação, que o agente, tal como exige o tipo penal, pratique, deixe de praticar ou retarde ato de ofício. O efetivo recebimento da vantagem, também, não é necessário para a consumação do delito.

Gabarito 1C, 2C, 3E

(Magistratura/ES – 2011 – CESPE) Assinale a opção correta com referência aos crimes praticados contra a administração em geral.

(A) No delito de resistência, se o ato legal do agente público não for executado em razão da ação criminosa, a pena cominada ao tipo penal será aumentada de um terço até metade.

(B) O delito de desacato pode ser praticado quando a ofensa é dirigida a funcionário público que não se encontre presente, desde que o desacato esteja relacionado às suas funções.

(C) Ao contrário do crime de corrupção passiva, o delito de tráfico de influência é material, ou seja, só se consuma com a obtenção efetiva da vantagem indevida.

(D) Comete o delito de usurpação de função pública o agente que se arrogue nessa função, independentemente de praticar atos de ofício como se legitimado fosse, com o ânimo de usurpar.

(E) O funcionário público pode cometer crime de desobediência, se destinatário de ordem judicial, e, considerando a inexistência de hierarquia, tem o dever de cumpri-la.

A: incorreta (art. 329, § 1º, do CP), tratando-se de exaurimento punível com reclusão de um a três anos (forma qualificada de resistência); **B:** incorreta. É pacífico na doutrina que o crime de desacato pressupõe que o funcionário público esteja presente no momento da ofensa. Caso contrário, restará caracterizado crime contra a honra; **C:** incorreta, pois o tráfico de influência é considerado crime formal nas modalidades "exigir", "solicitar" e "cobrar" (art. 332 do CP), sendo material apenas na modalidade "obter", sendo, aqui, necessário, que o agente delitivo aufira alguma vantagem para a sua consumação; **D:** incorreta, pois o crime de usurpação de função pública pressupõe que o agente, pelo menos, pratique um ato inerente ao ofício usurpado (art. 328 do CP). Caso contrário, não se poderá entender caracterizado o verbo do tipo (usurpar); **E:** correta. De acordo com a docência de Rogério Sanches, citando o grandioso Nelson Hungria, "o crime de desobediência (art. 330 do CP) encontra-se no capítulo dos crimes praticados pelo particular contra a administração, e, portanto, não o caracteriza a contumácia de Delegado de Polícia que deixa de instaurar inquérito ou realizar diligências requisitadas, pois o fez no exercício do cargo, na condição de funcionário público, e não como particular" (*Curso de Direito Penal*, vol. único, p. 799, Editora Juspodivm). Será de rigor, neste caso, que a ordem não diga respeito direto às funções do funcionário, sob pena de poder restar caracterizada a prevaricação (art. 319 do CP), mas que devesse, porém, ser por ele acatada.

Gabarito "E"

(Magistratura/PI – 2011 – CESPE) A respeito do peculato, assinale a opção correta.

(A) A consumação do peculato-apropriação não ocorre no momento em que o funcionário público, em virtude do cargo, começa a dispor do bem móvel apropriado, como se seu proprietário fosse, exigindo-se que o agente ou terceiro obtenha vantagem com a prática do delito.

(B) A incidência da agravante genérica relativa à prática de delito com abuso de poder ou violação de dever inerente a cargo, ofício, ministério ou profissão é incompatível com o peculato, pois este pressupõe abuso de poder ou violação de dever inerente ao cargo.

(C) Segundo a jurisprudência do STJ, é aplicável o princípio da insignificância ao peculato, desde que o prejuízo causado ao erário não ultrapasse um salário-mínimo e o agente seja primário.

(D) Nas hipóteses de peculato-desvio e peculato-apropriação, a reparação do dano pelo agente público, se precedente a sentença irrecorrível, extingue a punibilidade; sendo-lhe posterior, reduz de metade a pena.

(E) Não comete peculato, mas o delito de emprego irregular de verbas públicas, em continuidade delitiva, o servidor público que se utiliza ilegalmente de passagens e diárias pagas pelos cofres públicos.

A: incorreta, pois o crime de peculato-apropriação (art. 312, *caput*, do CP), uma das modalidades de peculato próprio, consuma-se no exato momento em que o funcionário público, em razão do cargo, se apropria de dinheiro, valor ou bem móvel público ou particular de que tenha a posse, passando a dispor do objeto material como se dono fosse, seja incorporando-o ao seu patrimônio, seja mediante a prática de atos de disposição (ex.: venda a terceiros); **B:** correta, pois, de fato, no peculato, o agente deverá valer-se do cargo para a prática do crime, vale dizer, irá apropriar-se ou desviar dinheiro, valor, ou bem móvel público ou particular de que tenha a posse em razão do cargo (art. 312, *caput*, do CP), não podendo incidir circunstância agravante que já leve em conta elementares do próprio tipo penal, sob pena de *bis in idem*; **C:** incorreta. O entendimento firmado nas Turmas que compõem a Terceira Seção do Superior Tribunal de Justiça é no sentido de que não se aplica o princípio da insignificância aos crimes contra a Administração Pública, ainda que o valor da lesão possa ser considerado ínfimo, uma vez que a norma visa resguardar não apenas o aspecto patrimonial, mas, principalmente, a moral administrativa (AgRg no REsp 1275835 / SC – STJ – Min. Adilson Macabu, j. 11/10/2011); **D:** incorreta, pois a reparação do dano somente extinguirá a punibilidade em caso de peculato culposo (art. 312, § 3º, do CP); **E:** incorreta. De acordo com o STJ, comete o crime de peculato, na modalidade desvio (art. 312, *caput*, segunda parte do Código Penal), em continuidade delitiva (art. 71 Código Penal) o servidor público que se utiliza ilegalmente de passagens e diárias pagas pelos cofres públicos (APn 477 / PB – Min. Eliana Calmon – j. 04/03/09).

Gabarito "B"

(Procurador/DF – 2013 – CESPE) Ângelo, funcionário público exercente do cargo de fiscal da Agência de Fiscalização do DF (AGEFIS), no exercício de suas funções, exigiu vantagem indevida do comerciante Elias, de R$ 2.000,00 para que o estabelecimento não fosse autuado em razão de irregularidades constatadas. Para a prática do delito, Ângelo foi auxiliado por seu primo, Rubens, taxista, que o conduziu em seu veículo até o local da fiscalização, previamente acordado e consciente tanto da ação delituosa que seria empreendida quanto do fato de que Ângelo era funcionário público. Antes que os valores fossem entregues, o comerciante, atemorizado, conseguiu informar policiais militares acerca dos fatos, tendo sido realizada a prisão em flagrante de Ângelo.

Com referência a essa situação hipotética, julgue os itens a seguir.

(1) Se Ângelo for condenado pela prática do delito praticado contra a Administração Pública, não caberá a seguinte agravante, prevista em artigo do CP: Ter o agente cometido o crime com abuso de poder ou violação de dever inerente a cargo, ofício, ministério ou profissão.

(2) Ângelo responderá pelo delito de corrupção passiva, previsto em artigo do CP.

(3) Tendo em vista que Elias não efetivou a entrega dos valores exigidos por Ângelo, o crime não se consumou.

(4) A condição de funcionário público comunica-se ao partícipe Rubens, que tinha prévia ciência do cargo ocupado por seu primo e acordou sua vontade com a dele para auxiliá-lo na prática do delito, de forma que os dois deverão estar incursos no mesmo tipo penal.

1: correta. A conduta praticada por Ângelo constitui o crime de concussão (art. 316 do CP), que, por se tratar de crime funcional, exige a condição de funcionário público, tendo ínsita, portanto, a violação de dever inerente ao cargo. Logo, inaplicável a circunstância agravante prevista no art. 61, II, "g", do CP; **2:** incorreta. Como visto no item anterior, a conduta perpetrada por Ângelo subsume-se àquela descrita no art. 316, *caput*, do CP (concussão). Na corrupção passiva (art. 317 do CP), o agente não *exige* a vantagem indevida, tal qual ocorre na concussão, mas, sim, a solicita, a recebe, ou, então, aceita a promessa de sua futura entrega; **3:** incorreta. O crime de concussão (art. 316 do CP), por ser formal, consuma-se com a mera exigência da vantagem indevida, ainda que essa não seja entregue ao agente delitivo; **4:** correta. De fato, ainda que Rubens não seja funcionário público, tal condição pessoal irá a ele comunicar-se, nos termos do art. 30 do CP. Perceba que o enunciado deixou claro que o primo de Ângelo tinha ciência de toda a ação delituosa que seria empreendida no local da fiscalização. Logo, Rubens foi partícipe da conduta praticada pelo funcionário público.

Gabarito 1C, 2E, 3E, 4C

(Advogado – CEF – 2010 – CESPE) Um oficial de justiça executava mandado judicial expedido em ação possessória ajuizada por um banco, com a finalidade de desocupar imóvel residencial e proceder à imissão da posse do mesmo, com a subsequente entrega ao representante do banco que acompanhava a diligência. Chegando ao local indicado na ordem judicial, foram recebidos pelo morador, que, ao tomar ciência do que se tratava, negou-se a abrir o portão de acesso ao imóvel, soltou dois bravos cães de guarda, praticou gestos obscenos e, em altos brados e de forma escandalosa, proferiu palavras de baixo calão contra o oficial e o representante do banco, com desígnio autônomo de denegrir, ofender e afrontar a dignidade do funcionário público em razão da função que este desempenhava. Além disso, exibiu uma arma da janela da casa, dizendo que, caso fosse executada a ordem de arrombamento, iria resistir. Diante da gravidade da situação vivenciada, o oficial de justiça deixou de cumprir o mandado, certificou todo o ocorrido, comunicando ao juízo as razões do não cumprimento da ordem judicial, e solicitou auxílio de força policial para ulterior diligência. Com base na situação hipotética apresentada acima e nos mandamentos do direito penal, assinale a opção correta.

(A) A caracterização do crime de resistência depende de a oposição apresentada pelo agente ser consubstanciada em atos de violência contra os executores do ato legal e de a ordem judicial não ser efetivamente cumprida.

(B) A responsabilização penal do agente agressor somente se efetivará mediante ação penal privada, com o oferecimento da competente queixa-crime.

(C) Não haverá crime de resistência se a oposição for praticada em face de particular que preste auxílio ao servidor público no cumprimento da ordem judicial, a exemplo de chaveiro convocado para abertura de portas e cadeados.

(D) Nos termos da situação apresentada, a conduta de desobedecer à ordem legal de desocupação e acesso ao imóvel, emanada de servidor público, no estrito cumprimento de dever legal, restou abrangida pelo crime de resistência.

A: a configuração do crime de *resistência* (art. 329, CP) prescinde da produção de resultado naturalístico consubstanciado no não cumprimento do ato legal (crime formal), que constitui mero exaurimento deste crime; **B:** a ação penal, no crime de resistência, é *pública incondicionada*; **C:** o crime de resistência também se configura na hipótese de o agente se insurgir, mediante violência ou grave ameaça, contra o particular que presta auxílio ao funcionário; **D:** se verificadas no mesmo contexto fático, a resistência absorve a desobediência. Há posicionamento divergente na jurisprudência.

Gabarito "D"

(Analista – TRE/BA – 2010 – CESPE) Francisco, renomado advogado eleitoral, em audiência, induziu a testemunha José a fazer afirmação falsa em processo judicial, instruindo-o a prestar depoimento inverídico, com o fim de obter prova destinada a produzir efeito em ação penal em curso. Com base nessa situação hipotética, julgue o item que se segue.

(1) Segundo os tribunais superiores, não se admite a participação de Francisco no crime de falso testemunho, por se tratar de crime de mão própria, isto é, somente José pode ser seu sujeito ativo.

1: incorreta. A assertiva não procede, tendo em conta que, embora se trate de crime de mão própria, é perfeitamente possível o concurso de pessoas na modalidade *participação*, uma vez que nada obsta que o advogado induza ou instigue a testemunha a mentir em juízo ou na polícia. A esse respeito: STF, RHC 81.327-SP, 1ª T., rel. Min. Ellen Gracie, DJ 5.4.2002.

Gabarito 1E

23. OUTROS CRIMES DO CÓDIGO PENAL

(Juiz de Direito/AM – 2016 – CESPE) Acerca do crime de que trata o art. 198 do CP — atentado contra a liberdade de trabalho e boicotagem violenta —, assinale a opção correta.

(A) A competência para o processamento de ação que envolva a prática desse crime é da justiça federal, independentemente de se tratar de interesse individual do trabalhador ou coletivo.

(B) A conduta de constranger alguém, mediante violência ou grave ameaça, a adquirir de outrem matéria-prima ou produto industrial agrícola configura o crime previsto no referido artigo.

(C) Cometerá o referido crime aquele que constranger alguém, mediante violência ou grave ameaça, a não celebrar contrato de trabalho.

(D) Haverá concurso de crimes se o agente praticar mais de uma das condutas previstas no art. 198 do CP.

(E) O referido crime classifica-se como crime próprio.

A: incorreta. Tendo em conta que este crime atinge interesse de natureza individual do trabalhador, competente para o seu processamento e julgamento é a Justiça Comum estadual; **B:** incorreta, na medida em que o constrangimento, conforme consta do tipo penal, deve ter por finalidade o *não* fornecimento ou *não* aquisição de matéria-prima ou produto industrial agrícola. O ato consistente em constranger alguém, mediante violência ou grave ameaça, a adquirir de outrem matéria-prima ou produto industrial agrícola configura, em princípio, o crime previsto no art. 146 do CP (constrangimento ilegal); **C:** incorreta. Tal como se deu na assertiva anterior, o crime do art. 198 do CP somente se configura se o constrangimento impingido tiver por fim a celebração do contrato de trabalho; se o constrangimento é voltado à *não* celebração do contrato (conduta não tipificada no tipo do art. 198), pode-se falar, em tese, na prática do crime de constrangimento ilegal (art. 146, CP); **D:** correta. A prática das duas condutas (atentado contra a Liberdade de contrato de trabalho e boicotagem violenta), embora previstas no mesmo tipo penal, implica o reconhecimento de concurso de crimes; **E:** incorreta. Trata-se de crime comum, uma vez que o tipo penal não impõe nenhuma qualidade especial ao sujeito ativo.

Gabarito "D"

(Ministério Público/SE – 2010 – CESPE) Assinale a opção correta acerca dos crimes de perigo comum.

(A) Tratando-se de crime de explosão, se a substância utilizada não for dinamite ou explosivo de efeitos análogos, o agente será menos severamente punido.

(B) No que concerne a crime de incêndio, a intenção de obter vantagem pecuniária com a conduta constitui fato não punível, pois pertence à fase de cogitação do crime e não pode, assim, ser punida.

(C) Não se pune o incêndio culposo, a menos que o sujeito ativo possua o dever legal de evitar o perigo.

(D) Para que o crime de incêndio se consume, é necessário que haja ao menos lesão corporal leve em uma das vítimas.

(E) O crime de inundação é punido mesmo que a vida, a integridade física ou o patrimônio de outrem não sejam expostos a perigo.

A: assertiva correta, visto que o art. 251, § 1º, do CP prevê figura privilegiada do delito; **B:** assertiva incorreta, pois o propósito de obter vantagem pecuniária constitui, a teor do art. 250, § 1º, I, do CP, causa de aumento de pena, a incidir no incêndio doloso; **C:** assertiva incorreta, já que a figura culposa vem expressamente prevista no art. 251, § 3º, do CP; **D:** a consumação se opera no instante em que um número indeterminado de pessoas, em razão do incêndio, é submetido a uma situação de perigo; **E:** o crime de inundação, do art. 255 do CP, exige, para a sua consumação, a criação de uma situação de perigo concreto.

Gabarito "A"

24. LEGISLAÇÃO EXTRAVAGANTE

24.1. CRIMES DA LEI DE DROGAS

(Juiz de Direito - TJ/BA - 2019 - CESPE/CEBRASPE) À luz do entendimento jurisprudencial do STF, assinale a opção correta, acerca do delito de tráfico privilegiado, previsto na Lei n.º 11.343/2006.

(A) Trata-se de crime inafiançável e insuscetível de graça, anistia e indulto.

(B) O condenado pela prática de tráfico privilegiado deve iniciar o cumprimento da pena em regime fechado.

(C) A progressão de regime prisional do réu condenado pelo crime em apreço somente será admitida mediante a realização de exame criminológico.

(D) O condenado pela prática do crime de tráfico privilegiado poderá alcançar a progressão de regime prisional depois de ter cumprido pelo menos um sexto da pena no regime anterior, se ostentar bom comportamento carcerário.

(E) O livramento condicional somente será concedido aos condenados pelo crime em apreço que tenham cumprido mais de dois terços da pena, exceto aqueles reincidentes específicos em crimes hediondos ou equiparados.

A: incorreta. O Plenário do STF, ao julgar o HC 118.533/MS, em 23.06.2016, cuja relatoria foi da Min. Cármen Lúcia, entendeu, em dissonância com o posicionamento então adotado pelo STJ, que o crime de tráfico de drogas privilegiado não tem natureza hedionda. Já o STJ, por meio da Súmula n. 512, não mais em vigor, de forma diversa da do STF, fixou o entendimento segundo o qual "A aplicação da causa de diminuição de pena prevista no art. 33, § 4º, da Lei 11.343/2006 não afasta a hediondez do crime de tráfico de drogas". Pois bem. Sucede que a Terceira Seção do STJ, na sessão realizada em 23 de novembro de 2016, ao julgar a QO na Pet 11.796-DF, determinou o cancelamento da referida Súmula n. 512, alinhando-se ao entendimento adotado pelo STF no sentido de que o delito de tráfico privilegiado não pode ser equiparado a crime hediondo. Atualmente, portanto, temos que tanto o STF quanto o STJ adotam o posicionamento no sentido de que o chamado tráfico privilegiado não constitui delito equiparado a hediondo. Bem recentemente, a Lei 13.964/2019 (Pacote Anticrime) inseriu no art. 112 da Lei de Execução Penal, que trata da progressão de regime, o § 5º, segundo o qual "não se considera hediondo ou equiparado, para os fins deste artigo, o crime de tráfico de drogas previsto no § 4º do art. 33 da Lei 11.343, de 23 de agosto de 2006"; **B:** incorreta. Ainda que o tráfico privilegiado fosse equiparado a hediondo, mesmo assim não haveria que se falar em fixação de regime fechado obrigatório. Se a pena aplicada for de até 8 anos, é possível, sim, ainda que se trate de crime hediondo ou assemelhado, que o agente inicie o cumprimento de sua pena no regime semiaberto ou, conforme o caso, no aberto. Mesmo porque, como bem sabemos, o art. 2º, § 1º, da Lei 8.072/1990 (Crimes Hediondos), que estabelece o regime inicial fechado aos condenados por crimes hediondos e equiparados, foi declarado pelo STF, no julgamento do HC 111.840, inconstitucional, não havendo mais, portanto, a obrigatoriedade de fixar-se o regime inicial fechado nos crimes hediondos; **C:** incorreta. Por força das alterações promovidas pela Lei 10.792/2003 no art. 112 da LEP, o exame criminológico deixou de ser obrigatório para o deferimento da progressão de regime. A despeito disso, o STJ e o STF têm entendido que o magistrado pode, sempre que entender necessário e conveniente, determinar a realização de exame criminológico no condenado, como condição para aferir se preenche o requisito subjetivo para progressão de regime. Em outras palavras, não está o juiz impedido de determinar tal providência. *Vide* Súmula Vinculante 26 e Súmula 439 do STJ; **D:** correta. Considerando que o tráfico privilegiado não constitui delito equiparado a hediondo, a progressão de regime obedecerá às regras do art. 112 da LEP, ou seja, a progressão dar-se-á após o cumprimento de um sexto da pena no regime anterior, sem prejuízo, é importante que se diga, do requisito subjetivo. Cuidado: com o advento da Lei 13.964/2019 (Pacote Anticrime), alterou-se a redação do art. 112 da LEP, com a inclusão de novas faixas de fração de cumprimento de pena a possibilitar a progressão do reeducando a regime menos rigoroso. No caso do tráfico privilegiado, por se tratar de crime não equiparado a hediondo e desprovido de violência/grave ameaça, a progressão dar-se-á, de acordo com as novas regras implementadas pelo Pacote Anticrime, com o cumprimento de 16% da pena, sendo o reeducando primário; se for reincidente, deverá cumprir, para fazer jus à progressão, 20% da pena que lhe foi imposta; **E:** incorreta, pois contraria o disposto no art. 83 do CP. ED

Gabarito "D"

(Defensor Público - DPE/DF - 2019 - CESPE/CEBRASPE) Com base no entendimento do STJ, julgue os próximos itens, a respeito de aplicação da pena.

(1) A confissão espontânea na delegacia de polícia retratada em juízo deverá ser considerada atenuante da confissão espontânea, ainda que o magistrado não a utilize para fundamentar a condenação do réu.

(2) Condenação anterior por delito de porte de substância entorpecente para consumo próprio não faz incidir a circunstância agravante relativa à reincidência, ainda que não tenham decorrido cinco anos entre a condenação e a infração penal posterior.

1: errada. Ainda que o réu se retrate, em juízo, de confissão feita em sede policial, somente fará jus à atenuante do art. 65, III, *d*, do CP se isso contribuir para a formação do convencimento do juiz (Súmula 545, STJ). Na jurisprudência: "Se a confissão do agente é utilizada como fundamento para embasar a conclusão condenatória, a atenuante prevista no art. 65, inciso III, alínea *d*, do CP, deve ser aplicada em seu favor, pouco importando se a admissão da prática do ilícito foi espontânea ou não, integral ou parcial, ou se houve retratação posterior em juízo" (HC 176.405/RO, Rel. Ministro JORGE MUSSI, QUINTA TURMA, julgado em 23/04/2013, DJe 03/05/2013); **2:** correta. A natureza jurídica do art. 28 da Lei 11.343/2006 gerou, num primeiro momento, polêmica na doutrina, uma vez que, para uns, teria havido descriminalização da conduta ali descrita. O STF, ao enfrentar a questão, decidiu que o comportamento descrito neste art. 28 continua a ser crime, isso porque inserido no Capítulo III da atual Lei de Drogas. Nesse sentido, a 1ª Turma do STF, no julgamento do RE 430.105-9-RJ, considerou que o dispositivo em questão tem natureza de crime, e o usuário é um "tóxico delinquente" (Rel. Min. Sepúlveda Pertence, j. 13.2.2007), entendimento este, até então, compartilhado pelo STJ. Com isso, a condenação pelo cometimento do crime do art. 28 da Lei de Drogas, embora não imponha ao condenado pena de prisão, tem o condão de gerar reincidência. Mais recentemente, a 6ª Turma do STJ, que até então compartilhava do posicionamento do STF e da 5ª Turma do STJ, apontou para uma mudança de entendimento. Para a 6ª Turma, o art. 28 da Lei de Drogas não constitui crime tampouco contravenção. Trata-se de uma infração penal *sui generis*, razão penal qual o seu cometimento não gera futura reincidência. Havia, como se pode ver, divergência entre a 5ª e a 6º Turmas do STJ. Conferir o julgado da 5º Turma, de acordo com o entendimento até então prevalente: "A conduta prevista no art. 28 da Lei n. 11.343/06 conta para efeitos de reincidência, de acordo com o entendimento desta Quinta Turma no sentido de que, *"revela-se adequada a incidência da agravante da reincidência em razão de condenação anterior por uso de droga, prevista no artigo 28 da Lei n. 11.343/06, pois a jurisprudência desta Corte Superior, acompanhando o entendimento do col. Supremo Tribunal Federal, entende que não houve abolitio criminis com o advento da Lei n. 11.343/06, mas mera "despenalização" da conduta de porte de drogas"* (HC 314594/SP, rel. Min. FELIX FISCHER, QUINTA TURMA, DJe 1/3/2016)" (HC 354.997/

SP, j. 28/03/2017. julgado em 21/08/2018, DJe 30/08/2018). Conferir o julgado da 6ª Turma que inaugurou a divergência à qual fizemos referência: "1. À luz do posicionamento firmado pelo Supremo Tribunal Federal na questão de ordem no RE nº 430.105/RJ, julgado em 13/02/2007, de que o porte de droga para consumo próprio, previsto no artigo 28 da Lei nº 11.343/2006, foi apenas despenalizado pela nova Lei de Drogas, mas não descriminalizado, esta Corte Superior vem decidindo que a condenação anterior pelo crime de porte de droga para uso próprio configura reincidência, o que impõe a aplicação da agravante genérica do artigo 61, inciso I, do Código Penal e o afastamento da aplicação da causa especial de diminuição de pena do parágrafo 4º do artigo 33 da Lei nº 11.343/06. 2. Todavia, se a contravenção penal, punível com pena de prisão simples, não configura reincidência, resta inequivocamente desproporcional a consideração, para fins de reincidência, da posse de droga para consumo próprio, que conquanto seja crime, é punida apenas com "advertência sobre os efeitos das drogas", "prestação de serviços à comunidade" e "medida educativa de comparecimento a programa ou curso educativo", mormente se se considerar que em casos tais não há qualquer possibilidade de conversão em pena privativa de liberdade pelo descumprimento, como no caso das penas substitutivas. 3. Há de se considerar, ainda, que a própria constitucionalidade do artigo 28 da Lei de Drogas, que está cercado de acirrados debates acerca da legitimidade da tutela do direito penal em contraposição às garantias constitucionais da intimidade e da vida privada, está em discussão perante o Supremo Tribunal Federal, que admitiu Repercussão Geral no Recurso Extraordinário nº 635.659 para decidir sobre a tipicidade do porte de droga para consumo pessoal. 4. E, em face dos questionamentos acerca da proporcionalidade do direito penal para o controle do consumo de drogas em prejuízo de outras medidas de natureza extrapenal relacionadas às políticas de redução de danos, eventualmente até mais severas para a contenção do consumo do que aquelas previstas atualmente, o prévio apenamento por porte de droga para consumo próprio, nos termos do artigo 28 da Lei de Drogas, não deve constituir causa geradora de reincidência. 5. Recurso improvido" (REsp 1672654/SP, Rel. Ministra MARIA THEREZA DE ASSIS MOURA, SEXTA TURMA, julgado em 21/08/2018, DJe 30/08/2018). Em seguida, a 5ª Turma aderiu ao entendimento adotado pela 6ª Turma, no sentido de que a condenação pelo cometimento do crime descrito no art. 28 da Lei 11.343/2006 não tem o condão de gerar reincidência. A conferir: "Esta Corte Superior, ao analisar a questão, posicionou-se de forma clara, adequada e suficiente ao concluir que a condenação pelo crime do artigo 28 da Lei n. 11.343/2006 não é apta a gerar os efeitos da reincidência." (EDcl no AgRg nos EDcl no REsp 1774124/SP, Rel. Ministro REYNALDO SOARES DA FONSECA, QUINTA TURMA, julgado em 02/04/2019, DJe 16/04/2019). ED

Gabarito 1E, 2C

(Delegado - PC/SE - 2018 - CESPE/CEBRASPE) Acerca do tráfico ilícito de entorpecentes, julgue o item que se segue.

(1) **Situação hipotética**: Em um mesmo contexto fático, um cidadão foi preso em flagrante por manter em depósito grande variedade de drogas, entre elas, cocaína, maconha, haxixe e *crack*, todas para fins de mercancia. Foram apreendidos também maquinários para o preparo de drogas, entre eles, uma balança digital e uma serra portátil. **Assertiva**: Nessa situação, afastada a existência de contextos autônomos entre as condutas delitivas, o crime será único.

1: correta. O STJ, em edição de n. 126 da ferramenta *Jurisprudência em Teses*, publicou, sobre este tema, a seguinte tese: "É possível a aplicação do princípio da consunção entre os crimes previstos no § 1º do art. 33 e/ou no art. 34 pelo tipificado no *caput* do art. 33 da Lei 11.343/2006, desde que não caracterizada a existência de contextos autônomos e coexistentes, aptos a vulnerar o bem jurídico tutelado de forma distinta."

Gabarito 1C

(Escrivão de Polícia Federal – 2013 – CESPE) No que concerne aos aspectos penais e processuais da Lei de Drogas e das normas de controle e fiscalização sobre produtos químicos que direta ou indiretamente possam ser destinados à elaboração ilícita de substâncias entorpecentes, psicotrópicas ou que determinem dependência física ou psíquica, julgue os itens seguintes.

(1) Para comercializar produtos químicos que possam ser utilizados como insumo na elaboração de substâncias entorpecentes, o comerciante deverá ser cadastrado no Departamento de Polícia Federal e possuir licença de funcionamento, concedida pelo mesmo departamento.

(2) Considere que determinado cidadão esteja sendo processado e julgado por vender drogas em desacordo com determinação legal. Nessa situação, se o réu for primário e tiver bons antecedentes, sua pena poderá ser reduzida, respeitados os limites estabelecidos na lei.

1: correta, nos termos do art. 4º da Lei 10.357/2001; **2**: correta. Na verdade, para fazer jus ao benefício da redução da pena, o réu deve ser primário, de bons antecedentes, não se dedique a atividades criminosas nem integre organização criminosa (art. 33, § 4º, da Lei 11.343/2006).

Gabarito 1C, 2C

(Escrivão de Polícia/DF – 2013 – CESPE) Julgue o item subsecutivo, referente ao Sistema Nacional de Políticas Públicas sobre Drogas (Lei 11.343/2006).

(1) Será isento de pena um namorado que ofereça droga a sua namorada, eventualmente e sem objetivo de lucro, para juntos eles a consumirem.

1: incorreta. Não é caso de isenção de pena, mas de crime de tráfico de drogas privilegiado previsto no art. 33, § 3º, da Lei 11.343/2006.

Gabarito 1E

(Magistratura/CE – 2012 – CESPE) Considerando a importância do tema consumo e tráfico de drogas no cenário brasileiro, assinale a opção correta à luz da Lei n.º 11.343/2006.

(A) O agente que prepara e mantém em depósito substância entorpecente com o objetivo de vendê-la responderá por tentativa de tráfico, crime de ação múltipla se for preso em flagrante, ainda que antes da venda da mercadoria.

(B) O concurso de pessoas e o emprego de arma de fogo não constituem causas de aumento de pena imposta pela prática de crime de tráfico de drogas.

(C) É equiparado a usuário de drogas, dada a baixa potencialidade lesiva da conduta, o indivíduo que, eventualmente e sem objetivo de obter lucro, oferece droga a pessoa com a qual mantém relacionamento.

(D) Quem, após consumir drogas, conduz embarcação coletiva de passageiros, expondo a dano potencial a incolumidade alheia, comete, de acordo com a lei, crime qualificado.

(E) Configura *abolitio criminis* o fato de a conduta de portar substância entorpecente para uso próprio ter deixado de ser punida com privação de liberdade e multa.

A: incorreta, pois o agente que prepara e mantém em depósito drogas para a entrega a consumo de terceiros responderá por tráfico consumado, visto ter incidido em dois verbos (dos dezoito possíveis) do art. 33, *caput*, da Lei 11.343/2006 (Lei de Drogas). Frise-se que estamos diante de crime de ação múltipla, cujo tipo é plurinuclear, razão pela qual a tentativa, embora possível, é de rara configuração; **B**: incorreta, pois emprego de arma de fogo é, sim, causa de aumento de pena prevista no art. 40, IV, da referida lei; **C**: incorreta, pois o "cedente eventual" de drogas é figura prevista no próprio art. 33 da Lei de regência, mas em seu § 3º, punido com pena privativa de liberdade de 6 (seis) meses a 1 (um) ano de detenção, sem prejuízo das medidas previstas no art. 28 ao "usuário de drogas"; **D**: correta (art. 39, parágrafo único, da Lei 11.343/2006); **E**: incorreta, pois já está pacificado o entendimento, tanto na doutrina quanto jurisprudência, que a exclusão, no novel diploma, das penas privativas de liberdade para o crime de "porte" de drogas para consumo pessoal, não constituiu *abolitio criminis* (supressão da incriminação), mas, sim, descriminalização ou descarcerização. Significa dizer que o legislador optou por um caminho mais "brando" de punição do "usuário", sem a possibilidade de a sanção penal gerar segregação de sua liberdade de locomoção.

Gabarito "D"

(Defensor Público/SE – 2012 – CESPE) Com base na Lei n. 11.343/2006, que dispõe sobre drogas, bem como no entendimento dos tribunais superiores acerca da aplicação da norma, assinale a opção correta.

(A) Considere a seguinte situação hipotética. Jarbas, maior e capaz, foi preso em flagrante na cidade de Itabaiana – SE quando transportava dois quilos da droga conhecida popularmente como maconha, em ônibus interestadual que saíra de Aracaju/SE para Salvador/BA. Nessa situação hipotética, não incide a causa de aumento da pena em razão da interestadualidade, visto que não se efetivou a transposição da divisa entre os estados.

(B) Para a incidência da causa de aumento da pena com relação ao tráfico de drogas cometido dentro de transporte público, é imprescindível que o agente se valha efetivamente da aglomeração de pessoas para a disseminação da droga.

(C) A condenação por tráfico de drogas em concurso com associação para o tráfico afasta, por si só, a aplicação da causa de diminuição de pena, ainda que o agente seja primário, de bons antecedentes, não se dedique às atividades criminosas nem integre organização criminosa.

(D) A natureza e a quantidade da droga devem ser consideradas pelo juiz tanto para a fixação da pena-base quanto para a determinação do grau de redução da causa de diminuição da pena.

(E) O tráfico privilegiado, assim denominado pela doutrina, não se caracteriza como delito hediondo, por ausência de previsão legal expressa.

A: incorreta. Nesse sentido, conferir: "(...) Esta Corte possui entendimento jurisprudencial, no sentido de que a incidência da causa de aumento, conforme prevista no art. 40, V, da Lei n. 11.343/2006, não exige a efetiva transposição da divisa interestadual, sendo suficientes as evidências de que a substância entorpecente tem como destino qualquer ponto além das linhas da respectiva Unidade da Federação (...)" (AGRESP 201103088503, Campos Marques (Desembargador convocado do TJ/PR), STJ, Quinta Turma, *DJE* Data: 01.07.2013). Consolidando este entendimento, o STJ editou a Súmula 587; **B:** incorreta. Conferir: "A jurisprudência desta Corte é firme no sentido de que a simples utilização de transporte público para a circulação da substância entorpecente ilícita já é motivo suficiente para a aplicação da causa de aumento de pena prevista no art. 40, inciso III, da Lei 11.343/2006" (STF, HC 108.523-MS, 2ª Turma, rel. Min. Joaquim Barbosa, 14.02.2012); **C:** incorreta, já que a condenação por tráfico em concurso com associação para o tráfico não afasta a possibilidade de incidir, no primeiro, a causa de diminuição prevista no art. 33, § 4º, da Lei 11.343/2006; **D:** correta. Conferir: "(...) O art. 42 da Lei n. 11.343/2006 impõe ao Juiz considerar, com preponderância sobre o previsto no art. 59 do Código Penal, a natureza e a quantidade da droga, tanto na fixação da pena-base, quanto na determinação do grau de redução da causa de diminuição de pena prevista no § 4.º do art. 33 da nova Lei de Tóxicos (...)" (HC 201001271758, Laurita Vaz, STJ, Quinta Turma, *DJE* Data: 22.08.2011); **E:** incorreta, ao tempo em que foi elaborada esta questão. Atualmente, é consenso que o tráfico privilegiado não é equiparado a delito hediondo. Vejamos. O Plenário do STF, ao julgar o HC 118.533/MS, em 23.06.2016, cuja relatoria foi da Min. Cármen Lúcia, entendeu, em dissonância com o posicionamento então adotado pelo STJ, que o crime de tráfico de drogas privilegiado não tem natureza hedionda. Já o STJ, por meio da Súmula n. 512, não mais em vigor, de forma diversa da do STF, fixou o entendimento segundo o qual "A aplicação da causa de diminuição de pena prevista no art. 33, § 4º, da Lei 11.343/2006 não afasta a hediondez do crime de tráfico de drogas". Pois bem. Sucede que a Terceira Seção do STJ, na sessão realizada em 23 de novembro de 2016, ao julgar a QO na Pet 11.796-DF, determinou o cancelamento da referida Súmula n. 512, alinhando-se ao entendimento adotado pelo STF no sentido de que o delito de tráfico privilegiado não pode ser equiparado a crime hediondo. Atualmente, portanto, temos que tanto o STF quanto o STJ adotam o posicionamento no sentido de que o chamado tráfico privilegiado não constitui delito equiparado a hediondo. Bem recentemente, a Lei 13.964/2019 (Pacote Anticrime) inseriu no art. 112 da Lei de Execução Penal, que trata da progressão de regime, o § 5º, segundo o qual "não se considera hediondo ou equiparado, para os fins deste artigo, o crime de tráfico de drogas previsto no § 4º do art. 33 da Lei 11.343, de 23 de agosto de 2006".

Gabarito "D".

(Magistratura Federal/2ª Região – 2011 – CESPE) Juan, cidadão espanhol, pretendendo transportar 3.500 g de substância entorpecente conhecida como cocaína para a Espanha, no interior de um aparelho de ar condicionado portátil, adquiriu passagens aéreas de Brasília/DF para Barcelona, com conexão no Rio de Janeiro/RJ. Ao chegar ao aeroporto Tom Jobim, no Rio de Janeiro, para a conexão internacional, após passar pelo aparelho de raios X, mostrou-se muito nervoso, o que chamou a atenção dos agentes policiais. Após entrevista com Juan, a polícia encontrou a substância entorpecente. Juan foi preso em flagrante delito por tráfico de drogas. No momento da autuação, o estrangeiro, primário e sem antecedentes criminais, espontaneamente confessou a prática do crime e declarou-se dependente químico, alegando que o motivara à conduta delituosa a necessidade de dinheiro para pagar dívidas com traficantes no seu país de origem. Juan colaborou com a investigação policial do tráfico, identificou as pessoas que o haviam aliciado e apontou outros integrantes da organização, que conhecera por ocasião do aliciamento, o que resultou em prisões no Brasil e no exterior, e na apreensão de significativa quantidade de drogas, dinheiro, veículos, embarcações, móveis e petrechos para preparação e embalagem de drogas. Considerando a aplicação de pena, elementares e circunstâncias, assinale a opção correta com base nessa situação hipotética e na Lei de Entorpecentes.

(A) A legislação que disciplina o crime de tráfico de drogas autoriza expressamente o perdão judicial em casos de efetiva e voluntária colaboração do réu, desde que as informações e declarações prestadas sejam relevantes e contribuam, de fato, com as investigações ou o processo, seja na identificação dos demais corréus e partícipes, seja na recuperação total ou parcial do produto do crime, como na situação em tela.

(B) A espécie e a quantidade da droga apreendida com Juan, o tráfico interestadual por meio de transporte público e o conhecimento dos integrantes e do funcionamento da organização criminosa obstam a aplicação da causa especial de diminuição de pena prevista na legislação e nomeada pela doutrina como tráfico privilegiado.

(C) Demonstrada por perícia a dependência toxicológica de Juan e comprometida, de forma plena ou parcial, a compreensão do caráter ilícito do fato, poderá ele ser isento de pena ou ser esta reduzida, impondo a lei, em qualquer dos casos, a compulsória medida de segurança de internamento em hospital de custódia e tratamento.

(D) O fato caracteriza tráfico interestadual de drogas, na forma consumada, concretizada por meio de transporte público, e tráfico internacional, na forma tentada, em concurso material.

(E) Caso Juan seja condenado e o juiz aplique a pena-base no mínimo legal, estará vedado o reconhecimento da atenuante de confissão espontânea, por incompatibilidade com a prisão em flagrante.

A: incorreta. De acordo com o art. 41 da Lei 11.343/2006, "*o indiciado ou acusado que colaborar voluntariamente com a investigação policial e o processo criminal na identificação dos demais coautores ou partícipes do crime e na recuperação total ou parcial do produto do crime, no caso de condenação, terá pena reduzida de um terço a dois terços*". Estamos, aqui, diante do instituto da delação ou colaboração premiada, que, como visto, é causa de diminuição de pena e não de perdão judicial (causa de extinção da punibilidade); **B:** incorreta. A espécie e a quantidade da droga apreendida com Juan não constituem óbice ao reconhecimento do tráfico privilegiado (art. 33, § 4º, da Lei 11.343/2006), que exige a conjugação (leia-se: cumulação) dos seguintes requisitos: 1º- ser o réu primário; 2º – de bons antecedentes; 3º – não se dedicar a atividades criminosas; e 4º – não ser membro de facção criminosa. Frise-se que, de acordo com o STJ, a natureza e a quantidade da droga não podem ser os únicos argumentos para afastar a aplicação da redução da pena de 1/6 (um sexto) a 2/3 (dois terços), no caso da figura privilegiada em comento (HC 90350/SP, 6ª T., 18.03.2008), sendo que, para o TRF3, por exemplo, a natureza e a quantidade da droga são irrelevantes para o reconhecimento da minorante (HC 20070300002465-3/SP, 5ª T., 2.04.2007); **C:** incorreta. Se Juan, em razão de dependência química, ao tempo do crime, fosse inteiramente incapaz de entender o caráter ilícito do fato ou de determinar-se de acordo com esse entendimento, reconhecendo-se, pois, a inimputabilidade, o juiz, na sentença, poderia determinar seu encaminhamento para tratamento médico adequado (art. 45, parágrafo único, da Lei 11.343/2006), e não, simplesmente, decretar sua internação em hospital de custódia e tratamento psiquiátrico, como trata o CP (arts. 96 e seguintes). Em caso de semi-imputabilidade, em razão, também, de dependência química, a pena pode ser diminuída de um a dois terços (art. 46 da Lei 11.343/2006); **D:** incorreta. A conduta perpetrada por Juan configura tráfico transnacional, independentemente de não ter havido, ainda, fluxo entre os países (Brasil e Espanha). Assim, será dispensável à caracterização do tráfico transnacional, segundo José Paulo Baltazar Junior: a) a cooperação transnacional (cooperação de agentes situados em territórios nacionais diversos); b) o efetivo transporte da droga de um país a outro (TRF3, AC 9703060548-6/MS, Suzana Camargo, 5ª T., 22.06.1998); c) a participação de nacionais e estrangeiros (*Crimes federais*, 5ª ed., Livraria do Advogado, p. 667); **E:** correta, considerando que a confissão é circunstância atenuante que pressupõe que o agente auxilie o magistrado na formação de seu convencimento. Destarte, preso em flagrante delito, em poder da droga, e, decerto, com as passagens aéreas para a Espanha, absolutamente dispensável seria a confissão para a formação do convencimento do magistrado. Porém, há posicionamento no sentido de que a prisão em flagrante não impede, por si só, o reconhecimento da atenuante em tela (STJ, HC 135.666/RJ, Rel. Min. Og Fernandes, 6ª T., 22.02.2011). De qualquer forma, se fixada a pena-base no mínimo legal, como assevera a alternativa, de fato seria impossível a fixação da pena, em razão do reconhecimento da atenuante, abaixo do mínimo legal (Súmula 231 do STJ).

Gabarito "E"

24.2. CRIME DE TORTURA

(Delegado - PC/SE - 2018 - CESPE/CEBRASPE) Acerca dos delitos previstos na Lei de Tortura, julgue o item que se segue.

(1) **Situação hipotética**: Um cidadão penalmente imputável, com emprego de extrema violência, submeteu pessoa homossexual a intenso sofrimento físico e mental, motivado, unicamente, por discriminação à orientação sexual da vítima. **Assertiva**: Nessa situação, é incabível o enquadramento da conduta do autor no crime de tortura em razão da discriminação que motivou a violência.

1: correta. De fato, a Lei 9.455/1997, que define os crimes de tortura, somente contemplou a discriminação racial ou religiosa (art. 1º, I, *c*). Quanto a este tema, conferir a lição de Guilherme de Souza Nucci: "discriminação racial ou religiosa: dois são os grupos que podem ser alvo do delito de tortura: a) o conjunto de indivíduos de mesma origem étnica, linguística ou social pode formar uma raça; b) o agrupamento de pessoas que seguem a mesma religião. Houve lamentável restrição, deixando ao largo da proteção deste artigo outras formas de discriminação, como a ideológica, filosófica, política, de orientação sexual, entre outras." (*Leis Penais e Processuais Penais Comentadas.* Volume 2. 8. ed. São Paulo: Editora Forense, 2014. p. 814). Cuidado: reconhecendo a mora do Congresso Nacional, o STF enquadrou a homofobia e a transfobia como crimes de racismo. O colegiado, por maioria, fixou a seguinte tese: "Até que sobrevenha lei emanada do Congresso Nacional destinada a implementar os mandados de criminalização definidos nos incisos XLI e XLII do art. 5º da Constituição da República, as condutas homofóbicas e transfóbicas, reais ou supostas, que envolvem aversão odiosa à orientação sexual ou à identidade de gênero de alguém, por traduzirem expressões de racismo, compreendido este em sua dimensão social, ajustam-se, por identidade de razão e mediante adequação típica, aos preceitos primários de incriminação definidos na Lei nº 7.716, de 08.01.1989, constituindo, também, na hipótese de homicídio doloso, circunstância que o qualifica, por configurar motivo torpe (Código Penal, art. 121, § 2º, I, "in fine")." (ADO 26/DF, rel. Min. Celso de Mello, julgamento em 13.6.2019). ED

Gabarito 1C

(Procurador do Estado/SE – 2017 – CESPE) No que concerne ao crime de tortura, assinale a opção correta.

(A) O indivíduo que se omite ante a prática de tortura quando deveria evitá-la responde igualmente pela conduta realizada.

(B) A legislação especial brasileira concernente à tortura aplica-se somente aos crimes ocorridos em território nacional.

(C) No crime de tortura, a prática contra adolescente é causa de aumento de pena de um sexto até um terço.

(D) A condenação de funcionário público por esse crime gera a perda do cargo, desde que a sentença assim determine e que a pena aplicada seja superior a quatro anos.

(E) A submissão de pessoa presa a sofrimento físico ou mental por funcionário público que pratique atos não previstos em lei exige o dolo específico.

A: incorreta. Aquele que, embora não tomando parte na prática da tortura, deixa de agir quando deveria, para o fim de evitar o crime, será responsabilizado pelo delito de tortura do art. 1º, § 2º, da Lei 9.455/1997, cuja pena é de detenção de 1 a 4 anos, bem inferior à pena a que estará sujeito o agente que praticar, de forma ativa, a conduta prevista no art. 1º, II (reclusão de 2 a 8 anos); **B:** incorreta, por contrariar frontalmente o disposto no art. 2º da Lei 9.455/1997; **C:** correta (art. 1º, § 4º, II, da Lei 9.455/1997); **D:** incorreta. À luz do que estabelece o art. 1º, § 5º, da Lei 9.455/1997 (Lei de Tortura), além de acarretar a perda do cargo, função ou emprego público, a condenação implicará ainda a interdição para seu exercício pelo dobro do prazo da pena aplicada. Outrossim, a perda, dado que fundada diretamente em lei, é *automática*, sendo desnecessário, pois, que o juiz expressamente a ela faça menção na sentença condenatória. Assim, uma vez operado o trânsito em julgado da decisão, deverá a Administração promover a exclusão do servidor condenado; **E:** incorreta, já que o elemento subjetivo do crime definido no art. 1º, § 1º, da Lei 9.455/1997 é representado pelo dolo, sendo desnecessário elemento específico. ED

Gabarito "C"

(Escrivão de Polícia/DF – 2013 – CESPE) Em relação aos crimes de tortura (Lei 9.455/1997), julgue o item que se segue.

(1) Considere a seguinte situação hipotética. O agente carcerário X dirigiu-se ao escrivão de polícia Y para informar que, naquele instante, o agente carcerário Z estava cometendo crime de tortura contra um dos presos e que Z disse que só pararia com a tortura depois de obter a informação desejada. Nessa situação hipotética, se nada fizer, o escrivão Y responderá culposamente pelo crime de tortura.

1: incorreta. Não se trata de crime culposo. O escrivão Y responderá pelo crime de tortura por omissão, nos termos do art. 1º, § 2º, da Lei 9.455/1997.

Gabarito 1E

(Agente de Polícia Federal – 2012 – CESPE) A respeito das leis especiais, julgue o item a seguir.

(1) O policial condenado por induzir, por meio de tortura praticada nas dependências do distrito policial, um acusado de tráfico de drogas a confessar a prática do crime perderá automaticamente o seu cargo, sendo desnecessário, nessa situação, que o juiz sentenciante motive a perda do cargo.

1: correta. A perda do cargo, emprego ou função pública é efeito automático da condenação por crime de tortura previsto no art. 1º, § 5º, da Lei 9.455/1997. Dessa forma, não é necessária sua menção expressa na sentença (veja, nesse sentido, a decisão do STJ no HC 92.247, DJ 07/02/2008).

Gabarito 1C

24.3. CRIMES HEDIONDOS

(Juiz de Direito/DF – 2016 – CESPE) Com fundamento na Lei n.º 11.464/2007, que modificou a Lei n.º 8.072/1990 (Lei dos Crimes Hediondos), assinale a opção correta acerca dos requisitos objetivos para fins de progressão de regime prisional.

(A) O regime integral fechado poderá ser aplicado no caso de prática de crime de tráfico internacional de drogas, em que, devido à hediondez da conduta, que atinge população de mais de um país, o réu não poderá ser beneficiado com a progressão de regime prisional.

(B) Como exceção à regra prevista na legislação de regência, a progressão de regime prisional é vedada ao condenado, que deve cumprir regime integral fechado, pela prática de crime de epidemia de que resulte morte de vítimas.

(C) Os condenados por crimes hediondos ou assemelhados cometidos antes da vigência da Lei n.º 11.464/2007 sujeitam-se ao disposto no artigo 112 da Lei de Execução Penal para a progressão de regime, que estabelece o cumprimento de um sexto da pena no regime anterior.

(D) A Lei dos Crimes Hediondos é especial e possui regra própria quanto aos requisitos objetivos para a progressão de regime prisional, devendo seus atuais parâmetros ser aplicados, independentemente de o crime ter sido praticado antes ou depois da vigência da Lei n.º 11.464/2007, com base no princípio da especialidade.

(E) Os requisitos objetivos da Lei n.º 11.464/2007 devem ser aplicados para fins de progressão de regime prisional, pelo fato de essa lei ser mais benéfica que a lei anterior, que vedava a progressão de regime.

A: incorreta, uma vez que, hodiernamente, não há crime cuja prática impõe ao agente o cumprimento da pena em regime *integralmente* fechado. Tal possibilidade, que antes existia em relação aos crimes hediondos e equiparados, foi eliminada com a modificação, promovida pela Lei 11.464/2007, na redação do art. 2º, § 1º, da Lei 8.072/1990 (Crimes Hediondos), que passou a exigir tão somente que o cumprimento da pena, nesses crimes, se desse no regime *inicial* fechado. Essa mudança, sempre é bom lembrar, representava antigo anseio da jurisprudência. A propósito, esse art. 2º, § 1º, da Lei 8.072/1990 (Crimes Hediondos), que estabelece o regime inicial fechado aos condenados por crimes hediondos e equiparados, foi declarado pelo STF, no julgamento do HC 111.840, inconstitucional, não havendo mais, portanto, a obrigatoriedade de fixar-se o regime inicial fechado nesses crimes; **B:** incorreta, pelas razões expostas no comentário anterior; **C:** correta. Se a prática do crime hediondo ou assemelhado for anterior à entrada em vigor da Lei 11.464/2007, que alterou, na Lei de Crimes Hediondos, o lapso exigido para a progressão de regime, deverá incidir, quanto aos condenados por crimes dessa natureza, a regência do art. 112 da LEP, que impõe, como condição para progressão de regime, o cumprimento de *um sexto* da pena no regime anterior, além de bom comportamento carcerário. Este entendimento está contemplado na Súmula 471 do STJ. De outro lado, se o cometimento desses crimes se der após a entrada em vigor da Lei 11.464/07, por imposição do art. 2o, § 2o, da Lei 8.072/90, a progressão dar-se-á nos seguintes moldes: se se tratar de apenado primário, a progressão de regime dar-se-á após o cumprimento de dois quintos da pena; se reincidente, depois de cumpridos três quintos; **D** e **E:** incorretas, pelas razões expostas no comentário anterior. Atenção: com o advento da Lei 13.964/2019 (Pacote Anticrime), posterior, portanto, à elaboração desta questão, alterou-se a redação do art. 112 da LEP, com a inclusão de novas faixas de fração de cumprimento de pena a possibilitar a progressão do reeducando a regime menos rigoroso, inclusive no que tange aos crimes hediondos e equiparados.

Gabarito "C"

24.4. CRIMES DO ESTATUTO DA CRIANÇA E DO ADOLESCENTE

(Defensoria/DF – 2013 – CESPE) Com base na Lei nº 8.069/1990, julgue o item que se segue.

(1) Conforme jurisprudência consolidada do STF e do STJ, para a configuração do crime de corrupção de menores, previsto na Lei nº 8.069/1990, são necessárias provas de que a participação na prática do crime efetivamente corrompeu o menor de dezoito anos de idade.

1: incorreta. Há, tanto na doutrina quanto na jurisprudência, duas correntes quanto ao momento consumativo do crime de corrupção de menores, atualmente previsto no art. 244-B do ECA. Para parte da doutrina e também para o STJ, o crime em questão é *formal*, consumando-se independentemente da efetiva corrupção da vítima. Nesse sentido: "(...) A Terceira Seção do Superior Tribunal de Justiça, ao apreciar o Recurso Especial 1.127.954/DF, representativo de controvérsia, pacificou seu entendimento no sentido de que o crime de corrupção de menores – antes previsto no art. 1º da Lei 2.252/1954, e hoje inscrito no art. 244-B do Estatuto da Criança e do Adolescente – é delito formal, não exigindo, para sua configuração, prova de que o inimputável tenha sido corrompido, bastando que tenha participado da prática delituosa" (AgRg no REsp 1371397/DF, 6ª Turma, j. 04.06.2013, rel. Min. Assusete Magalhães, *DJe* 17.06.2013). Consolidando tal entendimento, o STJ editou a Súmula 500, a seguir transcrita: "A configuração do crime previsto no art. 244-B do Estatuto da Criança e do Adolescente independe da prova da efetiva corrupção do menor, por se tratar de delito formal". Uma segunda corrente sustenta que o crime do art. 244-B do ECA é *material*, sendo imprescindível, à sua consumação, a ocorrência do resultado naturalístico, isto é, a efetiva corrupção do menor.

Gabarito 1E

(Ministério Público/SE – 2010 – CESPE) Valter, ocupante de cargo cujas atribuições incluem fornecer declaração de nascimento, não forneceu esse documento a Gabriela, quando ela recebeu alta médica, após dar à luz seu filho.

Nessa situação hipotética, a conduta de Valter

(A) é atípica.

(B) constitui crime preceituado no ECA, que pode ser punido a título de dolo ou culpa.

(C) constitui crime preceituado no ECA, punido apenas na modalidade dolosa.

(D) constituirá crime se ele puder ser considerado funcionário público, para fins penais.

(E) constitui crime de prevaricação, previsto no CP.

Valter, com a sua conduta, incorreu no crime do art. 228 da Lei 8.069/1990 – Estatuto da Criança e do Adolescente.

Gabarito "B"

(Defensor Público/RO – 2012 – CESPE) Augusto, nascido em 07.05.1993, convidou Valéria, Marise e Patrícia, respectivamente, de treze, quinze e dezessete anos de idade, todas sem nenhuma experiência sexual, para uma festa que seria realizada em sua residência em 28.3.2012, no período matutino. Durante a festa, Augusto, embriagado com cerveja e apenas vestido com calção de banho, exibiu às meninas, em seu telefone celular, filme pornográfico com adolescentes e convidou-as a entrar com ele na piscina da residência, localizada na área externa, convite recusado por todas três. Logo depois, Augusto pediu que Patrícia o acompanhasse até a cozinha para buscarem cerveja gelada. A moça, receosa do alto estado de embriaguez de Augusto, trancou-se no banheiro da casa e começou a gritar por socorro. Saulo, policial militar e vizinho de Augusto, ouviu os gritos, entrou na propriedade, prendeu Augusto em flagrante e o conduziu à delegacia de polícia.

Nessa situação hipotética, Augusto

(A) cometeu o crime de corrupção de menores previsto no art. 218 do CP, por ter induzido Valéria, de treze anos de idade, a satisfazer a sua lascívia.

(B) praticou o crime de corrupção de menores previsto no art. 244-B da Lei n. 8.069/1990, por ter corrompido as adolescentes, induzindo-as a praticar crime.

(C) praticou o crime previsto no art. 241-A, *caput*, da Lei n. 8.069/1990, por ter exibido cenas de sexo às adolescentes.

(D) não cometeu ilícito penal porque sequer iniciou a prática de qualquer crime.

(E) praticou o crime de violação sexual mediante fraude, na modalidade tentada, contra Patrícia, porque, vestido apenas com calção de banho, levou-a para o interior da residência, deixando Valéria e Marise na área externa da casa.

A: incorreta. Em momento algum Augusto sugeriu que Valéria satisfizesse a lascívia de quem quer que seja; **B:** incorreta. A conduta prevista no art. 244-B do ECA consiste em corromper (perverter) pessoa menor de 18 anos para o fim de inseri-la no mundo do crime, o que não ocorreu na narrativa contida no enunciado; **C:** correta, já que a conduta levada a efeito por Augusto se amolda ao tipo penal do art. 241-A, *caput*, do ECA, visto que exibiu, no seu celular, filme pornográfico com adolescentes; **D:** incorreta. *Vide* comentário à alternativa anterior; **E:** incorreta. O crime de violação sexual mediante fraude (art. 215 do CP) pressupõe que o agente, utilizando-se de ardil, tenha conjunção carnal ou outro ato libidinoso com a vítima.

Gabarito "C"

(Defensor Público/SE – 2012 – CESPE) Vítor, Jaime e Leôncio, todos com dezesseis anos de idade completos, andavam de bicicleta em terreno baldio ao lado de um imóvel residencial onde era celebrado casamento religioso. Os gritos e comemorações dos adolescentes após cada salto e acrobacia incomodaram alguns convidados, entre eles, o tio da noiva, Roque, agente de polícia civil, que se dirigiu ao local onde estavam os adolescentes e os apreendeu, utilizando-se de algemas, conduzindo-os pela praça principal da cidade até a delegacia. Nela, Roque encontrou Júlio, agente de polícia, conhecido colega de trabalho, e, aproveitando-se da ausência temporária do delegado, solicitou ao colega que mantivesse informalmente, na delegacia, os adolescentes até o término da celebração do casamento, liberando-os em seguida. Roque manteve os adolescentes, sem algemas, por duas horas nas dependências da delegacia, liberando-os em seguida, sem instauração ou lavratura de qualquer procedimento; tampouco foi feita qualquer comunicação dos fatos.

Com base na legislação que versa sobre abuso de autoridade e no que dispõe o ECA, assinale a opção correta a respeito da situação hipotética acima descrita.

(A) Roque e Júlio, por serem agentes do Estado, deverão responder unicamente pelo crime de abuso de autoridade, por ser delito de ações múltiplas.

(B) Roque e Júlio deverão responder pela infração penal, prevista no ECA, de privação da liberdade de adolescente, mediante apreensão, sem as formalidades legais, sem flagrante de ato infracional nem ordem escrita da autoridade judiciária competente, sem prejuízo de eventual concurso.

(C) A única infração perpetrada por Júlio foi a de ter deixado de comunicar à autoridade competente a apreensão de adolescentes e à família dos menores ou à pessoa por eles indicada, segundo dispõe o ECA, sem prejuízo de eventual concurso de pessoas.

(D) A conduta praticada por Roque, agente da polícia civil, configurou uma única infração penal, consubstanciada no abuso de autoridade consistente na privação de liberdade sem as formalidade legais e com abuso de poder em razão do uso de algemas.

(E) A conduta de Júlio ajustou-se ao crime, previsto no ECA, de submissão de adolescente sob sua autoridade a vexame ou constrangimento, em concurso formal com o delito de abuso de autoridade por atentado à liberdade de locomoção.

Roque e Júlio deverão ser responsabilizados pelo crime do art. 230 do ECA, que constitui uma modalidade especial do crime de sequestro ou cárcere privado, previsto no art. 148 do CP.

Gabarito "B".

24.5. ORGANIZAÇÕES CRIMINOSAS

(Defensor Público/AC – 2017 – CESPE) Considerando-se a legislação pertinente e o entendimento dos tribunais superiores sobre o tema, o crime de organização criminosa

(A) será assim tipificado somente se houver consumação de delitos antecedentes, sendo configurada tentativa quando não demonstrada a efetiva estabilidade do grupo.

(B) é de tipo penal misto alternativo, não admite a forma culposa e deve ser punido com a fixação da pena pelo sistema de acumulação material.

(C) poderá ser cometido por pessoa jurídica, a qual, nesse caso, conforme expresso em legislação específica, será diretamente responsabilizada pelo crime.

(D) será assim caracterizado apenas quando houver a participação de, pelo menos, quatro agentes maiores de idade.

(E) exige, para sua tipificação, por expressa previsão legal, que tenha sido obtida vantagem de natureza econômica de origem ilícita.

A: incorreta, na medida em que o crime de organização criminosa (art. 2º, *caput*, da Lei 12.850/2013) é considerado *formal*, isto é, não se exige, para a sua consumação, a produção de resultado naturalístico, consistente na efetiva prática dos crimes pretendidos pela organização; bem por isso, não há que se falar em tentativa deste crime; **B:** correta. De fato, o tipo penal do crime de organização criminosa (art. 2º, *caput*, da Lei 12.850/2013) contempla quatro verbos nucleares, de tal sorte que a prática de qualquer um deles já é o que basta para que o delito alcance a sua consumação. O cometimento de mais de um verbo, desde que no mesmo contexto, configura, por força do princípio da alternatividade, crime único, daí falar-se em tipo misto alternativo (ou plurinuclear); ademais, é fato que não há previsão de modalidade culposa e, se houver a prática de crime pela organização, as penas serão somadas (concurso material), tal como consta do preceito secundário da norma penal incriminadora; **C:** incorreta. Atualmente, a pessoa jurídica somente pode ser responsabilizada no âmbito criminal pela prática de crime ambiental (art. 225, § 3º, da CF; art. 3º, *caput*, da Lei 9.605/1998 – Lei de Crimes Ambientais); **D:** incorreta. O sujeito ativo deste crime pode ser qualquer pessoa, sendo de rigor, apenas, que se identifique a associação de pelo menos quatro pessoas, número que pode ser constituído por pessoas menores de 18 anos; **E:** incorreta. Conforme já afirmado acima, sendo crime formal, basta à consumação a prática de uma das condutas descritas no tipo penal. Não é necessária a produção de resultado naturalístico. ED

Gabarito "B".

(Delegado/PE – 2016 – CESPE) Sebastião, Júlia, Caio e Marcela foram indiciados por, supostamente, terem se organizado para cometer crimes contra o Sistema Financeiro Nacional. No curso do inquérito, Sebastião e Júlia, sucessivamente com intervalo de quinze dias, fizeram acordo de colaboração premiada.

Nessa situação hipotética, no que se refere à colaboração premiada,

(A) nos depoimentos que prestarem, Sebastião e Júlia terão direito ao silêncio e à presença de seus defensores.

(B) o MP poderá não oferecer denúncia contra Sebastião, caso ele não seja o líder da organização criminosa.

(C) o MP poderá não oferecer denúncia contra Júlia, ainda que a delação de Sebastião tenha sido a primeira a prestar efetiva colaboração.

(D) Sebastião e Júlia poderão ter o benefício do perdão judicial, independentemente do fato de as colaborações terem ocorrido depois de sentença judicial.

(E) o prazo para o oferecimento da denúncia em relação aos delatores poderá ser suspenso pelo período, improrrogável, de até seis meses.

A: incorreta, uma vez que contraria o disposto no art. 4º, § 14º, da Lei 12.850/2013 (Organização Criminosa), que estabelece que, *nos depoimentos que prestar, o colaborador renunciará, na presença de seu defensor, ao direito ao silêncio e estará sujeito ao compromisso legal de dizer a verdade*. Afinal, que sentido teria conceder àquele que deseja colaborar o direito de permanecer calado? Ou uma coisa ou outra: ou colabora e fala ou não colabora, neste caso podendo invocar seu direito ao silêncio; **B:** correta, nos termos do art. 4º, § 4º, I, da Lei 12.850/2013; **C:** incorreta, pois contraria o disposto no art. 4º, § 4º, II, da Lei 12.850/2013; **D:** incorreta, já que, neste caso, *a pena poderá ser reduzida até a metade ou será admitida a progressão de regime ainda que ausentes os requisitos legais* (art. 4º, § 5º, da Lei 12.850/2013); **E:** incorreta, já que em desacordo com o art. 4º, § 3º, da Lei 12.850/2013, que permite, neste caso, uma prorrogação por igual período.

Gabarito "B".

(Polícia Rodoviária Federal – 2013 – CESPE) Julgue o item seguinte, relativo à lei do crime organizado.

(1) Durante o inquérito policial, e necessária a autorização judicial para que um agente policial se infiltre em organização criminosa com fins investigativos.

1: correta, nos termos dos art. 10 da Lei 12.850/2013. A Lei 13.964/2019, conhecida como Pacote Anticrime, inseriu nos arts. 10-A a 10-D da Lei 12.850/2013 a infiltração virtual do agente de polícia.

Gabarito 1C

(Investigador/SP – 2014 – VUNESP) A Lei do Crime Organizado (Lei 12.850/2013) dispõe que a infiltração de agentes de polícia em tarefas de investigação

(A) pode ser determinada de ofício por parte do juiz competente para apreciar o caso.

(B) será precedida de circunstanciada, motivada e sigilosa autorização judicial.

(C) será autorizada pelo Ministério Público, quando requisitada pelo Delegado de Polícia.

(D) não será permitida em nenhuma hipótese.

(E) poderá ser autorizada por decisão do Delegado de Polícia competente quando houver urgência na investigação policial.

A: incorreta. Deve haver representação do delegado de polícia ou requerimento do Ministério Público (art. 10 da Lei 12.850/2013); **B:** correta, nos termos do art. 10, *in fine*, da Lei 12.850/2013; **C:** incorreta. A autorização é judicial, não do Ministério Público (art. 10 da Lei 12.850/2013); **D:** incorreta. O art. 10 da Lei 12.850/2013 permite a infiltração de agente com prévia autorização judicial; **E:** incorreta. Mais uma vez, a autorização é judicial, não do delegado de polícia (art. 10 da Lei 12.850/2013). Observação importante: a Lei 13.964/2019 (Pacote Anticrime) inseriu na Lei de Organização Criminosa (12.850/2013) os arts. 10-A a 10-D, que criam e estabelecem regras para a infiltração virtual de agentes de polícia.

Gabarito "B"

24.6. CRIMES CONTRA A ORDEM TRIBUTÁRIA

(Delegado - PC/SE - 2018 - CESPE/CEBRASPE) A respeito de crimes contra a ordem tributária, ações processuais e penas que lhe são correlatas, julgue os próximos itens, de acordo com a Lei n.º 8.137/1990 e alterações.

(1) A pena de multa atribuída a particulares e servidores públicos que praticarem crime de natureza tributária é fixada em dias-multa, sendo o mínimo de dez e o máximo de trezentos e sessenta dias-multa.

(2) A pena privativa de liberdade aplicável ao crime de falsificação de nota fiscal é de seis meses a dois anos, podendo ser convertida em multa pecuniária.

(3) Pessoa natural tem a prerrogativa de provocar a iniciativa do Ministério Público para que ajuíze ação penal pública em razão da prática de crime contra a ordem tributária de que tiver conhecimento, fornecendo ao Ministério Público, por escrito, as informações necessárias sobre o fato.

1: correta, pois em conformidade com o que estabelece o art. 8º, *caput*, da Lei 8.137/1990; **2:** errada. A pena cominada ao crime de falsificação de nota fiscal é de reclusão de 2 a 5 anos, e multa (art. 1º, III, da Lei 8.137/1990; **3:** correta, uma vez que reflete o disposto no art. 16, *caput*, da Lei 8.137/1990.

Gabarito 1C, 2E, 3C

(Juiz de Direito/AM – 2016 – CESPE) Com relação ao direito penal econômico, assinale a opção correta.

(A) Para a configuração do crime de lavagem de capitais não se exige a existência de delito antecedente.

(B) Constitui crime contra as relações de consumo favorecer ou preferir, com ou sem justa causa, comprador ou freguês, ressalvados os sistemas de entrega ao consumo por intermédio de distribuidores ou revendedores.

(C) Em se tratando dos crimes previstos na Lei 8.137/1990, havendo quadrilha ou coautoria, deve ser reduzida de um sexto a um terço a pena do coautor ou partícipe que, em confissão espontânea, revelar à autoridade policial ou judicial toda a trama delituosa.

(D) Ainda que se trate de crimes contra as relações de consumo, o consentimento do ofendido pode ser considerado excludente da tipicidade.

(E) Tanto pode ser doloso quanto culposo o crime de aumento de despesa com pessoal no último ano do mandato ou legislatura, prevista a mesma pena para ambos os casos.

A: incorreta, uma vez que, tratando-se de delito acessório, a configuração do crime de lavagem de dinheiro tem como pressuposto a ocorrência (existência) de infração penal antecedente (art. 1º, *caput*, da Lei 9.613/1998); **B:** incorreta, na medida em que, se houver *justa causa*, não se configura o crime a que faz referência a assertiva (art. 7º, I, da Lei 8.137/1990); **C:** incorreta, já que a diminuição prevista no art. 16, parágrafo único, da Lei 8.137/1990 é da ordem de 1 a 2/3, e não de 1/6 a 1/3, como constou na assertiva; **D:** correta. Se se tratar de bem disponível e vítima capaz, o consentimento será considerado *causa supralegal de exclusão da antijuridicidade*; de outro lado, há crimes cuja tipificação somente é possível diante do dissenso da vítima. Neste caso, opera-se a exclusão da tipicidade; **E:** incorreta. O crime definido no art. 359-G do CP somente comporta a modalidade dolosa.

Gabarito "D"

(Procurador do Estado – PGE/BA – CESPE – 2014) Julgue o item que se segue (adaptada).

(1) Suponha que, antes do término do correspondente processo administrativo de lançamento tributário, o MP tenha oferecido denúncia contra Maurício, por ter ele deixado de fornecer, em algumas situações, notas fiscais relativas a mercadorias efetivamente vendidas em seu estabelecimento comercial. Nesse caso, de acordo com a jurisprudência pacífica do STF, a inicial acusatória não deve ser recebida pelo magistrado, dada a ausência de configuração de crime material.

1: incorreto, pois o inciso V do art. 1º da Lei 8.137/1990, delito em que incorreu Maurício, não foi contemplado na Súmula Vinculante 24, que somente fez referência aos delitos capitulados nos incisos I a IV do art. 1º.

Gabarito 1E

(Agente de Polícia/DF – 2013 – CESPE) Com base na Lei 8.137/1990, que define os crimes contra a ordem tributária e econômica e contra as relações de consumo, julgue os itens que se seguem.

(1) Constitui crime contra as relações de consumo ter em depósito, mesmo que não seja para vender ou para expor à venda, mercadoria em condições impróprias para o consumo.

(2) Quem, valendo-se da qualidade de funcionário público, patrocinar, direta ou indiretamente, interesse privado perante a administração fazendária praticará, em tese, crime funcional contra a ordem tributária.

1: incorreta. A conduta tipificada no art. 7º, IX, da Lei 8.137/1990 tem como elementar a intenção de vender, expor à venda ou de qualquer forma entregar a mercadoria imprópria para consumo mantida em depósito; **2:** correta, nos termos do art. 3º, III, da Lei 8.137/1990.

Gabarito 1E, 2C

(Magistratura Federal/1ª Região – 2011 – CESPE) Em relação ao crime de apropriação indébita previdenciária e ao delito de sonegação de contribuição previdenciária, assinale a opção correta.

(A) Caracteriza-se sonegação previdenciária quando o agente deixa de recolher, no prazo e na forma legal, contribuição ou outra importância que, destinada à previdência social, tenha sido descontada de pagamento efetuado a segurados, a terceiros ou arrecadada do público ou, ainda, que tenha integrado despesas contábeis ou custos relativos à venda de produtos ou à prestação de serviço.

(B) Dispõe o CP, de forma expressa, a possibilidade de se conceder o perdão judicial, previsto na parte especial do código, ou somente a aplicação da pena de multa ao crime de sonegação previdenciária se o agente for primário e de bons antecedentes e desde que tenha promovido, após o início da ação fiscal e antes de recebida a denúncia, o pagamento integral ou parcelamento da contribuição social previdenciária, incluindo-se acessórios.

(C) Nos termos do entendimento jurisprudencial estabelecido nos tribunais superiores, o crime de apropriação indébita previdenciária é considerado delito omissivo próprio, em todas as suas modalidades, e consuma-se no momento em que o agente deixa de recolher as contribuições, depois de ultrapassado o prazo estabelecido na norma de regência, sendo, portanto, desnecessário o *animus rem sibi habendi*.

(D) Em relação aos crimes de apropriação indébita e de sonegação previdenciária, preconiza o CP que devem ser suspensas a pretensão punitiva e a prescrição penal, desde que haja parcelamento do débito e os pedidos sejam formalizados e aceitos antes do recebimento da denúncia criminal, uma vez que, quitados integralmente os débitos, inclusive os acessórios, objeto de parcelamento, extingue-se a punibilidade.

(E) Nos crimes de apropriação indébita previdenciária, assegura a lei, de forma expressa, a incidência da causa extintiva da punibilidade se o agente, espontaneamente, declarar e confessar as contribuições, importâncias ou valores e prestar as informações devidas à previdência social, na forma definida em lei ou regulamento, antes do início da ação fiscal.

A: incorreta, pois o crime de sonegação previdenciária, previsto no art. 337-A do CP, a ele incorporado pela Lei 9.983/2000, tem como condutas típicas a *supressão* ou *redução* de contribuição social previdenciária e qualquer acessório, aliadas à fraude descrita em qualquer dos incisos I a III do precitado dispositivo legal. Não se confunde o crime em questão com o de apropriação indébita previdenciária (art. 168-A do CP), que, dentre outras hipóteses, caracterizar-se-á pelo fato de o agente *deixar de recolher*, no prazo legal, *contribuição ou outra importância destinada à previdência social* que tenha sido descontada de pagamento efetuado a segurados, terceiros ou arrecadada do público (art. 168-A, § 1º, I, do CP). Perceba que a assertiva "A" trata de modalidade do crime de apropriação indébita previdenciária e não sonegação de contribuição previdenciária; **B:** incorreta, pois o art. 337-A, § 2º, II, do CP, dispõe que é facultado ao juiz deixar de aplicar a pena ou aplicar somente a de multa se o agente for primário e de bons antecedentes, desde que o valor das contribuições devidas, inclusive acessórios, seja igual ou inferior àquele estabelecido pela previdência social, administrativamente, como sendo o mínimo para o ajuizamento de suas execuções fiscais. Se o agente efetuar o pagamento integral da contribuição previdenciária sonegada, incidirá o art. 9º, § 2º, da Lei 10.684/2003, gerando a extinção da punibilidade; **C:** correta. De fato, de acordo com a jurisprudência de há muito consolidada, o crime de apropriação indébita previdenciária (art. 168-A do CP) é considerado omissivo próprio, tendo em vista que a ação nuclear do tipo penal é "*deixar de repassar*" (art. 168-A, *caput*, do CP), ou "*deixar de recolher*" (art. 168-A, § 1º, I e II, do CP), ou "*deixar de pagar benefício*" (art. 168-A, § 1º, III, do CP). Nesse sentido, por exemplo, o STF, no HC 76.978-1/RS (2ª Turma, rel. Mauricio Correa) e o TRF1, no HC 20010100022278-3 (Des. Maria de Fátima Costa, em 19.06.2001). A respeito do tipo subjetivo, conquanto houvesse alguma divergência, no âmbito do STJ prevalece o entendimento de que é desnecessário, pelo agente, um especial fim de agir (*animus rem sibi habendi*), bastando a vontade livre e consciente de não recolher a contribuição previdenciária arrecadada dos empregados. Em suma, bastará o dolo, independentemente de dolo específico; **D:** incorreta, pois o Código Penal não trata, com relação aos crimes de apropriação indébita previdenciária e sonegação de contribuição previdenciária (respectivamente, arts. 168-A e 337-A), da questão da suspensão da pretensão punitiva em razão do parcelamento do débito, que vem tratada no art. 83, § 3º, da Lei 9.430/1996. Assim, de fato, enquanto a pessoa física ou jurídica estiver inserida em plano de parcelamento, ficará suspensa a pretensão punitiva estatal, desde que o pedido de parcelamento tenha sido formalizado antes do recebimento da denúncia criminal; **E:** incorreta, pois, para a extinção da punibilidade do agente que houver praticado o crime de apropriação indébita previdenciária, além de ser exigido que, espontaneamente, tenha declarado e confessado as contribuições, importâncias ou valores, e que tenha prestado as informações devidas à previdência social, na forma definida em lei ou regulamento, antes do início da ação fiscal, será necessário que *efetue o pagamento* de tudo aquilo que houver deixado de recolher (art. 168-A, § 2º, do CP). Interessante anotar que no crime de sonegação de contribuição previdenciária, a extinção da punibilidade ocorrerá independentemente do pagamento do montante sonegado, bastando que o agente, espontaneamente, declare e confesse as contribuições, importâncias ou valores e preste as informações devidas à previdência social, na forma definida em lei ou regulamento, antes do início da ação fiscal (art. 337-A, § 1º, do CP).

Gabarito "C"

24.7. ESTATUTO DO DESARMAMENTO

(Defensor Público - DPE/DF - 2019 - CESPE/CEBRASPE) A respeito dos delitos tipificados na legislação extravagante, julgue os itens a seguir, considerando a jurisprudência dos tribunais superiores.

(1) O porte de arma de fogo sem autorização e em desacordo com determinação legal ou regulamentar, ainda que a arma esteja desmuniciada ou comprovadamente inapta a realizar disparos, configura delito de porte ilegal de arma de fogo

(2) O crime de associação para o tráfico é de natureza hedionda e a progressão de regime prisional desse tipo de crime ocorre após o cumprimento de dois quintos da pena — se o condenado for primário — ou de três quintos da pena — se reincidente.

1: errada. Segundo tem entendido a jurisprudência, o porte de arma de fogo sem autorização e em desacordo com determinação legal ou regulamentar configura crime do Estatuto do Desarmamento, ainda que a arma esteja desmuniciada. Conferir: "Em relação ao porte de arma de fogo desmuniciada, esta Corte Superior uniformizou o entendimento – alinhado à jurisprudência do Supremo Tribunal Federal – de que o tipo penal em apreço é de perigo abstrato. Precedentes. 2. Não há falar em atipicidade material da conduta atribuída à acusada Renata de Souza Garcia, porque o simples fato de possuir, sob sua guarda, arma (dois revólveres com numeração suprimida) à margem do controle estatal – artefato que mesmo desmuniciado possui potencial de intimidação e reduz o nível de segurança coletiva exigido pelo legislador – caracteriza o tipo penal previsto no art. 16, parágrafo único, I, do Estatuto do Desarmamento, principalmente porque o bem jurídico tutelado pela norma penal não é a incolumidade física de outrem, mas a segurança pública e a paz social, efetivamente violadas" (HC 447.071/MS, Rel. Ministro Rogerio Schietti Cruz, Sexta Turma, julgado em 14/08/2018, DJe 29/08/2018). No que toca à arma comprovadamente inapta a realizar disparos, a situação é diferente. Com efeito, portar uma arma desmuniciada (que é crime) é bem diferente de portar uma arma inapta para efetuar disparos, que configura crime impossível, já que a segurança pública, neste caso, não está em risco. Nesse sentido: "1. A Terceira Seção desta Corte pacificou entendimento no sentido de que o tipo penal de posse ou porte ilegal de arma de fogo cuida-se de delito de mera conduta ou de perigo abstrato, sendo irrelevante a demonstração de seu efetivo caráter ofensivo. 2. Na hipótese, contudo, em que demonstrada por laudo pericial a total ineficácia da arma de fogo (inapta a disparar) e das munições apreendidas (deflagradas e percutidas), deve ser reconhecida a atipicidade da conduta perpetrada, diante da ausência de afetação do bem jurídico incolumidade pública, tratando-se de crime impossível pela ineficácia absoluta do meio. 3. Recurso especial improvido" (REsp 1451397/MG, Rel. Ministra Maria Thereza de Assis Moura, Sexta Turma, julgado em 15.09.2015, DJe 01.10.2015); **2:** errada. O crime de associação para o tráfico, capitulado no art. 35 da Lei 11.343/2006, porque não contemplado, de forma expressa, no rol do art. 2.º da Lei n.º 8.072/1990, não é equiparado a hediondo, razão pela qual a progressão de regime obedecerá à disciplina contida no art. 112 da LEP. No STJ: "O crime de associação para o tráfico não é equiparado a hediondo, uma vez que não está expressamente elencado no rol do artigo 2.º da Lei n.º 8.072/1990. Por conseguinte, para fins de progressão de regime incide a regra prevista no art. 112 da LEP, ou seja, o requisito objetivo a ser observado é o cumprimento de 1/6 (um sexto) da pena privativa de liberdade imposta" (HC 371.361/SP, Rel. Ministro REYNALDO SOARES DA FONSECA, QUINTA TURMA, julgado em 17.11.2016, DJe 25.11.2016). ED

Gabarito 1E, 2E

(Delegado - PC/SE - 2018 - CESPE/CEBRASPE) Julgue os itens seguintes, referentes a crimes de trânsito e a posse e porte de armas de fogo, de acordo com a jurisprudência e legislação pertinentes.

(1) O porte de arma de fogo de uso permitido sem autorização, mas desmuniciada, não configura o delito de porte ilegal previsto no Estatuto do Desarmamento, tendo em vista ser um crime de perigo concreto cujo objeto jurídico tutelado é a incolumidade física.

(2) **Situação hipotética**: Um policial militar reformado foi preso em flagrante delito por portar arma de fogo de uso permitido, sem autorização legal e sem o devido registro do armamento. **Assertiva**: Nessa situação, a autoridade policial não poderá conceder fiança, porquanto o Estatuto do Desarmamento prevê que o fato de a arma não estar registrada no nome do agente torna inafiançável o delito.

1: errada. Segundo tem entendido a jurisprudência, o porte de arma de fogo sem autorização e em desacordo com determinação legal ou regulamentar configura, sim, o delito de porte ilegal do Estatuto do Desarmamento, ainda que a arma esteja desmuniciada. Conferir: "Em relação ao porte de arma de fogo desmuniciada, esta Corte Superior uniformizou o entendimento – alinhado à jurisprudência do Supremo Tribunal Federal – de que o tipo penal em apreço é de perigo abstrato. Precedentes. 2. Não há falar em atipicidade material da conduta atribuída à acusada Renata de Souza Garcia, porque o simples fato de possuir, sob sua guarda, arma (dois revólveres com numeração suprimida) à margem do controle estatal – artefato que mesmo desmuniciado possui potencial de intimidação e reduz o nível de segurança coletiva exigido pelo legislador – caracteriza o tipo penal previsto no art. 16, parágrafo único, I, do Estatuto do Desarmamento, principalmente porque o bem jurídico tutelado pela norma penal não é a incolumidade física de outrem, mas a segurança pública e a paz social, efetivamente violadas" (HC 447.071/MS, Rel. Ministro Rogerio Schietti Cruz, Sexta Turma, julgado em 14/08/2018, DJe 29/08/2018); **2:** errada, uma vez que os arts. 14, parágrafo único, e 15, parágrafo único, do Estatuto do Desarmamento, que estabelecem ser os crimes de porte e disparo, respectivamente, inafiançáveis, foram considerados pelo STF como inconstitucionais (ADIn 3.112-DF, Pleno, rel. Min. Ricardo Lewandowski, 02.05.2007). **ED**

Gabarito: 1E, 2E

(Defensor Público/AC – 2017 – CESPE) Com o intuito de assegurar sua proteção pessoal, Jonas adquiriu, de maneira informal, uma arma de fogo de uso permitido, com numeração raspada, e guardou-a no bar em que trabalha. Duas semanas depois, arrependido da aquisição, Jonas procurou a DP, com o objetivo de resolver, juridicamente, essa situação e escapar das sanções cabíveis previstas na legislação pertinente.

Nessa situação hipotética, considerando-se o entendimento dos tribunais superiores acerca do tema, o DP deverá orientar Jonas a

(A) retornar ao local da aquisição imediatamente e requerer que o vendedor entregue recibo da compra e comprovação da origem lícita da arma para que seja efetuado o seu registro.
(B) limpar suas digitais e descartar a arma imediatamente, uma vez que, de acordo com a lei, poderá ser preso em flagrante, a qualquer momento, no local de trabalho.
(C) procurar a delegacia da cidade e proceder à entrega espontânea da arma, visto que esse ato é causa permanente de exclusão de punibilidade.
(D) requerer a autorização para o porte da arma, por ser de uso permitido, e, posteriormente, apresentar a arma na delegacia de polícia para regularização definitiva.
(E) comparecer à delegacia, uma vez que a posse de arma de fogo, de per si, constitui crime, sendo inviável, nesse caso, a extinção da punibilidade, obtendo-se o benefício da confissão.

A questão é mal elaborada: não é possível saber se Jonas é o responsável legal pelo bar. Apenas se menciona que se trata de seu local de trabalho. Considerando que ele é o titular da empresa na qual exerce seu labor, o crime em que em princípio incorreria é o de posse de arma de fogo. Neste caso, incidirá o art. 32 do Estatuto do Desarmamento, segundo o qual o possuidor ou proprietário de arma de fogo que, de forma espontânea e de boa-fé, fizer a sua entrega terá extinta a sua punibilidade. De qualquer, é importante que se diga que se trata de tema polêmico. **ED**

Gabarito "C"

(Promotor de Justiça/PI – 2014 – CESPE) A respeito dos crimes previstos no Estatuto do Desarmamento (Lei 10.826/2003), assinale a opção correta com base no entendimento dos tribunais superiores.

(A) Segundo entendimento consolidado do STJ, a potencialidade lesiva da arma é um dado dispensável para a tipificação do delito de porte ilegal de arma de fogo, pois o objeto jurídico tutelado não é a incolumidade física, mas a segurança pública e a paz social, colocados em risco com a posse ou o porte de armas.
(B) Responde pelo crime de porte ilegal de arma de fogo o responsável legal de empresa que mantenha sob sua guarda, sem autorização, no interior de seu local de trabalho, arma de fogo de uso permitido.
(C) Se for possível, mediante o uso de processos físico-químicos, recuperar numeração de arma de fogo que tenha sido raspada, estará desconfigurado o crime de porte ilegal de arma de fogo de uso restrito, devendo a conduta ser classificada como porte ilegal de arma de fogo de uso permitido.
(D) Segundo entendimento do STJ, o porte de arma de fogo desmuniciada configura delito previsto no Estatuto do Desamamento por ser crime de perigo abstrato, entretanto, o porte de munição desacompanhada da respectiva arma é fato atípico, visto que não gera perigo à incolumidade pública.
(E) Os crimes de porte de arma de fogo de uso permitido e de disparo de arma de fogo são delitos inafiançáveis, segundo entendimento do STF.

A: correta. Conferir: "*Habeas corpus*. Penal. Porte ilegal de arma de fogo de uso permitido (art. 14, *caput*, da Lei 10.826/2003). Perícia. Desnecessidade. Perigo abstrato configurado. Ordem de *habeas corpus* denegada. 1. A potencialidade lesiva da arma é um dado dispensável para a tipificação do delito de porte ilegal de arma de fogo, pois o objeto jurídico tutelado não é a incolumidade física, e sim a segurança pública e a paz social, colocados em risco com a posse ou o porte de armas à deriva do controle estatal. Por essa razão, eventual nulidade do laudo pericial ou mesmo a sua ausência não impedem o enquadramento da conduta. Precedentes. 2. Ordem de *habeas corpus* denegada" (HC 201201451575, Laurita Vaz, STJ, Quinta Turma, *DJE* 06.03.2013); **B:** incorreta, já que a assertiva contempla a descrição do crime de posse (e não de porte) irregular de arma de fogo de uso permitido (art. 12 da Lei 10.826/2003); **C:** incorreta. O crime do art. 16, parágrafo único, IV, do Estatuto do Desarmamento (portar arma de fogo com numeração raspada), por ser de mera conduta, consuma-se com a prática da ação nuclear consistente em *carregar consigo*, independente da produção de qualquer resultado naturalístico. Assim, ainda que seja possível, por meio de processos físico-químicos, recuperar a numeração da arma de fogo ilegalmente portada, o agente terá praticado o crime em questão; **D:** incorreta. Conferir: "(...) A arma de fogo mercê de desmuniciada mas portada sem autorização e em desacordo com determinação legal ou regulamentar configura o delito de porte ilegal previsto no art. 10, *caput*, da Lei 9.437/1997, crime de mera conduta e de perigo abstrato. 2. Deveras, o delito de porte ilegal de arma de fogo tutela a segurança pública e a paz social, e não a incolumidade física, sendo irrelevante o fato de o armamento estar municiado ou não. Tanto é assim que a lei tipifica até mesmo o porte da munição, isoladamente. Precedentes: HC 104206/RS, rel. Min. Cármen Lúcia, 1ª Turma, *DJ* de 26.08.2010; HC 96072/RJ, rel. Min. Ricardo Lewandowski, 1ª Turma, *DJe* 08.04.2010; RHC 91553/DF, rel. Min. Carlos Britto, 1ª Turma, *DJe* 20.08.2009. 3. *In casu*, o paciente foi preso em flagrante, em via pública, portando uma pistola 6.35, marca "Brownings Patent Depose", sendo a arma apreendida, periciada e atestada sua potencialidade lesiva. 4. Recurso ordinário em *habeas corpus* desprovido" (RHC 116280, Luiz Fux, STF). A propósito, a conduta consistente em portar munição, ainda que quando desacompanhada da arma, é fato típico e está prevista no art. 14, *caput*, da Lei 10.826/2003; **E:** incorreta, uma vez que os arts. 14, parágrafo único, e 15, parágrafo único, do Estatuto do Desarmamento, que estabelecem ser os crimes de porte e disparo, respectivamente, inafiançáveis, foram considerados pelo STF como inconstitucionais (ADIn 3.112-DF, Pleno, rel. Min. Ricardo Lewandowski, 02.05.2007).

Gabarito "A"

(Delegado/PE – 2016 – CESPE) Lucas, delegado de polícia de determinado estado da Federação, em dia de folga, colidiu seu veículo contra outro veículo que estava parado em um sinal de trânsito. Sem motivo justo, o delegado sacou sua arma de fogo e executou um disparo para o alto. Imediatamente, Lucas foi abordado por autoridade policial que estava próxima ao local onde ocorrera o fato.

Nessa situação hipotética, a conduta de Lucas poderá ser enquadrada como

(A) crime inafiançável.
(B) contravenção penal.
(C) crime, com possibilidade de aumento de pena, devido ao fato de ele ser delegado de polícia.
(D) crime insuscetível de liberdade provisória.
(E) atípica, devido ao fato de ele ser delegado de polícia.

Ao efetuar disparo de arma de fogo para o alto, em via pública, sem motivo plausível, Lucas, delegado de polícia, deverá ser responsabilizado pelo crime do art. 15 da Lei 10.826/2003 (Estatuto do Desarmamento), com incidência da causa de aumento prevista no art. 20, I, do mesmo diploma. De ver-se que este crime, a despeito da previsão contida no art. 15, parágrafo único, do Estatuto do Desarmamento, não é inafiançável. Isso porque o STF considerou tal dispositivo inconstitucional (ADI 3.112-DF, Pleno, rel. Min. Ricardo Lewandowski, 02.05.2007).

Gabarito "C"

(Polícia Rodoviária Federal – 2013 – CESPE) No que concerne ao Estatuto do Desarmamento, julgue o item a seguir.

(1) Supondo que determinado cidadão seja responsável pela segurança de estrangeiros em visita ao Brasil e necessite de porte de arma, a concessão da respectiva autorização será de competência do ministro da Justiça.

1: incorreta. A concessão do porte de arma de uso permitido é de competência do Departamento de Polícia Federal (art. 10 da Lei 10.826/2003).

Gabarito 1E

(Agente de Polícia Federal – 2012 – CESPE) À luz da lei dos crimes ambientais e do Estatuto do Desarmamento, julgue os itens seguintes.

(1) Responderá pelo delito de omissão de cautela o proprietário ou o diretor responsável de empresa de segurança e transporte de valores que deixar de registrar ocorrência policial e de comunicar à Polícia Federal, nas primeiras vinte e quatro horas depois de ocorrido o fato, a perda de munição que esteja sob sua guarda.

1: correta, nos exatos termos do art. 13, parágrafo único, da Lei 10.826/2003 (Estatuto do Desarmamento).

Gabarito 1C

(Ministério Público/PI – 2012 – CESPE) Considerando o Estatuto do Desarmamento, a lei que trata dos crimes contra o meio ambiente, a que dispõe sobre os crimes hediondos e o entendimento dos tribunais superiores acerca dos institutos de direito penal, assinale a opção correta.

(A) O cidadão que possui, em sua residência, para defesa pessoal e de seus familiares, revólver de calibre 38 com numeração raspada e sem registro pratica o crime de posse ilegal de arma de fogo de uso permitido.

(B) O agente de segurança cuja arma seja furtada dentro do banco privado onde trabalhe e que não registre ocorrência policial no prazo de vinte quatro horas estará incurso no crime de omissão de cautela, previsto na Lei n. 10.826/2003.

(C) Superado o prazo da suspensão condicional do processo por crime contra o meio ambiente e comprovado, pelo laudo de constatação de reparação do dano ambiental, não ter sido completa a reparação, o benefício da suspensão condicional do processo será revogado.

(D) A lei posterior que, de qualquer modo, favoreça o agente aplica-se aos fatos anteriores, ainda que decididos por sentença condenatória transitada em julgado. Por essa razão, o agente condenado por crime hediondo em 1998, que não teria direito a progredir de regime por vedação expressa da lei, faria jus à progressão de regime caso tal vedação fosse declarada inconstitucional pelo STF e adviesse lei prevendo progressão de regimes para os crimes hediondos, desde que o agente fosse réu primário e tivesse cumprido dois quintos da pena.

(E) Suponha que João seja preso por porte ilegal de arma de fogo de uso permitido e que, no relatório apresentado pelo delegado de polícia, conste a informação de João ter sido, ao tempo do crime, empregado de empresa de segurança privada e de transporte de valores. Nessa situação, a pena imposta a João deverá ser aumentada da metade.

A: incorreta. Para a conduta do agente que possui em sua residência uma arma de fogo calibre 38 (de uso permitido) com numeração raspada, aplicar-se-á o disposto no art. 16, § 1º, IV, do Estatuto do Desarmamento (Lei 10.826/2003), que é conduta mais grave do que a constante do art. 12 do mesmo diploma legal (posse irregular de arma de fogo de uso permitido). Pelo princípio da especialidade, ainda que a arma seja encontrada no interior da residência do agente, e seja de uso permitido, por ter sua numeração raspada, observará a regra especial, qual seja, a do precitado art. 16, § 1º, IV; **B:** incorreta, pois a omissão de cautela de que trata o art. 13, parágrafo único, do Estatuto do Desarmamento, é considerado crime próprio, somente podendo ser cometido pelo proprietário ou diretor responsável por empresa de segurança e transporte de valores que deixarem de comunicar à polícia federal e de registrar ocorrência de perda, furto, roubo ou extravio de armas de fogo, acessórios ou munições que estejam sob sua guarda, nas primeiras vinte e quatro horas depois de ocorrido o fato; **C:** incorreta, pois, findo o prazo de duração da suspensão condicional do processo, e comprovado, por laudo de constatação, não ter sido completa a reparação do dano ambiental, o prazo de suspensão poderá ser prorrogado pelo prazo máximo definido no art. 89 da Lei 9.099/1995, acrescido de mais um ano, suspendendo-se o curso da prescrição (art. 28, II, da Lei 9.605/1998). Findo o prazo de prorrogação, novo prazo poderá ser concedido para a prorrogação da suspensão do processo (art. 28, IV, da Lei 9.605/1998); **D:** incorreta. Se o crime hediondo foi praticado em 1998, época em que não se admitia, por força da redação original do art. 2º, § 2º, da Lei 8.072/1990, a progressão de regime, uma vez declarada pelo STF sua inconstitucionalidade (o que, de fato, ocorreu no ano de 2006, no julgamento do HC 82.959-SP), caberá a concessão de referido benefício com o cumprimento de 1/6 (um sexto) da pena, incidindo a regra geral contida no art. 112 da LEP. Esse é o entendimento materializado na Súmula 471 do STJ, não se podendo aplicar os novos patamares para a progressão de regime inseridos no art. 2º da Lei dos Crimes Hediondos pela Lei 11.464/2007 (dois quintos da pena para réu primário ou três quintos da pena para réu reincidente). Com a recente alteração promovida pela Lei 13.964/2019 na redação do art. 112 da LEP, foram criadas novas frações de cumprimento de pena a autorizar a ida do condenado ao regime mais favorável, incluindo aqueles que se acham em cumprimento de pena pelo cometimento de crime hediondo ou equiparado; **E:** correta (art. 20, I, c/c art. 7º, ambos do Estatuto do Desarmamento).

Gabarito "E"

24.8. CRIMES CONTRA O MEIO AMBIENTE

(Defensor Público/AC – 2017 – CESPE) Considerando-se a legislação pertinente, bem como o entendimento dos tribunais superiores, no que tange aos crimes contra o meio ambiente,

(A) são aplicadas às pessoas jurídicas, isolada, cumulativa ou alternativamente, somente as penas de multa, as restritivas de direitos e a prestação de serviços à comunidade.

(B) a responsabilização penal da pessoa jurídica é condicionada à simultânea persecução penal da pessoa física responsável no âmbito da empresa.

(C) trata-se de infrações penais instantâneas e de efeito permanente, pois sua consumação se protrai no tempo e provoca a violação contínua e duradoura do bem jurídico tutelado.

(D) quando praticados por pessoa jurídica, não será possível a suspensão condicional da pena, por expressa vedação legal.

A: correta, pois corresponde ao teor do art. 21 da Lei 9.605/1998, que contém o rol das penas aplicáveis às pessoas jurídicas; **B:** incorreta. Quebrando o paradigma em relação à anterior interpretação conferida ao art. 3º da Lei 9.605/1998, a responsabilização penal da pessoa jurídica, segundo entendimento que hoje prevalece nos Tribunais Superiores, é autônoma e independe da responsabilização da pessoa natural. Conferir: "1. O art. 225, § 3º, da Constituição Federal não condiciona a responsabilização penal da pessoa jurídica por crimes ambientais à simultânea persecução penal da pessoa física em tese responsável no âmbito da empresa. A norma constitucional não impõe a necessária dupla imputação. 2. As organizações corporativas complexas da atualidade se caracterizam pela descentralização e distribuição de atribuições e responsabilidades, sendo inerentes, a esta realidade, as dificuldades para imputar o fato ilícito a uma pessoa concreta. 3. Condicionar a aplicação do art. 225, § 3º, da Carta Política a uma concreta imputação também a pessoa física implica indevida restrição da norma constitucional, expressa a intenção do constituinte originário não apenas de ampliar o alcance das sanções penais, mas também de evitar a impunidade pelos crimes ambientais frente às imensas dificuldades de individualização dos responsáveis internamente às corporações, além de reforçar a tutela do bem jurídico ambiental. 4. A identificação dos setores e agentes internos da empresa determinantes da produção do fato ilícito tem relevância e deve ser buscada no caso concreto como forma de esclarecer se esses indivíduos ou órgãos atuaram ou deliberaram no exercício regular de suas atribuições internas à sociedade, e ainda para verificar se a atuação se deu no interesse ou em benefício da entidade coletiva. Tal esclarecimento, relevante para fins de imputar determinado delito à pessoa jurídica, não se confunde, todavia, com subordinar a responsabilização da pessoa jurídica à responsabilização conjunta e cumulativa das pessoas físicas envolvidas. Em não raras oportunidades, as responsabilidades internas pelo fato estarão diluídas ou parcializadas de tal modo que não permitirão a imputação de responsabilidade penal individual. 5. Recurso Extraordinário parcialmente conhecido e, na parte conhecida, provido" (RE 548181, Rel. Min. Rosa Weber, 1ª Turma, j. 06.08.2013, Acórdão Eletrônico *DJe* 29.10.2014. Publ. 30.10.2014). Na mesma esteira, o STJ: "1. Conforme orientação da 1ª Turma do STF, "O art. 225, § 3º, da Constituição Federal não condiciona a responsabilização penal da pessoa jurídica por crimes ambientais à simultânea persecução penal da pessoa física em tese responsável no âmbito da empresa. A norma constitucional não impõe a necessária dupla imputação (RE 548181, Rel. Min. Rosa Weber, 1ª Turma, j. 06.08.2013, Acórdão Eletrônico *DJe* 29.10.2014. Publ. 30.10.2014). 2. Tem-se, assim, que é possível a responsabilização penal da pessoa jurídica por delitos ambientais independentemente da responsabilização concomitante da pessoa física que agia em seu nome. Precedentes desta Corte. 3. A personalidade fictícia atribuída à pessoa jurídica não pode servir de artifício para a prática de condutas espúrias por parte das pessoas naturais responsáveis pela sua condução. 4. Recurso ordinário a que se nega provimento" (RMS 39.173/BA, Rel. Min. Reynaldo Soares da Fonseca, 5ª Turma, j. 06.08.2015, *DJe* 13.08.2015); **C:** incorreta, na medida em que, na Lei 9.605/1998, há crimes instantâneos, permanentes e instantâneos de efeitos permanentes; **D:** incorreta. Não há dispositivo que vede a incidência do *sursis* a pessoas jurídicas. No entanto, por uma questão de lógica, o art. 16 da Lei 9.605/1998, que trata da suspensão condicional da pena, somente tem aplicação às pessoas físicas autoras de crime ambiental, já que pressupõe a aplicação de pena privativa de liberdade não superior a 3 anos, à qual somente se submetem as pessoas naturais. ED

Gabarito "A".

(Escrivão de Polícia Federal – 2013 – CESPE) A respeito dos crimes contra o meio ambiente, julgue o item a seguir, com base na Lei 9.605/1998.

(1) Um cidadão que cometer crime contra a flora estará isento de pena se for comprovado que ele possui baixa escolaridade.

1: incorreta. O baixo grau de escolaridade do agente é circunstância atenuante genérica (art. 14, I, da Lei 9.605/1998) e não excludente da culpabilidade.

Gabarito 1E

(Polícia Rodoviária Federal – 2013 – CESPE) Com fundamento na Lei dos Crimes Ambientais, julgue o próximo item.

(1) Responderá por crime contra a flora o indivíduo que cortar árvore em floresta considerada de preservação permanente, independentemente de ter permissão para cortá-la, e, caso a tenha, quem lhe concedeu a permissão também estará sujeito as penalidades do respectivo crime.

1: incorreta. O crime previsto no art. 39 da Lei 9.605/1998 tem como elementar a ausência de autorização de autoridade, ou seja, se ela existir, não haverá crime.

Gabarito 1E

(Escrivão de Polícia/DF – 2013 – CESPE) A respeito dos crimes contra o meio ambiente (Lei 9.605/1998), julgue o item a seguir.

(1) Quando um cidadão abate um animal que é considerado nocivo por órgão competente, ele não comete crime.

1: correta, nos termos do art. 37, IV, da Lei 9.605/1998.

Gabarito 1C

(Agente de Polícia Federal – 2012 – CESPE) À luz da lei dos crimes ambientais e do Estatuto do Desarmamento, julgue o item seguinte.

(1) Se o rebanho bovino de determinada propriedade rural estiver sendo constantemente atacado por uma onça, o dono dessa propriedade, para proteger o rebanho, poderá, independentemente de autorização do poder público, abater o referido animal silvestre.

1: incorreta. A hipótese está prevista no art. 37, II, da Lei 9.605/1998, que autoriza o abate de animais para proteção de lavouras ou rebanhos, mas desde que expressamente autorizado pela autoridade competente.

Gabarito 1E

24.9. INTERCEPTAÇÃO TELEFÔNICA

(Promotor de Justiça/PI – 2014 – CESPE) Assinale a opção correta com base no entendimento do STJ a respeito das interceptações telefônicas.

(A) De acordo com a lei que rege as interceptações telefônicas, a competência para deferir esse procedimento no curso do inquérito policial é do promotor de justiça com atribuição para atuar na ação principal.
(B) O investigado possui direito subjetivo não somente ao áudio das escutas telefônicas realizadas, mas também à transcrição, pela justiça, de todas as conversas interceptadas.
(C) A ação penal padecerá de nulidade absoluta, por cerceamento de defesa, caso a defesa não tenha acesso à integralidade do teor das escutas telefônicas antes da colheita da prova oral.
(D) É dispensável que o MP, na condição de fiscal da lei, seja cientificado da necessidade de averiguação da lisura do ato de interceptação telefônica determinada de ofício pelo juiz.
(E) A fim de assegurar a ampla defesa, é necessário apenas que se transcrevam os excertos das escutas telefônicas que tenham servido de substrato para o oferecimento da denúncia.

A: incorreta, na medida em que a interceptação de comunicações telefônicas somente poderá ser determinada, quer no curso do inquérito, quer no da ação penal, pelo juiz de direito competente (arts. 1º, *caput*, e 3º da Lei 9.296/1996); **B:** incorreta. Segundo vem entendendo o STJ, não é necessária a transcrição na íntegra dos diálogos travados entre os interlocutores. Verificar: HC 112.993-ES, 6ª T., rel. Min. Maria Thereza de Assis Moura, 16.03.2010; **C:** incorreta. *Vide*: STJ, RHC 27.997, 6ª T., rel. Min. Maria Thereza de Assis Moura, *DJ* 19.09.2013; **D:** incorreta (art. 6º, *caput*, da Lei 9.296/1996); **E:** correta. Nesse sentido: "Recurso ordinário em *habeas corpus*. Associação para o tráfico. Disponibilização integral das mídias das escutas telefônicas. Alegada ausência de acesso às interceptações telefônicas. Transcrição parcial constante nos autos desde o oferecimento da denúncia. Transcrição integral. Desnecessidade. Constrangimento ilegal. Não ocorrência. Nulidade. Inexistência. Recurso a que se nega provimento. 1. As mídias das interceptações telefônicas foram disponibilizadas, na íntegra, à Defesa, razão pela qual não há falar em nulidade, inexistindo, portanto, constrangimento ilegal a ser sanado. 2. A cópia das transcrições parciais das interceptações telefônicas constantes dos relatórios da autoridade policial foram disponibilizadas à Defesa desde o oferecimento da exordial acusatória. 3. É pacífico o entendimento nos tribunais superiores no sentido de que é prescindível a transcrição integral do conteúdo da quebra do sigilo das comunicações telefônicas, somente sendo necessária, a fim de se assegurar o exercício da garantia constitucional da ampla defesa, a transcrição dos excertos das escutas que serviram de substrato para o oferecimento da denúncia. 4. Recurso ordinário a que se nega provimento" (STJ, RHC 27.997, 6ª T., rel. Min. Maria Thereza de Assis Moura, *DJ* 19.09.2013).

Gabarito "E".

(Cartório/DF – 2014 – CESPE) Assinale a opção correta acerca de interceptação telefônica, segundo o STF, o STJ e a doutrina majoritária.

(A) Segundo o entendimento do STF, é impossível a prorrogação do prazo de autorização para a interceptação telefônica por períodos sucessivos.
(B) O juiz competente para determinar a interceptação é o competente para processar e julgar o crime de cuja prática se suspeita. No entanto, a verificação posterior de que se trata de crime para o qual o juiz seria incompetente não deve acarretar a nulidade absoluta da prova colhida.
(C) É válido o deferimento de interceptação telefônica promovido em razão de denúncia anônima desacompanhada de outras diligências.

(D) É indispensável previa instauração de inquérito para a autorização de interceptação telefônica.

(E) Consoante entendimento predominante nos tribunais superiores, faz-se necessária a transcrição integral do conteúdo da quebra do sigilo das comunicações telefônicas.

A: incorreta. Predomina o entendimento segundo o qual a intercepção deve perdurar pelo interregno necessário à elucidação do crime sob investigação; comporta, por isso, sucessivos pedidos de renovação. Conferir: "Recurso ordinário em *habeas corpus*. Processual Penal. Interposição contra julgado em que colegiado do Superior Tribunal de Justiça não conheceu da impetração, ao fundamento de ser substitutivo de recurso ordinário cabível. Constrangimento ilegal não evidenciado. Entendimento que encampa a jurisprudência da Primeira Turma da Corte. Precedente. Julgado em que, ademais, se analisou o mérito da impetração. Processual penal. Crimes de estelionato, formação de quadrilha e lavagem de dinheiro. Interceptação telefônica deferida para investigação de crimes diversos em que, fortuitamente, se obteve comprovação da prática de outros delitos. Inexistência de nulidade. Aventada ilegalidade da decisão que autorizou a interceptação telefônica e suas prorrogações. Não ocorrência. Possibilidade de se prorrogar o prazo de autorização para a interceptação telefônica por períodos sucessivos quando a intensidade e a complexidade das condutas delitivas investigadas assim o demandarem. Precedentes. Decisão proferida com a observância das exigências previstas na lei de regência (Lei 9.296/96, art. 5º). Recurso não provido. 1. O Superior Tribunal de Justiça, quanto ao cabimento do *habeas corpus*, encampou a jurisprudência da Primeira Turma da Corte no sentido da inadmissibilidade do habeas corpus que tenha por objetivo substituir o recurso ordinário (HC nº 109.956/PR, Relator o Ministro Marco Aurélio, DJe de 11/9/12). Entretanto, acabou por analisar o seu mérito, concluindo pela licitude das interceptações telefônicas anteriormente deferidas. 2. Embora as interceptações inicialmente realizadas também pudessem estar visando à constatação da ocorrência de crimes tributários (cujos créditos ainda não estavam definitivamente constituídos), as instâncias ordinárias fazem menção à apuração simultânea de crimes de contrabando e descaminho (que permitiriam o afastamento do sigilo constitucional), cuja prática a prova indiciária afastou, porém indicou o cometimento de outros delitos, fortuitamente descobertos, não havendo qualquer ilegalidade no aproveitamento das interceptações realizadas. Precedentes. 3. É da jurisprudência desta Corte o entendimento de ser possível a prorrogação do prazo de autorização para a interceptação telefônica, mesmo que sucessiva, especialmente quando o fato é complexo, a exigir investigação diferenciada e contínua (HC nº 83.515/RS, Tribunal Pleno, Relator o Ministro Nelson Jobim, DJ de 4/3/05). 4. Nesse contexto, considerando o entendimento jurisprudencial e doutrinário acerca da possibilidade de se prorrogar o prazo de autorização para a interceptação telefônica por períodos sucessivos quando a intensidade e a complexidade das condutas delitivas investigadas assim o demandarem, não há que se falar, na espécie, em nulidade da referida escuta e de suas prorrogações, uma vez que autorizada pelo Juízo de piso com a observância das exigências previstas na lei de regência (Lei nº 9.296/96, art. 5º). 5. Recurso ordinário a que se nega provimento" (STF, 1ª T., RHC 120.111, rel. Min. Dias Toffoli, j. 11.03.2014); **B:** correta. Conferir: "Recurso ordinário em *habeas corpus*. Processual penal. Tráfico internacional de drogas. Interceptação telefônica autorizada pela justiça estadual no início das investigações. Declinação de competência para o juízo federal, após indícios da intercionalidade. Invalidação da prova colhida. Impossibilidade. Recurso desprovido. 1. Posterior declinação de competência do Juízo Estadual para o Juízo Federal não tem o condão de, por si só, invalidar interceptação telefônica deferida, de maneira fundamentada e em observância às exigências legais, por Autoridade Judicial competente até então. Precedentes do STF e do STJ. 2. Recurso desprovido" (RHC 201302358045, LAURITA Vaz, STJ – Quinta Turma, DJE 14/04/2014); **C:** incorreta. Conferir: "(...) Processual penal. HC. Cartel e quadrilha. Quebra de sigilo telefônico após delações anônimas, sem prévia confirmação pela autoridade competente. Submissão de todos os agentes estatais às normas e princípios reitores do sistema repressivo. Precedentes dos tribunais superiores: corte especial e presidência do STJ e STF. Parecer do MPF pela denegação da ordem. Ordem concedida, todavia, para o fim de declarar a ilicitude da prova oriunda da interceptação telefônica deferida com base em denúncia anônima e daquelas diretamente derivadas, sem prejuízo da continuidade da ação penal se existentes outras provas" (HC 201002097588, Napoleão Nunes Maia Filho, STJ – quinta turma, DJE DATA: 09/06/2011); **D:** incorreta. Conferir: "(...)Esta Corte já pacificou entendimento quanto à prescindibilidade de prévia instauração de Inquérito Policial, para que seja autorizada a medida cautelar de interceptação telefônica, bastando que existam indícios razoáveis de autoria ou participação do investigado em infração penal, apurados, inclusive, em prévio procedimento instaurado pelo Ministério Público, tal como ocorreu, *in casu*. IX. No caso dos autos, não há prova de que a investigação e a quebra do sigilo telefônico teriam decorrido de suposta denúncia anônima. De qualquer sorte, orienta-se a jurisprudência no sentido de que o fato de ter havido denúncia anônima não tem o condão, por si só, de invalidar a interceptação telefônica regularmente deferida por autoridade judicial, se embasada em outros elementos de prova, colhidos após a *delatio criminis* anônima (...)" (HC 201002074767, Assusete Magalhães – Sexta Turma, *DJE* DATA: 06/03/2014); **E:** incorreta. Nesse sentido: "Recurso ordinário em *habeas corpus*. Associação para o tráfico. Disponibilização integral das mídias das escutas telefônicas. Alegada ausência de acesso às interceptações telefônicas. Transcrição parcial constante nos autos desde o oferecimento da denúncia. Transcrição integral. Desnecessidade. Constrangimento ilegal. Não ocorrência. Nulidade. Inexistência. Recurso a que se nega provimento. 1. As mídias das interceptações telefônicas foram disponibilizadas, na íntegra, à Defesa, razão pela qual não há falar em nulidade, inexistindo, portanto, constrangimento ilegal a ser sanado. 2. A cópia das transcrições parciais das interceptações telefônicas constantes dos relatórios da autoridade policial foram disponibilizadas à Defesa desde o oferecimento da exordial acusatória. 3. É pacífico o entendimento nos tribunais superiores no sentido de que é prescindível a transcrição integral do conteúdo da quebra do sigilo das comunicações telefônicas, somente sendo necessária, a fim de se assegurar o exercício da garantia constitucional da ampla defesa, a transcrição dos excertos das escutas que serviram de substrato para o oferecimento da denúncia. 4. Recurso ordinário a que se nega provimento" (STJ, RHC 27.997, 6ª T., rel. Min. Maria Thereza de Assis Moura, *DJ* 19.09.2013).

Gabarito "B"

24.10. JUIZADO ESPECIAL CRIMINAL

(Polícia Rodoviária Federal – 2013 – CESPE) Acerca dos juizados especiais criminais, julgue o item subsecutivo.

(1) Os atos processuais dos juizados especiais criminais poderão ser realizados nos finais de semana, a exceção dos domingos e feriados.

1: incorreta. O art. 64 da Lei 9.099/1995 autoriza a prática de atos processuais em qualquer dia da semana, inclusive no horário noturno.

Gabarito 1E

24.11. CRIMES DE TRÂNSITO

(Defensor Público/AC – 2017 – CESPE) Com base no entendimento dos tribunais superiores acerca dos crimes de trânsito, assinale a opção correta.

(A) Constitui crime de perigo abstrato trafegar em velocidade incompatível com a segurança próximo a escolas, hospitais e estações de embarque e desembarque de passageiros.

(B) O crime de embriaguez ao volante possui elemento objetivo do tipo de natureza exata, o que não permite a aplicação de critérios subjetivos de interpretação para sua configuração.

(C) Confiar a direção de veículo automotor a pessoa não habilitada ou em estado de embriaguez constitui delito que tem natureza de infração penal de perigo abstrato.

(D) Configura crime de perigo abstrato o ato de dirigir veículo automotor, em via pública, sem a devida permissão ou habilitação para dirigir ou após cassação do direito de dirigir.

(E) O crime de embriaguez ao volante, por ser delito mais grave, absorve a infração penal de dirigir veículo automotor em via pública sem permissão ou habilitação.

A: incorreta. Trata-se, conforme é possível inferir do próprio tipo penal do art. 311 do CTB, de crime de perigo concreto, exigindo-se, bem por isso, prova da probabilidade de o dano ocorrer; **B:** incorreta (art. 306, § 1º, II, e § 2º, do CTB); **C:** correta, uma vez que se trata de delito formal, cuja consumação, bem por isso, não está condicionada à produção de resultado naturalístico consistente na existência de lesão a alguém ou mesmo de perigo de dano concreto. Nesse sentido a Súmula 575 do STJ: *Constitui crime a conduta de permitir, confiar ou entregar a direção de veículo automotor a pessoa que não seja habilitada, ou que* *se encontre em qualquer das situações previstas no art. 310 do CTB, independentemente da ocorrência de lesão ou de perigo de dano concreto na condução do veículo*; **D:** incorreta. O crime do art. 309 do CTB é de perigo concreto, conforme consta do próprio tipo penal. Ou seja, a configuração deste delito está condicionada à demonstração de que a conduta descrita no tipo gerou probabilidade de ocorrência do dano; **E:** incorreta. Na jurisprudência: "A jurisprudência desta Corte Superior de Justiça é no sentido de que os crimes previstos nos artigos 306 e 309 do CTB são autônomos, com objetividades jurídicas distintas, motivo pelo qual não incide o postulado da consunção. Dessarte, o delito de condução de veículo automotor sem habilitação não se afigura como meio necessário nem como fase de preparação ou de execução do crime de embriaguez ao volante" (STJ, AgRg no REsp 1745604/MG, Rel. Ministro Reynaldo Soares da Fonseca, Quinta Turma, julgado em 14.08.2018, DJe 24.08.2018). **ED**

Gabarito "C"

(Escrivão de Polícia/DF – 2013 – CESPE) Com relação ao Código de Trânsito Brasileiro (Lei 9.503/1997 e alterações), julgue o item a seguir.

(1) Caso um cidadão esteja com sua capacidade psicomotora alterada em razão da influência de álcool e, ainda assim, conduza veículo automotor, tal conduta caracterizará crime de trânsito se ocorrer em via pública, mas será atípica, se ocorrer fora de via pública, como um condomínio fechado, por exemplo.

1: incorreta. O crime previsto no art. 306 do Código de Trânsito Brasileiro se consuma com a condução do veículo nas condições adversas narradas, independentemente do local onde ocorra o fato, se via pública ou não.

Gabarito 1E

24.12. VIOLÊNCIA DOMÉSTICA (LEI MARIA DA PENHA)

Uma mulher sofreu diversas formas de violência doméstica provocadas pelo marido. Muito abalada, ela conseguiu ir a uma delegacia especializada e foi recebida por uma autoridade policial que, após ouvir suas queixas, adotou imediatamente as providências cabíveis. O expediente foi recebido pelo juiz com pedido de medidas protetivas de urgência.

(Auditor Fiscal - SEFAZ/RS - 2019 - CESPE/CEBRASPE) De acordo com a Lei n.º 11.340/2006 — Lei Maria da Penha —, o juiz poderá conceder medida protetiva

(A) somente após a audiência das partes.
(B) isoladamente, sendo vedada a cumulação.
(C) apenas se houver pedido expresso da ofendida nesse sentido.
(D) de imediato, ainda que sem a oitiva das partes e sem a manifestação do Ministério Público.
(E) somente após a manifestação do Ministério Público.

Com fulcro no art. 19, § 1º, da Lei 11.340/2016 (Lei Maria da Penha), as medidas protetivas de urgência poderão ser concedidas pelo juiz, de imediato, sem audiência das partes e de prévia oitiva do Ministério Público, que deverá, no entanto, ser posteriormente comunicado da decisão de concessão. Além disso, poderá o juiz aplicar a medida protetiva de forma isolada ou cumulativa (art. 19, § 2º, Lei Maria da Penha). Por fim, a medidas poder ser concedida, sempre pelo juiz, a pedido da ofendida ou ainda do MP (art. 19, *caput*, Lei Maria da Penha). **ED**

Gabarito "D"

(Promotor de Justiça/RR – 2017 – CESPE) Tendo em vista que a violência doméstica contra a mulher ainda é um problema social grave no Brasil, apesar da sua redução com o advento da Lei Maria da Penha, assinale a opção correta com relação aos crimes advindos da prática de violência contra a mulher no âmbito doméstico e familiar.

(A) O feminicídio, homicídio praticado contra a mulher em razão do seu sexo, consiste na violência doméstica e familiar ou no menosprezo ou discriminação à condição de mulher, com hipóteses de aumento de pena por circunstâncias fáticas específicas.
(B) O processamento de crimes praticados em situação de violência doméstica se dá por meio de ação penal de iniciativa pública incondicionada, segundo entendimento do STF.
(C) O crime de estupro é processado por meio de ação penal de iniciativa pública condicionada à representação, da qual a vítima pode retratar-se mesmo após o oferecimento da denúncia.
(D) Os crimes de violência doméstica e familiar contra a mulher estão taxativamente elencados na Lei Maria da Penha.

A: correta, pois reflete o disposto no art. 121, § 2º, VI, e § 2º-A, I e II, do CP, introduzido pela Lei 13.104/2015. É importante o registro de que a Lei 13.771/2018 alterou o art. 121, § 7º, do Código Penal, que trata das hipóteses de aumento de pena no caso do feminicídio (art. 121, § 2º, VI, CP). Foram modificados os incisos II e III e inserido o inciso IV. No que concerne ao inciso II, a redação dada pela Lei 13.771/2018 ampliou as hipóteses de incidência da causa de aumento de pena, que, a partir de agora, inclui a pessoa portadora de doenças degenerativas que acarretem condição limitante ou de vulnerabilidade física ou mental. A redação anterior somente contemplava a pessoa menor de 14 anos, a maior de 60 anos ou com deficiência. Já o inciso III passou a contemplar, com a nova redação que lhe foi conferida pela Lei 13.771/2108, a hipótese em que o feminicídio é praticado na presença *virtual* de descendente ou de ascendente da vítima. Antes disso, esta causa de aumento somente incidia se o cometimento do crime se desse na presença *física* de ascendente ou descendente da ofendida. Por fim, foi inserido no § 7º o inciso IV, estabelecendo nova modalidade de causa de aumento de pena aplicável ao feminicídio, a caracterizar-se na hipótese em que este crime é cometido em descumprimento das medidas protetivas de urgência previstas nos incisos I, II e III do art. 22, *caput*, da Lei 11.340/2006 (Lei Maria da Penha); **B:** incorreta. A decisão do STF, tomada no julgamento da ADIn n. 4.424, de 09.02.2012, estabeleceu a natureza *incondicionada* da ação penal tão somente nos crimes de lesão corporal, independente de sua extensão, praticados contra a mulher no ambiente doméstico, entendimento este que, no STJ, encontra-se consagrado na Súmula 542, do STJ. O erro da assertiva, portanto, está em afirmar que todos os crimes, no contexto da violência doméstica, são processados por meio de ação penal pública incondicionada. Como já dissemos, a ADIn 4.424 somente contemplou os delitos de lesão corporal. Dessa forma, a título de exemplo, se contra uma mulher é praticado, em situação de violência doméstica, um crime de ameaça, seu processamento será feito por meio de ação penal pública condicionada, tal como estabelece o art. 147, parágrafo único, do CP; **C:** incorreta. O erro da assertiva está em afirmar que a retratação da representação poderá ser ofertada após o oferecimento da denúncia. Não pode, conforme art. 25 do CPP: *a representação será irretratável, depois de oferecida a denúncia*. Como se pode ver, ao tempo em que foi elaborada esta questão, a ação penal, nos crimes contra a dignidade sexual, era, em regra, pública condicionada a representação. Tal panorama vigorou até a edição da Lei 13.718/2018, que implementou (uma vez mais) uma série de mudanças no universo dos crimes sexuais, aqui incluída a natureza da ação penal nesses delitos. Senão vejamos. A ação penal, nos delitos sexuais, era, em regra, de iniciativa privada. Era o que estabelecia a norma contida no *caput* do art. 225 do Código Penal. As exceções ficavam por conta do § 1º do dispositivo. Com o advento da Lei 12.015/09 (em vigor ao tempo da elaboração desta questão), que introduziu uma série de modificações nos crimes sexuais, agora chamados *crimes contra a dignidade sexual*, nomenclatura, a nosso ver, mais adequada aos tempos atuais, a ação penal deixou de ser privativa do ofendido para ser pública condicionada à representação, exceção feita às hipóteses em que a vítima era menor de 18 anos ou pessoa vulnerável, caso em que a ação era pública incondicionada (art. 225, parágrafo único, do CP). Pois bem. A entrada em vigor da Lei 13.718/2018, que, dentre várias inovações implementadas nos crimes contra a dignidade sexual, mudou, uma vez mais, a natureza da ação penal nesses delitos. Com isso, a ação penal, nos crimes sexuais, passa a ser pública incondicionada. Vale lembrar que, antes do advento desta Lei, a ação era, em regra, pública condicionada, salvo nas situações em que a vítima era vulnerável ou menor de 18 anos. Fazendo um breve histórico, temos o seguinte quadro: a ação penal, nos crimes sexuais, era, em regra, privativa do ofendido, a este cabendo a propositura da ação penal; posteriormente, a partir do advento da Lei 12.015/2009, a ação penal, nesses crimes, deixou de ser privativa do ofendido para ser pública condicionada a representação, em regra; agora, com a entrada em vigor da Lei 13.718/2018, a ação penal, nos crimes contra a dignidade sexual, que antes era pública condicionada, passa a ser pública incondicionada. Com isso, o titular da ação penal, que é o MP, prescinde de manifestação de vontade da vítima para promover a ação penal. Dessa forma, fica sepultado o debate que antes havia acerca da aplicação da Súmula 608, do STF. É importante que se diga que, além da alteração a que fizemos referência, a Lei 13.718/2018 promoveu, no contexto dos crimes sexuais, outras relevantes mudanças. Uma das mais significativas, a nosso ver, é a introdução, no Código Penal, do crime de *importunação sexual*, disposto no art. 215-A, nos seguintes termos: *Praticar contra alguém e sem a sua anuência ato libidinoso com o objetivo de satisfazer a própria lascívia ou a de terceiro: Pena – reclusão, de 1 (um) a 5 (cinco) anos, se o ato não constitui crime mais grave.* A conduta de homens que, em ônibus e trens lotados, molestam mulheres e, em alguns casos, chegam a ejacular, se enquadra, doravante, neste novo tipo penal. Episódio amplamente divulgado pelos meios de comunicação é o de um homem que, dentro do transporte público, em São Paulo, ejaculou no pescoço de uma mulher. Antes, a responsabilização se dava pela contravenção penal de *importunação ofensiva ao pudor*, definida no art. 61 da LCP, cujo preceito secundário estabelecia exclusivamente pena de multa, dispositivo este que foi revogado, de forma expressa, pela Lei 13.718/2018, tendo a conduta ali descrita migrado para o novo art. 215-A do CP, em face da regra da continuidade típico-normativa. Evidente que a pena, agora mais grave, não poderá retroagir e atingir fatos anteriores à entrada em vigor da Lei 13.718/2018. Outra importante inovação refere-se à inclusão, no art. 218-C, do delito de *divulgação de cena de estupro ou de cena de estupro de vulnerável, de cena de sexo ou de pornografia*. O objetivo do legislador, com a tipificação desta conduta, foi o de coibir um fenômeno que, infelizmente, tem sido cada vez mais comum, que é a violação da intimidade com a exposição sexual não autorizada. Inclui-se, aqui, a chamada *pornografia da vingança*, em que fotografias e vídeos de conteúdo íntimo de alguém (normalmente mulher) são divulgados na internet pelo ex-esposo ou ex-namorado como forma de vingança. A partir daí, o conteúdo é disseminado, nas redes sociais e em grupos de whatsapp, de forma exponencial. O art. 218-C contempla uma causa de aumento de pena, a configurar-se quando o crime é praticado por agente que mantém ou tenha mantido relação íntima de afeto com a vítima ou com o fim de vingança ou humilhação. No que concerne ao estupro de vulnerável, previsto no art. 217-A do CP, a Lei 13.718/2018, ao inserir o § 5º nesse dispositivo legal, consagra o entendimento adotado pela Súmula 593, do STJ, no sentido de que o consentimento e a experiência sexual anterior são irrelevantes à configuração do crime de estupro de vulnerável. Por fim, a Lei 13.718/2018 fez inserir, no art. 226 do CP, o inciso IV, estabelecendo que a pena será aumentada nos casos de *estupro coletivo* e *estupro corretivo*; **D:** incorreta. A Lei Maria da Penha não contém tipos penais, exceção feita ao crime de descumprimento de decisão judicial que defere medida protetiva de urgência, recentemente introduzido na Lei 11.340/2006 (art. 24-A) pela Lei 13.641/2018. ED

Gabarito "A".

(Defensor Público – DPE/RN – 2016 – CESPE) Maria alegou ser vítima de violência doméstica praticada pelo seu ex-companheiro Lucas, com quem conviveu por cinco anos, até dele se separar. Após a separação, Lucas passou a fazer frequentes ligações telefônicas para o aparelho celular da ex-mulher durante o dia, no período em que ela está trabalhando, à noite e de madrugada. Embora Maria já tenha trocado de número telefônico algumas vezes, Lucas consegue os novos números com conhecidos e continua a fazer as ligações. Apavorada e em sofrimento psicológico, Maria procurou auxílio e obteve do juiz competente medida protetiva urgente que obriga Lucas a não manter mais contato com ela por qualquer meio de comunicação, ordem que ele, porém, não obedeceu, pois continua a fazer as ligações. A respeito dessa situação hipotética, assinale a opção correta com base na Lei n.º 11.340/2006 e na jurisprudência dos tribunais superiores.

(A) A medida protetiva de urgência concedida pelo juiz deverá ser considerada inválida, se Lucas não tiver sido previamente intimado nem ouvido, pois isso caracterizaria flagrante desrespeito ao princípio do contraditório.
(B) Para garantir que Lucas cumpra a medida protetiva de urgência, o juiz pode requisitar auxílio da força policial.
(C) Ao descumprir a medida protetiva imposta pelo juiz, Lucas pratica o crime de desobediência.
(D) Como não houve violência física, não ficou caracterizada violência doméstica que justificasse a aplicação da medida protetiva de urgência imposta a Lucas, que deve ser revogada.
(E) Para a aplicação e validade da medida protetiva de urgência, eram imprescindíveis a coabitação e a prática da violência no âmbito da unidade doméstica.

A: incorreta, pois contraria a regra presente no art. 19, § 1º, da Lei 11.340/2006; **B:** correta, já que corresponde ao que estabelece o art. 22, § 3º, da Lei 11.340/2006; **C:** incorreta. Ao tempo da elaboração desta questão, o descumprimento de medida protetiva de urgência não configurava crime algum, nem o de desobediência, segundo entendiam os tribunais, já que havia, na hipótese de recalcitrância do agente em cumprir a medida protetiva, consequências de outra ordem, como a possibilidade de decretação de prisão preventiva e requisição de força policial para fazer valer a decisão judicial. Sucede que, ra partir do advento da Lei 13.641/2018, foi inserido na Lei Maria da Penha o art. 24-A, que contempla, como crime, a conduta do agente que descumpre decisão judicial que defere medida protetiva de urgência prevista em lei, sujeitando-o à pena de detenção de 3 meses a 2 anos; **D:** incorreta. É que a violência física constitui tão somente uma das formas de violência doméstica. Além dela, há outras, conforme rol do art. 7º da Lei 11.340/2006; **E:** incorreta, já que não reflete o que estabelece o art. 5º, III, da Lei 11.340/2006.

Gabarito "B".

(Juiz de Direito/AM – 2016 – CESPE) Com relação às disposições da Lei n.o 11.340/2006 — Lei Maria da Penha —, assinale a opção correta.

(A) Para os efeitos da referida lei, a configuração da violência doméstica e familiar contra a mulher depende da demonstração de coabitação da ofendida e do agressor.
(B) Os juizados especiais de violência doméstica e familiar contra a mulher têm competência exclusivamente criminal.
(C) É tido como o âmbito da unidade doméstica o espaço de convívio permanente de pessoas, com ou sem vínculo familiar, salvo as esporadicamente agregadas.
(D) A ofendida poderá entregar intimação ou notificação ao agressor se não houver outro meio de realizar a comunicação.
(E) Considera-se violência sexual a conduta de forçar a mulher ao matrimônio mediante coação, chantagem, suborno ou manipulação, assim como a conduta de limitar ou anular o exercício de seus direitos sexuais e reprodutivos.

A: incorreta, uma vez que a configuração da violência doméstica e familiar contra a mulher *independe* da demonstração de coabitação da ofendida e do agressor, conforme estabelece o art. 5º, III, da Lei 11.340/2006 (Maria da Penha) Consagrando tal entendimento, o STJ editou a Súmula 600; **B:** incorreta, pois contraria o que reza o art. 14, *caput*, da Lei 11.340/2006 (Maria da Penha), que estabelece que os juizados especiais de violência doméstica e familiar contra a mulher têm competência tanto para o julgamento de matéria criminal quanto cível. Atenção à inserção do art. 14-A na Lei Maria da Penha promovida pela Lei 13.894/2019, que assegura à ofendida a opção de ajuizar ação de divórcio ou de dissolução de união estável no Juizado de Violência Doméstica e Familiar contra a mulher; **C:** incorreta, pois não corresponde ao teor do art. 5º, I, da Lei 11.340/2006 (Maria da Penha): "(...) inclusive as esporadicamente agregadas"; **D:** incorreta. Ao contrário do afirmado na assertiva, a ofendida, por razões óbvias, *não* poderá entregar intimação ou notificação ao agressor. Assim estabelece o art. 21, parágrafo único, da Lei 11.340/2006 (Maria da Penha); **E:** correta, pois em conformidade com o disposto no art. 7º, III, da Lei 11.340/2006 (Maria da Penha).

Gabarito "E".

(Cartório/RR – 2013 – CESPE) À luz do disposto na Lei n.º 11.340/2006 (Lei Maria da Penha), assinale a opção correta.

(A) A referida lei não prevê, como forma de violência doméstica e familiar contra a mulher, a violência patrimonial.
(B) Na ação relativa à prática de crimes mediante violência doméstica e familiar contra a mulher, independentemente da pena prevista, é vedado o oferecimento de transação penal, sendo permitida, entretanto, a suspensão condicional do processo.

(C) Para que seja configurada violência doméstica e familiar contra a mulher, é indispensável que o agressor e a vítima coabitem o mesmo lar.

(D) De acordo com o entendimento consolidado do STF e do STJ, o crime de lesão corporal leve ou culposa praticado contra a mulher no âmbito das relações domésticas deve ser processado mediante ação penal pública condicionada à representação da vítima.

(E) Conforme entendimento do STJ, embora a Lei Maria da Penha vise à proteção da mulher, o aumento da pena nela prevista para a prática do crime de lesão corporal praticada mediante violência doméstica, tipificado no Código Penal, aplica-se também no caso de a vítima ser do sexo masculino.

A: incorreta, pois em desconformidade com o que estabelece o art. 7º, IV, da Lei 11.340/2006; **B:** incorreta, pois em desconformidade com a regra prevista no art. 41 da Lei 11.340/2006 (Lei Maria da Penha), que veda a incidência das medidas despenalizadoras contempladas na Lei 9.099/1995 nos casos de violência doméstica, aqui incluídas a transação penal e a suspensão condicional do processo. Importante que se diga que o STF, ao julgar a Ação Declaratória de Constitucionalidade n. 19, reconheceu a constitucionalidade deste dispositivo; **C:** incorreta. Conferir: "(...) A intenção do legislador, ao editar a Lei Maria da Penha, foi de dar proteção à mulher que tenha sofrido agressão decorrente de relacionamento amoroso, e não de relações transitórias, passageiras, sendo desnecessária, para a comprovação do aludido vínculo, a coabitação entre o agente e a vítima ao tempo do crime. 5. No caso dos autos, mostra-se configurada, em princípio, uma relação íntima de afeto entre autores e ofendida, pois, além de os agressores já terem convivido com a vítima, o próprio paciente (pai da vítima) declarou, perante a autoridade policial, que a ofendida morou com ele por algum tempo, tendo inclusive montado um quarto em sua residência para ela. 6. Para a incidência da Lei Maria da Penha, faz-se necessária a demonstração da convivência íntima, bem como de uma situação de vulnerabilidade da mulher, que justifique a incidência da norma de caráter protetivo, hipótese esta configurada nos autos. 7. Para efetivamente verificar se o delito supostamente praticado pelos pacientes não guarda nenhuma motivação de gênero nem tenha sido perpetrado em contexto de relação íntima de afeto, seria necessário o revolvimento de matéria fático-probatória, o que, conforme cediço, não é cabível no âmbito estrito do writ. 8. Habeas corpus não conhecido" (HC 201001432660, Sebastião Reis Júnior, STJ – Sexta Turma, DJE 06/09/2013); **D:** incorreta. O STF, no julgamento da ADIn nº 4.424, de 09.02.2012, estabeleceu a natureza incondicionada da ação penal nos crimes de lesão corporal, independente de sua extensão, praticados contra mulher no ambiente doméstico, entendimento esse atualmente consagrado na Súmula 542, do STJ; **E:** correta. Conferir: "Recurso ordinário em *habeas corpus*. Lesão corporal praticada no âmbito doméstico. Vítima do sexo masculino. Alteração do preceito secundário pela lei n. 11.340/06. Aplicabilidade. Desclassificação para o delito descrito no artigo 129, *caput*, c/c art. 61, inciso II, alínea "e", do código penal. Norma de aplicação subsidiária. Constrangimento ilegal não evidenciado. Recurso improvido. 1. Não obstante a Lei 11.340/2006 tenha sido editada com o escopo de tutelar com mais rigor a violência perpetrada contra a mulher no âmbito doméstico, não se verifica qualquer vício no acréscimo de pena operado pelo referido diploma legal no preceito secundário do § 9º do artigo 129 do Código Penal, mormente porque não é a única em situação de vulnerabilidade em tais relações, a exemplo dos portadores de deficiência. 2. Embora as suas disposições específicas sejam voltadas à proteção da mulher, não é correto afirmar que o apenamento mais gravoso dado ao delito previsto no § 9º do artigo 129 do Código Penal seja aplicado apenas para vítimas de tal gênero pelo simples fato desta alteração ter se dado pela Lei Maria da Penha, mormente porque observada a pertinência temática e a adequação da espécie normativa modificadora. 3. Se a circunstância da conduta ser praticada contra ascendente qualifica o delito de lesões corporais, fica excluída a incidência da norma contida no artigo 61, inciso II, alínea "e", do Código Penal, dotada de caráter subsidiário. 4. Recurso improvido" (RHC 201000210483, Jorge Mussi, STJ – Quinta Turma, DJE 23/08/2012).

Gabarito "E".

(Polícia Rodoviária Federal – 2013 – CESPE) Com fundamento na lei que cria mecanismos para coibir a violência doméstica e familiar contra a mulher — Lei Maria da Penha, julgue o próximo item.

(1) Considerando que, inconformado com o término do namoro de mais de vinte anos, José tenha agredido sua ex-namorada Maria, com quem não coabitava, ele estará sujeito a aplicação da lei de combate a violência doméstica e familiar contra a mulher, conhecida como Lei Maria da Penha.

1: correta. A coabitação não é requisito para a configuração do crime de violência doméstica e familiar contra a mulher. Basta que o agente se valha da relação íntima de afeto na qual tenha convivido com a ofendida (art. 5º, III, da Lei 11.340/2006). Tal entendimento encontra-se consagrado na Súmula 600, do STJ.

Gabarito 1C

(Escrivão de Polícia/BA – 2013 – CESPE) Julgue o próximo item, que versa sobre violência doméstica e familiar contra a mulher.

(1) Um indivíduo que calunia a própria esposa comete contra ela violência doméstica e familiar.

1: correta. Nos termos do art. 7º, V, da Lei 11.340/2006, a calúnia é espécie de violência moral contra a mulher combatida pelo mencionado diploma legal.

Gabarito 1C

(Escrivão de Polícia/DF – 2013 – CESPE) No que se refere à violência doméstica e familiar sobre a mulher (Lei 11.340/2006 – Lei Maria da Penha), julgue o item seguinte.

(1) Se duas mulheres mantiverem uma relação homoafetiva há mais de dois anos, e uma delas praticar violência moral e psicológica contra a outra, tal conduta estará sujeita à incidência da Lei Maria da Penha, ainda que elas residam em lares diferentes.

1: correta. A aplicação da Lei Maria da Penha independe de orientação sexual (arts. 2º e 5º, parágrafo único, da Lei 11.340/2006) e de coabitação, bastando que o agente se valha de relação íntima de afeto que tenha convivido com a vítima (art. 5º, III, da Lei 11.340/2006).

Gabarito 1C

(Defensor Público/AC – 2012 – CESPE) Consoante a Lei n. 11.340/2006 (Lei Maria da Penha), o CP e o entendimento do STF, a ação penal nos crimes de ameaça deve ser

(A) pública, condicionada à representação da vítima, que só pode ser realizada perante o juiz.

(B) privada; contudo, caso a vítima esteja em situação de vulnerabilidade – em conflito com o representante legal, por exemplo –, o MP poderá intentar ação penal pública mediante representação.

(C) pública incondicionada.

(D) pública, condicionada à representação da vítima.

(E) privada, de iniciativa da vítima ou de seus representantes legais.

O examinador, aqui, quis induzir o candidato a erro. Explico. Na decisão tomada no julgamento da ADIn n. 4.424, de 09.02.2012, o STF estabeleceu a natureza *incondicionada* da ação penal nos crimes de lesão corporal, independente de sua extensão, praticados contra a mulher no ambiente doméstico (entendimento esse atualmente consagrado na Súmula 542, do STJ). Sucede que tal decisão, como se pode notar, é restrita aos crimes de lesão corporal, não se aplicando, pois, aos crimes de ameaça, que, por força do que estabelece o art. 147, parágrafo único, do CP, continua a ser de ação penal pública *condicionada* à representação da vítima, que deverá, bem por isso, manifestar seu desejo em ver processado o autor deste delito. De se ver que, se praticada no âmbito doméstico, exige-se que a renúncia à representação seja formulada perante o juiz e em audiência designada para esse fim (art. 16 da Lei 11.340/2006).

Gabarito "D".

24.13. LAVAGEM DE DINHEIRO

(Analista Judiciário – TRT/8ª – 2016 – CESPE) Considerando a jurisprudência do Superior Tribunal de Justiça relativamente a crimes contra a administração pública e de lavagem de dinheiro, assinale a opção correta.

(A) A conduta pautada no oferecimento de propina a policiais militares com o objetivo de safar-se de prisão em flagrante insere-se no âmbito da autodefesa, de modo que não deve ser tipificada como crime de corrupção ativa.

(B) No crime de lavagem ou ocultação de bens, direitos e valores, para se tipificar a conduta praticada, é necessário que os bens, direitos ou valores provenham de crime anterior e que o agente já tenha sido condenado judicialmente pelo crime previamente cometido.

(C) O agente não integrante dos quadros da administração pública não pode ser sujeito ativo do crime de concussão.

(D) A perda do cargo público, quando a pena privativa de liberdade for estabelecida em tempo inferior a quatro anos, apenas pode ser decretada como efeito da condenação quando o crime for cometido com abuso de poder ou com violação de dever para com a administração pública.

(E) A conduta no crime de corrupção ativa, por se tratar de crime material, apenas deve ser tipificada caso haja o efetivo pagamento de propina ao servidor público, mesmo que o agente não tenha obtido a vantagem pretendida.

A: incorreta. Aquele que oferece vantagem indevida a policiais militares para se ver livre de prisão em flagrante incorre nas penas do crime de corrupção ativa (art. 333, CP), não havendo que se falar, aqui, no exercício de autodefesa. Conferir o seguinte julgado do STF, do qual, ao que parece, foi extraída a proposição: "(...) Revela-se totalmente inconcebível a tese sustentada na impetração, no sentido de que o oferecimento de propina a policiais militares, com vistas a evitar a prisão em flagrante, caracterizaria autodefesa, excluindo a prática do delito de corrupção ativa, uma vez que tal garantia não pode ser invocada para fins de legitimar práticas criminosas. Precedente do STF (...)" (HC 249.086/SP, Rel. Ministro JORGE MUSSI, QUINTA TURMA, julgado em 09.09.2014, *DJe* 15.09.2014); **B:** incorreta. É despicienda, para a tipificação do crime de lavagem de dinheiro, a condenação do agente pelo cometimento da infração penal (crime e contravenção penal) antecedente. Segundo reza o art. 2º, II, da Lei 9.613/1998, "o processo e julgamento dos crimes previstos nesta Lei: II – independem do processo e julgamento das infrações penais antecedentes, ainda que praticados em outro país (...)". Basta, pois, a existência de prova de que a infração penal antecedente ocorreu (materialidade da infração); **C:** incorreta. A qualidade de "funcionário público" constitui elementar do crime de concussão. Estabelece o art. 30 do CP que as elementares se comunicam aos partícipes, desde que sejam de conhecimento destes. Assim, se o crime de concussão é praticado por um funcionário em concurso com quem não integra os quadros do funcionalismo, ambos responderão pelo crime do art. 316, *caput*, do CP. É dizer, a condição de caráter pessoal, por ser elementar do crime, comunica-se ao coautor e ao partícipe; **D:** correta. No que toca à perda do cargo, função pública ou mandato eletivo como efeito secundário de natureza extrapenal da condenação, há duas situações a considerar: se a pena privativa de liberdade aplicada for superior a quatro anos, é de rigor a perda do cargo, função ou mandato eletivo, pouco importando, neste caso, se a conduta do funcionário foi praticada com abuso de poder ou com violação de dever inerente à função pública (art. 92, I, "b", do CP); agora, se a pena privativa de liberdade aplicada for inferior a quatro (é o caso desta assertiva), a perda do cargo, função pública ou mandato eletivo do agente somente se dará se este houver agido, na prática criminosa, com abuso de poder ou violação de deveres para com a Administração Pública (art. 92, I, "a", do CP). Nas duas hipóteses, cuida-se de efeito não automático da condenação, exigindo, portanto, declaração motivada na sentença (art. 92, parágrafo único, do CP); **E:** incorreta, na medida em que se trata de crime *formal* (e não *material*), em que a consumação se opera no momento em que a oferta ou promessa chega ao conhecimento do funcionário público; a entrega da propina, portanto, se houver, não é necessária à concretização do tipo penal.

Gabarito "D"

(Cartório/PI – 2013 – CESPE) A realização de operações que revelem indícios dos crimes previstos na Lei de Lavagem de Dinheiro deve ser comunicada pelos cartórios de registro público ao Conselho de Controle de Atividades Financeiras

(A) no prazo de quarenta e oito horas, sendo desnecessário dar ciência de tal ato a qualquer pessoa, inclusive àquela a que se refira a informação.

(B) no prazo de dez dias, devendo-se dar ciência de tal ato à pessoa a que se refira a informação.

(C) no prazo de vinte e quatro horas, sendo desnecessário dar ciência de tal ato a qualquer pessoa, inclusive àquela a que se refira a informação.

(D) no prazo de dez dias, sendo desnecessário dar ciência de tal ato a qualquer pessoa, inclusive àquela a que se refira a informação.

(E) no prazo de vinte e quatro horas, devendo-se dar ciência de tal ato à pessoa a que se refira a informação.

A assertiva correta se refere ao art. 11, II, da Lei da Lei 9.613/1998, cuja redação foi determinada pela Lei 12.683/2012.

Gabarito "C"

24.14. ESTATUTO DO IDOSO

(Polícia Rodoviária Federal – 2013 – CESPE) Acerca do Estatuto do Idoso, julgue o item subsecutivo.

(1) Se alguém deixar de prestar assistência a idoso, quando for possível fazê-lo sem risco pessoal, em situação de iminente perigo, cometerá, em tese, crime de menor potencial ofensivo.

1: correta. O crime previsto no art. 97 da Lei 10.741/2003 (Estatuto do Idoso) tem pena privativa de liberdade máxima de 1 ano, o que o classifica como infração penal de menor potencial ofensivo, nos termos do art. 61 da Lei 9.099/1995.

Gabarito 1C

(Escrivão de Polícia/DF – 2013 – CESPE) Julgue o item subsecutivo, referente ao Estatuto do Idoso (Lei 10.741/2003).

(1) Quando uma pessoa dificulta o acesso de idoso a determinado meio de transporte por motivo de sua idade, incide em crime previsto no Estatuto do Idoso. Nessa situação, para que o Ministério Público proponha a ação penal correspondente, haverá a necessidade da representação do ofendido.

1: incorreta. Os crimes previstos no Estatuto do Idoso são todos de ação penal pública incondicionada, ou seja, não dependem da representação do ofendido para que o Ministério Público ofereça a denúncia (art. 95 da Lei 10.741/2003).

Gabarito 1E

24.15. QUESTÕES COMBINADAS E OUTROS TEMAS

(Procurador Municipal – Prefeitura/BH – CESPE – 2017) À luz do CP e da legislação penal extravagante, assinale a opção correta.

(A) É crime impossível o peculato praticado por servidor público que subtrai bens da administração pública municipal aos quais tenha acesso em razão do cargo, quando há sistema de vigilância por monitoramento eletrônico.

(B) Poderá ser reduzida até a metade a pena de membro de organização criminosa que realizar colaboração premiada após a prolação da sentença.

(C) É atípica a conduta de fotografar criança em poses sensuais, com enfoque em seus órgãos genitais, quando estiverem cobertos por peças de roupas.

(D) O crime de racismo restringe-se aos atos discriminatórios em função de cor da pele — fator biológico —, em razão do princípio da necessidade da lei estrita do direito penal.

A: incorreta, pois não retrata o entendimento firmado na Súmula 567, do STJ, que, embora faça menção ao crime de furto, também pode ser aplicada ao delito de peculato: "Sistema de vigilância realizado por monitoramento eletrônico ou por existência de segurança no interior de estabelecimento comercial, por si só, não torna impossível a configuração do crime de furto". O fato é que o chamado *furto sob vigilância (neste caso, o peculato)* pode, em determinadas situações, a depender do caso concreto, caracterizar *crime impossível* pela *ineficácia absoluta do meio* (art. 17 do CP). É o caso, por exemplo, do agente que, desde o momento em que ingressa no supermercado, passa a ser permanentemente vigiado por sistema de câmeras e também por seguranças, que ficam o tempo todo no seu encalço. Não há, neste caso, a menor possibilidade de o crime consumar-se. Isso não quer dizer que a existência, por si só, de sistema de segurança por câmeras elimine a possibilidade de o crime chegar à sua consumação. É perfeitamente plausível que o agente se aproveite de determinado ângulo de monitoramento em que a subtração não é visualizada pelo sistema de câmeras. Dessa forma, a ineficácia do meio deve ser avaliada caso a caso; **B:** correta, pois retrata o disposto no art. 4º, § 5º, da Lei 12.850/2013, segundo o qual, uma vez prolatada a sentença, o colaborador poderá fazer jus à redução de sua pena até a metade ou ainda poderá ser beneficiado com a progressão de regime prisional, mesmo que ausentes os requisitos objetivos; **C:** incorreta. Trata-se do crime capitulado no art. 240, "caput", do ECA. Na jurisprudência do STJ: "É típica a conduta de fotografar cena pornográfica (art. 241-B do ECA) e de armazenar fotografias de conteúdo pornográfico envolvendo criança ou adolescente (art. 240 do ECA) na hipótese em que restar incontroversa a finalidade sexual e libidinosa das fotografias, com enfoque nos órgãos genitais das vítimas – ainda que cobertos por peças de roupas –, e de poses nitidamente sensuais, em que explorada sua sexualidade com conotação obscena e pornográfica" (REsp 1543267/SC, 6ª T., Rel. Min. Maria Thereza de Assis Moura, j. 03.12.2015, DJe 16.02.2016); **D:** incorreta, uma vez que os crimes definidos na Lei 7.716/1989 (Lei de Racismo) envolvem atos de discriminação que levam em conta não somente a cor da pele, mas também raça, etnia, religião e procedência nacional. Recentemente, o STF, reconhecendo a mora do Congresso Nacional, enquadrou a homofobia e a transfobia como crimes de racismo. O colegiado, por maioria, fixou a seguinte tese: "Até que sobrevenha lei emanada do Congresso Nacional destinada a implementar os mandados de criminalização definidos nos incisos XLI e XLII do art. 5º da Constituição da República, as condutas homofóbicas e transfóbicas, reais ou supostas, que envolvem aversão odiosa à orientação sexual ou à identidade de gênero de alguém, por traduzirem expressões de racismo, compreendido este em sua dimensão social, ajustam-se, por identidade de razão e mediante adequação típica, aos preceitos primários de incriminação definidos na Lei nº 7.716, de 08.01.1989, constituindo, também, na hipótese de homicídio doloso, circunstância que o qualifica, por configurar motivo torpe (Código Penal, art. 121, § 2º, I, "in fine")." (ADO 26/DF, rel. Min. Celso de Mello, julgamento em 13.6.2019). ED

Gabarito "B"

(Delegado/PE – 2016 – CESPE) O brasileiro nato, maior e capaz, que pratica vias de fato contra outro brasileiro nato

(A) será considerado reincidente, caso tenha sido condenado, em território estrangeiro, por contravenção penal.
(B) poderá ser condenado a penas de reclusão, de detenção e de multa.
(C) responderá por contravenção penal no Brasil, ainda que a conduta tenha sido praticada em território estrangeiro.
(D) responderá por contravenção, na forma tentada, se tiver deixado de praticar o ato por circunstâncias alheias a sua vontade.
(E) responderá por contravenção penal e, nesse caso, a ação penal é pública incondicionada.

A: incorreta, pois não reflete a regra presente no art. 7º do Decreto-lei 3.688/1941 (Lei das Contravenções Penais); **B:** incorreta, já que as penas previstas ao agente que pratica contravenção penal são *prisão simples e multa*; **C:** incorreta. À luz do que estabelece o art. 2º do Decreto-lei 3.688/1941 (Lei das Contravenções Penais), a lei brasileira somente incidirá à contravenção praticada em território nacional. Em outras palavras, às contravenções penais não se aplica a *extraterritorialidade*, regra que, como bem sabemos, não se aplica aos crimes, em relação aos tem lugar a *extraterritorialidade* (art. 7º, CP); **D:** incorreta, vez que a tentativa de contravenção, por força do que dispõe o art. 4º da LCP, não é punível; **E:** correta, nos termos do art. 17 da LCP.

Gabarito "E"

(Defensor Público – DPE/RN – 2016 – CESPE) Vanessa foi presa em flagrante enquanto vendia e expunha à venda cerca de duzentos DVDs piratas, falsificados, de filmes e séries de televisão. Realizada a devida perícia, foi confirmada a falsidade dos objetos. Incapaz de apresentar autorização para a comercialização dos produtos, Vanessa alegou em sua defesa que desconhecia a ilicitude de sua conduta. Com relação a essa situação hipotética, assinale a opção correta à luz da jurisprudência dominante dos tribunais superiores.

(A) Vanessa é isenta de culpabilidade, pois incidiu em erro de proibição.
(B) O MP deve comprovar que os detentores dos direitos autorais das obras falsificadas sofreram real prejuízo para que a conduta de Vanessa seja criminosa.
(C) A conduta de Vanessa ofende o direito constitucional que protege a autoria de obras intelectuais e configura crime de violação de direito autoral.
(D) A conduta de vender e expor à venda DVDs falsificados é atípica em razão da incidência do princípio da adequação social.
(E) A conduta de vender e expor à venda DVDs falsificados é atípica em razão da incidência do princípio da insignificância.

Segundo enuncia o princípio da *adequação social*, não se pode reputar criminosa a conduta tolerada pela sociedade, ainda que corresponda a uma descrição típica. É dizer, embora formalmente típica, porque subsumida num tipo penal, carece de tipicidade material, porquanto em sintonia com a realidade social em vigor. A aplicação deste postulado no contexto da conduta descrita na assertiva foi rechaçada pelo STJ, quando da edição da Súmula 502: "Presentes a materialidade e a autoria, afigura-se típica, em relação ao crime previsto no art. 184, § 2º, do CP, a conduta de expor à venda CDs e DVDs piratas".

Gabarito "C"

(Delegado/PE – 2016 – CESPE) Se uma pessoa física e uma pessoa jurídica cometerem, em conjunto, infrações previstas na Lei 9.605/1998 – que dispõe sobre as sanções penais e administrativas derivadas de condutas e atividades lesivas ao meio ambiente, e dá outras providências,

(A) as atividades da pessoa jurídica poderão ser totalmente suspensas.
(B) a responsabilidade da pessoa física poderá ser excluída, caso ela tenha sido a coautora das infrações.
(C) a pena será agravada, se as infrações tiverem sido cometidas em sábados, domingos ou feriados.
(D) a pena será agravada, se ambas forem reincidentes de crimes de qualquer natureza.
(E) será vedada a suspensão condicional da pena aplicada.

A: correta, pois reflete o disposto no art. 22, I, da Lei 9.605/1998; **B:** incorreta, já que tal assertiva não encontra respaldo na legislação aplicável à espécie; **C:** incorreta, já que contraria o disposto no art. 15, II, *h*, da Lei 9.605/1998, que estabelece que a agravante somente incidirá na hipótese de o crime ser cometido aos *domingos* ou *feriados;* o *sábado*, portanto, não foi contemplado; **D:** incorreta, na medida em que a pena somente será agravada, em conformidade com o que estabelece o art. 15, I, da Lei 9.605/1998, se a reincidência se der pela prática de crimes ambientais; **E:** incorreta. Isso porque o art. 16 da Lei 9.605/1998 prevê a possibilidade de concessão da suspensão condicional da pena (*sursis*) nos casos de condenação a pena privativa de liberdade não superior a *três* anos. Cuidado: o Código Penal, em seu art. 77, *caput*, estabelece prazo diferente (*dois* anos).

Gabarito "A"

(Analista Jurídico –TCE/PA – 2016 – CESPE) Com base no disposto na Lei n.º 1.079/1950, no Decreto-lei n.º 201/1967 e na jurisprudência dos tribunais superiores, julgue os seguintes itens.

(1) É coautor de crime de responsabilidade praticado por prefeitos o vereador que se utiliza indevidamente de veículo do município cedido pelo prefeito e se envolve em sinistro, causando considerável prejuízo ao erário público.
(2) O cometimento de crime de responsabilidade de prefeito consistente em deixar de cumprir ordem judicial individualizada e diretamente a ele dirigida depende da presença de dolo preordenado revelador de desprezo institucional para com a administração da justiça.
(3) Inexiste crime de responsabilidade se o acusado, no momento do oferecimento da denúncia, não mais exerce o cargo que exercia quando cometeu ilícito previsto na Lei n.º 1.079/1950, mesmo que permaneça no exercício de outra função pública.

1: incorreta. Quanto à possibilidade de o vereador figurar como coautor nos crimes definidos no art. 1º do Decreto-lei 201/1967, conferir o julgado do STF: "(...) 3. *In casu*, o paciente, prefeito municipal, foi denunciado pela suposta prática do crime de responsabilidade descrito no art. 1°, inc. II, do decreto-lei 201/1967, por ceder, para uso indevido de vereador de sua base de sustentação, veículo do município, que restou sinistrado, causando considerável prejuízo ao erário. 4. A alegação de ausência de autoria, objetivando o trancamento da ação penal, demanda aprofundado reexame de fatos e provas, insuscetível em *habeas corpus*. 5. A ausência de denúncia de suposto coautor, matéria inerente à prova, não revela *prima facie* violação do princípio da indisponibilidade da ação penal. 6. O princípio da indisponibilidade da ação penal não se aplica na hipótese de crime próprio, por isso que o sujeito ativo do crime de responsabilidade é o prefeito ou quem, em virtude de substituição, nomeação ou indicação, esteja no exercício das funções de chefe do Executivo Municipal. Os delitos referidos no art. 1° do Dec.-lei 201/67 só podem ser cometidos por prefeito, em razão do exercício do cargo ou por quem, temporária ou definitivamente, lhe faça as vezes. Assim, o presidente da Câmara Municipal, ou os vereadores, ou qualquer servidor do Município não podem ser sujeito ativo de nenhum daqueles crimes, a não ser como copartícipe (Leis Penais Especiais e sua Interpretação Jurisprudencial, coordenação Alberto Silva Franco e Rui Stocco, 7ª ed. revista, atualizada e ampliada, São Paulo: Ed. Revista dos Tribunais, 2002, p. 2.690)" (RHC 107675, Relator(a): Min. LUIZ FUX, Primeira Turma, julgado em 27.09.2011); **2:** correta. Segundo o STF, "para a perfectibilização do tipo penal do artigo 1°, XIV, segunda parte, do Decreto-Lei 201/67 exige-se dolo preordenado em descumprir uma ordem judicial individualizada e diretamente dirigida ao Prefeito, a revelar menoscabo e desprezo institucional para com a administração da justiça. 2. Conduta dolosa que não se configura no caso concreto, uma vez inexistente prova da cientificação do Prefeito quanto à ordem alegadamente descumprida, seja pessoalmente ou por outros meios inequívocos (...)" (AP 555, Relator(a): Min. ROSA WEBER, Primeira Turma, julgado em 06.10.2015); **3:** correta, pois reflete o que estabelece o art. 15 da Lei 1.079/1950.

Gabarito 1E, 2C, 3C

(Analista Jurídico – TCE/PR – 2016 – CESPE) No que se refere ao acordo de leniência no caso de prática de atos ilícitos previstos na Lei n.º 12.846/2013, assinale a opção correta.

(A) A celebração do acordo de leniência interrompe o prazo prescricional dos atos ilícitos previstos na Lei n.º 12.846/2013.

(B) A celebração do acordo de leniência poderá reduzir em até dois terços o valor a ser pago a título de reparação dos danos causados pela pessoa jurídica responsável pelo ato ilícito.

(C) A propositura e a celebração desse tipo de acordo são de competência exclusiva do Ministério Público no âmbito do inquérito civil ou durante o processamento de ação civil pública.

(D) Tal acordo poderá ser celebrado com a pessoa jurídica que aceitar cooperar plenamente com a apuração do ato ilícito, ainda que ela não tenha admitido a sua participação na infração investigada.

(E) A rejeição da proposta de acordo de leniência pela pessoa jurídica investigada implicará a confissão e o reconhecimento da prática do ato ilícito em apuração.

A: correta, pois em conformidade com o teor do art. 16, § 9°, da Lei 12.846/2013; **B:** incorreta, pois não reflete o que estabelece o art. 16, §§ 2° e 3°, da Lei 12.846/2013; **C:** incorreta, pois não reflete o que estabelece o art. 16, § 10, da Lei 12.846/2013; **D:** incorreta, pois não reflete o que estabelece o art. 16, § 1°, III, da Lei 12.846/2013; **E:** incorreta, pois não reflete o que estabelece o art. 16, § 7°, da Lei 12.846/2013.

Gabarito "A"

(Analista Jurídico – TCE/PR – 2016 – CESPE) De acordo com o Decreto-lei n.º 201/1967 e a jurisprudência dos tribunais superiores, assinale a opção correta.

(A) O prazo prescricional referente à pena de perda do cargo decorrente de condenação definitiva de prefeito por crime de responsabilidade previsto no Decreto-lei n.º 201/1967 é distinto do prazo prescricional previsto para a pena privativa de liberdade aplicada ao condenado pelo mesmo crime.

(B) Para a configuração de crime de responsabilidade previsto no Decreto-lei n.º 201/1967, é imprescindível que o desvio de rendas públicas tenha ocorrido em proveito do próprio prefeito.

(C) É imprescindível a autorização da respectiva câmara municipal para o julgamento, perante o Poder Judiciário, dos acusados da prática dos crimes de responsabilidade previstos no Decreto-lei n.º 201/1967.

(D) O prefeito que emprega rendas públicas em proveito próprio para a realização de propagandas autopromocionais comete o crime de peculato-uso.

A: correta. Na jurisprudência do STJ: "(...) As penas de perda do cargo e de inabilitação para o exercício de cargo ou função pública, previstas no art. 1.º, § 2.º, do Decreto-Lei n.º 201/67, são autônomas em relação à pena privativa de liberdade, sendo distintos os prazos prescricionais" (REsp 945.828/PR, Rel. Ministra LAURITA VAZ, QUINTA TURMA, julgado em 28.09.2010, *DJe* 18.10.2010); **B:** incorreta, uma vez que o crime de responsabilidade consistente em desviar bens ou rendas públicas, previsto no art. 1°, I, do Decreto-lei 201/1967, configura-se ainda que a conduta praticada seja *em proveito alheio*; **C:** incorreta, pois não retrata o que estabelece o art. 1°, *caput*, do Decreto-lei 201/1967: o julgamento, perante o Poder Judiciário, dos acusados da prática dos crimes de responsabilidade previstos no Decreto-lei 201/1967 não está condicionado à autorização da respectiva câmara municipal; **D:** incorreta. Segundo o STF, "o emprego de rendas públicas em proveito próprio, com realização de propagandas autopromocionais, não caracteriza o peculato-uso, cuja atipicidade é reconhecida pela doutrina e pela jurisprudência, mas no qual não há intuito de apropriação e que somente se caracteriza quando estão envolvidos bens fungíveis (...)" (AP 432, Relator(a): Min. LUIZ FUX, Tribunal Pleno, julgado em 10.10.2013).

Gabarito "A"

(Juiz de Direito/DF – 2016 – CESPE) No tocante à jurisprudência sumulada pelo STJ quanto ao direito penal, assinale a opção correta.

(A) A extinção da punibilidade pela prescrição da pretensão punitiva, com fundamento em pena hipotética, é admitida, independentemente da existência ou do resultado do processo penal.

(B) Fixada a pena-base no mínimo legal, a decisão, fundamentada na gravidade abstrata do delito, poderá estabelecer ao sentenciado regime prisional mais gravoso do que o cabível em razão da sanção imposta.

(C) A contagem do prazo para a progressão de regime de cumprimento de pena será interrompida pela prática de falta grave e se reiniciará a partir do cometimento dessa infração.

(D) A falta grave interrompe o prazo para a obtenção de livramento condicional.

(E) A prática de falta grave interrompe o prazo para o fim de comutação de pena ou indulto.

A: incorreta. A proposição refere-se à chamada prescrição *antecipada* ou *virtual, assim considerada* aquela baseada na pena que seria, em tese, aplicada ao réu em caso de condenação. Grande parte da jurisprudência rechaça tal modalidade de prescrição, na medida em que implica verdadeiro prejulgamento (o juiz estaria se utilizando de uma pena ainda não aplicada). Consolidando tal entendimento, o STJ editou a Súmula 438, segundo a qual não se admite a prescrição baseada em pena hipotética; **B:** incorreta, uma vez que não reflete o entendimento consolidado na Súmula 440, do STJ: *Fixada a pena-base no mínimo legal, é vedado o estabelecimento de regime prisional mais gravoso do que o cabível em razão da sanção imposta, com base apenas na gravidade abstrata do delito*; **C:** correta, pois em conformidade com o entendimento constante da Súmula 534, do STJ: *A prática de falta grave interrompe a contagem do prazo para a progressão de regime de cumprimento de pena, o qual se reinicia a partir do cometimento dessa infração*; **D:** incorreta. Súmula 441, do STJ: *A falta grave não interrompe o prazo para a obtenção de livramento condicional.* Quanto ao tema "livramento condicional", é importante que se diga que a recente Lei 13.964/2019, com vigência a partir de 23 de janeiro de 2020, ampliou o rol de requisitos à sua concessão. Até então, tínhamos que o inciso III do art. 83 do CP continha os seguintes requisitos: comportamento satisfatório no curso da execução da pena; bom desempenho no trabalho atribuído ao reeducando; e aptidão para prover à própria subsistência por meio de trabalho honesto. O que fez a Lei 13.964/2019 foi inserir, neste inciso III, um quarto requisito. Doravante, além de preencher os requisitos contemplados no art. 83 do CP (nos seus cinco incisos), é de rigor que o reeducando, para fazer jus à concessão do livramento, não tenha cometido falta grave nos últimos 12 meses; **E:** incorreta. Súmula 535, do STJ: *A prática de falta grave não interrompe o prazo para o fim de comutação de pena ou indulto.*

Gabarito "C"

(Advogado União – AGU – CESPE – 2015) Um servidor público, concursado e estável, praticou crime de corrupção passiva e foi condenado definitivamente ao cumprimento de pena privativa de liberdade de seis anos de reclusão, em regime semiaberto, bem como ao pagamento de multa.

A respeito dessa situação hipotética, julgue os itens seguintes.

(1) As penas aplicadas não impedem nova condenação pelo mesmo fato em ação de improbidade administrativa, podendo o agente público ser novamente punido com a pena de perda da função pública e multa, entre outras previstas na lei específica.

(2) Na situação considerada, se houvesse suspeita de participação do agente em organização criminosa, o juiz poderia determinar seu afastamento cautelar das funções, sem prejuízo da remuneração; e se houvesse posterior condenação pelo crime de organização criminosa, haveria concurso material entre esse crime e o crime de corrupção passiva.

1: correta (art. 37, § 4º, da CF e art. 12, "caput", da Lei 8.429/1992). **2:** correta, pois reflete o que estabelece o art. 2º, "caput" e § 5º, da Lei 12.850/2013.

Gabarito 1C, 2C

(Procurador do Estado – PGE/BA – CESPE – 2014) Julgue os item que se segue (adaptada).

(1) A associação, de três ou mais pessoas, para o fim específico de cometer crimes, configura quadrilha ou bando, devendo a pena imposta ao condenado com base nesse tipo penal ser aumentada até a metade quando tomarem parte da associação criança, adolescente, idoso ou pessoas com deficiência.

1: incorreta. A assertiva contém dois erros. Em primeiro lugar, o delito de quadrilha ou bando, com o advento da Lei 12.850/2013, ganhou nova denominação, a saber: associação criminosa (art. 288, CP). Além dessa mudança, o número mínimo de agentes, que antes era de quatro, passou a ser de três. Em segundo lugar, a causa de aumento de pena, prevista no parágrafo único desse dispositivo, somente tem incidência quando se tratar de associação armada ou quando houver a participação de criança ou adolescente.

Gabarito 1E

(Defensoria/DF – 2013 – CESPE) Com relação aos crimes hediondos e ao tráfico ilícito de entorpecentes, julgue os próximos itens.

(1) Conforme a jurisprudência consolidada do STJ, a pratica de ato infracional análogo ao crime de tráfico ilícito de entorpecentes autoriza, por si só, a aplicação da medida socioeducativa de internação ao adolescente que o cometa.

(2) Conforme a mais recente jurisprudência do STF, os condenados por crimes hediondos praticados antes da entrada em vigor da Lei 11.464/2007 podem pleitear a progressão de regime após o cumprimento de apenas um sexto da pena aplicada.

1: incorreta. O art. 122 do ECA estabelece as hipóteses em que a internação tem lugar, entre elas está aquela em que o ato infracional é cometido mediante grave ameaça ou violência a pessoa (inciso I). São exemplos: roubo, homicídio e estupro. Não fazem parte desse rol, assim, o tráfico de drogas, embora seja equiparado a hediondo, o furto qualificado, dentre outras condutas equiparadas a crime desprovidas de violência ou grave ameaça a pessoa. Nesse sentido: STJ, HC 165.704-SP, Rel. Min. Maria Thereza e Assis Moura, j. 2.9.2010. Consagrando esse entendimento, o STJ editou a Súmula n. 492: "O ato infracional análogo ao tráfico de drogas, por si só, não conduz obrigatoriamente à imposição de medida socioeducativa de internação"; **2:** correta. Se o crime hediondo foi praticado antes da entrada em vigor da Lei 11.464/2007, que alterou, na Lei de Crimes Hediondos, a disciplina relativa à progressão de pena nesses, a progressão, neste caso, deveria obedecer à disciplina do art. 112 da LEP, que impõe, como condição para progressão de regime, o cumprimento de um sexto da pena no regime anterior, além de bom comportamento carcerário. É este o entendimento firmado na Súmula n. 471 do STJ e também na Súmula Vinculante 26.

Gabarito 1E, 2C

(Analista – STF – 2013 – CESPE) No que se refere às condutas tipificadas como crimes em leis penais extravagantes, julgue os itens seguintes.

(1) Independentemente da pena prevista, aos crimes praticados contra a mulher em situação de violência doméstica não se aplica as disposições da Lei dos Juizados Especiais Criminais.

(2) Equipara-se à figura delitiva do tráfico ilícito de substância entorpecente a conduta daquele que oferece droga, sem objetivo de lucro, a pessoa de seu relacionamento para juntos a consumirem.

1: correta. De fato, os crimes (e também as contravenções) praticados com violência doméstica contra a mulher não se submetem à disciplina da Lei 9.099/1995, conforme estabelece o art. 41 da Lei 11.340/2006 (Maria da Penha), cuja constitucionalidade, outrora questionada, foi confirmada pelos tribunais superiores. Conferir: "Violência doméstica – art. 41 Da Lei 11.340/06 – Alcance. O preceito do art. 41 da Lei 11.340/2006 alcança toda e qualquer prática delituosa contra a mulher, até mesmo quando consubstancia contravenção penal, como é a relativa a vias de fato. Violência doméstica – art. 41 Da Lei 11.340/2006 – Afastamento da Lei 9.099/95 – Constitucionalidade. Ante a opção político-normativa prevista no artigo 98, inciso I, e a proteção versada no art. 226, § 8º, ambos da Constituição Federal, surge harmônico com esta última o afastamento peremptório da Lei 9.099/1995 – mediante o art. 41 da Lei 11.340/2006 – no processo-crime a revelar violência contra a mulher" (HC 106212, Marco Aurélio, STF); **2:** incorreta. A assertiva contempla a hipótese descrita no art. 33, § 3º, da Lei 11.343/2006 (Drogas). É a chamada *cessão gratuita*, que traz os seguintes requisitos: eventualidade no oferecimento da droga; ausência de objetivo de lucro; intenção de consumir a droga em conjunto; e oferecimento da droga a pessoa do relacionamento do agente. É crime de menor potencial ofensivo.

Gabarito 1C, 2E

(Polícia Rodoviária Federal – 2013 – CESPE) A respeito das contravenções penais, julgue o item subsequente.

(1) Considere que determinado cidadão esteja usando publicamente uniforme de PRF, função pública que ele não exerce. Nessa situação, para que esse cidadão responda por contravenção penal, é necessário que sua conduta cause efetivo prejuízo para o Estado ou para outra pessoa.

1: incorreta. A contravenção penal prevista no art. 46 do Decreto-lei 3.688/1941 é infração penal de mera conduta, que se consuma com o simples uso do uniforme em local público.

Gabarito 1E

(Escrivão de Polícia/DF – 2013 – CESPE) Acerca das contravenções penais (Decreto-lei 3.688/1941), julgue o próximo item.

(1) Para que uma pessoa responda pela contravenção penal de importunação ofensiva ao pudor, não é necessário que o ato seja praticado em lugar público, mas, tão somente, que seja acessível ao público.

1: correta (ao tempo em que foi elaborada esta questão), nos termos do art. 61 do Decreto-lei 3.688/1941. Vale o registro de que este dispositivo foi revogado, de forma expressa, pela Lei 13.718/2018.

Gabarito 1C

(Escrivão de Polícia/DF – 2013 – CESPE) Em relação aos crimes contra as relações de consumo (Lei 8.078/1990) e aos juizados especiais criminais (Lei 9.099/1995), julgue o item que se segue.

(1) Todos os crimes contra as relações de consumo são considerados de menor potencial ofensivo. Portanto, admitem transação e os demais benefícios previstos na lei que dispõe sobre os juizados especiais criminais.

1: correta. Da leitura dos arts. 63 a 74 da Lei 8.078/1990 percebe-se que todos os crimes ali previstos possuem pena máxima privativa de liberdade não superior a dois anos, o que os classifica como infração penal de menor potencial ofensivo nos termos do art. 61 da Lei 9.099/1995.

Gabarito 1C

(Polícia Rodoviária Federal – 2013 – CESPE) Julgue o item seguinte, relativo a crimes resultantes de preconceitos de raça e cor.

(1) Constitui crime o fato de determinado clube social recusar a admissão de um cidadão em razão de preconceito de raça, salvo se o respectivo estatuto atribuir a diretoria a faculdade de recusar propostas de admissão, sem declinação de motivos.

1: incorreta. O crime de racismo previsto no art. 9º da Lei 7.716/1989 não comporta qualquer exceção a afastar a ilicitude da conduta.

Gabarito 1E

(Agente de Polícia/DF – 2013 – CESPE) Julgue os itens que se seguem, acerca da legislação especial criminal.

(1) A conduta de uma pessoa que disparar arma de fogo, devidamente registrada e com porte, em local ermo e desabitado será considerada atípica.

(2) O agente público que submeter pessoa presa a sofrimento físico ou mental, ainda que por intermédio da prática de ato previsto em lei ou resultante de medida legal, praticará o crime de tortura.

(3) Nos termos da Lei 11.340/2006 – Lei Maria da Penha –, a empregada doméstica poderá ser sujeito passivo de violência praticada por seus empregadores.

(4) Um indivíduo que consuma maconha e a ofereça aos seus amigos durante uma festa deverá ser considerado usuário, em face da eventualidade e da ausência de objetivo de lucro.

1: incorreta. A conduta se amolda ao crime previsto no art. 15 da Lei 10.826/2003; **2:** incorreta. O crime de tortura somente se qualifica se a vítima passar por sofrimento físico ou mental decorrente de conduta que não seja resultante de medida legal (art. 1º, § 1º, da Lei 9.455/1997); **3:** correta, nos termos do art. 5º, I, da Lei 11.340/2006; **4:** incorreta. A conduta se amolda ao tipo penal previsto no art. 33, § 3º, da Lei 11.343/2006.

Gabarito 1E, 2E, 3C, 4E

(Escrivão de Polícia/BA – 2013 – CESPE) Considerando o que dispõe o Estatuto da Igualdade Racial acerca de crimes resultantes de discriminação ou preconceito, julgue os itens que se seguem.

(1) Considera-se atípica na esfera penal a conduta do agente público que, por motivo de discriminação de procedência nacional, obste o acesso de alguém a cargo em órgão público.

(2) Conforme previsão legal, é obrigatório, nos estabelecimentos de ensino fundamental e médio, públicos e privados, o estudo de história geral da África e de história da população negra no Brasil.

1: incorreta. A conduta se amolda ao art. 3º da Lei 7.716/1989; **2:** correta, nos termos do art. 11 da Lei 12.288/2010.

Gabarito 1E, 2C

(Investigador de Polícia/BA – 2013 – CESPE) Julgue o próximo item, que versa sobre discriminação étnica.

(1) O Brasil assumiu internacionalmente o compromisso de proibir e eliminar a discriminação racial em todas as suas formas, garantindo o direito de cada pessoa à igualdade perante a lei, sem distinção de raça, de cor ou de origem nacional ou étnica.

1: correta, conforme previsto na Convenção Internacional sobre a Eliminação de Todas as Formas de Discriminação Racial, de 1966.

Gabarito 1C

(Procurador do Município/Boa Vista – RR – 2010 – CESPE) Julgue os itens subsequentes.

(1) Nos casos de sentença condenatória por prática de algum dos crimes previstos na Lei nº 8.666/1993, a pena de multa deverá ser fixada em percentual, cuja base deverá corresponder ao valor da vantagem obtida ou potencialmente auferível pelo agente.

(2) A autoridade competente que, fora das hipóteses previstas em lei, determinar dispensa ou inexigibilidade de licitação incorrerá em crime previsto na Lei nº 8.666/1993.

1: correta – art. 99 da Lei 8.666/93; **2:** correta – art. 89, *caput*, da Lei 8.666/93.

Gabarito 1C, 2C

(Magistratura/CE – 2012 – CESPE) Ainda com relação aos crimes em espécie, assinale a opção correta.

(A) Conforme previsão do Código de Trânsito Brasileiro, é facultativa, nos casos de reincidência, a aplicação da penalidade de suspensão da permissão ou habilitação para conduzir veículo automotor.

(B) A pena relativa aos crimes praticados por organização criminosa será reduzida de um terço à metade quando a colaboração espontânea do agente levar ao esclarecimento de infrações penais.

(C) Aquele que, tendo o dever de evitar ou apurar condutas tipificadas como tortura, se omita diante da prática desse crime incorre nas mesmas penas cominadas ao torturador.

(D) Conforme a vantagem econômica auferida pelo agente que cometa crime ambiental, a pena de multa a ele atribuída pode, de acordo com o disposto em lei, ser aumentada em até cinco vezes.

(E) De acordo com a lei ambiental, as pessoas jurídicas estão sujeitas a penas restritivas de direitos, pena de multa, de prestação de serviços à comunidade e de liquidação forçada.

A: incorreta (art. 296 da Lei 9.503/1997 – CTB), tratando-se de uma imposição ao magistrado a aplicação de penalidade de suspensão da permissão ou habilitação para conduzir veículo automotor aos réus reincidentes em crimes de trânsito; **B:** incorreta. Ao tempo em que esta questão foi elaborada, vigia a Lei 9.034/1995, que estabelecia, em seu art. 6º, que a delação premiada em matéria de crime organizado era causa de diminuição de pena de um a dois terços. A atual lei de regência (Lei 12.850/2013), que revogou, na íntegra, a Lei 9.034/1995, dando nova conformação normativa ao instituto, prevê que "o juiz poderá, a requerimento das partes, conceder o perdão judicial, reduzir em até 2/3 (dois terços) a pena privativa de liberdade ou substituí-la por restritiva de direitos daquele que tenha colaborado efetiva e voluntariamente com a investigação e o processo criminal, desde que dessa colaboração advenha um ou mais dos seguintes requisitos (...)" (art. 4º, *caput* – colaboração premiada) ; **C:** incorreta, pois estamos, no caso da assertiva ora analisada, diante da denominada "tortura imprópria", cuja pena é de detenção de um a quatro anos (art. 1º, § 2º, da Lei 9.455/1997), bem inferior àquela imposta ao torturador (regra: reclusão de dois a oito anos); **D:** incorreta, pois, a depender da vantagem econômica auferida pelo autor de crime ambiental, a pena de multa poderá ser aumentada em até três vezes (art. 18 da Lei 9.605/1998 – Lei dos Crimes Ambientais); **E:** correta (art. 21, II; art. 21, I; art. 21, III; art. 24, todos da Lei 9.605/1998).

Gabarito "E".

(Ministério Público/PI – 2012 – CESPE) Considerando as disposições contidas no CP e na doutrina, bem como nas Leis n. 11.340/2006 – Lei Maria da Penha – e n. 7.716/1989, que trata dos crimes resultantes de preconceitos de raça ou de cor, etnia, religião ou procedência nacional, assinale a opção correta.

(A) Considere que Mauro, irritado com a demora no andamento da fila do caixa de um supermercado, tenha proferido xingamentos direcionados à atendente do caixa, atribuindo a demora no atendimento à inferioridade intelectual que, segundo ele, era característica intrínseca da raça a que a moça pertencia. Nessa situação, Mauro deve ser acusado de crime de racismo, previsto na legislação específica, por ter negado à funcionária, por motivo racial, o direito de trabalho no comércio.

(B) Ficará isento de pena o querelado que, antes do trânsito em julgado da sentença condenatória, ainda que após a sentença de primeiro grau, se retrate cabalmente de calúnia ou difamação.

(C) O MP não deve intervir nas causas cíveis decorrentes de violência doméstica e familiar contra a mulher, salvo quando for parte, sendo, contudo, obrigatória sua intervenção nas causas criminais que envolvam violência contra a mulher.

(D) Suponha que, durante uma discussão, Josefa agrida fisicamente Joana, com quem mantenha relacionamento amoroso durante longo tempo. Suponha, ainda, que Joana sofra lesões leves e que Josefa seja processada e condenada pelo crime, com base no CP, a pena privativa de liberdade de dois anos. Nessa situação, sendo a pena inferior a quatro anos e presentes os demais requisitos legais, cabe, a critério do juiz, a substituição da pena privativa de liberdade por pena de doações mensais de cestas básicas, se o entender suficiente para a reprovação da conduta.

(E) Pratica o denominado crime exaurido o agente que, mesmo após atingir o resultado pretendido, continua a agredir o bem jurídico protegido pela norma penal.

A: incorreta. A conduta de Mauro pode caracterizar o crime de injúria racial (art. 140, § 3º, do CP), mas, não, o de racismo (Lei 7.716/1989), que, em apertada síntese, exige a prática de atos segregacionistas, violadores de direitos básicos do cidadão; **B:** incorreta (art. 143 do CP). A retratação nos crimes de calúnia ou difamação somente será admissível se o agente (querelado) o fizer antes da sentença (leia-se: decisão de primeira instância); **C:** incorreta. De acordo com a Lei 11.340/2006 (Lei Maria da Penha), nas causas cíveis, quando não for parte, e também nas criminais, o Ministério Público sempre intervirá (art. 25); **D:** incorreta. Considerando que a lesão corporal praticada por Josefa em face de Joana tem a conotação de "violência doméstica e familiar contra a mulher", aplicando-se, portanto, a Lei Maria da Penha, cuja incidência independe da orientação sexual do casal (art. 5º, parágrafo único), inviável que a pena privativa de liberdade seja substituída por doações mensais de cesta básica, tendo em vista a vedação contida no art. 17 do mesmo diploma legal; **E:** correta. A assertiva contida na alternativa ora analisada corresponde, exatamente, ao conceito de crime exaurido (ou de exaurimento do crime).

Gabarito "E".

(Ministério Público/PI – 2012 – CESPE) Com base no que dispõe o CP sobre a relevância da omissão, no que determina a LEP bem como no que estabelece a lei que trata das organizações criminosas, assinale a opção correta.

(A) Crime vago é aquele cujo resultado naturalístico não é apenas irrelevante, mas, também, impossível, visto que não existe absolutamente resultado que provoque modificação no mundo concreto.

(B) Aquele que deixar de prestar assistência quando dever e puder agir para evitar o crime deverá responder por omissão de socorro.

(C) Os condenados por crimes decorrentes de organização criminosa devem iniciar o cumprimento da pena em regime fechado.

(D) O preso provisório, sujeito a regime prisional análogo ao fechado, deve ser recolhido em penitenciária.

(E) O agente que, na execução do crime, impede que o resultado se produza só responde pelos atos praticados, visto que, no caso, é configurado o arrependimento posterior.

A: incorreta. Crime vago é aquele cujo sujeito passivo é um ente destituído de personalidade jurídica. Não se confunde com crime de mera conduta, que é aquele cujo resultado naturalístico é impossível, tendo em vista que a conduta perpetrada pelo agente não será capaz, jamais, de alterar o mundo concreto (ou mundo exterior); **B:** incorreta. Aquele que deixar de prestar assistência, quando possível fazê-lo sem risco pessoal, nas hipóteses delineadas no art. 135 do CP, cometerá o crime de omissão de socorro (considerado um crime omissivo próprio). Não se confunde tal situação com a omissão imprópria, segundo a qual o agente responderá pelo crime quando, devendo e podendo agir para impedir determinado resultado, nada fizer. Trata-se da aplicação da regra contida no art. 13, § 2º, do CP (omissão penalmente relevante); **C:** correta, pois em conformidade com o que estabelecia o art. 10 da Lei 9.034/1995, revogada por força da Lei 12.850/2013, que nada previu acerca do regime inicial de cumprimento de pena; **D:** incorreta, pois a penitenciária é o estabelecimento penal destinado a receber condenados à pena de reclusão, em regime fechado (art. 87 da LEP). Os presos provisórios não poderão permanecer junto com os condenados por sentença transitada em julgado (art. 84 da LEP). Deverão permanecer, de acordo com o art. 102 da LEP, em cadeias públicas (em alguns Estados, os presos provisórios permanecem nos chamados "Centros de Detenção Provisória"); **E:** incorreta. O agente que, após esgotar todos os atos executórios, impedir a consumação do crime por ele iniciado, responderá apenas pelos atos praticados, incidindo, aqui, o arrependimento eficaz (art. 15 do CP), e não o arrependimento posterior, causa de diminuição de pena prevista no art. 16 do CP.

Gabarito "C".

(Ministério Público/RO – 2010 – CESPE) Em relação à Lei de Proteção a Vítimas e Testemunhas, assinale a opção correta.

(A) Ao acusado que tenha colaborado efetiva e voluntariamente com a investigação e com o processo criminal, desde que dessa colaboração tenha resultado identificação dos demais coautores ou partícipes da ação criminosa, o juiz poderá conceder o perdão judicial, independentemente dos antecedentes criminais do beneficiário desse perdão.

(B) O indiciado ou acusado que colaborar voluntariamente com a investigação e com o processo criminal na recuperação total ou parcial do produto do crime ficará isento de pena.

(C) A proteção oferecida pelo programa de proteção a vítimas e testemunhas terá a duração máxima de quatro anos, prorrogável por igual período, quando perdurarem os motivos que autorizaram a admissão do protegido no programa.

(D) O programa de proteção a vítimas e testemunhas compreende, entre outras medidas, ajuda financeira mensal em valor compatível com os ganhos percebidos pelo indivíduo ou pela família antes da sua admissão, até que possa desenvolver atividade laboral regularmente.

(E) Estão excluídos da proteção os indivíduos cuja personalidade seja incompatível com as restrições de comportamento exigidas pelo programa de proteção a vítimas e testemunhas, os condenados que estejam cumprindo pena e os submetidos a prisão cautelar, sendo possível eventual medida de preservação de sua integridade física pela polícia.

A: incorreta. O art. 13, *caput*, da Lei 9.807/1999 estabelece que o perdão judicial, neste caso, será deferido tão somente ao réu primário; **B:** incorreta. O perdão judicial, cuja concessão tem como consequência a extinção da punibilidade, será deferido pelo juiz se a colaboração do agente permitir a recuperação total ou parcial do produto do crime, por exemplo (art. 13, III, da Lei 9.807/1999). Trata-se, portanto, de causa extintiva da punibilidade, na forma estatuída no art. 107, IX, do CP; **C:** incorreta. A proteção oferecida terá a duração máxima de *dois anos*, conforme estabelece o art. 11 da Lei 9.807/1999, admitindo-se prorrogação do prazo em circunstâncias excepcionais, conforme autoriza o parágrafo único do dispositivo; **D:** incorreta, pois contraria o teor do art. 7º, V e parágrafo único, da Lei 9.807/1999; **E:** assertiva correta, pois de acordo com a redação do art. 2º, § 2º, da Lei 9.807/1999.

Gabarito "E".

(Ministério Público/SE – 2010 – CESPE) No que tange às leis penais especiais, assinale a opção correta.

(A) Tratando-se de crimes praticados contra os idosos, não se admite a aplicação do procedimento da Lei dos Juizados Especiais Criminais, por expressa vedação contida no Estatuto do Idoso.

(B) A simples omissão das cautelas necessárias para que menor de dezoito anos de idade se apodere de arma de fogo de propriedade do agente é conduta atípica, de acordo com o Estatuto do Desarmamento.

(C) Em recente decisão, o STF entendeu que é possível a instauração de inquérito policial para apuração de crime contra a ordem tributária, antes do encerramento do processo administrativo-fiscal, quando isso for imprescindível para viabilizar a fiscalização.

(D) Se uma mulher, após ter seu terceiro filho, fizer esterilização cirúrgica, sem comunicar a seu marido, considerar-se-á atípica a conduta do médico que realizar o procedimento sem o consentimento do cônjuge.

A: assertiva incorreta, visto que foi adotado, para os crimes praticados contra idosos, o procedimento previsto na Lei 9.099/1995 (procedimento sumaríssimo), conforme estabelece o art. 94 da Lei 10.741/2003 (Estatuto do Idoso); **B:** proposição incorreta, uma vez que o art. 13 do Estatuto do Desarmamento prevê o crime de omissão de cautela, que consiste em *deixar de observar as cautelas necessárias para impedir que menor de 18 anos ou pessoa portadora de deficiência mental se apodere de arma de fogo que esteja sob sua posse ou que seja de sua propriedade*; **C:** assertiva correta. A instauração de inquérito policial, nos crimes contra a ordem tributária, pode se dar antes do encerramento do procedimento administrativo-fiscal. Nesse sentido: STF, 2ª T., HC 95.443-SC, rel. Min. Ellen Gracie, j. 02.02.2010; **D:** incorreta. Conduta prevista como crime no art. 15 da Lei 9.263/1996.

Gabarito "C."

(Magistratura Federal/1ª Região – 2011 – CESPE) Com base na Lei dos crimes contra a propriedade Imaterial, conjugada com os demais objetos de avaliação de direito penal, assinale a opção correta.

(A) Comete crime contra registro de marca quem reproduz, sem autorização do titular, no todo ou em parte, marca registrada, ou a imita de modo que possa induzir confusão, salvo, nos termos da legislação de regência, se fizer constar, de forma expressa, a ressalva, em invólucro, rótulo ou em outro meio de divulgação, utilizando termos como "tipo", "espécie", "semelhante", "sucedâneo", "idêntico", ou equivalente.

(B) Comete crime de concorrência desleal quem emprega meio fraudulento para desviar, em proveito próprio ou alheio, clientela de outrem e, para tanto, usa, indevidamente, nome comercial, título de estabelecimento ou insígnia alheios ou vende, expõe ou oferece à venda ou tem em estoque produto com essas referências.

(C) A lei que regulamenta os crimes contra a concorrência desleal segue a inovação legislativa referente aos crimes ambientais e prevê, igualmente, de forma expressa, a responsabilidade penal da pessoa jurídica, aplicando-lhe as sanções compatíveis com essa condição, além da indispensável responsabilização do sócio de empresa ou administrador que incorrer nas tipificações estabelecidas na norma de regência.

(D) O órgão governamental competente para autorizar a comercialização de produto pratica crime de concorrência desleal quando divulga, sem autorização, resultados de testes ou outros dados não anunciados cuja elaboração envolva esforço considerável e que tenham sido apresentados a entidades governamentais como condição para aprovar a comercialização de produtos, ainda que necessários à proteção do público.

(E) Incorre em crime contra as marcas e patentes quem vende, expõe ou oferece à venda produto, declarando-o objeto de patente depositada, ou concedida, ou de desenho industrial registrado, que não o seja, ou menciona-o, em anúncio ou papel comercial, como depositado ou patenteado, ou registrado, sem o ser.

A: incorreta, pois o art. 189 da Lei 9.279/1996 dispõe que comete crime contra registro de marca quem: I – reproduz, sem autorização do titular, no todo ou em parte, marca registrada, ou imita-a de modo que possa; induzir confusão; ou II – altera marca registrada de outrem já aposta em produto colocado no mercado. Referido crime não se confunde com aquele definido no art. 193, da mesma lei, que tipifica a conduta de usar, em produto, recipiente, invólucro, cinta, rótulo, fatura, circular, cartaz ou em outro meio de divulgação ou propaganda, termos retificativos, tais como "tipo", "espécie", "gênero", "sistema", "semelhante", "sucedâneo", "idêntico", ou equivalente, não ressalvando a verdadeira procedência do produto; **B:** correta, nos exatos termos do art. 195, III e V, da Lei 9.279/1996; **C:** incorreta, pois é sabido e ressabido que a CF autoriza a punição criminal da pessoa jurídica apenas pelos danos causados ao meio ambiente (art. 225, § 3º) e à ordem econômica e financeira e contra a economia popular (art. 173, § 5º). Porém, apenas os crimes ambientais, definidos na Lei 9.605/1998, atualmente, preveem expressamente penas cabíveis às pessoas jurídicas; **D:** incorreta, pois o "órgão governamental" não pratica o crime de concorrência desleal, mas, sim, o agente que divulga, explora ou utiliza-se, sem autorização, de resultados de testes ou outros dados não divulgados, cuja elaboração envolva esforço considerável e que tenham sido apresentados a entidades governamentais como condição para aprovar a comercialização de produtos (art. 195, XIV, da Lei 9.279/1996); **E:** incorreta, pois quem vende, expõe ou oferece à venda produto, declarando ser objeto de patente depositada, ou concedida, ou de desenho industrial registrado, que não o seja, ou menciona-o, em anúncio ou papel comercial, como depositado ou patenteado, ou registrado, sem o ser, comete crime de concorrência desleal (art. 195, XIII, da Lei 9.279/1996), e não crime contra as patentes (arts. 183 a 186, da Lei 9.279/1996) e as marcas (arts. 189 e 190, da Lei 9.279/1996).

Gabarito "B."

(Magistratura Federal/3ª Região – 2011 – CESPE) A respeito do delito de lavagem de bens, dos crimes contra a fé pública e contra a administração e dos regimes de pena, assinale a opção correta.

(A) O funcionário público que concorre para a subtração de dinheiro ou bem móvel, público ou particular, em proveito próprio ou alheio, valendo-se de facilidade que lhe proporciona a qualidade de funcionário, ainda que não tenha, em razão do cargo, a posse dos referidos bens, responde pelo crime como autor e não, como partícipe.

(B) A gestão fraudulenta, a sonegação fiscal, o contrabando e o descaminho são crimes antecedentes dos delitos de lavagem ou ocultação de bens, direitos e valores.

(C) O crime de moeda falsa é formal e, por isso, não admite tentativa.

(D) Quem trabalha para empresa prestadora de serviço contratada pela administração pública é, para efeitos penais, equiparado a funcionário público, consoante o CP.

(E) Não se admite, em nenhuma hipótese, a progressão do regime de cumprimento de pena antes do trânsito em julgado de sentença penal condenatória.

A: correta. De fato, comete peculato o funcionário público que se apropria (peculato-apropriação) ou desvia (peculato-desvio) dinheiro, valor, ou bem móvel público ou particular de que tenha a posse em razão do cargo (art. 312, *caput*, do CP), ou, ainda, caso subtraia (peculato-furto) qualquer dos objetos materiais referidos, ainda que não tenha a posse deles, desde que se utilize das facilidades que a qualidade de funcionário lhe proporcionar (art. 312, § 1º, do CP), ou caso concorra para a subtração. Neste último caso, o funcionário que concorrer para a subtração de dinheiro, valor ou bem móvel por outro funcionário, será autor do crime, e não partícipe, pois referida "concorrência" constitui elementar típica; **B:** incorreta. À época em que formulada a questão, ainda vigorava a redação original do art. 1º da Lei 9.613/1998, que exigia, para a caracterização da lavagem de dinheiro, algum dos crimes antecedentes indicados nos seus incisos I a VIII, nos quais não se incluía a sonegação fiscal. Contudo, com o advento da Lei 12.683/2012, a lavagem de dinheiro restará caracterizada sempre que o agente ocultar ou dissimular a natureza, origem, localização, disposição, movimentação ou propriedade de bens, direitos ou valores provenientes, direta ou indiretamente, de *infração penal* (frise-se: qualquer infração penal, incluindo, por óbvio, as contravenções penais); **C:** incorreta. A despeito de o crime de moeda falsa ser formal, consumando-se com a fabricação ou a alteração da moeda metálica ou do papel-moeda, é certo que será, sim, admissível, a tentativa, tratando-se de crime plurissubsistente (cometido mediante a prática de diversos atos). Assim, se durante a fabricação de papel-moeda, mas antes da efetiva conclusão, o agente for flagrado, responderá pela forma tentada do crime; **D:** incorreta. Será funcionário público por equiparação, para efeitos penais, nos termos do art. 327, § 1º, do CP, o agente que trabalhar em empresa contratada ou conveniada para a *execução de atividade típica da Administração Pública* (e não, simplesmente, empresa prestadora de serviço, como enuncia a alternativa); **E:** incorreta. Admite-se que o condenado à pena privativa de liberdade que se encontra preso cautelarmente pleiteie a progressão de regime penitenciário, antes mesmo do trânsito em julgado. É a denominada execução provisória, possível desde que tenha havido o trânsito em julgado para a acusação em relação à pena aplicada. Ainda, o STF, ao editar a Súmula 716, previu expressamente a possibilidade de progressão de regime prisional ou a aplicação imediata de regime menos severo, antes do trânsito em julgado da sentença condenatória.

Gabarito "A."

25. TEMAS COMBINADOS DE DIREITO PENAL

(Defensor Público - DPE/DF - 2019 - CESPE/CEBRASPE) Com relação aos delitos tipificados na parte especial do Código Penal, julgue os itens subsecutivos.

(1) A circunstância do descumprimento de medida protetiva de urgência imposta ao agressor, consistente na proibição de aproximação da vítima, constitui causa de aumento de pena no delito de feminicídio.

(2) Situação hipotética: Pedro, réu primário, valendo-se da confiança que lhe depositava o seu empregador, subtraiu para si mercadoria de pequeno valor do estabelecimento comercial em que trabalhava. Assertiva: Nessa situação, apesar de configurar a prática de furto qualificado pelo abuso de confiança, o juiz poderá reconhecer o privilégio.

(3) Segundo o STJ, a previsão legal do crime de desacato a funcionário público no exercício da função não viola o direito à liberdade de expressão e de pensamento previstos no Pacto de São José da Costa Rica.

1: certa, tendo em vista que em consonância com o disposto no art. 121, § 7º, IV, do CP, que assim dispõe: "A pena do feminicídio é aumentada de 1/3 (um terço) até a metade se o crime for praticado: (...) IV - em descumprimento das medidas protetivas de urgência previstas nos incisos I, II e III do *caput* do art. 22 da Lei n.º 11.340, de 7 de agosto de 2006."; **2:** errada. É pacífico o entendimento, tanto no STJ quanto no STF, de que é possível a coexistência do furto qualificado (art. 155, § 4º, do CP) com a modalidade privilegiada do art. 155, § 2º, do CP, desde que – e aqui está o erro da assertiva – a qualificadora seja de ordem *objetiva*. Como bem sabemos, o abuso de confiança constitui qualificadora de ordem *subjetiva*, o que inviabiliza, portanto, a coexistência desta com a modalidade privilegiada do crime de furto. Tanto é assim que o STJ, consolidando esse entendimento, editou a Súmula 511: "É possível o reconhecimento do privilégio previsto no § 2º do art. 155 do CP nos casos de crime de furto qualificado, se estiverem presentes a primariedade do agente, o pequeno valor da coisa e a qualificadora for de ordem objetiva"; **3:** certa. De fato, o STJ pacificou o entendimento no sentido de que o crime de desacato, tipificado no art. 331 do CP, não ofende os princípios da liberdade de expressão e de pensamento. Conferir: "A Terceira Seção desta Corte Superior, no HC n. 379.269/MS, firmou a orientação de que o crime de desacato está em perfeita harmonia com o ordenamento jurídico brasileiro mesmo após a internalização da Convenção Americana de Direitos Humanos. Agravo regimental não provido." (AgRg no HC 462.482/SC, Rel. Ministro ROGERIO SCHIETTI CRUZ, SEXTA TURMA, julgado em 07/05/2019, DJe 14/05/2019).

Gabarito 1C, 2E, 3C

(Defensor Público - DPE/DF - 2019 - CESPE/CEBRASPE) Considerando o Código Penal brasileiro, julgue os itens a seguir, com relação à aplicação da lei penal, à teoria de delito e ao tratamento conferido ao erro.

(1) Em razão da teoria da ubiquidade, considera-se praticado o crime no lugar em que ocorreu a ação ou omissão, no todo ou em parte, bem como onde se produziu ou deveria ter sido produzido o resultado.

(2) A superveniência de causa relativamente independente da conduta do agente excluirá a imputação do resultado nos casos em que, por si só, ela tiver produzido o resultado.

(3) Para a teoria limitada da culpabilidade, o erro de agente que recaia sobre pressupostos fáticos de uma causa de justificação configura erro de tipo permissivo.

1: certa, dado que, quanto ao *lugar do crime*, o Código Penal, em seu art. 6º, acolheu, de fato, a teoria mista ou da ubiquidade, pois é considerado lugar do crime tanto o local em que foi praticada a conduta quanto aquele no qual o resultado foi ou deveria ser produzido; **2:** certa. As causas supervenientes relativamente independentes excluem a imputação, desde que sejam aptas, por si sós, a produzir o resultado; os fatos anteriores, no entanto, serão imputados a quem os praticou (art. 13, § 1º, do CP). Exemplo clássico e sempre lembrado pela doutrina é aquele em que a vítima de tentativa de homicídio é socorrida e levada ao hospital e, ali estando, vem a falecer, não em razão dos ferimentos que experimentou, mas por conta de incêndio ocorrido na enfermaria do hospital. Este evento (incêndio) do qual decorreu a morte da vítima constitui causa superveniente relativamente independente que, por si só, gerou o resultado. O nexo causal, nos termos do art. 13, § 1º, do CP, é interrompido (há imprevisibilidade). O agente, por isso, responderá por homicídio na forma tentada (e não na modalidade consumada). Perceba que, neste caso, estamos a falar de causa *relativamente* independente porque, não fosse a tentativa de homicídio, o ofendido não seria, por óbvio, hospitalizado e não seria, por consequência, vítima do incêndio que produziu, de fato, a sua morte; **3:** certa. Para a teoria limitada da culpabilidade, acolhida, é verdade, pelo Código Penal, as descriminantes putativas, se disserem respeito aos pressupostos fáticos de uma causa de justificação, serão consideradas erro de tipo, ao passo que, se se referirem à existência ou aos limites de causa excludente da ilicitude, receberão tratamento de erro de proibição. Já para a teoria extremada da culpabilidade, as descriminantes putativas sempre caracterizarão erro de proibição.

Gabarito 1C, 2C, 3C

(Defensor Público/PE – 2018 – CESPE) Assinale a opção correta de acordo com a jurisprudência sumulada do Superior Tribunal de Justiça (STJ).

(A) A conduta de atribuir-se falsa identidade perante autoridade policial é atípica, mesmo quando comprovado que a ação ocorreu com o objetivo de autodefesa.

(B) Em se tratando de contravenções penais praticadas contra a mulher no âmbito das relações domésticas, é possível a aplicação do princípio da insignificância, se preenchidos determinados critérios.

(C) A demonstração inequívoca da intenção do agente de realizar tráfico entre estados da Federação é suficiente para a incidência do aumento de um sexto a dois terços da pena para o crime de tráfico de drogas, sendo desnecessária a efetiva transposição da fronteira entre os estados.

(D) A inversão da posse do bem mediante o emprego de violência não configura o crime de roubo, mas sua tentativa, se a coisa roubada for recuperada brevemente após perseguição imediata ao agente.

(E) Tratando-se do crime de furto, a comprovação inequívoca da presença de seguranças no interior do estabelecimento comercial da vítima configura crime impossível.

A: incorreta. É certo que parte da doutrina sustenta que não comete o crime do art. 307 do CP o agente que atribui a si falsa identidade com o propósito de escapar de ação policial e, dessa forma, evitar sua prisão. O indivíduo estaria, segundo essa corrente, procurando preservar sua liberdade. Sucede que, atualmente, este posicionamento não mais prevalece. Segundo STF e STJ, aquele que atribui a si identidade falsa com o escopo de furtar-se à responsabilidade criminal deve, sim, responder pelo crime de falsa identidade (art. 307, CP). A propósito, o STJ, consolidando tal entendimento, editou a Súmula 522: "A conduta de atribuir-se falsa identidade perante autoridade policial é típica, ainda que em situação de alegada autodefesa". Também nesse sentido, o STF: "Direito penal. Agravo regimental em recurso extraordinário com agravo. Crime de falsa identidade. Art. 307 do Código Penal. Alegação de autodefesa. Impossibilidade. Tipicidade configurada. 1. O Plenário Virtual do Supremo Tribunal Federal, no julgamento do RE 640.139, Rel. Min. Dias Toffoli, decidiu que o princípio constitucional da autodefesa não alcança aquele que atribui falsa identidade perante autoridade policial com o intuito de ocultar maus antecedentes. Na ocasião, reconheceu-se a existência de repercussão geral da questão constitucional suscitada e, no mérito, reafirmou a jurisprudência dominante sobre a matéria. 2. Agravo regimental a que se nega provimento." (ARE 870572 AgR, 1ª T., Rel. Min. Roberto Barroso, j. 23.06.2015, *DJe* 05.08.2015, publ. 06.08.2015); **B:** incorreta, uma vez que contraria o entendimento pacificado por meio da Súmula 589, do STJ; **C:** correta. A causa de aumento pela configuração de tráfico entre Estados (art. 40, V, Lei 11.343/2006) não deve ser afastada neste caso. É que, segundo entendimento consolidado nos tribunais superiores, é prescindível, para a incidência desta causa de aumento, a transposição das divisas dos Estados, sendo suficiente que fique demonstrado que a droga se destinava a outro Estado da Federação. Nesse sentido, conferir: "(...) Esta Corte possui entendimento jurisprudencial, no sentido de que a incidência da causa de aumento, conforme prevista no art. 40, V, da Lei n. 11.343/2006, não exige a efetiva transposição da divisa interestadual, sendo suficientes as evidências de que a substância entorpecente tem como destino qualquer ponto além das linhas da respectiva Unidade da Federação (...)" (AGRESP 201103088503, Campos Marques (Desembargador convocado do TJ/PR), STJ, Quinta Turma, *DJe* 01.07.2013). Consolidando tal entendimento, o STJ editou a Súmula 587: "Para a incidência da majorante prevista no art. 40, V, da Lei 11.343/2006, é desnecessária a efetiva transposição de fronteiras entre estados da Federação, sendo suficiente a demonstração inequívoca da intenção de realizar o tráfico interestadual"; **D:** incorreta. Pelo contrário, em regressão garantista, os tribunais superiores consolidaram o entendimento segundo o qual o crime de roubo se consuma com a mera inversão da posse do bem mediante emprego de violência ou grave ameaça, independente da posse pacífica e desvigiada da coisa pelo agente. *Vide*, nesse sentido: STF, HC 96.696, Rel. Min. Ricardo Lewandowski. Confirmando esse entendimento, o STJ editou a Súmula 582: "Consuma-se o crime de roubo com a inversão da posse do bem mediante emprego de violência ou grave ameaça, ainda que por breve tempo e em seguida à perseguição imediata ao agente e recuperação da coisa roubada, sendo prescindível a posse mansa e pacífica ou desvigiada; **E:** incorreta, pois não retrata o entendimento firmado na Súmula 567, do STJ: "Sistema de vigilância realizado por monitoramento eletrônico ou por existência de segurança no interior de estabelecimento comercial, por si só, não torna impossível a configuração do crime de furto". O fato é que o chamado *furto sob vigilância* pode, em determinadas situações, a depender do caso concreto, caracterizar *crime impossível* pela *ineficácia absoluta do meio* (art. 17 do CP). É o caso, por exemplo, do agente que, desde o momento em que ingressa no supermercado, passa a ser permanentemente vigiado por sistema de câmeras e também por seguranças, que ficam o tempo todo no seu encalço. Não há, neste caso, a menor possibilidade de o crime consumar-se. Isso não quer dizer que a existência, por si só, de sistema de segurança por câmeras elimine a possibilidade de o crime chegar à sua consumação. É perfeitamente plausível que o agente se aproveite de determinado ângulo de monitoramento em que a subtração não é visualizada pelo sistema de câmeras. Dessa forma, a ineficácia do meio deve ser avaliada caso a caso. ED

Gabarito "C"

(Delegado Federal – 2018 – CESPE) Julgue os itens que se seguem, relativos a execução penal, desarmamento, abuso de autoridade e evasão de dívidas.

(1) Preso provisório não pode ser submetido ao regime disciplinar diferenciado.

(2) O registro de arma de fogo na PF, mesmo após prévia autorização do SINARM, não assegura ao seu proprietário o direito de portá-la.

(3) Segundo entendimento do STF, a configuração do crime de evasão de divisas pressupõe a saída física de moeda nacional ou estrangeira do território nacional sem o conhecimento da Receita Federal do Brasil e do Banco Central do Brasil.

1: incorreta, pois não reflete o disposto no art. 52, *caput*, da LEP (com a redação que lhe conferiu a Lei 13.964/2019), que estabelece que poderão sujeitar-se ao regime disciplinar diferenciado tanto o preso já condenado quanto o provisório; **2:** correta (art. 5º, *caput*, da Lei 10.826/2003); **3:** incorreta. Conferir: "No período de 21.02.2003 a 02.01.2004, membros do denominado "núcleo publicitário" ou "operacional" realizaram, sem autorização legal, por meio do grupo Rural e de doleiros, cinquenta e três depósitos em conta mantida no exterior. Desses depósitos, vinte e quatro se deram através do conglomerado Rural, cujos principais dirigentes à época se valeram, inclusive, de *offshore* sediada nas Ilhas Cayman (Trade Link Bank), que também integra, clandestinamente, o grupo Rural, conforme apontado pelo Banco Central do Brasil. A materialização do delito de evasão de divisas prescinde da saída física de moeda do território nacional. Por conseguinte, mesmo aceitando-se a alegação de que os depósitos em conta no exterior teriam sido feitos mediante as chamadas operações "dólar-cabo", aquele que efetua pagamento em reais no Brasil, com o objetivo de disponibilizar, através do outro que recebeu tal pagamento, o respectivo montante em moeda estrangeira no exterior, também incorre no ilícito de evasão de divisas. Caracterização do crime previsto no art. 22, parágrafo único, primeira parte, da Lei 7.492/1986, que tipifica a conduta daquele que, "a qualquer título, promove, sem autorização legal, a saída de moeda ou divisa para o exterior". Crimes praticados por grupo organizado, em que se sobressai a divisão de tarefas, de modo que cada um dos agentes ficava encarregado de uma parte dos atos que, no conjunto, eram essenciais para o sucesso da empreitada criminosa." (STF, AP 470/MG, Rel. Min. Joaquim Barbosa, Tribunal Pleno, Dje 22.04.2013). ED

Gabarito 1E, 2C, 3E

(Delegado Federal – 2018 – CESPE) Acerca de tráfico ilícito de entorpecentes, crimes contra o meio ambiente, crime de discriminação e preconceito e crime contra o consumidor, julgue os próximos itens.

(1) Aquele que adquirir, transportar e guardar cocaína para consumo próprio ficará sujeito às mesmas penas imputadas àquele que adquirir, transportar e guardar cocaína para fornecer a parentes e amigos, ainda que gratuitamente.

(2) Pessoa jurídica que praticar crime contra o meio ambiente por decisão do seu órgão colegiado e no interesse da entidade poderá ser responsabilizada penalmente, embora não fique necessariamente sujeita às mesmas sanções aplicadas às pessoas físicas.

(3) Constitui crime de preconceito racial a discriminação de alguém em decorrência de sua orientação sexual.

1: incorreta. Embora previstos na mesma legislação (Lei 11.343/2006), trata-se de crimes diversos, com penas, por conseguinte, bem diferentes. Com efeito, aquele que adquirir, transportar e guardar cocaína para consumo próprio ficará sujeito às penas previstas no art. 28 da Lei de Drogas, a saber: advertência sobre os efeitos das drogas; prestação de serviços à comunidade; e medida educativa de comparecimento a programa ou curso educativo. De ver-se que, entre as penas previstas, não está incluída a de prisão. Agora, se o agente adquirir, transportar e guardar cocaína para fornecer a parentes e amigos, ainda que gratuitamente, incorrerá nas penas do art. 33, *caput*, do CP, que prevê o crime de tráfico de drogas, cuja pena é de reclusão de 5 a 15 anos, sem prejuízo do pagamento de multa; **2:** correta (arts. 3º, *caput*, e 21 e seguintes da Lei 9.605/1998); **3:** incorreta. Os crimes da Lei de Racismo (Lei 7.716/1989) pressupõem que o agente pratique preconceito ou discriminação referente à raça, cor, etnia, religião ou procedência nacional, aqui não incluídos outros elementos, como, por exemplo, sexo (masculino ou feminino), idade ou orientação sexual. Entretanto, recentemente (em momento posterior, portanto, à elaboração desta questão), o STF, reconhecendo a mora do Congresso Nacional, enquadrou a homofobia e a transfobia como crimes de racismo. O colegiado, por maioria, fixou a seguinte tese: "Até que sobrevenha lei emanada do Congresso Nacional destinada a implementar os mandados de criminalização definidos nos incisos XLI e XLII do art. 5º da Constituição da República, as condutas homofóbicas e transfóbicas, reais ou supostas, que envolvem aversão odiosa à orientação sexual ou à identidade de gênero de alguém, por traduzirem expressões de racismo, compreendido este em sua dimensão social, ajustam-se, por identidade de razão e mediante adequação típica, aos preceitos primários de incriminação definidos na Lei nº 7.716, de 08.01.1989, constituindo, também, na hipótese de homicídio doloso, circunstância que o qualifica, por configurar motivo torpe (Código Penal, art. 121, § 2º, I, "in fine")." (ADO 26/DF, rel. Min. Celso de Mello, julgamento em 13.6.2019). ED

Gabarito 1E, 2C, 3E

(Delegado Federal – 2018 – CESPE) Em cada um dos itens que se seguem, é apresentada uma situação hipotética seguida de uma assertiva a ser julgada com relação a crime de tortura, crime hediondo, crime previdenciário e crime contra o idoso.

(1) Cinco guardas municipais em serviço foram desacatados por dois menores. Após breve perseguição, um dos menores evadiu-se, mas o outro foi apreendido. Dois dos guardas conduziram o menor apreendido para um local isolado, imobilizaram-no, espancaram-no e ameaçaram-no, além de submetê-lo a choques elétricos. Os outros três guardas deram cobertura. Nessa situação, os cinco guardas municipais responderão pelo crime de tortura, incorrendo todos nas mesmas penas.

(2) Paula, proprietária de uma casa de prostituição, induziu e passou a explorar sexualmente duas garotas de quinze anos de idade. Nessa situação, o crime praticado por Paula é hediondo e, por isso, insuscetível de anistia, graça e indulto.

(3) Atuando como procurador de sua tia Bernardete – senhora aposentada de sessenta e três anos de idade, que se encontrava em pleno gozo de suas faculdades mentais –, Arquimedes, para satisfazer suas necessidades pessoais, passou a se apropriar dos valores da aposentadoria da tia. Nessa situação, o ato praticado por Arquimedes não caracteriza crime de apropriação indébita previdenciária, tipificado pelo Código Penal, mas sim crime contra o idoso, tipificado pelo Estatuto do Idoso.

1: incorreta. Vejamos. Os guardas que tomaram parte no espancamento deverão ser responsabilizados pelo crime de tortura do art. 1º, II, da Lei 9.455/1997, já que submeteram o menor a intenso sofrimento físico e mental, espancando-o e ameaçando-o, como forma de aplicar-lhe castigo pelo desacato que este praticara anteriormente contra os guardas. Já os guardas que não tomaram parte no espancamento serão responsabilizados pelo crime de tortura do art. 1º, § 2º, da Lei 9.455/1997, já que se omitiram quando deveriam agir para evitar o crime. Estão sujeitos a uma de 1 a 4 anos de detenção, que corresponde à metade da pena a que estão sujeitos os guardas que praticaram, de forma ativa, a conduta prevista no art. 1º, II (reclusão de 2 a 8 anos); **2:** correta. Sendo hediondo o crime praticado por Paula (art. 218-B do CP: favorecimento da prostituição ou de outra forma de exploração sexual de criança ou adolescente ou de vulnerável), conforme art. 1º, VIII, da Lei 8.072/1990, é-lhe vedada a concessão de anistia, graça e indulto (art. 2º, I, Lei 8.072/1990); **3:** correta. Arquimedes deverá ser responsabilizado pelo crime do art. 102 da Lei 10.741/2003 (Estatuto do Idoso). ED

Gabarito 1E, 2C, 3C

(Delegado Federal – 2018 – CESPE) Em cada um dos itens seguintes, é apresentada uma situação hipotética seguida de uma assertiva a ser julgada com base na legislação de regência e na jurisprudência dos tribunais superiores a respeito de exclusão da culpabilidade, concurso de agentes, prescrição e crime contra o patrimônio.

(1) Arnaldo, gerente de banco, estava dentro de seu veículo juntamente com familiares quando foi abordado por dois indivíduos fortemente armados, que ameaçaram os ocupantes do veículo e exigiram de Arnaldo o fornecimento de determinada senha para a realização de uma operação bancária, o que foi por ele prontamente atendido. Nessa situação, o uso da senha pelos indivíduos para eventual prática criminosa excluirá a culpabilidade de Arnaldo.

(2) Clara, tendo descoberto uma traição amorosa de seu namorado, comentou com sua amiga Aline que tinha a intenção de matá-lo. Aline, então, começou a instigar Clara a consumar o pretendido. Nessa situação, se Clara cometer o crime, Aline poderá responder como partícipe do crime.

(3) Severino, maior e capaz, subtraiu, mediante o emprego de arma de fogo, elevada quantia de dinheiro de uma senhora, quando ela saía de uma agência bancária. Um policial que presenciou o ocorrido deu voz de prisão a Severino, que, embora tenha tentado fugir, foi preso pelo policial após breve perseguição. Nessa situação, Severino responderá por tentativa de roubo, pois não teve a posse mansa e pacífica do valor roubado.

1: correta. A narrativa contida na assertiva contempla situação caracterizadora de coação moral irresistível, na medida em que não era razoável, nas circunstâncias, que o gerente deixasse de atender a determinação dos indivíduos, que, além de armados, ameaçaram seus familiares. Bem por isso, deverá ser excluída a sua culpabilidade por inexigibilidade de conduta diversa; **2:** correta. A *participação* pode ser *moral* ou *material*. *Moral* é aquela em que o sujeito induz ou instiga terceira pessoa a cometer um crime. O partícipe, neste caso, age, portanto, na vontade do coautor. É bem este o caso retratado na assertiva. Já na participação material, temos que a colaboração do partícipe consiste em viabilizar materialmente a execução do crime, prestando auxílio ao autor sem realizar o verbo contido no tipo penal; **3:** incorreta, pois, de acordo com a Súmula 582 do STJ, a consumação do crime de roubo é alcançada com a inversão da posse do bem mediante emprego de violência ou grave ameaça, ainda que por breve tempo e em seguida à perseguição imediata ao agente e recuperação da coisa roubada, sendo prescindível a posse mansa e pacífica ou desvigiada. Dessa forma, Severino deverá responder por roubo consumado. ED

Gabarito 1C, 2C, 3E

(Analista Judiciário – STJ – 2018 – CESPE) Tendo como referência a legislação penal extravagante e a jurisprudência das súmulas dos tribunais superiores, julgue os itens que se seguem.

(1) As penas restritivas de direito relativas aos crimes ambientais incluem a suspensão, parcial ou total, de atividades que não obedecerem às prescrições legais.

(2) A condenação pela prática de crime de tortura acarretará a perda do cargo, função ou emprego público e a interdição para o seu exercício por prazo igual ao da pena aplicada.

(3) Aquele que oferece droga, mesmo que seja em caráter eventual e sem o objetivo de lucro, a pessoa de seu relacionamento, para juntos a consumirem, comete crime.

(4) Em se tratando de crimes de violência doméstica e familiar contra a mulher, se a condenação for privativa de liberdade por até um ano, poderá o juiz substituí-la por pena de prestação pecuniária ou pagamento isolado de multa.

(5) O juiz poderá estabelecer os limites da ação controlada nos casos de investigação de crimes organizados.

1: correta, pois reflete o disposto no art. 8º, III, da Lei 9.605/1998 (Lei de Crimes Ambientais); **2:** incorreta. Isso porque o art. 1º, § 5º, da Lei 9.455/1997 estabelece que a condenação, pela prática de crime de tortura, acarretará a perda do cargo, função ou emprego público e a interdição para o seu exercício pelo *dobro* do prazo da pena aplicada; **3:** correta. A Lei 11.343/2006 introduziu, no contexto dos crimes de tráfico, forma mais branda deste delito, a se configurar na hipótese de o agente oferecer droga, a pessoa de seu relacionamento, ocasionalmente e sem o propósito de lucro, para juntos a consumirem. Veja que tal inovação legislativa, prevista no art. 33, § 3º, da atual Lei de Drogas, por razões de política criminal, procurou colocar em diferentes patamares o traficante habitual, que atua com o propósito de lucro, e o eventual, para o qual a pena prevista é de detenção de seis meses a um ano, sem prejuízo da multa e das penas previstas no art. 28 da mesma lei, bem inferior, como se pode ver, à pena cominada para o crime previsto no *caput* do art. 33; **4:** incorreta, dado que, nos termos do art. 17 da Lei Maria da Penha (Lei 11.340/2006), é vedada a aplicação, nos casos de violência doméstica e familiar contra a mulher, de penas de cesta básica ou outras de prestação pecuniária, bem como a substituição de pena que implique o pagamento isolado de multa; **5:** correta, pois reflete o disposto no art. 8º, § 1º, da Lei 12.850/2013. ED

Gabarito 1C, 2E, 3C, 4E, 5C

(Analista Judiciário – STJ – 2018 – CESPE) Tendo como referência a jurisprudência sumulada dos tribunais superiores, julgue os itens a seguir, acerca de crimes, penas, imputabilidade penal, aplicação da lei penal e institutos.

(1) Tratando-se de crimes permanentes, aplica-se a lei penal mais grave se esta tiver vigência antes da cessação da permanência.

(2) Na hipótese de tentativa de subtração patrimonial e morte consumada, o agente responderá pelo crime de latrocínio consumado.

(3) O réu sentenciado provisoriamente que se encontre em prisão especial deverá aguardar o trânsito em julgado da sentença com a definição da pena para que seja aplicada a progressão de regime de execução da pena.

(4) Tratando-se de crimes continuados, a prescrição é regulada pela pena imposta na sentença, não se computando o acréscimo decorrente da continuação.

(5) É possível a aplicação do princípio da insignificância nos crimes contra a administração pública, desde que o prejuízo seja em valor inferior a um salário mínimo.

1: correta. Com efeito, segundo entendimento firmado na Súmula n. 711 do STF, "A lei penal mais grave aplica-se ao crime continuado ou ao crime permanente, se a sua vigência é anterior à cessação da continuidade ou da permanência". Cabe relembrar que *crime permanente* é aquele cuja consumação se protrai no tempo por vontade do agente. Exemplo sempre lembrado pela doutrina é o crime de *sequestro e cárcere privado*, capitulado no art. 148 do CP, em que a consumação se opera no momento em que a vítima é privada de sua liberdade. Essa consumação, que teve início com a privação da liberdade da vítima, prolongar-se-á no tempo; **2:** correta. Em consonância com a jurisprudência do STJ (e também do STF), o crime de latrocínio (art.

157, § 3º, II, do CP) se consuma com a morte da vítima, ainda que o agente não consiga dela subtrair coisa alheia móvel. É o teor da Súmula 610, do STF. No STJ: "(...) 3. O latrocínio (CP, art. 157, § 3º, *in fine*) é crime complexo, formado pela união dos crimes de roubo e homicídio, realizados em conexão consequencial ou teleológica e com *animus necandi*. Estes crimes perdem a autonomia quando compõem o crime complexo de latrocínio, cuja consumação exige a execução da totalidade do tipo. Nesse diapasão, em tese, para haver a consumação do crime complexo, necessitar-se-ia da consumação da subtração e da morte, contudo os bens jurídicos patrimônio e vida não possuem igual valoração, havendo prevalência deste último, conquanto o latrocínio seja classificado como crime patrimonial. Por conseguinte, nos termos da Súmula 610 do STF, o fator determinante para a consumação do latrocínio é a ocorrência do resultado morte, sendo despicienda a efetiva inversão da posse do bem (...)" (HC 226.359/DF, Rel. Min. Ribeiro Dantas, Quinta Turma, j. 02.08.2016, *DJe* 12.08.2016); **3:** incorreta. Nos termos da Súmula 717 do STF, "não impede a progressão de regime de execução de pena, fixada em sentença não transitada em julgado, o fato de o réu se encontrar em prisão especial"; **4:** correta. De fato, nas modalidades de concurso de crimes (material, formal ou continuado), a prescrição atingirá a pena de cada crime, de forma isolada, tal como estabelece o art. 119 do CP, ou seja, não se levará em conta o aumento a que se referem os artigos 70 (concurso formal) e 71 (continuidade delitiva), do CP. É o que consta da Súmula 497 do STF: *quando se tratar de crime continuado, a prescrição regula-se pela pena imposta na sentença, não se computando o acréscimo decorrente da continuação*"; **5:** incorreta. O STJ, diferentemente do STF, entende pela inaplicabilidade do princípio da insignificância no contexto dos crimes contra a Administração Pública, ao argumento de que, para além do patrimônio, tutela-se a moralidade administrativa, cuja lesão é altamente nociva à sociedade. Nesse sentido, a Súmula 599, do STJ. Já no STF há julgados que admitem a incidência deste princípio no contexto dos crimes contra a administração pública. A conferir: "Delito de peculato-furto. Apropriação, por carcereiro, de farol de milha que guarnecia motocicleta apreendida. Coisa estimada em treze reais. *Res furtiva* de valor insignificante. Periculosidade não considerável do agente. Circunstâncias relevantes. Crime de bagatela. Caracterização. Dano à probidade da administração. Irrelevância no caso. Aplicação do princípio da insignificância. Atipicidade reconhecida. Absolvição decretada. HC concedido para esse fim. Voto vencido. Verificada a objetiva insignificância jurídica do ato tido por delituoso, à luz das suas circunstâncias, deve o réu, em recurso ou *habeas corpus*, ser absolvido por atipicidade do comportamento" (HC 112388, Relator(a): Min. Ricardo Lewandowski, Relator(a) p/ acórdão: Min. Cezar Peluso, Segunda Turma, julgado em 21/08/2012, Processo Eletrônico DJe-181 Divulg 13.09.2012 Public 14.09.2012). ED

Gabarito 1C, 2C, 3E, 4C, 5E

(Delegado/PE – 2016 – CESPE) Nos últimos tempos, os tribunais superiores têm sedimentado seus posicionamentos acerca de diversos institutos penais, criando, inclusive, preceitos sumulares. Acerca desse assunto, assinale a opção correta segundo o entendimento do STJ.

(A) É possível a consumação do furto em estabelecimento comercial, ainda que dotado de vigilância realizada por seguranças ou mediante câmara de vídeo em circuito interno.
(B) A conduta de atribuir-se falsa identidade perante autoridade policial é considerada típica apenas em casos de autodefesa.
(C) O tempo máximo de duração da medida de segurança pode ultrapassar o limite de trinta anos, uma vez que não constitui pena perpétua.
(D) No que diz respeito à progressão de regime prisional de condenado por crime hediondo cometido antes ou depois da vigência da Lei 11.464/2007, é necessária a observância, além de outros requisitos, do cumprimento de dois quintos da pena, se primário, e, de três quintos, se reincidente, para a obtenção do benefício.
(E) A incidência da causa de diminuição de pena prevista no tipo penal de tráfico de drogas implica o afastamento da equiparação existente entre o delito de tráfico ilícito de drogas e os crimes hediondos, por constituir novo tipo penal, sendo, portanto, o tráfico privilegiado um tipo penal autônomo, não equiparado a hediondo.

A: correta, pois retrata o entendimento firmado na Súmula 567, do STJ: "Sistema de vigilância realizado por monitoramento eletrônico ou por existência de segurança no interior de estabelecimento comercial, por si só, não torna impossível a configuração do crime de furto". O fato é que o chamado *furto sob vigilância* pode, em determinadas situações, a depender do caso concreto, caracterizar *crime impossível* pela *ineficácia absoluta do meio* (art. 17 do CP). É o caso, por exemplo, do agente que, desde o momento em que ingressa no supermercado, passa a ser permanentemente vigiado por sistema de câmeras e também por seguranças, que ficam o tempo todo no seu encalço. Não há, neste caso, a menor possibilidade de o crime consumar-se. Isso não quer dizer que a existência, por si só, de sistema de segurança por câmeras elimine a possibilidade de o crime chegar à sua consumação. É perfeitamente plausível que o agente se aproveite de determinado ângulo de monitoramento em que a subtração não é visualizada pelo sistema de câmeras. Dessa forma, a ineficácia do meio deve ser avaliada caso a caso; **B:** incorreta, pois não reflete o entendimento sufragado na Súmula 522, do STJ: "A conduta de atribuir-se falsa identidade perante autoridade policial é típica, ainda que em situação de alegada autodefesa"; **C:** incorreta, já que não retrata o entendimento consagrado na Súmula 527, do STJ: "O tempo de duração da medida de segurança não deve ultrapassar o limite máximo da pena abstratamente cominada ao delito praticado"; **D:** incorreta, pois contraria o entendimento firmado na Súmula 471, do STJ: "Os condenados por crimes hediondos ou assemelhados cometidos antes da vigência da Lei 11.464/2007 sujeitam-se ao disposto no art. 112 da Lei 7.210/1984 (Lei de Execução Penal) para a progressão de regime prisional"; **E:** incorreta. Segundo entendimento firmado na Súmula 512, do STJ, em vigor ao tempo em que foi elaborada esta questão, "A aplicação da causa de diminuição de pena prevista no art. 33, § 4º, da Lei 11.343/2006 não afasta a hediondez do crime de tráfico de drogas". É importante que se diga que o Plenário do STF, ao julgar o HC 118.533/MS, em 23.06.2016, cuja relatoria foi da Min. Cármen Lúcia, entendeu, em dissonância com o posicionamento adotado pelo STJ, que o crime de tráfico de drogas privilegiado não tem natureza hedionda. Pois bem. Sucede que a Terceira Seção do STJ, na sessão realizada em 23 de novembro de 2016, ao julgar a QO na Pet 11.796-DF, determinou o cancelamento da referida Súmula 512, alinhando-se ao entendimento adotado pelo STF no sentido de que o delito de tráfico privilegiado não pode ser equiparado a crime hediondo.

Gabarito "A"

(Juiz de Direito/AM – 2016 – CESPE) Assinale a opção correta em relação a tipos penais diversos.

(A) Somente o dolo qualifica os crimes contra a incolumidade pública, se estes resultam em lesão corporal ou morte de pessoa.
(B) Não constitui crime vilipendiar as cinzas de um cadáver, sendo tal conduta atípica por ausência de previsão legal.
(C) Se três indivíduos, mediante grave ameaça contra pessoa e com emprego de arma de fogo, renderem o motorista e os agentes de segurança de um carro-forte e subtraírem todo o dinheiro nele transportado, haverá apenas duas causas especiais de aumento de pena: o concurso de duas ou mais pessoas e o emprego de arma de fogo.
(D) Distribuir símbolos ou propaganda que utilizem a cruz suástica ou gamada para fins de divulgação do nazismo é uma conduta típica prevista em lei.
(E) Pratica crime previsto no CP aquele que contrai casamento conhecendo a existência de impedimento que lhe cause a nulidade absoluta ou relativa.

A: incorreta. O art. 258 do CP trata das formas qualificadas de crime de perigo comum, estes definidos no Capítulo I do Título VIII (crimes contra a incolumidade pública). Segundo esse dispositivo, o dolo de perigo (ou mesmo a culpa), na conduta antecedente, é perfeitamente compatível com o consequente culposo (lesão grave ou morte). É incorreto, portanto, afirmar-se que somente o dolo qualifica os crimes contra a incolumidade pública; **B:** incorreta. Isso porque o art. 212 do CP (vilipêndio a cadáver) contempla como objeto material tanto o cadáver quanto as suas cinzas; **C:** incorreta, já que, no caso narrado na proposição, também incidirá (além das causas de aumento ali mencionadas) a majorante presente no art. 157, § 2º, III, do CP: "(...) se a vítima está em serviço de transporte de valores e o agente conhece tal circunstância"; **D:** correta. Conduta capitulada no art. 20, § 1º, da Lei 7.716/1989; **E:** incorreta, uma vez o art. 237 do CP, que define o crime de conhecimento prévio de impedimento, somente se configura se o impedimento der causa a nulidade *absoluta* (a nulidade *relativa* não foi contemplada no tipo penal).

Gabarito "D"

(Analista Judiciário – TRT/8ª – 2016 – CESPE) Assinale a opção correta, considerando a lei e a jurisprudência dos tribunais superiores.

(A) A conduta de vender ou expor à venda CDs ou DVDs contendo gravações de músicas, filmes ou shows não configura crime de violação de direito autoral, por ser prática amplamente tolerada e estimulada pela procura dos consumidores desses produtos.

(B) Na aplicação dos princípios da insignificância e da lesividade, as condutas que produzam um grau mínimo de resultado lesivo devem ser desconsideradas como delitos e, portanto, não ensejam a aplicação de sanções penais aos seus agentes.

(C) O uso de revólver de brinquedo no crime de roubo justifica a incidência da majorante prevista no Código Penal, por intimidar a vítima e desestimular sua reação.

(D) A idade da vítima é um dado irrelevante na dosimetria da pena do crime de homicídio doloso.

(E) Para a configuração dos crimes contra a honra, exige-se somente o dolo genérico, desconsiderando-se a existência de intenção, por parte do agente, de ofender a honra da vítima.

A: incorreta. Segundo enuncia o princípio da *adequação social*, não se pode reputar criminosa a conduta tolerada pela sociedade, ainda que corresponda a uma descrição típica. É dizer, embora formalmente típica, porque subsumida num tipo penal, carece de tipicidade material, porquanto em sintonia com a realidade social em vigor. A aplicação deste postulado no contexto da conduta descrita na assertiva foi rechaçada pelo STJ, quando da edição da Súmula 502: "Presentes a materialidade e a autoria, afigura-se típica, em relação ao crime previsto no art. 184, § 2º, do CP, a conduta de expor à venda CDs e DVDs piratas"; **B:** correta, de acordo com a organizadora. Segundo pensamos, a assertiva contempla tão somente um dos vetores cuja existência é necessária ao reconhecimento do princípio da insignificância. Com efeito, segundo entendimento consolidado no STF, a incidência do princípio da insignificância está condicionada ao reconhecimento conjugado dos seguintes vetores: i) mínima ofensividade da conduta do agente; ii) nenhuma periculosidade social da ação; iii) reduzido grau de reprovabilidade do comportamento; iv) inexpressividade da lesão jurídica provocada; **C:** incorreta. Hodiernamente, é tranquilo o entendimento dos tribunais superiores no sentido de que o emprego de arma de brinquedo, no contexto do crime de roubo, não autoriza o reconhecimento da causa de aumento prevista no art. 157, § 2º-A, I, do CP. Lembremos que a Súmula 174 do STJ, que consolidava o entendimento pela incidência da majorante em casos assim, foi cancelada em 24 de outubro de 2001, apontando, portanto, mudança de posicionamento; **D:** incorreta, pois contraria o disposto no art. 121, § 4º, 2ª parte, do CP: "(...) sendo doloso o homicídio, a pena é aumentada de 1/3 (um terço) se o crime é praticado contra pessoa menor de 14 (quatorze) ou maior de 60 (sessenta) anos"; **E:** incorreta. Embora não haja consenso acerca deste tema, é fato que, para a maior parte da doutrina e da jurisprudência, exige-se, à configuração dos crimes contra a honra, a presença do elemento subjetivo do tipo específico, que é o dolo específico de ofender a honra da vítima. Conferir a lição de Guilherme de Souza Nucci, ao tratar do elemento subjetivo do tipo no contexto dos crimes de calúnia, difamação e injúria: "(...) pune-se o crime quando o agente agir dolosamente. Não há a forma culposa. Entretanto, exige-se, majoritariamente (doutrina e jurisprudência), o elemento subjetivo do tipo específico, que é a especial intenção de ofender, magoar, macular a honra alheia. Este elemento intencional está implícito no tipo" (*Código Penal Comentado*, 13ª ed. São Paulo: RT, 2013. p. 716).

Gabarito "B"

(Analista Judiciário – TRT/8ª – 2016 – CESPE) No tocante à interpretação dos crimes de perigo abstrato e dos crimes contra a organização do trabalho, contra a administração pública e contra a dignidade sexual, consoante a jurisprudência dos tribunais superiores, assinale a opção correta.

(A) Por se tratar de delito de perigo abstrato, o abandono de incapaz dispensa a prova do efetivo risco de dano à saúde da vítima.

(B) O crime de porte ilegal de arma de fogo, classificado como delito de perigo abstrato, não dispensa a prova pericial para estabelecer a sua eficiência na realização de disparos, necessária para demonstrar o risco potencial à incolumidade física das pessoas.

(C) O agente que não é funcionário público não pode figurar como sujeito ativo do crime de peculato.

(D) No crime de aliciamento para o fim de emigração, pune-se a conduta de recrutar trabalhadores, mediante fraude, com o fim de levá-los para território estrangeiro, como forma de se garantir a proteção à organização do trabalho.

(E) Para a caracterização do crime de concussão, a conduta do servidor público deve consistir na exigência de vantagem indevida, necessariamente em dinheiro, para si ou para outrem, em razão da função que o servidor exerce.

A: incorreta. O crime do art. 133 do CP (abandono de incapaz) é, ao contrário do afirmado, de perigo *concreto*, em que se exige a efetiva demonstração de que a vítima foi exposta a situação de risco; **B:** incorreta. Nesse sentido, conferir: "(...) O crime de porte ilegal de arma de fogo é de perigo abstrato, sendo prescindíveis, para o reconhecimento da materialidade delitiva, a realização de perícia para atestar a potencialidade lesiva do artefato ou a constatação de seu efetivo municiamento" (STJ, REsp 1511416/RS, Rel. Ministro ROGERIO SCHIETTI CRUZ, SEXTA TURMA, julgado em 03.05.2016, *DJe* 12.05.2016). Na mesma ótica: "(...) Consoante a jurisprudência desta Terceira Seção, consolidada no julgamento do EResp n. 1.005.300/RS, tratando-se de crime de perigo abstrato, é prescindível a realização de laudo pericial para atestar a potencialidade da arma apreendida e, por conseguinte, caracterizar o crime de porte ilegal de arma de fogo" (STJ, HC 268.658/RS, Rel. Ministro NEFI CORDEIRO, SEXTA TURMA, julgado em 12.04.2016, *DJe* 22.04.2016); **C:** incorreta. É certo que o crime de peculato (art. 312, CP), por ser próprio, somente pode ser praticado pelo funcionário público. Entretanto, nada obsta que o particular figure como sujeito ativo deste crime, desde que pratique qualquer das ações descritas no tipo em coautoria ou participação com o *intraneus*; **D:** correta. A assertiva corresponde à descrição típica do crime do art. 206 do CP, que integra o Título IV (Crimes contra a Organização do Trabalho); **E:** incorreta. Isso porque a vantagem indevida, no crime de concussão, não se restringe a dinheiro. Há autores (Damásio de Jesus, Nelson Hungria e Magalhães Noronha) que entendem que a vantagem, neste caso, deve ter natureza patrimonial (aqui incluído o dinheiro); para outros (Guilherme de Souza Nucci e Julio Fabbrini Marabete, entre outros), a vantagem indevida pode ser de qualquer espécie, não só de conotação patrimonial. Por exemplo: favor sexual.

Gabarito "D"

(Analista Judiciário –TRE/PI – 2016 – CESPE) Acerca dos crimes em espécie, assinale a opção correta.

(A) Em se tratando de crime ambiental, não se admite a incidência do princípio da insignificância.

(B) A apreensão de arma de fogo na posse do autor dias após o cometimento de crime de roubo não constitui crime autônomo, sendo fato impunível.

(C) A nulidade do exame pericial na arma de fogo descaracteriza o crime de porte ilegal, mesmo diante de conjunto probatório idôneo, conforme entendimento do Supremo Tribunal Federal.

(D) O particular não pode responder pela prática do crime de abuso de autoridade, nem mesmo como partícipe.

(E) Conforme o entendimento do Supremo Tribunal Federal, é possível a condenação de pessoa jurídica pela prática de crime ambiental, mesmo que absolvidas as pessoas físicas ocupantes de cargos de presidência ou direção.

A: incorreta. Tanto o STF quanto o STJ acolhem a possibilidade de incidência do princípio da insignificância no contexto dos crimes ambientais. Conferir: "AÇÃO PENAL. Crime ambiental. Pescador flagrado com doze camarões e rede de pesca, em desacordo com a Portaria 84/02, do IBAMA. Art. 34, parágrafo único, II, da Lei nº 9.605/98. *Rei furtivae* de valor insignificante. Periculosidade não considerável do agente. Crime de bagatela. Caracterização. Aplicação do princípio da insignificância. Atipicidade reconhecida. Absolvição decretada. HC concedido para esse fim. Voto vencido. Verificada a objetiva insignificância jurídica do ato tido por delituoso, à luz das suas circunstâncias, deve o réu, em recurso ou *habeas corpus*, ser absolvido por atipicidade do comportamento" (STF, HC 112563, Relator(a): Min. RICARDO LEWANDOWSKI, Relator(a) p/ Acórdão: Min. CEZAR PELUSO, Segunda Turma, julgado em 21.08.2012); **B:** incorreta. Nesse sentido: "(...) 1. Caso no qual o acusado foi preso portando ilegalmente arma de fogo, usada também em crime de roubo três dias antes. Condutas autônomas, com violação de diferentes bens jurídicos em cada uma delas. 2. Inocorrente o esgotamento do dano social no crime de roubo, ante a violação posterior da incolumidade pública pelo porte ilegal de arma de fogo, não há falar em aplicação do princípio da consunção. 3. Recurso desprovido" (RHC 106067, Relator(a): Min. ROSA WEBER, Primeira Turma, julgado em 26.06.2012); **C:** incorreta. Conferir: "*Habeas corpus*. Posse ilegal de arma de fogo. Verificação de nulidade de exame pericial inviável na via do *habeas corpus*. Impossibilidade de dilação probatória. Eventual nulidade do exame pericial na arma de fogo não descaracteriza o delito previsto no art. 14, *caput*, da Lei nº 10.826/03. Precedentes. 1. A alegada nulidade do exame pericial, em virtude de ter sido realizado por policiais que atuaram nos autos do inquérito e sem a qualificação necessária à realização de tais exames, em total desacordo com a regra prevista no art. 159, § 1º, do Código de Processo Penal, não pode ser verificada na via estreita do *habeas corpus*, pois essa análise demandaria reexame do conjunto probatório. 2. Eventual nulidade do exame pericial na arma de fogo não descaracteriza o delito previsto no art. 14, *caput*, da Lei nº 10.826/03 quando existir um conjunto probatório que permita ao julgador formar convicção no sentido da existência do crime imputado ao paciente, bem como da autoria do fato. 3. *Habeas corpus* denegado" (HC 96921, Relator(a): Min. MARCO AURÉLIO, Relator(a) p/ Acórdão: Min. DIAS TOFFOLI, Primeira Turma, julgado em 14.09.2010); **D:** incorreta. Tal como se dá no contexto dos crimes praticados por funcionário público previstos no Código Penal, os crimes de abuso de autoridade admitem, sim, que o particular figure como sujeito ativo (coautor ou partícipe), desde que em concurso com o *intraneus* (art. 30, CP). Registre-se que, atualmente, os crimes de abuso de autoridade estão definidos na Lei 13.869/2019, que revogou, na íntegra, a Lei 4.898/1965; **E:** correta. No STF: "1. O art. 225, § 3º, da Constituição Federal não condiciona a responsabilização penal da pessoa jurídica por crimes ambientais à simultânea persecução penal da pessoa física em tese responsável no âmbito da empresa. A norma constitucional não impõe a necessária dupla imputação. 2. As organizações corporativas complexas da atualidade se caracterizam pela descentralização e distribuição de atribuições e responsabilidades, sendo inerentes, a esta realidade, as dificuldades para imputar o fato ilícito a uma pessoa concreta. 3. Condicionar a aplicação do art. 225, §3º, da Carta Política a uma concreta imputação também a pessoa física implica indevida restrição da norma constitucional, expressa a intenção do constituinte originário não apenas de ampliar o alcance das sanções penais, mas também de evitar a impunidade pelos crimes ambientais frente às imensas dificuldades de individualização dos responsáveis internamente às corporações, além de reforçar a tutela do bem jurídico ambiental. 4. A identificação dos setores e agentes internos da empresa determinantes da produção do fato ilícito tem relevância e deve ser buscada no caso concreto como forma de esclarecer se esses indivíduos ou órgãos atuaram ou deliberaram no exercício regular de suas atribuições internas à sociedade, e ainda para verificar se a atuação se deu no interesse ou em benefício da entidade coletiva. Tal esclarecimento, relevante para fins de imputar determinado delito à pessoa jurídica, não se confunde, todavia, com subordinar a responsabilização da pessoa jurídica à responsabilização conjunta e cumulativa das pessoas físicas envolvidas. Em não raras oportunidades, as responsabilidades internas pelo fato estarão diluídas ou parcializadas de tal modo que não permitirão a imputação de responsabilidade penal individual. 5. Recurso Extraordinário parcialmente conhecido e, na parte conhecida, provido" (RE 548181, Relator(a): Min. ROSA WEBER, Primeira Turma, julgado em 06/08/2013, ACÓRDÃO ELETRÔNICO DJe-213 DIVULG 29-10-2014 PUBLIC 30-10-2014). Na mesma esteira, o STJ: "1. Conforme orientação da 1ª Turma do STF, "O art. 225, § 3º, da Constituição Federal não condiciona a responsabilização penal da pessoa jurídica por crimes ambientais à simultânea persecução penal da pessoa física em tese responsável no âmbito da empresa. A norma constitucional não impõe a necessária dupla imputação." (RE 548181, Relatora Min. ROSA WEBER, Primeira Turma, julgado em 06.08.2013, acórdão eletrônico *DJe*-213, divulg. 29/10/2014, public. 30.10.2014). 2. Tem-se, assim, que é possível a responsabilização penal da pessoa jurídica por delitos ambientais independentemente da responsabilização concomitante da pessoa física que agia em seu nome. Precedentes desta Corte. 3. A personalidade fictícia atribuída à pessoa jurídica não pode servir de artifício para a prática de condutas espúrias por parte das pessoas naturais responsáveis pela sua condução. 4. Recurso ordinário a que se nega provimento" (RMS 39.173/BA, Rel. Ministro REYNALDO SOARES DA FONSECA, QUINTA TURMA, julgado em 06.08.2015, *DJe* 13.08.2015).

Gabarito "E".

(Juiz de Direito/DF – 2016 – CESPE) De acordo com as súmulas em vigência do STF, assinale a opção correta.

(A) Admite-se continuidade delitiva nos crimes contra a vida.

(B) Os crimes falimentares, por serem tipificados em lei especial, não se sujeitam às causas interruptivas da prescrição previstas no CP.

(C) A definição dos crimes de responsabilidade e o estabelecimento das respectivas normas de processo e julgamento são da competência legislativa concorrente da União e das unidades da Federação.

(D) Ainda que o agente não subtraia bens da vítima, configura-se o crime de latrocínio quando o homicídio se consuma.

(E) A conduta de reduzir tributo mediante prestação de declaração falsa às autoridades fazendárias, antes do lançamento definitivo do tributo, configura crime contra a ordem tributária.

A: incorreta, pois contraria o entendimento sufragado na Súmula 605, do STF: *Não se admite continuidade delitiva nos crimes contra a vida*; **B:** incorreta, pois contraria o entendimento sufragado na Súmula 592, do STF: *Nos crimes falimentares, aplicam-se as causas interruptivas da prescrição, previstas no Código Penal*; **C:** incorreta, pois contraria o entendimento consolidado na Súmula Vinculante 46: *A definição dos crimes de responsabilidade e o estabelecimento das respectivas normas de processo e julgamento são de competência legislativa privativa da União*; **D:** correta, pois em conformidade com o entendimento sufragado na Súmula 610, do STF: *Há crime de latrocínio, quando o homicídio se consuma, ainda que não realize o agente a subtração de bens da vítima*; **E:** incorreta, pois não reflete o entendimento consolidado na Súmula Vinculante 24: *Não se tipifica crime material contra ordem tributária, previsto no art. 1º, incisos I a IV, da Lei 8.137/1990, antes do lançamento definitivo do tributo.*

Gabarito "D".

(Juiz de Direito/DF – 2016 – CESPE) Acerca da jurisprudência sumulada do STJ em matéria penal, assinale a opção correta.

(A) O delito de corromper menor de dezoito anos, com ele praticando infração penal ou induzindo-o a praticá-la, é crime formal, cuja configuração independe da prova de efetiva corrupção do menor.

(B) O reconhecimento do privilégio previsto para o furto simples nos casos de crime de furto qualificado é inadmissível, mesmo que o criminoso seja primário, a coisa furtada seja de pequeno valor e a qualificadora seja de ordem objetiva.

(C) É admissível a fixação de pena substitutiva prevista no art. 44 do CP, como condição especial ao regime aberto, nos termos da súmula 493.

(D) Por adequação social, nos termos da súmula 502, ainda que presentes a materialidade e a autoria, nos termos da súmula 502, a conduta de expor à venda CDs e DVDs piratas, não tipifica o crime em relação ao direito autoral previsto no art. 184, § 2.º, do CP.

(E) A causa de aumento de pena pelo concurso de agentes, prevista para o crime de roubo, é aplicável para o crime de furto qualificado.

A: correta. De fato, de acordo com a jurisprudência já pacificada do STJ, o crime do at. 244-B do ECA é *formal*. Conferir a ementa a seguir: "A Terceira Seção do Superior Tribunal de Justiça, ao apreciar o Recurso Especial 1.127.954/DF, representativo de controvérsia, pacificou seu entendimento no sentido de que o crime de corrupção de menores – antes previsto no art. 1º da Lei 2.252/1954, e hoje inscrito no art. 244-B do Estatuto da Criança e do Adolescente – é delito formal, não exigindo, para sua configuração, prova de que o inimputável tenha sido corrompido, bastando que tenha participado da prática delituosa. III. É descabido o argumento de que o menor já seria corrompido, porquanto o comportamento do réu, consistente em oportunizar, ao inimputável, nova participação em fato delituoso, deve ser igualmente punido, tendo em vista que implica em afastar o menor, cada vez mais, da possibilidade de recuperação" (AgRg no REsp 1371397/DF (2013/0081451-3), 6ª Turma, j. 04.06.2013, rel. Min. Assusete Magalhães, *DJe* 17.06.2013). Consolidando tal entendimento, o STJ editou a Súmula 500, a seguir transcrita: "A configuração do crime previsto no art. 244-B do Estatuto da Criança e do Adolescente independe da prova da efetiva corrupção do menor, por se tratar de delito formal"; **B:** incorreta, pois não corresponde ao entendimento firmado na Súmula 511 do STJ: "É possível o reconhecimento do privilégio previsto no § 2º do art. 155 do CP nos casos de crime de furto qualificado, se estiverem presentes a primariedade do agente, o pequeno valor da coisa e a qualificadora for de ordem objetiva"; **C:** incorreta, uma vez que não reflete o entendimento consolidado na Súmula 493, do STJ: *É inadmissível a fixação de pena substitutiva (art. 44 do CP) como condição especial ao regime aberto*; **D:** incorreta. Segundo enuncia o princípio da *adequação social*, não se pode reputar criminosa a conduta tolerada pela sociedade, ainda que corresponda a uma descrição típica. É dizer, embora formalmente típica, porque subsumida num tipo penal, carece de tipicidade material, porquanto em sintonia com a realidade social em vigor. A aplicação deste postulado no contexto da conduta descrita na assertiva foi rechaçada pelo STJ, quando da edição da Súmula 502: "Presentes a materialidade e a autoria, afigura-se típica, em relação ao crime previsto no art. 184, § 2º, do CP, a conduta de expor à venda CDs e DVDs piratas"; **E:** incorreta, uma vez que não reflete o entendimento consolidado na Súmula 442, do STJ: *É inadmissível aplicar, no furto qualificado, pelo concurso de agentes, a majorante do roubo.*

Gabarito "A".

(Analista – STF – 2013 – CESPE) Julgue os itens subsecutivos, a respeito dos crimes previstos na Parte Especial do Código Penal.

(1) Considere que José, penalmente imputável, tenha fornecido abrigo para que o seu irmão Alfredo, autor de crime de homicídio, se escondesse e evitasse a ação da autoridade policial. Nessa situação, a conduta de José é isenta de pena em face de seu parentesco com Alfredo.

(2) Considere que Armando, penalmente imputável, no dia 25/3/2013, mediante grave ameaça, tenha constrangido Maria, de dezesseis anos de idade, à prática de conjunção carnal e ato libidinoso diverso, no mesmo cenário fático. Nessa situação, Armando responderá por dois delitos – estupro e atentado violento ao pudor – em concurso material, devendo ser condenado a pena equivalente à soma das sanções previstas para cada um desses crimes.

1: correta. À primeira vista, a conduta levada a efeito por José se enquadra no tipo penal do art. 348 do CP, que define o crime de *favorecimento pessoal*, já que este forneceu abrigo ao seu irmão, Alfredo, autor de crime de homicídio, com o fim de homiziá-lo e, dessa forma, evitar a ação da autoridade policial. Sucede que, em razão do grau de parentesco existente entre os dois (são irmãos), configurada está a causa de isenção de pena (escusa absolutória) presente no art. 348, § 2º, do CP; assim, nenhuma responsabilidade penal recairá sobre José; **2**: incorreta. Os tribunais, até a edição da Lei 12.015/2009, tinham como consolidado o entendimento segundo o qual, quando o *atentado violento ao pudor* não constituísse meio natural para a prática do *estupro*, caracterizado estaria o concurso material de crimes: STJ, HC 102.362-SP, 5ª T., Rel. Min. Felix Fischer, j. 18.11.2008. Com a Lei 12.015/2009, que promoveu uma série de mudanças na disciplina dos crimes sexuais, o estupro – art. 213 do CP, que incriminava tão somente a conjunção carnal realizada com mulher, mediante violência ou grave ameaça, passou a incorporar, também, a conduta antes contida no art. 214 do CP – dispositivo hoje revogado (art. 7º da Lei 12.015/2009). Dito de outro modo, constitui estupro, na sua nova forma, toda modalidade de violência sexual levada a efeito para qualquer fim libidinoso, incluída, por óbvio, a conjunção carnal. Dessa forma, o crime do art. 213 do CP, com a mudança implementada pela Lei 12.015/2009, passa a comportar, além da conduta consubstanciada na conjunção carnal violenta, contra homem ou mulher, também o comportamento consistente em obrigar alguém a praticar ou permitir que com o sujeito ativo se pratique outro ato libidinoso que não a conjunção carnal. Criou-se, assim, um tipo misto alternativo, razão pela qual a prática, por exemplo, de *sexo oral* e *conjunção carnal* no mesmo contexto fático implica o cometimento de crime único. Incide, no caso, o *princípio da alternatividade*. Nesse sentido, o seguinte julgado do STJ: "Com a superveniência da Lei 12.015/2009, a conduta do crime de atentado violento ao pudor, anteriormente prevista no art. 214 do Código Penal, foi inserida naquela do art. 213, constituindo, assim, quando praticadas contra a mesma vítima e num mesmo contexto fático, crime único de estupro (AgRg no REsp 1127455-AC, 6ª T., rel. Min. Sebastião Reis Júnior, 28.08.2012).

Gabarito 1C, 2E

(Escrivão de Polícia Federal – 2013 – CESPE) Julgue os itens subsequentes, relativos à aplicação da lei penal e seus princípios.

(1) Suponha que, no curso de determinado inquérito policial, tenha sido editada nova lei que, então, deixou de tipificar o fato, objeto da investigação, como criminoso. Nesse caso, o inquérito policial deve ser imediatamente encerrado, porquanto se opera a extinção da punibilidade do autor.

(2) A contagem do prazo para efeito da decadência, causa extintiva da punibilidade, obedece aos critérios processuais penais, computando-se o dia do começo. Todavia, se este recair em domingos ou feriados, o início do prazo será o dia útil imediatamente subsequente.

(3) Uma vez que as medidas de segurança não são consideradas penas, possuindo caráter essencialmente preventivo, a elas não se aplicam os princípios da reserva legal e da anterioridade.

(4) No que diz respeito ao tema **lei penal no tempo**, a regra é a aplicação da lei apenas durante o seu período de vigência; a exceção é a extra-atividade da lei penal mais benéfica, que comporta duas espécies: a retroatividade e a ultra-atividade.

1: correta. Se um fato penalmente típico assim deixa de ser considerado em razão da superveniência de uma lei, operar-se-á a denominada *abolitio criminis*, que, nos termos do art. 107, III, do CP, é causa de extinção da punibilidade. Tal ocorreu, por exemplo, com o crime de adultério, considerado crime até o advento da Lei 11.106/2005. Desde então, referido fato criminoso deixou de sê-lo. Consequentemente, todas as investigações instauradas para apurar referido crime tiveram que ser encerradas a partir do início de vigência de referida lei. Não se pode esquecer que a lei penal é irretroativa, salvo para beneficiar o réu (art. 5º, XL, CF; art. 2º, CP). No caso de lei que deixe de considerar o fato como criminoso (ou lei supressiva de incriminação; ou *abolitio criminis*), por se tratar de situação nitidamente benéfica ao agente, irá retroagir e, neste caso, extinguir a punibilidade; **2**: errada. A decadência, em matéria penal, é causa extintiva da punibilidade, conforme dispõe o art. 107, IV, CP. Trata-se da perda do direito de intentar queixa (crimes de ação penal privada) ou de ofertar representação (crimes de ação penal pública condicionada à representação) pelo decurso do prazo previsto em lei (art. 103, CP). Por se tratar de prazo que reflete, diretamente, no direito de punir estatal, considera-se de índole penal, aplicando-se, então, a regra prevista no art. 10, CP (inclusão do dia do começo e exclusão do dia do vencimento). Importante anotar que o prazo de decadência é considerado fatal, ou seja, não sendo passível de prorrogação ou suspensão. Logo, se o último dia do prazo decadencial cair em um sábado, domingo ou feriado, por exemplo, não irá prorrogar-se para o primeiro dia útil seguinte, tal como aconteceria se se tratasse de um prazo de natureza processual penal (art. 798, §§ 1º e 3º, CPP); **3**: errada. Nada obstante as medidas de segurança não sejam penas, na acepção técnica da palavra, são consideradas espécie de sanção penal. Assim, não há qualquer dúvida na doutrina acerca da necessidade de observância dos princípios da reserva legal e anterioridade. Em outras palavras, não se admitirá a imposição de uma medida de segurança sem que esta seja expressamente prevista em lei (reserva legal), e desde que seja anterior ao fato considerado criminoso que se pretende apurar e perseguir em juízo (anterioridade); **4**: correta. De fato, em matéria de aplicação da lei penal no tempo, vigora a regra do *tempus regit actum*, ou seja, aplicar-se-á a lei em vigor ao tempo em que cometida a infração penal. Importante lembrar que a lei penal é irretroativa, ou seja, não alcança fatos anteriores ao início de sua vigência, salvo para beneficiar o réu (art. 5º, XL, CF e art. 2º, CP). Assim, nada obstante a regra seja a irretroatividade, será possível que a lei penal seja aplicada mesmo para fatos ocorridos antes ou após o início de sua vigência. É a chamada extra-atividade da lei, que irá se materializar em duas situações, quais sejam, a retroatividade (aplicação da lei para fatos ocorridos antes do início de sua vigência) e a ultra-atividade (aplicação da lei, embora revogada, para fatos ocorridos durante sua vigência).

Gabarito 1C, 2E, 3E, 4C

(Polícia Rodoviária Federal – 2013 – CESPE) Com relação aos princípios, institutos e dispositivos da parte geral do Código Penal (CP), julgue os itens seguintes.

(1) Havendo conflito aparente de normas, aplica-se o princípio da subsidiariedade, que incide no caso de a norma descrever várias formas de realização da figura típica, bastando a realização de uma delas para que se configure o crime.

(2) Considere a seguinte situação hipotética. Joaquim, plenamente capaz, desferiu diversos golpes de facão contra Manoel, com o intuito de matá-lo, mas este, tendo sido socorrido e levado ao hospital, sobreviveu. Nessa situação hipotética, Joaquim respondera pela pratica de homicídio tentado, com pena reduzida levando-se em conta a sanção prevista para o homicídio consumado.

(3) O princípio da legalidade é parâmetro fixador do conteúdo das normas penais incriminadoras, ou seja, os tipos penais de tal natureza somente podem ser criados por meio de lei em sentido estrito.

(4) A extra-atividade da lei penal constitui exceção a regra geral de aplicação da lei vigente a época dos fatos.

(5) Considere que um indivíduo penalmente capaz, em total estado de embriaguez, decorrente de caso fortuito, atropele um pedestre, causando-lhe a morte. Nessa situação, a embriaguez não excluía imputabilidade penal do agente.

(6) O ordenamento jurídico brasileiro prevê a possibilidade de ocorrência de tipicidade sem antijuridicidade, assim como de antijuridicidade sem culpabilidade.

(7) Em relação ao concurso de pessoas, o CP adota a teoria monista, segundo a qual todos os que contribuem para a prática de uma mesma infração penal cometem um único crime, distinguindo-se, entretanto, os autores do delito dos partícipes.

1: errada. A assertiva contém a explicação do princípio da alternatividade, segundo o qual ficará caracterizado o crime pela só prática de uma das diversas formas de realização da figura típica. Tal fenômeno ocorre nos denominados crimes de ação múltipla, cujos tipos penais contêm diversos comportamentos ilícitos (verbos), tal como se vê no tráfico de drogas (art. 33, *caput*, da Lei 11.343/2006), que prevê dezoito formas de ser cometido o delito. Aqui, estamos diante de um tipo misto alternativo ou de conteúdo variado. Como afirmado, bastará o cometimento de apenas um verbo para que se repute praticado o crime. Não se confunde o princípio da alternatividade com o da subsidiariedade, segundo o qual a lei primária prevalece sobre a lei subsidiária. Assim, verifica-se a subsidiariedade quando duas leis penais descreverem ou enunciarem estágios ou graus diferentes de ofensa a um mesmo bem jurídico, prevalecendo aquele que traga uma ofensa mais grave (lei primária), que englobe aquela prevista na lei subsidiária. Esta, de acordo com a doutrina, assume uma função complementar, incidindo apenas quando a lei principal não puder ser aplicada frente ao fato que se pretende punir. **2**: correta. Salvo disposição em contrário, o crime tentado será punido com a mesma pena prevista para o consumado, reduzida, porém, de um a dois terços (art. 14, parágrafo único, CP). Logo, Joaquim, autor de tentativa de homicídio perpetrado contra Manoel, será punido com pena reduzida. **3**: correta. De fato, não se cogita da criação de um tipo penal incriminador sem que exista lei em sentido estrito nesse sentido. Registre-se que o art. 5º, XXXIX, CF e art. 1º, CP, enunciam não haver crime ou pena sem lei que os defina. **4**: correta. A regra, não somente para o Direito Penal, mas, também, para todos os demais ramos do Direito, é a de os fatos com repercussão no mundo jurídico serem regidos pelas leis que estiverem em vigor quando de sua ocorrência. Vale, assim, o *tempus regit actum* (o tempo rege o ato, ou seja, aplica-se a lei vigente à época em que ocorrer o fato). Todavia, em matéria penal, pode-se afirmar que a lei poderá regrar situações pretéritas ou mesmo após sua revogação. Tal se denomina de extra-atividade da lei penal, que se verifica nos casos de retroatividade (aplicação da lei para fatos anteriores ao início de sua vigência – art. 5º, XL, CF e art. 2º, CP) e ultra-atividade (aplicação da lei, mesmo após sua revogação, para fatos ocorridos durante sua vigência – art. 3º, CP). **5**: errada. Muito embora, em matéria de embriaguez, a regra seja a de que esta não tem o condão de afastar a imputabilidade penal (art. 28, II, CP), devendo o agente ser responsabilizado criminalmente caso tal circunstância decorra de sua vontade ou de ato culposo (embriaguez voluntária ou culposa), excepcionalmente, haverá isenção de pena. Ocorrerá, assim, a exclusão da culpabilidade penal, frente à inimputabilidade, quando a embriaguez for involuntária (caso fortuito ou força maior) e completa, tal como referida na assertiva ora analisada. Assim, se o total estado de embriaguez do indivíduo decorre de caso fortuito, o atropelamento e morte do pedestre não irá lhe acarretar responsabilização criminal, em virtude do disposto no art. 28, § 1º, CP; **6**: correta. De fato, a tipicidade e a ilicitude não precisam, necessariamente, "caminhar juntas" em matéria penal. É perfeitamente possível que alguém cometa um fato penalmente típico (ex.: matar alguém – art. 121, CP), sem, porém, que tal comportamento seja considerado contrário ao Direito (ilícito ou antijurídico). É o clássico exemplo de a vítima de uma injusta agressão tirar a vida do agressor em legítima defesa (art. 25, CP), que é causa excludente da ilicitude ou antijuridicidade. Logo, a vítima terá praticado um fato típico, mas, não, antijurídico. Ainda, admite-se que alguém pratique um fato típico e antijurídico, mas que não seja criminalmente responsabilizado. Assim, pode alguém praticar um determinado comportamento previsto em lei (típico) e contrário ao Direito (antijurídico), mas ficar isento de pena (exclusão da culpabilidade). Tal se verifica, por exemplo, na coação moral irresistível (art. 22, CP). O agente pratica fato típico e antijurídico (ex.: gerente de instituição financeira que subtrai do cofre determinada quantia para pagamento de resgate da família, que se encontra subjugada por sequestradores, que os ameaçam de morte caso não se entregue o dinheiro), mas ficará isento de pena (a coação moral irresistível afasta a exigibilidade de conduta diversa, que é requisito da culpabilidade). No exemplo citado, o gerente ficará isento de pena, respondendo os sequestradores pelo furto por ele praticado. **7**: correta. De fato, em matéria de concurso de pessoas, o CP adotou a teoria monista, segundo a qual todos aqueles que concorrerem para a prática do crime, por ele responderão, mas na medida de sua culpabilidade (art. 29, *caput*, CP). Todavia, nem todos os "concorrentes" do crime serão considerados autores, havendo distinção destes – que executam o comportamento previsto no tipo penal – dos chamados partícipes – que praticam comportamento acessório, ou seja, não previsto no tipo penal, mas relevantes para o cometimento do crime.

Gabarito 1E, 2C, 3C, 4C, 5E, 6C, 7C

(Polícia Rodoviária Federal – 2013 – CESPE) No que se refere aos delitos previstos na parte especial do CP, julgue os itens de *1* a 5.

(1) Considere a seguinte situação hipotética. Pedro e Marcus, penalmente responsáveis, foram flagrados pela polícia enquanto subtraiam de Antonio, mediante ameaça com o emprego de arma de fogo, um aparelho celular e a importância de R$ 300,00. Pedro, que portava o celular da vítima, foi preso, mas Marcus conseguiu fugir com a importância subtraída. Nessa situação hipotética, Pedro e Marcus, em conluio, praticaram o crime de roubo tentado.

(2) Considere a seguinte situação hipotética. Aproveitando-se da facilidade do cargo por ele exercido em determinado órgão público, Artur, servidor público, em conluio com Maria, penalmente responsável, subtraiu dinheiro da repartição pública onde trabalha. Maria, que recebeu parte do dinheiro subtraído, desconhecia ser Artur funcionário público. Nessa situação hipotética, Artur cometeu o crime de peculato e Maria, o delito de furto.

(3) O crime de concussão configura-se com a exigência, por funcionário público, de vantagem indevida, ao passo que, para a configuração do crime de corrupção passiva, basta que ele solicite ou receba a vantagem, ou, ainda, aceite promessa de recebê-la.

(4) Em se tratando do crime de furto mediante fraude, a vítima, ludibriada, entrega, voluntariamente, a coisa ao agente. No crime de estelionato, a fraude e apenas uma forma de reduzir a vigilância exercida pela vítima sobre a coisa, de forma a permitir a sua retirada.

(5) Considera-se crime hediondo o homicídio culposo na condução de veículo automotor, quando comprovada a embriaguez do condutor.

1: errada. Considerando que um dos agentes (Marcus) conseguiu fugir com os R$ 300,00 subtraídos de Antonio, ainda que um comparsa tenha sido preso com o celular que havia sido roubado (Pedro), não se pode cogitar de tentativa. Afinal, a vítima sofreu lesão patrimonial. Por outro lado, a jurisprudência majoritária admite que o roubo se consuma no momento em que, empregada a grave ameaça ou violência, ocorre a inversão da posse da coisa subtraída, independentemente de esta ficar na posse mansa e pacífica dos roubadores. **2**: correta. Artur, funcionário público, cometeu o crime de peculato-furto (art. 312, § 1º, CP), visto que se valendo das facilidades que o cargo lhe proporciona, subtraiu dinheiro da repartição pública onde trabalha. No tocante a Maria, muito embora tenha concorrido para referido crime, por desconhecer a condição de funcionário público de Artur, não poderá responder por peculato, mas, sim, por furto (art. 155, CP). **3**: correta. A concussão (art. 316, CP) pressupõe que o funcionário público exija vantagem indevida, tratando-se de crime formal, que se consuma com a mera exigência, independentemente do recebimento dela. Já a corrupção passiva (art. 317, CP) se consuma quando o agente – funcionário público – solicita ou recebe vantagem indevida, ou aceita a promessa de tal vantagem. Nas modalidades "solicitar" e "aceitar promessa", o crime se consumará independentemente do recebimento da vantagem. Já na modalidade "receber", por óbvio, a consumação se verificará em referido momento. **4**: errada. As explicações sobre "furto mediante fraude" (art. 155, § 4º, II, CP) e "estelionato" (art. 171, CP) estão invertidas. Neste, a vítima, ludibriada em virtude do emprego de artifício, ardil ou qualquer outro meio fraudulento, entrega ao agente a coisa, suportando, assim, um prejuízo. Já naquele, a fraude é empregada para que a vítima diminua sua vigilância sobre o bem, com o que o furtador se aproveita para subtraí-lo. **5**: errada. O rol de crimes hediondos consta no art. 1º da Lei 8.072/1990, nele não se inserindo o homicídio culposo na direção de veículo automotor (art. 302, CTB).

Gabarito 1E, 2C, 3C, 4E, 5E

(Agente de Polícia/DF – 2013 – CESPE) Em relação ao direito penal, julgue os próximos itens.

(1) A *abolitio criminis* faz cessar todos os efeitos penais, principais e secundários, subsistindo os efeitos civis.

(2) O crime culposo advém de uma conduta involuntária.

(3) A embriaguez completa pode dar causa à exclusão da imputabilidade penal, mas não descaracteriza a ilicitude do fato.

1: correta. Nada obstante a *abolitio criminis* (lei posterior supressiva de incriminação) seja causa extintiva da punibilidade (art. 107, III, CP), fazendo cessar, consequentemente, os efeitos penais principal (pena) e secundários de natureza penal, subsistirão os efeitos civis. Assim, por exemplo, aquele que vier a cometer determinado comportamento criminoso, posteriormente descriminalizado por lei, os eventuais danos causados à vítima deverão ser ressarcidos, não tendo a nova lei o condão de eliminar o dever de reparar o dano; **2**: errada. À luz da teoria finalista da ação, capitaneada pelo jurista alemão Hans Welzel, todo crime pressupõe que a conduta – seja ela dolosa ou culposa – seja consciente e voluntária, e dirigida a uma finalidade. Assim, também no crime culposo a conduta do agente será voluntária, nada obstante o resultado daí advindo seja involuntário. **3**: correta. A embriaguez completa e involuntária, nos termos do art. 28, § 10, CP, é causa de exclusão da imputabilidade penal (e da culpabilidade, portanto). Porém, não elimina o fato típico, nem a ilicitude do fato. O comportamento do agente continua a ser contrário ao Direito, mas, em virtude de referida espécie de embriaguez, não será censurável (leia-se: passível de responsabilização criminal).

Gabarito 1C, 2E, 3C

(Escrivão de Polícia/DF – 2013 – CESPE) Acerca do direito penal, julgue os itens subsecutivos.

(1) Considere a seguinte situação hipotética. Vicente, que não tem prática no uso de arma de fogo, disparou vários tiros contra Rodrigo, que estava próximo de Manoel, sabendo que poderia atingir os dois. Vicente tinha a intenção de matar Rodrigo e, para tanto, não se importava com a morte previsível de Manoel. Após os disparos, ambos foram atingidos, e apenas Rodrigo sobreviveu. Nessa situação, não há elementos legais suficientes para se falar em concurso formal de crimes.

(2) Considere a seguinte situação hipotética. Henrique é dono de um feroz cão de guarda, puro de origem e premiado em vários concursos, que vive trancado dentro de casa. Em determinado dia, esse cão escapou da coleira, pulou a cerca do jardim da casa de Henrique e atacou Lucas, um menino que brincava na calçada. Ato contínuo, José, tio de Lucas, como única forma de salvar a criança, matou o cão. Nessa situação hipotética, José agiu em legítima defesa de terceiro.

(3) Na contagem dos prazos de prescrição e decadência, e assim também na contagem do prazo de cumprimento da pena privativa de liberdade, deve-se incluir o dia do começo.

(4) Na teoria penal, o estado de necessidade se diferencia do estado de necessidade supralegal, haja vista, no primeiro, o bem sacrificado ser de menor valor que o do bem salvaguardado e, no segundo, o bem sacrificado ser de valor igual ou superior ao do bem salvaguardado. Na segunda hipótese, não estaria excluída a ilicitude da conduta, mas a culpabilidade.

(5) É possível, do ponto de vista jurídico-penal, participação por omissão em crime comissivo.

1: errada. Vicente, ao efetuar disparos de arma contra Rodrigo, que se encontrava próximo a Manoel, mesmo não querendo atingir este último, mas pouco se importando caso este viesse a morrer, deverá responder por todos os resultados advindos de seu comportamento. Em outras palavras, ao disparar em direção a Rodrigo, com a intenção de matá-lo, mas sem alcançar tal resultado, praticou tentativa de homicídio, agindo com dolo direto. Com relação a Manoel, que morreu em virtude dos disparos, Vicente agiu com dolo eventual. Assim, mediante uma só ação, o agente praticou dois crimes (homicídio doloso consumado e homicídio doloso tentado), devem responder por ambos, em concurso formal imperfeito ou impróprio (art. 70, *caput*, parte final, do CP), visto ter agido com unidade de desígnios. **2**: errado. José, ao matar o cão que atacara seu sobrinho Lucas, agiu em estado de necessidade de terceiro (art. 24, CP), que é causa excludente da ilicitude. No caso descrito na assertiva, não se cogita de legítima defesa, visto que esta pressupõe uma injusta agressão (comportamento humano lesivo a determinado bem jurídico). No caso, o ataque "espontâneo" de um animal não caracteriza "injusta agressão", que é a circunstância de fato que enseja a invocação da legítima defesa (art. 25, CP). Repelir o ataque de um animal, desde que não incitado por alguém, configura circunstância fática que pode ensejar estado de necessidade (art. 24, CP). Todavia, tivesse o cão sido incitado por Henrique a atacar a criança, aí sim poder-se-ia repelir o ataque invocando-se a legítima defesa. Teria, aqui, o animal sido utilizado como instrumento de ataque, tal qual seria a utilização de uma faca ou uma arma de fogo. **3**: correta. Todo prazo de natureza penal, assim considerado aquele que tem reflexos diretos no direito de punir estatal (tal como a decadência, a prescrição e a contagem de prazo de cumprimento de pena), deverá ser contado na forma do art. 10, CP (inclusão do dia do começo e exclusão do dia do vencimento). **4**: correta. O Código Penal adotou a teoria unitária, segundo a qual o estado de necessidade, como causa de exclusão da antijuridicidade, restará caracterizado se o bem jurídico sacrificado for de igual ou inferior valor ao bem preservado. Caso o bem sacrificado seja de valor superior, haverá tão somente a redução da pena. Ademais, para outra teoria, denominada de diferenciadora, o estado de necessidade pode ser justificante (excludente da ilicitude, quando o bem sacrificado for de valor menor ao bem protegido) ou exculpante (causa supralegal de excludente da culpabilidade, pela inexigibilidade de conduta diversa, quando o bem sacrificado for de igual ou valor superior). **5**: correta. De fato, será admissível a participação por omissão em crimes comissivos quando estivermos diante da chamada omissão imprópria (crime comissivo por omissão), que se verifica quando o agente, embora tendo o dever jurídico de agir para impedir determinado resultado, não o faz, omitindo-se. Tal se verificará, por exemplo, quando a mãe deixar de alimentar seu filho recém-nascido, nada obstante tenha o dever legal de fazê-lo (dever de sustento e vigilância). Caso ele morra, responderá por crime omissivo impróprio ou comissivo por omissão. O pai, também ciente do comportamento da esposa, caso se omita e nada faça, terá participado por omissão da morte do filho.

Gabarito 1E, 2E, 3C, 4C, 5C

(Escrivão de Polícia/DF – 2013 – CESPE) A respeito de crimes contra a fé pública e a administração pública, julgue os itens subsequentes.

(1) Não se configura o crime de desobediência se o agente, apesar do dever de cumprir a ordem legal emitida por funcionário público, não tiver possibilidade ou condições efetivas de cumpri-la.

(2) Pratica crime de corrupção passiva o funcionário público que, em razão da função, solicita, recebe ou aceita vantagem indevida, ao passo que pratica crime de concussão o funcionário que, também em razão da função, impõe, ordena ou exige vantagem indevida.

(3) Restituir moeda falsa à circulação, ciente de sua falsidade, é crime que admite a modalidade culposa se o agente tiver recebido a moeda, de boa-fé, como verdadeira.

1: correta. De fato, a desobediência (art. 330, CP) se caracteriza quando o agente, tendo o dever de cumprir a ordem legal emanada de funcionário público competente, tendo a possibilidade ou condições de cumpri-la, optar por não acatá-la; 2: correta. A distinção entre corrupção passiva (art. 317, CP) e concussão (art. 316, CP), embora sejam crimes semelhantes, verifica-se, basicamente, na ação (verbo do tipo). Naquela, o funcionário público solicita, recebe ou aceita promessa de vantagem indevida, ao passo que nesta, a exige (ou seja, determina, ordena, impõe como obrigação que a vítima a entregue). 3: errada. O art. 289, § 2º, CP, é crime doloso, pressupondo que o agente, ciente da falsidade da moeda que recebera de boa-fé, a restitui à circulação. Frise-se: o crime é doloso, e não culposo, tal como afirmado na assertiva.

Gabarito 1C, 2C, 3E

(Técnico Judiciário – TJDFT – 2013 – CESPE) A respeito do direito penal, julgue os itens que se seguem.

(1) Em relação à menoridade penal, o Código Penal adotou o critério puramente biológico, considerando penalmente inimputáveis os menores de dezoito anos de idade, ainda que cabalmente demonstrado que entendam o caráter ilícito de seus atos.

(2) De acordo com o Código Penal, considera-se praticado o crime no momento em que ocorreu seu resultado.

(3) Considera-se crime toda ação ou omissão típica, antijurídica e culpável.

1: correta, dado que o art. 27 do CP, ao tratar da inimputabilidade por menoridade, adotou o chamado critério *biológico*, segundo o qual se levará em conta tão somente o desenvolvimento mental da pessoa (considerado, no caso do menor de 18 anos, incompleto). De se ver que, de outro lado, em matéria de inimputabilidade por doença mental ou por desenvolvimento mental incompleto ou retardado, adotou-se, como regra, o denominado *critério biopsicológico* (art. 26, caput, do CP). Neste caso, somente será considerado inimputável aquele que, em virtude de problemas mentais (desenvolvimento mental incompleto ou retardado – fator biológico), for, ao tempo da ação ou omissão, inteiramente incapaz de entender o caráter ilícito do fato ou de determinar-se de acordo com esse entendimento (fator psicológico). Assim, somente será considerada inimputável aquela pessoa que, em razão de *fatores biológicos*, tiver afetada, por completo, sua *capacidade psicológica* (discernimento ou autocontrole). Daí o nome: *critério biopsicológico, que nada mais é, pois, do que a conjugação dos critérios biológico e psicológico*; 2: incorreta. Isso porque o Código Penal, em seu art. 4º, adotou, quanto ao *tempo do crime*, a *teoria da ação* ou *da atividade, segundo a qual o tempo do crime é o da conduta (ação ou omissão), pouco importando em que momento ocorreu o resultado*; 3: correta. Merece crítica, a nosso ver, a forma como foi elaborada esta assertiva. É que inexiste, na doutrina, consenso quanto ao conceito analítico de crime. Duas concepções foram formuladas: *bipartida* e *tripartida*. O examinador, lamentavelmente, considerou como correta a chamada *concepção tripartida*, para a qual crime é um *fato típico, antijurídico* e *culpável*. Neste caso, o inimputável não pratica crime, porque ausente um dos elementos que compõem a estrutura do crime (a culpabilidade); para a *concepção bipartida*, adotada por renomados doutrinadores, crime, sob o ponto de vista analítico, é um *fato típico* e *antijurídico*. Assim, afastada, neste caso, a culpabilidade, o que ocorre em relação aos inimputáveis (art. 26, CP), o fato permanece criminoso. A culpabilidade, aqui, funciona como pressuposto para a aplicação da pena.

Gabarito 1C, 2E, 3C.

(Agente de Polícia Federal – 2012 – CESPE) Julgue os itens a seguir com base no direito penal.

(1) Será submetido ao Código Penal brasileiro o agente, brasileiro ou não, que cometer, ainda que no estrangeiro, crime contra administração pública, estando a seu serviço, ou cometer crime contra o patrimônio ou a fé pública da União, de empresa pública ou de sociedade de economia mista. A circunstância de a conduta ser lícita no país onde foi praticada ou de se encontrar extinta a punibilidade será irrelevante para a responsabilização penal do agente no Brasil.

(2) Conflitos aparentes de normas penais podem ser solucionados com base no princípio da consunção, ou absorção. De acordo com esse princípio, quando um crime constitui meio necessário ou fase normal de preparação ou execução de outro crime, aplica-se a norma mais abrangente. Por exemplo, no caso de cometimento do crime de falsificação de documento para a prática do crime de estelionato, sem mais potencialidade lesiva, este absorve aquele.

(3) No que diz respeito ao concurso de pessoas, o sistema penal brasileiro adota a teoria monista, ou igualitária, mas de forma temperada, pois estabelece graus de participação do agente de acordo com a sua culpabilidade, inclusive em relação à autoria colateral ou acessória, configurada quando duas ou mais pessoas produzem um evento típico de modo independente uma das outras.

(4) O fato de determinada conduta ser considerada crime somente se estiver como tal expressamente prevista em lei não impede, em decorrência do princípio da anterioridade, que sejam sancionadas condutas praticadas antes da vigência de norma excepcional ou temporária que as caracterize como crime.

1: correta. Trata a assertiva da chamada extraterritorialidade incondicionada. Assim, dentre outras hipóteses, todas definidas no art. 7º, I, do CP, ficam sujeitos à lei brasileira, embora cometidos no estrangeiro, os crimes contra a administração pública, estando o agente a seu serviço (art. 7º, I, "c", do CP), bem como os crimes contra o patrimônio ou a fé pública da União, do Distrito Federal, de Estado, de Território, de Município, de empresa pública, sociedade de economia mista, autarquia ou fundação instituída pelo Poder Público (art. 7º, I, "b", do CP). Nos casos de extraterritorialidade incondicionada, ainda que o agente tenha sido absolvido, ou mesmo condenado no estrangeiro, a lei brasileira será aplicada (art. 7º, § 1º, do CP); 2: correta. De fato, no conflito aparente de normas penais, no qual, aparentemente, mais de uma norma será aplicada para o mesmo fato, a solução será encontrada por alguns critérios ou princípios, quais sejam, os da especialidade, subsidiariedade e consunção. Quanto a este último, também chamado de princípio da absorção, se um crime constituir meio necessário para o cometimento do outro, ou se for uma fase normal de preparação ou de execução de outro delito, haverá a absorção daquele pelo mais abrangente. É o que se verifica na falsificação para o cometimento do estelionato, desde que aquela não tenha mais potencialidade ofensiva (Súmula 17 do STJ); 3: incorreta. O CP brasileiro, em matéria de concurso de pessoas (ou concurso de agentes), adotou a teoria monista ou unitária, segundo a qual todos aqueles que concorrerem para a prática de um crime responderão por referido crime, na medida de sua culpabilidade. Isso significa que, independentemente do grau de culpabilidade, todos responderão pelo mesmo crime. Porém, no tocante à pena, de fato, poderá haver variação, tendo em vista que cada um dos agentes será analisado sob o ponto de vista de sua própria culpabilidade (grau de reprovabilidade do comportamento ilícito); 4: incorreta. De acordo com o princípio da anterioridade, somente se um fato já for previamente tipificado como crime ou contravenção penal é que poderá gerar a responsabilização penal do agente. Em outras palavras, só se pune criminalmente um fato que, antes de sua ocorrência, já for previsto em lei como ilícito penal. No caso das leis penais excepcionais ou temporárias (art. 3º do CP), estas, também, devem preexistir ao cometimento do crime, sob pena de violação ao princípio da anterioridade. Porém, mesmo após a cessação de suas vigências (autorrevogação), os fatos cometidos durante a produção de efeitos delas, serão punidos, visto que referidas leis têm a característica da ultra-atividade (aplicação da lei mesmo após sua revogação).

Gabarito 1C, 2C, 3E, 4E

(Agente de Polícia Federal – 2012 – CESPE) Em cada um dos itens é apresentada uma situação hipotética, acerca dos crimes contra a pessoa, contra o patrimônio, contra a fé pública e contra a administração pública, seguida de uma assertiva a ser julgada.

(1) Luiz, proprietário da mercearia Pague Menos, foi preso em flagrante por policiais militares logo após passar troco para cliente com cédulas falsas de moeda nacional de R$ 20,00

e R$ 10,00. Os policiais ainda apreenderam, no caixa da mercearia, 22 cédulas de R$ 20,00 e seis cédulas de R$ 10,00 falsas. Nessa situação, as ações praticadas por Luiz – guardar e introduzir em circulação moeda falsa – configuram crime único.

(2) No curso de investigação policial para apurar a prática de estelionato contra banco público, foi constatado que um de seus empregados concorreu culposamente para que outrem praticasse a infração. Logo após a descoberta dos fatos, o empregado reparou integralmente o dano causado, restituindo os valores devidamente corrigidos e atualizados antes do encerramento do inquérito policial. Nessa situação, está extinta a punibilidade do agente.

(3) Pedro se opôs à execução de diligência policial cujo objetivo era investigá-lo e recusou-se a colaborar com os agentes que a realizaram, razão por que a diligência não pôde ser executada. Nessa situação, Pedro não pode ser responsabilizado criminalmente por não ter atendido às ordens policiais, uma vez que o sistema penal brasileiro não pune a resistência passiva, tampouco a caracteriza como delito de desobediência.

(4) Juan, cidadão espanhol, que havia sido expulso do Brasil após cumprimento de pena por tráfico internacional de drogas, retornou ao país, sem autorização de autoridade competente, para visitar sua companheira e seu filho, nascido no curso do cumprimento da pena. Nessa situação, para que o simples reingresso de Juan ao Brasil configurasse crime, seria necessário que ele praticasse nova infração, de natureza dolosa, em território nacional.

1: correta, pois o crime tipificado no art. 289, § 1º, do CP, é considerado de ação múltipla ou de conteúdo variado. Em outras palavras, o tipo penal é misto, vale dizer, responderá criminalmente o agente que *importa* ou *exporta, adquire, vende, troca, cede, empresta, guarda* ou *introduz* na circulação moeda falsa. Perceba que o crime em questão pode ser praticado mediante 9 (nove) comportamentos distintos (nove verbos). Se o agente praticar mais de um verbo, ainda assim responderá por um só crime, em razão da aplicação do princípio da alternatividade, incidente nos chamados crime de ação múltipla; **2:** errada, de acordo com a banca examinadora. Cremos que o entendimento foi o de que o crime de peculato culposo, previsto no art. 312, § 2º, do CP (*concorrer o funcionário público, culposamente, para o crime de outrem*), deve ter como pressuposto a prática de outros crimes contra a administração pública, visto que inserido no Capítulo dos crimes funcionais (aqueles praticados por funcionário público contra a administração pública em geral). Porém, há entendimento de que o peculato culposo pode ter como pressuposto a facilitação culposa de qualquer outro crime (inclusive o estelionato, como mencionado na assertiva); **3:** correta, pois o crime de resistência, previsto no art. 329 do CP, tem como meios de execução a violência ou a ameaça dirigidas a funcionário público ou a quem lhe esteja prestando auxílio, não bastando, para a tipificação da conduta, que o agente, simplesmente, se oponha (crie obstáculos) à execução de ato legal por funcionário público. Se a oposição (resistência) for passiva, ou seja, sem o emprego de violência ou ameaça, o fato será atípico; **4:** errada, pois o crime de reingresso de estrangeiro expulso, definido no art. 338 do CP, não exige que o agente retorne ao território nacional para a prática de outra infração penal, bastando o reingresso ao Brasil quando daqui tenha sido expulso.

Gabarito 1C, 2E, 3C, 4E

(Magistratura/BA – 2012 – CESPE) Com relação a arrependimento posterior, medidas de segurança, causas de exclusão, crime e concurso de pessoas, assinale a opção correta.

(A) Suponha que João, Pedro e Tonho, todos de vinte e dois anos de idade e portando arma de fogo municiada, decidam praticar um roubo em uma padaria e que, durante o assalto, Pedro alveje e mate o caixa do estabelecimento. Nessa situação, somente Pedro deve responder pelo resultado morte.

(B) A natureza jurídica do arrependimento posterior é causa de extinção da punibilidade.

(C) Constatando-se que João, de vinte e dois anos de idade, ao matar seus genitores e cinco irmãos a facadas, não possuía plena capacidade de determinar-se de acordo com esse entendimento, em razão de perturbação em sua personalidade, deve ser-lhe aplicada medida de segurança.

(D) Considere que Jonas, policial militar, no exercício de sua função, tenha determinado que um indivíduo em fuga parasse e que este tenha sacado uma arma e disparado tiros contra Jonas, que, revidando os disparos, tenha alvejado o indivíduo e o tenha matado. Nessa situação, Jonas agiu no estrito cumprimento de dever legal.

(E) Não será punida a conduta de indivíduo maior de idade que, com a intenção de subtrair dinheiro de terceiro desconhecido, lhe tome a bolsa e, ao percebê-la vazia, jogue-a na rua.

A: incorreta, pois, estando todos os agentes agindo sob um só desígnio delituoso, em nítido concurso de pessoas, deverão responder pelo mesmo crime, em adoção à teoria monista ou unitária adotada pelo CP (art. 29, *caput*). O fato de apenas um dos agentes haver alvejado a vítima, caracterizando, pois, o crime de latrocínio (art. 157, § 3º, II, CP), gerará a imputação do fato a todos os demais; **B:** incorreta, pois o arrependimento posterior, previsto no art. 16 do CP, é causa de diminuição de pena (redução da pena do agente de um a dois terços), não restando afastada a punibilidade; **C:** incorreta, pois ao agente que, no momento da ação ou omissão, não possuir plena capacidade de determinar-se de acordo com esse entendimento, aplicar-se-á a redução de pena de um a dois terços, reconhecendo-se, aqui, a semi-imputabilidade (art. 26, parágrafo único, CP). Porém, mesmo ao semi-imputável, será possível a imposição de medida de segurança, substitutiva à pena privativa de liberdade, desde que se seja necessário especial tratamento curativo, conforme dispõe o art. 98 do CP; **D:** incorreta, pois o revide de um policial militar a disparos de arma efetuados por um agente caracteriza nítida legítima defesa (art. 25, CP), não se tratando de estrito cumprimento de dever legal. Afinal, não se impõe ao policial militar que mate alguém para que, assim, consiga cumprir as atribuições inerentes ao cargo. A propósito disso, importante o registro de que a Lei 13.964/2019 (Pacote Anticrime), dentre outras diversas modificações implementadas no campo penal e processual penal, promoveu a inclusão do parágrafo único no art. 25 do CP. Como bem sabemos, este dispositivo contém os requisitos da legítima defesa, causa de exclusão da ilicitude. Este novo dispositivo (parágrafo único) estabelece que também se considera em legítima defesa o agente de segurança pública que rechaça agressão ou risco de agressão a vítima mantida refém durante a prática de crimes. Em verdade, ao inserir este dispositivo no art. 25 do CP, nada mais fez o legislador do que explicitar e reforçar hipótese configuradora de legítima defesa já consolidada há muito em sede de jurisprudência. Tem efeito, portanto, a nosso ver, mais simbólico do que prático. Em outras palavras, o parágrafo único do art. 25 do CP, incluído pela Lei 13.964/2019, descreve situação que já era, de forma pacífica, considerada típica de legítima defesa. Afinal, como já dito acima, o policial que repele injusta agressão à vida de terceiro atua em legítima defesa. Exemplo típico é o do atirador de elite, que acaba por abater o sequestrador que ameaçava tirar a vida da vítima; **E:** correta, pois estamos diante de crime impossível pela impropriedade absoluta do objeto material (art. 17, CP). Ainda que o agente tivesse a intenção de subtrair dinheiro da vítima e tenha iniciado a execução do crime, sua consumação jamais seria alcançada, visto que a bolsa não continha qualquer valor. Ressalte-se, porém, que, se o agente tivesse subtraído a própria bolsa, ainda que fazia, configurado estaria o crime de furto. Porém, a alternativa deixou bem claro que o agente não "permaneceu" com a bolsa, que foi jogada na rua logo após constatada a ausência de dinheiro em seu interior.

Gabarito "E".

(Magistratura/BA – 2012 – CESPE) Considerando os institutos aplicáveis ao direito penal, assinale a opção correta.

(A) Nos termos do CP, o desconhecimento da lei, embora inescusável, é circunstância que atenua a pena.

(B) Suponha que Vicente, estudante de vinte e quatro anos de idade, com *animus necandi*, portando arma de fogo municiada com seis projéteis, alveje Pereira com dois disparos e, ao tentar efetuar outros disparos, fuja do local ante a falha da arma. Nessa situação hipotética, aplica-se a Vicente, consoante determinação do CP, o instituto da desistência voluntária.

(C) A legislação vigente acerca da execução da sentença penal condenatória a ser cumprida em regime inicial fechado determina que, sobrevindo novas condenações no curso da execução, deve ser formado novo processo de execução penal para cada uma delas.

(D) Segundo o entendimento dos tribunais superiores, não se reconhece a continuidade delitiva quando o intervalo de tempo entre os crimes for superior a quinze dias.

(E) Na *aberratio ictus* com unidade complexa, de acordo com o disposto no CP e o entendimento dos tribunais superiores, o agente, agindo com dolo eventual em relação a terceiros, deve responder por concurso formal próprio.

A: correta (art. 65, II, CP). Lembre-se de que o desconhecimento da lei não exclui a culpabilidade, visto que o erro de proibição (art. 21, CP) pressupõe a falta de potencial consciência da ilicitude pelo agente, mas não o mero desconhecimento da lei, fato este inescusável; **B:** incorreta, pois a desistência voluntária pressupõe que o agente não prossiga nos atos executórios por ato voluntário (art. 15, CP). No caso relatado na alternativa, fica claro que ele somente não prosseguiu com os disparos em razão da falha da arma, motivo pelo qual deverá responder por tentativa de homicídio, desde que a vítima não tenha morrido; **C:** incorreta, pois na fase de execução penal, sobrevindo novas condenações, estas serão unificadas (art. 75, § 2º, CP; art. 111, parágrafo único, Lei 7.210/1984 – LEP), não sendo o caso de instauração de novo processo executivo para cada novo título condenatório; **D:** incorreta, pois prevalece nos Tribunais Superiores o entendimento de que haverá continuidade delitiva quando o intervalo de tempo entre os crimes for de até 30 (trinta) dias (por todos, confira-se HC 175815 RS 2010/0105871-0, Rel. Maria Thereza de Assis Moura, 6ª T. do STJ, DJe 19/03/2012); **E:** incorreta, pois predomina o entendimento segundo o qual o agente, na *aberratio ictus* (erro na execução) com unidade complexa (produção de dois ou mais resultados), responderá em concurso formal impróprio (ou imperfeito) caso tenha agido com dolo eventual com relação a terceiros. Neste caso, as penas dos crimes serão somadas. Somente responderá em concurso formal próprio (ou perfeito) se, com relação aos terceiros, tiver agido com culpa.

Gabarito "A".

(Magistratura/BA – 2012 – CESPE) Considerando o que dispõe o CP a respeito dos crimes contra a incolumidade, a paz, a fé e a administração públicas, assinale a opção correta.

(A) Não integram o tipo penal perigo de desastre ferroviário os veículos de tração mecânica por meio de cabo aéreo.

(B) Considere que João, Pedro, Antônio e Joaquim, todos maiores de idade, associem-se com a finalidade de falsificar um único ingresso de evento esportivo. Nessa situação, a conduta dos agentes se amolda ao crime de quadrilha.

(C) Suponha que Maria, de dezenove anos de idade, receba, de boa-fé, de um desconhecido passe falso de transporte de empresa administrada pelo governo e o utilize imediatamente após ser alertada, por seu irmão, da falsidade do bilhete. Nessa situação, a conduta de Maria caracteriza-se como atípica.

(D) Responde criminalmente o funcionário público que, em razão da função, e mesmo antes de assumi-la, aceita promessa de vantagem indevida, ainda que não venha a recebê-la.

(E) Não é prevista a modalidade culposa para o crime de desabamento.

A: incorreta (art. 260, § 3º, CP); **B:** incorreta. Ao tempo em que esta questão foi formulada, o tipo penal do art. 288 do CP, então denominado *quadrilha ou bando*, exigia a associação de pelo menos 4 (quatro) pessoas para a prática de crimes. Atualmente, com a entrada em vigor da Lei 12.850/2013, que deu nova conformação normativa à organização criminosa, até então disciplinada na Lei 9.034/1995, passou-se a exigir, à configuração do crime de quadrilha (atualmente denominado *associação criminosa*), o número mínimo de *três* pessoas (e não mais *quatro*). De toda forma (antes ou depois de implementada esta alteração legislativa), não basta (e não bastava) a associação eventual para a prática de crime determinado para a tipificação do crime de *associação criminosa* (antiga *quadrilha ou bando*), sendo imprescindível que se constate um vínculo associativo estável e permanente (duradouro) entre os agentes, sob pena de atipicidade do fato (ao menos no tocante ao crime contra a paz pública). Ressalte-se que se os agentes se reunirem para a prática de crime específico, configurar-se-á mero concurso de agentes (art. 29, CP); **C:** incorreta, pois Maria, ciente da falsidade do documento quando do recebimento, mas conhecedora de tal fato antes de seu uso, deverá responder pelo crime de uso de documento falso (art. 304, CP), que poderá restar absorvido pelo estelionato que irá vitimar a empresa de transporte; **D:** correta (art. 317, CP), visto que restará caracterizado o crime de corrupção passiva; **E:** incorreta (art. 256, parágrafo único, CP).

Gabarito "D".

(Magistratura/CE – 2012 – CESPE) Assinale a opção correta no que se refere aos crimes em espécie.

(A) É atípica, no ordenamento jurídico brasileiro, a conduta daquele que, não sendo casado, contraia casamento com pessoa casada, ainda que esteja ciente dessa circunstância.

(B) O comerciante que, tendo recebido, de boa-fé, uma nota falsa de R$ 100,00, resolva, após constatar a falsidade da moeda, restituí-la à circulação comete crime de moeda falsa, punido com a mesma pena aplicável àquele que tiver falsificado a nota.

(C) No caso de crime de peculato culposo, a reparação do dano, desde que anterior à denúncia, extingue a punibilidade.

(D) O agente que dá causa à instauração de investigação policial contra alguém, imputando-lhe crime de que o sabe inocente, comete o crime de comunicação falsa de crime.

(E) O agente que exerce atividade para cujo exercício está impedido por decisão administrativa pratica crime contra a organização do trabalho.

A: incorreta, pois referida conduta (contrair matrimônio com pessoa casada) constitui o crime de bigamia, no caso, privilegiada (art. 235, § 1º, do CP); **B:** incorreta, pois a pessoa que recebe de boa-fé moeda falsa (papel moeda ou moeda metálica), e, após constatar a falsidade, a restitui à circulação, incorre nas penas do art. 289, § 2º, do CP (detenção de seis meses a dois anos, e multa), tratando-se de forma privilegiada. O tipo fundamental (art. 289, *caput*, do CP) é punido com reclusão de 3 (três) a 12 (doze) anos, e multa; **C:** incorreta, pois a reparação do dano no crime de peculato culposo, desde que anterior à sentença (e não denúncia!), extingue a punibilidade (art. 312, § 3º, do CP); **D:** incorreta, pois a conduta descrita na assertiva se subsume ao crime de denunciação caluniosa (art. 339 do CP); **E:** correta (art. 205 do CP).

Gabarito "E".

(Magistratura/CE – 2012 – CESPE) Com base no direito penal, assinale a opção correta.

(A) Conforme o CP, a desistência voluntária é compatível com a tentativa acabada e incompatível com a tentativa inacabada ou imperfeita.

(B) Em se tratando de crimes omissivos impróprios, admite-se a tentativa.

(C) Caso a consumação do crime seja impedida por impropriedade relativa do objeto, a tentativa será impunível.

(D) De acordo com a teoria unitária, adotada no CP, admite-se, excepcionalmente, o concurso de agentes após a consumação do delito, ainda que não haja vínculo subjetivo entre os agentes.

(E) Tanto o arrependimento eficaz quanto o arrependimento posterior constituem causa de diminuição de pena.

A: incorreta. Na desistência voluntária (art. 15, primeira parte, do CP), o agente inicia a execução do crime, desistindo de prosseguir com atos de execução quando estes ainda poderiam ser praticados, conduta esta compatível com a tentativa imperfeita (ou inacabada). Já o arrependimento eficaz (art. 15, segunda parte, do CP) é compatível com a tentativa perfeita (ou acabada, ou crime falho), tendo em vista que o agente, após esgotar todos os atos executórios, arrepende-se e pratica ato impeditivo da consumação; **B:** correta. Os crimes omissivos impróprios (ou impuros, ou espúrios, ou comissivos por omissão) são aqueles que derivam da inobservância, pelo agente, de um dever jurídico de agir para impedir o resultado (art. 13, § 2º, do CP). De fato, na omissão imprópria (diferente da omissão própria), é admissível a configuração da tentativa; **C:** incorreta. A tentativa somente será impunível se a impropriedade do objeto for absoluta (crime impossível – art. 17 do CP); **D:** incorreta, pois o concurso de agentes exige que o liame subjetivo entre eles seja estabelecido antes da consumação, sob pena de caracterização de crime autônomo (ex.: favorecimento pessoal); **E:**

incorreta. O arrependimento eficaz é causa de atipicidade da tentativa (art. 15 do CP), ao passo que o arrependimento posterior (art. 16 do CP) é, agora sim, causa de diminuição de pena.

Gabarito "B"

(Magistratura/ES – 2011 – CESPE) Em relação aos crimes impossível, doloso, culposo e preterdoloso, assinale a opção correta.

(A) O delito preterdoloso ocorre quando o agente quer praticar um crime e, por excesso, produz culposamente um resultado mais grave que o desejado inicialmente, como ocorre, invariavelmente, no delito de latrocínio.

(B) O delito putativo por erro de tipo é espécie de crime impossível, dada a impropriedade absoluta do objeto, e ocorre quando o agente não sabe, devido a um erro de apreciação da realidade, que está cometendo um delito.

(C) Se um agente público exigir vantagem econômica indevida de um cidadão, a fim de não lavrar auto de infração de trânsito e as autoridades policiais, previamente alertadas, efetuarem a prisão em flagrante do agente antes da entrega programada da quantia acertada, configurar-se-á crime impossível por ineficácia absoluta do meio empregado.

(D) Não há crime comissivo por omissão sem que exista o especial dever jurídico de impedir o dano ou o perigo ao bem jurídico tutelado, sendo, também, indispensável, nos delitos comissivos por omissão dolosa, a vontade de omitir a ação devida.

(E) Não é admitida, no ordenamento jurídico brasileiro, a possibilidade do concurso de pessoas incorrem crime culposo, que ocorre mediante a comprovação do vínculo psicológico entre a cooperação consciente de alguém e a conduta culposa de outrem.

A: incorreta. A despeito de o resultado agravador "morte", no caso do latrocínio, poder advir de culpa do agente, é certo que a doutrina admite que também haja dolo na provocação da morte da vítima. Em simples palavras, a morte, no latrocínio, poderá ser provocada por dolo ou culpa do agente (somente neste último caso é que se fala em preterdolo); **B:** incorreta. Não se confunde o delito putativo por erro de tipo com o crime impossível. No primeiro caso, o agente pratica uma conduta acreditando, erroneamente, ser típica, quando, em verdade, é atípica. Já no crime impossível, o agente não incide propriamente em erro, mas jamais alcançará a consumação do crime em razão da ineficácia absoluta do meio empregado ou impropriedade absoluta do objeto material; **C:** incorreta, pois a exigência de indevida vantagem econômica por funcionário público configura o crime de concussão (art. 316 do CP), sabidamente considerado formal ou de consumação antecipada. Destarte, atingirá o seu momento consumativo no momento da exigência, pelo funcionário público, da vantagem indevida, pouco importando se esta será, de fato, entregue ao agente; **D:** correta. Os crimes omissivos impróprios, ou impuros, ou comissivos por omissão, pressupõem, de fato, que o agente delitivo se omita diante de um dever jurídico de agir para impedir determinado resultado danoso (art. 13, § 2º, do CP). Assim, no caso dos crimes omissivos impróprios dolosos, o agente, com vontade livre e consciente, deixará de agir, respondendo, portanto, pelo resultado que houver deixado de evitar; **E:** incorreta, pois é pacífica na doutrina a admissibilidade de concurso de pessoas nos crimes culposos (porém, apenas poderá ser reconhecida a coautoria).

Gabarito "D"

(Ministério Público/TO – 2012 – CESPE) Considerando as disposições constitucionais aplicáveis ao direito penal, assinale a opção correta.

(A) Assegura-se à instituição do júri o sigilo dos veredictos.

(B) É inafiançável e insuscetível de anistia a prática de racismo.

(C) Deverá responder por tráfico ilícito de entorpecente o agente que, podendo evitar o crime, se omita de fazê-lo.

(D) É imprescritível e insuscetível de graça a prática de tortura.

(E) Às presidiárias serão asseguradas condições para que possam permanecer com seus filhos até que estes completem dois anos de idade.

A: incorreta. Ao júri garante-se a plenitude de defesa, o *sigilo das votações*, a *soberania dos veredictos* e a competência – mínima – para o julgamento dos crimes dolosos contra a vida (art. 5º, XXXVIII, da CF); **B:** incorreta. A prática do racismo constitui crime inafiançável e imprescritível, sujeito a pena de reclusão, nos termos da lei (art. 5º, XLII, da CF); **C:** correta (art. 5º, XLIII, da CF); **D:** incorreta. A tortura, crime equiparado a hediondo, é inafiançável e insuscetível de graça ou anistia, nos termos do art. 5º, XLIII, da CF, mas não é imprescritível; **E:** incorreta. Às presidiárias serão asseguradas condições para que possam permanecer com seus filhos durante o período de amamentação (art. 5º, L, da CF).

Gabarito "C"

(Ministério Público/TO – 2012 – CESPE) Com relação a aspectos diversos referentes a crimes, ao concurso de pessoas e às teorias a respeito do lugar do crime, assinale a opção correta conforme as disposições do CP e da doutrina pertinente.

(A) Crime de perigo é aquele cujo tipo descreve um resultado que, contudo, não tem de se verificar para que ocorra a consumação. Bastam a ação do agente e a vontade de concretizá-lo, configuradoras do dano potencial, isto é, do *eventus periculi*.

(B) A superveniência de causa relativamente independente excluirá a imputação quando, por si só, essa causa produzir o resultado. Os fatos anteriores, entretanto, imputar-se-ão a quem os praticar.

(C) Crime próprio é aquele que, de acordo com o tipo penal, só pode ser praticado pelo agente pessoalmente, ou seja, sem a utilização de interposta pessoa.

(D) Na participação de menor importância, ocorre o chamado desvio subjetivo de condutas. Isso se dá quando a conduta executada difere daquela idealizada a que aderiu o partícipe, isto é, o conteúdo do elemento subjetivo do partícipe é diferente daquele do crime praticado pelo autor.

(E) De acordo com a teoria da ação ou atividade, lugar do delito é aquele em que, segundo a intenção do agente, deveria ocorrer o resultado.

A: incorreta. A assertiva inicia a descrição dos crimes formais (ou de consumação antecipada), que são aqueles cujo tipo penal prevê o resultado, mas este não é exigido para que se alcance a consumação; **B:** correta (art. 13, § 1º, do CP); **C:** incorreta. A alternativa não trata de crime próprio, mas sim de crime de *mão própria,* que é aquele que, além de exigir uma condição ou qualidade especial do sujeito ativo, não admite a sua prática por interposta pessoa, sendo imprescindível uma atuação pessoal. Daí ser denominado, também, de crime de conduta infungível; **D:** incorreta. O conteúdo da assertiva diz respeito à cooperação dolosamente distinta (art. 29, § 2º, do CP), e não à participação de menor importância (art. 29, § 1º, do CP); **E:** incorreta. A teoria da atividade é aquela segundo a qual o lugar do delito é aquele em que se verificou a ação ou omissão do agente (atividade), pouco importando o local do resultado. Frise-se que não é a teoria adotada por nosso CP, que, em seu art. 6º, em verdade, adotou a teoria mista (ou da ubiquidade). Para esta, lugar do crime será o lugar da ação ou omissão, bem como o lugar em que se verificar o resultado. Somente será aplicável aos crimes à distância ou de espaço máximo.

Gabarito "B"

(Ministério Público/TO – 2012 – CESPE) Assinale a opção correta conforme as disposições do CP e da doutrina penal.

(A) Autor do crime, de acordo com a teoria restritiva, é todo aquele que concorre para o crime. Conforme essa teoria, para se caracterizar a autoria do crime são suficientes a relevância causal e o vínculo psicológico.

(B) No delito putativo, o agente crê haver efetuado uma ação delituosa que existe somente em sua imaginação, ou seja, ele julga punível um fato que não merece castigo. No delito impossível, o agente crê atuar de modo a ocasionar um resultado que, pelo contrário, não pode ocorrer, ou porque falta o objeto, ou porque a conduta não foi de todo idônea.

(C) Conforme a teoria da vontade, haverá dolo quando o sujeito realizar sua ação ou omissão prevendo o resultado como certo ou provável, ainda que não o deseje. Segundo essa teoria, não haveria distinção entre dolo eventual ou culpa consciente.

(D) Segundo a teoria finalista, ação é a atividade neuromuscular que, produzida por energias de um impulso cerebral, provoca modificações no mundo exterior; ou seja, para se afirmar que existe uma ação, basta que se tenha a certeza de que o sujeito atuou voluntariamente.

(E) Culpabilidade, segundo a teoria psicológico-normativa, é o mero vínculo psicológico entre o autor e o fato, por meio do dolo e da culpa.

A: incorreta. Para a teoria restritiva, autor do crime é aquele que realiza o verbo-núcleo do tipo; **B:** correta. O conteúdo da assertiva explica adequadamente o conceito de crime putativo (ou crime imaginário), bem como o conceito de crime impossível (ou tentativa impossível, inidônea, inadequada ou quase crime); **C:** incorreta. A teoria da vontade preconiza que o agente, como o próprio nome sugere, além de antever o resultado, tenha vontade de produzi-lo. Não se confunde com a teoria da representação, segundo a qual o dolo exige, tão somente, a previsão (ou antevisão) do resultado, pouco importando se o agente quis ou assumiu o risco de produzi-lo. Nesse caso, inexiste diferenciação entre o dolo eventual e a culpa consciente, razão pela qual referida teoria não deve ser aceita; **D:** incorreta. Para a teoria finalista, a conduta é todo comportamento humano, positivo ou negativo, consciente e voluntário, dirigido a uma finalidade. Não se confunde com o conceito de conduta dado pela teoria clássica, natural ou mecanicista, segundo a qual a ação é a atividade neuromuscular que, produzida por energias de impulso cerebral, provoca alterações do mundo exterior. Aqui, pouco importa a consciência e vontade de produzir o resultado; **E:** incorreta, pois o conteúdo da assertiva retrata a teoria psicológica da culpabilidade. Já a teoria psicológico-normativa, proposta por Reinhart Frank, relacionou a culpabilidade com a exigibilidade de conduta diversa, que passa a ser seu elemento. Trata-se de teoria aplicável no âmbito da teoria clássica ou naturalista, visto que o dolo e a culpa integram a culpabilidade. Apenas com a teoria normativa pura, surgida com o finalismo de Welzel, a culpabilidade deixou de conter dolo e culpa, que migraram para a conduta, sediada no fato típico.

Gabarito "B".

(Ministério Público/TO – 2012 – CESPE) De acordo com as disposições do CP e da doutrina pertinente, assinale a opção correta a respeito da aplicação da lei penal e de aspectos diversos relacionados ao crime.

(A) Sucintamente, pode-se definir imputação objetiva como um conjunto de pressupostos jurídicos que condicionam a relação de imputação de um resultado jurídico a um determinado comportamento penalmente relevante.

(B) Crimes omissivos impróprios, comissivos por omissão ou omissivos qualificados são os que objetivamente são descritos como uma conduta negativa, de não fazer o que a lei determina, consistindo a omissão na transgressão da norma jurídica sem que haja necessidade de qualquer resultado naturalístico. Para a existência do crime, basta que o autor se omita quando deva agir.

(C) Diz-se agressivo o estado de necessidade quando a conduta do agente dirige-se diretamente ao produtor da situação de perigo, a fim de eliminá-la.

(D) Leis temporárias são aquelas que, por expressa previsão, vigem durante situações de emergência.

(E) Conforme o princípio da territorialidade, a lei penal deve ser aplicada a todos os homens, onde quer que se encontrem, aplicando-se a lei nacional a todos os fatos puníveis, sem se levar em conta o lugar do delito, a nacionalidade de seu autor ou do bem jurídico lesado.

A: correta. De fato, a assertiva contém sucintamente uma descrição da teoria da imputação objetiva; **B:** incorreta. Os crimes omissivos próprios, impuros, espúrios, ou comissivos por omissão, são aqueles em que a omissão deriva de pessoa que tem o dever jurídico de agir, e podendo agir, não evita o resultado (art. 13, § 2º, do CP); **C:** incorreta. Diz-se agressivo o estado de necessidade que se dirige a terceiro inocente, vale dizer, o agente, para preservar bem jurídico próprio ou alheio, sacrifica bem jurídico de terceiro que não provocou a situação de perigo. Nesse caso, caberá ao agente indenizar esse terceiro, admitida, porém, ação regressiva contra o efetivo causador do perigo (arts. 929 e 930, ambos do CC); **D:** incorreta. As leis são ditas temporárias quando, nelas próprias, houver prévio estabelecimento de seu período de vigência. Já as leis excepcionais são aquelas que vigem apenas durante situações excepcionais (emergenciais). Frise-se que ambas têm efeitos ultrativos, ou seja, serão aplicadas mesmo após suas autorrevogações; **E:** incorreta. Pelo princípio da territorialidade, a lei brasileira será aplicada aos crimes cometidos no território nacional (art. 5º, *caput*, do CP), sem prejuízo, contudo, das convenções, tratados e regras de direito internacional, dando azo ao reconhecimento de uma *territorialidade temperada* ou *mitigada*.

Gabarito "A".

(Ministério Público/TO – 2012 – CESPE) Assinale a opção correta de acordo com as disposições do CP e da doutrina penal.

(A) No âmbito do princípio da acessoriedade da participação, a teoria da acessoriedade limitada defende a suficiência da tipicidade da ação principal, em detrimento da juridicidade dessa ação.

(B) A doutrina brasileira, à unanimidade, admite a coautoria e a participação em crime culposo, por considerar que possa existir, em verdade, um vínculo subjetivo na realização da conduta, que é voluntária, inexistindo, contudo, tal vínculo em relação ao resultado, que não é desejado.

(C) Crime a distância ou de espaço máximo é aquele cujo *iter criminis* atinge o território de dois ou mais países.

(D) Conforme o princípio da subsidiariedade, a norma definidora de um crime constitui meio necessário ou fase normal de preparação ou execução de outro crime, ou seja, na relação os fatos não se apresentam em relação a gênero e espécie, mas de *minus e plus*, de continente e conteúdo, de todo e parte, de inteiro e fração.

(E) No que diz respeito à punibilidade da tentativa, de acordo com a teoria objetiva, fundamenta-se a punibilidade na vontade do autor, contrária ao direito. Para essa teoria, o elemento moral – a vontade do agente – é decisivo, porque está completo, perfeito. Imperfeito é o delito sob o aspecto objetivo, que não chega a consumar-se.

A: incorreta. A teoria da acessoriedade limitada, adotada no tocante à participação, preconiza que a punição do partícipe dependerá de haver contribuído com o autor para a prática de um fato típico e ilícito. Contrapõe-se à teoria da acessoriedade mínima, que pressupõe que o partícipe colabore com o autor apenas para a prática de um fato típico; **B:** incorreta. Admite-se, apenas, a coautoria nos crimes culposos, visto que não se cogita de conduta acessória tendente à consecução de um resultado culposo. Qualquer contribuição para o resultado constituirá a própria inobservância do dever objetivo de cuidado, tratando-se, pois, de coautoria; **C:** correta. De fato, os crimes à distância ou de espaço máximo são aqueles cuja ação ou omissão acontece em um país, mas o resultado é verificado no exterior. Nesses casos, no tocante à aplicação da lei penal no espaço, adota-se a teoria mista ou da ubiquidade (art. 6º do CP); **D:** incorreta. O conteúdo da assertiva diz respeito ao princípio da consunção ou da absorção; **E:** incorreta. Para a teoria objetiva, também chamada de realística ou dualista, a punição da tentativa decorre do fato de a conduta do agente proporcionar um perigo ao bem juridicamente tutelado pela norma penal incriminadora. Já para a teoria subjetiva, conhecida como voluntarística ou monista, a punição da tentativa repousa no elemento "vontade". O que importa para a teoria em apreço é o desvalor da ação, pouco importando o resultado.

Gabarito "C".

(Ministério Público/TO – 2012 – CESPE) À luz das disposições do CP e da doutrina penal, assinale a opção correta com referência ao agravamento do crime pelo resultado, ao erro sobre elementos do tipo, à imputabilidade penal, ao concurso de pessoas e a aspectos associados às penas.

(A) Será isento de pena o agente que, por embriaguez completa voluntária, era, ao tempo da ação ou da omissão, inteiramente incapaz de entender o caráter ilícito do fato ou de determinar-se de acordo com tal entendimento.

(B) Pelo resultado que agrave especialmente a pena, só responderá o agente que o houver causado ao menos dolosamente.

(C) O erro sobre a ilicitude do fato, se evitável, isenta o agente de pena. Considera-se evitável o erro se o agente atua ou se omite sem a consciência da ilicitude do fato, quando lhe era possível, nas circunstâncias, ter ou atingir essa consciência.

(D) Na medida de segurança, a desinternação, ou a liberação, será sempre condicional, devendo ser restabelecida a situação anterior se o agente, antes do decurso de um ano, praticar fato indicativo de persistência de sua periculosidade.

(E) Não se comunicam as circunstâncias e as condições de caráter pessoal, ainda que elas sejam elementares do crime.

A: incorreta. Somente haverá isenção de pena em caso de embriaguez completa involuntária (ou seja, decorrente de caso fortuito ou força maior), nos termos do art. 28, § 1º, do CP; **B:** incorreta (art. 19 do CP); **C:** incorreta. O erro sobre a ilicitude do fato, se *inevitável* (ou escusável), isenta o agente de pena (art. 21, *caput*, do CP); **D:** correta (art. 97, § 3º, do CP); **E:** incorreta (art. 30 do CP). As circunstâncias ou condições de caráter pessoal somente serão incomunicáveis se não forem elementares do crime.

Gabarito "D".

(Ministério Público/TO – 2012 – CESPE) A respeito de aspectos diversos dos crimes bem como dos princípios aplicáveis ao direito penal, assinale a opção correta de acordo com as disposições do CP e da doutrina penal.

(A) Caracteriza situação de arrependimento eficaz o caso do agente que, durante a ação, diz para si "posso prosseguir, mas não quero" e encerra sua empreitada criminosa.

(B) Chama-se de dolo direto de segundo grau aquele que se dirige em relação ao fim proposto e aos meios escolhidos.

(C) Norma penal em branco homogênea, ou em sentido amplo, é aquela cujo complemento é oriundo da mesma fonte legislativa que editou a norma que necessita desse complemento.

(D) Negligente é o agente que pratica um ato perigoso sem os cuidados que o caso requer.

(E) No erro de tipo essencial incriminador, o erro recai sobre os pressupostos fáticos de uma causa de justificação, isto é, excludente de ilicitude, que se encontra em tipos penais permissivos.

A: incorreta. Se o agente, durante a execução do crime, por ato voluntário, abandoná-la, ainda que pudesse prosseguir, responderá apenas pelos atos praticados, tratando-se de situação correspondente à desistência voluntária (art. 15, 1ª parte, do CP). O arrependimento eficaz pressupõe que o agente, após executar todos os atos tendentes à consumação do crime, arrepende-se e pratica novo ato, mas, desta feita, impeditivo da consumação (art. 15, 2ª parte, do CP); **B:** incorreta. Dolo direto (ou dolo direto de 1º grau) é, exatamente, aquele dirigido ao resultado almejado pelo agente. Já o dolo direto de segundo grau (ou de consequências necessárias) é aquele em que o agente, almejando determinado resultado, mas que, para ser alcançado, inclui "efeitos colaterais", ainda que não desejados; **C:** correta. De fato, o conteúdo da assertiva corresponde ao conceito de norma penal em branco homogênea; **D:** incorreta. A negligência pressupõe uma abstenção de comportamento do agente. Ou seja, devendo agir, deixa de fazê-lo. Já a imprudência corresponde à prática de um ato perigoso, sem os cuidados necessários; **E:** incorreta. O erro que recai sobre os pressupostos fáticos de uma causa de justificação é o erro de tipo permissivo. Já o erro sobre os elementos constitutivos do tipo penal é o erro que recai sobre o tipo penal incriminador, que exclui o dolo e a culpa, quando invencível (ou inevitável, ou escusável).

Gabarito "C".

(Ministério Público/TO – 2012 – CESPE) Com relação aos princípios aplicáveis ao direito penal, à distinção entre os crimes tentado e consumado, ao erro sobre elementos do tipo e a aspectos diversos sobre as penas, assinale a opção correta à luz das disposições do CP e da doutrina pertinente.

(A) O ajuste, a determinação ou instigação e o auxílio, salvo disposição expressa em contrário, serão punidos a título de crime tentado.

(B) O erro quanto à pessoa contra a qual o crime é praticado não isenta de pena o agente. No entanto, se consideram, nesse caso, as condições ou qualidades da vítima e não as da pessoa contra quem o agente queria praticar o crime.

(C) A lei, como fonte de cognição imediata, pode ser definida como uma regra de conduta praticada de modo geral, constante e uniforme, com a consciência de sua obrigatoriedade.

(D) As penas restritivas de direito são autônomas e substituem as privativas de liberdade seja qual for a pena aplicada, se o crime for culposo e estiverem presentes os demais requisitos.

(E) Revogado o livramento condicional por crime anterior, não poderá o livramento ser novamente concedido e não se descontará na pena o tempo em que o condenado esteve solto.

A: incorreta. O ajuste, a determinação ou instigação e o auxílio, salvo disposição expressa em contrário, não são puníveis, se o crime não chegar a ser tentado (art. 31 do CP); **B:** incorreta. No erro sobre a pessoa (art. 20, § 3º, do CP), serão levadas em consideração as qualidades da vítima contra quem o agente queria praticar o crime (vítima virtual ou visada), e não as da vítima real (ou efetiva); **C:** incorreta. A assertiva contém o conceito de costumes, que, no Direito Penal, são fontes mediatas (ou indiretas, ou secundárias). Somente a lei é a fonte formal direta ou imediata do Direito Penal; **D:** correta (art. 44, I, do CP). A quantidade de pena privativa de liberdade aplicada, para fins de substituição por restritiva de direitos, somente interessará aos crimes dolosos (lembre-se: até quatro anos!); **E:** incorreta (art. 88 do CP). Revogado o livramento, não poderá ser novamente concedido, e, *salvo quando a revogação resulta de condenação por outro crime anterior àquele benefício*, não se desconta na pena o tempo em que esteve solto o condenado.

Gabarito "D".

(Ministério Público/PI – 2012 – CESPE) Considerando as disposições contidas no CP e na doutrina sobre crimes, imputabilidade penal e penas, assinale a opção correta.

(A) A pena imposta para crime de homicídio simples será aumentada em um terço se o agente não procurar diminuir as consequências do seu ato.

(B) Considere que João, no intuito de auxiliar José a ceifar a própria vida, o ajude a colocar a corda ao redor do pescoço, a subir em um banco e, ao final, chute o banco. Nessa situação, João deve responder pelo crime de auxílio ao suicídio, de acordo com o que dispõe o CP, desde que José faleça ou, se sobreviver, sofra lesões corporais de natureza grave.

(C) O crime de mão própria, também chamado de atuação pessoal ou de conduta infungível, só pode ser cometido pelo sujeito em pessoa.

(D) Estará isento de pena o agente que, por embriaguez culposa, seja, ao tempo da ação ou omissão, inteiramente incapaz de entender o caráter ilícito do fato ou de determinar-se de acordo com esse entendimento.

(E) As penas restritivas de direitos são autônomas e substituem as privativas de liberdade quando a pena aplicada não for superior a quatro anos, o crime não for cometido com violência e grave ameaça à pessoa ou, qualquer que seja a pena aplicada, for o crime culposo, bem como a culpabilidade, os antecedentes, a conduta social, a personalidade do condenado, os motivos e as circunstâncias indicarem que a substituição seja suficiente e desde que o réu não seja reincidente em crime doloso, sendo, no último caso, absoluto o impedimento.

A: incorreta. A pena será aumentada em um terço, no caso de homicídio culposo, se o agente, dentre outras hipóteses, não procurar diminuir as consequências de seu ato (art. 121, § 4º, do CP); **B:** incorreta. Considerando que João praticou diretamente atos de execução para a morte de José, deverá responder pelo crime de homicídio (art. 121 do CP), e não pelo induzimento, instigação ou auxílio ao suicídio (art. 122 do CP), que pressupõe que o agente pratique conduta "acessória" à do suicida, sem incidir em qualquer ato executório tendente diretamente à morte da vítima; **C:** correta. De fato, considera-se crime de mão própria (de atuação pessoal ou de conduta infungível), como o próprio nome sugere, aquele que somente poderá ser cometido por pessoa que ostente determinada condição pessoal, exigindo-se uma atuação personalíssima. Daí ser inviável a coautoria nessa espécie de crime, mas, apenas, a participação; **D:** incorreta. A embriaguez é causa excludente da culpabilidade apenas se for involuntária (caso fortuito ou força maior) e completa (art. 28, § 1º, do CP). A embriaguez voluntária ou culposa não exclui a imputabilidade penal (art. 28, II, do CP); **E:** incorreta. A despeito de a regra ser a de que o réu reincidente em crime doloso não faz jus à substituição da pena privativa de liberdade por restritiva de direitos (art. 44, II, do CP), se a reincidência não for específica e se a medida for socialmente recomendável, admitir-se-á, sim, a substituição da pena de prisão pela alternativa (art. 44, § 3º, do CP).

Gabarito "C"

(Ministério Público/PI – 2012 – CESPE) Com base no que dispõe o CP sobre os crimes contra a administração pública, contra a pessoa e contra o patrimônio, bem como sobre as penas, assinale a opção correta.

(A) O agente que comete crime de homicídio sob a influência de violenta emoção provocada por ato injusto da vítima faz jus à redução de um sexto a um terço da pena.

(B) O agente que subtrai, para si ou para outrem, coisa alheia móvel durante o período noturno responde pelo crime de furto qualificado, estando sujeito a pena de reclusão de dois a oito anos e multa.

(C) A exceção da verdade nos crimes de calúnia só será cabível se o ofendido for funcionário público e a ofensa, relativa ao exercício de suas funções.

(D) A reabilitação do preso poderá ser requerida após dois anos contados do dia em que for extinta, de qualquer modo, a pena ou terminar a sua execução, não se computando o período de prova da suspensão ou do livramento condicional.

(E) Considere a seguinte situação hipotética: Júlio foi preso em flagrante pela prática de crime contra o patrimônio, acusado de obter, em seu negócio, vantagem ilícita em prejuízo alheio mediante meio fraudulento. Durante a lavratura do auto de prisão em flagrante, Júlio ofereceu ao delegado de polícia a quantia de cinquenta mil reais para que fosse liberado. Nessa situação hipotética, o delegado de polícia deve lavrar o auto de prisão em flagrante de Júlio pelo crime anterior e também pelo crime de corrupção ativa consumado.

A: incorreta (art. 121, § 1º, do CP). A redução pelo reconhecimento do homicídio privilegiado será de um sexto a um terço, desde que o crime tenha sido praticado pelo fato de o agente estar sob o domínio (e não influência!) de violenta emoção, logo em seguida a injusta provocação da vítima; **B:** incorreta. O furto praticado durante o repouso noturno conduz à imputação, ao agente, da conduta definida no art. 155, § 1º, do CP, não se falando, aqui, em qualificadoras (§§ 4º e 5º, do precitado artigo), mas, sim, em causa de aumento de pena (um terço); **C:** incorreta. A exceção da verdade será cabível no crime de calúnia como regra geral, ressalvadas as hipóteses definidas no art. 138, § 3º, I a III, do CP. Situação diversa ocorre com a difamação, que somente admitirá a exceção da verdade se a imputação de fato desonroso for dirigida a funcionário público, e desde que a ofensa seja relativa ao exercício de suas funções (art. 139, parágrafo único, do CP); **D:** incorreta (art. 94 do CP). A reabilitação poderá ser requerida após dois anos do cumprimento ou extinção da pena, por qualquer modo, computando-se em referido lapso temporal o período de prova do *sursis* ou do livramento condicional, desde que não tenham sido revogados; **E:** correta. O fato de o autuado por estelionato oferecer ao delegado de polícia responsável pela lavratura da prisão em flagrante dinheiro para que ele deixe de cumprir seu ofício, constitui, inegavelmente, o crime de corrupção ativa consumado (art. 333 do CP).

Gabarito "E"

(Ministério Público/PI – 2012 – CESPE) Assinale a opção correta no que se refere ao falso testemunho, à pena e ao entendimento dos tribunais superiores a respeito dos institutos do direito penal.

(A) A sentença que conceder perdão judicial extinguirá a pena e não será considerada para efeitos da reincidência, em que pese a natureza condenatória da sentença concessiva.

(B) O agente que faça afirmação falsa quando inquirido na fase de instrução de processo de crime de homicídio e se retrate quando reinquirido na fase de julgamento pelo plenário do júri não pode ser punido.

(C) Atenua-se a pena imposta ao agente que, na data do fato, seja menor de vinte e um anos de idade ou, na data da sentença, seja maior de sessenta e cinco anos de idade.

(D) Quando o agente for condenado a penas privativas de liberdade cuja soma seja superior a trinta anos, estas devem ser unificadas para atender ao limite máximo previsto em lei, ou seja, o agente cumprirá pena de, no máximo, trinta anos, devendo ser considerado tal prazo para efeitos dos benefícios concedidos na execução da pena.

(E) O agente que, condenado a pena privativa de liberdade, não tenha sido beneficiado com a substituição por penas restritivas de direitos faz jus, desde que preenchidos os requisitos legais, à suspensão da pena privativa de liberdade e da multa, ou seja, ser-lhe-á concedido o *sursis* penal.

A: incorreta. A sentença concessiva do perdão judicial, nos termos da Súmula 18 do STJ, tem natureza declaratória de extinção da punibilidade (e não condenatória, como referido na assertiva); **B:** correta. A retratação do agente no crime de falso testemunho é admissível até a prolação da sentença no processo em que ocorreu o ilícito (art. 342, § 2º, do CP). Considerando que o rito do Júri é escalonado, sendo composto de duas fases, ainda que o falso testemunho tenha ocorrido na fase do "sumário da culpa", se a retratação ocorrer em plenário (antes, portanto, da prolação da sentença pelo Juiz Presidente do Tribunal do Júri), restará extinta a punibilidade; **C:** incorreta (art. 65, I, do CP). A pena será atenuada se o agente, na data do fato, for menor de vinte e um anos de idade, ou, na data da sentença, maior de setenta anos; **D:** incorreta (Súmula 715 do STF). A pena unificada não será considerada para efeito de concessão de benefícios penais, tais como o livramento condicional e a progressão de regime. Para estes, será utilizada a quantidade de pena aplicada (e não a unificada para fins de execução). Vale lembrar que, com a alteração promovida pela Lei 13.964/2019 na redação do art. 75 do CP (caput e § 1º), o tempo máximo de cumprimento da pena privativa de liberdade, que era de 30 anos, passou a ser de 40 anos; **E:** incorreta, pois a suspensão condicional da pena (*sursis*) será concedida ao condenado, desde que preenchidos os requisitos legais (art. 77 do CP), ficando suspensa a execução da pena privativa de liberdade (e não a de multa).

Gabarito "B"

(Ministério Público/PI – 2012 – CESPE) Assinale a opção correta com base no que dispõe o CP.

(A) O funcionário público que, por imprudência, deixar aberta a porta do setor em que trabalha, facilitando, assim, a entrada de terceiros que furtem bens da administração pública, deverá responder pelo crime de peculato furto, pois, consoante o CP, terá concorrido de qualquer forma para o crime.

(B) Pelo resultado que agrava especialmente a pena só responde o agente que o houver causado dolosamente.

(C) Revogado o livramento condicional em razão de crime cometido antes ou durante o período de prova, não poderá ele ser novamente concedido e não se descontará na pena o tempo em que o condenado esteve solto.

(D) São reduzidos da metade os prazos de prescrição caso o criminoso seja, ao tempo do cometimento do crime, menor de vinte e um anos de idade, ou, na data da sentença, maior de sessenta e cinco anos de idade.

(E) Considera-se evitável o erro quando o agente atua ou se omite sem a consciência da ilicitude do fato, sendo-lhe possível, nas circunstâncias, ter ou atingir essa consciência.

A: incorreta. Se tanto, a conduta do funcionário público faltoso de diligência se subsume ao art. 312, § 2º, do CP (peculato culposo), visto ter concorrido culposamente para o crime de outrem; **B:** incorreta, pois, de acordo com o art. 19 do CP, o agente só responderá pelo resultado que especialmente agrava a pena se o houver causado, ao menos, *culposamente*; **C:** incorreta (art. 88 do CP). Revogado o livramento condicional, não poderá ser novamente concedido, e, *salvo quando a revogação resulta de condenação por outro crime anterior àquele benefício*, não se desconta na pena o tempo em que esteve solto o condenado; **D:** incorreta (art. 115 do CP). A prescrição será reduzida pela metade caso o agente, ao tempo do crime, seja menor de vinte e um anos ou, à época da sentença, seja maior de *setenta anos*; **E:** correta (art. 21, parágrafo único, do CP). A assertiva trata do erro de proibição (erro sobre a ilicitude do fato) evitável ou inescusável, que não excluirá a culpabilidade, mas atenuará a pena (de um sexto a um terço).

Gabarito "E"

(Procurador/DF – 2013 – CESPE) Em 15 de janeiro de 2012, Fábio, com vinte anos de idade, sócio da empresa Diversões Ltda., pretendendo sagrar-se vencedor em licitação aberta para contratar a execução de show comemorativo do aniversário da cidade de Brasília, coagiu moralmente o funcionário público Mateus, ameaçando ofender a integridade física de seus filhos menores, se ele não introduzisse no edital licitatório cláusula que direcionasse o certame para favorecer sua empresa. Temeroso de que as ameaças se concretizassem, Mateus elaborou o edital e dele fez constar cláusulas destinadas a assegurar a vitória da empresa de Fábio, frustrando, dessa forma, o caráter competitivo da licitação.

Acerca dessa situação hipotética, julgue os itens que se seguem.

(1) O sujeito ativo do crime de frustrar ou fraudar o caráter competitivo do procedimento licitatório, previsto em artigo da Lei de Licitações e Contratos, poderá ser tanto o particular que concorre na licitação quanto o servidor público com atuação no procedimento licitatório, razão por que, na hipótese em questão, Fábio e Mateus poderiam figurar no polo passivo de ação penal pertinente.

(2) A coação moral irresistível é uma hipótese de autoria mediata, em que o autor da coação detém o domínio do fato e comete o fato punível por meio de outra pessoa.

(3) Para a consumação do delito de frustrar ou fraudar o caráter competitivo do procedimento licitatório, previsto em artigo da Lei de Licitações e Contratos, seria necessário que Mateus tivesse auferido vantagem decorrente da adjudicação do objeto da licitação.

1: correta. De acordo com o art. 90 da Lei 8.666/1993, pratica crime aquele que *frustrar* ou *fraudar*, mediante ajuste, combinação ou qualquer outro expediente, o caráter competitivo do procedimento licitatório, com o intuito de obter, para si ou para outrem, vantagem decorrente da adjudicação do objeto da licitação. Trata-se de crime comum, podendo ser praticado por qualquer pessoa (inclusive por funcionários públicos). No enunciado da questão, a despeito de Mateus ter sido coagido por Fábio a inserir cláusulas no certame licitatório capazes de favorecer sua empresa, ao que tudo indica, a coação moral seria resistível (e não irresistível, caso em que haveria a exclusão da culpabilidade, nos termos do art. 22 do CP). Afinal, a ameaça de ofensa à integridade física dos filhos menores de Mateus, ainda que injusta e grave, não era atual, ou seja, não havia efetivo risco de que, naquele exato momento, o prenúncio se efetivasse. Daí a coação moral ser resistível; **2:** correta. De fato, na coação moral irresistível, o coator se vale do coato (ou coagido) para a prática de determinada infração penal, mediante a prática de violência moral (grave ameaça). Nesse caso, o Código Penal exclui a culpabilidade da vítima (coato), punindo-se o coator. Trata-se de típica hipótese de autoria mediata ou indireta; **3:** incorreta. O crime do art. 90 da Lei 8.666/1993 é considerado formal, consumando-se com a prática de condutas destinadas a fraudar ou frustrar o caráter competitivo da licitação, bastando que o agente tenha o "intuito de obter, para si ou para outrem, vantagem decorrente da adjudicação do objeto da licitação". Esse é o especial fim de agir do agente, expressamente previsto no tipo penal.

Gabarito 1C, 2C, 3E

(Procurador/DF – 2013 – CESPE) Julgue os itens seguintes, relativos a aspectos diversos do direito penal.

(1) No sistema penal brasileiro, há causas pessoais que excluem e extinguem totalmente a punibilidade e, igualmente, causas pessoais de exclusão e extinção parcial da punibilidade.

(2) Nos termos do CP, a caracterização de uma conduta dolosa prescinde da consciência ou do conhecimento da antijuridicidade dessa conduta e requer apenas a presença dos elementos que compõem o tipo objetivo.

(3) Há reincidência quando o agente comete novo crime, depois de transitar em julgado a sentença que o tenha condenado por crime anterior, não se considerando como tal condenações por crimes militares próprios ou por crimes políticos e sentenças oriundas de país estrangeiro.

(4) De acordo com o CP, com relação à sucessão das leis penais no tempo, não se aplicam as regras gerais da irretroatividade da lei mais severa, tampouco a retroatividade da norma mais benigna, bem como não se aplica o preceito da ultra-atividade à situação caracterizada pela chamada lei penal em branco.

1: correta. Por exemplo, a morte do agente (art. 107, I, do CP) é causa pessoal – e total – extintiva da punibilidade. Já o indulto, previsto no art. 107, II, do CP, é causa pessoal que pode extinguir totalmente a punibilidade (indulto total), ou apenas parcialmente (indulto parcial), como no caso de mera diminuição ou comutação da pena; **2:** correta. De fato, o dolo não exige a potencial consciência da ilicitude do fato praticado pelo agente, bastando que o agente atue voltado à concretização dos elementos objetivos do tipo penal. O conhecimento potencial da antijuridicidade da conduta ficou reservado à culpabilidade. Prova disso é que sua falta, nos termos do art. 21 do CP (erro de proibição), poderá acarretar, quanto o erro for invencível (ou inevitável, ou escusável), a isenção de pena; **3:** incorreta. Haverá reincidência quando o agente comete novo crime, depois de transitar em julgado a sentença que, no país ou no *estrangeiro*, o tenha condenado por crime anterior (art. 63 do CP). Frise-se que a sentença estrangeira induz, sim, a reincidência, não sendo necessária, sequer, sua homologação pelo STJ, conforme se extrai do art. 9º do CP. Para fins de caracterização da reincidência, de fato, não se consideram os crimes militares próprios e os crimes políticos (art. 64, II, do CP); **4:** incorreta. Não há no Código Penal hipótese que não permita a retroatividade ou a irretroatividade em matéria de lei penal em branco. Como regra, a norma complementar da lei penal em branco será irretroativa. Todavia, a depender da natureza de referida norma complementar (se dotada de estabilidade ou de transitoriedade), sua alteração (sucessão no tempo) poderá, sim, retroagir, tal como no caso de supressão, de ato normativo da ANVISA, de substância considerada entorpecente (para fins de caracterização de crimes da Lei de Drogas – Lei 11.343/2006). Dado o caráter de estabilidade da norma, a supressão de determinada substância poderá configurar *abolitio criminis*, retroagindo para beneficiar o réu. Já se o conteúdo da norma complementar tiver o caráter da transitoriedade ou excepcionalidade (tal como ocorria com os crimes contra a economia popular – tabelamento de preços), sua alteração posterior, ainda que benéfica ao réu, não irá retroagir, incidindo a ultra-atividade de que trata o art. 3º do CP.

Gabarito 1C, 2C, 3E, 4E

(Procurador/DF – 2013 – CESPE) No que se refere aos crimes contra a fé pública e contra a administração pública, aos delitos previstos na Lei de Licitações e à aplicação de pena, julgue os itens consecutivos.

(1) O disciplinamento previsto no CP acerca da conduta de suprimir ou reduzir contribuição social previdenciária e qualquer acessório, mediante omissão total ou parcial de receitas ou lucros auferidos, remunerações pagas ou creditadas e demais fatos geradores de contribuições sociais previdenciárias, prevê a extinção da punibilidade do agente, mesmo sem o pagamento do tributo devido, desde que esse agente faça, espontaneamente, declaração acompanhada de confissão das contribuições, importâncias ou valores devidos, e que ele preste, ainda, todas as informações devidas à previdência social, na forma definida em lei ou regulamento, antes do início da ação fiscal.

(2) Para a caracterização do delito de dispensar ou inexigir licitação fora das hipóteses previstas em lei, ou de deixar de observar as formalidades pertinentes a estas, é indispensável a presença de dolo, não se admitindo culpa.

(3) Nos crimes contra a administração pública, caso o servidor seja condenado a pena superior a um ano de prisão, por delito praticado com abuso de poder ou violação do dever para com a administração pública, poderá ser suspenso o efeito extrapenal específico da perda de cargo, função pública ou mandato eletivo, disposto no CP, nos caso em que tenha havido substituição da pena privativa de liberdade por pena restritiva de direito.

(4) O crime de uso de documento falso é formal, consumando-se com a simples utilização do documento reputado falso, não se exigindo a comprovação de efetiva lesão à fé pública, o que afasta a possibilidade de aplicação do princípio da insignificância, em razão do bem jurídico tutelado.

(5) No crime funcional contra a ordem tributária consistente em exigir, solicitar ou receber, para si ou para outrem, direta ou indiretamente, ainda que fora da função ou mesmo antes de iniciar seu exercício, mas em razão dela, vantagem indevida; ou aceitar promessa de tal vantagem, para deixar de lançar ou cobrar tributo ou contribuição social, ou cobrá-los parcialmente, extingue-se a punibilidade do agente, desde que haja pagamento integral do tributo antes da persecução penal em juízo, nos termos da lei regente dos crimes contra a ordem tributária.

1: correta, nos exatos termos do art. 168-A, § 2º, do CP; **2:** correta. De fato, o crime do art. 89 da Lei 8.666/1993 é doloso, não se admitindo a modalidade culposa. Nesse sentido, Guilherme de Souza Nucci (*Leis penais e processuais penais comentadas*. 4. ed. São Paulo: RT, 2009. p. 852); **3:** incorreta, de acordo com a banca examinadora. Nos termos do art. 92, I, "a", do CP, aplicada pena privativa de liberdade *igual ou superior* a um ano (e não apenas superior, como refere o item!), por delito praticado com abuso de poder ou violação do dever para com a Administração, haverá a perda de cargo, função pública ou mandato eletivo. Perceba que o dispositivo legal, em momento algum, faz distinção em caso de substituição da pena privativa de liberdade por restritiva de direitos. Contudo, há entendimento doutrinário em sentido contrário. Confira-se, por exemplo, a docência de Rogério Greco: "A lei penal fala em pena privativa de liberdade, razão pela qual quando o agente for condenado à pena de multa, *ou mesmo tiver a sua pena privativa de liberdade substituída pela pena restritiva de direitos, já não será possível a imposição do mencionado efeito da condenação*" (Curso de Direito Penal. Parte Especial. 6. ed. Niterói: Editora Impetus, 2009. v. III. p. 714). No entanto, cremos que o posicionamento da banca examinadora veio estribado em precedentes do STJ, tal como o que ora segue, extraído da ementa do julgamento do AgRg no Ag em REsp 46266 (2011/0201442-7), 5ª Turma, j. 26.06.2012, rel. Min. Laurita Vaz, *DJe* 01.08.2012: "(...) 6. Tal consequência ocorre sempre que configurada a hipótese prevista no art. 92, inciso I, alínea *a*, do Código Penal, não fazendo a lei qualquer ressalva no sentido de que, se a pena privativa de liberdade for substituída por reprimendas restritivas de direito, não haverá a perda do cargo."; **4:** correta. De fato, o crime de uso de documento falso (art. 304 do CP) é considerado formal ou de consumação antecipada, contentando-se com a efetiva utilização do documento falsificado ou adulterado, independentemente da obtenção, pelo agente, de qualquer vantagem, ou causação de prejuízo a outrem. Dada a objetividade jurídica do crime (fé pública), inadmissível a aplicação do princípio da insignificância. Nesse sentido: "(...) A jurisprudência deste Superior Tribunal de Justiça e do Supremo Tribunal Federal firmou-se no sentido da inaplicabilidade do princípio da insignificância, haja vista que o bem jurídico tutelado é a fé pública, a credibilidade da moeda e a segurança de sua circulação, independentemente da quantidade e do valor das cédulas falsificadas. Precedentes" (STJ, AgRg no Ag em REsp 82637 (2011/0261633-2), 5ª Turma, j. 09.04.2013, rel. Min. Marilza Maynard, convocada do TJ/SE, *DJe* 12.04.2013); **5:** incorreta. O crime descrito no art. 3º, II, da Lei 8.137/1990 (espécie de concussão e corrupção passiva praticada por agente ligado ao Fisco), é crime funcional contra a ordem tributária, inexistindo, nesse caso, extinção da punibilidade pelo pagamento integral do tributo. A lei, nesse sentido, é silente, inexistindo, pois, permissivo para a conclusão exarada no item em análise.

Gabarito 1C, 2C, 3E, 4C, 5E

(Advogado – CEF – 2010 – CESPE) Com relação ao direito penal, em cada uma das opções abaixo é apresentada uma situação hipotética, seguida de uma assertiva a ser julgada. Assinale a opção que apresenta a assertiva correta.

(A) Um empregado de um banco recusou-se a atender um cliente, alegando motivos de ordem religiosa; a religião praticada pelo cliente afrontava os preceitos morais e filosóficos do empregado. Nessa situação, a rejeição de atendimento pelo empregado tem fundamento na liberdade religiosa e de crença, assegurada na CF.

(B) Um sentenciado cumpriu integralmente a pena privativa de liberdade e não pagou a pena de multa fixada na sentença de cem dias-multa, com valor do dia-multa fixado pelo juiz em um trigésimo do maior salário-mínimo mensal vigente ao tempo do fato. Nessa situação, em face da inadimplência, ficará o processo de execução penal suspenso até o efetivo pagamento e, caso seja constatado que o executado é solvente e voluntariamente deixou de pagar a pena de multa ou por qualquer outro meio frustra a execução desta, poderá ter convertidos os dias-multa em detenção simples.

(C) Juvenal, brasileiro, maior, casado, sócio-gerente da Mercearia Vende Tudo, primário, sem antecedentes, de bom comportamento social, foi denunciado pelo Ministério Público pela prática da conduta de expor à venda mercadorias em condições impróprias ao consumo, cujo tipo penal vem prescrito na lei dos crimes contra a relação de consumo, cuja pena é de detenção de dois a cinco anos ou multa. Nessa situação, se preencher todos os requisitos para a suspensão condicional do processo, aceitar a proposta juntamente com o defensor e se submeter às condições estabelecidas pelo juízo, na forma da lei de regência, Juvenal poderá gozar do benefício da suspensão condicional do processo.

(D) Um cliente de determinado banco falsificou documentos pessoais de terceiro, comprovante de residência, entre outros documentos, com a finalidade de abertura de conta corrente em estabelecimento bancário. Após a abertura da conta, recebeu cartões de crédito e débito e, decorridas algumas semanas, solicitou e conseguiu empréstimos bancários. Entretanto, antes de levantar os valores disponibilizados na conta corrente, o agente arrependeu-se das condutas delituosas praticadas e confessou todo o ocorrido ao gerente do banco que imediatamente fez o bloqueio da conta. Nessa situação, está presente a figura da desistência voluntária prevista no CP, o que enseja a exclusão de ilicitude do fato.

(E) Uma cliente de determinado banco, enquanto aguardava atendimento pessoal pelo gerente, sorrateiramente subtraiu duas pequenas peças de decoração da agência, consistentes em duas estatuetas banhadas a ouro, por relevante prêmio comercial, avaliadas em R$ 5.000,00. Em face do ostensivo aparato de segurança da agência, monitoramento eletrônico e câmeras de vigilância, entre outros, descobriu-se, de pronto, a infração penal e, antes da saída da cliente da agência, ela foi abordada por agentes de segurança e, em seguida, presa em flagrante. Nessa situação, configurou-se a hipótese do crime impossível previsto no CP pela absoluta impropriedade do meio utilizado pela agente.

A: incorreta – a liberdade religiosa, assegurada no texto constitucional, não autoriza ninguém a praticar ato discriminatório; o funcionário que recusar atendimento ao argumento de que a religião professada pelo cliente é incompatível com a sua incorrerá nas penas do art. 5º da Lei 7.716/89 (Discriminação Racial); **B:** incorreta – a pena de multa, que pode ser aplicada juntamente com a pena privativa de liberdade ou em substituição a ela, deve ser paga dentro de dez dias a contar do trânsito em julgado da sentença condenatória (art. 50, *caput*, do CP); depois de passada em julgado a sentença, a multa será considerada dívida de valor, aplicando-se-lhe as normas da legislação relativa à dívida ativa da Fazenda Pública. Até o advento da Lei 9.268/1996, era possível a conversão da pena de multa não adimplida em pena privativa de liberdade. Ou seja, o não pagamento da pena de multa imposta ao condenado poderia ensejar a sua prisão. Com a entrada em vigor desta Lei, modificou-se o procedimento de cobrança da pena de multa, que passou a ser considerada dívida de valor, com incidência das normas relativas à dívida da Fazenda Pública. Com isso, deixou de ser possível - e esse era o objetivo a ser alcançado – a conversão da pena de multa em prisão. A partir de então, surgiu a discussão acerca da atribuição para cobrança da pena de multa: deveria ela se dar na Vara da Fazenda Pública ou na Vara de Execução Penal? A jurisprudência, durante muito tempo, consagrou o entendimento no sentido de que a pena pecuniária, sendo dívida de valor, possui caráter extrapenal e, portanto, a sua execução deve se dar pela Procuradoria da Fazenda Pública. Tal entendimento, até então pacífico, sofreu um revés em 2018, quando o STF, ao julgar a ADI 3150, conferiu nova interpretação ao art. 51 do CP e passou a considerar que a cobrança da multa, que constitui, é importante que se diga, espécie de sanção penal, cabe ao Ministério Público, que o fará perante o juízo da execução penal. Ficou ainda decidido que, caso o MP não promova a cobrança dentro do prazo de noventa dias, aí sim poderá a Procuradoria da Fazenda Pública fazê-lo. A atuação da Fazenda Pública passou a ser, portanto, subsidiária em relação ao MP. Pois bem.

A Lei 13.964/2019 (Pacote Anticrime), ao conferir nova redação ao art. 51 do CP, consolidou o entendimento adotado pelo STF, no sentido de que a execução da pena de multa ocorrerá perante o juiz da execução penal. A cobrança, portanto, cabe ao MP. De se ver que a atribuição subsidiária conferida à Fazenda Pública (pelo STF) não constou da nova redação do art. 51 do CP; **C:** correta – se o preceito secundário da norma contemplar pena alternativa de multa, terá lugar a *suspensão condicional do processo*, benefício previsto no art. 89 da Lei 9.099/95, ainda que a pena privativa de liberdade mínima seja superior a um ano, como é o caso narrado no enunciado (art. 7º, IX, da Lei 8.137/1990). Nesse sentido, *Informativo* nº 478, STF; **D:** incorreta – a desistência voluntária e o arrependimento eficaz, presentes no art. 15, do CP, tem natureza de excludente de *tipicidade*; **E:** incorreta – fala-se em crime impossível se a coisa que o agente pretendia furtar estava protegida por sistema de alarme que tornava absolutamente ineficaz o meio utilizado pelo agente. Note que, neste caso, a impossibilidade de consumar-se o crime dá-se em razão da *ineficácia* do meio empregado, não em função de sua *impropriedade*. O meio não é impróprio, mas, sim, ineficaz.

Gabarito "C".

(Advogado – CEF – 2010 – CESPE) Com base nos preceitos do direito penal, assinale a opção correta.

(A) No que diz respeito à lei penal no tempo e no espaço, é correto afirmar que a vigência de norma penal posterior atenderá ao princípio da imediatidade, não incidindo, em nenhum caso, sobre fatos praticados na forma da lei penal anterior. No tocante à lei penal no espaço, o Código Penal (CP) adota o princípio da territorialidade como regra geral.

(B) Se um servidor público tiver sido condenado a cinco anos de reclusão por apropriar-se de dinheiro e outros bens móveis de que tinha posse em razão do cargo, e a sentença penal condenatória tiver transitado em julgado, então, se for julgado procedente pedido de reabilitação e o condenado vier a ressarcir integralmente o dano causado pelo crime, o servidor poderá retornar ao exercício do cargo público que havia perdido em razão da sentença condenatória.

(C) Não constitui crime a ocupação de estabelecimento bancário, em momento de greve, com a finalidade de impedir o desenvolvimento normal da atividade bancária, ainda que da ocupação haja danificação do patrimônio com o escopo de embaraçar a execução dos trabalhos e impedir o labor dos empregados que não aderiram à greve. Somente haverá crime caso haja lesões, físicas e(ou) morais, aos trabalhadores que permaneceram em atividade, e o crime terá como sujeito ativo apenas os empregados da empresa onde ocorreram os fatos.

(D) Considere a seguinte situação hipotética. Uma empresa de crédito, por intermédio de seus sócios, tendo obtido empréstimos consignados mediante fraude, utilizando-se de dados de terceiros obtidos de forma fraudulenta, levou e manteve em erro instituição financeira oficial. Nessa situação hipotética, o procedimento descrito configura operação financeira e subsume-se à figura típica descrita na lei dos crimes contra o sistema financeiro nacional.

(E) Em relação ao crime de lavagem de dinheiro, o entendimento doutrinário e jurisprudencial firmado é que o mero proveito econômico do produto do crime antecedente não configuraria lavagem de dinheiro, exigindo-se a prática de condutas de ocultar ou dissimular, entre outras, como práticas autônomas, de modo a caracterizar a infração penal em tela. Sem essas, ocorrerá um simples pós-fato impunível. Não se subordina persecução penal em juízo ao encerramento do processo administrativo fiscal.

A: incorreta – o art. 5º, XL, da CF estabelece uma exceção à irretroatividade da lei penal, ao autorizar que esta projete seus efeitos para o passado para beneficiar o réu. No que concerne à lei penal no espaço, o CP adotou, em seu art. 5º, a *territorialidade temperada*. Isso significa que, aos crimes perpetrados em território brasileiro, será aplicada a lei local, ressalvadas as convenções, tratados e regras de direito internacional; **B:** incorreta – a assertiva não reflete o disposto no art. 93, parágrafo único, do CP; **C:** incorreta – conduta tipificada no art. 202 do CP; **D:** incorreta – a conduta se amolda ao tipo penal do art. 171 do CP. Nesse sentido: STJ, 3ª S., CC 93.596-RJ, rel. Min. Og Fernandes, 25.03.2009; **E:** correta – nesse sentido, *vide*: STJ, Ap. 458-SP, C.E., rel. Min. Fernando Gonçalves, 16.09.2009.

Gabarito "E".

(Magistratura Federal/2ª região – 2011 – CESPE) Assinale a opção correta a respeito do concurso de pessoas e de crimes, da relação de causalidade e do crime continuado.

(A) Com relação ao concurso de pessoas, no CP, tal como no sistema monístico ou unitário, distinguem-se punibilidade de autoria e de participação. Caso ocorra arrependimento do partícipe que tenha instigado ou induzido o autor à prática da infração e este tenha decidido pelo cometimento do delito, somente não será responsabilizado o partícipe se conseguir impedir que o autor realize a conduta criminosa.

(B) De acordo com a teoria do domínio do fato no âmbito dos delitos culposos, a autoria imediata equipara-se à coautoria, visto que autor e coautor nas consequências do delito são aqueles que executam parte necessária do plano global, o domínio funcional do fato, que, embora não seja ato típico, integra a resolução previamente acordada da prática do crime.

(C) No que se refere ao concurso material de crimes, adota-se, no sistema penal brasileiro, a teoria da absorção, de acordo com a qual a pena do delito maior absorve a sanção penal do menos grave; no tocante ao crime continuado e ao concurso formal perfeito, adota-se o sistema da exasperação.

(D) No sistema penal brasileiro, adota-se, no que diz respeito à relação de causalidade, a teoria da equivalência causal, caracterizada pelo fato de o agente utilizar-se conscientemente das condições para justificar sua conduta criminosa, considerada a energia humana necessária para ocorrer o resultado pretendido, do qual deriva a responsabilidade penal. Essa teoria deixa nítida a distinção entre *causa efficiens* e condições.

(E) A doutrina contemporânea registra como necessária a presença de alguns elementos para a caracterização do crime continuado, entre os quais se incluem o fator psicológico ou dolo unitário e a habitualidade da infração, no aspecto subjetivo, e, no objetivo, a identidade do bem jurídico tutelado e do tipo penal, além de mesma titularidade da vítima.

A: correta. De fato, pela teoria monista ou unitária de concurso de pessoas, todos aqueles que concorrerem para a prática de um crime, por ele responderão, na medida de sua culpabilidade. No tocante à participação, adota-se a teoria da acessoriedade limitada, segundo a qual o partícipe somente responderá se houver concorrido para o cometimento de um fato típico e ilícito pelo autor. Destarte, se o partícipe, arrependido de ter induzido ou instigado o autor a cometer determinado crime, conseguir impedi-lo de realizar a conduta criminosa, não haverá punibilidade. Para tanto, basta verificar o que dispõe o art. 31 do CP: "O ajuste, a determinação ou instigação e o auxílio, salvo disposição expressa em contrário, não são puníveis, se o crime não chega, pelo menos, a ser tentado". Portanto, imprescindível para a punição do partícipe que o autor tenha, ao menos, iniciado a execução típica; **B:** incorreta. De pronto, a assertiva contida na alternativa em comento poderia ser excluída pelo candidato. Bastaria lembrar que a teoria do domínio do fato, concebida por Hans Welzel, preconiza ser autor aquele que controla finalisticamente todas as circunstâncias que permeiam a empreitada criminosa, ainda que não realize a ação nuclear contida no tipo penal. Inviável imaginarmos a aplicação dessa teoria para os crimes culposos, pois nestes o resultado final decorrente da conduta imprudente, negligente ou imperita não é desejado pelo agente; **C:** incorreta. No concurso material, as penas de cada um dos crimes serão somadas (art. 69 do CP), incidindo o critério do cúmulo material. No tocante ao crime continuado (art. 71 do CP) e ao concurso formal perfeito ou próprio, adotar-se-á, de fato, o critério da exasperação: no primeiro caso, aplicar-se-á a pena de um só dos crimes, se idênticas, ou a do mais grave, se distintos, aumentada de 1/6 (um sexto) a 2/3 (dois terços); já no segundo caso, aplicar-se-á a pena de um só dos crimes, se idênticas, ou a do mais grave, se distintos, aumentada de 1/6 (um sexto) até 1/2 (metade). Perceba que, em ambos os casos, a pena de um único crime será exasperada (daí falar-se em critério da exasperação); **D:** incorreta. Para a teoria da equivalência dos antecedentes (ou *conditio sine qua non*), adotada, como regra, pelo art. 13, *caput*, do CP, considera-se causa toda ação ou omissão sem a qual o resultado não teria se produzido. Assim, em simples palavras, causa será tudo aquilo que houver concorrido para o resultado material. Para essa teoria, inexistem diferenças entre causas e condições, estas últimas consideradas como todos os fatores que autorizam à causa a produção de seus efeitos (Cleber Masson – *Direito Penal Esquematizado*, 7ª ed., vol. 1, Ed. Método, p. 232); **E:** incorreta. De acordo com parcela da doutrina, a continuidade delitiva deverá ser reconhecida diante da presença dos requisitos objetivos previstos no art. 71 do CP (teoria objetiva pura), tal como enuncia, inclusive, o item 59 da Exposição de Motivos da Parte Geral do CP: *"o critério da teoria puramente objetiva não revelou na prática maiores inconvenientes, a despeito das objeções formuladas pelos partidários da teoria objetivo-subjetiva"*. Esta não é, porém, a posição de doutrinadores como Eugenio Raul Zaffaroni e Damásio de Jesus, que sustentam, para o reconhecimento do crime continuado, que os vários crimes parcelares resultem de um mesmo plano criminoso do agente (unidade de desígnio). Essa é, inclusive, a posição já adotada pelo STF (RHC 93.144/SP, Rel. Min. Menezes Direito, 1ª T., 18.03.2008; HC 109.730/RS, Rel. Min. Rosa Weber, 1ª T., 02.10.2012) e STJ (HC 93.440/SP, Rel. Min. Feliz Fischer, 5ª T., 21.02.2008). No tocante à habitualidade da infração, o entendimento é o de que sua verificação descaracterizará a continuidade delitiva. Assim, a chamada "delinquência habitual ou profissional" afasta o "nexo de continuidade" dos crimes subsequentes frente ao crime inicial, desmontando a teoria objetivo-subjetiva, que, como visto, preconiza que, além dos requisitos objetivos previstos no art. 71 do CP, a continuidade delitiva exigirá que os diversos delitos parcelares estejam "unidos" por um liame, um mesmo plano criminoso.

Gabarito "A"

(Magistratura Federal/3ª região – 2011 – CESPE) No tocante às respostas que a dogmática penal contemporânea oferece acerca das teorias do crime e da pena, assinale a opção correta.

(A) Segundo uma das teorias mais conhecidas de imputação objetiva, para atribuição do tipo objetivo ao agente, a criação ou o incremento de um risco proibido é insuficiente quando o resultado não provenha diretamente desse risco.

(B) Para a definição das fontes do especial dever de agir, fundamento da posição de garantidor, adota-se, no CP, o critério material puro.

(C) A pena criminal implica reprovação, expressa na ideia de retribuição de acordo com a culpabilidade, prevenção especial como intimidação e manutenção da confiança na ordem jurídica e, finalmente, prevenção geral como neutralização e correção do autor do crime.

(D) A aplicação da pena de multa ocorre em duas fases: na primeira, determina-se o valor do dia-multa; na segunda, a quantidade de dias-multa, atendendo-se, sobretudo, à situação econômica do autor.

(E) O conhecimento das características descritivas típicas da posição de garantidor é suficiente para fundamentar a omissão dolosa e dispensa a representação da possibilidade de realização da ação ordenada pelo preceito normativo.

A: correta. De fato, segundo a teoria da imputação objetiva, a atribuição do tipo objetivo ao agente dependerá da conjugação dos seguintes requisitos: i) criação – ou incremento – de um risco proibido e; ii) realização do risco no resultado. Assim, em apertada síntese, para que um resultado seja atribuído ao agente, será de rigor que ele pratique determinada ação ou omissão capaz de criar ou aumentar um risco, gerando real possibilidade de dano, mas desde que referido risco seja proibido pelo Direito. Ainda, para que se reconheça que a conduta perpetrada pelo agente gerou um risco, será necessário avaliar se a proibição da conduta é justificada para evitar a lesão a determinado bem jurídico por meio de determinado curso causal, os quais venham efetivamente a ocorrer (fim de proteção da norma); **B:** incorreta. O CP, tratando da omissão penalmente relevante (art. 13, § 2º, do CP), adotou o critério legal, segundo o qual compete à lei estabelecer quais são as hipóteses em que o agente tem o dever de agir. Assim, nas alíneas "a", "b" e "c", do referido dispositivo legal, constam as hipóteses em que existirá o dever de agir. No primeiro caso, haverá, por parte do agente, um dever legal de evitar determinado resultado lesivo à vítima (alínea "a", do § 2º, do art. 13 do CP). No segundo caso, haverá a figura do "garante", assim considerada a situação do agente que, de outra forma (que não por determinação legal), tiver assumido a responsabilidade de impedir o resultado (alínea "b", do § 2º, do art. 13 do CP). Finalmente, fala-se em dever de agir por ingerência. Trata-se da situação em que o agente, com seu comportamento anterior, criou o risco da ocorrência do resultado, daí surgindo o dever de agir para impedi-lo (alínea "c", do § 2º, do art. 13 do CP); **C:** incorreta. De fato, a imposição da pena apresenta um viés marcadamente retributivo. Porém, sob o prisma da prevenção, esta é denominada de *geral*, ligando-se à ideia de intimidação coletiva, vale dizer, desestímulo dirigido a toda a coletividade, ciente de que, se cometida uma infração penal, a consequência será a imposição de sanção, ou *especial*, dirigida ao próprio agente infrator, tendo por objetivo maior evitar a recidiva na delinquência. Perceba o candidato que a alternativa em análise trouxe assertiva "invertida", ou seja, as explicações de prevenção geral e especial estão trocadas; **D:** incorreta. Muito embora seja adequada a afirmação de que a aplicação da pena de multa ocorre em duas fases (bifásica), é errada a explicação. Primeiramente, caberá ao juiz fixar a quantidade de multa (dias-multa), para, somente então, determinar o valor de cada dia-multa (art. 49, *caput*, e § 1º, do CP); **E:** incorreta. A omissão penalmente relevante somente produzirá a responsabilização criminal do agente se este, tendo o dever de agir, pudesse agir para evitar o resultado (art. 13, § 2º, do CP – *A omissão é penalmente relevante quando o omitente devia e podia agir para evitar o resultado...*).

Gabarito "A"

(Analista – TRE/MT – 2010 – CESPE) Quanto à parte geral do Código Penal, assinale a opção correta.

(A) A ineficácia do meio e a impropriedade do objeto, sejam tais circunstâncias relativas ou absolutas, configuram crime impossível e, portanto, tornam impunível a tentativa.

(B) Pode alegar estado de necessidade quem tem o dever legal de enfrentar o perigo, desde que demonstre que praticou o fato para salvar de perigo atual direito próprio cujo sacrifício, nas circunstâncias, não era razoável exigir-se.

(C) O ajuste, a determinação ou a instigação e o auxílio, salvo disposição expressa em contrário, não são puníveis, se o crime não chega, pelo menos, a ser tentado.

(D) É isento de pena o agente que, por embriaguez completa, proveniente de caso fortuito ou força maior, era, ao tempo da ação ou da omissão, inteira ou parcialmente incapaz de entender o caráter ilícito do fato ou de se determinar de acordo com esse entendimento.

(E) As circunstâncias e as condições de caráter pessoal não se comunicam ao corréu quando forem elementares do crime.

A: incorreta – proposição falsa, na medida em que, por imposição do art. 17 do CP, a ineficácia do meio e a impropriedade do objeto devem ser, para configurar o crime impossível, *absolutas*. Porque, se relativas forem, o crime pode, em princípio, chegar à consumação; **B:** incorreta – aquele a quem incumbe o dever legal de enfrentar o perigo não pode invocar a excludente do estado de necessidade. É o teor do art. 24, § 1º, do CP (alternativa incorreta); **C:** correta – assertiva em consonância com a redação do art. 31 do CP; **D:** incorreta – o art. 28, § 1º, do CP somente contempla a *incapacidade total* como resultado da embriaguez completa decorrente de caso fortuito ou força maior; se se tratar de incapacidade parcial, o agente não fará jus à isenção de pena; **E:** incorreta – a assertiva não corresponde ao que preleciona o art. 30 do CP.

Gabarito "C"

(Analista – TRE/MT – 2010 – CESPE) Acerca da parte geral do direito penal, assinale a opção correta.

(A) A lei excepcional ou temporária aplica-se aos fatos praticados durante a sua vigência, salvo quando decorrido o período de sua duração ou cessadas as circunstâncias que a determinaram.

(B) Com relação ao lugar do crime, aplica-se a teoria da atividade, considerando-se praticado o crime no lugar em que ocorreu a ação ou omissão, não onde se produziu ou deveria se produzir o resultado.

(C) A superveniência de causa relativamente independente exclui a imputação quando, por si só, produziu o resultado; os fatos anteriores, entretanto, imputam-se a quem os praticou.
(D) Presentes os pressupostos legais da configuração do arrependimento eficaz, o efeito será a redução da pena de um terço a dois terços.
(E) O Código Penal, em sua parte geral, estabelece, como regra, a possibilidade de o sujeito ativo do crime responder por crime culposo quando a lei não prevê a punição a título doloso, sem necessidade de previsão expressa do tipo culposo na parte especial.

A: incorreta – as leis de vigência temporária (leis temporárias e leis excepcionais) são ultra-ativas. Significa, portanto, dizer que tudo o que ocorrer na vigência de uma lei temporária ou excepcional será por ela regido, ainda que a sua vigência tenha cessado. É o que impõe o art. 3º do CP; **B:** incorreta – no que se refere ao *local do crime*, o Código Penal acolheu, em seu art. 6º, a teoria *mista* ou da *ubiquidade*, segundo a qual é considerado local do crime tanto o da conduta quanto o do resultado; **C:** correta – art. 13, § 1º, do CP; **D:** incorreta – a proposição é falsa, visto que, preenchidos os requisitos contidos no art. 15, segunda parte, do CP, o agente responderá tão somente pelos atos praticados. O *arrependimento eficaz* tem natureza jurídica de *excludente de tipicidade*, o que também se aplica à *desistência voluntária* – art. 15, primeira parte, do CP; **E:** incorreta – o art. 18, parágrafo único, do CP estabelece a chamada *excepcionalidade do crime culposo*.

Gabarito "C"

(Analista – TRE/MT – 2010 – CESPE) Com relação à parte geral do Código Penal, assinale a opção correta.

(A) Se o fato é cometido em estrita obediência à ordem, não manifestamente ilegal, de superior hierárquico, são puníveis o autor da ordem e o agente que agiu em obediência hierárquica, havendo, em relação a este, causa de redução da pena.
(B) Agindo o sujeito ativo em legítima defesa, havendo excesso em sua conduta, ele somente responderá pelo excesso se o praticar de forma dolosa, não havendo a previsão de responsabilidade pelo excesso culposo.
(C) Em caso de concurso de crimes, a aplicação da pena de multa seguirá a regra de aplicação da pena privativa de liberdade, procedendo-se ao cúmulo material ou à aplicação de pena mais grave, quando idênticas.
(D) A reincidência em crime culposo não impede a aplicação da suspensão da pena, desde que presentes os demais requisitos legais.

A: incorreta – neste caso, pune-se tão somente o autor da ordem – art. 22 do CP (opera-se, em relação ao subordinado, a exclusão da culpabilidade); se a ordem, no entanto, for manifestamente ilegal, responderão pelo crime o seu autor e o agente que agiu em obediência hierárquica; **B:** incorreta – o excesso, nas excludentes de ilicitude, pode ser doloso ou culposo, conforme dispõe o art. 23, parágrafo único, do CP; **C:** incorreta – art. 72 do CP; **D:** assertiva correta, já que somente a reincidência em crime doloso obsta a concessão do *sursis*, segundo art. 77, I, do CP.

Gabarito "D"

18. DIREITO PROCESSUAL PENAL

Arthur Trigueiros, Eduardo Dompieri e Savio Chalita*

1. FONTES, PRINCÍPIOS GERAIS, EFICÁCIA DA LEI PROCESSUAL NO TEMPO E NO ESPAÇO

(Delegado/PE – 2016 – CESPE) Em consonância com a doutrina majoritária e com o entendimento dos tribunais superiores, assinale a opção correta acerca dos sistemas e princípios do processo penal.

(A) O princípio da obrigatoriedade deverá ser observado tanto na ação penal pública quanto na ação penal privada.

(B) O princípio da verdade real vigora de forma absoluta no processo penal brasileiro.

(C) Na ação penal pública, o princípio da igualdade das armas é mitigado pelo princípio da oficialidade.

(D) O sistema processual acusatório não restringe a ingerência, de ofício, do magistrado antes da fase processual da persecução penal.

(E) No sistema processual inquisitivo, o processo é público; a confissão é elemento suficiente para a condenação; e as funções de acusação e julgamento são atribuídas a pessoas distintas.

A: incorreta. O princípio da *obrigatoriedade*, que tem incidência no contexto da ação penal pública, não se aplica à ação penal privativa do ofendido, que é informada pelo princípio da *oportunidade* (conveniência). Significa que o ofendido tem a *faculdade*, não a obrigação, de promover a ação. No caso da ação pública, diferentemente, temos que o seu titular, o MP, tem a obrigação (não a faculdade) de ajuizar a ação penal quando preenchidos os requisitos legais (princípio da obrigatoriedade); **B:** incorreta. A busca pela verdade real, tal como se dá nos demais princípios que informam o processo penal, não tem caráter absoluto. Exemplo disso é que a Constituição Federal e também a legislação penal processual (art. 157, CPP) vedam as provas ilícitas; **C:** correta. De fato, na ação penal pública, o princípio da igualdade das armas é mitigado pelo princípio da oficialidade. Isso porque a acusação litigará valendo-se de uma estrutura que lhe é oferecida pelo Estado, o que não é conferido ao acusado, que atuará se valendo de suas próprias forças; **D:** incorreta, já que o sistema acusatório restringe, sim, a ingerência, de ofício, do magistrado antes da fase processual da persecução penal. A propósito, a opção pelo sistema acusatório foi recentemente explicitada quando da inserção do art. 3º-A no Código de Processo Penal pela Lei 13.964/2019 (Pacote Anticrime). Segundo este dispositivo, cuja eficácia está suspensa por decisão liminar do STF, já que faz parte do regramento que compõe o chamado "juiz de garantias" (arts. 3º-A a 3º-F, do CPP), "o processo penal terá estrutura acusatória, vedadas a iniciativa do juiz na fase de investigação e a substituição da atuação probatória do órgão de acusação". Até então, o sistema acusatório, embora amplamente acolhido pela comunidade jurídica, já que em perfeita harmonia com a CF/88, não era contemplado em lei. Nessa esteira, com vistas a fortalecer o sistema acusatório, o Pacote Anticrime cria a figura do juiz de garantais (arts. 3º-A a 3º-F, do CPP, com eficácia atualmente suspensa), ao qual cabe promover o controle da legalidade da investigação criminal e salvaguardar os direitos individuais cuja franquia tenha sido reservada ao Poder Judiciário. Também dentro desse mesmo espírito, a Lei 13.964/2019 alterou os arts. 282, § 2º, e 311, ambos do CPP, que agora vedam a atuação de ofício do juiz na decretação de medidas cautelares de natureza pessoal, como a prisão processual, ainda que no curso da ação penal. Também imbuído do propósito de restringir a ingerência do juiz na fase que antecede a ação penal, a Lei 13.964/2019, entre tantas outras alterações implementadas, conferiu nova redação ao art. 28 do CPP, alterando todo o procedimento de arquivamento do inquérito policial. Doravante, o representante do *parquet* deixa de requerer o arquivamento e passa a, ele mesmo, determiná-lo, sem qualquer interferência do magistrado, cuja atuação, nesta etapa, em homenagem ao sistema acusatório, deixa de existir. No entanto, ao determinar o arquivamento do IP, o membro do MP deverá submeter sua decisão, segundo a nova redação conferida ao art. 28, *caput*, do CPP, à instância revisora dentro do próprio Ministério Público, para fins de homologação. Sem prejuízo disso, caberá ao promotor que determinou o arquivamento comunicar a sua decisão ao investigado, à autoridade policial e à vítima. Esta última, por sua vez, ou quem a represente, poderá, se assim entender, dentro do prazo de 30 dias a contar da comunicação de arquivamento, submeter a matéria à revisão da instância superior do órgão ministerial (art. 28, § 1º, CPP). Por fim, o § 2º deste art. 28, com a redação que lhe deu a Lei 13.964/2019, estabelece que, nas ações relativas a crimes praticados em detrimento da União, Estados e Municípios, a revisão do arquivamento do IP poderá ser provocada pela chefia do órgão a quem couber a sua representação judicial. Este novo art. 28 do CPP, que, como dissemos, alterou todo o procedimento que rege o arquivamento do IP, no entanto, teve suspensa, por força de decisão cautelar proferida pelo STF, a sua eficácia. O ministro Luiz Fux, relator, ponderou, em sua decisão, tomada na ADI 6.305, de 22.01.2020, que, embora se trate de inovação louvável, a sua implementação, no prazo de 30 dias (*vacatio legis*), revela-se inviável, dada a dimensão dos impactos sistêmicos e financeiros que por certo ensejarão a adoção do novo procedimento de arquivamento do inquérito policial; **E:** incorreta, já que, no sistema inquisitivo, o processo é sigiloso e as funções de acusação e julgamento são atribuídas à mesma pessoa. A publicidade do processo e também o fato de a acusação e julgamento serem atribuídas a pessoas diferentes constituem características do processo acusatório. ED

Gabarito "C".

(Juiz de Direito/AM – 2016 – CESPE) Relativamente aos sistemas e princípios fundamentais do processo penal, assinale a opção correta.

(A) A proibição de revisão *pro societate* foi expressamente integrada ao ordenamento jurídico brasileiro pela CF, sendo fruto da necessidade de segurança jurídica a vedação que impede que alguém possa ser julgado mais de uma vez por fato do qual já tenha sido absolvido por decisão passada em julgado, exceto se por juiz absolutamente incompetente.

(B) O direito ao silêncio ou garantia contra a autoincriminação derrubou um dos pilares do processo penal tradicional: o dogma da verdade real, permitindo que o acusado permaneça em silêncio durante a investigação ou em juízo, bem como impedindo de forma absoluta que ele seja compelido a produzir ou contribuir com a formação da prova ou identificação pessoal contrária ao seu interesse, revogando as previsões legais nesse sentido.

(C) A elaboração tradicional do princípio do contraditório garantia a paridade de armas como forma de igualdade processual. A doutrina moderna propõe a reforma do instituto, priorizando a participação do acusado no processo como meio de permitir a contribuição das partes para a formação do convencimento do juiz, sendo requisito de eficácia do processo.

(D) O princípio do juiz natural tem origem no direito anglo-saxão, construído inicialmente com base na ideia da vedação do tribunal de exceção. Posteriormente, por obra do direito norte-americano, acrescentou-se a exigência da regra de competência previamente estabelecida ao fato, fruto, provavelmente, do federalismo adotado por aquele país. O direito brasileiro adota tal princípio nessas duas vertentes fundamentais.

* **Eduardo Dompieri** comentou as questões de Delegado/PE/16, Defensoria/RN/16, Analista TRE/PI/16, Juiz de Direito/16, Cartório/DF/14, MP/PI/14, PRF/13, Agente de Polícia/DF/13, Escrivão de Polícia/BA/13, Analista/TJ/CE/13, Analista/STF/13, Cartório/ES/13, Cartório/RR/13, Cartório/PI/13, Defensoria/DF/13; **Arthur Trigueiros, Eduardo Dompieri e Savio Chalita** comentaram as demais questões.

(E) A defesa técnica é o corolário do princípio da ampla defesa, exigindo a participação de um advogado em todos os atos da persecução penal. Segundo o STF, atende integralmente a esse princípio o pedido de condenação ao mínimo legal, ainda que seja a única manifestação jurídica da defesa, patrocinada por DP ou dativo.

A: incorreta, dado que a sentença absolutória, mesmo que nula em razão da incompetência do juiz que a proferiu, torna-se definitiva, o que decorre da proibição da *reformatio in pejus*, que consiste na impossibilidade de o tribunal piorar a situação processual do réu. No STJ: *1. De acordo com a jurisprudência deste Superior Tribunal de Justiça, a declaração de incompetência absoluta do Juízo se enquadra nas hipóteses de nulidade absoluta do processo. Todavia, a sentença prolatada por juiz absolutamente incompetente, embora nula, após transitar em julgado, pode acarretar o efeito de tornar definitiva a absolvição do acusado, uma vez que, apesar de eivada de nulidade, tem como consequência a proibição da reformatio in pejus. 2. O princípio ne reformatio in pejus, apesar de não possuir caráter constitucional, faz parte do ordenamento jurídico complementando o rol dos direitos e garantias individuais já previstos na Constituição Federal, cuja interpretação sistemática permite a conclusão de que a Magna Carta impõe a preponderância do direito a liberdade sobre o Juiz natural. Assim, somente se admite que este último – princípio do juiz natural – seja invocado em favor do réu, nunca em seu prejuízo. 3. Sob essa ótica, portanto, ainda que a nulidade seja de ordem absoluta, eventual reapreciação da matéria, não poderá de modo algum ser prejudicial ao paciente, isto é, a sua liberdade. Não se trata de vinculação de uma esfera a outra, mas apenas de limitação principiológica.* (HC 146.208/PB, Rel. Ministro HAROLDO RODRIGUES (DESEMBARGADOR CONVOCADO DO TJ/CE), SEXTA TURMA, julgado em 04.11.2010, *DJe* 16.05.2011); **B:** incorreta. Embora a CF, em seu art. 5º, LXIII, tenha consagrado o direito de o indiciado/réu permanecer em silêncio, não produzindo prova contra si mesmo, tal garantia não é absoluta, porquanto não atinge a obrigação que lhe é imposta de fornecer, de forma correta, as informações necessárias à sua identificação (qualificação). É o chamado interrogatório de qualificação, que não deve ser confundido com o interrogatório de mérito, no qual o indiciado/acusado poderá exercer o seu direito ao silêncio; **C:** incorreta. O contraditório, por ser um dos princípios mais caros ao processo penal, constitui requisito de validade do processo, cuja não observância dá azo a nulidade absoluta; **D:** correta. Ao tratar do juiz natural, assim se pronunciou Eugênio Pacceli de Oliveira: "O princípio do juiz natural tem origem no direito anglo-saxão, construído inicialmente com base na ideia da vedação do tribunal de exceção (...). Posteriormente, por obra do direito norte-americano, acrescentou-se, na elaboração do princípio, a exigência da regra de competência previamente estabelecida ao fato, fruto, provavelmente, do federalismo adotado desde a formação política daquele Estado (...). O Direito brasileiro, adotando o juiz natural em suas duas vertentes fundamentais (...)" (*Curso de Processo Penal*, 14. ed., p. 34); **E:** incorreta. A participação do advogado não é obrigatória em todos os atos do inquérito policial, que compõe a primeira etapa da persecução penal. Atenção: o art. 14-A, recentemente inserido no CPP pela Lei 13.964/2019 (Pacote Anticrime), assegura aos servidores vinculados às instituições elencadas nos arts. 142 (Forças Armadas) e 144 (Segurança Pública) da CF que figurarem como investigados em inquéritos policiais, inquéritos policiais militares e demais procedimentos extrajudiciais, cujo objeto for a investigação de fatos relacionados ao uso da força letal praticados no exercício profissional ou em missões para Garantia da Lei e da Ordem (GLO), o direito de constituir defensor para o fim de acompanhar as investigações. Até aqui, nenhuma novidade. Isso porque, como bem sabemos, é direito de qualquer investigado constituir defensor. O § 1º deste art. 14-A, de forma inédita, estabelece que o servidor, verificada a situação descrita no *caput*, será citado. Isso mesmo: será citado da instauração do procedimento investigatório, podendo constituir defensor no prazo de até 48 horas a contar do recebimento da citação. Melhor seria ser o legislador houvesse empregado o termo *notificado* em vez de *citado*. Seja como for, uma vez citado e esgotado o prazo de 48 horas sem nomeação de defensor, a autoridade responsável pela investigação deverá intimar a instituição à qual estava vinculado o investigado à época dos fatos para que indique, no prazo de 48 horas, defensor para a representação do investigado (§ 2º).

(Cartório/RR – 2013 – CESPE) Considerando os princípios do direito processual penal, assinale a opção correta.

(A) O princípio da vedação de revisão *pro societate* impede que o inquérito policial ou a ação penal voltem a tramitar caso haja sentença declaratória de extinção da punibilidade pela morte do autor do fato, ainda que posteriormente seja comprovada a falsidade da certidão de óbito.
(B) É ilícita a prova de crime obtida por meio de interceptação telefônica judicialmente autorizada nos autos de inquérito policial destinado à apuração de outro crime.
(C) Pelo princípio constitucional da publicidade, que rege as decisões proferidas pelo Poder Judiciário, os atos processuais deverão ser públicos, sendo absolutamente vedada a restrição de sua ciência por terceiros que não participem da relação processual.
(D) Ainda que seja nomeado defensor dativo pelo juiz, o denunciado deve ser intimado para oferecer contrarrazões ao recurso interposto pelo MP contra a decisão que tenha rejeitado a denúncia, sob pena de nulidade.
(E) O interrogatório do acusado, por constituir exercício do direito de defesa, não pode ser por ele dispensado, sob pena de nulidade.

A: incorreta. Conferir: "*Habeas corpus*. Processual penal. Extinção da punibilidade amparada em certidão de óbito falsa. Decisão que reconhece a nulidade absoluta do decreto e determina o prosseguimento da ação penal. Inocorrência de revisão *pro societate* e de ofensa à coisa julgada. Pronúncia. Alegada inexistência de provas ou indícios suficientes de autoria em relação a corréu. Inviabilidade de reexame de fatos e provas na via estreita do writ constitucional. Constrangimento ilegal inexistente. Ordem denegada. 1. A decisão que, com base em certidão de óbito falsa, julga extinta a punibilidade do réu pode ser revogada, dado que não gera coisa julgada em sentido estrito. 2. Não é o *habeas corpus* meio idôneo para o reexame aprofundado dos fatos e da prova, necessário, no caso, para a verificação da existência ou não de provas ou indícios suficientes à pronúncia do paciente por crimes de homicídios que lhe são imputados na denúncia. 3. *Habeas corpus* denegado" (HC 104998, Dias Toffoli, STF); **B**: incorreta. A assertiva contempla o fenômeno denominado *encontro fortuito de provas*, em que, no curso de investigação de determinada infração penal, termina-se por identificar outros crimes, diversos daquele investigado. A jurisprudência reconhece a licitude da prova assim produzida, desde que estabelecida conexão ou continência com a investigação original. Não se trata, portanto, de *prova ilícita* (art. 157, § 1º, do CPP); **C**: incorreta. Embora seja correto dizer-se que as decisões proferidas pelo Poder Judiciário devem, em regra, ser revestidas de publicidade, não é verdade que isso tem caráter absoluto. O próprio texto da CF/88, em seu art. 5º, LX, dispõe que a publicidade será restringida quando se tratar da defesa da intimidade ou o interesse social o exigir. Também nesse sentido o art. 93, IX, da CF: "Todos os julgamentos dos órgãos do Poder Judiciário serão públicos, e fundamentadas todas as decisões, sob pena de nulidade, podendo a lei limitar a presença, em determinados atos, às próprias partes e a seus advogados (...)"; **D**: correta, pois em conformidade com o entendimento firmado na Súmula 707, STF: "Constitui nulidade a falta de intimação do denunciado para oferecer contrarrazões ao recurso interposto da rejeição da denúncia, não a suprimindo a nomeação de defensor dativo"; **E**: incorreta. Somente gerará nulidade a falta de interrogatório do réu presente (art. 564, III, *e*, do CPP); se ausente estiver, a falta de interrogatório, desde que tenha sido citado e lhe tenha sido assegurada defesa técnica, não ensejará nulidade.

(Escrivão de Polícia/BA – 2013 – CESPE) Julgue os itens seguintes, considerando os dispositivos constitucionais e o processo penal.

(1) O direito ao silêncio consiste na garantia de o indiciado permanecer calado e de tal conduta não ser considerada confissão, cabendo ao delegado informá-lo desse direito durante sua oitiva no inquérito policial.
(2) De acordo com a CF, a inviolabilidade do sigilo de correspondência e comunicações telefônicas poderá ser quebrada por ordem judicial para fins de investigação criminal ou instrução processual penal.
(3) A presunção de inocência da pessoa presa em flagrante delito, ainda que pela prática de crime inafiançável e

hediondo, é razão, em regra, para que ela permaneça em liberdade.

(4) A assistência de advogado durante a prisão é requisito de validade do flagrante; por essa razão, se o autuado não nomear um profissional de sua confiança, o delegado deverá indicar um defensor dativo para acompanhar o ato.

(5) Tanto o acompanhamento do inquérito policial por advogado quanto seus requerimentos ao delegado caracterizam a observância do direito ao contraditório e à ampla defesa, obrigatórios na fase inquisitorial e durante a ação penal.

1: correta. Deve-se aplicar, neste caso, o art. 186, parágrafo único, do CPP, que incide, por força do disposto no art. 6º, V, do CPP, tanto no âmbito do inquérito policial quanto no da instrução processual, que estabelece que "o silêncio, que não importará em confissão, não poderá ser interpretado em prejuízo da defesa". Também tem incidência no interrogatório policial o disposto no art. 186, *caput*, do CPP, segundo o qual cabe ao juiz (neste caso o delegado), antes de dar início ao interrogatório e depois de qualificar o acusado (neste caso o investigado), cientificá-lo de seu direito de permanecer calado e de não responder às perguntas a ele formuladas; **2**: incorreta. É que o dispositivo constitucional que rege a matéria (art. 5º, XII) somente excepcionou, como sigilo passível de violação, o das comunicações telefônicas, o que deverá se dar nos moldes da Lei 9.296/1996, que traz o regramento dessa modalidade de interceptação; **3**: correta. A decretação ou manutenção da custódia cautelar (aqui incluída a prisão em flagrante), assim entendida aquela que antecede a condenação definitiva, deve sempre estar condicionada à demonstração de sua imperiosa necessidade, pouco importando a natureza do crime imputado ao agente (hediondo; não hediondo; afiançável; não afiançável). Bem por isso, deve o magistrado apontar as razões, no seu entender, que a tornam indispensável (art. 312 do CPP). Colocado de outra forma, a prisão provisória ou cautelar (prisão preventiva, temporária e em flagrante) somente se justifica dentro do ordenamento jurídico quando necessária ao processo. Deve ser vista, portanto, como um instrumento do processo a ser utilizado em situações excepcionais. É por essa razão que a prisão decorrente de sentença penal condenatória recorrível deixou de constituir modalidade de prisão cautelar. Era uma prisão automática, já que, com a prolação da sentença condenatória, o réu era recolhido ao cárcere (independente de a prisão ser necessária). Nesse contexto, o acusado era considerado presumidamente culpado. Com as modificações introduzidas pela Lei 11.719/2008 e também em razão da atuação dos tribunais, esta modalidade de prisão cautelar deixou de existir, consagrando, assim, o postulado da presunção de inocência. Em vista dessa nova realidade, se o acusado permanecer preso durante toda a instrução, a manutenção dessa prisão somente terá lugar se indispensável for ao processo, pouco importando se, uma vez condenado em definitivo, permanecerá ou não preso. A prisão desnecessária decretada ou mantida antes de a sentença passar em julgado constitui antecipação da pena que porventura seria aplicada em caso de condenação, o que representa patente violação ao princípio da presunção de inocência, postulado esse de índole constitucional – art. 5º, LVII. De se ver ainda que, tendo em conta as mudanças implementadas pela Lei 12.403/2011, que instituiu as medidas cautelares alternativas à prisão provisória, esta somente terá lugar diante da impossibilidade de se recorrer às medidas cautelares. Dessa forma, a prisão, como medida excepcional que é, deve também ser vista como instrumento subsidiário, supletivo. Pois bem. Essa tônica (de somente dar-se início ao cumprimento da pena depois do trânsito em julgado da sentença penal condenatória) sofreu um revés. Explico. O STF, em julgamento histórico realizado em 17 de fevereiro de 2016, mudou, à revelia de grande parte da comunidade jurídica, seu entendimento acerca da possibilidade de prisão antes do trânsito em julgado da sentença penal condenatória. A Corte, ao julgar o HC n. 126.292, passou a admitir a execução da pena após decisão condenatória proferida em segunda instância. Com isso, passou a ser desnecessário, para dar início ao cumprimento da pena, aguardar o trânsito em julgado da decisão condenatória. Flexibilizou-se, pois, o postulado da presunção de inocência. Naquela ocasião, votaram pela mudança de paradigma sete ministros, enquanto quatro mantiveram o entendimento até então prevalente. Cuidava-se, é bem verdade, de uma decisão tomada em processo subjetivo, sem eficácia vinculante, portanto. Tal decisão, conquanto tomada em processo subjetivo, passou a ser vista como uma mudança de entendimento acerca de tema que há vários anos havia se sedimentado. Mais recentemente, nossa Suprema Corte foi chamada a se manifestar, em ações declaratórias de constitucionalidade impetradas pelo Conselho Federal da OAB e pelo Partido Ecológico Nacional, sobre a constitucionalidade do art. 283 do CPP. Existia a expectativa de que algum ou alguns dos ministros mudassem o posicionamento adotado no julgamento realizado em fevereiro de 2016. Afinal, a decisão, agora, teria uma repercussão muito maior, na medida em que tomada em ADC. Pois bem. Depois de muita especulação e grande expectativa, o STF, em julgamento realizado em 5 de outubro do mesmo ano, desta vez por maioria mais apertada (6 a 5), já que houve mudança de posicionamento do ministro Dias Toffoli, indeferiu as medidas cautelares pleiteadas nessas ADCs (43 e 44), mantendo, assim, o posicionamento que autorizava a prisão depois de decisão condenatória confirmada em segunda instância. O julgamento do mérito dessas ações permaneceu pendente até 7 de novembro de 2019, quando, finalmente, depois de muita expectativa, o STF, em novo julgamento histórico, referente às ADCs 43,44 e 54, mudou o entendimento adotado em 2016, até então em vigor, que permitia a execução (provisória) da pena de prisão após condenação em segunda instância. Reconheceu-se a constitucionalidade do art. 283 do CPP, com a redação que lhe foi dada pela Lei 12.403/2011. Por 6 x 5, ficou decidido que é vedada a execução provisória da pena. Cumprimento de pena, a partir de agora, portanto, somente quando esgotados todos os recursos. Atualmente, essa discussão acerca da possibilidade de prisão em segunda instância, que suscitou debates tão acalorados, chegando, inclusive, a ganhar as ruas, saiu do STF, onde até então se encontrava, e passou para o Parlamento. Hoje se discute qual o melhor caminho para inserir, no nosso ordenamento jurídico, a prisão após condenação em segunda instância. Aguardemos; **4**: incorreta. Não constitui requisito de validade do flagrante a assistência de advogado; é suficiente que a autoridade policial assegure ao autuado a possibilidade de ser assistido por seu patrono. Nesse sentido a jurisprudência do STF: "(...) O Estado não tem o dever de manter advogados nas repartições policiais para assistir interrogatórios de presos; a Constituição assegura, apenas, o direito de o preso ser assistido por advogado na fase policial" (HC 73898, Maurício Corrêa); **5**: incorreta. O inquérito policial tem caráter *inquisitivo*, o que significa dizer que nele não vigoram *contraditório* e *ampla defesa*, aplicáveis, como garantia de índole constitucional, a partir do início da ação penal. ED

Gabarito 1C, 2E, 3C, 4E, 5E

(Técnico Judiciário – TJDFT – 2013 – CESPE) A respeito dos princípios do direito processual penal e da ação penal, julgue os itens subsequentes.

(1) Na hipótese de o MP arquivar os autos de um inquérito policial, poderá o ofendido ajuizar ação penal privada subsidiária da pública.

(2) O condenado pela prática do crime de estupro que recorrer da sentença penal condenatória não poderá ser considerado culpado da infração enquanto não transitar em julgado sua condenação.

(3) Em processo penal, ninguém pode ser forçado a produzir prova contra si mesmo. Por outro lado, a recusa em fazê-lo pode acarretar presunção de culpabilidade pelo crime.

1: incorreta. É consenso, tanto na doutrina quanto na jurisprudência, que o pleito de arquivamento dos autos de inquérito policial, formulado pelo MP, não autoriza o ofendido, no âmbito da ação penal pública (condicionada ou incondicionada), a promover a ação penal privada subsidiária. Isso porque tal modalidade de ação de iniciativa do ofendido pressupõe que o representante do MP aja com desídia, deixando de manifestar-se no prazo legal, isto é, o promotor, dentro do interregno que lhe confere a lei: i) não denuncia; ii) não requer o arquivamento do IP; iii) não requer a devolução do IP à autoridade policial para a realização de diligências suplementares indispensáveis ao exercício da ação penal. Com o advento da Lei 13.964/2019, conhecida como Pacote Anticrime, posterior, portanto, à elaboração desta questão, alterou-se toda a sistemática que rege o arquivamento do inquérito policial. Até então, tínhamos que cabia ao membro do MP promover (requerer) o arquivamento e ao juiz, se concordasse, determiná-lo. Pois bem. Com a modificação operada na redação do art. 28 do CPP pela Lei 13.964/2019, o representante do *parquet* deixa de requerer o arquivamento e passa a, ele próprio, determiná-lo, sem qualquer interferência do magistrado, cuja atuação, nesta etapa, em homenagem ao sistema acusatório, deixa de existir. No entanto, ao determinar o arquivamento do IP, o membro do MP deverá submeter sua decisão, segundo a nova redação conferida ao art. 28, *caput*, do CPP, à instância revisora dentro do próprio Ministério Público, para fins de homologação. Sem prejuízo disso, caberá ao promotor que determinou o arquivamento comunicar a sua decisão ao investigado, à autoridade policial e à vítima. Esta última, por sua vez, ou quem a represente, poderá, se assim entender, dentro do prazo de 30 dias, a contar da comunicação de arquivamento, submeter a matéria à revisão da instância superior do órgão ministerial (art. 28, § 1º, CPP). Por fim, o § 2º deste art. 28, com a redação que lhe deu a Lei 13.964/2019, estabelece que, nas ações relativas a crimes praticados em detrimento da União, Estados e Municípios, a revisão do arquivamento do IP poderá ser provocada pela chefia do órgão a quem couber a sua representação judicial. Este novo art. 28 do CPP, que, como dissemos, alterou todo o procedimento que rege o arquivamento do IP, no entanto, teve suspensa, por força de decisão cautelar proferida pelo STF, a sua eficácia. O ministro Luiz Fux, relator, ponderou, em sua decisão, tomada na ADI 6.305, de 22.01.2020, que, embora se trate de inovação louvável, a sua implementação, no prazo de 30 dias (*vacatio legis*), revela-se inviável, dada a dimensão dos impactos sistêmicos e financeiros que por certo ensejarão a adoção do novo procedimento de arquivamento do inquérito policial.; **2:** correta. A alternativa contempla o princípio da presunção de inocência (estado de inocência), consagrado no art. 5º, LVII, da CF; **3:** incorreta, dado que o exercício da prerrogativa de não produzir prova contra si mesmo (*nemo tenetur se detegere*) não pode conduzir à presunção de culpabilidade pelo crime atribuído ao agente, o que somente terá lugar com o trânsito em julgado da sentença penal condenatória. *Vide* art. 186, parágrafo único, do CPP. ED

Gabarito 1E, 2C, 3E

(Magistratura/BA – 2012 – CESPE) Assinale a opção correta considerando a aplicação da lei processual penal.

(A) O foro por prerrogativa de função estabelecido exclusivamente pela constituição estadual não prevalece sobre a competência constitucional do tribunal do júri.

(B) A lei processual aplica-se de imediato, devendo-se respeitar, entretanto, a data em que o crime foi praticado e observar a pretensão punitiva já estabelecida.

(C) Aplica-se às normas processuais penais o princípio da extraterritorialidade, visto que são consideradas extensão do território nacional as embarcações e aeronaves públicas a serviço do governo brasileiro, onde quer que se encontrem.

(D) Recebida a denúncia em relação a crime praticado por senador, após a diplomação, o processo deve tramitar perante o juiz natural, inexistindo a sustação do processo com a consequente suspensão da prescrição.

(E) Os membros do Congresso Nacional, após a expedição do diploma, só podem ser presos por crimes afiançáveis em situação de flagrância e, em se tratando de crimes inafiançáveis, somente em caso de prisão temporária pautada em crime cometido no exercício ou desempenho das funções parlamentares.

A: assertiva correta, pois corresponde ao que estabelece a Súmula 721 do STF, cujo teor foi reproduzido na Súmula Vinculante n. 45: "A competência constitucional do Tribunal do Júri prevalece sobre o foro por prerrogativa de função estabelecido exclusivamente pela Constituição estadual"; **B:** a lei processual penal, a teor do que dispõe o art. 2º do CPP, é aplicada desde logo e os atos realizados sob a égide da lei anterior são preservados, pouco importando a data em que a infração foi praticada. Vale, todavia, fazer uma ressalva. Quando se tratar de norma processual dotada de caráter material, a sua eficácia no tempo deverá seguir o regramento estabelecido no art. 2º, p. único, do Código Penal. Assim, se a lei processual dotada de carga penal for mais benéfica ao réu, deverá retroagir; **C:** dado que as embarcações e aeronaves brasileiras de natureza pública ou a serviço do governo brasileiro são consideradas, para os efeitos penais e processuais, onde quer que estejam, extensão do território nacional, tem incidência, aqui, o princípio da territorialidade – art. 1º do CPP; **D:** proposição em desacordo com o que estabelece o art. 53, § 3º, da CF; **E:** não reflete o que prescreve o art. 53, § 1º, da CF, visto que a lei estabelece que, após a expedição do diploma, só podem ser presos em flagrante de crime inafiançável.

Gabarito "A".

(Defensor Público/AL – 2017 – CESPE) No processo penal, as características do sistema acusatório incluem

I. clara distinção entre as atividades de acusar e julgar, iniciativa probatória exclusiva das partes e o juiz como terceiro imparcial e passivo na coleta da prova.

II. neutralidade do juiz, igualdade de oportunidades às partes no processo e repúdio à prova tarifada.

III. predominância da oralidade no processo, imparcialidade do juiz e supremacia da confissão do réu como meio de prova.

IV. celeridade do processo e busca da verdade real, o que faculta ao juiz determinar de ofício a produção de prova.

Estão certos apenas os itens

(A) I e II.

(B) I e IV.

(C) II e III.

(D) I, III e IV.

(E) II, III e IV.

São características do sistema *acusatório*: nítida separação nas funções de acusar, julgar e defender, o que torna imprescindível que essas funções sejam desempenhadas por pessoas distintas; o processo é público e contraditório; há imparcialidade do órgão julgador, que detém a gestão da prova (na qualidade de juiz-espectador), e a ampla defesa é assegurada. No *sistema inquisitivo*, que deve ser entendido como a antítese do acusatório, as funções de acusar, defender e julgar reúnem-se em uma única pessoa. É possível, nesse sistema, portanto, que o juiz investigue, acuse e julgue. Além disso, o processo é sigiloso e nele não vige o contraditório. Existe ainda o *sistema misto*, em que há uma fase inicial inquisitiva, ao final da qual tem início uma etapa em que são asseguradas todas as garantias inerentes ao acusatório. Ao tempo em que foi elabora esta questão, não havia previsão expressa sobre o sistema acusatório no nosso ordenamento jurídico. A opção pelo sistema acusatório foi explicitada quando da inserção do art. 3º-A no Código de Processo Penal pela Lei 13.964/2019 (Pacote Anticrime). Segundo este dispositivo, cuja eficácia está suspensa por decisão liminar do STF, já que faz parte do regramento que compõe o chamado "juiz de garantias" (arts. 3º-A a 3º-F, do CPP), "o processo penal terá estrutura acusatória, vedadas a iniciativa do juiz na fase de investigação e a substituição da atuação probatória do órgão de acusação". Até então, o sistema acusatório, embora amplamente acolhido pela comunidade jurídica, não era contemplado em lei ED

Gabarito "A".

(Magistratura/CE – 2012 – CESPE) No que se refere à aplicação da lei penal e da lei processual penal, assinale a opção correta.

(A) Em relação à aplicação da lei no espaço, vigora o princípio da absoluta territorialidade da lei processual penal.

(B) Cessadas as circunstâncias que determinaram a sua existência, a lei excepcional deixa de ser aplicada ao fato praticado durante a sua vigência.

(C) Por expressa previsão legal, a lei penal e a lei processual penal retroagem para beneficiar o réu.

(D) De acordo com o princípio da aplicação imediata da lei processual penal, os atos já realizados sob a vigência de determinada lei devem ser convalidados pela lei que a substitua.

(E) A lei penal admite a aplicação analógica e a lei processual penal, a interpretação analógica.

A: correta – art. 1º do CPP; **B:** as *leis excepcionais* e *temporárias* (art. 3º, CP) são dotadas de *ultratividade*, ou seja, devem incidir sobre o fato praticado sob o seu império, mesmo depois de revogadas pelo decurso do tempo ou cessação do estado emergencial. Essas leis, como se pode notar, não obedecem ao princípio da retroatividade benéfica. Alternativa, portanto, incorreta; **C:** incorreta – a lei processual penal será aplicada desde logo, sem prejuízo dos atos realizados sob o império da lei anterior. É o que estabelece o art. 2º do CPP. A exceção a essa regra fica por conta da lei processual penal dotada de carga material, em que deverá ser aplicado o que estabelece o art. 2º, parágrafo único, do CP. Nesse caso, a exemplo do que se dá com as leis penais, a norma processual nova, se favorável ao réu, deverá retroagir; **D:** incorreta – em vista da disciplina estabelecida no art. 2º do CPP, é prescindível a convalidação, pela lei processual nova, dos atos realizados sob a vigência da lei revogada; **E:** incorreta – a lei processual penal comporta tanto a aplicação analógica (processo de integração) quanto a interpretação analógica (processo de interpretação) – art. 3º do CPP. A lei penal, da mesma forma, admite a interpretação analógica e também a aplicação analógica. De se ver, todavia, que a aplicação analógica somente terá lugar, em direito penal, se favorável ao réu (analogia *in bonam partem*), sendo vedada, portanto, sua aplicação em prejuízo do agente, em obediência ao princípio da legalidade.

Gabarito "A"

(Ministério Público/TO – 2012 – CESPE) Com referência à aplicação da lei processual no tempo e no espaço, aos princípios aplicáveis ao direito processual penal e aos prazos processuais, assinale a opção correta.

(A) O prazo para interposição de apelação começa a correr a partir da juntada da carta precatória ou do mandado ao processo.
(B) No processo penal, incluem-se na contagem dos prazos o dia do início e o dia do final do prazo.
(C) Compete ao tribunal de apelação, em sede de *habeas corpus*, a aplicação de lei mais benigna editada após o trânsito em julgado de sentença que tiver condenado determinado réu.
(D) Se, após decisão que tiver concedido liberdade provisória a determinado preso, entrar em vigor nova lei que proíba a concessão do benefício para condenados por crime da espécie do cometido por esse preso, deverá o juiz da causa revogar a liberdade provisória, em razão da superveniente proibição legal.
(E) Nas ações penais privadas subsidiárias das ações públicas, o prazo decadencial para o oferecimento da queixa-crime inicia-se a partir do encerramento do prazo para o promotor de justiça oferecer a denúncia.

A: incorreta, visto que contraria o entendimento esposado na Súmula nº 710 do STF, segundo a qual os prazos, no processo penal, contam-se da data da intimação, e não da juntada aos autos do mandado ou da carta precatória ou de ordem; **B:** incorreta, pois não reflete o disposto no art. 798, § 1º, do CPP, que estabelece que o dia do começo não será computado no prazo processual, no qual será incluído, no entanto, o do vencimento; **C:** incorreta. A competência para aplicar a lei penal mais benigna editada após o trânsito em julgado de sentença que condenou o réu será do juiz das execuções, conforme entendimento firmado na Súmula nº 611 do STF. Se o processo ainda estiver em primeira instância, tal competência recairá sobre o juiz de primeiro grau a quem incumbe proferir a sentença; se estiver em grau de recurso, competente será o tribunal com atribuição para o julgamento deste recurso; **D:** incorreta, pois as leis processuais que possuem aspectos processuais e penais, assim chamadas *mistas* ou *híbridas*, não retroagirão para prejudicar o réu. Submetem-se, pois, ao regramento estabelecido pelo art. 5º, XL, da CF; **E:** correta. No âmbito da ação penal privada subsidiária, o ofendido ou seu represente legal dispõe do prazo de seis meses para oferecer a queixa subsidiária, a contar do dia em que tem fim o prazo para o oferecimento da denúncia pelo MP (art. 38, parte final, do CPP).

Gabarito "E"

(Defensoria Pública da União – 2010 – CESPE) Acerca da aplicação da lei processual penal no tempo, julgue os itens que se seguem.

(1) O direito processual brasileiro adota o sistema do isolamento dos atos processuais, de maneira que, se uma lei processual penal passa a vigorar estando o processo em curso, ela será imediatamente aplicada, sem prejuízo dos atos já realizados sob a vigência da lei anterior.
(2) Em caso de leis processuais penais híbridas, o juiz deve cindir o conteúdo das regras, aplicando, imediatamente, o conteúdo processual penal e fazendo retroagir o conteúdo de direito material, desde que mais benéfico ao acusado.

1: correta – conforme reza o art. 2º do CPP, a lei processual penal terá aplicação imediata, preservando-se os atos realizados sob a égide da lei anterior; **2:** incorreta – há normas processuais penais que possuem natureza mista, híbrida, isto é, são dotadas de natureza processual e material ao mesmo tempo. Nesse caso, deverá prevalecer, em detrimento do regramento estabelecido no art. 2º do CPP, a norma contida no art. 2º, parágrafo único, do Código Penal (art. 5º, XL, da CF). Em se tratando de norma mais favorável ao réu, deverá retroagir em seu benefício; se prejudicial a lei nova, aplica-se a lei já revogada. Não poderá o juiz, entretanto, cindir o conteúdo da norma, fazendo com que parte dela retroaja e outra seja de imediato aplicada.

Gabarito 1C, 2E

(Analista – STM – 2011 – CESPE) Julgue os itens que se seguem, referentes ao direito processual penal.

(1) De acordo com doutrina e a jurisprudência, os princípio da ampla defesa e da plenitude de defesa são sinônimos, visto que ambos têm por escopo assegurar ao acusado o acesso aos instrumentos normativos hábeis ao exercício da defesa.
(2) Entende-se por devido processo legal a garantia do acusado de não ser privado de sua liberdade em um processo que seguiu a forma estabelecida na lei; desse princípio deriva o fato de o descumprimento de qualquer formalidade pelo juiz ensejar a nulidade absoluta do processo, por ofensa a esse princípio.
(3) Os efeitos causados pelo princípio constitucional da presunção de inocência no ordenamento jurídico nacional incluem a inversão, no processo penal, do ônus da prova para o acusador.
(4) Na CF, constam, expressamente, dispositivos sobre a inadmissibilidade de provas ilícitas por derivação.

1: incorreta – as defesas *ampla* e *plena* não devem ser confundidas. Esta é desenvolvida no âmbito do Tribunal do Júri, em que, por imposição do art. 5º, XXXVIII, *a*, da CF, a *plenitude de defesa* atua como princípio informador. Com isso, a defesa plena vai além de algo extenso. Exige que a atuação do defensor seja absolutamente completa, que explore, de fato, todos os argumentos da acusação de forma impecável e com proficiência; **2:** incorreta – o devido processo legal está consagrado no art. 5º, LIV, da CF. No mais, impõe o *princípio do prejuízo*, consagrado no art. 563 do CPP, que, em se tratando de *nulidade relativa*, em que o prejuízo não é presumido, é necessário, para se decretar a nulidade do ato, verificar se o mesmo gerou efeitos prejudiciais; **3:** assertiva correta, visto que, no campo do ônus da prova, que constitui uma das faces deste princípio presente no art. 5º, LVII, da CF, o encargo de provar a culpa do réu é de fato da acusação. A propósito, tal incumbência já consta do art. 156, *caput*, do CPP; **4:** incorreta – o texto da Constituição somente faz referência às *provas ilícitas*, nos seguintes termos: "são inadmissíveis, no processo, as provas obtidas por meios ilícitos" (art. 5º, LVI). Embora a CF/88 não faça menção à chamada *prova ilícita por derivação*, o art. 157, § 1º, do CPP se encarregou de fazê-lo. Assim, a prova derivada da ilícita deve ser defenestrada do processo, não podendo, dessa forma, contribuir para a formação da convicção do julgador. Adotou-se, aqui, a *teoria norte-americana dos frutos da árvore envenenada*. Todavia, o CPP, neste mesmo dispositivo, previu duas exceções, a saber: quando não evidenciado o nexo de causalidade entre a prova primária e a secundária; e quando as derivadas (prova secundária) puderem ser obtidas por uma fonte independente das primeiras (prova primária).

Gabarito 1E, 2E, 3C, 4E

2. INQUÉRITO POLICIAL E OUTRAS FORMAS DE INVESTIGAÇÃO CRIMINAL

Aldo, delegado de polícia, recebeu em sua unidade policial denúncia anônima que imputava a Mauro a prática do crime de tráfico de drogas em um bairro da cidade. A denúncia veio acompanhada de imagens em que Mauro aparece entregando a terceira pessoa pacotes em plástico transparente com considerável quantidade de substância esbranquiçada e recebendo dessa pessoa quantia em dinheiro. Em diligências realizadas, Aldo confirmou a qualificação de Mauro e, a partir das informações obtidas, instaurou IP para apurar o crime descrito no art. 33, *caput*, da Lei n.º 11.343/2006 — Lei Antidrogas —, sem indiciamento. Na sequência, ele representou à autoridade judiciária pelo deferimento de medida de busca e apreensão na residência de Mauro, inclusive do telefone celular do investigado.

(Juiz de Direito - TJ/BA - 2019 - CESPE/CEBRASPE) Acerca dessa situação hipotética, assinale a opção correta.

(A) A instauração do IP constituiu medida ilegal, pois se fundou em denúncia anônima.
(B) Recebido o IP, verificados a completa qualificação de Mauro e os indícios suficientes de autoria, o juiz poderá determinar o indiciamento do investigado à autoridade policial.
(C) Em razão do caráter sigiloso dos autos do IP, nem Mauro nem seu defensor constituído terão o direito de acessá-los.

(D) Como não houve prisão, o prazo para a conclusão do IP será de noventa dias.

(E) Deferida a busca e apreensão, a realização de exame pericial em dados de telefone celular que eventualmente seja apreendido dependerá de nova decisão judicial.

A: incorreta. É fato que a denúncia anônima (também chamada de *apócrifa* ou *inqualificada*), segundo tem entendido a jurisprudência, não é apta, por si só, a autorizar a instauração de inquérito policial, dando início à persecução penal, ainda que tenha como objeto fato grave de necessária repressão imediata, como é o caso do tráfico de drogas, crime equiparado a hediondo. Antes disso, a autoridade policial deverá fazer uma averiguação prévia a fim de verificar a procedência da denúncia apócrifa, para, depois disso, determinar, se for o caso, a instauração de inquérito. Sucede que, na hipótese narrada no enunciado, fica claro que a autoridade policial, antes de proceder a inquérito, realizou diligências prévias, com vistas a confirmar a qualificação de Mauro. Além disso, a denúncia anônima veio acompanhada de imagens em que este aparece entregando a terceira pessoa pacotes em plástico transparente com considerável quantidade de substância esbranquiçada e recebendo dessa pessoa quantia em dinheiro. Dessa forma, forçoso concluir que o delegado de polícia agiu em perfeita consonância com o entendimento jurisprudencial hoje sedimentado, já que realizou diligências preliminares a fim de verificar a verossimilhança da denúncia anônima que chegou ao seu conhecimento. Nesse sentido: "(...) *a autoridade policial, ao receber uma denúncia anônima, deve antes realizar diligências preliminares para averiguar se os fatos narrados nessa 'denúncia' são materialmente verdadeiros, para, só então, iniciar as investigações*" (STF, HC 95.244, 1ª T., rel. Min. Dias Toffoli, DJE de 29.04.2010). No mesmo sentido: "*1. Elementos dos autos que evidenciam não ter havido investigação preliminar para corroborar o que exposto em denúncia anônima. O Supremo Tribunal Federal assentou ser possível a deflagração da persecução penal pela chamada denúncia anônima, desde que esta seja seguida de diligências realizadas para averiguar os fatos nela noticiados antes da instauração do inquérito policial. Precedente. 2. A interceptação telefônica é subsidiária e excepcional, só podendo ser determinada quando não houver outro meio para se apurar os fatos tidos por criminosos, nos termos do art. 2º, inc. II, da Lei n. 9.296/1996. Precedente. 3. Ordem concedida para se declarar a ilicitude das provas produzidas pelas interceptações telefônicas, em razão da ilegalidade das autorizações, e a nulidade das decisões judiciais que as decretaram amparadas apenas na denúncia anônima, sem investigação preliminar*" (HC 108147, Relator(a): Min. Cármen Lúcia, Segunda Turma, julgado em 11.12.2012, Processo Eletrônico *DJe*-022 Divulg 31.01.2013 Public 01.02.2013); **B:** incorreta. O indiciamento constitui providência privativa da autoridade policial. É o que estabelece o art. 2º, § 6º, da Lei 12.830/2013, que contempla regras sobre a investigação criminal conduzida pelo delegado de polícia. Quanto a isso, conferir o magistério de Guilherme de Souza Nucci: "Requisição de indiciamento: cuida-se de procedimento equivocado, pois indiciamento é ato exclusivo da autoridade policial, que forma o seu convencimento sobre a autoria do crime, elegendo, formalmente, o suspeito de sua prática. Assim, não cabe ao promotor ou ao juiz exigir, através de requisição, que alguém seja indiciado pela autoridade policial, porque seria o mesmo que demandar à força que o presidente do inquérito conclua ser aquele o autor do delito (...)" (*Código de Processo Penal Comentado*, 12ªed., p. 101). Na jurisprudência: "Sendo o ato de indiciamento de atribuição exclusiva da autoridade policial, não existe fundamento jurídico que autorize o magistrado, após receber a denúncia, requisitar ao Delegado de Polícia o indiciamento de determinada pessoa. A rigor, requisição dessa natureza é incompatível com o sistema acusatório, que impõe a separação orgânica das funções concernentes à persecução penal, de modo a impedir que o juiz adote qualquer postura inerente à função investigatória. Doutrina. Lei 12.830/2013" (STJ, HC 115015, Relator(a): Min. TEORI ZAVASCKI, Segunda Turma, julgado em 27/08/2013, PROCESSO ELETRÔNICO DJe-179 DIVULG 11-09-2013 PUBLIC 12-09-2013); **C:** incorreta. É fato que o inquérito policial é, em vista do que dispõe o art. 20 do CPP, sigiloso. Ocorre que, a teor do art. 7º, XIV, da Lei 8.906/1994 (Estatuto da Advocacia), constitui direito do advogado, entre outros: "examinar, em qualquer instituição responsável por conduzir investigação, mesmo sem procuração, autos de flagrante e de investigações de qualquer natureza, findos ou em andamento, ainda que conclusos à autoridade, podendo copiar peças e tomar apontamentos, em meio físico ou digital". Sobre este tema, o STF editou a Súmula Vinculante nº 14, a seguir transcrita: "É direito do defensor, no interesse do representado, ter acesso amplo aos elementos de prova que, já documentados em procedimento investigatório realizado por órgão com competência de polícia judiciária, digam respeito ao exercício do direito de defesa"; **D:** correta. No crime de tráfico de drogas, o inquérito deverá ser ultimado no prazo de 30 dias, se preso estiver o indiciado; e em 90 dias, no caso de o indiciado encontrar-se solto (hipótese narrada no enunciado). De uma forma ou de outra, pode haver duplicação do prazo mediante pedido justificado da autoridade policial. É o teor do art. 51 da Lei 11.343/2006; **E:** incorreta. Isso porque a busca e apreensão realizada em domicílio com autorização judicial engloba o acesso aos dados contidos em telefone celular, sem que seja necessária nova autorização judicial para esse fim. Nesse sentido, conferir: "Esta Corte possui pacífica orientação no sentido de que, não havendo ordem judicial, é ilícito o acesso aos dados armazenados em aparelho celular obtido pela polícia, no momento da prisão em flagrante. Contudo, no caso, o celular do Paciente foi apreendido pela autoridade policial no cumprimento de decisão judicial que deferiu medida cautelar de busca e apreensão, o que atrai, à espécie, o entendimento desta Corte, segundo o qual, "[s]e ocorreu a busca e apreensão dos aparelhos de telefone celular, não há óbice para se adentrar ao seu conteúdo já armazenado, porquanto necessário ao deslinde do feito, sendo prescindível nova autorização judicial para análise e utilização dos dados neles armazenados" (RHC 77.232/SC, Rel. Ministro FELIX FISCHER, QUINTA TURMA, DJe 16/10/2017) 6. Ordem de habeas corpus parcialmente conhecida e, nessa parte, denegada" (STJ, HC 428.369/PE, Rel. Ministra LAURITA VAZ, SEXTA TURMA, julgado em 17/09/2019, DJe 03/10/2019). ED

Gabarito "D".

(Juiz – TJ/CE – 2018 – CESPE) Julgue os itens a seguir, a respeito do inquérito policial e das disposições preliminares do Código de Processo Penal.

I. Aos processos em curso, a lei processual penal será aplicada imediatamente, mantendo-se, todavia, os atos praticados sob a égide da lei anterior.

II. Caso tome conhecimento da existência de novas provas, a autoridade policial poderá determinar o arquivamento do inquérito e proceder a novas diligências.

III. Ocorrendo o arquivamento do inquérito por falta de fundamentos para a denúncia, a autoridade policial poderá dar continuidade à investigação se tiver notícia de outras provas.

IV. A autoridade policial poderá manter o indiciado incomunicável por até cinco dias se essa medida for indispensável à investigação.

Estão certos apenas os itens

(A) I e II.
(B) I e III.
(C) III e IV.
(D) I, II e IV.
(E) II, III e IV.

I: correta. De fato, a lei processual penal será aplicada desde logo (*princípio da aplicação imediata* ou *da imediatidade*), sem prejuízo dos atos realizados sob o império da lei anterior. É o que estabelece o art. 2º do CPP. A exceção a essa regra fica por conta da lei processual penal dotada de carga material (também chamada de norma mista ou híbrida), para a qual deverá ser aplicado o que estabelece o art. 2º, parágrafo único, do CP. Nesse caso, a exemplo do que se dá com as leis penais, a norma processual nova, se favorável ao réu, deverá retroagir; se prejudicial, aplica-se a lei já revogada (*lex mitior*); **II:** incorreta. A nenhum pretexto pode o delegado de polícia promover o arquivamento dos autos de inquérito (art. 17, CPP); tal incumbência é conferida, com exclusividade, ao representante do MP, que formulará requerimento nesse sentido ao juiz, ao qual caberá, e somente a ele, mandar arquivar o IP. Lembremos que, pela nova redação conferida pela Lei 13.964/2019 ao art. 28, *caput*, do CPP, cuja eficácia está suspensa por força de decisão cautelar proferida pelo STF na ADI 6.305, de 22.01.2020, o juiz não mais interfere no procedimento de arquivamento de inquérito policial. Tal providência caberá, com exclusividade, ao promotor, que submeterá sua decisão ao chefe da instituição, para fins de homologação; **III:** correta. Uma vez ordenado o arquivamento do inquérito policial, por falta de base para a denúncia, nada obsta que a autoridade policial proceda a novas pesquisas, desde que de outras provas tenha conhecimento, independente de autorização judicial – art. 18 do CPP. Isso porque a decisão que determina o arquivamento do inquérito policial não gera, em regra, coisa julgada material. Registre-se, no entanto, que "outras provas" a que faz alusão o art. 18 do CPP devem ser entendidas como *provas substancialmente novas*, ou seja, aquelas que até então não eram de conhecimento das autoridades. Veja, a propósito, o teor da Súmula n. 524 do STF: "Arquivado o inquérito policial, por despacho do juiz, a requerimento do Promotor de Justiça, não pode a ação penal ser iniciada, sem novas provas"; **IV**: incorreta. A incomunicabilidade do indiciado, prevista no art. 21 do CPP, cuja constitucionalidade é controvertida, poderá ser determinada por até 3 dias. Para a maioria da comunidade jurídica, tal providência não guarda consonância com a CF/1988. ED

Gabarito "B"

(Promotor de Justiça/RR – 2017 – CESPE) O arquivamento do inquérito policial é uma das formas de ele ser encerrado. Acerca desse assunto, assinale a opção correta de acordo com o entendimento dos tribunais superiores.

(A) O arquivamento por atipicidade faz coisa julgada formal, motivo pelo qual permite a reabertura da investigação caso surjam novas evidências da tipicidade delitiva.

(B) A jurisprudência dos tribunais superiores admite o arquivamento implícito, quando o promotor de justiça deixa de denunciar réu indiciado em inquérito policial.

(C) É inepta a denúncia oferecida por promotor de justiça que impute a prática de crime culposo ao indiciado cometido na direção de veículo automotor sem descrever, de forma clara e precisa, a conduta; assim, não será válida a mera citação de que o autor do fato estava na direção do veículo no momento do acidente.

(D) A vítima ou seus representantes legais têm direito líquido e certo para impetrar mandado de segurança contra arquivamento oferecido por membro do MP.

A: incorreta, uma vez que a decisão de arquivamento do inquérito calcada em ausência de tipicidade faz coisa julgada *material* (e não *formal*), o que impede a retomada das investigações bem como o oferecimento de denúncia diante do surgimento de provas novas; **B:** incorreta. O chamado *arquivamento implícito* não é acolhido pela comunidade jurídica, inclusive pelo STF. Se o órgão acusador, sem expressa fundamentação, deixar de incluir na peça acusatória indiciado contra o qual há indícios de participação, deve o juiz, porque o sistema não admite o arquivamento implícito, cuidar para que a inicial seja aditada, recorrendo, se o caso, ao art. 28 do CPP. Além disso, poderá a vítima, ante a omissão do MP, ajuizar ação penal privada subsidiária em face do investigado não denunciado; **C:** correta. Conferir: "Tratando-se do crime de homicídio culposo na condução de veículo automotor, mister se faz reconhecer a necessidade de descrição narrativa e demonstrativa do fato criminoso, não sendo admissível que a acusação limite-se a afirmar que o réu praticou o crime, sem descrever se a conduta imputada ao réu decorre de imprudência, imperícia ou negligência, o que, a toda evidência, obsta o exercício do direito de defesa e do contraditório. Importa destacar, ainda, não ser admissível a responsabilização objetiva do acusado, sem que tenha sido demonstrado que ele concorreu para o resultado naturalístico imbuído de culpa. Conforme o reconhecido no parecer ministerial, o simples fato de o réu estar na direção do veículo automotor no momento do acidente não autoriza a instauração de processo criminal por crime de homicídio culposo se não restar narrada a inobservância do dever objetivo de cuidado e sua relação com a morte da vítima, com indícios suficientes para a deflagração da ação penal" (STJ, RHC 36.434/ES, Rel. Ministro Ribeiro Dantas, Quinta Turma, julgado em 21.06.2018, DJe 28.06.2018); **D:** incorreta, dado que as vítimas ou seus representantes legais não têm direito líquido e certo para impetrar mandado de segurança contra arquivamento oferecido por membro do MP. Aliás, sequer podem ajuizar ação penal privada subsidiária da pública, na medida em que tal ação tem como pressuposto o reconhecimento de desídia do MP, o que não resta caracterizado quando o órgão acusador promove o arquivamento do IP. Conferir: "A vítima de crime de ação penal pública incondicionada não tem direito líquido e certo de impedir o arquivamento do inquérito ou peças de informação. Em regra, não há ilegalidade, teratologia ou abuso de poder, passível de correção via mandado de segurança, na decisão judicial que, acolhendo promoção do Ministério Público, determina o arquivamento de inquérito policial. A norma inserta no art. 28 do Código de Processo Penal concede ao Juiz a prerrogativa de, considerando os elementos trazidos nos autos de inquérito ou nas peças de informações, anuir ou discordar do pedido de arquivamento formulado pelo órgão ministerial, não sendo cabível, em caso de concordância, a prévia submissão do pedido ao Procurador-Geral" (STJ, MS 21.081/DF, Rel. Ministro Raul Araújo, Corte Especial, julgado em 17.06.2015, DJe 04.08.2015). Atenção: tendo em conta o que estabelece o art. 28, § 1º, do CPP (inserido pela Lei 13.964/2019), se a vítima não concordar com o arquivamento do IP promovido pelo Ministério Público, poderá recorrer, no prazo de 30 dias, à instância competente do órgão ministerial. Esta possibilidade até então não existia. ED

Gabarito "C"

(Defensor Público/PE – 2018 – CESPE) Em razão de mandados expedidos por juiz competente, foram realizadas providências cautelares de interceptação telefônica e busca domiciliar na residência de Marcos para a obtenção de provas de crime de tráfico ilícito de entorpecentes a ele imputado e objeto de investigação em inquérito policial.

Nessa situação, durante o procedimento investigatório, o advogado de Marcos

(A) terá direito de acessar os relatórios e as demais diligências da interceptação telefônica ainda em andamento.

(B) terá direito de acessar os relatórios de cumprimento dos mandados de busca e apreensão e os respectivos autos de apreensão.

(C) estará impedido de acessar os laudos periciais incorporados aos procedimentos de investigação.

(D) terá direito de acessar previamente documentos referentes às diligências do inquérito, inclusive os de cumprimento do mandado de busca e apreensão.

(E) estará impedido de acessar os autos de apresentação e apreensão já lavrados.

O sigilo, que é imanente ao inquérito policial (art. 20 do CPP), não pode, ao menos em regra, ser oposto ao advogado do investigado. Com efeito, por força do que estabelece o art. 7º, XIV, da Lei 8.906/1994 (Estatuto da Advocacia), constitui direito do advogado, entre outros: "examinar, em .qualquer instituição responsável por conduzir investigação, mesmo sem procuração, autos de flagrante e de investigações de qualquer natureza, findos ou em andamento, ainda que conclusos à autoridade, podendo copiar peças e tomar apontamentos, em meio físico ou digital" (redação determinada pela Lei 13.245/2016). Sobre este tema, a propósito, o STF editou a Súmula Vinculante 14, a seguir transcrita: "É direito do defensor, no interesse do representado, ter acesso amplo aos elementos de prova que, já documentados em procedimento investigatório realizado por órgão com competência de polícia judiciária, digam respeito ao exercício do direito de defesa". Registre-se, todavia, que determinados procedimentos de investigação, geralmente realizados em autos apartados, como a interceptação telefônica e a infiltração, somente serão acessados pelo patrono do investigado depois de concluídos e inseridos nos autos do inquérito. Ou seja, tais procedimentos permanecerão em sigilo, neste caso absoluto, enquanto não forem encerrados. Nesse sentido já se manifestou o STJ: "1. Ao inquérito policial não se aplica o princípio do contraditório, porquanto é fase investigatória, preparatória da acusação, destinada a subsidiar a atuação do órgão ministerial na persecução penal. 2. Deve-se conciliar os interesses da investigação com o direito de informação do investigado e, consequentemente, de seu advogado, de ter acesso aos autos, a fim de salvaguardar suas garantias constitucionais. 3. Acolhendo a orientação jurisprudencial do Supremo Tribunal Federal, o Superior Tribunal de Justiça decidiu ser possível o acesso de advogado constituído aos autos de inquérito policial em observância ao direito de informação do indiciado e ao Estatuto da Advocacia, ressalvando os documentos relativos a terceiras pessoas, os procedimentos investigatórios em curso e os que, por sua própria natureza, não dispensam o sigilo, sob pena de ineficácia da diligência investigatória. 4. *Habeas corpus* denegado" (HC 65.303/PR, Rel. Ministro Arnaldo Esteves Lima, Quinta Turma, julgado em 20.05.2008, *DJe* 23.06.2008). Tal regra também está contemplada no art. 23 da Lei 12.850/2013 (Organização Criminosa). ED

Gabarito "B"

(Procurador do Estado/SE – 2017 – CESPE) A respeito de inquérito policial, assinale a opção correta.

(A) O arquivamento desse tipo de investigação criminal nunca faz coisa julgada material, podendo a investigação ser desarquivada a qualquer tempo, se surgirem novas provas.

(B) A prorrogação de prazo em inquéritos policiais para ulteriores diligências é possível quando o fato for de difícil elucidação, ainda que o indiciado esteja preso.

(C) O arquivamento desse conjunto de atos e diligências pode ser determinado, de ofício, pelo magistrado.

(D) O inquérito policial, por ser uma peça investigatória obrigatória, não pode ser dispensado quando da propositura da ação penal.

(E) O inquérito policial pode ser instaurado com base em denúncia anônima, desde que comprovada por elementos informativos prévios que denotem a verossimilhança da comunicação.

A: incorreta. É verdade que a decisão que manda arquivar autos de inquérito policial faz, em regra, coisa julgada formal. Em outras palavras, diante do surgimento de provas novas, as investigações podem ser reiniciadas, com posterior oferecimento de denúncia. Entretanto, se o arquivamento do IP se der por atipicidade da conduta imputada ao investigado, neste caso, em especial, produz-se coisa julgada material, de sorte que é inviável, aqui, a reabertura das investigações; **B:** incorreta. A regra presente no art. 10, § 3º, do CPP, que permite a prorrogação do prazo para conclusão do IP na hipótese de ser o fato sob investigação de difícil elucidação, não se estende ao IP em que o investigado se encontre preso. Neste caso, transcorridos os 10 dias para conclusão das investigações, o IP deve ser enviado ao Poder Judiciário, sob pena de se configurar constrangimento ilegal, sanável por *habeas corpus*. Cuidado: há leis especiais que preveem a possibilidade de dilação do prazo do IP mesmo o investigado estando preso. É o caso da apuração que tenha por objeto crime de competência da Justiça Federal, em que o prazo para conclusão do inquérito, estando o investigado preso, é de quinze dias, podendo haver uma prorrogação por igual período, conforme dispõe o art. 66 da Lei 5.010/1966. Atenção: o art. 3º-B, VIII, do CPP, introduzido pela Lei 13.964/2019, estabelece ser uma das atribuições do juiz das garantias a prorrogação do prazo do inquérito policial, estando o investigado preso, desde que em face de representação formulada pela autoridade policial. O art. 3º-B, § 2º, do CPP, por sua vez, reza que tal prorrogação do prazo do IP, em que o investigado esteja preso, pode se dar por até 15 dias, uma única vez. Vale lembrar que esses dois dispositivos, porque fazem parte do regramento do juiz das garantais, estão com a sua eficácia suspensa por decisão cautelar do STF. A matéria deve ser apreciada pelo Plenário do Tribunal; **C:** incorreta, uma vez que ao magistrado não é dado mandar arquivar IP sem a provocação do MP. Cuidado: com o advento da Lei 13.964/2019, que alterou o art. 28, *caput*, do CPP, cuja eficácia está suspensa por decisão cautelar do STF, o juiz deixa de atuar no procedimento de arquivamento do IP. Agora, a decisão é do Ministério Público, que, depois de analisar o inquérito e concluir pela inexistência de elementos mínimos a sustentar a acusação, determinará seu arquivamento, submetendo tal decisão à instância superior dentro do próprio MP; **D:** incorreta, na medida em que o IP é dispensável ao exercício da ação penal; quer-se com isso dizer que, se o titular da ação penal dispuser de elementos suficientes à sua propositura, nada impede que o faça sem recorrer ao inquérito policial. A propósito, a *dispensabilidade* é uma das características do IP (art. 12 do CPP); **E:** correta. A denúncia anônima (também chamada de *apócrifa* ou *inqualificada*), segundo tem entendido a jurisprudência, não é apta, por si só, a autorizar a instauração de inquérito policial, dando início à persecução jurisprudência penal. Antes disso, a autoridade policial deverá fazer uma averiguação prévia a fim de verificar a procedência da denúncia apócrifa, para, depois disso, determinar, se for o caso, a instauração de inquérito. Nesse sentido: "(...) *a autoridade policial, ao receber uma denúncia anônima, deve antes realizar diligências preliminares para averiguar se os fatos narrados nessa 'denúncia' são materialmente verdadeiros, para, só então, iniciar as investigações*" (STF, HC 95.244, 1ª T., rel. Min. Dias Toffoli, *DJE* de 29.04.2010).

(Procurador do Estado/SE – 2017 – CESPE) Ainda com relação ao inquérito policial, assinale a opção correta.

(A) Poderá ser decretada pelo magistrado a prisão preventiva fundamentada exclusivamente no clamor social provocado pelo indiciado.

(B) É vedado à autoridade policial o prosseguimento das investigações após o início do processo criminal.

(C) A vítima, em decorrência do seu direito líquido e certo, pode, na ação penal pública, impetrar mandado de segurança contra o arquivamento do inquérito.

(D) O indiciamento pode ser determinado pelo membro do MP quando a autoridade policial se recusar a fazê-lo.

(E) É cabível o trancamento de inquérito policial quando sua duração for desarrazoadamente excessiva, o que permite a reabertura, caso surjam novas provas.

A: incorreta. Isso porque o *clamor social* não é apto, por si só, a servir de fundamento para a decretação da prisão preventiva (art. 312, CPP); **B:** incorreta, uma vez que nada obsta que o delegado de polícia dê continuidade às investigações depois de instaurada a ação penal. Tal se dá, por exemplo, quando, no concurso de pessoas, o MP tenha denunciado algum dos autores enquanto a autoridade policial investiga a participação de outros; **C:** incorreta. Conferir: "A vítima de crime de ação penal pública incondicionada não tem direito líquido e certo de impedir o arquivamento do inquérito ou peças de informação. Em regra, não há ilegalidade, teratologia ou abuso de poder, passível de correção via mandado de segurança, na decisão judicial que, acolhendo promoção do Ministério Público, determina o arquivamento de inquérito policial. A norma inserta no art. 28 do Código de Processo Penal concede ao Juiz a prerrogativa de, considerando os elementos trazidos nos autos de inquérito ou nas peças de informações, anuir ou discordar do pedido de arquivamento formulado pelo órgão ministerial, não sendo cabível, em caso de concordância, a prévia submissão do pedido ao Procurador-Geral" (STJ, MS 21.081/DF, Rel. Ministro Raul Araújo, Corte Especial, julgado em 17.06.2015, DJe 04.08.2015). Pela nova sistemática adotada pelo art. 28, § 1º, do CPP, inserido pela Lei 13.964/2019, poderá a vítima recorrer do arquivamento do IP; **D:** incorreta. O indiciamento constitui providência privativa da autoridade policial. É o que estabelece o art. 2º, § 6º, da Lei 12.830/2013, que contempla regras sobre a investigação criminal conduzida pelo delegado de polícia. Quanto a isso, conferir o magistério de Guilherme de Souza Nucci: "Requisição de indiciamento: cuida-se de procedimento equivocado, pois indiciamento é ato exclusivo da autoridade policial, que forma o seu convencimento sobre a autoria do crime, elegendo, formalmente, o suspeito de sua prática. Assim, não cabe ao promotor ou ao juiz exigir, através de requisição, que alguém seja indiciado pela autoridade policial, porque seria o mesmo que demandar à força que o presidente do inquérito conclua ser aquele o autor do delito (...)" (*Código de Processo Penal Comentado*, 12ªed., p. 101); **E:** correta. Conferir: "1. As leis processuais não estipulam prazo para a conclusão do inquérito policial, contudo, em observância ao princípio da razoabilidade, deve ser célere o andamento de procedimentos administrativos e judiciais. 2. Não se admite que alguém seja objeto de investigação eterna, notadamente, porque essa é uma situação que conduz a um evidente constrangimento, seja ele moral, ou, até mesmo financeiro e econômico. 3. Transcorridos mais de 6 anos do início da investigação sem que tenha sido oferecida denúncia ou obtidos elementos concretos que permitam o indiciamento do paciente, configura-se constrangimento ilegal por excesso de prazo, a ensejar, por consequência, o trancamento do procedimento de investigação, sem prejuízo da abertura de outra investigação, caso surjam novas provas. 4. Recurso em *habeas corpus* provido" (STJ, RHC 82.559/RJ, Rel. Ministro Nefi Cordeiro, Sexta Turma, julgado em 05.12.2017, DJe 08.03.2018).

(Técnico Judiciário – STJ – 2018 – CESPE) A respeito dos procedimentos de investigação, julgue os itens que se seguem.

(1) *Notitia criminis* é o meio pelo qual a vítima de delito ou o seu representante legal manifesta sua vontade a respeito da instauração do inquérito policial e do posterior oferecimento de denúncia, nas hipóteses de ação penal pública condicionada.

(2) O inquérito policial tem caráter inquisitório, dispensando a ampla defesa e o contraditório, motivo pelo qual os elementos de informação nele documentados não são disponibilizados ao defensor do investigado.

1: incorreta, já que o conceito apresentado acima se refere, na verdade, à *representação*, instrumento por meio do qual o ofendido ou seu representante legal, na ação penal pública condicionada, manifesta seu desejo de ver processado seu ofensor (art. 5º, § 4º, do CPP). *Notícia criminis* nada mais é do que a notícia da prática de determinado comportamento que, em princípio, configurar infração penal. Essa notícia de crime pode chegar ao conhecimento do delegado de polícia de variadas formas, entre elas a comunicação feita pela Polícia Militar, por meio de matéria jornalística, em razão de requerimento formulado pelo ofendido na ação penal privada etc.; **2:** incorreta. É certo que o inquérito policial tem caráter inquisitivo, já que nele não vigoram a ampla defesa e o contraditório. Agora, ainda que se trate de procedimento inquisitivo, o defensor tem amplo acesso aos elementos de informação reunidos no inquérito policial. O inquérito policial é, em vista do que dispõe o art. 20 do CPP, *sigiloso*. Ocorre que, a teor do art. 7º, XIV, da Lei 8.906/1994 (Estatuto da Advocacia), cuja redação foi alterada por força da Lei 13.245/2016, constitui direito do advogado, entre outros: "examinar, em qualquer instituição responsável por conduzir investigação, mesmo sem procuração, autos de flagrante e de investigações de qualquer natureza, findos ou em andamento, ainda que conclusos à autoridade, podendo copiar peças e tomar apontamentos". Sobre este tema, a propósito, o STF editou a Súmula Vinculante 14, a seguir transcrita: "É direito do defensor, no interesse do representado, ter acesso amplo aos elementos de prova que, já documentados em procedimento investigatório realizado por órgão com competência de polícia judiciária, digam respeito ao exercício do direito de defesa". **ED**

Gabarito 1E, 2E

(Analista Judiciário – STJ – 2018 – CESPE) Acerca do inquérito policial, do acusado e seu defensor e da ação penal, julgue os itens que se seguem.

(1) Em se tratando de crimes que se processam mediante ação penal pública incondicionada, o inquérito policial poderá ser instaurado de ofício pela autoridade policial.

(2) Filho de acusado está impedido de exercer a advocacia em favor de seu pai em processo criminal.

(3) O titular da ação penal pública condicionada é o Ministério Público.

1: correta. De fato, se a ação penal referente ao crime que chegou ao conhecimento da autoridade policial for pública incondicionada, é de rigor a instauração de inquérito policial (art. 5º, I, do CPP). Neste caso, diz-se que o inquérito é instaurado de *ofício* pelo delegado de polícia. Em outras palavras, ele, delegado, por sua conta, através de portaria, promove a instauração do IP; **2:** incorreta. Embora não recomendado, visto que pode haver envolvimento emocional, nada obsta que o filho do acusado patrocine a defesa do pai. Mesmo porque o próprio acusado, se dispuser de qualificação técnica para tanto (inscrição dos quadros da OAB), poderá promover a sua defesa técnica; **3:** correta. A ação penal pública, quer seja condicionada, quer seja incondicionada, é promovida pelo Ministério Público, seu titular (art. 24, *caput*, primeira parte, do CPP). Cuidado: embora titular da ação penal pública condicionada (à representação ou à requisição do MJ), o MP somente poderá promover a ação penal, por meio de denúncia, se houver manifestação de vontade da vítima, por meio de representação, ou do MJ, por meio de requisição (art. 24, *caput*, segunda parte, do CPP). **ED**

Gabarito 1C, 2E, 3C

(Delegado/PE – 2016 – CESPE) Considerando-se que João tenha sido indiciado, em inquérito policial, por, supostamente, ter cometido dolosamente homicídio simples, e que Pedro tenha sido indiciado, em inquérito policial, por, supostamente, ter cometido homicídio qualificado, é correto afirmar que, no curso dos inquéritos,

(A) se a prisão temporária de algum dos acusados for decretada, ela somente poderá ser executada depois de expedido o mandado judicial.

(B) João e Pedro podem ficar presos temporariamente, sendo igual o limite de prazo para a decretação da prisão temporária de ambos.

(C) o juiz poderá decidir sobre a prisão temporária de qualquer um dos acusados ou de ambos, independentemente de ouvir o MP, sendo suficiente, para tanto, a representação da autoridade policial.

(D) o juiz poderá decretar, de ofício, a prisão temporária de Pedro mas não a de João.

(E) o juiz poderá decretar, de ofício, a prisão temporária de João e de Pedro.

A: correta, pois em conformidade com a regra presente no art. 2º, § 5º, da Lei 7.960/1989 (Prisão Temporária), segundo a qual a prisão temporária somente será executada depois de expedido o respectivo mandado; **B:** incorreta. Isso porque a legislação aplicável à espécie estabelece prazos distintos em razão da natureza do crime praticado (se hediondo ou não o delito). Se hediondo ou equiparado, o prazo de prisão temporária será de até *trinta* dias, prorrogável por mais trinta, em caso de comprovada e extrema necessidade. É o teor do art. 2º, § 4º, da Lei 8.072/1990 (Crimes Hediondos); agora, se se tratar de crime elencado no art. 1º, III, da Lei 7.960/1989 que não seja hediondo tampouco equiparado, o prazo de prisão temporária obedecerá ao que estabelece o art. 2º, *caput*, da mesma lei: *cinco* dias prorrogável por mais cinco, em caso de comprovada e extrema necessidade. O limite de permanência do investigado em prisão temporária variará, portanto, em função do fato de o crime ser ou não hediondo; **C:** incorreta. Por imposição do art. 2º, § 1º, da Lei 7.960/1989, a decretação da prisão temporária, na hipótese de representação formulada pela autoridade policial, somente se dará depois de ouvido o Ministério Público; **D:** incorreta. Em hipótese alguma, seja o crime sob apuração hediondo ou não, é dado ao juiz decretar a custódia temporária de ofício. Somente poderá fazê-lo diante de representação do delegado de polícia ou por meio de requerimento do Ministério Público (art. 2º, *caput*, da Lei 7.960/1989); **E:** incorreta. *Vide* comentário à questão anterior.

Gabarito "A"

(Delegado/PE – 2016 – CESPE) A respeito do inquérito policial, assinale a opção correta, tendo como referência a doutrina majoritária e o entendimento dos tribunais superiores.

(A) Por substanciar ato próprio da fase inquisitorial da persecução penal, é possível o indiciamento, pela autoridade policial, após o oferecimento da denúncia, mesmo que esta já tenha sido admitida pelo juízo *a quo*.

(B) O acesso aos autos do inquérito policial por advogado do indiciado se estende, sem restrição, a todos os documentos da investigação.

(C) Em consonância com o dispositivo constitucional que trata da vedação ao anonimato, é vedada a instauração de inquérito policial com base unicamente em denúncia anônima, salvo quando constituírem, elas próprias, o corpo de delito.

(D) O arquivamento de inquérito policial mediante promoção do MP por ausência de provas impede a reabertura das investigações: a decisão que homologa o arquivamento faz coisa julgada material.

(E) De acordo com a Lei de Drogas, estando o indiciado preso por crime de tráfico de drogas, o prazo de conclusão do inquérito policial é de noventa dias, prorrogável por igual período desde que imprescindível para as investigações.

A: incorreta. Conferir: "Processual penal. *Habeas corpus*. Crime contra a flora. Lei 9.605/1998. Indiciamento formal posterior ao oferecimento da denúncia. Constrangimento ilegal configurado. Ordem concedida. I. Este Superior Tribunal de Justiça, em reiterados julgados, vem afirmando seu posicionamento no sentido de que caracteriza constrangimento ilegal o formal indiciamento do paciente que já teve contra si oferecida denúncia e até mesmo já foi recebida pelo Juízo *a quo*. II. Uma vez oferecida a exordial acusatória, encontra-se encerrada a fase investigatória e o indiciamento do réu, neste momento, configura-se coação desnecessária e ilegal. III. Ordem concedida, nos termos do voto do Relator" (HC 179.951/SP, Rel. Ministro Gilson Dipp, Quinta Turma, julgado em 10.05.2011, DJe 27.05.2011); **B:** incorreta, pois não reflete o entendimento firmado por meio da Súmula Vinculante 14: "É direito do defensor, no interesse do representado, ter acesso amplo aos elementos de prova que, já documentados em procedimento investigatório realizado por órgão com competência de polícia judiciária, digam respeito ao exercício do direito de defesa". Disso se infere que a autoridade policial poderá negar ao advogado o acesso aos elementos de prova ainda não documentados em procedimento investigatório; **C:** correta. Nesse sentido: "Habeas corpus" – Recurso ordinário – Motivação "Per relationem" – Legitimidade constitucional – Delação anônima – Admissibilidade – Configuração, no caso, dos requisitos legitimadores de seu acolhimento – Doutrina – Precedentes – Pretendida discussão em torno da alegada insuficiência de elementos probatórios – Impossibilidade na via sumaríssima do "habeas corpus" – Precedentes – Recurso ordinário improvido. Persecução penal e delação anônima – As autoridades públicas não podem iniciar qualquer medida de persecução (penal ou disciplinar), apoiando-se, unicamente, para tal fim, em peças apócrifas ou em escritos anônimos. É por essa razão que o escrito anônimo não autoriza, desde que isoladamente considerado, a imediata instauração de "persecutio criminis". – Nada impede que o Poder Público, provocado por delação anônima ("disque-denúncia",

p. ex.), adote medidas informais destinadas a apurar, previamente, em averiguação sumária, "com prudência e discrição", a possível ocorrência de eventual situação de ilicitude penal, desde que o faça com o objetivo de conferir a verossimilhança dos fatos nela denunciados, em ordem a promover, então, em caso positivo, a formal instauração da "persecutio criminis", mantendo-se, assim, completa desvinculação desse procedimento estatal em relação às peças apócrifas (...)" (RHC 117988, Relator(a): Min. Gilmar Mendes, Relator(a) p/ Acórdão: Min. Celso de Mello, Segunda Turma, julgado em 16.12.2014, Processo Eletrônico DJe-037 divulg 25.02.2015 public 26.02.2015); **D:** incorreta, já que, uma vez ordenado o arquivamento do inquérito policial, por falta de base para a denúncia (aqui incluída a *ausência de provas*), nada obsta que a autoridade policial proceda a novas pesquisas, desde que de outras provas tenha conhecimento – art. 18 do CPP. Isso porque a decisão que determina o arquivamento do inquérito policial não gera, em regra, coisa julgada material. Registre-se, no entanto, que as "outras provas" a que faz alusão o art. 18 do CPP devem ser entendidas como *provas substancialmente novas*, ou seja, aquelas que até então não eram de conhecimento das autoridades. Veja, a propósito, o teor da Súmula 524 do STF: "Arquivado o inquérito policial, por despacho do juiz, a requerimento do Promotor de Justiça, não pode a ação penal ser iniciada, sem novas provas". Agora, se o arquivamento do inquérito se der por ausência de tipicidade, a decisão, neste caso, tem efeito preclusivo, é dizer, produz coisa julgada material, impedindo, dessa forma, o desarquivamento do inquérito; **E:** incorreta. De acordo com o art. 51 da Lei de Drogas (11.343/2006), se preso estiver o indiciado, o prazo para conclusão do inquérito policial é de 30 dias (e não de 90 dias). O prazo de 90 dias, segundo o mesmo dispositivo, é para a conclusão do inquérito em que o investigado esteja solto.

Gabarito "C"

(Delegado/PE – 2016 – CESPE) Com base nos dispositivos da Lei 12.830/2013, que dispõe sobre a investigação criminal conduzida por delegado de polícia, assinale a opção correta.

(A) São de natureza jurídica, essenciais e exclusivas de Estado as funções de polícia judiciária e a apuração de infrações penais pelo delegado de polícia.
(B) A redistribuição ou a avocação de procedimento de investigação criminal poderá ocorrer de forma casuística, desde que determinada por superior hierárquico.
(C) A remoção de delegado de polícia de determinada unidade policial somente será motivada se ocorrer de uma circunscrição para outra, não incidindo a exigência de motivação nas remoções de delegados de uma delegacia para outra no âmbito da mesma localidade.
(D) A decisão final sobre a realização ou não de diligências no âmbito do inquérito policial pertence exclusivamente ao delegado de polícia que preside os autos.
(E) A investigação de crimes é atividade exclusiva das polícias civil e federal.

A: correta, pois reflete o que estabelece o art. 2º, *caput*, da Lei 12.830/2013; **B:** incorreta, pois não corresponde ao que prevê o art. 2º, § 4º, da Lei 12.830/2013; **C:** incorreta. A motivação será de rigor em qualquer hipótese (art. 2º, § 5º, da Lei 12.830/2013); **D:** incorreta, na medida em que, embora o delegado de polícia detenha discricionariedade na condução do inquérito policial, determinando as diligências que entender pertinentes, terá de cumprir as requisições do MP e do Juiz. É bom que se diga que tal regra não está contemplada, de forma expressa, na Lei 12.830/2013; **E:** incorreta, já que o inquérito policial constitui tão somente uma das formas de se proceder a investigações criminais (art. 4º, parágrafo único, CPP). Nada impede, por exemplo, que o MP realize investigações de natureza criminal.

Gabarito "A"

(Juiz de Direito/DF – 2016 – CESPE) À luz do que dispõe o CPP a respeito dos crimes de ação pública, é correto afirmar que o inquérito policial

(A) poderá ser iniciado de ofício pela autoridade policial, ou mediante requisição do juiz ou do promotor de justiça, mas não do ofendido, a quem cabe apenas a apresentação de queixa-crime.
(B) poderá ser iniciado de ofício pela autoridade policial, ou mediante requisição do promotor de justiça, mas não do juiz, por ser este considerado ator imparcial.
(C) poderá ser iniciado de ofício pela autoridade policial, ou mediante requisição do juiz, do promotor ou do ofendido e seu defensor, mas não poderá decorrer de denúncia feita por qualquer do povo que tenha conhecimento da prática de eventual crime, pois a ação penal cabe ao MP.
(D) será iniciado, obrigatoriamente, pelo auto de prisão em flagrante ou por portaria da autoridade policial, podendo o MP instaurar apenas inquérito ministerial; o juiz, por ser ator imparcial, também não pode requisitar a instauração de inquérito, tampouco o ofendido ou qualquer do povo, para que não se caracterize vingança privada.
(E) poderá ser iniciado de ofício ou mediante requisição do juiz, do promotor ou do ofendido e seu defensor, podendo, ainda, ser instaurado pela autoridade policial, após a verificação da procedência das informações fornecidas por qualquer do povo que tenha tido conhecimento da existência de infração penal e a tenha, verbalmente ou por escrito, comunicado à referida autoridade.

A teor do art. 5º do CPP, constituem formas de instauração do inquérito policial: de ofício pela autoridade policial (inciso I); requisição judicial ou do MP (inciso II, 1ª parte); requerimento da vítima (inciso II, 2ª parte); por força de auto de prisão em flagrante; representação do ofendido nos crimes de ação penal pública condicionada a representação (art. 5º, § 4º, CPP); denúncia da ocorrência de uma infração penal formulada por qualquer pessoa do povo (*delatio criminis* – art. 5º, § 3º, do CPP); e requerimento do ofendido na ação penal privada (art. 5º, § 5º, do CPP). A alternativa apontada inicialmente como correta (E) está, na verdade, incorreta, uma vez que a requisição para a instauração de inquérito policial é providência privativa do juiz e do promotor de Justiça; a vítima ou quem a represente formulará *pedido* (requerimento) à autoridade policial para a instauração de inquérito policial, à qual caberá deferir ou não o pleito da vítima, decisão contra a qual cabe recurso ao chefe de Polícia (art. 5º, § 2º, do CPP).

Gabarito: ANULADA

(Advogado União – AGU – CESPE – 2015) Ao receber uma denúncia anônima por telefone, a autoridade policial realizou diligências investigatórias prévias à instauração do inquérito policial com a finalidade de obter elementos que confirmassem a veracidade da informação. Confirmados os indícios da ocorrência de crime de extorsão, o inquérito foi instaurado, tendo o delegado requerido à companhia telefônica o envio de lista com o registro de ligações telefônicas efetuadas pelo suspeito para a vítima. Prosseguindo na investigação, o delegado, sem autorização judicial, determinou a instalação de grampo telefônico no telefone do suspeito, o que revelou, sem nenhuma dúvida, a materialidade e a autoria delitivas. O inquérito foi relatado, com o indiciamento do suspeito, e enviado ao MP.

(1) Nessa situação hipotética, considerando as normas relativas à investigação criminal, são nulos os atos de investigação realizados antes da instauração do inquérito policial, pois violam o princípio da publicidade do procedimento investigatório, bem como a obrigação de documentação dos atos policiais.

1: incorreta, uma vez que a publicidade imanente ao processo penal não se aplica ao inquérito policial, que é sigiloso, conforme estabelece o art. 20, "caput", do CPP. Além disso, a denúncia anônima (também chamada de *apócrifa* ou *inqualificada*), segundo tem entendido a jurisprudência, não é apta, por si só, a autorizar a instauração de inquérito policial, dando início à persecução penal. Antes disso, a autoridade policial deverá fazer uma averiguação prévia a fim de verificar a procedência da denúncia apócrifa, para, depois disso, determinar, se for o caso, a instauração de inquérito. Nesse sentido: "(...) *a autoridade policial, ao receber uma denúncia anônima, deve antes realizar diligências preliminares para averiguar se os fatos narrados nessa 'denúncia' são materialmente verdadeiros, para, só então, iniciar as investigações*" (STF, HC 95.244, 1ª T., Rel. Min. Dias Toffoli, *DJE* 29.04.2010). Não há que se falar em ilegalidade, portanto, na conduta da autoridade policial que, em face de denúncia anônima, realizar diligências prévias à instauração de inquérito a fim de apurar a veracidade dos fatos que chegaram ao seu conhecimento. Pelo contrário, conforme já salientamos acima, a jurisprudência entende que a realização dessas diligências preliminares é de rigor. ED

Gabarito 1E

(Procurador do Estado – PGE/BA – CESPE – 2014) Acerca do direito processual penal, julgue o item a seguir (adaptada)

(1) Em razão do princípio constitucional da presunção de inocência, é vedado à autoridade policial mencionar anotações referentes à instauração de inquérito nos atestados de antecedentes que lhe forem solicitados.

1: correta, pois reflete a regra presente no art. 20, parágrafo único, do CPP, que assim dispõe: *Nos atestados de antecedentes que lhe forem solicitados, a autoridade policial não poderá mencionar quaisquer anotações referentes a instauração de inquérito contra os requerentes.* ED

Gabarito 1C

(Cartório/RR – 2013 – CESPE) Acerca das atribuições legais, no inquérito policial, conferidas pelo processo penal brasileiro, assinale a opção correta.

(A) No curso do inquérito policial instaurado mediante portaria, caso presentes os requisitos que autorizam a prisão preventiva, o juiz só poderá decretá-la mediante representação da autoridade policial ou de requerimento do MP.

(B) O juiz pode requisitar de ofício novas diligências probatórias a despeito de manifestação do promotor de justiça pelo arquivamento do inquérito policial.

(C) O sistema acusatório em vigor no processo penal brasileiro não admite que o juiz possa condenar o réu pelo crime de furto em face do pedido de absolvição formulado pelo MP, após regular instrução probatória.

(D) Nos crimes de ação penal privada, o inquérito policial só poderá ser instaurado a requerimento da vítima ou do MP.

(E) Na hipótese de comprovada inexistência de crime, a autoridade policial poderá arquivar o inquérito policial.

A: correta, conforme art. 282, § 2º, do CPP, cuja redação foi alterada pela Lei 13.964/2019, para o fim de afastar a possibilidade, até então existente, de o magistrado decretar medidas cautelares de ofício no curso da ação penal. Atualmente, temos que é defeso ao juiz agir de ofício na decretação de medidas cautelares de natureza pessoal, como a prisão processual, inclusive no curso da ação penal (arts. 282, § 2º, e 311, do CPP); **III:** correta. Conferir: "(...) 3. No caso, a manutenção da custódia cautel; **B:** incorreta. Se o juiz discordar do pleito do MP de arquivar os autos do inquérito, deverá, em vista da regra presente no art. 28 do CPP, remeter os autos ao procurador-geral, a quem incumbirá apreciar se a razão está com o promotor ou com o magistrado. Se entender o chefe do Ministério Público que não é caso de denúncia, ao juiz então não resta outra opção senão a de determinar o arquivamento dos autos; se, ao contrário, o procurador-geral entender que é caso de denúncia, poderá ele mesmo oferecê-la, ou ainda designar outro membro da instituição para fazê-lo, o que é mais comum. De qualquer forma, não poderá o chefe da instituição, à luz do postulado da independência, obrigar o promotor do feito a oferecer a denúncia; **C:** incorreta, pois em desacordo com o que estabelece o art. 385 do CPP; **E:** incorreta. Sob nenhum pretexto é dado ao delegado de polícia promover o arquivamento dos autos de inquérito, ainda que se chegue à conclusão que de o fato investigado não constitui infração penal. É cristalino, nesse sentido, o art. 17 do CPP. ED

Gabarito "A"

(Analista – TJ/CE – 2013 – CESPE) Acerca de inquérito policial (IP), assinale a opção correta. Nesse sentido, considere que a sigla MP, sempre que empregada, se refere ao Ministério Público.

(A) Ainda que o MP possua provas suficientes para instauração da ação penal, o IP não poderá ser dispensado.

(B) O MP, que é o *dominus litis*, pode determinar a abertura de IPs, requisitar esclarecimentos e diligências investigatórias, bem como assumir a presidência do IP.

(C) A elaboração de laudo pericial na fase do IP sem prévio oferecimento de quesitos pela defesa ofende o princípio da ampla defesa quando somente tenha sido dada oportunidade de manifestação e oferecimento de quesitos após sua juntada.

(D) O arquivamento do IP pode ser realizado pela autoridade policial, quando houver requerimento do MP, com sua concordância.

(E) Caso o MP requeira o arquivamento de IP com fundamento na atipicidade do fato, a decisão que determinar o arquivamento com base nesse fundamento, ainda que seja emanada de juiz absolutamente incompetente, impedirá a instauração de processo que tenha por objeto o mesmo episódio.

A: incorreta. Isso porque o inquérito policial, segundo doutrina e jurisprudência unânimes, não constitui fase obrigatória e imprescindível da persecução penal. Pode o membro do MP, pois, dele abrir mão e ajuizar, de forma direta, a ação penal, desde que, é claro, disponha de elementos de informação suficientes ao seu exercício (da ação penal). É o que se infere do art. 12 do CPP; **B:** incorreta. Pode o MP, é verdade, requisitar à autoridade policial a abertura de inquérito (art. 5º, II, do CPP), bem como, ao final das investigações do inquérito policial, promover o retorno dos autos ao delegado de polícia para a realização de diligências investigatórias imprescindíveis ao exercício da ação penal (art. 16, CPP). Agora, não poderá o representante do *parquet*, ainda que seja o *dominus litis*, assumir a presidência do inquérito policial, atribuição exclusiva do delegado de polícia (art. 2º, § 1º, Lei 12.830/2013); poderá, isto sim, presidir apuração de fato criminoso por meio de inquérito *criminal*, mas não *policial*; **C:** incorreta. Como bem sabemos, as perícias em geral constituem prova *não repetível*, que, embora sejam, em regra, realizadas no curso das investigações, serão submetidas, na etapa processual, ao chamado contraditório diferido (posterior). Não há ofensa, pois, ao postulado da ampla defesa o fato de o laudo, no curso das investigações, ser elaborado sem prévio oferecimento de quesitos pela defesa; **D:** incorreta, dado que é vedado ao delegado de polícia, sob qualquer pretexto, promover o arquivamento de autos de inquérito policial; tal providência somente poderá ser determinada, a requerimento do MP, pelo juiz de direito (art. 17 do CPP). Vale lembrar que o juiz, com a modificação implementada no art. 28 do CPP pela Lei 13.964/2019, deixou de ter ingerência no procedimento de arquivamento do IP. Tal decisão cabe ao MP; **E:** correta. Uma vez ordenado o arquivamento do inquérito policial, por falta de base para a denúncia, nada obsta que a autoridade policial proceda a novas pesquisas, desde que de outras provas tenha conhecimento – art. 18 do CPP. Isso porque a decisão que determina o arquivamento do inquérito policial não gera, em regra, coisa julgada material. Agora, se o arquivamento do inquérito se der por ausência de tipicidade (é o caso narrado na proposição), a decisão, neste caso, ainda que tomada por juízo incompetente, tem efeito preclusivo, é dizer, produz coisa julgada material, impedindo, dessa forma, o desarquivamento do inquérito. A esse respeito, conferir: "*Habeas corpus*: cabimento. É da jurisprudência do Tribunal que não impedem a impetração de *habeas corpus* a admissibilidade de recurso ordinário ou extraordinário da decisão impugnada, nem a efetiva interposição deles. II – Inquérito policial: arquivamento com base na atipicidade do fato: eficácia de coisa julgada material. A decisão que determina o arquivamento do inquérito policial, quando fundado o pedido do Ministério Público em que o fato nele apurado não constitui crime, mais que preclusão, produz coisa julgada material, que – ainda quando emanada a decisão de juiz absolutamente incompetente -, impede a instauração de processo que tenha por objeto o mesmo episódio. Precedentes: HC 80.560, 1ª T., 20.02.01, Pertence, *RTJ* 179/755; Inq. 1538, Pl., 08.08.01, Pertence, *RTJ* 178/1090; Inq-QO 2044, Pl., 29.09.04, Pertence, *DJ* 28.10.04; HC 75.907, 1ª T., 11.11.97, Pertence, *DJ* 9.4.99; HC 80.263, Pl., 20.2.03, Galvão, RTJ 186/1040" (HC 83346, Sepúlveda Pertence, STF). ED

Gabarito "E"

(Escrivão de Polícia Federal – 2013 – CESPE) Acerca do inquérito policial, julgue os itens seguintes.

(1) O valor probatório do inquérito policial, como regra, é considerado relativo, entretanto, nada obsta que o juiz absolva o réu por decisão fundamentada exclusivamente em elementos informativos colhidos na investigação.

(2) O princípio que rege a atividade da polícia judiciária impõe a obrigatoriedade de investigar o fato e a sua autoria, o que resulta na imperatividade da autoridade policial de instaurar inquérito policial em todos os casos em que receber comunicação da prática de infrações penais. A ausência de instauração do procedimento investigativo policial enseja a responsabilidade da autoridade e dos demais agentes envolvidos, nos termos da legislação de regência, vez que resultará em arquivamento indireto de peça informativa.

(3) A conclusão do inquérito policial é precedida de relatório final, no qual é descrito todo o procedimento adotado no curso da investigação para esclarecer a autoria e a materialidade. A ausência desse relatório e de indiciamento formal do investigado não resulta em prejuízos para persecução penal, não podendo o juiz ou órgão do Ministério Público determinar o retorno da investigação à autoridade para concretizá-los, já que constitui mera irregularidade funcional a ser apurada na esfera disciplinar.

1: correta. De fato, o inquérito policial, segundo doutrina e jurisprudência pacíficas, tem valor probatório *relativo*, na medida em que os elementos de informação nele reunidos não são colhidos sob a égide do contraditório e ampla defesa. Cuida-se, pois, de peça meramente informativa. Tanto é assim que as nulidades porventura ocorridas no curso do inquérito não contaminam a ação penal respectiva. Também é correto afirmar-se que ao juiz é dado, diante das informações colhidas no bojo do inquérito policial, absolver, sempre de forma fundamentada, o investigado. O que não se admite, é importante que se diga, é que as provas coligidas no inquérito policial sirvam, de forma exclusiva, de suporte para fundamentar uma sentença penal condenatória. Em outras palavras, é vedado ao magistrado fundamentar sua decisão exclusivamente nos elementos informativos produzidos na investigação. É o que estabelece o art. 155, *caput*, do CPP. Nesse sentido, conferir: "*habeas corpus*. Penal. Paciente condenado pela prática de atentado violento ao pudor. Alegação de nulidade da condenação por estar baseada exclusivamente em provas colhidas no inquérito policial. Ocorrência. Decisão fundada essencialmente em depoimentos prestados na fase pré-judicial. Nulidade. Precedentes. Ordem concedida. I – Os depoimentos retratados perante a autoridade judiciária foram decisivos para a condenação, não se indicando nenhuma prova conclusiva que pudesse levar à responsabilidade penal do paciente. II – A tese de que há outras provas que passaram pelo crivo do contraditório, o que afastaria a presente nulidade, não prospera, pois estas nada provam e são apenas indícios. III – O acervo probatório que efetivamente serviu para condenação do paciente foi aquele obtido no inquérito policial. Segundo entendimento pacífico desta Corte não podem subsistir condenações penais fundadas unicamente em prova produzida na fase do inquérito policial, sob pena de grave afronta às garantias constitucionais do contraditório e da plenitude de defesa. Precedentes. IV – Ordem concedida para cassar o acórdão condenatório proferido pelo Tribunal de Justiça do Estado de São Paulo e restabelecer a sentença absolutória de primeiro grau" (STF, HC 103660, Ricardo Lewandowski); **2**: incorreta. A autoridade policial somente estará obrigada a proceder a inquérito, de ofício, nos casos em que a infração penal cuja prática lhe é comunicada for de ação penal pública *incondicionada* (art. 5º, I, do CPP). Nos demais casos (ação pública condicionada e privativa do ofendido), o delegado somente instaurará inquérito diante de representação (ou requisição, conforme o caso) do ofendido ou requerimento por este formulado, respectivamente (art. 5º, §§ 4º e 5º, do CPP); **3**: correta. Por se tratar de peça meramente informativa e dispensável, a ausência de relatório final ou mesmo do formal indiciamento do investigado, no inquérito policial, não obsta que o acusador promova a respectiva ação penal, oferecendo, em juízo, denúncia ou queixa-crime. Também por isso não é dado ao titular da ação penal e também ao magistrado promover a devolução dos autos de inquérito à Polícia Judiciária para que o delegado adote tais providências. Na jurisprudência do STJ: "Direito processual penal. Indiciamento como atribuição exclusiva da autoridade policial. O magistrado não pode requisitar o indiciamento em investigação criminal. Isso porque o indiciamento constitui atribuição exclusiva da autoridade policial. De fato, é por meio do indiciamento que a autoridade policial aponta determinada pessoa como a autora do ilícito em apuração. Por se tratar de medida ínsita à fase investigatória, por meio da qual o delegado de polícia externa o seu convencimento sobre a autoria dos fatos apurados, não se admite que seja requerida ou determinada pelo magistrado, já que tal procedimento obrigaria o presidente do inquérito à conclusão de que determinado indivíduo seria o responsável pela prática criminosa, em nítida violação ao sistema acusatório adotado pelo ordenamento jurídico pátrio. Nesse mesmo sentido, é a inteligência do art. 2º, § 6º, da Lei 12.830/2013, o qual consigna que o indiciamento é ato inserto na esfera de atribuições da polícia judiciária. Precedente citado do STF: HC 115.015-SP, 2ª T., *DJe* 11/9/2013" (RHC 47.984-SP, rel. Min. Jorge Mussi, j. 04.11.2014 – Inf. STJ 552).

Gabarito 1C, 2E, 3C

(Escrivão de Polícia/DF – 2013 – CESPE) Julgue os itens seguintes, a respeito do inquérito policial (IP) e das provas.

(1) Considere a seguinte situação hipotética. Instaurado o IP por crime de ação penal pública, a autoridade policial determinou a realização de perícia, da qual foi lavrado laudo pericial firmado por dois peritos não oficiais, ambos bacharéis, que prestaram compromisso de bem e fielmente proceder à perícia na arma de fogo apreendida em poder do acusado. Nessa situação hipotética, houve flagrante nulidade, pois a presença de perito oficial é requisito indispensável para a realização da perícia.

(2) Nos crimes de ação pública condicionada, o IP somente poderá ser instaurado se houver representação do ofendido ou de seu representante legal; nos crimes de iniciativa privada, se houver requerimento de quem tenha qualidade para oferecer queixa.

(3) A autoridade policial tem o dever jurídico de atender à requisição do Ministério Público pela instauração de IP, podendo, entretanto, se recusar a fazê-lo na hipótese em que a requisição não contenha nenhum dado ou elemento que permita a abertura das investigações.

(4) Se o IP for arquivado pelo juiz, a requerimento do promotor de justiça, sob o argumento de que o fato é atípico, a decisão que determinar o arquivamento do IP impedirá a instauração de processo penal pelo mesmo fato, ainda que tenha sido tomada por juiz absolutamente incompetente.

1: incorreta. É do art. 159 do CPP que, na falta de perito oficial, o exame será realizado por duas pessoas idôneas (peritos não oficiais), portadoras de diploma de curso superior, que prestarão o compromisso de bem e fielmente desempenhar o encargo a elas confiado. Não há por que falar-se, portanto, em nulidade, já que a legislação autoriza que, em casos assim (falta de perito oficial), a perícia seja feita por dois peritos não oficiais; **2**: incorreta conforme gabarito oficial, mas, segundo pensamos, não há por que a assertiva ser assim considerada. Com efeito, nos crimes em que a ação penal é pública condicionada, o inquérito somente será instaurado se o ofendido ou aquele que o represente manifestar, por meio de representação, sua vontade nesse sentido (art. 5º, § 4º, do CPP). Da mesma forma, nos crimes cuja ação penal é privativa do ofendido, a instauração de inquérito condiciona-se ao requerimento formulado por quem detém legitimidade para o ajuizamento da ação penal (art. 5º, § 5º, do CPP). Talvez o examinador tenha considerado que, na ação penal condicionada, a representação do ofendido (ou de seu representante) não seja a única forma de autorizar a instauração de inquérito, o que também é possível diante da requisição do Ministro da Justiça; **3**: incorreta conforme gabarito oficial, mas correta, a nosso ver. Conferir, a esse respeito, o magistério de Guilherme de Souza Nucci, com o qual concordamos: "Negativa em cumprir a requisição: cremos admissível que a autoridade policial refute a instauração de inquérito requisitado por membro do Ministério Público ou por juiz de direito, desde que se trate de exigência manifestamente ilegal. A requisição deve lastrear-se na lei; não tendo, pois, supedâneo legal, não deve o delegado agir, pois, se o fizesse, estaria cumprindo um desejo pessoal de outra autoridade, o que não se coaduna com a sistemática processual penal". Ainda segundo Nucci, "requisições dirigidas à autoridade policial, exigindo a instauração de inquérito contra determinada pessoa, ainda que apontem o crime, em tese, necessitam conter dados suficientes que possibilitem ao delegado tomar providências e ter um rumo a seguir (ver o disposto no § 1º deste artigo). Não é cabível um ofício genérico, requisitando a instauração de inquérito contra Fulano, pela prática de estelionato, por exemplo. Afinal, o que fez fulano exatamente? Quando e onde? Enfim, a requisição deve sustentar-se em fatos, ainda que possa ser desprovida de documentos comprobatórios (...)" (*Código de Processo Penal Comentado*, 12ª ed., p. 93-94); **4**: correta. Uma vez ordenado o arquivamento do inquérito policial, por falta de base para a denúncia, nada obsta que a autoridade policial proceda a novas pesquisas, desde que de outras provas tenha conhecimento – art. 18 do CPP. Isso porque a decisão que determina o arquivamento do inquérito policial não gera, em regra, coisa julgada material. Agora, se o arquivamento do inquérito se der por ausência de tipicidade (é o caso narrado na proposição), a decisão, neste caso, ainda que tomada por juízo incompetente, tem efeito preclusivo, é dizer, produz coisa julgada material, impedindo, dessa forma, o desarquivamento do inquérito. A esse respeito, conferir: "*Habeas corpus*: cabimento. É da jurisprudência do Tribunal que não impedem a impetração de *habeas corpus* a admissibilidade de recurso ordinário ou extraordinário da decisão impugnada, nem a efetiva interposição deles. II. Inquérito policial: arquivamento com base na atipicidade do fato: eficácia de coisa julgada material. A decisão que determina o arquivamento do inquérito policial, quando fundado o pedido do Ministério Público em que o fato nele apurado não constitui crime, mais que preclusão, produz coisa julgada material, que – ainda quando emanada a decisão de juiz absolutamente incompetente –, impede a instauração de processo que tenha por objeto o mesmo episódio. Precedentes: HC 80.560, 1ª T., 20.02.01, Pertence, *RTJ* 179/755; Inq 1538, Pl., 08.08.01, Pertence, *RTJ* 178/1090; Inq-QO 2044, Pl., 29.09.04, Pertence, *DJ* 28.10.04; HC 75.907, 1ª T., 11.11.97, Pertence, *DJ* 9.4.99; HC 80.263, Pl., 20.2.03, Galvão, RTJ 186/1040" (HC 83346, Sepúlveda Pertence, STF).

Gabarito 1E, 2E, 3E, 4C

(Magistratura/BA – 2012 – CESPE) Considerando os institutos aplicáveis ao direito processual penal, assinale a opção correta.

(A) Segundo o entendimento dos tribunais superiores, em hipótese nenhuma, é admitida a persecução penal iniciada com base em denúncia anônima.

(B) De acordo com o entendimento dos tribunais superiores, em face do princípio da ampla defesa, é direito do defensor, no interesse do representado, ainda que em fase inquisitorial, ter acesso a procedimento investigativo referente à medida de busca e apreensão domiciliar a ser executada.

(C) Consoante o entendimento dos tribunais superiores, o arquivamento de inquérito policial com base na atipicidade do fato tem eficácia de coisa julgada material, exceto se emanada a decisão de juiz absolutamente incompetente.

(D) Segundo entendimento dos tribunais superiores, caso o MP não ofereça a suspensão condicional prevista na Lei n.º 9.099/1995, o magistrado deve fazê-lo de ofício.

(E) O juiz pode determinar, de ofício, a reconstituição do crime durante a fase inquisitorial.

A: incorreto. Conferir: "(...) *a autoridade policial, ao receber uma denúncia anônima, deve antes realizar diligências preliminares para averiguar se os fatos narrados nessa denúncia são materialmente verdadeiros, para, só então, iniciar as investigações* (STF, HC 95.244, 1ª T., rel. Min. Dias Toffoli, *DJE* 29.04.2010); **B:** incorreto. Desde que já documentados em procedimento investigatório, terá o defensor amplo acesso aos elementos de prova. Não é o caso da busca e apreensão ainda não efetivada. Sobre este tema, o STF editou a Súmula Vinculante nº 14, a seguir transcrita: "É direito do defensor, no interesse do representado, ter acesso amplo aos elementos de prova que, já documentados em procedimento investigatório realizado por órgão com competência de polícia judiciária, digam respeito ao exercício do direito de defesa"; **C:** incorreto. Ainda que emanada de juiz absolutamente incompetente, a determinação de arquivamento de inquérito policial calcada na atipicidade do fato tem o condão de gerar coisa julgada material. Merece análise: STF, 1ª T., HC 83.343-SP, rel. Min. Sepúlveda Pertence, *DJ* 19.08.2005; **D:** incorreta. Se o membro do MP se recusar a propor a suspensão condicional do processo, cabe ao magistrado, se discordar, aplicar, por analogia, o comando contido no art. 28 do CPP, remetendo a questão para apreciação do Procurador-Geral de Justiça. É esse o entendimento firmado por meio da Súmula nº 696, STF: "Reunidos os pressupostos legais permissivos da suspensão condicional do processo, mas se recusando o Promotor de Justiça a propô-la, o juiz, dissentindo, remeterá a questão ao Procurador-Geral, aplicando-se por analogia o art. 28 do Código de Processo Penal"; **E:** correta – art. 156, I, do CPP.

Gabarito "E"

(Magistratura/PB – 2011 – CESPE) No que se refere ao inquérito policial, assinale a opção correta.

(A) Não se pode negar o acesso de advogado constituído pelo indiciado aos autos de procedimento investigatório, ainda que nele esteja decretado o sigilo, estendendo-se tal prerrogativa a atos que, por sua própria natureza, não dispensem a mitigação da publicidade.

(B) Nas comarcas em que houver mais de uma circunscrição policial, a autoridade com exercício em uma delas poderá, nos inquéritos que conduza, ordenar diligências em circunscrição de outra, desde que por intermédio de carta precatória.

(C) Permite-se a utilização de inquéritos policiais em curso para agravar a pena-base do agente reincidente que responda a processo criminal.

(D) Consoante a jurisprudência do STF, ainda que não se permita ao MP a condução do inquérito policial propriamente dito, não há vedação legal para que este órgão proceda a investigações e colheita de provas para a formação da *opinio delicti*.

(E) O arquivamento do inquérito por falta de embasamento para a denúncia pode ser ordenado pela autoridade judiciária ou policial; nesse caso, a polícia judiciária, se de outras provas tiver notícia, poderá proceder a novas pesquisas.

A: incorreta – o inquérito policial é, em vista do que estabelece o art. 20 do CPP, sigiloso. Ocorre que, a teor do art. 7º, XIV, da Lei 8.906/1994 (Estatuto da Advocacia), constitui direito do advogado, entre outros: "examinar, em qualquer instituição responsável por conduzir investigação, mesmo sem procuração, autos de flagrante e de investigações de qualquer natureza, findos ou em andamento, ainda que conclusos à autoridade, podendo copiar peças e tomar apontamentos, em meio físico ou digital". Sobre este tema, o STF editou a Súmula Vinculante 14, a seguir transcrita: "É direito do defensor, no interesse do representado, ter acesso amplo aos elementos de prova que, já documentados em procedimento investigatório realizado por órgão com competência de polícia judiciária, digam respeito ao exercício do direito de defesa"; **B:** incorreta, já que, neste caso, é desnecessária a expedição de carta precatória ou mesmo requisições, estando a autoridade policial autorizada a determinar diretamente as diligências que se fizerem necessárias – art. 22 do CPP; **C:** incorreta – a assertiva contraria o teor da Súmula nº 444 do STJ, segundo a qual é vedada a utilização de inquéritos policiais e ações penais em curso para agravar a pena-base; **D:** assertiva correta. Nesse sentido, conferir: STF, HC 89.837-DF, rel. Min. Celso de Mello, j. 20.10.09; **E:** incorreta – é defeso à autoridade policial determinar o arquivamento de autos de inquérito policial (art. 17 do CPP), somente podendo fazê-lo o juiz a requerimento do Ministério Público (arts. 18 e 28 do CPP). No mais, uma vez ordenado o arquivamento do inquérito policial, por falta de base para a denúncia, nada obsta que a autoridade policial proceda a novas pesquisas, desde que de outras provas tenha conhecimento – art. 18 do CPP. Isso porque a decisão que determina o arquivamento do inquérito policial não gera, em regra, coisa julgada material. Registre-se, no entanto, que as "outras provas" a que faz alusão o art. 18 do CPP devem ser entendidas como *provas substancialmente novas*, ou seja, aquelas que até então não eram de conhecimento das autoridades. Veja, a propósito, o teor da Súmula nº 524 do STF: "Arquivado o inquérito policial, por despacho do juiz, a requerimento do Promotor de Justiça, não pode a ação penal ser iniciada, sem novas provas". Agora, se o arquivamento do inquérito se der por ausência de tipicidade, a decisão, neste caso, tem efeito preclusivo, é dizer, produz coisa julgada material, impedindo, dessa forma, o desarquivamento do inquérito. A esse respeito, *Informativo STF* 375. Posteriormente à elaboração desta questão, foi publicada a Lei 13.964/2019 (Pacote Anticrime), que, entre muitas outras mudanças implementadas, alterou a redação do art. 28, *caput*, do CPP, dispositivo cuja eficácia se encontra suspensa por decisão liminar do STF, o qual estabelece que o arquivamento do inquérito policial, que antes cabia ao juiz, doravante cabe ao MP. Em outras palavras, o Ministério Público determina o arquivamento do IP, submetendo sua decisão à apreciação do órgão superior do próprio MP. ED

Gabarito "D"

(Ministério Público/RO – 2010 – CESPE) Assinale a opção correta com referência ao IP e suas providências.

(A) Com o advento da CF, que assegurou o contraditório e a ampla defesa nos procedimentos administrativos, o IP atual deve observar tais princípios, apesar da ausência de previsão no CPP.

(B) De acordo com a Lei de Falências, cabe ao juiz responsável pelo processo falimentar presidir o inquérito de apuração dos crimes falimentares e, após a conclusão, remetê-lo ao MP para, se for o caso, este oferecer a denúncia.

(C) O IP é um procedimento sigiloso, não se estendendo o sigilo ao advogado, que poderá ter amplo acesso aos elementos de prova que já estiverem documentados nos autos e se refiram ao exercício do direito de defesa.

(D) A oitiva do indiciado durante o IP deve observar o mesmo procedimento do interrogatório judicial, sendo-lhe assegurado o direito ao silêncio e a assistência de advogado, que poderá fazer perguntas durante a inquirição e acompanhar a oitiva das testemunhas.

(E) A prova pericial, apesar de colhida durante o IP, é prova técnica e se submete ao contraditório diferido, razão pela qual tem valor probatório absoluto e não pode ser desconsiderada pelo juiz no momento da sentença.

A: assertiva incorreta. Não há que se falar em contraditório na fase de inquérito; não há, nessa etapa, acusação; há tão somente investigação; **B:** o inquérito judicial foi extinto pela Lei 11.101/2005. A atribuição para apurar crimes falimentares, antes do juiz de direito, passou para a Polícia Judiciária; **C:** correto. O inquérito policial é, em vista do que estabelece o art. 20 do CPP, sigiloso. Ocorre que, a teor do art. 7º, XIV, da Lei 8.906/1994 (Estatuto da Advocacia), constitui direito do advogado, entre outros: "examinar, em qualquer instituição responsável por conduzir investigação, mesmo sem procuração, autos de flagrante e de investigações de qualquer natureza, findos ou em andamento, ainda que conclusos à autoridade, podendo copiar peças e tomar apontamentos, em meio físico ou digital". Sobre este tema, o STF editou a Súmula Vinculante nº 14, a seguir transcrita: "É direito do defensor, no interesse do representado, ter acesso amplo aos elementos de prova que, já documentados em procedimento investigatório realizado por órgão com competência de polícia judiciária, digam respeito ao exercício do direito de defesa"; **D:** incorreto. Estabelece o art. 6º, V, do CPP que a autoridade policial deverá, quando do interrogatório, aplicar as regras do interrogatório judicial no que couber. Seria inviável condicionar o interrogatório do preso à presença de seu advogado, sendo, pois, suficiente que a autoridade a ele garanta a possibilidade de ser assistido por seu patrono; **E:** incorreta. É verdade que a prova pericial, a despeito de ser colhida no curso do inquérito, é submetida ao contraditório diferido ou postergado. Mas não é verdade que ela ostenta valor probatório absoluto, visto que o juiz, fazendo uso da prerrogativa que lhe confere o art. 182 do CPP, poderá rejeitar o laudo elaborado a partir dela, no todo ou em parte.

Gabarito "C"

(Defensor Público/SE – 2012 – CESPE) Durante interrogatório, Juvenal, processado criminalmente pelo crime de furto, confessou ter praticado, também, o crime de roubo em outras oportunidades. Sabendo da notícia, o juiz que presidia a audiência expediu ofício à delegacia de polícia, requisitando a instauração de inquérito policial para apurar os delitos cometidos. Após receber a requisição judicial, Aderbal, delegado de polícia que já investigara Juvenal em outras ocasiões, instaurou o inquérito policial, determinando a oitiva de testemunhas. No dia dos testemunhos, Juvenal compareceu à delegacia, acompanhado de advogado, com o objetivo de indagar as testemunhas, o que foi indeferido pelo delegado. Em seguida, o causídico requereu vistas do inquérito policial, o que também não foi permitido pela autoridade policial. Revoltado com a atuação de seu patrono, Juvenal demitiu, ofendeu e agrediu fisicamente o advogado na frente do delegado, que entendeu por bem agir de ofício, lavrando termo circunstanciado e instaurando inquérito policial para apuração do crime de injúria, com o objetivo de apurar o conteúdo das ofensas proferidas. Verificando a ausência de suporte probatório mínimo, o MP requereu o arquivamento do inquérito policial relativo ao delito de furto, o que foi acatado pelo juízo. Posteriormente, outro membro do *Parquet*, reexaminando os autos, ofereceu denúncia contra Juvenal pelo crime de roubo. Juvenal procurou a DP para obter orientação jurídica sobre o caso.

Com base na situação hipotética acima apresentada, assinale a opção correta a respeito do inquérito policial.

(A) De acordo com a jurisprudência do STF, o arquivamento do inquérito policial por ausência de suporte probatório mínimo ao início da ação penal não impede o posterior oferecimento de denúncia em caso de reexame do acervo de provas produzidas, independentemente do surgimento de novas evidências.

(B) O delegado de polícia agiu corretamente ao instaurar de ofício inquérito policial para a investigação do crime de injúria, visto que tem o dever de assim agir quando na presença de crime.

(C) O CPP proíbe a apresentação de exceção de suspeição contra a autoridade policial que preside o inquérito. Assim, não seria possível arguir a suspeição do delegado de polícia que investiga os crimes supostamente cometidos por Juvenal.

(D) O delegado de polícia não agiu corretamente ao indeferir a participação do acusado nos atos instrutórios do inquérito, desrespeitando os princípios constitucionais do contraditório e da ampla defesa.

A: incorreta. Uma vez ordenado o arquivamento do inquérito policial, por falta de base para a denúncia, nada obsta que a autoridade policial proceda a novas pesquisas – art. 18 do CPP. Agora, o oferecimento de denúncia pelo titular da ação penal está condicionado à existência de provas substancialmente novas. Isso porque a decisão que determina o arquivamento do inquérito policial não gera, em regra, coisa julgada material. Registre-se que as "outras provas" a que faz alusão o art. 18 devem ser entendidas como *provas substancialmente novas*, ou seja, aquelas que até então não eram de conhecimento das autoridades. Conferir, nesse sentido, a Súmula 524 do STF: "Arquivado o inquérito policial, por despacho do juiz, a requerimento do Promotor de Justiça, não pode a ação penal ser iniciada, sem novas provas". Cuidado: se o arquivamento do inquérito se der por ausência de tipicidade, a decisão, neste caso, tem efeito preclusivo, é dizer, produz coisa julgada material, impedindo, dessa forma, o desarquivamento do inquérito. A esse respeito, *Informativo STF* 375; **B:** incorreta. Por se tratar de crime cuja ação penal é, em regra, de iniciativa privativa do ofendido (art. 145 do CP), a instauração de inquérito, pela autoridade policial, está condicionada à manifestação de vontade da vítima, que deverá, bem por isso, requerer, ao delegado de polícia, a sua instauração. Não é dado à autoridade policial, neste caso, portanto, proceder a inquérito de ofício. É o que estabelece o art. 5º, § 5º, do CPP; **C:** correta, pois reflete o disposto no art. 107 do CPP; **D:** incorreta. Os princípios constitucionais do contraditório e ampla defesa, segundo opinião compartilhada, majoritariamente, pela doutrina e jurisprudência, não têm incidência no âmbito do inquérito policial, razão pela qual está a autoridade policial credenciada a indeferir a participação do investigado nas oitivas tomadas no inquérito policial. *Vide* o teor do art. 14 do CPP.

Gabarito "C"

(Magistratura Federal/1ª Região – 2011 – CESPE) Em relação ao inquérito policial, assinale a opção correta com base no direito processual penal.

(A) Na atual sistemática processual penal, resta vedada instauração de inquérito policial em relação aos crimes de menor potencial ofensivo, em qualquer hipótese, em face do preceito legal expresso que determina a lavratura de termo circunstanciado, pelo qual não se admite submissão do autor do fato ao constrangimento do procedimento inquisitivo, como, por exemplo, à condução coercitiva e à identificação criminal.

(B) Os vícios ocorridos no curso do inquérito policial, em regra, não repercutem na futura ação penal, ensejando, apenas, a nulidade da peça informativa, salvo quando houver violações de garantias constitucionais e legais expressas e nos casos em que o órgão ministerial, na formação da *opinio delicti*, não consiga afastar os elementos informativos maculados para persecução penal em juízo, ocorrendo, desse modo, a extensão da nulidade à eventual ação penal.

(C) Ordenado o arquivamento de inquérito policial instaurado antes da constituição definitiva do crédito tributário, de modo a atender a força impositiva de verbete sumular vinculante, resta vedado, em qualquer hipótese, o seu desarquivamento, mesmo sobrevindo constituição do crédito tributário, após o encerramento do procedimento administrativo/fiscal, porque o fundamento da decisão judicial é a atipicidade do fato, cuja eficácia preclusiva é de coisa julgada material.

(D) Considere a seguinte situação hipotética. O MP, ao oferecer denúncia, não se manifestou, de forma expressa, em relação a alguns fatos e a determinados agentes investigados, cujos elementos estão evidenciados no bojo do inquérito policial. Nessa situação hipotética, restam assentes doutrina e jurisprudência pátria acerca da ocorrência do pedido de arquivamento implícito ou arquivamento indireto, por parte do órgão de acusação, exigindo-se, contudo, para os devidos efeitos legais, decisão judicial expressa de arquivamento.

A: incorreta. Embora a regra, nos feitos de competência do Juizado Especial Criminal, seja a elaboração de termo circunstanciado, nada obsta que, tendo em conta a complexidade do caso concreto, a autoridade, no lugar de lavrar o termo circunstanciado, proceda à instauração de inquérito policial. Nesse sentido: STJ, HC 26.988/SP, 5ª T., rel. Min. Felix Fischer, j. 21/08/2003, *DJ* 28/10/2003; **B:** alternativa correta. Segundo entendimento pacífico firmado pela jurisprudência, vícios porventura existentes no inquérito não têm o condão de acarretar nulidades processuais. *Vide* a seguinte ementa: "Criminal. *Habeas corpus*. Homicídio duplamente qualificado. Inépcia da denúncia. Questão não apreciada na corte estadual. Supressão de instância. Auto de prisão em flagrante. Nulidade. Maus-tratos e torturas. Ausência de comprovação. Direitos constitucionais. Cientificação do interrogando. Oitiva do réu sem a presença de advogado. Inquérito. Peça informativa. Ausência de contraditório. Falta de fundamentação do decreto prisional. Inocorrência. Periculosidade do agente. 'Acerto de contas'. *Modus operandi*. Necessidade da custódia para garantia da ordem pública. Segregação justificada. Excesso de prazo. Superveniência de sentença de pronúncia. Alegação superada. Ordem parcialmente conhecida e, nesta extensão, denegada. Evidenciado que a Corte Estadual não apreciou a alegação de inépcia da denúncia, sobressai a incompetência desta Corte para o seu exame, sob pena de indevida supressão de instância. Hipótese na qual o impetrante não trouxe aos autos qualquer elemento comprobatório das alegações de que o paciente teria sido submetido a maus-tratos e torturas físicas, bem como de que o mesmo teria assinado o Termo de Qualificação e Interrogatório do Auto de Prisão em Flagrante Delito sem ter conhecimento de seu conteúdo, sendo certo que no referido documento restou consignada a cientificação do interrogando de seus direitos constitucionais. O posicionamento firmado nesta Corte é no sentido de que os eventuais vícios ocorridos no inquérito policial não são hábeis a contaminar a ação penal, pois aquele procedimento resulta em peça informativa e não probatória. A presença do advogado durante a lavratura do auto de prisão em flagrante não constitui formalidade essencial a sua validade. Configurada a periculosidade concreta do agente, o qual teria agido com a intenção de ceifar a vida de pessoa que havia prestado depoimento em seu desfavor em procedimento investigativo anterior, com inúmeros disparos de armas de fogo, em suposto 'acerto de contas', resta justificada a decretação da custódia preventiva para a garantia da ordem pública, com base no *modus operandi*, que se sobressalta na hipótese. Precedentes desta Corte. Evidenciado que foi proferida sentença de pronúncia em desfavor do acusado, resta superado o argumento de demora no término da instrução criminal. Ordem parcialmente conhecida e, nesta extensão, denegada" (STJ, HC 188.527/GO, 5ª T., rel. Min. Gilson Dipp, j. 17/03/2011, *DJ* 04/04/2011); **C:** incorreta. Conferir a seguinte ementa: "Penal e processo penal. Reclamação. *Habeas Corpus* 110.701/SP. Alegação de afronta à autoridade de decisão desta corte. Sonegação fiscal. Pendência de recurso administrativo. Inquérito policial. Falta de justa causa. Trancamento determinado. Superveniente constituição definitiva do crédito. Prova nova. Desarquivamento do inquérito. Possibilidade. Reclamação julgada prejudicada. Agravo regimental a que se nega provimento. 1. A reclamação é instrumento processual de caráter específico e aplicação restrita. Nos termos do artigo 105, inciso I, alínea 'f', da Constituição Federal, presta-se para preservar a competência e garantir a autoridade das decisões dos Tribunais. 2. Esta Corte concedeu a ordem no *Habeas Corpus* 110.701/SP, para determinar o arquivamento do inquérito policial instaurado antes da constituição definitiva do crédito tributário. 3. Sobrevindo a constituição do crédito não há empecilho para que se desarquive o inquérito referido no *mandamus* 110.701/SP, nos termos do artigo 18 do Código de Processo Penal, para que, diante da nova prova, se dê continuidade ao procedimento. 4. Dessarte, resta prejudicada a presente reclamação, haja vista a regularidade da investigação com a constituição definitiva do crédito tributário. 5. Agravo regimental a que se nega provimento" (STJ, AgRg nos EDcl na Rcl 3.892/SP, 3ª SEÇÃO, rel. Min. Maria Thereza de Assis Moura, j. 27/04/2011, *DJ* 05/05/2011); **D:** não se confundem as figuras do arquivamento implícito e indireto. Neste último caso, o titular da ação penal deixa de promovê-la por entender que o juízo não detém competência para o seu processamento e julgamento. A assertiva contempla o chamado arquivamento implícito, que, no entanto, não é admitido por parte significativa da doutrina e jurisprudência.

Gabarito "B"

(Analista – TRE/BA – 2010 – CESPE) Julgue o item que se segue, relativo a inquérito policial (IP) e prisão temporária.

(1) A autoridade que preside o IP assegurará o sigilo necessário à elucidação do fato ou exigido pelo interesse da sociedade. Dessa forma, o advogado do indiciado não terá acesso ao IP quando a autoridade competente declarar seu caráter sigiloso.

1: incorreta – o inquérito policial é, em vista do que dispõe o art. 20 do CPP, sigiloso. Ocorre que, a teor do art. 7º, XIV, da Lei 8.906/94 (Estatuto da Advocacia), constitui direito do advogado, entre outros: "examinar, em qualquer instituição responsável por conduzir investigação, mesmo sem procuração, autos de flagrante e de investigações de qualquer natureza, findos ou em andamento, ainda que conclusos à autoridade, podendo copiar peças e tomar apontamentos, em meio físico ou digital". Sobre este tema, o STF editou a Súmula Vinculante nº 14, a seguir transcrita: "É direito do defensor, no interesse do representado, ter acesso amplo aos elementos de prova que, já documentados em procedimento investigatório realizado por órgão com competência de polícia judiciária, digam respeito ao exercício do direito de defesa".

Gabarito 1E

(Analista – TRE/MT – 2010 – CESPE) Com base no Código de Processo Penal, assinale a opção correta a respeito de inquérito policial, ação penal e competência.

(A) Qualquer pessoa do povo que tiver conhecimento da existência de crime de ação penal pública poderá comunicar o fato à autoridade policial, a qual fica obrigada a instaurar o inquérito respectivo.

(B) Nas ações penais públicas condicionadas à representação, o inquérito policial pode ser instaurado sem representação do ofendido ou de seu representante legal, desde que a parte se comprometa a juntar a representação antes da apresentação do relatório final.

(C) O Ministério Público não poderá repudiar ação penal privada subsidiária da pública e, em seu lugar, oferecer denúncia substitutiva.

(D) A competência é, de regra, determinada pelo lugar em que se consumar a infração, ou, no caso de tentativa, pelo lugar em que for praticado o último ato de execução.

(E) Não sendo conhecido o lugar da infração, a competência regular-se-á pelo domicílio ou residência da vítima.

A: incorreta – trata-se da chamada *delatio criminis*. Antes de determinar a instauração de inquérito policial, o delegado de polícia deverá verificar a procedência das informações que chegaram ao seu conhecimento – art. 5º, § 3º, CPP; **B:** incorreta – o inquérito, neste caso, não poderá ser iniciado sem a representação. É o que prescreve o art. 5º, § 4º, do CPP; **C:** incorreta – é lícito ao Ministério Público, nos termos do art. 29 do CPP, repudiar a ação penal privada subsidiária da pública e, em seu lugar, oferecer denúncia substitutiva; **D:** correta – art. 70, *caput*, do CPP; **E:** incorreta – neste caso, a competência será regulada pelo domicílio ou residência do réu, não da vítima – art. 72, *caput*, do CPP.

Gabarito "D"

3. AÇÃO PENAL

(Juiz de Direito - TJ/BA - 2019 - CESPE/CEBRASPE) Tendo como fundamento a jurisprudência dos tribunais superiores, assinale a opção correta, a respeito de ação penal.

(A) Em razão do princípio da indivisibilidade, o não ajuizamento de ação penal contra todos os coautores de crime de roubo implicará o arquivamento implícito em relação àqueles que não forem denunciados.

(B) A inexistência de poderes especiais na procuração outorgada pelo querelante não gerará a nulidade da queixa-crime quando o consequente substabelecimento atender às exigências expressas no art. 44 do CPP.

(C) Na queixa-crime, a omissão involuntária, pelo querelante, de algum coautor implicará o reconhecimento da renúncia tácita do direito de queixa pelo juiz e resultará na extinção da punibilidade.

(D) No caso de ação penal privada, eventual omissão de poderes especiais na procuração outorgada pelo querelante poderá ser sanada a qualquer tempo por iniciativa do querelante.

(E) No caso de crime praticado contra a honra de servidor público no exercício de suas funções, a vítima tem legitimação concorrente com o MP para ajuizar ação penal.

A: incorreta. O *princípio da indivisibilidade* está consagrado no art. 48 do CPP e se aplica, em princípio, à ação penal privada. Embora não haja disposição expressa de lei, tal postulado, segundo pensamos, é também aplicável à ação penal pública. Não nos parece razoável que o Ministério Público possa escolher contra quem a demanda será promovida. Entretanto, o STF (e também o STJ) não compartilha desse entendimento. Para a nossa Corte Suprema, a indivisibilidade não tem incidência no âmbito da ação penal pública (somente na ação privada). Sustenta o STF que a divisibilidade da ação penal pública reside no fato de o Ministério Público ter a liberdade de não ofertar a denúncia contra alguns autores de crime contra os quais ainda não haja elementos suficientes; assim que reunidos esses elementos, a denúncia será aditada. Assim, a ação deixa de ser indivisível pelo simples fato de a denúncia comportar aditamento posterior. Com a devida vênia, a indivisibilidade, a nosso ver, consiste na impossibilidade de o membro do Ministério Público escolher contra quem a denúncia será oferecida. Se houver elementos, a ação deverá ser promovida contra todos. Seja como for, o não ajuizamento de ação penal contra todos os coautores de crime de roubo, cuja ação é pública incondicionada, não implicará o arquivamento implícito em relação àqueles que não forem denunciados. Isso porque o chamado *arquivamento implícito* não é acolhido pela comunidade jurídica, inclusive pelo STF. Se o órgão acusador, sem expressa fundamentação, deixar de incluir na peça acusatória indiciado contra o qual há indícios de participação, deve o juiz, porque o sistema não admite o arquivamento implícito, cuidar para que a inicial seja aditada, recorrendo, se o caso, ao art. 28 do CPP. Além disso, poderá a vítima, ante a omissão do MP, ajuizar ação penal privada subsidiária em face do investigado não denunciado; **B:** incorreta. Conferir: "1. Para a validade da ação penal nos crimes de ação penal privada, é necessário que o instrumento de mandato seja conferido com poderes especiais expressos, além de fazer menção ao fato criminoso, nos termos do art. 44 do Código de Processo Penal. 2. O substabelecimento, enquanto meio de transferência de poderes anteriormente concedidos em procuração, deve obedecer integralmente ao que consta do instrumento do mandato, porquanto é dele totalmente dependente. Ainda que neste instrumento esteja inserida a cláusula *ad judicia*, há limites objetivos que devem ser observados quando da transmissão desses poderes, visto que o substabelecente lida com direitos de terceiros, e não próprios. 3. Na espécie, como a procuração firmada pela querelante somente conferiu aos advogados os poderes da cláusula *ad judicia et extra*, apenas estes foram objeto de transferência aos substabelecidos, razão pela qual deve ser tida por inexistente a inclusão de poderes especiais para a propositura de ação penal privada, uma vez que eles não constavam do mandato originário. 4. Nula é a queixa-crime, por vício de representação, se a procuração outorgada para a sua propositura não atende às exigências do art. 44 do Código de Processo Penal. 5. Recurso provido para conceder a ordem de *habeas corpus*, a fim de declarar a nulidade *ab initio* da queixa-crime, tendo como consequência a extinção da punibilidade do querelado, nos termos do art. 107, IV, do Código Penal." (STJ, RHC 33.790/SP, Rel. Ministra MARIA THEREZA DE ASSIS MOURA, Rel. p/ Acórdão Ministro SEBASTIÃO REIS JÚNIOR, SEXTA TURMA, julgado em 27/06/2014, DJe 05/08/2014); **C:** incorreta. Diante da omissão não deliberada do querelante, caberá ao MP requerer a sua intimação para que proceda ao aditamento da queixa-crime e inclua os demais coautores ou partícipes que ficaram de fora. Nesse sentido, conferir: "O reconhecimento da renúncia tácita ao direito de queixa exige a demonstração de que a não inclusão de determinados autores ou partícipes na queixa-crime se deu de forma deliberada pelo querelante" (STJ, HC 186.405/RJ, Quinta Turma, Rel. Min. Jorge Mussi, DJe de 11/12/2014); **D:** incorreta, na medida em que a omissão somente poderá ser sanada dentro do prazo decadencial; **E:** correta. A solução desta alternativa deve ser extraída da Súmula 714, do STF, segundo a qual, nos crimes praticados contra a honra de servidor público em razão do cargo por este exercido, a legitimidade para a ação penal é concorrente entre o ofendido (mediante queixa) e o Ministério Público (ação pública condicionada à representação do ofendido). ED

Gabarito "E".

(Defensor Público/AL – 2017 – CESPE) Em se tratando de crimes contra a dignidade sexual, a ação penal

I. se processa exclusivamente mediante ação penal privada.
II. pode ser pública incondicionada ou condicionada à representação, conforme a idade da vítima.
III. pode ser iniciada a qualquer tempo, desde que o fato seja comunicado à polícia ou ao Ministério Público.
IV. será pública incondicionada nas situações em que a vítima tiver menos de quatorze anos, padecer de doença mental incapacitante ou não puder oferecer resistência.

Estão certos apenas os itens

(A) I e II.
(B) I e III.
(C) II e III.
(D) II e IV.
(E) I, III e IV.

Como se pode ver, ao tempo em que foi elaborada esta questão, a ação penal, nos crimes contra a dignidade sexual, era, em regra, pública condicionada a representação. Tal panorama vigorou até a edição da Lei 13.718/2018, que implementou (uma vez mais) uma série de mudanças no universo dos crimes sexuais, aqui incluída a natureza da ação penal nesses delitos. Senão vejamos. A ação penal, nos delitos sexuais, era, em regra, de iniciativa privada. Era o que estabelecia a norma contida no *caput* do art. 225 do Código Penal. As exceções ficavam por conta do § 1º do dispositivo. Com o advento da Lei 12.015/2009 (em vigor ao tempo da elaboração desta questão), que introduziu uma série de modificações nos crimes sexuais, agora chamados *crimes contra a dignidade sexual*, nomenclatura, a nosso ver, mais adequada aos tempos atuais, a ação penal deixou de ser privativa do ofendido para ser pública condicionada à representação, exceção feita às hipóteses em que a vítima era menor de 18 anos ou pessoa vulnerável, caso em que a ação era pública incondicionada (art. 225, parágrafo único, do CP). Pois bem. Bem recentemente, entrou em vigor a Lei 13.718/2018, que, dentre várias inovações implementadas nos crimes contra a dignidade sexual, mudou, uma vez mais, a natureza da ação penal nesses delitos. Com isso, a ação penal, nos crimes sexuais, passa a ser pública incondicionada. Fazendo um breve histórico, temos o seguinte quadro: a ação penal, nos crimes sexuais, era, em regra, privativa do ofendido, a este cabendo a propositura da ação penal; posteriormente, a partir do advento da Lei 12.015/2009, a ação penal, nesses crimes, deixou de ser privativa do ofendido para ser pública condicionada a representação, em regra; agora, com a entrada em vigor da Lei 13.718/2018, a ação penal, nos crimes contra a dignidade sexual, que antes era pública condicionada, passa a ser pública incondicionada. Com isso, o titular da ação penal, que é o MP, prescinde de manifestação de vontade da vítima para promover a ação penal. Dessa forma, fica sepultado o debate que antes havia acerca da aplicação da Súmula 608, do STF. É importante que se diga que, além da alteração a que fizemos referência, a Lei 13.718/2018 promoveu, no contexto dos crimes sexuais, outras relevantes mudanças. Uma das mais significativas, a nosso ver, é a introdução, no Código Penal, do crime de *importunação sexual*, disposto no art. 215-A, nos seguintes termos: *Praticar contra alguém e sem a sua anuência ato libidinoso com o objetivo de satisfazer a própria lascívia ou a de terceiro: Pena – reclusão, de 1 (um) a 5 (cinco) anos, se o ato não constitui crime mais grave.* A conduta de homens que, em ônibus e trens lotados, molestam mulheres e, em alguns casos, chegam a ejacular, se enquadra, doravante, neste novo tipo penal. Episódio amplamente divulgado pelos meios de comunicação é o de um homem que, dentro do transporte público, em São Paulo, ejaculou no pescoço de uma mulher. Antes, a responsabilização se dava pela contravenção penal de *importunação ofensiva ao pudor*, definida no art. 61 da LCP, cujo preceito secundário estabelecia exclusivamente pena de multa, dispositivo este que foi revogado, de forma expressa, pela Lei 13.718/2018, tendo a conduta ali descrita migrado para o novo art. 215-A do CP, em face da regra da continuidade típico-normativa. Evidente que a pena, agora mais grave, não poderá retroagir e atingir fatos anteriores à entrada em vigor da Lei 13.718/2018. Outra importante inovação refere-se à inclusão, no art. 218-C, do delito de *divulgação de cena de estupro ou de cena de estupro de vulnerável, de cena de sexo ou de pornografia.* O objetivo do legislador, com a tipificação desta conduta, foi o de coibir um fenômeno que, infelizmente, tem sido cada vez mais comum, que é a violação da intimidade com a exposição sexual não autorizada. Inclui-se, aqui, a chamada *pornografia da vingança*, em que fotografias e vídeos de conteúdo íntimo de alguém (normalmente mulher) são divulgados na internet pelo ex-esposo ou ex-namorado como forma de vingança. A partir daí, o conteúdo é disseminado, nas redes sociais e em grupos de whatsapp, de forma exponencial. O art. 218-C contempla uma causa de aumento de pena, a configurar-se quando o crime é praticado por agente que mantém ou tenha mantido relação íntima de afeto com a vítima ou com o fim de vingança ou humilhação. No que concerne ao estupro de vulnerável, previsto no art. 217-A do CP, a Lei 13.718/2018, ao inserir o § 5º nesse dispositivo legal, consagra o entendimento adotado pela Súmula 593, do STJ, no sentido de que o consentimento e a experiência sexual anterior são irrelevantes à configuração do crime de estupro de vulnerável. Por fim, a Lei 13.718/2018 fez inserir, no art. 226 do CP, o inciso IV, estabelecendo que a pena será aumentada nos casos de *estupro coletivo* e *estupro corretivo*. ED

Gabarito "D"

(Defensor Público/AL – 2017 – CESPE) Maria denunciou seu esposo, Antônio, por ele ter insistido em manter relação sexual com ela, contra a sua vontade, após chegar em casa embriagado. Maria afirmou, ainda, que Antônio, diante de sua recusa, a agrediu verbalmente, dirigindo-lhe palavras insultuosas.

Antônio foi condenado, mas a sua defesa recorreu, alegando nulidade do pedido e requerendo absolvição por falta de condição de procedibilidade da ação penal ante a ausência de representação formal da vítima.

Considerando essa situação hipotética, assinale a opção correta.

(A) A situação em apreço se refere a crime de injúria com violência doméstica contra a mulher, razão por que a ação penal pode ser iniciada a qualquer tempo.
(B) O crime em questão é de ação pública condicionada e só pode ir adiante se Maria fizer uma representação formal.
(C) O fato de Maria ter registrado a ocorrência e pedido providências supre o requisito da representação.
(D) A ação penal será arquivada se Maria desistir do registro da ocorrência policial em audiência especial perante o juiz e o representante do Ministério Público.
(E) A ausência de lesão corporal impossibilita que o fato em questão seja abrangido pelas normas tutelares da Lei Maria da Penha.

Ao tempo em que esta questão foi elaborada, vigia, quanto à natureza da ação penal nos crimes contra a dignidade sexual, a regra presente no art. 225 do CP, com a redação que lhe foi conferida pela Lei 12.015/2009. Ou seja, a ação penal, nos crimes sexuais, era, em regra, pública condicionada à representação. Assim sendo, para que o MP pudesse processar Antônio, necessário que Maria manifestasse sua vontade nesse sentido, ou seja, era de rigor a representação. Tal exteriorização da vontade, segundo os tribunais, não tem rigor sacramental, entendendo-se como tal o fato de a vítima dirigir-se à delegacia, registrar a ocorrência e pedir providências. Pois bem. Dito isso, é importante que se diga que, atualmente, dada a modificação implementada pela Lei 13.718/2018 na redação do art. 225 do CP, a ação penal, no contexto dos crimes sexuais, deixou de ser pública condicionada à representação para ser incondicionada. Neste caso, então, o MP, titular da ação penal, não mais necessita, para dar início ao processo, com o oferecimento de denúncia, da manifestação de vontade da vítima. De igual modo, o delegado de polícia poderá proceder a inquérito para apurar crime contra a dignidade sexual sem que o ofendido manifeste seu desejo em ver processado o seu ofensor. ED

Gabarito "C"

(Delegado/PE – 2016 – CESPE) Acerca da ação penal, suas características, espécies e condições, assinale a opção correta.

(A) A perempção incide tanto na ação penal privada exclusiva quanto na ação penal privada subsidiária da ação penal pública.
(B) Os prazos prescricionais e decadenciais incidem de igual forma tanto na ação penal pública condicionada à representação do ofendido quanto na ação penal pública condicionada à representação do ministro da Justiça.
(C) De regra, não há necessidade de a queixa-crime ser proposta por advogado dotado de poderes específicos para tal fim, em homenagem ao princípio do devido processo legal.
(D) Tanto na ação pública condicionada à representação quanto na ação penal privada, se o ofendido tiver menos de vinte e um anos de idade e mais de dezoito anos de idade, o direito de queixa ou de representação poderá ser exercido por ele ou por seu representante legal.
(E) É concorrente a legitimidade do ofendido, mediante queixa, e do MP, condicionada à representação do ofendido, para a ação penal por crime contra a honra de servidor público em razão do exercício de suas funções.

A: incorreta, pois não há se falar em perempção na ação penal privada subsidiária da pública. Isso porque, nos termos do art. 29 do CPP, se o querelante revelar-se desidioso, pode o Ministério Público retomar a titularidade da ação; **B:** incorreta. Diferentemente do que se dá com a representação do ofendido, que deve ser ofertada dentro do prazo decadencial de 6 meses, inexiste prazo decadencial para o oferecimento da requisição do MJ (a lei nada disse a tal respeito). Pode, portanto, ser oferecida a qualquer tempo, desde que ainda não tenha operado a extinção da punibilidade pelo advento da prescrição; **C:** incorreta, em vista do que dispõe o art. 44 do CPP; **D:** incorreta. O art. 34 do CPP, que estabelecia que o direito de queixa do menor de 21 anos e maior de 18 podia ser exercido tanto por este quanto por seu representante legal, foi tacitamente revogado pelo art. 5º, *caput*, do Código Civil de 2002, segundo o qual a maioridade plena é alcançada aos 18 anos completos, ocasião em que a pessoa adquire plena capacidade de praticar os atos da vida civil; **E:** correta. Nos termos do disposto no art. 145, parágrafo único, do CP, se se tratar de crime perpetrado contra a honra de funcionário público em razão de suas funções, a ação penal será *pública condicionada à representação do ofendido*. Ocorre, no entanto, que o STF, por meio da Súmula 714, firmou entendimento no sentido de que, nesses casos, a legitimidade é concorrente entre o ofendido (mediante queixa) e o Ministério Público (ação pública condicionada à representação do ofendido).

Gabarito "E"

(Defensor Público – DPE/RN – 2016 – CESPE) Assinale a opção correta a respeito da denúncia e da queixa-crime conforme o entendimento do STJ.

(A) Nos crimes de ação penal privada, na procuração pela qual o ofendido outorga poderes especiais para o oferecimento da queixa-crime, observados os demais requisitos previstos no CPP, não é necessária a descrição pormenorizada do delito, desde que haja, pelo menos, a menção do fato criminoso ou o *nomen juris*.
(B) Em *habeas corpus*, pode-se discutir a ausência de justa causa para a propositura da ação penal, mesmo nas hipóteses em que seja necessário um exame minucioso do conjunto fático-probatório em que ocorreu a infração.
(C) O prazo de cinco dias para oferecimento da denúncia, nas hipóteses de réu preso, a fim de evitar a restrição prolongada à liberdade sem acusação formada, configura prazo próprio.
(D) A queixa-crime apresentada perante juízo incompetente não obsta a decadência, se tiver sido observado o prazo de seis meses previsto no CPP.
(E) O ato de recebimento da denúncia veicula manifestação decisória do Poder Judiciário, e não apenas simples despacho de caráter ordinatório.

A: correta. Nesse sentido, conferir: "Quando a procuração é outorgada com a finalidade específica de propor queixa-crime, observados os preceitos do art. 44 do Código de Processo Penal, não é necessária a descrição pormenorizada do delito, bastando a menção do fato criminoso ou o *nomen juris*" (STJ, HC 106.423/SC, Rel. Ministra LAURITA VAZ, QUINTA TURMA, julgado em 07.12.2010, *DJe* 17.12.2010); **B:** incorreta. Conferir: "(...) O *habeas corpus* não se presta para a apreciação de alegações que buscam a absolvição do paciente, em virtude da necessidade de revolvimento do conjunto fático-probatório, o que é inviável na via eleita" (STJ, HC 387.881/SP, Rel. Ministro Ribeiro Dantas, Quinta Turma, julgado em 21.03.2017, *DJe* 27.03.2017). No STF: "(...) Na mesma linha de entendimento, conforme assentado pela jurisprudência desta Suprema Corte, o pedido de desclassificação da conduta criminosa também implica "revolvimento do conjunto fático-probatório da causa, o que, como se sabe, não é possível nesta via estreita do *habeas corpus*, instrumento que exige a demonstração do direito alegado de plano e que não admite dilação probatória" (HC 118.349/BA, Rel. Min. Ricardo Lewandowski, 2ª Turma, *DJe* 07.5.2014). 3. Ordem de *habeas corpus* denegada" (HC 123.424/MG, Rel. Min. Rosa Weber, 1ª Turma, julgado em 07.10.2014); **C:** incorreta. Ao contrário do afirmado, cuida-se de prazo *impróprio*. Nessa esteira: "Impõe-se o prazo de cinco dias para oferecimento da denúncia, nas hipóteses de réu preso, a fim de evitar a restrição prolongada à liberdade sem acusação formada, contudo, tal lapso configura prazo impróprio. Assim, eventual atraso de 3 dias para o oferecimento da denúncia não gera a ilegalidade da prisão cautelar do recorrente" (STJ, RHC 28.614/RJ, Rel. Ministro Napoleão Nunes Maia Filho, Quinta Turma, julgado em 21.10.2010, *DJe* 16.11.2010); **D:** incorreta. Nesse sentido: "Ainda que a queixa-crime tenha sido apresentada perante juízo absolutamente incompetente, o seu ajuizamento interrompe a decadência. Precedentes" (STJ, AgRg no REsp 1560769/SP, Rel. Ministro Sebastião Reis Júnior, Sexta Turma, julgado em 16.02.2016, *DJe* 25.02.2016); **E:** incorreta. A questão é polêmica, uma vez que parte significativa da doutrina sustenta que, em vista do disposto no art. 93, IX, da CF, estaria o magistrado obrigado a fundamentar a decisão de recebimento da denúncia, sob pena de nulidade. A jurisprudência majoritária, no entanto, firmou entendimento no sentido de que tal motivação é desnecessária, visto que não se trata de *decisão*, mas, sim, de mero *despacho*. Corroborando esse entendimento: STJ, 5ª T., rel. Min. Luiz Vicente Cernicchiaro, DJU 18.12.1995. É importante que se diga que várias decisões do STJ vão no sentido de que a fundamentação da decisão de recebimento da denúncia é imprescindível.

Gabarito "A".

(Procurador do Estado – PGE/BA – CESPE – 2014) Julgue o item subsequente, no que se refere à ação penal no processo penal brasileiro (adaptada)

(1) Em ação penal privada que envolva vários agentes do ato delituoso, é permitido ao querelante, em razão do princípio da disponibilidade, escolher contra quem proporá a queixa-crime, sem que esse fato acarrete a extinção da punibilidade dos demais agentes conhecidos e nela não incluídos.

1: incorreta. Por força do princípio da indivisibilidade, positivado no art. 48 do CPP, a queixa contra qualquer dos autores obrigará o processo de todos. Se é verdade que, na ação penal privada, é dado ao ofendido escolher se ajuíza a ação penal ou não (princípio da oportunidade), é-lhe vedado, de outro lado, escolher contra quem a ação será promovida, devendo processar todos os autores do crime que hajam sido identificados. A exclusão deliberada pelo ofendido de algum ou alguns ofensores levará à renúncia contra todos (art. 49, CPP). ED

Gabarito 1E

(Defensoria/DF – 2013 – CESPE) Com relação a ação penal privada, a queixa-crime e a ação civil, julgue os itens que se seguem.

(1) Mesmo que tenha sido reconhecida categoricamente a inexistência material do fato pelo juízo criminal, sendo proferida sentença absolutória, poderá ser proposta a ação civil *ex delicto*, dada a possibilidade de que a mesma prova seja valorada de outra forma no juízo cível.

(2) Conforme jurisprudência do STJ, nos casos de ação penal privada, não incide o ônus da sucumbência por aplicação analógica do CPC.

(3) Suponha que contra um indivíduo tenha sido oferecida queixa-crime por suposta prática de crime de dano qualificado por motivo egoístico, crime para o qual a pena máxima é de três anos de detenção. Nesse caso, deverá ser utilizado o procedimento previsto na Lei nº 9.099/1995.

1: incorreta. Se restar comprovado que o fato inexistiu, não há que se falar em responsabilidade penal tampouco em indenização na esfera civil (art. 66, CPP). Em outras palavras, a demonstração de que o fato não existiu elide a responsabilidade civil, fazendo coisa julgada; **2**: incorreta. Conferir: "É possível haver condenação em honorários advocatícios em ação penal privada. Conclusão que se extrai da incidência dos princípios da sucumbência e da causalidade, o que permite a aplicação analógica do art. 20 do CPC [correspondente ao art. 85 do Novo CPC], conforme previsão constante no art. 3º do CPP" (STJ, 6ª T., AGRESP 1218726, rel. Min. Sebastião Reis Júnior, *DJ* 22.02.2013); **3**: incorreta, na medida em que a pena máxima cominada a este crime, que é de três anos (art. 163, parágrafo único, IV, do CP), supera o limite estabelecido no art. 61 da Lei 9.099/1995 – Juizados Especiais, que é de dois anos.

Gabarito 1E, 2E, 3E

(Cartório/RR – 2013 – CESPE) A respeito da ação penal no direito processual brasileiro, assinale a opção correta.

(A) A ação penal é indisponível, vedada sua desistência pelo MP.

(B) Antes de receber a queixa, o juiz deverá designar audiência de conciliação entre as partes para oferecer-lhes a oportunidade de reconciliação, quando também poderá ser homologado acordo civil em relação aos danos morais decorrentes do crime imputado ao querelado.

(C) Oferecida denúncia em ação penal pública condicionada à representação, a retratação só poderá ocorrer antes do recebimento da denúncia.

(D) Tratando-se de crime de ação penal pública condicionada, a representação poderá ser exercida por escrito, pessoalmente pelo ofendido ou por procurador com poderes especiais, ou oralmente, caso em que se exige ato personalíssimo do ofendido.

(E) A capacidade postulatória perante a justiça criminal é exercida exclusivamente pelos membros do MP, pelos defensores públicos e pelos advogados, sejam esses últimos constituídos pela parte interessada ou nomeados pelo juiz.

A: alternativa mal elaborada. É que não é possível saber se o examinador, ao fazer menção à ação penal, o fez de forma genérica, contemplando a ação penal privada, ou de forma específica, referindo-se tão somente à ação penal pública; por ter sido considerada como errada, cremos que a referência é ao gênero "ação penal", em que uma das espécies, além da pública, é a privativa do ofendido; neste caso, pode-se dizer que a assertiva é incorreta, uma vez que a indisponibilidade somente se aplica à ação penal pública, uma vez que o MP não poderá desistir da ação penal que haja proposto (art. 42, CPP); já na ação penal privada prevalece o princípio da disponibilidade, na medida em que o requerente pode, ao seu alvedrio, desistir da ação que houver ajuizado; **B:** pensamos que o examinador se referiu, nesta alternativa, considerada como correta, ao procedimento sumaríssimo (art. 72 e seguintes da Lei 9.099/1995); **C:** incorreta, uma vez que, por expressa previsão do art. 25 do CPP, a representação poderá ser retratada até o oferecimento da denúncia; **D:** incorreta, uma vez que o art. 39, § 1º, do CPP não exige que a representação oral seja feita por ato personalíssimo do ofendido; **E:** incorreta. Há casos em que a ação pode ser impetrada por qualquer pessoa sem a participação de advogado. Exemplo sempre mencionado pela doutrina é o *habeas corpus*, em que não exige que a causa seja patrocinada por defensor.

Gabarito "B".

(Analista – TJ/CE – 2013 – CESPE) No que se refere à ação penal, assinale a opção correta.

(A) Arquivado o IP, por decisão judicial, a pedido do MP, permite- se o ajuizamento da ação penal privada subsidiária pública quando a vítima se sentir lesada pela violação de seus direitos.

(B) Feita proposta de suspensão condicional do processo pelo MP, o acusado deverá declarar imediatamente se a aceita ou não, pois não lhe é permitido postergar tal manifestação para momento ulterior ao recebimento da denúncia.

(C) A desistência da ação penal privada somente poderá ocorrer até a prolação da sentença condenatória.

(D) O perdão concedido a um dos querelados aproveitará a todos, mesmo que haja recusa de um deles, não produzindo efeitos somente em relação a este.

(E) A representação, condição de procedibilidade da ação penal pública condicionada, exige formalidade, não podendo ser suprida pela simples manifestação expressa da vítima ou de seu representante.

A: incorreta. A *ação penal privada subsidiária da pública*, que será intentada pelo ofendido ou seu representante legal, somente terá lugar na hipótese de o membro do Ministério Público revelar-se desidioso, omisso, deixando de cumprir o prazo fixado em lei para a propositura da ação penal pública (art. 29 do CPP). Se falamos em desídia, não há que se falar em propositura da queixa subsidiária diante da promoção de arquivamento do inquérito levada a efeito pelo MP, visto que o representante do *parquet*, após examinar os autos de inquérito, agiu e adotou uma das medidas legais postas à sua disposição. Na jurisprudência do STJ: "Recurso especial. Direito processual penal.

Usurpação de função pública. Violação de sigilo funcional. Prevaricação. Concussão e tortura. Recurso especial fundado na alínea "c" do permissivo constitucional. Dissídio jurisprudencial. Não demonstrado e não comprovado. Arquivado o inquérito, a requerimento do ministério público, no prazo legal. Ação penal privada subsidiária da pública. Legitimidade ativa do ofendido. Inocorrência. Recurso parcialmente conhecido e improvido. 1. A divergência jurisprudencial, autorizativa do recurso especial interposto, com fundamento na alínea "c" do inciso III do artigo 105 da Constituição Federal, requisita comprovação e demonstração, esta, em qualquer caso, com a transcrição dos trechos dos acórdãos que configurem o dissídio, mencionando-se as circunstâncias que identifiquem ou assemelhem os casos confrontados, não se oferecendo, como bastante, a simples transcrição de ementas ou votos. 2. Postulado o arquivamento do inquérito policial, não há falar em inércia do Ministério Público e, consequentemente, em ação penal privada subsidiária da pública. Precedentes do STF e do STJ. 3. A regra do artigo 29 do Código de Processo Penal não tem incidência na hipótese do artigo 28 do mesmo diploma legal, relativamente ao Chefe do Ministério Público Federal. 4. Recurso parcialmente conhecido e improvido" (REsp 200200624875, Hamilton Carvalhido, 6ª T., *DJE* 22.04.2008); **B**: incorreta. Conferir: "*Habeas corpus*. Impetração originária. Substituição ao recurso ordinário. Impossibilidade. Respeito ao sistema recursal previsto na carta magna. Não conhecimento. 1. A Primeira Turma do Supremo Tribunal Federal, buscando dar efetividade às normas previstas na Constituição Federal e na Lei 8.038/1990, passou a não mais admitir o manejo do *habeas corpus* originário em substituição ao recurso ordinário cabível, entendimento que deve ser adotado por este Superior Tribunal de Justiça, a fim de que seja restabelecida a organicidade da prestação jurisdicional que envolve a tutela do direito de locomoção. 2. Tratando-se de writ impetrado antes da alteração do entendimento jurisprudencial, o alegado constrangimento ilegal será enfrentado para que se analise a possibilidade de eventual concessão de *habeas corpus* de ofício. Crime Ambiental (art. 39, combinado com o art. 40, ambos da Lei 9.605/1998). Oferecimento da proposta de suspensão condicional do processo antes da apresentação de resposta à acusação. Ilegalidade. Necessidade de interpretação do art. 89 da Lei 9.099/1995 à luz das modificações trazidas pela Lei 11.719/2008. Constrangimento ilegal evidenciado. Concessão da ordem de ofício. 1. Embora o art. 89 da Lei 9.099/1995 estabeleça que a proposta de suspensão condicional do processo deve ser feita no momento do oferecimento da denúncia, tal dispositivo deve ser compatibilizado com as modificações promovidas no procedimento comum ordinário pela Lei 11.719/2008. 2. Diante da possibilidade de absolvição sumária, mostra-se desarrazoado admitir que a suspensão condicional do processo seja oferecida ao denunciado antes da análise de sua resposta à acusação, na qual pode veicular teses que, se acatadas, podem encerrar a ação penal. 3. Não se pode exigir que o acusado aceite a suspensão condicional do processo antes mesmo que suas alegações de inépcia da denúncia, de falta de justa causa para a persecução penal, ou de questões que possam ensejar a sua absolvição sumária sejam devidamente examinadas e refutadas pelo magistrado singular. 4. Ademais, revela-se extremamente prejudicial ao réu o entendimento de que a suspensão condicional do processo deve ser ofertada antes mesmo do exame da sua resposta à acusação, pois seria obrigado a decidir sobre a aceitação do benefício sem que a própria viabilidade da continuidade da ação penal seja verificada. 5. *Habeas corpus* não conhecido. Ordem concedida de ofício para determinar ao Juízo singular que analise as questões suscitadas pela defesa na resposta à acusação antes de propor ao paciente o benefício da suspensão condicional do processo" (HC 201200745068, Jorge Mussi, STJ, 5ª T., *DJE* 29.10.2013); **C**: incorreta. Ajuizada a ação penal privada, poderá o querelante dela desistir, valendo-se do perdão ou da perempção, até o trânsito em julgado da decisão condenatória (art. 106, § 2º, CP); **D**: correta. O *perdão* constitui ato por meio do qual o querelante desiste de prosseguir na ação penal privada. Ao contrário da *renúncia*, somente produzirá efeitos, com a extinção da punibilidade, em relação ao querelado que o aceitar. Trata-se, portanto, de ato bilateral, na forma estatuída no art. 51 do CPP; **E**: incorreta, já que a jurisprudência firmou entendimento no sentido de que a *representação*, condição de procedibilidade ao exercício da ação penal pública condicionada, não exige rigor formal, sendo suficiente que o ofendido ou seu representante demonstre, de forma inequívoca, seu desejo em ver processado o ofensor.

Gabarito "D"

(Magistratura/ES – 2011 – CESPE) A respeito da ação penal, assinale a opção correta.

(A) Segundo a jurisprudência do STJ, caso a queixa-crime seja apresentada perante juízo incompetente, o mero ajuizamento da queixa não será suficiente para obstar a decadência, uma vez que não ocorrerá a interrupção do seu prazo.

(B) Nos delitos contra a dignidade sexual, procede-se, em regra, mediante ação penal pública condicionada à representação; no entanto, se a vítima for vulnerável, a ação será pública incondicionada, situação em que a ação penal é denominada secundária.

(C) A representação, condição de procedibilidade exigida nos crimes de ação penal pública condicionada, só se aperfeiçoa com a inequívoca manifestação de vontade, formal e escrita, da vítima ou de seu representante legal no sentido de que se promova a responsabilidade penal do agente.

(D) Segundo a jurisprudência recente e dominante no âmbito do STJ, é indispensável a fundamentação no despacho que receba a denúncia na ação penal submetida ao rito comum ordinário, visto que tal ato jurisdicional possui caráter decisório, não devendo a fundamentação ser sucinta.

(E) A ação penal, no crime de lesão corporal em que o agente se prevaleça das relações domésticas, é de iniciativa pública incondicionada, razão pela qual não é possível, nessa hipótese, a retratação da vítima.

A: incorreta, visto que o mero ajuizamento da queixa-crime, ainda que perante juízo incompetente, é, sim, suficiente para obstar o curso do prazo decadencial. Nesse sentido: STJ, 5ª T., RHC 25.611/RJ, rel. Min. Jorge Mussi, *DJ* 25.08.2011; **B**: proposição correta. Uma das modificações produzidas pela Lei 12.015/09 diz respeito à ação penal nos crimes sexuais. Antes, a iniciativa, nesses crimes, cabia, em regra, ao ofendido (art. 225, *caput*, do CP). Ao tempo em que foi aplicada esta questão, a ação penal era, via de regra, pública condicionada à representação. Era, entretanto, pública incondicionada em duas situações: se a vítima é menor de 18 anos; ou se é pessoa vulnerável. Recentemente, entrou em vigor a Lei 13.718/2018, que, dentre várias inovações implementadas nos crimes contra a dignidade sexual, mudou, uma vez mais, a natureza da ação penal nesses delitos. Com isso, a ação penal, nos crimes sexuais, passa a ser pública incondicionada. Vale lembrar que, antes do advento desta Lei, a ação era, em regra, pública condicionada, salvo nas situações em que a vítima era vulnerável ou menor de 18 anos (regra em vigor, repita-se, ao tempo em que foi elaborada esta questão). Fazendo um breve histórico, temos o seguinte quadro: a ação penal, nos crimes sexuais, era, em regra, privativa do ofendido, a este cabendo a propositura da ação penal; posteriormente, a partir do advento da Lei 12.015/2009, a ação penal, nesses crimes, deixou de ser privativa do ofendido para ser pública condicionada a representação, em regra; agora, com a entrada em vigor da Lei 13.718/2018, a ação penal, nos crimes contra a dignidade sexual, que antes era pública condicionada, passa a ser pública incondicionada. Com isso, o titular da ação penal, que é o MP, prescinde de manifestação de vontade da vítima para promover a ação penal. Dessa forma, fica sepultado o debate que antes havia acerca da aplicação da Súmula 608, do STF; **C**: a representação (art. 39, *caput* e §§ 1º e 2º, do CPP), que tem como natureza jurídica *condição de procedibilidade*, não tem rigor formal. Os tribunais, inclusive o STF, já se manifestaram nesse sentido. É suficiente que a vítima demonstre de forma inequívoca a intenção de ver processado o suspeito; **D**: a questão é polêmica, uma vez que parte significativa da doutrina sustenta que, em vista do disposto no art. 93, IX, da CF, estaria o magistrado obrigado a fundamentar a decisão de recebimento da denúncia, sob pena de nulidade. A jurisprudência majoritária, no entanto, firmou o entendimento no sentido de que tal motivação é desnecessária, visto que não se trata de *decisão*, mas, sim, de mero *despacho*. Corroborando esse entendimento: STJ, 5ª T., rel. Min. Luiz Vicente Cernicchiaro, *DJU* 18.12.1995. É importante que se diga que várias decisões do STJ vão no sentido de que a fundamentação da decisão de recebimento da denúncia é imprescindível; **E**: ao tempo em que esta prova foi elaborada, o art. 16 da Lei 11.340/06 admitia que a ofendida renunciasse a representação, desde que perante o juiz e em audiência especialmente designada para tal fim. Sucede que o STF, ao julgar procedente a ADIN 4.424, de 9/02/2012, entendeu ser incondicionada a ação penal em caso de crime de lesão corporal praticado contra a mulher no ambiente doméstico. A atuação do MP, por essa razão, prescinde da anuência da vítima. Tal entendimento encontra-se consagrado na Súmula 542, do STJ.

Gabarito "B".

(Defensor Público/RO – 2012 – CESPE) Com base exclusivamente nas regras previstas no CPP, assinale a opção correta acerca da ação penal.

(A) O MP pode, a qualquer tempo, desistir da ação penal.
(B) O perdão concedido a um dos querelados não aproveita aos demais.
(C) Quando o MP dispensar o inquérito policial, o prazo para o oferecimento da denúncia deve ser contado da data em que tiver recebido as peças de informações ou a representação.
(D) A representação pode ser retratada mesmo depois de oferecida a denúncia.
(E) A queixa, quando a ação penal for privativa do ofendido, não pode ser aditada pelo MP.

A: incorreta, visto que, pelo *princípio da indisponibilidade* (art. 42 do CPP), que é exclusivo da ação penal pública, é defeso ao Ministério Público desistir da ação que haja proposto. Cuidado: na ação penal privada, diferentemente, vige o *princípio da disponibilidade*, segundo o qual pode o querelante desistir de prosseguir na ação por ele ajuizada; **B:** incorreta. Por força do que estabelece o art. 51 do CPP, o perdão concedido a um dos querelados a todos deverá ser estendido. De se ver que o perdão, diferentemente do que se dá com a renúncia, somente produzirá efeitos em relação ao querelado que o aceitar (ato bilateral); a *renúncia*, ao contrário, constitui ato unilateral, que independe, portanto, da manifestação de vontade do ofensor – art. 49 do CPP e art. 104 do CP; **C:** correta, pois reflete o que dispõe o art. 46, § 1º, do CPP; **D:** incorreta, pois, depois de oferecida a denúncia, a representação torna-se irretratável. É o que estabelece o art. 25 do CPP; **E:** incorreta, pois contraria o que estabelece o art. 45 do CPP.

Gabarito "C".

(Magistratura Federal/3ª Região – 2011 – CESPE) Com referência à ação penal, assinale a opção correta.

(A) De acordo com súmula do STF, a ação penal por crime contra a honra de servidor público, em razão do exercício de suas funções, é condicionada à representação do ofendido, que não tem legitimidade para propor queixa.
(B) A ação penal é de natureza pública, mas sua iniciativa é, em alguns casos, atribuída por lei ao particular – em regra o ofendido –, por intermédio de queixa ou representação.
(C) O direito de representação, em caso de morte ou ausência do ofendido, passa ao ascendente, descendente, cônjuge ou irmão, nesta ordem.
(D) A queixa pode ser dirigida à autoridade policial, ao juiz ou ao MP.
(E) A ação penal por injúria consistente na utilização de elementos referentes a raça, cor, etnia, religião, origem ou condição de pessoa idosa ou portadora de deficiência, se não configurar crime de racismo, é pública condicionada.

A: nos termos do disposto no art. 145, parágrafo único, do CP, tratando-se de crime perpetrado contra a honra de funcionário público em razão de suas funções, a ação penal será pública condicionada à representação do ofendido. Ocorre, no entanto, que o STF, por meio da Súmula 714, firmou entendimento no sentido de que a legitimidade, nesses casos, é concorrente entre o ofendido (mediante queixa) e o Ministério Público (ação pública condicionada à representação do ofendido); **B:** a ação penal privada será intentada por meio de queixa-crime; representação é a manifestação de vontade exteriorizada pelo ofendido ou por seu representante no âmbito da ação penal pública condicionada; **C:** incorreta, pois não reflete a ordem estabelecida no art. 24, § 1º, do CPP, a saber: cônjuge, ascendente, descendente ou irmão; **D:** a queixa (ou queixa-crime), que constitui a petição inicial da ação penal de iniciativa privada, será dirigida, a exemplo da denúncia, ao juiz competente. A representação, esta sim, poderá ser oferecida, em conformidade com o disposto no art. 39, *caput*, do CPP, ao juiz, ao Ministério Público ou à autoridade policial; **E:** correta. A injúria discriminatória, definida no art. 140, § 3º, do CP, é, de fato, crime de ação penal pública condicionada à representação (art. 145, parágrafo único, do CP, com a redação que lhe foi dada pela Lei 12.033/2009).

Gabarito "E".

4. AÇÃO CIVIL

(Procurador do Estado/SE – 2017 – CESPE) A propositura de ação na esfera cível ou administrativa é impedida por

(A) sentença que entenda atípica a conduta praticada pelo réu.
(B) sentença que verifique a inexistência material do fato.
(C) sentença que absolva o acusado por não haver provas da sua coparticipação na infração penal.
(D) despacho que determine o arquivamento do inquérito policial.
(E) sentença que absolva o réu por ausência de provas.

A: incorreta, uma vez que contraria a regra presente no art. 67, III, do CPP; **B:** correta (art. 66, CPP); **C:** incorreta, uma vez que a absolvição por ausência de prova suficiente de ter o réu concorrido para a infração penal (art. 386, V, do CPP) não produz coisa julgada no cível, possibilitando o ajuizamento da ação de conhecimento com vistas à apuração de culpa; **D:** incorreta. O despacho que determina o arquivamento do inquérito policial não elide a possibilidade de propositura da ação civil (art. 67, I, CPP); **E:** incorreta. A sentença que absolva o réu por insuficiência de provas (art. 386, VII, do CPP) não tem o condão de impedir o ajuizamento da ação civil. ED

Gabarito "B".

(Cartório/PI – 2013 – CESPE) Impedirá a propositura de ação civil reparatória a decisão penal que

(A) absolver o réu em decorrência de prova da inexistência material do fato.
(B) absolver o réu por ausência de prova suficiente quanto à autoria.
(C) absolver o réu por não constituir crime o fato a ele imputado.
(D) arquivar o inquérito policial ou as peças de informação.
(E) julgar extinta a punibilidade do autor do fato.

A: correta (art. 66, CPP); **B:** incorreta, dado que a absolvição, na esfera penal, decorrente da não existência de indícios suficientes de autoria não produz coisa julgada no cível, podendo ser ajuizada ação com vistas ao ressarcimento pelo dano gerado; **C:** incorreta, uma vez que a absolvição em virtude de o fato imputado ao réu não constituir crime não obsta a propositura da ação indenizatória na esfera cível (art. 67, III, do CPP); **D:** incorreta, uma vez que o despacho que manda arquivar autos de inquérito ou peças de informação não faz coisa julgado no cível (art. 67, I, do CPP); **E:** incorreta. Também não impede o ajuizamento da ação reparatória, na esfera civil, a decisão que julgar extinta a punibilidade (art. 67, II, CPP).

Gabarito "A".

(Cartório/RR – 2013 – CESPE) A respeito da ação civil *ex delicto*, assinale a opção correta.

(A) Ao oferecer a denúncia, o MP poderá também requerer ao juízo criminal competente que, uma vez julgado procedente o pedido de condenação do acusado pelo crime de roubo, também o condene civilmente a reparar o dano material causado por não ter sido apreendida a coisa subtraída, assegurando-se ao ofendido executar o título executivo no juízo cível competente.
(B) A absolvição imprópria impede a propositura da ação cível pelo ofendido.
(C) O MP detém legitimidade extraordinária para propor ação cível contra autor de fato que prejudique pessoa pobre.
(D) A extinção da punibilidade pela prescrição impede a propositura da ação cível pelo ofendido, visto que a prescrição alcança o fato e a produção de seus efeitos.
(E) Sentença que absolva o acusado sob o fundamento da incidência de causa excludente de tipicidade impede a propositura da ação cível pelo ofendido.

A: correta. Conferir, quanto a isso, a lição de Guilherme de Souza Nucci: "Procedimento para a fixação da indenização civil: admitindo-se que o magistrado possa fixar o valor *mínimo* para a reparação dos danos causados pela infração penal, é fundamental haver, durante a instrução criminal, um pedido formal para que se apure o montante civilmente devido. Esse pedido deve partir do ofendido, por seu advogado (assistente de acusação), ou do Ministério Público (...)" (*Código de Processo Penal Comentado*, 12. ed., p. 753); **B:** incorreta, dado que a absolvição imprópria não elide a possibilidade de ajuizar-se a ação civil pelo ofendido (art. 66, CPP); **C:** incorreta. O art. 68 do CPP conferiu legitimidade ao MP para promover a ação civil *ex delicto* quando se tratar de pessoa pobre, na acepção extraída do art. 32, § 1º, do mesmo Estatuto. Esta legitimidade, todavia, perde sua razão de ser a partir do momento em que a Defensoria Pública passa a ser organizada de forma efetiva. Conferir, nesse sentido: STF, 1ª T., RE 147.776-SP, rel. Min. Sepúlveda Pertence, 19.5.1998; **D:** incorreta (art. 67, II, do CPP); **E:** incorreta. Não impede a propositura de ação cível pelo ofendido.

Gabarito "A".

(Ministério Público/TO – 2012 – CESPE) Assinale a opção correta a respeito da ação civil.

(A) A responsabilidade civil decorrente da prática de um crime depende da conclusão da ação penal, de modo a afastar o risco de decisões contraditórias, possível se ocorressem paralelamente uma ação penal e uma ação civil sobre o mesmo fato.

(B) Diante de uma causa de excludente de ilicitude reconhecida pela sentença criminal, como, por exemplo, a legítima defesa, afasta-se a possibilidade de ressarcimento, mesmo que o terceiro lesado não tenha sido o causador do perigo.

(C) Não são causas impeditivas da reparação civil as decisões do juízo penal que determinem o arquivamento do inquérito policial, que declarem extinta a punibilidade do réu ou que absolvam o réu por não ser o fato infração penal.

(D) A reparação do dano causado pelo crime pode ser proposta contra o réu do processo criminal, ou contra o seu responsável civil, no caso da impossibilidade de o réu arcar financeiramente com o prejuízo causado.

(E) Poderá o ofendido promover a execução da sentença penal condenatória perante o juízo cível tomando como base, exclusivamente, o valor mínimo fixado na sentença criminal, não cabendo a liquidação da sentença para a apuração do dano efetivamente sofrido.

A: incorreta. Pelo sistema que adotamos (independência das esferas penal e cível), nada impede que aquele que sofreu o dano causado pela prática criminosa persiga a correspondente reparação, em ação de conhecimento instaurada no juízo cível, independente do destino da ação penal e antes do término desta. Bem por isso, as ações podem, sim, tramitar paralelamente. Nada obsta, de outro lado, que o ofendido, se assim preferir, opte por aguardar o desfecho da ação penal para, depois disso, buscar a reparação do dano no juízo cível. Nesta última hipótese, a sentença penal condenatória com trânsito em julgado no juízo penal faz coisa julgada no âmbito civil, encerrando, assim, qualquer discussão atinente à existência do fato e sua respectiva autoria. A discussão, a partir daí, envolverá tão somente o montante devido; **B:** incorreta. Pela regra estabelecida no art. 65 do CPP, é vedada a discussão, no juízo cível, da sentença penal que absolveu o agente com fulcro em uma das causas excludentes de ilicitude. A obrigação de indenizar se impõe, no entanto, na hipótese de o terceiro lesado não ter sido o causador do perigo (art. 929 do CC); **C:** correta, visto que a assertiva corresponde ao que estabelece o art. 67 do CPP; **D:** pode o ofendido voltar-se contra o responsável civil independente de o réu no processo penal estar impossibilitado de fazer frente ao valor a ser indenizado. Registre-se que doutrina e jurisprudência rechaçam a regra trazida pelo art. 64 do CPP. Sustentam a impossibilidade de se impor ao responsável civil a obrigação de reparar o dano apurado em processo do qual não tomou parte; **E:** incorreta, pois não reflete o disposto no art. 63, parágrafo único, do CPP, que confere ao ofendido a prerrogativa de perseguir valor superior ao mínimo fixado nos termos do art. 387, IV, do CPP.

Gabarito "C".

5. JURISDIÇÃO E COMPETÊNCIA. CONEXÃO E CONTINÊNCIA

(Juiz de Direito - TJ/BA - 2019 - CESPE/CEBRASPE) Acerca da competência no processo penal, assinale a opção correta, de acordo com o entendimento dos tribunais superiores.

(A) O julgamento de crime de roubo perpetrado contra agência franqueada da Empresa Brasileira de Correios e Telégrafos competirá à justiça federal.

(B) O julgamento de crime de uso de documento falso decorrente de apresentação de certificado de registro de veículo falso a policial rodoviário federal competirá à justiça estadual.

(C) Compete à justiça federal julgar crime de divulgação e publicação na rede mundial de computadores de imagens com conteúdo pornográfico envolvendo criança ou adolescente.

(D) Compete à justiça federal o julgamento de contravenções praticadas em detrimento de interesses da União, quando elas forem conexas aos crimes de sua competência.

(E) Compete à justiça estadual o julgamento de crime de redução de trabalhador a condição análoga à de escravo.

A: incorreta. A competência, segundo entendimento sedimentado no STJ, é da Justiça Estadual, já que, sendo o roubo praticado contra uma agência franqueada dos Correios, não há que se falar em prejuízo à empresa pública EBCT. Tanto é assim que, se a agência não fosse franqueada, e sim própria, a competência, aí sim, seria da Justiça Federal. Conferir: "Conflito de competência. Formação de quadrilha e roubo cometido contra agência franqueada da EBCT. Inexistência de prejuízo à EBCT. Inexistência de conexão. Competência da justiça estadual. I. Compete à Justiça Estadual o processo e julgamento de possível roubo de bens de agência franqueada da Empresa Brasileira de Correios e Telégrafos, tendo em vista que, nos termos do respectivo contrato de franquia, a franqueada responsabiliza-se por eventuais perdas, danos, roubos, furtos ou destruição de bens cedidos pela franqueadora, não se configurando, portanto, real prejuízo à Empresa Pública. II. Não evidenciado o cometimento de crime contra os bens da EBCT, não há que se falar em conexão de crimes de competência da Justiça Federal e da Justiça Estadual, a justificar o deslocamento da competência para a Justiça Federal. III. Conflito conhecido para declarar competente Juiz de Direito da Vara Criminal de Assu/RN, o Suscitante" (CC 116.386/RN, Rel. Ministro Gilson Dipp, Terceira Seção, julgado em 25/05/2011, DJe 07/06/2011); **B:** incorreta. A solução desta proposição deve ser extraída da Súmula 546, do STJ: "A competência para processar e julgar o crime de uso de documento falso é firmada em razão da entidade ou órgão ao qual foi apresentado o documento público, não importando a qualificação do órgão expedidor". Ou seja, pouco importa, aqui, o fato de o órgão expedidor do documento falso ser estadual ou federal, por exemplo. O critério a ser utilizado para o fim de determinar a Justiça competente é o da entidade ou órgão ao qual o documento foi apresentado; **C:** correta. Conferir: "1. À luz do preconizado no art. 109, V, da CF, a competência para processamento e julgamento de crime será da Justiça Federal quando preenchidos 03 (três) requisitos essenciais e cumulativos, quais sejam, que: a) o fato esteja previsto como crime no Brasil e no estrangeiro; b) o Brasil seja signatário de convenção ou tratado internacional por meio do qual assume o compromisso de reprimir criminalmente aquela espécie delitiva; e c) a conduta tenha ao menos se iniciado no Brasil e o resultado tenha ocorrido, ou devesse ter ocorrido no exterior, ou reciprocamente. 2. O Brasil pune a prática de divulgação e publicação de conteúdo pedófilo-pornográfico, conforme art. 241-A do Estatuto da Criança e do Adolescente. 3. Além de signatário da Convenção sobre Direitos da Criança, o Estado Brasileiro ratificou o respectivo Protocolo Facultativo. Em tais acordos internacionais se assentou a proteção à infância e se estabeleceu o compromisso de tipificação penal das condutas relacionadas à pornografia infantil. 4. Para fins de preenchimento do terceiro requisito, é necessário que, do exame entre a conduta praticada e o resultado produzido, ou que deveria ser produzido, se extraia o atributo de internacionalidade dessa relação. 5. Quando a publicação de material contendo pornografia infanto-juvenil ocorre na ambiência virtual de sítios de amplo e fácil acesso a qualquer sujeito, em qualquer parte do planeta, que esteja conectado à internet, a constatação da internacionalidade se infere não apenas do fato de que a postagem se opera em cenário propício ao livre acesso, como também que, ao fazê-lo, o agente comete o delito justamente com o objetivo de atingir o maior número possível de pessoas, inclusive assumindo o risco de que indivíduos localizados no estrangeiro sejam, igualmente, destinatários do material. A potencialidade do dano não se extrai somente do resultado efetivamente produzido, mas também daquele que poderia ocorrer, conforme própria previsão constitucional. 6. Basta à configuração da competência da Justiça Federal que o material pornográfico envolvendo crianças ou adolescentes tenha estado acessível por alguém no estrangeiro, ainda que não haja evidências de que esse acesso realmente ocorreu. 7. A extração da potencial internacionalidade do resultado advém do nível de abrangência próprio de sítios virtuais de amplo acesso, bem como da reconhecida dispersão mundial preconizada no art. 2º, I, da Lei 12.965/14, que instituiu o Marco Civil da Internet no Brasil. 8. Não se constata o caráter de internacionalidade, ainda que potencial, quando o panorama fático envolve apenas a comunicação eletrônica havida entre particulares em canal de comunicação fechado, tal como ocorre na troca de e-mails ou conversas privadas entre pessoas situadas no Brasil. Evidenciado que o conteúdo permaneceu enclausurado entre os participantes da conversa virtual, bem como que os envolvidos se conectaram por meio de computadores instalados em território nacional, não há que se cogitar na internacionalidade do resultado. 9. Tese fixada: "Compete à Justiça Federal processar e julgar os crimes consistentes em disponibilizar ou adquirir material pornográfico envolvendo criança ou adolescente (arts. 241, 241-A e 241-B da Lei nº 8.069/1990) quando praticados por meio da rede mundial de computadores". 10. Recurso extraordinário desprovido" (RE 628624, Rel. Min. Marco Aurélio, Rel. p/ Acórdão: Min. Edson Fachin, Tribunal Pleno, j. 29.10.2015); **D:** incorreta, dado que, ainda assim, o julgamento da contravenção caberá à Justiça Estadual, não se aplicando o teor da Súmula 122 do STJ, que impõe o julgamento conjunto pela Justiça Federal. Conferir: "Agravo regimental no conflito negativo de competência. Contravenções penais. Ilícitos que devem ser processados e julgados perante o juízo comum estadual, ainda que ocorridos em face de bens, serviços ou interesse da união ou de suas entidades. Súmula 38 desta corte. Configuração de conexão probatória entre contravenção e crime, este de competência da justiça comum federal. Impossibilidade, até nesse caso, de atração da jurisdição federal. Regras processuais infraconstitucionais que não se sobrepõem ao dispositivo de extração constitucional que veda o julgamento de contravenções pela justiça federal (art. 109, IV, da constituição da república). Declaração da competência do juízo de direito do juizado especial cível da comarca de Florianópolis/SC para o julgamento da contravenção penal prevista no art. 68, do Decreto-lei 3.688, de 3 de outubro de 1941. Agravo desprovido. 1. É entendimento pacificado por esta Corte o de que as contravenções penais são julgadas pela Justiça Comum Estadual, mesmo se cometidas em detrimento de bens, serviços ou interesses da União ou de suas entidades. Súmula 38 desta Corte. 2. Até mesmo no caso de conexão probatória entre contravenção penal e crime de competência da Justiça Comum Federal, aquela deverá ser julgada na Justiça Comum Estadual. Nessa hipótese, não incide o entendimento de que compete à Justiça Federal processar e julgar, unificadamente, os crimes conexos de competência federal e estadual (súmula 122 desta Corte), pois tal determinação, de índole legal, não pode se sobrepor ao dispositivo de extração constitucional que veda o julgamento de contravenções por Juiz Federal (art. 109, IV, da Constituição da República). Precedentes. 3. Agravo regimental desprovido. Mantida a decisão em que declarada a competência do Juízo de Direito do Juizado Especial Cível da Comarca de Florianópolis/SC para o julgamento da contravenção penal prevista no art. 68, do Decreto-Lei 3.688, de 3 de outubro de 1941" (AGRCC 201102172177, Laurita Vaz, STJ, 3ª Seção, *DJE* 07.03.2012); **E:** incorreta. Conferir: "Recurso extraordinário. Constitucional. Penal. Processual Penal. Competência. Redução a condição análoga à de escravo. Conduta tipificada no art. 149 do Código Penal. Crime contra a organização do trabalho. Competência da Justiça Federal. Artigo 109, inciso VI, da Constituição Federal. Conhecimento e provimento do recurso. 1. O bem jurídico objeto de tutela pelo art. 149 do Código Penal vai além da liberdade individual, já que a prática da conduta em questão acaba por vilipendiar outros bens jurídicos protegidos constitucionalmente como a dignidade da pessoa humana, os direitos trabalhistas e previdenciários, indistintamente considerados. 2. A referida conduta acaba por frustrar os direitos assegurados pela lei trabalhista, atingindo, sobremodo, a organização do trabalho, que visa exatamente a consubstanciar o sistema social trazido pela Constituição Federal em seus arts. 7º e 8º, em conjunto com os postulados do art. 5º, cujo escopo, evidentemente, é proteger o trabalhador em todos os sentidos, evitando a usurpação de sua força de trabalho de forma vil. 3. É dever do Estado (*lato sensu*) proteger a atividade laboral do trabalhador por meio de sua organização social e trabalhista, bem como zelar pelo respeito à dignidade da pessoa humana (CF, art. 1º, inciso III). 4. A conjugação harmoniosa dessas circunstâncias se mostra hábil para atrair para a competência da Justiça Federal (CF, art. 109, inciso VI) o processamento e o julgamento do feito. 5. Recurso extraordinário do qual se conhece e ao qual se dá provimento" (RE 459510, Relator(a): Min. CEZAR PELUSO, Relator(a) p/ Acórdão: Min. DIAS TOFFOLI, Tribunal Pleno, julgado em 26.11.2015, ACÓRDÃO ELETRÔNICO *DJe*-067 DIVULG 11.04.2016 PUBLIC 12.04.2016).

Gabarito "C"

(Juiz – TJ/CE – 2018 – CESPE) De acordo com a Lei 16.397/2017, o processamento e o julgamento das ações penais referentes a crimes contra a ordem tributária são da competência das varas

(A) criminais.
(B) da fazenda pública.
(C) de execução fiscal e de crimes contra a ordem tributária.
(D) criminais da fazenda pública.
(E) de delitos de tráfico de drogas e crimes financeiros.

A resposta a esta questão deve ser extraída do art. 64, III, da Lei 16.397/2017, que dispõe sobre a organização judiciária do Estado do Ceará.

Gabarito "C"

(Técnico Judiciário – STJ – 2018 – CESPE) Julgue os itens a seguir, relativos à competência para processar e julgar ações penais.

(1) No processo penal, em regra, a competência é definida pelo domicílio ou pela residência do réu; no entanto, se este endereço for desconhecido, a ação penal será processada no lugar de consumação da infração.
(2) O juiz poderá desmembrar o processo quando houver excessivo número de acusados ou quando as infrações tiverem sido praticadas em circunstâncias de tempo ou de lugar diferentes.

1: incorreta. Por força do disposto no art. 70, *caput*, do CPP, a competência será determinada, em regra, pelo local em que se deu a consumação do delito; no caso de crime tentado, a competência firmar-se-á em razão do local em que foi praticado o derradeiro ato de execução. Se o lugar em que se deu a infração penal não for conhecido, aí sim a competência será determinada pelo domicílio ou residência do réu (art. 72, CPP). Perceba que este último critério é subsidiário em relação ao critério do lugar da consumação da infração, que, como acima dissemos, constitui a regra; **2:** incorreta, na medida em que não basta, para que o juiz promova a separação dos processos, a existência de excessivo número de acusados; é mister, ainda, que haja indevida prorrogação da prisão cautelar de um deles ou de todos (art. 80, CPP).

Gabarito 1E, 2E

(Analista Judiciário – STJ – 2018 – CESPE) Acerca da competência, das questões e dos processos incidentes e das provas, julgue os itens a seguir.

(1) De acordo com o Supremo Tribunal Federal, a competência para processar e julgar os crimes de latrocínio é do tribunal do júri, e não do juiz singular.
(2) É admissível incidente de insanidade mental para apurar doença desencadeada após a prática do ato criminoso imputado ao acusado.

1: incorreta. A competência para o julgamento do crime de roubo seguido de morte (art. 157, § 3º, II, do CP), que é o latrocínio, é do juízo singular, e não do Tribunal do Júri, ao qual cabe o julgamento dos crimes dolosos contra a vida (que não é o caso do latrocínio, que é delito contra o patrimônio). Vide Súmula 603, do STF; **2:** correta. Tendo em conta o que estabelecem os arts. 149, § 2º, e 152, ambos do CPP, se se verificar que o surgimento da doença mental é posterior ao crime pelo qual está o acusado sendo processado, é de rigor a suspensão do processo, que assim permanecerá até o restabelecimento do réu, cabendo ao juiz, neste caso, nomear curador ao acusado e determinar a realização do exame de sanidade mental.

Gabarito 1E, 2C

(Juiz de Direito/AM – 2016 – CESPE) Em relação à competência no processo penal e à jurisprudência dos tribunais superiores, assinale a opção correta.

(A) Na hipótese de um crime de latrocínio em que haja conexão com um crime de tentativa de homicídio, deve haver a reunião de processos em um só juízo, e preponderará a competência do juízo ao qual esteja associado o crime cominado com pena mais grave, no caso o de latrocínio.

(B) Nos crimes culposos contra a vida em que os atos de execução ocorram em um lugar e a consumação, em outro, excepcionalmente adota-se a teoria da atividade, e a competência para julgar o fato será do juízo do local dos atos executórios.

(C) É da competência da justiça estadual o processo dos réus acusados pelo crime de redução à condição análoga à de escravo, porque a conduta criminosa atinge a liberdade individual de homem específico, não caracterizando violação a interesse da União.

(D) A competência pela prevenção se dá quando, concorrendo dois ou mais juízes igualmente competentes ou com jurisdição cumulativa, um deles anteceda aos outros ao determinar a citação do réu.

(E) Os crimes contra a honra da vítima quando praticados pelas redes sociais da Internet são da competência exclusiva da justiça federal.

A: incorreta. Por força do que estabelece o art. 78, I, do CPP, na hipótese de haver conexão entre crime de competência do tribunal do júri (tentativa de homicídio) e outro afeito à jurisdição comum (latrocínio), é de rigor que o julgamento conjunto se dê perante o tribunal popular. Em outras palavras, o tribunal do júri exerce, em relação aos demais crimes cujo julgamento cabe à justiça comum, *vis attractive*; **B:** correta. Como bem sabemos, a competência será determinada em razão do lugar em que se deu a consumação do crime (art. 70, *caput*, CPP). Acolheu-se, assim, a teoria do resultado. Dessa forma, nos chamados *crimes plurilocais*, em que a conduta (ação ou omissão) ocorre num determinado local e o resultado acaba por ser produzido em outro, competente será o foro do local onde se deu a consumação. Pois bem. Sucede que, no contexto dos crimes contra a vida, tanto os culposos quanto os dolosos, a jurisprudência construiu a tese segundo a qual, contrariando o texto legal, deve-se adotar, tendo em conta a conveniência na colheita de provas, a teoria da atividade. Com isso, a competência firmar-se-á, nos crimes contra a vida cujo resultado ocorra em local diverso do da conduta, pelo foro do local da ação ou omissão, e não o do resultado, tal como estabelece o art. 70, *caput*, do CPP. É o caso da vítima que, alvejada a tiros em determinada cidade, vem a falecer em outra. Parece lógico e producente que a prova seja colhida e o processamento se dê na comarca onde foi praticada a conduta, e não o local em que o crime se consumou. Conferir: "Recurso ordinário em habeas corpus. Processual Penal. Crime de homicídio culposo (CP, art. 121, §§ 3º e 4º). Competência. Consumação do delito em local distinto daquele onde foram praticados os atos executórios. Crime plurilocal. Possibilidade excepcional de deslocamento da competência para foro diverso do local onde se deu a consumação do delito (CPP, art. 70). Facilitação da instrução probatória. Precedente. Recurso não provido. 1. A recorrente foi denunciada pela prática do crime de homicídio culposo (art. 121, § 3º, c/c § 4º do Código Penal), porque "deixando de observar dever objetivo de cuidado que lhe competia em razão de sua profissão de médica e agindo de forma negligente durante o pós-operatório de sua paciente Fernanda de Alcântara de Araújo, ocasionou a morte desta, cinco dias após tê-la operado, decorrendo o óbito de uma embolia gordurosa não diagnosticada pela denunciada, a qual sequer chegou a examinar a vítima após a alta hospitalar, limitando-se a prescrever remédios pelo telefone, em total afronta ao Código de Ética Médica (artigo 62 do CEM)". 2. Embora se possa afirmar que a responsabilidade imputada à recorrente possa derivar de negligência decorrente da falta do exame pessoal da vítima e do seu correto diagnóstico após a alta hospitalar, é inconteste que esse fato deriva do ato cirúrgico e dos cuidados pós-operatórios de responsabilidade da paciente, de modo que se está diante de crime plurilocal, o que justifica a eleição como foro do local onde os atos foram praticados e onde a recorrente se encontrava por ocasião da imputada omissão (por ocasião da prescrição de remédios por telefone à vítima). 3. Recurso não provido" (RHC 116200, Relator(a): Min. DIAS TOFFOLI, Primeira Turma, julgado em 13.08.2013, PROCESSO ELETRÔNICO *DJe*-176 DIVULG 06.09.2013 PUBLIC 09.09.2013); **C:** incorreta. Conferir: "Recurso extraordinário. Constitucional. Penal. Processual Penal. Competência. Redução a condição análoga à de escravo. Conduta tipificada no art. 149 do Código Penal. Crime contra a organização do trabalho. Competência da Justiça Federal. Artigo 109, inciso VI, da Constituição Federal. Conhecimento e provimento do recurso. 1. O bem jurídico objeto de tutela pelo art. 149 do Código Penal vai além da liberdade individual, já que a prática da conduta em questão acaba por vilipendiar outros bens jurídicos protegidos constitucionalmente como a dignidade da pessoa humana, os direitos trabalhistas e previdenciários, indistintamente considerados. 2. A referida conduta acaba por frustrar os direitos assegurados pela lei trabalhista, atingindo, sobremodo, a organização do trabalho, que visa exatamente a consubstanciar o sistema social trazido pela Constituição Federal em seus arts. 7º e 8º, em conjunto com os postulados do art. 5º, cujo escopo, evidentemente, é proteger o trabalhador em todos os sentidos, evitando a usurpação de sua força de trabalho de forma vil. 3. É dever do Estado (lato sensu) proteger a atividade laboral do trabalhador por meio de sua organização social e trabalhista, bem como zelar pelo respeito à dignidade da pessoa humana (CF, art. 1º, inciso III). 4. A conjugação harmoniosa dessas circunstâncias se mostra hábil para atrair para a competência da Justiça Federal (CF, art. 109, inciso VI) o processamento e o julgamento do feito. 5. Recurso extraordinário do qual se conhece e ao qual se dá provimento" (RE 459510, Relator(a): Min. CEZAR PELUSO, Relator(a) p/ Acórdão: Min. DIAS TOFFOLI, Tribunal Pleno, julgado em 26.11.2015, ACÓRDÃO ELETRÔNICO *DJe*-067 DIVULG 11.04.2016 PUBLIC 12.04.2016); **D:** incorreta (art. 83 do CPP); **E:** incorreta. Nesse sentido: "1. A jurisprudência desta Corte Superior é no sentido de que, embora se trate de hipótese de crime praticado por meio da rede mundial de computadores, necessária se faz a existência de indícios mínimos de extraterritorialidade, para que seja determinada a competência da Justiça Federal. 2. O teor das mensagens supostamente difamatórias, veiculadas em rede social, sugere que teriam partido de usuários nacionais, referindo-se a entidades públicas e servidores capixabas, o que, em linha de princípio, afastaria a transnacionalidade do delito em tese. 3. Conflito conhecido para declarar competente o Juízo de Direito da 3ª Vara Criminal de Vila Velha/ES, o suscitado" (CC 141.764/ES, Rel. Ministro RIBEIRO DANTAS, TERCEIRA SEÇÃO, julgado em 13.04.2016, *DJe* 26.04.2016).

(Analista – Judiciário –TRE/PI – 2016 – CESPE) Com relação a jurisdição e competência, assinale a opção correta.

(A) Prefeito municipal do estado do Rio Grande do Sul que cometa o delito de porte ilegal de arma em cidade do estado de São Paulo será processado e julgado pelo Tribunal de Justiça do Estado de São Paulo.

(B) Caso parlamentar federal cometa crimes de licitações fraudulentas e obras superfaturadas, apurados por inquérito civil durante o exercício funcional, o foro por prerrogativa de função persistirá mesmo após o encerramento do mandato, pois o STF assegura tal prerrogativa nos casos de crimes de improbidade administrativa.

(C) Parlamentar estadual que cometa crime contra bens e interesses da União deverá ser processado e julgado pelo tribunal de justiça com jurisdição no local do delito.

(D) Prefeito municipal que cometa homicídio doloso será processado e julgado pelo tribunal de justiça local, e não pelo tribunal do júri.

(E) Ocorrerá a separação de processos quando um parlamentar federal praticar homicídio doloso em concurso com outro parlamentar estadual, pois, no caso deste, o foro especial é estabelecido pela Constituição estadual.

Antes de analisar cada alternativa, cabem algumas observações a respeito do foro por prerrogativa de função, considerando mudança de entendimento acerca deste tema no STF. No dia 3 de maio de 2018, o Plenário do STF, por maioria de votos, decidiu que o foro por prerrogativa de função de que gozam parlamentares federais (senadores e deputados) se aplica tão somente a infrações penais cometidas no exercício do cargo e em razão das funções a ele relacionadas. Tal decisão foi tomada no julgamento de questão de ordem da ação penal

937, cujo relator é o ministro Luís Roberto Barroso. Com isso, se o crime imputado a senador ou deputado federal é cometido antes da diplomação, o julgamento caberá ao juízo de primeira instância; se for cometido no curso do mandado mas nenhuma relação tiver com o seu exercício, o julgamento também caberá ao juiz de primeira instância (por exemplo: homicídio; roubo; embriaguez ao volante); agora, sendo o delito cometido durante o mandato e havendo relação entre ele e o desempenho da função parlamentar (corrupção passiva, por exemplo), o julgamento deverá realizar-se perante o STF. Uma das primeiras questões que surgiu, entre tantas outras, é se este entendimento que restringe o foro por prerrogativa de função se aplica para outras hipóteses de foro privilegiado ou apenas para os deputados federais e senadores. Segundo o STF, em decisão tomada no julgamento do Inq 4703 QO/DF, ocorrido em 12/06/2018 e da relatoria do ministro Luiz Fux, tal restrição imposta ao foro privilegiado vale também para ministros de Estado. O STJ, por sua vez, ao enfrentar a questão, tendo por base a decisão do STF na AP 937, decidiu que a restrição do foro deve alcançar governadores e conselheiros dos Tribunais de Contas estaduais (AP 866 e AP 857). Lembremos que o art. 105, I, "a", da CF/88 estabelece que compete ao STJ julgar os crimes praticados por governadores de Estado e por conselheiros dos Tribunais de Contas dos Estados. No que concerne aos prefeitos, ainda não há consenso. Há tribunais que, em face da nova interpretação conferida pelo STF ao foro por prerrogativa de função, remeteram os processos contra o chefe do executivo municipal para julgamento pela 1ª instância. Mais recentemente, o STJ, por meio de seu Pleno, ao julgar, em 21/11/2018, a QO na AP 878, fixou o tese de que o entendimento firmado no STF a respeito da restrição imposta ao foro por prerrogativa de função não se aplica a desembargador, que, ainda que o crime praticado nenhuma relação tenha com o exercício do cargo, deverá ser julgado pelo STJ, ou seja, o precedente do STF não se aplica a todos os casos de foro por prerrogativa de função. Dito isso, passemos à resolução de cada alternativa. **A:** incorreta. O prefeito municipal que comete crime comum em outro estado da federação será julgado pelo Tribunal de Justiça do Estado ao qual pertence o município no qual ele exerce seu cargo. No STJ: *1. No caso, o Interessado, prefeito do Município de Rafael Fernandes/RN, foi autuado em flagrante-delito em ocasião em que portava um revólver calibre 38 sem autorização ou registro, em rodovia no Município de Salgueiro/PE. O Tribunal de Justiça do Estado do Rio Grande do Norte, posteriormente, expediu alvará de soltura. O Tribunal de Justiça do Estado de Pernambuco, então, suscitou o presente conflito, sob o fundamento de que a Corte potiguar não tinha jurisdição sobre crime comum ocorrido em município pernambucano. 2. O Poder Constituinte, ao criar a prerrogativa prevista no art. 29, inciso X, da Constituição da República, previu que o julgamento dos Prefeitos, em razão do cometimento de crimes comuns, ocorre perante o Tribunal de Justiça. 3. A razão teleológica dessa regra é a de que, devido ao relevo da função de um Prefeito, e o interesse que isso gera ao Estado em que localizado o Município, a apreciação da conduta deve se dar pelo Tribunal de Justiça da respectiva unidade da Federação. 4. Ora, a Constituição é clara ao prever como um dos preceitos que regem o Município o "julgamento do Prefeito perante o Tribunal de Justiça". Ressalte-se: está escrito no inciso X do Art. 29 da Carta Magna "perante o Tribunal de Justiça", e não "perante Tribunal de Justiça". O artigo definido que consta na referida redação, conferida pelo Constituinte, determina sentido à norma que não pode ser ignorado pelo aplicador da Lei, impedindo a interpretação de que se utilizou a Corte Suscitante.* (CC 120.848/PE, Rel. Ministra LAURITA VAZ, TERCEIRA SEÇÃO, julgado em 14.03.2012, *DJe* 27.03.2012); **B:** incorreta. Por se tratar de ação de natureza civil, a improbidade administrativa tramitará no juízo de primeira instância. Não há que se falar, neste caso, em foro por prerrogativa de função, aplicável às ações de natureza penal; **C:** incorreta. Sendo federal o crime praticado pelo parlamentar, o julgamento caberá ao TRF da respectiva região (e não ao TJ). Conferir: *A Constituição de 1988, ao definir o rol de matérias da competência da Justiça Federal, incluiu os crimes praticados contra o sistema financeiro e a ordem econômico-financeira, nos casos determinados por lei. Se a denúncia imputa ao paciente a prática de crimes previstos na Lei n 7.492/86, diploma legal que definiu os crimes contra o Sistema Financeiro Nacional, a ação penal deve ser processada e julgada pela Justiça Federal, como expressamente previsto no seu art. 26, sendo despiciendo o debate sobre a existência ou não de lesão a bens, serviços ou interesses da União Federal. Encontrando-se o paciente no exercício do mandato de deputado estadual, titular de prerrogativa de foro, a ação penal deve ter curso no Tribunal Regional Federal com jurisdição no lugar do delito.* (HC 14.131/PR, Rel. Ministro VICENTE LEAL, SEXTA TURMA, julgado em 16.11.2000, *DJ* 04.12.2000, p. 111); **D:** correta. Tanto o foro por prerrogativa de função quanto o Tribunal do Júri estão contemplados na Constituição Federal. Jurisprudência e doutrina são unânimes em afirmar que, neste caso, prevalece o foro por prerrogativa de função. Assim, o prefeito municipal, porque tem foro especial previsto na CF (art. 29, X), ainda que tenha cometido um crime doloso contra a vida, será julgado pelo Tribunal de Justiça ao qual está vinculado. Consolidando tal entendimento, foi editada a Súmula 721 do STF, cujo teor foi reproduzido na Súmula Vinculante 45: "A competência constitucional do Tribunal do Júri prevalece sobre o foro por prerrogativa de função estabelecido exclusivamente pela Constituição estadual"; **E:** ambas as prerrogativas estão contempladas na CF, sendo certo que a do deputado estadual é extraída por simetria.

Gabarito "D"

(Juiz de Direito/DF – 2016 – CESPE) Indivíduo que pratique crime a bordo de aeronave estrangeira em espaço aéreo brasileiro, será processado e julgado pela justiça

(A) da comarca correspondente ao espaço aéreo em que a aeronave se encontrava no exato momento do cometimento do crime ou, não sendo possível precisá-la, pela justiça da comarca em cujo território se verificar o pouso.
(B) de seu país de origem, pois, somente se estivesse a bordo de aeronave nacional é que a justiça brasileira seria competente.
(C) da comarca correspondente ao espaço aéreo em que a aeronave se encontrava no exato momento do cometimento do crime.
(D) do estado da Federação onde ele tiver residido por último ou, se ele nunca tiver residido no Brasil, no juízo da capital da República.
(E) da comarca em cujo território ocorrer o pouso ou pela comarca de onde houver partido a aeronave.

A questão, a nosso ver, está mal elaborada, uma vez que não especifica se se trata de aeronave de natureza pública ou privada. No primeiro caso, considerar-se-á a aeronave como território estrangeiro, razão pela qual não se aplicará, em regra, a lei penal brasileira; no segundo caso, sendo a aeronave estrangeira de natureza privada, aplicam-se os arts. 5º, § 2º, do CP, e 90 do CPP, segundo os quais incide o princípio da territorialidade, com a aplicação da lei brasileira e o julgamento pela comarca em cujo território se deu o pouso ou pela comarca de onde houver partido a aeronave.

Gabarito "E"

(Procurador do Estado – PGE/BA – CESPE – 2014) Julgue o item subsequente, no que se refere à competência no processo penal brasileiro (adaptada)

(1) Considere que Cássio, jogador de futebol residente na cidade de Montes Claros-MG, tenha declarado, em entrevista a jornais de circulação local no município de Governador Valadares-MG, que Emílio, árbitro de futebol, recebia dinheiro de agremiações para influenciar os resultados das partidas que arbitrava. Nessa situação hipotética, caso Emílio se considere caluniado e decida defender seus direitos na esfera criminal, ele poderá optar por propor a queixa-crime no foro de Montes Claros-MG.

1: correta. Estabelece o art. 73 do CPP que, ainda que conhecido o lugar da infração, que, neste caso, é o município de Governador Valadares-MG, o querelante, na ação penal privada exclusiva, poderá preferir o foro de domicílio ou da residência do réu, que corresponde à cidade de Montes Claros-MG. ED

Gabarito 1C

(Cartório/DF – 2014 – CESPE) A respeito da competência, assinale a opção correta.

(A) Se um civil comete um crime comum, e um militar pratica um delito militar, sendo as ações conexas, haverá, obrigatoriamente, a junção dos processos perante a jurisdição especializada.
(B) Considere que Alfredo, no exercício de mandato de senador da República, pratique crime contra a administração pública, tendo o mandato terminado no curso da ação penal perante o STF. Nessa situação, prevalecerá, em relação a Alfredo, a competência especial por prerrogativa de função para a

continuidade do processo e o julgamento perante a instância privilegiada, mesmo após cessado o exercício da função pública.

(C) Tanto em ação penal privada quanto em ação penal pública, adota-se, como regra para a fixação do foro competente, o lugar da infração penal, podendo, todavia, nas ações exclusivamente privadas, o particular/querelante eleger o foro de seu domicílio.

(D) Para a fixação da competência territorial, adota-se, no Código de Processo Penal (CPP) brasileiro, a teoria da ubiquidade, segundo a qual consideram-se lugar do crime tanto o da ação quanto o do resultado, indiferentemente.

(E) Na determinação da competência por conexão ou continência e em caso de concurso de jurisdições da mesma categoria, prevalece, de regra, a competência do lugar da infração penal à qual seja cominada a pena mais grave.

A: incorreta, dado que, neste caso, a teor do que estabelece o art. 79, I, do CPP, é de rigor a separação dos processos, com o civil sendo julgado pela Justiça comum e o militar, pela Justiça Militar; **B:** incorreta. A Súmula 394 do STF, que assegurava à autoridade a prerrogativa de foro mesmo depois de cessado o exercício de cargo ou mandato, foi cancelada pelo Pleno do próprio tribunal. O legislador, com o propósito de restabelecer o foro por prerrogativa de função nos moldes anteriores, editou a Lei 10.628/2002, a qual foi declarada inconstitucional pelo STF. Assim, temos que, atualmente, cessado o exercício funcional ou o mandato, cessa também a competência por prerrogativa de função. *Vide* Súmula 451 do STF. Mais recentemente, o Plenário do STF decidiu que o foro por prerrogativa de função de que gozam parlamentares federais (senadores e deputados) se aplica tão somente a infrações penais cometidas no exercício do cargo e em razão das funções a ele relacionadas. Tal decisão foi tomada no julgamento de questão de ordem da ação penal 937, cujo relator é o ministro Luís Roberto Barroso; **C:** incorreta. É verdadeira a afirmação segundo a qual a competência, tanto na ação pública quanto na privativa do ofendido, será determinada, em regra, em razão do lugar em que ocorreu a infração penal (consumação), nos termos do art. 70, *caput*, do CPP; agora, em se tratando de ação penal exclusivamente privada, faculta-se ao querelante optar, ainda que conhecido o lugar da infração, pelo foro do domicílio ou residência do réu (e não o seu). É o que estabelece o art. 73, CPP; **D:** incorreta, uma vez que o CPP, em seu art. 70, adotou, quanto à competência territorial, a teoria do *resultado*, tendo em vista que é competente o foro do local em que se deu a consumação do crime. A chamada teoria da *ubiquidade* foi adotada pelo art. 6º do CP, que diz respeito ao crime à distância ou de espaço máximo, em que a ação é realizada em um país e o resultado é produzido em outro; **E:** correta (art. 78, II, *a*, do CPP).

Gabarito "E"

(Cartório/ES – 2013 – CESPE) Com fundamento na jurisprudência dominante nos tribunais superiores, assinale a opção correta em relação à competência.

(A) Compete à justiça federal processar e julgar o agente acusado da prática de crime de falsificação de documento público emitido pela União, ainda que a pessoa efetivamente lesada com a suposta prática delituosa seja um particular.

(B) Compete à justiça federal processar e julgar os acusados da prática de delitos contra a propriedade intelectual.

(C) Compete à justiça estadual o julgamento dos acusados da prática de contravenções penais, ainda que praticadas em desfavor da União, de suas autarquias ou empresas públicas, salvo se houver conexão entre a prática da contravenção penal e a prática de delitos cujo agente deva ser julgado pela justiça federal, a quem caberá o julgamento de ambos os fatos.

(D) A competência do tribunal do júri prevista na CF prevalece sobre o foro por prerrogativa de função estabelecido exclusivamente em constituição estadual.

(E) Compete à justiça militar processar e julgar militar pela prática, em serviço, do crime de abuso de autoridade.

A: incorreta, dado que a competência, neste caso, é da Justiça Estadual. Conferir: "Penal. Conflito de competência. Inquérito policial. Falsificação de documento público. Autenticação mecânica (protocolo) da justiça federal. Fraude que visava justificar a prestação de serviços advocatícios. Ausência de efetivo prejuízo à união. Competência da justiça estadual. 1. Quando as pessoas enganadas, e efetivamente lesadas, pela eventual prática do crime de falsificação são os particulares, ainda que tenha a União o interesse na punição do agente, tal seria genérico e reflexo, pois não há ofensa a seus bens, serviços ou interesses. Precedente da 3ª Seção. 2. Hipótese de falsificação/adulteração de autenticação mecânica (protocolo) da secretaria da Justiça Federal de Paranaguá/PR. Indícios de que o falso não visava obter vantagem judicial, mas, tão somente, justificar a prestação de serviços advocatícios ao particular contratante, que exigiu dos advogados prova do efetivo ingresso da ação judicial. 3. Inexistindo prejuízo ao Poder Judiciário da União, a eventual prática delituosa não se amolda às hipóteses de crime de competência federal (art. 109, IV, da CF). 4. Conflito conhecido para declarar a competência do Juízo de Direito da 1ª Vara Criminal de Paranaguá/PR, o suscitante" (CC 201202161693, Sebastião Reis Júnior, STJ, 3ª Seção, *DJE* 23/11/2012); **B:** incorreta. A competência é da justiça estadual: "conflito negativo de competência. Penal. Comercialização de CDS e DVDS falsificados. Violação de direito autoral. Ausência de interesse da união. Competência da Justiça Estadual. 1. Compete à Justiça Estadual processar e julgar os crimes contra a propriedade intelectual, quando não praticados em detrimento a bens, serviços ou interesses da União ou de suas entidades autárquicas e empresas públicas. 2. No caso, a conduta do investigado, consistente em comercializar os CDs e DVDs falsificados, caracteriza o delito de violação de direito autoral. Não advindo qualquer prejuízo para a União, afastada está a competência da Justiça Federal para o exame do feito, em razão de a ofensa ter alcançado somente o interesse do particular em seu direito lesado. 3. Conflito de competência conhecido para declarar competente o Juízo de Direito da Vara Criminal e Anexos de Matelândia/PR, o suscitado" (CC 201300850796, Alderita Ramos de Oliveira (Desembargadora Convocada Do TJ/PE), STJ, 3ª Seção, *DJE* 05/06/2013); **C:** incorreta, dado que, ainda assim, o julgamento da contravenção caberá à Justiça Estadual, não se aplicando o teor da Súmula 122 do STJ, que impõe o julgamento conjunto pela Justiça Federal. Conferir: "Agravo regimental no conflito negativo de competência. Contravenções penais. Ilícitos que devem ser processados e julgados perante o juízo comum estadual, ainda que ocorridos em face de bens, serviços ou interesse da união ou de suas entidades. Súmula 38 desta corte. Configuração de conexão probatória entre contravenção e crime, este de competência da justiça comum federal. Impossibilidade, até nesse caso, de atração da jurisdição federal. Regras processuais infraconstitucionais que não se sobrepõem ao dispositivo de extração constitucional que veda o julgamento de contravenções pela justiça federal (art. 109, IV, da constituição da república). Declaração da competência do juízo de direito do juizado especial cível da comarca de Florianópolis/SC para o julgamento da contravenção penal prevista no art. 68, do Decreto-lei 3.688, de 3 de outubro de 1941. Agravo desprovido. 1. É entendimento pacificado por esta Corte o de que as contravenções penais são julgadas pela Justiça Comum Estadual, mesmo se cometidas em detrimento de bens, serviços ou interesses da União ou de suas entidades. Súmula 38 desta Corte. 2. Até mesmo no caso de conexão probatória entre contravenção penal e crime de competência da Justiça Comum Federal, aquela deverá ser julgada na Justiça Comum Estadual. Nessa hipótese, não incide o entendimento de que compete à Justiça Federal processar e julgar, unificadamente, os crimes conexos de competência federal e estadual (súmula 122 desta Corte), pois tal determinação, de índole legal, não pode se sobrepor ao dispositivo de extração constitucional que veda o julgamento de contravenções por Juiz Federal (art. 109, IV, da Constituição da República). Precedentes. 3. Agravo regimental desprovido. Mantida a decisão em que declarada a competência do Juízo de Direito do Juizado Especial Cível da Comarca de Florianópolis/SC para o julgamento da contravenção penal prevista no art. 68, do Decreto-Lei 3.688, de 3 de outubro de 1941" (AGRCC 201102172177, Laurita Vaz, STJ, 3ª Seção, *DJE* 07.03.2012); **D:** correta, pois corresponde ao entendimento firmado na Súmula nº 721 do STF, cujo teor foi reproduzido na Súmula Vinculante n. 45: "A competência constitucional do Tribunal do Júri prevalece sobre o foro por prerrogativa de função estabelecido exclusivamente pela Constituição estadual"; **E:** incorreta. A teor do que preceitua a Súmula 172 do STJ, é da competência da Justiça Comum o julgamento do militar por crime de abuso de autoridade, mesmo que praticado em serviço.

Gabarito "D"

(Cartório/PI – 2013 – CESPE) Considerando o entendimento sumulado dos tribunais superiores a respeito da competência em matéria criminal, assinale a opção correta.

(A) Será da competência da justiça federal processar e julgar os acusados da prática de crimes em detrimento de sociedade de economia mista.

(B) O vereador que praticar crime doloso contra a vida será processado e julgado no tribunal do júri, não se aplicando, nesse caso, o foro especial estabelecido em Constituição estadual.

(C) O prefeito que praticar crime eleitoral será processado pelo tribunal de justiça do estado onde se localize o município em que ele exerça sua função, ainda que o fato tenha ocorrido em outro estado.

(D) A inobservância da competência pela prevenção será causa de nulidade absoluta.

(E) O prefeito que desviar verba pública federal será processado perante o foro especial estadual.

A: incorreta, pois não corresponde ao entendimento consolidado na Súmula 42 do STJ: "Compete à Justiça comum estadual processar e julgar as causas cíveis em que é parte sociedade de economia mista e os crimes praticados em seu detrimento"; **B:** correta, pois em conformidade com o entendimento firmado na Súmula 712 dos STF: "A competência constitucional do Tribunal do Júri prevalece sobre o foro por prerrogativa de função estabelecido exclusivamente pela Constituição estadual"; **C:** incorreta. De acordo com a Súmula 702 do STF, "a competência do Tribunal de Justiça para julgar Prefeitos restringe-se aos crimes de competência da Justiça comum estadual; nos demais casos, a competência originária caberá ao respectivo tribunal de segundo grau". Desse modo, se o crime praticado por prefeito municipal for eleitoral, a competência para julgá-lo será do Tribunal Regional Eleitoral do respectivo Estado; **D:** incorreta, pois em desconformidade com o entendimento firmado na Súmula 706 do STF: "É relativa a nulidade decorrente da inobservância da competência penal por prevenção"; **E:** incorreta, nos termos da Súmula 208 do STJ: "Compete à Justiça Federal processar e julgar prefeito municipal por desvio de verba sujeita à prestação de contas perante órgão federal".

Gabarito "B".

(Analista – TJ/CE – 2013 – CESPE) Assinale a opção correta em relação a competência, conexão e continência.

(A) Na determinação da competência por conexão ou continência, quando houver concurso entre a jurisdição comum e a especial, prevalecerá aquela.

(B) A junção dos processos, em decorrência de conexão ou continência, é absoluta.

(C) A competência será determinada pela conexão quando duas ou mais pessoas forem acusadas pela mesma infração.

(D) Caso um deputado federal cometa um crime de corrupção e seu comparsa, um delito doloso contra a vida, ambos serão processados e julgados perante o STF.

(E) Se um deputado federal cometer um crime doloso contra a vida, ele terá de ser julgado pelo STF, em detrimento do tribunal do júri.

A: incorreta. No concurso entre a jurisdição comum e a especial, há de prevalecer esta última – art. 78, IV, do CPP; **B:** incorreta, na medida em que o art. 79 do CPP estabelece exceções à regra que determina a união de processos no âmbito da conexão; **C:** incorreta, uma vez que a assertiva contempla hipótese de continência (e não de conexão) – art. 77, I, do CPP; **D:** incorreta. Segundo entendimento firmado na Súmula 704 do STF: "Não viola as garantias do juiz natural, da ampla defesa e do devido processo legal a atração por continência ou conexão do processo do corréu ao foro por prerrogativa de função de um dos denunciados". A incorreção da assertiva reside no fato de que nem sempre se verificará o julgamento conjunto (regra do foro prevalente), dado que, em se tratando de crime doloso contra a vida, é de rigor o desmembramento do feito, com o julgamento do deputado federal pelo STF e do corréu sem foro privilegiado pelo tribunal do júri, já que se trata de foros garantidos pela CF; **E:** correta. É que a jurisprudência consolidou o entendimento segundo o qual, na hipótese de ambas as competências (no caso, Júri e prerrogativa de função) estarem contempladas na Constituição Federal, deverá prevalecer a competência em razão da prerrogativa de função. É o que se infere da leitura da Súmula 721, do STF (Súmula Vinculante 45).

Gabarito "E".

(Magistratura/ES – 2011 – CESPE) Assinale a opção correta com relação à competência no âmbito do direito processual penal.

(A) Compete à justiça estadual processar e julgar crimes contra a propriedade intelectual quando não praticados em detrimento de bens, serviços ou interesse da União ou de suas entidades autárquicas e empresas públicas, ainda que os produtos tenham sido adquiridos no exterior.

(B) Compete à justiça castrense processar e julgar crime de homicídio culposo decorrente de acidente automobilístico em que acusado e vítima sejam militares, ainda que não se encontrem em serviço nem estejam em local sujeito à administração militar ou atuando em razão da função.

(C) Tratando-se de delito praticado por policial militar, compete à justiça militar a decretação da perda da função pública, como efeito secundário da condenação, ainda que a ação penal não se refira a crime militar.

(D) A Emenda Constitucional 45 inovou o ordenamento jurídico brasileiro ao atribuir à justiça do trabalho competência para processar e julgar ações penais.

A: correta – a circunstância de o produto ter sido adquirido no exterior não é apta, por si só, a deslocar a competência para a Justiça Federal. *Vide*, nesse sentido: STJ, RHC 21791 PR, 5ª T., rel. min. Felix Fischer, 24.09.2007. Assertiva, portanto, correta; **B:** incorreta – a competência, neste caso, cabe à Justiça comum Estadual (STJ, CC 114.404-RS, rel. Min. Celso Limongi, j. 25.04.2011); **C:** incorreta – se não se referir a crime militar, a competência para a decretação da perda da função pública, como efeito secundário da condenação impingida a policial militar, cabe à Justiça comum. *Vide*: STF, RE 605.917, 1ª T., rel. Min. Dias Toffoli, *DJe* de 22.06.2012; **D:** incorreta – o STF, em liminar concedida na ADIn 3.684-0, declarou que, no âmbito de competência da Justiça do Trabalho (art. 114, IX, da CF), não está a de processar e julgar ações de natureza penal.

Gabarito "A".

(Magistratura/ES – 2011 – CESPE) Acerca da aplicação da lei processual penal e da competência, assinale a opção correta.

(A) Em caso de crime doloso contra a vida cometido por duas pessoas, aquele que não ostentar foro por prerrogativa de função não deverá ser julgado perante o júri popular, mas perante o tribunal competente para o julgamento do corréu detentor do foro especial.

(B) A cláusula de inviolabilidade constitucional, que impede a responsabilização penal do membro do Congresso Nacional por suas palavras, opiniões e votos, não abrange as entrevistas jornalísticas, visto que tais manifestações, ainda que vinculadas ao desempenho do mandato, não se qualificam como natural projeção do exercício das atividades parlamentares.

(C) A prerrogativa de os parlamentares federais poderem ser inquiridos em local, dia e hora previamente ajustados entre eles e o juiz criminal prevalece, ainda que eles figurem, no processo penal, como indiciados ou réus.

(D) Desde que haja expressa previsão na constituição estadual, o processo e julgamento dos conselheiros do tribunal de contas estadual nas infrações político-administrativas pode ser inserido na esfera de competência da assembleia legislativa local.

(E) Caso o delito de denunciação caluniosa dê origem a procedimento administrativo no âmbito do MPF e a inquérito policial federal, competirá à justiça federal processar e julgar a pertinente ação penal, independentemente das características da vítima desse crime.

A: incorreta – é hipótese de desmembramento. No concurso de pessoas constituído para a prática de crime doloso contra a vida em que um dos concorrentes seja detentor de foro por prerrogativa de função, é de rigor a bipartição de competência. Aquele que não ostentar foro especial será julgado pelo Tribunal do Júri; o detentor de foro por prerrogativa de função será processado e julgado pelo seu juízo competente, em razão do cargo/mandato/função que ocupa. Necessário dizer que tal regra deverá ser aplicada e interpretada à luz da decisão do STF tomada na QO da AP 937, que, como bem sabemos, restringiu sobremaneira o foro por prerrogativa de função, que a partir de agora somente terá lugar nas hipóteses em que o crime de que é acusado o detentor de foro especial disser respeito ao exercício do cargo/mandato e for praticado no curso deste; **B:** incorreta, dado que a chamada imunidade parlamentar material, penal ou absoluta (art. 53, *caput*, da CF) contempla toda e qualquer forma de manifestação do parlamentar, escrita ou verbal, sendo suficiente que tal ocorra em razão do exercício do mandato; **C:** não faz jus à prerrogativa conferida pelo art. 221 do CPP o parlamentar que figura como indiciado ou réu (Informativo STF 563); **D:** *vide* ADIn 4190-RJ, rel. Min. Celso de Mello, 10.03.10; **E:** assertiva correta (STF, 2ª T., HC 101.013, rel. Min. Joaquim Barbosa, *DJE* 21.06.2011).

Gabarito "E".

(Magistratura Federal/3ª Região – 2011 – CESPE) Relativamente à jurisdição e à competência, com base no entendimento sumulado pelo STJ, assinale a opção correta.

(A) É da competência da justiça militar julgar o servidor militar por abuso de autoridade praticado em serviço.
(B) A justiça federal tem competência para julgar os crimes cometidos por servidor público federal em detrimento de bens, serviços ou interesses da União, mas não, para os crimes praticados contra o referido servidor, ainda que relacionados ao exercício da função.
(C) Compete ao STJ decidir conflito de competência entre juizado especial federal e juízo federal da mesma seção judiciária.
(D) Compete à justiça federal processar e julgar prefeito municipal por desvio de verba sujeita a prestação de contas perante órgão federal.
(E) A regra expressa no art. 78, inciso II, alínea "a", do CPP aplica-se aos crimes conexos de competência federal e estadual, preponderando a competência da jurisdição à qual couber o julgamento da infração punida com a pena mais grave.

A: incorreta, na medida em que não representa o entendimento firmado na Súmula 172 do STJ: "Compete à Justiça Comum processar e julgar militar por crime de abuso de autoridade, ainda que praticado em serviço"; **B:** incorreta, pois, se é certo dizer-se que a competência para julgar os crimes cometidos por servidor público federal em detrimento de bens, serviços ou interesses da União cabe à Justiça Federal, é incorreto afirmar-se que essa Justiça não detém competência para o processamento e julgamento desses crimes em face desses mesmos servidores. É esse o entendimento firmado na Súmula 147 do STJ: que a seguir se transcreve: "Compete à Justiça Federal processar e julgar os crimes praticados contra funcionário público federal, quando relacionados com o exercício da função"; **C:** incorreta, visto que em desconformidade com o entendimento firmado na Súmula 428 do STJ: "Compete ao Tribunal Federal Regional decidir os conflitos de competência entre juizado especial federal e juízo federal da mesma seção judiciária"; **D:** correta, pois reflete o entendimento sufragado na Súmula 208 do STJ: "Compete à Justiça Federal processar e julgar prefeito municipal por desvio de verba sujeita à prestação de contas perante órgão federal"; **E:** proposição incorreta, pois em desacordo com o teor da Súmula 122 do STJ: "Compete à Justiça Federal o processo e julgamento unificado dos crimes conexos de competência federal e estadual, não se aplicando a regra do art. 78, II, *a*, do Código de Processo Penal".

Gabarito "D".

6. QUESTÕES E PROCESSOS INCIDENTES

(Juiz de Direito - TJ/BA - 2019 - CESPE/CEBRASPE) A respeito de questões prejudiciais e processos incidentes, assinale a opção correta.

(A) Subsistindo questão prejudicial sobre o estado civil do réu, o juiz criminal deverá continuar o trâmite processual e decidir a questão como preliminar de mérito por ocasião da prolação da sentença.
(B) As causas de suspeição do juiz serão arguidas em exceção própria, por petição assinada por advogado, independentemente de esse poder especial constar na procuração.
(C) No caso de bem imóvel adquirido com o provento de crime, poderá ser determinado o sequestro do bem, ressalvada a hipótese de sua transferência a terceiro de boa-fé.
(D) O sequestro é medida cautelar de indisponibilidade de bens em que o exercício do contraditório poderá ser postergado para evitar a dissipação do patrimônio.
(E) O exame médico-legal realizado no incidente de insanidade mental é prova constituída em favor da defesa, podendo o juiz, de ofício, determinar a sua realização compulsória quando o réu recusar submeter-se a ele.

A: incorreta. Se a questão prejudicial atinente ao estado civil do réu for considerada, pelo juiz, séria e fundada, será de rigor, a teor do art. 92 do CPP, a suspensão do processo. Aqui, o juiz deverá determinar a paralisação do feito até que o juízo cível emita sua manifestação. Envolve questões atinentes à própria existência do crime. Preleciona o art. 116, I, do CP que, em casos assim, o curso da prescrição ficará suspenso. Já na questão prejudicial *facultativa*, contida no art. 93 do CPP, o magistrado tem a faculdade, não a obrigação, de suspender o processo. São questões que não envolvem o estado das pessoas; **B:** incorreta. As causas de suspeição do juiz serão arguidas por meio de petição específica assinada pela parte ou por seu procurador com poderes especiais (art. 98, CPP); **C:** incorreta, pois contraria o disposto no art. 125 do CPP, que estabelece que terá lugar o sequestro dos bens imóveis adquiridos pelo indiciado com os proventos de infração, *ainda que já tenham sido transferidos a terceiro*; **D:** correta. Conferir: "A medida cautelar de sequestro, presentes os requisitos essenciais, pode ser deferida sem a prévia oitiva da parte contrária. Precedente." (AgInt no AREsp 1110340/SC, Rel. Ministro ROGERIO SCHIETTI CRUZ, SEXTA TURMA, julgado em 21/11/2017, DJe 28/11/2017); **E:** incorreta. Conferir: "O incidente de insanidade mental, que subsidiará o juiz na decisão sobre a culpabilidade ou não do réu, é prova pericial constituída em favor da defesa, não sendo possível determiná-la compulsoriamente quando a defesa se opõe." (HC 133078, Relator(a): Min. CÁRMEN LÚCIA, Segunda Turma, julgado em 06/09/2016, PROCESSO ELETRÔNICO DJe-202 DIVULG 21-09-2016 PUBLIC 22-09-2016). ED

Gabarito "D".

(Delegado/PE – 2016 – CESPE) Conforme a legislação em vigor e o posicionamento doutrinário prevalente, assinale a opção correta com relação à competência e às questões e processos incidentes.

(A) Todas as infrações penais, incluindo-se as contravenções que atingirem o patrimônio da União, suas autarquias e empresas públicas, serão da competência da justiça federal.
(B) O processo incidente surge acessoriamente no processo principal, cujo mérito se confunde com o mérito da causa principal, devendo, assim, tal processo – o incidente – ser resolvido concomitantemente ao exame do mérito da ação penal, sob pena de decisões conflitantes.
(C) A restituição de coisas apreendidas no bojo do inquérito policial ainda não concluído poderá ser ordenada pela autoridade policial, quando cabível, desde que seja evidente o direito do reclamante.
(D) Havendo fundada dúvida sobrea sanidade mental do indiciado, o delegado de polícia poderá determinar de ofício a realização do competente exame, com o objetivo de aferir a sua imputabilidade.
(E) Tratando-se de foro privativo por prerrogativa de função cuja competência para o conhecimento da causa é atribuída à jurisdição colegiada, esta será determinada pelo lugar da infração.

A: incorreta, dado que o art. 109, IV, primeira parte, da CF afasta a competência da Justiça Federal para o processamento e julgamento das contravenções penais, mesmo que praticadas em detrimento de bens, serviços ou interesse da União ou de suas entidades autárquicas ou empresas públicas, entendimento esse consagrado na Súmula nº 38, STJ: "Compete à Justiça Estadual Comum, na vigência da Constituição de 1988, o processo por contravenção penal, ainda que praticada em detrimento de bens, serviços ou interesse da União ou de suas entidades"; **B:** incorreta. É incorreto afirmar-se que o mérito do processo incidente se confunde com o do processo principal e que a solução daquele deva necessariamente dar-se de forma concomitante com este; **C:** correta, pois reflete a regra presente no art. 120, *caput*, do CPP; **D:** incorreta. Neste caso, a autoridade policial deverá representar pela realização do exame de integridade mental no investigado, cabendo ao juiz determiná-lo (art. 149, § 1º, do CPP), e não ela própria, a autoridade policial, determinar de ofício a realização do exame; **E:** incorreta. Neste caso, o local em que se deu a infração não tem relevância, já que o julgamento será feito pelo órgão colegiado do local em que o detentor do foro especial exerce suas funções.

Gabarito "C"

(Juiz de Direito/AM – 2016 – CESPE) De acordo com o CPP, em regra, a exceção cuja arguição precederá a qualquer outra é a exceção de

(A) litispendência.
(B) incompetência do juízo.
(C) ilegitimidade da parte.
(D) coisa julgada.
(E) suspeição.

Assim dispõe o art. 96 do CPP: *A arguição de suspeição precederá a qualquer outra, salvo quando fundada em motivo superveniente.* Correta, portanto, a assertiva "E".

Gabarito "E"

(Cartório/PI – 2013 – CESPE) No que se refere ao sequestro de bens imóveis de acusado da prática de crime de lavagem de dinheiro, assinale a opção correta com base no CPP.

(A) O incidente do sequestro correrá nos próprios autos da ação penal, admitindo-se embargos do acusado para o levantamento da medida, que pode ser analisado antes da sentença.
(B) O sequestro será levantado se a ação penal não for intentada no prazo de sessenta dias, contado da data em que ficar concluída a diligência.
(C) O sequestro de bem adquirido com os proventos da infração transferido a terceiro dependerá do resultado de ação civil relativa à propriedade desse bem.
(D) Sendo um dos requisitos dessa medida a prova do crime e da autoria do delito, o sequestro somente poderá ser decretado depois do início da ação penal.
(E) O levantamento do sequestro e a devolução do bem ao acusado não são efeitos de sentença transitada em julgado que o absolva ou extinga sua punibilidade.

A: incorreta (art. 129, CPP; art. 130, parágrafo único, CPP); **B:** correta, pois em conformidade com o que estabelece o art. 131, I, do CPP; **C:** incorreta, pois não há tal previsão; **D:** incorreta, dado que o sequestro poderá ser decretado antes ou depois do início a ação penal, exigindo-se, para tanto, a existência de indícios veementes da propriedade ilícita dos bens (arts. 126 e 127 do CPP); **E:** incorreta, pois contraria o disposto no art. 131, III, do CPP.

Gabarito "B"

(Magistratura/CE – 2012 – CESPE) À luz do CPP, assinale a opção correta a respeito de questões e processos incidentes.

(A) Para a decretação da medida assecuratória do sequestro, basta a existência de indícios veementes da proveniência ilícita dos bens sequestrados.
(B) A exceção por incompetência de juízo precede a qualquer outra.
(C) O juiz deve declarar-se suspeito no processo em que parente consanguíneo seu for parte interessada.
(D) Em processo penal por crime contra a propriedade imaterial, a declaração da nulidade de registro ou patente é classificada como questão prejudicial homogênea.
(E) O terceiro cujos bens imóveis tenham sido transferidos a título oneroso ou gratuito pode embargar o sequestro dos bens, sob o fundamento de tê-los adquirido de boa-fé.

A: correta, visto que em consonância com o que estabelece o art. 126 do CPP; **B:** incorreta, já que contraria o disposto no art. 96 do CPP, que prevê que a arguição de suspeição é a exceção que precede a qualquer outra; **C:** é causa de impedimento (art. 252, IV, CPP). As hipóteses de suspeição estão listadas no art. 254 do CPP; **D:** trata-se, na verdade, de questão prejudicial heterogênea, visto que deverá ser decidida em outra esfera que não a penal; **E:** não corresponde ao que prescreve o art. 130, II, do CPP, que dispõe a possibilidade de embargar o sequestro dos bens que tenham sido transferidos apenas à título oneroso.

Gabarito "A"

(Magistratura/PA – 2012 – CESPE) Assinale a opção correta acerca de questões e processos incidentes.

(A) As exceções de litispendência, ilegitimidade de parte e coisa julgada devem ser processadas em autos apartados, ficando suspenso o andamento da ação penal.
(B) O pedido de restituição de coisas apreendidas não pode ser manejado pelo terceiro de boa-fé, a quem compete impetrar mandado de segurança para tal fim.
(C) A hipoteca legal sobre os imóveis do indiciado pode ser requerida pelo ofendido em qualquer fase do processo, desde que haja certeza da infração e da autoria.
(D) A decisão judicial que resolve questão incidental de restituição de coisa apreendida tem natureza definitiva, o que desafia recurso de apelação.

A: incorreta – não reflete o disposto no art. 111 do CPP, que prevê o andamento natural da ação penal; **B:** incorreta – não reflete o que estabelece o art. 120, § 2º, do CPP; **C:** incorreta – bastam, neste caso, além da prova da existência do crime (materialidade), indícios suficientes de autoria, a teor do art. 134 do CPP; **D:** assertiva correta, nos termos do art. 593, II, do CPP. *Vide*: STJ, 6ª T., RMS 17.993-SP, rel. Min. Paulo Medina, *DJ* 01.07.2004.

Gabarito "D"

(Ministério Público/RR – 2012 – CESPE) Assinale a opção correta com referência a questões e processos incidentes.

(A) Considera-se questão prejudicial homogênea a exceção da verdade no crime de calúnia.
(B) A medida assecuratória de sequestro tem como finalidade precípua a garantia de ressarcimento dos danos causados pela infração penal à vítima, do pagamento das penas pecuniárias e das despesas do processo, recaindo sobre qualquer bem do réu, móveis ou imóveis.
(C) O incidente de falsidade tem por escopo exclusivo o exame de falsidade material e, qualquer que seja a decisão, não fará coisa julgada em prejuízo de ulterior processo penal ou civil.
(D) Constitui requisito essencial de admissibilidade de incidente de insanidade mental a dúvida manifesta acerca da integridade mental do acusado ou réu, podendo ser instaurado em qualquer fase da persecução penal, ensejando a suspensão do processo e do prazo prescricional.
(E) As questões prejudiciais, controvérsias que se apresentam tanto na fase investigativa quanto na etapa processual e das quais depende a existência do crime, demandam solução antecipada.

A: correta. Diz-se homogênea porquanto a questão prejudicial (exceção da verdade) tem natureza penal; **B:** incorreta. No sequestro, é imprescindível que a medida recaia sobre bens móveis ou imóveis adquiridos com o produto do lucro do crime (proventos da infração). É o teor dos arts. 125 e 132 do CPP. No mais, o sequestro se presta ao ressarcimento ou a reparação civil do dano causado pela infração penal; **C:** incorreta. No incidente de falsidade, esta poderá recair sobre o aspecto material do documento ou ainda sobre o seu conteúdo ideológico. A segunda parte da assertiva, que trata do efeito do reconhecimento da falsidade, está correta, pois de acordo com o que estabelece o art. 148 do CPP; **D:** incorreta. Basta, à admissibilidade do incidente de insanidade mental do acusado, que poderá ser determinado pelo juiz tanto na fase de inquérito quanto no curso da ação penal, a dúvida razoável acerca da imputabilidade do réu. Ademais, a despeito de o processo permanecer suspenso, o prazo prescricional não sofre solução de continuidade; **E:** incorreta. O inquérito policial não comporta a incidência de questão prejudicial.

Gabarito "A"

(Defensoria Pública da União – 2010 – CESPE) Julgue o item subsequente, que versa sobre questões e processos incidentes.

(1) Vigora, no Brasil, o sistema eclético ou misto, segundo o qual, em relação às questões prejudiciais heterogêneas relativas ao estado civil das pessoas, aplica-se o sistema da prejudicialidade obrigatória, de forma que compete ao juízo cível resolver a questão, ao passo que, no que concerne

às demais questões heterogêneas, utiliza-se o sistema da prejudicialidade facultativa.

1: correta – Arts. 92 e 93 do CPP.

Gabarito 1C

(Magistratura Federal/2ª Região – 2011 – CESPE) No que se refere às questões prejudiciais, aos processos incidentes, às exceções e às medidas assecuratórias, assinale a opção correta.

(A) A restituição de coisas apreendidas pode ser intentada a qualquer tempo, antes de transitar em julgado a sentença penal, e deve ser ordenada pela autoridade policial ou juiz, mediante termo nos autos, ainda que as coisas estejam em poder de terceiros de boa-fé; após essa fase, haverá a perda em favor da União.

(B) No que diz respeito ao incidente de falsidade documental, pode o juiz, de ofício, ordenar a verificação de idoneidade de documento, com autuação em autos apartados; não fará a decisão, ao final, coisa julgada em ulterior processo, penal ou civil. Em situações excepcionais, pode ocorrer a suspensão do processo principal, salvo quanto às provas de natureza urgente.

(C) As exceções e os incidentes são procedimentos de natureza eminentemente processual, porque dizem respeito à validade e ao regular desenvolvimento do processo, necessitam, como regra, de pronunciamento prévio do juízo, processam-se em autos apartados, apensos à ação penal, no próprio juízo criminal, e não suspendem o curso da ação.

(D) Nas questões prejudiciais heterogêneas obrigatórias, há imperativa suspensão do processo ou inquérito para dirimir controvérsia acerca do estado civil da pessoa, de modo que não haja repercussão na própria existência do crime ou de circunstância agravante; igualmente se suspende o prazo prescricional enquanto não resolvida a questão no juízo cível.

A: incorreta, pois, segundo estabelece o art. 120, § 2º, do CPP, se as coisas forem apreendidas em poder de terceiro de boa-fé, somente terá atribuição para dar solução ao incidente a autoridade judicial; **B:** correta, pois em conformidade com o que dispõem os arts. 145, I, 147 e 148 do CPP; **C:** incorreta, pois não reflete o disposto nos arts. 92 e 93 do CPP; **D:** incorreta; a suspensão não alcança o inquérito policial, que poderá prosseguir até o seu término (art. 92, *caput*, do CPP).

Gabarito "B".

7. PRERROGATIVAS DO ACUSADO

(Defensoria/DF – 2013 – CESPE) No que se refere aos prazos e ao interrogatório no processo penal, julgue os itens a seguir.

(1) Considere a seguinte situação hipotética. Em um dos processos no qual é réu pela pratica de crime de extorsão mediante sequestro, Júlio, cumprindo pena privativa de liberdade em regime disciplinar diferenciado, foi interrogado por meio de sistema de videoconferência antes da edição da Lei nº 11.900/2009, que prevê a possibilidade de realização de interrogatório por videoconferência. Nessa situação hipotética, considerando-se o entendimento do STF, o interrogatório de Júlio será valido, uma vez que a nova lei, por ter caráter processual, retroage para atingir os atos praticados anteriormente a sua edição.

(2) No processo penal, os prazos são contados a partir da data da juntada aos autos do mandado de intimação, da carta precatória ou da carta de ordem, devidamente cumpridos.

1: incorreta. Conferir: "*Habeas Corpus*. Tráfico de drogas. Constrangimento ilegal evidenciado. Pleito pelo reconhecimento de nulidade absoluta. Ilegalidade da teleaudiência realizada antes da Lei 11.900/2009. Violação aos princípios da ampla defesa, do contraditório e do devido processo legal. Ocorrência. Precedentes. 1. O Supremo Tribunal Federal entende que o interrogatório realizado por meio de videoconferência, autorizado por lei estadual antes da regulamentação promovida por lei federal, viola princípios constitucionais por exorbitar a competência privativa da União para dispor sobre normas de natureza processual. 2. À época da realização da teleaudiência, em 15.6.07, não havia lei federal que respaldasse o ato, existindo, apenas, a Lei 11.819/05, do Estado de São Paulo. 3. A jurisprudência consolidada nesta Corte Superior adotou o entendimento de que a audiência realizada por videoconferência, anteriormente à vigência da Lei 11.900/2009, ocorreu ao seu arrepio e em afronta aos demais princípios do direito, como o devido processo legal e a ampla defesa. 4. Ordem parcialmente concedida para anular a ação penal, nos termos do voto. Mantida a prisão do paciente." (STJ, HC 193.904-SP, 5ª T., rel. Adilson Vieira Macabu (Desembargador convocado do TJ/RJ), *DJ* 28/06/2012); **2:** incorreta, pois contraria o entendimento consolidado na Súmula 710, do STF: "No processo penal, contam-se os prazos da data da intimação, e não da juntada aos autos do mandado ou da carta precatória ou de ordem".

Gabarito 1E, 2E

(Ministério Público/RO – 2010 – CESPE) Assinale a opção correta no tocante às garantias individuais do cidadão no processo penal.

(A) Será constitucional e, portanto, não violará o princípio da publicidade dispositivo de regimento interno de tribunal que preveja sessão secreta para o julgamento de autoridade com foro por prerrogativa de função.

(B) A busca e apreensão domiciliar pode ser realizada durante o dia ou a noite quando houver autorização judicial.

(C) A proibição das penas de morte, de caráter perpétuo, de trabalhos forçados, de banimento e cruéis é excepcionada pela própria CF, que admite em caso de guerra declarada, dispõe que o trabalho do condenado é obrigatório, e permite a extradição e o regime disciplinar diferenciado.

(D) O brasileiro, nato ou naturalizado, não pode ser extraditado. Entretanto, o Brasil poderá requerer a extradição de brasileiro a outro país, o que caracteriza a chamada extradição passiva.

(E) O mandado de segurança em processo penal – ao contrário do *habeas corpus*, que dispensa advogado – deve ser impetrado por advogado e tutela direito líquido e certo, como no caso de decisão arbitrária que não admita a habilitação do assistente de acusação.

A: incorreta. Os julgamentos dos órgãos do Poder Judiciário serão públicos, podendo a lei restringir a presença, em determinadas situações, às partes e aos seus advogados em casos nos quais a *preservação da intimidade* do interessado no sigilo não prejudique o interesse público à informação (art. 93, IX, da CF). Não é este o caso retratado na assertiva, que, portanto, está incorreta; **B:** incorreta. Por força do que dispõe o art. 5º, XI, da CF, sendo a casa asilo inviolável o indivíduo, nela somente poderá se ingressar, a fim de dar cumprimento a mandado de busca e apreensão domiciliar, durante o dia; **C:** incorreta. Não há, na CF/1988, exceção às penas de caráter perpétuo, de trabalhos forçados, de banimento e cruéis. O Código Penal Militar (Decreto-Lei 1.001/1969), em seus arts. 55 a 57, faz alusão à pena de morte, representando, portanto, exceção à regra contida no art. 5º, XLVII, *a*, da CF. No mais, a pena de trabalhos forçados (não admitida em nosso sistema) não deve ser confundida com o *trabalho obrigatório* (art. 28 da LEP). O fato de o legislador estabelecer sanções àquele que se entrega ao ócio, recusando-se a exercer uma atividade laborativa, não o submete a situação de trabalho forçado. Pelo contrário, o condenado tem o livre arbítrio para optar em trabalhar ou não; **D:** assertiva incorreta, pois não corresponde ao teor do art. 5º, LI, da CF/1988; **E:** correta (art. 5º, LXIX, da CF/1988).

Gabarito "E".

8. PROVAS

(Juiz de Direito - TJ/BA - 2019 - CESPE/CEBRASPE) Acerca dos meios de prova no processo penal, assinale a opção correta, de acordo com o entendimento dos tribunais superiores.

(A) A colaboração premiada é meio de obtenção de prova e, como tal, submete-se ao princípio de reserva de jurisdição, sendo obrigatória a participação do juiz na celebração do ajuste entre os envolvidos.

(B) O compartilhamento com o MP de dados bancários obtidos legitimamente pela Receita Federal, pela via administrativa fiscalizatória já esgotada, em caso de constatação de possível crime, não ofende o princípio de reserva de jurisdição.

(C) O deferimento de interceptação telefônica para investigação de crime com fundamento somente em denúncia anônima será lícito, desde que essa medida seja necessária para a elucidação da infração penal.

(D) Independerá de decisão judicial o acesso a conversas armazenadas em aplicativo de mensagens existente em telefone celular de pessoa investigada apreendido durante a prisão desta em flagrante.

(E) O reconhecimento pessoal de acusado realizado sem a observância das formalidades previstas no CPP é nulo.

A: incorreta. Por força do que estabelece o art. 4º, § 6º, da Lei 12.850/2013, é defeso ao juiz participar do acordo de colaboração premiada, que deverá ser realizado entre o delegado de polícia e o colaborador ou entre este e o Ministério Público, com a presença, em qualquer caso, do defensor; o papel do magistrado, no cenário da colaboração premiada instituída pela Lei 12.850/2013, se limita a homologar o acordo firmado entre as partes citadas, desde que não eivado de ilegalidade ou irregularidade (art. 4º, § 8º, da Lei 12.850/2013, com redação alterada pela Lei 13.964/2019). Entre outras coisas, o juiz analisará se o colaborador agiu, quanto ao acordo firmado, de forma voluntária; **B:** correta. Quanto a este tema, é importante que se diga que, bem recentemente, o STF sobre ele se debruçou e, depois de longa e acalorada discussão, fixou, por maioria, aderindo à proposta formulada pelo Ministro Alexandre de Moraes, a seguinte tese de repercussão geral: "1. É constitucional o compartilhamento dos relatórios de inteligência financeira da UIF e da íntegra do procedimento fiscalizatório da Receita Federal do Brasil, que define o lançamento do tributo, com os órgãos de persecução penal para fins criminais, sem a obrigatoriedade de prévia autorização judicial, devendo ser resguardado o sigilo das informações em procedimentos formalmente instaurados e sujeitos a posterior controle jurisdicional. 2. O compartilhamento pela UIF e pela RFB, referente ao item anterior, deve ser feito unicamente por meio de comunicações formais, com garantia de sigilo, certificação do destinatário e estabelecimento de instrumentos efetivos de apuração e correção de eventuais desvios." (RE 1055941 RG, Relator(a): Min. DIAS TOFFOLI, julgado em 12/04/2018, DJe-083 DIVULG 27-04-2018 PUBLIC 30-04-2018); **C:** incorreta. Conferir: "1. Esta Corte já decidiu que a denúncia anônima pode justificar a necessidade de quebra do sigilo das comunicações como forma de aprofundamento das investigações policiais, desde que acompanhada de outros elementos que confirmem a necessidade da medida excepcional, o que, na espécie, ocorreu 2. O deferimento da quebra do sigilo de dados telefônicos e de interceptação telefônica foi precedido de adequado procedimento prévio de investigação das informações e notícias de prática de delitos pelo paciente e outros investigados, o que torna legítima a prova colhida por meio da medida." (STJ, HC 443.331/SP, Rel. Ministro SEBASTIÃO REIS JÚNIOR, SEXTA TURMA, julgado em 18/09/2018, DJe 02/10/2018); **D:** incorreta. Segundo têm entendido os Tribunais, somente são considerados como prova lícita os dados e as conversas registrados por meio de mensagem de texto obtidos de aparelho celular apreendido no ato da prisão em flagrante se houver prévia autorização judicial. Nesse sentido: "I – A jurisprudência deste Tribunal Superior firmou-se no sentido de ser ilícita a prova oriunda do acesso aos dados armazenados no aparelho celular, relativos a mensagens de texto, SMS, conversas por meio de aplicativos (WhatsApp), obtidos diretamente pela polícia no momento da prisão em flagrante, sem prévia autorização judicial. II – *In casu*, os policiais civis obtiveram acesso aos dados (mensagens do aplicativo WhatsApp) armazenados no aparelho celular do corréu, no momento da prisão em flagrante, sem autorização judicial, o que torna a prova obtida ilícita, e impõe o seu desentranhamento dos autos, bem como dos demais elementos probatórios dela diretamente derivados (...) Recurso ordinário provido para determinar o desentranhamento dos autos das provas obtidas por meio de acesso indevido aos dados armazenados no aparelho celular, sem autorização judicial, bem como as delas diretamente derivadas, e para conceder a liberdade provisória ao recorrente, salvo se por outro motivo estiver preso, e sem prejuízo da decretação de nova prisão preventiva, desde que fundamentada em indícios de autoria válidos" (STJ, RHC 92.009/RS, Rel. Ministro Felix Fischer, Quinta Turma, julgado em 10.04.2018, DJe 16.04.2018); **E:** incorreta. Conferir: "É pacífico o entendimento do Superior Tribunal de Justiça no sentido de que é legítimo o reconhecimento pessoal ainda quando realizado de modo diverso do previsto no art. 226 do Código de Processo Penal, servindo o paradigma legal como mera recomendação." (STJ, HC 474.655/PR, Rel. Ministro REYNALDO SOARES DA FONSECA, QUINTA TURMA, julgado em 21/05/2019, DJe 03/06/2019). ED

Gabarito "B"

(Defensor Público/AL – 2017 – CESPE) Detido em uma blitz policial por trafegar com o farol apagado, o motociclista Rafael foi submetido a revista, tendo sido encontradas com ele dez porções de cocaína, que totalizaram 10 gramas. Rafael alegou que eram para consumo próprio. Enquanto o motociclista explicava seu álibi para os policiais, uma pessoa o indagou, em uma mensagem de texto recebida no seu telefone celular, pela droga que ele havia se comprometido a entregar. Na ocasião, os policiais exigiram que Rafael entregasse o celular e, com base no teor da mensagem, conduziram o motociclista preso em flagrante e o apresentaram ao delegado, que o indiciou por tráfico de droga.

Nessa situação hipotética, considera-se a prova utilizada pelos policiais para prender Rafael

(A) legal, caso seja validada pelo Ministério Público por despacho fundamentado, sujeito a controle judicial.

(B) nula, já que essa prova implica desrespeito ao sigilo telefônico e, por isso, não pode ser usada para embasar sua condenação.

(C) lícita, já que não se trata de interceptação de conversa telefônica, mas sim de mensagem telefônica.

(D) passível de validação posterior pelo juiz diante dos indícios da sua autoria ou participação em crime grave.

(E) de nulidade relativa, que se aplica somente se provado prejuízo ao réu.

Segundo têm entendido os Tribunais, somente são considerados prova lícita os dados e as conversas registrados por meio de mensagem de texto obtidos de aparelho celular apreendido no ato da prisão em flagrante se houver prévia autorização judicial. Nesse sentido: "I – A jurisprudência deste Tribunal Superior firmou-se no sentido de ser ilícita a prova oriunda do acesso aos dados armazenados no aparelho celular, relativos a mensagens de texto, SMS, conversas por meio de aplicativos (WhatsApp), obtidos diretamente pela polícia no momento da prisão em flagrante, sem prévia autorização judicial. II – *In casu*, os policiais civis obtiveram acesso aos dados (mensagens do aplicativo WhatsApp) armazenados no aparelho celular do corréu, no momento da prisão em flagrante, sem autorização judicial, o que torna a prova obtida ilícita, e impõe o seu desentranhamento dos autos, bem como dos demais elementos probatórios dela diretamente derivados (...) Recurso ordinário provido para determinar o desentranhamento dos autos das provas obtidas por meio de acesso indevido aos dados armazenados no aparelho celular, sem autorização judicial, bem como as delas diretamente derivadas, e para conceder a liberdade provisória ao recorrente, salvo se por outro motivo estiver preso, e sem prejuízo da decretação de nova prisão preventiva, desde que fundamentada em indícios de autoria válidos" (STJ, RHC 92.009/RS, Rel. Ministro Felix Fischer, Quinta Turma, julgado em 10.04.2018, DJe 16.04.2018). ED

Gabarito "B"

(Defensor Público/AL – 2017 – CESPE) Em determinada ação penal, o Ministério Público ofereceu como prova gravação feita por testemunha que tinha gravado um diálogo com o acusado, na qual este admitia que havia pagado propina a um funcionário público para que ele expedisse documento de interesse exclusivo e privado do acusado.

Nessa situação hipotética, como providência processual, deve-se

(A) proceder à acareação entre a testemunha e o acusado, para que sejam esclarecidos fatos ou circunstâncias relevantes.

(B) considerar a gravação e as demais provas colhidas, para condenar ou absolver o réu, conforme decisão do juiz.

(C) considerar contaminado todo o processo, devido à ilicitude na colheita da prova, com fundamento na teoria da árvore dos frutos envenenados.

(D) desconsiderar a prova, devido ao fato de ela ser ilícita, e arquivar o inquérito, ação que deve ser realizada pelo delegado após comunicação ao juiz e ao Ministério Público.

(E) anular a prova e retirar a gravação dos autos, devido ao fato de ela ter sido feita sem a ciência e o consentimento do réu.

A gravação ambiental clandestina (sem a ciência de um dos interlocutores), não contemplada na Lei 9.296/1996, prescinde de autorização judicial. A sua utilização como prova está a depender do caso concreto. Por se tratar de gravação de diálogo que envolve a prática de crime contra a administração pública (caráter, em princípio, não sigiloso), nada obsta que seja utilizada como prova lícita. Esse entendimento é adotado tanto no STF quanto no STJ. Conferir o seguinte julgado do STF: "Prova. Criminal. Conversa telefônica. Gravação clandestina, feita por um dos interlocutores, sem conhecimento do outro. Juntada da transcrição em inquérito policial, onde o interlocutor requerente era investigado ou tido por suspeito. Admissibilidade. Fonte lícita de prova. Inexistência de interceptação, objeto de vedação constitucional. Ausência de causa legal de sigilo ou de reserva da conversação. Meio, ademais, de prova da alegada inocência de quem a gravou. Improvimento ao recurso. Inexistência de ofensa ao art. 5º, incs. X, XII e LVI, da CF. Precedentes. Como gravação meramente clandestina, que se não confunde com interceptação, objeto de vedação constitucional, é lícita a prova consistente no teor de gravação de conversa telefônica realizada por um dos interlocutores, sem conhecimento do outro, se não há causa legal específica de sigilo nem de reserva da conversação, sobretudo quando se predestine a fazer prova, em juízo ou inquérito, a favor de quem agravou" (RE 402717, Cezar Peluso, STF). Posteriormente à elaboração desta questão, a Lei 13.964/2019 (Pacote Anticrime) inseriu o art. 8º-A na Lei 9.296/1996, e finalmente previu a possibilidade de ser autorizada pelo juiz, para fins de investigação ou instrução criminal, a captação ambiental de sinais eletromagnéticos, ópticos ou acústicos, quando preenchidos determinados requisitos contidos na lei. O art. 10-A, também inserido pela Lei 13.964/2019, estabelece ser crime a conduta consistente em realizar captação ambiental de sinais eletromagnéticos, ópticos ou acústicos para investigação ou instrução criminal sem autorização judicial, quando esta for exigida. O § 1º deste dispositivo dispõe que não há crime se a captação é realizada por um dos interlocutores. ED

Gabarito "B".

(Delegado Federal – 2018 – CESPE) Acerca da prova no processo penal, julgue os itens a seguir.

(1) Na falta de perito oficial para realizar perícia demandada em determinado IP, é suficiente que a autoridade policial nomeie, para tal fim, uma pessoa idônea com nível superior completo, preferencialmente na área técnica relacionada com a natureza do exame.

(2) Por força do princípio da verdade real, se uma autoridade policial determinar que um indiciado forneça material biológico para a coleta de amostra para exame de DNA cujo resultado poderá constituir prova para determinar a autoria de um crime, o indiciado estará obrigado a cumprir a determinação.

1: incorreta. À falta de perito oficial para proceder ao exame de corpo de delito, deverão ser nomeadas *duas* pessoas idôneas (e não somente *uma*), portadoras de diploma de curso superior, preferencialmente na área técnica relacionada com a natureza do exame a ser realizado. É o que estabelece o art. 159, § 1º, do CPP; **2:** incorreta. Ainda que inexista outro meio de produção de prova, ao acusado é assegurado, mesmo assim, em vista do que enuncia o princípio do *nemo tenetur se detegere*, o direito de não colaborar com a produção de qualquer tipo de prova, sem que isso implique prejuízo para a sua defesa. Bem por isso, é dado ao investigado/acusado o direito de recusar-se a submeter-se a exame para fornecimento de material biológico para a coleta de amostra de DNA. ED

Gabarito 1E, 2E

(Defensor Público – DPE/RN – 2016 – CESPE) Assinale a opção correta com relação ao interrogatório do acusado segundo o entendimento do STJ e do STF.

(A) Situação hipotética: Gérson, denunciado por roubo, não obstante a falta de citação prévia, compareceu espontaneamente à audiência designada, ao início da qual foi cientificado da acusação e entrevistou-se, reservadamente, com o DP nomeado para defendê-lo. Ato contínuo, informado do seu direito de permanecer em silêncio, Gérson foi interrogado e negou a imputação. Assertiva: Nessa situação, a falta de citação torna nulo o interrogatório de Gérson.

(B) É direito do corréu ser representado por defensor constituído ou dativo no interrogatório dos outros acusados como forma de oportunizar a produção de prova que entender pertinente.

(C) O direito de presença e de participação ativa nos atos de interrogatório judicial dos litisconsortes penais passivos encontra suporte legitimador em convenções internacionais, embora não seja previsto na CF.

(D) O interrogatório do acusado de tráfico de drogas deve ocorrer no fim da instrução processual, após a oitiva das testemunhas.

A: incorreta. Conferir: "A falta de citação não anula o interrogatório quando o réu, ao início do ato, é cientificado da acusação, entrevista-se, prévia e reservadamente, com a defensora pública nomeada para defendê-lo – que não postula o adiamento do ato –, e nega, ao ser interrogado, a imputação. Ausência, na espécie, de qualquer prejuízo à defesa" (HC 121682, Relator: Min. Dias Toffoli, Primeira Turma, julgado em 30.09.2014, Processo Eletrônico DJe-225 Divulg 14.11.2014 Public 17.11.2014); **B:** correta. Nesse sentido: (...) A jurisprudência desta Corte Superior de Justiça, que se consolidou no sentido de que o corréu tem o direito de ser representado no interrogatório de outro acusado, para que lhe seja oportunizada a produção da prova que entende pertinente, não se admitindo que tal prerrogativa lhe seja tolhida de plano, sem qualquer justificativa legal. 2. No entanto, conquanto se confira ao acusado a prerrogativa de participar do interrogatório do corréu e de formular as perguntas consideradas pertinentes, o certo é que a sua presença no referido ato é facultativa, motivo pelo qual a sua ausência, bem como a de seu patrono, assim como a falta de nomeação de advogado dativo não são causas de nulidade da ação penal. 3. No caso dos autos, o paciente e o patrono por ele contratado foram devidamente intimados da data designada para o interrogatório dos corréus, não tendo voluntariamente comparecido à colheita dos referidos depoimentos, o que afasta a mácula suscitada na impetração, uma vez que inexiste obrigatoriedade de nomeação de advogado *ad hoc* para o ato, já que a participação na inquirição dos demais acusados é optativa" (HC 243.126/GO, Rel. Ministro Jorge Mussi, Quinta Turma, julgado em 02.12.2014, DJe 11.12.2014); **C:** incorreta. Conferir: "(...) direito de presença e de "participação ativa" nos atos de interrogatório judicial dos demais litisconsortes penais passivos, quando existentes. – O direito do réu à observância, pelo Estado, da garantia pertinente ao "due process of law", além de traduzir expressão concreta do direito de defesa, também encontra suporte legitimador em convenções internacionais que proclamam a essencialidade dessa franquia processual, que compõe o próprio estatuto constitucional do direito de defesa, enquanto complexo de princípios e de normas que amparam qualquer acusado em sede de persecução criminal" (HC 111567 AgR, Relator(a): Min. Celso De Mello, Segunda Turma, julgado em 05.08.2014, Processo eletrônico DJe-213 divulg 29-10-2014 public 30.10.2014); **D:** incorreta, já que não corresponde ao que estabelece o art. 57 da Lei 11.343/2006, segundo a qual o interrogatório, no âmbito do crime de tráfico, constitui o primeiro ato da instrução. É importante que se diga que a aplicação desta norma, que determina que o interrogatório seja a primeira providência a ser tomada na instrução, não constitui consenso nos tribunais superiores. Há entendimento no sentido de que, em homenagem ao princípio da ampla defesa, o interrogatório deve ser o último ato da instrução, conforme estabelece o art. 400 do CPP. No sentido de que deve prevalecer, em detrimento da lei geral, a norma especial: "Se a Lei 11.343 determina que o interrogatório do acusado será o primeiro ato da audiência de instrução e julgamento, ao passo que o art. 400 do Código de Processo Penal prevê a realização de tal ato somente ao final, não há dúvidas de que deve ser aplicada a legislação específica, pois, como visto, as regras do procedimento comum ordinário só tem lugar no procedimento especial quando nele houver omissões ou lacunas" (STJ, HC 180033-SP, Quinta Turma, rel. Min. Jorge Mussi, 16.02.2002). Para Guilherme de Souza Nucci, cujo entendimento é no sentido de que deve ser aplicado o rito especial previsto na Lei de Drogas, seria recomendável, para evitar futura alegação de nulidade, que o juiz indague o defensor se o acusado pretende ser ouvido logo no início da instrução ou ao final desta (**Leis Penais e Processuais Penais Comentadas**, 8. ed. São Paulo: Revista dos Tribunais, 2014. p. 405).

Gabarito "B".

(Defensor Público – DPE/RN – 2016 – CESPE) Acerca das provas no processo penal, assinale a opção correta de acordo com o entendimento do STF e do STJ.

(A) As provas testemunhais obtidas por meio de delação premiada, ainda que em consonância com as demais provas produzidas na fase judicial da persecução penal, são elementos inidôneos para subsidiarem a condenação do agente.
(B) Conforme o princípio constitucional da razoável duração do processo, não cabem dilações indevidas no processo, sendo que a demora na tramitação do feito deve ser proporcional à complexidade do delito nele veiculado, bem como às diligências e aos meios de prova indispensáveis a seu deslinde.
(C) Uma vez que a busca da verdade real se subordina a formas rígidas, a afirmação da reincidência depende de certidão na qual fique atestado cabalmente o trânsito em julgado de anterior condenação.
(D) Conforme o entendimento do STF, a valoração da prova diz respeito a mera questão de fato, que não se confunde com o critério de reexame da prova, que é questão de direito.
(E) Conforme súmula vinculante do STF, o defensor tem direito, no interesse do representado, de ter acesso amplo aos elementos de prova, os quais, já documentados em procedimento investigatório realizado por órgão com competência de polícia judiciária, refiram-se ao exercício do direito de defesa, inclusive com obtenção de cópia dos autos do inquérito policial, ainda que este tramite sob sigilo.

A: incorreta. Conferir: "As provas testemunhais, obtidas por meio de delação premiada, em consonância com as demais provas produzidas na fase judicial da persecução penal, são elementos idôneos para subsidiarem a condenação do agente" (STJ, AgRg no AREsp 422.441/RR, Rel. Ministro Reynaldo Soares Da Fonseca, Quinta Turma, julgado em 18.08.2015, DJe 25.08.2015); **B:** correta. "A razoável duração do processo não pode ser considerada de maneira isolada e descontextualizada das peculiaridades do caso concreto. Na espécie, não configurado o alegado excesso de prazo, até porque a melhor compreensão do princípio constitucional aponta para "processo sem dilações indevidas", em que a demora na tramitação do feito há de guardar proporcionalidade com a complexidade do delito nele veiculado e as diligências e os meios de prova indispensáveis a seu deslinde" (STF, HC 116029, Relator(a): Min. Rosa Weber, Primeira Turma, julgado em 04.02.2014, Processo Eletrônico DJe-040 divulg 25.02.2014 public 26.02.2014); **C:** incorreta: "A busca da verdade real não se subordina, aprioristicamente, a formas rígidas, por isso que a afirmação da reincidência independe de certidão na qual atestado cabalmente o trânsito em julgado de anterior condenação, sobretudo quando é possível provar, por outros meios, que o paciente está submetido a execução penal por crime praticado anteriormente à sentença condenatória que o teve por reincidente" (STF, HC 116301, Relator(a): Min. Luiz Fux, Primeira Turma, julgado em 03.12.2013, Processo Eletrônico DJe-028 divulg 10.02.2014 public 11.02.2014); **D:** incorreta (STF, HC 114174); **E:** incorreta, pois não corresponde ao teor da Súmula Vinculante 14, a seguir transcrita: "É direito do defensor, no interesse do representado, ter acesso amplo aos elementos de prova que, já documentados em procedimento investigatório realizado por órgão com competência de polícia judiciária, digam respeito ao exercício do direito de defesa".

Gabarito "B".

(Defensor Público – DPE/RN – 2016 – CESPE) A respeito da prova indiciária em processo penal, da prisão em flagrante delito, das medidas assecuratórias, das citações e intimações e da suspensão condicional do processo, assinale a opção correta.

(A) O CPP não admite a realização de citação por hora certa.
(B) De acordo com a jurisprudência do STJ, a suspensão condicional do processo é aplicável aos crimes praticados em contexto de violência doméstica e familiar contra a mulher.
(C) O CPP veda ao juiz a utilização de indícios para fundamentar uma condenação criminal.
(D) Admite-se a prisão em flagrante na modalidade de flagrante presumido de alguém perseguido pela autoridade policial logo após o cometimento de um crime e encontrado em situação que faça presumir ser ele o autor da infração.
(E) O sequestro consiste na medida assecuratória proposta com o fim de promover a retenção de bens imóveis e móveis do indiciado ou acusado, ainda que em poder de terceiros, quando adquiridos com o proveito da infração penal.

A: incorreta. A citação por hora certa, antes exclusiva do processo civil, agora também é admitida no âmbito do processo penal, dada a mudança introduzida na redação do art. 362 do CPP pela Lei 11.719/2008. A propósito disso, o STF, ao julgar o RE 635.145, reconheceu, em votação unânime, a constitucionalidade da citação por hora certa no processo penal, rechaçando a tese segundo a qual esta modalidade de citação ficta ofende os postulados da ampla defesa e do contraditório; **B:** incorreta, dado que o art. 41 da Lei Maria da Penha, cuja constitucionalidade foi reconhecida pelo STF (ADC 19, de 09.02.2012), veda a aplicação, no contexto dos crimes praticados com violência doméstica e familiar contra a mulher, das medidas despenalizadoras contempladas na Lei 9.099/1995, entre as quais a *suspensão condicional do processo* e a *transação penal*. Consolidando tal entendimento, editou-se a Súmula 536, do STJ: "A suspensão condicional do processo e a transação penal não se aplicam na hipótese de delitos sujeitos ao rito da Lei Maria da Penha"; **C:** incorreta, já que inexiste óbice para que o magistrado, valendo-se de seu livre convencimento, fundamente a sentença penal condenatória com base exclusiva em *indícios* (prova indireta). Na jurisprudência: "A criminalidade dedicada ao tráfico de drogas organiza-se em sistema altamente complexo, motivo pelo qual a exigência de prova direta da dedicação a esse tipo de atividade, além de violar o sistema do livre convencimento motivado previsto no art. 155 do CPP e no art. 93, IX, da Carta Magna, praticamente impossibilita a efetividade da repressão a essa espécie delitiva (STF, HC 111.666, 1ª T., rel. Min. Luiz Fux, 08.05.2012); **D:** incorreta, já que a assertiva descreve hipótese de flagrante *impróprio, imperfeito* ou *quase flagrante*, em que o sujeito é perseguido, logo em seguida à prática criminosa, em situação que faça presumir ser o autor da infração (art. 302, III). Já o flagrante *ficto* ou *presumido*, a que faz menção a alternativa, é a modalidade (art. 302, IV) em que o agente é encontrado, depois do crime, na posse de instrumentos, armas, objetos ou papéis em circunstâncias que revelem ser ele o autor da infração penal. Há, ainda, o chamado flagrante *próprio, real* ou *perfeito*, no qual o agente é surpreendido no momento em que comete o crime ou quando acaba de cometê-lo – art. 302, I e II, do CPP; **E:** correta. De fato, somente podem ser objeto da medida de sequestro os bens adquiridos com o *provento* da infração (lucro do crime, vantagem financeira obtida) – art. 125, CPP, ainda que já tenham sido transferidos a terceiros. O provento, ganho obtido com a prática criminosa, não deve ser confundido com o *produto* do crime. Conferir, quanto a esse tema, o magistério de Guilherme de Souza Nucci: "Sequestro: é a medida assecuratória consistente em reter os bens imóveis e móveis do indiciado ou acusado, ainda que em poder de terceiros, quando adquiridos com o proveito da infração penal, para que deles não se desfaça, durante o curso da ação penal, a fim de se viabilizar a indenização da vítima ou impossibilitar ao agente que tenha lucro com a atividade criminosa (...)" (*Código de Processo Penal Comentado*, 12ª ed., p. 335).

Gabarito "E".

(Juiz de Direito/AM – 2016 – CESPE) Acerca dos meios de prova no processo penal, assinale a opção correta.

(A) A interceptação telefônica é medida subsidiária e excepcional, só podendo ser determinada quando não houver outro meio para se apurar os fatos tidos por criminosos, sendo ilegal quando for determinada apenas com base em notícia anônima, sem investigação preliminar.
(B) A competência para autorizar a interceptação telefônica é exclusiva do juiz criminal, caracterizando prova ilícita o aproveitamento da diligência como prova emprestada a ser utilizada pelo juízo cível ou em processo administrativo.
(C) De acordo com o STJ, o prazo de quinze dias é contado a partir da data da decisão judicial que autoriza a interceptação telefônica e pode ser prorrogado sucessivas vezes pelo tempo necessário, especialmente quando o caso for complexo e a prova, indispensável.
(D) Em regra, o CPP estabelece que o interrogatório do réu preso será feito pelo sistema de videoconferência ou outro recurso tecnológico de transmissão de sons e imagens em tempo real. Não sendo isso possível por falta de disponibilidade do recurso tecnológico, o preso será apresentado em juízo, mediante escolta.

(E) A busca domiciliar poderá ser feita sem autorização do morador, independentemente de dia e horário, no caso de a autoridade judiciária comparecer pessoalmente para efetivar a medida, devendo esta declarar previamente sua qualidade e o objeto da diligência.

A: correta, uma vez que, segundo estabelece o art. 2º, II, da Lei 9.296/1996, não será admitida a interceptação de comunicações telefônicas quando a prova puder ser feita por outros meios disponíveis. Além disso, a denúncia anônima somente poderá dar azo à instauração de inquérito policial, dando início à persecução penal, quando confirmada a sua procedência por meio de apuração preliminar. Conferir: "1. Elementos dos autos que evidenciam não ter havido investigação preliminar para corroborar o que exposto em denúncia anônima. O Supremo Tribunal Federal assentou ser possível a deflagração da persecução penal pela chamada denúncia anônima, desde que esta seja seguida de diligências realizadas para averiguar os fatos nela noticiados antes da instauração do inquérito policial. Precedente. 2. A interceptação telefônica é subsidiária e excepcional, só podendo ser determinada quando não houver outro meio para se apurar os fatos tidos por criminosos, nos termos do art. 2º, inc. II, da Lei n. 9.296/1996. Precedente. 3. Ordem concedida para se declarar a ilicitude das provas produzidas pelas interceptações telefônicas, em razão da ilegalidade das autorizações, e a nulidade das decisões judiciais que as decretaram amparadas apenas na denúncia anônima, sem investigação preliminar" (HC 108147, Relator(a): Min. CÁRMEN LÚCIA, Segunda Turma, julgado em 11.12.2012, PROCESSO ELETRÔNICO *DJe*-022 DIVULG 31.01.2013 PUBLIC 01.02.2013); **B:** incorreta. As provas colhidas em instrução processual penal, desde que obtidas mediante interceptação telefônica devidamente autorizada por Juízo criminal competente, admitem compartilhamento para fins de instruir ação de natureza civil ou procedimento administrativo. Nesse sentido: *É cabível a chamada "prova emprestada" no processo administrativo disciplinar, desde que devidamente autorizada pelo Juízo Criminal. Assim, não há impedimento da utilização da interceptação telefônica produzida na ação penal, no processo administrativo disciplinar, desde que observadas as diretrizes da Lei 9.296/1996* (STJ, 3ª Seção, rel. Min. Laurita Vaz, j. 26.09.2012); **C:** incorreta. O prazo tem início com a efetivação da medida, e não com a prolação da decisão judicial que a autorizou. No mais, está correto o que se afirma na alternativa. É que predomina o entendimento segundo o qual a intercepção deve perdurar pelo interregno necessário à elucidação do crime sob investigação; comporta, por isso, sucessivos pedidos de renovação. Conferir: "(...) Nesse contexto, considerando o entendimento jurisprudencial e doutrinário acerca da possibilidade de se prorrogar o prazo de autorização para a interceptação telefônica por períodos sucessivos quando a intensidade e a complexidade das condutas delitivas investigadas assim o demandarem, não há que se falar, na espécie, em nulidade da referida escuta e de suas prorrogações, uma vez que autorizada pelo Juízo de piso com a observância das exigências previstas na lei de regência (Lei 9.296/1996, art. 5º) (...)" (STF, 1ª T., RHC 120.111, rel. Min. Dias Toffoli, j. 11.03.2014); **D:** incorreta. Ao contrário do afirmado, o interrogatório por sistema de videoconferência constitui exceção, somente podendo ser realizado nas hipóteses listadas no art. 185, § 2º, do CPP. A regra é que o interrogatório seja realizado no estabelecimento em que o réu estiver preso; não sendo isso possível, por falta de estrutura do presídio, o interrogatório realizar-se-á no fórum, com requisição, pelo juiz, do acusado (art. 185, § 7º, do CPP); **E:** incorreta. Mesmo com a presença do magistrado que prolatou a ordem de busca e apreensão, tal somente poderá realizar-se à noite se o morador consentir; de qualquer forma, o magistrado presente à diligência deverá informar ao morador sua qualidade e o objeto da diligência (art. 245, *caput* e § 1º, do CPP).

Gabarito "A"

(Juiz de Direito/AM – 2016 – CESPE) Carla fez um seguro de vida que previa o pagamento de vultosa indenização a seu marido, José, caso ela viesse a falecer. O contrato previa que o beneficiário não teria direito à indenização se causasse a morte da segurada. Alguns meses depois, Carla foi encontrada morta, tendo o perito oficial que assinou o laudo cadavérico concluído que a causa provável fora envenenamento. Em que pese o delegado não ter indiciado José, o MP concluiu que havia indícios de autoria, razão pela qual ele foi denunciado por homicídio doloso. O juiz recebeu a denúncia e determinou a citação do réu. José negou a autoria do delito, tendo solicitado a admissão de assistente técnico e apresentado defesa em que requereu sua absolvição sumária. O parecer do assistente técnico foi no sentido de que a morte de Carla tivera causas naturais.

Acerca dessa situação hipotética, assinale a opção correta.

(A) Caso o juiz absolva José por estar provado não ser ele autor do fato, essa decisão não impedirá que os genitores de Carla ingressem com ação civil indenizatória e obtenham o reconhecimento de sua responsabilidade civil.

(B) O MP não poderia ter oferecido denúncia sem que o delegado tivesse indiciado José e procedido à sua oitiva na fase extrajudicial, razão pela qual o juiz deveria ter remetido os autos à delegacia para a referida providência.

(C) O juiz poderá fundamentar uma sentença absolutória acatando o parecer elaborado pelo assistente técnico contratado por José, rejeitando as conclusões do perito oficial.

(D) O laudo de exame cadavérico de Carla é nulo porque a legislação processual penal determina que ele seja elaborado e assinado por dois peritos oficiais.

(E) A seguradora poderá intervir no processo criminal como assistente da acusação no intuito de demonstrar que José foi o autor do crime.

A: incorreta. Devemos considerar, aqui, duas situações: *i)* absolvição decorrente do fato de não existir prova suficiente de ter o réu concorrido para a infração penal; *ii)* absolvição como decorrência de restar provado, no curso da instrução, que o réu não foi o autor da infração penal. A situação de José se enquadra nesta última hipótese. Ou seja, ficou provado não ser ele o autor do homicídio contra sua esposa. Sendo assim, a decisão proferida no juízo criminal faz coisa julgada no cível, impedindo que os genitores de Carla ingressem com ação civil indenizatória. De outro lado, a absolvição decorrente do fato de não existir prova suficiente de ter o réu concorrido para a infração penal possibilita que sua culpa seja rediscutida na esfera cível, não impedindo, portanto, o ajuizamento de ação indenizatória; **B:** incorreta. Em primeiro lugar, o inquérito policial não é indispensável ao oferecimento da queixa ou denúncia (art. 12 do CPP); se o titular da ação penal dispuser de elementos suficientes, poderá, diretamente, propô-la; além disso, e com muito mais razão, instaurado o inquérito, se o delegado de polícia, ao seu término, entender que não havia indícios suficientes de autoria, nada impede que o promotor, entendendo de forma diversa, ajuíze a ação penal. O promotor, portanto, não está vinculado à conclusão do inquérito policial; por fim, se assim entender o promotor (no sentido de oferecer denúncia), não cabe a ele ou mesmo ao juiz determinar à autoridade policial que proceda ao indiciamento, por se tratar de ato exclusivo desta; **C:** correta. Por força do que estabelece o art. 182 do CPP, o juiz não está vinculado às conclusões do laudo elaborado pelo perito oficial, podendo, com base na sua livre convicção, rejeitá-lo, desde que justifique tal medida; **D:** incorreta. A redação anterior do art. 159 do CPP estabelecia que a perícia fosse realizada por *dois* profissionais. Atualmente, com a modificação implementada na redação do dispositivo pela Lei 11.690/2008, a perícia será levada a efeito por *um* perito oficial portador de diploma de curso superior. À falta deste, determina o § 1º do art. 159 que o exame seja feito por duas pessoas idôneas, detentoras de diploma de curso superior preferencialmente na área específica, dentre aquelas que tiverem habilitação técnica relacionada com a natureza do exame. Assim, não há que se falar em nulidade; **E:** incorreta, uma vez que a seguradora não foi incluída no rol do art. 268 do CPP. Conferir: *A seguradora não tem direito líquido e certo de figurar como assistente do Ministério Público na ação penal em que se imputa a um dos denunciados, beneficiário de seguro de vida da vítima, a prática de homicídio (art. 121, § 2º, incisos I e IV, do Código Penal), porquanto não se caracteriza como vítima desse delito, tampouco há previsão legal nesse sentido* (RMS 47.575/SP, Rel. Ministra MARIA THEREZA DE ASSIS MOURA, SEXTA TURMA, julgado em 14.04.2015, *DJe* 23.04.2015).

Gabarito "C"

(Juiz de Direito/DF – 2016 – CESPE) Acerca do princípio do livre convencimento do juiz, assinale a opção correta.

(A) Tendo formado sua convicção pela livre apreciação da prova produzida em contraditório judicial, o juiz poderá proferir decisão baseada exclusivamente nas provas não repetíveis, mas não poderá fazê-lo em caso de provas antecipadas ou cautelares.

(B) O juiz deve formar sua convicção pela livre apreciação da prova produzida em contraditório judicial, não podendo proferir decisão baseada exclusivamente nos elementos informativos colhidos na fase de investigação, tampouco nas provas cautelares, não repetíveis e antecipadas.

(C) Dada a previsão de que o juiz deve formar sua convicção pela livre apreciação da prova produzida em contraditório, a prova produzida na fase de investigação poderá fundamentar a decisão do magistrado se a sua produção tiver sido acompanhada pelo advogado do réu, ou seja, poderá o juiz fundamentar sua decisão exclusivamente nos elementos informativos produzidos na fase de inquérito.

(D) Em decorrência do princípio do livre convencimento adotado pelo CPP, o juiz pode decidir de acordo com sua vivência acerca dos fatos, desde que sua decisão seja devidamente fundamentada.

(E) O juiz deve formar sua convicção pela livre apreciação da prova produzida em contraditório judicial, e poderá proferir decisão com base exclusivamente nas provas cautelares, não repetíveis e antecipadas.

A: incorreta. Acolhemos, como regra, o *sistema da livre convicção* ou da *persuasão racional,* atualmente consagrado no art. 155, *caput,* do CPP, em que o magistrado decidirá com base no seu livre convencimento, devendo, todavia, fundamentar sua decisão (art. 93, IX, da CF/1988). Em outras palavras, ao magistrado é conferida ampla liberdade para formar seu convencimento. Porém, esta liberdade não é ilimitada. Com efeito, reza o art. 155, *caput,* do CPP que é vedado ao juiz fundamentar sua decisão exclusivamente nas informações colhidas na fase investigatória, que em regra é constituída pelo inquérito policial, isto é, o inquérito não pode servir de suporte único para uma condenação. E a razão para isso é simples: durante a fase de investigação, não vigora a garantia do contraditório, princípio de índole constitucional (art. 5º, LV, da CF), o que somente ocorrerá na etapa processual. Sucede que essa limitação imposta ao juiz (de se valer, para a condenação, exclusivamente das provas colhidas na investigação) não abrange as provas cautelares, não repetíveis e antecipadas, em que o contraditório será diferido, ou seja, exercido em momento posterior (no curso do processo); **B:** incorreta, tendo em conta o que foi afirmado acima; **C:** incorreta. Ainda que a produção da prova, na fase inquisitiva, tenha sido acompanhada pelo advogado do investigado, mesmo assim é vedado ao juiz proferir sentença condenatória com base exclusiva nos elementos colhidos nessa primeira fase da persecução; **D:** incorreta. É vedado ao juiz decidir com base na sua vivência acerca dos fatos (experiência); o que se permite é que o magistrado, na avaliação da prova, se valha de elementos de sua vivência. Em outras palavras, ao juiz não é dado formar a prova a partir de sua vivência, mas tão somente usá-la na valoração da prova já existente; **E:** correta, pois em conformidade com o disposto no art. 155, *caput,* do CPP.

Gabarito "E".

(Cartório/DF – 2014 – CESPE) Acerca da prova no processo penal brasileiro e dos procedimentos a ela inerentes, assinale a opção correta.

(A) Denomina-se qualificada a confissão em que o réu admite a prática do fato criminoso, invocando, por exemplo, alguma excludente de ilicitude ou culpabilidade.

(B) Por não integrar o rol de testemunhas e não ter o compromisso de dizer a verdade, o ofendido, intimado para oitiva em juízo, pode abster-se de comparecer, sendo vedada a sua condução coercitiva.

(C) São indispensáveis para a execução da medida de busca domiciliar, entre outros requisitos, ordem judicial escrita e fundamentada, e cumprimento da diligência durante o dia ou à noite, mediante prévia apresentação da ordem judicial ao morador.

(D) Em regra, não sendo possível o exame de corpo de delito por haverem desaparecido os vestígios, a confissão do réu e a prova testemunhal poderão substituí-lo.

(E) O interrogatório judicial deverá ser realizado como primeiro ato instrutório, sendo indispensável que o réu seja acompanhado por defensor, constituído ou dativo.

A: correta. Confissão *qualificada* é aquela em que o acusado, depois de se declarar culpado em relação ao fato principal, invoca, em sua defesa, a ocorrência de fato apto a excluir sua responsabilidade ou diminuir sua pena, tal como a excludente de ilicitude ou de culpabilidade; *simples,* de outro lado, é a confissão em que o réu admite a prática do fato criminoso sem invocar qualquer fato que possa excluir ou diminuir sua responsabilidade penal; **B:** incorreta. O ofendido, por não ser testemunha, não se sujeita a processo por crime de falso testemunho. De outra forma não poderia ser. É que a vítima, dado o seu interesse na condenação do acusado, não pode ser tida como figura imparcial, como deve ser a testemunha, presumidamente desinteressada no deslinde da causa. Assim sendo, não se deve, ao menos em princípio, conferir o mesmo valor probatório às declarações do ofendido e ao depoimento da testemunha. Até aqui está correto o que se afirma na assertiva. No entanto, a teor do art. 201, § 1º, do CPP, se o ofendido, depois de intimado, deixar de comparecer sem motivo justo poderá ser conduzido coercitivamente à presença da autoridade; **C:** incorreta. É que, segundo estabelece o art. 245 do CPP, a busca domiciliar realizar-se-á durante o dia ou à noite, desde que, neste último caso, haja consentimento do morador, não sendo suficiente que o agente executor da ordem apresente o mandado ao morador; **D:** incorreta. É certo que o exame de corpo de delito, nas infrações que deixam vestígios, é indispensável – art. 158 do CPP. Agora, se estes vestígios, por qualquer razão, se perderem, nosso ordenamento jurídico admite que a prova testemunhal supra essa ausência – art. 167 do CPP. A confissão, no entanto, por expressa disposição do art. 158 do CPP, não poderá ser utilizada para esse fim; **E:** incorreta. Por força das modificações implementadas pela Lei 11.719/2008, que alterou diversos dispositivos do CPP, entre os quais o seu art. 400, a instrução, que antes tinha como providência inicial o interrogatório do acusado, passou a ser una, impondo, além disso, nova sequência de atos, todos realizados em uma única audiência. Nesta (art. 400 do CPP – ordinário; art. 531 do CPP – sumário), deve-se ouvir, em primeiro lugar, o ofendido; depois, ouvem-se as testemunhas de acusação e, em seguida, as de defesa. Após, vêm os esclarecimentos dos peritos e as acareações. Em seguida, procede-se ao reconhecimento de pessoas e coisas. Somente depois interroga-se o acusado. Ao final, não havendo requerimento de diligências, serão oferecidas pelas partes alegações finais orais, por vinte minutos, prorrogáveis por mais dez.

Gabarito "A".

(Procurador do Estado – PGE/BA – CESPE – 2014) Acerca das provas, julgue o item a seguir (adaptada)

(1) No processo penal, o momento adequado para a especificação de provas pelo réu é a apresentação da resposta à acusação. Entretanto, isso não impede que, por ocasião de seu interrogatório, o réu indique outros meios de prova que deseje produzir.

1: correta, pois reflete o que estabelecem os arts. 189 e 396-A, ambos do CPP, que se referem, respectivamente, à possibilidade de o réu, por ocasião de seu interrogatório, indicar ao magistrado as provas que pretende produzir e ao conteúdo da resposta à acusação. ED

Gabarito 1C

(Escrivão de Polícia Federal – 2013 – CESPE) Considerando a situação hipotética acima, julgue os próximos itens, com base nos elementos de direito processual.

(1) Na execução regular da diligência, caso haja suspeita fundada de que a moradora oculte consigo os objetos sobre os quais recaia a busca, poderá ser efetuada a busca pessoal, independentemente de ordem judicial expressa, ainda que não exista mulher na equipe policial, de modo a não retardar a diligência.

(2) Existindo o consentimento do marido para a entrada dos policiais no imóvel, com oposição expressa e peremptória da esposa, o mandado não poderá ser cumprido no período noturno, haja vista a necessidade de consentimento de ambos os cônjuges e moradores.

1: correta, pois em conformidade com o que estabelecem os arts. 240, § 2º, 244 e 249, todos do CPP; **2:** correta, uma vez que, havendo divergência entre os moradores, prevalecerá a vontade daquele que não autoriza o ingresso durante o repouso noturno. De ver-se que, se durante o dia, pouco importa se um dos moradores se opuser ao cumprimento da ordem judicial, que, mesmo assim, será realizada, fazendo uso, o executor da ordem, se necessário, de força para vencer a resistência oferecida (art. 245, § 3º, CPP).

Gabarito 1C, 2C

(Escrivão de Polícia Federal – 2013 – CESPE) A respeito da prova no processo penal, julgue os itens subsequentes.

(1) A consequência processual da declaração de ilegalidade de determinada prova obtida com violação às normas constitucionais ou legais é a nulidade do processo com a absolvição do réu.

(2) O exame caligráfico ou grafotécnico visa certificar, por meio de comparação, que a letra inserida em determinado escrito pertence à pessoa investigada. Esse exame pode ser utilizado como parâmetro para as perícias de escritos envolvendo datilografia ou impressão por computador.

(3) A confissão extrajudicial do réu e outros elementos indiciários de participação no crime nos autos do processo são subsídios suficientes para autorizar-se a prolação de sentença condenatória.

1: incorreta. A declaração de nulidade de determinada prova obtida em violação a norma constitucional ou legal não conduz, necessariamente, à absolvição do acusado. Neste caso, por imposição do art. 157, *caput*, do CPP, tal prova deve ser desentranhada do processo, ficando o juiz, bem por isso, impedido de considerá-la para o fim de condenar o réu. O art. 157, § 5º, do CPP, inserido pela Lei 13.964/2019 e cuja eficácia está suspensa por decisão do STF, estabelece que *o juiz que conhecer do conteúdo da prova declarada inadmissível não poderá proferir a sentença ou acórdão*; **2**: correta. Nesse sentido, conferir a lição de Guilherme de Souza Nucci, em comentário lançado ao art. 174 do CPP, que disciplina o chamado exame grafotécnico ou caligráfico: "Reconhecimento de escritos: é o denominado exame grafotécnico (ou caligráfico), que busca certificar, admitindo como certo, por comparação, que a letra, inserida em determinado escrito, pertence à pessoa investigada. Tal exame pode ser essencial para apurar um crime de estelionato ou de falsificação, determinando a autoria. Logicamente, da mesma maneira que a prova serve para incriminar alguém, também tem a finalidade de afastar a participação de pessoa cuja letra não for reconhecida. O procedimento acima pode ser utilizado, atualmente, como parâmetro para as perícias envolvendo datilografia ou impressão por computador (...)" (*Código de Processo Penal Comentado*, 12. ed., p. 418); **3**: incorreta. A confissão extrajudicial, porque não realizada sob o crivo do contraditório e ampla defesa, deve ser considerada tão somente como *indício* (meio de prova indireto). Não pode, por isso, ser utilizada, por si só, para dar suporte a decreto condenatório. Deve, isto sim, ser cotejada com as demais provas produzidas em juízo (art. 197, CPP). No mais, para autorizar uma condenação, não bastam indícios de autoria, sendo de rigor, além da prova da existência do crime, também *certeza* de autoria.

Gabarito 1E, 2C, 3E

(Agente de Polícia/DF – 2013 – CESPE) Acerca da prova criminal, julgue os itens subsequentes.

(1) Crianças podem ser testemunhas em processo criminal, mas não podem ser submetidas ao compromisso de dizer a verdade.

(2) Durante a busca domiciliar com autorização judicial, é permitido, em caso de resistência do morador, o uso da força contra móveis existentes dentro da residência no intuito de localizar o que se procura, não caracterizando essa conduta abuso de autoridade.

(3) O juiz pode condenar o acusado com base na prova pericial, porque, a despeito de ser elaborada durante o inquérito policial, ela é prova técnica e sujeita ao contraditório das partes.

1: correta. De fato, qualquer pessoa, em princípio, pode ser testemunha em processo criminal (art. 202, CPP). Agora, o compromisso de dizer a verdade não pode ser deferido, entre outros, ao menor de 14 (catorze) anos, aqui incluídas, por óbvio, as crianças (menor com até doze anos incompletos). É o que estabelece o art. 208 do CPP; **2**: correta, pois reflete a regra presente no art. 245, § 3º, do CPP; **3**: correta. Como bem sabemos, as perícias em geral constituem prova *não repetível*, que, embora sejam, em regra, realizadas no curso das investigações, serão submetidas, na etapa processual, ao chamado contraditório diferido (posterior). Podem, portanto, em vista do que estabelece o art. 155, *caput*, do CPP, servir de base para uma condenação. Dentro do tema "exame de corpo de delito e perícias em geral", importante tecer alguns comentários acerca da chamada "cadeia de custódia", inovação introduzida no CPP (arts. 158-A a 158-F) pela Lei 13.964/2019 (Pacote Anticrime), que consiste na sistematização de todos os procedimentos que se prestam a preservar a autenticidade da prova coletada em locais ou em vítimas de crimes. *Grosso modo*, estabelece regras que devem ser seguidas no manejo das provas, desde o primeiro momento desta cadeia, que se dá com o procedimento de preservação do local de crime ou a verificação da existência de vestígio, até o seu descarte. Também são estabelecidas normas concernentes ao armazenamento de vestígios e a sua preservação. Tal regramento se justifica na medida em que a prova pericial, ao contrário da grande maioria das provas, não é passível de ser reproduzida em juízo sob o crivo do contraditório, de sorte que a sua produção, em regra ainda na fase investigativa, tem caráter definitivo, embora possa, em juízo, ser contrariada (contraditório diferido).

Gabarito 1C, 2C, 3C

(Escrivão de Polícia/BA – 2013 – CESPE) Considerando que determinada adolescente de dezessete anos de idade seja encontrada morta em uma praia, julgue os itens subsequentes.

(1) A constatação de ocorrência de dilatação do orifício anal do cadáver, especialmente se o tempo de morte for superior a quarenta e oito horas, não constitui, por si só, evidência de estupro com coito anal.

(2) Caso o corpo da jovem esteja rígido, ou seja, com a musculatura tensa e as articulações inflexíveis, é correto concluir que ela lutou intensamente antes de morrer.

1: certa. Isso porque, durante o período gasoso da putrefação, pode ocorrer de o ânus se entreabrir e ser rebatido para o lado externo, em razão da força provocada pelos gases na parte interna do cadáver. Assim, portanto, não se pode afirmar, com base apenas na dilatação aparente da região anal, que houve estupro na modalidade coito anal; **2**: certa. O enrijecimento dos músculos do corpo, imediatamente após a morte, e que precede a rigidez comum dos cadáveres, é chamado de espasmo cadavérico ou rigidez cataléptica. Trata-se de um sinal de que o indivíduo foi atacado de forma violenta e súbita.

Gabarito 1C, 2C

(Escrivão de Polícia/BA – 2013 – CESPE) Após denúncia anônima, João foi preso em flagrante pelo crime de moeda falsa no momento em que fazia uso de notas de cem reais falsificadas. Ele confessou a autoria da falsificação, confirmada após a perícia.

Com base nessa situação hipotética e nos conhecimentos específicos relativos ao direito processual penal, julgue os itens subsecutivos.

(1) A confissão de João, efetuada durante o inquérito policial, é suficiente para que o juiz fundamente sua condenação, pois, pela sistemática processual, o valor desse meio de prova é superior aos demais.

(2) Caso não tenha condições de contratar advogado, João poderá impetrar *habeas corpus* em seu próprio favor, no intuito de obter sua liberdade, bem como de fazer sua defesa técnica nos autos do processo judicial, caso seja advogado.

(3) João poderá indicar assistente técnico para elaborar parecer, no qual poderá ser apresentada conclusão diferente da apresentada pela perícia oficial. Nesse caso, o juiz é livre para fundamentar sua decisão com base na perícia oficial ou na particular.

(4) João deverá ser investigado pela polícia federal e processado pela justiça federal do lugar em que ocorreu o fato criminoso.

(5) O delegado tem competência para arbitrar a fiança de João, visto que se trata de crime afiançável.

1: incorreta. A confissão efetuada durante o inquérito policial, porque não realizada sob o crivo do contraditório e ampla defesa, deve ser considerada tão somente como *indício* (meio de prova indireto). Não pode, por isso, ser utilizada, por si só, para dar suporte a decreto condenatório. Deve, isto sim, ser cotejada com as demais provas produzidas em juízo (art. 197, CPP). Da mesma forma, é incorreto se afirmar que a confissão, mesmo a realizada no curso da instrução processual, tem valor superior às demais provas; não há que se falar, portanto, em hierarquia entre provas; **2**: correta. De fato, o *habeas corpus* pode ser impetrado pelo próprio paciente, sem que haja necessidade da intervenção de advogado (art. 654, *caput*, do CPP); no mais, embora não seja recomendável, nada obsta que o advogado, atuando em causa própria, patrocine, ele mesmo, sua defesa; **3**: correta (art. 159, § 5º, II, do CPP; art. 182, CPP); **4**: correta. Em princípio, a competência para o processamento e julgamento do crime de moeda falsa, capitulado no art. 289 do CP, é da Justiça Federal, cabendo a sua apuração, por conseguinte, à Polícia Federal; agora, sendo a falsificação grosseira, tem entendido a jurisprudência que a competência, neste caso, é da Justiça Estadual (*vide* Súmula 73 do STJ), na medida em que o crime pelo qual deve o agente responder é o de estelionato (art. 171, *caput*, do CP). Como nenhuma menção a isso foi feita no enunciado, é correto dizer-se que a competência, na hipótese narrada no enunciado, é da JF. Conferir: "Conflito negativo de competência entre as justiças estadual e federal – Colocação de moeda falsa em circulação – Laudo pericial confirmando a boa qualidade do falso, que se mostra grosseiro apenas do ponto de vista técnico – Afastamento da Súm. 73/STJ – Competência da Justiça Federal. 1. "A utilização de papel moeda grosseiramente falsificado configura, em tese, o crime de estelionato, da competência da Justiça Estadual" (Súm. 73/STJ). 2. *Mutatis mutandis*, a boa qualidade do falso, grosseira apenas do ponto de vista estritamente técnico, assim atestada em laudo pericial, é capaz de tipificar, em tese, o crime de moeda falsa. 3. Por lesar diretamente os interesses da União, o crime de moeda falsa deve ser processado e julgado perante a Justiça Federal. 4. Competência da Justiça Federal" (CC 200700217713, Jane Silva (desembargadora convocada do TJ/MG), STJ – Terceira seção, *DJE* 04/08/2008); **5**: incorreta, uma vez que ao delegado de polícia não é dado, nos termos do art. 322, *caput*, do CPP, arbitrar fiança nos crimes em que a pena privativa de liberdade máxima for superior a 4 (quatro) anos. No crime de moeda falsa (art. 289, CP), a pena máxima cominada no preceito secundário do tipo é de 12 (doze) anos, bem superior, portanto, ao limite estabelecido no art. 322 do CPP.

Gabarito 1E, 2C, 3C, 4C, 5E

(Investigador de Polícia/BA – 2013 – CESPE) Acerca da perícia médico-legal, dos documentos legais relacionados a essa perícia e da imputabilidade penal, julgue o item a seguir.

(1) Quando solicitado por autoridade competente, o relatório do médico-legista acerca de exame feito em vestígio relacionado a ato delituoso recebe a denominação de atestado médico.

1: errada. Os relatórios médico-legais podem ser de duas espécies: a) auto, quando ditado pelo perito diretamente ao escrivão, escrevente ou escriturário na presença da autoridade competente; b) laudo, quando elaborado pelo próprio perito em fase posterior aos exames realizados. No laudo existe uma introdução, um histórico, a descrição dos exames realizados, a discussão sobre as características encontradas. Em seguida, são apresentadas as constatações e conclusões extraídas dos exames. E, por fim, as respostas aos quesitos formulados pela autoridade. Já o atestado traz informações escritas sobre achados de interesse médico e possíveis consequências que lhes deram causa.

Gabarito 1E

(Analista – TJ/CE – 2013 – CESPE) Assinale a opção correta no que diz respeito às provas no processo penal.

(A) É vedada a realização de interrogatório por videoconferência, por ferir o direito de autodefesa do acusado.

(B) A confissão feita perante a autoridade policial não será passível de retratação em juízo caso tenha sido assegurado ao acusado o direito ao contraditório e à ampla defesa mediante o acompanhamento de um advogado.

(C) Admite-se a oitiva de corréu na qualidade de testemunha, de informante, ou mesmo de colaborador ou delator, atualmente conhecida como delação premiada.

(D) O cônjuge separado não se pode recusar a prestar depoimento na condição de testemunha sobre o suposto cometimento de um delito pelo ex-marido, devendo assumir o compromisso de dizer a verdade.

(E) Haja vista que o interrogatório judicial é meio de defesa do réu, o desrespeito a essa franquia individual, resultante da arbitrária recusa em lhe permitir a formulação de reperguntas aos demais corréus constituirá causa geradora de nulidade absoluta.

A: incorreta. Embora constitua exceção, assim considerado pela lei processual penal (art. 185, § 2º, do CPP), a realização de interrogatório por sistema de videoconferência não ofende o princípio da autodefesa. De toda sorte, é importante que se diga que o emprego deste recurso tecnológico, por impossibilitar uma aproximação física entre julgador e acusado, tem gerado, desde o seu nascedouro, polêmica na doutrina e na jurisprudência; **B**: incorreta, na medida em que a confissão, a teor do art. 200 do CPP, é passível de retratação a qualquer tempo. Mesmo porque, conforme é sabido, a confissão extrajudicial, porque não realizada sob o crivo do contraditório e ampla defesa, ainda que acompanhada por advogado, deve ser considerada tão somente como *indício* (meio de prova indireto). Não pode, por isso, ser utilizada, por si só, para dar suporte a decreto condenatório. Deve, isto sim, ser cotejada com as demais provas produzidas em juízo (art. 197, CPP); **C**: incorreta. Embora o corréu possa ser ouvido como delator ou colaborador, é fato que é incorreto afirmar-se que poderá funcionar como testemunha, na medida em que não se pode conferir-lhe o dever de dizer a verdade. Nesse sentido: "Recurso ordinário em *habeas corpus*. Estelionato (art. 171 do código penal). Alegado cerceamento de defesa. Indeferimento do pedido de oitiva de corréu como testemunha. Impossibilidade. Constrangimento ilegal não caracterizado. 1. Ao magistrado é facultado o indeferimento, de forma fundamentada, do requerimento de produção de provas que julgar protelatórias, irrelevantes ou impertinentes, devendo a sua imprescindibilidade ser devidamente justificada pela parte. Doutrina. Precedentes do STJ e do STF. 2. No caso dos autos, a defesa pretendeu a oitiva de corréu que aceitou a proposta de suspensão condicional do processo como testemunha, o que foi indeferido pela togada responsável pelo feito. 3. O corréu, por não ter o dever de falar a verdade e por não prestar compromisso, não pode servir como testemunha, o que afasta o constrangimento ilegal de que estaria sendo vítima a recorrente. Doutrina. Precedentes. 4. Recurso improvido" (RHC 201302786058, Jorge Mussi, STJ, 5ª T., *DJE* 02/10/2013); **D**: incorreta, pois o cônjuge, mesmo que separado, poderá recusar-se prestar depoimento em desfavor de seu ex-marido (art. 206, CPP – onde se lê *desquitado* deve se ler *separado*"; **E**: correta. Conferir: "Processo penal. *Habeas corpus*. Interrogatório. Direito da defesa de corréu realizar reperguntas. Possibilidade desde que respeitado o direito de permanecer em silêncio e à não incriminação. Relaxamento da prisão. Constrangimento não evidenciado. Ordem concedida em parte. 1. Embora o interrogatório mantenha seu escopo eminentemente como meio de defesa, quando envolve a acusação ou participação de outro denunciado, cria a possibilidade à defesa do litisconsorte passivo realizar reperguntas, assegurando a ampla defesa e a participação ativa do acusado no interrogatório dos corréus. 2. Não há que se confundir, nessa situação, o corréu com testemunha, pois o interrogado não estará obrigado a responder as perguntas dos demais envolvidos, preservado o direito de permanecer em silêncio e de não produzir provas contra si. Precedentes desta Turma e do Supremo Tribunal Federal. 3. A anulação dos interrogatórios não gera o direito automático ao relaxamento da prisão, não existindo nos autos elementos suficientes à caracterização de excesso de prazo que justifique a revogação da custódia cautelar, pois se trata de ação complexa em que se apura a atuação de estruturada quadrilha responsável pelo tráfico de diversos tipos de drogas e com vários envolvidos. 4. *Habeas corpus* concedido em parte para determinar a renovação dos interrogatórios dos acusados, assegurando o direito das defesas dos corréus realizarem reperguntas, resguardado o direito dos interrogados à não autoincriminação e ao de permanecer em silêncio, mantidos os demais atos da instrução" (HC 201000267009, Haroldo Rodrigues (Desembargador Convocado Do TJ/CE), STJ – Sexta T., *DJE* 16/08/2010).

Gabarito "E"

(Agente de Polícia Federal – 2012 – CESPE) Com base no direito processual penal, julgue os itens que se seguem.

(1) De acordo com inovações na legislação específica, a perícia deverá ser realizada por apenas um perito oficial, portador de diploma de curso superior; contudo, caso não haja, na localidade, perito oficial, o exame poderá ser realizado por duas pessoas idôneas, portadoras de diploma de curso superior, preferencialmente na área específica. Nessa última hipótese, serão facultadas a participação das partes, com a formulação de quesitos, e a indicação de assistente técnico, que poderá apresentar pareceres, durante a investigação policial, em prazo máximo a ser fixado pela autoridade policial.

(2) Como o sistema processual penal brasileiro assegura ao investigado o direito de não produzir provas contra si mesmo, a ele é conferida a faculdade de não participar de alguns atos investigativos, como, por exemplo, da reprodução simulada dos fatos e do procedimento de identificação datiloscópica e de reconhecimento, além do direito de não fornecer material para comparação em exame pericial.

(3) O sistema processual vigente prevê tratamento especial ao ofendido, especialmente no que se refere ao direito de ser ouvido em juízo e de ser comunicado dos atos processuais relativos ao ingresso e à saída do acusado da prisão, à designação de data para audiência e à sentença e respectivos acórdãos. Além disso, ao ofendido é conferido o direito da preservação da intimidade, da vida privada, da honra e da imagem, o que, entretanto, não obsta a acareação entre ele e o acusado.

(4) O Código de Processo Penal determina expressamente que o interrogatório do investigado seja o último ato da investigação criminal antes do relatório da autoridade policial, de modo que seja possível sanar eventuais vícios decorrentes dos elementos informativos colhidos até então bem como indicar outros elementos relevantes para o esclarecimento dos fatos.

1: errada, pois, de acordo com o art. 159, § 4º, do CPP, o assistente técnico atuará a partir de sua admissão pelo juiz e após a conclusão dos exames e *elaboração do laudo pelos peritos oficiais*, sendo as partes intimadas desta decisão. Porém, entende-se que será possível a indicação de assistentes técnicos e a formulação de quesitos mesmo em caso de a perícia ser realizada por peritos não oficiais (peritos juramentados); **2:** errada. De fato, ninguém poderá ser compelido a produzir prova contra si mesmo (princípio do *nemo tenetur se detegere*), razão pela qual a participação do investigado na reprodução simulada dos fatos (art. 7º do CPP) será facultativa, o mesmo se dizendo no tocante à colheita de material gráfico para comparação em exame pericial. Porém, no que diz respeito à identificação criminal (que compreende a identificação datiloscópica e fotográfica), esta será realizada mesmo contra a vontade do investigado, nas hipóteses previstas na Lei 12.037/2009; **3:** correta. Nos termos do art. 201, § 2º, do CPP, o ofendido será comunicado dos atos processuais relativos ao ingresso e à saída do acusado da prisão, à designação de data para audiência e à sentença e respectivos acórdãos que a mantenham ou modifiquem. Ainda, conforme dispõe o art. 229 do CPP, será admitida a acareação entre acusados, entre acusado e testemunha, entre testemunhas, *entre acusado* ou testemunha *e a pessoa ofendida, e entre as pessoas ofendidas*, sempre que divergirem, em suas declarações, sobre fatos ou circunstâncias relevantes; **4:** errada, pois o interrogatório do investigado, durante a fase de investigação criminal, não é, necessariamente, o último ato que antecede o relatório da autoridade policial. Basta ver que no art. 6º do CPP, que trata das diligências realizadas na fase inquisitiva, não há uma ordem a ser seguida, constando o interrogatório do indiciado em seu inciso V. Situação diversa ocorre na fase processual (fase da ação penal), na qual, de fato, o interrogatório do acusado é ato de fechamento ou de encerramento da fase instrutória (vide, por exemplo, o art. 400, *caput*, parte final, do CPP).

Gabarito 1E, 2E, 3C, 4E

(Magistratura/PA – 2012 – CESPE) Assinale a opção correta acerca da prova no âmbito do direito processual penal.

(A) É lícita a prova de crime diverso obtida por meio de interceptação de ligações telefônicas de terceiro — este compreendido como o que se comunicou com o investigado ou o que utilizou a linha telefônica monitorada — não mencionado na autorização judicial de escuta, desde que relacionada (existindo conexão ou continência) com o fato criminoso objeto da investigação.

(B) Dado o princípio da verdade real, a prova pericial é necessária para a comprovação da materialidade do crime de falsificação de documento, ainda que o próprio réu confesse ter forjado a documentação, segundo a pacífica jurisprudência do STJ.

(C) Conforme a jurisprudência do STJ, constitui cerceamento de defesa o indeferimento do pedido de oitiva de testemunhas não arroladas na defesa prévia, visto que a prova testemunhal não se submete a preclusão consumativa.

(D) A lei não permite que a testemunha se exima da obrigação de depor, podendo, entretanto, recusar-se a fazê-lo o ascendente ou descendente, o afim em linha reta, o cônjuge, ainda que divorciado, o pai, a mãe, o filho adotivo do acusado e o seu colateral até o terceiro grau, salvo quando não for possível, por outro modo, obter-se ou integrar-se a prova do fato e de suas circunstâncias.

A: assertiva correta. Nesse diapasão, conferir decisão do STJ: "É lícita a prova de crime diverso, obtida por meio de intercepção de ligações telefônicas de terceiro não mencionado na autorização judicial de escuta, desde que relacionada com o fato criminoso objeto da investigação" (STJ, HC 33.553-CE, 4ª T., rel. Min. Laurita Vaz, *DJ* 11.4.2005); **B:** ver: "Nos termos da jurisprudência consolidada desta Turma, a prova pericial é desnecessária para a comprovação da materialidade do crime de falsificação de documento, mormente quando o próprio réu confessou ter forjado um atestado médico" (HC 202.790/SP, Rel. Ministro Gilson Dipp, 5ª T., j. 19/05/2011, *DJE* 08/06/2011). A proposição, portanto, está incorreta; **C:** incorreta. *Vide*: STJ, HC 138.041-MG, 5ª T., rel. Min. Felix Fischer, *DJE* 10.05.10; **D:** incorreta, pois não corresponde ao que estabelece o art. 206 do CPP.

Gabarito "A"

(Ministério Público/ES – 2010 – CESPE) Assinale a opção correta a respeito das provas no processo penal, considerando os posicionamentos doutrinário e jurisprudencial dominantes.

(A) Nas infrações penais que deixem vestígios, o exame de corpo de delito será indispensável e, se realizado na fase inquisitiva, deverá ser renovado em juízo em observância ao princípio do contraditório.

(B) Considerando que, em determinado processo, após a apresentação das alegações finais pelas partes, os autos tenham sido conclusos ao juiz para sentença, e que o juiz, no entanto, tenha tido dúvidas quanto à autoria do delito de falsificação de documento particular em razão de não ter sido realizado exame grafotécnico, caberá ao referido juiz proferir sentença absolutória, obedecendo ao princípio "in dubio pro reo".

(C) No interrogatório do réu, assegura-se a presença das partes, que podem fazer reperguntas logo após a inquirição pela autoridade judiciária. No entanto, o mesmo princípio não encontra aplicação na fase policial em que o procedimento é inquisitivo, pois, nessa fase, não se aplica o princípio do contraditório.

(D) Havendo indícios razoáveis de autoria ou participação e não podendo a prova ser produzida por outros meios, a interceptação telefônica pode ser deferida pelo juízo criminal em qualquer delito, o que inclui os crimes apenados com detenção e as contravenções penais.

A: incorreta. O exame de corpo de delito (exame necroscópico, por exemplo) é uma prova não repetível, isto é, uma prova que não precisa ser renovada em juízo, embora deva ser submetido a contraditório (diferido, postergado); **B:** incorreta, visto que, neste caso, deve o juiz, fazendo uso da prerrogativa que lhe confere o art. 156, II, do CPP, determinar a realização de exame grafotécnico; **C:** correta, nos termos do art. 188 do CPP. Esta regra, no entanto, não se aplica ao interrogatório prestado no âmbito do inquérito policial, já que neste não vigora o contraditório; **D:** incorreta, visto que a interceptação telefônica somente será deferida se o fato investigado constituir infração penal punida com pena de reclusão – art. 2º, III, da Lei 9.296/1996.

Gabarito "C"

(Ministério Público/RO – 2010 – CESPE) Assinale a opção correta a respeito da prova criminal.

(A) Na falta de perito oficial, o exame de corpo delito deverá ser realizado por um profissional idôneo, indicado pelo juiz, que tenha habilitação técnica relacionada com a natureza do exame.

(B) O juiz penal está adstrito ao laudo, não podendo rejeitar suas conclusões em face do princípio da persuasão racional.

(C) O interrogatório é ato privativo do juiz, que, durante sua realização, assegurará o direito do réu ao silêncio e ao privilégio de não ser obrigado a produzir prova contra si, razão pela qual é vedada à acusação e à defesa a elaboração de perguntas.

(D) De acordo com o CPP, os doentes mentais e os menores de quatorze anos de idade podem ser testemunhas não compromissadas.

(E) No reconhecimento de pessoa, aquele que for submetido a reconhecimento deve ser colocado ao lado de, pelo menos, outros dois indivíduos que tenham as mesmas características físicas, sob pena de nulidade do ato.

A: incorreto. A redação anterior do art. 159 do CPP estabelecia que a perícia fosse realizada por *dois* profissionais. Atualmente, com a modificação implementada no dispositivo pela Lei 11.690/2008, a perícia será levada a efeito por *um* perito oficial, portador de diploma de curso superior. À falta deste, determina o § 1º do art. 159 que o exame seja feito por duas pessoas idôneas, detentoras de diploma de curso superior preferencialmente na área específica, dentre aquelas que tiverem habilitação técnica relacionada com a natureza do exame; **B:** incorreta. O juiz, fazendo uso da prerrogativa que lhe confere o art. 182 do CPP, poderá aceitar ou rejeitar o laudo, no todo ou em parte, isto é, o magistrado não ficará vinculado ao resultado do exame; **C:** incorreta, visto que contraria o teor do art. 188 do CPP; **D:** correta, nos moldes dos arts. 202 e 208 do CPP; **E:** incorreta, nos termos do art. 226 do CPP.

Gabarito "D".

(Ministério Público/RR – 2012 – CESPE) Em relação à prova no processo penal, assinale a opção correta.

(A) As justificações, disciplinadas no estatuto processual penal, incluem-se entre as provas documentais produzidas na esfera civil e apresentadas ao juízo criminal por meio dos documentos juntados aos autos.
(B) O CPP, atualmente, dá especial relevância à participação do ofendido na formação do convencimento do julgador, elencando-o entre os meios de provas; entretanto, conforme dispõe o referido código, o ofendido não prestará compromisso nem se sujeitará a processo por falso testemunho, podendo, contudo, ser conduzido à presença da autoridade, caso, intimado para esse fim, deixe de comparecer sem motivo justo.
(C) Entre os meios de prova, que consistem em tudo que possa ser útil para a elucidação dos fatos no processo, destaca-se a denúncia.
(D) A prova emprestada é admitida no processo penal desde que, quando de sua produção, tenham sido observados os princípios indisponíveis do contraditório e da ampla defesa, o que torna prescindível a renovação destes no feito para o qual tenha sido transladada.
(E) No sistema processual brasileiro, é adotada a regra da liberdade probatória, admitindo-se todos os meios de prova legais e moralmente legítimos, ainda que não especificados no CPP, sendo a única restrição probatória o estado das pessoas, salvo a obtenção dessa prova por fonte independente.

A: incorreta. Não prevista no CPP, constitui instrumento apto a produzir, no juízo que proferiu a condenação, a justificação para instruir futuro pedido de revisão criminal. Presta-se, por exemplo, a produzir prova pericial, que servirá de suporte para que o condenado possa ingressar com pedido revisional no tribunal; **B:** correta. O ofendido, por não ser testemunha, não se sujeita a processo por crime de falso testemunho. De outra forma não poderia ser. É que a vítima, dado o seu interesse na condenação do acusado, não pode ser tida como figura imparcial, como deve ser a testemunha, presumidamente desinteressada no deslinde da causa. Assim sendo, não se deve, ao menos em princípio, conferir o mesmo valor probatório às declarações do ofendido e ao depoimento da testemunha. Por fim, estabelece o art. 201, § 1º, do CPP que o ofendido que, depois de intimado, deixar de comparecer sem motivo justo poderá ser conduzido coercitivamente à presença da autoridade; **C:** incorreta. A denúncia não pode ser considerada meio de prova; cuida-se, sim, de fonte de prova; **D:** incorreta. O magistrado somente levará em conta a chamada prova emprestada (ou trasladada), que é a utilização no processo de prova produzida em outro, se as partes envolvidas no processo onde se deu a produção da prova forem as mesmas do processo para o qual foi a prova trasladada; **E:** incorreta. O art. 157, *caput*, do CPP, por exemplo, impõe outra restrição probatória: provas obtidas por meios ilícitos.

Gabarito "B".

(Ministério Público/TO – 2012 – CESPE) No que se refere à prova no processo penal, assinale a opção correta.

(A) É absoluta a isenção do dever de depor estabelecida em razão do parentesco da testemunha com o acusado.
(B) Se o acusado, por ocasião de seu interrogatório, assumir a imputação a ele atribuída pela acusação, bem como concordar integralmente com a classificação dos fatos narrados na denúncia, poderá o juiz, por economia processual, antecipar o julgamento da lide.
(C) Como o réu não pode intervir nem formular quesitos na fase inquisitorial, é improcedente pedido da defesa – sob o argumento de desrespeito ao contraditório – para que, em juízo, seja repetido exame pericial, por perito particular por ela indicado, realizado durante o inquérito policial.
(D) Vigora, no Brasil, o sistema de valoração de provas vinculatório em relação ao laudo pericial que instrui os autos.
(E) O arrolamento, por exemplo, de onze testemunhas na denúncia e a oitiva, a critério do juiz da causa, dessas testemunhas na fase de instrução acarretarão a nulidade do processo se a lei processual penal fixar um número inferior de testemunhas para o procedimento.

A: incorreta. Estão dispensadas de depor as pessoas mencionadas no art. 206 do CPP. Cuidado: não se trata de *proibição*, como ocorre no art. 207 do CPP, e sim de *dispensa*. Todavia, impõe-se o dever de depor a essas pessoas se a prova não puder ser obtida por outro meio. Por tal razão, não há que se falar em isenção absoluta do dever de depor, já que o legislador, como vimos, estabeleceu uma exceção; **B:** incorreta. É vedado ao juiz, mesmo diante da confissão do acusado, proceder à antecipação do julgamento, como se verifica no processo civil. Isso porque, no processo penal, busca-se a verdade real dos fatos, com obediência ao procedimento estabelecido em lei; **C:** correta. O exame pericial realizado na fase inquisitiva constitui prova *não repetível* (art. 155, *caput*, do CPP), pois a sua reprodução em juízo é inviável. A submissão dessa modalidade de prova ao contraditório ocorrerá somente no âmbito do processo, chamado, por isso, de *contraditório diferido* ou *postergado*; **D:** incorreta. O juiz, fazendo uso da prerrogativa que lhe confere o art. 182 do CPP, poderá aceitar ou rejeitar o laudo, no todo ou em parte; em outras palavras: o magistrado não está vinculado ao documento elaborado pelo perito. Deverá, todavia, justificar as razões que o levaram a rechaçar o laudo; **E:** incorreta. A inquirição de testemunhas além do número máximo estabelecido em lei é possível, desde que o juiz analise a real necessidade de se proceder à oitiva dessas testemunhas, consideradas "do juízo".

Gabarito "C".

(Defensor Público/AC – 2012 – CESPE) Admite-se a acareação entre testemunhas que divergirem, em seus depoimentos, a respeito de circunstâncias de fatos relevantes. No caso de uma dessas testemunhas residir fora da comarca do juízo, deve o juiz

(A) deferir a realização da acareação e determinar o comparecimento das testemunhas; ausente testemunha cujas declarações divirjam das da que esteja presente, a esta se deve dar a conhecer os pontos de divergência, colhendo-se seu depoimento.Em seguida, deve o magistrado determinar a expedição de carta precatória para inquirição da testemunha residente fora da comarca do juízo a fim de completar o ato.
(B) deferir a realização da acareação, determinando o comparecimento da testemunha residente fora da comarca, sob pena de condução coercitiva.
(C) deferir a realização da acareação, determinando o comparecimento da testemunha residente em outra localidade; na hipótese de apenas uma das testemunhas objeto da acareação comparecer, o juiz deverá declarar prejudicado o ato.
(D) indeferir a realização da acareação, por ser esta prejudicial ao processo, e por não ser possível determinar o comparecimento em juízo de testemunhas residentes fora da comarca do juízo.
(E) indeferir a acareação, dada a inconveniência de realizá-la entre testemunhas residentes e não residentes na comarca do juízo

Com base na disciplina do art. 230 do CPP, incumbe ao juiz, neste caso, colher as respostas que se refiram às contradições da testemunha presente e, feito isso, determinar a expedição de carta precatória para o juiz do local em que reside a testemunha ausente, que deverá esclarecer as divergências porventura existentes.

Gabarito "A".

(Analista – TRE/RJ – 2012 – CESPE) A respeito das provas e das normas procedimentais para os processos perante o Superior Tribunal de Justiça e o Supremo Tribunal Federal, julgue o item abaixo.

(1) O firme e coeso depoimento da vítima é suficiente para comprovar o emprego de arma de fogo pelo réu no delito de roubo.

1: correta. A jurisprudência do STF (e também do STJ) aponta pela desnecessidade de apreensão da arma e respectiva perícia para a configuração da majorante prevista no art. 157, § 2º, I, do CP, podendo tal falta ser suprida por outros meios de prova, tais como as declarações do ofendido e depoimentos de testemunhas. Nesse sentido: "HABEAS CORPUS. PENAL. ROUBO CIRCUNSTANCIADO (EMPREGO DE ARMA BRANCA). AUSÊNCIA DE APREENSÃO E PERÍCIA DA ARMA. DISPENSABILIDADE PARA A CARACTERIZAÇÃO DA CAUSA ESPECIAL DE AUMENTO QUANDO PROVADA A SUA UTILIZAÇÃO POR OUTROS MEIOS. 1. Esta Corte entende que é dispensável a apreensão da arma ou a realização do exame pericial para a caracterização da causa de aumento prevista no art. 157, § 2º, inciso I, do Código Penal, mormente em se tratando de um estilete, de potencialidade lesiva presumida, quando existem outros elementos probatórios que levam a concluir pela sua efetiva utilização no crime. Precedentes. 2. Ordem denegada" (HC 127.661/SP, Rel. Ministra LAURITA VAZ, QUINTA TURMA, julgado em 14/05/2009, DJe 08/06/2009).

Gabarito 1C

(Analista – MPU – 2010 – CESPE) Acerca das prisões cautelares e da liberdade provisória, julgue o item subsequente.

(1) No tocante aos sistemas de apreciação das provas, é correto afirmar que ainda existe no ordenamento jurídico brasileiro procedimento em que o julgador decide pelo sistema da íntima convicção, não se impondo o dever constitucional de motivar a decisão proferida.

1: correta. Adotamos, como regra, o sistema da persuasão racional ou livre convencimento motivado, em que o magistrado decidirá com base no seu livre convencimento, devendo, todavia, fundamentar sua decisão (art. 93, IX, da CF). Pelo sistema da prova legal, o juiz fica adstrito ao valor atribuído à prova pelo legislador. Já o sistema da íntima convicção é o que vige no Tribunal do Júri, no qual o jurado não motiva seu voto. Nem poderia.

Gabarito 1C

9. SUJEITOS PROCESSUAIS

Um promotor de justiça participou de investigação criminal junto a grupo especializado de combate ao crime organizado, órgão de execução no combate à criminalidade organizada do Ministério Público. Com base nessa investigação criminal, o referido membro do *parquet* ofereceu denúncia criminal, que foi recebida pelo juízo. No decorrer da instrução desse processo criminal, outro promotor de justiça designado opinou, nas alegações finais, pela absolvição do réu.

(Defensor Público - DPE/DF - 2019 - CESPE/CEBRASPE) Diante dessa situação hipotética, julgue os itens a seguir.

(1) Embora constitucional a atribuição do Ministério Público para promover investigação de natureza penal, segundo o STJ, a participação de membro do *parquet* na fase investigatória criminal no grupo especializado impede que este membro ofereça a denúncia bem como ofende o direito a ampla defesa.

(2) A jurisprudência dos tribunais superiores não admite a ocorrência de opiniões colidentes manifestadas em momentos sucessivos de membros do Ministério Público por ofensa ao postulado do promotor natural.

1: errada. É certo que a presidência do inquérito *policial* é atribuição exclusiva da autoridade policial, sendo fato também que o representante do *parquet*, que detém o controle externo da Polícia Judiciária, pode acompanhar as diligências realizadas. Nessa linha de pensamento, também é verdade que o MP pode, ele próprio, conduzir investigação de natureza criminal. Atualmente, é tranquilo o entendimento da jurisprudência no sentido de que o MP, porque os órgãos policiais não detêm, no sistema jurídico brasileiro, o monopólio da atividade investigativa criminal, pode, de forma direta, investigar. *Vide*: STF, HC 94.173-BA, 2ª T., rel. Min. Celso de Mello, j. 27.10.09. Tanto é assim que o Plenário do STF, em conclusão de julgamento do RE 593.727, com repercussão geral, reconheceu, por 7 votos a 4, a atribuição do MP para promover investigações de natureza penal, desde que respeitados os direitos e garantias que assistem a qualquer investigado (j. em 14.05.2015, rel. Min. Celso de Mello). Até aqui, a proposição, que afirma que o MP tem atribuição para promover investigação criminal, está correta. No entanto, é incorreto afirmar que – e aqui está o equívoco da assertiva – a participação de membro do *parquet* na fase investigatória criminal impede que este ofereça a denúncia. Segundo a Súmula 234, do STJ; "A participação de membro do Ministério Público na fase investigatória criminal não acarreta o seu impedimento ou suspeição para o oferecimento da denúncia"; **2:** errada. Entende o STF (e também o STJ) admissível a ocorrência de opiniões colidentes manifestadas em momentos sucessivos de membros do Ministério Público, o que não viola o postulado do promotor natural. Nesse sentido, conferir: "1. A instituição do Ministério Público é una e indivisível, ou seja, cada um de seus membros a representa como um todo, sendo, portanto, reciprocamente substituíveis em suas atribuições. Conforme se extrai da regra do art. 5º, LIII, da Carta Magna, é vedado pelo ordenamento pátrio apenas a designação de um "acusador de exceção", nomeado mediante manipulações casuísticas e em desacordo com os critérios legais pertinentes - isto é, considera-se violado o princípio se e quando violado o exercício pleno e independente das funções institucionais. Precedente da Sexta Turma. 2. A ocorrência de opiniões colidentes - manifestadas em momentos distintos por promotores de Justiça que atuam na área penal e após a realização de diligências - não traduz ofensa ao princípio do promotor natural. 3. No caso, quando encaminhado o feito para outro Juízo, não existiam elementos, sob a ótica do promotor de Justiça responsável pela Vara do Tribunal do Júri, da existência de crime doloso contra a vida, restando evidenciada, posteriormente, no curso das investigações, a prática de homicídio doloso, o que ensejou a denúncia oferecida pelo promotor atuante na vara criminal comum e a remessa dos autos ao Juízo competente. 4. Ordem denegada." (STJ, HC 132.544/PR, Rel. Ministro SEBASTIÃO REIS JÚNIOR, SEXTA TURMA, julgado em 17/05/2012, DJe 04/06/2012). ED

Gabarito 1E, 2E

(Delegado/PE – 2016 – CESPE) Em consonância com a doutrina majoritária e com o entendimento dos tribunais superiores, assinale a opção correta acerca dos sujeitos do processo e das circunstâncias legais relativas a impedimentos e suspeições.

(A) As disposições relativas ao princípio do juiz natural são analogamente aplicadas ao MP.

(B) No curso do inquérito policial, se for constatado que o delegado de polícia seja inimigo pessoal do investigado, este poderá opor exceção de suspeição, sob pena de preclusão do direito no âmbito de eventual ação penal.

(C) O corréu pode atuar, no mesmo processo, como assistente da acusação do início da ação penal até seu trânsito em julgado, desde que autorizado pelo representante do *parquet*.

(D) Poderá funcionar como perito no processo aquele que tiver opinado anteriormente sobre o objeto da perícia na fase de investigação criminal, em razão da especificidade da prova pericial.

(E) A impossibilidade de identificação do acusado pelo seu verdadeiro nome ou por outros qualificativos que formalmente o individualize impede a propositura da ação penal, mesmo que certa a identidade física do autor da infração penal.

A: correta. A garantia contida no art. 5º, LIII, da CF ("ninguém será processado nem sentenciado senão pela autoridade competente") contempla, como se pode ver, não apenas o princípio do juiz natural, mas também o do promotor natural, que consiste, *grosso modo*, na garantia que todos temos de ser processados por um órgão estatal imparcial, cujas atribuições tenham sido previamente estabelecidas em lei; **B**: incorreta, pois não reflete a regra presente no art. 107 do CPP; **C**: incorreta, pois contraria o disposto no art. 270 do CPP; **D**: incorreta (art. 279, II, do CPP); **E**: incorreta (art. 259, CPP).

Gabarito "A".

(Juiz de Direito/AM – 2016 – CESPE) Assinale a opção correta com referência aos sujeitos da relação processual penal e às questões incidentais.

(A) As partes poderão indicar técnicos, quando não houver peritos oficiais, sendo que o profissional nomeado pela autoridade será obrigado a aceitar o encargo público, sob pena de prisão por crime de desobediência.

(B) O juiz deve declarar-se impedido e, se não o fizer, poderá ser recusado por qualquer das partes, se ele, seu cônjuge, ou parente, consanguíneo ou afim, até o quarto grau, inclusive, sustentar demanda ou responder a processo que tenha de ser julgado por qualquer das partes.

(C) De acordo com o entendimento do STJ, o assistente da acusação não terá direito a réplica, quando o MP tiver anuído à tese de legítima defesa do réu e declinado do direito de replicar.

(D) É exigível procuração com poderes especiais para que seja oposta exceção de suspeição por réu representado pela DP, mesmo que o acusado esteja ausente do distrito da culpa.

(E) O juiz nomeará advogado ao acusado que não o tiver, podendo o réu, a todo tempo, nomear outro de sua confiança, ou a si mesmo defender-se, caso tenha habilitação. Na hipótese de nomeação de defensor dativo, não será cabível o arbitramento de honorários.

A: incorreta, pois contraria as regras presentes nos arts. 276 e 277 do CPP, estabelecendo este último que, na hipótese de o profissional recusar o encargo, sujeitar-se-á a pena de multa, e não a prisão por crime de desobediência; **B**: incorreta. A assertiva refere-se a hipótese de *suspeição* (art. 254, III, do CPP), e não de *impedimento* (art. 252, CPP). Além do que, tal causa de suspeição somente atinge parentes até o *terceiro* grau (inclusive), e não até o *quarto*, tal como constou da assertiva; **C**: incorreta. Nesse sentido: *Os arts. 271 e 473 do Código de Processo Penal conferem ao Assistente da Acusação o direito à réplica, ainda que o Ministério Público tenha anuído à tese de legítima defesa do Réu e declinado do direito de replicar, razão pela qual deve ser anulado o julgamento* (REsp 1343402/SP, Rel. Ministra LAURITA VAZ, QUINTA TURMA, julgado em 21.08.2014, *DJe* 03.09.2014); **D**: correta. Na jurisprudência do STJ: *O artigo 98 do Código de Processo Penal exige manifestação da vontade da parte interessada na recusa do magistrado por suspeição por meio da subscrição da petição pela própria parte interessada ou, quando representada em juízo, por meio de procuração com poderes especiais. O defensor público atua na qualidade de representante processual e ainda que independa de mandato para o foro em geral (ex vi art. 128, inc. XI, da LC nº 80/94), deve juntar procuração sempre que a lei exigir poderes especiais* (REsp 1431043/MG, Rel. Ministra MARIA THEREZA DE ASSIS MOURA, SEXTA TURMA, julgado em 16.04.2015, *DJe* 27.04.2015); **E**: incorreta. A primeira parte da proposição está correta, porque em conformidade com o art. 263, *caput*, do CPP; está incorreta, entretanto, a sua segunda parte, dado que não reflete a regra presente no parágrafo único do mesmo dispositivo.

Gabarito "D".

(Juiz de Direito/DF – 2016 – CESPE) Assinale a opção correta de acordo com o disposto no CPP sobre os assistentes.

(A) O ofendido ou seu representante legal ou, na falta de um deles, o cônjuge, os ascendentes, os descendentes ou irmãos, poderão intervir como assistentes do MP em ações penais públicas condicionada ou incondicionada.

(B) Na falta do ofendido ou de seu representante legal, apenas o cônjuge poderá atuar como assistente da acusação, seja a ação penal pública condicionada ou incondicionada.

(C) O irmão do ofendido, por ser parente colateral, não tem o direito de atuar como assistente da acusação em ação penal pública condicionada ou incondicionada.

(D) Tratando-se de ação penal pública condicionada à representação, não poderão intervir como assistentes do MP nem o ofendido nem parente seu, pois seu direito foi exercido por meio da própria representação.

(E) Em se tratando de ação penal pública incondicionada, somente o MP poderá sustentar acusação, não sendo permitida a assistência, sob pena de se caracterizar a vingança privada.

A: correta, pois reflete o disposto no art. 268 do CPP; **B**: incorreta, uma vez que o art. 31 do CPP estabelece que, no caso de morte do ofendido ou quando este for declarado ausente por decisão judicial, poderão se habilitar para figurar como assistente da acusação o cônjuge, o ascendente, o descendente e o irmão, nesta ordem, e não somente o cônjuge, tal como constou da alternativa; **C**: incorreta, visto que o irmão, conforme afirmado no comentário anterior, faz parte do rol do art. 31 do CPP; **D**: incorreta. A assistência pode dar-se tanto no contexto da ação penal pública incondicionada quanto no da condicionada à representação do ofendido; **E**: incorreta, nos termos do que foi afirmado no comentário anterior.

Gabarito "A".

(Analista – TJ/CE – 2013 – CESPE) Assinale a opção correta com relação a prazos processuais, citações e intimações.

(A) A expedição de carta rogatória para citação de réu no exterior não suspende o curso da prescrição até o seu cumprimento.

(B) No caso de réu preso na mesma unidade da Federação em que o juiz exerça a sua jurisdição, a citação poderá ser feita por edital caso haja rebelião no presídio.

(C) O comparecimento espontâneo do réu e a respectiva constituição de patrono para exercer sua defesa não serão suficientes para sanar eventual irregularidade na citação, devendo esta ser novamente realizada, assim como todos os demais atos processuais subsequentes.

(D) Os prazos processuais contam-se da juntada aos autos do mandado ou de carta precatória ou de ordem.

(E) Somente quando houver comprovação de prejuízo é que será declarada a nulidade do processo criminal por falta de intimação da expedição de precatória para inquirição de testemunha.

A: incorreta. Em vista do que estabelece o art. 368 do CPP, estando o acusado no estrangeiro, em local conhecido, será citado por carta *rogatória*, devendo ser suspenso o curso do prazo prescricional até o seu cumprimento; **B**: incorreta, uma vez que contraria o entendimento firmado na Súmula 351, do STF: "É nula a citação por edital de réu preso na mesma unidade da Federação em que o juiz exerce a sua jurisdição"; **C**: incorreta, pois não reflete a regra presente no art. 570 do CPP; **D**: incorreta, pois contraria o entendimento sufragado na Súmula 710 do STF, que estabelece que, no processo penal, os prazos serão contados da data em que ocorreu a intimação, e não do dia em que se deu a juntada do mandado ou da carta precatória aos autos; **E**: correta, uma vez a alternativa contempla hipótese de nulidade *relativa*, cujo reconhecimento está condicionado à demonstração de prejuízo (art. 563, CPP). Nesse sentido a Súmula 155 do STF: "É relativa a nulidade do processo criminal por falta de intimação da expedição de precatória para inquirição de testemunha".

Gabarito "E".

(Magistratura/PI – 2011 – CESPE) Em relação aos sujeitos processuais, assinale a opção correta.

(A) O juiz deve dar-se por suspeito se possuir parente consanguíneo, na linha colateral até o terceiro grau, que esteja respondendo a processo por fato análogo sobre cujo caráter criminoso haja controvérsia.

(B) O membro do MP possui legitimidade para proceder, diretamente, à colheita de elementos de convicção para subsidiar a propositura de ação penal, incluindo-se a presidência de inquérito policial.

(C) Mesmo após a vigência do novo Código Civil, faz-se necessária a nomeação de curador especial para acusado com idade entre dezoito e vinte e um anos, em respeito ao princípio da especialidade, porquanto tal exigência não foi suprimida do CPP.

(D) Se o advogado do réu for devidamente intimado, por meio da imprensa oficial, para a sessão de julgamento da apelação, na hipótese de adiamento, a intimação da nova data da sessão deverá ser feita pessoalmente.

(E) O assistente de acusação possui legitimidade para interpor apelação contra sentença absolutória, caso o MP se quede inerte após regular intimação.

A: incorreta – o art. 254, II, do CPP não contemplou a figura do parente consanguíneo até o terceiro grau; **B:** incorreta. A presidência do inquérito *policial* é atribuição da autoridade policial, embora o representante do *parquet*, que detém o controle externo da Polícia Judiciária, possa acompanhar as diligências realizadas. A propósito, a jurisprudência inclina-se no sentido de que o MP, porque os órgãos policiais não detêm, no sistema jurídico brasileiro, o monopólio da atividade investigativa criminal, pode, de forma direta, investigar. *Vide*: STF, HC 94.173-BA, 2ª T., rel. Min. Celso de Mello, j. 27.10.09. De toda sorte, curial que se diga que o Plenário do STF, em conclusão de julgamento do RE 593.727, com repercussão geral, reconheceu, por 7 votos a 4, a atribuição do MP para promover investigações de natureza penal, desde que respeitados os direitos e garantias que assistem a qualquer investigado (j. em 14.05.2015, rel. Min. Celso de Mello); **C:** ante a modificação operada na redação do art. 5º do Código Civil pela Lei 10.792/03, que estabeleceu que a maioridade civil é alcançada aos dezoito anos, a norma contida no art. 262 do CPP, que impunha que se desse curador ao acusado menor de vinte e um anos, foi tacitamente revogada, e sua nova redação estabelece que se dará curador ao menor, sem referência à idade, o que fica claro que esse dispositivo deverá ser analisado com o Código Civil; **D:** assertiva incorreta (STF, RHC 84.084-SP, 1ª T., rel. Min. Joaquim Barbosa, *DJ* 28.05.04); **E:** correta – é ampla a legitimidade recursal do assistente. Na hipótese de o MP interpor recurso de apelação, poderá o assistente arrazoar o recurso interposto (art. 271, CPP); se o representante do *parquet* permanecer inerte, conformando-se com a sentença proferida, tem o assistente, neste caso, a prerrogativa de, ele mesmo, recorrer (art. 598, CPP). Nesse sentido, a Súmula nº 210, STF.

Gabarito "E"

10. CITAÇÃO, INTIMAÇÃO E PRAZOS

(Defensor Público/PE – 2018 – CESPE) Tendo como referência as disposições legais do Código de Processo Penal sobre citações e intimações, assinale a opção correta.

(A) Estando o réu no estrangeiro, em local sabido, a sua citação será feita por carta rogatória, não havendo necessidade de suspensão do prazo prescricional.

(B) Ainda que citado por edital, em caso de posterior comparecimento do acusado, deverá ele ser citado pessoalmente, sob pena de nulidade.

(C) No caso de citação por edital, se o acusado não comparecer e não constituir advogado, o processo poderá prosseguir seu curso normal, desde que para ele seja nomeado defensor público.

(D) É válida a citação por edital que mencione o dispositivo da lei penal que fundamenta a imputação ao acusado, embora não transcreva o conteúdo da denúncia.

(E) Estando completa a citação por hora certa, caso o acusado não apresente resposta escrita no prazo legal, o processo e o prazo prescricional serão suspensos.

A: incorreta. Se o acusado estiver no estrangeiro, em lugar sabido, sua citação far-se-á por meio de carta rogatória, com a suspensão do prazo prescricional até o seu cumprimento (art. 368, CPP); **B:** incorreta. Feita a citação por edital, desnecessária a posterior citação pessoal. Afinal, por meio da citação por edital presume-se ter o réu tomado conhecimento da ação que contra ele foi ajuizada. Se o acusado, citado por edital, comparecer, o processo observará os arts. 394 e seguintes (art. 363, § 4º, do CPP). Segundo o STF, "Citado o paciente por edital, despicienda posterior citação pessoal, nos termos do art. 363, § 4º, do Código de Processo Penal" (RHC 117804, 1ª T., rel. Rosa Weber, 18.10.2013); **C:** incorreta. Na hipótese de o réu não ser encontrado, deverá o juiz determinar a sua citação por edital, depois de esgotados os meios disponíveis para a sua localização. Se o acusado, depois de citado por edital, não comparecer tampouco constituir defensor, o processo e o prazo prescricional ficarão, em vista da disciplina estabelecida no art. 366 do CPP, suspensos; **D:** correta, pois corresponde ao entendimento consolidado na Súmula 366, do STF: "Não é nula a citação por edital que indica o dispositivo da lei penal, embora não transcreva a denúncia ou queixa, ou não resuma os fatos em que se baseia"; **E:** incorreta. Nos termos do que estabelece o art. 362, parágrafo único, do CPP, feita a citação por hora certa, se o acusado deixar de apresentar sua resposta escrita no prazo fixado em lei, que corresponde a 10 dias, ser-lhe-á nomeado defensor dativo, que assumirá, a partir daí, sua defesa, não havendo, como se pode ver, suspensão do processo. ED

Gabarito "D"

(Técnico Judiciário – TJDFT – 2013 – CESPE) Julgue os próximos itens, relativos a citações e intimações.

(1) O réu citado por edital é considerado foragido, impondo-se a decretação de sua prisão preventiva.

(2) Em processo penal, se verificar que o réu se oculta para não ser citado, o oficial de justiça deverá certificar a ocorrência e proceder à citação com hora certa.

1: incorreto, visto que a prisão preventiva somente será decretada diante da presença dos requisitos contemplados nos arts. 312 e 313 do CPP. O fato, por si só, de o réu ser citado por edital não autoriza que em seu desfavor seja decretada a custódia preventiva. A propósito, se o réu, depois de citado por edital, não comparecer tampouco constituir defensor, o processo e o prazo prescricional ficarão, por imposição da regra estampada no art. 366 do CPP, *suspensos*. Poderá o juiz, neste caso, determinar a produção antecipada das provas que repute urgentes e, presentes os requisitos do art. 312 do CPP, decretar a prisão preventiva. *Vide*, a esse respeito, Súmulas nº 415 e 455 do STJ; **2:** correta. A Lei 11.719/2008 alterou a redação do art. 362 do CPP e introduziu no processo penal a citação por hora certa, até então cabível somente no âmbito do processo civil. Assim, se o oficial de Justiça constatar que o réu se oculta para não ser citado, deverá proceder na forma estabelecida no art. 362 do CPP, certificando a ocorrência e realizando a *citação por hora certa*. A propósito, o STF, ao julgar o RE 635.145, reconheceu, em votação unânime, a constitucionalidade da citação por hora certa, rechaçando a tese segundo a qual esta modalidade de citação ficta ofende os postulados da ampla defesa e do contraditório.

Gabarito 1E, 2C

(Técnico Judiciário – TJDFT – 2013 – CESPE) No que concerne aos prazos, julgue os itens seguintes.

(1) Na contagem dos prazos em processo penal, não se computa o dia do seu começo, computando-se, porém, o do vencimento.

(2) Configura-se constrangimento ilegal contra o réu solto o fato de não se proferir a sentença penal no prazo de dez dias contados do dia de conclusão do julgamento.

1: correta, pois reflete o disposto no art. 798, § 1º, do CPP; **2:** incorreta. Se o juiz, ao cabo da instrução, deixar de proferir sentença em razão da complexidade do caso ou do número de acusados, cuidará para que a decisão final seja prolatada, a teor do que dispõe o art. 404, parágrafo único, do CPP, dentro do prazo de dez dias (prazo impróprio), não configurando constrangimento ilegal a desobediência a esse interregno na hipótese de o acusado encontrar-se solto.

Gabarito 1C, 2E

(Magistratura/CE – 2012 – CESPE) Considerando as relações jurisdicionais com autoridade estrangeira e as disposições gerais do CPP, assinale a opção correta.

(A) O trânsito, por via diplomática, de documentos relativos a instrução de processo penal não é aceito como prova bastante de autenticidade.

(B) Os prazos processuais correm ainda que haja impedimento do juiz ou obstáculo judicial oposto pela parte contrária.

(C) Não serão homologadas as sentenças estrangeiras contrárias à ordem pública e aos bons costumes.

(D) No caso de a carta rogatória versar sobre crime que, segundo a lei estrangeira, seja de ação privada, o seu andamento, após o *exequatur*, dependerá do interessado, ainda que a lei brasileira estabeleça outra modalidade de ação para tal crime.

(E) O escrivão, sob pena de multa por desobediência e suspensão de até sessenta dias em caso de reincidência, deve executar dentro do prazo de cinco dias os atos determinados em lei ou ordenados pelo juiz.

A: assertiva incorreta, pois não corresponde ao que estabelece o art. 782 do CPP; **B:** proposição incorreta, pois em desacordo com o que prescreve o art. 798, § 4º, do CPP; **C:** alternativa em consonância com o que dispõe o art. 781 do CPP; **D:** proposição incorreta, pois em desacordo com o que prescreve o art. 784, § 3º, do CPP; **E:** não corresponde ao teor do art. 799 do CPP.

Gabarito "C"

(Ministério Público/ES – 2010 – CESPE) O MP ofereceu denúncia contra Cláudio, imputando-lhe a prática dos crimes de desacato e falsa identidade, ambos do CP. Em face de não ter sido localizado, o denunciado foi citado por meio de edital. Cláudio não compareceu ao interrogatório nem indicou advogado para a sua defesa. Na situação hipotética acima apresentada, ocorrerá

(A) o arquivamento do processo até a localização do réu.
(B) a suspensão do processo e do curso do prazo prescricional.
(C) apenas a suspensão do processo.
(D) o prosseguimento regular do feito à revelia do autor.
(E) apenas a suspensão do curso do prazo prescricional, o que possibilitará a produção de provas.

Art. 366 do CPP. *Vide* Súmula nº 415 do STJ, que trata do período durante o qual deve durar a suspensão do prazo prescricional.

Gabarito "B"

(Ministério Público/RR – 2012 – CESPE) Em relação às citações e às intimações, assinale a opção correta à luz da legislação de regência e do entendimento doutrinário e jurisprudencial.

(A) Considere que, em determinado dia, um oficial de justiça tenha tomado conhecimento de que o acusado que procurava, havia dias, para citação, assistiria à cerimônia religiosa de casamento no período noturno daquele mesmo dia. Nessa situação, ainda que o acusado esteja em local aberto ao público, o oficial de justiça não poderá efetivar a citação durante o período noturno, sem expressa autorização do juiz.
(B) De acordo com a legislação processual vigente, a intimação da decisão de pronúncia deve ser feita pessoalmente ao réu, ao defensor constituído e ao assistente do MP.
(C) Nas intimações, admite-se, como regra geral estabelecida no CPP, a aplicação das normas processuais atinentes às citações, tanto no que diz respeito à realizada por edital quanto a por hora certa.
(D) A citação de acusado que se encontre em local sabido no exterior deve ser feita por intermédio de carta rogatória, legitimando o juiz, de acordo com o que dispõe o CPP, a ordenar a suspensão do processo e do prazo prescricional, bem como a determinar a produção antecipada de provas.

A: incorreta. Neste caso, nada impede que o oficial de Justiça proceda à citação, independente de autorização do juiz; **B:** incorreta, pois contraria o disposto no art. 420 do CPP; **C:** correta, pois reflete o que estabelece o art. 370 do CPP; **D:** incorreta, já que contraria o disposto no art. 368 do CPP.

Gabarito "C"

(Ministério Público/TO – 2012 – CESPE) Assinale a opção correta acerca das citações e intimações no processo penal.

(A) Quando não houver órgão de publicação dos atos judiciais no distrito da culpa, a intimação do MP e do defensor constituído será pessoal.
(B) A omissão, no mandado de citação, do teor da acusação constitui irregularidade a ser sanada na primeira oportunidade de comparecimento do réu ou seu advogado em juízo.
(C) Se o acusado estiver fora do território do juízo processante, a citação se dará por edital, com prazo de quinze dias.
(D) Se o acusado, citado por edital, não comparecer em juízo nem constituir advogado, ficarão suspensos o processo e o curso do prazo prescricional.
(E) O réu com menos de vinte e um anos e mais de dezoito anos de idade poderá ser citado pessoalmente ou por meio do seu curador.

A: incorreta, pois não reflete o disposto no art. 370, § 2º, do CPP; **B:** incorreta. O mandado citatório deverá contemplar, sob pena de nulidade, o fim para que é feita a citação, com o resumo da acusação; **C:** incorreta. Neste caso, proceder-se-á a citação por precatória – art. 353 do CPP; **D:** correta. Não encontrado o réu, deve o juiz determinar sua *citação por edital*, o que constitui providência de natureza excepcional, dado que o magistrado somente poderá recorrer a esse recurso depois de esgotados todos os meios para localizar o acusado. Essa tem sido a posição consagrada na jurisprudência. Se, ainda assim, o réu, citado por edital, não comparecer tampouco constituir defensor, ficarão suspensos, nos termos do art. 366 do CPP, o processo e o curso do prazo prescricional, podendo o juiz determinar a produção antecipada das provas que repute urgentes e, presentes os requisitos do art. 312 do CPP, decretar a prisão preventiva. *Vide*, a esse respeito, Súmulas nº 415 e 455 do STJ. Assertiva correta, portanto; **E:** incorreta. Exigência não contemplada em lei.

Gabarito "D"

(Analista – MPU – 2010 – CESPE) Julgue o seguinte item:

(1) A citação de acusado que esteja no exterior, em local conhecido, deve ser efetuada, conforme a sistemática processual penal brasileira, por intermédio de carta rogatória, ordenando-se expressamente a suspensão do processo e o prazo prescricional, até o efetivo cumprimento da ordem judicial.

1: incorreta – A teor do que estabelece o art. 368 do CPP, estando o acusado no estrangeiro, em local conhecido, será citado por carta rogatória, devendo ser suspenso, tão somente, o curso do prazo prescricional até o seu cumprimento.

Gabarito 1E

11. PRISÃO, MEDIDAS CAUTELARES E LIBERDADE PROVISÓRIA

(Juiz de Direito - TJ/BA - 2019 - CESPE/CEBRASPE) Acerca de prisão, de liberdade provisória e de medidas cautelares, assinale a opção correta, com base no entendimento dos tribunais superiores.

(A) A gravidade específica do ato infracional e o tempo transcorrido desde a sua prática não devem ser considerados pelo juiz para análise e deferimento de prisão preventiva.
(B) A decisão sobre o pedido de prisão preventiva formulado durante audiência dispensa a oitiva da defesa, por se tratar de medida cautelar.
(C) A presença do defensor técnico é dispensável por ocasião da formalização do auto de prisão em flagrante, desde que a autoridade policial informe ao preso os seus direitos constitucionalmente garantidos.
(D) A decretação de prisão preventiva fundada na garantia da ordem pública dispensa a prévia análise do cabimento das medidas cautelares diversas da prisão previstas no CPP.
(E) Quando o MP representar por prisão temporária, não será possível que se decrete a prisão preventiva, uma vez que isso representaria ofensa ao princípio da inércia da jurisdição.

A: incorreta. Antes de mais nada, é importante que se diga que, conforme entendimento hoje sedimentado na jurisprudência, os atos infracionais anteriormente praticados pelo réu podem servir como fundamento a justificar a decretação de custódia preventiva. Para tanto, devem ser levados em consideração a gravidade específica do ato infracional e o tempo transcorrido desde a sua prática. Nesse sentido: "Consoante entendimento firmado pela Terceira Seção do Superior Tribunal de Justiça no julgamento do RHC n. 63.855/MG, não constitui constrangimento ilegal a manutenção da custódia *ante tempus* com fulcro em anotações registradas durante a menoridade do agente se a prática de atos infracionais graves, reconhecidos judicialmente e não distantes da conduta em apuração, é apta a demonstrar a periculosidade do custodiado" (STF, HC 408.969/DF, Rel. Ministro Rogerio Schietti Cruz, Sexta Turma, julgado em 26/09/2017, DJe 02.10.2017). No mesmo sentido: "3. Os registros sobre o passado de uma pessoa, seja ela quem for, não podem ser desconsiderados para fins cautelares. A avaliação sobre a periculosidade de alguém impõe que se perscrute todo o seu histórico de vida, em especial o seu comportamento perante a comunidade, em atos exteriores, cujas consequências tenham sido sentidas no âmbito social. Se os atos infracionais não servem, por óbvio, como antecedentes penais e muito menos para firmar reincidência (porque tais conceitos implicam a ideia de "crime" anterior), não podem ser ignorados para aferir a personalidade e eventual risco que sua liberdade plena representa para terceiros. 4. É de lembrar, outrossim, que a proteção estatal prevista no ECA, em seu art. 143, é voltada ao adolescente (e à criança), condição que o réu deixou de ostentar ao tornar-se imputável. Com efeito, se, durante a infância e a adolescência do ser humano, é imperiosa a maior proteção estatal, a justificar todas as cautelas e peculiaridades inerentes ao processo na justiça juvenil, inclusive com a imposição do sigilo sobre os atos judiciais, policiais e administrativos que digam respeito a crianças e, em especial, aos adolescentes aos quais se atribua autoria de ato infracional (art. 143 da Lei n. 8.069/1990), tal dever de proteção cessa com a maioridade penal, como bem destacado no referido precedente. 5. A toda evidência, isso não equivale a sustentar a possibilidade de decretar-se a prisão preventiva, para garantia da ordem pública, simplesmente porque o réu cometeu um ato infracional anterior. O raciocínio é o mesmo que se utiliza para desconsiderar antecedente penal que, por dizer respeito a fato sem maior gravidade, ou já longínquo no tempo, não deve, automaticamente, supedanear o decreto preventivo. 6. Seria, pois, indispensável que a autoridade judiciária competente, para a consideração dos atos infracionais do então adolescente, averiguasse: a) A particular gravidade concreta do ato ou dos atos infracionais, não bastando mencionar sua equivalência a crime abstratamente considerado grave; b) A distância temporal entre os atos infracionais e o crime que deu origem ao processo (ou inquérito policial) no curso do qual se há de decidir sobre a prisão preventiva; c) A comprovação desses atos infracionais anteriores, de sorte a não pairar dúvidas sobre o reconhecimento judicial de sua ocorrência. 7. Na espécie, a par de ausente documentação a respeito, o Juiz natural deixou de apontar, concretamente, quais atos infracionais foram cometidos pelo então adolescente e em que momento e em que circunstâncias eles ocorreram, de sorte a permitir, pelas singularidades do caso concreto, aferir o comportamento passado do réu, sua personalidade e, por conseguinte, elaborar um prognóstico de recidiva delitiva e de periculosidade do acusado. 8. No entanto, há outras razões invocadas pelo Juízo singular que se mostram suficientes para dar ares de legalidade à ordem de prisão do ora paciente, ao ressaltar "que o crime foi praticado com grave violência, demonstrando conduta perigosa que não aconselha a liberdade", bem como o fato de o delito ter sido cometido em razão de dívida de drogas, em concurso de pessoas, por determinação do paciente, "que comanda uma das quadrilhas de tráfico de entorpecentes da região". 9. Recurso em *habeas corpus* desprovido." (STJ, RHC 63.855/MG, Rel. Ministro NEFI CORDEIRO, Rel. p/ Acórdão Ministro ROGERIO SCHIETTI CRUZ, TERCEIRA SEÇÃO, julgado em 11/05/2016, DJe 13/06/2016); **B:** incorreta. É que, como regra, antes de decretar a medida cautelar, aqui incluída a prisão preventiva, incumbe ao juiz proceder à oitiva do indiciado ou réu (art. 282, § 3º, do CPP). A exceção fica por conta dos casos em que há urgência ou perigo de ineficácia da medida, hipótese em que será exercido o chamado contraditório diferido, em seguida à decretação da medida cautelar. Na jurisprudência: "A reforma do Código de Processo Penal ocorrida em 2011, por meio da Lei nº 12. 403/11, deu nova redação ao art. 282, § 3º, do Código, o qual passou a prever que, "ressalvados os casos de urgência ou de perigo de ineficácia da medida, o juiz, ao receber o pedido de medida cautelar, determinará a intimação da parte contrária, acompanhada de cópia do requerimento e das peças necessárias, permanecendo os autos em juízo." 2. A providência se mostra salutar em situações excepcionais, porquanto, "[...] ouvir as razões do acusado pode levar o juiz a não adotar o provimento limitativo da liberdade, não só no caso macroscópico de erro de pessoa, mas também na hipótese em que a versão dos fatos fornecida pelo interessado se revele convincente, ou quando ele consiga demonstrar a insubsistência das exigências cautelares" (AIMONETTO, M. G. *Le recenti riforme della procedura penale francese* - analisi, riflessioni e spunti di comparazione. Torino: G. Giappichelli, 2002, p. 140). 3. Injustificável a decisão do magistrado que, em audiência, não permite à defesa se pronunciar oralmente sobre o pedido de prisão preventiva formulado pelo agente do Ministério Público, pois não é plausível obstruir o pronunciamento da defesa do acusado, frente à postulação da parte acusadora, ante a ausência de prejuízo ou risco, para o processo ou para terceiros, na adoção do procedimento previsto em lei. 4. Ao menos por prudência, deveria o juiz ouvir a defesa, para dar-lhe a chance de contrapor-se ao requerimento, o que não foi feito, mesmo não havendo, neste caso específico, uma urgência tal a inviabilizar a adoção dessa providência, que traduz uma regra básica do direito, o contraditório, a bilateralidade da audiência. 5. Mesmo partindo do princípio de que o decreto preventivo esteja motivado idoneamente, é o caso de o Superior Tribunal de Justiça afirmar a necessidade de que, em casos excepcionais, pelo menos quando decretada em audiência, com a presença do advogado do acusado, seja ele autorizado a falar, concretizando o direito de interferir na decisão judicial que poderá implicar a perda da liberdade do acusado. 6. Recurso provido, para assegurar ao recorrente o direito de responder à ação penal em liberdade, ressalvada a possibilidade de nova decretação da custódia cautelar, nos termos da lei." (STJ, RHC 75.716/MG, Rel. Ministra MARIA THEREZA DE ASSIS MOURA, Rel. p/ Acórdão Ministro ROGERIO SCHIETTI CRUZ, SEXTA TURMA, julgado em 13/12/2016, DJe 11/05/2017). Cuidado: com a modificação a que foi submetida a redação desse dispositivo (art. 282, § 3º) pela Lei 13.964/2019, a parte contrária, ao ser intimada, contará com o prazo de cinco dias para manifestar-se (antes não havia prazo); **C:** correta. A despeito do caráter inquisitivo do inquérito policial, o conduzido poderá, se assim desejar, fazer-se acompanhar de advogado de sua confiança no ato da lavratura do auto de prisão em flagrante. Dessa forma, constitui dever da autoridade policial oportunizar ao interrogando o direito de contatar advogado para acompanhá-lo no ato do interrogatório, informando-lhe os direitos constitucionalmente garantidos de que é titular. O STJ, em edição de n. 120 da ferramenta *Jurisprudência em Teses*, publicou, sobre este tema, a seguinte tese: "Eventual nulidade no auto de prisão em flagrante devido à ausência de assistência por advogado somente se verifica caso não seja oportunizado ao conduzido o direito de ser assistido por defensor técnico, sendo suficiente a lembrança, pela autoridade policial, dos direitos do preso previstos no art. 5º, LXIII, da Constituição Federal"; **D:** incorreta. Tendo em conta as mudanças implementadas pela Lei 12.403/2011, que instituiu as *medidas cautelares alternativas à prisão*, esta somente terá lugar diante da impossibilidade de se recorrer às medidas cautelares. Dessa forma, a prisão, como medida excepcional que é, deve também ser vista como instrumento subsidiário, supletivo, pouco importando sob que fundamento a prisão preventiva foi decretada (art. 312, CPP). Segundo dispõe o art. 282, § 6º, do CPP, com a redação que lhe conferiu a Lei 13.964/2019, *a prisão preventiva somente será determinada quando não for cabível a sua substituição por outra medida cautelar (art. 319). O não cabimento da substituição por outra medida cautelar deverá ser justificado de forma fundamentada nos elementos presentes no caso concreto, de forma individualizada*; **E:** incorreta. Conferir: "1. Pode o Magistrado decretar a prisão preventiva, mesmo que a representação da autoridade policial ou do Ministério Público seja pela decretação de prisão temporária, visto que, provocado, cabe ao juiz ofertar o melhor direito aplicável à espécie." (STJ, HC 362.962/RN, Rel. Ministro ROGERIO SCHIETTI CRUZ, SEXTA TURMA, julgado em 01/09/2016, DJe 12/09/2016). **ED**

Gabarito "C".

Valter, preso em flagrante por suposta prática de furto simples, não pagou a fiança arbitrada pela autoridade policial, tendo permanecido preso até a audiência de custódia, realizada na manhã do dia seguinte a sua prisão.

(Defensor Público - DPE/DF - 2019 - CESPE/CEBRASPE) A partir dessa situação hipotética, julgue os seguintes itens.

(1) Na audiência de custódia, caso não tenha advogado particular, Valter poderá contar com a assistência de defensor público, que acompanhará o ato na presença do juiz, do promotor de justiça, do secretário de audiência e dos policiais que promoveram a prisão.

(2) Segundo o Código de Processo Penal, na audiência de custódia, diante da constatação da desnecessidade de prisão preventiva e da situação de pobreza de Valter, o juiz deverá estabelecer a liberdade provisória desvinculada e sem fiança.

(3) Na audiência de custódia, ao entrevistar Valter, o juiz deverá abster-se de formular perguntas com a finalidade de produzir provas sobre os fatos objeto do auto da prisão em flagrante, mas deverá indagar acerca do tratamento recebido nos locais por onde o autuado passou antes da apresentação à audiência, questionando sobre a ocorrência de tortura e maus-tratos.

Antes de examinar as assertivas acima apresentadas, oportuno tecer algumas considerações acerca da audiência de custódia. Embora não contemplada, de forma expressa, na CF/1988, a Convenção Americana sobre Direitos Humanos (Pacto de San José da Costa Rica), incorporada ao ordenamento jurídico brasileiro, em seu art. 7º (5), assim estabelece: "Toda pessoa presa, detida ou retida deve ser conduzida, sem demora, à presença de um juiz ou outra autoridade autorizada por lei a exercer funções judiciais (...)". O Conselho Nacional de Justiça, em parceria com o Tribunal de Justiça de São Paulo e também com o Ministério da Justiça, lançou e implementou o projeto "audiência de custódia", cujo propósito é assegurar ao preso o direito de ser apresentado, de forma rápida, a um juiz de direito, ao qual caberá analisar, entre outros aspectos, a legalidade da prisão em flagrante e também a necessidade de a mesma ser convertida em prisão preventiva. Para tanto, o CNJ editou a Resolução 213/2015, cujo art. 1º assim estabelece: *Determinar que toda pessoa presa em flagrante delito, independentemente da motivação ou natureza do ato, seja obrigatoriamente apresentada, em até 24 horas da comunicação do flagrante, à autoridade judicial competente, e ouvida sobre as circunstâncias em que se realizou sua prisão ou apreensão.* Bem recentemente, a Lei 13.964/2019, conhecida como Pacote Anticrime, contemplou a audiência de custódia, inserindo-a no art. 310 do CPP. Pela primeira vez, portanto, a audiência de custódia, objeto de tantos debates na comunidade jurídica, tem previsão legal. Como dissemos acima, até então esta matéria estava prevista tão somente na Resolução CNJ 213/2015. Segundo estabelece a nova redação do *caput* do art. 310 do CPP, "após receber o auto de prisão em flagrante, no prazo máximo de 24 (vinte e quatro) horas após a realização da prisão, o juiz deverá promover audiência de custódia com a presença do acusado, seu advogado constituído ou membro da Defensoria Pública e o membro do Ministério Público, e, nessa audiência, o juiz deverá, fundamentadamente: (...)". O § 4º deste dispositivo, também inserido pela Lei 13.964/2019 e cuja eficácia está suspensa por decisão cautelar do STF (ADI 6305), impõe a liberalização da prisão do autuado em flagrante em razão da não realização da audiência de custódia no prazo de 24 horas. Ademais, entendemos que não há que se falar em revogação da Resolução 213/2015 pela novel legislação, dado o maior detalhamento que esta promove em face da nova lei. Feitas essas considerações iniciais, passemos à análise das assertivas. **1:** errada. A solução desta proposição deve ser extraída do art. 4º da Resolução CNJ 213, de 15/12/2015: "A audiência de custódia será realizada na presença do Ministério Público e da Defensoria Pública, caso a pessoa detida não possua defensor constituído no momento da lavratura do flagrante. Parágrafo único. É vedada a presença dos agentes policiais responsáveis pela prisão ou pela investigação durante a audiência de custódia"; **2:** errada, na medida em que contraria o disposto no art. 350 do CPP; **3:** correta, pois em consonância com o que estabelece o art. 8º, VI e VIII, da Resolução CNJ 213, de 15/12/2015. ED

Gabarito 1E, 2E, 3C

(Juiz – TRF5 – 2017 – CESPE) Antônio foi preso em flagrante pelo crime de descaminho, cuja pena é de um a quatro anos de reclusão. Ele possui diversas passagens na Vara da Infância e Juventude, sem, contudo, ter qualquer condenação criminal por ato praticado depois de alcançada a maioridade penal.

Considerando essa situação hipotética, na audiência de custódia o juiz poderá

(A) relaxar a prisão de Antônio em razão da falta dos requisitos para a decretação da prisão preventiva.
(B) decretar a prisão preventiva de Antônio em razão das diversas passagens na Vara da Infância e Juventude e do processo atual.
(C) conceder liberdade provisória a Antônio, já que é ilegal a conversão da prisão em flagrante em preventiva com base em registros infracionais praticados antes de o indivíduo ter alcançado a maioridade.
(D) decretar prisão temporária de Antônio, caso haja pedido do Ministério Público.
(E) conceder a Antônio liberdade provisória com medida cautelar diversa da prisão, haja vista o não cabimento da prisão preventiva.

A: incorreta. Não há que se falar em relaxamento da prisão em flagrante, pois tal providência somente tem lugar quando a prisão for ilegal. Pelos dados fornecidos no enunciado, não se pode inferir ter sido ilegal a prisão em flagrante de Antônio; **B:** incorreta. Não cabe, no caso narrado no enunciado, a decretação da custódia preventiva, dado que, a teor do art. 313, I, do CPP, tal providência somente seria possível se o crime em que incorreu Antônio tivesse pena máxima cominada superior a 4 anos, ou, ainda, se o agente fosse condenado, em definitivo, por outro crime doloso (art. 313, II, CPP), não sendo este o caso de Antônio. Passagens na Vara da Infância e Juventude não geram reincidência. A despeito disso, é importante que se diga, a prática de atos infracionais pretéritos pode servir de fundamento para a decretação ou manutenção da custódia preventiva, para a garantia da ordem pública (art. 312, *caput*, do CPP). Na jurisprudência do STJ: "1. A privação antecipada da liberdade do cidadão acusado de crime reveste-se de caráter excepcional em nosso ordenamento jurídico, e a medida deve estar embasada em decisão judicial fundamentada (art.93, IX, da CF), que demonstre a existência da prova da materialidade do crime e a presença de indícios suficientes da autoria, bem como a ocorrência de um ou mais pressupostos do artigo 312 do Código de Processo Penal. Exige-se, ainda, na linha perfilhada pela jurisprudência dominante deste Superior Tribunal de Justiça e do Supremo Tribunal Federal, que a decisão esteja pautada em motivação concreta, vedadas considerações abstratas sobre a gravidade do crime. 2. No presente caso, a prisão preventiva está devidamente justificada para a garantia da ordem pública, em razão da periculosidade do agente, notadamente em razão do risco de reiteração delitiva, consubstanciado na existência de ato infracional grave praticado pelo paciente. 3. (...) Esta Corte Superior de Justiça possui entendimento de que a prática de atos infracionais, apesar de não poder ser considerada para fins de reincidência ou maus antecedentes, serve para justificar a manutenção da prisão preventiva para a garantia da ordem pública. (RHC 47.671/MS, Rel. Ministro Gurgel De Faria, Quinta Turma, julgado em 18.12.2014, DJe 02.02.2015). 4. As condições subjetivas favoráveis do recorrente, tais como primariedade e residência fixa, por si sós, não obstam a segregação cautelar, quando presentes os requisitos legais para a decretação da prisão preventiva. 5. Recurso ordinário em *habeas corpus* improvido" (RHC 91.377/SP, Rel. Ministro Reynaldo Soares da Fonseca, Quinta Turma, julgado em 01.03.2018, DJe 12.03.2018); **C:** incorreta. Vide comentário anterior; **D:** incorreta, já que descabe, neste caso, a decretação da prisão temporária, na medida em que o crime pelo qual foi Antônio autuado em flagrante não integra o rol do art. 1º da Lei 7.960/1989; **E:** correta. De fato, embora não caiba, pelas razões que já expusemos, a decretação da prisão preventiva, é possível a concessão de liberdade provisória cumulada com a decretação de medidas cautelares, desde que preenchidos os requisitos do art. 282 do CPP. ED

Gabarito "E"

(Defensor Público/PE – 2018 – CESPE) Mais de vinte e quatro horas após ter matado um desafeto, Cláudio foi preso por agentes de polícia que estavam em seu encalço desde o cometimento do crime. Na abordagem, os agentes apreenderam com Cláudio uma faca, ainda com vestígios de sangue, envolvida na camiseta que a vítima vestia no momento do crime. Cláudio informou aos policiais que não tinha advogado para constituir. Não houve a participação de defensor público na autuação, na documentação da prisão e no interrogatório.

Considerando essa situação hipotética, assinale a opção correta, acerca da legalidade da prisão de Cláudio.

(A) A prisão é legal, tendo-se configurado hipótese de flagrante diferido: a autoridade policial atrasou o momento da prisão, mas manteve o acompanhamento do investigado para conseguir melhores provas do crime.
(B) A prisão é ilegal, pois houve falha da autoridade policial, que não poderia ter processado a prisão do autuado sem a presença de advogado ou defensor público.
(C) A prisão é legal, tendo-se configurado hipótese de flagrante presumido: a autoridade policial deverá arbitrar o benefício de fiança.
(D) A prisão é legal, pois a autoridade policial prescinde da presença do defensor técnico para a conclusão dos atos.
(E) A prisão é ilegal, pois não ficou configurada a hipótese de flagrante, tendo em vista que o prazo de vinte e quatro horas entre a execução do crime e o ato policial foi ultrapassado.

A: incorreta. Embora o enunciado não deixe isso claro, é possível inferir que, desde o momento do cometimento do crime, houve perseguição ininterrupta a Cláudio, que foi preso depois de transcorridas 24 horas.

Estamos aqui diante do chamado flagrante *impróprio*, *imperfeito* ou *quase flagrante*, em que o sujeito é perseguido, logo em seguida à prática criminosa, em situação que faça presumir ser o autor da infração (art. 302, III). Nesta modalidade de flagrante, uma vez iniciada a perseguição, não existe prazo para a efetivação da prisão, podendo tal ocorrer dias depois, desde que, é claro, os policiais estejam o tempo todo no encalço do agente. Dessa forma, pode-se dizer que a prisão em flagrante, na hipótese retratada no enunciado, é *legal*. O erro da assertiva, então, está na afirmação de que se trata de prisão *diferida*, assim entendida aquela em que a polícia retarda o ato da prisão com o escopo de que esta seja realizada no momento mais eficaz e adequado do ponto de vista da formação da prova; **B:** incorreta. Como já dissemos, a prisão (detenção) foi legal, não sendo necessária, neste caso, a presença de defensor; **C:** incorreta, já que não se trata de flagrante presumido, e sim de flagrante impróprio. Presumido é o flagrante em que, não tendo havido perseguição, o agente, logo depois do crime, é encontrado com instrumentos, armas, objetos ou papéis que façam presumir ser ele o autor da infração (art. 302, IV, CPP); **D:** correta, pelas razões já explicitadas acima; **E:** incorreta. Como já dito, a prisão, no flagrante impróprio, pode ocorrer dias depois da prática criminosa, desde que a polícia permaneça no encalço do agente desde a concretização do delito. ED

Gabarito "D"

(Defensor Público/AC – 2017 – CESPE) Conforme o entendimento do STJ, a prisão preventiva

(A) não pode ser decretada, se presentes condições pessoais favoráveis do agente, como primariedade, domicílio certo e emprego lícito, mesmo quando identificados os requisitos legais da cautela.

(B) não pode ser decretada ou mantida na sentença condenatória, caso o réu seja condenado a pena que deva ser cumprida em regime inicial diverso do fechado.

(C) pode ser utilizada como instrumento de punição antecipada do réu, ainda que seja uma medida de natureza cautelar.

(D) é um instituto que fere o princípio constitucional da presunção de inocência, pois permite que o Estado trate como culpado aquele que não sofreu condenação penal transitada em julgado.

(E) não pode ser decretada com base em atos infracionais graves cometidos durante a menoridade do acusado, visto que a manutenção da custódia constituiria constrangimento ilegal.

A: incorreta. O fato de o agente ostentar condições pessoais favoráveis, como primariedade, domicílio certo e emprego fixo e lícito, não obsta que contra ele seja decretada a prisão preventiva, desde que, é claro, estejam presentes os fundamentos dessa modalidade de prisão cautelar (art. 312, CPP). Conferir: "Condições pessoais favoráveis, tais como primariedade, ocupação lícita e residência fixa, não têm o condão de, por si sós, garantirem ao paciente a revogação da prisão preventiva se há nos autos elementos hábeis a recomendar a manutenção de sua custódia cautelar" (STJ, RHC 90.739/BA, Rel. Ministro Felix Fischer, Quinta Turma, julgado em 06.02.2018, DJe 16.02.2018); **B:** correta. Nesse sentido: "Estabelecido pela sentença condenatória o regime intermediário para o início do cumprimento da pena, deve o paciente aguardar o julgamento de sua apelação em tal regime, compatibilizando-se a prisão cautelar com o modo de execução ora determinado" (STJ, RHC 90.739/BA, Rel. Ministro Felix Fischer, Quinta Turma, julgado em 06.02.2018, DJe 16.02.2018); **C** e **D:** incorretas. A decretação ou manutenção da prisão cautelar (provisória ou processual), assim entendida aquela que antecede a condenação definitiva, deve sempre estar condicionada à demonstração concreta de sua imperiosa necessidade, sob pena de ofensa ao princípio da presunção de inocência. Bem por isso, deve o magistrado apontar as razões, no seu entender, que a tornam indispensável (art. 312 do CPP). Colocado de outra forma, a prisão provisória ou cautelar somente se justifica dentro do ordenamento jurídico quando necessária ao processo. Deve ser vista, portanto, como um *instrumento* do processo a ser utilizado em situações *excepcionais*. É por essa razão que a prisão decorrente de sentença penal condenatória recorrível deixou de constituir modalidade de prisão cautelar. Era uma prisão automática, já que, com a prolação da sentença condenatória, o réu era recolhido ao cárcere (independente de a prisão ser necessária). Nesse contexto, o acusado era considerado presumidamente culpado. Com as modificações introduzidas pela Lei 11.719/2008 e também em razão da atuação dos tribunais, esta modalidade de prisão cautelar deixou de existir, consagrando, assim, o *postulado da presunção de inocência*. Em vista dessa nova realidade, se o acusado permanecer preso durante toda a instrução, a manutenção dessa prisão somente terá lugar se indispensável for ao processo, pouco importando se, uma vez condenado em definitivo, permanecerá ou não preso. A prisão desnecessária decretada ou mantida antes de a sentença passar em julgado constitui antecipação da pena que porventura seria aplicada em caso de condenação, o que representa patente violação ao princípio da presunção de inocência, postulado esse de índole constitucional – art. 5º, LVII. De se ver ainda que, tendo em conta as mudanças implementadas pela Lei 12.403/2011, que instituiu as *medidas cautelares alternativas à prisão provisória*, esta somente terá lugar diante da impossibilidade de se recorrer às medidas cautelares. Dessa forma, a prisão, como medida excepcional que é, deve também ser vista como instrumento subsidiário, supletivo. Pois bem. Essa tônica (de somente dar-se início ao cumprimento da pena depois do trânsito em julgado da sentença penal condenatória) sofreu um revés. Explico. O STF, em julgamento histórico realizado em 17 de fevereiro de 2016, mudou, à revelia de grande parte da comunidade jurídica, seu entendimento acerca da possibilidade de prisão antes do trânsito em julgado da sentença penal condenatória. A Corte, ao julgar o HC 126.292, passou a admitir a execução da pena após decisão condenatória proferida em segunda instância. Com isso, passou a ser desnecessário, para dar início ao cumprimento da pena, aguardar o trânsito em julgado da decisão condenatória. Flexibilizou-se, pois, o postulado da presunção de inocência. Naquela ocasião, votaram pela mudança de paradigma sete ministros, enquanto quatro mantiveram o entendimento até então prevalente. Cuidava-se, é bem verdade, de uma decisão tomada em processo subjetivo, sem eficácia vinculante, portanto. Tal decisão, conquanto tomada em processo subjetivo, passou a ser vista como uma mudança de entendimento acerca de tema que há vários anos havia se sedimentado. Mais recentemente, nossa Suprema Corte foi chamada a se manifestar, em ações declaratórias de constitucionalidade impetradas pelo Conselho Federal da OAB e pelo Partido Ecológico Nacional, sobre a constitucionalidade do art. 283 do CPP. Existia a expectativa de que algum ou alguns dos ministros mudassem o posicionamento adotado no julgamento realizado em fevereiro de 2016. Afinal, a decisão, agora, teria uma repercussão muito maior, na medida em que tomada em ADC. Pois bem. Depois de muita especulação e grande expectativa, o STF, em julgamento realizado em 5 de outubro do mesmo ano, desta vez por maioria mais apertada (6 a 5), já que houve mudança de posicionamento do ministro Dias Toffoli, indeferiu as medidas cautelares pleiteadas nessas ADCs (43 e 44), mantendo, assim, o posicionamento que autoriza a prisão depois de decisão condenatória confirmada em segunda instância. O julgamento do mérito dessas ações permaneceu pendente até 7 de novembro de 2019, quando, finalmente, depois de muita expectativa, o STF, em novo julgamento histórico, referente às ADCs 43,44 e 54, mudou o entendimento adotado em 2016, até então em vigor, que permitia a execução (provisória) da pena de prisão após condenação em segunda instância. Reconheceu-se a constitucionalidade do art. 283 do CPP, com a redação que lhe foi dada pela Lei 12.403/2011. Por 6 x 5, ficou decidido que é vedada a execução provisória da pena. Cumprimento de pena, a partir de agora, portanto, somente quando esgotados todos os recursos. Atualmente, essa discussão acerca da possibilidade de prisão em segunda instância, que suscitou debates tão acalorados, chegando, inclusive, a ganhar as ruas, saiu do STF, onde até então se encontrava, e passou para o Parlamento. Hoje se discute qual o melhor caminho para inserir, no nosso ordenamento jurídico, a prisão após condenação em segunda instância. Aguardemos. Nesse sentido, a Lei 13.964/2019 inseriu no art. 313 do CPP o § 2º, conferindo-lhe a seguinte redação: "Não será admitida a decretação da prisão preventiva com a finalidade de antecipação de cumprimento de pena ou como decorrência imediata de investigação criminal ou da apresentação ou recebimento da denúncia"; **E:** incorreta, na medida em que a prática de atos infracionais pretéritos pode, sim, servir de fundamento para a decretação ou manutenção da custódia preventiva, com vistas a garantir a ordem pública (art. 312, *caput*, do CPP). Na jurisprudência do STJ: "No presente caso, a prisão preventiva está devidamente justificada para a garantia da ordem pública, em razão da periculosidade do agente, notadamente em razão do risco de reiteração delitiva, consubstanciado na existência de ato infracional grave praticado pelo paciente. 3. (...) Esta Corte Superior de Justiça possui entendimento de que a prática de atos infracionais, apesar de não poder ser considerada para fins de reincidência ou maus antecedentes, serve para justificar a manutenção da prisão preventiva para a garantia da ordem pública" (STJ, RHC 91.377/SP, Rel. Ministro Reynaldo Soares Da Fonseca, Quinta Turma, julgado em 01.03.2018, DJe 12.03.2018).

Gabarito "B".

(Delegado Federal – 2018 – CESPE) Acerca de prisão, de liberdade provisória e de fiança, julgue os próximos itens de acordo com o entendimento do STF e a atual sistemática do Código de Processo Penal.

(1) Situação hipotética: A polícia foi informada da possível ocorrência de crime em determinado local. Por determinação da autoridade policial, agentes se dirigiram ao local e aguardaram o desenrolar da ação criminosa, a qual ensejou a prisão em flagrante dos autores do crime quando praticavam um roubo, que não chegou a ser consumado. Foi apurado, ainda, que se tratava de conduta oriunda de grupo organizado para a prática de crimes contra o patrimônio. Assertiva: Nessa situação, o flagrante foi lícito e configurou hipótese legal de ação controlada.

(2) A inafiançabilidade nos casos de crimes hediondos não impede a concessão judicial de liberdade provisória, impedindo apenas a concessão de fiança como instrumento de obtenção dessa liberdade.

1: incorreta. Pelos dados fornecidos no enunciado, é possível concluir que se trata de hipótese de flagrante esperado, que é aquele em a polícia, uma vez comunicada, aguarda a ocorrência do crime, não exercendo qualquer tipo de controle sobre a ação do agente. O flagrante esperado, é importante que se diga, constitui hipótese legal de flagrante. A ação controlada, de outro lado, pressupõe o retardamento da intervenção policial, com vistas a que a prisão seja efetuada no momento mais adequado do ponto de vista da obtenção da prova. Neste caso, conquanto não seja necessária a autorização judicial, é de rigor a comunicação da ação controlada ao juiz competente (art. 8º, *caput* e § 1º, da Lei 12.850/2013); **2:** correta. Crimes inafiançáveis, como os hediondos e equiparados (art. 5º, XLIII, da CF), comportam a concessão de liberdade provisória, desde que, é óbvio, sem fiança. O que se veda, em relação a esses crimes, é a liberdade provisória com fiança. Por mais estranho que isso possa parecer, é assim mesmo. Ou seja: em se tratando de crimes graves, como são os hediondos e equiparados, não se pode conceder liberdade provisória com fiança; já aos menos graves concede-se liberdade provisória com fiança.

Gabarito 1E, 2C

(Analista Judiciário – STJ – 2018 – CESPE) A respeito da prisão, dos processos de competência originária e da revisão criminal, julgue os itens subsecutivos.

(1) Quando da apreciação da representação de prisão preventiva firmada por autoridade policial, o juiz poderá aplicar, de ofício, outra medida cautelar em substituição à prisão, caso entenda que o pedido tenha sido inadequado.

(2) Em se tratando de processos de competência originária do STF, é vedado ao ministro relator decretar a extinção da punibilidade por meio de decisão monocrática.

1: correta. É fato que ao juiz não é dado decretar medidas cautelares (aqui incluída a prisão), de ofício, no curso das investigações do inquérito policial; somente poderá fazê-lo, de ofício, na fase instrutória, quando já instaurada a ação penal (art. 282, § 2º, CPP). Em outras palavras, se ainda na fase de inquérito, as medidas cautelares somente poderão ser decretadas, sempre pelo juiz, a pedido do MP ou por meio de representação da autoridade policial. Pois bem. Acontece que, no caso narrado no enunciado, o juiz não agiu de ofício na decretação da medida. Com efeito, ele foi provocado pela autoridade policial, que, por meio de representação, formulou pedido de prisão preventiva. Neste caso, se entender que outra medida menos traumática que o encarceramento provisório pode ser adotada, nada obsta que o magistrado assim aja, decretando medida cautelar diversa da prisão preventiva. Nesse sentido, vale conferir o seguinte julgado do STJ, que, embora trate de caso diverso, pode aqui ser utilizado: "1. Pode o Magistrado decretar a prisão preventiva, mesmo que a representação da autoridade policial ou do Ministério Público seja pela decretação de prisão temporária, visto que, provocado, cabe ao juiz ofertar o melhor direito aplicável à espécie. 2. A jurisprudência desta Corte Superior é firme em assinalar que a determinação de segregar cautelarmente o réu deve efetivar-se apenas se indicada, em dados concretos dos autos, a necessidade da prisão (*periculum libertatis*), à luz do disposto no art. 312 do CPP. 2. O Juiz de primeira instância apontou concretamente a presença dos vetores contidos no art. 312 do Código de Processo Penal, indicando motivação suficiente para justificar a necessidade de colocar o paciente cautelarmente privado de sua liberdade, ao ressaltar – entre outros motivos – que o ora paciente – réu em ação penal que "apura crimes semelhantes" – "foi identificado como sendo o braço direito" do líder de "grupo criminoso especializado na operacionalização e manutenção de 'Casas de Jogos' ilegais, com a utilização de máquinas programáveis (MPEs), bem como na prática dos crimes de corrupção ativa e de lavagem de capitais". 3. *Habeas corpus* denegado" (HC 362.962/RN, Rel. Ministro Rogerio Schietti Cruz, Sexta Turma, julgado em 01.09.2016, DJe 12.09.2016). Ao tempo em que esta questão foi elaborada, ao juiz somente era dado decretar a custódia preventiva no curso da ação penal, conforme dispunha o art. 311 do CPP, com a redação dada pela Lei 12.403/2011. Pois bem. Prestigiando o sistema acusatório, a recente Lei 13.964/2019 (Pacote Anticrime) alterou a redação do art. 311 do CPP, desta vez para vedar a decretação de ofício, pelo juiz, da custódia preventiva, quer na fase investigativa, como antes já ocorria, quer na etapa instrutória, o que até a edição do pacote anticrime era permitido. É dizer, para que a custódia preventiva, atualmente, seja decretada no curso da investigação ou no decorrer da ação penal, somente mediante provocação da autoridade policial, se no curso do inquérito, ou a requerimento do Ministério Público, se no curso da ação penal ou das investigações; **2:** incorreta, pois contraria frontalmente o art. 3º, II, da Lei 8.038/1990

Gabarito 1C, 2E

(Técnico Judiciário – STJ – 2018 – CESPE) No que se refere aos tipos de prisão e aos meios processuais para assegurar a liberdade, julgue os seguintes itens.

(1) Membro do Ministério Público não tem legitimidade ativa para impetrar *habeas corpus*, mesmo que constate alguma das hipóteses de ilegalidade na prisão do autor do delito.

(2) A comunicação de prisão em flagrante deverá ocorrer em até vinte e quatro horas após a sua efetivação: o auto de prisão deverá ser encaminhado ao juízo competente para análise da possibilidade de relaxamento da prisão, de conversão da prisão em liberdade provisória ou de decretação de prisão preventiva.

(3) A prisão preventiva poderá ser decretada no curso da investigação criminal ou em qualquer fase do processo penal apenas se houver requerimento do Ministério Público ou da autoridade policial.

1: incorreta, na medida em que o art. 654, *caput*, do CPP confere, de forma expressa, legitimidade ao MP para a impetração de HC; **2:** correta. A autoridade policial a quem foi apresentado o conduzido deverá providenciar para que contra ele seja lavrado o auto de prisão em flagrante, com a imediata comunicação de sua prisão ao juiz competente, ao Ministério Público e à família do preso ou a pessoa por ele indicada (a obrigatoriedade de comunicar o MP foi inserida pela Lei 12.403/2011, que alterou a redação do art. 306, *caput*, do CPP). Além disso, por imposição do art. 306, § 1º, do CPP, cuja redação também foi alterada por força da mesma lei, "em até vinte e quatro horas após a realização da prisão, será encaminhado ao juiz competente o auto de prisão em flagrante e, caso o autuado não informe o nome de seu advogado, cópia integral para a Defensoria Pública". Ao final, será entregue ao autuado a *nota de culpa*, da qual constarão o motivo da prisão, o nome do condutor e também o das testemunhas (art. 306, § 2º, CPP); **3:** incorreta (ao tempo em que esta questão foi elaborada). Isso porque a prisão preventiva, em conformidade com o disposto na redação anterior do art. 311 do CPP, em vigor à época da aplicação desta prova, podia ser decretada de ofício pelo juiz no curso da ação penal, sendo-lhe vedado tão somente fazê-lo nas investigações do inquérito policial. Atualmente, por força do advento da Lei 13.964/2019, que alterou o art. 311 do CPP, é defeso ao juiz atuar de ofício na decretação da prisão preventiva, tanto na instrução processual (o que antes lhe era permitido), quanto no curso do inquérito policial (o que já lhe era vedado).

Gabarito 1E, 2C, 3E

(Delegado/PE – 2016 – CESPE) Considerando a doutrina majoritária e o entendimento dos tribunais superiores, assinale a opção correta a respeito da prisão.

(A) O flagrante diferido que permite à autoridade policial retardar a prisão em flagrante com o objetivo de aguardar o momento mais favorável à obtenção de provas da infração penal prescinde, em qualquer hipótese, de prévia autorização judicial.

(B) Para a admissibilidade de prisão temporária exige-se, cumulativamente, a presença dos seguintes requisitos: imprescindibilidade para as investigações, não ter o indiciado residência fixa ou não fornecer dados esclarecedores de sua identidade e existência de indícios de autoria em determinados crimes.

(C) Configura crime impossível o flagrante denominado esperado, que ocorre quando a autoridade policial, detentora de informações sobre futura prática de determinado crime, se estrutura para acompanhar a sua execução, efetuando a prisão no momento da consumação do delito.

(D) Havendo conversão de prisão temporária em prisão preventiva no curso da investigação policial, o prazo para a conclusão das investigações, no âmbito do competente inquérito policial, iniciar-se-á a partir da decretação da prisão preventiva.

(E) Havendo mandado de prisão registrado no Conselho Nacional de Justiça (CNJ), a autoridade policial poderá executar a ordem mediante certificação em cópia do documento, desde que a diligência se efetive no território de competência do juiz processante.

A: incorreta. A Lei de Drogas (Lei 11.343/2006), em seu art. 53, *caput* e II, estabelece que a implementação da ação controlada deve ser precedida de autorização judicial e manifestação do MP. Já o art. 8º, § 1º, da Lei 12.850/2013 (Organização Criminosa) reza que a ação controlada será *comunicada* ao juiz competente, que estabelecerá, conforme o caso, os limites da medida e comunicará o MP. Perceba que, neste último caso, o legislador não impôs a necessidade de o magistrado autorizar o retardamento da intervenção policial; exigiu tão somente a comunicação; **B:** incorreta. Segundo a melhor doutrina, a decretação da prisão temporária, modalidade de prisão cautelar, está condicionada à existência de fundadas razões de autoria ou participação do indiciado na prática dos crimes listados no art. 1º, III, da Lei 7.960/1989 e também ao fato de ser ela, a prisão temporária, imprescindível para as investigações do inquérito policial. Devem coexistir, portanto, os requisitos previstos nos incisos I e III do art. 1º da Lei 7.960/1989; a coexistência das condições presentes nos incisos II e III também pode dar azo à decretação da custódia temporária. É dizer: o inciso III deve combinar com o inciso I ou com o II. É a posição adotada por Guilherme de Souza Nucci e Maurício Zanoide de Moraes; **C:** incorreta. Segundo doutrina e jurisprudência pacíficas, não há ilegalidade no chamado *flagrante esperado*, em que a polícia, uma vez comunicada, aguarda a ocorrência do crime, não exercendo qualquer tipo de controle sobre a ação do agente; inexiste, neste caso, intervenção policial que leve o agente à prática delituosa. É, por isso, ao contrário do que se afirma na assertiva, hipótese viável de prisão em flagrante. Não deve ser confundido com o *flagrante preparado*. Este restará configurado sempre que o agente provocador levar alguém a praticar uma infração penal. Está-se aqui diante de uma modalidade de crime impossível (art. 17 do CP), consubstanciada na Súmula 145 do STF; **D:** correta. Embora se trate de tema em relação ao qual há divergência na doutrina, na hipótese de conversão da prisão temporária em preventiva, o prazo para a conclusão do inquérito, na forma estabelecida no art. 10 do CPP, iniciar-se-á da conversão; **E:** incorreta, pois não reflete a regra presente no art. 289-A, § 1º, do CPP.

Gabarito "D"

(Advogado União – AGU – CESPE – 2015) Com referência à prisão, julgue os itens subsequentes.

(1) A prisão temporária somente poderá ser decretada em situações excepcionais, quando for imprescindível para a realização de diligências investigatórias ou para a obtenção de provas durante o processo judicial.

(2) O juiz poderá substituir a prisão preventiva pela prisão domiciliar, caso o réu tenha mais de oitenta anos ou prove ser portador de doença grave que cause extrema debilidade.

(3) A conversão da prisão em flagrante em prisão preventiva ocorrerá automaticamente mediante despacho do juiz, ao qual deverá ser apresentado o auto de prisão em flagrante no prazo de vinte e quatro horas.

1: incorreta. É correto afirmar que a prisão temporária, modalidade de prisão processual, somente terá lugar em situações excepcionais, prestando-se a viabilizar as investigações do inquérito policial. Agora, não procede a afirmação de que tal modalidade de custódia cautelar poderá ser utilizada para a obtenção de provas no curso do processo judicial. É que a prisão temporária somente pode ser utilizada no curso das investigações; durante o processo judicial somente terá lugar a prisão preventiva, desde que presentes os requisitos contidos no art. 312 do CPP. **2:** correta, já que contempla uma das hipóteses legais em que pode o juiz proceder à substituição da prisão preventiva pela domiciliar (art. 318, I, CPP). Além dessa, há outras situações em que é possível a substituição, a saber: agente extremamente debilitado por motivo de doença grave (inciso II); quando o agente for imprescindível aos cuidados de pessoa com menos de 6 (seis) anos ou com deficiência (inciso III); quando se tratar de gestante (inciso IV – cuja redação foi alterada pela Lei 13.257/2016); quando se tratar de mulher com filho de até 12 anos de idade incompletos (inciso V – cuja redação foi determinada pela Lei 13.257/2016); homem, caso seja o único responsável pelos cuidados do filho de até 12 anos de idade incompletos (inciso VI – cuja redação foi determinada pela Lei 13.257/2016). São várias as situações, portanto, em que a substituição poderá ser autorizada. **3:** incorreta. Pela nova sistemática introduzida pela Lei 13.964/2019, que entrou em vigor em 23 de janeiro de 2020 (posterior, portanto, à elaboração desta questão), impõe-se ao magistrado, quando da realização da audiência de custódia, manifestar-se *fundamentadamente*, adotando uma das seguintes opções: se se tratar de prisão ilegal, deverá relaxá-la e determinar a soltura imediata do preso; se a prisão estiver em ordem, deverá o juiz, desde que entenda necessário ao processo, converter a prisão em flagrante em preventiva, sempre levando-se em conta os requisitos do art. 312 do CPP, sendo vedado, portanto, que tal conversão se dê de forma automática. Ressalte-se que, tendo em vista o *postulado da proporcionalidade*, a custódia preventiva somente terá lugar se as medidas cautelares diversas da prisão revelarem-se inadequadas; poderá, por fim, o juiz conceder a liberdade provisória, com ou sem fiança, substituindo, assim, a prisão em flagrante. Os incisos I, II e III do art. 310 não foram alterados. ED

Gabarito 1E, 2C, 3E

(Cartório/ES – 2013 – CESPE) Acerca da prisão, da liberdade provisória e da custodia cautelar temporária, prevista em legislação extravagante, assinale a opção correta.

(A) Denomina-se flagrante esperado a possibilidade de a polícia retardar a interdição policial com a finalidade de obter mais dados e informações acerca da ação supostamente praticada por organizações criminosas, deixando de se concretizar a prisão no momento mais adequado do ponto de vista da formação de provas.

(B) Não será concedida a fiança aos acusados da prática de crimes de racismo, de tortura, de tráfico ilícito de entorpecentes e drogas afins, de terrorismo e daqueles definidos como crimes hediondos nem aos acusados de participarem de grupos armados, civis ou militares, que cometam infrações penais contra a ordem constitucional e o Estado democrático.

(C) Em se tratando da prática de infração penal de natureza grave, a prisão temporária pode ser decretada de ofício pelo juiz ou mediante representação da autoridade policial ou do MP, com vistas a assegurar uma eficaz investigação policial.

(D) Poderá o juiz substituir a prisão preventiva pela prisão domiciliar no caso de o agente ser maior de setenta anos de idade, de a presença do agente ser imprescindível aos cuidados especiais de pessoa menor de seis anos de idade ou com deficiência, de a agente estar grávida, se a gestação for de alto risco, ou em caso de debilidade extrema.

(E) Incorre em erro a autoridade policial que coloca em liberdade, mediante o pagamento de fiança, o acusado preso em flagrante delito e autuado pela prática de infração penal para a qual é prevista pena privativa de liberdade máxima de três anos de reclusão.

A: incorreta, uma vez que a proposição se refere ao instituto da *ação controlada* (também chamado flagrante *diferido* ou *retardado*), que atualmente se encontra regido, no âmbito da organização criminosa, pelos arts. 3º, III, 8º e 9º da Lei 12.850/2013, que revogou, na íntegra, a Lei 9.034/1995 (art. 26 da Lei 12.850/2013). Difere do chamado *flagrante esperado*, em que a polícia não exerce qualquer tipo de controle sobre a ação do agente; uma vez comunicada, aguarda a ocorrência do crime; **B:** correta. A partir da entrada em vigor da Lei de Reforma 12.403/2011, passaram a ser considerados inafiançáveis tão somente aqueles delitos assim declarados de forma expressa. É dizer, alterou-se o critério de inafiançabilidade. Hoje, são inafiançáveis os crimes hediondos, o tráfico de drogas, o terrorismo, a tortura, o racismo, a ação de grupos armados contra o Estado democrático de direito. É o que estabelece o art. 323 do CPP, que reproduz o teor do art. 5º, XLII, XLIII e XLIV, da CF. Cuidado: a Lei 13.964/2019 (Pacote Anticrime) alterou a Lei 8.072/1990 e ali inseriu novos crimes hediondos. Só para ficar em alguns exemplos, passaram a ser catalogados como delitos hediondos: furto qualificado pelo emprego de explosivo ou de artefato análogo que cause perigo comum (art. 155, § 4-A, CP); roubo circunstanciado pelo emprego de arma de fogo (art. 157, § 2º-A, I, CP); roubo qualificado pela ocorrência de lesão corporal grave (art. 157, § 3º, I, CP), entre outros; **C:** incorreta, na medida em que a prisão temporária em hipótese alguma será decretada de *ofício* pelo juiz (art. 2º, *caput*, da Lei 7.960/1989), ainda que se trate de crime de natureza "grave". A propósito, a prisão temporária somente será decretada diante da prática dos crimes elencados no art. 1º, III, da Lei 7.960/1989, todos considerados de natureza grave; **D:** incorreta. Somente fará jus à substituição o agente que contar com mais de 80 (oitenta) anos (e não 70), nos termos do art. 318 do CPP (inciso I). Há outras hipóteses, todas previstas no art. 318 do CPP, em que é possível a substituição, a saber: agente extremamente debilitado por motivo de doença grave (inciso II); quando o agente for imprescindível aos cuidados de pessoa com menos de 6 (seis) anos ou com deficiência (inciso III); quando se tratar de gestante (inciso IV – cuja redação foi alterada pela Lei 13.257/2016); mulher com filho de até 12 anos de idade incompletos (inciso V – cuja redação foi determinada pela Lei 13.257/2016); homem, caso seja o único responsável pelos cuidados do filho de até 12 anos de idade incompletos (inciso VI – cuja redação foi determinada pela Lei 13.257/2016). Quanto a este tema, importante tecer algumas ponderações, tendo em vista o advento da recente Lei 13.769/2018, que, entre outras coisas, inseriu no CPP o art. 318-A, que estabelece a substituição da prisão preventiva por prisão domiciliar da mulher gestante, mãe ou responsável por crianças ou pessoas com deficiência. Além disso, disciplina o regime de cumprimento de pena privativa de liberdade de condenadas na mesma situação, com alteração da Lei de Crimes Hediondos e da Lei de Execução Penal. Como bem sabemos, a 2ª turma do STF, ao julgar o HC coletivo 143.641, assegurou a conversão da prisão preventiva em domiciliar a todas as presas provisórias do país que sejam gestantes, puérperas ou mães de crianças e deficientes sob sua guarda. Perceba, dessa forma, que o legislador, ao inserir o art. 318-A do CPP, nada mais fez do que contemplar, no texto legal, o entendimento consolidado no *habeas corpus* coletivo a que fizemos referência. Também em consonância com o que ficou decidido no julgamento do HC, o legislador impôs dois requisitos: que não tenha sido cometido crime com grave ameaça ou violência contra a pessoa; que não tenha sido cometido contra o filho ou dependente. O art. 318-B, também inserido por meio da Lei 13.769/2018, prevê a possibilidade de aplicação concomitante da prisão domiciliar e das medidas alternativas previstas no art. 319 do CPP, na esteira do decidido no HC 143.641. Para além da inserção desses dois dispositivos legais no CPP, a Lei 13.769/2018 promoveu alterações na LEP. Perceba, pois, que os arts. 318, 318-A e 318-B tratam da concessão da prisão domiciliar no contexto da prisão preventiva, que constitui modalidade de prisão provisória. Pressupõe-se, aqui, portanto, ausência de condenação definitiva. Após o trânsito em julgado da condenação, a prisão domiciliar passa a ser disciplinada, como não poderia deixar de ser, pela LEP. Neste caso, temos que a Lei 13.769/2018 inseriu no art. 112 da LEP o § 3º, que estabelece fração diferenciada de cumprimento de pena para que a mulher, nas condições a que fizemos referência, possa alcançar o regime mais brando (a fração necessária, que antes era um sexto, passou para um oitavo). Para tanto, a reeducanda deve reunir quatro requisitos cumulativos, além de ter cumprido um oitavo da pena que lhe foi imposta. Também incluído pela Lei 13.769/2018, o § 4º do art. 112 da LEP estabelece que a prática de novo crime doloso ou falta grave acarretará a revogação do benefício. Por fim, também foi modificada a Lei de Crimes Hediondos, com a alteração, pela Lei 13.769/2018, do art. 2º, § 2º, que agora estabelece que a progressão, nesses crimes, se se tratar de mulher grávida, mãe ou responsável por criança ou pessoa com deficiência, obedecerá ao que estabelecem os §§ 3º e 4º do art. 112 da LEP. Em outras palavras, institui-se, no que concerne aos crimes hediondos e equiparados, regra específica de progressão no caso de o beneficiário encontrar-se em uma das condições acima; **E:** incorreta. Pela nova redação dada ao art. 322 do CPP pela Lei 12.403/2011, a autoridade policial pode conceder fiança nos casos de infração penal cuja pena privativa de liberdade máxima não seja superior a *quatro* anos, independentemente de ser o crime apenado com reclusão ou detenção (qualidade da pena). Naqueles casos em que a pena máxima superar os quatro anos, somente o magistrado poderá estabelecer a fiança.

Gabarito "B".

(Cartório/RR – 2013 – CESPE) Acerca da prisão, assinale a opção correta.

(A) A fiança poderá ser prestada em favor do preso mediante depósito de objetos preciosos.

(B) Na hipótese de agravamento da classificação jurídica do fato, não se poderá exigir o reforço da fiança concedida anteriormente com base na tipificação inicial, por constituir medida que onera o afiançado sem que este tenha dado causa para tanto.

(C) O juiz poderá substituir a prisão preventiva pela domiciliar quando o apenado tiver mais de setenta anos de idade.

(D) O juiz não poderá substituir a prisão preventiva pela suspensão de atividade de natureza econômica por força do princípio constitucional da livre iniciativa e do trabalho, mas poderá decretar outra medida cautelar, diversa da prisão, caso preenchidos os requisitos legais.

(E) Em caso de prisão civil, a fiança poderá ser concedida por analogia, em favor do réu.

A: correta, pois em conformidade com o que estabelece o art. 330, *caput*, do CPP; **B:** incorreta, uma vez que a inovação da classificação jurídica do fato atribuído ao investigado/acusado pode levar ao reforço da fiança (art. 340, III, do CPP); **C:** incorreta, na medida em que, entre outras hipóteses, a prisão preventiva será substituída pela domiciliar quando o indiciado/acusado contar com mais de 80 anos, e não de 70 (art. 318, I, do CPP); **D:** incorreta, visto que poderá o juiz, sim, substituir a prisão preventiva pela suspensão de atividade de natureza econômica (art. 319, VI, do CPP); **E:** incorreta, uma vez que a prisão civil não comporta fiança, nos termos do art. 324, II, do CPP.

Gabarito "A".

(Escrivão de Polícia Federal – 2013 – CESPE) No que tange à prisão em flagrante, à prisão preventiva e à prisão temporária, julgue os itens que se seguem, à luz do Código de Processo Penal (CPP).

(1) A atual sistemática da prisão preventiva impõe a observância das circunstâncias fáticas e normativas estabelecidas no CPP e, sobretudo, em qualquer das hipóteses de custódia preventiva, que o crime em apuração seja doloso punido com pena privativa de liberdade máxima superior a quatro anos.

(2) Admite-se a prisão preventiva para todos os crimes em que é prevista prisão temporária, sendo esta realizada com o objetivo específico de tutelar a investigação policial.

(3) O CPP dispõe expressamente que na ocorrência de prisão em flagrante tem a autoridade policial o dever de comunicar o fato, em até vinte e quatro horas, ao juízo competente, ao Ministério Público, à família do preso ou à pessoa por ele indicada e, ainda, à defensoria pública, se o aprisionado não indicar advogado no ato da autuação.

1: incorreta. A Lei 12.403/2011 alterou sobremaneira o regramento da prisão preventiva, em especial no que toca aos seus requisitos. A nova redação conferida ao art. 313 do CPP estabelece as condições de admissibilidade da custódia preventiva, a saber: nos crimes dolosos punidos com pena privativa de liberdade máxima superior a quatro anos (não mais importa se o crime é apenado com reclusão ou detenção); se tiver sido condenado por outro crime doloso, em sentença com trânsito em julgado; se o crime envolver violência doméstica e familiar contra a mulher, criança, adolescente, idoso, enfermo ou pessoa com deficiência, para garantir a execução das medidas preventivas de urgência;

e também quando houver dúvida sobre a identidade civil da pessoa ou quando esta não fornecer elementos suficientes para esclarecê-la. Não terá lugar a prisão preventiva nos crimes culposos tampouco nas contravenções penais. Assim, esta modalidade de prisão processual poderá ser decretada em outras hipóteses além daquela prevista no inciso I do *caput* do art. 313 do CPP, a que faz referência a assertiva. Posteriormente, a Lei 13.964/2019 inseriu no art. 313 do CPP o § 2º, conferindo-lhe a seguinte redação: "Não será admitida a decretação da prisão preventiva com a finalidade de antecipação de cumprimento de pena ou como decorrência imediata de investigação criminal ou da apresentação ou recebimento da denúncia"; **2**: correta. De fato, a prisão preventiva poderá ser decretada, em princípio, em todos os crimes em que cabe a prisão temporária (art. 1º, III, da Lei 7.960/1989), servindo esta para viabilizar as investigações do inquérito policial; **3**: incorreta. Isso porque a comunicação da prisão, no caso de flagrante, deve dar-se *imediatamente* ao juiz competente, ao Ministério Público e à família do preso ou a pessoa por ele indicada (a obrigatoriedade de comunicar o MP foi inserida pela Lei 12.403/2011, que alterou a redação do art. 306, *caput*, do CPP). Além disso, por imposição do art. 306, § 1º, do CPP, cuja redação também foi alterada por força da mesma lei, "em até vinte e quatro horas após a realização da prisão, será encaminhado ao juiz competente o auto de prisão em flagrante e, caso o autuado não informe o nome de seu advogado, cópia integral para a Defensoria Pública". Ao final, será entregue ao autuado a *nota de culpa*, da qual constarão o motivo da prisão, o nome do condutor e também o das testemunhas (art. 306, § 2º, CPP).

Gabarito 1E, 2C, 3E

(Agente de Polícia/DF – 2013 – CESPE) Julgue os itens subsecutivos, referentes a prisões.

(1) Após a prisão em flagrante, a autoridade policial deverá entregar ao preso a nota de culpa em até vinte e quatro horas, pois não é permitido que alguém fique preso sem saber o motivo da prisão.

(2) Para caracterizar o flagrante presumido, a perseguição ao autor do fato deve ser feita imediatamente após a ocorrência desse fato, não podendo ser interrompida nem para descanso do perseguidor.

1: correta. É por meio da *nota de culpa* que a autoridade policial leva ao conhecimento do preso o motivo de sua prisão, o nome da pessoa que o prendeu e o das testemunhas que a tudo assistiram. É imprescindível que este documento chegue às mãos do preso dentro do prazo de 24 horas, a contar da sua prisão (captura) em flagrante, conforme determina o art. 306, § 2º, do CPP. Se assim não for, o flagrante deve ser relaxado por ausência de formalidade; **2**: assertiva incorreta, visto que, nesta modalidade de flagrante (art. 302, IV, do CPP), inexiste perseguição, sendo o agente encontrado, logo depois do crime, na posse de instrumentos, armas, objetos ou papéis em circunstâncias que revelem ser ele o autor da infração penal. O elemento *perseguição* é imprescindível no chamado *flagrante impróprio, imperfeito* ou *quase flagrante*, em que o sujeito é perseguido, logo em seguida ao crime, em situação que faça presumir ser o autor da infração (art. 302, III).

Gabarito 1C, 2E

(Escrivão de Polícia/DF – 2013 – CESPE) Com base no que dispõe o Código de Processo Penal, julgue os itens que se seguem.

(1) Por constituir medida cautelar, a prisão temporária poderá ser decretada pelo magistrado para que o acusado seja submetido a interrogatório e apresente sua versão sobre o fato narrado pela autoridade policial, tudo isso em consonância com o princípio do livre convencimento. No entanto, não será admitida a prorrogação, de ofício, dessa modalidade de prisão.

(2) A falta de advertência sobre o direito ao silêncio não conduz à anulação automática do interrogatório ou depoimento, devendo ser analisadas as demais circunstâncias do caso concreto para se verificar se houve ou não o constrangimento ilegal.

(3) O excesso de prazo da prisão em razão da demora na fixação do foro competente configura constrangimento ilegal à liberdade de locomoção.

1: incorreta. Primeiro porque a necessidade de submeter o investigado a interrogatório não pode ser considerada como medida imprescindível a justificar a decretação da custódia temporária (art. 1º, I, da Lei 7.960/1989); segundo, a decretação e prorrogação, pelo juiz, da prisão temporária estão condicionadas à provocação da autoridade policial e do MP, este por meio de requerimento e aquela por representação (art. 2º, *caput*, da Lei 7.960/1989). Conferir: "*Habeas corpus* contra decisão que decretou prisão temporária. Paciente indiciado por formação de quadrilha, corrupção de menores e apologia ao crime. Divulgação de vídeo na internet em que o paciente e outros agentes, portando armas de fogo, cantam músicas que fazem apologia ao crime, na presença de menores de idade. Prisão temporária decretada, a pedido da autoridade policial, sem fundamentação idônea. Ordem concedida para revogar a prisão temporária. 1. A prisão temporária não pode ser decretada ao simples fundamento de que o interrogatório do indiciado é imprescindível para as investigações policiais e a prisão é necessária para auxiliar no cumprimento de diligências, tais como a localização das armas que apareceram no vídeo divulgado na internet. O interrogatório é uma faculdade, podendo o indiciado fazer uso, se lhe for conveniente, do direito de permanecer calado. Quanto à apreensão das armas, existe procedimento específico, independentemente da prisão do indiciado. Assim, a prisão temporária não pode ser decretada sob a mera justificativa de que a polícia precisa ouvir o indiciado e localizar as armas. Ademais, verifica-se nos autos que o paciente tem bons antecedentes e residência fixa, podendo, em liberdade, responder às imputações que lhe estão sendo feitas. 2. *Habeas corpus* admitido e ordem concedida, para revogar a decisão que decretou a prisão temporária do paciente, confirmando a liminar deferida" (TJ-DF, HC 15217052009807000O, 2ª Câmara Criminal, rel. Roberval Casemiro Belinati, j. 19.11.2009); **2**: correta. Na jurisprudência do STF: "penal. Processual penal. Recurso ordinário em *habeas corpus*. Nulidades processuais. Processo Penal Militar. Interrogatório. Ampla defesa e contraditório. Presença do defensor. Ausência de advertência sobre o direito ao silêncio. Réus que apresentam sua versão dos fatos. Ausência de comprovação do prejuízo. Alteração de advogado sem anuência dos réus. Fato que não pode ser atribuído ao poder judiciário. *Pas de nullité sans grief*. Ausência de abuso de poder, ilegalidade ou teratologia aptas a desconstituir a coisa soberanamente julgada. Recurso ordinário desprovido. 1. As garantias da ampla defesa e do contraditório restam observadas, não prosperando o argumento de que a falta de advertência, no interrogatório, sobre o direito dos réus permanecerem calados, seria causa de nulidade apta a anular todo o processo penal, nos casos em que a higidez do ato é corroborada pela presença de defensor durante o ato, e pela opção feita pelos réus de, ao invés de se utilizarem do direito ao silêncio, externar a sua própria versão dos fatos, contrariando as acusações que lhes foram feitas, como consectário de estratégia defensiva. 2. A falta de advertência sobre o direito ao silêncio não conduz à anulação automática do interrogatório ou depoimento, restando mister observar as demais circunstâncias do caso concreto para se verificar se houve ou não o constrangimento ilegal (...)" (RHC 107915, Luiz Fux); **3**: correta. Nesse sentido: "Excesso de prazo da prisão. Demora na solução de conflito de competência: paciente preso há um ano e dois meses. Denúncia oferecida oito meses após a prisão. Demora não imputável ao paciente. Ausência de complexidade do feito. Excesso de prazo configurado: precedentes. Ordem concedida. 1. O excesso de prazo da prisão em razão da demora na fixação do foro competente configura constrangimento ilegal à liberdade de locomoção. 2. Ordem concedida" (HC 94247, CÁRMEN LÚCIA, STF).

Gabarito 1E, 2C, 3C

(Magistratura/BA – 2012 – CESPE) No que diz respeito a prisão e a liberdade provisória, assinale a opção correta.

(A) O juiz poderá determinar a substituição da prisão preventiva pela domiciliar caso o agente tenha mais de sessenta e cinco anos de idade.

(B) De acordo com o que dispõe o CPP, ocorrendo o quebramento injustificado da fiança, entende-se perdido, na integralidade, o seu valor.

(C) A despeito da relevância da atuação do MP na persecução penal, a concessão de fiança independe de manifestação ministerial.

(D) Nos termos da lei, a prisão temporária do agente que adultera produto destinado a fins terapêuticos será de cinco dias, prorrogável por igual período.

(E) Presentes os requisitos legais, o juiz decretará, de ofício, a prisão preventiva na fase investigativa ou no curso do processo.

A: poderá a *prisão preventiva* ser substituída pela *domiciliar* na hipótese de o agente ser maior de 80 anos (art. 318, I, do CPP); **B:** incorreta, pois em desconformidade com o que dispõe o art. 343 do CPP; **C:** correta – a lei não exige, ante o que estabelece o art. 333 do CPP, a prévia oitiva do MP; deve-se tão somente dar vista dos autos ao membro do MP após a decisão; **D:** por força do que estabelece o art. 2º, § 4º, da Lei 8.072/1990 (Crimes Hediondos), a prisão temporária, nos crimes listados no *caput* do dispositivo, entre os quais figura a adulteração de produto destinado a fim terapêutico ou medicinal (art. 273, CP), terá o prazo (máximo) de trinta dias, prorrogável por igual período em caso de extrema e comprovada necessidade; **E:** com o advento da Lei 12.403/2011, que modificou, entre outros, o art. 311 do CPP, a prisão preventiva não mais pode ser decretada de ofício pelo juiz no curso da investigação; sem provocação, a partir de agora, somente durante o processo. Atualmente, por força da Lei 13.964/2019, que alterou o art. 311 do CPP, é vedado ao juiz decretar de ofício a custódia preventiva em qualquer caso (ação penal e IP). Ao tempo em que esta questão foi elaborada, podia o magistrado atua de ofício na decretação desta medida no curso da ação penal.

Gabarito "C".

(Magistratura/CE – 2012 – CESPE) Determinada autoridade policial instaurou inquérito para investigar Júlio pela prática de constrangimento ilegal, crime que ele nega ter praticado. Júlio afirma querer demonstrar cabalmente sua inocência. Uma das testemunhas alega ter sido por ele ameaçada.

A partir dessa situação hipotética, assinale a opção correta.

(A) Na hipótese de Júlio ser denunciado pelo membro do MP, o procedimento a ser seguido será o do rito sumário.
(B) Sendo afiançável o crime de constrangimento ilegal, será possível, caso Júlio seja preso, o arbitramento pela autoridade policial de fiança em valores entre um e cem salários-mínimos.
(C) Ainda que estivessem presentes os requisitos legais de necessidade e adequação, não seria admitida, nesse caso, a decretação de medida cautelar, por falta de requisito objetivo de admissibilidade.
(D) Por solicitação do delegado, o juiz poderá determinar a interceptação telefônica do telefone celular de Júlio, desde que haja indícios razoáveis da autoria, e a prova não possa ser feita por outros meios.
(E) Em face de requerimento do delegado, havendo fundada suspeita contra Júlio, o juiz poderá determinar a sua prisão temporária, caso seja essa medida imprescindível para as investigações do inquérito policial.

A: o processamento e julgamento do crime de constrangimento ilegal (art. 146, CP) obedecerá às regras do procedimento sumaríssimo, previsto na Lei 9.099/1995, visto que se trata de infração penal de menor potencial ofensivo (aquelas em que a pena máxima cominada não exceda a dois anos – art. 61, Lei 9.099/1995); o procedimento comum sumário será adotado quando se tratar de crime cuja sanção máxima seja inferior a quatro anos e superior a dois (art. 394, § 1º, II, CPP); o rito ordinário, por sua vez, terá lugar sempre que se tratar de crime cuja sanção máxima cominada for igual ou superior a quatro anos de pena privativa de liberdade (art. 394, § 1º, I, CPP); **B:** correta – art. 325, I, do CPP; **C:** art. 282, I e II, do CPP; **D:** incorreta, visto que a interceptação telefônica somente será deferida se o fato investigado constituir infração penal punida com pena de reclusão – art. 2º, III, da Lei 9.296/1996; **E:** não cabe a prisão temporária em desfavor do suspeito de ter cometido o crime de constrangimento ilegal, visto que não está previsto no rol do art. 1º da Lei 7.960/89 (Prisão Temporária).

Gabarito "B".

(Magistratura/PB – 2011 – CESPE) Assinale a opção correta com referência a prisões e liberdade provisória.

(A) Conforme a jurisprudência do STJ, mesmo com o advento da Lei n.º 11.464/2007, que alterou a lei que trata dos crimes hediondos, não se tornou possível a liberdade provisória nos crimes hediondos ou equiparados, ainda no caso de não estarem presentes os requisitos da prisão preventiva.
(B) A prisão temporária, regulada pela Lei n.º 7.960/1989, é prevista no caso de ela ser imprescindível para as investigações e de haver fundadas razões, de acordo com prova cabal, de autoria ou participação do investigado nos crimes listados na referida lei, entre os quais não se inclui o crime de quadrilha.
(C) Conforme a pacífica jurisprudência dos tribunais superiores, a vedação legal da liberdade provisória ao acusado de tráfico ilícito de entorpecentes não é motivo suficiente para impedir a sua concessão ao réu preso em flagrante pela prática daquele delito.
(D) Conforme entendimento do STJ, é imprescindível, mesmo no caso de crimes hediondos, a demonstração, com base em elementos concretos, da necessidade da custódia preventiva do acusado, incluindo-se os de tráfico ilícito de entorpecentes presos em flagrante, não obstante a vedação da Lei n.º 11.343/2006 – Lei de Drogas.

A: nos crimes hediondos e assemelhados, o art. 5º, XLIII, da Constituição Federal veda tão somente a concessão de *fiança*. Com o advento da Lei 11.464/2007, que modificou a redação do art. 2º da Lei de Crimes Hediondos, cuja redação original vedava a concessão de fiança e liberdade provisória, passou a ser possível a sua concessão sem fiança, já que foi extraída do dispositivo (art. 2º, II, da Lei 8.072/1990). Mais recentemente, a Lei 12.403/2011 promoveu uma série de inovações no âmbito da prisão e da liberdade provisória, entre elas alterou a redação do art. 323 do CPP, que passou a prever que os crimes hediondos e os delitos a eles equiparados são inafiançáveis. Pois bem, tal prescrição é inquestionável, já que em perfeita harmonia com o texto da CF/1988 (art. 5º, XLIII). A questão que se coloca, todavia, é saber se a liberdade provisória sem fiança pode ser aplicada aos crimes hediondos e assemelhados. A despeito de haver divergências, notadamente na jurisprudência, entendemos, s.m.j., que a CF/88 proibiu tão somente a liberdade provisória com fiança. Se quisesse de fato proibir a liberdade provisória sem fiança, teria por certo feito menção a ela. Não o fez. Logo, a liberdade provisória vedada pelo constituinte nos crimes hediondos e equiparados é somente a com fiança. Assim entende a 2ª T., do STF: HC 100.185-PA, rel. Min. Gilmar Mendes, DJ 6.8.10; STJ, HC 109.451-SP, 6ª T, DJ de 11.11.08; **B:** assertiva incorreta, pois o crime de quadrilha ou bando (art. 288, CP), atualmente denominado associação criminosa (Lei 12.850/2013), faz parte do rol contemplado no art. 1º, III, l, da Lei 7.960/1990; **C:** este tema é bastante polêmico na jurisprudência. O STF, no julgamento do HC 104.339-SP, declarou, incidentalmente, a inconstitucionalidade da expressão "e liberdade provisória" contida no *caput* do art. 44 da Lei de Drogas; **D:** correta a assertiva. A decretação ou manutenção da prisão cautelar, assim entendida aquela que antecede a condenação definitiva, deve conter a explicitação da necessidade da medida, apontando as razões que a tornam indispensável (art. 312 do CPP). É por isso que o STF, ao julgar o HC 104.339-SP, declarou, incidentalmente, a inconstitucionalidade da expressão "e liberdade provisória" contida no caput do art. 44 da Lei de Drogas.

Gabarito "D".

(Ministério Público/TO – 2012 – CESPE) Com relação ao benefício da liberdade provisória e seus fundamentos, assinale a opção correta.

(A) Não será concedida liberdade provisória mediante fiança ao suspeito da prática de crime punido com pena privativa de liberdade, se ele já tiver sido condenado, em sentença transitada em julgado, por outro crime doloso ou culposo.
(B) O direito de livrar-se solto, assim como a liberdade provisória sem fiança, vincula o agente ao processo e o obriga a cumprir as condições estipuladas pelo juiz, a exemplo do comparecimento em todos os atos processuais.
(C) A afiançabilidade de infração penal, depois de prolatada a sentença condenatória, verifica-se em função da pena aplicada *in concreto*.
(D) A fiança será cassada caso o representante do MP, no oferecimento da denúncia, tipifique como crime inafiançável conduta provisoriamente considerada afiançável, na fase de inquérito policial inaugurado por força de auto de prisão em flagrante.
(E) Conforme a situação econômica do réu, o juiz, ao fixar o valor da fiança, poderá reduzi-lo até o máximo de dois terços e aumentá-lo até a metade do valor fixado em lei.

A: incorreta. A reincidência e a existência de antecedentes negativos não impedem a concessão de liberdade provisória mediante fiança. Tanto é assim que o art. 326 do CPP estabelece que a autoridade levará em consideração, para estabelecer o valor da fiança, dentre outros fatores, a vida pregressa do investigado/acusado, o que abrange os antecedentes negativos e a reincidência; **B**: incorreta. O art. 309 do CPP, cuja redação não foi modificada pela Lei de Reforma 12.403/2011, perdeu sua razão de ser, dado que o art. 321 do CPP, que contemplava as hipóteses em que o indiciado deveria *livrar-se* solto, foi modificado pela Lei 12.403/2011, passando a disciplinar tema diverso; **C**: incorreta. O valor da fiança, que poderá ser prestada até o trânsito em julgado (art. 334 do CPP), levará em conta os critérios contemplados nos arts. 325 e 326 do CPP; **D**: correta, nos termos do art. 339 do CPP; **E**: incorreta, visto que o art. 325, § 1º, III, do CPP estabelece que o valor da fiança, a depender da situação econômica do preso, poderá ser aumentado em até mil vezes.

Gabarito "D".

(Defensor Público/AC – 2012 – CESPE) Considerando o disposto no CPP e na legislação correlata, assinale a opção correta.

(A) Não é cabível a decretação de prisão preventiva de acusado que se apresente espontaneamente à autoridade policial competente.
(B) Admite-se, como garantia da execução das medidas protetivas de urgência, a decretação da prisão preventiva do acusado de crime que envolva violência doméstica contra a mulher.
(C) O prazo para a interceptação de comunicações telefônicas, nos termos da Lei 9.296/1996, é de quinze dias; entretanto, caso o pedido tenha sido formulado para prova em investigação de crimes hediondos, o prazo será de trinta dias, prorrogável por igual período.
(D) A citação do acusado que esteja em lugar sabido no estrangeiro deve ser realizada por edital e, caso ele não compareça nem constitua advogado no prazo fixado no edital de citação, que pode variar de quinze a noventa dias, ficarão suspensos o processo e o curso da prescrição, podendo o juiz determinar a produção antecipada de provas consideradas urgentes.
(E) Estando o investigado preso, o inquérito policial deve ser encerrado impreterivelmente no prazo de quinze dias.

A: incorreta. O fato de a Lei 12.403/2011 ter operado a revogação do art. 317 do CPP (apresentação espontânea do acusado) não impede que se decrete a custódia preventiva do acusado que se apresente espontaneamente, desde que presentes os requisitos autorizadores dessa medida cautelar; **B**: correta, pois corresponde à redação do art. 313, III, do CPP; **C**: incorreta. O art. 5º da Lei 9.296/1996, que trata do prazo durante o qual poderá perdurar a interceptação, não estabeleceu interregno diferenciado para os crimes hediondos. A propósito, a jurisprudência sedimentou entendimento no sentido de que o prazo de quinze dias poderá ser prorrogado quantas vezes for necessário para a apuração do fato sob investigação; **D**: incorreta. A citação do acusado que se encontre em lugar conhecido no estrangeiro há de ser feita por meio de carta rogatória, nos termos do art. 368 do CPP, suspendendo-se, neste caso, o curso do prazo prescricional até o seu cumprimento; **E**: incorreta. O art. 10, *caput*, do CPP estabelece o prazo geral de 30 dias para conclusão do inquérito, quando o indiciado não estiver preso; se se tratar de indiciado preso, o inquérito deve terminar em 10 dias (e não em quinze). Na Justiça Federal, se o indicado estiver preso, o prazo para conclusão do inquérito é de quinze dias, podendo haver uma prorrogação por igual período, conforme dispõe o art. 66 da Lei 5.010/1966; se solto, o inquérito deve ser concluído em 30 dias, em consonância com o disposto no art. 10, *caput*, do CPP. Há outras leis especiais, além desta, que estabelecem prazos diferenciados para a ultimação das investigações. Atenção: o art. 3º-B, VIII, do CPP, introduzido pela Lei 13.964/2019, estabelece ser uma das atribuições do juiz das garantias a prorrogação do prazo do inquérito policial, estando o investigado preso, desde que em face de representação formulada pela autoridade policial. O art. 3º-B, § 2º, do CPP, por sua vez, reza que tal prorrogação do prazo do IP, em que o investigado esteja preso, pode se dar por até 15 dias, uma única vez. Vale lembrar que esses dois dispositivos, por fazerem parte do regramento do juiz das garantais, estão com a sua eficácia suspensa por decisão cautelar do STF. A matéria deve ser apreciada pelo Plenário do Tribunal.

Gabarito "B".

(Defensor Público/RO – 2012 – CESPE) Acerca dos institutos da prisão, das medidas cautelares e da liberdade provisória, assinale a opção correta.

(A) Em caso de cumprimento de mandado de prisão expedido pela autoridade competente, se o executor do mandado verificar que o réu esteja abrigado em alguma casa, deverá intimar o morador a apresentá-lo à vista do mandado judicial e, no caso de desobediência, poderá, a qualquer hora do dia ou da noite, entrar à força na residência, bastando para tanto, convocar duas testemunhas que acompanhem a diligência e atestem a recusa do morador a entregar o preso.
(B) A prisão em flagrante deve ser comunicada ao juiz competente em até vinte e quatro horas após a sua realização, cabendo ao juiz, entre outras medidas, relaxar a prisão se esta for ilegal ou, fundamentadamente, convertê-la em preventiva, quando presentes os requisitos da custódia cautelar.
(C) Pode o juiz substituir a prisão preventiva pela domiciliar quando o agente for maior de setenta anos de idade, gestante a partir do sétimo mês de gestação, extremamente debilitado por motivo de grave doença ou imprescindível aos cuidados especiais de pessoa menor de seis anos de idade ou com deficiência.
(D) A partir das recentes alterações legislativas referentes à liberdade provisória com fiança, a autoridade policial, após a lavratura do auto de prisão em flagrante, somente poderá conceder fiança nos casos de infrações penais praticadas sem violência ou grave ameaça a pessoa, independentemente do tempo previsto para a pena privativa de liberdade.
(E) A falta de exibição do mandado de prisão pelo executor da ordem obsta o seu efetivo cumprimento, porquanto, conforme a lei processual penal, a prisão em virtude de mandado entender-se-á feita desde que o executor, fazendo-se conhecer do réu, lhe apresente a referida ordem e o intime a acompanhá-lo.

A: incorreta, já que o ingresso à força, na hipótese de recalcitrância do morador, somente se efetivará durante o dia; se à noite, diante da recusa do ocupante, o executor da ordem de prisão fará guardar todas as saídas do imóvel até o amanhecer, quando então poderá ingressar no imóvel onde se encontra a pessoa a ser presa, independente da anuência do morador. É o que estabelece o art. 293 do CPP; **B**: correta, pois corresponde ao que estabelece o art. 306, § 1º, do CPP; **C**: a incorreção da assertiva está na parte em que se afirma que a substituição será feita na hipótese de o agente contar com mais *setenta* anos, dado que o art. 318, I, do CPP estabelece como idade mínima à obtenção deste benefício *oitenta* anos. No resto, a assertiva estaria correta não fosse a modificação operada no art. 318 do CPP pela Lei 13.257/2016, que modificou as hipóteses de cabimento de substituição da prisão preventiva pela preventiva domiciliar; **D**: incorreta, dado o que estabelece o art. 322 do CPP: "A autoridade policial somente poderá conceder fiança nos casos de infração cuja pena privativa de liberdade máxima não seja superior a 4 (quatro) anos"; **E**: incorreta, já que não reflete o disposto no art. 287 do CPP, cuja redação foi alterada pela Lei 13.964/2019: "Se a infração for inafiançável, a falta de exibição do mandado não obstará à prisão, e o preso, em tal caso, será imediatamente apresentado ao juiz que tiver expedido o mandado, para realização da audiência de custódia". A alteração legislativa impôs a obrigação de realização de audiência de custódia.

Gabarito "B".

(Defensor Público/SE – 2012 – CESPE) Em 20.08.2012, Juca, mediante grave ameaça, subtraiu uma corrente de ouro pertencente a Carla e fugiu, escondendo-se debaixo de uma ponte. Vinte e quatro horas depois do crime, Juca saiu de seu esconderijo e, ao se deparar com o namorado da vítima, que passeava pelo local e reconheceu a corrente de ouro no pescoço de Juca, foi por ele preso em flagrante pelo crime de roubo e encaminhado à delegacia de polícia. Mesmo sem testemunhas do fato, foi lavrado o auto de prisão em flagrante, com a assinatura do condutor e de duas testemunhas que presenciaram a apresentação do preso. Após solicitação de Juca, a prisão foi comunicada à sua namorada, não tendo sido dada, contudo, ciência da prisão à família do preso. Quarenta e oito horas após a prisão, foram os autos encaminhados ao juízo competente e ao MP. Posteriormente, o flagrante foi enviado à DP, que requereu o relaxamento da prisão de Juca, pedido indeferido pelo magistrado.

Considerando a situação hipotética acima apresentada, assinale a opção correta a respeito da prisão em flagrante.

(A) Juca não mais poderia ter sido preso em flagrante, passadas 24 horas do cometimento do crime.

(B) Juca foi preso em flagrante impróprio, visto que foi encontrado em situação que se fazia presumir ser ele o autor da infração.

(C) Em até 48 horas após a realização da prisão, deve ser encaminhado ao juiz competente o auto de prisão em flagrante, e, necessariamente, haver comunicação do **flagrante** à família do preso, independentemente de ciência de outra pessoa por ele indicada.

(D) A falta de testemunhas da infração penal cometida por Juca não torna ilegal o auto de prisão em flagrante, desde que assinado pelo condutor e duas pessoas que hajam testemunhado a apresentação do preso à autoridade.

(E) A prisão de Juca, realizada por particular, é considerada ilegal, visto que a prisão em flagrante somente pode ser feita por autoridade pública.

A: incorreta. Vale aqui registrar a existência de controvérsia doutrinária acerca do entendimento que deve ser conferido à expressão "logo depois", no chamado flagrante ficto ou presumido (art. 312, IV, do CPP). Pensamos que tal expressão deve ser interpretada de forma individualizada, de acordo com as especificidades do caso concreto. Esse entendimento é compartilhado por parte significativa da doutrina e jurisprudência; **B:** incorreta. À prisão em flagrante em que o agente é preso, logo depois do crime, na posse de objetos, em situação que faça presumir ser ele o autor da infração é dada a denominação de *flagrante ficto* ou *presumido*; *impróprio* (ou quase flagrante) é a modalidade em que, perseguido logo após a prática criminosa, o agente é preso; **C:** incorreta, pois o art. 306, § 1º, do CPP estabelece o prazo de 24 horas, a contar da detenção, para que o auto de prisão em flagrante e as demais peças que o acompanham sejam remetidas ao juiz de direito; **D:** correta, na medida em que reflete do disposto no art. 304, § 2º, do CPP; **E:** incorreta. A doutrina classifica o flagrante em obrigatório e facultativo. Obrigatório é a modalidade de flagrante a que faz referência o art. 301, 2ª parte, do CPP. *Obrigatório* porque a *autoridade policial e seus agentes* deverão prender quem quer que seja encontrado em flagrante delito. De outro lado, *qualquer do povo poderá* (...). Trata-se, neste caso, de mera faculdade. Flagrante, por isso mesmo, chamado *facultativo. Dessa forma, a prisão em flagrante realizada por particular nada tem de ilegal, visto que autorizada pela lei processual penal.*

Gabarito "D"

(Analista – MPU – 2010 – CESPE) Acerca das prisões cautelares e da liberdade provisória, julgue o item subsequente.

(1) Tratando-se de crimes de menor potencial ofensivo para os quais não haja previsão de pena privativa de liberdade, em hipótese alguma se imporá a prisão em flagrante ao autor da infração.

1: correta. Reza o art. 69, parágrafo único, da Lei 9.099/1995 que, após a lavratura do termo circunstanciado (art. 69, *caput*, da Lei 9.099/1995), se porventura o autor do fato recusar-se a assumir o compromisso de comparecer ao Juizado Especial, assim que intimado para tanto, a ele se imporá prisão em flagrante.

Gabarito 1C

(Analista – TRE/MT – 2010 – CESPE) Acerca de prisões e provas, assinale a opção correta.

(A) A prisão temporária pode ser decretada de ofício pelo juiz, pelo prazo improrrogável de cinco dias, presentes as condições legais.

(B) A apresentação espontânea do acusado à autoridade não impede a decretação da prisão preventiva nos casos em que a lei a autoriza.

(C) Não se admite a decretação da prisão preventiva nos crimes dolosos punidos com detenção.

(D) O juiz não pode fundamentar a sentença condenatória em elementos informativos colhidos no inquérito policial, ainda que se trate de provas cautelares, não repetíveis ou antecipadas.

(E) A prova da alegação incumbe a quem a fizer, não sendo admitido que o juiz determine provas de ofício, pois tal atitude ofende o sistema acusatório puro, adotado pelo CPP.

A: incorreta – a prisão temporária não pode ser decretada de ofício pelo juiz, que deverá determiná-la diante de representação formulada pela autoridade policial ou de requerimento do Ministério Público – art. 2º, *caput*, da Lei 7.960/1989. No mais, esta modalidade de prisão provisória terá o prazo de cinco dias, prorrogável por igual período em caso de extrema e comprovada necessidade, nos termos do art. 2º, *caput*, da Lei 7.960/1989. Em se tratando, no entanto, de crime hediondo ou a ele equiparado (tortura, tráfico de drogas e terrorismo), a custódia temporária será decretada por *até* trinta dias, prorrogável por igual período em caso de extrema e comprovada necessidade, em consonância com o disposto no art. 2º, § 4º, da Lei 8.072/1990 (Crimes Hediondos); **B:** correta – o art. 317 do CPP, que previa a apresentação espontânea do acusado, foi revogado pela Lei 12.403/2011. A despeito disso, a apresentação espontânea do acusado não elide a possibilidade de o juiz decretar-lhe a prisão preventiva, desde que presentes os requisitos legais; **C:** a Lei 12.403/2011 alterou sobremaneira o regramento da prisão preventiva, em especial no que toca aos seus requisitos. A nova redação do art. 313 do CPP estabelece as condições de admissibilidade da custódia preventiva, a saber: nos crimes dolosos punidos com pena privativa de liberdade máxima superior a quatro anos (não mais importa se o crime é apenado com reclusão ou detenção); se tiver sido condenado por outro crime doloso, em sentença com trânsito em julgado; se o crime envolver violência doméstica e familiar contra a mulher, criança, adolescente, idoso, enfermo ou pessoa com deficiência, para garantir a execução das medidas preventivas de urgência; e também quando houver dúvida sobre a identidade civil da pessoa ou quando esta não fornecer elementos suficientes para esclarecê-la. Não terá lugar a prisão preventiva nos crimes culposos tampouco nas contravenções penais; **D:** incorreta – art. 155, *caput*, do CPP; **E:** incorreta – nada obsta que o magistrado, fazendo uso da prerrogativa que lhe confere o art. 156, II, do CPP, com o propósito de esclarecer dúvida acerca de ponto relevante, determine, no curso da instrução ou antes de proferir sentença, de ofício e em caráter supletivo, diligências com o fito de se atingir a verdade real. Tal prerrogativa pode, inclusive, ser exercida antes de iniciada ação penal – art. 156, I, do CPP. O Código de Processo Penal não acolheu o sistema acusatório puro, já que o inquérito policial é sigiloso e, ademais, nele não vigoram o contraditório e a ampla defesa.

Gabarito "B"

(Analista – TRE/BA – 2010 – CESPE) Julgue o item que se segue, relativo a inquérito policial (IP) e prisão temporária.

(1) A prisão temporária pode ser decretada pelo juiz ou pelo delegado condutor das investigações.

1: incorreta – A custódia temporária, em face do que dispõe o art. 2º, *caput*, da Lei 7.960/89, somente pode ser decretada por juiz de direito, que o fará diante de representação formulada pela autoridade policial ou de requerimento do Ministério Público. É defeso ao juiz, na prisão temporária, determinar a custódia de ofício.

Gabarito 1E

12. PROCESSO E PROCEDIMENTOS

Davi, servidor público comissionado municipal sem vínculo efetivo com a prefeitura do respectivo município, foi denunciado pelo suposto cometimento do delito de peculato — art. 312 do CP. Durante o IP, Davi foi interrogado na presença de seu advogado. Na fase judicial da persecução penal, ao chefe de sua repartição foi encaminhada notificação, que não foi considerada cumprida em razão da exoneração do servidor; no local, noticiaram que ele continuava residindo no endereço mencionado no inquérito. Após o recebimento da denúncia, considerando-se que o servidor estava em local incerto, foi determinada sua citação por edital. O advogado constituído pelo réu, após tomar conhecimento da tramitação da ação penal, apresentou resposta à acusação, nos termos do art. 396 do CPP. Posteriormente, ainda que não intimado pessoalmente, Davi compareceu à audiência designada.

(Juiz de Direito - TJ/BA - 2019 - CESPE/CEBRASPE) Com referência a essa situação hipotética, assinale a opção correta.

(A) Por se tratar de crime funcional, a desobediência ao procedimento especial — não oportunizar a defesa preliminar, nos termos do art. 514 do CPP — gerou a nulidade do processo.

(B) A apresentação de resposta à acusação por advogado constituído por Davi durante o IP supre eventual nulidade da citação.

(C) No caso de o réu continuar atuando como servidor público, a notificação encaminhada ao chefe da repartição, nos termos do art. 359 do CPP, dispensaria o mandado de citação.

(D) A obrigação de esgotamento dos meios de localização para a validade da citação por edital não alcança as diligências em todos os endereços constantes no IP.

(E) Citado por edital, o réu poderá, a qualquer tempo, integrar a relação processual, e o prazo para resposta à acusação começará a fluir a partir do referido ato de ingresso no processo.

A: incorreta. A peculiaridade do procedimento referente aos crimes de responsabilidade dos funcionários públicos reside na impugnação ofertada pelo funcionário antes do recebimento da denúncia. É a chamada *resposta* ou *defesa preliminar*, prevista no art. 514 do CPP, que somente terá incidência nos crimes funcionais afiançáveis, não se estendendo ao particular que, na qualidade de coautor ou partícipe, tomar parte no crime. Com a edição da Súmula 330 do STJ, esta defesa que antecede o recebimento da denúncia deixou de ser necessária na ação penal alicerçada em inquérito policial. Dessa forma, a formalidade imposta pelo art. 514 do CPP somente se fará necessária, segundo o STJ, quando a denúncia se basear em outras peças de informação que não o inquérito policial. Em outras palavras, a resposta preliminar é necessária, sim, na hipótese de a ação penal não ser calcada em inquérito policial. No caso narrado no enunciado, não há dúvida de que a denúncia ofertada em face de Davi foi baseada em informações colhidas em inquérito policial, o que afasta a necessidade de defesa preliminar, não havendo, portanto, que se falar em nulidade; **B:** incorreta. Isso porque a falta de citação constitui causa de nulidade absoluta (art. 564, III, *e*, do CPP), salvo se o denunciado comparecer em juízo. O fato de Davi haver constituído, durante as investigações do inquérito policial, advogado, o qual, após, ofereceu resposta à acusação, não elide a necessidade de citação. Conferir: "4. A citação é pressuposto de existência da relação processual e sua obrigatoriedade não pode ser relativizada somente porque o réu constituiu advogado particular quando foi preso em flagrante. O fato de o Juiz ter determinado a juntada, nos autos da ação penal, de cópia da procuração outorgada ao advogado no processo apenso, relacionado ao pedido de liberdade provisória, bem como que o causídico apresentasse resposta à acusação, não supre a falta de citação e nem demonstra, sem o comparecimento espontâneo do réu a nenhum ato do processo, sua ciência inequívoca da denúncia e nem que renunciou à autodefesa. 5. O prejuízo para a ampla defesa foi registrado no acórdão estadual, não havendo falar em violação do art. 563 do CPP. A ampla defesa desdobra-se na defesa técnica e na autodefesa, esta última suprimida do réu, pois não lhe foram oportunizadas diversas possibilidades, tais como a presença em juízo, o conhecimento dos argumentos e conclusões da parte contrária, a exteriorização de sua própria argumentação em interrogatório etc. 6. Recurso especial não provido." (STJ, REsp 1580435/GO, Rel. Ministro ROGERIO SCHIETTI CRUZ, SEXTA TURMA, julgado em 17/03/2016, DJe 31/03/2016); **C:** incorreta. A citação do funcionário público será feita pessoalmente, devendo o juiz apenas notificar o chefe da repartição em que o funcionário exerce suas funções, dando-lhe conta do dia e horário em que o acusado deverá comparecer em juízo (art. 359, CPP). Com isso, a repartição disporá de tempo para, se for o caso, cuidar para que o funcionário, naquele dia e horário, seja substituído. Em outras palavras, a notificação ao chefe da repartição, providência prevista no art. 359 do CPP, não supre a necessidade de citação (pessoal) do funcionário público denunciado; **D:** incorreta. Por se tratar de modalidade de citação ficta, em que se presume que o réu tenha tomado conhecimento da acusação que contra ele foi formulada, a realização da citação por edital pressupõe o esgotamento de todos os meios disponíveis para a localização do denunciado, o que engloba todos os seus endereços de que se tem notícia, inclusive aqueles informados no inquérito policial. Somente após isso é que poderá se recorrer à citação por edital. Na jurisprudência: "é nulo o processo a partir da citação na hipótese de citação por edital determinada antes de serem esgotados todos os meios disponíveis para a citação pessoal do réu" (STJ, HC 213.600, *DJe* 09.10.2012); **E:** correta, pois reflete o disposto no art. 396, parágrafo único, do CPP. ED

Gabarito "E".

(Juiz de Direito - TJ/BA - 2019 - CESPE/CEBRASPE) Acerca dos procedimentos processuais penais no Brasil, julgue os itens a seguir.

I. Nos crimes contra a propriedade imaterial que deixem vestígios, o exame do corpo de delito será condição de procedibilidade para o exercício da ação penal.

II. No procedimento sumário, o prazo para resposta à acusação é de cinco dias.

III. Registro de depoimento tomado na audiência de instrução por meio audiovisual terá de ser encaminhado às partes, sendo obrigatória a transcrição.

IV. No procedimento por crime funcional, em caso de ilícito afiançável, o réu será notificado para apresentar defesa preliminar por escrito no prazo de quinze dias.

Estão certos apenas os itens

(A) I e IV.

(B) II e III.

(C) III e IV.

(D) I, II e III.

(E) I, II e IV.

I: correta, uma vez que reflete o disposto no art. 525 do CPP. Por força desse dispositivo, o exame de corpo de delito constitui condição especial de procedibilidade ao ajuizamento da ação penal. A sua ausência, portanto, implica rejeição da inicial acusatória; **II:** incorreta. O art. 396, *caput*, do CPP, que se aplica tanto ao procedimento ordinário quanto ao sumário, estabelece o prazo de dez dias para resposta à acusação; **III:** incorreta, pois em desconformidade com o art. 405, § 2º, do CPP, segundo o qual, *no caso de registro por meio audiovisual, será encaminhado às partes cópia do registro original, sem necessidade de transcrição*; **IV:** correta. A defesa preliminar de que trata o art. 514 do CPP, a ser ofertada no prazo de 15 dias, confere ao funcionário público denunciado pela prática de crime funcional afiançável a oportunidade de rebater o teor da denúncia antes de ela ser apreciada pelo magistrado. É a antecipação do contraditório, que, no procedimento comum, será exercido após o recebimento da denúncia, em sede de resposta à acusação. Sempre é bom lembrar que o STJ, por meio da Súmula 330 do STJ, fixou o entendimento de que esta defesa que antecede o recebimento da denúncia é desnecessária na ação penal alicerçada em inquérito policial. Dessa forma, a formalidade imposta pelo art. 514 do CPP somente se fará necessária, segundo o STJ, quando a denúncia se basear em outras peças de informação que não o inquérito policial.

Gabarito "A".

(Defensor Público/AL – 2017 – CESPE) Acerca dos ritos especiais de julgamento envolvendo crimes contra a honra, assinale a opção correta.

(A) O pedido de explicações, nos casos de crimes contra a honra pode ser formulado a qualquer tempo, antes ou durante o transcorrer da ação penal.

(B) Tratando-se de crimes de difamação, não se admite a exceção da verdade, ainda que o ofendido seja funcionário público e a ofensa seja relacionada ao exercício de suas funções.

(C) Tratando-se de crime contra a honra do servidor público em razão da função, a ação penal pode ser iniciada mediante queixa-crime do ofendido ou ação pública condicionada à representação.

(D) Se o querelante regularmente intimado não comparecer à audiência de reconciliação, reputar-se-á apenas desinteressado em celebrar acordo, prosseguindo o processo normalmente.

(E) Em se tratando de crimes contra a honra mediante ação penal pública condicionada à representação, o ofendido poderá, a qualquer tempo, desistir da ação e solicitar a extinção do processo.

A: incorreta. Por se tratar de uma medida preparatória e facultativa para o oferecimento da queixa, tal somente poderá ocorrer antes de instaurada a ação penal (art. 144, CP); **B:** incorreta, dado que o crime de difamação, ao contrário do que se afirma na assertiva, comporta, sim, a exceção da verdade, nos casos em que o ofendido é funcionário público e a ofensa é relacionada ao exercício de suas funções, nos termos do art. 139, parágrafo único, do CP; **C:** correta. Segundo entendimento firmado na Súmula 714 do STF, em se tratando de ação penal por crime contra honra de servidor público em razão do exercício de suas funções, será concorrente a legitimidade do ofendido, mediante queixa, e do Ministério Público, condicionada à representação do ofendido; **D:** incorreta, pois se trata de hipótese de perempção (art. 60, III, do CPP); **E:** incorreta, uma vez que, oferecida a representação, a sua retratação somente poderá ser dar até o oferecimento da denúncia (art. 25, CPP). ED

Gabarito "C"

(Juiz de Direito/AM – 2016 – CESPE) Em se tratando de procedimento comum ordinário, o juiz deverá absolver sumariamente o acusado quando verificar que

(A) a punibilidade está extinta em razão da ocorrência da prescrição da pretensão punitiva em perspectiva.
(B) o fato foi cometido em situação de manifesta inexigibilidade de conduta diversa.
(C) estão ausentes indícios mínimos de autoria e materialidade do fato supostamente praticado.
(D) o acusado é portador de doença mental, atestada por laudo médico oficial, e inteiramente incapaz de entender o caráter ilícito do fato.
(E) o fato foi cometido em estrita obediência a ordem manifestamente ilegal.

A: incorreta, uma vez que a jurisprudência rechaça a prescrição *antecipada* ou *virtual, assim considerada* aquela baseada na pena que seria, em tese, aplicada ao réu em caso de condenação. Grande parte da jurisprudência rechaça tal modalidade de prescrição, na medida em que implica verdadeiro prejulgamento (o juiz estaria se utilizando de uma pena ainda não aplicada). Consolidando tal entendimento, o STJ editou a Súmula 438, segundo a qual não se admite a prescrição baseada em pena hipotética; **B:** correta: hipótese de absolvição sumária prevista no art. 397, II, do CPP; **C:** incorreta. A ausência de indícios mínimos de autoria ou materialidade do fato constitui hipótese de rejeição da peça acusatória (denúncia ou queixa), tal como estabelece o art. 395, III, do CPP. O art. 397 (absolvição sumária) não contempla tal hipótese, como afirmado na assertiva; **D:** incorreta, uma vez que o art. 397, II, do CPP exclui a possibilidade de proceder-se à absolvição sumária em caso de *inimputabilidade*, dado que tal circunstância deverá ser apurada no curso da instrução processual; **E:** incorreta. O reconhecimento da obediência hierárquica (art. 22, segundo parte, do CP), que pressupõe que a ordem emanada do superior hierárquico seja *não* manifestamente ilegal, pode dar azo à absolvição sumária (art. 397, II, do CPP). É causa de exclusão da culpabilidade.

Gabarito "B"

(Analista – Judiciário –TRE/PI – 2016 – CESPE) Assinale a opção correta a respeito dos procedimentos penais.

(A) Nos termos da Lei n.º 8.038/1990, o relator não poderá decidir sozinho quanto ao recebimento ou à rejeição da exordial, impondo-se ao tribunal, de forma colegiada, deliberar a esse respeito.
(B) Tratando-se do procedimento ordinário, expirado o prazo para o oferecimento da defesa inicial, opera-se a preclusão temporal.
(C) Em se tratando do procedimento sumaríssimo, não é necessário que a sentença contenha relatório, sendo também prescindível a motivação, devido à celeridade de seus atos processuais.
(D) Não será aplicado o procedimento sumaríssimo da lei dos juizados especiais criminais na hipótese de alta complexidade da causa, caso em que o juiz deverá encaminhar os autos ao juiz comum para a adoção do procedimento comum ordinário.

A: correta, pois reflete o disposto no art. 6º da Lei 8.038/1990; **B:** incorreta. Não há que se falar, no processo penal, em preclusão temporal. A falta de resposta à acusação dentro do prazo estabelecido em lei impõe ao juiz a obrigação de nomear defensor ao acusado, que atuará, a partir daí, na sua defesa; **C:** incorreta, visto que, no rito sumaríssimo, afeto às infrações penais de menor potencial ofensivo, somente o relatório (e não a motivação), ao contrário do que se verifica nos ritos ordinário e sumário, é dispensável, em conformidade com o art. 81, § 3º, da Lei 9.099/1995 e em homenagem à informalidade, à economia processual, à simplicidade e à celeridade, princípios informadores do Juizado Especial Criminal; **D:** incorreta. Nesta hipótese, o procedimento a ser adotado é *sumário*, e não o *ordinário* (art. 538, CPP).

Gabarito "A"

(Analista – Judiciário –TRE/PI – 2016 – CESPE) Acerca dos procedimentos, no juízo singular, dos crimes de responsabilidade dos funcionários públicos, dos crimes de calúnia e injúria e dos crimes contra a propriedade imaterial, assinale a opção correta.

(A) Em se tratando de procedimentos dos crimes contra a propriedade imaterial, se a infração deixar vestígios, a queixa será instruída com a perícia realizada, admitindo-se o suprimento por outro meio de prova caso a perícia não possa ser realizada ou os vestígios desapareçam.
(B) O procedimento de apuração dos crimes contra a propriedade imaterial independe da natureza da ação penal, pois esses crimes são de ação penal pública incondicionada.
(C) Os procedimentos dos crimes contra honra relativos aos processos e julgamentos dos crimes de calúnia e de injúria são inaplicáveis aos crimes de difamação por falta de previsão legal.
(D) O rito previsto para o procedimento dos crimes contra honra é idêntico ao previsto para o procedimento comum ordinário, agregando-se, apenas, a audiência de tentativa de conciliação e a possibilidade de serem deduzidas, em determinados casos, as exceções da verdade e notoriedade do fato.
(E) De acordo com o CPP, o procedimento dos crimes funcionais aplica-se a todos os crimes funcionais afiançáveis e inafiançáveis.

A: incorreta, uma vez que contraria o disposto no art. 525 do CPP. Por força desse dispositivo, o exame de corpo de delito constitui condição especial de procedibilidade ao ajuizamento da ação penal. A sua ausência, portanto, implica rejeição da queixa; **B:** incorreta (art. 186 do CP); **C:** incorreta. Embora o art. 519 do CPP, que cuida do processo e julgamento dos crimes contra a honra, somente faça menção à injúria e calúnia, esse procedimento também é aplicável ao crime de difamação. Atualmente, o processo dos crimes contra a honra (calúnia, difamação e injúria) segue as regras estabelecidas para o procedimento sumaríssimo (Lei 9.099/1995), já que se trata de infrações de menor potencial ofensivo, exceção feita à injúria racial, cuja pena máxima cominada é de 3 anos, fora, portanto, do âmbito do procedimento da Lei 9.099/1995; **D:** correta (arts. 520 a 523 do CPP); **E:** incorreta (art. 514, CPP).

Gabarito "D"

(Procurador do Estado – PGE/BA – CESPE – 2014) Acerca das sentenças, julgue o item a seguir (adaptada)

(1) Considere que Marina tenha sido processada por crime de furto supostamente cometido contra seu primo André e que, após a fase de produção de provas, o MP, convencido de sua inocência, tenha opinado por sua absolvição. Nessa situação hipotética, segundo o Código de Processo Penal, o juiz não poderá proferir sentença condenatória contra Marina.

1: incorreta, na medida em que é dado a juiz, ao contrário do que se afirma, condenar o réu, ainda que o MP tenha opinado pela sua absolvição (art. 385, CPP). De igual forma, também pode o juiz reconhecer agravantes não invocadas pela acusação. ED

Gabarito 1E

(Analista – STF – 2013 – CESPE) Acerca da *emendatio libelli* e de outros importantes institutos do processo penal, julgue os itens subsequentes.

(1) O STF sumulou o entendimento no sentido da impossibilidade da *mutatio libelli* em segundo grau de jurisdição, o qual se mantém válido, a despeito das modificações nas normas processuais sobre a matéria, uma vez que os princípios da proibição da *reformatio in pejus*, da ampla defesa e da congruência da sentença penal, entre outros, vedam

o aditamento à denúncia e a inclusão de fato novo após a sentença de primeiro grau.

(2) Ao apreciar recurso interposto pela defesa contra decisão condenatória de primeiro grau, o tribunal pode atribuir ao fato uma classificação penal diversa da constante da denúncia ou da queixa, sem alterar a descrição fática da inicial acusatória nem aumentar a pena imposta ao recorrente, ainda que da nova tipificação possa resultar pena maior do que a fixada na sentença.

1: correta. Embora a Súmula 453, do STF, que veda a incidência da *mutatio libelli* em segundo grau de jurisdição, seja anterior à Lei 11.719/2008, que alterou a redação, entre outros, do art. 384 do CPP, dando nova conformação jurídica à *mutatio libelli*, o entendimento nela (súmula) firmado continua a ser aplicado; 2: correta. A despeito de a *mutatio libelli* não ter incidência no âmbito do julgamento dos recursos (Súmula 453, do STF), o mesmo não se diga em relação à *emendatio libelli*, que poderá ser aplicada pelos tribunais em grau de recurso, desde que, é claro, seja observado o princípio que veda a *reformatio in pejus* (art. 617, CPP). Em outras palavras, não terá lugar a inovação na capitulação jurídica atribuída à conduta do recorrente que implique agravamento na pena a ele imposta pelo juízo *a quo*. Cabe, aqui, distinguir os fenômenos em estudo. No campo da *emendatio libelli*, o fato descrito pela acusação na peça inicial permanece inalterado, sem prejuízo, por isso mesmo, para a defesa. A mudança, aqui, incide na classificação da conduta, levada a efeito pela acusação, no ato da propositura da ação, e retificada pelo juiz, de ofício, no momento da sentença, sendo desnecessário, em vista disso, ouvir a esse respeito o defensor. Na *mutatio libelli*, diferentemente, temos que a prova colhida na instrução aponta para uma nova definição jurídica do fato, diversa daquela contida na inicial. Por força do que estabelece o art. 383 do CPP, com a redação que lhe conferiu a Lei de Reforma 11.719/08, impõe-se o aditamento da exordial pelo órgão acusatório, ainda que a nova capitulação jurídica implique aplicação de pena igual ou menos grave.

Gabarito 1C, 2C

(Analista – STF – 2013 – CESPE) Tendo em vista variados temas para o processo penal, julgue os itens seguintes.

(1) No processo de competência do tribunal do júri, a absolvição sumária imprópria deve ser anulada, por ofensa aos princípios do juiz natural, da ampla defesa e do devido processo legal, se o advogado do réu, além de defender a inimputabilidade do acusado, sustentar outras teses defensivas. Essa afirmativa é válida ainda que a inimputabilidade já tenha sido devidamente comprovada na instrução probatória realizada na primeira fase do procedimento.

(2) No processo penal, as decisões interlocutórias simples proferidas por juiz singular são, em regra, irrecorríveis, como é o caso da decisão de recebimento da denúncia ou da queixa. As decisões interlocutórias mistas, terminativas ou não terminativas são recorríveis por meio de recurso em sentido estrito, mas irrecorríveis por apelação, como é o caso da decisão de impronúncia.

1: correta. Conferir: "Processo penal. *Habeas corpus*. Homicídio tentado. Inimputabilidade. Absolvição sumária e submissão à medida de segurança. Alegação de causa excludente de ilicitude. Legítima defesa. Competência do conselho de sentença. Constrangimento ilegal configurado. Ordem concedida. 1. A absolvição sumária por inimputabilidade do acusado constitui sentença absolutória imprópria, a qual impõe a aplicação de medida de segurança, razão por que ao magistrado incumbe proceder à análise da pretensão executiva, apurando-se a materialidade e autoria delitiva, de forma a justificar a imposição da medida preventiva. 2. Reconhecida a existência do crime e a inimputabilidade do autor, tem-se presente causa excludente de culpabilidade, incumbindo ao juízo sumariante, em regra, a aplicação da medida de segurança. 3. "Em regra, o *meritum causae* nos processos de competência do júri é examinado pelo juízo leigo. Excepciona-se tal postulado, por exemplo, quando da absolvição sumária, ocasião em que o juiz togado não leva a conhecimento do júri ação penal em que, desde logo, se identifica a necessidade de absolvição. Precluindo a pronúncia, deve a matéria da inimputabilidade ser examinada pelo conselho de sentença, mormente, se existe tese defensiva diversa, como a da legítima defesa" (HC 73.201/DF). 4. Havendo tese defensiva relativa à excludente de ilicitude prevista no art. 23 do Código Penal (legítima defesa), não deve subsistir a sentença que absolveu sumariamente o paciente e aplicou-lhe medida de segurança, em face de sua inimputabilidade, por ser esta tese mais gravosa que aquela outra. 5. Ordem concedida para anular o processo a partir da sentença que absolveu sumariamente o paciente para que outra seja proferida, a fim de que seja analisada a tese da legítima defesa exposta nas alegações finais" (STJ, HC 200800217224, Arnaldo Esteves Lima, Quinta T., *DJE* 02/08/2010); 2: incorreta. Com o advento da Lei 11.689/08, que modificou os arts 416 e 581, IV, do CPP, a decisão de impronúncia, que antes comportava *recurso em sentido estrito*, passou a ser combatida por meio de ***recurso de apelação.***

Gabarito 1C, 2E

(Magistratura/CE – 2012 – CESPE) Com base no que dispõe o CPP sobre procedimentos criminais, assinale a opção correta.

(A) No processo comum, o acusado pode ser absolvido sumariamente caso haja manifesta causa excludente da culpabilidade, como, por exemplo, a inimputabilidade.

(B) A denúncia deve ser rejeitada em caso de manifesta causa excludente da ilicitude do fato, como, por exemplo, legítima defesa própria.

(C) O procedimento de instrução preliminar ou de formação de culpa do tribunal do júri deve, estando o réu preso, ser concluído em até cento e vinte dias.

(D) Durante os debates, no procedimento do tribunal do júri, as partes podem fazer referência aos fundamentos da decisão de pronúncia, cabendo ao juiz presidente esclarecer aos jurados que eles não estão a ela vinculados.

(E) É permitido ao MP, ao assistente, ao querelante e ao defensor, nessa ordem, formular perguntas diretamente ao acusado; os jurados, por sua vez, devem formular perguntas por intermédio do juiz.

A: incorreta – a *inimputabilidade*, elemento da culpabilidade, foi excluída do rol do art. 397 do CPP, que estabelece as hipóteses de cabimento da absolvição sumária; **B:** incorreta – a existência manifesta de causa excludente da antijuridicidade constitui hipótese de *absolvição sumária* (art. 397, I, do CPP); **C:** incorreta – o art. 412 do CPP fixa o prazo de 90 dias para o término da etapa de formação de culpa no procedimento especial do júri; **D:** incorreta, nos termos do art. 478, I, do CPP; **E:** assertiva correta, pois em consonância com o que estabelece o art. 474 do CPP.

Gabarito "E"

(Magistratura/PI – 2011 – CESPE) Assinale a opção correta no que se refere aos procedimentos do direito processual penal.

(A) Os defensores públicos e dativos possuem a prerrogativa de intimação pessoal para o julgamento de apelação, sendo absoluta a nulidade oriunda da falta dessa intimação e não se sujeitando, assim, à preclusão.

(B) São válidas e eficazes as intimações realizadas em nome de um só dos advogados constituídos, ainda que haja pedido expresso de que as publicações sejam realizadas exclusivamente em nome de determinado patrono ou de todos os procuradores.

(C) A notificação do acusado para apresentar defesa antes do recebimento da denúncia, nos termos do artigo 514 do CPP, aplica-se ao funcionário público e ao particular coautor ou partícipe daquele.

(D) De acordo com a jurisprudência do STJ, a apresentação espontânea do réu impede a lavratura do auto de prisão em flagrante e a decretação da prisão preventiva, ainda que presentes os requisitos que a autorizem.

(E) Tratando-se de procedimento comum ordinário, se a citação do réu tiver sido realizada no mesmo dia designado para o interrogatório, tal fato por si só não dará ensejo à nulidade do processo, cuja declaração depende da demonstração de efetivo prejuízo à defesa.

A: incorreta – a assertiva contraria o disposto no art. 5º, § 5º, da Lei 1.060/1950; **B:** incorreta – se houver pedido expresso para que a publicação seja feita em nome de um dos advogados constituídos, não é válida a intimação da qual conste tão somente o nome de outro advogado constituído; **C:** incorreta, visto que a *defesa preliminar* a que faz menção o art. 514 do CPP constitui prerrogativa exclusiva do funcionário público, não sendo extensível, por isso, ao particular que com ele tenha agido na qualidade de coautor ou partícipe; **D:** incorreta

– o art. 317 do CPP (que agora trata da prisão domiciliar), que previa a apresentação espontânea do acusado, foi suprimido pela Lei 12.407/11. A despeito disso, a apresentação espontânea do acusado não elide a possibilidade de o juiz decretar-lhe a prisão preventiva, desde que presentes os requisitos legais. Impede, isso sim, a lavratura do auto de prisão em flagrante (HC 227.888/ES, rel. Ministro Sebastião Reis Júnior, 6ª T., j. 16/10/2012, *DJE* 09/11/2012); **E:** correta – "O curto período entre a citação do acusado e a data do interrogatório, por si só, não enseja o cerceamento de defesa, sendo imprescindível a demonstração de prejuízo. Na verdade, nulidade absoluta seria a ausência de citação do Réu ou a realização do interrogatório sem a presença de advogado, ocasionando a impossibilidade de defesa do Réu" (REsp 1116081/RS, Rel. Min. Laurita Vaz, 5ª T., j. 18/09/2012, *DJe* 26/09/2012).

Gabarito "E".

(Ministério Público/RR – 2012 – CESPE) Assinale a opção correta com referência aos ritos e procedimentos processuais.

(A) No procedimento especial relacionado aos crimes dolosos contra a vida, a lei processual penal afasta, de forma expressa, a incidência do princípio da identidade física do juiz, porque o julgamento de mérito da causa será efetivado pelo conselho de sentença.

(B) De acordo com o disposto no CPP, é necessário o oferecimento de resposta à acusação, em todos os procedimentos, após o recebimento da denúncia ou queixa; se não for apresentada a resposta ou se o acusado, citado, não constituir defensor, o juiz nomeará um para o oferecimento da resposta, sob pena de nulidade do feito, podendo o defensor apresentar a resposta por escrito ou oralmente, até a audiência de instrução.

(C) A unificação de todos os ritos de primeiro grau possibilitou a rejeição liminar da denúncia ou queixa, o oferecimento de resposta à acusação, bem como a possibilidade, após a apresentação desta, da imediata absolvição sumária do réu, restando manifestos os requisitos.

(D) No procedimento de competência originária do STF e do STJ, é assegurado ao réu o direito de apresentar resposta à acusação, no prazo de quinze dias, após o recebimento da peça acusatória, sendo-lhe garantido, também, o direito de ser interrogado ao final da instrução.

(E) No procedimento para os processos de competência originária do STJ e do STF, preconiza a norma de regência, de forma expressa, a possibilidade de o MP ou o querelante manifestar-se após apresentação da resposta, caso sejam apresentados novos documentos.

A: a Lei 11.719/2008 introduziu no art. 399 do CPP o § 2º, conferindo-lhe a seguinte redação: "O juiz que presidiu a instrução deverá proferir a sentença". O *princípio da identidade física do juiz*, antes exclusivo do processo civil, agora também é aplicável ao processo penal. Inexiste regra expressa que preveja a não aplicação deste postulado no âmbito do julgamento dos crimes dolosos contra a vida; portanto, ao procedimento especial do Júri deve incidir o princípio da identidade física do juiz; **B:** a *resposta à acusação*, diferentemente da revogada *defesa prévia*, constitui um dever imposto à defesa. Bem por isso, se o acusado, citado pessoalmente, deixar de apresentar a resposta no prazo legal, é de rigor a nomeação, pelo juiz, de defensor, que deverá, dentro do prazo de dez dias, oferecer defesa *escrita*; **C:** as mais recentes leis de reforma não unificaram os ritos de primeiro grau; segundo a atual redação do art. 394 do CPP, o procedimento se divide em *comum* e *especial*. O comum é subdividido em *ordinário*, *sumário* e *sumaríssimo*. O procedimento comum sumário será adotado quando se tratar de crime cuja sanção máxima seja inferior a quatro anos e superior a dois (art. 394, § 1º, II, CPP); o rito ordinário, por sua vez, terá lugar sempre que se tratar de crime cuja sanção máxima cominada for igual ou superior a quatro anos de pena privativa de liberdade (art. 394, § 1º, I, CPP); já o sumaríssimo é aplicado ao processamento e julgamento das infrações penais de menor potencial ofensivo (aquelas em que a pena máxima cominada não exceda a dois anos – art. 61, Lei 9.099/1995); **D:** está correta a assertiva quando afirma que, no procedimento de competência originária do STF e do STJ, é assegurado ao réu o direito de apresentar resposta à acusação, no prazo de quinze dias, após o recebimento da peça acusatória (art. 4º da Lei 8.038/1990); é falsa, no entanto, a afirmação de que o interrogatório será feito ao final da instrução, visto que o art. 7º desta mesma Lei estabelece que o interrogatório é o primeiro ato da fase instrutória; **E:** correta, visto que reflete o disposto no art. 5º da Lei 8.038/1990.

Gabarito "E".

(Magistratura Federal/2ª Região – 2011 – CESPE) No que se refere aos ritos e a outros elementos pertinentes ao direito processual penal, assinale a opção correta.

(A) Caso ocorra a citação por hora certa, cujo objetivo fundamental é evitar a ocultação do acusado, serão adotados os procedimentos previstos no Código de Processo Civil para o ato citatório e, caso não haja comparecimento do réu em juízo nem constituição de advogado, ficarão suspensos o processo e o curso do prazo prescricional, podendo o juiz determinar a produção antecipada das provas consideradas urgentes e, se for o caso, decretar prisão preventiva; há divergência nos tribunais superiores acerca do prazo de suspensão do processo.

(B) No procedimento em que se admite a defesa preliminar ou resposta à acusação, o conteúdo da argumentação pode ser amplo ou reservar-se às preliminares, com apresentação de documentos e justificações, especificação de provas, indicação de testemunhas e todas as exceções na peça processual. Caso não seja apresentada defesa preliminar de réu citado, deve o juiz nomear advogado dativo ou encaminhar os autos à defensoria pública para resposta, sob pena de nulidade do processo, por ofensa ao devido processo legal.

(C) A apresentação da defesa preliminar ou resposta à acusação, no procedimento comum ordinário, acompanhada de documentos, objetos e alegações que possam ensejar a absolvição sumária, impõe a intimação do órgão de acusação, de modo a atender ao princípio do contraditório e não obstar, de forma prematura, o prosseguimento da ação penal com sentença de mérito, ação cujo *dominus litis* é o MP.

(D) No procedimento comum ordinário e sumário, considera-se a pena máxima cominada ao crime para a definição do rito e, após o recebimento da denúncia e citação do réu, abre-se a indispensável oportunidade para defesa preliminar ou resposta à acusação, na forma escrita. Caso o réu seja citado por edital, o prazo para resposta terá início com a apresentação pessoal em juízo ou com o comparecimento do defensor constituído.

A: incorreta. O procedimento descrito na assertiva se aplica à citação por edital em que o acusado não comparece nem constitui advogado. Neste caso, ficarão suspensos o processo e o curso do prazo prescricional, podendo o juiz determinar a produção antecipada das provas consideradas urgentes e, sendo o caso, determinar a prisão preventiva do denunciado, conforme estabelece o art. 366 do CPP; **B:** a resposta à acusação mencionada na proposição refere-se, segundo pensamos, à defesa prévia prevista no art. 396-A do CPP. Deverá o acusado, aqui, com vistas a buscar a sua absolvição sumária (art. 397, do CPP), argumentar tanto matérias de índole processual (preliminares) quanto aquelas atinentes ao mérito. O conteúdo da resposta, portanto, é amplo; **C:** incorreta. A lei não impõe a intimação do órgão acusatório, o que somente deverá ocorrer na fase do art. 399 do CPP; **D:** correta, pois em conformidade com o que estabelecem os arts. 394, § 1º, I e II, e 396 do CPP.

Gabarito "D".

13. PROCESSO DE COMPETÊNCIA DO JÚRI

(Juiz de Direito - TJ/BA - 2019 - CESPE/CEBRASPE) Acerca dos procedimentos relativos aos processos de competência do tribunal do júri, assinale a opção correta.

(A) Em decorrência do princípio do *in dubio pro societate*, o testemunho por ouvir dizer produzido na fase inquisitorial é suficiente para a decisão de pronúncia.

(B) É possível a exclusão, na decisão de pronúncia, de qualificadoras descritas na denúncia, quando elas forem manifestamente incabíveis.

(C) Em caso de inimputabilidade do réu, ainda que a tese da defesa seja de negativa da autoria, deve o juiz absolvê-lo sumariamente.

(D) É cabível recurso em sentido estrito contra decisão que tenha absolvido sumariamente o réu.

(E) Não é cabível excluir da lista geral de jurados o jurado que tiver integrado o conselho de sentença nos doze meses que antecederam a publicação da referida lista.

A: incorreta. O chamado testemunho por ouvir dizer ("hearsay rule"), produzido na fase investigatória, é insuficiente para, por si só, autorizar a prolação da decisão de pronúncia. Nesse sentido, conferir: "Muito embora a análise aprofundada dos elementos probatórios seja feita somente pelo Tribunal Popular, não se pode admitir, em um Estado Democrático de Direito, a pronúncia baseada, exclusivamente, em testemunho indireto (por ouvir dizer) como prova idônea, de per si, para submeter alguém a julgamento pelo Tribunal Popular." (REsp n. 1674198/MG, relator Ministro ROGERIO SCHIETTI CRUZ, SEXTA TURMA, julgado em 5/12/2017, DJe 12/12/2017, grifei)." (AgRg no REsp 1838513/RS, Rel. Ministro ANTONIO SALDANHA PALHEIRO, SEXTA TURMA, julgado em 19/11/2019, DJe 21/11/2019); **B:** correta. De fato, a exclusão de qualificados contidas na denúncia somente pode ocorrer, na fase de pronúncia, quando se revelarem manifestamente incabíveis. Conferir: "I - As qualificadoras somente podem ser excluídas na fase do *iudicium accusationis*, se manifestamente improcedentes. II - Se a r. decisão de pronúncia demonstrou de forma expressa as razões pelas quais deveria ser o recorrido pronunciado em relação à qualificadora do art. 121, § 2º, inciso II, do Código Penal, não poderia o eg. Tribunal a quo excluí-la sem a devida fundamentação. A devida fundamentação aqui deve ser entendida como a convergência de todos elementos de prova para a total inadmissibilidade da qualificadora ou para a hipótese de flagrante *error iuris*, sob pena de afronta à soberania do Tribunal do Júri." (REsp 1415502/MG, Rel. Ministro FELIX FISCHER, QUINTA TURMA, julgado em 15/12/2016, DJe 17/02/2017); **C:** incorreta. É defeso ao juiz absolver sumariamente o réu com fulcro na inimputabilidade (doença mental – art. 26, CP), salvo se esta constituir a única tese defensiva. É o que estabelece o art. 415, parágrafo único, do CPP. Como bem sabemos, a inimputabilidade leva à aplicação de medida de segurança, razão pela qual, caso haja tese defensiva subsidiária, é mais vantajoso ao acusado ser julgado pelo Tribunal Popular, pois pode ser ali ser absolvido; **D:** incorreta. Com o advento da Lei 11.689/2008, que modificou os arts. 416 e 581, IV e VI, do CPP, as decisões de *absolvição sumária* e de *impronúncia*, que antes comportavam *recurso em sentido estrito*, passaram a ser combatidas por meio de *recurso de apelação*. A pronúncia, por sua vez, continua a ser impugnada por meio de *recurso em sentido estrito*, nos termos do art. 581, IV, do CPP; **E:** incorreta, já que contraria o disposto no art. 426, § 4º, do CPP.

Gabarito "B"

Manoel foi denunciado pela prática de homicídio doloso; o processo seguirá as regras do rito do tribunal do júri.

(Defensor Público - DPE/DF - 2019 - CESPE/CEBRASPE) Considerando a situação hipotética precedente e acerca dos procedimentos relativos a processos da competência do tribunal do júri, julgue os itens seguintes.

(1) Para eventual julgamento de Manoel pelo plenário do tribunal do júri, o conselho deverá ser formado por número ímpar de juízes e seguir o modelo escabinado, segundo o ordenamento jurídico brasileiro.

(2) Caso o advogado particular de Manoel falte injustificadamente à sessão plenária de julgamento do júri, o juiz nomeará imediatamente defensor público para promover a defesa técnica nessa mesma sessão, sendo, em regra, vedado o seu adiamento nessa hipótese.

(3) Na sessão de julgamento pelo plenário do júri, Manoel, estando presente, tem direito de permanecer calado em seu interrogatório; no entanto, nos debates orais, o acusador poderá fazer uso do argumento de que "Quem cala, consente!".

(4) Se os jurados reconhecerem que Manoel praticou crime de homicídio culposo, então, nesse caso, haverá o que se denomina desclassificação imprópria: o juiz presidente passa a ser competente para o julgamento.

1: errada. O chamado *sistema escabinado* de composição do Júri, não adotado no Brasil, estabelece que a composição do Tribunal Popular deve se dar em número proporcional de juízes leigos e togados. Por aqui adotamos o *modelo puro*, segundo o qual o Tribunal do Júri é composto pelo juiz togado, que o preside, e por 25 jurados (juízes leigos), que são sorteados para a sessão. É o que estabelece o art. 447 do CPP; **2:** errada, uma vez que não reflete o teor do art. 456, § 1º, do CPP, que estabelece que, sendo injustificada a ausência do advogado constituído, o julgamento será adiado, mas somente por um única vez, devendo o acusado ser julgado quando convocado novamente. Neste caso, ante o que prevê o § 2º deste mesmo dispositivo, o juiz deverá providenciar para que a Defensoria Pública seja intimada acerca do novo julgamento, que será adiado para o primeiro dia desimpedido, observado o prazo mínimo de dez dias; **3:** errada. Por imposição de índole constitucional (art. 5º, LXIII), o direito ao silêncio, também consagrado no art. 186, *caput*, do CPP, não importará em confissão e não poderá ser interpretado em desfavor da defesa. No que concerne ao procedimento do Júri, o art. 478, II, do CPP, na mesma esteira, estabelece que, nos debates orais, é vedado ao acusador fazer referência ao silêncio do réu, o que por certo faria se dissesse que "quem cala, consente"; **4:** correta. *Imprópria* é a desclassificação em que o conselho de sentença reconhece a incompetência do Tribunal do Júri para julgar o crime, apontando o delito que teria sido cometido, sendo esta a hipótese do enunciado; *própria*, de outro lado, é a desclassificação na qual os jurados, sem especificar qual crime teria sido cometido pelo acusado, afastam a competência do Tribunal Popular. ED

Gabarito: 1E, 2E, 3E, 4C

(Defensor Público – DPE/RN – 2016 – CESPE) Daniel foi submetido a julgamento pelo tribunal do júri pelo crime de homicídio qualificado e foi, finalmente, absolvido pelo conselho de sentença, que acolheu a tese de legítima defesa. Interposto recurso pelo MP, o TJ competente deu provimento à impugnação ministerial para submeter o acusado a novo julgamento, por reputar a decisão dos jurados manifestamente contrária à prova dos autos. No segundo julgamento, Daniel foi condenado por homicídio simples a pena de seis anos de reclusão. A defesa interpôs recurso, que foi provido, e Daniel foi submetido a terceiro julgamento perante o tribunal do júri, que o condenou por homicídio qualificado a pena de doze anos de reclusão. Acerca dessa situação hipotética, assinale a opção correta, com base no entendimento do STF.

(A) Diante do resultado do segundo julgamento, ao conselho de sentença era vedado condenar Daniel por homicídio qualificado.

(B) Embora o conselho de sentença estivesse legalmente autorizado a condenar Daniel pelo crime de homicídio qualificado, não poderia o juiz presidente dosar a pena em patamar superior a seis anos de reclusão.

(C) Em função do princípio constitucional da soberania dos veredictos, não houve ilegalidade na imposição de pena a Daniel, no terceiro julgamento, em quantidade superior à fixada no segundo julgamento.

(D) O recurso interposto pelo MP para impugnar a sentença absolutória do primeiro julgamento é denominado de protesto por novo júri.

(E) O recurso interposto pelo MP não poderia ter sido conhecido, uma vez que a impugnação de decisão manifestamente contrária à prova dos autos somente pode ser veiculada em recurso da defesa.

No âmbito do Tribunal do Júri, os jurados, em vista da soberania dos veredictos, princípio de índole constitucional (art. 5º, XXXVIII, "c"), não estão adstritos ao primeiro julgamento, podendo, inclusive, reconhecer qualificadora não contemplada na decisão anterior. Cuidado: já o juiz togado ficará limitado, no que se refere à imposição da pena, ao julgamento precedente, não podendo ir além da pena imposta neste. Conferir: "(...) 1. Em crimes de competência do Tribunal do Júri, a garantia da vedação à *reformatio in pejus* indireta sofre restrições, em respeito à soberania dos veredictos. 2. Os jurados componentes do segundo Conselho de Sentença não estarão limitados pelo que decidido pelo primeiro, ainda que a situação do acusado possa ser agravada, em face do princípio da soberania dos veredictos, disposto no art. 5.º, inciso XXXVIII, alínea *c*, da Constituição Federal" (AgRg no REsp 1290847/

RJ, Rel. Ministra Laurita Vaz, Quinta Turma, julgado em 19.06.2012, *DJe* 28.06.2012). No mesmo sentido: "1. Os princípios da plenitude de defesa e da soberania dos veredictos devem ser compatibilizados de modo que, em segundo julgamento, os jurados tenham liberdade de decidir a causa conforme suas convicções, sem que isso venha a agravar a situação do acusado, quando apenas este recorra. 2. Nesse contexto, ao proceder à dosimetria da pena, o Magistrado fica impedido de aplicar sanção superior ao primeiro julgamento, se o segundo foi provocado exclusivamente pela defesa. 3. No caso, em decorrência de protesto por novo júri (recurso à época existente), o Juiz presidente aplicou pena superior àquela alcançada no primeiro julgamento, o que contraria o princípio que veda a *reformatio in pejus* indireta. 4. Ordem concedida, com o intuito de determinar ao Juízo das execuções que proceda a novo cálculo de pena, considerando a sanção de 33 (trinta e três) anos, 7 (sete) meses e 6 (seis) dias de reclusão, a ser cumprida inicialmente no regime fechado" (HC 205.616/SP, Rel. Ministro Og Fernandes, Sexta Turma, julgado em 12.06.2012, *DJe* 27.06.2012).

Gabarito "B".

(Juiz de Direito/AM – 2016 – CESPE) Com base no entendimento pacificado dos tribunais superiores, é correto afirmar que o excesso de linguagem comprovadamente existente na decisão de pronúncia ocasiona

(A) a proibição da entrega de cópia da decisão de pronúncia aos jurados que eventualmente a requisitarem.
(B) a nulidade absoluta da decisão de pronúncia e dos atos processuais subsequentes, independentemente de demonstração de prejuízo causado ao réu.
(C) a nulidade relativa da decisão de pronúncia e dos atos processuais subsequentes, se demonstrado prejuízo ao réu.
(D) a proibição da leitura da decisão de pronúncia pela acusação durante o julgamento no plenário do júri, para evitar que os jurados sejam influenciados.
(E) o desentranhamento e envelopamento da decisão de pronúncia, providência adequada e suficiente para cessar a ilegalidade e contemplar o princípio da economia processual.

Ao pronunciar o acusado, levando-o a julgamento perante o Tribunal do Júri, não deve o juiz aprofundar-se na prova; limitar-se-á, isto sim, ao exame, sempre em linguagem moderada e prudente, quanto à *existência do crime* (materialidade) e dos *indícios suficientes de autoria*, apontando, ainda, o dispositivo legal em que se acha incurso o acusado, bem assim as circunstâncias qualificadoras e as causas de aumento de pena. É o que estabelece o art. 413, § 1º, do CPP. Se for além disso, emitindo apreciações mais aprofundadas quanto ao mérito, a decisão, porque apta a influenciar no ânimo dos jurados, deve ser considerada nula. Mesmo porque se trata de decisão interlocutória não terminativa, que encerra tão somente um juízo de admissibilidade, que está longe, portanto, de ser definitivo. Na jurisprudência: "HABEAS CORPUS" – JÚRI – PRONÚNCIA – LIMITES A QUE JUÍZES E TRIBUNAIS ESTÃO SUJEITOS – EXCESSO CONFIGURADO – ORDEM DEFERIDA. – Os Juízes e Tribunais devem submeter-se, quando praticam o ato culminante do "judicium accusationis" (pronúncia), a dupla exigência de sobriedade e de comedimento no uso da linguagem, sob pena de ilegítima influência sobre o ânimo e a vontade dos membros integrantes do Conselho de Sentença. – Age "ultra vires", e excede os limites de sua competência legal, o órgão judiciário que, descaracterizando a natureza da sentença de pronúncia, converte-a, de um mero juízo fundado de suspeita, em um inadmissível juízo de certeza (RT 523/486)." (STF, 1ª T., HC 68.606, rel. Min. Celso de Mello, j. 18.06.91).

Gabarito "B".

(Juiz de Direito/DF – 2016 – CESPE) Assinale a opção correta, acerca do procedimento relativo aos processos de competência do tribunal do júri.

(A) O cidadão alistado no serviço do júri, que é de natureza facultativa, ao ser intimado, poderá solicitar sua exclusão mediante simples petição dirigida ao juiz presidente do tribunal do júri.
(B) O jurado, por não ser magistrado de carreira, não poderá ser responsabilizado criminalmente nos mesmos termos em que são os juízes togados.
(C) O alistamento, no serviço obrigatório do júri, compreenderá os cidadãos maiores de vinte e um anos, de notória idoneidade.
(D) O alistamento, no serviço obrigatório do júri, compreenderá os cidadãos maiores de vinte cinco anos, de notória idoneidade, porque o jurado é equiparado ao juiz, para todos os efeitos, e essa é a idade exigida para o ingresso na magistratura.
(E) O alistamento, no serviço do júri, de caráter obrigatório, compreenderá os cidadãos maiores de dezoito anos, de notória idoneidade.

A: incorreta, pois não reflete as disposições previstas nos arts. 436 e 443 do CPP; **B:** incorreta, uma vez que não reflete o que estabelece o art. 445 do CPP; **C:** incorreta, pois contraria o teor do art. 436 do CPP; **D:** incorreta, nos termos do art. 436 do CPP; **E:** correta, pois corresponde à redação do art. 436 do CPP.

Gabarito "E".

(Juiz de Direito/DF – 2016 – CESPE) A respeito do procedimento no Tribunal do Juri, assinale a opção correta.

(A) Em análise de recurso exclusivo da acusação, é defeso à instância recursal reduzir, de ofício, a pena fixada na sentença, sob pena de afronta à proibição da reforma.
(B) Anulada a sentença do primeiro júri, em razão de recurso exclusivo da defesa, é defeso ao Conselho de Sentença, por ocasião do novo julgamento, reconhecer qualificadora não reconhecida na decisão anulada, sob pena de violação ao princípio da vedação da *reformatio in pejus* indireta.
(C) Se houver recurso da defesa para anulação do julgamento e recurso da acusação somente para a agravação da pena e se for acolhido o recurso defensivo para anular a sentença condenatória, poderá o réu, por ocasião do novo julgamento, ser condenado a pena mais grave, sem que isso configure violação ao princípio da vedação da *reformatio in pejus* indireta.
(D) Ao analisar recurso exclusivo da defesa, a instância recursal poderá corrigir, de ofício, evidente erro material contido na sentença, ainda que isso resulte em agravamento da pena.
(E) A pena concretamente fixada em sentença anulada por recurso exclusivo da defesa não pode ser utilizada como parâmetro para a análise da prescrição da pretensão punitiva, na modalidade retroativa.

A: incorreta. Embora o tema não seja pacífico na doutrina, prevalece o entendimento segundo o qual, na hipótese de recurso exclusivo da acusação, pode o tribunal reduzir, de ofício, já que não houve interposição de recurso por parte do condenado, a pena estabelecida na sentença (*reformatio in mellius*); **B:** incorreta. O artigo 617 do CPP, em sua parte final, veda a chamada *reformatio in pejus*, que consiste na possibilidade de o tribunal piorar a situação processual do recorrente, em razão de recurso por este interposto. A assertiva refere-se a hipótese de *reformatio in pejus* indireta, que é o caso de anulação da sentença. De uma forma ou de outra, no âmbito do Tribunal do Júri, os jurados, em vista da soberania dos veredictos, princípio de índole constitucional (art. 5º, XXXVIII, "c"), não estão adstritos ao primeiro julgamento (que foi anulado), podendo, inclusive, reconhecer qualificadora não reconhecida na decisão anulada. Cuidado: já o juiz togado ficará limitado, no que se refere à imposição da pena, ao primeiro julgamento, não podendo ir além da pena imposta neste. Conferir: "(...) 1. Em crimes de competência do Tribunal do Júri, a garantia da vedação à reformatio in pejus indireta sofre restrições, em respeito à soberania dos veredictos. 2. Os jurados componentes do segundo Conselho de Sentença não estarão limitados pelo que decidido pelo primeiro, ainda que a situação do acusado possa ser agravada, em face do princípio da soberania dos veredictos, disposto no art. 5.º, inciso XXXVIII, alínea c, da Constituição Federal" (AgRg no REsp 1290847/RJ, Rel. Ministra LAURITA VAZ, QUINTA TURMA, julgado em 19.06.2012, DJe 28.06.2012); **C:** correta. Nesse sentido: "O paciente foi condenado pelo 5º Tribunal do Júri da Comarca de Fortaleza/CE à reprimenda de 7 (sete) anos de reclusão, em regime integralmente fechado, pela prática do delito de homicídio simples (art. 121, *caput*, do Código Penal). Essa decisão primeira não transitou em julgado para o órgão acusador. 3. Não tem aplicação o disposto no art. 617 do CPP, diante de inequívoca existência pretérita de recurso ministerial, de modo que, diante da possibilidade de imposição de sanção mais gravosa ao paciente, resta por afastado o pretendido reconhecimento da prescrição, cujo lapso temporal pela pena máxima abstratamente cominável, ainda não se consumou (CP, art. 109, I)" (STF,

HC 120029, Relator(a): Min. DIAS TOFFOLI, Primeira Turma, julgado em 11.03.2014, PROCESSO ELETRÔNICO *DJe*-063 DIVULG 28.03.2014 PUBLIC 31.03.2014); **D**: incorreta. Nesse sentido: "Sentença penal. Capítulo decisório. Condenação. Pena privativa de liberdade. Reclusão. Fixação. Soma dos fatores considerados na dosimetria. Erro de cálculo. Estipulação final de pena inferior à devida. Trânsito em julgado para o Ministério Público. Recurso de apelação da defesa. Improvimento. Acórdão que, no entanto, aumenta de ofício a pena, a título de correção de erro material. Inadmissibilidade. Ofensa à proibição da *reformatio in pejus*. HC concedido para restabelecer o teor da sentença de primeiro grau. Não é lícito ao tribunal, na cognição de recurso da defesa, agravar a pena do réu, sob fundamento de corrigir *ex officio* erro material da sentença na somatória dos fatores considerados no processo de individualização" (HC 83545, rel. Min. Min. Cezar Peluso, Primeira Turma, julgado em 29.11.2005, *DJ* 03.03.2006); **E**: incorreta, uma vez que a pena concretamente fixada em sentença anulada por recurso exclusivo da defesa pode ser utilizada neste caso.

Gabarito "C".

(Cartório/RR – 2013 – CESPE) Em relação aos processos da competência do júri, assinale a opção correta.

(A) Deverá ser excluído o jurado que tiver integrado o conselho de sentença nos doze meses que antecederem à publicação da lista geral.

(B) Recebida a denúncia pelo crime de homicídio, o juiz, após regular instrução probatória, caso não se convença da existência de indícios suficientes de autoria ou de participação do acusado, deverá fundamentadamente, absolvê-lo.

(C) Contra a sentença de impronúncia cabe recurso em sentido estrito perante o tribunal de justiça, admitindo-se o juízo de retratação do juiz sentenciante.

(D) Se as partes intimadas da decisão de pronúncia não interpuserem qualquer recurso, não poderá o MP aditar a denúncia, ainda que haja circunstância superveniente que altere a classificação do crime.

(E) O serviço do júri é obrigatório, e o seu alistamento deve compreender cidadãos maiores de dezoito anos de idade de notória idoneidade, os quais formarão o conselho de sentença, que, por sua vez, será questionado, na sala secreta, sobre matéria de fato e de direito e sobre a possibilidade de absolvição do acusado, devendo as decisões ser tomadas por maioria de votos.

A: correta, porque em conformidade com o que estabelece o art. 426, § 4º, do CPP; **B**: incorreta. Ao final da primeira fase do processo dos crimes de competência do júri, etapa essa denominada sumário de culpa ou *judicium accusationis*, o magistrado, se se convencer de que não existem indícios suficientes de autoria para levar o acusado a julgamento perante o Tribunal Popular, deverá impronunciá-lo (art. 414, CPP); as hipóteses de absolvição, nesta fase do procedimento, estão contempladas no art. 415 do CPP; **C**: incorreta. Se o juiz impronunciar o acusado, ou mesmo absolvê-lo sumariamente, o recurso a ser interposto é a *apelação*, na forma estatuída no art. 416 do CPP, e não o *recurso em sentido estrito*, tal como constou da assertiva; **D**: incorreta, pois contraria o disposto no art. 421, § 1º, do CPP; **E**: incorreta, dado que as questões dirigidas ao Conselho de Sentença devem relacionar-se com os fatos, e não com direito.

Gabarito "A".

(Analista – TJ/CE – 2013 – CESPE) Com relação ao tribunal do júri, assinale a opção correta.

(A) Não há previsão de recurso acerca da admissibilidade ou não do desaforamento, admitindo-se a possibilidade de impetração de mandado de segurança.

(B) Se um secretário de Estado, com foro por prerrogativa de função estabelecido pela Constituição estadual, cometer um crime doloso contra a vida, ele terá de ser julgado pelo tribunal do júri.

(C) A audiência da defesa é prescindível para o desaforamento de processo da competência do tribunal júri.

(D) O desaforamento pode ocorrer na pendência de recurso contra a decisão de pronúncia, de tal modo que o pronunciamento pela instância superior dar-se-á após a remessa dos autos para a outra jurisdição.

(E) O desaforamento não pode ser decretado simplesmente para se assegurar a segurança pessoal do réu, sendo imprescindível que exista dúvida sobre a imparcialidade do júri ou que o interesse da ordem pública o reclame.

A: incorreta. Em que pese a decisão que determina ou não o desaforamento ser irrecorrível, é possível, em princípio, a impetração de *habeas corpus* (e não mandado de segurança); **B**: correta, uma vez que corresponde ao entendimento firmado na Súmula Vinculante nº 45: "A competência constitucional do Tribunal do Júri prevalece sobre o foro por prerrogativa de função estabelecido exclusivamente pela Constituição estadual"; **C**: incorreta, pois não corresponde ao entendimento firmado na Súmula 712, do STF: "É nula a decisão que determina o desaforamento de processo da competência do júri sem audiência da defesa"; **D**: incorreta, na medida em que não reflete a norma presente no art. 427, § 4º, do CPP; **E**: incorreta, pois contraria o disposto no art. 427, *caput*, do CPP, segundo o qual o desaforamento pode se dar quando houver dúvida acerca da segurança pessoal do acusado.

Gabarito "B".

(Ministério Público/RO – 2010 – CESPE) Com relação à primeira fase do procedimento do tribunal do júri, assinale a opção correta.

(A) O juiz absolverá o acusado quando não existir prova de ter este concorrido para a infração penal.

(B) O juiz pronunciará o acusado quando houver indícios suficientes de materialidade e autoria do fato.

(C) O juiz impronunciará o acusado quando restar provado não ser ele autor do fato e não for possível indicar o verdadeiro autor.

(D) As sentenças de pronúncia e impronúncia são impugnáveis por recurso em sentido estrito.

(E) O juiz poderá dar ao fato definição jurídica diversa da constante da acusação, embora, com isso, o acusado fique sujeito a pena mais grave.

A: a assertiva não contempla hipótese de absolvição sumária – art. 415 do CPP; **B:** para que o juiz pronuncie o acusado, a teor do art. 413 do CPP, é necessário que haja *prova da materialidade do fato* (prova de que o fato existiu, aconteceu) e *indícios suficientes de autoria*. Não bastam, portanto, *indícios* de materialidade; indícios de que o fato ocorreu. É necessário mais. O magistrado deve, dessa forma, estar seguro quanto à existência do fato. A dúvida, se existir, deve recair sobre a autoria; **C:** a assertiva, na sua primeira parte, contempla hipótese de absolvição sumária – art. 415, II, do CPP; **D:** com a Lei de Reforma nº 11.689/2008, a sentença de impronúncia passou a ser combatida por meio de apelação – art. 416 do CPP. A pronúncia, por sua vez, deve, sim, ser impugnada por meio de recurso em sentido estrito, nos termos do art. 581, IV, do CPP; **E:** correta, nos termos do art. 383, *caput*, do CPP (*emendatio libelli*).

Gabarito "E".

14. JUIZADOS ESPECIAIS

(Juiz de Direito - TJ/BA - 2019 - CESPE/CEBRASPE) Tendo como referência a Lei n.º 9.099/1995 — Lei dos Juizados Especiais Cíveis e Criminais —, assinale a opção correta, acerca da suspensão condicional do processo.

(A) A existência de ações penais em curso contra o denunciado não impede a concessão da suspensão condicional do processo.

(B) A causa de aumento de pena decorrente de crime continuado será desconsiderada para fins de concessão da suspensão condicional do processo.

(C) Presentes os pressupostos legais para a suspensão condicional do processo, havendo recusa do promotor natural em propor o benefício, este poderá ser oferecido pelo juiz, de ofício.

(D) Para a suspensão condicional do processo, além das condições legalmente obrigatórias, o juiz não poderá fixar quaisquer outras condições, pois todas estas serão consideradas ilegítimas.

(E) Em caso de procedência parcial da pretensão punitiva, será cabível a aplicação da suspensão condicional do processo, cuja proposta será apresentada pelo MP.

A: incorreta, já que é vedada a concessão do *sursis* processual ao agente que responde a processo pela prática de outro delito (art. 89, *caput*, da Lei 9.099/1995); **B:** incorreta. A solução desta alternativa deve ser extraída das Súmulas: 243, do STJ: *O benefício da suspensão do processo não é aplicável em relação às infrações penais cometidas em concurso material, concurso formal ou continuidade delitiva, quando a pena mínima cominada , seja pelo somatório, seja pela incidência da majorante, ultrapassar o limite de 1 (um) ano*; e 723, do STF: *Não se admite a suspensão condicional do processo por crime continuado, se a soma da pena mínima da infração mais grave com o aumento mínimo de um sexto for superior a um ano*; **C:** incorreta. Deverá o juiz, neste caso, no lugar de ele próprio oferecer o *sursis* processual, remeter os autos para apreciação do procurador-geral de Justiça, valendo-se, por analogia, do que estabelece o art. 28 do CPP. É esse o entendimento firmado por meio da Súmula 696 do STF: "Reunidos os pressupostos legais permissivos da suspensão condicional do processo, mas se recusando o Promotor de Justiça a propô-la, o juiz, dissentindo, remeterá a questão ao Procurador-Geral, aplicando-se por analogia o art. 28 do Código de Processo Penal"; **D:** incorreta. Isso porque nada obsta que o magistrado estabeleça outras condições, além daquelas previstas em lei, a que fica subordinada a concessão do *sursis* processual (art. 89, § 2º, da Lei 9.099/1995); **E:** correta, porque corresponde ao entendimento firmado na Súmula 337 do STJ: "É cabível a suspensão condicional do processo na desclassificação do crime e na procedência parcial da pretensão punitiva".

Gabarito "E".

(Defensor Público - DPE/DF - 2019 - CESPE/CEBRASPE) Os irmãos José e Luís foram denunciados pela prática de contravenção penal de vias de fato, em situação de violência doméstica, com pena de prisão simples de quinze dias a três meses ou multa, em concurso de agentes, por terem puxado os cabelos da irmã Marieta. Após o recebimento da denúncia e várias tentativas, sem sucesso, de citação pessoal dos réus, o juiz competente os citou por edital, seguindo, assim, as regras do Código de Processo Penal.

Diante dessa situação hipotética, julgue os itens que se seguem.

(1) Antes de suspender o curso do processo e do prazo prescricional, o juiz deverá nomear defensor público para os réus, devendo este profissional apresentar resposta à acusação e indicar as provas que pretende produzir.

(2) Após suspender o trâmite processual e o prazo da prescrição, o juiz poderá decretar a prisão preventiva dos irmãos, com fulcro na garantia da aplicação da lei penal, e também deverá antecipar as provas, com base na iminência do perecimento.

(3) Em caso de comparecimento pessoal de Luís, o juiz deverá prosseguir com o feito com relação a este réu e manter suspenso, indefinidamente, o processo e o prazo prescricional em relação a José, excepcionando-se a regra de continência por cumulação subjetiva.

(4) Caso Luís tenha comparecido pessoalmente, ainda que o órgão acusador tenha pleiteado a sua absolvição, segundo disposição legal, o juiz poderá condená-lo e reconhecer a existência de circunstância agravante pelo fato de a vítima ser sua irmã.

(5) Caso tenha comparecido pessoalmente e posteriormente condenado, Luís poderá apelar no prazo de cinco dias, devendo apresentar as razões recursais em oito dias.

1: errada. Na hipótese de o réu não ser encontrado, deverá o juiz determinar a sua citação por edital, depois de esgotados os meios disponíveis para a sua localização. Se o acusado, depois de citado por edital, não comparecer tampouco constituir defensor, o processo e o prazo prescricional ficarão, em vista da disciplina estabelecida no art. 366 do CPP, suspensos. Neste caso, o prazo para que a defesa ofereça resposta à acusação somente começará a fluir a partir do comparecimento pessoal do réu ou de seu defensor constituído, tal como estabelece o art. 396, parágrafo único, do CPP. Ou seja, enquanto o processo estiver suspenso, o prazo para a defesa apresentar resposta à acusação não transcorre; **2:** errada. Em princípio, uma vez suspenso o processo por força do art. 366 do CPP, nada obsta que o juiz decrete a prisão preventiva do acusado, desde que presentes os requisitos do art. 312 do CPP, sendo vedada, neste caso, a decretação automática da custódia. Sucede que, na hipótese narrada no enunciado, os irmãos José e Luís foram denunciados pela prática de contravenção penal de vias de fato, o que afasta a possibilidade de decretação de custódia preventiva, nos termos do art. 313, I e III, do CPP. Vale aqui lembrar que a contravenção de vias de fato tem como pena cominada prisão simples de 15 dias a 3 meses ou multa; **3:** errada. A hipótese narrada nesta proposição constitui exceção à regra da unidade de julgamento (art. 77, CPP). Isso porque, em face do comparecimento pessoal de tão somente um dos acusados, o processo terá prosseguimento em relação a este, permanecendo suspenso, assim como o curso do prazo prescricional, em relação somente ao réu que permanece ausente. Quanto ao período durante o qual o prazo prescricional deverá permanecer suspenso, prevalece o entendimento de que tal deverá ocorrer pelo interregno correspondente ao prazo máximo em abstrato previsto para o crime narrado na peça acusatória, nos termos da Súmula 415 do STJ; **4:** certa, na medida em que é dado a juiz condenar o réu, ainda que o MP tenha opinado pela sua absolvição (art. 385, CPP). De igual forma, também pode o juiz reconhecer agravantes não invocadas pela acusação; **5:** errada. É que, por se tratar de condenação em razão do cometimento de contravenção penal, o prazo para apresentação de razões recursais corresponde a 3 dias (e não a 8), tal como estabelece o art. 600, *caput*, do CPP.

Gabarito: 1E, 2E, 3E, 4C, 5E

A polícia civil de determinado município deflagrou operação a fim de investigar a exploração ilícita de jogo do bicho, promovida pelos denominados banqueiros. Constatou-se que os chamados recolhedores usavam motocicletas para coletar apostas em municípios vizinhos. Identificadas as motocicletas usadas, o Ministério Público estadual requereu a busca e apreensão dos veículos, o que foi deferido pelo juízo competente. Intimado, Antônio, dono de uma das motocicletas e recolhedor de apostas, compareceu à delegacia, ocasião em que firmou compromisso de posterior comparecimento ao juízo criminal e entregou o veículo, após lavratura do competente termo circunstanciado. Na audiência preliminar, o representante do Ministério Público apresentou proposta de transação penal a Antônio: pagamento de dez cestas básicas a uma instituição de caridade. A proposta foi aceita e devidamente homologada pelo juízo. Comprovado o cumprimento da proposta, foi proferida sentença extintiva da punibilidade de Antônio. Na mesma sentença, o magistrado acolheu manifestação do Ministério Público e decretou o confisco da motocicleta de Antônio.

(Delegado - PC/SE - 2018 - CESPE/CEBRASPE) Com referência a essa situação hipotética, julgue os itens a seguir, considerando os institutos inerentes à Lei n.º 9.099/1995 e o entendimento dos tribunais superiores acerca da matéria.

(1) O confisco da motocicleta foi legítimo, como efeito penal decorrente da natureza do delito praticado: Antônio utilizava o veículo como instrumento do crime.

(2) A homologação de transação penal faz coisa julgada material e, dessa forma, mesmo que cláusulas acordadas sejam descumpridas, inviabiliza a ocorrência de posterior requisição de inquérito policial.

(3) Dada a extinção da punibilidade de Antônio, o juízo não poderia ter decretado o confisco da motocicleta apreendida.

(4) A análise negativa das circunstâncias da prática do delito praticado poderia impedir o oferecimento do benefício da transação penal, ainda que preenchidos os requisitos objetivos para a sua concessão.

(5) A condenação penal de Antônio, em caso de eventual inviabilização da transação penal, dependeria da identificação dos denominados banqueiros que promoviam o jogo do bicho.

1: errada. Tendo em conta que a decisão concessiva de transação penal tem natureza homologatória (e não condenatória), não há que se falar em confisco do bem utilizado na prática da infração penal, que pressupõe a prolação de sentença penal condenatória, em que se tenha apurado a culpa do agente, tal como consta do art. 91 do CP. Nesse sentido, conferir: "1. Tese: os efeitos jurídicos previstos no art. 91 do Código Penal são decorrentes de sentença penal condenatória.

Tal não se verifica, portanto, quando há transação penal (art. 76 da Lei 9.099/95), cuja sentença tem natureza homologatória, sem qualquer juízo sobre a responsabilidade criminal do aceitante. As consequências da homologação da transação são aquelas estipuladas de modo consensual no termo de acordo. 2. Solução do caso: tendo havido transação penal e sendo extinta a punibilidade, ante o cumprimento das cláusulas nela estabelecidas, é ilegítimo o ato judicial que decreta o confisco do bem (motocicleta) que teria sido utilizado na prática delituosa. O confisco constituiria efeito penal muito mais gravoso ao aceitante do que os encargos que assumiu na transação penal celebrada (fornecimento de cinco cestas de alimentos).3. Recurso extraordinário a que se dá provimento." (STF, RE 795567, Relator(a): Min. TEORI ZAVASCKI, Tribunal Pleno, julgado em 28/05/2015, ACÓRDÃO ELETRÔNICO REPERCUSSÃO GERAL - MÉRITO DJe-177 DIVULG 08-09-2015 PUBLIC 09-09-2015). Quanto à possibilidade de os efeitos do art. 91 alcançarem a condenação pela prática de contravenção penal, conferir a lição de Guilherme de Souza Nucci: "o art. 91, II, *a* e *b*, do CP, não fala na possibilidade de confisco no caso de contravenção penal, pois utiliza a palavra *crime* (instrumentos do crime e produto do crime), mas a jurisprudência majoritária prevê a possibilidade de esse efeito da condenação ser usado no contexto das contravenções penais. Onde está escrito "crime" leia-se "infração penal". Trata-se, de fato, da interpretação mais sintonizada com a finalidade da norma penal" (*Código Penal Comentado*, 18ªed., p. 652); **2:** errada, pois contraria o teor da Súmula Vinculante 35: "A homologação da transação penal prevista no artigo 76 da Lei n.º 9.099/1995 não faz coisa julgada material e, descumpridas suas cláusulas, retoma-se a situação anterior, possibilitando-se ao Ministério Público a continuidade da persecução penal mediante oferecimento de denúncia ou requisição de inquérito policial"; **3:** correta. Vide comentário à proposição 1; **4:** correta, pois reflete o disposto no art. 76, § 2º, III, da Lei 9.099/1995, que trata das circunstâncias gerais de natureza subjetiva, que, se negativas, podem determinar a não admissão da proposta de transação pena; **5:** errada. A solução desta proposição deve ser extraída da Súmula 51, do STJ: "A punição do intermediador, no jogo do bicho, independe da identificação do "apostador" ou do "banqueiro".

Gabarito: 1E, 2E, 3C, 4C, 5E

(Juiz – TRF5 – 2017 – CESPE) Em razão de não ser localizado para a citação pessoal, o réu foi citado por edital e constituiu advogado nos autos, fazendo o processo transcorrer normalmente. Um mês após ser constituído, o advogado renunciou ao mandado outorgado; o juiz intimou novamente o réu por edital para que comparecesse em juízo e constituísse novo advogado. O acusado permaneceu silente. Nessa situação hipotética, de acordo com o entendimento majoritário do Superior Tribunal de Justiça, o juiz deverá

(A) declarar o réu revel e dar continuidade ao processo, nomeando defensor público ou dativo.
(B) intimar o acusado por hora certa.
(C) suspender o processo e a prescrição penal com efeito retroativo à citação editalícia.
(D) suspender o processo e manter o trâmite regular da prescrição.
(E) suspender o processo e a prescrição penal a partir do término do prazo transcorrido da nova intimação por edital.

Segundo consta, o acusado, após ser citado por edital, nomeou advogado de sua confiança para patrocinar sua defesa. Sucede que, um mês após ser constituído, o defensor renunciou ao mandato. Diante disso, o magistrado, dada a não localização do acusado para que este procedesse à nomeação de novo patrono, mandou intimá-lo por edital. O réu quedou-se inerte e deixou de nomear novo advogado. Pergunta-se: poderia o juiz aplicar, neste caso, o art. 366 do CPP, suspendendo-se o processo e o prazo prescricional, já que o acusado não atendeu à intimação? A resposta deve ser negativa. Com efeito, segundo o STJ, o não atendimento do acusado à intimação para constituir novo defensor acarreta a continuidade do processo à sua revelia, com a nomeação de defensor público ou dativo, não havendo que se falar, portanto, em suspensão do processo, que somente terá lugar na hipótese de o acusado, que foi citado por edital, deixar de comparecer ou de nomear defensor para patrocinar a sua defesa. No caso narrado no enunciado, o acusado, embora citado por edital, ciente da acusação que contra ele foi formulada, apresentou defesa. Nesse sentido: "A teor do art. 366 do CPP, a suspensão do processo penal e do prazo prescricional, somente é possível quando o acusado, após citado por edital, não comparece e não constitui advogado nos autos. No caso, embora o paciente tenha sido citado por edital, constituiu, desde a fase inquisitorial, advogado nos autos com amplos poderes, o que demonstra que conhecia da imputação contra ele dirigida. A renúncia do advogado deu-se 3 (três) meses após o recebimento da denúncia, inexistindo ilegalidade na decisão do Juízo de primeiro grau que determinou o prosseguimento do feito com a nomeação da Defensoria Pública para patrocinar a defesa do acusado, uma vez que não seria possível intimá-lo pessoalmente para constituir defensor de sua confiança, tendo em vista encontrar-se em lugar incerto e não sabido" (STJ, HC 338.540/SP, Rel. Ministro Reynaldo Soares da Fonseca, Quinta Turma, julgado em 14.09.2017, DJe 21.09.2017).

Gabarito "A"

(Defensor Público/PE – 2018 – CESPE) Acerca dos procedimentos nos juizados especiais criminais, assinale a opção correta.

(A) A citação do acusado pode se dar por edital, não havendo deslocamento da competência para o juízo criminal comum.
(B) O juizado especial criminal é competente para julgar crimes punidos com pena alternativa de multa, ainda que a pena privativa de liberdade fixada em abstrato seja superior a dois anos.
(C) No caso de causa complexa, haverá o deslocamento da competência para o juízo criminal comum, mantendo-se o procedimento sumaríssimo.
(D) A medida processual cabível contra a decisão que rejeitar a denúncia ou a queixa-crime será o recurso em sentido estrito, que deverá ser interposto no prazo de dez dias.
(E) De acordo com o STJ, no caso de ação penal privada, são aplicáveis os benefícios da transação penal e da suspensão condicional do processo.

A: incorreta. O art. 66, parágrafo único, da Lei 9.099/1995 estabelece que, no âmbito do procedimento sumaríssimo, não localizado o acusado para ser citado pessoalmente, as peças serão encaminhadas ao juízo comum para prosseguimento, no qual se procederá, se necessário for, à citação por hora certa ou por edital, dada a incompatibilidade dessas modalidades de citação ficta com a celeridade imanente ao procedimento adotado na Lei 9.099/1995; **B:** incorreta. São consideradas infrações penais de menor potencial ofensivo, estando, portanto, sob a égide do Juizado Especial Criminal, as contravenções penais e os crimes cuja pena máxima cominada não seja superior a *dois* anos, cumulada ou não com multa, conforme dispõe o art. 61 da Lei 9.099/1995. Infere-se, portanto, que, ainda que a pena de multa seja alternativa à de prisão, o máximo desta não pode superar dois anos, sob pena de afastar a competência do JECRIM; **C:** incorreta. Se, por qualquer razão, o processo que tramita no Juizado Especial Criminal não puder ali ser julgado, estabelece o art. 538 do CPP que a competência será descolada ao juízo comum, que processará o feito de acordo com as regras do procedimento *sumário*. É isso que ocorre, a título de exemplo, quando o réu, no juizado especial, não é localizado para citação pessoal. Deverá o juiz, neste caso, em obediência à norma presente no art. 66, parágrafo único, da Lei 9.099/1995, remeter os autos ao juízo comum, onde – repita-se – será adotado o rito *sumário*; **D:** incorreta. O art. 82, *caput* e § 1º, da Lei 9.099/1995 estabelece que da decisão que rejeitar a denúncia ou a queixa caberá recurso de apelação, a ser interposto, por petição escrita, no prazo de dez dias, da qual deverão constar as razões e o pedido. O julgamento deste recurso caberá a uma turma composta de três juízes em exercício no primeiro grau de jurisdição, reunidos na sede do Juizado; **E:** correta. No STJ: "A jurisprudência dos Tribunais Superiores admite a aplicação da transação penal às ações penais privadas" (RHC 102.381/BA, Rel. Ministro Felix Fischer, Quinta Turma, julgado em 09.10.2018, DJe 17.10.2018). No mesmo sentido, o Enunciado 112: *Na ação penal de iniciativa privada, cabem transação penal e a suspensão condicional do processo, mediante proposta do Ministério Público* (XXVII Encontro – Palmas/TO).

Gabarito "E"

(Juiz de Direito/AM – 2016 – CESPE) Em processo no juizado especial criminal, superada a fase preliminar em razão da ausência do autor do fato, o MP ofereceu denúncia oral pela prática de crime de ameaça. Não tendo o oficial de justiça encontrado o autor para citá-lo nos endereços constantes dos autos, o juiz determinou a sua citação por hora certa. Concluída a citação por hora certa sem que o autor do fato tivesse sido encontrado ou tivesse comparecido à audiência designada, foi-lhe nomeado DP, e sobreveio condenação.

Nessa situação hipotética, conforme a legislação penal processual e a jurisprudência dos tribunais superiores, é correto afirmar que a citação realizada foi

(A) válida, e não precisará ser refeita, pois a citação por hora certa é possível quando o acusado não é encontrado nos endereços constantes nos autos.
(B) nula, e deverá ser refeita pelo juízo comum, com o devido encaminhamento dos autos pelo juizado especial criminal.
(C) válida, e não precisará ser refeita, pois a citação por hora certa sempre precede a citação por edital.
(D) válida, e não precisará ser refeita, pois o processo perante os juizados especiais criminais orienta-se pelos princípios da oralidade, simplicidade, economia processual e celeridade.
(E) nula, e deverá ser refeita pelo próprio juizado especial criminal, por meio de edital, em atenção aos princípios da celeridade e da economia processual.

O art. 66, parágrafo único, da Lei 9.099/1995 estabelece que, no âmbito do procedimento sumaríssimo, não localizado o acusado para ser citado pessoalmente, as peças serão encaminhadas ao juízo comum para prosseguimento, no qual se procederá, se necessário for, à citação por hora certa ou por edital, dada a incompatibilidade dessas modalidades de citação ficta com a celeridade imanente ao procedimento adotado na Lei 9.099/1995. Esta modalidade de citação ficta (hora certa), antes exclusiva do processo civil, agora também é admitida no âmbito do processo penal, dada a mudança introduzida na redação do dispositivo legal pela Lei 11.719/2008. A propósito disso, o STF, ao julgar o RE 635.145, reconheceu, em votação unânime, a constitucionalidade da citação por hora certa no processo penal, rechaçando a tese segundo a qual esta modalidade de citação ficta ofende os postulados da ampla defesa e do contraditório. Na jurisprudência do STJ: *No procedimento sumaríssimo para apuração dos crimes de menor potencial ofensivo, verificada a necessidade de realização de citação editalícia, ocorre o deslocamento da competência dos juizados especiais criminais em favor do juízo comum, conforme redação do art. 66, parágrafo único, da Lei 9.099/1995* (CC 88.588-SP, 3ª S, rel. Min. Maria Tereza de Assis Moura, 13.02.2008).

Gabarito "B"

(Cartório/DF – 2014 – CESPE) Maria foi denunciada pela prática do delito de lesão corporal. Recebida a inicial acusatória, o juízo processante deferiu a suspensão condicional do processo. Todavia, passados três meses, o magistrado revogou o benefício, ao constatar que Maria estava em local incerto e não sabido e sendo processada por outro crime.

Em face dessa situação hipotética, assinale a opção correta acerca da suspensão do processo prevista na Lei nº 9.009/1995, segundo a jurisprudência do STJ.

(A) O magistrado agiu corretamente, dado que a inobservância das condições impostas a Maria por ocasião do sursis processual enseja a revogação do benefício.
(B) Com a revogação do sursis processual, é necessário que Maria seja citada por edital para a continuidade do processo.
(C) Houve violação aos princípios do contraditório, da ampla defesa e do devido processo legal, pois, para a revogação do sursis processual, seria imprescindível a prévia manifestação da defesa.
(D) Incabível a revogação automática do sursis processual, por demandar uma audiência de justificação para esse fim.
(E) Na hipótese descrita, o cancelamento da benesse era facultativo.

A: correta (art. 89, § 3º, da Lei 9.099/1995). É hipótese de revogação *obrigatória*; **B:** incorreta. Providência não contemplada na Lei 9.099/1995; **C:** incorreta. O contraditório e a ampla defesa serão exercidos no novo processo em curso, não naquele em que foi concedido o *sursis* processual; **D:** incorreta. Providência não contemplada na Lei 9.099/1995; **E:** incorreta. Trata-se de revogação *obrigatória* (art. 89, § 3º, da Lei 9.099/1995); as hipóteses de revogação facultativa estão contempladas no art. 89, § 4º, da Lei 9.099/1995.

Gabarito "A"

(Cartório/ES – 2013 – CESPE) Com base nas Leis n.ºs 9.099/1995 e 10.259/2001 e na jurisprudência dos tribunais superiores, assinale a opção correta.

(A) Havendo sentença homologatória referente a composição civil e transação penal, não será possível o prosseguimento da ação penal no caso de o acusado descumprir o acordo, por ter sido extinta a punibilidade.
(B) Conforme o disposto na Lei n.º 10.259/2001, se, devido às regras de conexão e continência, processos tiverem de ser reunidos perante o juízo comum ou o tribunal do júri, não será possível a aplicação, a esses processos, dos institutos despenalizadores do microssistema dos juizados especiais.
(C) Não sendo cabível recurso da decisão que rejeita a denúncia ou queixa no rito dos juizados especiais criminais, diante do princípio da irrecorribilidade das decisões interlocutórias, resta ao querelante ou o MP, se desejarem discutir tal decisão, interpor mandado de segurança junto a turma recursal dos juizados especiais criminais.
(D) Em se tratando de ação penal privada submetida ao rito dos juizados especiais criminais, a transação penal deve ser oferecida pelo querelante, não sendo, portanto, um direito subjetivo do querelado, dado o princípio da disponibilidade da ação penal privada.
(E) A suspensão condicional do processo não pode ser aplicada se houver inquéritos policias em curso contra o denunciado.

A: incorreta. Uma vez homologada, pelo juiz, a composição civil, tem-se, por parte do ofendido, a renúncia ao direito de queixa ou representação, o que levará à extinção da punibilidade e, por conseguinte, ao arquivamento do feito. Situação diferente é a da transação penal. Já decidiu o Pleno do STF que, na hipótese de o acordo homologado não ser cumprido, poderá ser oferecida denúncia ou queixa. Mais recentemente, consolidando tal entendimento já firmado, o STF editou a Súmula Vinculante 35, nos termos seguintes: "A homologação da transação penal prevista no artigo 76 da Lei 9.099/1995 não faz coisa julgada material e, descumpridas suas cláusulas, retoma-se o *status quo ante*, possibilitando-se ao Ministério Público a continuidade da persecução penal mediante oferecimento de denúncia ou requisição de inquérito policial"; **B:** incorreta, pois contraria o disposto no art. 60, parágrafo único, da Lei 9.099/1995, cuja redação foi conferida pela Lei 11.313/2006; **C:** incorreta, visto que a decisão que rejeita a denúncia ou queixa, no âmbito do juizado especial criminal, desafia recurso de apelação, na forma prevista no art. 82, *caput*, da Lei 9.099/1995, a ser interposto, por petição escrita, no prazo de dez dias, da qual deverão constar as razões e o pedido. O julgamento deste recurso caberá a uma turma composta de três juízes em exercício no primeiro grau de jurisdição, reunidos na sede do Juizado; **D:** correta. Embora o art. 76 da Lei 9.099/1995 não tenha contemplado a ação penal privada, é certo que a jurisprudência dominante entende ser possível estender a transação penal a esta modalidade de ação. Quanto ao fato de a transação ser ou não um direito subjetivo do querelado, conferir: "Penal. Agravo regimental em recurso especial. Ação penal privada. Transação penal. Ausência de interesse do querelante. Prosseguimento do feito. Possibilidade. 1. Embora admitida a possibilidade de transação penal em ação penal privada, este não é um direito subjetivo do querelado, competindo ao querelante a sua propositura. 2. Agravo regimental a que se nega provimento" (AGRESP 201202532153, Alderita Ramos de Oliveira (Desembargadora convocada do TJ/PE), STJ, Sexta turma, *DJE* 26/03/2013); **E:** incorreta. É tema polêmico. Conferir: "penal. Suspensão condicional do processo. Requisitos subjetivos. Antecedentes. Inquérito policial em andamento. Valoração. Conversão da pena privativa de liberdade em restritiva de direitos já operada. "Habeas Corpus". 1. Não viola o princípio da presunção de inocência a decisão que considera, para fins de antecedentes, a existência de inquérito policial instaurado em desfavor do réu, ainda que em andamento. Precedentes do eg. STF e de ambas as Turmas que integram a eg. 3ª Seção deste STJ. 2. A conversão, já realizada, da pena privativa de liberdade em restritiva de direitos impede a concessão da suspensão condicional do processo (CP, art. 77, III). 3. "Habeas Corpus" conhecido; pedido indeferido" (HC 200100101631, Edson Vidigal, STJ, 5ª T., *DJ* 13/08/2001).

Gabarito "D"

(Cartório/PI – 2013 – CESPE) Conforme a Lei n.º 9.099/1995, o acordo homologado em ação penal privada acarreta o(a)

(A) decadência do direito de queixa.
(B) renúncia ao direito de queixa.
(C) perempção ao direito de queixa.
(D) perdão judicial.
(E) perdão, que, se for aceito pela vítima, extinguirá a punibilidade.

De conformidade com o que estabelece o art. 74, parágrafo único, da Lei 9.099/1995, "tratando-se de ação penal de iniciativa privada ou de ação penal pública condicionada à representação, o acordo homologado acarreta a renúncia ao direito de queixa ou representação".

Gabarito "B".

(Cartório/RR – 2013 – CESPE) Com base nas disposições da Lei n.º 9.099/1995, assinale a opção correta.

(A) A suspensão condicional do processo está condicionada ao cumprimento obrigatório, pelo autor do fato, de condições legais, tais como o dever de reparação do dano e o comparecimento pessoal em juízo, mensalmente, para informar e justificar suas atividades.
(B) Tratando-se de crime de lesão corporal de natureza grave, a composição civil entre as partes homologada no juízo criminal não impede a propositura da ação de reparação por danos materiais e morais, conquanto sejam independentes as instâncias cível e criminal.
(C) O MP não poderá oferecer transação penal no caso de comprovadamente não indicar a conduta social do agente como necessária e suficiente à adoção da medida.
(D) Homologada judicialmente a proposta de transação penal oferecida pelo MP e desde que aceita pelo autor do fato, ser-lhe-á aplicada pena restritiva de direitos ou multa, que será registrada em sua certidão de antecedentes criminais para fins de reincidência.
(E) Se a complexidade ou circunstâncias do caso não permitirem a formulação da denúncia, o MP deverá requerer ao juiz o encaminhamento dos autos à perícia oficial.

A: incorreta. Ao que parece, o examinador levou em conta, neste caso, a exceção a que se refere o art. 89, § 1º, I, da Lei 9.099/1995, que estabelece que não se imporá ao beneficiário da suspensão condicional do processo a obrigação de reparar o dano quando impossível fazê-lo. Segundo pensamos, esta assertiva poderia ser considerada como correta, dado que não é incorreto afirmar-se que o dever de reparar o dano constitui uma das obrigações impostas à concessão do *sursis* processual; a propósito, parece lógico que tal obrigação não poderia ser imposta quando inviável, pelo beneficiário, a sua execução; de resto, a proposição está indiscutivelmente correta, já que de acordo com o art. 89, § 1º, IV, da Lei 9.099/1995; **B:** incorreta. A composição civil, prevista no art. 74 da Lei 9.099/1995, não tem incidência no crime de lesão corporal de natureza grave, cuja pena cominada, segundo o art. 129, § 1º, do CP, é de reclusão de 1 a 5 anos, superior, portanto, ao limite estabelecido no art. 61 da Lei 9.099/1995, que define os crimes de menor potencial ofensivo, sujeitos ao procedimento sumaríssimo e à composição civil; **C:** correta (art. 76, § 2º, III, da Lei 9.099/1995); **D:** incorreta (art. 76, §§ 4º e 6º, da Lei 9.099/1995); **E:** incorreta (art. 77, § 2º, da Lei 9.099/1995).

Gabarito "C".

(Ministério Público/TO – 2012 – CESPE) Com base no disposto na Lei n.º 9.099/1995 e em suas alterações, assinale a opção correta.

(A) O juiz pode propor a suspensão do processo ainda que o promotor de justiça entenda ser essa medida, em determinado processo, incabível.
(B) No caso, por exemplo, de tentativa de furto qualificado, não é possível a suspensão condicional do processo, pois considera-se, para a concessão do benefício, a redução mínima de um terço em relação ao mínimo da pena cominada, o qual, para a prática de furto qualificado, é de dois anos de reclusão.
(C) O descumprimento de acordo firmado em transação penal já homologado pelo juiz possibilita o oferecimento da denúncia por parte do MP.
(D) O benefício da suspensão condicional é aplicável aos processos de julgamento de infrações penais cometidas em concurso material, visto que as penas mínimas previstas para cada uma dessas infrações não são somadas.
(E) Vencido o prazo da suspensão do processo e não havendo revogação, caberá ao juiz declarar extinta a punibilidade.

A: incorreta. Se o membro do MP se recusar a propor a suspensão condicional do processo, cabe ao magistrado, se discordar, aplicar, por analogia, o comando contido no art. 28 do CPP, remetendo a questão para apreciação do procurador-geral de Justiça. É esse o entendimento firmado na Súmula nº 696 do STF; **B:** incorreta. O art. 89 da Lei 9.099/1995 estabeleceu, como critério para a concessão do *sursis* processual, a pena mínima em abstrato prevista para o crime. Se assim é, no crime tentado, só se alcançará a pena mínima se aplicado o redutor do art. 14, parágrafo único, do CP no seu patamar máximo (dois terços), o que levará a pena, no caso da tentativa de furto, a 8 meses de reclusão, dentro, pois, do limite estabelecido no art. 89, *caput*, da Lei 9.099/1995. Nesse sentido: TJ/SC, HC 48823, 2ª Câmara Criminal, rel. Jaime Ramos, j. 24.03.2004. *Vide* Súmula nº 723 do STF; **C:** incorreta. A Lei dos Juizados Especiais não previu nenhum tipo de sanção pelo não cumprimento do acordo firmado na transação penal. Na hipótese de a multa não ser paga, cabe ao MP promover a sua execução, nos termos do que prescreve o art. 164 e seguintes da LEP. Em hipótese alguma poderá a multa ser convertida em prisão. No caso de a pena restritiva de direitos imposta não ser cumprida, à míngua de previsão legal, nada há a ser feito; **D:** incorreta, pois contraria o teor das Súmulas nº 243, do STJ, e 723, do STF; **E:** correta, pois corresponde ao que estabelece o art. 89, § 5º, da Lei 9.099/1995.

Gabarito "E".

(Defensor Público/RO – 2012 – CESPE) Considerando as disposições processuais penais previstas na Lei 9.099/1995 (Lei dos Juizados Especiais), assinale a opção correta.

(A) A citação deve ser pessoal e realizada no próprio juizado, sempre que possível, ou por mandado. Não encontrado o acusado para ser citado, o juiz deve suspender o processo e o curso do prazo prescricional, nos termos do art. 366 do CPP.
(B) Os processos referentes aos juizados especiais criminais devem ser orientados pelos critérios de oralidade, documentação, simplicidade, formalidade, economia processual e celeridade, buscando-se, sempre que possível, a conciliação ou a transação.
(C) Acolhida pelo juiz a proposta do MP aceita pelo autor da infração, o magistrado aplicará a pena restritiva de direitos ou multa, que importará em reincidência e será registrada para impedir novamente o mesmo benefício no prazo de cinco anos.
(D) Dos atos praticados em audiência consideram-se desde logo cientes as partes, os interessados e os defensores.
(E) Consideram-se infrações penais de menor potencial ofensivo, para os efeitos da lei, as contravenções penais e os crimes a que a lei comine pena mínima não superior a dois anos, cumulada ou não com multa.

A: incorreta, pois contraria o disposto no art. 66 da Lei 9.099/1995, que estabelece que, não localizado o réu, cabe ao juiz cuidar para que as peças sejam encaminhadas ao juízo comum para adoção do procedimento previsto em lei; **B:** incorreta. Os critérios da documentação e formalidade não foram contemplados no art. 2º da Lei 9.099/1995, que estabelece os vetores que devem orientar o processo no Juizado Especial Criminal; **C:** incorreta, pois não reflete o disposto no art. 76, § 4º, da Lei 9.099/1995, que assim dispõe: "Acolhendo a proposta do Ministério Público aceita pelo autor da infração, o Juiz aplicará a pena restritiva de direitos ou multa, que não importará em reincidência, sendo registrada apenas para impedir novamente o mesmo benefício no prazo de cinco anos"; **D:** correta, nos termos do art. 67, parágrafo único, da Lei 9.099/1995; **E:** incorreta, já que o parâmetro estabelecido para fixar a competência do Juizado Especial Criminal é a pena máxima cominada ao crime (art. 61 da Lei 9.099/1995).

Gabarito "D".

15. SENTENÇA, PRECLUSÃO E COISA JULGADA

(Defensor Público – DPE/RN – 2016 – CESPE) Com relação aos institutos da *emendatio* e da *mutatio libelli*, da sentença e da coisa julgada, bem como aos procedimentos comum e ordinário, aos juizados especiais cíveis e aos crimes dolosos contra a vida, assinale a opção correta.

(A) Situação hipotética: Mauro foi definitivamente condenado pela prática do crime de roubo simples por sentença proferida por juízo estadual absolutamente incompetente. Posteriormente, ele foi novamente condenado pelo mesmo fato, desta feita pelo juízo federal constitucionalmente competente, mas agora a uma pena inferior à anteriormente imposta. Assertiva: Nesse caso, segundo o entendimento do STJ, diante da existência de coisa julgada material, deverá prevalecer a primeira condenação.

(B) Situação hipotética: A DP, representando Jonas, ajuizou queixa-crime imputando ao querelado Antônio a prática do delito de injúria. Todavia, o juiz rejeitou a exordial acusatória. Assertiva: Nesse caso, para impugnar essa decisão, é cabível a interposição de recurso em sentido estrito.

(C) Segundo a jurisprudência do STJ, não é possível a anulação parcial de sentença proferida pelo júri a fim de determinar submissão do réu a novo julgamento somente em relação às qualificadoras, ainda que a decisão dos jurados seja manifestamente contrária à prova dos autos apenas nesse particular.

(D) A figura processual da *mutatio libelli* se presta à correção da equivocada capitulação jurídica dada ao fato criminoso narrado na denúncia, incorretamente classificado pelo MP. Essa providência, ademais, pode ser conduzida pelo próprio magistrado, sem que haja necessidade de aditamento ministerial ou oitiva prévia da defesa, exceto no caso de a modificação ocasionar agravamento na pena do acusado.

(E) Situação hipotética: Paulo foi denunciado pelo crime de furto simples. Devidamente citado, ele ofertou resposta à acusação, alegando não ter sido autor do crime e apresentando documentos. Assertiva: Nessa hipótese, após a oitiva do MP e convencendo-se da procedência dos argumentos lançados pelo acusado, poderá o juiz absolvê-lo sumariamente.

A: incorreta. Conferir: "Na hipótese, o paciente foi dupla e definitivamente condenado pelos mesmos fatos, perante às Justiças Estadual, anteriormente, e Federal, posteriormente. Verifica-se, ainda, que a Justiça Federal era a competente para o processo e julgamento do crime de roubo cometido contra agência dos Correios e Casa Lotérica, consoante o art. 109, inciso IV, da CF, tendo estabelecido, inclusive, *quantum* de pena inferior ao definido pela Justiça Estadual. IV – Assim, muito embora a jurisprudência desta eg. Corte tenha se firmado no sentido de que "A sentença proferida por juízo absolutamente incompetente impede o exame dos mesmos fatos ainda que pela justiça constitucionalmente competente, pois, ao contrário, estar-se-ia não só diante de vedado *bis in idem* como também na contramão da necessária segurança jurídica que a imutabilidade da coisa julgada visa garantir (RHC 29.775/PI, Quinta Turma, Rel. Min. Marco Aurélio Bellizze, DJe de 25/6/2013), tenho que, na hipótese, considerando a situação mais favorável ao paciente, bem como a existência de trânsito em julgado perante à justiça competente para análise do feito, deve ser relativizada a coisa julgada, anulando-se a condenação anterior proferida pela Justiça Estadual, e mantendo-se a condenação proveniente da Justiça Federal, a tornar possível a prevalência do princípio fundamental da dignidade da pessoa humana. *Habeas corpus* não conhecido. Liminar cassada. Ordem concedida de ofício para anular a condenação do paciente perante a Justiça Estadual, mantendo-se a condenação pela Justiça Federal" (HC 297.482/CE, Rel. Ministro Felix Fischer, Quinta Turma, julgado em 12.05.2015, *DJe* 21.05.2015); **B:** incorreta. Sendo a injúria infração penal de menor potencial ofensivo, o seu processamento obedece às regras da Lei 9.099/1995 (procedimento sumaríssimo), cujo art. 82 estabelece que contra a decisão que rejeitar a denúncia ou queixa caberá recurso de apelação (e não recurso em sentido estrito); **C:** correta. Nesse sentido: "Anulação parcial do julgamento pelo tribunal do júri. Determinação de submissão do paciente a novo conselho de sentença apenas no tocante à qualificadora. Impossibilidade. Constrangimento ilegal caracterizado. Concessão da ordem de ofício. 1. É assente nesta Corte Superior de Justiça o entendimento de que não é possível a anulação parcial do julgamento proferido pelo Tribunal do Júri, sendo que o reconhecimento de que a decisão dos jurados foi manifestamente contrária à prova dos autos implica a submissão da íntegra dos fatos à nova apreciação do Conselho de Sentença" (STJ, HC 321.872/RO, Rel. Ministro Leopoldo de Arruda Raposo (Desembargador Convocado do TJ/PE), Quinta Turma, julgado em 20.08.2015, *DJe* 01.09.2015); **D:** incorreta, já que a proposição descreve o fenômeno da *emendatio libelli*, presente no art. 383 do CPP. Neste caso, deverá o juiz, em obediência à regra contida neste dispositivo, atribuir ao fato a definição jurídica que entender mais adequada, pouco importando se a nova capitulação implicar pena mais grave. Na *mutatio libelli*, diferentemente, temos que a prova colhida na instrução aponta para uma nova definição jurídica do fato, diversa daquela contida na inicial. Por força do que estabelece o art. 383 do CPP, com a redação que lhe conferiu a Lei de Reforma n. 11.719/2008, impõe-se o aditamento da exordial pelo órgão acusatório, ainda que a nova capitulação jurídica implique aplicação de pena igual ou menos grave; **E:** incorreta, pois não se enquadra nas hipóteses do art. 397 do CPP (absolvição sumária).

Gabarito "C".

(Cartório/ES – 2013 – CESPE) Em relação à sentença processual penal, assinale a opção correta à luz da legislação de regência e do entendimento jurisprudencial do STJ acerca da matéria.

(A) A sentença prolatada em procedimento sumaríssimo dos juizados especiais criminais, diversamente do que ocorre no juízo cível, deve ser precedida de relatório, conforme expressamente previsto na Lei n.º 9.099/1995.

(B) Tratando-se de ação penal pública, o juiz não pode, em sua sentença, reconhecer agravantes que não tenham sido alegadas pelo MP.

(C) Conforme entendimento pacificado do STJ, por ter natureza de norma de direito material, a disposição do Código de Processo Penal que determina ao juiz que fixe valor mínimo para reparação dos danos causados na sentença condenatória, seus efeitos retroagem, abrangendo situações anteriores à sua vigência.

(D) Se não modificar a descrição do fato contida na denúncia ou queixa, o juiz poderá atribuir-lhe definição jurídica diversa, desde que tal alteração não resulte em majoração da pena.

(E) É cabível a suspensão condicional do processo tanto na sentença, caso o juiz desclassifique o delito, como na procedência parcial da pretensão punitiva, se preenchidos os requisitos relativos ao referido instituto.

A: incorreta. No âmbito do juizado especial criminal, cujo procedimento é o sumaríssimo, o relatório não é requisito da sentença e pode, por isso, ser dispensado pelo juiz. É o que estabelece o art. 81, § 3º, da Lei 9.099/95; **B:** incorreta. Em vista do que estabelece o art. 385 do CPP, poderá o juiz, na ação penal pública, reconhecer agravantes que não tenham sido alegadas; **C:** incorreta, uma vez que se trata de norma processual genuína, desprovida, portanto, de qualquer conteúdo material; **D:** incorreta, visto que o juiz, na hipótese de *emendatio libelli*, poderá atribuir definição jurídica diversa, ainda que, para tanto, tenha que aplicar pena mais grave (art. 383, *caput*, do CPP); **E:** correta, porque corresponde ao entendimento firmado na Súmula 337 do STJ: "É cabível a suspensão condicional do processo na desclassificação do crime e na procedência parcial da pretensão punitiva".

Gabarito "E".

(Magistratura/CE – 2012 – CESPE) Acerca de sentença, coisa julgada e recursos, assinale a opção correta.

(A) A exceção de coisa julgada pode ser oposta em relação aos fatos, principal ou acessório, que tiverem sido objeto da sentença.

(B) A sentença cujo dispositivo não esteja em conformidade com as razões apresentadas na fundamentação é anulável, o que só poderá ser arguido na apelação, sob pena de preclusão.

(C) Na hipótese de *emendatio libelli*, ainda que a infração seja da competência de outro juízo, o juiz permanecerá, por celeridade e economia processual, competente para julgar o feito.

(D) O prazo da intimação da sentença por edital será de noventa dias, se tiver sido imposta ao condenado pena privativa de liberdade por tempo igual ou superior a um ano, e de sessenta dias, nos outros casos.

(E) O juiz, sem modificar a descrição do fato contida na denúncia, poderá atribuir-lhe definição jurídica diversa, ainda que tenha de aplicar pena mais grave, devendo, nessa situação, ouvir o defensor do acusado no prazo de cinco dias.

A: incorreta, pois não corresponde ao que estabelece o art. 110, § 2º, do CPP; **B:** incorreta. A situação hipotética apresentada configura-se como "*sentença suicida*, compreendida como a decisão que contém contradição entre a sua fundamentação e a sua conclusão. Pode ser combatida por meio de *embargos de declaração* (art. 382, CPP); **C:** se o juiz, ao cabo da instrução, concluir que o crime decorrente da nova tipificação é de competência de outro juízo, providenciará para que os autos a este sejam remetidos, em obediência ao estatuído no art. 383, § 2º, do CPP; **D:** correta, visto que reflete o disposto no art. 392, § 1º, do CPP; **E:** o acusado, no processo penal, defende-se dos fatos que lhe são imputados, e não da capitulação que é atribuída ao crime na peça acusatória, denúncia ou queixa. Pouco importa, pois, a classificação operada pelo titular da ação penal na exordial. É nesse sentido que reza o art. 383 do CPP (*emendatio libelli*). Note que o fato, na *emendatio libelli*, permanece inalterado, sem prejuízo, por isso mesmo, para a defesa. A mudança, aqui, incide na classificação da conduta, levada a efeito pela acusação, no ato da propositura da ação, e retificada pelo juiz, de ofício, no momento da sentença, sendo desnecessário, em vista disso, ouvir a esse respeito o defensor.

Gabarito "D".

(Ministério Público/RR – 2012 – CESPE) A respeito da sentença penal, da coisa julgada e dos recursos em geral, assinale a opção correta.

(A) De acordo com a atual sistemática recursal, as decisões que extinguem a punibilidade, incluídas entre as decisões interlocutórias mistas, ensejam o manejo do recurso de apelação.

(B) Dos efeitos penais da sentença absolutória com trânsito em julgado, por quaisquer dos motivos ou causas arroladas na parte dispositiva, infere-se o exame das alegações das partes, o que impede nova *persecutio criminis* em juízo sob o mesmo fundamento fático, restando preclusa qualquer via impugnativa de seu conteúdo para a acusação.

(C) Na sentença absolutória imprópria, poderá o juiz fixar valor mínimo para reparação dos danos causados pela infração, considerando os prejuízos sofridos pelo ofendido, independentemente de pedido expresso na peça acusatória.

(D) Caso o juiz, antes de proferir sentença, verifique a possibilidade de atribuir ao fato nova definição jurídica, diversa da capitulação encetada pelo órgão de acusação, sem, contudo, modificar a descrição fática contida na denúncia, ainda que, em consequência, tenha de aplicar pena mais grave, deverá ele baixar os autos para manifestação das partes, por expressa disposição legal, devendo haver produção probatória somente nos casos de *mutatio libelli*.

(E) A decisão concessiva de *habeas corpus* prolatada pelo juízo de primeiro grau com fundamento na atipicidade do fato investigado ou em razão do reconhecimento de causa extintiva de punibilidade desafia o recurso de apelação pelo órgão acusatório.

A: incorreta, pois a decisão que julga extinta a punibilidade desafia recurso em sentido estrito (art. 581, VIII, CPP), e não recurso de apelação; **B:** correta. Se o mérito da causa já foi decidido em favor do acusado, com o trânsito em julgado da sentença penal absolutória, não poderá o julgado, por óbvio, ser objeto de nova avaliação, visto que a decisão tornou-se, porque passou em julgado, imutável. Não poderá o acusado, portanto, pelos mesmos fatos, ser de novo processado. É o que chamamos de coisa julgada material. Cuidado: a mesma sorte não tem a sentença condenatória, que, mesmo depois do trânsito em julgado, poderá ser reavaliada por meio da revisão criminal; **C:** a sentença absolutória imprópria é a que, a despeito de impingir ao acusado medida de segurança, julga improcedente a acusação. Não cabe, neste caso, a fixação de valor mínimo para a reparação dos danos, visto que se trata, como dito, de sentença absolutória; **D:** a proposição corresponde ao fenômeno da *emendatio libelli*, presente no art. 383 do CPP. Neste caso, deverá o juiz, em obediência à regra contida neste dispositivo, atribuir ao fato a capitulação jurídica que entender mais adequada. Somente seria o caso de baixar os autos para manifestação das partes se a nova capitulação decorresse de modificação dos fatos descritos na exordial. É a hipótese prevista no art. 384 do CPP, que trata da *mutatio libelli*; **E:** neste caso, deverá ser manejado o recurso em sentido estrito – art. 581, X, do CPP. Ademais, dado o que dispõe o art. 574, I, do CPP, é hipótese de recurso de ofício.

Gabarito "B".

(Ministério Público/TO – 2012 – CESPE) Com relação a sentença e coisa julgada, assinale a opção correta.

(A) São requisitos mínimos para a sentença de pronúncia a certeza da autoria e a prova da existência do crime.

(B) A coisa julgada formal impede, no âmbito processual penal, que qualquer outro juízo ou tribunal reexamine a causa já decidida.

(C) A sentença absolutória imprópria é assim conceituada pela doutrina porque o juiz, ao prolatá-la, apesar de absolver o réu, impõe-lhe o cumprimento de medida de segurança, que é, em sentido amplo, uma sanção penal.

(D) O relatório, requisito formal da sentença, seja qual for o procedimento processual penal, deverá conter, resumidamente, as teses desenvolvidas pelas partes, sob pena de nulidade do ato decisório.

(E) A sentença absolutória que reconheça ter o réu agido com amparo em qualquer uma das causas excludentes de ilicitude faz coisa julgada no juízo cível, afastando a obrigação de reparação do dano eventualmente causado.

A: incorreta. O juiz, na pronúncia, decisão interlocutória mista, deverá indicar, fundamentadamente, a existência do crime (materialidade) e os indícios suficientes de autoria (art. 413, *caput* e § 1º, do CPP). O legislador não exigiu, portanto, a certeza de autoria, necessária somente à condenação; **B:** incorreta. Impedirá o reexame da causa, ao menos em regra, a coisa julgada material, não a formal; **C:** correta, visto que corresponde ao conceito de medida de segurança; **D:** incorreta. Ainda que sucinto, o relatório deverá conter todas as teses desenvolvidas pelas partes, acusação e defesa, sob pena de nulidade. Sucede que o relatório, requisito formal da sentença, é dispensável nas sentenças proferidas no âmbito dos Juizados Especiais, conforme expressa previsão do art. 81, § 3º, da Lei 9.099/1995; **E:** proposição, a nosso ver, correta, visto que em conformidade com o teor do art. 65 do CPP.

Gabarito "C".

16. NULIDADES

(Analista – STF – 2013 – CESPE) A respeito de nulidade, julgue o item seguinte.

(1) O tribunal *ad quem* não poderá reconhecer de ofício a nulidade da sentença absolutória de primeiro grau proferida por juiz incompetente, contra a qual tenha o Ministério Público interposto recurso, sem, no entanto, alegar o vício de incompetência absoluta.

1: correta, já que em conformidade com o entendimento firmado na Súmula 160 do STF. Conferir: "*Habeas corpus*. Paciente absolvido em primeira instância. Preliminar de incompetência, não suscitada na apelação do ministério público, acolhida de ofício pelo tribunal, por tratar-se de nulidade absoluta. Alegação de que a sentença absolutória transitou em j. tudo aquilo que não foi objeto do recurso do parquet. Pretensão de aplicação da súmula 160/STF, com a manutenção da absolvição diante da impossibilidade de haver nova decisão mais gravosa ao réu. O Tribunal, ao julgar apelação do Ministério Público contra sentença absolutória, não pode acolher nulidade – ainda que absoluta -, não veiculada no recurso da acusação. Interpretação da Súmula 160/STF que não faz distinção entre nulidade absoluta e relativa. Os atos praticados por órgão jurisdicional constitucionalmente incompetente são atos nulos e não inexistentes, já que proferidos por juiz regularmente investido de jurisdição, que, como se sabe, é una. Assim, a nulidade decorrente de sentença prolatada com vício de incompetência de juízo precisa ser declarada e, embora não possua o alcance das decisões válidas, pode produzir efeitos. Precedentes. A incorporação do princípio do *ne bis in idem* ao ordenamento jurídico pátrio, ainda que sem o caráter de preceito constitucional, vem, na realidade, complementar o rol dos direitos e garantias individuais já previstos pela Constituição Federal, cuja interpretação sistemática leva à conclusão de que a Lei Maior impõe a prevalência do direito à liberdade em detrimento do dever de acusar. Nesse contexto, princípios como o do devido processo legal e o do juízo natural somente podem ser invocados em favor do réu e nunca em seu prejuízo. Por isso, estando o Tribunal, quando do julgamento da apelação, adstrito ao exame da matéria impugnada pelo recorrente, não pode invocar questão prejudicial ao réu não veiculada no referido recurso, ainda que se trate de nulidade absoluta, decorrente da incompetência do juízo. *Habeas corpus* deferido em parte para que, afastada a incompetência, seja julgada a apelação em seu mérito" (HC 80263, ILMAR GALVÃO, STF).

Gabarito 1C

(Ministério Público/TO – 2012 – CESPE) Assinale a opção correta no que se refere às nulidades no processo penal.

(A) De acordo com a CF, o juiz, sob pena de nulidade, deverá motivar o despacho que receba a denúncia, porquanto sua decisão, nessa fase preliminar da ação penal, reveste-se de conteúdo decisório.

(B) A competência determinada pelo lugar em que se consumar a infração penal é relativa, devendo ser arguida em tempo oportuno, sob pena de preclusão.

(C) Tanto a nulidade absoluta quanto a relativa podem ser reconhecidas de ofício, independentemente de requerimento das partes, já que o ato eivado de vício não se convalida no processo e não há prazo para alegá-lo.

(D) A citação de réu preso no distrito da culpa realizada por requisição, caracterizada como mera irregularidade, supre a citação por mandado, desde que convalidada na primeira oportunidade de comparecimento do réu em juízo.

(E) As nulidades da instrução criminal dos processos comuns deverão ser arguidas ao final da audiência de inquirição das testemunhas, ou, de imediato, tão logo ocorram, sob pena de preclusão.

A: incorreta – segundo jurisprudência majoritária, o pronunciamento judicial que analisa a viabilidade da peça acusatória, denúncia ou queixa, deve ser classificado como *despacho*, razão por que não se impõe qualquer forma de motivação. Registre-se que parte significativa da doutrina se insurge contra esse posicionamento, visto que o ato de recebimento da acusação contém evidente carga decisória. É importante que se diga que vários julgados do STJ entendem que a decisão de recebimento da denúncia ou da queixa há de ser fundamentado; **B:** correta – o art. 70 do CPP estabelece que será competente o juízo do lugar onde ocorreu a consumação do crime, ou, na hipótese de delito tentado, no local em que se deu o derradeiro ato de execução. O desrespeito à regra estampada neste dispositivo acarreta *nulidade relativa*, que poderá, portanto, ser sanada; acarretará *nulidade absoluta*, de outro lado, a violação a regra que cuida da competência em razão da matéria e atinente ao foro por prerrogativa de função (art. 564, I, do CPP); **C:** incorreta – somente a nulidade absoluta pode ser reconhecida pelo juiz de ofício; o reconhecimento da nulidade relativa está condicionado à iniciativa da parte, que deverá provar o prejuízo experimentado; **D:** incorreta – o Código de Processo Penal, no seu art. 360, determina que o réu preso seja citado pessoalmente (por mandado); **E:** incorreta – art. 571, II, do CPP.

Gabarito "B"

(Procurador Federal – 2010 – CESPE) Com base no CPP, julgue os itens a seguir, acerca das nulidades.

(1) A incompetência do juízo anula somente os atos decisórios, devendo o processo, quando for declarada a nulidade, ser remetido ao juiz competente.

(2) Nenhum ato deve ser declarado nulo se, da nulidade, não resultar prejuízo para a acusação ou a defesa.

(3) A nulidade por ilegitimidade do representante da parte não pode ser sanada mediante ratificação dos atos processuais, sendo necessária a renovação dos atos processuais realizados pelo representante ilegítimo.

1: correta – art. 567 do CPP; **2:** correta – art. 563 do CPP; **3:** incorreta – art. 568 do CPP.

Gabarito 1C, 2C, 3E

(Analista – TRE/BA – 2010 – CESPE) Com relação às nulidades e aos atos processuais, julgue o item seguinte.

(1) A sentença que concede perdão judicial é denominada pela doutrina de sentença suicida.

1: incorreta – Na verdade, sentença suicida é a denominação conferida às sentenças cujo dispositivo não está em conformidade com as razões apresentadas na fundamentação. A proposição, dessa forma, está incorreta.

Gabarito 1E

17. RECURSOS

(Juiz de Direito - TJ/BA - 2019 - CESPE/CEBRASPE) Assinale a opção correta, acerca de recursos no processo penal.

(A) Em razão do princípio da voluntariedade, havendo conflito entre a manifestação do acusado e a de seu defensor a respeito da interposição de recurso, deverá prevalecer a vontade do réu.

(B) Em caso de inércia do MP, o assistente de acusação não terá legitimidade para interpor recurso de apelação.

(C) Em razão do princípio da voluntariedade dos recursos, o defensor dativo regularmente intimado não estará obrigado a recorrer.

(D) O termo inicial para a interposição de recurso pelo MP é a data de prolação da sentença em audiência em que haja promotor de justiça presente.

A: incorreta. Neste caso, deve-se processar o recurso interposto pelo defensor, em obediência ao entendimento firmado na Súmula 705, do STF: "A renúncia do réu ao direito de apelação, manifestada sem a assistência de defensor, não impede o conhecimento da apelação por este interposta"; **B:** incorreta. Conferir: "Embora o assistente de acusação receba o processo no estado em que se encontra, o fato de o órgão ministerial não haver recorrido da decisão que absolveu o recorrente não impede a que o ofendido o faça, ainda que não esteja habilitado nos autos." (STJ, RHC 85.526/DF, Rel. Ministro JORGE MUSSI, QUINTA TURMA, julgado em 26/02/2019, DJe 08/03/2019); **C:** correta. Nesse sentido: "Defensor dativo e o réu intimados pessoalmente da sentença condenatória e não manifestaram a pretensão de recorrer. Aplicação da regra processual da voluntariedade dos recursos, insculpida no art. 574, *caput*, do Código de Processo Penal, segundo a qual não está obrigado o defensor público ou dativo, devidamente intimado, a recorrer." (HC 121.050/SP, Rel. Ministro OG FERNANDES, SEXTA TURMA, julgado em 27/11/2012, DJe 08/02/2013); **D:** incorreta. A intimação do MP, ainda que realizada em audiência, somente se aperfeiçoará com o ingresso dos autos na Secretaria Administrativa da Instituição, data a partir da qual terá início a contagem de prazo. Nesse sentido: "1. No julgamento do REsp 1.349.935/SE, submetido ao rito dos recursos repetitivos, a 3ª Seção deste Superior Tribunal de Justiça firmou o entendimento de que o termo inicial da contagem do prazo para impugnar decisão judicial é, para o Ministério Público, a data da entrega dos autos na repartição administrativa do órgão, sendo irrelevante que a intimação pessoal tenha se dado em audiência, em cartório ou por mandado" (AgRg no AREsp 1460381/BA, Rel. Ministro JORGE MUSSI, QUINTA TURMA, julgado em 19/09/2019, DJe 30/09/2019). ED

Gabarito "C"

(Juiz – TJ/CE – 2018 – CESPE) A interposição de recurso em sentido estrito é cabível

(A) contra decisão que receber a denúncia ou a queixa ou afirmar a incompetência do juízo.

(B) contra decisão do tribunal do júri quando ocorrer nulidade posterior à pronúncia.

(C) apenas nas hipóteses taxativamente enunciadas na lei processual penal e, excepcionalmente, em leis especiais.

(D) nas hipóteses de absolvição sumária do réu.

(E) contra decisão que julgar procedentes as exceções, salvo a de litispendência.

A: incorreta, uma vez que não cabe recurso contra a decisão que recebe a denúncia ou queixa. É possível, neste caso, em tese, impetrar HC. Cabe RESE, isto sim, em face da decisão que rejeita a denúncia ou queixa (art. 581, I, CPP); **B:** incorreta, já que se trata de hipótese de interposição de apelação, nos termos do art. 593, III, *a*, do CPP; **C:**

correta. Segundo entendimento pacífico da doutrina e da jurisprudência, o rol de hipóteses de cabimento do recurso em sentido estrito é taxativo. Conferir: "O artigo 581, do Código de Processo Penal, apresenta rol taxativo, razão pela qual é vedada a interposição de recurso em sentido estrito quando a lei não a prevê para dada situação concreta" (STJ, AgRg no AREsp 1122396/MG, Rel. Ministro Nefi Cordeiro, Sexta Turma, julgado em 24.04.2018, DJe 11.05.2018); **D:** incorreta. Com o advento da Lei 11.689/2008, que modificou os arts. 416 e 581, IV e VI, do CPP, a decisão de *impronúncia* e *absolvição sumária*, que antes comportava *recurso em sentido estrito*, passou a ser combatida por meio de *recurso de apelação*. A pronúncia, por sua vez, continua a ser impugnada por meio de *recurso em sentido estrito*, nos termos do art. 581, IV, do CPP; **E:** incorreta. Caberá recurso em sentido estrito, nos termos do art. 581, III, do CPP, contra a decisão que julgar procedentes as exceções, salvo a de *suspeição*, e não a de *litispendência*, tal como constou na assertiva.

Gabarito "C"

(Juiz – TRF5 – 2017 – CESPE) O recurso cabível da decisão que revoga medida cautelar diversa da prisão é

(A) o agravo de instrumento.
(B) a carta testemunhável.
(C) o agravo interno.
(D) a apelação.
(E) o recurso em sentido estrito.

Embora a hipótese em questão não esteja contemplada no rol do art. 581 do CPP, o STJ entende que, por interpretação extensiva ao art. 581, V, do CPP, é possível a interposição de recurso em sentido estrito para o fim de desafiar decisão que revoga medida cautelar diversa a prisão. Nesse sentido, conferir: "1. As hipóteses de cabimento de recurso em sentido estrito, trazidas no art. 581 do Código de Processo Penal e em legislação especial, são exaustivas, admitindo a interpretação extensiva, mas não a analógica. 2. O ato de revogar prisão preventiva, previsto expressamente no inciso V, é similar ao ato de revogar medida cautelar diversa da prisão, o que permite a interpretação extensiva do artigo e, consequentemente, o manejo do recurso em sentido estrito" (STJ, REsp 1628262/RS, Rel. Ministro Sebastião Reis Júnior, Sexta Turma, julgado em 13.12.2016, DJe 19.12.2016).

Gabarito "E"

(Defensor Público/PE – 2018 – CESPE) Assinale a opção que apresenta a medida judicial cabível contra a decisão que, reconhecendo a ilegitimidade do Ministério Público para ajuizar a ação penal, deixa de receber a denúncia e extingue a punibilidade em face da decadência.

(A) correição parcial
(B) apelação
(C) carta testemunhável
(D) recurso em sentido estrito
(E) recurso de ofício

O recurso a ser manejado em face da decisão que deixa de receber a denúncia é o do art. 581, I, do CPP (recurso em sentido estrito).

Gabarito "D"

(Defensor Público/AC – 2017 – CESPE) Após a tempestiva interposição pelo réu de recurso de apelação, por termo nos autos, contra sentença condenatória por crime de estelionato, procedeu-se ao oferecimento das razões do recurso fora do prazo estipulado no CPP.

Em decorrência do ocorrido nessa situação hipotética, a atitude a ser tomada será

(A) o não conhecimento, por deserção, da apelação pelo tribunal.
(B) o não conhecimento da apelação pelo tribunal em razão da extemporaneidade.
(C) o conhecimento da apelação pelo tribunal, pois a apresentação extemporânea das razões constitui mera irregularidade.
(D) o conhecimento da apelação pelo tribunal, bem como a abertura de prazo em dobro para o oferecimento de contrarrazões.
(E) o não recebimento da apelação pelo juízo de admissibilidade.

Conferir: "A tempestividade do recurso de apelação é verificada na interposição, conforme prazo do art. 593 do CPP. Caso o recurso de apelação tenha sido interposto sem apresentação das razões, a juntada destas fora do referido prazo é mera irregularidade" (STJ, AgRg no AREsp 1001053/SP, Rel. Ministro Joel Ilan Paciornik, Quinta Turma, julgado em 07.06.2018, DJe 20.06.2018).

Gabarito "C"

(Juiz de Direito/DF – 2016 – CESPE) Acerca de recursos, à luz das previsões legais, assinale a opção correta.

(A) A desistência do recurso de apelação requerida pelo MP só será homologada caso haja concordância da parte recorrida, antes do trânsito em julgado do resultado do recurso.
(B) O MP, como titular da ação penal pública, tem legitimidade para interpor recurso de apelação no prazo de cinco dias, quando o juiz de primeiro grau julgar a prescrição de determinado crime.
(C) A revisão criminal poderá ser requerida a qualquer momento, inclusive depois de extinta a pena em decorrência de seu cumprimento.
(D) O prazo do recurso de reclamação é de cinco dias, contado da data de ciência do ato, sendo vedado o pedido de reconsideração.
(E) No caso de concurso de agentes, a decisão favorável ao recurso interposto por um dos réus, que vise à redução de prazo prescricional pela metade, a despeito da comprovação, nos autos, de que o recorrente tinha dezoito anos de idade na data do fato, deverá estender seus efeitos ao outro réu, maior de dezoito anos, ainda que ele não tenha recorrido.

A: incorreta. À luz do princípio da indisponibilidade, é defeso ao Ministério Público desistir da ação penal proposta (CPP, art. 42) e do recurso interposto (CPP, art. 576); **B:** incorreta (art. 581, VIII, do CPP); **C:** correta. Transitada em julgado a sentença penal condenatória, a revisão pode ser requerida a qualquer tempo, antes ou depois de extinta a pena (art. 622, *caput*, do CPP); **D:** incorreta. A *reclamação* não constitui recurso. Cuida-se, na verdade, de instrumento de impugnação destinado a assegurar que decisões tomadas por tribunais superiores sejam acatadas. Vejamos o exemplo da Súmula Vinculante: se o ato administrativo ou decisão judicial contrair o seu teor, caberá *reclamação* ao STF (art. 103-A, § 3º, da CF); **E:** incorreta, pois contraria o disposto no art. 580 do CPP, que estabelece que, no concurso de agentes, a decisão favorável ao recurso interposto por um dos réus somente aproveitará aos demais se não se fundar em motivo de caráter exclusivamente pessoal, como é o caso da redução do prazo prescricional como decorrência da idade do corréu beneficiado.

Gabarito "C"

(Procurador do Estado – PGE/BA – CESPE – 2014) Julgue o item subsequente, no que se refere aos recursos no processo penal brasileiro.

(1) Contra a decisão que recebe a denúncia cabe recurso em sentido estrito.

1: incorreta. É que da decisão que recebe a denúncia ou queixa não cabe qualquer recurso. Cabe, isto sim, da decisão que a rejeita (não recebe), na forma do art. 581, I, CPP. Registre-se que, no caso de recebimento da inicial, é possível, no entanto, a impetração de *habeas corpus*.

Gabarito 1E

(Cartório/PI – 2013 – CESPE) Com relação aos recursos em processo penal e ao *habeas corpus*, assinale a opção correta.

(A) O recurso *ex officio* viola o princípio da inércia, não tendo sido previsto na CF.
(B) A fuga do réu implica o reconhecimento da deserção e a consequente extinção do recurso sem analise do mérito.
(C) Pela Teoria Brasileira do *Habeas Corpus* o remédio constitucional do *habeas corpus* e utilizado sempre que o indivíduo sofrer ou se achar em iminente perigo de sofrer violência, ou coação, por ilegalidade ou abuso de poder.
(D) É vedada a conversão de *habeas corpus* impetrado como preventivo em liberatório, em face da sua natureza jurídica.
(E) Contra a decisão do juiz da execução penal que indeferiu pedido de remição penal cabe apelação.

A: incorreta. Há quem pense que o recurso de ofício viola o art. 129, I, da CF, que atribui exclusividade ao MP para o exercício da ação penal pública. Na verdade, o chamado recurso de ofício muito pouco ou nada tem de recurso. Isso porque não se reveste da característica fundamental dos recursos, que é a *voluntariedade*, que significa que as partes somente recorrerão se quiserem, se assim desejarem. Trata-se, isto sim, numa concepção mais moderna, da obrigação imposta ao juiz de, em determinados casos previstos em lei, submeter sua decisão ao exame da superior instância. Tal providência não retira esta característica fundamental dos recursos, que é a *voluntariedade* (art. 574 do CPP). Assim, não sendo recurso, não há que se falar em violação ao princípio da inércia; **B:** incorreta, na medida em que, em face da revogação do art. 594 pela Lei de Reforma 11.719/2008, a fuga do réu não mais pode implicar a extinção do recurso sem análise do mérito (deserção). Também nesse sentido a Súmula 347, STJ: "O conhecimento de recurso de apelação do réu independe de sua prisão"; **C:** correta (art. 5º, LXVIII, da CF; art. 647 do CPP); **D:** incorreta, pois nada obsta que se converta o *habeas corpus* preventivo em liberatório; **E:** incorreta, dado que da decisão que indefere o pedido de remição cabe agravo em execução (art. 197, LEP).

Gabarito "C"

(Cartório/RR – 2013 – CESPE) A respeito dos recursos cabíveis no processo penal brasileiro, assinale a opção correta.

(A) O efeito extensivo do recurso implica o direito de o condenado apelar por sua absolvição com fundamento em julgamento de caso análogo ao seu, desde que tenha havido absolvição pelo delito da mesma espécie.

(B) Caberá recurso em sentido estrito da decisão que conceder, negar, revogar ou cassar liberdade provisória, com ou sem fiança.

(C) O recurso da pronúncia suspende o julgamento e a ordem de prisão decretada.

(D) A lei não admite que o MP desista de recurso de apelação que tenha interposto contra a sentença, mas admite que o sentenciado o faça, desde que assistido por seu defensor.

(E) O sentenciado não pode recorrer contra sentença absolutória por lhe faltar interesse de agir.

A: incorreta. O chamado efeito *extensivo* diz respeito à ampliação do alcance do recurso ao corréu que, embora não haja recorrido, também foi beneficiado pelo resultado do recurso interposto por outro corréu. Em outras palavras, o corréu que não recorreu será beneficiado por recurso que não haja interposto. É o que se extrai do art. 580 do CPP; **B:** embora caiba recurso em sentido estrito da decisão que concede liberdade provisória (art. art. 581, VI, do CPP), o mesmo não se pode dizer em relação à decisão que nega, ao indiciado/acusado, pedido de liberdade provisória, contra a qual deve ser impetrada ação de *habeas corpus*; **C:** incorreta, na medida em que a interposição de recurso contra a decisão de pronúncia terá tão somente o efeito de suspender o julgamento (art. 584, § 2º, do CPP); o mesmo, todavia, não se pode dizer sobre a prisão preventiva, que, desde que necessária ao processo, deve ser mantida; **D:** correta. É certo que ao MP não é dado desistir do recurso que haja interposto (art. 576, CPP). O réu, no entanto, poderá fazê-lo. Conferir o teor da Súmula nº 705, "a renúncia do réu ao direito de apelação, manifestada sem a assistência do defensor, não impede o conhecimento da apelação por este interposta"; **E:** incorreta, já que o réu tem interesse de apelar da sentença absolutória imprópria; além dela, poderá o réu apelar, por exemplo, da sentença que o absolveu por falta de provas, desejando, no recurso, que seja reconhecida a negativa de autoria, o que elidirá sua responsabilidade na esfera civil.

Gabarito "D"

(Magistratura/BA – 2012 – CESPE) Assinale a opção correta no que se refere aos recursos em geral, ao *habeas corpus* e a seu processo.

(A) Tratando-se de decisão que vulnere direito fundamental, é cabível *habeas corpus* em processo em curso por infração penal a que a pena pecuniária seja a única cominada.

(B) O magistrado, antes de determinar, no prazo de dois dias, o envio do recurso de apelação, deve realizar juízo de retratação.

(C) Em observância ao princípio da ampla defesa, o defensor público, intimado de decisão desfavorável ao réu, deve recorrer dessa decisão no prazo legal.

(D) O tribunal, câmara ou turma, no julgamento das apelações, não pode proceder à produção de provas nem a novo interrogatório do réu.

(E) O órgão julgador de segunda instância não pode reconhecer, de ofício, nulidade não invocada no recurso da acusação, ainda que de caráter absoluto, em desfavor do réu.

A: incorreta – em vista do que dispõe a Súmula nº 695 do STF, não cabe, neste caso, ação de *habeas corpus*; **B:** incorreta – não há que se falar em juízo de retratação na apelação (efeito regressivo); **C:** incorreta – o defensor público, intimado de decisão desfavorável ao réu, não é obrigado a recorrer, visto que goza de independência funcional (art. 3º da LC 80/94). Nesse sentido: STJ, HC 38.331-RJ, rel. Min. Arnaldo Esteves Lima, *DJ* de 22.08.05; **D:** incorreta, pois não corresponde ao que estabelece o art. 616 do CPP; **E:** a redação da assertiva está em consonância com a Súmula 160 do STF.

Gabarito "E"

(Magistratura/CE – 2012 – CESPE) Acerca de recursos, ações autônomas e nulidades no processo penal, assinale a opção correta.

(A) As nulidades não reconhecidas em sentença condenatória, protegidas pelo advento da coisa julgada, não podem ser objeto de *habeas corpus*.

(B) Cabe recurso em sentido estrito de decisão que, embora admita o recurso, obste sua expedição e seu seguimento para o juízo *ad quem*.

(C) É cabível embargo infringente quando o tribunal proferir decisão que, sendo desfavorável ao réu, reforme decisão de primeiro grau que lhe tenha sido favorável.

(D) De acordo com o princípio do prejuízo, nenhuma das partes pode arguir nulidade a que tenha dado causa ou para a qual tenha concorrido.

(E) Na hipótese de o MP não apelar no prazo legal, o ofendido poderá interpor apelação em até quinze dias, ainda que não se tenha habilitado como assistente.

A: proposição incorreta. Nesse sentido, conferir: STF, HC 91.650-RJ, 2ª T., rel. Min. Cezar Peluso, j 01.04.08; **B:** a assertiva descreve hipótese em que tem cabimento a *carta testemunhável* (art. 639, CPP), a ser utilizada para provocar o processamento de um recurso que teve o seu trâmite obstado, de forma indevida, pelo magistrado. Cuidado: por força do disposto no art. 581, XV, do CPP, o não recebimento da *apelação* comporta a interposição de *recurso em sentido estrito*, o que, de plano, afasta a incidência da carta testemunhável; **C:** os embargos infringentes, recurso exclusivo da defesa, somente podem ser opostos quando a decisão desfavorável ao réu, em segunda instância, não for unânime – art. 609, parágrafo único, CPP; **D:** em se tratando de *nulidade relativa*, em que o prejuízo não é presumido, é necessário, para se decretar a nulidade do ato, verificar se o mesmo gerou prejuízo. É o *princípio do prejuízo*, consagrado no art. 563 do CPP. A assertiva se refere ao art. 565, CPP; **E:** correta, nos termos do art. 598, CPP.

Gabarito "E"

(Magistratura/ES – 2011 – CESPE) Assinale a opção correta acerca do recurso em sentido estrito.

(A) Contra a decisão do juízo monocrático que rejeite a exceção de incompetência cabe recurso em sentido estrito, não podendo, assim, a decisão ser confrontada por meio de *habeas corpus*, que não é instrumento substitutivo de recurso.

(B) Não se admite interpretação extensiva ou analógica às hipóteses de cabimento de recurso em sentido estrito, ainda que a situação a que se busca enquadrá-la tenha similitude com as hipóteses descritas taxativamente no Código de Processo Penal.

(C) Segundo a jurisprudência dos tribunais superiores, ainda que a defesa esteja sendo patrocinada por advogado constituído, a intimação para o julgamento do recurso em sentido estrito deve ser feita pessoalmente.

(D) Assim como ocorre no recurso de apelação criminal, o recurso em sentido estrito tem efeito devolutivo amplo, na medida em que sua análise pelo órgão recursal competente não se restringe aos temas debatidos no primeiro grau de jurisdição.

A: esta decisão não comporta a interposição de recurso em sentido estrito. Poderá o réu, todavia, valer-se de "habeas corpus", desde que se trate de ilegalidade patente; **B:** o rol do art. 581, embora taxativo, admite a interpretação extensiva para a inclusão de novas hipóteses. Exemplo disso é a possibilidade, admitida pela jurisprudência, de a decisão que rejeita o aditamento da denúncia ser combatida por recurso em sentido estrito (art. 581, I, CPP); **C:** a intimação pessoal, neste caso, somente se imporá ao defensor público e ao dativo; **D:** assertiva correta. O recurso em sentido estrito, a exemplo dos demais recursos, transfere para a instância superior o conhecimento de toda a matéria debatida pelas partes (efeito devolutivo). Registre-se que o RESE, além do efeito devolutivo, tem também o chamado efeito regressivo, que permite ao juiz o reexame da decisão combatida (art. 589, CPP). Excepcionalmente, o RESE terá efeito suspensivo (art. 584, CPP).

Gabarito "D"

Analista – TJ/ES – 2011 – CESPE) Acerca de nulidades e recursos, julgue o item subsecutivo.

(1) Caberá recurso em sentido estrito contra a sentença que pronunciar o réu e recurso de apelação contra a sentença que o impronuncie.

1: correta – arts. 581, IV, e 416 do CPP

Gabarito 1C

18. HABEAS CORPUS, MANDADO DE SEGURANÇA E REVISÃO CRIMINAL

(Defensor Público/AC – 2017 – CESPE) É cabível *habeas corpus*

(A) contra decisão que condene, unicamente, a pena pecuniária.

(B) contra decisão que tenha indeferido liminar em outro *habeas corpus*.

(C) caso se busque o reconhecimento da decadência.

(D) quando já extinta a pena privativa de liberdade.

A: incorreta. Tendo em conta que o *habeas corpus* é medida autônoma de impugnação de índole constitucional específica para tutelar o direito de locomoção, não havendo risco direto ou reflexo de perda desse direito, não é possível a utilização do remédio. É o entendimento presente na Súmula 693, STF: "Não cabe *habeas corpus* contra decisão condenatória a pena de multa, ou relativo a processo em curso por infração penal a que a pena pecuniária seja a única cominada"; **B:** incorreta, nos termos da Súmula 606 do STF; **C:** correta, pois reflete o que estabelecem os arts. 648, VII, do CPP, e 107, IV, do CP; **D:** incorreta, uma vez que contraria o entendimento consolidado na Súmula 695, do STF.

Gabarito "C"

(Juiz de Direito/AM – 2016 – CESPE) O tribunal do júri condenou à pena de sete anos de reclusão em regime fechado réu acusado da prática de homicídio simples. Em apelação, o tribunal de justiça negou provimento ao recurso apresentado pela defesa. A condenação transitou em julgado. Ainda inconformado, o condenado pediu o ajuizamento de revisão criminal em seu favor, requerendo sua absolvição, sob o argumento de que a sentença condenatória contrariou a evidência dos autos.

Com base na lei processual penal e na jurisprudência dominante dos tribunais superiores, assinale a opção correta acerca da situação hipotética apresentada e de aspectos a ela relacionados.

(A) Se o acórdão da revisão criminal reconhecer que a sentença condenatória foi contrária à evidência dos autos, deverá ser realizado novo julgamento do condenado pelo tribunal do júri.

(B) Nos processos oriundos do tribunal do júri, não é admitida revisão criminal com fundamento na contrariedade da sentença à evidência dos autos, uma vez que os jurados decidem conforme suas consciências.

(C) Em respeito ao princípio constitucional da soberania dos veredictos, decisão na referida revisão criminal não poderá absolver o condenado: a absolvição contrariaria a decisão dos jurados.

(D) Eventual decisão favorável na referida revisão criminal poderá apenas reduzir a pena aplicada e alterar o regime inicial de seu cumprimento, que são aspectos definidos pelo juiz na sentença.

(E) O acórdão na referida revisão criminal poderá alterar a decisão dos jurados e determinar a absolvição do condenado caso a sentença condenatória tenha sido, de fato, contrária à evidência dos autos.

O art. 621, I, segunda parte, do CPP estabelece que terá lugar a revisão criminal se a decisão condenatória contiver erro evidente do juiz na apreciação da prova. Neste caso, a sentença não encontra ressonância nas provas coligidas nos autos. Em outras palavras, a sentença desconsidera, repudia as provas produzidas. Poderá o tribunal *a quo*, em casos assim, proceder à absolvição do condenado, ainda que a condenação tenha sido proferida pelo Tribunal do Júri. Isso porque prevalece o entendimento segundo o qual a soberania dos veredictos não é mitigada na hipótese de procedência do pedido revisional. Prevalece, neste caso, o princípio da dignidade da pessoa humana. Na jurisprudência: *I. Transitada em julgado a sentença condenatória, proferida com fundamento em decisão do Tribunal do Júri, o Tribunal a quo julgou procedente a Revisão Criminal, ajuizada pela defesa, absolvendo, desde logo, o réu, por ocorrência de erro judiciário, em face de contrariedade à prova dos autos, bem como pela existência de novas provas de sua inocência, a teor dos arts. 621, I e III, e 626 do CPP (...) V. Uma vez que o Tribunal de origem admitiu o erro judiciário, não por nulidade no processo, mas em face de contrariedade à prova dos autos e de existência de provas da inocência do réu, não há ofensa à soberania do veredicto do Tribunal do Júri se, em juízo revisional, absolve-se, desde logo, o réu, desconstituindo-se a injusta condenação. Precedente da 6ª Turma do STJ. VI. "A obrigação do Poder Judiciário, em caso de erro grave, como uma condenação que contrarie manifestamente as provas dos autos, é reparar de imediato esse erro. Por essa razão é que a absolvição do ora paciente (e peticionário, na revisão criminal) é perfeitamente aceitável, segundo considerável corrente jurisprudencial e doutrinária"* (REsp 1304155/MT, Rel. Ministro SEBASTIÃO REIS JÚNIOR, Rel. p/ Acórdão Ministra ASSUSETE MAGALHÃES, SEXTA TURMA, julgado em 20.06.2013, *DJe* 01.07.2014)

Gabarito "E"

(Analista – Judiciário –TRE/PI – 2016 – CESPE) Considerando as disposições legais e jurisprudenciais sobre o *habeas corpus*, assinale a opção correta.

(A) Na qualidade de titulares de seus cargos, o delegado de polícia, o promotor de justiça e o juiz de direito podem impetrar *habeas corpus* em favor de terceiros.

(B) Conforme a lei e a jurisprudência, não se admite liminar em *habeas corpus*, ainda que presentes o *fumus boni iuris* e o *periculum in mora*.

(C) É inadmissível a reiteração de pedido de *habeas corpus*, ainda que haja novos fatos, não analisados no pedido anterior.

(D) É indispensável, sob pena de nulidade, a manifestação do Ministério Público no procedimento de *habeas corpus* impetrado perante juiz de direito.

(E) Qualquer pessoa, quer se trate de brasileiro, quer de estrangeiro não residente no país, pode impetrar *habeas corpus*, devendo o *writ* ser redigido em português.

A: incorreta. O juiz, embora possa conceder de ofício ordem de *habeas corpus*, não poderá, nessa qualidade, impetrar essa ação constitucional; o delegado de polícia, na qualidade de titular de seu cargo, também não poderá impetrar HC; já o Ministério Público, por expressa previsão contida no art. 654, *caput*, do CPP, poderá fazê-lo. Agora, desde que tal não se dê em razão do cargo, tanto o magistrado quanto a autoridade policial poderão impetrar *habeas corpus*; **B:** incorreta. Em que pese não haver expressa previsão legal a autorizar a concessão de liminar em *habeas corpus*, é pacífico na jurisprudência tal possibilidade, desde que a medida se revele urgente e estejam presentes o *fumus boni juris* e o *periculum in mora*; **C:** incorreta. A jurisprudência firmou entendimento no sentido de que somente é vedada a reiteração de pedido de *habeas corpus* se a segunda impetração vier desacompanhada de qualquer fato novo; **D:** incorreta. O fato é que não há previsão legal que imponha, em sede de *habeas corpus* que tramita em primeira instância, a intervenção do MP, que deverá, no entanto, ser intimado da decisão que conceder ou denegar a ordem; **E:** correta. De fato, a legitimidade ativa no HC é ampla, podendo impetrá-lo qualquer pessoa (art. 654, *caput*, do CPP), aqui incluídos o estrangeiro, o analfabeto, a pessoa jurídica, entre outros. Também é certo que a impetração há de ser redigida em língua portuguesa.

Gabarito "E"

(Promotor de Justiça/PI – 2014 – CESPE) Pedro, que estava preso preventivamente, foi condenado à pena de quinze anos de reclusão pela prática de roubo qualificado, tendo a sentença condenatória mantido sua prisão preventiva. Tendo Pedro apelado, e o tribunal de justiça do estado deu parcial provimento ao recurso, reduzindo o montante da pena privativa de liberdade à qual ele fora condenado. Pedro, então, interpôs recurso especial. Não tendo sido esse recurso admitido na origem, ele impetrou *habeas corpus*, alegando que não havia provas concretas da sua participação no evento criminoso e que a prisão preventiva havia sido decretada em razão da periculosidade abstrata do delito e do clamor público. Pedro é assaltante contumaz e esteve foragido durante parte da instrução. Considerando a situação hipotética acima apresentada, assinale a opção correta conforme a atual jurisprudência do STF a respeito de *habeas corpus*.

(A) Admite-se a utilização do *habeas corpus* para o reexame de pressupostos de admissibilidade de recursos.
(B) Em regra, o estabelecimento da pena-base acima do mínimo legal poder ser revisado em sede de *habeas corpus*, sob a alegação de que a pena é injusta.
(C) As circunstâncias concretas da prática do crime (*modus operandi*) e a fuga de Pedro durante parte da instrução criminal justificam a prisão cautelar para a garantia da ordem pública e salvaguarda da aplicação da lei penal.
(D) O *habeas corpus*, ação autônoma de impugnação, é admissível para aferir a exatidão da dosimetria da pena.
(E) O *habeas corpus* é meio hábil para a verificação da tese de negativa de autoria sustentada por Pedro.

A: incorreta. Conferir: "Agravo regimental. *Habeas corpus*. Cabimento. 1. O *habeas corpus* não pode ser utilizado para o reexame dos pressupostos de admissibilidade de recurso especial. 2. Tratando-se de crime doloso contra a vida, compete ao Tribunal do Júri decidir sobre a existência ou inexistência de circunstâncias qualificadoras, salvo se a imputação for manifestamente improcedente ou incabível. 3. Agravo regimental a que se nega provimento" (STF, HC-AgR 119.548, 1ª T., rel. Min. Roberto Barroso, j. 03.12.2013); **B:** incorreta. Conferir: "*Habeas corpus*. Penal. Processual penal. Pena-base acima do mínimo legal. Observância dos critérios previstos no artigo 59 do Código Penal, tendo em conta as circunstâncias objetivas e subjetivas. Reexame de prova. Impossibilidade. Fixação do regime inicial para cumprimento da pena: CP, art. 33, § 2º, *b*. Ordem denegada. I – Fixação da pena-base. Critérios. O art. 59 do Código Penal permite ao juiz a fixação da pena-base acima do mínimo legal, considerando-se a culpabilidade, a personalidade do agente, as circunstâncias e as consequências do crime. Precedentes: HC 75.983/SP, Redator para o acórdão Min. Nelson Jobim; HC 72.992/SP, Rel. Min. Celso de Mello; HC 73.097/MS, Rel. Min. Maurício Corrêa, *iter alia*. II – O estabelecimento da pena-base acima do mínimo legal, tendo em conta a s circunstâncias objetivas e subjetivas verificadas no processo, somente poderia ser revisado em sede de *habeas corpus* se demonstrada, de plano, a inidoneidade da motivação lançada na decisão penal condenatória. A tanto não equivale a alegação de injustiça ou de falta de razoabilidade, por implicar revolvimento de matéria fático-probatória, incabível no *writ*. III – Fixação do regime inicial semiaberto para o cumprimento da pena a paciente condenado a pena superior a 4 (quatro) anos de reclusão. Aplicação do disposto no art. 33, § 2º, *b*, do Código Penal. IV – Ordem de *habeas corpus* denegada" (STF, 2ª T., HC 115551, rel. Min. Ricardo Lewandowski, j. 03.09.2013); **C:** correta. Conferir: "*Habeas corpus*. Penal. Paciente denunciado pelos crimes de latrocínio tentado e roubo duplamente qualificado. Legitimidade dos fundamentos da prisão preventiva. Garantia da ordem pública. Periculosidade do agente. Réu foragido. Ausência de constrangimento ilegal. Ordem denegada. I – A prisão cautelar mostra-se suficientemente motivada para a preservação da ordem pública, tendo em vista a periculosidade do paciente, verificada pelo *modus operandi* mediante o qual foi praticado o delito. Precedentes. II – A circunstância de o paciente ter se evadido do distrito da culpa logo após a prática do fato delituoso que lhe é imputado mostra-se apta a justificar o decreto de prisão preventiva. Precedentes. III – Ordem denegada." (STF, 2ª T., HC 120.176, rel. Min. Ricardo Lewandowski, j.11.03.2014); **D:** incorreta. Conferir: "Penal. *Habeas corpus* substitutivo de recurso ordinário. Preliminar de não conhecimento. Ausência de situação teratológica a ensejar a substituição da ação autônoma de impugnação pelo recurso cabível. Crime de tráfico de drogas transnacional (art. 33 c/c 40, I, da Lei 11.343/2006). Dosimetria da pena. Pena-base fixada no mínimo legal. Causa especial de diminuição prevista no § 4º do art. 33 da Lei 11.343/2006. Motivação suficiente. Transnacionalidade. Ausência de *bis in idem*. Ausência de ilegalidade ou abuso de poder. Ordem denegada. 1. O *habeas corpus*, ação autônoma de impugnação, não é admissível como substitutivo do recurso próprio, *in casu*, o RHC, tampouco para aferir a exatidão da dosimetria da pena (...)" (STF, 1ª T., HC 99.266, rel. Min. Luiz Fux, j. 25.10.2011); **E:** incorreta. Conferir: "Penal e processual penal. *Habeas corpus*. Roubo qualificado (art. 157, § 2º, I, e II, do CP). Negativa de autoria. Análise de fatos e provas. Vedação. Ordem denegada. 1. A negativa de autoria do delito não é aferível na via do *writ*, cuja análise se encontra reservada aos processos de conhecimento, nos quais a dilação probatória tem espaço garantido (...)" (STF, 1ª T., **HC:** 118.474-SP, rel. Min. Luiz Fux, j. 1.03.2014).

Gabarito "C"

(Ministério Público/RO – 2010 – CESPE) Acerca dos recursos e das ações penais autônomas, assinale a opção correta.

(A) A soberania dos veredítos no tribunal do júri não é absoluta, pois se admite revisão criminal, ação na qual o réu que foi condenado pelo conselho de sentença poderá ser absolvido.
(B) De acordo com o CPP, têm legitimidade para promover a revisão criminal o próprio réu, seu procurador legal, membro do MP e, em caso de morte do réu, o cônjuge, ascendente, descendente ou irmão do condenado.
(C) A revisão criminal pode ser proposta a qualquer tempo, desde que não esteja extinta a punibilidade, hipótese em que não será possível a revisão por falta de interesse de agir.
(D) É pressuposto da revisão criminal o trânsito em julgado de uma sentença penal condenatória, sendo inadmissível nos casos de sentença penal absolutória, ainda que se aplique medida de segurança.
(E) De acordo com a Lei de Execuções Penais, das decisões proferidas pelo juiz das execuções caberá recurso de agravo no prazo de dez dias, com efeito suspensivo.

A: correta. Atualmente, prevalece na doutrina e na jurisprudência o entendimento segundo o qual a soberania dos veredictos, no Tribunal do Júri, não é absoluta, podendo a decisão do Conselho de Sentença ser modificada por meio da revisão criminal; **B:** incorreta. Os legitimados estão contemplados no art. 623 do CPP. A revisão constitui instrumento exclusivo da defesa, cujo objetivo é rescindir uma sentença condenatória com trânsito em julgado. O Ministério Público carece de legitimidade para ajuizá-la, ainda que em favor do acusado; **C:** incorreta. A teor do art. 622, *caput*, do CPP, a ação revisional pode ser requerida a qualquer tempo, antes ou depois de extinta a pena, ainda que falecido o sentenciado; **D:** incorreta. É admissível, sim, quando se tratar de sentença absolutória imprópria, que é aquela que impõe ao inimputável medida de segurança; **E:** o agravo em execução, previsto no art. 197 da LEP, não comporta, em regra, efeito suspensivo. Este recurso obedece ao rito estabelecido para o recurso em sentido estrito (arts. 582 a 592 do CPP), que tem como prazo para interposição *cinco* dias.

Gabarito "A"

(Defensor Público/RO – 2012 – CESPE) Em relação ao mandado de segurança, ao *habeas corpus* e aos recursos no processo penal, assinale a opção correta.

(A) No âmbito dos juizados especiais criminais, da decisão que rejeitar a denúncia ou a queixa, caberá, nos moldes das leis processuais gerais, recurso em sentido estrito.
(B) É cabível mandado de segurança contra decisão de magistrado que, em ação penal de natureza pública, tenha inadmitido assistente de acusação.
(C) O recurso de apelação se tornará deserto, não cabendo a sua apreciação pela instância superior, em face da não apresentação das razões de apelação no prazo legal.

(D) Considere que um réu, processado pela prática de dois crimes, seja condenado em um deles e, no outro, seja declarada a extinção da punibilidade. Nessa situação, caberá à acusação apelar em relação à condenação e interpor recurso em sentido estrito em relação à extinção da punibilidade.

(E) Admite-se a impetração de *habeas corpus* para discutir pena de multa, em face da possibilidade de sua conversão em pena privativa de liberdade.

A: incorreta. Da decisão, do juizado especial criminal, que rejeita a denúncia ou queixa caberá a interposição de recurso de *apelação* (art. 82 da Lei 9.099/1995); **B:** correta, pois, embora o art. 273 do CPP estabeleça que descabe recurso em face da decisão que não admitir o assistente, doutrina e jurisprudência pacíficas entendem que, dessa decisão, cabe a impetração de mandado de segurança; **C:** incorreta, já que o oferecimento das razões de apelação a destempo, conforme jurisprudência pacífica, não tem o condão de tornar este recurso intempestivo. Cuida-se, pois, de mera irregularidade; **D:** incorreta, já que ambas desafiam recurso de apelação – 593, I, do CPP; **E:** incorreta. Segundo a Súmula 693 do STF: "Não cabe *habeas corpus* contra decisão condenatória à pena de multa, ou relativo a processo em curso por infração penal a que a pena pecuniária seja a única cominada".

Gabarito "B".

19. LEI DE EXECUÇÃO PENAL

(Defensor Público/PE – 2018 – CESPE) João cumpria pena no regime semiaberto quando foi flagrado, por agentes penitenciários, com um aparelho de telefone celular em sua cela.

Considerando essa situação hipotética, assinale a opção correta à luz da jurisprudência dos tribunais superiores.

(A) O juízo da execução penal poderá decretar de plano a perda da integralidade dos dias remidos por trabalho realizado por João durante o cumprimento da pena.

(B) Embora a conduta de João seja tipificada como falta grave na legislação de execução penal, é dispensável a instauração de procedimento administrativo para apurar o fato.

(C) O prazo para a comutação da pena de João e indulto não será interrompido em razão da falta cometida.

(D) No caso de processo administrativo disciplinar, a oitiva de João poderá ser realizada independentemente do acompanhamento de advogado ou defensor público.

(E) O prazo de prescrição da falta praticada por João – portar telefone celular em sua cela – é de cinco anos.

A: incorreta. Em vista das alterações implementadas na LEP pela Lei 12.433/2011, estabeleceu-se, no caso de cometimento de falta grave, uma proporção máxima em relação à qual poderá se dar a perda dos dias remidos. Assim, diante da prática de falta grave, poderá o juiz, em vista da nova redação do art. 127 da LEP, revogar no máximo 1/3 do tempo remido, devendo a contagem recomeçar a partir da data da infração disciplinar. Antes disso, o condenado perdia os dias remidos na sua totalidade; **B:** incorreta, pois contraria o disposto no art. 59 da LEP, que impõe a instauração de procedimento disciplinar para a apuração da falta cometida pelo reeducando. Vide Súmula 533, do STJ; **C:** correta, na medida em que reflete o entendimento pacificado por meio da Súmula 535, do STJ; **D:** incorreta, pois não corresponde ao entendimento sufragado na Súmula 533, do STJ; **E:** incorreta. Conferir: "A jurisprudência desta Corte reconhece a aplicação, por analogia, do prazo prescricional do art.109, inciso VI, do Código Penal – CP às faltas graves praticadas no curso da execução penal. Desde a publicação da Lei n. 12.234, de 05.05.2010, o prazo para que a falta grave seja apurada em Processo Administrativo Disciplinar – PAD e homologada em Juízo é de 3 anos, a contar do cometimento da referida falta disciplinar. Precedentes. No caso em apreço, não tendo transcorrido 3 anos desde o cometimento da falta grave, não há que se falar em prescrição. Habeas corpus não conhecido" (HC 359.096/RS, Rel. Ministro Joel Ilan Paciornik, Quinta Turma, julgado em 16.08.2016, DJe 26.08.2016). Digno de registro é o fato de que este tema é objeto de divergência na doutrina e na jurisprudência. Guilherme de Souza Nucci ensina que, diante da omissão da LEP, deve ser considerado o que dispõe a Lei 8.112/1990, que disciplina o regime jurídico dos servidores públicos civis da União, das autarquias e das fundações públicas federais, que fixa o prazo de 180 dias. ED

Gabarito "C".

(Defensor Público/AL – 2017 – CESPE) No que diz respeito a trabalho do preso, assinale a opção correta.

(A) Compete à direção do estabelecimento prisional autorizar o trabalho externo.

(B) O preso político está obrigado ao trabalho na medida de suas aptidões e capacidade.

(C) O trabalho externo será admissível para os presos em regime semiaberto somente em serviço ou obras públicas.

(D) A Lei de Execução Penal veda a realização de trabalho interno ou externo ao preso provisório.

(E) O trabalho externo é vedado aos presos em regime fechado.

A: correta, pois reflete o que estabelece o art. 37, *caput*, da LEP; **B:** incorreta, pois contraria o disposto no art. 200 da LEP; **C:** incorreta (art. 36, *caput*, da LEP); **D:** incorreta, uma vez que contraria o disposto no art. 31, parágrafo único, da LEP; **E:** incorreta, pois não reflete o que estabelece o art. 36, *caput*, da LEP. ED

Gabarito "A".

(Defensor Público/AL – 2017 – CESPE) Constatada a inexistência de condições adequadas ao cumprimento de pena, por precariedade, superlotação e falta de estabelecimento prisional compatível, por exemplo, admite-se o deferimento, ao sentenciado, de

(A) remição penal como indenização decorrente das condições precárias ou degradantes a que tiver sido submetido.

(B) progressão de regime prisional *per saltum*, passando-se para um regime mais brando, caso falte vagas no regime intermediário.

(C) prisão domiciliar para qualquer dos regimes prisionais, mediante monitoração eletrônica.

(D) inserção no sistema penitenciário federal, se este oferecer condições dignas de cumprimento da reprimenda.

(E) saída antecipada no regime com falta de vagas, além do cumprimento de penas restritivas de direito.

A resposta a esta questão deve ser extraída da Súmula Vinculante 56 bem como do julgado a que ela faz referência: "A falta de estabelecimento penal adequado não autoriza a manutenção do condenado em regime prisional mais gravoso, devendo-se observar, nessa hipótese, os parâmetros fixados no RE 641.320/RS". ED

Gabarito "E".

(Defensor Público – DPE/RN – 2016 – CESPE) Conforme previsto na LEP, constitui incumbência da DP

(A) diligenciar a obtenção de recursos materiais e humanos para melhor assistência ao preso ou internado, em harmonia com a direção do estabelecimento.

(B) requerer a emissão anual do atestado de pena a cumprir.

(C) colaborar na fiscalização do cumprimento das condições da suspensão e do livramento condicional.

(D) fiscalizar a regularidade formal das guias de recolhimento e de internamento.

(E) contribuir na elaboração de planos nacionais de desenvolvimento, sugerindo as metas e prioridades da política criminal e penitenciária.

As atribuições da Defensoria Pública, no campo da execução penal, estão contempladas nos arts. 81-A e 81-B da LEP (Lei 7.210/1984). A alternativa "B" (correta) corresponde à incumbência prevista no art. 81-B, II, da LEP.

Gabarito "B".

(Defensor Público – DPE/RN – 2016 – CESPE) Acerca do trabalho do condenado e da remição, assinale a opção correta segundo a LEP e o entendimento do STJ.

(A) O STJ sedimentou o entendimento de que é vedado o trabalho extramuros ao condenado em regime fechado, mesmo mediante escolta.

(B) Aquele que estiver cumprindo pena privativa de liberdade ou que estiver preso provisoriamente será obrigado a trabalhar na medida de suas aptidões e capacidade.

(C) A decisão que concede a remição na execução penal tem caráter meramente declarativo. Assim, o abatimento dos dias trabalhados do restante da pena a cumprir fica subordinado a ausência de posterior punição pela prática de falta grave.

(D) A remição, cuja aplicação restringe-se exclusivamente ao trabalho interno, é uma recompensa àqueles que procedem corretamente e uma forma de abreviar o tempo de condenação, estimulando o próprio apenado a buscar atividades laborativas lícitas e educacionais durante o seu período de encarceramento.

(E) O condenado que executar tarefas como prestação de serviço à comunidade deverá ser remunerado mediante prévia tabela, não podendo sua remuneração ser inferior a um salário mínimo.

A: incorreta. A teor dos arts. 34, § 3º, do CP e 36, *caput*, da LEP (Lei 7.210/1984), o trabalho externo é permitido, sim, ao condenado que cumpre pena em regime fechado, desde que em serviço ou obras públicas; **B:** incorreta. Segundo o art. 31, parágrafo único, da LEP, *para o preso provisório, o trabalho não é obrigatório e só poderá ser executado no interior do estabelecimento*; **C:** correta. De fato, a decisão que concede a remição pelos dias trabalhados é meramente declaratória: o juiz declara remidos os dias de pena (art. 126, § 8º, da LEP); na hipótese de cometimento de falta grave, o condenado perderá até um terço do tempo remido (art. 127, LEP); **D:** incorreta. O STJ pacificou o entendimento segundo o qual é possível a remição pelo trabalho externo. Consultar: REsp 1381315/RJ, Rel. Ministro Rogerio Schietti Cruz, Terceira Seção, julgado em 13.05.2015, *DJe* 19.05.2015; **E:** incorreta, pois contraria o disposto no art. 30 da LEP: "As tarefas executadas como prestação de serviço à comunidade não serão remuneradas".

Gabarito "C".

(Juiz de Direito/AM – 2016 – CESPE) Condenado definitivamente pela justiça federal brasileira por crime de tráfico internacional de drogas e cumprindo pena, no regime fechado, em presídio estadual na cidade de Manaus – AM, Pablo, cidadão boliviano, após cumprir mais de dois terços da pena aplicada, pleiteou progressão ao regime aberto. Ele apresenta bom comportamento na prisão e não possui residência fixa no Brasil. O pedido foi indeferido pelo juiz da Vara de Execuções Penais da comarca de Manaus. Inconformado, Pablo, de próprio punho, impetrou *habeas corpus* no Tribunal de Justiça do Amazonas, pleiteando a reforma da decisão de primeiro grau e a obtenção da progressão ao regime aberto.

Nessa situação hipotética, de acordo com a jurisprudência dos tribunais superiores, deve-se

(A) denegar o *habeas corpus*, pois não é permitida a concessão de progressão de regime a estrangeiro que não comprovar residência fixa no Brasil.

(B) negar seguimento ao *habeas corpus*, pois a competência para o seu julgamento é do TRF da respectiva região, por se tratar de condenação por crime de tráfico internacional de drogas.

(C) negar seguimento ao *habeas corpus*, dada a existência na legislação de recurso próprio contra a decisão de indeferimento de progressão de regime, ou seja, o recurso em sentido estrito.

(D) denegar o *habeas corpus*, pois não é permitida a progressão *per saltum* no ordenamento jurídico nacional.

(E) negar seguimento ao *habeas corpus*, que não pode ser impetrado por estrangeiro em situação irregular no Brasil.

A: incorreta, dado que não se pode denegar a progressão de regime de cumprimento de pena a estrangeiro ao argumento de que o mesmo não tem, no Brasil, residência fixa. Na jurisprudência: "(...) I – A exclusão do estrangeiro do sistema progressivo de cumprimento de pena conflita com diversos princípios constitucionais, especialmente o da prevalência dos direitos humanos (art. 4º, II) e o da isonomia (art. 5º), que veda qualquer discriminação em razão da raça, cor, credo, religião, sexo, idade, origem e nacionalidade. Precedente. II – Ordem concedida para afastar a vedação de progressão de regime à paciente, remetendo-se os autos ao juízo da execução para que verifique a presença dos requisitos do art. 112 da LEP" (STF, HC 117878, Relator(a): Min. RICARDO LEWANDOWSKI, Segunda Turma, julgado em 19.11.2013, PROCESSO ELETRÔNICO *DJe*-237 DIVULG 02.12.2013 PUBLIC 03.12.2013); **B:** incorreta, pois contraria o entendimento firmado na Súmula 192, do STJ; **C:** incorreta. O recurso cabível contra a decisão de indeferimento de progressão de regime é o agravo em execução, previsto no art. 197 da LEP, e não o recurso em sentido estrito, cujas hipóteses estão listadas no art. 581 do CPP; **D:** correta, uma vez que corresponde ao entendimento firmado na Súmula 491, STJ, a seguir transcrita: "É inadmissível a chamada progressão *per saltum* de regime prisional"; **E:** incorreta, dado que nada obsta que o *habeas corpus* seja concedido em favor de estrangeiro. Conferir: "É inquestionável o direito de súditos estrangeiros ajuizarem, em causa própria, a ação de *habes corpus*, eis que esse remédio constitucional – por qualificar-se como verdadeira ação popular – pode ser utilizado por qualquer pessoa, independentemente da condição jurídica resultante de sua origem nacional (...)" (HC 72391 QO, Relator(a): Min. CELSO DE MELLO, Tribunal Pleno, julgado em 08.03.1995, *DJ* 17.03.1995).

Gabarito "D".

(Juiz de Direito/DF – 2016 – CESPE) Transitada em julgado a sentença penal condenatória, no caso de ser editada lei de natureza penal mais benéfica, competirá ao juiz da vara de execução penal

(A) devolver a carta de guia ao juízo de origem, a fim de que o juiz do processo de conhecimento aplique a pena mais benéfica ou remeta o feito diretamente ao tribunal local ou ao tribunal superior que porventura tenha aplicado, em grau de recurso, a condenação que até então vinha sendo executada.

(B) aplicá-la em benefício do condenado, independentemente de a condenação ter sido estabelecida pelo juízo singular, pelo tribunal ou pelos tribunais superiores.

(C) aplicá-la em benefício do condenado, salvo se a condenação tiver sido estabelecida pelo STF em ação penal originária, hipótese em que competirá aos ministros modificar seus julgados e ao juiz, remeter carta de guia ao ministro relator.

(D) aplicá-la em benefício do condenado, salvo se a condenação tiver sido aplicada pelo STJ, hipótese em que deverá remeter a carta de guia ao ministro relator.

(E) intimar o réu e seu defensor para lhes dar conhecimento da lei, a fim de que eles, se desejarem, ajuízem ação de revisão criminal, medida apta a desconstituir o título penal até então executado, dado o princípio da segurança das relações judiciais, conforme o qual a coisa julgada faz lei entre as partes.

A solução da questão deve ser extraída do art. 66, I, da LEP e da Súmula 611, do STF: *Transitada em julgado a sentença condenatória, compete ao juízo das execuções a aplicação de lei mais benigna*.

Gabarito "B".

(Promotor de Justiça/PI – 2014 – CESPE) Considerando a jurisprudência do STJ, assinale a opção correta conforme a Lei de Execução Penal.

(A) A concessão da progressão de regime prisional depende da satisfação dos requisitos objetivo – decurso do lapso temporal – e subjetivo – atestado de bom comportamento carcerário – e da existência de exame criminológico favorável ao sentenciado.

(B) A gravidade abstrata do delito praticado e a extensão da pena ainda a ser cumprida não são suficientes, por si sós, para fundamentar a exigência de realização de exame criminológico.

(C) A transferência para regime menos rigoroso poderá ser determinada pelo diretor do estabelecimento prisional se o preso tiver cumprido ao menos um sexto da pena no regime anterior e apresentar bom comportamento carcerário.

(D) A denominada progressão por salto é admitida desde que o condenado tenha cumprido tempo exigido para progredir para o regime aberto.

(E) O sentenciado tem que cumprir 2/3 da pena no regime em que se encontra antes que possa ser concedida a progressão para o regime subsequente.

A: incorreta. O exame criminológico não é obrigatório para o deferimento da progressão de regime, após as alterações promovidas pela Lei 10.792/2003 no art. 112 da LEP. Cabe, no entanto, ressaltar que, em determinados casos, desde que de forma fundamentada, poderá ser determinado pelo juízo da execução (Súmula Vinculante 26, STF; Súmula 439 do STJ); **B:** correta. Conferir: "*Habeas corpus*. Progressão de regime prisional. Progressão por salto. Impossibilidade. Lei 11.464/2007. Delito anterior à publicação da lei. Irretroatividade. Exame criminológico. Prescindibilidade. Ausência de fundamentação idônea. Aplicação do art. 112 da Lei de Execução Penal, com redação dada pela Lei 10.792/2003. 1. O entendimento desta Corte Superior de Justiça é no sentido de que devem ser respeitados os períodos de tempo a serem cumpridos em cada regime prisional, não sendo admitida a progressão "por salto". Nem o fato de paciente ter cumprido tempo suficiente autoriza a progressão direta do fechado para o aberto. 2. Se o paciente cometeu crime hediondo antes do advento da Lei 11.464/2007, deve ser mantida a exigência de cumprimento de 1/6 de pena para a concessão da progressão, nos termos do art. 112 da LEP. 3. O advento da Lei 10.792/2003 tornou prescindíveis os exames periciais antes exigidos para a concessão da progressão de regime prisional. São suficientes agora a satisfação dos requisitos objetivo (decurso do lapso temporal) e subjetivo (atestado de bom comportamento carcerário). 4. A gravidade abstrata do delito praticado e a longevidade da pena a cumprir, por si sós, não constituem fundamentação idônea a exigir a realização de exame criminológico. 5. Ordem parcialmente concedida com o intuito de determinar que se adote, na progressão de regime, os requisitos previstos no art. 112 da Lei de Execuções Penais, sem realização de exame criminológico" (HC 200902066212, Og Fernandes, STJ, Sexta T., *DJE* 10.05.2010); **C:** incorreta. A progressão a regime menos rigoroso somente poderá ser deferida pelo juiz (art. 112, *caput*, da LEP); **D:** incorreta. É inadmissível a chamada progressão *per saltum* de regime prisional (Súmula 491 do STJ); **E:** incorreta. A Súmula 471 do STJ assim estabelece: "os condenados por crimes hediondos ou assemelhados cometidos antes da vigência da Lei 11.464/2007 sujeitam-se ao disposto no art. 112 da Lei 7.210/1984 (Lei de Execução Penal) para a progressão de regime prisional". Por sua vez, dispõe o art. 112 da LEP que "a pena privativa de liberdade será executada em forma progressiva com a transferência a regime menos rigoroso, a ser determinada pelo juiz, quando o preso tiver cumprido ao menos um sexto da pena no regime anterior...". De outra banda, o § 2º do art. 2º da Lei 8.072/1990, com as alterações trazidas pela Lei 11.464/2007, prevê que "a progressão de regime, no caso dos condenados aos crimes previstos neste artigo, dar-se-á após o cumprimento de 2/5 (dois quintos) da pena, se o apenado for primário, e de 3/5 (três quintos), se reincidente". Como é de se notar, nenhum dos dispositivos menciona a fração de 2/3 como lapso exigido para a progressão. Atenção: com o advento da Lei 13.964/2019 (Pacote Anticrime), alterou-se a redação do art. 112 da LEP, com a inclusão de novas faixas de fração de cumprimento de pena a possibilitar a progressão do reeducando a regime menos rigoroso, aqui incluídos os crimes hediondos e equiparados.

Gabarito "B"

(Cartório/PI – 2013 – CESPE) Conforme a Lei n.º 7.210/1984, o preso em razão de sentença definitiva transitada em julgado poderá obter

(A) autorização para saída temporária do estabelecimento prisional, mediante escolta e autorização do diretor do presídio, para frequentar curso de noivos e participar da cerimônia civil de casamento, se estiver cumprindo pena em regime semiaberto.

(B) autorização para saída temporária do estabelecimento prisional, mediante escolta, para ir ao cartório assinar procuração outorgando poderes para seu representante legal, ainda que cumpra pena em regime fechado.

(C) permissão do diretor para sair do estabelecimento prisional, mediante escolta, em caso de falecimento ou doença grave de irmão, ainda que cumpra pena em regime fechado.

(D) permissão para sair do estabelecimento prisional, sem escolta, para tratamento médico, desde que autorizado pelo juiz, se estiver cumprindo pena em regime semiaberto.

(E) permissão para sair do estabelecimento, mediante escolta, para conhecer e registrar o nascimento do filho da companheira, ainda que cumpra pena em regime fechado.

A: incorreta. A autorização de *saída temporária* (art. 122, LEP), que difere da *permissão de saída* (art. 120, LEP), prescinde de escolta e somente pode ser concedida pelo juiz de direito (art. 123, *caput*, da LEP); **B:** incorreta, pelas razões já explicitadas no comentário anterior; ademais, a saída temporária somente pode ser concedida ao preso que cumpre pena no regime semiaberto (art. 122, *caput*, LEP). Atenção: a Lei 13.964/2019 inseriu o § 2º no art. 122 da LEP, que veda a concessão de saída temporária ao condenado que cumpre pena pelo cometimento de crime hediondo com resultado morte; **C:** correta, uma vez que corresponde ao que estabelece o art. 120, I, da LEP. No caso da permissão de saída, sua concessão pode se dar pelo diretor do estabelecimento penal (art. 120, parágrafo único, da LEP); **D:** incorreta, uma vez que a permissão de saída somente se dará mediante escolta (art. 120, *caput*, da LEP); **E:** incorreta, uma vez que a hipótese contida na assertiva não está contemplada no art. 120 da LEP, que trata dos casos em que é possível a permissão de saída.

Gabarito "C"

(Cartório/DF – 2014 – CESPE) Eduardo, que cumpre pena de quinze anos de reclusão, em regime fechado, pela prática de homicídios e delitos patrimoniais, empreendeu fuga em 3/10/2013 e foi recapturado em 4/1/2014. O juiz das execuções, ao homologar a aludida falta grave, determinou a regressão de regime, declarou a perda de um terço dos dias remidos e alterou a data-base para fins de concessão de progressão de regime.

Em face dessa situação hipotética, assinale a opção correta com base no disposto na Lei de Execução Penal e na jurisprudência do STJ.

(A) Eduardo poderá perder a totalidade dos dias remidos, conforme os motivos, as circunstancias e as consequências da fuga empreendida.

(B) Em razão da fuga de Eduardo, inicia-se, a partir da data da homologação dessa infração disciplinar, novo período aquisitivo para fins de progressão de regime prisional.

(C) É inconstitucional a penalidade consistente na perda de dias remidos pelo cometimento de falta grave.

(D) O cometimento de falta grave acarreta o reinício do computo do interstício necessário ao preenchimento do requisito objetivo para a concessão do benefício da progressão de regime.

A: incorreta. Em vista das alterações implementadas na LEP pela Lei 12.433/2011, estabeleceu-se, no caso de cometimento de falta grave, uma proporção máxima em relação à qual poderá se dar a perda dos dias remidos. Assim, diante da prática de falta grave, poderá o juiz, em vista da nova redação do art. 127 da LEP, revogar no máximo 1/3 do tempo remido, devendo a contagem recomeçar a partir da data da infração disciplinar. Antes disso, o condenado perdia os dias remidos na sua totalidade; **B:** incorreta, uma vez que o novo período aquisitivo, no caso de falta grave consistente em fuga, tem como termo inicial a data da recaptura do condenado foragido. Nesse sentido: "*Habeas Corpus*. Progressão de regime de cumprimento de pena. Cometimento de falta grave (fuga). Reinício da contagem do lapso de 1/6 para a obtenção de nova progressão. Alegada ofensa ao contraditório e à ampla defesa no bojo do procedimento administrativo disciplinar. Matéria não enfrentada pelo superior tribunal de justiça. Ordem parcialmente conhecida e denegada. 1. É da jurisprudência do Supremo Tribunal Federal que o cometimento de falta grave reinicia a contagem do lapso temporal de 1/6 (1/6 de cumprimento da pena a que foi condenado ou ainda para cumprir) para a concessão de progressão de regime. Confiram-se, por amostragem, os seguintes julgados: HCs 85.141, da minha relatoria; 85.605, da relatoria do ministro Gilmar Mendes; 93.554, da relatoria do ministro Celso de Mello; 95.367, da relatoria do ministro Ricardo Lewandowski; e, mais recentemente, 101.915, da relatoria da ministra Ellen Gracie. Jurisprudência decorrente da própria literalidade do art. 112 da Lei de Execuções Penais: fará jus à progressão, se e quando o condenado "tiver cumprido ao menos um sexto da pena no regime anterior e seu mérito indicar a progressão". 2. O período de 1/6 é de ser calculado, portanto, com apoio no restante da pena a cumprir, adotando-se como termo inicial de contagem a data em que o sentenciado foi recapturado. 3. As supostas ofensas ao contraditório e à ampla defesa, no bojo do procedimento administrativo disciplinar, não merecem acolhida. Simples alegações que não foram minimamente comprovadas pelo impetrante, nem mesmo submetidas a exame do Superior Tribunal de Justiça. 4. *Habeas corpus* parcialmente conhecido e, nessa parte, denegado" (HC 108472, Ayres Britto, STF); **C:** incorreta. Embora a Súmula Vinculante 9 tenha perdido, por força da alteração produzida no art. 127 da LEP pela Lei 12.433/2011, sua razão de ser, é certo que remanesce o entendimento, então firmado, no sentido de que a perda de dias remidos (agora limitado a 1/3) não viola a CF/88; **D:** correta. *Vide* comentário à alternativa "B".

Gabarito "D".

(Ministério Público/ES – 2010 – CESPE) Em relação às disposições da Lei de Execução Penal pertinentes aos órgãos da execução penal, assinale a opção correta.

(A) Na ausência de juiz indicado na lei local de organização judiciária, a execução penal compete ao juízo prolator da sentença penal condenatória, com competência para autorizar saídas temporárias dos sentenciados e para compor e instalar o conselho da comunidade.

(B) O Conselho Nacional de Política Criminal e Penitenciária é integrado por quinze membros com mandato de quatro anos designados por meio de ato do presidente da República, e também por representantes da comunidade e dos ministérios da área social. Sua competência é determinar a forma de cumprimento da pena restritiva de direitos e fiscalizar sua execução.

(C) O MP fiscaliza a execução da pena e da medida de segurança, oficiando no processo executivo e nos incidentes da execução, estando incumbido, ainda, de emitir parecer sobre indulto e comutação de pena, até mesmo na hipótese de pedido de indulto com base no estado de saúde do preso.

(D) No estabelecimento prisional para mulheres, somente é permitido o trabalho de pessoal do sexo feminino, até mesmo na área de pessoal técnico especializado, devendo a diretora ser portadora de diploma de curso superior em direito.

(E) Há, em cada comarca, um conselho da comunidade, composto, no mínimo, por um representante de associação comercial ou industrial, um advogado indicado pela seção da OAB e um assistente social escolhido pela delegacia seccional do Conselho Nacional de Assistentes Sociais. Na falta desses representantes, fica a critério do departamento penitenciário a escolha dos integrantes desse conselho.

A: assertiva correta, nos termos do que estabelecem os arts. 65 e 66, IV e IX, da LEP; **B:** assertiva incorreta, pois em desacordo com o que estabelece o art. 63 da LEP; **C:** incorreta – as incumbências do MP, no âmbito da execução penal, estão estabelecidas nos arts. 67 e 68 da LEP; **D:** incorreta, pois em desacordo com o que prescreve o art. 77, § 2º, da LEP; **E:** incorreta, pois não reflete o contido no art. 80, parágrafo único, da LEP.

Gabarito "A".

(Defensor Público/AC – 2012 – CESPE) Consoante a Lei n. 7.210/1984, a autorização para a saída temporária poderá ser concedida

(A) pelo diretor do presídio aos presos que, cumprindo pena em regime semiaberto, necessitem de tratamento médico.

(B) pelo juiz da vara de execuções penais aos presos que cumpram pena em regime fechado, para tratamento médico próprio ou em caso de falecimento ou doença grave de cônjuge, companheira, ascendente, descendente ou irmão.

(C) pelo juiz da vara de execuções penais aos presos que cumpram pena em regime fechado, para visitas à família, frequência a cursos de instrução e participação em atividades que concorram para o seu retorno ao convívio social.

(D) pelo diretor do presídio aos presos que cumpram pena em regime fechado, na ocorrência de falecimento ou doença grave de cônjuge, companheira, ascendente, descendente ou irmão.

(E) pelo juiz da vara de execuções penais aos presos que cumpram pena em regime semiaberto, para visitas à família, frequência a cursos de instrução e participação em atividades que concorram para o seu retorno ao convívio social.

Segundo estabelece o art. 123 da Lei de Execução Penal, somente ao juiz é dado conceder autorização para saída temporária.

Gabarito "E".

(Analista – TRE/BA – 2010 – CESPE) Em relação ao direito penal e à remição da pena, julgue o próximo item.

(1) A remição da pena por meio do estudo vem sendo aceita pelo Superior Tribunal de Justiça, por não considerá-la violação ao princípio da legalidade. A competência para concedê-la será do juízo da execução.

1: correta – ao tempo em que esta questão foi elaborada, a LEP (arts. 126 e seguintes) não contemplava a remição pelo estudo; somente pelo trabalho. A despeito disso, é bom frisar que os tribunais superiores vinham firmando posicionamento no sentido de estender tal possibilidade para a remição pelo estudo, inclusive com a edição, pelo STJ, da Súmula nº 341. Atendendo aos anseios da jurisprudência, foi editada a Lei 12.433/11, que institui e disciplinou, finalmente, a remição pelo estudo, alterando o dispositivo da LEP que rege o tema (art. 126). Hoje, portanto, a remição se opera tanto pelo trabalho quanto pelo estudo, nos moldes do dispositivo supracitado. A competência para declarar os dias remidos é do juízo da execução, conforme reza o art. 126, § 8º, da Lei 7.210/84 (Execução Penal).

Gabarito 1C

(Defensor Público/AC – 2012 – CESPE) José, que cumpria pena por estelionato em regime semiaberto, com direito à prestação de trabalho externo, cometeu crime de roubo ao deixar seu local de trabalho. Preso em flagrante, após ter sido alvejado por disparos de arma de fogo durante tentativa de fuga, José foi denunciado pelo crime de roubo. Recebida a denúncia, o oficial de justiça dirigiu-se ao hospital para proceder à citação do réu, quando constatou que o réu se tornara inimputável por lesão decorrente dos disparos, não tendo, portanto, condições de receber a citação.

Nessa situação hipotética,

(A) além da substituição da pena imposta a José pelo crime de estelionato por medida de segurança, deve o juiz determinar o prosseguimento do processo de conhecimento do crime de roubo e nomear curador ao réu, visto que, no momento da prática do delito, ele era imputável.

(B) deve o juiz nomear curador a José e determinar o prosseguimento do processo, visto que, no momento da prática de ambos os delitos (estelionato e roubo), ele era imputável.

(C) deve o juiz executar a pena prevista para o crime de estelionato, uma vez que, no momento da prática desse delito, José era imputável; deve, ainda, o juiz dar prosseguimento ao processo de conhecimento do crime de roubo e nomear curador a José, a fim de lhe ser aplicada medida de segurança.

(D) deve o juiz substituir a pena decorrente do crime de estelionato por medida de segurança e suspender o processo de conhecimento do crime de roubo.

(E) dada a inimputabilidade de José, a pena a ele imposta pelo crime de estelionato e a relativa ao crime de roubo devem ser substituídas por medida de segurança, conforme determina a Lei de Execução Penal.

Há que se distinguir, aqui, duas situações. Em se tratando de doença mental de caráter transitório, com perspectiva, portanto, de cura, não há por que converter a pena privativa de liberdade em medida de segurança. Aplica-se, neste caso, o art. 41 do CP, que estabelece que o sentenciado será transferido para hospital de custódia e tratamento e ali permanecerá até o seu restabelecimento. De outro lado, se se tratar de doença mental de caráter permanente, que parece ser o caso narrado no enunciado, deverá o juiz, em obediência ao que estabelece o art. 183 da LEP, converter a pena privativa de liberdade em medida de segurança, já que não existe, ao menos naquele momento, perspectiva de melhora da saúde mental do condenado. Quanto ao processo de conhecimento relativo ao crime de roubo, impõe-se seja o mesmo suspenso, nos termos do art. 152 do CPP.

Gabarito "D".

(Ministério Público/ES – 2010 – CESPE) A respeito dos incidentes de execução penal, assinale a opção correta.

(A) Não há previsão legal para a conversão de pena de limitação de fim de semana em privativa de liberdade.

(B) A legitimidade para requerer a concessão de indulto individual foi atribuída por lei apenas ao sentenciado e ao MP.

(C) O tratamento ambulatorial pode ser convertido em internação se o agente revelar incompatibilidade com a medida, quando inexiste prazo mínimo de internação.

(D) Contra as decisões proferidas pelo juiz das execuções cabe recurso de agravo, sem efeito suspensivo, no prazo de cinco dias.

(E) Quando, no curso da execução da pena privativa de liberdade, sobrevier doença mental ou perturbação da saúde mental do sentenciado, o juiz, de ofício, deverá decretar a extinção da punibilidade.

A: incorreta – esta possibilidade está prevista no art. 181, § 2º, da LEP; **B:** incorreta – além do sentenciado e do MP, têm legitimidade para requerer o indulto individual o Conselho Penitenciário e a autoridade administrativa (art. 188, LEP); **C:** incorreta (art. 184, parágrafo único, da LEP); **D:** correta – proposição em conformidade com o art. 197 da LEP; **E:** incorreta. Neste caso, deverá o juiz, em vista do disposto no art. 183 da LEP, determinar a substituição da pena por medida de segurança.

Gabarito "D".

(Defensor Público/AC – 2012 – CESPE) Em janeiro de 2012, um preso formulou pleito de indulto pleno com base em decreto presidencial datado de dezembro de 2011, por meio do qual foram concedidos indulto e comutação aos condenados do sistema penitenciário brasileiro. Após a oitiva do Conselho Penitenciário, do MP e da DP, nomeada para a defesa do condenado, o juiz indeferiu o pleito.

Nessa situação hipotética, deverá o DP interpor recurso

(A) de apelação, consoante artigo do CPP.

(B) de agravo de instrumento.

(C) em sentido estrito, consoante o que dispõe artigo do CPP.

(D) inominado, por não haver, na Lei de Execução Penal, previsão expressa de recurso para o caso em apreço.

(E) de agravo, conforme o disposto na Lei de Execução Penal.

Assim dispõe o art. 197 da LEP: "das decisões proferidas pelo Juiz caberá recurso de agravo, sem efeito suspensivo".

Gabarito "E".

(Magistratura/PA – 2012 – CESPE) A respeito da execução penal (Lei n.º 7.210/1984), assinale a opção correta.

(A) Ao juiz não é permitido modificar, de ofício, as condições estabelecidas para o regime aberto, podendo fazê-lo apenas a requerimento do MP ou da defesa do sentenciado.

(B) O atraso sem justificativa no retorno da saída temporária de condenado a pena privativa de liberdade configura falta grave consistente em fuga do estabelecimento prisional.

(C) A penitenciária destina-se a condenados à pena privativa de liberdade de reclusão em regime fechado ou semiaberto.

(D) A colônia agrícola, industrial ou similar destina-se ao cumprimento da pena em regime semiaberto ou aberto.

(E) A cadeia pública destina-se ao recolhimento de presos provisórios e definitivos, estes condenados em regime aberto.

A: assertiva incorreta, pois não reflete o disposto no art. 116 da LEP, que confere ao juiz a prerrogativa de modificar, de ofício, as condições estabelecidas para o regime aberto, desde que as circunstâncias assim o recomendem; **B:** correta – art. 50, II, da LEP; **C** e **D:** incorretas – é do art. 87 da LEP que a penitenciária destina-se tão somente ao condenado à pena de reclusão em regime fechado; o condenado em regime semiaberto deverá cumprir a sua reprimenda em colônia agrícola, industrial ou similar – art. 91, LEP. Já a pena do condenado em regime aberto deverá ser cumprida, a teor do art. 93 da LEP, em casa do albergado; **E:** incorreta – a cadeia pública não é o local adequado ao cumprimento da pena privativa de liberdade. Destina-se tão somente ao recolhimento do preso em regime de prisão provisória – art. 102 da LEP.

Gabarito "B".

20. LEGISLAÇÃO EXTRAVAGANTE

(Juiz de Direito - TJ/BA - 2019 - CESPE/CEBRASPE) De acordo com a jurisprudência do STJ acerca da Lei Maria da Penha — Lei n.º 11.340/2006 —, o delito de descumprimento de medida protetiva de urgência constitui crime

(A) cujo sujeito ativo deve ser sempre um homem.

(B) que não admite a concessão de fiança.

(C) cuja caracterização será afastada se tiver sido prevista a aplicação de multa na decisão que tiver determinado a medida protetiva.

(D) mesmo que a determinação da medida protetiva tenha partido do juízo cível.

(E) cuja caracterização admite a modalidade culposa.

A: incorreta. O STJ, em edição de n. 41 da ferramenta *Jurisprudência em Teses*, publicou, sobre este tema, a seguinte tese: "O sujeito passivo da violência doméstica objeto da Lei Maria da Penha é a mulher, já o sujeito ativo pode ser tanto o homem quanto a mulher, desde que fique caracterizado o vínculo de relação doméstica, familiar ou de afetividade, além da convivência, com ou sem coabitação". Disso é possível inferir que o sujeito ativo do crime definido no art. 24-A da Lei Maria da Penha pode ser tanto o homem quanto a mulher; **B:** incorreta, tendo em conta o disposto no art. 24-A, § 2º, da Lei 11.340/2006, que estabelece que o crime em questão admite a concessão de fiança, desde que pelo juiz de direito. Ou seja, a despeito de a pena máxima corresponder a dois anos, é vedado à autoridade policial conceder fiança em favor do agente autuado em flagrante pela prática do crime de descumprimento de medida protetiva de urgência; **C:** incorreta, pois contraria o que dispõe o art. 24-A, § 3º, da Lei 11.340/2006; **D:** correta. Por força do que dispõe o art. 24-A, § 1º, da Lei Maria da Penha, pouco importa se o juiz de quem partiu a determinação de medida protetiva de urgência é do juízo cível ou criminal, isto é, cometerá o crime do art. 24-A da Lei Maria da Penha tanto o agente que descumpre medida protetiva decretada em processo de natureza civil quanto aquele que descumpre medida protetiva imposta no bojo de processo criminal; **E:** incorreta, já que não há previsão de modalidade culposa. ED

Gabarito "D".

(Juiz de Direito - TJ/BA - 2019 - CESPE/CEBRASPE) Assinale a opção correta, a respeito do crime de organização criminosa previsto na Lei n.º 12.850/2013.

(A) Para que se configure o referido crime, tem de se comprovar a ocorrência de associação estável e permanente de três ou mais pessoas para a prática criminosa.

(B) Constitui circunstância elementar desse delito a finalidade de obtenção de vantagem de qualquer natureza mediante a prática de infrações penais cujas penas máximas sejam superiores a quatro anos ou que sejam de caráter transnacional.

(C) A estruturação organizada e ordenada de pessoas, com a necessária divisão formal de tarefas entre elas, é circunstância elementar objetiva do crime em apreço.

(D) A prática de pelo menos um ato executório das infrações penais para as quais os agentes se tenham organizado constitui condição para a consumação do referido delito.

(E) Ao agente que exercer o comando, individual ou coletivo, de organização criminosa, ainda que não pratique pessoalmente atos de execução, será aplicada causa de aumento de pena de um sexto a dois terços.

A: incorreta. A configuração do crime de associação criminosa, definido no art. 2º, *caput*, da Lei 12.850/2013, pressupõe a associação de pelo menos *quatro* pessoas, conforme estabelece o art. 1º, § 1º, da Lei 12.850/2013, que contempla o conceito de organização criminosa; **B:** correta (art. 1º, § 1º, Lei 12.850/2013); **C:** incorreta, já que não se exige, à configuração do crime em questão, a divisão formal de tarefas (art. 1º, § 1º, Lei 12.850/2013); **D:** incorreta. Cuida-se de crime formal, na medida em que não se exige, à sua consumação, qualquer resultado naturalístico consistente no cometimento dos crimes pretendidos pela associação; **E:** incorreta, já que se trata de agravante, a ensejar a elevação da pena-base (art. 2º, § 3º, Lei 12.850/2013). ED

Gabarito "B".

(Promotor de Justiça/RR – 2017 – CESPE) À luz do entendimento dos tribunais superiores, assinale a opção correta a respeito dos processos em espécie.

(A) A ameaça sofrida pela mulher no contexto doméstico é crime de natureza pública incondicionada.

(B) Caberá transação penal de contravenção penal praticada contra a mulher no contexto doméstico.

(C) O descumprimento de medida protetiva de urgência não configura o crime de desobediência.

(D) Caberá suspensão condicional do processo em denúncia oferecida contra o marido que, no ambiente doméstico, causar lesões corporais à esposa.

A: incorreta. Em decisão tomada no julgamento da ADIn n. 4.424, de 09.02.2012, o STF estabeleceu a natureza *incondicionada* da ação penal nos crimes de lesão corporal, independente de sua extensão, praticados contra a mulher no ambiente doméstico. Tal decisão, no entanto, é restrita aos crimes de lesão corporal, não se aplicando, por exemplo, ao crime de ameaça, que, por força do que estabelece o art. 147, parágrafo único, do CP, continua a ser de ação penal pública condicionada à representação da vítima, que deverá, bem por isso, manifestar seu desejo em ver processado o autor deste delito. De se ver que, se praticada (a ameaça) no âmbito doméstico, exige-se que a renúncia à representação seja formulada perante o juiz e em audiência designada para esse fim (art. 16 da Lei 11.340/2006). *Vide*, quanto a isso, a Súmula 542, do STJ; **B:** incorreta. O art. 41 da Lei Maria da Penha, cuja constitucionalidade foi reconhecida pelo STF (ADC 19, de 09.02.2012), veda a aplicação, no âmbito dos crimes praticados com violência doméstica e familiar contra a mulher, das medidas despenalizadoras contempladas na Lei 9.099/1995, entre as quais a suspensão condicional do processo e a transação penal. Consolidando tal entendimento, editou-se a Súmula 536 do STJ: "A suspensão condicional do processo e a transação penal não se aplicam na hipótese de delitos sujeitos ao rito da Lei Maria da Penha". De ver-se que, lançando mão de interpretação extensiva, onde se lê *crimes* deve-se ler *infração penal*, de forma a englobar a contravenção penal na vedação imposta por este art. 41 da Lei Maria da Penha. Conferir: "Nas infrações penais cometidas com violência doméstica contra a mulher, sejam elas crimes ou contravenções, não se aplicam as disposições da Lei 9.099/1995" (STJ, AgRg no REsp 1628271/SP, Rel. Ministro Reynaldo Soares Da Fonseca, Quinta Turma, julgado em 23.05.2017, DJe 31.05.2017); **C:** correta. Ao tempo da elaboração desta questão, o descumprimento de medida protetiva de urgência não configurava crime algum, nem o de desobediência, segundo entendiam os tribunais, já que havia, na hipótese de recalcitrância do agente em cumprir a medida protetiva, consequências de outra ordem, como a possibilidade de decretação de prisão preventiva e requisição de força policial para fazer valer a decisão judicial. Sucede que, recentemente, a partir do advento da Lei 13.641/2018, foi inserido na Lei Maria da Penha o art. 24-A, que contempla, como crime, a conduta do agente que descumpre decisão judicial que defere medida protetiva de urgência prevista em lei, sujeitando-o à pena de detenção de 3 meses a 2 anos; **D:** incorreta, uma vez que contraria o disposto no art. 41 da Lei Maria da Penha e o entendimento sufragado na Súmula 536 do STJ: "A suspensão condicional do processo e a transação penal não se aplicam na hipótese de delitos sujeitos ao rito da Lei Maria da Penha". ED

Gabarito "C"

(Defensor Público/PE – 2018 – CESPE) Maria, pessoa maior e capaz, vivia em união estável com João havia cinco anos quando, em janeiro de 2017, ele, descontente com a participação de Maria em uma confraternização de trabalho, proferiu diversos xingamentos contra ela, tendo atingido sua honra subjetiva, danificou todas as suas roupas e diversos objetos da residência de ambos. À época, Maria compareceu à delegacia de polícia, narrou os fatos, mas desistiu de registrar a ocorrência policial ou requerer a aplicação de medidas protetivas em seu favor.

Em junho daquele mesmo ano, tendo Maria recebido a visita de uma amiga em sua residência, João ameaçou ambas de morte: utilizando-se de uma faca, exigiu a saída imediata da visita. Após a saída da amiga, João desferiu um golpe de faca no braço de Maria, tendo-lhe causado lesão leve. Dessa vez, Maria comunicou os fatos à polícia e, determinada a romper o relacionamento, requereu a aplicação de medidas protetivas: a autoridade judiciária determinou o afastamento de João do local de convivência com Maria e proibiu a aproximação ou qualquer contato com ela.

Inconformado com a atitude de Maria e com o fim do relacionamento, em julho, João foi até a casa de Maria e, utilizando-se de uma faca, ameaçou-a e constrangeu-a a praticar conjunção carnal com ele.

A respeito dessa situação hipotética, assinale a opção correta à luz da legislação aplicável.

(A) O crime de ameaça praticado por João contra Maria somente se apura mediante ação penal pública condicionada à representação da ofendida, sendo válida, a qualquer tempo, a retratação da representação junto à autoridade policial para impedir a persecução penal.

(B) Não se aplica a Lei Maria da Penha à conduta praticada por João em julho de 2017, considerando-se que naquela ocasião não existia mais, entre o autor do fato e a vítima, união estável e que eles não mais coabitavam.

(C) O crime de estupro praticado por João em julho de 2017 será apurado por meio de inquérito policial cuja instauração poderá decorrer do mero registro de ocorrência policial feito pela vítima.

(D) As condutas praticadas por João em janeiro de 2017 podem ser apuradas de ofício pela autoridade policial, uma vez que, conforme disposição da Lei Maria da Penha, a instauração de inquérito não dependerá de qualquer providência ou requerimento da ofendida.

(E) A ação penal para apurar o crime de lesão corporal praticado por João contra Maria em junho de 2017 é pública condicionada à representação da ofendida, conforme disposição da Lei Maria da Penha.

A: incorreta. É certo que a ação penal, quanto ao crime de ameaça, é pública condicionada à representação do ofendido (art. 147, parágrafo único, CP). É que o entendimento do STF que estabeleceu a natureza incondicionada da ação penal, tomado em controle concentrado de constitucionalidade (ADIn 4.424), somente se aplica aos crimes de lesão corporal, independente de sua extensão, praticados contra a mulher no ambiente doméstico. Tal entendimento encontra-se consagrado na Súmula 542, do STJ: "A ação penal relativa ao crime de lesão corporal resultante de violência doméstica contra a mulher é pública incondicionada". No caso retratado no enunciado, a ofendida poderá, desde que em audiência especialmente designada para esse fim e até o recebimento da denúncia, renunciar à representação formulada (art. 16 da Lei 11.340/2006). Ou seja, no caso da ameaça, a retratação deverá ser dirigida ao juiz de direito e até o recebimento da denúncia. A alternativa, que está incorreta, afirma que a retratação poderá ser feita, a qualquer tempo, perante a autoridade policial; **B:** incorreta, uma vez que contraria o disposto no art. 5º, III, da Lei 11.340/2006. Nesse sentido, a Súmula 600, do STJ, segundo a qual *para a configuração da violência doméstica e familiar prevista no artigo 5º da Lei n. 11.340/2006 (Lei Maria da Penha) não se exige a coabitação entre autor e vítima*; **C:** correta. Ao tempo em que foi elaborada esta questão, a ação penal, nos crimes contra a dignidade sexual, era, em regra, pública condicionada à representação. No caso narrado no enunciado, o registro da ocorrência pela vítima pode ser entendido como manifestação de vontade para dar-se início à persecução criminal. Afinal, os tribunais têm por consolidado o entendimento no sentido de que a representação não tem rigor formal. Pois bem. Tal panorama vigorou até a edição da Lei 13.718/2018, que implementou (uma vez mais) uma série de mudanças no universo dos crimes sexuais, aqui incluída a natureza da ação penal nesses delitos. Senão vejamos. A ação penal, nos delitos sexuais, era, em regra, de iniciativa privada. Era o que estabelecia a norma contida no *caput* do art. 225 do Código Penal. As exceções ficavam por conta do § 1º do dispositivo. Com o advento da Lei 12.015/09, que introduziu uma série de modificações nos crimes sexuais, agora chamados *crimes contra a dignidade sexual*, nomenclatura, a nosso ver, mais adequada aos tempos atuais, a ação penal deixou de ser privativa do ofendido para ser pública condicionada à representação, exceção feita às hipóteses em que a vítima era menor de 18 anos ou pessoa vulnerável, caso em que a ação era pública incondicionada (art. 225, parágrafo único, do CP). Pois bem. Bem recentemente, entrou em vigor a Lei 13.718/2018, que, dentre várias inovações implementadas nos crimes contra a dignidade sexual, mudou, uma vez mais, a natureza da ação penal nesses delitos. Com isso, a ação penal, nos crimes sexuais, passa a ser pública incondicionada. Vale lembrar que, antes do advento desta Lei, a ação era, em regra, pública condicionada, salvo nas situações em que a vítima era vulnerável ou menor de 18 anos. Fazendo um breve histórico, temos o seguinte quadro: a ação penal, nos crimes sexuais, era, em regra, privativa do ofendido, a este cabendo a propositura da ação penal; posteriormente, a partir do advento da Lei 12.015/2009, a ação penal, nesses crimes, deixou de ser privativa do ofendido para ser pública condicionada a representação, em regra; agora, com a entrada em vigor da Lei 13.718/2018, a ação penal, nos crimes contra a dignidade sexual, que antes era pública condicionada, passa a ser pública incondicionada. Com isso, o titular da ação penal, que é o MP, prescinde de manifestação de vontade da vítima para promover a ação penal. Dessa forma, fica sepultado o debate que antes havia acerca da aplicação da Súmula 608, do STF; **D:** incorreta. Se considerarmos que o crime de que Maria foi vítima em janeiro de 2017 é o de injúria (art. 140, CP), já que João proferiu contra ela xingamentos, a instauração de inquérito, por se tratar de ação penal privada (art. 145, *caput*, do CP), deverá ser precedida de requerimento formulado por Maria (art. 5º, § 5º, do CPP). Tal procedimento também deverá ser aplicado ao delito de dano, de que também foi vítima Maria; **E:** incorreta, já que, conforme entendimento sedimentado na Súmula 542, do STJ, a *ação penal relativa ao crime de lesão corporal resultante de violência doméstica contra a mulher é pública incondicionada.* ED

Gabarito "C".

(Delegado Federal – 2018 – CESPE) Delegado da PF instaurou IP para apurar crime cometido contra órgão público federal. Diligências constataram sofisticado esquema de organização criminosa criada com a intenção de fraudar programa de responsabilidade desse ente público.

Com base nessas informações e com relação à prática de crime por organização criminosa, julgue os itens seguintes.

(1) Se algum dos indiciados no âmbito desse IP apresentar elementos que justifiquem a celebração de acordo de colaboração premiada, e se a situação permitir a concessão do benefício a esse indiciado, o próprio delegado que estiver à frente da investigação poderá celebrar diretamente o acordo, devendo submetê-lo à homologação judicial.

(2) A fim de dar celeridade às investigações e em face da gravidade da situação investigada, é possível a infiltração de agentes de polícia em tarefas da investigação, independentemente de prévia autorização judicial.

1: correta. O Plenário do Supremo Tribunal Federal, em julgamento da ADI 5508, reconheceu como constitucional a possibilidade do delegado de polícia firmar acordos de colaboração premiada na fase de inquérito policial, conforme autoriza o art. 4º, §§ 2º e 6º, da Lei 12.850/2013, que define organização criminosa e trata da colaboração premiada; **2:** incorreta, uma vez que a infiltração de agentes somente pode ser determinada, de forma fundamentada, circunstanciada e sigilosa, pelo juiz de direito, que o fará mediante representação da autoridade policial ou a requerimento do MP (art. 10, *caput*, da Lei 12.850/2013). ED

Gabarito 1C, 2E

(Juiz de Direito/AM – 2016 – CESPE) Assinale a opção correta com base no disposto na Lei 12.850/2013.

(A) Se a colaboração for posterior à sentença, a pena poderá ser reduzida até a metade ou poderá ser admitida a progressão de regime, ainda que ausentes os requisitos objetivos e subjetivos.

(B) Não se exige do colaborador a renúncia ao direito de silêncio nos depoimentos nem o compromisso legal de dizer a verdade, devendo a renúncia ser espontânea.

(C) Em caso de decretação do sigilo da investigação, é assegurado ao defensor, no interesse do representado e mediante prévia autorização judicial, amplo acesso aos elementos de prova relacionados ao exercício do direito de defesa, ressalvados os referentes às diligências em andamento.

(D) Pode-se considerar organização criminosa o grupo de pessoas que se estruturem para cometer infrações penais para as quais seja prevista pena máxima de três anos.

(E) O consentimento de perdão judicial por colaboração premiada que possibilite um dos resultados previstos em lei depende do requerimento do MP.

A: incorreta, uma vez que a assertiva não corresponde, exatamente, à redação do art. 4º, § 5º, da Lei 12.850/2013, que não faz menção aos requisitos *subjetivos* (somente aos *objetivos*); **B:** incorreta, na medida em que o colaborador, nos depoimentos que prestar, renunciará, sim, na presença de seu defensor, ao direito de permanecer em silêncio bem como firmará compromisso de dizer a verdade. É o que estabelece o art. 4º, § 14, da Lei 12.850/2013; **C:** correta, uma vez que corresponde ao que estabelece o art. 7º, § 2º, da Lei 12.850/2013; **D:** incorreta. O conceito de organização criminosa introduzido pela Lei 12.850/2013, em seu art. 1º, § 1º, impõe, como um dos requisitos à sua configuração, a prática de infração penal com pena máxima superior a *quatro* anos (e não *três*), ou que se trate de infrações transnacionais; **E:** incorreta, pois não corresponde ao disposto no art. 4º, *caput* e § 2º, da Lei 12.850/2013.

Gabarito "C".

(Juiz de Direito/DF – 2016 – CESPE) A respeito do processo e do julgamento previsto na Lei Antidrogas, assinale a opção correta.

(A) O magistrado, durante a persecução penal em juízo, poderá, independentemente da oitiva do MP, autorizar a infiltração de investigador em meio a traficantes, para o fim de esclarecer a verdade real, ou poderá, ainda, autorizar que não atue diante de eventual flagrante, com a finalidade de identificar e responsabilizar o maior número de integrantes de operações de tráfico e distribuição.

(B) O MP e a defesa poderão arrolar até oito testemunhas na denúncia e na defesa preliminar, respectivamente.

(C) O agente que praticar crime de porte de drogas para consumo pessoal será processado e julgado perante uma das Varas de Entorpecentes do DF, sob o rito processual previsto na Lei Antidrogas, tendo em vista que a lei especial prevalece sobre a lei geral.

(D) O autor do crime de porte de drogas para uso pessoal será processado e julgado perante o Juizado Especial Criminal, sob o rito da Lei n.º 9.099/1995.

(E) A lavratura do auto de prisão em flagrante e o estabelecimento da materialidade do delito exigem a elaboração do laudo definitivo em substância, cuja falta obriga o juiz a relaxar imediatamente a prisão, que será considerada ilegal.

A: incorreta, uma vez que é imprescindível a oitiva do MP antes da decretação das medidas de investigação previstas no art. 53, I e II, da Lei 11.343/2006; **B:** incorreta, dado que os arts. 54, III, e 55, § 1º, ambos da Lei 11.343/2006, estabelecem que MP e defesa poderão arrolar até *cinco* testemunhas, e não *oito*, tal como constou da assertiva; **C:** incorreta, pois não reflete o teor do art. 48, § 1º, da Lei 11.343/2006, que estabelece que, neste caso, aplicar-se-á o procedimento sumaríssimo previsto nos arts. 60 e seguintes da Lei 9.099/1995; **D:** correta. *Vide* comentário anterior; **E:** incorreta, dado que é suficiente, para o fim de lavrar o auto de prisão em flagrante, o laudo de constatação da natureza e quantidade da droga (art. 50, § 1º, da Lei 11.343.2006).

Gabarito "D".

(Juiz de Direito/DF – 2016 – CESPE) Em relação ao procedimento nos crimes decorrentes de organização criminosa, nos termos da Lei n.º 12.850/2013, assinale a opção correta.

(A) A instrução criminal deverá ser encerrada em prazo não superior a noventa dias, quando o réu estiver preso, prorrogáveis por mais trinta dias, por decisão fundamentada e devidamente motivada pela complexidade da causa ou por fato procrastinatório atribuível ao réu.

(B) Se estiver preso o réu, a instrução criminal deverá ser encerrada em prazo razoável, que não exceda a noventa dias, prorrogáveis por igual período, por decisão fundamentada em razão da complexidade da causa ou de fato procrastinatório atribuível ao réu.

(C) O juiz poderá decretar o sigilo da investigação para a garantia da celeridade e da eficácia das diligências investigatórias, desde que assegure ao defensor amplo acesso aos elementos de prova e às diligências em andamento.

(D) O juiz poderá decretar o sigilo da investigação para a garantia da celeridade e da eficácia das diligências investigatórias, desde que assegure ao defensor amplo acesso a todos os elementos de prova até então colhidas, ressalvadas aquelas relativas às diligências em andamento.

(E) Os crimes previstos nesta lei têm procedimento próprio, que deve ser aplicado com base no princípio da especialidade.

A: incorreta, pois não reflete o que estabelece o art. 22, parágrafo único, da Lei 12.850/2013; **B:** incorreta, pois não reflete o que estabelece o art. 22, parágrafo único, da Lei 12.850/2013; **C:** incorreta. Isso porque o art. 23 da Lei 12.850/2013, embora assegure ao defensor amplo acesso aos elementos de prova, veda o acesso deste às diligências em andamento; **D:** correta, pois em conformidade com o disposto no art. 23 da Lei 12.850/2013; **E:** incorreta, pois contraria o disposto no art. 22, *caput*, da Lei 12.850/2013.

Gabarito "D"

(Advogado União – AGU – CESPE – 2015) Ao receber uma denúncia anônima por telefone, a autoridade policial realizou diligências investigatórias prévias à instauração do inquérito policial com a finalidade de obter elementos que confirmassem a veracidade da informação. Confirmados os indícios da ocorrência de crime de extorsão, o inquérito foi instaurado, tendo o delegado requerido à companhia telefônica o envio de lista com o registro de ligações telefônicas efetuadas pelo suspeito para a vítima. Prosseguindo na investigação, o delegado, sem autorização judicial, determinou a instalação de grampo telefônico no telefone do suspeito, o que revelou, sem nenhuma dúvida, a materialidade e a autoria delitivas. O inquérito foi relatado, com o indiciamento do suspeito, e enviado ao MP.

(1) Nessa situação hipotética, considerando as normas relativas à investigação criminal, a interceptação telefônica efetuada poderá ser convalidada se o suspeito, posteriormente, confessar espontaneamente o crime cometido e não impugnar a prova.

1: Incorreta. A interceptação telefônica, porque realizada em desconformidade com os ditames estabelecidos pela CF (art. 5º, XII) e também pela Lei 9.296/1996 (art. 1º, "caput"), que impõem seja realizada por meio de ordem judicial, padece de ilicitude insanável, devendo ser desconsiderada para o fim de formar o conjunto probatório. Não cabe, por isso, a sua convalidação posterior pela confissão espontânea do suspeito. Nessa esteira: "A ausência de autorização judicial para excepcionar o sigilo das comunicações macula indelevelmente a diligência policial das interceptações em causa, ao ponto de não se dever – por causa dessa mácula – sequer lhes analisar os conteúdos, pois obtidos de forma claramente ilícita (STJ, EDcl no HC 130429-CE, 5ª T., Rel. Min. Napoleão Nunes Maia Filho, j. 27.04.2010). ED

Gabarito 1E

(Polícia Rodoviária Federal – 2013 – CESPE) Com base no disposto no CPP e na jurisprudência do Superior Tribunal de Justiça, julgue os seguintes itens.

(1) A prova declarada inadmissível pela autoridade judicial por ter sido obtida por meios ilícitos deve ser juntada em autos apartados dos principais, não podendo servir de fundamento a condenação do réu.

(2) Em processo por crime de responsabilidade de funcionário público, o juiz pode rejeitar a denúncia oferecida pelo Ministério Público caso se convença, após análise dos documentos apresentados pelo acusado em resposta a denúncia, da inexistência do crime apurado.

(3) Compete a justiça federal processar e julgar a contravenção penal praticada em detrimento de bens e serviços da União.

1: incorreta. A prova obtida por meios ilícitos, assim considerada pela autoridade judiciária, deverá, por imposição do art. 157, *caput*, do CPP, ser desentranhada dos autos do processo e, depois de preclusa a decisão que assim a considerou, inutilizada, na forma estabelecida no art. 157, § 3º, do CPP. De toda forma, não poderá – e aqui a assertiva está correta – ser levada em conta pelo juiz para fundamentar a condenação do réu. A Lei 13.964/2019 promoveu a inclusão do § 5º ao art. 157 do CP, segundo o qual *o juiz que conhecer do conteúdo da prova declarada inadmissível não poderá proferir a sentença ou acórdão*. Este dispositivo encontra-se com a sua eficácia suspensa por decisão cautelar do STF; **2:** correta, pois reflete a regra presente no art. 516 do CPP; **3:** incorreta, dado que o art. 109, IV, primeira parte, da CF afasta a competência da Justiça Federal para o processamento e julgamento das contravenções penais, mesmo que praticadas em detrimento de bens, serviços ou interesse da União ou de suas entidades autárquicas ou empresas públicas. Nesse sentido a Súmula nº 38, STJ: "Compete à Justiça Estadual Comum, na vigência da Constituição de 1988, o processo por contravenção penal, ainda que praticada em detrimento de bens, serviços ou interesse da União ou de suas entidades". ED

Gabarito 1E, 2C, 3E

(Escrivão de Polícia/BA – 2013 – CESPE) Julgue os itens subsequentes no que concerne à legislação processual penal.

(1) Considera-se ilegal a coação quando o inquérito policial for manifestamente nulo, sendo possível a concessão de *habeas corpus* – hipótese em que a investigação será arquivada até o surgimento de novas provas.

(2) A lei processual penal tem aplicação imediata, razão por que os atos processuais já praticados devem ser refeitos de acordo com a legislação que entrou em vigor.

(3) Os crimes praticados por funcionário público contra a administração pública, em regra, são afiançáveis, havendo previsão legal para que o acusado apresente resposta preliminar, à vista da qual o juiz poderá rejeitar a denúncia se convencido da inexistência do crime.

1: incorreta. Será considerada ilegal a coação, o que pode dar ensejo à impetração de *habeas corpus*, quando o *processo* (e não o *inquérito*) for manifestamente nulo (art. 648, VI, CPP). É bom que se diga que o termo *nulidade* tem incidência no âmbito do processo, e não no do inquérito; **2:** incorreta. É verdade que a lei processual penal tem aplicação imediata (*tempus regit actum*), mas não se pode dizer que os atos processuais realizados sob o império da lei anterior (já revogada, portanto) devem ser renovados segundo os novos ditames estabelecidos pela novel legislação. Neste caso, a lei processual penal será aplicada desde logo (*princípio da aplicação imediata* ou *da imediatidade*), sem prejuízo dos atos realizados sob a égide da lei anterior. Em outras palavras, os atos anteriores devem ser preservados (não há necessidade de renovação). É o que estabelece o art. 2º do CPP. A exceção a essa regra fica por conta da lei processual penal dotada de carga material, em que deverá ser aplicado o que estabelece o art. 2º, parágrafo único, do CP. Nesse caso, a exemplo do que se dá com as leis penais, a norma processual nova, se favorável ao réu, deverá retroagir; se prejudicial, aplica-se a lei já revogada (*lex mitior*); **3:** correta. De fato, os crimes praticados por funcionário público contra a administração pública, assim considerados aqueles tipificados nos arts. 312 a 326 do CP, comportam o arbitramento de fiança. Também é verdade que, para tais crimes, o legislador previu a chamada *defesa preliminar* (arts. 514 a 516, CPP), a ser ofertada pelo denunciado no prazo de 15 (quinze) dias depois de notificado. Impende, aqui, registrar que, em face do que enuncia a Súmula nº 330 do STJ, a formalidade imposta por este dispositivo somente se fará necessária quando a denúncia se basear em outras peças de informação que não o inquérito policial. Ademais disso, a *notificação* para apresentação da defesa preliminar não se estende ao particular.

Gabarito 1E, 2E, 3C

(Ministério Público/PI – 2012 – CESPE) Considerando a jurisprudência do STF, no que se refere ao processo penal e à Lei Maria da Penha, assinale a opção correta.

(A) O legislador, ao considerar o gênero da vítima, utilizando o sexo como critério de diferenciação, para criar, à luz do princípio da igualdade, mecanismos para coibir e prevenir a violência doméstica contra a mulher, pautou-se pelo princípio da proibição de proteção insuficiente dos direitos fundamentais.

(B) Nos casos de lesões corporais culposas praticadas contra a mulher em âmbito doméstico, a ação penal cabível é pública condicionada à representação, conforme o disposto na Lei n.º 9.099/1995.

(C) Tratando-se de crime de ameaça e dos cometidos contra a dignidade sexual, a ação penal é pública e incondicionada, dado que não seria razoável ou proporcional deixar a atuação estatal a critério da vítima.

(D) A Lei Maria da Penha, ao prever que, enquanto não estruturados os juizados de violência doméstica e familiar contra a mulher, as varas criminais acumulariam as competências cível e criminal para conhecer e julgar as causas decorrentes da prática de violência doméstica e familiar contra a mulher, criou, para o poder público, a obrigação de instituir os referidos juizados.

(E) O STF julgou procedente, com base no princípio explícito da dignidade humana, ação direta proposta pelo procurador-geral da República para assentar a natureza da ação penal como condicionada à representação da vítima, em caso de crime de lesão corporal leve praticado mediante violência doméstica e familiar contra a mulher.

A: correta. O princípio da proibição da proteção insuficiente representa, ao lado da proibição de excesso, uma das facetas do princípio da proporcionalidade. O Estado é considerado omisso, para esse postulado, quando deixa de adotar medidas necessárias à proteção de direitos fundamentais. *Vide*: ADC nº 19/DF, rel. Min. Marco Aurélio, 09.02.2012; **B:** art. 41 da Lei 11.340/2006; **C:** incorreta. A ação penal, nesses casos, será pública condicionada; **D:** incorreta. *Vide*: ADC nº 19/DF, rel. Min. Marco Aurélio, 9.2.2012; **E:** incorreta, visto que o STF, ao julgar procedente a ADIN nº 4.424, de 9/02/2012, entendeu ser incondicionada a ação penal em caso de crime de lesão corporal praticado contra a mulher no ambiente doméstico. A atuação do MP, por essa razão, prescinde da anuência da vítima. Tal entendimento encontra-se consagrado na Súmula 542, do STJ.

Gabarito "A".

(Defensor Público/AC – 2012 – CESPE) Joana rompeu o relacionamento amoroso que mantivera com José por aproximadamente seis meses. Inconformado com a separação e com as recusas de Joana em reatar o namoro, José passou a ameaçá-la por telefone, dizendo que a mataria se a encontrasse com outro e, em seguida, cometeria suicídio. Sentindo-se intimidada pelo ex-namorado, Joana comunicou o fato à autoridade policial, que instaurou inquérito para apurar o crime de ameaça. Inquirido, José negou a prática do delito. Não conseguindo obter provas do crime, a autoridade policial pleiteou, então, ao Poder Judiciário a interceptação das comunicações telefônicas mantidas entre Joana e José.

Nessa situação hipotética, admitindo-se que o MP oficie favoravelmente ao pleito, deve o juiz

(A) indeferi-lo, visto que não se admite a interceptação de comunicações telefônicas para prova do fato investigado.
(B) indeferi-lo, por não haver indícios razoáveis de autoria, restando tão somente a palavra de uma das partes contra a outra.
(C) deferi-lo, dada a existência de indícios razoáveis de autoria.
(D) deferi-lo, a contrário senso, por inexistir outro meio de obtenção de prova do crime.
(E) indeferi-lo, dada a possibilidade de aplicar a José as medidas protetivas de urgência previstas na Lei Maria da Penha.

Impõe-se ao magistrado o indeferimento do pleito formulado pelo delegado de polícia, na medida em que o crime de ameaça prevê pena de detenção, e o art. 2º, III, da Lei 9.296/1996 não admite interceptação telefônica se o fato constituir infração penal punida, no máximo, com detenção.

Gabarito "A".

(Advogado da União/AGU – CESPE – 2012) Julgue os itens subsequentes, a respeito da *notitia criminis* e dos procedimentos relativos aos crimes de lavagem de dinheiro.

(1) Se o acusado pelo delito de lavagem de dinheiro for citado por edital e não comparecer à audiência nem constituir advogado, ficarão suspensos o processo e o curso do prazo prescricional, podendo o juiz determinar a produção antecipada das provas consideradas urgentes e, se for o caso, decretar a prisão preventiva do réu.
(2) A jurisprudência do STJ admite a possibilidade de instauração de procedimento investigativo com base em denúncia anônima, desde que acompanhada de outros elementos.
(3) A apuração do crime de lavagem de dinheiro é autônoma e independe do processamento da ação penal e da condenação em crime antecedente.

1: incorreta – o art. 366 do CPP não tem aplicação no âmbito da lavagem de capitais, a teor do que dispõe o art. 2º, § 2º, da Lei 9.613/98, cuja redação foi alterada por força da Lei 12.683/12; **2:** correta – "*a autoridade policial, ao receber uma denúncia anônima, deve antes realizar diligências preliminares para averiguar se os fatos narrados nessa denúncia são materialmente verdadeiros, para, só então, iniciar as investigações* (HC 95.244, 1ª T., rel. Min. Dias Toffoli, *DJE* 29.04.2010); **3:** correta, nos termos do art. 2º, II, da Lei 9.613/98. O art. 1º, § 2º, I, da Lei 9.613/98 teve sua redação alterada por força da Lei 12.683/12. Agora, não mais se exige, à configuração do crime de lavagem de dinheiro, que a operação financeira esteja vinculada a determinados crimes, listados em rol taxativo.

Gabarito 1E, 2C, 3C

21. TEMAS COMBINADOS E OUTROS TEMAS

(Defensor Público - DPE/DF - 2019 - CESPE/CEBRASPE) O Estado exerce sua pretensão punitiva a partir do ingresso da ação penal, garantindo-se ao acusado o devido e justo processo legal. Acerca do processo penal, julgue os itens a seguir.

(1) Em se tratando de contravenção penal punida com pena de multa, admite-se subsidiariamente, em caso de inércia do Ministério Público, a ação penal sem demanda.
(2) Sentença penal concessiva de perdão judicial é classificada como suicida, em razão dos seus efeitos autofágicos.

1: errada. O art. 26 do CPP, que previa a ação penal sem demanda, assim considerada aquela em que a ação penal era deflagrada por portaria da autoridade judiciária ou policial, não foi recepcionado pela Constituição Federal de 1988, sendo tacitamente revogado pelo art. 129, I, que assegura ao Ministério Público a titularidade da ação penal pública; **2:** errada. A doutrina classifica como suicida a sentença cuja parte dispositiva é incompatível (há contrariedade) com as razões invocadas na fundamentação. Segundo a Súmula 18 do STJ, a sentença penal concessiva de perdão judicial tem natureza meramente declaratória. ED

Gabarito: 1E, 2E

(Delegado Federal – 2018 – CESPE – adaptada) Acerca de execução penal e de crimes contra a criança e o adolescente, julgue os itens que se seguem.

(1) O crime de estupro praticado contra criança ou adolescente é insuscetível de fiança.
(2) Caberá recurso de apelação contra decisão do juízo da execução penal que indeferir pedido de livramento condicional ao apenado.

1: correta, pois reflete o disposto no art. 1º, VI, da Lei 8.072/1990 (Crimes Hediondos); **2:** incorreta. É hipótese de agravo em execução (art. 197, LEP). ED

Gabarito 1C, 2E

(Procurador Municipal – Prefeitura/BH – CESPE – 2017) Com base no entendimento do STJ, assinale a opção correta.

(A) Somente se houver prévia autorização judicial, serão considerados prova lícita os dados e as conversas registrados no aplicativo WhatsApp colhidos de aparelho celular apreendido quando da prisão em flagrante.
(B) O MP estadual não tem legitimidade para atuar diretamente como parte em recurso submetido a julgamento no STJ.
(C) Tratando-se de demandas que sigam o rito dos processos de competência originária dos tribunais superiores, considera-se intempestiva a apresentação de exceção da verdade no prazo da defesa prévia, se, tendo havido defesa preliminar, o acusado não tiver nesse momento se manifestado a esse respeito.
(D) É ilegal portaria que, editada por juiz federal, estabelece a tramitação direta de inquérito policial entre a Polícia Federal e o MPF.

A: correta. Conferir: "Ilícita é a devassa de dados, bem como das conversas de whatsapp, obtidas diretamente pela polícia em celular apreendido no flagrante, sem prévia autorização judicial" (STJ, RHC 76.510/RR, 6ª T., Rel. Min. Nefi Cordeiro, j. 04.04.2017, *DJe* 17.04.2017); **B:** incorreta. A conferir: "A Corte Especial do Superior Tribunal de Justiça, no julgamento do EREsp 1.327.573/RJ, pacificou o entendimento no sentido de que os Ministérios Públicos Estaduais e do Distrito Federal possuem legitimidade para atuar no Superior Tribunal de Justiça" (STJ, EDcl no AgRg nos EDcl no REsp 1152715/RS, 6ª T., Rel. Min. Nefi Cordeiro, j. 19.11.2015, DJe 03.12.2015); **C:** incorreta. "A exceção da verdade é meio processual de defesa, é instituto de defesa indireta do réu, podendo ser apresentada nos processos em que se apuram crimes de calúnia e de difamação, quando praticado em detrimento de funcionário público no exercício de suas funções. Tem-se entendido que referido instituto defensivo deve ser apresentado na primeira oportunidade em que a defesa se manifestar nos autos. No entanto, o rito dos processos que tramitam em tribunais superiores prevê a apresentação de defesa preliminar antes mesmo do recebimento da denúncia, no prazo de 15 (quinze) dias, conforme dispõe o art. 4º da Lei n. 8.038/1990. Prevê, ademais, após o recebimento da denúncia, o prazo de 5 (cinco) dias para a defesa prévia, contado do interrogatório ou da intimação do defensor dativo, nos termos do art. 8º da referida Lei. 3. Um exame superficial poderia levar a crer que a primeira oportunidade para a defesa se manifestar nos autos, de fato, é no prazo de 15 (quinze) dias, antes mesmo do recebimento da denúncia. Contudo, sem o recebimento da inicial acusatória, nem ao menos é possível processar a exceção da verdade, que tramita simultaneamente com a ação penal, devendo ser resolvida antes da sentença de mérito. Outrossim, diante da natureza jurídica do instituto, que é verdadeira ação declaratória incidental, tem-se como pressuposto lógico a prévia instauração da ação penal. Assim, conclui-se que o prazo para apresentação da exceção da verdade, independentemente do rito procedimental adotado, deve ser o primeiro momento para a defesa se manifestar nos autos, após o efetivo início da ação penal, o que de fato ocorreu no presente caso. 4. O ordenamento jurídico não dispõe sobre a possibilidade de sustentação oral em exceção da verdade, não havendo previsão nesse sentido no Regimento Interno do TJMG nem do STF, que pode ser aplicado subsidiariamente. Ademais, a própria Lei n. 8.038/1990, cujo rito está sendo observado no caso dos autos, faculta a sustentação oral apenas na deliberação acerca do recebimento da denúncia (art. 6º, § 1º, da Lei n. 8.038/1990) e no julgamento do mérito da ação (art. 12 da Lei n. 8.038/1990). Dessarte, tem-se que não é franqueada a utilização da sustentação oral para questão processual incidental" (STJ, HC 202.548/MG, 5ª T., Rel. Min. Reynaldo Soares da Fonseca, j. 24.11.2015, DJe 01.12.2015); **D:** incorreta. Nesse sentido: "3. A tramitação direta de inquéritos entre a polícia judiciária e o órgão de persecução criminal traduz expediente que, longe de violar preceitos constitucionais, atende à garantia da duração razoável do processo, assegurando célere tramitação, bem como aos postulados da economia processual e da eficiência. Essa constatação não afasta a necessidade de observância, no bojo de feitos investigativos, da chamada cláusula de reserva de jurisdição. 4. Não se mostra ilegal a portaria que determina o trâmite do inquérito policial diretamente entre polícia e órgão da acusação, encontrando o ato indicado como coator fundamento na Resolução n. 63/2009 do Conselho da Justiça Federal" (RMS 46.165/SP, 5a T., Rel. Min. Gurgel de Faria, j. 19.11.2015, DJe 04.12.2015). ED

Gabarito "A".

(Procurador Municipal – Prefeitura/BH – CESPE – 2017) Considerando a legislação processual penal e o entendimento jurisprudencial pátrio, assinale a opção correta.

(A) Em matéria penal, o MP não goza da prerrogativa da contagem dos prazos recursais em dobro.

(B) Interrompe-se a prescrição ainda que a denúncia seja recebida por juiz absolutamente incompetente.

(C) Havendo mais de um autor, ocorrerá renúncia tácita com relação àqueles cujos nomes tenham sido omitidos da queixa-crime, ainda que de forma não intencional.

(D) A CF prevê expressamente a retroatividade da lei processual penal quando esta for mais benéfica ao acusado.

A: correta. O art. 180, "caput", do NCPC, que concede o prazo em dobro para o MP manifestar-se nos autos, não tem aplicação no âmbito do processo penal. Na jurisprudência do STJ: "Em matéria penal, o Ministério Público não goza da prerrogativa de contagem do prazo recursal em dobro" (EDcl no AgRg na MC 23.498/RS, 6ª T., Rel. Min. Nefi Cordeiro, j. 24.02.2015, DJe 04.03.2015); **B:** incorreta. Conferir: "Conforme precedentes deste Tribunal Superior, o recebimento da queixa-crime por juízo incompetente é considerado nulo, não se constituindo em marco interruptivo do prazo prescricional" (HC 88.210/RO, 5ª T., Rel. Min. Napoleão Nunes Maia Filho, j. 25.09.2008, DJe 28.10.2008); **C:** incorreta. Nesse sentido: "O reconhecimento da renúncia tácita ao direito de queixa exige a demonstração de que a não inclusão de determinados autores ou partícipes na queixa-crime se deu de forma deliberada pelo querelante" (v.g.: HC 186.405/RJ, 5ª T.,, Rel. Min. Jorge Mussi, *DJe* 11.12.2014); **D:** incorreta, na medida em que o art. 5º, XL, da CF, que enuncia o postulado da irretroatividade, somente faz referência à lei penal, e não à processual penal, em relação à qual se aplica o princípio da *aplicação imediata* ou *da imediatidade*, segundo o qual a lei processual penal aplicar-se-á desde logo, sem prejuízo dos atos realizados sob o império da lei anterior. É o que estabelece o art. 2º do CPP. A exceção a essa regra, é importante que se diga, fica por conta da lei processual penal dotada de carga material (também chamada de norma mista ou híbrida), em que deverá ser aplicado o que estabelece o art. 2º, parágrafo único, do CP. Nesse caso, a exemplo do que se dá com as leis penais, a norma processual nova, se favorável ao réu, deverá retroagir; se prejudicial, aplica-se a lei já revogada (*lex mitior*). ED

Gabarito "A".

(Delegado/PE – 2016 – CESPE) Acerca das alterações processuais assinaladas pela Lei 12.403/2011, do instituto da fiança, do procedimento no âmbito dos juizados especiais criminais e das normas processuais pertinentes à citação e intimação, assinale a opção correta.

(A) Se o acusado, citado por edital, não comparecer nem constituir advogado, será decretada a revelia e o processo prosseguirá com a nomeação de defensor dativo.

(B) Em homenagem ao princípio da ampla defesa, será sempre pessoal a intimação do defensor dativo ou constituído pelo acusado.

(C) O arbitramento de fiança, tanto na esfera policial quanto na concedida pelo competente juízo, independe de prévia manifestação do representante do MP.

(D) Nos procedimentos previstos na Lei 9.099/1995, em se tratando de ação penal pública condicionada à representação e não havendo conciliação na audiência preliminar, caso o ofendido se manifeste pelo não oferecimento de representação, o processo será julgado extinto de imediato, operando-sea decadência do direito de ação.

(E) No caso de prisão em flagrante, a autoridade policial somente poderá conceder fiança se a infração penal for punida com detenção e prisão simples; nas demais situações, a fiança deverá ser requerida ao competente juízo.

A: incorreta. Na hipótese de o réu não ser encontrado, deverá o juiz determinar a sua citação por edital, depois de esgotados os meios disponíveis para a sua localização. Se o réu, depois de citado por edital, não comparecer tampouco constituir defensor, o processo e o prazo prescricional ficarão, em vista da disciplina estabelecida no art. 366 do CPP, suspensos (não há que se falar em revelia tampouco continuidade do processo, portanto), podendo ser decretada, se o caso, sua prisão preventiva bem como determinada a produção antecipada das provas consideradas urgentes. No que toca ao tema *suspensão condicional do processo* (*sursis* processual), valem alguns esclarecimentos. A produção da prova considerada urgente deverá se dar em conformidade com o entendimento firmado na Súmula 455 do STJ: "A decisão que determina a produção antecipada de provas com base no art. 366 do CPP deve ser concretamente fundamentada, não a justificando unicamente o mero decurso do tempo". No que toca à prisão preventiva, a sua decretação, no âmbito do art. 366 do CPP, somente poderá se dar diante da presença dos requisitos do art. 312 do CPP, sendo vedada, portanto, a decretação automática da custódia. O mesmo há de ser aplicado à produção antecipada de provas, que está condicionada à demonstração de sua necessidade, não bastando, a autorizá-la, o mero decurso do tempo; **B:** incorreta, dado que a intimação do defensor constituído far-se-á por publicação no órgão incumbido da publicidade dos atos judiciais da comarca, tudo em conformidade com o prescrito no art. 370, § 1º, do CPP; já a do defensor nomeado e também do Ministério Público será *pessoal*, conforme imposição do art. 370, § 4º, do CPP; **C:** correta (art. 333, CPP); **D:** incorreta (art. 75, parágrafo único, da Lei 9.099/1995); **E:** incorreta. A Lei 12.403/2011 mudou sobremaneira o panorama da fiança. Antes da reforma por ela implementada, a autoridade policial, em vista da revogada redação do art. 322 do CPP, somente estava credenciada a concedê-la nas hipóteses de infração punida com *detenção* ou *prisão simples*. Bem por isso, não podia o delegado de polícia arbitrar fiança nos crimes punidos com *reclusão*, tarefa exclusiva do magistrado. Pela nova redação dada ao art. 322 do CPP, a autoridade policial passou a conceder fiança nos casos de infração cuja pena privativa de liberdade máxima não seja superior a quatro anos, independentemente de ser o crime apenado com reclusão ou detenção (qualidade da pena). Naqueles casos em que a pena máxima superar os quatro anos, somente o magistrado poderá estabelecer a fiança.

Gabarito "C".

(Delegado/PE – 2016 – CESPE) Assinale a opção correta acerca do processo penal e formas de procedimento, aplicação da lei processual no tempo, disposições constitucionais aplicáveis ao direito processual penal e ação civil *ex delicto*, conforme a legislação em vigor e o posicionamento doutrinário e jurisprudencial prevalentes.

(A) No momento da prolação da sentença condenatória, não cabe ao juízo penal fixar valores para fins de reparação dos danos causados pela infração, porquanto tal atribuição é matéria de exclusiva apreciação do juízo cível.

(B) Sendo o interrogatório um dos principais meios de defesa, que expressa o princípio do contraditório e da ampla defesa, é imperioso, de regra, que o réu seja interrogado ao início da audiência de instrução e julgamento.

(C) É cabível a absolvição sumária do réu em processo comum caso o juiz reconheça, após a audiência preliminar, a existência de doença mental do acusado que, comprovada por prova pericial, o torne inimputável.

(D) Lei processual nova de conteúdo material, também denominada híbrida ou mista, deverá ser aplicada de acordo com os princípios de temporalidade da lei penal, e não como princípio do efeito imediato, consagrado no direito processual penal pátrio.

(E) Nos crimes comuns e nos casos de prisão em flagrante, deverá a autoridade policial garantir a assistência de advogado quando do interrogatório do indiciado, devendo nomear defensor dativo caso o indiciado não indique profissional de sua confiança.

A: incorreta, pois contraria o que dispõem os arts. 63, parágrafo único, e 387, IV, ambos do CPP; **B:** incorreta. Embora haja divergência na doutrina, é fato que o interrogatório constitui, fundamentalmente, meio de *defesa*. Nesse sentido, o STF: "Em sede de persecução penal, o interrogatório judicial – notadamente após o advento da Lei 10.792/2003 – qualifica-se como ato de defesa do réu, que, além de não ser obrigado a responder a qualquer indagação feita pelo magistrado processante, também não pode sofrer qualquer restrição em sua esfera jurídica em virtude do exercício, sempre legítimo, dessa especial prerrogativa (...)" (HC 94.601-CE, 2ª T., rel. Min. Celso de Mello, 11.09.2009). Nesse mesmo sentido o ensinamento de Guilherme de Souza Nucci: "(...) Note-se que o interrogatório é, fundamentalmente, um meio de defesa, pois a Constituição assegura ao réu o direito ao silêncio. Logo, a primeira alternativa que se avizinha ao acusado é calar-se, daí não advindo consequência alguma. Defende-se apenas. Entretanto, caso opte por falar, abrindo mão do direito ao silêncio, seja lá o que disser, constitui meio de prova inequívoco, pois o magistrado poderá levar em consideração suas declarações para condená-lo ou absolvê-lo" (*Código de Processo Penal Comentado*, 12ª ed., p. 428). No que toca ao momento do interrogatório, é incorreto afirmar-se que ele deva ocorrer logo no início da instrução. Bem ao contrário, em vista do que dispõe o art. 400 do CPP, com a redação que lhe deu a Lei 11.719/2008, o interrogatório, à luz dos princípios da ampla defesa e do contraditório, passou a constituir o derradeiro ato processual; **C:** incorreta (art. 397, II, do CPP); **D:** correta. De fato, a lei processual penal será aplicada desde logo (*princípio da aplicação imediata* ou da *imediatidade*), sem prejuízo dos atos realizados sob o império da lei anterior. É o que estabelece o art. 2º do CPP. A exceção a essa regra fica por conta da lei processual penal dotada de carga material (híbrida ou mista), em que deverá ser aplicado o que estabelece o art. 2º, parágrafo único, do CP. Nesse caso, a exemplo do que se dá com as leis penais, a norma processual nova, se favorável ao réu, deverá retroagir; se prejudicial, aplica-se a lei já revogada (*lex mitior*); **E:** incorreta. Não cabe à autoridade policial nomear defensor ao interrogando que não indicar profissional de sua confiança.

Gabarito "D"

(Defensor Público – DPE/RN – 2016 – CESPE) Assinale a opção correta no que se refere a revisão criminal, crime de tortura, nulidades, execução penal, prerrogativas e garantias dos DPs relacionadas com o processo penal.

(A) A condenação de policial civil pelo crime de tortura acarreta, como efeito automático, independentemente de fundamentação específica, a perda do cargo público e a interdição para seu exercício pelo dobro do prazo da pena aplicada.

(B) A ausência de intimação da expedição de carta precatória para a inquirição de testemunhas gera, segundo entendimento sumulado do STF, nulidade absoluta, por cerceamento de defesa e violação do devido processo legal.

(C) Para impugnar decisão do juiz da execução penal que unifique as penas impostas ao sentenciado, é cabível a interposição de recurso em sentido estrito.

(D) A ação de revisão criminal deve ser ajuizada no prazo decadencial de dois anos, contados do trânsito em julgado da sentença condenatória.

(E) Segundo o entendimento do STJ, à DP, quando ela atua na qualidade de assistente de acusação, representando a vítima de determinado crime em uma ação penal, não se aplica a prerrogativa institucional da concessão de prazo em dobro para a realização de atos processuais.

A: correta, uma vez que, no contexto da Lei de Tortura (art. 1º, § 5º), diferentemente do que se dá no sistema do Código Penal, a perda do cargo, função ou emprego público constitui consequência automática da sentença condenatória, prescindindo de declaração expressa, na sentença, nesse sentido; **B:** incorreta. Conferir: "Consoante jurisprudência desta Suprema Corte, a falta de intimação de Carta precatória para oitiva de testemunha configura nulidade relativa. Precedentes. 3. Em processo, especificamente em matéria de nulidades, vigora o princípio maior de que, sem prejuízo, não se reconhece nulidade (art. 563 do CPP)" (RHC 119817, Relator(a): Min. Rosa Weber, Primeira Turma, julgado em 18.02.2014, Processo Eletrônico DJe-056 divulg 20.03.2014 public 21.03.2014): **C:** incorreta. Cabe agravo em execução (art. 197, LEP); **D:** incorreta, pois, a teor do art. 622, *caput*, do CPP, a ação revisional pode ser requerida a qualquer tempo, antes ou depois de extinta a pena, ainda que falecido o sentenciado; **E:** incorreta: "Processual penal. *Habeas corpus*. Defensoria pública. Assistência de acusação. Prazo em dobro. I – É função institucional da Defensoria Pública patrocinar tanto a ação penal privada quanto a subsidiária da pública, não havendo nenhuma incompatibilidade com a função acusatória, mais precisamente a de assistência da acusação. II – O disposto no § 5º do artigo 5º da Lei 1.060/1950, com a redação dada pela Lei 7.871/1989, aplica-se a todo e qualquer processo em que atuar a Defensoria Pública. Writ denegado" (HC 24.079/PB, Rel. Ministro Felix Fischer, Quinta Turma, julgado em 19.08.2003, DJ 29.09.2003).

Gabarito "A"

(Defensor Público – DPE/RN – 2016 – CESPE) Assinale a opção correta acerca do processo penal segundo o CPP e o entendimento do STF e do STJ.

(A) A prevenção no processo penal, em diversas situações, constitui critério de fixação de competência, como na hipótese em que for possível a dois ou mais juízes conhecerem do mesmo crime – seja por dividirem a mesma competência de juízo, seja pela incerteza da competência territorial – ou, ainda, nos crimes continuados ou permanentes.

(B) De acordo com a jurisprudência do STF, é imprescindível a transcrição integral dos diálogos colhidos por meio de interceptação telefônica ou escuta ambiental.

(C) Segundo a jurisprudência do STJ, são impossíveis sucessivas prorrogações de interceptações telefônicas, ainda que o pedido de quebra de sigilo telefônico seja devidamente fundamentado, em razão da previsão legal de prazo máximo de quinze dias para tal medida, renovável por igual período.

(D) A notícia anônima sobre eventual prática criminosa, por si só, é idônea para a instauração de inquérito policial ou a deflagração de ação penal.

(E) A competência, na hipótese de crime continuado ou permanente praticado em território de duas ou mais jurisdições, é fixada pelo lugar onde se praticar o maior número de infrações.

A: correta, pois reflete o que estabelecem os arts. 69, VI, 70, § 3º, 71 e 83, todos do CPP; **B:** incorreta, uma vez que, segundo tem entendido a jurisprudência, é necessário apenas que se transcrevam os excertos das escutas telefônicas que tenham servido de substrato para o oferecimento da denúncia. Nesse sentido: "(...) O Plenário desta Corte já assentou não ser necessária a juntada do conteúdo integral das degravações de interceptações telefônicas realizadas, bastando que sejam degravados os trechos que serviram de base ao oferecimento da denúncia" (RHC 117265, Relator(a): Min. Ricardo Lewandowski, Segunda Turma, julgado em 29.10.2013). No STJ: "As mídias das interceptações telefônicas foram disponibilizadas, na íntegra, à Defesa, razão pela qual não há falar em nulidade, inexistindo, portanto, constrangimento ilegal a ser sanado. 2. A cópia das transcrições parciais das interceptações telefônicas constantes dos relatórios da autoridade policial foram disponibilizadas à Defesa desde o oferecimento da exordial acusatória. 3. É pacífico o entendimento nos tribunais superiores no sentido de que é prescindível a transcrição integral do conteúdo da quebra do sigilo das comunicações telefônicas, somente sendo necessária, a fim de se assegurar o exercício da garantia constitucional da ampla defesa, a transcrição dos excertos das escutas que serviram de substrato para o oferecimento da denúncia. 4. Recurso ordinário a que se nega provimento" (STJ, RHC 27.997, 6ª T., rel. Min. Maria Thereza de Assis Moura, DJ 19.09.2013); **C:** incorreta. Segundo entendimento consolidado pelos tribunais superiores, as interceptações telefônicas podem, sim, ser prorrogadas sucessivas vezes, desde que tal providência seja devidamente fundamentada pela autoridade judiciária (art. 5º da Lei 9.296/1996). Conferir: "De acordo com a jurisprudência há muito consolidada deste Tribunal Superior, as autorizações subsequentes de interceptações telefônicas, uma vez evidenciada a necessidade das medidas e a devida motivação, podem ultrapassar o prazo previsto em lei, considerado o tempo necessário e razoável para o fim da persecução penal" (AgRg no REsp 1620209/RS, Rel. Ministra Maria Thereza De Assis Moura, Sexta Turma, julgado em 09.03.2017, DJe 16.03.2017). No STF: "(...) Nesse contexto, considerando o entendimento jurisprudencial e doutrinário acerca da possibilidade de se prorrogar o prazo de autorização para a interceptação telefônica por períodos sucessivos quando a intensidade e a complexidade das condutas delitivas investigadas assim o demandarem, não há que se falar, na espécie, em nulidade da referida escuta e de suas prorrogações, uma vez que autorizada pelo Juízo de piso com a observância das exigências previstas na lei de regência (Lei 9.296/1996, art. 5º) (...)" (STF, 1ª T., RHC 120.111, rel. Min. Dias Toffoli, j. 11.03.2014); **D:** incorreta. A denúncia anônima (também chamada de *apócrifa* ou *inqualificada*), segundo tem entendido a jurisprudência, não é apta, por si só, a autorizar a instauração de inquérito policial, dando início à persecução penal. Antes disso, a autoridade policial deverá fazer uma averiguação prévia a fim de verificar a procedência da denúncia apócrifa, para, depois disso, determinar, se for o caso, a instauração de inquérito. Nesse sentido: "(...) *a autoridade policial, ao receber uma denúncia anônima, deve antes realizar diligências preliminares para averiguar se os fatos narrados nessa 'denúncia' são materialmente verdadeiros, para, só então, iniciar as investigações*" (STF, HC 95.244, 1ª T., rel. Min. Dias Toffoli, DJE de 29.04.2010); **E:** incorreta, pois contraria a regra disposta no art. 71 do CPP.

Gabarito "A".

(Juiz de Direito/DF – 2016 – CESPE) Assinale a opção correta, em que o magistrado agiu em consonância com a jurisprudência sumulada do STF ou do STJ.

(A) Um réu em processo penal renunciou ao direito de apelação interposta pela defesa técnica, tendo manifestado sua vontade sem a assistência de seu defensor, caso em que o magistrado não conheceu da apelação, fundamentando sua decisão na supremacia da vontade do réu sobre a vontade de seu defensor.

(B) O juiz de direito substituto, ao tomar conhecimento da prática de falta disciplinar no âmbito da execução penal, por comunicação do diretor do estabelecimento prisional, reconheceu a falta disciplinar, mesmo sem a instauração de procedimento administrativo pelo diretor, fundamentando sua decisão no fato de se tratar de falta flagrante cometida nas dependências do estabelecimento prisional.

(C) O juiz de direito substituto, ao tomar conhecimento da falta de intimação do denunciado para oferecer contrarrazões ao recurso interposto da rejeição da denúncia, proferiu decisão suprindo a falta por meio da nomeação de defensor dativo, fundamentada na facultatividade da intimação.

(D) Após a homologação da transação penal prevista no artigo 76 da Lei n.º 9.099/1995, sobreveio o descumprimento de suas cláusulas, razão pela qual o magistrado acolheu o pedido da acusação, retomando-se a situação anterior, e possibilitando ao MP a continuidade da persecução penal mediante oferecimento de denúncia ou requisição de inquérito policial, ao fundamento de que a homologação não faz coisa julgada material.

(E) O juiz de direito substituto, ao julgar crime sujeito ao rito da Lei Maria da Penha, cometido por João contra Maria, sua esposa, acolheu pedido da defesa de João e aplicou a suspensão condicional do processo, sob o fundamento de que houve pacificação da situação fática entre os envolvidos.

A: incorreta, uma vez que não corresponde ao entendimento firmado na Súmula 705, do STF: "A renúncia do réu ao direito de apelação, manifestada sem a assistência do defensor, não impede o conhecimento da apelação por este interposta"; **B:** incorreta, pois em desacordo com o entendimento firmado na Súmula 533, do STJ: "Para o reconhecimento da prática de falta disciplinar no âmbito da execução penal, é imprescindível a instauração de procedimento administrativo pelo diretor do estabelecimento prisional (...)"; **C:** incorreta: Súmula 707, STF: "Constitui nulidade a falta de intimação do denunciado para oferecer contrarrazões ao recurso interposto da rejeição da denúncia, não a suprindo a nomeação de defensor dativo"; **D:** correta, pois em consonância com o teor da Súmula Vinculante 35: "A homologação da transação penal prevista no artigo 76 da Lei n.º 9.099/1995 não faz coisa julgada material e, descumpridas suas cláusulas, retoma-se a situação anterior, possibilitando-se ao Ministério Público a continuidade da persecução penal mediante oferecimento de denúncia ou requisição de inquérito policial"; **E:** incorreta, dado que o art. 41 da Lei Maria da Penha, cuja constitucionalidade foi reconhecida pelo STF (ADC 19, de 09.02.2012), veda a aplicação, no âmbito dos crimes praticados com violência doméstica e familiar contra a mulher, das medidas despenalizadoras contempladas na Lei 9.099/1995, entre as quais a transação penal e a suspensão condicional do processo. Consolidando tal entendimento, editou-se a Súmula 536 do STJ: –A suspensão condicional do processo e a transação penal não se aplicam na hipótese de delitos sujeitos ao rito da Lei Maria da Penha".

Gabarito "D".

(Procurador do Estado – PGE/BA – CESPE – 2014) Em relação à assistência no processo penal, julgue os itens subsecutivos.

(1) O assistente de acusação, de acordo com a jurisprudência do STJ, não tem direito a manejar recurso de apelação que objetive o aumento da pena do sentenciado.

(2) Segundo a jurisprudência do STJ, o assistente de acusação não detém legitimidade para recorrer de decisão judicial que conceda a suspensão condicional do processo.

(3) A interveniência do assistente de acusação não é permitida no curso do inquérito policial ou da execução penal.

1: incorreta. Prevalece o entendimento segundo o qual é lícito ao assistente de acusação interpor recurso de apelação cujo único propósito é o aumento da pena fixada na sentença de primeiro grau. Conferir: "Preenchido o requisito do art. 598 do Código de Processo Penal, pode o assistente de acusação interpor recurso de apelação para o fim de aumentar a pena" (STJ, 6ª T., HC 169.557/RJ, Rel. Min. Maria Thereza de Assis Moura, j. 29.08.2013, DJe 12.09.2013). **2:** Correta. Nesse sentido: "Furto de energia (caso). Suspensão condicional do processo (homologação). Assistente de acusação (recurso). Reparação do dano (pretensão). Legitimidade (ausência). 1. O assistente da acusação não tem legitimidade para recorrer em nome próprio, exceto nas hipóteses do rol taxativo do art. 271 do Cód. de Pr. Penal. 2. Agravo regimental improvido. (AgRg no Ag 880.214/RJ, 6ª T., Rel. Min. Nilson Naves, j. 01.07.2008, DJe 06.10.2008). **3:** Correta. Isso porque o ingresso do assistente, que receberá a causa no estado em que se achar, somente será admitido a partir do recebimento da denúncia e até o trânsito em julgado da decisão (art. 269, CPP). Não tem lugar, portanto, no curso das investigações do inquérito policial tampouco na fase de execução da pena. ED

Gabarito 1E, 2C, 3C

(Promotor de Justiça/PI – 2014 – CESPE) Considerando os entendimentos do STF e do STJ acerca dos princípios processuais penais, do inquérito e das questões e dos processos incidentes, assinale a opção correta.

(A) Ao promotor de justiça é vedado, no curso de processo penal, suscitar o conflito de jurisdição.

(B) A hipoteca legal sobre os imóveis do indiciado poderá ser requerida pelo ofendido em qualquer fase do processo, desde que haja certeza da autoria.

(C) A condenação lastreada em declarações colhidas de testemunhas na fase inquisitorial, bem como em depoimentos prestados em juízo, ainda que garantidos o contraditório e a ampla defesa, resulta em ilegalidade, pois o CPP impede que o juiz, para a formação de sua livre convicção, considere elementos informativos colhidos na fase de investigação criminal.

(D) O CPP prevê que, independentemente da demonstração de boa-fé, o terceiro adquirente tem o direito de opor-se, por meio de embargos, ao sequestro incidente sobre imóvel.

(E) Existindo dúvida razoável quanto à saúde psíquica do acusado, competirá ao juiz da causa averiguar a necessidade de instauração de incidente de insanidade mental.

A: incorreta. Antes de mais nada, valem alguns esclarecimentos sobre o tema. O *conflito de competência* somente se estabelece entre órgãos jurisdicionais integrantes de uma mesma justiça. É qualificado de *positivo* quando dois ou mais juízes se consideram competentes para o julgamento do mesmo caso; diz-se *negativo* na hipótese de dois ou mais juízes recusarem a competência. Já o *conflito de jurisdição* configura-se quando o embate é travado entre órgãos jurisdicionais de justiças distintas. Por fim, *conflito de atribuições* é aquele que se dá entre autoridades administrativas ou entre estas e autoridades judiciárias. É de atribuições o conflito existente entre promotores de Justiça. Neste caso, a divergência será solucionada pelo procurador-geral de Justiça, sem intervenção do órgão jurisdicional. No CPP, o conflito de jurisdição/competência está disciplinado do art. 113 ao 117. Cremos que o examinador se referiu, na verdade, ao conflito de competência (chamado pelo CPP de conflito de jurisdição), que poderá ser suscitado, sim, pelo MP (art. 115, II, do CPP); **B:** incorreta. Segundo estabelece o art. 134 do CPP, para ser decretada a hipoteca legal, são necessários *certeza da infração penal* (prova da materialidade) e *indícios suficientes de autoria*. Não é necessário, portanto, e aqui está a incorreção da assertiva, a presença de *certeza* de autoria; mesmo porque tal somente pode ser exigido na fase de sentença. No mais a proposição está correta; **C:** incorreta. O que se veda é que o juiz forme sua convicção com base exclusiva nas informações colhidas na investigação; disso se infere que é perfeitamente possível que o juiz se baseie, na formação de sua convicção, em provas produzidas em contraditório judicial bem assim em informações colhidas no inquérito policial (art. 155, CPP); **D:** incorreta, pois não reflete o que estabelece o art. 130, II, do CPP; **E:** correta (art. 149, *caput*, do CPP).

Gabarito "E"

(Defensoria/DF – 2013 – CESPE) Julgue os seguintes itens, relativos aos crimes de porte ilegal de arma de fogo, roubo e falsificação.

(1) O agente que falsificar cartão de credito ou debito cometerá, em tese, o crime de falsificação de documento particular previsto no CP.

(2) Conforme a jurisprudência pacificada do STF, o crime de porte ilegal de arma de fogo é de perigo abstrato, de modo que não se exige demonstração de ofensividade real para sua consumação.

(3) Conforme a mais recente jurisprudência do STF, o crime de roubo se consuma quando o agente, depois de cessada a violência ou a grave ameaça, tem a posse pacifica e desvigiada da coisa subtraída.

1: correta. Por força da alteração promovida no art. 298 do CP pela Lei 12.737/2012, que ali introduziu o parágrafo único, o cartão de crédito ou de débito é equiparado, para o fim de configurar o crime do *caput*, a documento particular; **2:** correta. Conferir: "penal. Recurso ordinário em *habeas corpus*. Crime de porte ilegal de arma de fogo (art. 10, *caput*, da lei 9.437/1997). Arma desmuniciada. Tipicidade. Crime de mera conduta ou perigo abstrato. Precedentes. Tutela da segurança pública e da paz social. Recurso ordinário em *habeas corpus* desprovido. 1. A arma de fogo mercê de desmuniciada mas portada sem autorização e em desacordo com determinação legal ou regulamentar configura o delito de porte ilegal previsto no art. 10, *caput*, da Lei 9.437/1997, crime de mera conduta e de perigo abstrato. 2. Deveras, o delito de porte ilegal de arma de fogo tutela a segurança pública e a paz social, e não a incolumidade física, sendo irrelevante o fato de o armamento estar municiado ou não. Tanto é assim que a lei tipifica até mesmo o porte da munição, isoladamente. Precedentes: HC 104206/RS, rel. Min. Cármen Lúcia, 1ª T., *DJ* de 26/8/2010; HC 96072/RJ, rel. Min. Ricardo Lewandowski, 1ª T., *DJE* de 8/4/2010; RHC 91553/DF, rel. Min. Carlos Britto, 1ª T., *DJe* de 20/8/2009. 3. *In casu*, o paciente foi preso em flagrante, em via pública, portando uma pistola 6.35, marca "Brownings Patent Depose", sendo a arma apreendida, periciada e atestada sua potencialidade lesiva. 4. Recurso ordinário em *habeas corpus* desprovido" (RHC 116280, Luiz Fux, STF); **3:** incorreta. A jurisprudência mais recente do STF dispensa, para a consumação do crime de roubo, o critério da saída da coisa da *esfera de vigilância da vítima* e se contenta com a constatação de que, cessada a clandestinidade ou a violência, o agente tenha tido a posse da *res*, mesmo que retomada, em seguida, pela perseguição imediata. Nesse sentido: STF, HC 92450-DF, 1ª T., Rel. Min. Ricardo Lewandowski, 16.09.2008, entendimento atualmente consagrado na Súmula 582 do STJ.

Gabarito 1C, 2C, 3E

(Defensoria/DF – 2013 – CESPE) No que concerne a prisão preventiva e ao procedimento relativo aos processos de competência do tribunal do júri, julgue os seguintes itens.

(1) A constatação do excesso de linguagem, ou seja, juízo de valor que ultrapasse os limites da indicação de indícios de materialidade e autoria, na sentença de pronuncia pode ensejar sua anulação.

(2) Mesmo que presente mais de um dos requisitos previstos no art. 312 do CPP, o juiz somente poderá converter a prisão em flagrante em preventiva quando se revelarem inadequadas ou insuficientes as medidas cautelares diversas da prisão.

1: ao pronunciar o acusado, levando-o a julgamento perante o Tribunal do Júri, não deve o juiz aprofundar-se na prova; limitar-se-á, isto sim, ao exame, sempre em linguagem moderada e prudente, quanto à *existência do crime* (materialidade) e dos *indícios suficientes de autoria*, apontando, ainda, o dispositivo legal em que se acha incurso o acusado, bem assim as circunstâncias qualificadoras e as causas de aumento de pena. É o que estabelece o art. 413, § 1º, do CPP. Se for além disso, emitindo apreciações mais aprofundadas quanto ao mérito, a decisão, porque apta a influenciar no ânimo dos jurados, deve ser considerada nula. Mesmo porque se trata de decisão interlocutória não terminativa, que encerra tão somente um juízo de admissibilidade, que está longe, portanto, de ser definitivo. No mais, digno de registro é o fato de a questão conter incorreção que a torna, a nosso ver, passível de anulação. É que a proposição fala em *indícios* de materialidade. Ora, se assim for, nem seria o caso de pronunciar o acusado, dado que o art. 413, § 1º, do CPP impõe como requisito à pronúncia a existência de *materialidade* (prova da existência do crime). É dizer: não bastam indícios de que o crime ocorreu; quanto à autoria, diferentemente, é suficiente, à pronúncia, a existência de indícios. Na jurisprudência: "Habeas Corpus" – Júri – Pronúncia – Limites a que juízes e tribunais estão sujeitos – Excesso configurado – Ordem deferida. – Os Juízes e Tribunais devem submeter-se, quando praticam o ato culminante do "judicium accusationis" (pronúncia), a dupla exigência de sobriedade e de comedimento no uso da linguagem, sob pena de ilegítima influência sobre o ânimo e a vontade dos membros integrantes do Conselho de Sentença. – Age "ultra vires", e excede os limites de sua competência legal, o órgão judiciário que, descaracterizando a natureza da sentença de pronúncia, converte-a, de um mero juízo fundado de suspeita, em um inadmissível juízo de certeza (RT 523/486)." (STF, 1ª T., HC 68.606, rel. Min. Celso de Mello, j. 18.06.91); **2:** correta (arts. 282, § 6º, e 310, II, ambos do CPP). Segundo dispõe o art. 282, § 6º, do CPP, com a redação que lhe conferiu a Lei 13.964/2019, *a prisão preventiva somente será determinada quando não for cabível a sua substituição por outra medida cautelar (art. 319). O não cabimento da substituição por outra medida cautelar deverá ser justificado de forma fundamentada nos elementos presentes no caso concreto, de forma individualizada.* ED

Gabarito 1C, 2C

(Cartório/DF – 2014 – CESPE) Com relação ao inquérito policial e à ação penal, assinale a opção correta.

(A) Ao interrogatório do indiciado na fase inquisitiva são aplicadas as mesmas regras do interrogatório judicial, sendo obrigatória a presença de defensor com direito a interferência, em atendimento ao princípio da ampla defesa.

(B) O decêndio legalmente determinado para o fim das investigações policiais no caso de prisão preventiva poderá ser prorrogado com vistas à realização de diligências complementares necessárias à acusação.

(C) Em se tratando de ação penal privada, se o ofendido for menor de vinte e um anos de idade e maior de dezoito anos de idade, o direito de queixa poderá ser exercido por ele ou por seu representante legal.

(D) Oferecida a denúncia, não mais é cabível ao MP a desistência da ação penal.

(E) O inquérito policial nos crimes em que a ação pública for condicionada à representação, poderá ser instaurado sem esta, desde que mediante ato de ofício da autoridade policial competente.

A: incorreto. Estabelece o art. 6º, V, do CPP que a autoridade policial deverá, quando do interrogatório, aplicar, no que couber, as regras do interrogatório judicial. Seria inviável condicionar o interrogatório do preso à presença de seu advogado, sendo, pois, suficiente que a autoridade a ele garanta a possibilidade de ser assistido por seu patrono. Nesse sentido a jurisprudência: "(...) O Estado não tem o dever de manter advogados nas repartições policiais para assistir interrogatórios de presos; a Constituição assegura, apenas, o direito de o preso ser assistido por advogado na fase policial" (HC 73898, Maurício Corrêa, STF); **B:** incorreta. O decêndio contido no art. 10, *caput*, do CPP não comporta qualquer espécie de dilação, pois envolve restrição ao direito de liberdade. Tratando-se de prazo improrrogável, havendo necessidade de diligências suplementares a serem realizadas fora deste interregno, é possível a impetração de *habeas corpus*, pois caracterizado estará o constrangimento ilegal. Atenção: o art. 3º-B, VIII, do CPP, introduzido pela Lei 13.964/2019 (posterior, portanto, à elaboração desta questão), estabelece ser uma das atribuições do juiz das garantias a prorrogação do prazo do inquérito policial, estando o investigado preso, desde que em face de representação formulada pela autoridade policial. O art. 3º-B, § 2º, do CPP, por sua vez, reza que tal prorrogação do prazo do IP, em que o investigado esteja preso, pode se dar por até 15 dias, uma única vez. Vale lembrar que esses dois dispositivos, por fazerem parte do regramento do juiz das garantais, estão com a sua eficácia suspensa por decisão cautelar do STF. A matéria deve ser apreciada pelo Plenário do Tribunal; **C:** incorreta. Isso porque, com o advento do Código Civil de 2002, o maior de 18 e menor de 21, até então considerado relativamente incapaz, passou a ser plenamente capaz para o exercício dos atos da vida civil, prescindindo, em razão disso, de representante legal. Dessa forma, a legitimidade para a propositura da queixa (e também da representação) é, atualmente, exclusiva do maior de 18 anos. Assim, o art. 34 do CPP, que contemplava tal exigência, deixou de ter aplicação; **D:** correta. Segundo Guilherme de Souza Nucci, ao discorrer sobre o princípio da obrigatoriedade e da indisponibilidade (art. 42 do CPP), "rege a ação penal pública a obrigatoriedade da sua propositura, não ficando ao critério discricionário do Ministério Público a elaboração da denúncia. Justamente por isso, oferecida a denúncia já não cabe mais a desistência (...)" (*Código de Processo Penal Comentado*, 12. ed., p. 173); **E:** incorreta, uma vez que o inquérito policial, na ação penal pública condicionada, não poderá, em hipótese alguma, ser instaurado sem o ofendido manifeste, por meio da representação, sua vontade nesse sentido (art. 5º, § 4º, CPP). ED

Gabarito "D"

(Cartório/DF – 2014 – CESPE) A respeito do disposto na Lei n.º 9.099/1995, das citações e intimações e dos recursos em geral, assinale a opção correta.

(A) A apelação criminal interposta pelo MP contra sentença absolutória obstará a soltura do réu até a decisão do recurso, caso seja demonstrada pela acusação a necessidade da custódia para a garantia da ordem pública.

(B) Considera-se ficta ou presumida a citação feita por edital, somente cabível quando o réu estiver fora do território da jurisdição do juiz processante.

(C) O juiz, diante da ocorrência de crime de menor potencialidade ofensiva e da recusa do MP em atuar no processo, poderá, de ofício, propor a suspensão condicional do processo, desde que reunidos os pressupostos legais permissivos.

(D) A citação deve ser feita pessoalmente ao acusado, não sendo admitido chamamento ao processo por meio de procurador, admitindo, no entanto, a jurisprudência uma única exceção quando se tratar de réu inimputável, situação em que a citação é feita na pessoa do curador.

A: incorreta, dado que, uma vez proferida sentença absolutória, o réu, então considerado inocente, deverá ser de imediato colocado em liberdade, independente de o MP interpor, contra a absolvição, recurso de apelação (art. 386, parágrafo único, I, do CPP); **B:** incorreta. Embora seja correto afirmar que a citação por edital é, ao lado da citação por hora certa, modalidade de citação ficta ou presumida, tal providência, de natureza excepcional, somente poderá ser adotada quando o réu encontrar-se em local incerto. Se estiver fora do território da jurisdição do juiz processante, mas em local conhecido, a citação há de ser feita por carta precatória (citação pessoal), na forma estabelecida no art. 353 do CPP; **C:** incorreta. Se o membro do MP se recusar a propor a suspensão condicional do processo, cabe ao magistrado, se discordar, aplicar, por analogia, o comando contido no art. 28 do CPP, remetendo a questão para apreciação do procurador-geral de Justiça. É esse o entendimento firmado na Súmula nº 696 do STF; **D:** correta. Em regra, a citação deve ser feita pessoalmente ao réu, sendo vedada a citação feita por meio de procurador; a exceção a esta regra fica por conta do réu inimputável, hipótese em que a citação será feita por intermédio de seu curador.

Gabarito "D"

(Cartório/DF – 2014 – CESPE) Com relação à ação civil, à prisão e a seus institutos, assinale a opção correta.

(A) Considere que a autoridade policial tenha sido informada de que um ilícito seria praticado em determinado local e tenha preparado uma equipe para, à espreita, aguardar o momento da execução do crime e efetivar a prisão. Nessa situação, é incabível a prisão em flagrante, porquanto a vigilância policial torna impossível a consumação do delito.

(B) Da mesma forma que a prisão preventiva, a custódia temporária poderá ser decretada de ofício pelo juiz, durante o inquérito policial.

(C) Após a promulgação da CF e as alterações processuais penais dela decorrentes, qualquer que seja a modalidade da prisão, esta só poderá ser efetivada mediante mandado da autoridade judiciária competente.

(D) A decisão que julga extinta a punibilidade do agente, bem como aquela que categoricamente reconhece a inexistência material do fato, exclui a propositura da ação civil para ação de reparação de dano, fazendo coisa julgada no juízo cível.

(E) No caso de inovação na classificação do delito, não constitui constrangimento ilegal a cassação da fiança concedida em fase de inquérito policial, se a imputação contida na denúncia recebida em juízo a torna inviável.

A: incorreta. A assertiva contempla a descrição do chamado flagrante *esperado* (e não do *preparado*), que, segundo doutrina e jurisprudência pacíficas, não padece de ilegalidade. Isso porque, nesta modalidade de flagrante, a polícia, uma vez comunicada, aguarda a ocorrência do crime, não exercendo qualquer tipo de controle sobre a ação do agente; inexiste, neste caso, intervenção policial que leve o agente à prática delituosa. É, por isso, hipótese viável de prisão em flagrante. Não deve ser confundido com o *flagrante preparado*. Este restará configurado sempre que o agente provocador levar alguém a praticar uma infração penal. Está-se aqui diante de uma modalidade de crime impossível (art. 17 do CP), consubstanciada na Súmula 145 do STF; **B:** incorreta. No curso do inquérito, tanto a prisão temporária quanto a preventiva não podem ser decretadas de ofício; quanto à custódia preventiva, cabe (na verdade cabia) decretação de ofício tão somente na instrução processual (art. 311, CPP); no que toca à prisão temporária, sua decretação somente pode realizar-se no curso das investigações e mediante representação da autoridade policial ou a requerimento do MP (art. 2º da Lei 7.960/1989); não pode ser decretada de ofício. Hoje, com o advento da Lei 13.964/2019, que modificou o art. 311 do CPP e entrou em vigor no dia 23 de janeiro de 2020, é defeso ao juiz decretar de ofício a prisão preventiva em qualquer fase da persecução penal (investigação e ação penal); **C:** incorreta, na medida em que a prisão em flagrante, para ser realizada, prescinde de mandado judicial (art. 283, *caput*, do CPP). Atenção: a Lei 13.964/2019 alterou a redação do *caput* do art. 283 do CPP; **D:** incorreta (arts. 66 e 67 do CPP); **E:** correta (art. 339, CPP). ED

Gabarito "E"

(Cartório/ES – 2013 – CESPE) Considerando o entendimento dos tribunais superiores e o posicionamento doutrinário dominante em relação a ação civil, as nulidades processuais, ao *habeas corpus* e a citação do réu, assinale a opção correta.

(A) De acordo com a jurisprudência pacificada do STF, a declaração de nulidade de determinados atos independe da demonstração de prejuízo efetivo para a defesa ou a acusação, podendo a nulidade ser declarada por mera presunção.

(B) Não se admite o julgamento à revelia do acusado citado por edital, devendo o magistrado suspender o curso do processo, mas não do prazo prescricional, até que se obtenha êxito na citação pessoal do réu, seja com seu comparecimento em juízo, seja mediante a constituição de defensor.

(C) A parcela fixada na sentença condenatória estipulando valor mínimo para a reparação dos danos causados pelo réu quando do cometimento da infração constitui título executivo no juízo cível, podendo, em razão da sua liquidez, ser executada imediatamente.

(D) Entre outras hipóteses, o *habeas corpus* pode ser impetrado contra decisão condenatória a pena de multa e quando da tramitação de processos ou realização de inquéritos policiais relativos a infração penal para a qual a única pena cominada seja a pecuniária.

(E) No que se refere a existência do fato e a autoria, a decisão condenatória penal faz coisa julgada no juízo cível; no que concerne as causas de justificação da conduta, entretanto, somente produz efeitos preclusivos na instancia cível a sentença na qual se reconheça a ocorrência das excludentes de legitima defesa e(ou) do estado de necessidade.

A: incorreta, pois, em se tratando de *nulidade relativa*, em que o prejuízo não é presumido, é necessário, para se decretar a nulidade do ato, verificar se o mesmo gerou prejuízo. É o *princípio do prejuízo*, consagrado no art. 563 do CPP; **B:** incorreta. Na hipótese de o réu não ser encontrado, deverá o juiz determinar a sua citação por edital, depois de esgotados os meios disponíveis para a sua localização. Se o acusado, depois de citado por edital, não comparecer tampouco constituir defensor, o processo e o prazo prescricional ficarão, em vista da disciplina estabelecida no art. 366 do CPP, suspensos. Quanto ao período durante o qual o prazo prescricional deverá permanecer suspenso, prevalece o entendimento de que tal deverá ocorrer pelo interregno correspondente ao prazo máximo em abstrato previsto para o crime narrado na peça acusatória. A esse respeito, *vide* Súmula nº 415; **C:** correta, porque em conformidade com o que estabelecem os arts. 387, IV, do CPP e 475-N, II, do CPC; **D:** incorreta, pois não reflete o posicionamento constante da Súmula 693, do STF: "Não cabe *habeas corpus* contra decisão condenatória a pena de multa, ou relativo a processo em curso por infração penal a que a pena pecuniária seja a única cominada"; **E:** incorreta, pois não corresponde ao que estabelece o art. 65 do CPP.

Gabarito "C".

(Cartório/ES – 2013 – CESPE) Acerca da ação penal, dos sujeitos processuais, de seus assistentes e auxiliares, assinale a opção correta.

(A) Aplica-se aos indivíduos com idade entre dezoito e vinte e um anos, considerados relativamente incapazes no atual ordenamento jurídico brasileiro, a regra que prevê a participação de curador nos atos processuais a eles inerentes, em especial no interrogatório em juízo.

(B) Na hipótese de crime cometido por mais de um autor, se a ação penal for privada e condicionada a representação do ofendido, pode ele prestar queixa apenas contra um dos ofensores, ficando os demais dispensados de responder ao processo.

(C) Em se tratando de ações penais privadas e ações penais privadas subsidiarias das ações públicas, o prazo decadencial para o oferecimento da queixa-crime conta-se a partir do conhecimento da autoria, pelo ofendido ou seu representante legal.

(D) A pessoa jurídica, regularmente constituída, não detém legitimidade para figurar no polo ativo da ação em se tratando de crime de ação penal privada.

(E) Não há impedimento para que mais de um sucessor processual – o ofendido ou o seu representante legal, quando incapaz, ou na sua falta o cônjuge, ascendente, descendente ou irmão – se qualifique como assistente de acusação, desde que a atuação seja em conjunto.

A: incorreta, uma vez que, em face da modificação operada na redação do art. 5º do Código Civil pela Lei 10.792/03, que estabeleceu que a maioridade civil é alcançada aos dezoito anos (capacidade plena), a norma contida no art. 262 do CPP, que impunha que se desse curador ao acusado menor de vinte e um anos, foi tacitamente revogada. Aboliu-se, portanto, no âmbito do processo penal, a figura do curador ao menor de 21 anos; remanesce tal exigência, no entanto, não em razão da idade, mas, sim, quando o acusado for absolutamente incapaz, nos termos do art. 26, *caput*, do CP; **B:** incorreta, dado que, no âmbito da ação penal de iniciativa privativa do ofendido, "a queixa contra qualquer dos autores do crime obrigará ao processo de todos, e o Ministério Público velará pela sua indivisibilidade". É o princípio da indivisibilidade, consagrado no art. 48 do CPP; **C:** incorreta. Embora seja correto afirmar-se que o prazo decadencial, na ação privada exclusiva, tenha como termo inicial a data em que chegou ao conhecimento do ofendido a identidade do ofensor, é incorreto dizer-se que tal regra se aplica no âmbito da ação penal privada subsidiária da pública, visto que, neste caso, o termo inicial é representando pelo dia em que tem fim o prazo legal para o MP oferecer denúncia (art. 38, CPP); **D:** incorreta, na medida em que a pessoa jurídica dispõe, sim, de legitimidade, em determinados casos, para figurar no polo ativo da ação penal privada. Como exemplo podemos citar o caso em que a pessoa jurídica é vítima de calúnia (art. 139, CP) em razão da falsa imputação de crime contra o meio ambiente; **E:** correta. Conferir a lição de Guilherme de Souza Nucci, em comentário lançado ao art. 268 do CPP: "Existência de mais de um sucessor habilitado: ingressam todos, desde que respeitada a ordem prevista no art. 31 do Código de Processo Penal. Imagine-se um casal separado, cujo filho tenha sido assassinado. Não acordando a respeito de quem ingressará no polo ativo, como assistente de acusação, nada impede que o juiz admita tanto o pai, quanto a mãe, cada qual representado por um advogado diferente (...)" (*Código de Processo Penal Comentado*, 12ª ed., p. 608).

Gabarito "E".

(Cartório/ES – 2013 – CESPE) A respeito da competência e de questões e processos incidentes, assinale a opção correta de acordo com a legislação processual penal, a jurisprudência e a doutrina majoritária.

(A) Tanto a hipoteca legal quanto o arresto recaem sobre bens obtidos licitamente pelo autor do crime, diferentemente do que ocorre no caso do sequestro, medida assecuratória que atinge os bens moveis e imóveis do indiciado ou acusado adquiridos com o proveito da infração penal.

(B) Em se tratando de processo criminal, a exceção de suspeição não pode ser arguida contra membro do MP, porquanto a medida se aplica exclusivamente ao juiz suspeito, por ser ele considerado parcial. Julgada procedente a exceção, o juiz arcara com as custas do processo, nos casos de inescusável erro.

(C) Não sendo conhecido o local da infração praticada no território nacional, a competência será regulada pelo domicílio ou pela residência da vítima.

(D) A norma processual penal condiciona a instauração de incidente de insanidade mental do acusado a prévio requerimento do MP, do defensor, do curador, do ascendente, do descendente, do irmão ou do cônjuge.

(E) A competência para o processo de acusado de conduta classificada como contravenção penal contra bens da União e da justiça federal.

A: correta. De fato, o *arresto* e a *hipoteca legal* constituem medida cautelar cujo propósito é assegurar ao ofendido indenização pelo cometimento da infração penal. Recaem, pois, sobre bens adquiridos de forma lícita pelo autor do crime. Diferente é o *sequestro*, cujo objeto são os bens adquiridos com o *provento* da infração (lucro do crime, vantagem financeira obtida); **B:** incorreta, pois é admitida, sim, no âmbito do processo penal, a arguição de suspeição em relação ao representante do MP, porquanto a este se impõe, quer atue como parte, quer como fiscal da lei, o dever de agir com imparcialidade (art. 104 do CPP); **C:** incorreta, pois, na hipótese de o lugar da infração não ser conhecido, a competência será regulada em função do domicílio ou residência do réu, e não da vítima (art. 72, *caput*, do CPP); **D:** incorreta, na medida em que tal incidente pode também ser ordenado de *ofício* pelo juiz (art. 149, *caput*, do CPP); **E:** incorreta, dado que o art. 109, IV, primeira parte, da CF afasta a competência da Justiça Federal para o processamento e julgamento das contravenções penais, mesmo que praticadas em detrimento de bens, serviços ou interesse da União ou de suas entidades autárquicas ou empresas públicas. Súmula nº 38, STJ: "Compete à Justiça Estadual Comum, na vigência da Constituição de 1988, o processo por contravenção penal, ainda que praticada em detrimento de bens, serviços ou interesse da União ou de suas entidades".

Gabarito "A"

(Cartório/ES – 2013 – CESPE) Em relação aos processos especiais, aos prazos processuais e aos recursos em geral, assinale a opção correta.

(A) A revisão criminal, cujo pressuposto é a existência de sentença condenatória transitada em julgado, não é cabível contra decisão condenatória proferida pelo tribunal do júri, dada a soberania de seus veredictos.

(B) Em se tratando de processos de competência do tribunal do júri, na audiência de instrução e julgamento, devem-se ouvir, primeiramente, as testemunhas de acusação e, em seguida, as de defesa, sendo possível a inversão da ordem de inquirição mediante concordância das partes.

(C) A suspensão condicional do processo prevista na lei que disciplina o procedimento dos juizados especiais criminais pode ocorrer antes do oferecimento da denúncia.

(D) Tratando-se de recurso em sentido estrito, subirá nos próprios autos o recurso interposto contra a decisão que julgar procedente a exceção de suspeição.

(E) Diversamente do que ocorre em relação ao prazo penal, na contagem do prazo processual computa-se o dia do começo, excluindo-se o do vencimento.

A: incorreta. Prevalece, atualmente, tanto na doutrina quanto na jurisprudência, o entendimento de que a decisão condenatória definitiva do tribunal do júri pode ser revista em sede de revisão criminal. Argumenta-se que, neste caso, a liberdade deve prevalecer sobre a soberania dos veredictos. De toda sorte, trata-se de tema polêmico, que tem gerado intensos e acalorados debates na comunidade jurídica. Conferir "(...) A condenação penal definitiva imposta pelo Júri é passível, também ela, de desconstituição mediante revisão criminal, não lhe sendo oponível a cláusula constitucional da soberania do veredicto do Conselho de Sentença. Precedentes (...)" (HC 70193, Celso de Mello, STF.); **B:** correta. Desde que haja expressa concordância das partes, nada obsta que se inverta a ordem de inquirição das testemunhas: em vez de ouvir, em primeiro lugar, as de acusação e, depois, as de defesa, ouvem-se, por primeiro, as de defesa e, em seguida, as de acusação; **C:** incorreta, pois não há como suspender o processo que sequer foi iniciado. Por imposição do art. 89, *caput*, da Lei 9.099/1995, ao oferecer a denúncia, o promotor, se entender preenchidos os requisitos legais, ofertará a suspensão condicional do processo; **D:** incorreta. É que descabe recurso contra a decisão do juiz que acolhe a exceção de suspeição, remetendo os autos ao seu substituto legal (arts. 99 e 581, III, CPP); **E:** incorreta. A forma de contagem do prazo mencionada na assertiva refere-se ao prazo penal (art. 10 do CP), com a inclusão, no seu cômputo, do dia do começo e a exclusão do último dia; já no prazo processual, regulado pelo art. 798, § 1º, do CPP, o dia do começo não será computado, incluindo-se, no entanto, o do vencimento.

Gabarito "B"

(Cartório/ES – 2013 – CESPE) Acerca dos princípios processuais penais e das regras aplicáveis à ação penal, assinale a opção correta.

(A) Dado o princípio da ampla defesa, em se tratando de crimes funcionais, constitui nulidade absoluta a ausência de intimação do denunciado para oferecimento de resposta preliminar, independentemente de instrução por inquérito policial.

(B) O fato de o juiz, quando do interrogatório judicial, não advertir o réu de seu direito constitucional ao silêncio importa nulidade absoluta, por violação aos princípios da não autoincriminação e da ampla defesa.

(C) Dados os princípios do contraditório e da ampla defesa, constitui nulidade a ausência de intimação do denunciado para oferecer contrarrazões ao recurso interposto à rejeição da denúncia, ainda que lhe seja nomeado defensor dativo.

(D) O princípio da indisponibilidade da ação penal aplica-se tanto a ações penais privadas quanto a públicas.

(E) A aceitação do perdão fora do âmbito do processo deve constar de declaração assinada pelo querelado, por seu representante legal ou por procurador com poderes especiais, com firma reconhecida ou lavrada por instrumento público.

A: incorreta, pois, sendo a ação penal, no âmbito dos crimes funcionais afiançáveis, instruída por inquérito policial, desnecessária a resposta preliminar imposta pelo art. 514 do CPP, conforme entendimento firmado na Súmula nº 330 do STJ. Ainda que a inicial tivesse arrimo em outras peças de informação que não o inquérito policial, prevalece o entendimento de que a ausência de intimação do denunciado para oferecimento da resposta escrita constitui nulidade *relativa*, e não *absoluta*; **B:** incorreta, uma vez que se trata de nulidade relativa. Nesse sentido: "*Habeas Corpus*. Impetração substitutiva de recurso especial. Impropriedade da via eleita. Estupro. Condenação. Interrogatório. Art. 186 do CPP. Nulidade relativa. Preclusão e ausência de prejuízo. Dosimetria da pena. *Reformatio in pejus*. Ilegalidade patente. Não conhecimento. Ordem de ofício (...) Esta Corte já decidiu que a existência de irregularidade na advertência feita por ocasião do interrogatório, conforme anterior redação do art. 186 do Código de Processo Penal, é causa de nulidade relativa, cuja declaração depende de oportuna alegação e de demonstração do prejuízo. Hipótese em que a matéria não foi suscitada oportunamente e não foi demonstrado o prejuízo (...)" (HC 201002024949, Maria Thereza de Assis Moura, STJ – Sexta T., *DJE* 22/08/2013); **C:** correta, porquanto em conformidade com o entendimento firmado na Súmula nº 707, STF: "Constitui nulidade a falta de intimação do denunciado para oferecer contrarrazões ao recurso interposto da rejeição da denúncia, não a suprimindo a nomeação de defensor dativo"; **D:** incorreta, na medida em que o *princípio da indisponibilidade* – art. 42, CPP – é exclusivo da ação penal pública; a *ação penal privada*, ao contrário, é regida pelo *princípio da disponibilidade*, uma vez que pode o seu titular desistir de prosseguir na demanda por ele ajuizada bem assim do recurso que houver interposto; **E:** incorreta. O art. 59 do CPP não exige que o documento que materializar a aceitação do perdão contenha firma reconhecida ou seja lavrado por instrumento público.

Gabarito "C"

(Cartório/ES – 2013 – CESPE) No que se refere a provas e questões e processos incidentes, assinale a opção correta.

(A) O exame de corpo de delito, assim como as citações e as intimações, só pode ser realizado durante o dia.

(B) A hipoteca legal sobre os imóveis do réu somente poderá ser requerida após a audiência de instrução e se restarem confirmadas, nessa audiência, a materialidade e a autoria.

(C) Para formar sua convicção, o juiz pode apreciar livremente a prova produzida em contraditório judicial, mas não pode embasar-se nos elementos informativos colhidos durante a investigação policial.

(D) Arguida, por escrito, a falsidade do documento constante dos autos, o juiz deverá mandar autuar em apartado a impugnação e, em seguida, ouvir a parte contrária, que deverá oferecer resposta em até quarenta e oito horas, não podendo o magistrado proceder à verificação da falsidade de ofício, sob pena de suspeição.

(E) O exame de corpo de delito e outras perícias devem ser realizados por perito oficial, portador de diploma de curso superior, devendo, na falta de perito oficial, ser realizados por duas pessoas idôneas, portadoras de diploma de curso superior, preferencialmente na área específica, entre as que tiverem habilitação técnica vinculada à natureza do exame.

A: incorreta, dado que tanto o exame de corpo de delito (art. 161, CPP) quanto as citações e intimações podem realizar-se a qualquer hora do dia, observado, quanto à citação e intimação, o disposto no art. 5º, XI, da CF; **B:** incorreta, uma vez a hipoteca legal, como deixa claro o art. 134 do CPP, pode realizar-se tanto na fase de inquérito quanto no curso do processo (em qualquer fase), bastando, para tanto, a existência de prova de que o crime ocorreu (o dispositivo legal fala em *certeza*, o que, a nosso ver, é impróprio) e indícios suficientes de autoria; **C:** incorreta. É fato que o juiz pode apreciar livremente a prova produzida em contraditório judicial, conforme se extrai do art. 155, *caput*, do CPP. Mas não é verdade que ao juiz é vedado embasar-se, também, nos elementos informativos colhidos na fase pré-processual. O que não se admite é que o juiz forme seu convencimento com base unicamente nos elementos colhidos na fase investigativa; **D:** incorreta, na medida em que ao juiz é dado, sim, ordenar, de ofício, que se proceda à verificação da falsidade (art. 147, CPP); **E:** correta. Com a nova redação dada ao art. 159 do CPP pela Lei de Reforma 11.690/08, a perícia será levada a efeito por *um* perito oficial portador de diploma de curso superior (antes eram dois). À falta deste, determina o § 1º do art. 159 que o exame seja feito por duas pessoas idôneas, detentoras de diploma de curso superior preferencialmente na área específica, dentre aquelas que tiverem habilitação técnica relacionada com a natureza do exame.

Gabarito "E"

(Cartório/PI – 2013 – CESPE) A respeito de provas e prisões no processo penal, assinale a opção correta.

(A) A comunicação relativa aos atos processuais referentes ao ingresso e a saída do acusado da prisão deve ser requerida pelo ofendido ao juiz, a quem caberá analisar e autorizar o requerimento.

(B) A prisão preventiva poderá ser decretada em caso de crime que envolva violência doméstica e familiar contra a mulher, desde que punível com pena privativa de liberdade superior a quatro anos, de modo a garantir-se a execução de medidas projetivas de urgência.

(C) Inadmissível a concessão de liberdade provisória com outras medidas cautelares, quando ausentes os requisitos que autorizam a decretação da prisão preventiva.

(D) As provas obtidas por meio de interceptação telefônica durante inquérito policial não violam o princípio do contraditório, uma vez postergado para a ação penal porventura deflagrada.

(E) Concluídas as investigações, se o inquérito policial carecer dos elementos necessários ao esclarecimento da identidade do indiciado, caberá ao MP representar em favor da decretação de prisão temporária do agente por cinco dias, prorrogáveis por mais cinco.

A: incorreta, dado que a comunicação a que se refere o enunciado prescinde de pedido formulado pelo ofendido ao juiz (art. 201, § 2º, CPP); **B:** incorreta, na medida em que o emprego da custódia preventiva, no contexto da violência doméstica, independe do máximo de pena abstratamente previsto para a infração penal que dá azo à investigação ou processo (art. 313, III, do CPP); **C:** incorreta. Conferir: "*Habeas corpus* – Receptação – Pretendida a revogação da prisão preventiva – Alegação de ausência dos requisitos da prisão preventiva – Tese acolhida – Benefício da liberdade provisória concedido ao paciente – Cumulação com medidas cautelares diversas da prisão – Ordem concedida. 1. Não há falar em decretação da prisão preventiva se a situação concreta não estiver inserida em uma das hipóteses do art. 313 do CPP. 2.Nos termos do art. 321, do Código de Processo Penal, ausentes os requisitos legais necessários ao embasamento da prisão preventiva, o magistrado deverá conceder o benefício da liberdade provisória, impondo, se for o caso, medidas cautelares diversas da prisão. 3.As medidas cautelares, expressamente previstas no art. 319, do Código de Processo Penal, funcionam como substitutivas da custódia, e sua imposição deve obedecer à disposição legislativa do art. 282, do CPP, vale dizer, ao binômio necessidade/adequação" (TJMS – *Habeas Corpus* HC 14058696120148120000 MS, *DJ* 10.06.2014); **D:** correta. É o chamado contraditório diferido; **E:** incorreta. Concluídas as investigações do inquérito e não sendo possível apontar-se, à míngua de indícios de autoria, o autor da infração penal, deve o inquérito ser relatado e remetido a juízo; se entender que seja o caso, o representante do *parquet* requererá ao juiz o arquivamento do inquérito.

Gabarito "D"

(Escrivão de Polícia/BA – 2013 – CESPE) Acerca da perícia médico-legal, dos documentos legais relacionados a essa perícia e da imputabilidade penal, julgue os itens a seguir.

(1) No foro penal, solicitam-se ao médico perito relatórios a respeito de vítima, indiciado, testemunha e até mesmo de jurado. No caso do indiciado, o exame pode estar relacionado à verificação de imputabilidade.

(2) Denomina-se perito o técnico especializado na realização de exames em vestígios materiais relacionados à ocorrência de fato delituoso; no caso de exame a ser realizado em pessoas, o perito indicado é o médico-legista.

1: certa. No âmbito penal, tanto vítima, quanto indiciado, testemunha e até mesmo jurado podem ser submetidos a avaliações periciais. No caso da vítima, há várias hipóteses em que é necessária a sua submissão a exame pericial, como, por exemplo, a que sofre estupro para colheita de sêmen para identificação do autor do delito; a de homicídio, que é submetida a exame necroscópico etc. O indiciado também pode ser submetido a alguns exames médico-legais, como, por exemplo, o de corpo de delito, quando de sua prisão, exame para comparação com material colhido da vítima para confirmação de sua identidade e, um dos principais, quando existirem dúvidas quanto à higidez mental para constatação de sua imputabilidade penal. Por sua vez, o jurado poderá ser avaliado pericialmente para constatação de sua capacidade; **2**: certa. O art. 54 da Lei 11.370/2009, do Estado da Bahia, estabelece as atribuições dos peritos criminais, que são aquelas relacionadas a exames em objetos, enquanto que o art. 55 desta mesma lei elenca as atribuições dos médico-legistas, que são as que envolvem exames em pessoas.

Gabarito 1C, 2C

(Escrivão de Polícia/BA – 2013 – CESPE) Em relação ao processo penal e à legislação pertinente, julgue os itens que se seguem.

(1) Na hipótese de o Ministério Público (MP) perder o prazo legal para oferecer denúncia pelo crime de roubo, a vítima poderá propor queixa-crime em juízo e mover ação penal privada subsidiária da pública no prazo de seis meses, tornando-se o ofendido titular da ação; o membro do MP reassumirá a ação somente em caso de negligência.

(2) A intervenção do ofendido é admitida na ação penal pública ou privada, podendo ele habilitar-se como assistente de acusação desde o inquérito policial e, se for o caso, acompanhar a execução da pena.

(3) A vítima que representa perante a autoridade policial queixa de crime de ação penal pública condicionada pode retratar-se até a prolação da sentença condenatória pelo juiz.

(4) A prisão temporária é medida excepcional, cautelar e provisória, cabível apenas durante o inquérito policial e por prazo determinado, de modo que, esgotado o lapso temporal previsto em lei, o preso deve ser posto imediatamente em liberdade.

1: correta. No âmbito da ação penal privada subsidiária, que terá lugar na hipótese em que restar configurada a inércia do MP, o ofendido (neste caso, a vítima do crime de roubo) ou seu represente legal dispõe do prazo decadencial de seis meses para oferecer a queixa-crime, a contar do dia em que tem fim o prazo para o oferecimento da denúncia pelo MP (art. 38, parte final, do CPP), ao qual – é importante que se diga – não se submete o órgão acusatório, que poderá, diante da negligência do querelante e a qualquer tempo, desde que antes da prescrição, recobrar a ação e oferecer a denúncia; **2**: incorreta. Não há que se falar em assistência no curso do inquérito policial, procedimento inquisitivo em que não há sequer acusação. A admissão do assistente somente poderá ser dar na ação penal pública (não cabe na privada – art. 268 do CPP), a partir do recebimento da denúncia e enquanto não passar em julgado a sentença (art. 269, CPP); **3**: incorreta, uma vez que, por expressa previsão do art. 25 do CPP, a representação, na ação penal pública a ela condicionada, poderá ser retratada até o *oferecimento* da denúncia; é irretratável, portanto, a partir do recebimento até a prolação da sentença condenatória; **4**: correta. Não é por outra razão que se diz que a ordem de prisão temporária contém o chamado "comando implícito de soltura". É que, passados os 5 dias de custódia, o investigado deverá ser imediatamente posto em liberdade pela autoridade policial, sem a necessidade de alvará de soltura a ser expedido pelo juiz que decretou a prisão. Evidente que permanecerá custodiado o investigado que contra si for prorrogada a prisão temporária ou mesmo expedido mandado de prisão preventiva. É o que estabelece o art. 2º, § 7º, da Lei 7.960/1989.

Gabarito 1C, 2E, 3E, 4C

(Polícia Rodoviária Federal – 2013 – CESPE) No que concerne as disposições preliminares do Código de Processo Penal (CPP), ao inquérito policial e a ação penal, julgue os próximos itens.

(1) Tratando-se de lei processual penal, não se admite, salvo para beneficiar o réu, a aplicação analógica.

(2) Após regular instrução processual, mesmo que se convença da falta de prova de autoria do crime que inicialmente atribuir ao acusado, não poderá o Ministério Publico desistir da ação penal.

(3) O Ministério Público pode oferecer a denúncia ainda que não disponha do inquérito relatado pela autoridade policial.

(4) É condicionada à representação da vítima a ação penal por crime de dano praticado contra ônibus de transporte coletivo pertencente a empresa concessionária de serviço público.

1: incorreta, dado que a lei processual penal comporta, sim, *aplicação analógica*, conforme preceitua o art. 3º do CPP. Conferir: "É possível haver condenação em honorários advocatícios em ação penal privada. Conclusão que se extrai da incidência dos princípios da sucumbência e da causalidade, o que permite a aplicação analógica do art. 20 do Código de Processo Civil, conforme previsão constante no art. 3º do Código de Processo Penal" (STJ, 6ª T., AGRESP 1218726, rel. Min. Sebastião Reis Júnior, *DJ* 22.02.2013); **2**: correta. É verdade que é vedado ao MP, a partir do oferecimento da denúncia, desistir da ação penal proposta (art. 42, CPP). Agora, nada obsta que o órgão acusatório, se entender, ao cabo da instrução processual, que as provas produzidas são insuficientes para autorizar um decreto condenatório, peça a absolvição do acusado, que poderá, no entanto, ser condenado (art. 385, CPP); **3**: correta. Isso porque o inquérito policial, como bem sabemos, é *dispensável*, *prescindível* ao exercício da ação penal (art. 12, CPP). Assim sendo, o titular da ação penal, neste caso o promotor, poderá, com muito mais razão, se entender que o inquérito reúne elementos informativos suficientes, ajuizar a ação penal, ainda que as investigações, ao juízo da autoridade policial, não tenham sido concluídas; **4**: incorreta, na medida em que a ação penal, neste caso, é pública *incondicionada*, não dependendo o MP, por conta disso, de qualquer manifestação de vontade da vítima. É o que se extrai dos arts. 163, parágrafo único, III, 167, do CP e 24, § 2º, do CPP.

Gabarito 1E, 2C, 3C, 4E

(Agente de Polícia Federal – 2012 – CESPE) Ainda com base no direito processual penal, julgue os itens a seguir.

(1) De acordo com o sistema processual penal brasileiro, qualquer pessoa poderá ser testemunha e a ninguém que tenha conhecimento dos fatos será dado o direito de se eximir da obrigação de depor, com exceção das pessoas proibidas de depor porque, em razão de função, ministério, ofício ou profissão, devam guardar segredo, salvo se desobrigadas pela parte interessada, e dos doentes e deficientes mentais e menores de quatorze anos de idade.

(2) Considere que, no curso de investigação policial para apurar a prática de crime de extorsão mediante sequestro contra um gerente do Banco X, agentes da Polícia Federal tenham perseguido os suspeitos, que fugiram com a vítima, por dois dias consecutivos. Nessa situação, enquanto mantiverem a privação da liberdade da vítima, os suspeitos poderão ser presos em flagrante, por se tratar de infração permanente.

(3) A prisão preventiva, admitida nos casos de crimes dolosos punidos com pena privativa de liberdade máxima superior a quatro anos, pode ser decretada em qualquer fase da persecução penal, desde que haja prova da existência do crime e indício suficiente de autoria.

(4) A legislação processual obsta a decretação da prisão preventiva e temporária no caso de o acusado apresentar-se espontaneamente em juízo ou perante a autoridade policial, prestar declarações acerca dos fatos apurados e entregar o passaporte, assim como no caso de o juiz verificar, pelas provas constantes dos autos, que o agente praticou o fato em estado de necessidade, legítima defesa ou no estrito cumprimento do dever legal.

1: errada, pois o art. 206 do CPP prevê que poderão recusar-se a depor o ascendente ou descendente, o afim em linha reta, o cônjuge, ainda que desquitado, o irmão e o pai, a mãe, ou o filho adotivo do acusado, salvo quando não for possível, por outro modo, obter-se ou integrar-se a prova do fato e de suas circunstâncias. Os doentes e deficientes mentais, bem como os menores de 14 (quatorze) anos até poderão prestar depoimento, mas não prestarão compromisso de dizer a verdade. Assim, caso mintam, não serão responsabilizadas por falso testemunho (art. 342 do CP); **2**: correta. De fato, nos crimes permanentes, entende-se o agente em flagrante delito enquanto não cessar a permanência (art. 303 do CPP). Assim, dado que o crime de extorsão mediante sequestro é considerado permanente, tendo em vista que sua consumação se prolonga no tempo enquanto a vítima estiver com sua liberdade privada, mesmo que não houvesse perseguição policial, a flagrância persistiria, admitindo-se a prisão dos sequestradores a qualquer momento; **3**: correta. De fato, em qualquer fase do inquérito policial ou da instrução criminal, caberá a prisão preventiva decretada pelo juiz, que só poderá (na verdade podia) fazê-lo de ofício na fase da ação penal, dependendo de provocação se na fase inquisitiva. Ainda, é verdade que somente será admitida a prisão preventiva para os crimes dolosos punidos com pena privativa de liberdade superior a 4 (quatro) anos (art. 313, I, do CPP), desde que haja prova da existência do crime e indício suficiente de autoria (art. 312, *caput*, parte final, do CPP). Nos dias atuais, como bem sabemos, ao juiz é vedado decretar de ofício a prisão preventiva em qualquer fase da persecução penal (art. 311 do CPP, alterado pela Lei 13.964/2019); **4**: errada, pois a apresentação espontânea não é circunstância que impeça a decretação de prisão temporária ou preventiva. Antes do advento da Lei 12.403/2011, a redação original do art. 317 do CPP era no sentido de que a apresentação espontânea do acusado à autoridade não impedia a decretação da prisão preventiva. Com base nesse dispositivo, dizia-se que não seria possível a prisão em flagrante em caso de apresentação espontânea do agente, visto que ausente tal situação de flagrância nas hipóteses do art. 302 do CPP. Porém, tal proceder do agente não afastava a possibilidade de prisão preventiva (e, também, temporária). Com relação à existência de alguma causa excludente da ilicitude, de fato, a prisão preventiva em nenhum caso será decretada se o juiz verificar pelas provas constantes dos autos ter o agente praticado o fato nas condições previstas no art. 23 do CP (estado de necessidade, legítima defesa, estrito cumprimento de dever legal e exercício regular de direito). ED

Gabarito 1E, 2C, 3C, 4E

(Defensor Público/BA – 2010 – CESPE) Julgue os próximos itens, relativos aos recursos, às ações autônomas de impugnação e ao sistema de combate à violência doméstica e familiar.

(1) Entre as medidas protetivas de urgência previstas no sistema de combate à violência doméstica e familiar contra a mulher, inclui-se a decretação da prisão preventiva, devendo a vítima ser notificada caso o agressor seja preso ou saia da prisão. Havendo pedido de retratação da representação ofertada, o juiz, antes de receber a denúncia, deve designar audiência especial com tal finalidade.

(2) O prazo para interposição do recurso em sentido estrito, em qualquer das hipóteses taxativas previstas, será de cinco dias, contado da intimação pessoal, e em dobro quando o recorrente for defensor público.

1: correta – arts. 20, *caput*, e 21, *caput*, da Lei 11.340/06 (Lei Maria da Penha); **2**: incorreta, nos termos do art. 586, parágrafo único, do CPP.

Gabarito 1C, 2E

(Defensor Público/BA – 2010 – CESPE) Em cada um dos itens seguintes, é apresentada uma situação hipotética seguida de uma assertiva a ser julgada a respeito da aplicação do direito processual penal.

(1) Roger, servidor público estadual, e Rafael, autônomo, praticaram, em concurso de agentes, crime afiançável contra a administração pública. A apuração dos fatos, feita em processo administrativo disciplinar, resultou na demissão do servidor, por grave falta administrativa. Encaminhada cópia autêntica do processo administrativo disciplinar ao MP, este, de pronto, ofertou denúncia contra os acusados.

Nessa situação, tanto Roger quanto Rafael devem ser notificados para a apresentação de resposta à acusação, antes do recebimento da denúncia.

(2) Leôncio, maior, capaz, motorista profissional, desferiu, após uma partida de futebol, golpes de faca em Jairo, causando-lhe lesões corporais graves. Em razão desses fatos, o agente foi processado, tendo atuado em sua defesa um defensor público do estado da Bahia e, apesar do empenho da defesa técnica, o réu foi condenado. Nessa situação, ao prolatar a sentença condenatória, resta vedado ao juiz fixar valor mínimo para a reparação dos danos causados pelo crime, ainda que existam elementos nos autos que o justifiquem, visto que o réu foi assistido pela DP.

1: incorreta, visto que a *defesa preliminar* a que faz menção o art. 514 do CPP constitui prerrogativa exclusiva do funcionário público, não sendo extensível, por isso, ao particular que com ele tenha agido na qualidade de coautor ou partícipe; **2:** incorreta, pois, em conformidade com o que preceitua o art. 387, IV, do CPP, pode o juiz, ao proferir sentença condenatória, fixar *valor mínimo* para reparação dos danos causados pela infração.

Gabarito 1E, 2E

(Defensor Público/ES – 2012 – CESPE) Acerca da competência, das questões e processos incidentes e da prova, julgue os itens subsequentes.

(1) Caracteriza-se como imprópria a confissão judicial produzida perante autoridade judicial incompetente para o deslinde do processo criminal em curso.

(2) Suponha que Fred, Mauro e Roberto sejam denunciados por furto simples, sem qualquer liame subjetivo entre os agentes, em feitos separados e por suposta participação em saque a um supermercado. Nessa situação hipotética, por disposição expressa do CPP, há necessidade de *simultaneus processus* em face da presença da conexão intersubjetiva por simultaneidade.

1: correta. A *confissão judicial*, que é aquela produzida diante do magistrado, pode ser *própria* ou *imprópria*. A primeira deve ser entendida como a produzida diante da autoridade judicial que detém competência para o processamento e julgamento da causa; já a segunda, confissão judicial imprópria, é aquela realizada diante de magistrado incompetente para o julgamento da causa; **2:** correta, pois corresponde ao que estabelece o art. 76, I, primeira parte, do CPP: "se, ocorrendo duas ou mais infrações penais, houverem sido praticadas, ao mesmo tempo, por várias pessoas reunidas (...)". Exemplo sempre lembrado pela doutrina é aquele em que diversos torcedores, que não se conhecem, invadem o campo para agredir os jogadores e o árbitro. Os agentes, nesta modalidade de conexão, reúnem-se ocasionalmente, sem ajuste prévio. Os fatos se dão no mesmo contexto de tempo em lugar.

Gabarito 1C, 2C

(Procurador Federal – 2010 – CESPE) No que concerne a citação, sentença e aplicação provisória de interdições de direitos e medidas de segurança, julgue os seguintes itens.

(1) O juiz não pode aplicar, ainda que provisoriamente, medida de segurança no curso do inquérito policial.

(2) É cabível a citação por hora certa no processo penal, desde que o oficial de justiça verifique e certifique que o réu se oculta para não ser citado. Nessa situação, para que se complete a citação com hora certa, o escrivão deve enviar ao réu carta, telegrama ou radiograma, dando-lhe ciência de tudo.

(3) O juiz não pode, caso o réu tenha respondido ao processo solto, impor prisão preventiva quando da prolação da sentença penal condenatória.

1: correta – a aplicação de medida de segurança pressupõe o devido processo legal; **2:** correta – art. 362 do CPP; **3:** incorreta – art. 387, parágrafo único, do CPP

Gabarito 1C, 2C, 3E

(Analista – TRE/MT – 2010 – CESPE) No que concerne à ação penal, às provas, à prisão, à liberdade provisória e às citações, assinale a opção correta.

(A) O MP poderá desistir da ação penal, desde que verifique estarem ausentes os pressupostos relativos à justa causa.

(B) A renúncia ao exercício do direito de queixa é ato personalíssimo e, como tal, não se estende a todos os autores do crime, quando formulada somente em relação a um deles.

(C) Diferentemente do que ocorre no processo civil, no processo penal, em o caso de perícia, não há a previsão, no Código de Processo Penal (CPP), de formulação de quesitos e indicação de assistente técnico pelas partes.

(D) A autoridade policial somente poderá conceder fiança ao indiciado preso em flagrante nos casos de infração punida com detenção; nos demais casos, a fiança dependerá de ordem judicial.

(E) Se o acusado, citado por edital, não comparecer, nem constituir advogado, ficarão suspensos o processo e o curso do prazo prescricional, podendo o juiz determinar a produção antecipada das provas consideradas urgentes e, se for o caso, decretar prisão preventiva.

A: incorreta – a ação penal pública é indisponível, na medida em que, uma vez proposta, é defeso ao Ministério Público dela desistir, nos exatos termos do art. 42 do CPP; **B:** incorreta – art. 49 do CPP; **C:** incorreta – art. 159, § 3º, do CPP; **D:** incorreta – art. 322 do CPP; **E:** correta – a assertiva corresponde à redação do art. 366 do CPP. *Vide*, a esse respeito, a Súmula nº 415 do STJ, que trata do período durante o qual deve durar a suspensão do prazo prescricional.

Gabarito "E"

(Analista – TRE/RJ – 2012 – CESPE) Em relação às nulidades, aos recursos e à execução penal, julgue os itens subsecutivos.

(1) É inexigível a instauração de procedimento administrativo disciplinar para o reconhecimento de falta grave cometida por condenado durante o cumprimento de pena privativa de liberdade; contudo, é indispensável a realização de audiência de justificação, na qual devem ser observados os princípios da ampla defesa e do contraditório, sob pena de nulidade absoluta.

(2) A intimação pessoal do réu que estiver preso faz-se necessária em relação às decisões que lhe forem desfavoráveis em primeiro e segundo grau de jurisdição, mas não em relação às das instâncias superiores.

1: correto. Nesse sentido: STJ, HC 177.248/RS, 5.ª T., rel. Min. Gilson Dipp, j. 28.06.2011; **2:** incorreto. A regra estabelecida no art. 392 do CPP somente tem incidência no âmbito das sentenças proferidas em primeiro grau de jurisdição. Não se aplica, portanto, a decisões prolatadas pelos tribunais que têm, acerca deste tema, regramento específico. Nesse sentido já decidiu o STJ: HC 33.163/AC, 5ª T., rel. Min. Arnaldo Esteves Lima, j. 09.08.2007.

Gabarito 1C, 2E

(Analista – TJ/ES – 2011 – CESPE) Julgue os próximos itens, relativos ao processo penal.

(1) O exame de corpo de delito bem como outras perícias devem ser realizados por dois peritos oficiais, portadores de diploma de curso superior; na falta desses peritos, o exame deverá ser realizado por duas pessoas idôneas, portadoras de diploma de curso superior, preferencialmente em área específica.

(2) O princípio da obrigatoriedade é mitigado em infrações de menor potencial ofensivo, uma vez que, nesses casos, há possibilidade de oferta de transação penal.

(3) Via de regra, em crimes de atribuição da polícia civil estadual, caso o indiciado esteja preso, o prazo para a conclusão do inquérito será de quinze dias, podendo ser prorrogado; e caso o agente esteja solto, o prazo para a conclusão do inquérito será de trinta dias, podendo, também, ser prorrogado.

(4) Caso diversas infrações sejam praticadas por diversas pessoas, umas contra as outras, configurar-se-á conexão intersubjetiva por reciprocidade.

1: incorreta – a redação anterior do art. 159 do CPP estabelecia que a perícia fosse realizada por *dois* profissionais. Atualmente, com a modificação implementada na redação do dispositivo pela Lei 11.690/2008, a perícia será levada a efeito por *um* perito oficial portador de diploma de curso superior. À falta deste, determina o § 1º do art. 159 que o exame seja feito por duas pessoas idôneas, detentoras de diploma de curso superior preferencialmente na área específica, dentre aquelas que tiverem habilitação técnica relacionada com a natureza do exame; **2:** assertiva correta (art. 76, Lei 9.099/1995); **3:** incorreta – o prazo a que se refere o art. 10, *caput*, do CPP (10 dias), dentro do qual o inquérito deve ser concluído, se preso estiver o indiciado, não comporta dilação; admitirá dilação tão somente o prazo de 30 dias em que deverá terminar o inquérito caso o indiciado esteja solto (art. 10, § 3º, do CPP). Atenção: o art. 3º-B, VIII, do CPP, introduzido pela Lei 13.964/2019, estabelece ser uma das atribuições do juiz das garantias a prorrogação do prazo do inquérito policial, estando o investigado preso, desde que em face de representação formulada pela autoridade policial. O art. 3º-B, § 2º, do CPP, por sua vez, reza que tal prorrogação do prazo do IP, em que o investigado esteja preso, pode se dar por até 15 dias, uma única vez. Vale lembrar que esses dois dispositivos, por fazerem parte do regramento do juiz das garantais, estão com a sua eficácia suspensa por decisão cautelar do STF. A matéria deve ser apreciada pelo Plenário do Tribunal; **4:** correta – art. 76, I, do CPP. ED

Gabarito 1E, 2C, 3E, 4C

19. DIREITO EMPRESARIAL

Fernando Castellani, Henrique Subi e Robinson Barreirinhas*

1. TEORIA GERAL

1.1. EMPRESA, EMPRESÁRIO, CARACTERIZAÇÃO E CAPACIDADE

(Auditor Fiscal - SEFAZ/RS - 2019 - CESPE/CEBRASPE) Entre as pessoas físicas que estejam em pleno gozo da capacidade civil e às quais a legislação não impeça de exercer a atividade de empresário estão incluídos os

(A) magistrados e membros do Ministério Público.
(B) estrangeiros naturalizados há mais de cinco anos para sociedades que desenvolvam atividade de radiodifusão sonora e de sons e imagens.
(C) emancipados.
(D) parlamentares federais, no caso de sociedade que goze de favor do poder público.
(E) falidos não reabilitados.

A: incorreta. Os juízes e promotores são impedidos de exercer qualquer outro cargo ou função, salvo uma de magistério (art. 95, parágrafo único, I, da CF); **B:** incorreta. Para exercer tal empresa, o estrangeiro deve estar naturalizado há mais de 10 anos (art. 222 da CF); **C:** correta. Como o menor emancipado está no pleno gozo de sua capacidade civil, é livre para exercer empresa, desde que não esteja legalmente impedido por outro motivo (art. 972 do CC); **D:** incorreta. A vedação consta do art. 54, I, "b", da CF; **E:** incorreta, a proibição consta do art. 102 da Lei de Falências. HS

Gabarito "C"

Amélia, casada sob o regime de comunhão universal de bens, exerce empresa na qualidade de empresária individual. Ela pretende formalizar a colaboração de seu filho, maior de idade, que a ajuda informalmente, tornando-o sócio. Uma vez em sociedade, pretende instituir filial em cidade vizinha sujeita à jurisdição de outro registro público de empresas mercantis. Para tanto, planeja vender um imóvel que integra o patrimônio da empresa. Contudo, Amélia desconhece os requisitos legais para essas providências.

(Defensor Público - DPE/DF - 2019 - CESPE/CEBRASPE) Considerando essa situação hipotética, julgue os seguintes itens.

(1) Amélia não necessita de prévia outorga conjugal para vender o imóvel pertencente à empresa.
(2) Para Amélia admitir o seu filho como sócio, basta que ela solicite ao registro público de empresas mercantis a transformação do registro de empresária individual para o registro de sociedade empresária, cumprindo as regras pertinentes.
(3) Para instituir filial em cidade vizinha sujeita à jurisdição de outro registro público, Amélia deverá inscrever tal filial neste registro, com a prova da inscrição originária, e averbar a constituição da filial no registro público de empresas mercantis da sede empresarial.

1: correta, nos termos do art. 978 do CC; **2:** correta, nos termos do art. 968, § 3º, do CC; **3:** correta, nos termos do art. 969 do CC. HS

Gabarito: 1C, 2C, 3C

(Delegado - PC/SE - 2018 - CESPE/CEBRASPE) A respeito das condições para o exercício de atividade comercial, julgue os itens subsequentes.

(1) O incapaz é impedido de iniciar atividade empresarial individual, mas poderá, excepcionalmente, ser autorizado a dar continuidade a atividade empresária preexistente.
(2) Condenado por crime falimentar não pode se registrar na junta comercial como empresário individual, mas pode figurar como sócio de responsabilidade limitada, desde que sem poderes de gerência ou administração.
(3) É vedado transformar registro de empresário individual em registro de sociedade empresária.

1: correta, nos termos do art. 974 do CC; **2:** correta, nos termos do art. 1.011 do CC. Anote-se, porém, crítica à redação da alternativa, porquanto o condenado por crime falimentar tem sua reabilitação empresarial concedida após 10 anos, contados do encerramento da falência. Ou seja, passado este prazo ele pode se inscrever como empresário, mas a limitação temporal não está expressa no enunciado; **3:** incorreta, a conversão é possível nos termos do art. 968, §3º, do CC. HS

Gabarito 1C, 2C, 3E

(Defensor Público/AL – 2017 – CESPE) Assinale a opção que apresenta a denominação dada a pessoa capaz ordenada ao exercício profissional de atividade economicamente organizada para a produção ou a circulação de bens ou serviços.

(A) sociedade anônima
(B) sociedade limitada
(C) empresa
(D) empreendedor
(E) empresário

O enunciado traz o conceito de empresário (art. 966 do CC). HS

Gabarito "E"

(Procurador do Estado/SE – 2017 – CESPE) Com relação ao empresário e aos prepostos, assinale a opção correta de acordo com a legislação pertinente.

(A) A inscrição do empresário na junta comercial é requisito para a sua caracterização.
(B) A lei prevê cobrança de multa do incapaz que exercer diretamente atividade própria de empresário.
(C) O gerente de empresa poderá delegar poderes de representação, uma vez que as prerrogativas a ele conferidas, embora pessoais, são transferíveis.
(D) No exercício de suas funções, os prepostos são pessoalmente responsáveis, perante terceiros, pelos atos culposos.
(E) O empresário casado pode alienar os bens imóveis que integram o patrimônio da empresa sem outorga conjugal.

A: incorreta. A inscrição do empresário individual é requisito para sua regularidade. A atividade é empresária se cumprir os requisitos do art. 966 do CC, ainda que exercida de forma irregular; **B:** incorreta. Não há qualquer previsão nesse sentido; **C:** incorreta. Apenas com autorização escrita o preposto pode fazer-se substituir no exercício de suas funções (art. 1.169 do CC); **D:** incorreta. Respondem apenas pelos atos dolosos perante terceiros (art. 1.177 do CC); **E:** correta, nos termos do art. 978 do CC. HS

Gabarito "E"

(Delegado/PE – 2016 – CESPE) A respeito de estabelecimento empresarial, aviamento e clientela, assinale a opção correta.

(A) Estabelecimento empresarial corresponde a um complexo de bens corpóreos organizados ao exercício de determinada empresa.
(B) O estabelecimento empresarial não é suscetível de avaliação econômica e, por consequência, não pode ser alienado.

* **Fernando Castellani** comentou as questões de Juiz Federal, MPF, Juiz/BA/12, Juiz/CE/12, Juiz/PA/12, Juiz/ES/11, Juiz/PI/11, MP/PI/12, MP/RR/12, MP/TO/12, MP/RN/09; **Henrique Subi** comentou as questões de Advocacia de Empresas Estatais, Autarquias e Agências Reguladoras, Juiz/DF/16, Juiz/AM/16, Procurador do Estado/16, JuizMP/PI/14, Cartório/DF/14, Defensoria/DF/13, Cartório/PI/13, Cartório/RR/13, Procurador Município/Natal/08; **Robinson Barreirinhas** comentou as questões de Defensoria, Delegado, Cartório e demais questões dos concursos de Procuradoria, Magistratura e MP; **Henrique Subi** e **Robinson Barreirinhas** comentaram as questões da OAB.

(C) Aviamento refere-se à aptidão que determinado estabelecimento empresarial possui para gerar lucros.
(D) De acordo com a doutrina, aviamento e clientela são sinônimos.
(E) Na legislação vigente, não há mecanismos de proteção legal à clientela.

A: incorreta. O estabelecimento é composto tanto de bens corpóreos quanto de bens incorpóreos (ponto comercial, título do estabelecimento, clientela etc.); **B**: incorreta. O estabelecimento possui valor econômico próprio e pode ser objeto de negócio jurídico específico (art. 1.143 do Código Civil); **C**: correta. Este é o conceito de aviamento tradicionalmente adotado pela doutrina; **D**: incorreta. O conceito de aviamento foi corretamente exposto na letra "C". Clientela, por sua vez, é outro ativo intangível do estabelecimento, o conjunto de clientes que potencialmente adquirem os produtos e serviços do empresário; **E**: incorreta. A proteção à clientela é a razão jurídica da criminalização dos atos de concorrência desleal (art. 195 da Lei 9.279/1996).

Gabarito "C"

(Juiz de Direito/DF – 2016 – CESPE) A respeito da empresa individual de responsabilidade limitada, assinale a opção correta.

(A) A empresa individual de responsabilidade limitada não pode resultar da concentração das quotas de outra modalidade societária em um único sócio.
(B) A pessoa natural que constituir empresa individual de responsabilidade limitada pode figurar em outras pessoas dessa espécie.
(C) A expressão "EIRELI" deve compor o nome empresarial, devendo constar após a firma ou denominação social da empresa.
(D) O capital social desse tipo de empresa não pode ser superior a cem vezes o maior salário mínimo vigente no país.
(E) Aplicam-se à empresa individual de responsabilidade limitada, no que couber, as regras previstas para as sociedades simples.

A: incorreta. Tal ato é expressamente autorizado pelo art. 980-A, §3º, do CC; **B**: incorreta. A pessoa natural está autorizada a constituir apenas uma EIRELI (art. 980-A, §2º, do CC); **C**: correta, nos termos do art. 980-A, §1º, do CC; **D**: incorreta. Cem salários mínimos é o valor mínimo do capital social (art. 980-A, caput, do CC); **E**: incorreta. A EIRELI é regida subsidiariamente pelas normas da sociedade limitada (art. 980-A, §6º, do CC).

Gabarito "C"

(Advogado União – AGU – CESPE – 2015) Acerca dos impedimentos, direitos e deveres do empresário, julgue os itens que se seguem de acordo com a legislação vigente.

(1) O incapaz não pode ser autorizado a iniciar o exercício de uma atividade empresarial individual, mas, excepcionalmente, poderá ele ser autorizado a dar continuidade a atividade preexistente.
(2) Os livros mercantis são equiparados a documento público para fins penais, sendo tipificada como crime a falsificação, no todo ou em parte, de escrituração comercial.
(3) Condenados por crime falimentar ou contra a economia popular não podem figurar como sócios em sociedade limitada, ainda que sem função de gerência ou administração.

1: Certa, nos termos do art. 974 do CC. **2**: Certa, nos termos do art. 297, § 2º, do Código Penal. **3**: Errada. A vedação abrange somente a função de administrador, não a presença da pessoa no quadro societário (art. 1.011, § 1º, do CC). HS

Gabarito 1C, 2C, 3E

(Promotor de Justiça/PI – 2014 – CESPE) Considerando a evolução histórica do direito empresarial, assinale a opção correta.

(A) A teoria dos atos de comércio foi adotada, inicialmente, nas feiras medievais da Europa pelas corporações de comerciantes que então se formaram.
(B) A edição do Código Francês de 1807 é considerada o marco inicial do direito comercial no mundo.
(C) Considera-se o marco inicial do direito comercial brasileiro a lei de abertura dos portos, em 1808, por determinação do rei Dom João VI.
(D) É de origem francesa a teoria da empresa, adotada pelo atual Código Civil brasileiro.
(E) O direito romano apresentou um corpo sistematizado de normas sobre atividade comercial.

A: incorreta. A Teoria dos Atos de Comércio nasceu junto com o liberalismo econômico e foi um dos motes da Revolução Francesa; **B**: incorreta. O Direito Comercial ganha corpo, ainda que dotado de grande subjetividade, na Idade Média, com as corporações de ofício; **C**: correta. A ela se seguiu a elaboração de nosso Código Comercial em 1850; **D**: incorreta. A Teoria da Empresa é italiana, de forte conotação fascista; **E**: incorreta. O Direito Romano nunca se preocupou tanto com o Direito Comercial. Naquela época, as normas aplicáveis ao comércio eram fundadas nos costumes.

Gabarito "C"

(Defensoria/DF – 2013 – CESPE) Julgue os itens a seguir, relativos ao empresário individual.

(1) O DP da União é legalmente incapaz para o exercício individual de atividade empresarial.
(2) Decretada a incapacidade absoluta do empresário individual para a prática de atos da vida civil, admite-se a continuidade da empresa, por meio de curador, desde que haja prévia autorização judicial.

1: incorreta. O defensor público não é considerado incapaz para o exercício da atividade empresarial, mas **impedido,** nos termos do art. 46, IV, da Lei Complementar 80/1994; 2: correta, nos termos do art. 974, § 1º, do CC/2002.

Gabarito 1E, 2C

(Defensoria/DF – 2013 – CESPE) Julgue os itens seguintes, acerca da desconsideração da personalidade jurídica.

(1) Segundo o Código Civil de 2002, para a autorização da desconsideração da personalidade jurídica, basta a falta de patrimônio da sociedade para solver suas obrigações.
(2) A desconsideração inversa da personalidade jurídica ocorre quando o patrimônio do sócio e atingido para o atendimento de obrigações da sociedade por atos que tenham sido praticados por esta com desvio de finalidade do instituto da personalidade ou pela confusão patrimonial.
(3) A aplicação da desconsideração da personalidade jurídica tem por efeito a anulação desta no caso concreto.

1: incorreta. O art. 50 do Código Civil adotou a teoria maior da desconsideração da personalidade jurídica, exigindo, para sua decretação, a comprovação de desvio de finalidade ou confusão patrimonial; **2**: incorreta. A assertiva traz a teoria clássica da desconsideração. A desconsideração inversa é aquela que atinge o patrimônio da sociedade para o adimplemento de obrigações pessoais do sócio; **3**: incorreta. A desconsideração não impõe a anulação da personalidade jurídica. Afasta-se somente a garantia da separação patrimonial para o adimplemento de uma ou mais obrigações específicas, permanecendo íntegra a personalidade.

Gabarito 1E, 2E, 3E

(Cartório/PI – 2013 – CESPE) Assinale a opção correta a respeito do empresário.

(A) A cooperativa é, por força de lei, considerada empresária.
(B) O empresário deve registrar-se no registro público de empresas mercantis, para o exercício regular da atividade econômica a que se propõe.
(C) O sócio da sociedade empresária e considerado empresário.
(D) Considera-se empresário aquele que pratica atos com finalidade lucrativa de natureza intelectual, científica, literária ou artística.
(E) A sociedade simples é, por força de lei, considerada empresária.

A: incorreta. Ao contrário, a cooperativa é considerada sociedade simples por força de lei (art. 982, parágrafo único, do CC); **B**: correta, nos termos do art. 967 do CC/2002; **C**: incorreta. Empresária é a pessoa jurídica. A pessoa física será considerada empresária quando exercer, ela própria, atividade econômica organizada para produção ou circulação de bens ou serviços e será classificada como empresário individual; **D**: incorreta. Tais atividades estão excluídas do regime jurídico empresarial pelo art. 966, parágrafo único, do CC/2002, salvo se constituírem elemento de empresa; **E**: incorreta. Não é e nem poderia ser, porque os conceitos são excludentes. A sociedade ou é empresária, porque exerce atividade que se amolda ao conceito do art. 966 do CC/2002, ou é simples, quando constituída para o exercício de atividade que não cumpre os requisitos do artigo mencionado ou para o exercício de atividade de natureza intelectual que não constitua elemento de empresa.

Gabarito "B"

(Cartório/PI – 2013 – CESPE) Com relação à disciplina jurídica do empresário no direito brasileiro, assinale a opção correta.

(A) Limitam-se a duas o número de empresas individuais de responsabilidade limitada que podem ser constituídas por uma única pessoal natural.

(B) Dada a natureza civil da atividade rural, não se admite a inscrição daquele que a exerce profissionalmente no registro público de empresas mercantis.

(C) No interesse do incapaz que obtiver autorização judicial para continuar o exercício de empresa, poderá o juiz autorizar, também, o respectivo curador ou tutor, que seja impedido legalmente de exercer atividade empresarial, para representá-lo nos atos respectivos.

(D) É cabível o registro, como empresário, do menor com mais de dezesseis anos de idade que se tenha emancipado com fundamento na obtenção de economia própria pelo exercício de atividade comercial.

(E) A contratação de sociedade empresarial entre cônjuges é admitida, salvo nos casos de o regime de casamento ser o de comunhão parcial.

A: incorreta. O art. 980-A, § 2º, do Código Civil limita a apenas uma EIRELI por pessoa natural; **B**: incorreta. A inscrição como empresário do exercente de atividade rural é facultativa, nos termos do art. 971 do Código Civil; **C**: incorreta. Caso o curador ou tutor seja pessoa impedida de exercer empresa, deve o juiz, no interesse do incapaz, nomear um ou mais gerentes (art. 975 do Código Civil); **D**: correta. Houve certa discussão na doutrina sobre a possibilidade do menor emancipado poder ser considerado empresário. O STJ e o STF, contudo, já pacificaram a questão, seja porque o estabelecimento de atividade com economia própria pelo menor é causa de emancipação (art. 5º, V, do Código Civil), seja porque o art. 972 do Código Civil assevera que pode exercer atividade empresária quem está no pleno gozo da capacidade civil, que é o caso do emancipado; **E**: incorreta. A sociedade entre cônjuges é autorizada, exceto se casados pelos regimes da comunhão **universal** ou da separação **obrigatória** de bens (art. 977 do Código Civil).

Gabarito "D"

(Cartório/RR – 2013 – CESPE) Em relação à capacidade para exercício de empresa e ao registro empresarial, assinale a opção correta.

(A) O registro de empresário rural na junta comercial, de natureza declaratória, sujeita-o ao regime jurídico empresarial.

(B) Caso o empresário seja casado no regime da separação obrigatória, estará vedada a participação do cônjuge na constituição da sociedade, mas não sua participação derivada.

(C) A exigência de integralização do capital social não se aplica à participação de incapaz em sociedades anônimas e em sociedades com sócios de responsabilidade ilimitada nas quais a integralização do capital social não influa na proteção do incapaz.

(D) A sentença que declarar ou homologar a separação judicial do empresário deve ser oposta por terceiros antes de seu arquivamento na junta comercial, sob pena de preclusão.

(E) Pessoa considerada incapaz pode, se autorizada judicialmente, iniciar o exercício de atividade mercantil.

A: incorreta. O registro do empresário rural tem natureza constitutiva, porque para ele o regime jurídico empresarial é uma opção (art. 971 do Código Civil). Em outras palavras, ele só será considerado empresário se promover o seu registro; **B**: incorreta. Segundo o Enunciado 205 das Jornadas de Direito Civil do Conselho da Justiça Federal, é proibida tanto a participação originária quanto a derivada nas sociedades entre cônjuges casados pelo regime da separação obrigatória de bens; **C**: correta, nos termos do Enunciado 467 das Jornadas de Direito Civil do Conselho da Justiça Federal; **D**: incorreta. A sentença que decretar ou homologar a separação judicial do empresário não pode ser oposta a terceiros antes de arquivados e averbados no Registro Público de Empresas Mercantis (art. 980 do CC); **E**: incorreta. A autorização judicial para o incapaz exercer empresa é possível somente para continuar atividade já iniciada por ele, antes de se tornar incapaz, ou por seus antecessores (art. 974 do CC/2002).

Gabarito "C"

(Magistratura/PI – 2011 – CESPE) Com relação ao empresário, assinale a opção correta.

(A) É considerado empresário individual o comerciante que leve, ele mesmo, a mercadoria comercializada até a residência dos potenciais consumidores.

(B) Não é considerada empresária a pessoa que organiza episodicamente a produção de certa mercadoria, ainda que destinada à venda no mercado.

(C) Por força de lei, aplicam-se aos sócios da sociedade empresária as regras próprias do empresário individual.

(D) O menor com dezesseis anos idade que não seja emancipado somente poderá dar início a empresa mediante autorização de juiz.

(E) É considerada empresária a pessoa que, exercendo profissão intelectual de natureza artística, contrate empregados para auxiliá-la no trabalho.

A: incorreta, pois o conceito de empresário e de comerciante não se confundem e, além disso, o conceito de empresário exige a existência de mão de obra subordinada, inexistindo no caso de fazer exploração de atividade de venda direta, sem colaboradores (CC, art. 966); **B**: correta, pois o conceito de empresário exige a habitualidade na exploração, como consequência da característica da exploração com profissionalismo (CC, art. 966); **C**: incorreta, pois sócio e sociedade não se confundem, assim como o regime jurídico do sócio não é definido pelas regras do empresário individual, mas sim pelas regras do direito societário (CC, arts. 1001 a 1009); **D**: incorreta, pois esta situação configura, por si só, causa de emancipação, o que nos leva a interpretação de que o incapaz poderá iniciar atividade econômica em idade anterior (CC, art. 5º, V); **E**: incorreta, pois a existência de auxiliares ou colaboradores não afasta a característica da intelectualidade da atividade, permanecendo, portanto, seu titular, não empresário (CC, art. 966, parágrafo único).

Gabarito "B"

(Ministério Público/PI – 2012 – CESPE) Assinale a opção correta a respeito de empresa, empresário, estabelecimento e locação empresarial.

(A) De acordo com a lei civil, é obrigatória a inscrição, no registro público de empresas mercantis, do empresário que desenvolva atividade rural.

(B) O adquirente do estabelecimento responde pelos débitos anteriores à transferência, estejam, ou não, tais débitos contabilizados na escrituração.

(C) A natureza jurídica do estabelecimento empresarial é de universalidade de direito.

(D) Em relação ao empresário individual, é possível a desconsideração da personalidade jurídica.

(E) Por meio de representação ou assistência, o menor não emancipado pode continuar a atividade empresarial exercida por seus pais.

A: incorreta, pois na exploração de atividade rural, o registro é opcional, tendo, ainda, natureza constitutiva (CC, art. 971); **B:** incorreta, pois a regra para os débitos cíveis e empresariais, regulados pelo CC, somente serão objeto de sucessão se contabilizados, ou seja, se escriturados de alguma forma que o adquirente tenha condições de conhecer tais débitos (CC, art. 1.144); **C:** incorreta, pois nos termos do CC, trata-se de uma universalidade de bens (CC, art. 1.142); **D:** incorreta, pois o empresário individual não possui personalidade jurídica distinta da pessoa física, pois se trata exatamente da mesma pessoa e o instituto da desconsideração exige a existência de pessoa jurídica para ser desconsiderada (CC, art. 50); **E:** correta, pois nos termos da legislação, como forma de privilegiar o princípio da preservação da empresa, o incapaz poderá dar continuidade à empresa, em casos de sucessão ou incapacidade superveniente (CC, art. 974).

Gabarito "E"

(Ministério Público/RR – 2012 – CESPE) Assinale a opção correta a respeito do registro de empresas.

(A) Incumbe às juntas comerciais solucionar dúvidas decorrentes da interpretação de leis, regulamentos e demais normas relacionadas com o registro de empresas, expedindo instruções para esse fim.

(B) O registro compreende o arquivamento dos atos concernentes a empresas estrangeiras autorizadas a funcionar no Brasil, sendo facultativo o comprovante de pagamento dos serviços correspondentes, a fim de instruir o citado pedido de arquivamento.

(C) Os recursos previstos na legislação dos registros de empresa devem ser interpostos no prazo de dez dias úteis, podendo ter efeitos suspensivos mediante despacho fundamentado da autoridade competente.

(D) Não podem ser arquivados os documentos de constituição ou alteração de empresas mercantis de qualquer espécie ou modalidade em que figure como titular ou administrador pessoa condenada pela prática de contravenção penal com pena que vede o acesso à atividade mercantil.

(E) Das decisões do plenário das juntas comerciais cabe, como última instância administrativa, recurso ao ministro competente, cuja capacidade decisória pode ser delegada, no todo ou em parte.

A: incorreta, pois tal função compete ao Departamento Nacional de Registros do Comércio (DNRC), órgão federal que regulamenta a atividade dos registros estaduais, que são chamadas de Juntas Comerciais (Lei. 8.934/1994, art. 3º); **B:** incorreta, pois o registro somente se processará com a comprovação dos pagamentos dos serviços correspondentes (Lei 8.934/1994, art. 37, IV); **C:** incorreta, pois há previsão expressa na lei de ausência de efeito suspensivo dos recursos (Lei 8.934/1994, art. 49); **D:** incorreta, pois a proibição de arquivamento somente ocorre nos casos de condenação por crime (Lei 8.934/1994, art. 37); **E:** correta, nos exatos termos da lei (Lei 8.934/1994, art. 47).

Gabarito "E"

(Defensor Público/ES – 2012 – CESPE) Julgue os itens seguintes, relativos ao direito empresarial.

(1) O cosmopolitismo, uma das principais características do direito empresarial, deu origem a usos e costumes comuns a todos os comerciantes, independentemente de sua nacionalidade, a exemplo da criação, pela Convenção de Genebra, de uma lei uniforme para a letra de cambio e a nota promissória.

(2) Cabe à junta comercial, de ofício ou por provocação da sua procuradoria ou de entidade de classe, reunir e assentar em livro próprio os usos e práticas mercantis correntes em sua jurisdição.

(3) No Código Comercial do Império do Brasil, adotou-se, por influência dos códigos Francês, espanhol e português, a teoria dos atos de comércio, no que se refere à sua abrangência e aplicação.

1: assertiva correta. Ver, a propósito, a Lei Uniforme – LU, promulgada pelo Decreto 57.663/1966; **2:** correta, conforme o art. 8º, VI, da Lei 8.934/1994; **3:** incorreta, pois o Código Comercial Brasileiro baseou-se diretamente no Código Francês (Code de Commerce), adotando a teoria dos atos de comércio, baseando-se não nos agentes (subjetivismo) ou na atividade empresarial (teoria da empresa), mas sim na regulação de determinados atos qualificados como comerciais.

Gabarito 1C, 2C, 3E

(Procurador/DF - 2013 - CESPE) Considerando que o atual Código Civil, instituído em 2002, inaugurou no ordenamento jurídico brasileiro o que a doutrina denomina de unificação do direito privado, passando a disciplinar tanto a matéria civil quanto a comercial, julgue os itens a seguir.

(1) Exatamente porque a atividade rural pode se enquadrar na teoria da empresa, o atual Código Civil facultou àqueles que a exercem a possibilidade de requerimento de sua inscrição no registro público de empresas mercantis, ocasião em que tais atividades adquirem nítidos contornos de atividade empresária.

(2) Com o advento do novo Código Civil (de 2002), houve a substituição da teoria dos atos de comércio pela teoria da empresa, que se define pelo conceito de atividade.

(3) Assumindo o seu perfil subjetivo, a empresa confunde-se com o empresário – assim compreendidos os sócios de uma pessoa jurídica que se reúnem para o exercício da atividade empresarial –, e com o estabelecimento – a universalidade de bens empenhada no desenvolvimento da atividade.

(4) Instituído em 1850, o Regulamento 737 que então definiu os atos de mercancia, embora já tenha sido revogado há muito tempo, ainda é albergado pela doutrina e tem aplicação subsidiária na nova ordem do direito empresarial calcada na teoria da empresa.

1: correta, nos termos do art. 971 do CC/2002; **2:** correta. Perceba que a definição do empresário é dada pela atividade por ele exercida – art. 966 do CC/2002; **3:** incorreta, pois empresa é a atividade do empresário, não se confundindo com ele – art. 966 do CC/2002; **4:** incorreta, pois a legislação atual não mais adota a teoria dos atos de comércio, mas sim a teoria da empresa, conforme a assertiva "2".

Gabarito 1C, 2C, 3E, 4E

(Magistratura Federal/2ª Região – 2011 – CESPE) Segundo a doutrina, o direito comercial não se formou em uma única época nem no meio de um só povo. A cooperação de todos os povos em tempos sucessivos, firmada fundamentalmente nas bases econômicas, é que o constituíram e lhe imprimiram o caráter autônomo. Com relação ao direito comercial e ao empresário, assinale a opção correta.

(A) Os funcionários públicos estão proibidos de exercer atividade empresarial, de acordo com a CF e normas específicas; contudo, a proibição diz respeito ao efetivo exercício da atividade empresarial, não existindo restrição quanto ao fato de o funcionário público ser simplesmente acionista ou quotista de sociedade empresária.

(B) Nos termos do Código Civil, somente podem exercer a atividade empresarial os que estiverem em pleno gozo da capacidade civil e não forem legalmente impedidos, não havendo possibilidade de menor de dezoito anos exercer a atividade empresarial.

(C) O cosmopolitismo, a onerosidade, a informalidade e a fragmentação são as principais características do direito comercial. Com relação às espécies de autonomia no direito comercial, a doutrina destaca a autonomia substancial, que é identificada pela existência de um corpo legislativo codificado.

(D) Empresário é definido na lei como o profissional que exerce atividade econômica organizada para a produção ou a circulação de bens ou serviços. Para a doutrina, também será empresário aquele que organizar episodicamente a produção de certa mercadoria, mesmo destinando-a à venda no mercado.

(E) Somente será considerado empresário o exercente profissional de atividade econômica organizada para a produção ou a circulação de bens ou serviços, inscrito no registro de empresas do órgão próprio.

A: correta, pois o impedimento existe para a exploração em nome próprio e, na sociedade, na condição de sócio ou acionista, quem explora a atividade é a pessoa jurídica, não o sócio. Aliado a isso, há expressa autorização legal nesse caso (como exemplo, Lei Complementar 35/1979 e Lei Complementar 75/1993); **B:** incorreta, pois apesar da regra geral ser, de fato, a exigência de capacidade, existe exceção à regra, permitindo que o menor e outros incapazes, autorizado judicialmente, continue exploração de atividade empresarial (CC, art. 974, § 3º); **C:** incorreta, pois as normas de Direito Empresarial, especialmente após edição do CC/2002, passaram a integrar o código das obrigações privadas, que engloba as regras cíveis e empresariais (CC/2002, Livro II – Direito de Empresa); **D:** incorreta, pois a doutrina entende como requisito da organização da atividade empresarial a habitualidade, ou seja, a regular manutenção e repetição da atividade (por todos, Fabio Ulhôa Coelho, **Curso de Direito Empresarial**, Vol I, Editora Saraiva); **E:** incorreta, pois a inscrição no registro público de empresas mercantis não é requisito para a constituição do empresário, mas apenas uma de suas obrigações legais, consistindo em condição de regularidade (CC, arts. 966 e 967).

Gabarito "A"

(Magistratura Federal/1ª Região – 2011 – CESPE) No que concerne à teoria da empresa e ao direito do empresário, assinale a opção correta.

(A) O empresário casado pode alienar os imóveis que integram o patrimônio da empresa ou gravá-los de ônus real, independentemente da outorga do cônjuge, qualquer que seja o regime de bens.

(B) Define-se empresa como qualquer organização cuja finalidade seja o exercício profissional de atividade econômica, incluindo-se trabalhos de natureza intelectual, científica, literária ou artística.

(C) A tripartição das atividades empresariais em industriais, comerciais e agrícolas amplia o conceito de empresa, e a falta de homogeneidade das diferentes atividades não impede a comparação entre elas.

(D) As associações, diferentemente das sociedades, são embasadas exclusivamente no exercício profissional.

(E) A pessoa legalmente impedida de exercer atividade própria de empresário pode regularizar a sua situação perante a junta comercial.

A: correta, pois se trata de expressa previsão legal, motivada por uma suposta necessidade de agilidade dos atos envolvendo eventuais atividades empresariais (CC, art. 978); **B:** incorreta, pois, em regra, os trabalhadores intelectuais são considerados não empresários (CC, art. 966, parágrafo único); **C:** incorreta, pois o conceito de empresa não diferencia tais atividades, pelo contrário, as equipara, levando em consideração apenas a forma de exploração da atividade, seja ela de qualquer natureza (CC, art. 966); **D:** incorreta, pois as associações são pessoas jurídicas formadas por pessoas que se reúnem para fins não econômicos (CC, art. 53); **E:** incorreta, pois o impedido não pode explorar a atividade empresarial, não se confundindo com a figura do irregular, que é a pessoa que explora atividade sem registro na junta (CC, art. 973).

Gabarito "A"

(Magistratura Federal/3ª Região – 2011 – CESPE) Três pessoas uniram-se e passaram a desenvolver atividade econômica informal — venda de camisetas com pinturas exclusivas. Uma passou a cuidar das compras e administração (o administrador), outra, das pinturas (o artista) e a outra, das vendas (o vendedor). O negócio cresceu e, após o vendedor dar expressamente sua aceitação a determinada encomenda, não foi possível cumprir os prazos estipulados para a entrega. O comprador, então, decidiu ajuizar ação para reaver os prejuízos. Com base nessa situação, é correto afirmar que a responsabilidade cabe:

(A) aos três, pois são solidários no negócio.

(B) ao administrador e ao vendedor, em razão das funções que cada um exerce no negócio.

(C) à pessoa jurídica que representar a sociedade.

(D) ao vendedor, pois foi ele quem assinou a aceitação da encomenda.

(E) ao administrador, pois ele é o gestor do negócio.

Na situação descrita, formou-se, entre as três pessoas, uma sociedade em comum, ou seja, uma sociedade irregular, sem registro da Junta Comercial. Nessa situação, haverá por expressa disposição legal, solidariedade entre os sócios (CC, art. 990). **A:** correta, por expressa previsão legal; **B**, **C**, **D** e **E:** incorretas, pela existência da solidariedade.

Gabarito "A"

1.2. NOME EMPRESARIAL

Veja a seguinte tabela para estudo dos nomes empresariais:

	Uso	Exemplo
Firma individual	a) empresário individual – responsabilidade ilimitada	a) João da Silva Marcenaria
	b) sociedade em nome coletivo – responsabilidade ilimitada	b) João da Silva e companhia; João da Silva e Pedro de Souza; João da Silva e irmãos
Firma coletiva, razão social	c) sociedade em comandita simples	c) João da Silva e companhia
	d) sociedade limitada – não há responsabilidade ilimitada, desde que conste a palavra "limitada" ou "Ltda."	d) João da Silva Marcenaria Ltda.
	e) comandita por ações – diretor responde subsidiária e ilimitadamente	e) João da Silva Marcenaria Comandita por Ações
	f) sociedade limitada – não há responsabilidade ilimitada, desde que conste a palavra "limitada" ou "Ltda."	f) Marcenaria Modelo Ltda.
Denominação social	g) sociedade anônima – responsabilidade limitada ao preço das ações	g) Marcenaria Modelo Sociedade Anônima; Companhia Marcenaria Modelo; João da Silva Marcenaria S.A.
	h) comandita por ações – diretor responde subsidiária e ilimitadamente	h) Marcenaria Modelo Comandita por Ações
	i) sociedade cooperativa – pode ser de responsabilidade limitada ou ilimitada	i) Cooperativa Modelo de Marceneiros

A empresa Soluções Indústria de Eletrônicos Ltda. veiculou propaganda considerada enganosa relativa a determinado produto: as especificações eram distintas das indicadas no material publicitário. Em razão do anúncio, cerca de duzentos mil consumidores compraram o produto. Diante desse fato, uma associação de defesa do consumidor constituída havia dois anos ajuizou ação civil pública com vistas a obter indenização para todos os lesados.

(Delegado - PC/SE - 2018 - CESPE/CEBRASPE) Com referência a essa situação hipotética, julgue o item seguinte.

(1) Na situação apresentada, a empresa ré é uma sociedade limitada que optou por nome empresarial do tipo denominação.

1: correta. O tipo societário é reconhecível pela presença da expressão "limitada", abreviada, ao final do nome empresarial. Este, por sua vez, é composto por elemento fantasia e o objeto empresarial, formato que caracteriza a denominação (art. 1.158 do CC). HS

Gabarito "1C"

(Magistratura/PI – 2011 – CESPE) Assinale opção correta acerca do nome empresarial.

(A) Por expressa disposição legal, a sociedade em conta de participação deve operar sob firma ou denominação.

(B) É vedado ao adquirente de estabelecimento usar o nome do alienante precedido do seu próprio, com a qualificação de sucessor, mediante ato entre vivos e autorização contratual, visto que o nome empresarial não pode ser objeto de alienação.

(C) O Código Civil determina que se aplique às pessoas jurídicas, no que couber, a proteção dos direitos da personalidade, sendo entendimento pacífico da doutrina brasileira que o nome empresarial deve ser compreendido como direito da personalidade do empresário.

(D) A firma deve ser composta com o nome de um ou mais sócios, desde que sejam pessoas físicas, de modo indicativo da relação social, podendo ser adotada nas sociedades limitadas, nas sociedades em comandita por ações e nas sociedades anônimas.

(E) A inscrição do nome empresarial deve ser cancelada, a requerimento de qualquer interessado, quando cessar o exercício da atividade para a qual tenha sido adotado o nome, ou quando se ultimar a liquidação da sociedade que o tenha inscrito.

A: incorreta, pois sociedade em conta de participação não possui personalidade jurídica, não adotando, com isso, nome empresarial (CC, art. 1.162); **B**: incorreta, pois nessa situação específica a lei reconhece o interesse de preservação da clientela como relevante, garantindo a utilização do nome precedido da expressão "sucessor de" (CC, art. 1.164, parágrafo único); **C**: incorreta, pois o código determinada mera equiparação (CC, art. 1.155); **D**: incorreta, pois as sociedades anônimas somente podem adotar denominação (CC, art. 1.160); **E**: correta, pois não haverá sentido na manutenção da utilização do nome empresarial se não há atividade empresarial (CC, art. 1.168).

Gabarito "E"

1.3. INSCRIÇÃO, REGISTROS, ESCRITURAÇÃO E LIVROS

(Juiz de Direito/AM – 2016 – CESPE) No que se refere às espécies de empresário, seus auxiliares e colaboradores e aos nomes e livros empresariais, assinale a opção correta.

(A) É suficiente autorização verbal do empresário para que seu preposto possa fazer-se substituir no desempenho da preposição.

(B) Caso crie o chamado caixa dois, falsificando a escrituração do empresário preponente, o contabilista responderá subsidiariamente ao empresário pelas consequências de tal conduta.

(C) São livros empresariais todos os exigidos do empresário por força das legislações empresarial, trabalhista, fiscal e previdenciária.

(D) A empresa individual de responsabilidade limitada será constituída por uma única pessoa e seu nome empresarial será necessariamente a firma seguida da sigla EIRELI.

(E) Em observância ao princípio da veracidade, o nome do sócio que falecer não pode ser conservado na firma social.

A: incorreta. É essencial a autorização escrita (art. 1.169 do CC), comumente chamada de "carta de preposição"; **B**: incorreta. A responsabilidade é solidária (art. 1.177, parágrafo único, do CC); **C**: incorreta. Livros empresariais são apenas aqueles exigidos pela legislação empresarial (ex.: o Livro Diário – art. 1.180 do CC). Os demais são chamados de "livros do empresário" (ex.: Livro de Apuração do Lucro Real – LALUR – exigido pela legislação tributária para determinadas empresas); **D**: incorreta. A EIRELI pode rodar sob denominação (art. 980-A, §1º, do CC); **E**: correta, nos termos do art. 1.165 do CC.

Gabarito "E"

(Cartório/PI – 2013 – CESPE) No que se refere ao registro público de empresas mercantis, assinale a opção correta.

(A) A junta comercial não pode negar arquivamento a documento mercantil que contrarie os bons costumes, visto que lhe cabe tão somente o exame da regularidade e formalidade dos documentos.

(B) O ato de constituição de sociedade apresentado a registro trinta dias depois de sua assinatura passa a ter eficácia a partir da data do despacho que o conceder.

(C) O registro de sociedades anônimas pode ser deferido por decisão singular do presidente da junta comercial.

(D) O Departamento Nacional do Registro do Comercio tem função primordial de natureza administrativa relativa aos serviços de registro público de empresas mercantis.

(E) As juntas comerciais tem função coordenadora e normativa dos serviços de registro público de empresas mercantis.

A: incorreta. O art. 35, I, da Lei 8.934/1994 proíbe o registro de atos que contrariem os bons costumes ou a ordem pública; **B**: correta, nos termos do art. 36 da Lei 8.934/1994; **C**: incorreta. Registros relacionados a sociedades anônimas são sempre analisados por órgão colegiado (art. 41, I, "a", da Lei 8.934/1994); **D**: incorreta. A função do DNRC é técnica (art. 4º da Lei 8.934/1994); **E**: incorreta. As juntas comerciais são os órgãos executores do Sistema Nacional de Registro de Empresas Mercantis. As funções normativa e coordenadora ficam a cargo do DNRC.

Gabarito "B"

(Cartório/PI – 2013 – CESPE) A respeito do registro de empresas mercantis, assinale a opção correta.

(A) O arquivamento de documentos relativos às atividades de leiloeiro, tradutores públicos, intérpretes comerciais, trapicheiros e administradores de armazéns gerais é um dos atos do registro público de empresas mercantis.

(B) O cancelamento de registro de empresa, por inatividade, verificável após cinco anos sem qualquer arquivamento por parte do empresário, não acarreta a perda da proteção do nome empresarial.

(C) A sociedade empresarial pode adotar o modelo das sociedades simples, caso em que o respectivo registro deverá ser feito no registro civil das pessoas jurídicas.

(D) É desnecessário o reconhecimento de firmas dos sócios apostas no contrato social levado a registro no registro público de empresas mercantis.

(E) Para a obtenção de certidões relativas aos assentamentos do registro público do registro de empresas, é necessária a demonstração, pelo requerente, de legítimo interesse.

A: incorreta. Tais atos classificam-se como "matrícula" (art. 32, I, da Lei 8.934/1994); **B**: incorreta. O cancelamento por inatividade se dá após 10 anos sem qualquer arquivamento e acarreta a perda da proteção do nome empresarial (art. 60, *caput* e § 1º, da Lei 8.934/1994); **C**: incorreta. A sociedade ou é empresária ou é simples (art. 982 do Código Civil). Os conceitos são, pois, excludentes. O que é possível é a sociedade simples adotar um dos **tipos societários** previstos para a sociedade empresária (limitada, comandita, nome coletivo etc.), porém isso não a descaracteriza como sociedade simples; **D**: correta, nos termos do art. 63 da Lei 8.934/1994; **E**: incorreta. O registro é público e acessível independentemente de demonstração de interesse pelo requerente (art. 29 da Lei 8.934/1994).

Gabarito "D"

(Magistratura/BA – 2012 – CESPE) De acordo com as legislações que instituíram o Estatuto Nacional da Microempresa e da Empresa de Pequeno Porte e o Registro Público de Empresas Mercantis e Atividades Afins, assinale a opção correta.

(A) As microempresas e as empresas de pequeno porte que optarem pelo SIMPLES Nacional farão jus à apropriação e à transferência dos créditos relativos a impostos ou contribuições abrangidos pelo SIMPLES Nacional.

(B) Para os efeitos legais, nenhuma pessoa jurídica constituída sob a forma de cooperativa pode beneficiar-se do tratamento jurídico diferenciado previsto no estatuto em epígrafe.

(C) A certidão dos atos de constituição e de alteração de sociedades mercantis emitida pelas juntas comerciais em que foram arquivados constitui o documento hábil para a transferência, por transcrição no registro público competente, dos bens com que o subscritor tenha contribuído para a formação ou aumento do capital social.

(D) A lei impede que o município conceda alvará de funcionamento provisório para o microempreendedor individual, para microempresas e para empresas de pequeno porte, nos casos em que o grau de risco da atividade seja considerado alto, ou, ainda, estejam os estabelecimentos instalados em áreas desprovidas de regulação fundiária legal ou com regulamentação precária.

(E) Podem ser arquivados os atos constitutivos de empresas mercantis que não designem o respectivo capital ou a declaração precisa de seu objeto, cuja indicação, no nome empresarial, é facultativa.

A: incorreta, pois há vedação legal expressa (LC 123/2003, art. 23); **B:** incorreta, pois a lei permite cooperativas de consumo (LC 123/2003, art. 3º); **C:** correta, por expressa previsão legal (Decreto 1.800/1996, art. 85); **D:** incorreta, pois a lei apenas limita aos casos de risco grave (LC 123/2003, art. 7º); **E:** incorreta, pois os itens indicados são obrigatórios para o registro (CC, art. 997).

Gabarito "C"

(Magistratura/CE – 2012 – CESPE) Assinale a opção correta com relação ao registro de empresa e às obrigações jurídicas que o empresário deve cumprir para o exercício regular de sua atividade econômica.

(A) O arquivamento dos atos relativos à transformação, incorporação, fusão e cisão de empresas mercantis é objeto de decisão singular do presidente da junta comercial.

(B) O empresário que se tornar incapaz poderá continuar a empresa, por meio de representante ou devidamente assistido, cabendo ao registro público de empresas mercantis a cargo das juntas comerciais registrar contratos ou alterações contratuais de sociedade que envolva sócio incapaz.

(C) Para dar início a atividade econômica, mercantil ou rural, o empresário deve formalizar a sua inscrição junto ao registro público de empresas mercantis.

(D) As modificações contratuais e ou estatutárias da empresa devem ser efetivadas exclusivamente por escritura pública, independentemente da forma adotada no ato constitutivo.

(E) O Departamento Nacional de Registro do Comércio, órgão central do Sistema Nacional de Registro Mercantil, desempenha funções de execução e administração dos serviços de registro.

A: incorreta, pois essa matéria é de competência do colegiado (Lei 8.934/1994, art. 41); **B:** correta, pois há previsão expressa na legislação, como forma de prestigiar princípio da preservação da empresa (CC, art. 974); **C:** incorreta, pois não há exigência de registro na atividade rural, sendo opção do empresário (CC, art. 971); **D:** incorreta, pois as modificações podem ser feitas por instrumento particular (CC, art. 997); **E:** incorreta, pois as funções de execução de registros são desempenhadas pelos Registros Estaduais, chamados de Juntas Comerciais (CC, art. 967).

Gabarito "B"

(Magistratura/PA – 2012 – CESPE) No que se refere às sociedades empresárias e ao empresário, assinale a opção correta.

(A) A sociedade que continuar a funcionar após a decretação de sua inatividade voltará ao *status* jurídico anterior, ou seja, de sociedade empresária regular.

(B) Uma sociedade empresária irregular tem legitimidade ativa para pedir falência de outro comerciante.

(C) A falta do registro na junta comercial importa a aplicação de sanções de natureza fiscal e administrativa, mas não impede a matrícula do empresário no INSS.

(D) Tanto o microempresário quanto o empresário de pequeno porte devem cumprir a obrigação geral de registro na junta comercial.

(E) A junta comercial, após o cancelamento do registro de sociedade empresária, deve comunicar o fato às autoridades arrecadadoras.

A: incorreta, pois o funcionamento sem o registro, ou após o seu cancelamento, implicará na caracterização de irregularidade, denominada sociedade em comum pela legislação (CC, art. 986 a 990); **B:** incorreto, pois se exige do empresário credor, como condição de legitimidade ativa, a sua regularidade (Lei 11.101/2005, art. 97); **C:** incorreta, pois a matrícula no INSS exige a comprovação do competente registro; **D:** incorreta, em parte, pois nos termos da legislação, o pequeno empresário deve ter tratamento favorecido em relação ao registro, mas isso não significa dispensa. A rigor, a alternativa seria correta (CC, art. 970): **E:** correta, por expressa previsão legal (Lei 8.934/1994, art. 60).

Gabarito "E"

(Magistratura/PA – 2012 – CESPE) No que tange à disciplina aplicável ao registro de empresas e ao empresário irregular, assinale a opção correta.

(A) Conforme a peculiaridade do objeto de exploração da empresa, a sociedade pode ter os seus atos constitutivos depositados no Departamento Nacional de Registro do Comércio (DNRC).

(B) O leiloeiro deve, obrigatoriamente, matricular-se na junta comercial, sob pena de ser acusado do exercício irregular da atividade.

(C) Em decorrência dos princípios norteadores do registro de empresas, a junta comercial não pode conceder prazo para a correção de vícios nos documentos que lhe são apresentados, ainda que se trate de vícios formais e sanáveis.

(D) Um empresário irregular pode exercer livremente todos os atos da vida civil – como, por exemplo, contrair empréstimo bancário – e, além disso, não estar impedido de praticar atos jurídicos.

(E) As sociedades empresárias devem ser registradas no registro civil de pessoas jurídicas e, caso correspondam a escritórios que prestem serviços de advocacia, devem ter seus atos constitutivos levados à OAB.

A: incorreta, pois o DNRC não realiza atos de registro, cabendo-os às juntas comerciais dos Estados (CC, art. 967); **B:** correta, pois há previsão legal nesse sentido (IN 113/2010 do DNRC); **C:** incorreta, pois há previsão legal nesse sentido (Lei 8.934/1994, art. 40); **D:** incorreta, pois há limitações impostas ao empresário irregular, como, por exemplo, requerer falência de outro empresário (Lei 11.101/2005, art. 97); **E:** incorreta, pois as sociedades empresárias devem ser registradas no Registro de Empresas Mercantis (CC, art. 1.150).

Gabarito "B"

(Magistratura/PI – 2011 – CESPE) Com base no que dispõe o Estatuto Nacional da Microempresa e da Empresa de Pequeno Porte, assinale a opção correta.

(A) Compete às entidades de âmbito municipal envolvidas na abertura e fechamento de empresas a exigência de documento de propriedade ou contrato de locação do imóvel onde será instalada a sede, filial ou outro estabelecimento, e de comprovação de regularidade de prepostos dos empresários ou pessoas jurídicas com seus órgãos de classe, como requisito para deferimento de ato de inscrição de empresa.

(B) É considerada microempresa a sociedade empresária que, devidamente inscrita no registro de empresas mercantis, aufira, em cada ano-calendário, receita bruta superior a R$ 240.000,00 e igual ou inferior a R$ 2.400.000,00.

(C) A microempresa que, no decurso do ano-calendário de início de atividade, ultrapassar o limite de R$ 50.000,00 multiplicados pelo número de meses de funcionamento estará excluída do regime do estatuto das microempresas, com efeitos a partir do ano seguinte.

(D) A alteração dos atos constitutivos referentes a empresários e pessoas jurídicas em qualquer órgão envolvido no registro empresarial e na abertura da empresa somente ocorrerá mediante a regularidade de obrigações tributárias, previdenciárias ou trabalhistas, principais ou acessórias, do empresário ou da sociedade empresária.

(E) A pessoa jurídica que exerça atividade de corretora ou de distribuidora de títulos, valores mobiliários e câmbio, de empresa de arrendamento mercantil, de seguros privados e de capitalização ou de previdência complementar não poderá beneficiar-se do tratamento jurídico previsto no estatuto em apreço.

A: incorreta, pois há vedação de tal exigência (LC 123/2003, art.10); **B:** incorreta, pois tal conceito correspondia à Empresa de Pequeno Porte, sendo que esses valores, atualmente, corrigidos, correspondem a R$ 360.000,00 e R$ 3.600.000,00 (LC 123/2003, art. 3º); **C:** incorreta, pois a verificação do limite não é mensal, mas sim, cumulativo ao longo dos meses (LC 123/2003, art. 3º, § 9º); **D:** incorreta, pois a lei prevê que tais registros ocorrerão independente da regularidade tributária (LC 123/2003, art. 9º); **E:** correta, por expressa previsão legal (LC 123/2003, art. 3º).

Gabarito "E".

(Defensor Público/TO – 2013 – CESPE) A respeito do registro público de empresas, assinale a opção correta.

(A) Aquele que desejar consultar os assentamentos existentes em juntas comerciais e obter certidões deve demonstrar o legítimo interesse e pagar o preço devidamente fixado pela respectiva junta comercial.
(B) O arquivamento dos atos referentes à transformação, incorporação, fusão e cisão de empresas mercantis está sujeito ao regime de decisão singular por servidor designado pelo presidente da junta comercial.
(C) As juntas comerciais carecem de competência para decidir sobre a criação de delegacias, órgãos locais do registro do comércio.
(D) No Brasil, todas as juntas comerciais são subordinadas administrativa e tecnicamente ao Departamento Nacional de Registro do Comércio.
(E) A lei veda o arquivamento de atos relacionados à prorrogação de contrato social, após o prazo nele fixado, bem como de atos de sociedades empresárias com nome idêntico ou semelhante a outro já existente.

A: incorreta, pois qualquer pessoa, sem necessidade de provar interesse, poderá consultar os assentamentos existentes nas juntas comerciais e obter certidões, mediante pagamento do preço devido – art. 29 da Lei 8.934/1994; **B:** incorreta, pois o arquivamento desses atos está sujeito ao regime de decisão colegiada pelas juntas comerciais – art. 41, I, *b*, da Lei 8.934/1994; **C:** incorreta, pois as juntas comerciais, por seu plenário, poderão resolver pela criação de delegacias, órgãos locais do registro do comércio, nos termos da legislação estadual respectiva – art. 9º, § 2º, da Lei 8.934/1994; **D:** incorreta, pois as juntas comerciais subordinam-se administrativamente ao governo da unidade federativa de sua jurisdição e, apenas tecnicamente, ao DNRC, nos termos da Lei 8.934/1994. Somente a junta do Distrito Federal é subordinada administrativa e tecnicamente ao DNRC – art. 6º, parágrafo único, da Lei 8.934/1994; **E:** correta, nos termos do art. 35, IV e V, da Lei 8.934/1994.

Gabarito "E".

(Magistratura Federal/3ª Região – 2011 – CESPE) Considere que determinada empresa, constituída no estado de São Paulo e em fase de franca expansão, decida abrir estabelecimento em município do estado do Paraná. Nessa situação, a instituição da filial no Paraná, no que se refere à formalização no registro público de empresas mercantis, deve ser:

(A) registrada necessariamente em ambos os estados.
(B) registrada em São Paulo ou no Paraná, a critério da empresa.
(C) apenas averbada em São Paulo.
(D) apenas registrada no estado do Paraná.
(E) registrada no Paraná e averbada em São Paulo.

A regra de registro das sociedades impõe o dever de, em caso de abertura de filiais, fazer averbação no registro original, no Estado da Sede, e fazer registro individual, novo, no Estado da abertura da filial (CC, art. 967 a 969). **A**, **B**, **C** e **D:** incorretas; **E:** correta, pela necessidade do registro novo no Estado da filial e mera averbação no registo original já existente, em São Paulo.

Gabarito "E".

1.4. LOCAÇÃO

(Cartório/RR – 2013 – CESPE) Considerando que determinada sociedade limitada, de maneira regular e respeitando as determinações legais, tenha alienado o seu estabelecimento empresarial, por meio de contrato comumente conhecido por trespasse, assinale a opção correta.

(A) A partir de sua instituição, o contrato de trespasse produzirá efeitos quanto a terceiros.
(B) Caso não haja, no contrato, a cláusula de não concorrência, o alienante poderá fazer concorrência ao adquirente a partir da data da alienação.
(C) Após a alienação do estabelecimento, a responsabilidade pelo pagamento dos débitos a vencer existentes no momento do trespasse caberá apenas ao adquirente.
(D) Mesmo que ao alienante não restem bens para solver o seu passivo, a eficácia da alienação do estabelecimento não dependerá do pagamento de todos os credores, ou do consentimento destes, através de notificações.
(E) A responsabilidade pelo pagamento dos débitos contabilizados anteriormente à alienação caberá ao adquirente do estabelecimento empresarial.

A: incorreta. O contrato de trespasse produz efeitos perante terceiros a partir de sua averbação no Registro Público de Empresas Mercantis e da publicação na imprensa oficial (art. 1.144 do Código Civil); **B:** incorreta. No silêncio do contrato, a cláusula de não concorrência, ou de não restabelecimento, é presumida pelo prazo de 5 anos (art. 1.147 do Código Civil); **C:** incorreta. O alienante se mantém responsável pelos créditos vincendos pelo prazo de um ano contado do vencimento (art. 1.146, *in fine*, do Código Civil); **D:** incorreta. Se ao alienante não restarem bens suficientes para cobrir seu passivo, o trespasse somente será eficaz com o pagamento de todos os credores ou sua anuência, expressa ou tácita, depois de devidamente notificados (art. 1.145 do Código Civil); **E:** correta, nos termos do art. 1.146, primeira parte, do Código Civil.

Gabarito "E".

1.5. ESTABELECIMENTO

(Juiz de Direito/AM – 2016 – CESPE) Acerca da teoria do estabelecimento comercial, assinale a opção correta.

(A) Se não houver vedação expressa no contrato de trespasse, o alienante poderá constituir nova sociedade para explorar o mesmo ramo de atividade imediatamente após a alienação do estabelecimento.
(B) A ação renovatória de locação é uma proteção especial ao estabelecimento comercial e será julgada procedente mesmo que o locador não queira a renovação, desde que o locatário tenha no máximo um mês de inadimplência no contrato cuja renovação deseja.
(C) O estabelecimento empresarial, por ser o local onde o empresário exerce sua atividade empresarial, é impenhorável.
(D) É condição de eficácia perante terceiros o registro do contrato de trespasse na junta comercial e sua posterior publicação.
(E) O adquirente do estabelecimento comercial é responsável pelos débitos anteriores à transferência que não estejam contabilizados, pois estes seguem a coisa (*in propter rem*).

A: incorreta. No silêncio do contrato, a cláusula de não restabelecimento é presumida por cinco anos (art. 1.147 do CC); **B:** incorreta. Para a procedência da ação renovatória (que, tecnicamente, protege o ponto, não o estabelecimento como um todo), não se perquire sobre a inadimplência do locatário. As únicas hipóteses de exceção de retomada são aquelas previstas no art. 52 da Lei 8.245/1991; **C:** incorreta. A penhora de estabelecimento empresarial está expressamente autorizada pelo art. 862 do CPC; **D:** correta, nos termos do art. 1.144 do CC; **E:** incorreta. O adquirente somente responde pelos débitos anteriores que estejam contabilizados (art. 1.146 do CC).

Gabarito "D".

(Magistratura/BA – 2012 – CESPE) Não se concebe a existência de empresário, seja ele pessoa física ou moral, sem o estabelecimento empresarial. Com relação ao estabelecimento empresarial, assinale opção correta.

(A) A doutrina distingue duas formas de aviamento: o objetivo e o subjetivo, estando o objetivo associado à pessoa que esteja à frente da empresa e que empresta a esta todo o seu prestígio.
(B) Os contratos de trespasse, usufruto ou arrendamento do estabelecimento empresarial produzem efeitos perante terceiros, independentemente de publicação na imprensa

oficial e de averbação no Registro Público de Empresas Mercantis e Atividades Afins.

(C) De acordo com a teoria da personalidade jurídica do estabelecimento, aceita no ordenamento jurídico brasileiro, o estabelecimento é considerado sujeito de direito distinto e autônomo em relação ao empresário.

(D) Consoante o entendimento doutrinário dominante, o estabelecimento é concebido como uma universalidade de bens que passa a ser uma universalidade de fato na medida em que seus vários elementos são reunidos em um objetivo econômico comum.

(E) O patrimônio empresarial não se resume necessariamente ao seu estabelecimento, sendo possível que o empresário adquira bens que não tenham relação direta com sua atividade.

A: incorreta, pois nos termos da doutrina, temos exatamente o contrário; **B:** incorreta, pois há previsão legal de publicação e registro (CC, art. 1.144); **C:** incorreta, pois a doutrina e a legislação brasileira não adota tal teoria, diferenciando, na lei, o estabelecimento do sujeito de direito (CC, arts. 966 e 1.142); **D:** incorreta, pois a doutrina diferencia o estabelecimento, para alguns, universalidade de bens, e, para outros, de direito; **E:** correta, pois especialmente no caso de empresário individual a massa patrimonial é única, sendo alguns bens completamente desvinculados da atividade (casa, carros, aplicações financeiras etc.).

Gabarito "E".

(Magistratura/ES – 2011 – CESPE) A respeito do estabelecimento empresarial, assinale a opção correta.

(A) Caso o empresário individual se separe de seu cônjuge, o estabelecimento será considerado pelo valor do somatório do preço dos bens que o compõem, para fins de divisão do patrimônio do casal.

(B) Ainda que o empresário tenha, em seu patrimônio, bens suficientes para solver o passivo, a anuência dos credores é pressuposto de eficácia da alienação do estabelecimento.

(C) Será garantido o direito de inerência no ponto se o locatário for empresário, e o contrato, superior a cinco anos.

(D) Não havendo pactuação de cláusula de não restabelecimento, o alienante do estabelecimento poderá, três anos após a transferência, restabelecer-se em idêntico ramo de atividade empresarial.

(E) As mercadorias que se encontrem estocadas constituem um dos elementos materiais do estabelecimento.

A: incorreta, pois o estabelecimento possui um valor imaterial, chamado de aviamento ou fundo de comércio, que decorre da organização e da capacidade de geração de riquezas. Assim, em caso de dissolução da sociedade conjugal, dever-se-á levar em consideração o valor do estabelecimento, considerando os bens materiais e imateriais; **B:** incorreta, pois em caso de existência de patrimônio suficiente, não se faz necessária a anuência (CC, art. 1.145); **C:** incorreta, pois a legislação exige outros requisitos, não apenas locatário empresário e tempo mínimo (Lei. 8.245/1991, art. 51); **D:** incorreta, pois a lei estabelece prazo de 5 anos (CC, art. 1.147); **E:** correta, pois os bens materiais são todos os bens de existência física, corpórea, tais como maquinário, estoque, computadores, mobília, veículos etc.

Gabarito "E".

(Magistratura/ES – 2011 – CESPE) Com base nos fundamentos do direito empresarial, assinale a opção correta.

(A) O local em que o empresário se estabelece denomina-se propriedade comercial ou ponto, e a proteção jurídica do ponto decorre da sua importância para o sucesso da empresa.

(B) A expressão inglesa *goodwill of a trade* refere-se à escrituração da microempresa e da empresa de pequeno porte.

(C) Veda-se, com o objetivo de evitar a configuração de confusão patrimonial, que uma sociedade empresária seja titular de mais de um estabelecimento.

(D) O estabelecimento empresarial é sujeito de direito, dada a personalização desse complexo de bens.

(E) O direito considera a clientela elemento do estabelecimento empresarial, pois deriva da tutela jurídica a necessária natureza do bem tutelado.

A: correta, pois esse é exatamente o fundamento da existência da ação de renovação compulsória do contrato de locação. Reconhece-se que o local da exploração, chamado de ponto empresarial, é um importante elemento para a aquisição e manutenção de clientela; **B:** incorreta, pois essa expressão refere-se exatamente ao fundo de comércio ou aviamento, que é a valorização do estabelecimento, decorrente da organização dos bens; **C:** incorreta, pois um mesmo empresário, pessoa física ou jurídica, pode ser titular de inúmeros estabelecimentos, não havendo confusão entre o estabelecimento e seu titular; **D:** incorreta, pois a legislação difere empresário e estabelecimento (CC. art. 966 e 1.142); **E:** incorreta, pois a clientela, apesar de ser inegavelmente importantíssima para o estabelecimento e definição do fundo de comércio, não pode ser objeto de apropriação, por ser formada por pessoas. Assim, a legislação tutela a clientela, pelo combate a concorrência desleal, por exemplo, sem imputar, com isso, natureza jurídica de bem.

Gabarito "A".

(Magistratura/PA – 2012 – CESPE) Acerca da escrituração e do estabelecimento empresarial, assinale a opção correta.

(A) Ocorrendo o extravio de livros ou fichas já autenticados pela junta comercial, impõe-se ao empresário, em razão do extravio, o pagamento de multa em favor da junta comercial.

(B) A moderna teoria do direito empresarial equipara o estabelecimento empresarial à sociedade empresária, ambos considerados sujeitos de direito.

(C) A empresa, mas não o estabelecimento empresarial, pode ser alienada, onerada, arrestada ou penhorada.

(D) Define-se estabelecimento empresarial como o conjunto de bens considerados indispensáveis ou úteis ao desenvolvimento da empresa.

(E) De acordo com a sistemática adotada pelo direito empresarial brasileiro, considera-se regular o livro mercantil cuja escrituração seja feita em língua estrangeira, dada a prioridade conferida à técnica utilizada na sua elaboração.

A: incorreta, pois em caso de perda, não há previsão de multa, mas apenas procedimento de reconstituição dos livros (IN 65/1997 DNRC); **B:** incorreta, pois a lei define estabelecimento como algo diverso do empresário (CC, arts. 966 e 1.142); **C:** incorreta, pois tanto a empresa, quanto o estabelecimento, podem ser objeto de alienação (CC, art. 1.143); **D:** correta, pois estabelecimento é o conjunto de todos os bens, materiais e imateriais, que o empresário reúne, de maneira articulada e racional, para a exploração de sua atividade (CC, art. 1.142); **E:** incorreta, pois há previsão legal da necessidade de escrituração em língua nacional (CC, art. 1.183).

Gabarito "D".

(Magistratura Federal/1ª Região – 2011 – CESPE) Assinale a opção correta com relação a estabelecimento comercial.

(A) Caso o locatário, no momento da propositura da ação renovatória, apresente valor locativo compatível com o valor de mercado, o locador deverá renovar a locação, ainda que ele receba proposta mais vantajosa de terceiro.

(B) A locação empresarial submete-se ao regime jurídico da renovação compulsória, de acordo com o qual a locação deve ser contratada por tempo determinado de, no mínimo, cinco anos, admitida a soma dos prazos de contratos escritos, sucessivamente renovados, podendo esse cálculo ser feito pelo sucessor ou cessionário do locatário.

(C) Não havendo previsão contratual, o adquirente de estabelecimento pode usar o nome do alienante, precedido do seu próprio, com qualificação de sucessor, por ato entre vivos.

(D) A cessão de créditos referentes a estabelecimento transferido não produz efeitos em relação aos devedores.

(E) O estabelecimento comercial compõe o patrimônio do empresário, que possui livre disponibilidade para aliená-lo, sem a necessidade de concordância dos credores.

A: incorreta, pois o direito à renovação compulsória cede diante da existência de proposta melhor de terceiro (Lei 8.245/1991, art. 72, III); **B:** correta, pois se trata dos requisitos expressamente indicados na lei (Lei 8.245/1991, art. 51); **C:** incorreta, pois essa possibilidade dependerá de previsão expressa no contrato (CC, art. 1.164, parágrafo único); **D:** incorreta, pois a operação de trespasse implica em sucessão obrigacional (CC, art. 1.146); **E:** incorreta, pois em caso de existência de passivo superior ao patrimônio do empresário, a alienação depende, para a eficácia perante terceiros, de anuência dos credores (CC, art. 1.145).

Gabarito "B".

(Magistratura Federal/2ª Região – 2011 – CESPE) Se a atividade empresarial é exercida pelo empresário, sua representação patrimonial denomina-se estabelecimento, que é a reunião de todos os bens necessários para a realização da atividade empresarial, também chamada, sob a influência dos franceses, fundo de comércio, ou, sob a dos italianos, *azienda*. Com relação ao estabelecimento empresarial, assinale a opção correta.

(A) Com a edição do atual Código Civil, consagrou-se o entendimento de que o estabelecimento é uma universalidade de bens que passa a ser uma universalidade de fato, e não, de direito, como era considerado anteriormente.
(B) O aviamento, por ser considerado bem, está sujeito a proteção direta, assim como o patrimônio material ou imaterial da empresa.
(C) Tratando-se de ação renovatória, para que o empresário possa pleitear a renovação compulsória da locação, independentemente da vontade do locador, exige-se que o contrato a renovar seja celebrado por escrito e por prazo indeterminado.
(D) Com o trespasse, presume-se sub-rogado o adquirente nos contratos que, até então firmados pelo alienante, sejam de tratos sucessivos estipulados para a exploração do estabelecimento e tenham caráter pessoal, não se transferindo automaticamente nesse caso.
(E) Com a venda do estabelecimento, altera-se a figura de seu titular, que passa a ser o comprador; com a venda da sociedade empresária, entretanto, não existe alteração do titular do estabelecimento, que permanece o mesmo.

A: incorreta, pois a posição dominante da doutrina é que o estabelecimento é uma universalidade de direito; **B:** incorreta, pois o aviamento, nos termos da doutrina, não é um bem do estabelecimento, mas uma característica decorrente da organização, qual seja, a valorização; **C:** incorreta, pois, nos termos da lei, exige-se que o contrato seja firmado por escrito e com prazo determinado (Lei 8.245/1991, art. 51); **D:** incorreta, pois os contratos de caráter pessoal não estão englobados no trespasse, dependendo de contratação independente (CC, art. 1.147); **E:** correta, pois no trespasse tem-se a venda da atividade, ou seja, da organização empresarial; na venda de participação societária, tem-se a venda de quotas ou ações, permanecendo todos os bens da pessoa jurídica em seu nome, não se falando, então, em transferência de titularidade.

Gabarito "E".

2. DIREITO SOCIETÁRIO

2.1. SOCIEDADE SIMPLES

(Juiz de Direito - TJ/BA - 2019 - CESPE/CEBRASPE) A resolução de uma sociedade simples pode ocorrer por

(A) decurso do prazo de duração ou por decisão majoritária dos sócios, quando a sociedade tiver prazo indeterminado.
(B) decisão unânime dos sócios e por perda da autorização legal para o funcionamento da sociedade.
(C) morte do sócio, se não houver disposição diferente no contrato social, ou por exclusão judicial do sócio devido a falta grave no cumprimento de obrigações societárias.
(D) falta de pluralidade de sócios por mais de cento e oitenta dias e por perda da autorização legal para o funcionamento da sociedade.
(E) morte do sócio, se não houver disposição diferente no contrato social, ou por decisão majoritária dos sócios, quando a sociedade tiver prazo indeterminado.

A: incorreta. Na sociedade por prazo indeterminado, é necessária maioria absoluta do capital social para a dissolução (art. 1.033, III, do CC); **B:** incorreta, nos termos do comentário anterior; **C:** correta, nos termos dos arts. 1.028, I, e art. 1.030 do CC; **D:** foi considerada incorreta pelo gabarito oficial, e está mesmo, porém merece críticas. Questões de múltipla escolha não podem deixar dúvidas no candidato sobre a abrangência do questionamento. Pelas demais alternativas, percebe-se que a intenção do examinador era cobrar conhecimento da letra da lei – e, sob esse aspecto, a alternativa está correta (art. 1.033, IV e V, do CC). Ocorre que a falta de pluralidade de sócios, não obstante a redação do artigo mencionado, não acarreta a dissolução da sociedade, pois ela pode ser convertida em EIRELI ou em sociedade unipessoal, caso adote o tipo jurídico da sociedade limitada; **E:** incorreta, conforme comentário à alternativa "A". HS

Gabarito "C".

(Defensor Público – DPE/RN – 2016 – CESPE) Em relação ao direito de empresa, assinale a opção correta à luz do Código Civil de 2002.

(A) Na sociedade em comum, os sócios, nas relações entre si, podem comprovar a existência da sociedade por qualquer meio.
(B) Na sociedade simples, o cedente responde solidariamente com o cessionário, perante terceiros, pelas obrigações que tinha como sócio, até dois anos depois de averbada a modificação do contrato social.
(C) Na sociedade limitada, permite-se a contribuição em serviços para o contrato social.
(D) Os cônjuges podem contratar sociedade entre si, seja qual for o regime de bens do casamento.
(E) A cooperativa poderá ser sociedade simples ou empresária, a depender do seu objeto.

A: incorreta, pois os sócios da sociedade em comum, nas relações entre si ou com terceiros, somente por escrito podem provar a existência da sociedade, embora os terceiros possam prová-la de qualquer modo – art. 987 do CC: **B:** correta, conforme o art. 1.003, parágrafo único, do CC; **C:** incorreta, pois é vedada contribuição que consista em prestação de serviços – art. 1.055, § 2º, do CC; **D:** incorreta, pois não podem contratar sociedade entre si os cônjuges casados em comunhão universal de bens ou em separação obrigatória – art. 977 do CC; **E:** incorreta, pois a cooperativa será sempre considerada sociedade simples, independentemente do seu objeto – art. 982, parágrafo único, do CC.

Gabarito "B".

(Magistratura Federal/3ª Região – 2011 – CESPE) Assinale a opção correspondente a exemplo de sociedade simples.

(A) empresa limitada destinada ao comércio de alimentos aos consumidores.
(B) sociedade destinada ao exercício de profissão intelectual na forma de sociedade por ações.
(C) sociedade limitada destinada ao comércio de miudezas aos consumidores.
(D) sociedade cooperativa de produtores rurais.
(E) sociedade por ações destinada a atividades artísticas.

A: incorreta, pois se refere à exploração de atividade de forma empresarial (CC, art. 966 c/c art. 982); **B:** incorreta, pois as sociedades por ações sempre serão empresárias (art. 982, parágrafo único); **C:** incorreta, pois se refere à exploração de atividade de forma empresarial (CC, art. 966 c/c art. 982); **D:** correta, pois as sociedades cooperativas sempre serão não empresárias, ou seja, sociedades simples (CC, art. 982, parágrafo único); **E:** incorreta, pois as sociedades por ações sempre serão empresárias (art. 982, parágrafo único).

Gabarito "D".

2.2. SOCIEDADE EMPRESÁRIA

(Defensor Público/AL – 2017 – CESPE) Constitui ato constitutivo da pessoa jurídica de direito privado

(A) a certidão simplificada.
(B) o registro de imóvel.
(C) a procuração pública.
(D) o balanço patrimonial.
(E) o contrato social.

A pessoa jurídica de direito privado se constitui a partir da assinatura de um contrato social (sociedades contratuais) ou pela elaboração de seu estatuto social (sociedades institucionais). Vale destacar, porém, que a sua personalidade jurídica surge apenas com o registro desses atos constitutivos na Junta Comercial. HS

Gabarito "E".

(Delegado/PE – 2016 – CESPE) Assinale a opção que apresenta, respectivamente, as espécies societárias que somente podem ser consideradas, a primeira, como sociedade empresária e, a segunda, como sociedade simples, em razão de expressa imposição legal.

(A) sociedade comandita por ações / sociedade comandita simples
(B) sociedade anônima / sociedade cooperativa
(C) sociedades estatais / associações
(D) sociedade anônima / sociedade limitada
(E) sociedade em nome coletivo / sociedade limitada

Nos termos do art, 982, parágrafo único, do Código Civil, independentemente de seu objeto social, considera-se empresária a sociedade anônima e simples a cooperativa.

Gabarito "B"

(Advogado União – AGU – CESPE – 2015) À luz da legislação e da doutrina pertinentes às sociedades empresárias, julgue os próximos itens.

(1) O sócio que transferir crédito para fins de integralização de quota social responderá pela solvência do devedor e o que transmitir domínio de imóvel responderá pela evicção.
(2) A adoção do regime legal das companhias permite maior liberdade quanto à disciplina das relações sociais, o que constitui uma vantagem desse regime em relação ao das sociedades contratualistas.
(3) Para que se efetive a exclusão do sócio remisso no âmbito das sociedades limitadas, é imprescindível que tal hipótese conste do contrato social.
(4) No regime da sociedade de pessoas, todos os sócios respondem solidariamente pela exata estimação de bens conferidos ao capital social, até o prazo de cinco anos da data do registro da sociedade.

1: Correta, nos termos do art. 1.005 do CC. **2:** Incorreta. A questão é eminentemente doutrinária. "Regime legal das companhias" é o que as caracteriza como sociedades institucionais, ou seja, a Lei 6.404/1976, que afasta a aplicação dos princípios contratuais próprios das sociedades denominadas justamente "sociedades contratuais", como a sociedade limitada. Dentre os princípios em questão, destaca-se a autonomia da vontade, no sentido de que os sócios são livres para dispor o que bem entenderem no contrato social, respeitadas apenas as normas cogentes. Isso não ocorre nas sociedades anônimas, face à extensa regulação da Lei 6.404/1976. Logo, é naquelas, e não nessas, que se encontra maior liberdade na disciplina das relações sociais. **3:** Errada. A exclusão do sócio remisso decorre da aplicação do art. 1.058 do CC, não dependendo de previsão contratual. **4:** Errada. A regra enunciada, que corresponde ao art. 1.055, § 1º, do CC, aplica-se somente às sociedades limitadas, não a todas às "sociedades de pessoas". HS

Gabarito 1C, 2E, 3E, 4E

(Advogado União – AGU – CESPE – 2015) Julgue os itens a seguir, relativos à regularidade, ou não, de sociedades empresárias e às possíveis consequências devidas a situações de irregularidade.

(1) Uma das sanções imponíveis à sociedade empresária que funcione sem registro na junta comercial é a responsabilização ilimitada dos seus sócios pelas obrigações da sociedade.
(2) A sociedade empresária irregular não tem legitimidade ativa para pleitear a falência de outro comerciante, mas pode requerer recuperação judicial, devido ao princípio da preservação da empresa.
(3) Sociedade rural que não seja registrada na junta comercial com jurisdição sobre o território de sua sede é considerada irregular, razão por que não pode contratar com o poder público.

1: Certa, nos termos do art. 990 do CC. **2:** Errada. Um dos requisitos para pleitear a recuperação judicial é justamente a regularidade do empresário, nos termos do art. 48 da Lei 11.101/2005. **3:** Errada. O registro da sociedade que explora atividade rural, e consequentemente sua submissão ao regime jurídico empresarial, é facultativo, nos termos do art. 971 do CC. HS

Gabarito 1C, 2E, 3E

(Magistratura/PA – 2012 – CESPE) Considerando a disciplina aplicável às sociedades empresárias, assinale a opção correta.

(A) À luz do Código Civil brasileiro, a sociedade de capital e indústria é um tipo de sociedade empresária.
(B) A sociedade em nome coletivo é sociedade de capital, pois a contribuição material é mais importante que as características subjetivas dos sócios.
(C) Na sociedade empresária, o sócio não pode, em nenhuma circunstância, desligar-se por declaração unilateral imotivada, estando condicionado à estabilidade do vínculo societário.
(D) A personalidade jurídica da sociedade empresária termina com o procedimento dissolutório, que compreende obrigatoriamente a dissolução, a liquidação e a partilha.
(E) O princípio da autonomia patrimonial tem aplicação ilimitada, devendo o juiz observá-lo estritamente.

A: incorreta, pois com a edição do novo Código Civil, não mais há a previsão deste tipo societário em nosso ordenamento; **B:** incorreta, pois a sociedade em nome coletivo é sociedade de pessoas, por classificação doutrinária, em virtude da relevância da pessoa do sócio (CC, art. 1.039 a 1.044); **C:** incorreta, pois poderá retirar-se, independente de motivação, no caso de sociedade por prazo indeterminado (CC, art. 1.029); **D:** correta, pois o procedimento encerra a personalidade jurídica da sociedade (CC, art. 1.101 a 1.112); **E:** incorreta, pois existem situações de uso indevido da pessoa jurídica que afastam a autonomia, chamada de desconsideração da personalidade jurídica (CC, art. 50).

Gabarito "D"

(Magistratura/PA – 2012 – CESPE) Com relação ao empresário e às sociedades empresárias, assinale a opção correta.

(A) O contrato social, instrumento assinado pelos sócios para ajustamento de seus interesses recíprocos, é o ato celebrado entre os sócios da sociedade limitada.
(B) Na sociedade anônima, a participação do sócio, uma contrapartida à contribuição que ele dá ao capital social, é denominada cota.
(C) Como a participação societária integra o patrimônio de cada sócio, este não pode aliená-la ou onerá-la livremente e sem qualquer restrição.
(D) Para ser administrador de sociedade limitada ou anônima, é necessário ser sócio.
(E) Sendo a empresa explorada por pessoa jurídica uma sociedade empresária, é correto denominar empresário o sócio da sociedade empresária.

A: correta, pois a sociedade limitada é uma sociedade contratual, tendo esse documento por ato constitutivo (CC, art. 997 e 1.052); **B:** incorreta, pois nas sociedades anônimas o capital se divide em partes chamadas ações (CC, art. 1.088); **C:** incorreta, pois existem sociedades por ações em que a alienação poderá se dar sem restrições (princípio da livre circulação do capital). Este princípio não se aplica as sociedades contratuais, para as quais a alienação de capital dependerá, em regra, de anuência dos demais sócios; **D:** incorreta, pois há previsão em sentido contrário (CC. art. 1.060 e Lei 6.404/1976, art. 146); **E:** incorreta, pois sócio e sociedade não se confundem, já que o sócio, diretamente, nenhuma atividade econômica explora (CC. art. 966).

Gabarito "A"

(Magistratura/PB – 2011 – CESPE) Com relação à disciplina aplicável à formação e à personalidade jurídica da sociedade empresária, assinale a opção correta.

(A) A personalidade jurídica da sociedade empresária tem início com a formalização do contrato entre os sócios, independentemente da integralização do capital social.
(B) O sócio que for admitido em sociedade já constituída não responderá pelas dívidas anteriores à data de sua admissão, independentemente do tipo de sociedade.
(C) Em atenção ao princípio da continuidade da empresa, a sociedade empresarial, uma vez regularmente constituída, não se dissolve pela superveniência da falta de pluralidade de sócios e pode continuar operando por prazo indeterminado.
(D) A sociedade por ações é considerada sociedade empresária, independentemente do objeto.

(E) A desconsideração da personalidade jurídica implica o rompimento do vínculo contratual entre os sócios, desconstituindo a pessoa jurídica.

A: incorreta, pois a personalidade jurídica da sociedade surge com a inscrição dos atos constitutivos no registro próprio, na forma da lei (não basta sua formalização entre os sócios) – arts. 45 e 985 do CC; **B:** incorreta, pois o sócio admitido em sociedade simples já constituída não se exime das dívidas sociais anteriores à admissão – art. 1.025 do CC. A norma se aplica, em princípio, também às sociedades limitadas – art. 1.053, *caput*, do CC (exceto se o contrato da limitada prever a regência supletiva pelas normas das sociedades anônimas – parágrafo único do art. 1.053 do CC); **C:** incorreta, pois a falta de pluralidade de sócios é causa de extinção da sociedade, se não for reconstituída no prazo de 180 dias – art. 1.033, IV, do CC. O prazo é distinto no caso das sociedades por ações – art. 206, I, *d*, da Lei das Sociedades por Ações – LSA (Lei 6.404/1976); **D:** correta, conforme o art. 982, parágrafo único, do CC; **E:** incorreta, pois a desconsideração da personalidade jurídica não extingue a sociedade, apenas estende os efeitos de certas e determinadas relações de obrigações aos bens particulares dos administradores ou sócios da pessoa jurídica – art. 50 do CC.

Gabarito "D"

2.3. SOCIEDADES EM COMUM, EM CONTA DE PARTICIPAÇÃO, EM NOME COLETIVO, EM COMANDITA

(Auditor Fiscal - SEFAZ/RS - 2019 - CESPE/CEBRASPE) Para estabelecer e registrar uma sociedade não personificada em que investidores participem diretamente da divisão de seus frutos e na qual seja assegurado o sigilo em relação às pessoas dos sócios, o interessado deverá constituir uma sociedade

(A) em nome coletivo.
(B) em conta de participação.
(C) em comandita simples.
(D) em comandita por ações.
(E) anônima.

A única sociedade não personificada regular do direito brasileiro é a sociedade em conta de participação. O sigilo em relação às pessoas dos sócios decorre da dispensa do registro de seus atos constitutivos na Junta Comercial (art. 992 do CC). HS

Gabarito "B"

Três amigos — Domingos, Gustavo e Pedro — formaram uma sociedade para exercer atividade empresarial de floricultura. Redigiram um contrato social, mas não providenciaram a inscrição no registro próprio. A atividade não foi bem e vários clientes, sentindo-se prejudicados, procuraram a Defensoria Pública, pretendendo ser ressarcidos de valores que pagaram antecipadamente por contratos inadimplidos. Conforme relato dos clientes, os contratos eram firmados pelo sócio Domingos, em nome da floricultura. A defensoria ajuizou as ações cabíveis.

(Defensor Público - DPE/DF - 2019 - CESPE/CEBRASPE) Com relação a essa situação hipotética, julgue os itens a seguir.

(1) Como o contrato social da floricultura não foi inscrito no registro próprio, Domingos não poderá usá-lo como prova de responsabilidade dos demais sócios.
(2) É cabível a aplicação da teoria da desconsideração da personalidade jurídica a fim de que o patrimônio pessoal dos sócios seja alcançado para responder pelas dívidas da floricultura.
(3) Com exceção de Domingos, os demais sócios poderão pleitear que seus bens particulares só sejam executados por dívidas da sociedade depois de executados os bens sociais.
(4) Todos os sócios respondem solidária e ilimitadamente pelas obrigações sociais e, na situação apresentada, não há que se falar em patrimônio em comum dos sócios.

1: incorreta. Nos termos do art. 987 do CC, na sociedade em comum os sócios podem provar sua existência mediante documento escrito – o que inclui o contrato social não registrado; **2:** incorreta. A sociedade em comum não tem personalidade jurídica, logo não faz sentido falar em desconsideração de algo que não existe; **3:** correta, nos termos do art. 990 do CC; **4:** incorreta. Mesmo não personificada a sociedade, existe benefício de ordem em relação aos sócios que não contrataram em nome dela – o que significa que o patrimônio daquela deve ser executado primeiro e sua natureza jurídica é de patrimônio comum de todos os sócios (art. 988 do CC). HS

Gabarito: 1E, 2E, 3C, 4E

(Promotor de Justiça/RR – 2017 – CESPE) A respeito da sociedade empresarial cujo contrato social não tenha ainda sido inscrito no órgão próprio, assinale a opção correta conforme a legislação pertinente.

(A) Bens particulares do sócio que não tiver contratado em nome da sociedade só poderão ser executados por dívidas da sociedade depois de executados os bens sociais.
(B) À situação em apreço é aplicável a teoria da desconsideração da personalidade jurídica, razão por que os patrimônios pessoais dos sócios poderão ser alcançados por dívidas da sociedade.
(C) Os bens e as dívidas sociais não constituem patrimônio especial, pois não há de se cogitar de patrimônio em comum dos sócios.
(D) Devido ao fato de ainda não estar inscrito no órgão próprio, o referido contrato não será considerado válido como prova de existência da sociedade.

A: correta. Nas sociedades em comum, apenas o sócio que contratou pela sociedade perde o benefício de ordem (art. 990 do CC); **B:** incorreta. Não se fala em desconsideração da personalidade jurídica porque a sociedade em comum sequer tem personalidade jurídica; **C:** incorreta. A assertiva é o exato oposto do que estabelece o art. 988 do CC; **D:** incorreta. Os sócios podem provar a existência da sociedade por contrato escrito e terceiros podem prová-la por qualquer meio (art. 987 do CC). HS

Gabarito "A"

(Juiz de Direito/DF – 2016 – CESPE) Com relação às sociedades em conta de participação, assinale a opção correta à luz do Código Civil.

(A) Em caso de falência do sócio participante, ocorrerá a dissolução da sociedade e a liquidação da respectiva conta, cujo saldo constituirá crédito quirografário.
(B) O sócio ostensivo tem a faculdade de admitir novo sócio, independentemente de consentimento expresso dos demais.
(C) O contrato social produz efeito somente entre os sócios apenas até eventual inscrição de seu instrumento em qualquer registro, momento em que a sociedade passará a possuir personalidade jurídica.
(D) A liquidação da sociedade em conta de participação, se rege pelas normas relativas à prestação de contas, na forma da lei processual.
(E) Os bens sociais respondem por ato de gestão apenas do sócio ostensivo.

A: incorreta. Esta medida é prevista para a falência do sócio ostensivo. Falindo o sócio participante, a sociedade se resolve nos termos dos contratos bilaterais do falido (art. 994, §§2º e 3º, do CC); B: incorreta. O sócio ostensivo somente pode admitir novo sócio com a anuência dos sócios participantes (art. 995 do CC); C: incorreta. A sociedade em conta de participação não é sujeita a registro, a despeito de ser totalmente regular, e mesmo que seus atos constitutivos sejam levados ao Cartório ou à Junta Comercial o ato não lhe conferirá personalidade jurídica (art. 993 do CC); D: correta, nos termos do art. 996 do CC; E: incorreta. Os sócios participantes podem fiscalizar a gestão da sociedade (art. 993, parágrafo único, do CC).

Gabarito "D"

(Juiz de Direito/DF – 2016 – CESPE) Assinale a opção correta acerca das sociedades personificadas, de acordo com o Código Civil.

(A) Na sociedade em nome coletivo, o uso da firma é privativo, nos limites do contrato, dos que tenham os necessários poderes para usá-la; na sociedade em comandita simples, não pode o nome do sócio comanditário constar na firma social, sob pena de ficar sujeito às mesmas responsabilidades de sócio comanditado.

(B) Assim como o sócio comanditário na sociedade em comandita simples, o sócio pessoa física da sociedade em nome coletivo, como regra geral, responde solidária e ilimitadamente pelas obrigações sociais.

(C) Na sociedade simples, não constitui causa de dissolução de pleno direito da sociedade a não reconstituição, no prazo de cento e oitenta dias, da pluralidade de sócios, ao contrário do que acontece no regime da sociedade limitada.

(D) A sociedade simples constitui-se mediante contrato escrito, na forma pública ou particular. A sociedade limitada, porém, constitui-se apenas com observância de forma pública.

(E) É obrigatório constar a firma social nos contratos da sociedade simples.

A: correta, nos termos dos arts. 1.042 e 1.047 do CC; **B:** incorreta. O sócio comanditário tem responsabilidade limitada ao valor de sua quota (art. 1.045 do CC); **C:** incorreta. A regra da pluralidade de sócios é a mesma para todas as sociedades contratuais – não sendo ela restabelecida no prazo de 180 dias, acarreta a dissolução de pleno direito da pessoa jurídica (art. 1.033, IV, do CC); **D:** incorreta. Todas as sociedades contratuais podem ser constituídas por instrumento particular, inclusive a limitada (art. 997 do CC); **E:** incorreta. A sociedade simples pode girar sob denominação (art. 997, II, do CC).

Gabarito "A".

(Magistratura/ES – 2011 – CESPE) Assinale a opção correta no que concerne às sociedades.

(A) A sociedade em comandita simples é composta por sócios comanditários e comanditados, estes, necessariamente, pessoas físicas com responsabilidade solidária e ilimitada pelas obrigações sociais.

(B) Na sociedade em comandita por ações, o acionista exercerá a função de diretor ou administrador, se assim o desejar; caso contrário, a função poderá ser exercida por qualquer pessoa estranha à sociedade.

(C) Na conta de participação, o empreendedor associa-se a investidores para explorar atividade filantrópica; por isso, o sócio participante não se torna solidariamente responsável pelas obrigações contraídas.

(D) Podem fazer parte da sociedade em nome coletivo tanto a pessoa física quanto a pessoa jurídica.

(E) Não sendo empresárias as sociedades simples, suas normas não se aplicam aos tipos societários menores, como, por exemplo, às sociedades em nome coletivo.

A: correta, pois há expressa previsão legal nesse sentido (CC, art. 1.045); **B:** incorreta, pois na comandita por ações a função de diretor somente pode ser exercida pelo acionista (CC, art. 1.091); **C:** incorreta, pois a associação é para fins econômicos, ou seja, para aferição e distribuição de lucros (CC, art. 991); **D:** incorreta, pois a legislação permite apenas sócio pessoa física (CC, art. 1.039; **E:** incorreta, pois a legislação da sociedade simples aplica-se subsidiariamente, a todos os tipos societários contratuais, ou seja, nome coletivo, comandita simples e limitada (CC, arts. 1.040, 1.046 e 1.053).

Gabarito "A".

2.4. DISSOLUÇÃO DAS SOCIEDADES EM GERAL

(Defensor Público/ES – 2012 – CESPE) Julgue o item seguinte, relativo ao direito empresarial.

(1) Dissolvida a companhia pela existência de um único acionista, não será admitida a transformação do seu registro em empresário individual ou empresa individual de responsabilidade limitada.

1: incorreta, pois tal possibilidade é admitida expressamente pelo art. 1.033, parágrafo único, do CC.

Gabarito 1E

2.5. SOCIEDADE LIMITADA

(Juiz – TJ/CE – 2018 – CESPE) As sociedades limitadas regem-se

(A) pelas normas da sociedade simples, supletivamente, desde que assim esteja estipulado no contrato social.

(B) pelas normas da sociedade anônima, supletivamente, na hipótese de silêncio do contrato social.

(C) pelas regras da sociedade anônima quanto à forma de constituição e dissolução, se assim estiver estipulado no contrato social.

(D) pelas normas do Código Civil quanto à forma de constituição e dissolução.

(E) pelas normas da sociedade anônima, supletivamente, o que permite mais facilmente a retirada imotivada do sócio.

A, B e **E:** incorretas. As normas supletivas da sociedade limitada são as da sociedade simples, mas pode o contrato social indicar expressamente a aplicação da Lei das Sociedades Anônimas (art. 1.053 do CC). **C** e **D:** incorreta e correta, respectivamente. As formas de constituição e dissolução serão sempre as do Código Civil porque são elas o núcleo intangível das sociedades contratuais – isto é, se a sociedade é contratual, ela deve ser constituída por um contrato social e será possível sua dissolução parcial, institutos que não se coadunam com as sociedades por ações. HS

Gabarito "D".

(Magistratura/BA – 2012 – CESPE) Acerca da sociedade limitada, assinale a opção correta.

(A) Em se tratando de sociedade cujo contrato social estabeleça a intransferibilidade das quotas sem o consentimento dos demais sócios, não cabem caução ou penhora, sendo obrigatória à sociedade a admissão do credor como sócio.

(B) A diminuição do capital social somente ocorrerá se, depois de integralizado, for considerado excessivo para a realização do objeto social ou se houver perdas irreparáveis, e, nesse caso, cabe a diminuição proporcional das quotas sociais por deliberação dos sócios em assembleia, não se exigindo que a ata seja arquivada no registro público de empresas mercantis.

(C) A destituição de administrador sócio deve ser deliberada pela metade dos titulares do capital social, caso não seja estipulado quórum diferente em contrato social, enquanto a destituição de administrador não sócio nomeado em contrato social deve ser deliberada por sócios que detenham dois terços do capital social; em ato apartado, a destituição deve ser deliberada pela maioria dos presentes.

(D) Cabe ao conselho fiscal acompanhar e fiscalizar a administração da sociedade, verificando a sua atuação e opinando sobre os procedimentos e práticas adotados, conforme determinado no contrato social; como forma de proteção dos interesses da minoria, é, ainda, assegurado ao grupo de sócios que detenha no mínimo um quinto do capital social eleger, em separado, um dos membros do conselho fiscal e seu respectivo suplente.

(E) Segundo a teoria *ultra vires*, vigente no ordenamento jurídico brasileiro mesmo antes do advento do atual Código Civil, a sociedade somente se vincula aos atos praticados por seus administradores caso tenham pertinência com o seu objeto social, ou seja, se o ato praticado extrapolar os limites contratuais, a sociedade não será obrigada a observá-lo.

A: incorreta, pois nessa situação aplica-se a causa de exclusão de sócio por pedido de credor, preservando-se os interesses da sociedade, dos demais sócios e dos credores (CC. art. 1.026); **B:** incorreta, pois a diminuição de capital poderá ocorrer por outros motivos, como a exclusão de sócio, por exemplo (CC, art. 1.031); **C:** incorreta, pois a destituição de administradores exige, no mínimo, a maioria do capital social, não havendo caso de maioria simples (CC, art. 1.063 e 1.076, II); **D:** correta, pela expressa previsão legal (CC, art. 1.066); **E:** incorreta, pois essa teoria passou a ser adotada apenas com a vigência do novo código civil (CC, art. 1.015).

Gabarito "D".

(Magistratura/PB – 2011 – CESPE) A respeito da disciplina aplicável às sociedades limitadas, assinale a opção correta.

(A) Em razão da natureza jurídica da sociedade limitada, não é permitida a nomeação de administradores estranhos ao quadro social.

(B) A quebra da *affectio societatis* não é razão suficiente para excluir o sócio da sociedade limitada, haja vista a natureza desse tipo de sociedade.

(C) A penhora de quotas da sociedade limitada não é permitida pelo ordenamento jurídico, pois isso implicaria admitir, sem autorização dos sócios, o ingresso de pessoas estranhas na sociedade.

(D) Em razão do caráter *intuitu personae* da sociedade limitada, as quotas não podem ser cedidas, salvo se houver previsão contratual e autorização de todos os sócios.

(E) Na sociedade limitada, a responsabilidade dos sócios pela integralização do capital é solidária.

A: incorreta, pois é possível a nomeação de administrador que não seja sócio da limitada – art. 1.061 do CC; **B:** incorreta. Em princípio, apenas a quebra do *affectio societatis* não é, de fato, suficiente para a exclusão do sócio, mas não por conta da natureza da sociedade limitada. Na verdade, a limitada pode se configurar como sociedade de pessoas (diferente da sociedade de capital), em que as características subjetivas dos sócios são relevantes para a sociedade (quando a limitada não adota supletivamente as normas das sociedades por ações – art. 1.053, parágrafo único, do CC). O sócio pode ser excluído judicialmente somente por falta grave no cumprimento de suas obrigações ou por incapacidade superveniente, mediante iniciativa da maioria dos demais sócios – art. 1.030 do CC. O sócio minoritário pode ser excluído também extrajudicialmente, caso esteja pondo em risco a continuidade da empresa, em virtude de atos de inegável gravidade, e desde que a exclusão por justa causa seja prevista no contrato social – art. 1.085 do CC. Existe ainda a possibilidade de exclusão do sócio remisso da limitada se não integralizar sua quota social no prazo definido – art. 1.058 do CC; **C:** incorreta. O STJ reconhece a possibilidade de penhora das quotas de sociedade limitada, pois não implica, necessariamente, inclusão de novo sócio e porque o devedor responde com todos os seus bens – ver EDcl AgRg Ag 1.164.746/SP; **D:** incorreta, pois, na omissão do contrato, o sócio da limitada pode ceder sua quota, total ou parcialmente, a quem seja sócio, independentemente de audiência dos outros, ou a estranho, se não houver oposição de titulares de mais de um quarto do capital social – art. 1.057 do CC; **E:** correta, conforme o art. 1.052, *in fine*, do CC.

Gabarito "E"

(Defensor Público/SE – 2012 – CESPE) Acerca das sociedades limitadas, assinale a opção correta.

(A) As deliberações dos sócios serão tomadas facultativamente em assembleia, independentemente do número de sócios que a constitua, devendo ser, quando prevista contratualmente ou em lei, convocadas pelos administradores.

(B) A natureza jurídica das quotas sociais é meramente patrimonial, pois apenas confere ao seu dono o direito de participar dos resultados sociais e da partilha no caso da liquidação da sociedade.

(C) A responsabilidade ilimitada dos sócios pelas deliberações infringentes da lei ou do contrato torna necessária a desconsideração da personalidade jurídica, por constituir a autonomia patrimonial da pessoa jurídica escudo para a responsabilização pessoal e direta.

(D) A responsabilidade dos membros do conselho fiscal é equiparável à dos administradores, devendo eles agir com a diligência e o cuidado que o cargo requer e responder solidariamente perante a sociedade e terceiros prejudicados em razão do desempenho de suas funções.

(E) O administrador designado em ato separado será investido no cargo mediante termo de posse no livro de atas da administração, e a designação de administradores não sócios dependerá de aprovação da maioria dos sócios enquanto o capital não estiver integralizado.

A: incorreta, pois, nas sociedades limitadas, a deliberação por assembleia é obrigatória apenas se o número dos sócios for superior a dez – art. 1.072, § 1º, do CC; **B:** incorreta, pois a titularidade das quotas gera também direitos relativos à tomada de decisões, fixando o peso de cada sócio nas deliberações; **C:** incorreta, pois a ilicitude do ato implica responsabilização pessoal do sócio, nos termos do art. 1.080 do CC; **D:** correta, nos termos do art. 1.070 c/c o art. 1.016 do CC; **E:** incorreta, pois a designação de administrador não sócio depende de aprovação da unanimidade dos sócios, enquanto o capital não estiver integralizado, e de 2/3, no mínimo, após a integralização – art. 1.061 do CC. Ver também o art. 1.062 do CC, quanto à correta afirmação do ato de investidura no cargo.

Gabarito "D"

(Magistratura Federal/2ª Região – 2011 – CESPE) Assinale a opção correta no que tange à sociedade limitada.

(A) Quando a sociedade limitada estiver sujeita à regência supletiva do regime das anônimas, responderá por todos os atos praticados em seu nome e poderá ressarcir-se dos prejuízos em regresso contra o administrador que haja excedido seus poderes; quando sujeita à regência supletiva do regime das sociedades simples, responderá somente pelos atos que, praticados em seu nome, forem evidentemente estranhos ao objeto social ou aos negócios que costume estabelecer.

(B) Assembleia e reunião distinguem-se pelo procedimento: aquela segue rito mais solene, ditando o código suas regras; esta tem rito simplificado, cabendo aos sócios, no contrato social, estabelecer os detalhes do procedimento. Tanto a reunião quanto a assembleia podem ser dispensadas e substituídas por documento escrito, desde que esse documento trate da mesma matéria e seja aprovado pela maioria dos sócios.

(C) A administração da sociedade limitada pode ser exercida por qualquer pessoa, seja ela sócia ou não. É possível que a sociedade seja gerida por administradores não sócios, desde que sua designação ocorra pela aprovação de dois terços dos sócios, enquanto o capital não estiver integralizado. O administrador não nomeado em contrato social será destituído do cargo por sócios que representem três quartos do capital social.

(D) Com o objetivo de evitar lesão aos credores da sociedade cujo capital seja reduzido por excesso, determina o legislador que, se houver impugnação por parte do credor quirografário, portador de título líquido anterior à deliberação, no prazo de noventa dias a contar da data de publicação da ata da assembleia que a aprovar, a redução somente poderá realizar-se se provado o pagamento ao referido credor ou o depósito do valor em juízo.

(E) Para determinadas matérias, em razão de maior importância para a sociedade e repercussão nos direitos dos sócios e de terceiros, tais como a expulsão de sócio minoritário, a lei prevê algumas formalidades, como a de publicação, na imprensa oficial e em jornal de grande circulação, de anúncio convocando assembleia de sócios, devendo mediar, entre a primeira inserção e a realização da assembleia, o prazo máximo de cinco dias, para a primeira convocação.

A: incorreta, pois no caso da regência supletiva pela sociedade simples, a sociedade limitada somete não responderá por atos evidentemente estranhos aos negócios da sociedade, respondendo, pois, em todos os demais (CC, art. 1.015); **B:** incorreta, pois a formalidade da assembleia e de reunião somente podem ser dispensadas em caso de deliberação por escrito e aprovada pela totalidade dos sócios (CC, art. 1.072); **C:** incorreta, pois enquanto o capital não estiver integralizado, a nomeação de administrador não sócio depende de unanimidade de sócios (CC, art. 1.061); **D:** correta, pois há expressa previsão legal nesse sentido (CC, art. 1.084); **E:** incorreta, pois o prazo do edital, em primeira convocação, é de 8 dias, e não 5 (CC, art. 1.152).

Gabarito "D"

(Magistratura Federal/3ª Região – 2011 – CESPE) Os dez sócios que detêm o capital social de determinada empresa limitada pretendem promover fusão com outra empresa. Nessa situação, em conformidade com o Código Civil,

(A) não há necessidade de reunião ou assembleia para a tomada de decisão, se todos os sócios decidirem por escrito.

(B) a decisão deve ser tomada em assembleia.
(C) a assembleia ou a reunião destinada à discussão do assunto só pode ser instalada com a presença de todos detentores do capital social.
(D) a assembleia ou a reunião destinada à deliberação sobre a matéria vincula os sócios que não estiverem presentes.
(E) a matéria pode ser deliberada pela diretoria, desde que com a presença de algum dos sócios.

A: correta, pois a deliberação por assembleias ou reunião podem ser dispensadas exatamente no caso de deliberação por escrito, pela unanimidade dos sócios (CC, art. 1.072); **B:** incorreta, pois a decisão poderá ser tomada por reunião, se o contrato permitir, já que a sociedade tem até 10 sócios (CC, art. 1.072, § 1º); **C:** incorreta, pois a assembleia ou reunião exigem, como regra, ¾ do capital como *quorum* de instalação (CC, art. 1.074); **D:** incorreta, pois no caso de deliberação sobre operações societárias é permitido o exercício do direito de recesso, ou seja, retirada pela desaprovação da medida (CC, art. 1.077); **E:** incorreta, pois realização de fusão com outra empresa implica em necessária alteração de contrato social, que é matéria que exige aprovação e deliberação por sócios (CC, art. 1.071).

Gabarito "A"

2.6. SOCIEDADE ANÔNIMA

2.6.1. CONSTITUIÇÃO, CAPITAL SOCIAL, AÇÕES, DEBÊNTURES E OUTROS VALORES MOBILIÁRIOS

(Analista Judiciário – STJ – 2018 – CESPE) Acerca das sociedades anônimas, julgue os itens seguintes.

(1) A reserva legal da companhia poderá ser utilizada para a compensação de prejuízos, para o aumento do capital social e para a distribuição de dividendos.
(2) Antes de ser realizada a distribuição de lucros, devem ser deduzidos os prejuízos acumulados e a provisão para o imposto de renda.
(3) A destinação a ser dada ao lucro líquido do exercício é deliberação de competência da assembleia geral ordinária.

1: errada. A reserva legal somente pode ser usada para compensação de prejuízos ou aumento de capital (art. 193, § 2º, da LSA); **2:** correta, nos termos do art. 189 da LSA; **3:** correta, nos termos do art. 132, II, da LSA. HS

Gabarito 1E, 2C, 3C

(Magistratura/BA – 2012 – CESPE) Assinale a opção correta a respeito das sociedades anônimas.

(A) O valor de emissão da ação não pode coincidir com o valor do capital divido pelo número de ações, e não há impedimento, em se tratando de ações com ou sem valor nominal, a que lhes seja aplicado deságio ou acrescido ágio.
(B) Conversão é a operação pela qual as ações de determinada classe ou espécie são transformadas em ações de outra classe ou espécie mediante previsão estatutária, podendo as ações preferenciais ser transformadas em ações ordinárias, assim como as ordinárias em preferenciais, desde que se obedeça à limitação legal de três quartos das ações emitidas.
(C) O capital social da companhia é intangível, ou seja, os acionistas não podem receber, a título de restituição ou dividendos, os recursos aportados à sociedade sob a rubrica de capitalização, não prevendo a Lei das Sociedades por Ações capital social mínimo para a constituição da sociedade anônima, fato que a torna compatível com os pequenos negócios.
(D) As debêntures subordinadas gozam de garantia e contêm cláusula de subordinação aos credores da companhia, o que implica, no caso de liquidação da companhia, preferência dos debenturistas em relação aos demais credores para o ressarcimento do valor aplicado.
(E) Pode ser objeto da sociedade anônima qualquer empresa de fim lucrativo não contrário à lei, à ordem pública e aos bons costumes; contudo, caso venha a explorar atividade tipicamente de natureza civil, como é o caso da comercialização de bens imóveis, não será a sociedade anônima considerada sociedade empresarial.

A: incorreta, pois o valor nominal e o valor de emissão podem ser equivalentes e, no caso de não serem, há a possibilidade de cobrança de ágio, definido exatamente como a diferença entre o valor nominal e o preço de emissão (Lei 6.404/1976 – LSA, art. 13 e 14); **B:** incorreta, pois se exige o limite máximo de 50% de ações preferenciais sem direito a voto (Lei 6.404/1976 – LSA, art. 15); **C:** correta, pois o capital social não se confunde com o patrimônio da sociedade, assim como resultado do exercício (Lei 6.404/1976 – LSA, art. 5º e 166); **D:** incorreta, pois o debenturista subordinado ocupa posição extremamente desprestigiada no quadro de credores da sociedade anônima, não gozando de garantia (Lei 6.404/1976 – LSA, art. 58); **E:** incorreta, pois a sociedade anônima sempre será empresária, independente de seu objeto (CC, art. 982, parágrafo único e Lei 6.404/1976 – LSA, art. 2º).

Gabarito "C"

(Defensor Público/SE – 2012 – CESPE) Assinale a opção correta no que diz respeito às sociedades anônimas.

(A) Em se tratando de companhia fechada, a assembleia geral não poderá deliberar pela distribuição de dividendo inferior ao obrigatório, ou ainda pela retenção completa do lucro.
(B) O certificado de ação constitui simples meio de prova, não sendo documento constitutivo da condição de sócio nem importando sua transmissão em qualquer alteração da titularidade da ação.
(C) As ações em tesouraria, assim como ocorre com as quotas adquiridas pela sociedade limitada, não suspendem os direitos a elas inerentes, tais como o direito de voto e dividendos.
(D) Para serem custodiadas como ações fungíveis, as ações nominativas devem ser transferidas à instituição financeira, que se tornará titular delas, não podendo, a partir desse momento, os titulares das ações em custódia participar da assembleia geral da companhia, ou nela se fazer representar.
(E) O conselho de administração, hierarquicamente situado entre a assembleia geral e a diretoria da companhia, é órgão obrigatório de deliberação nas sociedades anônimas, tendo ampla competência para deliberar sobre todas as questões de interesse da sociedade.

A: incorreta, pois as fechadas podem distribuir dividendo inferior ao obrigatório, exceto quando controladas por companhias abertas na hipótese prevista no art. 202, § 3º, II, c/c o inciso I, da Lei das Sociedades por Ações – LSA (Lei 6.404/1976); **B:** correta, lembrando que, atualmente, é proibida a emissão de títulos ao portador, transmissíveis por endosso em branco – art. 19 da Lei 8.088/1990; **C:** incorreta, pois as ações em tesouraria não terão direito a dividendo ou a voto – art. 30, § 4º, da LSA; **D:** incorreta, devendo os titulares das ações em custódia exibir ou depositar comprovante expedido pela instituição depositária na assembleia – art. 126, II, da LSA. A instituição financeira detém apenas a propriedade fiduciária das ações (o que não altera a titularidade para fins de participação na assembleia) – art. 41 da LSA; **E:** incorreta, pois as competências do conselho de administração são delimitadas no art. 142 da LSA. A assembleia geral é quem detém competência ampla para deliberar sobre todos os negócios relativos ao objeto da companhia – art. 121 da LSA.

Gabarito "B"

(Magistratura Federal/2ª Região – 2011 – CESPE) O modelo da sociedade anônima foi concebido originalmente para viabilizar grandes empreendimentos, constituindo instrumento próprio para a captação de recursos perante número expressivo de investidores. Com relação a esse tipo de sociedade, assinale a opção correta.

(A) Nas companhias abertas, caso o pagamento do preço da ação não tenha sido feito integralmente no momento da subscrição, sua venda somente pode efetivar-se depois de realizados pelo menos 20% do preço de emissão, sob pena de nulidade. Nesse caso, o alienante continuará responsável, solidariamente com o adquirente, pelo pagamento das prestações que faltarem para a integralização das ações transferidas, responsabilidade que perdurará pelo prazo de dois anos a contar da transferência das ações.

(B) Inspirado na figura do *trustee* do direito anglo-saxão, o legislador criou a figura do agente fiduciário dos debenturistas, cuja incumbência é justamente fiscalizar a companhia e preservar os interesses dos credores debenturísticos. Tanto na emissão pública de debêntures como na emissão privada, destinada a um número de pessoas determinadas e conhecidas, é obrigatória a nomeação do agente fiduciário. Cabe à companhia, quando da emissão de debêntures, a escolha desse agente, que pode ser pessoa física, desde que satisfaça os requisitos do cargo.

(C) A companhia fechada de pequeno porte, mesmo que faça parte de um grupo de sociedades, como controladora ou filiada, está isenta de diversas obrigações comuns às demais sociedades. Contudo, não está dispensada de publicar os documentos da administração, tais como o relatório sobre os negócios sociais e os principais fatos administrativos do exercício, as demonstrações financeiras e o parecer dos auditores independentes, ainda que tais documentos sejam arquivados no registro do comércio.

(D) No que se refere à forma de transferência ou circulação, as ações podem ser classificadas em nominativas escriturais e nominativas registradas: as nominativas escriturais são mantidas em conta de depósito em nome de seus titulares, em instituição financeira designada pela companhia e autorizada pela Comissão de Valores Mobiliários; as nominativas registradas são aquelas cujo título de propriedade se comprova mediante contrato de compra e venda, recibo ou declaração.

(E) O *commercial paper*, por constituir título de curto prazo, deve ser emitido com vencimento mínimo de trinta dias contados da emissão do título. Em se tratando de companhia fechada, o prazo máximo será de cento e oitenta dias; tratando-se de companhia aberta, o prazo poderá chegar a trezentos e sessenta dias. Existe a possibilidade de resgate antecipado do referido título, desde que com anuência do titular; se o resgate for parcial, deverá ser realizado sorteio ou leilão entre os titulares.

A: incorreta, pois a circulação de ação ainda não integralizada depende da integralização prévia de, ao menos, 30% do seu valor (LSA, art. 29); **B:** incorreta, pois somente se exige a figura do agente fiduciário de debenturistas na emissão destinada a mercado, não a número determinado e conhecido de pessoas (LSA, art. 61, §1º); **C:** incorreta, pois não se aplicam as regras de ME e EPP as sociedades por ações (LC 123/2006); **D:** incorreta, pois as ações nominativas sempre são registradas em livro próprio da sociedade (LSA, art. 31); **E:** correta, nos termos do regulamento próprio da CVM (Instrução CVM 134/1990).

Gabarito "E".

(Magistratura Federal/3ª Região – 2011 – CESPE) Uma das características do mundo globalizado é a adoção de normas internacionais em diversos setores da sociedade. Na área da contabilidade, por exemplo, houve, nos últimos anos, alterações significativas introduzidas pela Lei das Sociedades por Ações. No que se refere à classificação dos componentes patrimoniais, assinale a opção correta com base nas normas legais atualmente aplicáveis.

(A) Os direitos realizáveis após o término do exercício seguinte devem ser classificados no grupo "realizável a longo prazo".

(B) O que antes era contabilizado no grupo "investimentos" passou a sê-lo no grupo "imobilizado".

(C) O grupo "ativo imobilizado" manteve-se como parte do grupo "investimentos".

(D) As despesas pré-operacionais devem ser registradas como parte do grupo "diferido".

(E) Todos os ativos que não devam ser contabilizados no "ativo circulante" devem sê-lo no "ativo não circulante".

A: incorreta, pois deve ser classificado como ativo circulante (LSA, art. 179, I); **B:** incorreta, pois não houve alteração na classificação dos investimentos (LSA, art. 179, III); **C:** incorreta, pois o grupo ativo imobilizado é independente da conta em investimentos (LSA, art. 179, III e IV); **D:** incorreta, pois não há mais contabilização de despesas pré-operacionais em conta ativo diferido (LSA, art. 179, V, revogado pela Lei 11.941/2009); **E:** correta, pois as classificações são excludentes, devendo, o ativo, estar em uma das duas contas (LSA, art. 178, § 1.º, I e II).

Gabarito "E".

2.6.2. ACIONISTAS, ACORDOS E CONTROLE

(Juiz de Direito/AM – 2016 – CESPE) Com a finalidade de reduzir o montante de impostos devidos, o administrador de determinada sociedade anônima simulou a ocorrência de prejuízos à companhia. Após alguns anos de êxito, sua conduta foi descoberta e, devido ao recolhimento a menor, foi necessário complementar os impostos pagos, tendo incidido multa e havido outras despesas decorrentes de honorários de advogados, contadores e outros profissionais requeridos para a correção do equívoco. Ao final, os valores pagos para corrigir a falha superaram em muito o valor que deveria ter sido pago inicialmente, conforme a lei.

Com base nessa situação hipotética, assinale a opção correta.

(A) O administrador não poderá ser responsabilizado pessoalmente por eventuais prejuízos causados a terceiros, pois agiu em nome da sociedade.

(B) Os acionistas individualmente prejudicados não poderão propor ação contra o administrador, devendo-se subordinar à deliberação da assembleia geral.

(C) É necessária a aplicação da teoria da desconsideração da personalidade jurídica da empresa para que se obtenha a responsabilização pessoal do administrador.

(D) Se a referida simulação decorrer de exercício abusivo do poder de controle, o controlador poderá ser responsabilizado pelos prejuízos, desde que comprovado dolo na atuação.

(E) Caberá à assembleia geral da companhia deliberar pelo ajuizamento, ou não, da ação de responsabilidade civil contra o administrador pelos prejuízos causados.

A: incorreta. Se atuar de forma contrária à lei, o administrador será pessoalmente responsável pelos prejuízos que causar à companhia ou a terceiros (art. 158, II, da LSA); B: incorreta. É possível a ação individual de acionista contra o administrador, desde que ele tenha sido diretamente prejudicado (art. 159, §7º, da LSA). Caso contrário, se pretender agir para defender a companhia, será necessário que se reúnam acionistas detentores de, no mínimo, 5% do capital social (art. 159, §4º, da LSA); C: incorreta. O próprio art. 158 da LSA determina a responsabilidade pessoal do administrador, não sendo necessária a declaração judicial de desconsideração da personalidade jurídica para atingi-lo. Além disso, o administrador não está necessariamente abrangido pela proteção conferida pela personalidade jurídica – afinal, ele pode ou não ser sócio da pessoa jurídica; D: incorreta. Ato abusivo pressupõe dolo, portanto será sempre punido por esta modalidade. Não há ato abusivo culposo (art. 117 da LSA); E: correta, nos termos do art. 159, caput, da LSA.

Gabarito "E".

(Cartório/ES – 2013 – CESPE) Assinale a opção correta a respeito das condições de validade para a constituição do grupo societário.

(A) A sociedade controladora, independentemente de sua nacionalidade, deve ter filial no país.

(B) A partir da constituição do grupo societário, a representação das sociedades participantes do grupo passa a ser exercida pela sociedade de comando, vedada cláusula em contrário.

(C) A convenção de constituição do grupo societário pode conter cláusula em que seja vedado o exercício do direito de recesso.

(D) Não é necessária a alteração contratual das sociedades participantes para o fim de obtenção do arquivamento de constituição do grupo societário.

(E) O arquivamento da convenção de constituição do grupo societário deve ser feito nas juntas do local de sede da sociedade controladora e de todas as suas filiadas.

A: incorreta. A sociedade controladora deve ser brasileira (art. 265, § 1º, da Lei 6.404/1976); **B**: incorreta. A representação das sociedades é cabe exclusivamente aos administradores de cada sociedade, salvo disposição em contrário na convenção do grupo (art. 272, parágrafo único, da Lei 6.404/1976); **C**: incorreta. Nos termos do art. 269, V, da Lei 6.404/1976, a convenção deve trazer "as condições para admissão de outras sociedades e para a **retirada das que o componham**" (grifo nosso), o que equivale ao direito de recesso; **D**: incorreta. O art. 270 da Lei 6.404/1976 exige que a convenção do grupo seja aprovada pelas sociedades participantes com observância das normas de alteração do contrato social; **E**: correta, nos termos do art. 271, § 1º, da Lei 6.404/1976.

Gabarito "E".

(Cartório/PI – 2013 – CESPE) Assinale a opção correta a respeito das relações entre sociedades anônimas.

(A) Caso controladora e controladas se unam em grupo de sociedades, haverá o surgimento de uma nova pessoa jurídica de propósito específico.
(B) A coligação de sociedades anônimas se dá quando uma delas titulariza direitos que lhe assegurem, permanentemente, preponderância nas deliberações sociais e poder de eleição da maioria dos administradores.
(C) Presume-se que uma sociedade é controladora de outra quando titulariza ao menos 20% do capital votante da controlada.
(D) É lícita a Constituição de subsidiária integral por qualquer sociedade estrangeira.
(E) Entre sociedades que se unam em consórcio não há presunção de solidariedade pelas obrigações assumidas por cada uma em razão do empreendimento comum.

A: incorreta. Nos termos do art. 266 da Lei 6.404/1976, o grupo de sociedades terá estrutura administrativa e coordenação próprias, porém cada sociedade componente conservará personalidade e patrimônio distintos, ou seja, o grupo não possui personalidade jurídica própria; **B**: incorreta. Esse é o conceito de sociedade controladora (art. 243, § 2º, da Lei 6.404/1976); **C**: incorreta. A titularidade de 20% do capital votante faz presumir a influência significativa de uma sociedade em outra, o que a caracteriza como sociedade **coligada** (art. 243, §§ 1º e 5º, da Lei 6.404/1976); **D**: incorreta. A subsidiária integral somente pode ser constituída por sociedade brasileira (art. 251 da Lei 6.404/1976); **E**: correta, nos termos do art. 278, § 1º, da Lei 6.404/1976.

Gabarito "E".

(Magistratura/PI – 2011 – CESPE) Relativamente à disciplina jurídica da sociedade anônima, assinale a opção correta.

(A) Nos certificados das ações devem constar a denominação da companhia, sua sede e prazo de duração, e a omissão dessas declarações confere ao acionista direito a indenização por perdas e danos contra a companhia e contra os diretores na gestão dos quais os certificados hajam sido emitidos.
(B) Para a constituição da sociedade anônima, são necessárias a subscrição, por pelo menos três pessoas, de todas as ações em que se divide o capital social e a realização, como entrada, de 30%, no mínimo, do preço de emissão das ações subscritas em dinheiro.
(C) O capital social das sociedades anônimas pode ser formado por dinheiro ou bens imóveis, e estes últimos serão avaliados por dois peritos nomeados em assembleia geral dos subscritores, convocada por meio da imprensa e presidida por um dos fundadores, instalando-se em primeira convocação com a presença de subscritores que representem dois terços do capital social.
(D) Compete à sociedade anônima emitir partes beneficiárias que confiram aos titulares direito de crédito determinado contra ela, nas condições constantes da escritura de emissão e, se houver, do certificado.
(E) A garantia flutuante conferida à debênture assegura privilégio geral sobre o ativo da companhia e impede a negociação dos bens que compõem esse ativo, diversamente do que ocorre com a garantia real.

A: correta, por expressa previsão legal (LSA, art. 24); **B**: incorreta, pois se exige número mínimo de apenas dois acionistas (LSA, art. 80); **C**: incorreta, pois exige-se três peritos, com percentual mínimo de metade do capital para a instalação da assembleia (LSA, art. 8º); **D**: incorreta, pois as partes beneficiárias confere direito eventual de crédito ao seu titular, já que representa participação nos lucros (LSA, art. 46); **E**: incorreta, pois tal garantia não impede a negociação de tais bens (LSA, art. 58).

Gabarito "A".

(Magistratura Federal/1ª Região – 2011 – CESPE) A lei que dispõe sobre as sociedades por ações reconhece como essencial o direito de o acionista:

(A) participar do acervo da companhia em caso de liquidação e fiscalizar as deliberações da assembleia geral.
(B) fiscalizar a gestão dos negócios sociais e retirar-se da sociedade nos casos previstos em lei.
(C) fiscalizar a gestão dos diretores e participar do acervo da companhia, em caso de liquidação.
(D) participar dos aumentos de capital decorrentes de correção monetária e fiscalizar a observância da convenção do grupo.
(E) participar das decisões da política financeira ou operacional da investida e dos lucros sociais.

A: incorreta, pois o titular de ações de fruição antecipou seu direito de participação no acervo (LSA, art. 15); **B**: correta, pois expressamente previstos na lei (LSA, art. 109); **C**, **D** e **E**: incorretas, por falta de previsão na lei (LSA, art. 109).

Gabarito "B".

2.6.3. ASSEMBLEIA GERAL, CONSELHO DE ADMINISTRAÇÃO, DIRETORIA, ADMINISTRADORES E CONSELHO FISCAL

(Juiz – TRF5 – 2017 – CESPE) Conforme a Lei das Sociedades Anônimas, as competências privativas da assembleia geral incluem a

(A) autorização para emissão de debêntures e para a contratação de empréstimos.
(B) solicitação ao conselho de administração para que providencie em dez dias a eleição ou a destituição de liquidantes.
(C) fixação de orientação geral dos negócios da companhia.
(D) indicação de lista tríplice ao conselho de administração para eleição, a qualquer tempo, de administradores e fiscais da companhia.
(E) deliberação sobre as demonstrações financeiras e contas apresentadas anualmente pelos administradores.

A única competência que se encontra dentre as exclusivas da assembleia geral, nos termos do art. 122, III, da LSA, é a letra "E", que deve ser assinalada. HS

Gabarito "E".

(Magistratura/CE – 2012 – CESPE) De acordo com a legislação das sociedades anônimas, assinale a opção correta acerca da administração e dos administradores da companhia.

(A) De acordo com a jurisprudência do STJ, o acionista minoritário tem legitimidade para propor ação indenizatória contra administradores da sociedade, por danos advindos de desvio de receitas.
(B) Em regra, os administradores da companhia são pessoalmente responsáveis pelas obrigações contraídas em nome da sociedade.
(C) A propositura de ação de responsabilidade civil contra administrador cujas contas sejam aprovadas sem reservas pela assembleia geral depende de prévia ação de anulação da decisão da assembleia de aprovação de contas da sociedade no prazo bienal.
(D) O juiz deverá reconhecer a exclusão da responsabilidade do administrador que pratique ato de liberalidade em detrimento dos interesses da companhia.
(E) O administrador da sociedade anônima responde objetivamente pelos prejuízos associados a suas atribuições ou poderes.

A: incorreta, pois o STJ entendeu exatamente o contrário, ou seja, pela ilegitimidade ativa (REsp 1.014.496 – SC); **B:** incorreta, pois os administradores agem em nome da sociedade, vinculando, com seus atos, a sociedade (LSA, art. 158); **C:** correta, por expressa previsão legal (LSA, art. 134 e 286); **D:** incorreta, pois há expressa previsão legal de exclusão somente no caso de reconhecimento de boa-fé do administrador (LSA, art. 159); **E:** incorreta, pois no exercício regular ou de boa-fé, não há responsabilidade (LSA, art. 158 e 159).

Gabarito "C"

(Advogado da União/AGU – CESPE – 2012) Com relação à responsabilidade dos sócios e administradores, julgue o item seguinte.

(1) O administrador de sociedade empresária não responde pessoalmente pelas obrigações que contrair em nome da sociedade por atos regulares de gestão, estando, contudo, obrigado pessoalmente e solidariamente a reparar o dano, por ato ilícito se, no âmbito de suas atribuições e poderes, agir de forma culposa.

1: correta, nos exatos termos do art. 158, II, da LSA.

Gabarito 1C

Veja a tabela a seguir, para estudo e memorização das competências do Conselho de Administração:

Compete ao Conselho de Administração – art. 142 da LSA
Fixar a orientação geral dos negócios da companhia;
Eleger e destituir os diretores da companhia e fixar-lhes as atribuições, observado o que a respeito dispuser o estatuto;
Fiscalizar a gestão dos diretores, examinar, a qualquer tempo, os livros e papéis da companhia, solicitar informações sobre contratos celebrados ou em via de celebração, e quaisquer outros atos;
Convocar a assembleia geral quando julgar conveniente, ou no caso do art. 132 da LSA
Manifestar-se sobre o relatório da administração e as contas da diretoria;
Manifestar-se previamente sobre atos ou contratos, quando o estatuto assim o exigir;
Deliberar, quando autorizado pelo estatuto, sobre a emissão de ações ou de bônus de subscrição;
Autorizar, se o estatuto não dispuser em contrário, a alienação de bens do ativo não circulante, a constituição de ônus reais e a prestação de garantias a obrigações de terceiros;
Escolher e destituir os auditores independentes, se houver.

2.6.4. TRANSFORMAÇÃO, INCORPORAÇÃO, FUSÃO E CISÃO

(Magistratura Federal/1ª Região – 2011 – CESPE) Com referência à transformação, incorporação, fusão e cisão das sociedades, assinale a opção correta.

(A) A transformação determina a extinção das sociedades que se unem para formar sociedade nova, que a elas sucederá nos direitos e obrigações.

(B) Na cisão com extinção da companhia cindida, as sociedades que absorverem parcelas do patrimônio da referida companhia responderão subsidiariamente pelas obrigações da companhia extinta.

(C) Nas sociedades anônimas, a assembleia geral possui competência privativa para deliberar sobre transformação, fusão, incorporação e cisão da companhia, sua dissolução e liquidação, eleger e destituir liquidantes assim como para julgar-lhes as contas.

(D) A fusão não depende do consentimento de todos os sócios, salvo se prevista na ata da assembleia, caso em que o dissidente poderá retirar-se da sociedade.

(E) A sociedade que houver de ser incorporada tomará conhecimento desse ato, e, se o aprovar, autorizará os administradores a praticar o necessário à incorporação, não podendo haver a subscrição de bens.

A: incorreta, pois a operação societária de transformação implica na mera alteração de tipo societário de uma sociedade, não envolvendo outras sociedades (CC, art. 1.113); **B:** incorreta, pois na cisão total a sociedade original deixa de existir, não se podendo falar em responsabilidade subsidiária, mas sim exclusiva das novas sociedades (LSA, art. 229); **C:** correta, pois há expressa atribuição de tais competências a esse órgão (LSA art. 122); **D:** incorreta, pois somente a transformação dependerá de aprovação unânime (CC, art. 1.114); **E:** incorreta, pois nessa aprovação poderá se definir a incorporação de bens como subscrição de capital (CC, art. 1.117, § 1º).

Gabarito "C"

2.6.5. QUESTÕES COMBINADAS SOBRE SOCIEDADE ANÔNIMA

(Cartório/RR – 2013 – CESPE) Assinale a opção correta com relação às sociedades anônimas.

(A) Quanto aos direitos e obrigações, as ações classificam-se como ordinárias, preferenciais ou de fruição, sendo as ações ordinárias da companhia fechada e as ações preferenciais da companhia aberta e fechada apenas de uma classe.

(B) O vencimento da debênture deve constar da escritura de emissão e do certificado, podendo a companhia estipular amortizações parciais de cada série, criar fundos de amortização e reservar-se o direito de resgate antecipado, parcial ou total, dos títulos da mesma série; contudo, não poderá a debênture assegurar ao seu titular participação no lucro da companhia.

(C) Não se admite que os administradores de sociedades anônimas votem para a aprovação ou a rejeição de suas próprias contas, ainda que o façam por interposta pessoa.

(D) A constituição da companhia por subscrição particular do capital pode ser feita por deliberação dos subscritores em assembleia geral ou por escritura pública, considerando-se fundadores todos os subscritores. Essa representação na escritura pública por procurador com poderes especiais é chamada pela doutrina de serviços de *underwriting.*

(E) Na sistemática da legislação acionária, admite-se a emissão de ações sem valor nominal, cujo preço será fixado, na constituição da companhia, pelos fundadores e, no aumento de capital, pela assembleia geral ou pelo conselho de administração, vedando-se, contudo, a emissão de novas ações emitidas pela companhia com valor superior ao valor nominal.

A: incorreta. Essas espécies de ações poderão ser divididas uma ou mais classes (art. 15, § 1º, da LSA); **B:** incorreta. A debênture pode garantir participação no lucro da companhia (art. 56 da LSA); **C:** correta, nos termos do art. 115, § 1º, da LSA; **D:** incorreta. *Underwriting* é o serviço prestado por um intermediário financeiro para a colocação de uma subscrição pública de ações ou outros valores mobiliários no mercado; **E:** incorreta. É vedada a emissão de ações por preço **inferior** ao seu valor nominal (art. 13 da LSA).

Gabarito "C"

(Cartório/DF – 2014 – CESPE) Com relação as sociedades por ações, assinale a opção correta.

(A) A emissão de debêntures por sociedades por ações e documentada em escritura de emissão, que contém os direitos conferidos aos investidores, suas garantias e demais cláusulas ou condições. Nos termos da Lei das Sociedades por Ações, essa escritura deve ser levada a registro apenas perante a Comissão de Valores Mobiliários, que conferira a publicidade necessária ao documento.

(B) Os titulares de debêntures conversíveis em ações, enquanto puderem exercer seu direito a conversão, tem a prerrogativa de vetar eventual alteração do estatuto da companhia para mudar o objeto da sociedade, para criar ações preferenciais ou para modificar as vantagens das existentes, em prejuízo das ações em que são conversíveis as debêntures. Esse direito de veto pode ser exercido pelo agente fiduciário ou em assembleia especial dos debenturistas.

(C) O acordo de acionistas sobre o exercício do direito de voto e do poder de controle em uma companhia torna-se obrigatório para a sociedade quando arquivado em sua sede, podendo ser invocado pelo acionista para eximi-lo de responsabilidade por eventuais danos causados pelos votos proferidos ou pelo controle exercido em conformidade com o acordado.

(D) A responsabilidade de cada acionista e limitada ao preço de emissão das ações por ele subscritas ou adquiridas, mas todos os acionistas respondem solidariamente pela integralização do capital social.

(E) Os subscritores ou acionistas que contribuem com bens para a formação do capital social respondem perante a companhia de forma idêntica a do vendedor; caso contribuam com créditos, responderão pela existência do credito, mas não pela solvência do devedor.

A: incorreta. O registro da escritura de emissão é feito na Junta Comercial (art. 62, I, da Lei 6.404/1976); **B:** correta, nos termos do art. 57, § 2º, da Lei 6.404/1976; **C:** incorreta. Nos termos do art. 118, § 2º, da Lei 6.404/1976, o acordo de acionistas não pode ser invocado para eximir o acionista de suas responsabilidades no exercício do direito de voto ou do poder de controle; **D:** incorreta. Não há a responsabilização solidária dos demais acionistas pela integralização do capital (art. 1º da Lei 6.404/1976). É justamente esse aspecto que diferencia mais diretamente a sociedade por ações da sociedade limitada; **E:** incorreta. O subscritor ou acionista responde pela solvência do devedor quando sua contribuição para o capital social consistir em créditos (art. 10, parágrafo único, da Lei 6.404/1976).

Gabarito "B".

(Magistratura/PB – 2011 – CESPE) A respeito da disciplina aplicável às sociedades anônimas de capital aberto, assinale a opção correta.

(A) Os administradores de sociedade anônima devem compor a diretoria ou o conselho de administração, não se exigindo, em nenhum desses casos, que os membros sejam acionistas da sociedade.

(B) Mediante a emissão de debêntures, meio utilizado para a captação de recursos no mercado, os prestadores de capital tornam-se sócios da companhia.

(C) Permite-se o fechamento do capital da sociedade anônima desde que precedido de oferta pública para a aquisição de todas as ações em circulação por preço justo.

(D) Além dos valores mobiliários expressamente previstos em lei, outros poderão ser criados pelo Conselho Monetário Nacional, nos limites de sua esfera de competência.

(E) Em sociedades abertas, os titulares de ações preferenciais podem ter direito a voto nas assembleias, ao passo que os titulares de ações ordinárias, em regra, não têm direito a voto.

A: incorreta. Importante salientar que, atualmente, com a Lei 12.431/2011, que alterou o art. 146 da LSA, não se exige mais que os membros do conselho de administração sejam acionistas. Os diretores, entretanto, já não precisavam ser acionistas antes da modificação legislativa; **B:** incorreta, pois os debenturistas são credores da companhia, não sócios – art. 52 da LSA; **C:** assertiva correta, conforme o art. 4º, § 4º, da LSA; **D:** incorreta, pois o Conselho Monetário Nacional não tem competência para criar valores mobiliários, que são definidos pelo art. 2º da Lei 6.385/1976; **E:** incorreta na parte final, pois as ações ordinárias conferem direito de voto a seus titulares – art. 110 da LSA.

Gabarito "C".

(Procurador/DF - 2013 - CESPE) A respeito da disciplina jurídica das sociedades por ações, julgue os itens que se seguem.

(1) O estatuto social da companhia não pode excluir ou restringir o direito dos acionistas preferenciais de participar dos aumentos de capital decorrentes da capitalização de reservas ou lucros, salvo no caso de acionistas portadores de ações com dividendo fixo.

(2) O reembolso é a operação pela qual, nos casos previstos em lei, a companhia paga aos acionistas dissidentes de deliberação da assembleia geral o valor de suas ações, ao passo que o resgate consiste no pagamento do valor das ações para retirá-las definitivamente de circulação.

(3) O conselho fiscal é órgão da companhia responsável pela missão precípua de fiscalização, sendo, portanto, órgão de existência facultativa.

(4) As ações preferenciais são reconhecidas como valores mobiliários que outorgam ao seu titular vantagens e outras preferências, tais como a prioridade na distribuição de dividendo fixo ou mínimo, de reembolso de capital e de direito a voto.

1: correta, nos termos do art. 17, § 5º, da LSA; **2:** correta, conforme a definição de reembolso dada pelo art. 45 da LSA; **3:** incorreta, pois o conselho fiscal é obrigatório nas companhias – art. 161 da LSA; **4:** incorreta, pois o direito a voto não é uma das preferências ou vantagens possíveis para as ações preferenciais – art. 17 da LSA.

Gabarito 1C, 2C, 3E, 4E

2.7. SOCIEDADE COOPERATIVA

(Juiz de Direito - TJ/BA - 2019 - CESPE/CEBRASPE) De acordo com o Código Civil, é característica das sociedades cooperativas

(A) o concurso de sócios em número mínimo necessário para compor a administração da sociedade, sem limitação de número máximo.

(B) a intransferibilidade das quotas do capital a terceiros estranhos à sociedade, ressalvados os casos de transmissão por herança.

(C) a indivisibilidade do fundo de reserva entre os sócios, ressalvado o caso de dissolução da sociedade.

(D) a impossibilidade, aliada à invariabilidade, de dispensa do capital social.

(E) o quórum, para a assembleia geral funcionar e deliberar, fundado no percentual do capital social representado pelos sócios presentes à reunião.

A: correta, nos termos do art. 1.904, II, do CC; **B:** incorreta, a herança não constitui exceção à regra enunciada (art. 1.094, IV, do CC); **C:** incorreta, a dissolução da cooperativa não é exceção à regra enunciada (art. 1.094, VIII, do CC); **D:** incorreta. O capital social da cooperativa pode ser variável ou mesmo dispensado (art. 1.094, I, do CC); **E:** incorreta. O quórum de deliberação é baseado no número de sócios presentes (art. 1.094, V, do CC). HS

Gabarito "A".

(Auditor Fiscal - SEFAZ/RS - 2019 - CESPE/CEBRASPE) As cooperativas são

(A) sociedades simples, com natureza jurídica própria, sujeitas à inscrição nas juntas comerciais.

(B) sociedades empresárias, não personificadas, sujeitas à inscrição nas juntas comerciais.

(C) sociedades simples, não personificadas, sujeitas à inscrição nas juntas comerciais.

(D) sociedades empresárias, com natureza jurídica própria, não sujeitas à inscrição nas juntas comerciais.

(E) sociedades simples, com natureza jurídica própria, não sujeitas à inscrição nas juntas comerciais.

A questão exige do candidato um conhecimento profundo do regime jurídico das cooperativas. Elas são consideradas sociedades simples por força do art. 982, parágrafo único, do CC. Porém, isso não significa que elas são registradas no Cartório de Registro Civil de Pessoas Jurídicas, como seria natural deduzir. Afinal, o art. 1.093 do CC afirma a prevalência da legislação específica sobre o capítulo ali iniciado: "*Art. 1.093. A sociedade cooperativa reger-se-á pelo disposto no presente Capítulo, **ressalvada a legislação especial***". A lei especial em questão é a Lei 5.764/1971, que determina, em seu art. 18, que as cooperativas devem ser registradas na Junta Comercial do respectivo estado. HS

Gabarito "A".

2.8. QUESTÕES COMBINADAS SOBRE SOCIEDADES E OUTROS TEMAS

O contrato social de determinada empresa é silente quanto aos atos de gestão que seus administradores poderão praticar. Nesse contexto, no desempenho de suas funções de administradores dessa empresa, Carlos, com o auxílio de André, agiu com excesso, sem o conhecimento de um terceiro, Orlando, que foi prejudicado pela prática.

(Auditor Fiscal - SEFAZ/RS - 2019 - CESPE/CEBRASPE) Nessa situação hipotética, na condição de administradores,

(A) Carlos e André responderão solidariamente perante a sociedade e o terceiro pelos prejuízos causados, desde que comprovado o dolo de ambos no desempenho de suas funções.

(B) André, por ter apenas auxiliado Carlos, responderá subsidiariamente perante a sociedade e o terceiro pelos prejuízos causados, bastando para tal que seja comprovada a culpa de ambos no desempenho de suas funções.

(C) Carlos e André responderão solidariamente perante a sociedade e o terceiro pelos prejuízos causados, ainda que tenham agido simplesmente com culpa.

(D) André, por ter apenas auxiliado Carlos, responderá subsidiariamente perante a sociedade e o terceiro pelos prejuízos causados, mas, para tal, deverá ser comprovado o dolo de ambos.

(E) André, por ter apenas auxiliado Carlos no desempenho de suas funções, não responderá perante a sociedade e o terceiro pelos prejuízos causados.

Nos termos do art. 1.016, os administradores respondem solidariamente perante a sociedade e os terceiros prejudicados, por culpa no desempenho de suas funções.

Gabarito "C".

(Delegado/PE – 2016 – CESPE) Considerando a legislação em vigor a respeito da responsabilidade dos sócios nos diversos tipos societários, assinale a opção correta.

(A) Nas sociedades cooperativas, o contrato social deverá prever, necessariamente, a responsabilidade ilimitada aos sócios.

(B) O acionista responde ilimitadamente com o próprio patrimônio no que se refere às obrigações assumidas pela sociedade anônima.

(C) Nas sociedades anônimas, os acionistas respondem solidariamente pela integralização do capital social.

(D) Nas sociedades limitadas, os sócios respondem solidariamente pela integralização do capital social.

(E) Na sociedade comandita por ações, todos os sócios respondem ilimitadamente pelos débitos societários.

A: incorreta. O contrato da sociedade cooperativa é livre para dispor sobre a responsabilidade dos sócios 1.095 do Código Civil); **B:** incorreta. A responsabilidade do acionista é limitada ao valor de suas ações (art. 1º da Lei 6.404/1976); **C:** incorreta. Na sociedade anônima, o acionista responde unicamente pela integralização de suas ações, não podendo ser alcançado pelo inadimplemento de outros sócios (art. 1º da LSA); **D:** correta, nos termos do art. 1.052 do Código Civil); **E:** incorreta. Na comandita por ações, apenas os diretores e gerentes têm responsabilidade ilimitada pelas obrigações sociais (art. 282 da LSA).

Gabarito "D".

(Procurador do Estado – PGE/BA – CESPE – 2014) No que se refere ao direito societário, julgue os itens que se seguem.

(1) Os administradores da sociedade limitada respondem com seu patrimônio por créditos decorrentes de obrigações tributárias, por fatos que praticarem com excesso de poder, infração à lei, contrato ou estatutos.

(2) A desconsideração inversa da personalidade jurídica implica o afastamento do princípio de autonomia patrimonial da sociedade, o que a torna responsável por dívida do sócio.

(3) A sociedade por ações é sempre mercantil; por isso, está sujeita a falência, fazendo jus à recuperação judicial, ainda que o seu objeto seja civil.

(4) A administração de sociedade limitada atribuída no contrato a todos os sócios estende-se, de pleno direito, aos que posteriormente adquiram essa qualidade.

1: Certa, nos termos do art. 135, III, do Código Tributário Nacional. **2:** Certa. A assertiva traz o conceito correto da teoria da desconsideração inversa da personalidade jurídica, a qual é admitida pela jurisprudência (STJ, REsp 948.117/MS). **3:** Certa, nos termos do art. 982, parágrafo único, do CC. Destaque-se apenas que a questão, estranhamente, traz expressões já defasadas (mercantil, objeto civil) misturadas com conceitos contemporâneos (como recuperação judicial), a despeito de ter sido elaborada em 2014. **4:** Errada. Nos termos do art. 1.060, parágrafo único, do CC, os poderes conferidos genericamente a todos os sócios no contrato não se estendem aos que ingressarem posteriormente na sociedade.

Gabarito 1C, 2C, 3C, 4E

(Cartório/ES – 2013 – CESPE) No que se refere a regulamentação geral das empresas, inclusive das sociedades anônimas do Código Civil, assinale a opção correta.

(A) Na denominação da sociedade anônima, pode constar expressão de fantasia ou nome de acionista, fundador ou terceiro que tenha concorrido para o êxito da empresa, além do nome companhia ou da expressão sociedade anônima, empregados no início ou no final.

(B) O ordenamento jurídico brasileiro não admite sociedade unipessoal.

(C) A inscrição do empresário no registro público de empresas mercantis e condição necessária para a aquisição da qualidade de empresário.

(D) Embora haja, no Código Civil de 2002, seções dedicadas as sociedades em nome coletivo, em conta de participação e comandita simples, nele não é prevista a regulamentação das sociedades de capital e indústria, anteriormente reguladas no Código Comercial, não sendo possível, portanto, sua constituição.

(E) Dada a responsabilização solidária dos sócios de sociedades limitadas pela integralização do capital social, verificada a inadimplência de qualquer dos sócios, pode o que já integralizou suas cotas ser compelido ao pagamento da dívida do sócio remisso, independentemente de decretação de falência da sociedade.

A: incorreta. O termo "companhia" não pode constar do final do nome empresarial da S.A., apenas no início ou no meio, para que não se confunda com a expressão "& Cia.", típica da firma social para indicar a existência de outros sócios (art. 3º da Lei 6.404/1976); **B:** incorreta. Apesar de excepcional, a sociedade unipessoal é possível: temporariamente, por 180 dias ou até a próxima assembleia-geral ordinária, em caso de unipessoalidade acidental da sociedade contratual (art. 1.033, IV, do CC/2002) ou institucional (art. 206, "d", da Lei 6.404/1976), respectivamente; ou no caso de subsidiárias integrais, espécie de sociedade constituída exclusivamente por uma única sociedade anônima (art. 251 da Lei 6.404/1976); **C:** incorreta. A qualidade de empresário decorre do exercício de atividade empresária nos termos do art. 966 do CC/2002. A inscrição no registro de empresas é condição para a regularidade da atividade (art. 967 do CC/2002) e para aquisição da personalidade jurídica da sociedade (art. 985 do CC/2002); **D:** alternativa considerada incorreta pelo gabarito oficial, porém passível de críticas. Sociedade de capital e indústria era um tipo societário previsto no Código Comercial no qual um ou alguns sócios contribuíam com dinheiro (capital) e um ou alguns com serviços (indústria). Com a revogação do Código Comercial e a ausência da previsão desse tipo societário no CC, **não** se pode mais constituir sociedade desse tipo. O que temos ainda no ordenamento é o art. 997, V, do CC/2002, que cita, genericamente, o "sócio cuja contribuição consista em serviços". Insistimos: não se trata do **tipo societário** sociedade de capital e indústria – esse foi revogado; trata-se de **sociedade simples** com sócio que contribui apenas com serviços; **E:** correta. Essa é justamente a tradução do art. 1.052 do CC/2002.

Gabarito "E".

(Cartório/ES – 2013 – CESPE) Assinale a opção correta no que se refere a empresário, operações societárias e dissolução, liquidação e extinção das sociedades.

(A) Cisão é o processo pelo qual a sociedade transfere parcelas de seu patrimônio para duas ou mais sociedades preexistentes ou constituídas para tal fim.

(B) A incorporação, fusão e cisão só podem ser operadas entre tipos societários iguais.

(C) Embora o Código Civil determine a dissolução, de pleno direito, das sociedades limitadas pela decretação da falência, tal norma não condiz com a natureza da quebra que representa, apenas e tão somente, sua liquidação, sendo possível a continuação dos negócios uma vez pagos os credores.

(D) A absorção de empresa individual por parte de sociedade implica típico processo de incorporação.

(E) A personalidade jurídica do empresário individual e da sociedade empresária decorre da inscrição de seus atos no órgão de registro.

A: incorreta. Há de se ter extrema atenção para encontrar o erro da assertiva. A cisão, nos termos do art. 229 da Lei 6.404/1976, é a transferência de parcelas do patrimônio da sociedade para uma ou mais sociedades já existentes ou constituídas para esse fim; **B:** incorreta. Nada obsta tais operações societárias entre tipos diferentes de sociedade; **C:** correta. A decretação da quebra permite a continuação dos negócios com vistas a melhor atender os interesses dos credores, vendendo-se produtos estocados ou alienando unidades produtivas em funcionamento. Além disso, é possível a reabilitação do falido, que poderá voltar a exercer suas atividades após esse reconhecimento (art. 102 da Lei 11.101/2005); **D:** incorreta. Em rigor, a incorporação ocorre entre duas ou mais sociedades (art. 227 da Lei 6.404/1976); **E:** incorreta. O empresário individual não tem personalidade jurídica. Seu registro como empresário lhe confere apenas a regularidade de sua atividade. A obrigatoriedade de inscrição no CNPJ é uma obrigação de natureza fiscal que não se confunde com as espécies de pessoas jurídicas arroladas pelo art. 44 do Código Civil.

Gabarito "C".

(Cartório/DF – 2014 – CESPE) A respeito do empresário e das sociedades empresárias, assinale a opção correta.

(A) Enquanto não registrado seu estatuto social, a sociedade por ações rege-se pelas regras do Código Civil aplicáveis a sociedade em comum e, subsidiariamente, no que com elas forem compatíveis, pelas normas da sociedade simples.

(B) A existência da sociedade irregular pode ser comprovada por qualquer modo licito de prova, seja por terceiros que negociarem com a sociedade, seja pelos sócios, no âmbito de suas relações recíprocas ou com terceiros.

(C) Nos termos do Código Civil, sociedade empresária difere de empresa: a primeira é o sujeito de direito; a segunda, o objeto de direito.

(D) Não há óbice a que uma pessoa natural constitua mais de uma empresa individual de responsabilidade limitada, pois essa modalidade de pessoa jurídica foi criada para incentivar a formalização da atividade econômica no Brasil.

(E) O empresário casado tem liberdade para realizar ampla gama de atos e negócios jurídicos no exercício da empresa, excetuando-se os que envolvam a alienação dos bens imóveis que integram o patrimônio da empresa, sendo, para tanto, necessária a outorga do cônjuge.

A: incorreta. O art. 986 do CC/2002afasta expressamente a aplicação das normas da sociedade em comum para as sociedades por ações em organização. Serão aplicadas, portanto, as regras previstas na própria Lei 6.404/1976; **B:** incorreta. Os sócios da sociedade em comum somente poderão provar sua existência por escrito (art. 987 do CC/2002); **C:** correta. Empresa é sinônimo de atividade econômica organizada que cumpra os requisitos do art. 966 do CC/2002. Sociedade empresária é a pessoa jurídica que exerce a empresa; **D:** incorreta. A pessoa natural somente poderá ser titular de uma EIRELI, nos termos do art. 980-A, § 2º, do CC/2002; **E:** incorreta. Não é necessária a outorga conjugal para alienar ou gravar bens da empresa (art. 978 do CC/2002).

Gabarito "C".

(Cartório/DF – 2014 – CESPE) Assinale a opção correta acerca das sociedades empresárias.

(A) Historicamente, as sociedades por ações no direito brasileiro, que surgiram para possibilitar, mediante captação da poupança popular, a execução dos grandes empreendimentos necessários ao desenvolvimento do país, foram precedidas pelas sociedades limitadas.

(B) A responsabilidade do sócio quotista da sociedade limitada restringe-se ao preço da quota social por ele subscrita, cabendo apenas aos sócios inadimplentes a responsabilidade pelo capital social não integralizado.

(C) A doutrina do direito societário aprova o tratamento dado pelo Código de Defesa do Consumidor à desconsideração da personalidade jurídica dos fornecedores de produtos e serviços, visto que, nesse tratamento, são alcançadas a objetividade e a precisão almejadas pela teoria da desconsideração.

(D) O exercício de atividade empresarial é vedado às sociedades em conta de participação, dado que os demais agentes do mercado precisam ter segurança quanto à identidade das pessoas que participam da empresa, o que não é possível nessa espécie de sociedade.

(E) A decretação da falência do sócio oculto de uma sociedade em conta de participação não produz a resolução, de pleno direito, do contrato de participação, podendo o administrador judicial do falido, mediante autorização do comitê de credores, caso este exista, exigir que o contrato seja cumprido, como forma de os ativos destinados ao pagamento dos credores.

A: incorreta. As sociedades por ações já estavam previstas no Código Comercial de 1850, enquanto que as limitadas somente surgiram no ordenamento jurídico brasileiro com o Decreto 3.708/1919; **B:** incorreta. A responsabilidade dos sócios é solidária pela integralização do capital (art. 1.052 do CC); **C:** incorreta. O Código de Defesa do Consumidor adotou a teoria menor da desconsideração da personalidade jurídica, que, em síntese, permite a desconsideração sempre que a personalidade jurídica for obstáculo ao ressarcimento do consumidor. Tal modalidade, para alguns, desnatura o instituto e torna letra morta a própria separação patrimonial; **D:** incorreta. As sociedades em conta de participação estão autorizadas a exercer atividade empresária. Não há qualquer vedação no sentido proposto pela alternativa no ordenamento jurídico; **E:** correta, nos termos dos arts. 994, § 3º, do CC e 117 da Lei 11.101/2005.

Gabarito "E".

(Magistratura/PB – 2011 – CESPE) Os diversos tipos societários contemplados no ordenamento jurídico são configurados com base, entre outros critérios, na natureza da responsabilidade das pessoas dos sócios. Considerando essa responsabilidade em relação às obrigações da sociedade, assinale a opção correta.

(A) Nas sociedades limitadas e nas em comandita por ações, todos os sócios, incluindo-se o que exerça a função de diretor, respondem somente pelo valor das respectivas quotas ou ações.

(B) Nas sociedades simples, a responsabilidade dos sócios é sempre solidária.

(C) Nas sociedades despersonificadas e nas em nome coletivo, a responsabilidade dos sócios é solidária.

(D) Nas sociedades em nome coletivo e nas em comandita simples, todos os sócios respondem solidariamente pelas obrigações sociais.

(E) No que tange à responsabilidade dos acionistas, o tratamento dispensado pelo direito às sociedades anônimas e as em comandita por ações é exatamente o mesmo.

A: incorreta, pois o acionista diretor da sociedade em comandita por ações responde subsidiária e ilimitadamente pelas obrigações da sociedade – art. 1.091 do CC; **B:** incorreta, pois o contrato social determinará se os sócios respondem, ou não, subsidiariamente, pelas obrigações sociais – art. 997, VIII, do CC; **C:** essa é a melhor alternativa, por exclusão das demais. O Código Civil prevê duas espécies de sociedades sem personalidade jurídica, quais sejam a sociedade em comum e a sociedade em conta de participação. No caso da sociedade em comum, a assertiva é correta, pois os sócios respondem solidária e ilimitadamente pelas obrigações sociais – art. 990 do CC. Entretanto, no caso da sociedade em conta de participação, somente o sócio ostensivo se obriga perante terceiros, não sendo correto falar em responsabilidade solidária do sócio oculto em relação às obrigações sociais (que, a rigor, nem sequer existem perante terceiros – a sociedade não tem personalidade jurídica própria e a responsabilidade é exclusiva e individual do sócio ostensivo) – art. 991 do CC. Quanto à sociedade em nome coletivo, a assertiva também é correta, pois há responsabilidade solidária dos sócios – 1.039 do CC; **D:** incorreta, pois, na sociedade em comandita simples, somente os sócios comanditados (que administram a sociedade) respondem solidária e ilimitadamente pelas obrigações sociais – art. 1.045 do CC; **E:** Incorreta, conforme comentário à alternativa "A".

Gabarito "C".

(Defensor Público/TO – 2013 – CESPE) Assinale a opção correta acerca do direito societário.

(A) A sociedade em nome coletivo será constituída por pessoas físicas ou jurídicas e a responsabilidade de cada sócio é restrita ao valor de suas quotas.
(B) A sociedade anônima será considerada simples ou empresária, conforme a atividade desenvolvida.
(C) A sociedade controladora é titular de direitos de sócio que lhe assegurem preponderância nas deliberações sociais e o poder de eleger a maioria dos administradores da sociedade controlada.
(D) As sociedades limitadas adquirem personalidade jurídica no momento em que todos os sócios assinam o contrato social, devidamente elaborado e discutido em assembleia geral.
(E) Dissolve-se uma sociedade empresária sempre que à falta de pluralidade de sócios, esta não seja reconstituída no prazo de sessenta dias.

A: incorreta, pois somente pessoas físicas podem constituir sociedade em nome coletivo – art. 1.039 do CC; **B:** incorreta, pois a sociedade anônima sempre será considerada empresária, qualquer que seja seu objeto – art. 982, parágrafo único, do CC; **C:** correta, nos termos do art. 1.098, I, do CC (que se refere diretamente à controlada, mas permite a identificação da controladora); **D:** incorreta, pois a sociedade (qualquer que seja o tipo societário) adquire personalidade jurídica no momento da inscrição de seus atos constitutivos no registro próprio – art. 985 do CC; **E:** incorreta, pois o prazo para reconstituição da pluralidade de sócios é de 180 dias – art. 1.033, IV, do CC.

Gabarito "C".

(Defensor Público/RO – 2012 – CESPE) Com relação ao direito societário e às sociedades limitadas e anônimas, assinale a opção correta.

(A) As demonstrações financeiras das companhias abertas devem refletir as normas expedidas pela Comissão de Valores Mobiliários, não sendo obrigatória a submissão de tais demonstrativos a auditoria por auditores independentes nela registrados.
(B) Valor de negociação ou de mercado é o resultado de estudo específico no qual peritos verificam o valor que as ações possivelmente alcançariam se fossem negociadas no mercado.
(C) De acordo com o princípio da intangibilidade do capital, sempre que se verificarem perdas irreparáveis ou excessivas de capital, cabe aos sócios deliberar pela sua diminuição, fazendo refletir no contrato social ou no estatuto a realidade econômica na qual a sociedade se apresenta.
(D) A penhora das quotas sociais somente terá cabimento depois de escoado todo o patrimônio do sócio devedor, sendo facultada a sua liquidação, que, ocorrendo, se fará por meio de balanço especialmente levantado para tal fim.
(E) É possível a aquisição das quotas sociais pela própria sociedade, exigindo-se que esta utilize somente reservas e lucros acumulados e não diminua o seu capital para a realização da operação.

A: incorreta, pois as demonstrações financeiras das companhias abertas serão obrigatoriamente submetidas a auditoria por auditores independentes registrados na CVM – art. 177, § 3º, da Lei das Sociedades por Ações – LSA (Lei 6.404/1976); **B:** assertiva incorreta, pois se refere ao *valor econômico*. O *valor de negociação ou de mercado* é aquele convencionado efetivamente entre comprador e vendedor; **C:** incorreta, pois o princípio da intangibilidade veda a atribuição aos sócios de bens ou valores necessários para a cobertura do capital social (não se pode distribuir valores as sócios que reduzam o patrimônio líquido a montante inferior ao do capital social). A possibilidade de redução do capital social para refletir a realidade da empresa é coisa diversa; **D:** incorreta, pois a penhora de ações não sofre qualquer restrição. Quanto às quotas da sociedade limitada, a penhora é possível, mas nos termos dos arts. 1.026 e 1.031 do CC; **E:** correta, conforme o art. 30, § 1º, *b*, da LSA, embora haja alguma discussão em relação às limitadas, por conta da omissão do Código Civil a respeito.

Gabarito "E".

(Defensor Público/TO – 2013 – CESPE) Assinale a opção correta de acordo com as normas que regem as microempresas e as empresas de pequeno porte.

(A) A pessoa jurídica que opte pelo regime do SIMPLES Nacional será enquadrada na condição de microempresa e empresa de pequeno porte de acordo com o estabelecido em ato do Comitê Gestor SIMPLES Nacional, sendo plenamente retratável, a qualquer tempo.
(B) O desenquadramento da pessoa jurídica da condição de microempresa ou empresa de pequeno porte não implicará alteração, denúncia ou qualquer restrição em relação a contratos por ela anteriormente firmados.
(C) A pessoa jurídica que, no último ano calendário, tenha apresentado receita bruta de R$ 400.000,00 enquadra-se na condição de microempresa, considerando-se receita bruta o produto da venda de bens e serviços nas operações de conta própria, o preço dos serviços prestados e o resultado nas operações em conta alheia.
(D) A lei admite o enquadramento, na condição de microempresa ou empresa de pequeno porte, de pessoa jurídica que participe do capital social de outra pessoa jurídica, desde que todo esse capital social esteja investido no Brasil.
(E) Os órgãos municipais envolvidos na abertura e fechamento de empresas deverão exigir documento de propriedade ou contrato de locação do imóvel onde esteja instalada a sede da microempresa ou empresa de pequeno porte.

A: incorreta, pois a opção pelo regime de recolhimento unificado de tributos (Simples Nacional) não implica enquadramento como microempresa ou empresa de pequeno porte (a opção pelo Simples Nacional não é *causa* do enquadramento). Pelo contrário, o enquadramento como microempresa ou empresa de pequeno porte é condição necessária para a opção do contribuinte pelo Simples Nacional (o enquadramento é *condição necessária* para a opção) – art. 16 da LC 123/2006; **B:** correta, nos termos do art. 3º, § 3º, da LC 123/2006; **C:** incorreta, pois o limite máximo de receita bruta para enquadramento como microempresa é de R$ 360.000,00 – art. 3º, I, da LC 123/2006; **D:** incorreta, pois a participação no capital social de outra pessoa jurídica impede o enquadramento como microempresa ou empresa de pequeno porte – art. 3º, § 4º, VII, da LC 123/2006; **E:** incorreta, pois o art. 10, II, da LC 123/2006 veda expressamente a exigência de documento de propriedade ou contrato de locação do imóvel para a abertura ou fechamento de empresas.

Gabarito "B".

(Procurador/DF - 2013 - CESPE) Acerca dos diversos tipos societários previstos legalmente, julgue os itens que se seguem.

(1) Se, por hipótese, 15% do capital da empresa B pertencer à empresa A, mas esta última não exercer controle sobre aquela, então a empresa B será coligada ou filiada à empresa A.
(2) O registro da sociedade empresária no órgão de registro competente é meramente declaratório, razão pela qual a pessoa jurídica empresária adquire personalidade com a formalização do seu contrato social, verdadeiro acordo de vontades convergentes com o objeto societário.
(3) É inviável no ordenamento jurídico brasileiro a limitação de responsabilidade na empresa individual, respondendo o empresário de maneira solidária e ilimitada pelas dívidas sociais.
(4) Em uma sociedade em comandita por ações, um indivíduo que dela não seja acionista poderá assumir cargo de admi-

nistração, desde que ele seja eleito por meio de deliberação de assembleia válida e regularmente convocada.

(5) A sociedade em nome coletivo configura espécie de sociedade personalizada e os seus sócios respondem sempre de maneira ilimitada e solidária pelas obrigações sociais.

1: correta. Conforme o art. 1.099 do CC/2002, sociedade coligada ou filiada é aquela de cujo capital outra sociedade participa com dez por cento ou mais, do capital da outra, sem controlá-la. Nos termos do art. 243, § 1º, da LSA, são coligadas as sociedades nas quais a investidora tenha influência significativa; **2:** incorreta, pois a sociedade adquire personalidade jurídica com a inscrição, no registro próprio e na forma da lei, dos seus atos constitutivos – art. 985 do CC/2002; **3:** incorreta, pois há atualmente a figura da empresa individual de responsabilidade limitada prevista no art. 980-A do CC/2002; **4:** incorreta, pois somente o acionista tem qualidade para administrar a sociedade – art. 1.091 do CC/2002; **5:** correta, conforme o art. 1.039 do CC/2002.

Gabarito 1C, 2E, 3E, 4E, 5C

3. DIREITO CAMBIÁRIO

3.1. TEORIA GERAL

(Delegado/PE – 2016 – CESPE) Com referência às disposições do Código Civil acerca de endosso e aval, assinale a opção correta.

(A) É válido o aval parcial de títulos de crédito.

(B) O Código Civil veda o aval parcial e, por se tratar de norma posterior, revogou o dispositivo da Lei Uniforme de Genebra que permite o aval parcial em notas promissórias.

(C) O Código Civil veda tanto o aval parcial quanto o endosso parcial.

(D) Dado o princípio da autonomia, caso o avalista pague o título, não haverá possibilidade de ação de regresso contra os demais coobrigados.

(E) É válido o endosso parcial de títulos de crédito.

A: incorreta. Para os títulos de crédito atípicos, regidos pelo Código Civil, é vedado o aval parcial (art. 897, parágrafo único, do Código Civil); **B:** incorreta. O Código Civil é norma subsidiária para os títulos de crédito típicos, aqueles previstos em leis especiais. Logo, não tem o condão de derrogar a Lei Uniforme de Genebra – é a lei especial que revoga a lei geral, não o contrário; **C:** correta, nos termos dos arts. 897, parágrafo único (aval), e 912, parágrafo único (endosso), do Código Civil; **D:** incorreta. O avalista sub-roga-se nos direitos daquele por quem pagou, portanto está autorizado a exigir a quantia em ação de regresso contra aqueles que lhe sejam anteriores na cadeia de endossos (art. 899, § 1º, do Código Civil); **E:** incorreta. O endosso parcial é nulo (art. 912, parágrafo único, do Código Civil).

Gabarito "C"

(Defensor Público – DPE/RN – 2016 – CESPE) A respeito de títulos de crédito e de contratos bancários, assinale a opção correta.

(A) Atualmente, ainda é válida a pactuação das tarifas de abertura de crédito e de emissão de carnê na cobrança por serviços bancários, segundo o entendimento do STJ.

(B) Conforme entendimento do STJ, o ajuizamento isolado de ação revisional de contrato bancário é capaz de descaracterizar a mora do devedor.

(C) A omissão de qualquer requisito legal que retire a validade do título de crédito implica também a invalidade do negócio jurídico que lhe deu origem.

(D) O pagamento do título de crédito pode ser garantido por aval dado de forma parcial.

(E) De acordo com o STJ, a estipulação de juros remuneratórios superiores a 12% ao ano, por si só, não indica abusividade.

A: incorreta, pois, nos termos da Súmula 565/STJ, a pactuação das tarifas de abertura de crédito (TAC) e de emissão de carnê (TEC), ou outra denominação para o mesmo fato gerador, é válida apenas nos contratos bancários anteriores ao início da vigência da Resolução-CMN n. 3.518/2007, em 30/4/2008; **B:** incorreta, pois, conforme a Súmula 380/STJ, a simples propositura da ação de revisão de contrato não inibe a caracterização da mora do autor; **C:** incorreta, pois a omissão de qualquer requisito legal, que tire ao escrito a sua validade como título de crédito, não implica a invalidade do negócio jurídico que lhe deu origem, conforme dispõe o art. 888 do CC; **D:** afirmação dúbia. O Código Civil veda o aval parcial – art. 897, parágrafo único, do CC (com base nisso, a assertiva seria incorreta), mas essa regra não subsiste se houver norma específica (art. 903 do CC), como é o caso da letra de câmbio e da nota promissória, cuja legislação admite expressamente o aval parcial (arts. 30 e 77 da LU – nesse sentido, a assertiva é correta, pelo menos em relação a determinados títulos de crédito). De qualquer forma, a alternativa "E" é a melhor, pois evidentemente correta, baseada em entendimento sumulado do STJ; **E:** correta, conforme a Súmula 382/STJ.

Gabarito "E"

(Juiz de Direito/DF – 2016 – CESPE) Assinale a opção correta, no que diz respeito a aval.

(A) Se o título de crédito avalizado for vinculado a contrato de mútuo, o avalista deverá responder pelas obrigações nele contidas, ainda que ali não figure como devedor solidário.

(B) No caso do cheque, se houver dois avais superpostos e em branco, considera-se que houve aval de aval.

(C) Os avais simultâneos estabelecem entre os coavalistas uma relação fundada na solidariedade de direito comum, e não cambiária. Assim, se um deles pagar a dívida, terá o direito de exigir do outro apenas a quota parte que caberia a este.

(D) O avalista de cheque prescrito deverá responder pelo pagamento deste em ação monitória, independentemente da prova de ter-se beneficiado da dívida.

(E) O avalista citado para pagar o valor constante do título poderá invocar em seu favor benefício de ordem, de forma que, primeiro, sejam excutidos bens do avalizado.

A: incorreta. O avalista, no caso de contrato de mútuo, somente responde pelas obrigações do contrato se nele constar como devedor solidário, nos termos da Súmula 26 do STJ; **B:** incorreta. Avais superpostos consideram-se simultâneos (dois avalistas do mesmo avalizado) e não sucessivos (aval de aval), nos termos da Súmula 189 do STF; **C:** correta. Os avalistas não constituem uma relação cambial entre si, portanto podem ser atingidos em ação de regresso somente pela sua cota. Exemplo: se são três avalistas simultâneos, e um paga toda a dívida, poderá exigir dos outros dois somente um terço de cada um; **D:** incorreta. A jurisprudência do STJ se firmou em sentido contrário, ou seja, pode ser executado o avalista de cheque prescrito se provado que ele auferiu benefícios com a dívida (STJ, REsp 1.022.068/SP); **E:** incorreta. O avalista não detém benefício de ordem (art. 899, primeira parte, do CC).

Gabarito "C"

(Procurador do Estado – PGE/BA – CESPE – 2014) Em relação aos títulos de crédito, julgue os itens subsequentes.

(1) As normas do Código Civil sobre títulos de crédito aplicam-se supletivamente em relação às letras de câmbio, notas promissórias, cheques e duplicatas.

(2) A duplicata é um título causal, emitido exclusivamente com vínculo a um processo de compra e venda mercantil ou a um contrato de prestação de serviços e, por isso, é considerada um título cambiforme, ao qual não se aplica o princípio da abstração.

(3) O endosso posterior ao protesto por falta de pagamento produz apenas os efeitos de cessão ordinária de créditos.

1: Certa. Os títulos de crédito típicos seguem as respectivas regulamentações legais e se valem das normas do CC como legislação supletiva (art. 903 do CC). **2:** Errada. A duplicata é um título de crédito típico (título cambiariforme é aquele tratado como título de crédito, mas sem que estejam presentes todas as características necessárias para ser classificado como tal – são também conhecidos como títulos impróprios). Ainda que causal, é-lhe plenamente aplicável o princípio da abstração. **3:** Certa, nos termos do art. 920 do CC. HS

Gabarito 1C, 2E, 3C

(Promotor de Justiça/PI – 2014 – CESPE) Acerca do título de crédito, assinale a opção correta.

(A) Não se considera válido e eficaz o título de crédito em que não conste data de vencimento expressa nele próprio.

(B) Uma das características dos títulos de crédito é a literalidade, ou seja, só são extraídos efeitos do título daquilo que estiver nele escrito.

(C) Em regra, considera-se o lugar da emissão do título, quando não indicado expressamente, o domicílio do emitente, e o lugar do pagamento, quando não estipulado, o domicílio do sacado ou do credor beneficiário.

(D) Ao se criar título de crédito, formaliza-se uma promessa unilateral formulada pelo emitente ou sacador, seu criador, que pode ser dirigida, inicialmente, a um número indeterminado de pessoas.

(E) A omissão de requisito legal exigido ao título de crédito implica a invalidação do negócio jurídico que lhe tenha dado origem.

A: incorreta. A ausência de indicação da data de vencimento apenas implica que esse se dará à vista (art. 889, § 1º, do CC/2002); **B:** correta. Por força do princípio da literalidade, somente produzirá efeitos cambiais aquilo que estiver escrito no corpo do título de crédito; **C:** incorreta. Tanto o local de emissão e de pagamento, quando não indicados no título, são considerados como o do domicílio do emitente (art. 889, § 2º, do CC/2002); **D:** incorreta. A uma, porque o título de crédito não consubstancia necessariamente uma promessa: pode estar estruturado na forma de ordem de pagamento, na qual o sacador determina que um terceiro pague certa quantia ao beneficiário. A duas, porque, em regra, os títulos de crédito devem ser nominais, ou seja, deve ser indicado o credor do direito nele previsto. Apenas excepcionalmente se reconhece o título ao portador (cheque com valor inferior a cem reais ou título circulando mediante endosso em branco); **E:** incorreta. O negócio jurídico original permanece íntegro por força do princípio da abstração dos títulos de crédito e do disposto no art. 888 do CC/2002.

Gabarito "B"

(Cartório/ES – 2013 – CESPE) Acerca dos princípios gerais dos títulos de crédito, assinale a opção correta.

(A) Defesas com base em exceções pessoais podem ser opostas, pelo sacado, em letra de câmbio, a partir de sua emissão.

(B) O título de crédito será tido como inválido caso se verifique que um dos coobrigados cambiais seja absolutamente incapaz.

(C) O endossante que, em ação regressiva, efetuar o pagamento de título de crédito pode acionar seu endossatário para haver dele aquilo que pagou.

(D) A ação intentada contra um dos coobrigados não impede que outros sejam acionados, mesmo os posteriores àquele que foi acionado em primeiro lugar.

(E) Em face do princípio da literalidade, é inválido o aceite ou o aval dado em documento separado.

A: incorreta. Vigora nos títulos de crédito o princípio da inoponibilidade das exceções pessoais a terceiros de boa-fé. Portanto, não poderão ser usadas como argumentos para justificar o não pagamento do título quaisquer situações existentes entre o sacado e o sacador; B: incorreta. Por força do princípio da autonomia das relações cambiais, será inválida somente a obrigação cambial do incapaz, mantendo-se íntegras todas as demais; C: incorreta. Somente se admite a cobrança regressiva de pessoas que sejam anteriores na cadeia de transmissão do crédito, ou seja, o endossatário pode cobrar do endossante, não o contrário; D: correta. A obrigação dos coobrigados entre si é solidária, podendo qualquer deles ser chamado a pagar a dívida; E: considerada incorreta pelo gabarito oficial, mas passível de críticas. Há apenas uma hipótese na qual o aceite pode ser dado em documento separado: é o aceite por comunicação da duplicata, previsto no art. 7º, § 1º, da Lei 5.474/1968, no qual o devedor retém para si o título e comunica por escrito o credor da duplicata seu aceite. Em todos os demais casos, tanto o aceite quanto o aval devem ser dados no próprio título, sob pena de não valerem como tais.

Gabarito "D"

(Magistratura/BA – 2012 – CESPE) De acordo com o que dispõe a legislação que regulamenta os serviços concernentes ao protesto de títulos e outros documentos de dívida, assinale a opção correta.

(A) Havendo ou não prazo assinado, a data do registro do protesto é o termo inicial da incidência de juros, taxas e atualizações monetárias sobre o valor da obrigação contida no título ou documento de dívida.

(B) É de cinco anos o prazo estipulado para o arquivamento de livros de protocolo e de dez anos para o arquivamento dos livros de registros de protesto e respectivos títulos.

(C) Os cartórios devem fornecer às entidades representativas da indústria e do comércio ou àquelas vinculadas à proteção do crédito, quando solicitada, certidão diária, em forma de relação, dos protestos retirados e dos cancelamentos efetuados, com a nota de se cuidar de informação reservada, da qual somente se poderá dar publicidade, pela imprensa, de forma parcial.

(D) Os tabeliães de protesto de títulos serão civilmente responsáveis pelos prejuízos que causarem a terceiros somente quando houver dolo, sendo também responsáveis pelos prejuízos causados pelos substitutos que designarem ou escreventes que autorizarem, assegurado o direito de regresso.

(E) Revogada a ordem de sustação, não se exige nova intimação do devedor, devendo a lavratura e o registro do protesto ser efetivados até o primeiro dia útil subsequente ao do recebimento da revogação, salvo se a materialização do ato depender de consulta a ser formulada ao apresentante, caso em que o mesmo prazo deverá ser contado da data da resposta dada.

A: incorreta, pois a data do protesto somente será considerada para fins de incidência dos encargos no caso de não constar data específica no título (Lei 9.492/1997, art. 40); **B:** incorreta, pois o prazo de arquivamento dos livros de protocolo é de 3 anos (Lei 9.492/1997, art. 36); **C:** incorreta, pois a lei expressamente ressalta que não poderá ser dada publicidade dos dados, nem mesmo de forma parcial (Lei 9.492/1997, art. 29); **D:** incorreta, pois a responsabilidade civil dos tabeliães de corre de culpa ou dolo, e não apenas dolo (Lei 9.492/1997, art. 38); **E:** correta, por expressa previsão legal (Lei 9.492/1997, art. 17).

Gabarito "E"

(Magistratura/CE – 2012 – CESPE) Em relação ao protesto, ato formal e solene por meio do qual se provam a inadimplência e o descumprimento da obrigação, assinale a opção correta.

(A) O tabelião de protesto de títulos exerce competência exclusiva para a protocolização, a intimação, o acolhimento da devolução ou do aceite e o recibo de pagamento do título de outros documentos de dívida, na tutela dos interesses públicos e privados.

(B) Em caso de risco de prejuízo de difícil reparação para o credor, o juiz deve condicionar obrigatoriamente o deferimento da sustação ou cancelamento cautelar do protesto à prestação de caução.

(C) O título do documento de dívida cujo protesto tiver sido sustado judicialmente só poderá ser pago, protestado ou retirado mediante autorização judicial.

(D) Sendo o devedor microempresário ou empresa de pequeno porte, o cancelamento do registro de protesto, em decorrência do pagamento do título, dependerá de declaração de anuência do credor.

(E) Dispensa-se a exigência de identificação da pessoa que tenha recebido a notificação do protesto para requerer a falência do devedor.

A: incorreta, pois a competência do tabelionato é privativa, não exclusiva (Lei 9.492/1997, art. 3º); **B:** incorreta, pois a medida de caução decorre do poder geral de cautela do poder judiciário, devendo ser definida diante da análise da situação concreta (NCPC, art. 297); **C:** correta, por expressa previsão legal (Lei 9.492/1997, art. 17); **D:** incorreta, pois a anuência somente é necessária quando o credor não dispõe do original do título (Lei 9.492/1997, art. 26); **E:** incorreta, pois a notificação de protesto, para fins de falência, exige a identificação da pessoa que o recebeu, nos termos da interpretação jurisprudencial (STJ, Súmula 361).

Gabarito "C"

Veja as seguintes tabelas, com a classificação dos títulos de crédito:

Classificações dos Títulos de Crédito	
Critério	**Espécies**
Modelo	– vinculados – livres
Estrutura	– ordem de pagamento – promessa de pagamento
Hipóteses de emissão	– causais – limitados – não causais
Circulação	– ao portador – nominativos à ordem – nominativos não à ordem (ou ao portador, à ordem e nominativos)

(Magistratura/ES – 2011 – CESPE) A respeito dos títulos de crédito, assinale a opção correta.

(A) Por expressa disposição legal, os devedores de um título de crédito são solidários, sendo cada um deles obrigado pelo montante integral da dívida.

(B) Os títulos nominativos não à ordem identificam o titular do crédito e se transferem por endosso.

(C) Às matérias relativas aos títulos de crédito aplica-se o Código Civil, mesmo quando este contiver comando diverso do que dispõe a lei especial.

(D) Quanto ao conteúdo da obrigação que representa, o título de crédito não se distingue dos demais documentos representativos de direitos e obrigações, sendo possível, portanto, documentar, em um título de crédito, obrigações de dar, fazer ou não fazer.

(E) De acordo com a doutrina, o princípio da literalidade tem consequências favoráveis e contrárias tanto para o credor quanto para o devedor, o qual não será obrigado a mais do que estiver mencionado no documento.

A: incorreta, pois todo título de crédito tem um devedor chamado principal, somente sendo possível a cobrança dos chamados coobrigados após a frustração do recebimento do devedor principal; **B:** incorreta, pois a característica dos títulos nominativos não à ordem é a circulação por intermédio de registro junto ao emitente (CC, art. 922); **C:** incorreta, pois as disposições do Código Civil são regras gerais sobre os títulos, que não prevalecem sobre a legislação específica, quando houver (CC, art. 903); **D:** incorreta, pois os títulos de crédito, apesar de poderem representar direitos diferentes do meramente pecuniário, são dotados de características específicas, que os distinguem dos demais documentos representativos de obrigações (CC, art. 887): **E:** correta, pois a literalidade, como grande regra de segurança para a circulação do título e da obrigação por ele representada gera garantias e limitações para as duas partes (CC, art. 887).

Gabarito "E".

(Magistratura/PB – 2011 – CESPE) Considerando a aplicabilidade, no direito cambiário, dos princípios da cartularidade, literalidade e autonomia, bem como de outros deles decorrentes, assinale a opção correta.

(A) O princípio da literalidade é relativizado pelo direito brasileiro, de sorte que o aval tanto pode ser prestado mediante assinatura do avalista no próprio título quanto em documento apartado.

(B) Consoante o princípio da inoponibilidade, o devedor de dívida representada por título de crédito só pode opor ao terceiro de boa-fé as exceções que tiver contra este e as fundadas nos aspectos formais do título.

(C) De acordo com o princípio da literalidade, o título de crédito deve satisfazer seus requisitos formais no momento da emissão, sendo, em regra, nulo o título que, emitido em branco ou incompleto, venha depois a ser preenchido ou complementado pelo beneficiário.

(D) De acordo com o princípio da abstração, o emitente de título cambial não pode opor ao beneficiário as exceções fundadas no negócio jurídico subjacente, ainda que o título não tenha entrado em circulação.

(E) Em razão do princípio da cartularidade, a duplicata mercantil só pode ser protestada se o credor estiver na posse do título.

A: incorreta, pois o aval deve ser dado no verso ou no anverso (frente) do próprio título – art. 898 do CC. No máximo, pode ser escrito em folha anexa ao título, quando autorizado pela lei especial, caso do art. 31 da Lei Uniforme – LU (Decreto 57.663/1966), aplicável à letra de câmbio e à promissória, e do art. 29 da Lei do Cheque – LC (Lei 7.357/1985). Admite-se, como relativização do princípio da literalidade, o aceite informado por escrito, previsto no art. 29 da LU e a quitação da duplicata em documento separado – art. 9º, § 1º, da Lei das Duplicatas – LD (Lei 5.474/1968); **B:** essa é a assertiva correta, conforme os arts. 906 e 915 do CC; **C:** incorreta, pois o título de crédito, incompleto ao tempo da emissão, deve ser preenchido de conformidade com os ajustes realizados – art. 891 do CC; **D:** incorreta, pois a abstração e a inoponibilidade das exceções pessoais surgem apenas a partir da circulação do título; **E:** incorreta, pois é possível o protesto da duplicata por indicação, que é relativização do princípio da cartularidade – art. 13, § 1º, da LD.

Gabarito "B".

(Ministério Público/PI – 2012 – CESPE) Com referência aos títulos de crédito, assinale a opção correta.

(A) Em virtude de ser lícito o aval em cheque, é possível a proposição de ação monitória contra avalista de cheque prescrito.

(B) Nenhum dos cônjuges pode, sem autorização do outro, exceto no regime da separação absoluta, prestar fiança ou aval.

(C) A nota promissória vinculada a contrato de abertura de crédito goza de autonomia em razão da liquidez do título que a originou.

(D) Em razão da existência de dispositivo legal que não admite cheque "a data certa" ou "a certo termo de vista", a jurisprudência não acolhe pedido de dano moral em virtude de apresentação antecipada de cheque pré-datado.

(E) A simples devolução indevida do cheque não caracteriza dano moral, pois, para tanto, se exige prova de que o ato tenha causado angústia e aborrecimento sério ao prejudicado pela conduta.

A: incorreta, pois o aval é uma garantia cambial, de forma que com a extinção da característica de título de crédito do documento, não se poderá mais falar na existência da garantia cambial e seus efeitos; **B:** correta, por previsão legal expressa (CC, art. 1.647, III); **C:** incorreta, pois por entendimento jurisprudencial, a vinculação do título o faz perder a característica da abstração (STJ, Súmula 258); **D:** incorreta, pois é pacífico na jurisprudência a configuração de responsabilidade pela apresentação antecipada do título (STJ, Súmula 370); **E:** incorreta, pois é pacífico na jurisprudência a configuração do dano pela simples devolução (STJ, Súmula 388).

Gabarito "B".

(Ministério Público/RR – 2012 – CESPE) Assinale a opção correta com relação às ações cambiárias e os títulos de créditos.

(A) Se um dos coemitentes pagar a soma cambiária, ele só poderá acionar o outro emitente para haver a sua cota, tendo essa ação natureza cambiária.

(B) As pessoas acionadas em virtude de uma letra de câmbio não podem, em nenhuma circunstância, opor ao portador exceções fundadas sobre as relações pessoais delas com o sacador ou com os portadores anteriores.

(C) O ingresso da ação cambiária do portador contra os aceitantes e emitentes de uma letra prescreve em um ano a contar da data do protesto; havendo cláusula sem protesto, a prescrição ocorre a partir da data do vencimento do título.

(D) O que diferencia os títulos de crédito dos demais títulos executivos extrajudiciais é a limitação quanto às matérias que possam ser apresentadas em embargos à execução.

(E) O portador de uma letra de câmbio deve obedecer à ordem de preferência para a propositura da ação de execução contra os legitimados passivos.

A: incorreta, pois tal ação não terá natureza cambial; **B:** incorreta, pois há previsão dessa possibilidade de oposição, nas situações em que o tomador tem conhecimento dos eventuais vícios ou exceções (Decreto 57.663/1966, art. 17); **C:** incorreta, pois a lei prevê prazo prescricional de 3 anos contra o aceitante e 6 meses contra os demais (Decreto 57.663/1966, art. 70); **D:** correta, pois se trata de uma das características próprias dos títulos de crédito decorrente da característica da autonomia e da literalidade; **E:** incorreta, pois o portador da letra, após a frustração do recebimento do devedor principal, comprovada pelo protesto tempestivo, poderá valer-se da cobrança de quaisquer dos coobrigados, em situação de solidariedade.

Gabarito "D"

(Ministério Público/RR – 2012 – CESPE) Com relação ao protesto de títulos e outros documentos de dívida, assinale a opção correta.

(A) O protesto por falta de aceite somente poderá ser efetuado depois do vencimento da obrigação e após o decurso do prazo legal para o aceite ou a devolução.

(B) Revogada a ordem de sustação de protesto, será necessário proceder a nova intimação do devedor, sendo a lavratura e o registro do protesto efetivados até o primeiro dia útil subsequente ao do recebimento da revogação.

(C) O protesto de nota promissória deve ser tirado no lugar onde deva ser efetuado o pagamento do título e, na ausência de indicação de local para pagamento, considera-se o lugar do domicílio do sacado.

(D) A averbação de retificação de erros materiais pelo serviço poderá ser efetuada de ofício ou a requerimento do interessado, sendo devidos os emolumentos pela citada averbação.

(E) Cláusula sem protesto inserida no título pelo sacador produz efeitos em relação a todos os obrigados pela letra; inserida pelo endossante ou avalista somente produzirá efeitos em relação a esse endossante ou avalista.

A: incorreta, pois o protesto por falta de aceite somente poderá ser feito antes do prazo de vencimento (Lei 9.492/1997, art. 21); **B:** incorreta, pois há previsão legal expressa pela desnecessidade de nova intimação (Lei 9.492/1997, art. 17, § 2º); **C:** incorreta, pois na falta de indicação, considera-se o local designado ao lado do nome do sacado (Lei 57.663/1966, art. 2º); **D:** incorreta, pois na retificação de erros materiais, não são devidos emolumentos (Lei 9.492/1994, art. 25, § 2º); **E:** correta, por expressa previsão legal (Decreto 57.663/1966, art. 46).

Gabarito "E"

(Defensor Público/TO – 2013 – CESPE) Assinale a opção correta acerca das normas relativas aos títulos de crédito e ao protesto de títulos e outros documentos da dívida.

(A) O protesto de um título de crédito por falta de aceite somente poderá ser efetuado após o vencimento da obrigação e do decurso do prazo legal para o aceite ou a devolução.

(B) Cabe ao devedor requerer o cancelamento do registro do protesto diretamente ao tabelionato de protesto de títulos, mediante apresentação do documento original protestado, e, na ausência do documento original, só se admite o cancelamento do registro do protesto por ordem judicial.

(C) Caso um título de crédito tenha sido emitido sem a indicação do lugar da emissão e de pagamento e sem a indicação de vencimento, considera-se que o lugar da emissão e de pagamento seja o domicílio do emitente e que o pagamento do título deva ser feito à vista.

(D) O avalista se obriga pelo avalizado, e sua responsabilidade subsiste ainda que nula a obrigação daquele a quem se equipara, mesmo que a nulidade decorra de vício de forma.

(E) É vedado ao sacado, em qualquer caso, lançar e assinar, no verso do cheque não ao portador e ainda não endossado, visto, certificação ou outra declaração equivalente, datada e por quantia igual à indicada no título.

A: incorreta, pois o protesto por falta de aceite deve ser feito antes do vencimento, após o decurso do prazo legal para o aceite – art. 21, § 1º, da Lei 9.492/1997, ver também o art. 44 da Lei Uniforme – LU promulgada pelo Decreto 57.663/1966; **B:** incorreta, pois, na impossibilidade de apresentação do original do título ou documento de dívida protestado, será exigida a declaração de anuência, com identificação e firma reconhecida, daquele que figurou no registro de protesto como credor, originário ou por endosso translativo – art. 26, § 1º, da Lei 9.492/1997; **C:** correta, conforme o art. 889, §§ 1º e 2º do CC; **D:** incorreta, pois o vício de forma afasta a obrigação também do avalista – art. 899, § 2º, *in fine*, do CC; **E:** incorreta, pois é admitido o cheque visado, previsto no art. 7º da Lei do Cheque – LC (Lei 7.357/1985).

Gabarito "C"

(Advogado da União/AGU – CESPE – 2012) No que se refere aos títulos de crédito, julgue os itens subsequentes.

(1) Considere que Ana emita letra de câmbio cuja ordem seja destinada a Bento e cujo beneficiário seja Caio. Nessa situação hipotética, se Bento aceitar parcialmente a letra de câmbio, ocorrerá o vencimento antecipado do título, sendo admissível, então, a Caio cobrar a totalidade do crédito da sacadora.

(2) O título que for emitido em favor de pessoa cujo nome conste no registro do emitente e que for transferido mediante termo assinado pelo proprietário e pelo adquirente constituirá título à ordem.

1: correta. O aceite parcial da letra opera o mesmo efeito de sua recusa, ou seja, o vencimento antecipado de toda a obrigação nela representada; **2:** incorreta. Este é o conceito de título nominativo. Título à ordem é aquele que identifica o beneficiário e autoriza-o a transmiti-lo por endosso.

Gabarito 1C, 2E

(Magistratura Federal/2ª Região – 2011 – CESPE) Com relação ao título de crédito, considerado, na doutrina, o documento necessário para o exercício do direito, literal e autônomo, nele mencionado, assinale a opção correta.

(A) Cheque administrativo ou bancário é aquele em que o emitente se confunde com o sacado, ou seja, é emitido pela própria instituição financeira. Estabelece a lei que regulamenta os cheques que o cheque pode ser emitido contra o próprio banco sacado, desde que ao portador.

(B) A nota promissória não produzirá efeito quando faltarem a indicação de vencimento e a indicação do lugar em que se deva efetuar o pagamento.

(C) A lei que regulamenta a duplicata estabelece que a emissão da fatura é obrigatória em todos os contratos, sejam eles de compra e venda mercantil ou de prestação de serviços.

(D) O cheque devolvido ao seu portador por falta de provisão de fundos pode ser apresentado somente mais uma vez, e sua execução contra os endossantes e avalistas depende de protesto.

(E) Estabelece a lei uniforme relativa às letras de câmbio e às notas promissórias que o sacador de letra de câmbio pagável à vista ou a certo termo de vista pode fazer constar a incidência de juros sobre o valor a ser pago.

A: incorreta, pois não se admite cheque administrativo ao portador; **B:** incorreta, pois esses elementos podem ser presumidos ou preenchidos, antes da apresentação do título (STF, Súmula 387); **C:** incorreta, pois a emissão da fatura somente é obrigatória para as operações mercantis (Lei 5.474/1968, art. 1º); **D:** incorreta, pois a recusa de pagamento, pelo banco, no cheque, produz os mesmos efeitos do protesto, valendo, pois, para materializar o direito de cobrança dos coobrigados (Lei 7.357/1985, art. 47, § 1º); **E:** correto, pois há expressa previsão legal nesse caso (Decreto-lei 57.633, Anexo I, art. 5º).

Gabarito "E"

(Magistratura Federal/1ª Região – 2011 – CESPE) A respeito dos títulos de crédito, assinale a opção correta.

(A) A morte do responsável cambiário constitui modalidade de transferência anômala da obrigação, que, por não possuir caráter personalíssimo, é repassada aos herdeiros, mesmo que o óbito tenha ocorrido antes do vencimento do título.

(B) O documento é suficiente para atestar a existência de crédito, não havendo nos títulos de crédito solidariedade entre os vários obrigados, mas uma unidade de prestação.

(C) Cabe ação executiva contra o emitente e seus avalistas, ainda que não apresentado o cheque ao sacado no prazo legal, ou prescrita a ação cambiária.

(D) Na prestação de serviços, a duplicata não aceita, mas protestada, é título hábil para instruir o pedido de falência, não sendo necessária a comprovação dos serviços.

(E) O estabelecimento bancário não é responsável pelo pagamento de cheque falso, ressalvadas as hipóteses de culpa exclusiva ou concorrente do correntista.

A: correta, pois se trata de regra geral de sucessão obrigacional; **B:** incorreta, pois todos os representados no título de crédito, como regra geral, são devedores solidários, podendo ser demandados em caso de não pagamento pelo devedor principal; **C:** incorreta, pois diante da prescrição do título, somente será cabível ação de constitutiva da obrigação, monitória, valendo, o cheque, como meio de prova documental de existência da obrigação, ou ação específica de enriquecimento ilícito (Lei 7.357/1985, arts. 61 e 62); **D:** incorreta, pois a lei exige a comprovação de entrega da mercadoria ou da prestação de serviço (Lei 5.474/1968, art. 15); **E:** incorreta, pois é responsável pela verificação da validade material do título (Lei 7.357/1985, art. 39).

Gabarito "A".

3.2. TÍTULOS EM ESPÉCIE

3.2.1. LETRA DE CÂMBIO

João era o sacado de uma letra de câmbio no valor de mil reais, com vencimento previsto para 31/12/2018. Em 1.º/11/2018, ao receber o título para aceite, ele discordou do valor e declarou no anverso que aceitaria pagar somente quinhentos reais.

(Juiz de Direito - TJ/BA - 2019 - CESPE/CEBRASPE) Nessa situação hipotética, o aceite foi parcial e

(A) modificativo, tendo desvinculado João dos termos da letra de câmbio.

(B) limitativo, tendo desvinculado João dos termos da letra de câmbio.

(C) limitativo, com a possibilidade de execução do título após a recusa parcial, com vencimento antecipado do título.

(D) modificativo, tendo ficado João vinculado ao pagamento do valor aceito, que não poderia ser executado antes do vencimento do título.

(E) limitativo, com a possibilidade de execução do título somente após o seu vencimento original, datado de 31/12/2018.

Trata-se de aceite parcial limitativo, porque reduziu o valor constante da letra. O aceite parcial opera o vencimento antecipado da dívida toda contra o sacador, já sendo, portanto, exequível (art. 43 da Lei Uniforme de Genebra). HS

Gabarito "C".

(Cartório/PI – 2013 – CESPE) João e endossatário de letra de cambio que lhe foi endossada por Manuel, que foi avalizado por Jesualdo. Manuel recebera a letra, por endosso, de Carla, que, por sua vez, a recebera de Pedro — o sacador — após o aceite de Jeremias — o sacado —, cuja interdição por incapacidade absoluta fora decretada, tendo a sentença transitado em julgado dois dias antes. Jeremias assinou a letra em branco para que Pedro a preenchesse, segundo o valor que apurasse em determinado negócio. Tal acordo, verbal, não constou do título. Manuel preencheu o título com o valor de R$ 1.000,00 a mais que o apurado no negócio. No vencimento, Jeremias não pagou o título, e João, seu último portador, pretende cobrar o crédito nele estampado.

Nessa situação hipotética,

(A) Carla poderá, se for cobrada por João e a este pagar o valor da letra, cobrá-la, em regresso, de Manuel.

(B) para cobrar dos endossantes, dos avalistas e do sacador, João deve, obrigatoriamente, protestar o título.

(C) Jeremias só poderá invocar a sua incapacidade absoluta em face de eventual cobrança da parte de Pedro, com quem manteve relação jurídica de base, não sendo possível opor tal exceção em face de João.

(D) João poderá cobrar o crédito diretamente de Jesualdo, que, no entanto, pode, com respaldo legal, alegar ter benefício de ordem e exigir que, primeiro, sejam excutidos bens de Manuel.

(E) Jeremias pode alegar, utilmente, como matéria de defesa, na cobrança que lhe seja feita por João, que Manoel preencheu o título de forma abusiva, já que, por lei, isso e considerado defeito de forma.

A: incorreta. O coobrigado que paga a letra pode cobrar, em ação de regresso, apenas aqueles que lhe forem anteriores na cadeia cambial. No caso, Carla poderá cobrar o valor somente de Jeremias, o devedor principal, ou de Pedro, o sacador; **B:** correta. O protesto do título é facultativo para cobrar o aceitante, devedor principal, porém obrigatório para a execução dos coobrigados (art. 44 da Lei Uniforme de Genebra); **C:** incorreta. Jeremias pode alegar sua incapacidade em caso de cobrança por parte de Carla, a beneficiária original do título, com quem mantém a relação cambial inicial; **D:** incorreta. João deve respeitar o benefício de ordem e cobrar primeiro o devedor principal, Jeremias. Na hipótese dele não pagar, aí sim poderia voltar-se contra os coobrigados e seus avalistas, onde se insere Jesualdo. Como avalista de Manuel, ele não tem qualquer benefício de ordem (art. 32 da Lei Uniforme de Genebra); **E:** incorreta. Isso é considerado exceção pessoal e, portanto, não pode ser oposta a terceiros de boa-fé. Por força do princípio da literalidade, deve Jeremias pagar a letra conforme consta do título e posteriormente acionar Pedro pelo eventual abuso no preenchimento.

Gabarito "B".

(Magistratura/ES – 2011 – CESPE) Com referência a letra de câmbio e direito cambiário, assinale a opção correta.

(A) Para que a letra de câmbio produza os efeitos pretendidos, basta a identificação do sacador, do sacado e do tomador, não havendo requisito de natureza formal.

(B) Entre os requisitos, estabelecidos em lei, essenciais à produção de efeitos da letra de câmbio inclui-se a obrigatória identificação do tipo de título de crédito que se pretende gerar.

(C) Tratando-se de letra de câmbio, são inadmissíveis cláusula de correção monetária ou, em letra de câmbio a vista, fluência de juros entre as datas do saque e da apresentação.

(D) Não é necessário que a letra de câmbio mencione o lugar do pagamento e o lugar do saque.

(E) Para a emissão de letra de câmbio, que corresponde a ordem de pagamento, não é permitido que a mesma pessoa ocupe simultaneamente mais de uma situação.

A: incorreta, pois a lei identifica inúmeros requisitos formais, todos eles essenciais para a validade do documento (Dec. 57.663/1966 – Lei Uniforme Relativa às Letras de Câmbio e Notas Promissórias, art. 1º); **B:** correta, por expressa previsão legal (Dec. 57.663/1966 – Lei Uniforme Relativa às Letras de Câmbio e Notas Promissórias, art. 1º); **C:** incorreta, pois a lei prevê a possibilidade de inclusão de juros na letra a vista ou a certo termo da vista (Dec. 57.663/1966 – Lei Uniforme Relativa às Letras de Câmbio e Notas Promissórias, art. 5º); **D:** incorreta, pois a lei estabelece a possibilidade de adoção de presunções para esses dados, exigindo, com isso, a indicação de locais ao lado do nome do sacador e do sacado. Na falta dessa indicação, não se aplica a presunção e a nota será nula (Dec. 57.663/1966 – Lei Uniforme Relativa às Letras de Câmbio e Notas Promissórias, art. 2º); **E:** incorreta, pois a letra pode ser sacada contra o próprio sacador, que ocupará as posições de sacado e sacador, para fins de circulação do crédito (Dec. 57.663/1966 – Lei Uniforme Relativa às Letras de Câmbio e Notas Promissórias, art. 3º).

Gabarito "B".

(Procurador/DF - 2013 - CESPE) Cláudio sacou letra de câmbio contra Mauro e em favor de Ruy, com vencimento a certo termo de vista estipulado para cinco dias após o aceite. Ato sequente, Ruy endossou o referido título para Bruno, que o endossou para Sílvia. Com referência a essa situação hipotética, julgue os itens subsequentes.

(1) Se, por hipótese, Sílvia endossar a letra para instituição financeira exclusivamente para fins de cobrança da dívida ali contida, os endossatários, caso sejam instados ao

pagamento, poderão invocar exceções pessoais que eventualmente a possuam em face da endossante.

(2) A recusa do aceite pelo sacado determinará o vencimento antecipado do título, ocasião em que o portador, para conservar o seu direito de ação contra os demais coobrigados, deverá, necessariamente, promover o seu protesto.

(3) Caso a letra seja aceita e não paga e Sílvia exija de Ruy, judicialmente, o pagamento integral da dívida inserida nesse título, Ruy não poderá recusá-lo sob o argumento de que a transferência do título para Bruno teria se dado para liquidação de dívida de jogo ilegalmente contraída.

(4) Se a letra for aceita e não paga e Sílvia exigir de Ruy, judicialmente, o pagamento integral da dívida inserida nesse título, este poderá recusá-lo, caso a portadora do título o tenha recebido por meio de endosso lançado após o decurso do prazo para protesto por falta de pagamento, sob o argumento de que a transferência do título para Bruno teria se dado para liquidação de dívida de jogo ilegalmente contraída.

(5) Caso realmente não se verifique o aceite da cártula e o sacador seja obrigado ao seu pagamento após o cumprimento de todas as formalidades legais bem como o ajuizamento de ação própria, Mauro estará obrigado, regressivamente, a repará-lo.

1: correta. A rigor, os endossantes é que podem ser instados ao pagamento (inclusive o Rui, que não é endossatário) – art. 15 da Lei Uniforme - LU (promulgada pelo Decreto 57.663/1966). Nesse caso, os coobrigados (dentre eles os demais endossantes, outros que não a própria Sílvia) só podem invocar contra o portador (a instituição financeira, no caso) as exceções que eram oponíveis ao endossante (a Sílvia, nesse caso) – art. 18 da LU; **2:** correta, nos termos dos arts. 43 e 44 da LU; **3:** correta, pois Rui não pode opor contra Sílvia a exceção pessoal que tem contra Bruno (princípio da autonomia, subprincípio da inoponibilidade) – art. 915 do CC/2002 e art. 17 da LU; **4:** correta, pois quando o endosso é tardio, posterior ao vencimento e ao prazo para o correspondente protesto, ele tem efeito de simples cessão ordinária de crédito, ou seja, não se aplica o princípio cambiário da autonomia – art. 20 da LU; **5:** incorreta, pois se Mauro não aceitou o título ele não é parte nas relações cambiárias relacionadas à cártula.

Gabarito 1C, 2C, 3C, 4C, 5E

3.2.2. CHEQUE

(Juiz – TJ/CE – 2018 – CESPE) Na hipótese de um cheque ser apresentado ao sacado fora do prazo legal de apresentação, ainda é cabível ação executiva contra

(A) o emitente e seus avalistas, desde que haja protesto e seja observado o prazo prescricional.

(B) os endossantes e seus avalistas, dentro do prazo prescricional, desde que haja protesto.

(C) os endossantes e seus avalistas, independentemente de protesto, desde que observado o prazo prescricional.

(D) o emitente e seus avalistas, desde que observado o prazo prescricional de seis meses para o seu ajuizamento, contados do término do prazo de apresentação.

(E) o emitente e seus avalistas, desde que observado o prazo prescricional de dois anos para o seu ajuizamento, contados do término do prazo de apresentação.

A expiração do prazo de apresentação não retira a natureza executiva do cheque, até porque a contagem do prazo de prescrição da cártula se inicia justamente no fim do prazo de apresentação (art. 59 da Lei 7.357/1985). Assim, correta a alternativa "D", lembrando sempre que o protesto é dispensável para a cobrança do devedor principal – no caso do cheque, o emitente e seus avalistas. HS

Gabarito "D".

(Procurador Municipal – Prefeitura/BH – CESPE – 2017) Paulo emitiu à sociedade empresária CT Ltda. cheque, com cláusula sem protesto, que não foi compensado por insuficiência de fundos disponíveis. A sociedade, então, ingressou com ação cambial contra Paulo e Fernanda, titulares de conta conjunta.

Nessa situação hipotética,

(A) a CT Ltda. deverá expor, na petição inicial, o negócio jurídico que deu origem ao cheque.

(B) a CT Ltda. poderá cobrar, na ação, as despesas efetuadas com o protesto do título.

(C) os juros legais devem incidir desde o dia da apresentação do cheque.

(D) houve solidariedade passiva entre Paulo e Fernanda em razão da inadimplência do título.

A: incorreta. O cheque é título não causal, ou seja, pode ser sacado qualquer que seja o negócio jurídico que lhe deu origem e a ele não se prende, razão pela qual não há obrigação de consignar tal informação na cártula; **B:** incorreta. Como foi aposta no título a cláusula "sem protesto", as custas do ato correm por conta do tomador (art. 50, § 3º, da Lei 7.357/1985); **C:** correta, nos termos do art. 52, II, da Lei 7.357/1985; **D:** incorreta. A cobrança deve ser realizada unicamente em face de Paulo, emitente do cheque (art. 47, I, da Lei 7.357/1985). HS

Gabarito "C".

(Promotor de Justiça/PI – 2014 – CESPE) A respeito do cheque, assinale a opção correta.

(A) Em caso de cheque não pago pelo sacado, é desnecessário o protesto para cobrar de avalista do emitente do cheque.

(B) A revogação da ordem de pagamento consubstanciada no cheque pode ser feita pelo emitente e pelo portador legitimado.

(C) É nulo o cheque em que se insira cláusula de juros compensatórios.

(D) Para se valer de ação monitória contra o emitente, usando como prova da obrigação um cheque prescrito, deve o requerente declinar, na petição inicial, o negócio jurídico subjacente.

(E) Antes de pagar o cheque a endossatário, a instituição bancária deve averiguar a regularidade e autenticidade das assinaturas constantes da cadeia de endossos.

A: correta. Como o emitente do cheque é o seu devedor principal, o protesto contra seu avalista, que ocupa posição equivalente, é facultativo para a cobrança do valor representado pela cártula (art. 47, I, da Lei 7.357/1985); **B:** incorreta. Apenas o emitente pode emitir a contraordem de pagamento (art. 35 da Lei 7.357/1985); **C:** incorreta. O cheque não é nulo, só a cláusula que se considera não escrita (art. 10 da Lei 7.357/1985); **D:** incorreta. O cheque é título de crédito não causal, de forma que, por força do princípio da abstração dos títulos de crédito, desvincula-se totalmente do negócio jurídico que lhe deu origem; **E:** incorreta. Não cabe ao sacado verificar a autenticidade das assinaturas, somente a regularidade da cadeia de endossos (art. 39 da Lei 7.357/1985).

Gabarito "A".

(Cartório/ES – 2013 – CESPE) Em relação ao protesto, assinale a opção correta com base na lei que dispõe sobre o cheque.

(A) O instrumento de protesto, depois de registrado, deve ser entregue ao portador legitimado, ainda que desapossado do cheque e que este esteja na posse de terceiro de boa-fé.

(B) Dada a solidariedade cambial, o protesto contra o emitente implica, obrigatoriamente, o protesto contra seu avalista.

(C) O cheque deverá ser levado a protesto, inexistindo hipótese de dispensa, antes de expirado o prazo durante o qual se admite a apresentação do título, ou seja, antes de seis meses contados do fim do prazo de apresentação.

(D) O protesto de cheque é vedado caso o portador o apresente sem endosso que o identifique.

(E) O protesto é condição inarredável para a execução do cheque contra quaisquer dos membros da cadeia cambial.

A: incorreta. O princípio da cartularidade exige que a pessoa comprove sua posse legítima mediante a apresentação do cheque. O cheque só será entregue nessas condições ou para a pessoa que tiver efetuado o pagamento (art. 48, § 3º, da Lei 7.357/1985); **B:** incorreta. O protesto é um ato pessoal, atinge somente as pessoas nele indicadas, ainda que outras sejam solidariamente responsáveis pelo pagamento. Afinal, o credor do cheque é livre para cobrar o adimplemento da obrigação cambial de quem quiser – pode ele, portanto, preferir não executar o avalista; **C:** a alternativa foi considerada correta pelo gabarito oficial, mas merecia ser anulada por conta de sua péssima redação e confusão de alguns institutos. Nos termos do art. 48 da Lei 7.357/1985, o protesto deve ser tirado antes da expiração do prazo de apresentação do cheque, que é de 30 dias para pagamento de mesma praça ou 60 dias para praças diferentes. Parte da jurisprudência, bastante controvertida, aceita o protesto até a data da **prescrição** do cheque, essa sim ocorrente em 6 meses do fim do prazo de apresentação; **D:** incorreta. É totalmente lícito o protesto baseado em endosso em branco. Nesse caso, presume-se a boa-fé do portador da cártula; **E:** incorreta. O protesto é facultativo em relação ao emitente e seus avalistas (art. 47, I, da Lei 7.357/1985).

Gabarito "C"

(Magistratura Federal/3ª Região – 2011 – CESPE) Determinado documento foi apresentado, como cheque, ao caixa de instituição financeira localizada no Brasil para recebimento, em espécie, do valor registrado. O caixa da instituição, todavia, devolveu o papel ao apresentante informando-o de que, legalmente, aquele documento não valia como cheque. Tendo como referência essa situação, assinale a opção correspondente a hipótese prevista para a devolução do referido documento.

(A) A instituição financeira em que trabalha o caixa não é, de fato, banco, mas, apenas, a ele equiparada.
(B) No documento está escrito a palavra *check*, em lugar da palavra cheque, por pertencer aos Estados Unidos da América o banco de origem do documento.
(C) A assinatura do emitente foi aposta por meio de chancela mecânica.
(D) Não há indicação, no documento, do lugar de pagamento.
(E) Não há indicação, no documento, do lugar de emissão.

Nos termos da descrição do problema, a única alternativa que motivaria a devolução é a existência de vício formal, relacionado à forma do documento, portanto. Assim, somente se justificaria a ausência da palavra cheque no próprio documento, nos termos da exigência legal (Lei 7.537/1985, art. 1º, I); **A, C, D** e **E:** incorretas, pois se referem a situações admitidas pela lei (Lei 7.537/1985, art. 1º).

Gabarito "B"

3.2.3. DUPLICATA

Antônio é coobrigado que pagou uma duplicata protestada e deseja promover a competente ação para cobrar parte do valor por ele despendido de terceiro constante na cadeia de coobrigados.

(Auditor Fiscal - SEFAZ/RS - 2019 - CESPE/CEBRASPE) Nessa situação hipotética, o prazo prescricional para a ação de regresso dos coobrigados entre si será de

(A) seis meses, a contar da efetuação do pagamento por Antônio.
(B) um ano, a contar da efetuação do pagamento por Antônio.
(C) três anos, a contar do vencimento do título.
(D) seis meses, a contar do protesto do título.
(E) um ano, a contar do protesto do título.

A ação de regresso de um coobrigado contra outro prescreve em um ano, contado da data do pagamento, no caso da duplicata (art. 18, III, da Lei 5.474/1968).

Gabarito "B"

(Cartório/RR – 2013 – CESPE) A respeito de duplicata e endosso, assinale a opção correta.

(A) O STJ entende que os boletos de cobrança bancária vinculados a duplicata virtual, devidamente acompanhados dos instrumentos de protesto por indicação e dos comprovantes de entrega da mercadoria ou da prestação dos serviços, não suprem a duplicata eletrônica em meio físico, não constituindo, portanto, títulos executivos extrajudiciais.
(B) O aceite ordinário do título ocorre no caso de o devedor/comprador receber, sem reclamação e sem recusa formal, portanto, as mercadorias adquiridas enviadas pelo credor/vendedor.
(C) O endosso impróprio, ou seja, aquele feito após o protesto ou após o prazo para a realização do protesto, não produz os efeitos ordinários de um endosso, caracterizando mera cessão civil de crédito.
(D) Em se tratando de endosso em preto, aquele que não identifica o endossatário, o endossante assina no verso do título, sem identificar o endossante, o que permite a circulação do título.
(E) A emissão de duplicata é admitida somente para fins de documentação das relações jurídicas preestabelecidas em compra e venda mercantil ou em contrato de prestação de serviços.

A: incorreta. Segundo a jurisprudência do STJ, os boletos vinculados a duplicata virtual suprem o título em meio físico e são considerados títulos executivos extrajudiciais (REsp 1024691/PR); **B:** incorreta. Esse é o aceite presumido. Aceite ordinário é aquele no qual o sacado apõe sua assinatura na duplicata reconhecendo o dever de pagar o valor nela representado; **C:** incorreta. Inicialmente, a hipótese de endosso narrada na alternativa não é endosso impróprio, mas endosso póstumo ou tardio. No caso das duplicatas, às quais se aplica subsidiariamente o Código Civil, o endosso póstumo produz os mesmos efeitos daquele dado antes do protesto ou do fim do prazo para sua realização (art. 920 do CC); **D:** incorreta. Endosso em preto é aquele que identifica o endossatário; **E:** correta, nos termos dos arts. 1º e 20 da Lei 5.474/1968.

Gabarito "E"

3.2.4. OUTROS TÍTULOS E QUESTÕES COMBINADAS

(Defensor Público/AC – 2017 – CESPE) Com relação à nota promissória, assinale a opção correta.

(A) Para que a cartularidade dessa nota seja garantida, é necessário aceite.
(B) É vedada, nesse tipo de título, a utilização de cláusula não à ordem.
(C) A obrigação constante desse título deve ficar sujeita a uma condicionante.
(D) A referida nota é uma promessa de pagamento.
(E) A emissão dessa nota exige vinculação a um negócio jurídico.

A: incorreta. Nota promissória é promessa de pagamento, estrutura cambial que não admite aceite; **B:** incorreta. Nada impede a aposição de cláusula não à ordem na nota promissória; **C:** incorreta. A obrigação deve ser pura e simples, ou seja, não pode depender de condições; **D:** correta, conforme comentário à alternativa "A"; **E:** incorreta. A nota promissória é título não causal, ou seja, pode ser emitida para representar obrigação de qualquer natureza.

Gabarito "D"

(Defensor Público/AL – 2017 – CESPE) Neste ano de 2017, determinada pessoa está sendo executada judicialmente com base em nota promissória vencida e válida, com aposição de local e data pelo portador. A nota promissória refere-se ao ano de 2016.

Das informações a respeito da situação hipotética apresentada infere-se que

(A) a aposição de local e data no título prejudica a sua execução.
(B) a denominação "nota promissória" foi redigida por extenso e na língua em que foi emitida.
(C) o emitente do título é um brasileiro nato.
(D) ocorreu prescrição para a propositura da ação de execução do título extrajudicial contra o devedor do título.
(E) o negócio concretizado com a emissão da nota promissória se deu entre pessoas jurídicas.

A: incorreta. A nota promissória prescreve em 3 anos, contados do vencimento, em relação ao devedor principal (art. 77 da Lei Uniforme de Genebra); **B:** correta, nos termos do art. 75 da Lei Uniforme de Genebra; **C:** incorreta. Não é possível afirmar isso com base nas informações disponíveis; **D:** incorreta, conforme comentário à alternativa "A"; **E:** incorreta. Não é possível afirmar isso com base nas informações disponíveis.

Gabarito "B"

(Juiz – TRF5 – 2017 – CESPE) Em relação aos títulos de crédito, assinale a opção correta.

(A) A duplicata tem prazo prescricional de execução estipulado em seis meses, contados do pagamento, para os coobrigados exercerem o direito de regresso.

(B) A cláusula "sem garantia" pode ser aposta em qualquer fase da circulação do título e proíbe a realização de endosso a partir do momento de sua introdução no título.

(C) A duplicata e o cheque são classificados como causais, e a nota promissória e a letra de câmbio como não causais.

(D) A cláusula "não aceitável" é cabível somente nos títulos de crédito com vencimento a certo termo de vista.

(E) A cláusula "sem despesas" transforma em facultativo o protesto necessário contra quaisquer devedores.

A: incorreta. O prazo é de um ano (art. 18, III, da Lei 5.474/1968); **B**: incorreta. A cláusula "sem garantia" não proíbe a realização de endosso, apenas desvincula o endossante da obrigação da pagar a cártula em caso de inadimplemento do devedor principal; **C**: incorreta. O cheque é título não causal, podendo ser emitido para representar obrigação de qualquer natureza; **D**: incorreta. Ao contrário, não é permitida a cláusula nas letras vencidas a certo termo da vista, porque nelas é justamente a partir do aceite que começa a correr o prazo de vencimento; **E**: correta, é essa a função da cláusula "sem despesas". HS

Gabarito "E".

(Defensoria/DF – 2013 – CESPE) Julgue os próximos itens, relacionados aos títulos de credito em espécie.

(1) As declarações escritas e datadas que, emitidas pela instituição financeira ou por câmara de compensação, se refiram a recusa de pagamento não suprem o protesto para a cobrança dos endossantes do cheque e de seus avalistas.

(2) Perde o atributo da abstração a nota promissória em cujo corpo haja referência ao contrato que a tenha ensejado, de modo que defesas decorrentes da falta ou falha de execução contratual poderão ser opostas, pelo sacador, a terceiro de boa-fé a quem tenha sido a nota endossada.

(3) É cabível o protesto de letra de cambio por falta de aceite.

(4) A duplicata pode ser sacada em data posterior à da emissão da fatura.

1: incorreta. O protesto do cheque para cobrança dos coobrigados e eventuais avalistas pode ser suprida pela declaração descrita na assertiva (art. 47, II, da Lei 7.357/1985); **2**: correta. Uma vez vinculada ao contrato que lhe deu origem, a nota promissória deixa de circular como um título abstrato por força do princípio da literalidade. Portanto, eventuais vícios do negócio jurídico original a ela também se aplicam; **3**: correta, nos termos do art. 44 da Lei Uniforme de Genebra (anexa ao Decreto 57.663/1966); **4**: correta, conforme pacífica jurisprudência do STJ (*v.g.*, REsp 292355/MG, DJ 18/02/2002).

Gabarito 1E, 2C, 3C, 4C

(Cartório/RR – 2013 – CESPE) Acerca de letra de câmbio e nota promissória, assinale a opção correta.

(A) Sendo o aceite da letra de câmbio uma faculdade do sacado, não é necessário que ele justifique a sua recusa, mas esta produzirá efeitos para o sacador e para o tomador, uma vez que ocorrerá o vencimento antecipado do título, podendo o tomador exigir do sacador o seu imediato pagamento.

(B) De acordo com o STF, a letra de câmbio e a nota promissória emitidas ou aceitas com omissões, ou em branco, não poderão ser completadas pelo credor antes da cobrança ou do protesto, ainda que de boa-fé.

(C) Para promover a execução contra o aceitante da letra de câmbio ou contra o emitente da nota promissória, bem como contra seus respectivos avalistas, o credor deverá, ainda que presentes os requisitos de liquidez, certeza e exigibilidade, promover o protesto da cártula, por se tratar de uma ação direta, e não de regresso.

(D) A letra de câmbio a certo termo da data vence após determinado prazo, que é estipulado pelo sacador quando da emissão da letra de câmbio e começa a correr a partir do aceite.

(E) Por serem aplicáveis às notas promissórias as regras sobre aceite, tais como, prazo de respiro e cláusula não-aceitável, poderá a nota ser sacada a certo termo da vista.

A: correta, nos termos do art. 43 da Lei Uniforme de Genebra; **B**: incorreta. A Súmula 387 do STF atesta que a cambial emitida ou aceita com omissões pode ser completada de boa-fé pelo credor antes da cobrança ou protesto; **C**: incorreta. O aceitante da letra, o sacador da nota promissória e os respectivos avalistas são os devedores principais das ditas cambiais. Portanto, o protesto por falta de pagamento é medida facultativa para promover a cobrança em seu desfavor; **D**: incorreta. O prazo para pagamento de letra com vencimento a certo termo da data começa a correr da data de emissão (art. 36 da Lei Uniforme de Genebra); **E**: incorreta. A nota promissória não admite aceite, pois é estruturada como promessa de pagamento – o sacador é o próprio devedor da obrigação representada pela cártula.

Gabarito "A".

(Cartório/DF – 2014 – CESPE) Assinale a opção correta acerca dos títulos de credito, de acordo com a jurisprudência do STF e do STJ.

(A) E permitido ao credor de contrato de mutuo garantido por nota promissória avalizada buscar a responsabilização do avalista pelos encargos contratuais, ainda que esses encargos não constem na nota promissória e o avalista não haja firmado o contrato de mutuo como devedor solidário.

(B) Em razão da natureza do contrato de mandato, em nenhuma hipótese, o endossatário que receber o título de credito com endosso-mandato será responsabilizado pelos danos decorrentes do protesto indevido da cártula.

(C) O endossatário que receber por endosso translativo título de credito formalmente viciado respondera pelos danos decorrentes do protesto indevido da cártula, podendo exercer seu direito de regresso contra os demais coobrigados no título.

(D) Não se admite que o credor, ainda que de boa-fé, complete uma nota promissória emitida com omissões ou em branco antes do protesto, sob pena de desnaturação do título de credito, uma vez que incumbe exclusivamente ao emitente da nota promissória o seu preenchimento.

(E) O credor de cheque sem forca executiva tem prazo de dez anos, contatos do dia seguinte ao do vencimento do título, para ajuizamento da ação monitoria contra o emitente do documento.

A: incorreta. O princípio da literalidade garante que o avalista somente se responsabiliza pela dívida nos termos constantes do título; **B**: incorreta, conforme comentário seguinte; **C**: correta. O endossatário responderá pelo protesto indevido se o título contiver vícios formais intrínsecos ou extrínsecos, nos termos da Súmula 475 do STJ; **D**: incorreta. A Súmula 387 do STF atesta que a cambial emitida ou aceita com omissões pode ser completada de boa-fé pelo credor antes da cobrança ou protesto; **E**: incorreta. O prazo é de cinco anos, nos termos da Súmula 503 do STJ.

Gabarito "C".

(Magistratura/BA – 2012 – CESPE) Assinale a opção correta com relação aos títulos de crédito.

(A) Dispensa-se o aceite desde a emissão da nota promissória, não se aplicando a esse título a modalidade de vencimento a certo termo da vista, na medida em que, nessa modalidade, a data para pagamento é estabelecida a partir do momento do aceite.

(B) Ordinariamente, a letra de câmbio propicia ao sacador a opção de, em vez de efetuar o pagamento de determinada dívida diretamente ao tomador, em vista de ter crédito perante o sacado, emitir uma letra de câmbio, por meio da qual será satisfeito o seu crédito perante o sacado, bem como o crédito do tomador perante o próprio sacador.

(C) A perda ou extravio da duplicata são as únicas hipóteses que, de acordo com a lei, obrigam o vendedor a extrair a triplicata, cujos efeitos são os mesmos daquela.

(D) A letra de câmbio e a duplicata são exemplos de títulos livres, cujo formato não segue um rigor absoluto, podendo ser confeccionados da maneira que melhor atenda aos interesses das partes.

(E) O aval somente pode ser dado após a constituição formal da obrigação assumida pelo avalizado, determinando o Código Civil brasileiro que o vencimento do aval póstumo produz os mesmos efeitos do anteriormente dado.

A: incorreta, pois a nota promissória poderá ser emitida com o modalidade de vencimento a certo termo da vista, o que implicará na necessidade de aceite para o início da contagem do prazo (Lei Dec. 57.663/1966, Anexo I, art. 33); **B:** correta, pois essa sistemática aplica-se ao título classificado como ordem de pagamento, por intermédio do qual o sacador determina ao sacado que realize o pagamento para o tomador. Nessa relação, obviamente, o sacado somente aceita a ordem do sacador por existir, em regra, uma relação de crédito entre eles; **C:** incorreta, pois a triplicata deve ser emitida, obrigatoriamente, nessas hipóteses, mas poderá ser emitida em caso de retenção da duplicata, apesar de ser desnecessário, por força do instituto do protesto por indicação das duplicatas (Lei 5.474/1968, art. 23 e art. 13); **D:** incorreta, pois a duplicata é um título de modelo vinculado, já que deve obedecer a forma estabelecida pela legislação Lei 5.474/1968, art. 27); **E:** incorreta, pois o aval é uma obrigação cambial, ou seja, goza da característica da independência ou autonomia, valendo mesmo que inexistente ou nula a obrigação do avalizado (CC, art. 899).

Gabarito "B"

(Magistratura/ES – 2011 – CESPE) Em relação a nota promissória e cheque, assinale a opção correta.

(A) Cheque é ordem de pagamento a vista; em razão disso, não se considera essencial constar a palavra cheque escrita no texto do título, para a sua identificação como tal.

(B) Como regra geral, a cláusula não à ordem, implícita em todo cheque, significa que esse tipo de título se transmite, normalmente, mediante endosso.

(C) Quem concorda em se obrigar por uma nota promissória aceita a circulação do crédito correspondente, uma vez que a nota promissória corresponde a promessa de pagamento.

(D) A nota promissória pode ser transferida e cobrada sob o regime do direito cambiário mesmo que não esteja revestida das formalidades legais.

(E) A nota promissória e a letra de câmbio, diversas quanto à constituição e exigibilidade do crédito, são disciplinadas por regimes jurídicos diversos.

A: incorreta, pois a legislação exige, como requisito formal, tal elemento (Lei 7.357/1985, art. 1°, I); **B:** incorreta, pois a cláusula à ordem é implícita em todo cheque, não a cláusula não à ordem (Lei 7.357/1985, art. 17); **C:** correta, pois é da essência dos títulos de crédito sua característica de circulação. Aquela que não pretende ou não aceita tal situação não pode, em regra, utilizar dos títulos; **D:** incorreta, pois se não revestida das formalidades legais significa em sua nulidade como título de crédito (CC, art. 888); **E:** incorreta, pois o regime jurídico da exigibilidade segue mesmo modelo, inclusive, reguladas pelos mesmos dispositivos (Dec. 57.663/1966, Anexo I, art. 77).

Gabarito "C"

(Magistratura/PA – 2012 – CESPE) Acerca dos títulos de crédito, assinale a opção correta.

(A) Os títulos ao portador ostentam o nome do credor, ou seja, circulam por mera tradição.

(B) Aos títulos de crédito aplica-se o Código Civil, mesmo havendo dispositivo com comando diverso em lei especial que lhe seja anterior.

(C) Em razão do princípio da abstração, o título de crédito, qualquer que seja a sua natureza, quando posto em circulação, continua vinculado à relação fundamental que lhe deu origem.

(D) O sacador e o aceitante não são solidariamente responsáveis pelo pagamento da letra de câmbio, contudo o endossante ou avalista o serão.

(E) A duplicata é um título de crédito vinculado ao modelo, ou seja, somente produz efeitos cambiais se observado o padrão exigido para a constituição do título.

A: incorreta, pois os títulos ao portador não indicam o seu beneficiário, circulando, por isso, com a mera tradição (CC, art. 904); **B:** incorreta, pois o Código tem aplicação somente supletiva, prevalecendo a legislação específica (CC, art. 903); **C:** incorreta, pois pelo princípio da abstração, com a circulação, o título de crédito se desvincula do negócio jurídico inicial; **D:** incorreta, pois todos os coobrigados são solidariamente responsáveis pelo crédito representado pelo título, desde que não cumprida a obrigação pelo devedor principal e realizado o competente protesto (Dec. 57.663/1966, Anexo I, art. 43); **E:** correta, pois a lei estabelece a necessidade de observância de padronização formal para ao título (Lei 5.474/1968, art. 27).

Gabarito "E"

(Ministério Público/RR – 2012 – CESPE) Com relação aos títulos de crédito comercial, industrial, à exportação, rural e imobiliário, assinale a opção correta.

(A) A cédula e a nota de crédito à exportação são títulos causais resultantes de financiamento à exportação ou à produção de bens destinados à exportação, não constitutivos de meras promessas de pagamento, em razão do caráter especialíssimo de tais cártulas.

(B) A nota promissória e a duplicata rural são títulos de crédito rural fundados em operações de compra e venda de natureza rural, contratadas a prazo, constitutivas de financiamentos no âmbito do crédito rural.

(C) A letra de crédito imobiliário é título causal emitido por instituição financeira como promessa de pagamento, com lastro em crédito imobiliário decorrente de hipoteca ou alienação fiduciária.

(D) A nota de crédito comercial é um título causal resultante do financiamento obtido por empresas no mercado financeiro, com promessa de pagamento e garantia real, incorporada à própria cártula.

(E) A cédula de crédito industrial é um título causal resultante de financiamento obtido por empresas nas bolsas de valores, com promessa de pagamento, mas sem garantia real.

A: incorreta, pois a nota de crédito a exportação é promessa de pagamento em dinheiro, assim como a nota promissória, sem garantia real, que ostenta privilégio especial sobre determinados bens (Lei 6.313/1975, art. 5°); **B:** incorreta, pois são títulos representativos de dívida, não constitutivos de financiamento (Decreto-lei 167/1967, art. 9°); **C:** correta, por expressa definição legal (Lei 10.931/2004, art. 12; **D:** incorreta, pois a nota comercial não possui garantia real, mas apenas privilégio especial em relação a determinados bens (Lei 6.840/1980, art. 5°); **E:** incorreta, pois a cédula de crédito industrial goza de garantia real (Decreto-lei 413/1969, art. 9°).

Gabarito "C"

(Defensor Público/ES – 2012 – CESPE) Julgue os itens seguintes, relativos ao direito empresarial.

(1) A duplicata é um título impróprio, imperfeito, também denominado cambiariforme, visto que, assim como no cheque, nela não se vislumbra uma operação típica de crédito.

(2) Tratando-se de letra de câmbio, sacador, sacado e tomador podem ser a mesma pessoa. Nesse caso, a letra e emitida com o objetivo único de circular e representar uma dívida que o sacador/sacado/tomador tem perante um terceiro, com quem fez o desconto do título.

(3) Em se tratando de protesto por falta de aceite, deverá este ser providenciado após o vencimento da obrigação e do decurso do prazo legal para aceite ou devolução.

1: correta, segundo a clássica distinção entre os títulos cambiais (letra de câmbio e promissória) e os cambiariformes (todos os outros); **2:** correta, nos termos do art. 3° da LU; **3:** incorreta, pois o protesto por falta de aceite deve ser feito antes do vencimento, após o decurso do prazo legal para o aceite – art. 21, § 1°, da Lei 9.492/1997, ver também o art. 44 da LU.

Gabarito 1C, 2C, 3E

4. DIREITO FALIMENTAR – FALÊNCIA E RECUPERAÇÃO

4.1. ASPECTOS GERAIS

(Promotor de Justiça/RR – 2017 – CESPE) Foi decretada a falência de determinada sociedade limitada. No curso do processo, o MP foi intimado e se manifestou nos autos. A falida insurgiu-se contra a intimação do MP e sua posterior manifestação, argumentando ser incabível a primeira e nula a segunda.

Nessa situação hipotética, conforme as disposições da Lei n. 11.101/2005 e a jurisprudência do STJ,

(A) se, intimado da decretação da falência, o MP não se manifestasse, tornar-se-ia dispensável a sua intimação para atos posteriores.
(B) havendo determinação para a alienação de bens do ativo, a intimação pessoal do MP será obrigatória.
(C) se fosse considerada incabível a intimação, a manifestação do MP poderia anular o processo falimentar ou as ações conexas, independentemente da demonstração de prejuízo.
(D) não se pode falar em nulidade: o MP é intimado como custos legis para todos os atos do processo falimentar e ações conexas e se manifesta caso haja interesse público.

A única alternativa que guarda aderência com a Lei de Falências e a jurisprudência do STJ é a letra "B", que deve ser assinalada (art. 142, § 7º, da Lei 11.101/2005).

Gabarito "B".

(Juiz – TRF5 – 2017 – CESPE) Maria, credora de um título de crédito, ingressou com um processo de execução somente contra o avalista João, já que o devedor principal, José, empresário individual, não possuía bens disponíveis para uma eventual constrição judicial. No curso do processo de execução, sobreveio a recuperação judicial de José, o que motivou o executado João a solicitar, com esse fundamento, que o juiz proferisse decisão que impedisse o prosseguimento do processo de execução e habilitasse o crédito no feito da recuperação judicial

Nessa situação hipotética, considerando o entendimento jurisprudencial sumulado a respeito da matéria, o juiz da causa executiva deverá

(A) solicitar informações sobre a fase em que se encontra a recuperação judicial.
(B) extinguir o processo de execução, devendo o credor se habilitar no processo de recuperação judicial.
(C) solicitar a reserva, na recuperação judicial, do valor correspondente ao título executado.
(D) suspender a ação de execução pelo prazo máximo e improrrogável de cento e oitenta dias.
(E) indeferir o pedido e prosseguir normalmente a execução.

Nos termos da Súmula 581 do STJ: "a recuperação judicial do devedor principal não impede o prosseguimento das ações e execuções ajuizadas contra terceiros devedores solidários ou coobrigados em geral, por garantia cambial, real ou fidejussória".

Gabarito "E".

(Promotor de Justiça/PI – 2014 – CESPE) No que se refere à atuação do MP no processo de falência e recuperação judicial, assinale a opção correta.

(A) O MP assume a legitimidade para a propositura da ação revocatória de atos do falido apenas se, no prazo de três anos, não a propuserem a própria massa falida ou os credores.
(B) A lei falimentar não prevê a participação obrigatória do MP na fase pré-falimentar do processo.
(C) É desnecessária a intimação pessoal do MP caso a alienação dos bens do ativo do falido se faça na forma de propostas fechadas, bastando intimação posterior à abertura das propostas.
(D) O MP não pode, a fim de apontar crédito não incluído, apresentar impugnação à primeira relação de credores preparada pelo administrador, visto que, de acordo com previsão legal, a legitimidade é exclusiva do credor.
(E) O MP não tem legitimidade para recorrer da decisão que defira o processamento do pedido de recuperação judicial.

A: incorreta. Três anos é justamente o prazo prescricional para a propositura da ação revocatória. Cabe ao Ministério Público propô-la antes desse interregno (art. 132 da Lei 11.101/2005); **B:** correta. Com efeito, o Ministério Público passa a atuar somente após a decretação da quebra pelo juiz. Antes disso, entende-se que se trata de uma lide individual entre credor e devedor; **C:** incorreta. É obrigatória a intimação pessoal do membro do Ministério Público (art. 142, § 7º, da Lei 11.101/2005); **D:** incorreta. A legitimidade do MP está prevista no art. 8º da Lei 11.101/2005; **E:** incorreta. A legitimidade recursal do MP está prevista no art. 59, § 2º, da Lei 11.101/2005.

Gabarito "B".

(Cartório/RR – 2013 – CESPE) Com relação à recuperação judicial, à extrajudicial e à falência do empresário e da sociedade empresária, assinale a opção correta.

(A) Compete ao juízo falimentar deixar de conceder, com fundamento na análise econômico-financeira do plano de recuperação aprovado pelos credores, a recuperação judicial ou a sua homologação extrajudicial.
(B) A responsabilidade pessoal dos sócios de responsabilidade limitada, dos controladores e dos administradores da sociedade falida, estabelecida nas respectivas leis, será apurada no próprio juízo da falência, independentemente da realização do ativo e da prova da sua insuficiência para cobrir o passivo, aplicando-se aos casos de desconsideração da personalidade jurídica.
(C) O deferimento do processamento da recuperação judicial enseja o cancelamento da negativação do nome do devedor nos órgãos de proteção ao crédito e nos tabelionatos de protestos.
(D) A extensão dos efeitos da falência a outras pessoas jurídicas e físicas confere legitimidade à massa falida para figurar nos polos ativo e passivo das ações nas quais figurem os atingidos pela falência.
(E) A decretação da falência ou o deferimento do processamento da recuperação judicial suspende o curso da prescrição e de todas as ações e execuções em face do devedor e dos seus coobrigados.

A: incorreta. Aprovado o plano de recuperação judicial pela assembleia geral de credores, o juiz **deve** conceder o benefício ao devedor (art. 58, *caput*, da Lei 11.101/2005). O juiz poderá contrariar a assembleia apenas no caso previsto no art. 58, § 1º, da mesma Lei, no qual o plano foi votado favoravelmente por duas classes de credores e, no total, teve apoio de representantes da maioria dos créditos; **B:** incorreta. Deverá ser observado o procedimento ordinário previsto no Código de Processo Civil (art. 82 da Lei 11.101/2005); **C:** incorreta. Não há qualquer previsão legal nesse sentido; **D:** correta, nos termos do Enunciado 50 da 1ª Jornada de Direito Comercial do Conselho da Justiça Federal; **E:** incorreta. A suspensão da prescrição e das ações contra o falido não alcança os coobrigados (art. 6º da Lei 11.101/2005).

Gabarito "D".

(Cartório/DF – 2014 – CESPE) A respeito do direito falimentar, assinale a opção correta.

(A) Os registros de direitos reais por título oneroso ou gratuito realizados após a decretação da falência são ineficazes em relação a massa falida, independentemente do momento da prenotação.
(B) Por constituir matéria de interesse privado, a ineficácia dos atos do falido em relação a massa não pode ser declarada de ofício pelo juiz.
(C) O credito da instituição financeira decorrente do adiantamento a contrato de câmbio para exportação e extraconcursal, devendo, portanto, ser pago com precedência sobre os demais créditos contra a massa falida da empresa exportadora.
(D) Por nortear o regime falimentar em vigor, o princípio da preservação da empresa torna obrigatório a todos os credores do devedor o plano de recuperação extrajudicial assinado por credores que representem mais de três quintos de todos os créditos por ele abrangidos.
(E) Não estão sujeitas a recuperação judicial nem a recuperação extrajudicial as sociedades empresárias constituídas sob a forma de sociedade de economia mista ou de empresas públicas.

A: incorreta. A prenotação anterior garante a eficácia do registro de direitos reais em caso de decretação da falência (art. 129, VII, da Lei 11.101/2005); **B:** incorreta. A declaração de ofício pelo juiz está prevista no art. 129, parágrafo único, da Lei 11.101/2005; **C:** incorreta. O crédito decorrente de adiantamento a contrato de câmbio possui um tratamento específico pela Lei de Falências, na medida em que não se submete à recuperação judicial ou extrajudicial e é passível de restituição em dinheiro desde que o prazo total da operação, inclusive eventuais prorrogações, não exceda o previsto nas normas aplicáveis a esse negócio jurídico (art. 86, II, da Lei 11.101/2005). Isso, porém, não faz dele um crédito extraconcursal. Na verdade, trata-se de um reconhecimento de que o valor arrecadado pelo administrador judicial não pertence ao falido e deve, então, ser devolvido antes de começar a pagar os créditos; **D:** incorreta. O plano de recuperação extrajudicial apenas obriga todos os credores se for assinado por representantes de 3/5 de todos os créditos de cada espécie por ele abrangidos e se for homologado pelo juiz (art. 163 da Lei 11.101/2005); **E:** correta, nos termos do art. 2º, I, da Lei 11.101/2005.

Gabarito "E"

(Cartório/DF – 2014 – CESPE) Assinale a opção correta relativamente aos títulos de crédito.

(A) Com o objetivo de proteger a confiança dos credores que adquirirem o título de crédito, a legislação brasileira veda a concessão de aval em data posterior à do vencimento da cártula.

(B) De acordo com a jurisprudência do STJ, o empresário que apresente cheque pós-datado antes da data acordada com o emitente não estará sujeito ao pagamento de indenização por danos morais, devido ao fato de o cheque constituir ordem de pagamento à vista.

(C) O STJ admite que o credor de nota promissória sem força executiva ajuíze, em até dez anos após a data de vencimento do título, ação monitória em face do emitente.

(D) A jurisprudência do STJ admite que, nas cédulas de crédito rural, comercial e industrial, seja pactuada a capitalização de juros.

(E) A abstração é um princípio característico dos títulos de crédito, segundo o qual as diferentes obrigações assumidas no título não são vinculadas, ou seja, são independentes entre si.

A: incorreta. O aval dado posteriormente ao vencimento tem o mesmo valor do anteriormente dado (art. 900 do CC); **B:** incorreta. A Súmula 370 do STJ assevera que a apresentação antecipada de cheque pré-datado caracteriza dano moral; **C:** incorreta. O prazo, segundo a Súmula 504 do STJ, é de cinco anos, contados do dia seguinte ao do vencimento do título; **D:** correta, nos termos da Súmula 93 do STJ; **E:** incorreta. A alternativa enuncia o princípio da autonomia das relações cambiais. A característica da abstração dos títulos de crédito permite que eles circulem de forma desvinculada da obrigação que lhes deu origem.

Gabarito "D"

(Advogado da União/AGU – CESPE – 2012) Julgue os próximos itens, relativos às normas de falência e de recuperação de empresas.

(1) No curso do processo falimentar, é cabível ação revocatória a ser proposta pelo administrador judicial, pelo sócio cotista, por terceiro interessado ou pelo MP, no prazo de cinco anos, contado da decretação da falência, conforme expressa disposição legal.

(2) De acordo com a legislação de regência, o deferimento do processamento da recuperação judicial de sociedade empresária suspende o curso de todas as ações e execuções que tramitem contra o devedor; contudo, em hipótese nenhuma, a suspensão pode exceder o prazo improrrogável de cento e oitenta dias contado do deferimento do processamento da recuperação, restabelecendo-se, após o decurso do prazo, o direito dos credores de iniciar ou continuar suas ações e execuções, independentemente de pronunciamento judicial.

1: incorreta. Nos termos do art. 132 da LF, o prazo para proposição da ação revocatória é de três anos contados da decretação da falência; **2:** correta, nos termos do art. 6º, § 4º, da LF.

Gabarito 1E, 2C

4.2. FALÊNCIA

(Auditor Fiscal - SEFAZ/RS - 2019 - CESPE/CEBRASPE) Nos termos da Lei de Falências, os créditos extraconcursais incluem o(a)

(A) crédito trabalhista no valor de até cem salários mínimos.

(B) crédito com privilégio especial, com direito de retenção atribuído por lei sobre a coisa dada em garantia.

(C) quantia fornecida à massa por um credor.

(D) multa contratual e a pena pecuniária.

(E) crédito subordinado dos sócios e dos administradores sem vínculo empregatício.

Créditos extraconcursais são aqueles constituídos após a decretação da quebra – ou seja, são credores da massa falida e não do falido. Dentre as alternativas, a única que se reveste dessa condição é a letra "C", que deve ser assinalada, nos termos do art. 84, II, da Lei de Falências.

Gabarito "C"

(Juiz de Direito - TJ/BA - 2019 - CESPE/CEBRASPE) De acordo com a legislação pertinente, trabalhador que possua crédito remuneratório trabalhista com uma empresa em falência deverá recebê-lo

(A) logo após o pagamento de créditos com garantia real, sem nenhum limite quanto ao valor do bem gravado.

(B) logo após o pagamento de créditos com garantia real, até o limite do valor do bem gravado.

(C) logo após o crédito tributário, sem nenhum limite de valor.

(D) primeiramente, antes dos demais créditos, no limite de até cento e cinquenta salários-mínimos.

(E) primeiramente, sem nenhum limite de valor.

Nos termos do art. 83, I, da Lei de Falências, os créditos trabalhistas devem ser pagos com preferência sobre todos os demais créditos concursais, até o limite de 150 salários mínimos por trabalhador. HS

Gabarito "D"

Uma sociedade limitada que possuía um único sócio-administrador sofreu várias condenações judiciais para pagamento de dívidas. Na ação de execução de uma dessas dívidas, não pagou, nem depositou os valores que estavam sendo executados, nem nomeou bens à penhora. A pedido de um credor, foi decretada a falência da sociedade.

(Defensor Público - DPE/DF - 2019 - CESPE/CEBRASPE) A partir dessa situação hipotética, julgue os itens que se seguem.

(1) Como efeito da decretação da falência, haverá a inabilitação administradores ou liquidantes, os quais terão os mesmos direitos e, sob as mesmas penas, ficarão sujeitos às obrigações que cabem ao falido.

(2) Infere-se da situação apresentada que o passivo da sociedade é maior que seu ativo, daí a correta decretação da falência.

(3) Se o capital social estiver integralizado, apenas o sócio-administrador responderá pelas obrigações civis da falida, subsidiariamente.

1: incorreta. A responsabilidade do administrador deve ser apurada de forma autônoma, nos termos do art. 82 da Lei de Falências, não decorrendo direta e automaticamente da decretação da quebra; **2:** incorreta. Não é possível afirmar que há insolvência econômica. A sociedade pode ter o ativo maior que o passivo, mas não ter liquidez para pagar as dívidas no vencimento. No caso, conforme o enunciado, a decretação da falência ocorreu não por insolvência econômica (passivo maior que ativo), mas por insolvência jurídica (execução frustrada – art. 94, II, da Lei de Falências); **3:** incorreta. O sócio-administrador não responde pelas obrigações sociais, que ficam a cargo apenas da sociedade. Em relação à responsabilidade civil pelas obrigações da sociedade, não há nenhuma diferença entre os sócios relacionada ao exercício de funções administrativas ou de representação legal. Tanto os sócios diretores, administradores ou liquidantes quanto os que apenas prestaram capital para o negócio respondem pelas obrigações sociais na mesma extensão. Quando se trata de sociedade limitada, se o capital social está inteiramente integralizado, os sócios não têm responsabilidade pelas obrigações sociais, ou seja, seus bens pessoais não são envolvidos, de nenhum modo, no processo falimentar. HS

Gabarito 1E, 2E, 3E

(Juiz – TJ/CE – 2018 – CESPE) Determinada sociedade limitada que decretou falência era composta por seis sócios: o sócio A, único administrador, possuía 50% das quotas; cada um dos demais sócios possuía 10% das quotas.

Com relação ao efeito da decretação da falência nesse caso, assinale a opção correta.

(A) Caso os seis sócios detenham participações em outras sociedades, nenhum deles poderá continuar com essas participações enquanto não reabilitados.
(B) Se o capital social não estiver integralizado, caberá ação de integralização, que gerará responsabilidade solidária dos sócios inadimplentes pelas obrigações sociais da falida.
(C) Se o capital social estiver integralizado, apenas o sócio A responderá pelas obrigações civis da falida, subsidiariamente.
(D) Entre os sócios, somente o A, o administrador, se submete às obrigações processuais impostas à falida pela Lei de Falências e Recuperação de Empresas.
(E) O sócio A sofrerá inabilitação empresarial, porque, entre todos os sócios, é ele que detém a maior participação societária.

A: incorreta. Sócio de sociedade de responsabilidade limitada não é considerado falido (art. 81 da Lei 11.101/2005); **B:** incorreta. Se não integralizado o capital, caberá a todos os sócios, solidariamente, responder pelo valor faltante perante os credores (art. 1.052 do CC); **C:** incorreta. As obrigações da sociedade falida não atingem os sócios, nos termos do comentário à alternativa "A"; **D:** correta. Como responsável pela administração da sociedade falida, é o administrador, sócio ou não, que representa o devedor nos atos falimentares. Vale ressaltar, porém, que ele só poderá ser responsabilizado pessoalmente em caso de descumprimento do dever de diligência (art. 1.011 do CC) ou em caso de crime falimentar (art. 179 da Lei de Falências); **E:** incorreta, conforme comentários anteriores. HS

Gabarito "D".

(Procurador do Estado/SE – 2017 – CESPE) No que se refere ao direito falimentar, é correto afirmar que

(A) o juízo competente para julgar o pedido de falência é o do local do domicílio do credor.
(B) a sentença declaratória é pressuposto material objetivo da falência.
(C) cabe ao juiz analisar se o empresário se encontra em estado de insolvência.
(D) as sociedades cooperativas estão sujeitas à falência.
(E) o sujeito ativo da falência deverá ser, necessariamente, empresário.

A: incorreta. O juízo competente é o do principal estabelecimento do devedor (art. 3º da Lei 11.101/2005); **B:** correta. Somente a partir do trânsito em julgado da sentença declaratória de falência é que se pode considerar falido o devedor; **C:** incorreta. A insolvência de que trata a Lei de Falências é presumida, devendo ser decretada se presentes quaisquer dos pressupostos elencados no art. 94 da Lei 11.101/2005; **D:** incorreta. As cooperativas são expressamente excluídas do regime falimentar (art. 2º, II, da Lei 11.101/2005); **E:** incorreta. Qualquer credor pode pedir a falência do devedor empresário (art. 97, IV, da Lei 11.101/2005). HS

Gabarito "B".

(Procurador Municipal – Prefeitura/BH – CESPE – 2017) Marcos, advogado, prestava serviços advocatícios, sem vínculo empregatício, a determinada sociedade empresária que lhe pagava R$ 10 mil mensais. Tendo ficado sem receber a quantia relativa a um dos meses de prestação de serviços, o advogado tomou conhecimento de que a empresa havia decretado falência. Ainda assim, o administrador judicial decidiu, com a anuência do comitê de credores, pela continuidade do contrato em relação à massa falida, para evitar o aumento do passivo.

Acerca dessa situação hipotética, assinale a opção correta à luz da legislação aplicável.

(A) Após a decretação da falência, o crédito de Marcos é considerado extraconcursal.
(B) A decisão do administrador pela continuidade do contrato deve ser considerada inválida, pois depende de autorização judicial.
(C) O crédito de Marcos anterior à decretação da falência é quirografário.
(D) Como os honorários advocatícios não decorreram de vínculo empregatício, Marcos não poderá habilitar seu crédito.

A: correta. Créditos extraconcursais são aqueles constituídos em face da massa falida, ou seja, surgem após a decretação da quebra (art. 84, V, da Lei 11.101/2005); **B:** incorreta. Cabe ao próprio administrador, ouvido o comitê, decidir pelo cumprimento dos contratos (art. 117 da Lei 11.101/2005); **C:** incorreta. O crédito decorrente de honorários advocatícios possui privilégio geral (art. 24 da Lei 8.906/1994); **D:** incorreta. Todo e qualquer credor deve habilitar seu crédito na falência, o qual será classificado conforme sua origem e incluído no quadro-geral de credores (art. 7º e seguintes da Lei 11.101/2005). HS

Gabarito "A".

(Juiz de Direito/DF – 2016 – CESPE) Acerca de falência, assinale a opção correta.

(A) Segundo a jurisprudência do STJ, os honorários advocatícios, na falência, são créditos quirografários qualquer que seja o seu valor.
(B) O encerramento da falência tem por efeito a extinção de todas as obrigações do falido não satisfeitas no processo.
(C) De acordo com a legislação brasileira, a situação falimentar do empresário se revela quando as dívidas excedem a importância de seu patrimônio.
(D) Um empresário deverá comprovar a regularidade do exercício da atividade empresarial, mediante a apresentação de certidão da junta comercial, para requerer a falência de outro empresário.
(E) O MP terá legitimidade para propor ação para anular atos praticados pelo falido em fraude a credores caso, no prazo de três anos da decretação da falência, os credores ou o administrador não a proponham.

A: incorreta. Para o STJ, como os honorários advocatícios têm natureza alimentar, eles se equiparam aos créditos trabalhistas, inclusive no que toca ao limite de 150 salários mínimos (REsp 1.152.218/RS, julgado pelo rito dos recursos repetitivos); **B:** incorreta. O encerramento da falência se dá com a aprovação do relatório final do administrador judicial e não tem por efeito automático a extinção das obrigações do falido. Esta somente ocorrerá se forem totalmente quitadas, houver sido pago mais de 50% dos créditos quirografários ou pelo decurso do prazo de 5 ou 10 anos, a depender se houve ou não crime falimentar (art. 158 da LF); **C:** incorreta. A alternativa traz o conceito de insolvência contábil. A Lei de Falências se contenta com a insolvência jurídica, caracterizada quando a conduta antijurídica do empresário é suficiente para indicar seu estado de crise econômico-financeira. Tais hipóteses estão previstas no art. 94 da LF; **D:** correta, nos termos do art. 97, §1º, da LF; **E:** incorreta. A legitimidade do MP para propor ação revocatória é concorrente (art. 132 da LF).

Gabarito "D".

(Procurador do Estado – PGE/BA – CESPE – 2014) No que se refere ao direito falimentar, julgue os itens a seguir.

(1) O contrato de concessão para a exploração de serviço público não se rescinde pela falência do concessionário, mas pela reversão que a sucede, pois só então se observa o princípio da continuidade do serviço público.
(2) A lei exclui total e absolutamente do direito falimentar as sociedades de economia mista, as empresas públicas e as câmaras de compensação.
(3) As execuções tributárias não são atraídas pelo juízo universal da falência, ao contrário dos créditos não tributários inscritos na dívida ativa.

1: Errada. Nos termos do art. 35, VI, da Lei 8.987/1995, a falência do concessionário é causa de extinção da concessão. **2:** Certa, por força do disposto no art. 2º, II, da Lei 11.101/2005 e no art. 7º da Lei 10.214/2001. **3:** Errada. Há consenso na doutrina de que deve ser dada interpretação extensiva à expressão "execução fiscal", para abranger também a dívida ativa não tributária, tendo em vista que a Lei de Falências não diferenciou os institutos. HS

Gabarito 1E, 2C, 3E

(Defensoria/DF – 2013 – CESPE) No que se refere à falência, julgue os itens a seguir.

(1) Na falência, os créditos decorrentes de acidentes de trabalho, ao contrário dos créditos trabalhistas, não estão limitados ao valor de cento e cinquenta salários mínimos.
(2) A sociedade seguradora não se submete ao regime falimentar da atual Lei de Falências, de modo que a decretação

da sua falência e inadmitida pelo ordenamento jurídico em vigor.

(3) É aplicável a regulamentação da classificação de créditos da Lei de Falências atual as falências decretadas antes de sua vigência, por ter tal matéria caráter processual e, portanto, ser de aplicação imediata.

1: correta. O limite de 150 salários mínimos a que se refere o art. 83, I, da Lei 11.101/2005 aplica-se somente aos créditos derivados da legislação do trabalho. Aqueles decorrentes de acidente de trabalho serão considerados privilegiados em sua totalidade; 2: incorreta. Conforme leciona Fábio Ulhoa Coelho, o art. 2º da Lei 11.101/2005 trata de hipóteses tanto de exclusão absoluta quanto de exclusão relativa da aplicação da Lei de Falências. No caso de exclusão absoluta, a Lei 11.101/2005 não será aplicada em hipótese alguma – é o que ocorre com as empresas públicas, sociedades de economia mista e as câmaras ou prestadoras de serviço de liquidação financeira. Tratando de exclusão relativa, a Lei de Falências será aplicada em situações determinadas. Se estamos falando de sociedades seguradoras, aplica-se o art. 26 do Decreto-lei 73/1966: "as sociedades seguradoras não poderão requerer concordata e não estão sujeitas à falência, salvo neste último caso, se decretada a liquidação extrajudicial, **o ativo não for suficiente para pagamento de pelo menos metade dos credores quirografários, ou quando houver fundados indícios da ocorrência de crime falimentar**" (grifo nosso); 3: incorreta. O art. 192 da Lei 11.101/2005 afasta sua aplicação às falências decretadas anteriormente à sua vigência.

Gabarito 1C, 2E 3E

(Cartório/ES – 2013 – CESPE) A Lei de Falências e Recuperação Judicial dispõe a respeito dos limites de incidência dos seus efeitos em relação ao tratamento conferido aos credores. Acerca desse assunto, assinale a opção correta.

(A) A decretação da falência acarreta a necessária suspensão de todas as ações e execuções contra o falido bem como a lacração do estabelecimento.

(B) Os créditos derivados da legislação do trabalho, em sua totalidade, são classificados e pagos em primeiro lugar, iniciada a fase do pagamento.

(C) A decretação da falência de sociedade de responsabilidade mista acarreta a falência de todos os seus sócios.

(D) Embora a lei falimentar não abranja as instituições financeiras e as cooperativas de crédito, a falência poderá ser decretada no curso de intervenção ou liquidação extrajudicial, a pedido do interventor ou liquidante.

(E) Os credores trabalhistas e fiscais sujeitam-se aos termos e condições de todos os tipos de recuperação judicial e extrajudicial.

A: incorreta. Não são todas as ações e execuções contra o falido que ficam suspensas. As ações trabalhistas e fiscais (art. 76 da Lei 11.101/2005), bem como as que demandem quantia ilíquida (art. 6º, § 1º, da Lei 11.101/2005) terão prosseguimento em seus foros de origem; B: incorreta. Os créditos trabalhistas somente têm privilégio de pagamento até o montante de 150 salários mínimos por credor (art. 83, I, da Lei 11.101/2005); C: incorreta. A falência alcança somente os sócios ilimitadamente responsáveis (art. 81 da Lei 11.101/2005); D: correta. Trata-se de hipóteses de exclusão relativa do regime jurídico falimentar. Isso significa que a Lei 11.101/2005 não se aplica de imediato, porém regerá o processo de quebra se forem verificadas determinadas condições previstas na legislação própria das instituições financeiras após a decretação de intervenção ou liquidação extrajudicial pelo Banco Central; E: incorreta. A recuperação extrajudicial não pode abranger créditos trabalhistas ou tributários (art. 161, § 1º, da Lei 11.101/2005).

Gabarito "D"

(Cartório/PI – 2013 – CESPE) Assinale a opção correta acerca do processo falimentar.

(A) São ineficazes, perante a massa falida, registros de direitos reais e de transferência de propriedade entre vivos, por título oneroso ou gratuito, ou a averbação relativa a imóveis realizados durante o período suspeito, salvo se tiver havido prenotação anterior.

(B) No caso de alienação da empresa do devedor, na modalidade de alienação em bloco dos seus estabelecimentos, havendo bens cuja transmissão dependa de registro público, o administrador deve obter, antes, autorização judicial para praticar os atos necessários ao registro.

(C) É classificado como crédito com privilegio geral o valor não coberto pela alienação do bem dado em garantia hipotecaria.

(D) Os contratos de locação são considerados resolvidos tão logo seja decretada a falência do locatário.

(E) O patrimônio de afetação, devidamente constituído pela averbação no registro de imóveis, não é arrecadado em caso de falência do incorporador.

A: incorreta. São ineficazes tais atos somente se forem praticados após a decretação da falência (art. 129, VII, da Lei 11.101/2005); B: incorreta. Nos termos do art. 140, § 4º, da Lei 11.101/2005, é título aquisitivo suficiente para registro o mandado judicial respectivo, que é emitido após a alienação promovida pelo administrador judicial; C: incorreta. O valor do crédito que não for satisfeito com a venda do bem dado em garantia real é classificado como quirografário (art. 83, VI, "b", da Lei 11.101/2005); D: incorreta. A falência do locatário somente resolverá o contrato de locação se assim decidir o administrador judicial (art. 119, VII, da Lei 11.101/2005); E: correta, nos termos do art. 31-F da Lei 4.591/1964.

Gabarito "E"

(Magistratura/CE – 2012 – CESPE) No que se refere ao direito falimentar, assinale a opção correta.

(A) A aplicação da técnica da desconsideração da personalidade jurídica com a finalidade de atingir o patrimônio de todos os envolvidos é permitida somente nas hipóteses de fraude cometida com o objetivo de desviar patrimônio de sociedade falida, em prejuízo da massa de credores, por meio de complexas formas societárias e de simulação de solvência da sociedade.

(B) Não será decretada a falência de sociedade anônima depois de liquidado e partilhado seu ativo nem do espólio após um ano da morte do devedor.

(C) A comprovação, por documento hábil do registro público de empresas, de que as atividades empresariais tenham cessado mais de dois anos antes do pedido de falência não impede a sua decretação, prevalecendo contraprova de exercício posterior ao ato registrado.

(D) Em processo falimentar, a desconsideração da personalidade jurídica atinge somente as obrigações contraídas pela sociedade antes da saída dos sócios, ainda que os atos fraudulentos tenham sido a causa do estado de insolvência e esvaziamento patrimonial da falida.

(E) É imprescindível a inscrição do distrato social no registro público de empresas mercantis, ainda que a inatividade da empresa pelo período de um ano, contado do requerimento da falência, seja comprovada por outros meios.

A: incorreta, pois a desconsideração na falência segue a mesma regra geral (CC, art. 50); B: correta, pois nesse caso haverá a prescrição da ação de falência (Lei 11.101/2005, art. 96); C: incorreta, pois nesse caso haverá o impedimento do pedido, prevalecendo, contudo, prova de exercício posterior, na condição de empresário irregular (Lei 11.101/2005, art. 96); D: incorreta, pois a desconsideração beneficiará a totalidade dos credores, afinal, os atos de desvio patrimonial diminuíram a massa de bens que constituída a regular garantia da comunidade de credores, sendo, com isso, gerado prejuízo para a totalidade dos credores; E: incorreta, pois a inatividade que gera a prescrição do pedido de falência é pelo período de 2 anos (Lei 11.101/2005, art. 96, VIII).

Gabarito "B"

(Magistratura/ES – 2011 – CESPE) Com base na teoria geral do processo falimentar, assinale a opção correta.

(A) O empresário excluído absoluta ou relativamente do processo falimentar pode submeter-se à insolvência civil.

(B) As companhias de seguro e as instituições financeiras submetem-se à disciplina do direito falimentar.

(C) A impontualidade injustificada e a execução frustrada, por si sós, não são essenciais para a decretação da falência de uma sociedade empresária.

(D) Deve ser feita por meio da falência a execução concursal do devedor que explore atividade econômica, mesmo sem empresarialidade, e que se encontre desprovido de recursos para pagar as dívidas.

(E) Para que se instaure o processo de execução concursal denominado falência, é imprescindível a sentença declaratória de falência.

A: incorreta, pois os empresários excluídos da falência submetem-se a procedimentos alternativos de insolvência, regulados por legislação própria. Os Bancos, por exemplo, sujeitam-se ao procedimento de liquidação extrajudicial (Lei 6.024/1974); **B:** incorreta, pois da mesma forma que os bancos, sujeitam-se a procedimento alternativo (Lei 11.101/2005, art. 2º e Lei 10.190/2001); **C:** incorreta, pois ambas estão previstas como causas de materialização da insolvência falimentar, ao lado da prática dos atos de falência (Lei 11.101/2005, art. 94); **D:** incorreta, pois a falência somente se aplica ao devedor empresário, como regra específica do Direito Empresarial (Lei 11.101/2005, art. 1º); **E:** correta, pois a fase executória do processo falimentar, caracterizadora da execução concursal, somente se inicia com o reconhecimento judicial dos pressupostos, ou seja, com a sentença de falência (Lei 11.101/2005, art. 99).

Gabarito "E".

(Magistratura/PA – 2012 – CESPE) A respeito de falência e processo falimentar, assinale a opção correta.

(A) Para a instauração do processo de execução concursal denominado falência, prescinde-se de sentença declaratória de falência.

(B) O empresário excluído do processo falimentar pode submeter-se à insolvência civil.

(C) As companhias de seguro estão relativamente excluídas do direito falimentar.

(D) O protesto de título por falta de pagamento não é considerado, por si só, prova de impontualidade.

(E) Ao empresário sem meios de honrar a totalidade de suas obrigações a lei destina um processo diferente de execução concursal: o da insolvência civil.

A: incorreta, pois a sentença é requisito obrigatório para o início da fase da execução concursal propriamente dita (Lei 11.101/2005, art. 99); **B:** incorreta, pois os excluídos, em regra, submetem-se a procedimentos alternativos, como a liquidação extrajudicial, por exemplo; **C:** correta, pois as seguradoras submetem-se ao procedimento de liquidação, conduzido pela SUCEP (Lei 9.656/1998, art. 23 e MP 2.177-44/2001); **D:** incorreta, pois o protesto é o único meio de prova admitido, pela lei de falências, para a impontualidade (Lei 11.101/2005, art. 94); **E:** incorreta, pois o empresário submete-se ao processo falimentar (Lei 11.101/2005, art. 1º).

Gabarito "C".

(Magistratura/PB – 2011 – CESPE) A respeito do processo falimentar, assinale a opção correta.

(A) Durante o prazo legal de defesa no processo falimentar, a sociedade empresária pode apresentar exceções fundadas na ausência dos requisitos para o requerimento de falência ou elidi-la mediante o pagamento do título, não lhe sendo permitido, entretanto, cumular a defesa com o referido pagamento.

(B) Da sentença declaratória da falência é cabível recurso de apelação.

(C) É pressuposto para a declaração da falência que a sociedade empresária tenha passivo maior que o ativo, situação que caracteriza insolvência jurídica.

(D) O credor cujo título não esteja vencido pode requerer a falência da sociedade empresária devedora, desde que fundamente o pedido em ato de falência, impontualidade injustificada ou execução frustrada em relação a título de outro devedor.

(E) Sendo o juízo da falência universal, estabelecida sua competência, ele deverá processar e julgar todas as ações referentes aos bens, interesses e negócios da massa falida, incluindo-se as ações em que a massa falida for autora ou litisconsorte ativa.

A: incorreta, pois não há vedação à apresentação de defesa com a realização do depósito elisivo – art. 98, parágrafo único, da LF; **B:** incorreta, pois da decisão que decreta a falência cabe agravo. A apelação é interposta contra a sentença que julga a improcedência do pedido – art. 100 da LF; **C:** incorreta, pois a decretação de falência decorre da insolvência jurídica, caracterizada pela (i) impontualidade injustificada, (ii) execução frustrada ou (iii) prática de atos de falência – art. 94, I, II e III, da LF; **D:** essa é a alternativa correta, conforme comentário à alternativa anterior e o disposto no art. 97, IV, da LF; **E:** incorreta, pois o juízo da falência não abrange as causas trabalhistas, fiscais e aquelas não reguladas na LF em que o falido figurar como autor ou litisconsorte ativo – art. 76 da LF.

Gabarito "D".

(Defensor Público/ES – 2012 – CESPE) Julgue o item seguinte, relativo ao direito empresarial.

(1) Os atos praticados pelo devedor antes e após a decretação da falência serão anulados por fraude contra credores; logo, a situação de direito volta a ser a existente antes do ato anulado, produzindo o mesmo efeito da nulidade: uma verdadeira desconstituição definitiva do ato.

1: incorreta, pois, nos termos do art. 130 da Lei de Recuperação e Falência – LF (Lei 11.101/2005), são revogáveis (não nulos) os atos praticados com a intenção de prejudicar credores (decorrentes de conluio fraudulento e que impliquem efetivo prejuízo sofrido pela massa). Ademais, caso o ato seja descrito no art. 129 da LF, trata-se de ineficácia perante a massa falida.

Gabarito 1E

(Defensor Público/SE – 2012 – CESPE) Com relação ao direito falimentar, assinale a opção correta.

(A) O comitê de credores, órgão de existência e funcionamento obrigatórios e cuja composição e atribuições são estabelecidas pela lei, conduzirá os atos do processo de falência e de recuperação judicial.

(B) Não será deferido provimento liminar, de caráter cautelar ou antecipatório dos efeitos da tutela, para a suspensão ou adiamento da assembleia geral de credores em razão de pendência de discussão acerca da existência, da quantificação ou da classificação de créditos.

(C) Poderão participar com direito a voto das assembleias de credores, além dos credores, os sócios do devedor, as sociedades coligadas, controladas e controladoras do devedor.

(D) O sistema de recuperação judicial e extrajudicial acarretará a suspensão da prescrição, das ações e execuções existentes, assim como será impeditivo da falência dos credores não sujeitos ao plano de recuperação.

(E) Na hipótese de recuperação judicial, os créditos tributários se sujeitarão ao regime da lei falimentar, e as multas contratuais e penas pecuniárias, uma vez incorporadas ao valor da obrigação, serão submetidas às condições do plano de recuperação que tiver sido aprovado.

A: incorreta, pois o comitê de credores, cuja constituição não é obrigatória (ver arts. 26 e 28 da LF), tem atribuições de fiscalização e acompanhamento do procedimento, nos termos do art. 27 da LF; **B:** correta, pois reflete exatamente o disposto no art. 40 da LF; **C:** incorreta, pois somente credores, evidentemente, tem direito a voto na assembleia de credores – art. 39 da LF; **D:** incorreta, pois a recuperação extrajudicial não implica suspensão de prescrição ou de ações e execuções, nem afasta a possibilidade de pedido de falência pelos credores não sujeitos ao plano – arts. 6º e 161, § 4º, da LF; **E:** incorreta, pois os créditos tributários não são incluídos na recuperação judicial. Pelo contrário, a regularidade fiscal é pressuposto para a recuperação judicial – art. 191-A do CTN.

Gabarito "B".

4.3. RECUPERAÇÃO JUDICIAL E EXTRAJUDICIAL

(Analista Judiciário – STJ – 2018 – CESPE) Diversas modificações foram feitas na Lei de Recuperação Judicial – Lei 11.101/2005 –, entre elas, o fim da sucessão empresarial e a busca pela preservação da empresa. Com referência ao disposto na referida norma e em suas alterações, julgue os itens a seguir.

(1) A regra da impossibilidade de sucessão empresarial também se aplica a empresas que não estejam em crise econômico-financeira.

(2) O trespasse constitui uma das formas de se buscar a preservação da empresa.

(3) Apesar de disposição legal em contrário, a jurisprudência permite que seja ampliado o prazo legal de suspensão das execuções contra o devedor no processo de recuperação judicial.

1: errada. A questão merece críticas, porque são várias as acepções que se pode tomar por "sucessão empresarial". Provavelmente, quis o examinador se referir à possibilidade de alienação de estabelecimento, dada a assertiva seguinte. Empresas que não estejam em crise podem alienar seu patrimônio, inclusive o estabelecimento, e mesmo que tornem-se insolventes após a operação – desde que, nesse último caso, contem com a concordância dos credores (art. 1.145 do CC); **2:** correta, nos termos do art. 50, VII, da Lei 11.101/2005); **3:** correta. Veja, por exemplo, os julgados no AgRg no CC 127.629/MT e RCD no CC 131.894/SP, ambos do STJ. HS

Gabarito 1E, 2C, 3C

(Juiz de Direito/AM – 2016 – CESPE) Considerando que determinado juiz tenha concedido a recuperação judicial a um devedor, após a aprovação do plano de recuperação em assembleia geral de credores, assinale a opção correta.

(A) O juiz é competente para decidir sobre a constrição de bens do devedor, mesmo que não tenham sido abrangidos pelo plano de recuperação da empresa.

(B) As execuções individuais ajuizadas contra o próprio devedor devem ser extintas, diante da novação resultante da concessão da recuperação judicial.

(C) Um dos efeitos da referida decisão judicial é interromper a prescrição de todas as ações e execuções em face do devedor.

(D) Se, decorridos mais de dois anos da referida decisão judicial, o devedor inadimplir obrigação prevista no plano, o juiz deverá convolar a recuperação em falência.

(E) É correto afirmar que o devedor beneficiado pela decisão nunca faliu antes.

A: incorreta, porque contraria a Súmula 480 do STJ: "O juízo da recuperação judicial não é competente para decidir sobre a constrição de bens não abrangidos pelo plano de recuperação da empresa"; **B:** correta. A novação implica perda do objeto das execuções individuais (art. 59 da LF); **C:** incorreta. A prescrição é suspensa, não interrompida, pelo deferimento do processamento da recuperação judicial (art. 6º da LF); **D:** incorreta. A convolação em falência está autorizada somente para o inadimplemento de obrigações previstas no plano até dois anos após o deferimento do benefício (art. 61, §1º, da LF); **E:** incorreta. O falido pode ser beneficiado com recuperação judicial, desde que já esteja reabilitado (art. 48, I, da LF).

Gabarito "B"

(Juiz de Direito/DF – 2016 – CESPE) Acerca da recuperação judicial, assinale a opção correta.

(A) O juiz, mesmo tendo ultrapassado o prazo de dois anos da homologação do plano de recuperação judicial, deve, de ofício, decretar a falência do devedor, caso ele não o cumpra.

(B) A ação de despejo proposta contra empresário que tem deferido o processamento da recuperação judicial deve ser suspensa pelo prazo de cento e oitenta dias.

(C) A execução fiscal, deferido o processamento da recuperação judicial, não se suspende, mas serão da competência do juízo da recuperação os atos de alienação do patrimônio da sociedade.

(D) O MP assumirá a legitimidade para impugnar o plano de recuperação judicial, caso nenhum credor o faça.

(E) Se a assembleia geral de credores rejeitar o plano de recuperação judicial, o juiz deverá determinar o arquivamento do processo, ficando vedado ao devedor fazer novo requerimento pelo prazo de dois anos.

A: incorreta. A convolação em falência está autorizada somente para o inadimplemento de obrigações previstas no plano até dois anos após o deferimento do benefício (art. 61, §1º, da LF); **B:** incorreta. A ação de despejo não se submete à força atrativa do juízo da recuperação e segue seu curso normalmente (STJ, CC 123.116); **C:** correta, nos termos da jurisprudência pacífica do STJ (AgRg no CC 139.250); **D:** incorreta. A legitimidade é exclusiva dos credores (art. 56 da LF); **E:** incorreta. Em caso de rejeição ao plano, deve ser decretada a falência do devedor (art. 56, §4º, da LF).

Gabarito "C"

(Cartório/ES – 2013 – CESPE) Credores empresários que apresentam dificuldades financeiras podem requerer, em juízo, a homologação de plano de recuperação extrajudicial. A respeito desse assunto, assinale a opção correta.

(A) Será deferida a recuperação extrajudicial, desde que 50% deles sejam signatários do plano.

(B) A sentença de homologação do plano de recuperação extrajudicial constitui título executivo judicial.

(C) Na hipótese de não homologação do plano de recuperação extrajudicial, o devedor não poderá apresentar novo pedido.

(D) É vedada, em qualquer circunstância, a inclusão de credor por adiantamento de contrato de câmbio para a exportação no plano de recuperação extrajudicial.

(E) O plano de recuperação extrajudicial que incluir credor proprietário fiduciário de bens móveis ou imóveis deverá conter a descrição dos bens dados em garantia.

A: incorreta. A homologação do plano de recuperação extrajudicial depende da concordância de credores que representem ao menos 3/5 (60%) de todos os créditos de cada espécie abrangidos pelo plano (art. 163 da Lei 11.101/2005); **B:** correta, nos termos do art. 161, § 6º, da Lei 11.101/2005; **C:** incorreta. Pode o devedor apresentar novo pedido de homologação, desde que cumpridas as formalidades que deram causa ao primeiro indeferimento (art. 164, § 8º, da Lei 11.101/2005); **D:** incorreta. O adiantamento de contrato de câmbio somente está excluído da recuperação extrajudicial se o prazo total da operação, inclusive eventuais prorrogações, não exceda o previsto nas normas específicas da autoridade competente (art. 86, II, *in fine*, da Lei 11.101/2005); **E:** incorreta. Não há qualquer obrigação nesse sentido prevista na Lei 11.101/2005.

Gabarito "B"

Texto para as duas questões seguintes. Revenda de Carros Especiais Ltda. atua em todo o país no ramo de compra e venda de carros, sendo especializada em unidades voltadas para portadores de necessidades especiais. A Sociedade empresária não apenas comercializa os veículos alterados, mas também realiza tais adaptações em suas oficinas, se requeridas por terceiros. Entretanto, em razão de várias circunstâncias comerciais, ela se encontra com elevados passivos de natureza tributária, trabalhista e previdenciária, e seus bens mais valiosos sofrem gravame de direito real para garantir empréstimos obtidos em instituições financeiras, levando-a a pedir o benefício da recuperação judicial.

(Magistratura/BA – 2012 – CESPE) De acordo com a legislação que regula a recuperação judicial, a extrajudicial e a falência do empresário e da sociedade empresária, assinale a opção correta.

(A) São estendidos os efeitos da recuperação judicial a todos os créditos existentes na data do pedido, ainda que não vencidos, assim como os do proprietário com contrato de compra e venda com reserva de domínio, para que os bens permaneçam na posse e uso do empresário, a fim de se propiciar a continuidade da atividade empresarial.

(B) Os contratos bilaterais se resolvem pela falência, devendo ser cumpridos pelo administrador judicial para evitar redução ou aumento do passivo da massa falida, ou caso seja necessário à manutenção e à preservação de seus ativos.

(C) Os efeitos do plano de recuperação extrajudicial podem ser estendidos a todos os credores, além dos signatários, desde que seja firmado por mais de três quintos de todos os créditos de cada espécie por ele abrangidos.

(D) Na hipótese da recuperação judicial, exaurido o prazo de cento e oitenta dias, contado da protocolização da ação, os prazos prescricionais são retomados, assim como a possibilidade de prosseguimento ou ajuizamento de medidas individuais por parte dos credores não atingidos pelo plano de recuperação, inclusive com a possibilidade de pleitearem a decretação de falência do empresário.

(E) É admitida a participação na assembleia de credores, para créditos trabalhistas, dos sindicatos de trabalhadores, que deverão apresentar, até quinze dias antes da assembleia, a relação dos associados que pretende representar, devendo o trabalhador que esteja cadastrado em mais de um sindicato esclarecer, com vinte e quatro horas de antecedência, o sindicato que irá representá-lo.

A: incorreta, pois existem determinados créditos que não são atingidos pela recuperação, dentre eles, o indicado na alternativa (Lei 11.101/2005, art. 49, § 3º); **B:** incorreta, pois, como regra, os contratos bilaterais não se resolvem com a falência (Lei 11.101/2005, art. 117); **C:** correta, pois nessa situação temos a imposição judicial do plano, chamada homologação obrigatória (Lei 11.101/2005, art. 163); **D:** incorreta, pois o prazo de 180 dias é contato da data da decisão que defere o processamento da recuperação (Lei 11.101/2005, art. 52); **E:** incorreta, pois os sindicatos têm legitimidade independente de procuração específica, desde que o trabalhador não esteja presente ou devidamente representado (Lei 11.101/2005, art. 37, § 5º).

Gabarito "C".

(Magistratura/CE – 2012 – CESPE) Assinale a opção correta com referência à recuperação judicial.

(A) Cumpridas as exigências legais, prossegue-se no procedimento de recuperação, e, caso não seja apresentada objeção, o juiz concederá a recuperação judicial.

(B) Em sede de recuperação judicial, o juiz deverá deferir o parcelamento dos créditos das fazendas públicas e do INSS, determinando ao registro público de empresas a anotação da recuperação judicial.

(C) As microempresas e as empresas de pequeno porte deverão apresentar plano especial de recuperação judicial abrangendo os créditos quirografários e fiscais e o arrendador mercantil.

(D) O credor que se oponha a plano de recuperação judicial de uma empresa deve, antes de manifestar ao juiz sua objeção, sujeitar sua proposta à aprovação da assembleia geral de credores.

(E) A decisão que conceder a recuperação judicial ao devedor cujo plano não tenha sofrido objeção de credor constituirá título executivo extrajudicial.

A: correta, pois diante da ausência de objeção, não caberá ao juiz analisar eventual oportunidade e conveniência da recuperação, já que os credores, maiores interessados, nada opuseram (Lei 11.101/2005, art. 58); **B:** incorreta, pois o parcelamento dos créditos não será deferido ou concedido pelo juiz da falência, mas sim pela autoridade administrativa competente (Lei 11.101/2005, art. 68); **C:** incorreta, pois no plano especial das ME e EPP somente serão englobados os credores quirografários (Lei 11.101/2005, art. 71); **D:** incorreta, pois a apresentação de oposição, ato de legitimidade de qualquer credor, independente de análise ou anuência da assembleia (Lei 11.101/2005, art. 56); **E:** incorreta, pois a homologação por sentença dá caráter judicial ao título (Lei 11.101/2005, art. 59, § 1º).

Gabarito "A".

(Magistratura/ES – 2011 – CESPE) No que diz respeito à recuperação judicial, assinale a opção correta.

(A) Somente os credores têm legitimidade para convocar a assembleia dos credores, sempre que considerarem conveniente fazê-lo.

(B) Por disposição legal, a assembleia dos credores não é competente para aprovar o plano de recuperação apresentado pela devedora.

(C) Em razão da função social que desempenha, qualquer empresa pode beneficiar-se do processo de recuperação.

(D) Prevê a legislação que a dilação do prazo ou a revisão das condições de pagamento são meios de recuperação da atividade econômica.

(E) A renegociação das obrigações ou do passivo trabalhista, por contrato coletivo do trabalho, em nenhuma hipótese pode resultar em redução de salários dos empregados da sociedade empresária em crise.

A: incorreta, pois a assembleia será convocada pelo juiz, mediante requerimento, em alguns casos de percentual de credores (Lei 11.101/2005, art. 36); **B:** incorreta, pois a assembleia tem como maior de suas funções exatamente a análise e aprovação do plano de recuperação (Lei 11.101/2005, art. 35); **C:** incorreta, pois a recuperação judicial somente poderá ser deferida aos credores empresários que satisfaçam os requisitos previstos na lei (Lei 11.101/2005, art. 48); **D:** correta, pois o plano de recuperação poderá prever qualquer meio ou medida lícita, visando a recuperação da capacidade econômica do empresário, tendo a lei indicada algumas possibilidades, a título exemplificativo (Lei 11.101/2005, art. 50); **E:** incorreta, pois a lei prevê expressamente essa possibilidade, visando dar maior eficácia ao procedimento de recuperação (Lei 11.101/2005, art. 50, VIII).

Gabarito "D".

(Magistratura Federal/1ª Região – 2011 – CESPE) Assinale a opção correta com referência à recuperação judicial especial das microempresas e das empresas de pequeno porte, bem como à classificação dessas empresas.

(A) O plano especial de recuperação pode prever o parcelamento da dívida em até 48 parcelas iguais e sucessivas, corrigidas monetariamente e acrescidas do percentual de 12% ao ano, com carência de duzentos dias, contados da distribuição do pedido de recuperação judicial.

(B) O devedor empresário pode requerer a recuperação especial apenas em face dos credores quirografários, excluindo-se os decorrentes do repasse de verbas oficiais e os credores titulares da posição de proprietário fiduciário de bens móveis ou imóveis, de arrendador mercantil.

(C) No que tange ao procedimento de recuperação, o juiz decretará a falência automaticamente se houver objeção de credores que representem mais de 40% dos créditos quirografários, fundamentados na falta de requisitos legais ou em razões que demonstrem que a crise é insuperável.

(D) São consideradas microempresas as sociedades que exerçam atividades de banco comercial, de investimentos ou de desenvolvimento, ou de seguros privados cuja receita bruta anual seja igual ou inferior a R$ 360.000; as empresas cujo faturamento seja superior a R$ 360.000 até o limite de R$ 3.600.000 são consideradas de pequeno porte.

(E) O pedido de recuperação judicial com base em plano especial acarreta a suspensão do curso da decadência e das ações e execuções por créditos não abrangidos pelo plano.

A: incorreta, pois o parcelamento máximo é de até 36 parcelas, com carência de 180 dias (Lei 11.101/2005, art. 71, II e III); **B:** correta, pois os credores citados na questão são expressamente excluídos dos efeitos da recuperação (Lei 11.101/2005, art. 71, I); **C:** incorreta, pois a rejeição do plano da categoria dos quirografários depende da manifestação de credores representativos de mais da metade do valor total dos créditos presentes à assembleia e, cumulativamente, pela maioria simples dos credores presentes (Lei 11.101/2005, art. 45, § 1º); **D:** incorreta, pois se excluem do conceito de empresa de pequeno porte as instituições financeiras, assim como todas as demais sociedades anônimas (LC 123/2003, art. 3º, § 4º); **E:** incorreta, pois o processamento do pedido não afeta a decadência dos créditos, nem sequer os créditos não abrangidos por ela (Lei 11.101/2005, art. 71, parágrafo único).

Gabarito "B".

4.4. TEMAS COMBINADOS DE DIREITO FALIMENTAR

(Cartório/PI – 2013 – CESPE) Lucas e Jorge são credores de Cavalcante e Irmãos Sociedade Ltda., o primeiro por um cheque no valor equivalente a dez salários mínimos e o segundo, também pelo valor de dez salários mínimos, decorrente de condenação em processo judicial motivada por acidente de trabalho. O cheque foi devolvido por falta de fundos e a decisão judicial não foi cumprida, não tendo sido encontrados bens passíveis de penhora. Lucas e Jorge, em processos separados, pediram a decretação da falência da devedora. Esta fez pedido de recuperação judicial, mas não efetuou o depósito do valor cobrado. O juiz extinguiu, em razão do valor, o processo de Lucas, mas não o de Jorge, e, tendo em vista a falta de depósito elisivo nesse processo, indeferiu o pedido de processamento da recuperação judicial, decretando, então, a falência da devedora, que, ato contínuo, apresentou recurso de agravo de instrumento.

Com referência a essa situação hipotética, assinale a opção correta.

(A) O recurso correto contra a decisão do juiz seria o de apelação, que seria recebido em ambos os efeitos.
(B) O juiz agiu incorretamente ao indeferir, com o fundamento exposto, o processamento do pedido de recuperação judicial.
(C) Mantida a falência, o crédito de Lucas deve ser pago antes dos créditos trabalhistas.
(D) O juiz agiu incorretamente, pois deveria ter determinado a reunião dos dois processos, para que o valor das execuções perfizesse o valor mínimo que autorizaria o pedido de falência.
(E) O juiz, já que não havia litisconsórcio entre Lucas e Jorge, deveria ter extinguido ambos os processos pelo mesmo fundamento.

A: incorreta. Contra a decisão que decreta a falência cabe agravo, nos termos do art. 100, primeira parte, da Lei 11.101/2005; **B:** correta. O processamento do pedido de recuperação judicial não depende de depósito elisivo. O pedido feito dentro do prazo da contestação suspenderá o pedido de falência e será processado nos termos dos arts. 51 e seguintes da Lei 11.101/2005; **C:** incorreta. Lucas é credor quirografário e será pago após os créditos trabalhistas, os decorrentes de acidentes de trabalho, aqueles com garantia real, os tributários, e aqueles com privilégio especial e geral (art. 83 da Lei 11.101/2005); **D:** incorreta. O juiz não pode determinar, de ofício, a reunião dos processos. Caberia aos credores formar o litisconsórcio ativo (art. 94, § 1º, da Lei 11.101/2005); **E:** incorreta. O pedido de Jorge é fundado na execução frustrada (art. 94, II, da Lei 11.101/2005), que não possui limite mínimo para ser formulado.

Gabarito "B"

(Magistratura/PI – 2011 – CESPE) Assinale a opção correta acerca da recuperação judicial, da recuperação extrajudicial, da falência do empresário e da sociedade empresária.

(A) O juízo competente convocará a assembleia geral de credores por edital publicado no órgão oficial e em jornais de grande circulação nas localidades da sede e filiais, com antecedência mínima de quinze dias.
(B) Cabe ao devedor ou à massa falida custear a remuneração dos membros do comitê de credores e do administrador judicial, atendendo às disponibilidades de caixa.
(C) Para requerer a recuperação judicial, o devedor deve exercer atividades há mais de dois anos, não ser falido e não ter obtido a concessão de recuperação judicial há menos de oito anos.
(D) A Lei de Falências não se aplica a empresas financeiras públicas, sociedades cooperativas, sociedades limitadas, sociedades em comum, consórcios, entidades de previdência complementar nem a sociedades seguradoras.
(E) O deferimento do processamento da recuperação judicial interrompe o curso da prescrição e de todas as ações e execuções em face do devedor, salvo aquelas dos credores particulares do sócio solidário.

A: correta, por expressa previsão legal (Lei 11.101/2005, art. 36); **B:** incorreta, pois a remuneração do comitê de credores é encargo dos próprios credores, já que é órgão de interesse dos credores (Lei 11.101/2005, art. 29); **C:** incorreta, pois a lei estabelece como prazo mínimo de não utilização anterior do benefício o período de 5 anos (Lei 11.101/2005, art. 48); **D:** incorreta, pois a lei não se aplica as instituições financeiras públicas ou privadas (Lei 11.101/2005, art. 2º); **E:** incorreta, pois a lei estabelece a suspensão das ações em face do sócio solidário, de maneira expressa (Lei 11.101/2005, art. 6º).

Gabarito "A"

(Magistratura Federal/2ª Região – 2011 – CESPE) Assinale a opção correta com base na Lei 11.101/2005, que regula a recuperação judicial, a extrajudicial e a falência do empresário e da sociedade empresária.

(A) Têm direito de voto na assembleia geral de credores todos os que sejam arrolados no quadro geral, tais como o proprietário fiduciário de bens e o arrendador mercantil; a relação de credores com direito a voto pode ser alterada no decorrer da recuperação judicial ou falência, estabelecendo a lei que as deliberações não serão, em princípio, invalidadas em razão de posterior decisão judicial modificadora da condição de credor.
(B) Como todas as demais decisões, a sentença de falência deve conter o histórico dos fatos invocados pelas partes, a fundamentação e a conclusão, podendo, de plano, fixar o termo legal da falência, que, juridicamente, só passa a existir com a decretação da sentença, sendo a apelação o recurso cabível contra a sentença que julgar improcedente o pedido de falência ou que a decreta.
(C) A ação revocatória, que se encerra com sentença declaratória do vício, produz efeito desde o momento em que se iniciou e, julgado procedente o pedido, os bens devem ser restituídos à massa em espécie, inclusive com seus acessórios, ou pelo valor de mercado, sendo declara a ineficácia ou revogado o ato de cessão dos créditos que tenham passado por operações de securitização.
(D) De acordo com essa lei, os débitos tributários não estão sujeitos à recuperação judicial, ou seja, independentemente do que ficar estabelecido no plano de recuperação, os tributos devidos pelo empresário devem sempre ser quitados de acordo com as normas tributárias, cabendo ao devedor apresentar as certidões negativas de débito tributário.
(E) A referida lei criou colegiado composto por credores, denominado comitê de credores, de existência e funcionamento obrigatórios e cujo objetivo é conduzir o processo de falência e de recuperação judicial, basicamente desempenhando as funções de fiscalização e consultoria.

A: incorreta, pois os credores que não se sujeitam aos efeitos da falência ou recuperação, não participam da assembleia, por evidente falta de interesse (Lei 11.101/2005, art. 49, § 3º); **B:** incorreta, pois o termo legal da falência é definido com a sentença e refere-se a período anterior ao decreto falimentar, para basilar as investigações do administrador judicial (Lei 11.101/2005, art. 99, II); **C:** incorreta, pois na hipótese de securitização de créditos do devedor, não será declarada a ineficácia ou revogado o ato de cessão em prejuízo dos direitos dos portadores de valores mobiliários emitidos pelo securitizador (Lei 11.101/2005, art. 136, § 1º); **D:** correta, pois o credor tributário não se sujeita a qualquer concurso de credores (CTN, art. 186); **E:** incorreta, pois o comitê de credores sempre terá seu funcionamento facultativo, desde que exista o interesse dos credores (Lei 11.101/2005, art. 26).

Gabarito "D"

5. INTERVENÇÃO E LIQUIDAÇÃO EXTRAJUDICIAL

(Cartório/ES – 2013 – CESPE) Decretada a intervenção ou a liquidação extrajudicial, o interventor ou o liquidante comunicara ao registro público competente a indisponibilidade de bens, competindo a este, relativamente a esses bens,

(A) autorizar o registro de transferência de propriedade de veículos automotores.
(B) indeferir o registro de qualquer forma de reorganização societária, inclusive mediante incorporação, fusão ou cisão.
(C) negar o arquivamento de atos ou contratos que importem em transferência de cotas sociais, ações ou partes beneficiárias.
(D) fazer transcrições, inscrições ou averbações de documentos públicos ou particulares de todos os submetidos a restrição imposta pelo Banco Central do Brasil.
(E) processar o registro de transferência de bens de propriedade de pessoa física.

Nos termos do art. 97, parágrafo único, "b", do Decreto 81.402/1978, é vedado ao registrador, uma vez recebida a comunicação de indisponibilidade dos bens emitida pelo liquidante: a) fazer transcrições, inscrições ou averbações de documentos públicos ou particulares (a redação regulamentar termina aqui, portanto está incorreta a letra "D"); b) arquivar atos ou contratos que importem em transferência de cotas sociais, ações ou partes beneficiárias (correta a alternativa "C"); c) realizar os registrar operações e títulos de qualquer natureza; d) processar a transferência da propriedade de veículos automotores (incorreta, portanto, a alternativa "A"). As demais condutas (letras "B" e "E") não constam das vedações expressas.

Gabarito "C"

(Cartório/ES – 2013 – CESPE) No que se refere aos efeitos da intervenção ou liquidação extrajudicial, assinale a opção correta.

(A) Se forem objeto de contrato de alienação, de promessa de compra e venda e de cessão de direito, os bens cujos instrumentos tenham sido levados ao competente registro público anteriormente à data da decretação da intervenção ou da liquidação extrajudicial serão atingidos pela indisponibilidade de bens.

(B) Decretada a intervenção ou a liquidação extrajudicial, o interventor ou o liquidante deverá comunicar ao registro público competente a indisponibilidade de bens, ficando a autoridade competente autorizada, apenas, a fazer transcrições, inscrições ou averbações de documentos públicos ou particulares.

(C) É vedado aos oficiais dos registros de imóveis e demais competentes proceder ao registro de cessão de ativo a terceiros, ou qualquer forma de organização ou reorganização da sociedade para continuação geral ou parcial do negócio ou atividade da liquidanda.

(D) A indisponibilidade de bens na liquidação extrajudicial não impede a alienação de controle, cisão, fusão ou incorporação da instituição submetida aos regimes de intervenção, liquidação extrajudicial ou administração especial temporária.

(E) A decretação da liquidação extrajudicial produzirá, de imediato, a suspensão das ações e execuções iniciadas sobre direitos e interesses relativos ao acervo da entidade liquidanda, não impedindo, no entanto, que quaisquer outras sejam intentadas, enquanto durar a liquidação.

A: incorreta. Tais bens não são alcançados pela indisponibilidade (art. 36, § 4º, da Lei 6.024/1974); **B:** incorreta. A autoridade competente, uma vez recebida a comunicação, ficará impedida de praticar tais atos (art. 38, parágrafo único, "a", da Lei 6.024/1974); **C:** incorreta. Tais atos são autorizados quando destinados a resguardar a economia pública, a poupança privada e a segurança nacional (art. 31 da Lei 6.024/1974); **D:** correta, nos termos do art. 2º, § 3º, da Lei 9.447/1997; **E:** incorreta. Não se poderá intentar quaisquer outas ações enquanto durar a liquidação (art. 18, "a", da Lei 6.024/1974).

Gabarito "D"

6. SISTEMA FINANCEIRO NACIONAL

(Magistratura Federal/1ª Região – 2011 – CESPE) No que concerne ao SFN, estruturado de forma a promover o desenvolvimento equilibrado do país e a servir aos interesses da coletividade, de acordo com a CF e a legislação de regência vigente, assinale a opção correta.

(A) Os recursos financeiros relativos a programas e projetos de caráter nacional e regional, respectivamente de responsabilidade da União e dos estados federados, devem ser depositados em instituições nacionais e regionais de crédito e devem ser por elas aplicados.

(B) As condições para a participação do capital estrangeiro nas instituições financeiras devem atender aos interesses nacionais e aos acordos internacionais.

(C) Na estrutura do SFN não se incluem as cooperativas de crédito.

(D) No tratamento tributário, a instituição a ser incorporada, participante do Programa de Estímulo à Reestruturação e ao Fortalecimento do SFN, deverá contabilizar como perdas os valores dos créditos de difícil recuperação, observadas, para esse fim, as normas fixadas pelo Conselho Monetário Nacional.

(E) As taxas de juros reais, de acordo com as comissões nelas incluídas e quaisquer outras remunerações direta ou indiretamente referidas à concessão de crédito, não poderão ser superiores a 12% ao ano, sendo conceituada como crime de usura a cobrança acima desse limite.

A: incorreta, pois não há mais essa exigência, após revogação dos incisos do art. 192 da CF, pela EC 40/2003; **B:** incorreta, pois a participação de capital estrangeiro nas instituições financeiras, por previsão expressa da CF, deve atender aos interesses do Governo Brasileiro (CF, ADCT, art. 52, parágrafo único); **C:** incorreta, pois as cooperativas de crédito estão expressamente indicadas como parte do Sistema Financeiro Nacional (CF, art. 192); **D:** correta, pois esses valores são despesas dedutíveis para fins de IRPJ, afetando o resultado do exercício, além de existir expressa previsão legal (Lei 9.710/1998, art. 2º, I); **E:** incorreta, pois o limite dos 12% não se aplica ao sistema financeiro (STJ, Súmula 382).

Gabarito "D"

(Magistratura Federal/3ª Região – 2011 – CESPE) Caso pretenda expandir seus negócios, determinado banco comercial que já opera no Brasil poderá agir, sem necessitar de autorização do BACEN, para:

(A) abrir agência no Brasil, se for banco de origem estrangeira.

(B) alterar seus estatutos.

(C) realizar operações de recebimento de depósitos à vista.

(D) realizar operações de câmbio.

(E) abrir agência no exterior, se for banco de origem brasileira.

A Lei 4.595/1964, no seu art. 10 estabelece a competência do Banco Central do Brasil, em diversos artigos. Especificamente, no inciso X, estabelece as hipóteses de necessidade de sua autorização para as atividades das instituições financeiras. Dentre todas as hipóteses, a única que não está elencada, por ser a atividade natural, é a realização de operações de recebimento de depósito à vista. **A**, **B**, **D** e **E**: incorretas, pois todas dependem de autorização do BACEN; **C**: correta, pois tal atividade independe de autorização específica.

Gabarito "C"

7. CONTRATOS EMPRESARIAIS

7.1. ALIENAÇÃO FIDUCIÁRIA

(Defensor Público/ES – 2012 – CESPE) Julgue o item seguinte, relativo ao direito empresarial.

(1) Admite-se a alienação fiduciária de coisa fungível, especialmente de títulos de credito, de valores imobiliários e demais documentos representativos de direitos ou de credito.

1: correta, nos termos do art. 1.361 do CC.

Gabarito 1C

7.2. CONTRATOS BANCÁRIOS E CARTÃO DE CRÉDITO

(Magistratura/CE – 2012 – CESPE) A respeito das transações realizadas com cartão de crédito, assinale a opção correta.

(A) O banco não tem legitimidade para figurar no polo passivo em ação de prestação de contas em que o titular de cartão de crédito pleiteie rever cláusulas de contrato firmado com a administradora do cartão em face da cobrança de encargos excessivos, ainda que evidenciada a existência de conglomerado de empresas.

(B) As empresas administradoras de cartão de crédito são consideradas instituições financeiras e, por essa razão, os juros remuneratórios que cobram são limitados pela Lei de Usura.

(C) Aplica-se a Lei de Usura às operações efetuadas pelos componentes do sistema financeiro nacional.

(D) Caso o titular de cartão de crédito receba mensalmente as respectivas faturas, a lei considera improcedente o ajuizamento de ação com a finalidade de cobrar da administradora do cartão a prestação de contas dos encargos cobrados.

(E) Será infrutífera a ação de cobrança que vise ao recebimento de despesas efetuadas com cartão de crédito, caso o devedor comprove ter o débito se originado de fato fraudulento que, perpetrado por terceiro, caracterize a existência de fato impeditivo ao direito do credor.

A: incorreta, pois nesse caso o Banco e a operadora do cartão ocupam posição de solidariedade em relação ao consumidor (STJ, Súmula 297); **B:** incorreta, pois por serem consideradas instituições financeiras, não se submetem as limitações da lei da usura (STJ, Súmula 283); **C:** incorreta, pois excluída tal aplicação pela jurisprudência (STJ, Súmula 283); **D:** incorreta, pois a fatura apenas indica o valor total dos encargos, sem pormenorizar e explicitar seus cálculos; **E:** correta, pois o ato nulo, praticado pelo terceiro não pode ser imputado ao titular do cartão (Resp 348.343-Sp, j. 14.02.2006).

Gabarito "E"

Veja a seguinte tabela, com as principais súmulas relativas ao direito bancário, para estudo:

Súmulas de Direito Bancário	
Súmula 596/STF	As disposições do Decreto 22.626/1933 [Lei de Usura, que limita a taxa de juros] não se aplicam às taxas de juros e aos outros encargos cobrados nas operações realizadas por instituições públicas ou privadas, que integram o sistema financeiro nacional.
Súmula 382/STJ	A estipulação de juros remuneratórios superiores a 12% ao ano, por si só, não indica abusividade.
Súmula 381/STJ	Nos contratos bancários, é vedado ao julgador conhecer, de ofício, da abusividade das cláusulas.
Súmula 379/STJ	Nos contratos bancários não regidos por legislação específica, os juros moratórios poderão ser convencionados até o limite de 1% ao mês.
Súmula 328/STJ	Na execução contra instituição financeira, é penhorável o numerário disponível, excluídas as reservas bancárias mantidas no Banco Central.
Súmula 322/STJ	Para a repetição de indébito, nos contratos de abertura de crédito em conta-corrente, não se exige a prova do erro.
Súmula 300/STJ	O instrumento de confissão de dívida, ainda que originário de contrato de abertura de crédito, constitui título executivo extrajudicial.
Súmula 299/STJ	É admissível a ação monitória fundada em cheque prescrito.
Súmula 297/STJ	O Código de Defesa do Consumidor é aplicável às instituições financeiras.
Súmula 296/STJ	Os juros remuneratórios, não cumuláveis com a comissão de permanência, são devidos no período de inadimplência, à taxa média de mercado estipulada pelo Banco Central do Brasil, limitada ao percentual contratado.
Súmula 294/STJ	Não é potestativa a cláusula contratual que prevê a comissão de permanência, calculada pela taxa média de mercado apurada pelo Banco Central do Brasil, limitada à taxa do contrato.
Súmula 286/STJ	A renegociação de contrato bancário ou a confissão da dívida não impede a possibilidade de discussão sobre eventuais ilegalidades dos contratos anteriores.
Súmula 285/STJ	Nos contratos bancários posteriores ao Código de Defesa do Consumidor incide a multa moratória nele prevista.
Súmula 283/STJ	As empresas administradoras de cartão de crédito são instituições financeiras e, por isso, os juros remuneratórios por elas cobrados não sofrem as limitações da Lei de Usura.
Súmula 258/STJ	A nota promissória vinculada a contrato de abertura de crédito não goza de autonomia em razão da iliquidez do título que a originou.
Súmula 247/STJ	O contrato de abertura de crédito em conta-corrente, acompanhado do demonstrativo de débito, constitui documento hábil para o ajuizamento da ação monitória.
Súmula 233/STJ	O contrato de abertura de crédito, ainda que acompanhado de extrato da conta-corrente, não é título executivo.
Súmula 30/STJ	A comissão de permanência e a correção monetária são inacumuláveis.

7.3. OUTROS CONTRATOS E QUESTÕES COMBINADAS

(Auditor Fiscal - SEFAZ/RS - 2019 - CESPE/CEBRASPE) Considerando o que dispõe o Código Civil sobre contrato de compra e venda mercantil, assinale a opção correta.

(A) A compra e venda mercantil pura será considerada obrigatória e perfeita somente após a tradição da coisa vendida.
(B) Em contratos dessa natureza, existindo defeito oculto em uma das coisas vendidas conjuntamente, o comprador poderá rejeitar todas as demais.
(C) Os leiloeiros poderão nomear prepostos para comprar, em hasta pública, bens de cuja venda estejam encarregados, desde que, posteriormente, comprovem não ter sido preço vil o valor pago para arrematar.
(D) Não havendo estipulação no contrato, o local da tradição da coisa vendida será o domicílio do comprador ao tempo da venda.
(E) Não existindo cláusula contratual que estipule em contrário, as despesas de escritura e registro ficarão a cargo do comprador, e as despesas de tradição, a cargo do vendedor.

A: incorreta. A compra e venda considera-se perfeita após as partes estarem concordes sobre o objeto e o preço (art. 482 do CC); **B:** incorreta. Nas coisas vendidas conjuntamente, o defeito oculto de uma não autoriza a rejeição de todas (art. 503 do CC); **C:** incorreta, tal prática é proibida pelo art. 497, IV, do CC e eiva o ato de nulidade; **D:** incorreta. No silêncio do contrato, a tradição se dará no local onde a coisa se encontrava no tempo da venda (art. 493 do CC); **E:** correta, nos termos do art. 490 do CC. HS

Gabarito "E"

(Procurador do Estado/SE – 2017 – CESPE) Acerca dos contratos de seguro, é correto afirmar que

(A) a diminuição do risco no curso do contrato de seguro, em regra, acarreta a redução do prêmio estipulado.
(B) o segurador poderá pagar em títulos o prejuízo resultante do risco assumido, hipótese na qual o prêmio será pago em dobro.
(C) a recondução tácita do contrato pelo mesmo prazo, mediante expressa cláusula contratual, só poderá operar uma única vez.

(D) o segurado poderá comunicar à seguradora o sinistro a qualquer tempo.

(E) a mora do segurador no pagamento do sinistro obriga à atualização monetária, mas não aos juros moratórios.

A: incorreta. A redução do prêmio será devida somente em caso de "redução considerável do risco", analisada caso a caso (art. 770 do CC); **B:** incorreta. O segurador é obrigado a pagar o prejuízo em dinheiro ou mediante a reposição da coisa, caso convencionado (art. 776 do CC); **C:** correta, nos termos do art. 774 do CC; **D:** incorreta. O sinistro deve ser informado tão logo dele saiba o segurado (art. 771 do CC); **E:** incorreta. Incidem também juros de mora nesse caso (art. 772 do CC). HS

Gabarito "C"

(Juiz – TRF5 – 2017 – CESPE) A respeito dos contratos empresariais, assinale a opção correta.

(A) No contrato de franquia, o franqueador deve fornecer aos interessados a Circular de Oferta de Franquia contendo, obrigatoriamente, as informações essenciais da operação, conforme a legislação específica, sob pena de anulabilidade do contrato.

(B) No contrato de fomento mercantil, as empresas faturizadoras não são obrigadas a manter sigilo sobre as suas operações ativas e passivas e sobre os serviços prestados.

(C) No contrato de arrendamento mercantil, só pode ter por objeto bem imóvel ou móvel de produção nacional.

(D) No contrato de distribuição, o distribuidor ou agente serão obrigatoriamente remunerados pelos negócios realizados fora do seu espaço, em razão do desrespeito à cláusula de territorialidade.

(E) No contrato de compra e venda mercantil, o vendedor deve transferir o domínio da coisa vendida, mas não se compromete a responder por evicção e por vício redibitório.

A: correta, nos termos do art. 4º da Lei 8.955/1994; **B:** incorreta. As empresas faturizadoras são equiparadas a instituições financeiras no que toca ao sigilo (art. 1º, § 2º, da Lei Complementar 105/2001); **C:** incorreta. Nada obsta a contratação de *leasing* de bem de procedência estrangeira; **D:** incorreta. A cláusula de exclusividade de zona pode ser expressamente afastada no contrato entre as partes (art. 711 do CC); **E:** incorreta. O vendedor é responsável pela evicção e vícios redibitórios (arts. 441 e 447 do CC). HS

Gabarito "A"

(Cartório/PI – 2013 – CESPE) Com relação aos contratos mercantis, assinale a opção correta.

(A) Na falência do representado, as comissões devidas ao representante gozam de privilégio geral sobre os bens, ainda não entregues aos compradores, que tenham sido vendidos com intermediação do representante.

(B) No contrato de franquia, não é essencial a cessão do direito de uso de marca ou patente.

(C) No caso de falência do comprador, é cabível a devolução, ao vendedor, da mercadoria vendida a crédito nos quinze dias anteriores à decretação da falência, contados estes da remessa da mercadoria.

(D) Distingue-se o contrato de concessão mercantil do contrato estimatório pelo fato de o concessionário alienar coisa própria e o outorgado alienar coisa alheia.

(E) O comissário pode exercer o direito de retenção, para o reembolso das despesas feitas e das comissões que lhe sejam devidas, sobre os bens do comitente falido que detenha em razão do contrato de comissão.

A: incorreta. As comissões devidas ao representante são classificadas com o mesmo privilégio dos créditos trabalhistas (art. 44 da Lei 4.886/1965); **B:** incorreta. A essencialidade da cessão de propriedade intelectual está expressa no art. 2º da Lei 8.955/1994 – ela é parte do próprio conceito do contrato de franquia; **C:** incorreta. O prazo de quinze dias aplicável ao pedido de restituição é contado da data da **entrega** da mercadoria (art. 85, parágrafo único, da Lei 11.101/2005); **D:** correta. Também conhecido como "venda em consignação", no contrato estimatório o vendedor fica na posse direta da coisa alheia a ser vendida, sem, contudo, adquirir a propriedade (art. 534 do Código Civil). Já na concessão mercantil, o concessionário adquire a propriedade da mercadoria junto ao concedente para revendê-la; **E:** incorreta. Ainda que previsto no art. 708 do Código Civil, o direito de retenção do comissário não se aplica à massa falida. O administrador judicial deve arrecadar os bens do falido que estejam em poder de terceiro, mencionando essa circunstância no inventário (art. 110, § 2º, III, da Lei 11.101/2005).

Gabarito "D"

(Cartório/RR – 2013 – CESPE) A respeito dos contratos mercantis, assinale a opção correta.

(A) A cláusula especial de retrovenda assegura ao vendedor, nos contratos de compra e venda de bem móvel ou imóvel, o direito de recomprar o bem vendido restituindo o preço recebido e reembolsando as despesas do comprador, inclusive as que, durante o período de resgate, tenham sido feitas com a sua autorização escrita ou para a realização de benfeitorias necessárias.

(B) Em se tratando de contrato de corretagem celebrado entre empresários, o pagamento da comissão não poderá ser condicionado à celebração do negócio previsto no contrato ou à mediação útil ao cliente, mesmo que estipulado entre as partes.

(C) Os direitos titularizados pelo criador de um *software* são tutelados pela legislação de direitos industriais, incumbindo ao Instituto Nacional da Propriedade Industrial o registro dos contratos de transferência de tecnologia, para que produzam efeitos em relação a terceiros.

(D) O contrato de concessão mercantil relativo a veículos automotores de vias terrestres é atípico, sendo as partes livres para estipular as suas cláusulas contratuais, o que configura contrato de distribuição-intermediação.

(E) Em caso de reintegração de posse do bem objeto de arrendamento mercantil celebrado entre empresários, a devolução do valor residual garantido é devida na forma simples, e não em dobro.

A: incorreta. A retrovenda somente pode ser prevista para bens imóveis (art. 505 do CC); **B:** incorreta. Diz o Enunciado 36 da 1ª Jornada de Direito Comercial do Conselho da Justiça Federal: "O pagamento da comissão, no contrato de corretagem celebrado entre empresários, pode ser condicionado à celebração do negócio previsto no contrato ou à mediação útil ao cliente, conforme os entendimentos prévios entre as partes. Na ausência de ajuste ou previsão contratual, o cabimento da comissão deve ser analisado no caso concreto, à luz da boa-fé objetiva e da vedação ao enriquecimento sem causa, sendo devida se o negócio não vier a se concretizar por fato atribuível exclusivamente a uma das partes"; **C:** incorreta. Os direitos reconhecidos ao criador de um *software* são os **direitos de autor,** regidos pela Lei 9.610/1998. Não se concederá patente sobre programas de computador (art. 10 da Lei 9.279/1996); **D:** incorreta. O contrato de concessão mercantil relativo a veículos automotores terrestres é **típico,** devendo seguir o estipulado na Lei 6.729/1979; **E:** correta, nos termos do Enunciado 38 da 1ª Jornada de Direito Comercial do Conselho da Justiça Federal.

Gabarito "E"

(Ministério Público/RR – 2012 – CESPE) Em relação aos contratos mercantis, assinale a opção correta.

(A) O contrato de faturização é consensual, não sendo necessária nenhuma formalidade para ser firmado, senão a própria manifestação das partes; ele pode, inclusive, ser verbal.

(B) Se do contrato de comissão constar a cláusula *del credere*, o comissionário não responderá solidariamente com as pessoas com que houver tratado em nome do comitente.

(C) O contrato-tipo, como o de seguro, é instrumento utilizado por fornecedores de serviços ou produtos destinados a um grande número de pessoas.

(D) O contrato de compra e venda mercantil é comutativo, conhecendo os contratantes, desde o início, exatamente o preço e o bem a ser recebido, razão pela qual não se vislumbra a existência de contrato de compra e venda mercantil aleatório.

(E) As circunstâncias que constituem, de acordo com a lei, motivos justos para a rescisão do contrato de representação comercial são meramente exemplificativas, razão por que as partes podem contratualmente estipular novas cláusulas rescisórias.

A: correta, pois não há forma prevista na lei; **B:** incorreta, pois em caso de presença de tal cláusula, o comissário responderá solidariamente com as pessoas que houver contratado, motivo pelo qual terá comissão mais elevada, em função do maior risco (CC, art. 698); **C:** incorreta, pois o contrato de seguro somente pode ser firmado por pessoas expressamente autorizadas (CC, art. 757); **D:** incorreta, pois há autorização legal para existência de contrato aleatório (CC, art. 483); **E:** incorreta, pois as causas são previstas de maneira taxativa (CC, art. 716 e 717).

Gabarito "A"

(Magistratura Federal/2ª Região – 2011 – CESPE) A respeito dos contratos que os empresários individuais e as sociedades empresárias celebram no exercício diário de suas atividades econômicas, assinale a opção correta.

(A) A Resolução 2.039 do BACEN prevê duas espécies de *leasing*: o financeiro e o operacional, e a doutrina registra, ainda, a modalidade específica denominada *lease back* ou *leasing back*, que se caracteriza pelo fato de o bem já ser da arrendadora, que apenas o aluga ao arrendatário, sem o custo inicial da aquisição.
(B) A Lei 6.729/1979, com as alterações introduzidas pela Lei 8.132/1990, disciplina a concessão comercial que tenha por objeto o comércio de mercadorias, sendo, contudo, atípico o contrato quando a concessão comercial referir-se a veículos automotores.
(C) Embora o Código Civil determine que o objeto da propriedade fiduciária seja necessariamente coisa móvel infungível, existe a possibilidade de contrato de alienação fiduciária no mercado financeiro e de capitais, bem como em garantia de crédito fiscal e previdenciário.
(D) No contrato de compra e venda, a cláusula de reserva de domínio somente surtirá efeitos perante terceiro quando estiver expressamente prevista, sendo possível a aplicação da referida cláusula especial nos contratos cujo objeto seja bem móvel ou imóvel.
(E) O contrato de comissão pode ostentar a cláusula *del credere*, segundo a qual os riscos do negócio cabem ao comitente, já que o comissário, embora atue em nome próprio, o faz no interesse do comitente e à conta dele, de acordo, inclusive, com suas instruções.

A: incorreta, pois no chamado *leasing back*, a arrendadora adquire o bem do arrendatário, alugando-o a ela, na sequência; **B:** incorreta, pois no caso de concessão com veículos automotores, existe expressa previsão e regulamentação legal, sendo o contrato, portanto, típico (Lei 6.729/1979); **C:** correta, pois há expressa previsão legal (Lei 4.728/1965, art. 66-B); **D:** incorreta, pois a venda com reserva de domínio constitui modalidade especial do contrato de compra e venda de coisa móvel, na qual o alienante tem a própria coisa vendida como garantia do recebimento do preço (CC, art. 521); **E:** incorreta, pois a cláusula *del credere* depende de expressa previsão legal e, se prevista, implicará na responsabilidade do comissário solidariamente com as pessoas com quem houver tratado em nome do comitente (CC, art. 698).

Gabarito "C"

8. PROPRIEDADE INDUSTRIAL

Veja a seguinte tabela, com os requisitos de patenteabilidade e de registrabilidade, para estudo e memorização:

Requisitos de patenteabilidade de invenção e modelo de utilidade	
Novidade	não pode estar compreendida no estado da técnica, ou seja, não pode ter sido tornada acessível ao público antes do depósito do pedido de patente – art. 11 da LPI
Atividade inventiva	não pode simplesmente decorrer, para um técnico no assunto, de maneira evidente ou óbvia, do estado da técnica – art. 13 da LPI
Aplicação industrial	deve ser suscetível de aplicação industrial – art. 15 da LPI
Desimpedimento	não é patenteável aquilo que está listado no art. 18 da LPI

Requisitos para registro de desenho industrial	
Novidade	não pode estar compreendido no estado da técnica, ou seja, não pode ter sido tornado acessível ao público antes do depósito do pedido de registro – art. 96 da LPI
Originalidade	dele deve resultar uma configuração visual distintiva, em relação a outros objetos anteriores – art. 97 da LPI
Desimpedimento	não é registrável aquilo que está listado nos arts. 98 e 100 da LPI

Requisitos para registro de marca	
Novidade relativa	não pode ter sido previamente registrada (princípio da novidade) para a classe do produto ou do serviço (princípio da especificidade)
Não violação de marca notoriamente conhecida	não pode violar marca de alto renome ou notoriamente conhecida – arts. 125 e 126 da LPI
Desimpedimento	Não é registrável aquilo que está listado no art. 124 da LPI

(Juiz – TJ/CE – 2018 – CESPE) Marca notoriamente conhecida em seu ramo de atividade goza de proteção

(A) do direito industrial brasileiro, desde que registrada no INPI.
(B) exclusivamente em seu ramo de atuação, independentemente de estar previamente depositada ou registrada no Brasil.
(C) para preservar seu titular de usurpação, não sendo relevante nessa seara a proteção ao consumidor.
(D) em todos os ramos possíveis de atuação, sendo definida em lei como marca de alto renome registrada no Brasil.
(E) em todos os ramos da indústria, independentemente de registro no Brasil.

A marca notoriamente conhecida goza de proteção em todos os países signatários do tratado conhecido como Convenção de Paris para Proteção da Propriedade Intelectual, mas somente em seu ramo de atuação (art. 126 da Lei 9.279/1996). HS

Gabarito "B"

(Procurador do Estado/SE – 2017 – CESPE) É atividade que pode ser considerada invenção e, assim, passível de patenteamento

(A) o desenvolvimento de técnicas e métodos operatórios ou cirúrgicos.
(B) a indicação do genoma ou germoplasma dos seres vivos naturais.
(C) a produção de obras literárias, arquitetônicas, artísticas e científicas.
(D) a formulação de regras de jogo.
(E) a produção de fármacos com a anuência prévia da autoridade sanitária.

As obras do intelecto humano proibidas de serem patenteadas estão elencadas no art. 10 da Lei nº 9.279/1996. Dentre as alternativas, a única que não se encontra no rol de exclusões é a letra "E", que deve ser assinalada. HS

Gabarito "E"

(Cartório/ES – 2013 – CESPE) É suscetível de registro no Instituto Nacional da Propriedade Industrial (INPI)

(A) desenho industrial considerado original e que dele resulte configuração visual distintiva em relação a outros objetos anteriores.
(B) substancia físico-química ou parte de seres vivos.
(C) indicação geográfica constituída por nome geográfico de uso comum designando produto ou serviço.
(D) invenção ou modelo de utilidade de descobertas, teorias científicas e métodos matemáticos.
(E) marca que empregue sinal ou expressão apenas como meio de propaganda.

A: correta, nos termos dos arts. 94 e 97 da Lei 9.279/1996; **B:** incorreta. A uma, porque seria caso de patente de invenção; a duas, porque a patenteabilidade de substâncias físico-químicas e partes de seres vivos é afastada pelo art. 18, II e III, da Lei 9.279/1996; **C:** incorreta. O nome geográfico de uso comum que designa produto ou serviço não é registrável como indicação geográfica (art. 180 da Lei 9.279/1996); **D:** incorreta. A uma, porque invenções e modelos de utilidade são objetos de patente, não de registro; a duas, porque teorias científicas e métodos matemáticos não são patenteáveis (art. 10, I, da Lei 9.279/1996); **E:** incorreta. O art. 124, VII, estabelece que não é registrável como marca o sinal ou expressão empregado apenas como meio de propaganda.

Gabarito "A"

(Cartório/PI – 2013 – CESPE) No que concerne a propriedade industrial, assinale a opção correta.

(A) Não se considera invenção nem modelo de utilidade o programa de computador em si.
(B) A marca de certificação é utilizada para identificar produtos ou serviços de membros de determinada coletividade.
(C) A proteção conferida por lei as invenções, considerada direito emanado da personalidade do inventor, independe de registro junto ao INPI.
(D) Sobrevindo a extinção do registro da propriedade junto ao INPI, eventual processo administrativo que seja instaurado, antes da extinção, com o fim de declarar sua nulidade, deve ser também extinto, cabendo ao interessado o recurso às vias judiciais para a obtenção de indenização.
(E) A partir do registro da marca, o seu titular pode impedir sua utilização em livro cientifico, ainda que tal publicação não tenha conotação comercial.

A: correta, nos termos do art. 10, V, da Lei 9.279/1996; **B:** incorreta. O conceito apresentado é o de marca coletiva (art. 123, III, da Lei 9.279/1996). Marca de certificação é aquela usada para atestar a conformidade de um produto ou serviço com determinadas normas ou especificações técnicas, notadamente quanto à qualidade, natureza, material utilizado e metodologia empregada (art. 123, II, da Lei 9.279/1996); **C:** incorreta. A proteção de invenções, que se dá por meio da concessão de patente, somente se verifica a partir de seu deferimento pelo INPI (art. 6º da Lei 9.279/1996); **D:** incorreta. Nos termos do art. 172 da Lei 9.279/1996, o processo administrativo de nulidade prosseguirá ainda que extinto o registro; **E:** incorreta. Nesse caso, não pode o titular obstar o uso da marca (art. 132, IV, da Lei 9.279/1996).

Gabarito "A"

(Cartório/PI – 2013 – CESPE) Assinale a opção correta a respeito da propriedade industrial.

(A) Para gozar do monopólio da utilização da marca, o proprietário deve obter, no Instituto Nacional de Propriedade Industrial, a concessão de privilégio a ela relativa.
(B) São patenteáveis, como invenção, as teorias científicas.
(C) Constitui violação ao direito conferido pela patente a fabricação, sem autorização, de produto de acordo com patente de processo ou de produto que tiver sido colocado no mercado interno diretamente pelo titular da patente.
(D) É de dez anos o prazo de prescrição da pretensão para se obter indenização em razão da violação de direito de propriedade industrial.
(E) Distingue-se o direito de propriedade industrial do direito do autor pela função do respectivo registro, sendo este constitutivo no primeiro caso e no segundo, não.

A: considerada incorreta pelo gabarito oficial, porém sob nossas críticas. Não encontramos qualquer equívoco na redação da alternativa. Podemos criticar a extensão dos termos "monopólio" e "privilégio", porque é sabido que existem exceções ao direito de propriedade intelectual incidente sobre a marca, mas não se pode tachá-los de incorretos; **B:** incorreta. As teorias científicas estão foram da proteção patentária (art. 10, I, da Lei 9.279/1996); **C:** incorreta. Por força da doutrina da exaustão, considera-se que a colocação no mercado de produto ou processo patenteado diretamente pelo titular permite que outros se valham desse conhecimento (art. 43, IV, da Lei 9.279/1996); **D:** incorreta. O prazo de prescrição nesse caso é de 5 anos (art. 225 da Lei 9.279/1996); **E:** correta. Esse é realmente um dos principais traços distintivos das duas espécies de propriedade intelectual (propriedade industrial e direito de autor). Na primeira, sem a concessão formal do privilégio (patente ou registro), não há proteção da propriedade; no segundo, o registro da obra intelectual é meramente declaratório – mesmo sem ele, pode o autor provar sua condição por qualquer meio.

Gabarito "E"

(Cartório/RR – 2013 – CESPE) Com relação a propriedade industrial e direitos autorais, assinale a opção correta.

(A) Para a proteção dos direitos industriais de um eletrodoméstico, por exemplo, é necessário haver não só registrabilidade, mas também patenteabilidade.
(B) A proteção aos direitos autorais abrange a ideia relacionada à obra, de modo que um artista não pode, por exemplo, pintar um quadro com motivos florais parecidos com os existentes em obra de arte de outro artista.
(C) Os direitos autorais relativos a uma obra de arte garantem sua exploração, com exclusividade, àquele que primeiramente requerer o privilégio.
(D) Um eletrodoméstico com configuração visual inovadora não pode ser considerado obra de arte, para efeitos de proteção de direitos autorais, dadas sua função utilitária e a possibilidade de que seja industrializado.
(E) Tanto o direito autoral quanto o direito industrial efetivam-se com a edição de ato administrativo de natureza constitutiva.

A: considerada incorreta pelo gabarito oficial, a alternativa é extremamente vaga e mereceria ser anulada. Ao falar de "direitos industriais de um eletrodoméstico" podemos estar diante de uma invenção (um eletrodoméstico novo), de um modelo de utilidade (uma evolução de um eletrodoméstico já existente), de um desenho industrial (um novo *design* do eletrodoméstico) ou de marca (aposta no eletrodoméstico para distingui-lo dos demais à disposição no mercado). Se falamos de invenção ou modelo de utilidade, a patenteabilidade é essencial, mas não a registrabilidade. Se falamos de *design* ou marca, basta a segunda e ignora-se a primeira. Se estivermos falando de uma combinação de direitos patenteáveis e registráveis, ambas devem ser observadas; **B:** incorreta. A ideia não está protegida pelo direito autoral, apenas sua exteriorização, que constitui a obra em si (art. 8º, I, da Lei 9.610/1998); **C:** incorreta. Os direitos de autor não decorrem de registro; esse tem natureza meramente declaratória (art. 18 da Lei 9.610/1998); **D:** correta, nos termos do art. 8º, VII, da Lei 9.610/1998. A configuração visual nova, nesse caso, configura desenho industrial, protegido por registro junto ao INPI (art. 95 da Lei 9.279/1996); **E:** incorreta. O direito autoral independe de registro (art. 18 da Lei 9.610/1998); o ato é meramente declaratório. Diferentemente, o direito industrial (patentes e registros) somente se confere com o respectivo ato, aí sim de natureza constitutiva.

Gabarito "D"

(Cartório/DF – 2014 – CESPE) Considerando a proteção conferida na legislação brasileira a propriedade industrial e aos direitos autorais, assinale a opção correta.

(A) Os princípios da especialidade e da territorialidade, aplicáveis a proteção das marcas, são relativizados, respectivamente, nos casos de marcas de alto renome, que obtém proteção em todos os ramos de atividade, e de marcas notoriamente conhecidas, que gozam de proteção independentemente de estarem previamente depositadas ou registradas no Brasil.
(B) E patenteável, como modelo de utilidade, a concepção puramente abstrata da qual possa ser desenvolvido um objeto de uso pratico, suscetível de aplicação industrial, e cuja nova forma acarrete melhoria funcional.

(C) Das decisões adotadas nos vários procedimentos realizados perante o INPI cabe recurso, em última instância administrativa, ao ministro de Estado do Desenvolvimento, Indústria e Comércio Exterior.

(D) Enquanto o registro de um programa de computador e constitutivo do direito de proteção estatal da propriedade intelectual sobre a obra, o registro de um desenho industrial tem caráter meramente declaratório e de publicidade, não causando sua ausência prejuízo ao exercício dos direitos de propriedade sobre o desenho.

(E) Os prazos legais de proteção à propriedade intelectual sobre um programa de computador e a uma patente de invenção são idênticos.

A: correta. O princípio da especialidade determina que a marca somente será protegida em seu ramo de atividade, sendo exceção a marca de alto renome (art., 125 da Lei 9.279/1996). Já o princípio da territorialidade afirma que a proteção conferida pelo registro de marca vigora somente no território do país que o concedeu, sendo exceção a marca notoriamente conhecida (art. 126 da Lei 9.279/1996); **B:** incorreta. Concepções puramente abstratas não são registráveis como modelo de utilidade (art. 10, II, da Lei 9.279/1996); **C:** incorreta. Os recursos serão decididos pelo Presidente do INPI, onde se encerra a instância administrativa (art. 212, § 3º, da Lei 9.279/1996); **D:** incorreta. A afirmação está invertida. Direitos de autor não dependem de registro para serem reconhecidos (art. 18 da Lei 9.610/1998), enquanto o desenho industrial somente será protegido após a concessão do respectivo registro junto ao INPI (art. 94 da Lei 9.279/1996); **E:** incorreta. O programa de computador é protegido pelo direito de autor, que se extingue após 50 anos contados de 1º de janeiro do ano seguinte ao da publicação ou criação do *software* (art. 2º, § 2º, da Lei 9.609/1998). Já a patente de invenção perdura por 20 anos contados do depósito do pedido (art. 40 da Lei 9.279/1996).

Gabarito "A".

(Magistratura/BA – 2012 – CESPE) Segundo a doutrina, os primeiros casos de proteção de direitos datam da segunda metade do século XV, época em que surgiram os processos mecânicos de impressão. Com relação ao direito de propriedade industrial, assinale a opção correta.

(A) Para que o desenho industrial possa ser registrado e para que o seu criador, por consequência, faça jus à exclusividade sobre ele, deve estar presente, entre outros requisitos, a novidade, caracterizada como a configuração visual distintiva em relação a outros objetos.

(B) Modelo de utilidade é o instrumento, utensílio ou objeto destinado ao aperfeiçoamento ou melhoria de invenção preexistente; há certa semelhança entre a invenção propriamente dita e o modelo de utilidade, sendo este dependente daquela, ou seja, o modelo de utilidade tem, como ponto de partida, um objeto já inventado.

(C) No início da discussão a respeito da natureza jurídica da propriedade industrial, alguns doutrinadores qualificaram os direitos do autor e do inventor como simples privilégio concedido pelas leis ao criador da obra ou da invenção; hoje, entretanto, predomina a corrente doutrinária segundo a qual a natureza jurídica é um direito obrigacional, que cria vínculo entre a sociedade e o autor ou inventor.

(D) O registro de uma marca decorre da obediência ao princípio da especialidade, através da proteção do uso em produtos ou serviços similares; quanto à apresentação ou forma da marca, define-se como tridimensional aquela apresentada através de um desenho, colorido ou não, ou até mesmo através de letras ou números, desde que escritos de maneira diferenciada e original.

(E) Compreende-se no estado de técnica a divulgação da invenção, seja pelo inventor, pelo Instituto Nacional de Propriedade Industrial ou por terceiros mediante informações obtidas do inventor, se isso ocorrer nos seis meses que antecederem a data do depósito, denominado, pela doutrina, de período de graça.

A: incorreta, pois a novidade, no desenho industrial, deve ser considerada com aquela não constante do estado da técnica (Lei 9.279/1996, art. 96). **B:** correta, pois o modelo de utilidade nada mais é do que um acréscimo de função em algo já existente, que pode ser, por si só, uma invenção (Lei 9.279/1996, art. 9º); **C:** incorreta, pois pacífico o entendimento de ser direito de propriedade intelectual; **D:** incorreta, pois a marca tridimensional é aquela apresentada como uma forma com altura, largura e profundidade, ou seja, em três dimensões. A mera existência de desenho e cor é chamada de marca mista; **E:** incorreta, pois caso essa divulgação ocorra, considera-se como não constante do estado da técnica, no período de até 12 meses (Lei 9.279/1996, art. 12).

Gabarito "B".

(Magistratura/CE – 2012 – CESPE) A empresa A ajuizou, contra a empresa B, ação ordinária indenizatória por perdas e danos, com o propósito de abstenção do uso da marca comercial Y, alegando ocorrência de prática de concorrência desleal.

Com relação à situação hipotética acima apresentada e ao uso da marca em geral, assinale a opção correta.

(A) Nos termos da interpretação jurisprudencial, a ação para reparação de danos causados pelo uso indevido de marca prescreve em vinte anos.

(B) A declaração de nulidade da marca tem efeitos *ex nunc* no caso de registro deferido em desacordo com a lei.

(C) A reprodução da marca registrada sem autorização do titular é crime de concorrência desleal, podendo o prejudicado ajuizar ação civil indenizatória somente após a decisão criminal condenatória.

(D) De acordo com a jurisprudência, caracteriza-se violação à marca quando a imitação reflete na formação cognitiva do consumidor, que é induzido, por erro, a perceber identidade em dois produtos de fabricações diferentes, presumindo-se sempre prejudicial a quem a lei confere a titularidade o uso indevido de marca alheia.

(E) Em termos legais, o juiz deve determinar a sustação da violação de todas as mercadorias que contenham imitação flagrante da marca registrada.

A: incorreta, pois a ação de reparação de dados prescreve em cinco anos (Lei 9.279/1996, art. 174); **B:** incorreta, pois nesse caso a declaração é *ex tunc,* retroagindo a data do depósito (Lei 9.279/1994, art. 167); **C:** incorreta, pois e eventual apuração do dano independe da configuração de crime (Lei 9.279/1996, art. 207); **D:** correta, pois qualquer utilização que posso confundir o consumidor configura, exatamente, a conduta combatida pela figura da concorrência desleal; **E:** incorreta, pois o juiz poderá determinar tal medida, não sendo medida impositiva (Lei 9.279/1996, art. 209).

Gabarito "D".

(Magistratura/ES – 2011 – CESPE) Acerca da propriedade industrial, assinale a opção correta.

(A) O ato de concessão da patente, documentado pela carta-patente, concede o direito de exploração da invenção.

(B) Ainda que não seja aplicado a um produto, proporcionando resultado visual novo, o conjunto ornamental de linhas e cores é considerado desenho industrial.

(C) O direito brasileiro considera suscetíveis de registro como marca quaisquer sinais sonoros originais e exclusivos.

(D) Como a publicação da invenção não é condição para a concessão da patente, existem produtos patenteados em sigilo.

(E) O modelo de utilidade, denominado pequena invenção, não é bem integrante da propriedade industrial.

A: correta, pios o efeito da patente é a concessão da propriedade do bem, garantindo o direito de exploração com exclusividade (Lei 9.279/1996, art. 42); **B:** incorreta, pois o desenho industrial precisa estar vinculado a um produto (Lei 9.279/1996, art. 95); **C:** incorreta, por vedação legal (Lei 9.279/1996, art. 124); **D:** incorreta, pois a patente depende de publicação. Alguns empresários preferem o segredo industrial, que nada mais é do que o sigilo do processo, que não detém proteção legal mas, conforme a complexidade, poderá perdurar para sempre (Lei 9.279/1996, art. 30); **E:** incorreta, pois é bem elencado na lei (Lei 9.279/1996, art. 2º).

Gabarito "A".

(Magistratura/PA – 2012 – CESPE) A respeito da propriedade industrial e suas peculiaridades, assinale a opção correta.

(A) Se um indivíduo provar, por meio de documentos confiáveis, ter sido ele o primeiro inventor do produto, ele poderá impedir que o titular da patente exerça o direito de exclusividade.
(B) Ao desenho industrial é concedida a patente – documentada pela carta patente –, que corresponde ao direito de exploração com exclusividade.
(C) Modelo de utilidade constitui espécie de aperfeiçoamento da invenção, suscetível de aplicação industrial.
(D) No Brasil, os sinais sonoros originais e exclusivos, por individualizarem produtos e serviços, são, conforme a legislação vigente, suscetíveis de registro como marca.
(E) A publicação da invenção pelo órgão oficial do Instituto Nacional da Propriedade Industrial não constitui condição necessária para a concessão da patente.

A: incorreta, pois o registro tem natureza constitutiva, valendo aquele que primeiro registrou, desde, obviamente, que a invenção anterior não fosse divulgada, o que alteraria o estado da técnica anterior, afastando a novidade (Lei 9.279/1996, art. 8º); **B:** incorreta, pois desenho industrial submete-se a registro, não a patente (Lei 9.279/1996, art. 94); **C:** correta, pelo próprio conceito legal (Lei 9.279/1996, art. 8º); **D:** incorreta, por expressa previsão legal (Lei 9.2791996, art. 124); **E:** incorreta, por expressa previsão legal (Lei 9.279/1996, art. 30).

Gabarito "C"

(Magistratura/PI – 2011 – CESPE) Com referência aos direitos e obrigações relativos à propriedade industrial, assinale a opção correta.

(A) O prazo de vigência da patente de invenção é de dezoito anos, e o relativo à patente de modelo de utilidade, doze anos, sendo admissível prorrogação de ambos os prazos, mediante requerimento do interessado e decisão fundamentada do Instituto Nacional da Propriedade Industrial.
(B) Caso duas pessoas realizem o mesmo modelo de utilidade de forma independente, o direito de obter a patente será assegurado àquela que provar o depósito do pedido mais antigo, independentemente da data da criação.
(C) Denomina-se invenção o objeto de uso prático, suscetível de aplicação industrial e que apresente nova forma ou disposição, envolvendo ato inventivo e que ainda resulte em melhoria funcional no seu uso ou em sua fabricação.
(D) A divulgação de invenção promovida pelo inventor será considerada como estado da técnica, caso ocorra durante os doze meses que precederem a data de depósito ou a da prioridade do pedido de patente.
(E) O pedido de patente deve ser mantido em sigilo durante trinta e seis meses, contados da data de depósito ou da prioridade mais antiga, quando houver, antes de ser publicado na imprensa oficial.

A: incorreta, pois tais prazos são, respectivamente, 20 e 15 anos (Lei 9.279/1996, art. 40); **B:** correta, por expressa previsão legal (Lei 9.279/1996, art. 7º); **C:** incorreta, pois o conceito apresentado refere-se a modelo de utilidade (Lei 9.279/1996, art. 9º); **D:** incorreta, pois nesse caso não se considera como pertencente ao estado da técnica, exatamente para não afastar o requisito da novidade (Lei 9.279/1996, art. 12); **E:** incorreta, pois o sigilo deve ser mantido pelo prazo de 18 meses (Lei 9.279/1996, art. 30).

Gabarito "B"

(Ministério Público/RR – 2012 – CESPE) Acerca da propriedade industrial, assinale a opção correta.

(A) Os recursos decididos pelo presidente do INPI, considerados finais e irrecorríveis na esfera administrativa, encerram essa instância e serão recebidos, após despacho fundamentado, apenas no efeito devolutivo.
(B) O processo de nulidade da patente pode ser instaurado de ofício ou mediante requerimento de qualquer pessoa com legítimo interesse, no prazo de seis meses contados da concessão da patente, e prosseguirá ainda que extinta a patente.
(C) Somente configura crime contra a patente o fato de a violação atingir todas as reivindicações da patente ou se restringir à utilização de meios equivalentes ao objeto da patente.
(D) Cabe recurso ao presidente do INPI contra decisão que determine o arquivamento definitivo de pedido de patente ou de registro, bem como contra a que defira pedido de patente, de certificado de adição ou de registro de marca.
(E) Todos os atos do INPI nos processos administrativos referentes à propriedade industrial produzem efeitos a partir da sua publicação no respectivo órgão oficial.

A: incorreta, pois nos termos da legislação, os recursos administrativos no Instituto Nacional da Propriedade Industrial – INPI tem como última instância a presidência do órgão (Lei 9.279/1996, art. 212, § 3º); **B:** correta, por expressa previsão legal (Lei 9.279/1996, art. 51); **C:** incorreta, pois se configura crime ainda que a violação não atinja todas as reivindicações (Lei 9.279/1996, art. 186); **D:** incorreta, pois há vedação expressa de recurso administrativo nesse caso (Lei 9.279/1996, art. 212, § 2º); **E:** incorreta, pois há previsão de que o prazo somente se inicia no dia seguinte à intimação, feita pela publicação do ato (Lei 9.279/1996, art. 223).

Gabarito "B"

(Defensor Público/TO – 2013 – CESPE) Com relação ao direito de propriedade industrial, assinale a opção correta, considerando que INPI corresponde ao Instituto Nacional da Propriedade Industrial.

(A) A marca de produto ou serviço deve atestar a qualidade de determinado produto ou serviço em conformidade com normas técnicas previamente estabelecidas por institutos próprios, de natureza governamental.
(B) Sendo o INPI uma autarquia federal, a ação em que se discute o pagamento do valor da remuneração pelo uso de patente deve ser proposta perante a justiça federal.
(C) A invenção que atenda aos requisitos da novidade, atividade inventiva e aplicação industrial poderá ser patenteada e a legitimidade para requerê-la ao INPI cabe ao próprio autor, bem como aos seus herdeiros ou sucessores.
(D) Cabe ao INPI conceder patentes de novas técnicas e métodos operatórios ou cirúrgicos, bem como métodos terapêuticos ou de diagnóstico, para aplicação no corpo animal.
(E) Considera-se desenho industrial o objeto de uso prático que, suscetível de aplicação industrial, apresente nova forma ou disposição e envolva ato inventivo que resulte em melhoria funcional.

A: incorreta, pois a marca de produto ou serviço é aquela usada para distinguir produto ou serviço de outro idêntico, semelhante ou afim, de origem diversa – art. 123, I, da Lei de Propriedade Industrial – LPI (Lei 9.279/1996). A assertiva refere-se à *marca de certificação* – art. 123, II, da LPI; **B:** incorreta, pois somente quanto o registro de patente é questionado é que se atrai a competência da Justiça Federal – arts. 57 e 175 da LPI; **C:** correta, nos termos do art. 6º, § 2º, e art. 8º, ambos da LPI; **D:** incorreta, pois não são patenteáveis, conforme o art. 10, VIII, da LPI; **E:** incorreta, pois desenho industrial indica a forma plástica ornamental de um objeto ou o conjunto ornamental de linhas e cores que possa ser aplicado a um produto, proporcionando resultado visual novo e original na sua configuração externa e que possa servir de tipo de fabricação industrial – art. 95 da LPI. A assertiva refere-se ao *modelo de utilidade* – art. 9º da LPI.

Gabarito "C"

(Defensor Público/ES – 2012 – CESPE) Julgue o item seguinte, relativo ao direito empresarial.

(1) São patenteáveis a invenção e o modelo de utilidade, exigindo-se, para a concessão da patente de invenção, o preenchimento de alguns requisitos, entre os quais se inclui o de estar a invenção compreendida no estado da técnica quando do pedido de patente.

1: incorreta, pois a compreensão no estado da técnica desqualifica a invenção ou o modelo de utilidade como novos, o que afasta a patenteabilidade – arts. 8º e 11 da LPI.

Gabarito 1E

(Magistratura Federal/1ª Região – 2011 – CESPE) De acordo com a CF, a lei assegura aos autores de inventos industriais privilégio temporário para sua utilização bem como para a proteção das criações industriais, da propriedade das marcas, dos nomes de empresas e de outros signos distintivos, tendo em vista o interesse social e o desenvolvimento tecnológico e econômico do país. Com relação à proteção da propriedade industrial, considerados o seu interesse social e o desenvolvimento tecnológico e econômico do país, assinale a opção correta.

(A) O titular da marca pode impedir que comerciantes ou distribuidores utilizem sinais distintivos que lhes sejam próprios, juntamente com a marca do produto, para a sua promoção e comercialização.

(B) O titular fica sujeito a ter a patente licenciada compulsoriamente se exercer os direitos dela decorrentes de forma abusiva, ou por meio dela praticar abuso de poder econômico, comprovado nos termos da lei, por decisão administrativa ou judicial.

(C) A patente de modelo de utilidade que envolva descoberta abrange as teorias científicas e métodos matemáticos, vigorando pelo prazo de vinte anos, contados da data de depósito.

(D) A ação de nulidade poderá ser ajuizada a qualquer tempo da vigência da patente, perante a justiça estadual, pelo Instituto Nacional da Propriedade Industrial ou por qualquer pessoa com legítimo interesse.

(E) A patente de invenção deve atender aos requisitos de novidade, atividade inventiva e aplicação industrial e vigorará pelo prazo de quinze anos, contados da data de depósito.

A: incorreta, pois a lei garante ao distribuidor que utilize seus sinais distintivos juntamente com a marca comercializada (Lei 9.279/1996, art. 132, I); **B:** correta, pois se trata da expressa previsão legal (Lei 9.279/1996, art. 68); **C:** incorreta, pois a patente não engloba teorias científicas e métodos matemáticos, por não se enquadrarem no conceito de invenção (Lei 9.279/1996, art. 10, I); **D:** incorreta, pois a ação de nulidade de patente é de competência da Justiça Federal (Lei 9.279/1996, art. 57); **E:** incorreta, pois o prazo de concessão da patente de invenção é de 20 anos (Lei 9.279/1996, art. 40).

Gabarito "B"

(Magistratura Federal/2ª Região – 2011 – CESPE) De acordo com o direito à propriedade industrial ou à propriedade empresarial imaterial, expressão preferida por alguns doutrinadores, assinale a opção correta.

(A) Para que o desenho industrial possa ser registrado e ter seu criador direito de exclusividade sobre ele, devem estar presentes dois requisitos: novidade e originalidade; o registro diz respeito ao desenho industrial e ao modelo de utilidade, enquanto a patente se refere à invenção e à marca.

(B) No direito industrial, diferem a licença e a cessão; a primeira não transfere a propriedade do direito industrial, que continua titulado por quem licencia, sendo esse modelo de contrato, por sua especificidade, disciplinado exclusivamente pelas normas da lei da propriedade industrial.

(C) As licenças compulsórias de patente concedem exclusividade ao licenciado, mas não comportam sublicenciamento, devendo seu pedido ser formulado mediante indicação das condições oferecidas ao titular da patente.

(D) Marca de alto renome é aquela que somente ganha proteção em seu próprio ramo e atividade, ou seja, sua proteção ocorre somente em relação aos produtos ou serviços idênticos ou similares, independentemente de ser previamente depositada ou registrada no Brasil.

(E) A cessão de patente rege-se pelas normas atinentes à cessão de direitos, observadas as disposições específicas da legislação sobre a propriedade industrial; nesse sentido, o cedente responde, perante o cessionário, pela existência do direito industrial à data da cessão.

A: incorreta, pois o registro refere-se a desenho industrial e marca, enquanto patente refere-se à invenção ou modelo de utilidade (Lei 9.279/1996, art. 2º); **B:** incorreta, pois se aplica, a esse contrato, as regras gerais dos contratos; **C:** incorreta, pois a licença compulsória sempre será concedida sem exclusividade (Lei 9.279/1996, art. 72); **D:** incorreta, pois a marca de alto renome tem proteção em todos os ramos (Lei 9.279/1996, art. 125); **E:** correta, pois a cessão é uma espécie de contrato, sendo, com isso, regulado pelas regras gerais dos contratos.

Gabarito "E"

(Magistratura Federal/3ª Região – 2011 – CESPE) André, Bruno e César realizaram uma mesma invenção, respectivamente, nos meses de janeiro, fevereiro e março de 2011. As invenções foram depositadas para registro de patente nos meses de abril, maio e junho de 2011, respectivamente, por Bruno, César e André, tendo sido informada, em cada registro, a data de conclusão da invenção. Os processos administrativos iniciados com o depósito foram concluídos em julho, agosto e setembro de 2011, correspondentemente, para César, André e Bruno. Nessa situação hipotética, a patente deve ser concedida:

(A) a César, cujo processo foi concluído primeiramente.

(B) a André, por ser o primeiro inventor, e a Bruno, por ter sido o primeiro a fazer o depósito.

(C) aos três inventores, porque todos eles depositaram no mesmo ano.

(D) a André, por ter sido o primeiro a inventar.

(E) a Bruno, por ter sido o primeiro a depositar.

A concessão da patente obedece a prioridade decorrente do pedido da patente, valendo com isso, a prioridade obtida por Bruno (Lei 9.279/1996, art. 16).

Gabarito "E"

9. DIREITO DO CONSUMIDOR, CONCORRENCIAL, LEI ANTITRUSTE

(Juiz de Direito/AM – 2016 – CESPE) Acerca da concorrência empresarial, assinale a opção correta.

(A) A concorrência com abuso de poder ocorre mediante violação do segredo de empresa ou mediante publicidade enganosa, ensejando responsabilização administrativa objetiva.

(B) A expressão mercado relevante refere-se à importância econômica da atividade analisada.

(C) Se houver condenação por crime de concorrência desleal genérica, haverá necessariamente condenação à reparação por danos na esfera cível, pelos mesmos fatos.

(D) A concorrência desleal é reprimida nas esferas civil, penal e administrativa.

(E) Constitui crime de concorrência desleal imitar expressão de propaganda alheia, de modo a criar confusão entre os produtos, estando o agente sujeito a pena de detenção.

A: incorreta. A concorrência com abuso de poder é aquela definida no art. 36 da Lei 12.529/2011, constituindo infração à ordem econômica por responsabilidade objetiva, ainda que não se alcance o resultado pretendido. Não se lê entre as hipóteses a violação de segredo ou publicidade enganosa; **B:** incorreta. Define-se mercado relevante como sendo "*um produto ou grupo de produtos e uma área geográfica em que tal(is) produto(s) é(são) produzido(s) ou vendido(s), de forma que uma firma monopolista poderia impor um pequeno, mas significativo e não transitório aumento de preços, sem que com isso os consumidores migrassem para o consumo de outro produto ou comprassem em outra região. Esse é chamado **teste do monopolista hipotético** e o mercado relevante é definido como sendo **o menor mercado possível em que tal critério é satisfeito**.*" ("Cartilha do CADE", disponível em: www.cade.gov.br); **C:** incorreta. A reparação civil depende de processo autônomo movido pelo interessado (art. 207 da Lei 9.279/1996); **D:** incorreta. Concorrência desleal é crime previsto no art. 195 da Lei 9.279/1996 e somente como tal é reprimida. Pode, eventualmente, ser objeto de responsabilidade civil, se comprovados os danos e o nexo de causalidade; **E:** correta, nos termos do art. 195, IV, da Lei 9.279/1996.

Gabarito "E"

(Juiz de Direito/DF – 2016 – CESPE) De acordo com a legislação, acerca das execuções judiciais das decisões do Conselho Administrativo de Defesa Econômica (CADE), assinale a opção correta com base na Lei n.º 12.529/2011, que trata do Sistema Brasileiro de Defesa da Concorrência.

(A) A atribuição de efeito suspensivo aos embargos à execução depende da garantia do juízo.

(B) A decisão do plenário do Tribunal Administrativo de Defesa Econômica, cominando multa ou impondo obrigação de fazer ou não fazer, não constitui título executivo.

(C) É vedada como medida executiva, a intervenção judicial na administração da empresa.

(D) Os processos de execução em juízo das decisões do CADE tramitarão com preferência sobre as demais espécies de ação do juízo, inclusive sobre os *habeas corpus* e mandados de segurança.

(E) A execução que tenha por objeto exclusivamente a cobrança de multa pecuniária deverá seguir rito próprio previsto na lei, não podendo tramitar com base no rito previsto na Lei de Execuções Fiscais.

A: correta, nos termos do art. 98 da Lei 12.529/2011; **B:** incorreta. A natureza de título executivo é conferida pelo art. 93 da Lei 12.529/2011; **C:** incorreta. A intervenção judicial está prevista no art. 96 da Lei 12.529/2011; **D:** incorreta. A preferência não se estende sobre os remédios constitucionais citados (art. 101 da Lei 12.529/2011); **E:** incorreta. O art. 94 da Lei 12.529/2011 determina a utilização do rito da Lei de Execuções Fiscais para esses casos.

Gabarito "A".

(Magistratura/PB – 2011 – CESPE) De acordo com a sistemática adotada no CDC em relação à responsabilidade do fornecedor, assinale a opção correta.

(A) O comerciante responde solidariamente pelo fato do produto juntamente com o fabricante, ainda que este possa ser identificado pelo consumidor.

(B) O produto será considerado defeituoso, ensejando-se a responsabilidade do fornecedor, pelo fato de produto equivalente, porém de melhor qualidade, ter sido colocado no mercado.

(C) No que concerne a vício do produto, a responsabilidade do fornecedor, em regra, não ultrapassa o limite do valor do próprio produto ou serviço, não se impondo tal limitação em caso de responsabilidade pelo fato do produto.

(D) Os profissionais liberais equiparam-se aos fornecedores para efeito de responsabilidade pelos serviços prestados.

(E) Em razão da responsabilidade objetiva, o fornecedor responde pelo dano causado pelo uso do produto, ainda que a culpa seja de terceiro.

A: incorreta, pois a responsabilidade do comerciante, nos termos do art. 13, I, do Código de Defesa do Consumidor – CDC (Lei 8.078/1990) ocorre se o fabricante, o construtor, o produtor ou o importador *não* puderem ser identificados; **B:** incorreta, pois o produto não é considerado defeituoso pelo fato de outro de melhor qualidade ter sido colocado no mercado – art. 12, § 2º, do CDC; **C:** essa é a alternativa correta, conforme os arts. 14 e 18 do CDC; **D:** incorreta, pois, diferentemente, a responsabilidade pessoal dos profissionais liberais será apurada mediante a verificação de culpa – art. 14, § 4º, do CDC; **E:** incorreta, pois o fornecedor não responde pelo dano se comprovar a culpa exclusiva do consumidor ou de terceiro – art. 12, § 3º, III, do CDC.

Gabarito "C".

10. TEMAS COMBINADOS E OUTROS TEMAS

Determinada sociedade empresária, enquadrada como empresa de pequeno porte e optante pelo Simples Nacional, instituiu representante legal para solicitar ao órgão competente o registro e o arquivamento da sua última alteração do contrato social consolidada. Na oportunidade, a sociedade não anexou à documentação a ser apresentada à junta comercial a certidão negativa de débitos (CND) relativa aos tributos federais e à dívida ativa da União, administrados pela Secretaria da Receita Federal do Brasil (SRF) e pela Procuradoria-Geral da Fazenda Nacional (PGFN).

(Delegado - PC/SE - 2018 - CESPE/CEBRASPE) Com referência a essa situação hipotética, julgue os itens que se seguem.

(1) O pedido de registro e arquivamento deverá ser rejeitado: é necessário provar, quando da protocolização do requerimento, a inexistência de lançamentos de débitos tributários da empresa junto à PGFN.

(2) Embora a ausência da CND/SRF não impeça o registro da alteração do contrato social, essa certidão atribui efeito suspensivo ao pedido de arquivamento.

1: incorreta. O art. 9º da Lei Complementar 123/2006 dispensa a apresentação de CND para registro de microempresas e empresas de pequeno porte; **2:** incorreta. Não há qualquer previsão legal nesse sentido.

Gabarito 1E, 2E

Determinada sociedade por quotas de responsabilidade limitada compra peças de uma sociedade em comum e as utiliza na montagem do produto que revende.

(Delegado - PC/SE - 2018 - CESPE/CEBRASPE) Considerando essa situação, julgue os itens a seguir, com base no Código de Defesa do Consumidor (CDC) e nas normas de direito civil e empresarial.

(1) A sociedade que vende as peças funciona sem registro na junta comercial e, assim, seus sócios responderão ilimitadamente pelas obrigações sociais.

(2) O contrato social da sociedade limitada pode prever regência supletiva pelas normas das sociedades anônimas, mas, se não o fizer, serão aplicadas as regras das sociedades simples no caso de omissões de normas específicas da sociedade limitada.

1: correta, nos termos do art. 990 do CC; **2:** correta, nos termos do art. 1.053 do CC.

Gabarito 1C, 2C

(Delegado Federal – 2018 – CESPE) Julgue os itens seguintes, relativos a institutos complementares do direito empresarial, teoria geral dos títulos de crédito, responsabilidade dos sócios, falência e recuperação empresarial.

(1) Os livros comerciais, os títulos ao portador e os transmissíveis por endosso equiparam-se, para fins penais, a documento público, sendo a sua falsificação tipificada como crime.

(2) O condenado por crime falimentar fica impedido de atuar como empresário individual ou mesmo de ser sócio em sociedade limitada, ainda que não exerça função de gerência ou de administração.

(3) A sentença que decreta a falência ou concede a recuperação judicial é condição objetiva de punibilidade das infrações penais previstas na Lei de Recuperação de Empresas.

1: correta, nos termos do art. 297, § 2º, do Código Penal; **2:** errada. Nada impede que a pessoa condenada por crime falimentar seja sócia de pessoa jurídica. O que lhe é impedido é ter poderes de administração (art. 1.011, § 1º, do CC); **3:** correta, nos termos do art. 180 da Lei de Falências.

Gabarito 1C, 2E, 3C

(Defensor Público/PE – 2018 – CESPE) Em uma ação de execução, determinou-se a penhora das quotas sociais de um sócio devedor integrante de uma sociedade empresária composta por três sócios, em benefício de um credor, que não era sócio da referida empresa.

De acordo com a legislação pertinente, nessa situação hipotética, após a penhora das quotas sociais,

(A) o juiz deverá determinar o oferecimento das quotas sociais para os demais sócios, para que exerçam seu direito de preferência.

(B) o juiz fixará sobre o faturamento social da empresa percentual proporcional às quotas penhoradas, com vistas à satisfação do crédito perseguido.

(C) a sociedade deverá indicar administrador depositário que apresente o plano de administração.

(D) a sociedade, para evitar a liquidação dessas quotas, poderá adquiri-las e mantê-las em tesouraria.

(E) o sócio devedor deverá apresentar balanço especial da empresa.

Nos termos do art. 862 do Código de Processo Civil, é caso de nomeação de administrador-depositário, que apresentará seu plano de administração no prazo de 10 (dez) dias. HS

Gabarito "C"

(Defensor Público/AL – 2017 – CESPE) O tratamento jurídico diferenciado concedido às sociedades empresárias enquadradas como microempresas e empresas de pequeno porte pode ser exercido por pessoa jurídica

(A) constituída sob a forma de cooperativa de consumo.

(B) de cujo capital participe outra pessoa jurídica.

(C) com sede no exterior.

(D) constituída sob a forma de sociedade por ações.

(E) que exerça atividade de banco de investimento.

A: correta. As cooperativas de consumo são exceção à proibição de que cooperativas não podem aderir ao SIMPLES (art. 3º, § 4º, VI, da Lei Complementar 123/2006); **B, C, D** e **E:** incorretas. Todas elas são exemplos de proibições de ingresso no SIMPLES (art. 3º, § 4º, incisos I, II, X e VIII, respectivamente, da Lei Complementar 123/2006). HS

Gabarito "A"

(Procurador do Estado/AM – 2016 – CESPE) No que concerne ao direito empresarial em sentido amplo, julgue os itens a seguir.

(1) A promoção prévia de protesto válido do título é condição para que o credor de título de crédito válido mova uma ação de execução contra o devedor principal.

(2) Pessoa física pode exercer a atividade como empresário individual, que é a figura jurídica normatizada como sociedade individual de responsabilidade limitada.

(3) Dado o princípio constitucional de livre iniciativa, é permitido ao empresário iniciar suas atividades comerciais concomitantemente com o pedido de sua inscrição no registro público de empresas mercantis.

(4) A doutrina relativa ao direito cambiário trata do princípio da abstração, um subprincípio derivado do princípio da autonomia, que destaca a ligação entre o título de crédito e o fato jurídico que deu origem à obrigação que ele representa.

(5) Se um título com prazo de vencimento definido não for tempestivamente pago, o credor poderá mover ação de execução; todavia, verificada alguma nulidade, o juiz pronunciará nula, de ofício ou a requerimento da parte, a execução.

1: incorreta. O protesto apenas é obrigatório para se promover ação cambial contra os coobrigados. Para executar o devedor principal, o protesto é facultativo (arts. 44 e 53 da Lei Uniforme de Genebra); **2:** incorreta. Empresário individual é diferente de empresa individual de responsabilidade limitada (e não "sociedade individual"): o primeiro não detém personalidade jurídica, ele atua em seu próprio nome (pessoa física), ao passo que a segunda é espécie de pessoa jurídica constituída por um único titular (arts. 44, VI, e 980-A do CC); **3:** incorreta. O registro da atividade no Registro Público de Empresas Mercantis (a cargo das Juntas Comerciais dos Estados) deve ser prévio ao início da atividade (art. 967 do CC); **4:** dada como correta no gabarito oficial, com o que não concordamos. A abstração do título de crédito é justamente o atributo que o desvincula do negócio jurídico que o originou. Nas palavras de Waldo Fazzio Jr. (Manual de Direito Empresarial, 10ª ed., Ed. Atlas, p. 321), "abstração é desconexão ensejadora de circulação sob regras próprias. Como tal, instrumentaliza a negociabilidade"; 5: correta. Nulo o título, será extinta a execução (art. 803 do CPC).

Gabarito 1E, 2E, 3E, 4C, 5C

(Procurador do Estado/AM – 2016 – CESPE) Ainda com relação ao direito empresarial em sentido amplo, julgue os itens que se seguem.

(1) Se a falência for decretada por sentença em processo de falência, todos os bens do falido tornar-se-ão indisponíveis, mesmo aqueles que façam parte das atividades normais do devedor, se autorizada a continuação provisória destas.

(2) Aberto um processo de falência, as ações em que se demande quantia ilíquida contra o falido permanecerão sendo processadas no juízo original da ação.

(3) Caso, em decisão com trânsito em julgado, o réu tenha sido condenado ao pagamento de determinado valor ao autor, a sentença poderá ser objeto de protesto, se, no prazo legal, o réu não realizar o pagamento.

(4) Sociedade empresária poderá ser registrada tanto nos órgãos de registro de comércio quanto nos cartórios de títulos, devendo a sociedade simples ser obrigatoriamente registrada em cartório de registro de pessoas jurídicas.

1: incorreta. Se a venda dos bens fizer parte das atividades normais do falido e for autorizada a continuação provisória, não incidirá sobre eles a indisponibilidade (art. 99, VI, da LF); **2:** correta, nos termos do art. 6º, §1º, da LF; **3:** correta, nos termos do art. 517 do CPC; **4:** incorreta. O registro da sociedade empresária é feito obrigatoriamente no Registro Público de Empresas Mercantis, a cargo das Juntas Comerciais dos Estados (art. 967 do CC).

Gabarito 1E, 2C, 3C, 4E

(Advogado União – AGU – CESPE – 2015) Julgue os itens a seguir com base no entendimento atual do STJ acerca de direito empresarial.

(1) O imóvel no qual se localize o estabelecimento da empresa é impenhorável, inclusive por dívidas fiscais.

(2) A novação decorrente da concessão da recuperação judicial após aprovado o plano em assembleia enseja a suspensão das execuções individuais ajuizadas contra a própria devedora.

1: Errada. Segundo definiu o STJ em sede de recurso repetitivo, *a penhora de imóvel no qual se localiza o estabelecimento da empresa é, excepcionalmente, permitida, quando inexistentes outros bens passíveis de penhora e desde que não seja servil à residência da família.* (REsp 1114767/RS, Rel. Ministro Luiz Fux, Corte Especial, julgado em 02/12/2009, DJe 04/02/2010). **2:** Errada. A novação, além de depender também da homologação judicial do plano de recuperação já aprovado em assembleia, gera a extinção, e não a mera suspensão, das execuções individuais (STJ, REsp 1.272.697/DF). HS

Gabarito 1E, 2E

(Cartório/PI – 2013 – CESPE) A respeito do protesto de título cambial, assinale a opção correta.

(A) É cabível o protesto de certidões de dívida ativa da União, estados e municípios.

(B) É cabível o cancelamento do protesto pelo pagamento do título, mediante a apresentação, pelo devedor, no cartório de protestos, de cópias reprográficas dos títulos protestados, desde que devidamente autenticadas.

(C) A intimação de pessoa física para o apontamento de protesto deve ser feita por edital se, tendo sido ela remetida com aviso de recebimento para o endereço do devedor, outra pessoa o tiver assinado.

(D) Cabe a sustação do protesto após a efetivação deste, por causa diversa do pagamento.

(E) Entre os efeitos do protesto cambiário inclui-se a suspensão da prescrição.

A: correta, nos termos do art. 1º, parágrafo único, da Lei 9.492/1997; **B:** incorreta. Deve ser apresentado o documento original, que poderá ser substituído somente por declaração de anuência do credor com identificação e firma reconhecida (art. 26, *caput* e § 1º, da Lei 9.492/1997); **C:** incorreta. Nos termos do art. 15 da Lei 9.492/1997, a intimação por edital será feita somente se o devedor for desconhecido, sua localização for incerta ou ignorada, for residente ou domiciliado fora da competência territorial do Tabelionato de Protestos ou se **ninguém** se dispuser a receber a intimação no endereço fornecido; **D:** incorreta. Após a efetivação do protesto, não há de se falar em sustação (art. 16 da Lei 9.492/1997), mas em cancelamento (art. 26 da Lei 9.492/1997); **E:** incorreta. O protesto cambial **interrompe** a prescrição (art. 202, III, do Código Civil).

Gabarito "A"

(Cartório/DF – 2014 – CESPE) A respeito do Estatuto Nacional da Microempresa e da Empresa de Pequeno Porte, assinale a opção correta.

(A) As microempresas e as empresas de pequeno porte são definidas em função da receita bruta auferida em cada ano-calendário: as primeiras, as que auferem receita bruta até R$ 360.000,00; as últimas, as que auferem receita bruta superior a R$ 360.000,00 e igual ou inferior a R$ 3.600.000,00, podendo tais valores ser alterados pelo Poder Executivo, mediante decreto do presidente da República.

(B) A sociedade que inicie suas atividades como microempresa e exceda, no ano-calendário, o limite de receita bruta previsto no estatuto para as microempresas passará a condição de empresa de pequeno porte a partir do mês subsequente ao da ocorrência do excesso.

(C) A empresa individual de responsabilidade limitada que inicie suas atividades como microempresa em agosto de 2013 e, em setembro de 2015, se transforme em sociedade por ações perderá, a partir de janeiro de 2016, o direito ao tratamento jurídico diferenciado, previsto no estatuto, bem como ao SIMPLES Nacional.

(D) A pessoa jurídica que participar do capital de outra pessoa jurídica não poderá beneficiar-se do tratamento jurídico diferenciado previsto no estatuto, a menos que, entre outras hipóteses, essa participação ocorra no capital de cooperativa de credito, ou de outras sociedades ou associações cujo objetivo social seja a defesa exclusiva dos interesses econômicos das microempresas e empresas de pequeno porte.

(E) Esse diploma legal, que estabelece importantes medidas de incentivo a essas empresas, tais como os regimes favorecidos e simplificados de arrecadação de impostos e contribuições da União, dos estados e dos municípios, de cumprimento de obrigações trabalhistas e previdenciárias e de acesso a credito e ao mercado, não trata da simplificação ou desoneração do registro dessas empresas perante os órgãos públicos competentes.

A: incorreta. Não há autorização para alteração desses limites para o Presidente da República (art. 3º da Lei Complementar 123/2006); **B:** incorreta. A alteração ocorrerá somente no ano-calendário seguinte (art. 3º, § 7º, da Lei Complementar 123/2006); **C:** incorreta. A perda dos benefícios concedidos às microempresas e empresas de pequeno porte ocorrerá imediatamente, porquanto as sociedades por ações estão proibidas de usufruir do tratamento diferenciado dispensado pela lei (art. 3º, § 4º, X, da Lei Complementar 123/2006); **D:** correta, nos termos do art. 3º, § 5º, da Lei Complementar 123/2006; **E:** incorreta. A simplificação do registro é tema tratado nos arts. 8º a 11 da Lei Complementar 123/2006.

Gabarito "D"

(Cartório/DF – 2014 – CESPE) Acerca do direito de empresa, assinale a opção correta.

(A) São efeitos jurídicos da recuperação judicial da sociedade empresária a sujeição de todos os créditos existentes na data do pedido, mesmo as não vencidas, e os créditos com garantia fiduciária de móveis ou imóveis e de arrendador mercantil.

(B) Na ordem civil vigente, admite-se o exercício de atividade empresarial pelo absoluta ou relativamente incapaz, mediante representação ou assistência, para preservar a continuidade da empresa, antes por ele exercida, quanto capaz, ou por seus pais, de quem se tenha tornado sucessor por ato inter vivos ou sucessão *causa mortis*, desde que haja autorização judicial.

(C) O empresário individual ou singular deve estar legalmente autorizado a exercer a atividade econômica organizada para a produção e circulação de bens e(ou) serviços, todavia a ausência de inscrição no registro público de empresas mercantis da respectiva sede não descaracteriza a regularidade da atividade empresarial.

(D) A sociedade não personificada, na qualidade de sociedade em comum ou sociedade em conta de participação, embora destituída do caráter de pessoa jurídica de direito privado, não possui capacidade processual para mover ações, como autor, e figurar no polo passivo, tampouco requerer a falência de seu credor.

(E) A ausência de registro da sociedade empresária acarreta o impedimento para o exercício regular da atividade econômica empresarial, restrições legais e administrativas, processuais e mercantis, não se sujeitando, contudo, à responsabilidade ilimitada e subsidiária pelas obrigações assumidas.

A: incorreta. Não são todos os créditos que se sujeitam à recuperação judicial. Créditos decorrentes de alienação fiduciária, arrendamento mercantil, promessa de compra e venda com cláusula de irrevogabilidade, irretratabilidade ou reserva de domínio não se sujeitam ao favor legal (art. 49, § 3º, da Lei 11.101/2005); **B:** correta, nos termos do art. 974 do CC; **C:** incorreta. A ausência de inscrição na Junta Comercial torna irregular o exercício da atividade empresária, dado que se trata de formalidade obrigatória (art. 967 do CC); **D:** incorreta. A sociedade em comum, muito embora não detenham personalidade jurídica, ainda assim possuem capacidade processual, da mesma forma que ocorre com outros entes despersonalizados (como o condomínio e o espólio). A sociedade em conta de participação, por sua vez, tem natureza secreta – sua constituição pressupõe que os sócios não querem divulgar a existência da sociedade. Portanto, não faz sentido imaginá-la como parte processual; **E:** incorreta. Um dos efeitos da ausência de registro da sociedade empresária é justamente a responsabilidade ilimitada e subsidiária pelas obrigações sociais, não contando com o benefício de ordem o sócio que contratou pela sociedade (art. 990 do CC). Vale destacar que a responsabilidade dos sócios, exceto a daquele que contratou, é subsidiária em relação à sociedade (penhoram-se primeiro os bens sociais) e solidária entre os sócios (esgotados os bens sociais, todos os sócios são chamados a pagar, indistintamente, toda a dívida restante).

Gabarito "B"

(Cartório/DF – 2014 – CESPE) Com base nos aspectos gerais do direito de empresa, assinale a opção correta.

(A) O arquivamento dos atos constitutivos da firma individual ou da sociedade na junta comercial tem efeito constitutivo da qualidade de empresário.

(B) A sociedade empresária que não leve seus atos constitutivos ao registro competente ficará impedida de pedir recuperação judicial ou extrajudicial, bem como de ser submetida à falência.

(C) O Código Civil, embora seja considerado uma tentativa de unificação do direito privado no Brasil, obteve sucesso apenas parcial, o que se verifica pela manutenção, em seu texto, da distinção entre empresários comerciantes e empresários civis.

(D) Caso um empresário seja interditado em razão de seu vício em tóxicos e seja considerado relativamente incapaz para a prática dos atos da vida civil, ele poderá, com a assistência de seus representantes legais, continuar a empresa antes exercida, entretanto a Junta Comercial poderá exigir que o capital da sociedade empresária seja totalmente integralizado antes do registro de qualquer alteração contratual da sociedade.

(E) Os conceitos de empresário individual e de microempresário são equivalentes.

A: incorreta. O registro dos atos constitutivos garante a regularidade da atividade comercial. O empresário assim se caracteriza pelo exercício de atividade econômica organizada nos termos do art. 966 do CC, independentemente do registro; se ele não ocorrer, teremos um empresário irregular, mas ainda assim um empresário; **B:** incorreta. A sociedade irregular pode falir; o que não se lhe permite é pedir a falência de seu devedor (art. 97, § 1º, da Lei 11.101/2005); **C:** incorreta. O Código Civil adota a teoria da empresa em substituição à teoria dos atos de comércio adotada pelo Código Comercial de 1850. Portanto, não há mais que se falar em "comerciantes" e "civis". O CC adota a classificação, conforme a atividade exercida, em "empresária" e "simples"; **D:** correta, nos termos do art. 974, § 3º, do CC; **E:** incorreta. Empresário individual é a pessoa que exerce atividade econômica organizada para produção e circulação de bens e serviços por conta própria, sem sócios e sem constituir pessoa jurídica (art. 966 do CC). Microempresário é o empresário individual ou pessoa jurídica que aufere receita bruta inferior a R$ 360.000,00 no ano-calendário (art.3º, I, da Lei Complementar 123/2006).

Gabarito "D"

(Defensor Público/TO – 2013 – CESPE) Assinale a opção correta acerca da caracterização, inscrição e capacidade do empresário e da sociedade empresária.

(A) Filial consiste em estabelecimento empresarial acessório e distinto do estabelecimento principal e cuja atividade abranja o tratamento de negócios do estabelecimento principal e a cuja administração esteja ligada, não havendo autonomia diante da lei e do público.

(B) Os pactos e as declarações antenupciais do empresário, o título de doação, a herança ou o legado de bens clausulados de incomunicabilidade ou inalienabilidade devem ser arquivados e averbados no registro público de empresas mercantis.

(C) A sociedade empresária que tenha um incapaz em seu quadro de sócios deve ter mais de 50% do capital social integralizado, estando o sócio incapaz impedido de exercer a administração da sociedade.

(D) Um renomado escultor que, auxiliado por colaboradores, adquira espaço para a venda de suas obras de arte é considerado empresário, de acordo com a legislação de regência.

(E) A pessoa cuja principal atividade profissional seja a rural deve necessariamente promover sua inscrição no registro público de empresas mercantis da respectiva sede.

A: discutível, considerando que não há definição legal de filial, apenas referências indiretas, como no caso do art. 969 do CC. Quanto à autonomia, embora não haja personalidade jurídica própria, é fato que determinadas normas legais reconhecem-na (por exemplo, art. 11, § 3º, II, da LC 87/1996); **B:** correta, nos termos do art. 979 do CC; **C:** incorreta, pois entende-se que a responsabilidade solidária pela integralização do restante do capital subscrito impede o ingresso do incapaz como sócio – art. 1.052 do CC. Nesse sentido, a inclusão do § 3º no art. 974 do CC, que impõe expressamente a exigência de total integralização do capital social como pressuposto para o ingresso de sócio incapaz (inciso II), além de vedar-lhe o exercício da administração da sociedade (inciso I); **D:** incorreta, pois não se considera empresário quem exerce profissão intelectual, de natureza científica, literária ou artística, ainda com o concurso de auxiliares ou colaboradores, salvo se o exercício da profissão constituir elemento de empresa – art. 966, parágrafo único, do CC; **E:** incorreta, pois a inscrição é facultativa, nesse caso – art. 971 do CC.

Gabarito "B"

(Advogado da União/AGU – CESPE – 2012) Julgue os itens a seguir, relativos ao empresário, ao estabelecimento, ao nome empresarial e ao registro de empresas.

(1) Segundo o ordenamento jurídico brasileiro, é inadmissível o exercício da atividade empresarial sem a devida inscrição da sociedade empresária na junta comercial.

(2) Suponha que a pessoa jurídica Alfa Alimentos Ltda. adquira o estabelecimento empresarial da Beta Indústria Alimentícia Ltda. Nessa situação, a adquirente responderá pelo pagamento de todos os débitos anteriores à transferência, incluindo-se os trabalhistas e tributários, desde que regularmente contabilizados.

1: incorreta. O exercício da atividade empresarial sem a devida inscrição no Registro Público de Empresas Mercantis não é inadmissível, apenas irregular. A falta de inscrição impõe a responsabilidade solidária e ilimitada dos sócios pelas dívidas sociais (sociedade em comum), mas os atos e negócios jurídicos celebrados são plenamente válidos; **2:** incorreta. Os débitos trabalhistas e tributários são de responsabilidade do adquirente ainda que não contabilizados (STJ, AgRg no Ag 1225408/PR, DJ 23/11/2010).

Gabarito 1E, 2E

(Advogado da União/AGU – CESPE – 2012) No que diz respeito aos livros empresariais e aos contratos empresariais, julgue os itens seguintes.

(1) Na modalidade operacional do arrendamento mercantil, as contraprestações e os demais pagamentos previstos no contrato e devidos pela arrendatária são normalmente suficientes para que a arrendadora recupere o custo do bem arrendado durante o prazo contratual da operação e, adicionalmente, obtenha retorno sobre os recursos investidos.

(2) No curso do processo judicial, a eficácia probatória dos livros empresariais contra a sociedade empresária opera-se independentemente de eles estarem corretamente escriturados.

1: incorreta. Esse é o conceito de *leasing* financeiro previsto no art. 5º, I, da Resolução CMN n. 2.309/1996. *Leasing* operacional é aquele no qual "as contraprestações a serem pagas pela arrendatária contemplem o custo de arrendamento do bem e os serviços inerentes a sua colocação à disposição da arrendatária, não podendo o valor presente dos pagamentos ultrapassar 90% (noventa por cento) do custo do bem" (art. 6º, I, da Resolução CMN 2.309/1996, alterada pela Resolução 2.465/1988); **2:** correta. Nos termos dos arts. 417 e 418 do NCPC, os livros empresariais devem estar regularmente contabilizados para fazer prova a favor do empresário que os escriturou, mas sempre farão prova contra ele, independentemente da regularidade da escrituração.

Gabarito 1E, 2C

(Advogado da União/AGU – CESPE – 2012) Acerca das sociedades empresárias, julgue os itens que se seguem.

(1) O número de ações preferenciais sem direito a voto ou sujeitas a restrições no exercício desse direito não pode ultrapassar 50% do total das ações emitidas pela sociedade anônima.

(2) É lícita a aplicação subsidiária da disciplina normativa da sociedade anônima à sociedade em conta de participação, cuja liquidação é regida pelas normas relacionadas à prestação de contas, de acordo com o que dispõe o Código de Processo Civil.

1: correta, nos termos do art. 15, § 2º, da LSA – Lei 6.404/1976; **2:** incorreta. À sociedade em conta de participação aplicam-se subsidiariamente as normas relativas à sociedade simples (art. 996 do CC).

Gabarito 1C, 2E

20. Direito Tributário

Fernando Castellani, Henrique Subi e Robinson Barreirinhas*

1. COMPETÊNCIA TRIBUTÁRIA

(Auditor Fiscal - SEFAZ/RS - 2019 - CESPE/CEBRASPE) Com relação à competência tributária dos entes federados, assinale a opção correta.

(A) O Distrito Federal e os municípios têm competência para instituir contribuições para o custeio de serviços de iluminação pública.

(B) Os estados federados e o Distrito Federal têm competência residual para legislar sobre empréstimos compulsórios.

(C) Os municípios, os estados federados, o Distrito Federal e a União têm competência concorrente para instituir contribuições sociais interventivas e de interesse das categorias profissionais.

(D) À União competem originariamente os impostos sobre doações de bens imóveis quando o donatário vier a ser beneficiado com os direitos reais em dois ou mais estados.

(E) Aos municípios e ao Distrito Federal competem os impostos incidentes sobre operações relativas à circulação de mercadorias com a mudança de titularidade.

A: correta, conforme competência fixada pelo art. 149-A da CF; **B:** incorreta, pois a competência para legislar sobre empréstimos compulsórios é exclusiva da União – art. 148 da CF; **C:** incorreta, pois a competência para as legislar sobre contribuições sociais, de intervenção no domínio econômico e de interesse de categorias é exclusiva da União, conforme art. 149 da CF; **D:** incorreta, pois a doção de imóveis é fato gerador do ITCMD, cuja competência tributária é exclusiva de Estados e do Distrito Federal – art. 155, I, da CF; **E:** incorreta, pois o ICMS é de competência exclusiva dos Estados e do Distrito Federal – art. 155, II, da CF. (RB)

Gabarito "A".

(Procurador do Município/Manaus – 2018 – CESPE) Julgue o item que se segue à luz do que dispõe o Código Tributário Nacional.

(1) Apenas pessoas jurídicas de direito público podem figurar como sujeitos ativos de obrigações tributárias.

1: correta, conforme a literalidade do art. 119 do CTN: "Sujeito ativo da obrigação é a pessoa jurídica de direito público, titular da competência para exigir o seu cumprimento." Interessante notar que há entendimento no sentido de que pessoas de direito privado (inclusive naturais) podem, excepcionalmente, ser sujeitos ativos, como é o caso dos notários, que cobram emolumentos (= taxas) pela prestação de serviços cartorários. RB

Gabarito 1C

(Procurador do Estado/SE – 2017 – CESPE) Os tributos cuja instituição compete aos municípios incluem o

(A) ITBI, o IPI e o IPVA.

(B) ITR, o ITCMD e o IPI.

(C) ITBI, o IPVA e o ITCMD.

(D) IPTU, o ITR e o ISSQN.

(E) IPTU, o ITBI e o ISSQN.

Os municípios e o Distrito Federal têm competência em relação a três impostos: IPTU, ITBI e ISS, razão pela qual a alternativa "E" é a correta. RB

Gabarito "E".

* **Robinson Barreirinhas** comentou as questões de Delegado/PE/16, Juiz/AM/16, Juiz/DF/16, Analista/TCE/PR/16, Analista/TCE/PA/16, Procurador do Estado/16, MP/PI/14, Defensoria/DF/13, Cartório/PI/13, Cartório/RR/13; **Fernando Castellani**, **Henrique Subi** e **Robinson Barreirinhas** comentaram as demais questões.

(Juiz de Direito/AM – 2016 – CESPE) Execução fiscal de IPTU ajuizada por determinado município do estado do Amazonas foi extinta, sem julgamento de mérito, por juiz de primeiro grau, com base na lei de regência.

Acerca dessa situação hipotética, assinale a opção correta.

(A) De acordo com a CF, é concorrente a competência entre município e estado-membro para a instituição do IPTU. Assim, na hipótese em apreço, o magistrado poderia fundamentar sua decisão na lei estadual ou na municipal.

(B) O estado tem competência para legislar sobre a matéria; portanto, pode o juiz ter-se baseado em legislação estadual para interromper a execução fiscal.

(C) A previsão constitucional da autonomia dos entes federados não abrange a hipótese, uma vez que se trata de município do próprio estado-membro.

(D) Conforme a CF, é do município a competência para instituir o IPTU; só o ente que tem competência para instituir o tributo tem competência para legislar sobre a matéria.

(E) A instituição de lei estadual referente ao IPTU é constitucional e aplica-se aos tributos e às execuções fiscais em curso no âmbito do estado e de seus municípios.

A: incorreta, pois a competência tributária, como competência legislativa (art. 6º do CTN), é sempre exclusiva e indelegável, significando que um ente politico jamais poderá legislar sobre tributo de competência de outro. No caso do IPTU, somente a lei do Município ou do Distrito Federal em que localizado o imóvel pode ser aplicada; **B** e **C:** incorretas, conforme comentário anterior; **D:** correta, conforme comentários anteriores; **E:** incorreta, conforme comentários anteriores.

Gabarito "D".

(Analista Jurídico – TCE/PR – 2016 – CESPE) A Constituição Federal de 1988 (CF) atribui competência aos entes federados para instituir e criar tributos. À luz da legislação constitucional e infraconstitucional, assinale a opção correta, a respeito do instituto da competência tributária.

(A) Ao contrário da capacidade tributária ativa, a competência tributária é delegável apenas às pessoas jurídicas de direito público.

(B) A instituição do imposto sobre grandes fortunas é de competência da União, mediante lei complementar.

(C) Conforme a CF, compete aos municípios instituir imposto sobre a propriedade de veículos automotores.

(D) Cabe aos estados a instituição do imposto sobre serviços de qualquer natureza.

(E) A União pode instituir imposto extraordinário na iminência ou no caso de guerra externa, desde que o faça mediante lei complementar.

A: incorreta, pois a competência tributária, como competência legislativa (art. 6º do CTN), é sempre exclusiva e indelegável, significando que um ente politico jamais poderá legislar sobre tributo da competência de outro; **B:** correta, nos termos do art. 153, VII, da CF. Interessante notar que o dispositivo indica "nos termos de lei complementar", havendo discussão se todos os aspectos do tributo devem ser definidos por lei complementar, ou apenas seu fato gerador; **C:** incorreta, pois o IPVA é da competência dos Estados e do DF, conforme art. 155, III, da CF; **D:** incorreta, pois essa competência é dos Municípios e do DF, nos termos do art. 156, III, da CF; **E:** incorreta, pois o imposto extraordinário pode ser instituído por simples lei ordinária – art. 154, II, da CF.

Gabarito "B".

(Procurador do Estado/AM – 2016 – CESPE) Considerando os limites ao exercício do poder de tributar, julgue o item seguinte.

(1) A capacidade tributária ativa difere da competência tributária, podendo ser delegada a outras pessoas jurídicas

de direito público. Nesse caso, a delegação envolverá a transferência legal dos poderes de cobrança, arrecadação e fiscalização.

1: correta. A competência tributária, como competência legislativa (art. 6º do CTN), é sempre exclusiva e indelegável, significando que um ente politico jamais poderá legislar sobre tributo da competência de outro. Já a capacidade tributária ativa refere-se à possiblidade de ocupar o polo ativo da obrigação tributária (cobrar o tributo) e pode ser delegada por lei, nos termos do art. 7º do CTN.

Gabarito 1C

(Magistratura/BA – 2012 – CESPE) Assinale a opção correta acerca de exclusão de crédito tributário, competência tributária, imunidade tributária e fontes do direito tributário.

(A) De acordo com a CF, em nenhuma hipótese a União poderá conceder isenção de tributos estaduais e municipais.
(B) Tratados internacionais ratificados pelo Brasil não constituem meio hábil para a instituição de isenções relativas a tributos estaduais e municipais, conforme a jurisprudência.
(C) A CF concede imunidade em relação ao ICMS apenas às operações que destinem ao exterior produtos industrializados.
(D) A capacidade tributária ativa, que consiste no fato de uma pessoa política poder figurar no polo ativo de uma relação jurídico-tributária, é indelegável.
(E) A CF atribui à União a denominada competência residual ou remanescente para a instituição de impostos e contribuições sociais relativas à seguridade social.

A: incorreta, pois a União poderá conceder isenção de tributos estaduais e municipais, desde que para garantir o equilíbrio socioeconômico entre as regiões (CF, art. 151, I); **B:** incorreta, pois o STF tem entendimento no sentido de que o Chefe do Executivo tem legitimidade para firmar acordos internacionais que versem sobre matéria tributária, incluindo eventuais tributos estaduais e municipais, garantindo, com isso, a utilidade e a abrangência de tratados internacionais; **C:** incorreta, pois o STF decidiu que o disposto no art. 151, III, da CF não impede a concessão de isenções tributárias heterônomas por meio de tratados internacionais, ou seja, é possível instituição de benefícios fiscais relativos a tributos estaduais ou municipais por meio de tratados internacionais (RE 543.943 AgR/PR); **D:** incorreta, pois a capacidade tributária ativa é passível de delegação para outra pessoa jurídica de Direito Público interno (CTN, art. 7º). Essa afirmação não se confunde com a impossibilidade de delegação da competência tributária, matéria exclusivamente constitucional; **E:** Correta, pois a CF expressamente autoriza a União instituir impostos (CF, art. 154, I) e contribuições (CF, art. 195, § 4º) diferentes dos previstos, como forma de ampliar as receitas tributárias mediante novos tributos. Exige-se, como requisitos, a definição de novo fato gerador e base de cálculo, utilização de lei da espécie complementar e adoção do princípio da não cumulatividade. RB

Gabarito "E"

(Magistratura/BA – 2012 – CESPE) Acerca da competência legislativa sobre normas gerais de direito tributário, assinale a opção correta.

(A) A competência dos estados, ainda que suplementar, é excluída com o exercício, pela União, da competência para legislar sobre normas gerais de direito tributário.
(B) Os municípios não dispõem de competência para instituir normas gerais de direito tributário.
(C) Em nenhuma hipótese os estados e o DF exercerão competência legislativa plena.
(D) No âmbito dos estados e do DF, prevalecem as respectivas leis sobre as leis federais.
(E) Pertencem à competência concorrente todas as pessoas políticas.

A: incorreta, pois a competência tributária dos Estados e Municípios tem fundamento constitucional, visando garantir a autonomia financeira dos entes. As normas gerais em matéria tributária não estão sujeitas a competência concorrente, mas apenas exclusiva da União, visando padronização de procedimentos e regras tributárias; **B:** correta, pois essa competência é exclusiva da União, mediante Lei Complementar (CF, art. 146, III); **C:** incorreta, pois toda a distribuição de competências tributárias para a instituição de tributos, para Estados e Municípios, é plena; **D:** incorreta, pois em matéria tributária, no que se refere a regras gerais em matéria tributária, ainda que exista lei específica estadual ou municipal, prevalecerá a lei complementar federal disciplinadora; **E:** incorreto, pois nos trata-se de matéria reservada unicamente a lei complementar (CF, art. 146, III).

Gabarito "B"

(Magistratura/PI – 2011 – CESPE) No que concerne à competência tributária, assinale a opção correta.

(A) O poder de criar tributos é repartido entre os vários entes políticos, e a CF assinala a esfera de competência dos níveis federal, estadual e municipal.
(B) Mesmo na ausência de normas gerais da União, os estados e o DF não têm a possibilidade de exercer a competência legislativa plena em matéria tributária.
(C) As principais características da competência tributária são a transmissibilidade e a renunciabilidade, conforme a legislação em vigor.
(D) Sendo, como regra geral, delegável a competência tributária, justifica-se a delegação da atribuição das funções de arrecadar ou fiscalizar tributos.
(E) À luz do CTN, o não exercício da competência tributária pelo ente competente defere a outra pessoa jurídica de direito público o exercício tributário, que não pode ser obstaculizado.

A: correta, pois há expressa atribuição de parcelas da competência tributária a cada um dos entes, como forma de garantia da autonomia financeira (CF, art. 153, 155 e 156); **B:** incorreta, pois no caso de ausência de normas gerais, poderão os demais entes exercitar plenamente sua competência; **C:** incorreta, pois a competência tributária somente pode ser definida pela CF, não se admitindo, por isso, sua delegação ou transmissão; **D:** incorreta, pois a competência é indelegável, diferentemente da capacidade tributária ativa, delegável (CTN, art. 7º); **E:** incorreta, pois a atribuição de competência é feita exclusivamente pela CF, não se admitindo o exercício por outro ente (CTN, art. 7º).

Gabarito "A"

Veja a seguinte tabela com as competências dos entes políticos em relação aos impostos, para estudo e memorização:

Competência em relação aos impostos		
União	**Estados e DF**	**Municípios e DF**
- imposto de importação - imposto de exportação - imposto de renda - IPI - IOF - ITR - Imposto sobre grandes fortunas - Impostos extraordinários - Impostos da competência residual	- ITCMD - ICMS - IPVA	- IPTU - ITBI - ISS

(Defensor Público/TO – 2013 – CESPE) A respeito das obrigações e competências tributárias, assinale a opção correta.

(A) Compete aos municípios instituir impostos sobre a propriedade de veículos automotores.
(B) A competência tributária é atribuída, constitucionalmente ou legalmente, a um ente estatal não necessariamente dotado de poder legislativo, haja vista que é exercida mediante atos administrativos.
(C) As obrigações tributárias acessórias são relevantes para a atividade de arrecadação e fiscalização, podendo ser estabelecidas em atos infralegais, sem ofensa ao princípio da tipicidade.
(D) A União, os estados, o DF e os municípios podem instituir contribuições sociais, de intervenção no domínio econômico

e de interesse das categorias profissionais ou econômicas, como instrumento de atuação nas respectivas áreas.

(E) As competências tributárias foram rigidamente traçadas pelo constituinte originário, portanto são insuscetíveis de alterações pelo poder constituinte de reforma.

A: incorreta, pois o IPVA é tributo da competência dos Estados e do Distrito Federal – art. 155, III, da CF; **B:** incorreta, pois a competência tributária é atribuída exclusivamente pela Constituição Federal (constitucionalmente), jamais legalmente. Ademais, a competência tributária refere-se à competência para legislar acerca de tributos, de modo que somente os entes políticos (que podem legislar – União, Estados, Distrito Federal e Municípios) podem ter competência tributária; **C:** essa é a melhor alternativa, embora haja discussão doutrinária e jurisprudencial a respeito. De fato, o art. 113, § 2º, do CTN refere-se à "legislação tributária" ao tratar da obrigação acessória (ou seja, poderia ser instituída não apenas por lei, mas também por normas infralegais). Nesse sentido, há precedentes do STJ, como o RMS 20.587/MG-STJ. Por outro lado, há entendimento de que mesmo a obrigação acessória exige lei para sua instituição – ver ACO 1.098 AgR-TA/MG- STF; **D:** incorreta, pois a competência para essas contribuições especiais são exclusivas da União – art. 149 da CF; **E:** incorreta. É certo que houve diversas alterações nas competências tributárias traçadas no texto original da Constituição Federal e que não foram afastadas pelo Judiciário. Por exemplo, o constituinte derivado extinguiu o adicional do imposto de renda, que era da competência estadual (art. 155, II, da CF, no texto anterior à EC 3/1993), e o imposto municipal sobre vendas a varejo de combustíveis (art. 156, III, da CF, no texto anterior à EC 3/1993).

Gabarito "C"

(Magistratura Federal/2ª Região – 2011 – CESPE) Com relação às prerrogativas constitucionais da União sobre os estados e municípios, assinale a opção correta.

(A) Constitui competência da União instituir isenção do imposto sobre heranças, legados e doações, desde que essa isenção afete apenas um estado específico.

(B) À União cabe definir alíquotas do imposto sobre a propriedade de veículos automotores a serem aplicadas em cada estado.

(C) Cabe à União criar imposto sobre serviços de qualquer natureza em municípios que não tiverem instituído essa exação, embora a competência para cobrá-los seja dos próprios municípios.

(D) À União compete realizar a cobrança de imposto sobre serviços de qualquer natureza em municípios que, embora tenham instituído essa exação, não a estejam cobrando.

(E) Compete à União, por meio de lei complementar, regular a forma como, mediante deliberação dos estados e do DF, podem ser concedidos, pelos estados, isenções, incentivos e benefícios fiscais.

A: incorreta, pois a competência para isentar determinado tributo decorre da própria competência para tributar, de forma que os impostos sobre heranças, legados e doações pertencem aos Estados (CF, art. 155, II); **B:** incorreta, pois o IPVA é um imposto estadual, cabendo, então, a definição de seu valor a lei de cada Estado, apesar da previsão constitucional acerca da possibilidade de resolução do Senado definir alíquotas mínimas para tal imposto (CF, art. 155, III); **C:** incorreta, pois o não exercício da competência não implica em perda de tal direito e muito menos em delegação tácita para outro, permanecendo, então, o ISS, de competência exclusiva dos municípios (CF, art. 156, III); **D:** incorreta, pois não há previsão legal para tal ingerência da União na autonomia financeira dos Estados; **E:** correta, pois a CF estabelece, expressamente, tal limitação, como forma de impedir a chamada guerra fiscal entre os Estados (CF, art. 155, § 2º, XII, *g*).

Gabarito "E"

Veja a tabela seguinte, em que indicamos as competências relativas aos impostos, para estudo e memorização:

Competência em relação aos impostos		
União	Estados e DF	Municípios e DF
- imposto de importação – II - imposto de exportação – IE - imposto de renda – IR - IPI - IOF - ITR - Imposto sobre grandes fortunas - Impostos extraordinários - Impostos da competência residual	- ITCMD - ICMS - IPVA	- IPTU - ITBI - ISS

2. PRINCÍPIOS

(Juiz de Direito - TJ/BA - 2019 - CESPE/CEBRASPE) De acordo com as limitações constitucionais ao poder de tributar, a fixação da base de cálculo do IPVA se submete à

(A) anterioridade nonagesimal, sem necessidade de observância da anterioridade anual.

(B) anterioridade anual, sem necessidade de observância da anterioridade nonagesimal.

(C) anualidade, sem necessidade de observância da anterioridade nonagesimal.

(D) anualidade e à anterioridade anual, sem necessidade de observância da anterioridade nonagesimal.

(E) anterioridade anual e à anterioridade nonagesimal, sem necessidade de observância da anualidade.

A: incorreta, pois a fixação da base de cálculo do IPVA é exceção à anterioridade nonagesimal – art. 150, § 1º, *in fine*, da CF; **B:** correta, conforme comentário anterior, sendo que o IPVA sujeita-se apenas à anterioridade anual; **C** e **D:** incorretas, até porque não há princípio da anualidade, mas sim anterioridade, no âmbito tributário; **E:** incorreta, conforme comentários anteriores. Não existe princípio da anualidade, no âmbito tributário, e o IPVA sujeita-se apenas à anterioridade anual, não à nonagesimal. RB

Gabarito "B"

(Procurador do Município - Campo Grande/MS - 2019 - CESPE/CEBRASPE) Acerca do disposto pelo Sistema Tributário Nacional, julgue os itens seguintes, considerando o entendimento doutrinário e jurisprudencial.

(1) É inconstitucional a fixação de alíquota progressiva tanto para o ITCMD quanto para o imposto sobre transmissão *inter vivos*, a qualquer título, por ato oneroso, de bens imóveis, por natureza ou acessão física, e de direitos reais sobre imóveis, exceto os de garantia, bem como cessão de direitos a sua aquisição (ITBI), os quais devem guardar relação com a capacidade contributiva proporcional ao preço de venda dos bens.

(2) As imunidades recíprocas são limitações constitucionais ao poder de tributar e têm *status* de cláusulas pétreas.

(3) Empréstimos compulsórios no caso de investimentos públicos de caráter urgente e de relevante interesse nacional — como a reconstrução de escolas e hospitais atingidos por enchentes — dada a urgência do investimento público, não se sujeitam à anterioridade do exercício financeiro e à anterioridade nonagesimal.

1: incorreta, pois o STF pacificou o entendimento de que o ITCMD pode ter alíquotas progressivas – tese de repercussão geral 21/STF; **2:** correta, conforme o art. 150 da CF e entendimento do STF – ver RE 636.941/RS – repercussão geral; **3:** incorreta, pois somente os empréstimos compulsórios para atender despesas extraordinárias, decorrentes de calamidade pública, guerra externa ou sua iminência (art. 148, I, da CF) é que são exceções à anterioridade anual ou nonagesimal – art. 150, § 1º, da CF. RB

Gabarito 1E, 2C, 3E

(Analista Judiciário – STJ – 2018 – CESPE) À luz da jurisprudência majoritária e atual dos tribunais superiores e da doutrina acerca dos princípios constitucionais tributários, do indébito tributário, do crédito tributário e do poder de tributar, julgue o item seguinte.

(1) De acordo com o Supremo Tribunal Federal, a norma legal que altera o prazo de recolhimento da obrigação tributária deve observar o princípio da anterioridade que for aplicável ao respectivo tributo.

1: incorreta, pois é pacífico o entendimento de que a fixação de data de vencimento não se sujeita ao princípio da legalidade – ver RE 425.809AgR/RJ. Interessante lembrar que a alteração da data de vencimento tampouco se sujeita ao princípio da anterioridade – Súmula Vinculante 50/STF. RB

Gabarito 1E

(Defensor Público/PE – 2018 – CESPE) A respeito dos princípios da anterioridade e da irretroatividade, ambos princípios constitucionais do sistema tributário, assinale a opção correta.

(A) Todos os impostos se submetem aos princípios da anterioridade e da irretroatividade, mas as taxas, contribuições e demais espécies tributárias somente se submetem ao princípio da irretroatividade.
(B) Todos os tributos devem se submeter aos princípios da anterioridade e da irretroatividade.
(C) O princípio da irretroatividade aplica-se a todo tributo; o da anterioridade, por sua vez, admite exceções.
(D) O princípio da irretroatividade se aplica apenas aos impostos e às taxas; o da anterioridade se aplica a todos os tipos de tributos.
(E) O princípio da irretroatividade se aplica apenas aos tributos parafiscais; o da anterioridade, por sua vez, se aplica tanto aos tributos fiscais como aos extrafiscais.

A: incorreta, pois, em regra, todos os tributos sujeitam-se aos princípios da anterioridade e da irretroatividade, inclusive taxas e contribuições – art. 150, III, da CF; **B:** incorreta, pois há exceções ao princípio da anterioridade – art. 150, III e § 1º, da CF. Quanto à irretroatividade, não há exceção em relação à exigência de tributo, em sentido estrito, mas é possível a aplicação pretérita da legislação tributária (relativa a redução de multas ou de procedimentos fiscalizatórios, por exemplo), nos termos dos arts. 106 e 144, § 1º, do CTN; **C:** correta, conforme comentário anterior; **D** e **E:** incorretas, conforme comentário à primeira alternativa. RB

Gabarito "C"

(Defensor Público/PE – 2018 – CESPE) Em matéria tributária, as medidas provisórias podem

(A) regular as limitações constitucionais ao poder de tributar.
(B) estabelecer normas gerais a respeito da definição de tributos e de suas espécies.
(C) instituir empréstimos compulsórios em favor da União.
(D) instituir ou majorar impostos.
(E) dispor sobre conflitos de competência entre a União, os estados, o Distrito Federal e os municípios.

A: incorreta, pois essa é matéria reservada a lei complementar federal (art. 146, II, da CF), que não pode ser substituída por medida provisória – art. 62, § 1º, III, da CF. Ver a tese de repercussão geral 32/STF: "Os requisitos para o gozo de imunidade hão de estar previstos em lei complementar."; **B:** incorreta, pois essa é matéria reservada a lei complementar federal (art. 146, III, *a*, da CF), que não pode ser substituída por medida provisória – art. 62, § 1º, III, da CF; **C:** incorreta, pois essa é matéria reservada também a lei complementar federal – art. 148 c/c art. 62, § 1º, III, da CF; **D:** correta, pois é possível instituir e majorar tributos por medida provisória, desde que não seja exigida lei complementar federal pela Constituição; **E:** incorreta, pois essa é matéria reservada a lei complementar federal (art. 146, I, da CF), que não pode ser substituída por medida provisória – art. 62, § 1º, III, da CF. RB

Gabarito "D"

(Promotor de Justiça/RR – 2017 – CESPE) Lei municipal antecipou a data de recolhimento da taxa de coleta de lixo do dia dez para o dia sete do mês seguinte ao do fato gerador.

Nessa situação, segundo o entendimento do STF, a referida lei municipal

(A) não se sujeitará nem ao princípio da anterioridade anual nem ao da anterioridade nonagesimal.
(B) sujeitar-se-á ao princípio da anterioridade anual.
(C) sujeitar-se-á ao princípio da anterioridade nonagesimal.
(D) não se sujeitará ao princípio da anterioridade anual, mas sujeitar-se-á ao da anterioridade nonagesimal.

A: correta, pois é pacífico o entendimento de que a fixação de data de vencimento não se sujeita ao princípio da legalidade – ver RE 425.809AgR/RJ. Ademais, a alteração da data de vencimento tampouco se sujeita ao princípio da anterioridade – Súmula Vinculante 50/STF; **B**, **C** e **D:** incorretas, conforme comentário anterior. RB

Gabarito "A"

(Procurados do Município – Prefeitura Fortaleza/CE – CESPE – 2017) A respeito das limitações constitucionais ao poder de tributar, julgue os itens que se seguem, de acordo com a interpretação do STF.

(1) O princípio da progressividade exige a graduação positiva do ônus tributário em relação à capacidade contributiva do sujeito passivo, não se aplicando, todavia, aos impostos reais, uma vez que, em se tratando desses tributos, é impossível a aferição dos elementos pessoais do contribuinte.
(2) A alteração de alíquotas do imposto de exportação não se submete à reserva constitucional de lei tributária, tornando-se admissível a atribuição dessa prerrogativa a órgão integrante do Poder Executivo.
(3) O princípio da anterioridade do exercício, cláusula pétrea do sistema constitucional, obsta a eficácia imediata de norma tributária que institua ou majore tributo existente, o que não impede a eficácia, no mesmo exercício, de norma que reduza desconto para pagamento de tributo ou que altere o prazo legal de recolhimento do crédito.
(4) O princípio da isonomia pressupõe a comparação entre sujeitos, o que, em matéria tributária, é efetivado pelo princípio da capacidade contributiva em seu aspecto subjetivo.

1: Incorreta, pois o STF admite a progressividade de alíquotas conforme o valor da base de cálculo para impostos reais (relativos a propriedade e posse ou sua transmissão), como ITR, IPTU (a partir da EC 29/2000 – Súmula 668/STF) e, mais recentemente, ITMCD (RE 562.045/RS – repercussão geral). **2**: correta, nos termos do art. 153, § 1º, da CF, tendo o STF admitido que a competência para alteração das alíquotas desses impostos por ato infralegal não é privativa do Presidente da República, podendo ser atribuída a órgão do Executivo – ver RE 570.680/RS. **3**: correta, pois o STF entende que redução de desconto ou alteração do prazo para recolhimento não implica majoração do tributo sujeita à anterioridade – ver ADI 4.016MC/PR e Súmula Vinculante 50/STF. **4**: correta, pois a isonomia refere-se à comparação de sujeitos com base em algum critério. Esse critério, na seara tributária, é a capacidade contributiva dos contribuintes – art. 145, § 1º, da CF. **RB**

Gabarito 1E, 2C, 3C, 4C

(Juiz de Direito/AM – 2016 – CESPE) Por decreto do prefeito, de agosto de 2014, o município de Manaus atualizou a base de cálculo do IPTU e sua planta de valores imobiliários, para a cobrança do tributo em 2015. Na atualização, foi usada como referência a taxa SELIC para títulos federais, índice oficial para cálculo dos encargos pela mora dos tributos federais.

Nessa situação hipotética,

(A) o ato é válido, pois, tendo o decreto sido editado no ano de 2014 para surtir efeitos em 2015, foi observado o princípio da anterioridade.

(B) o ato é inválido, pois apenas lei municipal poderia indicar a SELIC como índice de correção monetária no município.
(C) o ato é inválido, por implicar acréscimo real, e não mera correção.
(D) o ato é válido, pois sendo o IPTU um tributo extrafiscal, a ele não se aplica o princípio da legalidade.
(E) o ato é válido, pois a taxa SELIC é índice oficial, não constituindo a sua aplicação, para correção da base de cálculo do IPTU, majoração de tributo.

Para resolver essa questão, é essencial termos duas informações: i) a simples atualização monetária do tributo, ou seja, a correção do valor dentro dos limites da inflação no período, pode ser feita por norma infralegal, enquanto o aumento real, acima da inflação, depende de lei – veja a Súmula 160/STJ; e ii) a SELIC corresponde à taxa de juros básica do governo federal, ou seja, não é simples correção monetária, mas implica, em regra, aumento real, remuneração do capital acima da inflação. **A:** incorreta, pois aumento real (pela taxa Selic) exige lei; **B:** incorreta, pois a Selic não é índice de correção monetária (embora a lei municipal possa majorar o IPTU utilizando como referência esse índice, desde que respeitado o valor real dos imóveis); **C:** correta, conforme comentários anteriores; **D** e **E:** incorretas, conforme comentários anteriores.

Gabarito "C"

(Analista Jurídico –TCE/PA – 2016 – CESPE) Em relação às limitações constitucionais ao poder de tributar e à atual jurisprudência do Supremo Tribunal Federal, julgue o item seguinte.

(1) Qualificado como garantia individual do contribuinte e, por conseguinte, como cláusula pétrea da Constituição Federal de 1988, o princípio da anterioridade não se aplica à norma jurídica que altera o prazo de recolhimento da obrigação tributária.

1: correta, pois não há sujeição à anterioridade, conforme a Súmula Vinculante 50/STF.

Gabarito 1C

(Advogado União – AGU – CESPE – 2015) Acerca dos princípios constitucionais tributários, julgue os itens subsequentes.

(1) Pela aplicação do princípio da anterioridade tributária, quaisquer modificações na base de cálculo ou na alíquota dos tributos terão sua eficácia suspensa até o primeiro dia do exercício financeiro seguinte à publicação da lei que promoveu a alteração.
(2) O princípio da isonomia tributária impõe que o tributo incida sobre as atividades lícitas e, igualmente, sobre as atividades ilícitas, de modo a se consagrar a regra da interpretação objetiva do fato gerador. Dessa forma, é legítima a cobrança de IPTU sobre imóvel construído irregularmente, em área *non aedificandi*, não significando tal cobrança de tributo concordância do poder público com a ocupação irregular.
(3) Conforme o princípio da irretroatividade da lei tributária, não se admite a cobrança de tributos em relação a fatos geradores ocorridos em período anterior à vigência da lei que os instituiu ou aumentou. Entretanto, o Código Tributário Nacional admite a aplicação retroativa de lei que estabeleça penalidade menos severa que a prevista na norma vigente ao tempo da prática do ato a que se refere, desde que não tenha havido julgamento definitivo.
(4) O princípio da vedação à utilização de tributo com efeito de confisco, previsto expressamente na CF, aplica-se igualmente às multas tributárias, de modo a limitar, conforme jurisprudência pacífica do STF, o poder do Estado na instituição e cobrança de penalidades.
(5) De acordo com o princípio da legalidade, fica vedada a criação ou a majoração de tributos, bem como a cominação de penalidades em caso de violação da legislação tributária, salvo por meio de lei.

1: Incorreta, pois apenas as modificações que importem criação ou majoração do tributo sujeitam-se à anterioridade anual, além da anterioridade nonagesimal – art. 150, III, *b* e *c*, da CF. **2**: Correta, nos termos do art. 118, I, do CTN, referindo-se ao *non olet*. Ocorrendo o fato gerador (ser proprietário de imóvel, no caso) há incidência e cobrança do tributo, não sendo relevante, para a tributação, a regularidade desse imóvel, como ele foi adquirido ou construído etc. **3**: Correta, referindo-se à aplicação retroativa da *lex mitior* – art. 106, I, do CTN. **4**: Correta, sendo essa a interpretação dada pelo STF ao disposto no art. 150, IV, da CF. **5**: Correta, nos termos do art. 97, I, II e V, do CTN. A rigor, qualquer obrigação compulsória exige lei (ninguém é obrigado a fazer ou deixar de fazer algo, senão em virtude de lei). RB

Gabarito 1E, 2C, 3C, 4C, 5C

(Defensoria/DF – 2013 – CESPE) Considerando as limitações do poder de tributar e os impostos dos estados e do DF, julgue os itens que se seguem.

(1) De acordo com o STF, é constitucional a incidência do ISS sobre operações de locação de bens móveis.
(2) De acordo com a CF, são isentas de impostos federais, estaduais e municipais as operações de transferência de imóveis desapropriados para fins de reforma agrária, não incidindo, portanto, ITBI sobre títulos da dívida agrária por terceiro adquirente.
(3) É vedado a União estabelecer diferença tributaria entre bens e serviços, de qualquer natureza, em razão de sua procedência ou destino.
(4) Nos serviços de plano de saúde, utiliza-se como base de cálculo do ISS o valor total recebido, ou seja, a mensalidade paga pelo associado a empresa gestora do plano e as quantias repassadas aos terceiros credenciados que prestam o serviço médico.

1: incorreta, pois o STF afastou essa possibilidade – ver Súmula Vinculante 31/STF; **2**: correta, nos termos do art. 184, § 5º, da CF; **3**: discutível. O gabarito indica como incorreta porque essa norma é expressamente direcionada a Estados, Distrito Federal e Municípios – art. 152 da CF. Mas parece evidente que a União tampouco pode estabelecer essa diferenciação, já que violaria o princípio federativo; **4**: incorreta, pois o STJ admitiu o abatimento, da base de cálculo do ISS sobre planos de saúde, dos repasses feitos pela contribuinte aos demais prestadores de serviços de saúde – ver REsp 1.237.312/SP.

Gabarito 1E, 2C, 3E, 4E

(Cartório/PI – 2013 – CESPE) Acerca da instituição e cobrança de tributos, assinale a opção correta.

(A) Incumbe ao DF instituir e cobrar IPTU sobre a propriedade de imóvel em que funcione igreja devidamente reconhecida e que neste imóvel se cumpra suas formalidades essenciais.
(B) Cabe a União instituir e cobrar imposto sobre a renda auferida por instituição de educação apenas e tão somente porque gera faturamento bilionário.
(C) A instituição de imposto sobre venda de revista de circulação semanal e de competência dos estados, não havendo qualquer vedação constitucional.
(D) A União cabe instituir e cobrar imposto sobre a renda auferida por instituição de educação que aplique parcela de sua receita em pais estrangeiro.
(E) Não compete ao município a instituição e a cobrança de taxas pelo exercício do poder de polícia cobradas de autarquia federal.

A: incorreta, pois a propriedade do templo religioso não pode ser tributada, por força da imunidade prevista no art. 150, VI, *b*, da CF; **B:** incorreta, pois a competência da União não tem relação com o valor do faturamento, mas sim com a existência de lucro por parte da contribuinte. Interessante lembrar da imunidade prevista no art. 150, VI, *c*, da CF, em relação a instituições de educação sem fins lucrativos; **C:** incorreta, pois a produção e circulação de periódico não podem ser tributadas, por conta da imunidade prevista no art. 150, VI, *d*, da CF. Ver também a tese de repercussão geral 593/STF: "A imunidade tributária constante do art. 150, VI, d, da CF/88 aplica-se ao livro eletrônico (e-book), inclusive aos suportes exclusivamente utilizados para fixá-lo."; **D:** correta, já que a imunidade prevista no art. 150, VI, *c*, da CF abrange apenas entidades que apliquem integralmente no Brasil os recursos na manutenção de seus objetivos institucionais – art. 14, II, do CTN; **E:** incorreta, pois é possível a cobrança de taxa em relação a autarquias de outros entes federados, já que a imunidade recíproca restringe-se a impostos – art. 150, VI, *a*, da CF.

Gabarito "D"

(Cartório/PI – 2013 – CESPE) Considere que uma autarquia federal que não pratique atividade econômica regida por normas aplicadas a empreendimentos privados e não cobre pagamento de preços ou tarifas do usuário do serviço tenha adquirido imóvel com a finalidade de instalar a sede de sua administração em determinado município. Com base nessa situação hipotética, assinale a opção correta.

(A) Caso a autarquia federal venda, posteriormente, o imóvel para pessoa física, a imunidade relativa ao ITBI será transferida ao comprador, que estará isento desse imposto.
(B) Para que a autarquia goze da imunidade recíproca, e necessária a prova de que não há pagamento de altos salários aos seus diretores.
(C) No caso de o referido imóvel passar a servir, exclusivamente, de residência oficial do diretor-presidente da autarquia, persistira a imunidade relativa ao IPTU, uma vez que o imóvel continuará a ser patrimônio da autarquia federal.
(D) A imunidade recíproca somente pode ser aplicada aos impostos federais, como o imposto de renda.
(E) Por ser utilizado para as finalidades essenciais da entidade pública, o referido imóvel e imune ao pagamento do IPTU.

A: incorreta, pois a imunidade da autarquia não beneficia adquirente que seja contribuinte do imposto – art. 150, § 3º, *in fine*, da CF e Súmula 583/STF; **B:** incorreta, pois esse tipo comprovação se refere à imunidade de instituições de ensino e de assistência social, já que salários extravagantemente altos poderiam configurar distribuição indevida de parcela de seu patrimônio ou renda, vedado pelo art. 14 do CTN – ver art. 150, VI, *c*, *in fine*, da CF; **C:** incorreta, pois, nesse caso, a utilização do imóvel estaria desvinculada das finalidades essências ou delas decorrentes – art. 150, § 2º, *in fine*, da CF; **D:** incorreta, pois a imunidade recíproca aplica-se a impostos federais, estaduais, distritais e municipais; **E:** correta, nos termos do art. 150, VI, *a*, e § 2º, da CF.

Gabarito "E".

(Cartório/RR – 2013 – CESPE) De acordo com a CF, os partidos políticos têm direito à

(A) imunidade de determinados impostos e isenção de contribuições sociais.
(B) imunidade de determinados impostos, mas não à imunidade de contribuições sociais.
(C) isenção de todos os impostos, mas não à imunidade de contribuições sociais.
(D) isenção das contribuições sociais, mas não à imunidade de impostos.
(E) imunidade de determinados impostos e de determinadas contribuições sociais.

A: incorreta, pois não há isenção, no caso; **B:** correta, nos termos do art. 150, VI, *c*, da CF, lembrando que eventual isenção dependeria de lei federal; **C:** incorreta, pois isenção de todos os impostos dependeria de leis federais, estaduais, distritais e municipais concedendo o benefício em relação aos tributos das respectivas esferas governamentais; **D:** incorreta, pois há imunidade de impostos sobre patrimônio, rendas e serviços, nos termos do art. art. 150, VI, *c*, e § 4º da CF; **E:** incorreta, conforme comentário às alternativas anteriores.

Gabarito "B".

(Magistratura/BA – 2012 – CESPE) Considere que determinada lei, publicada no dia 30/12/2011, que instituiu taxa de coleta domiciliar de lixo, tenha sido omissa em relação à data de início de sua vigência. Nesse caso, é correto afirmar que a taxa somente poderá ser cobrada a partir

(A) de 45 dias após a data de publicação da referida lei.
(B) de 90 dias após a data de publicação dessa lei.
(C) da data de publicação da referida lei.
(D) do primeiro dia do exercício financeiro de 2012.
(E) de 30 dias após a data de publicação dessa lei.

A: incorreta, pois independente das regras de vigência da lei tributária (CTN, art. 103 e 104), em se tratando de instituição de tributos, aplica-se a regra do princípio da anterioridade (CF, art. 150, III, b, c); **B:** correta, pois pelo princípio da anterioridade, a lei que institui tributos somente pode entrar em vigor no primeiro dia do exercício seguinte, decorrido um prazo mínimo de 90 dias de sua publicação e, como a lei foi publicada final do mês de dezembro, prevalecerá a contagem dos 90 dias; **C:** incorreta, pela mesma argumentação; **D:** incorreta, pela mesma argumentação; **E:** incorreta, pela mesma argumentação.

Gabarito "B".

(Magistratura/CE – 2012 – CESPE) Foi editada lei municipal criando IPTU e constava, anexa à lei, a pauta de valores dos imóveis do município. De acordo com essa lei, a secretaria de fazenda estava autorizada a atualizar, com base na valorização imobiliária, a pauta nos exercícios posteriores.

Com base nessa situação hipotética, assinale a opção correta.

(A) Ao Poder Executivo pode ser delegada a atualização do valor do imposto com base na correção monetária.
(B) O município não poderia editar lei instituindo IPTU, uma vez que a CF já o fez, mostrando-se, por isso, indiferente o meio utilizado para a atualização da pauta de valores.
(C) É desnecessária a edição de lei para aprovar a pauta de valores dos imóveis do município, visto que, com o constante aumento das áreas habitadas, isso tornaria impraticável a arrecadação do tributo, bastando, portanto, a edição de decreto regulamentar para majorar ou atualizar a pauta.
(D) Tendo a pauta de valores tornado certo o objeto da tributação (imóvel) e sua base de cálculo (valor) no primeiro exercício, a atualização da pauta nos termos previstos poderá ser efetivada por meio de decreto.
(E) A secretaria de fazenda pode passar a cobrar o imposto de novos imóveis não incluídos originalmente na pauta anexa à lei.

A: correta, pois a mera correção monetária da base de cálculo do tributo não constitui majoração, não se sujeitando ao princípio da legalidade (CTN, art. 97, § 2); **B:** incorreta, pois a CF não institui nenhum tributo, mas apenas distribui competência aos entes (no caso do IPTU, CF, art. 156, I); **C:** incorreta, pois a pauta de valores é a definição da base de cálculo do tributo, de modo que deverá, obrigatoriamente, constar de lei (CTN, art. 97, IV); **D:** incorreto, pois a pauta de valores indica, apenas, o processo para a definição do valor venal dos imóveis no município, não definindo para cada imóvel, tarefa que será realizada pela autoridade administrativa, no momento do lançamento (CTN, art. 142); **E:** incorreto, pois a pauta não identifica cada imóvel, mas apenas os critérios para a definição do valor dos imóveis.

Gabarito "A".

(Magistratura/ES – 2011 – CESPE) Assinale a opção correta com referência aos princípios do direito tributário.

(A) Para a dispensa ou redução de penalidades, não é necessário disposição em lei, uma vez que a própria administração pública pode, de ofício, atuar nesses casos.
(B) É permitido que lei tributária disponha, de modo genérico, sobre alíquota e base de cálculo de tributo.
(C) As obrigações tributárias acessórias, embora não estejam inseridas na obrigação principal, devem, necessariamente, ser instituídas por lei.
(D) Em respeito ao princípio da legalidade tributária, garantia assegurada ao contribuinte, a União não pode exigir um tributo que a lei não estabeleça, mas pode aumentá-lo sem tal exigência.
(E) No sistema brasileiro, é juridicamente possível a instituição de determinados tributos por meio de leis complementares.

A: incorreto, pois a dispensa ou redução de penalidades é matéria, também, adstrita ao princípio da legalidade (CTN, art. 97, VI); **B:** incorreto, pois a lei instituidora do tributo deve estabelecer, fixando de forma clara e objetiva, a definição da alíquota e da base de cálculo do tributo (CTN, 97, IV); **C:** incorreto, pois a definição de obrigações tributárias acessórias, nos termos do CTN, decorrem da legislação tributária, que é uma expressão técnica que engloba as leis, tratados, decretos e normas complementares tributárias (CTN, art. 96, 100 e 113); **D:** incorreto, pois a regra geral do princípio da legalidade impõe a necessidade de lei para a instituição e aumento de tributo, o que não afasta a possibilidade de algumas exceções, expressamente previstas na lei (CF, art. 150, I, 153, § 1º, 155, § 4º, IV e art. 177, § 4º, I); **E:** correta, pois existem tributos que exigem a utilização de lei complementar para sua instituição, conforme previsão expressa na CF, além de admitir-se, por entendimento do STF, que todo tributo cujo processo legislativo se satisfaz com lei ordinária poderá ser instituído por lei complementar (CF, art. 148, 153, VII, 154, I e 195, § 4º).

Gabarito "E"

(Magistratura/ES – 2011 – CESPE) No que concerne à capacidade tributária, fato gerador e irretroatividade da lei tributária, assinale a opção correta.

(A) A nulidade ou a anulabilidade do ato jurídico, sob o enfoque do direito civil, são irrelevantes para o direito tributário, pois a definição do fato gerador é interpretada abstraindo-se tais fatos.

(B) A capacidade tributária passiva da pessoa jurídica depende de ela estar regularmente constituída.

(C) Na análise da capacidade contributiva, o CTN confere ao fisco o poder discricionário, na consideração da pessoalidade, para graduar o tributo.

(D) O CTN adota como regra a irretroatividade da lei tributária. Nesse sentido, a lei aplica-se ao ato pretérito, salvo tratando-se de ato não definitivamente julgado.

(E) Em decorrência do postulado da capacidade contributiva, é possível que profissionais da mesma categoria ou função sejam tributados de modo diverso.

A: correto, pois a análise do fato jurídico sob o enfoque do direito tributário é feita de forma a não se considerar os antecedentes do fato gerador, em aplicação clara da regra do *non olet* e por previsão expressa do CTN (CTN, art. 118); **B:** incorreto, pois o CTN expressamente estabelece que a capacidade tributária passiva, representada pela aptidão de figurar como devedor na relação jurídico tributário, independe de capacidade civil, para a pessoa física, e independe de regular constituição, para a pessoa jurídica, admitindo-se, com isso, a capacidade tributária passiva para a sociedade em comum (CTN, 126 e CC, 986); **C:** incorreta, pois nos termos da CF, a análise da capacidade econômica pessoal do sujeito passivo é impositiva, com exceção das hipóteses em que a natureza jurídica do tributo não permita (CF, art. 145, § 1º); **D:** incorreta, pois nos termos do princípio da irretroatividade, a lei tributária não poderá retroagir, para atingir fato pretérito, salvo nos casos de lei tributária que estabeleça sanção menor, tratando-se de situação não definitivamente julgada, ou no caso de lei meramente interpretativa. Não se aplica a possibilidade de retroatividade no caso de alterações, ainda que benéficas ao sujeito passivo, não relacionadas a sanção (CF, art. 150, III, a e CTN, 106); **E:** incorreta, pois o princípio da isonomia veda tratamento tributário diferenciado a sujeitos em virtude de sua atuação profissional, mas sim apenas em função de sua capacidade contributiva, medida por sua capacidade econômica, mostrando, de maneira clara, que a capacidade contributiva é o elemento diferenciador para o princípio da isonomia tributária (CF, art. 150, II).

Gabarito "A"

(Magistratura/ES – 2011 – CESPE) Com relação à vigência e aplicação da legislação tributária, bem como à disciplina aplicável aos pedágios, assinale a opção correta.

(A) É possível que, em razão de relevantes interesses, a União institua um tributo implicando distinção de um estado em detrimento de outro, admitida, ainda, a concessão de incentivos fiscais, buscando-se o fomento econômico das regiões mais pobres do país.

(B) Aplica-se a lei vigente à data da ocorrência do fato gerador da obrigação, ainda que posteriormente modificada ou revogada, salvo se houver lei superveniente mais benéfica.

(C) Conforme o caso concreto, é facultado à União, aos estados, ao DF e aos municípios, sem prejuízo de outras garantias asseguradas ao contribuinte, utilizar tributo com efeito de confisco.

(D) O pedágio somente será arrecadado e fiscalizado por entidades privadas sem fins lucrativos, que assumam a condição de sujeitos ativos.

(E) A cobrança do pedágio justifica-se constitucionalmente pelo fato de ser gravame exigido pela utilização das rodovias conservadas pelo poder público, e não pela mera transposição de município ou de estado.

A: incorreto, pois é vedado à União diferenciar a aplicação dos tributos federais em todo seu território, admitindo-se a definição de áreas de tributação diferenciada apenas e somente apenas para promover o equilíbrio socioeconômico entre as regiões (CF, art. 151, I); **B:** incorreto, pois a aplicação de lei posterior mais benéfica somente ocorrerá nos casos de previsão de sanção menor, desde que tratando-se de ato não definitivamente julgado (CTN, art. 106), não se aplicando lei posterior benéfica se em virtude de diminuição de alíquota do tributo ou de base de cálculo, por exemplo; **C:** incorreto, pois a vedação ao confisco não admite exceção no texto constitucional (CF, art. 150, IV); **D:** incorreto, pois o pedágio é uma modalidade tributária, relacionada a exploração de rodovias conservadas pelo poder público, seja diretamente, seja indiretamente, mediante a concessão da exploração para a iniciativa privada (CF, art. 150, V e 175); **E:** correto, pois o pedágio tem previsão expressa na CF, como forma de remuneração pela utilização de rodovias conservadas pelo poder público (CF, art. 150, V). Há grande dúvida doutrinária sobre a natureza jurídica do pedágio, existindo manifestação pela natureza tributária (espécie autônoma ou taxa), assim como natureza não tributária (tarifa). Para fins de prova de concursos, ficamos com a redação expressa da CF, que atesta ser um tributo devido pela utilização das rodovias.

Gabarito "E"

(Magistratura/ES – 2011 – CESPE) Considerando as fontes do direito tributário, assinale a opção correta.

(A) O princípio da anualidade confunde-se com o princípio da anterioridade tributária, ambos com o mesmo fundamento jurídico.

(B) De acordo com o princípio da anterioridade anual, previsto constitucionalmente, é vedado à União, sem prejuízo de outras garantias asseguradas ao contribuinte, cobrar tributos no mesmo exercício financeiro em que haja sido publicada a lei que os instituiu ou aumentou.

(C) Não se aplicam as regras gerais da *vacatio legis* à lei tributária, ainda que não haja disposição sobre a data de sua entrada em vigor.

(D) A característica principal do imposto de renda é o fato de esse tributo não ser progressivo, sendo suas alíquotas fixadas taxativamente em lei.

(E) De acordo com a sistemática traçada pela CF, cabe à lei ordinária dispor sobre conflitos de competência entre a União, os estados, o DF e os municípios, em matéria tributária.

A: incorreto, pois o princípio da anualidade e da anterioridade não se confundem. O primeiro, não mais admitido em nosso sistema, exige a prévia definição na lei orçamentária das receitas tributárias como requisito para a instituição do tributo; o segundo, previsto expressamente na CF como garantia dos contribuintes, estabelece a necessidade de prazo mínimo entre a edição da lei tributária instituidora do tributo e sua vigência (CF, art. 150, III, *b, c*); **B:** correta, pois refere-se a redação expressa do princípio da anterioridade tributária (CF, art. 150, II, b); **C:** incorreta, pois todas as regras de *vacatio legis* aplicam-se ao Direito tributário, com o acréscimo da garantia constitucional do princípio da anterioridade para as leis que instituam ou majorem tributos (CF, art. 150, III, b, c); **D:** incorreta, pois o imposto sobre a renda deve ser informado, por expressa previsão constitucional, pelos princípios da universalidade, da generalidade e da progressividade (CF, art. 153, § 2); **E:** incorreto, pois a CF, expressamente, estabelece essa função para a lei complementar (CF, art. 146 e 146-A).

Gabarito "B"

(Magistratura/ES – 2011 – CESPE) Em conformidade com a legislação tributária em vigor e com a CF, assinale a opção correta.

(A) Se, de algum modo, a lei beneficiar o contribuinte, ela não deverá produzir efeitos imediatos, dada a obrigatoriedade da observância do princípio da anterioridade.

(B) A forma de concretização do postulado da capacidade contributiva de certos tributos indiretos é a seletividade, de natureza obrigatória para o imposto sobre produtos industrializados.

(C) Quando a lei for expressamente interpretativa, ela será aplicada, em determinados casos, a ato ou fato pretérito, excluída a aplicação de penalidade a infração de dispositivos interpretativos.

(D) De acordo com a CF, é livre a locomoção no território nacional em tempo de paz, podendo qualquer pessoa nele entrar, permanecer ou dele sair, entretanto, sobre o trânsito dos bens dessa pessoa incidirão impostos.

(E) É possível que um tributo federal contenha alíquotas diferenciadas em algumas áreas do país, não se observando uma alíquota una para toda a extensão do território nacional.

A: incorreta, pois o princípio da anterioridade é uma garantia do contribuinte, não da fazenda pública. Isso significa que leis que beneficiem os contribuintes podem ter vigência imediata, desde que não haja previsão diversa na própria lei, regulando sua vigência (CF, art. 150, III); **B:** correta, pois a seletividade, quando pautada na essencialidade do produto, de certa forma, implicará na tributação mais onerosa de produtos menos essenciais, consumidos, em regra, por pessoas com maior capacidade econômica. Em sentido diverso, implicará em menor tributação produtos mais essenciais, consumidos em regra ela camada da população de menor capacidade econômica (CF, art. 153, § 3º, I); **C:** incorreta, pois nos termos da legislação, a lei meramente interpretativa aplica-se retroativamente sempre (CTN, art. 106, I); **D:** incorreta, pois há expressa previsão de imunidade para o tráfego de pessoas ou bens, com exceção da permissão para a cobrança de pedágio pela utilização de vias conservadas pelo poder público; **E:** incorreto, pois o princípio da uniformidade geográfica impede a aplicação não uniforme dos tributos federais. A exceção feita pela própria CF refere-se, exclusivamente, a diferenciação para buscar o equilíbrio socioeconômico das regiões (CF, art. 151, I).

Gabarito "B".

(Magistratura/PA – 2012 – CESPE) A respeito dos impostos da União, assinale a opção correta.

(A) O ato de concessão de isenção fiscal não é discricionário.
(B) O aumento do IPI pode entrar em vigor no dia da sua publicação, caso seja determinado em medida provisória.
(C) Medida provisória que determine a majoração do IPI só poderá produzir efeitos no exercício financeiro seguinte se for convertida em lei até o último dia do exercício em que seja editada.
(D) O comprador que goza de imunidade tributária, ao adquirir veículo automotor importado, estende sua imunidade ao produtor.
(E) Está de acordo com a CF norma infraconstitucional que atribua a órgão integrante do Poder Executivo da União a faculdade de estabelecer as alíquotas do imposto de exportação.

A: incorreta, pois todo ato de concessão de isenção decorre de vontade legislativa do ente, o que significa que é ato discricionário da administração; **B:** incorreta, pois apesar da medida provisória ter vigência imediata, pela própria definição, quando relacionada a aumento de IPI, deverá se sujeitar a anterioridade dos 90 dias (CF, art. 150, III, c e 150, § 1º); **C:** incorreta, pois a anterioridade do IPI refere-se apenas ao prazo de 90 dias, o que implica na não aplicação da regra de respeito ao exercício financeiro (CF, art. 150, § 1º); **D:** incorreto, pois a imunidade do eventual comprador não se estende ao produtor, na medida em que a imunidade é pessoal ou subjetiva (concedida a pessoa do adquirente). Importante destacar que a imunidade de ICMS/IPI somente se aplica, no caso, pois na importação de bens o sujeito passivo do ICMS/IPI é o adquirente, enquanto que nas operações internas, o sujeito passivo é o alienante; **E:** correto, pois há previsão expressa da exceção ao princípio da legalidade (CF, art. 153, § 1º).

Gabarito "E".

(Magistratura/PA – 2012 – CESPE) Considerando a majoração, para o patamar de 25%, da contribuição previdenciária dos servidores públicos de determinado ente federado, associada à incidência do imposto de renda de 27,5%, assinale a opção correta a respeito do efeito confiscatório e da contribuição previdenciária.

(A) O aumento da referida contribuição previdenciária pode ser exigido na data de publicação da respectiva norma.
(B) A referida majoração não caracteriza efeito confiscatório, uma vez que, na verificação da onerosidade, o aumento não se soma à alíquota do imposto de renda.
(C) A vedação do efeito confiscatório aplica-se tanto aos tributos propriamente ditos quanto às multas pelo descumprimento da legislação tributária.
(D) A finalidade extrafiscal justifica a tributação confiscatória.
(E) A referida contribuição previdenciária não incide sobre o décimo terceiro salário dos servidores.

A: incorreto, pois a contribuição previdenciária sujeita-se a anterioridade dos 90 dias, previstas especialmente para as contribuições para a seguridade social (CF, art. 195, § 6º); **B:** incorreta, pois o STF tem entendimento que o efeito confiscatório deve ser analisado considerando a carga tributária total, não cada tributo, isoladamente; **C:** correta, pois nos termos da interpretação do STF, a multa tributária exacerbada também viola o princípio do não confisco, sendo, portanto, inconstitucional; **D:** incorreto, pois não há previsão constitucional para tal exceção; **E:** incorreto, pois contribuição previdenciária incide sobre a totalidade dos valores auferidos (CF, art. 195, II)

Gabarito "C".

(Magistratura/PB – 2011 – CESPE) Considerando os princípios constitucionais tributários, que estruturam o sistema tributário e servem de orientação para a interpretação e a aplicação das regras específicas do direito tributário, assinale a opção correta.

(A) A relação tributária configura-se como relação de império do Estado para com o contribuinte, o qual, por seu lado, está sujeito ao poder estatal pela via da compulsoriedade.
(B) Em virtude da natureza da relação entre o Estado e o contribuinte, o poder de tributar é absoluto.
(C) Um dos vetores na relação entre fisco e contribuinte, o princípio da legalidade não limita os governantes na atividade de tributação.
(D) O poder de instituir tributos é ato unilateral e discricionário do Estado e impõe ao destinatário do tributo que aceite a invasão patrimonial.
(E) Os princípios constitucionais tributários são expressão da soberania estatal e traduzem-se em limitações ao poder de tributar, o que não impede que o Estado exija dos indivíduos, por atividade vinculada, parcela do seu patrimônio.

A: Incorreta, pois não se aceita a relação tributária como uma relação de império, havendo, inclusive, expressas limitações constitucionais ao poder de tributar – art. 150 e seguintes da CF. Há, efetivamente, compulsoriedade, mas não por um suposto "poder de império", mas apenas por conta da imposição de lei, produzida pelos representantes eleitos pelos próprios cidadãos (não há tributação sem representação); **B:** Incorreta, conforme comentários à alternativa anterior; **C:** Incorreta, pois o princípio da legalidade é importante (talvez a mais importante) limitação constitucional ao poder de tributar – art. 150, I, da CF; **D:** Incorreta, pois não se trata de ato unilateral ou discricionário do Estado, que está limitado estritamente aos ditames da lei que institui o tributo. Ademais, a tributação não pode atingir o patrimônio dos particulares a ponto de inviabilizar seu sustento (mínimo existencial) ou mesmo os meios produtores de riqueza, ou seja, a tributação não pode ter efeito confiscatório – art. 150, IV, da CF; **E:** Essa é a assertiva correta, pois indica corretamente os limites da atividade estatal tributária, conforme comentários anteriores.

Gabarito "E".

(Ministério Público/PI – 2012 – CESPE) A respeito das limitações do poder de tributar, assinale a opção correta.

(A) O princípio da vedação do confisco é extensível às multas, apesar de estas terem natureza jurídica diversa dos tributos.
(B) Em razão do princípio da imunidade recíproca, é vedado à União, aos estados, ao DF e aos municípios instituir impostos sobre patrimônio, renda ou serviços uns dos outros, inclusive quando houver contraprestação ou pagamento de preços ou tarifas pelo usuário.
(C) O princípio da isonomia não se inclui entre os princípios que limitam o poder de tributar, mas entre os princípios universais de justiça.
(D) O princípio da legalidade, o mais importante no âmbito do direito tributário, não comporta exceções ou mitigações.
(E) É vedada, em razão da aplicação do princípio da anterioridade, a cobrança de tributos em relação a fatos geradores ocorridos antes do início da vigência da lei que os houver instituído ou aumentado.

A: correto, pois apesar da literalidade da norma constitucional, referir-se apenas a tributo, o STF tem entendimento no sentido da ampliação para as multas tributárias (STF, RE 582.461); **B:** incorreto, pois a imunidade recíproca sofre uma regra de limitação de seu alcance, exatamente nas situações em que o ente atua desprovido de sua função típica, ou seja, quando atua na atividade tipicamente privada, mediante remuneração.

Nessas situações, afasta-se o benefício da imunidade (CF, art. 150, § 2º); **C:** incorreto, pois há expressa previsão no sistema tributário nacional (CF, art. 150, II); **D:** incorreto, pois há limitações expressa no texto constitucional, para o II, IE, IPI, IOF, ICMS - combustíveis - e CIDE - combustíveis (CF, art. 153, § 1º, art. 155, § 4º e art.177, § 4º); **E:** incorreto, pois tal limitação é imposta pelo princípio da irretroatividade, não da anterioridade (CF, art. 150, III, *a*).

Gabarito "A"

(Ministério Público/RR – 2012 – CESPE) Com relação ao princípio da legalidade, assinale a opção correta.

(A) Para atender a situação de calamidade pública decorrente de enchentes, o Poder Executivo estadual poderá receber delegação legislativa para, mediante resolução, conceder crédito presumido de ICMS às empresas afetadas.

(B) As alíquotas do imposto de exportação podem ser alteradas pelo Poder Executivo federal por decreto, desde que obedecidos os limites e condições estabelecidos por lei.

(C) A remissão poderá ser concedida pela autoridade administrativa por despacho fundamentado, consideradas a equidade da imposição tributária e as condições de penúria do sujeito passivo, independentemente de lei.

(D) Lei delegada poderá estabelecer que o Poder Executivo possa outorgar isenção tributária por meio de decreto, não podendo fazê-lo quando tal exija a edição de lei complementar.

(E) Cabe ao Poder Legislativo municipal editar lei outorgando ao Poder Executivo competência para dispor, mediante decreto, sobre redução de base de cálculo do imposto sobre serviço, em face de benefícios concedidos por outro ente federado.

A: incorreto, pois a concessão de benefícios de ICMS, dentre eles o crédito presumido, depende de lei complementar e deliberação dos Estados (CF, art. 155, § 2º, XII); **B:** correto, por expressa previsão da exceção ao princípio da legalidade (CF, art. 153, § 1º); **C:** incorreto, pois a remissão, por ser causa de extinção do crédito, depende de previsão legal, cabendo à autoridade administrativa, apenas, a verificação da presença dos requisitos para sua concessão no caso concreto (CTN, art. 97 e 172); **D:** incorreto, pois a concessão de isenção depende, também de lei, não cabendo delegação (CTN, art. 176); **E:** incorreto, pois tal competência é de lei complementar (CF, art. 156, § 3º).

Gabarito "B"

Veja a seguinte tabela, para memorização e estudo do princípio da legalidade e de suas exceções em matéria tributária:

Dependem de lei – art. 97 do CTN	Não dependem de lei
– a instituição de tributos, ou a sua extinção; – a majoração de tributos, ou sua redução (exceção: alteração das alíquotas do II, IE, IPI, IOF e da CIDE sobre combustíveis). Equipara-se à majoração do tributo a modificação da sua base de cálculo, que importe em torná-lo mais oneroso. **Não constitui majoração de tributo a atualização do valor monetário da respectiva base de cálculo;** – a definição do fato gerador da obrigação tributária principal e do seu sujeito passivo; – a fixação de alíquota do tributo e da sua base de cálculo, ressalvado o disposto nos artigos 21, 26, 39, 57 e 65; – a cominação de penalidades para as ações ou omissões contrárias a seus dispositivos, ou para outras infrações nela definidas; – as hipóteses de exclusão, suspensão e extinção de créditos tributários, ou de dispensa ou redução de penalidades.	– fixação da data para pagamento do tributo; – regulamentação das obrigações acessórias (forma de declaração, escrituração, recolhimento etc.). Há controvérsia quanto à própria fixação de obrigações acessórias, pois o art. 113, § 2º, do CTN faz referência à **legislação** tributária (expressão que inclui não apenas as leis, mas também os decretos, portarias etc.); – alteração das alíquotas do II, IE, IPI, IOF e da CIDE sobre combustíveis.

Veja a seguinte tabela, com as exceções ao princípio da anterioridade comum e nonagesimal, para estudo e memorização:

Exceções à anterioridade comum (art. 150, III, *b*, da CF)	Exceções à anterioridade nonagesimal (art. 150, III, *c*, da CF)
– empréstimo compulsório para atender a despesas extraordinárias decorrentes de calamidade pública ou de guerra externa ou sua iminência (art. 148, II, *in fine*, da CF, em sentido contrário); – imposto de importação (art. 150, § 1º, da CF); – imposto de exportação (art. 150, § 1º, da CF); – **IPI** (art. 150, § 1º, da CF); – IOF (art. 150, § 1º, da CF); – impostos extraordinários na iminência ou no caso de guerra externa (art. 150, § 1º, da CF);	– empréstimo compulsório para atender a despesas extraordinárias decorrentes de calamidade pública ou de guerra externa ou sua iminência (art. 148, II, *in fine*, da CF, em sentido contrário – entendimento doutrinário); – imposto de importação (art. 150, § 1º, da CF); – imposto de exportação (art. 150, § 1º, da CF); – **IR** (art. 150, § 1º, da CF); – IOF (art. 150, § 1º, da CF); – impostos extraordinários na iminência ou no caso de guerra externa (art. 150, § 1º, da CF);
– restabelecimento das alíquotas do ICMS sobre combustíveis e lubrificantes (art. 155, § 4º, IV, *c*, da CF); – restabelecimento da alíquota da CIDE sobre combustíveis (art. 177, § 4º, I, *b*, da CF); – contribuições sociais (art. 195, § 6º, da CF).	– fixação da base de cálculo do IPVA (art. 150, § 1º, da CF); – fixação da base de cálculo do IPTU (art. 150, § 1º, da CF);

Veja a seguinte tabela, com as hipóteses de aplicação da lei tributária a ato ou a fato pretérito, para estudo e memorização:

Aplicação da lei tributária a ato ou a fato pretérito
– lei expressamente interpretativa – art. 106, I, do CTN
– redução ou extinção de sanção (*lex mitior*) – art. 106, II, do CTN
– normas relativas à fiscalização ou ao aumento de garantias e privilégios do crédito tributário, exceto para atribuir responsabilidade tributária a terceiros – art. 144, § 1º, do CTN

(Magistratura Federal/2ª Região – 2011 – CESPE) De acordo com o que dispõe o CTN, há possibilidade de lei nova retroagir em seus efeitos se o ato

(A) tiver contrariado fraudulentamente uma obrigação acessória relativa a imposto que deveria ter sido cumprida antes da vigência da nova lei, independentemente de ter sido ou não julgado.

(B) tiver importado o não pagamento de tributo e não tiver sido definitivamente julgado quando da vigência da nova lei, e esta deixar de considerá-lo contrário a uma exigência de ação.

(C) tiver importado o não pagamento de tributo e já tiver sido definitivamente julgado quando da vigência da nova lei, e esta deixar de considerá-lo como contrário a uma exigência de ação.

(D) não tiver sido definitivamente julgado, independentemente de se referir a imposto ou contribuição, e a nova lei deixar de considerá-lo infração.

(E) tiver contrariado fraudulentamente uma obrigação acessória relativa a contribuição social com vigência já findada quando da vigência da nova lei, independentemente de ter sido ou não julgado.

Nos termos do CTN, a lei nova tributária somente poderá retroagir nos casos de ser meramente interpretativa, ou no caso de ser mais benéfica, em relação a sanção ou definição de infração, tratando-se de situação não definitivamente julgada (CTN, art. 106, I e II). **A**, **B**, **C** e **E**: incorretas, por falta de previsão legal; **D**: correta, por expressa previsão legal (CTN, art. 106, II).

Gabarito "D"

3. IMUNIDADES

(Procurador do Município/Manaus – 2018 – CESPE) Considerando o que dispõe a CF, julgue o item a seguir, a respeito das limitações do poder de tributar, da competência tributária e das normas constitucionais aplicáveis aos tributos.

(1) É proibida a cobrança de tributo sobre o patrimônio e a renda dos templos de qualquer culto.

1: incorreta, pois a imunidade dos templos restringe-se a impostos, não a qualquer espécie tributária (como taxas e contribuições) – art. 150, VI, *b*, da CF. RB

Gabarito 1E

(Delegado Federal – 2018 – CESPE) Acerca de crédito tributário, competência tributária e Sistema Tributário Nacional, julgue o próximo item.

(1) Os estados e os municípios estão imunes à instituição de contribuições sociais, pela União, sobre os seus serviços.

1: incorreta, pois a imunidade recíproca restringe-se a impostos, não abrangendo contribuições – art. 150, VI, *a*, da CF. RB

Gabarito 1E

(Procurador do Estado/SE – 2017 – CESPE) A principal distinção entre imunidade tributária e isenção tributária é que

(A) as imunidades estão expressamente previstas na CF e nas leis; e as isenções se referem a fatos não abrangidos pela hipótese de incidência.

(B) as imunidades estão previstas na CF; e as isenções, no texto infraconstitucional.

(C) as isenções estão previstas na CF; e as imunidades, no texto infraconstitucional.

(D) as imunidades se referem ao aspecto subjetivo do contribuinte; e as isenções, ao elemento objetivo do fato gerador.

(E) as isenções se referem ao aspecto subjetivo do contribuinte; e as imunidades, ao elemento objetivo do fato gerador.

A: incorreta, pois imunidades são previstas na Constituição Federal, apenas, e afastam a competência tributária dos entes políticos. A isenção pressupõe a existência de competência tributária, sendo que lei do ente compete exclui o crédito (na terminologia do CTN – art. 175, I) ou cria exceção à hipótese legal de incidência (doutrina); **B**: correta, conforme comentário anterior; **C**: incorreta, conforme comentário à primeira alternativa; **D** e **E**: incorretas, pois tanto as imunidades como as isenções podem se referir a aspectos subjetivos (com relação ao sujeito passivo) ou objetivos (relativos ao fato gerador). RB

Gabarito "B"

(Promotor de Justiça/RR – 2017 – CESPE) A imunidade tributária assegurada às instituições de educação sem fins lucrativos garante imunidade apenas para os

(A) impostos, não vedando a instituição de outras modalidades de tributos.

(B) tributos que incidam sobre sua renda e seu patrimônio, não afastando a cobrança de tributos que incidam sobre os serviços por elas prestados.

(C) impostos e contribuições sociais, não impedindo a cobrança de taxas, empréstimos compulsórios e contribuições de melhoria.

(D) tributos de competência da União, não prevendo a não incidência de tributos que sejam de competência dos estados, dos municípios ou do DF.

A: correta – art. 150, VI, *c*, da CF; **B**, **C** e **D**: incorretas, pois as imunidades do art. 150, VI, da CF restringem-se a impostos, não abrangendo todas as espécies de tributo – art. 150, VI, da CF. RB

Gabarito "A"

(Promotor de Justiça/RR – 2017 – CESPE) Em matéria tributária, uma lei ordinária pode dispor sobre

(A) isenção restrita a determinada região do território da entidade tributante, em função de condições peculiares a essa região.

(B) conflitos de competência entre a União, os estados, o DF e os municípios.

(C) normas gerais relativas à prescrição e à decadência.

(D) instituição de empréstimo compulsório para atender a despesas extraordinárias decorrentes de calamidade pública.

A: correta – arts. 97, VI e 176, parágrafo único, do CTN; **B**: incorreta, pois é matéria reservada à lei complementar federal – art. 146, I, da CF; **C**: incorreta, pois é matéria reservada à lei complementar federal – art. 146, III, *b*, da CF; **D**: incorreta, pois empréstimos compulsórios são regulados por lei complementar federal – art. 148 da CF. RB

Gabarito "A"

(Delegado/PE – 2016 – CESPE) Considerando-se que uma autarquia federal estabelecida em determinado município receba pagamentos de tarifas pelos serviços prestados a seus usuários, é correto afirmar, em respeito às imunidades recíprocas, que essa autarquia

(A) deverá contribuir somente sobre os tributos relativos ao patrimônio.

(B) está isenta apenas dos tributos federais e municipais.

(C) está isenta apenas do pagamento do IPTU.

(D) está isenta de qualquer tributo, seja ele federal, estadual ou municipal.

(E) deverá contribuir sobre tributos relativos ao patrimônio, renda e serviços.

A: incorreta, pois as autarquias são imunes aos impostos federais, estaduais e municipais (imunidade recíproca), no que se refere ao patrimônio, à renda e aos serviços, vinculados a suas finalidades essenciais ou às delas decorrentes – art. 150, § 2º, da CF; **B**, **C** e **D**: incorretas, pois se trata de imunidade, não isenção, e de impostos, não de qualquer tributo – art. 150, § 2º, da CF; **E**: incorreta. Em princípio, não há imunidade recíproca das autarquias no caso de contraprestação ou pagamento de preços ou tarifas pelo usuário (art. 150, § 3º, da CF), razão pela qual poder-se-ia defender que a alternativa "E" seria correta. Entretanto, o STF fixou entendimento de que as autarquias que prestam serviço público remunerado por tarifa estão abrangidas pela imunidade recíproca – ver RE 741938 AgR/MG. Por essa razão, não há alternativa correta e a questão foi anulada.

Gabarito: Anulada

(Analista Jurídico –TCE/PA – 2016 – CESPE) Em relação às limitações constitucionais ao poder de tributar e à atual jurisprudência do Supremo Tribunal Federal, julgue o item seguinte.

(1) A imunidade das entidades de assistência social sem fins lucrativos abrange seu patrimônio, sua renda e seus serviços. Assim, não incide o imposto sobre a propriedade predial e territorial urbana sobre imóvel de sua propriedade alugado a terceiros, ainda que os aluguéis não sejam revertidos a sua finalidade essencial.

1: incorreta, pois, nos termos da Súmula Vinculante 52/STF, ainda quando alugado a terceiros, permanece imune ao IPTU o imóvel pertencente a qualquer das entidades referidas pelo art. 150, VI, *c*, da Constituição Federal, desde que o valor dos aluguéis seja aplicado nas atividades para as quais tais entidades foram constituídas – ver Sùmula Vinculante 52/STF. Ver também a Tese de repercussão geral 693/STF "A imunidade tributária prevista no art. 150, VI, c, da CF/88 aplica-se aos bens imóveis, temporariamente ociosos, de propriedade das instituições de educação e de assistência social sem fins lucrativos que atendam os requisitos legais."

Gabarito 1E

(Procurador do Estado – PGE/BA – CESPE – 2014) Com relação à imunidade, julgue os itens que se seguem.

(1) A imunidade tributária recíproca não é extensiva às empresas públicas.

(2) As taxas são alcançadas pelas imunidades constitucionais previstas para as entidades de educação.

1: Incorreta, pois o STF reconhece a imunidade em favor dos Correios e da Infraero, por exemplo, em relação a serviços públicos essenciais. Ver Tese de Repercussão Geral STF 402; **2**: Incorreta, pois a imunidade do art. 150, VI, *c*, da CF refere-se apenas a impostos.

Dica: ver também a tese de repercussão geral 644/STF: "A imunidade tributária recíproca reconhecida à Empresa Brasileira de Correios e Telégrafos — ECT alcança o IPTU incidente sobre imóveis de sua propriedade e por ela utilizados, não se podendo estabelecer, a priori, nenhuma distinção entre os imóveis afetados ao serviço postal e aqueles afetados à atividade econômica." RB

Gabarito 1E, 2E

(Magistratura/ES – 2011 – CESPE) Assinale a opção correta acerca da competência tributária.

(A) Pessoas reconhecidamente pobres gozam de imunidade tributária no que se refere à taxa de propositura de ações ou à de solicitação de registros e certidões.
(B) O cumprimento da finalidade essencial da entidade fundacional não é condição legal para fruição da imunidade.
(C) É garantida constitucionalmente à União a possibilidade de tributar a renda das obrigações da dívida pública dos estados, bem como a remuneração e os proventos dos respectivos agentes públicos.
(D) Em nome do princípio da procedência ou destino, os estados, o DF e os municípios podem estabelecer diferença tributária entre serviços de qualquer natureza, em razão da procedência ou destino destes.
(E) A competência tributária apresenta-se como aptidão jurídica para criar tributos, sendo a imunidade uma forma qualificada de incidência, por expressa disposição legal.

A: correta, pois há previsão expressa na CF (CF, art. 5, LXXIV e LXXVI); **B**: incorreta, pois somente gozará de imunidade o patrimônio, rendas e serviços vinculados a sua finalidade essencial, ou dela decorrente (CF, art. 150, § 1); **C**: incorreta, pois há previsão expressa em sentido contrário na CF (CF, art. 151, II); **D**: incorreta, pois há previsão expressa na CF em sentido contrário (CF, art. 152); **E**: incorreta, pois a imunidade decorre de expressa previsão constitucional, não de previsão legal.

Gabarito "A"

(Magistratura/ES – 2011 – CESPE) Com base na disciplina aplicável à imunidade tributária, assinale a opção correta.

(A) A instituição de imposto extraordinário de guerra, por lei complementar, é da competência da União.
(B) A CF confere benefício de isenção tributária aos templos religiosos, ou seja, sobre eles é conferida, pela ordem constitucional, exoneração de obrigação de pagar tributos.
(C) A obtenção do registro no TSE é condição para a fruição da imunidade pelos partidos políticos.
(D) Manuais técnicos no formato de apostilas virtuais não gozam da imunidade tributária conferida aos livros, visto que só é considerado livro, para efeitos fiscais, o que pode ser impresso e identificado como tal.
(E) O tributo é prestação pecuniária obrigatória, podendo o seu pagamento ser efetuado, em determinadas circunstâncias, em moeda estrangeira, conforme preceitua o CTN.

A: incorreta, pois a competência para a instituição de imposto extraordinário não exige a utilização de lei complementar, podendo, então, ser exercida por meio de lei ordinária ou mesmo medida provisória; **B**: incorreta, pois a previsão constitucional de exoneração tributária configura o benefício de imunidade tributária, e não de isenção (CF, art. 150, VI, b); **C**: correta, pois os partidos políticos somente gozam do benefício da imunidade se constituídos formalmente e regularmente como pessoas jurídicas de direito privado, atendidos os requisitos da lei (CC, art. 44), havendo a exigência na lei; **D**: incorreta, pois manuais técnicos estão englobados no conceito de livro, pelo aspecto do seu conteúdo (que poderá ser de qualquer tipo - ficção, religioso, técnico, científico, pornográfico, etc.). Ver Tese de Repercussão Geral STF 593: A imunidade tributária constante do art. 150, VI, d, da CF/88 aplica-se ao livro eletrônico (e-book), inclusive aos suportes exclusivamente utilizados para fixá-lo; **E**: incorreta, pois o pagamento sempre deverá ser feito em moeda nacional (CTN, art. 162).

Gabarito "C"

(Magistratura/PA – 2012 – CESPE) Acerca das limitações ao poder de tributar, assinale a opção correta.

(A) O imóvel pertencente a partido político permanece imune ao IPTU, ainda quando alugado a terceiros, desde que o valor dos aluguéis seja aplicado nas atividades essenciais dessa entidade.
(B) Nas ações acidentárias propostas na justiça estadual, o INSS goza de isenção de pagamento de custas e emolumentos.
(C) A imunidade tributária conferida pela CF a instituições de assistência social sem fins lucrativos somente alcança as entidades fechadas de previdência social privada se houver contribuição dos beneficiários.
(D) A imunidade conferida ao livro, prevista na CF, não abrange todo o material necessário à sua confecção.
(E) As indenizações de férias proporcionais e o respectivo adicional não estão isentos de imposto de renda.

A: correta, pois apesar da redação aparentemente contrariar o disposto na CF (CF, art. 150, § 4º), o STF firmou entendimento sumulado no sentido da flexibilização do rigor da regra constitucional, permitindo a manutenção da imunidade nos casos de destinação de recursos para a atividade fim, ainda que oriundos de atividades acessórias não relacionadas (STF, Súmula 724); **B**: incorreta, pois a imunidade do INSS, autarquia, somente se refere aos impostos (CF, art. 150, VI, a e § 2º), confirmado pela interpretação do STJ (STJ, Súmula 178); **C**: incorreta, pois o STF exige exatamente o contrário, ou seja, a inexistência de contribuição dos beneficiários (STF, Súmula 730); **D**: incorreta, pois o STF, em recente decisão, expressou que a imunidade de livros é ampla, englobando produto, maquinário e insumos. Esse entendimento altera, ao menos em parte, o anteriormente vigente, inclusive sumulado (STF, Súmula 657); **E**: incorreta, pois toda e qualquer indenização não satisfaz o requisito de ser acréscimo patrimonial, exigido para o Imposto sobre a renda, conforme entendimento do STJ (STJ, Súmula 386).

Gabarito "A"

(Magistratura Federal/3ª Região – 2011 – CESPE) Considere que, em determinada autarquia estadual cuja finalidade essencial seja a prestação de serviços à população mediante pagamento de tarifas pelos beneficiários, a prestação dos serviços não configure exploração de atividade econômica regida pelas normas aplicáveis a empreendimentos privados. Nesse caso, a autarquia

(A) deve pagar as contribuições sociais de natureza previdenciária sobre a folha de salários de empregados regidos pela CLT.
(B) é imune ao pagamento da contribuição social sobre o lucro líquido.
(C) é imune ao pagamento do imposto predial e territorial urbano.
(D) deve pagar o imposto sobre a transmissão onerosa de bens imóveis caso venda algum imóvel.
(E) fica imune ao pagamento de imposto sobre a transmissão onerosa de bens imóveis caso compre algum imóvel.

A: correta, pois a eventual imunidade recíproca, estendida as autarquias, afasta apenas impostos, não todas as espécies tributárias (CF, art. 150, VI); **B**: incorreta, pela mesma argumentação, permitindo-se, portanto, a tributação pela contribuição especial; **C**: incorreta, pois como há contraprestação por intermédio de tarifas, afasta-se a imunidade tributária recíproca, sendo a autarquia tributada normalmente (CF, art. 150, § 3º); **D**: correta, pois a autarquia descrita não goza do benefício da imunidade (CF, art. 150, § 3º); **E**: incorreta, pois a autarquia descrita não goza do benefício da imunidade (CF, art. 150, § 3º).

Gabarito "A" ou "D"

4. DEFINIÇÃO DE TRIBUTO E ESPÉCIES TRIBUTÁRIAS

(Juiz de Direito - TJ/BA - 2019 - CESPE/CEBRASPE) Conforme a CF, as contribuições de intervenção no domínio econômico

(A) são de competência exclusiva da União.
(B) podem incidir sobre as receitas decorrentes de exportação.

(C) não podem incidir sobre a importação de serviços.
(D) devem ter alíquota somente *ad valorem*.
(E) podem instituir tratamento desigual entre contribuintes exclusivamente em razão de ocupação profissional.

A: correta, pois a competência para as legislar sobre contribuições sociais, de intervenção no domínio econômico e de interesse de categorias é exclusiva da União, conforme art. 149 da CF; **B**: incorreta, pois isso é afastado pelo art. 149, § 2º, I, da CF; **C**: incorreta, pois isso é permitido, nos termos do art. 149, § § 2º, II, da CF; D: incorreta, pois as alíquotas poderão ser específicas, além de *ad valorem* – art. 149, § 2º, III, *b*, da CF; E: incorreta, pois isso é vedado expressamente pelo art. 150, II, da CF (princípio da isonomia). RB

Gabarito "A".

(Auditor Fiscal - SEFAZ/RS - 2019 - CESPE/CEBRASPE) De acordo com o Código de Processo Civil (CPC) e a doutrina pertinente, os valores decorrentes de multas por atos atentatórios à dignidade da justiça são de natureza

(A) não tributária, podendo integrar a dívida ativa da União e dos estados, sendo cobrada sob o rito da execução fiscal.
(B) tributária, podendo integrar a dívida ativa da União e dos estados.
(C) não tributária, não podendo integrar a dívida ativa da União e dos estados, sendo cobrada sob o rito do cumprimento de sentença.
(D) tributária e destinados ao fundo de defesa de direitos coletivos.
(E) não tributária e destinados ao fundo de defesa dos direitos coletivos.

A: correta, conforme o art. 77, § 3º, do CPC; **B**: incorreta, até porque o tributo jamais decorre de fato ilícito – art. 3º do CTN; **C**: incorreta, pois, nos termos do art. 77, § 3º, do CPC, observa-se o procedimento da execução fiscal; **D**: incorreta, conforme comentário à alternativa "B"; **E**: incorreta, pois, nos termos do art. 77, § 3º, *in fine*, do CPC, os recursos dessa multa são destinados aos fundos de modernização do Poder Judiciário (art. 97 do CPC). RB

Gabarito "A".

(Auditor Fiscal - SEFAZ/RS - 2019 - CESPE/CEBRASPE) As contribuições sociais de intervenção no domínio econômico e de interesse das categorias profissionais ou econômicas

(A) não precisam ser definidas por meio de lei complementar.
(B) submetem-se às regras gerais relativas ao lançamento tributário.
(C) devem ter seus fatos geradores definidos por meio de lei complementar.
(D) submetem-se ao princípio da anterioridade, o que determina que a elevação de alíquota somente poderá ser cobrada no exercício financeiro posterior ao da publicação da lei complementar.
(E) podem ter suas alíquotas alteradas por ato do Poder Executivo, desde que atendidos os limites estabelecidos por lei complementar.

A: correta, com exceção de outras contribuições sociais, não previstas no art. 195 da CF, conforme seu § 4º; **B**: correta, sujeitando-se ao disposto no art. 142 e seguintes do CTN como todos os tributos; **C**: incorreta, conforme comentários à primeira alternativa. Somente em relação aos impostos (não outras espécies tributárias) discriminados na Constituição é que se exige lei complementar federal para definição de fatos geradores, bases de cálculo e contribuintes – art. 146, III, *a*, da CF; **D**: incorreta, pois as contribuições sociais sujeitam-se apenas à anterioridade nonagesimal, não à anual – art. 195, § 6º, da CF; **E**: incorreta, pois não há essa possibilidade em relação a essas contribuições, com exceção da CIDE sobre combustíveis que, nos termos do art. 177, § 4º, I, *b*, da CF, pode ter sua alíquota reduzida e restabelecida por ato do Executivo, sem sujeição à anterioridade anual. RB

Gabarito Anulada

(Auditor Fiscal - SEFAZ/RS - 2019 - CESPE/CEBRASPE) A respeito de tributos, assinale a opção correta.

(A) São três as espécies de tributos: impostos, taxas e contribuições sociais.
(B) A extrafiscalidade relaciona-se com a independência do Estado em prestar atividade ao contribuinte.
(C) A manifestação prévia do sujeito passivo é condição para a cobrança assumir natureza tributária.
(D) Instituir contribuições previdenciárias de servidores públicos do Distrito Federal é competência exclusiva da União.
(E) Pessoa natural destinatária de operações de importação pode ser equiparada a pessoa jurídica.

A: incorreta, pois, pela lição clássica da teoria tripartida, as espécies de tributo são impostos, taxas e contribuições de melhoria – art. 145 da CF. Pela teoria pentapartida são cinco: impostos, taxas, contribuições de melhoria, empréstimos compulsórios e contribuições especiais (sociais, de intervenção no domínio econômico e de interesse de categorias); **B**: incorreta, pois extrafiscalidade se refere à função não estritamente arrecadatória dos tributos, mas sim de intervenção no domínio econômico e social; **C**: incorreta, pois o tributo e a tributação independem da vontade do contribuinte, decorrendo diretamente da ocorrência do fato gerador (situação necessária e suficiente para a incidência e surgimento do tributo) – arts. 3º e 114 do CTN; **D**: incorreta, pois essa competência é exclusiva do próprio Distrito Federal – art. 149, § 1º, da CF; **E**: correta, sendo isso expresso na Constituição Federal em relação à contribuições sociais e de intervenção no domínio econômico e ao ICMS, por exemplo – art. 149, § 3º, e art. 155, § 2º, IX, *a*, da CF. RB

Gabarito "E".

(Procurados do Município – Prefeitura Fortaleza/CE – CESPE – 2017) No que se refere à teoria do tributo e das espécies tributárias, julgue os itens seguintes.

(1) A identificação do fato gerador é elemento suficiente para a classificação do tributo nas espécies tributárias existentes no ordenamento jurídico: impostos, taxas, contribuições de melhoria, contribuições e empréstimos compulsórios.
(2) O imposto é espécie tributária caracterizada por indicar fato ou situação fática relativa ao próprio contribuinte no aspecto material de sua hipótese de incidência.
(3) O fato gerador da contribuição de iluminação pública é a prestação de serviço público, específico e divisível, colocado à disposição do contribuinte mediante atividade administrativa em efetivo funcionamento.
(4) A relação jurídica tributária, que tem caráter obrigacional, decorre da manifestação volitiva do contribuinte em repartir coletivamente o ônus estatal.
(5) No que concerne à atividade de cobrança de tributo, não se admite avaliação do mérito administrativo pelo agente público, uma vez que o motivo e o objeto da atividade administrativa fiscal são plenamente vinculados.

1: Incorreta, pois, embora o fato gerador seja o elemento essencial para a classificação dos tributos listados no CTN (arts. 4º e 5º), ou seja, impostos, taxas e contribuições de melhoria, as outras duas espécies, previstas na Constituição Federal (contribuições especiais e empréstimos compulsórios) são definidos por sua finalidade – arts. 148, 149 e 149-A da CF. **2**: Correta, já que o fato gerador do imposto é desvinculado de qualquer atividade estatal específica voltada ao contribuinte (art. 16 do CTN), considerando também que deve relacionar-se com a capacidade contributiva do contribuinte – art. 145, I, da CF. **3**: Incorreta, pois a assertiva descreve taxa, inviável no caso de serviço indivisível, como é o caso da iluminação pública – art. 77 do CTN. A rigor, a CF não descreve o fato gerador dessa contribuição, mas apenas sua finalidade, qual seja custeio desse serviço – art. 149-A da CF. **4**: Incorreta, pois a vontade do contribuinte é irrelevante para o surgimento da obrigação tributária, que é sempre compulsória, decorrente da lei *(ex lege)* – art. 3º do CTN. **5**: Correta, não havendo discricionariedade na cobrança, sendo a atividade fiscal vinculada e obrigatória, sob pena de responsabilidade funcional – arts. 3º e 142, parágrafo único, do CTN. RB

Gabarito 1E, 2C, 3E, 4E, 5C

(Analista Jurídico – TCE/PR – 2016 – CESPE) A respeito das taxas cobradas pela União, pelos estados, pelo Distrito Federal ou pelos municípios, do poder de polícia e dos serviços públicos, assinale a opção correta.

(A) A utilização potencial de serviço público não poderá ser considerada fato gerador das taxas.

(B) O regular exercício do poder de polícia trata dos atos do poder público que a lei tenha definido como vinculados.
(C) Os serviços públicos específicos são aqueles suscetíveis de utilização, separadamente, por cada um dos seus usuários.
(D) As taxas podem ser calculadas em função do capital das empresas.
(E) O poder de polícia pode ser definido como a atividade da administração pública que, limitando ou disciplinando direito, interesse ou liberdade, regula a prática de ato ou abstenção de fato, em razão de interesse público.

A: incorreta, pois isso é possível, nos termos dos arts. 77, *caput*, e 79, I, *b*, do CTN; **B:** incorreta, pois exercício do poder de polícia não se refere a todos os atos vinculados, mas apenas àqueles atinentes à fiscalização (no que se refere à matéria tributária). O lançamento tributário, por exemplo, é ato vinculado, mas não se refere especificamente ao exercício do poder de polícia; **C:** incorreta, pois essa é a definição de divisibilidade, e não de especificidade – art. 79, III, do CTN; **D:** incorreta, nos termos do art. 77, parágrafo único, do CTN. A base de cálculo da taxa deve refletir o custo do serviço prestado ou do exercício do poder de polícia; **E:** correta, nos termos do art. 78 do CTN.

Gabarito "E"

(Procurador do Estado/AM – 2016 – CESPE) Considerando os limites ao exercício do poder de tributar, julgue o item seguinte.

(1) Para fins de cobrança, as penalidades pecuniárias impostas ao contribuinte em virtude do descumprimento de obrigações acessórias são equiparadas à obrigação tributária principal, visto que ambas constituem obrigação de dar.

1: correta, pois, de fato, ambos, tributo e penalidade pecuniária, são objeto da obrigação tributária principal, que abrange, portanto, as prestação pecuniárias, obrigações de dar dinheiro ao fisco – art. 113, § 1º, do CTN.

Gabarito 1C

(Cartório/PI – 2013 – CESPE) Os emolumentos extrajudiciais de serviços notariais e de registro público podem ser criados ou alterados, a qualquer tempo, pelos tribunais de justiça. Acerca desse assunto, assinale a opção correta.

(A) Incidem imposto sobre operações relativas a circulação de mercadorias e prestação de serviço de transporte interestadual e intermunicipal e de comunicação e contribuições para fiscais nos serviços notariais prestados e cobrados aos cidadãos.
(B) As custas e os emolumentos extrajudiciais tem natureza tributária de taxas cobradas em razão do poder de polícia.
(C) Os emolumentos extrajudiciais podem ser criados pelos tribunais de justiça por provimentos gerais, independentemente da existência de lei que assim os defina.
(D) Para a criação e cobrança de emolumentos extrajudiciais, e necessário observar os princípios da anterioridade e da reserva legal.
(E) A corregedoria dos tribunais tem a função de fiscalizar os serviços notariais e pode, por provimento, determinar e atualizar os valores dos serviços, independentemente de lei.

Os emolumentos notariais têm natureza de taxa, sujeitando-se, portanto, ao princípio da legalidade e da anterioridade, entre outros, como os tributos em geral – ver ADI 1.145/PB e ADI 3.694/AP: "É da jurisprudência do Tribunal que as custas e os emolumentos judiciais ou extrajudiciais têm caráter tributário de taxa".
A: incorreta, pois não incide ICMS sobre esses serviços, já que não são de comunicação ou de transporte; **B:** incorreta, pois são taxa decorrente da prestação de serviço público, não do exercício do poder de polícia; **C** e **E:** incorretas, pois, sendo taxa (espécie de tributo), dependem de lei para sua instituição e alteração – art. 150, I, da CF; **D:** correta – art. 150, I e III, da CF.

Gabarito "D"

(Cartório/PI – 2013 – CESPE) O tribunal de justiça de determinado estado, por meio de um provimento, corrigiu monetariamente, por conta própria, o valor cobrado das custas judiciais e emolumentos. Embora não houvesse permissão legal, referido tribunal atualizou esses valores devido ao fato de eles estarem bastante defasados.

A partir dessa situação hipotética, assinale a opção correta.

(A) Emolumentos e custas judiciais são valores cobrados pela prestação de serviços públicos específicos e divisíveis e devem observar o princípio da reserva legal.
(B) Os emolumentos são valores cobrados administrativamente pelos serviços prestados no Poder Judiciário e são de livre instituição e cobrança dos tribunais de justiça.
(C) As custas judiciais, por serem contraprestação de serviços públicos específicos prestados pelos tribunais, podem ser atualizadas por normas administrativas do tribunal.
(D) Tendo os emolumentos cartorários e as custas judiciais natureza de taxa, o produto de sua arrecadação somente poderá ser destinado para custeio de serviços públicos, ainda que esses serviços sejam diversos daqueles para os quais foram arrecadados.
(E) A atualização monetária não significa aumento de valores, dado que é considerada como recomposição do valor real, e, portanto, pode ser estabelecida administrativamente pelo tribunal, mesmo sem que a lei autorize.

A: correta – art. 150, I, da CF; **B** e **C:** incorretas, pois, sendo taxa (espécie de tributo), dependem de lei para sua instituição e alteração – art. 150, I, da CF; **D:** incorreta, pois não existe em princípio vinculação das receitas das taxas para as despesas correspondentes aos serviços públicos correspondentes. Importante ressaltar, entretanto, que o valor cobrado a título de taxa deve ter relação com o custo do serviço prestado; **E:** incorreta, pois, embora a correção monetária não implica aumento real, não pode ser fixada por simples ato administrativo do tribunal sem lei autorizativa.

Gabarito "A"

(Cartório/RR – 2013 – CESPE) De acordo com o CTN, é proibido o estabelecimento e a cobrança de taxas para custear serviços

(A) referentes à higiene de hospitais, prestados pela vigilância epidemiológica.
(B) concernentes à segurança pública, realizados pela polícia militar.
(C) concernentes à tranquilidade pública.
(D) referentes a segurança contra incêndios dos imóveis, prestados pelo corpo de bombeiros.
(E) relativos à higiene de alimentos, realizados vigilância sanitária.

As taxas relativas à prestação de serviços públicos somente podem ser instituídas em relação aos serviços específicos e divisíveis, conforme definido no art. 79, II e III, do CTN. Das alternativas, o caso evidente de serviço não divisível, ou seja, de serviço claramente prestado *uti universi*, é o da segurança pública prestado pela polícia militar, de modo que alternativa "B" é a melhor. Importante salientar, entretanto, que há margem para discussão em relação a todas as demais alternativas, que não são muito específicas na descrição do serviço efetivamente prestado.

Gabarito "B"

(Cartório/DF – 2014 – CESPE) No que se refere a taxas e contribuições de melhoria, assinale a opção correta.

(A) A instituição de taxas deve sempre observar o princípio da legalidade tributária.
(B) As taxas cobradas pelo DF, no âmbito de suas atribuições, podem ter como fato gerador o exercício efetivo ou potencial do poder de polícia.
(C) Os serviços públicos específicos são suscetíveis de utilização por parte de cada um dos seus usuários de forma separada.
(D) A contribuição de melhoria cobrada pelo DF, no âmbito de suas atribuições, pode ser instituída para fazer face ao custo de obras públicas de que decorra ou não valorização imobiliária.
(E) Apesar de ampla aceitação pela doutrina e jurisprudência, a espécie tributária "contribuição de melhoria" não guarda expressa previsão na CF.

A: correta, pois, sendo espécie de tributo, a taxa se submete ao princípio da legalidade – art. 150, I, da CF; **B:** incorreta, pois o exercício do poder de polícia deve ser efetivo, para possibilitar a cobrança da taxa – art. 150,

II, da CF; **C:** incorreta, pois essa é a definição de divisibilidade, não a de especificidade – art. 79, III, do CTN; **D:** incorreta, pois o fato gerador da contribuição de melhoria é a valorização imobiliária decorrente da obra pública – art. 150, III, da CF; **E:** incorreta, pois a contribuição de melhoria é prevista expressamente pelo art. 150, III, da CF.

Gabarito "A"

(Cartório/DF – 2014 – CESPE) Considerando o empréstimo compulsório e a contribuição de intervenção no domínio econômico, assinale a opção correta.

(A) Não há previsão constitucional para a instituição de empréstimos compulsórios no caso de conjuntura que exija a absorção temporária de poder aquisitivo.

(B) As contribuições de intervenção no domínio econômico poderão incidir sobre as receitas decorrentes de exportação.

(C) É preciso que se decrete estado de calamidade para que o empréstimo compulsório seja cobrado.

(D) O DF poderá, mediante lei complementar, instituir empréstimo compulsório nas hipóteses legais.

(E) O DF poderá, mediante lei ordinária, instituir contribuição de intervenção no domínio econômico nas hipóteses legais.

A: correta, sendo que a disposição do art. 15, III, do CTN não foi recepcionada pela Constituição atual – art. 148 da CF; **B:** incorreta, pois há imunidade nesse caso – art. 149, § 2º, I, da CF; **C:** incorreta, pois não há essa exigência – art. 148 da CF; **D:** incorreta, pois o empréstimo compulsório é da competência exclusiva da União – art. 148 da CF; **E:** incorreta, pois somente a União pode instituir CIDE – art. 149, *caput*, da CF.

Gabarito "A"

(Magistratura/CE – 2012 – CESPE) Assinale a opção correta a respeito de taxa.

(A) Sendo o fato gerador da taxa a utilização, efetiva ou potencial, de serviços públicos de atribuição do ente tributante, a taxa de serviço só pode ser criada caso exista um serviço público efetivamente ou potencialmente utilizado pelo contribuinte e desde que esse serviço seja específico e divisível.

(B) O serviço prestado por concessionária de serviços públicos não pode ser custeado por meio de taxa.

(C) O Estado poderá estabelecer aumento do valor da taxa cobrada pelo exercício do poder de polícia de fiscalização das embarcações para custear parte do custo da educação básica, uma vez estabelecida a educação como a prioridade no programa de governo.

(D) Com o objetivo de incentivar a produtividade agrícola, os municípios podem instituir e cobrar taxa de serviço para custear a implantação de serviços técnicos a serem utilizados por pequenos produtores na preparação da terra.

(E) O poder de polícia, em si mesmo, é que dá suporte às taxas exigidas em razão dele, e a sua exigência independe da concreta realização de atos nos quais esse poder se expressa.

A: correta, pois nos termos da CF, a instituição de taxas, pressupõe a existência de serviço público, específico e divisível, utilizado efetiva ou potencialmente pelo destinatário, ou ainda, o exercício de poder de polícia (CF, art. 145, II); **B:** incorreta, pois a eventual concessão do serviço público não altera sua natureza e não gera impactos sobre a política pública remuneratória do serviço (CF, art. 175); **C:** incorreta, pois as taxas, por entendimento doutrinário pacífico, devem ser obrigatoriamente destinadas a manutenção ou expansão da atividade estatal motivadora da sua instituição; **D:** incorreta, pois a taxa pressupõe a prestação ode serviço público, ou seja, serviço prestado por força de lei; **E:** incorreta, pois as taxas de polícia, em regra, decorrem do efetivo exercício do poder de fiscalização, não sendo admitido, como regra, a prestação inexistente, ainda que em relação a terceiros.

Gabarito "A"

(Magistratura/CE – 2012 – CESPE) Acusado de vender a seus clientes, sem a devida apresentação de receita médica conforme exigência legal, substâncias psicotrópicas que causam dependência física e(ou) psíquica, o titular de determinada farmácia foi condenado, em sentença transitada em julgado, à pena de quatro anos de reclusão, por tráfico de substância entorpecente. Tendo sido constatado, ainda, que não haviam sido emitidas notas fiscais nem se realizara o registro contábil referente às vendas da tal substância, o juiz determinou que se oficiasse à RFB, para que fossem tomadas as providências necessárias. A RFB, então, providenciou o cálculo do montante do tributo devido, o lançamento fiscal e a inscrição do débito em dívida ativa.

Considerando a situação hipotética apresentada acima, assinale a opção correta.

(A) O trânsito em julgado da sentença condenatória, reconhecida a existência do fato criminoso, é fator impeditivo do lançamento fiscal.

(B) Dada a conduta criminosa do titular da farmácia, a RFB não poderia ter efetivado o lançamento tributário, porquanto o fato gerador do tributo funda-se no princípio de que o imposto só pode ter origem em fato ético.

(C) Verificada a circulação de mercadoria, a RFB poderá efetivar o lançamento referente ao ICMS, independentemente de quem tenha adquirido a substância, fato que não interfere na atribuição da responsabilidade tributária.

(D) O lançamento fiscal não é medida adequada nesse caso, pois, ao realizá-lo, o Estado tornou-se cúmplice do tráfico ilícito de entorpecentes.

(E) O cabimento do lançamento fiscal deve-se à omissão da renda decorrente do não fornecimento da nota fiscal, devendo ser oferecida representação fiscal para fins penais, dado o crime contra a ordem tributária

A: incorreta, pois as esferas penal e tributária não se confundem, especialmente para a definição do fato gerador (CTN, art. 118); **B:** incorreto, pois a eventual venda do remédio sem a competente prescrição médica, configuradora do ato ilícito, não gera efeitos, ou não torna ilícita a aquisição da receita, (CTN, art. 118); **C:** incorreta, pois a circulação, em si, é ato ilícito, não podendo, pois ser tributado; **D:** incorreto, pois o fato gerador, no caso em tela, é a aquisição da renda, não a venda em si; **E:** correta, pois a omissão de receita, pelas vendas, é considerada de forma abstrata, isolada dos fatos anteriores (STF, HC 94249).

Gabarito "E"

(Magistratura/PI – 2011 – CESPE) A respeito do Sistema Tributário Nacional, assinale a opção correta com base no CTN.

(A) A relação jurídica regulada pelo direito tributário não é considerada obrigacional, ainda que vincule o Estado ao contribuinte.

(B) O direito tributário desfruta de autonomia perante os demais ramos do direito e, dada sua complexidade, não pode ser objeto de resoluções do Senado Federal.

(C) A natureza jurídica do tributo é determinada pela destinação legal do produto da sua arrecadação.

(D) Conforme o CTN, o preço público também é considerado tributo, em razão de sua finalidade e características determinadas pela lei.

(E) A atividade administrativa de cobrança de tributo deve ser plenamente vinculada, ou seja, não cabe à administração aplicar, na cobrança de tributos, critérios de conveniência e oportunidade.

A: incorreta, pois a relação jurídica tributária tem nítida natureza obrigacional (CTN, art. 113); **B:** incorreta, pois as resoluções, por previsão constitucional, tem grande campo de aplicação n o direito tributário, especialmente para os tributos estaduais, mediante a definição de alíquotas máximas e mínimas dos impostos (CF, art. 155, § 1º, IV, § 2º, IV, V, § 6º, I); **C:** incorreto, pois a espécie tributária é definida, em regra, pelo fato gerador, sendo irrelevante a denominação e a destinação (CTN, art. 4); **D:** incorreto, pois preço público e taxa não se confundem (STF, Súmula 545); **E:** correto, por expressa previsão legal (CTN, art. 3º).

Gabarito "E"

(Ministério Público/TO – 2012 – CESPE) Para a validade de uma norma, é necessária sua adequação aos princípios constitucionais, o que se tem convencionado chamar Estado de Constituição. Nesse sentido, o Sistema Tributário Nacional tem sua regulamentação constitucional com uma série de princípios, que são utilizados para regular diversas situações de incidência tributária.

Em relação a esse assunto, assinale a opção que corresponde a correta aplicação do princípio constitucional indicado.

(A) Se, em dezembro, for editada lei que aumente a alíquota de imposto de renda, esta não poderá incidir na declaração de ajuste a ser apresentada no ano seguinte, já que incidirá sobre o total da renda do ano de sua edição, vindo a ferir o princípio da anterioridade.

(B) Instituído por lei o prazo para recolhimento do tributo, sua antecipação deverá atender ao princípio da anterioridade.

(C) Em respeito ao princípio da anterioridade nonagesimal, as taxas instituídas pela municipalidade em decorrência do poder de polícia só poderão ser exigidas noventa dias após a publicação da lei que as tiver instituído.

(D) A obrigação imposta ao contribuinte pelo município de apurar o tributo devido, informar ao fisco o montante apurado e recolhê-lo no dia vinte do mês posterior à ocorrência do fato gerador está sujeita ao princípio da legalidade.

(E) Norma estadual que conceda incentivo fiscal a empresa que contratar empregado com idade superior a cinquenta anos vai de encontro ao princípio da isonomia, constituindo discriminação em virtude da idade.

A: incorreto, pois nos termos do entendimento do STF, ao imposto de renda calculado sobre os rendimentos do ano-base, aplica-se a lei vigente no exercício financeiro em que deve ser apresentada a declaração (STF, Súmula 584); **B:** incorreto, pois nos termos do CTN e da interpretação do STF, a definição de data de pagamento não se sujeita ao princípio da legalidade e da anterioridade (CTN, art. 113); **C:** correto, pois nos termos da CF, todos os tributos, salvo os expressamente excluídos, devem respeitar a anterioridade dos 90 dias (CF, art. 150, III, c); **D:** incorreto, pois nos termos do CTN, a definição de obrigações acessórias não se sujeitam ao princípio da legalidade, pois definidas pela legislação tributária (CTN, art. 113 e 96); **E:** incorreto, pois tal medida visa estimular a contratação e manutenção no mercado de trabalho trabalhadores que, em situações normais, tem mais dificuldade de recolocação profissional, tendo, tal medida, amparo no princípio da isonomia (CF, art. 150, II).

Gabarito "C"

(Defensor Público/RO – 2012 – CESPE) Assinale a opção correta acerca da instituição de tributos.

(A) É válida a cobrança, pelo município, de contribuição de melhoria que estabeleça como base de cálculo a valorização dos imóveis.

(B) As universidades públicas podem instituir taxa de matrícula com o objetivo de custear programa de assistência a alunos carentes.

(C) É legítimo o estabelecimento, pelo município, de taxa de renovação anual de licença para localização, instalação e funcionamento de estabelecimento comercial, para custear o poder de polícia para tal fim instituído.

(D) É válida a cobrança, pela União, de taxa de fiscalização de atividade poluidora, ainda que não exercida, de fato, qualquer fiscalização, ingressando o tributo nos cofres públicos como se imposto fosse, dada sua competência residual.

(E) É legal a instituição de taxa municipal para custear a limpeza dos logradouros públicos, já que tal serviço é específico, divisível e possível de ser vinculado a cada contribuinte.

A: incorreta, pois a base de cálculo deve quantificar o fato gerador, no caso a valorização imobiliária decorrente da obra pública (não qualquer valorização imobiliária decorrente da dinâmica do mercado, por exemplo) – art. 145, III, da CF e art. 81 do CTN; **B:** incorreta, pois somente os entes políticos (União, Estados, Distrito Federal e Municípios) detêm competência tributária, ou seja, somente eles podem instituir tributos por meio de lei; **C:** correta, pois trata-se de típica taxa pelo exercício do poder de polícia – art. 78 do CTN. A possibilidade de cobrança no caso de renovação anual da licença foi validada pelo Judiciário, desde que haja estrutura para a fiscalização – o STJ afastou a antiga Súmula 157; **D:** incorreta, pois a cobrança da taxa depende da efetiva ocorrência de seu fato gerador, no caso a efetiva fiscalização. Não é razoável falar em exercício da competência residual, embora o nome do tributo ("taxa de fiscalização de atividade poluidora") seja irrelevante – art. 4º, I, do CTN. Isso porque, para que fosse imposto, o fato gerador deveria ser desvinculado de qualquer atividade estatal específica e, além de ser instituído por lei complementar (isso não é informado), não poderia haver "bis in idem" ou bitributação em relação a outros impostos – art. 154, I, da CF; **E:** incorreta, pois não é possível identificar os usuários ou quantificar o serviço fruído por cada um deles, de modo que se trata de serviço indivisível (prestado "uti universi"), não passível de taxação – art. 145, II, da CF e art. 77 do CTN.

Gabarito "C"

(Magistratura Federal/1ª Região – 2011 – CESPE) De acordo com o princípio da não afetação da receita de impostos, que rege tanto o direito financeiro quanto o tributário, o legislador é proibido de vincular a receita de impostos a órgão, fundo ou despesa. Todavia, a despeito desse princípio, o legislador pode vincular a receita do imposto de renda a

(A) pagamento da dívida pública mobiliária federal.

(B) convênios para atender a despesas imprevisíveis e urgentes decorrentes de calamidades públicas.

(C) despesas com aposentadorias do RGPS.

(D) prestação de garantias às operações de crédito por antecipação de receita.

(E) despesas com assistência social.

A CF estabelece expressamente os casos de exceção à regra de não vinculação das receitas dos impostos, elencando, dentre elas, a prestação de garantias às operações de crédito por antecipação de receitas (CF, art. 167, IV). **A**, **B**, **D**, e **E**: incorretas, pela não adequação as exceções; **C**: correta, pela expressa previsão constitucional (CF, art. 167, IV).

Gabarito "C"

5. LEGISLAÇÃO TRIBUTÁRIA – FONTES

O governo de determinado estado da Federação, ao contrário dos governos dos demais estados, não publicou decreto ratificando convênio de eficácia nacional que havia revogado isenções do imposto sobre operações relativas a circulação de mercadorias. O referido convênio foi aprovado por 21 dos 25 representantes de estados da Federação que estavam presentes à reunião. O representante do estado da Federação que não publicou o decreto ratificando o convênio não estava presente à deliberação.

(Auditor Fiscal - SEFAZ/RS - 2019 - CESPE/CEBRASPE) Nessa situação hipotética, de acordo com dispositivos da Lei Complementar Federal n.º 24/1975, esse convênio

(A) não obriga o referido estado, devido a ausência da ratificação expressa por meio de decreto.

(B) obriga o referido estado, porque a ratificação será considerada tácita e porque foi atendido o quórum deliberativo.

(C) não obriga o referido estado, em razão do descumprimento do quórum deliberativo.

(D) obriga o referido estado se, a qualquer tempo, vier a publicar o decreto de ratificação.

(E) não obriga o referido estado, porque o seu representante não estava presente à reunião deliberativa.

A revogação de isenções de ICMS exige presença da maioria das unidades da Federação na reunião e aprovação por 4/5 (quatro quintos) dos presentes, nos termos do art. 2º, §§ 1º e 2º, da LC 24/1975. Assim, a publicação do decreto ratificador do Estado que não estava presente é irrelevante, sendo que a revogação é válida para todos os Estados e Distrito Federal. Por essa razão, a alternativa "B" é a correta. RB

Gabarito "B"

(Auditor Fiscal - SEFAZ/RS - 2019 - CESPE/CEBRASPE) A legislação tributária atribui particularidades à medida provisória enquanto instrumento com força de lei. Nesse sentido, é correto afirmar que

(A) é vedado o aumento de imposto por medida provisória que não possa ser votada no mesmo exercício financeiro de sua edição.

(B) a exigibilidade de tributo instituído por medida provisória depende do cumprimento do princípio da legalidade estrita.

(C) as relações jurídico-tributárias decorrentes de medida provisória conservam-se por esta regidas no caso de não se editar decreto legislativo no prazo de sessenta dias.

(D) a eficácia de medida provisória que instituir tributo será vinculada a sua votação em prazo improrrogável de sessenta dias.
(E) pode ser objeto de medida provisória a criação de tributos para custear despesas excepcionais que decorram de guerra internacional ou da iminência desta.

A: incorreta, pois há apenas limitação quanto à produção dos efeitos financeiros, que depende de conversão em lei até o último dia do exercício em que foi editada – art. 62, § 2º, da CF; **B:** incorreta, pois se admite a exigibilidade de tributos instituídos ou majorados por medida provisória, não sendo sequer exigida conversão em lei em sentido estrito no caso dos impostos sobre importação, exportação, IPI, IOF e extraordinário – art. 62, § 2º, da CF; **C:** correta, conforme art. 62, § 11, da CF; **D:** incorreta, pois sua eficácia depende de conversão em lei até o último dia do exercício em que foi editada – art. 62, § 2º, da CF; **E:** imprecisa, pois podem ser instituídos impostos extraordinários (não qualquer espécie tributária) no caso de guerra externa ou sua iminência, sendo que essa instituição pode ser por medida provisória, nos termos do art. 62, § 2º, da CF. RB

Gabarito "C"

(Procurador do Município - Campo Grande/MS - 2019 - CESPE/ CEBRASPE) Com referência às normas constitucionais relativas a tributos e contribuições, julgue os itens que se seguem.

(1) É constitucional lei complementar que institua regime tributário especial ou simplificado para microempresas e empresas de pequeno porte relativamente ao pagamento do imposto sobre operações relativas à circulação de mercadorias e serviços (ICMS), à contribuição do empregador, da empresa e da entidade a ela equiparada para a seguridade social e às contribuições para o Programa de Integração Social (PIS) e para o Programa de Formação do Patrimônio do Servidor Público (PASEP).
(2) Pertence ao município o produto da arrecadação do imposto da União sobre renda e proventos de qualquer natureza, incidente na fonte, sobre rendimentos pagos, a qualquer título, pelo próprio município ou por suas autarquias, fundações, empresas públicas e sociedades de economia mista.
(3) Medida provisória não é instrumento válido para inclusão de fato gerador relacionado ao imposto sobre serviços de qualquer natureza (ISS), de competência municipal, ainda que essa matéria seja urgente e relevante para o equilíbrio de contas públicas municipais.

1: correta, nos termos do art. 146, III, *d*, da CF; **2:** incorreta, pois a regra em favor dos Municípios somente se aplica aos rendimento pagos por eles e pelas entidades de direito público da administração indireta (autarquias e fundações públicas), aos pagamentos feitos por empresas públicas ou sociedades de economia mista – art. 158, I, da CF; **3:** correta, pois fato gerador de imposto deve ser fixado por lei complementar federal (art. 146, III, *a*, da CF), que não pode ser substituída por medida provisória – art. 62, § 1º, III, da CF. RB

Gabarito 1C, 2E, 3C

(Defensor Público/AC – 2017 – CESPE) Em matéria tributária, é facultado à lei ordinária

(A) alterar a base de cálculo de tributos.
(B) majorar a alíquota de impostos, desde que observados os limites legais.
(C) definir tratamento favorecido para as microempresas.
(D) instituir empréstimos compulsórios, desde que observados os requisitos constitucionais.
(E) dispor sobre conflito de competência entre os entes tributantes.

A: incorreta, pois os impostos devem ter suas bases de cálculo fixadas por lei complementar federal – art. 146, III, *a*, da CF; **B:** correta – art. 97, IV, do CTN; **C:** incorreta, pois é matéria reservada à lei complementar federal – art. 146, III, *d*, da CF; **D:** incorreta, pois empréstimos compulsórios são regulados por lei complementar federal – art. 148 da CF; **E:** incorreta, pois é matéria reservada à lei complementar federal – art. 146, I, da CF. **RB**

Gabarito "B"

(Juiz de Direito/AM – 2016 – CESPE) Lei ordinária do município de Manaus, promulgada em 20/3/2012, estabeleceu isenção de IPTU para as associações de apoio a deficientes físicos. Em 20/4/2012, parecer aprovado pelo prefeito com efeitos normativos da procuradoria do município, ao interpretar tal isenção, dando início a uma prática reiterada da administração, estendeu-a às associações de apoio a portadores de doença mentais. Tendo novo prefeito tomado posse, a procuradoria do município elaborou, em 20/4/2013, novo parecer pugnando pela ilegalidade da extensão da isenção, em reconsideração do parecer anterior.

Com base nessa situação hipotética, assinale a opção correta.

(A) Confirmada a ilegalidade do primeiro parecer, as autoridades tributárias estão obrigadas a lançar o tributo, corrigido monetariamente, acrescido de juros e multas, em decorrência do princípio da legalidade.
(B) A ilegalidade do parecer decorre da previsão de que a lei tributária concessiva de isenções deve ser interpretada restritivamente.
(C) Dado o primeiro parecer, de efeitos normativos, as associações de apoio a doentes mentais deverão pagar apenas o valor principal do tributo corrigido monetariamente e acrescido das multas.
(D) O primeiro parecer era ilegal porque a lei tributária concessiva de isenções deve ser interpretada literalmente.
(E) Dada a reconsideração da isenção, as associações de apoio a doentes mentais deverão pagar o valor principal do tributo corrigido monetariamente e acrescido de juros, uma vez que o parecer com efeitos normativos tem o efeito de excluir multas.

A: incorreta, pois, no caso de erro de direito, ou seja, erro na interpretação da norma tributária, a posterior mudança de entendimento (correção dessa interpretação) somente pode ser aplicada aos lançamentos relativos a fatos geradores posteriores a essa mudança, nos termos do art. 146 do CTN. Outra interpretação possível é de que, por ser indisponível, o tributo relativo aos fatos anteriores deve ser cobrado, mas sem juros ou multas, já que esses acréscimos são afastados nos casos em que o contribuinte seguiu normas complementares do ente tributante (entre elas estão as práticas reiteradas da autoridade fiscal), nos termos do art. 100, parágrafo único, do CTN; **B:** inadequada, já que o CTN dispõe que a interpretação deve ser literal (não usa o termo restritivamente), de modo que a alternativa "D" é a melhor – art. 111 do CTN; **C:** incorreta, pois a multa é inexigível, conforme comentário à primeira alternativa; **D:** essa é a melhor alternativa, conforme comentários anteriores; **E:** incorreta, pois os juros tampouco são exigíveis, conforme comentário à primeira alternativa.

Gabarito "D"

(Procurador do Estado/AM – 2016 – CESPE) Considerando os limites ao exercício do poder de tributar, julgue o item seguinte.

(1) Os convênios firmados pelos estados para dispor a respeito de isenções do ICMS são qualificados como normas complementares, pois não inovam o ordenamento jurídico.

1: incorreta, pois, embora convênios sejam mesmo normas complementares, nos termos do art. 100, IV, do CTN, a razão para essa classificação é outra, já que eles podem inovar no ordenamento jurídico, fixando, por exemplo, isenções de ICMS (ver art. 155, § 2º, XII, *g*, da CF).

Gabarito 1E

(Cartório/ES – 2013 – CESPE) Em matéria tributária, são consideradas normas complementares das leis, dos tratados e das convenções internacionais e dos decretos

(A) os decretos do Poder Legislativo.
(B) as resoluções do Senado Federal.
(C) os atos normativos expedidos pelas autoridades administrativas.
(D) as decisões judiciais transitadas em julgado.
(E) as leis complementares, as leis ordinárias e as leis delegadas.

A, B e **D:** incorretas, pois decretos legislativos, resoluções do Senado e decisões judiciais não são listados no art. 100 do CTN como normas complementares; **C**: correta, conforme o art. 100, I, do CTN; **E**: incorreta, as normas complementares são complementares exatamente em relação às leis, além de outros veículos normativos – art. 100, *caput*, do CTN.

Gabarito "C"

(Cartório/DF – 2014 – CESPE) Acerca da legislação tributária, assinale a opção correta.

(A) Na ausência de disposição expressa, a autoridade competente para aplicar a legislação tributária utilizará, sucessivamente, na ordem indicada: a analogia, os costumes e os princípios gerais de direito.
(B) Os atos normativos tributários expedidos pelas autoridades administrativas entram em vigor quarenta e cinco dias depois de oficialmente publicados, salvo disposição em contrário.
(C) Aplica-se, desde logo, a legislação tributária aos fatos geradores futuros e pendentes.
(D) Excepcionalmente, o emprego da analogia poderá resultar na exigência de tributo não previsto em lei.
(E) Somente lei complementar federal tributaria pode alterar a definição de institutos de direito privado.

A: incorreta, pois os princípios vêm logo após a analogia e o art. 108 do CTN não prevê costumes; **B**: incorreta, pois em regra entram em vigor na data de sua publicação – art. 103, I, do CTN; **C**: correta, nos termos do art. 105 do CTN; **D**: incorreta, pois isso é expressamente vedado pelo art. 108, § 1º, do CTN; **E**: incorreta em se tratando de Direito Tributário, especificamente em relação a institutos de direito utilizados pela Constituição para delimitação das competências tributárias – art. 110 do CTN.

Gabarito "C"

(Magistratura/PI – 2011 – CESPE) A respeito da disciplina das fontes do direito tributário, assinale a opção correta.

(A) Qualquer alteração no CTN deve ser feita por lei complementar ou por normas superiores, dada a determinação constitucional acerca da fixação de normas gerais de direito tributário.
(B) O CTN não considera normas complementares do direito tributário as práticas reiteradas das autoridades administrativas.
(C) Os convênios fiscais entre a União, os estados, o DF e os municípios não veiculam a prática de assistência mútua, pois a atuação desses entes não é integrada.
(D) Os tratados e as convenções internacionais não são aptos a revogar ou modificar a legislação tributária interna, pois não fazem parte da chamada legislação tributária.
(E) Resolução do Senado Federal pode cominar penalidades para ações ou omissões contrárias aos dispositivos legais.

A: correto, por expressa determinação constitucional acerca das normas gerais em matéria tributária. Essa interpretação, inclusive, é que gera a afirmação de que o CTN tem hierarquia de lei complementar, apesar de ser uma lei ordinária (CF, art. 146, III); **B**: incorreto, pois há previsão expressa nesse sentido (CTN, art. 96 e 100); **C**: incorreto, pois há expressa previsão legal nesse sentido (CTN, art. 100, IV); **D**: incorreto, pois há expressa previsão legal nesse sentido (CTN, art. 96, 99 e 100); **E**: incorreto, pois há exigência de lei para tanto (CTN, art. 96).

Gabarito "A"

6. VIGÊNCIA, APLICAÇÃO, INTERPRETAÇÃO E INTEGRAÇÃO

(Auditor Fiscal - SEFAZ/RS - 2019 - CESPE/CEBRASPE) Na solução de aparentes conflitos de normas de direito tributário,

(A) a regra geral tem preferência sobre a especial, e a pregressa é a preferida em relação à ulterior.
(B) a solução de um conflito entre princípios e regras é alcançada, entre outros meios, por postulados normativos aplicativos.
(C) colisão entre princípios se resolve com a aplicação da hierarquia e a análise de validade de um sobre o outro.
(D) a ausência de gradação entre regras requer o emprego de razões de otimização.
(E) regras, postulados e princípios estão no mesmo plano quanto ao nível, ao objeto e ao destinatário.

A: incorreta, em especial porque a norma posterior revoga, em princípio, a anterior, como regra geral – art. 2º, § 1º, da Lei de Introdução às Normas do Direito Brasileiro – LINDB. Também em regra, a norma especial aplicável afasta a geral; **B**: correta, pois os postulados normativos aplicativos são exatamente as normas que orientam a aplicações das demais normas no sistema normativo, a exemplo do art. 108 do CTN; **C**: incorreta, sendo que no âmbito do direito tributário há determinação legal para aplicação, nesta ordem, dos princípios gerais de direito tributário e dos princípios gerais de direito público – art. 108 do CTN; **D**: incorreta, pois em direito tributário há diversas ordens de aplicação das normas. Por exemplo, as normas gerais definidas no art. 146 da CF devem ser veiculadas por lei complementar federal e se sobrepõem às demais; a competência tributária é exclusiva de cada ente tributante, de modo que as normas que materializam seu exercício são exclusivas etc.; **E**: incorreta, pois os princípios e as regras destinam-se ao Poder Público e aos contribuintes, enquanto os postulados, que se referem à aplicação das outras normas, são destinados aos intérpretes e aplicadores do direito. DICA: essa questão se refere à doutrina de Humberto Ávila, distinguindo princípios, regras e postulados.

Gabarito "B"

(Auditor Fiscal - SEFAZ/RS - 2019 - CESPE/CEBRASPE) O Código Tributário Nacional (CTN) disciplina o que a autoridade competente pode fazer para interpretar a norma tributária, a fim de resolver dúvidas e solucionar casos de ausência de disposição expressa acerca de determinada questão. Com relação à interpretação e à integração da legislação tributária, é correto afirmar que

(A) os princípios gerais de direito público precedem os de direito tributário.
(B) a equidade pode ser utilizada para estender a isenção de tributos a outros sujeitos passivos.
(C) é vedado o uso da analogia para instituir contribuições sociais não previstas em lei.
(D) não se admite a interpretação literal de norma que trate de suspensão ou exclusão do crédito tributário.
(E) devem ser interpretadas em favor do fisco as questões que envolvam imputabilidade e circunstâncias materiais do fato.

A: incorreta, pois, na listagem do art. 108 do CTN, a aplicação dos princípios gerais de direito tributário deve ser anterior à dos princípios gerais de direito público; **B**: incorreta, pois o art. 108, § 2º, do CTN dispõe expressamente que o emprego da equidade não poderá resultar na dispensa do pagamento de tributo devido; **C**: correta, pois o art. 108, § 1º, do CTN dispõe expressamente que o emprego da analogia não poderá resultar na exigência de tributo não previsto em lei; **D**: incorreta, pois é o oposto. O art. 111, I, do CTN impõe a interpretação literal da legislação que disponha sobre suspensão ou exclusão do crédito tributário; **E**: incorreta, pois, nos termos do art. 112, II e III, do CTN, a legislação tributária relativa a infrações e penalidades é interpretada da maneira mais favorável ao acusado em caso de dúvidas quanto imputabilidade e circunstâncias materiais do fato.

Gabarito "C"

(Juiz – TRF5 – 2017 – CESPE) Sob a vigência de determinada norma tributária, contribuintes deixaram de recolher o tributo devido, do que resultou a autuação do fisco e a impugnação dos contribuintes. Antes mesmo do fim do processo administrativo fiscal, foi aprovada e entrou em vigor legislação tributária que concedeu isenção parcial, reduzindo em 50% o referido tributo, para as mesmas operações.

Com relação a essa situação hipotética, assinale a opção correta, conforme as normas a respeito da aplicação e vigência da lei tributária dispostas no Código Tributário Nacional (CTN).

(A) Os contribuintes inadimplentes não poderão recolher os 50% do tributo devido, dada a impossibilidade de retroação no caso de a lei nova ser interpretativa, o que ocorreu na situação hipotética apresentada.

(B) Os contribuintes inadimplentes terão o direito de recolher o valor do tributo em 50%, já que o ato ainda não se encontra definitivamente julgado.

(C) A irretroatividade da lei tributária não alcança algumas exceções previstas no Código Tributário Nacional (CTN), como é o caso da concessão da isenção parcial prevista na situação hipotética apresentada, uma vez que a exceção busca aplicação do princípio da segurança jurídica.

(D) Os contribuintes inadimplentes não poderão se beneficiar do recolhimento com base na nova lei, já que ela passou a viger após o nascimento da obrigação tributária e não há fundamento legal para desconsiderá-la.

(E) Os contribuintes inadimplentes terão o direito de recolher 50% a título de tributo devido, pois a lei retroage para beneficiá-los, mesmo antes do fim do processo administrativo fiscal, dado o princípio da lei mais benigna.

A, **B** e **E**: incorretas, pois isenção não é perdão (como remissão e anistia), referindo-se a fatos posteriores ao início de vigência da lei – art. 175, I, do CTN; **C**: incorreta, pois não há falar em retroatividade de lei de isenção, conforme comentário anterior; **D**: correta, conforme comentário anterior. RB

Gabarito "D".

(Procurados do Município – Prefeitura Fortaleza/CE – CESPE – 2017) Considerando as disposições do CTN a respeito de legislação tributária, vigência, aplicação, interpretação e integração, julgue os itens subsequentes.

(1) A interpretação da legislação tributária a partir dos princípios gerais de direito privado é realizada para identificar o conceito, o conteúdo e o alcance dos institutos de direito privado, determinando, assim, a definição dos respectivos efeitos tributários.

(2) As práticas reiteradamente observadas pelas autoridades administrativas são normas complementares consuetudinárias de direito tributário. Assim, na hipótese de a norma ser considerada ilegal, não é possível caracterizar como infracional a conduta do contribuinte que observa tal norma, em razão do princípio da proteção da confiança e da boa-fé objetiva.

(3) Admite-se a aplicação retroativa de norma tributária interpretativa e de norma tributária mais benéfica sobre penalidades tributárias, mesmo diante de ato amparado pela imutabilidade da coisa julgada.

(4) É vedada a adoção de métodos de interpretação ou qualquer princípio de hermenêutica que amplie o alcance da norma tributária que outorga isenção.

1: Incorreta, pois os princípios gerais de direito privado não são utilizados para definição dos efeitos tributários dos institutos, conceitos e formas analisados – art. 109 do CTN. **2**: Correta, conforme o art. 100, III, e parágrafo único, do CTN. **3**: Incorreta, pois a retroatividade dessas normas não modifica a coisa julgada, protegida por disposição constitucional e legal – art. 5º, XXXVI, da CF e art. 106, II, do CTN. **4**: Incorreta, pois a norma isentiva é sempre interpretada de modo estrito ou, na terminologia do CTN, literalmente – art. 111, II, do CTN. RB

Gabarito 1E, 2C, 3E, 4E

(Analista Jurídico – TCE/PR – 2016 – CESPE) A respeito do que prevê o Código Tributário Nacional sobre a vigência, a aplicação, a interpretação e a integração da legislação tributária, assinale a opção correta.

(A) Deverá ser interpretada de forma literal a legislação tributária que dispuser sobre outorga de isenção.

(B) No caso de dúvida quanto à natureza da penalidade aplicável, ou à sua gradação, a lei tributária deverá ser interpretada da forma mais favorável ao fisco.

(C) A legislação tributária não se aplica imediatamente aos fatos geradores pendentes.

(D) É inadmissível, em qualquer hipótese, a aplicação da lei a ato ou fato pretérito.

(E) Havendo lacuna da lei tributária, a autoridade competente deverá utilizar a analogia, os princípios gerais do direito tributário, os princípios gerais do direito público e os costumes, nessa ordem.

A: correta, nos termos do art. 111 do CTN; **B**: incorreta, pois a interpretação, nesta hipótese, deve ser a mais favorável ao infrator – art. 112, IV, do CTN; **C**: incorreta, pois se aplica a legislação imediatamente neste caso, nos termos do art. 105, do CTN; **D**: incorreta, pois há hipóteses de aplicação da lei a ato ou fato pretérito, nos termos do art. 106, do CTN; **E**: incorreta, pois não se aplicam os costumes, mas, sim, a equidade – art. 108 do CTN.

Gabarito "A".

(Cartório/ES – 2013 – CESPE) Com a finalidade de colmatar as lacunas normativas, a autoridade administrativa ou judicial competente para aplicar a legislação tributária utilizará

(A) a equidade e a analogia, essa com a finalidade de exigir tributo não previsto em lei.

(B) a analogia e a equidade que resulte na dispensa do pagamento de tributo devido.

(C) os costumes, a equidade, a analogia e os princípios gerais de direito tributário.

(D) os costumes, a equidade, os princípios gerais de direito público e os princípios gerais de direito tributário.

(E) a analogia, os princípios gerais de direito tributário, os princípios gerais de direito público e a equidade.

A: incorreta, pois não se pode exigir tributo não previsto em lei, conforme o princípio da legalidade – art. 150, I, da CF, sendo que isso é expressamente vedado no caso da analogia – art. 108, § 1º, do CTN; **B**: incorreta, pois não se dispensa o pagamento de tributo devido sem lei autorizativa, o que é vedado expressamente no caso de aplicação da equidade – art. 108, § 2º, do CTN; C e **D**: incorreta, pois os costumes não são método integrativo – art. 108 do CTN; **E**: correta, conforme a listagem do art. 108 do CTN.

Gabarito "E".

(Cartório/PI – 2013 – CESPE) Considerando que lei tributária específica, que conceda parcelamento de crédito, seja publicada em 12/11/2013, sem a previsão de sua vigência, assinale a opção correta.

(A) A vigência e a eficácia da referida lei ocorrerão com a sua publicação.

(B) Na hipótese em apreço, deve-se aplicar a integração da referida norma, e a sua eficácia somente poderá ocorrer após três meses da sua publicação.

(C) A interpretação da referida legislação tributária deverá ser sistemática, uma vez que ela trata de concessão de causa de suspensão de crédito tributário.

(D) A vigência da referida lei será imediata, pois ela concede suspensão de crédito tributário.

(E) A vigência da lei em questão ocorrerá após quarenta e cinco dias, contados a partir da data da sua publicação.

A *vacatio legis* das leis, salvo disposição em contrário, é de 45 dias contados da sua publicação, nos termos do art. 1º, *caput*, da Lei de Introdução às normas do Direito Brasileiro. Por essa razão, a alternativa "E" é a correta.

Gabarito "E".

(Cartório/RR – 2013 – CESPE) Em 2011, determinado contribuinte cometeu ato ilícito consistente em deixar de pagar determinado tributo. A administração tributária, tendo tomado conhecimento do ato, abriu um processo contra esse contribuinte. No início de 2013, foi editada lei que deixou de tratar aquele ato ilícito. O processo ainda não foi definitivamente julgado.

Nessa situação, a norma editada em 2013

(A) somente se aplicará para desonerar o contribuinte dos efeitos tributários, mas não dos penais.

(B) será aplicada para desonerar o contribuinte dos efeitos tributários e penais.

(C) não se aplicará, seja para desonerar o contribuinte dos efeitos tributários, seja para desonerá-lo dos efeitos penais.

(D) não se aplicará, devendo ser adotado o princípio do direito penal segundo o qual a lei não retroage.

(E) somente se aplicará para desonerar o contribuinte dos efeitos penais, mas não dos tributários.

A e **B**: incorretas, pois o fato de o ato deixar de ser ilícito, o tributo não foi pago, ou seja, subsiste o inadimplemento, ainda que não a ilicitude, de modo que não há desoneração dos efeitos tributários; **C** e **D:** incorretas, pois se o ilícito é penal, a lei superveniente que afasta a ilicitude afasta esses efeitos penais – art. 2º do Código Penal; **E:** correta, conforme comentários anteriores.

Gabarito "E".

(Magistratura/BA – 2012 – CESPE) Tratado internacional sobre matéria tributária assinado pelo Brasil passa a vigorar no ordenamento jurídico interno na data

(A) de início da vigência do decreto legislativo que aprovar o respectivo projeto de tratado internacional.
(B) de início da vigência do decreto que o promulgar.
(C) estabelecida pelo próprio tratado.
(D) da troca dos instrumentos de ratificação.
(E) da assinatura do projeto de tratado internacional.

Os tratados internacionais em matéria tributária somente passam a produzir efeitos a partir do decreto presidencial que o introduz em nosso sistema, sendo tal ato necessário para sua validade interna. Dessa forma, sua vigência será definida pela vigência do próprio Decreto.

Gabarito "B".

(Magistratura/PB – 2011 – CESPE) No que concerne à vigência, aplicação e eficácia das leis tributárias, assinale a opção correta.

(A) A legislação tributária aplica-se imediatamente aos fatos geradores pendentes e futuros.
(B) É vedada a instituição pela União de tributo que não seja uniforme em todo o território nacional, ou que importe em preferência em favor de determinado estado ou município, ainda que tenha por finalidade promover o desenvolvimento de determinadas regiões.
(C) De acordo com a sistemática do direito tributário, a lei vigente é necessariamente eficaz, não tendo aplicabilidade, em matéria tributária, a regra geral da *vacatio legis*.
(D) Entram em vigor na data de sua publicação as decisões de órgãos singulares ou coletivos de jurisdição administrativa a que a lei atribua eficácia normativa.
(E) Por motivos de ordem pública, as isenções podem ser revogadas a qualquer tempo, ainda que tenham sido concedidas por prazo certo e em razão de determinadas condições.

A: Correta, conforme o art. 105 do CTN; **B:** Incorreta, pois se admite a concessão, pela União, de incentivos fiscais destinados a promover o equilíbrio do desenvolvimento socioeconômico entre as diferentes regiões do País, como exceção ao princípio da uniformidade territorial – art. 151, I, da CF; **C:** Incorreta, pois a lei tributária, como qualquer outra, deve indicar expressamente a data em que entre em vigor (ainda que seja a partir da sua publicação, sem *vacatio legis*) – art. 8º da LC 95/1998. Se a lei for omissa, aplica-se a regra do art. 1º da Lei de Introdução às Normas do Direito Brasileiro – LINDB, que fixa o início de vigência 45 dias após a publicação; **D:** Incorreta, pois, salvo disposição em contrário, essas decisões entram em vigor, quanto a seus efeitos normativos, 30 dias após a publicação – art. 103, II, do CTN; **E:** Incorreta, pois as isenções concedidas por prazo certo e em razão de determinadas condições não podem ser livremente revogadas, garantindo-se o respeito ao direito adquirido – art. 178 do CTN.

Gabarito "A".

(Advogado – Correios – 2011 – CESPE) Acerca das normas gerais de direito tributário e da obrigação tributária, julgue os itens que se seguem.

(1) O proprietário de imóvel é o sujeito ativo da obrigação tributária principal de efetuar o pagamento do imposto sobre a propriedade predial e territorial urbana (IPTU), de competência municipal, desse imóvel.
(2) O CTN disciplina que a lei tributária será aplicável ao ato ou fato pretérito definitivamente julgado quando deixar de defini-lo como infração.
(3) Se determinado estado publicar lei que disponha sobre moratória, essa lei tributária estadual deverá ser interpretada literalmente.

1: incorreta. O proprietário do imóvel é o sujeito passivo da obrigação. Sujeito ativo é o Município (arts. 32 a 34 do CTN); **2:** incorreta. A retroatividade não alcança atos definitivamente julgados (art. 106, II, "a", do CTN); **3:** correta. Moratória é causa de suspensão da exigibilidade do crédito tributário, sendo aplicável, portanto, o art. 111, I, do CTN.

Gabarito 1E, 2E, 3C

Veja a seguinte tabela, para memorização das regras de integração e sua ordem de aplicação, conforme previsto no art. 108 do CTN:

Regras de integração – casos de ausência de disposição expressa
1º – analogia (não pode implicar exigência de tributo ao arrepio da lei)
2º – princípios gerais de direito tributário
3º – princípios gerais de direito público
4º – equidade (não pode implicar dispensa de pagamento do tributo devido)

(Magistratura Federal/3ª Região – 2011 – CESPE) Em setembro de 2011, a União editou decreto determinando a elevação das alíquotas de IPI sobre a importação de automóveis e instrução normativa determinando a prorrogação do direito de dedução, sobre o imposto de renda anual da pessoa física, da contribuição previdenciária paga a empregado doméstico. Em ambas as normas, há cláusula de vigência para o dia da publicação desses atos normativos. Acerca desse aspecto, é correto afirmar, em conformidade com a CF e com o CTN, que

(A) os efeitos do decreto produzem-se a partir de 1.º/1/2012, e os da instrução normativa, a partir da publicação.
(B) os efeitos do decreto produzem-se após 90 dias contados da publicação, e os da instrução normativa, a partir da publicação.
(C) os efeitos do decreto e da instrução normativa produzem-se após 90 dias contados da publicação.
(D) os efeitos do decreto e da instrução normativa produzem-se a partir de 1.º de janeiro de 2012.
(E) os efeitos do decreto e da instrução normativa produzem-se a partir da publicação dessas normas.

É regra geral, constante do princípio da anterioridade, que as leis que impliquem em aumento de carga tributária, seja pela elevação da alíquota, da base de cálculo, da própria instituição do tributo, dentre outras possibilidades, somente passem a produzir seus efeitos no exercício financeiro seguinte, decorridos, ao menos, 90 dias. Pela própria redação, percebe-se que as alterações que impliquem em benefício, não se sujeitam a tais prazos. A CF, contudo, estabelece uma série de exceções, como é o caso do IPI, para o qual somente se aplica o prazo de 90 dias, mas não o exercício financeiro. Pela explicação, o IPI, então, sujeita-se ao prazo de 90 dias e a manutenção do benefício tem vigência imediata.

Gabarito "B".

7. FATO GERADOR E OBRIGAÇÃO TRIBUTÁRIA

(Auditor Fiscal - SEFAZ/RS - 2019 - CESPE/CEBRASPE) A atividade estatal de arrecadação de tributos depende do cumprimento de obrigações de naturezas distintas pelo contribuinte e pelo não contribuinte, para que se materialize todo o percurso de lançamento, cobrança e fiscalização do crédito tributário. Com relação a esse assunto, é correto afirmar que

(A) as relações contributivas dispensam a atuação do fisco.
(B) presume-se por facultativa a obrigação que vise auxiliar a fiscalização tributária atribuída a terceiro não contribuinte.
(C) obrigação acessória, quando descumprida por terceiro não contribuinte, converte-se em principal, exceto quanto às penalidades pecuniárias.
(D) o contribuinte que usufrui de imunidade deve cumprir as obrigações acessórias relativas ao benefício fiscal.
(E) obrigações acessórias extinguem-se com a ocorrência do fato gerador em relação a terceiro não contribuinte.

A: incorreta, até porque, nos termos do art. 142 do CTN, o lançamento é atividade privativa do fisco (embora, na prática, exista o autolançamento); **B:** incorreta, pois há obrigações tributárias impostas a terceiros – art. 194, parágrafo único, e art. 197 do CTN, entre outros; **C:** incorreta, pois a obrigação principal decorrente do descumprimento da obrigação acessória é exatamente aquela relativa à penalidade pecuniária (multa) – art. 113, § 3º, do CTN; **D:** correta, já que a inexistência de incidência ou exigibilidade do tributo não afasta necessariamente as obrigações acessórias – art. 9º, § 1º, do CTN; **E:** incorreta, pois não há relação de dependência ou prejudicialidade entre as obrigações acessórias e principais – art. 9º, § 1º, art. 151, parágrafo único, art. 175, parágrafo único, entre outros. RB

Gabarito "D"

(Juiz – TJ/CE – 2018 – CESPE) No direito tributário, obrigação tributária principal e obrigação tributária acessória são de naturezas distintas. Nesse sentido, assinale a opção correta.

(A) A obrigação principal refere-se apenas ao contribuinte; a obrigação acessória, ao responsável tributário.
(B) A obrigação principal decorre da legislação tributária; a obrigação acessória, de ato administrativo concreto.
(C) A obrigação principal é pessoal e intransferível; a obrigação acessória pode ser transferida para terceiros.
(D) A obrigação principal é de natureza patrimonial; a obrigação acessória, de natureza não patrimonial.
(E) A obrigação principal tem por objeto o pagamento de um tributo; a obrigação acessória, o pagamento de uma penalidade.

A: incorreta, pois a obrigação tributária principal refere-se a tributos e penalidades pecuniárias (obrigação pecuniária) enquanto a obrigação acessória se refere a prestações positivas ou negativas, mas nunca pecuniárias – art. 113 do CTN; **B:** incorreta, pois a obrigação principal decorre da lei, enquanto a acessória, da legislação – art. 113 do CTN; **C:** incorreta, pois a sujeição passiva de qualquer obrigação tributária (principal ou acessória) pode ser transferida nos termos da lei; **D:** correta, sendo a melhor alternativa, por exclusão das demais. A obrigação principal tem por objeto prestação pecuniária (pode-se dizer que tem natureza patrimonial, nesse sentido), enquanto a prestação da obrigação acessória não é pecuniária – art. 113 do CTN; **E:** incorreta, pois tributo e penalidade pecuniária são objeto da obrigação principal – art. 113, § 1º, do CTN. RB

Gabarito "D"

(Promotor de Justiça/RR – 2017 – CESPE) A respeito da obrigação tributária, assinale a opção correta conforme o que dispõe o CTN.

(A) A obrigação principal e sua obrigação acessória devem decorrer de um mesmo fato gerador.
(B) Obrigação principal pode ter por objeto o pagamento de penalidade tributária.
(C) A obrigação principal é considerada obrigação tributária, ao passo que as obrigações acessórias são consideradas obrigações de natureza não tributária.
(D) Obrigação acessória não se converte em obrigação principal.

A: incorreta, pois os fatos geradores não se confundem – arts. 114 e 115 do CTN; **B:** correta – art. 113, § 1º, do CTN; **C:** incorreta, pois ambas têm natureza tributária – art. 113 do CTN; **D:** incorreta, pois, na dicção do art. 113, § 3º, do CTN, a obrigação acessória, pelo simples fato da sua inobservância, converte-se em obrigação principal relativamente à penalidade pecuniária. RB

Gabarito "B"

(Procurados do Município – Prefeitura Fortaleza/CE – CESPE – 2017) Julgue o seguinte item, a respeito de obrigação tributária e crédito tributário.

(1) O CTN qualifica como obrigação tributária principal aquela que tem por objeto uma prestação pecuniária, distinguindo-a da obrigação tributária acessória, cujo objeto abrange as condutas positivas e negativas exigidas do sujeito passivo em prol dos interesses da administração tributária e as penalidades decorrentes do descumprimento desses deveres instrumentais.

1: Incorreta, pois as penalidades pecuniárias (= multas) aplicadas pelo descumprimento dos deveres instrumentais são objeto da obrigação principal. Toda prestação tributária pecuniária (= em dinheiro), seja tributo ou penalidade, é objeto da obrigação principal – art. 113, § 1º, do CTN. RB

Gabarito 1E

(Procurador do Estado – PGE/BA – CESPE – 2014) De acordo com determinada norma tributária, a venda de mercadoria gera a necessidade de registro contábil e do pagamento do tributo devido. A respeito desse tema, julgue os itens seguintes.

(1) O tributo não pago converte-se imediatamente em obrigação principal.
(2) O registro da referida venda é uma obrigação tributária, mas não o fato gerador do tributo.
(3) O pagamento do tributo extingue toda obrigação tributária existente, incluindo-se a necessidade de registro contábil.
(4) Suponha que aquele que esteja diretamente vinculado ao fato gerador não realize o registro, mas pague o tributo. Nessa situação, caso seja aplicada pena pecuniária pelo descumprimento da obrigação referente ao registro contábil, por meio de lançamento tributário definitivo, fica constituído o crédito tributário.
(5) O sujeito passivo diretamente ligado com o fato gerador é denominado responsável tributário.

1: Incorreta, pois o tributo não pago já é objeto da obrigação principal – art. 113, § 1º, do CTN. O descumprimento de qualquer obrigação tributária, seja principal (= pecuniária) ou acessória (= não pecuniária) pode, se houver previsão legal, fazer surgir uma nova obrigação principal, cujo objeto é a multa por esse descumprimento – art. 113, § 3º, do CTN. **2**: Correta. O dever de registrar a venda não é pecuniário, ou seja, não implica dever de recolher dinheiro ao fisco, de modo que é objeto de obrigação tributária acessória. O fato gerador do tributo é a situação prevista em lei que faz surgir o dever de recolhimento do valor correspondente ao fisco que, no caso, é a circulação de mercadoria decorrente da venda realizada. **3**: Incorreta, pois a obrigação acessória subsiste independentemente da obrigação principal. Os registros contábeis e as documentações fiscais devem ser emitidos e mantidos pelos contribuintes para que o fisco possa, durante o prazo decadencial e prescricional, verificar a regularidade da constituição do crédito e de seu recolhimento – art. 195, parágrafo único, do CTN. **4**: O gabarito oficial entendeu como correta, mas é discutível. A rigor, em se tratando de ICMS sobre vendas de mercadorias, há declarações dos contribuintes que constituem o crédito tributário e são pressupostos para emissão da guia e recolhimento do valor correspondente – Súmula 436/STJ. Caso o contribuinte simplesmente recolha determinado valor aos cofres do fisco, sem referência a nenhuma declaração de crédito tributário, parece necessário efetivo lançamento por parte do fisco, que não se confunde com a simples aplicação de multa pela falta de registro contábil. É preciso que a autoridade fiscal efetivamente identifique o fato gerador, o contribuinte, quantifique o valor do tributo e notifique para que realize o pagamento – art. 142 do CTN. Dito de outra forma, a constituição do crédito relativo à multa pelo descumprimento da obrigação acessória não se confunde com a constituição do crédito relativo ao tributo devido, muito embora, na prática, seja esperado que o fiscal realize ambos os lançamentos no momento da autuação. **5**: Incorreta, pois essa é a definição do contribuinte, que tem relação pessoal e direta com o fato gerador – art. 121, parágrafo único, I, do CTN. RB

Gabarito 1E, 2C, 3E, 4C, 5E

(Defensoria/DF – 2013 – CESPE) No que se refere a obrigação tributária e ao processo judicial tributário, julgue os seguintes itens.

(1) A natureza jurídica do tributo e determinada pelo fato gerador da respectiva obrigação, sendo irrelevantes para qualificá-la as características formais adotadas pela lei.
(2) De acordo com o STJ, a não localização de determinada sociedade no domicilio fiscal fornecido gera presunção *iuris tantum* de dissolução irregular, sendo possível, nesse caso, o redirecionamento da execução fiscal ao sócio-gerente da sociedade.
(3) Considere que, proposta execução fiscal contra determinado responsável tributário, tenha sido verificado que ele faleceu antes da propositura da ação. Nessa situação, a execução

deverá ser direcionada ao espolio do devedor por meio de alteração do polo passivo da relação processual.

(4) A responsabilidade dos pais pelos tributos devidos pelos filhos e, de acordo com o CTN, solidaria e pessoal.

(5) O locatário do imóvel tem legitimidade ativa para propor ação de repetição de indébito de IPTU.

1: correta, nos termos do art. 4º do CTN; **2**: correta – Súmula 435/STJ; **3**: incorreta, pois inviável a alteração do polo passivo – Súmula 392/STJ, ver AgRg no AREsp 324.015/PB; **4**: incorreta, pois a responsabilidade é subsidiária, apesar da literalidade do art. 134 do CTN, já que os pais respondem apenas no caso de impossibilidade de exigência do cumprimento da obrigação principal pelo contribuinte; **5**: incorreta, pois locatário não é contribuinte de direito do IPTU, inexistindo relação jurídica tributária entre ele e o fisco.

Gabarito 1C, 2C, 3E, 4E, 5E

(Magistratura/PI – 2011 – CESPE) No que tange à obrigação tributária, assinale a opção correta.

(A) É possível que sujeito passivo de obrigação principal figure como responsável, ainda que a obrigação não decorra de disposição expressa em lei.

(B) A solidariedade mencionada no CTN importa benefício de ordem quando as pessoas solidárias são expressamente designadas por lei.

(C) Não é possível que uma obrigação acessória se converta em principal, pois esta é vinculada à ocorrência do fato gerador.

(D) A autoridade administrativa pode desconsiderar atos ou negócios jurídicos praticados com a finalidade de dissimular a ocorrência de fato gerador de tributo; o procedimento a ser adotado deve ser estabelecido por lei ordinária.

(E) Na hipótese de constituição de pessoa jurídica de direito público pelo desmembramento territorial de outra, não haverá sub-rogação em direitos.

A: incorreto, pois a definição de sujeito passivo de obrigação tributária decorre de previsão legal (CTN, art. 121); **B**: incorreto, pois a solidariedade, tributária e não tributária, não implica em benefício de ordem (CTN, art. 124); **C**: incorreto, pois o eventual descumprimento de obrigação acessória implica na possibilidade de aplicação de multa, caracterizadora de obrigação principal (CTN, art. 113); **D**: correto, por expressa previsão legal e como forma de afastar as simulações no direito tributário (CTN, art. 116, parágrafo único); **E**: incorreto, por expressa previsão legal e pelas regras gerias de sucessão (CTN, art. 120).

Gabarito "D"

(Ministério Público/RR – 2012 – CESPE) Acerca das obrigações tributárias, assinale a opção correta.

(A) O descumprimento de obrigação acessória pode gerar penalidade pecuniária, que não se confunde com a obrigação principal, não podendo, por conseguinte, converter-se nessa obrigação.

(B) As obrigações acessórias não têm autonomia em relação à obrigação principal.

(C) Ainda que em gozo de imunidade tributária, a pessoa jurídica não está dispensada de cumprir obrigações acessórias e de se submeter à fiscalização tributária.

(D) Após a edição de lei que conceda benefício fiscal às empresas de pequeno porte, não poderá o fisco editar portaria que obrigue o contribuinte a consolidar os resultados mensais para usufruir do benefício.

(E) Pode o fisco baixar instrução normativa exigindo a regularidade fiscal do sócio para deferir a inscrição de sociedade comercial no cadastro fiscal.

A: incorreto, pois apesar das obrigações tributárias serem chamadas de principal e acessória, não apresentam relação de dependência entre si, havendo previsão expressa na lei que o descumprimento de obrigação acessória poderá implicar em aplicação de sanção pecuniária e, portanto, obrigação principal (CTN, art. 113, § 3º); **B**: incorreto, pois são independentes; **C**: correto, pois a eventual imunidade e isenção afasta, apenas, a obrigação principal, não dispensando do cumprimentos dos deveres instrumentais (CTN, art. 175, parágrafo único); **D**: incorreto, pois tal medida configura-se em mero dever instrumental, que não depende de lei, mas de mera legislação tributária (CTN, art. 113 e 96); **E**: incorreto, pois tal medida configuraria sanção indireta, não prevista em lei.

Gabarito "C"

8. LANÇAMENTO E CRÉDITO TRIBUTÁRIO

A secretaria de fazenda de determinado estado da Federação realizará o lançamento de tributo de sua competência na importação de mercadoria; o valor tributário está expresso em moeda estrangeira e discriminado em documento idôneo.

(Auditor Fiscal - SEFAZ/RS - 2019 - CESPE/CEBRASPE) Nesse caso, de acordo com o CTN, o lançamento será feito por

(A) arbitramento do valor mediante aferição de similar exclusivamente nacional.

(B) arbitramento do valor mediante aferição de similares nacional e internacional, prevalecendo o que for maior.

(C) conversão em moeda nacional ao câmbio do dia fixado na nota fiscal de remessa da mercadoria no exterior.

(D) conversão em moeda nacional ao câmbio do dia do lançamento definitivo do tributo.

(E) conversão em moeda nacional ao câmbio do dia da ocorrência do fato gerador da obrigação.

Nos termos do art. 143 do CTN, salvo disposição de lei em contrário, quando o valor tributário esteja expresso em moeda estrangeira, no lançamento far-se-á sua conversão em moeda nacional ao câmbio do dia da ocorrência do fato gerador da obrigação. Por essa razão, a alternativa "E" é a correta. RB

Gabarito "E"

(Procurador do Município/Manaus – 2018 – CESPE) Julgue o item que se segue à luz do que dispõe o Código Tributário Nacional.

(1) O lançamento regularmente notificado ao sujeito passivo pode ser modificado em razão do provimento de recurso de ofício.

1: correta – art. 145, II, do CTN. RB

Gabarito 1C

(Promotor de Justiça/RR – 2017 – CESPE) A legislação que instituiu determinada taxa atribuiu ao sujeito passivo o dever de antecipar o pagamento do tributo, sem qualquer exame prévio por parte do órgão da fazenda pública competente pela respectiva arrecadação. A mesma lei prevê que o lançamento do tributo ocorrerá em momento posterior ao pagamento, por meio de ato administrativo com o qual a autoridade tributária, tomando conhecimento da declaração prestada pelo contribuinte quanto à atividade exercida, confirmará ou não o montante do tributo devido. Nesse caso, estando o pagamento correto, a autoridade tributária reconhecerá de ofício a extinção do respectivo crédito tributário.

Nessa situação hipotética, de acordo com o CTN, a modalidade de lançamento tributário prevista pela referida lei consiste em lançamento

(A) direto.

(B) por homologação.

(C) de ofício.

(D) por declaração.

A questão descreve exatamente o lançamento por homologação, conforme o art. 150 do CTN, de modo que a alternativa "B" é a correta. RB

Gabarito "B"

(Analista Judiciário – STJ – 2018 – CESPE)

(1) O contribuinte é o sujeito passivo da obrigação principal, enquanto o responsável é o sujeito passivo da obrigação acessória.

1: incorreta, pois a distinção entre obrigação tributária principal e acessória refere-se à natureza das respectivas prestações (pecuniária, para a principal; não pecuniária, para a acessória), e não pela qualificação do sujeito passivo – art. 113 do CTN. RB

Gabarito 1E

(Analista Judiciário – STJ – 2018 – CESPE)

(1) O instituto denominado substituição para frente se refere à antecipação do pagamento de uma obrigação tributária por um substituto localizado na cadeia econômica em posição anterior à do contribuinte.

1: correta, descrevendo adequadamente a substituição tributária para frente ou prospectiva – art. 150, § 7º, da CF. RB

Gabarito 1C

(Procurador do Município/Manaus – 2018 – CESPE) Julgue o item que se segue à luz do que dispõe o Código Tributário Nacional.

(1) O inventariante não pode ser solidariamente responsabilizado pelos tributos devidos pelo *de cujus*, referentes a fatos geradores anteriores à data da abertura da sucessão.

1: incorreta, pois pode haver essa responsabilidade, nos termos dos arts. 134, IV e 135, I, do CTN. RB

Gabarito 1E

(Delegado/PE – 2016 – CESPE) Considerando que lançamento é o procedimento pelo qual a autoridade administrativa constitui o crédito tributário, assinale a opção correta.

(A) A revisão do lançamento só poderá ser iniciada enquanto não tiver sido extinto o direito da fazenda pública.
(B) O ato de lançamento é corretamente classificado como um ato discricionário.
(C) Os erros contidos na declaração do sujeito passivo não poderão ser retificados de ofício pela autoridade administrativa responsável.
(D) Após a regular notificação do sujeito passivo, o lançamento não poderá ser alterado.
(E) Salvo disposição legal em contrário, o lançamento realizado em moeda estrangeira terá a sua conversão para moeda nacional com base no câmbio do dia do pagamento do tributo.

A: correta, nos termos do art. 149, parágrafo único, do CTN; **B**: incorreta, pois o lançamento é ato vinculado, sob pena de responsabilidade funcional, ou seja, não há avaliação de conveniência ou oportunidade por parte da autoridade competente – art. 142, parágrafo único, do CTN; **C**: incorreta, pois os erros contidos na declaração e apuráveis pelo seu exame serão retificados de ofício pela autoridade administrativa a que competir a revisão daquela – art. 147, § 2º, do CTN; **D**: incorreta, pois o lançamento pode ser alterado após a notificação do sujeito passivo nos casos de (i) impugnação do sujeito passivo, (ii) recurso de ofício e (iii) iniciativa de ofício da autoridade administrativa, nos casos previstos no art. 149 do CTN – art. 145 do CTN; **E**: incorreta, pois o câmbio a ser adotado para a conversão é aquele do dia da ocorrência do fato gerador da obrigação tributária – art. 143 do CTN.

Gabarito "A"

(Defensoria/DF – 2013 – CESPE) Julgue os próximos itens, relativos ao credito tributário.

(1) De acordo com a jurisprudência do STJ, e vedado o ajuizamento de execução fiscal antes do julgamento definitivo de recurso administrativo.
(2) Segundo o disposto no CTN, o credito tributário e constituído a partir do momento em que ocorre o fato gerador do tributo.
(3) Conforme entendimento do STJ, a ação de consignação em pagamento e via adequada para se forçar a concessão do parcelamento de credito tributário e discutir a exigibilidade e extensão desse crédito.

1: correta, pois a exigibilidade do crédito está suspensa durante o processo administrativo tributário – ver AgRg no AREsp 170.309/RJ; **2**: incorreta, pois o crédito é constituído pelo lançamento tributário – art. 142 do CTN; **3**: incorreta, pois o STJ reconhece a inadequação dessa ação para obter-se o parcelamento – ver AgRg no AREsp 470.987/RJ.

Gabarito 1C, 2E, 3E

(Magistratura/BA – 2012 – CESPE) No caso de, após a ocorrência do fato gerador, advir lei que amplie os poderes de investigação das autoridades administrativas, o lançamento será regido pela lei que estiver em vigor na data

(A) do pagamento do tributo.
(B) da inscrição da dívida na repartição administrativa competente.
(C) da ocorrência do fato gerador.
(D) da cobrança do tributo.
(E) da feitura do lançamento.

A: incorreto, pois, como regra geral, aplica-se a lei vigente no momento do lançamento, salvo quando tenha instituído novos critérios de apuração ou processos de fiscalização, ampliado os poderes de investigação das autoridades administrativas, ou outorgado ao crédito maiores garantias ou privilégios, exceto, neste último caso, para o efeito de atribuir responsabilidade tributária a terceiros (CTN, art. 144); **B**: incorreto, pelos motivos expostos; **C**: incorreto, pelos motivos expostos; **D**: incorreto, pelos motivos expostos; **E**: correto, por expressa previsão legal (CTN, art. 144).

Gabarito "E"

(Magistratura/PA – 2012 – CESPE) Assinale a opção correta no que se refere às obrigações e ao lançamento tributário.

(A) A iniciativa do lançamento por declaração é da autoridade administrativa e independe de qualquer colaboração do sujeito passivo.
(B) O lançamento não pode ser objeto de revisão.
(C) A entrega de declaração pelo contribuinte reconhecendo débito fiscal constitui o crédito tributário, dispensada qualquer outra providência por parte do fisco.
(D) O inadimplemento da obrigação tributária pela sociedade gera, por si só, a responsabilidade solidária do sócio-gerente.
(E) Aplica-se o benefício da denúncia espontânea aos tributos sujeitos a lançamento por homologação regularmente declarados, mas pagos a destempo.

A: incorreto, pois no lançamento por declaração a administração não detém as informações sobre o fato gerador, de forma que sua realização depende de prévia informação por parte do sujeito passivo (CTN, art. 147); **B**: incorreto, pois há previsão expressa de revisão por iniciativa de uma série de pessoas (CTN, art. 145); **C**: correto, pois a entrega da declaração implica na identificação de todos os elementos do fato gerador e da obrigação e por estar prevista a legislação (CTN, art. 150 e STJ, Súmula 436); **D**: incorreto, pois a responsabilidade do sócio-gerente, chamado tecnicamente de administrador da sociedade, somente poderá ser responsabilizado se comprovados os requisitos da desconsideração da personalidade jurídica para fins tributários (CTN, art. 135 e STJ ,Súmula 430); **E**: incorreto, pois apesar da previsão legal, o STJ tem entendimento restritivo nesses casos, sendo, inclusive, muito criticado pela doutrina (CTN, art. 138 e STJ, Súmula 360).

Gabarito "C"

(Magistratura/PB – 2011 – CESPE) De acordo com o que dispõe o CTN a respeito do crédito tributário, assinale a opção correta.

(A) O lançamento tributário rege-se pela lei vigente na data da ocorrência do fato gerador, ainda que ao tempo da constituição do crédito tal lei haja sido revogada.
(B) Em regra, caso o valor tributário esteja expresso em moeda estrangeira, a conversão em moeda nacional deverá ser feita ao câmbio do dia do efetivo pagamento do tributo.
(C) O crédito tributário surge com a ocorrência do fato gerador do tributo.
(D) O lançamento é o procedimento administrativo por meio do qual se apura a certeza e a liquidez do crédito tributário, que constitui o devedor em mora.
(E) Notificado regularmente o lançamento ao sujeito passivo tributário, a autoridade administrativa não pode mais alterá-lo de ofício.

A: Correta, pois o lançamento rege-se pela lei vigente à época do fato gerador, ainda que posteriormente modificada ou revogada – art. 144, *caput*, do CTN; **B:** Incorreta, pois, salvo disposição legal em contrário, a conversão se dá pelo câmbio do dia em que ocorreu o fato gerador – art. 143 do CTN; **C:** Incorreta, pois o crédito tributário é constituído pelo lançamento – art. 142 do CTN. A obrigação tributária é que surge com o fato gerador – art. 113 do CTN; **D:** Incorreta, pois o lançamento constitui o crédito tributário – art. 142 do CTN. A mora do devedor é fixada pelo simples inadimplemento, sendo desnecessário qualquer ato para isso. A liquidez e a certeza do crédito são presumidas a partir da inscrição em dívida ativa – art. 204 do CTN; **E:** Incorreta, pois é possível a alteração do lançamento nas hipóteses do art. 145 do CTN.

Gabarito "A".

(Magistratura/PI – 2011 – CESPE) No que concerne à obrigação tributária e ao crédito tributário, assinale a opção correta.

(A) O lançamento não poderá ser revisto de ofício pela autoridade administrativa caso a declaração não seja prestada por quem de direito, no prazo e na forma da legislação tributária.
(B) A especificação do prazo de duração do favor não se inclui entre os requisitos previstos na lei que concede a moratória em caráter geral.
(C) Somente nos casos previstos no CTN pode ser modificado ou extinto o crédito tributário regularmente constituído.
(D) Considera-se espontânea a denúncia, mesmo após o início de qualquer medida de fiscalização, dado o privilégio concedido à intenção do agente.
(E) O lançamento do crédito reporta-se à data da ocorrência do fato gerador da obrigação e rege-se pela lei vigente, salvo se esta for posteriormente modificada ou revogada.

A: incorreto, pois há previsão expressa para essa hipótese de revisão (CTN, art. 149); **B:** incorreto, pois a moratória deverá ser concedida por lei que identificará, dentre outros elementos, o prazo de duração do benefício (CTN, art. 152 a 155); **C:** correto, pois a modificação e extinção do crédito configura norma geral em matéria tributária (CF, art. 146, III e CTN, art. 141); **D:** incorreto, pois a denúncia somente se considera espontânea se ocorrida antes do início de qualquer procedimento de fiscalização do sujeito passivo (CTN, art. 138, parágrafo único); **E:** incorreto, pois como regra geral a alteração da lei não retroagirá, sendo aplicada a lei vigente no momento da ocorrência do fato, ainda que posteriormente alterada ou revogada (CTN, art. 144).

Gabarito "C".

(Magistratura Federal/2ª Região – 2011 – CESPE) Supondo que um contribuinte faça à Receita Federal do Brasil uma declaração para efeitos de cálculo de determinado imposto, assinale a opção correta.

(A) O tributo será, obrigatoriamente lançado por homologação.
(B) Se a declaração não atender à forma prevista na legislação tributária, o lançamento deverá ser feito por homologação, após a devida correção formal da declaração.
(C) Sendo o tributo lançado por homologação, se a Receita Federal verificar que o tributo está subdimensionado, deverá cobrar a diferença por meio de um lançamento de ofício.
(D) O tributo será, obrigatoriamente, lançado por declaração.
(E) O tributo poderá ser lançado por declaração ou por homologação, à escolha da Receita Federal.

A: incorreta, pois tanto o lançamento por homologação, quanto o lançamento por declaração, contém uma declaração do sujeito passivo para o fisco (CTN, art. 147 e 150); **B:** incorreta, pois se houver vício no lançamento original, o fisco realizará lançamento de ofício substitutivo (CTN, art. 149); **C:** correta, pois no lançamento por homologação, a atividade de revisão realizada pelo fisco tem exatamente o objetivo de validar a atividade do sujeito passivo, quer seja homologando, quer seja lançando de ofício eventual diferença (CTN, art. 150); **D:** incorreta, pois a descrição se amolda tanto ao lançamento por declaração, quanto ao lançamento por homologação (CTN, art. 147 e 150); **E:** incorreta, pois apesar dos dois envolverem atividade inicial do sujeito passivo, a espécie de lançamento de cada tributo é definida pela legislação, não podendo a fazenda escolher, sem qualquer critério, a modalidade a ser usada.

Gabarito "C".

9. SUJEIÇÃO PASSIVA, CAPACIDADE E DOMICÍLIO

(Juiz de Direito - TJ/BA - 2019 - CESPE/CEBRASPE) Por expressa previsão legal do CTN, entende-se como responsável tributário a pessoa que

(A) figure como sujeito ativo de uma obrigação tributária acessória em razão da solidariedade, substituição tributária ou sucessão.
(B) figure como sujeito ativo de uma obrigação tributária sem que tenha a obrigação de efetuar o pagamento do crédito tributário.
(C) tenha relação pessoal direta com a situação que constitua o respectivo fato gerador e seja obrigada ao pagamento de uma penalidade pecuniária.
(D) esteja obrigada ao pagamento de tributo ou penalidade pecuniária sem ter relação pessoal e direta com a situação que constitua o respectivo fato gerador.
(E) esteja obrigada a prestações que constituam o objeto de uma obrigação acessória.

A e B: incorretas, pois responsável tributário é sujeito passivo, devedor na relação jurídica obrigacional – art. 121, parágrafo único, II, do CTN; **C:** incorreta, pois o sujeito passivo que tem relação pessoal e direta como fato gerador é contribuinte, não responsável – art. 121, parágrafo único, I, do CTN; **D:** correta, conforme o art. 121, parágrafo único, II, do CTN; **E:** incorreta, pois qualquer sujeito passivo (contribuinte ou responsável) pode ser obrigado às obrigações acessórias – art. 122 do CTN. RB

Gabarito "D".

Determinada empresa, constituída como pessoa jurídica de direito privado, elegeu por domicílio tributário, entre os seus estabelecimentos fabris, um situado em área distante de seu centro administrativo de distribuição logística, que é o lugar de situação dos bens a serem vendidos, o que dificulta a arrecadação e a fiscalização de tributos.

(Auditor Fiscal - SEFAZ/RS - 2019 - CESPE/CEBRASPE) Nessa situação hipotética, a autoridade administrativa

(A) pode rejeitar o domicílio eleito e considerar como domicílio tributário da empresa o centro de distribuição.
(B) não pode rejeitar o domicílio tributário eleito porque a empresa agiu nos limites de sua discricionariedade.
(C) pode rejeitar o domicílio eleito e considerar como domicílio tributário o centro habitual da atividade.
(D) pode rejeitar o domicílio eleito e considerar como domicílio tributário qualquer outro de seus estabelecimentos situados no território da entidade tributante.
(E) não pode rejeitar o domicílio eleito caso o domicílio tributário indicado seja o local de residência habitual do administrador.

A: correta, pois, nos termos do art. 127, § 2º, do CTN, embora o contribuinte possa eleger seu domicílio tributário, a autoridade administrativa pode recusar esse domicílio eleito, quando impossibilite ou dificulte a arrecadação ou a fiscalização do tributo; **B:** incorreta, conforme comentário anterior; **C** e **D:** incorretas, pois, em caso de rejeição do domicílio, será considerado como tal o lugar da situação dos bens ou da ocorrência dos atos ou fatos que deram origem à obrigação – art. 127, §§ 1º e 2º, do CTN; **E:** incorreta, conforme comentários anteriores. RB

Gabarito "A".

Determinada lei estadual transferiu para momento posterior o pagamento de tributo referente à saída de mercadoria de produção própria entre um produtor e uma cooperativa.

(Auditor Fiscal - SEFAZ/RS - 2019 - CESPE/CEBRASPE) Nessa situação hipotética, verifica-se hipótese de responsabilidade por

(A) transferência progressiva.
(B) transferência de terceiros.
(C) substituição regressiva.
(D) transferência regressiva.
(E) substituição progressiva.

A, **B** e **D:** incorretas, pois transferência se refere a situações em que há incidência tributária e surgimento da relação jurídica obrigacional tributária, mas, por conta de algum evento, essa sujeição passiva passa para um terceiro. Por exemplo, incide o IPTU em 1º de janeiro e a obrigação tributária surge tendo como sujeito passivo o proprietário (contribuinte), mas, em seguida, esse imóvel é vendido (evento posterior ao fato gerador) e, por conta disso, o adquirente do imóvel passa a ser sujeito passivo daquela obrigação, na condição de responsável tributário; **C:** correta. Na substituição tributária, com fato gerador surge a obrigação tributária tendo no polo passivo o responsável tributário (não o contribuinte). No caso, trata-se de substituição tributária regressiva, pois o fato gerador é passado, anterior à exigibilidade do tributo em relação ao responsável; **E:** incorreta. Substituição progressiva é aquela em que o responsável antecipa o recolhimento do tributo em relação a fato gerador futuro – art. 150, § 7º, da CF. RB

Gabarito "C"

(Auditor Fiscal - SEFAZ/RS - 2019 - CESPE/CEBRASPE) Se um contribuinte não eleger o seu domicílio fiscal na forma da lei, a administração tributária deverá considerar como domicílio

(A) a residência habitual do contribuinte, ainda que incerta, caso se trate de pessoa natural.
(B) a residência do empresário, caso se trate de firma individual.
(C) o estabelecimento mantido na capital do estado federado, caso se trate de sociedade de economia mista.
(D) qualquer uma das repartições localizadas no território da entidade tributante, caso se trate de pessoa jurídica de direito público.
(E) qualquer uma das filiais localizadas no território da entidade tributante, caso se trate de empresa pública.

A: incorreta, pois, no caso das pessoas naturais, considera-se domicílio tributário a sua residência habitual, ou, sendo esta incerta ou desconhecida, o centro habitual de sua atividade – art. 127, I, do CTN; **B**, **C** e **E:** incorretas, pois, no caso das pessoas jurídicas de direito privado ou às firmas individuais, considera-se domicílio tributário o lugar da sua sede, ou, em relação aos atos ou fatos que derem origem à obrigação, o de cada estabelecimento – art. 127, II, do CTN. Importante lembrar que as empresas públicas, apesar do nome, são entidades de direito privado; **D:** correta, conforme o art. 127, III, do CTN. (RB)

Gabarito "D"

(Auditor Fiscal - SEFAZ/RS - 2019 - CESPE/CEBRASPE) Verificada situação que enseje a imposição de multa em decorrência de infração tributária legalmente prevista, a administração tributária poderá impor a penalidade considerando

(A) a intenção do agente causador.
(B) a efetividade do ato.
(C) a natureza do ato.
(D) a extensão dos efeitos do ato.
(E) a ocorrência do ato.

A, **B**, **C** e **D:** incorretas, pois, nos termos do art. 136 do CTN, salvo disposição de lei em contrário, a responsabilidade por infrações da legislação tributária independe da intenção do agente ou do responsável e da efetividade, natureza e extensão dos efeitos do ato; **E:** correta, pois a incidência da penalidade depende da ocorrência do ilícito, sendo irrelevantes os demais aspectos descritos no art. 136 do CTN. (RB)

Gabarito "E"

A empresa Salinas S.A., que devia tributos estaduais, fez uma denúncia espontânea e pediu abatimento da multa moratória do crédito tributário confessado. Analisando o pedido, identificou-se que a denúncia havia sido feita depois da comunicação da Receita Estadual sobre divergências a serem sanadas pela contribuinte mediante a autorregularização.

(Auditor Fiscal - SEFAZ/RS - 2019 - CESPE/CEBRASPE) Considerando essa situação hipotética, assinale a opção correta, a respeito de denúncia espontânea.

(A) A denúncia espontânea prescindirá de pagamento do tributo devido.
(B) A denúncia espontânea não acarretará o afastamento da multa apontada.
(C) A prévia comunicação da Receita Estadual referida ilidirá a denúncia espontânea.
(D) A denúncia espontânea poderá ser feita pela contribuinte ou por procurador que não seja advogado, tendo em vista tratar-se de procedimento administrativo.
(E) A denúncia espontânea poderá ser feita por escrito ou oralmente, desde que seja aposta à autoridade fiscal local encarregada da fiscalização.

A: incorreta, pois a denúncia espontânea depende do recolhimento do tributo devido e dos juros de mora, ou do depósito da importância arbitrada pela autoridade administrativa, quando o montante do tributo depende de apuração – art. 138, *caput*, do CTN; **B:** discutível, pois, se houver denúncia espontânea, toda espécie de multa será afastada – art. 138 do CTN. No caso, como veremos a seguir, não está claro se o contribuinte recolheu todo o tributo e os juros (ou seja, se preencheu os requisitos para a denúncia espontânea), nem se a comunicação se refere à infração ilidada por esse pagamento; **C:** discutível, pois, se essa comunicação se referir ao tributo pago tardiamente pelo contribuinte (isso não está claro na assertiva), a denúncia espontânea teria sido afastada, nos termos do art. 138, parágrafo único, do CTN; **D:** imprecisa, pois não há, em regra, procedimento formal para a denúncia espontânea. Basta que o tributo seja recolhido integralmente, acompanhado dos juros. Pouco importa quem realiza esse pagamento e, salvo exigência específica, independe de qualquer outro ato do contribuinte ou de terceiro; **E:** imprecisa, conforme comentário anterior. Em princípio, salvo exigência específica da legislação, basta o recolhimento do tributo com os juros, para configuração da denúncia espontânea. RB

Gabarito "B"

(Procurador do Município – Prefeitura Fortaleza/CE – CESPE – 2017) Considerando os dispositivos do CTN e a jurisprudência do STJ em relação ao ato administrativo do lançamento e à atividade desenvolvida para a constituição do crédito tributário, julgue o próximo item.

(1) Admite-se a concessão do benefício da denúncia espontânea na hipótese de o contribuinte, depois de apresentar declaração parcial do crédito tributário e realizar o respectivo pagamento, retificar a própria declaração e efetuar o pagamento complementar, antes de qualquer iniciativa da administração tributária.

1: Correta, pois há denúncia espontânea desde que o valor recolhido não tenha sido declarado ao fisco anteriormente – ver Súmula 360/STJ. RB

Gabarito 1C

(Procurador do Município – Prefeitura Fortaleza/CE – CESPE – 2017) Julgue os seguintes itens, a respeito de obrigação tributária e crédito tributário.

(1) O sujeito passivo da obrigação principal denomina-se contribuinte quando, dada sua vinculação ao fato gerador, sua sujeição decorre expressamente de determinação legal, ainda que não tenha relação pessoal e direta com a ocorrência de tal fato.
(2) Quanto aos seus efeitos, a responsabilidade tributária pode ser solidária, subsidiária ou pessoal. Sendo pessoal, inexistem coobrigados, mas terceira pessoa que detém a condição de único sujeito passivo responsável pelo cumprimento da obrigação tributária.
(3) A substituição tributária progressiva, modalidade de responsabilidade tributária por transferência, ocorre quando a obrigação de pagar é adiada para momento posterior ao fato jurídico tributário.

1: Incorreta, pois o contribuinte é definido como sujeito passivo que tem relação pessoal e direta com a situação que corresponda ao fato gerador do tributo – art. 121, parágrafo único, I, do CTN. **2**: Correta, sendo definição adequada dessas espécies de responsabilidade – art. 128 do CTN. **3**: Incorreta, pois a substituição tributária "para frente", como o nome diz, é espécie de responsabilidade por substituição (a obrigação já surge como responsável no polo passivo), não por transferência (a obrigação surge com o contribuinte no polo passivo e, posteriormente, o responsável passa a ocupar esse polo). Ademais, na substituição "para frente" ou progressiva o recolhimento do tributo é antecipado em relação à ocorrência do fato gerador, não adiado – art. 150, § 7º, da CF. RB

Gabarito 1E, 2C, 3E

(Delegado/PE – 2016 – CESPE) A respeito de responsabilidade tributária, assinale a opção correta.

(A) Nem mesmo as pessoas que possuem interesse comum na situação que constitui o fato gerador da obrigação principal serão solidariamente obrigadas.
(B) Um dos efeitos da solidariedade tributária é que a interrupção da prescrição, a favor ou contra um dos obrigados, favorece ou prejudica os demais.

(C) As pessoas que são solidariamente obrigadas por expressa determinação legal devem respeitar o benefício de ordem.

(D) O pagamento efetuado por um dos obrigados não aproveita os demais.

(E) O responsável tributário, também denominado sujeito passivo indireto, corresponde àquele que, apesar de não ser o contribuinte, possui obrigação decorrente de convenção entre as partes.

A: incorreta, pois há solidariedade dessas pessoas, nos termos do art. 124, I, do CTN; **B**: correta, conforme o art. 125, III, do CTN; **C**: incorreta, pois a solidariedade tributária não comporta benefício de ordem – art. 124, parágrafo único, do CTN; **D**: incorreta, pois um dos efeitos da solidariedade tributária é exatamente que o pagamento efetuado por um dos obrigados aproveita aos demais – art. 125, I, do CTN; **E**: incorreta, pois a responsabilidade tributária decorre sempre da lei, jamais de convenção entre as partes – arts. 121, parágrafo único, II, e 123 do CTN.

Gabarito "B"

(Procurador do Estado/AM – 2016 – CESPE) Considerando o desenvolvimento da relação jurídica tributária, julgue o próximo item.

(1) A responsabilização tributária do sócio-administrador que, ao promover a dissolução irregular da pessoa jurídica, cometa ato ilícito no exercício da administração da sociedade dependerá da constatação do momento da ocorrência do fato gerador da obrigação tributária.

1: embora seja incontroverso que a dissolução irregular da sociedade é ilícito apto a gerar a responsabilidade tributária do art. 135, III, do CTN, conforme a Súmula 435/STJ, à época do exame não havia entendimento pacífico quanto à exigência de que o fato gerador seja contemporâneo ao exercício da gerência pelo sócio a ser responsabilizado. Há precedentes do STJ nos dois sentidos. A Primeira Turma tende a exigir essa contemporaneidade (ver AREsp 838.948/SC), enquanto a Segunda Turma tende a afastar essa premissa (ver AgRg no AREsp 615.303/RS). Por essa razão, a questão foi anulada. O estudante deve estar atento à evolução jurisprudencial, pois certamente haverá pacificação da questão pela Primeira Seção do STJ, composta pelos ministros da Primeira e da Segunda Turmas.

Gabarito 1 ANULADA

(Procurador do Estado – PGE/BA – CESPE – 2014) Suponha que determinado empresário tenha adquirido o imóvel de um estabelecimento comercial completamente vazio e tenha dado continuidade à exploração, sob outra razão social, do mesmo ramo do comércio, e que os alienantes tenham prosseguido na exploração da atividade a partir do quinto mês após a alienação. Considerando essa situação hipotética e aspectos gerais da sucessão empresarial, julgue os itens que se seguem.

(1) Os créditos ainda não constituídos até a data do ato da sucessão empresarial, ainda que se refiram a obrigações tributárias surgidas até aquela data, não podem ser imputados aos adquirentes.

(2) O alienante deixa de ser responsável pelos tributos devidos até a data do ato de sucessão empresarial, passando a responsabilidade a ser integral do adquirente.

(3) O adquirente responde solidariamente pelos tributos devidos até a data do ato de sucessão empresarial.

(4) O alienante continua responsável pelos tributos devidos até a data do ato de sucessão empresarial, podendo a dívida integral ser cobrada do adquirente, observando-se o benefício de ordem.

(5) A sucessão empresarial é uma forma de responsabilidade tributária por transferência, haja vista que a obrigação tributária nasce com o contribuinte, mas é transferida ao responsável.

(6) No caso do tributo de ICMS, a substituição tributária para trás corresponde a uma espécie de responsabilidade de terceiros por transferência.

1: Incorreta, pois o adquirente responde pelos tributos devidos pelo alienante até a aquisição do imóvel componente do estabelecimento comercial, ainda que o crédito correspondente seja constituído posteriormente – art. 133 do CTN. **2**: Incorreta, pois, como o alienante prosseguiu na atividade empresarial no prazo de 6 meses após a alienação, a responsabilidade do adquirente é apenas subsidiária – art. 133, II, do CTN. **3**: Discutível, mas é incorreta pela literalidade do art. 133 do CTN, que se refere à responsabilidade integral do adquirente. A rigor, não nos parece que o art. 133, I, do CTN afaste a obrigação em relação ao contribuinte do tributo (alienante do bem componente do estabelecimento empresarial), apenas impede que o adquirente oponha-se à cobrança pelo argumento da subsidiariedade de sua responsabilidade. **4**: Correta, conforme o art. 133, II, do CTN. **5**: Correta, sendo adequada definição da responsabilidade por transferência. 6: Incorreta, pois a substituição tributária, como indica o nome, é espécie de responsabilidade por substituição (a obrigação surge com o responsável já no polo passivo), não por transferência (a obrigação surge com o contribuinte no polo passivo e, posteriormente, o responsável passa a ocupar esse polo). RB

Gabarito 1E, 2E, 3E, 4C, 5C, 6E

(Advogado União – AGU – CESPE – 2015) Por dispositivo legal expresso, a obrigação de recolhimento de determinado imposto foi atribuída a pessoa diversa da do contribuinte, devendo esse pagamento ser feito antecipadamente, em momento prévio à ocorrência do fato gerador, previsto para ocorrer no futuro.

Com relação a essa situação, julgue os itens seguintes.

(1) Não ocorrendo o fato gerador, o contribuinte substituído terá direito à restituição do valor do imposto pago. Porém, ocorrendo o fato gerador com base de cálculo inferior à prevista, não será obrigatória a restituição da diferença paga a maior, conforme jurisprudência do STF.

(2) Na situação considerada, trata-se do instituto denominado substituição tributária progressiva, que tem previsão expressa relativa ao ICMS.

1: Atenção, essa assertiva era correta conforme a jurisprudência do STF à época desse concurso. Entretanto, em 2016 houve alteração da jurisprudência da Suprema Corte, determinando a devolução de tributo recolhido também em caso de operação realizada em valor menor do que o estimado – RE 593.849/MG-repercussão geral. Ver a tese de repercussão geral 201/STF; 2: Correta, art. 150, § 7º, da CF. RB

Gabarito 1C, 2C

(Cartório/PI – 2013 – CESPE) Supondo que três pessoas sejam proprietárias de um imóvel em partes iguais; que uma delas tenha direito a isenção, em caráter pessoal, do IPTU; e que o valor total desse IPTU é de R$ 600,00, assinale a opção correta.

(A) Os proprietários que não possuem o benefício fiscal continuarão devedores solidários no valor de R$ 400,00.

(B) A isenção concedida a um dos proprietários aproveita aos demais e, portanto, a dívida integral será isenta do pagamento.

(C) O valor total do imposto continuará sendo devido, mas, agora, somente por aqueles que não têm o benefício.

(D) O tratamento dado à isenção, prevista na hipótese, deve ser idêntico ao aplicado no caso de haver o pagamento integral do tributo por parte de um dos proprietários.

(E) A isenção, em caráter pessoal, não se aplica no caso de imóvel em copropriedade, não se podendo afastar o débito integral de R$ 600,00, que continuará a ser devido.

Nesse caso, a isenção pessoal não aproveita aos demais, que respondem solidariamente pelo saldo (pelos R$ 400,00 restantes) – art. 125, II, do CTN. Por essa razão, a alternativa "A" é a correta.

Gabarito "A"

(Cartório/RR – 2013 – CESPE) Pedro, condenado pela prática de crime tributário, ingressou com ação pleiteando a anulação de lançamentos tributários relativos ao IPTU de imóvel de sua propriedade, sob a alegação de que, por estar preso e, em razão disso, não poder usufruir do imóvel, não detém capacidade tributária. Por sua vez, Jorge, interditado judicialmente por apresentar problemas mentais, ingressou com ação pleiteando a anulação de lançamentos tributários relativos ao IPTU de imóvel de sua propriedade, sob a alegação de que não possui capacidade tributária por ser absolutamente incapaz.

Com base na situação hipotética acima, assinale a opção correta à luz do CTN.

(A) Nenhum dos dois tem direito à anulação do crédito.

(B) Ambos têm direito à anulação.

(C) Por ter sido condenado pela prática de crime tributário, Pedro não tem direito à anulação pleiteada.

(D) Jorge tem direito à anulação, mas Pedro não, independentemente da razão de sua prisão.

(E) Pedro tem direito à anulação, mas o juiz deve julgar improcedente a ação de Jorge.

A capacidade tributária passiva não é prejudicada pela limitação de direitos (caso do preso) ou da capacidade civil (caso do interditado), de modo que ambos continuam contribuintes dos tributos. Por essa razão, a alternativa "A" é a correta.

Gabarito "A".

(Cartório/DF – 2014 – CESPE) Assinale a opção correta acerca de responsabilidade tributaria.

(A) A massa falida e pessoalmente responsável pelos tributos devidos pelo *de cujus* até a data da abertura da sucessão.

(B) O produto da alienação judicial de empresa em processo da falência permanecera em conta de deposito a disposição do juízo competente, pelo prazo um ano, contado da data de alienação.

(C) Como regra geral, a responsabilidade por infrações da legislação tributária depende do dolo do agente ou do responsável.

(D) A pessoa jurídica que resultar de fusão de outra e responsável pelas pessoas jurídicas fusionadas e pelos tributos devidos pelo prazo de seis meses, contado da data do ato.

(E) No caso de arrematação em hasta publica, e vedada a subjugação de impostos cujo fato gerador seja a propriedade de bens imóveis.

A: incorreta, pois o espólio é o responsável – art. 131, III, do CTN; **B:** correta, nos termos do art. 133, § 3º, do CTN; **C:** incorreta, pois, em regra, a responsabilidade por infrações independe de dolo – art. 136 do CTN; **D:** incorreta, pois não há essa limitação temporal – art. 132 do CTN; **E:** incorreta, pois há sub-rogação, nesse caso, sobre o preço da arrematação – art. 130, parágrafo único, do CTN.

Gabarito "B".

(Magistratura/BA – 2012 – CESPE) Em relação aos efeitos da solidariedade tributária passiva, assinale a opção correta.

(A) A remissão concedida pessoalmente a um dos obrigados aproveita aos demais, se não houver disposição legal em contrário.

(B) A interrupção da prescrição contra um dos coobrigados só prejudica aos demais se assim dispuser a lei.

(C) Os efeitos da solidariedade tributária passiva não poderão ser aplicados aos responsáveis tributários.

(D) Não havendo disposição legal em contrário, o pagamento do tributo realizado por apenas um dos obrigados não aproveita aos demais.

(E) A isenção objetiva aproveita a todos os devedores, salvo disposição legal em contrário.

A: incorreto, pois se a remissão é pessoal, somente atinge aqueles que preencherem os requisitos exigidos (CTN, art. 125); **B:** incorreto, pois a interrupção a favor ou contra um dos coobrigados, favorece ou prejudica a todos (CTN, art. 125); **C:** incorreto, pois os efeitos da solidariedade podem se aplicar a quaisquer tipo de sujeitos passivos, sejam eles dois ou mais contribuintes, responsáveis ou ambos; **D:** incorreto, pois o pagamento realizado por um dos obrigados favorece a todos (CTN, art. 125); **E:** correto, pois a isenção objetiva está ligada ao bem ou a atividade, de forma que todos os sujeitos passivos são beneficiados (CTN, art. 125).

Gabarito "E".

(Magistratura/PI – 2011 – CESPE) Com relação à disciplina da obrigação tributária, assinale a opção correta.

(A) De acordo com a sistemática do CTN, a lei pode atribuir expressamente a responsabilidade pelo crédito tributário a terceira pessoa, ainda que não vinculada ao fato gerador da obrigação.

(B) O cônjuge meeiro é pessoalmente responsável pelos tributos devidos pelo *de cujus* até a data da adjudicação ou da partilha, limitada a responsabilidade ao montante do quinhão, legado ou meação.

(C) Os mandatários, prepostos e empregados são solidariamente responsáveis pelos créditos correspondentes a obrigações tributárias resultantes de atos praticados com excesso de poderes.

(D) A capacidade tributária passiva depende da regular constituição da pessoa jurídica, a fim de se localizar o seu domicílio tributário.

(E) A autoridade administrativa não pode recusar o domicílio eleito pelo contribuinte ou responsável, pois ambos possuem autonomia para elegê-lo.

A: incorreto, pois a definição de responsabilidade tributária depende de vinculação entre e pessoa e o fato gerador da obrigação (CTN, art. 128); **B:** correto, pois há sucessão tributária no caso de morte da pessoa física (CTN, art. 131, II e III); **C:** incorreto, pois a previsão legal é de responsabilidade pessoal em casos de atos praticados com excesso de poderes, apesar da jurisprudência do STJ ser no sentido de que a responsabilidade, nesses casos, é solidária (CTN, art. 135); **D:** incorreto, pois a capacidade tributária passiva independe de capacidade civil para a pessoa física e de regular constituição para a pessoa jurídica (CTN, art. 126); **E:** incorreto, pois a definição do domicílio poderá ser recusado pela autoridade por previsão expressa de lei (CTN, art. 127).

Gabarito "B".

(Magistratura/PB – 2011 – CESPE) A respeito da disciplina aplicável ao domicílio tributário e à responsabilidade tributária, assinale a opção correta.

(A) De acordo com o estabelecido no CTN, obrigação e responsabilidade tributária são equivalentes, não se podendo atribuir responsabilidade tributária a terceira pessoa que não o contribuinte.

(B) A convenção particular relativa à responsabilidade pelo pagamento de tributos pode ser oposta à fazenda pública, desde que esta possua conhecimento da convenção e a tenha recusado expressamente.

(C) Em regra, é direito do contribuinte eleger o lugar do domicílio fiscal, o que não pode ser recusado pelo fisco, ainda que a eleição resulte em dificuldades para a arrecadação e fiscalização tributária.

(D) De acordo com o CTN, são apenas duas as espécies de obrigação tributária: a principal e a acessória.

(E) O domicílio tributário do proprietário de terreno não edificado, para fins de IPTU, deve estar situado na mesma cidade onde o terreno esteja localizado, o que constitui exceção à regra do domicílio de eleição.

A: Incorreta, pois responsabilidade tributária refere-se ao sujeito passivo da obrigação tributária, ou seja, são conceitos que não se confundem. O sujeito passivo pode ser o contribuinte ou o responsável – art. 121 do CTN; **B:** Incorreta, pois salvo disposições de lei em contrário, as convenções particulares, relativas à responsabilidade pelo pagamento de tributos, não podem ser opostas à Fazenda Pública, para modificar a definição legal do sujeito passivo das obrigações tributárias correspondentes – art. 123 do CTN; **C:** Incorreta, pois, embora o contribuinte possa eleger o domicílio, poderá ser rejeitado pelo fisco, caso impossibilite ou dificulte a arrecadação ou a fiscalização do tributo – art. 127, § 2º, do CTN; **D:** Essa é a alternativa correta, conforme o art. 113 do CTN; **E:** Incorreta, pois não há essa restrição à eleição do domicílio no art. 127 do CTN, muito embora a escolha do contribuinte possa ser recusada, caso impossibilite ou dificulte a arrecadação ou fiscalização (§ 2º do dispositivo).

Gabarito "D".

(Magistratura/PB – 2011 – CESPE) Acerca da solidariedade nas obrigações tributárias, assinale a opção correta.

(A) Com o falecimento do sujeito passivo tributário, haverá necessária substituição, sendo o espólio pessoalmente responsável pelos tributos devidos pelo *de cujus* até a abertura da sucessão.

(B) São solidariamente obrigadas as pessoas que tenham interesse comum na situação que constitua o fato gerador da obrigação, podendo, entretanto, qualquer dos devedores alegar o benefício de ordem, conforme o grau de seu interesse.

(C) A isenção ou remissão de crédito tributário outorgada pessoalmente a um dos devedores solidários extingue o vínculo de solidariedade entre os demais devedores em relação ao saldo.

(D) Por ser de natureza pecuniária, a obrigação tributária, do ponto de vista civil, é divisível, mas, pela normatização especial do CTN, a obrigação tributária é indivisível.

(E) A responsabilidade dos devedores sucessores atinge os créditos ainda não constituídos, mas que correspondam a fatos geradores ocorridos antes da realização dos atos ou fatos determinados da sucessão, pois, nesse caso, o lançamento já se realizou.

A: Essa é a melhor alternativa, pois, de fato, o art. 131, III, do CTN determina que o espólio responde pessoalmente pelos tributos deixados pelo *de cujus* (apesar de o espólio não ter personalidade jurídica própria, mas tem personalidade judiciária e capacidade tributária). Entretanto, é interessante registrar que, para a doutrina dominante, trata-se de responsabilidade por transferência, não por substituição; **B:** Incorreta, pois a solidariedade tributária não admite benefício de ordem – art. 124, parágrafo único, do CTN; **C:** Incorreta, pois embora o benefício concedido pessoalmente a um dos obrigados não aproveite aos demais, a solidariedade dos outros (se houver mais de um, evidentemente) subsiste pelo saldo – art. 125, II, do CTN; **D:** Discutível. No direito civil, a obrigação pecuniária, por ser divisível, não implica solidariedade natural das pessoas que tenham interesse comum na situação que deu ensejo ao seu surgimento, sendo que cada uma delas responde por sua cota-parte (art. 257 do CC). No direito tributário, diferentemente, a prestação pecuniária acaba sendo tratada como indivisível, pois as pessoas que tenham interesse comum no fato gerador da obrigação são solidariamente obrigadas ao seu pagamento integral. Entretanto, essa "indivisibilidade" no direito tributário refere-se apenas à solidariedade, razão pela qual a afirmação feita na alternativa parece ampla demais (ela não se restringe à solidariedade); **E:** Incorreta, pois o lançamento é irrelevante para a responsabilidade dos sucessores – art. 129 do CTN.

Gabarito "A".

(Ministério Público/RR – 2012 – CESPE) Determinado consumidor, ávido por conseguir abatimento no preço de determinado produto, adquiriu a mercadoria de estabelecimento comercial, aceitando nota fiscal emitida, por um dos sócios da sociedade comercial, no valor da metade da venda efetivamente realizada, o que reduziu os tributos incidentes sobre a operação comercial e possibilitou a concessão do desconto.

Com base na situação hipotética acima apresentada, assinale a opção correta.

(A) O consumidor passou a ser substituto tributário da sociedade comercial no pagamento da diferença advinda da sonegação, porquanto foi o principal beneficiário da fraude.

(B) O consumidor é contribuinte de fato do tributo, razão por que é responsável direto pela satisfação do débito tributário, respondendo a sociedade comercial subsidiariamente.

(C) Os sócios cotistas da sociedade comercial responderão solidariamente com a sociedade comercial pelo débito tributário decorrente da sonegação fiscal.

(D) Além de responder pessoalmente pela dívida da sociedade, o sócio que realizou a venda subfaturada responderá pela prática de crime contra a ordem tributária.

(E) A responsabilidade tributária do consumidor prevê o benefício de ordem no cumprimento da obrigação tributária principal.

A: incorreto, pois não há previsão legal de tal responsabilidade; **B:** incorreto, pois apesar de ser contribuinte de fato, isso não gera qualquer responsabilidade pelo recolhimento do tributo; **C:** incorreto, pois no caso em tela caracteriza-se responsabilidade pessoal, somente atingindo o sócio responsável pela prática do ato ilícito (CTN, art. 135); **D:** correto, pois caracteriza-se a responsabilidade pelo ato ilícito, além da configuração da conduta típica prevista na lei (CTN, art. 135 e 137); **E:** incorreto, pois não há previsão de responsabilidade tributária do consumidor, no caso em tela.

Gabarito "D".

(Defensor Público/RO – 2012 – CESPE) Duas pessoas constituíram sociedade comercial e, sendo ambas responsáveis pela gerência e administração da empresa, estabeleceram responsabilidades pelas dívidas contraídas, limitadas ao capital integralizado. A partir de determinado momento, os sócios passaram a não enviar para a contabilidade parte das notas fiscais emitidas nas operações realizadas e, em consequência, a apuração do tributo foi efetivada sem que fossem considerados os referidos fatos geradores, o que aumentou o lucro e a retirada dos sócios. O fisco constatou o fato e efetuou o lançamento tributário, que, com os acréscimos de multa e correção monetária, ultrapassou o valor do capital integralizado da referida sociedade comercial.

Com base na situação hipotética acima apresentada, assinale a opção correta.

(A) Tratando-se de empresa optante pelo simples nacional, inexiste solidariedade dos sócios pelas dívidas contraídas pela sociedade comercial.

(B) Dada a redução criminosa de débito tributário, o fisco deverá lavrar o auto de infração e, ao mesmo tempo, apresentar representação fiscal ao MP para promover a ação penal.

(C) Sendo a responsabilidade limitada ao capital integralizado, apesar de o fisco lançar o total do crédito tributário, este somente será satisfeito caso se respeite o limite do capital.

(D) Caso conste da certidão de inscrição do débito em dívida ativa o nome dos sócios como responsáveis pela dívida tributária, a execução fiscal poderá ser proposta contra a sociedade e os respectivos sócios.

(E) Ainda que constem da certidão de inscrição do débito em dívida ativa os nomes dos dois sócios, para incluí-los no polo passivo da execução fiscal, o credor deverá comprovar a condição de devedor solidário.

A: incorreta, pois a opção pelo Simples Nacional (LC 123/2006) não afasta a responsabilidade tributária prevista no art. 135 do CTN; **B:** incorreta, pois o crime relacionado ao não recolhimento do tributo ("suprimir ou reduzir tributo" – art. 1º, I a IV, da Lei 8.137/1990) depende do término do processo administrativo atinente à constituição do crédito – Súmula Vinculante 24/STF. Entretanto, o eventual crime relativo à omissão de declaração pode ser imediatamente noticiado ao MP – art. 2º da Lei 8.137/1990; **C:** incorreta, pois a violação da lei pelos sócios administradores, que omitiram a declaração das operações empresariais, implica sua responsabilidade pessoal, nos termos do art. 135, III, do CTN; **D:** correta, conforme jurisprudência pacífica do STJ. Importante salientar que, mesmo que o nome dos sócios administradores não conste da CDA, é possível redirecionar a execução contra eles, dependendo, nesse caso, de o Fisco comprovar a violação da lei no curso do processo judicial; **E:** incorreta, pois a inclusão do nome do sócio administrador na CDA indica a presunção de sua responsabilidade, cabendo a ele (ao sócio) a prova em contrário.

Gabarito "D".

(Advogado da União/AGU – CESPE – 2012) Em relação à responsabilidade tributária, julgue os itens de 1 a 5.

(1) A responsabilidade tributária de terceiros é solidária.

(2) O Senado Federal pode fixar a alíquota máxima do ICMS.

(3) As taxas de prestação de serviços, tais como as cobradas em razão do poder de polícia, devidas pelo alienante até a data da aquisição do imóvel, são de responsabilidade do adquirente do imóvel.

(4) O sócio de sociedade comercial de responsabilidade limitada, ainda que passados mais de três anos de sua liquidação, responderá, na proporção da sua participação no capital social, pelas obrigações tributárias não honradas pela sociedade.

(5) O adquirente de um fundo de comércio é subsidiariamente responsável, juntamente com o alienante que continue a exercer a atividade comercial em outro estado, pelos tributos devidos até a data da venda desse fundo.

1: incorreta. No caso do art. 134 do CTN a responsabilidade é subsidiária, pois existe apenas no caso de impossibilidade de exigência do pagamento do tributo pelo contribuinte. Já no caso do art. 135 do

CTN há algum debate sobre a característica da responsabilidade. O dispositivo afirma serem "pessoalmente responsáveis" e a Súmula 430/STF refere-se à "responsabilidade solidária do sócio-gerente" – por outro lado, no julgamento do REsp 1.101.728/SP (repetitivo), o STJ referiu-se à "responsabilidade subsidiária do sócio, prevista no art. 135 do CTN"; **2:** assertiva correta, pois o Senado pode fixar as alíquotas internas máximas do ICMS para resolver conflito específico que envolva interesse de Estados, mediante resolução de iniciativa da maioria absoluta e aprovada por dois terços de seus membros – art. 155, § 2º, V, *b*, da CF; **3:** incorreta, pois taxa em razão do exercício do poder de polícia não se confunde com taxa pela prestação de serviço público – art. 145, II, da CF e art. 77 do CTN. Ademais, o art. 130 do CTN refere-se apenas às taxas pela prestação de serviços referentes aos imóveis, ao tratar da responsabilidade do adquirente; **4:** imprecisa. Em princípio, o sócio de sociedade limitada não responde pelos débitos da sociedade liquidada, exceto se incorrer em uma das hipóteses de responsabilidade previstas na legislação, em especial os arts. 132, parágrafo único, 134, VII, e 135 do CTN. Encerrada a liquidação, o credor não satisfeito só terá direito a exigir dos sócios, individualmente, o pagamento do seu crédito, até o limite da soma por eles recebida em partilha, e a propor contra o liquidante ação de perdas e danos – art. 1.110 do Código Civil; **5:** assertiva correta, conforme o art. 133, II, do CTN.

Gabarito 1E, 2C, 3E, 4C (gabarito oficial), 5C

10. SUSPENSÃO, EXTINÇÃO E EXCLUSÃO DO CRÉDITO

10.1. SUSPENSÃO

Veja a seguinte tabela para estudar e memorizar as causas de suspensão, extinção e exclusão do crédito tributário:

Suspensão	Extinção	Exclusão
– a moratória	– pagamento	– a isenção
– o depósito do seu montante integral	– a compensação	– a anistia
– as reclamações e os recursos, nos termos das leis reguladoras do processo tributário administrativo	– a transação	
– a concessão de medida liminar em mandado de segurança	– remissão	
– a concessão de medida liminar ou de tutela antecipada, em outras espécies de ação judicial	– a prescrição e a decadência	
– o parcelamento	– a conversão de depósito em renda	
	– o pagamento antecipado e a homologação do lançamento nos termos do disposto no artigo 150 e seus §§ 1º e 4º	
	– a consignação em pagamento, nos termos do disposto no § 2º do artigo 164	
	– a decisão administrativa irreformável, assim entendida a definitiva na órbita administrativa, que não mais possa ser objeto de ação anulatória	
	– a decisão judicial passada em julgado	
	– a dação em pagamento em bens imóveis, na forma e condições estabelecidas em lei	

(Juiz de Direito - TJ/BA - 2019 - CESPE/CEBRASPE) De acordo com o CTN, o parcelamento é uma modalidade de

(A) suspensão da exigibilidade do crédito tributário.
(B) extinção da obrigação tributária.
(C) compensação de créditos e débitos tributários.
(D) exclusão do crédito tributário.
(E) remissão da obrigação tributária.

O parcelamento é uma das modalidades de suspensão do crédito tributário, nos termos do art. 151, VI, do CTN, de modo que a alternativa "A" é a correta. RB

Gabarito "A"

(Defensor Público/PE – 2018 – CESPE) De acordo com o Código Tributário Nacional, as hipóteses de suspensão do crédito tributário incluem a

(A) moratória, o parcelamento e a remissão.
(B) prescrição, a decadência e o parcelamento.
(C) remissão, o parcelamento e o depósito do montante integral do crédito.
(D) concessão de liminar em favor do sujeito passivo, a compensação e a transação.
(E) moratória, o depósito do montante integral do crédito e a concessão de liminar em favor do sujeito passivo.

A: incorreta, pois remissão é modalidade de extinção do crédito tributário – art. 156 do CTN; **B:** incorreta, pois decadência e prescrição são modalidades de extinção do crédito – art. 156 do CTN; **C:** incorreta, conforme comentário à primeira (remissão é modalidade de extinção); **D:** incorreta, pois transação é modalidade de extinção do crédito tributário – art. 156 do CTN; **E:** correta – art. 151 do CTN. RB

Gabarito "E"

(Delegado Federal – 2018 – CESPE) Acerca de crédito tributário, competência tributária e Sistema Tributário Nacional, julgue o próximo item.

(1) Depósito judicial do montante integral do crédito tributário é causa suspensiva de exigibilidade.

1: correta – art. 151, II, do CTN. **RB**

Gabarito 1C

(Advogado União – AGU – CESPE – 2015) Carlos ajuizou, em 2006, ação contra Paulo, na qual pleiteou indenização por danos materiais e morais. Após sentença transitada em julgado, ele obteve julgamento de procedência total dos pedidos formulados, razão pela qual recebeu, a título de indenização por danos morais, o valor de R$ 50.000, sendo R$ 20.000 a título de danos morais próprios e R$ 30.000 a título de danos estéticos. Pelos danos materiais, Carlos recebeu R$ 30.000, dos quais R$ 10.000 correspondem a danos emergentes e R$ 20.000 a lucros cessantes. No tempo devido, ele declarou os valores recebidos e efetuou o recolhimento do imposto de renda correspondente.

Com referência a essa situação hipotética, julgue os itens a seguir.

(1) Por ser tributo sujeito ao autolançamento, não será admitida a repetição de indébito, podendo o valor pago a maior ser utilizado pelo contribuinte em futura compensação com outros créditos tributários.

(2) A extinção do crédito tributário ocorrerá cinco anos após o pagamento realizado por Carlos, quando ocorre a homologação tácita da declaração e do pagamento realizado, visto que o imposto de renda é espécie tributária sujeita a lançamento por homologação.

(3) O prazo para a propositura de ação de repetição de indébito será de cinco anos a partir do primeiro dia do exercício seguinte à extinção do crédito tributário.

1: Incorreta, pois o tributo indevidamente recolhido pode sempre ser repetido, independentemente de prévio protesto, desde que dentro do prazo prescricional – art. 165 do CTN. **2**: Incorreta, pois a extinção se dá com o pagamento do tributo – art. 156, VII, do CTN e art. 3º da LC 118/2005. **3**: Incorreta, pois o início do prazo prescricional é a data do pagamento indevido – art. 168, I, do CTN e art. 3º da LC 118/2005. Dica: ver Súmula 625/STJ "O pedido administrativo de compensação ou de restituição não interrompe o prazo prescricional para a ação de repetição de indébito tributário de que trata o art. 168 do CTN nem o da execução de título judicial contra a Fazenda Pública."

Gabarito 1E, 2E, 3E

(Procurador do Estado – PGE/BA – CESPE – 2014) Com base nessa situação hipotética, julgue os itens subsequentes.

(1) O pedido de parcelamento gera o benefício da espontaneidade para o contribuinte, que se verá livre das multas aplicadas pelo descumprimento das normas tributárias, especialmente aquela correspondente à fraude praticada.

(2) Na situação apresentada, o parcelamento gera a suspensão da obrigação tributária.

(3) Nesse caso, o parcelamento tem o mesmo efeito sobre o crédito tributário que o pedido de compensação.

(4) O parcelamento requerido pelo contribuinte deve ser negado, uma vez que a prática de fraude na relação com o Fisco impede a concessão de parcelamento, de acordo com o Código Tributário Nacional.

1: Incorreta, pois somente o pagamento integral implica denúncia espontânea, nos termos do art. 138 do CTN.**2**: Incorreta, à luz do disposto no art. 154, parágrafo único, c/c art. 155-A, § 2º, do CTN, que afasta a possibilidade de parcelamento e moratória em caso de dolo, fraude ou simulação. **3**: Incorreta, pois o parcelamento é modalidade de suspensão do crédito, enquanto a compensação é modalidade de extinção – arts. 151 e 156 do CTN. **4**: Correta, à luz do disposto no art. 154, parágrafo único, c/c art. 155-A, § 2º, do CTN, que afasta a possibilidade de parcelamento e moratória em caso de dolo, fraude ou simulação.

Gabarito 1E, 2E, 3E, 4C

(Promotor de Justiça/PI – 2014 – CESPE) Considerando a concessão, por lei, de parcelamento de débitos tributários e a aplicação das regras da moratória à concessão do parcelamento, assinale a opção correta.

(A) Caso o tributo devido seja o ICMS, o parcelamento deve ser autorizado por convênio firmado entre os estados e o Distrito Federal no âmbito do CONFAZ, antes da edição da lei de concessão do parcelamento.

(B) Por estar previsto em lei complementar federal, o parcelamento, causa de suspensão do crédito tributário, não pode ser concedido em âmbito estadual.

(C) O parcelamento poderá ser concedido a contribuinte que tenha praticado conduta fraudulenta contra o fisco, dada a aplicação das regras da moratória.

(D) A moratória, por ser causa de extinção do crédito tributário, não pode servir de base para a concessão do parcelamento.

(E) O parcelamento pode ser concedido por lei específica ordinária estadual, ainda que se contrariem as regras previstas na lei complementar federal, dada a competência tributária exclusiva dos entes da Federação.

A: correta, pois os benefícios fiscais de ICMS dependem de convênio entre os Estados e o Distrito Federal – art. 155, § 2º, XII, *g*, da CF; **B**: incorreta, pois o parcelamento deve ser concedido por lei do respectivo ente tributante (apenas a descrição dessa modalidade de suspensão do crédito e as normas gerais estão reguladas no CTN, que tem força de lei complementar federal); **C**: incorreta, pois nesses casos o parcelamento não pode ser concedido – art. 154, parágrafo único, c/c art. 155-A, § 2º, do CTN; **D**: incorreta, pois a moratória é modalidade de suspensão do crédito, e o parcelamento é, a rigor, espécie de moratória – art. 151, I e VI, do CTN; **E**: incorreta, pois as leis estaduais de parcelamento devem observar as normas gerais veiculadas pela lei complementar federal (CTN, no caso) – art. 146, III, da CF e art. 154-A, § 4º do CTN.

Gabarito "A"

(Ministério Público/RR – 2012 – CESPE) Celebrada transação penal em face da prática de crime contra a ordem tributária, o autor do fato, que se comprometera a reparar o dano, procurou a fazenda pública para efetuar o pagamento do débito tributário, tendo solicitado parcelamento da dívida, única forma de poder cumprir a condição imposta.

Em face da situação hipotética acima apresentada, assinale a opção correta.

(A) Concedido o parcelamento do crédito tributário, estará suspensa a pretensão punitiva do estado, cuja extinção está condicionada ao pagamento integral do débito tributário.

(B) Concedido o parcelamento por despacho fundamentado da autoridade administrativa, estará extinto o crédito tributário, caso não tenha sido proposta execução.

(C) Como o pleito se refere a cumprimento de condição imposta em juízo, a administração tributária deve conceder o parcelamento, independentemente da existência de lei autorizadora.

(D) Por ter como finalidade a reparação do dano causado, o parcelamento deve ser concedido, excluindo-se as multas que incidam pela prática da sonegação.

(E) Concedido pela autoridade administrativa, o parcelamento requerido não pode ser revogado, ainda que se apure não ter sido cumprida condição objetiva em face do direito adquirido.

A: correto, pois a lei estabelece tal suspensão como efeito da suspensão pelo parcelamento (Lei 12.382/2011) **B**: incorreto, pois o parcelamento apenas suspende a exigibilidade (CTN art. 151); **C**: incorreto, pois parcelamento, assim como todas as demais causas de suspensão do crédito dependem de previsão legal (CTN, art. 97); **D**: incorreto, pois não há previsão legal de tal exclusão; **E**: incorreto, pois no caso de descumprimento de suas condições, o parcelamento deve ser imediatamente rescindido (CTN, art. 155).

Gabarito "A"

(Defensor Público/TO – 2013 – CESPE) Acerca da suspensão do crédito tributário, assinale a opção correta.

(A) A moratória geral concedida pela União nunca alcançará os tributos de competência dos estados, do DF nem dos municípios, pois sempre se limita aos tributos de competência federal.

(B) A suspensão da exigibilidade do crédito tributário também suspende as demais obrigações vinculadas ao tributo, dispensando-se o cumprimento das obrigações acessórias dependentes da obrigação principal dela consequentes.

(C) De acordo com entendimento do STJ, o seguro garantia judicial, assim como a fiança bancária, não é equiparável ao depósito em dinheiro para fins de suspensão da exigibilidade do crédito tributário.

(D) A conversão do depósito em renda é modalidade de suspensão do crédito tributário.

(E) A moratória individual não se inclui no âmbito da reserva legal, pois, tendo natureza de ato administrativo que independe de lei, é concedida por portaria da autoridade fiscal competente.

A: incorreta, pois há hipótese excepcional de moratória concedida pela União e que atinja tributos de outros entes políticos – art. 152, I, b, do CTN; **B**: incorreta, pois a suspensão da exigibilidade do crédito não suspende as demais obrigações a cargo do contribuinte – art. 151, parágrafo único, do CTN; **C**: correta, pois essa é a jurisprudência do STJ – ver REsp 1.156.668/DF. As modalidades de suspensão do crédito tributário são exclusivamente aquelas previstas no art. 151 do CTN; **D**: incorreta, pois essa é modalidade de extinção do crédito – art. 156, VI, do CTN; **E**: incorreta, pois todas as modalidades de suspensão do crédito são reguladas pelo CTN e pelas leis dos entes competentes – art. 151 do CTN. É importante lembrar apenas que a simples alteração do vencimento do tributo (que não é, a rigor, moratória) pode ser feita por norma infralegal.

Gabarito "C"

10.2. EXTINÇÃO

(Analista Judiciário – STJ – 2018 – CESPE)

(1) A decadência é uma hipótese de extinção do crédito tributário que decorre do transcurso do tempo máximo previsto para a constituição desse crédito.

1: correta, descrevendo adequadamente a decadência – art. 173 do CTN. Dica: ver a Súmula 622/STJ: "A notificação do auto de infração faz cessar a contagem da decadência para a constituição do crédito tributário; exaurida a instância administrativa com o decurso do prazo para a impugnação ou com a notificação de seu julgamento definitivo e esgotado o prazo concedido pela Administração para o pagamento voluntário, inicia-se o prazo prescricional para a cobrança judicial." **RB**

Gabarito 1C

(Analista Judiciário – STJ – 2018 – CESPE)

(1) A taxa de juros de mora incidente na repetição do indébito tributário deve corresponder àquela utilizada para a cobrança do tributo pago em atraso.

1: correta, conforme a Súmula 523/STJ. **RB**

Gabarito 1C

(Procurador do Estado/SE – 2017 – CESPE) Uma lei estadual indicou autoridade competente para estabelecer condições que possibilitassem ao contribuinte e à fazenda pública estadual negociar o encerramento de litígios judiciais e administrativos acerca de determinada questão tributária. A referida norma estabeleceu que as partes deveriam fazer determinadas concessões mútuas com o objetivo de alcançar a extinção do crédito tributário.

A negociação objeto da situação hipotética apresentada é um exemplo de

(A) compensação.
(B) anistia.
(C) moratória.
(D) remissão.
(E) transação.

A questão descreve a transação, modalidade de extinção do crédito, nos termos do art. 171 do CTN, de modo que a alternativa "E" é a correta. **RB**

Gabarito "E"

(Delegado/PE – 2016 – CESPE) A repetição do indébito tributário refere-se à possibilidade de o contribuinte requerer às autoridades fazendárias a devolução de valores pagos indevidamente a título de tributo. A respeito desse assunto, assinale a opção correta.

(A) Os juros moratórios na repetição do indébito tributário são devidos a partir da data do fato gerador.
(B) Prescreve em dois anos a ação anulatória da decisão administrativa que denegar a restituição.
(C) Na repetição do indébito tributário, a correção monetária incide desde a data do fato gerador.
(D) O direito do sujeito passivo à restituição total ou parcial do tributo depende necessariamente de prévio protesto.
(E) O direito de pleitear a restituição extingue-se após dois anos do pagamento espontâneo do tributo.

A: incorreta, pois a regra geral fixada pelo art. 167, parágrafo único, do CTN prevê que os juros são calculados a partir do trânsito em julgado da decisão que determinar a devolução; **B**: correta, nos termos do art. 169 do CTN; **C**: incorreta, pois a correção monetária deve manter o valor real do montante recolhido indevidamente, de modo que é calculado a partir do pagamento indevido; **D**: incorreta, pois a repetição de tributo indevidamente recolhido independe de prévio protesto – art. 165, *caput*, do CTN; **E**: incorreta, pois o prazo prescricional para a repetição do indébito tributário é, em regra, de 5 (cinco) anos contados do pagamento indevido – art. 168 do CTN.
Dica: ver as Súmulas 625/STJ "O pedido administrativo de compensação ou de restituição não interrompe o prazo prescricional para a ação de repetição de indébito tributário de que trata o art. 168 do CTN nem o da execução de título judicial contra a Fazenda Pública" e 614/STJ "O locatário não possui legitimidade ativa para discutir a relação jurídico-tributária de IPTU e de taxas referentes ao imóvel alugado nem para repetir indébito desses tributos."

Gabarito "B"

(Delegado/PE – 2016 – CESPE) No que diz respeito aos institutos da prescrição e da decadência, assinale a opção correta.

(A) A prescrição e a decadência estão previstas no CTN como formas de exclusão do crédito tributário.
(B) O direito de ação para a cobrança do crédito tributário decai em cinco anos, contados da data da sua constituição definitiva.
(C) O protesto judicial é uma forma de interrupção da prescrição.
(D) O direito de a fazenda pública constituir o crédito tributário prescreve após cinco anos, contados do primeiro dia do exercício seguinte àquele em que o lançamento poderia ter sido efetuado.
(E) As normas gerais sobre prescrição e decadência na matéria tributária devem ser estabelecidas por meio de lei ordinária.

A: incorreta, pois prescrição e decadência são modalidades de extinção do crédito tributário, nos termos do art. 156 do CTN; **B**: incorreta, pois o prazo para a cobrança é prescricional, e não decadencial – art. 174 do CTN; **C**: correta, nos termos do art. 174, parágrafo único, II, do CTN; **D**: incorreta, pois o prazo para constituir o crédito tributário é decadencial, não prescricional – art. 173 do CTN; **E**: incorreta, pois essas normas gerais devem ser veiculadas por lei complementar federal – art. 146, III, *b*, da CF.

Gabarito "C"

(Delegado/PE – 2016 – CESPE) De acordo com as disposições do CTN, é causa de extinção da exigibilidade do crédito tributário

(A) a consignação em pagamento.
(B) as reclamações e os recursos, nos termos das leis reguladoras do processo tributário administrativo.
(C) a concessão de medida liminar ou de tutela antecipada, em outras espécies de ação judicial.
(D) o parcelamento.
(E) a concessão de medida liminar em mandado de segurança.

A: correta – art. 156, VIII, do CTN; **B**, **C**, **D** e **E**: incorretas, pois reclamações e recursos, liminares, tutelas antecipadas e parcelamento são modalidades de suspensão do crédito tributário, não de extinção – art. 151 do CTN. Esse tipo de questão, que exige conhecimento decorado das modalidades de suspensão, extinção e exclusão do crédito tributário, é extremamente comum, de modo que o candidato deve memorizá-las.

Gabarito "A"

(Juiz de Direito/AM – 2016 – CESPE) A indústria R S.A., que havia declarado regularmente, mas não havia pagado ICMS no valor de R$ 100.000, ciente de iminente fiscalização, já que havia recebido a visita de auditor fiscal, que, no entanto, não lavrou termo algum, decidiu fazer denúncia espontânea de sua inadimplência, tendo feito acompanhá-la de pedido de parcelamento no qual incluiu o principal e os juros de mora, com o objetivo de ser eximida da multa de mora e de outras penalidades.

Nessa situação hipotética,

(A) a visita do auditor fiscal constitui início de ação fiscal, o que exclui a denúncia espontânea.
(B) a eventual homologação da denúncia espontânea pela autoridade não surtiria efeitos sobre a multa de mora, que permaneceria devida.
(C) para obter os efeitos da denúncia espontânea, o contribuinte deveria anexar a seu requerimento o comprovante do pagamento da primeira parcela do parcelamento, não sendo o mero pedido de parcelamento meio idôneo a dar suporte aos efeitos da denúncia espontânea.
(D) não é cabível denúncia espontânea, pois trata-se de tributo por homologação com declaração regular e pagamento a destempo.
(E) o parcelamento é modalidade de pagamento do crédito tributário, por implicar novação, de modo que a denúncia espontânea acompanhada de pedido de parcelamento do principal e dos juros exclui a responsabilidade por infrações.

A: incorreta, pois, a rigor, a exclusão da denúncia espontânea já havia ocorrido com a declaração do débito realizada pelo contribuinte, sem o correspondente recolhimento, conforme a Súmula 360/STJ; **B**: incorreta, pois não há denúncia espontânea, conforme comentário anterior; **C**: incorreta, pois somente o pagamento integral do tributo e dos juros configuraria a denúncia espontânea e afastaria a multa – art. 138 do CTN; **D**: correta, conforme comentários anteriores; **E**: incorreta, pois o parcelamento apenas suspende a exigibilidade do crédito, não o extinguindo – art. 151, VI, do CTN.

Gabarito "D"

(Procurador do Estado/AM – 2016 – CESPE) Considerando o desenvolvimento da relação jurídica tributária, julgue o próximo item.

(1) A compensação é modalidade de extinção do crédito tributário que, se tiver por objeto tributo contestado judicialmente, somente se concretizará após a formação da coisa julgada a favor do contribuinte.

1: correta, conforme arts. 156, II, e 170-A, do CTN.

Gabarito 1C

(Ministério Público/PI – 2012 – CESPE) Com relação ao crédito tributário, assinale a opção correta.

(A) Existindo simultaneamente débitos vencidos referentes à taxa no valor de R$ 700,00 e a imposto sobre propriedade de veículos automotores no valor de R$ 1.000,00 do mesmo contribuinte, ambos devidos ao estado do Piauí, a autoridade administrativa determinará a imputação, em primeiro lugar, da taxa.
(B) Considere que determinado crédito tributário tenha sido anulado por vício da notificação de lançamento. Nesse caso, a obrigação tributária, por estar vinculada ao referido crédito fiscal, é automaticamente declarada nula.
(C) A atividade administrativa de lançamento é balizada pelo juízo de conveniência e oportunidade da autoridade fiscal competente.
(D) Compete privativamente à autoridade administrativa a constituição do crédito tributário pela concretização da hipótese descrita em lei, o que dá origem à obrigação tributária.
(E) Considere que, em janeiro de 2006, determinado contribuinte tenha efetuado pagamento indevido de tributo sujeito a lançamento por homologação. Nessa situação, de acordo com a legislação brasileira vigente, a homologação tácita teria ocorrido cinco anos depois (janeiro de 2011) do pagamento, iniciando-se o prazo prescricional quinquenal para o pedido de repetição do indébito, cujo termo final ocorrerá em janeiro de 2016, regra conhecida como cinco mais cinco.

A: correto, pois a lei estabelece os critérios de prioridades na imputação, prevalecendo, dentre as espécies, a taxa (CTN, art. 163); **B**: incorreto, pois no caso de anulação por vício formal, atinge-se apenas o crédito, mas não a obrigação, de forma que o lançamento poderá ser refeito (CTN, art. 173,II); **C**: incorreto, pois o lançamento é ato administrativo vinculado (CTN, art. 142); **D**: incorreto, pois o lançamento tributário tem por efeito a constituição do crédito tributário (CTN, art. 142); **E**: incorreto, pois a legislação vigente determina a contagem do prazo de repetição, inclusive para tributos sujeitos a lançamento por homologação, da data do pagamento, não mais se aplicando a tese dos cinco mais cinco (LC 118/2005, art. 3º).

Gabarito "A"

(Ministério Público/RR – 2012 – CESPE) Determinado estado, por ter débitos constituídos por precatórios pendentes de pagamento e por não conseguir receber dívidas tributárias, instituiu o direito de compensação entre os débitos e os créditos.

Com base nessa situação hipotética, assinale a opção correta.

(A) Sendo o contribuinte credor do estado por precatório não pago, poderá ele efetuar o lançamento de seu crédito na apuração mensal do ICMS.
(B) Sendo negada administrativamente a compensação requerida pelo contribuinte, este poderá ingressar com mandado de segurança para exercer o seu direito, por não envolver dilação probatória.
(C) A compensação, modalidade de suspensão do crédito tributário, depende de lei regulamentadora que a autorize.
(D) A possibilidade de compensação entre débitos e créditos está prevista no Código Tributário Nacional, independentemente de lei que regularize o seu exercício.
(E) Se a compensação fosse estabelecida e regulada pela União, a legislação teria aplicação aos tributos estaduais e municipais.

A: incorreto, pois a apuração mensal do ICMS somente pode ser feita considerando os créditos da sistemática da não cumulatividade (CF, art. 155, § 2º, I); **B**: correta, pois a jurisprudência reconhece a possibilidade de utilização de mandado de segurança como forma de declaração de direito a compensação (STJ, Súmula 213); **C**: incorreto, pois a compensação é modalidade de extinção do crédito, não de suspensão; **D**: incorreto, pois o CTN somente estabelece as chamadas normas gerais sobre compensação, dependendo de lei própria para a regulação do procedimento (CTN, art. 170); **E**: incorreto, pois como cada ente tem autonomia administrativa e financeira, somente a lei própria poderia regular o procedimento de compensação, pelo evidente impacto no orçamento do ente.

Gabarito "B"

(Defensor Público/TO – 2013 – CESPE) No que concerne à extinção do crédito tributário, assinale a opção correta.

(A) O vencimento do crédito tributário ocorre dez dias depois da data em que se considera o sujeito passivo notificado do cálculo do montante do tributo devido.
(B) A lei pode autorizar a compensação de crédito tributário com créditos vencidos, líquidos e certos, possibilidade vedada para os vincendos.
(C) De acordo com o STJ, a remissão de juros de mora insertos na composição do crédito tributário não enseja o resgate de juros remuneratórios incidentes sobre o depósito judicial feito para suspender a exigibilidade desse mesmo crédito tributário.
(D) A concessão de medida liminar em mandado de segurança configura hipótese de extinção do crédito tributário.
(E) Caso a legislação tributária não disponha a respeito do local de pagamento do tributo, ele deve ser efetuado na repartição competente do local da ocorrência do fato gerador.

A: incorreta, pois o vencimento do tributo é fixado pela legislação de cada ente tributante. Em caso de omissão, aplica-se a regra subsidiária de 30 dias a contar da notificação – art. 160 do CTN; **B**: incorreta, pois a lei pode admitir a compensação com créditos vincendos – art. 170 do CTN; **C**: correta, pois essa é a jurisprudência do STJ – ver REsp 1.322.260/RS; **D**: incorreta, pois trata-se de modalidade de suspensão do crédito, não de extinção – art. 151, IV, do CTN; **E**: incorreta, pois, nesse caso de omissão da legislação tributária, o local de pagamento é a repartição no local do domicílio do sujeito passivo – art. 159 do CTN.

Gabarito "C"

(Defensor Público/RO – 2012 – CESPE) Acerca da suspensão e extinção do crédito tributário, assinale a opção correta.

(A) Os recursos e reclamações decorrentes do lançamento administrativo do débito tributário não têm o efeito de suspender ou extinguir o crédito tributário.

(B) Parcelado regularmente o crédito tributário, não pode a fazenda pública propor execução fiscal, dada a consequente suspensão da exigibilidade do referido crédito.
(C) Se, em mandado de segurança, for concedida liminar para suspender a exigibilidade do crédito tributário, posteriormente cassada em julgamento de agravo de instrumento, continua suspensa a exigibilidade do crédito até julgamento definitivo do mérito, porque é a propositura da ação mandamental, e não a liminar, que legitima o instituto da suspensão.
(D) Concedida moratória, estará extinto o crédito tributário.
(E) O depósito prévio do valor da exigência fiscal em ação declaratória de inexigibilidade do crédito tributário extingue a sua exigibilidade porque o valor será convertido em renda.

A: incorreta, pois essa é modalidade de suspensão do crédito – art. 151, III, do CTN; **B:** correta, pois o parcelamento suspende a exigibilidade do crédito – art. 151, VI, do CTN; **C:** incorreta, pois a impetração do mandado de segurança não suspende, por si, a exigibilidade do crédito. Somente a liminar tem esse efeito – art. 151, IV, do CTN; **D:** incorreta, pois a moratória suspende a exigibilidade, não a extingue – art. 151, I, do CTN; **E:** incorreta, pois somente a conversão extingue o crédito. O depósito apenas suspende sua exigibilidade – art. 151, II, do CTN.

Gabarito "B"

(Magistratura Federal/1ª Região – 2011 – CESPE) Determinado contribuinte reside em área situada na fronteira entre dois municípios, não sendo muito bem delineada, naquela localidade, a separação geográfica entre as duas municipalidades. Em razão dessa circunstância, ocorreu de ele ter sido notificado pelas duas fazendas municipais para pagar o IPTU.

Nesse caso, deve o contribuinte

(A) pagar a totalidade dos impostos e ajuizar, contra cada município, ação de repetição de indébito de metade do valor do IPTU.
(B) omitir-se de pagar o imposto perante as duas fazendas, uma vez que o caso configura bitributação.
(C) ajuizar ação de consignação em pagamento.
(D) pagar metade de cada um dos impostos e ajuizar pedido de revisão de valor do IPTU junto aos dois municípios.
(E) interpor recurso junto aos dois municípios para que eles definam a qual deles pertence a área em questão.

Diante de uma situação de cobrança de um mesmo tributo, por mais de um ente tributante, deverá, o sujeito passivo, para não correr risco de pagar errado, e com isso, pagar novamente, utilizar a chamada consignação em pagamento. Essa ação, prevista expressamente no CTN, somente será cabível nas hipóteses taxativas elencadas, e deverá versar sobre tributo que o sujeito passivo pretende pagar (CTN art. 164, I a III).

Gabarito "C"

(Magistratura Federal/2ª Região – 2011 – CESPE) De acordo com o CTN, constitui caso de extinção do crédito tributário

(A) a concessão de isenção tributária.
(B) o transcorrer do prazo de cinco anos contados da constituição do crédito.
(C) a concessão de anistia.
(D) o depósito do montante integral do crédito.
(E) a concessão de parcelamento do crédito.

As causas de extinção do crédito tributário estão elencadas no CTN, de maneira taxativa, nos termos da interpretação do STF. **A:** incorreta, pois a isenção é causa de exclusão do crédito (CTN, art. 175, I); **B:** correta, por expressa previsão legal (CTN, art. 156, V); **C:** incorreta, pois anistia é causa de exclusão do crédito (CTN, art. 175, II); **D:** incorreta, pois depósito é causa de suspensão da exigibilidade do crédito (CTN, art. 151, II); **E:** incorreta, pois parcelamento é causa de suspensão da exigibilidade do crédito (CTN, art. 151, VI).

Gabarito "B"

10.3. EXCLUSÃO

(Auditor Fiscal - SEFAZ/RS - 2019 - CESPE/CEBRASPE) Isenção do crédito tributário estabelecida por determinada lei federal

(A) dispensará o cumprimento de obrigações acessórias.
(B) será extensiva aos tributos que venham a ser criados após a concessão dessa isenção, se tiver sido destinada a determinado grupo de pessoas.
(C) não alcançará as taxas, mas apenas as contribuições de melhoria, caso seja destinada a determinado grupo de pessoas.
(D) não poderá ser restritivamente concedida a uma região do território da entidade tributante.
(E) poderá ser concedida sob determinadas condições ou por prazo certo.

A: incorreta, pois a exclusão do crédito tributário não dispensa o cumprimento das obrigações acessórias dependentes da obrigação principal cujo crédito seja excluído, ou dela consequente – art. 175, parágrafo único, do CTN; **B:** incorreta, pois, salvo disposição de lei em contrário, a isenção não é extensiva aos tributos instituídos posteriormente à sua concessão – art. 177, II, do CTN; **C:** incorreta, pois, salvo disposição de lei em contrário, a isenção não é extensiva às taxas e às contribuições de melhoria – art. 177, I, do CTN; **D:** incorreta, pois a isenção pode ser restrita a determinada região do território da entidade tributante, em função de condições a ela peculiares – art. 176, parágrafo único, do CTN; **E:** correta, conforme o art. 176, *caput*, do CTN. RB

Gabarito "E"

(Juiz – TJ/CE – 2018 – CESPE) De acordo com o CTN, as hipóteses de exclusão do crédito tributário incluem

(A) a isenção e a anistia.
(B) o pagamento e a compensação.
(C) a prescrição e a decadência.
(D) a moratória e o parcelamento.
(E) a remissão e o depósito do montante integral.

Apenas isenção e anistia são modalidades de extinção do crédito tributário, nos termos do art. 175 do CTN, de modo que alternativa "A" é a correta. RB

Gabarito "A"

(Cartório/DF – 2014 – CESPE) Considere que um estado da Federação tenha concedido, mediante lei complementar, isenção do imposto sobre importação de determinados produtos estrangeiros destinados a hospitais públicos.

Nessa situação hipotética, a isenção

(A) é irrevogável e deve perdurar pelo prazo mínimo de um ano.
(B) deveria ser restrita a determinada região do território do estado da Federação.
(C) é inconstitucional.
(D) poderia ter sido concedida mediante decreto do governador do estado, tendo sido desnecessária a edição de lei complementar.
(E) poderia ter sido concedida mediante lei ordinária estadual, sem necessidade da edição de lei complementar.

Ao se referir a "imposto sobre importação" a questão parece se referir ao imposto federal sobre importação de produtos estrangeiros (II – art. 153, I, da CF), hipótese em que é claramente inconstitucional a isenção, já que a competência da União é exclusiva, inexistindo possibilidade de benefício fiscal concedido por outro ente. Por essa razão, a alternativa "C" é a correta. Entretanto, é interessante notar que a questão apresenta certa dubiedade, pois pode se entender que ao "imposto sobre importação" se refere a imposto estadual (ICMS) incidente sobre a entrada de mercadoria importada do exterior (art. 156, § 2º, IX, *a*, da CF), hipótese em que a alternativa "E" seria correta. De qualquer forma, considerando que "imposto sobre importação" é o nome do imposto federal (art. 153, I, da CF), realmente a alternativa "C" é a melhor.

Gabarito "C"

(Magistratura/CE – 2012 – CESPE) Para efetivar programa de desenvolvimento de áreas cujo solo permanece, em mais de 40%, alagado por pelo menos três meses ao ano, o estado Y editou norma concedendo a empresas que optassem pelo programa o direito a um crédito presumido de ICMS equivalente a 15% nas entradas interestaduais. De acordo com a norma, caberia à administração tributária verificar a ocorrência da situação e celebrar acordo entre o fisco e as empresas.

Considerando essa situação hipotética, assinale a opção correta.

(A) Para a concessão do referido benefício fiscal, a despeito das circunstâncias de urgência e calamidade eventualmente alegadas na justificativa da edição da norma, seria necessária a celebração de convênio entre o estado Y e os demais estados da Federação e o DF.
(B) Tratando-se de matéria que envolve tributos, o MP não tem legitimidade para, por meio de ação civil pública, impugnar os acordos que vierem a ser celebrados entre o fisco e as empresas.
(C) Considerando-se a situação precária das áreas incluídas no programa, a necessidade de gerar emprego e desenvolver a região, a concessão do benefício é legal, desde que tenha se dado por meio da edição de lei complementar.
(D) Caso o estado Y seja o único prejudicado no que se refere à arrecadação tributária, considerando-se o crédito presumido, não cabe aos demais estados agir para impugnar o benefício fiscal concedido.
(E) O benefício fiscal corresponde à remissão parcial do crédito tributário e, sendo o ICMS tributo de competência dos estados, é legítima a sua concessão, dado o princípio da independência tributária.

A: correto, pois a concessão de benefícios e isenções de ICMS dependem de celebração de convênios entre os entes (CF, art. 155, § 2º, XII, g); **B:** incorreto, pois nos termos da jurisprudência do STF, há essa legitimidade (STF, RE 576155/DF); **C:** incorreto, pois contrária a previsão constitucional, que confere a lei complementar a competência para regular a forma de concessão, não a concessão propriamente dita; **D:** incorreto, pelo descumprimento do requisito constitucional; **E:** incorreto, pois viola a regra constitucional de padronização de benefício de ICMS pela necessidade de convênio, nos termos de lei complementar (CF, art. 155, § 2º, XII, g).

Gabarito "A".

(Magistratura/CE – 2012 – CESPE) O estado X editou lei concedendo às indústrias que se instalassem ou se modernizassem no estado isenção de 90% do ICMS devido, pelo prazo de dez anos, prorrogável por mais cinco anos na hipótese de instalação de projetos novos. Algumas indústrias aderiram ao programa, ora constituindo sede no estado, ora instalando projetos novos, ora se modernizando. Quatro anos depois, foi editada nova norma que suspendeu o benefício para as empresas que optaram pela modernização e excluiu a possibilidade de prorrogação do prazo nos demais casos.

Considerando a situação hipotética acima apresentada, assinale a opção correta.

(A) A indústria que se tenha instalado no estado X e se modernizado tem direito adquirido ao benefício pelo prazo de quinze anos.
(B) A isenção, benefício fiscal concedido pelo estado, pode ser suspensa ou revogada a qualquer tempo, ainda que concedida por prazo indeterminado, não se observando, no caso, o princípio da anterioridade.
(C) A isenção concedida para os dez primeiros anos não poderia ter sido revogada, uma vez que fora concedida por prazo certo e em função de condição onerosa, tendo gerado direito adquirido aos contribuintes que se mantiverem cumprindo as condições exigidas.
(D) São imediatos os efeitos de norma legal de revogação de isenção tributária, tal como a que suspendeu o benefício concedido às empresas que se instalaram no estado X.
(E) Como a isenção foi concedida mediante condição onerosa, as empresas que instalaram novos projetos no estado têm direito à prorrogação da isenção por mais cinco anos, independentemente da nova norma.

A: incorreto, pois no caso de mera instalação e modernização, garante-se apenas o prazo de 10 anos; **B:** incorreto, pois quando concedida em prazo indeterminado, a revogação deverá respeitar o princípio da anterioridade (CTN, art. 178); **C:** correto, pois o preenchimento das condições gera o direito adquirido ao benefício pelo prazo definido na lei (CTN, art. 178); **D:** incorreto, pois há previsão legal em sentido contrário (CTN, art. 178); **E:** incorreto, pois a prorrogação da isenção depende do preenchimento de todos os requisitos (CTN, art. 178).

Gabarito "C".

(Magistratura Federal/3ª Região – 2011 – CESPE) Uma lei que crie determinada anistia tributária atenderá ao que dispõe o CTN se, expressamente, anistiar

(A) infrações resultantes de conluio.
(B) atos praticados com fraude, mas não considerados crimes ou contravenções.
(C) as infrações cometidas antes e depois de sua edição.
(D) tanto as multas tributárias quanto os crimes de sonegação.
(E) atos praticados com dolo, mas não considerados crimes ou contravenções.

A anistia, nos termos do CTN, é uma causa de exclusão do crédito, que exclui as sanções, ainda não constituídas pelo lançamento. Não poderão, em regra, referir-se a crimes, contravenções, situações que envolvem dolo e decorrentes de conluio, além de, obviamente, somente se referirem as condutas ocorridas antes de sua vigência, sob pena de equiparar-se a revogação da sanção, o que não ocorre. **A:** correta, por expressa previsão legal (CTN, art. 180, II); **B**, **C**, **D** e **E:** incorretas, conforme argumentação desenvolvida (CTN, art. 180, I e II).

Gabarito "A".

11. IMPOSTOS E CONTRIBUIÇÕES EM ESPÉCIE

11.1. IPI

(Procurador Federal – 2010 – CESPE) No que concerne ao Sistema Tributário Nacional, julgue o item seguinte.

(1) É devida a correção monetária de créditos escriturais de imposto sobre produtos industrializados na hipótese em que o seu não aproveitamento pelo contribuinte em tempo oportuno tenha ocorrido em razão da demora motivada por ato administrativo ou normativo do fisco considerado ilegítimo.

1: A assertiva é correta, pois é esse o entendimento do Judiciário. Não é possível, na ausência de previsão legal, a correção monetária dos créditos de IPI e de ICMS, por serem meramente escriturais. Entretanto, a correção é admitida nessa hipótese de óbice ilegítimo por parte do fisco ao seu aproveitamento pelo contribuinte.

Gabarito 1C

11.2. IR

(Cartório/ES – 2013 – CESPE) O imposto incidente sobre a renda e proventos de qualquer natureza

(A) deve ser instituído pela União e, subsidiariamente, pelos estados.
(B) e tipicamente regressivo.
(C) deve ser informado pelos critérios da não comutatividade, universalidade e da progressividade.
(D) tem caráter real.
(E) deve ser informado pelos critérios da generalidade, da universalidade e da progressividade.

A: incorreta, pois o IR, como todos os impostos, é de competência exclusiva, ou seja, não admite instituição por outro ente, ainda que subsidiariamente; **B:** incorreta, pois o IR deve ser progressivo, nos termos do art. 153, § 2º, I, da CF; **C:** incorreta, pois não há princípio da não comutatividade; **D:** incorreta, pois trata-se de tributo tipicamente pessoal, que leva em consideração as características pessoais do contribuinte – art. 145, § 1º, da CF; **E:** correta, nos termos do art. 153, § 2º, I, da CF.

Gabarito "E".

(Magistratura Federal/1ª Região – 2011 – CESPE) João, contribuinte do imposto de renda da pessoa física, recebe mensalmente um salário de R$ 5.000,00 e uma renda de aluguel de R$ 2.000,00, relativa a um apartamento urbano de sua propriedade e cujo inquilino é contratualmente responsável pelo pagamento mensal do condomínio, no valor de R$ 500,00. João, por sua vez, reside em uma casa que não lhe pertence, pela qual paga aluguel mensal no valor de R$ 2.000,00, sem incidência de taxa condominial.

Com base nessa situação hipotética, assinale a opção correta.

(A) Se o locatário entregar ao locador, mensalmente, o valor do condomínio, e o locador promover o pagamento, essa prática implicará elevação da base de cálculo mensal do imposto de renda do locador em R$ 500,00.

(B) A dedução mensal determinada em lei para efeito do cálculo do imposto de renda mensal da pessoa física deve ser efetuada sobre o salário, para o cálculo do imposto retido na fonte, e, igualmente, sobre a renda de aluguel.

(C) Não há qualquer imposto de renda mensal a ser pago por João sobre o aluguel recebido, pois o valor que João recebe mensalmente é igual ao valor que ele paga de aluguel.

(D) João deve pagar mensalmente imposto de renda apenas sobre os R$ 500,00 de condomínio que o inquilino paga, pois esse é o saldo positivo entre a receita e a despesa mensal com habitação.

(E) Para pagar o imposto de renda adicional, João deve levar em consideração apenas a renda de R$ 2.000,00 relativa ao aluguel, não importando o quanto o inquilino pague de condomínio.

A: incorreta, pois os valores de condomínio não são considerados na definição da receita tributável na locação de imóveis (RIR – Decreto 3.000/1999, art. 50, IV); **B:** incorreta, pois a dedução mensal refere-se ao total de remuneração, de forma que não se pode aplicar a mesma dedução sobre duas receitas independentes (RIR – Decreto 3.000/1999, art. 83); **C:** incorreta, pois a despesa por força da locação para moradia não está dentre as admitidas pela legislação do IR para fins de abatimento da base de cálculo do imposto (RIR – Decreto 3.000/1999, art. 50); **D:** incorreta, pois não existe previsão para tais compensações; **E:** correta, pois é essa a definição legal da base de cálculo do imposto sobre a renda decorrente de locação de imóveis (RIR – Decreto 3.000/1999, art. 49).

Gabarito "E".

11.3. ITR

(Procurador Municipal – Prefeitura/BH – CESPE – 2017) Em determinado município, uma associação de produtores rurais solicitou que o prefeito editasse lei afastando a incidência do ITR para os munícipes que tivessem idade igual ou superior a sessenta e cinco anos e fossem proprietários de pequenas glebas rurais, assim entendidas as propriedades de dimensão inferior a trezentos hectares. O prefeito, favorável ao pedido, decidiu consultar a procuradoria municipal acerca da viabilidade jurídica dessa norma.

Com relação a essa situação hipotética, assinale a opção correta de acordo com as normas constitucionais e a legislação tributária vigente.

(A) O ITR é um imposto da União e, por conseguinte, é vedado atribuir aos municípios, que não detêm competência para legislar sobre essa matéria, a responsabilidade por sua fiscalização.

(B) Cabe ao município a competência legislativa sobre o ITR, podendo ele instituir hipóteses de isenção e de não incidência.

(C) O ITR é um imposto de competência da União, não podendo o município reduzi-lo ou adotar qualquer renúncia fiscal.

(D) A CF prevê a imunidade fiscal para os proprietários de pequenas glebas rurais que tenham idade igual ou superior a sessenta e cinco anos.

A: incorreta, pois o ITR, apesar de ser tributo federal, admite peculiarmente a fiscalização e cobrança pelos municípios, nos termos do art. 153, § 4º, III, da CF; **B:** incorreta, pois a competência tributária, entendida como competência para legislar sobre o tributo, é indelegável e, no caso do ITR, de titularidade exclusiva da União – art. 153, VI, da CF; **C:** correta – art. 153, § 4º, III, in fine, da CF; **D:** incorreta, pois não há imunidade em relação à idade dos proprietários – art. 153, § 4º, II, da CF.

Gabarito "C".

(Cartório/DF – 2014 – CESPE) Com referência ao imposto sobre propriedade territorial rural (ITR), assinale a opção correta.

(A) O ITR não incide sobre o imóvel declarado como de interesse social para fins de reforma agrária.

(B) Não há previsão constitucional para a progressividade do ITR.

(C) O enfiteuta não pode ser sujeito passivo do ITR.

(D) Não há fato gerador do ITR em relação ao imóvel rural por acessão física.

(E) A base de cálculo do ITR corresponde ao valor da terra nua, incluindo os valores de mercado relativos a construções, instalações e benfeitorias.

A: incorreta, pois a simples declaração de interesse social não afasta a tributação sobre o patrimônio; **B:** incorreta, pois o ITR deve ser progressivo de modo a desestimular a propriedade improdutiva – art. 153, § 4º, I, da CF; **C:** incorreta, pois o titular do domínio útil (= enfiteuta) é contribuinte do ITR – art. 31 do CTN; **D:** correta, pois o ITR incide apenas sobre a terra nua, não sobre as construções, por exemplo (imóveis por acessão física); **E:** incorreta, conforme comentário à alternativa anterior.

Gabarito "D".

(Cartório/ES – 2013 – CESPE) Em relação ao imposto incidente sobre a propriedade territorial rural (ITR), assinale a opção correta.

(A) O ITR incidirá sobre pequenas glebas rurais quando as explore o proprietário que não possua outro imóvel, mas com alíquotas reduzidas.

(B) As alíquotas do ITR serão progressivas, com o objetivo de desestimular a manutenção de propriedades improdutivas.

(C) O total do produto da arrecadação do ITR não é partilhado.

(D) Os municípios ficarão com 50% do produto da arrecadação quando fiscalizarem e cobrarem o ITR.

(E) A competência para a instituição do ITR é da União e dos municípios.

A: incorreta, pois há imunidade nesse caso – art. 153, § 4º, II, da CF; **B:** correta, conforme o art. 153, § 4º, I, da CF; **C:** incorreta, pois 50% da receita do IPTU é destinada ao Município em que localizado o imóvel, cabendo-lhe 100% no caso da opção a que se refere o art. 153, § 4º, III, da CF – ver o art. 158, II, da CF; **D:** incorreta, pois, nesse caso, ficam com 100% – art. 158, II, da CF; **E:** incorreta, pois a competência é exclusiva da União – art. 153, VI, da CF.

Gabarito "B".

11.4. ICMS

(Auditor Fiscal - SEFAZ/RS - 2019 - CESPE/CEBRASPE) O ICMS é espécie tributária que pode ser classificada como um imposto

(A) direto e especial, que deverá ser seletivo.

(B) indireto e real, que poderá ser seletivo.

(C) direto e pessoal, que deverá ser seletivo.

(D) indireto e pessoal, que poderá ser seletivo.

(E) direto e real, que poderá ser seletivo.

A: incorreta, pois o ICMS é considerado tributo indireto, pois sua carga financeira tende a ser repassada ao adquirente dos bens ou serviços tributados. Ver art. 166 do CTN. Ademais, o ICMS poderá ser seletivo conforme a essencialidade da mercadoria ou do serviço (é uma opção, não uma imposição, como no caso do IPI) – art. 155, § 2º, III, da CF; **B:** melhor alternativa. A rigor, a classificação do tributo real normalmente é aplicada àqueles incidentes sobre propriedade ou posse de bem, caso do IPTU, ITR e IPVA. Por outro lado, é possível dizer que o ICMS, por se referir à circulação de bens e serviços (coisas), com menos ênfase no agente de circulação (pessoa), tem essa característica de tributo real; **C:** incorreta, conforme comentários à alternativa "A"; **D:** discutível. Embora a "B" talvez seja a melhor alternativa, é defensável também a classificação do ICMS como imposto pessoal, na medida em que a capacidade econômica do contribuinte do ICMS tem relevância no âmbito da legislação tributária – art. 145, § 1º, da CF; **E:** incorreta, conforme comentário à alternativa "A".

Gabarito "B".

(Auditor Fiscal - SEFAZ/RS - 2019 - CESPE/CEBRASPE) Determinadas espécies normativas são aptas a aumentar as alíquotas de ICMS sobre operações internas e operações interestaduais. A respeito desse assunto, assinale a opção correta.

(A) Lei estadual é apta a aumentar as alíquotas de ICMS sobre as operações internas e interestaduais.

(B) Lei complementar estadual é apta a aumentar alíquotas de ICMS sobre operações internas, e resolução do Senado Federal, sobre operações interestaduais.

(C) Resolução do Senado Federal é apta a aumentar alíquotas de ICMS sobre operações internas, e resolução do Conselho Nacional de Política Fazendária, sobre operações interestaduais.
(D) Lei estadual é apta a aumentar alíquotas de ICMS sobre operações internas, e resolução do Senado Federal, sobre operações interestaduais.
(E) Lei complementar estadual é apta a aumentar alíquotas de ICMS sobre operações internas, e convênio do Conselho Nacional de Política Fazendária, sobre operações interestaduais.

A: incorreta, pois as alíquotas interestaduais do ICMS são fixadas por resolução do Senado – art. 155, § 2º, IV, da CF; **B:** incorreta, pois basta lei ordinária estadual ou do Distrito Federal para fixar alíquotas internas do ICMS; **C:** incorreta, conforme comentários anteriores; **D:** correta, conforme comentários anteriores; E: incorreta, pois basta lei ordinária estadual ou do Distrito Federal para fixar alíquotas internas do ICMS e, no caso das interestaduais, o veículo normativo adequado é a resolução do Senado.

Gabarito "D"

Determinado produto, oriundo do estado de São Paulo, foi comprado, pela Internet, por consumidor final residente no estado do Rio Grande do Sul.

(Auditor Fiscal - SEFAZ/RS - 2019 - CESPE/CEBRASPE) Nesse caso, com relação ao ICMS devido nessa negociação, é correto afirmar que o estado do Rio Grande do Sul

(A) não fará jus ao ICMS, devendo o estado de São Paulo auferir o valor integral de alíquota interna.
(B) fará jus ao diferencial entre a alíquota interna de ICMS do estado do Rio Grande do Sul e a alíquota interestadual apenas se o destinatário final for contribuinte do tributo.
(C) fará jus à integralidade da alíquota interna de ICMS do estado do Rio Grande do Sul.
(D) fará jus ao diferencial entre a alíquota interna de ICMS do estado de São Paulo e a alíquota interestadual.
(E) fará jus ao diferencial entre a alíquota interna de ICMS do estado do Rio Grande do Sul e a alíquota interestadual.

No caso das operações interestaduais, inclusive quando o destinatário é consumidor final, aplica-se a alíquota interestadual (com recolhimento ao Estado de origem), cabendo ao Estado de destino (ou Distrito Federal) o imposto correspondente à diferença entre a alíquota interna desse Estado destinatário e a alíquota interestadual – art. 155, § 2º, VII, da CF. Por essa razão, a alternativa "E" é a correta.

Gabarito "E"

(Auditor Fiscal - SEFAZ/RS - 2019 - CESPE/CEBRASPE) De acordo com a CF, no que se refere à distribuição de competência legislativa de natureza tributária,

(A) cabe ao Senado Federal estabelecer, obrigatoriamente, as alíquotas do ICMS aplicáveis às operações internas e às operações de exportação.
(B) é obrigatório ao Senado Federal estabelecer alíquotas mínimas de ICMS nas operações internas.
(C) é facultado ao Senado Federal fixar alíquotas máximas nas operações internas para resolver conflito específico que envolva interesse de estados federados.
(D) cabe ao Senado Federal fixar alíquotas mínimas do imposto sobre heranças e doações (ITCD).
(E) cabe ao Senado Federal fixar alíquotas máximas do imposto sobre a propriedade de veículos automotores (IPVA).

A: incorreta, pois as alíquotas interestaduais do ICMS são fixadas por resolução do Senado – art. 155, § 2º, IV, da CF. As alíquotas internas do ICMS são fixadas por lei do próprio ente tributante. Não há mais, a partir da EC 42/2003, hipótese de incidência de ICMS sobre exportação, de modo que a competência do Senado em relação às suas alíquotas não mais existe; **B:** incorreta, pois isso é uma faculdade, não obrigação – art. 155, § 2º, V, *a*, da CF; **C:** correta, conforme art. 155, § 2º, V, *b*, da CF; **D:** incorreta, pois cabe ao Senado fixar as alíquotas máximas do ITCMD, não as mínimas – art. 155, § 1º, IV, da CF; **E:** incorreta, pois cabe ao Senado fixar as alíquotas mínimas do IPVA, não as máximas – art. 155, § 6º, I, da CF.

Gabarito "C"

(Auditor Fiscal - SEFAZ/RS - 2019 - CESPE/CEBRASPE) Nas operações interestaduais, o ICMS incide sobre

(A) operações que destinem mercadorias ao exterior, inclusive produtos primários e produtos industrializados semielaborados.
(B) operações de entrada de bem importado do exterior por pessoa jurídica que não seja contribuinte habitual do imposto.
(C) operações de qualquer natureza, das quais decorra a transferência de propriedade de estabelecimento industrial.
(D) operações com ouro, quando este for definido em lei como instrumento cambial.
(E) operações que envolvam livros, jornais, periódicos e o papel destinado à impressão destes.

A: incorreta, pois qualquer exportação é imune ao ICMS – art. 155, § 2º, X, *a*, da CF; **B:** correta, conforme o art. 155, § 2º, IX, *a*, da CF; **C:** incorreta, pois estabelecimento empresarial não é mercadoria (coisa móvel inserida na cadeia de produção, comercialização e consumo), de modo que sua transferência não é fato gerador do ICMS; **D:** incorreta, pois, nesse caso incide exclusivamente o IOF federal – art. 153, § 5º, da CF; **E:** incorreta, pois essas operações são imunes, nos termos do art. 150, VI, *d*, da CF.

Gabarito "B"

(Auditor Fiscal - SEFAZ/RS - 2019 - CESPE/CEBRASPE) A CF prevê que cabe aos estados federados e ao Distrito Federal, mediante deliberação e por meio de lei complementar, regulamentar a concessão e revogação de isenções, incentivos e benefícios fiscais relativos ao ICMS. A Lei Complementar n.º 24/1975, que trata de convênios sobre ICMS, dispensou a celebração desses convênios sobre

(A) as anistias de multas relativas ao ICMS.
(B) as reduções da base de cálculo do ICMS.
(C) as devoluções totais ou parciais do ICMS ao contribuinte.
(D) as concessões de créditos presumidos de ICMS.
(E) as isenções do ICMS.

A assertiva inicial é incorreta. A competência para regulamentar as deliberações dos Estados e do Distrito Federal é da União, por meio de lei complementar federal. De fato, a lei complementar federal é exigida apenas para regular esse procedimento de deliberação, nos termos do art. 155, § 2º, XII, *g*, da CF, o que hoje é feito pela LC 24/1975. A deliberação dos Estados e do Distrito Federal se restringe à efetiva concessão ou revogação dos benefícios fiscais e se dá por convênio interestadual, não por lei complementar. **A:** melhor alternativa, por exclusão das demais. A rigor, a LC 24/1975 não dispensa convênio para fins de anistia de débitos fiscais, apenas dispõe que os convênios interestaduais definirão as condições gerais em que cada Estado e o Distrito Federal poderá conceder esse benefício unilateralmente – art. 10 da LC 24/1975; **B, C, D** e **E:** incorretas, pois sempre se exige deliberação por meio de convênio interestadual para a concessão desses benefícios – art. 1º, parágrafo único, da LC 24/1975.

Gabarito "A"

(Auditor Fiscal - SEFAZ/RS - 2019 - CESPE/CEBRASPE) O princípio da essencialidade do ICMS

(A) restringe-se aos produtos de primeira necessidade.
(B) não admite a diferenciação de alíquotas entre itens supérfluos.
(C) emana do caráter seletivo do tributo.
(D) não se aplica a serviços.
(E) relaciona-se ao potencial subjetivo de arrecadação.

A: incorreta, pois a seletividade do ICMS implica graduação de suas alíquotas conforme a essencialidade maior ou menor de cada mercadoria e serviço – art. 155, § 2º, III, da CF; **B:** incorreta, conforme comentário anterior; **C:** correta, pois a essencialidade de cada mercadoria e serviço é o critério para a graduação das alíquotas para fins da seletividade do imposto – art. 155, § 2º, III, da CF; **D:** incorreta, pois a seletividade conforme a essencialidade refere-se a mercadorias e serviços – art. 155, § 2º, III, da CF; **E:** incorreta, pois a seletividade conforme a essencialidade não se refere ao potencial do sujeito passivo ou à função fiscal (arrecadatória), mas sim à capacidade econômica do consumidor final e à justiça social. RB

Gabarito "C"

(Auditor Fiscal - SEFAZ/RS - 2019 - CESPE/CEBRASPE) O fato gerador e a hipótese de incidência do ICMS

(A) são vinculados a contraprestações da administração pública.
(B) contemplam produtos importados do comércio internacional.
(C) afastam outras incidências tributárias em razão do *bis in idem*.
(D) resultam de resoluções de maioria absoluta do Senado Federal.
(E) incidem sobre o ouro definido por lei como ativo financeiro.

A: incorreta. Como todo imposto, o fato gerador do ICMS não tem relação com qualquer atividade estatal específica, relativa ao contribuinte – art. 16 do CTN; **B**: correta, sendo que o ICMS inclusive incide sobre importações – art. 155, § 2º, IX, *a*, da CF; **C**: imprecisa. De fato, o *bis in idem*, ou seja, a cobrança de mais de um tributo pelo mesmo ente tributante em relação ao mesmo fato gerador, é vedado pelo sistema tributário nacional. Mas isso não tem relação específica com o fato gerador e a hipótese de incidência do ICMS; **D**: incorreta, pois o fato gerador *in abstrato*, ou hipótese de incidência, do ICMS é fixado por lei complementar federal, nos termos do art. 146, III, *a*, da CF, atualmente pelo art. 12 da LC 87/1996; **E**: incorreta, pois sobre o ouro, como ativo financeiro, incide exclusivamente o IOF federal – art. 153, § 5º, da CF. RB

Gabarito "B"

A empresa Alfa Tecnologia S.A., sediada em Santa Maria – RS, forneceu à empresa Beta Suprimentos e Tecnologia Ltda., localizada em Vitória – ES, em julho de 2018, um computador e uma impressora, os quais foram revendidos no mesmo mês, respectivamente, a Pedro, em Brasília – DF, e a Paulo, em São Luís – MA, os dois consumidores finais dos referidos produtos. Pedro e Paulo, ao contrário das duas empresas, não são contribuintes do ICMS.

(Auditor Fiscal - SEFAZ/RS - 2019 - CESPE/CEBRASPE) Nessa situação hipotética, o recolhimento do diferencial entre a alíquota de ICMS interna e a interestadual é responsabilidade de

(A) Beta Suprimentos e Tecnologia Ltda.
(B) Alfa Tecnologia S.A.
(C) Pedro e Paulo.
(D) Pedro somente, pois não há diferença de alíquotas no caso de Paulo.
(E) Paulo somente, pois não há diferença de alíquotas no caso de Pedro.

A alíquota interna e, portanto, o diferencial em relação à alíquota interestadual, refere-se apenas à operação cujo destinatário é consumidor final. No caso, o diferencial é exigível apenas nas operações de venda realizadas por Beta a Pedro e a Paulo. Nesse caso, Beta, contribuinte do ICMS, é que recolherá tanto o ICMS para o ES, calculado com a alíquota interestadual, como para DF e MA, calculado pela diferença da alíquota interna nesses Estados em relação à alíquota interestadual – art. 155, § 2º, VII, da CF. Por essas razões, a alternativa "A" é a correta. (RB)

Gabarito "A"

(Juiz – TJ/CE – 2018 – CESPE) Segundo a CF, a isenção do ICMS, salvo previsão legal específica,

(A) implicará crédito, que será compensado em operações posteriores nas situações em que o imposto seja cumulativo.
(B) acarretará a anulação do crédito relativo às operações anteriores e não implicará crédito para compensação com o montante devido nas operações seguintes.
(C) não implicará crédito a ser compensado nas operações anteriores nem nas posteriores, salvo se o contribuinte optar pelo sistema de não cumulatividade.
(D) será aplicada apenas nas situações em que o imposto for cumulativo, mas será vedada a compensação em relação ao imposto cobrado nas operações anteriores.
(E) acarretará crédito a ser compensado nas operações seguintes, desde que o contribuinte recolha o tributo com base no lucro real.

Nos termos do art. 155, § 2º, a isenção ou não incidência, salvo determinação em contrário da legislação (i) não implicará crédito para compensação com o montante devido nas operações ou prestações seguintes e (ii) acarretará a anulação do crédito relativo às operações anteriores. Por essas razões, a alternativa "B" é a correta. RB

Gabarito "B"

(Procurador Municipal – Prefeitura/BH – CESPE – 2017) Depois de ter sido regularmente contratada pelo município de Belo Horizonte – MG para o fornecimento de equipamentos médicos de fabricação estrangeira a hospitais municipais, a empresa Alfa, importadora de bens e mercadorias, tornou-se, nos termos do contrato administrativo celebrado com o município, a responsável pela importação e pelo pagamento de todos os tributos exigíveis por ocasião do desembaraço aduaneiro. Tendo os equipamentos ficado retidos na aduana em razão do não recolhimento do ICMS incidente sobre as mercadorias, a Alfa alegou que o imposto deveria ser recolhido pelo município de Belo Horizonte, destinatário final dos produtos. Entendeu a empresa que o ICMS não faz parte do desembaraço aduaneiro, visto que o fato gerador ainda não teria ocorrido e não decorreria do ato de importação, ou seja, o referido imposto somente seria devido no momento da entrada dos bens no estabelecimento do destinatário final.

Considerando as regras de direito tributário, assinale a opção correta, a respeito dessa situação hipotética.

(A) É devida a retenção aduaneira, pois o ICMS não poderia ser cobrado de quem não é contribuinte habitual do imposto.
(B) Na entrada de mercadoria importada do exterior, é legítima a cobrança do ICMS por ocasião do desembaraço aduaneiro.
(C) Como os bens não serão comercializados, o ICMS não é devido, pois inexiste o fato gerador do tributo.
(D) O ICMS não é devido, dada a imunidade tributária. Nesse caso, somente pode ser exigido o imposto sobre a importação, sendo vedada a bitributação.

A: incorreta, pois a incidência e cobrança do ICMS na importação independe de habitualidade – art. 155, § 2º, IX, *a*, da CF; **B**: correta – art. 155, § 2º, IX, *a*, da CF e art. 12, IX, da LC 87/1996; **C**: incorreta, pois a importação é fato gerador do ICMS – art. 155, § 2º, IX, *a*, da CF; **D**: incorreta, pois contribuinte de direito é a empresa Alfa, que promove a importação e não é imune. RB

Gabarito "B"

(Juiz de Direito/AM – 2016 – CESPE) Lei ordinária estadual do estado do Amazonas instituiu o regime de substituição tributária do ICMS na fabricação de alimentos congelados, ficando a entidade industrial responsável pelo tributo devido pelo varejista nas vendas ao consumidor final.

A indústria de congelados G Ltda. recolheu o valor devido por suas operações e pelas operações do varejista, sendo o tributo correspondente a esta última etapa equivalente a R$ 0,50. Em razão de prolongada falta de luz, o supermercado S Ltda. perdeu metade de seu estoque de alimentos congelados, tendo sido, ainda, obrigado a vender o restante do estoque por metade do valor arbitrado, como base de cálculo da substituição.

Considerando essa situação hipotética, assinale a opção correta acerca da substituição tributária.

(A) Como o fato gerador não ocorreu ou ocorreu com valor menor que o presumido, é permitido ao supermercado S pleitear a restituição do valor pago a maior, de modo que tanto as vendas frustradas como as vendas com desconto lhe gerarão crédito, já que se trata de substituição tributária subsequente.
(B) Por se tratar de substituição tributária subsequente, a inocorrência do fato gerador ou a sua ocorrência com valor menor que o presumido, permite à indústria G pleitear a restituição do valor pago a maior, de modo que tanto as vendas frustradas como as em que houve desconto lhe gerarão crédito.
(C) Como em caso de substituição tributária subsequente, apenas a inocorrência do fato gerador permite ao substituto,

a indústria G, pleitear a restituição do valor pago a maior, não podendo pleitear a restituição para os casos em que houve desconto.

(D) Lei que trate de substituição tributária atribui a responsabilidade pelo crédito tributário a terceira pessoa, vinculada ao fato gerador da respectiva obrigação, não podendo criar fatos geradores presumidos, sob pena de tornar inválida a substituição tributária subsequente, como ocorre na situação apresentada.

(E) Por se tratar de substituição tributária subsequente, apenas a inocorrência absoluta do fato gerador permitiria ao supermercado S, o substituído, pleitear a restituição do valor pago a maior, não sendo possível pleitear-se a restituição para os casos de desconto.

Após muita discussão quanto ao alcance do art. 150, § 7º, da CF, que prevê a restituição do valor do imposto recolhido em substituição tributária "caso não se realize o fato gerador presumido", o STF fixou o entendimento de que essa restituição é devida apenas se inexistir o fato gerador presumido (como ocorreu em relação aos alimentos que foram perdidos e, portanto, não foram vendidos), mas não se aplica quando o fato gerador ocorre, ainda que a valor menor – ver RE 373.011 AgR/RJ. Ver Tese de Repercussão Geral STF 201. **A** e **B**: incorretas, pois não há restituição no caso de ocorrência do fato gerador com valor a menor; **C**: incorreta, pois é o substituído, que arcou com o pagamento indevido, quem pode pleitear a restituição; **D**: incorreta, pois a substituição tributária para frente ou subsequente é constitucional, nos termos do art. 150, § 7º, da CF; **E**: correta, conforme comentários anteriores.

Gabarito "E"

(Analista Jurídico –TCE/PA – 2016 – CESPE) No que concerne ao ICMS e às disposições constitucionais pertinentes à concessão de exonerações fiscais, julgue o item subsecutivo.

(1) A concessão de isenções, incentivos e benefícios fiscais pelos estados depende de prévia aprovação de convênio interestadual, o que abrange a concessão de diferimento no pagamento de débitos de imposto sobre operações relativas à circulação de mercadorias e prestação de serviço de transporte interestadual e intermunicipal e de comunicação, ainda que inexista redução do valor devido.

1: incorreta, pois o mero diferimento do pagamento, sem redução do valor devido, não configura benefício a exigir convênio interestadual, conforme entendimento do STF – ver ADI 4.481/PR.

Gabarito 1E

(Procurador do Estado/AM – 2016 – CESPE) Em relação às espécies tributárias e às características dessas espécies, julgue o item que se segue.

(1) Aplica-se o princípio da tributação na origem e no destino em caso de comercialização de mercadoria por contribuinte do ICMS localizado em estado diverso do estado do consumidor final, o que enseja a repartição do crédito tributário mediante o sistema de alíquotas interestaduais e internas.

1: correta. É muito importante sabermos que até a EC 87/2015 havia distinção entre contribuintes e não contribuintes do ICMS na aquisição interestadual de mercadorias e serviços. A alíquota interestadual (menor que a interna) aplicava-se apenas no caso de adquirentes contribuintes do imposto. Para os não contribuintes, aplicava-se apenas a alíquota interna do Estado (ou DF) de origem, mais alta que a interestadual, não ficando qualquer diferença a ser cobrada pelo Estado (ou DF) de destino. Esta questão foi formulada nesse contexto anterior, e assim seguem os nossos comentários. Não se esqueça, mais uma vez, de que isso mudou com a EC 87/2015. Hoje todas as operações interestaduais, inclusive para destinatário não contribuinte do ICMS, sujeitam-se à alíquota interestadual. Essa alteração ocorreu por conta do forte pleito dos Estados majoritariamente adquirentes de mercadorias, não fornecedores, que acabavam sendo prejudicados pelas vendas interestaduais diretas a consumidores localizados em seus territórios, situação bastante comum nas vendas pela internet, por exemplo. A partir dessa nova sistemática, o Estado (ou DF) de origem fica com o valor referente à alíquota interestadual e o Estado (ou DF) de destino fica com a diferença entre sua alíquota interna e a interestadual. Também é muito importante saber que essa modificação trazida pela EC 87/2015, em relação às vendas para não contribuintes localizados em outros Estados (ou DF), será gradual, conforme o art. 99 do ADCT, ficando concluída apenas em 2019.

Gabarito 1C

(Procurador do Estado – PGE/BA – CESPE – 2014) A respeito da concessão, pelos entes da Federação, de benefício fiscal em relação ao ICMS, julgue os itens subsecutivos.

(1) Não há obrigatoriedade de a concessão de benefícios fiscais ser feita por lei complementar estadual.

(2) Consideram-se benefícios fiscais as imunidades previstas na CF.

(3) De acordo com a CF, cabe a lei complementar regular a forma como, mediante deliberação dos estados e do DF, isenções, incentivos e benefícios fiscais serão concedidos e revogados.

(4) Sendo o ICMS um tributo estadual, a concessão de benefícios fiscais a ele relacionada deve ser feita por meio de atos administrativos normativos, como decretos.

(5) Por ser um tributo de importância nacional, o ICMS só pode ser concedido pelos entes da Federação mediante autorização do Senado Federal, ao qual cabe, inclusive, prescrever suas alíquotas em determinados casos.

1: Correta, bastando lei ordinária, que é a regra para todos os tributos, lembrando que, no caso do ICMS, é necessária autorização por convênio interestadual – art. 155, § 2º, XII, *g*, da CF e LC 24/1975. **2**: Incorreta, embora seja uma questão semântica e de costume na terminologia adotada. Imunidades são normas constitucionais que afastam a competência tributária. Benefício fiscal é expressão normalmente utilizada para isenções, redução de tributos, perdões etc. concedidos pela lei de cada ente – art. 150, § 6º, da CF. **3**: Correta – art. 155, § 2º, XII, *g*, da CF e LC 24/1975. **4**: Incorreta, pois a CF exige regulação nacional da matéria, para evitar a chamada guerra fiscal, de modo que a concessão de benefícios fiscais relativos ao ICMS é regulada por lei complementar federal (LC 24/1975) e depende de convênios interestaduais. **5**: Incorreta, pois a instituição do ICMS é feita por lei ordinária de cada Estado e do DF, cabendo ao Senado fixar determinadas alíquotas e limites, conforme art. 155, § 2º, IV e V, da CF. RB

Gabarito 1C, 2E, 3C, 4E, 5E

(Promotor de Justiça/PI – 2014 – CESPE) Depósito clandestino de bebidas encontrado pelo fisco com grande quantidade de mercadorias e sem relação com qualquer outra sociedade comercial, foi lacrado, tendo sido lavrado auto de infração em nome de João, que, responsável pelo depósito e com residência fixa em outro estado, aparecia no depósito uma vez por semana. A partir dessa situação hipotética, assinale a opção correta.

(A) Por ser clandestino, o depósito não possui capacidade tributária passiva, o que se estende a João.

(B) O princípio da autonomia do estabelecimento deve ser aplicado quando há várias filiais de uma mesma empresa, o que ocorre, via de regra, na cobrança de ICMS, cujos domicílios tributários devem ser considerados individualmente, ou seja, cada estabelecimento será considerado unidade autônoma para os fins fiscais.

(C) A modalidade de lançamento realizada pelo fisco foi a de lançamento por homologação, visto que se trata de ICMS.

(D) Do ponto de vista do direito tributário, João é considerado responsável tributário, e não contribuinte.

(E) O domicílio tributário do sujeito passivo é o da residência fixa de João, ou seja, fora do local da entidade tributante.

A: incorreta, pois, embora seja discutível falar em capacidade tributária passiva de depósito (apesar de a legislação do ICMS referir-se à autonomia de cada estabelecimento – art. 11, § 3º, II, da LC 87/1996), sem dúvida João a detém, independentemente da regularidade da pessoa jurídica – art. 126, III, do CTN; **B**: correta, conforme o art. 11, § 3º, II, da LC 87/1996; **C**: incorreta, pois quando há lançamento no bojo de autuação fiscal, trata-se de lançamento de ofício – art. 149, V, VI e VII, do CTN; **D**: discutível. Em princípio, parece que João foi considerado o contribuinte do imposto, mas seria necessário analisar a legislação estadual e o auto de infração para afirmar isso; **E**: incorreta, pois o domicílio tributário é o local em que se encontram as bebidas – art. 127, § 1º, *in fine*, do CTN.

Gabarito "B"

(Promotor de Justiça/PI – 2014 – CESPE) Considere que um estado da Federação conceda remissão ao tributo de ICMS de forma autônoma e contrária ao previsto na legislação federal, tendo sido os atos de concessão firmados entre a fazenda local e o contribuinte-empresário. Diante dessa situação hipotética, assinale a opção correta.

(A) Por não ser norma de efeito concreto, a lei editada pelo parlamento local não pode ser objeto de ação direta de inconstitucionalidade.
(B) O ente da Federação detém capacidade tributária para conceder o referido benefício, pois a remissão consiste em perdão de punições.
(C) A remissão é um benefício fiscal e deve, no caso do ICMS, ser autorizada pelo CONFAZ antes de sua concessão por lei estadual, dado que o citado tributo submete-se a regramento nacional.
(D) Para a concessão da remissão, a interpretação da legislação de referência deve ser feita por método integrativo, visto que o objetivo é beneficiar o contribuinte.
(E) Não é possível ao MP o ajuizamento de ACP contra os atos contratuais firmados pelo poder público, pois se trata de matéria vinculada à cobrança de tributos.

A: incorreta, pois o STF entende atualmente que as leis, mesmo as de efeitos concretos, sujeitam-se ao controle concentrado de constitucionalidade – ver ADI 4.048-MC/DF; **B:** incorreta, pois os benefícios fiscais de ICMS devem ser autorizados pelo Confaz – art. 155, § 2º, XII, *g*, da CF; **C:** correta, conforme comentário à alternativa anterior; **D:** incorreta, pois a interpretação da legislação que concede isenção deve ser estrita, ou literal, na dicção do art. 111, II, do CTN; **E:** incorreta, pois o STF já decidiu que o MP tem legitimidade para propor ACP para anular acordo entre o fisco e contribuinte que possa causar dano ao erário (renúncia indevida de receita tributária) – ver RE 576.155/DF.

Gabarito "C"

(Cartório/RR – 2013 – CESPE) No que concerne às normas relativas ao ICMS, assinale a opção correta.

(A) É de competência da Câmara dos Deputados estabelecer alíquotas máximas de ICMS nas operações internas.
(B) Cabe privativamente ao Congresso Nacional estabelecer alíquotas interestaduais de ICMS nas operações externas.
(C) Cabe privativamente ao Senado Federal estabelecer alíquotas mínimas de ICMS nas operações de exportação.
(D) O estabelecimento de alíquotas máximas de ICMS nas operações de importação é da competência privativa da Câmara dos Deputados.
(E) É facultado ao Senado Federal estabelecer alíquotas mínimas de ICMS nas operações internas.

A: incorreta, pois o Senado detém essa competência, mas apenas nos termos do art. 155, § 2º, V, *b*, da CF, ou seja, fixar alíquotas máximas nas operações internas para resolver conflito específico que envolva interesse de Estados, mediante resolução de iniciativa da maioria absoluta e aprovada por dois terços de seus membros; **B:** incorreta, até porque não há alíquota interestadual para operações externas; **C:** incorreta, até porque atualmente não incide ICMS sobre exportação (há imunidade), restando sem efeito a competência do art. 155, § 2º, IV, *in fine*, da CF relativa à alíquota para exportações; **D:** incorreta, considerando que a competência para fixação de limites às alíquotas internas é do Senado, nos termos do art. 155, § 2º, V, da CF; **E:** correta, conforme o art. 155, § 2º, V, *a*, da CF.

Gabarito "E"

(Ministério Público/PI – 2012 – CESPE) No que se refere ao ICMS, assinale a opção correta.

(A) Não incide ICMS sobre as prestações de serviço de comunicação nas modalidades de radiodifusão sonora e de sons e imagens de recepção livre e gratuita.
(B) A base de cálculo do ICMS compreende o montante do IPI, quando a operação, realizada entre contribuintes e relativa a produto destinado à industrialização ou à comercialização, configure simultaneamente fato gerador de IPI e de ICMS.
(C) Esse imposto é o único tributo incidente sobre operações relativas a energia elétrica, serviços de telecomunicações, derivados de petróleo, combustíveis e minerais do Brasil.
(D) É facultado ao Senado Federal, mediante resolução de iniciativa da maioria absoluta de seus membros e aprovada por dois terços deles, o estabelecimento das alíquotas mínimas nas operações internas.
(E) Incide ICMS sobre as operações de importação e as que destinem mercadorias para o exterior.

A: correto, pois há previsão constitucional de tal imunidade (CF, art. 155, § 2º, X, d); **B:** incorreto, pois a CF expressamente exclui da base do ICMS o IPI, nessa situação (CF, at. 155, § 2º, XI); **C:** incorreto, pois a CF veda a incidência de outro imposto, além do ICMS, II e IE, mas nada estabelece sobre outros tributos, como contribuições, por exemplo (CF, art. 155, § 3º); **D:** incorreto, pois essa resolução depende de iniciativa de um terço da casa e aprovação pela maioria absoluta (CF, art. 155, § 2º, V); **E:** incorreto, pois há previsão de imunidade de ICMS na exportação de mercadorias e serviços (CF, art. 155, § 2º, X, a).

Gabarito "A"

(Ministério Público/RR – 2012 – CESPE) Após apurar o ICMS devido em razão das notas fiscais de entrada e saída de mercadoria, determinado contribuinte declarou ao fisco o montante do imposto devido.

Com base nessa situação hipotética, assinale a opção correta.

(A) A única declaração unilateral constitutiva do crédito tributário é a do contribuinte, por força do lançamento compulsório.
(B) O fisco dispõe do prazo de cinco anos para realizar lançamento complementar, se for o caso, sob pena de prescrição.
(C) O débito tributário declarado e não pago poderá ser executado em cinco anos, contados da data da declaração.
(D) Caso não seja recolhido valor devido, o fisco deverá promover o lançamento tributário para viabilizar a execução fiscal.
(E) É decadencial o prazo para o fisco efetuar a cobrança judicial do tributo declarado e não pago pelo contribuinte.

A: incorreto, pois a constituição do crédito pelo lançamento direto ou de ofício também é um ato unilateral (CTN, art. 149); **B:** incorreto, pois no caso de revisão de lançamento anterior, o fisco dispõe de prazo de decadência, de cinco anos (CTN, art. 149, parágrafo único e 173); **C:** correto, pois a declaração apresentada pelo contribuinte tem o condão de constituir o crédito tributário, iniciando-se, com isso, o prazo prescricional (CTN, art. 174); **D:** incorreto, pois a declaração apresentada pelo contribuinte tem o condão de constituir o crédito tributário, podendo, com isso, o valor ser imediatamente inscrito e m dívida e ajuizada a execução fiscal (CTN, art. 174); **E:** incorreto, pois a declaração apresentada pelo contribuinte tem o condão de constituir o crédito tributário, não mais se falando, então, em decadência, mas sim em prescrição para a cobrança do crédito (CTN, art. 174).

Gabarito "C"

(Ministério Público/TO – 2012 – CESPE) Acerca do ICMS, assinale a opção correta.

(A) Lei complementar que imponha, para a concessão de isenção do ICMS, prévia celebração de convênio entre os estados e o DF atenta contra a autonomia dos estados.
(B) É vedado ao comerciante incluir o valor do ICMS na base de cálculo para apurar o ICMS devido.
(C) O valor do ICMS cobrado sobre mercadoria importada cabe ao Estado onde ocorre o desembaraço aduaneiro, independentemente do destino da mercadoria, e, sendo o destino da mercadoria diverso do local do desembaraço, incidirá sobre ela a alíquota interestadual.
(D) O estado não pode exigir o ICMS do comerciante no momento do desembaraço aduaneiro de mercadoria importada, por não ter sido, até então, realizado o fato imponível.
(E) Como o estabelecimento das alíquotas mínimas e máximas aplicáveis às operações de exportação compete ao Senado Federal, é vedado aos estados fixar redutores das alíquotas estabelecidas.

A: incorreto, pois a CF estabelece expressamente essa necessidade (CF, art. 155, § 2º, XII); **B:** incorreto, pois a CF determina tal conduta, chamada de "calculo por dentro" do ICMS; **C:** incorreto, pois o imposto é devido ao Estado em que se encontre o destinatário da mercadoria (CF, art. 155, § 2º, IX, a); **D:** incorreto, pois a CF estabelece expressamente essa incidência (CF, art. 155, § 2º, IX, a); **E:** correto, pois tal medida seria uma forma de burlar a regra constitucional (CF, art. 155, § 2º, XII).

Gabarito "E"

(Defensor Público/RO – 2012 – CESPE) Determinado estado da Federação afastou benefício de não pagamento de ICMS sobre cosméticos, estabelecido por convênio do CONFAZ, regularmente instituído pelos estados e pelo Distrito Federal. O referido estado considerou-se prejudicado em razão de a importação e a exportação de tais produtos serem realizadas por distribuidores localizados em seu território. A União interveio, estabelecendo que sobre tais produtos incidisse a redução tributária inicialmente estabelecida, igualando, assim, as alíquotas de ICMS, dada a forte crise econômica internacional.

Considerando essa situação hipotética, assinale a opção correta.

(A) A intervenção da União só seria legítima em relação aos produtos destinados à exportação, dado seu interesse no equilíbrio da balança comercial.

(B) É legítima a intervenção da União, em face do perigo que a ação unilateral do estado poderia causar à economia nacional.

(C) O benefício concedido refere-se à imunidade objetiva, autorizada pela CF, e independe de intervenção dos entes políticos.

(D) A redução tributária refere-se ao instituto de isenção precedida de convênio, necessário no que se refere ao ICMS.

(E) O instituto aplicável, no caso, é a imunidade, dada a possibilidade de interferência da União tanto na instituição do tributo quanto na do benefício.

A e **B:** incorretas, pois a União não interfere, em princípio, na tributação estadual; **C** e **E:** incorretas, pois o benefício fiscal precedido por convênio do Confaz é infraconstitucional (isenção, anistia, crédito presumido etc. – imunidade é norma constitucional), atinente ao ICMS; **D:** essa é correta, conforme comentário à alternativa anterior.

Gabarito "D"

(Magistratura Federal/3ª Região – 2011 – CESPE) Suponha que determinado poder legislativo estadual crie tributo sobre a circulação de qualquer pessoa de um município para outro, atribuindo-lhe o nome de ICMS e, para justificá-lo, informe que a maior parte da receita será destinada a construir nova estrada entre os dois municípios. Nesse caso, o tributo deve ser considerado

(A) constitucional, porque só o estado tem competência para instituir ICMS.

(B) inconstitucional, por motivos de competência e de vinculação.

(C) inconstitucional, porque se caracteriza como taxa, havendo serviço a ela vinculado.

(D) constitucional, consistindo em contribuição de melhoria que beneficiará os proprietários da área.

(E) constitucional, sendo imposto destinado a financiar a estrada.

A: incorreta, pois o ICMS somente poderá incidir sobre circulação de mercadorias e de serviços, jamais circulação de pessoas, havendo, inclusive, imunidade constitucional específica para o caso (CF, art. 150, V, e 155, II); **B:** correta, pois há inconstitucionalidade pela falta de competência para o fato gerador descrito, além de existir vinculação de receita dos impostos, vedada pela CF (CF, art. 155, II e 167, IV); **C:** incorreta, pois se trata de tributo inconstitucional, não existindo qualquer serviço específico e divisível utilizado pelo sujeito passivo (CF, art. 145, II); **D:** incorreta, pois não há configuração do fato gerador da contribuição de melhoria, a saber, valorização imobiliária decorrente de obra pública (CF, art. 145, III); **E:** incorreta, pois não se admite vinculação de receitas de impostos (CF, art. 167, IV).

Gabarito "B"

11.5. ITCMD

(Procurador do Estado/AM – 2016 – CESPE) Em relação às espécies tributárias e às características dessas espécies, julgue os itens que se seguem.

(1) É inconstitucional a fixação de alíquota progressiva para o ITCMD.

1: incorreta, pois o STF fixou o entendimento no sentido de que as alíquotas do ITCMD podem ser progressivas (RE 562.045, com repercussão geral – Tese 21).

Gabarito 1E

(Cartório/ES – 2013 – CESPE) Assinale a opção correta acerca do imposto de transmissão causa mortis e doação de quaisquer bens ou direitos (ITCMD).

(A) Por ser tributo real, o ITCMD não pode ser progressivo.

(B) A competência para a instituição do ITCMD e da União no território do DF.

(C) A competência para a instituição do ITCMD e dos municípios e do DF.

(D) A instituição do ITCMD relativo a bens imóveis e respectivos direitos compete ao município da situação do bem e ao DF.

(E) A instituição do ITCMD relativo a bens moveis, títulos e créditos compete ao estado onde se processa o inventário ou o arrolamento, ou onde tiver domicilio o doador, ou ao DF.

A: incorreta, pois o STF reconheceu a progressividade do ITCMD – ver RE 562.045/RS-repercussão geral – Tese 21; **B**, **C** e **D:** incorretas, pois a competência é dos Estados e do Distrito Federal – art. 155, I, da CF; **E:** correta – art. 155, § 1º, II, da CF.

Gabarito "E"

(Cartório/RR – 2013 – CESPE) No caso de um contribuinte nascido em Roraima falecer no estado Rio de Janeiro e deixar, como única herança, ações preferenciais de empresas sediadas na Bahia negociadas na Bolsa de Valores de São Paulo, a cobrança do imposto sobre transmissão *causa mortis* e doação, de quaisquer bens ou direitos, incidente sobre a herança por ele deixada caberá

(A) ao estado do Rio de Janeiro, local de falecimento do contribuinte.

(B) ao estado em que o contribuinte declarava seu imposto de renda.

(C) ao estado da Bahia, sede das empresas.

(D) ao estado de São Paulo, em razão de as ações estarem nesse estado custodiadas.

(E) ao estado em que se processar o inventário ou arrolamento.

O ITCMD sobre bens móveis, títulos e créditos, compete ao Estado onde se processar o inventário ou arrolamento – art. 155, § 1º, II, da CF. Por essa razão, a alternativa "E" é a correta.

Gabarito "E"

(Cartório/DF – 2014 – CESPE) A respeito do imposto sobre transmissão *causa mortis* e da doação, assinale a opção correta.

(A) Caso o doador tenha domicílio ou residência no exterior, a instituição do imposto será regulada por decreto legislativo.

(B) As alíquotas mínimas referentes aos impostos em questão serão fixadas pelo Congresso Nacional.

(C) A instituição desse imposto implica crédito para compensação com o montante devido nas operações ou prestações seguintes.

(D) Em função da essencialidade dos bens, o imposto deverá ser seletivo.

(E) No que diz respeito a títulos e créditos, o referido imposto compete ao estado onde se processar o inventário ou arrolamento, ou tiver domicílio o doador, ou ao DF.

A: incorreta, pois cabe a lei complementar regular a situação – art. 155, § 1º, III, a, da CF; **B:** incorreta, pois cabe a cada Estado e o Distrito Federal fixar a alíquota dos respectivos ITCMD. Ao Senado (não ao Congresso) cabe fixar alíquotas máximas – art. 155, § 1º, IV, da CF; **C:** incorreta, pois o ITCMD não é incidente em cadeia, nem, em princípio, não cumulativo;

D: incorreta, pois essa não é uma característica essencial do ITMCD; **E:** correta, conforme o art. 155, § 1º, II, da CF.

Gabarito "E"

11.6. IPVA

(Defensor Público/RO – 2012 – CESPE) No que diz respeito ao imposto sobre a propriedade de veículos automotores (IPVA), assinale a opção correta consoante a CF e a jurisprudência.

(A) É legítima a cobrança do IPVA com base de cálculo em tabela de preço estabelecida pela FIPE, desde que exista lei autorizando a secretaria de fazenda a adotar os meios necessários para a atualização do valor venal dos veículos automotores.

(B) Cabem ao município a instituição e a cobrança do IPVA dos veículos registrados em sua circunscrição.

(C) Somente mediante convênio celebrado entre os entes tributantes, é possível conceder benefício fiscal relativo ao IPVA.

(D) Em caso de arrendamento mercantil, o arrendante é responsável solidário para o adimplemento da obrigação tributária.

(E) Dada a inexistência de restrição constitucional à incidência de IPVA sobre os automóveis, é legítima a incidência desse imposto sobre as embarcações e aeronaves regularmente registradas no ente político instituidor da exação, porquanto ambas são movidas por propulsão própria.

A: adequada, pois a adoção da tabela de preços médios dos veículos produzido pela FIPE é amplamente adotada pelos Estados, para tributação dos veículos, sem que o Judiciário tenha afastado a prática, embora a condicionante no final da assertiva possa indicar a incorreção. Note que no caso do IPTU, outro tributo sobre a propriedade, a jurisprudência é pacífica no sentido de que o valor venal do bem (sua base de cálculo) deve ser expressamente fixado por lei; **B:** incorreta, pois a competência tributária relativa ao IPVA é exclusiva do Estado e do Distrito Federal; **C:** incorreta, pois o Estado e o Distrito Federal podem conceder autonomamente benefícios fiscais relativos ao IPVA de sua competência. A exigência de convênio interestadual refere-se ao ICMS; **D:** adequada, pois o arrendante ou arrendador é o proprietário do automóvel, muito embora a sujeição passiva relativa ao IPVA seja fixada pela lei de cada Estado e do Distrito Federal, já que não há norma nacional; **E:** incorreta, pois o STF afastou essa possibilidade, restringindo o IPVA aos veículos automotores terrestres.

Gabarito Oficial: "D" – Nosso gabarito "A" e "D"

(Procurador Federal – 2010 – CESPE) Julgue o item seguinte, relativo ao direito tributário brasileiro.

(1) É legítima a aplicação da taxa SELIC como índice de correção monetária e de juros de mora, na atualização de débitos tributários em atraso relacionados ao IPVA, mesmo que inexista lei estadual nesse sentido.

1: errada, pois a aplicação da SELIC em relação a tributos estaduais depende de lei local nesse sentido.

Gabarito 1E

11.7. ISS

(Promotor de Justiça/PI – 2014 – CESPE) Determinada faculdade particular deixou de recolher ISS por mais de três anos. Notificada pelo fisco a apresentar prova de que poderia não recolher o tributo, a referida entidade alegou que estava amparada por dispositivo constitucional autoaplicável e não apresentou qualquer outra prova. Acerca da situação hipotética apresentada, assinale a opção correta.

(A) Lei ordinária estadual pode dispor sobre os requisitos gerais exigidos na CF para o usufruto da imunidade alegada.

(B) Trata-se de isenção de ISS, prevista na CF, por isso exclui-se a necessidade de apresentação de qualquer outra prova para o exercício do direito à isenção.

(C) Trata-se de imunidade recíproca, uma vez que entidade privada não pode ser cobrada por ente da Federação.

(D) Para usufruir da imunidade constitucional alegada, a faculdade deve demonstrar ao fisco que atende a todos os requisitos dispostos no CTN.

(E) Estando a imunidade prevista na CF, nenhuma outra norma poderá dispor sobre seu usufruto.

A: incorreta, pois a regulamentação da imunidade se dá por lei complementar federal – art. 150, VI, *c*, c/c art. 146, II, da CF. Atualmente, art. 14 do CTN. Ver a tese de repercussão geral 32/STF: "Os requisitos para o gozo de imunidade hão de estar previstos em lei complementar."; **B:** incorreta, pois se trata de imunidade, a ser regulada por lei complementar federal, conforme comentário à alternativa anterior; **C:** incorreta, pois a imunidade recíproca refere-se a impossibilidade de cobrança de impostos de outro ente político, autarquias e fundações públicas – art. 150, VI, *a*, da CF; **D:** correta, conforme comentário à alternativa "A"; **E:** incorreta, conforme comentário à alternativa "A".

Gabarito "D"

(Cartório/PI – 2013 – CESPE) Supondo que determinado município pretenda estabelecer alíquota inferior à prevista para o ISS na lei complementar, assinale a opção correta.

(A) Para a concessão de isenção ao ISS, será necessário realizar acordo no âmbito do Conselho Nacional de Política Fazendária.

(B) O município poderá estabelecer responsabilidade de terceiro pelo pagamento do tributo de ISS, desde que esse terceiro possua relação com o fato gerador, mas não poderá estabelecer alíquota distinta daquela prevista na lei complementar federal.

(C) A competência tributária do município ficará limitada pela lei complementar federal, salvo se a lei complementar municipal estabelecer regramento distinto.

(D) O tributo de ISS, por ser de competência municipal, poderá ser estabelecido em alíquota inferior àquela prevista na lei complementar federal, mas não poderá ser instituído de forma diferenciada daquela prevista na referida lei com relação à base de cálculo.

(E) O município poderá estabelecer alíquota para o ISS inferior à prevista na lei complementar federal, mas não poderá conceder, de forma autônoma, isenção total desse tributo.

A: incorreta, pois isso se refere ao ICMS estadual – art. 155, § 2º, XII, *g*, da CF; **B:** incorreta em relação à parte final, já que não cabe à lei complementar fixar alíquotas de ISS (apenas as mínimas e máximas). No mais, o Município e o Distrito Federal podem definir responsabilidade tributária nesses termos, por meio de lei própria – art. 156, § 3º, I, da CF e art. 6º da LC 116/2003; **C:** incorreta, pois cabe à lei complementar federal, apenas, listar os serviços tributáveis e os limites das alíquotas, entre outras coisas, o que não pode ser alterado por lei municipal; **D:** correta, pois tanto a alíquota máxima como a base de cálculo do ISS são fixados por lei complementar federal – arts. 146, III, *a*, e 156, § 3º, I, da CF; **E:** incorreta, pois o Município não pode fixar alíquota menor que 2% ou conceder benefício que afaste a tributação ou implique cobrança em patamar menor que 2% sobre o preço do serviço – art. 156, § 3º, I, da CF e art. 88 do ADCT.

Gabarito "D"

(Magistratura/CE – 2012 – CESPE) A titularidade da competência tributária é outorgada às pessoas políticas de direito público interno, o que resulta em aptidão para criar tributos, tendo sido concedida aos municípios competência para instituir ISS. A esse respeito, assinale a opção correta.

(A) A prestação de serviço simultaneamente à venda de mercadorias em restaurantes constitui fato gerador do ISS.

(B) O licenciamento ou cessão do direito de uso de *software*, bem como a circulação e cópias desses programas produzidos em série e comercializados nos estabelecimentos comerciais, podem ser tributados por meio de ISS.

(C) Ocorrendo contrato de locação de bens móveis, é possível a instituição de ISS, uma vez que a locação de bens móveis equipara-se à locação de serviços, dada a aplicação extensiva atribuída aos contratos pelo Código Civil brasileiro.

(D) O ISS não está condicionado ao efetivo pagamento do preço acordado entre tomador e prestador, restando, uma vez ocorrido o fato gerador, exigível ainda que o pagamento ocorra em várias prestações futuras.

(E) É lícito ao município tributar a receita bruta recebida pelos planos de saúde, sempre que os respectivos contratos contiverem cláusula de prestação de serviço e assistência médica ao contratado, ainda que o serviço e a assistência não sejam efetivamente prestados.

A: incorreto, pois o fornecimento de alimentos em restaurantes é previsto, expressamente, como fato gerador de ICMS, considerando-se o serviço agregado em sua preparação como mera atividade meio, não tributada (LC 87/96, art. 2º); **B:** incorreto, pois sendo produção não customizada, chamada de produto "de prateleira", considera-se a preponderância da circulação, não do serviço; **C:** incorreto, pois locação de bens móveis não se enquadra no conceito de serviço (STF, Súmula vinculante 31); **D:** correto, pois o fato gerador do tributo é a prestação do serviço, independentemente da condição de pagamento oferecida; **E:** incorreto, pois a base de cálculo não é a receita bruta dos planos de saúde, que podem englobar receitas não vinculadas a prestação do seu serviço (serviços de terceiros, medicamentos, etc.). Aliado a isso, o STF tem entendimento que a atividades dos planos de saúde não configuram prestação de serviços (STF, RE 115.308).

Gabarito "D"

(Defensoria Pública da União – 2010 – CESPE) Acerca do direito tributário e do sistema tributário nacional, julgue o item a seguir.

(1) Compete aos municípios instituir o ISS sobre o *leasing* financeiro, uma vez que o leasing é contrato complexo e não se confunde com contratos de aluguel, compra e venda ou com operação de crédito.

1: assertiva correta. O STF pacificou o entendimento de que incide ISS sobre *leasing* financeiro e *lease-back*, embora não incida na modalidade *leasing* operacional – ver RE 547.245/SC.

Gabarito 1C

Veja a seguinte tabela, com as hipóteses de tributação dos serviços prestados com fornecimento de mercadoria:

Fornecimento de mercadoria com prestação de serviço – Art. 1º, § 2º, da LC 116/2003 e art. 2.º, IV e V, da LC 87/1996		
Situação	**Incidência**	**Exemplos**
Serviço constante da lista da LC 116/2003, sem ressalva em relação à mercadoria	ISS sobre o preço total	Súmula 156/STJ. A prestação do serviço de composição gráfica, personalizada e sob encomenda, ainda que envolva fornecimento de mercadorias, está sujeita, apenas, ao ISS. Súmula 274/STJ. O ISS incide sobre o valor dos serviços de assistência médica, incluindo-se neles as refeições, os medicamentos e as diárias hospitalares.
Serviço constante da lista da LC 116/2003, com ressalva em relação à mercadoria	ISS sobre o preço do serviço e ICMS sobre o valor da mercadoria	Item 14.03 – Recondicionamento de motores (exceto peças e partes empregadas, que ficam sujeitas ao ICMS).
Serviço não constante da lista da LC 116/2003	ICMS sobre o valor total da operação	Súmula 163/STJ. O fornecimento de mercadorias com a simultânea prestação de serviços em bares, restaurantes e estabelecimentos similares constitui fato gerador do ICMS a incidir sobre o valor total da operação.

O STF decidiu, ainda que em cautelar (ADI 4.389/DF MC), que "o ISS não incide sobre operações de industrialização por encomenda de embalagens, destinadas à integração ou utilização direta em processo subsequente de industrialização ou de circulação de mercadoria. Presentes os requisitos constitucionais e legais, incidirá o ICMS."

11.8. IPTU

(Cartório/ES – 2013 – CESPE) Acerca do imposto sobre a propriedade predial e territorial urbana (IPTU), assinale a opção correta.

(A) A CF limita a progressividade do IPTU ao valor do imóvel.
(B) O IPTU é considerado um tributo real, motivo por que não poderá ser progressivo.
(C) O fato gerador do IPTU é a propriedade, o domínio útil ou a posse de bem imóvel urbano.
(D) A competência para a instituição do IPTU é dos municípios e da União no espaço territorial do Distrito Federal.
(E) As alíquotas do IPTU não poderão ser diferentes em razão da localização e do uso do imóvel.

A: incorreta, pois inexiste essa limitação – art. 156, § 1º, I, da CF; **B:** incorreta, pois o constituinte derivado previu expressamente essa possibilidade, que vem sendo acolhida pelo STF – note que a Súmula 668/STF refere-se a lei anterior à EC 20/2000; **C:** correta, nos termos do art. 32 do CTN; **D:** incorreta, pois o Distrito Federal tem competência exclusiva para instituir o IPTU em seu território; **E:** incorreta, pois isso é possível – art. 156, § 1º, II, da CF.

Gabarito "C"

(Cartório/DF – 2014 – CESPE) Considere que Hilário tenha locado um apartamento de Alfredo, mediante contrato escrito em que foi pactuada a obrigação do locatário de honrar com as despesas de imposto sobre propriedade predial e territorial urbana (IPTU) do referido imóvel. Nessa situação, o fisco

(A) não poderá cobrar de Alfredo o IPTU atrasado.
(B) só poderá cobrar de Alfredo o IPTU atrasado se o contrato de locação estiver registrado em Cartório de Títulos e Documentos.
(C) não poderá cobrar de Hilário o IPTU atrasado.
(D) poderá cobrar de Hilário ou de Alfredo o IPTU atrasado.
(E) só poderá cobrar de Hilário o IPTU atrasado se o contrato de locação estiver registrado em Cartório de Títulos e Documentos.

A: incorreta, considerando que Alfredo seja o proprietário do imóvel e, portanto, o contribuinte do imposto – art. 34 do CTN; **B:** incorreta, pois a sujeição passiva fixada em lei em desfavor de Alfredo não é alterada por ato entre particulares; **C:** incorreta, pois, nesse caso, há uma relação de direito privado (responsabilidade contratual) que aproveita ao fisco; **D:** correta. Embora a relação estritamente tributária, de direito público, exista apenas entre o fisco e o contribuinte (Alfredo), o acordo privado pode aproveitar à administração tributária. Importante salientar que o acordo entre particulares não pode ser oposto à fazenda pública, ou seja, não pode ser suscitado em desfavor do fisco, para afastar a responsabilidade do contribuinte (Alfredo – ver art. 123 do CTN), o que não significa que não possa ser suscitado pela fazenda em seu proveito; **E:** incorreta, pois o registro não é pressuposto para a obrigação assumida por Hilário.

Gabarito "D"

(Magistratura/PA – 2012 – CESPE) Assinale a opção correta a respeito do IPTU e do ITBI.

(A) As alíquotas do IPTU são fixadas pelos estados e pelo DF.
(B) Na doação de bem imóvel, há incidência do ITBI.
(C) Incide ITBI sobre a venda de ações de sociedade anônima proprietária de imóveis.
(D) Cabe à legislação federal estabelecer o sujeito passivo do IPTU.
(E) É inconstitucional a fixação de adicional progressivo do IPTU em função do número de imóveis do contribuinte.

A: incorreto, pois o IPTU é imposto municipal, tendo, assim, alíquotas fixadas pela lei municipal; **B:** incorreto, pois o ITBI tem por fato gerador a transmissão onerosa de bens imóveis e direitos reais, não incidindo, portanto, nos casos de doação; **C:** incorreto, pois a mera transmissão de ações não implica na transmissão dos bens de propriedade da sociedade, não se configurando fato gerador de ITBI; **D:** incorreto, pois o IPTU é imposto municipal, cabendo a lei municipal tal definição; **E:** correto, pois não há previsão de progressividade pelo números de imóveis, mas pelo valor de cada imóvel (CF, art. 156 § 1º).

Gabarito "E"

(Ministério Público/RR – 2012 – CESPE) Preocupado com o alto índice de migração da população do município para a capital do estado, o Poder Executivo municipal revogou toda a legislação que instituía o IPTU.

Em face dessa situação hipotética, assinale a opção correta.

(A) O município poderia isentar da cobrança as pequenas glebas situadas em zonas rurais onde incidisse tributo sobre propriedade, dada a arrecadação do ITR.

(B) Sendo do município a competência para instituir tributo, é legítimo que ele deixe de instituí-lo, não sendo o exercício dessa competência transferível a outra pessoa jurídica de direito público.

(C) O município não poderia revogar a legislação referente ao IPTU, já que a competência para instituí-lo é do estado.

(D) A União, por possuir competência residual, poderá instituir o IPTU, sempre que a sua instituição não seja exercida por quem tenha competência tributária.

(E) O município poderia ter estabelecido progressividade do IPTU para os fins almejados, em vez de revogá-lo, porque este imposto não tem caráter extrafiscal.

A: incorreto, pois no caso de glebas rurais o município nem sequer tem competência para tributar (CF, art. 153, VI); **B:** correto, pois a competência tributário para o IPTU é expressamente atribuída aos municípios (CF, art. 156); **C:** incorreto, pois a competência tributário para o IPTU é expressamente atribuída aos municípios (CF, art. 156); **D:** incorreto, pois a competência residual exige a definição de fato gerador e base de cálculos diferentes dos já previstos na CF, de forma que a propriedade urbana não poderia ser objeto de impostos residual federal (CF, art. 154, I); **E:** incorreto, pois a progressividade do IPTU deve ser instituída, no âmbito extrafiscal, apenas para coibir a utilização indevida da propriedade urbana, em desrespeito ao plano diretor (CF, art. 182, § 4º, IV).

Gabarito "B"

(Defensor Público/RO – 2012 – CESPE) O governo do estado X, preocupado com o aumento considerável de invasões de pessoas de baixo poder aquisitivo em terras públicas com o objetivo de fixar residência nessas terras, resolveu regularizar a situação e atribuiu propriedade aos ocupantes, registrando o título no registro de imóveis. Os municípios passaram a cobrar IPTU dos novos proprietários. Inconformados, os moradores das antigas invasões formalizaram abaixo-assinados e procuraram a DP para reclamar da exação, reclamando da inexistência de abastecimento de água, de canalização de águas e de esgotos sanitários, bem como de iluminação pública; esclareceram, ainda, que a escola pública mais próxima estava localizada a mais de três quilômetros de suas casas.

Com base nessa situação hipotética, assinale a opção correta.

(A) O município não poderia ter instituído o IPTU sem a garantia do cumprimento da função social da propriedade, devendo aplicar as alíquotas progressivamente no tempo.

(B) O município poderia instituir o tributo, desde que presentes, pelo menos, duas das benfeitorias arroladas como inexistentes pelos moradores.

(C) Dadas a natureza difusa da exação e a capacidade econômica dos novos contribuintes, deverá a DP ajuizar ação civil pública para obstar a cobrança do tributo.

(D) A cobrança do imposto é legal, uma vez que o tributo tem como fato gerador a propriedade de bens imóveis.

(E) Sendo o IPTU imposto de natureza pessoal, é ilegítima a sua cobrança de pessoas que não disponham de recurso para seu pagamento, independentemente do título de proprietário.

A cobrança do IPTU dependeria de a área ser definida como urbana pela legislação municipal, ou ser objeto de loteamento aprovado pelo governo local. Entretanto, a legislação municipal não poderia definir como urbana área que não contasse com pelo menos dois dos melhoramentos previstos no art. 32, § 1º, do CTN, razão pela qual a exação descrita é indevida. Assim, a alternativa correta é a "B".

Dica: ver Súmula 626/STJ "A incidência do IPTU sobre imóvel situado em área considerada pela lei local como urbanizável ou de expansão urbana não está condicionada à existência dos melhoramentos elencados no art. 32, § 1º, do CTN."

Gabarito "B"

(Defensoria Pública da União – 2010 – CESPE) Acerca do direito tributário e do sistema tributário nacional, julgue o item a seguir.

(1) Considere que o proprietário de imóvel localizado na zona urbana de determinado município tenha firmado contrato de promessa de compra e venda do bem com Maria. Nessa situação hipotética, tanto a promitente compradora (possuidora a qualquer título) do imóvel quanto o proprietário são contribuintes responsáveis pelo pagamento do IPTU.

1: assertiva correta, considerando que o promissário comprador é possuidor com *animus domini* – art. 34 do CTN – ver REsp 1.110.551/SP.

Gabarito 1C

11.9. ITBI

Lei municipal instituiu imposto sobre transmissões *inter vivos* de bens imóveis (ITBI) estabelecendo o seguinte:

I. alíquotas progressivas para o imposto com base no valor venal do imóvel;

II. exigibilidade de cobrança do imposto a partir da lavratura da escritura para o adquirente;

III. incidência do imposto nos contratos de promessa de compra e venda;

IV. obrigatoriedade de cobrança do imposto ao munícipe, ainda que o imóvel esteja situado em outro município.

(Auditor Fiscal - SEFAZ/RS - 2019 - CESPE/CEBRASPE) Nessa situação hipotética, considerando-se as disposições da CF e a jurisprudência do STF, é correto afirmar que a referida lei é inconstitucional no que se refere ao estabelecido nos itens

(A) I, II e III, apenas.

(B) I, II e IV, apenas.

(C) I, III e IV, apenas.

(D) II, III e IV, apenas.

(E) I, II, III e IV.

I: inconstitucional, em princípio, pois historicamente o STF não aceita a progressividade do ITBI, conforme a Súmula 656/STF. Entretanto, mais recentemente o STF entendeu constitucional a progressividade do ITCMD estadual, de natureza bastante similar – ver tese de repercussão geral 21/STF. Isso significa que pode haver mudança de entendimento em relação ao ITBI, de modo que o estudante deve estar atento à evolução jurisprudencial; **II** e **III:** inconstitucionais, pois o STF entende que incide o ITBI apenas no registro imobiliário da efetiva transmissão da propriedade ou do direito real – ver ARE 934.091 AgR/STF; **IV:** incorreta, pois a competência de cada município para tributação da propriedade imobiliária e sua transmissão (ITBI e IPTU) restringe-se aos imóveis localizados em seu respectivo território. Por essas razões, a alternativa "E" é a correta. RB

Gabarito "E"

(Cartório/ES – 2013 – CESPE) Assinale a opção correta no que se refere ao imposto sobre transmissão de bens imóveis (ITBI).

(A) A competência para instituir o ITBI é dos municípios e do DF, e da União, em território federal que não seja dividido em municípios.

(B) O ITBI incide sobre a transmissão de bens ou direitos incorporados ao patrimônio de pessoa jurídica, em geral, em realização de capital.

(C) O ITBI incide sobre a transmissão de bens ou direitos decorrentes de fusão, incorporação, cisão ou extinção de pessoa jurídica em geral.

(D) A instituição do ITBI compete ao estado da situação do bem.
(E) A competência para instituir o ITBI e privativa dos estados e do DF.

A: correta, considerando a competência da União no caso desses territórios que venham a ser criados – art. 147 da CF; **B:** incorreta, pois há imunidade, em regra, nessa situação – art. 156, § 2º, I, da CF; **C:** incorreta, por conta da imunidade do art. 156, § 2º, I, da CF; **D:** incorreta, pois o ITBI é imposto da competência dos municípios e do Distrito Federal, não dos Estados; **E:** incorreta, conforme comentário à alternativa anterior.

Gabarito "A".

(Cartório/PI – 2013 – CESPE) Suponha que determinado notário tenha deixado de exigir o pagamento do ITBI no ato da lavratura de escritura de compra e venda, conforme prevê a legislação local, para garantir a celeridade do negócio jurídico. Nesse caso,

(A) o notário enquadra-se na responsabilidade de terceiros, que é do tipo exclusiva ou integral, sem o benefício de ordem.
(B) o notário será solidariamente responsável, sem o benefício de ordem, após a tentativa frustrada do fisco em fazer que o adquirente do imóvel cumprisse a sua obrigação principal.
(C) o notário, nesse caso, estará isento de responsabilidade, pois somente poderia responder por omissões, e nunca por tentar dar celeridade ao negócio jurídico.
(D) a responsabilidade do notário e pessoal, devendo dele ser exigido o pagamento do tributo em primeiro plano, já que ele, tendo de cobrar o pagamento, deixou de fazê-lo.
(E) o notário respondera pelo pagamento do tributo juntamente com o devedor principal, desde o começo da exigência do cumprimento da obrigação principal, por tratar-se de caso de responsabilidade de terceiros.

A: incorreta, pois a responsabilidade do notário, nesse caso, é subsidiária, pois somente responderá pelo débito em caso de impossibilidade de cobrança do imposto contra o contribuinte (note que o CTN se refere à solidariedade, sem benefício de ordem, mas apenas após frustrada a tentativa de cobrança contra o devedor principal) – art. 134, VI, do CTN; **B:** correta, conforme comentário à alternativa anterior, salientando que o CTN faz referência à solidariedade após a impossibilidade de cobrança contra o devedor principal (a partir daí não há benefício de ordem); **C:** incorreta, pois houve omissão, não importa a razão; **D** e **E:** incorretas, conforme comentários às alternativas "A" e "B".

Gabarito "B".

(Cartório/PI – 2013 – CESPE) Acerca do ITBI, assinale a opção correta.

(A) O referido imposto não pode incidir sobre pessoa jurídica que tenha como atividade preponderante a locação de imóveis, ainda que no objeto social dessa pessoa jurídica exista a previsão de venda de imóveis.
(B) O disposto no Código Tributário Nacional acerca do ITBI foi parcialmente revogado pela CF, inclusive o dispositivo que estabelecia a base de cálculo do referido tributo.
(C) A alíquota do referido imposto não pode ser livremente estabelecida pelo município, ficando adstrita a norma federal infraconstitucional.
(D) Esse imposto pode ser instituído com progressividade nas suas alíquotas, nos moldes do IPTU, por ser imposto real.
(E) Esse imposto constitui tributo que incide sobre patrimônio imobiliário, sendo, portanto, um imposto real e não pessoal. Dessa forma, ele não pode incidir sobre bens ou direitos incorporados ao patrimônio da pessoa jurídica em realização de capital.

A: incorreta, pois a imunidade prevista no art. 156, § 2º, I, da CF não se aplica ao caso, conforme a parte final desse dispositivo constitucional; **B:** incorreta, pois as normas nacionais relativas ao antigo imposto estadual sobre transmissão de bens imóveis aplica-se ao atual ITBI municipal, especificamente quanto à base de cálculo – art. 38 do CTN; **C:** incorreta, pois compete ao Município e ao Distrito Federal fixar as alíquotas do ITBI, observados, evidentemente, os princípios constitucionais, em especial da isonomia, da capacidade contributiva e do não confisco; **D:** incorreta, pois historicamente o STF tem afastado a possibilidade de progressividade de impostos reais, caso do ITBI, quando não há previsão expressa na Constituição – Súmula 656/STF. Entretanto, é importante salientar que, mais recentemente, o STF inovou e admitiu a progressividade em relação ao ITCMD estadual – ver RE 562.045/RS; **E:** correta, embora haja críticas a essa distinção entre impostos reais e pessoais, sendo, entretanto, incontroversa sua adoção (dessa distinção) pela jurisprudência.

Gabarito "E".

(Cartório/RR – 2013 – CESPE) Determinada pessoa decidiu criar três empresas, uma prestadora de serviço público de transporte urbano, uma empresa de arredamento mercantil e uma imobiliária. Na integralização de capital, transferiu, para cada uma das três empresas, um imóvel onde vão funcionar as respectivas atividades e que servirá de sede a cada delas.

Nessa situação, o ITBI

(A) incidirá nas três operações de transferência.
(B) não incidirá apenas na operação de transferência do imóvel para a primeira empresa.
(C) não incidirá apenas na operação de transferência do imóvel para a segunda empresa.
(D) não incidirá apenas na operação de transferência do imóvel para a terceira empresa.
(E) não incidirá em nenhuma das operações de transferência.

A imunidade sobre a transmissão de bens ou direitos incorporados ao patrimônio de pessoa jurídica em realização de capital não abrange os casos em que a atividade preponderante do adquirente seja a compra e venda desses bens ou direitos, locação de bens imóveis ou arrendamento mercantil – art. 156, § 2º, I, da CF. Por essa razão, a alternativa "B" é a correta.

Gabarito "B".

(Cartório/DF – 2014 – CESPE) O imposto de transmissão

(A) tem lançamento do tipo misto, por declaração ou, em determinadas hipóteses, de oficio.
(B) e imposto progressivo.
(C) incide sempre sobre a transmissão de bens incorporados ao patrimônio da pessoa jurídica.
(D) incide sobre hipoteca.
(E) não incide sobre bens imóveis por acessão física.

A: embora dependa de análise da legislação local, essa é a melhor alternativa, por eliminação das demais; **B:** imprecisa. Historicamente o STF tem afastado a possibilidade de progressividade de impostos reais, caso do ITBI (= imposto municipal sobre transmissões), quando não há previsão expressa na Constituição – Súmula 656/STF. Entretanto, é importante salientar que, mais recentemente, o STF inovou e admitiu a progressividade em relação ao ITCMD (= imposto estadual sobre transmissões) – ver RE 562.045/RS; **C:** incorreta, pois há, em regra, imunidade nesse caso – art. 156, § 2º, I, da CF; **D:** incorreta, pois o ITBI municipal não incide sobre direitos reais de garantia – art. 156, II, *in fine*, da CF; **E:** incorreta, pois não há essa exclusão, incidindo o ITBI sobre o valor das construções transmitidas.

Gabarito "A".

12. TEMAS COMBINADOS DE IMPOSTOS E CONTRIBUIÇÕES

(Auditor Fiscal - SEFAZ/RS - 2019 - CESPE/CEBRASPE) Com base nas disposições da CF quanto à contribuição de intervenção no domínio econômico incidente sobre combustíveis (CIDE), assinale a opção correta.

(A) A contribuição em referência subordina-se ao princípio da anterioridade relativa ao exercício financeiro.
(B) A destinação do valor arrecadado dessa contribuição é definida por resolução do Senado Federal.
(C) Essa contribuição incide exclusivamente sobre petróleo e seus derivados.
(D) A alíquota da referida contribuição pode ser reduzida e restabelecida por ato do Poder Executivo Federal.
(E) Não pode haver diferenciação de alíquotas da contribuição mencionada por uso ou produto.

A: incorreta, pois a redução e restabelecimento da alíquota da CIDE combustíveis é exceção à anterioridade anual – art. 177, § 4º, I, *b*, da CF; B: incorreta, pois a destinação do produto de sua arrecadação é fixada constitucionalmente – art. 177, § 4º, II, da CF; C: incorreta, pois a CIDE sobre combustíveis incide sobre atividades de importação ou comercialização de petróleo e seus derivados, gás natural e seus derivados e álcool combustível – art. 177, § 4º, *caput*, da CF; D: correta, conforme o art. 177, § 4º, I, *b*, da CF; E: incorreta, pois o art. 177, § 4º, I, *a*, da CF admite expressamente a diferenciação de alíquotas por produto e uso.

Gabarito "D"

(Procurador do Município - Campo Grande/MS - 2019 - CESPE/CEBRASPE) A respeito de impostos de competência municipal, julgue os seguintes itens, conforme a Constituição Federal de 1988, o Código Tributário Nacional e a legislação de regência.

(1) Em se tratando de serviço cuja prestação dependa do fornecimento de mercadorias, incide ICMS sobre o montante tributável, e não o ISS, de acordo com a Lei Complementar n.º 116/2003.

(2) O IPTU incide sobre imóveis de zonas urbanas e urbanizáveis onde o poder público mantenha abastecimento de água e sistema de esgoto sanitário, podendo esse imposto ser progressivo a depender da localização e do valor do imóvel.

(3) Compete privativamente ao Senado Federal avaliar periodicamente o desempenho das administrações tributárias dos municípios.

1: incorreta, pois, em regra, incide ISS sobre o valor total da operação, exceto se a lei complementar (LC 116/2003 do ISS ou LC 87/1996 do ICMS) dispor de forma distinta – art. 1º, § 2º, da LC 116/2003; **2:** incorreta, pois os requisitos para que a lei municipal defina as áreas urbanas são aqueles do art. 32, § 1º, do CTN. Ademais, a progressividade se dá conforme o valor do imóvel, mas não em relação à localização – art. 156, § 1º, I, da CF; **3:** correta, pois compete privativamente ao Senado avaliar periodicamente a funcionalidade do Sistema Tributário Nacional, em sua estrutura e seus componentes, e o desempenho das administrações tributárias da União, dos Estados e do Distrito Federal e dos Municípios – art. 52, XV, da CF.

Gabarito 1E, 2E, 3C

(Procurador do Município/Manaus – 2018 – CESPE) Considerando o que dispõe a CF, julgue os itens a seguir, a respeito das limitações do poder de tributar, da competência tributária e das normas constitucionais aplicáveis aos tributos.

(1) Cabe à lei complementar dispor sobre substituição tributária relativa ao ICMS.

(2) O IPTU pode ter alíquotas superiores para os imóveis de maior valor.

(3) Compete aos municípios instituir o ITCMD.

1: correta – art. 155, XII, *b*, da CF; **2:** correta, pois a progressividade em relação à base de cálculo do IPTU é prevista no art. 156, § 1º, I, da CF; **3:** incorreta, pois o ITCMD é imposto da competência dos Estados e do Distrito Federal – art. 155, I, da CF.

Gabarito 1C, 2C, 3E

(Procurador do Município/Manaus – 2018 – CESPE) Tendo por base o que dispõem as Leis Complementares n. 116/2003 e n. 123/2006 e a Lei municipal n. 1.628/2011, do município de Manaus, julgue os seguintes itens.

(1) Para efeito de cobrança de IPTU, o bem imóvel no qual exista obra paralisada pela fiscalização municipal será considerado como bem edificado.

(2) O ISSQN não incide sobre as exportações de serviços de engenharia.

1: incorreta, pois considera-se imóvel não edificado, nesse caso, conforme o art. 6º, § 2º, IV, da Lei Municipal 1.628/2011; **2:** correta, pois o ISS não incide sobre exportação de serviços – art. 2º, I, da LC 116/2003.

Gabarito 1E, 2C

(Defensor Público/PE – 2018 – CESPE) A empresa BETA, operadora de plano privado de saúde, foi notificada pelo fisco estadual em razão do não recolhimento de ICMS relativo às operações mistas, que envolvem a prestação de serviços associados ao fornecimento de mercadorias. Em sua defesa, a empresa alegou que o fisco municipal entende que, nesse caso, incide o imposto sobre serviços de qualquer natureza (ISSQN).

Considerando o entendimento majoritário e atual do Supremo Tribunal Federal, assinale a opção correta, acerca dos impostos que poderão incidir no presente caso.

(A) No caso em tela, deve prevalecer a incidência do ICMS, afastando-se a incidência do ISSQN sobre a operação.

(B) Se os serviços prestados pela empresa em questão estiverem previstos na lei complementar federal que dispõe sobre o ISSQN, prevalecerá a incidência do ISSQN sobre o ICMS.

(C) Incidirá, em regra, o ICMS, podendo haver a incidência do ISSQN se o serviço estiver previsto na lei complementar federal que dispõe sobre esse tributo, caso em que, para evitar a bitributação, o valor pago a título de ICMS será deduzido da base de cálculo do ISSQN.

(D) No caso em tela, incidem tanto ICMS como o ISSQN: o ICMS incidirá sobre a parcela relativa à obrigação de dar e o ISSQN incidirá sobre a parcela referente à obrigação de fazer.

(E) Há de se verificar a atividade preponderante do contribuinte: se a atividade preponderante for o fornecimento de mercadorias, ele deve ser tributado pelo ICMS; se for a prestação de serviços, ele será tributado pelo ISSQN.

O STF entende que incide ISS nas atividades realizadas por operadoras de planos privados de assistência a saúde – ver RE 651.703/PR-repercussão geral, de modo que a alternativa "B" é a correta.

Gabarito "B"

(Procurador do Estado/SE – 2017 – CESPE) Considerando-se as limitações ao poder de tributar previstas no texto constitucional, é juridicamente admissível que um ente público estadual institua a cobrança de

(A) ICMS incidente sobre a comercialização de jornais impressos.

(B) ICMS com alíquotas diferenciadas em razão da ocupação profissional do contribuinte.

(C) taxa referente a um serviço prestado à União.

(D) taxa a ser cobrada no mesmo exercício financeiro em que for publicada a lei que a instituir.

(E) IPVA incidente sobre veículos terrestres pertencentes ao poder público municipal e utilizados para transportar autoridades.

A: incorreta, pois há imunidade de impostos, nos termos do art. 150, VI, *d*, da CF; **B:** incorreta, pois é vedada a diferenciação conforme ocupação do contribuinte – art. 150, II, da CF; **C:** correta, pois a imunidade recíproca é restrita aos impostos, não afastando a possibilidade de cobrança de taxas – art. 150, VI, *a*, da CF; **D:** incorreta, pois todos os tributos, inclusive as taxas, sujeitam-se, em regra, ao princípio da anterioridade anual – art. 150, III, *b*, da CF; **E:** incorreta, pois o IPVA é tributo estadual, sendo que há repartição de 50% da receita para o município onde o veículo está registrado – arts. 155, III, e 158, III, da CF.

Gabarito "C"

(Promotor de Justiça/RR – 2017 – CESPE) Um imóvel localizado na área urbana de determinado município é utilizado por seu proprietário comprovadamente para o exercício exclusivo de atividades agrícola e pecuária.

Nessa situação hipotética,

(A) é cabível apenas a cobrança do ITR, por expressa previsão legal, uma vez que o imóvel é utilizado em exploração agrícola e pecuária.

(B) o IPTU e o ITR serão tributos devidos e cobrados cumulativamente, pois se referem a dois fatos geradores distintos: o IPTU será devido em razão da propriedade urbana; o ITR será devido pelo uso de imóvel em atividades agrícola e pecuária.

(C) embora sejam devidos, os dois tributos não poderão ser cobrados cumulativamente, pois ambos incidem sobre o mesmo bem, devendo ser aplicado o princípio da não cumulatividade: o contribuinte terá o direito de descontar do valor do IPTU devido o montante que for eventualmente pago a título de ITR.

(D) somente será cabível a cobrança do IPTU, uma vez que o critério aplicado pelo CTN é o da localização do imóvel, sendo irrelevante a destinação dada por seu proprietário.

A: correta. Em regra, a definição de bem imóvel rural, para fins de incidência do ITR, é feita por exclusão, sendo aquele que não é urbano. O imóvel urbano, por sua vez, é definido, em regra, por sua localização, pois é aquele que se encontra na área urbana definida pela legislação municipal, nos termos e atendidos os requisitos do art. 32 do CTN. Entretanto, embora essa seja a regra (definição pelo critério da localização), é importante lembrar que há outra norma, pela qual o imóvel será rural, qualquer que seja sua localização (mesmo que na área urbana do município, portanto), desde que utilizado em exploração de atividade extrativa vegetal, agrícola pecuária ou agroindustrial (art. 15 do DL 57/1966); **B**, **C** e **D:** incorretas, conforme comentário inicial, lembrando que a competência tributária é sempre exclusiva. RB

Gabarito "A"

(Analista Judiciário – STJ – 2018 – CESPE) Julgue o item que se segue, a respeito das disposições do Código Tributário Nacional (CTN).

(1) O imposto se distingue das demais espécies de tributos porque tem como fato gerador uma situação que independe de atividades estatais específicas.

1: correta – art. 16 do CTN: "Imposto é o tributo cuja obrigação tem por fato gerador uma situação independente de qualquer atividade estatal específica, relativa ao contribuinte." RB

Gabarito 1C

(Procurador Municipal – Prefeitura/BH – CESPE – 2017) No que se refere às normas constitucionais aplicáveis aos tributos de competência municipal, assinale a opção correta.

(A) É possível a instituição de ISSQN sobre a prestação de serviços de transporte intermunicipal, desde que observada a alíquota máxima relativa a operações intermunicipais prevista em lei complementar.

(B) No caso de subutilização do solo urbano, poderá o poder público municipal, mediante lei específica para a área incluída no plano diretor, exigir a incidência de IPTU progressivo no tempo.

(C) Lei editada após a Emenda Constitucional 29/2000 deverá ser declarada inconstitucional caso institua cobrança de IPTU com alíquotas diferentes em razão da localização do imóvel.

(D) A cobrança do imposto municipal devido por transmissão de bens imóveis por ato *inter vivos*, a título oneroso, compete ao município do domicílio tributário do alienante.

A: incorreta, pois a tributação do transporte intermunicipal é da competência exclusiva dos Estados e DF – art. 155, II, da CF; **B:** correta – art. 182, § 4º, da CF; **C:** incorreta, pois a partir da EC 29/2000 a Constituição passou a prever expressamente a progressividade do IPTU em relação ao valor do bem, passando a ser acolhida pelo STF – art. 156, § 1º, I, da CF e Súmula 668/STF; **D:** incorreta, pois o ITBI é devido ao município ou DF onde localizado o imóvel – art. 156, § 2º, II, da CF. RB

Gabarito "B"

(Procurador do Município – Prefeitura Fortaleza/CE – CESPE – 2017) Considerando os dispositivos do CTN e a jurisprudência do STJ em relação ao ato administrativo do lançamento e à atividade desenvolvida para a constituição do crédito tributário, julgue os próximos itens.

(1) Considera-se válida e regular a notificação do lançamento de ofício do imposto predial e territorial urbano por meio de envio de carnê ou da publicação de calendário de pagamento juntamente com as instruções para o cumprimento da obrigação tributária.

(2) A declaração prestada pelo contribuinte nos tributos sujeitos a lançamento por homologação não constitui o crédito tributário, pois está sujeita a condição suspensiva de ulterior homologação pela administração tributária.

(3) Não havendo prévia instauração de processo administrativo fiscal, será nulo o lançamento do imposto sobre transmissão de bens imóveis e de direitos a eles relativos no caso de existir divergência entre a base de cálculo declarada pelo contribuinte e o valor arbitrado pela administração tributária.

1: Correta, Súmula 397/STJ. **2**: Incorreta, pois a declaração equivale ao lançamento – Súmula 436/STJ. **3**: Correta, pois o arbitramento previsto pelo art. 148 do CTN, em caso de as declarações prestadas não merecerem fé, exige processo administrativo regular. RB

Gabarito 1C, 2E, 3C

(Procurador do Município – Prefeitura Fortaleza/CE – CESPE – 2017) Julgue os itens a seguir, em relação aos impostos discriminados na CF.

(1) O sujeito passivo do ICMS não pode, ainda que de boa-fé, aproveitar os créditos decorrentes de nota fiscal posteriormente declarada inidônea e emitida em virtude de efetiva concretização do negócio jurídico de compra e venda.

(2) O aspecto material da hipótese de incidência do imposto sobre serviços de qualquer natureza consiste na obrigação de fazer em prol de terceiro, mediante remuneração, quando essa obrigação é objeto de relação jurídica de direito privado. A prestação por delegatário e remunerada pelo usuário de serviços públicos não se submete à incidência dessa espécie tributária devido a interesse público subjacente.

(3) O princípio da seletividade aplica-se impositivamente ao IPI e facultativamente ao ICMS em função da essencialidade dos produtos, das mercadorias e dos serviços, de modo a assegurar a concretização da isonomia no âmbito da tributação do consumo.

1: Incorreta, pois o aproveitamento do crédito somente é vedado se a declaração de inidoneidade for anterior à operação, ou se não for demonstrada a veracidade da compra e venda – Súmula 509/STJ. **2**: Incorreta, pois a cobrança de tarifa pelo delegatário de serviço público não implica imunidade, nem, portanto, afasta a incidência do ISS – art. 150, § 3º, da CF. **3**: Correta – arts. 153, § 3º, I, e 155, § 2º, III, da CF. **RB**

Gabarito 1E, 2E, 3C

(Cartório/RR – 2013 – CESPE) No que se refere ao imposto sobre grandes fortunas, assinale a opção correta.

(A) Esse imposto não incide sobre as fortunas de propriedade de pessoas jurídicas.

(B) A instituição de normas relativas a esse imposto é de competência estadual.

(C) A criação desse tributo deve ser feita por meio de edição de lei complementar.

(D) Parte da receita advinda desse imposto deve ser distribuída entre os municípios, em conformidade com o domicílio dos contribuintes.

(E) Cabe ao Senado Federal o estabelecimento das alíquotas máximas desse tributo.

A: incorreta, pois não há essa restrição – art. 153, VII, da CF; **B:** incorreta, pois a competência é da União – art. 153, VII, da CF; **C:** correta, nos termos do art. 153, VII, da CF, embora haja discussão sobre a necessidade de todos os elementos da hipótese de incidência serem definidos por lei complementar, lembrando que o imposto jamais foi instituído no Brasil (não há, portanto, discussão em relação a caso concreto); **D:** incorreta, pois não há essa previsão de distribuição; **E:** incorreta, pois não há previsão dessa competência do Senado.

Gabarito "C"

(Magistratura/PA – 2012 – CESPE) Com características ora de imposto, ora de taxa, as contribuições ditas paraestatais, ou sociais, ou de previdência, constituem para a doutrina jurídica, nacional e estrangeira, um ponto de intermináveis controvérsias.

Hugo de Brito Machado. Curso de direito tributário. 26.ª ed., p. 406.

Considerando o fragmento de texto acima como referência inicial, assinale a opção correta.

(A) As contribuições de seguridade social não têm função parafiscal, ao contrário das contribuições econômicas.
(B) A Contribuição para Financiamento da Seguridade Social (COFINS) não incide sobre as receitas provenientes das operações de locação de bens móveis.
(C) A alíquota de contribuição para o seguro de acidente do trabalho (SAT) é aferida pelo grau de risco desenvolvido em cada empresa, individualizada pela inscrição no Cadastro Nacional da Pessoa Jurídica (CNPJ), ou pelo grau de risco da atividade preponderante, quando houver apenas um registro.
(D) É facultado ao legislador alterar a destinação das contribuições de intervenção no domínio econômico.
(E) A função das contribuições sociais, de acordo com a CF, é suprir de recursos financeiros o Tesouro Nacional.

A: incorreto, pois tais contribuições são destinadas ao custeio de atividades relacionadas a atividades sociais do estado, direcionadas para orçamento próprio, gerido, em parte, pelo INSS, ajustando-se ao conceito doutrinário de parafiscalidade; **B:** incorreto, pois a base de cálculo da COFINS é a receita bruta da atividade, não apenas receita operacional; **C:** correto, pois essa contribuição é assim definida na legislação específica, devendo ter incidência mais severa em atividades que oferecem maior risco e, com isso, maior potencial de custos em acidentes de trabalho (Lei 8.212/91, art. 20); **D:** incorreto, pois a destinação das contribuições é definida pela própria Constituição, sendo, inclusive, essa sua característica especial; **E:** incorreto, pois a receita das contribuições é destinada ao custeio de atividades específicas do ente, relacionadas ao campo social (previdência, assistência, saúde e educação).

Gabarito "C"

(Magistratura/PB – 2011 – CESPE) Com relação aos impostos estaduais e federais, assinale a opção correta.

(A) O IPVA, cobrado anualmente, submete-se, no que tange à alteração de sua base de cálculo, ao princípio da anterioridade, inclusive a nonagesimal.
(B) O ITR tem como base de cálculo o valor da terra nua.
(C) O IPI é seletivo, em razão da essencialidade do produto, de maneira que, em determinadas circunstâncias, pode ter alíquota zero, caso em que ocorre a isenção, ou imunidade tributária.
(D) O ICMS tem como fato gerador o deslocamento de mercadorias, inclusive de um estabelecimento para outro do mesmo contribuinte.
(E) Os estados e o DF, nos limites da sua esfera de competência e de acordo com a sistemática constitucional, têm plena liberdade para estabelecer as alíquotas do ICMS.

A: Incorreta, pois a fixação da base de cálculo do IPVA (assim como a do IPTU) não se submete à anterioridade nonagesimal (apenas à anual) – art. 150, § 1º, da CF; **B:** Correta, conforme o art. 30 do CTN (valor fundiário significa valor da terra nua, ou seja, excluídas as construções e outras benfeitorias); **C:** Incorreta, pois alíquota zero não se confunde com isenção (que é exclusão do crédito tributário fixada legalmente) ou com imunidade (que é norma constitucional que afasta a competência tributária). Interessante lembrar que também no caso de alíquota zero não há direito de crédito presumido de IPI para o adquirente do produto, conforme a Tese de Repercussão Geral STF 844: A imunidade tributária constante do art. 150, VI, d, da CF/88 aplica-se ao livro eletrônico (e-book), inclusive aos suportes exclusivamente utilizados para fixá-lo; **D:** Incorreta, pois essa incidência é afastada pelo judiciário, conforme a Súmula 166/STJ; **E:** Imprecisa, pois a competência dos Estados e do DF é limitada, pois a alíquota interna não pode ser, em regra, menor que a interestadual, que é fixada pelo Senado Federal – art. 155, § 2º, IV e VI, da CF. Ademais, o Senado Federal pode também fixar alíquotas mínimas e máximas paras as operações internas, na hipótese prevista no art. 155, § 2º, V, da CF. Finalmente, alteração de alíquotas que impliquem incentivos fiscais devem ser autorizadas pelo Confaz – art. 155, § 2º, XII, *g*, da CF e art. 1º, parágrafo único, IV, da LC 24/1975.

Gabarito "B"

(Magistratura/PI – 2011 – CESPE) Assinale a opção correta com relação aos impostos em geral.

(A) O arrematante de produtos importados apreendidos ou abandonados é contribuinte do imposto sobre a importação.
(B) A receita líquida do imposto de exportação destina-se à conservação dos portos ou lugares de saída do produto.
(C) O Poder Executivo não detém a competência de alterar as alíquotas ou as bases de cálculo do imposto de exportação, ainda que para ajustá-lo aos objetivos da política cambial e do comércio exterior.
(D) À luz do CTN, a posse de imóvel por natureza localizado fora da zona urbana do município, tal como definido na lei civil, não é considerada fato gerador para a incidência do imposto sobre a propriedade territorial rural.
(E) A base de cálculo do imposto relativo a produto que, tendo sido apreendido ou abandonado, seja levado a leilão corresponderá à alíquota *ad valorem*.

A: correto, pois o fato gerador do IPI, previsto no CTN, engloba tal arrematação, impedindo diferente tratamento tributário para os eventuais produtos oriundos de descaminho (CTN. art. 46); **B:** incorreto, pois aos impostos é vedada a destinação específica prévia (CF, art. 167, IV); **C:** incorreto, pois há expressa previsão constitucional de exceção ao princípio da legalidade nesse caso (CF, art. 150, § 1); **D:** incorreto, pois há expressa previsão legal para tanto (CTN, art. 32, § 2º); **E:** incorreto, pois a base de cálculo nesse caso é o preço efetivo de arrematação (CTN, art. 47, III).

Gabarito "A"

(Ministério Público/PI – 2012 – CESPE) Com relação ao fato gerador dos impostos em espécie, assinale a opção correta com base na CF, na legislação específica e na jurisprudência.

(A) O saque em caderneta de poupança não atrai a incidência do imposto sobre operações de crédito, câmbio e seguro, nem sobre operações relativas a títulos e valores mobiliários, visto que a referida operação não se enquadra em seu fato gerador.
(B) O fato gerador do imposto sobre a renda e proventos de qualquer natureza ocorre, entre outras hipóteses, com a expectativa do direito a renda ou proventos pela realização de trabalho ou negócio jurídico remunerado.
(C) O fato gerador do imposto sobre a propriedade territorial rural incide sobre a propriedade do imóvel, não bastando a posse para a incidência do tributo.
(D) Na operação de importação de mercadorias do exterior, somente é devido o ICMS quando da entrada do produto importado no estabelecimento comercial do importador.
(E) Na operação de exportação de mercadorias, o fato gerador do imposto de exportação ocorre com a expedição da guia de exportação, ainda que esta não seja consumada, sendo, nesse caso, indevida a devolução do imposto pago.

A: correto, pois o IOF, como chamado, não incide sobre mera movimentação financeira, mas apenas sobre as operações descritas na CF (CF, art. 153, V); **B:** incorreto, pois a lei exige a efetiva disponibilidade da renda, ainda que jurídica, o que não se confunde com a mera expectativa da renda (CTN, art. 43); **C:** incorreto, pois o CTN estabelece como fato gerador a propriedade, a posse ou o domínio útil do imóvel (CTN, art. 29); **D:** incorreto, pois o ICMS será devido no momento do desembaraço aduaneiro; **E:** incorreto, pois o fato gerador ocorre com a saída do produto, sendo o momento do registro mera definição do momento da ocorrência do fato.

Gabarito "A"

(Defensor Público/TO – 2013 – CESPE) No que concerne às contribuições, assinale a opção correta.

(A) As contribuições sociais do empregador incidentes sobre a receita poderão ser não cumulativas, conforme o setor da atividade econômica.
(B) Com relação às empresas, a CF proíbe a substituição da contribuição incidente sobre folha de salário pela incidente sobre o faturamento.
(C) As contribuições residuais para a seguridade social são cumulativas e de competência da União, instituídas por lei complementar, desde que não tenham fato gerador próprio de impostos.
(D) As contribuições sociais e de intervenção no domínio econômico incidirão sobre as receitas decorrentes de exportação.

(E) As contribuições de interesse das categorias profissionais ou econômicas são de competência da União, dos estados, do DF e dos municípios.

A: correta, nos termos do art. 195, § 9º, da CF; **B:** incorreta, pois essa substituição é indicada pelo art. 195, § 13 da CF; **C:** incorreta, pois outras contribuições sociais além daquelas descritas expressamente no art. 195, incisos I a IV, da CF, deverão ser não cumulativas – art. 195, § 4º, da CF; **D:** incorreta, pois há imunidade, nesse caso – art. 149, § 2º, I, da CF; **E:** incorreta, pois essas contribuições são da competência exclusiva da União.

Gabarito "A"

(Magistratura Federal/1ª Região – 2011 – CESPE) Considerando o que dispõe a CF acerca da CSLL, assinale a opção correta.

(A) É possível, desde que por meio de lei, estabelecer a substituição tributária da CSLL.
(B) O contribuinte da CSLL deve ser definido por meio de lei complementar.
(C) O fato gerador da obrigação tributária da CSLL deve ser definido por meio de lei complementar.
(D) Não incide CSLL sobre a produção de papel destinado à impressão de jornais.
(E) Qualquer isenção relativa à CSLL somente poderá ser instituída por meio de lei que regule exclusivamente a referida contribuição.

A: correta, pois a substituição tributária é um tipo de sujeição passiva e, como tal, decorre da lei do ente competente (CTN, art. 121); **B:** incorreta, pois a definição do sujeito passivo decorre da lei do ente, apta a instituir o tributo. A CSLL não exige lei complementar para sua instituição, mas apenas para a definição de suas regras gerais, como qualquer tributo (CF, art. 146, III); **C:** incorreta, pois a definição da obrigação tributária decorre da lei do ente, apta a instituir o tributo. A CSLL não exige lei complementar para sua instituição, mas apenas para a definição de suas regras gerais, como qualquer tributo (CF, art. 146, III); **D:** incorreta, pois o papel destinado à impressão de livros somente é imune a impostos (CF, art. 150, VI, *d*); **E:** incorreta, pois a isenção poderá ser prevista em lei que regule outros impostos ou contribuições, havendo, somente, exigência de que a lei regule o assunto desoneração, para evitar a inclusão de benefícios de maneira duvidosa (CF, art. 150, § 6º).

Gabarito "A"

(Magistratura Federal/2ª Região – 2011 – CESPE) O sistema tributário brasileiro compreende tributos de diversas espécies. Em regra, quando uma pessoa jurídica de natureza industrial vende produto a empresa comercial, sobre essa operação incidem

(A) taxas e impostos.
(B) apenas contribuições sociais.
(C) taxas e contribuições sociais.
(D) impostos e contribuições sociais.
(E) apenas taxas.

A rigor, a venda de produtos pode ser fato gerador de impostos sobre os produtos (IPI ou ICMS) e contribuições sobre a receita decorrente (PIS, COFINS, CSLL). A operação de venda, por ser atividade não vinculada a atividade estatal, não poderá ser fato gerador de taxas e de contribuições de melhoria.

Gabarito "D"

13. GARANTIAS E PRIVILÉGIOS DO CRÉDITO

Um contribuinte está em débito para com a fazenda pública em razão de um crédito tributário regularmente inscrito como dívida ativa.

(Auditor Fiscal - SEFAZ/RS - 2019 - CESPE/CEBRASPE) Com relação a essa situação hipotética, é correto afirmar que, em regra, presume-se lícita a conduta do contribuinte mesmo que ele promova

(A) a alienação de seus bens.
(B) a alienação de suas rendas.
(C) a oneração de seus bens, desde que reserve rendas suficientes para o pagamento total da dívida.
(D) a oneração de suas rendas, desde que reserve bens suficientes para o pagamento de mais de 80% do total da dívida.
(E) a oneração de rendas em um procedimento com esse objetivo ainda em estágio inicial.

A, **B** e **E:** incorretas, pois presume-se fraudulenta a alienação ou oneração de bens ou rendas, ou seu começo, por sujeito passivo em débito para com a Fazenda Pública, por crédito tributário regularmente inscrito como dívida ativa – art. 185, *caput*, do CTN; **C:** correta, pois a presunção de fraude é afastada caso o devedor reserve bens ou rendas suficientes ao total pagamento da dívida inscrita – art. 185, parágrafo único, do CTN; **E:** incorreta, pois o afastamento da presunção de fraude depende de reserva de bens ou rendas suficientes ao total pagamento da dívida inscrita – art. 185, parágrafo único, do CTN. RB

Gabarito "C"

(Analista Judiciário – STJ – 2018 – CESPE)

(1) As garantias do crédito tributário estão taxativamente previstas no CTN.

1: incorreta, pois a lei de cada ente competente poderá fixar outras garantias – art. 183 do CTN. RB

Gabarito 1E

(Procurador do Município/Manaus – 2018 – CESPE) Julgue o item que se segue à luz do que dispõe o Código Tributário Nacional.

(1) As informações relativas às representações fiscais para fim penal são sigilosas, sendo vedada a sua divulgação ou publicização.

1: incorreta, pois não há sigilo, nesse caso – art. 198, § 3º, I, do CTN. RB

Gabarito 1E

(Juiz – TRF5 – 2017 – CESPE) Em cada uma das opções a seguir, é apresentada uma situação hipotética. Assinale a opção que apresenta situação que configura quebra de sigilo fiscal conforme as disposições do CTN.

(A) Com base nas informações constantes dos livros fiscais obtidos em determinada empresa, o funcionário do fisco lavrou auto de infração e, ao final do procedimento administrativo, sem autorização judicial, encaminhou a informação para apuração criminal.
(B) A Fazenda Pública divulgou, por meio de sistemas públicos, sem autorização dos contribuintes, a concessão de moratória ou parcelamentos.
(C) Um funcionário da Receita Federal, tendo tomado conhecimento de informações fiscais por conta de sua função, repassou-as a outro funcionário da Receita Federal, do mesmo setor, para providências funcionais, sem expressa autorização da chefia direta.
(D) Tendo tomado conhecimento de informações fiscais, um funcionário do fisco lavrou o devido auto de infração e, após o prazo de impugnação, encaminhou-o para a inscrição na dívida ativa, sem conhecimento do secretário da Receita Federal.
(E) Tendo verificado práticas ilícitas de natureza tributária, no curso de processo administrativo fiscal, o funcionário do fisco encaminhou a informação ao Ministério Público, ao final do procedimento administrativo, bem como repassou para um jornalista amigo as informações, sob a promessa de sigilo da fonte.

A: incorreta, pois não há sigilo no caso de representação fiscal para fins penais – art. 198, § 3º, I, do CTN; **B:** incorreta, pois não há sigilo no caso de parcelamento ou moratória – art. 198, § 3º, III, do CTN; **C:** incorreta, pois não há sigilo entre autoridades fiscais em um mesmo setor, desde que dentro de suas funções; **D:** incorreta, pois não há sigilo no encaminhamento de dados para inscrição em dívida ativa – art. 198, § 3º, II, do CTN; **E:** correta, pois há violação do sigilo fiscal no fornecimento de informações sigilosas para jornalista, inexistindo exceção nesse sentido – art. 198, §§ 1º e 2º, do CTN. **RB**

Gabarito "E"

(Magistratura/PB – 2011 – CESPE) As garantias e os privilégios do crédito tributário, instituídos pela lei em favor do poder público, visam assegurar o recebimento da prestação tributária. Acerca de tais garantias e privilégios, assinale a opção correta.

(A) O bem de família, instituído por lei, pode ser penhorado em execução fiscal, independentemente da natureza do tributo cobrado em juízo.

(B) A fraude à execução fiscal ocorre com a alienação de bens pelo sujeito passivo em débito tributário para com a fazenda pública, após a regular inscrição do crédito tributário na dívida ativa, tornando-o insolvente.

(C) Os créditos tributários gozam de preferência em relação a quaisquer outros, incluindo-se os decorrentes da legislação trabalhista.

(D) O concurso de preferência para recebimento do crédito tributário entre as pessoas jurídicas de direito público obedece à seguinte ordem: municípios, estados e DF e, por fim, a União.

(E) Respondem pelo pagamento do crédito tributário todos os bens, presentes e futuros, do sujeito passivo, salvo os gravados por ônus real ou cláusula de inalienabilidade ou impenhorabilidade.

A: Incorreta, pois os bens e as rendas declarados absolutamente impenhoráveis pela lei não respondem pelo pagamento do crédito tributário – art. 184, *in fine,* do CTN. É importante salientar que a impenhorabilidade não pode ser oposta contra a cobrança de impostos, predial ou territorial, taxas e contribuições devidas em função do imóvel familiar – art. 3º, IV, da Lei 8.009/1990; **B:** Assertiva correta, conforme o art. 185 do CTN; **C:** Incorreta, pois o crédito tributário não prefere aos trabalhistas ou aos relativos a acidentes de trabalho – art. 186 do CTN; **D:** Incorreta, pois o concurso de preferências inicia-se pela União, passa a Estados e Distrito Federal e termina nos Municípios – art. 187, parágrafo único, do CTN. É importante lembrar que esse concurso de preferências entre os entes políticos foi considerado constitucional pelo STF – Súmula 563/STF; **E:** Incorreta, pois mesmo os bens gravados por ônus real ou cláusula de inalienabilidade ou impenhorabilidade respondem pelo pagamento do crédito tributário – art. 184 do CTN.

Dica: ver a tese de repercussão geral 31/STF: "É inconstitucional o uso de meio indireto coercitivo para pagamento de tributo – "sanção política" –, tal qual ocorre com a exigência, pela Administração Tributária, de fiança, garantia real ou fidejussória como condição para impressão de notas fiscais de contribuintes com débitos tributários."

Gabarito "B".

(Veja a seguinte tabela com a ordem de classificação dos créditos na falência (art. 83 da Lei de Falências e Recuperações – LF – Lei 11.101/2005):

Ordem de classificação dos créditos na falência (art. 83 da LF)
1º – os créditos derivados da legislação do trabalho, limitados a 150 (cento e cinquenta) salários-mínimos por credor, os decorrentes de acidentes de trabalho. Também os créditos equiparados a trabalhistas, como os relativos ao FGTS (art. 2º, § 3º, da Lei 8.844/1994) e os devidos ao representante comercial (art. 44, *caput*, da Lei 4.886/1965).
2º – créditos com garantia real até o limite do valor do bem gravado (será considerado como valor do bem objeto de garantia real a importância efetivamente arrecadada com sua venda, ou, no caso de alienação em bloco, o valor de avaliação do bem individualmente considerado).
3º – créditos tributários, independentemente da sua natureza e tempo de constituição, excetuadas as multas tributárias.
4º – com privilégio especial (= os previstos no art. 964 da Lei 10.406/2002; os assim definidos em outras leis civis e comerciais, salvo disposição contrária da LF; aqueles a cujos titulares a lei confira o direito de retenção sobre a coisa dada em garantia e aqueles em favor dos microempreendedores individuais e das microempresas e empresas de pequeno porte de que trata a LC 123/2006.
5º – créditos com privilégio geral (= os previstos no art. 965 da Lei 10.406/2002; os previstos no parágrafo único do art. 67 da LF; e os assim definidos em outras leis civis e comerciais, salvo disposição contrária da LF).
6º – créditos quirografários (= aqueles não previstos nos demais incisos do art. 83 da LF; os saldos dos créditos não cobertos pelo produto da alienação dos bens vinculados ao seu pagamento; e os saldos dos créditos derivados da legislação do trabalho que excederem o limite estabelecido no inciso I do *caput* do art. 83 da LF). Ademais, os créditos trabalhistas cedidos a terceiros serão considerados quirografários.
7º – as multas contratuais e as penas pecuniárias por infração das leis penais ou administrativas, inclusive as multas tributárias.
8º – créditos subordinados (= os assim previstos em lei ou em contrato; e os créditos dos sócios e dos administradores sem vínculo empregatício).
Lembre-se que os **créditos extraconcursais** (= basicamente os surgidos no curso do processo falimentar, que não entram no concurso de credores) são pagos com precedência sobre todos esses anteriormente mencionados, na ordem prevista no art. 84 da LF: **(i)** remunerações devidas ao administrador judicial e seus auxiliares, e créditos derivados da legislação do trabalho ou decorrentes de acidentes de trabalho relativos a serviços prestados após a decretação da falência; **(ii)** quantias fornecidas à massa pelos credores; **(iii)** despesas com arrecadação, administração, realização do ativo e distribuição do seu produto, bem como custas do processo de falência; **(iv)** custas judiciais relativas às ações e execuções em que a massa falida tenha sido vencida; e **(v)** obrigações resultantes de atos jurídicos válidos praticados durante a recuperação judicial, nos termos do art. 67 da LF, ou após a decretação da falência, e tributos relativos a fatos geradores ocorridos após a decretação da falência, respeitada a ordem estabelecida no art. 83 da LF.

14. ADMINISTRAÇÃO TRIBUTÁRIA, FISCALIZAÇÃO

(Auditor Fiscal - SEFAZ/RS - 2019 - CESPE/CEBRASPE) Conforme o CTN, com o objetivo de aprimorar a fiscalização tributária, a permuta de informações entre a fazenda pública da União e determinada secretaria de fazenda estadual é permitida

(A) se houver previsão em lei ou convênio e desde que não inclua informações sigilosas.

(B) independentemente da existência de lei, convênio ou processo administrativo, e pode incluir qualquer tipo de informação.

(C) se houver previsão legal e desde que inclua apenas informações não sigilosas.

(D) se houver previsão em lei ou convênio e pode incluir informações sigilosas.

(E) se houver previsão legal e deve restringir-se a informações estritamente sigilosas.

A: incorreta, pois a permuta de informações entre os fiscos, na forma da lei ou convênio, pode incluir dados sigilosos – art. 37, XXII, da CF e art. 199 do CTN; **B:** incorreta, pois a permuta de informações entre os fiscos depende de lei ou convênio – art. 37, XXII, da CF e art. 199 do CTN; **C:** incorreta, pois a permuta pode incluir dados sigilosos, conforme comentários anteriores; **D:** correta, conforme comentários anteriores; **E:**

incorreta, pois a permuta de informações pode envolver dados sigilosos e não sigilosos, nos termos da lei ou do convênio autorizativo – art. 37, XXII, da CF e art. 199 do CTN. RB

Gabarito "D"

(Auditor Fiscal - SEFAZ/RS - 2019 - CESPE/CEBRASPE) A atuação da administração tributária deve garantir a fiscalização, o lançamento e a cobrança dos tributos, de forma a preservar a igualdade entre os administrados, sem prejuízo da responsabilidade fiscal do sujeito ativo. Considerando-se a legislação pertinente a esse assunto, é correto afirmar que

(A) as autoridades fiscais devem restringir-se à avaliação do acervo material e documental disponibilizado espontaneamente pelo administrado.
(B) o procedimento de fiscalização tributária deve ser documentado mediante termo específico que lavre o início do procedimento e que fixe prazo máximo de conclusão.
(C) os tabeliães, escrivães e serventuários de ofício são obrigados a prestar informações exigidas pela autoridade administrativa, salvo quando se tratar de bens, negócios ou atividades de terceiros.
(D) informações obtidas em razão do ofício pelo fisco e que antes eram protegidas por sigilo bancário deixam de ser confidenciais e passam a ser públicas.
(E) é vedada a troca de informações entre administrações tributárias de diferentes entes federados.

A: incorreta, pois as autoridades fiscais podem e devem, por exemplo, identificar, respeitados os direitos individuais e nos termos da lei, o patrimônio, os rendimentos e as atividades econômicas do contribuinte, para os fins do art. 145, § 1º, da CF. O fisco pode também requerer informações de terceiros, conforme art. 197 do CTN, entre outros; **B:** correta, conforme art. 196 do CTN; **C:** incorreta, pois essas pessoas devem fornecer dados, inclusive de terceiros, necessários para a fiscalização tributária, nos termos e limites do art. 197 do CTN; **D:** incorreta, pois o sigilo abrange a informação obtida em razão do ofício sobre a situação econômica ou financeira do sujeito passivo ou de terceiros e sobre a natureza e o estado de seus negócios ou atividades – art. 198 do CTN; **E:** incorreta, pois isso é expressamente permitido, nos termos do art. 37, XXII, da CF e art. 199 do CTN. RB

Gabarito "B"

Determinada sociedade empresária, enquadrada como empresa de pequeno porte e optante pelo Simples Nacional, instituiu representante legal para solicitar ao órgão competente o registro e o arquivamento da sua última alteração do contrato social consolidada. Na oportunidade, a sociedade não anexou à documentação a ser apresentada à junta comercial a certidão negativa de débitos (CND) relativa aos tributos federais e à dívida ativa da União, administrados pela Secretaria da Receita Federal do Brasil (SRF) e pela Procuradoria-Geral da Fazenda Nacional (PGFN).

(Delegado - PC/SE - 2018 - CESPE/CEBRASPE) Com referência a essa situação hipotética, julgue o item que se segue.

(1) O regime compartilhado de arrecadação, cobrança e fiscalização de tributos utilizado pela sociedade empresária abrange a participação de todos os entes federados — União, estados, Distrito Federal e municípios.

1: correta, nos termos do art. 146, parágrafo único, IV, da CF. RB

Gabarito 1C

(Cartório/ES – 2013 – CESPE) Conforme disposto no CTN, os tabeliães, escrivães e demais serventuários de ofício são obrigados a prestar a autoridade administrativa todas as informações de que disponham com relação aos bens, negócios ou atividades de terceiros, mediante

(A) citação.
(B) intimação escrita, independentemente de ordem judicial.
(C) intimação escrita ou oral.
(D) ordem judicial, exclusivamente.
(E) intimação escrita condicionada a ordem judicial.

O art. 197 do CTN prevê intimação escrita como pressuposto para a obrigação de prestar informações à autoridade administrativa, razão pela qual a alternativa "B" é a correta.

Gabarito "B"

(Magistratura/BA – 2012 – CESPE) Podem, em decorrência do sigilo profissional, recusar a fornecer a autoridades administrativas responsáveis pela fiscalização tributária informações sobre bens, negócios ou atividades de terceiros os

(A) corretores.
(B) advogados.
(C) leiloeiros.
(D) inventariantes.
(E) tabeliães.

A: incorreto, pois não há previsão legal de sigilo profissional para corretores, mas, ao contrário, previsão de obrigação de informação (CTN, art. 197): **B:** correto, por expressa previsão legal de sigilo profissional (CTN, 197 e Estatuto da advocacia e AOB – Lei 8.906/94); **C:** incorreto, pela previsão legal expressa (CTN, art. 197); **D:** incorreto, pela previsão legal expressa (CTN, 197); **E:** incorreto, pela previsão legal expressa (CTN, 197).

Dica: ver tese de repercussão geral 225/STF: "O art. 6º da Lei Complementar 105/01 não ofende o direito ao sigilo bancário, pois realiza a igualdade em relação aos cidadãos, por meio do princípio da capacidade contributiva, bem como estabelece requisitos objetivos e o translado do dever de sigilo da esfera bancária para a fiscal."

Gabarito "B"

(Magistratura/PI – 2011 – CESPE) A respeito do crédito tributário e do processo judicial tributário, assinale a opção correta.

(A) É vedada a divulgação, pela administração tributária, de informações relativas a representações para fins penais.
(B) As entidades que gozem de isenção ou imunidade tributária não são passíveis de fiscalização, visto que a ação fiscalizadora constituiria abuso de poder do agente fiscalizador.
(C) Até que ocorra a prescrição dos créditos tributários, os livros obrigatórios de escrituração comercial e fiscal devem ser conservados.
(D) A ação declaratória em matéria fiscal não pode ser utilizada em relação a quaisquer espécies tributárias; não se aplica, por exemplo, aos empréstimos compulsórios.
(E) As garantias atribuídas ao crédito tributário estão previstas no CTN, não se admitindo outras oriundas de outras fontes legislativas, ainda que de maneira subsidiária.

A: incorreto, pois há previsão legal estabelecendo essa divulgação (CTN, art. 199); **B:** incorreto, pois os entidades imunes não são liberadas de todas obrigações tributárias, mas apenas de uma pequena parcela das possíveis obrigações principais (CTN, art. 194); **C:** correto, pois o sujeito passivo deve manter toda sua escrituração como forma de comprovação de suas eventuais declarações e recolhimentos (CTN, art. 195 e CC, art. 1.194); **D:** incorreto, pois as ações declaratórias ou anulatórias são usadas para todo e qualquer tributo, tendo como elemento definidor a presença ou não do ato de lançamento ou outro ato administrativo específico (se ainda não há ato concreto, a ação será declaratória; se há ato concreto, a ação será anulatória); **E:** incorreto, pois as garantias previstas no CTN não excluem outras previstas em legislação específica (CTN, 183).

Gabarito "C"

(Magistratura Federal/3ª Região – 2011 – CESPE) Caso tenha sido regularmente aberto procedimento administrativo tributário contra contribuinte, a autoridade tributária pode requerer informações sobre os bens, negócios e atividades desse contribuinte a

(A) cartórios, mas não a bancos.
(B) cartórios, mas não a empresas de administração de bens.
(C) bancos, mas não a cartórios.
(D) bancos, mas não a empresas de administração de bens.
(E) bancos e cartórios.

Nos termos da lei, mediante intimação escrita, são obrigados a prestar à autoridade administrativa todas as informações de que disponham com relação aos bens, negócios ou atividades de terceiros, os tabeliães, escrivães e demais serventuários de ofício, os bancos, casas bancárias, Caixas Econômicas e demais instituições financeiras, as empresas de administração de bens, os corretores, leiloeiros e despachantes oficiais, os inventariantes, os síndicos, comissários e liquidatários e quaisquer outras entidades ou pessoas que a lei designe, em razão de seu cargo, ofício, função, ministério, atividade ou profissão, estando afastada, tal obrigação, somente, nos casos de obrigação legal de manutenção de sigilo (como o advogado, por exemplo).

Gabarito "A"

15. DÍVIDA ATIVA, INSCRIÇÃO, CERTIDÕES

(Auditor Fiscal - SEFAZ/RS - 2019 - CESPE/CEBRASPE) Para que os créditos tributários sejam executados, seu lançamento em certidão de dívida ativa (CDA) deve ser válido. A esse respeito, é correto afirmar que

(A) a CDA pode fundar-se em crédito tributário parcelado.
(B) penalidade pecuniária pelo descumprimento de obrigação acessória não pode ser objeto de CDA.
(C) compete aos estados e municípios executar créditos tributários da União nos locais onde houver vara federal correspondente ao domicílio do devedor.
(D) o crédito tributário lançado em CDA prescreve em três anos, a partir do seu lançamento.
(E) o executado citado com base em título extrajudicial deve, no prazo de cinco dias, pagar a dívida indicada na CDA ou garantir a execução.

A: incorreta, pois em caso de parcelamento há suspensão da exigibilidade do crédito tributário, o que impede sua inscrição em dívida ativa. Caso o parcelamento seja posterior à inscrição, a execução fiscal fica obstada – ver o art. 206, *in fine*, do CTN; **B:** incorreta, pois qualquer obrigação pecuniária tributária é objeto da inscrição em dívida ativa – art. 201 do CTN; **C:** incorreta, pois a execução fiscal é promovida pelo ente titular do crédito tributário; **D:** incorreta, pois a prescrição do crédito tributário não é suspensa ou interrompida pela inscrição em dívida ativa – art. 174 do CTN (inaplicável, em relação ao crédito tributário, o disposto no art. 2º, § 3º, da Lei 6.830/1980); E: correta, conforme art. 8º da Lei 6.830/1980.

Gabarito "E"

Tendo um contribuinte deixado de arrecadar o ICMS devido, seu crédito tributário foi inscrito como dívida ativa, e seu nome foi divulgado como devedor. Depois da inscrição, no entanto, o contribuinte parcelou o crédito.

(Auditor Fiscal - SEFAZ/RS - 2019 - CESPE/CEBRASPE) Com relação a essa situação hipotética, assinale a opção correta.

(A) É medida acauteladora a arrecadação do ICMS referido nessa situação.
(B) Após o parcelamento, a divulgação do nome desse devedor é medida que se impõe.
(C) Feita a divulgação em tela, ficará o contribuinte proibido de realizar negócios com seus fornecedores.
(D) É medida acauteladora indicada nessa situação o cancelamento da inscrição fiscal do contribuinte.
(E) É caso de cessação dos efeitos da declaração de remisso.

A: incorreta, pois o parcelamento simplesmente suspende a exigência do crédito, mas não acautela nada, por si – art. 151, VI, do CTN; **B:** incorreta, pois não há obrigação de divulgação do nome de contribuinte, embora isso não seja vedado – art. 198, § 3º, II e III, do CTN; **C:** incorreta, pois a divulgação não implica qualquer impedimento no âmbito das relações empresariais, embora seja alerta aos fornecedores, já que o crédito tributário é privilegiado em relação aos crédito privados; **D:** incorreta, pois o parcelamento apenas suspende a exigibilidade do crédito, de modo que não implica cancelamento da inscrição, embora afaste a possibilidade de execução fiscal; **E:** melhor alternativa, por exclusão das demais. Embora contribuinte continue devedor do tributo (remisso), sua exigibilidade está suspensa no curso do parcelamento, de modo que se pode dizer que há a cessão dos efeitos descrita na assertiva.

Gabarito "E"

(Procurador do Município/Manaus – 2018 – CESPE) Julgue o item que se segue à luz do que dispõe o Código Tributário Nacional.

(1) A certidão positiva que indique a existência de um crédito tributário já vencido, mas submetido a parcelamento, tem os mesmos efeitos de uma certidão negativa.

1: correta, pois é caso de certidão positiva com efeito de negativa – art. 206 do CTN.

Gabarito 1C

(Procurador do Estado/SE – 2017 – CESPE) Uma certidão positiva com efeitos de negativa consiste em

(A) documento administrativo que indica a existência de créditos inexigíveis ou que já estão garantidos, embora não sirva para a comprovação de regularidade do pagamento de tributos.
(B) certidão judicial que indica a existência de créditos exigíveis e não garantidos, apesar de não servir para a comprovação de regularidade do pagamento de determinado tributo.
(C) certidão judicial usada para a comprovação de regularidade do pagamento de determinado tributo, ainda que indique a existência de créditos vencidos e exigíveis.
(D) documento administrativo utilizado para a comprovação de regularidade do pagamento de determinado tributo, ainda que indique a existência de créditos garantidos ou inexigíveis.
(E) certidão administrativa ou judicial que serve para a comprovação de regularidade do pagamento de determinado tributo e que certifica a existência de créditos exigíveis e não adimplidos, mesmo sem garantia.

A: incorreta, pois essa certidão tem o mesmo efeito da certidão negativa comum, ou seja, comprova a regularidade perante o fisco – art. 206 do CTN; **B, C** e **E:** incorretas, pois as certidões negativas ou positivas (inclusive as positivas com efeitos de negativa) são documentos emitidos pelo fisco ou pela procuradoria, ou seja, são documentos administrativos, não judiciais – arts. 205 e 206 do CTN; **D:** correta – arts. 205 e 206 do CTN.

Gabarito "D"

(Procurador do Município – Prefeitura Fortaleza/CE – CESPE – 2017) Julgue os seguintes itens, a respeito de obrigação tributária e crédito tributário.

(1) Caso o contribuinte tenha créditos inscritos em dívida ativa integralmente garantidos por penhora ou créditos com a exigibilidade suspensa, é admitido que lhe seja expedida certidão de regularidade fiscal.
(2) A inscrição do crédito tributário em dívida ativa é condição para a extração de título executivo extrajudicial que viabilize a propositura da ação de execução fiscal, bem como se revela como marco temporal para a presunção de fraude à execução.

1: Correta – art. 206 do CTN. 2: Correta – arts. 185 e 201 do CTN.

Gabarito 1C, 2C

(Cartório/ES – 2013 – CESPE) O crédito tributário regularmente inscrito na repartição administrativa competente, depois de esgotado o prazo fixado para o pagamento, é denominado

(A) indébito tributário.
(B) parcela restituível.
(C) restos a pagar.
(D) dívida ativa.
(E) juros de mora.

Nos termos do art. 201 do CTN, constitui dívida ativa tributária a proveniente de crédito dessa natureza, regularmente inscrita na repartição administrativa competente, depois de esgotado o prazo fixado, para pagamento, pela lei ou por decisão final proferida em processo regular. Por essa razão, a alternativa "D" é a correta.

Gabarito "D"

(Cartório/RR – 2013 – CESPE) No que se refere à inscrição de crédito tributário na dívida ativa, assinale a opção correta.

(A) A inscrição do crédito na dívida ativa pode ser feita em seguida à abertura do processo.

(B) A inscrição do crédito na dívida ativa pode ser feita em seguida à deliberação na primeira instância, ainda que haja possibilidade de recurso a segunda instância administrativa.
(C) A inscrição do crédito na dívida ativa pode ser feita em seguida à conclusão do processo administrativo, ainda que não tenha transcorrido o prazo de vencimento do tributo estabelecido no processo.
(D) A inscrição do crédito na dívida ativa somente pode ser feita em seguida à conclusão do processo administrativo em segunda instância e após o transcurso do prazo de vencimento do tributo estabelecido no processo, se o respectivo pagamento não tiver sido realizado.
(E) Após a notificação do contribuinte, pode-se inscrever a dívida vincenda na dívida ativa, ainda que o processo tributário não tenha sido iniciado.

A: incorreta, pois a inscrição em dívida ativa somente ocorre após esgotado o prazo fixado, para pagamento, pela lei ou por decisão final proferida em processo regular – art. 201 do CTN; **B:** incorreta, pois a inscrição pressupõe esgotamento da instância administrativa em relação à discussão quanto ao lançamento, ou seja, pressupõe constituição definitiva do crédito tributário – art. 201 do CTN; **C:** incorreta, conforme comentário à alternativa "A"; **D:** correta, conforme comentários anteriores; **E:** incorreta, conforme comentário à alternativa "B".

Gabarito "D"

(Magistratura/PB – 2011 – CESPE) Tendo em vista que a inscrição do crédito tributário na dívida ativa faz-se depois de esgotado o prazo fixado para pagamento e levando em consideração a disciplina aplicável a essa matéria, assinale a opção correta.

(A) A dívida regularmente inscrita goza de presunção absoluta de certeza e liquidez.
(B) O lançamento substitui a inscrição na dívida ativa tributária, para todos os efeitos legais.
(C) A inscrição do crédito tributário na dívida ativa e a consequente expedição da certidão é pressuposto para a cobrança por meio de execução fiscal.
(D) É requisito da certidão da dívida ativa que dela constem os nomes do sujeito passivo da obrigação tributária e dos responsáveis, sob pena de ficar afastada a responsabilidade daqueles cujo nome não figure expressamente nela.
(E) O princípio da segurança jurídica impede a emenda ou substituição da certidão da dívida ativa em caso de omissão ou erro quanto aos requisitos formais, caso em que o vício da certidão acarreta a extinção do crédito tributário.

A: Incorreta, pois a presunção é relativa, podendo ser ilidida por prova inequívoca a cargo do sujeito passivo ou do terceiro a que aproveite – art. 204, parágrafo único, do CTN; **B:** Incorreta, pois o lançamento constitui o crédito tributário – art. 142 do CTN, e a inscrição, instituto completamente diverso, ocorre posteriormente, caso não haja pagamento do crédito no prazo – art. 201 do CTN; **C:** Assertiva correta, pois somente a inscrição da dívida ativa permite a extração da certidão correspondente (CDA), que é título executivo extrajudicial para a execução fiscal – art. 784, VII, do NCPC; **D:** Incorreta, pois a ausência do nome do responsável na CDA não impede o posterior redirecionamento da execução fiscal contra ele. A diferença é que se o nome do responsável consta da CDA, há presunção relativa em favor da fazenda – ver REsp 1.104.900/ES repetitivo; **E:** Incorreta, pois é possível a correção de vícios meramente formais na CDA até a decisão de primeira instância – Súmula 392/STJ: "A Fazenda Pública pode substituir a certidão de dívida ativa (CDA) até a prolação da sentença de embargos, quando se tratar de correção de erro material ou formal, vedada a modificação do sujeito passivo da execução."

Gabarito "C"

16. REPARTIÇÃO DE RECEITAS

(Analista Judiciário – STJ – 2018 – CESPE)

(1) A repartição das receitas tributárias deve observar rigorosamente a competência tributária de cada ente político.

1: incorreta, pois a repartição de receitas tributárias refere-se exatamente à distribuição de parcela ou, em alguns casos, do total da receita arrecadada a outros entes políticos – art. 157 e seguintes da CF. RB

Gabarito 1E

(Magistratura/BA – 2012 – CESPE) Se lei não dispuser de forma contrária, a pessoa de direito público interno que vier a ser criada pelo desmembramento territorial de outra

(A) contará apenas com as receitas provenientes do Fundo de Participação dos Estados, se estado for, ou do Fundo de Participação dos Municípios, se for município, até que entre em vigor a sua própria legislação.
(B) aplicará a legislação tributária da pessoa da qual se desmembrou, até que a sua própria legislação entre em vigor.
(C) receberá parcelas das receitas dos impostos da pessoa da qual se desmembrou, proporcionalmente à sua população, até que entre em vigor a sua própria legislação.
(D) não poderá exigir tributo no exercício em que tiver ocorrido o desmembramento, em respeito ao princípio da anterioridade.
(E) receberá subvenção do governo federal até que entre em vigor a sua própria legislação.

A: incorreto, pois o desmembramento implicará em surgimento de novo sujeito ativo, com aquisição de competências tributárias próprias. Contudo, até que o novo ente edite suas leis e regras, as situações jurídicas, para não ficarem indefinidas, serão reguladas pelas leis da pessoa da qual se desmembrou, garantindo receitas próprias, independente de eventual participação em receitas de fundos específicos (CTN, art. 120); **B:** correto, pelos argumentos expostos (CTN, art. 120); **C:** incorreto, pois aplicará a legislação da pessoa que originou o desmembramento, como se própria fosse, não se falando, portanto, em participação na receita de terceiro; **D:** incorreto, pois isso implicaria em impossibilidade de custeio das atividades e da organização do estado, além do que não haverá criação de qualquer tributo novo, ou mesmo aumento, mas mera troca de sujeição ativa (CTN, art. 120); **E:** incorreto, pois a aplicação da legislação da pessoa que gerou o desmembramento implicará na manutenção de fontes de custeio e na desnecessidade de subvenção.

Gabarito "B"

(Ministério Público/PI – 2012 – CESPE) Assinale a opção correta a respeito da repartição das receitas tributárias.

(A) Apesar de constar no texto constitucional a expressão repartição das receitas tributárias, a CF prevê apenas a repartição dos impostos arrecadados, excluídos da repartição os demais tributos.
(B) As receitas tributárias devem ser repartidas sempre, de forma direta, entre as pessoas políticas destinatárias, sendo expressamente vedado na CF o repasse a qualquer fundo de participação vinculado aos entes federativos.
(C) Pertencem aos municípios cinquenta por cento do produto da arrecadação do imposto do estado sobre a propriedade de veículos automotores licenciados em seu território.
(D) A determinação constitucional de repartição das receitas tributárias infirma o pacto federativo.
(E) De acordo com o princípio federativo adotado pela CF, a União, os estados, o DF e os municípios deverão realizar repasses e repartir suas respectivas receitas tributárias.

A: incorreto, pois há expressa previsão constitucional de partilha de receitas decorrentes de contribuições interventivas (CF, art. 159, III); **B:** incorreto, pois há previsão de formação de fundos de participação, abastecidos com repasses dos tributos indicados no texto constitucional (CF, art. 159); **C:** correto, pois há expressa previsão constitucional de tal percentual (CF, art. 157); **D:** incorreto, pois tal repartição afirma e consolida o pacto federativo, na medida em eu garante a autonomia financeira dos entes; **E:** incorreto, pois não há previsão de partilha das receitas dos municípios para com os demais entes (CF, art.157 a 162).

Gabarito "C"

(Ministério Público/RR – 2012 – CESPE) Com base na CF, assinale a opção correta acerca do Sistema Tributário Nacional, dos impostos e da repartição das receitas tributárias.

(A) Compete à União instituir o imposto sobre renda e proventos de qualquer natureza, mas pertence aos estados e ao DF o produto da arrecadação desse imposto, incidente na fonte, sobre rendimentos pagos, a qualquer título, por tais entes federativos, suas respectivas autarquias e fundações.

(B) A União, os estados, o DF e os municípios podem cobrar taxas em razão do exercício do poder de polícia ou pela utilização de serviços públicos, devendo tais serviços estar sendo efetivamente prestados, pois não se admite a cobrança de taxa em razão de serviços potencialmente postos à disposição do contribuinte.

(C) A vedação constitucional da cobrança de tributos no mesmo exercício financeiro em que haja sido publicada a lei que os tenha instituído ou aumentado alcança, de modo indeterminado, os diversos tributos de todos os entes federativos.

(D) Pertence aos municípios a competência para instituir impostos sobre transmissão *causa mortis* e doação de quaisquer bens ou direitos.

(E) Sempre que possível, os impostos devem ter caráter pessoal e ser graduados segundo a capacidade econômica do contribuinte, mas a administração tributária não pode identificar o patrimônio, os rendimentos e as atividades econômicas do contribuinte sem, antes, dar ciência da investigação correspondente à autoridade judicial.

A: correto, pois há previsão constitucional expressa da repartição das receitas dos impostos federais e, entre eles, consta o IR incidente na fonte sobre os pagamentos realizados aos funcionários públicos (CF, art. 157); **B:** incorreto, pois há autorização constitucional expressa para a cobrança de taxa pela utilização potencial de serviços públicos, ainda que não efetivamente utilizados pelo sujeito passivo (CF, art. 145, II); **C:** incorreto, pois o princípio da anterioridade sujeita-se a uma série de exceções, o que afasta a o alcance indeterminado da regra (CF, art. 150, § 1º); **D:** incorreto, pois o imposto sobre transmissão causa mortis e doação é de competência dos estados (CF, art. 155); **E:** incorreto, pois apesar da enunciação do princípio da capacidade contributiva estar correto, a eventual investigação, no âmbito da administração, não precisa ser comunicada à autoridade judicial, salvo para a realização de diligencias que dependam de autorização judicial.

Gabarito "A"

(Procurador do Município/Boa Vista-RR – 2010 – CESPE) Com relação ao estado, ao poder de tributar e ao Sistema Tributário Nacional, julgue o item a seguir.

(1) Sujeita-se à condição prevista em programa de benefício fiscal estabelecido pelo estado o repasse da quota constitucionalmente devida aos municípios em função das operações relativas à circulação de mercadorias e em função da prestação de serviços de transporte interestadual e intermunicipal e de comunicação.

1: errada, pois o repasse da parcela do ICMS aos Municípios não pode ser condicionado ou de outra forma restringido, exceto nas hipóteses expressamente previstas no art. 160, parágrafo único, da CF.

Gabarito 1E

(Magistratura Federal/1ª Região – 2011 – CESPE) Por força de dispositivo constitucional, a União repassa, a cada mês, para estados e municípios uma parcela da arrecadação de alguns tributos. Toda a arrecadação de outros tributos, entretanto, permanece com a União, a exemplo do imposto sobre

(A) produtos industrializados.
(B) operações de crédito, câmbio e seguro.
(C) a propriedade territorial rural.
(D) a importação.
(E) a renda e proventos de qualquer natureza.

A: incorreta, pois o produto do IPI deve ser partilhado com os Estados e ao Distrito Federal (CF, art. 159, II); **B:** incorreta, pois o IOF sobre operações com ouro são partilhadas entre Estados e Municípios (CF, art. 153, § 5º); **C:** incorreta, pois o ITR é partilhado com os municípios (CF, art. 158, II); **D:** correta, pois não há previsão de partilha das receitas de II, sendo, então, 100% da arrecadação destinada a União; **E:** incorreta, pois as receitas do IR são partilhadas entre Estados e Municípios (CF, art. 157, I e 158, I).

Gabarito "D"

17. AÇÕES TRIBUTÁRIAS

(Auditor Fiscal - SEFAZ/RS - 2019 - CESPE/CEBRASPE) A administração tributária de um estado federado deverá propor execução fiscal em desfavor de um contribuinte pessoa física

(A) na capital do respectivo estado federado ou no foro de domicílio do contribuinte.
(B) no foro de domicílio do contribuinte ou no lugar onde ele for encontrado.
(C) na capital do respectivo estado federado ou no local da ocorrência do fato gerador que originou a execução.
(D) no local do fato gerador que originou a execução ou no foro de residência do contribuinte.
(E) no foro de residência do contribuinte ou no local por ele escolhido.

A: incorreta, pois a execução deve ser proposta no domicílio do devedor ou onde ele for encontrado, em regra – art. 46 do CPC; **B:** correta, conforme comentário anterior; **C**, **D** e **E:** incorretas, conforme comentário à primeira alternativa. RB

Gabarito "B"

(Procurador do Município - Campo Grande/MS - 2019 - CESPE/CEBRASPE) Com relação a processo judicial tributário, julgue os itens subsequentes.

(1) Mandado de segurança constitui veículo adequado para convalidar compensação tributária realizada por contribuinte e ainda não homologada pela administração tributária.

(2) Administrador de empresa arrolado como devedor em certidão de dívida ativa dessa pessoa jurídica pode obter a exclusão do seu nome da certidão via exceção ou objeção de pré-executividade.

(3) Ação de consignação em pagamento constitui veículo adequado para que contribuinte em dúvida acerca da titularidade da capacidade tributária ativa exonere-se do dever de pagamento.

1: incorreta, pois o MS serve para declara o direito à compensação (Súmula 213/STJ), mas não para convalidar a compensação já realizada (Súmula 460/STJ); **2:** incorreta. Em princípio, a presunção de que administrador arrolado como devedor na certidão é responsável tributário se dá em favor do fisco, cabendo ao responsável a prova em contrário no âmbito de embargos à execução – ver tema de repetitivo 108/STJ; **3:** correta, conforme o art. 164 do CTN. (RB)

Gabarito: 1E, 2E, 3C

(Defensor Público/PE – 2018 – CESPE) A empresa ALFA, contribuinte do ICMS, encerrou suas atividades sem fazer qualquer comunicação ao fisco estadual. Posteriormente, constatado que a empresa era devedora de ICMS, ela foi inscrita na dívida ativa e cobrada por meio de execução fiscal. Na execução, verificou-se que a empresa não dispõe de bens para garantir o débito.

Considerando a jurisprudência majoritária e atual do Superior Tribunal de Justiça, assinale a opção correta, a respeito da possibilidade de redirecionamento da execução fiscal aos sócios da empresa ALFA.

(A) Caberá à fazenda pública, nesse caso, impetrar medida cautelar fiscal para requerer o redirecionamento da execução aos sócios.
(B) Para que o redirecionamento da execução fiscal seja autorizado, a fazenda pública deverá demonstrar previamente que os sócios agiram com dolo.
(C) Presume-se, nesse caso, a dissolução irregular da sociedade, o que autoriza o redirecionamento da execução fiscal para o sócio-gerente.
(D) O redirecionamento da execução fiscal será possível apenas se ficar provado que o sócio-gerente excedeu seus poderes de gestão.
(E) Tendo o débito já sido inscrito em dívida ativa, não será mais possível o redirecionamento da execução fiscal.

A: incorreta, pois o redirecionamento contra os sócios gestores pode ser feito na própria execução fiscal, havendo sua responsabilidade por conta da dissolução irregular da sociedade, nos termos da Súmula

435/STJ; **B** e **D**: incorretas, pois a violação da lei e, portanto, a responsabilidade dos sócios gestores decorre da dissolução irregular, sendo desnecessária a comprovação de dolo – art. 135 do CTN e Súmula 435/STJ; **C**: correta, conforme a Súmula 435/STJ; **E**: incorreta, conforme comentários anteriores.

Gabarito "C"

(Juiz – TJ/CE – 2018 – CESPE) Considerando as disposições da Lei 8.397/1992 acerca de medida cautelar fiscal, assinale a opção correta.

(A) Na hipótese de o devedor ser pessoa jurídica, a indisponibilidade de bens não recairá sobre bens do ativo permanente.
(B) A petição inicial deverá vir acompanhada de prova pré-constituída, sendo inadmissível a dilação probatória.
(C) Havendo a suspensão do crédito tributário, a medida cautelar será igualmente suspensa.
(D) No procedimento cautelar fiscal, é vedado ao réu discutir o pagamento ou a remissão do tributo, devendo essas questões ser apresentadas nos embargos à execução fiscal.
(E) A decretação de medida cautelar fiscal acarretará a indisponibilidade dos bens do requerido até o limite da satisfação da obrigação tributária.

A: incorreta, pois é o oposto. Na hipótese de pessoa jurídica, a indisponibilidade recairá somente sobre os bens do ativo permanente, podendo, ainda, ser estendida aos bens do acionista controlador e aos dos que em razão do contrato social ou estatuto tenham poderes para fazer a empresa cumprir suas obrigações fiscais, ao tempo (i) do fato gerador, nos casos de lançamento de ofício ou (ii) do inadimplemento da obrigação fiscal, nos demais casos; **B**: incorreta, pois é admitida a dilação probatória – art. 6º, III, da Lei 8.397/1992; **C**: incorreta, pois a cautelar fiscal conserva a eficácia em caso de suspensão do crédito – art. 12, parágrafo único, da Lei 8.397/1992; **D**: incorreta, pois é possível a alegação, nos termos do art. 15 da Lei 8.397/1992; **E**: correta, conforme art. 4º da Lei 8.397/1992.

Gabarito "E"

(Procurador do Estado/SE – 2017 – CESPE) Um devedor tributário, devidamente citado em execução fiscal, não pagou nem apresentou bens à penhora no prazo legal.

Nesse caso, considerando-se as garantias e os privilégios do crédito tributário, a declaração da indisponibilidade dos bens do devedor prevista no CTN dependerá da demonstração do esgotamento das diligências para a localização de bens penhoráveis.

Segundo a jurisprudência do STJ, o esgotamento dessas diligências caracteriza-se pela

(A) comprovação da tentativa ou consumação de alienação ou oneração de bens ou rendas após a inscrição em dívida ativa, como acontece na medida cautelar fiscal.
(B) diligência da fazenda pública em demonstrar ter realizado buscas razoavelmente exigíveis, já que inexiste na jurisprudência um rol mínimo de diligências a serem realizadas.
(C) existência de pedido e determinação, nos autos, de constrição sobre ativos financeiros via BacenJud, expedição de ofícios aos registros públicos do domicílio do executado e ao Departamento Nacional – ou estadual – de Trânsito.
(D) existência de pedido e determinação, nos autos, de constrição sobre ativos financeiros via BacenJud, expedição de ofícios aos registros de imóveis do local de residência do executado e da sede da comarca e da capital da respectiva unidade da Federação.
(E) simples inexistência de pagamento ou de oferecimento de bens à penhora no prazo legal da contestação, como ocorre na medida cautelar fiscal.

Nos termos da Súmula 560/STJ "A decretação da indisponibilidade de bens e direitos, na forma do art. 185-A do CTN, pressupõe o exaurimento das diligências na busca por bens penhoráveis, o qual fica caracterizado quando infrutíferos o pedido de constrição sobre ativos financeiros e a expedição de ofícios aos registros públicos do domicílio do executado, ao Denatran ou Detran." Por essa razão, a alternativa "C" é a correta.

Gabarito "C"

(Promotor de Justiça/RR – 2017 – CESPE) De acordo com dispositivos da Lei 6.830/1980 pertinentes à execução fiscal, julgue os itens a seguir.

I. A inscrição em dívida ativa feita pelo órgão competente suspenderá a prescrição por cento e oitenta dias, ou até a distribuição da execução fiscal, se esta ocorrer antes de findo aquele prazo.
II. Mesmo após a apresentação dos embargos do executado, o juiz pode deferir-lhe pedido para substituir a penhora de veículos por seguro garantia.
III. A cobrança de dívida não tributária que tenha sido inscrita em dívida ativa por autarquia estadual não se pode dar por meio do rito da execução fiscal.

Assinale a opção correta.

(A) Apenas os itens I e II estão certos.
(B) Apenas os itens I e III estão certos.
(C) Apenas os itens II e III estão certos.
(D) Todos os itens estão certos.

I: correta, pois é a previsão do art. 2º, § 3º, da Lei 6.830/1980. Interessante anotar que o STJ entende que essa suspensão aplica-se apenas a créditos não tributários, já que em matéria tributária a suspensão do crédito deve ser veiculada em lei complementar federal – ver REsp 1.164.878/PR; **II**: correta, conforme art. 15, I, da Lei 6.830/1980; **III**: incorreta, pois a execução fiscal aplica-se a débitos tributários e não tributários – art. 2º da Lei 6.830/1980.

Gabarito "A"

(Procurador do Município – Prefeitura Fortaleza/CE – CESPE – 2017) Com base nos institutos e nas normas que regem o processo judicial tributário, bem como na jurisprudência do STJ, julgue os itens subsecutivos.

(1) A garantia integral do crédito tributário é condição específica de procedibilidade para os embargos à execução fiscal, ensejando a extinção liminar da ação quando constatada a insuficiência da constrição judicial.
(2) O efeito da medida cautelar fiscal é a indisponibilidade patrimonial do sujeito passivo em consequência de crédito tributário constituído, ainda que não definitivamente, uma vez que pode ser proposta durante a fase administrativa de impugnação do lançamento.

1: Incorreta, pois o STJ admite embargos em caso de insuficiência da penhora, devendo haver intimação do devedor para que reforce a garantia, admitindo até mesmo o conhecimento dos embargos quando comprovada a insuficiência patrimonial do devedor – REsp 1.127.815/SP-repetitivo. **2**: Correta – art. 1º da Lei 8.397/1992.

Gabarito 1E, 2C

(Procurador Municipal – Prefeitura/BH – CESPE – 2017) A respeito da execução fiscal e do processo judicial tributário, assinale a opção correta.

(A) No caso de a ação de consignação em pagamento ser julgada procedente, a importância consignada não poderá ser convertida em renda.
(B) Em caso de óbito do devedor, a execução fiscal somente poderá ser promovida contra o cônjuge ou os descendentes em linha reta, não podendo ser proposta contra os demais sucessores.
(C) O executado pode oferecer seguro-garantia como forma de garantia da execução fiscal, devendo o seguro abranger o valor da dívida, multa de mora, juros e encargos indicados na certidão de dívida ativa.
(D) A propositura, pelo contribuinte, de ação de repetição do indébito não implicará renúncia ao poder de recorrer na esfera administrativa acerca da mesma questão.

A: incorreta, pois o julgamento pela procedência da consignação implica conversão do valor depositado em renda do fisco – art. 164, § 2º, do CTN; **B**: incorreta, pois, como em qualquer execução, poderá ser promovida contra o espólio e sucessores, até o limite dos valores deixados pelo falecido; **C**: correta – art. 9º, II, da Lei 6.830/1980; **D**: incorreta, pois a propositura da ação implica desistência de eventual recurso administrativo – art. 38, parágrafo único, da Lei 6.830/1980.

Gabarito "C"

(Juiz de Direito/AM – 2016 – CESPE) A indústria de armamentos A, considerando-se detentora de créditos fiscais do ICMS originados do uso de projéteis balísticos em testes de qualidade de seus produtos, visando obter a convalidação de compensação tributária realizada em sua contabilidade e declarada nos formulários próprios às autoridades tributárias, impetrou mandado de segurança preventivo contra possível ato do secretário executivo da Receita da Secretaria de Fazenda do Estado do Amazonas.

Acerca do cabimento, da adequação e dos efeitos de tal ação em relação às autoridades administrativas, assinale a opção correta.

(A) A pretensão de obter créditos fiscais de ICMS pela utilização de projéteis balísticos em testes é incabível, já que, para que um produto intermediário gere créditos, é indispensável que ele integre o produto final.

(B) Embora o mandado de segurança em matéria de compensação tributária tenha efeitos condenatórios, é admissível sua utilização para convalidar compensação efetivada pelo contribuinte.

(C) É possível a convalidação de compensação efetivada pelo contribuinte, uma vez que é cabível a dilação probatória em mandado de segurança.

(D) O mandado de segurança preventivo em matéria de compensação tributária tem efeitos meramente declaratórios, de modo que é compatível com a convalidação de compensação efetivada pelo contribuinte.

(E) É cabível a declaração de compensação via mandamental, não podendo, todavia, o Poder Judiciário impor entraves para que a administração tributária apure a liquidez e certeza dos créditos apontados pelo contribuinte nas suas declarações e contabilidade.

A: incorreta, pois se admite creditamento em relação a bens consumidos no processo industrial – art. 20 da LC 87/1996; **B:** incorreta, pois o mandado de segurança é utilizado, nessa hipótese, para declarar o direito à compensação tributária, conforme a Súmula 213/STJ; **C:** incorreta, pois não cabe mandado de segurança para convalidar compensação já realizada pelo contribuinte – Súmula 460/STJ; **D:** incorreta, conforme comentários anteriores; **E:** correta, conforme comentários anteriores e jurisprudência pacífica – ver também a Súmula 212/STJ.

Gabarito "E".

(Juiz de Direito/AM – 2016 – CESPE) A empresa J Ltda. impetrou, em 20/7/2014, mandado de segurança para obter certidão negativa de débitos tributários na Fazenda do Estado do Amazonas. Ao seu nome estavam vinculados três débitos: um primeiro, já com decisão de primeira instância, pendente de intimação, mantendo o lançamento; um segundo, de ICMS, em relação ao qual o contribuinte alegou decadência, tendo o fato gerador ocorrido em 20/6/2009, com declaração e pagamento parcial do tributo à época, sem que tivesse ocorrido até a data da impetração qualquer lançamento; e um terceiro, em fase de execução judicial, com penhora determinada, e não realizada, sobre o faturamento.

Nessa situação hipotética,

(A) ocorrida a penhora sobre o faturamento, seria possível a expedição da certidão negativa, de acordo com o CTN.

(B) não havia possibilidade de expedição de certidão negativa, mas apenas de certidão positiva com efeitos de negativa.

(C) a expedição da certidão cabível estava condicionada ao depósito integral do terceiro débito discutido.

(D) não havia ocorrido a decadência do segundo débito, pois o início da contagem do prazo de decadência era 1.º/1/2010, por força de dispositivo do CTN.

(E) a prolação de decisão pela Secretaria de Fazenda do Estado do Amazonas cessou a suspensão da exigibilidade do crédito tributário que permitiria a expedição da certidão cabível.

A: incorreta, pois permanece a exigibilidade em relação ao primeiro débito, o que impede a emissão da certidão negativa; **B:** incorreta, pois, para a emissão da certidão positiva com efeito de negativa, seria necessário suspender a exigibilidade de todos os créditos existentes; **C:** essa é a melhor alternativa, pois a expedição da certidão positiva com efeito de negativa pressupõe a suspensão da exigibilidade de todos os créditos, inclusive do terceiro; **D:** incorreta, pois, como houve pagamento, ainda que parcial, ocorreu a homologação tácita após 5 anos contados do fato gerador, nos termos do art. 150, § 4º, do CTN; **E:** incorreta, pois, se não há mais suspensão, é porque o crédito é exigível e, portanto, impede a expedição da certidão.

Gabarito "C".

(Procurador do Estado/AM – 2016 – CESPE) Considerando o desenvolvimento da relação jurídica tributária, julgue os próximos itens.

(1) Em decorrência do princípio tributário da autonomia dos estabelecimentos, não se admite a penhora de depósitos de titularidade das filiais de uma pessoa jurídica que possua débitos tributários lançados contra a sua matriz.

(2) No caso de tributo sujeito a lançamento por homologação com indicação legal de termo de pagamento, o prazo prescricional para a propositura da execução fiscal conta-se da data estipulada como vencimento para a quitação do crédito declarado e inadimplido.

(3) A medida cautelar fiscal objetiva a indisponibilidade do patrimônio do sujeito passivo da relação jurídica tributária e tem seu cabimento vinculado à preclusão administrativa da decisão definitiva proferida no processo administrativo fiscal instaurado a requerimento do contribuinte.

(4) A penhora de bem ou de direito que promova a satisfação integral do crédito tributário assegurará ao sujeito passivo da relação jurídica tributária o direito de obter certidão positiva com os mesmos efeitos da certidão negativa.

1: incorreta, pois todos os estabelecimento respondem pelo débito tributário, pois há apenas uma pessoa jurídica (e contribuinte, portanto) proprietária de todos eles. No caso do ICMS, por exemplo, há norma específica nesse sentido – art. 11, § 3º, IV, da LC 87/1996; **2:** correta, segundo o princípio da *actio nata:* o prazo prescricional inicia-se no momento em que o credor pode cobrar o débito, ou seja, a partir do início do inadimplemento; **3:** incorreta, pois basta a constituição do crédito e a ocorrência das hipóteses previstas no art. 2º da Lei 8.397/1992 (a rigor, há casos em que até mesmo antes da constituição do crédito é possível o ajuizamento da cautelar fiscal – art. 1º, parágrafo único, da mesma Lei); **4:** correta – ver REsp 1.479.276/MG.

Gabarito 1E, 2C, 3E, 4C

(Magistratura/CE – 2012 – CESPE) Considerando os meios previstos na legislação tributária para assegurar ao contribuinte a possibilidade de opor-se às exigências fiscais, bem como os requisitos relacionados a tais exigências, assinale a opção correta.

(A) O depósito prévio do valor cobrado é condição para que, antes da execução fiscal, o sujeito passivo provoque a atividade jurisdicional, contestando a pretensão da fazenda pública.

(B) Caso a fazenda pública se negue a receber, em parcelas, o crédito tributário, principal e acessório, caberá a proposição de ação de consignação em pagamento.

(C) Tratando-se de ação de repetição de indébito de taxa cobrada mensalmente e a mesmo título, é necessário juntar ao processo, na fase de conhecimento, todos os comprovantes de recolhimento da taxa.

(D) Cabe interposição de mandado de segurança caso o contribuinte pretenda obter declaração do direito à compensação das importâncias pagas, a maior, a título de tributo.

(E) O ajuizamento de ação anulatória acompanhada de depósito do valor cobrado não impede a fazenda pública de proceder à execução fiscal e, no caso de a execução ocorrer, a penhora recai sobre o montante depositado, o que possibilita a conversão do valor em renda.

A: incorreto, pois o depósito é uma faculdade do sujeito passivo para materializar a suspensão da exigibilidade e evitar o ajuizamento da execução fiscal (CTN, art. 150); **B:** incorreto, pois não há previsão legal de consignação por simples recusa de parcelamento, ainda mais se não houver previsão legal (CTN, art. 164); **C:** incorreto, pois tratando-se de situação repetitiva, ainda, em faze de conhecimento, é necessária a prova da ilegalidade da cobrança, para posterior definição do valor indevido e determinação de devolução; **D:** correto, pois o mandado de segurança, nessa situação pretende apenas garantir o direito em abstrato de utilização da compensação, e não a definição dos valores em si compensáveis ou mesmo a extinção dos créditos (STJ, Súmulas 212 e 213); **E:** incorreto, pois o ajuizamento de ação ordinária acompanhada de depósito implicará na suspensão da exigibilidade do crédito e consequente impossibilidade de prática de atos de exigência do crédito pelo sujeito ativo, dentre eles, a execução fiscal (CTN, art. 151).

Gabarito "D"

(Magistratura/ES – 2011 – CESPE) Acerca do processo judicial tributário, assinale a opção correta.

(A) Na ação de consignação em pagamento, ao fazer o depósito, o contribuinte livra-se dos efeitos da mora e pode discutir toda e qualquer questão sobre a dívida tributária.

(B) A ação de consignação em pagamento é via adequada para discussão de pagamentos feitos a maior ou a menor, o que se fundamenta na ideia de que é defeso o enriquecimento sem causa.

(C) Na ação anulatória de débito fiscal, cujo fundamento é a revisão do ato declarativo da dívida, é cabível o pedido de tutela antecipada, sendo o polo passivo identificado a partir do tributo que for objeto da lide.

(D) Por ter *status* de remédio constitucional, o mandado de segurança em matéria tributária é cabível, em razão dos princípios norteadores do direito tributário, ainda que não tenham sido preenchidos os requisitos formais mínimos para a sua impetração.

(E) Dispensa-se a prova do erro, quando for pago um tributo maior que o devido, bastando ao sujeito passivo provar o pagamento sem causa jurídica, caso em que o fisco não pode impor qualquer empecilho à restituição da diferença entre o valor devido e o efetivamente pago.

A: incorreto, pois a ação de consignação somente afastará os efeitos da mora se procedente e se o depósito for integral, tendo sua discussão, ainda, limitada, já que é uma ação cuja pretensão é realizar o pagamento. Caso o sujeito queira discutir a validade da cobrança, valores ou outros pontos, deverá se valer de uma ação anulatória (CTN, art. 164); **B:** incorreto, pois seu objetivo é restrito a casos em que o sujeito pretende realizar pagamento (CTN, art. 164); **C:** incorreto, pois na ação anulatória, o polo passivo da ação é definido pela competência para a prática do ato, não pela espécie tributária; **D:** incorreto, pois o mandado de segurança é uma ação que exige preenchimento de requisitos formais, não sendo cabível sua utilização caso não presentes tais requisitos (Lei 12.016/2009); **E:** correto, pois a restituição será devida pela caracterização de pagamento em desacordo com a legislação, independente de verificação de responsabilidade pelo eventual erro, ou mesmo existência de prévio protesto do sujeito passivo (CTN, art. 165).

Gabarito "E"

(Magistratura/PA – 2012 – CESPE) Com relação ao processo tributário, assinale a opção correta.

(A) Os juros moratórios, na repetição do indébito tributário, são devidos a partir da data da citação do processo de execução.

(B) A discussão judicial do crédito tributário, por si só, é causa suspensiva da sua exigibilidade.

(C) A fazenda pública pode substituir certidão de dívida ativa, até a prolação da sentença de embargos, quando se tratar de correção de erro material ou formal, vedada a modificação do sujeito passivo da execução.

(D) É legítima a exigência de depósito prévio para a admissibilidade de recurso administrativo.

(E) Na repetição de indébito tributário, a correção monetária incide a partir da data da prolação da sentença.

A: incorreto, pois os juros são devidos, na restituição, somente a partir do trânsito em julgado da decisão que a determinar (CTN, art. 167); **B:** incorreto, pois a mera discussão judicial não importa em suspensão, sendo necessária a concessão de medida liminar ou antecipatória de tutela, ou ainda, realização de depósito (CTN, art. 151); **C:** correto, por expressa previsão legal (CTN, art. 203); **D:** incorreto, pois o depósito, na esfera administrativa e judicial, é faculdade do sujeito passivo (CTN, art. 151); **E:** incorreto, pois haverá incidência de correção monetária desde a data do pagamento.

Gabarito "C"

(Ministério Público/PI – 2012 – CESPE) Com base no que dispõe a Lei n.º 6.830/1980, assinale a opção correta.

(A) O prazo para a substituição da certidão de dívida ativa prescreve na data de citação do executado.

(B) Na execução fiscal, será feita a intimação da penhora ao executado, mediante publicação, no órgão oficial, do ato de juntada do termo ou do auto de penhora, sendo, entretanto, prevista, também, a possibilidade da intimação pessoal da penhora, ou, ainda, pelo correio.

(C) Os embargos na execução fiscal independem da garantia da execução e, em regra, não têm efeito suspensivo, havendo a necessidade de pedido e comprovação, pelo executado, de dano grave de difícil reparação, dada a aplicação subsidiária do CPC.

(D) A citação, na execução fiscal, deve ser feita, obrigatoriamente, por oficial de justiça, não havendo previsão de citação pelo correio.

(E) Na execução fiscal, a dívida executada, definida, exclusivamente, como tributária, abrange atualização monetária, juros e multa de mora; a dívida não tributária não integra a dívida ativa da fazenda pública.

A: incorreto, pois permite-se alterar a certidão da dívida ativa até a prolação da sentença dos embargos (STJ, Súmula 392); **B:** correto, por expressa previsão lega (LEF, art. 12); **C:** incorreto, pois os embargos na execução fiscal tem efeito suspensivo (LEF, art. 18 e 19); **D:** incorreto, pois há previsão de citação pela via postal (LEF, art. 8º); **E:** incorreto, pois integra a dívida ativa todos os créditos passíveis de inscrição, dentre eles, as dívidas não tributárias (LEF, art. 2º).

Gabarito "B"

(Ministério Público/PI – 2012 – CESPE) No que diz respeito ao processo judicial tributário, assinale a opção correta.

(A) Na ação declaratória, o contribuinte requer a anulação do procedimento administrativo de constituição do crédito tributário.

(B) De acordo com o Código Tributário Nacional, as hipóteses que autorizam o ajuizamento da ação de consignação em pagamento limitam-se à consignação judicial da importância do crédito tributário em face de recusa de recebimento, ou subordinação deste ao pagamento de outro tributo ou de penalidade, ou ao cumprimento de obrigação acessória.

(C) O MP tem legitimidade para propor ACP com o objetivo de anular acordo realizado entre o contribuinte e o poder público para pagamento de dívida tributária, na defesa do erário.

(D) A lei permite que a sentença que conceda mandado de segurança para fins de compensação tributária seja executada provisoriamente.

(E) A execução fiscal obsta o ajuizamento de ação declaratória pelo contribuinte.

A: incorreto, pois na ação declaratória ainda não se tem ato administrativo de lançamento produzido, de forma que se requer a declaração de existência ou inexistência da relação jurídica; **B:** incorreto, pois há expressa previsão de cabimento em situação de exigência em duplicidade do crédito, por mais de um sujeito ativo (CTN, art. 164); **C:** correto, nos termos de entendimento da jurisprudência (STF, R Extraordinário 586.089); **D:** incorreto, pois não se admite compensação de créditos litigiosos antes do transito em julgado da decisão (CTN, art. 170A); **E:** incorreto, pois a mera existência da execução não é causa de suspensão da exigibilidade (CTN, art. 151).

Gabarito "C"

(Ministério Público/RR – 2012 – CESPE) No que diz respeito ao processo judicial tributário, assinale a opção correta.

(A) Em ação cautelar que vise à autorização da compensação de créditos tributários, deverá ser concedida medida liminar caso estejam presentes os pressupostos legais.

(B) As sentenças proferidas contra a fazenda pública estão sujeitas ao reexame necessário, podendo o procurador da fazenda, em situações específicas, dispensar o recurso.
(C) Em ação de repetição de indébito tributário, não é necessária a prova documental do recolhimento do tributo, uma vez que a fazenda pública tem o dever de controlar sua arrecadação.
(D) Tratando-se de ação de restituição de indébito do imposto sobre produto industrializado, a concessionária de veículo é contribuinte de fato e a montadora, de direito, tendo, portanto, a montadora a legitimidade ativa na referida ação.
(E) Proposta ação por meio da qual tenha sido requerida declaração de direito a compensação de tributo pago indevidamente, não pode o contribuinte alterar a forma de crédito quando da execução.

A: incorreto, pois não se admite medida liminar para a autorização de compensação de crédito litigioso (CTN, art. 170A); **B:** correto, por expressa previsão legal (NCPC, art. 796; **C:** incorreto, pois faz-se necessária a comprovação do recolhimento para fins de definição do montante a ser repetido; **D:** incorreto, pois no caso de tributos indiretos, como o IPI, o contribuinte de direito é a montadora, por substituição tributária, sendo o contribuinte de fato o consumidor final que adquire o carro, o que gera a legitimidade aquele que suportou o ônus financeiro, ou seja, o consumidor (CTN, art. 166); **E:** incorreto, pois poderá o contribuinte optar por quaisquer das formas (repetição ou compensação).

Gabarito "B".

(Defensor Público/TO – 2013 – CESPE) A respeito da Lei n.º 6.830/1980, que disciplina a cobrança judicial da dívida ativa da fazenda pública, assinale a opção correta.

(A) Consoante a jurisprudência do STJ, a fazenda pública pode recusar a nomeação de precatórios, sob o fundamento da inobservância da ordem legal, não obstante o precatório seja um bem penhorável equiparado a dinheiro.
(B) O despacho do juiz que deferir a inicial não constitui ordem para avaliação dos bens penhorados ou arrestados.
(C) Segundo a jurisprudência do STJ, a penhora eletrônica de depósitos ou de aplicações financeiras somente pode ser realizada após o exaurimento de diligências extrajudiciais por parte do exequente, com a observância da ordem de penhora ou de arresto de bens prevista na referida lei.
(D) Conforme súmula do STJ, o reconhecimento da prescrição ocorrida antes da propositura da execução fiscal depende de provocação do devedor.
(E) Qualquer valor cuja cobrança seja atribuída, por lei, à União, aos estados, ao DF, aos municípios e respectivas autarquias será considerado dívida ativa da fazenda pública.

A: incorreta, pois a Fazenda Pública não pode recusar a nomeação dos precatórios, que são bens penhoráveis, embora possa exigir a garantia por bens mais líquidos, conforme a ordem do art. 11 da Lei 6.830/1980 – ver AgRg REsp 1.350.507/SP; **B:** incorreta, pois o despacho que defere a inicial constitui ordem nesse sentido – art. 7º da Lei 6.830/1980; **C:** incorreta, pois a penhora eletrônica pode ser imediata, pois se refere a dinheiro (bem mais líquido e prioritário na ordem legal) – ver REsp 1.249.075/PR; **D:** incorreta, pois o reconhecimento da prescrição anterior à execução pode ser de ofício pelo juiz – Súmula 409/STJ; **E:** correta, nos termos do art. 2º, § 1º, da Lei 6.830/1980.

Gabarito "E".

(Advogado – Correios – 2011 – CESPE) Julgue os itens seguintes, relativos ao processo administrativo e ao processo judicial tributários.

(1) Na execução fiscal, o executado pode oferecer embargos, no prazo de trinta dias, contados do depósito, da juntada da prova da fiança bancária ou da intimação da penhora.
(2) A exigência de depósito prévio de 30% do valor do débito, como condição de admissibilidade de recurso administrativo tributário, caracteriza condição de procedibilidade prevista em lei e admitida pela jurisprudência majoritária.

1: correta, nos termos do art. 16 da Lei nº 6.830/80; **2:** incorreta. O STF pacificou o entendimento de que a exigência é inconstitucional (RE 388.359, 389.383 e 390.513).

Gabarito 1C, 2E

(Magistratura Federal/2ª Região – 2011 – CESPE) Deve ser cobrada judicialmente, por meio de processo distinto da execução fiscal, a dívida

(A) de um inquilino para com uma autarquia municipal.
(B) de um inquilino para com o fisco federal.
(C) contratual de uma autarquia municipal para com o fisco federal.
(D) tributária de uma sociedade de economia mista municipal para com o fisco federal.
(E) de um estado para com uma sociedade de economia mista federal.

São cobrados, mediante ação de execução fiscal, todos os créditos passíveis de inscrição em dívida ativa, de titularidade de União, dos Estados, dos Municípios e DF, assim como de suas autarquias (Lei 6.830/1980, art. 1º). **A**, **B**, **C** e **D**: incorretas, pois todos os créditos são passíveis de inscrição em dívida e, portanto, cobrados mediante execução fiscal; **E**: correta, pois créditos de empresas públicas ou sociedades de economia mista não são passíveis de inscrição em dívida e, por isso, cobrados mediante execução simples.

Gabarito "E".

18. PROCESSO ADMINISTRATIVO FISCAL

(Ministério Público/PI – 2012 – CESPE) Assinale a opção correta com relação ao processo administrativo tributário.

(A) O depósito prévio é condição de admissibilidade para a interposição de recurso administrativo no âmbito desse processo.
(B) A consulta acerca desse processo consiste na formulação de questionamento de cunho informal, dada a inexistência de disciplina legal que regule tal procedimento.
(C) O referido processo, embora considerado, sob o ponto de vista formal, de natureza jurisdicional, constitui atividade desenvolvida no âmbito do processo administrativo fiscal.
(D) Tal processo consiste em atividade, sempre vinculada, desenvolvida pela autoridade da administração tributária, conforme determinação extraída do próprio conceito de tributo.
(E) Esse processo administrativo destina-se, em sentido amplo, à criação de tributos, conforme determinação e exigência do crédito tributário.

A: incorreto, pois a exigibilidade prévia de depósito compromete o princípio da ampla defesa (CTF, Súmula Vinculante 21); **B:** incorreto, pois o processo de consulta é procedimento formal (Decreto 70.235/64, art. 46 e CTN, art. 161, § 2º); **C:** incorreto, pois não tem natureza jurisdicional; **D:** correto, pois o processo administrativo fiscal constitui etapa do procedimento constitutivo do crédito, em sentido amplo, devendo ser desenvolvido nos exatos termos da lei; **E:** incorreto, pois o processo administrativo tem por objetivo realizar a revisão de lançamento, seja para mantê-lo, seja para anulá-lo.

Gabarito "D".

19. SIMPLES NACIONAL - MICROEMPRESAS – ME E EMPRESAS DE PEQUENO PORTE – EPP

(Juiz de Direito - TJ/BA - 2019 - CESPE/CEBRASPE) Observados os requisitos legais, o SIMPLES Nacional permite o recolhimento mensal, mediante documento único de arrecadação, entre outros,

(A) do imposto de importação, do ISSQN e do IOF.
(B) do IOF, da COFINS e do ITR.
(C) da CSLL, do ISSQN e do IRPJ.
(D) da COFINS, da CSLL e da contribuição para o FGTS.
(E) do ITR, da contribuição para o PIS/PASEP e da contribuição para o FGTS.

A: incorreta, pois II e IOF não estão abrangidos pelo Simples Nacional – art. 13, § 1º, I e II, da LC 123/2006; **B:** incorreta, pois IOF não está abrangido pelo Simples Nacional – art. 13, § 1º, I, da LC 123/2006; **C:** correta, conforme art. 13, I, III e VIII, da LC 123/2006; **D** e **E:** incorretas, pois ITR e contribuição ao FGTS não estão abrangidos pelo Simples Nacional – art. 13, § 1º, IV e VIII, da LC 123/2006. RB

Gabarito "C".

Uma cooperativa criada para industrializar produtos rurais insurgiu-se contra lançamento decorrente de ICMS por substituição tributária, sob o argumento de já ter realizado pagamento relativo a esse Tributo por meio do recolhimento mensal em documento único de arrecadação do Simples Nacional.

(Auditor Fiscal - SEFAZ/RS - 2019 - CESPE/CEBRASPE) De acordo com a Lei Complementar n.º 123/2006, o argumento apresentado pela cooperativa

(A) é válido caso, de fato, o tributo tenha sido integralmente pago na forma do Simples Nacional.
(B) não é válido, pois nenhuma cooperativa poderá aderir ao regime tributário do Simples Nacional.
(C) não é válido, pois essa cooperativa não pode aderir ao Simples Nacional e não pode recolher ICMS por substituição tributária pelo documento de arrecadação única mensal.
(D) não é válido, pois, embora essa cooperativa possa recolher o ICMS mediante substituição tributária pelo documento de arrecadação única mensal, ela não pode aderir ao Simples Nacional.
(E) não é válido, pois, embora essa cooperativa possa se enquadrar como microempresa, ela não pode aderir ao Simples Nacional.

As cooperativas, salvo as de consumo, não se qualificam como microempresas ou empresas de pequeno porte, nem podem ingressar no Simples Nacional – art. 3º, § 4º, VI, da LC 123/2006. Ademais, o regime de substituição tributária afasta diversas incidências do âmbito do Simples Nacional, nos termos do art. 13, § 1º, XIII, *a*, da LC 123/2006, inclusive as descritas na questão.
A: incorreta, pois a cooperativa, salvo de consumo, não pode ingressar no Simples Nacional – art. 3º, § 4º, VI, da LC 123/2006; **B:** incorreta, pois as cooperativas de consumo podem ingressar no Simples Nacional – art. 3º, § 4º, VI, da LC 123/2006; **C:** correta, conforme comentários iniciais; **D** e **E:** incorretas, conforme comentários iniciais. RB

Gabarito "C"

(Auditor Fiscal - SEFAZ/RS - 2019 - CESPE/CEBRASPE) O Simples Nacional

(A) depende, para o seu ingresso, da formalização dessa opção pelas sociedades empresariais.
(B) é obrigatório para microempresas e facultativo para empresas de pequeno porte.
(C) afasta a incidência de tributos federais, estaduais e daqueles que o Distrito Federal fiscaliza na condição de estado-membro.
(D) pode ser retratado no mesmo ano-calendário em que a microempresa exceder o limite de faturamento relativo ao seu enquadramento.
(E) é inaplicável a sociedade limitada cujas cotas sociais pertençam, em um terço ou mais, a empregado público.

A: correta, conforme o art. 16 da LC 123/2006; **B:** incorreta, pois o ingresso no Simples Nacional é sempre facultativo para o contribuinte – art. 146, parágrafo único, I, da CF; **C:** incorreta, pois o Simples Nacional não afasta tributo algum, apenas inclui alguns deles no âmbito desse regime único de arrecadação – art. 146, parágrafo único, da CF; **D:** incorreta, pois a opção pelo Simples Nacional é irretratável para todo o ano-calendário – art. 16 da LC 123/2006; **E:** incorreta, pois não há essa vedação na LC 123/2006. RB

Gabarito "A"

(Procurador do Município/Manaus – 2018 – CESPE) Tendo por base o que dispõem as Leis Complementares n. 116/2003 e n. 123/2006 e a Lei municipal n. 1.628/2011, do município de Manaus, julgue os seguintes itens.

(1) No regime tributário do SIMPLES Nacional, os valores pagos pela empresa individual de responsabilidade limitada ao seu titular, na qualidade de pro labore, são isentos de imposto de renda.

1: incorreta, pois pró-labore é rendimento do trabalho, que não se confunde com dividendos e não é isento do IR – art. 14 da LC 123/2006. RB

Gabarito 1E

(Procurador do Estado/SE – 2017 – CESPE) Considerando as normas do regime tributário do SIMPLES Nacional e o disposto no Estatuto da Microempresa e da Empresa de Pequeno Porte – Lei Complementar 123/2006 –, julgue os itens a seguir.

I. A empresa individual de responsabilidade limitada não pode ser enquadrada como microempresa para efeito de adesão ao SIMPLES Nacional.
II. Para o enquadramento como microempresa ou empresa de pequeno porte, a sociedade empresária deve, em cada ano-calendário, ter receita bruta inferior a determinado montante legal, excluídas as vendas canceladas e os descontos incondicionais eventualmente concedidos.
III. O recolhimento de tributo pelo regime especial unificado de arrecadação do SIMPLES Nacional não exclui a incidência do ICMS devido nas operações sujeitas ao regime de substituição tributária.

Assinale a opção correta.

(A) Apenas o item I está certo.
(B) Estão certos apenas os itens I e II.
(C) Estão certos apenas os itens I e III.
(D) Estão certos apenas os itens II e III.
(E) Todos os itens estão certos.

I: incorreta, pois a EIRELI pode ser enquadrada no simples nacional – arts. 3º e 16 da LC 123/2006; **II:** correta, conforme art. 3º, § 1º, da LC 123/2006; **III:** correta, nos termos do art. 13, XIII, *a*, da LC 123/2006. **RB**

Gabarito "D"

(Promotor de Justiça/RR – 2017 – CESPE) João, prestador de serviços, trabalha como MEI na forma da Lei Complementar 123/2006 (SIMPLES Nacional). Nessa qualidade, com o propósito de recolher menos tributo, ele informou à RFB ter recebido, no exercício de 2016, a receita bruta de R$ 50.000, mas a RFB constatou que sua receita bruta real nesse exercício havia sido de R$ 120.000. Ante a existência de provas suficientes desses fatos, a conduta de João foi tipificada como dolosa.

A respeito dessa situação hipotética, assinale a opção correta com base na Lei 8.137/1990, que dispõe sobre crimes contra a ordem tributária.

(A) A conduta de João poderá ser tipificada como crime contra a ordem tributária somente após o lançamento definitivo do tributo em exame.
(B) Sabe-se que a falsa declaração de dados de interesse tributário é crime formal cuja tipificação independe do lançamento tributário. Nesse caso, somente se João tivesse retificado as informações antes do início da diligência fiscal o crime seria afastado.
(C) Eventual exclusão de João do SIMPLES Nacional somente produziria efeitos tributários no exercício seguinte, ou seja, em 2017. Não tendo havido redução do tributo devido, não se pode falar em crime contra a ordem tributária.
(D) Sabe-se que o MEI enquadrado no SIMPLES Nacional paga o seu tributo em valores fixos mensais, independentemente da receita bruta por ele auferida no mês. Por isso, se João tivesse efetuado a retificação das informações após o lançamento definitivo do tributo, não haveria crime tributário.

A: correta, conforme a Súmula Vinculante 24/STF; **B:** incorreta, pois o tipo penal é suprimir ou reduzir tributo mediante omissão ou prestação de informações falsas ao fisco – art. 1º, I, da Lei 8.137/1990; **C:** incorreta, pois a exclusão é no mês subsequente à ocorrência do excesso, nos termos do art. 3º, § 9º, da LC 123/2006; **D:** incorreta, conforme comentários às alternativas "A" e "B". RB

Gabarito "A"

(Procurador do Estado/AM – 2016 – CESPE) Considerando o desenvolvimento da relação jurídica tributária, julgue o próximo item.

(1) Admite-se a extinção de microempresa e de empresa de pequeno porte mediante baixa de seus atos constitutivos, independentemente de comprovação de sua regularidade fiscal; nesse caso, será subsidiária a responsabilidade dos titulares, dos sócios e dos administradores no período da ocorrência dos respectivos fatos geradores.

1: incorreta, pois a responsabilidade dos empresários, titulares, sócios e administradores é solidária nesse caso – art. 9º, § 5º, da LC 123/2006.

Gabarito 1E

20. CRIMES TRIBUTÁRIOS

(Promotor de Justiça/PI – 2014 – CESPE) Um empresário deixou de emitir nota fiscal ao consumidor e de registrar nos livros fiscais obrigatórios, com o auxílio do contador, que tinha consciência das condutas do contribuinte, as informações referentes às vendas realizadas durante doze meses, o que resultou na supressão do tributo de ICMS devido aos cofres públicos. Nessa situação hipotética,

(A) o empresário e o contador deverão ser considerados pelo fisco responsáveis tributários, e não contribuintes.
(B) para a caracterização da conduta como crime contra a ordem tributária, é necessária a inscrição do empresário em dívida ativa.
(C) o contador não poderá ser responsabilizado na esfera penal, pois não atuou diretamente na infração.
(D) o contador deverá ser considerado pelo fisco responsável tributário pela infração fiscal praticada.
(E) o empresário e o contador praticaram crime contra a ordem tributária.

A e **D:** incorretas, pois o contador não é, em princípio, responsável pelo débito tributário – arts. 134 e 135 do CTN; **B:** incorreta, pois a inscrição é irrelevante para a caracterização do crime; **C:** incorreta, pois qualquer pessoa que concorre com os crimes contra a ordem tributária incide nas penas cominadas, na medida de sua culpabilidade – art. 11 de Lei 8.137/1990; **E:** correta, nos termos dos arts. 1º, I, e 11 de Lei 8.137/1990.

Gabarito "E"

21. TEMAS COMBINADOS E OUTRAS MATÉRIAS

(Procurador do Município - Campo Grande/MS - 2019 - CESPE/CEBRASPE) À luz das disposições do Código Tributário Nacional, julgue os itens seguintes.

(1) Situação hipotética: Lei publicada em 1.º/9/2017 aumentou a alíquota do ISS sobre determinadas atividades e reduziu a multa de mora em 20%. Assertiva: Essa lei não retroage para alcançar prestações de serviço realizadas e sujeitas à incidência do ISS e infrações tributárias não julgadas e cometidas entre 1.º/1/2017 e 1.º/9/2017.
(2) Situação hipotética: Pedro deve R$ 50.000 de imposto sobre a propriedade predial e territorial urbana (IPTU) à prefeitura de determinado município brasileiro e soube por telejornal que a administração tributária municipal havia determinado a instauração de processo administrativo para o lançamento dos créditos municipais não pagos, o que inclui o débito de Pedro. Assertiva: Até que se inicie o referido procedimento administrativo, com a formalização de notificação, a responsabilidade de Pedro será excluída se houver denúncia espontânea.
(3) As garantias do crédito tributário incluem a presunção relativa de fraude à execução e a indisponibilidade judicial de bens do devedor regularmente citado que não paga, não indica bens à penhora tempestivamente e em cujo patrimônio não há bens penhoráveis.

1: incorreta, pois a lei relativa à multa retroage em favor do infrator – art. 106, II, *c*, do CTN; **2:** correta, em tese, nos termos do art. 138 do CTN; **3:** correta, nos termos do art. 185-A do CTN. RB

Gabarito 1E, 2C, 3C

(Procurador do Estado/SE – 2017 – CESPE) Pedro, contribuinte do ICMS, omitiu a venda de certas mercadorias na declaração prestada ao fisco, referente ao lançamento desse tributo. Dessa forma, deixou de recolher o ICMS devido no prazo legal.

Efetuado o lançamento definitivo do tributo, permanecendo Pedro inadimplente, o auditor responsável elaborou uma representação fiscal para fins penais, enquadrando a conduta de Pedro como crime contra a ordem tributária, previsto na legislação pertinente (Lei 8.137/1990).

Em sua defesa, Pedro alegou a inconstitucionalidade da referida normativa, sustentando que a CF veda a prisão por dívida, com a única exceção do devedor de alimentos.

Nessa situação hipotética, conforme a jurisprudência do STF, o argumento de defesa apresentado por Pedro é

(A) apropriado, já que a CF se opõe à criminalização do contribuinte pela simples omissão de rendimentos.
(B) adequado, pois a CF proíbe a aplicação de pena de prisão a mero inadimplemento cível, a ser cobrado mediante execução fiscal.
(C) inconsistente, em razão da constitucionalidade da Lei 8.137/1990, que prevê a prisão apenas por crimes materiais.
(D) inconsistente, em razão da constitucionalidade da Lei 8.137/1990, que autoriza a prisão pela natureza penal dos crimes contra a ordem tributária, não sendo esse fato hipótese de prisão civil por dívida.
(E) adequado, uma vez que a CF veda a prisão criminal por dívida, mesmo que esta seja oriunda de não pagamento de tributo.

Pedro está enganado, pois trata-se de crime contra a ordem tributária, tipificado pelo art. 1º, I e II, da Lei 8.137/1990. Ademais, a lei prevê os chamados crimes materiais (art. 1º), mas também os formais (art. 2º). Por essas razões, a alternativa "D" é correta. RB

Gabarito "D"

(Procurador Municipal – Prefeitura/BH – CESPE – 2017) Com base nas disposições do CTN, assinale a opção correta.

(A) A autoridade administrativa não poderá alterar de ofício o lançamento já notificado ao sujeito passivo, mesmo em caso de comprovada falsidade de elemento de declaração obrigatória.
(B) Uma taxa pode ser calculada em função do capital social da empresa contribuinte.
(C) Em caso de inobservância, pelo responsável, da legislação tributária, a obrigação principal será convertida em obrigação acessória.
(D) Interpreta-se a definição legal de fato gerador abstraindo-se da validade jurídica dos atos efetivamente praticados pelos contribuintes, pois para a incidência do tributo, não é relevante a regularidade jurídica dos atos.

A: incorreta, pois é possível a alteração de ofício nessa hipótese – arts. 145, III, e 149, IV, do CTN; **B:** incorreta, pois isso é vedado expressamente pelo art. 77, parágrafo único, do CTN; **C:** incorreta, pois a inobservância de qualquer obrigação tributária (principal ou acessória) pode implicar aplicação de penalidade pecuniária (= multa), desde que prevista em lei, que é objeto de uma nova obrigação tributária principal – art. 113, § 3º, do CTN; **D:** correta – art. 118, I, do CTN. RB

Gabarito "D"

(Procurador Municipal – Prefeitura/BH – CESPE – 2017) Considerando as limitações constitucionais ao poder de tributar, assinale a opção correta.

(A) Não poderá ser cobrado ICMS, por um estado ou pelo DF, sobre operações que destinem petróleo a outros entes federados, ressalvada a cobrança sobre lubrificantes e combustíveis líquidos e gasosos derivados daquele produto.
(B) Medida provisória que instituir ou majorar taxas só produzirá efeitos no exercício financeiro seguinte ao da sua edição.
(C) A União pode instituir empréstimos compulsórios para atender a despesas extraordinárias decorrentes de calamidade pública, desde que o faça mediante lei complementar.
(D) Os entes federativos não podem cobrar taxas e impostos que incidam sobre a venda ou sobre o patrimônio dos demais entes da Federação.

A: incorreta, pois a CF afasta a incidência do ICMS não apenas nas operações interestaduais de petróleo, mas também de lubrificantes e combustíveis líquidos e gasosos dele derivados – art. 155, § 2º, X, *b*, da CF. É importante lembrar que há a ressalva do art. 155, § 2º, XII, *h*, da CF, prevendo incidência monofásica, hipótese em que não se aplica a imunidade do inciso X, *b*, desse dispositivo; **B:** discutível. O gabarito oficial indicou a alternativa como incorreta porque o art. 62, § 2º, da

CF refere-se apenas a impostos ao dispor que a MP que implique instituição ou majoração do tributo só produzirá efeitos no exercício financeiro seguinte se houver sido convertida em lei até o último dia daquele em que foi editada. Mas isso significa que, no caso de impostos, é preciso converter a MP em lei até o final do exercício, e não que eventual taxa criada ou majorada por MP não tenha que observar o princípio da anterioridade anual – art. 150, III, *b*, da CF. No caso de taxa criada ou majorada por MP, essa instituição ou majoração valerá no início do exercício seguinte (observada também a noventena – art. 150, III, c, da CF), mesmo que não seja convertida em lei até o final do exercício; **C:** correta – art. 148, I, da CF; **D:** incorreta, pois é possível, em tese, cobrança de imposto sobre venda, se houver exploração de atividade econômica, conforme jurisprudência e art. 150, § 3º, da CF. Talvez o gabarito oficial tenha indicado como incorreta por conta da referência a taxas, já que o art. 150, VI, a, se refere expressamente apenas a impostos, mas não existem taxas sobre vendas ou patrimônio, de modo que os entes federados não poderiam mesmo cobrá-las de quem quer que seja. RB

Gabarito "C"

(Procurador Municipal – Prefeitura/BH – CESPE – 2017) Tendo por base os conceitos presentes na legislação tributária, assinale a opção correta.

(A) Presume-se fraudulenta a alienação de bens por sujeito passivo em débito com a fazenda pública, ainda que ele tenha reservado bens ou rendas que sejam suficientes para o pagamento total da dívida inscrita.
(B) Contribuinte é o sujeito passivo da obrigação principal, ao passo que responsável é o sujeito passivo apenas da obrigação acessória.
(C) Decadência é uma modalidade de extinção do crédito tributário; prescrição, uma modalidade de suspensão desse crédito.
(D) A isenção exclui o crédito tributário, mas não dispensa o cumprimento das obrigações acessórias dependentes da obrigação principal cujo crédito tenha sido excluído.

A: incorreta, pois se houve reserva de bens ou rendas suficientes, não há fraude – art. 185, parágrafo único, do CTN; **B:** incorreta. Contribuinte é o sujeito passivo que tem relação pessoal e direta com o fato gerador, enquanto o responsável tem apenas relação indireta com o fato gerador – art. 121, parágrafo único, do CTN; **C:** incorreta, pois tanto decadência como prescrição são modalidades de extinção do crédito tributário – art. 156, V, do CTN; **D:** correta – art. 175, parágrafo único, do CTN. **RB**

Gabarito "D"

(Procurador Municipal – Prefeitura/BH – CESPE – 2017) No que concerne aos ilícitos tributários e aos crimes contra a ordem tributária, assinale a opção correta.

(A) No caso de crime contra a ordem tributária, o coautor que, por confissão espontânea, revelar a trama delituosa à autoridade judicial terá direito à extinção da punibilidade, condicionada ao pagamento do tributo.
(B) Em caso de dúvida quanto às circunstâncias materiais do fato, a lei tributária que trata de infrações e penalidades será interpretada da maneira mais favorável ao fisco.
(C) Havendo omissão na apresentação de declaração exigida em lei, o inventariante responderá solidariamente pelas infrações tributárias imputáveis ao espólio, excluídas as penalidades de caráter moratório.
(D) A denúncia espontânea exclui a responsabilidade do agente que comete infração tributária, desde que esse ato seja anterior ao início de qualquer procedimento administrativo ou medida de fiscalização relacionada com a infração.

A: incorreta, pois o benefício ao coautor que confessa crime contra a ordem tributária é de redução da pena de um a dois terços – art. 16, parágrafo único, da Lei 8.137/1990; **B:** incorreta, pois adota-se a interpretação mais favorável ao acusado, nesse caso – art. 112, II, do CTN; **C:** incorreta, pois a responsabilidade do inventariante, no caso do art. 134, IV, do CTN é subsidiária (apesar de o dispositivo se referir a solidariedade) e se restringe, em relação à penalidades, às de caráter moratório – parágrafo único desse dispositivo; **D:** correta – art. 138 do CTN. RB

Gabarito "D"

(Delegado/PE – 2016 – CESPE) A respeito da execução fiscal, assinale a opção correta.

(A) É admissível, nos embargos à execução fiscal, compensar os valores do imposto de renda retidos indevidamente na fonte com os valores restituídos apurados na declaração anual.
(B) A penhora não poderá recair, em nenhuma hipótese, sobre estabelecimento comercial, industrial ou agrícola.
(C) A dívida ativa regularmente inscrita goza de presunção absoluta de certeza e liquidez.
(D) A produção de provas pela fazenda pública depende de requerimento na petição inicial.
(E) Os embargos do devedor na fase de execução fiscal prescindem de garantia à execução.

A: correta, pois a proibição de alegação de compensação como matéria de defesa nos embargos à execução fiscal (art. 16, § 3º, da Lei 6.830/1980) não se aplica aos casos em que essa compensação ocorreu antes do ajuizamento da execução, na forma admitida por lei do próprio ente tributante, conforme jurisprudência pacífica do STJ – ver REsp 1.008.343/SP-repetitivo; **B:** incorreta, pois a penhora pode recair excepcionalmente sobre estabelecimento comercial, industrial ou agrícola, bem como em plantações ou edifícios em construção – art. 11, § 1º, da Lei 6.830/1980; **C:** incorreta, pois a presunção é relativa, podendo ser ilidida por prova inequívoca, a cargo do sujeito passivo ou do terceiro a que aproveite – art. 204, parágrafo único, do CTN; **D:** incorreta, pois a produção de provas pela Fazenda Pública independe de requerimento na petição inicial – art. 6º, § 3º, da Lei 6.830/1980; **E:** incorreta, pois a garantia da execução fiscal é imprescindível para a apresentação de embargos pelo devedor, nos termos do art. 16, § 1º, do CTN, que não foi afastado pelo atual CPC, conforme jurisprudência pacífica do STJ – ver REsp 1.272.827/PE-repetitivo.

Gabarito "A"

(Delegado/PE – 2016 – CESPE) Tendo como referência o disposto no CTN, assinale a opção correta.

(A) A capacidade tributária passiva é plena e independe da capacidade civil.
(B) Não haverá incidência tributária sobre atividades ilícitas.
(C) A obrigação tributária principal nasce com o lançamento do fato gerador.
(D) Fato gerador corresponde ao momento abstrato previsto em lei que habilita o início da relação jurídico-tributária.
(E) A denominação do tributo e a destinação legal do produto de sua arrecadação são essenciais para qualificá-lo.

A: correta – art. 126 do CTN; **B:** incorreta, pois a licitude das atividades são, em princípio, irrelevantes para a incidência tributária (princípio do *non olet*) – art. 118 do CTN; **C:** incorreta, pois, nos termos do CTN, a obrigação tributária surge imediatamente com a ocorrência do fato gerador – art. 113, § 1º, do CTN. É o crédito tributário que surge apenas com o lançamento tributário – art. 142 do CTN; **D:** discutível. Há diversas linhas doutrinárias que utilizam expressões distintas para se referir a duas realidades: (i) a previsão geral e abstrata do fato gerador, sua descrição feita pela lei (= hipótese de incidência, fato gerador em abstrato etc.) e (ii) a efetiva ocorrência do evento previsto na lei, que faz surgir a obrigação tributária (= fato jurídico tributário, fato gerador em concreto etc.). Note que a alternativa "D" se refere à previsão abstrata. Embora boa parte da doutrina utilize a expressão "fato gerador" exclusivamente para se referir à efetiva ocorrência do evento na vida real (por esse entendimento, a alternativa "D" seria incorreta), o CTN a utiliza nos dois sentidos. Por exemplo, o art. 114 do CTN se refere a "fato gerador" como o evento que ocorre na vida real (fato gerador em concreto) e que corresponde à descrição legal. Já no art. 4º, como outro exemplo, o CTN utiliza a expressão "fato gerador" para se referir à descrição legal, ou seja, à previsão geral e abstrata do evento que faz surgir a relação jurídica obrigacional tributária (entendimento pelo qual a alternativa "D" seria correta); **E:** incorreta, pois a denominação e a destinação legal do produto da arrecadação são irrelevantes para qualificar a natureza jurídica específica do tributo – art. 4º do CTN.

Gabarito "A"

(Delegado/PE – 2016 – CESPE) No que diz respeito ao STN, assinale a opção correta.

(A) Sempre que for possível, os impostos terão caráter pessoal, facultado à administração tributária identificar o patrimônio, os rendimentos e as atividades econômicas do contribuinte.

(B) O imposto sobre produtos industrializados (IPI), além de ser não cumulativo, será progressivo em função da essencialidade do produto.
(C) Lei complementar que estabelece normas gerais em matéria tributária não pode instituir um regime único de arrecadação dos impostos e das contribuições da União, dos estados, do DF e dos municípios.
(D) Compete à União e aos estados federados instituir contribuições sociais que sejam de interesse das categorias profissionais.
(E) As contribuições sociais e as contribuições de intervenção no domínio econômico poderão ter alíquotas *ad valorem* ou específicas: as primeiras têm por base a unidade de medida adotada; as segundas, o faturamento, a receita bruta ou o valor da operação.

A: correta, nos termos do art. 145, § 1º, da CF; **B:** incorreta, pois as alíquotas do IPI não são progressivas (ou seja, não variam conforme o valor da base de cálculo), mas sim seletivas conforme a essencialidade do produto – art. 153, § 3º, I, da CF; **C:** incorreta, pois não apenas é possível instituir por lei complementar regime único de arrecadação dos impostos e contribuições da União, dos Estados, do Distrito Federal e dos Municípios, como isso já foi feito pela LC 123/2006 (Simples Nacional); **D:** incorreta, pois a competência para instituir contribuições de interesse de categorias profissionais é privativa da União – art. 149, *caput*, da CF; **E:** incorreta, pois as definições das alíquotas estão invertidas. As alíquotas *ad valorem* têm por base o faturamento, a receita bruta ou o valor da operação e, no caso de importação, o valor aduaneiro. Já as alíquotas específicas têm por base a unidade de medida adotada – art. 149, § 2º, III, da CF.

Gabarito "A"

(Juiz de Direito/AM – 2016 – CESPE) Considerando que a fazenda pública deve observar os princípios constitucionais para a legítima cobrança de tributos, assinale a opção correta com base na jurisprudência do STF.

(A) Para o STF, é constitucional a apreensão de mercadorias como forma de obrigar o devedor a pagar os tributos devidos.
(B) A exigência, pela fazenda pública, de prestação de fiança para a impressão de notas fiscais de contribuintes em débito com o fisco viola as garantias do livre exercício do trabalho, ofício ou profissão, da atividade econômica e do devido processo legal.
(C) É constitucional a exigência de depósito prévio como requisito de admissibilidade de ação judicial na qual se pretenda discutir a exigibilidade de crédito tributário.
(D) A imunidade tributária dos impostos sobre a renda não alcança as empresas públicas prestadoras de serviços públicos.
(E) Norma local que condicione a concessão de regime especial de tributação à apresentação de certidão negativa de débitos tributários não constitui meio indireto de cobrança de tributo.

A: incorreta, pois, nos termos da Súmula 323/STF, é inadmissível a apreensão de mercadorias como meio coercitivo para pagamento de tributos; **B:** correta, conforme Súmula 547/STF; **C:** incorreta, conforme Súmula Vinculante 21/STF; **D:** incorreta, pois o STF reconhece a imunidade em casos específicos, como da ECT e da Infraero – ver RE 601.392/PR; **E:** incorreta, pois o STF entende que isso é meio indireto de cobrança e ofende o princípio da livre atividade econômica – ver AI 798.210 AgR/MG.

Gabarito "B"

(Analista Jurídico – TCE/PR – 2016 – CESPE) À luz da jurisprudência do STF, assinale a opção correta acerca das limitações ao poder de tributar.

(A) As anuidades exigidas pelos conselhos profissionais, embora ostentem natureza tributária, não se submetem ao princípio da legalidade estrita, podendo sua cobrança ser prevista apenas em ato normativo.
(B) Os emolumentos cartorários, por serem destituídos de natureza tributária, podem ser instituídos por atos normativos emanados dos tribunais de justiça dos estados, não se submetendo ao princípio da legalidade estrita.
(C) A definição do vencimento das obrigações tributárias não se submete ao princípio da legalidade estrita, podendo ocorrer por decreto do Poder Executivo.
(D) É constitucional a concessão de isenções com base na ocupação profissional do contribuinte.
(E) O estabelecimento das hipóteses de imunidade tributária é reservado a lei complementar.

A: incorreta, pois, sendo tributo, essas contribuições sujeitam-se ao princípio da legalidade – ver AI 768.577 AgR/SC; **B:** incorreta, pois os emolumentos são taxas, sujeitos, portanto, ao princípio da legalidade – ver ADI 1.378 MC/ES; **C:** correta, conforme entendimento pacífico do Judiciário – ver RE 294.543 AgR/SP; **D:** incorreta, pois tais isenções são inconstitucionais – ver ADI 4.276/MT; **E:** incorreta, pois imunidade é matéria que somente pode ser veiculada por norma constitucional, por delimitar negativamente a competência tributária. Cabe à lei complementar apenas regulamentar essa limitação constitucional ao poder de tributar, nos termos do art. 146, II, da CF. Ver a tese de repercussão geral 32/STF: "Os requisitos para o gozo de imunidade hão de estar previstos em lei complementar."

Gabarito "C"

(Analista Jurídico – TCE/PR – 2016 – CESPE) Assinale a opção correta, acerca do poder de tributar e de suas limitações.

(A) A proibição de que União, estados, Distrito Federal e municípios instituam impostos sobre templos de qualquer culto é exemplo do instituto da isenção.
(B) A imunidade recíproca não atinge os impostos sobre a renda dos entes federados.
(C) É vedado à União conceder incentivos que visem à promoção do equilíbrio socioeconômico a determinadas áreas do país.
(D) É vedado aos estados, ao Distrito Federal e aos municípios estabelecer diferença tributária de qualquer natureza entre bens e serviços em razão de sua procedência ou destino.
(E) A União possui a prerrogativa de cobrar tributos relativos a fatos geradores ocorridos antes do início da vigência da lei que os houver instituído ou aumentado.

A: incorreta, pois se trata de imunidade, norma que delimita negativamente a competência tributária, limitação ao poder de tributar e, portanto, matéria reservada à Constituição Federal – art. 150, VI, *b*, da CF; **B:** incorreta, pois a imunidade recíproca afasta a possibilidade de cobrança de imposto sobre a renda dos entes federados, o que violaria de morte o princípio federativo – art. 150, VI, *a*, da CF; **C:** incorreta, pois isso é possível, nos termos do art. 151, I, *in fine*, da CF; **D:** correta, nos termos do art. 152 da CF; **E:** incorreta, pois é vedada a retroatividade – art. 150, III, *a*, da CF.

Gabarito "D"

(Analista Jurídico – TCE/PR – 2016 – CESPE) No que se refere a obrigação tributária, assinale a opção correta.

(A) Fato gerador da obrigação acessória é a situação definida em lei como necessária e suficiente à sua ocorrência.
(B) A pessoa jurídica de direito privado que adquira outro estabelecimento comercial não responderá pelos tributos do estabelecimento adquirido, ainda que a alienação se dê em processo de falência ou recuperação judicial.
(C) No que se refere a infrações que têm como elementar o dolo específico, a responsabilidade do agente é pessoal.
(D) O sujeito ativo da obrigação tributária pode ser a pessoa jurídica de direito privado titular da competência para exigir o seu cumprimento.
(E) Os atos ou negócios jurídicos condicionais reputam-se perfeitos e acabados se suspensiva a condição desde o momento da prática do ato.

A: incorreta, pois essa é, literalmente, a definição de fato gerador da obrigação principal, nos termos do art. 114 do CTN. O fato gerador da obrigação acessória é definido como qualquer situação que, na forma da legislação aplicável, impõe a prática ou a abstenção de ato que não configure obrigação principal – art. 115 do CTN; **B:** incorreta, pois, em regra, o adquirente responde pelos débitos, nos termos do art. 133

do CTN; **C:** correta, nos termos do art. 137, II, do CTN; **D:** incorreta, o art. 7º do CTN, que prevê sujeição ativa apenas para entidades de direito público. Entretanto, admite-se que há exceção, como no caso de cobrança de taxa (emolumento) pelo tabelião (que é pessoa natural, privada portanto); **E:** incorreta, pois, no caso de condição suspensiva, o fato gerador considera-se perfeito e acabado desde o momento do seu implemento (da condição) – art. 117, I, do CTN.

Gabarito "C"

(Analista Jurídico – TCE/PR – 2016 – CESPE) Considerando a matéria tributária definida na CF, assinale a opção correta.

(A) É facultado ao Poder Executivo, respeitados as condições e os limites legais, alterar as alíquotas do imposto sobre produtos industrializados.

(B) Dado o princípio da isonomia, os impostos não podem ter caráter pessoal.

(C) As limitações constitucionais ao poder de tributar podem ser reguladas por lei ordinária.

(D) As contribuições de intervenção no domínio econômico não incidem sobre as receitas decorrentes de importação.

(E) O imposto sobre a propriedade territorial rural será progressivo e não incidirá sobre pequenas glebas rurais exploradas pelo proprietário, mesmo que ele possua outro imóvel.

A: correta, nos termos do art. 153, § 1º, da CF; **B:** incorreta, pois, em regra, sempre que possível, os impostos terão caráter pessoal e serão graduados segundo a capacidade econômica do contribuinte – art. 145, § 1º, da CF; **C:** incorreta, pois se trata de matéria reservada a lei complementar federal – art. 146, II, da CF. Ver a tese de repercussão geral 32/STF: "Os requisitos para o gozo de imunidade hão de estar previstos em lei complementar."; **D:** incorreta, pois a imunidade, no caso, refere-se às receitas decorrentes de exportação, não de importação – art. 149, § 2º, I, da CF; **E:** incorreta, pois a imunidade prevista no art. 153, § 4º, II, da CF refere-se às pequenas glebas rurais, desde que o proprietário não possua outro imóvel.

Gabarito "A"

(Analista Jurídico – TCE/PR – 2016 – CESPE) Acerca da seguridade social, que compreende um conjunto integrado de ações de iniciativa dos poderes públicos e da sociedade, assinale a opção correta.

(A) Conforme jurisprudência do STF, em atenção ao princípio constitucional da universalidade do custeio, o aposentado que retorna às atividades laborais deve arcar com o custeio da seguridade social.

(B) A seguridade social é um conceito universal que visa assegurar direitos relativos à saúde, à assistência e à previdência, independentemente de contribuição do beneficiário.

(C) Para o STF, decorrem do princípio de irredutibilidade do valor dos benefícios tanto a garantia da manutenção de seu valor nominal quanto a impossibilidade de perda de seu poder aquisitivo.

(D) Segundo entendimento do STF, insere-se no rol de benefícios da seguridade social o direito do idoso à gratuidade de transporte coletivo urbano.

(E) Conforme a jurisprudência do STF, a União tem competência para instituir contribuições para custeio da seguridade social, e os estados e municípios para fazê-lo nas áreas de previdência e saúde.

A: correta – ver RE 631.792/PR; **B:** incorreta, pois a previdência tem caráter contributivo – art. 201 da CF; **C:** incorreta, pois o STF entende que "o reajustamento de tais benefícios, para adequar-se à exigência constitucional de preservação de seu quantum, deverá conformar-se aos critérios exclusivamente definidos em lei" – RE 322.348 AgR/SC; **D:** incorreta, pois o STF reconhece o direito nos termos do art. 230 da CF, que não se refere à seguridade social – ver ADI 3.768/DF; **E:** incorreta, pois a competência para instituir contribuições sociais para custeio da seguridade social (que abrange previdência, assistência e saúde) é exclusiva da União – art. 149 da CF.

Gabarito "A"

(Juiz de Direito/DF – 2016 – CESPE) De acordo com a jurisprudência sumulada do STF acerca da legislação tributária, assinale a opção correta.

(A) O serviço de iluminação pública não pode ser remunerado mediante taxa.

(B) O princípio da anterioridade sujeita norma legal que altera o prazo de recolhimento de obrigação tributária.

(C) A lei poderá estabelecer alíquotas progressivas para o imposto de transmissão *inter vivos* de bens imóveis (ITBI) com base no valor venal do imóvel.

(D) A ação penal por crime de sonegação fiscal é pública e condicionada, devendo ser comprovada a existência de inscrição na dívida ativa.

(E) A adoção, no cálculo do valor de taxa, de um ou mais elementos da base de cálculo própria de determinado imposto pode ser feita, mesmo em caso de identidade integral entre uma base e outra.

A: correta – Súmula Vinculante 41/STF; **B:** incorreta, pois não há sujeição à anterioridade – Súmula Vinculante 50/STF; **C:** incorreta, considerando que a questão se refere à jurisprudência sumulada do STF. A Suprema Corte vinha entendendo que impostos reais em geral não poderiam ter alíquotas progressivas em relação ao valor da base de cálculo, considerando inexistir expressa previsão constitucional, daí a Súmula 656/STF relativa ao ITBI municipal. Ocorre que recentemente a Suprema Corte reviu a questão especificamente em relação ao ITCMD estadual, reconhecendo que o imposto pode ser progressivo, atendendo, assim, ao princípio da capacidade contributiva (RE 562.045/RS – Repercussão Geral). Entretanto, até o momento esse novo entendimento não foi aplicado ao ITBI municipal, daí porque a alternativa é considerada incorreta; **D:** incorreta, pois a ação é pública incondicionada, conforme a Súmula 609/STF; **E:** incorreta, pois, se houver integral identidade das bases, há inconstitucionalidade, conforme a Súmula Vinculante 29/STF.

Gabarito "A"

(Juiz de Direito/DF – 2016 – CESPE) No tocante à legislação tributária vigente, assinale a opção correta.

(A) O juiz só concederá, em sede de liminar, a medida cautelar fiscal após justificação prévia e prestação de caução pela Fazenda Pública.

(B) A supressão ou redução de tributo por meio da conduta de negar ou deixar de fornecer, quando obrigatório, nota fiscal ou documento equivalente, relativo a venda de mercadoria ou prestação de serviço, efetivamente realizada, ou de fornecê-la em desacordo com a legislação, não configura crime contra a ordem tributária, dado que a administração dispõe do processo de execução fiscal para cobrar tais valores.

(C) O DF não está sujeito às disposições da Lei de Responsabilidade Fiscal.

(D) O juiz da Vara de Fazenda Pública poderá conceder medida cautelar fiscal, mesmo que não exista, nos autos, prova literal da constituição do crédito fiscal.

(E) A microempresa ou a empresa de pequeno porte que tenha sócio domiciliado no exterior não poderá recolher os impostos e as contribuições na forma prevista no Simples Nacional.

A: incorreta, pois a concessão de liminar independe de justificação prévia ou de prestação de caução pela Fazenda, conforme art. 7º da Lei 8.397/1992; **B:** incorreta, pois há tipificação penal, nos termos do art. 1º, V, da Lei 8.137/1990; **C:** incorreta, pois todos os entes políticos sujeitam-se à LRF – ver art. 1º, § 2º, da LC 101/2000; **D:** incorreta, pois a prova literal da constituição do crédito é essencial para a concessão da cautelar fiscal, nos termos do art. 3º, I, da Lei 8.397/1992; **E:** correta, conforme a vedação do art. 17, II, da LC 123/2006.

Gabarito "E"

(Juiz de Direito/DF – 2016 – CESPE) A respeito das normas do Código Tributário Nacional (CTN), assinale a opção correta.

(A) A conversão de depósito em renda é causa de suspensão do crédito tributário.

(B) Os dispositivos de lei relativos à instituição de imposto sobre o patrimônio ou a renda passam a vigorar noventa dias após a publicação da lei.

(C) O estabelecimento de diferença tributária entre bens de qualquer natureza, em razão de sua procedência ou de seu destino, é proibido aos estados, ao DF e aos municípios.

(D) A capacidade tributária passiva depende da capacidade civil das pessoas naturais.
(E) A contribuição de melhoria apresenta, como limite total, a despesa realizada e, como limite individual, o dobro do acréscimo de valor que resultar da obra pública para cada imóvel beneficiado.

A: incorreta, pois a conversão do depósito em renda é modalidade de extinção do crédito tributário, não de suspensão – art. 156, VI, do CTN; **B:** incorreta, pois há sujeição à anterioridade anual, em regra, conforme o art. 104 do CTN; **C:** correta, pois há vedação constitucional nesse sentido – art. 152 da CF; **D:** correta, nos termos do art. 126, I, do CTN; **E:** incorreta, pois o limite individual é exatamente o acréscimo de valor que da obra resultar para cada imóvel beneficiado – art. 81 do CTN.
Gabarito "C"

(Procurador do Estado – PGE/BA – CESPE – 2014) Suponha que um contribuinte, de forma consciente e voluntária, tenha deixado de realizar determinada obrigação acessória, o que lhe tenha possibilitado a supressão de tributo sem que o fisco tomasse conhecimento da prática ilícita. Em face dessa situação hipotética, julgue os itens seguintes.

(1) Segundo a Lei 8.137/1990, para que os ilícitos tributários sejam puníveis na esfera penal, exige-se a comprovação de dolo ou culpa do agente.
(2) Por ter praticado elisão fiscal, que constitui ilícito administrativo-tributário, o referido contribuinte só poderá ser punido na esfera administrativa.
(3) O contribuinte praticou ilícito, estando, portanto, sujeito à punição pelos ilícitos administrativo e penal praticados.

1: Incorreta, pois não há previsão de modalidade culposa para os ilícitos tributários dessa lei – art. 18, parágrafo único, do CP. **2:** Incorreta, pois há tipificação penal na lei dos crimes contra a ordem tributária – art. 1º, I da Lei 8.137/1990. **3:** Correta, conforme comentários anteriores. RB
Gabarito 1E, 2E, 3C

(Cartório/PI – 2013 – CESPE) Com base na Lei nº 5.425/2004, que dispõe sobre o fundo de reaparelhamento e modernização do Poder Judiciário do estado do Piauí, assinale a opção correta.

(A) O referido fundo e administrado por conselho formado por juízes de 1.o grau e pelo secretário de fazenda do município.
(B) As receitas devem ser utilizadas, primordialmente, para pagamento do custeio de pessoal mais qualificado.
(C) A atualização dos valores referentes aos serviços notariais será feita uma vez ao ano, com base no índice de preços ao consumidor amplo do IBGE, por ato da presidência do tribunal de justiça.
(D) O referido fundo será fiscalizado pelo tribunal de contas do estado, que e órgão auxiliar do Poder Legislativo, sem prejuízo dos atos de controle interno do Poder Judiciário.
(E) Uma das fontes de receita desse fundo consiste na quantia de 5% arrecadada como honorários advocatícios.

A regulamentação dos fundos é feita pela legislação de cada ente político, devendo ser estudada pelo candidato. Ver art. 167, IX, da CF e arts. 71 a 74 da Lei 4.320/1964. Conforme a legislação do Piauí indicada na questão, a alternativa "D" é a única correta.
Gabarito "D"

(Cartório/RR – 2013 – CESPE) Assinale a opção correta à luz da Lei de Responsabilidade Fiscal (Lei Complementar n.º 101/2000).

(A) Na receita corrente líquida não serão computadas as receitas patrimoniais, industriais, agropecuárias e de serviços.
(B) Considera-se dívida pública consolidada o montante total, apurado sem duplicidade, das obrigações financeiras do ente da Federação assumidas em virtude de leis, contratos, convênios ou tratados e da realização de operações de crédito, para amortização em prazo superior a doze meses.
(C) Os atos que provoquem aumento da despesa com pessoal e não atendam aos requisitos da referida lei podem ser revogados pelos órgãos de controle, desde que garantidos a ampla defesa e o contraditório.
(D) O dispositivo dessa lei que veda a realização de operação de crédito entre entes da Federação, diretamente ou por intermédio de fundo, autarquia, fundação ou empresa estatal, ofende o princípio federativo, visto que atinge a autonomia dos estados-membros.
(E) Os gastos com gratificações, adicionais e horas extras não são considerados despesas com pessoal.

A: incorreta, pois a receita corrente líquida abrange as receitas tributárias, de contribuições, patrimoniais, industriais, agropecuárias, de serviços, transferências correntes e outras receitas também correntes, nos termos e com as deduções previstas no art. 2º, IV, da LRF; **B:** correta, nos termos do art. 29, I, da LRF; **C:** incorreta, pois tais atos são nulos de pleno direito – art. 21 da LRF; **D:** incorreta, pois não houve declaração de inconstitucionalidade do art. 35 da LRF; **E:** incorreta, pois essas são consideradas despesas com pessoal – art. 18 da LRF.
Gabarito "B"

(Cartório/DF – 2014 – CESPE) No que se refere a previdência social, assinale a opção correta.

(A) E segurado obrigatório da previdência social, como empregado, o exercite de mandato eletivo estadual, desde que não vinculado a regime próprio de previdência social.
(B) Consideram-se dependentes do segurado da previdência social os avós, na ausência de esposa ou marido invalido com direito as prestações.
(C) A previdência social constitui a política social que visa atender necessidades básicas da população, traduzidas em proteção a família, a maternidade, a infância, a velhice e a riscos sociais, independentemente de contribuição a seguridade social.
(D) A descentralização político-administrativa, conforme determinação legal, constitui diretriz a ser observada na organização da previdência social.
(E) Os municípios estão dispensados de aportar recursos a previdência social.

A: correta, nos termos do art. 11, I, *h*, da Lei 8.213/1991; **B:** incorreta, nos termos do art. 16 da Lei 8.213/1991; **C:** incorreta, pois a descrição se refere à assistência social – art. 203 da CF; **D:** incorreta, pois há entre os princípios e objetivos a descentralização da gestão administrativa, não político-administrativa – art. 2º, VIII, da Lei 8.213/1991; **E:** incorreta, pois os Municípios podem ser equiparados a empresa para fins de recolhimento das contribuições sociais – art. 14, I, da Lei 8.213/1991.
Gabarito "A"

(Cartório/DF – 2014 – CESPE) Com base no disposto no Decreto-Lei 1.510/1976, assinale a opção correta.

(A) A pessoa física equiparada a empresa individual poderá optar por apresentar mais de uma declaração de rendimentos como pessoa jurídica, caso já esteja equiparada em razão da exploração de outra atividade.
(B) O lucro apurado anualmente por pessoas físicas equiparadas a sociedades empresarias, em razão de operações com imóveis, não poderá ser considerado como distribuído no ano-base.
(C) Os serventuários da justiça responsáveis por cartório de notas ficam obrigados a fazer comunicação ao Tesouro Nacional dos documentos lavrados que caracterizem aquisição ou alienação de imóveis por pessoas físicas equiparadas a sociedades empresarias.
(D) As pessoas físicas equiparadas a sociedades empresarias estão dispensadas de manter escrituração contábil completa caso sejam proprietárias de terrenos ou glebas de terras inferiores a um hectare.
(E) A pluralidade de adquirentes, em condomínio de fato, descaracteriza a unicidade da operação tributaria para o alienante responsável por sociedade anônima com sede no exterior.

A: correta, nos termos do art. 13 do DL 1.510/1976; **B:** incorreta, pois esse lucro será considerado automaticamente distribuído no ano-base – art. 14 do DL 1.510/1976; **C:** incorreta, pois a comunicação é à Receita Federal do Brasil – art. 15 do DL 1.510/1976; **D:** incorreta, pois não há essa dispensa – ver art. 5º, § 1º, do DL 1.381/1974 com a redação dada pelo art. 10 do DL 1.510/1976; **E:** incorreta, pois não há essa descaracterização – ver art. 5º, § 4º, do DL 1.381/1974 com a redação dada pelo art. 10 do DL 1.510/1976.
Gabarito "A"

(Cartório/DF – 2014 – CESPE) Considerando o disposto na CF, assinale a opção correta acerca de previdência social.

(A) É vedada a contagem recíproca do tempo de contribuição na administração pública e na atividade privada para efeito de aposentadoria voluntária.
(B) É de filiação facultativa a previdência social organizada sob a forma de regime geral.
(C) É deferida à pessoa participante de regime próprio de previdência a filiação ao regime geral de previdência social na qualidade de segurado facultativo.
(D) A gratificação natalina dos aposentados e pensionistas terá por base o valor de um salário-mínimo.
(E) Em relação ao regime geral de previdência social, o regime de previdência privada de caráter complementar é organizado de forma autônoma.

A: incorreta, pois é assegurada a contagem recíproca – art. 201, § 9º, da CF; **B:** incorreta, pois a filiação é obrigatória – art. 201, *caput*, da CF; **C:** incorreta, pois essa filiação é vedada – art. 201, § 5º, da CF; **D:** incorreta, pois a gratificação natalina dos aposentados e pensionistas terá por base o valor dos proventos do mês de dezembro de cada ano – art. 201, § 6º, da CF; **E:** correta, nos termos do art. 202, *caput*, da CF.

Gabarito "E".

(Ministério Público/RO – 2010 – CESPE) A respeito das regras constitucionais e legais que orientam o vigente Sistema Tributário Nacional, assinale a opção correta.

(A) O estado de Rondônia, nas hipóteses previstas pela CF, tem competência para instituir contribuição de intervenção no domínio econômico, referente às atividades do setor de mineração.
(B) Os municípios do estado de Rondônia estão impedidos de editar leis que criem tributos específicos para custear o serviço de iluminação pública local.
(C) Parte da receita do imposto sobre a propriedade de veículos automotores arrecadado pelo estado de Rondônia pode ser aplicada em quaisquer programas a seu cargo, como os da área de educação, saúde ou segurança pública.
(D) A atividade de edição de listas telefônicas não está amparada pelo benefício constitucional da imunidade tributária.
(E) Nos termos do Código Tributário Nacional, o fisco de Rondônia está autorizado a aplicar a norma antielisão fiscal, de maneira a evitar excessos na prática do planejamento tributário, tendo sido essa norma recentemente regulamentada.

A: Incorreta, pois as CIDEs são da competência exclusiva da União – art. 149 da CF; **B:** Incorreta, pois os Municípios e o Distrito Federal detêm a competência para essa contribuição – art. 149-A da CF; **C:** Assertiva correta, pois, em princípio, a receita de impostos não é vinculada a despesa específica. A rigor, a vinculação é vedada, nos termos e com as exceções previstas no art. 167, IV, da CF; **D:** Incorreta, pois o STF entende que a imunidade dos periódicos abrange as listas telefônicas – ver AI 663.747 AgR/SP; **E:** Incorreta, pois o disposto no art. 116, parágrafo único, do CTN não está regulamentado no âmbito federal (houve a MP 66/2002, mas os dispositivos relativos à norma antielisão não foram mantidos na conversão para a Lei 10.637/2002).

Gabarito "C".

(Advogado da União/AGU – CESPE – 2012) Julgue os itens seguintes, a respeito do Sistema Tributário Nacional.

(1) Lei genérica municipal, estadual ou federal pode determinar a concessão de subsídio ou isenção fiscal.
(2) A concessão de benefícios fiscais relativos ao imposto sobre a propriedade de veículo automotor depende de deliberação do Conselho Nacional de Política Fazendária.
(3) Os municípios podem conceder incentivos fiscais referentes ao ICMS.
(4) Os estados e o DF podem estabelecer alíquotas internas de ICMS inferiores às previstas para as operações interestaduais.

1: incorreta, pois os benefícios fiscais, em especial isenções e subsídios fiscais, dependem de lei específica, nos termos do art. 150, § 2º, da CF; **2:** incorreta, pois a isenção relativa ao IPVA é concedida por lei estadual ou distrital, sem necessidade de prévia aprovação de qualquer órgão nacional. Apenas em relação ao ICMS é que se exige prévia aprovação do benefício por convênio interestadual – art. 155, § 2º, XII, *g*, da CF; **3:** incorreta, pois o ICMS é da competência estadual, sendo que os benefícios são concedidos por cada Estado e pelo Distrito Federal, precedidos de aprovação por convênio interestadual, nos termos do art. 155, § 2º, XII, *g*, da CF; **4:** incorreta, pois, salvo deliberação em contrário dos Estados e do Distrito Federal por meio de convênio, as alíquotas internas, nas operações relativas à circulação de mercadorias e nas prestações de serviços, não poderão ser inferiores às previstas para as operações interestaduais – art. 155, § 2º, VI, da CF.

Gabarito 1E, 2E, 3E, 4E

(Advogado – Correios – 2011 – CESPE) Julgue os itens a seguir, acerca do Sistema Tributário Nacional, da competência tributária e dos tributos.

(1) No caso de a União instituir empréstimo compulsório em razão de investimento público de caráter urgente e de relevante interesse nacional, deverá ser observado o princípio da anterioridade tributária, e a aplicação dos recursos provenientes do referido tributo deverá estar vinculada à despesa que fundamentou sua instituição.
(2) Reputa-se inconstitucional a adoção, no cálculo do valor de determinada taxa, de um ou mais elementos da base de cálculo própria de determinado imposto, mesmo que não haja integral identidade entre uma base de cálculo e outra.
(3) Tributo, definido como prestação pecuniária compulsória em moeda, pode constituir sanção de ato ilícito, cobrada mediante atividade judicial ou administrativa.
(4) Se determinado estado da Federação não tiver instituído o imposto sobre a propriedade de veículos automotores (IPVA), essa ausência de exercício da competência tributária não a deferirá a pessoa jurídica de direito público diversa daquela a que a Constituição Federal de 1988 tenha atribuído tal competência.

1: correta, nos termos dos art. 148, II e parágrafo único, da CF; **2:** incorreta. A assertiva contraria frontalmente o disposto na Súmula Vinculante nº 29 do STF; **3:** incorreta. Tributo não é sanção por ato ilícito e é cobrado apenas por atividade administrativa plenamente vinculada (art. 3º do CTN); **4:** correta. A competência tributária para impostos e exclusiva e indelegável (art. 8º do CTN).

Gabarito 1C, 2E, 3E, 4C

(Advogado – Correios – 2011 – CESPE) No que se refere a capacidade, domicílio, responsabilidade e crédito tributários, julgue os itens subsequentes.

(1) A administração tributária não está autorizada a recusar o domicílio tributário eleito pelo contribuinte sob a alegação de dificuldade na fiscalização do tributo devido.
(2) O espólio responde pelos tributos devidos pelo *de cujus* até a data da abertura da sucessão.
(3) Se determinada pessoa jurídica obtiver o parcelamento de impostos municipais (IPTU e ISS) devidos desde 2008, tal parcelamento tributário suspenderá a exigibilidade do crédito tributário.
(4) Mesmo que não tenha sido regularmente constituída, determinada pessoa jurídica que atue no ramo de prestação de serviços de limpeza estará obrigada a recolher o imposto sobre serviços, uma vez que a capacidade tributária passiva independe de estar a pessoa jurídica regulamente constituída, bastando que configure uma unidade econômica ou profissional.

1: incorreta. Essa é justamente uma das possibilidade de recusa do domicílio tributário eleito pelo contribuinte prevista no art. 127, § 2º, do CTN; **2:** correta, nos termos do art. 131, III, do CTN; **3:** correta. Parcelamento é uma das hipóteses de suspensão da exigibilidade do crédito tributário (art. 151, VI, do CTN); **4:** correta, nos termos do art. 126, III, do CTN).

Gabarito 1E, 2C, 3C, 4C

21. Direito do Trabalho

Hermes Cramacon e Luiz Fabre*

1. INTRODUÇÃO, FONTES E PRINCÍPIOS

(Analista – TRT/21ª – 2010 – CESPE) Acerca dos princípios que regem o direito do trabalho, julgue o próximo item.

(1) Os contratos por prazo determinado, bem como o contrato de trabalho temporário, são exceções ao princípio da continuidade da relação de emprego.

1: Correto, por definição. O princípio da continuidade visa à preservação do emprego e tem o objetivo de dar segurança econômica ao trabalhador e a atraí-lo para o organismo empresarial, daí a tendencial resistência do Direito do Trabalho à despedida arbitrária (art. 7º, I, da CF) e a manter incólume o pacto laboral nas hipóteses de sucessão, suspensão e interrupção do contrato, bem como em face de certas nulidades decorrentes do descumprimento de algumas formalidades legais (v. Súmula 212 do TST). É neste sentido que contratos por prazo determinado e contratos de trabalho temporário são exceções à regra da indeterminação de prazo, sendo efeito da pactuação indevida de tais modalidades de contrato de emprego (fora das hipóteses legais ou além dos limites temporais concebidos pela lei) a sua convolação em contrato a prazo indeterminado.

Gabarito 1C

2. CONTRATO INDIVIDUAL DE TRABALHO E ESPÉCIES DE EMPREGADOS E TRABALHADORES

(Advogado da União/AGU – CESPE – 2012) Com base na CLT, julgue os itens seguintes, a respeito da relação de emprego e do contrato individual de trabalho.

(1) As cooperativas de trabalhadores, quando regulares, não estabelecem com os respectivos associados relação de emprego, nem assim entre estes e os tomadores dos serviços contratados da cooperativa.

(2) A lei considera empregado a pessoa física que, em caráter não eventual e mediante relação de subordinação e contraprestação salarial, presta serviços a outrem, denominado empregador.

(3) O contrato individual deve necessariamente ser escrito, não se admitindo forma tácita de contratação.

1: opção correta, pois reflete o disposto no art. 442, parágrafo único, da CLT. Veja, também, o art. 90 da Lei 5.764/1971; **2:** opção correta, pois representa o disposto no art. 3º da CLT; **3:** opção incorreta, pois nos termos do art. 442 da CLT, contrato individual de trabalho é o acordo tácito ou expresso.

Gabarito 1C, 2C, 3E

(Analista – TRT/21ª – 2010 – CESPE) No que concerne a contrato de trabalho, julgue o item a seguir.

(1) A ocorrência de subordinação, onerosidade, pessoalidade e não eventualidade caracteriza relação de trabalho.

1: tais elementos caracterizam a relação de emprego (arts. 2º e 3º, da CLT), espécie do gênero relação de trabalho. Além da relação de emprego, o gênero relação de trabalho comporta diversas outras espécies, como o trabalho autônomo, o trabalho eventual, o trabalho de servidor público estatutário, o trabalho avulso e outras formas de trabalho.

Gabarito 1E

3. TRABALHO DA MULHER E DO MENOR

(Analista Judiciário – TRT/8ª – 2016 – CESPE) De acordo com a Constituição Federal de 1988 (CF) e a jurisprudência do Tribunal Superior do Trabalho (TST), assinale a opção correta a respeito da estabilidade da gestante e da licença-maternidade.

(A) Se a admissão da gestante se deu mediante contrato de trabalho por prazo determinado, a empregada não tem direito à estabilidade provisória.

(B) Caso o empregador desconheça o estado gravídico da gestante, ela não terá direito à indenização decorrente da estabilidade após a cessação do auxílio-doença acidentário.

(C) A CF prevê duração de cento e oitenta dias para a licença gestante.

(D) Dada a garantia de emprego à gestante, ela pode ser reintegrada mesmo após dois anos da extinção do contrato de trabalho.

(E) Passado o período de estabilidade, garantem-se à gestante os salários e demais direitos correspondentes ao período de estabilidade, mas não a reintegração.

A: opção incorreta, pois a gestante possui estabilidade no emprego mesmo em contrato por prazo determinado, de acordo com a Súmula 244, III, TST; **B:** opção incorreta, pois o desconhecimento do estado gravídico pelo empregador não afasta o direito ao pagamento da indenização decorrente da estabilidade, de acordo com a Súmula 244, I, TST; **C:** opção incorreta, pois, nos termos do art. 7º, XVIII, o período de licença maternidade é de 120 dias. Vale lembrar que a licença maternidade poderá ser prorrogada por mais 60 dias, nos termos do art. 1º da Lei 11.770/2008. A prorrogação será garantida à empregada da pessoa jurídica que aderir ao programa Empresa Cidadã, desde que a empregada a requeira até o final do primeiro mês após o parto, e concedida imediatamente após a fruição da licença-maternidade; **D:** opção incorreta, pois, nos termos do item II da Súmula 244 do TST, a garantia de emprego à gestante só autoriza a reintegração se esta se der durante o período de estabilidade. Caso contrário, a garantia restringe-se aos salários e demais direitos correspondentes ao período de estabilidade; **E:** opção correta, pois reflete o disposto na Súmula 244, II, do TST.

Gabarito "E"

(Advogado – Correios – 2011 – CESPE) Julgue os itens seguintes, acerca do trabalho do menor.

(1) Menor com dezesseis anos de idade que trabalhe, por exemplo, como balconista em uma panificadora pode firmar recibo de pagamento mensal. Entretanto, em caso de extinção de seu contrato, se ele ainda for menor de idade, não poderá dar quitação das verbas rescisórias sem assistência de seu responsável legal.

(2) Atualmente, aquele que contratar menor aprendiz de quinze anos de idade não terá a obrigação de pagar-lhe o salário mínimo mensal.

1: opção correta, pois reflete o disposto no art. 439 da CLT. **2:** opção correta, pois será assegurado o salário mínimo hora, nos termos do art. 428, § 2º, da CLT.

Gabarito 1C, 2C

(Analista – TRT/21ª – 2010 – CESPE) No que concerne a contrato de trabalho, julgue o item a seguir.

(1) Caso o obreiro seja menor de dezoito anos de idade, a relação será considerada imprescrita.

1: Art. 440 da CLT.

Gabarito 1C

* **Hermes Cramacon HC** comentou as questões de Defensoria, Procuradorias, Advocacia Pública, OAB, Analista/TRT/8/16, Procurador do Estado/16. **Luiz Fabre** comentou as demais questões de concursos jurídicos e de Técnico.

4. ALTERAÇÃO, INTERRUPÇÃO E SUSPENSÃO DO CONTRATO DE TRABALHO

(Analista Judiciário – TRT/8ª – 2016 – CESPE) No que se refere à alteração ou à extinção do contrato de emprego, assinale a opção correta.

(A) O adicional de transferência é devido na transferência provisória e na definitiva, sendo equivalente a, no mínimo, 25% dos salários que o empregado percebia na localidade de origem.
(B) Em caso de extinção do estabelecimento, é lícita a transferência do empregado, dado o princípio da continuidade da relação de emprego.
(C) As despesas resultantes da transferência que acarretem mudança de domicílio correm por conta do empregado.
(D) É lícita a rescisão por justa causa do contrato individual de trabalho ante a negativa do empregado à efetivação de qualquer alteração no contrato de trabalho proposta de forma unilateral pelo empregador.
(E) Constitui alteração unilateral ilícita a determinação do empregador para que o empregado deixe função de confiança e reverta a cargo efetivo anteriormente ocupado.

A: opção incorreta, pois o adicional de transferência de 25% descrito no § 3º do art. 469 da CLT somente será devido na transferência provisória; **B:** opção correta, pois, nos termos do art. 469, § 2º, da CLT, é lícita a transferência quando ocorrer extinção do estabelecimento em que trabalhar o empregado; **C:** opção incorreta, pois, nos termos do art. 470 da CLT, as despesas resultantes da transferência correrão por conta do empregador; **D:** opção incorreta, pois o empregador poderá alterar unilateralmente o contrato nas hipóteses previstas no art. 469, § 1º, CLT. São elas: *a)* empregados que exerçam cargos de confiança, isto é, aqueles que exerçam amplos poderes de mando, de modo a representarem a empresa nos atos de sua administração; *b)* empregados cujos contratos contenham cláusulas expressas prevendo essa possibilidade; *c)* nos casos em que a transferência decorra da própria natureza do serviço para o qual o empregado foi contratado; **E:** opção incorreta, pois, nos termos do art. 468, parágrafo único, da CLT, a alteração, embora unilateral, é considerada lícita.

Gabarito "B."

(Defensoria Pública da União – 2010 – CESPE) Acerca do que dispõem a Consolidação das Leis do Trabalho (CLT) e a jurisprudência a respeito das férias, julgue os itens que se seguem.

(1) O cálculo da remuneração das férias do tarefeiro deve ser realizado com base na média da produção do período aquisitivo, garantida a observância do valor da remuneração da tarefa na data da concessão.
(2) A indenização por férias não concedidas em tempo oportuno deve ser calculada com base na remuneração devida ao empregado na época de eventual reclamação ou, se for o caso, quando da extinção do contrato.

1: Certo, pois o enunciado está de acordo com a Súmula 149 do TST: "TAREFEIRO. FÉRIAS. A remuneração das férias do tarefeiro deve ser calculada com base na média da produção do período aquisitivo, aplicando-se-lhe a tarifa da data da concessão"; **2:** Certo, pois o enunciado está de acordo com a Súmula 7 do TST: "FÉRIAS. A indenização pelo não deferimento das férias no tempo oportuno será calculada com base na remuneração devida ao empregado na época da reclamação ou, se for o caso, na da extinção do contrato".

Gabarito 1C, 2C

(Advogado da União/AGU – CESPE – 2012) No que se refere a alteração, suspensão, interrupção e extinção do contrato de trabalho, julgue os próximos itens.

(1) A jurisprudência do TST tem orientação firme no sentido de que, excetuados os empregados da Empresa Brasileira de Correios e Telégrafos, por ser esta equiparada à fazenda pública, os demais empregados públicos de empresas públicas e de sociedades de economia mista, ainda que concursados, podem ter seus contratos de trabalho rescindidos por demissão sem justa causa, por não haver necessidade de motivação do ato de demissão.
(2) Nos contratos individuais de trabalho, apenas é lícita a alteração empreendida por mútuo consentimento, ainda que possa resultar prejuízo ao trabalhador, considerada a caracterização de renúncia recíproca, em que o prejuízo se compensa com promessa futura de melhoria na condição salarial ou de trabalho.
(3) A suspensão do contrato de trabalho importará na rescisão indireta do contrato de trabalho apenas se for decretada por período superior a sessenta dias.

1: opção correta, pois reflete o entendimento consolidado na OJ 247 da SDI 1 do TST. **2:** opção incorreta, pois nos termos do art. 468 da CLT a alteração não poderá ocasionar prejuízos, direitos ou indiretos, para o trabalhador. **3:** opção incorreta, pois nos termos do art. 474 da CLT A suspensão do empregado por mais de 30 (trinta) dias consecutivos importa na rescisão indireta do contrato de trabalho.

Gabarito 1C, 2E, 3E

(Procurador Federal – 2010 – CESPE) Julgue os próximos itens, a respeito dos institutos da interrupção e da suspensão do contrato de trabalho.

(1) No caso de recuperação da capacidade de trabalho e cancelamento de aposentadoria de empregado afastado por invalidez, pode o empregador rescindir o contrato com empregado admitido para substituir o empregado aposentado, sem incorrer em indenização rescisória, se, no momento da celebração do contrato, tiver restado inequívoca a ciência da interinidade.
(2) O empregado afastado em virtude das exigências do serviço militar deve notificar seu empregador acerca do retorno às atividades no prazo máximo de dez dias contados da data em que se verificar a respectiva baixa.

1: Certo, pois o enunciado corresponde ao disposto no art. 475, §§ 1º e 2º, da CLT; **2:** Errado, pois o prazo para o empregado notificar o empregador dando conta de sua intenção de voltar às atividades é de 30 (trinta) dias (art. 472, § 1º, da CLT).

Gabarito 1C, 2E

(Procurador Federal – 2010 – CESPE) No que concerne a alteração do contrato de trabalho, julgue o item abaixo.

(1) Presume-se abusiva a transferência de empregado que exerça cargo de confiança, sem a devida comprovação da necessidade do serviço.

Certo, pois o enunciado corresponde ao disposto na Súmula 43 do TST: "TRANSFERÊNCIA Presume-se abusiva a transferência de que trata o § 1º do art. 469 da CLT, sem comprovação da necessidade do serviço".

Gabarito 1C

(Advogado – Correios – 2011 – CESPE) Acerca da suspensão e interrupção do contrato de trabalho, julgue o item subsequente.

(1) Considere a seguinte situação hipotética. Márcia concordou formalmente com a suspensão de seu contrato de trabalho, por período de quatro meses, para participar de um curso de qualificação profissional oferecido pelo seu empregador. O instrumento coletivo de trabalho que rege a categoria profissional de Márcia autoriza o afastamento de empregados para tal fim. Nessa situação hipotética, o empregador não terá a obrigação de pagar, durante todo o tempo de duração do curso, os salários de Márcia.

Opção correta, pois está em conformidade com as regras estabelecidas pelo art. 476-A da CLT.

Gabarito 1C

5. REMUNERAÇÃO E SALÁRIO

(Procurador do Estado/AM – 2016 – CESPE) Em relação aos direitos constitucionais dos trabalhadores, à remuneração, à equiparação salarial e à jornada de trabalho, julgue os itens a seguir.

(1) Embora a CF garanta aos empregados o adicional de remuneração para atividades penosas, não há norma infraconstitucional que regulamente o respectivo adicional. Tal norma constitucional classifica-se como norma de eficácia limitada, cuja aplicação depende de regulamentação.

(2) Na hipótese de um estado da Federação contratar empregado público para cumprir jornada de trabalho reduzida, o TST entende ser lícita a remuneração inferior ao salário mínimo, se proporcional à jornada por ele cumprida.

(3) Segundo entendimento do TST, não há direito a equiparação salarial no caso de o pessoal de empresa pública estar organizado em quadro de carreira aprovado por ato administrativo do presidente da empresa.

(4) Inexistindo cláusula expressa em contrário, a empresa pode exigir do empregado a execução de qualquer atividade compatível com sua condição pessoal, desde que lícita e dentro da jornada de trabalho. Nesse caso, segundo o TST, não existe justificativa para a percepção de acréscimo salarial em decorrência de eventual exercício concomitante das duas funções na mesma jornada.

1: opção correta, pois o art. 7º, XXIII, da CF ensina ser direito de todo trabalhador adicional de remuneração para as atividades penosas, *na forma da lei*. Por necessitar de regulamentação, se mostra uma norma de eficácia limitada. Passados quase 30 anos não há legislação infraconstitucional regulando tal direito ao trabalhador; **2:** opção incorreta, pois na Administração Pública direta, autárquica e fundacional não é válida remuneração de empregado público inferior ao salário mínimo, ainda que cumpra jornada de trabalho reduzida. A redação está de acordo com precedentes do Supremo Tribunal Federal. *Vide* Recurso Extraordinário 565.621-Ceará; **3:** opção incorreta, pois, nos termos da Súmula 6, item I, do TST, somente as entidades da administração direta, autárquica e fundacional estão dispensadas da exigência de homologação do quadro de carreira perante o Ministério da Economia – Secretaria do Trabalho. Portanto, caso a administração indireta não promova a homologação perante o órgão competente, haverá direito à equiparação salarial; **4:** opção correta, pois, nos termos do art. 456, parágrafo único, da CLT, a falta de prova ou inexistindo cláusula expressa e tal respeito, entender-se-á que o empregado se obrigou a todo e qualquer serviço compatível com a sua condição pessoal.

Gabarito 1C, 2E, 3E, 4C

(Defensoria Pública da União – 2010 – CESPE) Acerca do salário-família, julgue o item a seguir.

(1) O termo inicial do direito ao salário-família, quando provado em juízo, corresponde à data de ajuizamento do pedido, salvo quando comprovado que o empregador se tenha recusado a receber, anteriormente, a certidão de nascimento de filho do empregado.

1: certo, pois o enunciado está de acordo com a Súmula 254 do TST: "SALÁRIO-FAMÍLIA. TERMO INICIAL DA OBRIGAÇÃO. O termo inicial do direito ao salário-família coincide com a prova da filiação. Se feita em juízo, corresponde à data de ajuizamento do pedido, salvo se comprovado que anteriormente o empregador se recusara a receber a respectiva certidão".

Gabarito 1C

(Defensoria Pública da União – 2010 – CESPE) Quanto à indenização rescisória, julgue o item a seguir.

(1) A indenização adicional devida em razão de rescisão contratual imotivada no trintídio que antecede a data-base corresponde ao salário mensal, no valor devido na data da comunicação do despedimento, integrado pelos adicionais legais ou convencionados, ligados à unidade de tempo mês, não sendo computável a gratificação natalina.

Certo, pois o enunciado está de acordo com a Súmula 242 do TST: "INDENIZAÇÃO ADICIONAL. VALOR. A indenização adicional, prevista no art. 9º da Lei nº 6.708, de 30.10.1979 e no art. 9º da Lei nº 7.238 de 28.10.1984, corresponde ao salário mensal, no valor devido na data da comunicação do despedimento, integrado pelos adicionais legais ou convencionados, ligados à unidade de tempo mês, não sendo computável a gratificação natalina".

Gabarito 1C

(Procurador Federal – 2010 – CESPE) Julgue os itens a seguir, que versam sobre gratificação natalina.

(1) Inexiste previsão legal expressa no ordenamento jurídico brasileiro acerca de penalidade administrativa por eventual infração patronal à legislação inerente à gratificação natalina.

(2) As faltas ou ausências decorrentes de acidente do trabalho são consideradas para os efeitos de cálculo da gratificação natalina.

1: Errado, pois há previsão de penalidade administrativa (multa) em caso de desrespeito ao direito à gratificação natalina do empregado, conforme disposto no art. 3º, I, da Lei 7.855/1989; **2:** Errado, pois o enunciado não está de acordo com a Súmula 46 do TST: "ACIDENTE DE TRABALHO. As faltas ou ausências decorrentes de acidente do trabalho não são consideradas para os efeitos de duração de férias e cálculo da gratificação natalina".

Gabarito 1E, 2E

(Advogado – Correios – 2011 – CESPE) Com relação a salário e remuneração, julgue os itens que se seguem.

(1) Se o empregador fornecer ao empregado educação em ensino superior, pagando matrícula, mensalidades e material didático, os valores relativos a tais pagamentos serão considerados integrantes do salário do empregado beneficiado.

(2) A gorjeta integra a remuneração do empregado, mas não, o seu salário.

1: opção incorreta, pois não são considerados salários *in natura*, nos termos do art. 458, § 2º, II, da CLT; **2:** opção correta, pois reflete o disposto no art. 457 da CLT.

Gabarito 1E, 2C

(Advogado – Correios – 2011 – CESPE) A respeito de décimo terceiro salário, julgue os próximos itens.

(1) O empregador que tem vinte empregados deve, segundo a legislação, proceder ao pagamento do adiantamento do décimo terceiro salário de seus empregados sempre ao ensejo de suas férias.

(2) O empregado comissionado puro deve receber o décimo terceiro salário até o dia vinte de dezembro de cada ano, calculado na base de um onze avos da soma das importâncias variáveis devidas nos meses trabalhados até novembro de cada ano. Até o dia dez de janeiro do ano seguinte, o valor do décimo terceiro salário deve ser revisto, de forma a ser computada a parcela do mês de dezembro. No momento da revisão, o cálculo da gratificação deve considerar um doze avos do total devido no ano anterior, processando-se a correção do valor da respectiva gratificação com o pagamento ou compensação das possíveis diferenças.

1: opção incorreta, pois nos termos do art. 4º do Decreto 57.155/1965 o adiantamento será pago ao ensejo das férias do empregado, sempre que este o requerer no mês de janeiro do correspondente ano; **2:** opção correta, pois está em acordo com os arts. 2º e 3º do Decreto 57.155/1965.

Gabarito 1E, 2C

6. JORNADA DE TRABALHO

(Analista – MPU – 2010 – CESPE) Entre os direitos constitucionais assegurados ao trabalhador, inclui-se o intervalo intrajornada, de remuneração obrigatória.

O intervalo intrajornada não vem assegurado em norma constitucional, mas pelo art. 71 da CLT e outros dispositivos esparsos (por exemplo, arts. 72, 298, 384 da CLT) e, como regra, tal intervalo não é remunerado.

Gabarito "E"

(Analista – TRT/21ª – 2010 – CESPE) No que concerne a contrato de trabalho, julgue o item a seguir:

(1) O labor realizado entre as 22 e as 5 horas por obreiro urbano é considerado noturno e a hora de trabalho é computada em cinquenta e dois minutos e trinta segundos.

1: correta, Art. 73, §§1º e 2º, da CLT.

Gabarito 1C

7. EXTINÇÃO DO CONTRATO DE TRABALHO

(Procurador do Estado/SE – 2017 – CESPE) Com o desmembramento do município X, foi criado o município Y. Nessa situação hipotética, segundo o TST, a responsabilidade trabalhista quanto aos empregados municipais deverá ser suportada

(A) pelo município Y, que deverá suceder os empregados do município X contratados antes da criação do novo município.
(B) pelo estado-membro a que os municípios pertencem.
(C) por cada um dos municípios pelo período em que cada um deles figurar como real empregador.
(D) pelos dois municípios, solidariamente, independentemente do período de vinculação dos empregados.
(E) pelo município X, subsidiariamente, em relação aos empregados contratados pelo município Y.

"C" é a opção correta. Nos termos da OJ 92 da SDI 1 do TST em caso de criação de novo município, por desmembramento, cada uma das novas entidades responsabiliza-se pelos direitos trabalhistas do empregado no período em que figurarem como real empregador.

Gabarito "C"

(Procurador do Município/Manaus – 2018 – CESPE) Considerando a jurisprudência do TST a respeito da rescisão do contrato de trabalho, julgue os itens seguintes.

(1) No caso de morte do empregado, a multa por atraso do pagamento das verbas rescisórias será afastada somente se a empresa tiver movido oportunamente ação de consignação de verbas devidas.
(2) Caso uma empregada que trabalhe em uma empresa há oito anos, sem jamais ter infringido nenhuma obrigação contratual ou desviado sua conduta, falsificasse o horário lançado em um atestado médico para justificar sua ausência do trabalho, a empresa empregadora poderia demiti-la por justa causa imediatamente.
(3) Se uma empresa contratar empregado mediante contrato de experiência pelo prazo de quarenta e cinco dias, sem cláusula quanto à possibilidade de prorrogação automática do contrato, e, após dois meses de trabalho, o empregado for demitido, caberá à empresa pagar todas as verbas rescisórias como se o contrato tivesse sido celebrado por tempo indeterminado.

1: opção incorreta, pois o empregador não deu causa. **2:** opção incorreta, pois deve haver proporcionalidade entre a falta e a punição do empregado. **3:** opção correta, pois sempre que o contrato de experiência não for prorrogado ou ultrapassar 90 dias, será automaticamente convertido em contrato com prazo indeterminado.

Gabarito 1E, 2E, 3C

(Procurador Municipal – Prefeitura/BH – CESPE – 2017) A dispensa do trabalhador por justa causa é direito do empregador, garantido pela legislação brasileira. Entretanto, há empregados e empregadores que ainda não conhecem os possíveis cenários em que a demissão por justa causa pode acontecer. No art. 482 da CLT, estão previstos diversos motivos de dispensa por justa causa.

Uma hipótese ocorre quando o empregado apresenta habitualmente um comportamento irregular e incompatível com a moral, com demonstrações de desregramento da conduta sexual, libertinagem, pornografia ou assédio sexual.

Nessa hipótese, a espécie de justa causa é caracterizada por:

(A) improbidade.
(B) indisciplina.
(C) incontinência de conduta.
(D) mau procedimento.

A: incorreta, pois a improbidade revela mau caráter, maldade, desonestidade, má-fé, que cause prejuízo ou até risco à integridade do patrimônio do empregador; **B**: incorreta, pois a indisciplina consiste no descumprimento de ordens gerais de serviço; **C**: correta, pois a incontinência de conduta corresponde a um comportamento desregrado ligado à vida sexual do obreiro; **D**: incorreta, pois mau procedimento corresponde a um mau comportamento por parte do empregado.

Gabarito "C"

8. FGTS

(Analista – MPU – 2010 – CESPE) Acerca dos direitos e deveres decorrentes das relações de trabalho, julgue o item que se segue.

(1) No caso de demissão por justa causa ou aposentadoria, o empregado pode movimentar livremente o fundo de garantia por tempo de serviço (FGTS). Já em situações de falecimento do trabalhador ou de extinção da pessoa jurídica que o empregava, o acesso ao FGTS requer ordem judicial.

1: O art. 20 da Lei 8.036/1990 não prevê a movimentação da conta de FGTS em decorrência de despedida do empregado por justa causa.

Gabarito 1E

9. SEGURANÇA E MEDICINA DO TRABALHO

(Procurador Municipal – Prefeitura/BH – CESPE – 2017) A cumulação dos adicionais de insalubridade e de periculosidade:

(A) é permitida, podendo o juiz concedê-la de ofício por ser matéria de ordem pública de saúde e de segurança do trabalhador.
(B) é vedada, podendo o empregado fazer a opção pelo adicional que lhe for mais benéfico.
(C) é vedada, pois possuem a mesma hipótese de incidência, o que configura *bis in idem*.
(D) é permitida, desde que o empregado a requeira expressamente.

"B" é a opção correta. Isso porque, no julgamento do recurso E-RR-1072-72.2011.5.02.0384 o TST absolveu uma empresa de condenação ao pagamento dos adicionais de periculosidade e insalubridade cumulativamente a um empregado. No julgamento desse recurso, o entendimento majoritário foi o de que o § 2º do art. 193 da CLT veda a acumulação, ainda que os adicionais tenham fatos geradores distintos.

Gabarito "B"

(Advogado – Correios – 2011 – CESPE) Julgue os itens seguintes, acerca de segurança e higiene do trabalho.

(1) O presidente da Comissão Interna de Prevenção de Acidentes (CIPA) não é detentor de estabilidade.
(2) Trabalhador de posto de gasolina que mantém contato direto com as bombas de combustíveis tem direito ao adicional de insalubridade.

1: opção correta, pois por ser o Presidente indicado pelo próprio empregador não terá a estabilidade provisória; **2:** opção incorreta, pois o trabalhador em questão faz jus ao adicional de periculosidade e não de insalubridade. Veja Súmula 39 do TST.

Gabarito 1C, 2E

10. DIREITO COLETIVO DO TRABALHO

10.1. SINDICATOS

(Analista – MPU – 2010 – CESPE) O direito coletivo do trabalho regula a atuação das entidades que defendem as diferentes categorias profissionais. Acerca desse tema, julgue os itens subsequentes.

(1) É vedada ao sindicato profissional a atuação como substituto processual em casos de convenções e acordos coletivos, que são matéria de competência exclusiva da justiça do trabalho.
(2) Por ser direito fundamental, a sindicalização é considerada obrigatória pela legislação brasileira, que também protege os trabalhadores com a determinação de que toda categoria profissional tenha seu sindicato.
(3) Inexiste na CF redação à existência de mais de um sindicato por categoria diferenciada de trabalhadores.
(4) É facultado ao empregador dispensar empregado membro da comissão de conciliação prévia.

1: arts. 8º, III, da CF e 3º da Lei 8.073/1990, e Súmula 286 do TST; **2:** nem é obrigatória a sindicalização nem é obrigatório que haja um sindicato para cada categoria profissional, conforme arts. 5º, XX, e 8º, *caput*, I e V, da CF; **3:** art. 8º, II, da CF; **4:** art. 652-B, §1º, da CLT.

Gabarito 1E, 2E, 3E, 4E

10.2. CONVENÇÃO E ACORDO COLETIVO

(Procurador do Município/Manaus – 2018 – CESPE) Julgue o próximo item, relativo a convenções e acordos coletivos do trabalho.

(1) A convenção coletiva de trabalho não pode estabelecer norma de redução de intervalo interjornada, ou seja, entre o término de uma jornada e o início da outra, uma vez que o prazo desse intervalo é garantido por norma de ordem pública, não sendo passível de negociação.

1: opção correta. O art. 611-A, III, da CLT permite apenas a negociação do intervalo intrajornada, mas não do intervalo interjornada.

Gabarito 1C

(Analista – TRT/10ª – 2013 – CESPE) Julgue os próximos itens, acerca dos direitos coletivos do trabalho.

(1) A diferença básica entre a convenção coletiva de trabalho e o acordo coletivo de trabalho traduz-se nos seus sujeitos, pois, enquanto na convenção coletiva os sujeitos são o sindicato profissional de um lado e uma ou mais empresas do outro, no acordo coletivo os sujeitos são o sindicato profissional de um lado e, de outro lado, o sindicato da categoria econômica.

(2) O chamado locaute, vedado pelo ordenamento jurídico brasileiro, significa a paralisação do trabalho ordenada pelo próprio empregador.

(3) As confederações são entidades sindicais de grau superior, de âmbito nacional, que, para terem tal *status*, devem ser constituídas por, no mínimo, cinco federações e ter sede em Brasília.

1: opção incorreta, pois no acordo coletivo os sujeitos são o sindicato profissional de um lado e uma ou mais empresas do outro, na convenção coletiva os sujeitos são o sindicato profissional de um lado e, de outro lado, o sindicato da categoria econômica, nos termos do art. 611, caput, e § 1º, da CLT. **2:** Opção correta, pois nos termos do art. 17 da Lei 7.783/1990 o lockout é proibido. **3:** Opção incorreta, pois nos termos do art. 535 da CLT as Confederações organizar-se-ão com o mínimo de 3 (três) federações e terão sede na Capital da República.

Gabarito 1E, 2C, 3E

10.3. GREVE

(Advogado União – AGU – CESPE – 2015) Acerca de direito coletivo do trabalho e segurança no trabalho, julgue os próximos itens.

(1) De acordo com a CLT, caso seja demonstrado grave e iminente risco para o trabalhador, o auditor-fiscal do trabalho deverá interditar o estabelecimento ou embargar a obra.

(2) Conforme entendimento do TST, serão nulas, por ofensa ao direito de livre associação e sindicalização, cláusulas de convenção coletiva que estabeleçam quota de solidariedade em favor de entidade sindical a trabalhadores não sindicalizados.

1: Incorreta, pois, nos termos do art. 161 da CLT, o Delegado Regional do Trabalho, à vista do laudo técnico do serviço competente que demonstre grave e iminente risco para o trabalhador, poderá interditar estabelecimento, setor de serviço, máquina ou equipamento, ou embargar obra, indicando na decisão, tomada com a brevidade que a ocorrência exigir, as providências que deverão ser adotadas para prevenção de infortúnios de trabalho. **2:** Correta. "Quota de solidariedade" nada mais é que a contribuição assistencial, que, nos termos da OJ 17 da SDC do TST, estabelece que as cláusulas coletivas que estabeleçam contribuição em favor de entidade sindical, a qualquer título, obrigando trabalhadores não sindicalizados, são ofensivas ao direito de livre associação e sindicalização, constitucionalmente assegurado, e, portanto, nulas, sendo passíveis de devolução, por via própria, os respectivos valores eventualmente descontados. Veja também súmula vinculante 40 STF: "A contribuição confederativa de que trata o art. 8º, IV, da Constituição Federal, só é exigível dos filiados ao sindicato respectivo."

Gabarito 1E, 2C

(Analista – MPU – 2010 – CESPE) O direito coletivo do trabalho regula a atuação das entidades que defendem as diferentes categorias profissionais. Acerca desse tema, julgue o item subsequente.

(1) A CF estabelece o direito de greve ao trabalhador em caráter exclusivo, sendo vedada ao empregador a ação conhecida como lockout, que consiste na greve do empregador.

Arts. 9º da CF e 17 da Lei 7.783/89.

Gabarito 1C

11. TEMAS COMBINADOS

(Procurador do Município - Campo Grande/MS - 2019 - CESPE/CEBRASPE) A respeito de jornada de trabalho e de convenções coletivas de trabalho, julgue os próximos itens, considerando a jurisprudência do Tribunal Superior do Trabalho (TST).

(1) Em algumas situações específicas, norma coletiva de trabalho pode autorizar o registro de ponto por exceção: nesse sistema, em vez do controle formal de entrada e saída do empregado, computam-se somente as exceções às jornadas diárias.

(2) É válida cláusula de convenção coletiva de trabalho que faça previsão expressa de preferência à contratação de empregados sindicalizados.

(3) É nula cláusula de convenção coletiva do trabalho que exija do empregado a apresentação de comprovantes de quitação das obrigações sindicais para a homologação da rescisão do contrato de trabalho.

1. correto, pois nos termos do art. 74, § 4º, da CLT fica permitida a utilização de registro de ponto por exceção à jornada regular de trabalho, mediante acordo individual escrito, convenção coletiva ou acordo coletivo de trabalho. **2.** Errado, pois nos termos da OJ 20 da SDC viola o art. 8º, V, da CF/1988 cláusula de instrumento normativo que estabelece a preferência, na contratação de mão de obra, do trabalhador sindicalizado sobre os demais. **3.** Correto, pois de acordo com o entendimento da SDC do TST não há na lei em vigor prevendo tal exigência. Ademais, não há necessidade dos sindicatos participarem do ato de homologação da rescisão contratual (revogação do § 1º do art. 477 da CLT com a edição da Lei 13.467/2017) Vale ressaltar, ainda, que o também revogado § 7º do art. 477 da CLT dispunha que o ato da assistência que existia no § 1º do art. 477 da CLT seria sem ônus ao empregado. Veja decisão: TST - RO-86-31.2017.5.08.0000.

Gabarito 1C, 2E, 3C

(Procurador do Município - Campo Grande/MS - 2019 - CESPE/CEBRASPE) No que se refere a rescisão de contrato de trabalho e a atividades insalubres e perigosas, julgue os itens a seguir, considerando a jurisprudência do TST.

(1) A determinação pela justiça do trabalho de reversão de demissão por justa causa gera, automaticamente, a reparação por danos morais ao empregado demitido.

(2) A demissão sem justa causa de empregado portador de doença grave presume-se discriminatória e gera o direito à reintegração.

(3) Tratorista que, no seu exercício profissional, permanece no interior do trator enquanto este é abastecido tem direito ao recebimento de adicional de periculosidade, em razão do risco a que fica exposto.

1. Errado, pois a demissão, por si só, não acarreta lesão à honra ou à imagem do reclamante, ainda que esta ocorra de forma motivada e judicialmente se converta em rescisão sem justa causa. Veja julgamento: TST – RR -123200-85.2009.5.15.0034. **2.** Correto, pois reflete a disposição da súmula 443 do TST. **3.** Errado, pois a exposição do empregado ao risco acentuado é eventual e não intermitente. O quadro 3 do Anexo 2 da Norma Regulamentadora 16 do extinto Ministério do Trabalho, ao estabelecer as atividades perigosas realizadas na operação em postos de bombas de abastecimento de inflamáveis líquidos, não contemplou o empregado que acompanha o abastecimento do veículo por terceiro. Veja julgamento: TST - RR-381-79.2010.5.15.0142.

Gabarito: 1E, 2C, 3E

(Procurador do Município - Campo Grande/MS - 2019 - CESPE/ CEBRASPE) No que diz respeito ao intervalo para repouso e alimentação, a grupo econômico e à proteção ao trabalho da mulher, julgue os itens subsequentes, considerando a jurisprudência do TST.

(1) Em casos específicos de empregados contratados para jornada de trabalho de seis horas diárias e trinta horas semanais, mas que habitualmente prorrogam essa jornada, a jurisprudência tem-se posicionado no sentido de reconhecer, no mínimo, uma hora de intervalo para repouso e alimentação.

(2) Para a justiça do trabalho, a existência de sócios em comum entre duas empresas basta para a configuração de grupo econômico e, consequentemente, para responsabilização solidária entre elas.

(3) Se uma adolescente contratada por prazo determinado por intermédio de contrato de aprendizagem engravidar antes do término desse contrato, ela não terá direito à estabilidade de gestante.

1. correto, pois nos termos da súmula 437, IV, do TST ultrapassada habitualmente a jornada de seis horas de trabalho, é devido o gozo do intervalo intrajornada mínimo de uma hora, obrigando o empregador a remunerar o período para descanso e alimentação não usufruído como extra, acrescido do respectivo adicional, na forma prevista no art. 71, *caput* e § 4º da CLT. **2.** Errado, pois nos termos do art. 2º, § 2º, da CLT não caracteriza grupo econômico a mera identidade de sócios, sendo necessárias, para a configuração do grupo, a demonstração do interesse integrado, a efetiva comunhão de interesses e a atuação conjunta das empresas dele integrantes. **3.** Errado, pois nos termos da súmula 244, III, do TST a empregada gestante tem direito à estabilidade provisória prevista no art. 10, inciso II, alínea "b", do Ato das Disposições Constitucionais Transitórias, mesmo na hipótese de admissão mediante contrato por tempo determinado. HC

Gabarito 1C, 2E, 3E

(Procurador do Município - Campo Grande/MS - 2019 - CESPE/ CEBRASPE) Com relação à estabilidade e à garantia provisória de emprego, ao direito de greve e a serviços essenciais, julgue os itens seguintes, considerando a jurisprudência do TST.

(1) Delegado sindical não é beneficiário da estabilidade provisória, porque a estabilidade apenas é aplicada aos que exercem cargo de direção nos sindicatos e que tenham sido submetidos a processo eletivo.

(2) Situação hipotética: Um empregado estava no período correspondente ao aviso prévio indenizado quando foi eleito presidente do sindicato de sua categoria. Assertiva: Esse empregado adquiriu o direito à estabilidade desde a data de sua eleição.

(3) Empregado dispensado durante movimento grevista possui o direito de ser reintegrado ao emprego.

1. correto, pois nos termos da OJ 369 da SDI 1 do TST o delegado sindical não é beneficiário da estabilidade provisória prevista no art. 8º, VIII, da CF/1988, a qual é dirigida, exclusivamente, àqueles que exerçam ou ocupem cargos de direção nos sindicatos, submetidos a processo eletivo. **2.** Errado, pois nos termos da súmula 369, V, do TST o registro da candidatura do empregado a cargo de dirigente sindical durante o período de aviso prévio, ainda que indenizado, não lhe assegura a estabilidade, visto que inaplicável a regra do § 3º do art. 543 da CLT. **3.** Errado, pois embora durante a greve o empregado não possa ser dispensado, art. 7º, parágrafo único, da Lei 7.783/90, em caso de demissão não terá direito à reintegração, mas apenas à indenização para compensar o ato ilegal de dispensa. Veja julgamento: TST - RR-114800-83.2012.5.17.0014 HC

Gabarito 1C, 2E, 3E

(Procurador do Estado/SE – 2017 – CESPE) Uma lei estadual ampliou para cento e oitenta dias a licença-maternidade para as servidoras gestantes submetidas ao regime estatutário. Com base nisso, uma empregada pública celetista do mesmo estado da Federação requereu para si, em juízo, a extensão do referido benefício.

Nessa situação hipotética, conforme o entendimento do TST, o requerimento de extensão do benefício

(A) deverá ser atendido, pois não pode haver discriminação entre as mulheres no ambiente laboral.

(B) não poderá ser atendido, visto que a requerente está submetida a regime jurídico diverso daquele do grupo que lhe serviu de paradigma.

(C) não poderá ser atendido, porque a CLT proíbe equiparação de qualquer espécie remuneratória para efeito de remuneração de pessoal do serviço público.

(D) deverá ser atendido, visto que, nesse caso, se deve aplicar o princípio da isonomia.

(E) deverá ser atendido, porque o real beneficiário do direito à licença-maternidade é o nascituro.

"B" é a opção correta. O informativo 156 do TST entendeu: "Licença--maternidade. Prorrogação para 180 dias. Lei estadual. Concessão do benefício somente às servidoras gestantes submetidas ao regime estatutário. Extensão do direito às servidoras celetistas. Impossibilidade." HC

Gabarito "B"

(Procurador do Estado/SE – 2017 – CESPE) De acordo com o entendimento do TST, se determinada empresa, que conta com cento e cinquenta empregados, dispensar, sem justa causa, trabalhador com deficiência e não fizer, nos termos da legislação pertinente, a contratação de outro empregado nas mesmas condições, tal dispensa será considerada

(A) legal, porque não há obrigação legal de o empregador contratar trabalhadores com deficiência.

(B) legal, desde que a empresa mantenha o percentual mínimo legal de cargos preenchidos por trabalhadores com deficiência.

(C) ilegal, devido ao fato de não haver justo motivo.

(D) ilegal, porque os trabalhadores com deficiência possuem garantia de emprego por tempo indeterminado.

(E) ilegal, ainda que não interfira no atendimento ao percentual mínimo legal de cargos preenchidos por trabalhadores com deficiência.

"B" é a resposta correta. Isso porque, nos termos do art. 93 da Lei 8.213/1991 a empresa com 100 (cem) ou mais empregados está obrigada a preencher de 2% (dois por cento) a 5% (cinco por cento) dos seus cargos com beneficiários reabilitados ou pessoas portadoras de deficiência, habilitadas, na seguinte proporção:
I – até 200 empregados..........2%;
II – de 201 a 500..........3%;
III – de 501 a 1.000..........4%;
IV – de 1.001 em diante..........5%.
Já em seu § 1º a dispensa de trabalhador reabilitado ou de deficiente habilitado ao final de contrato por prazo determinado de mais de 90 (noventa) dias, e a imotivada, no contrato por prazo indeterminado, só poderá ocorrer após a contratação de substituto de condição. HC

Gabarito "B"

(Procurador do Município/Manaus – 2018 – CESPE) A respeito do direito de greve, da proteção ao trabalho da mulher, da alteração da relação de trabalho, da aplicação de justa causa e da equiparação salarial, julgue os itens que se seguem.

(1) De acordo com o TST, a greve é um exemplo de interrupção do contrato de trabalho, e os dias parados devem ser pagos normalmente, a não ser que o ato seja considerado ilegal pela justiça do trabalho.

(2) Se uma empregada, antes do término do cumprimento de aviso-prévio de desligamento sem justa causa, apresentar ao empregador atestado médico probatório de que, na data da dispensa, ela já estava grávida, tal fato não lhe dará o direito à estabilidade prevista no texto constitucional, pois, quando foi dado o aviso-prévio, o empregador desconhecia o estado gravídico da empregada.

(3) Se, ao longo de procedimento de sindicância para apuração de falta grave de um empregado, este for promovido por merecimento e, em consequência, assumir função de confiança, ficará configurado, por parte do empregador, o perdão tácito à infração disciplinar que eventualmente seja apurada pela comissão sindicante.

1: opção incorreta, pois nos termos do art. 7º, da Lei 7.783/1989 observadas as condições previstas nesta Lei, a participação em greve suspende o contrato de trabalho, devendo as relações obrigacionais, durante o período, ser regidas pelo acordo, convenção, laudo arbitral ou decisão da Justiça do Trabalho. **2**: opção incorreta, pois nos termos da súmula 244, I, TST o desconhecimento do estado gravídico pelo empregador não afasta o direito ao pagamento da indenização decorrente da estabilidade. **3**: opção correta, isso porque que a empresa exerceu ato incompatível com a intenção de punir. Veja RR-20843-08.2014.5.04.0018.

Gabarito 1E, 2E, 3C

(Procurador do Município – Prefeitura Fortaleza/CE – CESPE – 2017) Em relação aos direitos constitucionais dos trabalhadores, à insalubridade, à remuneração, ao FGTS, ao aviso prévio, às férias e à jornada de trabalho, julgue os itens a seguir.

(1) Embora se trate de direito potestativo do empregado, a regra do abono de férias se aplica aos trabalhadores que gozam de férias coletivas apenas se a conversão for objeto de cláusula da convenção coletiva de trabalho.

(2) Conforme o entendimento do TST, como o empregador não está obrigado por lei a remunerar o trabalho extraordinário prestado por seus gerentes que exerçam cargos de gestão, o empregado não tem direito ao repouso semanal remunerado.

(3) Segundo o STF, o exercício do direito constitucional dos trabalhadores urbanos e rurais que trata da remuneração por serviço extraordinário com acréscimo de, no mínimo, 50% depende de regulamentação específica.

(4) De acordo com o TST, é indevido o pagamento do adicional de insalubridade caso a prova pericial evidencie ter havido neutralização do agente ruído por meio do regular fornecimento e utilização de equipamento de proteção individual.

(5) Situação hipotética: Uma estatal possui, em seu quadro de funcionários, eletricistas contratados mediante concurso público e eletricistas de empresas terceirizadas, todos trabalhando como eletricistas e prestando serviços ligados à atividade fim da estatal e em seu benefício. Entretanto, os empregados da tomadora realizam tarefas mais especializadas que os empregados da prestadora de serviço. Assertiva: Nessa situação, segundo o entendimento do TST, é devido o direito à isonomia salarial, porquanto o que se exige é a identidade de funções, e não de tarefas.

(6) Para que município obtenha concessão de empréstimos ou financiamentos junto a quaisquer entidades financeiras oficiais, é obrigatória a apresentação do Certificado de Regularidade do FGTS, fornecido pela Caixa Econômica Federal.

(7) Considera-se indenizado o aviso prévio quando o empregador desliga o empregado e efetua o pagamento da parcela relativa ao respectivo período. Pode o empregador exigir que o empregado trabalhe parte desse período de aviso prévio.

1: Incorreta, pois nos termos do art. 143, § 2º, CLT tratando-se de férias coletivas, o abono pecuniário deverá ser objeto de acordo coletivo entre o empregador e o sindicato representativo da respectiva categoria profissional, independendo de requerimento individual a concessão do abono. **2**: Incorreta, pois embora os gerentes que exerçam cargos de gestão estejam excluídos do capítulo de duração do trabalho, nos termos do art. 62, II, CLT, possuem direito ao descanso semanal remunerado. Nos termos do art. 7º, XV, CF e art. 1º da Lei 605/1949 todo empregado tem direito ao repouso semanal remunerado de vinte e quatro horas consecutivas, preferentemente aos domingos. **3**: Incorreta, pois, nos termos do art. 7º, XVI, CF, trata-se de um direito assegurado a todo trabalhador, independentemente de regulamentação específica. **4**: Correta, pois, nos termos do art. 191, II, CLT e súmula 289 do TST, havendo a neutralização da insalubridade o adicional será indevido. **5**: Correta, pois, nos termos do art. 12, a, da Lei 6.019/1974, é assegurado ao trabalhador temporário remuneração equivalente à percebida pelos empregados da mesma categoria da empresa tomadora ou cliente. Veja também OJ 383 da SDI 1 TST. **6**: Correta, pois reflete a disposição do art. 27, *b*, da Lei 8036/1990. **7**: Incorreta, pois, embora a primeira parte da assertiva esteja correta, sempre que o empregador dispensar o empregado do cumprimento do aviso prévio, será considerado indenizado. Porém, caso o empregador exija a prestação de serviços nesse período, fala-se em aviso prévio trabalhado. Optando o empregador por dispensar o empregado do cumprimento do aviso prévio, não poderá exigir o trabalho do empregado.

Gabarito 1E, 2E, 3E, 4C, 5C, 6C, 7E

(Procurador do Município – Prefeitura Fortaleza/CE – CESPE – 2017) Julgue os itens seguintes, relativos à suspensão e à rescisão do contrato de trabalho e ao direito coletivo do trabalho.

(1) Segundo o STF, nos planos de dispensa incentivada ou voluntária, não é válida cláusula que dê quitação ampla e irrestrita a todas as parcelas decorrentes do contrato de emprego, mesmo que tal item conste de acordo coletivo de trabalho e dos demais instrumentos assinados pelo empregado, porquanto os direitos trabalhistas são indisponíveis e irrenunciáveis.

(2) Conforme o entendimento do TST, a suspensão do contrato de trabalho em virtude de gozo de auxílio-doença não impede a dispensa por justa causa, ainda que a prática do ato faltoso imputado ao trabalhador tenha sido anterior ao afastamento.

1: Incorreta, pois o Plenário do Supremo Tribunal Federal (STF) no julgamento do Recurso Extraordinário (RE) 590415, que teve repercussão geral reconhecida, decidiu que, nos casos de Planos de Dispensa Incentivada (PDIs), é válida a cláusula que dá quitação ampla e irrestrita de todas as parcelas decorrentes do contrato de emprego, desde que este item conste de Acordo Coletivo de Trabalho e dos demais instrumentos assinados pelo empregado. **2**: Correta, pois o empregado que comete justa causa (falta grave) não possui direito à estabilidade prevista no art. 118 da Lei 8.213/1991. Veja: TST-E-ED-RR-20300-40.2008.5.01.0263.

Gabarito 1E, 2C

(Procurador do Estado/AM – 2016 – CESPE) No que concerne a rescisão do contrato de trabalho, indenizações e aviso prévio, julgue os itens que se seguem.

(1) O empregado tem direito a aderir a plano de demissão voluntária instituído por seu empregador no curso do seu aviso prévio.

(2) Segundo o TST, na hipótese de uma relação de emprego ter sido reconhecida apenas em juízo, não incidirá a multa pelo não pagamento das parcelas constantes do instrumento de rescisão ou recibo de quitação no prazo legal.

(3) Segundo o entendimento do TST, a ausência do pagamento das verbas rescisórias, por si só, é motivo suficiente para caracterizar a ocorrência de danos morais, mormente quando o empregador reconhecer a omissão.

1: opção correta, pois o aviso prévio, ainda que indenizado, integra o tempo de serviço do empregado, projetando o término do contrato de trabalho. Nesses termos, considerando os efeitos do aviso prévio, ainda que indenizado, de projetar o término do contrato de trabalho, uma vez implantado o PDV no período de aviso prévio do empregado, nada obsta que ele se beneficie do plano; **2**: opção incorreta, pois, nos termos da Súmula 462 do TST, o fato de a relação de emprego ter sido reconhecida apenas em juízo não tem o condão de afastar a incidência da multa prevista no art. 477, §8º, da CLT. A referida multa não será devida apenas quando, comprovadamente, o empregado der causa à mora no pagamento das verbas rescisórias; **3**: opção incorreta, pois o TST vem sustentando que o dano moral *in re ipsa* somente se revela nos casos de atrasos reiterados nos pagamentos salariais mensais, mas não no caso de atraso na quitação de verbas rescisórias. *Vide* TST Recurso de Revista 19507620105150058.

Gabarito 1C, 2E, 3E

(Advogado União – AGU – CESPE – 2015) Julgue os itens a seguir, relativos a alteração contratual, comissão de conciliação prévia, férias e aviso prévio no direito do trabalho.

(1) Caso um empregado decida converter um terço do período de férias a que tiver direito em abono pecuniário, sobre essa verba incidirão o FGTS e a contribuição previdenciária.

(2) Conforme entendimento consolidado pelo TST, o contrato de trabalho celebrado sem concurso público por empresa pública que venha a ser privatizada será considerado válido e seus efeitos, convalidados.

(3) A comissão de conciliação prévia é órgão extrajudicial cuja atribuição legal é conciliar os conflitos individuais de trabalho, não podendo ela exercer a função de órgão de assistência e homologação de rescisão de contrato de trabalho.

(4) O aviso prévio é um instituto aplicado a contratos de emprego por prazo indeterminado, não incidindo em contratos a termo, visto que, nesse tipo de pacto, as partes ajustam, desde o início, o termo final.

1: Incorreta, pois o abono pecuniário não integrará a remuneração do empregado para os efeitos da legislação do trabalho, art. 144 CLT. Veja súmula 386 STJ e OJ 195 SDI 1 TST. **2**: Correta, pois, nos termos da súmula 430 TST, convalidam-se os efeitos do contrato de trabalho que, considerado nulo por ausência de concurso público, quando celebrado originalmente com ente da Administração Pública Indireta, continua a existir após a sua privatização. **3**: Correta, pois, nos termos do art. 625-A CLT, as CCPs – Comissões de Conciliação Prévia – têm como atribuição tentar conciliar os conflitos individuais do trabalho. A CCP não poderá exercer a função de assistência e homologação de rescisão do contrato de trabalho. **4**: Incorreta, pois ao contrato com prazo determinado que contiver a cláusula assecuratória do direito recíproco de rescisão, art. 481 da CLT, aplicam-se os princípios que regem a rescisão dos contratos por prazo indeterminado. Ademais, a súmula 163 do TST ensina que cabe aviso prévio nas rescisões antecipadas dos contratos de experiência, na forma do art. 481 da CLT.

Gabarito 1E, 2C, 3C, 4E

(Advogado União – AGU – CESPE – 2015) Julgue os itens que se seguem, concernentes a duração do trabalho, remuneração, FGTS e contratos especiais de trabalho.

(1) Segundo decisão recente do STF, o prazo prescricional relativo aos valores não depositados no FGTS é quinquenal, haja vista esse fundo ser crédito de natureza trabalhista; entretanto, caso o prazo prescricional já esteja em curso, deverá ser aplicado o que ocorrer primeiro: trinta anos, contados do termo inicial, ou cinco anos, a partir do referido julgado.

(2) A aprendizagem é um contrato de trabalho especial que não gera vínculo empregatício entre as partes que o celebram, uma vez que o seu intento não é o exercício profissional em si, mas a formação educativa do menor.

(3) Embora a CF preveja a jornada de seis horas no trabalho realizado em turnos ininterruptos de revezamento, havendo permissão de trabalho de até oito horas por meio de negociação coletiva, o TST entende que os empregados abrangidos pela referida negociação não terão direito ao pagamento da sétima e da oitava hora como extras.

1: Correta, pois reflete o disposto na súmula 362 do TST. **2**: Incorreta. Isso porque, o aprendiz é um empregado, pois possui vínculo de emprego com a empresa contratante. No entanto, é importante ressaltar que a contratação efetivada por meio de entidades sem fins lucrativos que objetivam a assistência ao adolescente e à educação profissional não gera vínculo de emprego entre o aprendiz e a empresa tomadora dos serviços. Veja art. 431 da CLT de acordo com a redação dada pela Lei 13.420/2017. **3**: Correta, pois, nos termos da súmula 423 do TST, estabelecida jornada superior a seis horas e limitada a oito horas por meio de regular negociação coletiva, os empregados submetidos a turnos ininterruptos de revezamento não têm direito ao pagamento da 7ª e 8ª horas como extras.

Gabarito 1C, 2E, 3C

(Procurador do Estado – PGE/BA – CESPE – 2014) Acerca dos direitos constitucionais dos trabalhadores, do Fundo de Garantia do Tempo de Serviço (FGTS), da prescrição e decadência e de assuntos correlatos, julgue os itens que se seguem.

(1) Pode ser exigido da mulher, para a admissão ou para a permanência no emprego, atestado ou exame de qualquer natureza para a comprovação de esterilidade ou de gravidez, dado o direito do empregador de ser informado da situação da mulher para eventual concessão de benefícios relacionados à condição de gravidez.

(2) O exercício do direito de greve em serviços essenciais exige da entidade sindical ou dos trabalhadores, conforme o caso, a prévia comunicação da paralisação dos trabalhos ao empregador e, ainda, aos usuários dos serviços, no prazo mínimo de setenta e duas horas, sob pena de o movimento grevista ser considerado abusivo.

(3) As horas extraordinárias e as horas noturnas devem ser remuneradas com adicional mínimo de 50% sobre o valor da hora normal de trabalho.

(4) O empregado afastado do emprego não tem direito às vantagens concedidas, durante a sua ausência, à categoria que integra na empresa.

1: Incorreta, pois, nos termos do art. 373-A, CLT, é vedado exigir atestado ou exame, de qualquer natureza, para comprovação de esterilidade ou gravidez, na admissão ou permanência no emprego. **2**: Correta, pois, nos termos do art. 13 da Lei 7.783/1990, na greve, em serviços ou atividades essenciais, ficam as entidades sindicais ou os trabalhadores, conforme o caso, obrigadas a comunicar a decisão aos empregadores e aos usuários com antecedência mínima de 72 (setenta e duas) horas da paralisação. **3**: Incorreta, pois embora as horas extraordinárias devam ser remuneradas com adicional mínimo de 50% sobre o valor da hora normal de trabalho, conforme art. 7º, XVI, CF; as horas noturnas serão remuneradas com adicional de 20%, nos termos do art. 73 CLT. **4**: Incorreta, pois, nos termos do art. 471 da CLT, ao empregado afastado do emprego, são asseguradas, por ocasião de sua volta, todas as vantagens que, em sua ausência, tenham sido atribuídas à categoria a que pertencia na empresa.

Gabarito 1E, 2C, 3E, 4E

22. Direito Processual do Trabalho

Hermes Cramacon e Luiz Fabre*

1. JUSTIÇA DO TRABALHO E MINISTÉRIO PÚBLICO DO TRABALHO

(Procurador do Estado – PGE/BA – CESPE – 2014) Em relação ao direito processual do trabalho, julgue os itens a seguir.

(1) No processo trabalhista, a contradita consiste na denúncia, pela parte interessada, dos motivos que impedem ou tornam suspeito o depoimento da testemunha, e o momento processual oportuno de a parte oferecer a contradita da testemunha ocorre logo após a qualificação desta, antes de o depoente ser compromissado.

(2) Dada a celeridade, que fundamenta o procedimento sumaríssimo, a CLT não admite o deferimento e a realização de prova técnica pericial.

(3) No processo do trabalho, o reclamante que der causa a dois arquivamentos seguidos de reclamação trabalhista em face de seu não comparecimento à audiência fica definitivamente impossibilitado de exercer novamente o direito de reclamar perante a justiça do trabalho, se a nova ação envolver o mesmo reclamante, reclamado e objeto.

(4) Segundo entendimento do TST, o marco inicial da contagem do prazo prescricional para o ajuizamento de ação condenatória, quando advém a dispensa do empregado no curso de ação declaratória com a mesma causa de pedir remota, é a data da extinção do contrato de trabalho.

(5) Consoante entendimento do TST, é válido o substabelecimento de advogado investido de mandato tácito, que se configura com o comparecimento do advogado e da parte em audiência.

1: Correta. A contradita deve ser arguida após a qualificação da testemunha e antes dela prestar o compromisso, sob pena de preclusão. Veja art. 457 do CPC/2015. **2**: Incorreta, pois a prova técnica/pericial é admitida no procedimento sumaríssimo, nos termos do art. 852-H, § 4º, CLT. **3**: Incorreta, pois, nos termos do art. 732 da CLT, o reclamante perderá o direito de propor nova reclamação pelo prazo de 6 meses. É o que se denomina "perempção provisória". **4**: Incorreta, pois, nos termos da OJ 401 SDI 1 do TST, o marco inicial da contagem do prazo prescricional para o ajuizamento de ação condenatória, quando advém a dispensa do empregado no curso de ação declaratória que possua a mesma causa de pedir remota, é o trânsito em julgado da decisão proferida na ação declaratória e não a data da extinção do contrato de trabalho. **5**: Incorreta, pois, nos termos da OJ 200 da SDI 1 do TST, é inválido o substabelecimento de advogado investido de mandato tácito. HC

Gabarito 1C, 2E, 3E, 4E, 5E

(Advogado da União/AGU – CESPE – 2012) Julgue os itens que se seguem, relativos à organização e competência da justiça do trabalho e ao processo do trabalho.

(1) Compete aos tribunais do trabalho processar e julgar os dissídios coletivos de greve, com exceção dos que envolvam servidores públicos estatutários; para processar e julgar esses dissídios, a competência será, conforme o caso, do STJ, de tribunal regional federal ou de tribunal de justiça.

(2) Compete ao TRT processar e julgar a ação rescisória de decisão proferida pelo próprio TRT, devendo-se seguir o rito procedimental previsto no processo civil, exceto quanto ao depósito prévio, que, no processo do trabalho, é de 15% sobre o valor dado à causa.

(3) As execuções fiscais decorrentes de multas aplicadas pela fiscalização do trabalho devem ser propostas pela União (fazenda nacional) perante vara do trabalho, sendo interponível contra as decisões proferidas pelo juiz do trabalho o recurso ordinário, por equiparável às apelações previstas na Lei de Execução Fiscal (Lei n.º 6.830/1980).

(4) São órgãos da justiça do trabalho: o TST, os tribunais regionais do trabalho, os juízes do trabalho e os juizados especiais trabalhistas.

1: opção correta, pois nos termos do art. 114, II, CF e julgamento da ADI 3395-6 a competência da Justiça do Trabalho para julgar dissídios de greve está restrita aos trabalhadores celetistas. Os dissídios de greve dos servidores estatutários serão apreciados pela Justiça Comum. **2**: opção incorreta, pois no processo do trabalho, nos termos do art. 836 da CLT o depósito prévio é de 20% do valor da causa; **3**: opção incorreta, pois o recurso cabível é o agravo de petição, nos termos do art. 897, *a*, da CLT; **4**: opção incorreta, pois de acordo com o art. 111 da CF são órgãos da Justiça do Trabalho: o Tribunal Superior do Trabalho, os Tribunais Regionais do Trabalho, os Juízes do Trabalho.

Gabarito 1C, 2E, 3E, 4E

2. COMPETÊNCIA

Em 2017, João foi contratado, em Campo Grande – MS, como auxiliar administrativo da empresa X, sediada no mesmo município. Em 2018, depois de um ano de serviços prestados a essa empresa, João foi dispensado sem justa causa. Em 2019, ele mudou seu domicílio para Corumbá – MS e lá ajuizou reclamação trabalhista contra a empresa X em determinada vara do trabalho de Corumbá. Na petição inicial, João afirmou ter trabalhado apenas em Campo Grande, mas sustentou a competência da vara do trabalho de Corumbá, por ser o foro de seu atual domicílio. Três dias depois de ter sido notificada e antes da data marcada para a audiência, a empresa X apresentou peça sinalizada como exceção de incompetência territorial, alegando a competência de vara do trabalho de Campo Grande.

(Procurador do Município - Campo Grande/MS - 2019 - CESPE/ CEBRASPE) A partir dessa situação hipotética, julgue os itens a seguir à luz da legislação processual trabalhista.

(1) A audiência de conciliação, instrução e julgamento do processo poderá ser realizada, perante o juízo considerado competente, somente depois de decidida a exceção de incompetência.

(2) A competência territorial é de vara do trabalho de Campo Grande, pois este foi o local da prestação dos serviços.

1. correto, pois nos termos do art. 800, § 4º, da CLT decidida a exceção de incompetência territorial, o processo retomará seu curso, com a designação de audiência, a apresentação de defesa e a instrução processual perante o juízo competente. **2.** Correto, pois nos termos do art. 651 da CLT a competência territorial é determinada pela localidade onde o empregado, reclamante ou reclamado, prestar serviços ao empregador, ainda que tenha sido contratado noutro local ou no estrangeiro. HC

Gabarito 1C, 2C

(Analista Judiciário – TRT/8ª – 2016 – CESPE) Carlo, cidadão brasileiro domiciliado em Minas Gerais, veterinário e advogado, ex-empregado público de autarquia federal sediada unicamente em Brasília – DF, foi demitido sem justa causa em 27/1/2015, na capital federal, local onde os serviços foram prestados. Em 28/1/2016, Carlo propôs em juízo pedido de indenização no valor total de R$ 20.000, por entender que diversos de seus direitos trabalhistas haviam sido violados.

* **Hermes Cramacon HC** comentou as questões dos concursos de Defensoria, Procuradorias, Advocacia Pública e OAB, Analista TRT/8ª/2016, Procurador do Estado 2016, **Luiz Fabre** comentou as demais questões de concursos jurídicos e de Técnico.

Nessa situação hipotética,

(A) ambas as partes estão imunes do pagamento de custas processuais.
(B) é obrigatória a adoção do rito processual sumaríssimo.
(C) a propositura da ação trabalhista foi extemporânea, em virtude do instituto da prescrição.
(D) caso não haja conciliação prévia, deve-se adotar a forma verbal para a reclamação trabalhista.
(E) o foro competente para apreciação da lide, em primeira instância, seria o Distrito Federal.

A: opção incorreta, pois a entidade autárquica está isenta do pagamento de custas, nos termos do art. 790-A, I, CLT. Já o reclamante Carlo não está isento do recolhimento de custas, se for o caso. A justiça gratuita será concedida à pessoa com insuficiência de recursos, nos termos do art. 98 do CPC/2015; **B:** opção incorreta, pois, nos termos do art. 852-A, parágrafo único, da CLT, estão excluídas do procedimento sumaríssimo as demandas em que é parte a Administração Pública direta, autárquica e fundacional; **C:** opção incorreta, pois o prazo prescricional de 2 anos disposto no art. 7º, XXIX, da CF e art. 11, I, da CLT foi respeitado; **D:** opção incorreta, pois a petição inicial poderá ser apresentada de forma escrita ou verbal, nos termos do art. 840 da CLT; **E:** opção correta, pois, nos termos do art. 651 da CLT, a competência para ajuizamento da reclamação trabalhista, em regra, é determinada pela localidade onde o empregado, reclamante ou reclamado prestar serviços ao empregador.

Gabarito "E"

3. NULIDADES

(Analista Judiciário – TRT/8ª – 2016 – CESPE) Acerca das nulidades e exceções aplicáveis ao processo do trabalho, assinale a opção correta.

(A) O pronunciamento da nulidade depende do consentimento da parte que lhe tiver dado causa.
(B) Pronunciada determinada nulidade, deverá ser declarada, consequentemente, a nulidade de todos os demais atos processuais.
(C) Na justiça do trabalho, admitem-se exceções apenas em matéria de defesa quanto ao mérito.
(D) O juiz da causa é obrigado a dar-se por suspeito nas situações em que o autor da ação for de sua íntima relação pessoal.
(E) A nulidade do processo judicial deve ser declarada em juízo de admissibilidade pela secretaria judicial à qual a ação trabalhista for distribuída.

A: opção incorreta, pois, nos termos do art. 795 da CLT, as nulidades não serão declaradas senão mediante provocação de quaisquer das partes, as quais deverão argui-las na primeira oportunidade em que tiverem de falar em audiência ou nos autos; **B:** opção incorreta, pois, nos termos do art. 281 do CPC/2015, anulado o ato, consideram-se de nenhum efeito todos os subsequentes que dele dependam, todavia, a nulidade de uma parte do ato não prejudicará as outras que dela sejam independentes. Nesse mesmo sentido, determina o art. 797 da CLT que o juiz ou Tribunal que pronunciar a nulidade declarará os atos a que ela se estende; **C:** opção incorreta, pois, nos termos do art. 799 da CLT, as exceções de incompetência territorial, suspeição e impedimento serão opostas com suspensão do feito; **D:** opção correta, pois reflete o disposto no art. 801, *b*, da CLT; **E:** opção incorreta, pois a nulidade será declarada por um juiz ou pelo Tribunal, nunca pela secretaria.

Gabarito "D"

4. PROVAS

(Procurador do Estado/SE – 2017 – CESPE) Foi ajuizada uma reclamatória trabalhista pleiteando-se, além das verbas rescisórias, o pagamento de adicional de insalubridade em virtude das condições de trabalho do estabelecimento empregador. Assim, foi determinada pelo juízo a realização de perícia técnica, sendo facultado o acompanhamento da diligência por assistente técnico. No início do trabalho, o perito observou que o local onde eram prestados os serviços pelo reclamante estava desativado, o que tornou inviável a realização da perícia determinada.

Nessa situação hipotética, de acordo com o entendimento do TST,

(A) a perícia para avaliar a caracterização e a classificação da insalubridade deverá ser efetuada por qualquer médico ou engenheiro.
(B) embora a perícia seja obrigatória para a verificação da insalubridade, no caso de impossibilidade de sua realização por fechamento do local de trabalho, o magistrado poderá utilizar outros meios de prova.
(C) apesar de a perícia ser prova facultativa, a demanda prosseguirá com relação aos demais pedidos, e o pleito de adicional de insalubridade será julgado improcedente por falta de condições de sua comprovação.
(D) os honorários do assistente técnico deverão ser arcados pela parte sucumbente na perícia.
(E) o comparecimento do perito ao local da diligência gerará honorários periciais, os quais deverão ser suportados, na hipótese de o reclamante ser beneficiário da justiça gratuita, pelo estado no qual está sendo processada a reclamatória.

"B" é a opção correta. Isso porque, nos termos da OJ 278 da SDI 1 do TST, A realização de perícia é obrigatória para a verificação de insalubridade. Quando não for possível sua realização, como em caso de fechamento da empresa, poderá o julgador utilizar-se de outros meios de prova. HC

Gabarito "B"

(Analista Judiciário – TRT/8ª – 2016 – CESPE) Em relação às provas no processo do trabalho e à aplicação subsidiária do Código de Processo Civil (CPC), assinale a opção correta.

(A) É admissível o testemunho de surdo-mudo por meio de intérprete nomeado pela parte interessada no depoimento, ficando as custas do intérprete a cargo da justiça do trabalho.
(B) É permitido à testemunha recusar-se a depor.
(C) No processo do trabalho, admite-se o testemunho de pessoa na condição de simples informante, o que significa que ela não precisa prestar compromisso.
(D) Não se admite como testemunha o estrangeiro que residir no país, mas não falar a língua portuguesa.
(E) No processo do trabalho, em consequência da aplicação subsidiária do CPC, a regra geral é que a parte requerida detém o ônus da prova.

A: opção incorreta, pois, nos termos do art. 819, § 1º, da CLT, o intérprete será nomeado pelo juiz; **B:** opção incorreta, pois, nos termos do art. 448 do CPC/2015, a testemunha não é obrigada a depor sobre fatos que lhe acarretem grave dano, bem como ao seu cônjuge ou companheiro e aos seus parentes consanguíneos ou afins, em linha reta ou colateral, até o terceiro grau ou a cujo respeito, por estado ou profissão, deva guardar sigilo. Veja também o art. 463 do CPC, que ensina que o depoimento prestado pela testemunha em juízo é considerado serviço público; **C:** opção correta, pois, nos termos do art. 829 da CLT, a testemunha que for parente até o terceiro grau civil, amigo íntimo ou inimigo de qualquer das partes não prestará compromisso, e seu depoimento valerá como simples informação; **D:** opção incorreta, pois, nos termos do art. 819 da CLT, o depoimento das partes e testemunhas que não souberem falar a língua nacional será feito por meio de intérprete nomeado pelo juiz; **E:** opção incorreta, pois, nos termos do art. 818 da CLT, a prova das alegações incumbe à parte que as fizer; na mesma linha, o art. 373 do CPC/2015 ensina que o ônus da prova incumbe ao autor, quanto ao fato constitutivo de seu direito, e ao réu, quanto à existência de fato impeditivo, modificativo ou extintivo do direito do autor.

Gabarito "C"

5. PROCEDIMENTO (INCLUSIVE, ATOS PROCESSUAIS)

(Procurador do Estado/SE – 2017 – CESPE) Na audiência de instrução e julgamento de uma reclamação trabalhista, após a qualificação da única testemunha arrolada pelo reclamante, a qual havia trabalhado com ele na empresa demandada, esta apresentou contradita sob a alegação de que a testemunha também havia ajuizado contra ela reclamatória trabalhista, fato que, segundo a companhia, geraria sua suspeição.

Nessa situação hipotética, a contradita apresentada deverá ser

(A) deferida, sob o argumento de que trabalhar na mesma empresa pressupõe amizade íntima, também levando à suspeição.
(B) indeferida, pois o fato de a testemunha ter ajuizado a reclamação trabalhista constitui causa de impedimento, e não de suspeição.
(C) indeferida, por se tratar da única testemunha do reclamante, de modo que acatar a suspeição consistiria em ofensa ao contraditório e à ampla defesa.
(D) deferida, pois o fato de a testemunha ter ajuizado reclamação trabalhista contra a reclamada torna questionável, como meio de prova, o depoimento dela.
(E) indeferida, haja vista que o simples fato de litigar contra a mesma reclamada não é razão suficiente para gerar suspeição.

"E" é a opção correta. Isso porque, nos termos da súmula 357 do TST não torna suspeita a testemunha o simples fato de estar litigando ou de ter litigado contra o mesmo empregador.

Gabarito "E"

(Procurador do Estado/SE – 2017 – CESPE) Com relação às audiências no processo do trabalho, assinale a opção correta.

(A) A contestação deverá ser apresentada no prazo de quinze dias a contar da data da audiência de conciliação.
(B) As partes formularão perguntas diretamente às testemunhas, em atenção ao disposto no CPC vigente.
(C) Após o interrogatório pessoal dos litigantes, a instrução processual poderá prosseguir sem as partes, permanecendo os seus representantes.
(D) O termo de conciliação em audiência vale como decisão irrecorrível e oponível *erga omnes*.
(E) As partes, ao comparecerem em audiência, devem estar acompanhadas de seu procurador ou defensor público.

A: opção incorreta, pois nos termos do art. 847 da CLT não havendo acordo, o reclamado terá vinte minutos para aduzir sua defesa, após a leitura da reclamação, quando esta não for dispensada por ambas as partes. **B:** opção incorreta, pois nos termos do art. 820 da CLT As partes e testemunhas serão inquiridas pelo juiz ou presidente, podendo ser reinquiridas, por seu intermédio, a requerimento dos vogais, das partes, seus representantes ou advogados. Não se aplica ao Processo do Trabalho a norma do art. 459 do CPC/2015 no que permite a inquirição direta das testemunhas pela parte, pois a CLT possui regramento específico em seu art. 820, nos termos do art. 11 da IN 39 do TST. **C:** opção correta, pois nos termos do art. 848, § 1º, da CLT findo o interrogatório, poderá qualquer dos litigantes retirar-se, prosseguindo a instrução com o seu representante. **D:** opção incorreta, pois nos termos do art. 831, parágrafo único, da CLT, "No caso de conciliação, o termo que for lavrado valerá como decisão irrecorrível, salvo para a Previdência Social quanto às contribuições que lhe forem devidas". **E:** opção incorreta, pois nos termos do art. 843 da CLT, na audiência de julgamento deverão estar presentes o reclamante e o reclamado, independentemente do comparecimento de seus representantes salvo, nos casos de Reclamatórias Plúrimas ou Ações de Cumprimento, quando os empregados poderão fazer-se representar pelo Sindicato de sua categoria.

Gabarito "C"

(Procurador do Estado/SE – 2017 – CESPE) Empregado de empresa de serviços gerais e conservação que prestava serviços para uma autarquia ajuizou reclamação trabalhista em desfavor desta e de sua empregadora, pleiteando o pagamento de horas extras e dando à causa o valor equivalente a trinta e oito salários mínimos.

Considerando-se a legislação pertinente e o rito processual trabalhista, é correto afirmar que, nessa situação hipotética,

(A) a demanda deverá, necessariamente, atender ao procedimento ordinário.
(B) cada uma das partes poderá requerer a oitiva de até seis testemunhas.
(C) em razão da obrigatoriedade de recurso no caso de a autarquia ser vencida na demanda, o magistrado não poderá tentar a conciliação.
(D) a demanda deverá, necessariamente, atender ao procedimento sumaríssimo.
(E) caso a petição inicial não apresente os pedidos liquidados, o processo será arquivado, com condenação ao pagamento de custas.

"A" é a opção correta. Nos termos do art. 852-A da CLT Os dissídios individuais cujo valor não exceda a quarenta vezes o salário mínimo vigente na data do ajuizamento da reclamação ficam submetidos ao procedimento sumaríssimo. No entanto, o parágrafo único do mesmo dispositivo legal ensina que estão excluídas do procedimento sumaríssimo as demandas em que é parte a Administração Pública direta, autárquica e fundacional. Por essa razão a ação deverá tramitar pelo procedimento ordinário em que cada parte poderá indicar até três testemunhas, art. 821 da CLT.

Gabarito "A"

(Procurador do Estado/AM – 2016 – CESPE) Julgue os seguintes itens, relativos aos procedimentos adotados em dissídios individuais da justiça do trabalho.

(1) Segundo o TST, não havendo no instrumento de mandato poderes expressos para substabelecer, serão inválidos os atos praticados pelo substabelecido.
(2) Estado da Federação pode figurar no polo passivo de demanda individual trabalhista de rito sumaríssimo; nesse caso, se for deferida prova pericial, a fazenda estadual será intimada a manifestar-se sobre o laudo no prazo dobrado de dez dias.
(3) Na instrução trabalhista, o momento da contradita ocorre logo após a testemunha firmar o compromisso de dizer a verdade sobre o que sabe e o que lhe for perguntado.
(4) Conforme entendimento do TST, caso um estado da Federação seja condenado em dissídio individual trabalhista, a decisão condenatória não estará sujeita a reexame necessário se a condenação não ultrapassar o valor correspondente a quinhentos salários mínimos.

1: opção incorreta, pois, nos termos da súmula 395, III, do TST, são válidos os atos praticados pelo substabelecido, ainda que não haja, no mandato, poderes expressos para substabelecer (art. 667 e parágrafos, do Código Civil de 2002); **2:** opção incorreta, pois, nos termos do art. 852-A, parágrafo único, da CLT, estão excluídas do procedimento sumaríssimo as demandas em que é parte a Administração Pública direta, autárquica e fundacional; **3:** opção incorreta, pois, por aplicação do art. 457 do CPC/2015, a contradita deverá ser arguida após a qualificação da testemunha e antes de prestar o compromisso, sob pena de preclusão; **4:** opção correta, pois reflete o entendimento disposto na Súmula 303, I, *b*, do TST.

Gabarito 1E, 2E, 3E, 4C

(Analista – TRT/10ª – 2013 – CESPE) Acerca de procedimento ordinário, julgue os itens subsecutivos.

(1) Nas causas sujeitas ao procedimento ordinário, não é admitido recurso de revista contra decisão proferida em grau de recurso ordinário que viole direta e literalmente dispositivo constitucional.
(2) No rito ordinário, o juiz somente tem a obrigação de propor a conciliação por ocasião da abertura da audiência, podendo usar dos meios adequados de persuasão para a solução conciliatória do litígio, em qualquer fase da audiência.

1: assertiva incorreta, pois nos termos do art. 896, c, da CLT será possível a interposição de recurso de revista; **2:** assertiva incorreta, pois a conciliação também deverá ter buscada após a apresentação de eventual razões finais, nos termos do art. 850 da CLT.

Gabarito 1E, 2E

6. EXECUÇÃO

(Procurador Municipal – Prefeitura/BH – CESPE – 2017) Assinale a opção correta, a respeito da execução trabalhista, conforme o entendimento do TST.

(A) Os erros de cálculo que existirem na sentença não poderão ser corrigidos na liquidação de sentença, já que a fase de liquidação é igual à de execução.

(B) Na execução por carta precatória, salvo se o juízo deprecante indicar o bem constrito ou se a carta já tiver sido devolvida, os embargos de terceiro serão oferecidos no juízo deprecado.
(C) Superado o prazo de cento e oitenta dias do deferimento do processamento da recuperação judicial, a continuidade das execuções individuais trabalhistas retorna automaticamente.
(D) Depósito realizado em caderneta de poupança até o limite de quarenta salários mínimos é impenhorável, mesmo que essa conta esteja sendo utilizada como conta-corrente, sem o cunho de economia futura e segurança pessoal.

A: Incorreta, pois, nos termos do art. 494, I, CPC/2015, aplicado por força do art. 769 da da CLT e art. 15 do CPC/2015, erros de cálculo poderão ser corrigidos; **B**: correta, pois, nos termos da súmula 419 do TST, na execução por carta precatória, os embargos de terceiro serão oferecidos no juízo deprecado, salvo se indicado pelo juízo deprecante o bem constrito ou se já devolvida a carta (art. 676, parágrafo único, do CPC de 2015); **C**: incorreta, pois no julgamento do recurso ordinário 80169.95.2016.5.07.0000 o TST entendeu que deferido o processamento ou aprovado o plano de recuperação judicial, não cabe o prosseguimento automático das execuções individuais, mesmo após decorrido o prazo de 180 dias previsto no art. 6º, § 4º, da Lei 11.101/2005, de modo que, ao juízo trabalhista, fica vedada a alienação ou disponibilização de ativos da empresa executada; **D**: incorreta, pois se a conta poupança estiver sendo utilizada como conta-corrente, os valores nela depositados não são impenhoráveis. Veja Informativo TST Execução 22. HC

Gabarito "B".

(Procurador do Estado/AM – 2016 – CESPE) Com referência à execução no processo do trabalho e aos seus recursos, julgue os itens que se seguem.

(1) Conforme entendimento do TST, em caso de violação direta à CF, admite-se interposição de recurso de revista contra acórdão proferido em liquidação de sentença.
(2) Segundo o STF, o prazo de trinta dias para a fazenda pública embargar a execução é constitucional e não ofende os princípios da isonomia e do devido processo legal.
(3) É inadmissível a penhora de dinheiro em execução provisória.

1: opção correta, pois, nos termos da Súmula 266 TST, a admissibilidade do recurso de revista interposto de acórdão proferido em agravo de petição, na liquidação de sentença ou em processo incidente na execução, inclusive os embargos de terceiro, depende de demonstração inequívoca de violação direta à Constituição Federal; **2:** opção correta, pois, no julgamento da ADC 11, o STF entendeu ser constitucional o prazo de 30 dias. O CPC/2015 prevê, em seu art. 535, o prazo de 30 dias para a Fazenda Pública impugnar a execução; **3:** opção incorreta, pois, nos termos da Súmula 417, I, TST, não fere direito líquido e certo do impetrante o ato judicial que determina penhora em dinheiro do executado para garantir crédito exequendo, pois é prioritária e obedece à gradação prevista no art. 835 do CPC/2015.

Gabarito 1C, 2C, 3E

7. RECURSOS

(Procurador do Município - Campo Grande/MS - 2019 - CESPE/ CEBRASPE) Julgue os itens que se seguem, acerca de recursos no processo do trabalho.

(1) Das decisões definitivas ou terminativas de vara do trabalho cabe recurso ordinário para o respectivo tribunal regional do trabalho, com efeito exclusivamente devolutivo, não se admitindo a obtenção de efeito suspensivo.
(2) Em geral, não se admite recurso de revista em execução fiscal: o cabimento de recurso de revista na execução é restrito à hipótese de ofensa direta e literal à Constituição Federal de 1988.
(3) O seguimento de recurso de revista que não demonstre transcendência com relação aos reflexos gerais de natureza econômica, política, social ou jurídica poderá ser denegado monocraticamente pelo relator, não cabendo recurso dessa decisão.

1. errado, pois nos termos da súmula 414, I, do TST é admissível a obtenção de efeito suspensivo ao recurso ordinário mediante requerimento dirigido ao tribunal, ao relator ou ao presidente ou ao vice-presidente do tribunal recorrido, por aplicação subsidiária ao processo do trabalho do artigo 1.029, § 5º, do CPC de 2015. **2.** Errado, pois nos termos do art. 896, § 10, da CLT cabe recurso de revista por violação à lei federal, por divergência jurisprudencial e por ofensa à Constituição Federal nas execuções fiscais e nas controvérsias da fase de execução que envolvam a Certidão Negativa de Débitos Trabalhistas (CNDT). **3.** Errado, pois nos termos do art. 896-A, § 2º, da CLT será possível a interposição de agravo (agravo regimental). HC

Gabarito 1E, 2E, 3E

(Procurador do Estado/SE – 2017 – CESPE) Um empregado eleito membro da CIPA foi demitido durante a vigência de seu mandato, razão pela qual, ainda no período de estabilidade legal, ajuizou reclamação trabalhista na qual requereu, em sede liminar, a reintegração ao emprego. O pedido de tutela provisória de reintegração foi deferido pelo juízo em sentença. Nessa situação hipotética, o meio adequado para a impugnação da tutela provisória concedida é o(a)

(A) ação anulatória.
(B) ação cautelar.
(C) mandado de segurança.
(D) recurso ordinário.
(E) ação rescisória.

"D" é a opção correta. Isso porque, nos termos da súmula 414, I, do TST; A tutela provisória concedida na sentença não comporta impugnação pela via do mandado de segurança, por ser impugnável mediante recurso ordinário. É admissível a obtenção de efeito suspensivo ao recurso ordinário mediante requerimento dirigido ao tribunal, ao relator ou ao presidente ou ao vice-presidente do tribunal recorrido, por aplicação subsidiária ao processo do trabalho do artigo 1.029, § 5º, do CPC de 2015. HC

Gabarito "D".

(Procurador do Estado/SE – 2017 – CESPE) Com relação aos recursos no processo do trabalho, julgue os itens a seguir.

I. É cabível recurso ordinário de decisões definitivas das varas ou tribunais, porém não cabe de decisões terminativas ou monocráticas.
II. A CLT determina ser cabível, em dissídios individuais e coletivos, recurso de revista para as turmas do TST.
III. Não caberá agravo de instrumento contra decisões que indefiram a produção de provas.
IV. Na hipótese de decisão proferida em dissídio coletivo que afete empresa de serviço público, têm legitimidade para interpor recurso, além dos interessados, o presidente do tribunal e a Procuradoria da Justiça do Trabalho.

Estão certos apenas os itens

(A) I e II.
(B) I e III.
(C) II e III.
(D) III e IV.
(E) I, II e IV.

I: opção incorreta, pois nos termos do art. 895, I e II, da CLT, cabe recurso ordinário para a instância superior das decisões definitivas ou terminativas das Varas e Juízos e dos Tribunais Regionais, em processos de sua competência originária, no prazo de 8 (oito) dias, quer nos dissídios individuais, quer nos dissídios coletivos. As decisões monocráticas, em regra, são recorríveis via agravo regimental. **II:** opção incorreta, pois nos termos do art. 896 da CLT cabe Recurso de Revista para Turma do Tribunal Superior do Trabalho das decisões proferidas em grau de recurso ordinário, em dissídio individual, pelos Tribunais Regionais do Trabalho. **III:** opção correta, pois por ser considerada interlocutória, a decisão que indefere a produção de provas é irrecorrível de imediato, art. 893, § 1º, da CLT. **IV:** opção correta, pois nos termos do art. 898 da CLT, das decisões proferidas em dissídio coletivo que afete empresa de serviço público, ou, em qualquer caso, das proferidas em revisão, poderão recorrer, além dos interessados, o Presidente do Tribunal e a Procuradoria da Justiça do Trabalho. HC

Gabarito "D".

(Defensoria Pública da União – 2010 – CESPE) Com relação à competência em matéria recursal e aos recursos no processo trabalhista, julgue os itens subsequentes.

(1) Das decisões proferidas pelos tribunais regionais do trabalho ou por suas turmas, em processo incidente de embargos de terceiro, somente deve ser admitido recurso de revista quando elas contiverem contrariedade a Súmula de jurisprudência uniforme do Tribunal Superior do Trabalho e violação direta da CF.

(2) Das decisões das turmas nos tribunais regionais do trabalho assim organizados não cabe recurso para o Tribunal Pleno, exceto contra multas impostas por esses órgãos fracionários.

1: errado, pois de acordo com o disposto no art. 896, § 2º, da CLT, não caberá Recurso de Revista em incidente de embargos de terceiro, salvo na hipótese de ofensa direta e literal de norma da Constituição Federal; **2:** certo, pois a alternativa está de acordo com o art. 678, I, *c*, 1, da CLT.

Gabarito 1E, 2C

(Analista – TRT/21ª – 2010 – CESPE) Recursos constituem um instrumento assegurado aos interesses para que, sempre que vencidos, possam pedir aos órgãos jurisdicionais novo pronunciamento sobre a questão decidida. Amauri Mascaro Nascimento. **Curso de direito processual do trabalho**, 15. Ed. São Paulo: LTr, 1994, p. 281. Com relação a recursos, julgue os itens que se seguem.

(1) Os prazos fixados para os recursos previstos na Consolidação das Leis do Trabalho são de oito dias, salvo o caso dos embargos de declaração.

(2) Assim como no processo civil, no processo do trabalho os recursos repousam na existência comum do efeito suspensivo.

(3) O prazo para recurso da parte intimada, nos termos da Súmula nº 197 do Tribunal Superior do Trabalho, começa a correr no primeiro dia útil após a audiência de julgamento, devendo a sentença ser juntada aos autos no prazo de 48 horas, sob pena de intimação da parte.

1: correta, arts. 894, 895, 897 e 897-A da CLT, e art. 6º da Lei 5.584/70; **2:** incorreta, art. 899 da CLT; **3:** correta, art. 851, § 2º, da CLT e Súmula 197 do TST.

Gabarito 1C, 2E, 3C

8. QUESTÕES COMBINADAS

(Procurador do Município - Campo Grande/MS - 2019 - CESPE/ CEBRASPE) A respeito de prescrição no processo do trabalho, julgue os seguintes itens, de acordo com a legislação processual trabalhista.

(1) As ações que tenham por objeto anotações na carteira de trabalho para fins de prova junto à previdência social não estão sujeitas a prazo prescricional.

(2) No processo trabalhista, não ocorre a prescrição intercorrente.

1. correto, pois nos termos do art. 11, § 1º, da CLT o prazo de prescrição não se aplica às ações que tenham por objeto anotações para fins de prova junto à Previdência Social. **2.** Errado, pois nos termos do art. 11-A da CLT ocorre a prescrição intercorrente no processo do trabalho no prazo de dois anos. HC

Gabarito: 1C, 2E

(Procurador do Município - Campo Grande/MS - 2019 - CESPE/ CEBRASPE) De acordo com a jurisprudência consolidada do Tribunal Superior do Trabalho, julgue os itens subsequentes.

(1) Na execução trabalhista por carta precatória, se indicado pelo juízo deprecante o bem constrito ou se já devolvida a carta, os embargos de terceiro serão oferecidos no juízo deprecante.

(2) O tomador de serviços somente poderá ser responsabilizado subsidiariamente pelo não cumprimento de obrigações trabalhistas por parte do empregador quando tiver participado da relação processual e constar também do título executivo judicial.

1. correto, pois nos termos da súmula 419 do TST na execução por carta precatória, os embargos de terceiro serão oferecidos no juízo deprecado, salvo se indicado pelo juízo deprecante o bem constrito ou se já devolvida a carta (art. 676, parágrafo único, do CPC de 2015). **2.** Correto, pois nos termos da súmula 331, IV, do TST o inadimplemento das obrigações trabalhistas, por parte do empregador, implica a responsabilidade subsidiária do tomador dos serviços quanto àquelas obrigações, desde que haja participado da relação processual e conste também do título executivo judicial. HC

Gabarito 1C, 2C

(Procurador do Município - Campo Grande/MS - 2019 - CESPE/ CEBRASPE) À luz da jurisprudência consolidada do Tribunal Superior do Trabalho, julgue os próximos itens, a respeito de mandado de segurança e dissídio coletivo.

(1) Situação hipotética: Pedro ajuizou reclamação trabalhista pedindo que a empresa da qual fora empregado fosse condenada a pagar-lhe adicional de insalubridade. Diante da necessidade de perícia para caracterizar e classificar a insalubridade, o juiz determinou que a empresa fizesse um depósito prévio para garantir o pagamento dos honorários periciais. Assertiva: Nessa situação, admite-se mandado de segurança contra o ato judicial de exigência do depósito.

(2) Situação hipotética: Objetivando a apreciação de cláusula de natureza social, o sindicato representante dos empregados de determinada pessoa jurídica de direito público ajuizou dissídio coletivo em desfavor dessa pessoa jurídica. Assertiva: Nessa situação, o dissídio é incabível: as pessoas jurídicas de direito público que mantenham empregados não estão sujeitas a dissídio coletivo.

1. correto, pois nos termos da OJ 98 da SDI 2 do TST é ilegal a exigência de depósito prévio para custeio dos honorários periciais, dada a incompatibilidade com o processo do trabalho, sendo cabível o mandado de segurança visando à realização da perícia, independentemente do depósito.**2.** errado, pois nos termos da OJ 5 da SDC do TST em face de pessoa jurídica de direito público que mantenha empregados, cabe dissídio coletivo exclusivamente para apreciação de cláusulas de natureza social. Inteligência da Convenção 151 da Organização Internacional do Trabalho, ratificada pelo Decreto Legislativo 206/2010. HC

Gabarito: 1C, 2E

(Procurador do Município - Campo Grande/MS - 2019 - CESPE/ CEBRASPE) De acordo com a legislação processual trabalhista, julgue os seguintes itens, relativos ao *jus postulandi*, à reclamação e às provas no processo do trabalho.

(1) A possibilidade de empregado e empregador reclamarem pessoalmente na justiça do trabalho, conhecida como *jus postulandi*, foi extinta pela reforma trabalhista.

(2) Na reclamação trabalhista feita por escrito, o pedido deverá ser certo, determinado e com indicação do valor, sob pena de ser julgado extinto sem resolução do mérito.

(3) No processo trabalhista, para comparecer à audiência, as testemunhas serão previamente intimadas.

1. errado, pois a reforma trabalhista (Lei 13.467/2017) não extinguiu o *jus postulandi*, que continua em vigor nos termos do art. 791 da CLT. **2.** correto, pois reflete as disposições do art. 840, §§ 1º e 3º, da CLT. **3.**errado, pois nos termos do art. 825 da CLT as testemunhas comparecerão a audiência independentemente de notificação ou intimação. HC

Gabarito 1E, 2C, 3E

(Procurador do Município/Manaus – 2018 – CESPE) Em relação ao dissídio coletivo, à ação rescisória e ao mandado de segurança na justiça do trabalho, julgue os itens a seguir.

(1) O dissídio coletivo de greve é de natureza econômica, uma vez que constitui novas relações coletivas de trabalho e cria novas condições de trabalho.

(2) A competência originária para julgar ação rescisória acerca de decisão proferida por juiz de vara do trabalho ou de acórdão proferido por tribunal que tenha apreciado o mérito da causa é do próprio e respectivo TRT.

1: opção incorreta, pois nas lições de Carlos Henrique Bezerra Leite (Curso de Direito Processual do Trabalho, 16ª ed., 2018, p. 1618, Saraiva): "o dissídio coletivo de greve pode ter natureza meramente declaratória, se seu objeto residir apenas na declaração de abusividade ou não do movimento paredista. Se, todavia, o Tribunal apreciar e julgar os pedidos versados nas cláusulas constantes da pauta de reivindicações, o dissídio coletivo de greve terá natureza mista, pois a um só tempo, a sentença normativa correspondente declarará a abusividade (ou não) do movimento paredista e constituirá (ou não) novas relações coletivas de trabalho." **2:** Opção correta, art. 678, I, c, 2, da CLT.

Gabarito 1E, 2C

(Procurador do Município/Manaus – 2018 – CESPE) Julgue os próximos itens à luz da jurisprudência do TST acerca dos recursos na justiça do trabalho, da liquidação e da execução no processo do trabalho.

(1) A parte que interpuser recurso não precisará provar a existência de feriado local que autorize a prorrogação do prazo recursal, por ser este um fato notório.

(2) A decisão judicial proferida em dissídio individual que condenar o poder público com base em entendimento coincidente com orientação firmada no âmbito administrativo e emitida pelo próprio ente público por meio de parecer vinculante não se sujeitará ao duplo grau de jurisdição.

(3) Nos casos de decisões desfavoráveis aos entes públicos proferidas em precatório não caberá remessa necessária.

(4) Caso a reclamação trabalhista não requeira a incidência de correção monetária e juros de mora em eventual condenação trabalhista, essas rubricas não poderão ser incluídas na liquidação da respectiva sentença.

(5) Na execução trabalhista, é impenhorável o faturamento de empresa porque isso comprometeria o desenvolvimento regular de suas atividades, bem como o próprio emprego de seus trabalhadores.

1: opção incorreta, pois nos termos da súmula 385, I, do TST incumbe à parte o ônus de provar, quando da interposição do recurso, a existência de feriado local que autorize a prorrogação do prazo recursal (art. 1.003, § 6º, do CPC de 2015). **2:** Opção correta, pois nos termos da súmula 303, II, d, do TST não se sujeita ao duplo grau de jurisdição a decisão fundada em entendimento coincidente com orientação vinculante firmada no âmbito administrativo do próprio ente público, consolidada em manifestação, parecer ou súmula administrativa. **3:** Opção correta, pois nos termos da OJ 8 do Tribunal Pleno do TST em sede de precatório, por se tratar de decisão de natureza administrativa, não se aplica o disposto no art. 1º, V, do Decreto-Lei 779, de 21.08.1969, em que se determina a remessa necessária em caso de decisão judicial desfavorável a ente público. **4:** Opção incorreta, pois são pedidos implícitos. Determina a súmula 211 do TST que os juros de mora e a correção monetária incluem-se na liquidação, ainda que omisso o pedido inicial ou a condenação. **5:** Opção incorreta, pois o faturamento da empresa pode ser penhorado. Nos termos do art. 866 do CPC/2015 se o executado não tiver outros bens penhoráveis ou se, tendo-os, esses forem de difícil alienação ou insuficientes para saldar o crédito executado, o juiz poderá ordenar a penhora de percentual de faturamento de empresa. Ademais, a OJ 93 da SDI 2 do TST dispõe: "Nos termos do art. 866 do CPC de 2015, é admissível a penhora sobre a renda mensal ou faturamento de empresa, limitada a percentual, que não comprometa o desenvolvimento regular de suas atividades, desde que não haja outros bens penhoráveis ou, havendo outros bens, eles sejam de difícil alienação ou insuficientes para satisfazer o crédito executado." Veja também o art. 835 do CPC/2015.

Gabarito 1E, 2C, 3C, 4E, 5E

(Procurador do Município/Manaus – 2018 – CESPE) Em relação à competência da justiça do trabalho, à revelia e às provas no processo do trabalho, julgue os itens que se seguem.

(1) A ação de indenização por dano moral decorrente da relação de trabalho proposta por sucessores de trabalhador falecido é de competência da justiça do trabalho.

(2) Situação hipotética: Um trabalhador requereu, por meio de reclamação trabalhista, adicional de insalubridade, mas o reclamado não contestou esse pedido, o que importou sua revelia. Assertiva: Nessa situação, o juiz poderá julgar procedente o pedido, independentemente de realização de prova pericial para verificar a alegada insalubridade.

(3) Em razão da indisponibilidade do interesse público, as pessoas jurídicas de direito público não se sujeitam à revelia no âmbito trabalhista.

(4) Caso servidor público civil tenha de depor como testemunha em hora de serviço, o juiz deverá oficiar ao chefe da repartição, requisitando o servidor para comparecer à audiência designada.

1: opção correta, pois de acordo com a redação da súmula 392 do TST nos termos do art. 114, inc. VI, da Constituição da República, a Justiça do Trabalho é competente para processar e julgar ações de indenização por dano moral e material, decorrentes da relação de trabalho, inclusive as oriundas de acidente de trabalho e doenças a ele equiparadas, ainda que propostas pelos dependentes ou sucessores do trabalhador falecido. **2:** Opção incorreta, pois nos termos do art. 195 da CLT a realização de perícia é obrigatória. **3:** Opção incorreta, pois nos termos da OJ 152 da SDI 1 do TST a pessoa jurídica de direito público sujeita-se à revelia prevista no artigo 844 da CLT. **4:** Opção correta, pois nos termos do art. 823 da CLT se a testemunha for funcionário civil ou militar, e tiver de depor em hora de serviço, será requisitada ao chefe da repartição para comparecer à audiência marcada.

Gabarito 1C, 2E, 3E, 4C

(Procurador do Município – Prefeitura Fortaleza/CE – CESPE – 2017) Acerca dos procedimentos nos dissídios individuais na justiça do trabalho, da reclamação, do *jus postulandi,* das partes e procuradores, julgue os itens a seguir, de acordo com o entendimento do TST.

(1) No processo do trabalho, a regra é a exigência da exibição dos estatutos da empresa em juízo como condição de validade do instrumento de mandato outorgado ao seu procurador.

(2) Não se aplica ao processo do trabalho a regra processual segundo a qual os litisconsortes que tiverem diferentes procuradores de escritórios de advocacia distintos terão prazos contados em dobro para todas as suas manifestações.

(3) Situação hipotética: Um cidadão postulou ação cautelar em causa própria em tema que envolve matéria sindical, mas não comprovou sua condição de advogado regularmente inscrito nos quadros da OAB. Assertiva: Nessa situação, aplicado o *jus postulandi,* será conhecida e processada regularmente a ação.

1: Incorreta, pois a OJ 255 SDI 1 do TST entende que o art. 75, inciso VIII, do CPC de 2015 (art. 12, VI, do CPC de 1973) não determina a exibição dos estatutos da empresa em juízo como condição de validade do instrumento de mandato outorgado ao seu procurador, salvo se houver impugnação da parte contrária. **2**: Correta, pois, nos termos da OJ 310 da SDI 1 do TST, é inaplicável ao processo do trabalho a norma contida no art. 229, "caput" e §§ 1º e 2º, do CPC de 2015 (art. 191 do CPC de 1973), em razão de incompatibilidade com a celeridade que lhe é inerente. **3**: Incorreta, pois, nos termos da súmula 425 do TST, o *jus postulandi* da parte não poderá ser utilizado para apresentação de medida cautelar.

Gabarito 1E, 2C, 3E

(Procurador do Município – Prefeitura Fortaleza/CE – CESPE – 2017) A respeito da competência, das provas e do procedimento sumaríssimo na justiça do trabalho, julgue os itens que se seguem.

(1) Quando estiver representando o município em juízo, o procurador estará dispensado da juntada de procuração e de comprovação do ato de nomeação durante todo o processamento da demanda, especialmente no caso de reclamação trabalhista de rito sumaríssimo.

(2) Em lides que possuem objetos e procuradores distintos, torna-se suspeita a testemunha que estiver litigando ou que tenha litigado contra esse mesmo empregador.

1: Incorreta, pois, nos termos do art. 852-A, parágrafo único, CLT, estão excluídas do procedimento sumaríssimo as demandas em que é parte a Administração Pública direta, autárquica e fundacional. **2**: Incorreta, pois, nos termos da súmula 357, TST, não torna suspeita a testemunha o simples fato de estar litigando ou de ter litigado contra o mesmo empregador.

Gabarito 1E, 2E

(Procurador do Município – Prefeitura Fortaleza/CE – CESPE – 2017) Julgue os itens subsequentes, a respeito de recursos, execução, mandado de segurança e ação rescisória em processo do trabalho.

(1) No caso de ação coletiva em que sindicato atue como substituto processual na defesa de direitos individuais homogêneos, o entendimento do TST é de que o pagamento individualizado do crédito devido pela fazenda pública aos substituídos não afronta a proibição de fracionamento do valor da execução para fins de enquadramento em pagamentos da obrigação como requisição de pequeno valor.

(2) Segundo o TST, na hipótese de dúvida sobre o cabimento de agravo de petição, cabe mandado de segurança contra decisão que indefira a desconstituição de penhora de numerário nos autos da reclamação trabalhista.

(3) Salvo prova de miserabilidade jurídica do autor, a ação rescisória se sujeita ao depósito prévio de 20% do valor da causa. Conforme o TST, o reconhecimento da decadência no caso de ação rescisória implica a reversão ao réu do valor do depósito prévio.

(4) Segundo o TST, não é cabível a interposição de recurso de embargos contra decisão judicial monocrática.

1: Correta. Isso porque a OJ 9 do Tribunal Pleno do TST entende que em se tratando de reclamações trabalhistas plúrimas, a aferição do que vem a ser obrigação de pequeno valor, para efeito de dispensa de formação de precatório e aplicação do disposto no § 3º do art. 100 da CF/88, deve ser realizada considerando-se os créditos de cada reclamante. Veja também Informativo TST Execução 28. **2**: Correta. De acordo com o Informativo TST Execução 28, é cabível mandado de segurança contra decisão que indefere a desconstituição de penhora de numerário nos autos de reclamação trabalhista na hipótese de dúvida sobre o cabimento de agravo de petição. Veja decisão Processo: RO - 21245-75.2016.5.04.0000. **3**: Correta, pois, nos termos do art. 836 da CLT, a ação rescisória se sujeita ao depósito prévio de 20% do valor da causa, salvo prova de miserabilidade jurídica do autor. Ademais, nos termos do art. 974, parágrafo único, CPC/2015, aplicado ao processo do trabalho por força do art. 769 da CLT e art. 15 do CPC/2015, considerando, por unanimidade, inadmissível ou improcedente o pedido, o tribunal determinará a reversão, em favor do réu, da importância do depósito. Veja também informativo 144 TST. **4**: Correta, pois, nos termos da OJ 378 SDI 1 do TST, não encontra amparo no art. 894 da CLT, quer na redação anterior quer na redação posterior à Lei 11.496, de 22.06.2007, recurso de embargos interposto à decisão monocrática exarada nos moldes do art. 932 do CPC de 2015 (art. 557 do CPC de 1973) e 896, § 5º, da CLT, pois o comando legal restringe seu cabimento à pretensão de reforma de decisão colegiada proferida por Turma do Tribunal Superior do Trabalho. HC

Gabarito 1C, 2C, 3C, 4C

(Procurador do Estado/AM – 2016 – CESPE) Acerca da jurisprudência do TST relativa a ação rescisória, mandado de segurança e competência na justiça do trabalho, julgue os itens a seguir.

(1) Procuração outorgada com poderes específicos para ajuizamento de reclamação trabalhista autoriza a propositura de mandado de segurança.

(2) As relações de trabalho decorrentes de estágio se inserem na competência da justiça do trabalho, ainda que o contratante seja ente da administração pública direta.

(3) Caso se verifique que a parte interessada não tenha juntado à petição inicial o comprovante do trânsito em julgado de decisão objeto de ação rescisória, o relator não deverá indeferir de plano essa ação, devendo abrir prazo para que se junte o referido documento, sob pena de indeferimento.

1: opção incorreta, pois, nos termos da OJ 151 da SDI 2 do TST, a procuração outorgada com poderes específicos para ajuizamento de reclamação trabalhista não autoriza a propositura de ação rescisória e mandado de segurança; **2**: opção incorreta, pois as relações de trabalho de ente da administração pública direta serão de competência da Justiça comum; *vide* julgamento da ADI 3395-6; **3**: opção correta, pois, nos termos da Súmula 299, II, do TST, verificando o relator que a parte interessada não juntou à inicial o documento comprobatório do trânsito em julgado da decisão objeto da ação rescisória, abrirá prazo de 15 (quinze) dias para que o faça (art. 321 do CPC de 2015), sob pena de indeferimento.

Gabarito 1E, 2E, 3C

(Analista Judiciário – TRT/8ª – 2016 – CESPE) Considerando o disposto na legislação trabalhista sobre embargos à execução, revelia e confissão, dissídios coletivos e competência do Tribunal Superior do Trabalho (TST), assinale a opção correta.

(A) O TST é competente para julgar originariamente os dissídios coletivos de categorias profissionais representadas por entidades de classe.

(B) A oposição de embargos à execução independe da garantia ou penhora de bens.

(C) No processo do trabalho, torna-se inexigível o título judicial declarado inconstitucional em decorrência de lei ou ato normativo.

(D) Nos casos em que o reclamado não comparecer à audiência, o processo deverá ficar suspenso até o reclamante demonstrar não haver concorrido para a ausência da parte requerida.

(E) Na audiência designada para a prolação de decisão, deverão comparecer as partes pessoalmente, não se admitindo outorga de poderes; no caso de revelia, poderá a parte presente requerer a nulidade do processo.

A: opção incorreta, pois a competência será do TRT para os dissídios coletivos de âmbito regional, ligados ao território sobre o qual o TRT possui jurisdição, nos termos do art. 678, I, *a*, da CLT e art. 6º da Lei 7.701/88. No entanto, serão de competência do TST os dissídios coletivos de âmbito suprarregional, ou seja, que abranjam mais de um Estado ou se forem de âmbito nacional, isto é, na hipótese de se tratar de uma categoria representativa de todo País; **B:** opção incorreta, pois, nos termos do art. 884 da CLT, é necessária a garantia do juízo para apresentação de embargos à execução. Não se aplica a regra disposta no art. 914 do CPC/2015; **C:** opção correta, pois reflete o disposto no art. 884, § 5º, CLT; **D:** opção incorreta, pois, nos termos do art. 844 da CLT, o não comparecimento do reclamado importa revelia, além de confissão quanto à matéria de fato; **E:** opção incorreta, pois, na audiência em prosseguimento de prolação de sentença, as partes não precisam estar presentes. Nesse sentido, veja Súmula 9, do TST.

Gabarito "C"

(Analista Judiciário – TRT/8ª – 2016 – CESPE) O advogado público Arnaldo, representando João, ex-empregado da instituição X, propôs ação trabalhista contra tal instituição mediante processo judicial eletrônico. A petição inicial foi distribuída diretamente, em formato digital, sem a intervenção da respectiva secretaria ou cartório judicial. O representante legal da referida instituição recebeu a citação válida no prazo legal.

A respeito dessa situação hipotética, assinale a opção correta.

(A) É obrigação da instituição exigir o recebimento da citação em mídia impressa.

(B) O patrono da causa não consta no rol daqueles que se podem valer da utilização do processo eletrônico judicial.

(C) O representante legal da instituição deve apresentar contrarrazões no prazo de expediente do respectivo órgão judiciário.

(D) Não há óbice à utilização do processo judicial eletrônico nessa situação.

(E) O advogado da instituição poderá alegar, em contestação, a nulidade da citação por vício na distribuição.

A: opção incorreta, pois, nos termos do art. 9º da Lei 11.419/2006, no processo eletrônico, todas as citações, intimações e notificações, inclusive da Fazenda Pública, serão feitas por meio eletrônico; **B:** opção incorreta, pois, nos termos do art. 10 da Lei 11.419/2006, a distribuição da petição inicial e a juntada da contestação, dos recursos e das petições em geral, todos em formato digital, nos autos de processo eletrônico, podem ser feitas diretamente pelos advogados públicos e privados; **C:** opção incorreta, pois, nos termos do art. 10, § 1º, CLT, sempre que o ato processual tiver de ser praticado em determinado prazo, por meio de petição eletrônica, serão considerados tempestivos os efetivados até as 24 (vinte e quatro) horas do último dia; **D:** opção correta, pois, de fato, não há óbice à utilização de processo eletrônico.

Veja art.10 da Lei 11.419/2006; **E**: opção incorreta, pois não há vício na distribuição, tendo em vista que foi observada a regra disposta no art. 10 da Lei 11.419/2006.

Gabarito "D."

(Advogado União – AGU – CESPE – 2015) No que diz respeito à competência da justiça do trabalho, a liquidação de sentença trabalhista e a ação rescisória, julgue os itens a seguir.

(1) Conforme entendimento consolidado pelo TST, a apresentação de procuração por meio da qual se outorguem poderes específicos para ajuizar reclamação trabalhista não supre a ausência de nova procuração específica para a propositura de ação rescisória.

(2) De acordo com recente entendimento do STF, a justiça do trabalho não detém competência para processar e julgar de ofício a execução das contribuições previdenciárias relativas ao objeto dos acordos por ela homologados.

(3) Elaborados os cálculos de liquidação de sentença, a abertura de prazo pelo juiz do trabalho para impugnação será facultativa em relação às partes e obrigatória para a União.

1: Correta, pois a OJ 151 da SDI 2 do TST entende que a procuração outorgada com poderes específicos para ajuizamento de reclamação trabalhista não autoriza a propositura de ação rescisória e mandado de segurança. Constatado, todavia, o defeito de representação processual na fase recursal, cumpre ao relator ou ao tribunal conceder prazo de 5 (cinco) dias para a regularização, nos termos da Súmula 383, item II, do TST. **2**: Incorreta, pois, nos termos da súmula vinculante 53 do STF, a competência da Justiça do Trabalho prevista no art. 114, VIII, da Constituição Federal alcança a execução de ofício das contribuições previdenciárias relativas ao objeto da condenação constante das sentenças que proferir e acordos por ela homologados. **3**: Incorreta, pois, nos termos do art. 879, § 2º, CLT, de acordo com a redação dada pela Lei 13.467/2017, elaborada a conta e tornada líquida, o juízo DEVERÁ abrir às partes prazo comum de 8 (oito) dias para impugnação fundamentada com a indicação dos itens e valores objeto da discordância, sob pena de preclusão. Ademais, nos termos do § 3º do mesmo dispositivo, a intimação do INSS também é obrigatória, tendo em vista que o citado dispositivo ensina que o Juiz procederá a intimação da União.

Gabarito 1C, 2E, 3E

(Procurador do Estado – PGE/BA – CESPE – 2014) Acerca de recursos, execução trabalhista e dissídio coletivo, julgue os itens seguintes.

(1) Realizada a hasta pública na execução, o bem deverá ser vendido ao interessado que ofertar o maior lance, e o arrematante deverá garantir o lance com sinal correspondente a 10% do valor inicialmente orçado.

(2) A sentença normativa proferida posteriormente à sentença rescindenda é considerada documento novo para fins de rescisão de sentença de mérito transitada em julgado.

(3) Segundo entendimento consolidado do TST, recurso sem assinatura deve ser considerado inexistente. Será considerado válido o apelo se assinado, ao menos, na petição de apresentação ou nas razões recursais.

(4) É cabível recurso ordinário caso o juiz declare a incompetência absoluta em razão da matéria da justiça do trabalho e determine a remessa dos autos à justiça comum.

(5) Segundo entendimento do TST, a fazenda pública, quando condenada subsidiariamente pelas obrigações trabalhistas devidas pela empregadora principal, não se beneficia da limitação dos juros, prevista no art. 1º-F da Lei nº 9.494/1997.

1: Incorreta, pois, nos termos do art. 888, § 2º, CLT, o arrematante deverá garantir o lance com o sinal correspondente a 20% (vinte por cento) do seu valor. **2**: Incorreta, pois, nos termos da súmula 402, II, *a*, TST, não é prova nova apta a viabilizar a desconstituição de julgado a sentença normativa proferida ou transitada em julgado posteriormente à sentença rescindenda. **3**: Correta, pois, nos termos da OJ 120, II, da SDI 1 do TST,é válido o recurso assinado, ao menos, na petição de apresentação ou nas razões recursais. **4**: Correta, pois a decisão que declara a incompetência absoluta em razão da matéria da Justiça do Trabalho e determina a remessa dos autos à justiça comum é considerada decisão interlocutória terminativas de feito admitindo a interposição de recurso ordinário, em conformidade com o art. 799, § 2º, da CLT. **5**: Correta, pois, nos termos da OJ 382 SDI 1 do TST, a Fazenda Pública, quando condenada subsidiariamente pelas obrigações trabalhistas devidas pela empregadora principal, não se beneficia da limitação dos juros, prevista no art. 1º-F da Lei 9.494, de 10.09.1997.

Gabarito 1E, 2E, 3C, 4C, 5C

(Advogado – CEF – 2010 – CESPE) Em relação aos dissídios individuais trabalhistas, assinale a opção correta.

(A) Entende-se por perempção provisória a impossibilidade de o reclamante propor nova reclamação trabalhista quando este tiver dado causa a dois arquivamentos seguidos, ainda que as ações versem sobre objetos diversos.

(B) No rito sumaríssimo, em que o valor da causa não ultrapassa 40 salários mínimos, o reclamante deverá formular pedidos líquidos e certos, sob pena de o juiz extinguir o processo sem resolução de mérito, com a consequente condenação do autor ao pagamento das custas processuais atinentes.

(C) A vara do trabalho, após recebimento e protocolização da reclamação, notificará o reclamado, por via postal e no prazo de 48 horas, da data da audiência, que poderá ser realizada dentro de cinco dias após o recebimento da notificação pelo reclamado.

(D) Pelo princípio da impugnação especificada, o reclamado deverá esclarecer, em sua defesa e de forma geral, se todas as alegações do autor são inverídicas ou se a pretensão deste é improcedente, requerendo a improcedência dos pedidos contidos na peça vestibular.

(E) Quanto aos créditos resultantes das relações de trabalho, a prescrição não poderá ser interrompida caso a ação seja arquivada, haja vista os princípios da celeridade e da economia processual.

A: opção incorreta, pois para que seja considerada perempta os objetos das ações devem ser iguais. Veja art. 732 da CLT; **B**: opção correta, pois reflete o entendimento disposto nos arts. 852-A, 852-B, I e seu § 1º, da CLT; **C**: opção incorreta, pois nos termos do art. 841 da CLT a audiência deverá ocorrer, no mínimo, 5 dias após o recebimento da notificação; **D**: opção incorreta, pois não é permitida a contestação por negativa geral; **E**: opção incorreta, pois nos termos do entendimento solidificado na Súmula 268 do TST a ação trabalhista, ainda que arquivada, interrompe a prescrição somente em relação aos pedidos idênticos.

Gabarito "B."

23. Direito do Consumidor

André Barros, Gabriela R. Pinheiro, Roberta Densa e Wander Garcia*

1. CONCEITO DE CONSUMIDOR E RELAÇÃO DE CONSUMO

Determinada sociedade por quotas de responsabilidade limitada compra peças de uma sociedade em comum e as utiliza na montagem do produto que revende.

(Delegado - PC/SE - 2018 - CESPE/CEBRASPE) Considerando essa situação, julgue o item a seguir, com base no Código de Defesa do Consumidor (CDC) e nas normas de direito civil e empresarial.

(1) Nessa relação entre as empresas, a sociedade limitada não se enquadra no conceito de consumidora, conforme o CDC.

1. correta. Dado o conceito de consumidor, nos termos do art. 2º do CDC, não pode ser considerado consumidor aquele que adquire o produto ou serviço para insumo (ou atividade intermediária). Neste caso, a relação é empresarial, afastando a incidência do CDC. RD

Gabarito 1C

(Defensor Público/AL – 2017 – CESPE) A necessidade de proteção dos destinatários finais dos produtos e serviços ofertados no mercado de consumo abarca as pessoas humana e jurídica, com o objetivo de tutelar a vulnerabilidade e a hipossuficiência dos consumidores. A partir dessa informação, assinale a opção correta, a respeito dos integrantes e do objeto da relação de consumo.

(A) Aplica-se o CDC para a relação entre condômino e condomínio no que diz respeito à cobrança de taxas, em decorrência da vulnerabilidade do condômino em relação ao condomínio.

(B) Em circunstâncias específicas, pessoas que não firmaram qualquer contrato de consumo podem ser equiparadas a consumidores, para fins de proteção.

(C) O conceito de fornecedor não abarca as pessoas jurídicas que atuam sem fins lucrativos, com caráter beneficente ou filantrópico, ainda que elas desenvolvam, mediante remuneração, atividades no mercado de consumo.

(D) Com base na teoria finalista, a condição de destinatário final do produto não é requisito essencial para a classificação da pessoa física ou jurídica como consumidora.

(E) A teoria maximalista amplia sobremaneira o alcance da relação de consumo, mas não abarca as pessoas jurídicas, devido ao fato de considerar que estas jamais se encontrarão em situação de vulnerabilidade frente ao fornecedor.

A: incorreta. De acordo com a jurisprudência do STJ, não incide o Código de Defesa do Consumidor nas relações jurídicas estabelecidas entre condomínio e condôminos (vide AgRg no REsp 1096723); **B:** correta. O consumidor por equiparação nos termos do art. 2º, parágrafo único, art. 17 e art. 29 do CDC pode ser considerado consumidor, ainda que não tenha firmado qualquer contrato com fornecedores no mercado de consumo; **C:** incorreta. Para que haja a caracterização de fornecedor no mercado de consumo, basta a colocação de produtos e serviços de forma habitual e onerosa. Não é elemento caracterizador do conceito de fornecedor o objetivo de lucro; **D:** incorreta. De acordo com a teoria finalista (adotada pelo STJ), consumidor é destinatário final da relação de consumo, ou seja, é aquele que retira o produto do mercado, com a finalidade de uso próprio ou fins profissionais, desde que esteja presente a vulnerabilidade; **E:** incorreta. De acordo com a teoria maximalista, consumidor é quem retira o produto do mercado de consumo, independentemente do uso pessoal ou profissional. O STJ já firmou entendimento nesse sentido, afirmando que é possível considerar consumidor o consumidor, pessoa física ou jurídica, que retira o produto do mercado com a finalidade profissional, desde que esteja presente a vulnerabilidade. RD

Gabarito "B"

(Defensor Público/PE – 2018 – CESPE) Conforme o entendimento do STJ, o CDC aplica-se a

(A) relação contratual entre cliente e advogado.

(B) contrato de plano de saúde administrado por entidade de autogestão.

(C) contratos de previdência complementar celebrados com entidades abertas.

(D) litígio entre condômino e condomínio edilício referente à cobrança de taxa de condomínio.

(E) contrato de aquisição de equipamento médico por entidade privada proprietária de rede de hospitais.

A: incorreta. Conforme interpretação do STJ, o exercício da advocacia é regulado pela Lei 8.906/94, que disciplina a postura ético-profissional do advogado bem como prevê sanções sobre o exercício inadequado da profissão; **B:** incorreta. De acordo com a Súmula 608 do STJ, "aplica-se o Código de Defesa do Consumidor aos contratos de plano de saúde, salvo os administrados por entidades de autogestão"; **C:** correta. Conforme a Súmula 563, "O Código de Defesa do Consumidor é aplicável às entidades abertas de previdência complementar, não incidindo nos contratos previdenciários celebrados com entidades fechadas"; **D:** incorreta. Não incide o Código de Defesa do Consumidor nas relações jurídicas estabelecidas entre condomínio e condôminos. (Vide AgRg no REsp 1096723/PR e AgRg no AREsp 506687/DF); **E:** incorreta. De acordo com o REsp 1321614/SP, de relatoria do Ministro Ricardo Villas Boas Cueva, "consumidor é toda pessoa física ou jurídica que adquire ou utiliza, como destinatário final, produto ou serviço oriundo de um fornecedor. Por sua vez, destinatário final, segundo a teoria subjetiva ou finalista, adotada pela Segunda Seção desta Corte Superior, é aquele que última a atividade econômica, ou seja, que retira de circulação do mercado o bem ou o serviço para consumi-lo, suprindo uma necessidade ou satisfação própria, não havendo, portanto, a reutilização ou o reingresso dele no processo produtivo. Logo, a relação de consumo (consumidor final) não pode ser confundida com relação de insumo (consumidor intermediário)". RD

Gabarito "C"

(Defensoria/DF – 2013 – CESPE) No que concerne as relações de consumo, aos direitos básicos do consumidor e a decadência, julgue os itens subsequentes.

(1) Aplica-se o prazo de decadência relativo ao vício no fornecimento de serviço e de produtos duráveis ao direito do cliente de pedir ao banco a apresentação das contas relativas a período em que entende terem sido lançados débitos não devidos em sua conta-corrente.

(2) Prevalece no STJ entendimento no sentido de que é considerado consumidor apenas a pessoa física ou a pessoa jurídica que adquire os bens de consumo para uso privado, mesmo que não relacionados a sua atividade profissional.

(3) A cobrança de comissão de corretagem do consumidor sem a devida previsão contratual viola o direito a informação, não podendo essa cobrança ser cláusula implícita em contratos de compra e venda de imóveis. Além disso, não tem o adquirente o dever de pagar tal comissão se não houver acordo nesse sentido.

1: incorreta, pois trata-se de hipótese de *defeito* na prestação de serviço, o qual foi prestado de maneira inadequada em prejuízo do consumidor (art. 14, "caput", e § 1º, do CDC). Logo, o prazo é prescricional de 5

* **Gabriela R. Pinheiro** comentou as questões de MP/PI/14 e Defensoria/DF/13; **RD Roberta Densa** comentou as questões de DPE/RN/16, Juiz/AM/16, Juiz/DF/16; **André Barros** e **Wander Garcia** comentaram as demais questões.

anos (art. 27 do CDC); **2:** incorreta, pois o STJ entende que também é considerado consumidor aquele que adquire produtos para serem utilizados em suas atividades profissionais. Neste sentido: Direito civil. Código de defesa do consumidor. Aquisição de veículo zero-quilômetro para utilização profissional como táxi. Defeito do produto. Inércia na solução do defeito. Ajuizamento de ação cautelar de busca e apreensão para retomada do veículo, mesmo diante dos defeitos. Situação vexatória e humilhante. Devolução do veículo por ordem judicial com reconhecimento de má-fé da instituição financeira da montadora. Reposição da peça defeituosa, após diagnóstico pela montadora. Lucros cessantes. Impossibilidade de utilização do veículo para o desempenho da atividade profissional de taxista. Acúmulo de dívidas. Negativação no SPC. Valor da indenização. 1. **A aquisição de veículo para utilização como táxi, por si só, não afasta a possibilidade de aplicação das normas protetivas do CDC**. 2. A constatação de defeito em veículo zero-quilômetro revela hipótese de vício do produto e impõe a responsabilização solidária da concessionária (fornecedor) e do fabricante, conforme preceitua o art. 18, *caput*, do CDC. 3. Indenização por dano moral devida, com redução do valor. 4. Recurso especial parcialmente provido. (REsp 611.872/RJ, Rel. Ministro Antonio Carlos Ferreira, Quarta Turma, julgado em 02.10.2012, *DJe* 23.10.2012); **3:** correta, pois qualquer tipo de cobrança feita ao consumidor deve estar aposta de forma expressa, clara e adequada no contrato, sob pena de violação ao direito a informação (art. 6º, III, do CDC). Em se tratando de contrato de adesão, o CDC é expresso ao determinar que deve ser redigido em termos claros e com caracteres ostensivos e legíveis, cujo tamanho da fonte não será inferior ao corpo doze, de modo a facilitar sua compreensão pelo consumidor (art. 54, § 3º, do CDC).

Gabarito 1E, 2E, 3C

(Defensoria/DF – 2013 – CESPE) Julgue os itens que se seguem, relativos às práticas comerciais e a proteção contratual no âmbito do direito do consumidor.

(1) Conforme entendimento do STJ, constitui cláusula abusiva o dispositivo de contrato de seguro de veículos que permite a seguradora, nas hipóteses de perda total e furto do veículo, efetuar o pagamento da indenização com base no valor de mercado do bem, porquanto a seguradora pagaria valor inferior ao *quantum* segurado na apólice, sobre o qual são calculadas as mensalidades.

(2) Conforme a jurisprudência do STJ, são nulas as cláusulas contratuais que disponham sobre o dever do consumidor de arcar com a responsabilidade absoluta por compras realizadas com cartão de crédito furtado, até o momento da comunicação do furto.

(3) Responderá pelos danos materiais sofridos pelo consumidor em caso de atraso o fornecedor que tenha feito constar de oferta publicitária sua notável pontualidade e eficiência nos serviços de entrega da mercadoria dele adquirida, ainda que o atraso na entrega decorra de culpa de empresa aérea.

(4) De acordo com o entendimento do STJ, não é abusiva cláusula que exclua do plano de saúde o custeio de prótese, em procedimento cirúrgico coberto pelo plano, fabricada de material importado, ainda que necessária ao restabelecimento da saúde do segurado.

1: incorreta, pois o STJ considera legal a cláusula que estabelece "valor de mercado referenciado" como padrão de indenização em caso de perda total e furto do veículo segurado. Neste sentido Processual civil. Consumidor. Civil. Recurso especial. Ação civil pública. Cláusula de contrato de seguro. Perda total ou furto de veículo. Indenização. Valor de mercado referenciado. Inexistência de abusividade. Legalidade. Recurso parcialmente conhecido e provido. 1. Não há violação ao art. 535 do Código de Processo Civil quando o acórdão hostilizado, embora não examine individualmente cada um dos argumentos suscitados pela parte, adota fundamentação suficiente, decidindo integralmente a controvérsia. É indevido conjecturar-se a existência de omissão, contradição ou obscuridade no julgado apenas porque decidido em desconformidade com os interesses da parte. 2. É inviável o exame, na via estreita do recurso especial, de alegada ofensa a dispositivo constitucional. 3. Fica inviabilizado o conhecimento de tema trazido na petição de recurso especial, mas não debatido e decidido nas instâncias ordinárias, tampouco alegado em sede de embargos de declaração, porquanto ausente o indispensável prequestionamento. 4. O Ministério Público tem legitimidade para ajuizar ação civil pública, na defesa de interesses individuais homogêneos, nos termos do art. 81, III, do Código de Defesa do Consumidor. 5. Não há julgamento *extra petita*, quanto à anulação de ato normativo da SUSEP, porquanto consta do pedido formulado na exordial da ação civil pública. 6. As seguradoras disponibilizam mais de uma espécie de contrato de seguro de automóvel ao consumidor, cada qual com diferentes preços. Há contratos que estabelecem que a indenização do sinistro deve ser feita pelo valor do veículo determinado na apólice e há contratos que determinam que essa indenização securitária seja realizada pelo valor de mercado referenciado. Cabe ao consumidor optar pela modalidade que lhe pareça mais favorável. **7. Não é abusiva, por si só, a cláusula dos contratos de seguro que preveja que a seguradora de veículos, nos casos de perda total ou de furto do bem, indenize o segurado pelo valor de mercado na data do sinistro**. 8. Recurso especial parcialmente conhecido e, nessa parte, provido. (REsp 1189213/GO, Rel. Ministro Luis Felipe Salomão, Rel. p/ Acórdão Ministro Raul Araújo, Quarta Turma, julgado em 22.02.2011, *DJe* 27.06.2011); **2:** correta. Neste contexto, segue julgado do STJ: civil e consumidor. Responsabilidade civil. Cartão de crédito. Extravio. 1. A melhor exegese dos arts. 14 e 18 do CDC indica que todos aqueles que participam da introdução do produto ou serviço no mercado devem responder solidariamente por eventual defeito ou vício, isto é, imputa-se a toda a cadeia de fornecimento a responsabilidade pela garantia de qualidade e adequação. 2. No sistema do CDC, fica a critério do consumidor a escolha dos fornecedores solidários que irão integrar o polo passivo da ação. Poderá exercitar sua pretensão contra todos ou apenas contra alguns desses fornecedores, conforme sua comodidade e/ou conveniência. **3. São nulas as cláusulas contratuais que impõem exclusivamente ao consumidor a responsabilidade por compras realizadas com cartão de crédito furtado ou roubado, até o momento da comunicação do furto à administradora**. Precedentes. 4. Cabe às administradoras, em parceria com o restante da cadeia de fornecedores do serviço (proprietárias das bandeiras, adquirentes e estabelecimentos comerciais), a verificação da idoneidade das compras realizadas com cartões magnéticos, utilizando-se de meios que dificultem ou impossibilitem fraudes e transações realizadas por estranhos em nome de seus clientes, independentemente de qualquer ato do consumidor, tenha ou não ocorrido roubo ou furto. Precedentes. 5. Recurso especial provido. (REsp 1058221/PR, Rel. Ministra Nancy Andrighi, Terceira Turma, julgado em 04.10.2011, *DJe* 14.10.2011); **3:** correta, pois neste caso há responsabilidade solidária de ambos, de modo que o fornecedor responderá com base no risco de sua atividade (art. 7º, parágrafo único do CDC). Nesta esteira segue julgado do STJ: Direito do Consumidor. Lei nº 8.078/1990 e Lei nº 7565/1986. Relação de consumo. Incidência da primeira. Serviço de entrega rápida. Entrega não efetuada no prazo contratado. Dano material. Indenização não tarifada. I – Não prevalecem as disposições do Código Brasileiro de Aeronáutica que conflitem com o Código de Defesa do Consumidor. II – As disposições do Código de Defesa do Consumidor incidem sobre a generalidade das relações de consumo, inclusive as integradas por empresas aéreas. III – **Quando o fornecedor faz constar de oferta ou mensagem publicitária a notável pontualidade e eficiência de seus serviços de entrega, assume os eventuais riscos de sua atividade, inclusive o chamado risco aéreo, com cuja consequência não deve arcar o consumidor.** IV – Recurso especial não conhecido. (REsp 196031/MG, Rel. Ministro Antônio De Pádua Ribeiro, Terceira Turma, julgado em 24.04.2001, *DJ* 11.06.2001, p. 199); **4:** incorreta, pois o STJ já entendeu que essa cláusula, pois restringe procedimentos médicos. Neste espeque, vide julgado específico: Agravo regimental no agravo em recurso especial. Plano de saúde. Implantação de prótese. Cobertura. Tratamento essencial. Recusa. Impossibilidade de análise de violação a dispositivo constitucional em sede de recurso especial. Aplicação do Código do Consumidor. Interpretação de cláusulas mais favoráveis ao consumidor. Agravo improvido. 1. Quanto à alegada ofensa ao art. 6º da LICC, por ter caráter nitidamente constitucional, observa-se que é incabível sua apreciação em sede de recurso especial, sob pena de usurpação da competência do eg. Supremo Tribunal Federal, nos termos do que dispõe o art. 102, III, da Magna Carta. 2. O Tribunal *a quo* negou provimento ao apelo interposto pelo ora agravante, sob o fundamento de que, nas relações de consumo, as cláusulas limitativas de direito serão sempre interpretadas a favor do consumidor, desse modo, ao assim decidir, adotou posicionamento consentâneo com a jurisprudência desta egrégia Corte, que se orienta no sentido de considerar que, em se tratando de contrato de adesão submetido às regras do CDC, a interpretação de suas cláusulas deve ser feita da maneira mais favorável ao consumidor, bem como devem ser consideradas abusivas as cláusulas que visam a restringir procedimentos médicos. 3. Afigura-se despicienda a discussão a respeito da aplicação da Lei 9.656/1998 à hipótese, tendo em vista que o fundamento utilizado pelo acórdão recorrido, referente à análise das cláusulas contratuais em conformidade com o diploma consumerista, é suficiente, por si só, para mantê-lo. Notadamente diante da jurisprudência deste Tribunal, que **já se consolidou no sentido de que é "abusiva a cláusula restritiva de direito que exclui do plano de saúde o custeio de prótese em procedimento cirúrgico coberto pelo plano e necessária ao pleno restabelecimento da saúde do segurado, sendo indiferente, para tanto, se referido material é ou não importado"** (AgRg no Ag 1.139.871/SC, Relator o Ministro João Otávio de Noronha, *DJe* de 10.50.2010) 4. Agravo interno a que se nega provimento. (AgRg no AREsp 295133/SP, Rel. Ministro Raul Araújo, Quarta Turma, julgado em 06.06.2013, *DJe* 28.06.2013).

Gabarito 1E, 2C, 3C, 4E

(Magistratura/BA – 2012 – CESPE) A respeito dos integrantes e do objeto da relação de consumo, assinale a opção correta.

(A) As normas consumeristas são aplicáveis à relação decorrente do serviço de fornecimento de água e esgoto, aos contratos de previdência privada e à relação estabelecida entre condomínio e condôminos.
(B) Considera-se serviço qualquer atividade — salvo as decorrentes das relações de caráter trabalhista — fornecida no mercado de consumo, mediante remuneração, o que inclui as atividades de natureza bancária, financeira, de crédito e securitária.
(C) A corrente maximalista ou objetiva considera consumidor o "não profissional", ou seja, de acordo com essa corrente, consumidor é somente aquele que adquire ou utiliza um produto para uso próprio ou de sua família.
(D) Segundo a corrente finalista ou subjetiva, o destinatário final é o destinatário fático, não importando a destinação econômica dada ao bem nem se aquele que adquire o produto ou o serviço tem, ou não, finalidade de lucro.
(E) Conforme entendimento pacificado pela jurisprudência do STJ, deve-se sempre adotar, considerando-se o disposto no CDC, a teoria finalista, independentemente de restar evidenciada a vulnerabilidade do adquirente do produto ou serviço.

A: incorreta, pois embora possa ser caracterizada a relação de consumo no serviço de fornecimento de água e esgoto (AgRg no REsp 1221844/RJ, Rel. Ministro ARNALDO ESTEVES LIMA, PRIMEIRA TURMA, julgado em 18/08/2011) e também nos contratos de previdência privada (Súmula 563 do STJ), o CDC não é aplicável às relações estabelecidas entre condomínios e condôminos (REsp 441.873/DF, Rel. Ministro CASTRO FILHO, TERCEIRA TURMA, julgado em 19/09/2006); **B:** correta, está de acordo com o art. 3º, § 2º, CDC; **C:** incorreta, pois pela teoria maximalista ou objetiva consumidor é toda pessoa que adquire ou utiliza produto ou serviço como destinatário final fático, não importando se para uso próprio ou profissional; **D:** incorreta, pois pela teoria finalista ou subjetiva apenas pode ser considerado como consumidor o destinatário final fático e econômico, considerado como aquele que põe fim ao ciclo econômico do produto ou do serviço; **E:** incorreta, pois o STJ tem adotado a teoria do finalismo aprofundado, também conhecida como teoria híbrida ou mista para aceitar como consumidor o destinatário final fático (REsp 1195642/RJ, Rel. Ministra NANCY ANDRIGHI, TERCEIRA TURMA, julgado em 13/11/2012).

Gabarito "B"

(Ministério Público/RR – 2012 – CESPE) Considerando as características do CDC, os princípios aplicáveis ao direito do consumidor bem como os integrantes da relação de consumo, assinale a opção correta.

(A) Segundo a corrente maximalista ou objetiva, consumidor é o não profissional, ou seja, aquele que adquire ou utiliza um produto para uso próprio ou de sua família.
(B) Consoante o que postula a corrente finalista ou subjetiva, o destinatário final é o destinatário fático, pouco importando a destinação econômica do bem ou a finalidade lucrativa daquele que adquire o produto ou o serviço.
(C) O STJ adota, em regra, a teoria finalista, mas, em casos em que reste evidente a vulnerabilidade do adquirente do produto ou serviço, adota a teoria maximalista, preferindo alguns autores denominá-la, nesses casos, de teoria finalista mitigada, atenuada ou aprofundada.
(D) Embora não previsto expressamente no CDC, o princípio da vulnerabilidade é considerado pela doutrina consumerista como um pilar do direito do consumidor.
(E) O direito do consumidor é sub-ramo do direito privado e, em razão da sua especificidade, todos os direitos e garantias dos consumidores estão exclusivamente previstos no CDC.

A: incorreta, segundo a corrente maximalista ou objetiva o destinatário final é aquele que retira o produto ou serviço do mercado de consumo, não importando a finalidade. Desta forma, admite como consumidor tanto não profissional como também o profissional (ex: a empresa que compra algodão para fazer toalhas); **B:** incorreta, para a corrente finalista ou subjetiva, o consumidor destinatário final é aquele que adquire produto ou serviço para consumo próprio ou de sua família. O consumidor profissional não é admitido pela teoria finalista (ex: o advogado que compra computador para fazer suas petições); **C:** correta, pois reflete a jurisprudência atualizada do Superior Tribunal de Justiça; **D:** incorreta, o princípio da vulnerabilidade está previsto expressamente no art. 4º, I, do CDC; **E:** incorreta, pois de acordo com a Teoria do Diálogo das Fontes as normas jurídicas não se excluem, podendo com isso ser aplicado outros direitos e garantias não previstos no CDC (ex: Lei de Planos de Saúde, Estatuto do Idoso, Código Civil etc.).

Gabarito "C"

(Ministério Público/RR – 2012 – CESPE) De acordo com a jurisprudência do STJ, aplicam-se as regras do CDC a:

(A) contrato de locação, perícia judicial e serviços notariais.
(B) serviço de fornecimento de água e esgoto, contrato de previdência privada e contrato de plano de saúde.
(C) crédito educativo custeado pelo Estado ao aluno, relação travada entre condomínio e condôminos e contrato de franquia.
(D) contrato de serviços advocatícios, contrato de trabalho e envio de produto gratuitamente como brinde.
(E) pagamento de contribuição de melhoria, contrato de cooperação técnica entre empresas de informática e contrato bancário.

A: incorreta, de acordo com a jurisprudência do STJ o CDC não é aplicável aos contratos de **locação de bens imóveis**, por haver estatuto jurídico próprio, a Lei 8.245/1991 (REsp. 605.295/MG, Quinta Turma, Rel. Min. Laurita Vaz, julgado em 20.10.2009), à **perícia judicial** (Resp 213.799/SP, Min. Sálvio de Figueiredo Teixeira, Quarta Turma, julgado em 24.06.2003) e também aos **serviços notariais**, por ter estatutos normativos próprios como a Lei 6.015/1973 e a Lei 8.935/1994 (Resp 625.144/SP, Terceira Turma, Rel. Min. Nancy Andrighi, julgado em 14.03.2006); **B:** correta, segundo o STJ o Código de Defesa do Consumidor é aplicável ao **serviço de fornecimento de água e esgoto** (AgRg no REsp 1.151.496/SP, Primeira Turma, Rel. Min. Arnaldo Esteves Lima, julgado em 23.11.2010), aos **contratos de previdência privada** (Súmula 563 do STJ: *"O Código de Defesa do Consumidor é aplicável às entidades abertas de previdência complementar, não incidindo nos contratos previdenciários celebrados com entidades fechadas"*), e aos **contratos de plano de saúde** (Resp 285.618/SP, Rel. Min. Luis Felipe Salomão, Quarta Turma, julgado em 18/12/2008); **C:** incorreta, o CDC não é aplicável ao **crédito educativo custeado pelo Estado** (REsp 1.256.227/RS, Rel. Min. Mauro Campbell Marques, Segunda Turma, julgado em 14.08.2012), à relação entre **condomínio e condôminos** (REsp 441.873/DF, Rel. Min. Castro Filho, julgado em 19.09.2006) e aos **contratos de franquia** (REsp 632.958/AL, Rel. Min. Aldir Passarinho Junior, Quarta Turma, julgado em 04.03.2010); **D:** incorreta, o CDC não é aplicável ao **contrato de serviços advocatícios**, por existir lei específica, o Estatuto da Advocacia (Lei 8.906/1994) (REsp 1.134.889/PE, Quarta Turma, Rel. Min. Aldir Passarinho Junior, julgado em 26.04.2005). Quanto ao **contrato de trabalho**, o próprio art. 3º, § 2º, do CDC excepciona as relações de caráter trabalhista da incidência do CDC. Quanto aos brindes, entendemos que o CDC deve ser aplicado (art. 39, III, CDC); **E:** incorreta, pois de acordo com a jurisprudência do STJ, o CDC não é aplicável ao **pagamento de contribuição de melhoria**, (REsp 124.201/SP, Rel. Ministro Demócrito Reinaldo, julgado em 07.11.1997), **aos contratos de cooperação técnica entre empresas de informática** e aos **contratos bancários** (REsp 445.854/MS, Terceira Turma, Rel. Min. Castro Filho, julgado em 02.12.2003).

Gabarito "B"

2. PRINCÍPIOS E DIREITOS BÁSICOS

(Defensor Público/AL – 2017 – CESPE) Os princípios consagrados no Código de Defesa do Consumidor (CDC) consistem no ponto de partida para a compreensão do sistema adotado pela lei consumerista e dos seus aspectos de proteção aos vulneráveis negociais. Considerando essas informações, assinale a opção correta, acerca dos princípios fundamentais do CDC e de suas consequências práticas.

(A) O princípio da equivalência negocial, embora seja um critério limitativo da liberdade contratual, não impede que o fornecedor redija condição geral contratual que determine a utilização compulsória de arbitragem.

(B) A falta de clareza na elaboração de uma condição geral contratual não enseja a sua invalidade, já que, nesse caso, deve ser aplicado o princípio da conservação dos pactos contratuais, a fim de tutelar as expectativas das partes.

(C) A caracterização da vulnerabilidade do consumidor admite prova em contrário, a qual pode ser demonstrada, em cada caso concreto, por meio das particularidades da situação fático-jurídica.

(D) A inversão do ônus da prova, considerada um direito básico do consumidor, exige dois critérios para a sua aplicação: alegação verossímil e hipossuficiência do consumidor.

(E) A hipossuficiência do consumidor – que não se relaciona, necessariamente, à condição financeira, política e social do destinatário final do produto – deve ser aferida em cada caso concreto, não podendo ser simplesmente presumida.

A: incorreta. É abusiva a cláusula contratual que determina a arbitragem compulsória (art. 51, VII, do CDC); **B:** incorreta. Nos termos do art. 46 do CDC, o contrato não obrigará o consumidor se os respectivos instrumentos forem redigidos de modo a dificultar a compreensão de seu sentido e alcance, podendo ensejar a sua nulidade; **C:** incorreta. A vulnerabilidade do consumidor é princípio da lei consumerista, e está reconhecida no art. 4º, I, do CDC; **D:** incorreta. Para que haja a inversão do ônus da prova, basta que seja comprovada a verossimilhança ou a hipossuficiência do consumidor; **E:** correta. A vulnerabilidade do consumidor é sempre reconhecida e princípio basilar do CDC. A hipossuficiência, por outro lado, traduz a dificuldade de fazer a prova em juízo (art. 6º, VIII, do CDC). RD

Gabarito "E"

(Magistratura/PA – 2012 – CESPE) Com base nos princípios relacionados ao direito do consumidor, assinale a opção correta.

(A) A prevenção e a reparação dos danos dizem respeito apenas aos direitos dos consumidores individuais, conforme previsão legal.

(B) O CDC autoriza a intervenção direta do Estado no domínio econômico, para garantir a proteção efetiva do consumidor.

(C) Apesar de não estar expressamente previsto no CDC, o dever de informação é um princípio fundamental nas relações de consumo.

(D) Práticas abusivas que, adotadas pelo fornecedor, atinjam exclusivamente direitos subjetivos do consumidor não são consideradas ilícitas pela legislação que regula as relações de consumo.

(E) Em razão da natureza jurídica da relação de consumo, a desproporcionalidade entre as prestações enseja rescisão do contrato, não sendo possível a revisão de cláusulas contratuais.

A: incorreta, é direito básico do consumidor a efetiva prevenção e reparação de danos patrimoniais e morais, individuais, coletivos e difuso (art. 6º, VI CDC); **B:** correta, conforme o art. 4º, II, "c", CDC; **C:** incorreta, o dever de informação está previsto no art. 4º, IV, do CDC; **D:** incorreta, pois o art. 39, *caput*, do CDC considera como ilícitas as práticas abusivas descritas em seus incisos; **E:** incorreta, o direito à revisão contratual está expresso no art. 6º, V, do CDC.

Gabarito "B"

(Magistratura/PA – 2012 – CESPE) À luz do CDC, assinale a opção correta.

(A) As normas de direito material previstas no CDC refletem em todo o sistema jurídico, incidindo, inclusive, em relações jurídicas que não sejam de consumo.

(B) A defesa do consumidor é um princípio fundamental da ordem econômica.

(C) A vulnerabilidade do consumidor, prevista no CDC, não guarda relação com a aplicação do princípio da igualdade, expresso na CF.

(D) O CDC não possui autonomia como estatuto jurídico regulador das relações de consumo, funcionando apenas como uma lei principiológica.

(E) Embora constituído por um conjunto de normas jurídicas de ordem pública e de interesse social, o CDC não prevalece sobre lei especial, ainda que prejudicial ao consumidor.

A: incorreta, as normas de direito material previstas no CDC incidem apenas sobre as relações jurídicas de consumo, o que não ocorre com as normas de direito instrumental / processual; **B:** correta, a defesa do consumidor é um princípio fundamental da ordem econômica, previsto no art. 170, V, da Constituição Federal de 1988; **C:** incorreta, pois a vulnerabilidade do consumidor na relação jurídica de consumo legitima a aplicação de regras desiguais para pessoas que estão em situação de desigualdade, consagrando, assim, o princípio da igualdade material; **D:** incorreta, pois o CDC possui autonomia como estatuto jurídico regulador das relações de consumo; **E:** incorreta, o CDC prevalece sobre lei especial se a mesma for prejudicial ao consumidor. Como exemplo, podemos citar a possibilidade de conflito entre o CDC e a lei que trata dos planos de saúde (Lei 9.656/1998).

Gabarito "B"

(Defensor Público/RO – 2012 – CESPE) Entre os instrumentos com os quais o poder público conta para a execução da Política Nacional das Relações de Consumo inclui-se

(A) a instituição de promotorias de justiça de defesa do consumidor, no âmbito do MP.

(B) a assistência jurídica integral e gratuita a todos os consumidores.

(C) a criação do balcão de atendimento ao consumidor, no âmbito municipal.

(D) a instituição de associações de defesa do consumidor.

(E) o fomento pecuniário às fundações instituídas para a defesa do consumidor.

A: correta (art. 5º, II, do CDC); **B:** incorreta, pois a assistência jurídica integral e gratuita é apenas para o consumidor carente (art. 5º, I, do CDC); **C:** incorreta, pois não há tal previsão no art. 5º do CDC; **D:** incorreta, pois o instrumento consiste no estímulo à criação de associações consumeristas e não à própria criação dessas associações pelo Poder Público, art. 5º, V, do CDC; **E:** incorreta, pois a previsão legal é de "concessão de estímulos à criação e desenvolvimento das Associações de Defesa do Consumidor" (art. 5º, V, do CDC).

Gabarito "A"

(Defensor Público/AL – 2017 – CESPE) Devido ao fato de a expansão do mercado de consumo ter elevado a vulnerabilidade do consumidor, o CDC, para resguardar esses consumidores, estabeleceu como direito básico do destinatário final do produto e(ou) serviço a prevenção e a reparação de danos patrimoniais, morais, individuais, coletivos e difusos. Considerando esse assunto, assinale a opção correta, a respeito da responsabilidade do fornecedor pelo vício e fato do produto e do serviço.

(A) Em caso de vícios aparentes identificados em bens duráveis, o prazo decadencial para exercer o direito de reclamar é de cento e oitenta dias, a contar da ciência inequívoca do vício.

(B) Em caso de fato do produto, o prazo prescricional é de três anos, tendo por termo a quo o conhecimento do dano e de sua autoria.

(C) Em caso de vício do produto, os fornecedores não respondem solidariamente por divergência de qualidade e quantidade, devendo ser identificado, na cadeia produtiva, o fornecedor imediatamente responsável pelo vício alegado.

(D) A responsabilidade transubjetiva possibilita à vítima demandar a reparação de danos em face de quem não o tenha praticado diretamente.

(E) A responsabilidade do fornecedor pelo produto e(ou) serviço é valorada pelo critério objetivo, isto é, a configuração do dever de reparar prescinde da análise de culpa lato sensu, estando todos os fornecedores submetidos a esse critério.

A: incorreta. O direito de reclamar pelos vícios aparentes ou de fácil constatação caduca em noventa dias, tratando-se de fornecimento de serviço e de produtos duráveis (art. 26, II, do CDC); **B:** incorreta. Prescreve em cinco anos a pretensão à reparação pelos danos causados por fato do produto ou do serviço (art. 27 do CDC); **C:** incorreta. Havendo mais de um responsável pela causação do dano, todos responderão solidariamente pela reparação aos consumidores (art. 25, § 1º, do CDC); **D:** correta. Sendo a responsabilidade civil solidária (arts. 7º e 25 do CDC), o consumidor pode optar por qualquer dos fornecedores que participem da cadeia produtiva; **E:** incorreta. Os profissionais liberais têm responsabilidade civil subjetiva, devendo o consumidor fazer a prova da culpa daqueles na causação do dano (art. 14, § 4º, do CDC). RD

Gabarito "D".

(Defensor Público/PE – 2018 – CESPE) A respeito de prevenção e reparação de danos ao consumidor, julgue os seguintes itens, de acordo com o entendimento do Supremo Tribunal Federal (STF) e do Superior Tribunal de Justiça (STJ) e com as disposições do Código de Defesa do Consumidor (CDC).

I. De acordo com o STF, no caso de transporte aéreo internacional envolvendo consumidor, normas e tratados internacionais limitadores da responsabilidade do fornecedor têm prevalência em relação ao CDC.

II. Conforme a jurisprudência do STJ, a existência de corpo estranho no interior da embalagem lacrada de produto alimentício adquirido por consumidor é circunstância apta, por si só, a provocar dano moral indenizável ao consumidor, ainda que este não tenha ingerido o produto.

III. A sociedade empresária franqueadora é solidariamente responsável pelos vícios dos serviços prestados ao consumidor pela sociedade empresária franqueada, conforme a jurisprudência do STJ.

Assinale a opção correta.

(A) Apenas o item II está certo.
(B) Apenas o item III está certo.
(C) Apenas os itens I e II estão certos.
(D) Apenas os itens I e III estão certos.
(E) Todos os itens estão certos.

I: correta. Vide RE 636.331 e RE 766.618 (tese de repercussão geral 210 do Supremo Tribunal Federal: Limitação de indenizações por danos decorrentes de extravio de bagagem com fundamento na Convenção de Varsóvia); **II:** incorreta. A jurisprudência sobre o tema não é unânime. O posicionamento majoritário do Superior Tribunal de Justiça considera necessária a ingestão do alimento com o corpo estranho para que se configure o dano moral (vide AgInt no AREsp 1.018.168, REsp 1.395.647 e AgRg no REsp 1.537.730) (vide também REsp 1.424.304); **III:** correta. Vide informativo 569 do STJ "A franqueadora pode ser solidariamente responsabilizada por eventuais danos causados a consumidor por franqueada". RD

Gabarito "D".

3. RESPONSABILIDADE PELO FATO DO PRODUTO OU DO SERVIÇO E PRESCRIÇÃO

(Juiz – TJ/CE – 2018 – CESPE) Após embarcar em um veículo de transporte público coletivo e pagado a passagem, João se desequilibrou, em razão de uma frenagem brusca, e se acidentou no interior do veículo, o que lhe causou diversas fraturas pelo corpo.

Tendo como referência essa situação hipotética, assinale a opção correta, à luz do CDC e da jurisprudência do STJ.

(A) A relação estabelecida entre João e a empresa de transporte público coletivo proprietária do veículo não se submete ao regime da legislação consumerista.
(B) A ocorrência do acidente que lesionou o passageiro não configura defeito na prestação do serviço.
(C) O prazo para o ajuizamento da ação de reparação de danos é decadencial.
(D) A responsabilidade da empresa de transporte pelos danos causados no acidente deverá ser condicionada à demonstração da existência de culpa do prestador.
(E) O prazo para o ajuizamento da ação de reparação de danos é de cinco anos.

A: incorreta. Há relação de consumo com o Estado sempre que o cidadão pagar os serviços públicos por tarifa vou preço público. Isso porque, nessas hipóteses, há liberdade para a utilização do serviço por parte do consumidor, desde que pague a tarifa correspondente; **B:** incorreta. De acordo com entendimento jurisprudencial, o acidente ocorrido no interior de transporte público coletivo, que venha a causar danos aos usuários, caracteriza defeito do serviço, e a empresa responde independentemente da comprovação da culpa, em conformidade com os ditames do art. 14 do CDC (vide AgRg no AREsp 734217/RJ); **C:** incorreta. Vide justificativa da alternativa "E"; **D:** incorreta. Sendo relação jurídica de consumo, a responsabilidade civil do transportador é objetiva, nos termos do art. 14 do CDC; **E:** correta. O prazo para ajuizamento da ação de reparação prescreve em 5 anos, contados a partir do conhecimento do dano e autoria, de acordo com o disposto no art. 27 Código de Defesa do Consumidor. RD

Gabarito "E".

(Defensor Público/PE – 2018 – CESPE) Após ter sofrido grave acidente, Mariana contratou o fisioterapeuta Carlos para cuidar de sua reabilitação. Contudo, o tratamento foi malsucedido, e Mariana, por considerar que ficou inabilitada para o trabalho por tempo excessivo em razão da ineficiência e da má qualidade do serviço, deseja ajuizar demanda contra Carlos, para pleitear lucros cessantes.

Nessa situação hipotética, Mariana deve ajuizar ação de responsabilidade

(A) pelo vício do serviço, e a responsabilidade de Carlos é subjetiva.
(B) pelo fato do serviço, e a responsabilidade de Carlos é subjetiva.
(C) pelo vício do serviço, e a responsabilidade de Carlos é objetiva.
(D) pelo fato do serviço, e a responsabilidade de Carlos é objetiva.
(E) com base no Código Civil, porque não houve relação de consumo.

A: incorreta. Trata-se de defeito de serviço, na forma do art. 14 do CDC; **B:** correta. Uma vez que os danos causados ultrapassam a esfera econômica de Mariana e atingiram sua saúde física, estamos diante de uma hipótese de defeito de serviço (também chamado de fato do serviço), nos termos do art. 14 do CDC. A responsabilidade de Carlos é subjetiva, conforme orientação do art. 14, § 4º, que determina que a apuração da responsabilidade pessoal dos profissionais liberais seja feita mediante verificação de culpa; **C:** incorreta. Vide justificativa da alternativa "A"; **D:** incorreta. A responsabilidade pessoal do profissional liberal é subjetiva (art. 14, § 4º); **E:** incorreta. Trata-se relação jurídica de consumo entre Mariana e Carlos, posto que o fisioterapeuta é fornecedor de serviços no mercado de consumo e Mariana é destinatária final do serviço de fisioterapia. RD

Gabarito "B".

(Magistratura/BA – 2012 – CESPE) A respeito das relações de consumo, assinale a opção correta.

(A) A concessão do prazo de 30 dias para sanar o vício do produto é um direito assegurado ao fornecedor e que obriga o consumidor.
(B) A responsabilidade de uma fábrica pelos ferimentos sofridos por um empregado em decorrência da explosão de um produto nas suas dependências será dirimida pelas regras aplicáveis ao fornecedor de produtos.
(C) Para que determinada relação seja considerada de consumo, não é necessária a habitualidade quanto ao fornecedor do produto.
(D) Conforme entendimento do STJ, as entidades beneficentes não se enquadram no conceito de fornecimento, porquanto lhes falta a finalidade lucrativa.
(E) Por disposição legal, a responsabilidade do comerciante pelo fato do produto é solidária com a do fabricante.

A: correta, após a reclamação do consumidor o fornecedor tem 30 dias para sanar o vício (art. 26, I, CDC); **B:** incorreta, pois de acordo com o art. 3º, § 2º, o CDC não se aplica às relações de caráter trabalhista; **C:** incorreta, a habitualidade é um dos requisitos exigidos para caracterização do fornecedor de acordo com a doutrina (art. 3º, *caput*, CDC); **D:** incorreta, pois de acordo com a jurisprudência do STJ, as entidades beneficentes (ex: as associações educacionais) podem ser enquadras como fornecedoras desde que exijam remuneração pelo serviço prestado: "Para o fim de aplicação do Código de Defesa do Consumidor, o reconhecimento de uma pessoa física ou jurídica ou de um ente despersonalizado como fornecedor de serviços atende aos critérios puramente objetivos, sendo irrelevantes a sua natureza jurídica, a espécie dos serviços que prestam e até mesmo o fato de se tratar de uma sociedade civil, sem fins lucrativos, de caráter beneficente e filantrópico, bastando que desempenhem determinada atividade no mercado de consumo mediante remuneração" (REsp 519.310/SP, Rel. Ministra NANCY ANDRIGHI, TERCEIRA TURMA, julgado em 20/04/2004); **E:** incorreta, de acordo com o art. 13, CDC, o comerciante somente responde de forma subsidiária pelo fato do produto.

Gabarito "A".

(Defensor Público/ES – 2012 – CESPE) Com relação aos danos causados ao consumidor, julgue os próximos itens.

(1) A responsabilidade dos hospitais, no que tange a atuação técnico-profissional dos médicos que neles atuam sem vinculo de emprego ou subordinação, e subjetiva, ou seja, depende da comprovação de culpa dos prepostos, conforme a teoria de responsabilidade subjetiva dos profissionais liberais, abrigada pelo CDC.

(2) O fato de o consumidor não ser previamente informado da inscrição do seu nome em órgão de proteção ao credito enseja a indenização por danos morais, ainda que a inadimplência tenha ocorrido ha mais de três meses e dela tenha ciência o consumidor.

1: incorreta, pois apenas o professional liberal tem a vantagem de responder subjetivamente (art. 14, § 4º, do CDC), sendo que o hospital (empresa) responde dentro da regra, ou seja, objetivamente (art. 14, *caput*, do CDC); **2:** correta, pois a Súmula STJ n. 359 impõe a prévia notificação do devedor para que se proceda à inscrição negativa no cadastro de proteção ao crédito.

Gabarito 1E, 2C

(Defensor Público/AC – 2012 – CESPE) Acerca da responsabilidade pelo fato do produto e do serviço, assinale a opção correta.

(A) A culpa concorrente da vítima consumidora não autoriza a redução de eventual condenação imposta ao fornecedor.

(B) O descumprimento, pelo fornecedor, do dever de informar o consumidor gera os chamados defeitos de concepção, inquinando o produto de vício de qualidade por insegurança.

(C) Conforme o CDC, fato e vício do produto ou serviço são conceitos sinônimos.

(D) O defeito gera a inadequação do produto ou serviço e dano ao consumidor; assim, há vício sem defeito, mas não defeito sem vício.

(E) Um produto é considerado obsoleto e defeituoso quando outro de melhor qualidade é colocado no mercado de consumo.

A: incorreta, pois a culpa concorrente é, sim, causa para a redução do *quantum* indenizatório, mesmo em relações de consumo (ex: STJ, REsp 1.349.894, DJ 11.04.13); **B:** incorreta, pois, no caso, tem-se defeito de informação; o defeito de concepção diz respeito à criação (à invenção) do produto; certa vez criou-se um extrato de tomate novo, numa embalagem diferente; porém, havia defeito de concepção, pois boa parte das vezes em que alguém abria a embalagem do molho, cortava o dedo; **C:** incorreta, pois o vício é um problema interno no produto (quantidade insuficiente ou impropriedade ou inadequação do produto; ex: uma TV que não funciona), ao passo que o defeito é um problema externo do produto, que acaba atingindo a saúde ou a segurança do consumidor (ex: a TV dá um choque no consumidor); o vício enseja o reparo (conserto) do produto, devendo o consumidor reclamar nos prazos previstos no art. 26 do CDC; o defeito enseja ação indenizatória no prazo do art. 26 do CDC; o vício no produto está regulamentado no art. 18 do CDC; o defeito no produto, no artigo 12 do CDC **D:** correta; de fato, se uma TV não funciona, tem-se só vício; se uma TV dá choque, tem-se defeito (afeta segurança da pessoa, ensejando indenização) e certamente um vício também, pois será necessário consertá-la; **E:** incorreta, pois o art. 12, § 2º, do CDC dispõe justamente o contrário.

Gabarito "D".

4. RESPONSABILIDADE POR VÍCIO DO PRODUTO OU DO SERVIÇO E DECADÊNCIA

(Promotor de Justiça/RR – 2017 – CESPE) Antônio adquiriu um televisor em um estabelecimento comercial e entrou em contato com a assistência técnica para instalação. Contudo, o técnico, ao concluir de modo correto o procedimento de instalação do aparelho, constatou que este não emitia som.

Nessa situação hipotética, a responsabilidade civil prevista no CDC está fundada no

(A) vício do serviço.

(B) fato do produto.

(C) fato do serviço.

(D) vício do produto.

A: incorreta. O serviço foi prestado adequadamente, o vício é do produto; **B:** incorreta. O defeito é o problema apesentado pelo produto ou pelo serviço que atinge a segurança do consumidor; **C:** incorreta. Vide justificativa anterior; **D:** correta. O vício de produto é o problema apresentado por esse que atinge a sua qualidade ou a quantidade, causando apenas prejuízo financeiro ao consumidor (art. 18 do CDC). RD

Gabarito "D".

(Juiz de Direito/AM – 2016 – CESPE) Xavier adquiriu, em 20/9/2012, na casa de materiais de construção Materc Ltda., piso em cerâmica fabricado pela empresa Ceramic Ltda. A Materc Ltda. comprometeu-se a instalar na cozinha da residência de Xavier o material comprado e assim o fez, prevendo contratualmente trinta dias de garantia. Posteriormente, em 19/3/2013, o piso passou a apresentar rachaduras. Diante de tal situação, Xavier contatou, em 20/3/2013, os técnicos das empresas envolvidas, que, no mesmo dia, compareceram ao local. O representante da Materc Ltda. não reconheceu a má prestação do serviço; contudo, o preposto da fabricante atestou que os produtos adquiridos apresentavam vícios. Não obstante, este informou que, como já havia transcorrido o prazo da garantia oferecido pelo serviço, bem como o prazo de trinta dias previsto em lei, nada poderia ser feito. Inconformado com os produtos adquiridos, Xavier ingressou com ação de cobrança contra os fornecedores e requereu que estes, solidariamente, restituíssem a quantia paga.

Nessa situação hipotética, conforme as disposições do CDC,

(A) o defeito descrito caracteriza a existência de fato do produto e, por isso, o prazo prescricional é de cinco anos.

(B) ao autor é assegurado o prazo prescricional de três anos previsto legalmente para a reparação civil, razão pela qual ainda não houve a perda da pretensão.

(C) a Ceramic Ltda. não pode ser responsabilizada civilmente, pois o autor se insurgiu tão somente contra os produtos adquiridos.

(D) a garantia contratual substituiu a garantia legal prevista para o caso em questão e, portanto, está prescrita a pretensão do autor.

(E) a relação jurídica estabelecida entre as partes é de consumo e, por se tratar de vício oculto, o direito do autor de reclamar ainda não caducou.

A: corrreta conforme o gabarito, mas o teste deveria ter sido anulado. A questão trata de um vício de produto e deve ser solucionada na forma do art. 18 do CDC. O prazo para reclamar, por se tratar de um vício inicia-se no momento em que este ficar evidenciado (art. 26, § 3º). Neste caso, o consumidor pode reclamar do vício e, caso não seja consertado no prazo legal, poderá optar por qualquer das soluções dadas pela lei: troca do produto, devolução dos valores ou abatimento proporcional do preço. Não se trata de um fato do produto como inserido na alternativa posto que, na forma do art. 12, *caput*, e parágrafo primeiro, " o produto será considerado defeituoso se não tiver segurança que o consumidor espera". Assim, o fato do produto, ou acidente de consumo, se caracteriza pela exposição da vida e da saúde do consumidor, o que não se apresenta no caso posto. **B:** incorreta, já que o prazo para reclamar é de 90 dias contados a partir do momento em que se descobre o vício (art. 26). O prazo mencionado na alternativa é o prazo de responsabilidade civil geral do Código Civil. Por se tratar de uma relação jurídica de consumo, deve-se aplicar os prazos do CDC. **C:** incorreta, tendo em vista que enunciado expõe um vício de produto, a responsabilidade civil entre o comerciante e o fabricante é solidária, ambos respondendo pelos prejuízos causados aos consumidores (art. 18). **D:** incorreta, a garantia contratual é sempre complementar (art. 50 do CDC). Por essa razão, a garantia legal sempre poderá ser exercida pelo consumidor e será de 90 dias para os produtos duráveis, contados a partir da entrega do produto (art. 26, § 1°) ou contados a partir do momento em que se descobre o vício (art. 26, § 3°). **E:** incorreta, mas deveria ter sido considerada a resposta correta. Trata-se, de fato, de relação jurídica de consumo e de um vício oculto. O prazo para reclamar é decadencial e inicia-se no momento em que ficar evidenciado o "defeito" (uso incorreto do termo pelo próprio CDC), tudo conforme o art. 26, § 3° da lei consumerista.

Gabarito "A".

(Magistratura/BA – 2012 – CESPE) Considerando que o aparelho celular novo adquirido por determinado consumidor, em um supermercado, pelo valor de R$ 800,00, pago à vista, tenha parado de funcionar após cinquenta dias de uso e que esse consumidor tenha, então, solicitado, nesse mesmo supermercado, a troca imediata do produto ou a devolução do valor pago, assinale a opção correta à luz das normas que regem as relações de consumo.

(A) A troca do celular ou a devolução do valor pago pelo supermercado somente pode ser exigido no prazo legal de arrependimento, que é de sete dias, contado da venda.

(B) O direito do consumidor de reclamar do defeito no aparelho caducou, pois ele não o exerceu no prazo legal de trinta dias.

(C) O consumidor tem direito à substituição imediata do celular, uma vez que, em razão da extensão do vício, houve o comprometimento das características do aparelho.

(D) Na hipótese de não sanar o defeito e não ter, em estoque, outro aparelho da mesma marca e modelo, o supermercado poderá, mediante autorização do consumidor, substituir o celular defeituoso por outro de marca ou modelo diverso, com a complementação ou restituição de eventual diferença de preço.

(E) O consumidor não poderia acionar judicialmente o supermercado, porque, nesse caso, a responsabilidade é exclusiva do fabricante.

A: incorreta, pois o consumidor só pode exercer direito de arrependimento se a compra ocorreu fora do estabelecimento, que não foi o caso (art. 49, CDC) – na hipótese o consumidor pode reclamar de vício do produto no prazo de 90 dias após a constatação do defeito (art. 26, § 3°, CDC); **B:** incorreta, pois o consumidor tem o prazo de 90 dias para reclamar do vício do produto durável (art. 26, II, CDC); **C:** incorreta, pois o consumidor deve exigir o reparo do aparelho e somente se o vício não for sanado pelo fornecedor no prazo de 30 dias é que o consumidor pode exigir uma das soluções previstas no art. 18, § 1°, CDC; **D:** correta, conforme o art. 18, § 4°, CDC; **E:** incorreta, em caso de vício do produto existe responsabilidade solidária entre o comerciante e o fabricante (art. 18, *caput*, CDC).

Gabarito "D".

(Defensor Público/AC – 2012 – CESPE) Assinale a opção correta com relação ao que dispõe o CDC acerca do vício do produto bem como da prescrição e da decadência.

(A) O prazo prescricional determinado para reclamação contra vício oculto inicia-se no momento em que ficar evidenciado o defeito.

(B) O direito de o consumidor reclamar contra vícios aparentes ou de fácil constatação é decadencial e relacionado a direitos potestativos.

(C) Prescreve em sessenta dias o prazo para o consumidor reclamar contra vícios de produtos não duráveis.

(D) Obsta a prescrição a reclamação comprovadamente formulada pelo consumidor perante o fornecedor de produtos e serviços até a resposta negativa correspondente, que deve ser transmitida de forma inequívoca.

A: incorreta, pois o prazo, no caso, não é prescricional, mas decadencial (art. 26, § 3°, do CDC); **B:** correta, podendo se verificar a expressão "decadencial" (ou "decadência") nos §§, 1°, 2°, 3°, do art. 26 do CDC, e, como se sabe, a decadência é justamente um direito potestativo (de influenciar na relação jurídica de outrem); **C:** incorreta, pois o prazo em questão é de decadência (e não de prescrição) e de 30 dias (e não de 60 dias), conforme o art. 26, I, do CDC; **D:** incorreta, pois fica obstada a decadência e não a prescrição (art. 26, § 2°, I, do CDC).

Gabarito "B".

(Defensoria Pública da União – 2010 – CESPE) Ricardo adquiriu um carro há cerca de um mês e, nesse período, por três vezes, não conseguiu trancar a porta do veículo. Com relação a essa situação hipotética, julgue os itens subsequentes.

(1) Ricardo, ainda que deseje a substituição imediata do produto comprado, deverá, antes disso, conceder prazo para o fornecedor sanar o defeito.

(2) O fato de o carro ter sido vendido com defeito assegura a Ricardo direito à indenização por perdas e danos.

(3) O fabricante e o comerciante responderão solidariamente pelo defeito do veículo.

1: correta (art. 18, *caput* e § 1°, do CDC), tendo o fornecedor 30 dias para sanar o defeito; **2:** incorreta, pois o dispositivo citado apenas autoriza o pedido de conserto do produto no prazo mencionado; caso outros danos sejam causados e comprovados, aí sim a indenização é cabível; **3:** correta, pois o art. 18 do CDC inclui o comerciante (o vendedor do veículo, no caso) como responsável solidário pelo vício do produto, o mesmo não acontecendo quando se trata de acidente de consumo (art. 12 do CDC).

Gabarito 1C, 2E, 3C

(Advogado da União/AGU – CESPE – 2012) Julgue os itens a seguir, acerca da responsabilidade civil.

(1) A configuração do vício do produto independe de sua gravidade ou do momento de sua ocorrência — se antes, durante, ou depois da entrega do bem ao consumidor lesado —, ou ainda de o vício ter ocorrido em razão de contrato, respondendo pelo dano todos os fornecedores, solidariamente, e o comerciante, de forma subsidiária.

(2) O banco que terceirizar a entrega de talonário de cheque aos correntistas será responsável por eventual defeito na prestação do serviço, visto que se configura, nesse caso, a culpa *in re ipsa*, pressuposto da responsabilidade civil do banco pela reparação do dano.

1: incorreta, pois o comerciante é responsável solidário em caso de vício (art. 18 do CDC); **2:** correta, pois o serviço em questão é de responsabilidade do banco, que responde objetivamente tanto por vícios, como por defeitos na prestação de seu serviço (arts. 14, *caput*, e 20, *caput*, do CDC), pouco importando se houve ou não terceirização na entrega de talonário.

Gabarito 1E, 2C

5. DESCONSIDERAÇÃO DA PERSONALIDADE JURÍDICA. RESPONSABILIDADE EM CASO DE GRUPO DE EMPRESAS

(Juiz de Direito/AM – 2016 – CESPE) Acerca do tratamento dispensado pelo CDC à pessoa jurídica e à sua desconsideração e responsabilização penal, aos direitos básicos do consumidor e ao instituto do *recall*, assinale a opção correta à luz da legislação aplicável e da jurisprudência do STJ.

(A) Na desconsideração da personalidade jurídica, o CDC adotou a teoria maior, pois, para tal desconsideração, exige-se o desvio de finalidade e a confusão patrimonial.

(B) Ao abordar as infrações penais de consumo, relativamente ao concurso de pessoas, o CDC não tratou da responsabilidade do diretor, do administrador ou do gerente da pessoa jurídica.

(C) O CDC, ao tratar da possibilidade de modificação e revisão de cláusulas contratuais que estabeleçam prestações desproporcionais ou fatos supervenientes que as tornem excessivamente onerosas, adotou a teoria da imprevisão.

(D) O *recall* efetuado pelo fornecedor mediante anúncios publicitários não afasta a sua obrigação de reparar o consumidor na hipótese de fato do produto pretérito decorrente desse defeito.

(E) A pessoa jurídica tem a vulnerabilidade presumida no mercado de consumo na hipótese de relação jurídica estabelecida com empresa concessionária de serviço público essencial.

A: incorreta. Conforme entendimento doutrinário e jurisprudencial, o CDC adota a teoria menor da desconsideração da personalidade jurídica, que exige apenas o estado de insolvência do fornecedor com a má administração da empresa ou em casos em que a personalidade jurídica se torna um obstáculo ao ressarcimento dos prejuízos dos consumidores. Veja: REsp 1111153 / RJ. **B:** incorreta. A responsabilidade penal dos administradores, gerentes e diretores é trata75 do CDC, que incidirão nas mesmas penas na medida da sua culpabilidade. **C:** incorreta. O art. 6º, V, da lei consumerista não exige a imprevisão para a revisão judicial do contrato. Basta que haja um fato superveniente que torne a prestação excessivamente onerosa. D: correta. O recall, previsto no art. 9º e 10º do CDC, não isenta o fornecedor de indenizar na hipótese de acidente. Nesse sentido, o STJ já afirmou: "A circunstância de o adquirente não levar o veículo para conserto, em atenção a *recall*, não isenta o fabricante da obrigação de indenizar (veja: REsp 1010392 / RJ). E: incorreta. A pessoa jurídica pode ser considerada consumidora na forma do art. 2º do CDC. No entanto, somente será consumidora se for destinatária final do serviço ou produto se houver vulnerabilidade no caso concreto. Especificamente sobre serviços públicos "A contratação do serviço de telefonia não caracteriza relação de consumo tutelável pelo CDC, pois o referido serviço compõe a cadeia produtiva da empresa, sendo essencial à consecução do seu negócio. Também não se verifica nenhuma vulnerabilidade apta a equipar a empresa à condição de consumidora frente à prestadora do serviço de telefonia" (STJ, REsp 1195642/RJ, DJe 21/11/2012).

Gabarito "D"

(Magistratura/CE – 2012 – CESPE) Acerca da desconsideração da personalidade jurídica nas relações de consumo, assinale a opção correta.

(A) O CDC admite a responsabilização de sociedades que, embora associadas a outras, conservem a respectiva autonomia patrimonial e administrativa, independentemente da demonstração da ocorrência de culpa.

(B) Nos termos do CDC, o juiz deverá desconsiderar a personalidade jurídica da sociedade apenas quando estiver diante de hipóteses de fraude ou abuso de direito.

(C) De acordo com a jurisprudência do STJ, a teoria menor da desconsideração, acolhida no direito do consumidor, incide com a mera prova de insolvência da pessoa jurídica para o pagamento de suas obrigações, exigindo-se, para isso, apenas a simples demonstração de desvio de finalidade.

(D) Nas relações de consumo, as empresas consorciadas não se obrigam apenas em nome próprio, uma vez que possuem vínculo de solidariedade, expressamente previsto no CDC.

(E) Ainda que não seja comprovada a insuficiência dos bens que compõem o patrimônio de quaisquer das sociedades integrantes dos grupos societários, o consumidor lesado poderá prosseguir na cobrança contra as demais integrantes, em razão do vínculo de solidariedade expressamente previsto no CDC.

A: incorreta, de acordo com o art. 28, § 4º, CDC, as sociedades coligadas só responderão por culpa; **B:** incorreta, o art. 28, "*caput*", CDC, apresenta 11 hipóteses de desconsideração da personalidade jurídica: "O juiz poderá desconsiderar a personalidade jurídica da sociedade quando, em detrimento do consumidor, houver abuso de direito, excesso de poder, infração da lei, fato ou ato ilícito ou violação dos estatutos ou contrato social. A desconsideração também será efetivada quando houver falência, estado de insolvência, encerramento ou inatividade da pessoa jurídica provocados por má administração"; **C:** incorreta, pois pela teoria menor da desconsideração da personalidade jurídica basta a insuficiência patrimonial da pessoa jurídica para que a execução recaia sob o patrimônio dos sócios ou administradores (art. 28, § 5º, CDC). **D:** correta, conforme art. 28, § 3º, CDC, as sociedades consorciadas são solidariamente responsáveis pelas obrigações decorrentes do CDC; **E:** incorreta, o art. 28, § 2º, CDC, estabelece responsabilidade subsidiária e não solidária.

Gabarito "D"

(Defensor Público/AC – 2012 – CESPE) Com base no disposto no CDC sobre a desconsideração da personalidade jurídica e a responsabilização de sociedades, assinale a opção correta.

(A) As sociedades coligadas, sociedades que se agrupam para a execução de determinado empreendimento, respondem subsidiariamente por eventuais danos causados a consumidores.

(B) As sociedades consorciadas só respondem por danos causados aos consumidores mediante a comprovação da existência de culpa por sua atuação.

(C) É lícita a desconsideração da personalidade jurídica caso haja, em detrimento do consumidor, falência, estado de insolvência, encerramento ou inatividade da pessoa jurídica provocados por má administração.

(D) As sociedades integrantes dos grupos societários, formados pela sociedade controladora e suas controladas, respondem solidariamente pelas obrigações impostas pelo CDC.

(E) A sociedade controlada, que participa com 10% ou mais do capital de outra, sem relação de subordinação, responde de forma solidária.

A: incorreta, pois as sociedades coligadas só respondem por *culpa* (art. 28, § 4º, do CDC); **B:** incorreta, pois as sociedades consorciadas são *solidariamente* responsáveis na forma do CDC (art. 28, § 3º), ou seja, de forma *objetiva*; **C:** correta (art. 28, *caput*, do CDC); **D:** incorreta, pois a responsabilidade é *subsidiária* (art. 28, § 2º, do CDC); **E:** incorreta, pois a sociedade controlada responde apenas *subsidiariamente* (art. 28, § 2º, do CDC).

Gabarito "C"

6. PRESCRIÇÃO E DECADÊNCIA

(Juiz de Direito/DF – 2016 – CESPE) A respeito dos institutos jurídicos da prescrição e da decadência, no âmbito das relações de consumo, de acordo com o CDC e o entendimento atual e prevalente do STJ, assinale a opção correta.

(A) Pelo princípio da *actio nata*, o termo inicial do prazo prescricional para a propositura de ação indenizatória, fundada em inscrição indevida em cadastros restritivos de crédito, é a data em que ocorre, efetivamente, a negativação, em face do caráter público das informações lançadas nos bancos de dados.

(B) Para as ações de indenização por danos morais decorrentes de inscrição indevida em cadastro de inadimplentes, promovida por instituição financeira, aplica-se o prazo prescricional de cinco anos, previsto no CDC para as hipóteses de responsabilidade decorrente de fato do serviço.

(C) À luz do ordenamento jurídico em vigor, é de cinco anos o prazo para que o consumidor possa reclamar a remoção de vícios aparentes ou de fácil constatação, decorrentes da construção civil, que não estejam ligados à solidez e à segurança do imóvel.

(D) A simples reclamação do consumidor, comprovadamente formulada apenas perante o fornecedor de produtos e serviços, não obsta a fluência do prazo decadencial do direito de reclamar, quando se tratar de vício aparente ou de fácil constatação, que será de trinta dias, tratando-se de fornecimento de serviço e de produto não duráveis, e de noventa dias, caso se trate de serviço ou produto durável.

(E) O ajuizamento de ação de indenização, fundada em erro médico ocorrido após a entrada em vigor do CDC, deve observar o prazo de prescrição quinquenal, previsto no CDC para os casos de fato do produto ou do serviço, iniciando-se a contagem do prazo a partir do conhecimento do dano e de sua autoria.

A: incorreta. O termo inicial do prazo prescricional para a propositura da ação, justamente em razão do princípio do actio nata, é a data em que o consumidor toma ciência dos fatos. Veja: INDENIZATÓRIA.

INSCRIÇÃO INDEVIDA EM CADASTROS RESTRITIVO DE CRÉDITO. PRESCRIÇÃO. CIÊNCIA DO PREJUDICADO. É assente a jurisprudência desta Corte no sentido de que o termo inicial do prazo prescricional para a propositura de ação indenizatória, em razão da inscrição indevida em cadastros restritivos de crédito é a data em que o consumidor toma ciência do registro desabonador, pois, pelo princípio da "actio nata" o direito de pleitear a indenização surge quando constatada a lesão e suas consequências. Precedentes. (STJ, AgRg no AREsp 696269/SP, Rel. Min. Luis Felipe Salomão, DJe 15/06/2015). **B**: incorreta. O prazo prescricional aplicável é de três anos, conforme regra geral de responsabilidade civil (art. 206, § 3º, V, do CC). Veja: AgRg no AREsp 731.525/RS. **C**: incorreta. Aplicando a mesma lógica do item anterior, aplica-se a regra do Código Civil para os casos de vício de construção. O prazo para reclamar do vícios caduca em 90 dias, na forma do art. 26 do CDC. No entanto, esse é o prazo que o consumidor tem para reclamar perante o fornecedor. Caso o vício não seja sanado, aplica-se as regras de prescrição do Código Civil em relação a solidez da construção. Veja: "O prazo prescricional da ação para obter, do construtor, indenização por defeito da obra na vigência do Código Civil de 2002 é de 10 anos". (AgRg no AREsp 661.548/RJ, Rel. Min. Marco Aurélio Bellizze, 3ª Turma, DJe 10/6/2015). **D**: incorreta. Na forma do art. 26, § 2º, obsta a decadência a reclamação do consumidor perante o fornecedor até resposta negativa. **E**: correta. Há relação de consumo entre o médico e o paciente, aplicando-se, no caso de fato do serviço (art. 14 do CDC), o prazo prescricional do art. 27 do CDC, ou seja, cinco anos contados a partir do conhecimento do dano e sua autoria.

Gabarito "E."

(Magistratura/PA – 2012 – CESPE) No que concerne à disciplina aplicável à prescrição e à decadência nas relações de consumo, assinale a opção correta.

(A) As causas de interrupção da prescrição previstas no Código Civil não se aplicam às relações de consumo.
(B) A instauração de inquérito civil, em regra, não obsta o transcurso do prazo decadencial.
(C) Nem toda situação relacionada a dano causado ao consumidor por defeito do produto submete-se aos prazos prescricionais.
(D) Nas relações de consumo, a contagem do prazo prescricional inicia-se a partir do conhecimento do dano ou do conhecimento de sua autoria.
(E) A garantia contratual, que decorre da autonomia da vontade das partes, complementa a garantia legal, podendo, no contrato, ser estipulado prazo superior aos determinados por lei.

A: incorreta, as causas de interrupção da prescrição são aplicáveis às relações de consumo (AgRg no Ag 1385531/MS, Rel. Ministro LUIS FELIPE SALOMÃO, julgado em 10/05/2011); **B**: incorreta, a instauração de inquérito civil obsta o transcurso do prazo decadencial até o seu encerramento (art. 26, § 2º, III, CDC); **C**: incorreta, toda situação de reparação de danos submete-se a prazo prescricional, inclusive nas relações de consumo (art. 27, CDC); **D**: incorreta, pois a contagem do prazo prescricional inicia-se a partir do conhecimento do dano E do conhecimento de sua autoria (art. 27, CDC); **E**: correta, está conforme o art. 50 do CDC.

Gabarito "E."

7. PRÁTICAS COMERCIAIS

(Defensor Público - DPE/DF - 2019 - CESPE/CEBRASPE) A respeito da publicidade, das sanções criminais e das práticas contratuais abusivas em relações de consumo, julgue os itens a seguir, tendo como referência a legislação pertinente e o entendimento dos tribunais superiores.

(1) Segundo entendimento da 2ª Seção do STJ nos contratos bancários em geral, o consumidor não pode ser compelido a contratar seguro com a instituição financeira ou com seguradora por ela indicada, porque tal prática configura venda casada.
(2) **Situação hipotética**: A emissora de televisão X veiculou ao público informações inverídicas a respeito da audiência da emissora de televisão Y, sua concorrente, com base em dados adulterados de sociedade empresária oficial de pesquisa de opinião. Em razão disso, a emissora Y deu entrada em processo litigioso contra a emissora X. **Assertiva**: Segundo entendimento do STJ, é possível a aplicação da legislação consumerista no referido processo litigioso, para proteger o público de práticas abusivas e desleais do fornecedor de serviços.
(3) Segundo entendimento da 3.ª Turma e da 2.ª Seção do STJ, em consonância com o Código de Defesa do Consumidor, a venda casada às avessas, indireta ou dissimulada, consiste no condicionamento da aquisição de um produto ou serviço principal à concomitante aquisição de outro produto, secundário, quando o propósito do consumidor é unicamente obter o produto ou o serviço principal.
(4) Fazer ou promover publicidade que se saiba ou que se devesse saber ser enganosa ou abusiva é considerado crime, de perigo abstrato, contra as relações de consumo.
(5) A recusa do fornecedor em prestar informações ao consumidor enseja o crime de desobediência, além de sujeitar o fornecedor a uma das sanções administrativas previstas no Código de Defesa do Consumidor, que veda à autoridade administrativa aplicá-las cumulativamente.

1. Correta. Trata-se de venda casada prevista expressamente no art. 39, I, do CDC. Cumpre esclarecer que a sanção prevista para aquele que descumpre a regra está prevista no art. 36, IX e XVIII, da Lei 12.529/2011 também podendo ser aplicada sanção administrativa prevista no art. 56 do CDC. Vide REsp 1639259/SP, Segunda Seção, DJe 17/12/2018; **2.** Correta. O art. 29 do CDC equipara a consumidores todas as pessoas expostas às práticas comerciais. Ademais, trata-se de concorrência desleal e o art. 4º, VI, do CDC traz como princípio a obrigação de o Estado coibir e reprimir de todos os abusos praticados no mercado de consumo, inclusive a concorrência desleal e utilização indevida de inventos e criações industriais das marcas e nomes comerciais e signos distintivos, que possam causar prejuízos aos consumidores. Vide STJ, Recurso Especial 1.552.550/SP, 3.ª Turma. Rel. Min. Moura Ribeiro. DJe 22/4/2016; **3.** Errada. Trata-se de venda casada conforme previsto expressamente no art. 39, I do CDC. A venda casada indireta se configura quando a conduta do fornecedor restringe a escolha do consumidor, não obrigando diretamente a compra, mas importando em restrição à liberdade de escolha do consumidor por falta de opção. São casos já julgados pelo STJ: compra de alimentos dentro do cinema, impedindo que o consumidor ingresse nas salas com alimentos adquiridos em outros locais (REsp 1331948/SP, Terceira Turma, DJe 05/09/2016) e, em contratos bancários que exigem seguros, exigir a contratação de determinada seguradora (REsp 1639259/SP, Segunda Seção, DJe 17/12/2018); **4.** Correta. Nos termos do art. 67 do CDC; **5.** Errada. A recusa do fornecedor em prestar informações pode ensejar os crimes previstos no arts. 63, 66 ou 72, todos do CDC. Ademais, nos termos do parágrafo único do art. 56 do CDC, as sanções administrativas podem ser aplicadas cumulativamente, inclusive por medida cautelar, antecedente ou incidente de procedimento administrativo. RD

Gabarito 1C, 2C, 3E, 4C, 5E

A empresa Soluções Indústria de Eletrônicos Ltda. veiculou propaganda considerada enganosa relativa a determinado produto: as especificações eram distintas das indicadas no material publicitário. Em razão do anúncio, cerca de duzentos mil consumidores compraram o produto. Diante desse fato, uma associação de defesa do consumidor constituída havia dois anos ajuizou ação civil pública com vistas a obter indenização para todos os lesados.

(Delegado - PC/SE - 2018 - CESPE/CEBRASPE) Com referência a essa situação hipotética, julgue os itens seguintes.

(1) À luz do Código de Defesa do Consumidor na ação civil pública proposta, o juiz deverá determinar a inversão do ônus da prova.
(2) Haja vista que a ação civil pública foi proposta por uma associação de defesa do consumidor, é dispensável a atuação do Ministério Público nessa demanda judicial.

1. Incorreta. A inversão do ônus da prova prevista no art. 6º, inciso VIII, do CDC se dá *ope judice*, ou seja, depende de determinação judicial. O juiz, por sua vez, deve analisar a hipossuficiência da parte ou a verossimilhança das alegações e fundamentar a sua decisão nos termos do art. 373, § 2º, do CPC; **2.** Incorreta. Caso o Ministério Público não atue como parte, será sempre fiscal da lei em ações coletivas (art. 92 do CDC e art. 5º, § 1º da LACP).

Gabarito 1E, 2E

(Defensor Público/PE – 2018 – CESPE) De acordo com a jurisprudência do STJ, a utilização de escore de crédito para a avaliação do risco de concessão de crédito é prática

(A) vedada expressamente pelo CDC, mas tolerada apenas se houver consentimento prévio do consumidor.
(B) lícita independentemente do consentimento do consumidor, que terá o direito de solicitar esclarecimentos sobre as informações e dados pessoais valorados.
(C) permitida para a geração de informações exclusivas para fornecedores, não havendo direito do consumidor em ter acesso aos dados referentes ao escore.
(D) permitida apenas para a análise de crédito em situação de inexistência de relação de consumo.
(E) abusiva e o seu uso caracteriza dano moral ao consumidor.

De acordo com a Súmula 550 do STJ, "A utilização de escore de crédito, método estatístico de avaliação de risco que não constitui banco de dados, dispensa o consentimento do consumidor, que terá o direito de solicitar esclarecimentos sobre as informações pessoais valoradas e as fontes dos dados considerados no respectivo cálculo".

Gabarito "B"

(Juiz – TJ/CE – 2018 – CESPE) A respeito dos bancos de dados e dos cadastros de consumidores, é correto afirmar que

(A) são considerados entidades de caráter público.
(B) não há distinção jurídica relevante entre eles, de acordo com a doutrina dominante.
(C) incumbe ao próprio devedor requerer a exclusão do seu registro regular em cadastro de órgão de proteção ao crédito após o pagamento da dívida.
(D) o direito a retificação ou correção de dados e cadastros do consumidor, embora admitido pela jurisprudência, não encontra previsão legal específica no CDC.
(E) é incabível habeas data para se obter informações constantes dessas entidades em caso de o fornecimento dessas informações ter sido negado ao consumidor.

A: correta, conforme art. 43, § 4º do CDC; **B:** incorreta. A finalidade do cadastro positivo é manter informações sobre o histórico de crédito do consumidor para, se o caso, se beneficiar da concessão de crédito com juros mais adequados. Já o cadastro negativo tem como finalidade a proteção do crédito e contém informações sobre dívidas vencidas e não pagas do consumidor; **C:** incorreta. De acordo com a Súmula 548 do STJ, "Incumbe ao credor a exclusão do registro da dívida em nome do devedor inadimplente no prazo de cinco dias úteis, a partir do integral e efetivo pagamento do débito"; **D:** incorreta. O direito de retificação ou correção de dados e cadastros do consumidor encontra previsão legal específica no CDC, no art. 43, § 3º do referido diploma, que dispõe: "O consumidor, sempre que encontrar inexatidão nos seus dados e cadastros, poderá exigir sua imediata correção, devendo o arquivista, no prazo de cinco dias úteis, comunicar a alteração aos eventuais destinatários das informações incorretas"; **E:** incorreta. Por se tratar de entidade de caráter público, é cabível *habeas data* para se obter informações constantes dos bancos de dados e cadastros de consumidores, caso o fornecimento dessas informações tenha sido negado ao consumidor.

Gabarito "A"

(Juiz de Direito/AM – 2016 – CESPE) Acerca das práticas comerciais previstas no CDC, assinale a opção correta à luz da jurisprudência do STJ.

(A) A cobrança de tarifa de água pela concessionária pode ocorrer por estimativa na hipótese comprovada de falta do hidrômetro ou de seu mau funcionamento.
(B) Haverá responsabilidade solidária entre a concessionária de veículos seminovos e a fabricante da marca no caso de oferta veiculada por aquela que ateste, com a anuência desta, a qualidade de veículo usado, caso esse bem venha a apresentar vício.
(C) A ciência do consumidor é necessária para que ocorra a reprodução objetiva e atualizada pelos órgãos de proteção ao crédito dos registros existentes nos cartórios de protesto.
(D) O denominado escore de crédito, que decorre do cadastro positivo, é uma espécie de banco de dados e necessita do consentimento do consumidor para utilização pelos fornecedores.
(E) Não caracteriza prática abusiva a distinção no pagamento em dinheiro, cheque ou cartão de crédito, pois esta última modalidade envolve, além do consumidor e do fornecedor, a administradora do cartão.

A: incorreta. O fornecedor somente pode fazer a cobrança pelo serviço efetivamente fornecido ao consumidor. Nesse sentido, já julgou o STJ: "a tarifa de água deve calculada com base no consumo efetivamente medido no hidrômetro, de modo que sua cobrança por estimativa é ilegal, por ensejar enriquecimento ilícito da concessionária". (AgInt no AREsp 554675/RJ, 1ª turma, DJe 16/11/2016). **B:** correta. Na forma do art. 18 do Código de Defesa do Consumidor, os fornecedores são responsáveis pelos vícios apresentados pelo produto. Para os fins da lei consumerista, a apresentação e oferta inadequada faz com que o produto tenha um vício. **C:** incorreta. Tese firmada em Recurso Repetitivo (REsp 1444469 / DF): "Diante da presunção legal de veracidade e publicidade inerente aos registros do cartório de protesto, a reprodução objetiva, fiel, atualizada e clara desses dados na base de órgão de proteção ao crédito – ainda que sem a ciência do consumidor – não tem o condão de ensejar obrigação de reparação de danos." 2. Recurso especial provido. **D:** incorreta. Súmula 550 do STJ "A utilização de escore de crédito, método estatístico de avaliação de risco que não constitui banco de dados, dispensa o consentimento do consumidor, que terá o direito de solicitar esclarecimentos sobre as informações pessoais valoradas e as fontes dos dados considerados no respectivo cálculo". **E:** incorreta. O entendimento caminhava no sentido de considerar prática abusiva a cobrança diferenciada entre dinheiro e outras modalidades (REsp 1.133.410-RS, Rel. Min. Massami Uyeda, julgado em 16/3/2010). No entanto, a medida provisória nº 764/16, posterior ao referido julgado, autoriza expressamente a cobrança diferenciada de preço: "Fica autorizada a diferenciação de preços de bens e serviços oferecidos ao público, em função do prazo ou do instrumento de pagamento utilizado" (art. 1º). Esse portanto, deve ser o entendimento caso a medida provisória seja validada pelo congresso nacional.

Gabarito "B"

(Juiz de Direito/DF – 2016 – CESPE) De acordo com o entendimento adotado, de forma atual e prevalente, pelo STJ, assinale a opção correta.

(A) A utilização dos dados extraídos dos registros do cartório de protesto, por órgão cadastral de proteção ao crédito, desde que se trate de reprodução fiel, atualizada, objetiva e clara, não gera o dever de reparar os danos causados ao consumidor, ainda que não tenha este sido previamente cientificado da inclusão de tais informações na base de dados do órgão de proteção.
(B) Cabe ao órgão responsável pelo cadastro de proteção ao crédito, e não ao credor, a notificação do devedor, antes de proceder à inscrição desabonadora, exigindo-se, para o fiel atendimento da exigência legal, a prova de efetiva notificação do devedor, por meio de carta com aviso de recebimento.
(C) Para a lícita utilização de escore de crédito, método estatístico de avaliação de risco que não constitui banco de dados, exige-se o consentimento do consumidor, que terá o direito de solicitar esclarecimentos sobre as informações pessoais valoradas e as fontes dos dados considerados no respectivo cálculo.
(D) A inclusão do nome do consumidor em base de dados do órgão de proteção ao crédito, quando fundada em informação verdadeira, extraída do cartório de distribuição judicial, não tem o condão de ensejar a obrigação de reparar danos, desde que seja observado o dever de prévia notificação do devedor.
(E) Verificada, ao tempo em que fora realizada, a legítima inscrição do nome do devedor em cadastro de proteção ao crédito, e, uma vez operado, em momento ulterior, o

integral pagamento da dívida, cabe ao devedor interessado postular a exclusão do registro desabonador, posto que a negativação teve origem em ato realizado no exercício regular de um direito do credor.

A: correta. Tese firmada em Recurso Repetitivo (REsp 1444469 / DF): "Diante da presunção legal de veracidade e publicidade inerente aos registros do cartório de protesto, a reprodução objetiva, fiel, atualizada e clara desses dados na base de órgão de proteção ao crédito – ainda que sem a ciência do consumidor – não tem o condão de ensejar obrigação de reparação de danos." **B:** incorreta. A súmula 359 dispõe que cabe ao órgão mantenedor do Cadastro de Proteção ao Crédito a notificação do devedor antes de proceder a inscrição. No entanto, fica dispensado o Aviso de Recebimento (AR) para a comprovação da notificação (Súmula 404, STJ), bastando que o órgão administrador faça a comprovação do envio de correspondência ao devedor. **C:** incorreta. Súmula 550 do STJ assim dispõe: "A utilização de escore de crédito, método estatístico de avaliação de risco que não constitui banco de dados, dispensa o consentimento do consumidor, que terá o direito de solicitar esclarecimentos sobre as informações pessoais valoradas e as fontes dos dados considerados no respectivo cálculo". **D:** Incorreta. Tendo em vista a informação ser pública, não se faz necessária a prévia notificação do devedor. Em sede de recurso repetitivo, o STJ firmou as seguintes teses: "Diante da presunção legal de veracidade e publicidade inerente aos registros do cartório de distribuição judicial, a reprodução objetiva, fiel, atualizada e clara desses dados na base de órgão de proteção ao crédito – ainda que sem a ciência do consumidor – não tem o condão de ensejar obrigação de reparação de danos" (REsp 1344352/SP, DJe 16/12/2014). **E:** incorreta. A exclusão do registro da dívida é de responsabilidade do credor: "Incumbe ao credor a exclusão do registro da dívida em nome do devedor no cadastro de inadimplentes no prazo de cinco dias úteis, a partir do integral e efetivo pagamento do débito: (súmula 548 do STJ).

Gabarito "A"

(Magistratura/BA – 2012 – CESPE) Assinale a opção correta a respeito de serviços de proteção ao crédito.

(A) É indispensável o aviso de recebimento na carta de comunicação enviada ao consumidor para informá-lo sobre a negativação de seu nome em bancos de dados e cadastros.

(B) A retirada do nome de consumidor de cadastro de inadimplentes, requerida em antecipação de tutela e(ou) medida cautelar, somente será deferida se, cumulativamente, a ação for fundada em questionamento integral ou parcial do débito, houver demonstração de que a cobrança indevida se funda na aparência do bom direito e em jurisprudência consolidada do STF ou do STJ e houver depósito da parcela incontroversa ou for prestada a caução fixada conforme o prudente arbítrio do juiz.

(C) O consumidor cujo nome é irregularmente anotado em cadastro de proteção ao crédito tem direito a pleitear tanto indenização por dano moral quanto o cancelamento da anotação, ainda que preexista legítima inscrição.

(D) Cabe ao credor da dívida providenciar a notificação do devedor antes de proceder à inscrição de seu nome em órgão de proteção ao crédito.

(E) O serviço de proteção ao crédito pode manter a inscrição do nome do devedor até o efetivo pagamento da dívida, desde que o credor ajuíze ação de execução.

A: incorreta, de acordo com a Súmula 404 do STJ, "é dispensável o aviso de recebimento (AR) na carta de comunicação ao consumidor sobre a negativação de seu nome em bancos de dados e cadastros"; **B:** correta, pois está de acordo com a jurisprudência do STJ (AgRg no REsp 1.185920 SP, Rel. Min. Nancy Andrighi, julgado em 15/02/2011); **C:** incorreta, de acordo com a Súmula 385 do STJ, "da anotação irregular em cadastro de proteção ao crédito, não cabe indenização por dano moral, quando preexistente legítima inscrição, ressalvado o direito ao cancelamento"; **D:** incorreta, a comunicação ao consumidor é realizada após a abertura de cadastro, ficha ou registro nos bancos de dados e cadastros de consumidores (art. 43, § 2º, CDC); **E:** incorreta, conforme o art. 43, § 1º, CDC, e a Súmula 323 do STJ: A inscrição do nome do devedor pode ser mantida nos serviços de proteção ao crédito até o prazo máximo de cinco anos, independentemente da prescrição da execução.

Gabarito "B"

(Magistratura/CE – 2012 – CESPE) No que se refere às práticas comerciais nas relações de consumo, assinale a opção correta.

(A) De acordo com o CDC, os bancos de dados e cadastros relativos a consumidores, os serviços de proteção ao crédito e congêneres são entidades de caráter privado, sendo, por isso, assegurados ao consumidor mecanismos para que os registros a ele relativos constantes nessas entidades não lhe sejam negados, quer quanto ao acesso, quer quanto às retificações.

(B) De acordo com o CDC, a veiculação e a precisão da informação são os dois requisitos necessários para a incidência do princípio da vinculação aplicado à oferta e à publicidade, podendo o consumidor, se houver a recusa do cumprimento da oferta, acionar o fornecedor que pagou e dirigiu a preparação e a veiculação do anúncio; conforme entendimento do STJ, em nenhuma hipótese, entretanto, poderão ser responsabilizados, no caso de recusa, o fornecedor indireto ou o veículo de comunicação.

(C) Em consonância com os princípios da transparência, da boa-fé objetiva e da confiança, o CDC estatui uma obrigação geral de informação, que, no âmbito da proteção à vida e à saúde do consumidor, conforme entendimento do STJ, é manifestação autônoma da obrigação de segurança e exige comportamento positivo do fornecedor. Esse comportamento se concretiza no dever de informar que o seu produto ou serviço pode causar malefícios, ainda que apenas a uma minoria da população.

(D) O consumidor cobrado judicialmente em quantia indevida, salvo hipótese de engano justificável, tem direito à repetição do indébito nos termos do CDC, exigindo-se a prova do erro exclusivamente em relação aos contratos bancários, conforme jurisprudência solidificada do STJ.

(E) Conforme jurisprudência do STJ, não se admite repetição de indébito de valor pago em virtude de cláusula abusiva constante de contratos de consumo.

A: incorreta, os bancos de dados e cadastros relativos a consumidores, os serviços de proteção ao crédito e congêneres são considerados entidades de caráter público (art. 43, § 4º, CDC); **B:** incorreta, pois se houver violação do dever de cuidado o veículo de comunicação pode ser responsabilizado (REsp 997.993/MG, Rel. Ministro LUIS FELIPE SALOMÃO, julgado em 21/06/2012); **C:** correta, o dever de informar corretamente o consumidor está previsto no art. 31, CDC, e o STJ já reconheceu que o fornecedores têm o dever de informar os consumidores sobre os possíveis malefícios de seus produtos, ainda que apenas a uma minoria da população, ao obrigar as empresas de alimentos a informar sobre os riscos do glúten (REsp 586316/MG, Rel. Ministro HERMAN BENJAMIN, julgado em 17/04/2007); **D:** incorreta, pois de acordo com o STJ, "não se faz necessária a prova do erro para exercer o direito à repetição do indébito nos contratos de abertura de crédito (AgRg no REsp 706.340/RS, Rel. Ministra NANCY ANDRIGHI, TERCEIRA TURMA, julgado em 27/09/2005); **E:** incorreta, de acordo com a jurisprudência do STJ é possível a repetição de indébito de valor pago em virtude de cláusula abusiva constante de contrato de consumo (AgRg no REsp 749.830/RS, Rel. Ministro FERNANDO GONÇALVES, QUARTA TURMA, julgado em 18/08/2005).

Gabarito "C"

(Magistratura/CE – 2012 – CESPE) Assinale a opção correspondente à situação hipotética que retrata prática comercial aceitável, de acordo com as disposições do CDC.

(A) Em contrato de serviços de uma empresa de engenharia para a construção de imóvel residencial, embora o consumidor tivesse prazo certo para cumprir a sua prestação de pagar, a construtora fixou apenas o prazo total de seis meses para a conclusão da obra, contados a partir do término da fundação do imóvel, sem estabelecer expressamente prazo para o início ou término da execução dos serviços de fundação da referida obra.

(B) Em uma cidade acometida por uma grave enchente, o dono de um mercado local impôs, para a comercialização de água mineral, o limite quantitativo máximo de dois garrafões por consumidor, em razão da limitação de seu estoque e a fim de garantir que o maior número de consumidores pudesse ter acesso ao produto.

(C) Determinada instituição bancária enviou, sem prévia solicitação ou anuência dos clientes, cartão de crédito para a residência de determinados correntistas, escolhidos em razão de seu alto poder aquisitivo.

(D) O dono de uma loja de sapatos avisou aos outros comerciantes de sapatos do bairro que determinada consumidora, além de habitualmente reclamar da qualidade de produtos e serviços, já propôs várias ações em face de outros fornecedores.

(E) Uma instituição particular de educação infantil reajustou a mensalidade para além dos índices de inflação e deixou de apresentar, para os responsáveis legais das crianças matriculadas, a justa causa do referido aumento.

A: incorreta, o art. 39, XII, CDC, considera prática abusiva deixar de estipular prazo para o cumprimento de sua obrigação ou deixar a fixação de seu termo inicial a seu exclusivo critério; **B**: correta, na hipótese o fornecimento do produto pode ser limitado em razão da justa causa presente (grave enchente) conforme autoriza o art. 39, I, CDC; **C**: incorreta, nos termos do art. 39, III, CDC, é prática abusiva enviar ou entregar ao consumidor, sem solicitação prévia, qualquer produto, ou fornecer qualquer serviço; **D**: incorreta, nos termos do art. 39, VII, CDC, é prática abusiva repassar informação depreciativa, referente a ato praticado pelo consumidor no exercício de seus direitos; **E**: incorreta, pois também é prática abusiva elevar sem justa causa o preço de produtos ou serviços (art. 39, X, CDC.).

Gabarito "B".

(Magistratura/PA – 2012 – CESPE) Com relação às práticas abusivas e às cobranças de dívidas, assinale a opção correta.

(A) A execução de serviços independe de autorização expressa do consumidor ou de prévia elaboração de orçamento.

(B) Considere que o gerente de uma loja telefone a um devedor seu e lhe diga que tomará as medidas judiciais cabíveis caso ele não efetue o pagamento total da dívida. Nessa situação, a atitude do credor não constitui ameaça ou prática abusiva visto que a legislação vigente prevê a cobrança de dívida como direito do credor em relação ao devedor.

(C) Não configura conduta abusiva a ação de cobrador que, ao telefone, se apresente ao devedor como oficial de justiça sem o ser.

(D) Não se considera prática abusiva, à luz do CDC, enviar ou entregar ao consumidor, sem solicitação prévia, qualquer produto ou fornecer qualquer serviço.

(E) Atua de acordo com os parâmetros legais o banco que exija, para a concessão de empréstimo, que o cliente adquira apólice de seguro de vida, visto que a lei faculta ao fornecedor a imposição de aquisição conjunta de bens e serviços.

A: incorreta, o art. 39, VI, CDC veda ao fornecedor executar serviços sem a prévia elaboração de orçamento e autorização expressa do consumidor, ressalvadas as decorrentes de práticas anteriores entre as partes; **B**: correta, pois não caracteriza coação a ameaça de exercício regular de direito (art. 153/CC) e o CDC apenas proíbe que o consumidor seja exposto ao ridículo na cobrança de dívida (art. 42, *caput*, CDC); **C**: incorreta, pois tal situação caracteriza abuso de direito de cobrança (art. 42, *caput*, CDC); **D**: incorreta, caracteriza prática abusiva enviar ou entregar ao consumidor, sem solicitação prévia, qualquer produto ou fornecer qualquer serviço (art. 39, III, CDC); **E**: incorreta, o CDC veda ao fornecedor condicionar o fornecimento de produto ou de serviço ao fornecimento de outro produto ou serviço (art. 39, I, CDC).

Gabarito "B".

(Ministério Público/PI – 2012 – CESPE) Conforme o CDC, é garantido ao consumidor o acesso às informações sobre ele existentes em cadastros, fichas, registros e dados pessoais e de consumo arquivados, bem como as referentes às suas respectivas fontes. Considerando essa informação, assinale a opção correta no que se refere aos bancos de dados e cadastros de consumidores.

(A) Impedir ou dificultar o acesso do consumidor às informações que sobre ele constem em cadastros, banco de dados, fichas e registros constitui infração penal.

(B) O mandado de segurança é o instrumento jurídico adequado para assegurar o conhecimento de informações relativas ao consumidor constantes de registro ou banco de dados de entidades governamentais ou de caráter público.

(C) Os bancos de dados e cadastros relativos a consumidores, os serviços de proteção ao crédito e congêneres devem ser instituídos e mantidos por entidades públicas.

(D) É imprescindível o aviso de recebimento na carta de comunicação enviada ao consumidor que o avise sobre a inclusão de seu nome em bancos de dados e cadastros de maus pagadores.

(E) Segundo a jurisprudência sumulada do STJ, compete ao fornecedor notificar o devedor antes de proceder à inscrição de seu nome no cadastro de proteção ao crédito.

A: correta, conforme o art. 72 do CDC; **B**: incorreta, o instrumento adequado é o *habeas data*, por se tratar de garantia de acesso à informação – art. 5º, LXXII, CF/88; **C**: incorreta, "os bancos de dados e cadastros relativos a consumidores, os serviços de proteção ao crédito e congêneres **são considerados** entidades de caráter público" (art. 43, § 4º, do CDC); **D**: incorreta, de acordo com a Súmula 404 do STJ: "É dispensável o aviso de recebimento (AR) na carta de comunicação ao consumidor sobre a negativação de seu nome em bancos de dados e cadastros"; **E**: incorreta, nos termos da Súmula 359 do STJ, "cabe ao órgão mantenedor do Cadastro de Proteção ao Crédito a notificação do devedor antes de proceder à inscrição".

Gabarito "A".

(Ministério Público/PI – 2012 – CESPE) Com base no que dispõe o CDC, assinale a opção correta com relação à disciplina normativa das práticas comerciais.

(A) Os fornecedores devem assegurar, durante um período mínimo de quinze anos, a oferta de componentes e peças de reposição quando cessadas a fabricação ou importação do produto.

(B) É vedada a publicidade de bens e serviços por telefone, quando a chamada telefônica for onerosa ao consumidor que a originar.

(C) A responsabilidade do fornecedor, por atos de seus representantes autônomos, é subsidiária e objetiva, sendo cabível ação regressiva contra o causador direto do dano.

(D) A informação ou comunicação de caráter publicitário inteira ou parcialmente falsa é considerada publicidade abusiva.

(E) Em regra, os exageros (*puffing*), em razão do princípio da vinculação contratual da oferta, obrigam os fornecedores, mesmo que não guardem a característica da precisão.

A: incorreta, a oferta deve ser mantida por período razoável de tempo e não por período mínimo de quinze anos (art. 32, parágrafo único, do CDC); **B**: correta, conforme o art. 33, parágrafo único, do CDC; **C**: incorreta, a responsabilidade é solidária e objetiva (art. 34 do CDC); **D**: incorreta, a informação ou comunicação de caráter publicitário inteira ou parcialmente falsa é considerada publicidade enganosa (art. 37, § 1º, do CDC); **E**: incorreta, o *puffing* consiste em simples exagero das qualidades de um produto e, em regra, não obriga o fornecedor.

Gabarito "B".

(Ministério Público/RR – 2012 – CESPE) A respeito dos bancos de dados e cadastros de consumidores, assinale a opção correta com base no entendimento do STJ.

(A) Cabe ao credor da dívida providenciar a notificação do devedor antes de proceder à inscrição em órgão de proteção ao crédito.

(B) É indispensável o aviso de recebimento em carta de comunicação ao consumidor sobre a negativação de seu nome em bancos de dados e cadastros.

(C) Para a abstenção da inscrição ou manutenção do nome do consumidor em cadastro de inadimplentes requerida em antecipação de tutela e(ou) em medida cautelar, basta que o consumidor demonstre que a cobrança indevida se funda em jurisprudência consolidada do STF ou do STJ e que ele não tem condições econômico-financeiras para pagar a dívida.

(D) O nome do devedor pode ser mantido nos serviços de proteção ao crédito até o prazo da prescrição da pretensão de cobrança ou, se ajuizada execução, até a satisfação do crédito.

(E) Não cabe indenização por dano moral em razão de anotação irregular em cadastro de proteção ao crédito, se preexistente legítima inscrição, ressalvado o direito ao cancelamento.

A: incorreta, conforme prescreve a Súmula 359 do STJ: "Cabe ao órgão que mantém o cadastro de proteção ao crédito a notificação do devedor antes de proceder à inscrição"; **B:** incorreta, de acordo com a Súmula 404 do STJ: "É dispensável o aviso de recebimento (AR) na carta de comunicação ao consumidor sobre a negativação de seu nome em bancos de dados e cadastros"; **C:** incorreta, segundo a jurisprudência do STJ: "Orientação 4 – Inscrição/Manutenção em cadastro de inadimplentes: a) a abstenção da inscrição/manutenção em cadastro de inadimplentes, requerida em antecipação de tutela e/ou medida cautelar, somente será deferida se, cumulativamente: i) a ação for fundada em questionamento integral ou parcial do débito; ii) houver demonstração de que a cobrança indevida se funda na aparência do bom direito e em jurisprudência consolidada do STF ou STJ; iii) houver depósito da parcela incontroversa ou for prestada a caução fixada conforme o prudente arbítrio do juiz" (REsp 1.061.530/RS, Segunda Seção, Rel. Min. Nancy Andrighi, j. 22.10.2008); **D:** incorreta, o nome do devedor pode ser mantido nos serviços de proteção ao crédito até o prazo máximo de cinco anos, devendo ser retirado antes se ocorrer a prescrição da pretensão de cobrança (art. 43, §§ 1º e 5º, do CDC); **E:** correta, reproduz a Súmula 385 do STJ.

Gabarito "E".

(Defensor Público/RO – 2012 – CESPE) Com relação à veiculação de publicidade, o CDC veda, expressamente,

(A) a propaganda promocional.
(B) a propaganda subliminar.
(C) o *merchandising*.
(D) o *puffing*.
(E) o *teaser*.

A: incorreta, pois não há no CDC vedação às propagandas promocionais de um produto ou serviço; **B:** correta; o CDC é expresso no sentido de que "a publicidade deve ser veiculada de tal forma que o consumidor, fácil e imediatamente, a identifique como tal" (art. 36, *caput*, do CDC), ou seja, deve estar muito claro de que se trata de uma propaganda; por exemplo, é proibido fazer uma propaganda em forma de reportagem jornalística; **C:** incorreta, pois o CDC não veda expressamente o *merchandising*, que, por sinal, é muito comum em novelas e outros programas de TV; **D:** incorreta, pois o *puffing* é o exagero praticado em anúncios de publicidade (ex: "melhor pizza do mundo"); porém, o art. 30 do CDC estabelece que somente a informação ou publicidade suficientemente precisas vinculam o fornecedor; assim, o exagero, desde que feito de forma jocosa, lúdica, e sem precisão, não vincula o fornecedor, não havendo vedação expressa no CDC; **E:** incorreta, pois o *teaser* é uma técnica de marketing para chamar a atenção para uma campanha publicitária, despertando a curiosidade do consumidor, não havendo vedação expressa no CDC.

Gabarito "B".

(Defensor Público/SE – 2012 – CESPE) Conforme entendimento do STJ, constitui prática abusiva contra o consumidor

(A) a cobrança de preços diferenciados para a compra de produtos mediante pagamento em dinheiro, cheque ou cartão de crédito.
(B) a estipulação de juros remuneratórios superiores a 12% ao ano, com base na taxa média do mercado bancário.
(C) a retenção, pela construtora, de parte do valor pago, a título de indenização, no caso de resilição do compromisso de compra e venda de imóvel.
(D) o impedimento de cancelamento unilateral, pelo consumidor, de desconto, em folha de pagamento, referente a empréstimo consignado.
(E) a conferência indistinta de mercadorias pelos estabelecimentos comerciais, após a venda, mesmo quando a revista dos bens adquiridos é realizada em observância aos limites da urbanidade e civilidade.

A: correta (STJ, Inform. 427, REsp 1.133.410-RS, Rel. Min. Massami Uyeda, julgado em 16/03/2010); **B:** incorreta, pois as instituições financeiras podem cobrar juros remuneratórios superiores a 12% ao ano com base na taxa media de mercado (STJ, AgRg no REsp 1.097.450, DJ 19.06.13); **C:** incorreta, pois devem ser devolvidos os valores pagos, retendo-se apenas parcelas para fazer frente ao desgaste da unidade, corretagem, etc (STJ, AgRg no Ag 717.840, DJ 21.10.09); **D:** incorreta, pois o STJ entende que não é abusiva a impossibilidade de modificação unilateral da cláusula que impede o cancelamento (AgRg nos EDcl no REsp 1.223.838, DJ 11.05.11); **E:** incorreta, pois não constitui prática abusiva essa conduta (STJ, REsp 1.120.113, DJ 10.10.11).

Gabarito "A".

8. PROTEÇÃO CONTRATUAL

Renê firmou contrato de seguro de assistência à saúde e, anos depois, quando ele completou sessenta anos de idade, a seguradora reajustou o valor do seu plano de assistência com base em uma cláusula abusiva. Por essa razão, Renê pretende ajuizar ação visando à declaração de nulidade da cláusula de reajuste e à condenação da contratada em repetição de indébito referente a valores pagos em excesso.

(Juiz de Direito - TJ/BA - 2019 - CESPE/CEBRASPE) De acordo com entendimento jurisprudencial do STJ, nessa situação hipotética, as parcelas vencidas e pagas em excesso estão sujeitas à

(A) prescrição de três anos, porque se trata de hipótese de enriquecimento sem causa da empresa contratada.
(B) prescrição de um ano, por se tratar de um contrato de seguro.
(C) prescrição de dois anos, porque, apesar de se tratar de um contrato de seguro, o requerente é idoso.
(D) prescrição de cinco anos, por envolver valores líquidos e certos.
(E) imprescritibilidade, por ser essa uma relação jurídica de trato sucessivo.

O entendimento do Superior Tribunal de Justiça segue no sentido de que a prescrição é de 3 (três) anos, nos termos do art. 206 do Código Civil, para o pedido de nulidade de cláusula e consequente repetição de indébito, posto de fundamentado no enriquecimento sem causa (Veja: REsp 1.800.456/SP). RD

Gabarito "A".

(Defensor Público/PE – 2018 – CESPE) Em cada uma das opções a seguir é apresentada uma situação hipotética a respeito de práticas comerciais e contratos regidos pelo CDC, seguida de uma assertiva a ser julgada de acordo com a jurisprudência do STJ.

(A) Determinado consumidor deu causa ao desfazimento de contrato de compra e venda de imóvel realizado junto a determinada construtora. Nesse caso, o consumidor, promitente comprador, tem direito à restituição integral das parcelas pagas.
(B) Carlos deseja ajuizar ação de prestação de contas em face de instituição financeira para obter esclarecimentos sobre cobrança de tarifas e encargos bancários. Nesse caso, o ajuizamento da demanda deve observar o prazo decadencial previsto no CDC para a hipótese de vício do serviço.
(C) A administração pública aplicou multa administrativa a sociedade empresária em razão de envio reiterado de cartões de crédito sem a prévia e expressa solicitação do consumidor. Nesse caso, a multa é nula por ausência de fundamento legal, cabendo a cada consumidor lesado a busca pela reparação do dano na esfera judicial.
(D) O contrato de determinado plano de saúde possui cláusula contratual que limita o período de internação do segurado. Nessa situação, no caso de eventual internação, se o consumidor tiver sido previamente informado, a cláusula é considerada legítima.
(E) Para quitar despesas pessoais, Rafael realizou contrato de mútuo com o banco X no valor de R$ 30 mil. Nessa situação, a cobrança, pela instituição financeira, de juros capitalizados será válida apenas se houver disposição contratual expressa nesse sentido.

A: incorreta. O art. 67-A, § 2º, da Lei 4.561/64 (incluído pela Lei 13.786/2018), prevê a possiblidade de descontos para os casos em que o consumidor dê causa ao desfazimento do contrato. Vide também a súmula 543 do STJ; **B:** incorreta. De acordo com a Súmula 477 do STJ, a decadência do art. 26 do CDC não é aplicável à prestação de contas para obter esclarecimentos sobre cobrança de taxas, tarifas e encargos bancários; **C:** incorreta. De acordo com a Súmula 532 do Superior Tribunal de Justiça, "constitui prática comercial abusiva o envio de cartão de crédito sem prévia e expressa solicitação do consumidor, configurando-se ato ilícito indenizável e sujeito à aplicação de multa administrativa". Dessa maneira, a multa é aplicável e desnecessária a busca de reparação do dano na esfera judicial; **D:** incorreta. A Súmula 302 do Superior Tribunal de Justiça considera abusiva a cláusula contratual de plano de saúde que limita o tempo de internação do consumidor/paciente; **E:** correta. Conforme tese 247 de IRDR do STJ: "A capitalização dos juros em periodicidade inferior à anual deve vir pactuada de forma expressa e clara. A previsão no contrato bancário de taxa de juros anual superior ao duodécuplo da mensal é suficiente para permitir a cobrança da taxa efetiva anual contratada". (REsp 973827/RS, DJ 08/08/2012). RD

Gabarito "E".

(Juiz de Direito/DF – 2016 – CESPE) De acordo com as normas que regulam a proteção contratual do consumidor no CDC e, ainda, conforme entendimento jurisprudencial atual e prevalente do STJ, assinale a opção correta.

(A) É considerada abusiva a cláusula contratual que preveja a cobrança de juros compensatórios ("juros no pé"), pela incorporadora (promitente vendedora), em contrato de promessa de compra e venda de imóvel em construção, antes da entrega das chaves.

(B) É válida a cláusula inserida em contrato de plano de saúde que limita o tempo de cobertura, quando se tratar, especificamente, de internação psiquiátrica prolongada.

(C) A diferenciação de preços praticada por lojista para as hipóteses de pagamento em dinheiro, cheque ou cartão de crédito caracteriza prática abusiva no mercado de consumo, por ser considerada nociva ao equilíbrio contratual.

(D) Não se mostra abusiva a cláusula contratual que determina a restituição dos valores devidos de forma parcelada, na hipótese de resolução de contrato de promessa de compra e venda de imóvel, quando o desfazimento tenha sido causado pela desistência do consumidor comprador.

(E) Aplicam-se, na relação entre o franqueador e o franqueado, os princípios e as normas protetivas do CDC, sendo, por força da presumida hipossuficiência do consumidor aderente (franqueado), nula a cláusula de eleição de foro, estipulada em favor do franqueador, em contrato de franchising firmado por adesão.

A: incorreta. O SJT tem entendido que não é abusiva a cobrança dos chamados *juros no pé*. Essa modalidade de cobrança de juros se configura com a cobrança dos juros compensatórios das parcelas relativas ao período anterior à entrega das chaves do imóvel (EREsp 670.117/PB – Rel. Min. Sidnei Beneti – DJ 13.06.2012). Vale notar que esse é um acórdão paradigma que mudou o entendimento do STJ sobre o tema. **B:** incorreta posto que o STJ tem entendo que é nula a cláusula que limita tempo de internação do paciente "nos termos da jurisprudência cristalizada na Súmula 302/STJ, é abusivo o preceito contratual que restringe, no tempo, a internação hospitalar indispensável ao tratamento do usuário do plano de saúde. Exegese aplicável à internação psiquiátrica. Incidência da Súmula 83/STJ" (STJ, Rel. Min. Marco Buzzi, AgRg no AREsp 473.625/RJ, DJe 05/06/2014). **C:** correta. Esse é, de fato, o entendimento do STJ para o tema (REsp 1.133.410-RS, Rel. Min. Massami Uyeda, julgado em 16/3/2010). No entanto, a medida provisória nº 764/16, posterior ao referido julgado, autoriza expressamente a cobrança diferenciada de preço: "Fica autorizada a diferenciação de preços de bens e serviços oferecidos ao público, em função do prazo ou do instrumento de pagamento utilizado" (art. 1º). Esse portanto, deve ser o entendimento caso a medida provisória seja validada pelo congresso nacional. **D:** incorreta. O entendimento do STJ segue a linha de que a devolução deve ser em parcela única. Veja a ementa em sede de Recurso Repetitivo: "Para efeitos do art. 543-C do CPC: em contratos submetidos ao Código de Defesa do Consumidor, é abusiva a cláusula contratual que determina a restituição dos valores devidos somente ao término da obra ou de forma parcelada, na hipótese de resolução de contrato de promessa de compra e venda de imóvel, por culpa de quaisquer contratantes. Em tais avenças, deve ocorrer a imediata restituição das parcelas pagas pelo promitente comprador – integralmente, em caso de culpa exclusiva do promitente vendedor/construtor, ou parcialmente, caso tenha sido o comprador quem deu causa ao desfazimento. 2. Recurso especial não provido. (REsp 1.300.418/SC, Rel. Min. Luis Felipe Salomão, 2ª Seção, Dje 10/12/2013)". **D:** incorreta, não há relação jurídica de consumo entre franqueado e franqueador (veja REsp 687.322/RJ).

Gabarito "C".

(Magistratura/CE – 2012 – CESPE) Assinale a opção correta acerca do direito do consumidor e da proteção contratual.

(A) O CDC determina explicitamente que a interpretação das cláusulas contratuais seja mais favorável ao consumidor, estando, por isso, em dissonância com o princípio constitucional da isonomia.

(B) A consequência direta para o inadimplemento da obrigação de fazer derivada do recibo de sinal, escritos particulares e pré-contratos é a resolução em perdas e danos, uma vez que o CDC deixou de conferir ao juiz poderes para tornar efetiva a tutela do consumidor por meio da execução específica da obrigação de fazer.

(C) O legislador, com o fim de proteger a vontade do consumidor das técnicas agressivas de vendas domiciliares, inovou o ordenamento jurídico nacional ao incluir, no CDC, um prazo de reflexão obrigatório e um direito de arrependimento, nos casos dos contratos concluídos fora do estabelecimento comercial, fazendo incidir tal norma, por exemplo, na compra e venda de imóvel celebrada no recinto do cartório de notas, na presença do oficial.

(D) Ao contrário da garantia legal, que é sempre obrigatória, a garantia contratual é mera faculdade que pode ser concedida por liberalidade do fornecedor, constituindo um anexo voluntário e podendo, por isso, ser concedida mesmo após a celebração do contrato; o CDC, entretanto, não permite que tal garantia seja dada verbalmente, sendo o termo escrito a substância do ato.

(E) De acordo com os adeptos da teoria finalista, a fim de que as normas do CDC sejam aplicadas a um número cada vez maior de relações de mercado, o estatuto consumerista deve ser aplicado a todas as pessoas jurídicas, não importando, pois, se têm ou não objetivo de lucro quando adquirem um produto ou utilizam um serviço.

A: incorreta, o art. 47, do CDC, determina que as cláusulas contratuais serão interpretadas de maneira mais favorável ao consumidor, consagrando o princípio constitucional da isonomia ao conferir tratamento desigual aos desiguais; **B:** incorreta, o CDC confere ao juiz poderes para tornar efetiva a tutela do consumidor por meio da execução específica da obrigação de fazer (art. 84, *caput*, CDC); **C:** incorreta, o direito de arrependimento, previsto no art. 49 do CDC, só é aplicável às vendas ocorridas fora do estabelecimento comercial, o que não é o caso da compra e venda de imóvel celebrada no recinto do cartório de notas, na presença do oficial; **D:** correta, está de acordo com o art. 50, *caput* e parágrafo único do CDC; **E:** incorreta, pois a teoria finalista exige que o consumidor seja um destinatário final fático e econômico, isto é, que não utilize o bem como uma forma de insumo para o desenvolvimento de atividade lucrativa.

Gabarito "D".

(Magistratura/CE – 2012 – CESPE) Com o advento do CDC, passou-se a aceitar, no Brasil, a existência de valores jurídicos superiores ao dogma da vontade, como o equilíbrio e a boa-fé nas relações de consumo. Acerca das cláusulas abusivas nos contratos de consumo, assinale a opção correta.

(A) A sentença que reconhece a nulidade da cláusula abusiva é declaratória e tem efeito *ex nunc*.

(B) Nos termos do CDC, prescrevem em cinco anos os prazos referentes à pretensão do consumidor à reparação pelos danos causados por fato do produto ou serviço e os referentes à alegação de nulidade da cláusula abusiva.

(C) Com o objetivo de promover lealdade, transparência e equilíbrio nas relações de consumo, o CDC dedica especial atenção à proteção contratual do consumidor e, reconhecendo que a supremacia do fornecedor sobre o consumidor caracteriza-se, sobretudo, nas contratações em massa, restringe as cláusulas abusivas ao contrato de adesão.

(D) A abusividade e a consequente declaração de nulidade das cláusulas abusivas, conforme entendimento pacificado na doutrina, podem ser conhecidas por ato de ofício do juiz, independentemente de requerimento da parte ou do interessado.

(E) Nos termos da sistemática adotada pelo CDC, para a caracterização da abusividade da cláusula, é necessário que o fornecedor tenha agido de má-fé e que o consumidor não a tenha aceitado conscientemente.

A: incorreta, pois de acordo com a doutrina a sentença declaratória de nulidade de cláusula abusiva tem eficácia *ex tunc*, retroagindo à celebração do contrato; **B:** incorreta, pois de acordo com a doutrina não existe prazo para declaração de nulidade de cláusula abusiva. Assim como o negócio jurídico, a nulidade de cláusula abusiva não se convalida pelo decurso do tempo; **C:** incorreta, o reconhecimento de cláusulas abusivas (previstas no art. 51 do CDC) não é restrito aos contratos de consumo caracterizados como contratos de adesão; **D:** correta, pois nos termos do art. 51, *caput*, CDC, as cláusulas abusivas são nulas de pleno direito, não dependendo de alegação da parte interessada; **E:** incorreta, o art. 51, *caput*, CDC, não exige a má-fé do fornecedor e nem a inconsciência do consumidor para o reconhecimento da abusividade de cláusula.

Gabarito "D"

9. RESPONSABILIDADE ADMINISTRATIVA

(Juiz – TJ/CE – 2018 – CESPE) Com relação às sanções administrativas previstas no CDC, assinale a opção correta.

(A) A contrapropaganda é prática abusiva que sujeita o seu autor a sanção administrativa.

(B) A violação de obrigação contratual por concessionária de serviço público não pode fundamentar a aplicação da pena de cassação da concessão.

(C) Essas sanções devem ser aplicadas por autoridade administrativa, no âmbito de sua atribuição, sendo vedada a aplicação cumulativa.

(D) A pena de interdição será aplicada, após procedimento administrativo, quando o fornecedor reincidir na prática das infrações de maior gravidade previstas no CDC e na legislação de consumo.

(E) A existência de ação judicial pendente, ainda sem trânsito em julgado, em que se discuta a imposição de penalidade administrativa não impede o reconhecimento da reincidência.

A: incorreta. A imposição da contrapropaganda é sanção administrativa, que se impõe aos fornecedores se estes veicularam publicidade enganosa ou abusiva (art. 56, XII, CDC); **B:** incorreta. Dentre as sanções administrativas cabíveis aos concessionários de serviços públicos está a de revogação de concessão ou permissão de uso (art. 56, VIII, CDC); **C:** incorreta. As sanções administrativas previstas no art. 56 do CDC podem ser aplicadas cumulativamente, inclusive por medida cautelar, antecedente ou incidente de procedimento administrativo (art. 56, parágrafo único); **D:** correta, nos exatos termos do art. 59 do CDC; **E:** incorreta. Pendendo ação judicial na qual se discuta a imposição de penalidade administrativa, não haverá reincidência até o trânsito em julgado da sentença (art. 59, § 3º, do CDC).

Gabarito "D"

(Defensor Público/SE – 2012 – CESPE) Assinale a opção correta com relação às sanções administrativas previstas no CDC bem como aos critérios para sua aplicação.

(A) As sanções administrativas de apreensão e de inutilização de produtos podem ser aplicadas, em razão de seu caráter urgente, mediante auto de infração, dispensada a instauração de procedimento administrativo.

(B) É possível a aplicação cumulativa das sanções administrativas previstas no CDC, inclusive por medida cautelar, antecedente ou incidente ao procedimento administrativo.

(C) Considera-se reincidente, para os fins de aplicação das sanções administrativas previstas no CDC, o fornecedor que ostente registro de auto de infração lavrado anteriormente ao cometimento da nova infração, ainda que pendente ação judicial em que se discuta a imposição de penalidade.

(D) A imposição de contrapropaganda deve ser cominada ao fornecedor que incorra na prática de qualquer infração administrativa ou penal.

(E) Os critérios previstos no CDC para a aplicação da sanção administrativa de multa coincidem com os mencionados no CP.

A: incorreta, pois é necessário processo administrativo com ampla defesa (art. 58 do CDC); **B:** correta (art. 56, parágrafo único, do CDC); **C:** incorreta, pois no caso não haverá reincidência até o trânsito em julgado da sentença (art. 59, § 3º, do CDC); **D:** incorreta, pois será cominada quando o fornecedor incorrer na prática de publicidade enganosa ou abusiva, nos termos do art. 36 e seus parágrafos, sempre às expensas do infrator (art. 60, *caput*, do CDC); **E:** incorreta, pois há critério próprio para aplicação de multa, nos termos do art. 57, parágrafo único, do CDC.

Gabarito "B"

10. RESPONSABILIDADE CRIMINAL

(Delegado - PC/SE - 2018 - CESPE/CEBRASPE) Acerca das infrações penais previstas na legislação consumerista, julgue o item a seguir.

(1) A omissão de dizeres ou sinais ostensivos que atestem a nocividade de determinado produto em matéria publicitária configura crime previsto no Código de Defesa do Consumidor, delito esse que também poderá ser punido na modalidade culposa e independerá de resultado danoso para a sua consumação.

1: Correta. O crime previsto no art. 63 do CDC admite modalidade culposa (art. 63, § 2º) e corresponde a um crime de perigo.

Gabarito 1C

(Defensor Público/AL – 2017 – CESPE) A respeito das infrações penais previstas no CDC, assinale a opção correta.

(A) O fornecedor que, na reparação de produtos, emprega peça ou componentes de reposição usados, sem a autorização do consumidor, comete ilícito civil, e não crime contra as relações de consumo.

(B) A realização de publicidade enganosa configura crime contra as relações de consumo, com pena de detenção de três meses a um ano e multa.

(C) A exposição do consumidor, de forma injustificada, a ridículo ou a situação que prejudique seu trabalho, em razão de cobrança de dívida, embora configure dano moral indenizável, não configura crime contra as relações de consumo.

(D) Impedir ou dificultar o acesso do consumidor a informações que sobre ele constem de cadastros, banco de dados, fichas e registros configura ilícito civil, remediado mediante habeas data e sem repercussão na seara penal.

(E) Qualquer violação do dever de informação constitui crime contra as relações de consumo, por ofensa ao princípio da transparência.

A: incorreta. De acordo com o art. 70 do CDC, o fornecedor que empregar na reparação de produtos, peça ou componentes de reposição usados, sem autorização do consumidor, comete crime punível com detenção de três meses a um ano e multa; **B:** correta. Conforme art. 67 do CDC; **C:** incorreta. De acordo com o art. 71 do CDC, "Utilizar, na cobrança de dívidas, de ameaça, coação, constrangimento físico ou moral, afirmações falsas incorretas ou enganosas ou de qualquer outro procedimento que exponha o consumidor, injustificadamente, a ridículo ou interfira com seu trabalho, descanso ou lazer" configura crime punível com detenção de três meses a um ano e multa; **D:** incorreta. De acordo com o art. 72, configura crime impedir ou dificultar o acesso do consumidor às informações que sobre ele constem em cadastros, banco de dados, fichas e registros, punível com detenção de seis meses a um ano ou multa. O *habeas data* pode ser utilizado, com a finalidade de obter e corrigir as informações contidas no cadastro; **E:** incorreta. Os crimes contra o consumidor foram elencados nos arts. 63 ao 74 do Código de Defesa do Consumidor. Não há tipicidade para a violação do dever de informação, que, portanto, configura ilícito civil, diante ofensa do princípio da transparência, mencionado nos art. 4º, 6º e 48 do CDC. **RD**

Gabarito "B"

(Defensor Público/PE – 2018 – CESPE) De acordo com o CDC, o fornecedor de serviços que utilizar peças de reposição ou produtos usados, sem a expressa autorização do consumidor, cometerá

(A) crime cuja consumação independe de dano efetivo.
(B) crime que admite modalidade culposa, conforme previsão legal.
(C) prática costumeira admitida nas relações de consumo.
(D) ilícito civil, irrelevante no direito penal.
(E) contravenção penal.

Conforme os ditames do art. 70 do CDC, o fornecedor de serviços que empregar na reparação de produtos, peça ou componentes de reposição usados sem autorização do consumidor comete crime, cuja efetivação independe de dano efetivo (vide arts. 171 e 175 do Código Penal). **RD**

Gabarito "A"

(Juiz – TJ/CE – 2018 – CESPE) A respeito das infrações penais tipificadas no CDC, assinale a opção correta.

(A) Enviar ou entregar ao consumidor, sem solicitação prévia, qualquer produto, constitui infração penal.
(B) Praticar crime tipificado no CDC em detrimento de operário ou rurícola não constitui circunstância agravante.
(C) Permitir o ingresso em estabelecimento comercial de clientes em quantidade superior à fixada pela autoridade administrativa como quantidade máxima constitui crime.
(D) Deixar de entregar ao consumidor o termo de garantia adequadamente preenchido e com especificação clara de seu conteúdo caracteriza conduta atípica.
(E) Empregar na reparação de produtos peça ou componente de reposição usado, ainda que se tenha a autorização prévia e expressa do consumidor, constitui crime.

A: incorreta. Trata-se de prática comercial abusiva, nos termos do art. 39, III, do CDC; **B**: incorreta. Constitui circunstância agravante, nos termos do art. 76, IV, *b*, do CDC; **C**: correta, nos termos do art. 65, § 2º, do CDC; **D**: incorreta. O art. 74 do CDC inclui como conduta típica deixar de entregar ao consumidor o termo de garantia adequadamente preenchido e com especificação clara de seu conteúdo; **E**: incorreta. Apenas incorre em crime quem utiliza peças ou componentes usados de reposição sem autorização expressa do consumidor (art. 70 do CDC). **RD**

Gabarito "C"

(Defensor Público/AC – 2017 – CESPE) No ano de 2014, Antônio, comerciante, cometeu crime previsto no CDC, tendo ocorrido a transação penal, prevista na Lei n.º 9.099/1995. Entretanto, em 2016, Antônio, ao vender, em seu estabelecimento comercial, um produto para uma pessoa de cinquenta e nove anos de idade, omitiu uma informação relevante a respeito da natureza, característica, qualidade ou segurança desse produto.

Nessa situação hipotética, de acordo com o CDC, Antônio responderá por crime

(A) cuja pena poderá ser agravada se o crime houver sido cometido contra servidor público.
(B) e poderá ser punido com detenção, desde que verificado que ele agiu dolosamente.
(C) e poderá ser punido com detenção, multa e(ou) prestação de serviços à comunidade.
(D) cuja pena poderá ser agravada em razão da idade do comprador.
(E) e, caso esteja em situação econômica adversa, poderá ser dispensado de pagamento de fiança.

Trata-se do crime previsto no art. 63 do CDC: "omitir dizeres ou sinais ostensivos sobre a nocividade ou periculosidade de produtos, nas embalagens, nos invólucros, recipientes ou publicidade". As penas estabelecidas para o tipo penal são detenção de seis meses a dois anos e multa. Nesse caso, não há que se falar em circunstância agravante do art. 76, posto que é circunstância agravante o cometimento do crime em detrimento de maior de sessenta anos. Por fim, o art. 78 do CDC diz que as além das penas privativas de liberdade e de multa, podem ser impostas, cumulativa ou alternadamente: a interdição temporária de direitos; a publicação em órgãos de comunicação de grande circulação ou audiência, às expensas do condenado, de notícia sobre os fatos e a condenação; a prestação de serviços à comunidade. **RD**

Gabarito "C"

(Juiz de Direito/DF – 2016 – CESPE) Sobre as condutas penalmente tipificadas no rol dos crimes contra as relações de consumo, conforme previsão do CDC, assinale a opção correta.

(A) A conduta consistente em empregar, na reparação de produtos, peças ou componentes de reposição usados, sem autorização do consumidor, configura crime contra as relações de consumo, sancionado com pena de detenção.
(B) Constitui circunstância agravante, prevista no CDC, o fato de haver sido o crime praticado por preposto ou administrador de pessoa jurídica em estado falimentar.
(C) Não deve ser admitida, sob pena de se configurar bis in idem, além das penas privativas de liberdade e de multa, a aplicação cumulativa das penas de prestação de serviços à comunidade e de interdição temporária de direitos.
(D) Não se admite, no processo dos crimes contra as relações de consumo, a propositura de ação penal subsidiária.
(E) A conduta consistente em deixar de entregar ao consumidor o termo de garantia adequadamente preenchido e com especificação clara de seu conteúdo, a despeito de não se encontrar tipificada, de modo a configurar crime autônomo, pode ser considerada como circunstância legal agravante.

A: Correta, configura crime na forma do art. 70 do CDC. **B:** incorreta. Configuram circunstâncias agravantes dos crimes tipificados na lei consumerista (i) serem cometidos em época de grave crise econômica ou ocasião de calamidade; (ii) ocasionar grave dano individual ou coletivo; (iii) dissimular a natureza ilícita do procedimento; (iv) quando cometidos por servidor público ou por pessoa cuja condição econômico-social seja manifestamente maior que a vítima e quando cometido em detrimento de operário, rurícola, crianças e adolescentes, idosos e portadores de deficiência mental (art. 76 do CDC). **C:** incorreta. As penas privativas de liberdade e multa podem ser cumulativa ou alternadamente com (i) interdição temporária de direitos; (ii) publicação em órgãos de comunicação de grande circulação (pagos pelo condenado) e (iii) a prestação de serviços ao à comunidade (art. 76 do CDC). **D:** incorreta. Art. 80 do CDC. **E:** incorreta. O art. 74 da lei consumerista descreve como crime a conduta de "deixar de entregar ao consumidor o termo de garantia adequadamente preenchido e com especificação clara do seu conteúdo". A pena é de detenção de um a seis meses e multa. Vale lembrar que a garantia contratual prevista no art. 50 do CDC, não é obrigatória. O fornecedor poderá, ao seu critério, oferecer garantia contratual. No entanto, se for oferecida ao consumidor, deverá ser entregue o termo por escrito, sobre pena de incorrer no crime em comento.

Gabarito "A"

(Promotor de Justiça/PI – 2014 – CESPE) No que tange às normas de direito penal e de direito processual penal previstas no CDC, assinale a opção correta.

(A) A conduta de o fornecedor deixar de entregar ao consumidor o termo de garantia adequadamente preenchido e com especificação clara de seu conteúdo acarreta, tão somente, responsabilidade civil e administrativa, não havendo previsão de sanção penal.
(B) Todos os delitos contra as relações de consumo estão tipificados no CDC.
(C) No âmbito criminal, além das penas privativas de liberdade e de multa, podem ser impostas, cumulativa ou alternadamente, as penas de revogação de concessão ou permissão de uso e de cassação de licença de estabelecimento ou de atividade.
(D) No processo penal atinente aos crimes e contravenções que envolvam relações de consumo, admite-se a intervenção, como assistente do MP, de associação legitimada para a defesa coletiva de interesse dos consumidores.
(E) O CDC veda qualquer hipótese de legitimidade para a propositura de ação penal subsidiária caso a denúncia não seja oferecida pelo MP no prazo legal.

A: incorreta, pois referida conduta acarreta também responsabilidade penal (art. 74 do CDC); **B:** incorreta, pois ainda existem delitos previstos no Código Penal e leis especiais (art. 61 do CDC); **C:** incorreta, pois referidas sanções são penalidades administrativas (art. 56, VIII e IX do CDC); **D:** correta (art. 80 do CDC); **E:** incorreta, pois se a denúncia não for oferecida pelo Ministério Público no prazo legal, é cabível ação penal subsidiária pelos legitimados do art. 82, III e IV, do CDC (art. 80 do CDC).

Gabarito "D"

(Magistratura/BA – 2012 – CESPE) A respeito das normas de direito penal e processo penal previstas no CDC, assinale a opção correta.

(A) A pessoa jurídica pode ser responsabilizada criminalmente se os seus representantes legais ou até mesmo empregados cometerem crimes previstos no CDC.
(B) O sujeito passivo dos crimes contra as relações de consumo é o consumidor pessoa física, sendo considerado o crime fato atípico se cometido contra consumidor pessoa jurídica ou consumidor por equiparação, em observância ao princípio da vedação à responsabilidade objetiva.
(C) Observa-se a ocorrência de agravantes quando os crimes tipificados no CDC são cometidos em época de grave crise econômica ou por ocasião de calamidade ou quando causam grave dano individual ou coletivo.
(D) O CDC tipifica como crime a conduta de empregar peças ou componentes de reposição usados na reparação de produtos, mesmo com autorização do consumidor.
(E) Todos os legitimados para a defesa coletiva do consumidor podem prestar assistência ao MP e propor ação penal subsidiária.

A: incorreta, quem é responsabilizado criminalmente não é a pessoa jurídica, mas sim seus diretores, administradores e gerentes (art. 75, CDC); **B:** incorreta, pois não importa se a vítima do crime é pessoa física ou jurídica, pois ambas podem ser consumidoras (art. 2º, CDC); **C:** correta, está de acordo com o art. 76, I e II, CDC); **D:** incorreta, pois só estará tipificado o crime se não houver a autorização do consumidor (art. 70, CDC); **E:** incorreta, pois de acordo com o art. 80, CDC, nem todos os legitimados para a defesa coletiva do consumidor podem prestar assistência ao MP e propor ação penal subsidiária – apenas os indicados nos incisos III e IV do art. 82, CDC.

Gabarito "C"

(Ministério Público/RR – 2012 – CESPE) Assinale a opção correta a respeito das normas de direito penal e de processo penal previstas no CDC.

(A) No processo penal atinente aos crimes cometidos contra as relações de consumo, é vedada ao MP a assistência, porém lhe é facultada a propositura de ação penal subsidiária, se a denúncia não for oferecida no prazo legal.
(B) Assim como ocorre no direito ambiental, a pessoa jurídica pode ser responsabilizada criminalmente se os seus representantes legais ou até mesmo empregados cometerem fatos tipicamente previstos como crimes no CDC.
(C) A conduta de impedir ou dificultar o acesso do consumidor às informações que sobre ele constem em cadastros, banco de dados, fichas e registros é expressamente prevista como crime no CDC.
(D) O sujeito passivo dos crimes contra as relações de consumo é o consumidor pessoa física, considerando-se fato atípico o crime cometido contra consumidor pessoa jurídica ou consumidor por equiparação, em observância ao princípio da vedação à responsabilidade objetiva.
(E) Considera-se circunstância agravante nos crimes tipificados no CDC o fato de o agente cometer o delito contra os consumidores de instituições financeiras, de saúde e de ensino privados.

A: incorreta, o art. 80 do CDC possibilita ao Ministério Público a intervenção como assistente; **B:** incorreta, a responsabilidade criminal incide sobre os administradores da pessoa jurídica; **C:** correta, a conduta está tipificada no art. 72 do CDC; **D:** incorreta, o consumidor por equiparação também pode ser sujeito passivo dos crimes contra as relações de consumo; **E:** incorreta, estas situações não estão previstas como circunstâncias agravantes no art. 76 do CDC.

Gabarito "C"

(Ministério Público/TO – 2012 – CESPE) A respeito da responsabilidade por vício do produto e do serviço, das implicações administrativas e penais associadas às relações de consumo e das ações coletivas para a defesa de interesses individuais homogêneos ligados às citadas relações, assinale a opção correta.

(A) Cometerá crime de consumo configurado no crime de *recall* o fornecedor que não comunicar à autoridade competente e aos consumidores a nocividade ou periculosidade de produtos cujo conhecimento seja posterior à sua colocação no mercado e não retirá-lo imediatamente de circulação, quando determinado pela autoridade competente. Nesse sentido, a ordem da autoridade competente para a retirada do citado bem do mercado de consumo deve ser pessoal ao fornecedor responsável, para fins de configuração do crime.
(B) A tipificação penal protetiva do consumidor, em regra e por conta da presunção de perigo que traz consigo, não exige, para a sua consumação, a realização de dano físico, mental ou econômico ao indivíduo-consumidor, sendo certo que o direito penal econômico protege primeiramente não o consumidor em si, mas a relação jurídica de consumo, pois esta é um bem jurídico autônomo, supraindividual e imaterial.
(C) A sentença civil não fará coisa julgada *erga omnes* nos limites da competência territorial do órgão prolator, exceto se o pedido for julgado improcedente por insuficiência de provas, hipótese em que apenas o MP poderá intentar outra ação com idêntico fundamento, valendo-se de nova prova.
(D) No direito do consumidor, vício e defeito dos bens possuem o mesmo sentido: relacionam-se com o fato de o bem gerar a responsabilidade civil do fornecedor por defeito ou por insegurança.
(E) A lei é a única forma de expressão juridicamente correta para se criar órgão de defesa do consumidor no âmbito do Poder Executivo.

A: incorreta, pois a ordem para retirada do bem não precisa ser pessoal para caracterização do crime previsto no art. 64, parágrafo único, do CDC; **B:** correta, em regra a caracterização do crime de consumo não depende da efetivação do dano; **C:** incorreta, na hipótese retratada a sentença civil fará coisa julgada, nos termos do art. 16 da Lei 7.347/1985; **D:** incorreta, pois o defeito do produto causa prejuízos extrínsecos, como danos materiais, morais e estéticos enquanto que o vício do produto pode existir, contudo o problema fica adstrito aos limites do bem, gerando prejuízos intrínsecos; **E:** incorreta, pois podem ser criadas entidades privadas (ex: associações) de defesa do consumidor.

Gabarito "B"

(Defensor Público/AC – 2012 – CESPE) A respeito das infrações penais, assinale a opção correta.

(A) O fornecedor que deixa de organizar dados fáticos, técnicos e científicos que dão base à publicidade pratica crime contra as relações de consumo.
(B) O CDC, assim como o CP e as leis extravagantes, prevê circunstâncias agravantes e atenuantes para os crimes que tipifica.
(C) As condutas tipificadas no CDC constituem crime de dano, sendo imprescindível para a caracterização do delito a comprovação do efetivo dano ao consumidor.
(D) Os crimes contra as relações de consumo estão previstos no CDC de forma exclusiva e taxativa.
(E) O tipo penal consistente em fazer afirmação falsa ou enganosa, ou omitir informação relevante sobre a natureza de produto ou serviço inadmite a forma culposa.

A: correta (art. 69 do CDC); **B:** incorreta, pois no CDC só há previsão de causas agravantes (art. 76); **C:** incorreta, pois os tipos penais previstos no CDC não requerem resultado danoso, bastando a configuração da conduta para a configuração do crime (vide arts. 63 a 74); **D:** incorreta, pois o art. 61 do CDC é claro ao dispor que os crimes contra as relações de consumo previstos no CDC não excluem outros previstos no Código Penal e nas leis especiais; **E:** incorreta, pois o art. 66, § 2º, do CDC admite sim a forma culposa.

Gabarito "A"

(Defensor Público/SE – 2012 – CESPE) Constitui conduta tipificada no CDC como crime contra as relações de consumo

(A) falsificar ou alterar substância ou produto alimentício destinado a consumo, tornando-o nocivo à saúde ou reduzindo-lhe o valor nutritivo.
(B) empregar, no fabrico de produto destinado a consumo, revestimento, gaseificação artificial, matéria corante, substância aromática, antisséptica, conservadora ou qualquer outra não expressamente permitida pela legislação sanitária.
(C) exigir cheque-caução, nota promissória ou qualquer garantia, bem como o preenchimento prévio de formulários administrativos, como condição para o atendimento médico-hospitalar emergencial.
(D) fazer afirmação falsa ou enganosa, ou omitir informação relevante sobre a natureza, característica, qualidade, quantidade, segurança, desempenho, durabilidade, preço ou garantia de produtos ou serviços.
(E) fabricar, sem licença da autoridade competente, substância ou engenho explosivo, gás tóxico ou asfixiante, ou material destinado à sua fabricação.

A: incorreta, pois esse crime está previsto no Código Penal (art. 272) e não no CDC; **B:** incorreta, pois esse crime está previsto no Código Penal e não no CDC (art. 274); **C:** incorreta, pois esse crime está previsto no Código Penal (art. 135-A) e não no CDC; **D:** correta (art. 66 do CDC); **E:** incorreta, pois esse crime está previsto no Código Penal (art. 253) e não no CDC.

Gabarito "D".

11. DEFESA DO CONSUMIDOR EM JUÍZO

(Defensor Público - DPE/DF - 2019 - CESPE/CEBRASPE) Acerca do direito coletivo, julgue o item a seguir.

(1) Os interesses difusos, coletivos *strictu sensu* e individuais homogêneos possuem como característica comum a indivisibilidade do objeto.

1. Errada. A indivisibilidade é característica dos direitos difusos e coletivos (vide art. 81, parágrafo único, incisos I e II) daí Barbosa Moreira ter classificados tais interesses como essencialmente coletivos, donde resulta dizer que a sentença é indivisível. Uma vez que o juiz reconhece o direito de uma pessoa do grupo, todas tem o mesmo direito. O direito individual homogêneo é classificado pelo mesmo autor como sendo acidentalmente coletivo, justamente em razão da sua divisibilidade. Cada pessoa do grupo terá a sua reparação conforme a extensão dos danos apresentada em cumprimento de sentença (vide art. 81, parágrafo único, III e arts. e 98 do CDC). RD

Gabarito 1E

(Defensor Público - DPE/DF - 2019 - CESPE/CEBRASPE) Julgue os próximos itens, relativos à prevenção, conexão, continência e litispendência no processo coletivo.

(1) De acordo com o Código de Defesa do Consumidor, não se vislumbra a ocorrência de litispendência entre uma demanda coletiva que busque a tutela de um direito coletivo *strictu sensu* e uma demanda individual.
(2) Entende o STJ que, ajuizada ação coletiva atinente a uma macrolide geradora de processos multitudinários, é possível a suspensão, pelo magistrado, de ação individual existente sobre a mesma matéria discutida no feito coletivo, de ofício e independentemente do consentimento do autor da respectiva lide individual, a fim de aguardar o julgamento da ação coletiva.

1: Correta. Nos termos do art. 104 do CDC, as ações coletivas não induzem litispendência para as ações individuais; **2.** Correta. O STJ já decidiu, em sede de IRDR, que "Ajuizada ação coletiva atinente a macrolide geradora de processos multitudinários, suspendem-se as ações individuais, no aguardo do julgamento da ação coletiva. (Tema 60, REsp 1110549/RS, DJ 28/10/2009). RD

Gabarito 1C, 2C

(Defensor Público - DPE/DF - 2019 - CESPE/CEBRASPE) Julgue os próximos itens, acerca de direitos do consumidor e da defesa do consumidor em juízo, segundo a legislação pertinente e o entendimento dos tribunais superiores.

(1) Defensoria Pública estadual ou a distrital não têm legitimidade para ajuizar demanda que tutele direitos coletivos quando, apesar da existência de circunstâncias de fato comuns, os interesses e supostos prejuízos forem heterogêneos e disponíveis para os possíveis beneficiários da demanda coletiva.
(2) O PROCON tem legitimidade para propor ação civil pública em defesa de direitos individuais homogêneos, com clara repercussão social, em matéria de direito do consumidor, inclusive podendo postular reparação por dano moral coletivo.
(3) **Situação hipotética**: Associação de defesa dos consumidores em determinado estado da Federação promoveu demanda coletiva discutindo a ilegalidade da cobrança de taxa de conveniência por fornecedor que oferecia a venda pela Internet de ingressos para apresentação de renomado artista. **Assertiva**: Nesse caso, segundo entendimento do STJ, os efeitos e a eficácia da sentença coletiva restringem-se aos limites do território da competência do órgão judicante, considerando-se sempre a extensão do dano e a qualidade dos interesses metaindividuais postos em juízo.
(4) Conforme entendimento do STF, a legitimidade para propositura de ação civil pública que tutele direitos difusos restringe-se ao Ministério Público.
(5) Consoante entendimento do STJ, nas demandas coletivas de consumo, o dano moral coletivo não se caracteriza como categoria autônoma de dano, pois está relacionado à integridade psicofísica da coletividade e se identifica com os atributos da pessoa humana (dor, sofrimento ou abalo psíquico).

1: Correto. Apesar de o STF, em sede de ação direta de inconstitucionalidade (ADI 3943), ter considerado constitucional a atribuição da Defensoria Pública para a propositura de ação civil pública, não é correto dizer que a Defensoria poderá atuar em toda as ações coletivas. Nesse sentido, o STJ, em ação proposta pela Defensoria Pública em favor de servidores públicos estaduais e municipais, contra instituições financeiras em razão de empréstimos consignados, decretou a carência de ação por ilegitimidade de parte, por entender que o direito dessas pessoas não poderia ser conceituado como coletivo ou individual homogêneo tratando-se, portanto, de direitos heterogêneos e disponíveis. (Veja, AgInt no REsp 197.916); **2.** Correto. A legitimidade está prevista no art. 5º da LACP e no art. 82 do CDC. Veja também caso julgado pelo STJ em ação proposta pela Fundação Procon de São Paulo no caso da "pílula de farinha". (REsp 866.636/SP); **3.** Errado. No caso mencionado, afirmou o STJ: "(...) os efeitos e a eficácia da sentença não estão circunscritos a lindes geográficos, mas aos limites objetivos e subjetivos do que foi decidido, levando-se em conta, para tanto, sempre a extensão do dano e a qualidade dos interesses metaindividuais postos em juízo". REsp 1.243.887/PR, Corte Especial, DJe 12/12/2011; **4.** Errado. Vide justificativa da afirmativa 1 (ADI 3943); **5.** Errado. Ao contrário, em sede de ação coletiva, o STJ já afirmou: "O dano moral coletivo é categoria autônoma de dano que, apesar de estar relacionada à integridade psicofísica da coletividade, não se identifica com aqueles tradicionais atributos da pessoa humana (dor, sofrimento ou abalo psíquico). Resulta, de fato, da "ampliação do conceito de dano moral [...], envolvendo não apenas a dor psíquica" (REsp 1.397.870/MG, Segunda Turma, DJe 10/12/2014). RD

Gabarito 1C, 2C, 3E, 4E, 5E

(Defensor Público/PE – 2018 – CESPE) A respeito do ajuizamento de ação civil pública pela Defensoria Pública para tutela de defesa de interesses individuais homogêneos de consumidores, assinale a opção correta de acordo com o entendimento jurisprudencial do STJ.

(A) Na hipótese de tutela de direitos individuais homogêneos, a Defensoria Pública somente pode atuar em nome dos indivíduos que expressa e previamente autorizaram propositura de ação coletiva.
(B) A Defensoria Pública tem legitimidade para instaurar inquérito civil para reunir elementos de fato e de direito necessários para o ajuizamento de ação civil pública.
(C) A Defensoria Pública apenas tem legitimidade para tomar medida individual, e não coletiva, para representar consumidores hipossuficientes ou carentes de recursos financeiros.

(D) A legitimidade da Defensoria Pública abrange diversas formas de vulnerabilidades sociais, não se limitando à atuação em nome de carente de recursos econômicos.

(E) É vedado à Defensoria Pública firmar compromisso de ajustamento de conduta com entidade responsável por aumento abusivo em mensalidades de plano de saúde em razão de mudança de faixa etária.

A: incorreta. A Defensoria Pública foi elencada no rol de legitimados ativos para propositura de ação civil pública, conforme disposto no art. 5º da Lei 7.347/82. Dessa forma, os legitimados postulam em nome próprio interesses dos grupos, classe ou categoria de pessoa, ainda que indetermináveis, a fim de resguardar direitos relativos à proteção ao meio ambiente, ao consumidor, à ordem econômica, à livre concorrência, ou ao patrimônio artístico, estético, histórico, turístico e paisagístico, sem a necessidade de autorização dos indivíduos envolvidos; **B**: incorreta. A instauração e presidência do inquérito civil é de competência exclusiva do Ministério Público, conforme os ditames do art. 8º, § 1º, da Lei de Ação Civil Pública; **C**: incorreta. De acordo com o art. 5º, II, da Lei 7.347/85, a Defensoria Pública tem legitimidade para promover a tutela jurisdicional de direitos difusos e coletivos, com a finalidade de representar consumidores hipossuficientes jurídicos, econômicos e organizacionais nas ações civis públicas; **D**: correta. É entendimento do STJ que a Defensoria Pública tem legitimidade para defender as diversas formas de vulnerabilidades sociais, não se limitando à atuação em nome de carente de recursos econômicos. Veja: "DIREITO CONSTITUCIONAL E PROCESSUAL CIVIL. LEGITIMIDADE DA DEFENSORIA PÚBLICA PARA PROPOR AÇÃO CIVIL PÚBLICA EM DEFESA DE JURIDICAMENTE NECESSITADOS. A Defensoria Pública tem legitimidade para propor ação civil pública em defesa de interesses individuais homogêneos de consumidores idosos que tiveram plano de saúde reajustado em razão da mudança de faixa etária, ainda que os titulares não sejam carentes de recursos econômicos. (STJ, **EREsp 1.192.577-RS**, Rel. Min. Laurita Vaz, julgado em 21/10/2015, DJe 13/11/2015); **E**: incorreta. A Defensoria Pública pode firmar Termo de Ajustamento de Conduta em ACP. Vale notar que a Defensoria não tem legitimidade para a abertura de Inquérito Civil, mas pode fazer Termo de Ajustamento de Conduta. RD

Gabarito "D"

(Defensor Público/AL – 2017 – CESPE) No que se refere à defesa do consumidor, assinale a opção correta.

(A) A Defensoria Pública possui legitimidade ativa para ajuizar ação civil pública na defesa de interesses difusos, coletivos ou individuais homogêneos.

(B) Os legitimados ativos para o ajuizamento de ação coletiva poderão apenas representar os interesses das vítimas, não podendo propor a ação coletiva em nome próprio.

(C) Tratando-se de ações de danos de âmbito local que envolvam direitos difusos, a competência territorial para o ajuizamento da ação coletiva será a capital do estado onde tenha ocorrido o dano, ou o Distrito Federal.

(D) Os direitos individuais homogêneos caracterizam-se pela transindividualidade, indivisibilidade e indeterminação de titularidade.

(E) Nas ações coletivas previstas na Lei n.º 8.078/1990, a sentença fará coisa julgada erga omnes quando o pedido for julgado improcedente por insuficiência de provas.

A: correta, conforme art. 5º, II, da Lei 7.347/85; **B**: incorreta. Os legitimados ativos para ajuizamento da ação coletiva podem propor defesa de interesses das vítimas e em nome próprio. Trata-se de legitimação extraordinária, em que o legitimado propõe ação coletiva em nome próprio para a defesa dos direitos transindividuais; **C**: incorreta. De acordo com o art. 93, I, tratando-se de ações de danos de âmbito local, que envolvam direitos difusos, a competência territorial será do lugar onde ocorreu ou deva ocorrer o dano. Ademais, conforme o inciso II do referido artigo, o foro competente é o da capital do Estado ou do Distrito Federal nos casos de dano em âmbito nacional ou regional; **D**: incorreta. De acordo com o art. 81, III, do CDC, os direitos individuais homogêneos caracterizam-se pela *transindividualidade*, uma vez que resguardam direitos de uma categoria de grupo; *divisibilidade*, já que o reconhecimento em juízo do direito de uma das partes não vincula as demais; e *determinação* de titularidade, vez que é formado por sujeitos determinados ou determináveis; **E**: incorreta. De acordo com o art. 103, I, "a sentença fará coisa julgada *erga omnes*, exceto quando o pedido for julgado improcedente por insuficiência de prova, hipótese em que qualquer legitimado poderá intentar outra ação, com idêntico fundamento valendo-se de nova prova". RD

Gabarito "A"

(Juiz de Direito/AM – 2016 – CESPE) O PROCON do estado do Amazonas, por intermédio de seu advogado, ajuizou ação civil pública contra determinada empresa privada de saúde suplementar, pleiteando o reconhecimento judicial da abusividade da cláusula contratual que prevê aumento dos valores cobrados em todo o estado a partir do momento que a pessoa atinge a condição de idoso. Requereu, também, a restituição dos valores pagos por aqueles indivíduos que já haviam atingido a idade de sessenta anos.

Com referência a essa situação hipotética, assinale a opção correta de acordo com o tratamento dispensado pelo CDC à defesa do consumidor em juízo.

(A) O foro competente para a propositura da ação coletiva em questão é o da sede da empresa requerida.

(B) A hipótese retrata a existência de direitos individuais homogêneos, pois os titulares podem ser identificados e se encontram em uma mesma situação fática.

(C) Por se tratar de ação coletiva não proposta pelo MP, a atuação deste no processo é desnecessária.

(D) A sentença de mérito fará coisa julgada *erga omnes* no caso de procedência do pedido; caso contrário, o consumidor poderá intentar ação individual, ainda que tenha integrado a demanda como litisconsorte.

(E) O juiz deverá extinguir o processo sem análise do mérito, pois o PROCON não possui legitimidade para o ajuizamento de ação coletiva.

A: incorreta, o foro competente para a ACP (art. 93 do CDC) é i) o lugar onde ocorreu ou onde deve ocorrer o dano, quando de âmbito local e, ii) no foro da Capital do Estado ou do DF, para os danos de âmbito nacional ou regional. **B**: correta, mas deveria ser anulada. Na realidade, o caso retrata um pedido relacionado aos Direitos Coletivos Strictu Sensu, posto que os usuários são identificados ou podem ser identificáveis, estão ligados entre si com a parte contrária por uma relação jurídica base (nesse caso, o contrato) é um direito indivisível (veja art. 81, II). Trata-se de direito indivisível uma vez que o juiz reconhece o direito para uma pessoa do grupo, deve reconhecer para todos. Não se deve admitir o enquadramento no art. 81, III do CDC – Direitos Individuais Homogêneos – já que os idosos estão ligados entre si não por uma situação fática, mas por uma relação jurídica base (contrato). Além disso, a divisibilidade é característica marcante dos Direitos Individuais Homogêneos, isso porque, diante da divisibilidade dos direitos, caso o juiz reconheça o direito de uma pessoa do grupo, não deve, necessariamente, reconhecer para todos, o que seria impossível no caso em tela. **C**: incorreta. O Ministério Público, se não for parte, atuará como fiscal da lei (art. 75 do Estatuto do Idoso). **D**: incorreta. Se considerarmos que o caso retrata situação que envolve Direitos Coletivos, a sentença faz coisa julgada ultra partes. Em Direitos Individuais Homogêneos, a sentença faz coisa julgada erga omnes (art. 103 do CDC). No entanto, em ambos os casos, se integrarem a demanda como litisconsortes, não poderão intentar ação individual.

Gabarito "B"

(Magistratura/BA – 2012 – CESPE) A associação estadual de defesa do consumidor (AEDC) de determinado estado da Federação ajuizou ação civil pública contra a única distribuidora de combustíveis do estado, sob a alegação de que o fato de ela ser a única empresa do tipo no mercado constitui monopólio e cartel, o que causa lesão a vários direitos básicos dos consumidores. Na ação, requereu que a empresa fosse condenada a adequar os seus preços à média nacional e a pagar danos morais coletivos. O magistrado competente, ao analisar a inicial, constatou que a associação, cujo estatuto prevê, entre os seus fins institucionais, a defesa ampla dos consumidores, tinha sido legalmente constituída havia seis meses e que não tinha sido juntada autorização assemblear para a propositura da ação.

De acordo com as normas do CDC, o juiz, nessa situação, deve:

(A) extinguir o processo sem exame do mérito, por não ter sido a autorização assemblear juntada aos autos, sem condenar a autora ao pagamento das custas processuais.
(B) abrir prazo para que a autora emende a exordial, a fim de retirar o pedido de danos morais coletivos, visto que somente o MP tem legitimidade para fazer esse pedido.
(C) receber a inicial, intimar o MP para atuar como fiscal da lei e intimar a Defensoria Pública para ajuizar as ações individuais pertinentes.
(D) extinguir o processo sem resolução do mérito, já que a AEDC foi constituída há menos de um ano, e condenar a autora ao pagamento das custas processuais.
(E) fundamentar, ao receber a exordial, a legitimidade ativa da associação, tendo em vista que, embora constituída há menos de um ano, a extensão dos danos aos consumidores justifica sua atuação na ação coletiva.

A: incorreta, pois o art. 82, IV, CDC, confere legitimidade às associações legalmente constituídas há pelo menos um ano e que incluam entre seus fins institucionais a defesa dos interesses e direitos protegidos por este código, dispensada a autorização assemblear; **B:** incorreta, pois para a defesa dos direitos e interesses protegidos por este código são admissíveis todas as espécies de ações capazes de propiciar sua adequada e efetiva tutela (art. 83, CDC); **C:** incorreta, embora o juiz deva receber a inicial e intimar o MP (art. 92, CDC), não existe determinação no CDC para que seja procedida a intimação da Defensoria Pública para ajuizamento de ações individuais; **D:** incorreta, conforme dispõe o art. 82, § 1º, CDC, o requisito da pré-constituição pode ser dispensado pelo juiz, nas ações previstas nos arts. 91 e seguintes, quando haja manifesto interesse social evidenciado pela dimensão ou característica do dano, ou pela relevância do bem jurídico a ser protegido. O art. 87, CDC, impede a condenação da associação autora, salvo comprovada má-fé, em honorários de advogados, custas e despesas processuais; **E:** correta, está de acordo com o art. 82, § 1º, CDC.

Gabarito "E".

(Magistratura/PA – 2012 – CESPE) Assinale a opção correta com base no que dispõe o CDC acerca da legitimidade ativa para a propositura de ação coletiva.

(A) As associações civis estão excluídas do rol de entes legitimados a ajuizar ação coletiva em defesa dos interesses de seus associados.
(B) O autor deve determinar, de maneira discriminada e individualizada, os titulares dos direitos difusos demandados em juízo, a fim de que esses direitos possam ser tutelados.
(C) O fato de algumas entidades possuírem legitimidade subsidiária para propor ações coletivas para a proteção de interesses difusos e coletivos caracteriza o litisconsórcio necessário.
(D) Há entidades que, embora sem personalidade jurídica, possuem legitimidade ativa para o ajuizamento de ação coletiva.
(E) Não sendo o MP o autor da ação coletiva, a sua atuação no processo, de acordo com a sistemática adotada pelo CDC, é, em regra, dispensável.

A: incorreta, as associações civis estão incluídas no rol de entes legitimados a ajuizar ação coletiva em defesa dos interesses de seus associados (art. 82, IV, CDC); **B:** incorreta, o autor pode deixar de indicar na inicial os titulares dos direitos quando se tratar de direitos difusos (art. 81, parágrafo único, I, CDC); **C:** incorreta, essa legitimidade subsidiária para propor ações coletivas para a proteção de interesses difusos e coletivos não caracteriza litisconsórcio necessário, mas sim facultativo (art. 94, CDC); **D:** correta, nos termos do art. 82, III, do CDC; **E:** incorreta, se o MP não for o autor da ação será obrigatória sua participação como fiscal da lei (art. 92, CDC).

Gabarito "D".

(Ministério Público/PI – 2012 – CESPE) No que concerne à defesa, em juízo, dos interesses do consumidor, assinale a opção correta.

(A) Na hipótese de não ser possível identificar o fabricante do produto, o comerciante será responsável pelos prejuízos sofridos pelo consumidor, sendo-lhe facultado denunciar à lide o fabricante.
(B) Nas ações de defesa de interesses ou direitos individuais homogêneos, se o pedido for julgado procedente, a coisa julgada será *ultra partes*, mas limitada ao grupo, categoria ou classe.
(C) Na ação cujo objeto seja o cumprimento de obrigação de fazer, sendo relevante o fundamento da demanda, estando presente o *periculum in mora* e desde que haja expressa manifestação do autor pela aplicação de multa, o juiz poderá impor astreintes, se compatível com a obrigação.
(D) Sendo constatada a litigância de má-fé na propositura de ação coletiva por associação que, legalmente constituída há pelo menos um ano, inclua entre seus fins institucionais a defesa do consumidor, a referida entidade e seus diretores serão condenados solidariamente ao pagamento do décuplo das custas e dos honorários advocatícios, sem prejuízo de condenação em perdas e danos.
(E) Associação legalmente constituída há pelo menos um ano e que inclua entre seus fins institucionais a defesa do consumidor poderá propor as ações coletivas de que trata o CDC, ficando dispensada do adiantamento de custas, emolumentos e honorários periciais se comprovada a sua incapacidade econômica para arcar com tais despesas.

A: incorreta, nesta hipótese a ação de regresso poderá ser ajuizada em processo autônomo, facultada a possibilidade de prosseguir-se nos mesmos autos, vedada a denunciação da lide (art. 88 do CDC); **B:** incorreta, na defesa coletiva dos interesses ou direitos individuais homogêneos, tratado no art. 81, parágrafo único, III, do CDC, a coisa julgada será *erga omnes* para beneficiar todas as vítimas e seus sucessores (art. 103, III, do CDC); **C:** incorreta, a imposição de *astreintes* não depende de pedido do autor (art. 84, § 4º, do CDC); **D:** correta, a alternativa está mal redigida, mas está de acordo com o que prescreve o art. 87, parágrafo único, do CDC; **E:** incorreta, de acordo com o art. 87, *caput*, do CDC, "nas ações coletivas de que trata este código não haverá adiantamento de custas, emolumentos, honorários periciais e quaisquer outras despesas, nem condenação da associação autora, salvo comprovada má-fé, em honorários de advogados, custas e despesas processuais".

Gabarito "D".

(Ministério Público/RR – 2012 – CESPE) Considerando as normas de defesa do consumidor em juízo e o entendimento do STJ a respeito do tema, assinale a opção correta.

(A) O MP não possui legitimidade para promover ACP na defesa de direitos dos consumidores de energia elétrica, dada a vedação expressamente prevista na lei que dispõe sobre a ACP.
(B) É competente, sem exceção, a justiça local do foro do lugar onde ocorra ou tenha ocorrido o dano, quando de âmbito local, e do foro da capital do estado ou no do DF, para os danos de âmbito nacional ou regional.
(C) Aplica-se o prazo prescricional quinquenal previsto na Lei da Ação Popular à ACP decorrente de direitos individuais homogêneos.
(D) A defensoria pública não detém legitimidade para ajuizar ACP em defesa dos direitos difusos, coletivos e individuais homogêneos dos consumidores.
(E) É vedado ao juiz dispensar o requisito da pré-constituição da associação de defesa dos interesses e direitos dos consumidores para o ajuizamento de ação coletiva, mesmo quando haja manifesto interesse social.

A: incorreta, pois a Lei 7.347/1985 não contem proibição nesse sentido e a jurisprudência do STJ é no sentido de que "a relação jurídica do serviço público prestado por concessionária tem natureza de Direito Privado, pois o pagamento é feito sob a modalidade de tarifa, e não estando os serviços jungidos às relações de natureza tributária, mas, ao contrário, encontrando disciplina também no Código de Defesa do Consumidor, inexiste empecilho à defesa dos usuários via ação civil pública, cuja legitimação encontra na figura do Ministério Público um representante por lei autorizado" (REsp 591.916/MT, Segunda Turma, Rel. Min. João Otávio de Noronha, j. 27.02.2007); **B:** incorreta, de acordo com o art. 2º da Lei 7.347/1985, "as ações previstas nesta Lei serão propostas no foro do local onde ocorrer o dano, cujo juízo terá competência funcional para processar e julgar a causa" e o art. 93 excepciona a competência da justiça federal; **C**: correta, de acordo com a jurisprudência do STJ, "há lei definindo que o prazo prescricional para deduzir pretensão relativa a direitos individuais homogêneos, mediante o ajuizamento de ação civil pública, é de cinco anos, por força do art. 21 da Lei 4.717/65, de aplicação analógica; por conseguinte, à pretensão executiva decorrente incidirá idêntico lapso temporal, a contar do transito em julgado da sentença coletiva, não se encontrando acobertada pelo manto da coisa julgada material a referência nela existente a prazo prescricional diverso daquele que lhe haja sido fixado por legislação especial de regência" (AgRg. no AREsp 122.031/PR, Quarta Turma, Rel. Min. Luis Felipe Salomão, j. 08.05.2012); **D**: incorreta, a Defensoria Pública está legitimada pelo art. 5º, II, da Lei 7.347/1985; **E**: incorreta, o juiz está autorizado a dispensar o requisito da pré-constituição pelo art. 5º, § 4º, da Lei 7.347/1985 e pelo art. 82, § 1º, do CDC.

Gabarito "C".

(Defensor Público/ES – 2012 – CESPE) Julgue os itens seguintes, acerca da defesa do consumidor em juízo.

(1) Nas ações coletivas para a defesa dos direitos e interesses dos consumidores, a lei dispensa a parte autora do adiantamento de custas judiciais e emolumentos, mas a obriga a arcar, em qualquer caso, com o pagamento de eventuais honorários periciais e advocatícios.

(2) Em se tratando de ações de responsabilidade civil de fornecedor de produtos e serviços de consumo, o réu que houver contratado seguro de responsabilidade não poderá chamar ao processo o segurador, uma vez que o CDC veda qualquer espécie de intervenção de terceiros nesse tipo de ação.

(3) Considere que vários taxistas tenham firmado, com vistas a aquisição de veículos automotores, contratos de arrendamento mercantil com cláusula de indexação monetária atrelada a variação cambial. Nessa situação, havendo violação dos direitos consumeristas, a DPE terá legitimidade ativa para propor ACP para a defesa dos interesses desses consumidores.

1: incorreta, pois não haverá adiantamento nem de custas, nem de honorários periciais, valendo salientar que associação autora também não pagará honorários advocatícios se vencida, salvo comprovada má-fé (art. 87, *caput*, do CDC); **2**: incorreta, pois cabe chamamento sim no caso (art. 101, II, do CDC); **3**: correta; em primeiro lugar, é bom lembrar que o STJ vem aplicando o finalismo aprofundado, aceitando a incidência do CDC aos meros destinatários fáticos de produtos, quando estes forem vulneráveis, que é o caso do taxista; em segundo lugar, vale lembrar que a Defensoria Pública é um órgão e os órgãos têm legitimidade para ingressar com ação civil pública nos termos do art. 82, III, do CDC; ademais, a Lei de Ação Civil Pública (Lei 7.347/1985) é, inclusive, clara, no sentido de que a Defensoria tem essa legitimidade (art. 5º, II).

Gabarito 1E, 2E, 3C

12. SNDC E CONVENÇÃO COLETIVA

(Ministério Público/PI – 2012 – CESPE) Com referência às convenções coletivas de consumo, assinale a opção correta.

(A) As convenções coletivas de consumo tornar-se-ão obrigatórias a partir de sua homologação perante o Departamento Nacional de Defesa do Consumidor.

(B) As convenções coletivas de consumo obrigam todos os fornecedores que pertençam à mesma categoria econômica tratada no instrumento, independentemente de estarem, ou não, filiadas a qualquer entidade signatária.

(C) As convenções coletivas de consumo devem ser propostas pelo MP às associações de fornecedores e aos órgãos de defesa do consumidor.

(D) As convenções coletivas de consumo podem ser celebradas entre entidades civis de consumidores e sindicatos de categoria econômica, para estabelecer condições relativas ao preço de produtos e serviços.

(E) As convenções coletivas de consumo não poderão ter por objeto o estabelecimento de condições relativas à composição do conflito de consumo.

A: incorreta, a convenção coletiva de consumo tornar-se-á obrigatória a partir do registro do instrumento no cartório de títulos e documentos e não de sua homologação (art. 107, § 1º, do CDC); **B**: incorreta, a convenção somente obrigará os filiados às entidades signatárias (art. 107, § 2º do CDC); **C**: incorreta, as entidades civis de consumidores e as associações de fornecedores ou sindicatos de categoria econômica podem celebrar convenção coletiva (art. 107, *caput*, do CDC); **D**: correta, está de acordo com o art. 107, *caput*, do CDC; **E**: incorreta, as convenções coletivas de consumo poderão ter por objeto o estabelecimento de condições relativas à composição do conflito de consumo (art. 107, *caput*, do CDC).

Gabarito "D".

(Ministério Público/TO – 2012 – CESPE) A respeito da defesa do consumidor, da convenção coletiva de consumo e da responsabilidade pelo fato do produto, assinale a opção correta.

(A) Caso a ofensa tenha mais de um autor, todos responderão solidariamente pela reparação dos danos previstos nas normas de consumo. Tal hipótese é exemplo de litisconsórcio alternativo em uma relação de consumo.

(B) Há, na doutrina brasileira, a análise de pelo menos cinco teorias do nexo causal – equivalência das condições ou do histórico dos antecedentes; causalidade adequada; dano direto e imediato ou teoria da interrupção do nexo causal; *causation as fact; proximate cause* – para fins de demonstração da vinculação entre o dano e o fato danoso, inclusive nos casos de responsabilização por perda de uma chance em uma relação jurídica civil e de consumo.

(C) A convenção coletiva de consumo é espécie de negócio jurídico em que entidades privadas de representação de consumidores e de fornecedores regulam relações de consumo, no que toca a condições relativas a preço, qualidade, quantidade, garantia e características de bens e serviços, assim como a reclamação e composição de conflitos de consumo. Dessa forma, por ser um ajuste entre particulares concebido sob a égide do princípio do consensualismo, tal convenção tornar-se-á obrigatória tão logo se estabeleça o consenso entre os convenentes.

(D) A facilitação da defesa dos direitos do consumidor, inclusive com a inversão do ônus da prova a seu favor, no processo civil, quando, a critério do juiz, for verossímil a alegação ou quando for hipossuficiente o consumidor, segundo as regras ordinárias de experiências, caracteriza um exemplo de inversão do ônus probatório legal ou *ope legis*, ou seja, a inversão vem expressa em lei e sua aplicação não torna necessária qualquer decisão judicial determinadora de tal inversão.

(E) Decorrido o prazo de dois anos sem habilitação de interessados em número compatível com a gravidade do dano, poderão os legitimados coletivos para a defesa do consumidor em juízo promover a liquidação e execução da indenização devida.

A: incorreta, o art. 7º, parágrafo único, do CDC consagra hipótese de litisconsórcio facultativo ao dispor que "tendo mais de um autor a ofensa, todos responderão solidariamente pela reparação dos danos previstos nas normas de consumo"; **B**: correta, pois são inúmeras as correntes sobre nexo causal; **C**: incorreta, está em desacordo com o art. 107, § 1º, do CDC; **D**: incorreta, trata-se de inversão *ope iudicis*, pois cabe ao juiz analisar o caso concreto para que o ônus da prova seja invertido; **E**: incorreta, em desacordo com o art. 100 do CDC, pois o prazo é de 01 sem habilitação e não 02 anos.

Gabarito "B".

(Defensor Público/AC – 2012 – CESPE) Com relação ao SNDC e à convenção coletiva de consumo, assinale a opção correta.

(A) O SNDC é constituído exclusivamente de entidades públicas de âmbito nacional.

(B) A convenção coletiva de consumo tornar-se-á obrigatória imediatamente após a sua assinatura e o conhecimento pelas partes interessadas.

(C) Compete, primordialmente, à delegacia do consumidor, órgão do Poder Judiciário, a apuração das infrações penais contra as relações de consumo.

(D) A principal atribuição do PROCON é aplicar, diretamente, em conformidade com o CDC, as sanções administrativas aos fornecedores que violem as normas de proteção ao consumidor.

A: incorreta, pois as entidades privadas de defesa do consumidor também integram o SNDC (Sistema Nacional de Defesa do Consumidor), nos termos do art. 105 do CDC; **B:** incorreta, pois ela só vai se tornar obrigatória com o registro do instrumento no cartório de títulos e documentos (art. 107, § 1º, do CDC); **C:** incorreta, pois a delegacia não pertence ao Poder Judiciário, tratando-se de órgão do Poder Executivo; **D:** correta, devendo os PROCONs aplicar as sanções previstas no art. 56 do CDC, na forma do Decreto 2.181/1997.

Gabarito "D".

(Defensor Público/SE – 2012 – CESPE) Considerando que vários clientes de determinado estado da Federação tenham encaminhado ao PROCON estadual reclamações contra diversas companhias de seguro, em razão de infrações praticadas em relação de consumo de comercialização de título de capitalização, assinale a opção correta de acordo com as normas do CDC e o entendimento do STJ a respeito do Sistema Nacional de Defesa do Consumidor.

(A) A imposição de multa administrativa às empresas de seguro é privativa da SUSEP.

(B) O PROCON estadual possui legitimidade para aplicar multas administrativas às companhias de seguro, sem prejuízo das atribuições legais da SUSEP.

(C) O PROCON estadual poderá aplicar às companhias de seguro sanção administrativa de suspensão temporária da atividade, caso constate que a lesão coloca em risco o sistema de resseguros, ainda que não haja reincidência.

(D) Caberá ao PROCON estadual apenas investigar os fatos, devendo remeter os autos às ouvidorias das respectivas empresas.

(E) A imposição de multa administrativa às referidas companhias é privativa do BACEN.

A, D e **E:** incorretas, pois o STJ também admite que o PROCON aplique sanções administrativas às seguradoras privadas (RMS 24.711, DJ 19.02.09); **B:** correta, nos termos do comentário à alternativa anterior; **C:** incorreta, pois essa sanção depende de reincidência na prática de infrações de maior gravidade (art. 59, *caput*, do CDC).

Gabarito "B".

13. TEMAS COMBINADOS E OUTROS TEMAS

(Juiz de Direito - TJ/BA - 2019 - CESPE/CEBRASPE) A respeito de cláusulas abusivas, prescrição, proteção contratual e relação entre consumidor e planos de saúde, assinale a opção correta, de acordo com o entendimento jurisprudencial do STJ.

(A) A operadora de plano de saúde pode estabelecer, no contrato, as doenças que terão cobertura, mas não pode limitar o tipo de tratamento a ser utilizado pelo paciente, exceto se tal tratamento não constar na lista de procedimentos da ANS.

(B) Uma das condições para que o reajuste de mensalidade de plano de saúde individual fundado na mudança de faixa etária do beneficiário seja válido é que os percentuais aplicados sejam razoáveis, baseados em estudos atuariais idôneos, e não onerem excessivamente o consumidor nem discriminem o idoso.

(C) Na vigência dos contratos de seguro de assistência à saúde, a pretensão condenatória decorrente da declaração de nulidade de cláusula de reajuste neles prevista prescreve em um ano.

(D) É abusiva a cláusula contratual de coparticipação na hipótese de internação superior a trinta dias em razão de transtornos psiquiátricos, por restringir obrigação fundamental inerente à natureza do contrato.

(E) A operadora de plano de saúde, em razão da sua autonomia, será isenta de responsabilidade por falha na prestação de serviço de hospital conveniado.

A: incorreta. A jurisprudência do STJ segue no sentido que é possível que o plano de saúde estabeleça as doenças que terão cobertura, mas não o tipo de tratamento utilizado, sendo abusiva a negativa de cobertura do procedimento, tratamento, medicamento ou material considerado essencial a realização de acordo com o proposto pelo profissional médico. Ademais, fato de eventual tratamento não constar do rol de procedimentos da ANS não significa que a sua prestação não possa ser exigida pelo segurado, uma vez que referido rol é exemplificativo. Veja AgRg no AREsp 708.082/DF, Rel. Ministro João Otávio de Noronha e AREsp 1515875 / RJ. **B:** correta. Já entendeu o STJ em sede de IRDE "O reajuste de mensalidade de plano de saúde individual ou familiar fundado na mudança de faixa etária do beneficiário é válido desde que (i) haja previsão contratual, (ii) sejam observadas as normas expedidas pelos órgãos governamentais reguladores e (iii) não sejam aplicados percentuais desarrazoados ou aleatórios que, concretamente e sem base atuarial idônea, onerem excessivamente o consumidor ou discriminem o idoso." (Tema 952). **C:** incorreta. A prescrição, conforme entendimento do STJ, é de 3 (três) anos para o pedido de nulidade de cláusula e consequente repetição de indébito, posto de fundamentado no enriquecimento sem causa (Veja: REsp 1.800.456/SP). **D:** incorreta. O STJ tem entendido que não é abusiva a cláusula de coparticipação expressamente contratada e informada ao consumidor para a hipótese de internação superior a 30 (trinta) dias decorrentes de transtornos psiquiátricos (Veja EAREsp 793.323-TJ). Observe que o tema está afetado aguardando julgamento em IRDR (tema 1032). **E:** incorreta. O STJ tem entendido que a reponsabilidade civil é objetiva do hospital em razão da indicação do hospital (Veja, AgInt no AREsp 616058/RJ). RD

Gabarito "B".

(Juiz de Direito - TJ/BA - 2019 - CESPE/CEBRASPE) No que se refere aos direitos básicos do consumidor, à legitimidade ativa para a propositura de ações coletivas e aos bancos de dados e cadastros de consumidores, julgue os itens a seguir.

I. A responsabilidade subjetiva do médico não exclui a possibilidade de inversão do ônus da prova, se presentes os requisitos previstos no CDC, devendo o profissional demonstrar ter agido com respeito às orientações técnicas aplicáveis.

II. O MP terá legitimidade ativa para atuar na defesa de direitos difusos, coletivos e individuais homogêneos dos consumidores, exceto quando tais direitos decorrerem da prestação de serviço público.

III. A manutenção de inscrição negativa nos cadastros de proteção ao crédito deve respeitar a exigibilidade do débito inadimplido, tendo, para tanto, um limite de cinco anos, independentemente do prazo prescricional para a cobrança do crédito.

Assinale a opção correta.

(A) Apenas o item I está certo.

(B) Apenas o item II está certo.

(C) Apenas os itens I e III estão certos.

(D) Apenas os itens II e III estão certos.

(E) Todos os itens estão certos.

I: correta. A responsabilidade civil do médico é subjetiva, nos termos do art. 14, § 4º do CDC, devendo o consumidor, portanto, comprovar a culpa, nexo de causalidade e extensão de danos para requerer a sua indenização. No entanto, havendo hipossuficiência do consumidor ou se as alegações forem verossímeis, pode o consumidor pleitear a inversão do ônus da prova (art. 6º, VIII); **II:** incorreta. A legitimidade do MP para ação coletiva que envolva direitos difusos, coletivos, e individuais homogêneos está prevista nos arts. 82 e 91 do CDC, além do art. 5º da LACP, sem qualquer ressalva para os serviços públicos quando estes envolverem relação jurídica de consumo; **III:** incorreta. A manutenção dos dados negativos de consumidores em banco de dados deve obedecer a dois pressupostos: a dívida não pode estar prescrita (art. 43, § 5º) e o prazo máximo para manutenção de dados de cinco anos (art. 43, § 1º). O termo inicial para a contagem do prazo de 5 (cinco) anos é a data de vencimento da dívida: "**O termo inicial do prazo de permanência de registro de nome de consumidor em cadastro de proteção ao crédito (art. 43, § 1º, do CDC) inicia-se no dia subsequente ao vencimento da obrigação não paga, independentemente da data da inscrição no cadastro**" (Veja: REsp 1.316.117-SC e REsp 1.630.889/DF). RD

Gabarito "A".

(Juiz de Direito - TJ/BA - 2019 - CESPE/CEBRASPE) A respeito de proteção contratual, responsabilidade por vício do serviço e legitimidade ativa para a propositura de ações coletivas, assinale a opção correta, com base no CDC e na jurisprudência do STJ.

(A) Admite-se a responsabilização de buscadores da Internet pelos resultados de busca apresentados para fazer cessar o vínculo criado, nos seus bancos de dados, entre dados pessoais e os resultados que não guardam relevância para o interesse público à informação, seja pelo conteúdo eminentemente privado, seja pelo decurso do tempo.

(B) Sob o argumento da reciprocidade, é válida a imposição, pelo juiz, de cláusula penal a fornecedor de bens móveis no caso de demora na restituição do valor pago quando do exercício do direito de arrependimento pelo consumidor, ante a premissa de que este é apenado com a obrigação de arcar com multa moratória quando atrasa o pagamento de suas faturas de cartão de crédito.

(C) Pela sua especificidade, as normas previstas no CDC têm prevalência em relação àquelas previstas nos tratados internacionais que limitam a responsabilidade das transportadoras aéreas de passageiros pelo desvio de bagagem, especialmente as Convenções de Varsóvia e de Montreal.

(D) O município não possui legitimidade ativa para ajuizar ação civil pública em defesa de servidores a ele vinculados, questionando a cobrança de tarifas bancárias de renovação de cadastro, uma vez que a proteção de direitos individuais homogêneos não está incluída em sua função constitucional.

(E) É válida a rescisão unilateral imotivada de plano de saúde coletivo empresarial pela operadora de plano de saúde em desfavor de microempresa com apenas dois beneficiários, em razão da inaplicabilidade das normas que regulam os contratos coletivos, justamente por faltar o elemento essencial de uma população de beneficiários.

A: Correta. Sobre o tema do direito ao esquecimento, já entendeu o STJ: "Quanto ao assunto, a jurisprudência desta Corte Superior tem entendimento reiterado no sentido de afastar a responsabilidade de buscadores da *internet* pelos resultados de busca apresentados, reconhecendo a impossibilidade de lhe atribuir a função de censor e impondo ao prejudicado o direcionamento de sua pretensão contra os provedores de conteúdo, responsáveis pela disponibilização do conteúdo indevido na *internet*. Há, todavia, circunstâncias excepcionalíssimas em que é necessária a intervenção pontual do Poder Judiciário para fazer cessar o vínculo criado, nos bancos de dados dos provedores de busca, entre dados pessoais e resultados da busca, **que não guardam relevância para interesse público à informação, seja pelo conteúdo eminentemente privado, seja pelo decurso do tempo**. Essa é a essência do direito ao esquecimento: não se trata de efetivamente apagar o passado, mas de permitir que a pessoa envolvida siga sua vida com razoável anonimato, não sendo o fato desabonador corriqueiramente rememorado e perenizado por sistemas automatizados de busca" (grifo nosso) (STJ, REsp 1.660.168-RJ). Em complemento, também já entendeu o tribunal superior que: "**O provedor de busca cientificado pelo consumidor sobre vínculo virtual equivocado entre o argumento de pesquisa (nome de consumidor) e o resultado de busca (sítio eletrônico) é obrigado a desfazer a referida indexação, ainda que esta não tenha nenhum potencial ofensivo". (STJ,** REsp 1.582.981-RJ**)**. **B:** Incorreta. Nesse sentido, já se manifestou o STJ: "Em compras realizadas na internet, o fato de o consumidor ser penalizado com a obrigação de arcar com multa moratória, prevista no contrato com a financeira, quando atrasa o pagamento de suas faturas de cartão de crédito não autoriza a imposição, por sentença coletiva, de **cláusula penal** ao fornecedor de bens móveis, nos casos de atraso na entrega da mercadoria e na demora de restituição do valor pago quando do exercício do direito do arrependimento". (STJ. 4ª Turma. REsp 1412993-SP, Rel. Min. Luis Felipe Salomão, Rel. Acd. Min. Maria Isabel Gallotti, julgado em 08/05/2018). **C:** incorreta. Sobre a prevalência dos tratados internacionais entendeu o STF em sede de repercussão geral: "Nos termos do art. 178 da Constituição da República, as normas e os tratados internacionais limitadores da responsabilidade das transportadoras aéreas de passageiros, especialmente as Convenções de **Varsóvia** e Montreal, têm prevalência em relação ao Código de Defesa do Consumidor". (STF, Plenário, RE 636331/RJ, Rel. Min. Gilmar Mendes e ARE 766618/SP, Rel. Min. Roberto Barroso, julgados em 25/05/2017). **D:** incorreta. Sobre a legitimidade do município para propositura de ACP, já entendeu o STJ: "**Município** tem legitimidade *ad causam* para ajuizar ação civil pública em defesa de direitos consumeristas questionando a cobrança de tarifas bancárias. Em relação ao Ministério Público e aos entes políticos, que têm como finalidades institucionais a proteção de valores fundamentais, como a defesa coletiva dos consumidores, não se exige pertinência temática e representatividade adequada. (STJ. 3ª Turma. REsp 1509586-SC, Rel. Min. Nancy Andrighi, julgado em 15/05/2018) **E:** incorreta. Não é válida a **rescisão unilateral imotivada** de plano de saúde coletivo empresarial por parte da operadora em face de microempresa com apenas dois beneficiários. No caso concreto, havia um contrato coletivo atípico e que, portanto, merecia receber tratamento como se fosse um contrato de plano de saúde individual. Isso porque a pessoa jurídica contratante é uma microempresa e são apenas dois os beneficiários do contrato, sendo eles hipossuficientes frente à operadora do plano de saúde. No contrato de plano de saúde individual é vedada a rescisão unilateral, salvo por fraude ou não pagamento da mensalidade. (STJ, 3ª Turma, REsp 1701600-SP, Rel. Min. Nancy Andrighi, julgado em 06/03/2018)". RD

Gabarito "A".

(Juiz de Direito - TJ/BA - 2019 - CESPE/CEBRASPE) No que se refere a responsabilidade por vício do serviço, legitimidade ativa para a propositura de ações coletivas, cláusulas abusivas, prescrição e decadência, assinale a opção correta, com base no CDC e na jurisprudência do STJ.

(A) Associação de defesa de interesses de consumidores possui legitimidade ativa para ajuizar ação civil pública contra seguradora operadora do seguro DPVAT, a fim de buscar a condenação de indenizar vítimas de danos pessoais ocorridos com veículos automotores.

(B) O furto de joias que sejam objetos de penhor constitui falha do serviço prestado pela instituição financeira, e não mero inadimplemento contratual, devendo incidir o prazo prescricional de cinco anos para o ajuizamento das competentes ações de indenização, conforme previsto no CDC.

(C) Desde que destacada, será válida cláusula contratual de prestação de serviços de cartão de crédito que autorize o banco contratante a compartilhar dados dos consumidores com outras entidades financeiras, ainda que não seja dada ao cliente opção de discordar desse compartilhamento.

(D) O saque indevido de numerário em conta-corrente mantida por correntista em determinado banco configura dano moral *in re ipsa* ao direito do correntista à segurança dos valores lá depositados ou aplicados.

(E) A reclamação obstativa da decadência feita verbalmente pelo consumidor para protestar vícios do produto não tem validade.

A: incorreta. Embora as associações de defesa do consumidor estejam no rol dos legitimados, é necessário que haja relação de consumo para justificar a presença em ação coletiva. Sendo assim, "uma associação que tenha fins específicos de proteção ao consumidor não possui legitimidade para o ajuizamento de ação civil pública com a finalidade de tutelar interesses coletivos de beneficiários do seguro DPVAT. Isso porque o seguro DPVAT não tem natureza consumerista, faltando, portanto, pertinência temática. (STJ, 2ª Seção, REsp 1.091.756-MG, Rel. Min. Marco Buzzi, Rel. Acd. Min. Marco Aurélio Bellizze, julgado em 13/12/2017)". **B:** correta. Nos termos do art. 14 do CDC, o caso narrado constitui defeito de serviço: "**O furto das joias, objeto do penhor, constitui falha do serviço prestado pela instituição financeira e não inadimplemento contratual, devendo incidir o prazo prescricional de 5 (cinco) anos para as ações de indenização, previsto no art. 27 do Código de Defesa do Consumidor"**. (REsp 1369579/PR, Rel. Min. Luis Felipe Salomão, 4ª Turma, DJe 23/11/2017). **C:** incorreta. O caso foi julgado em 2017, antes da LGPD, e assim entendeu o STJ: "É abusiva e ilegal cláusula prevista em contrato de prestação de serviços de cartão de crédito, que autoriza o banco contratante a compartilhar dados dos consumidores com outras entidades financeiras, assim como com entidades mantenedoras de cadastros positivos e negativos de consumidores, **sem que seja dada opção de discordar daquele compartilhamento.**" (REsp 1348532/SP, Min. Luis Felipe Salomão, 4ª Turma, DJe 30/11/2017). **D:** incorreta. "O saque indevido de numerário em conta corrente **não** configura dano moral *in re ipsa* (presumido), podendo, contudo, observadas as particularidades do caso, ficar caracterizado o respectivo dano se demonstrada a ocorrência de violação significativa a algum direito da personalidade do correntista." (REsp 1573859/SP, Rel. Ministro Marco Aurélio Bellizze, 3ª Turma, DJe 13/11/2017). **E:** incorreta. O CDC, em seu artigo 26, reza que obsta a decadência a reclamação comprovadamente formulada pelo consumidor perante o fornecedor de produtos e serviços até a resposta negativa correspondente, que deve ser transmitida de forma inequívoca. Já entendeu o STJ que a reclamação verbal ou por telefone tem o condão de obstar o prazo decadencial: "A reclamação obstativa da decadência, prevista no art. 26, § 2º, I, do CDC, pode ser feita documentalmente – por meio físico ou eletrônico – **ou mesmo verbalmente** – pessoalmente ou por telefone – e, consequentemente, a sua comprovação pode dar-se por todos os meios admitidos em direito." (REsp 1442597/DF, Rel. Ministra Nancy Andrighi, 3ª Turma, DJe 30/10/2017). RD

Gabarito "B".

(Procurador do Município - Campo Grande/MS - 2019 - CESPE/ CEBRASPE) Julgue os itens seguintes, com base no Código de Defesa do Consumidor.

(1) Produtos remetidos ao consumidor sem sua prévia solicitação equiparam-se a amostras grátis, de modo que o consumidor não tem obrigação de pagar por eles.

(2) As sociedades integrantes de grupos societários e as sociedades controladas são solidariamente responsáveis pelas obrigações estipuladas no Código de Defesa do Consumidor.

(3) Caracteriza-se como abusiva a publicidade que induz a erro o consumidor a respeito da natureza, das características, da qualidade, da quantidade, das propriedades, da origem, do preço e de quaisquer outros dados sobre produtos e serviços.

(4) A contagem do prazo decadencial é, em regra, iniciada a partir da entrega efetiva do produto ou do término da execução dos serviços, mas, se houver vício oculto, o prazo decadencial inicia-se no momento em que ficar evidenciado o defeito.

1. Correta. Nos exatos termos do art. 39, III, parágrafo único do CDC. O envio de produto ou serviço sem solicitação do consumidor configura-se amostra grátis. **2.** Errada. Nos termos do art. 28, § 2º, do CDC, as sociedades integrantes de grupos societários e as sociedades controladas são *subsidiariamente* responsáveis pelas obrigações estipuladas no Código de Defesa do Consumidor. **3.** Errada. Caracteriza-se como *enganosa* a publicidade que induz a erro o consumidor a respeito da natureza, das características, da qualidade, da quantidade, das propriedades, da origem, do preço e de quaisquer outros dados sobre produtos e serviços (art. 37, § 1º, do CDC). **4.** Correta. Nos termos do art. 27 do CDC. RD

Gabarito 1C, 2E, 3E, 4C

(Defensor Público/PE – 2018 – CESPE) Acerca da responsabilidade do fornecedor de produtos e serviços, assinale a opção correta de acordo com as regras e os princípios previstos no CDC.

(A) O comerciante responde pelo vício do produto que comercializa, mesmo que não tenha conhecimento da existência de falha de adequação que tenha surgido no momento de sua fabricação.

(B) O CDC veda que o fornecedor provoque, nas ações propostas pelo consumidor, a intervenção de terceiro por intermédio da denunciação da lide ou do chamamento ao processo.

(C) O consumidor pode pleitear a nulidade do contrato quando, por fato superveniente, determinada cláusula contratual se tornar excessivamente onerosa.

(D) A informação ou a comunicação publicitária parcialmente falsa, apta a induzir o consumidor a erro, deve ser considerada publicidade abusiva e caracteriza ato ilícito do fornecedor.

(E) Independentemente de o consumidor ser pessoa física ou jurídica, será considerada nula de pleno direito a cláusula que atenue a responsabilidade do fornecedor, mesmo diante de situação justificável.

A: correta. De acordo com o art. 18 do CDC, os fornecedores respondem solidariamente pelos vícios dos produtos por eles comercializados. Nesse sentido, o comerciante é considerado fornecedor nos termos do art. 3º do CDC, e poderá responder judicialmente pelos vícios dos produtos que venderem; **B:** incorreta. Não há vedação expressa no CDC a respeito da intervenção de terceiros por intermédio do chamamento à lide ou da denunciação da lide por parte do fornecedor. Entretanto, existe posicionamento assentado pela jurisprudência, entendendo incabível a denunciação da lide nas ações indenizatórias decorrentes da relação de consumo; **C:** incorreta. O art. 6º, V, do CDC determina, como direito do consumidor, o direito à modificação das cláusulas contratuais que estabeleçam prestações desproporcionais ou sua revisão em razão de fatos supervenientes que as tornem excessivamente onerosas. Assim, o consumidor poderá pleitear a revisão judicial do contrato, restando a nulidade do contrato caso não seja possível, pelos esforços de integração, a sua manutenção; **D:** incorreta. A informação ou a comunicação publicitária parcialmente falsa, apta a induzir o consumidor a erro, deve ser considerada publicidade **enganosa**, nos termos do art. 37, § 1º do CDC; **E:** incorreta. De acordo com o art. 51, I, do CDC, são nulas as cláusulas contratuais que impossibilitem, exonerem ou atenuem a responsabilidade do fornecedor por vícios de qualquer natureza dos produtos e serviços ou impliquem renúncia ou disposição de direitos. Entretanto, nas relações de consumo entre o fornecedor e o consumidor pessoa jurídica, a indenização poderá ser limitada, em situações justificáveis. RD

Gabarito "A".

(Defensor Público/PE – 2018 – CESPE) Julgue os seguintes itens, referentes aos direitos do consumidor.

I. O Sistema Nacional de Defesa do Consumidor é composto apenas por entes públicos que tenham entre suas finalidades a defesa do consumidor.

II. Associação legalmente constituída há pelo menos um ano e que inclua entre seus fins institucionais a defesa dos interesses e direitos do consumidor pode intervir, como assistente do Ministério Público, em processo penal referente a crime previsto no CDC.

III. O consumidor cobrado de forma indevida pelo fornecedor fará jus à repetição em dobro, independentemente do efetivo pagamento do valor cobrado em excesso.

IV. A desconsideração inversa da personalidade é aplicável às relações de consumo.

Estão certos apenas os itens

(A) I e II.
(B) I e III.
(C) II e IV.
(D) I, III e IV.
(E) II, III e IV.

I: incorreta. De acordo com o art. 105 do CDC, integram o SDNC os órgãos públicos e as entidades privadas de defesa do consumidor; **II:** correta, nos termos dos arts. 80 e 82, III e IV, do CDC; **III:** incorreta. Para que o consumidor tenha direito à devolução em dobro dos valores, o art. 42, parágrafo único, do CDC, exige que o consumidor tenha efetivamente pagado o débito, não bastando ser apenas cobrado indevidamente. **IV:** correta. A desconsideração da personalidade jurídica está prevista no art. 28 do CDC. A desconsideração inversa da personalidade jurídica é construção doutrinária, fundamentada no mesmo dispositivo legal, que pode ser utilizada a favor do consumidor, todas as vezes que o fornecedor estiver protegendo o seu patrimônio na pessoa jurídica. **RD**

Gabarito "C".

(Defensor Público/AC – 2017 – CESPE) Em uma relação de consumo, foi estabelecido que o pagamento deveria ser realizado de determinada maneira. No entanto, após certo tempo, o pagamento passou a ser feito, reiteradamente, de outro modo, sem que o credor se opusesse à mudança.

Nessa situação, considerando-se a boa-fé objetiva, para o credor ocorreu o que se denomina

(A) *venire contra factum proprium.*
(B) *tu quoque.*
(C) *surrectio.*
(D) *supressio.*
(E) *exceptio doli.*

A: incorreta. A expressão *venire contra factum proprium* pode ser traduzida como "vir contra seus próprios atos". Sendo assim, tal expressão denota a vedação destinada ao fornecedor impedindo que esse adote dois comportamentos, surpreendendo o consumidor, por ser diferente daquilo que se esperava; **B:** incorreta. É usado para caracterizar atos abusivos que contrariem a boa-fé entre as partes. Parte-se do pressuposto de que aquele que desrespeita a norma convencionada não pode se beneficiar do ato, exigindo que a outra parte cumpra seus deveres; **C:** incorreta. A *surrectio* consiste na ampliação do conteúdo do negócio jurídico, diante de comportamento reiterado de uma das partes, que faz surgir na outra o sentimento da existência de um direito não avençado no início da relação jurídica; **D:** correta: A *supressio* (renúncia tácita) se configura na hipótese de supressão do direito de determinado sujeito, em virtude do não exercício de forma reiterada durante certo espaço de tempo; **E:** incorreta. A *exceptio doli* consiste na exceção que tem uma das partes do contrato para paralisar o comportamento de quem age dolosamente contra si.

Gabarito "D"

(Defensor Público/AC – 2017 – CESPE) Julgue os itens a seguir, acerca de práticas comerciais nas relações de consumo.

I. As práticas abusivas vedadas ao fornecedor de produtos ou serviços são dispostas, no CDC, de modo exemplificativo.
II. É vedado ao comerciante enviar ao consumidor qualquer produto sem que haja prévia solicitação.
III. A cobrança de tarifa básica pelo uso dos serviços de telefonia fixa caracteriza venda casada, sendo considerada ilegítima.
IV. Conforme o CDC, rejeitar cheque como forma de pagamento pela compra de um produto é prática abusiva.

Estão certos apenas os itens

(A) I e II.
(B) I e III.
(C) II e III.
(D) II e IV.
(E) III e IV.

I: correta. O *caput* do art. 39 diz que são abusivas, dentre outras práticas, as exemplificadas nos seus incisos; **II:** correta. Trata-se de prática comercial abusiva nos termos do art. 39, III, do CDC; **III:** incorreta. Tese 77 firmada em sede de Recurso Repetitivo: É legítima a cobrança de tarifa básica pelo uso dos serviços de telefonia fixa. (REsp 1068944/PB, DJ 12/11/2008); **IV:** incorreta. O Código de Defesa do consumidor, em seu art. 39, IX, descreve como prática comercial abusiva "recusar a venda de bens ou a prestação de serviços, diretamente a quem se disponha a adquiri-los mediante pronto pagamento, ressalvados os casos de intermediação regulados em leis especiais". Sendo assim, o fornecedor não é obrigado a aceitar cheque ou conceder qualquer crédito ao fornecedor.

Gabarito "A"

(Defensor Público/AC – 2017 – CESPE) Em 18/1/2017, uma entidade civil de consumidores celebrou, por escrito, com uma associação de fornecedores de certo produto, convenção coletiva de consumo, com o objetivo de estabelecer condições relativas ao preço, à garantia e à composição de conflitos de consumo, entre outros aspectos. O instrumento pactuado foi registrado no cartório de títulos e documentos em 19/1/2017. Em fevereiro de 2017, um fornecedor se desligou da associação de fornecedores.

Considerando-se essa situação hipotética, a convenção celebrada

(A) tornou-se obrigatória a partir do dia 18/1/2017.
(B) é nula no que se refere à composição de conflitos de consumo.
(C) somente obrigará os filiados às entidades signatárias.
(D) deixou de ser obrigatória ao fornecedor que se desligou.
(E) é nula no que se refere à garantia de produto.

A: incorreta. A convenção coletiva de consumo está regrada no art. 107 do Código de Defesa do Consumidor. O § 1º do dispositivo afirma que a convenção tornar-se-á obrigatória a partir do registro do instrumento no cartório de títulos e documentos, ou seja, para o caso em análise, em 19/01/2017; **B:** incorreta. A convenção é absolutamente válida e regulada pela lei; **C:** correta, nos termos do art. 107, § 2º, do CDC; **D:** incorreta. O art. 107, § 3º, diz que não se exime de cumprir a convenção o fornecedor que se desligar da entidade em data posterior ao registro do instrumento; **E:** incorreta. O objeto da convenção coletiva pode ser condição relativa ao preço, qualidade, quantidade, características de produtos e serviços, bem como qualquer reclamação e composição de conflito de consumo.

Gabarito "C"

(Defensor Público/PE – 2018 – CESPE) Conforme previsão expressa no CDC, possuem legitimidade para firmar convenção coletiva de cnsumo apenas as

(A) associações de fornecedores ou sindicato de categoria econômica e as entidades e os órgãos da administração pública destinados à defesa dos direitos dos consumidores.
(B) entidades públicas ou privadas destinadas à defesa dos direitos dos consumidores, as associações de fornecedores e os sindicatos de categoria econômica.
(C) entidades civis de consumidores e seus respectivos filiados.
(D) entidades civis representativas de consumidores e as associações de fornecedores ou sindicatos de categoria econômica.
(E) associações de fornecedores ou sindicatos de categoria econômica, o Ministério Público e a Defensoria Pública.

Na forma do *caput* do art. 107 do CDC, são legitimados para firmar convenção coletiva as **entidades civis representativas de consumidores**, as **associações de fornecedores** ou **sindicatos de categoria econômica.**

Gabarito "D"

(Defensor Público – DPE/RN – 2016 – CESPE) Com base no Estatuto do Idoso, no CDC e no entendimento do STJ acerca dos tópicos abarcados por esses dois diplomas legais, assinale a opção correta.

(A) Uma operadora de plano de saúde não responde perante o consumidor por falha na prestação dos serviços médicos e hospitalares por ela credenciados.
(B) De acordo com o Estatuto do Idoso, na ação de execução de sentença individual e nas ações referentes a interesses individuais indisponíveis, o pagamento das custas processuais pelo idoso deve ocorrer somente ao final do processo.
(C) Na ação de indenização movida pelo DP em defesa de consumidor hipossuficiente cujo nome tenha sido inscrito indevidamente em cadastro de inadimplentes, é imprescindível a comprovação do efetivo prejuízo por ele sofrido em decorrência do ato.
(D) A comprovação da postagem de correspondência notificando o consumidor da inscrição de seu nome em cadastro de inadimplência é bastante para atender ao disposto no CDC no tocante ao direito de acesso à informação que lhe diga respeito, sendo desnecessário, nesses casos, o aviso de recebimento.
(E) O vício de qualidade do produto não confere ao consumidor o direito de substituição do bem, mas sim o de abatimento proporcional do preço, na forma prevista na legislação em vigor.

A: incorreta. A jurisprudência do STJ já admite a responsabilidade do plano de saúde por falha na prestação dos serviços médicos, tudo com fundamento no art. 7º e no art. 25 do CDC. **B:** incorreta. O Estatuto do Idoso, em seu art. 88, não admite o pagamento de custas nas ações transindividuais. **C:** incorreta. O consumidor pessoa física não precisa fazer prova dos danos para pedir indenização. O dano moral se configura por lesão ao direito de personalidade. **D:** Correta. Súmula 404 do STJ: "É dispensável o aviso de recebimento (AR) na carta de comunicação ao consumidor sobre a negativação de seu nome em banco de dados e cadastros". **E:** incorreta. Na forma do art. 18 do CDC, caso o fornecedor não corrija o produto em até 30 dias, o consumidor poderá exigir (i) a devolução dos valores pagos; (ii) o abatimento proporcional do preço ou (iii) a substituição do produto. Em qualquer caso, a escolha cabe ao consumidor.

Gabarito "D"

(Defensoria/DF – 2013 – CESPE) A respeito da tutela coletiva do consumidor e de seus direitos no âmbito dos contratos bancários, dos contratos de compra e venda de imóveis e dos consórcios, julgue os itens subsequentes.

(1) De acordo com o STJ, como se aplica o CDC aos contratos de arrendamento mercantil, o aumento do valor do dólar norte-americano em relação ao real constitui fato superveniente capaz de ensejar a revisão do contrato de arrendamento mercantil atrelado ao dólar.

(2) Considera-se abusiva a cláusula contratual que determina, em caso de rescisão de promessa de compra e venda de imóvel, a restituição, ao término da obra, das parcelas pagas.

(3) Prevalece no STF o entendimento de que a DP só possui legitimidade extraordinária ativa para a defesa dos interesses coletivos e individuais coletivos se houver vinculação desses direitos a hipossuficiência econômica dos beneficiados.

(4) Em se tratando de contratos de abertura de credito em conta-corrente, não é necessária a prova do erro para que o consumidor obtenha judicialmente a repetição do indébito.

1: correta, pois o Superior Tribunal de Justiça tem entendimento sumulado de que o Código de Defesa do Consumidor é aplicável às instituições financeiras (Súmula 297/STJ), inclusive nas relações jurídicas oriundas de contrato de arrendamento mercantil. Neste sentido: Agravo regimental no recurso especial. Arrendamento mercantil. Juros remuneratórios. Onerosidade excessiva. Revisão. Divisão equitativa. 1. A jurisprudência desta Corte é de que os juros remuneratórios cobrados pelas instituições financeiras não sofrem a limitação imposta pelo Decreto 22.626/1933 (Lei de Usura), a teor do disposto na Súmula 596/STF. **2. Consoante jurisprudência desta Corte, a desvalorização súbita da moeda brasileira ocorrida em janeiro de 1999 configura onerosidade excessiva a afetar a capacidade de o consumidor adimplir suas obrigações contratuais, mas, diante da previsibilidade de modificação da política cambial, a significativa valorização do dólar norte-americano deve ser suportada por ambos os contratantes de forma equitativa.** Precedentes. 3. Agravo regimental não provido. (AgRg no REsp 716.702/RS, Rel. Ministro Ricardo Villas Bôas Cueva, Terceira Turma, julgado em 13.05.2014, *DJe* 02.06.2014); **2:** correta. Neste contexto: Recurso especial representativo de controvérsia. Art. 543-C do CPC. Direito do consumidor. Contrato de compra de imóvel. Desfazimento. Devolução de parte do valor pago. Momento. 1. Para efeitos do art. 543-C do CPC: em contratos submetidos ao Código de Defesa do Consumidor, **é abusiva a cláusula contratual que determina a restituição dos valores devidos somente ao término da obra ou de forma parcelada, na hipótese de resolução de contrato de promessa de compra e venda de imóvel, por culpa de quaisquer contratantes. Em tais avenças, deve ocorrer a imediata restituição das parcelas pagas pelo promitente comprador – integralmente, em caso de culpa exclusiva do promitente vendedor/construtor, ou parcialmente, caso tenha sido o comprador quem deu causa ao desfazimento**. 2. Recurso especial não provido. (REsp 1300418/SC, Rel. Ministro Luis Felipe Salomão, Segunda Seção, julgado em 13.11.2013, *DJe* 10.12.2013); **3:** anulada; **4:** correta. Nestes termos: Civil e consumidor – Contrato bancário – Taxa de juros – Limitação – Abusividade – Não ocorrência – Comissão de permanência – Cobrança – Inadimplemento – Admissibilidade – Súmulas 30, 294 e 296 do STJ – Valor – Pagamento indevido – Restituição – Discussão sobre erro – Prescindibilidade – Súmula 322/STJ – Honorários – Compensação – Falta de prequestionamento. I – Embora incidente o diploma consumerista nos contratos bancários, os juros pactuados à taxa superior a 12% ao ano não são considerados abusivos, exceto quando comprovado que discrepantes em relação à taxa de mercado, após vencida a obrigação, o que não se verifica. II – Vencido o prazo para pagamento da dívida, admite-se a cobrança de comissão de permanência. A taxa, porém, será a média do mercado, apurada pelo Banco Central do Brasil, desde que limitada ao percentual do contrato, não se permitindo cumulação com juros remuneratórios ou moratórios, correção monetária ou multa contratual. **III – Conforme estabelece a Súmula 322/STJ: Para a repetição de indébito, nos contratos de abertura de crédito em conta-corrente, não se exige a prova do erro.** IV – Não há como enfrentar a alegação relativa à compensação da verba honorários por falta de prequestionamento, incidindo a Súmula 211/STJ. Agravo regimental improvido. (AgRg no Ag 877.081/RS, Rel. Ministro Sidnei Beneti, Terceira Turma, julgado em 16.09.2008, *DJe* 13.10.2008).

Gabarito 1C, 2C, 3 Anulada, 4C

(Promotor de Justiça/PI – 2014 – CESPE) A respeito da interpretação dada pelo STJ aos direitos básicos do consumidor, às práticas abusivas e à cobrança de dívidas, assinale a opção correta.

(A) É lícito à seguradora negar o pagamento da indenização decorrente de furto simples de veículo automotor, caso o contrato preveja limitação da indenização aos casos de furto qualificado e roubo, ainda que o consumidor não tenha conhecimento técnico-jurídico, haja vista que a ninguém é permitido descumprir a lei sob a alegação de não a conhecer.

(B) O dever de o fornecedor informar, adequada e claramente, os consumidores a respeito dos diferentes produtos e serviços, com especificação correta de quantidade, características, composição, qualidade, tributos incidentes e preço, bem como dos riscos que apresentem, não incide nas fases pré e pós contratuais.

(C) Responde por vício de quantidade o fornecedor que reduzir o volume da mercadoria para quantidade diversa da que habitualmente fornecia no mercado, quando não informar na embalagem, de forma clara, precisa e ostensiva, a diminuição do conteúdo, ainda que reduza o preço do produto.

(D) Caracteriza venda casada a contratação simultânea de prestação de serviços de telefonia móvel e de comodato de aparelho celulares, com cláusula de fidelização, independentemente do prazo mínimo estipulado para tanto e de eventuais benefícios concedidos ao consumidor.

(E) O consumidor cobrado em quantia indevida tem direito à repetição do indébito, por valor igual ao dobro do que tenha pago em excesso, acrescido de correção monetária e juros legais, desde que prove ação dolosa do fornecedor.

A: incorreta, pois a cláusula contratual que prevê cobertura de seguro em razão de furto apenas se este for qualificado é abusiva. Conforme a Terceira Turma do Superior Tribunal de Justiça (STJ), a diferenciação entre as modalidades de furto exige conhecimento técnico jurídico específico, que viola o direito do consumidor à informação. **"A condição exigida para cobertura do sinistro – ocorrência de furto qualificado – por si só, apresenta conceituação específica da legislação penal, cujo próprio meio técnico-jurídico possui dificuldades para conceituá-lo, o que denota sua abusividade"**. Neste sentido: Recurso especial – Contrato de seguro – relação de consumo – Cláusula limitativa – Ocorrência de furto qualificado – Abusividade – Identificação, na espécie – Violação ao direito de informação ao consumidor – Recurso especial provido. I – Não há omissão no aresto *a quo*, tendo sido analisadas as matérias relevantes para solução da controvérsia. II – A relação jurídica estabelecida entre as partes é de consumo e, portanto, impõe-se que seu exame seja realizado dentro do microssistema protetivo instituído pelo Código de Defesa do Consumidor, observando-se a vulnerabilidade material e a hipossuficiência processual do consumidor. III – A circunstância de o risco segurado ser limitado aos casos de furto qualificado exige, de plano, conhecimentos do aderente quanto às diferenças entre uma e outra espécie de furto, conhecimento esse que, em razão da sua vulnerabilidade, presumidamente o consumidor não possui, ensejando-se, por isso, o reconhecimento da falha no dever geral de informação, o qual constitui, é certo, direito básico do consumidor, nos termos do artigo 6º, inciso III, do CDC. IV – **A condição exigida para cobertura do sinistro – ocorrência de furto qualificado – por si só, apresenta conceituação específica da legislação penal, cujo próprio meio técnico-jurídico possui dificuldades para conceituá-lo, o que denota sua abusividade.** Precedente da eg. Quarta Turma. V – Recurso especial provido. (REsp 1293006/SP, Rel. Ministro Massami Uyeda, Terceira Turma, julgado em 21.06.2012, *DJe* 29.06.2012); **B:** incorreta, pois o dever de informar incide em todas as fases do contrato. Neste sentido: Processual civil e consumidor. Oferta. Anúncio de veículo. Valor do frete. Imputação de publicidade enganosa por omissão. Arts. 6º, 31 e 37 do Código de Defesa do Consumidor. Princípios da transparência, boa-fé objetiva, solidariedade, vulnerabilidade e concorrência leal. Dever de ostensividade. *Caveat emptor*. Infração administrativa não caracterizada. 1. É autoaplicável o art. 57 do Código de Defesa do Consumidor – CDC, não dependendo, consequentemente, de regulamentação. Nada impede, no entanto, que, por decreto, a União estabeleça critérios uniformes, de âmbito nacional, para sua utilização harmônica em todos os Estados da federação, procedimento que disciplina e limita o poder de polícia, de modo a fortalecer a garantia do *due process* a que faz jus o autuado. 2. Não se pode, *prima facie*, impugnar de ilegalidade portaria do Procon estadual que, na linha dos parâmetros gerais fixados no CDC e no decreto federal, classifica as condutas censuráveis administrativamente e explicita fatores para imposição de sanções, visando a ampliar a previsibilidade da conduta estatal. Tais normas reforçam a segurança jurídica ao estatuírem padrões claros para o exercício do poder de polícia, exigência dos princípios da impessoalidade e da publicidade. Ao fazê-lo, encurtam, na medida do possível e do razoável, a discricionariedade administrativa e o componente subjetivo, errático com frequência, da atividade punitiva da autoridade. 3. Um dos direitos básicos do consumidor, talvez o mais elementar de todos, e daí a sua expressa previsão no art. 5º, XIV, da Constituição de 1988, é "a informação adequada e clara sobre os diferentes produtos e serviços, com especificação correta de quantidade, características, composição, qualidade e preço" (art. 6º, III, do CDC). Nele se encontra, sem exagero, um dos baluartes do microssistema e da própria sociedade pós-moderna, ambiente no qual também se insere a proteção contra a publicidade enganosa e abusiva (CDC, arts. 6º, IV, e 37). **4. Derivação próxima ou direta dos princípios da transparência, da confiança e da boa-fé objetiva, e, remota dos princípios da solidariedade e da vulnerabilidade do consumidor, bem como do princípio da concorrência leal, o dever de informação adequada incide nas fases pré-contratual, contratual e pós-contratual, e vincula tanto o fornecedor privado como o fornecedor público**. 5. Por expressa disposição legal, só respeitam o princípio da transparência e da boa-fé objetiva, em sua plenitude, as informações que sejam "corretas, claras, precisas, ostensivas" e que indiquem, nessas mesmas condições, as "características, qualidades, quantidade, composição, preço, garantia, prazos de validade e origem, entre outros dados" do produto ou serviço, objeto da relação jurídica de consumo (art. 31 do CDC, grifo acrescentado). 6. Exigidas literalmente pelo art. 31 do CDC, informações sobre preço, condições de pagamento e crédito são das mais relevantes e decisivas na opção de compra do consumidor e, por óbvio, afetam diretamente a integridade e a retidão da relação jurídica de consumo. Logo, em tese, o tipo de fonte e localização de restrições, condicionantes e exceções a esses dados devem observar o mesmo tamanho e padrão de letra, inserção espacial e destaque, sob pena de violação do dever de ostensividade. 7. Rodapé ou lateral de página não são locais adequados para alertar o consumidor, e, tais quais letras diminutas, são incompatíveis com os princípios da transparência e da boa-fé objetiva, tanto mais se a advertência disser respeito à informação central na peça publicitária e a que se deu realce no corpo principal do anúncio, expediente astucioso que caracterizará publicidade enganosa por omissão, nos termos do art. 37, §§ 1º e 3º, do CDC, por subtração sagaz, mas nem por isso menos danosa e condenável, de dado essencial do produto ou serviço. 8. Pretender que o consumidor se transforme em leitor malabarista (apto a ler, como se fosse natural e usual, a margem ou borda vertical de página) e ouvinte ou telespectador superdotado (capaz de apreender e entender, nas transmissões de rádio ou televisão, em fração de segundos, advertências ininteligíveis e em passo desembestado, ou, ainda, amontoado de letrinhas ao pé de página de publicação ou quadro televisivo) afronta não só o texto inequívoco e o espírito do CDC, como agride o próprio senso comum, sem falar que converte o dever de informar em dever de informar-se, ressuscitando, ilegitimamente e *contra legem*, a arcaica e renegada máxima do *caveat emptor* (= o consumidor que se cuide). 9. A configuração da publicidade enganosa, para fins civis, não exige a intenção (dolo) de iludir, disfarçar ou tapear, nem mesmo culpa, pois se está em terreno no qual imperam juízos alicerçados no princípio da boa-fé objetiva. 10. Na hipótese particular dos autos, contudo, a jurisprudência do STJ, considerando as peculiaridades do caso concreto sob análise, é no sentido de que o anúncio publicitário consignou, minimamente, que o valor do frete não estava incluído no preço ofertado, daí por que inexiste o ilícito administrativo de publicidade enganosa ou abusiva. Desnecessário prevenir que tal conclusão soluciona o litígio apenas e tão somente no âmbito do Direito Administrativo Sancionador, isto é, de punição administrativa imposta na raiz do poder de polícia, sem que se possa, por conseguinte, fazer repercuti-la ou aproveitá-la em eventuais processos reparatórios civis, nos quais a análise da matéria ocorre à luz de outros regimes e princípios. 11. Agravo Regimental não provido. (AgRg no AgRg no REsp 1261824/SP, Rel. Ministro Herman Benjamin, Segunda Turma, julgado em 14.02.2012, *DJe* 09.05.2013); **C**: correta, pois consumidor tem o direito a informação ostensiva e clara. Nesta linha: Administrativo. Consumidor. Procedimento administrativo. Vício de quantidade. Venda de refrigerante em volume menor que o habitual. Redução de conteúdo informada na parte inferior do rótulo e em letras reduzidas. Inobservância do dever de informação. Dever positivo do fornecedor de informar. Violação do princípio da confiança. Produto antigo no mercado. Frustração das expectativas legítimas do consumidor. Multa aplicada pelo Procon. Possibilidade. Órgão detentor de atividade administrativa de ordenação. Proporcionalidade da multa administrativa. Súmula 7/STJ. Análise de lei local, portaria e instrução normativa. Ausência de natureza de lei federal. Súmula 280/STF. Divergência não demonstrada. Redução do "quantum" fixado a título de honorários advocatícios. Súmula 7/STJ. 1. No caso, o Procon estadual instaurou processo administrativo contra a recorrente pela prática da infração às relações de consumo conhecida como **"maquiagem de produto" e "aumento disfarçado de preços"**, por alterar quantitativamente o conteúdo dos refrigerantes "Coca Cola", "Fanta", "Sprite" e "Kuat" de 600 ml para 500 ml, sem informar clara e precisamente aos consumidores, porquanto a informação foi aposta na parte inferior do rótulo e em letras reduzidas. Na ação anulatória ajuizada pela recorrente, o Tribunal de origem, em apelação, confirmou a improcedência do pedido de afastamento da multa administrativa, atualizada para R$ 459.434,97, e majorou os honorários advocatícios para R$ 25.000,00. 2. Hipótese, no cível, de responsabilidade objetiva em que o fornecedor (*lato sensu*) responde solidariamente pelo vício de quantidade do produto. 3. O direito à informação, garantia fundamental da pessoa humana expressa no art. 5º, inciso XIV, da Constituição Federal, é gênero do qual é espécie também previsto no Código de Defesa **do Consumidor. 4. A Lei 8.078/1990 traz, entre os direitos básicos do consumidor, a "informação adequada e clara sobre os diferentes produtos e serviços, com especificação correta de quantidade, características, composição, qualidade e preço, bem como sobre os riscos que apresentam" (art. 6º, inciso III). 5. Consoante o Código de Defesa do Consumidor, "a oferta e a apresentação de produtos ou serviços devem assegurar informações corretas, claras, precisas, ostensivas e em língua portuguesa sobre suas características, qualidades, quantidade, composição, preço, garantia, prazos de validade e origem, entre outros dados, bem como sobre os riscos que apresentam à saúde e segurança dos consumidores" (art. 31), sendo vedada a publicidade enganosa, "inteira ou parcialmente falsa, ou, por qualquer outro modo, mesmo por omissão, capaz de induzir em erro o consumidor a respeito da natureza, características, qualidade, quantidade, propriedades, origem, preço e quaisquer outros dados sobre produtos e serviços" (art. 37).** 6. O dever de informação positiva do fornecedor tem importância direta no surgimento e na manutenção da confiança por parte do consumidor. A informação deficiente frustra as legítimas expectativas do consumidor, maculando sua confiança. 7. A sanção administrativa aplicada pelo Procon reveste-se de legitimidade, em virtude de seu poder de polícia (atividade administrativa de ordenação) para cominar multas relacionadas à transgressão da Lei 8.078/1990, esbarrando o reexame da proporcionalidade da pena fixada no enunciado da Súmula 7/STJ. 8. Leis locais, portarias e instruções normativas refogem ao conceito de lei federal, não podendo ser analisadas por esta Corte, ante o óbice, por analogia, da Súmula 280/STF. 9. Os honorários advocatícios fixados pela instância ordinária somente podem ser revistos em recurso especial se o "quantum" se revelar exorbitante, em respeito ao disposto na Súmula 7/STJ. Recurso especial a que se nega provimento. (REsp 1364915/MG, Rel. Ministro Humberto Martins, Segunda Turma, julgado em 14.05.2013, *DJe* 24.05.2013); **D**: incorreta, pois não constitui venda casada caso haja algum benefício para o consumidor. Ademais é possível a estipulação de prazo mínimo, desde que de acordo com as normas da Anatel. Neste sentido: Recurso especial – Ação de rescisão de contrato de prestação de serviços de telefonia móvel e de comodato de aparelhos celulares – Exclusão de multa por inobservância do prazo de carência – Sentença de improcedência – Acolhimento do pleito recursal da autora pela corte *a quo* – Reconhecimento, no aresto estadual, de nulidade da cláusula de "fidelização", por configurar "venda casada". Insurgência da concessionária de telefonia. 1. Contratação simultânea de prestação de serviços de telefonia móvel e de "comodato" de aparelhos celulares, com cláusula de "fidelização". Previsão de permanência mínima que, em si, não encerra "venda casada". **2. Não caracteriza a prática vedada pelo art. 39, inc. I, do CDC, a previsão de prazo de permanência mínima ("fidelização") em contrato de telefonia móvel e de "comodato", contanto que, em contrapartida, haja a concessão de efetivos benefícios ao consumidor (v.g. custo reduzido para realização de chamadas, abono em ligações de longa distância, baixo custo de**

envio de "short message service – SMS", dentre outras), bem como a opção de aquisição de aparelhos celulares da própria concessionária, sem vinculação a qualquer prazo de carência, ou de outra operadora, ou mesmo de empresa especializada na venda de eletroportáteis. 3. Superado o fundamento jurídico do acórdão recorrido, cabe a esta Corte Superior de Justiça julgar a causa, aplicando o direito à espécie, nos termos do art. 257 do RISTJ e da Súmula 456/STF. 4. **Em que pese ser possível a fixação de prazo mínimo de permanência, na hipótese dos autos, o contrato de "comodato" de estações móveis entabulado entre as partes estabeleceu a vigência por 24 (vinte e quatro) meses, distanciando-se das determinações regulamentares da Anatel (Norma Geral de Telecomunicações 23/96 e Resolução 477/2007),** de ordem a tornar tal estipulação, inequivocamente, abusiva, haja vista atentar contra a liberdade de escolha do consumidor, direito básico deste. 5. Recurso especial desprovido. (REsp 1097582/MS, Rel. Ministro Marco Buzzi, Quarta Turma, julgado em 19.03.2013, *DJe* 08.04.2013); **E:** incorreta, pois consumidor cobrado em quantia indevida tem direito à repetição do indébito, por valor igual ao dobro do que pagou em excesso, acrescido de correção monetária e juros legais, salvo hipótese de engano justificável (art. 42, parágrafo único do CDC). Não é necessário provar ação dolosa do fornecedor. Neste sentido: Administrativo e processual civil. Agravo regimental no agravo em recurso especial. Fornecimento de água. Ilegalidade da cobrança da tarifa mínima, multiplicada pelo número de economias. Existência de hidrômetro. Súmula 83/STJ. Ofensa ao art. 535, II, do CPC. Inocorrência. Repetição de indébito em dobro. Indenização. Danos morais. Redução do valor. Súmula 7/STJ. Agravo regimental improvido. I. Não há omissão no acórdão recorrido, quando o Tribunal de origem pronuncia-se, de forma clara e precisa, sobre a questão posta nos autos, assentando-se em fundamentos suficientes para embasar a decisão. Precedentes. II. Quanto à legalidade da cobrança da tarifa de fornecimento de água, no valor referente ao consumo mínimo, multiplicado pelo número de unidades existentes no imóvel, quando houver um único hidrômetro no local, esta Corte Superior, em julgamento submetido ao rito do art. 543-C do CPC, firmou entendimento no sentido de não ser ela lícita (STJ, REsp 1.166.561/RJ, Rel. Ministro Hamilton Carvalhido, Primeira Seção, *DJe* de 05.10.2010). Incide, na hipótese, a Súmula 83/STJ. **III. Não prospera, também, a alegação de que a recorrente não é obrigada a devolver, em dobro, os valores pagos indevidamente, de vez que, como consignado na decisão agravada, a jurisprudência desta Corte já se pacificou no sentido da obrigatoriedade de restituição, em dobro, do valor indevidamente cobrado, independentemente da existência de dolo ou culpa, nos termos do art. 42, parágrafo único, da Lei 8.078/1990, exceto no caso de engano justificável, circunstância afastada, pelas instâncias ordinárias.** Nesse sentido: STJ, AgRg no REsp 1.229.773/SP, Rel. Ministro Napoleão Nunes Maia Filho, Primeira Turma, *DJe* de 05.02.2013; STJ, AgRg no AREsp 192.989/MS, Rel. Ministro Herman Benjamin, Segunda Turma, *DJe* de 11.09.2012. IV. Quanto à suposta contrariedade ao art. 186 do Código Civil, por inexistência de nexo de causalidade entre a atuação da agravante e os prejuízos sofridos pela recorrida, quanto à ausência de prova de danos morais e ao valor da indenização, fixada a tal título, que seria excessivo, a Instância *a quo* decidiu a matéria com fundamento no conjunto fático-probatório dos autos, pelo que a inversão do julgado, no particular, encontraria óbice na Súmula 7/STJ. V. "Somente em hipóteses excepcionais, quando estiver evidente que os danos morais foram fixados em montante irrisório ou exorbitante, é possível a esta Corte rever o valor arbitrado pelas instâncias ordinárias com esteio nos deslindes fáticos da controvérsia" (STJ, AgRg no Ag 1.408.221/RJ, Rel. Ministro Napoleão Nunes Maia Filho, Primeira Turma, *DJe* de 19.06.2012). No caso dos autos, a indenização por danos morais foi fixada em R$ 3.000,00, valor que não extrapola os limites da razoabilidade. VI. Agravo Regimental improvido. (AgRg no AREsp 197.944/RJ, Rel. Ministra Assusete Magalhães, Segunda Turma, julgado em 01.04.2014, *DJe* 11.04.2014).

Gabarito "C".

(Promotor de Justiça/PI – 2014 – CESPE) Considere que a queda de um avião de empresa aérea nacional, em via pública, cause a morte de centenas de pessoas, entre passageiros da aeronave e moradores do local do acidente. Nessa situação hipotética, de acordo com as normas do CDC e o entendimento do STJ,

(A) o prazo prescricional a ser observado para o requerimento de ressarcimento dos danos materiais e morais causados pela queda do avião é o previsto no Código Civil de 1916, por ser mais benéfico às vítimas.

(B) a responsabilidade civil da empresa aérea é subjetiva, ou seja, a empresa somente responderá se houver a comprovação de dolo ou culpa.

(C) a empresa aérea será compelida a indenizar as vítimas, ainda que se prove que o acidente foi causado exclusivamente por culpa de terceiro.

(D) as vítimas moradoras das casas atingidas pela queda do avião são consideradas consumidores por equiparação, ou *bystanders*.

(E) prescreve em dois anos o prazo para requerimento de ressarcimento dos danos materiais e morais causados pela queda do avião, conforme previsto no Código Brasileiro de Aeronáutica, em razão da especialidade da matéria.

A: incorreta, pois o STJ tem posição consolidada de que se aplica o prazo prescricional do CDC. Nesta linha: Responsabilidade civil. Acidente aéreo. Pessoa em superfície que alega abalo moral em razão do cenário trágico. Queda de avião nas cercanias de sua residência. Consumidor por equiparação. art. 17 do CDC. Prazo prescricional. Código Civil de 1916. Inaplicabilidade. Conflito entre prazo previsto no código brasileiro de Aeronáutica (CBA) e no CDC. Prevalência deste. Prescrição, todavia, reconhecida. 1. **A Segunda Seção sufragou entendimento no sentido de descaber a aplicação do prazo prescricional geral do Código Civil de 1916 (art. 177), em substituição ao prazo específico do Código de Defesa do Consumidor, para danos causados por fato do serviço ou produto (art. 27), ainda que o deste seja mais exíguo que o daquele** (Resp 489.895/SP, Rel. Ministro Fernando Gonçalves, Segunda Seção, julgado em 10.03.2010). 2. As vítimas de acidentes aéreos localizadas em superfície são consumidores por equiparação (*bystanders*), devendo ser a elas estendidas as normas do Código de Defesa do Consumidor relativas a danos por fato do serviço (art. 17, CDC). 3. O conflito entre o Código de Defesa do Consumidor e o Código Brasileiro de Aeronáutica – que é anterior à CF/1988 e, por isso mesmo, não se harmoniza em diversos aspectos com a diretriz constitucional protetiva do consumidor –, deve ser solucionado com prevalência daquele (CDC), porquanto, é a norma que melhor materializa as perspectivas do constituinte no seu desígnio de conferir especial proteção ao polo hipossuficiente da relação consumerista. Precedente do STF. 4. Recurso especial provido. (REsp 1281090/SP, Rel. Ministro Luis Felipe Salomão, Quarta Turma, julgado em 07.02.2012, *DJe* 15.03.2012; **B:** incorreta, pois a responsabilidade da empresa aérea é objetiva, em razão do risco da atividade (art. 14 do CDC). Neste sentido: Agravo regimental no agravo de instrumento. Transporte aéreo internacional. Atraso de voo. Código de Defesa do Consumidor. Convenções internacionais. Responsabilidade objetiva. Riscos inerentes à atividade. Fundamento inatacado. Súmula 283 do STF. *Quantum* indenizatório. Redução. Impossibilidade. Dissídio não configurado. 1. A jurisprudência dominante desta Corte Superior se orienta no sentido de prevalência das normas do CDC, em detrimento das Convenções Internacionais, como a Convenção de Montreal precedida pela Convenção de Varsóvia, aos casos de atraso de voo, em transporte aéreo internacional. **2. O Tribunal de origem fundamentou sua decisão na responsabilidade objetiva da empresa aérea, tendo em vista que os riscos são inerentes à própria atividade desenvolvida, não podendo ser reconhecido o caso fortuito como causa excludente da responsabilização. Tais argumentos, porém, não foram atacados pela agravante, o que atrai, por analogia, a incidência da Súmula 283 do STF.** 3. No que concerne à caracterização do dissenso pretoriano para redução do *quantum* indenizatório, impende ressaltar que as circunstâncias que levam o Tribunal de origem a fixar o valor da indenização por danos morais são de caráter personalíssimo e levam em conta questões subjetivas, o que dificulta ou mesmo impossibilita a comparação, de forma objetiva, para efeito de configuração da divergência, com outras decisões assemelhadas. 4. Agravo regimental a que se nega provimento. (AgRg no Ag 1343941/RJ, Rel. Ministro Vasco Della Giustina (desembargador convocado do TJ/Rs), Terceira Turma, julgado em 18.11.2010, *DJe* 25.11.2010); **C:** incorreta, pois se restar provada a culpa exclusiva de terceiro, o dever de indenizar estará excluído (art. 14, § 3º, II do CDC); **D:** correta, pois equiparam-se a consumidores todas as vítimas do evento (art. 17 do CDC); E: incorreta, pois aplica-se o prazo quinquenal do CDC (art. 27 do CDC). Neste sentido: Direito civil. Recurso especial. Responsabilidade civil de transportador aéreo perante terceiros em superfície. Pretensão de ressarcimento por danos materiais e morais. Prazo prescricional.

Código Brasileiro de Aeronáutica afastado. Incidência do CDC. 1. O Código Brasileiro de Aeronáutica não se limita a regulamentar apenas o transporte aéreo regular de passageiros, realizado por quem detém a respectiva concessão, mas todo serviço de exploração de aeronave, operado por pessoa física ou jurídica, proprietária ou não, com ou sem fins lucrativos, de forma que seu art. 317, II, não foi revogado e será plenamente aplicado, desde que a relação jurídica não esteja regida pelo CDC, cuja força normativa é extraída diretamente da CF (5º, XXXII). **2. Demonstrada a existência de relação de consumo entre o transportador e aqueles que sofreram o resultado do evento danoso (consumidores por equiparação), configurado está o fato do serviço, pelo qual responde o fornecedor, à luz do art. 14 do CDC, incidindo, pois, na hipótese, o prazo prescricional quinquenal previsto no seu art. 27. 3. Recurso especial conhecido e desprovido.** (REsp 1202013/SP, Rel. Ministra Nancy Andrighi, Terceira Turma, julgado em 18.06.2013, *DJe* 27.06.2013).

Gabarito "D".

(Defensoria/DF – 2013 – CESPE) No que se refere às normas do CDC e a Política Nacional das Relações de Consumo, julgue os itens seguintes.

(1) Por atender indiretamente as necessidades dos consumidores, a racionalização e melhoria dos serviços públicos não e um dos objetivos da Política Nacional das Relações de Consumo.

(2) Parte da doutrina considera o CDC norma de ordem pública e principiológica, o que significa que ele prevalece sobre as normas gerais e especiais anteriores.

(3) Não obstante a ampla aceitação da teoria do dialogo das fontes, o Código Civil vigente não pode ser utilizado para tutela contratual efetiva dos consumidores, por ausência de aproximação principiológica com o CDC.

1: incorreta, pois a racionalização e melhoria dos serviços públicos integra o rol de princípios da Política Nacional das Relações de Consumo (art. 4º, VII, do CDC); **2:** correta, pois o CDC é expresso em trazer que suas normas são de ordem pública e interesse social (art. 1º). Por tratar-se de legislação específica sobre uma determinada classe de pessoas, prevalece sobre as normas gerais anteriormente editadas. **3:** incorreta, pois o Código Civil pode ser utilizado para a tutela contratual efetiva dos consumidores, por semelhança de aproximação principiológica. Neste sentido cita-se o Enunciado 167 do CJF: "Com o advento do Código Civil de 2002, houve forte aproximação principiológica entre esse Código e o Código de Defesa do Consumidor, no que respeita à regulação contratual, uma vez que ambos são incorporadores de uma nova teoria geral dos contratos".

Gabarito 1E, 2C, 3E

(Ministério Público/TO – 2012 – CESPE) Assinale a opção correta a respeito das relações de consumo e dos integrantes dessas relações, da qualidade de produtos e serviços e da prevenção e reparação de danos deles advindos, bem como de aspectos diversos associados às práticas comerciais.

(A) É pacífico no âmbito do STJ que o CDC seja aplicável nas atividades notariais e registrais.

(B) Segundo o direito consumerista brasileiro, o consumidor cobrado em quantia indevida tem direito à repetição do indébito, por valor igual ao dobro do que lhe tiver sido cobrado em excesso, acrescido de correção monetária e juros legais, salvo hipótese de engano justificável.

(C) Não há uniformidade doutrinária quanto à existência de distinção de significado entre os termos publicidade e propaganda: há os que defendem essa existência e os que argumentam em favor da existência de sinonímia entre referidos termos.

(D) Para o STJ, as instituições financeiras respondem subjetivamente pelos danos gerados por fortuito relativo a fraudes e delitos praticados por terceiros no âmbito de operações bancárias.

(E) Para o CDC e para o STJ, somente há danos à saúde do consumidor a partir do momento em que este consome o bem viciado em sua qualidade.

A: incorreta, segundo a jurisprudência do STJ, o CDC não é aplicável aos serviços notariais e registrais por existirem leis específicas regulando os mesmos, como a Lei 6.015/1973 (Lei de Registros Públicos) e a Lei 8.935/1994 (Lei dos Serviços Notariais e de Registro) (REsp, 625.144/SP, Terceira Turma, Rel. Min. Nancy Andrighi, julgado em 14.03.2006); **B:** incorreta, pois o art. 42, parágrafo único, do CDC, determina a repetição em dobro do valor que foi pago e não do que foi cobrado em excesso; **C:** correta, há forte divergência doutrinária sobre a questão; **D:** incorreta, há julgado do STJ dispondo que "As instituições bancárias respondem objetivamente pelos danos causados por fraudes ou delitos praticados por terceiros – como, por exemplo, abertura de conta-corrente ou recebimento de empréstimos mediante fraude ou utilização de documentos falsos –, porquanto tal responsabilidade decorre do risco do empreendimento, caracterizando-se como fortuito interno" (REsp 1.199.782/PR, Segunda Turma, Rel. Min. Luis Felipe Salomão, j. 24.08.2011); **E:** correta, a banca gabaritou como incorreta a assertiva, mas entendemos que a mesma está de acordo com a jurisprudência do STJ: "Responsabilidade civil. Produto impróprio para o consumo. Objeto metálico cravado em bolacha do tipo "água e sal". Objeto não ingerido. Dano moral inexistente. 1. A simples aquisição de bolachas do tipo "água e sal", em pacote no qual uma delas se encontrava com objeto metálico que a tornava imprópria para o consumo, sem que houvesse ingestão do produto, não acarreta dano moral apto a ensejar reparação. Precedentes. 2. Verifica-se, pela moldura fática apresentada no acórdão, que houve inequivocamente vício do produto que o tornou impróprio para o consumo, nos termos do art. 18, *caput*, do CDC. Porém, não se verificou o acidente de consumo, ou, consoante o art. 12 do CDC, o fato do produto, por isso descabe a indenização pretendida. (REsp 1131139/SP, Rel. Ministro Luis Felipe Salomão, Quarta Turma, j. 16.11.2010)".

Gabarito Oficial "C" / Nosso Gabarito "C e E"

(Defensor Público/ES – 2012 – CESPE) Julgue os itens a seguir, acerca dos direitos do consumidor.

(1) As vítimas de acidente aéreo com aeronave comercial, sejam elas passageiros ou pessoas que se encontrem em superfície, são designadas consumidores *stricto sensu* pela doutrina, devendo a elas ser estendidas as normas do CDC.

(2) A inversão do onus da prova não obriga a parte contrária a arcar com as custas da prova requerida pelo consumidor, mas o fornecedor fica sujeito as consequências processuais advindas de sua não produção.

(3) Consideram-se abusivas e nulas de pleno direito as cláusulas contratuais que coloquem o consumidor em desvantagem exagerada em relação ao fornecedor, cabendo ao juiz de direito competente conhecer, de ofício, da abusividade das cláusulas dos contratos, incluindo-se as dos contratos bancários.

(4) No direito brasileiro, o critério adotado para determinação da condição de consumidora da pessoa jurídica e o maximalista, de modo que, para caracterizar-se consumidora, a pessoa jurídica deve ser destinatária final econômica do bem ou serviço adquirido.

(5) Considere que Ana tenha celebrado contrato com a Alfa Maquinas Ltda. para a aquisição de uma máquina de bordar, visando utilizar o bem para trabalhar e auferir renda para a sua sobrevivência e a de sua família, e que, nesse contrato, haja clausula de eleição de foro que dificulte o livre acesso de Ana ao Poder Judiciário. Nessa situação hipotética, deve ser declarada a nulidade da referida cláusula, diante da hipossuficiência e vulnerabilidade econômica da consumidora.

1: incorreta, pois quem está na aeronave é consumidor-padrão (art. 2º do CDC) e quem está fora é consumidor *bystander*, consumidor equiparado por ser vítima de acidente de consumo (art. 17 do CDC); **2:** correta (STJ, REsp 1.063.639, DJ 04.11.09), (STJ, AgRg na MC 17695/PR, DJ 12/05/2011); **3:** incorreta, pois, segundo a Súmula STJ n. 381, "nos contratos bancários, é vedado ao julgador conhecer, de ofício, da abusividade das cláusulas"; **4:** incorreta, pois o STJ aplica a teoria finalista aprofundada, pela qual é necessário que o consumidor seja destinatário fático e econômico, mas, em caso de destinatário final fático vulnerável, aplica-se o CDC também (art. REsp 1.195.642, DJ 21.11.12); **5:** correta (STJ, REsp 1.010.834, DJ 13.10.10).

Gabarito 1E, 2C, 3E, 4E, 5C

(Defensor Público/SE – 2012 – CESPE) O CDC é aplicável a

(A) indenização do condômino pelo condomínio, em razão de furto de bem móvel ocorrido dentro da garagem de prédio de apartamentos.

(B) ressarcimento do valor pago ao advogado que, constituído em processo criminal, tenha deixado de recorrer de sentença de pronúncia.

(C) dívida de contrato de locação.

(D) cobrança indevida relativa a crédito educativo custeado pelo Estado em benefício de aluno.

(E) revisão de benefício de previdência privada.

A: incorreta, pois o STJ é pacifico no sentido de que o CDC não se aplica à relação entre condomínio e condômino (STJ, AgRg no Ag 1.122.191, DJ 01.07.10); **B:** incorreta, pois o STJ também decide que não se aplica o CDC na relação entre advogado e cliente (STJ, REsp 532.377/RJ); **C:** incorreta, pois o STJ entende que não se aplica o CDC às locações de imóveis urbanos (STJ, AgRg no Ag 1.089.413, DJ 28.06.11); **D:** incorreta, pois o STJ é no sentido de que não se aplica o CDC no caso (STJ, REsp 1.256.227, DJ 21/08/12); **E:** correta, pois a Súmula STJ n. 563 é no sentido de que se aplica o CDC aos contratos de previdência privada.

Gabarito "E".

(Defensor Público/TO – 2013 – CESPE) Em relação aos direitos do consumidor, aos crimes contra as relações de consumo, à defesa do consumidor em juízo e à convenção coletiva de consumo, assinale a opção correta.

(A) O princípio da confiança está expressamente previsto no CDC.

(B) A inversão do ônus da prova, fundada na desigualdade fática, econômica e jurídica existente na relação de consumo, constitui mecanismo processual de correção desse desequilíbrio entre as partes em litígio.

(C) O descumprimento de acordo em uma convenção coletiva de consumo gera título executivo extrajudicial, que pode sofrer execução direta.

(D) O direito penal do consumidor busca somente reprimir condutas indesejáveis e causadoras de danos.

(E) De acordo com o CDC, é proibida a circulação de produto perigoso, por ser a periculosidade elemento ligado ao defeito, que pode gerar tanto fato quanto vício do produto.

A: incorreta, pois não há previsão expressa, apesar de decorrer do sistema, que prega a transparência, a informação e a boa-fé; **B:** correta, pois havendo hipossuficiência (técnica, econômica ou jurídica) cabe inversão do ônus da prova (art. 6º, VIII, do CDC); **C:** incorreta, pois não previsão legal nesse sentido (art. 107 do CDC); **D:** incorreta, pois os tipos penais previstos nos arts. 63 a 74 não requerem resultado danoso para se configurarem, bastando que a conduta se realize; **E:** incorreta, pois, desde que haja adequada informação a respeito, produtos perigosos podem sim ser colocados no mercado de consumo (art. 9º do CDC); um carro, por exemplo, é perigoso, mas deve ser vendido com todas as informações a respeito; o que a lei proíbe é a venda de produtos com alto grau de nocividade ou periculosidade à saúde ou segurança (art. 10, *caput*, do CDC).

Gabarito "B".

(Defensor Público/TO – 2013 – CESPE) Com relação aos direitos do consumidor, às infrações penais e à defesa do consumidor em juízo, assinale a opção correta.

(A) De acordo com o CDC, interesses coletivos, em sentido restrito, correspondem aos interesses de natureza indivisível de uma coletividade indeterminada e indeterminável de pessoas, ligadas por circunstâncias de fato.

(B) É *ex nunc* o efeito da sentença que reconhece a nulidade de cláusula abusiva.

(C) No processo penal atinente aos crimes previstos no CDC, poderão intervir como assistentes do MP apenas as associações legalmente constituídas há pelo menos um ano e que incluam entre seus fins institucionais a defesa dos interesses e direitos protegidos pelo CDC.

(D) Produtos e serviços são considerados elementos subjetivos da relação de consumo desde que tenham valor econômico.

(E) A defesa do consumidor é um direito constitucional fundamental e também um dos princípios da atividade econômica.

A: incorreta, pois a definição dada é de interesses difusos (art. 81, parágrafo único, I, do CDC); **B:** incorreta, pois as cláusulas abusivas são nulas de pleno direito, de modo que a sentença que pronuncia sua nulidade retroage, ou seja, tem efeito "ex tunc"; **C:** incorreta, pois as entidades e órgãos da Administração Pública, direta e indireta, ainda que sem personalidade jurídica, especificamente destinados à defesa dos interesses e direitos do consumidor (art. 80 c/c art. 82, III, do CDC); **D:** incorreta, pois são elementos *objetivos* da relação de consumo; **E:** correta (arts. 5º, XXXII, e 170, V, da CF).

Gabarito "E".

(Defensor Público/TO – 2013 – CESPE) Em relação aos direitos do consumidor e à defesa do consumidor em juízo, assinale a opção correta.

(A) É incompatível com o sistema de responsabilidade civil estabelecido no CDC cláusula contratual de não indenizar que impossibilite, exonere ou atenue o dever de indenização do fornecedor pessoa física.

(B) Prevalece na doutrina e na jurisprudência o entendimento de que não se aplica aos contratos celebrados via Internet o prazo de arrependimento.

(C) Caso fortuito e força maior excluem a responsabilidade do fornecedor de serviços ou de produtos.

(D) A doutrina é unissona no sentido de que o momento de inversão do ônus da prova é o do julgamento da causa.

(E) No campo das ações consumeristas individuais, o ajuizamento da ação de responsabilidade civil do fornecedor de produtos e serviços poderá ser no foro do domicílio do consumidor autor, mesmo se o foro de eleição for outro, apenas quando se tratar de contrato de adesão.

A: correta (art. 51, I, do CDC); **B:** incorreta, pois não há posição jurisprudencial prevalecente nesse sentido; **C:** incorreta, pois isso só ocorre em caso de fortuitos externos, ou seja, se o caso se deu por motivo inevitável que tiver ocorrido depois que o fornecedor entregou o produto o serviço e desde que não haja relação alguma com o produto ou serviço entregues; assim, o fornecedor não responde se cair um raio na casa de alguém, queimando uma televisão fabricada por ele, por se tratar de fortuito externo; porém, o fornecedor responde se a televisão sai de fábrica com problema devido a um raio que caiu na fábrica no meio da produção da televisão e que gerou algum problema nos produtos fabricados naquela data, já que se tem, no caso, mero fortuito interno, que não afasta a responsabilidade do fornecedor; **D:** incorreta; o ideal é que o juiz deixe claro, logo no início da demanda, de quem é o ônus da prova, em função do princípio da boa-fé processual; **E:** incorreta, pois em qualquer caso (contrato de adesão ou não) o consumidor poderá propor ação em seu domicílio (art. 101, I, do CDC), valendo lembrar que as normas de defesa do consumidor são de ordem pública, não podendo ser afastadas por vontade das partes.

Gabarito "A".

24. Direito Ambiental

Alice Satin, Arthur Trigueiros, Eduardo Dompieri, Fabiano Melo, Luiz Felipe Nobre Braga, Marcos Destefenni, Rodrigo Bordalo e Wander Garcia*

1. HISTÓRICO E CONCEITOS BÁSICOS

(Juiz de Direito - TJ/BA - 2019 - CESPE/CEBRASPE) De acordo com a jurisprudência do STF, o conceito de meio ambiente inclui as noções de meio ambiente

(A) artificial, histórico, natural e do trabalho.
(B) cultural, artificial, natural e do trabalho.
(C) natural, histórico e biológico.
(D) natural, histórico, artificial e do trabalho.
(E) cultural, natural e biológico.

O meio ambiente constitui um gênero que apresenta diversas espécies (ou aspectos, como assinala José Afonso da Silva). São elas o meio ambiente natural (a ecologia), o artificial (espaço urbano), o cultural (patrimônio artístico, histórico, paisagístico etc.) e o meio ambiente do trabalho (relações laborais). Nesse sentido já decidiu o Supremo Tribunal Federal, para quem a "defesa do meio ambiente" (CF, art. 170, VI) "traduz conceito amplo e abrangente das noções de meio ambiente natural, de meio ambiente cultural, de meio ambiente artificial (espaço urbano) e de meio ambiente laboral." (ADI 3.540/MC, Pleno, Rel. Min. Celso de Mello, DJ 03/02/2006). Relevante considerar que os autores e a jurisprudência não elencam o meio ambiente histórico e biológico como espécies autônomas (alternativas **A**, **C**, **D** e **E** incorretas). RB

Gabarito "B"

(Delegado/PE – 2016 – CESPE) A concessão florestal, prevista na Lei 11.284/2006, é

(A) uma delegação, a pessoas físicas ou jurídicas, do direito de praticar manejo florestal sustentável.
(B) um instrumento da Política Nacional do Meio Ambiente.
(C) uma delegação onerosa que dispensa licitação.
(D) vedada a pessoas jurídicas de pequeno porte.
(E) uma delegação gratuita formalizada mediante contrato.

A: incorreta, pois a Lei 11.284/2006 prevê a concessão para manejo sustentável apenas para pessoa jurídica, conforme art. 3º: "VII – concessão florestal: delegação onerosa, feita pelo poder concedente, do direito de praticar manejo florestal sustentável para exploração de produtos e serviços numa unidade de manejo, mediante licitação, à pessoa jurídica, em consórcio ou não, que atenda às exigências do respectivo edital de licitação e demonstre capacidade para seu desempenho, por sua conta e risco e por prazo determinado"; **B**: correta, pois a Política Nacional do Meio Ambiente – Lei 6.938/1981 prevê em seu art. 9º quais os instrumentos de proteção ambiental, entre os quais: "XIII – instrumentos econômicos, como concessão florestal, servidão ambiental, seguro ambiental e outros"; **C**: incorreta, por força do art. 3º VII, da Lei 11.284/2006; **D**: incorreta já que a legislação não faz distinção entre o tamanho da pessoa jurídica; **E**: incorreta já que a delegação é necessariamente onerosa.

Gabarito "B"

(Delegado/PE – 2016 – CESPE) O Instituto Chico Mendes de Conservação da Biodiversidade (Instituto Chico Mendes) é uma

(A) sociedade de economia mista criada pela União.
(B) empresa pública federal.
(C) autarquia federal.
(D) fundação pública de direito público.
(E) instituição da administração direta do Poder Executivo federal.

* **Fabiano Melo** e **Luiz Felipe Nobre Braga** comentaram as questões de 2017 e 2018. **Alice Satin** comentou as questões de Delegado/PE/16, MP/PI/14; **Fabiano Melo** comentou as questões de Procurador do Estado/16. **Arthur Trigueiros**, **Eduardo Dompieri**, **Marcos Destefenni** e **Wander Garcia** comentaram as demais questões.

Conforme determinado pelo art. 1º da Lei 11.516/2007: "Fica criado o Instituto Chico Mendes de Conservação da Biodiversidade – Instituto Chico Mendes, autarquia federal dotada de personalidade jurídica de direito público, autonomia administrativa e financeira, vinculada ao Ministério do Meio Ambiente, com a finalidade de (...)", somente a alternativa C é a correta.

Gabarito "C"

(Delegado/PE – 2016 – CESPE) As unidades de conservação

(A) devem possuir um plano de manejo, com exceção das reservas particulares do patrimônio natural.
(B) são constituídas de espaços territoriais e seus recursos naturais, com exceção das águas jurisdicionais.
(C) de proteção integral devem ser de posse e de domínio públicos.
(D) de uso sustentável devem ser de posse e de domínio privados.
(E) devem possuir zonas de amortecimento, com exceção das áreas de proteção ambiental e das reservas particulares do patrimônio natural.

A: incorreta, já que as reservas particulares do patrimônio natural são áreas privadas gravadas com perpetuidade com o fim de conservar a diversidade biológica, cabendo ao SNUC sempre que possível e oportuno prestar orientação técnica e científica ao proprietário para a elaboração de um Plano de Manejo ou de Proteção e de Gestão da unidade, conforme determinado pelo art. 21, § 3º da Lei 9.985/2000; **B**: incorreta, já que o art. 2º, I, da Lei 9.985/2000 inclui as águas jurisdicionais como recursos naturais dos espaços territoriais; **C**: incorreta, já que dentre as categorias de proteção integral estão os refúgios de vida silvestre que podem ser constituídos inclusive por áreas particulares, conforme art. 8º, V, e art. 13, § 1º da Lei 9.985/2000; **D**: incorreta, já que a área de proteção ambiental pode ser constituída por terras públicas ou privadas e de todo modo são categorias do Grupo das Unidades de Uso Sustentável, conforme art. 14º, I e art. 15, § 1º, da Lei 9.985/2000; **E**: correta, conforme a literalidade do art. 25 da Lei 9.985/2000: "Art. 25.As unidades de conservação, exceto Área de Proteção Ambiental e Reserva Particular do Patrimônio Natural, devem possuir uma zona de amortecimento e, quando conveniente, corredores ecológicos"

Gabarito "E"

(Magistratura/ES – 2011 – CESPE) Com relação ao conceito de meio ambiente e dano ambiental, assinale a opção correta.

(A) Conforme o Protocolo de Cartagena, dano ambiental é o prejuízo causado ao ambiente, que é definido, segundo o referido acordo, como conjunto dinâmico e interativo que compreende a cultura, a natureza e as construções humanas.
(B) Dano ambiental é todo impacto causado ao ambiente, que é caracterizado como o conjunto de elementos bióticos e abióticos que interagem e mutuamente influenciam a dinâmica dos sistemas autopoiéticos.
(C) Meio ambiente é definido como o conjunto de interações, condições, leis e influências físicas e bioquímicas que origina e mantém a vida em todas as suas formas, e dano ambiental, como o prejuízo transgeracional, de acordo com a PNMA.
(D) A definição legal de meio ambiente encontra-se no próprio texto constitucional, que se refere ao ambiente cultural, natural, artificial e do trabalho; o conceito legal de dano ambiental, fundado na teoria do risco, materializa-se no conceito de ecocídio: sendo o direito ao ambiente ecologicamente equilibrado direito fundamental do ser humano, as condutas lesivas ao ambiente devem ser consideradas crimes contra a humanidade.
(E) Meio ambiente é definido como o conjunto de condições, leis, influências e interações de ordem física, química e

biológica que permite, abriga e rege a vida em todas as suas formas; a definição de dano ambiental infere-se a partir dos conceitos legais de poluição e degradação.

A: incorreta; o Protocolo de Cartagena sobre Biossegurança da Convenção sobre Diversidade Biológica tem por objetivo "contribuir para assegurar um nível adequado de proteção no campo da transferência, da manipulação e do uso seguros dos organismos vivos modificados resultantes da biotecnologia moderna que possam ter efeitos adversos na conservação e no uso sustentável da diversidade biológica, levando em conta os riscos para a saúde humana, e enfocando especificamente os movimentos transfronteiriços" e não traz a definição mencionada na alternativa; **B:** incorreta, pois o dano ambiental não se caracteriza havendo mero impacto ao meio ambiente; para que se fale em dano ambiental ou degradação do meio ambiente há de ser um impacto que cause alteração adversa das características do meio ambiente (art. 3º, II, da Lei 6.938/1981); vale salientar, outrossim, que o impacto ambiental poder ser positivo ou negativo, ao passo que o dano ambiental é sempre negativo; **C:** incorreta, pois o conceito adequado de meio ambiente é o seguinte "conjunto de condições, leis, influências e interações de ordem física, química e biológica, que permite, abriga e rege a vida em todas as suas formas" (art. 3º, I, da Lei 6.938/1981); quanto ao dano ambiental, não é definido pela PNMA (Lei 6.938/1981), que se limita a tratar com mais detalhe de uma de suas espécies, no caso, a degradação ambiental por ato humano (poluição), conforme art. 3º, III; **D:** incorreta, pois a Constituição não traz a definição de meio ambiente, que, todavia, é trazida no art. 3º, I, da Lei 6.938/1981; **E:** correta (art. 3º, I, da Lei 6.938/1981).

Gabarito "E".

(Magistratura Federal/1ª região – 2011 – CESPE) Em defesa do meio ambiente, o STF assim se pronunciou: "O direito à integridade do meio ambiente – típico direito de terceira geração – constitui prerrogativa jurídica de titularidade coletiva, refletindo, dentro do processo de afirmação dos direitos humanos, a expressão significativa de um poder atribuído, não ao indivíduo identificado em sua singularidade, mas num sentido verdadeiramente mais abrangente, à própria coletividade social".

Tendo o texto acima como referência, assinale a opção correta com base nas disposições legais de defesa do meio ambiente.

(A) Em atendimento ao princípio do poluidor pagador, previsto no direito positivo brasileiro, a Política Nacional do Meio Ambiente determina a proteção de áreas ameaçadas de degradação.
(B) A defesa do direito ao meio ambiente equilibrado nasceu a partir da Declaração de Estocolmo, em 1972, cujas premissas são marcadamente biocêntricas.
(C) O objeto de proteção do direito ambiental concentra-se nos fatores bióticos e abióticos, que devem ser tratados isoladamente.
(D) Em razão do tratamento dispensado ao meio ambiente pelo texto constitucional, depreende-se que é exigido dos cidadãos, predominantemente, um *non facere* em relação ao meio ambiente.
(E) O direito fundamental ao meio ambiente ecologicamente equilibrado afasta eventual tentativa de desafetação ou destinação indireta.

A: incorreta, pois a proteção de áreas ameaçadas de degradação, que é determinada pela lei de Política Nacional do Meio Ambiente (Lei n. 6.938/1981), não decorre do princípio do poluidor pagador. Referido princípio está mais relacionado à recuperação de áreas degradadas. Como ensina Antonio Herman V. Benjamin ("O princípio poluidor-pagador e a reparação do dano ambiental". In: *Dano ambiental: prevenção, reparação e repressão*, Coord. Antonio H. V. Benjamin, São Paulo: Revista dos Tribunais, 1993, p. 229), "o objetivo maior do princípio poluidor-pagador é fazer com que os custos das medidas de proteção do meio ambiente – as externalidades ambientais – repercutam nos custos finais de produtos e serviços cuja produção esteja na origem da atividade poluidora. Em outras palavras, busca-se fazer com que os agentes que originaram as externalidades 'assumam os custos impostos a outros agentes, produtores e/ou consumidores'"; **B:** incorreta; **C:** incorreta, pois os fatores bióticos e abióticos não podem ser tratados isoladamente. Conforme o art. 3º, I, da Lei n. 6.938/1981, o meio ambiente é o conjunto de condições, leis, influências e interações de ordem física, química e biológica, que permite, abriga e rege a vida em todas as suas formas; **D:** incorreta, pois a proteção ao meio ambiente exige uma conduta (ação ou omissão) consciente da necessidade de preservação do meio ambiente ecologicamente equilibrado para as presentes e futuras gerações; **E:** correta. O enunciado refere-se ao julgamento proferido pelo STF na Medida Cautelar na Ação Direta de Inconstitucionalidade 3.540/DF, em que foi relator o Min. CELSO DE MELLO (Julgamento: 01.09.2005). E conforme consignou o Pretório Excelso, "a alteração e a supressão do regime jurídico pertinente aos espaços territoriais especialmente protegidos qualificam-se, por efeito da cláusula inscrita no art. 225, § 1º, III, da Constituição, como matérias sujeitas ao princípio da reserva legal".

Gabarito "E".

(Magistratura Federal/2ª região – 2011 – CESPE) Considerando a concessão de *status de direito* fundamental ao ambiente ecologicamente equilibrado no ordenamento jurídico nacional, assinale a opção correta.

(A) As normas de proteção ambiental brasileiras têm natureza reflexa.
(B) Para o ordenamento jurídico nacional, a natureza jurídica do meio ambiente é controversa.
(C) Aplica-se o princípio da subsidiariedade às ações praticadas contra o ambiente, ficando a critério do agente público a valoração do dano.
(D) O direito ambiental e o direito econômico são áreas do direito que se inter-relacionam, estando ambas voltadas para a melhoria do bem-estar das pessoas e para a estabilidade do processo produtivo.
(E) Com relação à competência ambiental executiva, dispõe a CF que a organização e o planejamento de aglomerações urbanas e microrregiões competem exclusivamente aos municípios.

A: incorreta, pois a proteção ambiental, no Brasil, decorre diretamente do Texto Maior (CF, art. 225). Reflexa era a proteção do meio ambiente ecologicamente equilibrado nas primeiras leis editadas no Brasil; **B:** incorreta, pois a natureza jurídica do meio ambiente é apontada pelo art. 225, *caput*, da CF: "bem de uso comum do povo e essencial à sadia qualidade de vida"; **C:** incorreta. O princípio da subsidiariedade é aplicável em matéria ambiental, tanto que a Constituição Federal reconhece, em matéria ambiental, competência do Município, tanto material quanto legislativa (CF, arts. 23 e 30). De recordar que o princípio da subsidiariedade recomenda que os entes mais próximos do problema devem ter competência material e legislativa, que deve prevalecer sobre a competência dos entes mais distantes. Por isso, está assegurado o princípio, em matéria ambiental, quando se reconhece ao município competência para legislar no interesse local. Trata-se de princípio fundamental quando se trata da repartição de competências entre os entes da Federação, inclusive em se tratando das questões ambientais. Todavia, não se pode dizer que fica a critério do agente público a valoração do dano; **D:** correta, pois a assertiva se refere ao princípio do desenvolvimento sustentado. A interligação entre o direito ambiental e o econômico está expressa no art. 170 da Constituição Federal; **E:** incorreta, pois a competência executiva ambiental, prevista no art. 23 da CF, é comum entre a União, os Estados, o Distrito Federal e os Municípios. Aos mencionados entes federativos, por exemplo, é atribuída a competência comum para *promover programas de construção de moradias e a melhoria das condições habitacionais e de saneamento básico* (CF, art. 23, IX).

Gabarito "D".

2. PATRIMÔNIO CULTURAL BRASILEIRO

(Ministério Público/PI – 2012 – CESPE) Conforme a CF, constituem patrimônio cultural brasileiro

(A) os bens de natureza material e imaterial, tomados individualmente ou em conjunto, portadores de referência à identidade, à ação e à memória dos diferentes grupos formadores da sociedade brasileira, entre os quais se incluem as formas de expressão e os modos de criar, fazer e viver.
(B) os bens de natureza material por meio dos quais as criações artísticas, científicas e tecnológicas dos povos tradicionais expressem o *ethos* nacionalista da sociedade brasileira.

(C) os conjuntos urbanos, as áreas de grilagem, os sítios de valor histórico, paisagístico, artístico e arqueológico, de natureza imaterial, portadores de referência à identidade, à memória e à ação das gerações passadas, formadoras da sociedade brasileira, entre os quais se incluem as zonas de uso estritamente industrial, as áreas habitacionais, as áreas de proteção ambiental, as reservas da biosfera e os parques públicos.

(D) os bens de natureza material e imaterial que veiculem as formas de ação, criação e existência das diversas raças formadoras da sociedade brasileira, em suas dimensões antropológicas, etnográficas, deontológicas e sociointeracionistas, tais como a culinária, a música, o folclore, a indumentária e as prosódias.

(E) as manifestações artísticas e culturais de natureza exclusivamente material que expressem os posicionamentos políticos dos grupos formadores da sociedade brasileira, por meio dos quais os valores, crenças, ideologias e mitologias dos grupos minoritários que representam a identidade nacional interagem com a cultura hegemônica.

A alternativa "A" está correta, pois reflete o disposto no art. 216, *caput*, do CF, ficando as demais excluídas.

Gabarito "A".

(Ministério Público/TO – 2012 – CESPE) Integram o patrimônio cultural

(A) todas as formas de expressão, modos de criar, fazer e viver, bem como as criações científicas, artísticas e tecnológicas, desde que registrados no Ministério da Cultura e(ou) no Ministério da Ciência, Tecnologia e Inovação.

(B) os conjuntos urbanos e sítios de valor histórico, paisagístico, artístico, arqueológico, paleontológico, ecológico e científico, se reconhecidos e tombados pela UNESCO.

(C) as manifestações identitárias de natureza coletiva da nação brasileira e suas derivações históricas, antropológicas e etnográficas, bem como suas estruturas discursivas e sua semiótica.

(D) os bens de natureza material e imaterial, tomados individualmente ou em conjunto, referentes à identidade, à ação, à memória dos diferentes grupos formadores da sociedade brasileira.

(E) as obras, os objetos, os documentos, as edificações e demais espaços destinados às manifestações artístico-culturais, desde que tombados pelo Instituto do Patrimônio Histórico e Artístico Nacional.

De acordo com o art. 216, *caput*, da CF, "*constituem patrimônio cultural brasileiro os bens de natureza material e imaterial, tomados individualmente ou em conjunto, portadores de referência à identidade, à ação, à memória dos diversos grupos formadores da sociedade brasileira*". Incluem-se no conceito de patrimônio cultural: I – as formas de expressão; II – os modos de criar, fazer e viver; III – as criações científicas, artísticas e tecnológicas; IV – as obras, objetos, documentos, edificações e demais espaços destinados às manifestações artístico-culturais; V – os conjuntos urbanos e sítios de valor histórico, paisagístico, artístico, arqueológico, paleontológico, ecológico e científico. Incorretas as alternativas A, B, C e E, visto que vinculam o reconhecimento do patrimônio cultural a formalidades, tais como, reconhecimento pela UNESCO, registro no IPHAN ou Ministério da Cultura.

Gabarito "D".

(Ministério Público/TO – 2012 – CESPE) No que se refere ao tombamento, assinale a opção correta.

(A) O tombamento definitivo dos bens de propriedade particular deve ser, por iniciativa do órgão competente do Serviço do Patrimônio Histórico e Artístico Nacional, transcrito, para os devidos efeitos, em livro a cargo dos oficiais do registro de imóveis e averbado ao lado da transcrição do domínio. No caso de transferência de domínio desses bens, o adquirente deve, dentro do prazo de dois anos, contado a partir da data do depósito, fazê-la constar do registro, ainda que se trate de transmissão judicial ou *causa mortis*.

(B) As coisas tombadas poderão, se o proprietário ou possuidor efetuar a compensação patrimonial do bem atingido, ser destruídas, demolidas ou mutiladas sem prévia autorização do Serviço do Patrimônio Histórico e Artístico Nacional.

(C) As coisas tombadas pertencentes à União, aos estados ou aos municípios só podem ser alienadas por intermédio do Serviço do Patrimônio Histórico e Artístico Nacional.

(D) As obras históricas ou artísticas tombadas pertencentes a pessoas naturais ou jurídicas de direito privado não se sujeitam a nenhum tipo de restrição.

(E) A coisa tombada não pode ser levada para fora do país, senão por curto prazo, sem transferência de domínio e para fim de intercâmbio cultural, a juízo do Conselho Consultivo do Serviço do Patrimônio Histórico e Artístico Nacional.

A: incorreta, pois, nos termos do art. 13, *caput*, e § 1º, do Decreto-lei 25/1937, o tombamento definitivo dos bens de propriedade particular será, por iniciativa do órgão competente do Serviço do Patrimônio Histórico e Artístico Nacional, transcrito para os devidos efeitos em livro a cargo dos oficiais do registro de imóveis e averbado ao lado da transcrição do domínio. No caso de transferência de propriedade desses bens, deverá o adquirente, *dentro do prazo de trinta dias* (e não dois anos, como consta na assertiva!), sob pena de multa de dez por cento sobre o respectivo valor, fazê-la constar do registro, ainda que se trate de transmissão judicial ou *causa mortis*; **B:** incorreta, pois segundo o art. 17 do Decreto-lei 25/1937, as coisas tombadas *não poderão, em caso nenhum ser destruídas, demolidas ou mutiladas*, nem, sem prévia autorização especial do Serviço do Patrimônio Histórico e Artístico Nacional, ser reparadas, pintadas ou restauradas, sob pena de multa de cinquenta por cento do dano causado; **C:** incorreta. As coisas tombadas, que pertençam à União, aos Estados ou aos Municípios, são *inalienáveis por natureza*, só podendo ser transferidas de uma à outra das referidas entidades (art. 11 do Decreto-lei 25/1937); **D:** incorreta. Nos exatos termos do art. 12 do Decreto-lei 25/1937, a alienabilidade das obras históricas ou artísticas tombadas, de propriedade de pessoas naturais ou jurídicas de direito privado, *sofrerá as restrições constantes da referida lei*; **E:** correta, conforme dispõe o art. 14 do Decreto-lei 25/1937.

Gabarito "E".

(Ministério Público/PI – 2012 – CESPE) São exemplos de monumentos arqueológicos ou pré-históricos

(A) os sítios identificados como locais de pouso prolongado de espécies exógenas nos quais se encontrem vestígios de grandes répteis e que apresentem resquícios de trilhas de evasão, tanques de contenção e(ou) sistemas de irrigação de plantações.

(B) as incrustações antrópicas das grutas, lapas e abrigos rochosos com ou sem tratamento de superfície dos metais ferruginosos e temperados, bem como os revestimentos de polímeros exsudados.

(C) as jazidas de metais nobres e pedras preciosas que representem testemunhos de cultura tolteca no Brasil.

(D) promontórios escavados, veredas remanescentes, diques, concheiros, sambaquis, edificações portuárias e trilhas de evasão.

(E) as inscrições rupestres ou locais como sulcos de polimentos de utensílios e outros vestígios de atividade de paleoameríndios, bem como os sítios nos quais se encontrem vestígios positivos de sua ocupação, tais como grutas, lapas e abrigos sob rocha.

A alternativa "E" está correta, pois reflete o disposto no art. 2º, alíneas "b" e "d", da Lei 3.924/1961, ficando excluídas as demais.

Gabarito "E".

(Ministério Público/PI – 2012 – CESPE) O pedido de permissão para realização de escavações arqueológicas por particulares deve ser dirigido à

(A) Diretoria do Patrimônio Histórico e Artístico Nacional.

(B) Presidência do Conselho Nacional do Patrimônio Histórico e Artístico do Brasil.

(C) Diretoria-Geral de Jazidas Arqueológicas do Ministério de Minas e Energia.

(D) Secretaria Nacional de Cultura Paleoameríndia do Ministério da Cultura.
(E) Presidência do Conselho Nacional de Meio Ambiente.

A alternativa "A" está correta, pois reflete o disposto no art. 8º da Lei 3.924/1961, ficando excluídas as demais.

Gabarito "A"

(Ministério Público/TO – 2012 – CESPE) Com relação aos bens de natureza arqueológica ou pré-histórica, assinale a opção correta.

(A) O proprietário ou ocupante do imóvel onde se tiver verificado o achado arqueológico ou pré-histórico será responsável pela conservação permanente e definitiva da coisa descoberta.
(B) É expressamente proibida a divulgação do local, do tipo e da designação da jazida de natureza arqueológica ou pré-histórica, bem como do nome do especialista encarregado pelas escavações e dos indícios que determinaram a escolha do local.
(C) Nenhum órgão da administração federal, estadual ou municipal pode realizar escavações arqueológicas ou pré-históricas, sem prévia comunicação à Diretoria do Patrimônio Histórico e Artístico Nacional, responsável por incluir no cadastro de jazidas arqueológicas o registro das escavações.
(D) A posse e a salvaguarda desses bens constituem direito público subjetivo da nação brasileira.
(E) A descoberta fortuita de quaisquer elementos de interesse arqueológico ou pré-histórico, histórico, artístico ou numismático deverá ser imediatamente comunicada ao Ministério da Cultura e à Diretoria do Patrimônio Histórico e Artístico Mundial da UNESCO.

A: incorreta. De acordo com o art. 18, parágrafo único, da Lei 3.924/1961, o proprietário ou ocupante do imóvel onde se tiver verificado o achado, *é responsável pela conservação provisória da coisa descoberta*, até pronunciamento e deliberação da Diretoria do Patrimônio Histórico e Artístico Nacional; **B:** incorreta (art. 16, parágrafo único, da Lei 3.924/1961), visto que deverá haver comunicação da Diretoria do Patrimônio Histórico e Artístico Nacional, constando, obrigatoriamente, o local, o tipo ou a designação da jazida, o nome do especialista encarregado das escavações, os indícios que determinaram a escolha do local e, posteriormente, uma súmula dos resultados obtidos e do destino do material coletado; **C:** correta, nos exatos termos do art. 16, *caput*, da Lei 3.924/1961; **D:** incorreta, pois, nos termos do art. 17 da Lei 3.924/1961, a posse e a salvaguarda dos bens de natureza arqueológica ou pré-histórica constituem, em princípio, direito imanente ao Estado, ou seja, integra a sua própria essência; **E:** incorreta. Nos termos do art. 18, *caput*, da Lei 3.924/1961, a descoberta fortuita de quaisquer elementos de interesse arqueológico ou pré-histórico, histórico, artístico ou numismático, deverá ser imediatamente comunicada à *Diretoria do Patrimônio Histórico e Artístico Nacional, ou aos órgãos oficiais autorizados*, pelo autor do achado ou pelo proprietário do local onde tiver ocorrido (e não à Unesco!).

Gabarito "C"

3. DIREITO AMBIENTAL CONSTITUCIONAL

(Procurador do Município - Campo Grande/MS - 2019 - CESPE/ CEBRASPE) Considerando os aspectos constitucionais relacionados ao direito ambiental, a Lei n.º 6.938/1981, que dispõe sobre a Política Nacional do Meio Ambiente, a Lei n.º 12.651/2012, que estabelece prescrições acerca do Código Florestal e as resoluções do CONAMA, julgue os itens a seguir.

(1) À União compete legislar privativamente sobre águas, jazidas e outros recursos minerais; porém, é competência concorrente da União, dos estados e do Distrito Federal legislar acerca de florestas, caça, conservação da natureza e defesa dos recursos naturais.
(2) A proteção da integridade do patrimônio genético do país é uma incumbência do poder público e da coletividade.
(3) São instrumentos da Política Nacional do Meio Ambiente o licenciamento, o zoneamento, a instituição de relatório de qualidade do meio ambiente e a concessão florestal.
(4) O estudo de impacto ambiental e o relatório de impacto ambiental são documentos ambientais obrigatórios para a realização do procedimento administrativo de licenciamento ambiental.
(5) Poluição é a alteração adversa das características do meio ambiente mediante o lançamento de matérias ou energia em desacordo com padrões ambientais estabelecidos.

Item **1** correto (a competência legislativa privativa da União em relação aos aspectos referidos na questão está prevista no art. 22, IV e XII, CF; já a competência concorrente, no art. 24, VI, CF); item 2 errado (de acordo com o art. 225, §1º, II, CF, incumbe ao Poder Público preservar a diversidade e a integridade do patrimônio genético do País); item **3** correto (alguns dos instrumentos da Política Nacional do Meio Ambiente estão previstos na Lei 6.938/81, entre os quais o licenciamento e o zoneamento ambientais, a instituição de relatório de qualidade do meio ambiente, bem como a concessão florestal); item **4** errado (o estudo de impacto ambiental-EIA e o relatório de impacto ambiental-RIMA não são exigidos para todos os licenciamentos ambientais, mas somente para aqueles envolvendo a instalação de obra ou atividade potencialmente causadora de significativa degradação do meio ambiente, *ex vi* do art. 225, §1º, IV, CF); item **5** correto (conforme a definição de poluição prevista na Lei 6.938/81, em seu art. 3º, III).

Gabarito: 1C, 2E, 3C, 4E, 5C

(Procurador do Município/Manaus – 2018 – CESPE) Considerando o que dispõe a CF a respeito da proteção ao meio ambiente, julgue os itens subsequentes.

(1) Compete ao poder público definir espaços territoriais ambientalmente protegidos, sendo a sua supressão permitida somente através de lei.
(2) Qualquer pessoa é parte legítima para propor ação popular para anular ato lesivo ao meio ambiente.

1: Correta, com base no disposto no art. 225, § 1º, III, da CF/1988. **2:** Errada, qualquer pessoa que preencha os requisitos da Ação Popular, por exemplo, ser cidadão (Lei 4.717/1965).

Gabarito 1C, 2E

(Procurador Municipal – Prefeitura/BH – CESPE – 2017) A respeito do direito ambiental, assinale a opção correta de acordo com o disposto na CF.

(A) A proteção jurídica fundamental do meio ambiente ecologicamente equilibrado é estritamente antropocêntrica, uma vez que se considera o bem ambiental um bem de uso comum do povo.
(B) Além de princípios e direitos, a CF prevê ao poder público e à coletividade deveres relacionados à preservação do meio ambiente.
(C) Será inválida a criação de espaços territoriais ambientalmente protegidos por ato diverso da lei em sentido estrito.
(D) O direito ao meio ambiente ecologicamente equilibrado consta expressamente na CF como direito fundamental, o que o caracteriza como direito absoluto.

A: incorreta. Conforme Fabiano Melo (Direito Ambiental. São Paulo: Método, 2017, p. 10): "Das concepções éticas das relações do homem com o meio ambiente duas merecem destaque: o antropocentrismo e o biocentrismo. O antropocentrismo concebe o homem em uma verdadeira relação de superioridade com os demais seres. O que importa é o bem-estar dos seres humanos e, para tanto, o homem se apropria dos bens ambientais para o seu interesse exclusivo, sem preocupação com os demais seres vivos, que são instrumentais. A "ética antropocêntrica" não reconhece valor intrínseco aos outros seres vivos ou à natureza. No biocentrismo, por outro lado, o homem não é superior aos outros seres vivos; mantém com eles uma relação de interdependência, de simbiose. Todos os seres vivos são igualmente importantes. O centro das relações não é, como no antropocentrismo, a humanidade, mas os seres vivos, humanos e não humanos. Conforme os documentos internacionais e a Constituição Federal, a proteção é de natureza antropocêntrica. Todavia, não se trata da concepção clássica de antropocentrismo, mas o que a doutrina denomina "antropocentrismo alargado", que conjuga a interação da espécie humana com os demais seres vivos como garantia de sobrevivência e dignidade do próprio ser humano, assim como o reconhecimento que a proteção da fauna e da flora é indeclinável para a equidade intergeracional, para salvaguarda das futuras gerações";

B: correta, pois a assertiva encontra-se de acordo com o que dispõe o art. 225, caput, da CF/1988: "Art. 225. Todos tem direito ao meio ambiente ecologicamente equilibrado, bem de uso comum do povo e essencial a sadia qualidade de vida, impondo-se ao Poder Público e a coletividade o dever de preservá-lo e defendê-lo para as presentes e futuras gerações"; **C**: incorreta, pois é perfeitamente possível a criação de espaços territoriais ambientalmente protegidos através de decreto do Poder Executivo, contudo a alteração e a supressão, somente serão possíveis mediante lei em sentido estrito (art. 225, § 1º, III, da CF/1988); **D**: incorreta, não existe direito fundamental absoluto, a título de exemplo o direito fundamental a vida pode ser mitigado em caso de guerra formalmente declarada, em que a pena de morte será admitida (art. 5º, XLVII, "a", da CF/1988). FM/FCP

Gabarito "B"

(Procurador Municipal – Prefeitura/BH – CESPE – 2017) Acerca do conteúdo e da aplicação dos princípios do direito ambiental, assinale a opção correta.

(A) A participação ambiental da sociedade não substitui a atuação administrativa do poder público, mas deve ser considerada quando da tomada de decisões pelos agentes públicos.
(B) A legislação ambiental não promove exigência relacionada à aplicação do princípio do usuário-pagador, que impõe o pagamento pelo uso do recurso ambiental.
(C) Conforme a doutrina majoritária, os princípios da prevenção e da precaução são sinônimos, já que ambos visam inibir riscos de danos ao meio ambiente.
(D) A essência do princípio do poluidor-pagador está relacionada à compensação dos danos causados ao meio ambiente: no sentido de "poluiu pagou".

A: correta, posto que é dever do Poder Público em colaboração com a sociedade preservar e defender o meio ambiente (art. 225, caput, da CF/1988), assim, a participação ambiental da sociedade não substitui a atuação administrativa do poder público. Outrossim, a participação ambiental da sociedade deverá ser levada em conta quando da tomada de decisões pelos agentes públicos, neste sentido, destaca-se as audiências públicas exigidas ao Estudo Prévio de Impacto Ambiental e seu respectivo relatório (Resolução CONAMA 09/1987, disciplina a forma e o momento de participação dos cidadãos através de audiências públicas no processo de licenciamento ambiental) e a criação de Unidades de Conservação (art. 22, § 2º, da Lei 9.985/2000); **B**: incorreta, pois a legislação ambiental, mais especificamente o art. 4º, VII, da Lei 6.938/1981, promove exigência relacionada à aplicação do princípio do usuário-pagador, que impõe o pagamento pelo uso do recurso ambiental, com fins econômicos; **C**: incorreta, pois o entendimento majoritário é o de que os princípios da prevenção e da precaução não sinônimos, não obstante, ambos visam inibir riscos de danos ao meio ambiente. O princípio da prevenção refere-se a dever que o Poder Público tem em colaboração com a sociedade de preservar o meio ambiente para que não ocorra um evento danoso e, sucessivamente, sua difícil recuperação. Em contrapartida o princípio da precaução remete a ausência de informações ou pesquisas científicas conclusivas sobre a potencialidade e os efeitos de uma intervenção no meio ambiente. Tem-se aqui a incerteza científica a respeito dos efeitos do dano potencial, que não podem ser utilizados de forma a autorizar determinadas intervenções no meio ambiente, assim, na dúvida decide-se em favor do meio ambiente; **D**: incorreta, pois a essência do princípio do poluidor pagador está em impor ao poluidor a obrigação de recuperar e/ou indenizar os dados causados ao meio ambiente, e não no sentido de poluiu pagou, conforme disposto na assertiva. FM/FCP

Gabarito "A"

(Delegado/PE – 2016 – CESPE) Conforme previsto na CF, é necessária a realização de estudo prévio de impacto ambiental antes da implantação de empreendimentos e de atividades consideradas efetiva ou potencialmente causadoras de degradação ambiental, que constitui exigência que atende ao princípio do(a)

(A) prevenção.
(B) poluidor-pagador.
(C) proibição do retrocesso ambiental.
(D) participação comunitária.
(E) usuário-pagador.

A: correta, já que o estudo prévio de impacto ambiental previsto no art. 225, § 1º, IV, da Constituição Federal, reflete o princípio da prevenção na medida que busca conhecer os possíveis impactos de determinada atividade poluidora para que se possa preveni-los, compensá-los ou mitigá-los; **B**: incorreta, pois o princípio do poluidor-pagador tem por fim internalizar os custos ambientais do processo produtivo, cuja cobrança somente poderá ser feita sobre o que tenha respaldo em lei. Nas palavras de Édis Milaré: "Trata-se do princípio poluidor-pagador (polui, paga os danos), e não pagador poluidor (pagou, então pode poluir)." (Direito do Ambiente. Revista dos Tribunais, 2013. p. 268); **C**: incorreta, já que o princípio do não retrocesso está ligado ao direito adquirido à proteção ambiental e tem por fim impedir que novas normas sejam mais tolerantes com a degradação do meio ambiente; **D**: incorreta, já que a participação comunitária não está diretamente ligada à realização de estudo prévio de impacto ambiental; **E**: incorreta, que o princípio do usuário-pagador tem por objetivo cobrar pelo uso de recursos ambientais, de modo a promover o uso racional dos recursos naturais.

Gabarito "A"

(Delegado/PE – 2016 – CESPE) Considere que, em 1999, a União tenha criado, por decreto presidencial, determinada unidade de conservação. Nessa situação, de acordo com a CF, a União

(A) poderá alterá-la por meio de decreto.
(B) poderá suprimi-la por meio de decreto.
(C) somente poderá alterá-la ou suprimi-la por meio de lei.
(D) poderá alterá-la por meio de portaria do Ministério do Meio Ambiente.
(E) terá cometido ato nulo, já que o ato de criação dessa unidade deveria ter sido a lei.

A: incorreta, pois o uso de decreto somente é possível para a ampliação de unidade de conservação, conforme autorizado pelo art. 22, § 6º da Lei 9.985/2000. Todavia a questão solicita solução de acordo com a Constituição Federal, que prevê a necessidade de lei para alteração da unidade de conservação; **B**: incorreta, pois o decreto não é instrumento capaz autoriza a supressão de unidade de conservação, conforme art. 225, 1º, III, da CF/1988; **C**: correta, já que " incumbe ao Poder Público: definir, em todas as unidades da Federação, espaços territoriais e seus componentes a serem especialmente protegidos, sendo a alteração e a supressão permitidas somente através de lei, vedada qualquer utilização que comprometa a integridade dos atributos que justifiquem sua proteção", conforme art. 225, 1º, III, da CF/1988; **D**: incorreta, já que não há previsão legal para uso de portaria do MMA como instrumento de alteração de unidade de conservação; **E**: incorreta, pois o Poder Público pode por meio de lei ou até decreto do poder executivo instituir áreas ambientalmente protegidas.

Gabarito "C"

(Juiz de Direito/AM – 2016 – CESPE) No que se refere à proteção conferida pela CF ao meio ambiente, assinale a opção correta.

(A) Sob o monopólio da União são permitidas atividades nucleares de qualquer natureza, mediante a aprovação do Congresso Nacional, o que gera a responsabilização objetiva por eventuais danos.
(B) É da competência concorrente da União, dos estados e do DF proteger o meio ambiente e combater a poluição em qualquer de suas formas.
(C) Compete aos municípios a promoção do adequado ordenamento territorial, mediante planejamento e controle do uso, do parcelamento e da ocupação do solo urbano.
(D) Com o objetivo de defender o meio ambiente, o poder público pode impor várias restrições e penas aos particulares, salvo a desapropriação de imóveis, pois o direito de propriedade é direito fundamental.
(E) No caso de atividade de extração de minério, advém das conclusões do EPIA a necessidade, ou não, de impor-se ao explorador a obrigação de recuperar o meio ambiente degradado.

A: incorreta. Essa assertiva está disposta no art. 21, XXIII, da CF/88. O erro da assertiva é condicionar à aprovação do Congresso Nacional – o que não é necessário; **B**: incorreta. Aqui o examinador tentou confundir competência administrativa (art. 23/CF) com a competência legislativa (art. 24/CF). O correto: é de competência comum da União, dos Estados e do DF proteger o meio ambiente e combater a poluição em qualquer de suas formas (art. 23, VI, CF/88); **C:** correta. Trata-se da transcrição do art. 30, VIII, da CF/88, a saber: "promover, no que couber, adequado ordenamento territorial, mediante planejamento e controle do uso, do parcelamento e da ocupação do solo urbano"; **D:** incorreta. É possível até mesmo a desapropriação de imóveis, no caso de não atender a sua função social. Isto é, no nosso ordenamento jurídico, a propriedade só se legitima se atender a sua função social. A não observância leva até mesmo à sua desapropriação (art. 182, § 4º, III, CF/88 e art. 186/CF); **E:** incorreta. A obrigação de recuperar o meio ambiente por atividade minerária é disposição constitucional, a teor do § 2º do art. 225/CF: "Aquele que explorar recursos minerais fica obrigado a recuperar o meio ambiente degradado, de acordo com solução técnica exigida pelo órgão público competente, na forma da lei". Em qualquer situação, é obrigatório recuperar o meio ambiente degradado.

Gabarito "C"

(Analista – Ministério do Meio Ambiente – 2011 – CESPE) Com relação às normas constitucionais que dispõem sobre meio ambiente, julgue o item a seguir.

(1) A Constituição Federal de 1988, ao consagrar a proteção à Floresta Amazônica brasileira, à Mata Atlântica, à Serra do Mar, ao Pantanal Mato-grossense e à Zona Costeira, definindo os como patrimônio nacional, converteu em bens públicos os imóveis particulares abrangidos pelas referidas florestas e matas.

1: incorreta, pois o art. 225, § 4º, da CF não faz essa conversão, mas apenas dispõe que a utilização dessas áreas far-se-á, na forma da lei, dentro de condições que assegurem a preservação do meio ambiente, inclusive quanto ao uso dos recursos naturais.

Gabarito 1E

(Magistratura/BA – 2012 – CESPE) No que se refere à previsão constitucional da proteção ao meio ambiente, assinale a opção correta.

(A) A fim de minimizar os impactos provocados ao meio ambiente pela mineração, a CF impõe àqueles que exploram recursos minerais a elaboração e observância de plano de controle ambiental.

(B) Compete a todos os entes da Federação, concorrentemente, a execução das normas destinadas à tutela do patrimônio ambiental, ou seja, é concorrente a competência material.

(C) As terras devolutas necessárias à proteção de ecossistemas naturais deixam de ser indisponíveis após sua arrecadação e incorporação, mediante ação discriminatória, ao patrimônio público.

(D) Como a CF determina que a fiscalização da pesquisa e da manipulação de material genético deve ser realizada sob a perspectiva ambiental, aplica-se o princípio da precaução a esse tema.

(E) A constitucionalização da proteção ambiental, de forma específica e global, ocorreu sob a égide da Constituição de 1967, tendo a CF ampliado o tratamento dado ao tema.

A: incorreta, pois a Constituição não entra nesse nível de detalhe em relação à proteção do meio ambiente em face da exploração mineral, limitando-se a tratar da parte econômica deste último assunto; **B:** incorreta, pois a competência administrativa não é concorrente, mas comum (art. 23, *caput* e incisos VI e VII, da CF); **C:** incorreta, pois tanto as terras devolutas como as terras arrecadadas pelo Estado por ações discriminatórias, desde que necessárias à proteção dos ecossistemas naturais, são indisponíveis (art. 225, § 5º, da CF); **D:** correta (art. 225, § 1º, II, da CF); **E:** incorreta, pois a Constituição de 1988 é que iniciou o tratamento de maneira específica e global do meio ambiente; em 1967 ainda vivíamos a fase de fragmentação das normas ambientais, sendo que tais normas estavam na legislação infraconstitucional e o seu tratamento foi bem pontual.

Gabarito "D"

(Ministério Público/RR – 2012 – CESPE) Considerando o direito ambiental constitucional, assinale a opção correta.

(A) Ao estabelecer que todos têm direito ao meio ambiente ecologicamente equilibrado, a CF atribui ao direito ambiental o *status* de direito humano fundamental, sendo, portanto, equivalentes às emendas constitucionais os tratados e convenções internacionais, em matéria ambiental, aprovados em cada Casa do Congresso Nacional, em dois turnos, por três quintos dos votos dos respectivos membros.

(B) A função social da propriedade rural é alcançada quando ela atende, alternativamente, ao requisito de aproveitamento racional, ou à utilização adequada dos recursos naturais disponíveis, com preservação do meio ambiente, ou à exploração que favoreça o bem-estar dos proprietários e dos trabalhadores.

(C) A defesa do meio ambiente é dever do poder público e da coletividade, aos quais compete promover, respectivamente, a educação ambiental em todos os níveis de ensino e a conscientização pública para a preservação do meio ambiente.

(D) A competência legislativa para tratamento dos temas ambientais é privativa da União, como, por exemplo, a criação de normas de direito processual civil coletivo, a desapropriação de imóveis para criação de espaços protegidos, os usos múltiplos de água e a geração de energia e extração mineral.

(E) Constituem patrimônio nacional os sítios de valor ecológico, tais como a floresta amazônica, a mata atlântica, a serra do Mar, o pantanal mato-grossense e a zona costeira.

A: correta. É inegável a natureza de direito humano fundamental do direito ambiental. Afinal, sendo o meio ambiente ecologicamente equilibrado um bem de uso comum do povo, indispensável à sadia qualidade de vida (art. 225, *caput*, da CF), não restam dúvidas quanto à sua natureza jurídica. E assim sendo, os tratados e convenções internacionais em matéria ambiental, aprovados na forma disciplinada pelo art. 5º, § 3º, da CF, terão *status* de emenda constitucional; **B:** incorreta, pois a função social da propriedade rural, nos termos do art. 186 da CF, somente será alcançada quando atender, *simultaneamente*, segundo critérios e graus de exigência estabelecidos em lei, aos seguintes requisitos: I – aproveitamento racional e adequado; II – utilização adequada dos recursos naturais disponíveis e preservação do meio ambiente; III – observância das disposições que regulam as relações de trabalho; e IV – exploração que favoreça o bem-estar dos proprietários e dos trabalhadores; **C:** incorreta, pois é incumbência do Poder Público (e não da coletividade!), nos termos do art. 225, § 1º, VI, "*promover a educação ambiental em todos os níveis de ensino e a conscientização pública para a preservação do meio ambiente*". Frise-se, porém, que é dever do Poder Público e de toda a coletividade a preservação e a defesa da qualidade ambiental para as presentes e futuras gerações (art. 225, *caput*, parte final, da CF), mas, como visto, a educação ambiental, por óbvio, é dever daquele primeiro; **D:** incorreta, pois não é verdadeira a afirmação de que é competência privativa da União legislar sobre temas ambientais. Em verdade, a "proteção geral" do meio ambiente é, no plano legislativo, de competência concorrente da União, Estados e DF, conforme dispõe o art. 24, VI, VII e VIII, da CF; **E:** incorreta. Nos termos do art. 225, § 4º, da CF, são considerados patrimônio nacional a Floresta Amazônica brasileira, a Mata Atlântica, a Serra do Mar, o Pantanal Mato-Grossense e a Zona Costeira, não bastando que haja valor ecológico para que assim sejam considerados. Em outras palavras, a CF, no dispositivo citado, elencou, exaustivamente, quais são os biomas brasileiros tidos como patrimônio nacional.

Gabarito "A"

(Advogado da União/AGU – CESPE – 2012) Com relação ao meio ambiente e aos interesses difusos e coletivos, julgue o item abaixo.

(1) Apesar de a floresta amazônica, a mata atlântica, a serra do Mar, o pantanal mato-grossense e a zona costeira serem, conforme dispõe a CF, patrimônio nacional, não há determinação constitucional que converta em bens públicos os imóveis particulares situados nessas áreas.

1: correta, pois, de fato, o art. 225, § 4º, CF, não prescreve, em momento algum, que referidos biomas imporão aos proprietários de imóveis particulares neles situados a sua expropriação, convertendo-os em bens públicos.

Gabarito 1C

4. PRINCÍPIOS DO DIREITO AMBIENTAL

(Procurador do Estado/SE – 2017 – CESPE) Determinada indústria têxtil elimina seus componentes químicos no rio que abastece uma cidade, alterando as características do meio ambiente e prejudicando a segurança e o bem-estar da população.

Nesse caso, o princípio ambiental que determina o dever da indústria de arcar com as consequências econômicas da atividade descrita é o princípio

(A) da precaução.
(B) da equidade intergeracional.
(C) da prevenção.
(D) do poluidor-pagador.
(E) do usuário-pagador.

A: Errada, pois o princípio da precaução incide antes da prática danosa, para situação cuja ocorrência de dano é possível, mas é desconhecido se ocorrerá ou não (risco em abstrato). **B:** Errada, pois tal princípio diz respeito à utilização racional do meio ambiente para que as futuras gerações possam desfrutá-lo de maneira equilibrada. **C:** Errada, pois tal princípio tem o condão de incidir antes da prática danosa, para situação cuja ocorrência de dano é certa e conhecida; **D:** Correto, à medida que este princípio inspirou o § 1º do art. 14, da Lei 6.938/1981, que prevê que "é o poluidor obrigado, independentemente da existência de culpa, a indenizar ou reparar os danos causados ao meio ambiente e a terceiros, afetados por sua atividade". Quem causa degradação é obrigado a reparar os danos causados ao meio ambiente. **E:** Errado, pois o princípio do usuário-pagador determina que as pessoas que utilizam recursos naturais devem pagar pela sua utilização, **mesmo que não haja poluição**, a exemplo do uso racional da água.

Gabarito "D."

(Promotor de Justiça/RR – 2017 – CESPE) Para a realização de determinada atividade econômica, a pessoa física interessada solicitou ao órgão estadual ambiental competente a licença necessária. Entretanto, por ser a atividade econômica considerada potencialmente causadora de degradação ao meio ambiente, o referido ente público informou ao interessado da necessidade do prévio estudo de impacto ambiental.

Na situação apresentada, a realização do referido estudo consagra a aplicação do princípio ambiental

(A) do usuário-pagador.
(B) da precaução.
(C) da prevenção.
(D) do poluidor-pagador.

A letra "C" está correta, pois tal princípio aponta justamente para dano cuja ocorrência, malgrado possível como aposta a questão, é conhecida cientificamente, como aponta a questão (*atividade econômica considerada potencialmente causadora de degradação ao meio ambiente*). O princípio da prevenção é a essência do direito ambiental e aplica-se ao risco conhecido.

Gabarito "C."

(Procurador do Município – Prefeitura Fortaleza/CE – CESPE – 2017) De acordo com os princípios do direito ambiental, julgue os itens que se seguem.

(1) Por disciplinar situações que podem ocorrer antes do dano, o princípio da prevenção não inclui a restauração de recursos ambientais.
(2) De acordo com o entendimento do STJ, não se considera o novo proprietário de área degradada parte legítima para responder ação por dano ambiental, independentemente da existência ou não de culpa.
(3) Ao usuário será imposta contribuição pelos custos advindos da utilização de recursos ambientais com fins econômicos.
(4) O conceito de meio ambiente que vem embutido na norma jurídica não abrange o conjunto de leis que rege a vida em todas as suas formas.

1: Errada. O princípio da prevenção é estruturante do Direito Ambiental. Com efeito, conforme Fabiano Melo (São Paulo: Método, 2017, p. 108) "Não é possível conceber o direito ambiental sob uma ótica meramente reparadora, pois esta o tornaria inócuo, já que os danos ambientais, em regra, são praticamente irreversíveis, como se vê no desmatamento de uma floresta centenária ou na extinção de uma espécie da fauna ou da flora. Sem uma atuação antecipatória não há como evitar a ocorrência de danos ambientais. Por essa razão o direito ambiental é eminentemente preventivo". Este princípio encontra-se previsto no artigo 225, *caput*, da Constituição Federal de 1988, quando assevera que incumbe ao Poder Público e à coletividade o dever de proteger e preservar o meio ambiente às presentes e futuras gerações. Não obstante de índole preventiva, é necessário pontuar que a ideia de proteção engloba tanto as medidas de prevenção quanto de reparação e restauração dos recursos naturais. **2**: Errada. A obrigação de reparação pelos danos ambientais é objetiva (art. 14, §1º, da Lei 6.938/1981) e *propter rem*, ou seja, segue a coisa, independentemente do atual titular do domínio/posse. Nesse sentido, dispõe o art. 2º, § 2º, da Lei 12.651/2012: "As obrigações previstas nesta Lei têm natureza real e são transmitidas ao sucessor, de qualquer natureza, no caso de transferência de domínio ou posse do imóvel rural". **3**: Correta. O enunciado materializa o princípio do usuário-pagador, previsto no art. 4º, VII, 2ª parte da Lei 6.938/1981: "VII – à imposição, ao poluidor e ao predador, da obrigação de recuperar e/ou indenizar os danos causados e, ao usuário, da contribuição pelo pela utilização de recursos ambientais com fins econômicos". **4**: Errada. O conceito legal de meio ambiente encontra-se inserido no art. 3º, I, da Lei 6.938/1981, e engloba o conjunto de leis que rege a vida em todas as suas formas, confira-se: "Meio ambiente, o conjunto de condições, leis, influências e interações de ordem física, química e biológica, que permite, abriga e rege a vida em todas as suas formas". FM/FCP

Gabarito: 1E, 2E, 3C, 4E

(Procurador do Estado – PGE/BA – CESPE – 2014) No que se refere ao princípio do usuário-pagador no âmbito do direito ambiental, entre outras normas ambientais, julgue os itens que se seguem.

(1) Não é permitida a gestão das florestas públicas por meio de concessão florestal a pessoas que não se enquadrem no conceito de populações tradicionais.
(2) Todas as unidades de conservação devem dispor de plano de manejo que preveja as modalidades de utilização em conformidade com os seus objetivos.
(3) De acordo com o referido princípio, deve-se proceder à quantificação econômica dos recursos ambientais, de modo a garantir reparação por todo o dano ambiental causado.

1: Errada. Considera-se concessão florestal: "delegação onerosa, feita pelo poder concedente, do direito de praticar manejo florestal sustentável para exploração de produtos e serviços numa unidade de manejo, mediante licitação, à pessoa jurídica, em consórcio ou não, que atenda às exigências do respectivo edital de licitação e demonstre capacidade para seu desempenho, por sua conta e risco e por prazo determinado" (art. 3º, VII, da Lei 11.284/2006). Pelo conceito legal de concessão florestal, verifica-se que esta poderá ser feita à pessoa jurídica, em consórcio ou não, e não a populações tradicionais, conforme previsão da assertiva. **2**: Correta. Assertiva em consonância com o art. 2º, XVII e o art. 27 da Lei 9.985/2000. **3**: Errada. A assertiva trata da previsão do princípio do poluidor pagador – e não do usuário pagador –, que dispõe sobre contribuição pela utilização de recursos ambientais com fins econômicos (art. 4º, VII, da Lei 6.938/1981). FM/FCP

Gabarito 1E, 2C, 3E

(Magistratura/CE – 2012 – CESPE) Com relação aos princípios do direito ambiental, assinale a opção correta.

(A) Embora o princípio da prevenção esteja caindo em desuso com a emergência da chamada sociedade de risco, as medidas preventivas que com aquele não se confundem continuam sendo extremamente necessárias à proteção do meio ambiente.
(B) O princípio da participação, veiculado, pela primeira vez, em 1972, durante a Conferência de Estocolmo, dispõe sobre a necessidade de se estabelecerem parâmetros que permitam a participação equitativa das populações carentes nos lucros da exploração econômica da biodiversidade.
(C) O princípio da precaução é aplicado como garantia contra os potenciais riscos que, de acordo com o estado atual do conhecimento, não podem ser ainda identificados; consoante esse princípio, ausente a certeza científica formal, a existência de risco de um dano sério ou irreversível requer a implementação de medidas que possam prever esse dano.

(D) O princípio do poluidor-pagador foi desenvolvido pelo racionalismo alemão, no século XIX, em decorrência do acelerado processo de industrialização da recém-unificada Alemanha, tendo alcançado *status* constitucional em 1919.

(E) O princípio do usuário-pagador, desenvolvido por John Rawls na obra Uma Teoria da Justiça, fundamenta-se na ideia da maximização do mínimo, segundo a qual cabe àqueles que alcançam um maior nível de consumo a responsabilidade sobre os custos socioambientais da produção capitalista.

A: incorreta, pois esse instituto não está caindo em desuso; ao contrário, a existência de cada vez mais situações de risco leva ao aumento de sua aplicação, pois, havendo risco e dúvida sobre a existência de dano ambiental, o princípio da precaução no sentido de implementar medidas que possam evitar o potencial dano; **B:** incorreta, pois esse princípio está direcionado a outro escopo, qual seja, o de que todos devem participar da proteção do meio ambiente; o princípio decorre do art. 225, *caput* e inciso VI, da CF; ele também está previsto expressamente no princípio 10 da Declaração do Rio sobre Meio Ambiente e Desenvolvimento Sustentável; **C:** correta, já que traz adequada definição do instituto; **D:** incorreta; como se sabe, a preocupação ambiental é bem recente e, até 1972, quando se deu a primeira conferência mundial do meio ambiente, em Estocolmo, sequer havia uma maior preocupação ambiental nas leis europeias, quanto mais a construção de um instituto como o do poluidor-pagador; aliás, esse princípio só foi devidamente consagrado, em nível internacional, por ocasião da ECO 92, estando expresso no Princípio 16 da *Declaração do Rio*; **E:** incorreta, pois o princípio em tela não foi desenvolvido por John Rawls na obra citada; apesar de a teoria rawlsiana tratar de questões muito caras à proteção do meio ambiente, como a formulação dos princípios de justiça, a necessidade de considerar as futuras gerações e proposta de distribuição dos bens primários, a questão ambiental não é abordada de forma expressa pelo pensador.

Gabarito "C"

(Magistratura/PB – 2011 – CESPE) Com relação aos princípios de direito ambiental, assinale a opção correta.

(A) A necessidade da educação ambiental é princípio consagrado pelas Nações Unidas e pelo ordenamento jurídico brasileiro, e, nesse sentido, a CF determina ao poder público a incumbência de promover a educação ambiental em todos os níveis de ensino.

(B) Na órbita repressiva do princípio do poluidor-pagador, incide a responsabilidade subjetiva caso a sanção resultante da poluição tenha caráter civil, penal ou administrativo.

(C) Em face do princípio da precaução, o licenciamento, por órgão ambiental, para a construção, instalação e funcionamento de estabelecimentos utilizadores de recursos ambientais é exação discricionária do poder público, cabendo a este, a seu critério, enumerar as atividades potencialmente poluidoras e capazes de causar degradação ao ambiente.

(D) Considerado o princípio do poluidor-pagador, o conceito do termo poluidor restringe-se ao autor direto do dano ambiental, e não, àqueles que, de forma indireta, tenham contribuído para a prática do dano.

(E) O princípio da prevenção é englobado pelo princípio da precaução, na medida em que ambos se aplicam a impactos ambientais já conhecidos e informam tanto o licenciamento ambiental como os próprios estudos de impacto ambiental.

A: correta (art. 225, § 1º, VI, da CF); **B:** incorreta, pois a responsabilidade civil ambiental é objetiva, e não subjetiva; **C:** incorreta, pois toda atividade capaz de degradar o meio ambiente deve ser objeto de licenciamento ambiental, estando ou não no rol de atividades sujeitas ao licenciamento previstas em atos do Poder Público; **D:** incorreta, pois, segundo a o art. 3º, IV, da Lei 6.938/1981, poluidor é "a pessoa física ou jurídica, de direito público ou privado, responsável, direta ou **indiretamente**, por atividade causadora de degradação ambiental" (g.n.); **E:** incorreta, pois o princípio da prevenção se aplica a impactos ambientes já conhecidos, ao passo que o princípio da precaução se aplica aos casos em que há incerteza científica quanto aos impactos ambientais.

Gabarito "A"

(Magistratura/PI – 2011 – CESPE) Considerando os princípios de direito ambiental, assinale a opção correta.

(A) Como forma de buscar a responsabilização pessoal do agente da degradação ambiental, considera-se poluidor, consoante o princípio do poluidor-pagador, apenas o autor direto e imediatamente identificável do dano ambiental.

(B) Em consonância com o princípio da participação e informação, a CF determina expressamente que o poder público promova a educação ambiental em todos os níveis de ensino.

(C) O princípio da precaução aplica-se a impactos ambientais já conhecidos, em face da constatação de evidências de perigo de dano ambiental efetivo que deva ser antecipadamente eliminado.

(D) Em decorrência do princípio do poluidor-pagador, segundo a lei que dispõe acerca da PNMA, aquele que agrida o ambiente deve ser responsabilizado pelo prejuízo causado a este e a terceiros, na medida de sua culpa e participação no dano.

(E) Sendo o ambiente classificado como bem de uso comum do povo, não se admite que sua utilização tenha caráter oneroso ou que haja necessidade de contraprestação pelo usuário.

A: incorreta, pois também é poluidor o responsável indireto por atividade causadora de degradação ambiental (art. 3º, IV, da Lei 6.938/1981); **B:** correta, em consonância com o disposto no art. 225, § 1º, VI, da CF; **C:** incorreta, pois o princípio da precaução é aplicado em caso de dúvida científica acerca de dano ambiental e não em caso de impactos já conhecidos; **D:** incorreta, pois não é necessário culpa para responsabilizar o poluidor (art. 14, § 1º, da Lei 6.938/1981); **E:** incorreta, pois nem mesmo quando um dado bem ambiental é público e do tipo bem de uso comum do povo há impossibilidade de se dar um caráter oneroso ao seu uso (art. 103 do CC).

Gabarito "B"

(Ministério Público/RO – 2010 – CESPE) Considerando que as políticas públicas são implementadas com o propósito de evitar danos ambientais e objetivam alcançar a aplicação de princípios ambientais, assinale a opção correta.

(A) Embora o princípio da prevenção ainda não esteja incorporado à ordem jurídica nacional, sua observância permite ao poder público antecipar-se à ocorrência de danos ambientais.

(B) O princípio da precaução pode ser invocado para inverter o ônus da prova em procedimento ambiental.

(C) O pagamento pecuniário e a indenização legitimam empreendimentos que venham provocar lesão ao meio ambiente.

(D) No processo industrial de fabricação de produtos, os resíduos descartados no ambiente devem ser tratados, sendo esta uma forma de aplicação do princípio do usuário-pagador.

(E) O envolvimento das comunidades na implementação de planos de manejo nas unidades de conservação é exemplo de aplicação do princípio da informação.

A: incorreta, pois o princípio da prevenção decorre de diversas normas jurídicas, como as que decorrem do art. 225, *caput* e § 1º, II a VII, da CF; **B:** correta, pois uma das consequências do princípio da precaução é a inversão do ônus da prova, fazendo com que o empreendedor tenha que demonstrar que suas atividades não causarão lesão ao meio ambiente ecologicamente equilibrado; **C:** incorreta, pois o princípio do poluidor-pagador não permite a poluição pelo fato de se ter pagado a indenização correspondente; quem polui tem que reparar o meio ambiente e, mesmo reparando, continua sujeito às demais sanções administrativas e penais incidentes; **D:** incorreta, pois esse fato não guarda relação com o princípio do usuário-pagador, já que esse princípio tem por objetivo cobrar pelo uso de recursos ambientais, de modo a promover o uso racional dos recursos naturais; **E:** incorreta, pois o caso revela aplicação do princípio da participação social, e no do princípio da informação.

Gabarito "B"

(Procurador Federal – 2010 – CESPE) Acerca dos princípios e da proteção constitucional que se aplicam ao direito ambiental, julgue os itens subsequentes.

(1) Por meio da ação civil pública pode-se buscar tanto a cessação do ato lesivo ao meio ambiente, a reparação do que for possível e, até mesmo, a indenização por danos irreparáveis caso tenham ocorrido.

(2) A proteção ao meio ambiente é um princípio da ordem econômica, o que limita as atividades da iniciativa privada.

(3) O princípio da precaução refere-se à ação preventiva e deve embasar medidas judiciais e administrativas tendentes a evitar o surgimento de atos atentatórios ao meio ambiente.

(4) O meio ambiente é um direito difuso, direito humano fundamental de terceira geração, mas não é classificado como patrimônio público.

1: correta, pois a ação civil pública pode veicular todas as pretensões acima mencionadas, segundo a doutrina e a jurisprudência; **2:** correta (art. 170, VI, da CF); **3:** correta, pois esse princípio, assim como o princípio da prevenção, atuam de modo preventivo, para evitar danos ao meio ambiente; **4:** incorreta, pois, apesar de o meio ambiente ser direito difuso e fundamental de terceira geração, ele é classificado como bem de "uso comum do povo" (art. 225, *caput*, da CF); na verdade, o *meio ambiente ecologicamente equilibrado* é que é bem de uso comum do povo, bem de natureza pública, o não significa que cada bem ambiental, isoladamente considerado (ex: o jardim de uma casa) seja do Poder Público.

Gabarito 1C, 2C, 3C, 4E

5. COMPETÊNCIA EM MATÉRIA AMBIENTAL

(Juiz de Direito - TJ/BA - 2019 - CESPE/CEBRASPE) Considerando que um cidadão brasileiro pretenda instalar um criadouro de pássaros silvestres típicos da região em que ele habita e que essas aves não correm o risco de extinção, assinale a opção correta, acerca da aprovação de funcionamento dessa atividade.

(A) A competência para aprovar o funcionamento dessa atividade é federal, pois se trata de criadouro de pássaros silvestres.

(B) A competência para aprovar o funcionamento dessa atividade é estadual, pois se trata de criadouro de pássaros pertencentes à fauna silvestre.

(C) A competência para aprovar o funcionamento dessa atividade é municipal, uma vez que a fauna em referência é típica da região do município em que o criadouro será instalado.

(D) A solicitação de autorização de funcionamento do criadouro pode ser feita a órgão federal ou estadual, pois se trata de competência concorrente.

(E) A aprovação para o exercício da atividade de criação de pássaros silvestres em território nacional, por cidadão brasileiro, é desnecessária.

As competências ambientais materiais estão disciplinadas na Lei Complementar 140/2011. As atribuições são distribuídas entre a União, os Estados, o Distrito Federal e os Municípios. Nos termos do art. 8º, inciso XIX, representa uma ação administrativa do Estado aprovar o funcionamento de criadouros da fauna silvestre. Observe-se que a União detém a competência para controlar a apanha de espécimes da fauna silvestre (art. 7º, inciso XX). RB

Gabarito "B"

(Juiz – TJ/CE – 2018 – CESPE) Considerando a disciplina constitucional sobre proteção e repartição de competências em matéria ambiental, assinale a opção correta.

(A) A competência para legislar sobre responsabilidade por dano ao meio ambiente pertence, privativamente, à União.

(B) A alteração e a supressão de espaços territoriais devem ser feitas por ato administrativo dos órgãos da administração pública responsáveis pela gestão e pelo controle das áreas de preservação permanente e de reserva legal.

(C) O combate a qualquer forma de poluição faz parte da competência administrativa comum da União, dos estados, do Distrito Federal e dos municípios.

(D) A localização de usina que irá operar com reator nuclear deve ser aprovada pelo Poder Executivo do estado onde será instalada, de acordo com os ditames estabelecidos por lei estadual.

(E) A defesa do meio ambiente é princípio que rege a ordem econômica, sendo vedado tratamento diferenciado quanto ao impacto ambiental de produtos e serviços e de seus processos de elaboração e prestação.

A: Errada, pois a competência é concorrente entre União, Estados, DF e Municípios, segundo o art. 24, VIII, da CF/88. **B:** Errada, pois o art. 225, § 1º, III, da CF preconiza que a alteração e a supressão somente ocorrerão por meio de lei. **C:** Correta, pois se trata de competência comum, instituída no art. 23, VI, da CF/1988. **D:** Errada, pois segundo o art. 225, § 6º, da CF/1988, as usinas que operem com reator nuclear deverão ter sua localização definida em lei federal, sem o que não poderão ser instaladas. **E:** Errada, pois o art. 170, VI, da CF/1988, institui, justamente, tratamento diferenciado conforme o impacto ambiental dos produtos e serviços e de seus processos de elaboração e prestação.

Gabarito "C"

(Juiz de Direito/DF – 2016 – CESPE) Acerca da competência constitucional em matéria ambiental e da legalidade dos múltiplos aspectos do direito ambiental, assinale a opção correta.

(A) Apenas os funcionários dos órgãos ambientais integrantes do SISNAMA designados para as atividades de fiscalização são autoridades competentes para lavrar auto de infração ambiental e instaurar processo administrativo.

(B) A realização de pesquisa e lavra de recursos minerais é vedada nas terras, formalmente delimitadas, ocupadas pelas comunidades indígenas, devido ao alto grau de dano ambiental causado por essa atividade, que interfere no equilíbrio do meio ambiente, necessário à subsistência desses povos.

(C) A União detém competência privativa para legislar sobre jazidas, minas, caça, pesca e atividades nucleares de qualquer natureza, nos termos da carta constitucional.

(D) O uso comercial de tecnologia que envolva manipulação genética visando à desativação de genes relacionados à fertilidade das plantas por indutores químicos externos está sujeito a prévio licenciamento ambiental, nos termos da lei de biossegurança.

(E) A comprovação de que a pessoa jurídica foi constituída com a finalidade de viabilizar a prática de crime definido na lei de crimes ambientais possibilita a decretação de sua liquidação forçada e a consideração de seu patrimônio como instrumento de crime.

A: incorreta. Além deles, o art. 70, § 1º, da Lei 9.605/1998 relaciona igualmente os agentes da Capitania dos Portos da Marinha; **B:** incorreta. Assim dispõe o art. 231, § 3º: "o aproveitamento dos recursos hídricos, incluídos os potenciais energéticos, a pesquisa e a lavra das riquezas minerais em terras indígenas só podem ser efetivados com autorização do Congresso Nacional, ouvidas as comunidades afetadas, ficando-lhes assegurada participação nos resultados da lavra, na forma da lei". Nota-se, portanto, que não há vedação absoluta; **C:** incorreta. A União detém competência legislativa privativa para legislar sobre jazidas, minas (art. 22, XII) e atividades nucleares de qualquer natureza (art. 22, XXVI, CF). Contudo, para caça e pesca essa competência legislativa é concorrente (art. 24, VI, CF); **D:** incorreta. Essa atividade é proibida no Brasil. Segundo a Lei 11.105/2005, é proibida a utilização, a comercialização, o registro, o patenteamento e *o licenciamento de tecnologias genéticas de restrição do uso*. Por sua vez, entende-se por *tecnologias genéticas de restrição do uso* qualquer processo de intervenção humana para geração ou multiplicação de plantas geneticamente modificadas para produzir estruturas reprodutivas estéreis, bem como qualquer forma de *manipulação genética que vise à ativação ou desativação de genes relacionados à fertilidade das plantas por indutores químicos externos*; **E:** correta. Trata-se da transcrição do art. 24 da Lei 9.605/1998, a saber: "a pessoa jurídica constituída ou utilizada, preponderantemente, com o fim de permitir, facilitar ou ocultar a prática de crime definido nesta Lei terá decretada sua liquidação forçada, seu patrimônio será considerado instrumento do crime e como tal perdido em favor do Fundo Penitenciário Nacional".

Gabarito "E"

(Procurador do Estado/AM – 2016 – CESPE) Acerca de competências ambientais legislativas, ação popular e espaços territoriais especialmente protegidos, julgue os itens a seguir.

(1) Caso pretenda delimitar um espaço protegido em seu território, o estado do Amazonas poderá fazê-lo mediante decreto, mas somente por lei poderá reduzi-lo ou suprimi-lo.

(2) Segundo o SNUC, a reserva da biosfera é constituída por áreas de domínio público ou privado.

(3) **Situação hipotética:** No estado do Amazonas, há uma RPPN sobreposta a uma APA, e outra RPPN sobreposta a uma RDS. Sabe-se que todas essas unidades de conservação são estaduais. **Assertiva:** Nesse caso, todas as sobreposições mencionadas contrariam a Lei Complementar do Amazonas n.º 53/2007, que veda tais situações.

(4) Se o estado do Amazonas pretender abrigar, em seu território, instalações industriais para a produção de energia nuclear, a referida construção estará subordinada à autorização da Assembleia Legislativa do estado, por meio de lei, que poderá prever plebiscito para sua ratificação, haja vista atividade nuclear ser assunto da competência concorrente da União e dos estados da Federação.

(5) **Situação hipotética:** Determinado empreendimento obteve licença ambiental do estado X sem observância das exigências normativas previstas, o que resultou em lesão ao meio ambiente. **Assertiva:** Nessa situação, brasileiro naturalizado, residente e eleitor no estado Y, terá legitimidade para ajuizar ação popular no juízo competente contra o estado X com o objetivo de anular o ato concessório.

1: correta. A criação de uma unidade de conservação dá-se por meio de ato do Poder Público, que pode ser uma lei ou um decreto (art. 22, *caput*, Lei 9.985/2000). Por sua vez, a redução ou supressão só poderá ser feita por meio de lei específica, ainda que a unidade de conservação tenha sido criada por decreto (art. 22, § 7º, Lei 9.985/2000); **2:** correta. Assertiva em consonância com o art. 41, § 2º, da Lei 9.985/2000; **3:** errada. A sobreposição, nos termos delineados, é possível, consoante o art. 14, § 2º, II, Lei Complementar do Amazonas 53/2007, a saber: "a RPPN pode se sobrepor à APA e à RDS **4:** errada. Segundo o § 6º do art. 225 da Constituição Federal, "as usinas que operem com reator nuclear deverão ter sua localização definida em lei federal, sem o que não poderão ser instaladas". É necessário, portanto, lei federal. A competência é, por sua vez, privativa da União; **5:** correta. A legitimidade para o ajuizamento da ação popular por danos ao meio ambiente não faz diferenciação de brasileiros natos ou naturalizados. Para o ajuizamento basta o título de eleitor ou documento correspondente.

Gabarito 1C, 2C, 3E, 4E, 5C

(Juiz de Direito/AM – 2016 – CESPE) O fiscal de determinado órgão ambiental constatou que um madeireiro cortava árvores de espécies protegidas. O madeireiro apresentou autorização para cortar exemplares que apresentavam risco de queda, mas, dado o excesso de espécimes cortados, o fiscal considerou que a situação configurava tanto infração administrativa como crime ambiental. Considerou, ainda, após exame da autorização, que o documento estava em desacordo com as normas ambientais aplicáveis, inclusive por vício de competência.

Com base nessa situação hipotética, assinale a opção correta acerca de infrações ambientais e poder de polícia.

(A) É correto afirmar que o órgão de lotação do fiscal é o IBAMA.

(B) Cabem ao fiscal a lavratura do auto de infração ambiental e a instauração tanto do processo administrativo quanto do inquérito criminal contra o madeireiro.

(C) Para a lavratura do auto de infração, é desnecessária análise do elemento subjetivo do madeireiro, pois a responsabilidade civil por dano ambiental é objetiva.

(D) Se deixar de proceder à apuração mediante processo administrativo próprio, o fiscal poderá ser corresponsabilizado pelo corte ilegal das árvores.

(E) A concessão de autorização em desacordo com as normas ambientais só configura crime se tiver havido dolo do servidor que a concedeu.

A: incorreta. O exercício da competência administrativa é comum entre todos os entes federativos, consoante o art. 23 da CF. No caso, não há nenhum elemento para confirmar a assertiva; **B:** incorreta. A competência para lavrar auto de infração e instaurar o processo administrativo é dos órgãos do Sistema Nacional do Meio Ambiente (SISNAMA). Essa competência é distinta daquela da esfera penal, isto é, o fiscal não pode instaurar inquérito criminal (tal atribuição é dos órgãos policiais), que pode conduzir a uma denúncia pelo Ministério Público por crime ambiental, no âmbito de Poder Judiciário; **C:** incorreta. De fato, a responsabilidade civil por danos ambientais é objetiva, consoante o art. 14, § 1º, da Lei 6.938/1981. Contudo, no caso, a responsabilidade em discussão é a administrativa, que é, consoante os recentes entendimentos do STJ, subjetiva; **D:** correta. Consoante o § 3º do art. 70 da Lei 9.605/1998, a autoridade ambiental que tiver conhecimento de infração ambiental é obrigada a promover a sua apuração imediata, mediante processo administrativo próprio, sob pena de corresponsabilidade; **E:** incorreta. A concessão de autorização em desacordo com as normas ambientais configura crime se tiver havido dolo quanto à omissão do servidor que a concedeu, a teor do art. 67 da Lei 9/605/98.

Gabarito "D"

(Promotor de Justiça/PI – 2014 – CESPE) Considerando a divisão de competências ambientais, a Política Nacional do Meio Ambiente e os instrumentos de proteção ambiental, assinale a opção correta.

(A) Para o cumprimento dos objetivos da Política Nacional do Meio Ambiente, o CONAMA deverá estabelecer normas, critérios e padrões relativos ao controle e à manutenção do meio ambiente, considerando a capacidade de autorregeneração dos corpos receptores e a necessidade do estabelecimento de parâmetros genéricos mensuráveis.

(B) Em se tratando de empreendimentos potencialmente causadores de poluição ambiental que já tenham sido implantados irregularmente, dispensa-se o procedimento de licenciamento ambiental normalmente exigido para o seu funcionamento, exigindo-se em contrapartida indenização civil ambiental pelos danos causados.

(C) A criação de espaços territoriais especialmente protegidos e a servidão ambiental poderão ser instituídas de forma onerosa ou gratuita, temporária ou perpétua, desde que mantido, no mínimo, o mesmo regime da reserva legal.

(D) Para a aprovação de projetos habilitados a financiamento e incentivo governamentais, é facultado ao poder público exigir o licenciamento ambiental e o cumprimento das normas, critérios e padrões ambientais determinados pelo CONAMA.

(E) No âmbito da cooperação entre os entes da Federação, o exercício das competências ambientais legislativas e materiais pelos estados, DF e municípios sujeita-se às normas gerais da União e às determinações do órgão ambiental federal.

A: correta, conforme disposto no art. 7º, XIX, § 3º do Decreto 99.274/1990: "§ 3º Na fixação de normas, critérios e padrões relativos ao controle e à manutenção da qualidade do meio ambiente, o CONAMA levará em consideração a capacidade de autorregeneração dos corpos receptores e a necessidade de estabelecer parâmetros genéricos mensuráveis"; **B:** incorreta, pois não há a dispensa do licenciamento. **C:** incorreta, pois a criação de espaços territoriais especialmente protegidos não segue o mesmo regime de criação da servidão ambiental (art. 9º-A e 9º-B da Lei 6.938/1981); **D:** incorreta, pois não se trata de uma faculdade do poder público e sim uma obrigação, conforme art. 12 da PNMA: "Art. 12 – As entidades e órgãos de financiamento e incentivos governamentais condicionarão a aprovação de projetos habilitados a esses benefícios ao licenciamento, na forma desta Lei, e ao cumprimento das normas, dos critérios e dos padrões expedidos pelo CONAMA. Parágrafo único. As entidades e órgãos referidos no *caput* deste artigo deverão fazer constar dos projetos a realização de obras e aquisição de equipamentos destinados ao controle de degradação ambiental e à melhoria da qualidade do meio ambiente"; **E:** incorreta, pois embora o art. 23, VI, VII e parágrafo único da CF determine como competência comum entre União, Estados e Municípios a proteção do meio ambiente, o combate a poluição e preservação das florestas, fauna e flora, no que diz respeito a competência legislativa sobre proteção ambiental, esta será concorrente somente entre União, aos Estados e ao Distrito Federal, (art. 24, VI, VII e VIII da CF).

Gabarito "A"

(Magistratura/PI – 2011 – CESPE) Acerca do conceito de ambiente, da competência em matéria ambiental e dos instrumentos jurisdicionais de defesa do ambiente, assinale a opção correta.

(A) A CF atribui competência legislativa concorrente à União, aos estados e ao DF para legislar acerca de proteção do ambiente, sendo vedado aos municípios editar leis desse teor.

(B) O patrimônio histórico, artístico e cultural insere-se no âmbito do ambiente cultural, e os conjuntos urbanos e os sítios de valor arqueológico e paisagístico, na esfera do ambiente natural.

(C) A proteção do ambiente e o combate à poluição em qualquer de suas formas, assim como a preservação das florestas, da fauna e da flora, são matérias da competência material comum da União, dos estados, do DF e dos municípios.

(D) O mandado de injunção tem por objeto a regulamentação das prerrogativas inerentes à nacionalidade, à soberania e à cidadania, não sendo, pois, instrumento aplicável a temas ambientais.

(E) É cabível o mandado de segurança individual em matéria ambiental, mas não o coletivo, pois o objeto deste deve guardar vínculo com os fins próprios da categoria que a entidade impetrante represente, ou seja, o direito nele defendido deve estar compreendido nas atividades exercidas pelos associados da impetrante.

A: incorreta, pois os Municípios podem legislar em matéria ambiental em caso de assuntos de interesse local, bem como para suplementar a legislação estadual e federal, no que couber (art. 30, I e II, da CF); **B:** incorreta, pois os conjuntos urbanos e os sítios de valor arqueológico também dizem respeito ao ambiente cultural; **C:** correta (art. 23, VI e VII, da CF); **D:** incorreta, pois não há essa limitação no art. 5º, LXXI, da CF, valendo salientar que o direito ao meio ambiente ecologicamente equilibrado é um direito constitucional (art. 225, *caput*, da CF); **E:** incorreta, pois também se admite a utilização de mandado de segurança coletivo em matéria ambiental, bastando que a questão envolva, também, à defesa dos membros ou associados das entidades mencionadas no art. 5º, LXX, da CF, como numa questão que envolver, por exemplo, o direito de associados de uma associação de pescadores, que têm interesse em impedir que uma licença ambiental seja concedida a uma indústria que polua o ambiente no qual eles exercem a sua atividade.

Gabarito "C"

(Magistratura Federal/3ª região – 2011 – CESPE) Acerca da mineração e dos produtos tóxicos em sua correlação com o ambiente, assinale a opção correta.

(A) A União, os estados e o DF têm competência concorrente para legislar sobre jazidas, minas e outros recursos minerais.

(B) Os agrotóxicos, seus componentes e afins só poderão ser produzidos, exportados, importados, comercializados e utilizados se previamente registrados no órgão federal competente.

(C) Constitui responsabilidade exclusiva do poder público estadual a instituição de programas educativos e de mecanismos de controle e estímulo à devolução das embalagens vazias pelos usuários.

(D) A concessão de lavras e a realização de trabalhos de pesquisa em áreas de conservação dependem de autorização do IBAMA.

(E) Compete à União, com exclusividade, registrar, acompanhar e fiscalizar as concessões de direitos de exploração de recursos minerais em todo o território nacional.

A: incorreta, pois a competência apara legislar sobre jazidas é privativa da União, nos termos do art. 22, XII, da CF; **B:** correta, pois o registro deve ser feito em órgão federal, nos termos do art. 3º da Lei n. 7.802/1989: "Os agrotóxicos, seus componentes e afins, de acordo com definição do art. 2º desta Lei, só poderão ser produzidos, exportados, importados, comercializados e utilizados, se previamente registrados em órgão federal, de acordo com as diretrizes e exigências dos órgãos federais responsáveis pelos setores da saúde, do meio ambiente e da agricultura"; **C:** incorreta, pois, nos termos do art. 19, parágrafo único, da Lei n. 7.802/1989, *as empresas produtoras e comercializadoras de agrotóxicos, seus componentes e afins, implementarão, em colaboração com o Poder Público, programas educativos e mecanismos de controle e estímulo à devolução das embalagens vazias por parte dos usuários, no prazo de cento e oitenta dias contado da publicação desta Lei. (Incluído pela Lei n. 9.974, de 2000*; **D:** incorreta, pois, nos termos do art. 17, da Lei n. 7.805/1989, que cria o regime de permissão de lavra garimpeira, *a realização de trabalhos de pesquisa e lavra em áreas de conservação dependerá de prévia autorização do órgão ambiental que as administre*; **E:** incorreta, pois, nos termos do art. 23, XI, da CF, é competência comum da União, dos Estados, do Distrito Federal e dos Municípios registrar, acompanhar e fiscalizar as concessões de direitos de pesquisa e exploração de recursos hídricos e minerais em seus territórios.

Gabarito "B"

6. LEI DE POLÍTICA NACIONAL DO MEIO AMBIENTE

(Juiz de Direito - TJ/BA - 2019 - CESPE/CEBRASPE)

• Víctor é doutor em fauna aquática e pretende trabalhar como consultor em estudos para licenciamentos ambientais.

• Uma empresa pretende extrair minérios e, para isso, solicitou o licenciamento ambiental ao órgão estadual competente.

Considerando essas situações hipotéticas, assinale a opção correta, acerca do CTF, previsto na Política Nacional de Meio Ambiente — Lei n.º 6.938/1981.

(A) Víctor e a empresa deverão ter CTFs das respectivas atividades para concretizarem suas pretensões.

(B) Apenas Víctor deverá ter CTF, pois não se exige esse instrumento de pessoa jurídica.

(C) Apenas a empresa deverá ter CTF, pois não se exige esse instrumento de pessoa física.

(D) Nem de Víctor nem da empresa é exigido CTF para concretizarem suas pretensões, mas ambos deverão estar inscritos no SINIMA.

(E) Apenas a empresa deverá ter CTF; para Víctor, o CTF poderá ser dispensado e substituído pela inscrição da atividade no SINIMA.

CTF é a abreviação de Cadastro Técnico Federal, instrumento da Política Nacional do Meio Ambiente previsto na Lei 6.938/81. Existem duas categorias de CTFs. O primeiro constitui o CTF de Atividades e Instrumentos de Defesa Ambiental, para registro obrigatório de pessoas físicas ou jurídicas que se dedicam a consultoria técnica sobre problemas ecológicos e ambientais. Com base nisso, Vitor, que pretende trabalhar como consultor, deve ter esta CTF. O segundo representa o CTF de Atividades Potencialmente Poluidoras ou Utilizadoras de Recursos Ambientais, para registro obrigatório de pessoas físicas ou jurídicas que se dedicam a atividades potencialmente poluidoras e/ou à extração, produção, transporte e comercialização de produtos potencialmente perigosos ao meio ambiente. Assim, a empresa referida na questão, que pretende extrair minério e obter a respectiva licença ambiental, deve ter esta CTF. RB

Gabarito "A"

(Procurador do Município/Manaus – 2018 – CESPE) Considerando as normas aplicáveis ao SISNAMA e as Resoluções CONAMA 237/1997 e 378/2006, julgue os itens seguintes.

(1) O IBAMA e o ICMBio são considerados órgãos superiores do SISNAMA.

(2) Concedida na fase preliminar do planejamento do empreendimento, a licença de instalação atesta a viabilidade ambiental e estabelece os requisitos básicos e condicionantes a serem atendidos nas próximas fases de implementação do projeto.

(3) Empreendimentos que envolvam o manejo florestal em área superior à definida como limite pelo CONAMA devem ser aprovados pelo IBAMA, mesmo que o empreendimento esteja situado em um único estado.

1: Errado, pois o IBAMA e o ICMBio são órgãos executores do SISNAMA. **2:** Errado, pois o conceito aqui exposto se refere à licença prévia. Os conceitos das licenças se encontram na Resolução CONAMA 237, art. 8º, I. **3:** Correto, pois a Resolução CONAMA 378, art. 1º, diz que compete ao IBAMA a aprovação respectiva.

Gabarito 1E, 2E, 3C

(Juiz – TRF5 – 2017 – CESPE) O instrumento econômico da Política Nacional do Meio Ambiente que envolve a delegação onerosa de direito de praticar manejo sustentável em uma unidade de manejo, mediante licitação, por prazo determinado, é denominado

(A) seguro ambiental.
(B) servidão ambiental.
(C) concessão florestal.
(D) zoneamento ambiental.
(E) terceirização de manejo.

A: Errada, pois o seguro ambiental cuida do asseguramento para a reparação integral ou parcial (perdas e danos a terceiros) do dano ambiental, além das garantias de poluição súbita e acidental, para casos de poluição gradual. **B:** Errada, servidão ambiental, nos termos do art. 9º-A da Lei 6.938/1981, quando o proprietário ou possuidor de imóvel, pessoa natural ou jurídica, tem a possibilidade de, por instrumento público ou particular ou por termo administrativo firmado perante órgão integrante do Sisnama, limitar o uso de toda a sua propriedade ou de parte dela para preservar, conservar ou recuperar os recursos ambientais existentes, instituindo, assim, a chamada servidão ambiental. **C:** Correta, pois a concessão florestal trata de de delegação onerosa, feita pelo poder concedente, do direito de praticar manejo florestal sustentável para exploração de produtos e serviços numa unidade de manejo, mediante licitação, à pessoa jurídica, em consórcio ou não, que atenda às exigências do respectivo edital de licitação e demonstre capacidade para seu desempenho, por sua conta e risco e por prazo determinado (art. 3º, VII, da Lei 11.284/2006). **D:** Errada, pois zoneamento ambiental, também conhecido como Zoneamento Ecológico-Econômico (ZEE), é o instrumento de organização do território a ser obrigatoriamente seguido na implantação de planos, obras e atividades públicas e privadas, que estabelece medidas e padrões de proteção ambiental destinados a assegurar a qualidade ambiental, dos recursos hídricos e do solo e a conservação da biodiversidade, garantindo o desenvolvimento sustentável e a melhoria das condições de vida da população (art. 2º do Decreto 4.297/02). **E:** Errada, pois terceirização de manejo não é instrumento da política nacional do meio ambiente, e sim a transferência da execução de serviços.

Gabarito "C"

(Promotor de Justiça/RR – 2017 – CESPE) O possuidor de um imóvel rural instituiu servidão ambiental perpétua, gratuitamente, por instrumento particular, limitando o uso de parte da propriedade, com o objetivo de conservar recursos ambientais existentes.

Na situação apresentada, a servidão instituída consiste em instrumento

(A) técnico da PNAMA, mas deveria ter sido instituída pelo prazo determinado de, no mínimo, quinze anos.
(B) econômico da PNAMA e não se aplica à área de preservação permanente nem à reserva legal mínima exigida.
(C) técnico da PNAMA, mas deveria ter sido instituída pelo proprietário do imóvel.
(D) econômico da PNAMA e não poderia ter sido instituída por instrumento particular.

A: Errada, pois de acordo com a Lei 6.938/1981, a servidão ambiental é instrumento econômico da PNMA e se admite a servidão perpétua, bem como a servidão temporária deve ter prazo mínimo de 15 anos. **B:** Correta, pois segundo o art. 9º-A, § 2º, da Lei 6.938/1981, a servidão ambiental não se aplica às Áreas de Preservação Permanente e à Reserva Legal mínima exigida. **C:** Errada, pois o proprietário também pode instituir a servidão ambiental, conforme art. 9º-A, *caput*, da Lei 6.938/81. **D:** Errada, pois a servidão pode ser instituída por instrumento público ou particular, conforme art. 9º-A, *caput*, da Lei 6.938/1981.

Gabarito "B"

(Delegado/PE – 2016 – CESPE) O órgão consultivo e deliberativo responsável pelo SISNAMA e pelo SNUC é o

(A) Ministério do Meio Ambiente.
(B) Conselho Nacional do Meio Ambiente.
(C) Instituto Chico Mendes.
(D) IBAMA.
(E) Conselho de Governo.

Conforme art. 6 º, II, da Política Nacional do Meio Ambiente, Lei 6.938/1981 o órgão consultivo e deliberativo responsável pelo Sistema Nacional do Meio Ambiente – SISNAMA será o Conselho Nacional do Meio Ambiente – CONAMA. Assim também, a lei que institui o Sistema Nacional de Unidades de Conservação da Natureza – SNUC, Lei 9.985/2000 em seu art. 6º I, indica o CONAMA como órgão consultivo e deliberativo, logo, a letra "B" é a alternativa correta.

Gabarito "B"

(Juiz de Direito/DF – 2016 – CESPE) Com relação à Política Nacional do Meio Ambiente, definida pela Lei n.º 6.938/1981, assinale a opção correta.

(A) O detentor que tenha recebido a servidão ambiental, de forma gratuita, em razão do caráter personalíssimo dessa, não poderá aliená-la a título oneroso e em caráter definitivo.
(B) O estabelecimento de normas e padrões nacionais de controle da poluição por veículos automotores, aeronaves e embarcações, mediante audiência dos ministérios competentes, é atribuição privativa do IBAMA.
(C) A competência para administrar o Cadastro Técnico Federal de Atividades e Instrumentos de Defesa Ambiental e o Cadastro Técnico Federal de Atividades Potencialmente Poluidoras ou Utilizadoras de Recursos Ambientais é do CONAMA.
(D) O órgão superior do SISNAMA é o CONAMA, que tem a função de assessorar o presidente da República na formulação da política nacional e nas diretrizes governamentais para o meio ambiente e os recursos ambientais.
(E) Como forma de recuperar os danos ambientais existentes, o proprietário ou possuidor de imóvel poderá instituir servidão ambiental por instrumento público, particular ou por termo administrativo, exceto em áreas de preservação permanente e exceto em relação à reserva legal mínima exigida.

A: incorreta. Segundo o art. 9º-B, § 2º, da Lei 6.938/1981, o detentor da servidão ambiental poderá aliená-la, cedê-la ou transferi-la, total ou parcialmente, por prazo determinado ou em caráter definitivo, em favor de outro proprietário ou de entidade pública ou privada que tenha a conservação ambiental como fim social; **B:** incorreta. O estabelecimento de normas e padrões nacionais de controle da poluição por veículos automotores, aeronaves e embarcações, mediante audiência dos ministérios competentes, é atribuição privativa do Conselho Nacional do Meio Ambiente (CONAMA), consoante o art. 8º, VI, da Lei 6.938/1981; **C:** incorreta. A competência para administrar o Cadastro Técnico Federal de Atividades e Instrumentos de Defesa Ambiental e o Cadastro Técnico Federal de Atividades Potencialmente Poluidoras ou Utilizadoras de Recursos Ambientais é do IBAMA, conforme o art. 17, II, da Lei 6.938/1981, que instituiu a Política Nacional do Meio Ambiente; **D:** incorreta. O órgão superior do SISNAMA é o Conselho de Governo, que tem a função de assessorar o presidente da República na formulação da política nacional e nas diretrizes governamentais para o meio ambiente e os recursos ambientais, a teor do art. 6º, I, da Lei 6.938/1981, que instituiu a Política Nacional do Meio Ambiente; **E:** correta. A servidão ambiental é instrumento disciplinado no art. 9º-A e parágrafos, da Lei 6.938/1981.

Gabarito "E"

(Magistratura/BA – 2012 – CESPE) A Política Nacional do Meio Ambiente (PNMA) é o conjunto dos instrumentos legais, técnicos, científicos, políticos e econômicos destinados à promoção do desenvolvimento sustentável do país. A respeito da PNMA, assinale a opção correta.

(A) O Conselho Nacional do Meio Ambiente pode homologar acordos para converter penalidades pecuniárias em obrigação de executar medidas de interesse para proteção ambiental.

(B) Lei estadual pode dispensar a realização de estudo de impacto ambiental relativo a obras hidráulicas para aproveitamento de recursos de rio situado exclusivamente no território do respectivo estado.

(C) A licença prévia é o documento que autoriza a instalação do empreendimento que esteja de acordo com as especificações constantes dos programas e projetos aprovados, incluindo as medidas de controle ambiental.

(D) A servidão administrativa, um dos instrumentos da PNMA, pode ser instituída pelo proprietário sobre toda sua propriedade ou sobre parte dela – ainda que se trate de áreas de preservação permanente (APPs) –, a fim de preservar ou recuperar os recursos ali existentes.

(E) O Sistema Nacional do Meio Ambiente, considerado federal pela doutrina, é responsável pela proteção e melhoria da qualidade ambiental.

A: correta (art. 8º, IV, da Lei 6.938/1981); **B:** incorreta, pois o instituto do EIA/RIMA está previsto na própria Constituição Federal (art. 225, § 1º, IV), não sendo possível que uma lei infraconstitucional dispense a realização de instituto previsto na própria Constituição, em situação de nítida necessidade de se fazê-lo, dado o significativo impacto ambiental que uma obra dessa natureza tem o condão de causar; **C:** incorreta, pois a autorização da instalação do empreendimento é dada pela licença de instalação (art. 8º, II, da Resolução CONAMA 237/1997); **D:** incorreta, pois a servidão ambiental não se aplica às Áreas de Preservação Permanente e à Reserva Legal mínima exigida (art. 9º-A, § 2º, da Lei 6.938/1981); **E:** incorreta, pois o Sistema Nacional do Meio Ambiente (SISNAMA) não é federal no sentido de ser da União, mas federativo, no sentido de incluir entidades e órgãos de todos os entes político ou federativos (art. 6º, *caput*, da Lei 6.938/1981).

Gabarito "A".

(Magistratura/PI – 2011 – CESPE) Com relação à PNMA e à estrutura e funcionamento do SISNAMA, conforme a Lei n. 6.938/1981, assinale a opção correta.

(A) A fiscalização e o controle da aplicação de critérios, normas e padrões de qualidade ambiental devem ser exercidos prioritariamente pelo IBAMA e, em caráter supletivo, pelos órgãos estaduais e municipais competentes.

(B) Na estrutura do SISNAMA, o CONAMA é o órgão superior, e sua função é assistir o presidente da República na formulação de diretrizes da PNMA.

(C) Não se exige das pessoas físicas que se dediquem à consultoria técnica de problemas ambientais o registro no IBAMA, mas as pessoas físicas e jurídicas que se dediquem a atividades poluidoras ou à extração, produção, transporte e comercialização de produtos perigosos, assim como de produtos e subprodutos da fauna e flora, devem, obrigatoriamente, registrar-se em cadastro técnico federal administrado pelo IBAMA.

(D) Compete ao CONAMA, entre outras atribuições, determinar, mediante representação do IBAMA, a perda ou a restrição de benefícios fiscais concedidos pelo poder público e a perda ou a suspensão de participação em linhas de financiamento em estabelecimentos oficiais de crédito.

(E) A construção, instalação, ampliação e o funcionamento de estabelecimentos e de atividades que utilizem recursos ambientais considerados efetiva e potencialmente poluidores dependem de prévio licenciamento do IBAMA, se o impacto ambiental for de âmbito nacional, e do órgão estadual do ambiente, caso o impacto seja de âmbito regional.

A: incorreta, pois a competência para o poder de polícia é comum entre os entes políticos (art. 23, *caput* e VI e VII, da CF e art. 70, § 1º, da Lei 9.605/1998); **B:** incorreta, pois o órgão superior, que tem de fato a competência citada, é o Conselho de Governo (art. 6º, I, da Lei 6.938/1981) e não o CONAMA; **C:** incorreta, pois as pessoas físicas que se dediquem à consultoria técnica de problemas ambientais também devem estar registradas no Cadastro Técnico Federal de Atividades e Instrumentos de Defesa Ambiental, administrado pelo IBAMA (art. 17, I, da Lei 6.938/1981); **D:** correta (art. 8º, V, 6.938/1981); **E:** incorreta, pois impactos nacionais e regionais são de competência do IBAMA; os municípios com estrutura e conselho do meio ambiente ficam com os de impacto local, e os Estados com estrutura e conselho do meio ambiente, com o residual; *vide* tais competências, com mais detalhe, nos arts. 7º a 9º da Lei Complementar 140/2011.

Gabarito "D".

(Ministério Público/PI – 2012 – CESPE) Considerando os princípios e instrumentos da Política Nacional do Meio Ambiente, assinale a opção correta.

(A) Deliberar e normatizar as diretrizes de políticas governamentais para o meio ambiente é função do Conselho Nacional do Meio Ambiente, órgão superior do Sistema Nacional do Meio Ambiente.

(B) Impacto ambiental e dano ambiental são expressões do mesmo aspecto: a degradação do meio ambiente.

(C) O MP exerce sua função judicial, em relação a matéria ambiental, por meio do ajuizamento de ações de responsabilização por danos ambientais e por meio da celebração, com agentes degradadores do meio ambiente, de transações, termos de compromisso e ajustamentos de conduta.

(D) A audiência pública, que antecede o licenciamento ambiental, pode ser solicitada pelo MP, por entidade civil ou por um grupo de, no mínimo, cinquenta cidadãos, sendo possível a realização de mais de uma audiência pública relativa a um só projeto.

(E) A servidão florestal, que tem natureza de direito real sobre coisa alheia, não precisa ser registrada imobiliariamente, apesar de representar uma renúncia do particular quanto ao uso dos recursos naturais do prédio que lhe pertence.

A: incorreta, pois é função do Conselho Nacional do Meio Ambiente, que é órgão consultivo e deliberativo do SISNAMA, e não, órgão superior (art. 6º, II, da Lei 6.938/1981 – PNMA), a de assessorar, estudar e propor ao Conselho de Governo, diretrizes de políticas governamentais para o meio ambiente e os recursos naturais e deliberar, no âmbito de sua competência, sobre normas e padrões compatíveis com o meio ambiente ecologicamente equilibrado e essencial à sadia qualidade de vida. Não se confunde o CONAMA com o Conselho de Governo, este sim órgão superior do SISNAMA, com a função de assessorar o Presidente da República na formulação da política nacional e nas diretrizes governamentais para o meio ambiente e os recursos ambientais (art. 6º, I, da Lei da PNMA); **B:** incorreta. De acordo com a Resolução CONAMA 01/1986, considera-se impacto ambiental qualquer alteração das propriedades físicas, químicas e biológicas do meio ambiente, causada por qualquer forma de matéria ou energia resultante das atividades humanas que, direta ou indiretamente, afetam: I – a saúde, a segurança e o bem-estar da população; II – as atividades sociais e econômicas; III – a biota; IV – as condições estéticas e sanitárias do meio ambiente; e V – a qualidade dos recursos ambientais. O art. 6º, II, da precitada Resolução, ainda menciona a existência de impactos positivos (portanto, benéficos!), fator suficiente a demonstrar que não se confunde com o dano ambiental, este, sempre, de qualidade negativa, causando, pois, prejuízo (de ordem material e até mesmo moral); **C:** incorreta, pois o Ministério Público não poderá transacionar pura e simplesmente com os degradadores da qualidade ambiental, visto que a transação implica mútuas concessões entre as partes, o que seria inadmissível. Afinal, o meio ambiental é bem de titularidade difusa, e, portanto, indisponível. O que se pode aventar é a transação da forma de cumprimento das normas de proteção ambiental, mas, jamais, o conteúdo. Frise-se, ainda, que seria impossível que em um termo de ajustamento de conduta o Ministério Público "renunciar" a busca da reparação ambiental, que deverá, como é sabido e ressabido, ser integral; **D:** correta (art. 2º da Resolução CONAMA 09/1987); **E:** incorreta. A servidão florestal (ou servidão ambiental), disciplinada no art. 9º-A da Lei 6.938/1981, com a redação que lhe foi dada pela Lei 12.651/2012 (Novo Código Florestal), consiste no fato de o proprietário ou possuidor de imóvel, pessoa natural ou jurídica, instituir, por instrumento público ou particular ou por termo administrativo firmado perante órgão integrante do SISNAMA, a limitação do uso de toda a sua propriedade ou de parte dela para preservar, conservar ou recuperar os recursos ambientais existentes. O termo que instituir a servidão ambiental deverá ser averbado na matrícula do imóvel, consoante determina o art. 9º-A, § 4º, da Lei da PNMA.

Gabarito "D".

(Ministério Público/RR – 2012 – CESPE) Com relação à Política Nacional do Meio Ambiente, assinale a opção correta.

(A) Compete ao Instituto Brasileiro do Meio Ambiente e dos Recursos Naturais Renováveis estabelecer normas, critérios e padrões relativos ao controle e à manutenção da qualidade do meio ambiente com vistas ao uso racional dos recursos ambientais.
(B) Devido ao princípio da segurança jurídica, é vedado ao poder público exigir que o empreendedor atenda, na elaboração do estudo de impacto ambiental, outras exigências além daquelas expressamente listadas na legislação de regência.
(C) A criação de estações ecológicas federais depende da edição de lei em sentido estrito, oriunda do Poder Legislativo.
(D) Um dos objetivos dessa política é a imposição ao poluidor da obrigação de recuperar ou indenizar os danos que ele causar, devendo arcar com os custos advindos da recomposição ambiental, conforme o princípio do usuário-pagador.
(E) A servidão ambiental é um exemplo de instrumento econômico dessa política.

A: incorreta (art. 6º, IV, da Lei 6.938/1981). Compete ao IBAMA, considerado órgão executor do SISNAMA, executar e fazer executar, como órgão federal, a política e diretrizes governamentais fixadas para o meio ambiente, não se confundindo com as competências do CONAMA, traçadas no art. 8º da sobredita lei, dentre elas, a de estabelecer normas, critérios e padrões relativos ao controle e à manutenção da qualidade do meio ambiente com vistas ao uso racional dos recursos ambientais, principalmente os hídricos (inciso VII); **B**: incorreta. Em atenção ao princípio da prevenção, poderá o órgão licenciador buscar do empreendedor outras exigências além daquelas previstas na legislação de regência (art. 10, § 2º, da Resolução CONAMA 237/1997); **C**: incorreta. As estações ecológicas, assim como as demais espécies de unidades de conservação, poderão ser criadas por ato do poder público (lei ou ato infralegal), nos termos do art. 22, *caput*, da Lei do SNUC. Assim, a criação de uma unidade de conservação não exige a edição de lei em sentido estrito, mas a sua extinção ou redução de limites a exigirá (art. 225, § 1º, III, da CF e art. 22, § 7º, da Lei 9.985/2000); **D**: incorreta, pois a busca pela recuperação dos danos ambientais provocados pelo poluidor, ou a indenização correspondente, não são facetas do princípio do usuário-pagador, mas, sim, do poluidor-pagador; **E**: correta (art. 9º, XIII, da Lei 6.938/1981).

Gabarito "E".

(Ministério Público/SE – 2010 – CESPE) A PNMA foi estabelecida em 1981 mediante a edição da Lei n. 6.938/1981, que criou o SISNAMA. O objetivo dessa lei é o estabelecimento de padrões que tornem possível o desenvolvimento sustentável, por meio de mecanismos e instrumentos para maior proteção do ambiente. A respeito desse assunto e considerando o disposto na lei, assinale a opção correta.

(A) O SISNAMA congrega os órgãos e as instituições ambientais da União, dos estados e dos municípios; o DF não compõe esse sistema.
(B) Poluição e poluidor são conceitos doutrinários não definidos na lei da PNMA.
(C) É objetivo da PNMA a compatibilização do desenvolvimento econômico-social com a preservação da qualidade do meio ambiente e do equilíbrio ecológico.
(D) O SISNAMA possui dois órgãos superiores e cinco órgãos locais.
(E) Órgãos municipais estão impedidos de elaborar normas ambientais.

A: incorreta (art. 6º, *caput*, da Lei 6.938/1981); **B**: incorreta (art. 3º, III e IV, da Lei 6.938/1981); **C**: correta (art. 4º, I, da Lei 6.938/1981); **D**: incorreta, pois há um órgão superior (Conselho de Governo – art. 6º, I, da Lei 6.938/1981) e diversos órgãos locais (art. 6º, VI, da Lei 6.938/1981), já que estes são os órgãos ou entidades dos municípios, responsáveis pela proteção do meio ambiente; **E**: incorreta, pois os Municípios, observadas as normas e os padrões federais e estaduais, também poderão elaborar normas ambientais (art. 6º, § 2º, da Lei 6.938/1981).

Gabarito "C".

(Ministério Público/TO – 2012 – CESPE) A respeito do SISNAMA, assinale a opção correta.

(A) Somente o governo federal possui direito a voto na plenária do CONAMA.
(B) Não compõem o SISNAMA as secretarias de meio ambiente dos municípios.
(C) O CONAMA, órgão colegiado do SISNAMA, possui funções consultivas e deliberativas.
(D) O IBAMA não é mais o órgão executor do SISNAMA desde a criação do ICMBio.
(E) A presidência do CONAMA é exercida pelo ministro chefe da Casa Civil.

A: incorreta, pois outros integrantes do Plenário do CONAMA também têm direito a voto, dentre eles, os governos estaduais e municipais (art. 5º do Decreto federal 99.274/1990); **B**: incorreta, pois as secretarias municipais de meio ambiente são órgãos locais integrantes do SISNAMA (art. 6º, VI, da Lei 6.938/1981); **C**: correta (art. 6º, II, da Lei 6.938/1981); **D**: incorreta. O IBAMA é, sim, órgão executor do SISNAMA (art. 6º, IV, da Lei 6.938/1981), ao lado do ICMBio, também órgão executor do SISNAMA, autarquia federal criada pela Lei 11.516/2007, a quem compete executar as ações da Política Nacional de Conservação da Natureza, bem como, entre outras atribuições, a de exercer o poder de polícia ambiental nas unidades de conservação da União; **E**: incorreta. O Presidente do CONAMA é o Ministro do Meio Ambiente (art. 5º do Decreto federal 99.274/1990).

Gabarito "C".

(Ministério Público/TO – 2012 – CESPE) Os instrumentos da Política Nacional do Meio Ambiente incluem o

(A) licenciamento ambiental, o zoneamento ecológico e o plano de manejo econômico das florestas.
(B) estudo de impacto ambiental e o manejo seletivo das espécies endêmicas.
(C) relatório de impacto ambiental e o desenvolvimento de pesquisas biotecnológicas.
(D) zoneamento ambiental e o projeto de desenvolvimento de pesquisa biomarinha.
(E) licenciamento ambiental e o zoneamento ambiental.

A: incorreta, pois não se incluem entre os instrumentos da Política Nacional do Meio Ambiente, indicados no art. 9º da Lei 6.938/1981, o plano de manejo econômico das florestas; **B**: incorreta, pois o manejo seletivo das espécies endêmicas não é instrumento da Política Nacional do Meio Ambiente (art. 9º da Lei 6.938/1981); **C**: incorreta, pois o relatório de impacto ambiental não é, propriamente, um instrumento da Política Nacional do Meio Ambiente, mas, sim, uma decorrência da avaliação dos impactos ambientais, estes sim, instrumentos (art. 9º, III, da Lei 6.938/1981). Também não se inclui como instrumento da PNMA o desenvolvimento de pesquisas biotecnológicas; **D**: incorreta. O zoneamento ambiental é instrumento da PNMA (art. 9º, II, da Lei 6.938/1981), mas o projeto de desenvolvimento de pesquisa biomarinha, não; **E**: correta. Licenciamento ambiental e zoneamento ambiental figuram, expressamente, como instrumentos da PNMA (art. 9º, II e IV, da Lei 6.938/1981).

Gabarito "E".

(Magistratura Federal/3ª região – 2011 – CESPE) Considerando a Lei n. 6.938/1981, que dispõe sobre a Política Nacional do Meio Ambiente e o Sistema Nacional do Meio Ambiente, assinale a opção correta.

(A) O Sistema Nacional do Meio Ambiente é constituído pelos órgãos e entidades da União, dos estados, do DF e dos municípios, bem como pelas fundações instituídas pelo poder público, responsáveis pela proteção e melhoria da qualidade ambiental.
(B) O CONAMA é o órgão central da Política Nacional de Meio Ambiente, de natureza consultiva, ao qual cabe planejar, coordenar, supervisionar e controlar as diretrizes governamentais fixadas para o ambiente.
(C) Compete ao Instituto Chico Mendes de Conservação da Biodiversidade exercer, em caráter exclusivo, o poder de polícia ambiental para a proteção das unidades de conservação instituídas pela União.

(D) Como regra, cabe ao IBAMA conceder licenciamento prévio para construção, instalação e funcionamento de estabelecimentos e atividades que utilizem recursos ambientais e sejam considerados efetiva e potencialmente poluidores, restando aos órgãos estaduais o licenciamento em caráter supletivo.

(E) A fiscalização e o controle da aplicação de critérios, normas e padrões de qualidade ambiental serão exercidos prioritariamente pelo CONAMA, de forma conjunta com os órgãos estaduais e municipais competentes.

A: correta, pois é o que estabelece o art. 6º da Lei n. 6.938/1981: *Os órgãos e entidades da União, dos Estados, do Distrito Federal, dos Territórios e dos Municípios, bem como as fundações instituídas pelo Poder Público, responsáveis pela proteção e melhoria da qualidade ambiental, constituirão o Sistema Nacional do Meio Ambiente – SISNAMA*; **B:** incorreta, pois o órgão central é a Secretaria do Meio Ambiente da Presidência da República (art. 6º, III, da Lei n. 6.938/1981); **C:** incorreta, pois a Lei n 11.516/2007, que dispõe sobre a criação do Instituto Chico Mendes de Conservação da Biodiversidade – Instituto Chico Mendes, estabelece, em seu art. 1º, IV, ser sua finalidade exercer o poder de polícia ambiental para a proteção das unidades de conservação instituídas pela União. Todavia, o exercício não é exclusivo. Por exemplo, o poder de polícia também é conferido ao Instituto Brasileiro do Meio Ambiente e dos Recursos Naturais Renováveis – Ibama; **D:** incorreta, pois o licenciamento ambiental também é atribuição do Estado. Ou seja, a obrigação é compartilhada. O site do Ibama é bastante esclarecedor: "O licenciamento ambiental é uma obrigação legal prévia à instalação de qualquer empreendimento ou atividade potencialmente poluidora ou degradadora do meio ambiente e possui como uma de suas mais expressivas características a participação social na tomada de decisão, por meio da realização de Audiências Públicas como parte do processo. Essa obrigação é compartilhada pelos Órgãos Estaduais de Meio Ambiente e pelo Ibama, como partes integrantes do SISNAMA (Sistema Nacional de Meio Ambiente). O Ibama atua, principalmente, no licenciamento de grandes projetos de infraestrutura que envolvam impactos em mais de um estado e nas atividades do setor de petróleo e gás na plataforma continental. As principais diretrizes para a execução do licenciamento ambiental estão expressas na Lei 6.938/1981 e nas Resoluções CONAMA n. 1/1986 e n. 237/1997. Além dessas, recentemente foi publicado a Lei Complementar n. 140/2011, que discorre sobre a competência estadual e federal para o licenciamento, tendo como fundamento a localização do empreendimento. A Diretoria de Licenciamento Ambiental é o órgão do Ibama responsável pela execução do licenciamento em nível federal. A Diretoria vem realizando esforços na qualificação, organização e automação dos procedimentos de licenciamento ambiental, e para tanto, disponibiliza aos empreendedores módulos eletrônicos de trabalho e ao público em geral, inúmeras informações sobre as características dos empreendimentos, bem como a situação do andamento do processo" (http://www.ibama.gov.br/licenciamento); **E:** incorreta, pois o CONAMA não é um órgão fiscalizador, mas, conforme o art. 6º, II, da Lei n. 6.938/1981, um órgão consultivo e deliberativo, com a finalidade de assessorar, estudar e propor ao Conselho de Governo, diretrizes de políticas governamentais para o meio ambiente e os recursos naturais e deliberar, no âmbito de sua competência, sobre normas e padrões compatíveis com o meio ambiente ecologicamente equilibrado e essencial à sadia qualidade de vida.

Gabarito "A".

7. INSTRUMENTOS DE PROTEÇÃO DO MEIO AMBIENTE

7.1. LICENCIAMENTO AMBIENTAL E EIA/RIMA

(Delegado - PC/SE - 2018 - CESPE/CEBRASPE) Renato e Gabriel fundaram, em 2015, a empresa Camarões do Mangue Ltda., que visava a exploração da carcinicultura — criação de crustáceos — exclusivamente em área rural de manguezais de um estado federado. No referido ano, eles instalaram viveiros de grande porte e passaram a exercer atividade econômica muito lucrativa. Após três anos de atividade, os sócios perceberam que não detinham licença ambiental para o exercício da atividade.

Tendo como referência essa situação hipotética, julgue os itens que se seguem.

(1) A referida licença ambiental deveria ter sido requerida ao IBAMA antes do início das atividades da empresa, visto que se trata de atividade econômica de grande porte.

(2) A atividade econômica exercida pela referida empresa é ilegal, sendo vedada pelo Código Florestal a exploração econômica da área de manguezal que é uma área de reserva legal.

(3) Se a área de manguezal da atividade de carcinicultura da empresa fosse urbana em vez de rural, não haveria ilegalidade: nessa situação, a área seria tipificada como área de preservação permanente urbana e comportaria a referida atividade.

(4) A empresa Camarões do Mangue Ltda. e seus sócios responderão objetivamente pela reparação de eventuais danos causados à área de manguezal no exercício irregular da atividade durante três anos.

(5) Conforme a jurisprudência do STF, a empresa em questão não responderá na esfera penal pelo crime de funcionamento sem licença ambiental, caso seus sócios, pessoas físicas, sejam absolvidos do mesmo crime.

(6) Os sócios Renato e Gabriel responderão na esfera penal pelo crime de funcionamento sem licença ambiental, podendo ser condenados a até seis meses de detenção.

(7) A empresa Camarões do Mangue Ltda. não será responsabilizada penalmente pela atividade ilegal de carcinicultura em manguezais caso os sócios tenham desviado todos os lucros da empresa, não gerando, com isso, nenhum benefício à entidade.

Item **1** errado (a licença ambiental representa condição para o exercício de atividades ou empreendimentos utilizadores de recursos ambientais, efetiva ou potencialmente poluidores ou capazes, sob qualquer forma, de causar degradação ambiental); item **2** errado (a área de manguezal é uma área de preservação permanente, conforme art. 4º, inc. VII, da Lei 12.651/12, e não de reserva legal); item **3** errado (nos termos do Código Florestal, a área de preservação permanente localizada em zona urbana submete-se ao mesmo regime jurídico daquela inserida na zona rural); item **4** correto (a responsabilidade civil ambiental baseia-se na teoria objetiva, *ex vi* do art. 14, §1º, da Lei 6.938/81); item **5** errado (o STF entende que é possível a condenação de pessoa jurídica pela prática de crime ambiental, ainda que haja absolvição da pessoa física relativamente ao mesmo delito); item **6** correto (art. 60 da Lei 9.605/98); item **7** correto (um dos requisitos para a responsabilização penal de pessoa jurídica é o de que a infração seja cometida no interesse ou benefício da entidade). RB

Gabarito 1E, 2E, 3E, 4C, 5E, 6C, 7C

(Juiz – TJ/CE – 2018 – CESPE) Com relação ao estudo de impacto ambiental, à biodiversidade e ao licenciamento ambiental, assinale a opção correta.

(A) Apenas empreendimentos com área superior a cinquenta hectares estão obrigados a apresentar estudo prévio de impacto ambiental e relatório de impacto ambiental.

(B) No que se refere ao licenciamento ambiental, compete aos municípios aprovar o manejo e a supressão de vegetação e de florestas em imóveis rurais.

(C) Atividades que envolvam organismos geneticamente modificados e aquelas relacionadas à manipulação de organismos vivos só podem ser desenvolvidas por entidades de direito público.

(D) Depende de prévio licenciamento ambiental a ampliação de estabelecimentos que utilizam recursos ambientais efetiva ou potencialmente poluidores ou capazes de causar degradação ambiental.

(E) É permitido a pessoas físicas desenvolver, de forma autônoma e independente, atividade relacionada ao cultivo e à produção de organismo geneticamente modificado, desde que mantenham vínculo empregatício com pessoas jurídicas que manipulem tais organismos.

A: Errada, uma vez que toda obra e atividade efetiva ou potencialmente causadora de significa degradação do meio ambiente demanda a confecção do EIA/RIMA. Ademais, de acordo com o art. 11-A, § 3º, da Lei 12.651/2012, São sujeitos à apresentação de Estudo Prévio de Impacto

Ambiental – EPIA e Relatório de Impacto Ambiental – RIMA os novos empreendimentos: I – com área superior a 50 (cinquenta) hectares, vedada a fragmentação do projeto para ocultar ou camuflar seu porte; II – com área de até 50 (cinquenta) hectares, se potencialmente causadores de significativa degradação do meio ambiente; ou III – localizados em região com adensamento de empreendimentos de carcinicultura ou salinas cujo impacto afete áreas comuns. **B**: Errada, porquanto, de acordo com a LC 140/2011, art. 8º, XVI, são ações administrativas dos Estados aprovar o manejo e a supressão de vegetação, de florestas e formações sucessoras em imóveis rurais, observadas as atribuições previstas no inciso XV do art. 7º. **C**: Errada, pois a Lei 11.105/2005, art. 2º, diz que as atividades e projetos que envolvam OGM (organismos geneticamente modificados) e seus derivados, relacionados ao ensino com manipulação de organismos vivos, à pesquisa científica, ao desenvolvimento tecnológico e à produção industrial ficam restritos ao âmbito de entidades de direito público ou privado, que serão responsáveis pela obediência aos preceitos desta Lei e de sua regulamentação, bem como pelas eventuais consequências ou efeitos advindos de seu descumprimento. **D**: Correta, de sorte que o art. 10 da Lei 6.938/1981 dispõe que a construção, instalação, ampliação e funcionamento de estabelecimentos e atividades utilizadores de recursos ambientais, efetiva ou potencialmente poluidores ou capazes, sob qualquer forma, de causar degradação ambiental dependerão de prévio licenciamento ambiental. **E**: Errada, pois a Lei 11.105/2005, no art. 2º, § 2º, diz que as atividades e projetos de que trata este artigo são vedados a pessoas físicas em atuação autônoma e independente, ainda que mantenham vínculo empregatício ou qualquer outro com pessoas jurídicas.

Gabarito "D".

(Procurador Municipal – Prefeitura/BH – CESPE – 2017) Um empreendedor pretende desenvolver atividade que utiliza recursos ambientais e é potencialmente poluidora. Nesse caso, o órgão de meio ambiente municipal detém a competência para o controle ambiental.

Nessa situação,

(A) cabem ao órgão ambiental municipal os estudos ambientais prévios necessários para a emissão de licença ambiental.
(B) poderá dispensar-se o procedimento de licenciamento ambiental se o responsável pelo empreendimento assinar termo comprometendo-se a atender a legislação ambiental, em especial as normas de qualidade ambiental.
(C) além da licença ambiental, exige-se que o empreendimento tenha registro no cadastro técnico federal de atividades potencialmente poluidoras ou utilizadoras de recursos ambientais.
(D) se a atividade for exercida em desacordo com a licença ambiental emitida, será necessária, para a aplicação de multa, a comprovação de que foram causados danos ambientais significativos.

A: incorreta, posto que os estudos ambientais prévios correm as expensas do empreendedor e não do órgão ambiental (art.11, da Resolução Conama 237/1997); **B**: incorreta, nos termos do art. 10, da Lei 6.938/1981: "Art. 10. A construção, instalação, ampliação e funcionamento de estabelecimentos e atividades utilizadores de recursos ambientais, efetiva ou potencialmente poluidores ou capazes, sob qualquer forma, de causar degradação ambiental dependerão de prévio licenciamento ambiental", portanto, se a atividade ou o empreendimento tiver potencial para causar degradação ambiental, deverá ser submetido ao licenciamento ambiental; **C**: correta (art. 10 e art. 17, II, da Lei 6.938/1981); **D**: incorreta, pois para a aplicação de multa, basta o não cumprimento das medidas necessárias a prevenção de danos previstas na licença ambiental, ou seja, basta que a atividade seja exercida em desacordo com a licença emitida (art.14, *caput*, da Lei 6.938/1981). FM/FCP

Gabarito "C".

(Delegado/PE – 2016 – CESPE) Determinada sociedade empresária pretende realizar, no mar territorial que banha o município de Recife – PE, atividade potencialmente causadora de significativa degradação ambiental.

Nessa situação, de acordo com a Lei Complementar 140/2011, o licenciamento ambiental dessa atividade será promovido pelo(a)

(A) município de Recife ou, caso ele não possua órgão ambiental capacitado para promover esse licenciamento, pelo estado de Pernambuco.
(B) União.
(C) município de Recife.
(D) estado de Pernambuco.
(E) estado de Pernambuco ou, caso ele não possua conselho de meio ambiente, pela União.

A: incorreta, já que a competência para promover licenciamento ambiental no mar territorial é exclusiva da União; **B**: correta, conforme art. 7º, XIV, alínea 'b' da Lei Complementar 140/2011: "São ações administrativas da União: XIV – promover o licenciamento ambiental de empreendimentos e atividades: *b)* localizados ou desenvolvidos no mar territorial, na plataforma continental ou na zona econômica exclusiva"; **C**: incorreta, pois não compete ao município realizar licenciamento ambiental em mar territorial; **D**: incorreta, pois trata-se de área cuja competência para realização de licenciamento ambiental é exclusiva da união; **E**: incorreta, já que nem estado nem município são competentes para realizar licenciamento ambiental em mar territorial, que acrescente-se, é bem da União, conforme artigo 20, VI, da CF/1988.

Gabarito "B".

(Advogado União – AGU – CESPE – 2015) De acordo com o Código Florestal, julgue os próximos itens, referentes à proteção de florestas e às competências em matéria ambiental, previstas na Lei Complementar 140/2011.

(1) A regularidade da reserva legal envolve a conservação de sua vegetação nativa, de modo que a exploração econômica dessa área deve ser feita mediante plano de manejo sustentável previamente aprovado pelo órgão ambiental competente do SISNAMA, sem prejuízo da observância das demais normas ambientais pertinentes.
(2) A reserva legal de propriedade ou posse rural define-se como área protegida com a principal função ambiental de preservar os recursos hídricos, a paisagem e a estabilidade geológica no imóvel.

1: Correta. A assertiva encontra-se em consonância com o art. 17, § 1º, da Lei 12.651/2012: "Art. 17. A Reserva Legal deve ser conservada com cobertura vegetal nativa pelo proprietário do imóvel rural, possuidor ou ocupante a qualquer título, pessoa física ou jurídica, de direito público ou privado. § 1º. Admite-se a exploração econômica da Reserva Legal mediante manejo sustentável, previamente aprovado pelo órgão competente do Sisnama, de acordo com as modalidades previstas no art. 20". **2**: Errada. O enunciado fala em Reserva Legal, mas indica a função ambiental da Área de Preservação Permanente (art. 3º, II, da Lei 12.651/2012). A definição legal de reserva legal encontra-se inserida no art. 3º, III, da Lei 12.651/2012: "III – Reserva Legal: área localizada no interior de uma propriedade ou posse rural, delimitada nos termos do art. 12, com a função de assegurar o uso econômico de modo sustentável dos recursos naturais do imóvel rural, auxiliar a conservação e reabilitação dos processos ecológicos e promover a conservação da biodiversidade, bem como o abrigo e a proteção da fauna silvestre e da flora nativa". FM/FCP

Gabarito 1C, 2E

(Magistratura/ES – 2011 – CESPE) A Resolução n. 237/1997 do Conselho Nacional do Meio Ambiente estabeleceu roteiro mínimo a ser observado nos processos de licenciamento ambiental, composto de oito etapas, entre as quais se inclui a

(A) apresentação da proposta de plano de monitoramento ambiental da emissão de efluentes.
(B) apresentação da proposta de plano de manejo da área vizinha ao empreendimento.
(C) emissão de parecer técnico conclusivo e, conforme o caso, de parecer jurídico.
(D) assinatura de termo de ajuste de conduta proposto em audiência pública.
(E) redação do termo de referência circunstanciado, acompanhado de laudo pericial, se for o caso.

Art. 10, VII, da Resolução 237/1997.

Gabarito "C".

(Magistratura/PA – 2012 – CESPE) As obras para a construção de uma usina hidrelétrica na região amazônica, financiadas por entidades governamentais brasileiras, afetarão mais três estados-membros da Federação, dado o alagamento de uma área superior a dois mil hectares na Amazônia Legal, onde se localizam imóveis rurais particulares.

Considerando a situação hipotética acima e o disposto na Política Nacional de Meio Ambiente e nas Resoluções n. 1, n. 237 e n. 378 do Conselho Nacional do Meio Ambiente (CONAMA), assinale a opção correta.

(A) Conforme determinação do Sistema Nacional de Meio Ambiente (SISNAMA) expressa na Lei da Política Nacional do Meio Ambiente, o licenciamento ambiental cabe aos órgãos ambientais competentes dos três estados afetados.

(B) O empreendimento não está sujeito a licenciamento ambiental, por serem as hidrelétricas fontes de energia renovável, não incluídas, portanto, entre as atividades utilizadoras de recursos naturais consideradas poluentes.

(C) Compete ao IBAMA o licenciamento ambiental do empreendimento, já que o impacto ambiental, nesse caso, é regional.

(D) O licenciamento ambiental deverá ser feito pelo órgão ambiental competente de apenas um dos estados-membros afetados pelo empreendimento.

(E) Poderá ser dispensado o estudo de impacto ambiental da obra se a energia a ser gerada pela usina for indispensável para a economia do país.

A: incorreta, pois, tratando-se de impacto regional a competência para o licenciamento ambiental é da União (art. 7º, XIV, "e", da Lei Complementar 140/2011), por meio do IBAMA (art. 1º da Resolução CONAMA 378/2006); **B:** incorreta, pois uma obra desse porte não só terá de se submeter a um licenciamento ambiental, como também terá de ser precedida de um EIA/RIMA, dada a significativa degradação ambiental que poderá causar; **C:** correta, nos termos do comentário à alternativa "a"; **D:** incorreta, pois, como se viu, o IBAMA é que será o responsável pelo licenciamento ambiental no caso; **E:** incorreta, pois uma coisa não exclui a outra; havendo possibilidade de se causar significativa degradação ambiental, de rigor a realização de EIA/RIMA (art. 225, § 1º, IV, da CF).

Gabarito "C".

(Magistratura/PB – 2011 – CESPE) Acerca do EIA, assinale a opção correta.

(A) O empreendedor e os profissionais que subscrevam os estudos necessários ao processo de licenciamento ambiental serão responsáveis pelas informações apresentadas, sujeitando-se às sanções administrativas, civis e penais em caso de estudos que apresentem dados falsos ou incorretos.

(B) Ao determinar a execução do EIA, o órgão estadual competente ou o IBAMA deverão obrigatoriamente convocar, de ofício, audiência pública para informação sobre o projeto e seus impactos ambientais.

(C) O EIA deve ser realizado por equipe multidisciplinar habilitada e não dependente direta ou indiretamente do proponente do projeto, a qual assumirá a responsabilidade técnica pelos resultados apresentados.

(D) Como parte integrante do EIA, o RIMA deve ser amplamente divulgado e colocado à disposição da população, vedada qualquer imposição de sigilo ao documento.

(E) Os municípios não têm competência para exigir o EIA, que está na esfera de atribuição do órgão ambiental federal e dos estaduais.

A: correta (art. 11, parágrafo único, da Resolução CONAMA 237/1997); **B:** incorreta, pois a audiência pública será determinada pelo órgão responsável, *sempre que julgar necessário* (art. 11, § 2º, da Resolução CONAMA 01/1986); **C:** incorreta, pois o art. 7º da Resolução CONAMA 01/1986 foi revogado pela Resolução CONAMA 237/1997, que trata do assunto em seu art. 11; **D:** incorreta, pois cabe, excepcionalmente, o sigilo (art. 11 da Resolução CONAMA 01/1986); **E:** incorreta, pois o município terá essa competência quando for responsável pelo respectivo licenciamento ambiental; o Município tem competência para o licenciamento ambiental quando se estiver diante de impacto ambiental local, e desde que tenha Conselho Municipal do Meio Ambiente e estrutura para fazer licenciamentos (Lei Complementar 140/2011).

Gabarito "A".

(Magistratura/PI – 2011 – CESPE) Com base nas disposições do Decreto n. 99.274/1990 e da Resolução CONAMA n. 237, assinale a opção correta acerca do licenciamento ambiental.

(A) O relatório de impacto ambiental deve estar integralmente acessível ao público, sendo vedado nele incluir matéria sigilosa que impeça sua total ou parcial divulgação.

(B) A licença prévia, a ser concedida na fase preliminar do planejamento de atividade, deve conter os requisitos básicos a serem atendidos nas fases de localização, instalação e operação, observados os planos municipais, estaduais ou federais de uso do solo.

(C) O órgão ambiental competente deve estabelecer prazos análogos para cada modalidade de licença – prévia, de instalação e de operação –, assim como para a formulação de exigências complementares, observado o prazo improrrogável de seis meses, a contar do protocolo do requerimento, até seu deferimento ou indeferimento.

(D) O licenciamento dos estabelecimentos destinados a produzir materiais nucleares ou a utilizar energia nuclear compete ao IBAMA, mediante parecer da Comissão Nacional de Energia Nuclear.

(E) A concessão de licença ambiental é ato vinculado que não comporta suspensão ou cancelamento, salvo no caso de violação de quaisquer condicionantes ou normas legais.

A: incorreta, pois cabe o sigilo em caso de pedido de interessado, que caracterize expressamente a necessidade de respeitar sigilo industrial (art. 17, § 3º, do Decreto 99.274/1990); **B:** correta (art. 8º, I, da Resolução CONAMA 237/1997); **C:** incorreta, pois o órgão ambiental competente estabelecerá prazos diferenciados (e não análogos) para cada modalidade de licença (art. 14, *caput*, da Resolução CONAMA 237/1997); **D:** incorreta, pois o licenciamento não é do estabelecimento, mas do empreendimento ou atividade (art. 4º, *caput* e inciso IV, da Resolução CONAMA 237/1997); **E:** incorreta, pois "o órgão ambiental competente, mediante decisão motivada, poderá modificar os condicionantes e as medidas de controle e adequação, **suspender** ou **cancelar** uma licença expedida, quando ocorrer: i) violação ou inadequação de quaisquer condicionantes ou normas legais; ii) **omissão ou falsa** descrição de informações relevantes que subsidiaram a expedição da licença; iii) **superveniência** de graves riscos ambientais e de saúde" (art. 19 da Resolução CONAMA 237/1997).

Gabarito "B".

(Procurador Federal – 2010 – CESPE) A respeito dos estudos de impacto ambiental, julgue o item que se segue.

(1) Os estudos de impacto ambiental são exigidos, na forma da lei, nos casos de significativa degradação ambiental.

1: correta – Art. 225, § 1º, IV, da CF.

Gabarito 1C

(Advogado da União/AGU – CESPE – 2012) A respeito do EIA, importante instrumento da Política Nacional do Meio Ambiente, julgue os próximos itens.

(1) A concessão de licenciamento para desenvolvimento de atividade potencialmente danosa ao meio ambiente constitui ato do poder de polícia, sendo a análise dos EIAs atividade própria do Poder Executivo.

(2) Lei estadual pode dispensar a realização de EIA se restar comprovado, por perícia, que determinada obra não apresenta potencial poluidor.

(3) Não poderá ser deferida licença ambiental se o EIA e seu respectivo relatório — EIA/RIMA — revelarem possibilidade de danos graves ao meio ambiente.

1: correta, pois, de fato, o licenciamento ambiental constitui, sem dúvida, instrumento que materializa o poder de polícia ambiental do Estado (*lato sensu*), a quem caberá analisar, se o caso, o Estudo de Impacto Ambiental (EIA) no caso de atividades ou empreendimentos com potencialidade de causar significativa degradação ambiental, podendo concluir, inclusive, pela inviabilidade da obra/empreendimento; **2:** incorreta, pois a exigência de EIA decorre de regra constitucional (art. 225, § 1º, IV, CF), não cabendo, casuisticamente aos Estados, dispensá-lo. Outrossim, é da essência do EIA preceder à concessão da licença prévia, sendo, portanto, incompatível que uma perícia, certamente posterior ao início das obras ou atividades potencialmente causadoras de significativa degradação ambiental (AC 2000390200001410, DJ 18.10.2007 – TRF 1ª Região); **3:** incorreta, pois, mesmo diante de possibilidade de danos ambientais revelada pelo EIA/RIMA, cujas conclusões, frise-se, não vinculam o órgão ambiental licenciador, poderão ser apresentadas medidas mitigadoras ou mesmo alternativas aos impactos ambientais (art. 6º, Resolução CONAMA 01/1986).

Gabarito 1C, 2E, 3E

(Magistratura Federal/3ª região – 2011 – CESPE) Acerca do licenciamento ambiental, assinale a opção correta.

(A) Compete ao CONAMA determinar, quando julgar necessário, a realização de estudos das alternativas e das possíveis consequências ambientais de projetos privados que possam causar significativa degradação ambiental, e ao IBAMA cabe apreciar os estudos de impacto ambiental de projetos desenvolvidos pelo poder público.

(B) Compete ao órgão ambiental municipal, ouvidos os órgãos competentes da União, dos estados e do DF, quando couber, o licenciamento ambiental de empreendimentos e atividades de impacto ambiental local, bem como o que lhe for delegado pelo estado-membro por instrumento legal ou convênio.

(C) Pertence ao IBAMA, em caráter exclusivo e indelegável, a competência para o licenciamento ambiental de empreendimentos e atividades com significativo impacto ambiental de âmbito regional.

(D) O licenciamento ambiental dos empreendimentos e atividades localizados ou desenvolvidos nas florestas e demais formas de vegetação natural de preservação permanente e de todas as que assim forem consideradas por normas federais é da competência do órgão ambiental federal.

(E) São idênticos os prazos de validade da licença prévia, da licença de instalação e da licença de operação, etapas inextinguíveis do licenciamento ambiental.

A: incorreta, pois a atribuição é do órgão ambiental competente para o licenciamento, que pode ser o IBAMA, no plano federal, art. 7º da Lei complementar n. 140/2011 o órgão ambiental estadual ou do Distrito Federal, art. 8º da Lei Complementar n.140/2011 ou, ainda, o órgão ambiental municipal, art. 9º da Lei complementar n. 140/2011; **B:** correta, pois é o que estabelece o art. 6º da Resolução CONAMA n. 237/1997: *Compete ao órgão ambiental municipal, ouvidos os órgãos competentes da União, dos Estados e do Distrito Federal, quando couber, o licenciamento ambiental de empreendimentos e atividades de impacto ambiental local e daquelas que lhe forem delegadas pelo Estado por instrumento legal ou convênio*; **C:** incorreta, pois o IBAMA poderá delegar a competência para o licenciamento ambiental, nos termos do art. 4º, § 2º, da Resolução CONAMA n. 237/1997: *O IBAMA, ressalvada sua competência supletiva, poderá delegar aos Estados o licenciamento de atividade com significativo impacto ambiental de âmbito regional, uniformizando, quando possível, as exigências*; **D:** incorreta, pois o art. 5º, II, da Resolução CONAMA n. 237/1997 e art. 8º da Lei Complementar n. 140/2011, estabelecem que *compete ao órgão ambiental estadual ou do Distrito Federal o licenciamento ambiental dos empreendimentos e atividades localizados ou desenvolvidos nas florestas e demais formas de vegetação natural de preservação permanente relacionadas no artigo 4º da Lei n. 12.651/2012 e em todas as que assim forem consideradas por normas federais, estaduais ou municipais*; **E:** incorreta, pois os prazos podem ser diferenciados, nos termos do art. 18 da Resolução CONAMA n. 237/1997.

Gabarito "B".

(Magistratura Federal/2ª região – 2011 – CESPE) A tutela do meio ambiente, devido à complexidade que engendra, envolve definição de políticas públicas, utilização adequada de instrumentos de prevenção e controle das atividades econômicas e atuação constante do poder público. Acerca desse tema, assinale a opção correta.

(A) O estudo de impacto ambiental exigido por órgão ambiental competente pode ser objeto de reforma judicial.

(B) Entre as atribuições do Conselho Nacional do Meio Ambiente, integrante do Sistema Nacional de Meio Ambiente, inclui-se o desenvolvimento de projetos para o uso racional e sustentável de recursos naturais e para melhorar a qualidade de vida da população.

(C) Comparado à avaliação de impacto ambiental, o estudo de impacto ambiental tem abrangência restrita.

(D) O estudo de impacto ambiental tem natureza jurídica de ato administrativo ambiental.

(E) A autorização para o funcionamento de atividade potencialmente degradadora do ambiente independe da localização do empreendimento ou de estudos preliminares de uso do solo.

A: incorreta, pois o EIA, instituído pela Resolução CONAMA n. 1/1986, é utilizado durante o processo administrativo de licenciamento ambiental. Nos termos do art. 7º da mencionada Resolução, o EIA é realizado por equipe multidisciplinar habilitada, não dependente direta ou indiretamente do proponente do projeto e que será responsável tecnicamente pelos resultados apresentados. Por força de alguma medida judicial, o EIA poderá ser analisado pelo Poder Judiciário. Todavia, o Judiciário o analisa não para reformá-lo. Poderá, por exemplo, entender que ele é incompleto. O EIA é utilizado para fundamentar a decisão da autoridade competente para o licenciamento ambiental. Todavia, o EIA não integra o mencionado ato administrativo decisório. É o ato decisório de concessão ou de denegação da licença que poderá ser objeto de controle judicial; **B:** incorreta, pois a mencionada atribuição é do Fundo Nacional de Meio Ambiente, instituído pela Lei n. 7.797/1989. Conforme o art. 1º do mencionado diploma normativo, o Fundo Nacional de Meio Ambiente foi instituído "com o objetivo de desenvolver os projetos que visem ao uso racional e sustentável de recursos naturais, incluindo a manutenção, melhoria ou recuperação da qualidade ambiental no sentido de elevar a qualidade de vida da população brasileira"; **C:** correta. A Avaliação de Impacto Ambiental (AIA) é definida, no art. 9º, III, da Lei n. 6.938/1981, como um instrumento da Política Nacional do Meio Ambiente. O Estudo de Impacto Ambiental (EIA) é uma espécie de avaliação de impacto ambiental, utilizado no processo de licenciamento ambiental. Por isso, o estudo tem abrangência restrita a determinado empreendimento que se pretende implantar; **D:** incorreta, como ficou consignado nos comentários acima (assertiva "a"); **E:** incorreta, pois a assertiva afronta, além de outros diplomas normativos, o que estabelece o art. 225, § 1º, IV, da CF. Vale registrar que o art. 10 da Lei n. 6.938/1981, em conformidade com o estabelecido na Lei Maior, consigna que é necessário o licenciamento ambiental da atividade potencialmente degradadora do ambiente (Redação dada pela Lei Complementar n. 140/2011).

Gabarito "C".

7.2. UNIDADES DE CONSERVAÇÃO

(Procurador do Município/Manaus – 2018 – CESPE) Com base na legislação aplicável ao SNUC e aos espaços territoriais especialmente protegidos, julgue os seguintes itens.

(1) A reserva de desenvolvimento sustentável é um exemplo de unidade de conservação de proteção integral.

(2) A inclusão de uma APP no cômputo da área de reserva legal de um imóvel rural não altera o regime de proteção dessa APP.

1: Errado, pois de acordo com a Lei 9.985/2000, art. 14, VI, a reserva de desenvolvimento sustentável constitui o Grupo das Unidades de Uso Sustentável. **2.** Correto, pois de acordo com o art. 15 da Lei 12.651/2012, será admitido o cômputo das Áreas de Preservação Permanente no cálculo do percentual da Reserva Legal do imóvel, desde que: [...] § 1º O regime de proteção da Área de Preservação Permanente não se altera na hipótese prevista neste artigo.

Gabarito 1E, 2C

(Juiz – TJ/CE – 2018 – CESPE) Com relação ao SNMA, ao Sistema Nacional de Unidades de Conservação da Natureza e ao zoneamento ambiental, assinale a opção correta.

(A) Uma vez que possuem representação no CONAMA, os estados, no âmbito do SNMA, não têm competência para legislar sobre normas relacionadas ao meio ambiente e devem se ater às estabelecidas pelo CONAMA.

(B) O IBAMA e o Instituto Chico Mendes de Conservação da Biodiversidade são órgãos que têm por finalidade executar e fazer executar a política e as diretrizes governamentais fixadas para o meio ambiente.

(C) As unidades de proteção integral visam à manutenção dos ecossistemas e dos hábitats naturais livres de alterações causadas por interferência humana, sendo vedado o uso direto ou indireto dos seus atributos naturais.

(D) O zoneamento ecológico-econômico é o instrumento de organização do espaço urbano, obrigatório na implantação de obras e atividades públicas, por meio do qual a cidade é dividida em áreas sobre as quais incidem diretrizes para uso e ocupação do solo.

(E) Um parque nacional pode ser constituído por áreas particulares, caso em que a utilização da terra pelos proprietários deve ser compatibilizada com os recursos naturais da unidade.

A: Errada, pois os Estados possuem sim tal competência, que é concorrente, conforme art. 24, VI, da CF/1988. **B:** Correta, pois de acordo com a Lei 9.985/2000, em seu artigo 6º, III, são órgãos executores: o Instituto Chico Mendes e o Ibama, em caráter supletivo, os órgãos estaduais e municipais, com a função de implementar o SNUC, subsidiar as propostas de criação e administrar as unidades de conservação federais, estaduais e municipais, nas respectivas esferas de atuação. (Redação dada pela Lei 11.516/2007). **C:** Errada, pois segundo o art. 7º, § 1º, da Lei 9.985/2000, o objetivo básico das Unidades de Proteção Integral é preservar a natureza, sendo admitido apenas o uso indireto dos seus recursos naturais, com exceção dos casos previstos nesta Lei. **D:** Errada, pois o Decreto Federal 4.297/2002, art. 2º, dispõe que o ZEE, instrumento de organização do território a ser obrigatoriamente seguido na implantação de planos, obras e atividades públicas e privadas, estabelece medidas e padrões de proteção ambiental destinados a assegurar a qualidade ambiental, dos recursos hídricos e do solo e a conservação da biodiversidade, garantindo o desenvolvimento sustentável e a melhoria das condições de vida da população. **E:** Errada, pois o art. 11, § 1º, da Lei 9.985/2000 é expresso ao considerar que o Parque Nacional é de posse e domínio públicos, sendo que as áreas particulares incluídas em seus limites serão desapropriadas, de acordo com o que dispõe a lei.

Gabarito "B".

(Promotor de Justiça/RR – 2017 – CESPE) Em 2008, o governo de determinado estado da Federação criou, por lei, uma estação ecológica e, por decreto, uma reserva biológica. Em ambos os casos, os estudos técnicos foram previamente realizados, mas não houve consulta pública. Anos depois, por lei específica, o governo reduziu os limites das unidades criadas.

Considerando essa situação, assinale a opção correta.

(A) Tanto a criação quanto a redução dos limites da reserva biológica poderiam ter sido feitas por decreto.

(B) Para a criação de ambas as unidades, os estudos técnicos eram, de fato, necessários.

(C) Tanto a criação quanto a redução dos limites da estação ecológica poderiam ter sido feitas por decreto.

(D) Para a criação de ambas as unidades, a consulta pública era indispensável.

A: Errada, pois a criação ou ampliação de uma unidade de conservação pode ser feita por decreto, no entanto, a supressão e a redução das unidades de conservação somente podem ser feitas através de lei (art. 22, § 7º, da Lei 9.985/2000). **B:** Correta, porquanto, de acordo com o art. 22, § 2º, da Lei 9.985/2000, a criação de uma unidade de conservação deve ser precedida de estudos técnicos e de consulta pública que permitam identificar a localização, a dimensão e os limites mais adequados para a unidade, conforme se dispuser em regulamento. Mas no caso de criação de estação ecológica e reserva biológica não é necessário a realização de audiência pública. **C:** Errada, conforme explicitado acima (art. 22, § 7º, da Lei 9.985/2000). **D:** Errada, de modo que dispensa-se a consulta pública somente para a criação de Estação Ecológica e de Reserva Biológica (art. 22, § 4º, da Lei 9.985/2000).

Gabarito "B".

(Promotor de Justiça/RR – 2017 – CESPE) A prática da aquicultura em lagoa natural, bem como a instalação da infraestrutura física associada no entorno da lagoa e em faixa com largura mínima de cem metros, será admitida desde que

(A) seja a supressão de vegetação nativa autorizada pelo órgão ambiental competente, conforme os módulos fiscais do imóvel.

(B) esteja em conformidade com os planos de bacia ou planos de gestão de recursos hídricos, independentemente dos módulos fiscais do imóvel.

(C) seja realizado o licenciamento por órgão ambiental competente, conforme os módulos fiscais do imóvel.

(D) esteja o imóvel inscrito no cadastro ambiental rural, independentemente dos módulos fiscais do imóvel.

A: Errada, pois conforme o art. 4º, § 6º, V, da Lei 12.651/2012, desde que não implique novas supressões de vegetação nativa. **B:** Errada, pois é preciso verificar os módulos fiscais. **C:** Correta, pois de acordo com a Lei 12.651/2012 (Código Florestal), no art. 4º, II, *a*, considera-se Área de Preservação Permanente, em zonas rurais ou urbanas, as áreas no entorno dos lagos e lagoas naturais, em faixa com largura mínima de 100 (cem) metros, em zonas rurais, exceto para o corpo d'água com até 20 (vinte) hectares de superfície, cuja faixa marginal será de 50 (cinquenta) metros, logo, para a prática de aquicultura, é preciso observar alguns requisitos dependendo dos módulos fiscais do imóvel (art. 4º, § 6º, Lei 12.651/2012). **D:** Errada, pois como visto a questão demanda apreciação específica dos módulos fiscais respectivos.

Gabarito "C".

(Juiz – TRF5 – 2017 – CESPE) A Lei que instituiu o Sistema Nacional de Unidades de Conservação da Natureza (Lei 9.985/2000), em seu art. 36, estabelece a seguinte modalidade de compensação ambiental: nos casos de licenciamento ambiental de empreendimentos de significativo impacto ambiental, o empreendedor é obrigado a apoiar a implantação e a manutenção de unidade de conservação do grupo de proteção integral.

Considerando essa informação, assinale a opção que apresenta o princípio que embasa tal previsão legal, conforme a jurisprudência do Supremo Tribunal Federal (STF).

(A) função social da propriedade

(B) usuário-pagador

(C) preponderância do interesse público

(D) solidariedade intergeracional

(E) precaução

A: Errada, embora a função social da propriedade, também cognominada de função socioambiental para os fins do Direito Ambiental, à luz do art. 186, II, da CF/1988, determine que a propriedade deverá respeitar a legislação ambiental, não é este princípio que o enunciado aponta diretamente. **B:** Correta, pois segundo o STF "uma das vertentes do princípio usuário-pagador é a que impõe ao empreendedor o dever de também responder pelas medidas de prevenção de impactos ambientais que possam decorrer, significativamente, da implementação de sua empírica empreitada econômica" (ADI 3378/STF). **C:** Errada, de modo que, embora o interesse público prepondere notadamente nas questões ambientais, de sorte a constituir direito difuso, não é especificamente este princípio que atende ao enunciado da questão, o qual dá a entender, com claridade, o aspecto da compensação. **D:** Errada, de sorte que o princípio da solidariedade intergeracional diz respeito às atitudes que as gerações atuais devem tomar, no sentido de preservarem o meio ambiente e utilizá-lo de modo racional, sem que as futuras gerações sejam privadas do seu aproveitamento e, assim, do seu equilíbrio. **E:** Errada, pois, como cediço o princípio da precaução diz respeito a impacto ambiental cuja ocorrência é potencial, enquanto que a questão aponta justamente para o caráter de compensação da medida.

Gabarito "B".

(Juiz – TRF5 – 2017 – CESPE) Uma área em geral extensa, com certo grau de ocupação humana, dotada de atributos abióticos, bióticos, estéticos ou culturais especialmente importantes para a qualidade de vida e o bem-estar das populações humanas, e que tem como objetivos básicos proteger a diversidade biológica, disciplinar o processo de ocupação e assegurar a sustentabilidade do uso dos recursos naturais é considerada, pela legislação do Sistema Nacional de Unidades de Conservação da Natureza,

(A) unidade de uso sustentável da categoria área de relevante interesse ecológico.

(B) unidade de uso sustentável da categoria reserva de desenvolvimento sustentável.

(C) unidade de proteção integral da categoria área de relevante interesse ecológico.

(D) unidade de proteção integral da categoria área de proteção ambiental.

(E) unidade de uso sustentável da categoria área de proteção ambiental.

A: Errada, pois segundo o art. 16 da Lei 9.985/2000, a área de Relevante Interesse Ecológico é uma área em geral de PEQUENA extensão, com pouca ou nenhuma ocupação humana, com características naturais extraordinárias ou que abriga exemplares raros da biota regional, e tem como objetivo manter os ecossistemas naturais de importância regional ou local e regular o uso admissíveis dessas áreas, de modo compatibilizá-lo com os objetivos de conservação da natureza. **B:** Errada, pois segundo o art. 20 da Lei 9.985/2000, a Reserva de Desenvolvimento Sustentável é uma área natural que abriga populações tradicionais, cuja existência baseia-se em sistemas sustentáveis de exploração dos recursos naturais, desenvolvidos ao longo de gerações e adaptados às condições ecológicas locais e que desempenham um papel fundamental na proteção da natureza e na manutenção da diversidade biológica. **C:** Errada, pois a Área de Relevante Interesse Ecológico constitui unidade de conservação pertencente ao Grupo das Unidades de Uso Sustentável, consoante o art. 14, II, da Lei 9.985/2000. **D:** Errada, pois a Área de Proteção Ambiental constitui unidade de conservação pertencente ao Grupo das Unidades de Uso Sustentável, consoante o art. 14, I, da Lei 9.985/2000. **E:** Correta, pois reflete a literalidade do art. 15 da lei 9.985/2000, *in litteris*: "Lei 9985/2000 Art. 15. A Área de Proteção Ambiental é uma área em geral extensa, com um certo grau de ocupação humana, dotada de atributos abióticos, bióticos, estéticos ou culturais especialmente importantes para a qualidade de vida e o bem-estar das populações humanas, e tem como objetivos básicos proteger a diversidade biológica, disciplinar o processo de ocupação e assegurar a sustentabilidade do uso dos recursos naturais.

Gabarito "E".

(Juiz de Direito/DF – 2016 – CESPE) De acordo com a Lei n.º 9.985/2000, que instituiu o Sistema Nacional de Unidades de Conservação (SNUC), assinale a opção correta.

(A) Pode haver área particular localizada em unidade de conservação designada como Monumento Natural; nessas áreas, no entanto, não pode haver criação de animais domésticos nem plantio de qualquer espécie, sendo vedada essa autorização, se houver, no plano de manejo.

(B) O parque nacional, a reserva de fauna, a estação ecológica e o refúgio de vida silvestre constituem exemplos, nos termos da lei, de unidades de proteção integral.

(C) A presença de habitantes é inadmissível na floresta nacional, área com cobertura florestal de espécies predominantemente nativas e de posse e domínio públicos.

(D) As pesquisas científicas, realizadas em estação ecológica, que gerem impacto superior à simples observação ou à coleta controlada de componentes dos ecossistemas devem ocorrer em área correspondente a, no máximo, 3% da extensão total da unidade e até o limite de 1.500 hectares.

(E) O subsolo e o espaço aéreo também integram os limites das unidades de conservação, e se consideram incluídos na proteção ambiental conferida à unidade, ainda que não constem no ato de criação ou no plano de manejo.

A: incorreta. O Monumento Natural pode ser constituído por áreas particulares, desde que seja possível compatibilizar os objetivos da unidade com a utilização da terra e dos recursos naturais do local pelos proprietários. Não há, por sua vez, qualquer vedação expressa para a criação de animais domésticos nem plantio de qualquer espécie. Somente se houver incompatibilidade entre os objetivos da área e as atividades privadas ou não houver aquiescência do proprietário às condições propostas pelo órgão responsável pela administração da unidade para a coexistência do Monumento Natural com o uso da propriedade, a área deve ser desapropriada; **B:** incorreta. Ao contrário das demais espécies elencadas, a reserva de fauna não é uma unidade de conservação de proteção integral, mas de uso sustentável; **C:** incorreta. Nas Florestas Nacionais é admitida a permanência de populações tradicionais que as habitam quando de sua criação, em conformidade com o disposto em regulamento e no Plano de Manejo da unidade (art. 17, § 2º, Lei 9.985/2000); **D:** correta. Trata-se da transcrição do art. 9º, § 4º, IV, da Lei 9.985/2000, que dispõe que na Estação Ecológica só serão permitidas alterações dos ecossistemas no caso de pesquisas científicas cujo impacto sobre o ambiente seja maior do que aquele causado pela simples observação ou pela coleta controlada de componentes dos ecossistemas, em uma área correspondente a no máximo três por cento da extensão total da unidade e até o limite de mil e quinhentos hectares; **E:** incorreta. Segundo o art. 24 da Lei 9.985/2000, "O subsolo e o espaço aéreo, sempre que influírem na estabilidade do ecossistema, integram os limites das unidades de conservação". Isto é, somente se influírem na estabilidade do ecossistema e desde que previstos no ato de criação e no plano de manejo, a depender da unidade. Além disso, o Decreto 4340/2002, um dos regulamentos da Lei 9.985/2000, dispõe que os limites da unidade de conservação, em relação ao subsolo, são estabelecidos: I - no ato de sua criação, no caso de Unidade de Conservação de Proteção Integral; e II - no ato de sua criação ou no Plano de Manejo, no caso de Unidade de Conservação de Uso Sustentável.

Gabarito "D".

(Juiz de Direito/AM – 2016 – CESPE) Considerando que se confere especial proteção ambiental a áreas com características ambientais relevantes, assinale a opção correta.

(A) Pode haver, indistintamente, APPs e áreas de reserva legal em propriedades urbanas e rurais.

(B) A identificação física de determinadas APPs depende da edição de ato normativo, sendo outras APPs identificáveis por sua localização, a partir de mera aplicação do Código Florestal.

(C) Nas unidades de conservação situadas em áreas particulares, é de direito privado o regime jurídico especial de proteção que impõe restrições ao uso do solo.

(D) A criação de espaços territoriais especialmente protegidos constitui uma das metas da Política Nacional do Meio Ambiente.

(E) Segundo o Código Florestal, as APPs são áreas protegidas, cobertas por vegetação nativa, com a função de preservar os recursos hídricos e a biodiversidade.

A: incorreta. Enquanto as APPs podem incidir sobre imóveis urbanos e rurais, a reserva legal incide somente sobre imóveis rurais, ao teor do art. 12 da Lei 12.651/2012 (Código Florestal); **B:** correta. Há dois grupos de APP's: (i) por força de lei, isto é, pela sua simples localização, consoante as espécies do art. 4º do Código Florestal; e (ii) aquelas declaradas de interesse social por ato do Chefe do Poder Executivo, dispostas no art. 6º do Código Florestal; **C:** incorreta. As unidades de conservação, inclusive situadas em áreas particulares, estão sob regime especial de administração, ao qual se aplicam garantias adequadas de proteção; **D:** incorreta. A criação de espaços territoriais especialmente protegidos constitui um dos *instrumentos* – e não metas – da Política Nacional do Meio Ambiente (art. 9º, VI, Lei 6.938/81); **E:** incorreta. Segundo o Código Florestal, as APPs são áreas protegidas, cobertas ou não por vegetação nativa, com a função de preservar os recursos hídricos e a biodiversidade. Em outras palavras, áreas não cobertas por vegetação nativa também podem ser APP.

Gabarito "B".

(Analista – Ministério do Meio Ambiente – 2011 – CESPE) Com base na Lei n. 9.985/2000, que instituiu o Sistema Nacional de Unidades de Conservação da Natureza (SNUC) e estabeleceu critérios e normas para a criação, implantação e gestão de unidades de conservação, julgue os itens a seguir.

(1) Por ocuparem áreas privadas, as Reservas Particulares do Patrimônio Natural (RPPN) não integram o SNUC.

(2) É proibida a realização de pesquisas científicas em áreas de florestas nacionais.

1: incorreta, pois tais reservas são consideradas sim, unidades de conservação, classificadas pela Lei 9.985/2000 como unidades de uso sustentável (art. 14, VII, da lei citada); **2:** incorreta, pois a Floresta Nacional tem também, como objetivo, a pesquisa científica (art. 17, *caput*, da Lei 9.985/2000).

Gabarito 1E, 2E

(Magistratura/PB – 2011 – CESPE) Considerando a disciplina legal das unidades de conservação, assinale a opção correta.

(A) As unidades de conservação de proteção integral, mas não as de uso sustentável, devem dispor de plano de manejo disponível para consulta do público na sede da unidade de conservação e no centro de documentação do órgão executor.

(B) Inseridas no grupo das unidades de conservação de uso sustentável, as áreas de proteção ambiental podem ser constituídas tanto por terras públicas quanto por terras privadas.

(C) As áreas particulares incluídas nos limites de floresta nacional podem permanecer nas mãos dos seus proprietários, somente sendo necessária a desapropriação se não houver aquiescência do dono às condições propostas pelo órgão público responsável pela administração da unidade.

(D) Sendo o objetivo básico das unidades de proteção integral manter os ecossistemas livres de alterações causadas por interferência humana, não se admite o uso, mesmo indireto, dos recursos naturais nelas situados.

(E) As unidades de conservação de uso sustentável são criadas por ato do poder público, e as de proteção integral, em razão dos limites que impõem ao direito de propriedade, somente podem ser criadas por lei específica.

A: incorreta, pois esse dever existe para os dois grandes grupos de unidades de conservação (art. 16 do Decreto 4.340/2002); **B**: correta, pois há unidades de conservação de uso sustentável constituídas por terras públicas ou privadas (ex: art. 15, § 1º, da Lei 9.985/2000); **C**: incorreta, pois, caso seja instituída uma Floresta Nacional em terras particulares, estas devem ser desapropriadas (art. 17, § 1º, da Lei 9.985/2000); **D**: incorreta, pois cabe algum tipo de uso nessa categoria de unidades de conservação; o que não se admite nessas unidades é o uso direto, mas, quanto ao uso indireto, este é admitido, nos limites previstos na lei (art. 2º, VI, da Lei 9.985/2000); **E**: incorreta, pois as unidades de proteção integral também são criadas por ato do poder público (art. 22 da Lei 9.985/2000).

Gabarito "B."

(Procurador Federal – 2010 – CESPE) Julgue os itens a seguir, no que se refere ao meio ambiente.

(1) A pesquisa científica a ser desenvolvida nas reservas biológicas não depende de autorização administrativa do órgão responsável pela unidade, mas apenas da observância das condições estabelecidas em regulamento.

(2) As áreas de relevante interesse ecológico podem ser constituídas por terras públicas e particulares, em uma área em geral de pequena extensão, com pouca ou nenhuma ocupação humana, com características naturais extraordinárias ou que abrigue exemplares raros da biota regional, e têm como objetivo manter os ecossistemas naturais de importância regional ou local, regulando o uso admissível dessas áreas, de modo a compatibilizá-lo com os objetivos de conservação da natureza.

1: incorreta (art. 10, § 3º, da Lei 9.985/2000); **2**: correta (art. 16 da Lei 9.985/2000)

Gabarito 1E, 2C

(Ministério Público/ES – 2010 – CESPE) O texto constitucional prevê a criação de espaços territoriais especialmente protegidos, denominados unidades de conservação (UCs), como um dos instrumentos de tutela da natureza. Acerca desse tema, assinale a opção correta.

(A) Para iniciar a exploração econômica de uma área de floresta, basta o proprietário rural averbar em cartório, na escritura pública, uma área mínima de reserva legal.

(B) A criação de uma UC não exige consulta pública, pois é competência dos órgãos executores integrantes do Sistema Nacional do Meio Ambiente em caráter exclusivo.

(C) Na demarcação de qualquer UC, deve-se considerar o estabelecimento de corredores ecológicos e zonas de amortecimento.

(D) Mosaico de UCs compreende uma justaposição ou superposição, reconhecida formalmente pelo Ministério do Meio Ambiente, de UCs de diversas categorias, seja públicas, seja privadas.

(E) Estação ecológica é uma UC de proteção integral com finalidade de preservar a biota e os demais atributos naturais, sendo vedada qualquer ingerência humana em seus limites.

A: incorreta, pois é necessário fazer licenciamento ambiental; **B**: incorreta, pois é necessário fazer consulta pública (art. 22, § 2º, da Lei 9.985/2000) e não são somente os órgãos executores que podem criar uma unidade de conservação; **C**: incorreta, pois as zonas de amortecimento não são obrigatórias para todas as unidades de conservação e os corredores ecológicos somente devem ser criados quando convenientes (art. 25 da Lei 9.985/2000); **D**: correta (art. 26 da Lei 9.985/2000); **E**: incorreta, pois o conceito trazido é de Reserva Biológica (art. 10 da Lei 9.985/2000); a Estação Ecológica tem por objetivo a preservação da natureza e a realização de pesquisas científicas, admitindo a pesquisa e a visitação para fins educacionais (art. 9 da Lei 9.985/2000).

Gabarito "D."

(Ministério Público/TO – 2012 – CESPE) No que se refere ao SNUC, assinale a opção correta.

(A) No SNUC, o regime jurídico mais restritivo é o que trata da unidade de conservação denominada reserva ecológica.

(B) A reserva da biosfera é uma unidade de proteção integral cuja instituição depende da edição de lei.

(C) A categoria unidades de uso sustentável inclui área de proteção ambiental e área de relevante interesse ecológico.

(D) O SNUC é formado por duas categorias de unidades de conservação definidas por seus atributos bióticos e abióticos. As unidades de proteção integral, considerando-se a diversidade de seus biomas, classificam-se em unidades de proteção integral megadiversas e unidades de proteção integral multimodais.

A: incorreta, pois sequer há unidade de conservação denominada "reserva ecológica". Há, sim, a reserva biológica (art. 8º, II, da Lei 9.985/2000) e a estação ecológica (art. 8º, I, da Lei 9.985/2000), ambas subespécies de unidades de conservação de proteção integral; **B**: incorreta. A Reserva da Biosfera não é uma subespécie de unidade de proteção integral (*vide* rol do art. 8º da Lei 9.985/2000). Constitui, em verdade, um modelo, adotado internacionalmente, de gestão integrada, participativa e sustentável dos recursos naturais, com os objetivos básicos de preservação da diversidade biológica, o desenvolvimento de atividades de pesquisa, o monitoramento ambiental, a educação ambiental, o desenvolvimento sustentável e a melhoria da qualidade de vida das populações (art. 41 da Lei 9.985/2000), podendo ser integrada por unidades de conservação já criadas pelo Poder Público (§ 3º, do mesmo dispositivo legal citado); **C**: correta (arts. 14, I e II, 15 e 16, todos da Lei 9.985/2000); **D**: incorreta. Não existe a classificação das unidades de conservação contida na assertiva em análise, bastando, para tanto, a leitura do art. 7º, §§ 1º e 2º, da Lei 9.985/2000, que nos traz os objetivos da criação de unidades de conservação de proteção integral e de uso sustentável.

Gabarito "C."

(Advogado da União/AGU – CESPE – 2012) Julgue os itens que se seguem.

(1) Unidade de conservação corresponde a um espaço territorial protegido — coberto ou não por vegetação nativa — cuja função é permitir a preservação dos recursos hídricos, da paisagem, da estabilidade geológica e da biodiversidade; facilitar o fluxo gênico de fauna e flora; garantir a proteção do solo; e assegurar o bem-estar das populações humanas.

(2) São matérias sujeitas ao princípio da reserva legal a alteração e a supressão do regime jurídico pertinente aos espaços territoriais especialmente protegidos, ainda que sua delimitação tenha sido determinada por decreto.

1: incorreta, pois considera-se unidade de conservação o espaço territorial e seus recursos ambientais, incluindo as águas jurisdicionais, com características naturais relevantes, legalmente instituído pelo Poder Público, com objetivos de conservação e limites definidos, sob regime especial de administração, ao qual se aplicam garantias adequadas de proteção (art. 2º, I, Lei 9.985/2000). O conceito de unidade de conservação não se confunde com o de área de preservação permanente, definida no art. 3º, II, da Lei 12.651/2012 (Código Florestal) como a área protegida, coberta ou não por vegetação nativa, com a função ambiental de preservar os recursos hídricos, a paisagem, a estabilidade geológica e a biodiversidade, facilitar o fluxo gênico de fauna e flora, proteger o solo e assegurar o bem-estar das populações humanas; **2**: incorreta, pois a alteração, por exemplo, de uma unidade de conservação, de molde a ampliá-la, não exigirá, necessariamente, lei, mas, sim, instrumento normativo do mesmo nível hierárquico que a criou (art. 22, § 6º, Lei 9.985/2000).

Gabarito 1E, 2E

(Magistratura Federal/1ª região – 2011 – CESPE) O texto constitucional prevê a criação de espaços territoriais especialmente protegidos como forma de assegurar o exercício ao direito fundamental relacionado ao meio ambiente. Sobre espaços territoriais, unidades de conservação e o Sistema Nacional de Unidades de Conservação, assinale a opção correta.

(A) A unidade de conservação pode ser criada por meio de lei ou decreto, e, em caso de abranger área particular, não se aplica a desafetação, pois o domínio não se transmite ao poder público, em nenhuma circunstância.
(B) Os espaços territoriais previstos na CF dizem respeito apenas às porções do território nacional, isto é, pertencentes à União, não podendo atingir áreas estaduais ou municipais.
(C) A necessidade de manutenção de cobertura vegetal protetora de recursos hídricos e da estrutura do solo justifica a proteção de determinado espaço territorial.
(D) A legislação prevê, de forma taxativa, como espaços passíveis de proteção, áreas marginais a cursos de água, topos de morros e montanhas, escarpas e bordas de tabuleiros e chapadas, restingas.
(E) No regime jurídico das unidades de conservação, não há previsão de tratamento às populações tradicionais habitantes de área a ser protegida pelo poder público.

A: incorreta. A unidade de conservação pode ser criada por ato do poder público. Porém, conforme estabelece a CF, em seu art. 225, § 1º, III, a alteração e a supressão somente são permitidas através de lei; **B:** incorreta, pois os espaços territoriais previstos na CF não são pertencentes, exclusivamente, à União. Atingem áreas estaduais e municipais. Pode ser citado o exemplo da Mata Atlântica, que ocorre em áreas públicas ou privadas; **C:** correta, pois uma unidade de conservação abrange o espaço territorial e seus recursos ambientais, que devem ser preservados e submetidos a um regime especial de utilização. Por exemplo, uma área de preservação permanente (APP) tem a função ambiental de preservar os recursos hídricos e de proteger o solo, além e outras funções; **D:** incorreta, pois a enumeração não está completa e não é taxativa. Por exemplo, são protegidas as serras, as encostas, e os mangues; **E:** incorreta, pois, nos termos do art. 4º, XIII, da Lei do SNUC (do Sistema Nacional das Unidades de Conservação), Lei n. 9.985/2000, é objetivo do sistema proteger os recursos naturais necessários à subsistência de populações tradicionais, respeitando e valorizando seu conhecimento e sua cultura e promovendo-as social e economicamente.

Gabarito "C"

(Magistratura Federal/3ª região – 2011 – CESPE) Assinale a opção correta, no que diz respeito às áreas de preservação permanente e às unidades de conservação.

(A) As florestas nacionais, como áreas com coberturas florestais de espécies predominantemente nativas, são de posse e domínio públicos, devendo as áreas particulares nelas incluídas ser desapropriadas.
(B) As unidades de conservação de proteção integral visam à manutenção dos ecossistemas livres de alterações causadas por interferência humana, proibido o uso, ainda que indireto, dos seus atributos naturais.
(C) A legislação permite a supressão parcial – e nunca a total – de florestas de preservação permanente quando necessária à execução de obras, atividades ou projetos de utilidade pública ou interesse social.
(D) O acesso de pessoas e animais às áreas de preservação permanente é terminantemente vedado, como forma de não comprometer a regeneração e a manutenção, a longo prazo, da vegetação nativa.
(E) Considera-se área de preservação permanente a localizada no interior de propriedade ou posse rural, necessária ao uso sustentável dos recursos naturais, à conservação e reabilitação dos processos ecológicos, à conservação da biodiversidade e ao abrigo e proteção de fauna e flora nativas.

A: correta, pois é o que estabelece o art. 17 da Lei n. 9.985/2000; **B:** incorreta, pois é admitido o uso indireto dos seus recursos naturais (art. 7º, § 1º, da Lei n. 9.985/2000); **C:** incorreta, pois o Código Florestal já revogado (Lei n. 4.771/1965) permitia a supressão total no art. 3º, § 1º: "§ 1º A supressão total ou parcial de florestas de preservação permanente só será admitida com prévia autorização do Poder Executivo Federal, quando for necessária à execução de obras, planos, atividades ou projetos de utilidade pública ou interesse social", os arts. 7º e 8º da Lei 12.651/2012 (novo Código Florestal) dispõem sobre a forma de supressão das áreas de preservação permanente; **D:** incorreta, pois o revogado Código Florestal (Lei n. 4.771/1965) não vedava, de forma absoluta, o acesso de pessoas e animais às áreas de preservação permanente, como se depreende do art. 4º, § 7º: "É permitido o acesso de pessoas e animais às áreas de preservação permanente, para obtenção de água, desde que não exija a supressão e não comprometa a regeneração e a manutenção a longo prazo da vegetação nativa. art. 17 da Lei n. 9.985/2000" e dispõe art. 9º Lei 12.651/2012 (novo Código Florestal):" É permitido o acesso de pessoas e animais às Áreas de Preservação Permanente para obtenção de água e para realização de atividades de baixo impacto ambiental"; **E:** incorreta, pois a definição correspondia à de área de reserva legal, nos termos do art. 1º, § 2º, III, do então Código Florestal e assim dispõe o art. 3º da lei 12.651/2012 (novo Código Florestal) em seu inciso "II – Área de Preservação Permanente – APP: área protegida, coberta ou não por vegetação nativa, com a função ambiental de preservar os recursos hídricos, a paisagem, a estabilidade geológica e a biodiversidade, facilitar o fluxo gênico de fauna e flora, proteger o solo e assegurar o bem-estar das populações humanas".

Gabarito "A"

7.3. ZONEAMENTO AMBIENTAL

(Analista – Ministério do Meio Ambiente – 2011 – CESPE) Com relação ao ordenamento territorial e ao ZEE, julgue os itens a seguir.

(1) O ordenamento territorial visa estabelecer o controle regulatório sobre todas as atividades antrópicas que utilizem ou degradem elementos da biosfera e que, por conseguinte, atentem contra o direito à vida. Por esse motivo, o zoneamento ambiental, instrumento da Política Nacional do Meio Ambiente, foi erigido como direito fundamental da pessoa humana e de toda a comunidade biótica.
(2) Na implantação de planos, obras e atividades, tanto públicas quanto privadas, o zoneamento ecológico e econômico (ZEE) é um instrumento de organização territorial que deve ser obrigatoriamente seguido.
(3) Na distribuição espacial das atividades econômicas, devem ser consideradas a importância ecológica, as limitações e as fragilidades dos ecossistemas e devem ser estabelecidas vedações, restrições e alternativas de exploração do território.
(4) O ZEE estabelece medidas e padrões de proteção ambiental para garantir o desenvolvimento sustentável e a melhoria das condições de vida da população.
(5) Os produtos resultantes do ZEE devem ser armazenados exclusivamente em formato eletrônico e, como são indispensáveis à segurança e à integridade do território nacional, não podem ser disponibilizados para o público em geral.

1: incorreta, pois o zoneamento ambiental, em que pese a sua importância, não é trazido pela Constituição como direito fundamental da pessoa humana; **2:** correta (art. 2º do Decreto 4.297/2002); **3:** correta (art. 3º, parágrafo único, do Decreto 4.297/2002); **4:** correta (art. 2º do Decreto 4.297/2002); **5:** incorreta, pois devem ser disponibilizados para o público em geral (art. 15, parágrafo único, do Decreto 4.297/2002).

Gabarito 1E, 2C, 3C, 4C, 5E

(Analista – Ministério do Meio Ambiente – 2011 – CESPE) Julgue os itens subsequentes, referentes a ordenamento territorial e ao zoneamento ecológico-econômico (ZEE).

(1) As diretrizes para a elaboração do ZEE prescindem da descrição de programas e projetos do governo municipal, bem como das suas respectivas fontes de recursos, visto que, por serem apenas diretrizes, não estabelecem diretivas específicas.
(2) Os pressupostos que devem ser observados na elaboração e na implementação de um ZEE incluem a apresentação de

termo de referência detalhado e de equipe de coordenação composta por pessoal técnico habilitado.

(3) Entre os pressupostos institucionais que devem ser apresentados pelos executores do ZEE incluem-se a base de informações compartilhadas entre os diversos órgãos da administração pública e o compromisso de encaminhamento periódico dos resultados e dos produtos gerados à comissão coordenadora do ZEE.

(4) Orientado pelos princípios da utilidade e da simplicidade, o ZEE deve permitir a divisão do território em zonas que, individualmente, devem conter, no mínimo, cinco faixas de geoprocessamento, definidas por meio de diagnóstico ambiental multidisciplinar.

1: incorreta, pois, segundo o art. 14, *caput*, do Decreto 4.297/2002, há de se observar não só diretrizes gerais, como específicas também; **2:** correta (art. 8º, I e II, do Decreto 4.297/2002); **3:** correta (art. 9º, II e IV, do Decreto 4.297/2002); **4:** incorreta, pois o ZEE deve (e não "pode") dividir os territórios em zonas, não havendo, também, qualquer referência às cinco faixas de geoprocessamento (art. 11, *caput*, do Decreto 4.297/2002), fazendo-o segundo os critérios do art. 12 do Decreto citado.

Gabarito 1E, 2C, 3C, 4E

(Magistratura/ES – 2011 – CESPE) A respeito do zoneamento ambiental, instrumento da PNMA, assinale a opção correta.

(A) O citado instrumento foi instituído como consequência do processo de licenciamento ambiental, para o devido controle de instalação e(ou) operacionalização de atividade ou empreendimento que utilizem recursos ambientais ou que sejam potencialmente lesivos ao ambiente.

(B) No interior das zonas de uso predominantemente industrial, ao contrário do que ocorre com as zonas de uso estritamente industrial, prescinde-se de área de proteção ambiental destinada à redução dos efeitos da poluição, uma vez que, nelas, o controle e o tratamento de efluentes são meios suficientes para a manutenção da qualidade ambiental.

(C) Esse instrumento divide-se em duas categorias: zoneamento preventivo e zoneamento correcional; o primeiro objetiva regular o uso e a ocupação do solo, e o segundo, vetar, total ou parcialmente, a realização de atividades potencialmente lesivas ao meio ambiente.

(D) No referido zoneamento, são previstas as chamadas zonas de uso diversificado, destinadas à localização de estabelecimentos industriais cujo processo produtivo complemente atividades do meio urbano ou rural em que se encontrem situados e com elas se compatibilizem sem que seja necessário o uso de métodos especiais de controle de poluição.

(E) O referido zoneamento compreende as zonas de uso estritamente industrial, destinadas às atividades industriais de impacto reduzido, que podem ser compatibilizadas com as zonas residenciais em seu interior ou entorno, desde que sujeitas a monitoramento intensivo.

A: incorreta, pois o zoneamento ambiental consiste na delimitação geográfica de áreas territoriais com o objetivo de estabelecer regimes especiais de uso, gozo e fruição da propriedade; a ideia é planejar e organizar a utilização de espaços territoriais para que não haja conflitos entre as zonas de conservação do meio ambiente, as zonas de produção industrial, as zonas de habitação das pessoas, dentre outras; nesse sentido o objetivo é prévio à ideia de licenciamento ambiental (e não consequência deste), devendo-se observar, no licenciamento ambiental, se o local comportará o tipo de empreendimento pleiteado pelo empreendedor; **B:** incorreta, pois no interior das zonas de uso predominantemente industrial é necessário sim dispor, em seu interior, de áreas de proteção ambiental destinadas à redução dos efeitos da poluição (art. 3º, parágrafo único, II, da Lei 6.803/1980); **C:** incorreta, pois há três categorias de zoneamento industrial: i) zonas de uso estritamente residencial; ii) zonas de uso predominantemente industrial; iii) zonas de uso diversificado (art. 1º, § 1º, da Lei 6.803/1980); **D:** correta (art. 4º da Lei 6.803/1980); **E:** incorreta, pois as zonas de uso estritamente industrial destinam-se às atividades industriais que possam causar perigo à saúde, ao bem-estar e à segurança das populações (art. 2º, *caput*, da Lei 6.803/1980).

Gabarito "D"

(Magistratura Federal/1ª região – 2011 – CESPE) A tutela do meio ambiente envolve a institucionalização de normas, o estabelecimento de objetivos e princípios claros, a identificação de instrumentos efetivos de proteção bem como a organização de uma estrutura que possa realmente implementar a política ambiental. A respeito desse tema, assinale a opção correta.

(A) O relatório de qualidade do meio ambiente, instrumento da Política Nacional do Meio Ambiente, é entendido como aplicação do princípio da responsabilização.

(B) Os instrumentos ambientais relacionados ao exercício do poder de polícia não podem ensejar impactos no custo da produção, mesmo que em defesa do meio ambiente.

(C) O padrão de qualidade ambiental é instrumento abrangente que representa uma análise do impacto de certo empreendimento na ocasião de sua instalação.

(D) A criação de zonas estritamente industriais envolvendo a instalação de polos cloroquímicos é matéria que se encontra na esfera da competência concorrente entre a União e os estados.

(E) O zoneamento econômico ecológico constitui instrumento de organização territorial, de caráter obrigatório e vinculado.

A: incorreta, pois, nos termos do art. 9º, X, (Incluído pela Lei n. 7.804, de 1989) da Lei n. 6.938/1981, constitui instrumento da Política Nacional do Meio Ambiente, *a instituição do Relatório de Qualidade do Meio Ambiente, a ser divulgado anualmente pelo Instituto Brasileiro do Meio Ambiente e Recursos Naturais Renováveis – IBAMA*. O relatório não tem por objetivo apenas a responsabilização, mas também a prevenção. Conforme o IBAMA (http://www.ibama.gov.br/rqma/objetivos, acesso em 09.06.2013), os objetivos do RQMA são: "Objetivo geral: Compilar, descrever e publicar informações sobre a qualidade do meio ambiente no Brasil para subsidiar o processo de tomada de decisão dos atores envolvidos na gestão ambiental; Seus objetivos específicos são: Ser instrumento de divulgação do estado da qualidade do meio ambiente brasileiro para a sociedade; Facilitar o fluxo de informações e articulação entre as diferentes áreas e órgãos que tratam das questões ambientais para melhoria da gestão ambiental; Respaldar o estabelecimento e avaliação de ações voltadas para a preservação, conservação, melhoria e a recuperação da qualidade ambiental e do equilíbrio ecológico. Fortalecer o SINIMA e propiciar que órgãos do SISNAMA acessem e contribuam com as informações contidas no Relatório"; **B:** incorreta, pois a o impacto nos custos decorre, exatamente, da aplicação do princípio do poluidor-pagador, assim descrito por Antonio Herman V. Benjamin ("O princípio poluidor-pagador e a reparação do dano ambiental". In: *Dano ambiental: prevenção, reparação e repressão*, Coord. Antonio H. V. Benjamin, São Paulo: Revista dos Tribunais, 1993, p. 229), "o objetivo maior do princípio poluidor-pagador é fazer com que os custos das medidas de proteção do meio ambiente – as externalidades ambientais – repercutam nos custos finais de produtos e serviços cuja produção esteja na origem da atividade poluidora. Em outras palavras, busca-se fazer com que os agentes que originaram as externalidades 'assumam os custos impostos a outros agentes, produtores e/ou consumidores'"; **C:** incorreta, pois o padrão de qualidade ambiental não se obtém pela análise de um empreendimento específico, mas sim pela qualidade do meio ambiente como um todo; **D:** incorreta, pois Lei n. 6.803/1980, que dispõe sobre as diretrizes básicas para o zoneamento industrial nas áreas críticas de poluição, dispõe, no § 2º do art. 10 que caberá exclusivamente à União, ouvidos os Governos Estadual e Municipal interessados, aprovar a delimitação e autorizar a implantação de zonas de uso estritamente industrial que se destinem à localização de polos petroquímicos, cloroquímicos, carboquímicos, bem como a instalações nucleares e outras definidas em lei; **E:** correta, pois o zoneamento ecológico-econômico (ZEE) é um instrumento da Política Nacional do Meio Ambiente (art. 9º, II, da Lei n. 6.938/1981) voltado à organização territorial. O Decreto 4.297, de 10 de julho de 2002, que o regulamenta, estabelece em seu art. 3º o seu caráter obrigatório e vinculado: "O ZEE tem por objetivo geral organizar, de forma vinculada, as decisões dos agentes públicos e privados quanto a planos, programas, projetos e atividades que, direta ou indiretamente, utilizem recursos naturais, assegurando a plena manutenção do capital e dos serviços ambientais dos ecossistemas".

Gabarito "E"

(Magistratura Federal/3ª região – 2011 – CESPE) Assinale a opção correta a respeito do EIA.

(A) No EIA, deve ser desenvolvido diagnóstico ambiental da área de influência do projeto, considerados o meio físico, o biológico e os ecossistemas naturais, sendo de responsabilidade do RIMA a análise do meio socioeconômico e das relações de dependência entre a sociedade local, os recursos ambientais e a potencial utilização futura desses recursos.

(B) O elenco de atividades que dependem do EIA e respectivo RIMA consta exemplificativamente da lei, podendo o órgão ambiental competente, a seu critério, exigir a apresentação do EIA/RIMA em outras hipóteses que julgar relevantes.

(C) No caso de empreendimentos e atividades sujeitos ao EIA, verificada a necessidade de complementação dos esclarecimentos prestados, o órgão ambiental competente poderá, de modo unilateral, independentemente da participação do empreendedor, exigir providências suplementares, cujo descumprimento implica o indeferimento sumário do pedido de licença.

(D) A audiência pública não é etapa que deva preceder obrigatoriamente a realização do EIA, sendo necessária apenas quando solicitada pelo órgão ambiental responsável pela concessão do licenciamento, o único que dispõe de legitimidade para requerê-la.

(E) Pertence ao empreendedor que pretenda a liberação ambiental de seus projetos o dever de pagar as custas do EIA, sujeitando-se, ele e os profissionais que subscrevam os estudos, à responsabilidade nas instâncias administrativa, civil e penal pelas informações apresentadas.

A: incorreta, pois também é de responsabilidade do EIA a análise do meio socioeconômico. Assim dispõe o art. 6º da Resolução CONAMA 01/1986: "Artigo 6º – O estudo de impacto ambiental desenvolverá, no mínimo, as seguintes atividades técnicas: I – Diagnóstico ambiental da área de influência do projeto completa descrição e análise dos recursos ambientais e suas interações, tal como existem, de modo a caracterizar a situação ambiental da área, antes da implantação do projeto, considerando: a) o meio físico – o subsolo, as águas, o ar e o clima, destacando os recursos minerais, a topografia, os tipos e aptidões do solo, os corpos d'água, o regime hidrológico, as correntes marinhas, as correntes atmosféricas; b) o meio biológico e os ecossistemas naturais – a fauna e a flora, destacando as espécies indicadoras da qualidade ambiental, de valor científico e econômico, raras e ameaçadas de extinção e as áreas de preservação permanente; c) o meio socioeconômico – o uso e ocupação do solo, os usos da água e a socioeconômico, destacando os sítios e monumentos arqueológicos, históricos e culturais da comunidade, as relações de dependência entre a sociedade local, os recursos ambientais e a potencial utilização futura desses recursos. II – Análise dos impactos ambientais do projeto e de suas alternativas, através de identificação, previsão da magnitude e interpretação da importância dos prováveis impactos relevantes, discriminando: os impactos positivos e negativos (benéficos e adversos), diretos e indiretos, imediatos e a médio e longo prazo, temporários e permanentes; seu grau de reversibilidade; suas propriedades cumulativas e sinérgicas; a distribuição dos ônus e benefícios sociais. III – Definição das medidas mitigadoras dos impactos negativos, entre elas os equipamentos de controle e sistemas de tratamento de despejos, avaliando a eficiência de cada uma delas. IV – Elaboração do programa de acompanhamento e monitoramento (os impactos positivos e negativos, indicando os fatores e parâmetros a serem considerados. Parágrafo único. Ao determinar a execução do estudo de impacto Ambiental o órgão estadual competente; ou o IBAMA ou quando couber, o Município fornecerá as instruções adicionais que se fizerem necessárias, pelas peculiaridades do projeto e características ambientais da área"; **B:** incorreta, pois os critérios para a exigibilidade do EIA/RIMA estão previstos no art. 2º da Resolução CONAMA n. 237/1997: "Art. 2º – A localização, construção, instalação, ampliação, modificação e operação de empreendimentos e atividades utilizadoras de recursos ambientais consideradas efetiva ou potencialmente poluidoras, bem como os empreendimentos capazes, sob qualquer forma, de causar degradação ambiental, dependerão de prévio licenciamento do órgão ambiental competente, sem prejuízo de outras licenças legalmente exigíveis. § 1º- Estão sujeitos ao licenciamento ambiental os empreendimentos e as atividades relacionadas no Anexo 1, parte integrante desta Resolução. § 2º – Caberá ao órgão ambiental competente definir os critérios de exigibilidade, o detalhamento e a complementação do Anexo 1, levando em consideração as especificidades, os riscos ambientais, o porte e outras características do empreendimento ou atividade; **C:** incorreta, pois o art. 10, § 2º, da Resolução n. 237/1997, garante a participação do empreendedor: "No caso de empreendimentos e atividades sujeitos ao estudo de impacto ambiental – EIA, se verificada a necessidade de nova complementação em decorrência de esclarecimentos já prestados, conforme incisos IV e VI, o órgão ambiental competente, mediante decisão motivada e com a participação do empreendedor, poderá formular novo pedido de complementação"; **D:** incorreta, pois o art. 2º da Resolução CONAMA n. 9/1987 estabelece quem pode solicitar a audiência pública: "Sempre que julgar necessário, ou quando for solicitado por entidade civil, pelo Ministério Público, ou por 50 (cinquenta) ou mais cidadãos, o Órgão do Meio Ambiente promoverá a realização de Audiência Pública"; **E:** correta, pois é o que estabelece o art. 11 da Resolução CONAMA n. 237/1997: "Art. 11 – Os estudos necessários ao processo de licenciamento deverão ser realizados por profissionais legalmente habilitados, às expensas do empreendedor. Parágrafo único – O empreendedor e os profissionais que subscrevem os estudos previstos no *caput* deste artigo serão responsáveis pelas informações apresentadas, sujeitando-se às sanções administrativas, civis e penais".

Gabarito "E"

8. PROTEÇÃO DA FLORA. CÓDIGO FLORESTAL

(Juiz de Direito - TJ/BA - 2019 - CESPE/CEBRASPE) Em 2006, um imóvel rural localizado no bioma caatinga e fora da Amazônia Legal foi completamente desmatado por seu proprietário, que, em decorrência disso, foi autuado, no mesmo ano, pelo órgão ambiental federal competente e penalizado com multa.

Nessa situação hipotética, para eximir-se do pagamento da multa, basta ao proprietário

(A) aderir ao Programa de Regularização Ambiental e assinar termo de compromisso de reparação integral do dano.

(B) inscrever o imóvel no Cadastro Ambiental Rural, aderir ao Programa de Regularização Ambiental e adquirir cotas de reserva ambiental para reparar 80% do dano.

(C) inscrever o imóvel no Cadastro Ambiental Rural, aderir ao Programa de Regularização Ambiental, assinar termo de compromisso e reparar 50% do dano.

(D) inscrever o imóvel no Cadastro Ambiental Rural, aderir ao Programa de Regularização Ambiental, assinar termo de compromisso e reparar integralmente o dano.

(E) inscrever o imóvel no Cadastro Ambiental Rural, adquirir cotas de reserva ambiental e se comprometer a recuperar 50% da área degradada.

A Lei 12.651/12 (Código Florestal) instituiu o Programa de Regularização Ambiental-PRA (art. 59), destinado a adequar os imóveis rurais ao sistema de proteção às áreas ambientais especiais. Relevante destacar que as infrações cometidas antes de 22 de julho de 2008 submetem-se a um regime peculiar, considerado constitucional pelo Supremo Tribunal Federal (ADC 42 e outros). Esta data constitui o "marco zero na gestão ambiental do país", ou seja, um marco para a incidência das regras de intervenção em Área de Preservação Permanente ou de Reserva Legal. Nesse sentido, as multas aplicadas por infrações envolvendo áreas ambientais especiais praticadas antes de julho de 2008 podem ser anistiadas, desde que cumpridas determinadas condições (art. 59, §§2º a 5º): (a) aderir ao PRA; (b) inscrição do imóvel no Cadastro Ambiental Rural (registro público eletrônico de âmbito nacional, obrigatório para todos os imóveis rurais); (c) assinatura de termo de compromisso ambiental; e (d) reparação integral do dano. RB

Gabarito "D"

(Juiz – TJ/CE – 2018 – CESPE) Com base no Código Florestal – Lei 12.651/2012 –, assinale a opção correta.

(A) Para que uma área protegida seja considerada área de preservação permanente é necessário que ela seja totalmente coberta de vegetação nativa e que esteja localizada no interior de uma propriedade ou de uma posse rural.

(B) A exploração econômica de recursos naturais em área de reserva legal é expressamente proibida.

(C) Os projetos de reforma agrária não estão contemplados no conceito de pequena propriedade rural familiar, caracterizada pela exploração da terra mediante o trabalho pessoal do agricultor familiar.

(D) Todo imóvel rural localizado na Amazônia Legal deve manter área correspondente a 80% da extensão total do imóvel, com cobertura de vegetação nativa, a título de reserva legal.

(E) Uma área coberta de florestas e que exerce a função de proteger várzeas pode ser considerada de preservação permanente se declarada de interesse social por ato do chefe do Poder Executivo.

A: Errada, pois de acordo com o art. 3º, II, da Lei 12.651/2012, Área de Preservação Permanente – APP é área protegida, coberta ou não por vegetação nativa, com a função ambiental de preservar os recursos hídricos, a paisagem, a estabilidade geológica e a biodiversidade, facilitar o fluxo gênico de fauna e flora, proteger o solo e assegurar o bem-estar das populações humanas; bem como segundo o art. 4º, considera-se Área de Preservação Permanente, em zonas rurais ou urbanas, para os efeitos desta Lei. **B:** Errada, pois de acordo com o art. 3º, III, da Lei 12.651/2012, Reserva Legal é área localizada no interior de uma propriedade ou posse rural, delimitada nos termos do art. 12, com a função de assegurar o uso econômico de modo sustentável dos recursos naturais do imóvel rural, auxiliar a conservação e a reabilitação dos processos ecológicos e promover a conservação da biodiversidade, bem como o abrigo e a proteção de fauna silvestre e da flora nativa. **C:** Errada, pois de acordo com o art. 3º, V, da Lei 12.651/2012, pequena propriedade ou posse rural familiar é aquela explorada mediante o trabalho pessoal do agricultor familiar e empreendedor familiar rural, incluindo os assentamentos e projetos de reforma agrária, e que atenda ao disposto no art. 3º da Lei 11.326, de 24 de julho de 2006. **D:** Errada, pois de acordo com o art. 12 da Lei 12.651/2012, todo imóvel rural deve manter área com cobertura de vegetação nativa, a título de Reserva Legal, sem prejuízo da aplicação das normas sobre as Áreas de Preservação Permanente, observados os percentuais mínimos em relação à área do imóvel, excetuados os casos previstos no art. 68 desta Lei (Redação dada pela Lei 12.727/2012). **E:** Correta, pois de acordo com o art. 6º, III, da Lei 12.651/2012, consideram-se, ainda, de preservação permanente, quando declaradas de interesse social por ato do Chefe do Poder Executivo, as áreas cobertas com florestas ou outras formas de vegetação destinadas a uma ou mais das seguintes finalidades: [...] III – proteger várzeas;

Gabarito "E".

(Defensor Público/AC – 2017 – CESPE) Para preservar área de proteção ambiental permanente, uma lei municipal determinou recuo obrigatório de construção em propriedades situadas em localidade de certo município.

Nessa situação hipotética, ocorre restrição ao direito de propriedade denominada

(A) servidão administrativa.
(B) tombamento.
(C) apossamento administrativo.
(D) desapropriação por utilidade pública.
(E) limitação administrativa.

A: Errada, pois a servidão administrativa é um ônus real público incidente sobre uma propriedade alheia, autorizando ao poder público a usar da propriedade para permitir a execução de obras e serviços de interesse da coletividade. **B:** Errada, pois o tombamento é modalidade de intervenção na propriedade que tem por objetivo a proteção do patrimônio histórico, cultural, arqueológico, artístico, turístico ou paisagístico. **C:** Errado, pois se trata de modalidade de intervenção que ocorre quando o Poder Público, inexistindo acordo ou processo judicial adequado (como seria num procedimento de desapropriação regular), se apossa do bem particular, sem consentimento de seu proprietário, obrigando-o a ir a juízo para reclamar a indenização. **D:** Errada, pois é quando o objetivo do decreto do Poder Público é trazer comodidade e utilidade à coletividade no âmbito de intervenção da propriedade por meio de desapropriação. **E:** Correta, pois constitui medida de caráter geral, prevista em lei e com fundamento no poder de política do Estado, com limitações, no caso, em relação à propriedade, com a finalidade de possibilidade a melhor fruição do direito ao bem-estar social.

Gabarito "E".

(Procurador do Estado/SE – 2017 – CESPE) Murilo recebeu como herança um imóvel rural localizado no bioma cerrado. Sem ter como explorá-lo economicamente de forma direta, buscou uma alternativa temporária para auferir do imóvel alguma renda. Assim, por instrumento particular, delimitou temporariamente uma área de sua propriedade, sobre cujo uso fez incidirem limitações, com a finalidade de preservar, conservar e recuperar os recursos naturais ali existentes.

Com relação a essa situação hipotética e à política nacional de meio ambiente, assinale a opção correta.

(A) Após um período de dez anos, o poder público terá direito de preempção sobre o bem imóvel referido.
(B) A área à qual incidem as limitações de uso deve corresponder a, no máximo, 35% do total da propriedade.
(C) Foi instituído, na área delimitada por Murilo, um direito de superfície.
(D) Foi instituída, na área delimitada por Murilo, uma servidão ambiental.
(E) Na área delimitada por Murilo, foi instituída uma reserva particular do patrimônio natural.

A: Errada, pois segundo a Lei 6.938/1981, art. 9º-B, § 1º, o prazo mínimo da servidão ambiental temporária é de 15 (quinze) anos. **B:** Errada, pois a Lei 6.938/1981, art. 9º-A, § 3º, diz que a restrição ao uso ou à exploração da vegetação da área sob servidão ambiental deve ser, no mínimo, a mesma estabelecida para a Reserva Legal. **C:** Errada, pois não tem nada a ver com o direito de superfície, cuja essência é a de uma concessão para fins de exploração. **D:** Correta, pois o art. 9º-A da Lei 6.938/1981 preconiza que mediante anuência do órgão ambiental competente, o proprietário rural pode instituir servidão ambiental, pela qual voluntariamente renuncia, em caráter permanente ou temporário, total ou parcialmente, a direito de uso, exploração ou supressão de recursos naturais existentes na propriedade. **E:** Errada, pois segundo o artigo 21 da Lei 9.985/2000, a Reserva Particular do Patrimônio Natural é uma área privada, gravada com perpetuidade, com o objetivo de conservar a diversidade biológica.

Gabarito "D".

(Procurador do Estado/SE – 2017 – CESPE) A área protegida possuidora ou não de vegetação nativa com o intuito de, além de garantir o bem-estar da população humana, preservar também a biodiversidade, a paisagem, os recursos hídricos e a estabilidade geológica, bem como assegurar a proteção do solo e facilitar o fluxo gênico da fauna e da flora, é denominada

(A) reserva biológica.
(B) reserva particular do patrimônio nacional.
(C) área de preservação permanente.
(D) reserva legal.
(E) área de proteção ambiental.

A: Errada, pois a Reserva Biológica tem como objetivo a preservação integral da biota e demais atributos naturais existentes em seus limites, sem interferência humana direta ou modificações ambientais, excetuando-se as medidas de recuperação de seus ecossistemas alterados e as ações de manejo necessárias para recuperar e preservar o equilíbrio natural, a diversidade biológica e os processos ecológicos naturais. (art. 10, da Lei 9.985). **B:** Errada, pois a Reserva Particular do Patrimônio Natural é uma área privada, gravada com perpetuidade, com o objetivo de conservar a diversidade biológica.(art. 21 da Lei 9.985/2000) **C:** Correta, pois Área de Preservação Permanente – APP: área protegida, coberta ou não por vegetação nativa, com a função ambiental de preservar os recursos hídricos, a paisagem, a estabilidade geológica e a biodiversidade, facilitar o fluxo gênico de fauna e flora, proteger o solo e assegurar o bem-estar das populações humanas; (art. 3º, II, da Lei 12.651/2012). **D:** Errada, pois Reserva Legal: área localizada no interior de uma propriedade ou posse rural, delimitada nos termos do art. 12, com a função de assegurar o uso econômico de modo sustentável dos recursos naturais do imóvel rural, auxiliar a conservação e a reabilitação dos processos ecológicos e promover a conservação da biodiversidade, bem como o abrigo e a proteção de fauna silvestre e da flora nativa; (art. 3º, III, da Lei 12.651/2012). **E:** Errada, pois Área de Proteção Ambiental é uma área em geral extensa, com um certo grau de ocupação humana, dotada de atributos abióticos, bióticos, estéticos ou culturais especialmente importantes para a qualidade de vida e o bem-estar das populações humanas, e tem como objetivos básicos proteger a diversidade biológica, disciplinar o processo de ocupação e assegurar a sustentabilidade do uso dos recursos naturais. (art. 15 da Lei 9.985/2000).

Gabarito "C"

(Promotor de Justiça/PI – 2014 – CESPE) Assinale a opção correta em relação ao Código Florestal (Lei 12.651/2012) e a seus dispositivos.

(A) Permite-se o acesso de pessoas às áreas de preservação permanente para a obtenção de água e para o exercício de atividades de exploração agroflorestal sustentável de baixo ou médio impacto ao meio ambiente.

(B) Na hipótese de posse do imóvel rural, a inscrição da reserva legal deverá ser feita mediante inscrição no cadastro ambiental rural do órgão ambiental competente apenas quando houver delimitação por lei do perímetro da zona rural, facultando-se, nos demais casos, a averbação gratuita da reserva legal no cartório de registro de imóveis.

(C) Objetivando o desenvolvimento sustentável, o legislador fez constar no Código Florestal o princípio da responsabilidade comum da União, estados, DF e municípios, em colaboração com a sociedade civil, na criação de políticas para a preservação e a restauração da vegetação nativa e de suas funções ecológicas e sociais, tanto em áreas urbanas quanto nas rurais.

(D) Todos os reservatórios artificiais e as acumulações naturais ou artificiais de água devem contar com áreas de entorno consideradas de preservação permanente, salvo na hipótese de dispensa expressa pelo órgão ambiental.

(E) Em se tratando de transmissão da propriedade rural ou urbana, admite-se a delimitação de novas faixas de áreas de preservação permanente junto ao órgão ambiental competente para fins de regularização de exploração econômica mediante manejo sustentável.

A: incorreta, conforme art. 9º do Código Florestal a permissão é concedida apenas para atividades de baixo impacto: "Art. 9º É permitido o acesso de pessoas e animais às Áreas de Preservação Permanente para obtenção de água e para realização de atividades de baixo impacto ambiental."; **B:** incorreta, pois o cadastro não é facultativo nos termos dos art. 29 e 30 do Código Florestal; **C:** correta, por força do art. 1º, parágrafo único, IV do Código Florestal: "Parágrafo único. Tendo como objetivo o desenvolvimento sustentável, esta Lei atenderá aos seguintes princípios: (...) IV – responsabilidade comum da União, Estados, Distrito Federal e Municípios, em colaboração com a sociedade civil, na criação de políticas para a preservação e restauração da vegetação nativa e de suas funções ecológicas e sociais nas áreas urbanas e rurais;"; **D:** incorreta, já que o art. 4º, § 1º, do Código Florestal dispensa as APP no entorno reservatórios artificiais de água que não decorram de barramento ou represamento de cursos d'água naturais; **E:** incorreta, por força do art. 18 do Código Florestal: "Art. 18. A área de Reserva Legal deverá ser registrada no órgão ambiental competente por meio de inscrição no CAR de que trata o art. 29, sendo vedada a alteração de sua destinação, nos casos de transmissão, a qualquer título, ou de desmembramento, com as exceções previstas nesta Lei.".

Gabarito "C"

(Promotor de Justiça/PI – 2014 – CESPE) Considerando o disposto na Lei 11.284/2006 acerca da gestão de florestas públicas para a produção sustentável, assinale a opção correta.

(A) Desde que previamente à publicação da concessão florestal em diário oficial, faculta-se a realização de audiência pública para a elaboração dos termos do edital de licitação de cada lote a ser concedido.

(B) A competência para legislar sobre gestão de florestas públicas é privativa da União.

(C) Recursos florestais são definidos como elementos ou características de uma floresta potencialmente ou efetivamente geradores de produtos ou serviços florestais; serviços florestais se definem como os serviços prestados através do beneficiamento e comércio de produtos madeireiros e não madeireiros gerados pelo manejo florestal sustentável.

(D) A gestão de florestas públicas para produção sustentável compreende três modalidades: a concessão florestal, a destinação de florestas públicas às comunidades locais e a criação e gestão direta de florestas públicas nacionais, estaduais e municipais definidas como unidades de conservação da natureza.

(E) A concessão florestal, em regra, destinada a pessoas jurídicas com fins econômicos, poderá ser formalizada de forma gratuita aos posseiros de comunidades locais quando estiverem em áreas já ocupadas e utilizadas no interior de reservas extrativistas ou de projetos de assentamentos florestais.

A: incorreta, por força do art. 8º da Lei 11.284/2006: "Art. 8º A publicação do edital de licitação de cada lote de concessão florestal deverá ser precedida de audiência pública, por região, realizada pelo órgão gestor, nos termos do regulamento, sem prejuízo de outras formas de consulta pública"; **B:** incorreta, já que o § 2º do art. 2º da Lei 11.284/2006 descreve que Estados, Distrito Federal e Municípios, nas esferas de suas respectivas competências e em relação de florestas públicas sob as respectivas jurisdições, poderão elaborar normas supletivas e complementares e estabelecer padrões relacionados à gestão florestal; **C:** incorreta, pois o conceito de serviço florestal é na verdade turismo e outras ações ou benefícios decorrentes do manejo e conservação da floresta, não caracterizados como produtos florestais (art. 3º, IV, da Lei 11.284/2006); **D:** correta, conforme art. art. 4º Lei 11.284/2006; **E:** incorreta, pois a concessão florestal é onerosa, conforme art. 3º, VII, da Lei 11.284/2006.

Gabarito "D"

(Analista – Ministério do Meio Ambiente – 2011 – CESPE) A constituição das áreas de preservação permanente possibilita a proteção dos recursos hídricos, do solo, da flora e da fauna, mantendo, dessa forma, a paisagem, a estabilidade geológica, a biodiversidade e o bem-estar das populações humanas. Acerca das áreas de preservação permanente e de reservas legais, julgue o item a seguir.

(1) Constitui reserva legal a área localizada no interior de uma propriedade ou posse rural, excetuada a de preservação permanente, necessária ao uso sustentável dos recursos naturais, à conservação e reabilitação dos processos ecológicos, à conservação da biodiversidade e ao abrigo e proteção de fauna e flora nativas.

1: assertiva correta levando em consideração a época em que a questão foi elaborada; em 2011, vigia o antigo Código Florestal que, de fato, trazia esse conceito de reserva legal (art. 1º, § 2º, III, da Lei 4.771/1965); atualmente, o conceito de reserva legal é o de "área localizada no interior de uma propriedade ou posse rural, delimitada nos termos do art. 12, com a função de assegurar o uso econômico de modo sustentável dos recursos naturais do imóvel rural, auxiliar a conservação e a reabilitação dos processos ecológicos e promover a conservação da biodiversidade, bem como o abrigo e a proteção de fauna silvestre e da flora nativa" (art. 3º, III, da Lei 12.651/2012); repare que, no novo conceito, foi abolida a expressão "excetuada a de preservação permanente"; isso porque hoje há uma regulamentação bem alargada das situações em que será admitido o cômputo das áreas de preservação permanente no cálculo da reserva legal do imóvel (art. 15 da Lei 12.651/2012), uma das maiores críticas ao novo Código Florestal.

Gabarito 1C

(Analista – Ministério do Meio Ambiente – 2011 – CESPE) Considerando que uma bacia hidrográfica esteja sujeita a escassez sazonal de recursos hídricos e que, após avaliações prospectivas das disponibilidades e demandas desses recursos, o comitê de bacias institua cobrança pelo uso da água dessa bacia, julgue o item que segue.

(1) Para se atender ao previsto em lei, os valores arrecadados com a cobrança pelo uso da água dessa bacia deverão ser aplicados na região geográfica inscrita em uma circunferência de raio equivalente ao comprimento do principal curso de água dessa bacia.

1: incorreta, pois os valores cobrados serão aplicados prioritariamente na bacia hidrográfica em que foram gerados (art. 22, *caput*, da Lei 9.433/1997)

Gabarito 1E

(Analista – Ministério do Meio Ambiente – 2011 – CESPE) Julgue o item subsequente.

(1) De acordo com a Política Nacional de Recursos Hídricos, o uso prioritário dos recursos hídricos é o consumo humano e a dessedentação de animais, devendo a gestão desses recursos ser descentralizada e contar com a participação do poder público, dos usuários e das comunidades.

1: correta (art. 1º, III e VI, da Lei 9.433/1997).

Gabarito 1C

(Analista – Ministério do Meio Ambiente – 2011 – CESPE) O desflorestamento pode ser considerado um dos principais responsáveis pela degradação do meio ambiente amazônico. Entre as suas causas, destaca-se a exploração predatória de baixa eficiência, que deixa um rastro de destruição na floresta. A opção mais equilibrada para a exploração racional de madeira e outras riquezas não madeireiras da floresta, capaz de garantir a sustentabilidade do meio ambiente para as gerações futuras, é o manejo florestal sustentável.

Com relação ao manejo florestal na Amazônia, julgue os itens que se seguem.

(1) Para cada etapa do processo de licenciamento ambiental, é necessária uma licença específica; a licença de instalação, por exemplo, deve ser concedida a empreendimento cujas condições de instalação detalhadas no projeto o tornem compatível com a preservação do ambiente onde será construído.

(2) O método de exploração de impacto reduzido, exemplo de prática sustentável de exploração madeireira na Amazônia, fundamenta-se no sistema silvicultural policíclico, também denominado seletivo, que leva em conta a baixa incidência de espécies comerciais entre os milhares de espécies arbóreas encontrados.

1: incorreta, pois a licença que aprova o local onde o empreendimento será construído é a licença prévia (art. 8º, I, da Resolução CONAMA 237/1997) e não a licença de instalação; **2:** correta; em geral, as práticas sustentáveis de exploração madeireira na Amazônia se filiam ao sistema silvicultural policíclico (ou sistema seletivo), sistema esse que leva em conta a pouca incidência de espécies comerciais e que opera com ciclos de corte e volumes menores; por conta disso, ou seja, dessa exploração da floresta de forma racional e com impacto reduzido, é possível voltar a cortar madeira em 30 anos, contra os 60 anos ou mais de uma exploração convencional.

Gabarito 1E, 2C

(Analista – Ministério do Meio Ambiente – 2011 – CESPE) As áreas úmidas englobam desde as áreas marinhas e costeiras até as continentais e as artificiais, como lagos, manguezais, pântanos e áreas irrigadas para agricultura e reservatórios de hidrelétricas. Ao todo, são classificados 42 diferentes tipos de zonas úmidas, que existem em todos os tipos de ecossistemas e são importantes para a manutenção da biodiversidade. Situadas em uma interface entre a água e o solo, as áreas úmidas são pressionadas não somente pela ação direta do homem, mas também pelos impactos sobre ecossistemas terrestres, marinhos e de água doce adjacentes.

Internet: < www.wwf.org.br> (com adaptações).

Tendo o texto acima como referência inicial, julgue o próximo item a respeito das áreas úmidas.

(1) A Resolução n. 417/2009 do CONAMA dispõe sobre os parâmetros básicos para a definição de vegetação primária e dos estágios sucessionais secundários da vegetação de restinga na Mata Atlântica; do ponto de vista geomorfológico, restingas são faixas arenosas que, depositadas paralelamente à praia, se alongam, tendo como ponto de apoio cabos e saliências no litoral.

1: correta, pois, de fato, a Resolução CONAMA 417/2009 regulamenta os parâmetros básicos para a definição de vegetação primária e dos estágios sucessionais secundários da vegetação de restinga na Mata Atlântica; quanto ao conceito de restingas, do ponto de vista geomorfológico, a afirmativa também traz a definição correta.

Gabarito 1C

(Magistratura/CE – 2012 – CESPE) Constitui área de preservação permanente

(A) o perímetro definido a partir de critérios técnicos, socioculturais, econômicos e ambientais, que, localizado em florestas públicas, pode conter áreas degradadas que serão recuperadas por meio de plantios florestais.

(B) a cobertura vegetal de espécies nativas demarcada em torno das estações ecológicas com vistas à proteção dos recursos faunísticos e ao desenvolvimento socioambiental das comunidades tradicionais.

(C) a área marginal ao redor do reservatório artificial e suas ilhas, com a função ambiental de preservar os recursos hídricos, a paisagem, a estabilidade geológica, a biodiversidade, o fluxo gênico de fauna e flora, proteger o solo e assegurar o bem-estar das populações humanas.

(D) a área florestal ocupada por populações autóctones e regularizada mediante o estabelecimento de normas especiais de uso e ocupação do solo e extração sustentável dos recursos edáficos, observadas a situação socioeconômica da população e as normas ambientais.

(E) o perímetro lateral escalonado em torno dos mananciais, destinado à conservação, à recuperação, ao uso e à ocupação do entorno do reservatório artificial, respeitadas as poligonais da unidade de conservação.

Art. 3º, II, da Lei 12.651/2002.

Gabarito "C"

(Magistratura/PI – 2011 – CESPE) No tocante aos recursos florestais e à gestão e concessão de florestas públicas, assinale a opção correta com base no que dispõem o Código Florestal e a Lei n. 11.284/2006.

(A) Assim como ocorre com as florestas de domínio público, a exploração das de domínio privado depende de prévia aprovação, pelo IBAMA, de plano de manejo florestal sustentável, no qual devem constar as técnicas de condução, reposição florestal e manejo compatíveis com os variados ecossistemas formados pela cobertura arbórea.

(B) É facultado ao poder público firmar contratos de concessão florestal com terceiros cujos objetivos sejam a exploração de produtos e serviços florestais, o acesso ao patrimônio genético para fins de pesquisa e a comercialização de créditos decorrentes da emissão evitada de carbono nas florestas naturais.

(C) As licitações para concessão florestal serão realizadas na modalidade concorrência, e outorgadas a título oneroso ou gratuito, de acordo com as características da licença de operação concedida ao concessionário.

(D) Como as áreas de preservação permanente representam limitações que visam regular o uso da propriedade do solo, a instituição ou supressão dessas áreas enseja indenização do proprietário pelo poder público.

(E) Além de definir as florestas e formas de vegetação natural a serem consideradas áreas de preservação permanente, o Código Florestal permite que ato do poder público declare como tal outras áreas que reúnam as condições arroladas no próprio texto legal.

A: incorreta; o manejo é indispensável na exploração de florestas de domínio público (art. 14 da Lei 11.284/2006), assim como, em áreas privadas, em unidades de conservação (art. 27 da Lei 9.985/2000) e em áreas de reservas legais (art. 17, § 1º, da Lei 12.651/2012), quando cabível a exploração, assim como em outros casos específicos estabelecidos em lei; porém, nem sempre a lei o exige para exploração de áreas florestais; **B:** incorreta, pois são vedadas, na concessão florestal, a outorga de acesso ao patrimônio genético para fins de pesquisa e outros escopos, bem como a outorga de direito de comercialização de créditos decorrentes de emissão evitada de carbono em florestas naturais (art. 16, § 1º, II e IV, da Lei 11.284/2006); **C:** incorreta, pois as concessões são delegações onerosas (art. 3º, VII, da Lei 11.284/2006); **D:** incorreta, pois, em se tratando de mera limitação administrativa (imposição geral e gratuita que atinge pessoas indeterminadas) não há que se falar em indenização; esta só é cabível quando se esvazia o conteúdo da propriedade gerando efetivo prejuízo (v., por exemplo:

STJ, REsp 1.233.257, *DJ* 22.10.2012); **E:** correta (art. 6º, *caput*, da Lei 12.651/2012).

Gabarito "E".

(Ministério Público/SE – 2010 – CESPE) A respeito do Código Florestal, das novas regulamentações sobre reserva legal, das áreas de preservação permanente e de outros instrumentos legais, assinale a opção correta.

(A) A reserva legal corresponde a área localizada no interior de uma propriedade, incluída naquela de preservação permanente.
(B) As florestas que integram o patrimônio indígena ficam sujeitas ao regime de preservação permanente.
(C) A área de vegetação situada em olhos d'água não é passível de proteção ambiental.
(D) A retirada de vegetação nativa em encostas com sessenta graus, para a plantação de uvas, é permitida.
(E) Não são classificadas como áreas de preservação permanente as formas de vegetação natural, independentemente da sua largura, que estejam situadas ao longo de cursos d'água com largura inferior a dez metros.

A: incorreta, pois, como regra, não é possível computar as áreas relativas à preservação permanente no percentual da reserva legal (art. 16, *caput* e § 6º, da revogada Lei 4.771/1965; art. 15 do Novo Código Florestal – Lei 12.651/2012); **B:** correta (art. 3º, § 2º, da Lei 4.771/1965, sem correspondência no Novo Código Florestal); **C:** incorreta, pois se trata de área de preservação permanente *ex lege* (art. 2º, "c", da Lei 4.771/1965, correspondente ao art. 4º, IV, do Novo Código Florestal); **D:** incorreta, pois se trata de área de preservação permanente *ex lege* (art. 2º, "e", da Lei 4.771/1965, correspondente ao art. 4º, V, do Novo Código Florestal); **E:** incorreta, pois se trata de área de preservação permanente *ex lege* (art. 2º, "a", 1, da Lei 4.771/1965, correspondente ao art. 4º, I, "a", do Novo Código Florestal).

Gabarito "B".

(Defensor Público/TO – 2013 – CESPE) A respeito da proteção e uso das florestas e demais formas de vegetação nativa, assinale a opção correta.

(A) São áreas de preservação permanente, além das elencadas no Código Florestal, as áreas cobertas com florestas e demais formas de vegetação nativa consideradas de interesse social, devendo a declaração de interesse social ocorrer, necessariamente, por lei em sentido formal.
(B) Considera-se manejo sustentável a substituição de vegetação nativa e de formações sucessoras por outras coberturas do solo, como atividades agropecuárias, industriais, de geração e transmissão de energia, de mineração e de transporte, assentamentos urbanos ou outras formas de ocupação humana.
(C) A área de preservação permanente é a que se localiza no interior de uma propriedade ou posse rural, devendo ser mantida a sua cobertura vegetal nativa, por ser ela necessária ao abrigo e proteção da fauna e flora nativas, à conservação da biodiversidade e à reabilitação dos processos ecológicos.
(D) As florestas existentes no território nacional e as demais formas de vegetação nativa, reconhecidas de utilidade às terras que revestem, são bens de interesse comum a todos os habitantes do país, exercendo-se os direitos de propriedade com as limitações que a legislação em geral, e em especial o Código Florestal, estabelecem.
(E) Dada a competência da União para legislar privativamente sobre florestas, áreas de preservação permanente e de reserva legal, a legislação federal pertinente – Código Florestal – contém normas de aplicação obrigatória por todos os entes da Federação.

A: incorreta, pois são Áreas de Preservação Permanente por força de lei as previstas no art. 4.º da Lei 12.651/2012 e, por força de ato do Chefe do Executivo (por exemplo, por Decreto) as mencionadas pelo art. 6.º da Lei 12.651/2012, que contemplam a hipótese prevista na alternativa ora comentada; assim, não é necessário lei em sentido formal para a declaração de que tais áreas (as previstas no art. 6.º) são de interesse social e constituem Área de Preservação Permanente; **B:** incorreta, pois a alternativa definiu o instituto do "uso alternativo do solo" e não do "manejo sustentável", conforme art. 3.º, VI e VII, respectivamente, da Lei 12.651/2012; **C:** incorreta, pois a alternativa definiu o instituto da "reserva legal" e não da "área de preservação permanente" (art. 3.º, III e II, respectivamente, da Lei 12.651/2012); **D:** correta (art. 2.º, "*caput*", da Lei 12.651/2012); **E:** incorreta, pois a competência não é privativa da União, mas concorrente dela, dos Estados e do Distrito Federal, cabendo à União editar normas gerais, sem prejuízo de Estados e Distrito Federal legislar inexistindo lei geral federal ou para suplementar a legislação federal (art. 24, VI e §§. 1º a 4.º, da CF).

Gabarito "D".

(Advogado da União/AGU – CESPE – 2012) Julgue o item seguinte.

(1) Compete privativamente à União legislar sobre florestas, conservação da natureza, defesa do solo e dos recursos naturais.

1: incorreta, pois se trata de competência concorrente da União, Estados e DF legislar sobre florestas, caça, pesca, fauna, conservação da natureza, defesa do solo e dos recursos naturais, proteção do meio ambiente e controle da poluição (art. 24, VI, CF).

Gabarito 1E

(Magistratura Federal/1ª região – 2011 – CESPE) Com base na legislação vigente a respeito da proteção às florestas, assinale a opção correta.

(A) Em matéria de proteção às florestas, a competência de legislar dos estados é suplementar.
(B) O Código Florestal proíbe que o poder público realize reflorestamento de preservação permanente em áreas de propriedade privada.
(C) A fiscalização ambiental das atividades florestais deve ser realizada pelo Instituto Brasileiro do Meio Ambiente e dos Recursos Naturais Renováveis (IBAMA), em caráter exclusivo, quando se tratar de florestas públicas.
(D) Na estrutura do Ministério do Meio Ambiente, o Serviço Florestal Brasileiro atua exclusivamente na gestão das florestas públicas, com competência para exercer a função de órgão gestor.
(E) A concessão florestal consiste em delegação onerosa do direito de realizar manejo florestal sustentável a pessoa física ou jurídica, mediante licitação.

A: incorreta, pois, nos termos do art. 24, VI, da CF, compete à União, aos Estados e ao Distrito Federal legislar concorrentemente sobre florestas; **B:** incorreta, pois o art. 18, da Lei n. 4.771/1965, já revogada pela Lei n. 12.651/2012, dispunha que, *nas terras de propriedade privada, onde seja necessário o florestamento ou o reflorestamento de preservação permanente, o Poder Público Federal poderá fazê-lo sem desapropriá-las, se não o fizer o proprietário*; **C:** incorreta, pois, conforme o art. 50, I, da Lei n. 11.284/2006, que dispõe sobre a gestão de florestas públicas, caberá aos órgãos do Sisnama responsáveis pelo controle e fiscalização ambiental das atividades florestais em suas respectivas jurisdições fiscalizar e garantir a proteção das florestas públicas; **D:** correta, pois é o que estabelece o art. 55 da Lei n. 11.284/2006, que, dentre outras coisas, dispõe sobre a gestão de florestas públicas para a produção sustentável; institui, na estrutura do Ministério do Meio Ambiente, o Serviço Florestal Brasileiro – SFB; cria o Fundo Nacional de Desenvolvimento Florestal – FNDF; **E:** incorreta, pois o art. 3º, VII, da Lei n. 11.284/2006, a concessão florestal consiste em delegação onerosa, feita pelo poder concedente, do direito de praticar manejo florestal sustentável para exploração de produtos e serviços numa unidade de manejo, mediante licitação, à pessoa jurídica, em consórcio ou não, que atenda às exigências do respectivo edital de licitação e demonstre capacidade para seu desempenho, por sua conta e risco e por prazo determinado. Ou seja, a delegação é feita à pessoa jurídica.

Gabarito "D".

9. PROTEÇÃO DA FAUNA

(Analista – Ministério do Meio Ambiente – 2011 – CESPE) As áreas úmidas englobam desde as áreas marinhas e costeiras até as continentais e as artificiais, como lagos, manguezais, pântanos e áreas irrigadas para agricultura e reservatórios de hidrelétricas. Ao todo, são classificados 42 diferentes tipos de zonas úmidas, que existem em todos os tipos de ecossistemas e são importantes para a manutenção da biodiversidade. Situadas em uma interface entre a água e o solo, as áreas úmidas são pressionadas não somente pela ação direta do homem, mas também pelos impactos sobre ecossistemas terrestres, marinhos e de água doce adjacentes.

Internet: < www.wwf.org.br> (com adaptações).

Tendo o texto acima como referência inicial, julgue o próximo item a respeito das áreas úmidas.

(1) O Brasil, juntamente com os Estados Unidos da América, a Argentina, o Japão e o México, recusou-se a assinar a convenção Ramsar, que dispõe sobre áreas úmidas de importância internacional, especialmente como habitat para aves aquáticas, por entender que esse acordo poderia restringir aspectos da soberania nacional relacionados a esses ambientes.

1: incorreta, pois o Brasil não só assinou a convenção, como esta foi aprovada pelo Decreto Legislativo 33/1992, sendo que o Decreto 1.905/1996 determinou a sua execução e cumprimento.

Gabarito 1E

Áreas úmidas constituem ecossistemas com elevada produtividade primária, que, associados à complexidade ambiental, contribuem para as atividades de alimentação, nidificação e descanso das aves aquáticas. O monitoramento das assembleias de aves, a longo prazo, disponibiliza informações fundamentais sobre as flutuações sazonais, cuja riqueza e abundância estão associadas às características ambientais locais.

Internet: <www.scielo.br> (com adaptações).

(Analista – Ministério do Meio Ambiente – 2011 – CESPE) A partir do texto acima apresentado, julgue os itens seguintes acerca de normas e procedimentos para a conservação das espécies aquáticas ameaçadas de extinção.

(1) No processo de monitoramento de aves aquáticas, a abundância e a composição das assembleias recebem influências espaciais e temporais em razão da heterogeneidade das áreas úmidas, consideradas mosaicos, uma vez que as aves, nessas áreas, raramente se encontram distribuídas uniformemente.

(2) Por meio do Decreto Legislativo n. 148/2010, o Brasil refuta o texto da Convenção Internacional para Controle e Gerenciamento da Água de Lastro e Sedimentos de Navios, que dispõe sobre a água de lastro, grave vetor da disseminação de espécies exóticas.

1: correta, pois traz informação verdadeira, que deverá ser levada em conta nos procedimentos de monitoramento de aves nesse tipo de local; 2: incorreta, pois o Brasil, por meio do Decreto Legislativo 148/2010, aprovou o texto da Convenção Internacional para Controle e Gerenciamento da Água de Lastro e Sedimentos de Navios.

Gabarito 1C, 2E

(Analista – Ministério do Meio Ambiente – 2011 – CESPE) A respeito da gestão compartilhada de recursos pesqueiros, julgue os itens subsecutivos.

(1) As situações de gestão compartilhada de recursos pesqueiros estão associadas ao uso privado desses recursos por grupo específico, que, visando ao aumento da produção, estabelece regras de utilização dos referidos recursos embasadas no conhecimento tecnológico.

(2) Na gestão compartilhada de recursos pesqueiros, governo e comunidade assumem a responsabilidade não apenas de coletar e analisar dados sobre a gestão dos recursos, mas também de definir políticas públicas para o setor.

1: incorreta, pois o objetivo do sistema de gestão compartilhada de recursos pesqueiros não é exatamente o aumento da produção, mas subsidiar a elaboração e implantação de normas para o uso sustentável dos recursos pesqueiros (art. 3º, *caput*, do Decreto 6.981/2009); 2: correta, valendo salientar que a participação de representantes da sociedade civil é prestigiada nesse sistema (art. 7º, parágrafo único, do Decreto 6.981/2009).

Gabarito 1E, 2C

(Analista – Ministério do Meio Ambiente – 2011 – CESPE) Com relação ao ordenamento pesqueiro, julgue os itens que se seguem.

(1) As normas de ordenamento devem considerar, em cada caso, regimes de acesso, captura total permissível, esforço de pesca máximo sustentável, períodos de defeso, temporadas de pesca, tamanhos mínimos de captura, áreas interditadas ou de reservas, artes, aparelhos, métodos e sistemas de pesca e cultivo, capacidade de suporte dos ambientes, assim como as necessárias ações de monitoramento, controle e fiscalização da atividade.

(2) Com o ordenamento pesqueiro, conjunto de normas que regulamenta a delimitação de zonas de pesca e a atribuição de usos e atividades compatíveis com as características de cada uma delas, o Estado objetiva garantir o uso múltiplo da bacia pesqueira.

1: correta (art. 3º da Lei 11.959/2009); 2: correta (art. 2º, XII, da Lei 11.959/2009).

Gabarito 1C, 2C

10. RESPONSABILIDADE CIVIL AMBIENTAL E PROTEÇÃO JUDICIAL DO MEIO AMBIENTE

(Juiz de Direito - TJ/BA - 2019 - CESPE/CEBRASPE) Por equívoco de um de seus empregados, uma empresa alimentícia deixou vazar acidentalmente parte de seu insumo em um rio, o que causou a morte de 5 t de peixes.

Nessa situação hipotética, relativamente à responsabilidade civil ambiental, a empresa

(A) não responderá pelo dano ambiental, por ser uma pessoa jurídica.

(B) não responderá pelo dano, visto que não houve dolo na morte dos peixes.

(C) responderá pelo dano, uma vez que a responsabilidade civil ambiental é objetiva e pautada na teoria do risco administrativo, não sendo admitida a responsabilização do empregado para responder culposamente pelo dano.

(D) responderá pelo dano, porque a responsabilidade civil ambiental é objetiva e pautada na teoria do risco integral.

(E) responderá pelo dano, pois a responsabilidade civil ambiental é objetiva e pautada na teoria do risco administrativo, admitindo-se, ainda, a responsabilização do empregado para responder culposamente pelo dano.

A responsabilidade civil ambiental é objetiva (teoria do risco), o que dispensa a comprovação de dolo ou culpa do poluidor (alternativa B incorreta). É o que dispõe o art. 14, §1º, da Lei 6.938/81. A pessoa responsável (poluidor) pode ser pessoa física ou jurídica (alternativa A incorreta). Mais precisamente, aplicável a teoria do risco integral, e não a do risco administrativo (alternativas C e E incorretas). Pela teoria do risco integral, não se admitem excludentes de responsabilidade, de modo a reforçar a tutela ambiental. Trata-se de entendimento consagrado do Superior Tribunal de Justiça: "É firme a jurisprudência do STJ no sentido de que, nos danos ambientais, incide a teoria do risco integral, advindo daí o caráter objetivo da responsabilidade, com expressa previsão constitucional (art. 225, § 3º, da CF) e legal (art.14, § 1º, da Lei n. 6.938/1981), sendo, por conseguinte, descabida a alegação de excludentes de responsabilidade, bastando, para tanto, a ocorrência de resultado prejudicial ao homem e ao ambiente advinda de uma ação ou omissão do responsável." (REsp 1.374.342/MG, 4ª Turma, Relator Ministro Luis Felipe Salomão, DJe 25/09/2013). RB

Gabarito "D"

(Juiz de Direito - TJ/BA - 2019 - CESPE/CEBRASPE) O MP de determinado estado da Federação propôs ação civil pública consistente em pedido liminar para obstar a construção de empreendimento às margens de um rio desse estado. No local escolhido, uma área de preservação permanente, a empresa empreendedora desmatou irregularmente 200 ha para instalar o empreendimento. A liminar incluiu, ainda, pedido para que a empresa fosse obrigada a iniciar imediatamente replantio na área desmatada.

Nessa situação hipotética, a ação civil pública proposta deverá discutir

(A) apenas a responsabilidade civil da empresa.
(B) as responsabilidades civil e criminal da empresa.
(C) as responsabilidades civil e administrativa da empresa.
(D) apenas a responsabilidade administrativa da empresa.
(E) as responsabilidades civil, administrativa e criminal da empresa.

A responsabilidade ambiental apresenta diversas formas de manifestação. O art. 225, § 3º, da CF, destaca a administrativa, a penal e a civil. Ocorre que existem instrumentos jurídicos próprios para a tutela de cada uma das espécies de responsabilização. A criminal está adstrita à respectiva ação penal, nos termos do regime previsto na Lei 9.605/98. A administrativa decorre do exercício do poder de polícia, que dispensa, como regra, o manuseio de ação judicial, em razão da autoexecutoriedade. Já a reponsabilidade civil encontra na ação civil pública o instrumental de efetivação. Nos termos da Lei 7.347/85 (lei da ação civil pública), o objeto da demanda abarca a condenação em dinheiro e/ou o cumprimento de obrigação de fazer ou não fazer. RB

Gabarito "A".

(Defensor Público - DPE/DF - 2019 - CESPE/CEBRASPE) Acerca do direito coletivo, julgue o item a seguir.

(1) Conforme jurisprudência do STJ, é competência da justiça eleitoral julgar ação civil pública em que se busque cessar degradação ambiental causada por partido político em propaganda eleitoral consistente em pichações e pinturas em edificações urbanas.

O item está errado, pois o STJ fixou a competência da justiça estadual em relação a ação civil pública envolvendo degradação ambiental (pichações e pinturas em edificações urbanas) causada por partido político em propaganda eleitoral (CC 113.433/AL, 1ª Seção, Rel. Min. Arnaldo Esteves Lima, DJe 19/12/2011). De acordo com o Tribunal Superior, na hipótese objeto de julgamento, não está em discussão direitos políticos, inelegibilidade, sufrágio, partidos políticos, tampouco infração às normas eleitorais (em suma, matérias concernentes ao processo eleitoral). A pretensão ministerial na ação civil pública está voltada à tutela ao meio ambiente, motivo pelo qual resta afastada a atribuição da justiça eleitoral, com a respectiva competência da justiça comum estadual. RB

Gabarito 1E

(Procurador do Município/Manaus – 2018 – CESPE) Com base na jurisprudência dos tribunais superiores, julgue os itens a seguir, acerca da responsabilidade por dano ambiental e dos crimes ambientais.

(1) De acordo com o STJ, a responsabilidade por dano ambiental é objetiva e regida pela teoria do risco integral.
(2) Para o STF, o envio clandestino de animais silvestres ao exterior tem natureza de delito transnacional, razão por que seu processamento compete à justiça federal.

1: Correto, pois é firme a jurisprudência do STJ no sentido de que, nos danos ambientais, incide a teoria do risco integral, advindo daí o caráter objetivo da responsabilidade, com expressa previsão constitucional (art. 225, § 3º, da CF) e legal (art. 14, § 1º, da Lei 6.938/1981). **2:** Correto, pois O STF decidiu que compete à Justiça Federal processar e julgar o crime ambiental de caráter transnacional que envolva animais silvestres, ameaçados de extinção e espécimes exóticas ou protegidas por compromissos internacionais assumidos pelo Brasil (STF. Plenário. RE 835558-SP, Rel. Min. Luiz Fux, julgado em 09.02.2017 [repercussão geral]).

Gabarito 1C, 2C

(Juiz – TRF5 – 2017 – CESPE) Em se tratando de ação civil pública por danos ambientais ajuizada

(A) por associação de vítimas, eventuais multas processuais serão revertidas em favor dos associados.
(B) pelo Ministério Público, a indenização arbitrada em sentença será destinada às vítimas diretas do prejuízo ambiental.
(C) por estado-membro, a indenização arbitrada em sentença será destinada ao erário estadual.
(D) por associação, a indenização arbitrada em sentença será destinada aos associados.
(E) pelo Ministério Público, eventuais multas processuais serão revertidas em favor do Fundo de Direitos Difusos.

A: Errada, pois eventuais multas processuais serão revertidas para o Fundo de Defesa dos Direitos Difusos, (FDD) com base no art. 13 da Lei 7.347/1985 e art. 2º, I, do Decreto 1.306/1994, até mesmo porque a questão fala em danos ambientais, cuja natureza é a de direito difuso, daí a destinação dos recursos ao FDD. Do contrário, danos coletivos, poder-se-ia falar em reversão para os prejudicados, porém não é o que a questão em apreço traz em seu enunciado. **B:** Errada, pois até pode haver destinação para as vítimas, com base no art. 2º, II, do Decreto 1.306/1994, mas independe de ser proposta a ação pelo Ministério Público ou outro legitimado. **C:** Errada, pois não há essa previsão, caindo na destinação do art. 13 da Lei 7.347/1985 c/c art. 2º, I, do Decreto 1.306/94. **D:** Errada, pois a destinação é para o FDD, com base no art. 13 da Lei 7.347/1985 c/c art. 2º, I, do Decreto 1.306/1994. **E:** Correta, com base no art. 13 da Lei 7.347/1985 c/c art. 2º, II, do Decreto 1.306/1994.

Gabarito "E".

(Juiz – TRF5 – 2017 – ESPE) O Ministério Público ajuizou ações na esfera cível e criminal contra empresa exploradora de petróleo, alegando prejuízos decorrentes de vazamento de óleo combustível em águas marinhas. O vazamento de óleo resultou na mortandade da fauna aquática e o Instituto Brasileiro do Meio Ambiente e dos Recursos Naturais Renováveis (IBAMA) determinou, então, a imediata proibição de pesca na região, por seis meses. Na fase de provas, foram provadas a regularidade das instalações da empresa, que contava com as melhores tecnologias disponíveis, e a idoneidade dos esforços para a reparação do problema, tendo o prejuízo ocorrido por motivo de força maior.

Determinado pescador profissional ajuizou ação indenizatória individual pelos mesmos fatos, requerendo danos materiais e morais.

A respeito dessa situação hipotética, assinale a opção correta.

(A) A pretensão indenizatória na ação civil pública pelo dano ambiental difuso é imprescritível.
(B) A pretensão do pescador é imprescritível.
(C) A responsabilidade da empresa pela poluição gerada é objetiva em todas as ações.
(D) Se reconhecida processualmente, a força maior afastará a obrigação de indenizar.
(E) O reconhecimento da força maior como determinante do dano não tem repercussão na ação criminal.

A: Correta, a prescrição indenizatória na ação civil pública pelo dano ambiental difuso é imprescritível, segundo se denota da posição do STJ, segundo a qual: "Esta Corte tem entendimento no mesmo sentido, de que, tratando-se de direito difuso – proteção ao meio ambiente –, a ação de reparação é imprescritível (AgRg no REsp 1150479/RS, DJe 14.10.2011)". **B:** Errada, pois segundo o STJ as ações coletivas que tutelam direitos difusos ambientais são imprescritíveis, não os pleitos individuais indenizatórios, à medida que estes possuem caráter eminentemente patrimonial. **C:** Errada, pois embora a responsabilidade seja objetiva no plano ambiental, não será no plano penal, porquanto é inadmitida, neste particular, responsabilização objetiva. **D:** Errada, pois "a jurisprudência do STJ primeiro reconhece a imprescritibilidade da pretensão reparatória de dano ao meio ambiente, e, segundo, atribui, sob o influxo da teoria do risco integral, natureza objetiva, solidária e *propter rem* à responsabilidade civil ambiental, considerando irrelevante, portanto, qualquer indagação acerca de caso fortuito ou força maior, assim como sobre a boa ou a má-fé do titular atual do bem imóvel ou móvel em que recaiu a degradação (REsp 1644195/SC, DJe 08.05.2017)". **E:** Errada, de sorte que a verificação de força maior possuirá sim repercussão no campo penal, quanto à culpabilidade.

Gabarito "A".

(Delegado/PE – 2016 – CESPE) A responsabilidade civil por grave acidente ambiental ocorrido em uma região de determinado estado da Federação será

(A) subjetiva, informada pela teoria do risco proveito.
(B) objetiva, informada pela teoria do risco criado.

(C) objetiva, informada pela teoria do risco integral.
(D) subjetiva, informada pela teoria do risco criado.
(E) subjetiva, informada pela teoria do risco integral.

No ordenamento jurídico brasileiro, responsabilidade ambiental será sempre objetiva por forma do § 3º do art. 225 da CF, bem como no § 1º do art. 14 da Lei 6.938/1981 e ainda no art. 3º da Lei 9.605/1998. Após divergências na jurisprudência, por fim o STJ firmou posicionamento REsp 1.114.398 – PR (2009/0067989-1): "**Inviabilidade de alegação de culpa exclusiva de terceiro, ante a responsabilidade objetiva.** – A alegação de culpa exclusiva de terceiro pelo acidente em causa, como excludente de responsabilidade, deve ser afastada, ante a incidência da teoria do risco integral e da responsabilidade objetiva ínsita ao dano ambiental (art. 225, 3º, da CF e do art. 14, 1º, da Lei 6.938/1981), responsabilizando o degradador em decorrência do princípio do poluidor-pagador". Portanto a única alternativa correta é a letra 'C'.

Gabarito "C".

(Magistratura/BA – 2012 – CESPE) No que se refere à tutela processual ao meio ambiente e à responsabilidade pelo dano ambiental, assinale a opção correta.

(A) O inquérito civil, procedimento administrativo de caráter inquisitorial cujo objetivo é realizar atividades investigativas preparatórias, está sujeito ao princípio da ampla defesa, consistindo o desrespeito a esse princípio vício capaz de eivar de nulidade a ação civil pública ambiental nele embasada.
(B) Sendo os interesses difusos e transindividuais marcados pela indisponibilidade, o MP não pode, de acordo com a moderna doutrina, celebrar acordos extrajudiciais em matéria ambiental.
(C) Ocorrendo desistência ou abandono da ação civil pública pela associação que a tiver promovido, deverá o MP, obrigatoriamente, assumir a titularidade ativa da demanda, já que tal prerrogativa é vedada aos demais legitimados.
(D) Independentemente de requerimento do autor, pode o juiz, em decisão relativa a ação civil pública, impor multa diária ao réu em substituição à execução específica da obrigação de fazer ou não fazer, se a multa for suficiente ou compatível.
(E) A pretensão da administração pública à promoção da execução da multa por infração ambiental prescreve em cinco anos, contados da data da prática do ato ou, no caso de infração permanente, de sua cessação.

A: incorreta, pois o inquérito civil é procedimento de apuração de elementos para possível ajuizamento de ação civil pública, não havendo que se falar contraditório e ampla defesa; **B:** incorreta, pois tais acordos não significam que o direito está sendo objeto de disposição, mas que está-se a conformar condutas com os objetivos de cessar a lesão ao meio ambiente e de reparar o dano ambiental pretérito; **C:** incorreta, pois outros legitimados também podem assumir a titularidade ativa (art. 5º, § 3º, da Lei 7.347/1985); **D:** correta (art. 11 da Lei 7.347/1985); **E:** incorreta, pois aplicada a multa, a ação referente a esse crédito prescreve em 5 anos da dada da constituição definitiva do crédito tributário, após o término regular do processo administrativo (art. 1º-A da Lei 9.873/1999, com redação dada pela Lei 11.941/2009); o STJ ainda não tem uma jurisprudência consolidada em relação a essa nova redação da Lei 9.873/1999, de maneira que os acórdãos desse tribunal geralmente estão ainda no sentido de que esse prazo de 5 anos para a cobrança se inicia com o vencimento do crédito sem pagamento, que, na prática pode até coincidir com a ideia de que só depois que se encerra o processo administrativo é que o prazo corre; *vide*, a respeito, a seguinte decisão: STJ, REsp 1.260.915, *DJ* 01.12.2011.

Gabarito "D".

(Magistratura/PA – 2012 – CESPE) Carlos, empresário da construção civil, iniciou, de forma dolosa, a construção de prédios em unidade de conservação de proteção integral, precisamente a dois metros de nascentes existentes no local, sem a devida licença urbanística e ambiental, tendo o município se omitido em relação à fiscalização da obra.

Nessa situação hipotética, para a proteção do meio ambiente, é cabível

(A) o ajuizamento de ação civil pública, mas não de ação penal.
(B) o ajuizamento de ação civil pública e de ação penal.
(C) o ajuizamento de mandado de segurança coletivo, mas não de ação penal.
(D) a impetração de mandado de segurança contra a unidade de conservação, além do ajuizamento de ação civil pública.
(E) a impetração de mandado de injunção ambiental.

O caso impõe o ajuizamento de ação civil pública, com o fito de reparar o dano causado ao meio ambiente, bem como de ação penal, por ser crime a conduta perpetrada (art. 40 da Lei 9.605/1998).

Gabarito "B".

(Ministério Público/RR – 2012 – CESPE) Acerca da proteção ao meio ambiente em juízo, assinale a opção correta.

(A) A perícia de constatação do dano ambiental produzida no inquérito civil não poderá ser aproveitada na ação penal, dada a inexistência de contraditório no inquérito.
(B) Conforme previsão constitucional, qualquer cidadão pode propor ação popular para a defesa do meio ambiente, sendo vedada a condenação nos ônus da sucumbência.
(C) A legitimação para propor ACP em defesa de interesses ambientais é concorrente e disjuntiva, ou seja, pode ser ajuizada conjunta ou isoladamente por qualquer dos colegitimados, que assim exercem representação processual.
(D) Por ser solidária a responsabilidade por danos ambientais, não se exige que o autor da ACP acione a todos os responsáveis, ainda que o possa fazer.
(E) Não cabe intervenção do MP em ação de usucapião especial urbana entre particulares.

A: incorreta. A prova pericial realizada durante o inquérito civil, caso não possa ser repetida, poderá ser "contestada" durante a ação penal, à semelhança do que ocorre no inquérito policial, adotando-se, aqui, um contraditório diferido; **B:** incorreta, pois o art. 5º, LXXIII, da CF, dispõe que "*qualquer cidadão é parte legítima para propor ação popular que vise a anular ato lesivo ao patrimônio público ou de entidade de que o Estado participe, à moralidade administrativa, ao* ***meio ambiente*** *e ao patrimônio histórico e cultural, ficando o autor,* ***salvo comprovada má-fé****, isento de custas judiciais e do* ***ônus da sucumbência***". Em outras palavras, não haverá condenação do autor popular em honorários sucumbenciais em caso de improcedência dos pedidos por ele deduzidos na inicial, desde que não se constate – e comprove – má-fé na promoção da demanda; **C:** incorreta. De fato, a legitimação para propor ação civil pública é concorrente e disjuntiva. O rol de legitimados ativos consta no art. 5º da Lei 7.347/1985. Diz-se que a legitimação é concorrente e disjuntiva, pois, cada um dos colegitimados poderá promover a ação coletiva sozinhos, admitindo-se eventual litisconsórcio, de natureza facultativa. Frise-se que os entes legitimados exercerão um papel de "condutores do processo", não desempenhando mera função de substitutos processuais. Nas palavras de Celso Antonio Pacheco Fiorillo, "*... observamos uma superação da dicotomia legitimação ordinária/extraordinária, passando-se a conceituar o fenômeno como uma legitimação autônoma para a condução do processo*" (**Curso de Direito Ambiental Brasileiro**. 10. ed. Ed. Saraiva, p. 433); **D:** correta. Tratando-se de responsabilidade solidária, o autor da ação civil pública que objetive a reparação dos danos ambientais poderá incluir no polo passivo um, alguns ou todos os degradadores. Aqui, é bom registrar, o litisconsórcio é facultativo; **E:** incorreta, pois é obrigatória a intervenção do Ministério Público na ação de usucapião especial urbana (art. 12, § 1º, do Estatuto da Cidade – Lei 10.257/2001).

Gabarito "D".

(Ministério Público/PI – 2012 – CESPE) Acerca da proteção ao meio ambiente, assinale a opção correta.

(A) O pagamento, pelo poluidor, de indenização destinada a reparar dano ambiental condiciona-se à comprovação de dolo ou culpa em sentido estrito.
(B) Não é admitida a intervenção do MPF em demanda na qual se discuta a nulidade de auto de infração ambiental, já que a questão se limita ao interesse patrimonial no crédito gerado.
(C) É obrigatória a intervenção do MP nas ações de desapropriação de qualquer espécie.
(D) É de competência da justiça federal o julgamento da ACP ajuizada pelo MPF, ainda que o objeto da ação seja dano ambiental.

(E) Em matéria de meio ambiente, vigora o princípio da precaução, segundo o qual todo aquele que poluir tem o dever de reparar o dano causado.

A: incorreta, pois a responsabilidade civil ambiental, em regra, é objetiva, não havendo que se analisar a existência de ato ilícito (dolo/culpa), nos termos do art. 225, § 3º, da CF e do art. 14, § 1º, da Lei 6.938/1981; **B:** incorreta, pois nos casos de competência federal (art. 109 da CF), caberá ao Ministério Público Federal a tutela do meio ambiente; **C:** incorreta, pois é obrigatória a intervenção do Ministério Público nas ações de usucapião especial coletiva de imóvel urbano (art. 12, § 1º, do Estatuto da Cidade), cujo objetivo é a regularização fundiária, bem como a recuperação de áreas degradadas. Trata-se de direito coletivo urbanístico. Todavia, poderá haver atuação ministerial, nas ações de desapropriação, caso existente interesse público que assim justifique (art. 82, III, do CPC [corresponde ao art. 178, I e III, do NCPC]); **D:** correta (art. 109 da CF); **E:** incorreta, *pois o princípio transcrito na alternativa se refere ao princípio do poluidor-pagador, segundo o qual este deve suportar as despesas de prevenção, reparação e repressão dos danos ambientais. Neste sentido doutrina Romeu Thomé e Leonardo de Medeiros Garcia: "(...). Este princípio não se limita a tolerar a poluição mediante um preço, nem se limita a compensar os danos causados, mais sim e principalmente, evitar o dano ambiental. Desta forma, o princípio do poluidor-pagador não se reduz à finalidade de somente compensar o dano ao meio ambiente, deve também englobar os custos necessários para a precaução e prevenção dos danos, assim como sua adequada repressão".* Por sua vez, segundo o princípio da precaução, previsto no princípio 15 da Declaração do Rio ECO/1992, quando houver perigo de dano grave e irreversível, a falta de certeza científica absoluta não deverá ser utilizada como razão para postergar a adoção de medidas eficazes para impedir a degradação do meio ambiente, cabendo ao interessado o ônus de provar que as intervenções pretendidas não são perigosas e/ou poluentes.

Gabarito "D"

(Ministério Público/PI – 2012 – CESPE) Sabendo que, no Brasil, a responsabilidade por danos provocados ao meio ambiente recebe tratamento constitucional, assinale a opção correta.

(A) Com vistas à celeridade processual e à viabilidade da reparação, são vedados, nos processos de reparação por danos ambientais, a denunciação à lide ou o chamamento ao processo, havendo orientação de que seja ajuizada ação própria contra os codevedores ou responsáveis subsidiários.

(B) Em matéria ambiental, é pacífico o entendimento de que não se deve aplicar o princípio da insignificância aos crimes ambientais, por ser o meio ambiente patrimônio coletivo.

(C) A poluição, em qualquer de suas formas, encontra-se criminalizada na Lei de Crimes Ambientais, que prevê penas de reclusão e multa, seja o crime doloso ou culposo, ao agente que o tiver praticado.

(D) Uma empresa devidamente licenciada com outorga para lançar efluentes tratados em curso de água está isenta de responder civilmente caso seja constatado, em exame laboratorial, que a água contenha padrão de qualidade inferior ao desejado.

(E) Em caso de cometimento de infrações administrativas, as sanções cabíveis não abrangem a aplicação de penas restritivas em relação aos direitos do infrator.

A: correta. É remansoso o entendimento (doutrinário e jurisprudencial) de que a responsabilidade por danos ambientais é solidária, e, portanto, a formação do polo passivo poderá compreender todos ou alguns dos poluidores. Frise-se, por oportuno, que há forte entendimento de que é vedada a intervenção de terceiros provocada por um ou mais réus de ação civil pública ambiental, cabendo a discussão de direito de regresso (em razão da natureza solidária da obrigação à reparação dos danos ambientais) em ação própria (REsp 232.187, de 23.03.2000; AgRg no Ag 1.213.458, j. 24.08.2010; REsp 880.160, de 04.05.2010); **B:** incorreta. Há precedentes do STF admitindo a aplicação do princípio da insignificância em crimes ambientais, muito embora não se trate de questão já pacificada. Exemplificando, a 2ª Turma daquela Corte concedeu, por maioria de votos, *Habeas Corpus* (HC 112563) e absolveu um pescador de Santa Catarina que havia sido condenado por crime contra o meio ambiente (contra a fauna) por pescar durante o período de defeso, utilizando-se de rede de pesca fora das especificações do Ibama. Ele foi flagrado com 12 camarões. O pescador, assistido pela Defensoria Pública da União (DPU), havia sido condenado a um ano e dois meses de detenção com base no artigo 34, parágrafo único, inciso II, da Lei 9.605/1998 (que dispõe sobre as sanções penais e administrativas impostas em caso de condutas e atividades lesivas ao meio ambiente). Porém, por maioria de votos, a Turma decidiu pela aplicação da insignificância penal; **C:** incorreta. O art. 54 da Lei 9.605/1998 (Lei dos Crimes Ambientais) prevê a seguinte conduta típica: "*Causar poluição de qualquer natureza em níveis tais que resultem ou possam resultar em danos à saúde humana, ou que provoquem a mortandade de animais ou a destruição significativa da flora*". Como se vê da redação típica, apenas a poluição que seja capaz de resultar danos concretos é considerada criminosa. Demais disso, em caso de poluição culposamente provocada, a pena não será de reclusão, mas, sim, de detenção, de 6 (seis) meses a 1 (um) ano, e multa (art. 54, § 1º, da Lei 9.605/1998); **D:** incorreta, pois a responsabilidade civil permanecerá independentemente de a qualidade ambiental já estar degradada. Assim não fosse, não haveria, por exemplo, responsabilidade civil pelo agravamento dos danos em área já poluída, o que se afigura um contrassenso; **E:** incorreta. Dentre outras, as penas restritivas de direitos estão previstas para o caso de cometimento de infrações administrativas em matéria ambiental (art. 72, XI, da Lei 9.605/1998).

Gabarito "A"

(Procurador Federal – 2010 – CESPE) Acerca das regras afetas à responsabilidade civil por danos causados ao meio ambiente, julgue os próximos itens.

(1) De acordo com entendimento do STJ, a responsabilidade por danos ambientais é subsidiária entre o poluidor direto e o indireto.

(2) Em se tratando de reserva florestal, com limitação imposta por lei, quem adquire a área assume o ônus de manter a sua preservação, tornando-se responsável pela reposição dessa área, mesmo se não tiver contribuído para devastá-la.

1: incorreta, pois a responsabilidade, no caso, é solidária (REsp 604725, DJ 22/08/2005); um exemplo é o caso em que uma indústria causa danos ao meio ambiente (poluidor direto) e o Poder Público, ciente, nada faz para impedir (poluidor indireto); **2:** correta, pois, segundo o STJ, a obrigação, no caso, é *propter rem*.

Gabarito 1E, 2C

(Advogado da União/AGU – CESPE – 2012) Com base nos termos da legislação que trata da responsabilização por danos ambientais, julgue os itens seguintes.

(1) Tratando-se de matéria ambiental, admite-se a desconsideração da pessoa jurídica sempre que sua personalidade seja obstáculo ao ressarcimento de prejuízos causados à qualidade do meio ambiente.

(2) Se tiver ocorrido, antes da transferência de prioridade de imóvel rural, supressão parcial da vegetação situada em área de preservação permanente, o adquirente desse imóvel, comprovada sua boa-fé, não será parte legítima para responder a ação cível com pedido de restauração da área deteriorada.

1: correta (art. 4º, Lei 9.605/1998); **2:** incorreta, pois é remansosa a jurisprudência dos tribunais judiciários, inclusive dos superiores, no sentido de que a obrigação de reparar o dano ambiental é *propter rem*, cabendo ao adquirente de um imóvel que já apresente degradação ambiental repará-lo, ainda que não o tenha causado (REsp 120684/SP, Rel. Min. Humberto Martins, 2ª Turma, j. 17.03.2011, DJE 29.03.2011). Saliente-se que, nesse caso, sequer será exigida a prova do nexo de causalidade, visto que, como dito, a responsabilidade do adquirente é *propter rem*.

Gabarito 1C, 2E

(Magistratura Federal/1ª região – 2011 – CESPE) Na defesa da matéria ambiental, o legislador constituinte abraçou a teoria da responsabilidade objetiva, considerando a possibilidade de ocorrência de dano ambiental. A esse respeito, assinale a opção correta.

(A) Ao impor a obrigação de reparação ao poluidor, o legislador sugere a demonstração da culpa em razão de as atividades poluidoras causarem danos ao meio ambiente ou a terceiros.

(B) No Brasil, vigora, nas situações peculiares de tragédias, a teoria da irresponsabilidade do Estado em matéria ambiental.

(C) Em matéria ambiental, a administração responde civilmente por ato de terceiros, por culpa *in omittendo* proveniente de medidas de polícia.

(D) A teoria da *faute du service public* não é aplicada em relação à administração pública envolvida na proteção ambiental por ausência de acolhimento da jurisprudência nacional.

(E) No que se refere ao reconhecimento da responsabilidade administrativa em caso de dano ambiental, adota-se, na legislação brasileira, a teoria do risco criado.

A: incorreta, pois a responsabilidade civil ambiental é objetiva, por força do que estabelece o art. 225, § 3º, da CF e o art. 14, § 1º da Lei n. 6.938/1981. Assim também o entendimento dos tribunais. Com efeito, assim decidiu a Segunda Turma do STJ (AgRg no REsp 1.286.142/SC, *DJe* 28.02.2013): "A jurisprudência deste Sodalício orienta no sentido de que, em se tratando de dano ambiental, a responsabilidade é objetiva. Dispensa-se portanto a comprovação de culpa, entretanto há de se constatar o nexo causal entre a ação ou omissão e o dano causado, para configurar a responsabilidade. (AgRg no AREsp 165.201/MT, Rel. Ministro Humberto Martins, Segunda Turma, julgado em 19.06.2012, *DJe* 22.06.2012). Assim, independentemente da existência de culpa, o poluidor, ainda que indireto é obrigado a indenizar e reparar o dano causado ao meio ambiente. Precedentes"; **B:** incorreta, pois não se pode falar, genericamente, em irresponsabilidade do Estado, mesmo no caso de tragédias. A Lei n. 6.938/1981, que estabelece a responsabilidade objetiva em matéria ambiental, conforme visto na afirmativa anterior, dispõe, em seu art. 3º, IV, que é poluidor, a pessoa física ou jurídica, de direito público ou privado, responsável, direta ou indiretamente, por atividade causadora de degradação ambiental. Portanto, o Estado pode ser responsabilizado por dano ambiental, objetivamente, ainda que seja *poluidor indireto* (pela quebra do dever de fiscalizar). *Vide* decisão citada no item anterior; **C:** incorreta, pois, como já disse, por quebra do dever de fiscalização, a responsabilidade por dano ambiental pode ser considerada objetiva; **D:** incorreta, pois a teoria da falta do serviço é acolhida pela jurisprudência nacional. Confira-se, a propósito, o consignado pelo STJ no julgamento do REsp 471.606/SP: "A responsabilidade do Estado por omissão é subjetiva. Jurisprudência predominantes do STF e do STJ. Desde a inicial, vieram os recorrentes discutindo a falta do serviço estatal por omissão, o que é bem diferente de se discutir o fato do serviço para aplicação da responsabilidade objetiva"; **E:** correta, pois, como ensina Sergio Cavalieri Filho (**Programa de responsabilidade civil**, 9ª ed., São Paula: Atlas, 2010, p. 243) "a teoria do risco administrativo importa atribuir ao Estado a responsabilidade pelo risco criado pela sua atividade administrativa".

Gabarito "E."

(Magistratura Federal/2ª região – 2011 – CESPE) A responsabilidade em caso de dano ao ambiente é reconhecida, no artigo 225 da CF, como princípio de proteção ambiental e deve ser repartida entre o poder público, a sociedade e o particular. Com relação a esse assunto, assinale a opção correta.

(A) Para se determinar a responsabilidade por risco em matéria ambiental, é suficiente a demonstração do estabelecimento de causalidade entre a ação e o dano.

(B) O poder público, como principal protetor do ambiente, não pode responder por danos ambientais.

(C) Em matéria ambiental, o dano só estará sujeito a reparação e indenização quando se referir à responsabilidade civil por dano ambiental.

(D) Na avaliação do dano ambiental, devem ser considerados o prejuízo causado pelo empreendimento a uma pluralidade de pessoas, a impossibilidade ou a dificuldade de sua reparação, a duração da sua repercussão em termos temporais e sua possibilidade de valoração.

(E) Na esfera ambiental, a responsabilidade objetiva pode ser proposta em caráter exclusivo pelo MP. Para a efetiva proteção do meio ambiente, a CF concede funções diferenciadas ao MP, ao Poder Judiciário e à administração pública. A esse respeito, assinale a opção correta.

A: incorreta, pois os pressupostos da responsabilidade objetiva são: a conduta (ação ou omissão), o resultado (o dano) e o nexo de causalidade entre a conduta e o dano. Portanto, não basta provar o nexo; **B:** incorreta, pois não se pode falar, genericamente, em irresponsabilidade do Estado, mesmo no caso de tragédias. A Lei n. 6.938/1981, que estabelece a responsabilidade objetiva em matéria ambiental, dispõe, em seu art. 3º, IV, que é poluidor, a pessoa física ou jurídica, de direito público ou privado, responsável, direta ou indiretamente, por atividade causadora de degradação ambiental. Portanto, o Estado pode ser responsabilizado por dano ambiental, objetivamente, ainda que seja *poluidor indireto* (pela quebra do dever de fiscalizar); **C:** incorreta, pois, em matéria ambiental, o dano estará sujeito a reparação e indenização quando se referir à responsabilidade penal, civil ou administrativa; **D:** correta, pois a assertiva elenca fatores a serem considerados para a avaliação do dano ambiental. Por exemplo, a avaliação da possibilidade ou impossibilidade de reparação do dano determina se a reparação será em espécie ou pela adoção de medidas compensatórias; **E:** incorreta, pois a legitimidade do MP não é exclusiva, mas sim concorrente e disjuntiva, por força do art. 5º da Lei da Ação Civil Pública.

Gabarito "D."

11. RESPONSABILIDADE ADMINISTRATIVA AMBIENTAL

(Juiz – TJ/CE – 2018 – CESPE) Com relação às infrações ambientais e às sanções decorrentes de condutas e atividades lesivas ao meio ambiente, assinale a opção correta.

(A) Indivíduo que comete, simultaneamente, duas ou mais infrações administrativas ambientais se sujeita às sanções previstas para cada infração, de forma cumulativa.

(B) O abate de animal que exerce ação predatória sobre lavouras, pomares e rebanhos é considerado crime, mesmo que a finalidade do abate seja a proteção dessas propriedades.

(C) A responsabilidade concernente a infração ambiental cometida em razão de decisão de órgão colegiado de pessoa jurídica recairá sobre a própria pessoa jurídica, com consequente exclusão da responsabilidade de pessoas físicas coautoras ou partícipes do mesmo fato.

(D) O pagamento de multa aplicada por determinado estado ou município não exime o condenado da obrigação de pagamento de multa federal relativa à mesma hipótese de incidência.

(E) Na aplicação de penalidades, a autoridade competente deverá considerar que as penas privativas de liberdade são insubstituíveis e que as restritivas de direitos são autônomas.

A: Correta, pois consta da literalidade do art. 72, § 1º, da Lei 9.605/1998. **B:** Errada, porquanto de acordo com o art. 37, II, da Lei 9.605/1998, não é crime o abate de animal, quando realizado para proteger lavouras, pomares e rebanhos da ação predatória ou destruidora de animais, desde que legal e expressamente autorizado pela autoridade competente. **C** Errada, pois o art. 225, § 3º, da CF/1988 diz que as condutas e atividades consideradas lesivas ao meio ambiente sujeitarão os infratores, pessoas físicas ou jurídicas, a sanções penais e administrativas, independentemente da obrigação de reparar os danos causados. Atenção para o entendimento do STJ, segundo o qual é possível a responsabilização penal da pessoa jurídica por delitos ambientais independentemente da responsabilização concomitante da pessoa física que agia em seu nome. A jurisprudência não mais adota a chamada teoria da "dupla imputação" STJ. 6ª Turma. RMS 39.173-BA, Rel. Min. Reynaldo Soares da Fonseca, julgado em 06.08.2015 (Info 566). STF. 1ª Turma. RE 548181/PR, Rel. Min. Rosa Weber, julgado em 06.08.2013 (Info 714). **D:** Errada, pois o pagamento de multa imposta pelos Estados, Municípios, Distrito Federal ou Territórios substitui a multa federal na mesma hipótese de incidência, segundo o art. 76 da Lei 9.605/1998. **E:** Errada, pois, na verdade, as penas restritivas de direitos são autônomas e substituem as privativas de liberdade (art. 7º da Lei 9.605/1998).

Gabarito "A."

(Juiz – TRF5 – 2017 – CESPE) Em um processo administrativo sancionador no âmbito do IBAMA, foi proferida decisão – ainda sujeita a recurso – aplicando multa ao autor de infração administrativa ambiental.

A respeito dessa situação hipotética, é correto inferir que

(A) a infração administrativa sob análise está tipificada também como contravenção penal.

(B) a aplicação de multa foi antecedida pela aplicação da pena de advertência em processo anterior.
(C) a multa aplicada é prevista em portaria do IBAMA.
(D) a admissibilidade de recurso administrativo está condicionada ao prévio depósito do valor da multa.
(E) ainda não está em curso o prazo prescricional para a cobrança da multa.

A: Errada, pois não se sabe a natureza da infração ambiental. **B**: Errada, de modo que, configurada infração ambiental grave, é possível a aplicação da pena de multa sem a necessidade de prévia imposição da pena de advertência (art. 72 da Lei 9.605/1998). **C**: Errada, porque em respeito ao Princípio da Legalidade, não é cabível a aplicação de multa ambiental sem a expressa previsão em lei *strictu sensu*, de modo que não se admite a motivação exclusivamente em Decretos Regulamentares ou Portarias (STJ, AgRg no REsp 1290827/MG – Primeira Turma – 27.10.2016). **D**: Errada, pois de acordo com a Súmula Vinculante 21 é inconstitucional a exigência de depósito ou arrolamento prévios de dinheiro ou bens para admissibilidade de recurso administrativo. **E**: Correta, pois é justamente o teor da Súmula 467 do STJ, segundo a qual: "Prescreve em cinco anos, contados do término do processo administrativo, a pretensão da Administração Pública de promover a execução da multa por infração ambiental".

Gabarito "E".

(Delegado/PE – 2016 – CESPE) Determinada pessoa física foi autuada por, supostamente, ter comercializado produtos, instrumentos e objetos que implicam a caça de espécimes da fauna silvestre.

Considerando essa situação hipotética, assinale a opção correta com base no Decreto 6.514/2008 — que dispõe sobre as infrações e sanções administrativas ao meio ambiente, estabelece o processo administrativo federal para apuração destas infrações, e dá outras providências.

(A) A defesa do autuado deverá ser conhecida, ainda que seja apresentada fora do prazo.
(B) O autuado não poderá ser intimado da lavratura do auto de infração por meio de edital.
(C) O autuado não poderá ser intimado da lavratura do auto de infração por meio de carta registrada.
(D) Se o auto de infração apresentar erro no enquadramento legal, o vício será insanável.
(E) Se o auto de infração apresentar vício sanável, ele poderá ser convalidado a qualquer tempo.

A: incorreta, já que o art. 177, I, do Decreto 6.514/2008 veda o conhecimento da defesa fora do prazo; **B**: incorreta, já que uma vez constatada a ocorrência de infração administrativa ambiental, será lavrado auto de infração, do qual deverá ser dado ciência ao autuado, assegurando-se o contraditório e a ampla defesa, podendo o autuado ser intimado inclusive por edital, conforme previsto pelo art. 96, § 1º, IV, do Decreto 6.514/2008; **C**: incorreta, já que a carta registrada é meio previsto para citação do autuado conforme art. 96, § 1º, III, do Decreto 6.514/2008; **D**: incorreta, já que o referido decreto em seu art. 100, § 3º considera que o erro no enquadramento legal da infração não implica vício insanável, podendo ser alterado pela autoridade julgadora mediante decisão fundamentada que retifique o auto de infração; **E**: correta, por força do art. 99 do Decreto 6.514/2008.

Gabarito "E".

(Magistratura/BA – 2012 – CESPE) Acerca da responsabilidade ambiental, assinale a opção correta.

(A) As ações penais por crimes ambientais previstos na Lei n. 9.605/1998 são públicas incondicionadas ou condicionadas à representação.
(B) Em matéria ambiental, a responsabilidade por ilícitos é sempre objetiva, dispensando-se a comprovação de culpa em sentido amplo.
(C) A omissão da autoridade ambiental competente, sendo ela obrigada a agir, poderá configurar infração administrativa ambiental.
(D) Os valores arrecadados em decorrência do pagamento de multas por infração ambiental devem ser integralmente revertidos ao Fundo Nacional do Meio Ambiente.
(E) Entre os efeitos da condenação por crime ambiental inclui-se a apreensão de produtos dele decorrentes e de instrumentos utilizados para cometê-lo, salvo os instrumentos lícitos.

A: incorreta, pois a ação penal na Lei 9.605/1998 é pública incondicionada (art. 26 da Lei 9.605/1998); **B**: incorreta, pois em matéria ambiental a responsabilidade depende do elemento objetivo dolo, como regra, e do elemento objetivo culpa em sentido estrito, nos crimes culposos; a responsabilidade administrativa também requer elemento subjetivo para aplicação de determinadas sanções (art. 72, § 3º, da Lei 9.605/1998); e na responsabilidade civil, como regra não se fala em elemento subjetivo, já que a responsabilidade é objetiva, salvo quando se busca a responsabilidade do Poder Público por ausência de fiscalização, ocasião em que a responsabilidade é subjetiva, ficando dependente da demonstração de falta do serviço; **C**: correta (art. 70, § 3º, da Lei 9.605/1998); **D**: incorreta, pois tais valores serão revertidos, além do Fundo Nacional do Meio Ambiente, para o Fundo Naval e para os fundos estaduais ou municipais do meio ambiente, ou correlatos, conforme dispuser o órgão arrecadador (art. 73 da Lei 9.605/1998); **E**: incorreta, pois serão apreendidos seus produtos ou instrumentos, pouco importando se lícitos ou ilícitos (art. 25 da Lei 9.605/1998).

Gabarito "C".

(Advogado da União/AGU – CESPE – 2012) Com base nos termos da legislação que trata da responsabilização por danos ambientais, julgue o item seguinte.

(1) Será responsabilizado administrativamente aquele que utilizar em pesquisas científicas células-tronco embrionárias obtidas a partir de embriões humanos viáveis produzidos por fertilização in vitro.

1: correta (art. 5º, I, c.c. art. 21, ambos da Lei 11.105/2005).

Gabarito 1C

(Magistratura Federal/2ª região – 2011 – CESPE) Para a efetiva proteção do meio ambiente, a CF concede funções diferenciadas ao MP, ao Poder Judiciário e à administração pública. A esse respeito, assinale a opção correta.

(A) No exercício do poder de polícia em defesa do ambiente, a administração pública executa ações de natureza unicamente repressiva.
(B) Promover inspeções e diligências investigativas que envolvam autoridades administrativas constitui forma de atuação judicial do MP.
(C) A competência para julgar ação proposta por empresa particular com concessão de fornecimento de serviço público, mesmo sem o interesse da União, de suas autarquias ou empresas, será sempre da justiça federal.
(D) Ao MP é reconhecida legitimidade para atuar, como parte e como fiscal da lei, na defesa dos interesses individuais e coletivos, dentro dos limites constitucionais e institucionais, incluindo-se os que se refiram ao meio ambiente.
(E) O compromisso de ajustamento de conduta constitui instituto semelhante ao do direito civil denominado transação.

A: incorreta, pois a atuação preventiva da Administração Pública é fundamental para a defesa do meio ambiente ecologicamente equilibrado e imposta pelo art. 225 da CF; **B**: incorreta, pois, no caso, há atuação extrajudicial do MP (MP Resolutivo); **C**: incorreta, pois a competência da Justiça Federal, prevista no art. 109 da CF, é expressa e taxativa, não lhe cabendo conhecer de ações movidas por empresa particular; **D**: correta, pois a legitimidade do Ministério Público está expressa no art. 129, III, da CF, no art. 14, § 1º, segunda parte, da Lei n. 6.938/1981, no art. 5º, I, da Lei da Ação Civil Pública. E segundo o art. 5º, § 1º, da Lei n. 7.347/1985 (LACP), *o Ministério Público, se não intervier no processo como parte, atuará obrigatoriamente como fiscal da lei*; **E**: incorreta, pois a transação, no direito civil, importa em concessões recíprocas. No caso da tutela dos direitos transindividuais, não há disponibilidade quanto ao direito material objeto do compromisso de ajustamento de conduta. Os órgãos públicos legitimados à celebração do compromisso só podem transacionar quanto a aspectos secundários, como, por exemplo, para estabelecer o prazo em que se dará o *ajustamento da conduta*.

Gabarito "D".

(Magistratura Federal/3ª região – 2011 – CESPE) Relativamente à responsabilização por dano ambiental e ao poder de polícia ambiental, assinale a opção correta.

(A) O prejuízo do dano ambiental alcança o próprio ambiente e terceiros, e, nesse sentido, o poluidor é obrigado, independentemente da existência de culpa, a indenizar ou reparar os danos causados em razão de sua atividade.

(B) Na aplicação de penalidades como a advertência e a multa, a autoridade competente deverá observar tão somente a gravidade do fato e os antecedentes do infrator quanto ao cumprimento da legislação ambiental, sem considerações de ordem pessoal como, por exemplo, a situação econômica do infrator.

(C) São autoridades competentes para lavrar auto de infração ambiental os funcionários de órgãos ambientais integrantes do Sistema Nacional de Meio Ambiente, mas a atribuição para instaurar o processo administrativo pertence, privativamente, aos dirigentes dos órgãos ambientais, conforme definido em lei.

(D) A responsabilidade das pessoas jurídicas, na esfera administrativa, civil e penal, por infração cometida por seu representante legal ou contratual, ou por seu órgão colegiado, em benefício da entidade, afasta a responsabilidade das pessoas físicas coautoras ou partícipes do mesmo fato.

(E) A prestação de serviços à comunidade é pena restritiva de direitos aplicável às pessoas físicas, mas não às jurídicas, às quais somente se aplicam a pena de multa e as restritivas de direitos que impliquem suspensão parcial ou total de atividades, a interdição temporária de estabelecimento, obra ou atividade e a proibição de contratar com o poder público, bem como dele obter subsídios.

A: correta, pois é o exato sentido do estabelecido no art. 14, § 1º, primeira parte, da Lei n. 6.938/1981: "Sem obstar a aplicação das penalidades previstas neste artigo, é o poluidor obrigado, independentemente da existência de culpa, a indenizar ou reparar os danos causados ao meio ambiente e a terceiros, afetados por sua atividade"; **B:** incorreta, pois a situação econômica deve ser analisada, considerando o disposto no art. 6º, III, da Lei n. 9.605/1998; **C:** incorreta, pois, nos termos do art. 70, § 1º, da Lei n. 9.605/1998, as autoridades também têm competência para instaurar o processo administrativo; **D:** incorreta, pois a responsabilidade das pessoas jurídicas não afasta a responsabilidade das pessoas físicas (art. 3º, parágrafo único, da Lei n. 9.605/1998); **E:** incorreta, pois, de acordo com a Lei n. 9.605/1998, em seu art. 21, as penas são aplicáveis isolada, cumulativa ou alternativamente às pessoas jurídicas, de acordo com o disposto no art. 3º, são: I – multa; II – restritivas de direitos; III – prestação de serviços à comunidade.

Gabarito "A".

12. RESPONSABILIDADE PENAL AMBIENTAL

(Procurador do Município - Campo Grande/MS - 2019 - CESPE/ CEBRASPE) Acerca de tutela processual do meio ambiente, de crimes ambientais e de espaços territoriais especialmente protegidos, julgue os itens que se seguem.

(1) Nas ações civis públicas ajuizadas que visem à tutela do meio ambiente, são vedados o pedido de condenação da parte requerida em prestações pecuniárias e a concessão de medida liminar sem a oitiva prévia da parte ré.

(2) Os crimes ambientais não podem ser caracterizados por atos omissivos.

(3) Situação hipotética: Portando uma arma de fogo, mas sem licença de autoridade ambiental competente, João penetrou em uma unidade de conservação. Assertiva: Ainda que não abata nenhum animal nem mesmo tente fazê-lo na referida unidade de conservação, João cometeu um crime ambiental.

(4) As populações tradicionais residentes em unidades de conservação deverão ser, obrigatoriamente, realocadas pelo poder público e, por conseguinte, indenizadas ou compensadas pelas benfeitorias existentes no local onde habitavam.

(5) O ato de grafitar é considerado um crime ambiental e pode ser punido com multa e detenção de três meses a um ano.

Item **1** errado (no âmbito de ação civil pública ambiental, admite-se tanto a formulação de pedido indenizatório em face do réu, quanto a concessão de liminar sem a oitiva prévia da parte ré, ainda que seja do Poder Público); item **2** errado (nos termos da Lei 9.605/98, a configuração de crime ambiental pode-se dar "de qualquer forma", o que inclui condutas omissivas); item **3** correto (constitui crime ambiental penetrar em Unidades de Conservação conduzindo instrumentos próprios para caça, sem licença da autoridade competente, nos termos do art. 52 da Lei 9.605/98); item **4** errado (existem diversas unidades de conservação em que se permite a permanência das populações tradicionais, a exemplo da Floresta Nacional); item **5** errado (conforme o art. 65, §2º, da Lei 9.605/98, não constitui crime a prática de grafite realizada com o objetivo de valorizar o patrimônio público ou privado mediante manifestação artística). (RB)

Gabarito 1E, 2E, 3C, 4E, 5E

(Procurador do Estado/SE – 2017 – CESPE) Caio deseja iniciar uma criação de pacas (Cuniculus paca), com um plantel de quatro animais, para o fornecimento de carnes a um mercado consumidor desejoso de novidades. Para tanto, Caio apresentou ao órgão ambiental competente um pedido de licenciamento ambiental.

Nesse caso, Caio poderá iniciar a atividade

(A) automaticamente após apresentar aos órgãos responsáveis o estudo de impacto ambiental e o relatório de impacto ambiental.

(B) imediatamente após a concessão do licenciamento ambiental por ele requerido.

(C) imediatamente após protocolar o pedido de licenciamento ambiental no órgão competente.

(D) automaticamente, após o prazo de cento e vinte dias, caso o órgão ambiental se mantenha omisso na apreciação do pedido apresentado por ele.

(E) imediatamente após protocolar novo pedido, a outro órgão ambiental, caso ocorra demora na análise do pedido apresentado originalmente.

A: Errada, pois o estudo e o relatório são condições para o início da atividade. **B:** Correta, pois a Lei 6.938/1981, art. 10, preconiza que a construção, instalação, ampliação e funcionamento de estabelecimentos e atividades utilizadores de recursos ambientais, efetiva ou potencialmente poluidores ou capazes, sob qualquer forma, de causar degradação ambiental dependerão de prévio licenciamento ambiental, bem como a Lei Complementar 140/2011, art. 14, § 3º, diz que o decurso dos prazos de licenciamento, sem a emissão da licença ambiental, não implica emissão tácita nem autoriza a prática de ato que dela dependa ou decorra, mas instaura a competência supletiva referida no art. 15. **C:** Errada, pois depende da concessão da licença, como explicado. **D:** Errado, pois o prazo se refere à renovação da licença, consoante apresentado no art. 14, § 4º, da Lei Complementar 140/2011. **E:** Errada, embora possa protocolar novo pedido, conforme a competência supletiva, que surge no caso de demora (decurso dos prazos de licenciamento, isso não autoriza o início imediato da atividade por si só.

Gabarito "B".

(Promotor de Justiça/RR – 2017 – CESPE) Em um sábado, Pedro, maior e capaz, com baixo grau de instrução, pichou monumento urbano, sem autorização.

Nessa situação hipotética,

(A) a ação penal será pública condicionada se o monumento pichado for de propriedade particular.

(B) a pena a que Pedro está sujeito é de detenção inferior a dois anos, mesmo que o monumento pichado seja tombado pelo patrimônio histórico.

(C) o baixo grau de instrução de Pedro é irrelevante para a estipulação da pena.

(D) a pena a que Pedro está sujeito deverá ser agravada por ter sido o crime cometido em um sábado.

A: Errada, pois os crimes previstos na Lei 9.605/1998 são todos de ação penal pública incondicionada, consoante o respectivo art. 26. **B:** Correta, de sorte que Pedro praticou o crime tipificado no art. 65, com a causa de aumento de pena do § 1º, ambos, da Lei 9.605/1998, cuja pena máxima para a hipótese é de 1 (um ano) de detenção e multa.

C: Errada, pois o baixo grau de instrução é circunstância que atenua a pena, segundo o art. 14, I, da Lei 9.605/1998. **D:** Errada, pois, na verdade, o que agrava a pena é o crime ter sido cometido em domingos ou feriados, conforme o art. 15, II, *h*, da Lei 9.605/1998.

Gabarito "B".

(Procurador do Estado/AM – 2016 – CESPE) Com relação aos princípios de direito ambiental, à Lei n.º 9.985/2000, que instituiu o SNUC, e à PNMA, julgue os seguintes itens.

(1) A servidão ambiental, que pode ser onerosa ou gratuita, temporária ou perpétua, embora constitua um dos instrumentos econômicos da PNMA, não se aplica às áreas de preservação permanente nem à reserva legal mínima exigida.

(2) O Ministério do Meio Ambiente é o órgão do SISNAMA responsável por estabelecer normas e critérios para o licenciamento de atividades efetiva ou potencialmente poluidoras, a ser concedido pelos estados e supervisionado pelo IBAMA.

(3) O art. 36 da Lei n.º 9.985/2000 dispõe que "Nos casos de licenciamento ambiental de empreendimentos de significativo impacto ambiental, assim considerado pelo órgão ambiental competente, com fundamento em estudo de impacto ambiental e respectivo relatório — EIA/RIMA, o empreendedor é obrigado a apoiar a implantação e manutenção de unidade de conservação do Grupo de Proteção Integral, de acordo com o disposto neste artigo e no regulamento desta Lei." Segundo o STF, esse artigo materializa o princípio do usuário-pagador, instituindo um mecanismo de assunção partilhada da responsabilidade social pelos custos ambientais derivados da atividade econômica.

1: correta. A assertiva segue a redação do art. 9º-A, § 2º, da Lei 6.938/1981, isto é, não se aplica às Áreas de Preservação Permanente e à Reserva Legal mínima exigida; **2:** errada. O órgão que estabelece normas e critérios para o licenciamento ambiental é o Conselho Nacional do Meio Ambiente (CONAMA), e não o Ministério do Meio Ambiente. A previsão correta encontra-se no art. 8º, I, da Lei 6.938/1981; **3:** correta. A questão articula a redação do art. 36 da Lei 9.985/2000 com a Ação Direta de Inconstitucionalidade (ADI) 3358, julgada em 2008 pelo STF, que, de fato, consignou que esse dispositivo densifica o princípio do usuário-pagador.

Gabarito 1C, 2E, 3C

(Procurador do Estado/AM – 2016 – CESPE) Com relação aos crimes e às infrações administrativas ambientais, julgue os itens subsequentes.

(1) **Situação hipotética:** Durante festividade junina, um grupo de pessoas adultas e capazes soltou balões com potencial de provocar incêndio em floresta situada nas redondezas do local da festa. **Assertiva:** Nessa situação, para serem tipificadas como crime, tais condutas independerão de prova de que a probabilidade de lesão ao meio ambiente era efetiva, por constituírem infração de perigo abstrato.

(2) **Situação hipotética:** Cláudio, maior e capaz, caçou e matou espécime da fauna silvestre, sem a devida autorização da autoridade competente. **Assertiva:** Segundo o atual entendimento do STJ, a competência para julgar o referido crime será da justiça federal, independentemente de a ofensa ter atingido interesse direto e específico da União, de suas entidades autárquicas ou de empresas públicas federais, pois basta que os crimes sejam contra a fauna para atrair a competência do Poder Judiciário federal.

1: correta. A situação hipotética enquadra-se no art. 42 da Lei 9.605/1998, a saber: "fabricar, vender, transportar ou soltar balões que possam provocar incêndios nas florestas e demais formas de vegetação, em áreas urbanas ou qualquer tipo de assentamento humano (...)"; **2:** errada. É preciso relacionar que o entendimento jurisprudencial sobre a matéria foi alterado a partir do cancelamento pelo Superior Tribunal de Justiça da sua Súmula 91, que enunciava que compete à Justiça Federal processar e julgar os crimes praticados contra a fauna. Portanto, no caso em discussão, não há que se falar em competência da Justiça Federal.

Gabarito 1C, 2E

(Analista – Ministério do Meio Ambiente – 2011 – CESPE) Com relação à Política Nacional do Meio Ambiente, julgue os itens subsequentes.

(1) Praticar ato de abuso, maus-tratos, ferir ou mutilar animais, bem como realizar experiência dolorosa ou cruel em animal vivo, ainda que para fins didáticos ou científicos, são atos passíveis de detenção e multa, e, em caso de morte do animal, a pena é aumentada de um a seis meses.

(2) Perdas de bem-estar social podem ser geradas por externalidades ambientais negativas causadas por atividades econômicas, incluindo-se entre as formas de corrigir tais perdas a internalização dos custos da degradação nas estruturas de produção e consumo.

1: incorreta, pois, em caso de morte, a pena é aumentada de um sexto a um terço (art. 32, *caput* e §§ 1º e 2º, da Lei 9.605/1998); **2:** correta, pois reflete o aspecto preventivo do princípio do poluidor-pagador.

Gabarito 1E, 2C

(Analista – Ministério do Meio Ambiente – 2011 – CESPE) Em relação aos crimes ambientais, julgue o item abaixo.

(1) Constitui crime ambiental, sujeito à pena de detenção e multa, vender ou expor à venda, ter em depósito, transportar ou guardar madeira, lenha, carvão e outros produtos de origem vegetal, sem licença válida para todo o tempo da viagem ou do armazenamento, outorgada pela autoridade competente.

1: correta (art. 46, *caput* e parágrafo único, da Lei 9.605/1998).

Gabarito 1C

(Magistratura/PB – 2011 – CESPE) Considerando a disciplina legal dos crimes contra o meio ambiente, assinale a opção correta.

(A) Incidem nas penas previstas em lei, na medida de sua culpabilidade, as pessoas que, tendo conhecimento da conduta criminosa de alguém contra o ambiente e podendo agir para evitá-la, deixem de impedir sua prática.

(B) As sanções penais aplicáveis às pessoas físicas pela prática de crimes ambientais são as penas restritivas de direitos e multa, mas não, as privativas de liberdade.

(C) Por se tratar de ente fictício, a pessoa jurídica não pode ser sujeito ativo dos crimes ambientais.

(D) O ato de soltar balões somente se caracteriza como crime contra o meio ambiente se, em consequência da conduta, houver incêndio em floresta ou em outras formas de vegetação, em áreas urbanas ou em qualquer tipo de assentamento humano.

(E) A responsabilidade penal por crimes ambientais está integralmente amparada no princípio da culpabilidade; desse modo, os tipos penais previstos na lei que dispõe sobre os crimes ambientais (Lei n. 9.605/1998) só se consumam se os delitos forem praticados dolosamente.

A: esta assertiva, embora considerada correta, não está, a nosso ver, em consonância com o que estabelece o art. 2º da Lei 9.605/1998. Isso porque a omissão, neste caso, somente será relevante se se tratar das pessoas relacionadas no dispositivo em comento. Ocorre que não podemos atribuir responsabilidade criminal a quem, não sendo exercente dos cargos a que faz referência o art. 2º, segunda parte, da Lei 9.605/2008, ainda que ciente da conduta criminosa, deixa de impedir a sua prática. Trata-se, em verdade, de um desdobramento da regra contida no art. 13, § 2º, do CP, que estabelece as situações em que a omissão, no direito penal, tem relevância; **B:** assertiva incorreta, nos termos do art. 7º da Lei 9.605/1998; **C:** incorreta, nos termos do art. 3º da Lei 9.605/1998 e art. 225, § 3º, da CF; **D:** incorreta. Cuida-se de delito formal, em que o resultado naturalístico consistente na causação de incêndio não é indispensável à consumação do crime, conforme é possível se inferir da redação do art. 42 da Lei 9.605/1998. A assertiva, portanto, está incorreta; **E:** incorreta. Reza o princípio da culpabilidade que não se imporá responsabilidade criminal àquele que não houver praticado o crime ao menos culposamente. Até aí, a assertiva está correta, pois esse postulado é informador do Direito Penal. Ocorre que a Lei 9.605/1998 contempla algumas hipóteses de crime culposo. Ex.: art. 38, parágrafo único, da Lei 9.605/1998.

Gabarito Oficial "A" – Nosso gabarito "sem opção correta"

(Magistratura/PI – 2011 – CESPE) Com base no que dispõe a lei que trata dos crimes ambientais, assinale a opção correta acerca da responsabilidade por dano ambiental.

(A) A lei em questão considera que o ato do representante legal ou contratual da pessoa jurídica que constitua crime ambiental é, por vinculação, também crime da pessoa jurídica, independentemente de resultar em benefício para a entidade.

(B) A extinção de uma pessoa jurídica, sua alteração contratual ou qualquer outra modificação que implique impedimento na pretensão reparatória de prejuízos causados ao ambiente pode acarretar a desconsideração da personalidade jurídica, de modo a responsabilizar seus sócios para os efeitos de determinadas obrigações.

(C) As pessoas jurídicas de direito público não podem ser responsabilizadas administrativamente por dano ambiental.

(D) Por iniciativa privativa do poder público, é possível a celebração de termo de compromisso entre os órgãos ambientais competentes e as pessoas físicas ou jurídicas responsáveis por estabelecimentos e atividades considerados efetiva ou potencialmente poluidores. Uma vez assinado, esse termo terá força de título executivo extrajudicial e impedirá a execução de quaisquer multas eventualmente aplicadas.

(E) Na persecução administrativa por dano ambiental, aplica-se o princípio da subsunção, segundo o qual a infração de menor gravidade é absorvida pela de maior gravidade quando ambas são praticadas concomitantemente.

A: incorreta, pois a responsabilização penal da pessoa jurídica depende, além de a infração ter sido cometida por decisão de uma das pessoas mencionadas na alternativa, que o fato tenha sido cometido no interesse ou benefício da entidade (art. 3º, *caput*, da Lei 9.605/1998); **B:** correta, pois, de acordo com o art. 4º da Lei 9.605/1998 poderá ser desconsiderada a personalidade da pessoa jurídica toda vez que a personalidade for obstáculo ao ressarcimento de prejuízos causados à qualidade do meio ambiente; **C:** incorreta, pois não há limitação legal nesse sentido; **D:** incorreta, pois tal termo de compromisso só impedirá a execução de multas aplicadas após o protocolo, pelo infrator, de requerimento pedindo a celebração do acordo (art. 79-A, *caput* e §§ 3º e 4º, da Lei 9.605/1998); **E:** incorreta, pois, de acordo com o art. 72, § 1º, da Lei 9.605/1998, se o infrator cometer, simultaneamente, duas ou mais infrações, ser-lhe-ão aplicadas, **cumulativamente**, as sanções a elas cominadas.

Gabarito "B"

(Ministério Público/ES – 2010 – CESPE) A Lei de Crimes Ambientais estabelece a responsabilização na esfera cível, penal e administrativa, em caso de infração cometida em face do meio ambiente. A respeito de crimes ambientais, assinale a opção correta.

(A) Em matéria ambiental, o julgamento pelo cometimento de crimes comuns é de competência da justiça estadual comum.

(B) A responsabilização do poluidor pela indenização ou reparação dos danos causados ao meio ambiente e a terceiros afetados por sua atividade exige comprovação de culpa.

(C) O poder de polícia exercido pela administração pública em matéria ambiental, desempenhado por profissionais e técnicos de formação civil, tem caráter unicamente repressivo.

(D) Processo em matéria ambiental, se administrativo, deve ser conduzido harmonicamente, considerando as garantias constitucionais; contudo, não deve prender-se à razoabilidade e proporcionalidade, pois estas são exigências dos processos judiciais.

A: correta, ressalvados os casos previstos no art. 109 da CF; **B:** incorreta, pois a responsabilidade civil ambiental é objetiva; **C:** incorreta, pois militares (das Capitanias dos Portos) também podem exercer a polícia administrativa ambiental (art. 70, § 1º, da Lei 9.605/1998); ademais, o poder de polícia também tem caráter preventivo; **D:** incorreta, pois a razoabilidade e a proporcionalidade são princípios expressos na Lei de Processo Administrativo Federal (art. 2º da Lei 9.784/1999).

Gabarito "A"

(Ministério Público/TO – 2012 – CESPE) De acordo com a Lei dos Crimes Ambientais, constituem penas restritivas de direito

(A) o recolhimento domiciliar e a prisão simples.

(B) a interdição definitiva de direitos e a prestação pecuniária.

(C) a suspensão parcial ou total de atividades e a interdição definitiva do direito de transitar em unidades de conservação.

(D) a prestação de serviços à comunidade e a interdição temporária de direitos.

(E) o recolhimento domiciliar e a obrigatoriedade de participar do curso de educação ambiental.

As penas restritivas de direitos definidas na Lei 9.605/1998 são: I – prestação de serviços à comunidade; II – interdição temporária de direitos; III – suspensão parcial ou total de atividades; IV – prestação pecuniária; e V – recolhimento domiciliar. Assim, apenas a alternativa "D" contêm espécies de penas restritivas de direitos, nas quais não se incluem a prisão simples (alternativa "A"), a interdição definitiva de direitos (alternativa "B"), interdição definitiva do direito de transitar em unidades de conservação (alternativa "C") e obrigatoriedade de participar de curso de educação ambiental (alternativa "E").

Gabarito "D"

(Procurador Federal – 2010 – CESPE) Em relação a crimes ambientais, julgue o item subsequente.

(1) A configuração do fato típico consistente em introduzir espécime animal no país, sem parecer técnico oficial favorável e licença expedida por autoridade competente, deve ser apurada e julgada pela justiça comum estadual, já que não há ofensa de bem, serviço ou interesse da União, de suas entidades autárquicas ou empresas públicas.

1: correta, pois somente quando há interesse direto da União, de suas entidades autárquicas ou de suas empresas públicas a competência é da Justiça Federal (art. 109, I, da CF).

Gabarito 1C

(Advogado da União/AGU – CESPE – 2012) Julgue o item seguinte.

(1) É circunstância agravante da pena o fato de o agente ter cometido crime ambiental no interior de espaço territorial especialmente protegido, salvo quando a referida localização constituir ou qualificar o crime.

1: correta (art. 15, II, I, Lei 9.605/1998). Ressalte-se que a agravante em tela somente incidirá se o crime não envolver, diretamente, um espaço territorial especialmente protegido, sob pena de caracterizar *bis in idem*.

Gabarito 1C

13. BIOSSEGURANÇA E PROTEÇÃO DA SAÚDE HUMANA

(Juiz – TRF5 – 2017 – CESPE) Por entender insuficiente a proibição de lei federal para o cultivo de organismos geneticamente modificados (OGMs) em determinadas áreas, determinado estado-membro editou lei mais rigorosa, ampliando o rol relativo aos tipos de áreas em que tal atividade é vedada no seu território. Além disso, o estado-membro criminalizou condutas relacionadas ao cultivo de OGMs, que, na esfera federal, são consideradas meras infrações administrativas.

Essa lei estadual é

(A) ilegal quanto à ampliação do rol de áreas de cultivo proibido e constitucional na parte criminal.

(B) ilegal em relação a ambos os aspectos, por violação a lei federal.

(C) constitucional em relação aos dois aspectos, em decorrência do exercício de competência legislativa suplementar.

(D) inconstitucional em relação a ambas as inovações, por vício de competência.

(E) constitucional quanto à ampliação do rol de áreas de cultivo proibido e inconstitucional na parte criminal.

A: Errada, pois é inconstitucional a parte criminal, à medida que usurpou competência federal e por ter entrado em conflito com o disposto naquela normatização. **B:** Errada, pois o Estado poderia legislar na parte ambiental, devido à competência constitucional concorrente (art. 24 da CF/1988). **C:** Errada, pois o Estado extrapolou no âmbito penal, pelas razões já expostas. **D:** Errada, pois o Estado detém competência concorrente e a medida, ao menos na área ambiental, mostra-se constitucional. **E:** Correta, pois o Estado detém competência concorrente para legislar sobre direito ambiental, enquanto que extrapolou no âmbito penal, pelas razões já expostas.

Gabarito "E".

(Juiz de Direito/AM – 2016 – CESPE) Acerca de biodiversidade, patrimônio genético e conhecimento tradicional associado, assinale a opção correta.

(A) A gestão do patrimônio genético e o acesso ao conhecimento tradicional associado competem aos municípios, por se tratar de assunto de interesse local.
(B) As ações que visem ao acesso ao conhecimento tradicional associado à biodiversidade podem transcorrer mesmo sem o consentimento prévio dos povos indígenas e de outras comunidades locais.
(C) O conhecimento tradicional associado ao patrimônio genético decorrente de práticas das comunidades indígenas nacionais integra o patrimônio cultural brasileiro.
(D) A divisão dos benefícios decorrentes de exploração econômica de produto desenvolvido a partir de conhecimento tradicional associado ocorrerá sob formas que permitam quantificação de valores, vedadas as contribuições na forma de capacitação de recursos humanos.
(E) A diversidade biológica será legalmente protegida se tiver potencial para uso humano.

A: incorreta. O acesso ao patrimônio genético existente no País ou ao conhecimento tradicional associado para fins de pesquisa ou desenvolvimento tecnológico e a exploração econômica de produto acabado ou material reprodutivo oriundo desse acesso somente serão realizados mediante cadastro, autorização ou notificação, e serão submetidos a fiscalização, restrições e repartição de benefícios nos termos e nas condições estabelecidos na Lei 13.123/2015 e regulamento. Além disso, é de competência da União a gestão, o controle e a fiscalização das atividades ora descritas, nos termos do disposto no inciso XXIII do *caput* do art. 7º da Lei Complementar 140/2011 (art. 3º, Lei 13.123/2015). Por fim, foi criado no âmbito do Ministério do Meio Ambiente o Conselho de Gestão do Patrimônio Genético (CGen), órgão colegiado de caráter deliberativo, normativo, consultivo e recursal, responsável por coordenar a elaboração e a implementação de políticas para a gestão do acesso ao patrimônio genético e ao conhecimento tradicional associado e da repartição de benefício; **B:** incorreta. Segundo o art. 8º, § 2º, da Lei 13.123/2015, "O Estado reconhece o direito de populações indígenas, de comunidades tradicionais e de agricultores tradicionais de participar da tomada de decisões, no âmbito nacional, sobre assuntos relacionados à conservação e ao uso sustentável de seus conhecimentos tradicionais associados ao patrimônio genético do País (...)"; **C:** correta. Segundo o art. 2º, II, da Lei 13123/2015, o "conhecimento tradicional associado – informação ou prática de população indígena, comunidade tradicional ou agricultor tradicional sobre as propriedades ou usos diretos ou indiretos associada ao patrimônio genético". Além disso, o art. 8º, § 2º, diz: "O conhecimento tradicional associado ao patrimônio genético de que trata esta Lei integra o patrimônio cultural brasileiro e poderá ser depositado em banco de dados (...); **D:** incorreta. A repartição de benefícios decorrente da exploração econômica de produto acabado ou material reprodutivo oriundo de acesso ao patrimônio genético ou ao conhecimento tradicional associado poderá constituir-se na modalidade não econômica e, dentre elas, a capacitação de recursos humanos em temas relacionados à conservação e uso sustentável do patrimônio genético ou do conhecimento tradicional associado (art. 19, II, *e*, Lei 13123/2015). Ou seja, é possível a capacitação de recursos humanos; **E:** incorreta. A diversidade biológica possui valor intrínseco, isto é, independente do uso humano.

Gabarito "C".

(Magistratura Federal/3ª região – 2011 – CESPE) No que diz respeito ao patrimônio genético e à proteção jurídica do conhecimento tradicional associado, assinale a opção correta.

(A) Compete à Comissão Técnica Nacional de Biossegurança decidir sobre a liberação no ambiente de produtos contendo OGM ou derivados.
(B) Cabe aos órgãos e entidades fiscalizadores da administração pública federal exercer diretamente, sem possibilidade de delegação, os serviços relacionados à atividade de fiscalização das atividades de pesquisa e de liberação comercial de OGM e seus derivados.
(C) Entre outros critérios, consideram-se terras tradicionalmente ocupadas pelos índios as que são necessárias à sua reprodução física e cultural segundo seus usos, costumes e tradições.
(D) A CF atribui aos estados-membros a tarefa de zelar pela organização social, costumes, línguas, crenças e tradições dos índios, e de proteger e fazer respeitar os seus bens, cabendo à União a demarcação e proteção das terras indígenas.
(E) As atividades e projetos que envolvam OGM e seus derivados, relacionados à manipulação de organismos vivos, à pesquisa científica e ao desenvolvimento tecnológico, somente são admitidos no âmbito de entidades de direito público ou privado e de pessoas físicas em atuação autônoma que mantenham vínculo empregatício com pessoas jurídicas.

A: incorreta, pois a CTNBio, nos termos da Lei n. 11.105/2005, "integrante do Ministério da Ciência e Tecnologia, é instância colegiada multidisciplinar de caráter consultivo e deliberativo, para prestar apoio técnico e de assessoramento ao Governo Federal na formulação, atualização e implementação da PNB de OGM e seus derivados, bem como no estabelecimento de normas técnicas de segurança e de pareceres técnicos referentes à autorização para atividades que envolvam pesquisa e uso comercial de OGM e seus derivados, com base na avaliação de seu risco zoofitossanitário, à saúde humana e ao meio ambiente". Ou seja, a CTNBIo fornece parecer sobre a liberação, tanto que o art. 6º, VI, da mencionada Lei, estabelece que fica proibida a liberação no meio ambiente de OGM ou seus derivados, no âmbito de atividades de pesquisa, sem a decisão técnica favorável da CTNBio; **C:** correta, pois é o que estabelece o art. 231, § 1º, da Constituição Federal;

Gabarito "C".

14. BIODIVERSIDADE

(Juiz – TRF5 – 2017 – CESPE) Assinale a opção que apresenta o instrumento de cooperação internacional para a consecução dos princípios e objetivos da Convenção da Diversidade Biológica e que abrange o tema da repartição dos benefícios advindos da utilização dos conhecimentos tradicionais associados à biodiversidade.

(A) Protocolo de Cartagena
(B) Convenção da Basileia
(C) Convenção de Ramsar
(D) Protocolo de Quioto
(E) Protocolo de Nagoya

A: Errada, pois o Protocolo de Cartagena trata de Biossegurança. **B:** Errada, pois a Convenção da Basileia trata de Resíduos Perigosos e Substâncias Tóxicas. **C:** Errada, pois a Convenção de Ramsar, trata de Áreas Úmidas. **D:** Errada, pois o Protocolo de Quioto trata de Emissão de Gases e Efeito Estufa. **E:** Correta, pois o Protocolo de Nagoya trata da Biodiversidade e Recursos Genéticos.

Gabarito "E".

(Analista – Ministério do Meio Ambiente – 2011 – CESPE) Com relação à repartição de benefícios, decorrentes da exploração econômica de produtos ou processos advindos do patrimônio genético ou de conhecimento tradicional, julgue os seguintes itens.

(1) Os contratos de utilização do patrimônio genético e de repartição de benefícios, que devem ser registrados no Conselho de Gestão, só têm eficácia após a anuência desse Conselho.
(2) Os benefícios decorrentes da exploração econômica de produtos ou processos desenvolvidos a partir de amostras do patrimônio genético ou do conhecimento tradicional associado incluem o pagamento de *royalties*, o acesso à transferência de tecnologia e a capacitação de recursos humanos.

(3) Considere que a exploração econômica de produto ou processo desenvolvido a partir de amostra de componente do patrimônio genético ou de conhecimento tradicional associado ocorra em desacordo com as disposições legais vigentes em solo pátrio. Nessa situação, o infrator sujeita-se, exclusivamente, às sanções administrativas pertinentes e as vantagens obtidas a partir do faturamento pela comercialização do produto, ou dos *royalties* obtidos de terceiros, quando decorrentes de licenciamento de processo protegido por propriedade intelectual, também sujeitarão o infrator às sanções penais cabíveis.

(4) Entre as cláusulas essenciais do contrato de utilização do patrimônio genético e de repartição de benefícios incluem-se os direitos e as responsabilidades das partes, bem como a forma de repartição justa e equitativa dos benefícios.

1: correta (art. 29, *caput*, da Medida Provisória 2.186-16/2001); **2:** correta (art. 25 da Medida Provisória 2.186-16/2001); **3:** incorreta, pois a regra inclui bens protegidos ou não por propriedade industrial (art. 26 da Medida Provisória 2.186-16/2001); **4:** correta (art. 28, III, da Medida Provisória 2.186-16/2001).

Gabarito 1C, 2C, 3E, 4C

(Analista – Ministério do Meio Ambiente – 2011 – CESPE) As áreas úmidas englobam desde as áreas marinhas e costeiras até as continentais e as artificiais, como lagos, manguezais, pântanos e áreas irrigadas para agricultura e reservatórios de hidrelétricas. Ao todo, são classificados 42 diferentes tipos de zonas úmidas, que existem em todos os tipos de ecossistemas e são importantes para a manutenção da biodiversidade. Situadas em uma interface entre a água e o solo, as áreas úmidas são pressionadas não somente pela ação direta do homem, mas também pelos impactos sobre ecossistemas terrestres, marinhos e de água doce adjacentes.

Internet: < www.wwf.org.br> (com adaptações).

Tendo o texto acima como referência inicial, julgue o próximo item a respeito das áreas úmidas.

(1) São objetivos específicos da Política Nacional da Biodiversidade e Conservação da Biodiversidade (PNBCB): estabelecer iniciativa nacional para a conservação e a recuperação da biodiversidade de águas interiores, da zona costeira e da zona marinha e incentivar e apoiar a criação de unidades de conservação marinhas com diversos graus de restrição e de exploração.

1: correta (itens 11.1.11 e 11.2.9 da PNBCB, aprovada pelo Decreto 4.339/2002).

Gabarito 1C

(Magistratura Federal/1ª região – 2011 – CESPE) A biodiversidade integra, na atualidade, a agenda política, econômica e ambiental em todos os países, sendo sua efetiva proteção reconhecida como fundamental ao equilíbrio ecológico. Acerca desse tema, assinale a opção correta.

(A) Incluem-se entre os objetos de proteção, no âmbito da biodiversidade, aspectos relacionados à biotecnologia, tais como a utilização de sistemas biológicos, organismos vivos e derivados na fabricação ou modificação de produtos ou processos para uso específico.

(B) O texto constitucional não incluiu em seus dispositivos a proteção à biodiversidade.

(C) A biodiversidade é corretamente definida como a variedade de espécies vivas existentes nos diversos ecossistemas, não abrangendo as complexas relações que se formam entre as diversas formas de vida, tampouco os recursos ambientais.

(D) A Convenção da Biodiversidade Biológica foi o primeiro documento a definir, no cenário internacional, a proteção à biodiversidade.

(E) Na aplicação das disposições da Política Nacional da Biodiversidade, os limites da jurisdição nacional restringem-se ao território nacional continental.

A: correta, pois assim decorre da Convenção sobre Diversidade Biológica (CDB), estabelecida durante a ECO-92 e que está em vigência no Brasil (promulgada pelo Decreto n. 2.159/1998). Conforme o site do Ministério do Meio Ambiente (http://www.mma.gov.br/biodiversidade/convencao-da-diversidade-biologica), "a Convenção sobre Diversidade Biológica (CDB) é um tratado da Organização das Nações Unidas e um dos mais importantes instrumentos internacionais relacionados ao meio ambiente. A Convenção foi estabelecida durante a notória ECO-92 – a Conferência das Nações Unidas sobre Meio Ambiente e Desenvolvimento (CNUMAD), realizada no Rio de Janeiro em junho de 1992 – e é hoje o principal fórum mundial para questões relacionadas ao tema"; **B:** incorreta, pois a Constituição Federal, no art. 225, protege, de diferentes maneiras, a biodiversidade; **C:** incorreta, pois a biodiversidade é definida como a variedade de espécies vivas existentes nos diversos ecossistemas e abrange as complexas relações que se formam entre as diversas formas de vida. Também abrange os recursos ambientais. Vários componentes estão associados no conceito de biodiversidade: as diversas espécies de vida, os ecossistemas, as espécies, as populações, os genes; **D:** incorreta, pois não se trata do primeiro documento voltado à proteção da biodiversidade. Paulo de Bessa Antunes (**Direito ambiental**, 14ª ed., São Paulo: Atlas, 2012, p. 453) arrola diversos outros documentos anteriores. A título de exemplo, a *Convenção para a Proteção da Flora, da Fauna e das Belezas Cênicas Naturais dos Países da América*, de 12.10.1940 (promulgação: Decreto n. 58.054, de 23.03.1966); **E:** incorreta, pois a Convenção sobre Diversidade Biológica (CDB), em seu art. 4º, dispõe sobre o Âmbito Jurisdicional: "Sujeito aos direitos de outros Estados, e a não ser que de outro modo expressamente determinado nesta Convenção, as disposições desta Convenção aplicam-se em relação a cada Parte Contratante: a) No caso de componentes da diversidade biológica, nas áreas dentro dos limites de sua jurisdição nacional; e b) No caso de processos e atividades realizadas sob sua jurisdição ou controle, independentemente de onde ocorram seus efeitos, dentro da área de sua jurisdição nacional ou além dos limites da jurisdição nacional".

Gabarito "A"

15. RECURSOS MINERAIS

(Magistratura Federal/1ª região – 2011 – CESPE) Assinale a opção correta com referência a impactos ao meio ambiente causados pela exploração de recursos naturais.

(A) Ao inserir entre os bens da União as reservas minerais, inclusive as de subsolo, o legislador constituinte reconheceu a condição monopolizadora conferida à União para atividades de exploração de petróleo, por exemplo, entendendo como fator fundamental vinculado à tutela dos bens ambientais o seu direito de propriedade.

(B) Os biocombustíveis, incluídos na Lei de Política Energética, são regulados pela Agência Nacional de Petróleo, que deve cumprir os objetivos relacionados à proteção do meio ambiente como os aplicados ao petróleo.

(C) A utilização de áreas naturais para a lavra de minerais pode ser realizada por decreto federal, estadual ou norma municipal, desde que não comprometa a integridade dos atributos que justifiquem a proteção das referidas áreas.

(D) A legislação federal vigente não permite a importação de agrotóxicos, sendo possível, contudo, importar seus componentes em separado, o que dificulta a ação fiscalizadora da administração pública.

(E) Florestas ou áreas tombadas podem ser modificadas pela exploração mineral, desde que mediante proposta viável de recuperação total da área, com assinatura de termo de compromisso para o seu cumprimento.

A: incorreta. Embora a primeira parte da assertiva corresponda aos arts. 20 e 177 da CF, não se pode afirmar que a condição monopolizadora conferida à União para atividades de exploração de petróleo é fator fundamental vinculado à tutela dos bens ambientais o seu direito de propriedade; **B:** correta, pois a Lei n. 9.478/1997, (Redação dada pela Lei n. 11.097, de 2005), que dispõe sobre a política energética nacional e, dentre outros, institui a Agência Nacional do Petróleo (ANP), estabelece, em seu art. 8º, IX, que a ANP terá como finalidade promover a regulação, a contratação e a fiscalização das atividades econômicas integrantes da indústria do petróleo, do gás natural e dos biocombustíveis, cabendo-lhe fazer cumprir as boas práticas de conservação e uso racional do petróleo, gás natural, seus derivados e biocombustíveis e de preservação do meio ambiente; **C:** incorreta, pois, nos termos do art. 176, § 1º, da CF, *a pesquisa e a lavra de recursos minerais e o aproveitamento dos potenciais a que se refere o "caput" deste artigo somente poderão ser efetuados mediante autorização ou concessão da União*; **D:** incorreta, pois a Lei n. 7.802/1989, que dispõe sobre a pesquisa, a experimentação, a produção, a embalagem e rotulagem, o transporte, o armazenamento, a comercialização, a propaganda comercial, a utilização, a importação, a exportação, o destino final dos resíduos e embalagens, o registro, a classificação, o controle, a inspeção e a fiscalização de agrotóxicos, seus componentes e afins, não proíbe a importação de agrotóxicos; **E:** incorreta, pois a Lei n. 11.284/2006, em seu art. 16, § 1º, IV, estabelece que a concessão florestal confere ao concessionário somente os direitos expressamente previstos no contrato de concessão. É vedada a outorga de qualquer dos seguintes direitos no âmbito da concessão florestal: (...) exploração dos recursos minerais.

Gabarito "B".

16. MUDANÇAS CLIMÁTICAS

(Analista – Ministério do Meio Ambiente – 2011 – CESPE) Em virtude das mudanças climáticas constituírem preocupações da humanidade, governos assinaram a Convenção-Quadro das Nações Unidas sobre a mudança do clima. Essa convenção

(1) estabelece a necessidade de se preservarem os reservatórios, que são os mecanismos responsáveis pela remoção de gás de efeito estufa, de aerossol ou de precursor de gás de efeito estufa por meio de quaisquer processos, atividades ou mecanismos.

(2) estabelece, entre seus princípios básicos, a responsabilidade prevalente dos países desenvolvidos sobre o ônus na luta contra a mudança do clima, uma vez que esses países são os responsáveis pela maior parte de emissões antrópicas.

(3) foi criada com o objetivo de desenvolver instrumentos e mecanismos para a promoção de uma gestão sustentável e de condições que possibilitem o alcance da estabilização das concentrações de gases de efeito estufa na atmosfera em nível que não interfira perigosamente no sistema climático.

1: incorreta, pois reservatórios são "componente ou componentes do sistema climático no qual fica armazenado um gás de efeito estufa ou um precursor de um gás de efeito estufa" (art. 1º, item 7, da Convenção-Quadro das Nações Unidas sobre Mudança do Clima – CQNUMC); em verdade, a definição dada na afirmativa é de sumidouro (art. 1º, item 8, da CQNUMC); **2:** correta (art. 3º, item 1, da CQNUMC); **3:** correta (art. 2º CQNUMC).

Gabarito 1E, 2C, 3C

(Analista – Ministério do Meio Ambiente – 2011 – CESPE) Com base nas disposições constantes do Protocolo de Kyoto, julgue os próximos itens.

(1) O mecanismo de desenvolvimento limpo corresponde a um fundo de aporte financeiro dos grandes países emissores, caso estes não atinjam as metas de redução estabelecidas entre as partes, seguindo o princípio do poluidor-pagador.

(2) Nesse protocolo, são estabelecidos metas e prazos relativos à redução ou limitação das emissões futuras de dióxido de carbono e de outros gases responsáveis pelo efeito estufa.

(3) O mecanismo de flexibilização denominado execução conjunta, que só pode ser utilizado nos países industrializados listados nesse protocolo, objetiva a contabilização das reduções líquidas de emissões de gases, com execução em projetos de outros países.

1: incorreta, pois esse mecanismo (de desenvolvimento limpo) deve prestar assistência quanto à obtenção de fundos para atividades certificadas de projetos quando necessário (art.12, item 6, do Protocolo de Kyoto); **2:** correta (art. 3º, item 1, do Protocolo de Kyoto); **3:** correta (art. 12, item 3, "b", do Protocolo Kyoto).

Gabarito 1E, 2C, 3C

17. TEMAS COMBINADOS E OUTROS TEMAS

(Procurador do Município/Manaus – 2018 – CESPE) Julgue os próximos itens, relativos a recursos hídricos e florestais.

(1) Valores arrecadados com a cobrança pelo uso de recursos hídricos podem ser aplicados em bacia hidrográfica distinta daquela em que forem gerados tais valores.

(2) É vedado qualquer tipo de queima de vegetação no interior de unidades de conservação.

(3) Os serviços florestais são considerados como um tipo de produto florestal.

1: Correto, pois de acordo com a Lei 9.433/1997, art. 22, os valores arrecadados com a cobrança pelo uso de recursos hídricos serão aplicados prioritariamente (e não exclusivamente) na bacia hidrográfica em que foram gerados. **2:** Errado, pois de acordo com a Lei 12.651/2012, art. 38, II, é proibido o uso de fogo na vegetação, exceto, dentre outras, na situação de emprego da queima controlada em Unidades de Conservação, em conformidade com o respectivo plano de manejo e mediante prévia aprovação do órgão gestor da Unidade de Conservação, visando ao manejo conservacionista da vegetação nativa, cujas características ecológicas estejam associadas evolutivamente à ocorrência do fogo. **3:** Errado, pois de acordo com a Lei 11.284/2006, art. 3º, IV, consideram-se serviços florestais: turismo e outras ações ou benefícios decorrentes do manejo e conservação da floresta, não caracterizados como produtos florestais.

Gabarito 1C, 2E, 3E

(Juiz – TRF5 – 2017 – CESPE) Os comitês de bacias hidrográficas são

(A) competentes para implantar e gerir o Sistema Nacional de Informações sobre Segurança de Barragens.

(B) competentes para outorgar o direito de uso de recursos hídricos em corpos de água de domínio da União, mediante permissão.

(C) incompetentes para aprovar o Plano de Recursos Hídricos da bacia.

(D) incompetentes para arbitrar administrativamente conflitos relacionados a recursos hídricos.

(E) incompetentes para o exercício do poder de polícia.

A: Errada, pois o Sistema Nacional de Informações sobre Segurança de Barragens é de competência do Conselho Nacional de Recursos Hídricos, não do Comitê, segundo o art. 35, XII, da Lei 9.433/1997. **B:** Errada, pois a competência para outorgar o direito de uso de recursos hídricos em corpos de água de domínio da União é da Agência Nacional de Águas (ANA), de acordo com o art. 4º, IV, da Lei 9.984/2000, e por meio de autorização e não permissão. **C:** Errada, pois a competência para aprovar o Plano de Recursos Hídricos da bacia é sim do Comitê de Bacias Hidrográficas (art. 38, III, da Lei 9.433/1997). **D:** Errada, pois o Comitê de Bacias Hidrográficas é competente para arbitrar, em primeira instância administrativa, os conflitos relacionados aos recursos hídricos (art. 38, II, da Lei 9.433/97). **E:** Correta, pois o exercício do poder de polícia é exercido pela Agência Nacional de Água (rios de domínio federal), como agência reguladora, como se pode depreender, por exemplo, do art. 20, IX, da Lei 9.984/2000.

Gabarito "E".

(Juiz de Direito/AM – 2016 – CESPE) Em ação popular ajuizada pretendendo-se a anulação de licença de instalação concedida a determinada empresa para construção de uma represa, foram requeridos, ainda, o desfazimento das obras iniciadas e o retorno da área à situação original. Na ação, apontou-se, entre outros danos, comprometimento de áreas utilizadas para reprodução de aves aquáticas. Na sua defesa, o ente público alegou ilegitimidade ativa, pois o autor era estrangeiro apenas residente no Brasil. Alegou também prescrição da pretensão de anular ato administrativo, pois a licença tinha sido concedida havia mais de seis anos. A empresa que obteve a licença, por sua vez, alegou ilegitimidade passiva e, no mérito, não ocorrência do dano alegado.

Com base nessa situação hipotética, assinale a opção correta.

(A) O objeto da ação relaciona-se à matéria tratada na Convenção de Ramsar.

(B) A defesa do ente público está correta ao alegar prescrição da pretensão de anular ato administrativo, por aplicação do prazo quinquenal para anular atos administrativos.

(C) Diante da incerteza científica, o juiz deverá inverter o ônus da prova e determinar que os réus arquem com os custos da perícia, aplicando o princípio do poluidor-pagador.

(D) A empresa é parte ilegítima, pois o objeto da ação popular é apenas a anulação de atos ilegais e lesivos ao patrimônio público.

(E) A defesa do ente público está correta ao alegar ilegitimidade ativa do estrangeiro, considerando-se o entendimento pacificado da doutrina.

A: correta. A situação enquadra-se na Convenção sobre Zonas Úmidas de Importância Internacional, mais conhecida como Convenção de Ramsar, aprovada na cidade iraniana do mesmo nome, em vigor desde 21 de dezembro de 1975 e incorporada pelo Brasil em 1996, pela promulgação do Decreto 1.905/1996. Segundo o site do Ministério do Meio Ambiente, "A Convenção é um tratado intergovernamental criado inicialmente no intuito de proteger os habitats aquáticos importantes para a conservação de aves migratórias, por isso foi denominada de "Convenção sobre Zonas Úmidas de Importância Internacional", especialmente como Habitat para Aves Aquáticas"; **B:** incorreta. A licença em matéria ambiental não está afeta à mesma dinâmica do direito administrativo. Com efeito, a licença ambiental está sujeita à retirada definitiva, inclusive por meio de anulação e cassação, a teor do art. 19 da Resolução CONAMA 237/1997. Além disso, é licença com prazo determinado. No caso, trata-se de licença de instalação que possui prazo máximo de seis anos e, como já se relacionou, poderá ser retirada nas hipóteses do art. 19 da Resolução CONAMA 237/1997. Ademais, no caso, não se trata de anulação de ato pela Administração Pública, mas ação popular ajuizada perante o Poder Judiciário. A título de complemento, é importante mencionar que eventual ação de reparação de danos ambientais é imprescritível, como já decidiu o STJ; **C:** incorreta. O princípio cabível nessa assertiva é o da precaução, e não o princípio do poluidor-pagador, como constou na assertiva. Isto é, a inversão do ônus da prova vincula-se ao princípio da precaução; **D:** incorreta. Segundo o art. 6º da Lei, a ação popular "será proposta contra as pessoas públicas ou privadas e as entidades referidas no art. 1º, contra as autoridades, funcionários ou administradores que houverem autorizado, aprovado, ratificado ou praticado o ato impugnado, ou que, por omissas, tiverem dado oportunidade à lesão, e contra os beneficiários diretos do mesmo". No caso, a empresa relacionada no caso hipotético é beneficiária e, portanto, poderá afigurar no polo passivo; **E:** incorreta. A doutrina defende um alargamento da legitimidade para o ajuizamento da ação popular, incluindo o estrangeiro residente no país.

Gabarito "A".

(Procurador do Estado/AM – 2016 – CESPE) No que diz respeito à PNRH, à proteção da vegetação nativa (Lei n.º 12.651/2012) e à gestão de florestas públicas (Lei n.º 11.284/2006), julgue os itens que se seguem.

(1) **Situação hipotética:** Determinada pessoa jurídica venceu processo licitatório de concessão florestal, com delegação do direito de praticar manejo florestal sustentável para exploração de certo produto em uma unidade de manejo. **Assertiva:** Nessa situação, à referida pessoa jurídica poderá ser outorgado o direito de comercialização de créditos decorrentes da emissão evitada de carbono em florestas naturais.

(2) Conforme os fundamentos da PNRH, a gestão de tais recursos deve sempre proporcionar o uso múltiplo das águas.

(3) A manutenção de área com cobertura vegetal nativa, a título de reserva legal, não é obrigatória para imóveis rurais desapropriados com a finalidade de exploração de potencial de energia hidráulica (geração de energia elétrica) e de ampliação de capacidade de rodovias.

1: errada. O fato de vencer o certame de concessão florestal não concede o direito de comercialização de créditos decorrentes da emissão evitada de carbono em florestas naturais, consoante vedação expressa no art. 16, § 1º, VI, da Lei 11.284/2006; **2:** correta. De fato, um dos fundamentos da Política Nacional de Recursos Hídricos é o uso múltiplo das águas, consoante o art. 1º, IV, da Lei 9.433/1997 (a gestão dos recursos hídricos deve sempre proporcionar o uso múltiplo das águas); **3:** correta. De fato, assim dispõe o § 7º do art. 12 do Código Florestal: "Não será exigido Reserva Legal relativa às áreas adquiridas ou desapropriadas por detentor de concessão, permissão ou autorização para exploração de potencial de energia hidráulica, nas quais funcionem empreendimentos de geração de energia elétrica, subestações ou sejam instaladas linhas de transmissão e de distribuição de energia elétrica".

Gabarito 1E, 2C, 3C

A base conceitual da Agenda 21 indica, em síntese, a importância de se construir um programa de transição que contemple questões centrais – tais como a redução da degradação do meio ambiente e, simultaneamente, da pobreza e das desigualdades – e contribua para a sustentabilidade progressiva.

Internet: <www.mma.gov.br> (com adaptações).

(Analista – Ministério do Meio Ambiente – 2011 – CESPE) Tendo como referência o fragmento de texto acima, julgue os itens seguintes, relativos aos objetivos da Agenda 21 brasileira.

(1) Entre as recomendações prioritárias da Agenda 21, inclui-se o alinhamento, de modo prioritário, da vocação produtiva da cidade em harmonia com os eixos de desenvolvimento globalizados, inseridos em um contexto econômico global.

(2) Entre as questões centrais abordadas na Agenda 21, inclui-se a referente ao planejamento da infraestrutura, que deve ser realizado de forma integrada, dentro das diretrizes que compatibilizam a vocação exportadora com os interesses do mercado interno, com o objetivo de promover o desenvolvimento sustentável orientado à integração nacional.

1: incorreta, pois a máxima defendida na agenda não é a de "pensar globalmente, agir globalmente", mas em "pensar globalmente, agir localmente"; **2:** correta, pois o foco não pode ser apenas de construção de infraestrutura visando o mercado de exportações, sendo de rigor o olhar para os interesses do mercado interno e para a integração nacional, sempre com o objetivo de promover o desenvolvimento sustentável.

Gabarito 1E, 2C

(Analista – Ministério do Meio Ambiente – 2011 – CESPE) Com relação à educação ambiental, julgue o item a seguir.

(1) A Constituição Federal de 1988, apesar de reconhecida por parte significativa da doutrina como avançada no campo dos direitos relacionados ao meio ambiente, não trata expressamente da educação ambiental.

1: incorreta, pois a Constituição trata da educação ambiental em seu art. 225, § 1º, VI.

Gabarito 1E

(Analista – Ministério do Meio Ambiente – 2011 – CESPE) Julgue o item que se segue, relativo ao Tratado de Educação Ambiental para Sociedades Sustentáveis e Responsabilidade Global.

(1) Um dos princípios desse tratado é que a educação ambiental deve ser neutra, ou seja, não ideológica e baseada em consensos para a transformação social.

1: incorreta, pois o texto do tratado, na parte que trata dos princípios, define que a "A educação ambiental é individual e coletiva. Tem o propósito de formar cidadãos com consciência local e planetária, que respeitem a autodeterminação dos povos e a soberania das nações. A educação ambiental não é neutra, mas ideológica. É uma ato político".

Gabarito 1E

(Analista – Ministério do Meio Ambiente – 2011 – CESPE) Considerando o disposto na Lei n. 9.795/1999, que instituiu a política nacional de educação ambiental, julgue o item subsequente.

(1) Entre as diretrizes que orientam o Programa Nacional de Educação Ambiental (PRONEA), destacam-se a transversalidade e a interdisciplinaridade.

1: correta (art. 4º, III, da Lei 9.795/1999).

Gabarito 1C

(Ministério Público/PI – 2012 – CESPE) Em relação aos espaços territoriais e seus componentes, bem como à gestão de florestas públicas, assinale a opção correta.

(A) A concessão de floresta pública a particular deve ser precedida de processo licitatório e implica transferência de titularidade imobiliária para o uso de recursos hídricos ou minerais, mas não para a exploração de fauna e acesso aos recursos genéticos.

(B) Unidades de conservação somente podem ser criadas e extintas por ato do poder público.

(C) Há previsão legal de uso indireto dos atributos das unidades de uso sustentável, que abrangem as áreas de relevante interesse ecológico, as áreas de proteção ambiental, a floresta nacional e os parques nacionais.

(D) A reserva legal tem natureza jurídica de limitação ao uso da propriedade, não sendo, portanto, indenizável.

(E) O instrumento denominado concessão florestal engloba a floresta pública e as unidades de proteção integral, as reservas de desenvolvimento sustentável e as áreas de relevante interesse ecológico.

A: incorreta, pois a concessão florestal confere ao concessionário somente os direitos expressamente previstos no contrato de concessão, sendo vedada a outorga da titularidade imobiliária ou preferência em sua aquisição, bem como o uso de recursos hídricos ou minerais, exploração da fauna e acesso a recursos genéticos (art. 16, § 1º, da Lei 11.284/2006); **B:** incorreta, pois as Unidades de conservação, ainda que possam ser criadas por lei ou ato infralegal (ex.: decreto do Poder Executivo), somente poderão ser extintas por lei (art. 225, § 1º, III, da CF); **C:** incorreta. Primeiramente, importa registrar que as unidades de conservação de uso sustentável são as seguintes (art. 14 da Lei 9.985/2000 – Lei do SNUC): I – Área de Proteção Ambiental; II – Área de Relevante Interesse Ecológico; III – Floresta Nacional; IV – Reserva Extrativista; V – Reserva de Fauna; VI – Reserva de Desenvolvimento Sustentável; e VII – Reserva Particular do Patrimônio Natural. Nelas não se inserem, tal como consta na assertiva, os parques nacionais, considerados unidades de proteção integral (art. 8º, III, da Lei do SNUC). Ainda, nas unidades de uso sustentável, admite-se, sim, o uso dos recursos naturais nelas existentes (art. 7º, § 2º, da Lei do SNUC), diferentemente do que ocorre nas unidades de proteção integral, cujo uso dos recursos ambientais é apenas indireto (art. 7º, § 1º, da Lei do SNUC); **D:** correta. De fato, a reserva legal (arts. 12 a 24 do Novo Código Florestal – Lei 12.651/2012) constitui um espaço territorial especialmente protegido, constituindo, conforme dispõem a doutrina e jurisprudência, uma limitação genérica ao uso da propriedade ou posse rural (art. 3º, III, do Novo Código Florestal), motivo pelo qual não gera o dever de indenizar; **E:** incorreta, pois não se incluem na possibilidade de realização de concessão florestal as unidades de conservação de proteção integral, as reservas de desenvolvimento sustentável, as reservas extrativistas, as reservas de fauna e as áreas de relevante interesse ecológico (art. 11, III, da Lei 11.284/2006).

Gabarito "D".

(Magistratura Federal/2ª região – 2011 – CESPE) Considerando as substâncias que comportem risco à vida, à qualidade de vida e ao ambiente e os cuidados necessários para o seu manuseio, assinale a opção correta.

(A) Entidades públicas de ensino e pesquisa podem realizar experimentos com substâncias químicas, independentemente de registro.

(B) O transporte de substâncias químicas tóxicas pode ser feito a granel.

(C) Na responsabilização por dano causado a terceiro em decorrência de acidente com veículo cuja carga transportada não envolva substância perigosa, considera-se o risco da atividade e aplica-se a responsabilidade objetiva.

(D) É exclusiva da União a competência para legislar sobre a produção e o consumo de substâncias que comprometam a vida, a qualidade de vida e o meio ambiente.

(E) O registro de substância química que prejudique a vida, a qualidade de vida e o ambiente deve ser realizado por órgão federal.

A: incorreta, pois há necessidade de registro. Por exemplo, a Lei n. 7.802/1989, que dispõe sobre a pesquisa, a experimentação, a produção, a embalagem e rotulagem, o transporte, o armazenamento, a comercialização, a propaganda comercial, a utilização, a importação, a exportação, o destino final dos resíduos e embalagens, o registro, a classificação, o controle, a inspeção e a fiscalização de agrotóxicos, seus componentes e afins, e dá outras providências, estabelece, em seu art. 3º, § 3º, que: "Art. 3º Os agrotóxicos, seus componentes e afins, de acordo com definição do art. 2º desta Lei, só poderão ser produzidos, exportados, importados, comercializados e utilizados, se previamente registrados em órgão federal, de acordo com as diretrizes e exigências dos órgãos federais responsáveis pelos setores da saúde, do meio ambiente e da agricultura. § 3º Entidades públicas e privadas de ensino, assistência técnica e pesquisa poderão realizar experimentação e pesquisas, e poderão fornecer laudos no campo da agronomia, toxicologia, resíduos, química e meio ambiente"; **E:** correta, conforme exposto nos comentários à alternativa "a".

Gabarito "E".

25. DIREITO DA CRIANÇA E DO ADOLESCENTE

Ana Paula Garcia, Eduardo Dompieri, Roberta Densa, Vanessa Trigueiros e Wander Garcia*

1. CONCEITOS BÁSICOS E PRINCÍPIOS

(Ministério Público/TO – 2012 – CESPE) No que se refere aos princípios gerais e orientadores do ECA e aos direitos fundamentais das crianças e dos adolescentes, assinale a opção correta.

(A) A aplicação do princípio da prioridade absoluta previsto no ECA deve ser integrada aos demais sistemas de defesa da sociedade, como, por exemplo, o Estatuto do Idoso. Assim, no caso, por exemplo, de o administrador ser obrigado a optar por construir uma creche ou um abrigo para idosos, deve ele dar prioridade à construção do abrigo.

(B) Em decorrência do princípio da centralização previsto no ECA, as normas gerais e específicas de atendimento às crianças e aos adolescentes editadas pela União são hierarquicamente superiores às normas editadas pelos estados-membros e pelos municípios.

(C) O reconhecimento do estado de filiação, direito personalíssimo e indisponível, pode ser exercitado contra os pais ou seus herdeiros, sem qualquer restrição, observado o segredo de justiça e o prazo prescricional geral de dez anos, contado a partir da maioridade civil do postulante.

(D) Deve-se dar preferência à inclusão da criança ou do adolescente em programas de acolhimento familiar sobre o seu acolhimento institucional, observando-se, em qualquer caso, o caráter temporário e excepcional da medida.

(E) A aplicação do princípio do melhor interesse limita-se ao público infantojuvenil cujos direitos tiverem sido ameaçados ou violados por ação ou omissão da sociedade ou do Estado, ou por falta, omissão ou abuso dos pais ou responsável.

A: incorreta (art. 227, da CF; arts. 4º e 100, IV, do ECA). *"O caráter absoluto da prioridade, expressamente consignado no art. 227, da CF e no art. 4º do ECA, refere-se à impossibilidade de supressão de uma especial proteção às crianças e aos adolescentes em situações comuns. O fato de o dispositivo ponderar a respeito de outro interesse, também de especial relevo no caso concreto, não retira do metaprincípio da prioridade o seu caráter absoluto. Ao contrário, a inovação legislativa encontra-se na esteira da doutrina mais vanguardista de autores como Ronald Dworkin e Robert Alexy, que afirmam não existir hierarquia entre princípios ou direitos fundamentais, cabendo solucionar uma possível colisão de direitos, por meio de ponderação"* (Rossato; Lépore; Sanches. Estatuto da Criança e do Adolescente, editora RT); **B:** incorreta, pois, segundo o princípio da responsabilidade primária e solidária do poder público, a plena efetivação dos direitos assegurados a crianças e a adolescentes é de responsabilidade primária e solidária das 3 (três) esferas de governo, as quais devem respeitar os direitos previstos no ordenamento jurídico, em especial no ECA e na CF (art. 100, parágrafo único, III, do ECA), não havendo que falar em hierarquia de normas jurídicas; **C:** incorreta, pois o reconhecimento do estado de filiação é imprescritível (art. 27 do ECA); **D:** correta (art. 34, § 1°, do ECA); **E:** incorreta, pois, segundo o princípio do melhor interesse, a intervenção deve atender prioritariamente aos interesses e direitos da criança e do adolescente, sem prejuízo da consideração que for devida a outros interesses legítimos no âmbito da pluralidade dos interesses presentes no caso concreto (art. 100, parágrafo único, do ECA).

Gabarito "D".

* **RD Roberta Densa** comentou as questões de Juiz/DF/16, Juiz/AM/16, Defensoria/RN/16, Analis-ta/TRT/8/16; **Vanessa Tonolli Trigueiros** comentou as questões de MP/PI/14, Defensoria/13, Cartório/PI/13 e Cartório/ES/13; **Ana Paula Garcia, Eduardo Dompieri, Vanessa Trigueiros** e **Wander Garcia** comentaram as demais questões.

2. DIREITOS FUNDAMENTAIS

2.1. DIREITO À VIDA E À SAÚDE

(Defensor Público/AC – 2012 – CESPE) A respeito dos direitos fundamentais das crianças e dos adolescentes, assinale a opção correta.

(A) A prioridade no atendimento de crianças e adolescentes tem caráter relativo, dependendo a garantia dessa prioridade da emissão, pelo poder público, de normas secundárias, tais como resoluções e portarias.

(B) De acordo com a CF, devem ser estabelecidos por lei, além do ECA, o Estatuto da Juventude, destinado a regular os direitos dos jovens, e o Plano Nacional de Juventude, que deve articular as várias esferas do poder público para a execução de políticas públicas.

(C) O poder público é obrigado a proporcionar assistência psicológica à gestante e à mãe nos períodos pré-natal e pós-parto exceto se houver manifestação expressa em entregar o filho para adoção, caso em que a proteção estatal recai sobre os adotantes.

(D) Enumerados taxativamente no ECA, os direitos fundamentais das crianças e dos adolescentes constituem um sistema fechado.

(E) A garantia dos direitos fundamentais do público infantojuvenil constitui obrigação direta do poder público e da família e obrigação indireta da sociedade e da comunidade.

A: incorreta, pois a garantia de prioridade tem caráter absoluto e compreende, dentre outras hipóteses, a precedência de atendimento nos serviços públicos ou de relevância pública, independente de regulamentação legislativa (art. 4º, parágrafo único, "b", do ECA); **B:** correta, pois está de acordo com o disposto no art. 227, § 8º, I e II, da CF/1988; **C:** incorreta, pois incumbe ao poder público proporcionar assistência psicológica à gestante e à mãe, no período pré e pós-natal, inclusive como forma de prevenir ou minorar as consequências do estado puerperal, bem como para as gestantes ou mães que manifestem interesse em entregar seus filhos para adoção (art. 8º, §§ 4º e 5º, do ECA); **D:** incorreta, pois a criança e o adolescente gozam de todos os direitos fundamentais inerentes à pessoa humana, do que se conclui ser o rol enumerado no ECA meramente exemplificativo e não taxativo; **E:** incorreta, pois a garantia dos direitos fundamentais da criança e do adolescente é dever da família, da comunidade, da sociedade em geral e do poder público. Portanto, constitui uma obrigação direta de todos (art. 4º, *caput*, do ECA).

Gabarito "B".

(Defensor Público/RO – 2012 – CESPE) No que tange aos direitos fundamentais da criança e do adolescente, assinale a opção correta.

(A) Na hipótese de família com muitos filhos menores e em estado de extrema miséria, cabe ao juiz determinar a suspensão ou a perda do poder familiar.

(B) É proibido trabalho noturno, perigoso ou insalubre a menores de dezoito anos de idade e qualquer trabalho a menores de quatorze anos, salvo na condição de aprendiz, a partir dos doze anos.

(C) Quando uma criança ou um adolescente é internado para tratamento de saúde, em hospital público ou privado, a instituição é obrigada a proporcionar condições para que um dos pais ou o responsável os acompanhe.

(D) As gestantes interessadas em entregar seus filhos para adoção poderão, antes do parto, escolher a família substituta, independentemente de comunicar o fato à justiça da infância e da juventude.

(E) É dever do Estado assegurar à criança e ao adolescente os ensinos fundamental e médio, obrigatórios e gratuitos, inclusive para os que a eles não tiveram acesso na idade própria.

A: incorreta, pois a falta ou a carência de recursos materiais não constitui motivo suficiente para a perda ou a suspensão do poder familiar (art. 23, do ECA); **B:** incorreta, pois há proibição de trabalho noturno, perigoso ou insalubre a menores de dezoito anos e de qualquer trabalho a *menores de dezesseis anos*, salvo na condição de aprendiz, *a partir de quatorze anos* (art. 7º, XXXIII, da CF/1988; arts. 60 e 67, I e II, ambos do ECA); **C:** correta (art. 12, do ECA); **D:** incorreta, pois, caso a gestante manifeste interesse em entregar seu filho para adoção, será obrigatoriamente encaminhada à Justiça da Infância e da Juventude (art. 13, parágrafo único, do ECA), sendo que incumbe ao poder público proporcionar-lhe assistência psicológica (art. 8º, § 4º, do ECA); **E:** incorreta, pois é dever do Estado assegurar à criança e ao adolescente o *ensino fundamental*, obrigatório e gratuito, inclusive para os que a ele não tiveram acesso na idade própria (art. 54, I, do ECA).

Gabarito "C".

2.2. DIREITO À LIBERDADE, AO RESPEITO E À DIGNIDADE

Maurício, com treze anos de idade, foi atendido em hospital público. Depois de realizados os exames clínicos e a entrevista pessoal com o adolescente, o médico que o atendeu comunicou ao conselho tutelar local a suspeita de que Maurício havia sido vítima de castigo físico praticado pelos próprios pais. O conselho tutelar averiguou o caso e concluiu que os pais de Maurício haviam lesionado os braços do garoto, mediante emprego de pedaço de madeira, em razão de ele ter se recusado a ir à escola. Com base nisso, o conselho tutelar aplicou aos pais uma advertência e os encaminhou para tratamento psicológico.

(Defensor Público - DPE/DF - 2019 - CESPE/CEBRASPE) Com referência a essa situação hipotética, julgue os itens que se seguem, de acordo com o Estatuto da Criança e do Adolescente (Lei 8.069/1990).

(1) O conselho tutelar extrapolou suas atribuições ao ter aplicado advertência diretamente aos pais de Maurício, uma vez que essa medida constitui verdadeira reserva jurisdicional.

(2) O médico adotou providência obrigatória quando comunicou ao conselho tutelar a suspeita de que Maurício havia sofrido castigo físico.

(3) O Estatuto da Criança e do Adolescente faz distinção entre castigo físico e tratamento cruel ou degradante e, nos termos desse Estatuto, a lesão sofrida por Maurício não é considerada tratamento cruel ou degradante.

1: Errado. O conselho tutelar pode aplicar a advertência diretamente aos pais com fundamento no art. 18-B, V, do ECA; **2.** Correta. Os casos de suspeita ou confirmação de castigo físico, de tratamento cruel ou degradante e de maus-tratos contra criança ou adolescente serão obrigatoriamente comunicados ao Conselho Tutelar da respectiva localidade, sem prejuízo de outras providências legais (art. 13 do ECA). Ademais, a ausência de comunicação ao Conselho Tutelar poderia implicar em sanção administrativa ao profissional da saúde: "Deixar o médico, professor ou responsável por estabelecimento de atenção à saúde e de ensino fundamental, pré-escola ou creche, de comunicar à autoridade competente os casos de que tenha conhecimento, envolvendo suspeita ou confirmação de maus-tratos contra criança ou adolescente: Pena: multa de três a vinte salários de referência, aplicando-se o dobro em caso de reincidência" (art. 245 do ECA); **3.** Correta. Considera-se *castigo físico* ação de natureza disciplinar ou punitiva aplicada com o uso da força física sobre a criança ou o adolescente que resulte em sofrimento físico ou lesão (art. 18-A, parágrafo único, inciso I, alíneas "a" e "b"). Considera-se, por outro lado, *tratamento cruel* ou *degradante*: conduta ou forma cruel de tratamento em relação à criança ou ao adolescente que: humilhe; ou ameace gravemente; ou ridicularize. (art. 18-A, parágrafo único, inciso II, alíneas "a", "b" e "c").

Gabarito 1E, 2C, 3C

(Promotor de Justiça/RR – 2017 – CESPE) Segundo o ECA, "A criança e o adolescente têm o direito de ser educados e cuidados sem o uso de castigo físico ou de tratamento cruel ou degradante, como formas de correção, disciplina, educação ou qualquer outro pretexto, pelos pais, pelos integrantes da família ampliada, pelos responsáveis, pelos agentes públicos executores de medidas socioeducativas ou por qualquer pessoa encarregada de cuidar deles, tratá-los, educá-los ou protegê-los." Nesse sentido, entende-se por

I. castigo físico a ação de natureza disciplinar ou punitiva aplicada com o uso da força física sobre a criança ou o adolescente e que lhes cause sofrimento físico ou lesão.

II. tratamento cruel ou degradante a conduta ou forma cruel de tratamento em relação à criança ou ao adolescente que lhes humilhe, ameace gravemente ou ridicularize.

III. tratamento cruel ou degradante a alienação parental praticada por um dos genitores, por ser uma forma de humilhar a criança ou o adolescente.

Assinale a opção correta.

(A) Nenhum item está certo.
(B) Apenas o item III está certo.
(C) Apenas os itens I e II estão certos.
(D) Todos os itens estão certos.

I: correto. Considera-se castigo físico a ação de natureza disciplinar ou punitiva aplicada com o uso da força física sobre a criança ou o adolescente que resulte em a) sofrimento físico; ou b) lesão (art. 18-A, inciso I, do ECA); II: correto. Considera-se tratamento cruel ou degradante: conduta ou forma cruel de tratamento em relação à criança ou ao adolescente que a) humilhe; ou b) ameace gravemente; ou c) ridicularize (art. 18-A, inciso II, do ECA); **III:** incorreta. Vide justificativa do item II.

Gabarito "C".

2.3. DIREITO À CONVIVÊNCIA FAMILIAR E COMUNITÁRIA

(Juiz de Direito - TJ/BA - 2019 - CESPE/CEBRASPE) A respeito da colocação de criança ou adolescente em família substituta, procedimento previsto no ECA, assinale a opção correta.

(A) Para decidir sobre a concessão de guarda provisória ou sobre o estágio de convivência, a autoridade judiciária deverá determinar a realização de estudo social ou, se possível, de perícia por equipe interprofissional.

(B) Nas hipóteses em que a perda ou a suspensão do poder familiar constituir pressuposto lógico da medida principal de colocação em família substituta, o interessado será cientificado do processo, porém não poderá apresentar defesa, devendo ajuizar demanda específica e adequada para buscar a sua pretensão.

(C) Na hipótese de os pais concordarem com o pedido de colocação da criança em família substituta, será dispensada a assistência por advogado ou defensor público nos procedimentos judiciais, desde que o aceite seja registrado em cartório.

(D) O consentimento dos titulares do poder familiar para a colocação da criança em família substituta é retratável até a data de publicação da sentença constitutiva da adoção.

(E) Em situações excepcionais nas quais se verifiquem reais benefícios à criança, é possível que o consentimento dos pais biológicos quanto à colocação da criança em família substituta seja dado antes do nascimento do infante.

A: correta. Dentre as regras sobre o procedimento para colocação em família substituta, reza o art. 167 do ECA: "a autoridade judiciária, de ofício ou a requerimento das partes ou do Ministério Público, determinará a realização de estudo social ou, se possível, perícia por equipe interprofissional, decidindo sobre a concessão de guarda provisória, bem como, no caso de adoção, sobre o estágio de convivência". **B:** incorreta. O procedimento para perda ou suspensão do poder familiar sempre obedecerá ao contraditório e ampla defesa. Nos termos do art. 158 do ECA, "o requerido será citado para, no prazo de dez dias, oferecer resposta escrita, indicando as provas a serem produzidas e oferecendo desde logo o rol de testemunhas e documentos". **C:**

incorreta. Na hipótese de concordância dos pais, o juiz deverá, na presença do ministério público, ouvir as partes, devidamente assistida por advogado ou defensor público, para verificar sua concordância com a adoção (art. 166, § 1°, I, do ECA). **D:** incorreta. Nos termos do art. 166, § 5°, o consentimento dos titulares do poder familiar para colocação da criança em família substituta pode ocorrer até a data da realização da audiência que tem por finalidade colher a oitiva dos pais. Após a audiência, os pais podem exercer o arrependimento no prazo de 10 (dez) dias, contado da data de prolação da sentença de extinção do poder familiar. **E:** incorreta. Ainda que haja consentimento dos pais para entrega da criança (art. 166, § 1°, do ECA), este somente pode se dar após o nascimento (art. 19-A, § 5° do ECA).

Gabarito "A"

(Juiz de Direito - TJ/BA - 2019 - CESPE/CEBRASPE) Com referência a adoção, guarda, medidas pertinentes aos pais ou responsáveis e direitos fundamentais da criança e do adolescente, julgue os itens a seguir.

I. A princípio, para a constatação da adoção à brasileira, o estudo psicossocial da criança, do pai registral e da mãe biológica não se mostra imprescindível.
II. A omissão na lei previdenciária impede que os infantes recebam pensão por morte do guardião, uma vez que, pelo critério da especialidade, não basta a norma prevista no ECA que declara a condição de dependente de crianças e adolescentes, porque ela se afigura como meramente programática.
III. O descumprimento da obrigação de prestação material do pai que dispõe de recursos ao filho gera a responsabilização do genitor e o seu dever de pagamento de indenização por danos morais.
IV. Diante da efetiva comprovação de hipossuficiência financeira do genitor, o juiz deverá deixar de aplicar multa por descumprimento dos deveres inerentes ao poder familiar, tendo em vista o seu caráter exclusivamente preventivo e pedagógico.

Estão certos apenas os itens

(A) I e III.
(B) I e IV.
(C) II e IV.
(D) I, II e III.
(E) II, III e IV.

I: correta. A adoção à brasileira é proibida pelo ordenamento jurídico brasileiro e se configura quando alguém declara como seu filho de outrem (art. 242 do Código Penal). Para a configuração da adoção à brasileira consequente perda do poder familiar, não se faz necessário estudo psicossocial da criança, bastando a comprovação biológica da paternidade. Nesse sentido, em caso que julgou ação de destituição de perda de poder familiar em razão de indícios da prática de adoção à brasileira, já julgou o STJ: (...) Para constatação da "adoção à brasileira", em princípio, o estudo psicossocial da criança, do pai registral e da mãe biológica não se mostra imprescindível. Contudo, como o reconhecimento de sua ocorrência ("adoção à brasileira") foi fator preponderante para a destituição do poder familiar, à época em que a entrega de forma irregular do filho para fins de adoção não era hipótese legal de destituição do poder familiar, a realização da perícia se mostra imprescindível para aferição da presença de causa para a excepcional medida de destituição e para constatação de existência de uma situação de risco para a infante, caracterizando cerceamento de defesa o seu indeferimento na origem". (REsp 1674207/PR, Rel. Min. Moura Ribeiro, 3ª turma, DJe 24/04/2018); **II:** incorreta. Em sede de IRDR, o STJ fixou a seguinte tese: "o menor sob guarda tem direito à concessão do benefício de pensão por morte do seu mantenedor, comprovada sua dependência econômica, nos termos do art. 33, § 3° do Estatuto da Criança e do Adolescente, (...) Funda-se essa conclusão na qualidade de lei especial do Estatuto da Criança e do Adolescente (8.069/90), frente à legislação previdenciária". (Tema 732/STJ); **III:** correta. Nesse sentido, já entendeu o STJ: "**1.** O descumprimento da obrigação pelo pai, que, apesar de dispor de recursos, deixa de prestar assistência material ao filho, não proporcionando a este condições dignas de sobrevivência e causando danos à sua integridade física, moral, intelectual e psicológica, configura ilícito civil, nos termos do art. 186 do Código Civil de 2002. **2.** Estabelecida a correlação entre a omissão voluntária e injustificada do pai quanto ao amparo material e os danos morais ao filho dali decorrentes, é possível a condenação ao pagamento de reparação por danos morais, com fulcro também no princípio constitucional da dignidade da pessoa humana. (REsp 1087561/RS, Rel. Min. Raul Araújo, 4ª Turma, DJe 18/08/2017); **IV:** incorreta. A sanção pecuniária pelo descumprimento dos deveres relativos ao exercício do poder familiar (art. 129 do ECA) está expressamente prevista no art. 249 do ECA. Sobre o tema, já decidiu o STJ que "a hipossuficiência financeira ou a vulnerabilidade familiar não é suficiente para afastar a multa pecuniária prevista no art. 249 do ECA". (REsp 1.658.508-RJ, Rel. Min. Nancy Andrighi, DJe 26/10/2018).

Gabarito "A"

Joana, de vinte e cinco anos de idade, é mãe de Maria, de dois anos de idade, cujo pai falecera antes de ela ter nascido. Para que Joana fosse submetida a tratamento médico em outro estado da Federação, a guarda judicial de Maria foi concedida aos avós paternos, João e Clarissa. Na sentença que concedeu a guarda, o magistrado impôs a Joana o dever de prestar alimentos a Maria. Por todos serem hipossuficientes, Clarissa procurou a Defensoria Pública para orientação jurídica.

(Defensor Público - DPE/DF - 2019 - CESPE/CEBRASPE) Considerando a situação hipotética apresentada, julgue os itens seguintes, de acordo com a legislação pertinente e a jurisprudência dos tribunais superiores.

(1) Segundo jurisprudência pacificada do STJ, Maria é dependente previdenciária dos seus avós paternos.
(2) Agiu equivocadamente o magistrado ao impor a Joana o dever de prestar alimentos a Maria: os alimentos prestados pelos pais são incompatíveis com a guarda, modalidade de colocação de criança e adolescente em família substituta.
(3) A guarda dada aos avós paternos de Maria é irrevogável, porque foi concedida por sentença judicial e obriga a prestação de assistência material, moral e educacional.

1: Correta. Nos termos do art. 33, § 3°, do ECA, a guarda confere à criança ou adolescente a condição de dependente, para todos os fins e efeitos de direito, inclusive previdenciários. Ainda nesse sentido, já decidiu o STJ: "(...) O art. 33, § 3° da Lei 8.069/90 deve prevalecer sobre a modificação legislativa promovida na lei geral da previdência social porquanto, nos termos do art. 227 da Constituição, é norma fundamental o princípio da proteção integral e preferência da criança e do adolescente". (REsp 1.141.788/RS, Rel. Min. João Otávio de Noronha); **2:** Errada. A guarda é forma de colocação em família substituta, mas a guarda não altera a condição de filiação, razão pela qual o dever se alimentos dos pais para com os filhos permanece. Ademais, por disposição expressa do ECA (art. 33, § 4°), o deferimento da guarda não impede o exercício do direito de visita dos pais, bem como o dever de prestar alimentos, salvo quando aplicada em preparação para a adoção; **3:** Errada. A guarda é medida provisória que pode ser alterada e revogada a qualquer tempo pela autoridade judiciária (art. 35 do ECA).

Gabarito 1C, 2E, 3E

(Promotor de Justiça/RR – 2017 – CESPE) Com base na legislação relativa às crianças e aos adolescentes, julgue os itens que se seguem.

I. A criança e o adolescente têm o direito de ser criados em suas famílias naturais, embora, em determinados momentos, possa ser necessária sua colocação em família substituta.
II. A guarda pressupõe a obrigação da prestação de assistência material, moral e educacional à criança ou ao adolescente, e o seu detentor poderá opor-se a terceiros, destes excetuados os pais da criança ou do adolescente.
III. A tutela pressupõe a prévia perda do poder familiar, mas nem sempre implicará o dever de guarda.
IV. Além de ser orientada pelo princípio do melhor interesse da criança ou do adolescente, a adoção deverá representar real vantagem para o adotando e fundar-se em motivos legítimos.

Estão certos apenas os itens

(A) I e II.
(B) I e IV.
(C) II e III.
(D) III e IV.

I: correta. É direito da criança e do adolescente ser criado e educado no seio de sua família e, excepcionalmente, em família substituta, assegurada a convivência familiar e comunitária, em ambiente que garanta seu desenvolvimento integral (art. 19 do ECA); **II:** incorreta. A guarda obriga a prestação de assistência material, moral e educacional à criança ou adolescente, conferindo a seu detentor o direito de opor-se a terceiros, inclusive aos pais (art. 33 do ECA); **III:** incorreta. O deferimento da tutela pressupõe a prévia decretação da perda ou suspensão do poder familiar e implica necessariamente o dever de guarda (art. 36, parágrafo único, do ECA).

Gabarito "B".

(Defensor Público/PE – 2018 – CESPE) Acerca dos institutos guarda, tutela e adoção, previstos no ECA, assinale a opção correta.

(A) A morte dos adotantes restabelece o poder familiar dos pais naturais se estes ainda estiverem vivos e não lhes tiver sido destituído o poder familiar.

(B) O tutor nomeado por testamento deverá, no prazo de trinta dias após a abertura da sucessão, registrar no cartório competente a sua anuência, sendo dispensada a análise judicial.

(C) Em caso de adoção por pessoa ou casal residente fora do Brasil, o estágio de convivência cumprido no território nacional poderá ser dispensado, desde que comprovado o exercício de guarda de fato.

(D) O deferimento da guarda de criança ou adolescente a terceiros impossibilita o exercício do direito de visita dos pais e extingue o dever de prestar alimentos.

(E) Divorciados podem adotar conjuntamente, desde que haja acordo sobre a guarda e o regime de visitas e desde que o estágio de convivência tenha sido iniciado na constância do casamento e seja comprovada a existência de vínculos de afinidade e afetividade com aquele não detentor da guarda.

A: incorreta. A morte dos adotantes não restabelece o poder familiar dos pais naturais (art. 49 do ECA); **B:** incorreta. O tutor nomeado por testamento ou qualquer documento autêntico, deverá, no prazo de 30 (trinta) dias após a abertura da sucessão, ingressar com pedido destinado ao controle judicial do ato, observando o procedimento previsto no Estatuto da Criança e do Adolescente. (art. 37 do ECA); **C:** incorreta. Em caso de adoção por pessoa ou casal residente ou domiciliado fora do país, o estágio de convivência será de, no mínimo, 30 (trinta) dias e, no máximo, 45 (quarenta e cinco) dias, prorrogável por até igual período, uma única vez, mediante decisão fundamentada da autoridade judiciária. (art. 46, § 3º, do ECA); **D:** incorreta. Salvo expressa e fundamentada determinação em contrário, da autoridade judiciária competente, ou quando a medida for aplicada em preparação para adoção, o deferimento da guarda de criança ou adolescente a terceiros não impede o exercício do direito de visitas pelos pais, assim como o dever de prestar alimentos, que serão objeto de regulamentação específica, a pedido do interessado ou do Ministério Público (art. 33, § 4º, do ECA); **E:** correta. Art. 42, § 4º, do ECA.

Gabarito "E".

(Juiz – TJ/CE – 2018 – CESPE) Considerando o disposto no ECA e a jurisprudência do STJ acerca da adoção unilateral, assinale a opção correta.

(A) Nessa espécie de adoção, há ruptura total da relação entre o adotado e seus pais biológicos, substituindo-se a linha biológica originária do adotado para todos os efeitos, inclusive os civis.

(B) Caso o poder familiar de um dos genitores do adotando seja destituído, será necessária consulta ao grupo familiar estendido, a fim de a adoção unilateral ser concluída.

(C) Mesmo depois de transitada em julgado a sentença de adoção unilateral, é possível a sua revogação em razão de arrependimento do adotado, em favor do melhor interesse dele.

(D) O objeto da adoção unilateral é o menor completamente desassistido, cuja percepção de pertencimento familiar é impactada pelo próprio processo de adoção.

(E) O adotado unilateralmente por cônjuge pode, ao atingir a maioridade, requisitar a revogação da adoção por não mais ter interesse nela.

A: incorreta. Na adoção unilateral mantém-se o vínculo com um dos genitores para criar vínculo de filiação por meio da adoção com o outro. Nos termos do art. 41, § 1º, do ECA: "se um dos cônjuges ou concubinos adota o filho do outro, mantêm-se os vínculos de filiação entre o adotado e o cônjuge ou concubino do adotante e os respectivos parentes"; **B:** incorreta. Uma vez perdido o poder familiar, a criança ou adolescente podem ser adotados unilateralmente, independentemente do consentimento da família extensa; **C:** correta. Assim já entendeu o Superior Tribunal de Justiça: "no caso de adoção unilateral, a irrevogabilidade prevista no art. 39, § 1º do Estatuto da Criança e do Adolescente pode ser flexibilizada no melhor interesse do adotando". (STJ, REsp 1.545.959-SC, Rel. Min. Ricardo Villas Bôas Cueva, Rel. para acórdão Min. Nancy Andrighi, por maioria, julgado em 6/6/2017, DJe 1/8/2017); **D:** incorreta. Veja justificativa da alternativa "A"; **E:** incorreta. O STJ não exige que a pessoa atinja a maioridade para flexibilizar a irrevogabilidade. Vide justificativa da alternativa "C".

Gabarito "C".

(Promotor de Justiça/RR – 2017 – CESPE) Com base na legislação relativa às crianças e aos adolescentes, julgue os itens que se seguem.

I. A criança e o adolescente têm o direito de ser criados em suas famílias naturais, embora, em determinados momentos, possa ser necessária sua colocação em família substituta.

II. A guarda pressupõe a obrigação da prestação de assistência material, moral e educacional à criança ou ao adolescente, e o seu detentor poderá opor-se a terceiros, destes excetuados os pais da criança ou do adolescente.

III. A tutela pressupõe a prévia perda do poder familiar, mas nem sempre implicará o dever de guarda.

IV. Além de ser orientada pelo princípio do melhor interesse da criança ou do adolescente, a adoção deverá representar real vantagem para o adotando e fundar-se em motivos legítimos.

Estão certos apenas os itens

(A) I e II.

(B) I e IV.

(C) II e III.

(D) III e IV.

I: correta. É direito da criança e do adolescente ser criado e educado no seio de sua família e, excepcionalmente, em família substituta, assegurada a convivência familiar e comunitária, em ambiente que garanta seu desenvolvimento integral (art. 19 do ECA); **II:** incorreta. A guarda obriga a prestação de assistência material, moral e educacional à criança ou adolescente, conferindo a seu detentor o direito de opor-se a terceiros, inclusive aos pais (art. 33 do ECA); **III:** incorreta. O deferimento da tutela pressupõe a prévia decretação da perda ou suspensão do poder familiar e implica necessariamente o dever de guarda (art. 36, parágrafo único, do ECA).

Gabarito "B".

(Defensor Público – DPE/RN – 2016 – CESPE) Assinale a opção correta com referência a família substituta e adoção.

(A) De acordo com o ECA, a condenação do pai ou da mãe por crime constitui causa ensejadora da perda do poder familiar.

(B) Segundo o STJ, no tocante ao ambiente em que se deve desenvolver o convívio familiar, em regra, não há primazia da família natural estendida em relação à família substituta.

(C) O STJ, com base no princípio do interesse superior da criança e do adolescente, entende ser necessária a idade de doze anos para que o menor possa ser adotado por pessoa homoafetiva, pois é preciso que esse menor se manifeste previamente a respeito da pretensa adoção.

(D) Como a adoção rompe o vínculo de parentesco com a família biológica da criança e do adolescente, é imprescindível que os pais biológicos concordem com a adoção, o que torna necessária a propositura de ação de destituição do poder familiar caso os pais biológicos do adotante sejam desconhecidos.

(E) Apesar de a lei exigir o cadastro e a habilitação para a adoção, é possível que pessoas não cadastradas tenham preferência para a adoção de determinada criança ou adolescente, a exemplo do que ocorre no caso de adoção *intuitu personae*.

A: incorreta. Nos termos do art. 23, § 2º do ECA, "a condenação criminal do pai ou da mãe não implicará a destituição do poder familiar, exceto na hipótese de condenação por crime doloso sujeito à pena de reclusão contra outrem igualmente titular do mesmo poder familiar ou contra filho, filha ou outro descendente". **B**: incorreta. A jurisprudência do STJ, obedecendo ao comando legal (ECA), caminha no sentido de "respeitar a ordem hierárquica de presunção de maior bem-estar para a criança e o adolescente, em relação ao ambiente em que deve conviver, é dada pela sequência: família natural, família natural estendida e família substituta" (STJ, REsp 1523283/RS, DJe 25/06/2015). **C**: incorreta. Entende o STJ, que "não há disposição no ordenamento jurídico pátrio que estipule a idade de 12 (doze) anos para o menor ser adotado por pessoa homoafetiva" (Veja REsp 1.540.814/PR – Dje 25/08/2015). **D**: incorreta. A adoção requer o consentimento dos pais (art. 166 do ECA) ou, na falta do consentimento, o devido processo legal, nos termos do art. 155 do ECA, para a perda do poder familiar. **E**: correta. De fato, o art. 50, § 13, do ECA, permite a adoção de pessoas que não estão cadastradas no Cadastro Nacional de adoção (caso de adoção unilateral, adoção por família natural extensa ou de quem já tem guarda ou tutela do menor). Configurando-se, nesse caso, adoção "intuito personae" por estar baseada na qualidade da pessoa que adota.

Gabarito "E"

(Juiz de Direito/DF – 2016 – CESPE) Considerando que a colocação em família substituta far-se-á mediante guarda, tutela ou adoção, assinale a opção correta.

(A) A ação de guarda proposta por um dos genitores pode ser decidida em favor do outro genitor, desde que formulado pedido reconvencional.

(B) A colocação em família substituta admite a transferência de criança ou adolescente a terceiro, desde que o fato seja comunicado ao Juízo da Infância no prazo de vinte e quatro horas, para a regularização respectiva.

(C) A adoção é ato personalíssimo. Admite-se, entretanto, a adoção por procuração quando o adotante estiver em local diverso.

(D) Em caso de adoção póstuma, nuncupativa ou *post mortem*, considera-se definitivamente materializado o parentesco civil desde o trânsito em julgado da sentença proferida, produzindo, a partir de então, todos os seus efeitos.

(E) Aquele que for nomeado tutor por ato de última vontade firmado pelos pais do pupilo deverá, no prazo de trinta dias contado da abertura da sucessão, ingressar com pedido destinado ao controle judicial do ato.

A: incorreta. Não se faz necessário o pedido reconvencional, em razão da natureza dúplice, basta que haja o pedido contraposto. "Em ação de guarda de filho menor, tanto o pai como a mãe podem perfeitamente exercer de maneira simultânea o direito de ação, sendo que a improcedência do pedido do autor conduz à procedência do pedido de guarda à mãe, restando evidenciada, assim, a natureza dúplice da ação. Por conseguinte, em demandas dessa natureza, é lícito ao réu formular pedido contraposto, independentemente de reconvenção". (STJ, REsp 1085664/DF Rel. Min. Luis Felipe Salomão, DJe 12/08/2010). **B**: incorreta. Art. 101, § 2º, 3º e 4º do ECA. **C**: incorreta. A adoção por procuração é expressamente vetada pelo ECA (art. 39, § 2º). **D**: incorreta. No caso de adoção post mortem o efeito da sentença retroage à data do óbito (art. 42, § 6º c/c art. 47, § 7º do ECA). **E**: correta. Art. 37 do ECA.

Gabarito "E"

(Juiz de Direito/DF – 2016 – CESPE) A respeito dos direitos das crianças e dos adolescentes, assinale a opção correta.

(A) Os atos de alienação parental descritos na Lei n.º 12.318/2010 foram estabelecidos de forma taxativa, *numerus clausus*, não admitindo interpretação extensiva.

(B) Na mesma linha das diretrizes impostas pelo ECA quanto ao direito à saúde, a Convenção dos Direitos da Criança determina que a criança tem direito de gozar do melhor padrão possível de saúde e dos serviços destinados ao tratamento das doenças e à recuperação da saúde, mediante adoção pelos Estados-Partes dos esforços no sentido de assegurar que nenhuma criança se veja privada de seu direito de usufruir desses serviços sanitários.

(C) O ECA relaciona obrigações que devem ser cumpridas pelos hospitais e demais estabelecimentos públicos e particulares de atenção à saúde de gestantes, dentre elas a de manter registro das atividades desenvolvidas, até de prontuários individuais, pelo prazo de cinco anos, sob pena de cometimento de infração administrativa, punida com multa, além de outras sanções administrativas.

(D) O regime de capacidade civil gera reflexos no Estatuto, de forma que deve haver ponderação dos direitos positivados pelo ECA em caso de emancipação civil do adolescente.

(E) O programa de acolhimento institucional caracteriza-se pela permanência de criança ou de adolescente junto a uma entidade governamental ou não governamental, pelo prazo máximo de três anos, prorrogável por igual período, a critério da autoridade judiciária.

A: incorreta. O art. 2º da Lei 12.318/10 traz, em seu parágrafo único, apenas um rol exemplificativo do que pode ser considerado ato de alienação parental. **B**: correta. Artigo 24 do Decreto 99.710/90 (Promulga a Convenção sobre os Direitos da Criança). **C**: incorreta. O prazo previsto no art. 10, I, do ECA para a manutenção dos prontuários é de 18 anos além de configurar crime (não infração administrativa) a ausência dos registros no das atividades desenvolvidas e a guarda do prontuário pelo período imposto em lei (art. 228). **D**: incorreta. A emancipação do adolescente em nada influencia a aplicação do ECA, que é lei especial. **E**: incorreta. Art. 90, § 3º do ECA.

Gabarito "B"

(Juiz de Direito/AM – 2016 – CESPE) Com referência aos institutos da família natural e da família substituta, da guarda, da tutela e da adoção, assinale a opção correta.

(A) O conceito de família natural abrange o de família extensa, como aquela formada pelos pais ou qualquer deles e seus descendentes, inclusive parentes próximos e vizinhos com os quais a criança ou adolescente conviva e mantenha vínculos de afinidade e afetividade.

(B) A colocação em família substituta far-se-á mediante guarda, tutela ou adoção, após definida a situação jurídica da criança ou adolescente por meio de suspensão ou destituição do poder familiar, salvo quando ambos os genitores forem falecidos.

(C) Os grupos de irmãos colocados sob adoção, tutela ou guarda terão de permanecer com a mesma família substituta, ressalvada a suspeita da existência de risco de abuso ou outra situação que justifique razoavelmente o rompimento definitivo dos vínculos fraternais.

(D) O deferimento da guarda de criança ou adolescente em preparação para adoção não impede o exercício do direito de visitas pelos pais, assim como o dever de prestar alimentos, que serão objeto de regulamentação específica, a pedido do interessado ou do MP.

(E) Entre outras exigências legais, criança ou adolescente indígenas ou provenientes de comunidade remanescente de quilombo encaminhados para adoção, tutela ou guarda devem prioritariamente ser colocados em família substituta de sua comunidade ou junto a membros da mesma etnia.

A: incorreta. A família natural é composta pelos pais e seus filhos (art. 25). A família extensa é formada pelos parentes com os quais a criança conviva ou tenha afinidades (art. 25, § único). **B**: incorreta. A guarda não pressupõe a perda ou suspensão do poder familiar, é medida que se destina a regularizar a posse da criança e do adolescente e confere ao guardião o dever de cuidado material, moral e educacional. **C**: incorreta. Art. 28, § 4º do ECA determina que o grupo de irmãos sejam colocados na mesma família substituta. No entanto, se houver justificativa, é plausível solução diversa, sempre evitando o rompimento definitivo dos laços familiares. **D**: incorreta. Art. 33, § 4º do ECA não prevê o direito de visita dos pais nos casos de guarda em preparação para adoção. **E**: correta. Art. 28, § 6º do ECA.

Gabarito "E"

(Promotor de Justiça/PI – 2014 – CESPE) A respeito da adoção, da guarda e da perda do poder familiar, assinale a opção correta de acordo com o disposto no ECA e com a jurisprudência do STJ.

(A) A observância do cadastro de adotantes, ou seja, a preferência das pessoas cronologicamente cadastradas para adotar determinada criança, deve ser absoluta.

(B) Para as adoções *post mortem*, exigem-se, como comprovação da inequívoca vontade do *de cujus* em adotar, as mesmas regras que comprovam a filiação socioafetiva, quais sejam, o tratamento do menor como se filho fosse e o conhecimento público dessa condição.

(C) Falta ao padrasto que pretenda adotar a criança com quem conviva legitimidade ativa e interesse de agir para postular a destituição do poder familiar do pai biológico.

(D) A guarda confere à criança ou ao adolescente a condição de dependente, para todos os fins e efeitos de direito, inclusive previdenciários, independentemente da previsão em sentido contrário em norma previdenciária específica.

(E) É juridicamente impossível o pedido de adoção unilateral de criança feito por companheira da mãe biológica do adotando que seja fruto de planejamento de casal que vive em união estável homoafetiva.

A: incorreta, pois, excepcionalmente, poderá ser deferida a adoção em favor de candidato domiciliado no Brasil não cadastrado previamente, desde que comprove o preenchimento dos requisitos exigidos para os demais interessados e esteja presente uma das seguintes hipóteses: I – se tratar de pedido de adoção unilateral; II – for formulada por parente com o qual a criança ou adolescente mantenha vínculos de afinidade e afetividade; III – oriundo o pedido de quem detém a tutela ou guarda legal de criança maior de 3 (três) anos ou adolescente, desde que o lapso de tempo de convivência comprove a fixação de laços de afinidade e afetividade, e não seja constatada a ocorrência de má-fé ou qualquer das situações previstas nos arts. 237 ou 238 do ECA (art. 50, § 13, do ECA); **B:** correta, pois a alternativa está de acordo com o entendimento jurisprudencial, in verbis: "Civil. processual civil. Recurso especial. Adoção póstuma. Validade. Adoção conjunta. Pressupostos. Família anaparental. Possibilidade. (...) A redação do art. 42, § 5º, da Lei 8.069/1990 – ECA –, renumerado como § 6º pela Lei 12.010/2009, que é um dos dispositivos de lei tidos como violados no recurso especial, alberga a possibilidade de se ocorrer a adoção póstuma na hipótese de óbito do adotante, no curso do procedimento de adoção, e a constatação de que este manifestou, em vida, de forma inequívoca, seu desejo de adotar. Para as adoções post mortem, vigem, como comprovação da inequívoca vontade do de cujus em adotar, as mesmas regras que comprovam afiliação socioafetiva: o tratamento do menor como se filho fosse e o conhecimento público dessa condição. (...)". (STJ – REsp: 1217415 RS 2010/0184476-0, Relator: Ministra Nancy Andrighi, j. 19.06.2012, Terceira Turma, DJ 28.06.2012); **C:** incorreta, pois o "STJ já decidiu que o padrasto tem legitimidade para a propositura de ação de destituição do poder familiar do pai biológico em relação à criança ou adolescente que se pretende adotar" (Rossato, Lépore, Sanches. *Estatuto da Criança e do Adolescente.* São Paulo: Ed. RT); **D: incorreta.** Antes da alteração legislativa trazida com a Lei 9.528/1997, o art. 16 da Lei 8.213/1991 previa como dependente para fins previdenciários a criança e o adolescente sob guarda, de modo que havia discussão na doutrina e na jurisprudência a respeito da possibilidade de a guarda ser concedida para fins exclusivamente previdenciários, em razão do princípio da especialidade. Todavia, após tal dispositivo ter sido alterado, entende-se que a guarda – uma das formas de colocação em família substituta –, confere à criança ou adolescente a condição de dependente, para todos os fins e efeitos de direito, inclusive previdenciários, de modo que este não pode ser o único fim almejado, ainda que comprovada a falta ou carência de recursos materiais dos pais. Assim, se no caso concreto não existir uma situação de risco que justifique a retirada da criança ou do adolescente do convívio com a família natural ou a guarda não se destinar a regularizar uma situação de fato, não é possível o seu deferimento para fins exclusivamente previdenciários. Neste sentido é o entendimento jurisprudencial: "Guarda de menor pela avó. Fins previdenciários. Precedentes da Corte. 1. São inúmeros os precedentes da Corte no sentido de que a "conveniência de garantir benefício previdenciário ao neto não caracteriza a situação excepcional que justifica nos termos do ECA (art. 33, § 2º), o deferimento de guarda à avó (REsp 82.474/RJ, de minha relatoria, *DJ* de 29.09.1997). 2. Recurso especial não conhecido". (STJ – REsp: 696204 RJ 2004/0147424-0, Relator: Ministro Carlos Alberto Menezes Direito, j. 21.06.2005, Terceira Turma, *DJ* 19.09.2005 p. 325); **E: incorreta.** Para a adoção conjunta, é indispensável que os adotantes sejam casados civilmente ou mantenham união estável, comprovada a estabilidade da família. Assim, não há exigência de que as pessoas sejam de sexos distintos, mas também não há previsão legal de adoção por casal homoafetivo. "Não obstante, já vem sendo reconhecida a possibilidade de adoção por casais formados por integrantes do mesmo sexo, desde que tal união possa ser reconhecida como entidade familiar, com suas características próprias (estabilidade, ostensibilidade e traços afetivos sólidos). (...) A possibilidade de adoção por casais homoafetivos agora está firmada, pois em 2011, tanto o STF quanto o STJ finalmente reconheceram a legalidade da união estável entre pessoas do mesmo sexo" (Rossato, Lépore e Sanches, *Estatuto da Criança e do Adolescente,* São Paulo: Ed. RT). Neste sentido é o entendimento jurisprudencial: "A adoção unilateral prevista no art. 41, § 1º, do ECA pode ser concedida à companheira da mãe biológica da adotanda, para que ambas as companheiras passem a ostentar a condição de mães, na hipótese em que a menor tenha sido fruto de inseminação artificial heteróloga, com doador desconhecido, previamente planejada pelo casal no âmbito de união estável homoafetiva, presente, ademais, a anuência da mãe biológica, desde que inexista prejuízo para a adotanda. O STF decidiu ser plena a equiparação das uniões estáveis homoafetivas às uniões estáveis heteroafetivas, o que trouxe, como consequência, a extensão automática das prerrogativas já outorgadas aos companheiros da união estável tradicional àqueles que vivenciem uma união estável homoafetiva. Assim, se a adoção unilateral de menor é possível ao extrato heterossexual da população, também o é à fração homossexual da sociedade. Deve-se advertir, contudo, que o pedido de adoção se submete à norma-princípio fixada no art. 43 do ECA, segundo a qual "a adoção será deferida quando apresentar reais vantagens para o adotando". Nesse contexto, estudos feitos no âmbito da Psicologia afirmam que pesquisas têm demonstrado que os filhos de pais ou mães homossexuais não apresentam comprometimento e problemas em seu desenvolvimento psicossocial quando comparados com filhos de pais e mães heterossexuais. Dessa forma, a referida adoção somente se mostra possível no caso de inexistir prejuízo para a adotanda. Além do mais, a possibilidade jurídica e a conveniência do deferimento do pedido de adoção unilateral devem considerar a evidente necessidade de aumentar, e não de restringir, a base daqueles que desejem adotar, em virtude da existência de milhares de crianças que, longe de quererem discutir a orientação sexual de seus pais, anseiam apenas por um lar". (REsp 1.281.093-SP, Rel. Min. Nancy Andrighi, j. 18.12.2012, Informativo n.513, STJ).

Gabarito "B".

(Promotor de Justiça/PI – 2014 – CESPE) Em relação ao acolhimento institucional e familiar e à colocação de criança ou adolescente em família substituta, assinale a opção correta.

(A) Diferentemente do acolhimento familiar, que pode ter caráter definitivo, quando instituído em favor de parentes da criança, o acolhimento institucional é sempre provisório e excepcional.

(B) O prazo legal para que a criança e o adolescente possam permanecer sob acolhimento institucional é de dois anos, podendo, contudo, ser prorrogado, mediante decisão fundamentada da autoridade judiciária, que deve demonstrar que o excesso de prazo atende ao melhor interesse do infante.

(C) A colocação em família substituta estrangeira constitui medida excepcional, somente admissível quando ausente alternativa viável em território nacional, podendo ser concedida nas modalidades de tutela e adoção.

(D) A colocação de criança ou adolescente em família substituta pode ser aplicada como medida socioeducativa, no caso de cometimento de ato infracional leve ou como medida de proteção à criança e ao adolescente em situação de risco.

(E) O acolhimento familiar pode ser determinado pelo Conselho Tutelar e pelo MP, ao passo que o acolhimento institucional é da competência exclusiva da autoridade judiciária.

A: incorreta, pois tanto o acolhimento familiar como o institucional são medidas de caráter temporário e excepcional (art. 34, § 1º, do ECA); **B:** correta, pois a alternativa está de acordo com o disposto no art. 19, § 2º, do ECA; **C:** incorreta. De fato, a adoção internacional é medida excepcional e somente será deferida se, após consulta ao cadastro de pessoas ou casais habilitados à adoção, mantido pela Justiça da Infância e da Juventude na comarca, bem como aos cadastros estadual e nacional, não for encontrado interessado com residência permanente no Brasil, após esgotadas todas as possibilidades de colocação da criança ou adolescente em família substituta brasileira (art. 50, § 10 e art. 51, § 1º, I, ambos do ECA). Todavia, a colocação em família substituta estrangeira somente será admissível na modalidade de adoção (art.

31 do ECA); **D:** incorreta, pois a colocação em família substituta é uma medida específica de proteção – e não medida socioeducativa – aplicável quando se verificar que os direitos da criança ou adolescente estão sendo ameaçados ou violados, encontrando-se em situação de risco (art. 101, IX, do ECA); **E:** incorreta, pois o afastamento da criança ou adolescente do convívio familiar e consequente aplicação das medidas de acolhimento familiar, institucional ou colocação em família substituta é de competência exclusiva da autoridade judiciária (art. 101, VII a IX e § 2º, do ECA). Oportuno registrar que ao Conselho Tutelar é cabível a aplicação das demais medidas protetivas (art. 136, I e parágrafo único, do ECA). "Na redação anterior do Estatuto, o Conselho Tutelar poderia aplicar a medida de abrigamento e encaminhar a criança e o adolescente diretamente à entidade respectiva, comunicando o fato posteriormente à entidade judiciária. Contudo, de acordo com o atual regramento, a inserção de criança e adolescente em medida protetiva de acolhimento institucional e acolhimento familiar está condicionada à autorização judicial, de modo que não consta mais das atribuições do Conselho Tutelar. (...) O Conselho Tutelar deixa de atuar de forma ativa na inserção da criança e do adolescente em abrigamento, para apenas acompanhar a situação e fornecer subsídios ao magistrado, a quem competirá a palavra sobre a necessidade efetiva de manutenção da medida". (ROSSATO, LÉPORE E SANCHES. Estatuto da Criança e do Adolescente Comentado, 3ª edição, São Paulo, Ed RT, 2012, p. 302). Em contrapartida, as entidades que mantenham programa de acolhimento institucional poderão, em caráter excepcional e de urgência, acolher crianças e adolescentes sem prévia determinação da autoridade competente, fazendo comunicação do fato em até 24 (vinte e quatro) horas ao Juiz da Infância e da Juventude, em virtude do princípio da intervenção precoce (art. 93 do ECA).

Gabarito "B"

(Cartório/PI – 2013 – CESPE) Com base nas disposições do Estatuto da Criança e do Adolescente, assinale a opção correta.

(A) A adoção, para cuja consecução é admitida a utilização de procuração por instrumento público, e medida irrevogável.
(B) A competência para processar e julgar as ações conexas de interesse de menor é, em princípio, do foro do domicilio do réu.
(C) A colocação de criança ou adolescente em família substituta far-se-á mediante guarda, tutela ou adoção, independentemente da situação jurídica da criança ou do adolescente.
(D) A guarda obriga a prestação de assistência material, moral e educacional a criança ou ao adolescente, o que confere ao seu detentor o direito de opor-se a terceiros, salvo com relação aos pais.
(E) O deferimento da tutela pressupõe a previa destituição do poder familiar e não implica necessariamente o dever de guarda.

A: incorreta, pois é vedada a adoção por procuração (art. 39, § 2º, do ECA); **B:** incorreta, pois a competência será determinada pelo domicílio dos pais ou responsável ou pelo lugar onde se encontre a criança ou adolescente, à falta dos pais ou responsável (art. 147, I e II, do ECA); **C:** correta, pois a alternativa está de acordo com o disposto no art. 28, *caput*, do ECA; **D:** incorreta, pois o detentor da guarda tem o direito de opor-se a terceiros, inclusive aos pais (art. 33, *caput*, do ECA); **E:** incorreta, pois o deferimento da tutela pressupõe a prévia destituição ou suspensão do poder familiar, implicando necessariamente o dever de guarda (art. 36, parágrafo único, do ECA).

Gabarito "C"

(Magistratura/PA – 2012 – CESPE) Com o estabelecimento da doutrina de proteção integral como diretriz básica e única do atendimento de crianças e adolescentes, o legislador pátrio rompeu definitivamente com a doutrina da situação irregular — admitida pelo Código de Menores (Lei n.º 6.697/1979) —, agindo em consonância com a CF e documentos internacionais aprovados com amplo consenso na comunidade das nações. No que concerne aos direitos fundamentais das crianças e dos adolescentes, assinale a opção correta de acordo com o ECA.

(A) É vedado à autoridade judiciária autorizar a permanência da criança e do adolescente em programa de acolhimento institucional por mais de dois anos.
(B) A legislação considera extensa ou ampliada a família que se estende para além da unidade pais e filhos ou da unidade do casal, incluindo parentes consanguíneos, independentemente da convivência ou dos vínculos de afinidade e afetividade.
(C) A colocação em família substituta faz-se mediante guarda, tutela ou adoção, sendo obrigatório, no caso de criança ou adolescente indígena ou proveniente de comunidade remanescente de quilombo, que se considerem e respeitem a sua identidade social e cultural, os seus costumes e tradições e as suas instituições, desde que não sejam incompatíveis com os direitos fundamentais reconhecidos pela CF e pelo ECA.
(D) Ao completar dezoito anos de idade, o adotado tem direito de conhecer sua origem biológica e de ter, mediante prévio consentimento dos pais biológicos, acesso irrestrito ao processo que resultou na aplicação da medida de adoção e a seus eventuais incidentes.
(E) Incumbe ao poder público proporcionar assistência psicológica à gestante e à mãe, respectivamente, nos períodos pré e pós-natal, para, entre outros objetivos, prevenir ou minorar as consequências do estado puerperal, exceto se houver interesse da gestante ou mãe em entregar a criança para adoção.

A: incorreta, pois é possível se prolongar por mais de 2 (dois) anos, quando comprovada necessidade que atenda ao superior interesse da criança e do adolescente, devidamente fundamentada pela autoridade judiciária (art. 19, § 2°, do ECA); **B:** incorreta, pois depende da convivência ou dos vínculos de afinidade e afetividade entre a criança e os parentes consanguíneos (art. 25, parágrafo único, do ECA); **C:** correta (art. 28, § 6°, I, do ECA); **D:** incorreta, pois o adotado tem direito de conhecer sua origem biológica, independente de prévio consentimento dos pais biológicos (art. 48, *caput*, do ECA); **E:** incorreta (art. 8°, §§ 4° e 5°, do ECA).

Gabarito "C"

(Ministério Público/RR – 2012 – CESPE) Assinale a opção correta a respeito dos institutos da guarda, tutela e adoção.

(A) A tutela será deferida, nos termos da lei civil, a pessoa de até dezoito anos incompletos, na hipótese de falecimento dos pais, na de estes serem julgados ausentes ou na de os pais perderem o poder familiar.
(B) Admite-se que apenas um dos companheiros da união homoafetiva adote criança ou adolescente.
(C) Para adoção conjunta, é indispensável que os adotantes sejam casados civilmente ou mantenham união estável, comprovada a estabilidade da família, sendo vedada a adoção ao casal divorciado.
(D) A adoção internacional pode ser deferida, independentemente da existência de interessados com residência permanente no Brasil e inscritos nos cadastros local, estadual e nacional de pessoas ou casais habilitados à adoção, desde que o período de convivência com o adotando seja superior a três anos.
(E) Em regra, o deferimento da guarda de criança ou adolescente a terceiros impede o exercício do direito de visitas pelos pais, assim como o seu dever de prestar alimentos, que serão objeto de regulamentação específica, a pedido do interessado ou do MP.

A: correta (art. 36 do ECA); **B:** incorreta, pois não há vedação expressa no ECA. De acordo com o art. 42, § 2°, do ECA, para a adoção conjunta, é indispensável que os adotantes sejam casados civilmente ou mantenham união estável, comprovada a estabilidade da família. Assim, não há exigência de que as pessoas sejam de sexos distintos, mas também não há previsão legal de adoção por casal homoafetivo. "*Não obstante, já vem sendo reconhecida a possibilidade de adoção por casais formados por integrantes do mesmo sexo, desde que tal união possa ser reconhecida como entidade familiar, com suas características próprias (estabilidade, ostensibilidade e traços afetivos sólidos). (...) A possibilidade de adoção por casais homoafetivos agora está firmada, pois em 2011, tanto o STF quanto o STJ finalmente reconheceram a legalidade da união estável entre pessoas do mesmo sexo*" (Rossato, Lépore e Sanches, **Estatuto da Criança e do Adolescente**, editora RT); **C:** incorreta, pois os divorciados, os judicialmente separados e os ex-companheiros podem adotar conjuntamente, contanto que acordem sobre a guarda e o regime de visitas e desde que o estágio de convivência tenha sido iniciado na constância do período de convivência e que seja comprovada a existência de vínculos de afinidade e afetividade com aquele não detentor da guarda, que justifiquem a excepcionalidade da concessão (art. 42, § 4°, do ECA); **D:** incorreta, pois a adoção internacional somente será deferida se, após consulta ao cadastro de pessoas ou casais habilitados à adoção, não for encontrado interessado com residência permanente no Brasil (art. 50, § 10, do ECA); **E:** incorreta, pois, salvo expressa e fundamentada determinação em contrário da autoridade judiciária competente, ou quando a medida for aplicada em preparação para adoção, o deferimento da guarda de criança ou adolescente a terceiros não impede o exercício do direito de visitas pelos pais (art. 33, § 4°, do ECA).

Gabarito "A"

(Defensor Público/RO – 2012 – CESPE) Em relação à guarda, tutela e adoção, previstas no ECA, assinale a opção correta.

(A) A pessoa ou o casal que recebe criança ou adolescente em programa de acolhimento familiar torna-se automaticamente tutor do infante.

(B) A tutela será deferida, nos termos da lei civil, quando a criança ou o adolescente, por enfermidade ou deficiência mental, não tiver o necessário discernimento para os atos da vida civil ou que, por outra causa duradoura, não puder exprimir a sua vontade.

(C) Os divorciados, os judicialmente separados e os ex--companheiros podem adotar conjuntamente, contanto que acordem sobre a guarda e o regime de visitas e desde que o estágio de convivência com o adotando tenha sido iniciado na constância do período de convivência do casal e que seja comprovada a existência de vínculos de afinidade e afetividade com o não detentor da guarda que justifiquem a excepcionalidade da concessão.

(D) A adoção de menores por casal homossexual, autorizada pelo STJ após julgado do STF que reconheceu a união estável formada por pessoas do mesmo sexo, condiciona-se à instrução do processo de adoção com cópia de sentença judicial transitada em julgado, reconhecendo a existência da união homoafetiva.

(E) Em regra, o deferimento da guarda de criança ou adolescente a terceiros impede o exercício do direito de visitas pelos pais, assim como os libera do dever de prestar alimentos, que serão objeto de regulamentação específica, a pedido do interessado ou do MP.

A: incorreta, pois a pessoa ou casal receberá a criança ou adolescente mediante guarda e não tutela (art. 34, § 2°, do ECA); **B:** incorreta, pois a tutela será deferida, nos termos da lei civil, à pessoa de até 18 (dezoito) anos incompletos (art. 36, do ECA). Oportuno registrar que é indiferente o fato de a criança ou o adolescente não ter o necessário discernimento para os atos da vida civil, em razão de deficiência mental, tendo em vista que a incapacidade do menor de 18 (dezoito) anos é presumida de forma absoluta. Todavia, caso a pessoa incapaz, em razão de deficiência mental, atinja a maioridade civil, será necessário o ajuizamento de ação de interdição, a fim de ser interditada, nomeando-se um curador a ela. Portanto, neste caso, o instituto será o da curatela (art. 1.767 e ss. do CC); **C:** correta (art. 42, § 4°, do ECA); **D:** incorreta, pois a adoção não está condicionada à instrução do processo de adoção com cópia de sentença com trânsito em julgado reconhecendo a união homoafetiva, bastando tão somente a comprovação da estabilidade familiar, bem como as reais vantagens ao adotando. Isso porque, de acordo com o art. 42, § 2°, do ECA, para a adoção conjunta, é indispensável que os adotantes sejam casados civilmente ou mantenham união estável, *comprovada a estabilidade da família*. Assim, também não há exigência de que as pessoas sejam de sexos distintos, mas também não há previsão legal de adoção por casal homoafetivo. "Não obstante, já vem sendo reconhecida a possibilidade de adoção por casais formados por integrantes do mesmo sexo, desde que tal união possa ser reconhecida como entidade familiar, com suas características próprias (estabilidade, ostensibilidade e traços afetivos sólidos). (...) A possibilidade de adoção por casais homoafetivos agora está firmada, pois em 2011, tanto o STF quanto o STJ finalmente reconheceram a legalidade da união estável entre pessoas do mesmo sexo" (ROSSATO, Luciano Alves; LÉPORE, Paulo Eduardo e CUNHA, Rogério Sanches. **Estatuto da Criança e do Adolescente comentado artigo por artigo**. 3. ed. São Paulo: RT, 2012). Neste sentido é o entendimento jurisprudencial: "A adoção unilateral prevista no art. 41, § 1°, do ECA pode ser concedida à companheira da mãe biológica da adotanda, para que ambas as companheiras passem a ostentar a condição de mães, na hipótese em que a menor tenha sido fruto de inseminação artificial heteróloga, com doador desconhecido, previamente planejada pelo casal no âmbito de união estável homoafetiva, presente, ademais, a anuência da mãe biológica, desde que inexista prejuízo para a adotanda. O STF decidiu ser plena a equiparação das uniões estáveis homoafetivas às uniões estáveis heteroafetivas, o que trouxe, como consequência, a extensão automática das prerrogativas já outorgadas aos companheiros da união estável tradicional àqueles que vivenciem uma união estável homoafetiva. Assim, se a adoção unilateral de menor é possível ao extrato heterossexual da população, também o é à fração homossexual da sociedade. Deve-se advertir, contudo, que o pedido de adoção se submete à norma-princípio fixada no art. 43 do ECA, segundo a qual 'a adoção será deferida quando apresentar reais vantagens para o adotando'. Nesse contexto, estudos feitos no âmbito da Psicologia afirmam que pesquisas têm demonstrado que os filhos de pais ou mães homossexuais não apresentam comprometimento e problemas em seu desenvolvimento psicossocial quando comparados com filhos de pais e mães heterossexuais. Dessa forma, a referida adoção somente se mostra possível no caso de inexistir prejuízo para a adotanda. Além do mais, a possibilidade jurídica e a conveniência do deferimento do pedido de adoção unilateral devem considerar a evidente necessidade de aumentar, e não de restringir, a base daqueles que desejem adotar, em virtude da existência de milhares de crianças que, longe de quererem discutir a orientação sexual de seus pais, anseiam apenas por um lar". (o trecho do julgado citado está disponível no *site:* http://jurisprudenciaedireito.blogspot.com.br/search?updated-max=2013-03-07T17:09:00-08:00&max-results=10&reverse-paginate=true&start=20&by-date=false); **E:** incorreta, pois o deferimento da guarda de criança ou adolescente a terceiros não impede o exercício do direito de visitas pelos pais, assim como não os libera do dever de prestar alimentos (art. 33, § 4°, do ECA).

Gabarito "C"

(Defensor Público/SE – 2012 – CESPE) Com relação aos direitos fundamentais da criança e do adolescente, assinale a opção correta.

(A) O conceito de família extensa não abrange a figura da madrasta ou do padrasto.

(B) A doutrina da situação irregular vigorou no ordenamento pátrio até a promulgação do ECA.

(C) É assegurado à gestante, por meio do Sistema Único de Saúde, o atendimento pré-natal, devendo a parturiente ser obrigatoriamente atendida pelo médico que a tenha acompanhado durante o período pré-natal.

(D) O direito à liberdade conferido à criança e ao adolescente pelo ECA compreende o de buscar refúgio, sendo a eles garantido o acesso às diversões e espetáculos públicos classificados como adequados à sua faixa etária; crianças menores de dez anos somente poderão ingressar e permanecer nos locais de apresentação ou exibição de espetáculos quando acompanhadas dos pais ou responsáveis.

(E) Em face da aprovação do novo Código Civil, segundo o qual a maioridade civil é obtida aos dezoito anos de idade, não se aplica mais, no ordenamento brasileiro, a denominação jovem adulto, presente no ECA, sendo considerada criança a pessoa com até catorze anos de idade e adolescente, a que tenha entre quinze e dezoito anos de idade.

A: incorreta, pois se entende por família extensa ou ampliada aquela que se estende para além da unidade pais e filhos ou da unidade do casal, formada por parentes próximos com os quais a criança ou adolescente convive e mantém vínculos de afinidade e afetividade (art. 25, parágrafo único, do ECA). Assim, o padrasto ou a madrasta podem ser considerados como família extensa; **B:** incorreta, pois, antes mesmo do advento do Estatuto da Criança e do Adolescente, com a promulgação da Constituição Federal de 1988, positivaram-se as normas internacionais de direitos humanos sobre as crianças e os adolescentes, consagrando-se a doutrina da proteção integral; **C:** incorreta, pois a parturiente será atendida *preferencialmente* pelo mesmo médico que a acompanhou na fase pré-natal (art. 8º, do ECA); **D:** correta (arts. 16, VII, e 75, *caput* e parágrafo único, ambos do ECA); **E:** incorreta, pois se considera criança, para os efeitos do ECA, a pessoa até doze anos de idade incompletos, e adolescente aquela entre doze e dezoito anos de idade (art. 2º, do ECA).

Gabarito "D".

(Defensor Público/SE – 2012 – CESPE) A respeito do direito à convivência familiar, bem como da perda e da suspensão do poder familiar, assinale a opção correta.

(A) A destituição da tutela exige o contraditório, que segue o rito próprio, não sendo suspenso em razão da superveniência das férias.

(B) Duas são as espécies de guarda previstas no ECA: a provisória e a permanente.

(C) Suponha que Maria deixe sua filha, menor de idade, com sua mãe e mude-se para outro estado, onde passe a residir. Nessa situação, Maria estará sujeita à perda do poder familiar, em decorrência da caracterização do abandono.

(D) Na família extensa, o poder familiar deve ser exercido em igualdade de condições entre o pai, a mãe e a avó que esteja com a tutela de menor.

(E) Em razão da menoridade civil, mãe adolescente não está sujeita à perda do poder familiar.

A: correta (art. 164, do ECA); **B:** incorreta, pois existem várias espécies de guarda, a saber: guarda como modalidade de colocação em família substituta; guarda como dever decorrente do exercício do poder familiar; guarda compartilhada e guarda para regularizar uma situação de fato; **C:** incorreta, pois a situação descrita na alternativa não induz, por si só, à conclusão de que houve abandono pela genitora capaz de destituí-la do poder familiar; **D:** incorreta, pois aos pais incumbe o exercício do poder familiar; **E:** incorreta, pois a lei não faz tal distinção.

Gabarito "A".

(Defensor Público/TO – 2013 – CESPE) Assinale a opção correta a respeito dos institutos da guarda, da tutela e da adoção, de acordo com o entendimento jurisprudencial.

(A) A guarda obriga a prestação de assistência material, moral e educacional à criança ou adolescente, conferindo a seu detentor o direito de opor-se a terceiros, inclusive aos pais, e confere ao infante a condição de dependente, para todos os fins e efeitos de direito, incluídos os previdenciários, ainda que norma previdenciária de natureza específica disponha em sentido contrário.

(B) O deferimento judicial da guarda provisória ou definitiva de criança ou adolescente a terceiros suspende o exercício do poder familiar, do direito de visitas pelos pais, assim como o dever de prestar alimentos, exceto se houver acordo entre as partes em sentido contrário, devidamente homologado pelo juiz.

(C) O tutor nomeado por testamento ou por qualquer documento autêntico, conforme previsto no Código Civil, fica automaticamente responsável pelo tutelado após a morte do seu representante legal.

(D) Os divorciados, os judicialmente separados e os ex-companheiros podem adotar conjuntamente, desde que a ação de adoção tenha sido julgada em primeira instância ainda no período de convivência do ex-casal.

(E) A observância, em processo de adoção, da ordem de preferência do cadastro de adotantes deve ser excepcionada em prol do casal que, embora habilitado em data posterior à de outros adotantes, tenha exercido a guarda da criança pela maior parte da sua existência, ainda que a referida guarda tenha sido interrompida e posteriormente retomada pelo mesmo casal.

A: incorreta, pois, segundo entendimento do STJ, se não existir situação de risco a ensejar a colocação da criança/adolescente em família substituta, a guarda não será concedida para fins únicos previdenciários (REsp 696.204/RJ, 3ª T., j. 21.06.2005, rel. Min. Carlos Menezes Direito, *DJ* 19.09.2005); **B:** incorreta, pois o deferimento da guarda de criança ou adolescente a terceiros não impede o exercício do direito de visitas pelos pais, assim como o dever de prestar alimentos, salvo expressa e fundamentada determinação em contrário pelo juiz. Isso porque a guarda não pressupõe a destituição do poder familiar, do qual decorrem o dever de prestar alimentos e o direito de visitas (art. 33, § 4º, do ECA); **C:** incorreta, pois o tutor nomeado por testamento ou qualquer documento autêntico deverá, no prazo de 30 (trinta) dias após a abertura da sucessão, ingressar com pedido judicial, ocasião em que será avaliado pelo juiz se a medida é vantajosa ao tutelando e se não existe outra pessoa em melhores condições de assumi-la (art. 37, *caput* e parágrafo único, do ECA); **D:** incorreta, pois os divorciados, os judicialmente separados e os ex-companheiros podem adotar conjuntamente, *contanto que acordem sobre a guarda e o regime de visitas e desde que o estágio de convivência tenha sido iniciado na constância do período de convivência e que seja comprovada a existência de vínculos de afinidade e afetividade* com aquele não detentor da guarda, que justifiquem a excepcionalidade da concessão (art. 42, § 4º, do ECA); **E:** correta, de acordo com o entendimento jurisprudencial (STJ, REsp 837.324/RS, 3ª T., j. 18.10.2007, rel. Min. Humberto Gomes de Barros, *DJ* 31.10.2007 e REsp 1.172.067/MG, 3ª T., j. 18.03.2010, rel. Min. Massami Uyeda, *DJe* 14.04.2010). "Não obstante a sistemática firmada pela Lei Nacional da Adoção, a jurisprudência flexibiliza as hipóteses de dispensa de prévio cadastramento e respeito à fila de adoção para além das exceções previstas no § 13 do art. 50 do Estatuto. O que tem sido considerado mais importante é o melhor interesse da criança, o que na maioridade das vezes tem sido aferido pela formação de laços de afinidade e afetividade com os pretendentes à adoção". (ROSSATO, Luciano Alves; LÉPORE, Paulo Eduardo e CUNHA, Rogério Sanches. Estatuto da Criança e do Adolescente comentado artigo por artigo. 3. ed. São Paulo: RT, 2012).

Gabarito "E".

2.4. DIREITO À EDUCAÇÃO, À CULTURA, AO ESPORTE E AO LAZER

(Magistratura/BA – 2012 – CESPE) No que tange aos direitos fundamentais da criança e do adolescente, assinale a opção correta com base no que dispõem a CF e o ECA.

(A) O atendimento, em creche e pré-escola, às crianças de zero a seis anos de idade é obrigação constitucional do município, não podendo este invocar a cláusula da reserva do possível em face da ausência de recursos financeiros.

(B) Incumbe ao poder público proporcionar assistência psicológica à gestante e à mãe, no período pré e pós-natal, inclusive como forma de prevenir ou minorar as consequências do estado puerperal, exceto, no último caso, na hipótese de a mãe biológica manifestar interesse em entregar seu filho para adoção.

(C) O reconhecimento do estado de filiação é direito personalíssimo e indisponível, podendo ser exercitado contra os pais ou seus herdeiros, sem qualquer restrição, observados o segredo de justiça e o prazo prescricional de quatro anos, contado a partir da maioridade civil.

(D) É dever do Estado assegurar à criança e ao adolescente os ensinos fundamental e médio, obrigatórios e gratuitos, inclusive para os que a eles não tiveram acesso na idade própria.

(E) É proibido trabalho noturno, perigoso ou insalubre a menores de dezoito anos e de qualquer trabalho a menores de quatorze anos, salvo na condição de aprendiz, a partir dos doze anos.

A: correta, pois os *Municípios atuarão prioritariamente no ensino fundamental e na educação infantil*, enquanto que *os Estados e o Distrito Federal atuarão prioritariamente no ensino fundamental e médio* (art. 211, §§ 2º e 3º, da CF/88 e art. 54, IV, do ECA), não podendo invocar a cláusula da reserva do possível em face da ausência de recursos financeiros. Neste sentido é o entendimento jurisprudencial: "*Acesso à creche aos menores de zero a seis anos – Direito subjetivo – reserva do possível – teorização e cabimento – impossibilidade de arguição como tese abstrata de defesa – escassez de recursos como o resultado de uma decisão política – prioridade dos direitos fundamentais – conteúdo mínimo existencial – essencialidade do direito à educação. Precedentes STJ e STF*" (STJ, REsp n. 1.185.474 – SC); **B:** incorreta, pois a assistência psicológica deverá ser também prestada a gestantes ou mães que manifestem interesse em entregar seus filhos para adoção (art. 8º, § 5º, do ECA); **C:** incorreta, pois o reconhecimento ao estado de filiação é imprescritível (art. 27 do ECA); **D:** incorreta (art. 54, I e II, do ECA); **E:** incorreta, pois o adolescente deve contar com quatorze anos para trabalhar na condição de aprendiz (art. 60 do ECA e art. 7º, XXXIII, da CF/88).

Gabarito "A".

3. PREVENÇÃO

Determinada emissora de televisão veiculou programa de entretenimento no qual, em um dos quadros, o apresentador revelava o resultado de exames de DNA, para comprovar ou negar a paternidade de crianças, e fazia comentários depreciativos acerca da concepção dessas crianças. A emissora foi multada por transmitir esse programa em horário diverso do autorizado pelo poder público.

(Defensor Público - DPE/DF - 2019 - CESPE/CEBRASPE) Com referência a essa situação hipotética, julgue os itens seguintes, de acordo com a jurisprudência dos tribunais superiores.

(1) Segundo jurisprudência dominante no STJ, o dano moral é personalíssimo, sendo cabível afirmar que o referido programa televisivo provocou dano moral somente se ficar demonstrado prejuízo concreto ou abalo moral às crianças expostas à situação vexatória.

(2) Segundo jurisprudência do STF, a competência da União de classificar, para efeito indicativo, as diversões públicas e os programas de rádio e televisão não lhe confere o poder para determinar que a exibição da programação somente se dê em horários determinados. Assim, não está a referida emissora obrigada a veicular programa somente em horário autorizado pelo poder público, motivo pelo qual a multa aplicada é indevida.

1: Errado. O tema foi objeto de Ação Civil Pública, tendo sido julgada no Superior Tribunal de Justiça, tendo sido admitido o dano moral coletivo: "a análise da configuração do dano moral coletivo, na espécie, não reside na identificação de seus telespectadores, mas sim nos prejuízos causados a toda sociedade, em virtude da vulnerabilização de crianças e adolescentes, notadamente daqueles que tiveram sua origem biológica devassada e tratada de forma jocosa, de modo a, potencialmente, torná-los alvos de humilhações e chacotas pontuais ou, ainda, da execrável violência conhecida por *bullying*". (REsp 1.517.973-PE, Rel. Min. Luis Felipe Salomão); **2:** Correta. Embora o art. 254 do ECA, de fato prevê a possibilidade de aplicação de sanção administrativa em função da não observância do horário de exibição da programação televisiva, o STF, análise da constitucionalidade do mencionado dispositivo legal (ADI 2.404), entendeu que a classificação indicativa não pode ser confundida com ato de licença "nem confere poder à União para determinar que a exibição da programação somente se dê nos horários determinados pelo Ministério da Justiça, de forma a caracterizar uma imposição, e não uma recomendação". Não há horário autorizado, mas horário recomendado".

Gabarito 1E, 2C

(Defensor Público/ES – 2012 – CESPE) Acerca do princípio da prevenção especial e das normas de proteção à criança e ao adolescente, julgue os próximos itens.

(1) Há omissão no ECA em caso de exibição de filme classificado pelo órgão competente como inadequado para crianças ou adolescentes admitidos ao espetáculo.

(2) Agirá corretamente o representante de uma sociedade empresária que explore atividade de cinema, ao retirar de uma das suas salas de exibição um menor e seu pai, caso estes pretendam assistir a filme classificado como inadequado para menores de dezoito anos.

1: incorreta, pois o assunto é tratado no art. 74 e ss. do ECA; **2:** incorreta, pois caberá aos responsáveis pelas diversões e espetáculos públicos afixar, em lugar visível e de fácil acesso, à entrada do local de exibição, informação destacada sobre a natureza do espetáculo e a faixa etária especificada no certificado de classificação (art. 74, parágrafo único, do ECA). De acordo com a Portaria 368/2014 do Ministério da Justiça, autoridade competente para regulamentar esta matéria, a classificação é "indicativa" aos pais e responsáveis, por assim, dizer, tem caráter pedagógico, auxiliando a família na educação de seus filhos. Portanto, os pais podem autorizar o acesso de seus filhos à diversão ou espetáculo cuja classificação indicativa seja superior à faixa etária, desde que acompanhados por eles ou terceiros expressamente autorizados. Todavia, se a faixa indicada for de dezoito anos, estará proibido o ingresso de crianças e adolescentes, mesmo com autorização dos pais sob pena de caracterizar a infração administrativa prevista no art. 255, do ECA. Este entendimento foi recentemente adotado pelo STJ (REsp 1.209.792/RJ, 3ª T., j. 08.11.2011, rel. Min. Nancy Andrighi, *DJe* 28.03.2012).

Gabarito 1E, 2E

4. POLÍTICA E ENTIDADES DE ATENDIMENTO

(Defensor Público/PE – 2018 – CESPE) As linhas de ação da política de atendimento prevista no Estatuto da Criança e do Adolescente (ECA) incluem a

(A) elaboração de banco de dados nacional com as informações necessárias à localização de crianças desaparecidas em substituição ao boletim de ocorrência feito nas delegacias de polícia.

(B) proteção jurídica das entidades de defesa dos direitos da criança e do adolescente.

(C) realização de campanhas de estímulo ao acolhimento, sob forma de adoção, de crianças e adolescentes temporariamente afastados do convívio familiar.

(D) implementação de políticas sociais especiais que visem à satisfação das necessidades e dos anseios de crianças e adolescentes.

(E) criação de projetos e benefícios de assistência social que garantam proteção social, prevenção e redução de violações de direitos.

De acordo com o art. 87 do ECA, são linhas de ação da política de atendimento: I – políticas sociais básicas; II – serviços, programas, projetos e benefícios de assistência social de garantia de proteção social e de prevenção e redução de violações de direitos, seus agravamentos ou reincidências; III – serviços especiais de prevenção e atendimento médico e psicossocial às vítimas de negligência, maus-tratos, exploração, abuso, crueldade e opressão; IV – serviço de identificação e localização de pais, responsável, crianças e adolescentes desaparecidos; V – proteção jurídico-social por entidades de defesa dos direitos da criança e do adolescente; VI – políticas e programas destinados a prevenir ou abreviar o período de afastamento do convívio familiar e a garantir o efetivo exercício do direito à convivência familiar de crianças e adolescentes; VII – campanhas de estímulo ao acolhimento sob forma de guarda de crianças e adolescentes afastados do convívio familiar e à adoção, especificamente inter-racial, de crianças maiores ou de adolescentes, com necessidades específicas de saúde ou com deficiências e de grupos de irmãos. RD

Gabarito "E".

(Defensoria/DF – 2013 – CESPE) No que se refere a política de atendimento dos direitos da criança e do adolescente, julgue os itens a seguir.

(1) Em cada região administrativa do DF, deve haver, no mínimo, um conselho tutelar como órgão integrante da administração pública local, composto de cinco membros, escolhidos pela população local para mandato de quatro anos, permitida uma recondução, mediante novo processo de escolha.

(2) O ECA estabelece a criação de conselhos municipais, estaduais e nacional dos direitos da criança e do adolescente, órgãos executores das ações da política de atendimento da criança e do adolescente em todos os níveis, sendo assegurada nesses conselhos a participação popular paritária por meio de organizações representativas, segundo o disposto em leis municipais, estaduais e federais.

(3) O Poder Executivo deve gerir os fundos nacional, estaduais e municipais vinculados aos respectivos conselhos dos direitos da criança e do adolescente e alocar seus recursos nas diversas áreas da política de atendimento, de maneira que tais conselhos, instituídos em âmbito nacional, regional ou local, possam acompanhar e fiscalizar as prioridades de atendimento estabelecidas.

(4) As entidades governamentais e não governamentais devem inscrever seus programas de atendimento a crianças e adolescentes, especificando os regimes de atendimento, no conselho municipal dos direitos da criança e do adolescente. Não havendo na localidade conselho já devidamente instalado, os registros, inscrições e alterações deverão ser efetuados perante o MP da comarca a que pertencer a entidade.

1: correta, pois a alternativa está de acordo com o disposto no art. 132 do ECA; **2:** incorreta, pois os Conselhos Municipais, Estaduais e Nacional dos direitos da criança e do adolescente são órgãos deliberativos e controladores das ações em todos os níveis (art. 88, II, do ECA), cabendo a execução das políticas sociais básicas e de assistência social aos órgãos do Judiciário, Ministério Público, Defensoria Pública, Conselho Tutelar e entidades de atendimento (art.88, VI e art. 90, caput, ambos do ECA); **3:** incorreta, pois a gestão do fundo é feita pelo próprio Conselho dos Direitos da criança e do adolescente, o qual deve deliberar a respeito dos recursos nas diversas áreas da política de atendimento (art. 52-A, parágrafo único; art. 88, IV; e art. 214; todos do ECA); **4:** incorreta, pois em não havendo na localidade Conselho Municipal dos Direitos da Criança e do Adolescente, os registros, inscrições e alterações das entidades governamentais e não governamentais serão efetuados perante a autoridade judiciária da comarca a que pertencer as entidades, as quais serão fiscalizadas pelo Ministério Público (art. 95 ECA).

Gabarito 1C, 2E, 3E, 4E

(Magistratura/BA – 2012 – CESPE) A respeito das entidades e programas de atendimento previstos no ECA, assinale a opção correta.

(A) As entidades não governamentais somente poderão funcionar depois de registradas no cadastro nacional do CNJ, órgão incumbido de comunicar o registro ao conselho tutelar e à autoridade judiciária da respectiva localidade.

(B) São medidas aplicáveis a todas as entidades de atendimento que descumprirem obrigações previstas no ECA: advertência, suspensão total ou parcial do repasse de verbas públicas, interdição de unidades ou suspensão de programa e cassação do registro.

(C) Sob pena de violação dos princípios da inércia, da imparcialidade e do devido processo legal, é vedado ao juiz fiscalizar de ofício as entidades governamentais e não governamentais de atendimento a crianças e adolescentes.

(D) O dirigente de entidade que desenvolve programa de acolhimento institucional é equiparado ao tutor, para todos os efeitos de direito, devendo remeter ao MP, no máximo a cada seis meses, relatório circunstanciado acerca da situação de cada criança ou adolescente acolhido e de sua família.

(E) As entidades que mantenham programa de acolhimento institucional poderão, em caráter excepcional e de urgência, acolher crianças e adolescentes sem prévia determinação da autoridade competente, devendo comunicar o fato ao juiz da infância e da juventude em até vinte e quatro horas, sob pena de responsabilidade.

A: incorreta, pois as entidades não governamentais somente poderão funcionar depois de registradas no Conselho Municipal dos Direitos da Criança e do Adolescente (art. 91 do ECA); **B:** incorreta (art. 97, I e II, do ECA); **C:** incorreta (art. 95 do ECA); **D:** incorreta, pois o dirigente de entidade é equiparado ao guardião (art. 92, § 1°, do ECA); **E:** correta (art. 93, *caput*, do ECA).

Gabarito "E"

(Ministério Público/RR – 2012 – CESPE) A respeito das entidades, dos programas e da política de atendimento a crianças e adolescentes, assinale a opção correta com base no que dispõe o ECA.

(A) Configura diretriz da política de atendimento a centralização do atendimento, mediante a criação de órgãos públicos federais responsáveis pela regulamentação das ações a serem tomadas nos níveis estaduais e municipais.

(B) Após a inserção da criança ou do adolescente em programa de acolhimento institucional, o dirigente do estabelecimento deve assumir a tutela dos infantes, para todos os efeitos de direito.

(C) É vedado, em qualquer hipótese, às entidades que mantenham programa de acolhimento institucional acolher crianças e adolescentes sem prévia determinação da autoridade competente, sob pena de responsabilidade.

(D) Os recursos públicos necessários à implementação e manutenção dos programas de proteção e socioeducativos destinados a crianças e adolescentes serão liberados pelo gestor municipal, de acordo com os critérios de conveniência e oportunidade.

(E) As entidades de atendimento são responsáveis por sua própria manutenção, assim como pelo planejamento e execução de programas de proteção e socioeducativos destinados a crianças e adolescentes, incluindo-se os que estejam em regime de internação.

A: incorreta, pois uma das diretrizes é a municipalização do atendimento (art. 88, I, do ECA); **B:** incorreta, pois o dirigente de entidade que desenvolve programa de acolhimento institucional é equiparado ao guardião, para todos os efeitos de direito (art. 92, § 2°, do ECA); **C:** incorreta, pois as entidades que mantenham programa de acolhimento institucional poderão, em caráter excepcional e de urgência, acolher crianças e adolescentes sem prévia determinação da autoridade competente, fazendo comunicação do fato em até 24 (vinte e quatro) horas ao Juiz da Infância e da Juventude, sob pena de responsabilidade (art. 93 do ECA); **D:** incorreta, pois não há discricionariedade quanto ao repasse dos recursos públicos nas áreas relacionadas com a proteção à infância e à juventude (art. 4°, parágrafo único, "d", do ECA e arts. 3°, VIII; 4°, III e X; 5°, III e VI, da Lei 12.594/2012); **E:** correta (art. 90, VIII, do ECA).

Gabarito "E"

(Defensor Público/AC – 2012 – CESPE) Com relação às entidades de atendimento ao público infantojuvenil, assinale a opção correta.

(A) O texto atual do ECA veda taxativamente a realização de qualquer tipo de acolhimento institucional sem prévia autorização judicial.

(B) A guarda de criança ou adolescente inseridos em programa de acolhimento institucional cabe ao dirigente da entidade que os acolha, para todos os efeitos de direito.

(C) A essas entidades de atendimento é vedada a realização de programas socioeducativos em regime de internação.

(D) Os recursos públicos necessários à implementação e à manutenção dos programas de proteção e socioeducativos destinados a crianças e adolescentes devem ser liberados pelo gestor municipal de acordo com os critérios de conveniência e oportunidade.

(E) Dado o princípio da livre iniciativa, o funcionamento das entidades não governamentais criadas e mantidas com recursos exclusivamente privados independerá de qualquer registro ou autorização prévia em órgão público.

A: incorreta, pois as entidades que mantenham programa de acolhimento institucional poderão, em caráter excepcional e de urgência, acolher crianças e adolescentes sem prévia determinação da autoridade competente, fazendo comunicação do fato em até 24 (vinte e quatro) horas ao Juiz da Infância e da Juventude, sob pena de responsabilidade (art. 93, do ECA); **B:** correta, pois o dirigente da entidade é equiparado ao guardião (art. 92, § 1°, do ECA); **C:** incorreta, pois as entidades de atendimento também são responsáveis pelo planejamento e execução de programas de proteção e socioeducativos destinados a crianças e adolescentes em regime de internação (art. 90, VIII, do ECA); **D:** incorreta, pois os recursos destinados à implementação e manutenção dos programas serão previstos nas dotações orçamentárias dos órgãos públicos encarregados das áreas de Educação, Saúde e Assistência Social (art. 90, § 2°, do ECA); **E:** incorreta, pois as entidades não governamentais também devem ser registradas no Conselho Municipal dos Direitos da Criança e do Adolescente, o qual comunicará o registro ao Conselho Tutelar e à autoridade judiciária da respectiva localidade (art. 91, *caput*, do ECA).

Gabarito "B"

(Defensor Público/ES – 2012 – CESPE) Julgue os itens que se seguem, relativos à política de atendimento, à família substituta e ao acesso à justiça da criança e do adolescente.

(1) No caso da adoção, o adotado, após completar a maioridade civil, tem direito de conhecer sua origem biológica, bem como de obter acesso irrestrito ao processo no qual a medida foi aplicada.

(2) O ECA estabelece que, comprovada a impossibilidade de a família de origem acolher a criança inserida em programa de acolhimento familiar ou institucional, esta deverá ser colocada em família substituta, mediante guarda, tutela ou adoção, com integração operacional de órgãos do Poder Judiciário, MP, DP, conselho tutelar e encarregados da execução das políticas sociais básicas e de assistência social.

(3) Para que haja pleno acesso à justiça, a assistência judiciária gratuita será prestada aos que dela necessitarem, por meio de DP ou advogado nomeado. Nesse sentido, as ações judiciais da competência da justiça da infância e da juventude serão sempre isentas de custas e emolumentos.

1: correta, pois o item está de acordo com o disposto no art. 48, *caput*, do ECA; **2:** correta, pois o item está de acordo com o disposto no art. 88, VI, do ECA; **3:** incorreta, pois as ações judiciais da competência da Justiça da Infância e da Juventude são isentas de custas e emolumentos, ressalvada a hipótese de litigância de má-fé.

Gabarito 1C, 2C, 3E

(Defensor Público/SE – 2012 – CESPE) Assinale a opção correta acerca da política de atendimento a crianças e adolescentes.

(A) A função de membro do Conselho Nacional dos Direitos da Criança e do Adolescente, considerada múnus público, é remunerada.

(B) A entidade que desenvolver programa de internação tem a obrigação de fornecer comprovante de depósito dos pertences dos adolescentes.

(C) Tanto as entidades de atendimento governamentais quanto as não governamentais estão sujeitas à suspensão total ou parcial do repasse de verbas públicas, procedimento administrativo que é realizado no âmbito do MP.

(D) A política de atendimento dos direitos da criança e do adolescente deve ser estruturada nas três esferas governamentais, devendo a atuação em nível municipal ser feita por meio dos conselhos municipais dos direitos da criança e do adolescente, e não pelos conselhos tutelares.

(E) O serviço de identificação e localização de pais, responsável, crianças e adolescentes inclui-se entre as diretrizes estabelecidas para a referida política.

A: incorreta, pois a função não é remunerada (art. 89, do ECA); **B:** correta (art. 94, XVII, do ECA); **C:** incorreta, pois a suspensão total ou parcial do repasse de verbas públicas é uma das medidas aplicáveis às entidades de atendimento não governamentais que descumprirem obrigação legal (art. 97, II, *b*, do ECA), medida esta que não se aplica às entidades governamentais; **D:** incorreta, pois deve haver a integração operacional de órgãos do Judiciário, Ministério Público, Defensoria e Conselho Tutelar (art. 88, V e VII, do ECA); **E:** incorreta, pois o serviço é o de identificação e localização de pais, responsável, crianças e adolescentes *desaparecidos* (art. 87, IV, do ECA).

Gabarito "B"

5. MEDIDAS DE PROTEÇÃO

(Defensor Público/AL – 2017 – CESPE) Por volta das vinte horas de determinado dia, policiais militares encontraram uma criança indígena de nove anos de idade dormindo no banco da praça da cidade, sozinha e desacompanhada. Os policiais foram orientados pelo comando da guarnição a levar a criança a uma instituição de acolhimento da cidade.

Considerando essa situação hipotética, assinale a opção correta de acordo com as normas do Estatuto da Criança e do Adolescente.

(A) Mesmo diante da possibilidade de reintegração da criança à família de origem, a entidade acolhedora deverá enviar relatório fundamentado ao Ministério Público recomendando a destituição do poder familiar, como medida de punição pelo abandono da criança.

(B) Eventual acolhimento familiar ou institucional deverá ocorrer em local próximo à residência dos pais ou do responsável, como parte do processo de reintegração familiar, mas o contato familiar com a criança será facilitado e estimulado somente depois de a família de origem ter passado por programas obrigatórios oficiais de orientação, de apoio e de promoção social.

(C) Se a entidade para onde foi encaminhada a criança mantiver programa de acolhimento institucional, ela, em caráter excepcional e de urgência, poderá acolher a criança sem prévia determinação da autoridade competente, devendo a comunicação do fato ser feita em até vinte e quatro horas ao juiz da infância e da juventude, sob pena de responsabilidade.

(D) O fato de ter sido encontrada na rua e desacompanhada enseja o afastamento da criança do convívio familiar, que pode ser determinado pelo conselho tutelar, que detém competência exclusiva para tal, e importa também na deflagração, a pedido do Ministério Público, de procedimento administrativo no qual se garanta aos pais ou ao responsável legal o exercício do contraditório e da ampla defesa.

(E) A entidade que acolheu a criança deverá elaborar, imediatamente, um plano individual de atendimento com o objetivo de colocá-la em uma família substituta, a menos que haja ordem escrita e fundamentada em contrário de autoridade judiciária competente.

A: incorreta. A destituição de poder familiar é medida excepcional e pode ser tomada após a aplicação de medidas de proteção que visem ao fortalecimento dos laços familiares. Trata-se de princípio estampado no art. 100, X, do ECA: "Prevalência da família: na promoção de direitos e na proteção da criança e do adolescente deve ser dada prevalência às medidas que os mantenham ou reintegrem na sua família natural ou extensa ou, se isso não for possível, que promovam a sua integração em família adotiva"; **B:** incorreta. Nos termos do art. 101, § 7º, o acolhimento familiar ou institucional ocorrerá no local mais próximo à residência dos pais ou do responsável e, como parte do processo de reintegração familiar, sempre que identificada a necessidade, a família de origem será incluída em programas oficiais de orientação, de apoio e de promoção social, sendo facilitado e estimulado o contato com a criança ou com o adolescente acolhido; **C:** correta, nos exatos termos do art. 93 do ECA; **D:** incorreta. As medidas que importem no afastamento da criança e do adolescente do lar só podem ser tomadas pela autoridade judiciária (art. 101, *caput* e § 2º, do ECA); **E:** incorreta. Conforme art. 101, § 3º do ECA, o programa de acolhimento institucional deve ser elaborado para toda as crianças e adolescentes visando à reintegração familiar, ressalvada a existência de ordem escrita e fundamentada em contrário de autoridade judiciária competente, caso em que também deverá contemplar sua colocação em família substituta, observadas as regras e princípios desta Lei. RD

Gabarito "C"

(Defensor Público/PE – 2018 – CESPE) A respeito da aplicação de medidas ao pai, à mãe ou ao responsável conforme o ECA, assinale a opção correta.

(A) Medida mais gravosa, como a perda de guarda, não se aplica em caso de a criança ser reprovada na escola por excesso de faltas, mesmo que a reprovação decorra da falta de acompanhamento adequado de seu responsável.

(B) É facultativa a inclusão de pai alcoólatra que, por vezes, seja agressivo ou violento com a criança em programa oficial de tratamento desde que a criança seja encaminhada a programa especial de atendimento a vítimas de violência doméstica.

(C) Estando a submissão ou não a tratamento de saúde no âmbito da liberalidade familiar, não é possível a aplicação de medidas a mãe que, por mera desídia, não leva seu filho portador de HIV às consultas programadas.

(D) Na hipótese de um adolescente que tenha pais vivos, mas viva com os avós paternos, se encontrar em situação de risco por falta de cumprimento de obrigações a ele relativas, caberá a aplicação de advertência aos genitores, mas não aos avós.

(E) Se uma criança em idade escolar estiver fora da escola, o pai, a mãe ou o responsável deverá ser obrigado a matriculá-la, bem como a acompanhar a frequência e o aproveitamento escolar.

A: incorreta. As medidas de perda ou suspensão de poder familiar são as medidas mais gravosas. A perda da guarda pode ser aplicada pelo descumprimento das regras sobre o exercício do poder familiar, como forma de medida protetiva, caso as demais medidas não tenham sido eficazes; **B:** incorreta. A medida de inclusão em programa oficial ou comunitário de auxílio, orientação e tratamento a alcoólatras e toxicômanos (art. 129, II) deve ser aplicada ao pai alcoólatra. Caso não cumpra a medida e seja agressivo, é possível determinar, inclusive, o afastamento do agressor do lar; **C:** incorreta. Para proteção dos direitos fundamentais da criança e do adolescente e promover a sua proteção integral, cabe a aplicação das medidas protetivas previstas no art. 101, em especial a de tratamento médico em regime hospitalar ou ambulatorial, não havendo liberalidade dos pais nesse sentido, podendo, inclusive, aplicar a medida em relação aos pais prevista no art. 129, VI, do ECA; **D:** incorreta. Todas as medidas previstas no rol exemplificativo do art. 129 são medidas aplicáveis aos pais ou responsáveis; **E:** correta. Trata-se de medida de proteção prevista no art. 101, III, e de medida que pode ser tomada em relação aos pais, na forma do art. 129, V, todos do ECA.

Gabarito "E".

(Defensor Público – DPE/RN – 2016 – CESPE) No que se refere às medidas específicas de proteção da criança e do adolescente, assinale a opção correta.

(A) É improrrogável o prazo estabelecido pela legislação em vigor para a permanência da criança ou do adolescente em programa de acolhimento institucional.

(B) Em regra, é da competência exclusiva da autoridade judiciária a colocação de criança ou adolescente em programa de acolhimento familiar ou em família substituta mediante a concessão de guarda, tutela ou adoção.

(C) A medida de acolhimento institucional pode ser utilizada como punição aplicada a adolescente em conflito com a lei, hipótese em que se assemelha à medida socioeducativa de internação.

(D) Na hipótese de ameaça ou violação de direitos, o ECA estabeleceu, em rol taxativo, as medidas específicas de proteção que podem ser aplicadas pela autoridade competente.

(E) Ao contrário do acolhimento institucional, a provisoriedade não configura critério a ser observado no tocante à medida de acolhimento familiar.

A: incorreta. Nos termos do art. 19, § 2º, do ECA, é possível a prorrogação por mais de dois anos em programa de acolhimento institucional se comprovada necessidade que atenda ao melhor interesse do menor, devidamente fundamentada pela autoridade judiciária. **B**: correta. A colocação em família substituta (guarda, tutela ou adoção) e a medida de acolhimento institucional ou familiar somente podem ser determinadas pela autoridade judiciária (art. 101 do ECA). Vale notar que as "entidades que mantenham programa de acolhimento institucional poderão, em caráter excepcional e de urgência, acolher crianças e adolescentes sem prévia determinação da autoridade competente, fazendo comunicação do fato em até 24 (vinte e quatro) horas ao Juiz da Infância e da Juventude, sob pena de responsabilidade" (art. 93 do ECA). **C**: incorreta. Na forma do § 1º do art. 101 do ECA, o "acolhimento institucional e o acolhimento familiar são medidas provisórias e excepcionais, utilizáveis como forma de transição para reintegração familiar ou, não sendo esta possível, para colocação em família substituta, não implicando privação de liberdade". **D**) incorreta. As medidas de proteção previstas no art. 101 do ECA são exemplificativas, podendo outras medidas serem todas fundamentadas na proteção integral e no superior interesse do menor. **E**: incorreta. Os mesmos prazos da medida de acolhimento institucional são aplicáveis ao acolhimento familiar.

Gabarito "B".

(Magistratura/BA – 2012 – CESPE) No que concerne às medidas de proteção e às medidas pertinentes aos pais ou responsável previstas no ECA, assinale a opção correta.

(A) Verificada a hipótese de maus-tratos, opressão ou abuso sexual cometidos pelos pais ou responsável da criança ou do adolescente, o juízo da infância e da juventude poderá determinar, como medida cautelar, a prisão preventiva dos agressores e a fixação provisória de alimentos aos seus dependentes, desde que constatada a insuficiência de outras medidas anteriormente aplicadas para reprimir os infratores.

(B) Verificada a ameaça ou a violação dos direitos da criança e do adolescente, a autoridade competente poderá determinar, entre outras medidas, o acolhimento institucional, a inclusão em programa de acolhimento familiar, a colocação em família substituta e a internação provisória.

(C) O acolhimento institucional e o acolhimento familiar, medidas provisórias e excepcionais, por implicarem privação de liberdade, são utilizáveis como forma de transição para a reintegração familiar ou, não sendo esta possível, para a colocação em família substituta.

(D) Sem prejuízo da tomada de medidas emergenciais para a proteção de vítimas de violência ou abuso sexual, o afastamento da criança ou adolescente do convívio familiar é de competência exclusiva da autoridade judiciária e importará na deflagração, a pedido do MP ou de quem tenha legítimo interesse, de procedimento judicial contencioso, por meio do qual se garanta aos pais ou ao responsável legal o exercício do contraditório e da ampla defesa.

(E) As únicas medidas aplicáveis aos pais ou responsável são: a perda da guarda, a destituição da tutela, a suspensão ou destituição do poder familiar, e a internação compulsória em clínica de tratamento a alcoólatras e toxicômanos.

A: incorreta, pois a autoridade judiciária poderá determinar, como medida cautelar, o afastamento do agressor da moradia comum (art. 130 do ECA); **B:** incorreta (art. 101 do ECA); **C:** incorreta, pois os acolhimentos institucional e familiar não implicam privação da liberdade (art. 34, § 1°, e 101, § 1°, ambos do ECA); **D:** correta (art. 101, § 2°, do ECA); **E:** incorreta, pois existem outras medidas aplicáveis aos pais ou responsáveis (art. 129 do ECA).

Gabarito "D".

(Ministério Público/TO – 2012 – CESPE) Considerando que o conselho tutelar de determinado município tenha recebido via telefone denúncia anônima consistente no relato de que três irmãs adolescentes estavam sendo obrigadas pelos pais a se prostituir, à beira de rodovia que passa pelo município, com os caminhoneiros que trafegam por essa estrada, assinale a opção que apresenta a medida a ser tomada pelos conselheiros tutelares nesse caso.

(A) Após constatar *in loco* a veracidade dos fatos denunciados, o conselho tutelar deve determinar o acolhimento institucional das adolescentes e o seu acompanhamento psicológico, além de advertir imediatamente os pais e enviar ao MP e à autoridade judiciária relatório circunstanciado do ocorrido e das providências tomadas.

(B) Cabe ao conselho tutelar, nesse caso, instaurar inquérito civil público para a apuração dos fatos, ouvir os pais e as adolescentes, e, após a conclusão das investigações, remeter os autos ao MP, para a tomada das providências cabíveis.

(C) Os conselheiros tutelares devem enviar ofícios à autoridade judiciária, ao MP e à DP, comunicando o recebimento da denúncia, para que tomem as medidas cabíveis ao caso, e aguardar ordens de atuação.

(D) O conselho tutelar deve propor, no juízo da infância e juventude local, ação de destituição do poder familiar, com pedido liminar de afastamento provisório das adolescentes do lar familiar e encaminhamento para instituição de acolhimento.

(E) Diante da gravidade do fato, os conselheiros devem determinar a apreensão provisória das adolescentes, que devem ser encaminhadas a instituição preparada para receber adolescente em conflito com a lei ou, na sua falta, à delegacia local, onde devem permanecer em cela especial.

A alternativa "A" está correta, ficando excluídas as demais. Em regra, as medidas protetivas de acolhimento institucional e familiar, bem como a colocação em família substituta são de aplicação exclusiva do juiz (art. 101, § 2°, do ECA), sendo que todas as demais podem ser aplicadas pelo

Conselho Tutelar (art. 136, I, do ECA), ao qual também cabe atender e aconselhar os pais ou responsável, aplicando as medidas previstas no art. 129, I a VII (art. 136, II, do ECA). Sem prejuízo, em caso urgente e excepcional, o Conselho Tutelar poderá encaminhar a criança ou o adolescente à entidade de atendimento responsável pela execução de programa de acolhimento institucional, comunicando o fato ao juiz no prazo máximo de 24 horas (art. 93 do ECA) e ao Ministério Público, prestando-lhe informações sobre os motivos de tal entendimento e as providências tomadas para a orientação, o apoio e a promoção social da família (art. 136, parágrafo único, do ECA).

Gabarito "A".

(Ministério Público/RR – 2012 – CESPE) A respeito das medidas de proteção a crianças e adolescentes e das medidas pertinentes aos pais ou responsável, assinale a opção correta de acordo com o que dispõe o ECA.

(A) Os acolhimentos institucional e familiar somente podem ser determinados pela autoridade judiciária.

(B) Verificada a hipótese de maus-tratos, opressão ou abuso sexual impostos a criança ou adolescente pelos pais ou responsável, o juízo da infância e da juventude deverá determinar, como medida cautelar, a prisão preventiva dos agressores.

(C) Em situações excepcionais e gravíssimas, devidamente fundamentadas, a autoridade judiciária pode determinar a internação compulsória dos pais em clínica para tratamento de alcoólatras e toxicômanos.

(D) As medidas de proteção podem ser aplicadas isolada ou cumulativamente, bem como substituídas a qualquer tempo.

(E) O acolhimento institucional e o acolhimento familiar, em razão de acarretarem privação de liberdade, devem ser medidas provisórias e excepcionais.

A: incorreta, pois as medidas protetivas de acolhimento institucional e familiar, bem como a colocação em família substituta são de aplicação exclusiva do juiz (art. 101, § 2°, do ECA), sendo que todas as demais podem ser aplicadas pelo Conselho Tutelar (art. 136, I, do ECA). Sem prejuízo, em caso urgente e excepcional, o Conselho Tutelar poderá encaminhar a criança ou o adolescente à entidade de atendimento responsável pela execução de programa de acolhimento institucional, comunicando o fato ao juiz no prazo máximo de 24 horas (art. 93, do ECA); **B:** incorreta, pois, caso seja verificada a hipótese de maus-tratos, opressão ou abuso sexual impostos pelos pais ou responsável, a autoridade judiciária poderá determinar, como medida cautelar, o afastamento do agressor da moradia comum (art. 130, do ECA); **C:** incorreta, pois a hipótese contida na alternativa não traz uma das medidas que podem ser impostas aos pais ou responsáveis (art. 129, do ECA); **D:** correta (art. 99, do ECA); **E:** incorreta, pois o acolhimento institucional e familiar não acarretam a privação da liberdade (art. 101, § 1°, do ECA).

Gabarito "D".

(Defensor Público/RO – 2012 – CESPE) Acerca das medidas de proteção da criança e do adolescente e das medidas pertinentes aos pais ou responsável, assinale a opção correta com base no que dispõe o ECA.

(A) Diante de situações excepcionais e gravíssimas, devidamente fundamentadas, a autoridade judiciária pode aplicar aos pais a medida de internação compulsória em clínica de tratamento a alcoólatras e toxicômanos.

(B) Havendo provas da prática de atos graves contra os direitos da criança e do adolescente, é possível a aplicação – de competência exclusiva do juiz – de medidas de destituição de tutela e de perda ou suspensão do poder familiar.

(C) Verificada a ameaça ou a violação dos direitos previstos no ECA, a autoridade competente poderá determinar o acolhimento institucional da criança ou do adolescente em situação de risco, a sua inclusão em programa de acolhimento familiar, a sua colocação em família substituta ou em programa de liberdade assistida.

(D) O afastamento da criança ou do adolescente do convívio familiar é de competência concorrente da autoridade judiciária, do MP e do conselho tutelar.

(E) O acolhimento institucional, medida de privação de liberdade, é utilizado como forma de transição para a *reintegração* familiar do menor apreendido ou, não sendo esta possível, para a sua colocação em família substituta.

A: incorreta, pois a medida de internação compulsória não está elencada dentre as previstas no art. 129, do ECA, mas tão somente a medida de inclusão em programa oficial ou comunitário de auxílio, orientação e tratamento a alcoólatras e toxicômanos (art. 129, II, do ECA); **B:** correta (art. 24 e art. 129, IX e X, parágrafo único, do ECA); **C:** incorreta, pois o acolhimento institucional e o acolhimento familiar são medidas provisórias e excepcionais, utilizáveis como forma de transição para reintegração familiar (manutenção na família natural ou na família extensa) ou, não sendo esta possível, para colocação em família substituta (arts. 100, X e 101, § 1°, do ECA); **D:** incorreta, pois o afastamento da criança ou adolescente do convívio familiar é de competência exclusiva da autoridade judiciária (art. 101, § 2°, do ECA); **E:** incorreta, pois o acolhimento institucional não importa em privação da liberdade (art. 101, § 1°, do ECA).

Gabarito "B".

(Defensor Público/TO – 2013 – CESPE) A propósito das medidas de proteção e das medidas pertinentes aos pais ou responsável, assinale a opção correta.

(A) Imediatamente após o acolhimento da criança ou do adolescente, a entidade responsável pelo programa de acolhimento institucional ou familiar deve elaborar um plano individual de atendimento, visando à reintegração familiar do menor, ressalvada a existência de ordem escrita e fundamentada em contrário exarada pela autoridade judiciária competente, caso em que está prevista a colocação da criança ou do adolescente em família substituta.

(B) Excepcionalmente, quando constatado perigo à sobrevivência da criança ou do adolescente em razão da falta ou da carência de recursos materiais, a autoridade judiciária poderá aplicar aos pais a medida de suspensão do poder familiar, até que a família seja incluída em programa social promovido pelo governo.

(C) Verificada a hipótese de dependência química grave dos pais, a autoridade judiciária, a fim de evitar qualquer violação a direito fundamental do infante, poderá determinar, como medida cautelar, a internação compulsória do pai ou responsável em clínica especializada para tratamento de dependentes químicos.

(D) O conselho de direitos de cada município deve manter, em cada comarca ou foro regional, cadastro com informações atualizadas sobre as crianças e adolescentes em regime de acolhimento familiar e institucional e informações pormenorizadas sobre a situação jurídica de cada um, bem como as providências tomadas para sua reintegração familiar ou colocação em família substituta.

(E) Na impossibilidade de reintegração da criança ou do adolescente à família de origem, após seu encaminhamento a programas oficiais ou comunitários de orientação, apoio e promoção social, será enviado relatório fundamentado à DP, para o ajuizamento de ação de destituição do poder familiar, ou destituição de tutela ou guarda.

A: correta (art. 101, § 4°, do ECA); **B:** incorreta, pois a falta ou a carência de recursos materiais não constitui motivo suficiente para a perda ou a suspensão do poder familiar, devendo a família ser incluída em programas oficiais de auxílio (art. 23, do ECA); **C:** incorreta, pois, no caso de ser constatada a dependência química dos pais da criança/adolescente, a rede protetiva poderá aplicar a medida de inclusão em programa oficial ou comunitário de auxílio, orientação e tratamento a alcoólatras e toxicômanos (art. 101, VI, do ECA). Somente em caso excepcional, com recomendação médica de internação, por meio de laudo circunstanciado, é que o juiz poderá determinar a internação compulsória; **D:** incorreta, pois caberá à autoridade judiciária manter tal cadastro de informações (art. 101, § 11, do ECA); **E:** incorreta, pois o relatório fundamentado será enviado ao Ministério Público (art. 101, § 9°, do ECA).

Gabarito "A".

(Defensor Público/SE – 2012 – CESPE) Com relação às medidas de proteção da criança e(ou) do adolescente e às destinadas aos pais ou responsável, assinale a opção correta.

(A) Para a aplicação das medidas específicas de proteção, é

necessário levar em consideração, de forma irrestrita, a prevalência da família natural ou extensa.

(B) No plano individual de atendimento instituído pelo ECA, deverão constar os resultados colhidos por equipe multidisciplinar, que somente poderá levar em consideração a opinião do adolescente, não o podendo fazer nos casos da oitiva da criança e de seus pais ou responsável.

(C) Em procedimento de apuração de ato infracional, é cabível aplicação de medidas aos pais.

(D) São medidas aplicáveis aos pais: advertência, perda da guarda, destituição da tutela e suspensão ou destituição do poder familiar.

(E) O fato de se expulsar de casa adolescente grávida caracteriza situação de violação de direitos, o que justifica a aplicação de medida de proteção à adolescente.

A: incorreta, pois a situação de risco pode ter sido provocada pela própria família natural ou extensa, hipótese em que a criança ou o adolescente poderá ser afastado do convívio familiar (arts. 98, II, e 101, § 2º, do ECA); **B:** incorreta, pois a equipe técnica levará em consideração a opinião da criança ou do adolescente e a oitiva dos pais ou do responsável (art. 101, § 5º, do ECA); **C:** incorreta, pois não são todas as medidas pertinentes aos pais que podem ser aplicadas em procedimento de apuração de ato infracional. Assim, cabível uma explicação mais aprofundada. Vejamos. O art. 129 do ECA traz um rol de medidas pertinentes aos pais ou responsáveis que descumprirem com seus deveres em relação à criança ou ao adolescente sobre o qual exerçam poder. "Por força do inciso II do art. 136 do Estatuto, a aplicação das medidas pertinentes contidas nos incisos I a VII do art. 129 (...) constitui atribuição do Conselho Tutelar, não obstante, subsidiariamente, também possa haver a determinação por parte da autoridade judiciária (...) já que não importam em alteração de situação familiar da criança ou do adolescente, mantendo-se a pessoa em desenvolvimento sob os poderes de seus guardiões, tutores ou pais (...). A seu turno, a competência para execução das medidas pertinentes dispostas nos incisos VIII a X (...) é exclusiva da autoridade judiciária, conforme diligência dos arts. 35, 164, 24, e 155 a 163, todos do Estatuto. Ainda, oportuno ressaltar que as medidas previstas nos incisos I a IV do art. 129 (...), por serem de cunho eminentemente protetivo, dispensam qualquer procedimento e *podem ser aplicadas incidentalmente mesmo em feitos destinados à apuração da responsabilidade por ato infracional*, em que os pais ou responsáveis não são partes processuais. Entretanto, o seu efetivo cumprimento depende da aquiescência dos destinatários (pais ou responsável), já que não há medida coercitiva a ser aplicada em caso de descumprimento (...). Por sua vez, as medidas dispostas nos incisos V a X do art. 129 (...) exigiriam procedimentos próprios, isso porque, imporiam deveres ou sanções relativos à liberdade, e integridade física e psíquica dos pais ou responsáveis. Sendo assim, exige-se que os interessados possam se manifestar ostentando a posição de titularidade de um dos polos de uma contenda, sendo, pois, credores de exercício do contraditório e da ampla defesa exarados em um processo próprio (ROSSATO, Luciano Alves; LÉPORE, Paulo Eduardo e CUNHA, Rogério Sanches. **Estatuto da Criança e do Adolescente comentado artigo por artigo**. 3. ed. São Paulo: RT, 2012); **D:** incorreta, pois aos pais pode ser aplicada a medida de destituição do poder familiar e não da tutela; **E:** correta, pois a conduta de expulsar a adolescente grávida de casa coloca tanto ela como o nascituro em situação de risco, ensejando a aplicação de medidas protetivas, a fim de afastar a lesão ou a ameaça de lesão aos seus direitos (art. 98, do ECA).

Gabarito "E"

6. MEDIDAS SOCIOEDUCATIVAS E ATO INFRACIONAL – DIREITO MATERIAL

(Juiz de Direito - TJ/BA - 2019 - CESPE/CEBRASPE) No que tange a atos infracionais e medidas socioeducativas, assinale a opção correta, com base no ECA e na jurisprudência do STJ.

(A) A superveniência da maioridade penal interfere na apuração de ato infracional cometido antes dos dezoito anos completos e na aplicabilidade de medida socioeducativa em curso.

(B) É ilegal a determinação de cumprimento da medida socioeducativa de liberdade assistida antes do trânsito em julgado da sentença condenatória.

(C) O ato infracional análogo ao tráfico de drogas autoriza, por si só, a imposição de medida socioeducativa de internação do adolescente em razão da gravidade da conduta delitiva.

(D) Por ser uma consequência natural do processo de ressocialização, a progressão da medida socioeducativa prescinde do juízo de convencimento do magistrado, que fica vinculado ao relatório multidisciplinar individual do adolescente.

(E) É possível a aplicação de medida socioeducativa de liberdade assistida no caso de ato infracional análogo a furto qualificado, porém essa medida deve atender à atualidade, observando-se a necessidade e a adequação.

A: incorreta. A aplicação de medida socioeducativa se dá até os 21 (vinte e um) anos (art. 2° do ECA). Nesse sentido é a súmula 605 do STJ: **"A superveniência da maioridade penal não interfere na apuração de ato infracional nem na aplicabilidade de medida socioeducativa em curso, inclusive na liberdade assistida, enquanto não atingida a idade de 21 anos."**. **B:** incorreta. A liberdade assistida é medida que não restringe a liberdade do adolescente podendo, inclusive, ser aplicada em conjunto com a remissão. Por tal razão, já entendeu o STJ: "Para efeito de condenação, a confissão não exclui a colheita de outras provas para confrontação dos elementos de confirmação ou para contraditar. Cabível, pois, a nulidade da sentença para nova instrução, **concedendo-se ao menor a liberdade assistida até o desfecho do processo.** (STJ, HC 39.829-RJ, Rel. Min. Nilson Naves, j. 31/5/2005). Precedentes: HC 38.551-RJ, DJ 6/12/2004; HC 36.238-RJ, DJ 11/10/2004, e HC 38.994-SP, DJ 9/2/2005. **C:** incorreta. Súmula 492 do STJ: "O ato infracional análogo ao tráfico de drogas, por si só, não conduz obrigatoriamente à imposição de medida socioeducativa de internação do adolescente". **D:** incorreta. Conforme art. 43 da Lei do Sinase (Lei 12.594/2012), a reavaliação da manutenção, substituição ou suspensão da medida pode ser requerida a qualquer tempo, cabendo a autoridade judiciária a análise e decisão sobre o caso concreto. Assim já decidiu o STJ: "(...) Nos termos do art. 121, § 2°, do ECA, o período máximo da internação não pode exceder a três anos e sua manutenção deve ser avaliada, mediante decisão fundamentada, no máximo a cada seis meses. **O magistrado decidirá de acordo com seu livre convencimento e não está vinculado a relatório técnico, podendo adotar outros elementos de convicção para manter, extinguir ou progredir a medida (...)"** (REsp 1610719/ES, Rel. Ministro Rogerio Schietti Cruz, 6ª Turma, DJe 01/09/2016).

Gabarito "E"

Em 15 de abril de 2019, Ricardo, com 17 anos de idade, praticou ato infracional análogo ao crime de roubo. O Ministério Público ofereceu representação contra Ricardo quando ele já estava com 18 anos de idade. Ao final do procedimento judicial, o magistrado aplicou a Ricardo, então com 18 anos de idade, a medida socioeducativa de internação. Por ocasião de reavaliação da medida, foi concedida a Ricardo a progressão para o regime de semiliberdade. Durante o cumprimento da medida em regime de semiliberdade, foi prolatada nova sentença, aplicando a Ricardo, agora com 19 anos de idade, medida de internação em razão da prática, em 15 de março de 2019, de ato infracional análogo ao crime de homicídio.

(Defensor Público - DPE/DF - 2019 - CESPE/CEBRASPE) A partir dessa situação hipotética, julgue os itens subsecutivos, de acordo com a legislação pertinente e com a jurisprudência dos tribunais superiores.

(1) O magistrado não poderia ter aplicado a Ricardo a medida socioeducativa de internação pela prática do ato infracional análogo ao crime de roubo, porque, de acordo com jurisprudência do STJ, a superveniência da maioridade penal impede a apuração e a aplicação de medida socioeducativa.

(2) A nova sentença prolatada, que aplica a Ricardo novamente medida de internação, desta vez pela prática do ato infracional análogo ao delito de homicídio, contraria a legislação vigente.

(3) O cumprimento de medida socioeducativa de internação sempre dependerá de plano individual de atendimento (PIA), instrumento de previsão, registro e gestão das atividades a serem desenvolvidas com o adolescente; diferentemente, nos casos de cumprimento de medida socioeducativa em regime de prestação de serviços à comunidade, o PIA é dispensável.

1: Errada. A prática de ato infracional cometida mediante violência ou grave ameaça contra a pessoa justifica a aplicação de internação (art.

122, I, do ECA). Por outro lado, nos termos do art. 2º do ECA e da súmula 605 do STJ, a execução da medida socioeducativa pode se dar até os 21 anos: "a superveniência da maioridade penal não interfere na apuração de ato infracional nem na aplicabilidade de medida socioeducativa em curso, inclusive na liberdade assistida, enquanto não atingida a idade de 21 anos"; **2**: Correta. "É vedado à autoridade judiciária aplicar nova medida de internação, por atos infracionais praticados anteriormente, a adolescente que já tenha concluído cumprimento de medida socioeducativa dessa natureza, ou que tenha sido transferido para cumprimento de medida menos rigorosa, sendo tais atos absorvidos por aqueles aos quais se impôs a medida socioeducativa extrema." (art. 45, § 2º, da Lei 12.594/2012); **3**: Errada. O PIA (plano individual de atendimento) está previsto na Lei 12.594/2012 (SINASE) e tem por objetivo formular plano de ação para execução da medida socioeducativa. As medidas socioeducativas de prestação de serviços à comunidade e liberdade assistida (meio aberto) e as medidas de semiliberdade e internação (meio fechado) exigem o plano individual de atendimento (art. 52 da Lei do Sinase). Apenas advertência e a reparação de danos, por serem medidas de execução imediata, não exigem o PIA.

Gabarito 1E, 2C, 3E

(Delegado - PC/SE - 2018 - CESPE/CEBRASPE) Julgue os itens subsequentes, relativos à apuração de ato infracional praticado por adolescente e à aplicação de medidas socioeducativas.

(1) **Situação hipotética**: Um jovem foi abordado em flagrante delito ao cometer crime de furto mediante arrombamento; apresentado à autoridade policial, ele indicou ter menos de dezoito anos de idade. **Assertiva**: Nessa situação, havendo dúvidas fundadas quanto à idade do jovem, a autoridade policial competente poderá, entre outras providências, proceder ao registro dos fatos em boletim de ocorrência e determinar a identificação compulsória do detido.

(2) Ao ser comunicado da evasão, pela segunda vez, de adolescente que cumpre medida socioeducativa de semiliberdade, o juiz da vara da infância e da juventude competente deverá regredir a medida para a internação, independentemente da prévia oitiva do adolescente.

1. Correta. O art. 109 do ECA garante ao adolescente civilmente identificado o direito de não ser submetido a identificação compulsória pelos órgãos policiais, de proteção e judiciais. No entanto, se houver dúvida fundada, é possível a identificação compulsória para efeitos de confrontação; **2.** Errada. O art. 43 da Lei do SINASE trata da reavaliação, manutenção, substituição e suspensão das medidas socioeducativas. Em seu § 4º determina que "a substituição por medida mais gravosa somente ocorrerá em situações excepcionais, após o devido processo legal, inclusive na hipótese do inciso III do art. 122 da Lei 8.069, de 13 de julho de 1990 (Estatuto da Criança e do Adolescente), e deve ser: I – fundamentada em parecer técnico; II – precedida de prévia audiência, e nos termos do § 1º do art. 42 desta Lei". Vale lembrar também que a súmula 265 do STJ já obrigava a oitiva do adolescente: "**é necessária a oitiva do menor infrator antes de decretar-se a regressão da medida socioeducativa**".

Gabarito 1C, 2E

(Defensor Público/PE – 2018 – CESPE) Ao adolescente que pratica ato infracional, a autoridade competente poderá aplicar as medidas de

(A) reparação do dano com a prestação de serviços, liberdade condicional e acolhimento institucional.

(B) internação em estabelecimento educacional, obrigação de reparar o dano e advertência.

(C) advertência, obrigação de reparação do dano e prestação de serviços à vítima, se houver.

(D) liberdade assistida, inserção em regime prisional e internação em estabelecimento médico-psiquiátrico.

(E) obrigação de reparação pecuniária do dano, inserção em regime prisional e advertência.

As medidas socioeducativas aplicáveis aos adolescentes que praticam ato infracional estão elencadas no rol taxativo do art. 112: (i) advertência; (ii) obrigação de reparar o dano; (iii) prestação de serviços à comunidade; (iv) liberdade assistida; (v) inserção em regime de semiliberdade e (vi) internação em estabelecimento educacional. RD

Gabarito "B"

(Juiz – TJ/CE – 2018 – CESPE) Com relação ao instituto da remissão, assinale a opção correta, à luz do ECA e da jurisprudência do STJ.

(A) Diante da omissão do MP quanto ao oferecimento da remissão pré-processual, deverá o juiz concedê-la, desde que presentes os requisitos legais.

(B) Caso ocorra a concessão da remissão pelo magistrado na fase jurisdicional, após o oferecimento da representação, deve o parquet ser ouvido após esse ato, momento em que será aberto prazo para que o MP tome as medidas que entender pertinentes.

(C) Caso discorde do parquet quanto à remissão pré-processual cumulada com medida socioeducativa, o magistrado poderá homologar apenas a remissão se entender ser essa a medida mais benéfica ao menor infrator.

(D) Após a realização da audiência de apresentação, o magistrado poderá conceder a remissão judicial ao menor infrator, caso entenda ser essa a medida mais benéfica para o menor.

(E) Diante da discordância do magistrado quanto à concessão da remissão pelo MP ante a gravidade dos fatos, o juiz deverá remeter os autos à promotoria para que outro promotor apresente a representação.

A: incorreta. O representante do Ministério Público poderá sugerir a remissão como forma de exclusão do processo, que deverá ser apreciado pela autoridade judiciária (art. 126 do ECA). Caso o MP não faça a sugestão de remissão, poderá o juiz conceder remissão para suspensão ou extinção do processo (art. 126, parágrafo único, do ECA); **B**: incorreta. A medida aplicada por força da remissão poderá ser revista judicialmente, a qualquer tempo, mediante pedido expresso do adolescente ou de seu representante legal, ou do Ministério Público (art. 128 do ECA); **C**: incorreta. Discordando, a autoridade judiciária fará remessa dos autos ao Procurador-Geral de Justiça, mediante despacho fundamentado, e este oferecerá representação, designará outro membro do Ministério Público para apresentá-la, ou ratificará o arquivamento ou a remissão, que só então estará a autoridade judiciária obrigada a homologar (art. 181, § 2º, do ECA); **D**: correta, nos termos do art. 186 do ECA; **E**: incorreta. Vide justificativa da alternativa "C". RD

Gabarito "D"

(Defensor Público – DPE/RN – 2016 – CESPE) Com referência à execução de medidas socioeducativas impostas a crianças e adolescentes, assinale a opção correta.

(A) É vedada a aplicação do sistema recursal previsto no CPC nos procedimentos relativos à execução de medidas socioeducativas.

(B) Na fase de execução é vedada, segundo o entendimento do STJ, a substituição de medida socioeducativa aplicada ao adolescente.

(C) O encaminhamento a tratamento psiquiátrico não figura entre as medidas às quais se sujeitam os agentes públicos executores de medidas socioeducativas que utilizarem, como forma de disciplina, tratamento degradante à criança ou ao adolescente.

(D) O denominado plano individual de atendimento pode ser objeto de impugnação pelo DP ou pelo MP, porém sua execução não será suspensa, salvo determinação judicial em contrário.

(E) A execução de programas socioeducativos destinados às crianças e adolescentes em regime de orientação e apoio sociofamiliar não se insere entre as responsabilidades das entidades de atendimento.

A: incorreta. Na forma do art. 198 do ECA, nos procedimentos afetos à Justiça da Infância e da Juventude, inclusive os relativos à execução das medidas socioeducativas, adotar-se-á o sistema recursal do Código de Processo Civil. **B**: incorreta. As medidas socioeducativas podem ser alteradas na fase de execução, sempre tendo por fundamento a ressocialização e a educação do adolescente (Vide no STJ HC352907 /SP). **C**: incorreta. Determina o art. 18-B do ECA: "os pais, os integrantes da família ampliada, os responsáveis, os agentes públicos executores de medidas socioeducativas ou qualquer pessoa encarregada de cuidar de crianças e de adolescentes, tratá-los, educá-los ou protegê-los que utilizarem castigo físico ou tratamento cruel ou degradante como formas de correção, disciplina, educação ou qualquer outro pretexto estarão sujeitos, sem prejuízo de outras sanções cabíveis, às seguintes medidas, que serão aplicadas de acordo com a gravidade do caso: I – encaminhamento a programa oficial ou comunitário de proteção à família; II – encaminhamento a tratamento psicológico ou psiquiátrico; III – encaminhamento a cursos ou programas de orientação; IV – obrigação de encaminhar a criança a tratamento especializado; V – advertência. Parágrafo único. As medidas previstas neste artigo serão aplicadas pelo Conselho Tutelar, sem prejuízo de outras providências legais". **D**: correta. Segundo o art. 41 da Lei do SINASE, o Defensor Público ou o Ministério Público podem impugnar ao PIA, mas a medida não ficará suspensa durante a reanálise. **E**: incorreta. As medidas socioeducativas somente podem ser aplicadas aos adolescentes. Além disso, são as entidades de atendimento que devem aplicar as medidas socioeducativas aos adolescentes.

Gabarito "D"

(Analista Judiciário – TRT/8ª – 2016 – CESPE) Assinale a opção correta acerca da interpretação da Lei n.º 8.069/1990 (Estatuto da Criança e do Adolescente), com fundamento na jurisprudência dos tribunais superiores.

(A) A confissão do menor admitindo a prática do ato infracional deve, necessariamente, reduzir o rigor da medida socioeducativa a ser imposta, pois a confissão sempre atenua a pena.

(B) A produção de outras provas pode ser dispensada caso o menor admita a prática do ato infracional que lhe foi imputado.

(C) O ato infracional análogo ao porte de entorpecente para fins de tráfico, não obstante sua ofensividade social, não implica, necessariamente, a medida socioeducativa de internação do menor.

(D) A corrupção de menor é crime material, que exige obrigatoriamente a produção do resultado danoso, razão pela qual esse delito não se configura quando o menor já tenha sido anteriormente corrompido.

(E) O parecer psicossocial elaborado por especialistas tem caráter vinculativo e é determinante para que o juiz imponha ao menor a medida socioeducativa mais adequada a ser aplicada no caso concreto.

A: incorreta. Não há que se falar em "dosimetria" para aplicação de medida socioeducatiava já que essa pretende ressocializar e educar o adolescente (não se trata de uma pena). Sobre o tema já decidiu o STJ "Em sede de aplicação de medida socioeducativa, inexiste dosimetria, tampouco previsão legal para atenuar a imposição da medida, unicamente, em face da confissão do adolescente. Logo, não há falar em aplicação de medida mais branda, por tal motivo. Ainda mais quando o contexto fático demonstra a adequação da medida aplicada". (HC 332176/DF, Rel. Min. Ribeiro Dantas, DJe 13/11/2015). **B**: incorreta. A súmula 342 do STJ assim dispõe: No procedimento para aplicação de medida socioeducativa, é nula a desistência de outras provas em face da confissão do adolescente". **C**: correta. Conforme entendimento do STJ "O ato infracional análogo ao tráfico de drogas, por si só, não conduz obrigatoriamente à imposição de medida socioeducativa de internação do adolescente" (Súmula 492). **D**: incorreta. "A configuração do crime do art. 244-B do ECA independe da prova da efetiva corrupção do menor, por se tratar de delito formal" (Súmula 500 do STJ). **E**: incorreta. Em homenagem ao princípio do livre convencimento, o juiz deve não fica vinculado ao parecer da avaliação psicossocial, podendo justificar seu entendimento e decidir de forma diversa do parecer (Vide: STJ, HC 344.719/RJ).

Gabarito "C"

(Magistratura/CE – 2012 – CESPE) A respeito de ato infracional, direitos individuais, garantias processuais e medidas socioeducativas, assinale a opção correta.

(A) Nenhum adolescente será privado de sua liberdade sem o devido processo legal, sendo-lhe asseguradas igualdade na relação processual, autodefesa e, na falta de advogado particular ou de defensor público, defesa técnica provida pelo conselho tutelar.

(B) A liberdade assistida será adotada sempre que se afigurar a medida mais adequada para o fim de acompanhar, auxiliar e orientar o adolescente e será fixada pelo prazo máximo de seis meses, podendo, a qualquer tempo, ser revogada ou substituída por outra medida menos gravosa, ouvido o orientador, o MP e o defensor.

(C) A imposição de medidas como obrigação de reparar o dano, prestação de serviços à comunidade, liberdade assistida, inserção em regime de semiliberdade e internação em estabelecimento educacional pressupõe a existência de provas suficientes da autoria e da materialidade da infração, ressalvada a hipótese de remissão, podendo a advertência ser aplicada sempre que houver prova da materialidade e indícios suficientes da autoria.

(D) A medida socioeducativa pode ser aplicada tanto a criança quanto a adolescente que tiver praticado ato infracional.

(E) Caso o adolescente porte a carteira de estudante como único documento civil de identificação, aos órgãos policiais de proteção e judiciais será vedado promover a sua identificação compulsória.

A: incorreta, pois é assegurado aos adolescentes o devido processual legal, inclusive, a defesa técnica por advogado (art. 110 e 111, III, ambos do ECA). Oportuno registrar que dentre os direitos do adolescente submetido ao cumprimento de medida socioeducativa está o de ser acompanhado por seus pais ou responsável e por seu defensor, em qualquer fase do procedimento administrativo ou judicial (art. 49, I, da Lei 12.594/2012); **B**: incorreta, pois a liberdade assistida tem o prazo mínimo de seis meses (art. 118, *caput* e § 2°, do ECA); **C**: correta (art. 114, *caput* e parágrafo único, do ECA); **D**: incorreta, pois a medida socioeducativa somente será aplicada ao adolescente, ao passo que a medida protetiva será aplicada à criança e ao adolescente que tiver praticado ato infracional (art. 105, do ECA); **E**: incorreta (art. 109, do ECA).

Gabarito "C"

(Ministério Público/RR – 2012 – CESPE) No que tange aos direitos individuais, às garantias processuais e às medidas socioeducativas, assinale a opção correta com base no que prevê o ECA.

(A) O regime de semiliberdade, que não comporta prazo determinado, pode ser determinado desde o início, ou como forma de transição para o meio aberto, possibilitada a realização de atividades externas, independentemente de autorização judicial, sendo obrigatórias a escolarização e a profissionalização, e, sempre que possível, utilizados os recursos existentes na comunidade.

(B) Em razão dos princípios constitucionais da presunção de inocência, do devido processo legal, da ampla defesa e do contraditório, é vedado à autoridade judiciária aplicar qualquer medida socioeducativa sem provas contundentes da autoria e da materialidade do ato infracional praticado por criança ou adolescente.

(C) O MP poderá conceder a remissão, como forma de exclusão do processo, desde que o adolescente em conflito com a lei confesse a autoria infracional.

(D) Tratando-se de procedimento de apuração de ato infracional, a ausência de defensor na audiência de apresentação do adolescente acarreta nulidade do processo, desde que comprovado o prejuízo à defesa do menor.

(E) A medida de internação, decretada ou mantida pela autoridade judiciária, não pode ser cumprida em estabelecimento prisional, salvo se não houver, na comarca ou em todo o território do estado, entidade que preencha os requisitos previstos no ECA, não podendo a internação ultrapassar, nesse caso, o prazo máximo de quarenta e cinco dias, sob pena de responsabilidade.

A: correta (art. 120 do ECA); **B**: incorreta, pois para a aplicação da advertência basta a prova da materialidade e indícios suficientes da autoria (art. 114 do ECA); **C**: incorreta, pois para a concessão da remissão não se exige que o adolescente tenha confessado a prática do ato infracional, já que a remissão não implica necessariamente o reconhecimento ou comprovação da responsabilidade (art. 127 do ECA); **D**: incorreta, pois a ausência de defensor na audiência de apresentação do adolescente acarreta nulidade absoluta, independentemente da comprovação de prejuízo à defesa do menor (art. 184, § 1°, do ECA). Neste sentido: "*a presença de advogado é indispensável já na audiência* *de apresentação, como forma de assegurar a ampla defesa (defesa técnica e autodefesa)*" (Rossato; Lépore; Sanches. **Estatuto da Criança e do Adolescente Comentado**, ed. RT); **E:** incorreta, pois a internação, decretada ou mantida pela autoridade judiciária, não poderá ser cumprida em estabelecimento prisional. Todavia, inexistindo na comarca entidade com as características adequadas, o adolescente deverá ser imediatamente transferido para a localidade mais próxima, sendo que, na impossibilidade da pronta transferência, o adolescente aguardará sua remoção em repartição policial, desde que em seção isolada dos adultos e com instalações apropriadas, não podendo ultrapassar o prazo máximo de cinco dias, sob pena de responsabilidade. (art. 185, *caput* e §§ 1° e 2°, do ECA).

Gabarito "A".

(Defensor Público/ES – 2012 – CESPE) Com referência aos direitos da criança e do adolescente, ao processo de apuração da prática de ato infracional e a atuação do defensor e do MP nesse processo, julgue os itens a seguir.

(1) A liberdade assistida será fixada pelo prazo mínimo de seis meses, podendo, a qualquer tempo, ser prorrogada, revogada ou substituída por outra medida, com a oitiva do MP.

(2) Crianças e adolescentes podem ser considerados sujeito ativo de ato infracional, caso em que ambos poderão ser sujeito passivo de medida socioeducativa.

1: correta, pois o item está de acordo com o disposto no art. 118, § 2º, do ECA; **2:** incorreta, já que, no caso de a criança ser sujeito ativo de ato infracional, ser-lhe-á aplicada tão somente medida protetiva e não socioeducativa (art. 105, do ECA).

Gabarito 1C, 2E

(Defensor Público/SE – 2012 – CESPE) Com relação a medidas socioeducativas, audiência, remissão e recurso, assinale a opção correta.

(A) A remissão judicial, que pode ser concedida antes de iniciado o procedimento de apuração do ato infracional, acarreta a suspensão ou extinção do processo.

(B) Em decorrência da aplicação subsidiária do CPC ao ECA, o prazo para apelação e apresentação de contrarrazões é de quinze dias.

(C) O juiz pode nomear promotor *ad hoc* ou defensor *ad hoc* para evitar o adiamento de audiência.

(D) Em decorrência da aplicação do princípio da excepcionalidade, a medida de internação deve ser aplicada, no máximo, por três anos.

(E) A audiência admonitória ocorre quando necessária a aplicação da medida de advertência.

A: incorreta. Antes de iniciado o procedimento judicial para apuração de ato infracional, o representante do Ministério Público poderá conceder a remissão, como forma de *exclusão do processo*, atendendo às circunstâncias e consequências do fato, ao contexto social, bem como à personalidade do adolescente e sua maior ou menor participação no ato infracional (art. 126, *caput*, do ECA). Por sua vez, *iniciado o procedimento*, a concessão da remissão pela autoridade judiciária importará na suspensão ou extinção do processo (art. 126, parágrafo único, do ECA); **B:** incorreta, pois o prazo é de 10 dias (art. 198, II, do ECA); **C:** incorreta, pois não se admite a nomeação de promotor *ad hoc*; **D:** incorreta. É certo que, em nenhuma hipótese, o período máximo de internação excederá a três anos. Todavia, a medida socioeducativa de internação não comporta prazo determinado, devendo sua manutenção ser reavaliada, mediante decisão fundamentada, no máximo a cada seis meses (art. 121, §§ 2º e 3º, do ECA); **E:** correta (art. 115, do ECA).

Gabarito "E".

(Defensor Público/TO – 2013 – CESPE) Com relação ao que dispõe a CF e ao entendimento do STJ, assinale a opção correta.

(A) De acordo com o STJ, é ilegal a aplicação da medida de internação a adolescente pela prática de ato infracional análogo ao crime de tráfico de drogas, quando da primeira passagem do menor pela Vara da Infância e Juventude, por constituir ato infracional cometido sem grave ameaça ou violência à pessoa.

(B) Considera-se criança, para os efeitos do ECA, a pessoa com até doze anos de idade completos, e adolescente, aquela com mais de doze anos de idade e menos de dezoito anos de idade.

(C) Em nenhuma hipótese, aplica-se o disposto no ECA às pessoas maiores de dezoito anos de idade.

(D) As medidas socioeducativas são aplicáveis sempre que os direitos reconhecidos no ECA forem ameaçados ou violados.

(E) Ainda que penalmente inimputáveis, os menores de dezoito anos podem ser responsabilizados, por meio de medida de proteção, pela prática de conduta descrita como crime ou contravenção penal.

A: correta. Nos termos do art. 122 do ECA, a medida de internação só poderá ser aplicada quando: I – tratar-se de ato infracional cometido mediante grave ameaça ou violência a pessoa; II – por reiteração no cometimento de outras infrações graves; III – por descumprimento reiterado e injustificável da medida anteriormente imposta. Assim, inicialmente, conclui-se pela inaplicabilidade da medida socioeducativa de internação ao adolescente que praticar o ato infracional equiparado ao crime de tráfico de drogas. Neste sentido é o entendimento jurisprudencial noticiado no Informativo nº 445 do STJ: "ECA – Tráfico – Internação. O ato infracional análogo ao tráfico de drogas, apesar de sua natureza eminentemente hedionda, não enseja, por si só, a aplicação da medida socioeducativa de internação, já que essa conduta não revela violência ou grave ameaça à pessoa (art. 122 do ECA) (...)". Todavia, pode o magistrado determinar a internação, em razão da prática do ato infracional equiparado ao crime de tráfico, diante de sua reiteração. Para o STJ, reiteração é, no mínimo, três infrações graves (HC 39.458/SP, 5ª T., j. 12.04.2005, rel. Min. Laurita Vaz, *DJ* 09.05.2005). Diferente, portanto, de reincidência. *Aliás, esta é uma das teses nacionais aprovadas no I Congresso Nacional de Defensores Públicos da Infância e Juventude*; **B:** incorreta, pois se considera criança a pessoa *até doze anos* de idade incompletos, e adolescente aquela entre doze e dezoito anos de idade (art. 2º, do ECA); **C:** incorreta, pois, excepcionalmente, nos casos expressos em lei, aplica-se o ECA às pessoas entre dezoito e vinte e um anos de idade. Pode-se citar como exemplo a aplicação de medida socioeducativa de internação (art. 121, § 5º, do ECA); **D:** incorreta, pois as medidas socioeducativas são aplicadas aos adolescentes que praticarem ato infracional (art. 112, do ECA). Por sua vez, quando houver lesão ou ameaça de lesão a direitos da criança e do adolescente, serão aplicáveis as medidas protetivas (art. 98, do ECA); **E:** incorreta, pois, se o adolescente praticar ato infracional, ser-lhe-á aplicada medida protetiva e/ou socioeducativa; se a criança praticar ato infracional, ser-lhe-á aplicada tão somente medida protetiva (arts. 105 e 112, ambos do ECA).

Gabarito "A".

(Defensor Público/TO – 2013 – CESPE) A respeito das normas previstas no ECA acerca da prática de ato infracional, assinale a opção correta.

(A) A internação constitui medida privativa da liberdade, sujeita aos princípios de brevidade, excepcionalidade e respeito à condição peculiar de pessoa em desenvolvimento, sendo expressamente vedada pelo ECA qualquer atividade laboral ou educacional fora da entidade.

(B) À criança – pessoa até doze anos de idade incompletos – que cometa ato infracional somente podem ser aplicadas as medidas socioeducativas de advertência e obrigação de reparar o dano.

(C) É vedada expressamente no ECA a apreensão do adolescente em razão de flagrante de ato infracional, sendo permitida a restrição da liberdade do adolescente por ordem escrita e fundamentada da autoridade judiciária competente.

(D) Ao adolescente que responde por ato infracional é assegurada a garantia processual de, a qualquer momento, quando solicitar, ser ouvido pelo juiz, pelo promotor de justiça e pelo seu defensor, em audiência designada no prazo máximo de vinte e quatro horas.

(E) Para a imposição judicial, ao adolescente, da medida socioeducativa de advertência e da medida de proteção de matrícula e frequência obrigatórias em estabelecimento oficial de ensino, não se exige a existência de prova suficiente da autoria do ato infracional.

A: incorreta, pois não é vedada pelo ECA qualquer atividade laboral ou educacional fora da entidade em caso de internação. Muito pelo contrário. Será permitida a realização de atividades externas, a critério da equipe técnica da entidade, salvo expressa determinação judicial em contrário (art. 121, § 1º, do ECA); **B:** incorreta, pois, quando o ato infracional for praticado por criança, somente será aplicável a ela medida protetiva (art. 105, do ECA); **C:** incorreta, pois nenhum adolescente será privado de sua liberdade senão em flagrante de ato infracional ou por ordem escrita e fundamentada da autoridade judiciária competente (art. 106, do ECA); **D:** incorreta, pois são direitos do adolescente privado de liberdade, entre outros, entrevistar-se pessoalmente com o representante do Ministério Público e avistar-se reservadamente com seu defensor (arts. 111 e 124, I e III, ambos do ECA). Todavia, não há prazo legal fixado para a designação da audiência de apresentação e da audiência em continuação (arts. 184 e 186, § 2º, do ECA); **E:** correta, pois, para aplicar a medida socioeducativa de advertência, basta haver *indícios* suficientes de autoria e prova da materialidade do ato infracional (art. 114, parágrafo único, do ECA). Por sua vez, para a aplicação de medidas protetivas também não se exige prova suficiente da autoria do ato infracional, mas que a criança ou o adolescente esteja em situação de risco (art. 101, *caput*, do ECA).

Gabarito "E".

7. ATO INFRACIONAL – DIREITO PROCESSUAL

André, com dezessete anos de idade, foi apreendido pela prática de ato infracional análogo ao crime de tráfico de drogas. Depois de ter sido conduzido à delegacia de polícia especializada, o adolescente foi apresentado ao Ministério Público. O promotor de justiça que o entrevistou ofereceu-lhe remissão cumulada com medida socioeducativa de semiliberdade. O magistrado indeferiu a remissão ministerial, sob o fundamento de que a aplicação de medida socioeducativa ao adolescente por ato infracional é de competência exclusiva do juiz, e abriu vista ao Ministério Público para que apresentasse representação contra André no prazo de 24 horas. Diante da negativa de homologação judicial e do retorno dos autos, o promotor ofereceu representação contra André e o magistrado manteve a internação provisória, designou audiência de apresentação e determinou a citação do adolescente. Na sentença, o magistrado determinou a internação, fundamentando que a conduta do adolescente era grave, embora não houvesse qualquer outra anotação em sua folha de passagem.

(Defensor Público - DPE/DF - 2019 - CESPE/CEBRASPE) Com relação a essa situação hipotética, julgue os seguintes itens, de acordo com a legislação pertinente e a jurisprudência dos tribunais superiores.

(1) O magistrado agiu equivocadamente ao ter indeferido a remissão oferecida pelo Ministério Público: ele deveria ter remetido os autos ao procurador-geral de justiça, mediante despacho fundamentado.

(2) Embora não houvesse qualquer outra anotação na folha de passagem de André, a atitude do magistrado de determinar a internação do adolescente foi correta, pois a gravidade do fato praticado por ele basta para justificar a aplicação da medida socioeducativa de internação, conforme jurisprudência do STJ.

(3) Eventual recurso contra a sentença proferida pelo magistrado deverá adotar o sistema recursal do Código de Processo Civil, com as adaptações previstas no Estatuto da Criança e do Adolescente.

1. Correta. Nos exatos temos do art. 181, § 2º, do ECA. Cumpre notar que a remissão jamais poderia ter sido sugerida em conjunto com a medida de semiliberdade: "a remissão não implica necessariamente o reconhecimento ou comprovação da responsabilidade, nem prevalece para efeito de antecedentes, podendo incluir eventualmente a aplicação de qualquer das medidas previstas em lei, exceto a colocação em regime de semiliberdade e a internação (art. 127 do ECA); **2.** Errada. A medida socioeducativa de internação somente pode ser aplicada nos casos taxativos do art. 122: "A medida de internação só poderá ser aplicada quando: I – tratar-se de ato infracional cometido mediante grave ameaça ou violência a pessoa; II – por reiteração no cometimento de outras infrações graves; III – por descumprimento reiterado e injustificável da medida anteriormente imposta." O tráfico de drogas só poderia justificar a internação caso fosse, pelo menos, o segundo ato infracional praticado pelo adolescente. Nesse sentido é a súmula 492 do STJ: "O ato infracional análogo ao tráfico de drogas, por si só, não conduz obrigatoriamente à imposição de medida socioeducativa de internação do adolescente"; **3.** Correta. Nos termos do art. 198 do ECA.

Gabarito 1C, 2E, 3C

(Defensor Público/PE – 2018 – CESPE) Com base no que prevê o ECA a respeito da atuação do advogado, julgue os itens a seguir.

I. Adolescente a quem se atribua a prática de ato infracional poderá ser processado, desde que tenha advogado ou defensor nomeado pelo juiz, salvo nas hipóteses em que esteja ausente ou foragido.

II. O promotor de justiça não pode impedir a presença de advogado no momento da oitiva informal do adolescente a quem seja atribuída a autoria de ato infracional, embora tal ato seja privativo do Ministério Público e realizado antes do início da relação processual — portanto, antes de instaurado o contraditório.

III. A criança ou o adolescente, seus pais ou responsáveis, e qualquer pessoa que tenha legítimo interesse na solução da lide poderão intervir nos procedimentos de que trata o ECA por intermédio de advogado, o qual será intimado para todos os atos, pessoalmente ou por publicação oficial, respeitado o segredo de justiça.

IV. A outorga de mandato, quando se tratar de advogado constituído ou mesmo defensor nomeado, é indispensável, uma vez que o advogado não será admitido a postular em juízo sem procuração, salvo para evitar preclusão, decadência ou prescrição ou para praticar ato considerado urgente.

Estão certos apenas os itens

(A) I e IV.
(B) II e III.
(C) II e IV.
(D) I, II e III.
(E) I, III e IV.

I: incorreta. Nenhum adolescente a quem se atribua a prática de ato infracional, ainda que ausente ou foragido, será processado sem defensor (art. 207 do ECA); **II:** correta, nos termos do art. 179 do ECA; **III:** correta. A criança ou o adolescente, seus pais ou responsável, e qualquer pessoa que tenha legítimo interesse na solução da lide poderão intervir nos procedimentos de que trata esta Lei, por intermédio de advogado, o qual será intimado para todos os atos, pessoalmente ou por publicação oficial, respeitado o segredo de justiça (art. 206 do ECA); **IV:** incorreta. Será dispensada a outorga de mandato, quando se tratar de defensor nomeado ou, tendo sido constituído, tiver sido indicado por ocasião de ato formal com a presença da autoridade judiciária (art. 207, § 3º). RD

Gabarito "B".

(Juiz – TJ/CE – 2018 – CESPE) A um jovem de dezesseis anos de idade, em situação de rua havia dois anos, com diversas passagens por abrigos em razão de mau comportamento, foi aplicada medida socioeducativa de semiliberdade pela prática de atos infracionais sem grave ameaça ou violência na cidade A, em determinado estado da Federação, onde começara a cumprir a sentença. Após o primeiro pernoite, o reeducando não retornou à unidade de custódia, por ter regressado à residência de sua genitora, localizada na cidade B, em outro estado da Federação, onde não há unidade de custódia de semiliberdade. Notificada do ocorrido, a genitora do menor comprometeu-se com a unidade de custódia da cidade A a apresentar o filho ao tribunal do estado da cidade B, onde ele se encontrava, para ser dado seguimento ao cumprimento da medida socioeducativa.

Com relação a essa situação hipotética, assinale a opção correta, à luz da legislação pertinente e da jurisprudência do STJ.

(A) A inexistência de unidade de custódia de semiliberdade na cidade B inviabiliza a execução da medida socioeducativa nessa localidade, devendo o menor ser conduzido à cidade A para cumpri-la.

(B) O fato de o menor não ter retornado, injustificadamente, à unidade de custódia logo após o primeiro pernoite impede a continuidade do cumprimento da medida na cidade B.

(C) É vedada a inclusão do menor em programa de meio aberto, devido ao seu histórico de situação de rua por dois anos.
(D) A persistência nas ilicitudes e o mau comportamento do menor nos diversos abrigos pelos quais passou impedem a inclusão dele em programa de meio aberto.
(E) O cumprimento da medida poderá ser continuado na cidade B, pela inclusão do menor em programa de meio aberto.

A: incorreta. Vide justificativa da alternativa "E"; **B:** incorreta. A ausência de retorno não justifica a ausência de continuidade da medida, em qualquer ocasião; **C:** incorreta. A inclusão em programa fechado é exceção ao sistema de medidas socioeducativas, sendo justificável somente nas hipóteses expressamente previstas no art. 122 do ECA; **D:** incorreta. Vide justificativa da alternativa "C"; **E:** correta. O entendimento do Superior Tribunal de Justiça é, em conformidade com o Estatuto da Criança e do Adolescente, de que o cumprimento da medida socioeducativa deve ocorrer no domicílio dos pais. Não havendo local para cumprimento da medida na cidade de residência dos pais, o adolescente pode ser incluído em programa de meio aberto. Vejamos: "Não há ilegalidade a ser reparada pelo fato de o paciente cumprir a medida socioeducativa em comarca diversa à residência de seus pais, haja vista que o entendimento desta Turma é que, apesar de a Lei n. 12.594/2012 dispor em seu art. 49, inciso II, que é direito do adolescente submetido ao cumprimento de medida socioeducativa ser incluído em programa de meio aberto, quando inexistir vaga para o cumprimento de medida de privação da liberdade no domicílio de sua residência familiar, referido direito não é absoluto, devendo ser analisado o caso concreto." (STJ, HC 469.356/SP, Rel. Min. Nefi Cordeiro, 6ª Turma, DJe 06/12/2018). RD

Gabarito "E".

(Promotor de Justiça/RR – 2017 – CESPE) De acordo com o ECA, antes de iniciado o procedimento judicial para apuração de ato infracional, a concessão da remissão como forma de exclusão do processo compete

(A) à autoridade policial.
(B) à autoridade judiciária.
(C) ao MP.
(D) ao conselho tutelar.

A: incorreta. A autoridade policial não tem poder para conceder remissão; **B:** incorreta. A remissão pode ser concedida pelo juiz após representação do Ministério Público; **C:** correta. A remissão sugerida pelo Ministério Público se dá antes de oferecida a representação, nos termos do art. 126 do ECA: "Antes de iniciado o procedimento judicial para apuração de ato infracional, o representante do Ministério Público poderá conceder a remissão, como forma de exclusão do processo, atendendo às circunstâncias e consequências do fato, ao contexto social, bem como à personalidade do adolescente e sua maior ou menor participação no ato infracional". Vale ressaltar que quem concede a remissão é sempre a autoridade judicial. Nesse caso, a remissão se dá por sugestão do Ministério Público; **D:** incorreta. O conselho tutelar não pode conceder remissão. RD

Gabarito "C".

(Magistratura/PA – 2012 – CESPE) Contra sentença que julgou procedente o pedido do MP de aplicar a determinado adolescente medida socioeducativa de internação, a Defensoria Pública, em defesa dos interesses do adolescente condenado, interpôs apelação, requerendo, preliminarmente, a intimação do adolescente, a isenção do recolhimento de preparo e a reconsideração da decisão. Quanto ao mérito, aduziu que, malgrado tivessem sido provadas a autoria e a materialidade da infração, a medida imposta seria inexequível, dada a inexistência, no estado, de estabelecimento adequado, conforme as exigências do ECA, para o cumprimento da medida, tendo requerido, então, que a internação fosse substituída por liberdade assistida.

Nessa situação, de acordo com o disposto no ECA, o magistrado deverá

(A) abrir prazo para contrarrazões e, após receber de volta os autos, remetê-los para a segunda instância.
(B) reformar a sentença, de plano e sem necessidade de ouvir o MP, determinando a substituição da internação por liberdade assistida, diante da constatação da inexistência de estabelecimento adequado no estado.
(C) rejeitar todas as preliminares, receber a apelação no efeito devolutivo e abrir prazo para contrarrazões.
(D) determinar a intimação pessoal do adolescente, abrir prazo para contrarrazões e, antes de determinar a remessa dos autos à instância superior, proferir despacho fundamentado, mantendo ou reformando a sentença, no prazo de cinco dias.
(E) julgar deserta a apelação, em razão da ausência de preparo.

Art. 190, I, e art. 198, VII, ambos do ECA.

Gabarito "D".

(Magistratura/PA – 2012 – CESPE) Apesar de o ECA conter, expressamente, as regras de apuração, processamento e julgamento de ato infracional atribuído a adolescente, o magistrado não pode trabalhar somente com a análise literal dos artigos do ECA, devendo estar atento, também, ao entendimento dominante dos tribunais superiores a respeito dessas regras. Com base na jurisprudência do STJ relativa a esse assunto, assinale a opção correta.

(A) É dispensável a oitiva do menor infrator antes de decretar-se a regressão da medida socioeducativa.
(B) A prescrição civil é aplicável às medidas socioeducativas.
(C) Compete ao juiz, ao promotor de justiça e ao defensor público a aplicação de medidas socioeducativas ao adolescente pela prática de ato infracional.
(D) No procedimento para aplicação de medida socioeducativa, é nula, em face da confissão do adolescente, a desistência de outras provas.
(E) A internação provisória de adolescente pode, excepcionalmente, extrapolar o prazo legal de quarenta e cinco dias.

A: incorreta, pois é necessária a oitiva do menor (Súmula 265, STJ); **B:** incorreta, pois se aplicam as regras da prescrição penal (Súmula 338, STJ); **C:** incorreta, pois somente o juiz poderá aplicar as medidas socioeducativas (arts. 112 e 146, ambos do ECA e Súmula 108, do STJ). Importante esclarecer que o Ministério Público poderá oferecer remissão cumulada com medida socioeducativa não restritiva de liberdade, a qual deve ser homologada pelo juiz (Súmula 108, do STJ), sendo dispensável a representação (arts. 126 e 127, ambos do ECA); **D:** correta (Súmula 342, STJ); **E:** incorreta (art. 108, *caput*, do ECA).

Gabarito "D".

(Magistratura/BA – 2012 – CESPE) Policiais militares flagraram José, adolescente com quinze anos de idade, cometendo infração equiparada a crime de roubo, em coautoria com três imputáveis, mediante o uso de arma de fogo carregada.

Considerando a situação hipotética apresentada e as normas previstas no ECA para o procedimento de apuração de ato infracional atribuído a adolescente, assinale a opção correta.

(A) Oferecida a representação, a autoridade judiciária deve designar audiência de apresentação do adolescente, oportunidade na qual, decidirá, após ouvi-lo, sobre a manutenção da internação provisória, que pode ser determinada pelo prazo máximo de cinco dias.
(B) Na audiência, ouvidas as testemunhas arroladas na representação e na defesa prévia, cumpridas as diligências e juntado o relatório da equipe interprofissional, deve ser dada a palavra ao representante do MP e ao defensor público, sucessivamente, pelo tempo de vinte minutos para cada um, prorrogável por mais dez, a critério da autoridade judiciária, que, em seguida, proferirá decisão.
(C) Os policiais militares devem encaminhar todos os agentes à delegacia especializada em defesa do patrimônio, ainda que no município exista repartição policial incumbida para o atendimento de adolescente em situação delituosa.
(D) Após o comparecimento dos pais de José à delegacia, a autoridade policial deve liberá-lo imediatamente, sob termo de compromisso e responsabilidade de sua apresentação ao representante do MP, no mesmo dia ou, sendo impossível, no primeiro dia útil seguinte, sendo vedada, em qualquer circunstância, a sua internação provisória sem ordem judicial.

(E) Após receber vistas do procedimento policial, com informação sobre os antecedentes de José, e ouvi-lo informalmente juntamente com seus pais, o promotor de justiça competente deve conceder remissão e arquivar os autos.

A: incorreta, pois, oferecida a representação, a autoridade judiciária designará audiência de apresentação do adolescente, decidindo, desde logo, sobre a decretação ou manutenção da internação, pelo prazo máximo de quarenta e cinco dias (art. 184, *caput*, e art. 108, *caput*, ambos do ECA); **B:** correta (art. 186, § 4º, do ECA); **C:** incorreta (art. 172, parágrafo único, do ECA); **D:** incorreta, pois não é vedada a internação provisória do adolescente (artigos 108; 121 e seguintes; 174; 184, *caput*, todos do ECA); **E:** incorreta, pois o representante do Ministério Público poderá: a) promover o arquivamento dos autos; b) conceder a remissão; c) representar à autoridade judiciária para aplicação de medida socioeducativa (art. 180 do ECA).

Gabarito "B".

(Magistratura/BA – 2012 – CESPE) O ECA define o ato infracional, delimita o seu alcance, prevê, para crianças e adolescentes infratores, direitos individuais, garantias processuais e medidas socioeducativas em rol taxativo. A respeito desse assunto, assinale a opção correta.

(A) A autoridade judiciária competente pode decretar a regressão da medida socioeducativa sem ouvir o adolescente, desde que os motivos sejam graves.
(B) Excepcionalmente, em razão de grave abalo da ordem pública, é permitida a internação provisória do menor infrator por prazo superior a quarenta e cinco dias, desde que a instrução do processo de apuração da infração esteja encerrada.
(C) Aplicam-se às medidas socioeducativas as normas gerais de prescrição constantes no Código Civil brasileiro, dada a ausência de previsão expressa no ECA a tal respeito.
(D) No procedimento para a aplicação de medida socioeducativa, é nula a desistência de outras provas em face da confissão do adolescente.
(E) Em procedimento de apuração de ato infracional praticado por adolescente, é dispensável a presença do defensor na audiência de apresentação.

A: incorreta (Súmula 265, do STJ); **B:** incorreta (art. 108, *caput*, do ECA); **C:** incorreta, pois aplicam-se às medidas socioeducativas as normas gerais de prescrição constantes no Código Penal (Súmula 338, do STJ); **D:** correta (Súmula 342, do STJ); **E:** incorreta, pois nenhum adolescente a quem se atribua a prática de ato infracional, ainda que ausente ou foragido, será processado sem defensor, devendo estar acompanhado de advogado, inclusive, na audiência de apresentação (art. 184, § 1°, e art. 207, do ECA).

Gabarito "D".

(Ministério Público/PI – 2012 – CESPE) Com relação às regras de apuração, processamento e julgamento de ato infracional atribuído a adolescente previstas no ECA, assinale a opção correta.

(A) Em casos excepcionais, em razão de grave abalo da ordem pública ou de reiteração infracional, é permitido ao juiz manter o adolescente internado provisoriamente pelo prazo máximo de noventa dias.
(B) Compete concorrentemente ao juiz e ao promotor de justiça a aplicação de medidas socioeducativas ao adolescente representado que tenha praticado ato infracional.
(C) Ainda que o adolescente representado confesse a autoria da infração, o advogado de defesa não pode desistir da produção de outras provas, sob pena de nulidade desse ato.
(D) O juiz pode decretar a regressão da medida socioeducativa sem a oitiva prévia do adolescente e de seu defensor.
(E) O prazo prescricional para aplicação de medidas socioeducativas não corre para os que são absolutamente incapazes, em conformidade com as regras de prescrição previstas no Código Civil.

A: incorreta, pois o prazo máximo da internação provisória é de quarenta e cinco dias (art. 108 e 183 do ECA); **B:** incorreta, pois compete exclusivamente ao juiz a aplicação de medidas socioeducativas ao adolescente representado (art. 182 do ECA); **C:** correta (Súmula 342 do STJ); **D:** incorreta, pois é necessária a oitiva do menor infrator antes de decretar-se a regressão da medida socioeducativa (Súmula 265 do STJ); **E:** incorreta, pois segundo o STJ, as medidas socioeducativas prescrevem de acordo com as regras previstas na Parte Geral do Código Penal (Súmula 338 do STJ).

Gabarito "C".

(Defensor Público/AC – 2012 – CESPE) De acordo com as regras de apuração, processamento e julgamento de ato infracional atribuído a adolescente, assinale a opção correta à luz do ECA e da jurisprudência do STJ.

(A) A fim de proteger a sociedade e assegurar a integridade física de adolescente infrator, o juiz pode determinar a internação provisória desse adolescente por período superior a quarenta e cinco dias.
(B) Compete exclusivamente ao juiz aplicar medidas socioeducativas a adolescente que tenha praticado ato infracional.
(C) Aplica-se às medidas socioeducativas a prescrição administrativa quinquenal.
(D) A regressão de medida socioeducativa pode ser decretada pelo juiz sem a oitiva prévia do adolescente e de seu defensor.
(E) Tratando-se de procedimento para aplicação de medida socioeducativa, caso o adolescente representado confesse a autoria do ato infracional, o DP poderá desistir da produção de outras provas.

A: incorreta, pois o prazo máximo da internação provisória é de quarenta e cinco dias (arts. 108 e 183, ambos do ECA); **B:** correta (arts. 180, III, e 182, ambos do ECA). Oportuno registrar que, mesmo no caso de concessão de remissão pré-processual (ou ministerial), que é aquela ofertada pelo Ministério Público como forma de exclusão do processo, quando cumulada com medida socioeducativa, deve haver a concordância do adolescente, do representante legal e do defensor, seguida de homologação judicial (Súmula 180 do STJ); **C:** incorreta, pois, segundo o STJ, as medidas socioeducativas prescrevem, de acordo com as regras previstas na Parte Geral do Código Penal (Súmula 338 do STJ). Inclusive, o próprio STJ, em vários precedentes, oferece parâmetros para esse cálculo (HC 120.875/SP, 5ª T., j. 16.06.2009, rel. Min. Arnaldo Esteves Lima, *DJe* 03.08.2009); **D:** incorreta, pois é necessária a oitiva do menor infrator antes de decretar-se a regressão da medida socioeducativa (Súmula 265 do STJ); **E:** incorreta, pois, ainda que o adolescente representado confesse a autoria da infração, o advogado de defesa não pode desistir da produção de outras provas, sob pena de nulidade desse ato (Súmula 342 do STJ).

Gabarito "B".

(Defensor Público/SE – 2012 – CESPE) Com referência ao ato infracional e aos procedimentos a ele pertinentes, assinale a opção correta.

(A) A privação da liberdade de criança ou adolescente só é admitida em flagrante delito ou por ordem escrita e fundamentada da autoridade penal competente.
(B) A competência para a apuração de ato infracional é da autoridade do local do domicílio dos pais ou responsável ou do lugar onde o adolescente resida ou seja encontrado.
(C) A internação provisória da criança ou do adolescente que tenha praticado ato infracional pode ser decretada pelo prazo máximo de seis meses.
(D) Caso um menino de dez anos de idade abra, sorrateiramente, dentro da escola, a carteira de um colega e de lá subtraia a quantia de R$ 50,00, tal conduta caracterizará a prática de ato infracional, que deve ser investigado pela polícia judiciária.
(E) A audiência de apresentação de adolescente apreendido pela prática de ato infracional deve ser designada imediatamente após a denúncia oferecida pelo MP.

A: incorreta, pois nenhum adolescente será privado de sua liberdade senão em flagrante de ato infracional ou por ordem escrita e fundamentada da *autoridade judiciária competente* (art. 106, do ECA); **B:** incorreta, pois, nos casos de ato infracional, será competente a autoridade do *lugar da ação ou omissão* (art. 147, § 1º, do ECA); **C:** incorreta, pois o prazo máximo é de quarenta e cinco dias (arts. 108 e 183, ambos do ECA); **D:**

correta, pois a hipótese descrita na alternativa configura ato infracional, praticado por criança, equiparado ao crime de furto. Oportuno frisar que, neste caso, será cabível a aplicação de medida protetiva e não socioeducativa (art. 105, do ECA); **E**: incorreta, pois a designação da audiência de apresentação pelo juiz deverá ser realizada logo após o oferecimento da representação, oportunidade na qual decidirá sobre a decretação ou manutenção da internação (art. 184, do ECA).

Gabarito "D".

8. CONSELHO TUTELAR

(Juiz – TJ/CE – 2018 – CESPE) De acordo com o ECA, é atribuição dos conselhos tutelares

(A) elaborar proposta orçamentária a fim de assegurar programas de atendimento aos direitos da criança e do adolescente.

(B) requisitar, diretamente, serviço público na área previdenciária, com o intuito de promover a execução de suas decisões.

(C) registrar ocorrência policial em defesa do interesse de menor em situação de risco por fato que constitua infração penal contra os direitos da criança e do adolescente.

(D) representar, judicialmente, o interesse de menores nas ações de perda do poder familiar depois de esgotadas as possibilidades de manutenção da criança junto à família natural.

(E) aplicar medida de destituição de tutela ao responsável legal dos tutelados que estejam em situação de abandono e de extremo risco.

A: incorreta. A função do Conselho Tutelar é assessorar o Poder Executivo local na elaboração da proposta orçamentária para planos e programas de atendimento dos direitos da criança e do adolescente (art. 136, IX, do ECA); **B**: correta. É atribuição do Conselho Tutelar promover a execução de suas decisões, podendo para tanto requisitar serviços públicos nas áreas de saúde, educação, serviço social, previdência, trabalho e segurança (art. 136, III, *a*); **C**: incorreta. Deve o Conselho Tutelar encaminhar ao Ministério Público notícia de fato que constitua infração administrativa ou penal contra os direitos da criança ou adolescente (art. 136, IV, do ECA); **D**: incorreta. Deve o Conselho Tutelar encaminhar à autoridade judiciária os casos de sua competência (art. 136, V, do ECA); **E**: incorreta. A destituição da tutela é medida que só pode ser determinada pela autoridade judiciária (art. 101 do ECA). RD

Gabarito "B".

(Promotor de Justiça/RR – 2017 – CESPE) Com relação ao conselho tutelar, julgue os itens a seguir.

I. O É órgão permanente e vinculado ao Poder Judiciário, encarregado pela sociedade de zelar pelo cumprimento dos direitos das crianças e dos adolescentes.

II. As suas atribuições incluem requisitar certidões de nascimento e de óbito de criança ou de adolescente quando necessário.

III. O processo de escolha dos membros que compõem o conselho ocorre a cada quatro anos; a posse dos novos conselheiros ocorrerá no dia primeiro de janeiro do ano subsequente ao do processo de escolha.

Assinale a opção correta.

(A) Apenas o item I está certo.

(B) Apenas o item II está certo.

(C) Apenas os itens I e II estão certos.

(D) Apenas os itens II e III estão certos.

I: incorreta. O Conselho Tutelar é órgão permanente, autônomo e não jurisdicional (art. 131 do ECA); **II**: correta, nos termos do art. 136, VIII, do ECA; **III**: incorreta. Nos termos do art. 139, § 1º, "o processo de escolha dos membros do Conselho Tutelar ocorrerá em data unificada em todo o território nacional a cada 4 (quatro) anos, no primeiro domingo do mês de outubro do ano subsequente ao da eleição presidencial". RD

Gabarito "B".

(Defensor Público/PE – 2018 – CESPE) A respeito do conselho tutelar, assinale a opção correta.

(A) O exercício efetivo da função de conselheiro tutelar constitui serviço público relevante e presume idoneidade moral.

(B) Em cada comarca haverá, no mínimo, um conselho tutelar como órgão integrante do Poder Judiciário estadual.

(C) O candidato a membro do conselho tutelar deve ser pessoa idônea, com idade mínima de dezoito anos completos, e residir na sede da comarca.

(D) Lei estadual disporá sobre o local, o dia e o horário de funcionamento do conselho tutelar.

(E) Ao tribunal de justiça local caberá encaminhar ao Poder Executivo proposta orçamentária anual com previsão dos recursos necessários ao funcionamento do conselho tutelar.

A: correta. Nos exatos termos do art. 135 do ECA; **B**: incorreta. O Conselho Tutelar é órgão permanente, autônomo e não jurisdicional (art. 131 do ECA); **C**: incorreta. Para a candidatura a membro do Conselho Tutelar, é exigida a reconhecida idoneidade moral, idade superior a 21 (vinte e um) anos e residência no município (art. 133 do ECA); **D**: incorreta. Lei municipal ou distrital disporá sobre o local, dia e horário de funcionamento do Conselho Tutelar, inclusive quanto à remuneração dos respectivos membros (art. 134 do ECA); **E**: incorreta. Constará da lei orçamentária municipal e da do Distrito Federal previsão dos recursos necessários ao funcionamento do Conselho Tutelar e à remuneração e formação continuada dos conselheiros tutelares (art. 134, parágrafo único). RD

Gabarito "A".

(Defensor Público – DPE/RN – 2016 – CESPE) Em relação a conselho tutelar, assinale a opção correta.

(A) Se constatar que um professor de pré-escola teve ciência de maus-tratos contra criança e não comunicou o fato à autoridade competente, o conselho tutelar poderá iniciar procedimento destinado a impor penalidade administrativa.

(B) O conselho tutelar não tem competência para aplicar medida de advertência a pais que, a pretexto de corrigir ou educar uma criança, utilizarem castigo físico.

(C) Segundo o ECA, cabe ao conselho tutelar encaminhar ao MP informação a respeito do descumprimento injustificado de suas deliberações para que este faça uma representação à autoridade judiciária competente, para fins de execução das decisões do colegiado.

(D) Sob o ponto de vista administrativo, o conselho tutelar é subordinado hierarquicamente a uma das secretarias integrantes do Poder Executivo local.

(E) De acordo com o ECA, a escolha dos conselheiros tutelares deve ocorrer por eleição mediante voto indireto.

A: correta. Prevê o artigo 245 do ECA a seguinte infração administrativa com a respectiva sanção: "deixar o médico, professor ou responsável por estabelecimento de atenção à saúde e de ensino fundamental, pré-escola ou creche, de comunicar à autoridade competente os casos de que tenha conhecimento, envolvendo suspeita ou confirmação de maus-tratos contra criança ou adolescente: Pena – multa de três a vinte salários de referência, aplicando-se o dobro em caso de reincidência". O Conselho Tutelar, por sua vez, tem por função encaminhar ao Ministério Público a existência de crime ou infração administrativa, tudo na forma do art. 136, IV, do ECA. **B**: incorreta. A medida de advertência, perda da guarda, destituição da tutela, suspensão ou destituição de poder familiar, são medidas que só podem ser aplicadas pela autoridade judicial (vide art. 136, II). **C**: incorreta. Na forma do art. 136, III, o Conselho Tutelar deve "promover a execução de suas decisões, podendo para tanto: a) requisitar serviços públicos nas áreas de saúde, educação, serviço social, previdência, trabalho e segurança; e b) representar junto à autoridade judiciária nos casos de descumprimento injustificado de suas deliberações". **D**: incorreta. O Conselho Tutelar é órgão permanente e autônomo, não jurisdicional, não estando subordinado hierarquicamente às secretarias integrantes do Executivo. **E**: incorreta. A escolha dos conselheiros é feita mediante voto direto (vide art. 139 do ECA).

Gabarito "A".

(Juiz de Direito/AM – 2016 – CESPE) O conselho tutelar determinou à autoridade municipal competente a medida de proteção consistente em matrícula e frequência obrigatórias em estabelecimento oficial de ensino fundamental para criança com seis anos de idade.

Acerca dessa situação hipotética e de aspectos relativos à atuação e às competências do conselho tutelar, assinale a opção correta.

(A) Na situação em tela, uma vez documentada a violação de direitos da criança, a decisão do conselho tutelar prescindiria da oitiva da criança e dos pais.
(B) Caso, na hipótese dada, se tratasse de pais moradores de rua, a medida mais adequada para a criança seria a de internação em estabelecimento educacional.
(C) Na hipótese considerada, a autoridade municipal poderá deixar de cumprir a determinação, uma vez que não há previsão legal de garantia de oferta, pelo município, de educação formal para crianças com até seis anos de idade.
(D) Não há possibilidade legal de os pais da criança em questão se oporem à decisão do conselho tutelar sob o fundamento de liberdade de consciência.
(E) A decisão do conselho tutelar, na situação em apreço, somente poderá ser revista pela autoridade judiciária a pedido de quem tenha legítimo interesse.

A: incorreta. O Conselho Tutelar é órgão autônomo (art. 131), não sendo necessária a oitiva dos pais ou do menor para a tomada de suas decisões. No entanto, suas decisões podem ser revistas pela autoridade judiciária (art. 137). **B:** incorreta. Não há previsão de medida protetiva de internação em estabelecimento educacional. Se houver necessidade de colocar a criança em guarda ou tutela de terceiro, ou afastamento do lar, essa medida somente pode ser determinada pela autoridade judiciária, nunca pelo Conselho Tutelar (art. 101 e art. 136, parágrafo único, ambos do ECA). **C:** incorreta. Na forma do art. 208, § 2º, da CF, o não oferecimento de ensino obrigatório pelo Poder Público, ou sua oferta irregular, importa responsabilidade da autoridade competente. **D:** incorreta. Tendo em vista o exercício do poder familiar, os pais tem legitimidade para se oporem à decisão do conselho tutelar. Aliás, neste caso em específico, o homeschooling está sendo debatido no STF (RE 888.815), ainda sem julgamento até o fechamento dessa edição. **E:** correta. Conforme o art. 137 do ECA, as decisões do Conselho Tutelar somente poderão ser revistas pela autoridade judiciária competente a pedido de quem tenha legítimo interesse.

Gabarito "E".

(Magistratura/PA – 2012 – CESPE) Na madrugada de determinado sábado, um conselheiro tutelar plantonista recebeu denúncia anônima, por telefone, segundo a qual três crianças, respectivamente, com três, quatro e seis anos de idade, teriam sido trancadas, sozinhas, em casa pelos pais, que teriam viajado até uma cidade contígua à que habitam, para participar de uma festa noturna. O conselheiro foi, então, até o local indicado na denúncia e constatou a veracidade dos fatos narrados.

Nessa situação, de acordo com as atribuições do conselho tutelar previstas no ECA, o conselheiro tutelar deve

(A) comunicar a situação ao juiz plantonista na vara da infância e da juventude, para que ele adote as providências pertinentes ao caso.
(B) arrombar a porta da casa, retirar as crianças de lá, dirigir-se à delegacia mais próxima, registrar o ocorrido e aguardar, na própria delegacia, a chegada dos pais, sob pena de ter de responder por subtração de incapazes.
(C) requisitar força policial para arrombar a porta da casa, retirar as crianças de lá, encaminhá-las a instituição de acolhimento provisório e comunicar imediatamente o fato ao MP.
(D) acionar a polícia militar para tomar as providências que entender cabíveis.
(E) encaminhar ao MP notícia do fato para que este promova as ações que entender necessárias.

Art. 136, I, III, "a", e IV, do ECA.

Gabarito "C".

(Magistratura/CE – 2012 – CESPE) Márcio, conselheiro tutelar, recebeu denúncia anônima, por telefone, a respeito do funcionamento de uma boate, instalada em uma casa no centro da cidade, onde meninas adolescentes eram supostamente mantidas para a prática de prostituição.

Com base na situação hipotética apresentada, nas atribuições do conselho tutelar e nas medidas de proteção previstas no ECA, assinale a opção correta.

(A) Márcio, representando o conselho tutelar local, deverá ajuizar, imediatamente, ação cautelar, com pedido de liminar, com vistas à interdição temporária do estabelecimento.
(B) Confirmada a existência de adolescentes desacompanhadas de pais ou representantes legais na referida residência, Márcio deverá providenciar o encaminhamento das menores aos seus responsáveis legais ou, na falta destes, o acolhimento institucional, comunicando o MP, via relatório minucioso, dos fatos e providências.
(C) Márcio deverá, imediatamente, requisitar à polícia civil abertura de inquérito policial para investigação criminal do caso e, assim que forem tomadas as providências cabíveis, fiscalizar a atuação policial, a fim de evitar violação dos direitos fundamentais das adolescentes envolvidas.
(D) Confirmada a existência de adolescentes desacompanhadas de pais ou representantes legais na referida casa, o conselheiro tutelar deverá determinar a imediata internação provisória das menores em entidade exclusivamente destinada a adolescentes, distinta de abrigo, obedecida rigorosa separação por critérios de idade, compleição física e gravidade da infração, pelo prazo máximo de quarenta e cinco dias.
(E) O conselheiro deverá convocar, com urgência, reunião do conselho tutelar com o promotor de justiça, o defensor público, o juiz da infância e juventude e as polícias civil e militar, para definição de plano estratégico de combate à prostituição local de adolescentes.

A, **C**, **D** e **E:** incorretas, pois estão em desacordo com o ECA; **B:** correta, pois uma das atribuições do Conselho Tutelar é a aplicação das medidas protetivas em favor da criança e do adolescente, exceto inclusão em programa de acolhimento familiar e colocação em família substituta, bem como representar ao Ministério Público, comunicando fatos e providências (art. 93, *caput;* art. 101, I e VII; e art. 136, I, IV e X, todos do ECA).

Gabarito "B".

(Ministério Público/RR – 2012 – CESPE) No que diz respeito aos conselhos dos direitos da criança e do adolescente e ao conselho tutelar, assinale a opção correta.

(A) Se, no exercício de suas atribuições, o conselho tutelar entender necessário o afastamento da criança ou do adolescente do convívio familiar, o referido órgão deve requerer autorização ao MP para adotar as providências cabíveis ao caso.
(B) O Conselho Nacional dos Direitos da Criança e do Adolescente bem como os respectivos conselhos municipais e estaduais devem fixar critérios de utilização das doações subsidiadas e demais receitas, por meio de planos de aplicação, destinando, necessariamente, percentual para incentivo ao acolhimento, sob a forma de guarda, de criança ou adolescente órfãos ou abandonados.
(C) Os recursos financeiros necessários para a manutenção do conselho tutelar dependem das doações da comunidade local e do repasse de recursos financeiros do estado e da União.
(D) Em cada município deve haver, no mínimo, um conselho tutelar composto de cinco membros, nomeados pela câmara municipal para mandato de três anos, permitida uma recondução.
(E) A atuação do conselho tutelar restringe-se às crianças e aos adolescentes cujos pais ou responsável legal não possuam condições econômico-financeiras de garantir o mínimo existencial ao infante.

A: incorreta, pois o Conselho Tutelar não precisa pedir autorização ao Ministério Público, mas deverá comunicá-lo (art. 136, parágrafo único, do ECA); **B:** correta (art. 260, § 2°, do ECA); **C:** incorreta, pois constará da lei orçamentária municipal e da do Distrito Federal previsão dos recursos necessários ao funcionamento do Conselho Tutelar e à remuneração e formação continuada dos conselheiros tutelares (art. 134, parágrafo único, do ECA); **D:** incorreta, pois em cada Município e em cada Região Administrativa do Distrito Federal haverá, no mínimo, 1 (um) Conselho Tutelar como órgão integrante da administração pública local, composto de 5 (cinco) membros, escolhidos pela população local, para mandato de 4 (quatro) anos, permitida 1 (uma) recondução, mediante novo processo de escolha (art. 132 do ECA); **E:** incorreta, pois o Conselho Tutelar é encarregado de zelar pelo cumprimento dos direitos da criança e do adolescente, independentemente de sua situação econômica (art. 131 do ECA), pelo princípio da proteção integral.

Gabarito "B".

(Ministério Público/PI – 2012 – CESPE) O conselho tutelar de uma cidade do interior de determinado estado brasileiro recebeu denúncia anônima, por telefone, em que se relatava que o diretor da principal escola pública municipal teria praticado abusos sexuais contra várias crianças.

Nessa situação hipotética, dadas as atribuições do conselho tutelar previstas no ECA, os conselheiros tutelares devem:

(A) ajuizar contra o diretor, perante o juízo local da infância e da juventude, ação de exoneração do cargo, com pedido liminar de afastamento provisório.

(B) instaurar, com urgência, inquérito civil e criminal para ouvir o diretor, as crianças, seus pais, funcionários e professores da escola, para apuração dos fatos.

(C) comunicar, com urgência, o fato ao prefeito municipal, a quem cabe tomar as providências necessárias.

(D) ouvir reservadamente o diretor, as crianças e seus pais e, confirmados os indícios de abusos sexuais, enviar ao MP e à autoridade judiciária relatório circunstanciado do ocorrido e das providências tomadas.

(E) proceder à investigação do diretor, de forma sigilosa, e preparar um flagrante a fim de prendê-lo.

A alternativa "D" está correta, pois reflete o disposto no art. 136, I e IV, do ECA, ficando excluídas as demais.

Gabarito "D".

(Defensor Público/AC – 2012 – CESPE) No que se refere ao conselho tutelar, a suas atribuições e competências, bem como à forma de escolha de seus conselheiros, assinale a opção correta.

(A) Se, no exercício de suas atribuições, o conselho tutelar entender necessário o afastamento de criança ou adolescente do convívio familiar, ele deverá comunicar imediatamente o fato ao MP, prestando-lhe informações sobre os motivos de sua decisão e as providências tomadas para a orientação, o apoio e a promoção social da família.

(B) Ao tomar conhecimento da prática de crimes contra crianças ou adolescentes, cabe ao conselheiro tutelar apenas comunicar os fatos ao MP, que deverá tomar as providências de acordo com as suas funções institucionais.

(C) Os recursos financeiros necessários à manutenção do conselho tutelar provêm do repasse dos conselhos nacional e estadual de direitos, bem como das doações da comunidade local.

(D) Em cada município, deve haver, no mínimo, um conselho tutelar, que deve ser composto de cinco membros nomeados pelo prefeito municipal para mandato de três anos, permitida uma recondução ao cargo de conselheiro.

(E) A atuação do conselho tutelar limita-se ao atendimento dos direitos de crianças e adolescentes cujos pais ou responsável legal não possuam condições econômico-financeiras de garantir-lhes subsistência.

A: correta (art. 136, parágrafo único, do ECA); **B:** incorreta, pois o conselheiro tutelar, além de comunicar os fatos ao Ministério Público, deve tomar as providências que lhes são cabíveis quanto à orientação, ao apoio e à promoção social da família (art. 136, parágrafo único, do ECA); **C:** incorreta, pois os recursos financeiros necessários ao funcionamento do Conselho Tutelar e à remuneração dos conselheiros tutelares terão previsão na lei orçamentária municipal e da do Distrito Federal (art. 134, parágrafo único, do ECA); **D:** incorreta, pois, consoante as alterações trazidas pela Lei nº 12.696/2012, em cada Município e em cada Região Administrativa do Distrito Federal haverá, no mínimo, 1 (um) Conselho Tutelar como órgão integrante da administração pública local, composto de 5 (cinco) membros, *escolhidos pela população local para mandato de 4 (quatro) anos*, permitida 1 (uma) recondução, mediante novo processo de escolha (art. 132, do ECA); **E:** incorreta, pois o Conselho Tutelar possui outras atribuições, as quais estão previstas no art. 136, do ECA.

Gabarito "A".

(Defensor Público/RO – 2012 – CESPE) Assinale a opção correta a respeito do conselho tutelar.

(A) Órgão público federal subordinado ao Ministério Público da União, o conselho tutelar integra o quadro das instituições públicas de defesa da criança e do adolescente.

(B) O conselho tutelar, órgão auxiliar da vara da infância e da juventude, recebe do Estado a função de zelar pelo cumprimento dos direitos da criança e do adolescente.

(C) O conselho tutelar, órgão público municipal permanente e autônomo, não jurisdicional, tem a função de zelar pelo cumprimento dos direitos da criança e do adolescente.

(D) Órgão colegiado com funções consultivas e deliberativas, o conselho tutelar foi criado pelo CONANDA, em conformidade com o que dispõe o ECA, para a defesa e salvaguarda dos direitos fundamentais das crianças e adolescentes em situação de risco.

(E) O conselho tutelar, órgão público estadual criado por lei específica, integra o Sistema Nacional da Criança e do Adolescente.

A: incorreta, pois é órgão integrante da administração pública local (art. 132, do ECA); **B:** incorreta, pois é órgão permanente e *autônomo (e não auxiliar), não jurisdicional*, encarregado *pela sociedade* (e não pelo Estado) de zelar pelo cumprimento dos direitos da criança e do adolescente (art. 131, do ECA); **C:** correta (arts. 131 e 132, ambos do ECA); **D:** incorreta, pois o Conselho Tutelar não é órgão deliberativo. Nos termos do art. 88, II do ECA, tal atribuição diz respeito ao Conselho de Direitos da Criança e do Adolescente. Cumpre ressaltar que o sistema de garantias se caracteriza pela política de atendimento dos direitos da criança e do adolescente, através de um conjunto articulado de ações governamentais e não governamentais, da União, dos Estados, do Distrito Federal e dos Municípios, bem como pela integração operacional de órgãos do Judiciário, Ministério Público, Defensoria e Conselho Tutelar (arts. 86 e 88, V, ambos do ECA); **E:** incorreta, pois o Conselho Tutelar é órgão integrante da administração pública local, sendo que a lei municipal disporá sobre o seu local, dia e horário de funcionamento, inclusive quanto à remuneração dos respectivos membros (arts. 132 e 134, ambos do ECA).

Gabarito "C".

9. CONSELHO MUNICIPAL DA CRIANÇA E DO ADOLESCENTE

(Magistratura/BA – 2012 – CESPE) Mauro, defensor público recém-empossado, ao iniciar seus trabalhos na defensoria pública de comarca carente do interior do estado da Bahia, constatou a inexistência, no município, de conselho tutelar e de conselho dos direitos da criança e do adolescente, em prejuízo ao público infantojuvenil.

Nessa situação hipotética, com base no que dispõe o ECA a respeito da proteção judicial dos interesses individuais, difusos e coletivos das crianças e dos adolescentes, Mauro deve

(A) ajuizar ação de indenização por danos materiais e morais em favor de cada criança ou adolescente prejudicado pela inércia do município.

(B) ajuizar ação civil pública, com pedido liminar, contra o município, pedindo a sua condenação na obrigação de criar o conselho dos direitos da criança e do adolescente.

(C) instaurar, imediatamente, o processo para a escolha dos membros do conselho tutelar, cuja fiscalização cabe ao promotor de justiça local.

(D) requisitar da autoridade policial a instauração de inquérito criminal, para apurar a responsabilidade penal do prefeito por omissão ao atendimento de direitos fundamentais das crianças e dos adolescentes.

(E) informar o MP a respeito dos fatos, para a adoção das medidas extrajudiciais e judiciais cabíveis, sob pena de crime de responsabilidade.

A Defensoria Pública possui legitimidade para a propositura de ação civil pública (art. 5°, II, da Lei 7.347/1985). Ademais, extrai-se do ECA a obrigatoriedade de o Município criar o Conselho Tutelar e o Conselho Municipal dos Direitos da Criança e do Adolescente (art. 88, I, II e IV; art. 132; art. 134 e art. 139, todos do ECA). Neste sentido é o entendimento jurisprudencial: *"AÇÃO CIVIL PÚBLICA – CONSELHO MUNICIPAL DOS DIREITOS DA CRIANÇA E DO ADOLESCENTE E O CONSELHO TUTELAR – ECA – CRIAÇÃO E FORMAÇÃO. A Ação Civil Pública é eficaz para compelir o Executivo municipal a criar e formar o Conselho Municipal dos Direitos da Criança e do Adolescente e o Conselho Tutelar, conforme determina o Estatuto da Criança e do Adolescente – ECA. Em reexame necessário, sentença confirmada"* (Processo nº 1.0297.05.000699-0/001 (1), Rel. Des. Nilson Reis, p. em 24/03/2006).

Gabarito "B".

(Defensor Público/RO – 2012 – CESPE) Cabe ao Conselho Municipal dos Direitos da Criança e do Adolescente

(A) dar ciência do registro dos programas das entidades de atendimento com a especificação dos regimes de atendimento ao conselho tutelar, por meio de ofício dirigido ao presidente do Conselho Federal dos Direitos da Criança e do Adolescente, e encaminhar parecer ao MP.

(B) publicar o registro dos programas das entidades de atendimento com a especificação dos regimes de atendimento no Diário Oficial local e remeter os autos ao juízo competente para a homologação do registro.

(C) homologar o registro dos programas das entidades de atendimento com a especificação dos regimes de atendimento no cartório da vara da infância e da juventude.

(D) homologar no CONANDA o registro dos programas das entidades de atendimento com a especificação dos regimes de atendimento.

(E) manter o registro dos programas das entidades de atendimento com a especificação dos regimes de atendimento e de suas eventuais alterações, encaminhando as informações pertinentes ao conselho tutelar e à autoridade judiciária local.

A alternativa "E" está correta, pois está de acordo com o disposto no art. 90, § 1º, do ECA, ficando excluídas as demais hipóteses.

Gabarito "E".

10. MINISTÉRIO PÚBLICO

(Magistratura/PA – 2012 – CESPE) Um delegado de polícia enviou ao promotor de justiça boletim circunstanciado de ocorrência, relatando lesão corporal leve supostamente praticada por uma adolescente de quinze anos de idade contra outra adolescente, também de quinze anos de idade, em briga ocorrida durante a aula de educação física, nas dependências da escola onde ambas estudavam. Após ouvir, informalmente, as jovens e seus respectivos pais e analisar os autos, o promotor de justiça constatou que a única lesão resultante da briga era um hematoma no braço da adolescente, causado por um soco desferido pela agressora, que confessou ter agredido a colega durante um jogo de vôlei.

Nessa situação, de acordo com o que dispõe o ECA acerca do MP e do procedimento de apuração de ato infracional, o promotor de justiça

(A) pode conceder remissão cumulada com medida socioeducativa de semiliberdade, como forma de suspensão do processo, independentemente de homologação do juiz.

(B) não pode conceder remissão, que é da competência exclusiva do juiz.

(C) pode promover o arquivamento dos autos, independentemente de homologação do juiz.

(D) deve, como forma de exclusão do processo, conceder remissão cumulada com medida socioeducativa de internação, submetendo sua decisão à homologação do juiz.

(E) pode conceder remissão cumulada com medida socioeducativa de advertência, como forma de exclusão do processo, devendo submeter a decisão à homologação do juiz.

Art. 126, *caput*, art. 180, II; e art. 201, I, todos do ECA e Súmula 108, do STJ.

Gabarito "E".

(Magistratura/CE – 2012 – CESPE) À luz do ECA, assinale a opção correta a respeito da atuação do MP.

(A) Nos processos e procedimentos em que não seja parte, o MP deve atuar obrigatoriamente na defesa dos direitos e interesses de que cuida o referido estatuto, hipótese em que terá vista dos autos depois das partes, podendo juntar documentos e requerer diligências mediante a utilização dos recursos cabíveis.

(B) O MP possui legitimidade para promover e acompanhar os procedimentos de suspensão e destituição do poder familiar, nomeação e remoção de tutores, curadores e guardiães, tendo perdido, entretanto, após a promulgação da CF, a legitimidade para ajuizar ações de alimentos.

(C) Compete ao MP instaurar procedimentos no âmbito administrativo e, para instruí-los, requisitar das empresas telefônicas a quebra de sigilo telefônico dos investigados por crimes sexuais praticados contra crianças e adolescentes.

(D) Cabe ao MP impetrar mandado de segurança, de injunção e *habeas corpus*, em qualquer juízo, instância ou tribunal, na defesa dos interesses individuais disponíveis, indisponíveis, sociais e difusos afetos à criança e ao adolescente.

(E) Compete ao MP, entre outras atribuições, conceder a remissão como forma de exclusão ou de suspensão do processo e promover e acompanhar os procedimentos relativos às infrações atribuídas a adolescentes.

A: correta (art. 202 do ECA); **B:** incorreta, pois compete ao Ministério Público promover e acompanhar as ações de alimentos e os procedimentos de suspensão e destituição do poder familiar, nomeação e remoção de tutores, curadores e guardiães, bem como oficiar em todos os demais procedimentos da competência da Justiça da Infância e da Juventude (art. 201, III, do ECA); **C:** incorreta (art. 201, VI, "b" e "c", do ECA); **D:** incorreta (art. 201, IX, do ECA); **E:** incorreta, pois, antes de iniciado o procedimento judicial para apuração de ato infracional, o representante do Ministério Público poderá conceder a remissão, como forma de exclusão do processo. Por sua vez, iniciado o procedimento, a concessão da remissão pela autoridade judiciária importará na suspensão ou extinção do processo (art. 126, *caput* e parágrafo único, do ECA).

Gabarito "A".

(Ministério Público/PI – 2012 – CESPE) A respeito da proteção judicial dos interesses individuais, difusos e coletivos das crianças e dos adolescentes prevista no ECA, assinale a opção correta.

(A) As demandas judiciais previstas no ECA deverão ser propostas no foro do local onde tenha ocorrido ou deva ocorrer a ação ou omissão, cujo juízo terá competência absoluta para processar a causa, sem exceções, em atenção ao princípio da proteção integral.

(B) Na hipótese de a associação autora não promover a execução da sentença condenatória no prazo de sessenta dias contados do trânsito em julgado, deverá fazê-lo o MP, facultada igual iniciativa à defensoria pública.

(C) No curso do inquérito civil, se o órgão do MP, esgotadas todas as diligências, se convencer da inexistência de fundamento para a propositura da ação cível, ele deverá requerer, em petição fundamentada dirigida ao juiz da infância e da juventude, o arquivamento do procedimento.

(D) O MP não possui legitimidade para propor ACP para obrigar plano de saúde a custear tratamento quimioterápico em centro urbano a uma única criança conveniada à empresa prestadora do serviço de assistência médica.

(E) A proteção judicial coletiva dos interesses individuais, difusos e coletivos das crianças e dos adolescentes restringe-se aos direitos taxativamente previstos no ECA.

A: incorreta, pois as ações serão propostas no foro do local onde ocorreu ou deva ocorrer a ação ou omissão, cujo juízo terá competência absoluta para processar a causa, ressalvadas a competência da Justiça Federal e a competência originária dos tribunais superiores (art. 209 do ECA); **B:** correta (art. 217 do ECA e art. 15 da Lei 7.347/1985); **C:**

incorreta, pois os autos do inquérito civil ou as peças de informação arquivados serão remetidos, sob pena de se incorrer em falta grave, no prazo de três dias, ao Conselho Superior do Ministério Público e não ao juiz (art. 223, § 1° e 2°, do ECA); **D** e **E**: incorretas, pois estão em desacordo com o art. 201, V, do ECA.

Gabarito "B"

(Ministério Público/PI – 2012 – CESPE) No que se refere à atuação do MP no âmbito do ECA, assinale a opção correta.

(A) Compete ao MP conceder a remissão como forma de exclusão ou de suspensão do processo e promover e acompanhar os procedimentos relativos às infrações atribuídas a adolescentes.

(B) Com a criação da defensoria pública pela CF, o MP perdeu a legitimidade para a propositura de ações de alimentos.

(C) Compete ao MP impetrar mandado de segurança, de injunção e *habeas corpus*, em qualquer juízo, instância ou tribunal, na defesa dos interesses individuais disponíveis, indisponíveis, sociais e difusos afetos à criança e ao adolescente.

(D) Cabe ao representante do MP que atua perante a vara da infância e da juventude conceder entrevista pessoal ao adolescente privado de liberdade.

(E) No âmbito administrativo, compete ao MP instaurar inquérito civil e, para instruí-lo, requisitar das instituições financeiras a quebra de sigilo bancário dos investigados por crimes de sequestro praticados contra crianças e adolescentes.

A: incorreta, pois, antes de iniciado o procedimento judicial para apuração de ato infracional, o representante do Ministério Público poderá conceder a remissão, como forma de exclusão do processo, atendendo às circunstâncias e consequências do fato, ao contexto social, bem como à personalidade do adolescente e sua maior ou menor participação no ato infracional (art. 126 do ECA); **B**: incorreta (art. 201, III, do ECA); **C**: incorreta, pois ao órgão ministerial cabe impetrar mandado de segurança, de injunção e *habeas corpus*, em qualquer juízo, instância ou tribunal, na defesa dos interesses sociais e individuais indisponíveis afetos à criança e ao adolescente (art. 201, IX, do ECA); **D**: correta (art. 124, I, do ECA); **E**: incorreta, pois a alternativa não traz uma das hipóteses de atuação do Ministério Público (art. 201, VI, do ECA).

Gabarito "D"

11. ACESSO À JUSTIÇA

(Juiz de Direito - TJ/BA - 2019 - CESPE/CEBRASPE) À luz do ECA e da jurisprudência do STJ, assinale a opção correta, quanto à defesa dos interesses individuais, coletivos e difusos, às atribuições do MP, ao instituto da remissão e a garantias e aspectos processuais.

(A) Ao exibir quadro que possa criar situações humilhantes a crianças e adolescentes, uma emissora de televisão poderá sofrer penalidades administrativas, mas não será responsabilizada por dano moral coletivo, visto ser inviável a individualização das vítimas da conduta.

(B) A legitimidade ativa do MP para ajuizar ação de alimentos em prol de criança ou adolescente tem caráter subsidiário, ou seja, surge somente quando ausente a atuação da DP no local.

(C) A competência para processar e julgar ação civil pública ajuizada contra um estado federado na busca da defesa de crianças e adolescentes é, em regra, absoluta das varas da fazenda pública, por previsão constitucional.

(D) Na oitiva de apresentação, o representante do MP pode conceder, sem a presença da defesa técnica, a remissão ao ato infracional. Contudo, na audiência ou no procedimento de homologação por sentença da remissão, para evitar nulidade absoluta, é obrigatória a presença de defensor.

(E) Antes de iniciado o processo para apuração de ato infracional, o MP poderá conceder a remissão como forma de exclusão do processo, podendo incluir qualquer medida socioeducativa, sendo a única exceção a internação.

A: incorreta. O tema foi objeto de Ação Civil Pública, tendo sido julgada no Superior Tribunal de Justiça, tendo sido admitido o dano moral coletivo: "a análise da configuração do dano moral coletivo, na espécie, não reside na identificação de seus telespectadores, mas sim nos prejuízos causados a toda sociedade, em virtude da vulnerabilização de crianças e adolescentes, notadamente daqueles que tiveram sua origem biológica devassada e tratada de forma jocosa, de modo a, potencialmente, torná-los alvos de humilhações e chacotas pontuais ou, ainda, da execrável violência conhecida por *bullying*". (REsp 1.517.973-PE, Rel. Min. Luis Felipe Salomão). **B**: incorreta. O Ministério Público tem legitimidade para promover e acompanhas as ações de alimentos (art. 201, III, do ECA). Veja também a súmula **594 do STJ**: "O Ministério Público tem legitimidade ativa para ajuizar ação de alimentos em proveito de criança ou adolescente independentemente do exercício do poder familiar dos pais, ou do fato de o menor se encontrar nas situações de risco descritas no artigo 98 do Estatuto da Criança e do Adolescente, ou de quaisquer outros questionamentos acerca da existência ou eficiência da Defensoria Pública na comarca". **C**: incorreta. A justiça da infância e juventude é competente para conhecer as ações civis fundadas em interesses individuais, difusos ou coletivos afetos à criança e ao adolescente (Art. 148, IV, do ECA). **D**: correta. A remissão sugerida pelo Ministério Público ocorre antes do oferecimento da representação, razão pela qual não há a exigência da presença da defesa (art. 179 do ECA). No entanto, na audiência de apresentação (art. 184 cc art. 186 do ECA) ou homologação da remissão pelo juiz, requer-se a presença do advogado. Veja entendimento do STJ a respeito: "No caso, o Ministério Público estadual ofereceu remissão ao menor, em ato realizado sem defesa técnica. 2. Assim, ainda que a jurisprudência admita a falta de defesa técnica na oitiva com o Ministério Público, a ausência do defensor na apresentação em Juízo e na sentença homologatória evidencia a ilegalidade, sendo violado o princípio da ampla defesa. Precedentes. 3. Ordem concedida, confirmando-se a liminar anteriormente deferida, para anular a audiência realizada sem a defesa técnica do menor, bem como os demais atos praticados *a posteriori*. (HC 415.295/DF, Rel. Ministro Sebastião Reis Júnior, Sexta Turma, julgado em 14/08/2018, DJe 03/09/2018). **E**: incorreta. Nos termos do art. 127 do ECA a remissão sugerida pelo Ministério Público pode vir acompanhada de aplicação de medida socioeducativa de advertência, reparação de danos, prestação de serviços à comunidade ou liberdade assistida, a ser aplicada pelo juiz (Súmula 108 do STJ). As medidas de semiliberdade e internação não podem ser aplicadas junto com a remissão.

Gabarito "D"

(Defensor Público/AL – 2017 – CESPE) A Defensoria Pública moveu ação civil pública, com base no Estatuto da Criança e do Adolescente, contra determinado município e em favor dos interesses de uma criança de quatro anos de idade, que não havia sido matriculada na educação infantil por falta de vagas. O réu alegou em contestação que a ação civil pública não pode ser utilizada para demandas individuais, que as vagas na educação infantil, em razão da demanda expressiva, não podem ser destinadas para casos específicos, devendo ser observada uma ordem de inscrição, sob pena de violação ao princípio da igualdade perante a lei.

Considerando essa situação hipotética, assinale a opção correta.

(A) A ação civil pública é inviável na medida em que no Estatuto da Criança e do Adolescente não há previsão expressa de ações de responsabilidade por ofensa aos direitos assegurados à criança e ao adolescente referentes ao não oferecimento ou oferta irregular do atendimento em creche e pré-escola às crianças de zero a cinco anos de idade.

(B) A ação civil pública seria viável se o autor fosse o Ministério Público, na medida em que a Defensoria Pública não é legitimada para ações previstas no Estatuto da Criança e do Adolescente para responsabilização por ofensa aos direitos assegurados à criança e ao adolescente referentes ao não oferecimento ou oferta irregular do ensino obrigatório e de atendimento em creche e pré-escola às crianças de zero a cinco anos de idade.

(C) A medida intentada pela Defensoria Pública é descabida: a ação civil pública destina-se a tutelar interesses difusos ou coletivos, não sendo instrumento jurídico-processual hábil a tutelar interesses individuais indisponíveis de apenas uma criança, de modo que o processo deve ser extinto sem resolução de mérito.

(D) A ação civil pública é viável na medida em que no Estatuto da Criança e do Adolescente há previsão expressa de ações de responsabilidade por ofensa aos direitos assegurados à criança e ao adolescente referentes ao não oferecimento ou oferta irregular do ensino obrigatório e de atendimento em creche e pré-escola às crianças de zero a cinco anos de idade.

(E) A causa terá seguimento, visto que é cabível a ação civil pública na hipótese, mas, no julgamento do mérito, os argumentos do réu deverão ser acolhidos, já que conferir tratamento desigual à criança implica violação ao princípio da igualdade, o que não encontra amparo na norma especial do Estatuto da Criança e do Adolescente.

A: incorreta. Cabe tutela coletiva de direitos para proteção dos direitos individuas indisponíveis de crianças e adolescentes (art. 201, V, do ECA). Ademais, as ações de responsabilidade por não oferecimento de ensino obrigatório são regidas pelo ECA (art. 208, I); **B:** incorreta. A Defensoria Pública tem legitimidade para as ações coletivas voltados aos direitos das crianças e adolescentes (art. 5º da LACP); **C:** incorreta. Vide justificativa da alternativa "A"; **D:** correta, nos termos do art. 201, V, do ECA; **E:** incorreta. Conforme art. 208, I, do ECA. RD

Gabarito "D"

(Juiz de Direito/DF – 2016 – CESPE) A respeito do acesso à Justiça da Infância e da Juventude e da Competência da referida Justiça, assinale a opção correta.

(A) Em razão da competência absoluta da Justiça da Infância e da Juventude, o *habeas corpus* impetrado em face de ato praticado por delegado da Polícia Federal, que deixa de apresentar adolescente ao MP do DF, no prazo legal, é da competência da Vara da Infância e da Juventude do DF.

(B) De acordo com o STJ, o princípio do juízo imediato, previsto no ECA, sobrepõe-se às regras gerais previstas no CPC, tal como o princípio da *perpetuatio jurisdictionis*, privilegiando a celeridade e a eficácia em relação à criança. Assim, será legítima a modificação do foro em que tramita a ação, quando houver a mudança do domicílio da criança e de seus responsáveis, mesmo já iniciada a ação.

(C) As notícias que envolvam a prática de ato infracional poderão conter identificação da criança e do adolescente mediante mera indicação de iniciais do nome e do sobrenome, desde que não divulgadas fotografias ou imagens do rosto do menor.

(D) A propositura das ações judiciais da competência da Justiça da Infância e da Juventude depende do recolhimento de custas e emolumentos, salvo impossibilidade financeira comprovada ou ajuizamento da causa pelo MP ou pela DP.

(E) A autorização para o exercício de atividades artísticas por criança ou adolescente, como, por exemplo, contracenar em novelas televisivas, é da competência da Vara da Infância e da Juventude da Circunscrição Judiciária do domicílio do menor.

A: incorreta. Os crimes praticados contra a criança e o adolescente não são processados perante a Vara de Infância e Juventude (art. 147 e 148). No entanto, cumpre ressaltar que o STJ admite que a Lei de Organização Judiciária de cada Estado atribua competência às Varas de Infância e Juventude para julgar crimes praticados contra menores (AgRg no AgRg no AREsp 580350/RN, Rel. Min. Joel Ilan Paciornik, DJe 16/12/2016). **B:** correta. O entendimento do STJ segue no sentido de que o princípio do juiz imediato prevalece sobre o princípio da *perpetuatio juriscictiones*. "Processo civil. Conflito negativo de competência. Ação de Destituição de poder familiar. Alteração de domicílio da criança e Daqueles que detém sua guarda. Estatuto da criança e do adolescente. Princípio da perpetuatio jurisdictiones x juiz imediato. Prevalência Deste último na hipótese concreta. (STJ, CC 119318/DF, Rel. Min. Nancy Andrighi, DJe 02/05/2012)". Veja também: CC 141374, DJe 03/12/2015. **C:** incorreta. O sigilo é garantido pelo art. 143 do ECA. **D:** incorreta. As ações de competência da Vara de Infância e Juventude são isentas de custas e emolumentos, ressalvada a hipótese de litigância de má-fé. E: A competência em Vara de Infância e Juventude é determinada (i) pelo domicílio dos pais ou responsável (ii) pelo lugar onde se encontre a criança ou adolescente à falta dos pais ou responsável. Lembrando, ainda, que a Súmula 383 do STJ assim dispõe: "A competência para processar e julgar as ações conexas de interesse de menor é, em princípio, do foro do domicílio do detentor de sua guarda".

Gabarito "B"

(Magistratura/CE – 2012 – CESPE) Com relação às regras gerais relacionadas ao procedimento de colocação de criança ou adolescente em família substituta, assinale a opção correta de acordo com o estabelecido no ECA.

(A) Se os pais da criança ou do adolescente forem falecidos, tiverem sido destituídos ou suspensos do poder familiar, ou houverem aderido expressamente ao pedido de colocação em família substituta, os próprios requerentes desse pedido poderão formulá-lo diretamente em cartório, em petição devidamente assinada, com a assistência obrigatória de advogado ou defensor público.

(B) O consentimento para a colocação da criança em família substituta, feito, por escrito, pelos titulares do poder familiar, antes ou depois do nascimento da criança, terá validade independentemente de audiência perante o juízo da infância e juventude, mas deve ser precedido de orientações e esclarecimentos prestados por equipe interprofissional, em especial, no caso de adoção, sobre a irrevogabilidade da medida.

(C) A autoridade judiciária, de ofício ou a requerimento das partes ou do MP, deve determinar a realização de estudo social ou, se possível, perícia por equipe interprofissional, para decidir sobre a concessão de guarda provisória, bem como, no caso de adoção, sobre o estágio de convivência. Deferida a concessão da guarda provisória ou do estágio de convivência, a criança ou o adolescente será entregue ao interessado, mediante termo de responsabilidade.

(D) Nas hipóteses em que a destituição da tutela, a perda ou a suspensão do poder familiar constituir pressuposto lógico da medida principal de colocação da criança ou do adolescente em família substituta, o interessado será cientificado do processo, mas não poderá intervir nos autos como parte, assistente ou interessado, devendo procurar a via adequada para pleitear sua pretensão.

(E) A colocação de criança ou adolescente sob a guarda de pessoa inscrita em programa de acolhimento familiar será comunicada pela autoridade judiciária ao MP, ao conselho tutelar e à defensoria pública, no prazo máximo de cinco dias, para que sejam tomadas as providências cabíveis ao adequado encaminhamento do menor.

A: incorreta, pois é dispensável a assistência de advogado na hipótese narrada na alternativa (art. 166, *caput*, do ECA); **B:** incorreta, pois o consentimento dos titulares do poder familiar deve ser ratificado em audiência (art. 166, §§ 3º e 4º, do ECA); **C:** correta (art. 167, *caput* e parágrafo único, do ECA); **D:** incorreta (art. 169 do ECA); **E:** incorreta (art. 170, parágrafo único, do ECA).

Gabarito "C"

(Magistratura/CE – 2012 – CESPE) A respeito da proteção judicial dos interesses individuais, difusos e coletivos das crianças e dos adolescentes, assinale a opção correta conforme disposição do ECA e entendimento do STJ.

(A) Ao deferir liminar ou proferir sentença, o juiz poderá impor, independentemente de pedido do autor, multa diária ao réu, suficiente ou compatível com a obrigação. Nesse caso, o pagamento da multa será exigível somente após o trânsito em julgado da sentença favorável ao autor, mas o valor será devido desde o dia em que tiver sido configurado o descumprimento da obrigação.

(B) O juiz condenará associação responsável pela propositura da ação a pagar ao réu os honorários advocatícios arbitrados de acordo com o que dispõe o CPC, quando reconhecer que a pretensão é manifestamente infundada, e, em caso de litigância de má-fé, a associação será condenada ao décuplo das custas, e os seus diretores responderão subsidiariamente, sem prejuízo de responsabilidade por perdas e danos.

(C) As demandas judiciais previstas no ECA serão propostas no foro do local onde tenha ocorrido ou deva ocorrer a ação ou omissão, tendo o juízo competência absoluta para processar a causa, sem exceções, em atenção ao princípio da proteção integral.

(D) O MP carece de legitimidade para propor ação civil pública para obrigar plano de saúde a custear tratamento quimioterápico em qualquer centro urbano a criança dependente de titular conveniado a empresa prestadora do serviço de assistência médica.

(E) Não há previsão expressa no ECA a respeito da legitimidade da defensoria pública para a propositura de ação civil pública para a proteção dos direitos metaindividuais das crianças e dos adolescentes, sendo explícita no estatuto, tão somente, a legitimidade para o ajuizamento de ações individuais.

A: correta (art. 213, §§ 2º e 3º, do ECA); **B:** incorreta, pois a associação autora e os diretores responsáveis pela propositura da ação responderão solidariamente (art. 218, *caput* e parágrafo único, do ECA); **C:** incorreta, pois são ressalvadas a competência da Justiça Federal e a competência originária dos tribunais superiores (art. 209 do ECA); **D:** incorreta (art. 210, I, do ECA); **E:** incorreta, pois não há previsão expressa no ECA da legitimidade da Defensoria Pública para o ajuizamento de ações coletivas ou individuais. Importante ressaltar que, muito embora a Defensoria Pública não esteja como colegitimada no art. 210 do ECA, o fato é que ela possui legitimidade para a propositura de ação civil pública, em razão do disposto no art. 5º, II, da Lei 7.347/1985. Todavia, quando a tutela for de direitos coletivos ou individuais homogêneos, a legitimidade ficará restrita aos interesses dos necessitados. Por sua vez, se a tutela for de direitos difusos, não haverá restrição, já que os seus titulares são indeterminados. Neste sentido é o entendimento jurisprudencial: *Ementa PROCESSUAL CIVIL. AÇÃO COLETIVA. DEFENSORIA PÚBLICA. LEGITIMIDADE ATIVA. ART. 5º, II, DA LEI Nº 7.347/1985 (REDAÇÃO DA LEI Nº 11.448/2007). PRECEDENTE. 1. Recursos especiais contra acórdão que entendeu pela legitimidade ativa da Defensoria Pública para propor ação civil coletiva de interesse coletivo dos consumidores. 2. Esta Superior Tribunal de Justiça vem-se posicionando no sentido de que, nos termos do art. 5º, II, da Lei 7.347/1985 (com a redação dada pela Lei 11.448/2007), a Defensoria Pública tem legitimidade para propor a ação principal e a ação cautelar em ações civis coletivas que buscam auferir responsabilidade por danos causados ao meio ambiente, ao consumidor, a bens e direitos de valor artístico, estético, histórico, turístico e paisagístico e dá outras Providências. 3. Recursos especiais não providos. Acórdão Origem: STJ – SUPERIOR TRIBUNAL DE JUSTIÇA Classe: RESP – RECURSO ESPECIAL – 912849 Processo: 200602794575 UF: RS Órgão Julgador: PRIMEIRA TURMA Data da decisão: 26/02/2008 Relator***(a)*** *JOSÉ DELGADO.*

Gabarito "A".

(Magistratura/CE – 2012 – CESPE) O ECA adotou o sistema recursal previsto no CPC para os procedimentos afetos à justiça da infância e da juventude, mas previu expressamente algumas adaptações que devem ser observadas. A respeito das regras específicas de recursos, assinale a opção correta.

(A) Contra as decisões proferidas com base nas portarias e alvarás editados pelo juízo da infância e juventude caberá agravo de instrumento.

(B) A apelação interposta contra a sentença que deferir a adoção será sempre recebida nos efeitos suspensivo e devolutivo, em atenção ao princípio da proteção integral.

(C) No caso de apelação ou agravo de instrumento, a autoridade judiciária proferirá despacho fundamentado de juízo de admissibilidade, no prazo de cinco dias, remetendo os autos imediatamente ao tribunal.

(D) Os recursos nos procedimentos de adoção e de destituição de poder familiar serão processados com prioridade absoluta e serão julgados após vista do revisor e parecer do MP, no prazo de dez dias.

(E) Em todos os recursos, salvo o de agravo de instrumento e de embargos de declaração, o prazo para interpor e para responder será sempre de dez dias.

A: incorreta, pois caberá apelação (art. 199 do ECA); **B:** incorreta, pois a sentença que deferir a adoção produz efeito desde logo, embora sujeita a apelação, que será recebida exclusivamente no efeito devolutivo, salvo se se tratar de adoção internacional ou se houver perigo de dano irreparável ou de difícil reparação ao adotando (art. 199-A, do ECA, incluído pela Lei 12.010/2009); **C:** incorreta, pois a autoridade judiciária proferirá despacho fundamentado, mantendo ou reformando a decisão. Trata-se, no caso, do juízo de retratação (art. 198, VII, do ECA); **D:** incorreta, pois os recursos nos procedimentos de adoção e de destituição de poder familiar, em face da relevância das questões, serão processados com prioridade absoluta, devendo ser imediatamente distribuídos, ficando vedado que aguardem, em qualquer situação, oportuna distribuição, e serão colocados em mesa para julgamento sem revisão e com parecer urgente do Ministério Público (art. 199-C, do ECA, incluído pela Lei 12.010/2009); **E:** correta, de acordo com a legislação anterior, pois com o advento da Lei 12.594/2012, em todos os recursos, salvo nos <u>embargos de declaração</u>, o prazo para o Ministério Público e para a defesa será sempre de 10 (dez) dias. Portanto, o agravo de instrumento não está mais excetuado da regra geral (art. 198, II, do ECA).

Gabarito "E".

(Magistratura/CE – 2012 – CESPE) Em relação às normas de acesso à justiça estabelecidas no ECA, assinale a opção correta.

(A) Embora seja compreendido como regra de competência territorial, o art. 147, I e II, do ECA apresenta natureza de competência absoluta, porque a necessidade de assegurar ao infante a convivência familiar e comunitária e a de lhe ofertar a prestação jurisdicional de forma prioritária conferem caráter imperativo à determinação da competência.

(B) É vedada a divulgação de atos judiciais, policiais e administrativos que digam respeito a adolescentes aos quais se atribua autoria de ato infracional, e a notícia a respeito do fato não deve identificar, por meio de fotografia, referência a nome, apelido, filiação, parentesco ou residência, o adolescente, permitindo-se apenas o uso das iniciais do nome e sobrenome do menor.

(C) A assistência judiciária gratuita será prestada, por meio de defensor público ou de advogado nomeado, a todos que comprovarem renda familiar abaixo do salário mínimo.

(D) A justiça da infância e da juventude é absolutamente competente para conhecer qualquer ação de guarda, de tutela, de destituição do poder familiar e de suprimento da capacidade ou do consentimento para o casamento.

(E) Compete à equipe interprofissional fornecer subsídios por escrito, mediante laudos, ou verbalmente, na audiência, assim como desenvolver trabalhos de aconselhamento, orientação, encaminhamento, prevenção e outros, tudo sob a imediata subordinação ao entendimento técnico da autoridade judiciária.

A: correta, pois, *embora seja compreendido como regra de competência territorial, o art. 147, I e II, do ECA apresenta natureza de competência absoluta. Isso porque a necessidade de assegurar ao infante a convivência familiar e comunitária, bem como de lhe ofertar a prestação jurisdicional de forma prioritária, conferem caráter imperativo à determinação da competência* (STJ – CONFLITO DE COMPETÊNCIA Nº 111.130 – SC 2010/0050164-8); **B:** incorreta, pois também é vedado o uso das iniciais do nome e sobrenome do menor (art. 143, *caput* e parágrafo único, do ECA); **C:** incorreta (art. 111, IV; art. 141, § 1°; e art. 206, parágrafo único, do ECA); **D:** incorreta, pois não se trata de competência exclusiva. Somente cabe à Justiça da Infância e Juventude conhecer de ação de guarda, de tutela, de destituição do poder familiar e de suprimento da capacidade ou do consentimento para o casamento, acaso a criança ou adolescente esteja em situação de risco (art. 148, parágrafo único, alíneas "a", "b" e "c", do ECA); **E:** incorreta, pois é assegurada a livre manifestação do ponto de vista técnico (art. 151 do ECA).

Gabarito "A".

(Ministério Público/TO – 2012 – CESPE) O ECA prevê que sejam adotados, na justiça da infância e da juventude, procedimentos recursais previstos no CPC, com algumas adaptações. A respeito das normas recursais específicas previstas no ECA, assinale a opção correta.

(A) No caso de apelação e de agravo de instrumento, cabe ao juiz, antes de determinar a remessa dos autos à instância superior, realizar o juízo de retratação, mediante decisão fundamentada.

(B) Cabe recurso de agravo de instrumento contra as decisões proferidas pelo juízo da infância e da juventude que disciplinar, por meio de portaria, ou autorizar, mediante alvará, a entrada e permanência de criança ou adolescente, sem a companhia dos pais ou do responsável, em boate ou congêneres.

(C) Contra a sentença que deferir a adoção nacional ou internacional cabe recurso de apelação, que será recebida exclusivamente no efeito devolutivo e produzirá efeito desde logo.

(D) A sentença que destituir um dos genitores ou ambos do poder familiar fica sujeita a apelação, que deverá ser recebida no duplo efeito.

(E) Em todos os recursos, o prazo para o MP e para a defesa será sempre de dez dias.

A: correta (art. 198, VII, do ECA); **B:** incorreta, pois em tais decisões o recurso cabível é o de Apelação (art. 199 do ECA); **C:** incorreta, pois, em regra, a sentença que deferir a adoção produz efeito desde logo, embora sujeita a apelação, que será recebida exclusivamente no efeito devolutivo. Todavia, se se tratar de adoção internacional ou se houver perigo de dano irreparável ou de difícil reparação ao adotando, o recurso será recebido no duplo efeito (art. 199-A do ECA); **D:** incorreta, pois a sentença que destituir ambos ou qualquer dos genitores do poder familiar fica sujeita a apelação, que deverá ser recebida apenas no efeito devolutivo (art. 199-B, do ECA); **E:** incorreta, pois em todos os recursos, salvo nos embargos de declaração, o prazo para o Ministério Público e para a defesa será sempre de 10 (dez) dias (art. 198, II, do ECA).

Gabarito "A".

(Defensor Público/AC – 2012 – CESPE) Ao ser atendido na DP de sua cidade, um cidadão economicamente hipossuficiente relatou que seu filho, uma criança de seis anos de idade, sofria maus-tratos da mãe, sua ex-companheira, que detinha a guarda judicial do garoto e que vivia em cidade de outro estado da Federação havia mais de um ano. O cidadão manifestou, ao final do atendimento, interesse na guarda do filho.

Nessa situação hipotética, de acordo com o disposto no ECA e com o entendimento do STJ, o DP deve

(A) ajuizar ação de modificação de guarda, com pedido de liminar, perante o juízo da comarca onde reside o pai do menor.

(B) ajuizar ação de modificação de guarda, com pedido de liminar, perante o juízo da capital do estado onde reside a mãe do menor.

(C) remeter os documentos para o MP local, órgão que deve tomar as providências cabíveis ao caso.

(D) remeter os documentos à DP da cidade de residência da mãe do menor, para as medidas cabíveis.

(E) ajuizar ação de modificação de guarda, com pedido de liminar, perante o juízo da comarca onde reside a mãe do menor.

A alternativa E está correta, já que está de acordo com o disposto no art. 147, I, do ECA e com a Súmula 383, do STJ, segundo a qual a "competência para processar e julgar as ações conexas de interesse de menor é, em princípio, do foro do domicílio do detentor de sua guarda". Portanto, as demais alternativas ficam excluídas. Outrossim, cumpre salientar que "de acordo com o Superior Tribunal de Justiça, o princípio do juízo imediato, previsto no art. 147, I, do ECA, sobrepõe-se às regras gerais previstas no Código de Processo Civil, tal como o princípio da *perpetuatio jurisdictionis* (art. 87, do CPC [corresponde ao art. 43 do NCPC]), privilegiando a celeridade e eficácia em relação à criança. Assim, será legítima a modificação do foro em que tramita a ação, quando houver a mudança de domicílio da criança e seus responsáveis, mesmo já iniciada a ação". (ROSSATO, Luciano Alves; LÉPORE, Paulo Eduardo e CUNHA, Rogério Sanches. **Estatuto da Criança e do Adolescente comentado** *artigo por artigo*. 3. ed. São Paulo: RT, 2012).

Gabarito "E".

(Defensor Público/AC – 2012 – CESPE) Um DP lotado em comarca do estado X recebeu diversas reclamações de pais contra a falta de creches e pré-escolas para crianças de até cinco anos de idade. Após oficiar à secretaria municipal de educação, esse DP confirmou a veracidade das denúncias.

Com base na situação hipotética acima e nas normas do ECA acerca da proteção judicial dos interesses individuais, difusos e coletivos de crianças e adolescentes, assinale a opção correta.

(A) Em razão da discricionariedade da administração pública municipal e da reserva do possível, que impedem a análise judicial do caso, o DP deverá expedir recomendação à câmara municipal para que inclua, no próximo orçamento anual, a previsão de recursos públicos para a construção de creches e pré-escolas.

(B) O DP deverá remeter os documentos ao MP local, para a tomada de providências cabíveis.

(C) Antes de tomar qualquer providência judicial, o DP deverá arrecadar procurações e declarações de pobreza de todos os pais que fizeram as denúncias.

(D) A fim de evitar alegação de nulidade processual, o DP deverá ajuizar ações individuais contra o município, ou seja, uma ação para cada criança carente dos serviços de creche ou pré-escola.

(E) O DP deverá ajuizar ação civil pública contra o município, requerendo liminarmente que o réu seja obrigado a construir creches e pré-escolas em determinado prazo, sob pena de multa diária, e, no mérito, deverá requerer a confirmação da liminar.

A: incorreta, pois, no caso em questão, por haver violação a direitos difusos, coletivos ou individuais homogêneos de crianças, será cabível o ajuizamento de ação civil pública para condenar o Município na obrigação de fazer, consistente em construir creches e pré-escolas, sob pena de multa; **B:** incorreta, pois a Defensoria Pública tem legitimidade para ajuizar ação civil pública, podendo ela própria tomar as providências cabíveis; **C:** incorreta, pois não é necessário arrecadar procurações, já que a capacidade postulatória do defensor público decorre exclusivamente da sua nomeação e posse no cargo público (art. 4º, § 6º, da LC 132/2009, que alterou a LC 80/1994). De igual modo, é dispensável arrecadar declarações de pobreza de todos os que seriam beneficiados com a tutela coletiva. Isso porque, "quanto à noção de hipossuficiência que deve pautar a atuação do órgão, notadamente no campo da tutela coletiva, a vulnerabilidade não se restringe a limites estritamente econômicos, mas engloba todos aqueles que do ponto de vista organizacional 'são socialmente vulneráveis: os consumidores, os usuários de serviços públicos, os usuários de planos de saúde, os que queiram implementar ou contestar políticas públicas, como as atinentes à saúde, à moradia, ao saneamento básico, ao meio ambiente, etc.'. Em síntese, a assistência jurídica integral e gratuita que prestará a Defensoria Pública refere-se a hipossuficientes econômicos, sociais, culturais e organizacionais". Outrossim, oportuno registrar que, "embora deva haver pertinência temática que justifique a atuação da Defensoria Pública – a vulnerabilidade em sentido amplo – essa é facilmente alcançada, pois basta que o resultado da demanda atinja parcela, e não a integralidade, de sujeitos hipossuficientes. Exigir que a ação coletiva proposta pela Defensoria Pública tutela exclusivamente hipossuficientes é algo absolutamente impossível, que esvaziaria de sentido e função a atribuição de legitimidade ativa ao órgão" (ZUFELATO, Camilo. A participação da Defensoria Pública nos processos coletivos de hipossuficientes: da legitimidade ativa à intervenção *ad coadjuvandum*. In: RÉ, Aluisio Iunes Monti Ruggeri. (Org.). **Temas aprofundados:** Defensoria Pública. 1 ed. Salvador: JusPodivm, 2013. p. 310); **D:** incorreta, pois a Defensoria Pública tem legitimidade para ajuizar ação civil pública, por haver violação a direitos difusos, coletivos ou individuais homogêneos de crianças e adolescentes; **E:** correta (arts. 208, III e 213, § 2º, ambos do ECA). Muito embora a Defensoria Pública não esteja como colegitimada no art. 210, do ECA, o fato é que ela possui legitimidade para a propositura de ação civil pública, em razão do disposto no art. 5º, II, da Lei nº 7.347/1985. Todavia, quando a tutela for de direitos coletivos ou individuais homogêneos, a legitimidade ficará restrita aos interesses dos necessitados, exigindo-se a pertinência temática, como já explicitado acima. Por sua vez, se a tutela for de direitos difusos, não haverá restrição, já que os seus titulares são indeterminados. Neste sentido é o entendimento jurisprudencial: "Ementa PROCESSUAL CIVIL. AÇÃO COLETIVA. DEFENSORIA PÚBLICA. LEGITIMIDADE ATIVA. ART. 5º, II, DA LEI Nº 7.347/1985 (REDAÇÃO DA LEI Nº 11.448/2007). PRECEDENTE. 1. Recursos especiais contra acórdão que entendeu pela legitimidade ativa da Defensoria Pública para propor ação civil coletiva de interesse coletivo dos consumidores. 2. Este Superior Tribunal de

Justiça vem-se posicionando no sentido de que, nos termos do art. 5º, II, da Lei nº 7.347/1985 (com a redação dada pela Lei nº 11.448/2007), a Defensoria Pública tem legitimidade para propor a ação principal e a ação cautelar em ações civis coletivas que buscam auferir responsabilidade por danos causados ao meio ambiente, ao consumidor, a bens e direitos de valor artístico, estético, histórico, turístico e paisagístico e dá outras Providências. 3. Recursos especiais não providos." (STJ, REsp 912849/RS (2006/0279457-5), 1ª T., j. 26.02.2008, rel. Min. José Delgado, *DJe* 28.04.2008).

Gabarito "E."

(Defensor Público/RO – 2012 – CESPE) A respeito das normas da justiça da infância e da juventude, assinale a opção correta consoante o que dispõe o ECA.

(A) Constatada a prática de ato infracional por adolescente, a competência para o recebimento da representação é determinada pelo local de residência do menor, independentemente do lugar da ação ou omissão, observadas as regras de conexão, continência e prevenção.

(B) Compete à autoridade judiciária da vara da infância e da juventude disciplinar, por meio de portaria, os casos de permissão de viagem ao exterior de criança ou adolescente em companhia de estrangeiro residente ou domiciliado no exterior.

(C) Compete à justiça da infância e da juventude conhecer, processar e julgar todas as ações de guarda e de tutela do menor, de destituição do poder familiar e de suprimento da capacidade do menor ou do consentimento para o seu casamento.

(D) É vedada a divulgação de atos judiciais, policiais e administrativos que digam respeito a adolescentes a que se atribua autoria de ato infracional; qualquer notícia a respeito do fato não poderá identificar o adolescente, sendo vedada fotografia, referência a nome, apelido, filiação, parentesco, residência, mas permitido o uso das iniciais do nome e sobrenome.

(E) O local da residência do menor é o foro competente para o processamento e julgamento de ação de modificação de guarda, visto que, na fixação da competência para as ações que tratem de guarda de menor, há de ser observada a prevalência dos interesses deste sobre os demais bens e interesses tutelados.

A: incorreta, pois, nos casos de ato infracional, será competente a autoridade do *lugar da ação ou omissão*, observadas as regras de conexão, continência e prevenção (art. 147, § 1º, do ECA); **B:** incorreta, pois a autoridade judiciária concederá autorização para viagem, por meio de alvará judicial e não por portaria (arts. 83 a 85, do ECA). Com efeito, a portaria é o ato por meio do qual o juiz disciplina situações concretas, ao passo que o alvará judicial é dirigido a determinada pessoa física ou jurídica. Assim, nos termos do art. 85, do ECA, é possível que a criança ou o adolescente nascido em território nacional saia do País em companhia de estrangeiro residente ou domiciliado no exterior, desde que com expressa autorização judicial, por meio de alvará, como já explicitado adrede; **C:** incorreta, pois compete à Justiça da Infância e da Juventude conhecer, processar e julgar as ações de guarda e de tutela do menor, de destituição do poder familiar e de suprimento da capacidade do menor ou do consentimento para o seu casamento, *quando houver situação de risco*, pois, caso contrário, a competência será da Vara Cível ou de Família (art. 148, parágrafo único, alíneas "a", "b" e "c", do ECA). Oportuno registrar que a competência será exclusiva da Vara da Infância e Juventude para conhecer de todas as ações de adoção (art. 148, III, do ECA); **D:** incorreta, pois qualquer notícia a respeito do fato não poderá identificar a criança ou o adolescente, vedando-se fotografia, referência a nome, apelido, filiação, parentesco, residência e, *inclusive, iniciais do nome e sobrenome* (art. 143, parágrafo único, do ECA); **E:** correta, já que a alternativa está de acordo com o disposto no art. 147, I, do ECA e com a Súmula 383, do STJ, segundo a qual a "competência para processar e julgar as ações conexas de interesse de menor é, em princípio, do foro do domicílio do detentor de sua guarda". Logo, aquele que não é o detentor da guarda deverá ajuizar a ação de modificação no local onde o menor está residindo. Outrossim, cumpre salientar que "de acordo com o Superior Tribunal de Justiça, o princípio do juízo imediato, previsto no art. 147, I, do ECA, sobrepõe-se às regras gerais previstas no Código de Processo Civil, tal como o princípio da *perpetuatio jurisdictionis* (art. 87, do CPC [corresponde ao art. 43 do NCPC]), privilegiando a celeridade e eficácia em relação à criança. Assim, será legítima a modificação do foro em que tramita a ação, quando houver a mudança de domicílio da criança e seus responsáveis, mesmo já iniciada a ação". (ROSSATO, Luciano Alves; LÉPORE, Paulo Eduardo e CUNHA, Rogério Sanches. **Estatuto da Criança e do Adolescente comentado artigo por artigo**. 3. ed. São Paulo: RT, 2012).

Gabarito "E."

(Defensor Público/TO – 2013 – CESPE) A respeito da proteção judicial dos interesses individuais, difusos e coletivos das crianças e dos adolescentes e das normas previstas no ECA a respeito do MP e do advogado, assinale a opção correta.

(A) O sistema de proteção judicial dos interesses e direitos das crianças e dos adolescentes abrange somente as hipóteses expressamente previstas no ECA, em razão de constituir microssistema fechado, com normas específicas e não extensíveis a outros direitos garantidos em leis esparsas.

(B) Com a publicação da CF, a capacidade postulatória para o ajuizamento de ações de alimentos para a defesa de interesses de crianças e de adolescentes passou a ser exclusiva da DP e da advocacia privada.

(C) Para a propositura de ACP para a defesa de interesses coletivos ou difusos das crianças e dos adolescentes, são legitimados concorrentemente o MP, a DP, a União, os Estados, os Municípios, o DF e os territórios, as associações legalmente constituídas há pelo menos um ano e que incluam entre seus fins institucionais a defesa desses direitos, dispensada a autorização da assembleia, se houver prévia autorização estatutária.

(D) Em razão de expressa previsão constitucional, o juízo estadual do local onde tenha ocorrido ou ocorra a ação ou omissão é absolutamente competente para conhecer, processar e julgar as ações civis públicas ajuizadas para a defesa de interesses coletivos ou difusos das crianças e dos adolescentes, quando a União, entidade autárquica ou empresa pública federal forem interessadas na condição de autoras, rés, assistentes ou oponentes.

(E) O promotor de justiça local não possui legitimidade para propor ACP para obrigar plano de saúde a custear tratamento quimioterápico em qualquer centro urbano a uma única criança conveniada à empresa prestadora do serviço de assistência médica, atribuição exclusiva da DP.

A: incorreta, pois o sistema é aberto, já que não excluem da proteção judicial outros interesses individuais, difusos ou coletivos, próprios da infância e da adolescência, protegidos pela Constituição (art. 208, § 1º, do ECA); **B:** incorreta, pois, além da Defensoria Pública, há outros colegitimados (art. 210, do ECA); **C:** correta (art. 210, do ECA); **D:** incorreta, pois, na hipótese descrita na alternativa, a competência é da Justiça Federal e não da Justiça Estadual (art. 109, I, CF/1988); **E:** incorreta, pois o Ministério Público possui legitimidade para ajuizar ação, ainda que em favor de uma única criança ou adolescente (art. 201, V, do ECA).

Gabarito "C."

12. INFRAÇÕES ADMINISTRATIVAS

(Promotor de Justiça/RR – 2017 – CESPE) De acordo com as disposições do ECA, cometerá infração administrativa

I. o médico que não comunicar à autoridade competente os casos de que tenha conhecimento, que envolvam suspeita ou confirmação de maus-tratos contra criança ou adolescente.

II. a autoridade competente que, sem justa causa, deixar de ordenar a imediata liberação da criança ou do adolescente, logo que tenha conhecimento da ilegalidade de sua apreensão.

III. aquele que, tendo o dever de autoridade, de guarda ou de vigilância sobre criança ou adolescente, o submeta a vexame ou constrangimento.

Assinale a opção correta.

(A) Nenhum item está certo.

(B) Apenas o item I está certo.
(C) Apenas os itens II e III estão certos.
(D) Todos os itens estão certos.

I: correta. Trata-se de infração administrativa prevista no art. 245 do ECA; **II**: incorreta. Trata-se de crime previsto no art. 234 do ECA; **III**: incorreta. Trata-se de crime previsto no art. 232 do ECA. RD

Gabarito "B".

(Defensor Público – DPE/RN – 2016 – CESPE) No que se refere aos crimes e às infrações administrativas previstos no ECA, assinale a opção correta.

(A) De acordo com o STJ, o crime de corrupção de menores é de natureza formal, bastando a participação do menor de dezoito anos de idade na prática de infração penal para que haja a subsunção da conduta do agente imputável ao correspondente tipo descrito no ECA.
(B) O ECA prevê, na modalidade culposa, o crime de omissão na liberação de criança ou adolescente ilegalmente apreendido.
(C) Praticará crime material o agente que embaraçar a ação de autoridade judiciária, de membro de conselho tutelar ou de representante do MP no exercício de função prevista no ECA.
(D) O crime de descumprimento injustificado de prazo fixado no ECA em benefício de adolescente privado de liberdade é crime culposo e plurissubsistente.
(E) O crime de submissão da criança ou adolescente a vexame ou constrangimento, por ser unissubsistente, não admite a modalidade tentada.

A: correta. É o que prescreve a íntegra da Súmula 500 do ST: "A configuração do crime previsto no artigo 244-B do Estatuto da Criança e do Adolescente independe da prova da efetiva corrupção do menor, por se tratar de delito formal". **B**: incorreta. O crime previsto no art. 234 não admite modalidade culposa. C: incorreta. Trata-se de crime formal (art. 236 do ECA); **C**: incorreta. Trata-se de crime formal (art. 236 do ECA); **D**: incorreta. Trata-se de crime doloso (art. 235 do ECA). **E**: incorreta. O art. 232 não admite a modalidade tentada.

Gabarito "A".

(Magistratura/BA – 2012 – CESPE) A respeito das infrações administrativas e do respectivo procedimento de apuração, assinale a opção correta.

(A) O requerido terá prazo de quinze dias para apresentação de defesa, contado da data da intimação, que será feita, sob pena de nulidade, por mandado expedido pela autoridade judiciária competente, a ser cumprido por oficial de justiça.
(B) Apresentada ou não a defesa no prazo legal, a autoridade judiciária dará vista dos autos do MP, por cinco dias, decidindo em igual prazo, sendo vedada a colheita de prova oral.
(C) Constitui infração administrativa exibir, total ou parcialmente, fotografia de criança ou adolescente envolvido em infração, ou qualquer ilustração que lhe diga respeito ou se refira a atos delituosos que lhe sejam atribuídos, ainda que tal imagem não permita a sua identificação direta ou indireta.
(D) Constitui infração administrativa deixar de apresentar à autoridade judiciária de determinado município, no prazo de cinco dias, com o fim de regularizar a guarda, adolescente trazido de outra comarca para a prestação de serviço doméstico, exceto se houver autorização escrita e com firma reconhecida dos pais ou responsável.
(E) O procedimento para imposição de penalidade administrativa por infração às normas de proteção à criança e ao adolescente inicia-se por representação do MP ou do conselho tutelar ou por auto de infração elaborado por servidor efetivo ou voluntário credenciado, e assinado por duas testemunhas, se possível.

A: incorreta, pois o prazo é de dez dias (art. 195 do ECA); **B**: incorreta (arts. 196 e 197, ambos do ECA); **C**: incorreta (art. 247, § 1º, do ECA); **D**: incorreta (art. 248 do ECA); **E**: correta (art. 194 do ECA).

Gabarito "E".

(Ministério Público/RR – 2012 – CESPE) A respeito das infrações administrativas e do respectivo procedimento de apuração, assinale a opção correta.

(A) O procedimento para imposição de penalidade administrativa por infração às normas de proteção à criança e ao adolescente terá início por representação do MP, ou do conselho tutelar, ou por auto de infração elaborado por servidor efetivo ou voluntário credenciado, assim como de ofício pela autoridade judiciária competente.
(B) Constitui infração administrativa exibir, total ou parcialmente, fotografia ou vídeo de criança ou adolescente envolvido em ato infracional, ou qualquer ilustração que lhe diga respeito ou se refira a atos que lhe sejam atribuídos, ainda que as imagens não permitam a sua identificação direta ou indireta.
(C) O requerido terá prazo de dez dias para a apresentação de defesa, contado da data da intimação, que poderá ser feita por oficial de justiça ou funcionário legalmente habilitado, que lhe entregará cópia do auto ou da representação, ou a seu representante legal, lavrando certidão.
(D) Apresentada, ou não, a defesa no prazo legal, a autoridade judiciária dará vista dos autos ao MP, por cinco dias, decidindo em igual prazo, sendo vedada a colheita de prova oral, em atenção ao princípio da celeridade.
(E) Comete infração administrativa a pessoa que deixa de apresentar à autoridade judiciária de seu domicílio, no prazo de cinco dias, com o fim de regularizar a guarda, adolescente levado de outra comarca para a prestação de serviço doméstico, exceto se houver autorização escrita e com firma reconhecida dos pais ou responsável.

A: incorreta, pois não há previsão legal de o procedimento para imposição de penalidade administrativa ser iniciado de ofício pela autoridade judiciária competente (art. 194 do ECA); **B**: incorreta, pois, para a configuração da infração administrativa trazida na alternativa, é imprescindível que as imagens permitam a identificação direta ou indireta da criança ou do adolescente (art. 247, § 1°, do ECA); **C**: correta (art. 195, II, do ECA); **D**: incorreta, pois não há vedação de colheita de prova oral (art. 196 e 197, do ECA); **E**: incorreta, pois há infração administrativa, mesmo que haja autorização dos pais ou responsável (art. 248 do ECA).

Gabarito "C".

13. CRIMES

(Juiz de Direito - TJ/BA - 2019 - CESPE/CEBRASPE) Com relação aos crimes contra a criança e o adolescente previstos na legislação pertinente, julgue os próximos itens.

I. O crime de corrupção de menores previsto no ECA é um delito material, razão porque, para a sua caracterização, é necessária a efetiva comprovação de que o menor foi corrompido.
II. O processamento e julgamento do crime de publicação de material pedófilo-pornográfico em sítios da Internet será da competência da justiça federal, quando for possível a identificação do atributo da internacionalidade do resultado obtido ou que se pretendia obter.
III. A mera simulação da participação de criança ou adolescente em cena pornográfica por meio da adulteração de fotografia é uma conduta atípica, haja vista a ausência de perigo concreto ao bem jurídico que poderia ser tutelado.
IV. O armazenamento de fotografias ou vídeos que contenham cena de sexo explícito envolvendo criança ou adolescente configura conduta atípica se o possuidor desse conteúdo o tiver recebido de forma involuntária.

Assinale a opção correta.

(A) Apenas o item I está certo.
(B) Apenas o item II está certo.
(C) Apenas o item III está certo.
(D) Apenas os itens II e IV estão certos.
(E) Apenas os itens I, III e IV estão certos.

I: incorreta. Conforme súmula 500 do STJ, "a configuração do crime previsto no art. 244-B (corrupção de menores) do ECA independe da prova da efetiva corrupção do menor, por se tratar de delito formal;

II: correta. Conforme entendimento do STF em sede Recurso Extraordinário com repercussão geral, "compete à Justiça Federal processar e julgar os crimes consistentes em disponibilizar ou adquirir material pornográfico envolvendo criança ou adolescente (arts. 241, 241-A e 241-B do ECA), quando praticados por meio da rede mundial de computadores (internet)". STF. Plenário. RE 628624/MG, Rel. Min. Marco Aurélio, j. 28 e 29/10/2015. Na mesma toada, STJ assim definiu: "Deliberando sobre o tema, o Plenário do Supremo Tribunal Federal, no julgamento do Recurso Extraordinário n. 628.624/MG, em sede de repercussão geral, assentou que a fixação da **competência da Justiça Federal** para o julgamento do delito do art. 241-A do Estatuto da Criança e do Adolescente (**divulgação** e publicação de **conteúdo pedófilo-pornográfico**) **pressupõe** a possibilidade de identificação do atributo da **internacionalidade do resultado** obtido ou que se pretendia obter" (STJ, RHC 85.605/RJ, 5ª Turma, DJe 02/10/2017); **III:** incorreta. Configura crime descrito no art. 241-C do ECA: "Simular a participação de criança ou adolescente em cena de sexo explícito ou pornográfica por meio de adulteração, montagem ou modificação de fotografia, vídeo ou qualquer outra forma de representação visual: Pena – reclusão, de 1 (um) a 3 (três) anos, e multa"; **IV:** incorreta. Configura crime descrito no art. 241-B do ECA: "Adquirir, possuir ou armazenar, por qualquer meio, fotografia, vídeo ou outra forma de registro que contenha cena de sexo explícito ou pornográfica envolvendo criança ou adolescente: Pena – reclusão, de 1 (um) a 4 (quatro) anos, e multa".

Gabarito "B"

(Magistratura/ES – 2011 – CESPE) De acordo com o art. 228 do ECA, considera-se crime o fato de o encarregado de serviço ou o dirigente de estabelecimento de atenção à saúde de gestante deixar de manter registro das atividades desenvolvidas, na forma e prazo referidos no art. 10 do estatuto, bem como deixar de fornecer à parturiente ou a seu responsável, por ocasião da alta médica, declaração de nascimento, na qual constem as intercorrências do parto e do desenvolvimento do neonato. A ação penal adequada no caso de cometimento do crime descrito é a

(A) personalíssima.
(B) pública incondicionada.
(C) pública condicionada à representação da gestante.
(D) pública condicionada à requisição da autoridade administrativa competente.
(E) privada.

Art. 227 do ECA.

Gabarito "B"

14. DECLARAÇÕES E CONVENÇÕES

(Magistratura/CE – 2012 – CESPE) No que tange aos princípios gerais orientadores do ECA, assinale a opção correta.

(A) O princípio da prioridade absoluta não pode ser interpretado de forma isolada, devendo ser interpretado de forma integrada aos demais sistemas de defesa da sociedade. Dessa forma, a decisão do administrador público entre a construção de uma creche e a de um abrigo para idosos, ambos necessários, deverá recair sobre a segunda, dada a prevalência da lei mais recente, no caso, o Estatuto do Idoso.
(B) Buscando efetivar o princípio da prioridade absoluta, o legislador incluiu no ECA um rol taxativo de preceitos a serem seguidos.
(C) O princípio do melhor interesse tem aplicação limitada ao público infantojuvenil cujos direitos reconhecidos no ECA forem ameaçados ou violados por ação ou omissão da sociedade ou do Estado, ou por falta, omissão ou abuso dos pais ou responsável.
(D) De acordo com o princípio da centralização, inovação promovida pelo ECA, a União tem competência para criar normas gerais e específicas de atendimento a crianças e adolescentes para sanar omissão dos governos estaduais e municipais.
(E) Com importância reconhecida desde o século XIX, o princípio do melhor interesse foi adotado pela comunidade internacional, em 1959, na Declaração dos Direitos da Criança e, por esse motivo, malgrado a diferença de enfoque, foi incluído no Código de Menores de 1979, ainda que sob a égide da doutrina da situação irregular.

A: incorreta (art. 227 da CF; arts. 4º e 100, IV, do ECA). *"O caráter absoluto da prioridade, expressamente consignado no art. 227, da CF e no art. 4º do ECA, refere-se à impossibilidade de supressão de uma especial proteção às crianças e aos adolescentes em situações comuns. O fato de o dispositivo ponderar a respeito de outro interesse, também de especial relevo no caso concreto, não retira do metaprincípio da prioridade o seu caráter absoluto. Ao contrário, a inovação legislativa encontra-se na esteira da doutrina mais vanguardista de autores como Ronald Dworkin e Robert Alexy, que afirmam não existir hierarquia entre princípios ou direitos fundamentais, cabendo solucionar uma possível colisão de direitos, por meio de ponderação"* (Rossato; Lépore; Sanches. **Estatuto da Criança e do Adolescente**, editora RT); **B:** incorreta, pois o legislador previu um rol não exaustivo de princípios derivados dos metaprincípios da proteção integral e da prioridade absoluta (art. 100, parágrafo único, do ECA); **C:** incorreta, pois *a intervenção deve atender prioritariamente aos interesses e direitos da criança e do adolescente, sem prejuízo da consideração que for devida a outros interesses legítimos no âmbito da pluralidade dos interesses presentes no caso concreto* (art. 100, IV, do ECA); **D:** incorreta, pois pelo princípio da responsabilidade primária e solidária do poder público, a plena efetivação dos direitos assegurados a crianças e a adolescentes pelo ECA e pela Constituição Federal, salvo nos casos expressamente ressalvados, é de responsabilidade primária e solidária das 3 (três) esferas de governo, sem prejuízo da municipalização do atendimento e da possibilidade da execução de programas por entidades não governamentais (art. 100, III, do ECA); **E:** correta. Dentre os novos preceitos garantidos pelo art. 100 do ECA está o postulado normativo do interesse superior da criança e do adolescente (art. 100, IV, do ECA), o qual é valor recorrente, principalmente na ordem jurídica internacional, devendo servir de norte para a aplicação de todos os princípios e regras referentes ao direito da criança e do adolescente.

Gabarito "E"

(Defensor Público/ES – 2012 – CESPE) Julgue os itens subsequentes, relativos à evolução histórica dos direitos da criança e do adolescente no Brasil.

(1) O princípio da absoluta prioridade dos direitos das crianças e dos adolescentes foi instituído, pela primeira vez, pela CF.
(2) Foi a partir da Proclamação da República que os menores passaram a ser detentores dos direitos fundamentais de liberdade.
(3) O antigo Código de Menores estabelecia a distinção entre crianças e adolescentes.

1: correta. A garantia da prioridade absoluta está prevista no art. 227, da CF/1988 e inspirou o metaprincípio do direito da criança e do adolescente, previsto no art. 4º, parágrafo único, do ECA; **2:** incorreta. Com a Declaração dos Direitos da Criança de 1959 houve uma verdadeira alteração de paradigma, pois a criança deixou de ser considerada objeto de proteção (recipiente passivo), para ser erigida a sujeito de direito e, paralelamente, em sentido amplo, a infância passou a ser considerada um sujeito coletivo de direitos (ROSSATO, Luciano Alves; LÉPORE, Paulo Eduardo e CUNHA, Rogério Sanches. **Estatuto da Criança e do Adolescente comentado** *artigo por artigo*. 3. ed. São Paulo: RT, 2012); **3:** incorreta, pois no Código de Menores a criança e o adolescente ainda eram vistos como objeto de proteção – já que se destinava àqueles que estavam em situação de risco – e não como sujeito de direitos especiais, em razão da condição peculiar de pessoa em desenvolvimento.

Gabarito 1C, 2E, 3E

15. TEMAS COMBINADOS E OUTROS TEMAS

(Procurador do Município - Campo Grande/MS - 2019 - CESPE/ CEBRASPE) Com base no Estatuto da Criança e do Adolescente, julgue os itens subsequentes.

(1) Pessoa solteira e maior de dezoito anos de idade pode adotar, desde que a diferença de idade entre ela e o adotando seja de, pelo menos, dezesseis anos.
(2) Mediante expressa autorização dos pais ou responsáveis legais, qualquer criança ou adolescente nascido em território

nacional poderá sair do país na companhia de estrangeiro residente ou domiciliado no exterior.

(3) É permitido que menor de quatorze anos de idade trabalhe, na condição de aprendiz, em atividade compatível com o seu desenvolvimento, devendo-lhe ser garantidos o acesso e a frequência obrigatória ao ensino regular e horário especial para o exercício das atividades.

(4) O instituto da guarda confere à criança ou ao adolescente a condição de dependente para todos os fins de direito.

1. Correta. Nos termos do art. 42, *caput* e § 3º, do ECA; **2.** Errada. Assim determina o art. 85 do ECA: "sem prévia e expressa autorização judicial, nenhuma criança ou adolescente nascido em território nacional poderá sair do País em companhia de estrangeiro residente ou domiciliado no exterior"; **3.** Correta. Conforme art. 60 do ECA, "é proibido qualquer trabalho a menores de quatorze anos de idade, salvo na condição de aprendiz". Vale notar que o enunciado da questão pede para julgar as assertivas conforme o Estatuto da Criança e do Adolescente, no entanto, a norma deve ser lida à luz da Constituição Federal, art. 7º, inciso XXXIII, que veda expressamente o trabalho de pessoa menor de quatorze anos; **4.** Correta. A guarda é forma de colocação em família substituta, que pode ser alterada a qualquer tempo, e confere à criança ou adolescente a condição de dependente, para todos os fins e efeitos de direito, inclusive previdenciários (art. 33, § 3º, do ECA).

Gabarito 1C, 2E, 3C, 4C

(Defensor Público/AC – 2017 – CESPE) Aos dezesseis anos de idade, Fernanda, que cursa o segundo ano do ensino médio, foi aprovada no vestibular de uma universidade pública.

Nessa situação hipotética, à luz da LDB, Fernanda poderá

(A) matricular-se em curso de jovens e adultos, na modalidade a distância, para fins de aceleramento da conclusão do nível médio.

(B) ajuizar ação contra a universidade, mesmo sem autorização de seu representante legal, devido ao caráter de urgência, pois a garantia de sua matrícula depende de decisão judicial.

(C) matricular-se na universidade, desde que assuma o compromisso de cumprimento concomitante do ensino médio.

(D) avançar no curso de ensino médio por meio de verificação do aprendizado a ser promovida pela própria escola.

(E) receber seu certificado de conclusão de curso de ensino médio caso o dirigente da escola, utilizando seu poder discricionário, assim o determine.

Conforme art. 24 da Lei de Diretrizes e Bases da Educação, a educação básica, nos níveis fundamental e médio, será organizada de acordo com a classificação em qualquer série ou etapa, que pode ser feita por promoção, para alunos que cursaram, com aproveitamento, a série ou fase anterior, na própria escola. RD

Gabarito "D"

(Defensor Público/AL – 2017 – CESPE) Paula, que é juíza na vara da infância e juventude de determinado município e atua em parceria com o conselho tutelar, é casada com o tio de Maria, que pretende exercer a função de conselheira tutelar no município. Considerando essa situação hipotética, assinale a opção correta, de acordo com as normas do Estatuto da Criança e do Adolescente sobre impedimentos do conselheiro tutelar.

(A) O Estatuto da Criança e do Adolescente veda a nomeação para o mesmo conselho tutelar de parente colateral por afinidade até o terceiro grau, aplicando-se a regra, portanto, a Paula e a Maria.

(B) Prevalece o impedimento em relação a Maria, pois não há distinção entre parentes consanguíneos ou afins após o casamento civil, aplicando-se a regra, portanto, a Paula e a Maria.

(C) A situação apresentada não constitui impedimento para Maria assumir o conselho tutelar, não havendo justa causa para a negativa de posse, mas apenas para o exercício da função em um mesmo atendimento que envolva Paula como juíza.

(D) Há parentesco por afinidade entre Paula e Maria, o que configura impedimento legal previsto no Estatuto da Criança e do Adolescente.

(E) O Estatuto da Criança e do Adolescente veda, tão somente, a nomeação para o mesmo conselho tutelar de tio e sobrinho, não se aplicando a regra ao parentesco entre Paula e Maria.

Nos termos do art. 140 do ECA, são impedidos de servir no mesmo Conselho marido e mulher, ascendentes e descendentes, sogro e genro ou nora, irmãos, cunhados, durante o cunhadio, tio e sobrinho, padrasto ou madrasta e enteado. A vedação é estendida aos representantes do Ministério Público e Autoridade Judiciária com atuação na Justiça da Infância e da Juventude, em exercício na comarca, foro regional ou distrital. RD

Gabarito "E"

(Defensor Público – DPE/RN – 2016 – CESPE) Assinale a opção correta a respeito do papel da DP no contexto do sistema de garantia e proteção dos direitos individuais e coletivos da criança e do adolescente.

(A) A presença da DP entre os órgãos que compõem a integração operacional prevista no ECA justifica-se quando se tratar de atendimento inicial a adolescente a quem se atribua a autoria de ato infracional, mas não no atendimento de adolescentes inseridos em programa de acolhimento familiar.

(B) É exclusiva da DP a legitimidade para ajuizar ação de alimentos em proveito de criança ou adolescente nas situações de risco descritas no ECA.

(C) Segundo o STJ, não é cabível a nomeação de curador especial em processo de acolhimento institucional no âmbito do qual a criança figure como mera destinatária da decisão judicial e não como parte.

(D) Conforme entendimento do STJ, o prazo para interposição de recurso pela DP começa a fluir na data da audiência em que for proferida a sentença, caso presente o DP, e não da remessa dos autos com vista ou com a entrada destes na instituição.

(E) De acordo com o STJ, é da competência da vara da fazenda pública o julgamento de ação ajuizada pela DP visando à obtenção de medicamentos a menor, quando este estiver devidamente representado pelos pais.

A: incorreta. Na forma do art. 70-A, inciso II, e art. 88, inciso VI do ECA, além da Resolução Conanda 113/2006, a Defensoria Pública é parte integrante dos órgãos de proteção e defesa da criança e do adolescente, em especial quanto ao programa de colocação em acolhimento institucional. **B**: incorreta. Na forma do art. 141 do ECA, "é garantido o acesso de toda criança ou adolescente à Defensoria Pública, ao Ministério Público e ao Poder Judiciário, por qualquer de seus órgãos". **C**: correta. Nesse sentido, já decidiu o STJ: "(...) Resguardados os interesses da criança e do adolescente, não se justifica a obrigatória e automática nomeação da Defensoria Pública como curadora especial em ação movida pelo Ministério Público, que já atua como substituto processual. A Defensoria Pública, no exercício da curadoria especial, desempenha apenas e tão somente uma função processual de representação em juízo do menor que não tiver representante legal ou se os seus interesses estiverem em conflito (arts. 9º do CPC e 142, parágrafo único, do ECA). Incabível a nomeação de curador especial em processo de acolhimento institucional no qual a criança nem é parte, mas mera destinatária da decisão judicial". (Vide REsp 1417782/RJ, DJe 07/10/2014). **D**: incorreta. Para o STJ, "a intimação da Defensoria Pública para interposição de recurso aperfeiçoa-se com a entrega dos autos com vista, independentemente do comparecimento do defensor à audiência". (STJ, HC 332772/SP, DJe 02/12/2015). **E**: incorreta. Estando em situação de risco, a competência é da Vara de Infância e Juventude.

Gabarito "C"

(Defensor Público – DPE/RN – 2016 – CESPE) À luz da Lei 10.216/2001, que dispõe sobre a proteção e os direitos das crianças e adolescentes portadores de transtornos mentais, assinale a opção correta.

(A) Para a realização de pesquisas científicas para fins diagnósticos ou terapêuticos com a participação de criança portadora de distúrbio psiquiátrico, exige-se o consentimento expresso do representante legal da criança, o qual torna dispensável a comunicação aos conselhos profissionais competentes.

(B) Para a internação compulsória de adolescente, basta a autorização por médico devidamente registrado no CRM competente.

(C) A exigência legal de que sejam esgotados os recursos extra-hospitalares antes da internação não se aplica quando se trata de internação na modalidade voluntária.

(D) O adolescente que apresenta distúrbio psiquiátrico não pode, segundo o STJ, ser submetido a medida socioeducativa, uma vez que é inapto para cumpri-la.

(E) Caso uma criança seja internada involuntariamente em estabelecimento de saúde mental em razão de distúrbio psiquiátrico, o responsável técnico pelo estabelecimento deve comunicar o MP estadual do ocorrido, comunicação esta que é dispensada no momento da alta da criança.

A: incorreta. A pesquisa científica está regulamentada pelo art. 11 da referida Lei, que assim dispõe: "pesquisas científicas para fins diagnósticos ou terapêuticos não poderão ser realizadas sem o consentimento expresso do paciente, ou de seu representante legal, e sem a devida comunicação aos conselhos profissionais competentes e ao Conselho Nacional de Saúde". **B**: incorreta. A Lei 10.216/2001, em seu art. 9º, garante que a internação compulsória somente pode ser determinada pelo juiz competente, sempre levando em consideração as condições de segurança do estabelecimento, do paciente, dos demais internados e funcionários. **C**: incorreta. O art. 4º exige, em qualquer modalidade de internação, que os recursos extra-hospitalares sejam esgotados. **D**: correta. O art. 112, §, 3º, do ECA determina que "os adolescentes portadores de doença ou deficiência mental receberão tratamento individual e especializado, em local adequado às suas condições". Sendo assim, perfeitamente cabível a aplicação da medida socioeducativa. No entanto, já entendeu o STJ que a medida adequada para adolescente portador de distúrbio mental é a medida de proteção, uma vez que o adolescente não teria condições de assimilar a medida. Vejamos: "Adolescente. Condição especial. Liberdade assistida. O ato infracional cometido por adolescente equipara-se ao crime de homicídio qualificado (art. 121, § 2º, III e IV, do CP). A defesa, em *habeas corpus,* busca cessar definitivamente a medida socioeducativa de internação e a inclusão do paciente em medidas de proteção pertinentes porque, segundo o laudo técnico, ele é portador de distúrbios mentais. Ainda alega a defesa que o adolescente corre risco de morte diariamente por ser submetido a regime de ressocialização, o qual não tem capacidade de assimilar. Explica o Min. Relator que o § 1º do art. 12 do ECA, na imposição das medidas socioeducativas, leva em conta a capacidade de cumprimento do adolescente. Sendo assim, no caso concreto, como o adolescente apresenta distúrbios mentais, deve ser encaminhado a um atendimento individual e especializado compatível com sua limitação mental (§ 3º do mesmo artigo citado). Ante o exposto, a Turma concedeu a ordem para determinar que o paciente seja inserido na medida socioeducativa de liberdade assistida, associada ao acompanhamento ambulatorial psiquiátrico, psicopedagógico e familiar". Informativo 300. Precedentes citados: HC 54.961-SP, DJ 22/5/2006, e HC 45.564-SP, DJ 6/2/2006. HC 88.043-SP, Rel. Min. Og Fernandes, julgado em 14/4/2009. **E**: incorreta. A internação voluntária ou involuntária somente será autorizada por médico devidamente registrado no Conselho Regional de Medicina do Estado onde se localize o estabelecimento, e deverá ser comunicada ao Ministério Público no momento do procedimento e da respectiva alta (art. 8º da Lei 10.216/2001).

Gabarito "D".

(Juiz de Direito/AM – 2016 – CESPE) Assinale a opção correta acerca das medidas socioeducativas, da alienação parental e das medidas pertinentes aos pais ou responsáveis.

(A) A prática de ato de alienação parental fere direito fundamental da criança ou do adolescente de convivência comunitária saudável, além de constituir abuso moral contra a criança ou o adolescente e descumprimento dos deveres inerentes à autoridade parental ou decorrentes de tutela ou guarda.

(B) A autoridade judiciária pode aplicar nova medida de internação, por ato infracional praticado anteriormente, a adolescente que já tenha concluído cumprimento de medida socioeducativa dessa natureza, salvo se o adolescente já tiver sido transferido para cumprimento de medida menos rigorosa.

(C) Um dos princípios que regem a execução das medidas socioeducativas é a prioridade a práticas restaurativas e que, sempre que possível, atendam às necessidades das vítimas. Por essa razão, a legislação pertinente prevê a participação de socioeducando na composição da comissão de apuração de faltas disciplinares.

(D) Considera-se ato de alienação parental a interferência na formação psicológica da criança ou do adolescente promovida ou induzida por um dos genitores, pelos avós ou pelos vizinhos para que repudie genitor, assim como a interferência que cause prejuízo ao estabelecimento ou à manutenção de vínculos com o genitor.

(E) Declarado indício de ato de alienação parental, o juiz pode determinar de ofício medidas provisórias necessárias à preservação da integridade psicológica da criança ou do adolescente, inclusive para assegurar convivência com genitor ou viabilizar a efetiva reaproximação entre ambos.

A: incorreta. A alienação parental atinge o direito fundamental da criança e do adolescente de convivência familiar. **B**: incorreta. O art. 45 da Lei 12.594/12 (Lei do SINASE) veda expressamente a aplicação de nova medida de internação, por ato infracional praticado anteriormente, a adolescente que já tenha concluído cumprimento de medida socioeducativa dessa natureza, salvo se o adolescente já tiver sido transferido para cumprimento de medida menos rigorosa. **C**: incorreta. De fato, na forma do art.35, III, da Lei do SINASE, as medidas socioeducativas devem priorizar medidas que sejam restaurativas e, sempre que possível, que atendam às necessidades das vítimas. No entanto, o art. 73 da mesma lei veda a participação do socioeducando na função ou tarefa de apuração disciplinar. **D**: incorreta. A alienação parental é "promovida ou induzida por um dos genitores, pelos avós ou pelos que tenham a criança ou adolescente sob a sua autoridade, guarda ou vigilância" (art. 2º da Lei 12.318/10). **E**: correta. Conforme art. 4º da Lei de Alienação Parental.

Gabarito "E".

(Juiz de Direito/AM – 2016 – CESPE) No que se refere aos estatutos do idoso e da criança e do adolescente, assinale a opção correta.

(A) A obrigação de prestar alimentos ao idoso é recíproca e conjunta em relação a todos os coobrigados.

(B) O princípio da proteção integral e a aplicação de medidas de proteção à criança e ao adolescente, previstas no ECA, justificam a imperatividade na obediência à ordem cronológica do registro de pessoas interessadas na adoção.

(C) A prática de ato infracional análogo ao delito de tráfico de entorpecentes permite a aplicação de medida de internação do adolescente infrator.

(D) A superveniência da maioridade civil é causa de extinção da medida socioeducativa imposta ao adolescente infrator.

(E) No âmbito dos direitos fundamentais da pessoa idosa, o respeito abrange a preservação do direito às ideias e crenças.

A: incorreta. Conforme art. 12 do EI, a obrigação alimentar é solidária, podendo o idoso optar entre os prestadores. **B**: O § 12 do art. 50 do ECA prevê a convocação criteriosa dos postulantes à adoção conforme o Cadastro Nacional de Adoção, com a fiscalização do Ministério Público. No entanto, o § 13 do mesmo artigo prevê a possibilidade de candidatos domiciliados no Brasil adotarem sem estar previamente cadastrados quando (i) se tratar de adoção unilateral, (ii) se for formulada pela família extensa ou (iii) se oriundo o pedido de quem detém a tutela ou guarda legal de criança maior de 3 (três) anos ou adolescente, comprovada a afinidade e afetividade, e não seja constatada a ocorrência de má-fé ou qualquer dos crimes previstos nos arts. 237 ou 238 da lei. **C**: incorreta. Conforme entendimento do STJ "O ato infracional análogo ao tráfico de drogas, por si só, não conduz obrigatoriamente à imposição de medida socioeducativa de internação do adolescente" (Súmula 492). Sobre o mesmo tema, o STJ tem entendido que não se faz necessário o cometimento de três atos infracionais considerados graves para justificar a internação, portanto, mesmo em casos de tráfico de drogas, "não se exige, para a configuração da reiteração, um número mínimo de infrações, devendo apenas serem graves, respeitadas as circunstâncias do caso concreto" (STJ, HC 37 1148/SP, Re. Felix Fischer, DJe 01/12/2016). **D**: incorreta. O ECA também é aplicável às pessoas que tenham entre 18 (dezoito) anos completos e 21 (vinte e um) incompletos para os fins de cumprimento de medida socioeducativa: "Nos casos expressos em lei, aplica-se excepcionalmente este Estatuto às pessoas que tenham entre dezoito e vinte e um anos de idade" (art. 2º, parágrafo único). Nesse sentido já decidiu o STJ: "Para a aplicação das medidas socioeducativas previstas no Estatuto da Criança e do Adolescente – ECA, leva-se em consideração apenas a idade do menor ao tempo do fato (ECA, art. 104, parágrafo único), sendo irrelevante a circunstância de atingir o adolescente a maioridade civil ou penal durante seu cumprimento, tendo em vista que a execução da respectiva medida pode ocorrer até que o autor do ato infracional complete 21 (vinte e um) anos de idade (ECA, art. 2º, parágrafo único, c/c os arts. 120, § 2º, e 121, § 5º)". (STJ, Rel. Min. Arnaldo Esteves Lima, MS 95.896/RJ, DJe 21/09/2009). **E:** correta. É o que garante o Estatuto do Idoso em seu art. 10, § 1º.

Gabarito "E"

(Promotor de Justiça/PI – 2014 – CESPE) No que tange aos direitos fundamentais das crianças e dos adolescentes, conforme previsão do ECA e entendimento dos tribunais superiores, assinale a opção correta.

(A) Embora o ECA garanta, de diversas formas, os direitos fundamentais da criança e do adolescente mediante a proteção da gestante, não há previsão de garantia do aleitamento materno aos filhos de mães submetidas a penas privativas de liberdade.

(B) Como forma de impedimento à adoção comercial de bebês, o Estado é proibido de proporcionar assistência psicológica à gestante ou à mãe que manifestarem desejo de entregar seus filhos para adoção.

(C) Admite-se a veiculação de imagens com cenas de espancamento e tortura praticados por adulto contra criança, ainda que constrangedoras, em razão da prevalência do direito à informação prestada pela impressa à sociedade.

(D) É obrigação do Estado criar e manter centros específicos para adolescentes portadores de doença ou deficiência mental em cumprimento de medida socioeducativa, não sendo suficientes a existência de programa psiquiátrico terceirizado e a utilização da rede pública para o atendimento de casos agudos.

(E) A CF e o ECA asseguram o ingresso e a permanência de crianças com até seis anos de idade em creches e pré-escolas, desde que comprovada a hipossuficiência dos pais.

A: incorreta, pois dentre os direitos fundamentas previstos no ECA está ode que o poder público, as instituições e os empregadores propiciarão condições adequadas ao aleitamento materno, inclusive aos filhos de mães submetidas a medida privativa de liberdade (art. 9º do ECA); **B:** incorreta, pois o ECA prevê que ao poder público incumbe proporcionar assistência psicológica à gestante e à mãe, no período pré e pós-natal, inclusive como forma de prevenir ou minorar as consequências do estado puerperal. Ainda, a assistência psicológica deverá ser prestada a gestantes ou mães que manifestem interesse em entregar seus filhos para adoção, com o fim de evitar o comércio ilegal de bebês, na medida em que, caso a mãe realmente não queira permanecer com o seu filho, a criança será imediatamente acolhida e entregue a um casal previamente habilitado no cadastro de pretendentes à adoção (art. 8º, §§ 4º e 5º, do ECA); **C:** incorreta, pois a divulgação de cenas de criança sendo espancada violaria o seu direito ao respeito à inviolabilidade da integridade física, psíquica e moral, que abrange a preservação da imagem (art. 17 do ECA), prevalecendo sobre o direito à informação; **D:** correta (art. 112, § 3º, do ECA); **E:** incorreta, pois é dever do Estado garantir a educação infantil, em creche e pré-escola, às crianças com até 5 (cinco) anos de idade (art. 54, IV, do ECA; art. 208, IV, da CF/88). Ademais, como a Constituição Federal erigiu a eliminação das desigualdades regionais e o acesso universal à educação básica à categoria de garantias fundamentais, disso resulta que independe de comprovação da hipossuficiência dos pais para que a criança tenha assegurado o seu direito de ingresso e permanência à creche e pré-escola.

Gabarito "D"

(Defensoria/DF – 2013 – CESPE) Com base na jurisprudência do STJ e na Lei nº 8.069/1990, julgue os itens de abaixo.

(1) A competência territorial, nas ações que envolvam medidas protetivas destinadas a crianças e adolescentes e discussão sobre o poder familiar, será definida sempre pelo juízo do lugar onde se encontre a criança ou o adolescente.

(2) A ausência de laudo técnico realizado por equipe multidisciplinar, para fins de fixação de medida socioeducativa de internação pelo magistrado, não resulta em nulidade do processo.

(3) A autoridade judiciária pode disciplinar, por meio da expedição de portaria, a entrada e a permanência de criança ou adolescente desacompanhados dos pais ou responsáveis em locais e eventos discriminados na lei, devendo essas medidas ser fundamentadas, caso a caso, vedadas as determinações de caráter geral.

(4) No que se refere a descentralização político-administrativa das ações governamentais na área da assistência social, cabe a esfera federal coordenar a política de atendimento aos direitos da criança e do adolescente, assim como definir as respectivas normas gerais.

(5) O magistrado de vara da infância e juventude pode determinar, de ofício, a realização de matrícula em estabelecimento de ensino nos casos em que a criança ou o adolescente estejam em situação de risco, não importando tal determinação em violação do princípio dispositivo. Nesses casos, a ordem de ofício dada pelo magistrado tem caráter administrativo-judicial, submetendo-se a controle judicial quanto a sua juridicidade, especialmente no que se refere aos aspectos da necessidade e da proporcionalidade da medida.

(6) Deve a DP intervir como curadora especial do menor hipossuficiente em situação de vulnerabilidade nas ações de destituição do poder familiar ajuizadas pelo MP, devendo o *parquet* cumprir exclusivamente seu papel de fiscal da lei, observado o princípio do melhor interesse do menor.

1: incorreta, pois a competência para as ações cíveis, como no caso da ação de destituição do poder familiar, será determinada pelo domicílio dos pais ou responsável ou, subsidiariamente, pelo lugar onde se encontre a criança ou adolescente, à falta dos pais ou responsável (art. 147, I e II, do ECA). Por sua vez, a competência para a execução das medidas socioeducativas e protetivas é a do local onde se encontrar o adolescente, tendo em vista que a fiscalização deve ocorrer pelo juízo onde se ele encontra, em razão da proximidade e possibilidade de acompanhamento mais efetivo (art. 147, § 2º, do ECA); **2:** correta. Neste sentido é o entendimento jurisprudencial, in verbis: "Apelação cível. Eca. Ato infracional. Roubo. 1. Nulidade por ausência de laudo interdisciplinar. Descabimento. 2. Autoria e materialidade confirmadas. 3. Medida de internação. 1. A ausência de laudo técnico interdisciplinar não gera nulidade, pois sua produção constitui faculdade do juízo, que é destinatário das provas. Conclusão n. 43 do Centro de Estudos do TJRS. 2. A materialidade restou evidenciada, assim como a autoria. O jovem admitiu perante o Ministério Público, silenciando em juízo. O restante da prova, produzida em juízo, é cristalina e o aponta para o jovem. 3. A medida de internação mostra-se adequada, ante a violência com que o fato foi praticado. Negaram provimento. Unânime. (Apelação Cível 70060000593, Oitava Câmara Cível, Tribunal de Justiça do RS, Relator: Luiz Felipe Brasil Santos, Julgado em 07/08/2014)". (TJ-RS, AC: 70060000593 RS, Relator: Luiz Felipe Brasil Santos, Data de Julgamento: 07.08.2014, Oitava Câmara Cível, Data de Publicação: Diário da Justiça do dia 12.08.2014); "Agravo regimental. Recurso especial. Lei 8.069/1990. Estatuto Da Criança E Do Adolescente. Medida socioeducativa de internação. Ato infracional equiparado ao crime de estupro. Violência e grave ameaça à pessoa. Decisão judicial fundamentada. Laudo técnico interdisciplinar. Art. 186, § 2º, do ECA. Prescindibilidade. 6. Agravo regimental improvido". (STJ, AgRg nos EDcl no REsp 1.319.704/RS, Relator o Ministro Sebastião Reis Júnior, DJ de 14.12.2012.); **3:** correta, pois a alternativa está de acordo com o art. 149, I e II, do ECA. Cumpre esclarecer que "as portarias judiciais são atos que disciplinam situações concretas, em particular, as diversões públicas da criança e do adolescente. Geralmente estabelecem condições para que crianças e adolescentes possam usufruir de determinados locais. Exemplo: condições para entrada de adolescentes desacompanhados de seus pais em determinado estádio de futebol. Diferem-se dos alvarás judiciais, que são dirigidos a determinada pessoa física ou jurídica, como ocorre, por exemplo, para a participação de determinada criança em certame de beleza. (...) (AgRg no REsp 621.244/RJ, DJ 30.04.2007)" (ROSSATO, LÉPORE e SANCHES. Estatuto da Criança e do Adolescente Comentado, Ed. RT, 2012, pag. 427). Por fim, insta ressaltar que não cabe ao juiz disciplinar, por meio de portaria, situações com caráter genérico e abstrato, pois extrapolaria os limites da atividade judiciária regulamentar com base no art. 149 do ECA, conforme já decidido pelo STJ quanto à portaria do "toque de recolher" (STJ, HC 207.720, 2ª T., rel. Min. Herman Benjamin); **4:** correta, pois, de fato, compete ao órgão da Administração Pública Federal responsável pela coordenação da Política Nacional de Assistência Social coordenar e articular as ações no campo da assistência social (art. 19, I, da Lei Orgânica da Assistência Social – Lei 8.742/1993); **5:** correta, pois a alternativa está de acordo com o artigo 101, III, do ECA; **6:** incorreta, pois no caso de ação de destituição do poder familiar formulada pelo Ministério Público, este atua no interesse dos menores, nos termos do art. 201, incisos III e VIII do ECA, sendo desnecessária a intervenção da Defensoria Pública atuando como Curadoria Especial. Neste sentido é o entendimento jurisprudencial: "Destituição de poder familiar promovida pelo Ministério Público. Nomeação de curador especial da Defensoria Pública aos menores. Desnecessidade. ECA. Art. 201, incisos III e VIII. Recurso especial a que se nega provimento. 1. Deve ser renovado o julgamento se da publicação da pauta não foi intimada a recorrente, Defensoria Pública do Estado do Rio de Janeiro. 2.Compete ao Ministério Público, a teor do art. 201, III e VIII da Lei 8.069/1990 (ECA), promover e acompanhar o processo de destituição do poder familiar, zelando pelo efetivo respeito aos direitos e garantias legais assegurados às crianças e adolescentes. 3. Resguardados os interesses da criança e do adolescente, não se justifica a nomeação de curador especial na ação de destituição do poder familiar. 4. Recurso especial a que se nega provimento". (STJ, Relator: Ministra Maria Isabel Gallotti, Data de Julgamento: 28.08.2012, T4 Quarta Turma).

Gabarito 1E, 2C, 3C, 4C, 5C, 6E

(Defensoria/DF – 2013 – CESPE) Com base no disposto na CF e no ECA, julgue os próximos itens.

(1) Deve constar do orçamento anual do fundo municipal dos direitos da criança previsão dos recursos necessários ao funcionamento do conselho tutelar.

(2) As decisões do conselho municipal dos direitos da criança e do adolescente, no âmbito de suas atribuições e competências, vinculam, por meio do controle, as ações governamentais e da sociedade civil organizada, em respeito aos princípios constitucionais da participação popular e da prioridade absoluta a criança e ao adolescente.

1: incorreta, pois deve constar da *lei orçamentária municipal* e da do Distrito Federal previsão dos recursos necessários ao funcionamento do Conselho Tutelar e à remuneração e formação continuada dos conselheiros tutelares, nos termos do art. 134, parágrafo único, do ECA; **2:** correta, pois o Fundo Municipal não tem personalidade jurídica, razão pela qual está vinculado ao CMDCA – Conselho Municipal dos Direitos da Criança e do Adolescente (art. 88, IV, do ECA), o qual possui a prerrogativa exclusiva de gerir e deliberar sobre a aplicação dos recursos do Fundo Municipal, por meio da elaboração do "Plano de Aplicação", vinculando as ações governamentais e da sociedade civil organizada(art. 214 e art. 260, § 2º, do ECA; art. 2º, X, da Lei 8.242/1991.

Gabarito 1E, 2C

(Magistratura/PI – 2011 – CESPE) Em relação à suspensão e à perda do poder familiar, assinale a opção correta.

(A) A norma segundo a qual a conduta dos genitores deve ser compatível com a moral e os bons costumes é meramente orientadora, dado o seu caráter subjetivo, razão por que seu descumprimento não acarreta sanção.

(B) O proferimento, pelo juízo criminal, de sentença absolutória de acusação de maus-tratos contra menor impede a proposição de ação cível.

(C) A destituição do poder familiar pode ocorrer quando os pais reincidirem nas faltas que conduzem à suspensão desse poder.

(D) Perdem o poder familiar os pais condenados, pela prática de crime, a pena superior a dois anos de reclusão.

(E) A perda do poder familiar implica a cessação da responsabilidade civil do genitor por ato ilícito praticado pelo filho.

A: incorreta, pois a conduta dos genitores incompatível com a moral e os bons costumes acarretará a perda do poder familiar (art. 1.635, V e art. 1.638, III, ambos do CC); **B:** incorreta. *A responsabilidade civil é independente da criminal, não se podendo questionar mais sobre a existência do fato, ou sobre quem seja o seu autor, quando estas questões se acharem decididas no juízo criminal.* Assim, nos casos em que o juiz criminal prolatar sentença absolutória reconhecendo a negativa de autoria ou a inexistência de materialidade, haverá coisa julgada na esfera cível, não cabendo mais discussão (art. 66 do CPP). Também faz coisa julgada no cível a sentença penal que reconhecer ter sido o ato praticado em estado de necessidade, em legítima defesa, em estrito cumprimento do dever legal ou no exercício regular de direito (art. 65 do CPP). Por sua vez, se a absolvição criminal se fundamentar em insuficiência de provas, não haverá óbice ao prosseguimento da ação de reparação civil; **C:** correta, pois a perda do poder familiar será decretada judicialmente, em procedimento contraditório, nos casos previstos na legislação civil (art. 1.638, do CC), bem como na hipótese de descumprimento injustificado dos deveres e obrigações a que alude o art. 22 (art. 24 do ECA); **D:** incorreta, pois não haverá perda, mas suspensão do exercício do poder familiar ao pai ou à mãe condenados por sentença irrecorrível, em virtude de crime cuja pena exceda a dois anos de prisão (art. 1.637, parágrafo único, do CC); **E:** incorreta, pois não implicará a cessação da responsabilidade civil do genitor por ato ilícito praticado pelo filho, caso o fato tenha ocorrido antes da destituição do poder familiar.

Gabarito "C"

(Magistratura/BA – 2012 – CESPE) Assinale a opção correta no que tange ao procedimento de jurisdição voluntária de habilitação de pretendentes à adoção.

(A) Contará a favor dos postulantes a sua participação, ainda que facultativa, em programa oferecido pela justiça da infância e da juventude, preferencialmente com apoio dos técnicos responsáveis pela execução da política municipal de garantia do direito à convivência familiar, que inclua preparação psicológica, orientação e estímulo à adoção inter-racial, de crianças maiores ou de adolescentes, de crianças ou de adolescentes com necessidades específicas de saúde ou com deficiências e de grupos de irmãos.

(B) O programa oferecido pela justiça da infância e juventude sempre incluirá o contato com crianças e adolescentes em regime de acolhimento familiar ou institucional em condições de serem adotados, a ser realizado sob a orientação, supervisão e avaliação da equipe técnica da justiça da infância e da juventude, com o apoio dos técnicos responsáveis pelo programa de acolhimento familiar ou institucional e pela execução da política municipal de garantia do direito à convivência familiar.

(C) Deferida a habilitação do postulante à adoção, este será inscrito no cadastro mantido pela autoridade judiciária, e a sua convocação para a adoção deve ser feita, obrigatoriamente, de acordo com a ordem cronológica de habilitação e conforme a disponibilidade de crianças ou adolescentes adotáveis, não acarretando qualquer tipo de sanção ao postulante a recusa sistemática à adoção das crianças ou adolescentes indicados.

(D) Após receber a petição inicial, deve a autoridade judiciária, no prazo de quarenta e oito horas, oferecer vista dos autos ao conselho tutelar, que, no prazo de cinco dias, deverá apresentar relatório minucioso a respeito das condições materiais e psicológicas dos postulantes.

(E) Deve, obrigatoriamente, intervir no feito equipe interprofissional a serviço da justiça da infância e da juventude, que deverá elaborar estudo psicossocial com subsídios que permitam aferir a capacidade e o preparo dos postulantes para o exercício de uma paternidade ou maternidade responsável, à luz dos requisitos e princípios do ECA.

A: incorreta, pois é obrigatória a participação em programa oferecido pela Justiça da Infância e Juventude (art. 197-C, § 1º, do ECA); **B:** incorreta, pois, sempre que possível e recomendável, a etapa obrigatória da preparação incluirá o contato com crianças e adolescentes em regime de acolhimento familiar ou institucional em condições de serem adotados (art. 197-C, parágrafo 2º, do ECA); **C:** incorreta, pois a ordem cronológica das habilitações somente poderá deixar de ser observada pela autoridade judiciária, quando comprovado ser essa a melhor solução no interesse do adotando. Ademais, a recusa sistemática na adoção das crianças ou adolescentes indicados importará na reavaliação da habilitação concedida (art. 197-E, §§ 1º e 2º, do ECA); **D:** incorreta, pois a autoridade judiciária deve oferecer vista dos autos ao Ministério Público (art. 197-B do ECA); **E:** correta (art. 197-C do ECA).

Gabarito "E".

(Ministério Público/RR – 2012 – CESPE) Em relação ao que estabelece o ECA, assinale a opção correta à luz do entendimento do STJ.

(A) O ECA não é aplicável à pessoa que já tenha completado dezoito anos de idade.
(B) Em ação judicial na qual se discuta a guarda de criança ou adolescente, o interesse do menor é irrelevante para fins de determinação da competência para a apreciação da causa.
(C) É possível o pedido de alimentos do adotado a seus pais biológicos, ainda que seja irrevogável o vínculo de adoção.
(D) Constitui dano moral a conduta de companhia aérea que impede a viagem de menor sem a devida autorização exigida no ECA.
(E) Em ACP ajuizada com o objetivo de assegurar o direito de crianças frequentarem creches, o MP não precisa demonstrar viabilidade orçamentária em relação ao pleito.

A: incorreta (art. 2°, parágrafo único, do ECA); **B:** incorreta (art. 147, II, do ECA); **C:** correta. Não obstante a destituição do poder familiar dos genitores em relação à sua prole, tal medida não importará em benefício e premiação a esses pais desidiosos e negligentes, a ponto de livrá-los do dever legal de alimentar os seus filhos. É direito público subjetivo dos infantes receberem os alimentos de seus pais, ainda que aqueles tenham sido destituídos do poder familiar, uma vez que nessa hipótese apenas os direitos/poderes são eliminados, extirpados, jamais os deveres dele decorrentes, notadamente, o dever alimentar. Essa é a lição da doutrina e jurisprudência mais atualizada e sensível, visando sempre ao melhor interesse da criança e do adolescente, com o fito de lhe conceder a proteção integral. Neste sentido também é o entendimento do STJ (REsp 813604 – SC, Terceira Turma, Superior Tribunal de Justiça, Rel. Nancy Andrighi, j. em 16.08.2007 e Informativo n. 405). Outrossim, de igual modo entende Cristiano Chaves: "*Importante registrar, por oportuno, que a suspensão ou destituição do poder familiar não libera o genitor sancionado do dever alimentício, permanecendo vinculado à satisfação das necessidades do filho. Nada mais lógico. Se assim não fosse, a desconstituição ou suspensão do poder familiar deixaria de ser sanção civil, passando a funcionar como verdadeiro prêmio obtido por genitores desidiosos e inescrupulosos, alcançando exatamente o fim pretendido, ainda que à custa da miséria do próprio filho. Até mesmo porque, em casos tais, se o genitor tivesse algum sentimento para com o filho, sequer haveria necessidade de discussão sobre o percentual alimentar, pois os prestaria como uma obrigação* de consciência"; **D:** incorreta, segundo o entendimento jurisprudencial: "*ADMINISTRATIVO. VIAGEM DE MENOR AO EXTERIOR. NECESSIDADE DE AUTORIZAÇÃO ESCRITA DO PAI AUSENTE. PREJUÍZOS MATERIAIS. CULPA EXCLUSIVA DA VÍTIMA. AUSÊNCIA DE DANOS MORAIS*" (TRF, Apelação Cível nº 542.767-RN, processo nº 2009.84.00.009952-6, Relator: Desembargador Federal Sérgio Murilo Wanderley Queiroga); **E:** incorreta, pois não se trata de entendimento do STJ, mas da aplicação das regras do ônus da prova previstas no CPC, já que cabe ao Poder Público demonstrar a insuficiência financeira (STJ: REsp 575.280-SP, DJ 25.10.2004, e REsp 510.598-SP, DJ 13/2/2008. REsp 474.361-SP, Rel. Min. Herman Benjamin, julgado em 04.06.2009).

Gabarito "C".

(Ministério Público/PI – 2012 – CESPE) A respeito dos direitos fundamentais das crianças e dos adolescentes, assinale a opção correta com base no estabelecido na CF e no ECA.

(A) É obrigação do Estado fornecer educação infantil, em creche e pré-escola, às crianças de até três anos de idade, e ensinos fundamental e médio gratuitos dos quatro aos dezessete anos de idade.
(B) O adotado, após completar dezoito anos de idade, tem direito de conhecer sua origem biológica, bem como de obter acesso irrestrito ao processo no qual a medida foi aplicada e seus eventuais incidentes.
(C) Os direitos fundamentais das crianças e dos adolescentes são enumerados, especificados e regulamentados de forma taxativa no ECA.
(D) Toda criança ou adolescente tem direito de ser criado e educado no seio da sua família e, por esse motivo, é vedada, sem exceções, a permanência da criança e do adolescente em programa de acolhimento institucional, por mais de dois anos.
(E) O reconhecimento do estado de filiação é direito personalíssimo e indisponível, que pode ser exercitado contra os pais ou seus herdeiros, no prazo decadencial de quatro anos, observado o segredo de justiça.

A: incorreta, pois é dever do Estado assegurar à criança e ao adolescente: a) ensino fundamental, obrigatório e gratuito, inclusive para os que a ele não tiveram acesso na idade própria; b) progressiva extensão da obrigatoriedade e gratuidade ao ensino médio; c) atendimento em creche e pré-escola às crianças de zero a seis anos de idade (art. 54, I, II e IV, do ECA); **B:** correta (art. 48 do ECA); **C:** incorreta, pois a criança e o adolescente gozam de todos os direitos fundamentais inerentes à pessoa humana (art. 3º do ECA e art. 5º, §2º, da CF) decorrentes do Ordenamento Jurídico de forma expressa ou implícita; **D:** incorreta, pois a permanência da criança e do adolescente em programa de acolhimento institucional não se prolongará por mais de 2 (dois) anos, salvo comprovada necessidade que atenda ao seu superior interesse, devidamente fundamentada pela autoridade judiciária (art. 19, § 2º, do ECA); **E:** incorreta, pois o direito ao reconhecimento do estado de filiação é imprescritível (art. 27 do ECA).

Gabarito "B".

(Defensor Público/RO – 2012 – CESPE) A respeito da prática de ato infracional, dos direitos individuais, das garantias processuais e das medidas socioeducativas, assinale a opção correta com base no que dispõe o ECA.

(A) Antes de decretar a regressão de medida socioeducativa, deve a autoridade judiciária ouvir o adolescente infrator.
(B) A internação provisória, ou seja, a que seja decretada antes da sentença, não pode exceder o prazo de quarenta e cinco dias, salvo quando o ato infracional for cometido mediante violência ou grave ameaça e quando a extrapolação do prazo for necessária para a segurança pessoal do adolescente.
(C) Considera-se ato infracional apenas o praticado por adolescente, ou seja, por pessoa entre doze anos de idade completos e dezoito anos de idade incompletos.
(D) No processo para apuração de ato infracional, é recomendável que o juiz encerre a instrução probatória quando houver confissão do adolescente, em atenção à celeridade que se deve empregar nesse tipo de procedimento.
(E) Tratando-se de procedimento de apuração de ato infracional, a ausência de defensor na audiência de apresentação do adolescente acarreta nulidade do processo, desde que comprovado o prejuízo.

A: correta, de acordo com o enunciado da Súmula 265 do STJ; **B:** incorreta, pois em nenhuma hipótese será permitida a internação provisória por mais de quarenta e cinco dias (arts. 108 e 183, ambos do ECA); **C:** incorreta, pois tanto a criança como o adolescente praticam ato infracional. Todavia, caso a criança seja o autor do ato infracional, ser-lhe-á aplicada tão somente medida protetiva e não socioeducativa (art. 105, do ECA); **D:** incorreta, pois é nula a desistência de outras provas em face da confissão do adolescente (Súmula 342 do STJ); **E:** incorreta, pois em caso de ausência de advogado em audiência de apresentação, a nulidade será absoluta, presumindo-se o prejuízo, diante da afronta ao princípio da ampla defesa. Assim, é indispensável a defesa técnica, sendo que nenhum adolescente a quem se atribua a prática de ato infracional, ainda que ausente ou foragido, será processado sem defensor, devendo estar acompanhado de advogado, inclusive, na audiência de apresentação. Se o adolescente não houver constituído, o juiz deverá nomear um defensor para a oportunidade (arts. 184, § 1º e 207, do ECA).

Gabarito "A".

26. Processo Coletivo

Marcos Destefenni, Roberta Densa, Vanessa Trigueiros e Wander Garcia*

1. INTERESSES DIFUSOS, COLETIVOS E INDIVIDUAIS HOMOGÊNEOS E PRINCÍPIOS

(Defensor Público/AL – 2017 – CESPE) São considerados direitos decorrentes de origem comum os direitos

(A) indivisíveis.
(B) coletivos.
(C) individuais homogêneos.
(D) difusos.
(E) transindividuais.

Nos termos do art. 81 do Código de Defesa do Consumidor, considera-se **direitos difusos** os transindividuais, de natureza indivisível, de que sejam titulares pessoas indeterminadas e ligadas por circunstâncias de fato; os **direitos coletivos** os transindividuais, de natureza indivisível de que seja titular grupo, categoria ou classe de pessoas ligadas entre si ou com a parte contrária por uma relação jurídica base e os **direitos individuais homogêneos**, assim entendidos os decorrentes de origem comum. RD

Gabarito "C"

(Ministério Público/PI – 2012 – CESPE) Com base no direito processual civil, assinale a opção correta.

(A) Na ação coletiva, vigoram os princípios da disponibilidade motivada e da obrigatoriedade da execução, em relação a todos os colegitimados.
(B) Na ACP, o princípio da máxima efetividade confere ao juiz amplos poderes instrutórios, independentemente de iniciativa das partes, além de concessão de liminares, sem justificação prévia, antecipação de tutela e utilização de medidas de apoio, destinadas a assegurar resultado prático equivalente à tutela pretendida.
(C) O princípio da adstrição da sentença, corolário do princípio da demanda, aplica-se à tutela jurisdicional específica das obrigações de fazer, não fazer e entregar coisa.
(D) Na atividade jurisdicional desenvolvida pelo STF em sede de recurso extraordinário, admite-se a invocação do princípio *jura novit curia*, ou seja, do princípio de que o juiz conhece o direito.
(E) Em jurisdição constitucional, no âmbito do processo de controle abstrato de constitucionalidade, aplica-se o princípio da demanda ou da adstrição das sentenças ao pedido.

A: incorreta, pois não há disponibilidade motivada e obrigatoriedade da execução em relação a todos os legitimados. Por exemplo, em relação às associações não há qualquer obrigatoriedade; **B:** correta, pois se trata de uma ótima definição do princípio da máxima efetividade da perspectiva do Poder Judiciário. Deve-se lembrar, ainda, o cabimento de qualquer ação para a tutela dos direitos transindividuais (art. 83 do CDC); **C:** incorreta, pois o art. 84 do CDC (art. 461 do CPC/1973, correspondente ao art. 497 do Novo CPC) autoriza o juiz a conceder a tutela específica, bem como, se for o caso, adotar providências que assegurem um resultado prático equivalente ou, ainda, a conceder a tutela genérica se for impossível a tutela específica. Ou seja, o princípio da congruência ou da adstrição é mitigado no caso da tutela das obrigações de fazer, não fazer e entrega de coisa; **D:** incorreta, pois o STF tem afirmado a inaplicabilidade desse princípio no caso de recurso extraordinário: "O brocardo latino que diz *da mihi factum, dabo tibi jus* não pode ser aplicado ao recurso extraordinário" (AI 68283 AgR/RJ). No mesmo sentido: ARE 639337 AgR/SP; **E:** incorreta, pois no caso de ADI, o STF não está vinculado aos fundamentos invocados pelo autor: "O Tribunal não está adstrito aos fundamentos invocados pelo autor, podendo declarar a inconstitucionalidade por fundamentos diversos dos expendidos na inicial" (ADI 2396 MC/MS).

Gabarito "B"

(Ministério Público/TO – 2012 – CESPE) Com relação à teoria constitucional e à tutela dos direitos difusos e coletivos, assinale a opção correta.

(A) São considerados interesses coletivos os transindividuais, de natureza indivisível, de que sejam titulares pessoas indeterminadas e ligadas por circunstâncias de fato.
(B) Direitos ou interesses transindividuais não possuem titulares individuais determinados e pertencem a uma comunidade ou coletividade.
(C) O interesse público secundário é o interesse social, o da sociedade ou da coletividade, assim como a proteção ao meio ambiente.
(D) Os interesses relacionados a condôminos de um edifício excedem o âmbito estritamente individual, constituindo interesses públicos.
(E) Direitos difusos e direitos coletivos distinguem-se pela coesão como grupo, categoria ou classe anterior à lesão, própria dos direitos difusos, e não dos coletivos *stricto sensu*.

A: incorreta, pois a definição corresponde aos direitos difusos (art. 81, parágrafo único, I, do CDC); **B:** correta, pois os interesses ou direitos transindividuais genuínos (difusos e coletivos) pertencem a pessoas indetermináveis ou indeterminadas. No caso dos coletivos no sentido estrito, a titularidade é de um grupo, classe ou categoria de pessoas (art. 81, parágrafo único, II, do CDC); **C:** incorreta, pois, no caso, a definição é do interesse público primário. O interesse público secundário é o interesse patrimonial do Estado enquanto pessoa jurídica; **D:** incorreta, porque não se trata de interesse público, que é o interesse de toda a coletividade. Pode haver interesse coletivo ou social; **E:** incorreta, pois a coesão anterior à lesão é própria dos direitos coletivos no sentido estrito e não dos difusos.

Gabarito "B"

(Defensor Público/ES – 2012 – CESPE) Em um Estado Democrático de Direito, cabe ao legislador a função de editar a lei; ao administrador público e ao magistrado, aplicarem-na de modo a atingir os interesses do grupo formador do Estado. E é a partir desses interesses que surgem os confrontos entre o que e de interesse do Estado e o que deve ser de interesse privado. Considerando tais aspectos, julguemos itens a seguir.

(1) Os interesses difusos e os interesses coletivos são indivisíveis e se assemelham aos interesses individuais homogêneos, por se dirigirem a grupos, categorias ou classes de pessoas determináveis.
(2) O interesse do Estado ou dos governantes deve coincidir necessariamente com o bem geral da coletividade, pois, ao tomarem suas decisões, os governantes devem atender ao real interesse da comunidade.

1: errada. É verdade que os interesses difusos e coletivos são indivisíveis. Porém, não se pode afirmar que os interesses difusos pertencem a pessoas determináveis. Os titulares dos direitos difusos são indetermináveis (art. 81, parágrafo único, I, do CDC). Os direitos que pertencem a um grupo, categoria ou classe de pessoas é o coletivo no sentido estrito (art. 81, parágrafo único, II, do CDC); **2:** errada. É importante

* **Marcos Destefenni** comentou as questões de MP/PI/14 e Defensoria/DF/13; RD **Roberta Densa** comentou as questões de Defensoria/RN/16; **Marcos Destefenni**, **Vanessa Trigueiros e Wander Garcia** comentaram as demais questões.

observar que o interesse público pode ser dividido em primário ou secundário, conforme lição bem acolhida pelo direito nacional. O interesse público primário diz respeito aos interesses da coletividade, em sentido amplo, relacionados ao bem-comum. O interesse público secundário diz respeito aos interesses patrimoniais do Estado, enquanto pessoa jurídica. E como se sabe, nem sempre há coincidência entre o interesse público primário e o secundário, o que torna o Estado réu de ações coletivas em muitos casos.

Gabarito 1E, 2E

(Defensor Público/ES – 2012 – CESPE) Julgue os próximos itens, relativos à defesa dos interesses difusos em juízo.

(1) Em caso de lesão ao patrimônio público, a indenização obtida em ACP será destinada a recompor o patrimônio lesado.

(2) A coisa julgada será *erga omnes*, mas limitada ao grupo, classe ou categoria de pessoas, na ACP ou na ação coletiva que verse sobre interesses coletivos, se a improcedência se fundar em falta de provas.

1: correta, pois assim determina o art. 18 da Lei n. 8.429/1992: "Art. 18. A sentença que julgar procedente ação civil de reparação de dano ou decretar a perda dos bens havidos ilicitamente determinará o pagamento ou a reversão dos bens, conforme o caso, em favor da pessoa jurídica prejudicada pelo ilícito"; **2:** errada, pois, nos termos do art. 103, II, do CDC, a coisa julgada, no caso de tutela de direitos coletivos no sentido estrito, é *ultra partes*. Ademais, não há formação da coisa julgada no caso de improcedência por falta de provas.

Gabarito 1C, 2E

(Defensor Público/AC – 2012 – CESPE) No que concerne à ação civil pública e à coletiva, assinale a opção correta.

(A) A legislação vigente admite o ajuizamento de ação civil coletiva decorrente de fatos e direitos de origem diversa.

(B) Não é possível estabelecer, em ação civil coletiva, pedido sobre obrigação de dar, fazer ou não fazer relacionado a direitos individuais homogêneos.

(C) Para dar ensejo a uma ação civil coletiva, o direito deve ser indivisível, porém idêntico em uma coletividade.

(D) A ação civil pública foi instituída para evitar decisões contraditórias e não para desestimular ações individuais.

(E) A ação civil pública, também conhecida como ação de classe, é um instrumento de tutela de direitos difusos, coletivos e individuais indisponíveis.

A: incorreta, pois a ação civil coletiva (arts. 91 e seguintes do CDC) deve ser ajuizada no caso de lesão a direitos ou interesses de origem comum, os chamados interesses ou direitos individuais homogêneos (art. 81, parágrafo único, III, do CDC); **B:** incorreta, pois a ação civil coletiva pode ser ajuizada para a defesa dos direitos e interesses protegidos pelo CDC, sendo admissíveis todas as espécies de ações capazes de propiciar sua adequada e efetiva tutela, ou seja, sendo admissíveis todos os pedidos (art. 83, CDC); **C:** incorreta, pois a ação civil coletiva é cabível para a defesa de direitos individuais homogêneos, ou seja, direitos divisíveis; **D:** incorreta, pois as ações coletivas evitam a multiplicação de demandas individuais e, em consequência, minimizam o risco de decisões contraditórias. Porém, o objetivo é exatamente desestimular o ajuizamento de ações individuais; **E:** correta, pois a ação civil pública pode ser ajuizada para a tutela dos mencionados direitos (coletivos lato sensu), definidos no art. 81 do CDC. A possibilidade de sua utilização para a defesa dos citados direitos decorre de norma expressa, qual seja, do art. 21 da Lei n. 7.347/1985.

Gabarito "E"

(Defensor Público/RO – 2012 – CESPE) Com relação aos interesses coletivos, assinale a opção correta.

(A) Os titulares de interesses coletivos em sentido estrito agregam-se por circunstâncias de fato.

(B) Os titulares de interesses difusos são caracterizados pela indeterminabilidade relativa.

(C) Os titulares de interesses difusos ligam-se por relação jurídica base.

(D) Os interesses individuais homogêneos são caracterizados por uma transindividualidade artificial ou relativa.

(E) O objeto dos interesses individuais homogêneos é indivisível.

A: incorreta, pois a agregação, no caso, decorre de uma relação jurídica base (art. 81, parágrafo único, I, do CDC); **B:** incorreta, pois a indeterminabilidade, no caso, é absoluta. É impossível determinar todos os titulares do direito difuso lesado; **C:** incorreta, pois os titulares de direitos difusos estão dispersos, ligados por circunstâncias de fato (art. 81, parágrafo único, I, do CDC). Os titulares de direitos coletivos é que se ligam por relação jurídica base (art. 81, parágrafo único, II, do CDC); **D:** correta, pois, na verdade, os direitos são individuais. A transindividualidade, no caso, existe apenas para fins de tutela jurisdicional. Trata-se da hipótese de tutela coletiva de direitos individuais. Fala a doutrina em direitos acidentalmente (processualmente) coletivos; **E:** incorreta, pois o objeto, no caso, é divisível. Há necessidade de especificação da parte devida a cada um dos titulares de direitos individuais.

Gabarito "D"

Confira quadro sobre a matéria em questão:

Interesses	Grupo	Objeto	Origem	Disposição	Exemplos
Difusos	indeterminável	Indivisível	situação de fato	Indisponível	Interesse das pessoas na despoluição de um rio
Coletivos	determinável	Indivisível	relação jurídica	disponível apenas pelo grupo	Interesse dos condôminos de edifício na troca de um elevador com problema
Individ. homog.	determinável	divisível	origem comum	disponível individualmente	interesse de vítimas de acidente rodoviário em receber indenização

2. COMPETÊNCIA, CONEXÃO, CONTINÊNCIA E LITISPENDÊNCIA

(Ministério Público/PI – 2012 – CESPE) Com relação à ACP para a defesa de direitos coletivos em sentido amplo, assinale a opção correta.

(A) De acordo com a concepção tripartite estabelecida legalmente para a caracterização dos interesses e direitos coletivos, os critérios identificadores desses interesses e direitos residem no pedido e na causa de pedir.

(B) O arquivamento de inquérito civil induz os efeitos da preclusão e de coisa julgada e impede a propositura de ACP.

(C) A legitimidade para a propositura da ACP é concorrente e disjuntiva, todavia, verificando-se pertinência temática do objeto litigioso aos fins institucionais de mais de um ente legitimado, forma-se litisconsórcio ativo necessário.

(D) Na ACP, admite-se a dedução de pedido reconvencional pelo réu.

(E) A ACP segue procedimento especial definido na Lei de Ação Civil Pública. Entretanto, se existir, para o pedido, procedimento especial definido no CPC, prevalecem as disposições da legislação processual civil, por expressa previsão legal.

A: correta, pois esses são os critérios adotados no art. 81 do CDC, que define três espécies de direitos e interesses transindividuais (difusos, coletivos no sentido estrito e individuais homogêneos). Para a definição da natureza do direito material tutelado é imprescindível verificar o fundamento da demanda (causa de pedir) e o pedido (se a favor da coletividade ou de determinados indivíduos); **B:** incorreta, pois o arquivamento do IC não induz os efeitos da coisa julgada, considerando que qualquer colegitimado pode ingressar com ação, bem como o próprio MP pode desarquivar a investigação, havendo novas provas; **C:** incorreta, pois não já litisconsórcio ativo necessário entre os colegitimados. Ao contrário, a legitimidade, sendo disjuntiva, é dada a diversos entes sem que a atuação de um condicione a atuação do outro; **D:** incorreta, pois a reconvenção não é admitida quando o autor demanda a proteção de direito alheio (CPC/1973, art. 315, parágrafo único). Anote-se, porém, que à luz do Novo CPC, se o autor for substituto processual, o reconvinte deverá afirmar ser titular de direito em face do substituído, e a reconvenção deverá ser proposta em face do autor, também na qualidade de substituto processual (art. 343, § 5º). **E:** incorreta, pois a LACP não trata do aspecto procedimental da ação.

Gabarito "A"

(Defensor Público/AC – 2012 – CESPE) Acerca da competência referente aos direitos difusos e coletivos, assinale a opção correta.

(A) A justiça federal e a estadual de primeira instância têm competência funcional para julgar as demandas que envolvam direitos difusos e coletivos, conforme a pessoa e a matéria.

(B) A competência em razão da hierarquia poderá, ou não, ser da primeira instância jurisdicional, situada no lugar onde tenha ocorrido dano a direito difuso coletivo.

(C) O valor da causa influencia diretamente a determinação da competência para fins de ação civil pública.

(D) Conforme prevê o CDC, a ação civil coletiva para responsabilizar o fornecedor de produtos ou serviços não pode ser proposta no domicílio do autor.

(E) Se o lesado na ação coletiva for um trabalhador, o critério de fixação de competência será o funcional, ou seja, a ação deverá ser julgada na justiça comum estadual.

A: correta, conforme o art. 2º da Lei n. 7.347/1985, que estabelece ter o juízo do local do dano "competência funcional" para processar e julgar a causa. Assim, a ação civil pública será proposta na Justiça Federal ou Estadual, conforme a pessoa e a matéria envolvidas. Por isso, se uma ação civil pública foi proposta em face da União, a competência será da Justiça Federal (art. 109, I, da CF). Doutrinariamente há controvérsia se referida competência é funcional; **B:** incorreta, pois a competência funcional, no plano vertical (em razão da hierarquia), determina, por exemplo, que a ação seja proposta, originariamente, perante os tribunais. É o que ocorre, por exemplo, no caso de mandado de segurança, em que a competência é determinada em função da autoridade coatora apontada pelo impetrante; **C:** incorreta, pois o valor da causa não é critério para a determinação da competência para conhecer da ação coletiva. O grande critério, no caso, é a determinação do foro do local do dano; **D:** incorreta, pois a ação pode ser proposta no domicílio do autor, conforme se depreende do art. 101, I, do CDC; **E:** incorreta, pois a competência, no caso, será determinada pelo local do dano, bem como poderá ser influenciada pela pessoa demandada (União, por exemplo).

Gabarito "A"

3. LEGITIMAÇÃO, LEGITIMADOS, MINISTÉRIO PÚBLICO E LITISCONSÓRCIO

(Promotor de Justiça/PI – 2014 – CESPE) No que concerne à legitimidade para a proposição de ACP, assinale a opção correta de acordo com o entendimento do STJ.

(A) O MP é parte ilegítima para propor ACP com a finalidade de compelir município a efetivar matrícula de criança em creche municipal.

(B) O MP é parte ilegítima para propor ACP com o fim de compelir plano de saúde a voltar a fornecer medicamento específico a consumidor que sofra de esclerose múltipla.

(C) O MP é parte legítima para propor ACP com o fim de pleitear a defesa de interesses individuais, difusos ou coletivos, relativos à infância e à adolescência, apesar de não haver, a esse respeito, previsão expressa no ECA.

(D) Associação civil de defesa do consumidor é parte legítima para ajuizar ACP em defesa de interesses individuais homogêneos.

(E) O MP é parte ilegítima para propor ACP com o fim de obrigar o Estado a fornecer alimento especial indispensável à saúde de pessoa pobre, mormente quando sofra de doença grave que, em razão do não fornecimento do aludido alimento, possa causar prematuramente a sua morte.

A: incorreta, pois: "O Ministério Público é órgão responsável pela tutela dos interesses individuais homogêneos, coletivos e difusos relativos à infância e à adolescência, na forma do art. 201 do Estatuto da Criança e do Adolescente – ECA. Cabe ao *Parquet* ajuizar Ação Civil Pública com a finalidade de garantir o direito a creche e a pré-escola de crianças até seis anos de idade, conforme dispõe o art. 208 do ECA" (REsp 440502/SP); **B**: incorreta, pois: "Legitimidade ativa do Ministério Público para propor Ação Civil Pública em defesa de direito indisponível, como é o direito à saúde. Precedentes do STJ" (AgRg no Ag 1247323/SC); **C**: incorreta, pois, conforme exposto no item "A", há previsão expressa sobre a legitimidade do MP; **D**: correta, pois: "A jurisprudência do Superior Tribunal de Justiça firmou-se no sentido de que a associação civil de defesa do consumidor preenche os requisitos legais para ajuizar ação civil pública em defesa de interesses individuais homogêneos." (REsp 609329 / PR); **E**: incorreta, pois: "Constitui função institucional e nobre do Ministério Público buscar a entrega da prestação jurisdicional para obrigar o Estado a fornecer alimento especial indispensável à saúde de pessoa pobre mormente quando sofre de doença grave que, em razão do não fornecimento do aludido laticínio, poderá causar, prematuramente, a sua morte. Legitimidade ativa do Ministério Público para propor ação civil pública em defesa de direito indisponível, como é o direito à saúde, em benefício do hipossuficiente" (REsp 823079/RS).

Gabarito "D"

(Ministério Público/PI – 2012 – CESPE) Assinale a opção correta a respeito da tutela em juízo dos interesses individuais homogêneos, difusos e coletivos.

(A) A multa indenizatória decorrente da violação a direitos difusos e coletivos do trabalho deve ser revertida ao Fundo de Reparação dos Bens Lesados, enquanto a penalidade decorrente do efeito da violação a direitos individuais indisponíveis deve ser revertida em favor dos próprios lesados.

(B) A ACP que vise à proteção de direitos difusos e coletivos induz litispendência para as ações individuais.

(C) Se a associação autora da ACP formular pedido de desistência, o *parquet* poderá assumir a legitimidade ativa extraordinária da ação.

(D) Em ACP cujo objeto seja direito difuso, coletivo, individual homogêneo ou individual indisponível, os efeitos da coisa julgada material são *erga omnes e ultra partes*.

(E) Segundo entendimento do STJ, o interesse patrimonial da fazenda pública identifica-se, por si só, com o interesse público a que se refere a lei quando dispõe sobre a intervenção do MP.

A: incorreta, pois o Fundo do art. 13 da LACP prevê que sejam revertidos os valores referentes às condenações por danos causados ao meio ambiente, ao consumidor, a bens e direitos de valor artístico, estético, histórico, turístico, paisagístico, por infração à ordem econômica e a outros interesses difusos e coletivos, mas não há referência expressa à reparação de danos causados ao trabalhador. Por isso, tem sido determinado, no âmbito da Justiça do Trabalho, o recolhimento ao Fundo de Amparo ao Trabalhador; **B:** incorreta, pois contraria o disposto no art. 104 do CDC, no sentido de que a ação coletiva não induz litispendência para as ações individuais; **C:** correta, pois se a desistência for infundada, cabe ao MP ou a outro legitimado assumir a titularidade ativa (LACP, art. 5º, § 3º); **D:** incorreta, pois no caso de direito individual indisponível o efeito é *inter partes* (CPC/1973, art. 472, correspondente ao art. 506 do Novo CPC); **E:** incorreta, pois se trata de interesse público secundário, cabendo aos respectivos procuradores públicos defende-los. Esse o fundamento da Súmula 189 do STJ, segundo a qual *é desnecessária a intervenção do Ministério Público nas execuções fiscais*.

Gabarito "C"

(Ministério Público/PI – 2012 – CESPE) O estado do Piauí celebrou TARE com empresa privada, visando conferir regime especial de apuração do ICMS, para incentivar a instalação de empresas no estado. O MPE/PI, em sede de inquérito civil público aberto para investigar a celebração do contrato, constatou que o ajuste causara prejuízo aos cofres públicos, razão por que ajuizou ACP com o objetivo de anular acordos firmados com base nesse termo.

A partir dessa situação hipotética, assinale a opção correta à luz da jurisprudência recente do STF.

(A) O MPE/PI pode ajuizar ACP cujo objeto sejam as pretensões que envolvam tributos, desde que seja possível a identificação pessoal dos beneficiários do regime especial.

(B) Como o dano ao patrimônio público causado pela realização da avença repercute em toda a economia nacional, caberia ao MPF, e não ao MPE/PI, ajuizar a ACP.

(C) A defesa da integridade do erário público e da higidez do processo de arrecadação tributária consiste em direito metaindividual do contribuinte, o que legitima a atuação do MPE/PI nesse caso.

(D) Como a celebração do TARE pelo estado do Piauí é ato administrativo, a atuação do MPE/PI nesse caso ocorreu de forma contrária à legislação em vigor.

(E) O MPE/PI não tem legitimidade para ajuizar a ACP para anular o TARE, por simples ausência de previsão legal.

A: incorreta, pois de acordo com o parágrafo único do art. 1º da LACP (incluído pela Medida Provisória 2.180-35, de 2001), *não será cabível ação civil pública para veicular pretensões que envolvam tributos...*; **B:** incorreta, pois se trata de acordo entre o Estado do Piauí e empresa privada, de tal forma que não é o caso de competência da Justiça Federal; **C:** correta, pois o STF decidiu que "o *Parquet* tem legitimidade para propor ação civil pública com o objetivo de anular Termo de Acordo de Regime Especial – TARE, em face da legitimação *ad causam* que o texto constitucional lhe confere para defender o erário. Não se aplica à hipótese o parágrafo único do artigo 1º da Lei 7.347/1985" (RE 576.155/DF); **D:** incorreta, pois o MP pode impugnar atos administrativos por meio de ação civil pública e, até, por meio de ação de improbidade administrativa; **E:** incorreta, pois o MP tem legitimidade por força do art. 129, III, da CF, além da legislação ordinária.

Gabarito "C"

(Defensor Público/ES – 2012 – CESPE) Sabendo que, devido à sua destinação, o MP está legitimado a defesa de qualquer interesse difuso, julgue os itens seguintes.

(1) Conforme o princípio da obrigatoriedade, o dever de agir obriga o MP a propor ACP, mesmo nas situações em que, esgotadas todas as diligências, as evidências não produzam todo o fundamento necessário.

(2) Em caso de lesões a interesses de uma categoria de pessoas, a restauração da ordem jurídica violada só pode ser alcançada por meio de legitimação ordinária.

1: errada, pois o Ministério Público não é obrigado a ajuizar ação coletiva temerária. Deve o Ministério Público, no caso, arquivar o procedimento investigatório (art. 9º, *caput*, da Lei n. 7.347/1985); **2:** errada, pois o direito de uma categoria de pessoa pode ser pleiteado por meio de ações individuais (legitimação ordinária) ou por meio das ações coletivas, em que o titular do direito de ação não é o titular do direito material (legitimação extraordinária, se aplicada a classificação clássica, ou legitimação autônoma para a condução do processo, se aplicada uma terminologia específica para o processo coletivo, como defendem alguns autores).

Gabarito 1E, 2E

(Defensor Público/AC – 2012 – CESPE) No que diz respeito ao interesse público e privado, assinale a opção correta.

(A) Ao MP cabe a fiscalização da formação do patrimônio financeiro inerente ao Estado.

(B) Mesmo em face da simples expectativa de direito, o interesse público é tutelado, protegido e garantido pelo ordenamento jurídico pátrio.

(C) O MP deve atuar sempre na defesa dos interesses da coletividade, sejam eles particulares ou públicos.

(D) O MP atua na defesa dos direitos difusos, coletivos, individuais homogêneos e individuais indisponíveis, ou seja, na defesa do chamado interesse público primário.

(E) A Procuradoria da União é o único órgão competente para proteger o patrimônio financeiro da administração pública, denominado interesse público secundário.

A: incorreta, pois o interesse público secundário, que diz respeito aos interesses patrimoniais do Estado, enquanto pessoa jurídica, não é objeto de tutela pelo Ministério Público; **B:** incorreta, pois a expectativa de direito é passível de tutela transformada em direito subjetivo; **C:** incorreta, pois ao Ministério Público cabe a tutela do interesse público primário diz respeito aos interesses da coletividade, em sentido amplo, relacionados ao bem-comum. Assim, o Parquet deve zelar pelos interesses públicos e não particulares; **D:** correta, pois o interesse público primário diz respeito aos interesses da coletividade, em sentido amplo, relacionados ao bem-comum. O interesse público secundário diz respeito aos interesses patrimoniais do Estado, enquanto pessoa jurídica. Ao Ministério Público cabe tutelar direitos difusos, coletivos, individuais homogêneos e individuais indisponíveis, que consistem no interesse público primário; **E:** incorreta, pois o interesse público secundário, que diz respeito aos interesses patrimoniais do Estado, enquanto pessoa jurídica, é tutelado, na esfera federal, pela Advocacia-Geral da União, que representa a União judicial e extrajudicialmente, integrada pela Procuradoria da União e pela Procuradoria da Fazenda Nacional.

Gabarito "D"

(Defensor Público/ES – 2012 – CESPE) Considerando que a CF fortaleceu a atuação do MP tanto na esfera civil como na penal, julgue os itens que se seguem.

(1) A intervenção do MP em ação coletiva em andamento na justiça estadual não e o suficiente para promover o deslocamento da competência para a justiça federal.

(2) Aos membros do MP cabe a defesa do patrimônio público e social, podendo eles atuar como representantes da Fazenda Pública nas ações em que esta seja ré, embora não tenham legitimidade para ser advogados nas ações em que a Fazenda Pública seja autora.

(3) Considere a seguinte situação hipotética. Uma empresa de construção civil foi devidamente licenciada para iniciar as obras de construção de uma vila nas proximidades de um parque e, durante a execução dessas obras, ocorreram danos ambientais à localidade. Nessa situação hipotética, a empresa, independentemente de culpa, responderá pelos referidos danos, para cuja reparação o MP estará apto a intentar ACP.

1: correta, pois só a intervenção da União ou das pessoas mencionadas no art. 109, I, da CF, é que pode determinar o deslocamento da competência para a justiça federal; **2:** errada, pois o Ministério Público tem legitimidade para defender o patrimônio público por meio de ações coletivas (Súmula n. 329 do STJ: "O Ministério Público tem legitimidade para propor ação civil pública em defesa do patrimônio público"). Todavia, o Ministério Público não mais atua (após a CF de 1988) como representante da Fazenda Pública. Tal missão é da Advocacia-Geral da União, criada pela Constituição Federal de 1988 (art. 131, *caput*); **3:** correta, pois, a natureza objetiva da responsabilidade e a legitimação do Ministério Público estão previstas no art. 14, § 1º, da Lei n. 6.938/1981, que dispõe sobre a Política Nacional do Meio Ambiente.

Gabarito 1C, 2E, 3C

(Defensor Público/RO – 2012 – CESPE) Considere que a direção de tradicional colégio público de determinada capital do país tenha extinguido as turmas do ensino médio no período noturno e que o MP tenha ajuizado ação civil pública visando à manutenção das turmas noturnas da referida instituição de ensino.

Considerando essa situação hipotética, assinale a opção correta.

(A) Deve-se levar em conta, no caso, a ótica daqueles que ainda não ingressaram no colégio e que eventualmente podem ser atingidos pela ausência do curso noturno, sendo esse grupo indeterminável de futuros alunos titulares de direito difuso à manutenção do ensino noturno.

(B) O MP é parte ilegítima para ajuizar a referida ação, destinada à defesa de direitos individuais disponíveis.

(C) Verifica-se, em relação aos alunos já matriculados no período noturno, que não poderiam permanecer estudando naquele período em razão da decisão da direção, a presença de direito difuso a ser defendido pela DP.

(D) O MP é parte legítima para ajuizar a ação, que visa à defesa de interesses acidentalmente coletivos.

(E) Os dispositivos do ECA não se aplicam ao caso, visto que nele não se configura situação de perigo ou abandono de criança ou adolescente.

A: correta, pois, de fato, existem os usuários potenciais do sistema de ensino. Sendo assim, a extinção das turmas noturnas afeta interesses difusos desses potenciais usuários do serviço público; **B**: incorreta, pois, embora o Ministério Público seja legitimado ao ajuizamento da ação, os direitos tutelados não são individuais e também não são disponíveis. São difusos e indisponíveis (direito de acesso ao ensino público); **C**: incorreta, pois, no caso, os direitos são coletivos, uma vez que pertencentes a um grupo de pessoas, ligadas à mesma parte contrária por uma relação jurídica base; **D**: incorreta, pois, embora o Ministério Público seja legitimado, os direitos atingidos são difusos (dos potenciais usuários do serviço público de ensino) e coletivos no sentido estrito. Referidos direitos são genuinamente coletivos, uma vez que indivisíveis; **E**: incorreta, pois garante o ECA o acesso de crianças e adolescentes ao ensino. E mais especificamente, dispõe o art. 54, VI, do ECA que: "É dever do Estado assegurar à criança e ao adolescente: (...) oferta de ensino noturno regular, adequado às condições do adolescente trabalhador".

Gabarito "A"

(Defensor Público/BA – 2010 – CESPE) Julgue o item seguinte.

(1) De acordo com a jurisprudência do STF, o MP tem legitimidade para promover ACP fundada na ilegalidade de reajuste de mensalidade escolar.

1: correta (Súmula 643 do STF).

Gabarito 1C

4. COMPROMISSO DE AJUSTAMENTO

(Ministério Público/RR – 2012 – CESPE) Em relação ao inquérito civil, ao compromisso de ajustamento de conduta e ao dispõe a Lei Complementar n. 75/1993, assinale a opção correta.

(A) A assinatura do termo de ajustamento de conduta não obsta a instauração da ação penal, pois esse procedimento ocorre na esfera cível, que é independente da penal.

(B) O inquérito civil público, embora previsto como função institucional do MP, não pode ser utilizado como elemento probatório hábil para embasar a propositura de ação penal.

(C) É atribuição exclusiva do procurador-geral da República, como chefe do MPU, dirimir conflitos de atribuição entre integrantes de ramos diferentes do MPU.

(D) É conferido prazo em dobro ao MP para interpor recurso, inclusive na hipótese de recurso especial criminal.

(E) Em conformidade com o STJ, o MPE tem legitimidade para interpor agravo regimental perante os tribunais superiores, uma vez que a atuação perante essas Cortes não é restrita ao MPF.

A: correta, pois o STJ entende que "a assinatura de termo de ajustamento de conduta, com a reparação do dano ambiental são circunstâncias que possuem relevo para a seara penal, a serem consideradas na hipótese de eventual condenação, não se prestando para elidir a tipicidade penal" (HC 187.043/RS); **B**: incorreta, pois já decidiu o STJ: "Habeas corpus. *Penal e processual penal. Crime praticado por prefeito. Inquérito penal. Inexistência. Inquérito civil público. Utilização para lastrear acusação penal. Possibilidade. Justa causa configurada*" (HC 123.855/SP); **C**: incorreta, pois ao PGR cabe dirimir conflitos de atribuição entre integrantes de ramos diferentes do Ministério Público da União (Lei Complementar 75/1993, art. 26, VII). A atribuição, contudo, não é exclusiva, pois, nos termos do § 1º do art. 26 da Lei Complementar 75/1993, *o Procurador-Geral da República poderá delegar aos Procuradores-Gerais as atribuições previstas nos incisos VII e VIII deste artigo*; **D**: incorreta, pois, como decidiu a 5ª Turma do STJ (RMS 8021/MG), "na esfera criminal não se aplica ao MP o disposto no art. 188 do CPC [correspondente ao art. 180 do Novo CPC]"; **E**: incorreta, segundo o gabarito oficial. Esse entendimento, realmente, era o do STJ. Porém, o STJ, recentemente, decidiu que o Ministério Público Estadual tem legitimidade recursal no âmbito do STJ (AgRg no AgRg no AREsp 194.892-RJ, Rel. Min. Mauro Campbell Marques, j. 24.10.2012)".

Gabarito "A"

5. AÇÃO, PROCEDIMENTO, TUTELA ANTECIPADA, MULTA, SENTENÇA, COISA JULGADA, RECURSOS, CUSTAS E QUESTÕES MISTAS

(Defensor Público/AC – 2017 – CESPE) Se a DPE/AC propuser ação coletiva em defesa de interesses individuais homogêneos, a sentença que deverá ser proferida fará coisa julgada

(A) ultra partes, se a ação for julgada improcedente por falta de provas, sendo vedada nova ação por outro legitimado.

(B) erga omnes, se a ação for julgada improcedente por falta de provas, sendo vedada nova ação por outro legitimado.

(C) erga omnes, somente se a ação for julgada procedente.

(D) erga omnes, se a ação for julgada improcedente por falta de provas, sendo vedada nova ação pelo mesmo legitimado.

(E) ultra partes, se a ação for julgada improcedente por falta de provas, podendo ser proposta nova ação por outro legitimado.

Em se tratando de **direitos difusos**, a sentença fará coisa julgada **erga omnes**, exceto se o pedido for julgado improcedente por insuficiência de provas, hipótese em que qualquer legitimado poderá intentar outra ação, com idêntico fundamento valendo-se de nova prova (art. 103, I, do CDC). Em se tratando de **direitos coletivos**, a sentença fará coisa julgada **ultra partes**, mas limitadamente ao grupo, categoria ou classe, salvo improcedência por insuficiência de provas (art. 103, II, do CDC). Em se tratando de **direitos individuais homogêneos**, a sentença fará coisa julgada **erga omnes**, apenas no caso de procedência do pedido, para beneficiar todas as vítimas e seus sucessores (art. 103, III, do CDC). RD

Gabarito "C"

(Defensoria/DF – 2013 – CESPE) A respeito do processo civil coletivo, julgue o item abaixo à luz da jurisprudência do STJ.

(1) Na ação de caráter coletivo ajuizada por entidade associativa em defesa dos interesses de seus associados, apenas os substituídos que, na data da propositura da ação, tenham domicílio no âmbito da competência territorial do órgão prolator da sentença civil serão abrangidos pelos efeitos da referida sentença.

A afirmativa está correta. O STJ, de fato, aplica o disposto no art. 2º-A da Lei 9.494/1997. Assim já consignou a Segunda Turma do STJ (AgRg no REsp 1387392/CE): "Não merece reparos o entendimento manifestado pelo acórdão do Tribunal de origem, eis que em consonância com a jurisprudência desta Corte no sentido de que a sentença civil prolatada em ação de caráter coletivo proposta por entidade associativa, na defesa dos interesses e direitos dos seus associados, abrangerá apenas os substituídos que tenham, na data da propositura da ação, domicílio no âmbito da competência territorial do órgão prolator, nos termos do art. 2º-A da Lei 9.494/1997".

Gabarito 1C

(Ministério Público/PI – 2012 – CESPE) No que concerne à ACP, assinale a opção correta.

(A) Se o MP atuar como parte na ACP, será dispensável a sua intimação para oficiar como fiscal da lei no processo.

(B) A antecipação de tutela, na ACP, não pode ser deferida sem a prévia justificação ou manifestação da outra parte.

(C) Constitui procedimento da ACP a realização de audiência de conciliação.

(D) Qualquer pessoa que causar dano ou impedir o exercício de direitos difusos, coletivos, individuais indisponíveis ou homogêneos poderá figurar no polo passivo da ACP.

(E) A ACP constitui instrumento adequado para deduzir pretensão de índole tributária.

A: incorreta, pois a atuação como parte não impede que o MP exerça sua atribuição de fiscal da lei. Ademais, não deve haver a intervenção de mais de um órgão do MP no mesmo processo; **B:** incorreta, pois o art. 12 da LAP é expresso no sentido de que as medidas de urgência podem ser concedidas com ou sem justificação prévia; **C:** incorreta, pois não é obrigatória a designação de audiência de conciliação (art. 331 do CPC/1973; art. 334 do Novo CPC.); **D:** correta, pois qualquer pessoa pode ocupar o polo passivo de ACP; **E:** incorreta, pois há vedação expressa no parágrafo único do art. 1º da LACP.

Gabarito "D".

(Defensor Público/SE – 2012 – CESPE) No que concerne à multa nas ações coletivas, assinale a opção correta.

(A) Em caráter excepcional, o STJ admite que a execução do valor da multa contra o poder público ocorra mediante sequestro (arresto) de rendas públicas.

(B) A multa imposta tem caráter compensatório ou indenizatório.

(C) Segundo o STJ, a fixação de multa pelo magistrado depende de requerimento ou provocação expressa da parte.

(D) Nas ações coletivas, a multa cominada liminarmente, quando não adimplida, será imediatamente exigível do réu.

(E) Uma vez imposta a multa, é vedado ao magistrado modificar o seu valor.

A: correta, pois, de fato, assim tem decidido o STJ, como ilustra a ementa do julgado proferido no REsp 848.588/RS: "Recurso especial – Fazenda Pública – Fornecimento de medicamentos – Art. 535, II, do CPC [correspondente ao art. 1022, II, do Novo CPC]– Ofensa não reconhecida – Bloqueio de verbas públicas – Cabimento – Art. 461, § 5º do CPC [correspondente ao art. 536, §1º, do Novo CPC]– Precedentes – Seguimento negado ao recurso" (Rel. Min. Humberto Martins, DJ 13/04/2007); **B:** incorreta, pois a multa tem caráter coercitivo. Por isso que o art. 84, § 2º, do CDC, dispõe que "a indenização por perdas e danos se fará sem prejuízo da multa"; **C:** incorreta, pois o STJ admite a fixação da multa de ofício: "O entendimento deste Superior Tribunal de Justiça é no sentido de ser possível ao juiz, de ofício ou a requerimento da parte, fixar multa diária cominatória – astreintes –, ainda que contra a Fazenda Pública, em caso de descumprimento de obrigação de fazer" (AgRg no Ag 1.021.240/RJ, Quinta Turma, Rel. Min. Laurita Vaz, DJe 23/06/2008); **D:** incorreta, pois o STJ tem decidido de forma diferente: "É pacífica a jurisprudência nesta Corte no sentido de que a multa prevista no § 4º do art. 461 do CPC [correspondente ao art. 536, §1º, do Novo CPC] só é exigível após o trânsito em julgado da sentença (ou acórdão) que confirmar a fixação da multa diária, que será devida, todavia, desde o dia em que se houver configurado o descumprimento. Precedentes" (AgRg no REsp 1.241.374/PR, Terceira Turma, Rel. Min. Sidnei Beneti, DJe 24/06/2013); **E:** incorreta, pois a modificabilidade é expressamente admitida pelo art. 461, § 6º, do CPC [correspondente ao art. 537, §1º, do Novo CPC]: "O juiz poderá, de ofício, modificar o valor ou a periodicidade da multa, caso verifique que se tornou insuficiente ou excessiva".

Gabarito "A".

(Defensor Público/SE – 2012 – CESPE) Em caso de ajuizamento de ação coletiva com a finalidade de se obter tutela jurisdicional que condene determinada instituição financeira a reparar o dano causado a determinada coletividade de poupadores,

(A) os efeitos da sentença de improcedência da ação coletiva se estenderão às ações individuais com o mesmo objeto.

(B) a sentença de procedência somente poderá beneficiar os poupadores, e não seus sucessores.

(C) as ações individuais que tenham por objeto a mesma questão não poderão ser liquidadas ou executadas com base na sentença coletiva que julgue procedente o pedido.

(D) os efeitos da sentença de procedência ou de improcedência se estenderão às vítimas e seus sucessores.

(E) admite-se o aproveitamento da coisa julgada coletiva benéfica para as pretensões individuais, que podem ser liquidadas e executadas com base na sentença coletiva.

A: incorreta, pois as pretensões individuais, no caso, não são prejudicadas pelo que for decidido na ação coletiva. Assim determina o art. 103, § 2º, do CDC; **B:** incorreta, pois a sentença proferida na ação coletiva beneficia as vítimas e seus sucessores, conforme determina, expressamente, o art. 103, III, do CDC; **C:** incorreta, pois a possibilidade de liquidação e execução decorre dos arts. 97 e 98 do CDC; **D:** incorreta, pois apenas os efeitos da sentença de procedência se estenderão às vítimas e seus sucessores (art. 103, III, do CDC); **E:** correta, pois assim estabelecem os arts. 97 e 98 do CDC.

Gabarito "E".

(Defensor Público/SE – 2012 – CESPE) Se determinada associação ajuizar ação coletiva e, sem justo motivo, deixar de dar andamento ao processo ou desistir da ação,

(A) poderão assumir a titularidade qualquer outra associação, o cidadão e o MP.

(B) o magistrado deverá proceder à intimação, por edital, de outros legitimados para assumirem o polo ativo da ação, vedada a intimação pessoal.

(C) o processo deverá ser extinto sem julgamento de mérito.

(D) competirá exclusivamente ao MP dar seguimento à ação, assumindo a titularidade.

(E) apenas outra associação poderá assumir a titularidade da ação.

A: correta, pois assim estabelece o art. 5º, § 3º, da Lei n. 7.347/1985: "Em caso de desistência infundada ou abandono da ação por associação legitimada, o Ministério Público ou outro legitimado assumirá a titularidade ativa". Sendo ação popular, qualquer outro cidadão pode assumir a titularidade ativa; **B:** incorreta, pois o Ministério Público, por exemplo, deverá ser pessoalmente intimado; **C:** incorreta, pois a extinção do processo, sem a possibilidade de que um colegitimado assuma a titularidade ativa afronta o princípio da indisponibilidade da ação coletiva; **D:** incorreta, pois a atribuição não é exclusiva do Ministério Público, como se depreende do acima citado art. 5º, § 3º, da Lei n. 7.347/1985; **E:** incorreta, pois, como já restou consignado, o Ministério Público ou outro legitimado pode assumir a titularidade ativa. Além disso, sendo ação popular, outro cidadão também poderá assumir o polo ativo.

Gabarito "A".

(Defensor Público/SE – 2012 – CESPE) Assinale a opção correta com relação à coisa julgada e à prescrição nas ações coletivas.

(A) Em regra, a execução de sentença coletiva prescreve em cinco anos a contar da prolação da sentença.

(B) Na hipótese de improcedência de ação coletiva por falta de provas, quando a demanda tiver sido proposta para tutela de interesses e direitos individuais homogêneos, a coisa julgada recairá sobre as pretensões coletivas, de modo que não será viável a repropositura da ação coletiva para tutelar direitos individuais e homogêneos com o mesmo objeto, ainda que mediante a indicação de prova nova.

(C) Na ação coletiva ajuizada para tutelar direitos e interesses coletivos *stricto sensu*, a eficácia da sentença de procedência não se limita a determinado grupo ou categoria, por ser *erga omnes*.

(D) De acordo com entendimento do STJ, o termo inicial do prazo de prescrição para o ajuizamento de ação coletiva com a finalidade de atacar contrato ilegal é a subscrição do contrato.

(E) A ação coletiva para a tutela do meio ambiente prescreve em cinco anos contados da ciência do dano.

A: incorreta, pois, em regra, não há prescrição no âmbito das ações coletivas, exceto no caso das pretensões individuais. Assim, no caso da tutela de direitos difusos, envolvendo, por exemplo, a proteção do meio ambiente ecologicamente equilibrado, não se pode falar em prescritibilidade. A prescrição ocorre no caso da tutela de direitos individuais. A 2ª Turma do STJ já consignou: "O Tribunal *a quo* entendeu que: 'Não se pode aplicar entendimento adotado em ação de direitos patrimoniais em ação que visa à proteção do meio ambiente, cujos efeitos danosos se perpetuam no tempo, atingindo às gerações presentes e futuras'. Esta Corte tem entendimento no mesmo sentido, de que, tratando-se de direito difuso – proteção ao meio ambiente –, a ação de reparação é imprescritível. Precedentes" (AgRg no REsp

1.150.479/RS, Rel. Min. Humberto Martins, DJe 14/10/2011). De lembrar que o prazo prescricional para a execução é o mesmo para o ajuizamento da ação de conhecimento. Consigne-se, ainda, que a Lei de Improbidade Administrativa (Lei n. 8.429/1992), em seu art. 23, traz regras específicas sobre a prescrição. Porém, a pretensão ao ressarcimento ao erário, decorrente de ato de improbidade administrativa, é imprescritível; **B:** correta. O art. 103 do CDC, nos incisos I e II, estabelece que, nas ações coletivas, a sentença fará coisa julgada *erga omnes* (no caso de direitos difusos) ou *ultra partes* (no caso de direito coletivo no sentido estrito), mas, em relação aos colegitimados, não há coisa julgada material se a ação for julgada improcedente por falta de provas. Todavia, se o artigo 103, nos incisos I e II, faz ressalva quanto à possibilidade de nova demanda coletiva, fundada nos mesmos fatos, se houver improcedência por insuficiência de provas, ele não contém a mesma ressalva no caso do inciso III. E por não conter as mesmas ressalvas dos incisos anteriores, sugere que a sentença de improcedência por falta de provas, no caso da tutela de direitos individuais homogêneos, atinge os colegitimados. Registre-se, porém, que existem divergências doutrinárias sobre a questão; **C:** incorreta, pois a eficácia da sentença, no caso, restringe-se ao grupo, à classe ou à categoria de pessoas. Além disso, os efeitos da coisa julgada, no caso da tutela de direitos coletivos no sentido estrito, são *ultra partes* e não *erga omnes*; **D:** incorreta, pois o termo inicial é o do trânsito em julgado da sentença coletiva. Assim já decidiu o STJ: "Nas execuções individuais ou cumprimento de sentença, o prazo prescricional é o quinquenal, próprio das ações coletivas, contado a partir do trânsito em julgado da sentença proferida em ação civil pública" (AgRg no AREsp 280.711/MS, Rel. Min. Humberto Martins, Segunda Turma, DJe 25/04/2013); **E:** incorreta, conforme comentários à assertiva "A".

Gabarito "B".

6. EXECUÇÃO

(Ministério Público/TO – 2012 – CESPE) Assinale a opção correta acerca da ACP.

(A) A justiça estadual é competente para processar e julgar ACP por danos causados ao patrimônio público, nas comarcas que não sejam sede de vara da justiça federal, ainda que a União seja parte no processo, conforme vigente súmula do STJ.

(B) Os valores pagos pelo réu de ACP, como forma de indenização por danos, serão revertidos a um fundo gerido por um conselho federal ou por conselhos estaduais de que participarão necessariamente o MP e representantes da comunidade, e os recursos se destinarão à reconstituição dos bens lesados.

(C) Segundo o STJ, o inquérito civil, como peça informativa, não é suficiente para embasar a propositura de ACP contra deputado federal, sendo necessária, nesse caso, a abertura de procedimento administrativo prévio.

(D) Possuem legitimidade ativa para a ACP a DP, o MP, a União, os estados, o DF, os municípios, as entidades do terceiro setor, as autarquias, as empresas públicas, as fundações e as sociedades de economia mista.

(E) Compete ao MP pleitear, em ACP, indenização decorrente de seguro obrigatório de danos pessoais causados por veículos automotores de vias terrestres, em benefício do segurado.

A: incorreta, pois esse entendimento que embasou a Súmula 183 do STJ (cancelada) acabou superado por decisão do STF (Rext 228.955/RS); **B:** correta, pois é o que determina o artigo 13 da LACP; **C:** incorreta, pois o STJ entende que é desnecessário o procedimento administrativo prévio (REsp 1.028.248/SP); **D:** incorreta, pois, no caso das entidades do terceiro setor (associações, a LACP, no art. 5°, V, só legitima as associações que estejam, concomitantemente: a) constituídas há pelo menos 1 (um) ano nos termos da lei civil; b) incluam, entre suas finalidades institucionais, a proteção ao meio ambiente, ao consumidor, à ordem econômica, à livre concorrência ou ao patrimônio artístico, estético, histórico, turístico e paisagístico; **E:** incorreta, pois conforme o enunciado da Súmula 470 do STJ, "o Ministério Público não tem legitimidade para pleitear, em ação civil pública, a indenização decorrente do DPVAT em benefício do segurado".

Gabarito "B".

(Ministério Público/TO – 2012 – CESPE) Acerca da tutela em juízo dos interesses individuais homogêneos, difusos e coletivos, assinale a opção correta.

(A) O *fluid recovery* é um fundo de reparação de interesses difusos lesados destinado a reconstituir e reparar exatamente o mesmo bem lesado.

(B) Caso haja, pela associação legitimada, desistência infundada ou abandono da ACP ajuizada para a defesa de direitos coletivos, deverá o juiz extinguir o processo, sem o exame do mérito.

(C) É lícito à DP atuar como substituto processual de consumidores em demandas relacionadas a direitos individuais em sentido estrito, disponíveis ou indisponíveis.

(D) Na hipótese de tutela jurisdicional de direitos e interesses individuais homogêneos, o juízo que proferiu a sentença genérica terá competência absoluta para a liquidação e execução quando promovidas individualmente.

(E) Em sede de ACP, haverá a coisa julgada *secundum eventum litis*, por procedência ou improcedência do pedido, mesmo nos casos de exame perfunctório das provas.

A: incorreta, pois o valor pecuniário será recolhido ao fundo mencionado no artigo 13 da LACP, mas não fica vinculado à reparação específica, isto é, do exato bem lesado. **B:** incorreta, pois a assertiva afronta o artigo 5º, § 3º, da LACP segundo o qual o MP ou outro legitimado assumirá a titularidade ativa; **C:** correta, pois a Defensoria Pública pode atuar em prol do necessitado, como assistente judicial, isto é, sem ostentar a qualidade de parte, mas atuando na defesa da parte hipossuficiente; **D:** incorreta, pois, nos termos do artigo 98, § 2º, do CDC, é competente para a execução o juízo da liquidação da sentença ou da ação condenatória. A liquidação individual pode ser pleiteada no foro do domicilio do autor, mais benéfico à vítima; **E:** incorreta, pois a assertiva afronta o artigo 103 do CDC. Se o fundamento for a insuficiência de provas, é possível novo ajuizamento da ação.

Gabarito "C".

(Defensor Público/SE – 2012 – CESPE) A respeito da competência nas ações coletivas e da liquidação e execução da sentença, assinale a opção correta.

(A) Tratando-se de liquidação e cumprimento da sentença em ação coletiva que imponha obrigação de pagar, se a ação objetivar a reparação de outros valores, diversos do patrimônio público, tais como os direitos dos idosos e dos consumidores, os valores serão vertidos a um fundo de reparação de bens lesados.

(B) O juiz federal não dispõe de competência para processar e julgar a ACP e a ação popular quando o presidente da República figurar como autoridade demandada.

(C) De acordo com a legislação de regência, o juízo perante o qual seja proposta a primeira ACP é prevento para todas as ações coletivas que, posteriormente ajuizadas, possuam a mesma causa de pedir ou o mesmo pedido, exigindo-se ainda, para a incidência da prevenção, a identidade de partes.

(D) Compete à justiça federal processar e julgar todas as ações coletivas cujo objeto seja a proteção ao meio ambiente.

(E) Nas ações coletivas, o cumprimento de sentença que imponha a obrigação de fazer ou não fazer contra o poder público segue o rito previsto no CPC, devendo o poder público ser citado para opor embargos, com a posterior expedição de ofício requisitório.

A: correta, pois assim determina o art. 13 da Lei n. 7.347/1985. No caso da tutela do patrimônio público, em função de ato de improbidade administrativa, o pagamento ou a reversão dos bens, de fato, ocorrerá em favor da pessoa jurídica prejudicada pelo ilícito (art. 18 da Lei n. 8.429/1992); **B:** incorreta, pois a competência, no caso, é da Justiça Federal, por se tratar de autoridade federal. Afinal, em sede de ação popular a competência é determinada em função da origem do ato impugnado. Assim dispõe o art. 5º da Lei n. 4.717/1965; **C:** incorreta, pois não se exige a identidade de partes para que se configure a conexão. A regra da prevenção, mencionada na assertiva, decorre do art. 2º, parágrafo único, da Lei n. 7.347/1985; **D:** incorreta, pois a competência, em regra, é da justiça estadual. Será de competência da justiça federal quando ocorrer alguma hipótese do art. 109 da CF; **E:**

incorreta, pois, no caso, não há citação para opor embargos. Referido procedimento, que é diferenciado, só se aplica no caso de sentença que imponha ao Poder Público o cumprimento de obrigação de pagar quantia, não incidindo no caso de obrigações de fazer e de não fazer.

Gabarito "A"

7. AÇÃO POPULAR E IMPROBIDADE ADMINISTRATIVA

(Defensor Público – DPE/RN – 2016 – CESPE) A respeito do mandado de segurança coletivo e individual, assinale a opção correta.

(A) Para impetrarem mandado de segurança coletivo, as entidades de classe e os sindicatos devem estar em funcionamento há pelo menos um ano.

(B) O termo inicial para impetração de mandado de segurança para impugnar critérios de aprovação e classificação de concurso público conta-se da publicação do edital de abertura do certame, segundo entendimento recente do STF.

(C) No mandado de segurança coletivo, a liminar só poderá ser concedida após a audiência do representante judicial da pessoa jurídica de direito público, que deverá se pronunciar no prazo de setenta e duas horas.

(D) O Poder Judiciário não pode controlar a legalidade dos atos administrativos discricionários por meio de mandado de segurança.

(E) Não é cabível a impetração de mandado de segurança contra lei em tese, mesmo quando esta for de efeitos concretos.

A: incorreta. Na forma do art. 21 da Lei 12.016/2009, "O mandado de segurança coletivo pode ser impetrado por partido político com representação no Congresso Nacional, na defesa de seus interesses legítimos relativos a seus integrantes ou à finalidade partidária, ou por organização sindical, entidade de classe ou associação legalmente constituída e em funcionamento há, pelo menos, 1 (um) ano, em defesa de direitos líquidos e certos da totalidade, ou de parte, dos seus membros ou associados, na forma dos seus estatutos e desde que pertinentes às suas finalidades, dispensada, para tanto, autorização especial". **B:** incorreta. "O termo inicial para impetração de mandado de segurança a fim de impugnar critérios de aprovação e de classificação de concurso público conta-se do momento em que a cláusula do edital causar prejuízo ao candidato". RMS 23586/DF, rel. Min. Gilmar Mendes, 25.10.2011. (RMS-23586). **C:** correta, nos exatos termos do art. 22, § 2º, da Lei 12.016/2009. **D:** incorreta. A judicialização das políticas públicas tem sido admitida pela doutrina e jurisprudência. **E:** incorreta. Admite-se mandado de segurança contra lei em tese se o efeito for concreto.

Gabarito "C"

(Promotor de Justiça/PI – 2014 – CESPE) A respeito da ação de improbidade administrativa, assinale a opção correta.

(A) Não cabe ação civil pública por improbidade administrativa, para fins exclusivos de ressarcimento ao erário, nos casos em que se reconheça a prescrição da ação quanto às demais sanções previstas na lei que trata da improbidade administrativa.

(B) Veda-se ao magistrado rejeitar de plano a ação de improbidade administrativa, ainda que convencido da inexistência do ato de improbidade.

(C) A simples ausência de prestação de contas no prazo em que deveria ser apresentada configura ato de improbidade administrativa, visto que dissociada do elemento subjetivo da conduta do agente.

(D) A ação de ressarcimento dos prejuízos causados ao erário é imprescritível, ainda que cumulada com a ação de improbidade administrativa.

(E) Nas ações de improbidade administrativa, é necessária a prova concreta de *periculum in mora* para a declaração de indisponibilidade dos bens.

A: incorreta, pois, sendo a pretensão de ressarcimento ao erário imprescritível (art. 37, § 5º, da CF), ela pode ser a única remanescente em sede de ação de improbidade; **B:** incorreta, pois é possível, sim, a rejeição de plano com fundamento no art. 17, § 8º, da Lei 8.429/1992; **C:** incorreta, pois a configuração do ato de improbidade por ofensa aos princípios, previsto no art. 11, VI, da Lei 8.429/92, pressupõe a presença do elemento subjetivo; **D:** correta, pois não é toda pretensão de ressarcimento ao erário que é imprescritível. Somente a que decorre de ato de improbidade administrativa; **E:** incorreta, pois o *periculum in mora*, no caso, é presumido. Com efeito, no caso das medidas de indisponibilidade ou de sequestro de bens, por ato de improbidade administrativa, o *periculum in mora* é presumido: "ADMINISTRATIVO E PROCESSUAL CIVIL. AÇÃO CIVIL PÚBLICA. IMPROBIDADE ADMINISTRATIVA. LIMINAR. INDISPONIBILIDADE DE BENS. PERICULUM IN MORA PRESUMIDO. A concessão da medida de indisponibilidade não está condicionada à comprovação de que os réus estejam dilapidando seu patrimônio, ou na iminência de fazê-lo, tendo em vista que o *periculum in mora* está implícito no comando legal. Assim deve ser a interpretação da lei, porque a dilapidação é ato instantâneo que impede a atuação eficaz e acautelatória do Poder Judiciário. Precedentes: Edcl no REsp 1.211.986/MT, Rel. Ministro Herman Benjamin, Segunda Turma, *DJe* 9/6/2011; REsp 1.244.028/RS, Rel. Ministro Mauro Campbell Marques, Segunda Turma, *DJe* 2/9/2011; Edcl no REsp 1.205.119/MT, Rel. Ministro Mauro Campbell Marques, Segunda Turma, *Dje* 8.2.2011; REsp 1.190.846/PI, Rel. Ministro Castro Meira, Segunda Turma, *DJe* 10/2/2011; REsp 967.841/PA, Rel. Ministro Mauro Campbell Marques, Segunda Turma, *DJe* 8/10/2010; REsp 1.203.133/MT, Rel. Ministro Castro Meira, Segunda Turma, *DJe* 28/10/2010; REsp 1.199.329/MT, Rel. Ministro Mauro Campbell Marques, Segunda Turma, *Dje* 8.10.2010; REsp 1.177.290/MT, Rel. Ministro Herman Benjamin, Segunda Turma, *DJe* 1º/7/2010; REsp 1.177.128/MT, Rel. Ministro Herman Benjamin, Segunda Turma, *Dje* 16.9.2010; REsp 1.135.548/PR, Rel. Ministra Eliana Calmon, Segunda Turma, *DJe* 22/6/2010; REsp 1.134.638/MT, Relator Ministra Eliana Calmon, Segunda Turma, *Dje* 23.11.2009; REsp 1.098.824/SC, Rel. Ministra Eliana Calmon, Segunda Turma, *DJe* 4/8/2009"

Gabarito "D"

(Ministério Público/PI – 2012 – CESPE) Com base na sistemática processual da ação popular, assinale a opção correta.

(A) No caso de decisão condenatória proferida em segundo grau de jurisdição, são partes legítimas, para a execução ou cumprimento de sentença, o autor popular, outro cidadão, o MP, após o transcurso do prazo legal para o vencedor da ação, bem como as pessoas jurídicas corrés na ação, no que as beneficiar.

(B) Para o acolhimento da ação popular, cujo objetivo se restringe ao combate da ilegalidade ou da lesão ao erário público, não basta o fundamento de afronta à moralidade administrativa como objeto autônomo do pedido.

(C) Na ordem jurídica vigente, por intermédio da ação popular, podem ser tutelados, além do patrimônio público, direitos difusos e coletivos, especialmente os relativos ao meio ambiente, ao patrimônio histórico e cultural e aos direitos do consumidor.

(D) A ação popular ajuizada pelo cidadão é excludente de ação de improbidade administrativa deduzida em data posterior com a mesma causa de pedir.

(E) Há, na ação popular, litisconsórcio passivo necessário entre o agente público e membros do tribunal de contas do estado, em hipótese de aprovação de contas objeto do pedido, sob pena de nulidade absoluta do processo.

A: correta, pois conforme o disposto nos arts. 16 e 17 da LAP; **B:** incorreta, pois a afronta à moralidade administrativa, que passou a ser passível de controle em sede de ação popular após a CF de 1988; pode ser o fundamento autônomo do pedido. De acordo com o STJ, "pode ser manejada ação popular assentada na contrariedade aos princípios da moralidade e da legalidade, independentemente de alegação e de comprovação de dano ao erário, com o propósito de anular contratações efetuadas sem concurso público por eventual descumprimento de lei. Precedentes" (REsp 1.127.483/SC); **C:** incorreta, pois a tutela do consumidor não é objeto de ação popular; **D:** incorreta, pois é possível, inclusive, a conexão entre as mencionadas ações, com fundamento por exemplo, no art. 5º, § 3º, da LAP; **E:** incorreta, pois, embora haja litisconsórcio passivo necessário em sede de ação popular, não há, no caso mencionado, conforme decidiu o STJ: "É cediço o entendimento de que os membros do Tribunal de Contas do Estado, que aprovaram o ato impugnado pelo *mandamus*, não são partes legítimas para figurar na demanda na qualidade de autoridades coatoras" (AgRg nos EREsp 14868/RJ).

Gabarito "A"

(Ministério Público/TO – 2012 – CESPE) Com referência a ação popular, mandado de segurança, ACP e ação por improbidade administrativa, assinale a opção correta.

(A) O litisconsórcio passivo necessário é incompatível com o mandado de segurança.

(B) Na ACP por improbidade administrativa, o juiz pode impor ao réu pena diversa da postulada pelo MP.

(C) O MP não tem legitimidade para propor ACP em defesa do patrimônio público.

(D) A ação popular pode ser ajuizada por pessoa jurídica.

(E) Para a impetração do mandado de segurança coletivo é imprescindível que a pretensão veiculada interesse a toda a categoria representada.

A: incorreta, pois em MS existem casos de litisconsórcio passivo necessário. Conforme o enunciado da Súmula 631 do STF, "extingue-se o processo de Mandado de Segurança se o impetrante não promove, no prazo assinado, a citação do litisconsorte passivo necessário"; **B:** correta, pois na ação de improbidade o juiz não está adstrito ao pedido feito na inicial. Ver Informativo 0441 do STJ e REsp 658.389-MG, *DJ* 03.08/2007; REsp 631.301-RS, *DJ* 25.09.2006; **C:** incorreta, pois afronta o enunciado da Súmula 329 do STJ, segundo o qual o Ministério Público tem legitimidade para propor ação civil pública em defesa do patrimônio público; **D:** incorreta, pois, consoante a Súmula 365 do STF, pessoa jurídica não tem legitimidade para propor ação popular; **E:** incorreta, pois afronta o artigo 21 da Lei 12.016/2009, que permite a impetração a favor da totalidade ou de parte dos membros ou associados.

Gabarito "B"

(Defensor Público/ES – 2012 – CESPE) Julgue os próximos itens, referentes a ACP e ação de improbidade administrativa.

(1) A petição inicial da ação de improbidade administrativa ajuizada pelo MP pode ser objeto de aditamento pelos demais legitimados, em atuação supletiva, para suprir omissão objetiva ou subjetiva.

(2) A categoria ético-política dos sujeitos hipervulneráveis justifica a defesa de direito individual indisponível, ainda que não homogêneo, por meio de ACP.

1: correta, pois, sendo a legitimidade concorrente, a ação de improbidade pode ser proposta pelo Ministério Público ou pela pessoa jurídica interessada (Lei n. 8.429/1992, art. 17). Sendo assim, desde que constatada alguma omissão, o colegitimado pode aditar a inicial para incluir pedido (aditamento objetivo) ou para incluir litisconsorte (aditamento subjetivo); **2:** correta, pois esse tem sido o entendimento dos tribunais superiores. Trata-se da utilização da ação civil pública para a tutela de direito individual ou de direitos individuais. Alguns falam, no caso, em ação pseudocoletiva. Luiz Paulo da Silva Araújo Filho (**Ações coletivas**: a tutela jurisdicional dos direitos individuais homogêneos, Rio de Janeiro: Forense, 2000, p. 200) chama a atenção para o fenômeno das ações pseudocoletivas: "Nas ações pseudocoletivas, em realidade, conquanto tenha sido proposta a ação por um único legitimado extraordinário, na verdade estão sendo pleiteados, específica e concretamente, os direitos individuais de inúmeros substituídos, caracterizando-se uma pluralidade de pretensões que, em tudo e por tudo, é equiparável à do litisconsórcio multitudinário, na feliz e consagrada expressão de Cândido Rangel Dinamarco, devendo sua admissibilidade, portanto, submeter-se, em princípio, às mesmas condições, ou seja, somente poderiam ser consideradas admissíveis quando não prejudicassem o pleno desenvolvimento do contraditório ou o próprio exercício da função jurisdicional".

Gabarito 1C, 2C

(Defensor Público/AC – 2012 – CESPE) A respeito da improbidade administrativa, assinale a opção correta.

(A) A responsabilidade civil decorrente do ato de improbidade administrativa é objetiva, ou seja, não se analisa dolo ou culpa, porque o prejuízo sempre será do poder público.

(B) Ação contrária aos princípios da administração pública não gera improbidade administrativa quando não causa prejuízo ao erário.

(C) Ato de improbidade é definido como o ato lesivo ao ordenamento jurídico praticado exclusivamente por servidor público, no exercício de sua função, contra a administração direta, indireta ou fundacional de qualquer dos poderes da União, dos Estados, do DF e dos Municípios.

(D) A probidade administrativa configura norma difusa, visto que os bens pertencentes ao Estado constituem *res publica*, devendo ser coibido qualquer desvio de destinação desses bens.

(E) As sanções legalmente previstas para atos de improbidade administrativa não incluem a proibição de contratar com o poder público.

A: incorreta, pois a responsabilidade, no caso, é subjetiva. Por isso, a responsabilidade pelo ato de improbidade que causa enriquecimento ilícito ou que atenta contra os princípios aplicáveis à Administração Pública pressupõe dolo. No caso de ato de improbidade que causa prejuízo ao erário a responsabilidade também é subjetiva e decorre de dolo ou culpa (art. 10, *caput*, da Lei n. 8.429/1992); **B:** incorreta, pois a responsabilidade, no caso de ato que atenta contra os princípios, independente de eventual prejuízo ao erário. Tanto que o art. 12, III, da Lei n. 8.429/1992, determina a aplicação da pena de ressarcimento integral do dano, "se houver" prejuízo ao erário; **C:** incorreta, pois o ato de improbidade é praticado por agentes públicos, bem como por colaboradores e beneficiários. Além disso, o conceito de agente público, para fins de incidência da Lei n. 8.429/1992, é muito amplo. Assim se depreende dos arts. 2º e 3º da Lei n. 8.429/1992; **D:** correta, pois o ato de improbidade administrativa atenta contra interesse difuso, qual seja, o direito difuso à probidade, à honestidade dos agentes públicos. Também é interesse difuso o relacionado à preservação do patrimônio público, composto por bens materiais e imateriais. Daí a legitimidade do Ministério Público reconhecida pela Súmula n. 329 do STJ ("O Ministério Público tem legitimidade para propor ação civil pública em defesa do patrimônio público"); **E:** incorreta, pois a sanção está prevista no art. 12 da Lei n. 8.429/1992.

Gabarito "D"

8. OUTROS TEMAS E TEMAS COMBINADOS

(Defensor Público – DPE/RN – 2016 – CESPE) Acerca da tutela coletiva do direito do consumidor e do direito à cidade e à moradia, assinale a opção correta.

(A) O consumidor tem direito à inversão do ônus da prova em ação consumerista por ele movida, prerrogativa que, conforme entendimento do STJ, não se aplica ao MP quando este figura como autor de ação dessa espécie.

(B) A prestação de serviços públicos de saneamento básico por entidade não integrante da administração pública pode ser disciplinada por convênio, termo de parceria ou outro instrumento de natureza precária.

(C) De acordo com a legislação de regência, os recursos do Fundo Nacional de Habitação de Interesse Social e dos fundos estaduais, do DF e dos municípios não podem ser associados a recursos onerosos, inclusive os do FGTS, bem como a linhas de crédito de outras fontes.

(D) Para o STJ, o direito à moradia está inserido no âmbito dos interesses individuais indisponíveis, razão pela qual não pode ser tutelado pelo MP.

(E) Segundo entendimento do STJ, deve ser considerada abusiva previsão feita em contrato de plano de saúde que exclua das responsabilidades da empresa o custeio de meios e materiais necessários a procedimento cirúrgico voltado à cura de uma doença coberta pelo plano.

A: incorreta. Conforme interpretação jurisprudencial e doutrinária, a inversão do ônus da prova, prevista no art. 6º, VIII, do CDC, é aplicável microssistema de tutela coletiva por força do disposto no artigo 21 da LACP. **B:** incorreta. Expressamente vedada pelo art. 10 da Lei 11.445/2007, in verbis: "A prestação de serviços públicos de saneamento básico por entidade que não integre a administração do titular depende da celebração de contrato, sendo vedada a sua disciplina mediante convênios, termos de parceria ou outros instrumentos de natureza precária". **C**: incorreta. A Lei 11.124/2005, que cria e estrutura o SNHIS, determina, em seu artigo 6º, que os recursos para a moradia serão: o Fundo de Amparo ao Trabalhador – FAT, o Fundo de Garantia do Tempo de Serviço – FGTS, o Fundo Nacional de Habitação de Interesse Social – FNHIS; e outros fundos ou programas que vierem a ser incorporados ao SNHIS. **D**: incorreta. O Ministério Público está legitimado para as ações coletivas, inclusive as que defendam Direitos Individuais Indisponíveis. **E**: correta. É nesse sentido o entendimento do STJ: "Recusa indevida, pela operadora de plano de saúde, da cobertura financeira do procedimento e do material cirúrgico do tratamento médico do beneficiário. Ainda que admitida a possibilidade de previsão de cláusulas limitativas dos direitos do consumidor (desde que escritas com destaque, permitindo imediata e fácil compreensão), revela-se abusivo o preceito do contrato de plano de saúde excludente do custeio dos meios e materiais necessários ao melhor desempenho do tratamento clínico ou do procedimento cirúrgico coberto ou de internação hospitalar. Precedentes" (STJ, REsp 1.533.684/SP, DJ 16/02/2017).

Gabarito "E".

(Promotor de Justiça/PI – 2014 – CESPE) Assinale a opção correta acerca do CDC e do que dispõe a lei que trata da ACP e a Lei de Improbidade.

(A) O prazo para a aplicação das sanções previstas na Lei de Improbidade prescreve em cinco anos, inclusive no que se refere à reparação do dano ao erário.

(B) O CDC é aplicável às instituições financeiras, inclusive no que se refere às relações jurídicas oriundas de contrato de arrendamento mercantil.

(C) Segundo a lei que trata da ACP, é possível a condenação, em honorários, de advogado da associação autora, ainda que não tenha sido comprovada sua má-fe.

(D) Segundo a lei que dispõe sobre a ACP, deve haver adiantamento de custas e honorários periciais.

(E) Prescrita a ação civil de improbidade administrativa no que diz respeito à aplicação de penalidades, é vedado ao MP pleitear o ressarcimento do dano ao erário.

A: incorreta, pois a pretensão de ressarcimento ao erário é imprescritível (CF, art. 37, § 5º); **B**: correta, pois: "O Superior Tribunal de Justiça tem entendimento sumulado de que o Código de Defesa do Consumidor é aplicável às instituições financeiras (Súmula 297/STJ), inclusive nas relações jurídicas oriundas de contrato de arrendamento mercantil." (REsp 609329/PR); **C**: incorreta, pois a condenação, no caso, pressupõe a comprovação da má-fé (art. 18 da LACP); **D**: incorreta, pois, conforme o art. 19, da Lei 7.347/1985, "nas ações de que trata esta lei, não haverá adiantamento de custas, emolumentos, honorários periciais e quaisquer outras despesas"; **E**: incorreta, pois, como se disse, a pretensão de ressarcimento ao erário é imprescritível, de tal forma que pode ser a única subsistente no caso de ato de improbidade administrativa.

Gabarito "B".

(Defensoria/DF – 2013 – CESPE) No que se refere a ACP, ao mandado de segurança coletivo e a ação popular, julgue os itens seguintes a luz do entendimento do STJ.

(1) Para a anulação de contratação irregular decorrente de procedimento licitatório, admite-se o ajuizamento de ação popular com fundamento em afronta aos princípios que regem a administração pública, independentemente de comprovação do dano ao erário.

(2) O prazo prescricional de cinco anos previsto na Lei da Ação Popular não e aplicável a ACP e a respectiva execução.

(3) A DP tem legitimidade para ajuizar ACP para discutir a responsabilidade pelo recolhimento de contribuições previdenciárias devidas em razão do desempenho de trabalho doméstico, por se tratar de defesa de interesses transindividuais de categoria presumidamente hipossuficiente.

(4) Para que a legitimidade de entidade de classe seja reconhecida em sede de mandado de segurança coletivo, é imprescindível a demonstração de que a pretensão tenha sido veiculada no interesse de toda a categoria, e não de apenas parte dela.

1. Correta. Ao julgar ação popular ação popular objetivando o reconhecimento da nulidade, em razão da falta de prévia licitação, a Segunda Turma do STJ consignou: "A jurisprudência desta Corte Superior é no sentido de que a ação popular é cabível para a proteção da moralidade administrativa, ainda que inexistente o dano material ao patrimônio público, ou seja, a lesão tanto pode ser efetiva quanto legalmente presumida, visto que a Lei 4.717/65 estabelece casos de presunção de lesividade (art. 4º), para os quais basta a prova da prática do ato naquelas circunstâncias para considerar-se lesivo e nulo de pleno direito" (AgRg no REsp 1378477/SC). **2**. Errada. O STJ assim entende: "O lapso prescricional da execução individual de sentença oriunda de ação coletiva é quinquenal, por aplicação analógica do art. 21 da Lei nº 4.717/65 (cf. AgRg nos EREsp 1315363/RS, Rel. Ministro HERMAN BENJAMIN, CORTE ESPECIAL, DJe 27/09/2013)" (AgRg no REsp 1408682 / PR). **3**. Correta. A Sexta Turmad o STJ (AgRg no REsp 1243163 / RS, DJe 27/02/2013) assim enfrentou a questão: "AGRAVO REGIMENTAL NO RECURSO ESPECIAL. PREVIDENCIÁRIO. CONTRIBUIÇÕES. EMPREGADOR DOMÉSTICO. RESPONSABILIDADE. AÇÃO CIVIL PÚBLICA. DEFENSORIA PÚBLICA. LEGITIMIDADE. 1. A teor da compreensão firmada por esta Corte, a Defensoria Pública possui legitimidade para ajuizar ação civil pública na defesa de interesses transindividuais de hipossuficientes. 2. O recolhimento das contribuições previdenciárias devidas em razão do trabalho doméstico é da responsabilidade do empregador. 3. Agravo regimental a que se nega provimento". **4**. Errada. De acordo com a Primeira Seção do STJ, "A Lei 7.788/89 estabelece em seu art. 8º que as entidades sindicais poderão atuar como substitutas processuais da categoria que representam. Trata-se, portanto, de autorização legal, revelando desnecessária a autorização expressa do titular do direito subjetivo, porquanto o mandado de segurança coletivo não se presta a defender somente os interesses de toda a categoria, podendo ser manejado, sobretudo, no interesse de determinados filiados" (AgRg no MS 8692/DF).

Gabarito 1C, 2E, 3C, 4E

27. DIREITO FINANCEIRO

Fernando Castellani, Henrique Subi, José Renato Camilotti e Robinson Barreirinhas*

1. PRINCÍPIOS E NORMAS GERAIS

Veja a seguinte tabela com os mais importantes princípios orçamentários, para estudo e memorização:

Princípios orçamentários	
Anualidade	A lei orçamentária é anual (LOA), de modo que suas dotações orçamentárias referem-se a um único exercício financeiro – art. 165, § 5º, da CF. Ver o art. 165, § 14, da CF (incluído pela EC 100/2019)
Universalidade	A LOA inclui todas as despesas e receitas do exercício – arts. 3º e 4º da Lei 4.320/1964
Unidade	A LOA refere-se a um único ato normativo, compreendendo os orçamentos fiscal, de investimento e da seguridade social – art. 165, § 5º, da CF e art. 1º da Lei 4.320/1964. Ademais, cada esfera de governo (União, Estados, DF e Municípios) terá uma única LOA para cada exercício, o que também é indicado como princípio da unidade
Exclusividade	A LOA não conterá dispositivo estranho à previsão da receita e à fixação da despesa, admitindo-se a autorização para abertura de créditos suplementares e para contratação de operações de crédito – art. 165, § 8º, da CF
Equilíbrio	Deve haver equilíbrio entre a previsão de receitas e a autorização de despesas, o que deve também ser observado na execução orçamentária. Isso não impede a realização de *superávits* – ver art. 48, *b*, da Lei 4.320/1964 e art. 31, § 1º, II, da LRF (LC 101/2000)
Especificação, especialização ou discriminação	Deve haver previsão pormenorizada de receitas e despesas, não cabendo dotações globais ou ilimitadas – art. 167, VII, da CF e art. 5º da Lei 4.320/1964
Unidade de tesouraria	**As receitas devem ser recolhidas em caixa único, sendo vedada qualquer fragmentação para criação de caixas especiais – art. 56 da Lei 4.320/1964**
Não afetação ou não vinculação da receita dos impostos	É vedada a vinculação de receita de impostos a órgão, fundo ou despesa, com as exceções previstas no art. 167, IV, da CF

(Juiz – TRF5 – 2017 – CESPE) A respeito dos princípios orçamentários, assinale a opção correta.

(A) O princípio do equilíbrio orçamentário foi alterado para considerar a possibilidade da previsão de déficit nas contas públicas, desde que mantido em níveis controláveis e nos parâmetros impostos pela legislação.

(B) O princípio da transparência orçamentária diz respeito à necessidade de divulgação anual do orçamento para conhecimento, pelos cidadãos, da estimação de receita e despesa.

(C) O princípio da não afetação refere-se à impossibilidade de vinculação de impostos a determinadas despesas, salvo se a vinculação se referir exclusivamente ao pagamento de dívida pública.

(D) O princípio da especialidade ou especificação do orçamento define que somente o orçamento pode tratar de matéria orçamentária, podendo conter autorização para a abertura de créditos suplementares e operações de crédito.

(E) O princípio participativo orçamentário refere-se à possibilidade de o cidadão fazer representações perante os órgãos de controle interno e externo e de fiscalização para a apuração de fatos relacionados ao cumprimento do orçamento.

A: correta, sendo que a Constituição atual exige apenas que as operações de crédito não excedam o montante das despesas de capital (regra de ouro – art. 167, III, da CF); **B:** incorreta, pois o princípio da transparência é muito mais amplo, abrangendo por exemplo os dados da execução orçamentária (toda realização de receitas e despesas) – art. 48 da LRF; **C:** incorreta, pois há outras exceções à não afetação – art. 167, IV, da CF; **D:** incorreta, pois o princípio da especificação, especialização ou discriminação dispõe que deve haver previsão pormenorizada de receitas e despesas, não cabendo dotações globais ou ilimitadas – art. 167, VII, da CF e art. 5º da Lei 4.320/1964; **E:** incorreta, pois a alternativa refere-se ao chamado controle social – art. 74, § 2º, da CF. RB

Gabarito "A"

(Procurador do Município – Prefeitura Fortaleza/CE – CESPE – 2017) Com fundamento na disciplina que regula o direito financeiro e nas normas sobre orçamento constantes na CF, julgue os itens a seguir.

(1) A adoção do federalismo cooperativo equilibrado pela CF visa à redução das desigualdades regionais.

(2) Na LDO será estabelecida a política de aplicação a ser executada pelas agências oficiais de fomento.

(3) Constitui ofensa à competência reservada ao chefe do Poder Executivo a iniciativa parlamentar que prevê, na LDO, a inclusão de desconto no imposto sobre a propriedade de veículos automotores, em caso de pagamento antecipado.

(4) No que diz respeito ao direito financeiro, a CF pode ser classificada como semirrígida, uma vez que restringe a regulação de certos temas de finanças públicas a lei complementar e deixa outros à disciplina de lei ordinária.

1: Correta. Sobre o tema, veja-se a lição de Heleno Taveira Torres (in Constituição financeira e o federalismo financeiro cooperativo equilibrado brasileiro. Revista Fórum de Direito Financeiro e Econômico – RFDFE I Belo Horizonte, ano 3, n. 5, p. 25-54, mar./ago. 2014): "De fato, uma das grandes contribuições da Constituição de 1988 foi efetivamente esta: implantar um federalismo de equilíbrio, na correlação entre fortalecimento da União para planejamento e ordenação das políticas públicas e aprimoramento das competências das unidades periféricas, para criar um sistema que não prioriza extremos, mas que alcança no equilíbrio suas melhores virtudes a serem concretizadas. Na atualidade, pelo grau de complexidade que as demandas coletivas encarregam aos Estados nacionais, a tendência é a ampliação da cooperação entre as unidades federadas e a entidade central, sob a égide do princípio da solidariedade que acompanha os laços federativos. No Brasil, ao tempo que a própria superestrutura constitucional vê-se definida para cumprir esse desiderato de cooperação permanente, equilibra-se desde a Constituição, como bem o diz Gilberto Bercovici, 'a descentralização federal com os imperativos da integração econômica nacional' **2**: Correta, nos termos do art. 165, §2º, parte final, da CF. **3**: Incorreta. A posição do STF esposada na medida cautelar da ADI 2392 é que não há reserva de iniciativa do chefe do Poder Executivo nesse caso (Informativo 222 do STF).**4**: Incorreta. Constituição semirrígida é aquela na qual uma parte deve ser alterada por processo legislativo mais longo e com quórum qualificado, enquanto outras partes podem ser alteradas por leis ordinárias. A CF de 1988 é rígida, tanto na parte política quanto na parte financeira. HS

Gabarito 1C, 2C, 3E, 4E

(Procurador do Município – Prefeitura Fortaleza/CE – CESPE – 2017) Dado o princípio da universalidade, o orçamento deve conter todas as receitas e despesas da União, de qualquer natureza, procedência ou destino, incluída a dos fundos dos empréstimos e dos subsídios. Tal princípio é de grande importância para o direito financeiro e se concretiza na norma do art. 165, § 5º, da CF e em diversas constituições modernas.

A respeito do orçamento público na CF e dos princípios orçamentários vigentes no ordenamento jurídico brasileiro, julgue os itens que se seguem.

(1) Embora o princípio da responsabilidade fiscal tenha adquirido grande relevância no ordenamento jurídico brasileiro, seu descumprimento não gera responsabilidade penal.

(2) Em consonância com a ideia de orçamento-programa, a diretriz de controle incluída na Lei n.º 4.320/1964 abrange a eficiência, a eficácia e a efetividade das ações governamentais.

(3) De acordo com o entendimento do STF, a destinação de determinado percentual da receita de ICMS ao financiamento de programa habitacional ofende a vedação constitucional de vincular receita de impostos a órgão, fundo ou despesa.

(4) Decorre do princípio da unidade do orçamento a vedação à inclusão, no orçamento, de qualquer dispositivo de lei material que não verse sobre previsão de receita ou autorização de despesa.

1: Incorreta. O capítulo IV do Código Penal – Dos Crimes Contra as Finanças Públicas (art. 359-A e seguintes) – é todo destinado à criminalização de condutas ofensivas aos preceitos da Lei de Responsabilidade Fiscal. **2**: Correta. Enquanto no orçamento tradicional (ou clássico) o controle é voltado à honestidade dos agentes públicos e a legalidade estrita no cumprimento do orçamento, no orçamento-programa os órgãos de controle devem atentar mais para os resultados obtidos pela gestão pública. **3**: Correta, nos termos do julgado no RE 183.906/SP. **4**: Incorreta. A assertiva traduz o princípio da exclusividade. Pelo princípio da unidade orçamentária, ainda que veiculado por três diplomas normativos (PPA, LDO e LOA), o orçamento é considerado único para um dado exercício financeiro e deve ser assim analisado. HS

Gabarito 1E, 2C, 3C, 4E

(Procurador Municipal – Prefeitura/BH – CESPE – 2017) Assinale a opção correta de acordo com as normas de direito financeiro constantes na CF.

(A) O descumprimento do limite de despesas com pessoal impõe como medida derradeira a demissão de servidores estáveis, com a consequente extinção dos seus respectivos cargos públicos, cuja recriação poderá ocorrer imediatamente após a recondução da despesa ao limite.

(B) A LDO estabelecerá, de forma regionalizada, as diretrizes, os objetivos e as metas da administração pública federal para as despesas de capital e de outras delas decorrentes e para as relativas aos programas de duração continuada.

(C) O controle externo é atividade precípua do tribunal de contas, não lhe incumbindo, todavia, as atividades de controle interno, que são exclusivas dos Poderes Executivo, Legislativo e Judiciário.

(D) A abertura de crédito extraordinário somente será admitida para atender a despesas imprevisíveis e urgentes.

A: incorreta. É vedada a criação de cargo, emprego ou função com as mesmas ou assemelhadas atribuições pelo prazo de quatro anos (art. 169, § 6º, da CF); **B**: incorreta. Tal conteúdo pertine ao plano plurianual. A LDO compreende as metas e prioridades da Administração Pública federal, incluindo as despesas de capital para o exercício financeiro subsequente, orienta a elaboração da LOA, dispõe sobre alterações na legislação tributária e estabelece a política de aplicação das agências financeiras oficiais de fomento (art. 165, §§ 1º e 2º, da CF); **C**: incorreta. O controle externo compete ao Poder Legislativo, que o executará com o auxílio do Tribunal de Contas (art. 71 da CF); **D**: correta, nos termos do art. 167, § 3º, da CF. HS

Gabarito "D"

(Procurador Federal – 2010 – CESPE) A respeito de finanças públicas e orçamento, de acordo com a CF, julgue os itens seguintes.

(1) Estado da Federação tem competência privativa e plena para dispor sobre normas gerais de direito financeiro.

(2) Os municípios não podem legislar sobre normas de direito financeiro concorrentemente com a União.

1: assertiva incorreta, pois a competência para legislar sobre normas gerais de direito financeiro é da União, ressalvada a competência suplementar dos Estados e do Distrito Federal – art. 24, I, §§ 1º e 2º, da CF; **2**: incorreta. Embora o art. 24 da CF refira-se apenas à União e aos Estados, ao tratar da competência concorrente, os Municípios podem suplementar a legislação federal e estadual, considerando o interesse local, inclusive em matéria de direito financeiro – art. 30, I e II, da CF. Embora haja debate doutrinário, é interessante registrar o entendimento adotado pela CESPE, de que se trata de competência *concorrente* dos Municípios.

Gabarito 1E, 2E

(Magistratura Federal/2ª região – 2011 – CESPE) Nos meses de junho e julho de 2011, verificou-se no parlamento estadunidense disputa política pela aprovação de norma que elevasse o nível de endividamento daquela União federal. Acerca das normas constitucionais brasileiras relativamente a essa matéria, assinale a opção correta.

(A) O limite da dívida mobiliária dos estados e dos municípios é matéria de lei federal, enquanto o limite da dívida mobiliária da União é matéria de resolução do Senado Federal.

(B) O limite da dívida mobiliária da União, dos estados e dos municípios é matéria de resolução do Senado Federal.

(C) O limite da dívida mobiliária da União, dos estados e dos municípios é matéria de lei federal.

(D) O limite da dívida mobiliária da União é matéria de lei federal, e o limite da dívida mobiliária dos estados e dos municípios é matéria de resolução do Senado Federal.

(E) O limite da dívida mobiliária da União e dos estados é matéria de lei federal, e o limite da dívida mobiliária dos municípios é matéria de resolução do Senado Federal.

Consoante o que determinam os arts. 48, XIV, e 52, IX, da CF, cabe à lei federal estabelecer os limites da dívida mobiliária da União e privativamente ao Senado, mediante resolução, fixar os limites globais e condições das dívidas mobiliárias dos Estados, Distrito Federal e Municípios.

Gabarito "D"

(Magistratura Federal-5ª Região – 2011 – CESPE) A respeito do que dispõe a CF sobre finanças públicas, assinale a opção correta.

(A) O orçamento da seguridade social, que abrange todas as entidades e órgãos a ela vinculados, da administração direta ou indireta, está compreendido na lei orçamentária anual.

(B) Cabe à lei ordinária federal dispor sobre a fiscalização financeira da administração pública direta e indireta, bem como sobre operações de câmbio realizadas por órgãos e entidades da União, dos estados, do DF e dos municípios.

(C) São vedadas ao BACEN a compra e a venda de títulos de emissão do Tesouro Nacional.

(D) Relatório resumido da execução orçamentária deve ser publicado pelo Poder Executivo federal no prazo máximo de sessenta dias após o encerramento de cada trimestre.

(E) O exame e a emissão de parecer sobre projeto de lei relativo às diretrizes orçamentárias competem a uma comissão permanente de senadores da República.

A: essa é a assertiva correta, pois a inclusão do orçamento da seguridade social na lei orçamentária anual (LOA) é prevista no art. 165, § 5º, III, da CF; **B:** incorreta, pois cabe à lei **complementar** federal dispor sobre essas matérias – art. 163, V e VI, da CF; **C:** incorreta, pois o Banco Central pode comprar e vender títulos de emissão do Tesouro Nacional, com o objetivo de regular a oferta de moeda ou a taxa de juros – art. 164, § 2º, da CF; **D:** incorreta, pois o prazo para a publicação do relatório resumido da execução orçamentária pelo Executivo é de até 30 dias após o encerramento de cada bimestre – art. 165, § 3º, da CF; **E:** incorreta, pois cabe a uma **comissão mista** permanente de senadores e deputados federais examinar e emitir parecer sobre os projetos de lei do plano plurianual (PPA), das diretrizes orçamentárias (LDO), do orçamento anual (LOA) e de créditos adicionais – art. 166, § 1º, I, da CF.

Gabarito "A"

2. LEI ORÇAMENTÁRIA ANUAL – LOA, LEI DE DIRETRIZES ORÇAMENTÁRIAS – LDO E PLANO PLURIANUAL – PPA

(Procurador do Município - Campo Grande/MS - 2019 - CESPE/ CEBRASPE) A respeito do plano plurianual (PPA), da lei de diretrizes orçamentárias (LDO) e da lei orçamentária anual (LOA), julgue os itens a seguir.

(1) A iniciativa para os três planejamentos orçamentários — PPA, LDO e LOA — é concorrente: tanto o Poder Executivo como o Poder Legislativo podem atuar na propositura dessas leis.

(2) O PPA traça o planejamento de longo prazo, estabelece diretrizes, objetivos e metas da administração pública federal para as despesas correntes e para as despesas relativas aos programas de duração continuada.

(3) A LDO orienta a elaboração da LOA, devendo a lei de diretrizes orçamentárias ser sancionada no primeiro semestre.

(4) Constitui crime de responsabilidade fiscal o início de investimento cuja execução ultrapasse um exercício financeiro, sem prévia inclusão no PPA ou sem autorização de sua inclusão mediante lei.

(5) Vige no ordenamento jurídico brasileiro o princípio da anualidade orçamentária: nenhum tributo será cobrado no exercício financeiro sem prévia autorização orçamentária.

1: incorreta, pois a iniciativa para os projetos de lei relativos a PPA, LDO e LOA é exclusiva do chefe do Executivo – art. 165, *caput*, da CF; **2:** incorreta, pois o PPA não se refere a despesas correntes, mas apenas a despesas de capital e outras delas decorrentes e para as relativas aos programas de duração continuada – art. 165, § 1º, da CF; **3:** imprecisa. Não há norma nacional fixando prazo para aprovação e sanção da LDO. O art. 35, § 2º, II, do ADCT prevê que o projeto de lei da LDO será devolvido para sanção até o encerramento da sessão legislativa (ver também art. 57, § 2º, da CF), mas não há prazo fixado para a sanção; **4:** correta, conforme art. 167, § 1º, da CF; **5:** incorreta, pois não subsiste no sistema tributário nacional esse princípio da anualidade. RB

Gabarito 1E, 2E, 3ANULADA, 4C, 5E

(Procurador do Município - Campo Grande/MS - 2019 - CESPE/ CEBRASPE) Tendo como referência a Lei de Responsabilidade Fiscal (LRF), julgue os itens seguintes.

(1) A LRF, ao transformar a LDO em instrumento de planejamento trienal, incluiu o anexo de metas fiscais, no qual se estabelecem as metas anuais a serem implementadas no exercício financeiro a que se refere a LDO e nos dois exercícios seguintes.

1: correta, conforme o art. 4º, § 1º, da LRF. RB

Gabarito 1C

(Procurador do Município/Manaus – 2018 – CESPE) Considerando o disposto na CF acerca do direito financeiro, julgue os itens que se seguem.

(1) Na elaboração de seus orçamentos anuais, o município deve observar o disposto na lei de diretrizes orçamentárias do respectivo estado-membro, sob pena de ruptura com o princípio da unidade orçamentária.

(2) É vedado autorizar a abertura de créditos suplementares no texto da lei orçamentária anual municipal.

1: incorreta, pois o Município deve observar sua própria LDO para elaboração da LOA, não a do Estado – art. 165, § 2º, da CF; **2:** incorreta, pois isso é expressamente admitido pelo art. 165, § 8º, da CF. RB

Gabarito 1E, 2E

(Juiz – TRF5 – 2017 – CESPE) O orçamento moderno, diferentemente do orçamento tradicional, é instrumento de planejamento governamental e necessário para a consecução das políticas públicas. A respeito desse assunto, que envolve o conceito de orçamento e princípios orçamentários, assinale a opção correta.

(A) O orçamento moderno trabalha com a ideia central de que os recursos a serem arrecadados devem servir à aquisição de meios para fazer face exclusivamente às despesas contingenciais.

(B) O orçamento público é um instrumento que confere ao Poder Executivo poder discricionário para a reformulação de políticas públicas, sem a necessidade de autorização legislativa para tanto.

(C) O orçamento público moderno deve garantir o equilíbrio fiscal, por meio do cumprimento das metas de resultados fiscais estipuladas.

(D) O orçamento moderno, assim como o tradicional, exige que as receitas sejam matematicamente iguais às despesas.

(E) A concepção moderna de orçamento público enfatiza seu aspecto contábil e gerencial, distanciando-se da avaliação de eficiência e efetividade.

A: incorreta, pois as receitas não se referem apenas a despesas contingenciais, devendo suportar todas as despesas, inclusive as correntes e de capital; **B:** incorreta, pois a LOA é autorização legislativa para a realização das despesas; **C:** correta – art. 1º, § 1º, da LRF; **D:** incorreta, pois admitem-se déficits, desde que observada a regra de ouro (exige-se que as operações de crédito não excedam o montante das despesas de capital– art. 167, III, da CF); **E:** incorreta, pois o chamado orçamento-programa não se afasta do princípio da eficiência. Pelo contrário, deve ser instrumento para seu atingimento – art. 37, *caput*, da CF. RB

Gabarito "C"

(Advogado da União/AGU – CESPE – 2012) No que se refere aos orçamentos e ao controle de sua execução, julgue os itens seguintes.

(1) O PPA, que define o planejamento das atividades governamentais e estabelece as diretrizes e as metas públicas, abrange as despesas de capital e as delas decorrentes, bem como as relativas aos programas de duração continuada.

(2) A lei de diretrizes orçamentárias destina-se, entre outros objetivos, a orientar a elaboração da lei orçamentária anual, nada dispondo, todavia, a respeito do equilíbrio entre receitas e despesas.

(3) Após o envio dos projetos de lei relativos ao PPA, às diretrizes orçamentárias e ao orçamento anual ao Congresso Nacional, o presidente da República não poderá apresentar proposta de modificação desses projetos.

1: correta, conforme o art. 165, § 1º, da CF; **2:** incorreta, pois a LDO disporá também sobre o equilíbrio entre receitas e despesas, nos termos do art. 4º, I, a, da LRF; **3:** incorreta, pois o Presidente poderá enviar mensagem ao Congresso Nacional para propor modificação nos projetos enquanto não iniciada a votação, na Comissão mista, da parte cuja alteração é proposta – art. 166, § 5º, da CF.

Gabarito 1C, 2E, 3E

Houve um grande alvoroço quando os parlamentares da Comissão Mista de Orçamento do Congresso Nacional elevaram a previsão de receita da União para 2011 em R$ 22,8 bilhões. Muitos consideraram a estimativa irrealista e destinada unicamente a acomodar o aumento de gastos que deputados e senadores fizeram no orçamento. Esse "exagero" na reestimativa da receita foi um dos argumentos utilizados pelo governo para "contingenciar" R$ 50,1 bilhões nas despesas orçamentárias e, dessa forma, garantir a obtenção da meta de superávit primário deste ano.

Valor Econômico, 22.09.2011 (com adaptações).

(Procurador/DF – 2013 – CESPE) A respeito dos temas abordados na matéria jornalística acima, julgue o item a seguir.

(1) A meta de superávit, mencionada no texto, deve constar da LDO, conforme determinação explícita da Lei de Responsabilidade Fiscal.

1: correta, pois o Anexo de Metas Fiscais da LDO deve apresentar aquelas relativas aos resultados nominal e primário – art. 4º, § 1º, da LRF.

Gabarito 1C

(Procurador Federal – 2010 – CESPE) A respeito de finanças públicas e orçamento, de acordo com a CF, julgue o item seguinte.

(1) Tratando-se de orçamento participativo, a iniciativa de apresentação do projeto de lei orçamentária cabe a parcela da sociedade, a qual o encaminha para o Poder Legislativo.

1: incorreta, pois os projetos de LOA, LDO e PPA são sempre encaminhados pelo chefe do Poder Executivo (Presidente, Governadores e Prefeitos) para a apreciação do Legislativo – art. 166, § 6º, da CF, aplicável também a Estados, Distrito Federal e Municípios pelo princípio da simetria.

Gabarito 1E

(Procurador do Município/Boa Vista-RR – 2010 – CESPE) Com relação ao direito financeiro e econômico pátrio, julgue o item seguinte.

(1) A lei orçamentária anual pode conter, além da fixação da despesa, a previsão de receita e alteração da legislação tributária e a autorização para contratação de operações de crédito ou abertura de créditos suplementares.

1: incorreta, pois as únicas exceções ao princípio da exclusividade são a autorização para abertura de créditos suplementares e a contratação de operações de crédito – art. 165, § 8º, da CF.

Gabarito 1E

(Magistratura Federal/2ª região – 2011 – CESPE) Considerando as especificidades dos orçamentos previstos na Lei Orçamentária Anual da União, consoante a CF, assinale a opção correta.

(A) O orçamento monetário destina-se às despesas e receitas do BACEN.
(B) O orçamento previdenciário contém as dotações destinadas à saúde e à previdência.
(C) O orçamento federal de investimento das estatais abrange todas as empresas públicas e sociedades de economia mista públicas, incluindo-se as dos estados e dos municípios.
(D) O orçamento fiscal compreende parte da administração direta e parte da administração indireta da União.
(E) O orçamento plurianual cria dotações orçamentárias para quatro anos.

A: incorreta. O orçamento monetário reflete a projeção da variação nas contas consolidadas das autoridades monetárias e dos bancos comerciais para um determinado período de tempo; **B:** incorreta. O orçamento previdenciário deve abranger todos os aspectos da seguridade social, ou seja, a saúde, a previdência e a assistência social; **C:** incorreta. O orçamento das estatais da União, como menciona o enunciado, relaciona-se apenas com as empresas públicas e sociedades de economia mista federais; **D:** correta. O orçamento fiscal deve abranger órgãos dos Poderes Executivo, Legislativo e Judiciário, seus fundos e entidades da administração indireta, inclusive fundações instituídas pelo Poder Público; **E:** incorreta. A LOA não se destina a criar dotações plurianuais, daí seu nome de "lei orçamentária **anual**". Os planos de investimentos no longo prazo são fixados no plano plurianual, ao qual a LOA deve respeitar em todas as suas rubricas.

Gabarito "D"

(Analista – STM – 2011 – CESPE) Julgue os itens que se seguem, relativos a conceitos básicos de orçamento.

(1) O princípio do orçamento bruto se aplica indistintamente à lei orçamentária anual e a todos os tipos de crédito adicional.
(2) O orçamento é popularmente chamado de lei de meios, porque seu objetivo principal é discriminar em suas tabelas e anexos quais os meios que o governo deve utilizar para atingir os seus fins.

1: assertiva correta. O princípio do orçamento bruto está relacionado ao princípio da universalidade e determina a indicação de receitas e despesas sem qualquer dedução (ou seja, pelos valores brutos, jamais líquidos). Por exemplo, um salário de R$ 1 mil reais corresponde a uma despesa exatamente desse valor, ainda que o IR retido na fonte seja receita do ente público (o valor do imposto não é abatido do montante da despesa com salário). Esse princípio se aplica a todas à todos as receitas e despesas, sejam aquelas previstas originariamente na LOA, como aquelas atinentes a créditos adicionais; **2:** incorreta, pois a LOA indica os meios que poderão ser utilizados para a realização das ações e projetos pelo governo (ela é autorizativa, não impositiva – o governo *pode* utilizar, não sendo correto dizer que ele *deve* utilizar).

Gabarito 1C, 2E

3. LEI DE RESPONSABILIDADE FISCAL – LRF

(Juiz de Direito - TJ/BA - 2019 - CESPE/CEBRASPE) De acordo com a LRF, a concessão ou ampliação de incentivo ou benefício de natureza tributária da qual decorra renúncia de receita deverá, entre outras condições, estar acompanhada de estimativa do impacto orçamentário-financeiro no exercício em que deva se iniciar sua vigência e nos dois seguintes. Para os efeitos dessa regra, são exemplos de renúncia de receita

(A) o crédito presumido, a concessão de isenção em caráter geral e a modificação de base de cálculo, ainda que esta última não implique redução discriminada de tributos.
(B) a anistia, a remissão e a modificação de base de cálculo, ainda que não impliquem redução discriminada de tributos.
(C) o crédito presumido, o subsídio e o aumento de alíquotas para a majoração discriminada de tributos.
(D) a remissão, a concessão de isenção em caráter geral e o crédito presumido.
(E) a anistia, a remissão e a concessão de isenção em caráter não geral.

Nos termos do art. 14, § 1º, da LRF, a renúncia de receita compreende anistia, remissão, subsídio, crédito presumido, concessão de isenção em caráter não geral, alteração de alíquota ou modificação de base de cálculo que implique redução discriminada de tributos ou contribuições, e outros benefícios que correspondam a tratamento diferenciado.
A, e **B:** incorretas, pois somente a modificação da base de cálculo que implique redução discriminada de tributos ou contribuições é considerada renúncia de receita para fins do art. 14, da LRF; **C:** incorreta, pois a majoração de tributos não é, evidentemente, renúncia de receita; **D:** incorreta, pois somente a isenção de caráter não geral é considerada renúncia de receita para fins do art. 14, da LRF; **E:** correta, conforme comentários iniciais. RB

Gabarito "E"

(Procurador do Município/Manaus – 2018 – CESPE) Considerando o disposto na LRF, julgue os itens a seguir.

(1) Se o município pretender celebrar operação de crédito externo com garantia da União, esta poderá exigir como contragarantia a receita de ISSQN.
(2) A transparência na gestão fiscal do município é assegurada, entre outras medidas, pela implantação de sistema integrado de administração financeira e de controle pautado em padrão mínimo de qualidade estabelecido pelo Poder Executivo estadual.
(3) Uma das principais contribuições da LRF para o equilíbrio orçamentário dos municípios foi acabar com a possibilidade de uso de recursos públicos municipais para socorrer financeiramente pessoas jurídicas deficitárias.
(4) O pagamento de servidores inativos e pensionistas do município jamais poderá se realizar com recursos oriundos da venda de ações do capital social de sociedade de economia mista municipal.

1: correta, pois é exceção ao princípio da não afetação – art. 167, IV, da CF; **2:** incorreta, pois o padrão mínimo é estabelecido pelo Executivo da União – art. 48, § 1º, III, da LRF; **3:** incorreta, pois isso é admitido, desde que mediante autorização por lei específica, nos termos do art. 26 da LRF; **4:** incorreta, pois essa é exceção à vedação de utilização de receitas de capital para suportar despesas correntes, desde que mediante autorização legal (a lei pode destinar recursos para os regimes previdenciários próprios dos servidores) – art. 44 da LRF. RB

Gabarito 1C, 2E, 3E, 4E

Nos termos do art. 19, II, da LRF, o limite para despesa total com pessoal nos Estados é de 60% da receita corrente líquida, de modo que a alternativa "B" é a correta.

Para estudo e memorização, veja a seguinte tabela com os limites para despesas com pessoal em relação à receita corrente líquida de cada ente político, com a repartição entre Executivo, Legislativo e Judiciário (arts. 19 e 20 da LRF)

Limites para despesas com pessoal % sobre a receita corrente líquida		
União	50%	2,5% para o Legislativo, incluindo o Tribunal de Contas da União
		6% para o Judiciário
		40,9% para o Executivo
		0,6% para o Ministério Público da União
Estados e Distrito Federal	60%	3% para o Legislativo, incluindo o Tribunal de Contas Estadual
		6% para o Judiciário
		49% para o Executivo
		2% para o Ministério Público Estadual
Municípios	60%	6% para o Legislativo, incluindo o Tribunal de Contas Municipal, quando houver

(Ministério Público/RO – 2010 – CESPE) A legislação vigente sobre responsabilidade fiscal contempla aspectos importantes da política tributária. Acerca desse assunto, assinale a opção correta.

(A) Os municípios, respeitando-se a sua autonomia financeira, estão obrigados a instituir e prever, mas não a arrecadar, todos os tributos que são de sua competência constitucional.

(B) Nos estados, admite-se a majoração ou criação de tributos, bem como a elevação de alíquotas, para custear despesas criadas por lei e que devam ser executadas ao longo de um período de três anos.

(C) Em razão da repartição de receitas tributárias com os demais entes federados, os recursos advindos dos impostos não são computados para fins de apuração da receita corrente líquida da União.

(D) O Poder Legislativo municipal está autorizado a reestimar a previsão das receitas de taxas ou impostos feita pelo Poder Executivo, no âmbito da tramitação da respectiva lei orçamentária anual, desde que haja prévia manifestação do tribunal de contas.

(E) É vedada a realização de transferências voluntárias ao município que não instituir legalmente determinada taxa, em razão do exercício do poder de polícia.

A: Incorreta, pois constituem requisitos essenciais da responsabilidade na gestão fiscal a instituição, previsão e efetiva arrecadação de todos os tributos da competência constitucional do ente da Federação – art. 11, *caput*, da Lei de Responsabilidade Fiscal – LRF (LC 101/2000); **B:** Correta, pois as despesas de caráter continuado (despesa corrente cuja obrigação se estende por mais de 2 exercícios) deve ser acompanhada da demonstração da origem dos recursos para seu custeio, como criação de tributos ou aumento de alíquotas – art. 17, § 1º, da LRF; **C:** Incorreta, pois a receita dos impostos é uma das importantes receitas (se não a mais importante) que compõem a receita corrente líquida da União – art. 2º, IV, da LRF; **D:** Incorreta, pois a reestimativa de receita por parte do Poder Legislativo só será admitida se comprovado erro ou omissão de ordem técnica ou legal – art. 12, § 1º, da LRF; **E:** Incorreta, pois a vedação às transferências voluntárias refere-se apenas à omissão na instituição e efetiva arrecadação de impostos (não de outras espécies tributárias) – art. 11, parágrafo único, da LRF.

Gabarito "B".

Houve um grande alvoroço quando os parlamentares da Comissão Mista de Orçamento do Congresso Nacional elevaram a previsão de receita da União para 2011 em R$ 22,8 bilhões. Muitos consideraram a estimativa irrealista e destinada unicamente a acomodar o aumento de gastos que deputados e senadores fizeram no orçamento. Esse "exagero" na reestimativa da receita foi um dos argumentos utilizados pelo governo para "contingenciar" R$ 50,1 bilhões nas despesas orçamentárias e, dessa forma, garantir a obtenção da meta de superávit primário deste ano.

Valor Econômico, 22.09.2011 (com adaptações).

(Procurador/DF – 2013 – CESPE) A respeito dos temas abordados na matéria jornalística acima, julgue os itens a seguir.

(1) Em face do caráter autorizativo da LOA, não há obrigatoriedade de recomposição das despesas contingenciadas, na hipótese de restabelecimento da receita prevista no orçamento.

(2) O contingenciamento a que se refere o texto não pode atingir despesas que estejam ressalvadas pela LOA, a exemplo das transferências constitucionais e das despesas destinadas ao pagamento do serviço da dívida.

1: incorreta, pois, em princípio, se houver restabelecimento da receita prevista, ainda que parcial, a recomposição das dotações cujos empenhos foram limitados dar-se-á de forma proporcional às reduções efetivadas – art. 9º, § 1º, da LRF; **2:** incorreta, pois a intangibilidade do contingenciamento não se refere à despesas ressalvadas pela LOA, mas sim pela LDO, além das despesas que constituam obrigações constitucionais e legais do ente, inclusive aquelas destinadas ao pagamento do serviço da dívida – art. 9º, § 2º, da LRF.

Dica: É importante destacar que a EC 86/2015 tornou o orçamento impositivo em relação às emendas individuais ao projeto de lei orçamentária, até o limite de 1,2% da receita corrente líquida realizada no exercício anterior, nos termos do art. 166, §§ 9º a 12 da CF. Posteriormente, a EC 100/2019 previu também a impositividade para as programações incluídas por todas as emendas de iniciativa de bancada de parlamentares de Estado ou do Distrito Federal, no montante de até 1% da receita corrente líquida realizada no exercício anterior (nova redação para o § 12).

Gabarito 1E, 2E

(Procurador Federal – 2010 – CESPE) Com relação a despesas e receitas públicas, julgue o item seguinte.

(1) De acordo com a LRF, a contratação de serviços, por meio de licitação, que acarrete aumento de despesa deve vir precedida de demonstrativo da estimativa do impacto orçamentário-financeiro apenas do exercício em que deva entrar em vigor a referida despesa, bem como da declaração de responsabilidade do ordenador de despesa.

1: assertiva incorreta, pois a estimativa do impacto orçamentário-financeiro não se restringe ao exercício em que deva entrar em vigor o aumento de despesa, devendo abranger também os dois subsequentes – art. 16, I, da LRF.

Gabarito 1E

(Advogado– CEF – 2010 – CESPE) Acerca das Leis Complementares 101/2000 e 105/2001, que tratam, respectivamente, das normas de finanças públicas voltadas para a responsabilidade na gestão fiscal e do sigilo das operações de instituições financeiras, assinale a opção correta.

(A) Ao final de um bimestre, se verificado que a realização da receita poderá não comportar o cumprimento das metas de resultado primário, todos os poderes e o Ministério Público promoverão, nos montantes necessários, nos trinta dias subsequentes, limitação de empenho e movimentação financeira, segundo os critérios fixados pela lei de diretrizes orçamentárias (LDO), sendo certo, na hipótese de descumprimento de tal prazo por parte dos demais poderes, que o Poder Executivo fica autorizado a limitar os valores financeiros segundo os critérios fixados pela LDO.

(B) Só se considera obrigatória de caráter continuado a despesa corrente derivada exclusivamente de lei que fixe para o ente a obrigação legal de sua execução por um período superior a um exercício.

(C) O servidor público que utilizar ou viabilizar a utilização de qualquer informação obtida em decorrência da quebra de sigilo fiscal responde pessoal e diretamente pelos danos decorrentes, sem prejuízo da responsabilidade objetiva da entidade pública, que resta caracterizada independentemente de o servidor ter agido de acordo com orientação oficial.

(D) Independem de prévia autorização do Poder Judiciário a prestação de informações e o fornecimento de documentos sigilosos solicitados por comissão de inquérito administrativo destinada a apurar responsabilidade de servidor público por infração praticada no exercício de suas atribuições.

(E) Os membros do Ministério Público, no uso de suas prerrogativas institucionais, não estão autorizados a requisitar documentos fiscais e bancários sigilosos diretamente ao fisco e às instituições financeiras, sob pena de violação aos direitos e garantias constitucionais da intimidade da vida privada dos cidadãos.

A: incorreta. A assertiva reflete exatamente o disposto no art. 9º, § 3º, da Lei Complementar nº 101/2000 (Lei de Responsabilidade Fiscal – LRF). Todavia, no julgamento da medida cautelar da ADI 2238, em 09/08/2007, o STF suspendeu a eficácia do mencionado artigo diante da aparente interferência indevida do Poder Executivo sobre os demais; **B:** incorreta. A despesa obrigatória de caráter continuado é aquela que decorre de lei, medida provisória ou ato administrativo que crie obrigação cuja execução ultrapassará dois exercícios (art. 17 da LRF); **C:** incorreta. A responsabilidade objetiva da entidade pública depende da prova do servidor ter agido conforme determinação oficial (art. 11 da Lei Complementar nº 105/2001); **D:** incorreta. A diligência demanda a autorização judicial, nos termos do art. 3º, § 1º, da Lei Complementar nº 105/2001; **E:** correta. A assertiva consagra posição pacífica do STJ (HC 160.646, *DJ* 19/09/2011).

Gabarito "E"

(Analista – STM – 2011 – CESPE) Com base na Lei de Responsabilidade Fiscal (LRF), que constitui um marco das finanças públicas brasileiras, julgue os itens subsequentes.

(1) O Poder Legislativo de cada ente não pode reestimar a receita prevista na proposta orçamentária encaminhada pelo Poder Executivo, salvo em caso de guerra, comoção intestina ou calamidade pública.

(2) Os municípios que não instituírem a taxa municipal de iluminação pública, bem como os que não a tenham previsto em seus orçamentos e não a estejam arrecadando, estão proibidos de receber transferências voluntárias de outros entes, ressalvadas aquelas destinadas a ações com saúde, educação e assistência social.

1: incorreta, pois o Legislativo pode, excepcionalmente, reestimar a receita em caso de comprovado erro ou omissão de ordem técnica ou legal – art. 12, § 1º, da LRF; **2:** incorreta, pois a sanção pela omissão na instituição e cobrança de tributo refere-se exclusivamente aos impostos (não a taxas e contribuições) – art. 11, p. único, da LRF.

Gabarito 1E, 2E

(Analista – STM – 2011 – CESPE) Com relação à disciplina da Lei de Responsabilidade Fiscal sobre prestação de contas, julgue o item a seguir.

(1) Nas diversas esferas de governo, as prestações de contas dos Poderes Executivo, Legislativo e Judiciário serão realizadas pelo presidente de cada poder e receberão parecer conjunto do respectivo tribunal de contas antes de sua apreciação pela casa legislativa competente.

1: Assertiva incorreta, pois o parecer prévio do Tribunal de Contas não é conjunto (os tribunais emitem pareceres separadamente em relação às contas de cada Poder e do Ministério Público) – art. 56, *caput*, da LRF.

Gabarito 1E

4. RECEITAS

(Procurador do Município - Campo Grande/MS - 2019 - CESPE/ CEBRASPE) Acerca das despesas e receitas públicas, julgue os itens que se seguem.

(3) Receita tributária municipal é classificada como receita corrente, consoante estabelecido na Lei n.º 4.320/1964.

3: correta, conforme art. 11, § 1º, da Lei 4.320/1964. RB

Gabarito 1E, 2E, 3C

(Juiz – TRF5 – 2017 – CESPE) A respeito de receita pública, assinale a opção correta.

(A) Os valores provenientes de empréstimos compulsórios têm natureza de receitas públicas, em virtude de ingressarem no caixa de forma efetiva.

(B) A cobrança de preços públicos, entrada de recursos no caixa com natureza de perenidade, é considerada ingresso público, e não receita pública.

(C) A receita proveniente de impostos tem a mesma classificação que a proveniente do pagamento de caução, dado que acabam ingressando no caixa do governo, mesmo que a caução seja eventualmente devolvida.

(D) São receitas públicas originárias as provenientes de atividade exclusiva estatal, como, por exemplo, a cobrança de tributos.

(E) Os ingressos de recursos no caixa do governo, que constem dos valores previstos no orçamento, têm caráter permanente.

A: incorreta. Para a doutrina clássica, a receita de empréstimo compulsório é simples ingresso, não receita pública, já que não é definitiva (deverá ser devolvida), daí porque o gabarito oficial considera a assertiva incorreta. Ocorre que essa classificação não foi acolhida pela Lei 4.320/1964, segundo a qual toda receita tributária é receita pública corrente – art. 11, § 1º, da Lei 4.320/1964; **B:** incorreta, pois todo ingresso definitivo (perene) é receita pública, para a doutrina clássica; **C:** incorreta, pois o recebimento de caução pelo poder público não é receita orçamentária (é simples ingresso, para a doutrina clássica) – trata-se de receita extraorçamentária. Já a receita de imposto é ingresso definitivo, receita pública corrente; **D:** incorreta, pois tributos são classificados como receita derivada (decorrem de imposição legal); **E:** correta, sendo a melhor alternativa, já que a assertiva define receita pública como aquela que entra definitivamente no caixa do poder público (nos termos da legislação corresponde à receita orçamentária). RB

Gabarito "E"

Veja a seguinte tabela, com a classificação das receitas por diversos critérios:

Classificações da Receita Pública			
Critério	**Espécies**	**Definição**	**Exemplos**
Previsão orçamentária	Orçamentária	Prevista (ou deveria) no orçamento	Tributos, transferências
	Extraorçamentária	À margem do orçamento	Depósitos, cauções, consignações, fianças, superávit, restos a pagar, operações de ARO
Origem	Originária	Decorre da exploração do patrimônio estatal e da prestação de serviço em regime privado	Recebimento de aluguel, preço pela venda de imóvel ou veículo da administração, juros em aplicações financeiras
	Derivada	Decorre da imposição legal	Tributos, multas
	Transferida	Auferida por outra entidade política e transferida para quem vai utilizá-la	Advinda dos Fundos de Participação dos Estados e dos Municípios
Regularidade	Ordinária	Usual, comum	Tributos
	Extraordinária	Esporádica, eventual	Doações, preço pela venda de bem, imposto extraordinário
Categoria econômica	Corrente	Listagem no art. 11, § 1º, da Lei 4.320/1964 – muito próximo das receitas ordinárias	Tributos, transferências correntes
	De Capital	Listagem no art. 11, § 2º, da Lei 4.320/1964 – muito próximo das receitas extraordinárias	Decorrente de operação de crédito (empréstimo), preço pela alienação de bens, transferências de capital

Veja a seguinte tabela, para estudo e memorização da classificação das receitas por categorias econômicas – art. 11, § 4º, da Lei 4.320/1964:

RECEITAS	Correntes	Receita tributária (Impostos, Taxas, Contribuições de melhoria) Receita de contribuições Receita patrimonial Receita agropecuária Receita industrial Receita de serviços Transferências correntes Outras receitas correntes
	de Capital	Operações de crédito Alienação de bens Amortização de empréstimos Transferências de capital Outras receitas de capital

(Juiz – TJ/CE – 2018 – CESPE) O governador de determinado estado da Federação pretende conceder isenção tributária de caráter não geral por meio de projeto de lei. A proposta de legislação contém a demonstração de que a renúncia foi considerada na estimativa de receita da lei orçamentária do respectivo estado, na forma da lei de diretrizes orçamentárias.

Nessa situação hipotética, considerando que a Lei de Responsabilidade Fiscal e os demais requisitos legais tenham sido observados no projeto governamental, uma das medidas exigíveis é que o projeto

(A) contenha declaração do ordenador da despesa de que a isenção tem adequação orçamentária e financeira e compatibilidade com o plano plurianual.

(B) esteja necessariamente acompanhado de medidas de compensação referentes somente ao exercício em que deva se iniciar a sua vigência.

(C) demonstre que a isenção não afetará as metas de resultado fiscal previstas no anexo próprio da lei de diretrizes orçamentárias.

(D) comprove que a isenção não implicará tratamento tributário diferenciado.

(E) mostre que a queda de arrecadação será compensada com o aumento permanente da receita ou com a redução contínua da despesa.

No caso de demonstração de que a renúncia de receita foi considerada na estimativa da LOA, exige-se ainda que demonstração de que não afetará as metas de resultados fiscais prevista no anexo próprio da LDO, conforme o art. 14, I, da LRF. Por essa razão, a alternativa "C" é a correta. **RB**

Gabarito "C"

(Procurador Federal – 2010 – CESPE) Com relação a despesas e receitas públicas, julgue os itens seguintes.

(1) A cobrança de tarifas ou preço público corresponde a uma receita originária.

(2) A caução exigida e arrecadada de um licitante corresponde a ingresso de valores aos cofres públicos e, portanto, é receita pública.

1: correta. As receitas podem ser classificadas como *ordinárias* ou *extraordinárias*, segundo a regularidade. Pelo critério da origem, é possível distinguir receitas *originárias* e *derivadas*. Em razão da previsão orçamentária, fala-se em receitas *orçamentárias* ou *extraorçamentárias*. Receita *originária* é aquela auferida pela exploração do patrimônio estatal (aluguéis, vendas de ativos), o que inclui a prestação de serviços em regime privado e, portanto, a cobrança de tarifa ou preço público. Receita *derivada* é aquela decorrente do poder estatal, exigida compulsoriamente dos cidadãos por força de lei (tributos, penalidades pecuniárias); **2:** incorreta, pois a *receita* é uma espécie de *ingresso* que se integra o patrimônio público, ampliando-o, sem qualquer ressalva, condição ou correspondência no passivo. Assim, o simples *ingresso* de valores que deverão, em princípio, ser restituídos ao particular, não se classifica como receita pública.

Gabarito 1C, 2E

(Procurador Federal – 2010 – CESPE) A respeito de finanças públicas e orçamento, de acordo com a CF, julgue o item seguinte.

(1) A vinculação de receita de impostos para a realização de atividades da administração tributária não fere o princípio orçamentário da não afetação.

1: assertiva correta, pois trata-se de uma das exceções ao princípio da não vinculação ou não afetação – art. 167, IV, c/c art. 37, XXII, da CF.

Gabarito 1C

(Magistratura Federal/3ª região – 2011 – CESPE) Acerca da classificação da receita pública, cujos parâmetros independem de sua natureza jurídica, assinale a opção correta.

(A) As contribuições sociais classificam-se como receitas tributárias, assim como as multas tributárias.
(B) A obtenção de recursos financeiros decorrentes de operações de crédito classifica-se como receita de capital, e as multas tributárias não são classificadas como receitas tributárias.
(C) A obtenção de recursos financeiros decorrentes de operações de crédito classifica-se como receita de capital, e as contribuições sociais, como receitas tributárias.
(D) A obtenção de recursos financeiros decorrentes de operações de crédito classifica-se como receita corrente, assim como o recebimento de amortização da dívida.
(E) O recebimento de amortização da dívida classifica-se como receita de capital, e as multas tributárias, como receitas tributárias.

A: incorreta. Nos termos do art. 3º do CTN, as multas estão expressamente excluídas do conceito de tributo, portanto sua arrecadação é receita não tributária. Quanto às contribuições, o art. 39, § 2º, da Lei 4.320/1964 coloca-as como receitas não tributárias. Isso decorre da posição doutrinária e jurisprudencial da época, que ainda adotava a teoria tripartida das espécies tributárias (impostos, taxas e contribuições de melhoria); **B:** correta, nos termos do art. 11, § 2º, da Lei 4.320/1964 e conforme a explicação da alternativa anterior; **C:** incorreta. Como já dissemos no comentário à alternativa "A", pelo texto legal as contribuições sociais não são consideradas como receitas tributárias; **D:** incorreta. Trata-se de receita de capital (art. 11, § 2º, da Lei 4.320/1964); **E:** incorreta, as multas tributárias não se classificam como receitas tributárias.

Gabarito "B"

(Analista – STM – 2011 – CESPE) Acerca das normas de execução do orçamento, julgue o item seguinte.

(1) Do ponto de vista patrimonial, uma receita pública só pode ser considerada efetiva quando contribui para o aumento do patrimônio líquido da entidade onde ocorreu.

1: Assertiva correta. Na classificação das receitas em *efetivas* ou *por mutação patrimonial*, as primeiras referem-se a entradas que não correspondem a saídas de ativos ou ampliação do passivo, ou seja, que aumentam efetivamente o patrimônio público. Essa classificação corresponde, grosso modo, àquela da doutrina jurídica clássica (Aliomar Baleeiro), que distingue as *receitas* (amplia o patrimônio sem qualquer ressalva ou correspondência no passivo) dos *simples ingressos* (não implicam real ampliação do patrimônio público).

Gabarito 1C

5. DESPESAS

(Procurador do Município - Campo Grande/MS - 2019 - CESPE/CEBRASPE) Tendo como referência a Lei de Responsabilidade Fiscal (LRF), julgue os itens seguintes.

(2) Segundo a LRF, em todo município brasileiro, tomando-se como referência o total da receita corrente líquida em cada período de apuração, deverá ser observado o limite de 60% para gastos com pessoal.
(3) É nulo de pleno direito o ato de prefeito de município brasileiro que resulte em aumento de despesa em geral nos cento e oitenta dias anteriores ao final do seu mandato.
(4) Conforme a LRF, não se admite utilizar recursos públicos, incluídos os de operações de crédito, para socorrer instituição do Sistema Financeiro Nacional, salvo mediante lei específica.

2: correta, conforme o art. 19, III, da LRF; **3:** incorreta, pois essa vedação se refere ao aumento de despesa com pessoal – art. 21, parágrafo único, da LRF; **4:** correta, conforme art. 28 da LRF. RB

Gabarito: 1C, 2C, 3E, 4C

(Procurador do Município - Campo Grande/MS - 2019 - CESPE/CEBRASPE) Acerca das despesas e receitas públicas, julgue os itens que se seguem.

(1) A realização de despesa é composta por quatro fases: licitação, empenho, liquidação e pagamento.
(2) Empenho é o ato pelo qual se reserva, na globalidade do orçamento, importância necessária ao pagamento de determinada despesa, sendo vedada a realização de despesa sem o respectivo empenho. Para toda despesa a ser realizada, é obrigatória a expedição de uma nota de empenho.

1: incorreta. As fases da realização da despesa pública são as seguintes: 1º – Empenho: art. 60 da Lei 4.320/1964; 2º – Contratação na forma da Lei 8.666/1993; 3º – O serviço é realizado ou o bem é entregue; 4º – Liquidação da despesa: art. 63 da Lei 4.320/1964; 5º – Ordem de pagamento: art. 64 da Lei 4.320/1964; 6º – Entrega do dinheiro ao contratado: art. 65 da Lei 4.320/1964. É comum também referir-se resumidamente a três estágios da execução da despesa pública, quais sejam (i) empenho, (ii) liquidação e (iii) pagamento; **2:** incorreta, pois há hipótese de dispensa da nota de empenho, em casos especiais previstos na legislação específica – art. 60, § 1º, da Lei 4.320/1964. RB

Gabarito 1E, 2E

(Procurador do Município/Manaus – 2018 – CESPE) Acerca da Lei 4.320/1964 e das receitas e despesas públicas, julgue os próximos itens.

(1) Obedecendo, sempre que possível, a ordem cronológica, o município poderá realizar despesa para pagar compromissos reconhecidos após o encerramento do exercício correspondente, desde que o faça à conta de dotação específica consignada no orçamento discriminada por elementos.
(2) A dotação orçamentária inserida no orçamento do município que se destine à constituição de instituição bancária é classificada como investimento.
(3) O suprimento de fundos, também conhecido como regime de adiantamento, não pode ser autorizado para servidor público em alcance, ou seja, aquele que ainda não obteve aprovação no estágio probatório.

1: correta, correspondendo às despesas de exercícios anteriores – DEA, prevista no art. 37 da Lei 4.320/1964; **2:** incorreta, pois é classificada como inversão financeira, nos termos do art. 12, § 5º, III, da Lei 4.320/1964; **3:** incorreta, pois servidor em alcance, previsto no art. 69 como aquele que não pode ser responsável por adiantamento, é aquele que não prestou contas no prazo estabelecido, ou que não teve prestação de contas de adiantamento anterior aprovada ou que responde a inquérito administrativo, a depender da legislação de cada ente. RB

Gabarito 1C, 2E, 3E

Veja a seguinte tabela com as fases da realização da despesa

Fases da realização das despesas
1º – Empenho: art. 60 da Lei 4.320/1964
2º – Contratação na forma da Lei 8.666/1993
3º – O serviço é realizado ou o bem é entregue
4º – Liquidação da despesa: art. 63 da Lei 4.320/1964
5º – Ordem de pagamento: art. 64 da Lei 4.320/1964
6º – Entrega do dinheiro ao contratado: art. 65 da lei 4.320/1964

(Procurador Municipal – Prefeitura/BH – CESPE – 2017) A respeito do regime normativo das despesas constante na CF e na legislação complementar em matéria financeira, assinale a opção correta.

(A) A subvenção econômica em empresa pública pode ser realizada para o aumento de seu capital social, devendo estar contemplada em lei específica, com expressa inclusão da despesa no orçamento fiscal.
(B) A expansão quantitativa do atendimento e dos serviços de saúde e assistência social prestados pelo município deve

ser compensada pelo aumento permanente de receita ou pela redução de outra despesa de custeio.

(C) As subvenções sociais e econômicas são transferências realizadas a pessoas jurídicas públicas ou privadas para cobrir despesas de custeio.

(D) Qualificada como despesa de capital obrigatória, a despesa de pessoal é dotada de caráter continuado.

A: incorreta. A subvenção econômica se limita a cobrir déficits de manutenção (art. 18 da Lei 4.320/1964); **B**: incorreta. O art. 17, § 2º, da LRF não limita a redução de despesas àquelas classificadas como "de custeio", podendo ser de qualquer natureza; **C**: correta, nos termos do art. 12, §§ 2º e 3º, da Lei 4.320/1964; **D**: incorreta. A despesa de pessoal é classificada como despesa corrente, especificamente uma despesa de custeio. HS

Gabarito "C"

(Procurador Federal – 2010 – CESPE) Com relação a despesas e receitas públicas, julgue os itens seguintes.

(1) O princípio da legalidade em matéria de despesa pública significa que se exige a inclusão da despesa em lei orçamentária para que ela possa ser realizada, com exceção dos casos de restituição de valores ou pagamento de importância recebida a título de caução, depósitos, fiança, consignações, ou seja, advindos de receitas extraorçamentárias que, apesar de não estarem fixados na lei orçamentária, sejam objeto de cumprimento de outras normas jurídicas.

(2) Considera-se obrigatória de caráter continuado a despesa corrente derivada de lei, de medida provisória ou de ato administrativo normativo que fixe para o ente a obrigação legal de sua execução por um período superior a dois exercícios.

1: assertiva correta, considerando que esses simples ingressos são classificados contabilmente como receitas extraorçamentárias (apesar de, a rigor, não serem receita pública); **2**: assertiva correta, pois corresponde à definição de despesa continuada, nos termos do art. 17 da LRF.

Gabarito 1C, 2C

Veja as seguintes tabelas, para estudo e memorização da discriminação da despesa por elementos, conforme as categorias econômicas – art. 13 da Lei 4.320/1964:

DESPESAS CORRENTES	Despesas de Custeio	Pessoa Civil Pessoal Militar Material de Consumo Serviços de Terceiros Encargos Diversos
	Transferências Correntes	Subvenções Sociais Subvenções Econômicas Inativos Pensionistas Salário-Família e Abono Familiar Juros da Dívida Pública Contribuições de Previdência Social Diversas Transferências Correntes
DESPESAS DE CAPITAL	Investimentos	– Obras Públicas – Serviços em Regime de Programação Especial – Equipamentos e Instalações – Material Permanente – Participação em Constituição ou Aumento de Capital de Empresas ou Entidades Industriais ou Agrícolas
	Inversões Financeiras	– Aquisição de Imóveis – Participação em Constituição ou Aumento de Capital de Empresas ou Entidades Comerciais ou Financeiras – Aquisição de Títulos Representativos de Capital de Empresa em Funcionamento – Constituição de Fundos Rotativos – Concessão de Empréstimos – Diversas Inversões Financeiras
	Transferências de Capital	– Amortização da Dívida Pública – Auxílios para Obras Públicas – Auxílios para Equipamentos e Instalações – Auxílios para Inversões Financeiras – Outras Contribuições

(Analista – STM – 2011 – CESPE) A respeito da Lei nº 4.320/1964, julgue o item a seguir.

(1) Caso a União destine recursos para atender aos gastos com manutenção de uma fundação estadual que tenha como objetivo principal o controle de epidemias, essa dotação deverá ser classificada no orçamento federal como despesa de custeio.

1: incorreta, pois se trata de Transferências Correntes, pois destinadas a outras entidades (a União transfere recursos para a fundação estadual) – art. 12, § 2º, da Lei 4.320/1964.

Gabarito 1E

6. DESPESAS COM PESSOAL

(Procurador do Estado/SE – 2017 – CESPE) Considerando as previsões constitucionais e legais relativas a despesas de pessoal, assinale a opção correta.

(A) Para a concessão de aumento na remuneração aos servidores públicos, é suficiente previsão na lei orçamentária anual.
(B) O percentual que limita as despesas de pessoal ativo somente poderá ser alterado por emenda constitucional.
(C) A exoneração de servidores públicos estáveis poderá ser executada apenas após a exoneração de todos os cargos em comissão e funções de confiança.
(D) O pagamento dos proventos de aposentados é classificado como despesas correntes de custeio.
(E) De acordo com a LRF, há diferença classificatória e de planejamento entre mão de obra terceirizada que substitua servidores e mão de obra da área-meio.

A: incorreta, pois é necessária também autorização específica na LDO, nos termos do art. 169, § 1º, II, da CF; **B:** incorreta, pois os limites são estabelecidos em lei complementar federal, conforme o art. 169, *caput*, da CF; **C:** incorreta, pois, além das demissões por descumprimento da legislação estatutária, é possível a demissão de servidores para recondução das despesas com pessoal aos limites legais, caso as medidas de redução em pelo menos 20% das despesas com cargos e comissão e funções de confiança e de exoneração dos servidores não estáveis não tenham sido suficientes – art. 169, § 4º, da CF; **D:** incorreta, pois não é considerada despesa de custeio – art. 12, § 1º, da Lei 4.320/1964; **E:** correta, pois os valores de contratos de terceirização de mão de obra que se referem à substituição de servidores e empregados públicos são contabilizados como "outras despesas de pessoal" – art. 18, § 1º, da LRF. RB

Gabarito "E"

(Procurador do Estado/SE – 2017 – CESPE) Acerca dos limites da despesa total de gastos com pessoal, assinale a opção correta.

(A) Os percentuais desses limites previstos na legislação incidem sobre a receita corrente nominal.
(B) Os percentuais de gastos para o MPU e o Poder Judiciário são equivalentes.
(C) Estão previstos na CF os percentuais referentes a esses limites.
(D) Os percentuais previstos para esses limites são os mesmos para cada ente federativo.
(E) São excluídas desses limites as despesas com indenização por demissão de servidores.

A: incorreta, pois os limites se referem a percentuais calculados sobre a receita corrente líquida – art. 19 da LRF; **B:** incorreta, pois o percentual para o Judiciário é muito superior ao do MPU – art. 20, I, *b* e *d*, da LRF; **C:** incorreta, pois os percentuais são fixados por lei complementar federal (art. 19 da LRF), nos termos do art. 169, *caput*, da CF; **D:** incorreta, pois são limites distintos para a União, em relação a Estados e Municípios – art. 19 da LRF; **E:** correta – art. 19, § 1º, I, da LRF. RB

Gabarito "E"

Para estudo e memorização, veja a seguinte tabela com os limites para despesas com pessoal em relação à receita corrente líquida de cada ente político, com a repartição entre Executivo, Legislativo e Judiciário (arts. 19 e 20 da LRF):

Limites para despesas com pessoal % sobre a receita corrente líquida		
União	50%	2,5% para o Legislativo, incluindo o Tribunal de Contas da União
		6% para o Judiciário
		40,9% para o Executivo
		0,6% para o Ministério Público da União
Estados e Distrito Federal	60%	3% para o Legislativo, incluindo o Tribunal de Contas Estadual
		6% para o Judiciário
		49% para o Executivo
		2% para o Ministério Público Estadual
Municípios	60%	6% para o Legislativo, incluindo o Tribunal de Contas Municipal, quando houver
		54% para o Executivo.

(Procurador Municipal – Prefeitura/BH – CESPE – 2017) Se determinado ente federativo ultrapassar o limite prudencial de despesa com pessoal, ser-lhe-á:

(A) vedada a contratação de pessoal para a reposição de servidores aposentados da área de segurança.
(B) vedada a contratação de hora extra, ainda que decorrente de situações necessárias ao atendimento do princípio da continuidade do serviço público.
(C) permitida a adequação da despesa total com pessoal mediante a redução dos vencimentos pagos aos ocupantes de cargos e funções.
(D) permitida a contratação de operações de crédito para a redução das despesas com pessoal.

A: incorreta. Reposição de servidores das áreas de educação, saúde e segurança permanecem autorizadas (art. 22, parágrafo único, IV, da Lei de Responsabilidade Fiscal); **B:** incorreta. O cumprimento de tais princípios constitui exceção à proibição de pagamento de horas extras (art. 22, parágrafo único, V, da Lei de Responsabilidade Fiscal); **C:** incorreta. É inconstitucional a redução nominal dos vencimentos – importante o estudante acompanhar a evolução do tema, com o julgamento da ADI 2.238-5, em relação ao art. 23 da LRF; **D:** correta. O limite prudencial não obsta a realização de operações de crédito. HS

Gabarito "D"

(Procurador Federal – 2010 – CESPE) Com relação a despesas e receitas públicas, julgue o item seguinte.

(1) Caso a despesa total com pessoal exceda a 95% do limite imposto na LRF, é vedado ao poder público o provimento de cargo público, com exceção da reposição decorrente de aposentadoria ou falecimento de servidor público.

1: incorreta, pois a exceção refere-se apenas à reposição de servidores das áreas de educação, saúde e segurança, decorrente de aposentadoria ou falecimento – art. 22, parágrafo único, IV, da LRF.

Gabarito 1E

(Procurador do Município/Boa Vista-RR – 2010 – CESPE) Com relação ao direito financeiro e econômico pátrio, julgue o item seguinte.

(1) Projeto de lei de iniciativa do Poder Executivo municipal que proponha reajustamento dos benefícios previdenciários de seus servidores, com o fim de preservar o valor real das transferências, não estará sujeito às exigências da Lei de Responsabilidade Fiscal relativas à compensação fixada em seu art. 17, ainda que aumente despesas obrigatórias de caráter continuado.

1: assertiva correta, pois essa dispensa em relação às exigência do art. 17 da LRF é prevista no art. 24, § 1º, III, da mesma Lei.

Gabarito 1C

7. EXECUÇÃO ORÇAMENTÁRIA, CRÉDITOS ADICIONAIS

Veja a seguinte tabela, para estudo e memorização dos créditos adicionais – art. 41 da Lei 4.320/1964 e art. 167, § 3º, da CF:

Créditos Adicionais		
Suplementares	Destinados a reforço de dotação orçamentária já existente	– autorizados por lei e abertos por decreto executivo – dependem da existência de recursos disponíveis para ocorrer a despesa
Especiais	Destinados a despesas para as quais não haja dotação orçamentária específica	
Extraordinários	Para atender a despesas imprevisíveis e urgentes, como as decorrentes de guerra, comoção interna ou calamidade pública	– abertos por decreto do Executivo, que deles dará imediato conhecimento ao Legislativo (o art. 167, § 3º, da CF faz referência à medida provisória – art. 62 da CF)

(Procurador Municipal – Prefeitura/BH – CESPE – 2017) No que tange à execução orçamentária, assinale a opção correta.

(A) É vedada a realização de despesa sem prévio empenho, admitindo-se, todavia, a sua realização por estimativa de despesas submetidas a parcelamento.

(B) Para a manutenção do equilíbrio entre a receita arrecadada e a despesa realizada, o Poder Executivo aprovará durante o exercício um quadro de cotas trimestrais da despesa que cada unidade orçamentária fica autorizada a utilizar.

(C) O saldo positivo do fundo especial apurado em balanço será transferido para o exercício seguinte, sem vinculação prévia a nenhuma despesa ou categoria de programação.

(D) Com fundamento na lei orçamentária, o Poder Executivo fixará cotas trimestrais de despesa para assegurar o equilíbrio da execução orçamentária, desconsiderando-se, para essa finalidade, os créditos adicionais aprovados pelo Poder Legislativo.

A: incorreta. O art. 60 da Lei 4.320/1964 admite apenas exceções previstas em lei específica; **B**: correta, nos termos do art. 47 da Lei 4.320/1964; **C**: incorreta. A transferência será feita a crédito do mesmo fundo, ou seja, deve ser a ele vinculada (art. 73 da Lei 4.320/1964); **D**: incorreta. O art. 49 da Lei 4.320/1964 determina que os créditos adicionais e operações extraorçamentárias sejam computados nas cotas trimestrais. HS

Gabarito "B"

(Magistratura Federal/3ª região – 2011 – CESPE) Se uma autarquia receber, mediante determinação da lei orçamentária, dotação insuficiente para determinado projeto,

(A) terá de reduzir o valor do projeto para adequá-lo à dotação.

(B) deve requerer a abertura de crédito suplementar pelo valor que falte, caso necessite acrescer o valor.

(C) deve requerer a abertura de crédito especial pelo valor que falte, caso necessite acrescer o valor.

(D) deve requerer a abertura de crédito extraordinário pelo valor que falte, caso necessite acrescer o valor.

(E) pode gastar acima do valor da dotação, até o limite permitido na lei orçamentária.

Os créditos extraorçamentários, ou seja, não previstos na legislação orçamentária, são de três espécies: suplementar – visam a reforçar dotação orçamentária já existente (foi prevista a despesa, mas em valor menor que o realmente necessário); especial – para despesas previsíveis que não foram incluídas na lei orçamentária (não era certa a despesa, mas previa-se sua necessidade); e extraordinário – voltado para necessidades **imprevisíveis e urgentes**. No caso, portanto, trata-se de necessidade de abertura de crédito suplementar, porque a despesa foi prevista, mas com valor insuficiente.

Gabarito "B"

(Analista – STM – 2011 – CESPE) Acerca das normas de execução do orçamento, julgue o item seguinte.

(1) A despesa pública é definida como todo pagamento autorizado ou efetuado a qualquer título por autoridades competentes do poder público.

1: Assertiva incorreta, pois a despesa não se confunde com seu pagamento. É possível haver despesa efetivamente empenhada e realizada, mas não paga.

Gabarito 1E

(Analista – STM – 2011 – CESPE) Acerca das normas de execução do orçamento, julgue o item seguinte.

(1) A unidade administrativa se distingue da unidade orçamentária, porque depende de destaques ou provisões para executar seus programas de trabalho.

1: assertiva correta, pois a unidade administrativa, diferente da unidade orçamentária, não possui dotação orçamentária própria, de modo que depende de destaques ou provisões para executar seus programas de trabalho – art. 14 da Lei 4.320/1964.

Gabarito 1C

Veja a seguinte tabela, para estudo e memorização dos créditos adicionais – art. 41 da Lei 4.320/1964 e art. 167, § 3º, da CF:

Créditos Adicionais		
Suplementares	Destinados a reforço de dotação orçamentária já existente	– autorizados por lei e abertos por decreto executivo – depende da existência de recursos disponíveis para ocorrer a despesa
Especiais	Destinados a despesas para as quais não haja dotação orçamentária específica	
Extraordinários	Para atender a despesas imprevisíveis e urgentes, como as decorrentes de guerra, comoção interna ou calamidade pública	– abertos por decreto do Executivo, que deles dará imediato conhecimento ao Legislativo

8. OPERAÇÕES DE CRÉDITO, DÍVIDA PÚBLICA

(Procurador do Município/Manaus – 2018 – CESPE) Acerca de crédito público, julgue o seguinte item.

(1) Nem todo empréstimo público tomado pelo município precisa, para sua realização, de autorização específica do Senado Federal.

1: incorreta, pois exige-se autorização específica do Senado apenas para operação de crédito externa – art. 52, V, da CF. RB

Gabarito 1E

(Procurador do Estado/SE – 2017 – CESPE) Quando decorrentes de operações de antecipação de receita orçamentária, as entradas de valores que integram o orçamento público

(A) são lançamentos dos juros que o Estado aufere como credor de empréstimos a terceiros.
(B) geram, em contrapartida, lançamento no passivo.
(C) são classificadas como receitas tributárias.
(D) podem ser consideradas receita, mas não ingresso.
(E) são classificadas como receita em sentido estrito.

As entradas decorrentes de operações de Antecipação de Receitas Orçamentárias – ARO são classificadas como receitas extraorçamentárias, ou seja, não são previstas na LOA (a receita orçamentária corresponde apenas à entrada efetiva do tributo, antecipada pela operação de ARO) – art. 3º, parágrafo único, da Lei 4.320/1964. **A:** incorreta, pois não se refere a juros, mas a antecipação da receita orçamentária do exercício, com diz o nome – art. 38 da LRF; **B:** correta, pois compõe o passivo circulante, até ser resgatado (o prazo para resgate é até 10 de dezembro de cada ano) – art. 38, II, da LRF; **C:** incorreta, pois a receita (ingresso) de ARO não é receita orçamentária, muito menos tributária; **D:** incorreta, pois, nessa classificação clássica, trata-se de simples ingresso, não receita pública; **E:** incorreta, pois, para a doutrina clássica, é simples ingresso, não receita pública. Importante lembrar que a legislação financeira não adota essa classificação (todo ingresso nos cofres públicos é receita, podendo ser orçamentária ou extraorçamentária). RB

Gabarito "B"

(Advogado da União/AGU – CESPE – 2012) Com relação a empréstimos públicos, julgue os itens seguintes.

(1) Tratando-se de empréstimo a Estado ou Município, a União poderá conceder garantia, mediante o oferecimento de contragarantia consistente na vinculação de receitas tributárias diretamente arrecadadas e provenientes de transferências constitucionais.
(2) Compete à União estabelecer a política a respeito dos empréstimos públicos e fiscalizar as operações de crédito realizadas.
(3) Em determinadas situações previstas em lei, o governo federal poderá conceder empréstimos para pagamento de despesas com pessoal dos Estados, do DF e dos municípios.

1: correta, conforme art. 40, § 1º, II, da LRF; **2:** correta, conforme os arts. 22, VII, 48, II, e 52, V a IX, da CF; **3:** incorreta, pois é vedada expressamente a transferência voluntária de recursos e a concessão de empréstimos, inclusive por antecipação de receita, pelos Governos Federal e Estaduais e suas instituições financeiras, para pagamento de despesas com pessoal ativo, inativo e pensionista, dos Estados, do Distrito Federal e dos Municípios – art. 167, X, da CF.

Gabarito 1C, 2C, 3E

(Procurador/DF – 2013 – CESPE) Acerca das normas jurídicas que regem a atividade financeira estatal, o próximo item apresenta uma situação hipotética, seguida de uma assertiva a ser julgada.

(1) As despesas de capital de um estado brasileiro somam R$ 2,5 bilhões. Nessa situação, conforme a CF, existe possibilidade jurídica de o referido ente federado contrair empréstimo de R$ 3 bilhões, ao longo daquele exercício financeiro.

1: correta, pois, embora em regra as operações de crédito não possam ser superiores às despesas de capital, o art. 167, III, da CF/1988 prevê exceções (operações autorizadas mediante créditos suplementares ou especiais com finalidade precisa, aprovados pelo Poder Legislativo por maioria absoluta).

Gabarito 1C

(Procurador/DF – 2013 – CESPE) Acerca das normas jurídicas que regem a atividade financeira estatal, o próximo item apresenta uma situação hipotética, seguida de uma assertiva a ser julgada.

(1) Um estado da federação incluiu no seu orçamento de 2011 precatórios judiciais de R$ 10 milhões, dos quais 25% foram pagos naquele exercício financeiro. Nessa situação, a parcela não paga integra a chamada dívida flutuante, para fins de aferição dos limites de endividamento.

1: incorreta, pois os valores de precatórios não pagos no período correto integram a dívida consolidada para fins de aplicação dos limites – art. 30, § 7º, da LRF.

Gabarito 1E

(Procurador/DF – 2013 – CESPE) Acerca das normas jurídicas que regem a atividade financeira estatal, o próximo item apresenta uma situação hipotética, seguida de uma assertiva a ser julgada.

(1) Um município empenhou e liquidou R$ 2,5 milhões, referentes à aquisição de vacinas e medicamentos, mas não efetuou o respectivo pagamento no exercício financeiro. Isso pode contribuir para aumentar a dívida flutuante do município.

1: correta, pois os restos a pagar (despesas empenhadas em um exercício, mas cujo pagamento ficou para outro) compõem a dívida flutuante – arts. 36 e 92, I, da Lei 4.320/1964.

Gabarito 1C

9. PRECATÓRIOS

(Procurador do Município/Manaus – 2018 – CESPE) Conforme a disciplina constitucional dos precatórios e a jurisprudência dos tribunais superiores, julgue os itens subsequentes.

(1) Será inconstitucional lei municipal que fixar o valor máximo das suas obrigações de pequeno valor em patamar superior ao valor máximo definido em lei do respectivo estado-membro para essa mesma classe de obrigações decorrentes de condenação judicial.
(2) Não incidem juros de mora no período compreendido entre a data da realização dos cálculos de liquidação e a da expedição do precatório.

1: incorreta, pois não há subordinação do valor das requisições de pequeno valor – RPV aos limites dos Estados – art. 100, §§ 3º e 4º da CF; **2:** incorreta. Não incide juros de mora no período entre a apresentação do precatório e o final do exercício em que ele deve ser pago – art. 100, § 5º, da CF e Súmula Vinculante 17/STF. RB

Gabarito 1E, 2E

(Procurador do Estado/SE – 2017 – CESPE) Afonso, que tem débito com a fazenda pública de seu estado e possui precatório a receber de empresa pública desse estado, a qual presta atividades típicas de Estado, terá cinquenta e cinco anos de idade no momento da execução do referido débito.

Nessa situação hipotética,

(A) o abatimento do débito de Afonso do valor do precatório poderá ser promovido pela fazenda pública estadual independentemente de lei específica sobre o ato.
(B) Afonso não poderá ter preferência na ordem de pagamento do precatório em razão de sua idade quando da expedição do precatório.
(C) será possível o fracionamento de precatório, caso Afonso venha a cumprir o requisito etário previsto na CF.
(D) caso seja feita a cessão de crédito do precatório, o cessionário poderá gozar da preferência etária eventualmente concedida a Afonso.
(E) o retardamento em determinar a inclusão do precatório no orçamento ensejará recurso à corte especial do tribunal, tendo em vista se tratar de ato judicial do presidente do órgão.

A: incorreta, pois o STF entendeu inconstitucional a compensação automática por vontade do poder público – art. 100, § 9º, da CF e ADI 4425; **B:** incorreta, pois a idade mínima para a preferência é de 60 anos, não necessariamente no momento da emissão do precatório – art. 100, § 2º, da CF; **C:** correta, pois é admitido o fracionamento para a preferência etária – art. 100, § 2º, da CF; **D:** incorreta, pois a preferência etária aproveita apenas aos titulares originários ou por sucessão hereditária – art. 100, § 2º, da CF; **E:** incorreta, pois não se trata de ato judicial, mas sim administrativo do presidente do Tribunal – art. 100, § 7º, da CF. RB

Gabarito "C"

(Juiz – TRF5 – 2017 – CESPE) Pagamentos devidos pela fazenda pública federal, estadual, distrital e municipal em virtude de sentença judiciária deverão ser feitos exclusivamente na ordem cronológica de apresentação dos precatórios. Conforme o entendimento do STF, é aplicável o regime de precatório apenas à

(A) União, aos estados, ao Distrito Federal, aos municípios, às autarquias, às fundações públicas, às empresas públicas e às sociedades de economia mista prestadoras de serviço público próprio do Estado.
(B) União, aos estados, ao Distrito Federal, aos municípios, às autarquias, às fundações públicas, às empresas públicas, às sociedades de economia mista prestadoras de serviço público próprio do Estado e aos conselhos profissionais.
(C) União, aos estados, ao Distrito Federal e aos municípios.
(D) União, aos estados, ao Distrito Federal, aos municípios, às autarquias e às fundações públicas.
(E) União, aos estados, ao Distrito Federal, aos municípios, às autarquias, às fundações públicas e aos conselhos profissionais.

A: correta – ver RE 1.009.828AgR/RJ; **B** e **E:** incorretas, pois os conselhos de fiscalização não se submetem ao regime de precatórios – RE 938.837/SP-repercussão geral; **C** e **D:** incorretas, pois também as empresas públicas e sociedades de economia mista que prestam serviços públicos próprios do Estado sujeitam-se ao regime dos precatórios, conforme comentário anterior. RB

Gabarito "A"

(Procurador do Município – Prefeitura Fortaleza/CE – CESPE – 2017) Julgue os itens subsequentes, a respeito de regime constitucional dos precatórios, crédito público e dívida ativa.

(1) De acordo com o entendimento dos tribunais superiores, o valor de benefício previdenciário concedido mediante fraude inclui-se na categoria de dívida ativa não tributária.
(2) De acordo com o STF, não configura violação ao princípio da isonomia a incidência, sobre os precatórios, de juros moratórios corrigidos pelo índice de remuneração da caderneta de poupança.
(3) Integram a dívida pública consolidada as operações de crédito de prazo inferior a doze meses e cujas receitas tenham sido contabilizadas no orçamento.

1: Incorreta. A jurisprudência do STJ exclui o pagamento de benefício mediante fraude do conceito de dívida ativa, determinando a prévia propositura de ação de conhecimento para a obtenção de um título executivo (AgRg no AREsp 225.034). **2:** Incorreta. O STF vê ofensa ao princípio da isonomia nessa hipótese: "A quantificação dos juros moratórios relativos a débitos fazendários inscritos em precatórios segundo o índice de remuneração da caderneta de poupança vulnera o princípio constitucional da isonomia (CF, art. 5º, "caput") ao incidir sobre débitos estatais de natureza tributária, pela discriminação em detrimento da parte processual privada que, salvo expressa determinação em contrário, responde pelos juros da mora tributária à taxa de 1% ao mês em favor do Estado (ex vi do art. 161, § 1º, CTN)" (ADI 4425). **3:** Correta, nos termos do art. 29, § 3º, da Lei de Responsabilidade Fiscal. HS

Gabarito 1E, 2E, 3C

(Advogado da União/AGU – CESPE – 2012) Julgue os próximos itens, relativos aos precatórios.

(1) O credor preterido do seu direito de precedência referente à ordem cronológica de apresentação dos ofícios precatórios poderá requerer ao presidente do tribunal de origem da decisão exequenda a determinação do sequestro da quantia necessária à satisfação do seu crédito.
(2) Incorrerá em crime de responsabilidade e responderá perante o Conselho Nacional de Justiça o presidente do tribunal competente que retardar ou tentar frustrar a liquidação regular de precatórios.
(3) Créditos em precatórios não poderão ser cedidos, ainda que parcialmente, a terceiros.
(4) Para efeito dos pagamentos devidos por pessoas políticas em virtude de sentença judicial, a ordem cronológica de apresentação dos precatórios deve ser rigorosamente respeitada, independentemente da natureza dos débitos.

1: correta, conforme o art. 100, § 6º, da CF; **2:** correta, nos termos do art. 100, § 7º, da CF; **3:** incorreta, pois o credor poderá ceder, total ou parcialmente, seus créditos em precatórios a terceiros, independentemente da concordância do devedor – art. 100, § 13, da CF; **4:** incorreta, pois os débitos de natureza alimentícia, definidos no art. 100, § 1º, da CF, serão pagos com preferência sobre os demais débitos, com a exceção prevista no § 2 º desse mesmo dispositivo constitucional.

Gabarito 1C, 2C, 3E, 4E

10. CONTROLE, FISCALIZAÇÃO, TRIBUNAIS DE CONTAS

(Procurador do Município/Boa Vista-RR – 2010 – CESPE) Com relação ao direito financeiro e econômico pátrio, julgue o item seguinte.

(1) O controle externo da administração pública é atribuição constitucional do Poder Legislativo, que o exercerá diretamente ou com o auxílio dos tribunais de contas municipais, estaduais e da União, podendo sustar a despesa irregular que possa causar dano irreparável ou grave lesão à economia pública.

1: assertiva correta, conforme o art. 71, *caput* e X, da CF, aplicável a Estados, ao DF e a Municípios pelo princípio da simetria.

Gabarito 1C

11. OUTROS TEMAS E COMBINADOS

(Procurador do Estado/SE – 2017 – CESPE) Com relação às transferências voluntárias, assinale a opção correta.

(A) As exigências estabelecidas na lei de diretrizes orçamentárias são suficientes para a realização de tais transferências.
(B) Essas transferências podem destinar-se ao pagamento de pessoal inativo do beneficiário.
(C) Um cadastro nacional possibilita a consulta de dados sobre restrições relativas aos beneficiários dessas transferências.
(D) As referidas transferências podem ser utilizadas para finalidade diversa da pactuada, caso haja fundado interesse público.
(E) Trata-se de repasses impositivos por força de dispositivo constitucional.

A: incorreta, pois o art. 25, § 1º, da LRF traz diversas outras exigências, além das estabelecidas na LDO; **B:** incorreta, pois isso é vedado pelo art. 167, X, da CF; **C:** correta, referindo-se ao CAUC – Sistema Auxiliar de Informações para Transferências Voluntárias; **D:** incorreta, pois isso é vedado pelo art. 25, § 2º, da LRF; **E:** incorreta, pois transferências voluntárias, como diz o nome, não são impostas pela Constituição ou por lei – art. 25, *caput*, da LRF. RB

Gabarito "C"

(Procurador do Município – Prefeitura Fortaleza/CE – CESPE – 2017) A respeito de endividamento e de receita e despesa públicas, julgue os itens seguintes.

(1) De acordo com a LRF, é vedada a realização de transferência voluntária ao ente federativo que exceder o limite da despesa total com pessoal no primeiro quadrimestre do último ano do mandato do titular do Poder Executivo, mas não é vedada a contratação de operação de crédito.
(2) O ingresso de recursos derivados de empréstimos não se inclui na contabilidade da receita pública, embora seja incluído no orçamento anual.
(3) Os gastos com contratos de terceirização de mão de obra incluem-se no cálculo do limite de despesas com pessoal e são contabilizados como pagamentos aos ocupantes de cargos, funções ou empregos públicos.
(4) Não é exigível prévia dotação orçamentária para a concessão de vantagem ou aumento de remuneração em recomposição salarial orientada pela reposição do poder aquisitivo em virtude da inflação.

1: Incorreta. É vedada a contratação de crédito neste caso (art. 23, §§ 3º e 4º, da LRF). **2:** Correta. Trata-se de meros ingressos, visto que tais verbas não se incorporam ao patrimônio do ente público, porém devem integrar o orçamento anual, por força do princípio da universalidade orçamentária. **3**: Incorreta. São contabilizados como "Outras Despesas de Pessoal" (art. 18, § 1º, da LRF).**4**: Correta, conforme decidido pelo STF no ARE 644.940 AgR. HS

Gabarito 1E, 2C, 3E, 4C

(Procurador Municipal – Prefeitura/BH – CESPE – 2017) A respeito das condutas do chefe do Poder Executivo no último ano de mandato, assinale a opção correta à luz do disposto na legislação pertinente.

(A) No último mês do mandato, ao prefeito municipal é vedada a realização de empenho em valor superior ao duodécimo da despesa consignada na LOA, mesmo na hipótese de despesas extraordinárias decorrentes de calamidade pública.

(B) É proibida a assunção pelo chefe do Poder Executivo, nos últimos oito meses do mandato, de obrigação de despesa cuja execução orçamentária não possa ser cumprida integralmente nesse período, ainda que assegurada disponibilidade de caixa para o pagamento em parcelas com vencimento no exercício seguinte.

(C) É nulo de pleno direito o ato do qual resulte aumento de despesa com pessoal expedido nos cento e oitenta dias anteriores ao final do mandato eletivo.

(D) Ultrapassado o limite da dívida consolidada do ente federativo ao final do primeiro quadrimestre do último ano de seu mandato, o chefe do Poder Executivo deverá reduzir em um quarto o excedente no quadrimestre subsequente, podendo, para tanto, realizar operação de crédito por antecipação de receita.

A: incorreta. A calamidade pública excepciona a proibição de empenhos superiores a 1/12 do orçamento no último mês do mandato (art. 59, §§ 1º e 3º, da Lei 4.320/1964); **B**: incorreta. Assegurada a disponibilidade de caixa, é possível a assunção de despesas para cumprimento no exercício seguinte (art. 42 da LRF); **C**: correta, nos termos do art. 21, parágrafo único, da LRF; **D**: incorreta. É vedada a realização de operação de crédito por antecipação de receita neste cenário (art. 31, §§ 1º e 3º, da LRF). HS

Gabarito "C"

(Ministério Público/SE – 2010 – CESPE) Com relação às normas atinentes à responsabilidade na gestão fiscal, assinale a opção correta.

(A) É competência privativa da União legislar sobre orçamento, podendo lei complementar federal autorizar os estados e os municípios a legislar sobre questões específicas relacionadas com o tema.

(B) As disposições da Lei de Responsabilidade Fiscal (Lei Complementar n.º 101/2000) obrigam a União, os estados e o DF, aplicando-se aos municípios apenas as normas relativas à execução orçamentária e ao cumprimento de metas.

(C) A despesa total com pessoal nos estados e municípios não pode exceder 60% da receita corrente líquida respectiva.

(D) A CF proíbe terminantemente a transposição, o remanejamento ou a transferência de recursos de uma categoria de programação para outra ou de um órgão para outro.

(E) O investimento cuja execução ultrapasse um exercício financeiro só pode ser iniciado se tiver sido previamente aprovado pelo Poder Legislativo respectivo, mediante decreto legislativo.

A: incorreta, pois a competência da União é concorrente, não privativa, cabendo a ela dispor sobre as normas gerais em matéria financeira – art. 24, I e § 1º, da CF; **B:** incorreta, pois a LRF aplica-se amplamente aos Municípios – art. 1º, § 2º, da LRF; **C:** assertiva correta, conforme os arts. 19, II e III, da LRF; **D:** incorreta, pois a CF admite a transposição, o remanejamento e a transferência de recursos, desde que haja autorização legislativa – art. 167, VI, da CF; **E:** incorreta, pois o investimento cuja execução ultrapasse um exercício financeiro somente poderá ser iniciado se houver prévia inclusão no plano plurianual, ou lei que autorize a inclusão (não decreto legislativo), sob pena de crime de responsabilidade – art. 167, § 1º, da CF.

Para estudo e memorização, veja a seguinte tabela com os limites para despesas com pessoal em relação à receita corrente líquida de cada ente político, com a repartição entre Executivo, Legislativo e Judiciário (arts. 19 e 20 da LRF):

Limites para despesas com pessoal % sobre a receita corrente líquida		
União	50%	2,5% para o Legislativo, incluindo o Tribunal de Contas da União
		6% para o Judiciário
		40,9% para o Executivo
		0,6% para o Ministério Público da União
Estados e Distrito Federal	60%	3% para o Legislativo, incluindo o Tribunal de Contas Estadual
		6% para o Judiciário
		49% para o Executivo
		2% para o Ministério Público Estadual
Municípios	60%	6% para o Legislativo, incluindo o Tribunal de Contas Municipal, quando houver
		54% para o Executivo.

Gabarito "C"

(Advogado da União/AGU – CESPE – 2012) No que se refere aos orçamentos e ao controle de sua execução, julgue os itens seguintes.

(1) O controle interno da execução orçamentária é exercido pelos Poderes Legislativo, Executivo e Judiciário, com o auxílio do tribunal de contas.

(2) Os cidadãos são partes legítimas para denunciar irregularidades ou ilegalidades perante o Tribunal de Contas da União.

1: incorreta, pois o Tribunal de Contas auxilia o Legislativo no controle externo – art. 71 da CF; **2:** correta, nos termos do art. 5º, XXXIV, *a*, da CF, lembrando que o Tribunal de Contas pode realizar inspeções e auditorias inclusive por iniciativa própria – art. 71, IV, da CF.

Gabarito 1E, 2C

Houve um grande alvoroço quando os parlamentares da Comissão Mista de Orçamento do Congresso Nacional elevaram a previsão de receita da União para 2011 em R$ 22,8 bilhões. Muitos consideraram a estimativa irrealista e destinada unicamente a acomodar o aumento de gastos que deputados e senadores fizeram no orçamento. Esse "exagero" na reestimativa da receita foi um dos argumentos utilizados pelo governo para "contingenciar" R$ 50,1 bilhões nas despesas orçamentárias e, dessa forma, garantir a obtenção da meta de superávit primário deste ano.

Valor Econômico, 22.09.2011 (com adaptações).

(Procurador/DF – 2013 – CESPE) A respeito dos temas abordados na matéria jornalística acima, julgue o item a seguir.

(1) Além de emitir parecer sobre planos setoriais previstos na CF, cabe à comissão mista de que trata o texto examinar as contas apresentadas anualmente pelo Presidente da República.

1: assertiva correta, pois a Comissão mista permanente de Senadores e Deputados prevista no art. 166, § 1º, da CF/1988 possui essa competência específica (inc. I).

Gabarito 1C

(Procurador/DF – 2013 – CESPE) Acerca das normas jurídicas que regem a atividade financeira estatal, o próximo item apresenta uma situação hipotética, seguida de uma assertiva a ser julgada.

(1) O Fundo de Combate à Pobreza, legalmente instituído por determinado estado brasileiro, apresenta déficit de R$ 150 milhões. Nessa situação, admite-se que o governo estadual

utilize recursos do orçamento fiscal, com vistas à cobertura do referido déficit, bastando, para isso, que haja específica autorização legislativa.

1: correta, pois o remanejamento é possível, mediante lei autorizativa – art. 167, VI, da CF e art. 82 do ADCT.

Gabarito 1C

(Procurador/DF – 2013 – CESPE) Acerca das normas jurídicas que regem a atividade financeira estatal, o próximo item apresenta uma situação hipotética, seguida de uma assertiva a ser julgada.

(1) Um estado brasileiro pretende reorganizar seu sistema de finanças públicas, para melhorar a eficiência do planejamento e do gasto público; para isso, deverá, entre outras ações, modificar o aparato jurídico que ordena a matéria. Entretanto, o referido estado não poderá editar norma geral dispondo sobre orçamentos, diretrizes orçamentárias e plano plurianual.

1: correta, pois a competência para editar normas gerais relativas a esses temas é da União – arts. 24, I, e 163, I, da CF/1988. Seria possível, em tese, o exercício dessa competência legislativa pelo Estado apenas supletivamente, em caso de omissão da União – art. 24, § 3º, da CF/1988.

Gabarito 1C

(Analista – STM – 2011 – CESPE) Com relação a licitações e administração patrimonial e de materiais, julgue os itens a seguir.

(1) De acordo com a legislação brasileira, a licitação deve seguir, obrigatoriamente, os princípios básicos da legalidade, da impessoalidade, da moralidade, da igualdade, da publicidade, da probidade administrativa, da vinculação ao instrumento convocatório, do julgamento objetivo e dos que lhes são correlatos.

(2) No processo licitatório, a desistência de proposta após a fase de habilitação só é permitida por motivo justo decorrente de fato superveniente e aceito pela comissão de licitação.

1: assertiva correta, conforme o art. 37, XXI, da CF e art. 3º da Lei 8.666/1993; **2:** assertiva correta, nos termos do art. 43, § 6º, da Lei 8.666/1993.

Gabarito 1C, 2C

(Analista – STM – 2011 – CESPE) Julgue os seguintes itens, acerca de contratos administrativos.

(1) Todos os contratos celebrados pela administração pública são regidos por normas de direito público.

(2) As cartas-contrato, notas de empenho de despesa, autorizações de compra e ordens de execução de serviço podem substituir os termos do contrato desde que não se refiram a: licitações realizadas nas modalidades concorrência, tomada de preços e pregão; dispensa ou inexigibilidade de licitação, cujo valor esteja compreendido nos limites das modalidades concorrência e tomada de preços; contratações de qualquer valor das quais resultem obrigações futuras.

(3) No caso de obras e serviços, após executado o contrato, o objeto só pode ser recebido por comissão designada pela autoridade competente para tal fim.

(4) Nos casos de emergência ou de calamidade pública, é permitido o contrato com prazo de vigência indeterminado.

(5) Quando o objeto do contrato interessar a mais de uma entidade pública, caberá a todas as entidades envolvidas, solidariamente, responder pela sua boa execução e fiscalização.

1: incorreta pelo Gabarito Oficial, mas a assertiva é imprecisa, pois se admitem contratos regidos predominantemente por normas de direito privado – art. 62, § 3º, I, da Lei 8.666/1993; **2:** assertiva correta, nos termos do art. 62 da Lei 8.666/1993; **3:** incorreta, pois o objeto do contrato, em se tratando de obras e serviços, será recebido **(i)** provisoriamente, pelo responsável por seu acompanhamento e fiscalização e (ii) definitivamente, por servidor ou comissão designada pela autoridade competente – art. 73, I, da Lei 8.666/1993; **4:** incorreta, pois o art. 57, § 3º, da Lei 8.666/1993 veda expressamente contratos com prazo de vigência indeterminado. No caso de calamidade pública ou emergência, admite-se a dispensa da licitação nos termos do art. 24, IV, da Lei 8.666/1993, mas o prazo máximo para conclusão do contrato é de 180 dias, vedada a prorrogação; **5:** incorreta, pois, quando o objeto do contrato interessar a mais de uma entidade pública, caberá ao órgão contratante, perante a entidade interessada, responder pela sua boa execução, fiscalização e pagamento – art. 112 da Lei 8.666/1993.

Gabarito 1E, 2C, 3E, 4E, 5E

28. Direito Econômico

Henrique Subi e Robinson Barreirinhas*

1. ORDEM ECONÔMICA NA CONSTITUIÇÃO. MODELOS ECONÔMICOS

(Juiz – TRF5 – 2017 – CESPE) Julgue os itens a seguir, acerca dos princípios constitucionais relativos à atividade econômica.

I. Agente privado poderá instituir empresa que explore pesquisas sobre nanotecnologia, independentemente de autorização de órgãos públicos, desde que atenda às exigências de planificação estatal para o setor.

II. O aproveitamento dos potenciais de energia elétrica será realizado por brasileiros ou por empresa constituída sob as leis brasileiras com sede e administração no país.

III. Estatuto jurídico de sociedade de economia mista que explore atividade econômica de prestação de serviços, além de estar sujeito ao regime jurídico próprio das empresas privadas, deverá dispor, entre outros, sobre as formas de fiscalização pela sociedade.

IV. É vedada a concessão de benefício fiscal a empresas do ramo de reciclagem, para coibir tratamento jurídico e econômico diferenciado e garantir a aplicação do princípio da isonomia.

Estão certos apenas os itens

(A) I e II.
(B) I e III.
(C) I e IV.
(D) II e III.
(E) III e IV.

I: incorreta. A Constituição Federal não traz qualquer exigência ou regulação para o mercado de nanotecnologia; **II:** correta, nos termos do art. 176, § 1º, da CF; **III:** correta, nos termos do art. 173, §1º, I, da CF; **IV:** incorreta. A Constituição Federal não traz qualquer proibição nesse sentido. **HS**

Gabarito "D"

(Procurador/DF – 2013 – CESPE) Julgue os itens que se seguem, em consonância com as normas constitucionais sobre direito econômico.

(1) Se decidir criar uma indústria bélica que, conforme definido em lei, se enquadre como necessária à segurança nacional, mas que não se caracterize como de relevante interesse coletivo, o Estado não encontrará permissão constitucional para tanto.

(2) Compete exclusivamente à União instituir contribuições de intervenção no domínio econômico, as quais podem incidir, por exemplo, sobre as receitas decorrentes da exportação ou sobre os valores pagos nas importações.

(3) Sob o aspecto doutrinário, o Estado pode ser considerado um dos sujeitos econômicos, pois também desenvolve atividade econômica.

(4) O proprietário de determinado terreno em cujo subsolo haja uma jazida de manganês que esteja sendo legalmente explorada por um terceiro, concessionário, não deterá a propriedade da jazida nem do produto da lavra, que pertencerão, ambos, à União.

(5) Uma lei que conceda proteção especial temporária para que uma empresa brasileira desenvolva atividades consideradas estratégicas para a defesa nacional somente estará de acordo com as atuais regras constitucionais caso essa empresa seja classificada como de capital nacional.

(6) Quando, por meio de instrumentos de planejamento público, a União, no exercício de sua função reguladora da atividade econômica, planeja e destina, por meio da LOA, recursos para a construção de determinada obra, tal intervenção assume, em conformidade com a ordem constitucional, caráter determinante.

1: incorreta, pois essa é hipótese que permite excepcionalmente a exploração direta de atividade econômica pelo Estado (quando necessária aos imperativos da segurança nacional ou a relevante interesse coletivo, conforme definidos em lei) – art. 173 da CF/1988; **2:** incorreta, pois, embora a competência tributária para instituição da CIDE seja realmente da União, ela não pode incidir sobre receitas de exportação, conforme o art. 149, § 2º, I, da CF/1988; **3:** correta, conforme o art. 173 da CF/1988, entre outros; **4:** incorreta, pois, embora a propriedade da jazida seja da União, o concessionário tem garantida a propriedade do produto da lavra – art. 176 da CF/1988; **5:** incorreta, pois essa possibilidade de proteção e benefícios especiais, originariamente prevista pelo art. 171, § 1º, I, da CF/1988, foi revogada pela EC 6/1995; **6:** correta, pois, nos termos do art. 174 da CF, o exercício das funções de fiscalização, incentivo e planejamento do Estado, como agente normativo e regulador da atividade econômica, é **determinante** para o setor público (e apenas indicativo para o setor privado). Interessante notar, pelo aspecto estritamente financeiro e orçamentário, que a previsão dos recursos na LOA para a realização da obra é apenas autorizativa, não impositiva para o Estado, ou seja, ele pode deixar de realizá-la, desde que fundamentadamente.

Gabarito 1E, 2E, 3C, 4E, 5E, 6C

(Procurador Federal – 2010 – CESPE) Julgue o item seguinte, relativo à ordem econômica.

(1) Segundo entendimento do STF, a distinção entre atividade e propriedade permite que o domínio do resultado da lavra das jazidas de petróleo, de gás natural e de outros hidrocarbonetos fluidos seja atribuído a terceiro pela União, sem que tal conduta configure afronta à reserva de monopólio.

1: assertiva correta. Segundo o STF, a distinção entre atividade e propriedade permite que o domínio do resultado da lavra das jazidas de petróleo, de gás natural e de outros hidrocarbonetos fluídos possa ser atribuída a terceiros pela União, sem qualquer ofensa à reserva de monopólio. Embora o art. 20, IX, da CF estabeleça que os recursos minerais, inclusive os do subsolo, são bens da União, o art. 176 garante ao concessionário da lavra a propriedade do produto de sua exploração – ADI 3.273/DF.

Gabarito 1C

(Procurador Federal – 2010 – CESPE) A respeito do direito econômico, julgue o item que se segue.

(1) É legal a contratação pela União de empresa estatal ou privada para realizar atividades de pesquisa e lavra das jazidas de petróleo e gás natural em território nacional.

1: assertiva correta, pois isso é permitido expressamente pelo art. 177, § 1º, da CF.

Gabarito 1C

(Procurador do Município/Boa Vista – RR – 2010 – CESPE) Com relação ao direito financeiro e econômico pátrio, julgue o item seguinte.

(1) O exame da ordem econômica e financeira instituída pela CF permite afirmar que a exploração direta da atividade econômica pelo Estado, além dos casos constitucionalmente expressos, tais como a prestação de serviços públicos e a exploração de jazidas minerais ou de potenciais de energia hidráulica, constitui exceção justificada somente por imperativos de segurança nacional e relevante interesse coletivo, na forma da lei.

1: assertiva correta, pois reflete o disposto no art. 173 da CF.

Gabarito 1C

* **Henrique Subi HS** comentou as questões de Defensoria/DF/13; **Henrique Subi** e **Robinson Barreirinhas** comentaram as demais questões.

(Advogado da União/AGU – CESPE – 2012) Com base na ordem constitucional econômica, julgue os itens subsequentes.

(1) As empresas públicas e as sociedades de economia mista, dadas as suas especificidades, beneficiam-se de determinados privilégios fiscais não atribuídos às empresas privadas.

(2) Com exceção dos casos especificados em lei, toda pessoa dispõe de liberdade para exercer qualquer atividade econômica, independentemente de autorização concedida por órgãos públicos.

(3) Como forma de estímulo à atração de investimentos de capital estrangeiro, a CF veda a regulação da remessa de lucros.

1: incorreta. É expressamente vedada a concessão de privilégios fiscais às empresas públicas e sociedades de economia mista não extensíveis ao setor privado (art. 173, § 2º, da CF); **2:** correta, nos termos do art. 170, parágrafo único, da CF; **3:** incorreta. O estímulo aos investimentos estrangeiros depende diretamente da regulação da remessa de lucros ao exterior, cuja elaboração é autorizada pelo art. 172 da CF.

Gabarito 1E, 2C, 3E

(Magistratura Federal/3ª região – 2011 – CESPE) O STF, na ADI n. 1.950/SP, analisou a constitucionalidade da medida que concedeu o direito a pagamento de meia entrada para o ingresso em estabelecimentos de entretenimento e assemelhados em favor dos estudantes matriculados regularmente nos estabelecimentos de ensino de São Paulo. Acerca do princípio da livre-iniciativa, discutido no caso, assinale a opção correta.

(A) A liberdade de comércio e de indústria representa um dos corolários do princípio da livre-iniciativa, marco no decreto d'Allarde.

(B) De acordo com a posição vencedora, o Estado só intervirá na economia em circunstâncias restritas, devendo estar os outros princípios da ordem econômica e constitucional subordinados à livre-iniciativa.

(C) A livre-iniciativa não tem vínculos com o princípio da legalidade e significa, em verdade, um limite para a ação pública, em termos de estado de direito.

(D) A livre-iniciativa é implicitamente fundamento da República e um dos desdobramentos do princípio da liberdade.

(E) A interferência do Estado na decisão de formação de preços deve estar embasada no princípio da livre-iniciativa, prescindindo-se de outros princípios de índole social.

A: correta. O princípio da livre-iniciativa foi pela primeira vez expresso como liberdade de comércio e indústria, retirando a obrigatoriedade de vinculação a corporações de ofício, no Decreto de Allarde (ou Decreto d'Allarde), na França, em 1791; **B:** incorreta. Conforme consta da ementa do julgado mencionado, restou decidido que a CF determina uma atuação geral do Estado sobre a Economia; **C:** incorreta. Todas as condutas estão adstritas ao princípio da legalidade genérica (art. 5º, II, da CF), inclusive aquelas baseadas na livre-iniciativa; **D:** incorreta. Trata-se de princípio explícito previsto no art. 1º, IV, da CF; **E:** incorreta. A intervenção indireta no Estado na economia, na forma de restrição ou imposições à formação de preços, deve ser justificada pelo interesse público, ou seja, deve visar a melhorias nas condições de vida da população.

Gabarito "A"

(Magistratura Federal/2ª região – 2011 – CESPE) A respeito da ordem constitucional econômica, assinale a opção correta.

(A) A intervenção estatal na economia faz-se com respeito aos princípios da ordem econômica, não representando a fixação de preços em valores abaixo da realidade e em desconformidade com a legislação aplicável desrespeito ao princípio da livre-iniciativa, mas ao da defesa do consumidor.

(B) O direito de edificar é relativo, dado que condicionado à função social da propriedade, e, ainda que as restrições decorrentes da limitação administrativa preexistam à aquisição do terreno e sejam do conhecimento dos adquirentes, têm estes, com base nelas, direito à indenização do poder público.

(C) A empresa de pequeno porte optante do regime especial unificado de arrecadação de tributos e contribuições é dispensada do pagamento das contribuições instituídas pela União para as entidades privadas de serviço social, não se estendendo tal isenção às contribuições às entidades de formação profissional vinculadas ao sistema sindical.

(D) É inconstitucional, por infringir o princípio da razoabilidade e inibir a iniciativa-privada, norma de lei ordinária que imponha aos sócios das empresas por cotas de responsabilidade limitada a responsabilidade solidária, mediante seus bens pessoais, pelos débitos da pessoa jurídica para com a seguridade social.

(E) Por constituir risco presumido à ordem econômica, à livre-iniciativa e à concorrência, é vedada a concessão de imunidade tributária nas operações de importação de bens realizadas por município quando houver identidade entre o contribuinte de direito e o de fato.

A: incorreta. A fixação de preços abaixo de seu custo de produção e em desconformidade com a legislação aplicável, obviamente, não ofende qualquer direito do consumidor, que sempre prefere pagar menos pelos produtos e serviços. A ofensa, nesse caso, é à livre-iniciativa e à livre concorrência. Essa prática, conhecida como *dumping*, é adotada com vistas a retirar do mercado algum agente econômico indesejado: quando uma grande empresa fixa seus preços abaixo do custo de produção (porque tem fôlego financeiro para arcar com esse prejuízo), outras empresas não conseguem concorrer com seus preços mais altos. O consumidor passa a comprar exclusivamente da primeira empresa, levando as demais a deixar o mercado. Quando isso acontece, aquele que praticou o *dumping* volta a subir o preço sem qualquer receio da concorrência que eventualmente restou; **B:** incorreta. Não há qualquer direito à indenização do poder público pela imposição de limitações administrativas ao direito de construir. Primeiro, porque elas decorrem da Constituição e das leis; segundo, porque são fruto do princípio da supremacia do interesse público sobre o interesse privado; **C:** incorreta. As empresas optantes do SIMPLES não têm qualquer benefício nesse sentido. São contribuintes do Sistema "S" (SENAI, SESI, SENAC, SESC) e da contribuição sindical, se estiverem inseridas no contexto dos respectivos fatos geradores; **D:** correta, conforme julgado pelo STF no RE 562276, *DJ* 03.11.2010, o qual culminou na revogação do art. 13 da Lei 8.620/1993; **E:** incorreta. Segundo o STF, quando o próprio ente político for o importador do bem, ele está amparado pela imunidade recíproca (AI 518405-AgR).

Gabarito "D"

2. INTERVENÇÃO DO ESTADO NO DOMÍNIO ECONÔMICO

(Defensoria/DF – 2013 – CESPE) Acerca da intervenção do Estado na propriedade e no domínio econômico, julgue os próximos itens.

(1) Os juros compensatórios, que podem ser cumulados com os moratórios, incidem tanto sobre a desapropriação direta quanto sobre a indireta, sendo calculados sobre o valor da indenização, com a devida correção monetária; entretanto, independem da produtividade do imóvel, pois decorrem da perda antecipada da posse.

(2) A requisição administrativa é ato unilateral e autoexecutórios por meio do qual o Estado, em caso de iminente perigo público, utiliza bem móvel ou imóvel. Esse instituto administrativo, a exemplo da desapropriação, não incide sobre serviços.

(3) A desapropriação e forma originária de aquisição de propriedade que libera o bem de qualquer ônus que sobre ele incida, ou seja, se o bem estiver gravado com algum encargo, será repassado para o poder público sem nenhum ônus, não havendo, inclusive, a incidência de imposto sobre esse tipo de operação de transferência de imóveis. Entretanto, segundo o STJ, incidira imposto de renda sobre verba recebida pelo proprietário a título de indenização decorrente de desapropriação.

1: correta, nos termos das Súmulas 12, 69, 70 e 102 do STJ; **2:** incorreta. A doutrina administrativista é uníssona no sentido de que é possível a requisição administrativa de serviços; **3:** incorreta. Não há incidência de imposto de renda sobre o valor da indenização em caso de desapropriação, porque o ato não gera qualquer ganho de capital para o particular (STJ, REsp 1116460/SP, *DJ* 01.02.2010).

Gabarito 1C, 2E, 3E

(Advogado da União/AGU – CESPE – 2012) Com relação à intervenção do Estado no domínio econômico, julgue os próximos itens.

(1) A CF prevê áreas em que a exploração direta de atividade econômica pela União é feita por meio de monopólio.

(2) A atuação do Estado como agente normativo e regulador da atividade econômica compreende, entre outras funções, a de planejamento, que é determinante tanto para o setor público quanto para o setor privado.

1: correta. Estas atividades estão previstas no art. 177 da CF; **2:** incorreta. O planejamento é determinante apenas para o setor público, sendo indicativo para o setor privado (art. 174 da CF).

Gabarito 1C, 2E

(Magistratura Federal/2ª região – 2011 – CESPE) No que se refere à intervenção do Estado no domínio econômico, assinale a opção correta.

(A) A jurisprudência dos tribunais superiores pacificou-se no sentido de que o serviço postal – conjunto de atividades que torna possível o envio de correspondência ou objeto postal de um remetente para endereço final e determinado – consubstancia atividade econômica em sentido estrito, de forma que o monopólio postal do Estado, previsto expressamente na CF, não pode ser relativizado.

(B) Verifica-se, na CF, a opção por sistema econômico voltado primordialmente para a livre-iniciativa, o que legitima a assertiva de que o Estado só deve intervir na economia em situações excepcionais, quando necessário aos imperativos da segurança nacional ou de relevante interesse coletivo.

(C) A proteção à segurança nacional autoriza o Estado a deter o controle de determinadas atividades econômicas para a garantia da soberania e da independência da Nação, tais como o da exploração de minérios portadores de energia atômica e o de combustíveis fósseis, sendo o conceito de segurança nacional eminentemente jurídico e determinado em lei de forma taxativa.

(D) O poder constituinte derivado reformador alterou o texto original da CF, no que se refere à disciplina dos monopólios estatais em relação aos combustíveis fósseis derivados, e permitiu a contratação, por parte da União, de empresas estatais ou privadas para as atividades relacionadas ao abastecimento de petróleo.

(E) A Emenda Constitucional n. 49/2006 exclui do monopólio da União a pesquisa, a lavra, o enriquecimento, o reprocessamento, a produção, a comercialização e a utilização de minérios e minerais nucleares e seus derivados, como, por exemplo, os radioisótopos de meia-vida curta, para usos médicos, agrícolas e industriais.

A: incorreta. O julgamento da ADPF 46, *DJ* 05.08.2009, estabeleceu a natureza de **serviço público** do serviço postal; **B:** incorreta. O Estado intervém **diretamente** na economia nas hipóteses expostas na alternativa, que repetem o disposto no art. 173 da CF. Não obstante, o Estado intervém **indiretamente** na economia de diversas outras formas, com o intuito de evitar falhas no mercado. São exemplos de intervenção indireta a regulação e a tributação; **C:** incorreta. O conceito de segurança nacional, para fins de autorização de exploração de atividade econômica pelo Estado, tem cunho **político** e **vago**, não sendo encontrado de forma taxativa em qualquer legislação vigente; **D:** correta. Trata-se da Emenda Constitucional 49/2009; **E:** incorreta. A exploração de minerais nucleares é monopólio da União, tendo sido expressamente retirado desse regime somente os radioisótopos.

Gabarito "D".

(Magistratura Federal/1ª região – 2011 – CESPE) Acerca da intervenção direta do Estado brasileiro na ordem econômica, assinale a opção correta.

(A) Conforme pacífica jurisprudência do STJ, a contribuição especial de intervenção no domínio econômico para financiar os programas e projetos vinculados à reforma agrária e suas atividades complementares não pode ser cobrada de empresas urbanas.

(B) De acordo com previsão constitucional, as empresas públicas prestadoras de serviços públicos não podem gozar de privilégios fiscais não extensivos às empresas que operem no setor privado, sob pena de violação do princípio da livre concorrência.

(C) A existência ou o desenvolvimento de atividade econômica em regime de monopólio sem que a propriedade do bem empregado no processo produtivo ou comercial seja concomitantemente detida pelo agente daquela atividade ofende o texto constitucional.

(D) É constitucional a instituição, por lei ordinária, da contribuição de intervenção no domínio econômico, sendo desnecessária a vinculação direta entre os benefícios dela decorrentes e o contribuinte.

(E) O Estado brasileiro não pode assumir a iniciativa de exploração da atividade econômica, devendo avocá-la, em caráter excepcional, nos casos de necessidade para a segurança nacional ou de relevância para o interesse da coletividade, conforme critérios a serem estabelecidos em lei complementar.

A: incorreta. A contribuição devida ao INCRA destinada aos projetos vinculados à reforma agrária, que tem natureza de contribuição de intervenção no domínio econômico, pode ser cobrada das empresas urbanas sem qualquer óbice. Veja, a respeito, os julgados REsp 977058, *DJ* 10.11.2008, e AgRg no REsp 1154644, *DJ* 21.06.2012, do STJ; **B:** incorreta. Apesar do art. 173, § 2º, da CF não fazer qualquer distinção, o STF possui entendimento de que a proibição de privilégios alcança somente as empresas públicas e sociedades de economia mista que explorem atividade econômica em sentido estrito, ou seja, que tenham por objetivo a distribuição de lucro (RE 596729, *DJ* 19.10.2010); **C:** incorreta. A alternativa cobra o conhecimento da posição do STF adotada no julgamento da ADI 3273, *DJ* 16.03.2005, no qual se discutiu a constitucionalidade da Lei 9.478/1997 no ponto em que ela atribui ao concessionário a propriedade plena dos produtos obtidos com a lavra das jazidas minerais. Nesse contexto, o Min. Eros Grau, relator da ação, aponta que a lei é constitucional, porque o monopólio sobre a atividade estabelecido pelo art. 177 da CF não determina, necessariamente, a propriedade dos resultados da atividade para a União, e afirma: "a existência ou desenvolvimento de atividade econômica em regime de monopólio sem que a propriedade do bem empregado no processo produtivo ou comercial seja concomitantemente detida pelo agente daquela atividade **não** ofende o texto constitucional"; **D:** correta. A alternativa expressa a posição do STF sobre o tema adotada no RE 449233-AgR, *DJ* 09.03.2011; **E:** incorreta. Nos termos do art. 173, *caput*, da CF, os imperativos de segurança nacional e o relevante interesse coletivo que autorizem a exploração direta de atividade econômica pelo Estado podem ser estabelecidos em lei **ordinária**.

Gabarito "D".

3. SISTEMA FINANCEIRO NACIONAL

(Magistratura Federal/3ª região – 2011 – CESPE) A respeito do SFN, assinale a opção correta.

(A) Não são consideradas instituições financeiras as pessoas jurídicas que tenham como atividade acessória a coleta, intermediação ou aplicação de recursos financeiros próprios ou de terceiros, em moeda nacional ou estrangeira, e a custódia de valor de propriedade de terceiros.

(B) Compete à Comissão de Valores Mobiliários definir a política a ser observada na organização e no funcionamento do mercado de valores mobiliários.

(C) Por estar sujeito ao regime próprio das empresas privadas, de acordo com o art. 173, § 1.º, II, da CF, o Banco do Brasil S.A. não tem competência para executar política creditícia e financeira do governo federal no SFN.

(D) São membros do Conselho Monetário Nacional, órgão executor do SFN, os ministros da Fazenda e do Planejamento, e o presidente do BACEN.

(E) Entre as atribuições do BACEN, estão a de emitir papel moeda, a de receber depósitos compulsórios das instituições financeiras e bancárias e a de estabelecer as condições para exercícios de cargos de direção nas instituições financeiras.

A: incorreta. Tais empresas se enquadram no conceito de instituição financeira previsto no art. 17 da Lei 4.595/1964; **B:** incorreta. Tal atribuição é do Conselho Monetário Nacional (art. 3º, I, da Lei 6.385/1976); **C:** incorreta. Essa atribuição compete ao Banco do Brasil S.A. por força do art. 19 da Lei 4.595/1964, o qual não ofende a Constituição porque tal atribuição não conflita com a concorrência praticada no mercado bancário; **D:** incorreta. O Conselho Monetário Nacional é composto pelo Ministro da Fazenda, pelo Presidente do Banco do Brasil, pelo Presidente do BNDES e por 07 membros nomeados pelo Presidente da República com notória capacidade em assuntos financeiros (art. 6º da Lei 4.595/1964); **E:** correta, nos termos do art. 10, I, IV e XI, da Lei 4.595/1964.

Gabarito "E"

4. SISTEMA BRASILEIRO DE DEFESA DA CONCORRÊNCIA – SBDC. LEI ANTITRUSTE

(Juiz de Direito - TJ/BA - 2019 - CESPE/CEBRASPE) O *gun jumping* consiste

(A) no ato de concentração econômica velado, isto é, sem submissão ao CADE.
(B) na responsabilização da empresa e, individualmente, dos dirigentes ou administradores pela infração à ordem econômica.
(C) em limitar, falsear ou prejudicar a livre concorrência ou a livre-iniciativa.
(D) na consumação de atos de concentração econômica antes de eles serem autorizados pelo CADE, sendo uma prática vedada pela legislação brasileira.
(E) em utilizar meios enganosos para provocar oscilação de preços de terceiros.

Gun jumping é expressão em inglês que significa literalmente "queimar a largada". No Direito Econômico, a expressão é aplicada para os atos de concentração de empresas realizados antes da análise e autorização pelo CADE. O art. 88, § 3º, da Lei 12.529/2011 prevê, como sanção ao *gun jumping*, a nulidade do ato, a imposição de multa entre R$60.000,00 e R$60.000.000,00 e a abertura de processo administrativo. HS

Gabarito "D"

(Juiz – TRF5 – 2017 – CESPE) A respeito do *dumping*, assinale a opção correta.

(A) É permitido ao Conselho de Política Aduaneira celebrar com o exportador ou o governo do país exportador acordo que elimine os efeitos prejudiciais decorrentes da prática de *dumping*.
(B) É vedada a aplicação de direitos provisórios durante a fase de investigação, salvo se envolver a concessão de subsídios à indústria agrícola.
(C) O combate a essa prática destina-se à proteção do setor da economia global atingido pela discriminação interna de preços.
(D) Os direitos compensatórios e os direitos *antidumping* serão cobrados independentemente de quaisquer obrigações de natureza tributária relativas à importação de produtos afetados.
(E) Considera-se *dumping* a introdução de um produto em mercado estrangeiro a preço superior a seu valor normal, se comparado a preço de produto similar praticado no país exportador.

A: incorreta. A competência é da Secretaria de Comércio Exterior – SECEX (art. 4º, §1º, da Lei 9.019/1995); **B:** incorreta. As condições para aplicação de direitos provisórios durante a fase de investigação estão expostas no art. 2º da Lei 9.019/1995; **C:** incorreta. O combate ao *dumping* visa a proteger a economia doméstica em face de produtos estrangeiros; **D:** correta, nos termos do art. 1º, parágrafo único, da Lei 9.019/1995; **E:** incorreta. O preço do produto estrangeiro deve ser **inferior** ao preço normal. HS

Gabarito "D"

(Advogado União – AGU – CESPE – 2015) Em relação à Lei Antitruste e às infrações contra a ordem econômica nela previstas, julgue os itens subsequentes.

(1) Dominar mercado relevante, para efeito de infração prevista na lei em questão, corresponde ao fato de um agente econômico conquistar o mercado mediante processo natural, fundado na maior eficiência em relação a seus competidores.
(2) Para que se configure a infração de exercer de forma abusiva posição dominante, há que se provar o dolo na prática da conduta.
(3) O fato de empresas coligadas do mesmo grupo econômico acordarem ou combinarem os preços dos seus produtos caracteriza a prática de infração contra a ordem econômica.
(4) Empresa que arbitrariamente aumentar seus lucros, mesmo que não tenha concorrente no mercado, praticará infração contra a ordem econômica.

1: Incorreta, pois a conquista de mercado resultante de processo natural fundado na maior eficiência de agente econômico em relação a seus competidores não caracteriza o ilícito de dominação de mercado relevante, por expressa determinação legal – art. 36, § 1º, da Lei Antitruste – LAT (Lei 12.529/2011). **2**: Incorreta, pois os atos que configuram infração à ordem econômica independem de culpa – art. 36, *caput*, da LAT. **3**: Incorreta, pois o ilícito se refere a combinar preços *com concorrente* – art. 36, § 3º, I, da LAT. **4**: Correta, conforme art. 36, III, da LAT. RB

Gabarito 1E, 2E, 3E, 4C

(Procurador/DF – 2013 – CESPE) Relativamente à defesa da concorrência no ordenamento jurídico brasileiro, julgue os itens que se seguem.

(1) Praticará infração da ordem econômica a empresa de serviços de comunicação por televisão que exigir do promotor de determinado evento a exclusividade para a divulgação de publicidade desse evento.
(2) Se determinada empresa infringir a ordem econômica, caberá ao Conselho Administrativo de Defesa Econômica (CADE) decidir pela existência ou não da infração, cabendo ao Poder Judiciário a aplicação das penalidades previstas em lei.
(3) A empresa que, mesmo sem culpa, praticar ato que tenha por objetivo produzir aumento arbitrário de seus lucros cometerá uma infração da ordem econômica.

1: correta, pois se trata de conduta que caracteriza infração da ordem econômica – art. 36, § 3º, VI, da Lei Antitruste – LAT (Lei 12.529/2011); **2:** incorreta, pois compete ao próprio Tribunal Administrativo de Defesa Econômica do CADE aplicar as penalidades atinentes às infrações à ordem econômica – art. 9º, II, da LAT; **3:** correta, pois se trata de ato que constitui infração da ordem econômica, independentemente de culpa, ainda que os efeitos não sejam alcançados – art. 36, III, da LAT.

Gabarito 1C, 2E, 3C

(Procurador Federal – 2010 – CESPE) A respeito do direito econômico, julgue os itens que se seguem.

(1) O CADE pode autorizar atos que, sob qualquer forma manifestados, possam limitar ou de qualquer forma prejudicar a livre concorrência, ou, ainda, resultar na dominação de mercados relevantes de bens ou serviços.
(2) A posição dominante no mercado é presumida pela Lei Antitruste quando a empresa ou grupo de empresas controla 20% de mercado relevante, podendo esse percentual ser alterado pelo CADE para setores específicos da economia.
(3) A livre concorrência, princípio geral da atividade econômica, defende que o próprio mercado deve estabelecer quais são os agentes aptos a se perpetuarem, deixando aos agentes econômicos o estabelecimento das regras de competição.
(4) O aumento dos lucros e o poder econômico, por si sós, são manifestações da dilapidação da livre concorrência.

1: a assertiva é correta, pois o CADE pode autorizar tais atos, desde que atendam às condições previstas no art. 88, § 5º, da Lei Antitruste – LAT (Lei 12.529/2011); **2:** correta, pois reflete o disposto no art. 36, § 2º, da LAT; **3:** incorreta, pois o Estado normatiza e fiscaliza o mercado de modo a reprimir a concorrência desleal, a dominação do mercado e o abuso de posição dominante – arts. 20 e 21 da LAT; **4:** incorreta, pois as infrações à ordem econômica pressupõem atos ou condutas que, de algum modo, possam levar à concorrência desleal, à dominação do mercado ou ao abuso de posição dominante, ainda que esses efeitos não sejam alcançados – art. 36 da LAT.

Gabarito 1C, 2C, 3E, 4E

(Magistratura Federal/3ª região – 2011 – CESPE) Considere que uma empresa de laticínios, detentora de 15% do mercado de processamento e pasteurização de leite tipo C em determinado estado da Federação, venda o produto abaixo do preço de custo. Nesse caso, é correto afirmar que, para se decidir pela existência, ou não, de infração ao direito de concorrência, deve-se analisar, necessariamente,

(A) a delimitação da dimensão material do mercado relevante, que consiste em definir os bens e serviços que têm elasticidade em sua substituição, sob a perspectiva dos produtores.

(B) possível justificativa para a conduta, como, por exemplo, o fato de o produto ser perecível, estando iminente a expiração de sua validade para consumo.

(C) o alcance, em razão do ato praticado, de pelo menos um dos seguintes efeitos/resultados: prejuízo à livre concorrência ou à livre-iniciativa; dominação do mercado relevante de bens ou serviços, aumento arbitrário dos lucros; exercício de forma abusiva, de posição dominante.

(D) a suspeita de a empresa ter posição dominante correspondente a mais de 20% do mercado relevante, o que, de acordo com o art. 36, § 2.º, da Lei n. 12.529/2011, é suficiente para excluí-la da prática de infração, já que a empresa em questão tem apenas 15% do mercado.

(E) a delimitação da dimensão geográfica do mercado relevante, entendido como o território onde a empresa está sediada.

A: incorreta. O conceito de dimensão material do mercado relevante considera a perspectiva dos consumidores; **B:** correta. Nos termos do art. 36 da Lei 12.529/2011, a infração à ordem econômica deve ter por objetivo um prejuízo ao mercado ou à livre concorrência. Em casos excepcionais, nos quais o prejuízo social é maior do que o prejuízo econômico (como no desperdício de alimentos), os atos antieconômicos podem ser autorizados. Isso ocorre porque o Brasil adota, no que toca ao direito antitruste, o princípio da concorrência-meio, isso é, a livre concorrência não é um bem jurídico a ser protegido em si mesmo, mas como um instrumento para o bem-estar social; **C:** incorreta. A infração à ordem econômica independe do efetivo alcance dos objetivos elencados no art. 36 da Lei 12.529/2011; **D:** incorreta. A presunção de que a empresa exerce posição dominante por controlar 20% não exclui a possibilidade de que empresas controladoras de parcela menor do mercado pratiquem infrações à ordem econômica; **E:** incorreta. A dimensão geográfica do mercado relevante é medida de acordo com os locais onde o produto ou serviço é distribuído, extravasando a mera sede da empresa fornecedora.

Gabarito "B".

(Magistratura Federal/2ª região – 2011 – CESPE) Com referência à Lei Antitruste, assinale a opção correta.

(A) Os prejudicados têm ação para, em defesa de interesses individuais ou individuais homogêneos, obter a cessação de práticas que constituam infração da ordem econômica e para o recebimento de indenização por perdas e danos, após a conclusão do processo administrativo respectivo, que será suspenso em virtude do ajuizamento.

(B) Constitui título executivo extrajudicial decisão do plenário do CADE que comine multa ou obrigação de fazer. Tratando-se de obrigação de pagar ou de fazer, para que se possam mitigar liminarmente os efeitos inerentes a esse título, com a suspensão de sua eficácia, cabe ao juiz fixar o valor de caução idônea a garantir o cumprimento da decisão final, considerada incabível a exigência de depósito do valor de eventual multa.

(C) As disposições da lei atinentes às infrações contra a ordem econômica aplicam-se às pessoas físicas ou jurídicas de direito público ou privado, e a quaisquer associações de entidades ou pessoas, constituídas de fato ou de direito, ainda que temporariamente, com ou sem personalidade jurídica, exceto se exercerem atividade sob regime de monopólio legal.

(D) A personalidade jurídica do responsável por infração contra a ordem econômica poderá ser desconsiderada caso se comprove abuso de direito, excesso de poder, infração da lei, fato ou ato ilícito ou violação dos estatutos ou contrato social, não sendo, entretanto, efetivada a desconsideração quando ocorrer encerramento ou inatividade da pessoa jurídica provocados por má administração.

(E) Ocorre posição dominante quando uma empresa ou grupo de empresas controla parcela substancial de mercado relevante, como fornecedor, intermediário, adquirente ou financiador de um produto, serviço ou tecnologia a ele relativa, sendo presumida a posição dominante quando a empresa ou grupo de empresas controle 20% de mercado relevante, podendo esse percentual ser alterado pelo CADE para setores específicos da economia.

A: incorreta. Nos termos do art. 47 da Lei Antitruste, o exercício do direito de ação dos prejudicados independe da existência, do trâmite ou do encerramento do procedimento administrativo; **B:** incorreta. Dispõe o art. 98 da Lei Antitruste que a suspensão liminar da execução só ocorrerá se vier acompanhada de garantia do juízo no valor das multas aplicadas, inclusive das multas diárias; **C:** incorreta. As infrações à ordem econômica podem ser praticadas inclusive pelas entidades que explorem atividade econômica em regime de monopólio legal (art. 31 da Lei Antitruste); **D:** incorreta. O encerramento ou inatividade da pessoa jurídica, provocados por má administração, são igualmente motivo bastante para a decretação da desconsideração da personalidade jurídica (art. 34, parágrafo único, da Lei Antitruste); **E:** correta, nos termos do art. 36, § 2º, da Lei Antitruste.

Gabarito "E".

(Magistratura Federal/1ª região – 2011 – CESPE) Em relação ao abuso do poder econômico e à Lei Antitruste, assinale a opção correta.

(A) A perda de mandato dos conselheiros do CADE só pode ocorrer em virtude de decisão do presidente da República, por provocação de qualquer cidadão, ou em razão de condenação penal irrecorrível por crime doloso.

(B) As diversas formas de infração da ordem econômica implicam a responsabilidade da empresa e a individual de seus dirigentes ou administradores, solidariamente.

(C) Ao presidente e aos conselheiros do CADE é vedado emitir parecer sobre matéria de sua especialização, ainda que em tese, podendo eles, no entanto, atuar como consultores de empresa privada.

(D) Para ser caracterizada como infração da ordem econômica, a ação de limitar, falsear ou prejudicar, de qualquer forma, a livre concorrência ou a livre-iniciativa depende da comprovação de dolo ou culpa.

(E) Conforme a jurisprudência do STJ, a simples oferta de desconto nas vendas feitas com dinheiro ou cheque, em relação às efetuadas por meio de cartão de crédito, caracteriza abuso de poder econômico.

A: incorreta. Segundo o art. 7º da Lei 12.529/2011 (Lei Antitruste), a perda do mandato dos Conselheiros do CADE poderá ocorrer por decisão do **Senado Federal**, após provocação do **Presidente da República**, em razão de condenação penal irrecorrível ou por processo administrativo disciplinar, nos moldes das Leis 8.112/1990 e 8.429/1992; **B:** correta, nos termos do art. 32 da Lei Antitruste; **C:** incorreta. A vedação estende-se à prestação de consultorias a **qualquer** tipo de empresa (art. 8º, IV, da Lei Antitruste); **D:** incorreta. As infrações à ordem econômica caracterizam-se pela **responsabilidade objetiva do agente**, ou seja, prescindem da comprovação de dolo ou culpa (art. 36 da Lei Antitruste); **E:** incorreta. A jurisprudência do STJ caminha justamente no sentido contrário. Veja, por exemplo, AgRg no REsp 1178360, *DJ* 01.01.2010.

Gabarito "B".

(Magistratura Federal/1ª região – 2011 – CESPE) Em relação à prática denominada *dumping* e às medidas de salvaguarda, assinale a opção correta.

(A) Para a determinação do dano pela prática de *dumping*, não é necessária a demonstração de nexo causal entre as importações objeto de *dumping* e o dano à indústria doméstica.

(B) As medidas de salvaguarda visam à defesa da indústria e da produção doméstica em face do avanço de exportações de mercadorias em patamar de valores inferiores aos do produtor nacional, não sendo necessária a investigação prévia para a aplicação de tais medidas.

(C) Em determinadas circunstâncias críticas, é possível a aplicação de medida de salvaguarda provisória, com duração máxima de duzentos dias, podendo ser suspensa por decisão interministerial antes do prazo final estabelecido.

(D) Considera-se prática de *dumping* a introdução de um bem no mercado doméstico, exceto sob as modalidades de *drawback*, a preço de exportação inferior ao valor normal praticado no mercado de origem.

(E) Para se aferir a prática de *dumping*, o preço de exportação será o efetivamente pago pelo produto exportado ao Brasil, incluindo-se impostos e considerando descontos efetivamente concedidos.

A: incorreta. O art. 32 do Decreto 8.058/2013 determina a obrigatoriedade do nexo causal entre as importações objeto de *dumping* e o dano à indústria doméstica; **B:** incorreta. O objetivo das medidas de salvaguarda apresentado está de acordo com o art. 1º do Decreto 1.488/1995, porém é obrigatória a investigação prévia para sua imposição (art. 2º, § 1º, do Decreto 1.488/1995); **C:** correta, nos termos do art. 4º do Decreto 1.488/1995; **D:** incorreta. Caracteriza o *dumping* a introdução do bem no mercado nacional por valor de exportação inferior àquele ao valor normal praticado no mercado de origem, **inclusive** sob o regime de *drawback* (art. 7º do Decreto 8.058/2013). *Drawback* é um regime especial de tributação, instituído pelo Decreto 37/1966, que se baseia na suspensão da obrigação ou mesmo eliminação do pagamento de tributos incidentes na importação de insumos a serem utilizados em produtos destinados à exportação; **E:** incorreta. O cálculo do preço de exportação exclui os impostos incidentes sobre o produto e os descontos e produções efetivamente concedidos (art. 20 do Decreto 8.058/2013).

Gabarito "C"

5. DIREITO ECONÔMICO INTERNACIONAL

(Advogado da União/AGU – CESPE – 2012) Julgue os itens a seguir, relativos ao MERCOSUL.

(1) O MERCOSUL não é uma organização supranacional, razão pela qual as normas emanadas dos seus órgãos não têm caráter obrigatório nem aplicação direta; para ter eficácia, elas devem ser incorporadas formalmente no ordenamento jurídico dos Estados-membros.

(2) Visando à solução de controvérsias no âmbito do MERCOSUL, os particulares podem peticionar diretamente ao Tribunal Arbitral *Ad Hoc* e ao Tribunal Permanente de Revisão.

(3) Cabe ao Conselho do MERCOSUL, órgão superior composto pelos ministros das Relações Exteriores e os da Economia dos Estados-partes, conduzir a política do processo de integração e tomar decisões destinadas a assegurar o cumprimento dos objetivos e prazos estabelecidos para a constituição definitiva do MERCOSUL.

1: correta. Organizações supranacionais são aquelas nas quais os países membros abrem mão de parcela de sua soberania e entregam-na a órgãos criados e administrados em conjunto, garantindo soluções comuns às questões econômicas e judiciais de interesse do bloco. Não é o caso do MERCOSUL, porque ele ainda se encontra no âmbito das decisões intergovernamentais, ou seja, das reuniões dos membros do bloco econômico exsurgem apenas novos tratados internacionais que, dada sua natureza, dependem de incorporação ao ordenamento jurídico interno de cada país para terem eficácia; **2:** incorreta. O Tribunal Arbitral Ad Hoc e o Tribunal Permanente de Revisão são acessíveis somente aos Estados-partes (arts. 9º, 17 e 23 do Protocolo de Olivos). Os particulares devem formalizar suas reclamações ante a Seção Nacional do Grupo Mercado Comum de seu país (art. 40 do Protocolo de Olivos); **3:** correta, nos termos dos arts. 3º e 4º do Protocolo Adicional ao Tratado de Assunção.

Gabarito 1C, 2E, 3C

(Magistratura Federal/3ª região – 2011 – CESPE) No que se refere ao comércio internacional e suas instituições, assinale a opção correta.

(A) O GATT não reconhece acordos regionais, sob o fundamento de que eles são utilizados para impor barreiras ao restante das partes contratantes.

(B) A atuação da OMC estende-se a mercadorias, serviços e direitos de propriedade intelectual, com o objetivo de reduzir barreiras comerciais e tratamentos discriminatórios.

(C) No MERCOSUL, há direito comunitário, sendo as normas oriundas de órgãos comuns e dispensada a internalização, conforme as regras de direito internacional.

(D) O GATT e a OMC foram concebidos em 1948 para expandir o comércio internacional.

(E) Por constituir tratado multilateral, cujas partes atuam em posição de igualdade, o GATT não apresenta condições especiais para os países em desenvolvimento.

A: incorreta. O GATT permite que os Estados-partes celebrem acordos regionais, desde que não sejam voltados à criação de barreiras aos demais signatários do acordo; **B:** correta. A Organização Mundial do Comércio cuida do comércio internacional em geral, com vistas à eliminação de tratamentos discriminatórios de qualquer natureza; **C:** incorreta. Mesmo no âmbito do MERCOSUL é necessária a internalização dos tratados por meio de aprovação do Congresso Nacional; **D:** incorreta. O GATT foi criado em 1948 e a OMC em 1995; **E:** incorreta. O GATT dedica especial atenção aos países em desenvolvimento, criando mecanismos para sua inserção no comércio internacional.

Gabarito "B"

(Magistratura Federal/2ª região – 2011 – CESPE) Assinale a opção correta acerca dos princípios gerais da atividade econômica, do GATT e da OMC.

(A) A OMC, criada na quarta rodada de negociação do GATT, em Genebra, em 1955, é organização internacional que negocia e normatiza regras sobre o comércio entre as nações; seus membros transacionam e celebram acordos que são internalizados pelos poderes constituídos de seus signatários e passam, desse modo, a regular o comércio internacional de cada nação.

(B) São vinculantes e caracterizados pela abrangência, automaticidade e exequibilidade os efeitos das decisões proferidas pelo sistema de solução de controvérsias da OMC, instituído para substituir antigo procedimento similar adotado pelo GATT, podendo qualquer nação acioná-lo na qualidade de terceiro interessado, independentemente de ser parte da organização.

(C) O conceito de soberania foi desenvolvido pelo filósofo francês Jean Bodin, e, segundo a atual doutrina, o princípio da soberania nacional somente se efetiva quando a nação alcança patamares de desenvolvimento econômico e social que lhe garantam a plena independência das decisões políticas, sem a necessidade de auxílios internacionais, de forma que somente existirá Estado soberano onde houver independência econômica.

(D) Segundo a jurisprudência do STF, não ofende o princípio da livre concorrência lei federal, estadual ou municipal que impeça a instalação de estabelecimentos comerciais do mesmo ramo em determinada área, uma vez que o Estado é o responsável pela condução das políticas públicas destinadas a organizar a distribuição equitativa das atividades da economia nacional.

(E) A primeira rodada de negociação do GATT, realizada em Tóquio, em 1947, versou sobre tarifas, agricultura, serviços, propriedade intelectual e medidas de investimento, tendo sido estabelecida, na ocasião, a chamada cláusula da nação mais favorecida, que prevê a gradual supressão de determinados benefícios à medida que os países subdesenvolvidos ou em fase de desenvolvimento incrementam suas economias.

A: incorreta. A OMC foi criada na Rodada Uruguai, a 8ª Rodada do GATT, entre 1986 e 1994, estabelecida formalmente em 1º de janeiro de 1995; **B:** incorreta. Apenas membros da OMC podem acionar o sistema de solução de controvérsias; **C:** correta. Com efeito, hodiernamente o conceito de soberania extravasa a antiga noção que o limitava à ausência de outro poder superior na ordem interna ou externa. Hoje, a soberania é dividida em política e econômica, sendo plena somente se o Estado puder se autorregular economicamente sem qualquer interferência externa; **D:** incorreta. A Súmula 646 do STF estampa a inconstitucionalidade de qualquer legislação nesse sentido; **E:** incorreta. A 1ª Rodada do GATT foi realizada em Genebra, Suíça, e tratou essencialmente de tarifas alfandegárias.

Gabarito "C".

(Magistratura Federal/1ª região – 2011 – CESPE) A respeito do MERCOSUL e dos sujeitos econômicos, assinale a opção correta.

(A) As denominadas empresas transnacionais são entidades autônomas, de personalidade jurídica de direito privado, que estabelecem sua gestão negocial e organizam sua produção em bases internacionais, com vínculo direto e compromisso com as fronteiras ou com os interesses políticos de determinada nação.

(B) A previsão da CF quanto à busca, pela República Federativa do Brasil, da integração econômica dos povos da América Latina, visando à formação de uma comunidade latino-americana de nações, representa o ideal de Simon Bolívar, que inicialmente defendeu a integração puramente econômica das Américas.

(C) Compõe a estrutura do sistema de solução de controvérsias do MERCOSUL o Tribunal Permanente de Revisão, ao qual poderá ser encaminhado pelos Estados interessados recurso de revisão contra laudo emitido pelo Tribunal Arbitral *Ad Hoc*.

(D) À Comissão de Comércio, órgão superior do MERCOSUL, incumbem a condução política do processo de integração e a tomada de decisões para a garantia do cumprimento dos objetivos estabelecidos pelos Estados-partes e para lograr a constituição final do mercado comum.

(E) No plano internacional, os sujeitos econômicos não se limitam às entidades com personalidade jurídica, que atuam na formação e concretização das normas de direito internacional, razão pela qual qualquer empresa que atue no comércio exterior é classificada como sujeito econômico internacional.

A: incorreta. A empresa transnacional, justamente por estabelecer sua gestão negocial e organizar sua produção em bases internacionais, **não** tem vínculo direto ou compromisso com fronteiras ou interesses políticos de determinada nação (FIGUEIREDO, Leonardo Vizeu. "Novas perspectivas de justiça econômica em face da atual ordem institucional". Dissertação. Universidade Gama Filho-RJ. 2009. p. 130); **B:** incorreta. A proposta de integração de Simón Bolívar para a América Latina era de uma união política, de modo que os países estivessem todos sob um só corpo de leis; **C:** correta, nos termos do art. 17 do Protocolo de Olivos, integrado à legislação nacional por meio do Decreto 4.982/2004; **D:** incorreta. O órgão superior do MERCOSUL, a quem pertence a atribuição transcrita na alternativa, é o Conselho do Mercado Comum (art. 3º do Protocolo Adicional ao Tratado de Assunção, integrado à legislação nacional por meio do Decreto 1.901/1996); **E:** incorreta. A alternativa mistura a eventual personalidade jurídica dos agentes econômicos internacionais com a atribuição de elaborar normas de conduta aplicáveis ao comércio internacional. Essa atribuição é dos Estados e das Organizações Internacionais, que são dotadas de personalidade jurídica. Mas também o são as empresas transnacionais, que não podem formar e concretizar normas.

Gabarito "C".

29. DIREITO PREVIDENCIÁRIO

Henrique Subi e Robinson Barreirinhas*

1. PRINCÍPIOS E NORMAS GERAIS

(Analista Judiciário – STJ – 2018 – CESPE) Tendo como referência a doutrina e a jurisprudência a respeito da organização e dos princípios do sistema de seguridade social brasileiro, julgue os itens a seguir.

(1) O período de implantação da seguridade social foi marcado, entre outros, pelo advento da Lei Eloy Chaves, que instituiu as caixas de aposentadorias e pensões exclusivamente para ferroviários.

(2) O princípio do direito adquirido não se aplica à seara previdenciária, pois, conforme o entendimento do Supremo Tribunal Federal, inexiste direito adquirido a regime jurídico.

1: correta. A Lei Eloy Chaves é tida pela maior parte da doutrina como o marco inicial da previdência social brasileira; **2:** incorreta. O STF reconhece a supremacia do direito adquirido sobre a mudança legislativa quando, ao tempo desta, o segurado já havia reunido todos os requisitos para a concessão do benefício, ainda que não o tenha requerido (AI 810.744 AgR, j. 02/12/2010). HS

Gabarito 1C, 2E

(Procurador do Município/Manaus – 2018 – CESPE) Julgue os próximos itens, relativos à organização, aos princípios e ao custeio da seguridade social.

(1) Constitui objetivo da seguridade social manter o caráter democrático e descentralizado da administração, mediante gestão tripartite, com participação dos trabalhadores e empregadores e do Estado.

(2) Por força da regra da contrapartida, os benefícios e serviços da seguridade social somente poderão ser criados, majorados ou estendidos se existente a correspondente fonte de custeio total.

(3) Constitui fonte de financiamento da seguridade social a arrecadação de contribuições sociais do importador de bens ou serviços do exterior.

1: incorreta. A gestão será quadripartite, incluindo um representante dos aposentados (art. 194, parágrafo único, VII, da CF); **2:** correta, nos termos do art. 195, § 5º, da CF; **3:** correta, nos termos do art. 195, IV, da CF. HS

Gabarito 1E, 2C, 3C

(Defensor Público/AL – 2017 – CESPE) No que se refere à organização e aos princípios da seguridade social, julgue os itens a seguir.

I. A assistência social integra o conjunto de direitos sociais assegurados aos necessitados e as ações atinentes à seguridade social.

II. A equidade na forma de participação do custeio veda a utilização de alíquotas de contribuições diferenciadas para aqueles que contribuem para o sistema.

III. A universalidade de cobertura preconizada pelo ordenamento jurídico vigente limita a proteção social àqueles que contribuem para o sistema.

IV. A seguridade social é financiada por toda a sociedade, de forma direta e indireta, mediante recursos provenientes das contribuições sociais e dos orçamentos da União, dos estados, do Distrito Federal e dos municípios.

Estão certos apenas os itens

(A) I e III.

(B) I e IV.

(C) II e III.

(D) II e IV.

(E) III e IV.

I: correta, nos termos do art. 194 da CF; **II:** incorreta. É justamente por meio de alíquotas diferenciadas com base na capacidade contributiva que se atinge a equidade; **III:** incorreta. Universalidade de cobertura é objetivo ligado à expansão das contingências protegidas pelo sistema previdenciário; **IV:** correta, nos termos do art. 195 da CF. HS

Gabarito "B"

(Procurador do Estado/SE – 2017 – CESPE) O princípio que, norteando a CF quanto à seguridade social, tem extrema relevância para o cumprimento dos objetivos constitucionais de bem-estar e justiça social, por eleger as contingências sociais a serem acobertadas e os requisitos para a garantia da distribuição de renda, é o princípio da

(A) diversidade da base de financiamento.

(B) universalidade da cobertura e do atendimento.

(C) uniformidade e equivalência dos benefícios e serviços prestados às populações urbanas e rurais.

(D) seletividade e distributividade na prestação dos benefícios e serviços.

(E) equidade na forma de participação no custeio.

A questão é passível de críticas. A nosso ver, tanto a diversidade da base de financiamento quanto a equidade na forma de participação e custeio são formas de consagração das metas de justiça social e distribuição de renda. HS

Gabarito "A"

(Analista Jurídico –TCE/PA – 2016 – CESPE) Acerca do regime geral e dos regimes especiais de previdência social, julgue os itens seguintes.

(1) É competência privativa da União legislar sobre previdência social, sendo, portanto, vedado aos estados e ao Distrito Federal legislar sobre essa matéria.

(2) O prefeito municipal que não esteja vinculado a regime próprio de previdência social é segurado obrigatório do regime geral de previdência social.

1: incorreta. A competência legislativa é concorrente (art. 24, XII, da CF), sendo que os Estados e o DF a exercem regulamentando a previdência social de seus servidores públicos efetivos; **2:** correta, nos termos do art. 12, I, "j", da Lei nº 8.212/1991.

Gabarito 1E, 2C

(Procurador do Estado/AM – 2016 – CESPE) A respeito do surgimento e da evolução da seguridade social, julgue os itens a seguir.

(1) No Brasil, iniciou-se o regime próprio de previdência dos servidores públicos com o advento da Lei Eloy Chaves, em 1923, que determinou a criação das caixas de aposentadorias e pensões para os ferroviários.

(2) A Constituição Mexicana de 1917 e a Constituição de Weimar de 1919, ao constitucionalizar um conjunto de direitos sociais, colocando-os no mesmo plano dos direitos civis, marcaram o início da fase de consolidação da seguridade social.

1: incorreta. A Lei Eloy Chaves, na verdade, é um marco histórico da previdência como um todo no Brasil, não só dos regimes próprios. A partir dela a previdência se tornou efetivamente social, porque custeada por diversos setores da sociedade; **2:** correta. As duas constituições mencionadas foram efetivamente aquelas que deram início ao modelo de seguridade social criada e mantida pelo Estado.

Gabarito 1E, 2C

* **Henrique Subi** comentou as questões de Defensoria/RN/16, Analista/TCE/PA/16, Analist5a/TCE/PR/16, Procurador do Estado/16 e Defensoria/DF/13; **Henrique Subi** e **Robinson Barreirinhas** comentaram as demais questões.

(Defensor Público/TO – 2013 – CESPE) Considerando o conceito, a organização e os princípios da seguridade social no Brasil, assinale a opção correta.

(A) Apesar de ser regida pelo princípio da universalidade da cobertura e do atendimento, a seguridade social só é acessível a brasileiros que residem no país.

(B) A assistência social atende os hipossuficientes, por meio da concessão de benefícios, independentemente de contribuição.

(C) No Brasil, a seguridade social é caracterizada por uma administração democrática e descentralizada, mediante gestão quadripartite, com participação, nos órgãos colegiados, dos trabalhadores, empregadores, pensionistas e do governo.

(D) O princípio da uniformidade e equivalência dos benefícios e serviços às populações urbanas e rurais sempre norteou a seguridade social brasileira, e, desde a criação da previdência social no país, não há discriminação entre trabalhadores urbanos e rurais.

(E) Para que o usuário possa usufruir dos serviços públicos de saúde será necessária a contribuição mensal ao SUS.

A: incorreta, pois há diversas hipóteses de beneficiários domiciliados no exterior e estrangeiros domiciliados no Brasil – v.g. art. 11, I, *c* e *e*, do Plano de Benefícios da Previdência Social – PBPS (Lei 8.213/1991); **B:** correta, pois a assistência social não tem caráter contributivo, ou seja, será prestada a quem dela necessitar, independentemente de contribuição à seguridade social – art. 203, *caput*, da CF; **C:** incorreta, pois os aposentados, não os pensionistas, participam da gestão quadripartite – art. 194, parágrafo único, VII, da CF; **D:** incorreta, pois essa é inovação do art. 194, parágrafo único, II, da CF de 1988; **E:** incorreta, pois a saúde não tem caráter contributivo, é direito de todos – art. 196 da CF.

Gabarito "B"

(Defensor Público/ES – 2012 – CESPE) No tocante a seguridade social, julgue os itens subsequentes.

(1) Segundo a jurisprudência do STF, as novas contribuições para a seguridade social (contribuições residuais), apesar de só poderem ser criadas mediante lei complementar, poderão ter base de cálculo e fato gerador próprios de impostos, mas não das contribuições existentes.

(2) Contando com a participação de representantes da sociedade civil e do governo, o Conselho Nacional de Previdência Social, órgão superior de deliberação colegiada, é exemplo do caráter democrático e descentralizado da administração da seguridade social no Brasil.

(3) A publicação, em 1954, do Decreto n.º 35.448, que aprovou o Regulamento Geral dos Institutos de Aposentadorias e Pensões, e considerada, pela doutrina majoritária, o marco inicial da previdência social brasileira.

1: correta – ver RE 258.470/RS; **2:** correta, nos termos do art. 194, parágrafo único, VII, da CF e art. 3º do PBPS; **3:** incorreta, pois a Lei Eloy Chaves (Decreto-Legislativo 4.682/1923) é considerada por muitos o marco da previdência social no Brasil, embora não tenha sido a primeira. Antes dela, citamos o Regulamento 737/1850, o Decreto 2.711/1860, o Decreto 9.912-A/1888, o Decreto 3.397/1888, como alguns exemplos.

Gabarito 1C, 2C, 3E

(Defensor Público/AC – 2012 – CESPE) Assinale a opção correta no que se refere à seguridade social.

(A) A seguridade social compreende um conjunto de ações de proteção social custeado pelo Estado, conforme suas limitações orçamentárias, e organizado com base, entre outros objetivos, na irredutibilidade do valor das contribuições.

(B) A previdência social estrutura-se como um sistema não contributivo, sendo os recursos para o financiamento de suas ações provenientes da arrecadação de tributos pelos entes estatais.

(C) A dimensão subjetiva da universalidade de cobertura e atendimento do seguro social, relacionada às situações de risco social, adquire não apenas caráter reparador, mas também preventivo.

(D) O princípio da equidade, que fundamenta a forma de participação no custeio da seguridade social, está associado aos princípios da capacidade contributiva e da isonomia fiscal.

(E) São considerados direitos fundamentais de primeira geração ou dimensão os relativos à saúde, à previdência e à assistência social.

A: incorreta, pois a seguridade social não é custeada apenas pelo Estado, mas por toda a sociedade, nos termos do art. 195 da CF e tem, entre seus objetivos, a irredutibilidade do valor dos benefícios, não das contribuições – art. 194, parágrafo único, IV, da CF; **B:** incorreta, pois a previdência social tem caráter contributivo – art. 201, *caput*, da CF; **C:** incorreta, pois a dimensão subjetiva da universalidade refere-se às pessoas alcançadas pela seguridade social, sendo que o caráter preventivo e reparador é mais próximos ao aspecto objetivo da universalidade, ou seja, dos benefícios da seguridade social; **D:** assertiva correta – art. 194, parágrafo único, V, da CF; **E:** incorreta, pois os direitos sociais são identificados como de segunda geração ou dimensão dos direitos humanos fundamentais.

Gabarito "D"

(Defensor Público/RO – 2012 – CESPE) Com relação aos princípios e objetivos que norteiam a seguridade social no Brasil, assinale a opção correta.

(A) Com relação à seletividade e distributividade na prestação dos benefícios e serviços, o legislador ordinário deve escolher os eventos que serão cobertos pela previdência social, levando em conta as possibilidades econômicas dos segurados.

(B) As populações urbanas e rurais devem receber tratamento uniforme e equivalente com relação aos benefícios e serviços, de forma a reparar injustiça histórica com os trabalhadores rurais, porém, devido à reduzida capacidade de contribuição desses trabalhadores, a concessão dos benefícios deve exigir um maior período de carência.

(C) A irredutibilidade do valor dos benefícios tem como escopo garantir que a renda dos benefícios previdenciários preserve seu valor real segundo critérios estabelecidos por lei, sem qualquer vinculação ao salário mínimo, dada a vedação de sua vinculação para qualquer fim.

(D) No que concerne à diversidade da base de financiamento, a seguridade social deve ser financiada por toda a sociedade, de forma direta, mediante contribuições provenientes do trabalhador, da empresa e da entidade a ela equiparada, da União e dos demais segurados e aposentados da previdência social e, ainda, das contribuições sobre a receita de concursos de prognósticos.

(E) O custeio da seguridade social deve ser equânime, dadas as possibilidades de cada um. Lei complementar garante às empresas o repasse do custo da contribuição aos preços praticados no mercado.

A: incorreta. A seletividade refere-se à seleção (realizada pelo legislador) das necessidades básicas que serão atendidas pela seguridade social. Distributividade refere-se à justiça social advinda da distribuição solidária de recursos (dos que mais têm aos que mais necessitam); **B:** incorreta, pois os períodos de carência observam o objetivo de uniformidade e equivalência dos benefícios e serviços às populações urbanas e rurais – art. 194, parágrafo único, II, da CF e art. 25 do PBPS; **C:** assertiva correta (arts. 7º, IV, *in fine* e 194, parágrafo único, IV, da CF); **D:** incorreta, pois não incide contribuição previdenciária sobre as aposentadorias e pensões pagas no regime geral de previdência social (ou seja, aposentados e pensionistas não contribuem direta e imediatamente, em princípio, para o financiamento da seguridade social) – art. 195, II, *in fine*, da CF; **E:** incorreta, pois não há essa garantia de repasse por lei complementar.

Gabarito "C"

(Defensoria Pública da União – 2010 – CESPE) Em relação aos institutos de direito previdenciário, julgue o item seguinte.

(1) A Lei Eloy Chaves (Decreto Legislativo nº 4.682/1923), considerada o marco da Previdência Social no Brasil, criou as caixas de aposentadoria e pensões das empresas de estradas de ferro, sendo esse sistema mantido e administrado pelo Estado.

1: assertiva incorreta. Na sistemática da Lei Eloy Chaves, eram criadas caixas de aposentadorias e pensões, de natureza privada, em cada uma das empresas de estrada de ferro para os respectivos empregados. Havia contribuições pelos trabalhadores ferroviários e pelos usuários de transportes. O Estado não participava do custeio ou da administração do sistema.

Gabarito 1E

(Defensoria Pública da União – 2010 – CESPE) Com base no direito previdenciário, julgue o item seguinte.

(1) Caso a CF previsse que determinado benefício previdenciário deveria abranger somente os empregados urbanos, rurais e trabalhadores avulsos, norma infraconstitucional posterior que fosse editada estendendo o benefício aos contribuintes individuais, com a precedente fonte de custeio, deveria ser considerada constitucional.

1: assertiva correta, pois a lei pode estender benefício ou serviço da seguridade social, desde que haja a correspondente fonte de custeio – art. 195, § 5º, da CF.

Gabarito 1C

(Defensor Público/BA – 2010 – CESPE) Em relação às disposições constitucionais aplicáveis à previdência social, julgue o item a seguir.

(1) É vedada a adoção de requisitos e critérios diferenciados para a concessão de aposentadoria aos beneficiários do regime geral de previdência social, ressalvados os casos de atividades que, exercidas sob condições especiais, prejudiquem a saúde ou a integridade física, e quando se tratar de segurados portadores de deficiência, nos termos definidos em lei complementar.

1: assertiva correta, pois a vedação é prevista no art. 201, § 1º, da CF.

Gabarito 1C

(Procurador/DF - 2013 - CESPE) Acerca da seguridade social, julgue os itens a seguir.

(1) Caso a declaração de inconstitucionalidade de textos normativos que estabelecessem distinção entre as alíquotas recolhidas, a título de contribuição social, das instituições financeiras e aquelas oriundas das empresas jurídicas em geral tivesse como consequência normativa a equiparação dos percentuais ou a sua supressão, tal pretensão não poderia ser acolhida em juízo, por impossibilidade jurídica do pedido, uma vez que o Poder Judiciário não pode atuar como legislador positivo nem conceder isenções tributárias.

(2) Uma norma legal que apenas altere o prazo de recolhimento das contribuições sociais destinadas à previdência social não se sujeitará ao princípio da anterioridade.

(3) Conforme jurisprudência do STF fundamentada no princípio da seletividade, operações e bens relacionados à saúde são imunes a tributação.

1: correta, pois essa é a jurisprudência dominante - ver RE 631.641 AgR/RS do STF; **2:** correta, pois é pacífico o entendimento no sentido de que a simples alteração do prazo de recolhimento dos tributos não implica majoração, nem, portanto, sujeita-se ao princípio da anterioridade – Súmula 669 do STF; **3:** incorreta, pois o STF afastou essa tese – ver RE 429.306/PR.

Gabarito 1C, 2C, 3E

(Procurador do Município/Boa Vista-RR – 2010 – CESPE) Julgue o item a seguir, relativo às legislações previdenciária e da seguridade social.

(1) A equidade na forma de participação no custeio é princípio constitucional atinente à seguridade social, no entanto, as entidades beneficentes de assistência social que atenderem às exigências estabelecidas em lei serão isentas de contribuição para a seguridade social.

1: assertiva correta, pois a isenção em favor das entidades beneficentes de assistência social (a rigor, imunidade) é prevista expressamente pelo art. 195, § 7º, da CF.

Gabarito 1C

(Advogado da União/AGU – CESPE – 2012) Com base na jurisprudência do STF, julgue os itens a seguir, acerca da seguridade social.

(1) Apesar de a Emenda Constitucional n.º 20/1998 ter estabelecido um limite máximo para o valor dos benefícios do RGPS, esse teto não se aplica ao salário-maternidade da segurada empregada, devendo o valor do benefício, nesse caso, corresponder à integralidade da remuneração da empregada, e cabendo à previdência social o seu pagamento, salvo no tocante à prorrogação por sessenta dias da licença-maternidade, cujo pagamento ficará a cargo do empregador.

(2) Em face do princípio constitucional da irredutibilidade do valor dos benefícios previdenciários, a aplicação de novos critérios de cálculo mais benéficos estabelecidos em lei deve ser automaticamente estendida a todos os benefícios cuja concessão tenha corrido sob regime legal anterior.

(3) Como o direito à proteção da seguridade social, no Brasil, é garantido apenas aos segurados de um dos regimes previdenciários previstos em lei, o indivíduo que não contribui para nenhum desses regimes não faz jus à referida proteção.

1: incorreta. O salário-maternidade não se submete ao teto dos demais benefícios do RGPS, porém encontra também um limite máximo previsto no art. 248 da CF, segundo o qual nenhum benefício pago à conta do Tesouro Nacional será maior que o valor do subsídio dos Ministros do Supremo Tribunal Federal; **2:** incorreta. A situação narrada não se relaciona com o princípio da irredutibilidade dos benefícios. Segundo esse preceptivo, os benefícios não podem ter seus valores reduzidos (irredutibilidade nominal) e devem ser reajustados anualmente de forma a preservar-lhes o poder aquisitivo (irredutibilidade real). Além disso, não há a aludida extensão automática dos benefícios, porque nenhum deles poderá ser criado, majorado ou estendido sem a previsão da respectiva fonte de custeio total (art. 195, § 5º, da CF); **3:** incorreta. A seguridade social é o gênero que reúne três espécies de serviço público: saúde, previdência social e assistência social. Dentre eles, apenas a previdência social tem caráter contributivo, de forma que as outras duas esferas da seguridade (saúde e assistência social) serão prestadas independentemente de pagamento de contribuições.

Gabarito 1E, 2E, 3E

2. CUSTEIO

(Analista Judiciário – STJ – 2018 – CESPE) Acerca do custeio da seguridade social, julgue o próximo item.

(1) O salário de contribuição de segurado empregado deverá corresponder à integralidade de uma remuneração auferida durante o mês de trabalho.

1: incorreta. Salário de contribuição do segurado empregado é a remuneração auferida em uma ou mais empresas, assim entendida a totalidade dos rendimentos pagos, devidos ou creditados a qualquer título, durante o mês, destinados a retribuir o trabalho, qualquer que seja a sua forma, inclusive as gorjetas, os ganhos habituais sob a forma de utilidades e os adiantamentos decorrentes de reajuste salarial, quer pelos serviços efetivamente prestados, quer pelo tempo à disposição do empregador ou tomador de serviços nos termos da lei ou do contrato ou, ainda, de convenção ou acordo coletivo de trabalho ou sentença normativa (art. 28, I, do PCSS). HS

Gabarito 1E

(Procurador do Estado/SE – 2017 – CESPE) O sistema de custeio da seguridade social é

(A) composto pela contribuição sobre a receita de concursos de prognósticos, mas não pela remuneração recebida por serviços de arrecadação prestados a terceiros.

(B) composto, no âmbito da União, por recursos adicionais do orçamento fiscal fixados obrigatoriamente na lei orçamentária anual.

(C) assegurado pela contribuição empresária, que é calculada, entre outras, sobre as remunerações pagas aos trabalhadores avulsos prestadores de serviços, deles excluídos os segurados contribuintes individuais.

(D) composto, na esfera federal, somente por receitas da União e das contribuições sociais.

(E) assegurado também pela participação do empregado, cujo salário de contribuição é reajustado anualmente pelos mesmos índices do salário mínimo vigente no país.

A: correta. Realmente estão previstas contribuições sobre concursos de prognósticos (art. 195, III, da CF), mas não sobre serviços de arrecadação prestados a terceiros; **B:** incorreta. Não são recursos adicionais. O orçamento da seguridade social integra o orçamento da União, Estados, DF e Municípios (art. 195, *caput*, da CF); **C:** incorreta. Também os segurados contribuintes individuais que prestem serviços a empresas são incluídos na contribuição sobre a folha de pagamento (art. 195, I, "a", da CF e art. 22, I e III, do PCSS); **D:** incorreta. Há também as receitas previstas no art. 195 da CF; **E:** incorreta. Não há previsão de reajuste anual do salário de contribuição, mas sim do valor dos benefícios (art. 201, § 4º, da CF). HS

Gabarito "A"

(Procurador do Estado/AM – 2016 – CESPE) Acerca do custeio da seguridade social, julgue o item que se segue.

(1) O fato gerador das contribuições destinadas ao custeio da seguridade social, calculadas com base na remuneração, ocorre na data do pagamento dessas contribuições.

1: incorreta. O fato gerador é a prestação do trabalho, independentemente do efetivo pagamento da remuneração. Em outras palavras, se a pessoa física prestou o serviço, deverá ser recolhida a contribuição respectiva, ainda que, por qualquer razão, ela não venha a receber. Note a redação, por exemplo, do art. 22, I, da Lei 8.212/1991: "(...) total das remunerações pagas, devidas ou creditadas a qualquer título (...)".

Gabarito 1E

(Defensoria/DF – 2013 – CESPE) Relativamente às fontes de custeio da seguridade social, julgue o item abaixo.

(1) A seguridade social tem como únicas fontes de custeio, além dos recursos advindos dos orçamentos da União, dos estados, do DF e dos municípios, as contribuições do empregador e do trabalhador.

1: incorreta. O art. 195 da CF prevê também o custeio advindo das receitas dos concursos de prognósticos e do importador de bens ou serviços ou de quem a lei a ele equiparar (incisos III e IV).

Gabarito 1E

(Defensor Público/AC – 2012 – CESPE) Assinale a opção correta com relação ao custeio da seguridade social.

(A) Os produtores rurais integrantes de consórcio simplificado de produtores rurais são responsáveis subsidiários em relação às obrigações previdenciárias.

(B) O limite mínimo do salário de contribuição do menor aprendiz corresponde à sua remuneração mínima definida em lei.

(C) Integram o salário de contribuição os valores recebidos em decorrência da cessão de direitos autorais e a importância recebida a título de bolsa de aprendizagem assegurada a adolescentes até quatorze anos de idade.

(D) A alíquota de contribuição do segurado facultativo é de 30% sobre o respectivo salário de contribuição.

(E) Constitui receita da seguridade social a renda bruta proveniente dos concursos de prognósticos.

A: incorreta, pois a responsabilidade dos produtores rurais é solidária, no caso, não subsidiária – art. 25-A, § 3º, do PCSS; **B:** correta, nos termos do art. 28, § 4º, do PCSS; **C:** incorreta, pois essas verbas não integram o salário de contribuição – art. 28, § 9º, *u* e *v*, do PCSS; **D:** incorreta, pois a alíquota é de 20% – art. 21 do PCSS; **E:** incorreta, pois a receita da seguridade social corresponde à renda líquida dos concursos de prognósticos, excetuando-se os valores destinados ao Programa de Crédito Educativo, nos termos do art. 26 do PCSS.

Gabarito "B"

(Defensoria Pública da União – 2010 – CESPE) Com base no direito previdenciário, julgue o item seguinte.

(1) Para fins previdenciários, a principal diferença entre empresa e empregador doméstico é que a primeira se caracteriza por exercer atividade exclusivamente com fins lucrativos, e o segundo, não.

1: a assertiva é incorreta, pois, para fins previdenciários, considera-se empresa mesmo a firma ou a sociedade **sem fins lucrativos**, desde que assuma o risco de atividade econômica urbana ou rural. Por outro lado, o empregador doméstico jamais tem finalidade lucrativa, no que se refere à contratação do empregado doméstico – art. 15, I e II, do Plano de Custeio da Seguridade Social – PCSS (Lei 8.212/1991).

Gabarito 1E

(Procurador/DF - 2013 - CESPE) Acerca da seguridade social, julgue os itens a seguir.

(1) A inclusão do cônjuge, pelo servidor público, como seu dependente para fins previdenciários independe da indicação de fonte de custeio.

(2) O legislador comum, fora das hipóteses expressamente indicadas na CF, pode valer-se da progressividade na definição das alíquotas pertinentes à contribuição de seguridade social devida por servidores públicos em atividade, uma vez que a previsão constitucional das referidas hipóteses não é taxativa.

1: correta, pois esse é direito legalmente garantido. O que exige indicação prévia da fonte de custeio total é a criação de um novo benefício - art. 195, § 5º, da CF; **2:** incorreta, pois o STF tem interpretação restritiva do disposto no art. 145, § 1º, da CF, restringindo a progressividade aos impostos de caráter pessoal e às hipóteses expressas no texto constitucional – ver Súmula 668/STF.

Gabarito 1C, 2E

(Procurador/DF - 2013 - CESPE) Acerca de institutos diversos de direito previdenciário, julgue o item subsequente.

(1) Lei ordinária poderá determinar que sócios das empresas por cotas de responsabilidade limitada respondam, solidariamente, com seus bens pessoais, pelos débitos junto à seguridade social, uma vez que não se trata de matéria reservada a lei complementar.

1: incorreta, pois o STF fixou entendimento de que não é possível lei ordinária criar essa responsabilidade solidária, fora dos parâmetros fixados pela lei complementar (art. 135, III, do CTN, especificamente), julgando inconstitucional o disposto no art. 13 da Lei 8.620/1993 – ver RE 562.276/PR.

Gabarito 1E

(Procurador Federal – 2010 – CESPE) Em relação ao custeio da seguridade social, julgue os itens a seguir.

(1) Se, no exame da escrituração contábil e de qualquer outro documento da empresa, a fiscalização constatar que a contabilidade não registra o movimento real de remuneração dos segurados a seu serviço, do faturamento e do lucro, serão apuradas, por aferição indireta, as contribuições efetivamente devidas, cabendo, no entanto, ao Instituto Nacional do Seguro Social a prova da irregularidade, sob pena de violação do postulado do devido processo legal.

(2) O STF decidiu que a cobrança da contribuição ao Seguro Acidente de Trabalho (SAT) incidente sobre o total das remunerações pagas tanto aos empregados quanto aos trabalhadores avulsos é ilegítima.

(3) É desnecessária a edição de lei complementar para a majoração de alíquota da contribuição para o financiamento da seguridade social. O conceito de receita bruta sujeita à incidência dessa contribuição envolve não só aquela decorrente da venda de mercadorias e da prestação de serviços, como também a soma das receitas oriundas do exercício de outras atividades empresariais.

1: incorreta, pois, no caso, cabe à empresa o ônus da prova em contrário – art. 33, § 6º, do Plano de Custeio da Seguridade Social – PCSS (Lei 8.212/1991); **2:** assertiva incorreta, pois o STF entendeu que essa cobrança é **legítima** – ver RE 450.061 AgR/MG; **3:** assertiva correta, pois reflete o entendimento do STF – ver RE 487.475 AgR/RJ e RE 371.258 AgR/SP.

Gabarito 1E, 2E, 3C

(Procurador Federal – 2010 – CESPE) No que concerne à legislação acidentária, ao benefício de prestação continuada previsto na Lei de Organização da Assistência Social e jurisprudência dos tribunais superiores, julgue o item seguinte.

(1) A alíquota da contribuição para o SAT deve corresponder ao grau de risco da atividade desenvolvida em cada estabelecimento da empresa, individualizado por seu CNPJ. Possuindo esta um único CNPJ, a alíquota da referida exação deve corresponder à atividade preponderante por ela desempenhada.

1: assertiva correta, pois reflete exatamente o entendimento jurisprudencial consolidado pela Súmula 351/STJ.

Gabarito 1C

(Advogado– CEF – 2010 – CESPE) Considerando que o limite máximo do salário de contribuição, a partir de 1.º/1/2010, é de R$ 3.416,54, assinale a opção correta de acordo com a legislação previdenciária de regência.

(A) Se um trabalhador segurado tiver recebido, no mês de dezembro de 2009, o valor de R$ 1.220,00 a título de décimo terceiro salário (gratificação natalina), então esse valor integrará o salário de contribuição desse segurado, em seu valor bruto, sem compensação de eventuais adiantamentos pagos.

(B) Considere que Roberto seja titular de firma individual que atua na área de desenvolvimento de *websites* corporativos e que, nessa condição, preste serviços a diversas pessoas jurídicas, recebendo, por cada trabalho, o valor de R$ 1.500,00. Considere, ainda, que, no mês de janeiro de 2010, Roberto tenha prestado serviços a 4 empresas e que tenha recebido à vista por tais serviços. Nessa situação hipotética, será considerado salário de contribuição a totalidade dos rendimentos auferidos por Roberto durante o mês de janeiro.

(C) Se uma empregada doméstica que recebe R$ 600,00 de remuneração mensal faltar ao seu trabalho, injustificadamente, por quatro dias durante determinado mês, apesar de o empregador poder descontar os valores referentes às faltas injustificadas de sua remuneração, o valor do salário de contribuição dessa empregada permanecerá inalterado.

(D) A indenização compensatória, correspondente a 40% do montante depositado em sua conta vinculada do FGTS, recebida por trabalhador demitido sem justa causa integra o salário de contribuição desse trabalhador, observado o limite máximo legalmente previsto.

(E) A parcela paga, anualmente, aos empregados de pessoa jurídica a título de participação nos lucros e resultados da empresa integra o salário de contribuição dos empregados, se for paga ou creditada em consonância com lei específica.

A: correta, nos termos do art. 214, §§ 6º e 7º, do RPS. Vale lembrar que tal contribuição não é considerada para o cálculo do salário de benefício; **B:** incorreta. O salário de contribuição é sempre limitado ao valor estabelecido em lei e atualizado pelo Ministério da Previdência e Assistência Social. No exemplo dado, a soma dos rendimentos de Roberto totaliza R$ 6.000,00. Portanto, o seu salário de contribuição será estabelecido no limite máximo, ou seja, R$ 3.416,54; **C:** incorreta. O valor do salário de contribuição deve refletir aquilo efetivamente recebido pela empregada doméstica no mês, ou seja, incidirá a contribuição social sobre o salário percebido após os devidos descontos (art. 214, § 1º, do RPS); **D:** incorreta. A indenização do FGTS não integra o salário de contribuição (art. 28, § 9º, "e", 1, do PCSS); **E:** incorreta. A participação nos lucros e resultados paga de acordo com a lei, em periodicidade não superior a duas vezes por ano, não integra o salário de contribuição (art. 28, § 9º, "j", do PCSS).

Gabarito "A"

(Magistratura Federal - 1ª Região – 2011 – CESPE) Assinale a opção correta com referência ao financiamento da seguridade social.

(A) Aplica-se à tributação da pessoa jurídica, para as contribuições destinadas ao custeio da seguridade social, calculadas com base na remuneração, o regime de competência, de forma que o tributo incide no momento em que surge a obrigação legal de pagamento, não importando se este vai ocorrer em oportunidade posterior.

(B) A CF autoriza a utilização dos recursos provenientes das contribuições sociais incidentes sobre a folha de salários e demais rendimentos dos segurados para custear as despesas com pessoal e administração geral do Instituto Nacional do Seguro Social.

(C) Para fins de cálculo do salário de contribuição do segurado empregado, não se admite fracionamento, razão pela qual, quando a admissão, a dispensa, o afastamento ou a falta do segurado empregado ocorrer no curso do mês, o salário de contribuição será calculado considerando-se o número total de dias do mês.

(D) Conforme previsão constitucional, nenhum benefício ou serviço da seguridade social ou de previdência privada poderá ser criado, majorado ou estendido sem a correspondente fonte de custeio total.

(E) Integram a produção, para os efeitos de contribuição do empregador rural pessoa física, os produtos de origem vegetal submetidos a processos de beneficiamento ou industrialização rudimentar, excetuando-se os processos de lavagem, limpeza, descaroçamento, pilagem, descascamento, lenhamento, pasteurização, resfriamento, secagem, fermentação, embalagem, cristalização e fundição.

A: correta, nos termos do art. 225, § 13, I, do RPS (Regulamento da Previdência Social – Decreto 3.048/1999); **B:** incorreta. A receita oriunda de tais contribuições pode ser usada somente para o pagamento de benefícios previdenciários do RGPS (art. 167, IX, da CF); **C:** incorreta. Nesses casos, deve ser calculado proporcionalmente o salário de contribuição de acordo com o número de dias efetivamente trabalhados (art. 28, § 1º, da Lei 8.212/1991 – Plano de Custeio da Seguridade Social – PCSS); **D:** incorreta. A regra de necessidade de previsão de custeio não se aplica às entidades de previdência privada (art. 195, § 5º, da CF); **E:** incorreta. O art. 200, § 5º, do RPS expressamente inclui essas atividades entre aquelas que integram a produção para fins de cálculo da contribuição do produtor rural pessoa física e do segurado especial.

Gabarito "A"

(Magistratura Federal – 2ª Região – 2011 – CESPE) Em referência ao custeio da seguridade social, assinale a opção correta.

(A) O grau de risco – leve, médio ou grave – para a determinação da contribuição para o custeio da aposentadoria especial, partindo-se da atividade preponderante da empresa, deve ser definido por lei, sendo ilegítima a definição por mero decreto.

(B) Para o contribuinte individual, estipula-se como salário de contribuição a remuneração auferida durante o mês em uma ou mais empresas ou pelo exercício de sua atividade por conta própria, sem limite, nesse último caso.

(C) O salário-maternidade não tem natureza remuneratória, mas indenizatória, razão pela qual não integra a base de cálculo da contribuição previdenciária devida pela segurada empregada.

(D) O abono recebido em parcela única e sem habitualidade pelo segurado empregado, previsto em convenção coletiva de trabalho, não integra a base de cálculo do salário de contribuição.

(E) Constitui receita da seguridade social a renda bruta dos concursos de prognósticos, excetuando-se os valores destinados ao programa de crédito educativo.

A: incorreta. A catalogação do grau de riscos das atividades é feita pelo Anexo V do RPS; **B:** incorreta. O salário de contribuição sempre respeitará o limite máximo estabelecido pelo Ministério da Previdência e Assistência Social (art. 28, III, do PCSS); **C:** incorreta. O salário-maternidade é exceção à regra de que os benefícios previdenciários não são considerados como salário de contribuição. Assim, sobre ele incidirá normalmente a contribuição previdenciária devida pela segurada (art. 28, § 2º, do PCSS); **D:** correta, nos termos do julgamento proferido pelo STJ no AgRg no REsp 1.235.356/RS, *DJ* 22.03.2011; **E:** incorreta. Devem ser descontados, também, os tributos incidentes, os prêmios pagos e as despesas com administração (art. 26, *caput* e § 2º, do PCSS).

Gabarito "D"

3. SEGURADOS DA PREVIDÊNCIA E DEPENDENTES

Jorge, na qualidade de contribuinte individual, vinha contribuindo até o início do cumprimento de pena de reclusão pela prática do crime de homicídio qualificado, não tendo feito mais contribuições.

(Procurador do Município - Campo Grande/MS - 2019 - CESPE/ CEBRASPE) Com referência a essa situação hipotética, julgue os seguintes itens.

(1) Jorge manterá a qualidade de segurado, independentemente de contribuições, até doze meses após o livramento.

(2) O reconhecimento da perda da qualidade de segurado de Jorge ocorrerá no dia seguinte ao do vencimento da contribuição de contribuinte individual relativa ao mês imediatamente posterior ao término do prazo de doze meses após o livramento.

1: correta, nos termos do art. 15, IV, da Lei 8.213/1991; **2:** correta, nos termos do art. 15, §4º, da Lei º 8.213/1991. HS

Gabarito 1C, 2C

(Defensoria/DF – 2013 – CESPE) Acerca do RGPS, julgue os itens a seguir.

(1) Considere a seguinte situação hipotética. Em julho de 2011, depois de pagar ininterruptamente por mais de dez anos contribuições mensais a previdência social, Maria foi demitida da empresa onde trabalhava como balconista e, desde então, ela não recolheu contribuições para a previdência social. Em face dessa situação hipotética, é correto afirmar que, em marco de 2013, Maria ainda mantinha a qualidade de segurada.

(2) De acordo com o disposto na Lei nº 8.213/1991, filho maior de vinte e um anos de idade não portador de invalidez ou qualquer deficiência mantém a condição de dependente do segurado do RGPS até completar vinte e quatro anos, desde que seja estudante universitário.

(3) É presumida a dependência econômica do filho com mais de dezoito anos e menos de vinte e um anos de idade em relação ao segurado da previdência social, não sendo necessária a comprovação dessa dependência para que ele se torne do RGPS na condição de dependente do segurado.

(4) É segurado obrigatório da previdência social o estrangeiro domiciliado e contratado no Brasil para trabalhar como empregado em sucursal de empresa nacional no exterior.

(5) Aquele que exerça, concomitantemente, duas atividades remuneradas sujeitas ao RGPS e obrigatoriamente filiado ao referido regime em relação a cada uma delas.

1: correta. Caso o segurado já tenha contribuído com mais de 120 contribuições mensais para o RGPS, seu período de graça, durante o qual mantém a qualidade de segurado independentemente do pagamento das contribuição, será de 24 meses (art. 15, § 1º, da Lei 8.213/1991); **2**: incorreta. Além de tal direito não encontrar previsão legal, a jurisprudência do STJ é uníssona em recusar o pagamento do benefício nessas condições, ratificando que o benefício se extingue quando o filho não inválido ou que não tenha deficiência intelectual, mental ou que não tenha deficiência grave atingir 21 anos de idade, nos termos do art. 16, I, da Lei 8.213/1991; **3**: correta, nos termos do art. 16, § 4º, da Lei 8.213/1991; **4**: correta. É considerado segurado empregado (art. 11, I, "c", da Lei nº 8.213/1991); **5**: correta, nos termos o art. 11, § 2º, da Lei 8.213/1991.

Gabarito 1C, 2E, 3C, 4C, 5C

(Ministério Público/ES – 2010 – CESPE) Considerando a jurisprudência do STF e do STJ, assim como o que dispõe a CF e a legislação previdenciária, assinale a opção correta.

(A) Conforme a jurisprudência do STF, em se tratando de auxílio-reclusão, benefício previdenciário concedido para os dependentes dos segurados de baixa renda, nos termos da CF, a renda a ser observada para a concessão é a dos dependentes e não a do segurado recolhido à prisão.

(B) Consoante à jurisprudência do STJ, é devida a incidência da contribuição previdenciária sobre os valores pagos pela empresa ao segurado empregado durante os quinze primeiros dias que antecedem a concessão de auxílio-doença.

(C) De acordo com a jurisprudência do STF, a contribuição nova para o financiamento da seguridade social, criada por lei complementar, pode ter a mesma base de cálculo de imposto já existente.

(D) A perda da qualidade de segurado não será considerada para a concessão das aposentadorias por tempo de contribuição e especial, desde que o segurado conte com, no mínimo, o tempo de contribuição correspondente ao exigido para efeito de carência na data do requerimento do benefício.

(E) Entre os princípios da previdência social enumerados na CF incluem-se a universalidade da cobertura e do atendimento, a uniformidade e equivalência dos benefícios e serviços às populações urbanas e rurais e a descentralização, com direção única em cada esfera de governo.

A: incorreta. Deve ser considerada a renda do segurado para a apuração do direito à percepção do benefício do auxílio-reclusão (STF, AI 767.352, *DJ* 14.12.2012); **B:** incorreta. Para o STJ, o pagamento dos quinze primeiros dias de afastamento do trabalhador que antecedem o auxílio-doença tem natureza indenizatória e, portanto, sobre ele não incide contribuição previdenciária (AgRg no AREsp 103.294, *DJ* 08.05.2012); **C:** correta. Essa polêmica decisão foi dada no julgamento do RE 228.321, *DJ* 01.10.1998; **D:** incorreta. A perda da qualidade de segurado apenas não impedirá a concessão dos benefícios de aposentadoria se, quando da perda, o segurado já reunia **todos** os requisitos para a fruição do benefício (art. 102, § 1º, da Lei 8.213/1991 – do PBPS); **E:** incorreta. O princípio da descentralização da gestão da seguridade social impõe a gestão quadripartite, com representantes do Governo, dos trabalhadores, dos empregadores e dos aposentados (art. 194, parágrafo único, VII, da CF).

Gabarito "C".

(Defensor Público/ES – 2012 – CESPE) No que se refere aos regimes previdenciários, julgue o próximo item.

(1) É considerado segurado empregado da previdência social o brasileiro civil que trabalha para a União, no exterior, em organismos oficiais brasileiros ou internacionais dos quais o Brasil seja membro efetivo, ainda que domiciliado e contratado fora do Brasil, salvo se segurado na forma da legislação do país do domicílio.

1: correta, pois reflete exatamente o disposto no art. 11, I, e, do PBPS.

Gabarito 1C

(Defensor Público/TO – 2013 – CESPE) Acerca das normas que regulam os segurados e dependentes do RGPS, assinale a opção correta.

(A) O defensor público estadual que assumir cargo de ministro de Estado, será considerado, durante o período em que exercer o cargo em comissão, segurado obrigatório do RGPS, ficando temporariamente excluído do regime próprio de origem.

(B) Apesar de não poder ser dependente, a pessoa jurídica, por contribuir para a previdência social, é considerada beneficiário na qualidade de segurado obrigatório.

(C) O segurado que exerça mais de uma atividade abrangida pelo RGPS deve filiar-se como segurado obrigatório em relação a cada uma dessas atividades, não sendo possível, entretanto, que ostente, ao mesmo tempo, a qualidade de dependente.

(D) Considere que uma empresa, durante as festividades de final de ano, contrate, pelo período de dois meses, trabalhadores para atender ao aumento extraordinário de serviço. Nessa situação, esses trabalhadores temporários serão filiados obrigatórios do RGPS na qualidade de segurado empregado.

(E) Deputado federal será sempre filiado obrigatório do RGPS, na condição de segurado empregado.

A: incorreta, pois os servidores efetivos amparados por regime próprio de previdência social são excluídos do regime geral – art. 12 do PBPS (Lei 8.213/1991); **B:** incorreta, pois somente pessoas físicas (= naturais, não pessoas jurídicas) são beneficiárias do regime geral de previdência social – RGPS – arts. 11 e 16 do PBPS; **C:** incorreta, pois não há vedação para que seja também dependente – art. 11, § 2º, do PBPS; **D:** correta, nos termos do art. 11, I, b, do PBPS; **E:** incorreta, pois, caso o deputado seja servidor efetivo vinculado a regime próprio de previdência social, não será filiado ao RGPS – art. 11, I, h, *in fine*, do PBPS.

Gabarito "D"

(Defensor Público/AC – 2012 – CESPE) É segurado obrigatório da previdência social, como empregado,

(A) o trabalhador que presta serviço de natureza rural a diversas empresas sem vínculo empregatício.
(B) a pessoa física que presta serviço de natureza eventual, no âmbito residencial da pessoa que contrate o serviço, em atividades sem fins lucrativos.
(C) a pessoa física que presta, em caráter eventual, serviço de natureza rural a empresa.
(D) o membro de instituto de vida consagrada, de congregação ou de ordem religiosa.
(E) o servidor público federal ocupante de cargo em comissão, sem vínculo efetivo com a União.

A e **C:** incorretas, pois somente o trabalhador rural que presta serviço à empresa em caráter não eventual, sob sua subordinação e mediante remuneração é que será considerado segurado obrigatório na condição de empregado – art. 11, I, *a*, do PBPS; **B:** incorreta, pois será considerado segurado obrigatório na condição de empregado doméstico somente aquele que presta serviço de natureza contínua (não eventual) a pessoa ou família, no âmbito residencial desta, em atividades sem fins lucrativos - art. 11, II, do PBPS; **D:** incorreta, pois esse membro é segurado obrigatório na condição de contribuinte individual – art. 11, V, *c*, do PBPS; **E:** correta, nos termos do art. 11, I, *g*, do PBPS.

Gabarito "E"

(Defensor Público/RO – 2012 – CESPE) A CF, ao determinar os objetivos que devem nortear a seguridade social, estabelece a uniformidade e equivalência dos benefícios e serviços às populações urbanas e rurais, excluindo, a partir de então, a situação de discriminação em que se encontravam os trabalhadores rurais com relação à previdência social, notadamente os que trabalham por conta própria e(ou) com auxílio de seu grupo familiar. Dadas as especificidades desses trabalhadores, a legislação previdenciária instituiu um novo tipo de segurado obrigatório para o RGPS: o segurado especial. Com relação a esse segurado, assinale a opção correta.

(A) O exercício de mandato eletivo de dirigente sindical de organização da categoria de trabalhadores rurais descaracteriza a condição de segurado especial caso o referido dirigente obtenha, por meio dessa atividade, ajuda de custo.
(B) Diferentemente do que ocorre com a segurada contribuinte individual, para a segurada especial, o período de carência considerado para a concessão do salário-maternidade é igual a dez meses de efetivo exercício de atividade rural anteriores ao parto ou à adoção, ainda que de forma descontínua.
(C) Entende-se como regime de economia familiar a atividade em que o trabalho dos membros da família seja indispensável à própria subsistência e ao desenvolvimento socioeconômico do núcleo familiar e seja exercido em condições de mútua dependência e colaboração, mesmo com a utilização de empregados permanentes.
(D) É considerado segurado especial o produtor, seja ele proprietário, usufrutuário, possuidor, assentado, parceiro ou meeiro outorgado, comodatário ou arrendatário rural, e o empregado rural que explore atividade agropecuária em área contínua, ou não.
(E) A esposa ou companheira do trabalhador rural, mesmo que não trabalhe diretamente nas atividades rurais exercidas pelos demais membros do grupo familiar, é considerada segurada especial.

A: incorreta, pois o dirigente sindical mantém, durante o exercício do mandato eletivo, o mesmo enquadramento no regime geral de previdência social – RGPS de antes da investidura – art. 11, § 4º, do PBPS; **B:** correta, nos termos do art. 39, parágrafo único, do PBPS; **C:** incorreta, pois a utilização de empregados permanentes descaracteriza o regime de economia familiar – art. 11, § 1º, do PBPS; **D:** incorreta, pois o empregado rural não é segurado especial, mas sim segurado obrigatório na condição de empregado – art. 11, I, *a*, e VII, *a*, do PBPS; **E:** incorreta, pois somente o cônjuge ou companheiro que comprovadamente trabalhe com o grupo familiar será considerado segurado especial – art. 11, VII, *c*, do PBPS.

Gabarito "B"

(Defensoria Pública da União – 2010 – CESPE) Com base no direito previdenciário, julgue os itens seguintes.

(1) A qualidade de segurado obrigatório está insitamente ligada ao exercício de atividade remunerada, com ou sem vínculo empregatício, de modo que, para um indivíduo ser considerado segurado obrigatório, a remuneração por ele percebida pelo exercício da atividade deve ser declarada e expressa, e não, meramente presumida.
(2) Suponha que João, servidor público federal aposentado, tenha sido eleito síndico do condomínio em que reside e que a respectiva convenção condominial não preveja remuneração para o desempenho dessa função. Nesse caso, João pode filiar-se ao Regime Geral da Previdência Social (RGPS) na condição de segurado facultativo e formalizar sua inscrição com o pagamento da primeira contribuição.
(3) Considere que Pedro explore, individualmente, em sua propriedade rural, atividade de produtor agropecuário em área contínua equivalente a 3 módulos fiscais, em região do Pantanal mato-grossense, e que, durante os meses de dezembro, janeiro e fevereiro de cada ano, explore atividade turística na mesma propriedade, fornecendo hospedagem rústica. Nessa situação, Pedro é considerado segurado especial.
(4) Considere que Lucas tenha exercido, individualmente, de modo sustentável, durante toda a vida, a atividade de seringueiro na região amazônica, tendo os frutos dessa atividade sido sua única fonte de renda. Após o falecimento dele, os herdeiros — demonstrados os pressupostos de filiação — poderão requerer a inscrição de Lucas, como segurado especial, no RGPS.

1: incorreta, pois a qualidade do segurado obrigatório não é afastada em caso de remuneração não declarada que, ademais, dá ensejo à autuação – arts. 12, I, e 37 do PCSS (Lei 8.212/1991); **2:** incorreta, pois é vedada a filiação ao regime geral de previdência social, na qualidade de segurado facultativo, de pessoa participante de regime próprio de previdência (casos dos servidores federais) – art. 201, § 5º, da CF; **3:** assertiva correta, pois a exploração agropecuária em área de até 4 módulos fiscais, individualmente ou em regime de economia familiar, indica a condição de segurado especial, que não é descaracterizada pela exploração de atividade turística da propriedade rural, inclusive com hospedagem, por não mais de 120 dias ao ano – art. 12, VII, *a*, 1 e § 9º, II, do PCSS; **4:** assertiva correta, pois o seringueiro, nessa situação, qualifica-se como segurado especial – art. 12, VII, *a*, 2, do PCSS e art. 18, § 5º, do Regulamento da Previdência Social – RPS (Decreto 3.048/1999).

Gabarito 1E, 2E, 3C, 4C

(Defensoria Pública da União – 2010 – CESPE) Em relação aos institutos de direito previdenciário, julgue o item seguinte.

(1) Quanto à filiação do segurado obrigatório à previdência social, vigora o princípio da automaticidade, segundo o qual a filiação desse segurado decorre, automaticamente, do exercício de atividade remunerada, independentemente de algum ato seu perante a previdência social. A inscrição, ato material de registro nos cadastros da previdência social, pode ser concomitante ou posterior à filiação, mas nunca, anterior.

1: assertiva correta, conforme o art. 20, § 1º, do Regulamento da Previdência Social – RPS (Decreto 3.048/1999).

Gabarito 1C

(Defensor Público/BA – 2010 – CESPE) Em relação aos diversos institutos de direito previdenciário, julgue os itens subsecutivos.

(1) São segurados obrigatórios da previdência social, na qualidade de trabalhadores avulsos, o ministro de confissão religiosa e o membro de instituto de vida consagrada, de congregação ou de ordem religiosa.

(2) É segurado facultativo o maior de doze anos que se filiar ao regime geral de previdência social, mediante contribuição.

(3) Segundo a jurisprudência do STF, deve-se utilizar, como parâmetro para a concessão do benefício de auxílio--reclusão, a renda do segurado preso, e não, a de seus dependentes.

(4) O cancelamento da inscrição do cônjuge do segurado é processado em face de separação judicial ou divórcio sem direito a alimentos, de certidão de anulação de casamento, de certidão de óbito ou de sentença judicial transitada em julgado.

(5) É segurado obrigatório da previdência social, na qualidade de empregado, o exercente de mandato eletivo federal, estadual ou municipal, desde que não vinculado a regime próprio de previdência social.

1: incorreta, pois o ministro de confissão religiosa e o membro de instituto de vida consagrada, de congregação ou de ordem religiosa é segurado obrigatório na condição de contribuinte individual, não como trabalhador avulso – art. 11, V, *c*, do Plano de Benefícios da Previdência Social – PBPS (Lei 8.213/1991); **2:** incorreta. Atualmente, a idade mínima para o trabalho e, portanto, para a inscrição no Regime Geral da Previdência Social – RGPS, é de 16 anos, admitindo-se excepcionalmente o aprendiz, a partir dos 14 anos de idade (art. 7º, XXXIII, da CF) – note que fica em parte prejudicado o art. 13 do PBPS, que prevê a idade mínima de 14 anos para o menor se filiar no Regime Geral de Previdência Social e qualificar-se como segurado facultativo; **3:** correta – art. 201, IV, da CF, ver AI 767.352 AgR/SC; **4:** correta, pois é o que dispõe o art. 17, § 2º [revogado pela Lei 13.135/2015], do PBPS; **5:** correta, nos termos do art. 11, I, *h*, do PBPS.

Gabarito 1E, 2E, 3C, 4C, 5C

(Procurador do Município/Boa Vista-RR – 2010 – CESPE) Julgue o item a seguir, relativo às legislações previdenciária e da seguridade social.

(1) O exercente de mandato eletivo federal, estadual ou municipal é segurado obrigatório da previdência social como empregado, ainda que seja vinculado a regime próprio de previdência social.

1: assertiva incorreta, pois a vinculação a regime próprio de previdência afasta a qualidade de segurado obrigatório do RGPS – art. 12, I, *j, in fine*, do PCSS.

Gabarito 1E

(Magistratura Federal – 2ª Região – 2011 – CESPE) Em relação aos segurados do RGPS e aos seus dependentes, assinale a opção correta.

(A) É devida a contribuição previdenciária sobre os valores recebidos a título de bolsa de estudo pelos médicos-residentes, dado que prestam serviço autônomo remunerado e enquadram-se, portanto, na qualidade de trabalhadores avulsos.

(B) Para que o cônjuge separado judicialmente faça jus à pensão por morte, não é necessária a comprovação da dependência econômica entre o requerente e o falecido.

(C) Não se exige início de prova material para comprovação da dependência econômica de mãe para com o filho, para o fim de percepção da pensão por morte.

(D) Por expressa previsão na lei de benefícios previdenciários, o menor sob guarda é dependente de segurado do RGPS.

(E) O tempo de estudante como aluno-aprendiz em escola técnica pode ser computado para fins de complementação de aposentadoria, independentemente de remuneração e da existência do vínculo empregatício.

A: incorreta. Os médicos-residentes são segurados obrigatórios na qualidade de contribuintes individuais do RGPS (art. 9º, § 15, X, do RPS); **B:** incorreta. Uma vez ocorrida a separação judicial, não há mais presunção de dependência econômica entre os cônjuges, razão pela qual ela deve ser comprovada para fins de pagamento da pensão por morte, principalmente por intermédio do recebimento de pensão alimentícia (art. 17, I, do RPS); **C:** correta, nos termos do art. 16, § 4º, do PBPS; **D:** incorreta. Apesar de ainda subsistir alguma controvérsia sob o assunto na doutrina e na jurisprudência dos Tribunais, o STJ consolidou o entendimento de que o menor sob guarda não pode ser considerado dependente para fins previdenciários (REsp 720706/SE, *DJ* 09.08.2011). A lei equipara a filho o menor tutelado, mas assevera que ele, apesar de ser dependente de primeira classe, deve comprovar a dependência econômica em relação ao segurado para ter direito ao recebimento dos benefícios (art. 16, § 2º, do PBPS); **E:** incorreta. Para a contagem do tempo de serviço, imprescindível a existência de remuneração e de vínculo empregatício (STJ, AR 1480/AL, *DJ* 05.02.2009).

Gabarito "C"

Veja as seguintes tabelas, com os segurados obrigatórios do RGPS e os dependentes:

Segurados obrigatórios do RGPS – art. 11 do PBPS	
Empregado	– aquele que presta serviço de natureza urbana ou rural à empresa, em caráter não eventual, sob sua subordinação e mediante remuneração, inclusive como diretor empregado; – aquele que, contratado por empresa de trabalho temporário, definida em legislação específica, presta serviço para atender a necessidade transitória de substituição de pessoal regular e permanente ou a acréscimo extraordinário de serviços de outras empresas; – o brasileiro ou o estrangeiro domiciliado e contratado no Brasil para trabalhar como empregado em sucursal ou agência de empresa nacional no exterior; – aquele que presta serviço no Brasil a missão diplomática ou a repartição consular de carreira estrangeira e a órgãos a elas subordinados, ou a membros dessas missões e repartições, excluídos o não brasileiro sem residência permanente no Brasil e o brasileiro amparado pela legislação previdenciária do país da respectiva missão diplomática ou repartição consular; – o brasileiro civil que trabalha para a União, no exterior, em organismos oficiais brasileiros ou internacionais dos quais o Brasil seja membro efetivo, ainda que lá domiciliado e contratado, salvo se segurado na forma da legislação vigente do país do domicílio; – o brasileiro ou estrangeiro domiciliado e contratado no Brasil para trabalhar como empregado em empresa domiciliada no exterior, cuja maioria do capital votante pertença a empresa brasileira de capital nacional; – o servidor público ocupante de cargo em comissão, sem vínculo efetivo com a União, Autarquias, inclusive em regime especial, e Fundações Públicas Federais; – o exercente de mandato eletivo federal, estadual ou municipal, desde que não vinculado a regime próprio de previdência social; – o empregado de organismo oficial internacional ou estrangeiro em funcionamento no Brasil, salvo quando coberto por regime próprio de previdência social;

Empregado doméstico	– aquele que presta serviço de natureza contínua a pessoa ou família, no âmbito residencial desta, em atividades sem fins lucrativos;
Contribuinte individual	– a pessoa física, proprietária ou não, que explora atividade agropecuária, a qualquer título, em caráter permanente ou temporário, em área superior a 4 (quatro) módulos fiscais; ou, quando em área igual ou inferior a 4 (quatro) módulos fiscais ou atividade pesqueira, com auxílio de empregados ou por intermédio de prepostos; ou ainda nas hipóteses dos §§ 9º e 10 deste artigo; – a pessoa física, proprietária ou não, que explora atividade de extração mineral - garimpo, em caráter permanente ou temporário, diretamente ou por intermédio de prepostos, com ou sem o auxílio de empregados, utilizados a qualquer título, ainda que de forma não contínua; – o ministro de confissão religiosa e o membro de instituto de vida consagrada, de congregação ou de ordem religiosa; – o brasileiro civil que trabalha no exterior para organismo oficial internacional do qual o Brasil é membro efetivo, ainda que lá domiciliado e contratado, salvo quando coberto por regime próprio de previdência social; – o titular de firma individual urbana ou rural, o diretor não empregado e o membro de conselho de administração de sociedade anônima, o sócio solidário, o sócio de indústria, o sócio gerente e o sócio cotista que recebam remuneração decorrente de seu trabalho em empresa urbana ou rural, e o associado eleito para cargo de direção em cooperativa, associação ou entidade de qualquer natureza ou finalidade, bem como o síndico ou administrador eleito para exercer atividade de direção condominial, desde que recebam remuneração; – quem presta serviço de natureza urbana ou rural, em caráter eventual, a uma ou mais empresas, sem relação de emprego; – a pessoa física que exerce, por conta própria, atividade econômica de natureza urbana, com fins lucrativos ou não;
Trabalhador avulso	– quem presta, a diversas empresas, sem vínculo empregatício, serviço de natureza urbana ou rural definidos no Regulamento;
Segurado especial	– como segurado especial: a pessoa física residente no imóvel rural ou em aglomerado urbano ou rural próximo a ele que, individualmente ou em regime de economia familiar, ainda que com o auxílio eventual de terceiros, exerça as atividades de produtor ou pescador, ou seja cônjuge, companheiro, filho ou equiparado, conforme o art. 11, VII, do PBPS.

Dependentes no RGPS – art. 16 do PBPS – a primeira classe com dependente exclui as seguintes
– o cônjuge, a companheira, o companheiro e o filho não emancipado, de qualquer condição, menor de 21 (vinte e um) anos ou inválido ou que tenha deficiência intelectual ou mental que o torne absoluta ou relativamente incapaz, assim declarado judicialmente. A dependência econômica desses é presumida, a dos demais deve ser comprovada – § 3º. O enteado e o menor tutelado equiparam-se a filho, mediante declaração do segurado, e desde que comprovada a dependência econômica – § 2º; – os pais; – o irmão não emancipado, de qualquer condição, menor de 21 (vinte e um) anos ou inválido ou que tenha deficiência intelectual ou mental que o torne absoluta ou relativamente incapaz, assim declarado judicialmente.

4. BENEFÍCIOS PREVIDENCIÁRIOS

(Procurador do Município - Campo Grande/MS - 2019 - CESPE/CEBRASPE) Acerca dos benefícios previdenciários, julgue os itens subsequentes.

(1) Será automaticamente cessada, a partir da data do retorno, a aposentadoria do aposentado por invalidez que retornar voluntariamente à atividade.

(2) O salário-família será pago mensalmente ao segurado empregado, ao empregado doméstico e ao trabalhador avulso, por filho ou equiparado de qualquer condição até catorze anos de idade, ou inválido de qualquer idade. O segurado só fará jus ao benefício se tiver como salário de contribuição valor até certo teto, definido em portaria, periodicamente.

(3) Ao segurado ou à segurada da previdência social que adotar ou obtiver guarda judicial para fins de adoção de criança é devido salário-maternidade pelo período de cento e vinte dias.

(4) Perde o direito à pensão por morte o pretenso beneficiário que, após o trânsito em julgado, tenha sido condenado pela prática de crime de que tenha dolosamente ou mesmo culposamente resultado a morte do segurado.

1: correta, nos termos do art. 46 da Lei 8.213/1991; **2:** correta, nos termos dos arts. 65 e 66 da Lei 8.213/1991; **3:** correta, nos termos do art. 71-A da Lei 8.213/1991; **4:** incorreta. Não há perda do direito à pensão por morte em caso de crime culposo ou preterdoloso (art. 74, § 1º, da Lei 8.213/1991). HS

Gabarito: 1C, 2C, 3C, 4E

(Procurador do Município/Manaus – 2018 – CESPE) Considerando a legislação aplicável e a jurisprudência dos tribunais superiores acerca do RGPS, julgue os itens que se seguem.

(1) Os benefícios de aposentadoria por invalidez e auxílio-doença independem de carência quando originários de causa acidentária de qualquer natureza.

(2) Para efeito da concessão de benefício previdenciário ao trabalhador rural, é suficiente a prova exclusivamente testemunhal.

1: correta, nos termos do art. 26, II, do PBPS; **2:** incorreta. Será sempre necessário ao menos um início de prova documental, sendo vedada a comprovação exclusivamente por testemunhas (art. 55, § 3º, do PBPS). Deve o candidato atentar, porém, que no momento do fechamento desta edição, está em vigor a Medida Provisória 871/2019, que autoriza a prova exclusivamente testemunhal em situações de força maior ou caso fortuito. HS

Gabarito 1C, 2E

(Procurador do Município/Manaus – 2018 – CESPE) Márcio, com cinquenta e cinco anos de idade e trinta e cinco anos de contribuição como empresário, compareceu a uma agência da previdência social para requerer sua aposentadoria. Após análise, o INSS indeferiu a concessão do benefício sob os fundamentos de que ele já era beneficiário de pensão por morte e que não tinha atingido a idade mínima para a aposentadoria por tempo de contribuição.

A respeito da situação hipotética apresentada e de aspectos legais a ela relacionados, julgue os itens subsequentes.

(1) A decisão da autarquia previdenciária está parcialmente correta porque, embora Márcio tenha atendido aos requisitos concessórios do benefício, ele não pode acumular a aposentadoria por tempo de contribuição com a pensão por morte.

(2) O direito de Márcio não está sujeito ao prazo decadencial decenal, pois este é aplicável somente nas hipóteses de pedido revisional de benefício previamente concedido.

(3) Caso, posteriormente, o INSS conceda o benefício, judicial ou administrativamente, no cálculo da renda mensal inicial devida a Márcio deverá ser desprezada a incidência do fator previdenciário.

1: incorreta. Nada obsta a cumulação de aposentadoria e pensão por morte (art. 124 do PBPS); **2**: correta, nos termos do art. 103 do PBPS; **3**: incorreta. O fator previdenciário incide obrigatoriamente no cálculo da pensão por morte (art. 29, I, do PBPS). HS

Gabarito 1E, 2C, 3E

(Delegado Federal – 2018 – CESPE) Roberto é empregado da empresa XYZ ME há trinta anos e pretende requerer ao INSS, em 1.º/10/2018, a concessão de aposentadoria por tempo de contribuição.

Com referência a essa situação hipotética, julgue os itens a seguir.

(1) Na situação descrita, o recolhimento mensal à seguridade social relativo ao empregado Roberto é composto pela parte arcada pelo empregado e pela parte arcada pelo empregador, sendo esta última correspondente a 20% do total das remunerações pagas, devidas ou creditadas a Roberto durante o mês.

(2) As informações fornecidas são suficientes para se concluir que Roberto tem direito ao percebimento de aposentadoria por tempo de contribuição, por haver cumprido integralmente os requisitos para o gozo do benefício.

(3) O salário de contribuição de Roberto corresponde ao valor de sua remuneração, respeitados os limites mínimo e máximo desse salário.

1: correta, nos termos do art. 22, I, do PCSS; **2**: incorreta. O requisito da aposentadoria por tempo de contribuição é de 35 anos (art. 201, § 7º, I, da CF). Dessa forma, para ter acesso ao benefício, Roberto precisa ter averbado outros períodos de contribuição, informação que não consta do enunciado; **3**: considerada correta pelo gabarito oficial, porém não corresponde ao que dispõe o art. 28 do PCSS. No caso de segurado empregado, salário de contribuição é a remuneração auferida em uma ou mais empresas, assim entendida a totalidade dos rendimentos pagos, devidos ou creditados a qualquer título, durante o mês, destinados a retribuir o trabalho, qualquer que seja a sua forma, inclusive as gorjetas, os ganhos habituais sob a forma de utilidades e os adiantamentos decorrentes de reajuste salarial, quer pelos serviços efetivamente prestados, quer pelo tempo à disposição do empregador ou tomador de serviços nos termos da lei ou do contrato ou, ainda, de convenção ou acordo coletivo de trabalho ou sentença normativa. HS

Gabarito 1C, 2E, 3C

(Defensor Público/AL – 2017 – CESPE) O auxílio-acidente é um benefício devido ao segurado que se encontra na condição de

(A) aposentado em razão de acidente e que necessite de assistência permanente de outra pessoa.

(B) vítima de acidente de trabalho que fique incapacitado por período inferior a quinze dias.

(C) incapacitado para o exercício de suas atividades habituais e que não disponha de tempo suficiente para o recebimento da aposentadoria por invalidez.

(D) vítima de acidente que, após consolidadas as lesões decorrentes do acidente e o retorno às suas atividades laborais, sofra redução na capacidade para o trabalho que habitualmente exercia.

(E) vítima de acidente e que esteja incapacitado para o trabalho por tempo indeterminado.

A: incorreta. A alternativa se refere ao adicional de 25% devido aos beneficiários de aposentadoria que necessitem do apoio permanente de outra pessoa; **B**: incorreta. A alternativa se refere ao auxílio-doença; **C**: incorreta. Não há qualquer benefício previdenciário para esse caso; **D**: correta, nos termos do art. 86 do PBPS; **E**: incorreta. A alternativa se refere à aposentadoria por invalidez. HS

Gabarito "D"

(Defensor Público/AL – 2017 – CESPE) Se uma pessoa que tenha sido contribuinte individual por trinta anos se aposentar pelo registro geral de previdência social (RGPS) e, após essa primeira aposentadoria, passar a contribuir para o RGPS como segurada-empregada, ela poderá acumular essa aposentadoria por tempo de contribuição com

(A) o salário-maternidade proveniente de adoção.

(B) a aposentadoria por idade.

(C) a aposentadoria especial.

(D) a aposentadoria por invalidez.

(E) o auxílio-doença.

Nos termos do art. 124 do PBPS, não são cumuláveis duas ou mais aposentadorias ou aposentadoria com auxílio-acidente. Logo, a pessoa apenas terá direito, dentre as opções listadas, ao salário-maternidade. HS

Gabarito "A"

(Defensor Público/AL – 2017 – CESPE) O valor da renda mensal poderá superar o teto máximo do RGPS se se tratar dos seguintes benefícios:

(A) aposentadoria por tempo de contribuição e aposentadoria por idade.

(B) salário-família e auxílio-reclusão.

(C) aposentadoria por idade e pensão por morte.

(D) salário-maternidade e aposentadoria por invalidez, caso o segurado dependa da assistência permanente de outra pessoa.

(E) aposentadoria especial e auxílio-doença.

As únicas exceções ao teto dos benefícios previdenciários são o salário-maternidade, que é igual à remuneração da segurada qualquer que seja ela, e a aposentadoria com adicional de assistência, mas note que apenas o adicional poderá superar o teto (o valor do benefício em si é calculado com o limite máximo e a esse é adicionado 25%). HS

Gabarito "D"

(Defensor Público/AL – 2017 – CESPE) A respeito da contagem recíproca do tempo de serviço, julgue os itens a seguir.

I. A contagem recíproca do tempo de serviço é admissível sempre que o segurado migrar do regime público de previdência social para o RGPS, e vice-versa.

II. Para que a contagem recíproca do tempo de serviço seja admitida, o trabalhador deve indenizar o órgão previdenciário para o qual migrou.

III. É vedada a contagem de tempo exercida concomitantemente no serviço público e na atividade privada.

IV. A aposentadoria resultante da contagem recíproca do tempo de serviço deve ser rateada de forma proporcional por ambos os sistemas previdenciários para o quais o segurado tenha contribuído.

Estão certos apenas os itens

(A) I e II.

(B) I e III.

(C) II e III.

(D) II e IV.

(E) III e IV.

I: correta, nos termos do art. 94 do PBPS; **II**: incorreta. Os órgãos previdenciários se compensarão financeiramente (art. 94 do PBPS); **III**: correta, nos termos do art. 96, II, do PBPS; **IV**: incorreta. O benefício será pago pelo regime previdenciário para o qual o segurado migrou, garantida a compensação financeira com o regime anterior (art. 94, § 1º, do PBPS). HS

Gabarito "B"

(Procurador do Estado/SE – 2017 – CESPE) Se um empregado de determinada empresa, filiado ao RGPS há dois anos, sofrer acidente de trânsito que o incapacite temporariamente para o exercício de atividade laboral, a ele será assegurado o direito

(A) a aposentadoria por invalidez, que, por sua natureza, independerá de carência, e cujo valor será acrescido de 50% no caso de necessidade de assistência permanente.

(B) ao auxílio-doença, que consiste em uma renda mensal correspondente a 91% do salário de benefício.

(C) ao recebimento de auxílio-doença, desde o primeiro dia de afastamento da atividade e pelo período que durar a sua incapacidade.

(D) ao benefício do auxílio-acidente, de caráter vitalício, caso o acidente tenha ocorrido em horário de trabalho.

(E) a receber benefício durante a licença pela incapacidade temporária, sendo esse período descontado do tempo de contribuição.

A: incorreta. A aposentadoria por invalidez é destinada a casos de incapacidade total e permanente para o exercício de qualquer atividade laborativa (art. 42 do PBPS); **B:** considerada correta pelo gabarito oficial, porém passível de severas críticas. O auxílio-doença, que realmente tem como renda mensal inicial o equivalente a 91% do salário de benefício (art. 61 do PBPS), somente é devido ao segurado empregado se o afastamento for superior a 15 dias (art. 59 do PBPS), informação que não consta do enunciado; **C:** incorreta, conforme comentário à alternativa anterior; **D:** incorreta. Apesar de ter sofrido um acidente, trata-se de auxílio-doença. O auxílio-acidente é pago em caso de consolidação de lesões que reduzam permanentemente a capacidade laborativa do segurado, sem incapacitá-lo (art. 86 do PBPS); **E:** incorreta. O período em que o segurado está em gozo de benefício é considerado como tempo de contribuição (art. 55, II, do PBPS). HS

Gabarito "B"

(Juiz – TRF5 – 2017 – CESPE) Assinale a opção que apresenta requisito(s) para o pagamento vitalício de pensão por morte à companheira de segurado do regime geral de previdência social falecido.

(A) não exercício, pela companheira, na data do óbito, de atividade remunerada e comprovação de sua dependência econômica do segurado falecido

(B) convivência sob o mesmo teto por mais de dois anos e existência de filhos em comum

(C) invalidez da companheira e comprovação de sua dependência do segurado, independentemente do tempo de contribuição do segurado e da união estável

(D) mais de dezoito contribuições mensais, pelo segurado, na data do óbito, pelo menos dois anos de união estável, e idade mínima de quarenta e quatro anos para a companheira

(E) falecimento do segurado em decorrência de acidente de trabalho, independentemente do tempo de contribuição e do tempo de união estável

Desde a edição da Lei 13.135/2015, a pensão por morte somente será vitalícia se, cumulativamente, o segurado já houver contribuído com 18 prestações mensais, o casamento ou união estável tiver mais de 2 anos e o cônjuge/companheiro supérstite contar 44 anos de idade ou mais. HS

Gabarito "D"

(Procurador do Estado/AM – 2016 – CESPE) No tocante às recentes alterações impostas aos benefícios previdenciários, julgue os itens seguintes.

(1) Constatada — em processo judicial em que tenham sido assegurados o contraditório e a ampla defesa — simulação ou fraude no casamento ou na união estável com a finalidade de obter benefício previdenciário, o cônjuge, ou o(a) companheiro(a) supérstite, perderá o direito à pensão por morte.

(2) O segurado que preencher as condições para a percepção da aposentadoria por tempo de contribuição integral poderá optar pela não incidência do fator previdenciário no cálculo da renda mensal inicial se o total resultante da soma de sua idade e de seu tempo de contribuição alcançar os limites mínimos indicados em lei.

(3) O auxílio-doença será devido ao segurado empregado a partir do trigésimo dia de seu afastamento da atividade laboral.

1: correta, nos termos do art. 74, §2º, da Lei 8.213/1991; **2:** correta, nos termos do art. 29-C da Lei 8.213/1991. Trata-se da regra que ficou conhecida como 85/95; **3:** incorreta. O auxílio-doença é devido a partir do 16º dia de afastamento. Nos primeiros 15 dias, cabe à empresa pagar a remuneração do segurado (art. 60 da Lei 8.213/1991).

Gabarito 1C, 2C, 3E

(Ministério Público/ES – 2010 – CESPE) João, que era casado com Maria e tinha um filho menor não emancipado chamado Júnior, exercia, quando veio a falecer, atividade abrangida pelo RGPS, como empregado de uma fábrica há oito meses, recebendo, nesse período, um salário de R$ 700,00. Morava ainda com o casal e o filho menor a mãe de João.

Com base nessa situação hipotética, assinale a opção correta.

(A) Maria, sua sogra e Júnior não têm direito à pensão por morte, porque João, que trabalhou apenas oito meses, não completou a carência, que é o número mínimo de contribuições mensais indispensáveis à concessão de benefício previdenciário.

(B) Para se habilitarem à pensão por morte, Maria, Júnior e a mãe de João precisam comprovar que dependiam economicamente de João.

(C) Caso seja requerida apenas por Maria, a pensão por morte será concedida a partir do dia do óbito de João, independentemente da data do requerimento.

(D) Aplica-se o fator previdenciário no cálculo da renda mensal inicial da pensão por morte, que é feito com base no salário de benefício da aposentadoria que seria devida a João na data do seu falecimento.

(E) Se Maria, sua sogra e Júnior requererem pensão por morte, o benefício será concedido apenas a Maria e Júnior, em partes iguais, sendo que a parte de cada um poderá ser menor que um salário mínimo.

A: incorreta. A pensão por morte é benefício previdenciário que independe de carência. (art. 26, I, do Plano de Benefícios da Previdência Social – PBPS); **B:** incorreta. Maria e o Júnior são dependentes de 1ª classe, os quais estão dispensados de comprovar a dependência econômica. Apenas a mãe de João precisaria provar essa circunstância (art. 16, § 4º, do PBPS); **C:** incorreta. A pensão por morte será concedida a partir da data do óbito se for requerida até 90 dias após esse. Se após esse prazo, será paga a partir da data do requerimento. Em caso de morte presumida, será devida a partir da decisão judicial que a declarar (art. 74, III, do PBPS); **D:** incorreta. Não se aplica o fator previdenciário no cálculo da pensão por morte (art. 29, II, do PBPS); **E:** correta. A existência de dependentes em classes superiores (cônjuge e filho) afasta o direito ao benefício das classes inferiores (pais), nos termos do art. 16, § 1º, do PBPS. Além disso, a lei garante que o **benefício** não será menor que o salário mínimo. Em caso de rateio, a parte que cabe a cada dependente poderá ser inferior ao estabelecido.

Gabarito "E"

(Ministério Público/ES – 2010 – CESPE) Com relação ao reajustamento do valor dos benefícios, ao tempo de serviço para fins previdenciários e à carência, assinale a opção correta.

(A) O reconhecimento da atividade exercida como especial é disciplinado pela lei vigente à época da prestação do serviço, por força do princípio *tempus regit actum*, passando a integrar, como direito adquirido, o patrimônio jurídico do trabalhador, não se aplicando retroativamente legislação nova mais restritiva.

(B) No primeiro reajuste da renda mensal inicial da aposentadoria concedida na vigência da Lei n. 8.213/1991, deve-se aplicar integralmente o índice oficial de correção, independentemente do mês de concessão do benefício previdenciário.

(C) O tempo de serviço rural anterior à vigência da Lei n. 8.213/1991 não será considerado para efeito de carência, mas poderá ser computado como tempo de contribuição, para efeito de aposentadoria, mediante o recolhimento das respectivas contribuições.

(D) As contribuições que o segurado contribuinte individual pagar em atraso não serão consideradas para efeito de carência nem serão computadas como tempo de contribuição para efeito de aposentadoria, ainda que comprovado o exercício de atividade abrangida pela previdência social.

(E) O trabalho infantil é repudiado pelo ordenamento jurídico brasileiro; de acordo com a CF, de modo que é inadmissível a contagem do trabalho rural em regime de economia familiar antes dos quatorze anos de idade, para efeito de aposentadoria.

A: correta, conforme julgado pelo STJ no REsp 414.083, *DJ* 02.09.2002; **B:** incorreta. Para a aplicação do índice de correção no primeiro reajuste do benefício previdenciário deve ser aplicada a regra da proporcionalidade, ou seja, como o reajuste é anual, a primeira correção do valor deve levar em conta o fator de atualização proporcional ao número de meses em que o segurado recebeu o benefício (STJ, AgRg no EDcl no Ag 797.532, *DJ* 15.03.2007); **C:** incorreta. Para o STJ, o tempo de serviço rural anterior ao PCSS será computado independentemente do pagamento das contribuições a ele relativas para todos os fins, exceto cumprimento de carência (AgRg no EDcl no REsp 848.144, *DJ* 18.08.2009); **D:** incorreta. O pagamento em atraso das contribuições pelo contribuinte individual será considerado para efeito de aposentadoria, desde que comprovado o exercício da atividade sujeita a filiação obrigatória na previdência social; **E:** incorreta. Segundo o STJ, a norma constitucional foi estabelecida e deve, portanto, ser interpretada em proteção ao menor, nunca em seu prejuízo. Logo, o trabalho rural em regime de economia familiar do menor de 14 anos deve ser considerado para fins previdenciários (EREsp 329.269, *DJ* 28.08.2002).

Gabarito "A."

(Ministério Público/ES – 2010 – CESPE) Assinale a opção correta referente ao direito previdenciário.

(A) Suponha que Caio tenha requerido, administrativamente, em 10.08.2009, o benefício de auxílio-doença, que foi indeferido pelo INSS, motivo pelo qual ajuizou, em 14.11.2009, uma ação ordinária pleiteando o referido benefício, sendo que o laudo médico pericial, juntado aos autos em 20.02.2010, reconheceu a incapacidade de Caio. Nessa situação hipotética, o termo inicial do auxílio-doença a ser concedido judicialmente será o dia 14.11.2009.

(B) Para efeito de aposentadoria, é assegurada a contagem recíproca do tempo de contribuição na administração pública e na atividade privada, rural e urbana, hipótese na qual os diversos regimes de previdência social se compensarão financeiramente; entretanto, é vedada a contagem de tempo de serviço público com o de atividade privada, quando concomitantes.

(C) Consoante à jurisprudência do STJ, o requisito da renda familiar *per capita* inferior a um quarto do salário mínimo, previsto na Lei n. 8.742/1993 para concessão do benefício de prestação continuada, de caráter assistencial, consubstancia um critério legal absoluto, impediente de que o julgador faça uso de outros elementos probatórios para comprovar a condição de miserabilidade da família.

(D) As ações judiciais relativas a acidente do trabalho são de competência da justiça comum estadual, nos termos da Lei n. 8.213/1991. Desse modo, é correto afirmar que a ação regressiva, ajuizada pelo INSS contra o empregador, pleiteando ressarcimento dos gastos relativos a pagamento de benefício de aposentadoria por invalidez decorrente de acidente do trabalho, não é de competência da justiça federal.

(E) Considere que Pedro, que exercia atividade remunerada abrangida pela previdência social, tenha sofrido um acidente e, em decorrência disso, recebido auxílio-doença por 24 meses. Nessa situação hipotética, é correto afirmar que ele manteve a qualidade de segurado durante todo o período em que recebeu o auxílio-doença, desde que ele tenha comprovado a situação de desempregado pelo registro no órgão próprio do Ministério do Trabalho e Emprego.

A: incorreta. Nesse caso, o benefício é devido desde a data do requerimento administrativo, ou seja, 10.08.2009; **B:** correta, nos termos dos arts. 125, I e II, e 127, II, do RPS; **C:** incorreta. Para o STJ, devem ser reconhecidas outras provas da condição de miserabilidade da família para fins de concessão do benefício de prestação continuada da assistência social (AGRg no AREsp 221.213, *DJ* 27.11.2012); **D:** incorreta. A competência para julgamento das ações relativas a acidente de trabalho é da Justiça do Trabalho (STF, CC 7.204, *DJ* 29.06.2005). Além disso, cabe à Justiça Federal o julgamento de ações nas quais autarquias da União, como o INSS, figurem como parte (art. 109, I, da CF); **E:** incorreta. O período de graça, lapso em que se mantém a qualidade de segurado independentemente do pagamento de contribuições, em caso de gozo de benefício previdenciário, perdura por todo o tempo de pagamento do benefício, independentemente de qualquer outra formalidade (art. 15, I, do PBPS).

Gabarito "B."

(Defensor Público/TO – 2013 – CESPE) Acerca das normas que regulam os benefícios e as prestações do RGPS, assinale a opção correta.

(A) Considere que Joana, casada com Marcos, segurado do RGPS, receba proventos relativos a aposentadoria por tempo de contribuição. Nessa situação, com a morte do esposo, Joana não poderá, de acordo com a lei, passar a receber cumulativamente a pensão por morte, devendo optar pelo benefício mais vantajoso.

(B) Suponha que um segurado, em virtude de condenação pelo cometimento de crime, tenha sido recolhido à prisão para início do cumprimento de pena em regime fechado e solicitado auxílio-reclusão. Nessa situação, segundo a jurisprudência do STF, é necessária a comprovação de situação de necessidade, devendo-se utilizar como parâmetro a renda dos dependentes, sendo irrelevante a renda auferida pelo segurado preso.

(C) O salário maternidade da segurada empregada consistirá sempre em renda mensal equivalente à sua remuneração integral.

(D) O prazo para o primeiro pagamento do benefício da previdência social é estipulado em até quarenta e cinco dias contados da data da apresentação, pelo segurado, da documentação necessária à concessão do benefício.

(E) O retorno do aposentado à atividade exercida não prejudica o recebimento de sua aposentadoria, que, em qualquer caso, será mantida no seu valor integral.

A: incorreta, pois não há vedação à cumulação da aposentadoria com a pensão deixada pelo cônjuge – art. 124 do Plano de Benefícios da Previdência Social – PBPS (Lei 8.213/1991); **B:** incorreta, pois o STF fixou o entendimento no sentido de que a renda do segurado preso é a que deve ser utilizada como parâmetro para a concessão do benefício, e não a de seus dependentes – ver AI 767.352 AgR/SC e art. 80 do PBPS; **C:** incorreta, pois, embora a regra seja essa (art. 72 do PBPS), em caso de salário variável, o benefício será igual à média dos últimos 6 meses de trabalho, apurada conforme a lei salarial ou dissídio da categoria (note que o erro da assertiva está na palavra "sempre") – art. 393 da CLT; **D:** correta, conforme o art. 41-A, § 5º, do PBPS; **E:** incorreta, pois o aposentado por invalidez que retornar voluntariamente à atividade terá sua aposentadoria automaticamente cancelada, a partir da data do retorno – art. 46 do PBPS.

Gabarito "D."

(Defensoria Pública da União – 2010 – CESPE) Em relação aos institutos de direito previdenciário, julgue os itens seguintes.

(1) A jurisprudência consolidou o entendimento de que a concessão da pensão por morte é regida pela norma vigente ao tempo da implementação da condição fática necessária à concessão do benefício, qual seja, a data do óbito do segurado.

(2) A aposentadoria por tempo de contribuição sofre constantes ataques da doutrina, e número razoável de especialistas defende sua extinção, o que se deve ao fato de esse benefício não ser tipicamente previdenciário, pois não há, nesse caso, risco social sendo protegido, já que o tempo de contribuição não gera presunção de incapacidade para o trabalho.

1: assertiva correta, pois reflete o entendimento pacífico do Judiciário – ver MS 14.743/DF-STJ; **2:** assertiva correta, pois há tendência a se prestigiar a idade como critério básico para a concessão de aposentadoria.

Gabarito 1C, 2C

(Defensor Público/BA – 2010 – CESPE) Em relação às disposições constitucionais aplicáveis à previdência social, julgue o item a seguir.

(1) Ao segurado homem garante-se a aposentadoria no regime geral de previdência social após trinta e cinco anos de contribuição e sessenta e cinco anos de idade, reduzido em cinco anos o limite etário para os professores dos ensinos fundamental e médio.

1: incorreta, pois a redução de cinco anos para professores refere-se ao tempo de contribuição (35 anos, que são reduzidos para 30 anos), e não à idade mínima. Ademais, o benefício é estendido ao professor que comprove exclusivamente tempo de efetivo exercício das funções de magistério na educação infantil e no ensino fundamental e médio (a assertiva é omissa quanto ao professor de educação infantil) – art. 201, § 8º, da CF.

Gabarito 1E

Veja as seguintes tabelas, para estudo e memorização dos períodos de carência e das prestações que independem de carência:

Períodos de Carência – art. 25 do PBPS	
– auxílio-doença e aposentadoria por invalidez	12 contribuições mensais
– aposentadoria por idade, aposentadoria por tempo de serviço e aposentadoria especial	180 contribuições mensais
– salário-maternidade para contribuintes individuais, seguradas especiais e facultativas	10 contribuições mensais. Em caso de antecipação do parto, o período é reduzido em nº de contribuições equivalentes ao nº de meses em que o parto foi antecipado. A segurada especial deve apenas comprovar atividade rural nos 12 meses anteriores ao início do benefício – art. 39, parágrafo único, do PBPS

Independem de Carência – art. 26 do PBPS
– pensão por morte, auxílio-reclusão, salário-família e auxílio-acidente
– auxílio-doença e aposentadoria por invalidez (nos termos do inciso II)
– aposentadoria por idade ou por invalidez, auxílio-doença, auxílio-reclusão, pensão para o segurado especial, no valor de 1 salário mínimo, desde que comprove o exercício de atividade rural, ainda que de forma descontínua, no período, imediatamente anterior ao requerimento do benefício, igual ao número de meses correspondentes à carência do benefício requerido
– serviço social
– reabilitação profissional
– salário-maternidade para as seguradas empregada, trabalhadora avulsa e empregada doméstica
– pensão por morte nos casos de acidente do trabalho e doença profissional ou do trabalho

(Procurador/DF - 2013 - CESPE) Julgue os itens seguintes, que versam sobre a previdência social.

(1) A renúncia à aposentadoria pelo RGPS, para fins de aproveitamento do tempo de contribuição e concessão de novo benefício, seja no mesmo regime, seja em regime diverso, não importa em devolução dos valores percebidos, pois, enquanto perdurar a aposentadoria pelo RGPS, os pagamentos de natureza alimentar serão indiscutivelmente devidos.

(2) Conforme a jurisprudência do STJ, no âmbito do RGPS, o termo inicial do auxílio-acidente será o dia seguinte ao da cessação do auxílio-doença.

(3) Ressalvada a revisão prevista em lei, os proventos da inatividade regulam-se pela lei vigente ao tempo em que o militar, ou o servidor civil, tiver reunido os requisitos necessários, inclusive a apresentação do requerimento, quando a inatividade for voluntária.

(4) O tratamento dado pelo STF à adesão do interessado a plano de previdência privada não se limita à liberdade de associação, pois, em razão do equilíbrio financeiro-atuarial do sistema, não é permitida a desfiliação mediante a simples vontade unilateral do interessado.

1: correta, pois essa é a jurisprudência fixada pelo STJ para a hipótese de "desaposentação" – REsp 1.334.488/SC (repetitivo); **2:** correta, conforme entendimento pacífico do STJ – ver AgRg REsp 1.336.437/SP; **3:** incorreta, pois a apresentação do requerimento, para a hipótese em que a inatividade for voluntária, não é relevante para a definição da lei aplicável, conforme alteração da Súmula 359 do STF; **4:** incorreta, pois, em razão da liberdade de associação, garante-se o direito de desfiliação, conforme jurisprudência do STF – ver RE 482.207 AgR/PR.

Gabarito 1C, 2C, 3E, 4E

(Procurador/DF - 2013 - CESPE) A respeito do regime próprio de previdência dos servidores públicos, julgue os itens que se seguem.

(1) Ocorre a prescrição do próprio fundo de direito se o servidor público deixa transcorrer mais de cinco anos entre a data da aposentadoria e o pedido de sua complementação.

(2) É vedado o recebimento cumulado de dois benefícios de pensão por morte, mesmo no caso de benefícios por regimes de previdência distintos, devendo o beneficiário optar por um deles.

1: incorreta (discordamos do gabarito oficial original, posteriormente anulado). A jurisprudência do STJ é pacífica em relação à matéria tratada na Súmula 427 daquela Corte, entendendo que "em se tratando de relação de trato sucessivo, a prescrição somente atinge as parcelas não pagas antes dos cinco anos imediatamente anteriores ao ajuizamento da ação, não alcançando assim o chamado fundo de direito" – EDcl AREsp 87.197/RS; **2:** incorreta, pois o que é vedado é a cumulação de duas pensões pelo viúvo ou viúva deixadas por dois cônjuges ou companheiros distintos no RGPS, hipótese em que poderá optar pela mais vantajosa – art. 124, VI, do Plano de Benefícios da Previdência Social – PBPS (Lei 8.213/1991). Nada impede que o filho órfão cumule duas pensões do RGPS, deixadas pelo pai e pela mãe, por exemplo, ou de regimes previdenciários distintos.

Gabarito 1E, 2E

(Procurador/DF - 2013 - CESPE) Acerca de institutos diversos de direito previdenciário, julgue os itens subsequentes.

(1) Caso um professor uruguaio que desempenhe regularmente a função de professor de universidade privada em Brasília – DF queira aposentar-se por tempo de contribuição pelo RGPS, havendo acordo bilateral de previdência social com o Brasil, a responsabilidade financeira pelas contribuições previdenciárias referentes ao tempo de serviço prestado no Uruguai deverá ser suportada por aquele país, mediante compensação financeira, e, uma vez preenchidos os requisitos segundo a legislação brasileira, o benefício deverá ser concedido, ainda que não haja na legislação uruguaia benefício previdenciário dessa natureza, podendo haver a contagem recíproca do tempo de contribuição no estrangeiro.

(2) É devida a conversão em pecúnia da licença-prêmio não gozada e não contada em dobro, quando da aposentadoria do servidor, sob pena de indevido locupletamento por parte da administração pública.

1: incorreta, pois, nos casos da Argentina e Uruguai, considerando que no Acordo Multilateral de Seguridade Social do Mercosul não há previsão expressa desse tipo de benefício, somente serão reconhecidos, por força do direito adquirido, aqueles que comprovarem a implementação dos requisitos necessários no período em que estiveram em vigência os acordos bilaterais dos dois países – art. 477 da IN 45/2010 do INSS; **2:** correta, conforme a jurisprudência pacífica – ver AgRg REsp 1.360.642/RS-STJ.

Gabarito 1E, 2C

(Procurador do Município/Boa Vista-RR – 2010 – CESPE) Julgue o item a seguir, relativo às legislações previdenciária e da seguridade social.

(1) É vedado o recebimento conjunto do seguro-desemprego com qualquer benefício de prestação continuada da previdência social, exceto pensão por morte ou auxílio-acidente.

1: assertiva correta, pois reflete o disposto no art. 124, parágrafo único, do PBPS.

Gabarito 1C

(Advogado da União/AGU – CESPE – 2012) À luz da jurisprudência do STF e do STJ, julgue o item seguinte, relativos ao RGPS.

(1) A concessão de pensão por morte, auxílio-reclusão e salário-família independe de carência.

1: correta. Tanto a jurisprudência quanto a própria legislação previdenciária já afasta a necessidade de cumprimento de carência para os benefícios mencionados. Aproveite o ensejo para relembrar os períodos de carência previstos para cada benefício previdenciário:

Benefício	Carência	Exceções
Aposentadoria por tempo de contribuição	180 contribuições	Não há
Aposentadoria por idade	180 contribuições	Não há
Aposentadoria por invalidez	12 contribuições	Doenças graves previstas em ato normativo do Ministério da Previdência e Assistência Social
Aposentadoria especial	180 contribuições	Não há
Auxílio-doença	12 contribuições	Doenças graves previstas em ato normativo do Ministério da Previdência e Assistência Social
Salário-família	**Não há**	Não há
Salário-maternidade	10 contribuições mensais	Segurada empregada, empregada doméstica e trabalhadora avulsa
Auxílio-acidente	**Não há**	Não há
Pensão por morte	24 contribuições mensais	Caso o segurado esteja em gozo de auxílio-doença ou de aposentadoria por invalidez.
Auxílio-reclusão	24 contribuições mensais	Não há

Gabarito 1C

(Advogado– CEF – 2010 – CESPE) Em cada uma das opções abaixo, é apresentada uma situação hipotética, seguida de uma assertiva a ser julgada com base na disciplina relativa a prescrição e decadência na legislação previdenciária. Assinale a opção que apresenta a assertiva correta.

(A) Em decorrência de acidente de trabalho, Sérgio ficou permanentemente incapacitado para o trabalho. Nessa situação, Sérgio poderá mover ação referente às prestações do benefício previdenciário de aposentadoria por invalidez em até cinco anos, contados a partir da data da ocorrência do sinistro; após esse período, seu direito à ação estará prescrito.

(B) Após analisar procedimento administrativo apresentado por Maria, na condição de representante de Humberto, menor impúbere, a autoridade competente da previdência social deferiu o pedido de pagamento, em benefício de Humberto, de pensão por morte do seu genitor. Nessa situação, o prazo decadencial para a previdência social anular o referido ato administrativo será de cinco anos, a contar da data de sua publicação.

(C) A seguridade social, em procedimento administrativo específico, apurou a existência de créditos em desfavor de Beta Ltda. relativos aos exercícios de 2000, 2001 e 2002, mas que foram constituídos em 2003. Nessa situação, a seguridade social podia cobrar os aludidos créditos tributários, pois o prazo prescricional ainda não havia transcorrido.

(D) Em 10/4/2004, o requerimento administrativo apresentado por Marcos, no qual pleiteava a revisão do ato de concessão do benefício previdenciário de aposentadoria por invalidez, foi indeferido, em decisão definitiva. Nessa situação, o direito de ação de Marcos para pleitear a referida revisão decaiu em 10/4/2009.

(E) Túlio, menor impúbere com 15 anos de idade, foi reconhecido judicialmente como filho e único herdeiro de Adalberto, que havia falecido quando Túlio tinha três anos de idade. Nessa situação, uma vez reconhecida a paternidade, se Adalberto for segurado obrigatório da previdência social, Túlio terá direito à percepção do benefício previdenciário denominado pensão por morte, podendo pleitear as prestações vencidas devidas pela previdência social desde a data do falecimento de seu genitor.

A: incorreta. O termo inicial da prescrição, em caso de acidente de trabalho, é contado da data do acidente apenas se dele resultar morte ou incapacidade temporária. Em caso de invalidez, o lapso temporal é contado a partir da data do reconhecimento da incapacidade laborativa pela Previdência Social (art. 104. II, do PBPS); **B:** incorreta. O direito de a Previdência Social anular atos administrativos dos quais decorram efeitos favoráveis para o beneficiário decai em 10 anos, contados da data do ato (art. 103-A do PBPS); **C:** incorreta. A assertiva não deixa claro, mas podemos deduzir que a pergunta considera a data da realização do concurso (2010) para o cálculo da prescrição. Nesse caso, a pretensão da Previdência já estaria extinta pela prescrição, porque desde a Súmula Vinculante nº 08 do STF, que culminou com a revogação dos arts. 45 e 46 do PCSS, pacificou-se o entendimento de que a prescrição das contribuições sociais opera-se no prazo de 05 anos, contados da constituição definitiva do crédito tributário; **D:** incorreta. Nesse caso, o prazo decadencial é de 10 anos, nos termos do art. 103 do PBPS; **E:** correta. A despeito do largo lapso temporal transcorrido (12 anos), é certo que contra os absolutamente incapazes não corre a prescrição, de forma que ainda está íntegra a pretensão de Túlio (art. 103, parágrafo único, do PBPS).

Gabarito "E"

(Advogado– CEF – 2010 – CESPE) Em cada uma das opções subsequentes, é apresentada uma situação hipotética, seguida de uma assertiva a ser julgada, acerca dos planos de benefícios da previdência social. Assinale a opção correspondente à assertiva correta.

(A) André, segurado da previdência social na condição de trabalhador avulso portuário, sofreu acidente de trabalho do qual resultou lesão em sua coluna vertebral. A ocorrência desse sinistro foi comunicada no primeiro dia útil seguinte ao fato. A perícia médica inicial concluiu pela existência de incapacidade total e definitiva para o trabalho. Nessa situação, a aposentadoria por invalidez será devida a partir da data em que ocorreu o acidente.

(B) Marcone pagou 180 contribuições mensais, sendo 140 delas na condição de trabalhador rural e as demais na condição de trabalhador avulso. Nessa situação, Marcone poderá requerer sua aposentadoria por idade quando completar 60 anos de idade.

(C) A pessoa jurídica Epta Ltda., em virtude de convenção coletiva de trabalho, paga aos seus empregados licença remunerada, pelo prazo de três meses, para tratamento de saúde do empregado, em casos de comprovada necessidade e quando autorizada pela empresa. Nessa situação, se algum empregado de Epta sofrer acidente de trabalho e passar a perceber auxílio-doença, a Epta deverá arcar com a diferença entre o valor do benefício e o salário efetivo do empregado, como se esse empregado estivesse licenciado.

(D) Antônia obteve guarda judicial para fins de adoção de Ana, menor impúbere de dois anos de idade. Nessa situação, Antônia fará jus ao benefício previdenciário denominado licença-maternidade por um período de trinta dias.

(E) Renato desapareceu após sofrer trágico acidente automobilístico e, em virtude desse fato, seus dependentes requereram, observados os preceitos legais pertinentes, pensão provisória por morte presumida. Após dois anos, Renato reapareceu, depois de ter-se recuperado de perda de memória decorrente do referido acidente. Nessa situação, verificado o reaparecimento do segurado, o pagamento da pensão cessará imediatamente, sendo obrigados os dependentes a repor os valores recebidos a título provisório.

A: incorreta. Nos termos do art. 43, § 1º, "b", do PBPS, a aposentadoria por invalidez será devida a partir da data do início da incapacidade; **B:** incorreta. A aposentadoria por idade pode ser pleiteada pelo homem quando este completar 65 anos de idade (art. 48 do PBPS); **C:** correta, nos termos do art. 80 do RPS; **D:** incorreta. Em caso de adoção, o período do salário-maternidade obedecia à seguinte tabela: adoção de crianças de até 01 ano de idade, o benefício será de 120 dias; adoção de crianças de até 04 anos de idade, o benefício será de 60 dias; adoção de crianças de até 08 anos de idade, o benefício será de 30 dias. A Lei 12.873/2013 não mais prevê limite de idade do adotado para o recebimento do benefício que, atualmente, é de 120 dias independente da idade da criança (art. 71-A do PBPS); **E:** incorreta. Os dependentes não são obrigados a devolver os valores recebidos, salvo comprovada má-fé (art. 78, § 2º, do PBPS).

Gabarito "C".

(Advogado– CEF – 2010 – CESPE) Ainda a respeito dos planos de benefícios da previdência social, assinale a opção correta.

(A) Trabalhador portuário segurado da previdência social na condição de trabalhador avulso faz jus ao benefício denominado salário-família.

(B) Considere que Murilo estivesse em gozo de auxílio-doença quando foi condenado a três anos de reclusão pela prática de crime e que, por causa disso, tenha sido recolhido a instituição carcerária em dezembro de 2009, onde permanece até os dias atuais. Nessa situação hipotética, os dependentes de Murilo têm direito à percepção de auxílio-reclusão, o qual é concedido nas mesmas condições da pensão por morte.

(C) Considere que Jonas recebia auxílio-acidente quando requereu sua aposentadoria por idade, já que os requisitos legais haviam sido preenchidos. Nessa situação, ante a permanência do estado mórbido que culminou na concessão do auxílio-doença, Jonas faz jus ao recebimento dos dois benefícios previdenciários cumulativamente.

(D) Considere que, quando faleceu, Alberto estava impugnando ação de reconhecimento de paternidade que tramitava contra ele e que, à época de seu falecimento, sua mãe era sua única dependente declarada. Nessa situação, havendo a possibilidade de posterior habilitação de possível dependente, que importaria na exclusão da mãe de Alberto dessa condição, a concessão da pensão por morte poderá ser protelada, a critério da autoridade competente.

(E) Segurado especial, na condição de trabalhador rural, faz jus à percepção de aposentadoria especial, uma vez cumprido o período de carência.

A: correta, nos termos do art. 65 do PBPS; **B:** incorreta. A prisão do segurado não acarreta a suspensão do pagamento do auxílio-doença, razão pela qual os dependentes não fazem jus ao auxílio-reclusão (art. 80 do PBPS); **C:** incorreta. É vedada, salvo direito adquirido, a cumulação de qualquer aposentadoria com auxílio-acidente (art. 86, § 2º, do PBPS); **D:** incorreta. Nos termos do art. 76 do PBPS, o pagamento da pensão por morte não será protelado pela falta de habilitação de outro possível dependente; **E:** incorreta. A aposentadoria especial é destinada àqueles que tiverem trabalhado sujeito a condições especiais que prejudiquem a saúde ou a integridade física por força de agentes químicos, físicos ou biológicos, não se relacionando com o segurado especial (art. 57 do PBPS).

Gabarito "A".

(Magistratura Federal - 1ª Região – 2011 – CESPE) A respeito da pensão por morte e do auxílio-acidente no âmbito do RGPS, assinale a opção correta.

(A) Para concessão de auxílio-acidente fundamentado na redução da capacidade laboral pela perda de audição, não é necessário que a sequela decorra da atividade exercida nem que acarrete redução da capacidade para o trabalho habitualmente exercido.

(B) Para fins de recebimento de pensão por morte, o menor sob guarda equipara-se ao filho do segurado falecido, sendo considerado seu dependente, sem que haja necessidade de comprovação da dependência econômica.

(C) O entendimento de que a existência de impedimento para o matrimônio, por parte de um dos pretensos companheiros, embaraça a constituição da união estável não se aplica para fins previdenciários de percepção de pensão por morte.

(D) A perda da qualidade de segurado impede a concessão do benefício de pensão por morte, ainda que o *de cujus*, antes de seu falecimento, tenha preenchido os requisitos para a obtenção de qualquer aposentadoria.

(E) Na ausência de requerimento administrativo e prévia concessão do auxílio-doença, o termo inicial do auxílio-acidente pleiteado judicialmente deve ser fixado na citação.

A: incorreta. A contingência protegida pelo auxílio-acidente é a redução parcial e permanente da capacidade laborativa em virtude de acidente de qualquer natureza para as atividades habitualmente exercidas (art. 86 da Lei 8.213/1991 – Plano de Benefícios da Previdência Social – PBPS); **B:** incorreta. Apesar de ainda subsistir alguma controvérsia sob o assunto na doutrina e na jurisprudência dos Tribunais, o STJ consolidou o entendimento de que o menor sob guarda não pode ser considerado dependente para fins previdenciários (REsp 720.706/SE, *DJ* 09.08.2011). A lei equipara a filho o menor tutelado, mas assevera que ele, apesar de ser dependente de primeira classe, deve comprovar a dependência econômica em relação ao segurado para ter direito ao recebimento dos benefícios (art. 16, § 2º, do PBPS); **C:** incorreta. A interpretação do termo "companheiro" utilizado pelo art. 16, I, do PBPS deve ser interpretado à luz do Código Civil. É o que determina o art. 16, § 6º, do Decreto 3.048/1999 (Regulamento da Previdência Social – RPS); **D:** incorreta. O benefício será garantido se o segurado já tivesse direito adquirido à aposentadoria no momento de seu falecimento (Súmula 416 do STJ); **E:** correta, nos termos do quanto decidido pelo STJ no EREsp 735.329/RJ, *DJ* 13.04.2011).

Gabarito "E".

(Magistratura Federal - 1ª Região – 2011 – CESPE) Com relação a questões previdenciárias diversas no âmbito dos juizados especiais federais, assinale a opção correta.

(A) Tratando-se de aposentadoria de trabalhador rurícola por idade, o tempo de serviço rural fica descaracterizado pelo exercício de atividade urbana, ainda que por curtos períodos e de forma intercalada com a atividade rural, dentro do período de carência.

(B) Para a concessão do benefício de auxílio-doença, exige-se a impossibilidade total do segurado para qualquer atividade laborativa, não sendo suficiente que o trabalhador esteja temporariamente incapacitado para o exercício de sua atividade habitual por mais de quinze dias consecutivos.

(C) Para a concessão de aposentadoria por idade, o tempo em gozo de auxílio-doença sempre pode ser computado para fins de carência, mas o tempo em gozo de aposentadoria por invalidez somente pode ser computado se intercalado com atividade.

(D) Tratando-se de restabelecimento de benefício por incapacidade e sendo a incapacidade decorrente da mesma doença que tenha justificado a concessão do benefício cancelado, não há presunção de continuidade do estado incapacitante, devendo a data de início do benefício ser fixada a partir do requerimento administrativo.

(E) Para fins de instrução do pedido de averbação de tempo de serviço rural, admite-se a apresentação de documentação pertinente e contemporânea à data dos fatos, desde que em nome do segurado, não se admitindo documentos em nome de terceiros.

A: incorreta. O art. 39, I, do PBPS garante o direito à aposentadoria por idade e por invalidez mesmo que a atividade rural tenha sido exercida de forma descontínua; **B:** incorreta. O auxílio-doença é pago ao segurado que estiver total e temporariamente incapacitado para o exercício de suas atividades habituais (art. 60 do PBPS); **C:** correta, nos termos da decisão proferida no processo 2009.72.66.001857-1 da Turma Nacional de Uniformização dos Juizados Especiais Federais; **D:** incorreta. A situação importa presumir a continuidade do estado incapacitante, a qual determina o restabelecimento do pagamento desde a data do cancelamento indevido (Processo 2007.72.57.003683-6 da Turma Nacional de Uniformização dos Juizados Especiais Federais); **E:** incorreta. Documentos em nome de terceiros podem ser considerados como início de prova material de atividade rural (Processo 2005.70.95.014733-3 e Processo 2005.70.95.014733-3 da Turma Regional de Uniformização do TRF 4).

Gabarito "C"

(Magistratura Federal - 2ª Região – 2011 – CESPE) Assinale a opção correta relativamente ao cálculo do valor dos benefícios previdenciários.

(A) À segurada especial é garantida a concessão do salário-maternidade no valor de um salário mínimo, desde que se comprove o exercício de atividade rural de forma contínua, nos nove meses imediatamente anteriores ao do início do benefício.

(B) O valor do benefício de prestação continuada, incluindo-se o regido por norma especial e o decorrente de acidente do trabalho e excetuando-se o salário-família e o salário-maternidade, será calculado com base no salário de benefício.

(C) Serão considerados para cálculo do salário de benefício os ganhos habituais do segurado empregado, a qualquer título, sob forma de moeda corrente ou de utilidades, sobre os quais incidam contribuições previdenciárias, incluindo-se a gratificação natalina.

(D) O valor mensal do auxílio-acidente não integra o salário de contribuição, para cálculo do salário de benefício de qualquer aposentadoria paga pelo RGPS.

(E) Ao segurado contribuinte individual que, satisfazendo as condições exigidas para a concessão do benefício requerido, não comprovar o efetivo recolhimento das contribuições devidas será concedido o benefício de valor mínimo, devendo sua renda ser recalculada quando da apresentação da prova do recolhimento das contribuições.

A: incorreta. A atividade rural pode ser descontínua e deve ser realizada por, no mínimo, dez meses, que é o período de carência padrão do salário-maternidade (art. 93, § 2º, do RPS); **B:** correta, nos exatos termos do art. 28 do PBPS; **C:** incorreta. A gratificação natalina (13º salário) é considerada salário de contribuição, porém não integra o cálculo do salário de benefício (art. 29, § 3º, do PBPS); **D:** incorreta. O auxílio-acidente integra o salário de contribuição (art. 31 do PBPS); **E:** incorreta. A regra estipulada vale apenas para o empregado, o avulso e o empregado doméstico (arts. 35 e 36 do PBPS).

Gabarito "B"

5. PREVIDÊNCIA DOS SERVIDORES PÚBLICOS

(Analista Jurídico –TCE/PA – 2016 – CESPE) Em cada um dos itens a seguir é apresentada uma situação hipotética seguida de uma assertiva a ser julgada a respeito do regime próprio de previdência social dos servidores públicos.

(1) **Situação hipotética:** Cássia, que nunca tinha contribuído para qualquer regime de previdência social, ingressou, em janeiro de 2016, no serviço público do estado do Pará por meio de concurso público, aos sessenta anos de idade. **Assertiva:** Nessa situação, ao completar setenta anos de idade, Cássia deverá aposentar-se compulsoriamente pelo regime de previdência social dos servidores do estado do Pará, com vencimentos proporcionais ao tempo de serviço.

(2) **Situação hipotética:** Artur ingressou no serviço público federal, por meio de concurso público, para o exercício de cargo técnico que lhe exigia quarenta horas de dedicação semanal. Após a aprovação em outro concurso público federal para o exercício do magistério, Artur passou a exercer os dois cargos públicos concomitantemente, sem que um interferisse no outro. **Assertiva:** Nessa situação, Artur terá direito ao recebimento de duas aposentadorias por tempo de contribuição concedidas pelo regime próprio de previdência social dos servidores públicos federais.

1: incorreta. A aposentadoria compulsória passou a ser aos 75 anos de idade a partir da Lei Complementar 152/2015, com exceção dos Ministros de Tribunais Superiores, em relação aos quais a alteração decorreu diretamente da Emenda Constitucional 88/2015; 2: correta. Como os cargos são cumuláveis na atividade (art. 37, XVI, "b", da CF), os proventos de aposentadoria também o são (art. 40, § 6º, da CF).

Gabarito 1E, 2C

(Analista Jurídico –TCE/PA – 2016 – CESPE) Com relação ao regime próprio de previdência social dos servidores públicos, julgue o item subsequente.

(1) A aposentadoria por invalidez permanente é devida ao conjunto de beneficiários do regime próprio de previdência social, incluídos os dependentes do segurado, que forem considerados definitivamente incapacitados para o desempenho de função ou cargo público, por deficiência física, mental ou fisiológica.

1: incorreta. A aposentadoria por invalidez, assim como qualquer outra aposentadoria, é concedida somente ao segurado, não aos seus dependentes.

Gabarito 1E

(Analista Jurídico – TCE/PR – 2016 – CESPE) O regime próprio de previdência social (RPPS) é o regime de previdência estabelecido para os servidores de cargo efetivo no âmbito da União, dos estados, do Distrito Federal e dos municípios. A respeito do RPPS, assinale a opção correta.

(A) Se determinado município deixa de instituir o seu RPPS, seus servidores efetivos vinculam-se ao RPPS do estado.

(B) Impôs o STF que o julgamento, pelo Tribunal de Contas, da ilegalidade de aposentadoria pelo RPPS importa a devolução dos valores recebidos, ainda que configurada a boa-fé.

(C) Conforme o entendimento do STF, a vedação constitucional à percepção de mais de uma aposentadoria à conta do RPPS não se estende à percepção de duas pensões por morte em favor dos dependentes do servidor falecido.

(D) A Constituição Federal de 1988 admite a incidência de contribuição previdenciária sobre a totalidade do benefício percebido por aposentado por invalidez pelo RPPS.

(E) Pode-se instituir contribuição previdenciária sobre aposentadorias e pensões por meio de lei estadual, independentemente de previsão na Constituição do estado.

A: incorreta. Se inexistente o regime próprio em determinada unidade da federação, os servidores serão vinculados ao RGPS (art. 9º, I, "j", do Decreto 3.048/1999); **B:** incorreta. A devolução será determinada somente se comprovada a má-fé do segurado (STF, MS 26.085/DF); **C:** incorreta. A jurisprudência do STF equipara, para fins da citada vedação, os benefícios de aposentadoria e pensão por morte (STF, RE 584.388/SC); **D:** incorreta. Incidirá contribuição previdenciária sobre o benefício pago pelo RPPS somente naquilo que exceder o teto do regime geral (art. 201, § 18, da CF); **E:** correta, porque tal autorização decorre dos arts. 24, XII, e 149, § 1º, da CF.

Gabarito "E"

(Analista Jurídico – TCE/PR – 2016 – CESPE) O § 9.º do art. 201 da Constituição Federal de 1988, que estabelece um sistema geral de compensação, deve ser interpretado à luz dos princípios da solidariedade e da contributividade, que regem o atual sistema previdenciário brasileiro. Acerca da contagem recíproca de tempo de contribuição e compensação financeira, assinale a opção correta.

(A) Lei estadual que assegure, para fins de aposentadoria, a contagem recíproca do tempo de contribuição na administração pública e na atividade privada pode restringir a contagem do tempo de serviço privado ao limite de dez anos, nos termos do entendimento do STF.

(B) Conforme o STF, admite-se, para fins de aposentadoria no serviço público, a contagem recíproca do tempo de serviço rural, ainda que não tenham sido recolhidas as contribuições previdenciárias correspondentes, por se tratar de atividade de natureza especial.

(C) O benefício resultante da contagem recíproca de tempo de contribuição será concedido e pago pelo regime de previdência com o qual o segurado tenha contribuído o maior número de vezes.

(D) A compensação financeira visa auxiliar o regime instituidor do benefício e é devida pelo regime de origem, que compartilha a obrigação de manutenção do benefício, considerando-se o tempo de contribuição do segurado para o referido regime.

(E) No caso de servidor egresso do RGPS pretender aposentar-se pelo RPPS, atendidas as normas legais vigentes, só será considerado, para fins de cálculo da compensação financeira devida ao RGPS, o valor da renda mensal que o servidor faria jus no RPPS, multiplicado pelo percentual correspondente ao tempo de contribuição ao RGPS no tempo total de contribuição.

A: incorreta. Tal restrição ofende o art. 202, §2º, da Carta Magna (STF, ADI 1798/BA); B: incorreta. Para que seja considerado o período de atividade rural, é necessário que se comprove o efetivo recolhimento das contribuições (STF, MS 33.482 AgR/DF); C: incorreta. O benefício é pago pelo regime instituidor, assim entendido aquele no qual o segurado tenha obtido o direito à aposentadoria ou pensão dela decorrente (art. 2º, II, da Lei 9.796/1999); D: correta, nos termos do art. 3º e seus parágrafos da Lei 9.796/1999; E: incorreta. O valor da compensação será a renda mensal inicial no RPPS ou o valor do benefício caso fosse pago pelo RGPS, o que for menor (art. 4º, §3º, da Lei 9.796/1999).

Gabarito "D".

(Defensor Público/ES – 2012 – CESPE) No que se refere aos regimes previdenciários, julgue os próximos itens.

(1) O tempo de contribuição para o RGPS, na qualidade de trabalhador rural, pode ser aproveitado para a obtenção de aposentadoria no serviço público pelo RPPS. Nessa hipótese, os regimes de previdência social se compensarão financeiramente, segundo critérios estabelecidos em lei.

(2) Servidor público estadual que ocupe cargo efetivo no Poder Executivo do estado do Espírito Santo, além do cargo de professor em escola particular, mesmo sendo obrigado a contribuir tanto para o RPPS do estado quanto para o RGPS, só poderá se aposentar pelo regime próprio do estado.

1: correta, pois a contagem recíproca do tempo de contribuição é prevista no art. 201, § 9º, da CF e no art. 94 do PBPS; **2:** incorreta, pois é possível a cumulação de aposentadorias de regimes distintos, desde que cumpridos os requisitos para cada uma delas. A rigor, é possível a cumulação inclusive no regime próprio dos servidores, excepcionalmente, desde que aposentadorias decorrentes de cargos acumuláveis na forma da Constituição – art. 40, § 6º, da CF, ver AgRg no REsp 1.335.066/RN-STJ.

Gabarito 1C, 2E

(Defensor Público/AC – 2012 – CESPE) Acerca do regime próprio de previdência dos servidores públicos, assinale a opção correta.

(A) A aposentadoria especial dos professores da rede pública que atuam no ensino médio e no superior foi extinta por meio de emenda constitucional.

(B) Ao servidor público que se aposentar por invalidez será concedido, sem ressalvas, o benefício da aposentadoria integral, com base nos princípios da universalidade e da proteção do Estado.

(C) Conforme entendimento do STF, a contribuição previdenciária deverá incidir somente sobre as parcelas que possam ser incorporadas à remuneração do servidor para fins de aposentadoria.

(D) O benefício do vale-alimentação, segundo o STF, por ter caráter indenizatório, é devido aos servidores inativos.

(E) Para a aposentadoria compulsória do servidor público, além do requisito da idade (setenta anos completos), exige-se o cumprimento de tempo mínimo de dez anos de efetivo exercício no serviço público.

A: incorreta, pois somente em relação ao professor de ensino superior é que houve a extinção, tendo sido mantida a aposentadoria especial para aquele que comprove exclusivamente tempo de efetivo exercício das funções de magistério na educação infantil e no ensino fundamental e médio – art. 40, § 5º, da CF, com a redação dada pela EC 20/1998; **B:** incorreta, pois a aposentadoria por invalidez garante proventos proporcionais ao tempo de contribuição, exceto se decorrente de acidente em serviço, moléstia profissional ou doença grave, contagiosa ou incurável, na forma da lei – art. 40, § 1º, I, da CF; **C:** correta, pois essa é diretriz da jurisprudência do STF – ver RE 467.624 AgR/RO; **D:** incorreta, pois o STF reconhece que se trata de verba indenizatória destinada a cobrir os custos de refeição do servidor que encontra no exercício de suas funções, não se incorporando à remuneração ou aos proventos de aposentadoria – ver RE 332.445/RS; **E:** incorreta, pois o único requisito é a idade de 70 ou 75 anos, sendo que os proventos serão proporcionais ao tempo de contribuição – art. 40, § 1º, II, da CF.

Gabarito "C".

(Advogado da União/AGU – CESPE – 2012) Com base na lei que instituiu o regime de previdência complementar para os servidores públicos federais, julgue os itens subsequentes.

(1) O limite máximo estabelecido para os benefícios do RGPS deve ser aplicado às aposentadorias e pensões de todos os servidores públicos federais que ingressem no serviço público a partir do início da vigência do regime de previdência complementar, inclusos os detentores de cargo comissionado.

(2) Os servidores públicos aposentados devem ser automaticamente inseridos no novo regime de previdência complementar.

1: incorreta. Os servidores ocupantes de cargo em comissão não se sujeitam ao regime de previdência complementar criado pela Lei nº 12.618/2012, porque não são admitidos no regime próprio de previdência dos servidores públicos. Os ocupantes de cargos comissionados são vinculados ao RGPS na qualidade de empregados (art. 12, I, "g", da Lei nº 8.212/1991); **2:** incorreta. O regime de previdência complementar é aplicado obrigatoriamente apenas àqueles que ingressarem em cargo público efetivo após a vigência da Lei nº 12.618/2012. Para quem já é aposentado, o novo sistema é opcional (art. 1º, § 1º, da Lei nº 12.618/2012).

Gabarito 1E, 2E

(Magistratura Federal – 3ª Região – 2011 – CESPE) Considerando o regime próprio de previdência social dos servidores públicos estatutários, assinale a opção correta.

(A) O cômputo do tempo de atividade rural anterior a 1991, para fins de contagem recíproca com o período prestado na administração pública sob regime estatutário, visando à aposentadoria estatutária, só pode ser feito mediante o recolhimento das contribuições previdenciárias relativas ao tempo de atividade rural.

(B) O pensionista portador de doença incapacitante é isento da contribuição sobre os proventos de pensão recebida no âmbito do regime próprio de previdência dos servidores públicos estatutários, ainda que os proventos superem o dobro do limite máximo estabelecido para os benefícios do RGPS.

(C) O regime próprio de previdência social dos servidores públicos estatutários observa, assim como o RGPS, critérios que preservem o equilíbrio financeiro e atuarial, mas, por expressa disposição constitucional, não admite a aplicação subsidiária das normas do regime geral.

(D) Suponha que João, procurador aposentado da fazenda nacional, seja convidado a ocupar o cargo em comissão de diretor de secretaria da Vara Federal de Execuções Fiscais do Estado de São Paulo e aceite a proposta. Nessa situação, em relação à atividade de diretor de secretaria, João estará vinculado ao regime próprio de previdência dos servidores públicos federais.

(E) O servidor público ex-celetista que tenha exercido atividade especial e passado para o regime estatutário por força da CF não tem direito a contar o tempo de serviço com o acréscimo legal, dada a vedação constitucional da contagem de tempo de serviço fictício, para fins de aposentadoria estatutária.

A: correta, nos termos do quando decidido pelo STJ no julgamento do AR 3.215/MG, *DJ* 28.06.2006; **B:** incorreta. Superando esse limite, haverá a incidência de contribuição previdenciária (art. 40, § 20, da CF); **C:** incorreta. Não há qualquer disposição constitucional expressa nesse sentido; **D:** incorreta. O servidor ocupante exclusivamente de cargo em comissão é segurado obrigatório do RGPS na qualidade de empregado (art. 11, I, *g*, do PBPS); **E:** incorreta. Esse caso não trata de tempo de serviço fictício, mas sim de contagem recíproca de tempo de contribuição, hipótese em que os respectivos órgãos previdenciários se compensarão mutuamente (art. 94 do PBPS).

Gabarito "A".

6. PREVIDÊNCIA PRIVADA COMPLEMENTAR

(Analista Judiciário – STJ – 2018 – CESPE) Acerca dos regimes próprios e complementares de previdência social, julgue os itens seguintes.

(1) Aos abrangidos pelos regimes próprios de previdência social é vedada a adoção de requisitos e critérios diferenciados para a concessão de aposentadoria, ressalvados somente os servidores públicos deficientes.

(2) Os planos de benefícios de entidades fechadas de previdência complementar devem prever os institutos do benefício proporcional diferido, da portabilidade, do resgate e do autopatrocínio.

1: incorreta. Há outras exceções: servidores em atividade de risco ou insalubres (art. 40, § 4º, da CF); **2:** correta, nos termos do art. 14 da Lei Complementar 109/2001.

Gabarito 1E, 2C

(Procurador do Município/Manaus – 2018 – CESPE) Lúcia, servidora da PGM/Manaus desde 1.º/1/1998, requereu a averbação dos períodos em que trabalhou em um escritório de advocacia – de 1.º/1/1992 a 31/12/1996 – e que exerceu a docência em rede de ensino privada — de 1.º/1/2002 a 31/12/2005 –, a fim de aumentar seu tempo de contribuição.

Considerando essa situação hipotética, julgue o item a seguir, relativo à contagem recíproca do tempo de contribuição.

(1) É possível que o requerimento de Lúcia seja indeferido por completo sob o fundamento de inadmissibilidade, nas condições narradas, de contagem recíproca.

1: incorreta. Será indeferida a averbação apenas do período entre 2002 e 2005, diante da vedação de contagem de períodos de trabalho concomitantes (art. 96, II, do PBPS). O período anterior, de 1992 a 1996, deve ser deferido, nos termos do art. 96, *caput*, do PBPS.

Gabarito 1E

(Procurador do Município/Manaus – 2018 – CESPE) Em relação aos regimes próprios de previdência dos servidores públicos e à previdência complementar, julgue os itens seguintes.

(1) Para a aposentadoria voluntária por idade de servidor, são exigidos idade mínima e tempo mínimo de efetivo exercício no serviço público e no cargo efetivo em que se dará a aposentadoria, hipótese em que os proventos serão proporcionais ao tempo de contribuição.

(2) Os entes federados possuem autorização constitucional para instituir regime de previdência complementar para seus respectivos servidores efetivos, por intermédio de entidades fechadas, de natureza pública, e mediante adesão facultativa.

1: correta, nos termos do art. 40, § 1º, III, "b", da CF); **2:** correta, nos termos do art. 40, §§ 14 e 16, da CF).

Gabarito 1C, 2C

(Procurador do Município/Manaus – 2018 – CESPE) Em relação aos regimes próprios de previdência dos servidores públicos e à previdência complementar, julgue os itens seguintes.

(1) Para a aposentadoria voluntária por idade de servidor, são exigidos idade mínima e tempo mínimo de efetivo exercício no serviço público e no cargo efetivo em que se dará a aposentadoria, hipótese em que os proventos serão proporcionais ao tempo de contribuição.

(2) Os entes federados possuem autorização constitucional para instituir regime de previdência complementar para seus respectivos servidores efetivos, por intermédio de entidades fechadas, de natureza pública, e mediante adesão facultativa.

1: correta, nos termos do art. 40, § 1º, III, "b", da CF); **2:** correta, nos termos do art. 40, §§ 14 e 16, da CF).

Gabarito 1C, 2C

(Procurador do Estado/AM – 2016 – CESPE) No que se refere à previdência complementar, julgue o próximo item.

(1) A previdência complementar privada é de caráter facultativo, possui natureza jurídica contratual *sui generis* e é organizada de forma autônoma relativamente ao regime geral de previdência social.

1: correta. A assertiva aponta com perfeição as características doutrinárias da previdência complementar.

Gabarito 1C

(Advogado União – AGU – CESPE – 2015) Julgue os itens a seguir, relativos à previdência privada e às EFPCs.

Situação hipotética: A Fundação Previx, caracterizada como EFPC, é patrocinada por empresa pública. O patrimônio dessa fundação é segregado do patrimônio da referida empresa pública, de modo que o custeio dos planos de benefícios ofertados pela fundação constitui responsabilidade da patrocinadora e dos participantes, incluindo os assistidos.

(1) Assertiva: Nessa situação, os resultados deficitários deverão ser equacionados por participantes e assistidos, porque se veda à patrocinadora pública qualquer contribuição para o custeio distinta da contribuição ordinária.

(2) Na relação de previdência complementar administrada por uma EFPC, incide o princípio da paridade contributiva. Nesse sentido, a contribuição de empresa patrocinadora deve ser idêntica à contribuição dos participantes — regra do meio-a-meio.

Situação hipotética: Determinado empregado aderiu ao plano de benefícios de previdência privada ofertado pela empresa pública Alfa e administrado pela entidade fechada Previbeta. Após dez anos de contribuições, esse empregado resolveu deixar de contribuir para a previdência privada.

(3) Assertiva: Nessa situação, conforme entendimento do STF, embora seja constitucionalmente garantido o direito de esse empregado optar por aderir a plano de previdência privada, após o ingresso nesse sistema, não há possibilidade de ele se desvincular sem o consentimento das demais partes envolvidas — participantes e patrocinadores —, estando, ainda, a retirada de patrocínio condicionada a autorização do órgão fiscalizador.

(4) Cabe ao Conselho Nacional de Previdência Complementar regular o regime de previdência complementar operado pelas entidades fechadas de previdência complementar, ao passo que compete à Superintendência Nacional de Previdência Complementar fiscalizar e supervisionar as atividades desenvolvidas por essas mesmas entidades.

(5) As normas para concessão de benefícios pelo regime de previdência privada, independentemente de a gestão do plano de benefícios ser realizada por entidade fechada ou aberta, impõem a necessidade de vinculação ao RGPS.

1: Incorreta. O art. 21 da Lei Complementar 109/2001 determina que o resultado deficitário seja equacionado por patrocinadores, participantes e assistidos. **2**: Incorreta. Não há obrigação de que a contribuição do patrocinador seja idêntica à do participante. O que o art. 6º da Lei Complementar 108/2001 determina é que ela nunca será maior – ou seja, é um limite máximo, não uma obrigação. **3**: Incorreta. O STF tem entendimento consolidado no sentido de que é garantido ao segurado o direito de desvinculação do regime de previdência privada (RE 482.207 AgR). **4**: Correta, nos termos dos arts. 1º e 13 da Lei 12.154/2009. **5**: Incorreta. O regime de previdência privada é autônomo (art. 202 da CF), de forma que os benefícios por ele criados e pagos não se vinculam ao RGPS. HS

Gabarito 1E, 2E, 3E, 4C, 5E

(Defensor Público/ES – 2012 – CESPE) No que concerne a previdência complementar, julgue os itens subsecutivos.

(1) O ente federativo que instituir previdência complementar pública poderá fazer aporte de recursos à respectiva entidade, mas sua contribuição normal não poderá exceder a do segurado.

(2) Embora a filiação a plano de previdência complementar seja facultativa, se o empregado se filiar a um plano constituído pela empresa para a qual trabalhe, os benefícios contratados passarão a integrar seu contrato de trabalho.

1: correta, nos termos do art. 202, § 3º, *in fine*, c/c o art. 40, § 15, da CF; **2**: incorreta, pois as contribuições do empregador, os benefícios e as condições contratuais previstos nos estatutos, regulamentos e planos de benefícios das entidades de previdência complementar não integram o contrato de trabalho dos participantes, assim como, à exceção dos benefícios concedidos, não integram a remuneração dos participantes – art. 68 da LC 109/2001.

Gabarito 1C, 2E

(Defensor Público/AC – 2012 – CESPE) Em cada opção abaixo, é apresentada uma situação hipotética acerca da contagem recíproca de tempo de contribuição e compensação financeira, seguida de uma assertiva a ser julgada.

Assinale a opção em que a assertiva está correta.

(A) Um DP prestes a se aposentar requereu averbação de tempo de serviço rural para fins de aposentadoria no RPPS. Nessa situação, reconhecido e averbado o referido tempo de serviço rural, impõe-se ao DP o dever de indenizar a previdência social, para dar ensejo à compensação entre o RGPS e o RPPS, cujas fontes de custeio são apartadas.

(B) Paula é DP e professora em faculdade particular, estando, dessa forma, vinculada ao RPPS e ao RGPS, contribuindo para ambos. Nessa situação, caso as atividades sejam desempenhadas de forma concomitante, Paula poderá efetuar a contagem recíproca de tempo de serviço para fins de aposentadoria.

(C) Gabriel, após lograr aprovação em concurso público para DP, averbou, no RPPS, os anos em que contribuiu para o RGPS como advogado em escritório particular. Nessa situação, preenchidos os requisitos de idade e contribuição para que possa se aposentar voluntariamente, Gabriel deverá, ainda, cumprir dez anos ininterruptos no cargo efetivo em que se dará a referida aposentadoria.

(D) Um advogado contribuiu por determinado tempo como contribuinte individual no RGPS e, posteriormente, tomou posse como DPE, em virtude de aprovação em concurso público. Nessa situação, o advogado poderá computar o tempo de contribuição anterior ao Instituto Nacional do Seguro Social no RPPS do estado ao qual estiver vinculado, sendo-lhe vedado, contudo, o inverso.

(E) Rodrigo trabalhou, durante muitos anos, em determinada empresa privada, exercendo atividades especiais, sob condições insalubres. Nessa situação, caso passe em concurso público, Rodrigo terá direito à contagem diferenciada do tempo trabalhado sob as referidas condições, no período em que esteve filiado ao RGPS, quando da transferência para o RPPS dos servidores públicos.

A: correta, pois, embora seja possível o reconhecimento e a averbação do tempo de serviço rural sem comprovação das contribuições (período anterior à Lei 8.213/1991) para fins de aposentadoria no RGPS (art. 55, § 2º, do PBPS), o mesmo não vale para a contagem recíproca em regime distinto (no regime próprio dos servidores), caso em que o interessado deve indenizar a Previdência Social – ver AgRg no REsp 544.873/RS-STJ; **B**: incorreta, porém discordamos do gabarito oficial. A jurisprudência mais recente do STJ admite que a "norma previdenciária não cria óbice a percepção de duas aposentadorias em regimes distintos, quando os tempos de serviços realizados em atividades concomitantes sejam computados em cada sistema de previdência, havendo a respectiva contribuição para cada um deles" (AgRg no REsp 1.335.066/RN); **C**: incorreta, pois exige-se tempo mínimo de dez anos de efetivo exercício no serviço público e cinco anos (não 10) no cargo efetivo em que se dará a aposentadoria – art. 40, § 1º, III, da CF; **D**: incorreta, pois a possibilidade de contagem e compensação é recíproca, ou seja, o inverso também vale – art. 201, § 9º, da CF; **E**: incorreta, pois não há previsão dessa contagem recíproca diferenciada – art. 201, § 9º, da CF.

Gabarito "A"

(Advogado da União/AGU – CESPE – 2012) Considerando a jurisprudência do STF e do STJ, julgue os próximos itens, referentes à previdência privada.

(1) A CF prevê, como garantia do equilíbrio atuarial e financeiro, a possibilidade de, em caso de insuficiência financeira, a administração pública aportar recursos a entidades de previdência privada.

(2) Não poderá recair penhora sobre o saldo de depósito em fundo de previdência privada em nome de diretor de empresa falida suspeito de gestão fraudulenta, dado o nítido caráter alimentar de tal verba, advinda da remuneração mensal do diretor, especialmente se os referidos valores tiverem sido depositados antes de seu ingresso na diretoria da empresa.

1: incorreta. O aporte de recursos públicos para as entidades de previdência privada é proibido pelo art. 202, § 3º, da CF, salvo na qualidade de patrocinador; **2**: incorreta. A questão foi analisada no bojo do REsp nº 1.121.719 pelo STJ, que entendeu que o depósito em fundo de previdência privada não tem caráter alimentar, porque se assemelha a uma poupança, isto é, são valores que ficam depositados por longo prazo apenas para utilização futura pelo beneficiário.

Gabarito 1E, 2E

7. ACIDENTES E DOENÇAS DO TRABALHO

(Procurador do Estado/AM – 2016 – CESPE) A respeito do acidente de trabalho e das ações judiciais em matéria previdenciária, julgue os itens subsequentes.

(1) De acordo com a jurisprudência do STJ, a posterior reforma de decisão judicial que, tendo antecipado a tutela pleiteada, tiver possibilitado o imediato gozo do benefício previdenciário obrigará o autor da ação a devolver os valores indevidamente recebidos.

(2) Nos casos de acidente de trabalho, competirá à justiça comum estadual a apreciação das ações regressivas propostas pelo INSS contra as empresas negligentes.

(3) Nos termos do entendimento do STJ, nas demandas ajuizadas pelo INSS contra o empregador do segurado falecido em acidente laboral nas quais se vise o ressarcimento dos valores decorrentes do pagamento da pensão por morte, o termo *a quo* da prescrição quinquenal será a data do acidente.

1: correta. Tal tese foi sedimentada no REsp 1.401.560/MT, julgado pelo rito dos recursos repetitivos; **2**: incorreta. A competência é da Justiça Federal diante da presença de autarquia federal no polo ativo da ação (art. 109, I, da CF); **3**: incorreta. O termo inicial da prescrição é a data do pagamento do benefício previdenciário (STJ, REsp 1.499.511/RN).

Gabarito 1C, 2E, 3E

(Defensor Público/ES – 2012 – CESPE) No que se refere aos regimes previdenciários, julgue os próximos itens.

(1) No caso de empregada de determinada empresa morrer, em seu local de trabalho, em decorrência de queimaduras sofridas durante um incêndio ocorrido no seu horário de trabalho, a empresa será obrigada a comunicar o acidente à previdência social até o 1º dia útil seguinte ao da ocorrência, ainda que o incêndio não tenha sido intencional.

(2) Caso um segurado empregado, em seu primeiro dia no emprego, em virtude de acidente, se torne definitivamente incapaz para o trabalho, ele terá direito a aposentadoria por invalidez, ainda que não tenha recolhido nenhuma contribuição para o RGPS, mas somente poderá exercer tal direito após o gozo de auxílio-doença prévio durante o período mínimo de quinze dias.

1: incorreta, pois, em caso de morte, a comunicação deve ser imediata – art. 22, *caput*, do PBPS; **2:** incorreta, pois o benefício da aposentadoria por invalidez já pode ser concedido a partir da data do requerimento, se a entrada tiver sido dada mais de 30 dias após o afastamento – art. 43, § 1º, *a*, do PBPS. De fato, não há carência para a aposentadoria por invalidez em caso de acidente – art. 26, II, do PBPS e art. 30, III, do Regulamento da Previdência Social – RPS (Decreto 3.048/1999).

Gabarito 1E, 2E

(Procurador do Município/Boa Vista-RR – 2010 – CESPE) Julgue o item a seguir, relativo às legislações previdenciária e da seguridade social.

(1) Se, durante seu intervalo para refeição, um empregado lesionar um dos seus joelhos enquanto joga futebol nas dependências da empresa, ficando impossibilitado de andar, tal evento, nos termos da legislação previdenciária, não poderá ser considerado como acidente de trabalho.

1: incorreta, pois o empregado é considerado no exercício do trabalho nos períodos destinados a refeição ou descanso, ou por ocasião da satisfação de outras necessidades fisiológicas, no local do trabalho ou durante este – art. 21, § 1º, do PBPS.

Gabarito 1E

(Advogado– CEF – 2010 – CESPE) No que se refere a acidente de trabalho, assinale a opção correta.

(A) Se um engenheiro designado por pessoa jurídica que o emprega para trabalhar na construção de usina hidrelétrica na região amazônica for contaminado por malária enquanto acompanha e supervisiona a realização das obras da usina, exposto ao Sol e a insetos, não haverá que se falar, nesse caso, em moléstia profissional, já que a malária é considerada doença endêmica.

(B) No caso de um empregado, em virtude de seu ambiente de trabalho estressante, adquirir doença degenerativa, configura-se doença laboral, haja vista a enfermidade ter sido desencadeada pelo exercício do trabalho.

(C) Considere que César, em virtude de fortes dores no corpo, não tenha comparecido ao trabalho em 15/1/2010, e que, no dia 18/1/2010, por continuar sentido dor, tenha procurado um médico que diagnosticou enfermidade decorrente de intoxicação pelo uso de determinados produtos químicos, manipulados em seu ambiente de trabalho. Nessa situação hipotética, considera-se como dia do acidente o dia 18/1/2010, data em que foi realizado o diagnóstico.

(D) Se trabalhador que exerce suas funções em laboratório de análises clínicas, em virtude de acidente ocorrido durante a manipulação de alguns produtos químicos, for acometido por urticária moderada, mas não for impedido de continuar suas atividades, inexistirá, nesse caso, doença laboral, na forma da legislação pertinente.

(E) Considere que Marta, com 59 anos de idade, tenha sido acometida, recentemente, por osteoporose e que as atividades por ela desempenhadas, em seu ambiente de trabalho, envolvam procedimentos de arquivo, o que torna necessário que Marta eleve enormes caixas, com documentos e processos, para guardá-las nas inúmeras estantes existentes em seu departamento, fato que aumenta consideravelmente as suas dores. Nessa situação hipotética, considerando-se o agravamento da doença adquirida por Marta, a osteoporose é considerada doença profissional.

A: incorreta. Como a aquisição da moléstia foi resultante da exposição aos insetos que a transmitem determinada pela natureza do trabalho, excepcionalmente a doença endêmica será considerada doença profissional, conforme dispõe o art. 20, § 1º, "d", do PBPS; **B:** incorreta. A doença degenerativa não é considerada como moléstia profissional em nenhuma hipótese (art. 20, § 1º, "a", do PBPS); **C:** incorreta. Nos termos do art. 23 do PBPS, considera-se como dia do acidente o início da incapacidade laborativa ou o dia do diagnóstico, o que ocorrer primeiro. Portanto, no caso em exame, temos como dia do acidente o dia 15/01/2010, quando César deixou de reunir condições para trabalhar, já que esta ocorreu antes do diagnóstico médico; **D:** correta, nos termos do art. 19 do PBPS, que qualifica como acidente de trabalho o sinistro que resulte em morte ou perda ou redução, permanente ou temporária, da capacidade para o trabalho; **E:** incorreta. A osteoporose é uma doença degenerativa e inerente a grupo etário, de forma que é excluída da classificação como doença profissional (art. 20, § 1º, "a" e "b", do PBPS).

Gabarito "D"

8. ASSISTÊNCIA SOCIAL E SAÚDE

(Juiz – TRF5 – 2017 – CESPE) O benefício de prestação continuada concedido a pessoa com deficiência será suspenso no caso de o beneficiário

(A) receber a título de herança patrimônio capaz de prover sua manutenção.

(B) ser acolhido por instituição assistencial pública ou particular, como, por exemplo, abrigo ou instituição congênere.

(C) receber imóvel para fixação de residência, mediante doação de programa social concedido pelo poder público.

(D) completar dois anos de recebimento do benefício.

(E) passar a exercer atividade remunerada na condição de aprendiz.

A: correta. Um dos requisitos do benefício de prestação continuada é a ausência de meios de prover a própria subsistência (art. 20 da Lei 8.742/1993), de sorte que a obtenção de patrimônio que altere essa condição faz cessar o benefício; **B:** incorreta, por contrariar o disposto no art. 20, § 5º, da Lei 8.742/1993; **C:** incorreta. O fato de ter imóvel próprio, por si, não afasta o direito ao benefício; **D:** incorreta. O benefício será pago enquanto perdurarem as condições que autorizaram seu pagamento, revisadas essas a cada dois anos (art. 21 da Lei 8.742/1993); **E:** incorreta. Os proventos decorrentes de programa de aprendizagem não são contabilizados no cálculo da renda familiar *per capita* (art. 20, § 9º, da Lei 8.742/1993). HS

Gabarito "A"

(Defensor Público – DPE/RN – 2016 – CESPE) Em consonância com o entendimento do STJ, assinale a opção correta no que concerne à LOAS.

(A) A aposentadoria no valor de um salário-mínimo percebida por idoso integrante do grupo familiar deve ser incluída no cálculo da renda familiar per capita, para fins de apuração da condição de miserabilidade, a qual constitui requisito para a concessão do benefício assistencial previsto na LOAS.

(B) O direito à concessão do benefício assistencial da LOAS pode ser exercido a qualquer tempo, não havendo prescrição do fundo de direito quando a autarquia previdenciária nega a concessão do benefício na via administrativa.

(C) Caso questione em juízo o cancelamento unilateral de benefício previdenciário de pessoa hipossuficiente, a DP não agirá em consonância com a jurisprudência sobre o tema, pois, constatada a irregularidade na concessão do benefício, a autarquia previdenciária não estará obrigada a conceder a oportunidade para o exercício do contraditório e da ampla defesa.

(D) A DP, ao questionar judicialmente o indeferimento da concessão do benefício de prestação continuada a pessoa com deficiência hipossuficiente, deve comprovar, por outros meios, que essa pessoa não tem condições de prover a própria manutenção, já que a comprovação da renda per capita inferior a um quarto do salário mínimo não é suficiente para presumir a miserabilidade.

(E) Caso o salário de contribuição de um segurado supere o valor legalmente fixado como critério de baixa renda, eventual ação judicial movida pela DP para a obtenção do auxílio-reclusão não terá êxito, pois a jurisprudência não admite, para a concessão do referido benefício, que o julgador flexibilize o critério econômico para o deferimento do benefício.

A: incorreta. A jurisprudência, tanto do STJ (REsp 1.226.027/PR), quanto do STF (RE 580.963/MT), sedimentou-se no sentido oposto – ou seja, o benefício previdenciário nestas condições não deve ser considerado para apuração da miserabilidade; **B**: correta, nos termos do quanto assentado no julgado do AgRg no AREsp 336.322/PE; **C**: incorreta. O INSS está obrigado a observar o contraditório, a ampla defesa e o devido processo legal no âmbito administrativo antes de cancelar unilateralmente o benefício (REsp 1.429.976/CE, j. 18/02/2014); **D**: incorreta. A presunção de miserabilidade em caso de renda familiar per capita inferior a um quarto do salário mínimo é absoluta, conforme assentado no REsp 1.112.557/MG, j. 20/11/2009); **E**: incorreta. A jurisprudência do STJ admite a flexibilização do critério econômico para o auxílio-reclusão. Veja-se o trecho a seguir: "À semelhança do entendimento firmado por esta Corte, no julgamento do Recurso Especial 1.112.557/MG, Representativo da Controvérsia, onde se reconheceu a possibilidade de flexibilização do critério econômico definido legalmente para a concessão do Benefício Assistencial de Prestação Continuada, previsto na LOAS, é possível a concessão do auxílio-reclusão quando o caso concreto revela a necessidade de proteção social, permitindo ao Julgador a flexibilização do critério econômico para deferimento do benefício, ainda que o salário de contribuição do segurado supere o valor legalmente fixado como critério de baixa renda." (STJ, AgRg no REsp 1.523.797/RS, j. 01/10/2015).

Gabarito "B"

(Procurador Federal – 2010 – CESPE) No que concerne à legislação acidentária, ao benefício de prestação continuada previsto na Lei de Organização da Assistência Social e jurisprudência dos tribunais superiores, julgue o item seguinte.

(1) Para fins de concessão do benefício de prestação continuada, considera-se incapaz de prover a manutenção da pessoa portadora de deficiência ou idosa a família cuja renda mensal per capita seja inferior a um quarto do salário mínimo. Esse critério, de acordo com entendimento do STF, apesar de ser constitucional, pode ser conjugado com outros fatores indicativos do estado de miserabilidade do indivíduo e de sua família.

1: Assertiva correta, pois reflete o disposto no art. 20, § 3º, da Lei Orgânica da Assistência Social – LOAS (Lei 8.742/1993), à luz do art. 203, V, da CF – ver ADI 1.232/DF.

Gabarito 1C

(Procurador do Município/Boa Vista-RR – 2010 – CESPE) Julgue o item a seguir, relativo às legislações previdenciária e da seguridade social.

(1) No que tange à organização da assistência social, compete aos municípios atender às ações assistenciais de caráter emergencial e efetuar o pagamento do auxílio-natalidade e do auxílio-funeral.

1: Assertiva correta, pois essas competências municipais são previstas no art. 15, II e IV, da LOAS.

Gabarito 1C

Veja a tabela seguinte, para estudo e memorização dos objetivos da assistência social:

Objetivos da Assistência Social – art. 203 da CF
– a proteção à família, à maternidade, à infância, à adolescência e à velhice – o amparo às crianças e adolescentes carentes – a promoção da integração ao mercado de trabalho – a habilitação e reabilitação das pessoas portadoras de deficiência e a promoção de sua integração à vida comunitária – a garantia de um salário mínimo de benefício mensal à pessoa portadora de deficiência e ao idoso que comprovem não possuir meios de prover à própria manutenção ou de tê-la provida por sua família, conforme dispuser a lei

9. AÇÕES PREVIDENCIÁRIAS

(Defensor Público/RO – 2012 – CESPE) Maria de Fátima, empregada de confecção de roupas, após 15 anos de prestação de serviços ajuizou, em razão de acidente de trabalho de que fora vítima, dado que a empresa não adotou medidas legais de segurança no trabalho, ação judicial no juizado especial federal com o objetivo de reverter decisão do INSS que lhe negara a concessão de auxílio-doença por não ter ela cumprido o período de carência exigido para o benefício.

Considerando essa situação hipotética, assinale a opção correta à luz da legislação previdenciária.

(A) O pedido de benefício por Maria de Fátima não obedeceu a requisito fundamental estabelecido pela legislação previdenciária para a concessão do auxílio-doença, qual seja, a comprovação da qualidade de segurado; por essa razão, a ação deve ser extinta sem julgamento do mérito.

(B) Maria de Fátima deveria ter ajuizado sua ação perante a justiça do trabalho, dado que, na condição de responsável pela ocorrência do acidente de trabalho – pois não adotou as medidas legais de segurança e saúde no trabalho –, a empresa deve arcar com o pagamento do auxílio-doença.

(C) Apresenta-se correta a decisão do INSS, dado que o cumprimento de carência é requisito fundamental para que os segurados façam jus aos benefícios por incapacidade previstos no RGPS.

(D) O juizado especial federal não tem competência para processar e julgar a ação ajuizada por Maria de Fátima, visto que os litígios e medidas cautelares relativos a acidentes do trabalho são da competência da justiça estadual.

(E) A ação ajuizada por Maria de Fátima deverá ser extinta sem julgamento do mérito, uma vez que ela deveria ter esgotado o procedimento administrativo recorrendo contra a decisão do INSS junto ao Conselho de Recursos da Previdência Social.

Nos termos da Súmula 15 do STJ, compete à justiça estadual julgar os litígios decorrentes de acidentes do trabalho, de modo que a ação foi ajuizada por Maria de Fátima no foro inadequado e a alternativa "D" é a correta.

Gabarito "D"

(Defensor Público/BA – 2010 – CESPE) Em relação às disposições constitucionais aplicáveis à previdência social, julgue o item a seguir.

(1) Compete à justiça federal processar e julgar questões pertinentes ao direito de família quando objetivem reivindicação de benefícios previdenciários.

1: incorreta, pois, conforme a Súmula 53 do TRF: "Compete à Justiça Estadual processar e julgar questões pertinentes ao direito de família, ainda que estas objetivem reivindicação de benefícios previdenciários". O entendimento é acolhido pela jurisprudência atual do STJ – ver EDcl AgRg REsp 803.264/PE-STJ.

Gabarito 1E

(Defensor Público/BA – 2010 – CESPE) Em relação às disposições constitucionais aplicáveis à previdência social, julgue o item a seguir.

(1) Compete à justiça comum dos estados processar e julgar as ações acidentárias, as propostas, pelo segurado, contra o INSS, visando a benefício e aos serviços previdenciários correspondentes a acidente do trabalho.

1: assertiva correta, conforme a jurisprudência do STJ, que reconhece a competência da justiça estadual para as ações acidentárias típicas – ver AgRg no CC 107.796/SP.

Gabarito 1C

(Procurador Federal – 2010 – CESPE) No que concerne à legislação acidentária, ao benefício de prestação continuada previsto na Lei de Organização da Assistência Social e jurisprudência dos tribunais superiores, julgue o item seguinte.

(1) A competência para julgar ações de indenização por danos morais e materiais decorrentes de acidente de trabalho propostas pelo trabalhador, após a edição da Emenda Constitucional n.º 45/2004, é da justiça comum estadual.

1: incorreta, pois, nos termos da Súmula Vinculante 22/STF, a Justiça do Trabalho é competente para processar e julgar as ações de indenização por danos morais e patrimoniais decorrentes de acidente de trabalho propostas por empregado contra empregador, inclusive aquelas que ainda não possuíam sentença de mérito em primeiro grau quando da promulgação da Emenda Constitucional 45/2004.

Gabarito 1E

(Magistratura Federal – 1ª Região – 2011 – CESPE) Assinale a opção correta acerca das ações previdenciárias.

(A) O cálculo da verba de honorários advocatícios nas ações previdenciárias incide apenas sobre as prestações vencidas até a prolação da sentença que julgar total ou parcialmente procedente o pedido, excluindo-se, assim, as vincendas.

(B) Compete à justiça federal da capital do estado processar e julgar os litígios decorrentes de acidente do trabalho envolvendo segurado residente em município que não seja sede de vara federal.

(C) O cômputo do prazo prescricional de um ano para o ajuizamento da ação, objetivando o recebimento de indenização securitária em favor do segurado, tem início a partir do requerimento em que se tenha pleiteado administrativamente a aposentadoria por invalidez.

(D) O MP não tem legitimidade para propor ação civil pública que veicule pretensões relativas a benefícios previdenciários.

(E) Compete à justiça federal julgar ação de complementação de aposentadoria em que se objetive a complementação de benefício previdenciário, caso o pedido e a causa de pedir decorram de pacto firmado com instituição de previdência privada.

A: correta, nos termos da Súmula 111 do STJ; **B:** incorreta. A competência para julgamento de ações acidentárias é da Justiça Estadual (STJ, CC 47.811/SP, *DJ* 27.04.2005); **C:** incorreta. O prazo prescricional de um ano nas lides oriundas de contratos de seguro são contadas da data do sinistro (art. 206, § 1º, II, *b*, do Código Civil); **D:** incorreta. A legitimidade do MP foi atestada pelo STJ no REsp 1142630/PR, *DJ* 01/02/2011. Ver, no mesmo sentido, STF, AgRg no AI 516.419/PR, *DJ* 30.11.2010; **E:** incorreta. A competência, nesse caso, é da Justiça Estadual, conforme restou decidido pelo STJ no REsp 1281690/RS, *DJ* 26/09/2012.

Gabarito "A".

(Magistratura Federal – 3ª Região – 2011 – CESPE) Assinale a opção correta a respeito de ações previdenciárias no juizado especial federal.

(A) O prévio requerimento administrativo de prorrogação de auxílio-doença é requisito para o ajuizamento de ação em que se pleiteie o restabelecimento do benefício previdenciário, importando sua ausência na extinção do processo sem resolução de mérito.

(B) A relativização do formalismo processual nas ações previdenciárias, que têm nítido caráter social, permite que o segurado interponha recurso perante o juizado especial federal sem estar representado por advogado.

(C) Em ação previdenciária no juizado especial federal, na qual o autor não seja beneficiário da justiça gratuita e haja necessidade de prova pericial médica, os honorários do perito nomeado pelo juiz serão antecipados à conta de verba orçamentária do respectivo tribunal.

(D) Os valores de benefício previdenciário recebidos pelo segurado em razão de antecipação de tutela que, por ocasião da sentença, tenha sido cassada por improcedência do pedido, são considerados indevidos e, por isso, devem ser restituídos.

(E) O MP federal deve intervir obrigatoriamente nas ações previdenciárias que envolvam interesse de menores incapazes ou de idosos, sob pena de nulidade da sentença proferida no juizado especial federal.

A: incorreta. Não se exige o prévio requerimento administrativo da prorrogação para o ajuizamento da ação (processo 2009.72.64.002377-9 da Turma Nacional de Unificação dos Juizados Especiais Federais); **B:** incorreta. Nos termos do art. 41, § 2º, da Lei 9.099/1995, aplicável por analogia aos Juizados Especiais Federais nos termos do art. 1º da Lei 10.259/2001, determina que a interposição de recursos nos Juizados deverá ser feita, obrigatoriamente, por advogado, ainda que esse não tenha patrocinado a causa em primeira instância; **C:** correta, nos termos do art. 12 da Lei 10.259/2001; **D:** incorreta. Os valores dos benefícios previdenciários são considerados verbas de natureza alimentar e, portanto, são irrepetíveis (processo 2007.72.51.001076-4 da Turma Nacional de Uniformização dos Juizados Especiais Federais); **E:** alternativa considerada incorreta pelo gabarito oficial, porém o tema é bastante controvertido na doutrina. A questão se baseia apenas na posição exarada pelo TRF da 1ª Região na AC 2008.01.99.056502-7/MG, *DJ* 08.07.2009, que afasta a necessidade de intervenção do Ministério Público por considerar que se trata de um interesse disponível. Outros autores, como Sérgio Neves Coelho, porém, defendem a obrigatoriedade da intervenção do *Parquet* como *custus legis* (*Obrigatoriedade da Intervenção do Ministério Público nas Lides Acidentárias*. Disponível em: [www.apmp.com.br/juridico/artigos/docs/2002/04-26_sergionevescoelho_eoutros.doc] Acesso em 05.04.2013).

Gabarito "C".

10. TEMAS COMBINADOS

Os irmãos Fátima e Ronaldo, plenamente capazes e sem nenhuma deficiência física, intelectual ou mental, possuem as seguintes características: ambos se enquadram em famílias de baixa renda; Fátima tem trinta anos de idade e Ronaldo, trinta e cinco anos de idade; Fátima não tem renda própria, dedica-se exclusivamente ao trabalho doméstico no âmbito de sua residência e contribui para a previdência social na qualidade de segurada facultativa; Ronaldo contribui como segurado trabalhador avulso.

(Procurador do Município - Campo Grande/MS - 2019 - CESPE/ CEBRASPE) A partir dessa situação hipotética, julgue os itens seguintes.

(1) Ronaldo poderá contribuir para a previdência social com a alíquota de 5% sobre o limite mínimo mensal do salário de contribuição.

(2) Fátima e Ronaldo não preenchem os requisitos para serem dependentes previdenciários um do outro.

1: incorreta. A alíquota do trabalhador avulso é a mesma do empregado e do empregado doméstico, ou seja, de 7,5% a 14%, nos termos da EC 103/2019. Não há outra opção de recolhimento; **2:** correta, pois apenas os irmãos menores de 21 anos ou incapazes para o trabalho, e desde que comprovada a dependência econômica, podem se enquadrar como dependentes (art. 16, III, da Lei 8.213/1991). HS

Gabarito 1E, 2C

(Analista Judiciário – STJ – 2018 – CESPE) A respeito do regime geral da previdência social (RGPS), julgue os itens que se seguem, considerando a jurisprudência dos tribunais superiores.

(1) Os genitores de segurado do RGPS serão seus dependentes independentemente de comprovação da dependência econômica.

(2) Situação hipotética: Lúcia, que por doze meses foi contribuinte da previdência social e que era casada, há quatro anos, com Mário, de quarenta e cinco anos idade, faleceu após complicações de saúde decorrentes de uma cirurgia estética. Assertiva: Nessa situação, Mário terá direito ao benefício de pensão por morte em caráter vitalício.

1: incorreta. Os pais, para serem considerados dependentes, devem comprovar a dependência econômica em relação ao segurado (art. 16, § 4º, do PBPS). **2:** incorreta. No caso em comento, o benefício será pago apenas por quatro meses, porque a segurada ainda não tinha completado o período de 18 contribuições mensais (art. 77, § 2º, V, "b", do PBPS). HS

Gabarito 1E, 2E

(Delegado Federal – 2018 – CESPE) Um segurado da previdência social, filiado em 1.º/3/2010, sofreu acidente de trabalho em 1.º/4/2010. Em 1.º/5/2010, lhe foi concedido, pelo INSS, auxílio--doença, contabilizado desde a data do seu acidente até o dia 1.º/4/2011. Em 1.º/8/2018, o INSS revisou o ato administrativo de concessão desse benefício.

Considerando essa situação hipotética, julgue os itens subsequentes.

(1) Na revisão, o INSS não poderia anular o referido ato administrativo, salvo se tivesse comprovado má-fé, dada a ocorrência da decadência, uma vez que havia transcorrido mais de cinco anos desde a concessão do benefício.

(2) Considere que o INSS, após a revisão do ato administrativo, tenha decidido pela sua anulação, sob o fundamento de que o segurado não haveria cumprido carência. Nessa situação, o fundamento utilizado pelo INSS não é procedente, pois o auxílio-doença independe de carência.

1: incorreta. No caso de ato administrativo do qual decorram efeitos patrimoniais contínuos, como a concessão de benefício previdenciário, o prazo de 10 anos é contado da percepção do primeiro pagamento (art. 103-A, § 1º, do PBPS); **2:** correta, nos termos do art. 26, I, do PBPS. HS

Gabarito 1E, 2C

(Delegado Federal – 2018 – CESPE) Pedro é o responsável pelo adimplemento das contribuições previdenciárias de uma empresa de médio porte. Nos meses de janeiro a junho de 2018, a empresa entregou a Pedro o numerário correspondente ao valor das contribuições previdenciárias de seus empregados, mas Pedro, com dolo, deixou de repassá-lo à previdência social. Pedro é primário e de bons antecedentes.

Nessa situação hipotética,

(1) Pedro praticou o crime de sonegação de contribuição previdenciária.

(2) a punibilidade de Pedro será extinta se, antes do início da ação fiscal, ele declarar, confessar e efetuar o recolhimento das prestações previdenciárias, espontaneamente e na forma do regulamento do INSS.

(3) caso o repasse das contribuições previdenciárias ocorra após o início da ação fiscal e antes do oferecimento da denúncia, o juiz poderá deixar de aplicar a pena ou aplicar apenas a multa.

1: incorreta. O crime se chama apropriação indébita previdenciária (art. 168-A do Código Penal); **2:** correta, nos termos do art. 168-A, § 2º, do Código Penal); **3:** correta, nos termos do art. 168-A, § 3º, I, do Código Penal. HS

Gabarito 1E, 2C, 3C

(Analista Jurídico – TCE/PR – 2016 – CESPE) Com relação ao regime geral de previdência social (RGPS), assinale a opção correta, de acordo com a jurisprudência dos tribunais superiores.

(A) Conforme entendimento do STF, aquele que, embora exerça atividades laborais consideradas nocivas à saúde, utilize equipamento de proteção que anula completamente a nocividade durante o desempenho de tais atividades não fará jus à percepção de aposentadoria especial.

(B) Servidora pública ocupante de cargo efetivo no estado do Paraná pode filiar-se ao RGPS como segurado facultativo.

(C) Aquele que preenche os requisitos legais para a concessão de benefício previdenciário adquire um direito fundamental, inexistindo prazo decadencial para a concessão ou a revisão de benefícios.

(D) Para a concessão do benefício de auxílio-reclusão, deve-se considerar a renda da unidade familiar, já que o destinatário do benefício são os dependentes do segurado recluso.

(E) Nos termos da jurisprudência do STJ, não tem direito à percepção de benefício de pensão por morte o cônjuge do falecido que, apesar de possuir os requisitos para aposentadoria antes do óbito, tenha perdido a qualidade de segurado.

A: correta, nos termos do ARE 664.335/SC, donde se extrai a tese consagrada: "o direito à aposentadoria especial pressupõe a efetiva exposição do trabalhador a agente nocivo à sua saúde, de modo que, se o EPI for realmente capaz de neutralizar a nocividade, não haverá respaldo constitucional à aposentadoria especial"; **B:** incorreta. É vedada a filiação ao RGPS como segurado facultativo de pessoa integrante de regime próprio de previdência (art. 201, §5º, da CF); **C:** incorreta. Realmente não há prazo para a concessão do benefício, que pode ser pedido a qualquer tempo a partir da obtenção do direito, mas há prazo decadencial de 10 anos para solicitar a revisão do benefício (art. 103 da Lei 8.213/1991); **D:** incorreta. A despeito de realmente ser um benefício pago aos dependentes (art. 18, II, "b", da Lei 8.213/1991), a análise do requisito da "baixa renda" envolve somente o segurado, não importando o total da renda familiar (art. 116 do Decreto 3.048/1999); **E:** incorreta. A jurisprudência do STJ se firmou em sentido contrário, ou seja, caso completos os requisitos para aposentadoria do segurado, ainda que venha a perder essa qualidade, seus dependentes farão jus à pensão por morte (STJ, AgRg no REsp 839.312/SP).

Gabarito "A"

(Advogado União – AGU – CESPE – 2015) No que diz respeito à seguridade social, julgue os itens a seguir.

(1) As diretrizes que fundamentam a organização da assistência social são a descentralização político-administrativa para os estados, o Distrito Federal e os municípios, e comando único em cada esfera de governo; a participação da população, mediante organizações representativas, na formulação das políticas e no controle das ações; e a prevalência da

(2) De acordo com a CF, a gestão administrativa da seguridade social deve ser tripartite, ou seja, formada por trabalhadores, empregadores e governo.

(3) Conforme a jurisprudência do STF, a irredutibilidade do valor dos benefícios é garantida constitucionalmente, seja para assegurar o valor nominal, seja para assegurar o valor real dos benefícios, independentemente dos critérios de reajuste fixados pelo legislador ordinário.

(4) De acordo com entendimento do STF, o princípio da preexistência do custeio em relação ao benefício ou serviço aplica-se à seguridade social financiada por toda sociedade, estendendo-se às entidades de previdência privada.

1: Correta, nos termos do art. 5º da Lei 8.742/1993. **2:** Incorreta. A gestão da seguridade social será quadripartite, garantida também a participação dos aposentados (art. 194, parágrafo único, VII, da CF). **3:** Incorreta. Segundo o STF, a irredutibilidade do valor dos benefícios aplica-se unicamente ao seu valor nominal. O que assegura a preservação do valor real é o princípio insculpido no art. 201, § 4º, da CF, que tem natureza distinta. Além disso, o reajuste seguirá critérios definidos em lei ordinária (STF, RE 263.252/PR). **4:** Incorreta. O STF tem jurisprudência consolidada no sentido de que o princípio da previsão do custeio dos benefícios e serviços da seguridade social não se aplica à previdência privada (RE 583.687 AgR). HS

Gabarito 1C, 2E, 3E, 4E

(Advogado União – AGU – CESPE – 2015) Acerca do RGPS, julgue os itens subsequentes.

(1) Conforme entendimento do STJ, síndico de condomínio que receber remuneração pelo exercício dessa atividade será enquadrado como contribuinte individual do RGPS, ao passo que o síndico isento da taxa condominial, por não ser remunerado diretamente, não será considerado contribuinte do RGPS.

(2) De acordo com jurisprudência do STF, devido ao fato de os serviços de registros públicos, cartorários ou notariais serem exercidos em caráter privado, os oficiais de registro de imóveis, para os fins do RGPS, devem ser classificados na categoria de contribuinte individual.

(3) Desde que tenha sido intercalado com o exercício de atividade laborativa, o período em que o segurado se beneficiar de auxílio-doença deverá ser considerado para fins de cômputo de carência e para o cálculo do tempo de contribuição na concessão de aposentadoria por invalidez, conforme entendimento do STF.

Situação hipotética: Ricardo, segurado facultativo do RGPS, havia recolhido dez contribuições mensais quando, devido a problemas financeiros, teve de deixar de recolher novas contribuições durante nove meses. Após se restabelecer financeiramente, Ricardo voltou a contribuir, mas, após quatro meses de contribuição, ele foi acometido por uma doença que o incapacitou para o trabalho durante vinte dias.

(4) Assertiva: Nessa situação, embora a doença de Ricardo exija carência para o gozo do benefício de auxílio-doença, este perceberá o referido auxílio devido ao fato de ter readquirido a qualidade de segurado a partir do recolhimento de um terço do número de contribuições exigidas para o gozo do auxílio-doença.

(5) Conforme entendimento do STF, não há incidência de contribuição previdenciária nos benefícios do RGPS, incluído o salário-maternidade.

Situação hipotética: Howard, cidadão norte-americano, domiciliado no Brasil, foi aqui contratado pela empresa brasileira X, para trabalhar, por tempo indeterminado, em sua filial situada no Canadá. A maior parte do capital votante dessa filial canadense é da empresa X, constituída sob as leis brasileiras e com sede e administração no Brasil.

(6) Assertiva: Nessa situação, Howard deverá estar, necessariamente, vinculado ao RGPS como segurado empregado.

1: Incorreta. O STJ firmou entendimento de que a remuneração indireta do síndico, mediante a isenção da taxa condominial, coloca-o como segurado obrigatório da previdência social (REsp 411.832/RS). **2**: Correta, conforme julgado pelo STF no AI 667.424 ED. **3**: Correta, conforme julgado pelo STF no RE 583.834. **4**: Incorreta. Trata-se de questão de extrema "decoreba" e feita para incidir o candidato a erro, espécie que desejamos seja abolida dos concursos públicos o quanto antes. Realmente, ao contribuir por mais 4 meses depois de perder a qualidade de segurado, período que equivale a um terço dos 12 meses exigidos como carência do auxílio-doença, Ricardo teria direito ao benefício. Contudo, o benefício é devido ao segurado que ficar incapacitado para seu trabalho habitual por mais 15 dias **consecutivos.** A ausência deste adjetivo torna errada a assertiva, porque ela diz apenas "vinte dias", não especificando se foram consecutivos. **5**: Incorreta. O salário-maternidade é exceção à regra segundo a qual não incide contribuição sobre benefício previdenciário (STF, RE 621.476 ED). **6**: Correta, nos termos do art. 11, I, *c*, da PBPS. HS

Gabarito 1E, 2C, 3C, 4E, 5E, 6C

(Defensoria/DF – 2013 – CESPE) Julgue os itens a seguir, relativos a seguridade social e a acidente do trabalho.

(1) Entre os objetivos em que se baseia a organização da seguridade social no Brasil inclui-se o caráter democrático e descentralizado da administração, mediante gestão tripartite, com participação dos trabalhadores, dos empregadores e do governo nos órgãos colegiados.

(2) De acordo com a Lei nº 8.213/1991, que dispõe sobre os planos de benefícios da previdência social, equipara-se ao acidente do trabalho o acidente sofrido pelo segurado do RGPS no local e no horário do trabalho, em consequência de ato de agressão praticado por terceiro.

(3) Caso um segurado do RGPS, conduzindo veículo de sua propriedade, sofra acidente de transito ao deslocar-se de sua residência para seu local de trabalho, esse acidente não se equiparara a acidente do trabalho.

(4) Nos termos da CF, a seguridade social compreende um conjunto integrado de ações de iniciativa dos poderes públicos e da sociedade destinadas a assegurar, exclusivamente, os direitos relativos a previdência e a assistência social.

1: incorreta. A gestão será **quadripartite.** A assertiva deixou de mencionar a participação dos aposentados (art. 194, parágrafo único, VII, da CF); **2**: correta, nos termos do art. 21, II, "a", da Lei nº 8.213/1991; **3**: incorreta. Tal acidente equipara-se ao do trabalho por força do art. 21, IV, "d", da Lei nº 8.213/1991; **4**: incorreta. Faltou mencionar a saúde (art. 194 da CF).

Gabarito 1E, 2C, 3E, 4E

(Ministério Público/ES – 2010 – CESPE) Acerca dos institutos de direito previdenciário e da jurisprudência relacionada ao tema, assinale a opção correta.

(A) Ao indivíduo que tenha sofrido acidente de trabalho e implementado todos os requisitos necessários à concessão de aposentadoria por invalidez, mas não possua salários de contribuição no período básico de cálculo, será concedida aposentadoria por invalidez com renda mensal no valor de um salário mínimo.

(B) Antes do Decreto Legislativo n. 4.682, de 24.01.1923, conhecido como Lei Eloy Chaves, não existia nenhuma legislação em matéria previdenciária no Brasil. Por esse motivo, o dia 24 de janeiro é considerado oficialmente o dia da previdência social.

(C) O trabalhador rural, na condição de segurado especial, está sujeito à contribuição obrigatória sobre a produção rural comercializada, que lhe garante, entre outros benefícios, aposentadoria por invalidez, aposentadoria por idade e aposentadoria por tempo de contribuição.

(D) A partir da Lei n. 10.839/2004, que deu nova redação ao art. 103 da Lei n. 8.213/1991, prescreve em dez anos, a contar da data em que deveria ter sido paga, toda e qualquer ação para haver prestações vencidas ou quaisquer restituições ou diferenças devidas pela previdência social.

(E) É vedada a filiação ao RGPS, na qualidade de segurado obrigatório, de pessoa participante de regime próprio de previdência, ainda que servidor ocupante exclusivamente de cargo em comissão declarado em lei de livre nomeação e exoneração.

A: correta, nos termos do art. 29, § 5º, do PBPS; **B:** incorreta. A Lei Eloy Chaves é realmente considerada o marco inicial da Previdência Social no Brasil, porém, não é correto dizer que antes dela não havia qualquer legislação sobre o tema. Cite-se, por exemplo, a criação do montepio geral dos servidores do Estado e a Lei 3.397/1888, que criou uma "Caixa de Socorro" para os trabalhadores de cada uma das empresas ferroviárias estatais; **C:** incorreta. O segurado especial não faz jus à aposentadoria por tempo de contribuição, exceto se contribuir no montante previsto para os contribuintes individuais (art. 60, § 4º, e 200, § 2º, do RPS); **D:** incorreta. O prazo prescricional em comento é de 05 anos (art. 103, parágrafo único, do PBPS); **E:** incorreta. É vedada a filiação como segurado **facultativo** de pessoa participante de regime próprio de previdência (art. 201, § 5º, da CF).

Gabarito "A"

(Defensor Público/AC – 2012 – CESPE) Acerca do RGPS, assinale a opção correta.

(A) O valor do salário de benefício não pode exceder em cinco vezes o limite máximo estabelecido para o salário de contribuição na data de concessão do benefício.

(B) Considera-se beneficiário do RGPS, na condição de dependente do segurado, irmão com menos de vinte e um anos de idade, ainda que emancipado.

(C) Compete ao dependente promover sua inscrição na previdência social quando do requerimento do benefício a que estiver habilitado.

(D) Constitui infração administrativa o não cumprimento, pela empresa, das normas de segurança e higiene do trabalho.

(E) A doença degenerativa e a inerente a grupo etário, desde que produzam incapacidade laborativa, são consideradas doenças do trabalho.

A: incorreta, pois nenhum benefício reajustado poderá exceder o limite máximo do salário de benefício na data do reajustamento, respeitados os direitos adquiridos – art. 41-A, § 1º, do Plano de Benefícios da Previdência Social – PBPS (Lei 8.213/1991); **B:** incorreta, pois apenas o irmão não emancipado menor de 21 anos ou inválido ou que tenha deficiência intelectual ou mental ou deficiência grave é considerado segurado – arts. 16, III, e 77, § 2º, II, do PBPS; **C:** correta, pois reflete o disposto no art. 17, § 1º, do PBPS; **D:** incorreta, pois o art. 19, § 2º, do PBPS refere-se à contravenção penal; **E:** incorreta, pois não são consideradas doenças do trabalho, excluídas expressamente pelo art. 20, § 1º, *a* e *b*, do PBPS.

Gabarito "C"

(Defensor Público/RO – 2012 – CESPE) A respeito do direito previdenciário, assinale a opção correta.

(A) Segundo entendimento do STF, com o fim da paridade entre ativos e inativos, quaisquer vantagens pecuniárias decorrentes de reposicionamento de servidores ativos na carreira não mais se estendem aos inativos.

(B) Para efeito dos benefícios previstos no RGPS ou no serviço público, é assegurada a contagem recíproca do tempo de contribuição na atividade privada, rural e urbana, e do tempo de contribuição ou de serviço na administração pública; entretanto, os diferentes sistemas de previdência social não se compensarão financeiramente.

(C) Nos termos da legislação vigente, caso a soma do tempo de serviço da trabalhadora segurada na previdência social ultrapasse trinta anos e a do trabalhador segurado, trinta e cinco anos, o excesso poderá ser considerado para todos os efeitos legais.

(D) O constituinte derivado vedou, por meio de emenda constitucional, todas as exceções anteriormente previstas para a percepção de mais de uma aposentadoria à conta do regime público de previdência social.

(E) Com a instituição do novo regime de previdência complementar dos servidores públicos federais titulares de cargo efetivo, instituído pela Lei n.º 12.618/2012, o servidor público que ingressou no serviço público em data anterior à vigência do referido normativo, terá o prazo de doze meses para optar pelo novo regime de previdência, e poderá realizar eventual retratação no prazo de cinco anos.

A: correta, pois essa é a jurisprudência do STF – ver AI 796.527 AgR/RJ; **B:** incorreta, pois há compensação financeira na contagem recíproca – art. 201, § 9º, da CF; **C:** incorreta, pois o excesso não será considerado para qualquer efeito – art. 98 do PBPS (Lei 8.213/1991); **D:** incorreta, pois é possível a cumulação inclusive no regime próprio dos servidores, excepcionalmente, desde que aposentadorias decorrentes de cargos acumuláveis na forma da Constituição – art. 40, § 6º, da CF; **E:** incorreta, pois o prazo para a opção é de 24 meses, sendo irrevogável e irretratável – art. 3º, §§ 7º e 8º, da Lei 12.618/2012.

Gabarito "A"

(Defensor Público/BA – 2010 – CESPE) Em relação às disposições constitucionais aplicáveis à previdência social, julgue o item a seguir.

(1) O julgamento pela ilegalidade do pagamento de benefício previdenciário previsto na legislação não implica a obrigatoriedade da devolução das importâncias recebidas, de boa-fé, pelo segurado.

1: assertiva correta, conforme a jurisprudência do STJ – ver AgRg Ag 1.421.204/RN.

Gabarito 1C

(Procurador/DF - 2013 - CESPE) Acerca de institutos diversos de direito previdenciário, julgue o item subsequente.

(1) Nas hipóteses em que o ilícito administrativo praticado por servidor, nessa condição, dê ensejo à cassação de aposentadoria e também seja capitulado como crime, a prescrição da pretensão punitiva da administração terá como baliza temporal a pena em concreto, aplicada no âmbito criminal, devendo ser observados os prazos prescricionais do CP.

1: correta, nos termos do art. 142, § 2º, da Lei 8.112/1990– ver também RMS 32.285/RS do STJ.

Gabarito 1C

(Magistratura Federal – 2ª Região – 2011 – CESPE) Em relação ao denominado período de graça e à comprovação de tempo de serviço/contribuição no âmbito do RGPS, assinale a opção correta.

(A) Mantém a qualidade de segurado, independentemente de contribuições, até doze meses após o licenciamento, o indivíduo incorporado às Forças Armadas para prestar serviço militar.

(B) Para fins de reconhecimento de tempo de serviço, a sentença trabalhista será admitida como início de prova material quando corroborada pelo conjunto fático-probatório dos autos, ainda que o INSS não tenha integrado a lide.

(C) Para fazer jus às vantagens garantidas em lei pelo período de graça, o segurado deve comprovar sua situação de desemprego por meio de registro em órgão do Ministério do Trabalho e Emprego.

(D) É incabível ação declaratória para o mero reconhecimento de tempo de serviço para fins previdenciários.

(E) A comprovação do tempo de serviço mediante justificação administrativa só produz efeito quando embasada em início de prova material; não se admite prova exclusivamente testemunhal, mesmo na hipótese de força maior ou caso fortuito.

A: incorreta. Nesse caso, o período de graça é de 03 meses (art. 15, V, do PBPS); **B:** correta, conforme decidido pelo STJ no AgRg no Ag 1.382.384/SP, *DJ* 19.05.2011; **C:** incorreta. O período de graça é garantido ao segurado independentemente de qualquer formalidade. O PBPS faculta, em seu art. 15, § 2º, que o trabalhador desempregado informe sua condição ao MTE para, com isso, aumentar em 12 meses seu período de graça; **D:** incorreta. A Súmula 242 do STJ afirma o cabimento da ação; **E:** incorreta. O caso fortuito e a força maior excepcionam a regra, autorizando a prova exclusivamente testemunhal (art. 55, § 3º, do PBPS).

Gabarito "B"

(Magistratura Federal – 3ª Região – 2011 – CESPE) Assinale a opção correta, a respeito do RGPS.

(A) Suponha que Mário seja titular de aposentadoria concedida em 20/11/1996. Nesse caso, não há prazo para o INSS revisar de ofício a renda mensal inicial do mencionado benefício, o que pode ser feito a qualquer tempo, desde que observado o prévio contraditório.

(B) A comprovação do tempo de serviço para obtenção de benefício previdenciário exige início de prova material, sendo assim considerada a declaração prestada pelo ex-empregador, quando contemporânea aos fatos alegados.

(C) Considere que João, carregador de bagagem em porto, preste, sem vínculo empregatício, serviços a diversas empresas por intermédio do sindicato da categoria. Nessa situação, João é segurado obrigatório na condição de contribuinte individual.

(D) A dependência econômica dos pais em relação aos filhos não é presumida e deve ser comprovada com início de prova material, não sendo admitida a prova exclusivamente testemunhal, salvo na ocorrência de força maior ou caso fortuito.

(E) Conforme jurisprudência do STF, a majoração do limite máximo do valor dos benefícios previdenciários (também conhecido como teto) efetivada por emenda constitucional não tem aplicação retroativa aos benefícios concedidos com limite no teto anterior.

A: incorreta. O prazo decadencial para o INSS revisar atos de concessão de benefícios é de 10 anos, contados a partir da prática do ato, nos termos do art. 103-A do PBPS; **B:** correta, nos termos da decisão proferida pelo STJ na AR 1.808/SP, *DJ* 24.04.2006; **C:** incorreta. João, pela sua atividade, enquadra-se como trabalhador avulso (art. 9º, VI, *g*, do RPS); **D:** incorreta. No caso de comprovação de dependência econômica, em hipótese alguma é admitida a prova exclusivamente testemunhal (art. 143 do RPS); **E:** incorreta. O STF, no julgamento do RE 564.354/SE, *DJ* 08.09.2010, entendeu pela possibilidade de revisão dos benefícios previdenciários concedidos anteriormente a Emenda Constitucional que altera seu limite máximo.

Gabarito "B"

(Magistratura Federal – 3ª Região – 2011 – CESPE) Acerca de segurados, benefícios e serviços do RGPS, assinale a opção correta.

(A) O salário-família é devido ao segurado empregado, exceto ao doméstico, e ao segurado trabalhador avulso, na proporção do número de filhos e independentemente da renda do segurado.
(B) Suponha que José, segurado facultativo, tenha recolhido sua última contribuição previdenciária em janeiro de 2011 e falecido em 17/9/2011. Nesse caso, José perdera a qualidade de segurado antes da data do óbito.
(C) A renda mensal inicial do auxílio-doença é de 91% do salário de benefício, que corresponde à média aritmética simples dos maiores salários de contribuição relativos a 80% de todo o período contributivo, multiplicada pelo fator previdenciário.
(D) O serviço social, que compreende a orientação aos segurados e dependentes sobre seus direitos e deveres perante a previdência social, é prestado de forma gratuita e sem prioridade a qualquer beneficiário.
(E) Todas as empresas estão obrigadas a preencher um percentual de seus cargos com trabalhadores reabilitados e só podem dispensar um trabalhador reabilitado após a contratação de substituto de condição semelhante.

A: incorreta. O salário-família é benefício previdenciário previsto somente para os trabalhadores de baixa renda, assim entendidos aqueles que recebem valor até o limite estabelecido no art. 66 do PBPS, devidamente atualizados anualmente por meio de portaria do Ministério da Previdência e Assistência Social; **B:** correta. Como o período de graça do segurado facultativo é de 06 meses (art. 15, VI, do PBPS), José perdera a qualidade de segurado em 16.07.2011 (conforme art. 15, § 4º, do PBPS); **C:** incorreta. O fator previdenciário não incide no cálculo do salário de benefício do auxílio-doença (art. 29, II, do PBPS); **D:** incorreta. Será dada prioridade aos segurados em benefício por incapacidade temporária e atenção especial aos aposentados e pensionistas (art. 88, § 1º, do PBPS); **E:** incorreta. A obrigação existe somente para as empresas com 100 ou mais de 100 empregados (art. 93 do PBPS).

Gabarito "B"

(Magistratura Federal – 3ª Região – 2011 – CESPE) Assinale a opção correta no que se refere a benefícios do RGPS e contribuições sociais.

(A) O adicional noturno e o referente à prestação de horas extras pagos habitualmente pelo empregador ao empregado têm natureza indenizatória e, por isso, não sofrem incidência de contribuição previdenciária.
(B) Consoante jurisprudência do STF, compete à justiça estadual processar e julgar as ações em que se pleiteie a acumulação de aposentadoria por tempo de contribuição com auxílio-acidente decorrente de acidente de trabalho.
(C) Consoante jurisprudência do STJ, compete à justiça federal processar e julgar as ações em que se pleiteie pensão por morte decorrente de falecimento do segurado em razão de acidente de trabalho.
(D) A renda mensal referente a auxílio-acidente concedido em virtude de moléstia surgida em 2005 não integra o salário de contribuição para efeito de cálculo do salário de benefício da aposentadoria por idade requerida em 2011.
(E) Incide contribuição previdenciária sobre a remuneração paga pelo empregador ao empregado durante os primeiros quinze dias de afastamento em virtude de incapacidade para o trabalho.

A: incorreta. Tais verbas integram o salário de contribuição, porque são consideradas como remuneração (art. 28 do PBPS); **B:** incorreta. O STF, nessa hipótese, reconhece a competência da Justiça Federal para julgar o feito (RE 461.005/SP, *DJ* 08.04.2008); **C:** correta. Essa posição consolidada do STJ pode ser encontrada, por exemplo, no AgRg no CC 113.675/SP, *DJ* 12.12.2012; **D:** incorreta. O art. 31 do PBPS determina que o auxílio-acidente integra o cálculo do salário de benefício de qualquer aposentadoria; **E:** incorreta. A jurisprudência do STJ afasta a incidência da contribuição previdenciária nessa hipótese, sob o fundamento de que a verba não tem natureza salarial (REsp 786.250/RS, *DJ* 06.03.2006).

Gabarito "C"

(Magistratura Federal – 3ª Região – 2011 – CESPE) Acerca dos regimes especiais, assinale a opção correta.

(A) A reparação econômica em prestação mensal, devida ao anistiado político no valor igual ao da remuneração que receberia se estivesse na ativa, não é isenta de contribuição previdenciária nem pode ser acumulada com outros benefícios de natureza previdenciária.
(B) Somente o ferroviário admitido na Rede Ferroviária Federal S.A. pelo regime estatutário e que não tenha feito a opção pelo regime celetista tem direito à complementação de aposentadoria para equiparar os proventos da inatividade com a remuneração que receberia se em atividade estivesse.
(C) A pensão especial aos portadores da síndrome da talidomida, cujo valor é calculado com base nos pontos indicadores da natureza e no grau da dependência resultante da deformidade física, não pode ser reduzida em razão da aquisição de capacidade laborativa ocorrida após a sua concessão.
(D) O direito de reversão da pensão de ex-combatente da Segunda Guerra Mundial para a filha mulher, em razão do falecimento da própria mãe, que recebia a pensão especial, é regulado pelas normas em vigor na data do óbito da genitora.
(E) Os seringueiros que contribuíram na produção da borracha durante a Segunda Guerra Mundial, conhecidos como "soldados da borracha", têm direito à pensão mensal vitalícia no valor de dois salários mínimos, intransferível aos dependentes.

A: incorreta. A reparação econômica do anistiado político é isenta de contribuição ao INSS e não há qualquer vedação à sua cumulação com qualquer benefício previdenciário (art. 9º da Lei 10.559/2002); **B:** incorreta. A complementação é devida também aos ferroviários que optaram pelo regime celetista (art. 3º da Lei 8.186/1991); **C:** correta, nos termos dos arts. 1º, § 1º, e 3º, § 1º, da Lei 7.070/1982; **D:** incorreta. É vedada a transferência da pensão especial de um dependente para outro (art. 14, parágrafo único, da Lei 8.059/1990); **E:** incorreta. O benefício é transferível aos dependentes reconhecidamente carentes (art. 54, § 2º, do Ato das Disposições Constitucionais Transitórias).

Gabarito "C"

30. Direito Internacional Público e Privado

Renan Flumian e Pedro Sloboda

1. DIREITO INTERNACIONAL PÚBLICO

1.1. DIREITO INTERNACIONAL PÚBLICO – TEORIA, FUNDAMENTOS E FONTES

(Juiz – TRF5 – 2017 – CESPE) Até hoje, o sistema legislativo internacional é de forma horizontal, não havendo nenhum órgão legislativo da sociedade internacional. [...] Não há autoridade legislativa que adote uma legislação universalmente vinculativa e não há corte internacional com jurisdição compulsória. [...] Já que não existe uma constituição da sociedade internacional que possa esclarecer as fontes do direito internacional, as cortes internacionais têm tentado determinar as suas regras de aplicação. Essa questão é geralmente tratada como fontes do direito internacional.

Hee Moon Jo. Introdução ao direito internacional. 2.ª ed. São Paulo: LTr, 2004, p. 77-8 (com adaptações).

A respeito do assunto abordado nesse fragmento de texto, assinale a opção correta, considerando que CIJ se refere à Corte Internacional de Justiça.

(A) *Jus cogens* são normas imperativas de direito internacional geral, aceitas e reconhecidas pela comunidade internacional dos Estados como um todo, que não podem ser derrogadas ou modificadas, salvo por norma ulterior de direito internacional geral da mesma natureza, e que podem ter fundamento tanto convencional quanto consuetudinário.

(B) Dada sua soberania, os Estados podem, no que se refere aos atos unilaterais autonormativos, voltar atrás quanto a declarações ou manifestações formuladas expressamente, não havendo de se falar em vinculação ao conteúdo daquilo que formalmente expressaram.

(C) O Estatuto da CIJ enumera um rol de fontes que a Corte pode utilizar para cumprir sua função de decidir as controvérsias que lhe forem submetidas, mas não, do ponto de vista doutrinário, um rol de fontes para o direito internacional.

(D) A *opinio juris* do costume internacional representa uma atividade estatal que é normativamente obrigatória, de forma que, conforme já decidido pela CIJ, se pode inferir que há uma norma proibitiva de determinado agir quando os Estados não agirem de determinada forma.

(E) Conforme já decidido pela CIJ, a norma consuetudinária será absorvida ou revogada pela norma de tratado internacional se ambas regularem o mesmo conteúdo.

A: correta, pois traz a definição correta de *jus cogens*; **B:** incorreta, pois ocorre sim a vinculação. Há duas condições para que o ato unilateral de um Estado possa gerar direitos e obrigações na comunidade internacional: o ato unilateral deve ser público e o Estado deve ter a intenção de se obrigar pelo ato unilateral produzido (princípio de estoppel); **C:** incorreta, pois se trata sim de um rol de fontes para o direito internacional (art. 38 do Estatuto da Corte Internacional de Justiça); **D:** incorreta. A *opinio juris* (convicção do Direito) não é apenas um acordo tácito ou abstrato de vontades (como pretendem os voluntaristas), mas sim a crença prematura dos atores da sociedade internacional (criadores daqueles "precedentes" já referidos) de que aquilo que se pratica reiteradamente se estima obrigatório pelo fato de ser justo e pertencente ao universo do Direito[1]; **E:** incorreta. O costume poderá ser extinto em função do desuso, da adoção de um novo costume ou da incompatibilidade com um novo tratado internacional. Cabe afirmar que não há hierarquia entre tratados e costumes internacionais, como fontes de Direito Internacional; assim, costumes podem revogar tratados e tratados podem revogar costumes.

Gabarito "A".

(Diplomacia – 2017 – CESPE) A respeito das fontes do direito internacional público, julgue (C ou E) os itens a seguir.

(A) O Estatuto da Corte Internacional de Justiça reconhece os princípios gerais de direito como fontes auxiliares do direito internacional.

(B) Em 2016, entrou em vigor a convenção das Nações Unidas sobre atos unilaterais dos Estados, fruto de projeto elaborado pela Comissão de Direito Internacional.

(C) A definição de jus cogens que consta tanto na Convenção de Viena sobre o Direito dos Tratados, de 1969, como na Convenção de Viena sobre o Direito dos Tratados entre Estados e Organizações Internacionais ou entre Organizações Internacionais, de 1986, refere-se à comunidade internacional de Estados, e não à comunidade internacional de Estados e organizações internacionais.

(D) Não há vedação, conforme a Convenção de Viena sobre o Direito dos Tratados, de 1969, para que dois ou mais Estados sejam depositários de um mesmo tratado.

A: Errado. O que se convencionou denominar "fontes auxiliares" são a jurisprudência e a doutrina, indicadas no artigo 38 do Estatuto da Corte Internacional de Justiça como "meios auxiliares para a determinação das regras de direito". Doutrina e jurisprudência não criam obrigações jurídicas propriamente ditas, por isso são apenas auxiliares. Por sua vez, os princípios gerais de direito "reconhecidos pelas nações civilizadas", conforme redação que remonta à década de 1920, são considerados fontes propriamente ditas, porque criam direitos e obrigações. Os PGDs foram incluídos no Estatuto da Corte com o objetivo de evitar o *non liquet*. Apesar disso, a Corte nunca julgou um caso exclusivamente com base neles. **B: Errado**. Não existe tratado sobre atos unilaterais dos estados. Existem apenas dez princípios diretores (*guiding principles)* elaborados pela Comissão de Direito Internacional, sob a relatoria de Victor Cedeño. A CDI realizou esse estudo entre os anos de 1996 e 2006. Apesar de não previstos no artigo 38 do Estatuto da Corte Internacional de Justiça, os atos unilaterais são considerados fontes de direito internacional, desde que sejam (i) públicos e (ii) acompanhados da vontade de se obrigar, como reconheceu a Corte Internacional de Justiça no caso Testes Nucleares, em decisão de 1974, requisitos consagrados nos princípios diretores de 2006.**C: Anulado**. O item está correto, mas foi anulado mediante a justificativa de que "A Convenção de Viena sobre o Direito dos Trabalhadores [sic] entre Estados e Organizações Internacionais, de 1986, ainda não entrou em vigor, o que contraria o item 14.3.5 do edital de abertura do certame". É bem verdade que a maior parte das normas da referida convenção reflete o direito costumeiro em vigor, mas a anulação foi prudente, porque a comunidade internacional não é formada apenas pelos Estados, e não é consensual a natureza costumeira da definição de *jus cogens* apresentada nas convenções.**D: Certo**. De acordo com o artigo 76 da Convenção de Viena sobre Direito dos Tratados de 1969, o "depositário pode ser um ou mais Estados, uma organização internacional ou o principal funcionário administrativo dessa organização". Durante a Guerra Fria, era comum a nomeação de múltiplos depositários, de modo a evitar que eventuais desavenças políticas obstruíssem o depósito dos instrumentos de ratificação. O Tratado de Não Proliferação de Armas Nucleares, por exemplo, possui três depositários, conforme seu artigo IX: o Reino Unido, os Estados Unidos e a Federação Russa (então URSS). PS

Gabarito: 1E, 2E, ANULADA, 4C

1. MAZZUOLI, V. O. Curso de Direito Internacional Público. 6. ed. São Paulo: Ed. RT, 2012. p. 124.

(Diplomacia – 2016 – CESPE) A respeito das disposições da Convenção de Viena sobre o Direito dos Tratados, de 1969, julgue (C ou E) os itens seguintes.

(A) A menos que o tratado ou os Estados contratantes disponham de forma diversa, é função do depositário examinar se a assinatura de instrumento está em boa forma e, se necessário, chamar a atenção do Estado em causa sobre a questão.

(B) A definição de Estado contratante abrange apenas os Estados que consentiram em se obrigar pelo tratado quando este tenha entrado em vigor.

(C) Consta expressamente na referida convenção que as disposições sobre suspensão são inaplicáveis aos tratados que contêm obrigações erga omnes partes.

(D) Reservas e declarações interpretativas somente podem ser apresentadas, se possível a sua formulação, no momento da assinatura, ratificação, aceitação ou aprovação de tratado ou de adesão a tratado.

A: Certo. É exatamente o que prevê o artigo 77 (1)(c) da Convenção de Viena sobre Direito dos Tratados de 1969. Trata-se de função característica do depositário, figura responsável pela guarda do tratado e pelo recebimento das manifestações de consentimento, bem como pelo preparo das versões autênticas do texto de um tratado e pelo seu registro no Secretariado das Nações Unidas. **B: Errado**. De acordo com o artigo 2 da Convenção de Viena, um Estado contratante é um Estado que consentiu em se obrigar pelo tratado, tenha ou não o tratado entrado em vigor. Um Estado parte, por sua vez, é Estado que consentiu em se obrigar pelo tratado e em relação ao qual este esteja em vigor. Dessa forma, todo estado parte é também estado contratante, mas a recíproca não é verdadeira. **C: Errado**. A Convenção de Viena sobre Direito dos Tratados de 1969 não possui nenhum dispositivo expresso sobre obrigações *erga omnes partes*. De toda forma, por mais que não seja possível suspender uma obrigação dessa natureza em razão de sua violação (*exceptio inadimplendi*, prevista no artigo 60), nada impediria, a princípio, que uma obrigação *erga omnes partes* fosse suspensa ou até extinta, por exemplo, por vontade unânime das partes (artigo 57) ou por celebração de tratado posterior (artigo 59). **D: Errado**. De acordo com o relatório elaborado por Alain Pellet para a Comissão de Direito internacional em 2013, é possível a formulação de reservas tardias, após o consentimento definitivo em vincular-se pelo tratado (pela assinatura, ratificação, aceitação, aprovação ou adesão), desde que (i) o tratado permita; ou (ii) nenhuma das demais partes contratantes se oponha. PS

Gabarito: 1C, 2E, 3E, 4E

(Diplomacia – 2015 – CESPE) A jurisprudência tem constituído importante acervo de decisões que balizam o desenvolvimento progressivo do direito internacional, não apenas como previsão ideal, mas como efetivo aporte à prática da disciplina. Acerca da aplicação do art. 38 do Estatuto da Corte Internacional de Justiça, de antecedentes judiciários, de tratados e de costumes, julgue (C ou E) os seguintes itens.

(A) Extingue-se um tratado por ab-rogação sempre que a vontade de terminá-lo for comum às partes coobrigadas.

(B) A noção de jus cogens, como a de normas imperativas a priori, embora não unanimemente reconhecida em doutrina, é invocada com referência tanto em jurisprudência quanto em direito internacional positivo.

(C) Quando do julgamento do caso Bernadotte, em jurisdição contenciosa da Corte Internacional de Justiça, prolatou-se sentença pela qual se reconheceu personalidade jurídica às organizações internacionais.

(D) Aos juízes de Haia, autorizados pelo estatuto da Corte Internacional de Justiça, é conferido o poder de aplicar, de forma automática, tanto normas escritas quanto normas não escritas, além de costume, de equidade e de princípios gerais do direito.

A: Certo. Ab-rogação significa a revogação total de um tratado, diferentemente da derrogação, ou revogação parcial, cujos efeitos jurídicos são regulados pelo artigo 30 da Convenção de Viena sobre Direito dos Tratados de 1969. Nesse sentido, "extinção" e "ab-rogação" são muitas vezes usados como termos intercambiáveis. E, de fato, uma das formas de extinção de tratados é pelo "consentimento de todas as partes, após consulta com os outros Estados contratantes", nos termos do artigo 54 da Convenção de Viena. **B: Certo**. A introdução do *jus cogens* no direito internacional foi polêmica. Capitaneada pela doutrina soviética e estimulada pelos países em desenvolvimento, a noção de limitações *a priori* à liberdade de contrato dos Estados sofreu forte resistência dos países desenvolvidos. Estimulado pelo entusiasmo de doutrinadores como Alfred Verdross, o conceito foi finalmente inserido no artigo 53 da Convenção de Viena sobre Direito dos Tratados de 1969 e definido como "uma norma aceita e reconhecida pela comunidade internacional dos Estados como um todo, como norma da qual nenhuma derrogação é permitida e que só pode ser modificada por norma ulterior de Direito Internacional geral da mesma natureza". A definição é formalista, mas uma norma adquire seu caráter peremptório pela importância de sua matéria. Trata-se de normas que resguardam valores fundamentais da comunidade internacional. Dessa forma, a Corte Internacional de Justiça já se referiu, como normas de *jus cogens*, à proibição da agressão (Caso Nicarágua, 1986), à proibição do genocídio (Caso atividades militares no território do Congo, 2005), à proibição da tortura (Caso relativo à obrigação de julgar ou de extraditar, 2012) e aos princípios fundamentais de direito internacional humanitário – como a proibição dos crimes de guerra (Caso Imunidades Jurisdicionais dos Estados, 2012). A noção invocada no item de normas imperativas "*a priori*" faz referência à imposição de uma limitação à liberdade dos Estados para celebrar tratados. De fato, nos termos do artigo 53 da CVDT, tratados incompatíveis com normas de *jus cogens* são nulos *ab initio* e não produzem nenhum efeito jurídico. Além disso, a expressão "*a priori*" indica também a visão mais comum acerca do fundamento jusnaturalista das normas peremptórias. Tidas como expressão do objetivismo no direito das gentes, considera-se que essas normas limitam o voluntarismo como fundamento do direito internacional. Independentemente da vontade dos Estados, existem normas *a priori* que limitam sua liberdade de ação. De toda forma, o conceito de *jus cogens*, como afirma o item, não é unanimemente reconhecido pela doutrina. Em famoso artigo de 1983, por exemplo (*Towards a relative normativity in international law?*), Prosper Weil criticava duramente o conceito. **C: Errado**. O caso Reparação de Danos Causados a serviço das Nações Unidas, de 1949, também conhecido como "caso Bernadotte", não foi analisado em sede de jurisdição contenciosa, senão em sede de jurisdição consultiva. Trata-se de um dos mais importantes pareceres consultivos proferidos pela Corte Internacional de Justiça, com base no qual, por meio da teoria dos poderes implícitos, a corte reconheceu a personalidade jurídica objetiva das organizações internacionais, oponíveis até mesmo a Estados que não sejam parte da organização. **D: Errado**. A equidade não pode ser aplicada de forma automática. De acordo com o artigo 38(2) do Estatuto da Corte Internacional de Justiça, a corte pode decidir uma questão *ex aequo et bono*, mas tão somente se as partes com isso concordarem. Ao longo da história da CPJI e da CIJ, nenhuma controvérsia jurídica foi decidida com fundamento exclusivo na equidade. PS

Gabarito: 1C, 2C, 3E, 4E

(Diplomacia – 2012 – CESPE) Considerando as fontes de direito internacional público previstas no Estatuto da Corte Internacional de Justiça (CIJ) e as que se revelaram *a posteriori*, bem como a doutrina acerca das formas de expressão da disciplina jurídica, assinale a opção correta.

(A) De acordo com o Estatuto da Corte da Haia, a equidade constitui, apesar de seu caráter impreciso, fonte recorrente e prevista como obrigatória na resolução judicial de contenciosos internacionais.

(B) A expressão não escrita do direito das gentes conforma o costume internacional como prática reiterada e uniforme de conduta, que, incorporada com convicção jurídica, distingue-se de meros usos ou mesmo de práticas de cortesia internacional.

(C) As convenções internacionais, que podem ser registradas ou não pela escrita, são consideradas, independentemente de sua denominação, fontes por excelência, previstas originariamente no Estatuto da CIJ.

(D) Em face do caráter difuso da sociedade internacional, bem como da proliferação de tribunais internacionais, verifica-se no direito internacional crescente invocação de decisões judiciais antecedentes, arroladas como *opinio juris*, ainda que não previstas no Estatuto da CIJ.

(E) Ainda que não prevista em tratado ou no Estatuto da CIJ, a invocação crescente de normas imperativas confere ao *jus cogens* manifesta qualidade de fonte da disciplina, a par de atos de organizações internacionais, como resoluções da ONU.

A: incorreta. O artigo 38 do Estatuto da Corte Internacional de Justiça (CIJ) determina que a função da Corte é decidir as controvérsias que lhe forem submetidas com base no Direito Internacional. Ademais, indica as fontes que serão utilizadas pelos juízes na confecção de suas decisões, a saber: **a)** as convenções internacionais; **b)** o costume internacional; **c)** os princípios gerais do Direito; **d)** as decisões judiciárias e a doutrina dos juristas mais qualificados das diferentes nações. Por fim, ainda aponta a possibilidade de a Corte decidir por equidade (*ex aequo et bono*), desde que convenha às partes, todavia até a presente data (22 de setembro de 2012), não há registro de decisão por equidade. Logo não é uma fonte recorrente, tampouco prevista como obrigatória; **B:** correta. Para ser considerado costume internacional, é necessário que a prática seja geral e reiterada (elemento objetivo ou material), e aceita como o Direito2 (elemento subjetivo ou psicológico). A Corte Internacional de Justiça definiu o que é o costume no conhecido julgamento do caso da Plataforma Continental do Mar do Norte, em 1969, descrevendo o conceito como "(...) a prática reiterada, acompanhada da convicção quanto a ser obrigatória essa prática, por tratar-se de norma jurídica". Trata-se do costume qualificado pela *opinio juris*3. O costume no âmbito internacional adquire grande destaque porque, diferentemente dos Estados, em que há mecanismos altamente centralizados e compulsórios de criação e de aplicação de normas, a sociedade internacional não comporta mecanismo parecido, o que a torna uma *sociedade consuetudinária* por excelência. Ademais, o costume4 assume importante papel na evolução do Direito Internacional por possibilitar a produção de novas normas, tendo em vista a demora do processo de obtenção de consenso entre os Estados para a produção normativa. Tal papel é ainda mais relevante na atualidade, uma época marcada pelo constante progresso da ciência e da tecnologia, o que ocasiona mudanças rápidas e, por conseguinte, a ininterrupta necessidade de novas regras. É imperioso noticiar o atual desprestígio da teoria do *objetor persistente*. Essa teoria predica que um Estado pode se livrar da incidência da regra costumeira desde que tenha abertamente a contrariado desde os primórdios de sua formação. Percebe-se o caráter voluntarista de tal teoria, motivo que denuncia o seu atual demérito em função das bases sobre as quais o costume é hodiernamente formado5. Por fim, deve-se lembrar que o costume poderá ser extinto em função do desuso, da adoção de um novo costume ou da incompatibilidade com um novo tratado internacional. Cabe afirmar que não há hierarquia entre tratados e costumes internacionais, como fontes de Direito Internacional; assim, costumes podem revogar tratados e tratados podem revogar costumes; **C:** incorreta. Consoante o art. 2.º, ponto 1, a, da Convenção de Viena sobre Direito dos Tratados, tratado é um acordo internacional **concluído por escrito** entre Estados e regido pelo Direito Internacional, quer conste de um instrumento único, quer de dois ou mais instrumentos conexos, qualquer que seja sua denominação específica; **D:** incorreta. Reler o comentário sobre a assertiva A; **E:** incorreta. O *jus cogens* está tipificado no artigo 53 da Convenção de Viena sobre Direito dos Tratados: "é nulo um tratado que, no momento de sua conclusão, conflite com uma norma imperativa de Direito Internacional Geral. Para os fins da presente Convenção, uma norma imperativa de Direito Internacional Geral é uma norma aceita e reconhecida pela comunidade internacional dos Estados como um todo, como norma da qual nenhuma derrogação é permitida e que só pode ser modificada por norma ulterior de Direito Internacional Geral da mesma natureza". Por exemplo, a proibição da escravidão é uma norma imperativa de Direito Internacional, pois é considerada inderrogável por toda a comunidade internacional.

Gabarito "B".

(Procurador Federal – 2010 – CESPE) No que concerne às fontes de direito internacional, julgue os itens seguintes.

(1) Em 2008, a Comissão de Direito Internacional da ONU finalizou seu projeto de artigos sobre reservas a tratados.

(2) O princípio do objetor persistente refere-se à não vinculação de um Estado para com determinado costume internacional.

(3) Costumes podem revogar tratados e tratados podem revogar costumes.

1: incorreta, pois embora a Comissão tenha apresentado diversos relatórios acerca do "direito e prática sobre reservas a tratados" ou, simplesmente, "reservas a tratados", não há, ainda, projeto final; **2:** certa. Para ser considerado costume internacional é necessário que a prática seja geral e reiterada (elemento objetivo ou material) e aceita como o direito (elemento subjetivo ou psicológico). A Corte Internacional de Justiça definiu o que é o costume no conhecido julgamento do caso da Plataforma Continental do Mar do Norte, em 1969, descrevendo o conceito como "a prática reiterada, acompanhada da convicção quanto a ser obrigatória essa prática, por tratar-se de norma jurídica". Trata-se do costume qualificado pela *opinio juris*. O costume no âmbito internacional adquire grande destaque porque, diferentemente dos Estados, em que há mecanismos altamente centralizados e compulsórios de criação e de aplicação de normas, a sociedade internacional não comporta mecanismo parecido, o que a torna uma *sociedade consuetudinária* por excelência. Ademais, o costume6 assume importante papel na evolução do Direito Internacional por possibilitar a produção de novas normas, tendo em vista a demora do processo de obtenção de consenso entre os Estados para a produção normativa. Tal papel é ainda mais relevante na atualidade, uma época marcada pelo constante progresso da ciência e da tecnologia, o que ocasiona mudanças rápidas e, por conseguinte, a ininterrupta necessidade de novas regras. É imperioso noticiar o atual desprestígio da teoria do *objetor persistente. Essa teoria predica que um Estado pode se livrar da incidência da regra costumeira desde que tenha abertamente a contrariado desde os primórdios de sua formação.* Percebe-se o caráter voluntarista de tal teoria, motivo que denuncia o seu atual demérito em função das bases sobre as quais o costume é hodiernamente formado;7 **3:** certa, pois não há hierarquia entre tratados e costumes internacionais, como fontes de direito internacional. O tratado pode derrogar o costume, entre as partes celebrantes, assim como o costume pode derrogar normas de tratado, inclusive por desuso.

Gabarito 1E, 2C, 3C

2. Prática necessária, justa e correta.

3. "A *opinio juris* (convicção do Direito) não é apenas um acordo tácito ou abstrato de vontades (como pretendem os voluntaristas), mas sim a crença prematura dos atores da sociedade internacional (criadores daqueles "precedentes" já referidos) de que aquilo que se pratica reiteradamente se estima obrigatório pelo fato de ser justo e pertencente ao universo do Direito" (MAZZUOLI, V. O. **Curso de Direito Internacional Público**. 6ª ed. São Paulo: Editora RT, 2012. p. 124.).

4. O costume está experimentando um processo de codificação de suas regras pela adoção expressa em tratados, sendo a Convenção de Viena sobre Relações Diplomáticas um grande exemplo desse processo.

5. "(...) Como se vê, essa doutrina, de cunho voluntarista, pretende fundamentar-se no princípio de que o Direito Internacional depende essencialmente do consenso dos Estados. Atualmente, é evidente que tal doutrina – que se baseia numa ideia equivocada e já superada sobre a formação do costume – não tem mais qualquer razão de ser, uma vez que o entendimento atual é no sentido de não necessitar o costume, para a sua formação, do consentimento *unânime* dos Estados-membros da sociedade internacional. O que se requer – como explica Cassese – é que certo comportamento esteja difuso dentre a maioria dos sujeitos internacionais, entendendo estes últimos que tal comportamento os obriga juridicamente" (MAZZUOLI, V. O. **Curso de Direito Internacional Público**. 6ª ed. São Paulo: Editora RT, 2012. p. 130-131).

6. O costume está experimentando um processo de codificação de suas regras pela adoção expressa em tratados, sendo a Convenção de Viena sobre Relações Diplomáticas um grande exemplo desse processo.

7. "... Como se vê, essa doutrina, de cunho voluntarista, pretende fundamentar-se no princípio de que o Direito Internacional depende essencialmente do consenso dos Estados. Atualmente, é evidentemente que tal doutrina – que se baseia numa ideia equivocada e já superada sobre a formação do costume – não tem mais qualquer razão de ser, uma vez que o entendimento atual é no sentido de não necessitar o costume, para a sua formação, do consentimento *unânime* dos Estados-membros da sociedade internacional. O que se requer – como explica Cassese – é que um certo comportamento esteja difuso dentre a maioria dos sujeitos internacionais, entendendo estes últimos que tal comportamento os obriga juridicamente" (Mazzuoli, Valerio de Oliveira. **Curso de Direito Internacional Público**, 6ª edição, Ed. RT, 2012. págs. 130/131).

Segue tabela para consolidar o assunto fontes do Direito Internacional Público.

FONTES	CARACTERÍSTICAS	OBSERVAÇÕES
Tratados /Convenções*	• Acordo formal destinado a produzir efeitos jurídicos • Forma escrita • Celebrados por pessoas jurídicas do direito internacional (Estados ou Organizações Internacionais) • Podem ser bilateral ou multilateral	• Convenção de Viena sobre Tratados de 1969
Costumes*	• Prática reiterada – elemento objetivo • Convicção quanto à obrigatoriedade da prática (opinio juris) – elemento subjetivo • Generalidade da prática	• Julgamento do caso da Plataforma Continental do Mar do Norte em 1969 – CIJ
Princípios Gerais do Direito*	• Axiomas valorativos • Valores compartilhados pela comunidade internacional • Forte grau de abstração e generalidade	Exemplos: • Princípio da não agressão; da solução pacífica de litígios; obrigações internacionais; igualdade soberana entre Estados; *res iudicata; pact sunt servanda*
Jurisprudência* **	• Decisões reiteradas • Proferida por órgãos internacionais de solução de controvérsias • Deliberações no mesmo sentido	Exemplos de Cortes que podem gerar jurisprudência: • CIJ (Corte Internacional de Justiça) • TPI (Tribunal Penal Internacional) • CIDH (Corte Internacional de Direitos Humanos)
Doutrina* **	• Estudos de especialistas em Direito Internacional	
Decisões de Organizações Internacionais	• Atos emanados de organizações internacionais (resoluções, recomendações, pareceres, decisões, regulamentos etc.) • Podem ser facultativas ou obrigatórias	
Atos Unilaterais de Estado	• Vontade unilateral do Estado, sem consulta a outros • Prática generalizada • Expressos ou tácitos	• 1945: Ato unilateral do Presidente dos EUA Harry Truman que indicava a jurisdição dos EUA sobre a Plataforma Continental

* Constam no rol de fontes do **artigo 38 do Estatuto da Corte Internacional de Justiça** (CIJ).

** Considerados meios auxiliares da determinação da regra jurídica (RESEK, Francisco)

1.2. TRATADO – TEORIA GERAL

(Juiz – TRF5 – 2017 – CESPE) Acerca dos tratados internacionais, assinale a opção correta.

(A) Admite-se que a entrada em vigor de um tratado ocorra a partir do implemento de uma condição, como, por exemplo, o depósito junto ao secretário-geral da Organização das Nações Unidas (ONU).

(B) Na hipótese de um tratado não ter entrado em vigor, um Estado signatário pode praticar atos que acarretem a inviabilidade prática de aplicação do ato internacional.

(C) Admite-se que, por ocasião da aprovação do texto convencional de tratado, o Congresso Nacional do Estado efetue emendas a esse tratado, de modo que a ratificação seja realizada com reservas.

(D) A expedição de decreto presidencial executório de tratado internacional, após sua ratificação, pelo presidente da República, junto ao depositário, é expressamente prevista na Constituição Federal de 1988.

(E) Não se admite que se considere o preâmbulo do tratado para fins de interpretar o contexto desse mesmo tratado.

A: correta. A ratificação tem que ser expressa e a sua consumação é obtida com a troca dos instrumentos de ratificação com a outra parte contratante, ou a sua entrega ao depositário. Neste último caso trata-se, geralmente, dos tratados multilaterais, como os onusianos; **B:** incorreta. O art. 18 da Convenção de Viena sobre o Direito dos Tratados de 1969 prevê a obrigação do Estado de não frustrar o objeto e a finalidade de um tratado antes de sua entrada em vigor; **C:** incorreta, pois a assertiva diz respeito ao instituto da reserva. A reserva é um condicionante do consentimento. Ou seja, é a declaração unilateral do Estado aceitando o tratado, mas sob a condição de que certas disposições não valerão para ele; **D:** incorreta, pois não existe citada previsão na CF; **E:** incorreta, pois o preâmbulo faz parte do tratado e deve ser usado para fins de interpretação.

Gabarito "A".

(Delegado/PE – 2016 – CESPE) Com base na disciplina constitucional acerca dos tratados internacionais, da forma e do sistema de governo e das atribuições do presidente da República, assinale a opção correta.

(A) Insere-se no âmbito das competências privativas do Senado Federal resolver definitivamente sobre tratados, acordos ou atos internacionais que acarretem encargos ou compromissos gravosos ao patrimônio nacional.

(B) O sistema presidencialista de governo adotado no Brasil permite que o presidente da República, na condição de chefe de Estado, decrete o estado de defesa e o estado de sítio, independentemente de autorização do Congresso Nacional.

(C) Da forma republicana de governo adotada pela CF decorre a responsabilidade política, penal e administrativa dos governantes; os agentes públicos, incluindo-se os detentores de mandato seletivos, são igualmente responsáveis perante a lei.

(D) Na condição de chefe de governo, cabe ao presidente da República editar atos administrativos que criem e provejam órgãos públicos federais, na forma da lei.

(E) Tratados e convenções internacionais sobre direitos humanos, para que sejam equivalentes a emendas constitucionais, deverão ser aprovados em cada Casa do Congresso Nacional, por maioria absoluta de votos, em dois turnos de discussão e votação.

A: incorreta, pois trata-se de competência exclusiva do Congresso Nacional (art. 49, I, da CF); **B**: incorreta. Tanto o estado de defesa como o de sítio dependem de participação do Congresso Nacional para terem validade art. 49, IV, da CF); **C**: correta, pois trata-se de responsabilidade inata de quem cuida da coisa pública; **D**: incorreta (art. 84, VI, *a*, da CF); **E**: incorreta. Os tratados e convenções internacionais sobre direitos humanos que forem aprovados, em cada Casa do Congresso Nacional, em dois turnos, por três quintos dos votos dos respectivos membros, serão equivalentes às emendas constitucionais (art. 5º, § 3º, da CF).

Gabarito "C"

(Advogado União – AGU – CESPE – 2015) Julgue os itens a seguir, relativos às fontes do direito internacional.

(1) Os tratados incorporados ao sistema jurídico brasileiro, dependendo da matéria a que se refiram e do rito observado no Congresso Nacional para a sua aprovação, podem ocupar três diferentes níveis hierárquicos: hierarquia equivalente à das leis ordinárias federais; hierarquia supralegal; ou hierarquia equivalente à das emendas constitucionais.

(2) Diferentemente dos tratados, os costumes internacionais reconhecidos pelo Estado brasileiro dispensam, para serem aplicados no país, qualquer mecanismo ou rito de internalização ao sistema jurídico pátrio.

1: Correta. Como regra geral, o tratado internacional, depois de internalizado, é equiparado hierarquicamente à norma infraconstitucional, isto é, possui hierarquia equivalente à das leis ordinárias federais. Ao passo que os tratados de direitos humanos que forem aprovados por quórum qualificado, ou seja, em cada Casa do Congresso Nacional, em dois turnos, por três quintos dos votos dos respectivos membros, serão equivalentes às emendas constitucionais – consoante o que determina o art. 5º, § 3º, da CF/1988. Assim, tais tratados terão hierarquia constitucional. Por fim, muito se discutiu em relação à hierarquia dos tratados de direitos humanos que foram internalizados anteriormente à edição da EC 45/2004, que criou o quórum qualificado. Mas, em 03.12.2008, o Ministro Gilmar Mendes, no RE 466.343-SP, defendeu a tese da supralegalidade de tais tratados, ou seja, sua superioridade em relação às normas infraconstitucionais e sua inferioridade em relação às normas constitucionais. O voto do Ministro Gilmar Mendes foi acompanhado pela maioria. Assim, quando o tratado de direitos humanos não passar pelo quórum qualificado, ele terá hierarquia supralegal. **2**: Correta. Para ser considerado costume internacional, é necessário que a prática seja geral e reiterada (elemento objetivo ou material), e aceita como o Direito (elemento subjetivo ou psicológico). A Corte Internacional de Justiça definiu o que é o costume no conhecido julgamento do caso da Plataforma Continental do Mar do Norte, em 1969, descrevendo o conceito como "(...) a prática reiterada, acompanhada da convicção quanto a ser obrigatória essa prática, por tratar-se de norma jurídica". Em razão dessas características, o costume dispensa qualquer forma de reconhecimento formal para poder ser utilizado. RF

Gabarito 1C, 2C

(Magistratura Federal – 1ª Região – 2011 – CESPE) Considerando aspectos relacionados à ratificação, registro, efeitos, vigência e promulgação dos tratados, assinale a opção correta.

(A) Os tratados que, concluídos pelos membros da ONU, não tenham sido devidamente registrados e publicados no secretariado desse organismo internacional não podem ser invocados, pelas partes, perante qualquer órgão da organização.

(B) Por criarem ou modificarem situações jurídicas objetivas, os tratados somente produzem efeitos entre as partes.

(C) Considera-se vigência diferida o método segundo o qual os tratados entram em vigor simultaneamente ao término da negociação e ao consentimento definitivo das partes envolvidas.

(D) No Brasil, os tratados entram em vigor após a promulgação dos decretos legislativos mediante os quais o Congresso Nacional se manifesta favoravelmente à sua aprovação.

(E) A ratificação de um tratado, como expressão definitiva do consentimento das partes, é etapa imprescindível, somente consumada mediante a entrega mútua do instrumento escrito por ocasião de sua assinatura formal.

A: correta, pois está em conformidade com a redação do artigo 102, pontos 1 e 2, da Carta das Nações Unidas (1945); **B**: incorreta. O artigo 38 da Convenção de Viena sobre Direito dos Tratados, promulgado por meio do Decreto nº 7.030, de 14 de dezembro de 2009, defende que as regras de um tratado podem se tornar obrigatórias para terceiros Estados quando se transformarem em costume internacional. Ademais, no caso de criação de direitos em favor de terceiros, é imperioso seu respectivo consentimento, embora, nesse caso, possa ser tácito em função do que dispõe o artigo 36 da Convenção de Viena sobre Tratados. Esse artigo define que o consentimento nesse caso específico é presumido. Ou seja, se o tratado nada prever, o terceiro Estado beneficiado deverá expressamente dissentir para o pacto não gerar efeitos sobre ele; **C**: incorreta, pois é exatamente o contrário. Ou seja, os tratados de vigência diferida postergam o início da entrada em vigor; **D**: incorreta. No Brasil é necessário um procedimento complexo para proceder à ratificação de tratados. O Congresso Nacional deve aprovar o texto do tratado e o fará por meio de um decreto legislativo[8] promulgado pelo presidente do Senado e publicado no Diário Oficial da União. Em seguida, cabe ao presidente da República ratificar ou não – lembrando que a aprovação congressional não obriga a ulterior ratificação do tratado pelo presidente da República. Por fim, o tratado regularmente concluído depende da promulgação e da publicidade levada a efeito pelo presidente da República para integrar o Direito Nacional. No Brasil, a promulgação ocorre por meio de decreto presidencial e a publicidade perfaz-se com a publicação no Diário Oficial; **E**: incorreta. A ratificação é o ato administrativo unilateral mediante o qual a pessoa jurídica de Direito Internacional, signatária de um tratado, exprime definitivamente, no plano internacional, seu consentimento. Ela tem que ser expressa e a sua consumação é obtida com a troca dos instrumentos de ratificação com a outra parte contratante, ou a sua entrega ao depositário. Neste último caso trata-se, geralmente, dos tratados multilaterais. O depositário é, na maioria das vezes, o Estado onde o tratado foi assinado, ou, no caso dos tratados celebrados no âmbito das Nações Unidas e da Organização dos Estados Americanos, a sede dessas organizações.

Gabarito "A"

(Magistratura Federal – 2ª Região – 2011 – CESPE) O Estado regulamenta a convivência social em seu território por meio de legislação nacional, e a comunidade internacional também cria regras, que podem conflitar com as nacionais. A respeito das correntes doutrinárias que procuram proporcionar solução para o conflito entre as normas internas e as internacionais, assinale a opção correta.

(A) A corrente monista e a dualista apresentam as mesmas respostas para o conflito entre as normas internas e as internacionais.

(B) Nenhum país adota a corrente doutrinária monista.

(C) Consoante a corrente monista, o ato de ratificação de tratado gera efeitos no âmbito nacional.

(D) De acordo com a corrente dualista, o direito interno e o direito internacional convivem em uma única ordem jurídica.

(E) De acordo com a corrente monista, a norma interna sempre prevalece sobre a internacional.

Segundo a tese monista, o Direito Internacional e o Nacional fazem parte do mesmo sistema jurídico, ou seja, incidem sobre o mesmo espaço. Logo, os compromissos normativos que os países – adeptos do monismo como França, Bélgica e Holanda –, assumem na comunidade internacional passam a ter vigência imediata no ordenamento interno de tais Estados, gerando a figura da *incorporação automática*. Opondo-se a essa ideia, a tese dualista advoga que cada um pertence a um sistema distinto e, portanto, incide sobre espaços diversos. Assim, essa concepção não possibilita a configuração da incorporação automática. A tese monista subdivide-se em: ***a)*** *monismo radical: prega a preferência pelo Direito Internacional em detrimento do Direito Nacional;* e ***b)*** *monismo moderado: prega a equivalência entre o Direito Internacional e o Direito Nacional.* É importante apontar que a jurisprudência internacional aplica o monismo radical; tal escolha é respaldada pelo artigo 27 da Convenção de Viena sobre Direito dos Tratados (Decreto

8. Lembrando que as matérias de competência exclusiva do Congresso Nacional (artigo 49 da CF) devem ser normatizadas via decreto legislativo.

nº 7.030/2009): "Uma parte não pode invocar as disposições de seu direito interno para justificar o inadimplemento de um tratado". O dualismo também se subdivide: **a)** dualismo radical: impõe a edição de uma lei distinta para incorporação do tratado; e **b)** dualismo moderado ou temperado: não exige lei para incorporação do tratado, apenas se exige um procedimento complexo, com aprovação do Congresso e promulgação do Executivo. A Constituição Federal silenciou nesse aspecto, e, em virtude da omissão constitucional, a doutrina defende que o Brasil adotou a corrente dualista, ou, melhor dizendo, a corrente dualista moderada. Isso porque o tratado só passará a ter validade interna após ter sido aprovado pelo Congresso Nacional[9] e ratificado e promulgado pelo presidente da República. Lembremos ainda que a promulgação é efetuada mediante decreto presidencial.

Gabarito "C".

(Advogado – CEF – 2010 – CESPE) Com relação aos tratados internacionais, assinale a opção correta.

(A) Para que tenham validade no âmbito do direito internacional, os tratados internacionais devem ser sempre aprovados pela Organização das Nações Unidas (ONU).
(B) No direito internacional público, a coação de um Estado pela ameaça ou emprego da força pode dar causa à nulidade absoluta de um tratado internacional.
(C) A entrada em vigor de um tratado internacional com mais de duas partes apenas se dá a partir do momento em que todas as partes tenham concluído o processo de ratificação, não surtindo efeito para nenhuma delas antes que todas tenham concluído esse processo.
(D) Apesar de não ter ratificado a Convenção de Viena sobre Direito dos Tratados de 1969, o Brasil observa seu conteúdo como costume internacional e, portanto, como fonte de direito internacional público.
(E) Quando assinado pelo presidente da República, o tratado internacional cria obrigações jurídicas para o Brasil a partir do momento da assinatura, sendo dispensada, apenas neste caso, a ratificação.

A: incorreta, pois não é necessária a aprovação da ONU. Os tratados têm por base o voluntarismo dos Estados; **B:** correta. O art. 52 da Convenção de Viena sobre Direito dos Tratados assim dispõe: "É nulo um tratado cuja conclusão foi obtida pela ameaça ou o emprego da força em violação dos princípios de Direito Internacional incorporados na Carta das Nações Unidas"; **C:** incorreta, pois em regra o tratado entra em vigor na forma e na data previstas no tratado ou acordadas pelos Estados negociadores (art. 24, ponto 1, da Convenção de Viena sobre Direito dos Tratados). E apenas na ausência de tal disposição ou acordo, um tratado entra em vigor tão logo o consentimento em obrigar-se pelo tratado seja manifestado por todos os Estados negociadores (art. 24, ponto 2, da Convenção de Viena sobre Direito dos Tratados); **D:** incorreta. A Convenção de Viena sobre Direito dos Tratados entrou em vigor internacional em 27 de janeiro de 1980 e só foi promulgada no Brasil pelo Decreto n. 7.030 de 14 de dezembro de 2009. A ratificação não só demorou, mas veio com reserva aos arts. 25 e 66. O art. 25 cuida da aplicação provisória de um tratado e determina que, se for assim disposto ou acordado pelas partes, o tratado pode obter uma vigência provisória mesmo sem ter sido objeto de ratificação – o Brasil não aceita esta prática, já que, em regra, a ratificação dos tratados depende de um procedimento complexo, no qual o Congresso Nacional tem que aprovar o texto do tratado, e o fará por meio de um decreto legislativo promulgado pelo Presidente do Senado e publicado no Diário Oficial da União. Assim, a regra é que os tratados celebrados pelo Presidente da República sejam apreciados pelo Congresso Nacional (art. 84, VIII, da CF). Já o art. 66 discorre sobre o processo de solução judicial, de arbitragem e de conciliação e determina a competência obrigatória da Corte Internacional de Justiça quando houver conflito ou superveniência de norma imperativa de direito internacional (jus cogens) – este artigo não foi aceito pelo Brasil, lembrando que o país não está vinculado ao art. 36 do Estatuto da Corte Internacional de Justiça que disciplina a "cláusula facultativa de jurisdição obrigatória"; **E:** incorreta. O tratado só passará a ter validade interna após ter sido aprovado pelo Congresso Nacional[10] e ratificado e promulgado pelo Presidente da República. Lembremos ainda que a promulgação é efetuada mediante decreto presidencial.

Gabarito "B".

(Magistratura Federal – 3ª Região – 2011 – CESPE) A aplicação provisória de tratados

(A) somente termina com a anuência de todos os Estados--partes.
(B) é disciplinada por artigo da Convenção de Viena sobre Direito dos Tratados, o qual é objeto de reserva por parte do Brasil.
(C) é possível, em alguns casos, consoante a Convenção de Viena sobre Direito dos Tratados, após a entrada em vigor do tratado.
(D) somente é permitida em relação a todo o texto do tratado.
(E) deve ser expressamente prevista no tratado.

A única assertiva correta sobre o tema é a B. A Convenção de Viena sobre Direito dos Tratados entrou em vigor internacional em 27 de janeiro de 1980 e só foi promulgada no Brasil pelo Decreto nº 7.030 de 14 de dezembro de 2009. A ratificação não só demorou, mas veio com reserva aos artigos 25 e 66. O artigo 25 cuida da aplicação provisória de um tratado e determina que, se for assim disposto ou acordado pelas partes, o tratado pode obter uma vigência provisória mesmo sem ter sido objeto de ratificação. O Brasil não aceita tal prática, já que, em regra, a ratificação dos tratados depende de um procedimento complexo, no qual o Congresso Nacional deve aprovar o texto do tratado por meio de um decreto legislativo promulgado pelo presidente do Senado e publicado no Diário Oficial da União. Assim, a regra é que os tratados celebrados pelo presidente da República sejam apreciados pelo Congresso Nacional (artigo 84, VIII, da CF). Já o artigo 66 discorre sobre o processo de solução judicial, de arbitragem e de conciliação e determina a competência obrigatória da Corte Internacional de Justiça quando houver conflito ou superveniência de norma imperativa de Direito Internacional (*jus cogens*). Esse artigo não foi aceito pelo Brasil já que o país não está vinculado ao artigo 36 do Estatuto da Corte Internacional de Justiça que disciplina a "cláusula facultativa de jurisdição obrigatória".

Gabarito "B".

1.2.1. TRATADOS NO BRASIL

(Diplomacia - 2010 - CESPE) Recentemente, o processo de ratificação da Convenção de Viena sobre Direito dos Tratados, após quarenta anos de sua firma, foi concluído pelo Brasil

(A) de forma isenta de reservas, pois o tratado dos tratados não contempla salvaguardas.
(B) com salvaguardas.
(C) de forma isenta de reservas, embora o tratado dos tratados contemple a apresentação de salvaguardas.
(D) com salvaguarda referente ao descumprimento de tratados mediante a alegação de razões de direito interno.
(E) com salvaguarda referente a normas imperativas de direito internacional.

A Convenção de Viena sobre Direito dos Tratados entrou em vigor internacionalmente em 27 de janeiro de 1980 e só foi promulgada no Brasil pelo Decreto n. 7.030 de 14 de dezembro de 2009. A ratificação não só demorou, mas veio com reserva aos arts. 25 e 66. O art. 25 cuida da aplicação provisória de um tratado e determina que, se for assim disposto ou acordado pelas partes, o tratado pode obter uma vigência provisória mesmo sem ter sido objeto de ratificação – o Brasil não aceita esta prática, já que, em regra, a ratificação dos tratados depende de um procedimento complexo, onde o Congresso Nacional tem que aprovar o texto do tratado, e o fará por meio de um decreto legislativo promulgado pelo Presidente do Senado e publicado no Diário Oficial da União. Assim, a regra é que os tratados celebrados pelo Presidente da República sejam apreciados pelo Congresso Nacional (art. 84, VIII, da CF). Já o art. 66 discorre sobre o processo de solução judicial, de arbitragem e de conciliação e determina a competência obrigatória da Corte Internacional de Justiça quando houver conflito ou superveniência

9. O artigo 84, VIII, da CF assim dispõe: "(...) celebrar tratados, convenções e atos internacionais, sujeitos a referendo do Congresso Nacional".

10. O art. 84, VIII, da CF assim dispõe: "celebrar tratados, convenções e atos internacionais, sujeitos a referendo do Congresso Nacional".

de norma imperativa de direito internacional (*jus cogens*) – este artigo não foi aceito pelo Brasil, lembrando que o país não está vinculado ao art. 36 do Estatuto da Corte Internacional de Justiça que disciplina a "cláusula facultativa de jurisdição obrigatória". É importante lembrar que a reserva é um condicionante do consentimento, ou seja, é a declaração unilateral de que o Estado aceita o tratado, mas sob a condição de que certas disposições não valerão para ele. A reserva pode aparecer tanto no momento da assinatura do tratado, como no da ratificação ou da adesão, momento em que o Congresso Nacional pode fazer ressalvas sobre o texto do tratado e até mesmo desabonar as reservas feitas por ocasião da assinatura do tratado. No primeiro caso, as ressalvas serão traduzidas em reservas no momento da ratificação pelo Presidente da República e, no segundo caso, o Presidente da República fica impedido de confirmar as reservas previamente feitas. E por razões óbvias, a reserva é fenômeno incidente sobre os tratados multilaterais – como a Convenção de Viena sobre Direito dos Tratados. Cabe ressaltar que, de acordo com a referida Convenção de Viena sobre Direito dos Tratados, um tratado pode proibir expressamente a formulação de reservas (art. 19, *a*, da Convenção de Viena sobre o Direito dos Tratados) e que, se ele nada dispuser sobre o assunto, entende-se que as reservas a um tratado internacional são possíveis, a não ser que sejam incompatíveis com seu objeto e sua finalidade (art. 19, *c*, da Convenção de Viena sobre o Direito dos Tratados). Por fim, a Convenção de Viena sobre Direito dos Tratados também traz um conceito de reserva no seu art. 2º, I, *d*: "*reserva* significa uma declaração unilateral, **qualquer que seja a sua redação ou denominação**, feita por um Estado ao assinar, ratificar, aceitar ou aprovar um tratado, ou a ele aderir, com o objetivo de excluir ou modificar o efeito jurídico de certas disposições do tratado em sua aplicação a esse Estado". É importante ressaltar que a Banca do Cespe considera "salvaguarda" como sinônimo do instituto "reserva".

Gabarito "B"

1.3. ESTADO – SOBERANIA E TERRITÓRIO

1.3.1. DOMÍNIO MARÍTIMO – CONVENÇÃO DAS NAÇÕES UNIDAS SOBRE DIREITO DO MAR

(Magistratura Federal – 1ª Região – 2011 – CESPE) No que se refere ao domínio público marítimo internacional, assinale a opção correta.

(A) Nos termos da Convenção das Nações Unidas sobre o Direito do Mar, os Estados sem litoral devem ter direito reconhecido de participar do aproveitamento do excedente dos recursos vivos das zonas econômicas exclusivas dos Estados costeiros da mesma região, independentemente de acordos.

(B) O Estado costeiro tem o direito de aplicar as suas leis e regulamentos aduaneiros, fiscais, de imigração e sanitários na zona econômica exclusiva.

(C) Conforme a Convenção das Nações Unidas sobre o Direito do Mar, a soberania do Estado costeiro sobre o mar territorial estende-se ao espaço aéreo sobrejacente a este, bem como ao leito e ao subsolo desse mar.

(D) Os Estados exercem soberania sobre suas águas interiores, ainda que estejam obrigados a assegurar o direito de passagem inocente em favor dos navios mercantes, mas não dos navios de guerra.

(E) Na plataforma continental, os Estados possuem direitos de soberania no tocante à exploração e aproveitamento dos seus recursos naturais, mas a falta de utilização e exploração desses direitos em qualquer de suas formas autoriza outros Estados ao seu exercício, ainda que sem consentimento expresso.

A: incorreta, pois não existe previsão nesse sentido na Convenção das Nações Unidas sobre o Direito do Mar; **B:** incorreta. A zona econômica exclusiva (ZEE) é aquela situada além do mar territorial e a este adjacente – logo, se sobrepõe à zona contígua. Ela possui largura de 200 milhas marítimas contadas da linha de base. Assim, se a largura for medida a partir do mar territorial, a ZEE terá 188 milhas marítimas de largura, e, se for medida a partir da linha de base, a ZEE terá 200 milhas marítimas de largura. O Estado costeiro também exerce direitos de soberania sobre a zona econômica exclusiva. O artigo 56.º da Convenção sobre Direito do Mar disciplina tais direitos, dentre os quais se destacam: **a)** exploração de recursos naturais vivos ou não vivos; **b)** exploração econômica de caráter abrangente, como, por exemplo, a produção de energia a partir da água, do vento etc.; **c)** investigação científica marinha; **d)** proteção e preservação do meio marinho; **e)** instalação de ilhas artificiais etc. Em contrapartida, o Estado costeiro tem que suportar os direitos dos outros Estados, como, por exemplo, a navegação, o sobrevoo e a colocação de cabos ou dutos submarinos; **C:** correta. O mar territorial é a parte do mar compreendida entre a linha de base e o limite de 12 milhas marítimas na direção do mar aberto. Cabe sublinhar que os "baixios a descoberto" que se encontrem, parcialmente, a uma distância do continente que não exceda a largura do mar territorial podem ser utilizados como parâmetro para medir a largura do mar territorial (artigo 13, ponto 1, da Convenção das Nações Unidas sobre Direito do Mar). No âmbito do mar territorial, o Estado exerce soberania com algumas limitações. **Essa soberania alcança não apenas as águas, mas também o leito do mar, seu respectivo subsolo e o espaço aéreo sobrejacente.** Como adendo, reiteramos que a doutrina é uniforme em defender que não existem limitações à soberania referente ao espaço atmosférico acima do mar territorial. Mas a soberania sobre o mar territorial é mitigada pelo direito de passagem inocente, reconhecido em favor dos navios de qualquer Estado. Mas deve-se atentar que esse direito deve ser exercido de maneira contínua, rápida e ordeira, sob pena de configurar ato ilícito. Já os submarinos devem navegar na superfície e com o pavilhão arvorado. Ainda, tal soberania pode ser limitada em função da proteção ambiental. Por exercer soberania sobre o mar territorial, o Estado costeiro poderá exercer poder de polícia, para proceder à fiscalização aduaneira e sanitária, como também à regulamentação dos portos e do trânsito pelas águas territoriais, inclusive tomar medidas para reprimir as infrações às leis de seu território; **D:** incorreta. As águas interiores abrangem toda quantidade de água que se encontra na parte anterior da linha de base. A linha de base é utilizada para determinar o início do mar territorial, e é traçada tomando por base a linha da maré baixa ao longo da costa, alternada com a linha de reserva das águas interiores quando existirem baías ou portos. É importante lembrar que, **no âmbito das águas interiores ou nacionais, o Estado exerce soberania ilimitada, não sendo possível a dita passagem inocente dos navios mercantes estrangeiros**, o que é permitido no âmbito do mar territorial. Ademais, os navios estrangeiros só podem atracar nos portos quando autorizados pela respectiva capitania; **E:** incorreta. A plataforma continental é a parte do mar adjacente à costa cuja profundidade normalmente atinge 200 metros e que, distante do litoral, cede lugar às inclinações abruptas que conduzem aos fundos marinhos. O Estado costeiro tem o direito exclusivo de explorar os recursos naturais encontrados sobre a plataforma e seu subsolo. Tal direito é justificado pelo princípio da contiguidade.

Gabarito "C"

1.3.2. IMUNIDADES – DIPLOMÁTICA, CONSULAR, DE JURISDIÇÃO E DE EXECUÇÃO

(Diplomacia - 2011 - CESPE) Dois ex-empregados da missão diplomática do Estado X situada no Estado Y ajuizaram contra aquele Estado reclamação na justiça trabalhista deste Estado, alegando que alguns de seus salários não haviam sido pagos. Tendo julgado procedente a reclamação, a justiça trabalhista do Estado Y determinou, a fim de satisfazer os créditos dos ex-empregados, a penhora de bens, incluído o próprio prédio da referida missão diplomática. Com relação a essa situação hipotética, assinale a opção correta.

(A) Caso o Estado Y fosse o Brasil, a justiça trabalhista não poderia, de acordo com a jurisprudência do STF, determinar a penhora de bens do Estado X, por gozar o Estado estrangeiro de imunidade de execução.

(B) A justiça trabalhista do Estado Y não deveria ter conhecido da ação, pois a Convenção de Viena sobre Relações Diplomáticas estabelece a imunidade de jurisdição do Estado estrangeiro em matéria trabalhista.

(C) A justiça trabalhista do Estado Y não deveria ter conhecido da ação, pois casos que envolvam imunidade de jurisdição e execução somente podem ser julgados por tribunais internacionais.

(D) Caso a penhora recaísse sobre a residência oficial do embaixador, ela seria considerada lícita perante o direito internacional.

(E) Sob o prisma do direito internacional, a penhora do prédio da missão diplomática é lícita.

A: Correta. A regra de imunidade jurisdicional do Estado, enquanto pessoa jurídica de direito externo, existe há muito tempo no plano internacional e se consubstancia na impossibilidade de o Estado figurar como parte perante tribunal estrangeiro contra sua vontade (*par in parem non habet judicium*). Mais tarde, tal regra foi corroborada pelo princípio da igualdade soberana dos Estados. No entanto, essa outrora absoluta imunidade vem sendo reconfigurada. A título de exemplo, aponta-se a Convenção Europeia sobre a Imunidade dos Estados, concluída em Basileia e em vigor desde 1976, que exclui do âmbito da imunidade do Estado as ações decorrentes de contratos celebrados e exequendos *in loco*. Dispositivo semelhante aparece no State Immunity Act, que se editou na Grã-Bretanha em 1978. Há ainda a Convenção sobre as Imunidades dos Estados e seus Bens, que foi adotada pela ONU e cuja base é a exclusão do âmbito de imunidade estatal as atividades de notável caráter econômico. No Brasil, por exemplo, o STF decidiu no julgamento da ACI nº 9.696 em 1989 que Estado estrangeiro não tem imunidade em causa de natureza trabalhista, entendida como ato de gestão. Ou seja, todo ato de gestão, que envolva relação civil, comercial ou trabalhista, não se encontra abrangido pela imunidade de jurisdição estatal. Percebe-se que a imunidade jurisdicional do Estado estrangeiro passou de um costume internacional absoluto à matéria a ser regulada internamente por cada Estado. Em um panorama geral, a imunidade jurisdicional estatal não mais incidirá nos processos provenientes de relação jurídica entre o Estado estrangeiro e o meio local – mais exatamente os particulares locais. Todavia, os Estados têm imunidade de execução, o que significa que não poderá ser decretada execução forçada – como, por exemplo, o sequestro, o arresto e o embargo – contra os bens de outro país. Essa imunidade é considerada por parcela da doutrina como absoluta, mas pode ser renunciada pelo próprio estado (vide RE-AgR 222.368/PE, STF) ou relativizada quando a execução for de bens não afetos aos serviços diplomáticos e consulares do Estado estrangeiro, como, por exemplo, recursos financeiros vinculados a atividades empresariais disponíveis em contas bancárias (vide SBDI-2 ROMS n 282/2003-000-10-00-1); **B:** Incorreta, pois não existe tal previsão na Convenção de Viena sobre Relações Diplomáticas (reler comentário anterior); **C:** Incorreta, pois, como vimos anteriormente, o STF até já proferiu decisão a esse respeito; **D:** Incorreta. No âmbito da missão diplomática, tanto os membros do quadro diplomático de carreira quanto os membros do quadro administrativo e técnico gozam de ampla imunidade de jurisdição penal, civil e administrativa, esta última sendo mais mitigada. São, ademais, fisicamente invioláveis, em caso algum podem ser obrigados a depor como testemunhas e revestem-se de imunidade tributária. Também os locais da missão diplomática e todos os bens ali situados são fisicamente invioláveis, **assim como os locais residenciais utilizados pelo quadro diplomático e pelo quadro administrativo e técnico. Esses imóveis e os valores mobiliários neles encontráveis não podem ser objeto de busca, requisição, penhora ou medida qualquer de execução (imunidade de execução).** Os arquivos e documentos da missão diplomática são invioláveis onde quer que estejam; **E:** Incorreta (Reler o comentário anterior).

Gabarito "A".

(Procurador Federal – 2010 – CESPE) Um diplomata brasileiro, servindo em um Estado estrangeiro, contraiu empréstimo em um banco oficial desse Estado, a fim de quitar dívidas escolares de seu filho, que com ele reside e dele depende financeiramente, mas não pagou a dívida. A partir dessa situação hipotética, julgue os itens seguintes.

(1) Em virtude do não pagamento da dívida, o diplomata brasileiro pode ser declarado *persona non grata* pelo Estado estrangeiro, desde que seja previamente submetido ao devido processo legal.

(2) O Estado brasileiro pode ser responsabilizado internacionalmente, em tribunal internacional, em virtude do não pagamento da dívida pelo diplomata.

(3) Se o filho em questão tiver nascido no referido Estado estrangeiro, ele será brasileiro nato, desde que venha a residir na República Federativa do Brasil e opte, em qualquer tempo, pela nacionalidade brasileira.

1: errada, pois o Estado acreditado (é o que recebe o agente diplomático ou consular) pode declarar que o agente diplomático é *persona non grata* a qualquer momento, sem justificar a decisão, nem, muito menos, observar o devido processo legal – art. 9º, ponto 1, da Convenção de Viena sobre Relações Diplomáticas de 1961; **2:** certa, pois, apesar da imunidade do agente diplomático em relação à jurisdição do Estado acreditado, isso não impede que o Estado acreditante seja responsabilizado internacionalmente; **3:** errada, pois o nascido no exterior, filho de brasileiro que esteja a serviço do Brasil, é brasileiro nato, independentemente de residência em nosso país ou de opção pela nacionalidade – art. 12, I, *b*, da CF.

Gabarito 1E, 2C, 3E

(Magistratura Federal – 3ª Região – 2011 – CESPE) A respeito de imunidade de jurisdição e execução do Estado estrangeiro no Brasil, assinale a opção correta.

(A) A execução de bens de Estados estrangeiros somente é possível no caso de expressa renúncia por parte do executado.

(B) O Brasil é parte na Convenção sobre Imunidade de Jurisdição entre países do MERCOSUL.

(C) Estados diretamente envolvidos com atividade terrorista comprovada por decisão do Conselho de Segurança das Nações Unidas não gozam de imunidade de jurisdição.

(D) As regras costumeiras sobre imunidade dos Estados reconhecidas pelo Brasil aplicam-se também às organizações internacionais.

(E) A imunidade de jurisdição é absoluta no Brasil para casos que envolvam reclamações trabalhistas.

A: correta. Os Estados possuem imunidade de execução, o que significa que não poderá ser decretada execução forçada – como o sequestro, o arresto e o embargo – contra os bens de um Estado estrangeiro. Essa imunidade é considerada absoluta por parcela da doutrina,11 mas pode ser renunciada pelo próprio Estado (*vide* RE-AgR 222.368/PE, STF) ou relativizada quando a execução for de bens não afetos aos serviços diplomáticos e consulares do Estado estrangeiro – por exemplo, recursos financeiros vinculados a atividades empresariais disponíveis em contas bancárias (*vide* SBDI-2 ROMS nº 282/2003-000-10-00-1); **B**, **C**, **D** e **E**: incorretas. A regra de imunidade jurisdicional do Estado, enquanto pessoa jurídica de direito externo, existe há muito tempo no plano internacional e se consubstancia na não possibilidade de o Estado figurar como parte perante tribunal estrangeiro contra sua vontade (*par in parem non habet judicium*). Mais tarde, tal regra foi corroborada pelo princípio da igualdade soberana dos Estados. No entanto, essa outrora absoluta imunidade vem sendo reconfigurada. A título de exemplo, aponta-se a Convenção Europeia sobre a Imunidade dos Estados, concluída em Basileia e em vigor desde 1976, que exclui do âmbito da imunidade do Estado as ações decorrentes de contratos celebrados e exequendos *in loco*. Dispositivo semelhante aparece no *State Immunity Act*, que se editou na Grã-Bretanha em 1978. Também se pode apontar a Convenção sobre as Imunidades dos Estados e seus Bens, adotada pela ONU, que tem por linha-base a exclusão do âmbito de imunidade estatal as atividades de notável caráter econômico. No Brasil, por exemplo, o STF decidiu no julgamento da ACI 9.696 em 1989 que Estado estrangeiro não tem imunidade em causa de natureza trabalhista, entendida como ato de gestão. Ou seja, todo ato de gestão que envolva relação civil, comercial ou trabalhista não se encontra abrangido pela imunidade de jurisdição estatal. Assim, a imunidade recai apenas sobre os atos de império, mas pode ser afastada mediante concordância do Estado por ela beneficiado. Percebe-se que a imunidade jurisdicional do Estado estrangeiro passou de um costume internacional absoluto a matéria a ser regulada internamente por cada Estado. Em geral, pode-se dizer que a imunidade jurisdicional estatal não mais incidirá nos processos provenientes de relação jurídica entre o Estado estrangeiro e o meio local – mais exatamente os particulares locais (atos de gestão ou *ius gestionis*).

Gabarito "A".

11. Para parte da doutrina, a imunidade de execução foi relativizada na medida em que **bens de uso comercial sem função pública** podem ser objeto de penhora. É a visão, por exemplo, de Antenor Madruga.

1.3.3. EXCLUSÃO DO ESTRANGEIRO E VISTOS

(Juiz – TRF5 – 2017 – CESPE) A retirada compulsória de estrangeiro do território nacional, efetuada pelo Estado brasileiro em razão de delito cometido no Brasil decorrente de conduta nociva ou incompatível com os interesses nacionais, constitui

(A) expulsão.
(B) deportação.
(C) asilo político.
(D) banimento.
(E) extradição.

O instituto que a questão descreve é a expulsão (art. 54, § 1º, II, da Lei 13.445/2017).

Gabarito "A".

(Advogado União – AGU – CESPE – 2015) Julgue os itens seguintes, acerca da condição jurídica do estrangeiro.

(1) A progressão para o regime semiaberto é vedada ao extraditando que esteja aguardando o término do cumprimento da pena no Brasil.
(2) O titular de visto diplomático cujo prazo previsto de estada no Brasil seja superior a noventa dias deverá providenciar seu registro no Ministério das Relações Exteriores.
(3) Pessoa estrangeira casada há mais de cinco anos com diplomata do Brasil poderá ser naturalizada se contar com, no mínimo, cinco anos de residência contínua em território nacional.
(4) O Estatuto do Tribunal Penal Internacional considera o termo entrega como sinônimo de extradição quando ela se refere a diplomata, chefe de Estado, chefe de governo ou ministro das relações exteriores no exercício da função.

1: Incorreta. "(...) A peculiar situação dos autos evidencia a necessidade de se perquirir se a prisão preventiva para fins de extradição deve obstar o acesso do extraditando, condenado pela prática de crimes em solo brasileiro, a direitos cuja fruição não lhe seria negada acaso inexistente o processo extradicional. III - A exclusão do estrangeiro do sistema progressivo de cumprimento de pena conflita com diversos princípios constitucionais, especialmente o da prevalência dos direitos humanos (art. 4º, II) e o da isonomia (art. 5º), que veda qualquer discriminação em razão da raça, cor, credo, religião, sexo, idade, origem e nacionalidade. IV - Cabe ao Juízo da execução das penas a análise dos riscos de fuga peculiares à situação concreta, bem como a manutenção de frequentes contatos com o Ministério de Estado da Justiça acerca do momento mais adequado para que a extradição se efetive, evitando-se, assim, eventual colocação em regime aberto sem as cautelas aplicáveis à espécie, tais como, a título de exemplo, a utilização de tornozeleiras eletrônicas, instrumentos de monitoramento que têm se mostrado bastante eficazes. V - Situação concreta a evidenciar necessidade de concessão da ordem de habeas corpus de ofício para, afastando a vedação de progressão de regime, determinar ao juízo da execução da pena brasileira a verificação da presença dos requisitos do art. 112 da LEP". (Rcl 947 QO, Relator Ministro Ricardo Lewandoski, Tribunal Pleno, julgamento em 28.5.2014, DJe de 30.10.2014). **2**: Correta (art. 32 do Estatuto do Estrangeiro, Lei 6.815/1980). **3**: Incorreta, pois o art. 114 do Estatuto do Estrangeiro dispensa o requisito da residência, exigindo-se apenas a estada no Brasil por trinta dias, quando se tratar de cônjuge estrangeiro casado há mais de cinco anos com diplomata brasileiro em atividade. **4**: Incorreta. A grande inovação do Estatuto foi a criação do instituto da entrega ou surrender, ou seja, a entrega de um Estado para o TPI (plano vertical), a pedido deste, de indivíduo que deva cumprir pena por prática de algum dos crimes tipificados no art. 5º do Estatuto de Roma. A título comparativo, a extradição é a entrega de um Estado para outro Estado (plano horizontal), a pedido deste, de indivíduo que em seu território deva responder a processo penal ou cumprir pena por prática de crime de certa gravidade. Portanto, a definição do instituto não provém do cargo exercido pela pessoa objeto do pedido, mas sim sobre a identidade do requerente. E a grande finalidade do instituto da entrega é driblar o princípio da não extradição de nacionais e, logicamente, garantir o julgamento do acusado, pois o TPI não julga indivíduos à revelia. Assim, criou-se tal figura para permitir que o Estado entregue indivíduo que seja nacional seu ao TPI. RF

Gabarito 1E, 2C, 3E, 4E.

(Diplomacia - 2010 - CESPE) Considerando o conceito e o fundamento da extradição, julgue C ou E.

(1) Não haverá extradição nos casos em que não houver processo penal contra o extraditando ou pena a ser por ele cumprida.
(2) O requerimento de extradição terá sempre por fundamento a existência de um tratado entre dois países envolvidos.
(3) Fundada em tratado, a demanda extradicional não pode ser sumariamente recusada pelo Estado requerido.
(4) O Estado brasileiro autoriza a extradição de brasileiros natos envolvidos na prática de crime de tráfico de drogas.

1: Certo, pois a extradição é a entrega de um Estado para outro Estado, a pedido deste, **de indivíduo que em seu território deva responder a processo penal ou cumprir pena por prática de crime de certa gravidade**. Um condicionante dessa entrega é a confirmação de que os direitos humanos do extraditando serão respeitados (a chamada limitação humanística); **2:** Errado. A grande finalidade da extradição é garantir, por meio da cooperação internacional, que a prática de crime não fique sem punição. O fundamento jurídico do pedido de extradição pode ser um tratado que preveja tal hipótese ou, na falta deste, **a declaração de reciprocidade, que funciona como suporte jurídico para o procedimento**. A aceitação da promessa de reciprocidade é, no entanto, ato discricionário do Estado que a recebe; **3:** Certo, pois trata-se de obrigação internacional previamente assumida pelo Estado. Relacionado ao assunto, há o recente caso envolvendo Brasil e Itália. No julgamento da Extradição 1.085 (caso Cesare Battisti), o STF decidiu que é possível declarar a ilegalidade do ato do Executivo de concessão de refúgio e que o acatamento da extradição pela Corte tem o condão de *autorizar* o Presidente da República a efetivar tal medida, isto é, cabe ao chefe do Executivo decidir sobre a conveniência de tal medida. Isso configura uma mudança de posicionamento, pois ao STF sempre coube *determinar* a extradição quando verificasse a presença de seus pressupostos, e agora o acolhimento da demanda de extradição pela Corte gera apenas uma autorização. A partir de tal decisão, pode-se defender que, no Brasil, quem decide, em última instância, sobre a extradição ou não é o Presidente da República (sistema "belga" ou da contenciosidade limitada12), com a ressalva de que o Presidente deverá acatar decisão do STF que reconheça alguma irregularidade no processo de extradição, ou seja, "indeferido o pedido, deixa-se de constituir o título jurídico sem o qual o Presidente da República não pode efetivar a extradição; se deferida, a entrega do súdito ao Estado requerente fica a critério discricionário do Presidente da República" (trecho da Extradição 1.114/STF). Posteriormente a tal julgamento, foi impetrada pela República Italiana a Reclamação 11.243, ocasião em que o STF decidiu ser procedente a preliminar de não cabimento da reclamação em função de ser irrecorrível o ato do Presidente da República, pois se trata de ato de soberania nacional que está ancorado nos arts. 1º, 4º, I, e 84 da CF. Portanto, cabe ao STF analisar a legalidade e a procedência do pedido de extradição, e inscreve-se na competência do Presidente da República a decisão sobre a sorte do extraditando. A Corte asseverou nesse julgamento que a soberania nacional, no plano transnacional, funda-se no princípio da independência nacional, efetivada pelo Presidente da República consoante suas atribuições previstas no art. 84, VII e VIII, da Constituição brasileira. O governo italiano vislumbra em tal situação um descumprimento do tratado firmado entre o Brasil e a Itália para regular a extradição. Desse modo, existe uma lide entre Estados soberanos, que provavelmente será resolvida pela Corte Internacional de Justiça. Por fim, é importante saber que o reconhecimento da situação de refugiado pelo Poder Executivo não impede a extradição se o estrangeiro estiver sendo acusado de crime comum que não tenha qualquer pertinência com os fatos considerados para a concessão do refúgio. No mesmo sentido, a Súmula 421 do STF assim dispõe: "Não impede a extradição a circunstância de ser o extraditando casado com brasileira ou ter filho brasileiro"; **4:** Errado. Deve-se ponderar que a extradição não é permitida quando relacionada à prática de crimes políticos, de imprensa, religiosos e militares. Se o indivíduo foi condenado à morte, a extradição só deve tomar curso quando ficar assegurada a conversão da pena de morte em pena de prisão. Ademais, a maioria dos países não permite a extradição de seu nacional – nesse sentido,

12. Art. 83 da Lei 6.815/1980: "Nenhuma extradição será concedida sem prévio pronunciamento do Plenário do Supremo Tribunal Federal sobre sua legalidade e procedência, não cabendo recurso da decisão".

o artigo 5º, LI, da CF determina: "Nenhum brasileiro será extraditado, **salvo o naturalizado**, em caso de crime comum, praticado antes da naturalização, ou de comprovado envolvimento em tráfico ilícito de entorpecentes e drogas afins, na forma da lei".

Gabarito 1C, 2E, 3C, 4E

(Advogado da União/AGU – CESPE – 2012) Em relação à condição jurídica do estrangeiro e aos direitos de nacionalidade, julgue os itens que se seguem.

(1) É privativo de brasileiro nato o cargo de governador de estado.
(2) A reciprocidade é pré-condição para que aos portugueses com residência permanente no país sejam atribuídos direitos inerentes ao brasileiro.
(3) O visto consular, concedido a autoridades consulares a serviço de Estado estrangeiro no Brasil e a seus familiares, é expressamente previsto no Estatuto do Estrangeiro.
(4) O direito brasileiro veda a deportação de estrangeiro acusado da prática de crime político.
(5) É expressamente proibida pela CF a extradição ou entrega de brasileiro nato a autoridades estrangeiras.

1: errada. O art. 12, § 3º, da CF lista os cargos que só podem ser ocupados por brasileiros natos: Presidente e Vice-Presidente da República; Presidente da Câmara dos Deputados; Presidente do Senado Federal; Ministro do Supremo Tribunal Federal; carreira diplomática; oficial das Forças Armadas; e Ministro de Estado da Defesa; **2:** certa. O § 1º do art. 12 da CF traz regra que permite conceder aos portugueses com residência permanente no Brasil, *desde que haja reciprocidade em favor de brasileiros*, os direitos e garantias fundamentais inerentes ao brasileiro naturalizado; **3:** errada, pois expressamente só está previsto o visto diplomático no Estatuto do Estrangeiro. O visto diplomático (VIDIP) será concedido a autoridades e funcionários estrangeiros e de organismos internacionais que tenham *status* diplomático e viajem ao Brasil em caráter transitório ou permanente; **4:** certa. A deportação é a saída compulsória, do território nacional, do estrangeiro que ingressou irregularmente, ou cuja presença tenha-se tornado irregular – quase sempre por expiração do prazo de permanência, ou por exercício de atividade não permitida, como, por exemplo, trabalho remunerado no caso do turista. A medida não é exatamente punitiva, nem deixa sequelas. Seu procedimento é simples. O estrangeiro é notificado para sair do Brasil, e caso não obedeça poderá ser decretada, pelo juiz federal, sua prisão com a finalidade de ulterior deportação. De suma importância sobre o instituto é a impossibilidade de proceder a deportação se isso implicar em extradição inadmitida pela lei brasileira (art. 63 do Estatuto do Estrangeiro). *Portanto, a deportação não é permitida quando relacionada à prática de crimes políticos, de imprensa, religiosos e militares.* A deportação não deve ser confundida com o impedimento à entrada de estrangeiro, que ocorre quando não forem cumpridas as exigências necessárias para o ingresso; **5:** errada, pois apenas a extradição de brasileiro nato é expressamente proibido pela CF (art. 5º, LI, determina: "nenhum brasileiro será extraditado, salvo o naturalizado, em caso de crime comum, praticado antes da naturalização, ou de comprovado envolvimento em tráfico ilícito de entorpecentes e drogas afins, na forma da lei"). A grande inovação do Estatuto de Roma foi a criação do instituto da *entrega* ou *surrender*. A entrega é a entrega de um estado para o TPI, a pedido deste, de indivíduo que deva cumprir pena por prática de algum dos crimes tipificados no artigo 5º do Estatuto de Roma. A título comparativo, a extradição é a entrega de um estado para outro estado, a pedido deste, de indivíduo que em seu território deva responder a processo penal ou cumprir pena por prática de crime de certa gravidade. A grande finalidade do instituto da *entrega* é driblar o princípio da não extradição de nacionais e, logicamente, garantir o julgamento do acusado, pois o TPI não julga indivíduos à revelia. Ou seja, criou-se tal figura para permitir que o estado entregue indivíduo que seja nacional seu ao TPI. Em outras palavras, a *entrega* nada mais é do que o cumprimento de ordem emanada do Tribunal Penal Internacional. A legitimidade de tal autoridade reside no fato do tribunal realizar os anseios de justiça de toda a comunidade internacional julgando e condenando autores de crimes tão nefastos para a humanidade. Assim, o estado, como signatário do Estatuto de Roma, deve cooperar e entregar seu nacional para ser julgado pelo TPI. A título comparativo, a *entrega* é de interesse de toda a comunidade internacional, ao passo que a extradição é de interesse do país requerente. Porquanto, o Brasil, com fundamento no artigo 5º, LI e § 4º, da CF, permite a entrega de nacional seu ao TPI, mas proíbe a extradição de nacional seu ao estado requerente.

Gabarito 1E, 2C, 3E, 4C, 5E

(Magistratura Federal – 1ª Região – 2011 – CESPE) Assinale a opção correta acerca da condição jurídica dos estrangeiros.

(A) O Brasil admite a concessão tanto do asilo diplomático quanto do asilo territorial.
(B) Somente é passível de expulsão do território brasileiro o estrangeiro que sofra condenação por crimes que atentem contra a segurança nacional ou a ordem política ou social.
(C) Segundo o direito internacional costumeiro, nenhum Estado tem o direito de negar visto para o ingresso de estrangeiro em seu território, seja em definitivo, seja a título temporário.
(D) A deportação, como forma de exclusão do estrangeiro do território brasileiro, somente se efetiva mediante ato que, exarado pelo ministro de Estado da Justiça, impeça o retorno do deportado ao país.
(E) A CF dispõe que o brasileiro naturalizado somente pode ser extraditado em caso de crime comum ou de comprovado envolvimento em tráfico ilícito de entorpecentes e drogas afins, desde que, em ambos os casos, os crimes tenham sido praticados antes da naturalização.

A: correta, pois o Brasil admite as duas formas de asilo. O asilo territorial é o acolhimento, pelo Estado, em seu território, de estrangeiro perseguido em seu país por causa de dissidência política, de delitos de opinião ou por crimes que, relacionados com a segurança do Estado, não configurem infração penal comum. Já o asilo diplomático é o acolhimento, pelo Estado, em sua representação diplomática, do estrangeiro que busca proteção. É considerada uma forma provisória do asilo territorial, todavia, não assegura automaticamente sua concessão, a qual terá de ser processada para analisar o devido preenchimento de certas condições. Essa última modalidade de asilo tem grande aceitação na América Latina, sobretudo em função de seu passado de instabilidade política. Os pressupostos do asilo diplomático são, em última análise, os mesmos do asilo territorial, isto é, a natureza política dos delitos atribuídos ao perseguido e a contemporaneidade da persecução. Por fim, os locais onde esse asilo pode ocorrer são as missões diplomáticas – não as repartições consulares – e, por extensão, os imóveis residenciais cobertos pela inviolabilidade nos termos da Convenção de Viena sobre Relações Diplomáticas; e, ainda, consoante o costume, os navios de guerra porventura acostados ao litoral; **B:** incorreta. A expulsão é a saída compulsória, do território nacional, do estrangeiro que constituir perigo ou ameaça à ordem pública. Podem-se citar tais atos como possíveis de gerar a expulsão: **a)** conspirações; **b)** espionagem; **c)** provocação de desordens; **d)** mendicidade e vagabundagem etc. A medida deixa sequelas e pode ser considerada punitiva. Antes de tudo, deve-se dizer que, diferentemente de outras constituições brasileiras (por exemplo, a de 1946), a Constituição de 1988 não adota norma a respeito do tema, que é disciplinado pela Lei nº 6.815/1980 (Estatuto do Estrangeiro). Tal lei, no artigo 65, dispõe que "é passível de expulsão o estrangeiro que, de qualquer forma, atentar contra a segurança nacional, a ordem política ou social, a tranquilidade ou moralidade pública e a economia popular, ou cujo procedimento o torne nocivo à conveniência e aos interesses nacionais". O parágrafo único do mesmo artigo prevê outros casos em que a expulsão do estrangeiro pode ocorrer.13 Por outro lado, o artigo 75, II, da Lei nº 6.815/1980 dispõe que não se procederá à expulsão "quando o estrangeiro tiver: *a)* cônjuge brasileiro do qual não esteja divorciado ou separado, de fato ou de direito, e desde que o casamento tenha sido celebrado há mais de 5 (cinco) anos; ou *b)* filho brasileiro que, comprovadamente, esteja sob sua guarda e dele dependa economicamente". Em relação à segunda situação, deve-se asseverar que o STF possui orientação consolidada no sentido de que o nascimento de filho brasileiro após a prática da infração penal não caracteriza óbice à expulsão (*vide* Informativo 554 do STF, HC 85.203/

13. "Parágrafo único. É passível, também, de expulsão o estrangeiro que: *a)* praticar fraude a fim de obter a sua entrada ou permanência no Brasil; *b)* havendo entrado no território nacional com infração à lei, dele não se retirar no prazo que lhe for determinado para fazê-lo, não sendo aconselhável a deportação; *c)* entregar-se à vadiagem ou à mendicância; ou *d)* desrespeitar proibição especialmente prevista em lei para estrangeiro".

SP, rel. Min. Eros Grau, julgado em 06/08/2009);14 **C:** incorreta. O Estado tem a prerrogativa de decidir sobre a conveniência da entrada ou não de estrangeiros em seu território nacional; **D:** incorreta. A deportação é a saída compulsória, do território nacional, do estrangeiro que ingressou irregularmente ou cuja presença tenha se tornado irregular – quase sempre por expiração do prazo de permanência ou por exercício de atividade não permitida, como trabalho remunerado no caso do turista. A medida não é exatamente punitiva nem deixa sequelas. Seu procedimento é simples. O estrangeiro é notificado para sair do Brasil e, caso não obedeça, pode ser decretada, pelo juiz federal, sua prisão com a finalidade de ulterior deportação. De suma importância sobre o instituto é a impossibilidade de proceder à deportação se isso implicar extradição inadmitida pela lei brasileira (artigo 63 do Estatuto do Estrangeiro). Portanto, a deportação não é permitida quando relacionada à prática de crimes políticos, de imprensa, religiosos e militares. A deportação não deve ser confundida com o impedimento à entrada de estrangeiro, que ocorre quando não forem cumpridas as exigências necessárias para o ingresso. Por fim, o deportado só poderá reingressar no território nacional se ressarcir o Tesouro Nacional, com correção monetária, das despesas com sua deportação e efetuar, se for o caso, o pagamento da multa devida à época, também corrigida (artigo 64 do Estatuto do Estrangeiro); **E:** incorreta, pois nesse caso apenas o crime comum tem que ser praticado antes da naturalização (artigo 5º, LI, da CF).

Gabarito "A".

1.4. ORGANIZAÇÕES INTERNACIONAIS – TEORIA GERAL

(Advogado União – AGU – CESPE – 2015) No que se refere aos sujeitos do direito internacional e às suas imunidades, julgue os itens subsequentes.

(1) Embora não tenham o atributo de soberania, as organizações internacionais possuem imunidades de jurisdição equivalentes às dos Estados.

(2) Ainda que o objeto de ação ajuizada no Brasil contra Estado estrangeiro seja relativo a condutas caracterizadas como atos de império, o juiz da causa não pode, em observância à imunidade de jurisdição da soberania alienígena, deixar de ordenar a citação e extinguir o processo de plano, sem resolução de mérito.

(3) Todos os Estados-membros de uma organização internacional, cuja instituição dá-se sempre por meio de tratado, têm direito a voz e voto na assembleia geral da organização.

1: Incorreta. As OIs também gozam de privilégios e imunidades, tal como os Estados. Todavia, enquanto os Estados (e seus agentes diplomáticos e consulares) possuem tais privilégios com fundamento no princípio da reciprocidade, as OIs e seus funcionários os têm como condição para o desempenho, com plena liberdade, das funções determinadas no seu estatuto. Geralmente, os privilégios e as imunidades são disciplinados no denominado *acordo de sede,* concluído com o Estado ou Estados-hospedeiros. Neste(s) Estado(s) funcionará a sede da OI e seus centros de atividade. Um acordo de sede conhecido foi o firmado entre os EUA e a ONU em 1947. Sobre a matéria, é importante apontar que os privilégios e as imunidades das OIs e dos seus agentes somente são válidas nos Estados-Membros. Todavia, os privilégios e as imunidades da ONU são válidas perante qualquer país, mesmo os não membros. **2**: Correta. No Brasil, por exemplo, o STF decidiu, no julgamento da ACI 9.696 em 1989, que Estado estrangeiro não tem imunidade em causa de natureza trabalhista, entendida como ato de gestão. Ou seja, todo ato de gestão que envolva relação civil, comercial ou trabalhista não se encontra abrangido pela imunidade de jurisdição estatal. Assim, a imunidade recai apenas sobre os atos de império, mas pode ser afastada mediante concordância do Estado por ela beneficiado. Desta forma, o juiz deve citar o Estado estrangeiro em primeiro lugar e se o direito à imunidade for exercido por esse Estado, aí sim deverá extinguir o processo. Ou seja, o gabarito consta como correta, porém, percebe-se que a assertiva não está com total precisão ao mencionar a extinção do processo de plano, isso porque, como vimos, o Estado beneficiado pode abrir mão de sua imunidade. **3**: Incorreta. Como as OIs são constituídas pela vontade coletiva dos Estados ou por outras organizações internacionais, entre elas ou com Estados, pode-se afirmar que a criação das OIs **dá-se normalmente** por tratado internacional. Assim ocorreu com a dita primeira organização internacional: a Comissão Central do Reno. Esta Comissão foi instituída pela Ata Final do Congresso de Viena de 1815. Foi dito "normalmente" porque existem exemplos de criação de OI por deliberação tomada no seio de uma OI. Nesta toada, a Resolução 2029 (XX) criou o Programa das Nações Unidas para o Desenvolvimento (PNUD) e a Resolução 1995 (XIX) criou a Comissão das Nações Unidas para o Comércio e o Desenvolvimento (CNUCED). Percebe-se que estas duas OIs foram criadas para cumprir objetivos específicos que estão entre as finalidades das NU. Assim, pode-se vislumbrar a vontade dos Estados por trás das resoluções constitutivas dessas OIs, pois os Estados criaram a ONU e concordaram em se empenhar com a persecução dos seus objetivos. Isto é, tal criação já estaria aceita pelos Estados quando, primeiro, criaram a ONU. RF

Gabarito 1E, 2C, 3E

(Magistratura Federal – 1ª Região – 2011 – CESPE) Relativamente às organizações internacionais, à nacionalidade da pessoa jurídica e ao MERCOSUL, assinale a opção correta.

(A) A ONU e a Organização dos Estados Americanos são consideradas, quanto à estrutura jurídica, organizações supranacionais, na medida em que assumem atribuições específicas dos Estados, restringindo parte de seu poder soberano.

(B) Considera-se empresa brasileira de capital nacional a organização cujo controle efetivo esteja em caráter permanente sob a titularidade direta ou indireta de pessoas físicas domiciliadas e residentes no país, ou de entidades de direito público interno.

(C) As chamadas agências especializadas da ONU, a exemplo da Organização das Nações Unidas para a Educação, a Ciência e a Cultura e a Organização para a Alimentação e a Agricultura, embora tenham alcance universal, não são dotadas de personalidade jurídica própria no âmbito do direito das gentes.

(D) Nos termos do Protocolo de Ouro Preto, o MERCOSUL é uma organização internacional dotada de personalidade jurídica própria, que se apoia em um sistema deliberativo fundado na via de consenso dos Estados-partes.

(E) No âmbito do direito das gentes, denomina-se originária a personalidade jurídica das organizações, e derivada, a dos Estados.

A: incorreta. Quanto ao âmbito estrutural, as Organizações Internacionais podem classificar-se em *de cooperação* ou *de integração*. Basicamente a caracterização de uma ou outra vai ser determinada pela extensão da transferência de competências que os Estados-membros decidiram em favor das organizações em que participam. As OIs de cooperação possuem basicamente tais características: **a)** competências limitadas; **b)** estrutura institucional simples; **c)** decisões tomadas por consenso ou unanimidade; e **d)** deliberações que só criam obrigações aos Estados e não diretamente aos nacionais destes Estados. Já as OIs de integração ou supranacionais possuem basicamente essas características: **a)** competências amplas; **b)** estrutura institucional complexa; **c)** decisões tomadas por maioria simples ou qualificada, e sempre vinculativas; **d)** deliberações que criam obrigações aos Estados e aos seus nacionais; **e)** existência de órgãos próprios para o exercício do poder executivo e das atividades administrativas; **f)** existência de um tribunal independente (poder jurisdicional obrigatório) constituído no seio da própria organização. As características apontadas para os dois tipos de OIs representam apenas um quadro geral. Na prática, é comum que uma OI colecione tanto as características típicas de uma OI de cooperação como de uma OI de integração. Neste caso, é necessária uma ponderação entre as funções da OI para inseri-la em uma das duas categorias. Os dois grandes exemplos de OI de integração são a União Europeia e o Mercosul. E a grande maioria das organizações internacionais tem a estrutura de OI de cooperação, como é o caso da ONU; **B** e **C:** incorretas; **D:** correta. O Mercosul é uma união aduaneira formada por Argentina, Uruguai, Brasil e Paraguai (a Venezuela encontra-se em processo de adesão – falta a aprovação do Senado paraguaio), e funciona pela cooperação intergovernamental. Os Estados Associados

14. No mesmo sentido, o artigo 75, § 1º, do Estatuto do Estrangeiro assim dispõe: "não constituem impedimento à expulsão a adoção ou o reconhecimento de filho brasileiro supervenientes ao fato que o motivar".

do Mercosul são Bolívia, Chile, Colômbia, Equador, Peru e Venezuela. Apesar da indiscutível personalidade jurídica de direito internacional ostentada pelo Mercosul, cabe reproduzir o muito citado artigo 34 do Protocolo de Ouro Preto: "O Mercosul terá personalidade jurídica de Direito Internacional". Importante sublinhar que o Mercosul é fundado na reciprocidade de direitos e obrigações entre os Estados-partes (artigo 2º do Tratado de Assunção: "O Mercado comum estará fundado na reciprocidade de direitos e obrigações entre os Estados-partes") e o seu funcionamento é viabilizado por um sistema deliberativo que funciona via o consenso dos Estados-partes; **E:** incorreta, pois é exatamente o contrário. O Estado possui personalidade jurídica originária e as OIs possuem personalidade jurídica derivada.

Gabarito "D"

1.4.1. ORGANIZAÇÃO DAS NAÇÕES UNIDAS

(Defensoria/DF – 2013 – CESPE) Julgue o item abaixo com base no que dispõe a Carta das Nações Unidas.

(1) Os membros não permanentes do Conselho de Segurança da Organização das Nações Unidas, em número de dez, devem ser eleitos pela Assembleia Geral com base, entre outros critérios, na distribuição geográfica equitativa.

1: certo (artigo 23, ponto 1, da Carta das Nações Unidas).

Gabarito 1C

(Magistratura Federal – 2ª Região – 2011 – CESPE) Com relação à estrutura, ao funcionamento e aos princípios da ONU, estabelecidos na Carta das Nações Unidas, assinale a opção correta.

(A) Os membros da ONU, em regra, podem utilizar força militar para a resolução dos conflitos internacionais.
(B) Não há dever de solidariedade entre os membros da ONU.
(C) O princípio da não intervenção não prejudica a aplicação de medidas coercitivas nos casos previstos na Carta.
(D) Os Estados que não são membros da ONU não têm obrigações na promoção da paz e da segurança internacionais.
(E) A ONU é embasada no princípio da igualdade orçamentária dos seus membros, de modo que todos devem custeá-la na mesma proporção.

A ONU é uma organização internacional que tem por objetivo facilitar a cooperação em matéria de Direito Internacional, segurança internacional, desenvolvimento econômico, progresso social, direitos humanos e a realização da paz mundial. Por isso, diz-se que é uma organização internacional de vocação universal. Sua lei básica é a Carta das Nações Unidas, elaborada em São Francisco, de 25 de abril a 26 de junho de 1945. A Carta tem como anexo o Estatuto da Corte Internacional de Justiça. Conforme se depreende do conceito, os propósitos da ONU são: **a)** manter a paz e a segurança internacionais; **b)** desenvolver relações amistosas entre as nações; **c)** realizar a cooperação internacional para resolver os problemas mundiais de caráter econômico, social, cultural e humanitário, promovendo o respeito aos direitos humanos e às liberdades fundamentais; e **d)** ser um centro destinado a harmonizar a ação dos povos para a consecução desses objetivos comuns. E os princípios são: **a)** da igualdade soberana de todos os seus membros; **b)** da boa-fé no cumprimento dos compromissos da Carta; **c)** da solução de controvérsias por meios pacíficos; **d)** da proibição de recorrer à ameaça ou ao emprego da força contra outros Estados; **e)** da assistência às Nações Unidas; **f)** da não intervenção em assuntos essencialmente nacionais. A ONU reúne quase a totalidade dos Estados existentes. Entre estes, existem os membros originários e os eleitos. Estes últimos são admitidos pela Assembleia Geral mediante recomendação do Conselho de Segurança. E só podem ser admitidos os Estados "amantes da paz" que aceitarem as obrigações impostas pela Carta e forem aceitos como capazes de cumprir tais obrigações. Os membros podem ser suspensos quando o Conselho de Segurança instalar uma ação preventiva ou coercitiva contra eles, como também expulsos quando violarem insistentemente os princípios da Carta. A expulsão é processada pela Assembleia Geral mediante recomendação do Conselho de Segurança.
A: incorreta, pois o uso da força militar é uma exceção e fica sob a responsabilidade do Conselho de Segurança (artigos 45 e 47, ponto 1, da Carta da ONU); **B:** incorreta, pois, como vimos acima, um dos princípios é o da assistência às Nações Unidas; **C:** correta, pois as medidas coercitivas estão previstas para casos específicos. Como exemplo pode-se citar o artigo 50 da Carta da ONU; **D:** incorreta. A ONU possui poder normativo externo, pois os artigos 2º, parágrafo 6º, e 35, parágrafo 2, de sua Carta transparecem a possibilidade de, em certas situações, emitir resoluções que obriguem Terceiros Estados. A razão aqui reside no caráter indivisível da paz e coletivo da segurança internacional, isto é, assuntos que tratam da sobrevivência de toda a humanidade. Percebe-se que, nesse quadro, a resolução da ONU será obrigatória para todos os Estados, sem distinção, inclusive para os não membros; **E:** incorreta. A Assembleia Geral definirá as cotas (artigo 17, ponto 2, da Carta da ONU) que serão correspondentes à possibilidade financeira de cada Estado-membro.

Gabarito "C"

(Magistratura Federal – 3ª Região – 2011 – CESPE) Assinale a opção correspondente a entidade à qual cabe solicitar pareceres consultivos à Corte Internacional de Justiça, desde que autorizado pela Assembleia Geral da ONU.

(A) Organização Mundial da Saúde
(B) Tribunal Constitucional de Estados
(C) Parlamento de Estados
(D) Tribunal Internacional Especializado
(E) Comitê Internacional da Cruz Vermelha

Das assertivas dispostas, apenas a OMS pode solicitar parecer consultivo à Corte Internacional de Justiça.

Gabarito "A"

1.4.2. ORGANIZAÇÃO INTERNACIONAL DO TRABALHO – OIT

(Magistratura Federal – 2ª Região – 2011 – CESPE) Assinale a opção correta a respeito dos objetivos e da estrutura da Organização Internacional do Trabalho (OIT), criada pela Conferência de Paz (Tratado de Versalhes, Parte XII), nos termos da Declaração de Filadélfia (Constituição da OIT).

(A) Há, na estrutura institucional dessa organização, de forma semelhante à da ONU, uma assembleia geral.
(B) A organização é dirigida pela Repartição Internacional do Trabalho.
(C) Essa organização é secretariada pela Conferência Internacional do Trabalho.
(D) Os objetivos dessa organização incluem o incentivo à existência de sindicatos únicos.
(E) É objetivo dessa organização favorecer a proteção da eficiência econômica e da equidade social por meio de órgãos colegiados com estrutura tripartite.

A Organização Internacional do Trabalho (OIT) é uma organização internacional que tem por objetivo melhorar as condições do trabalho no mundo. Por isso, diz-se que é uma organização internacional especializada de vocação universal. A OIT foi criada em 1919, como parte do Tratado de Versalhes, que pôs fim à Primeira Guerra Mundial. Fundou-se sobre a convicção primordial de que a paz universal e permanente somente pode estar baseada na justiça social. É a única das agências do Sistema das Nações Unidas com uma estrutura tripartite, composta de representantes de governos e de organizações de empregadores e de trabalhadores. A OIT é responsável pela formulação e aplicação das normas internacionais do trabalho (convenções e recomendações). O Brasil está entre os membros fundadores da OIT e participa da Conferência Internacional do Trabalho desde sua primeira reunião. Durante seus primeiros quarenta anos de existência, a OIT consagrou a maior parte de suas energias a desenvolver normas internacionais do trabalho e a garantir sua aplicação. Entre 1919 e 1939 foram adotadas 67 convenções e 66 recomendações. A eclosão da Segunda Guerra Mundial interrompeu temporariamente esse processo. No final da guerra, nasce a Organização das Nações Unidas (ONU), com o objetivo de manter a paz através do diálogo entre as nações. A OIT, em 1946, se transforma em sua primeira agência especializada.
A: incorreta. Os principais órgãos da OIT são Conferência Geral do Trabalho, Conselho de Administração, Repartição Internacional do Trabalho e Tribunal Administrativo (artigo 2 da Constituição da OIT – Declaração de Filadélfia); **B:** incorreta. A Repartição Internacional do Trabalho é um órgão permanente e funciona como secretariado da Organização. Desta forma, tem função burocrática e algumas funções executivas. O Diretor-Geral é escolhido pelo Conselho e tem mandato

de 5 anos. Como atribuição, pode-se destacar a preparação das reuniões da Conferência-Geral e a implementação de suas orientações, sob a orientação do Conselho de Administração. A OIT é dirigida pela Conferência-Geral do Trabalho; **C:** incorreta. Reler o comentário sobre a assertiva anterior; **D:** incorreta. Os objetivos e os fins da OIT estão definidos, principalmente, na Declaração da Filadélfia de 1944, que ampliou e aprofundou a Constituição Originária da OIT. Podemos listar alguns deles: **a) liberdade sindical**; **b)** formação profissional; **c)** proteção dos trabalhadores migrantes; **d)** combate ao desemprego; **e)** regulamentação da duração do trabalho; **f)** proteção contra acidentes de trabalho; e **g)** desenvolvimento da segurança social. Tais objetivos e fins devem ser perseguidos sempre com respeito aos princípios fundamentais sobre os quais a OIT foi fundada (artigo I do Anexo da Constituição da OIT – Declaração de Filadélfia): **a)** o trabalho não é uma mercadoria; **b)** a liberdade de expressão e de associação é uma condição indispensável para um progresso constante; **c)** a pobreza, onde quer que exista, constitui um perigo para a prosperidade de todos; **d)** a luta contra a necessidade deve ser conduzida com uma energia inesgotável por cada nação e através de um esforço internacional contínuo e organizado pelo qual os representantes dos trabalhadores e dos empregadores, colaborando em pé de igualdade com os Governos, participem em discussões livres e em decisões de caráter democrático tendo em vista promover o bem comum; **E:** correta. Reler o texto inicial e o comentário sobre a assertiva anterior.

Gabarito "E"

1.5. SER HUMANO

(Diplomacia – 2012 – CESPE) Com relação aos direitos de nacionalidade e a suas variações, previstos na CF, assinale a opção correta.

(A) Estrangeiros são, por vezes, protegidos como os nacionais, a exemplo da vedação de extradição de estrangeiros por crime político ou de opinião.

(B) Os direitos inerentes aos brasileiros são atribuídos a todo cidadão português, ressalvada a limitação constitucional de verificação de reciprocidade.

(C) A perda da nacionalidade originária, diferentemente do que ocorre com a derivada, é medida prevista como forma extrema de cominação penal.

(D) A extradição de brasileiros portadores de nacionalidade não originária é condicionada excepcional e unicamente a comprovado envolvimento em tráfico ilícito de entorpecentes e de drogas afins.

(E) A concessão de asilo a estrangeiro é prevista como direito civil inalienável no artigo 5º da Lei Maior, que cuida de direitos e garantias fundamentais.

A: correta. A extradição não é permitida quando relacionada à prática de crimes políticos, de imprensa, religiosos e militares. A citada proibição visa tutelar tanto o nacional como o estrangeiro, pois o importante nesse caso é o tipo de crime praticado e não as condições pessoais do sujeito perpetrador. A assertiva corretamente destaca o fato de que a proteção dos estrangeiros como nacionais se dá apenas *por vezes*. Isso porque, por exemplo, o estrangeiro pode ser objeto de deportação e expulsão, ao passo que o brasileiro, nato ou naturalizado, *não*; **B:** incorreta, pois os direitos são atribuídos apenas aos portugueses com residência permanente no País (art. 12, § 1º, da CF); **C:** incorreta. O § 4º do artigo 12 traz duas situações em que o brasileiro perderá a nacionalidade. Em uma delas (inciso II), a extinção do vínculo patrial pode atingir tanto o brasileiro nato (nacionalidade originária) quanto o naturalizado (nacionalidade derivada), bastando para isso que adquira outra nacionalidade, por naturalização voluntária. Tal possibilidade admite duas exceções: uma é no caso de a lei estrangeira reconhecer a nacionalidade originária, e a outra é quando a lei estrangeira impõe a naturalização ao brasileiro residente em país estrangeiro como condição para a permanência em seu território ou para o exercício de direitos civis. Na outra situação (inciso I), apenas o brasileiro naturalizado poderá perder a nacionalidade, o que ocorrerá quando a naturalização for cancelada, por sentença judicial, pelo exercício de atividade contrária ao interesse nacional. Nesse último caso, só é possível readquirir a nacionalidade brasileira por meio de ação rescisória, cabível somente quando a sentença judicial já estiver transitada em julgado. Percebe-se que a perda da nacionalidade originária não é prevista como forma extrema de cominação penal; **D:** incorreta. É necessário cumprir com outras condições para tomar corpo a concessão de extradição, as quais estão insculpidas no artigo 78 da Lei nº 6.815/1980: **a)** ter sido o crime cometido no território do Estado requerente ou serem aplicáveis ao extraditando as leis penais desse Estado; e **b)** existir sentença final de privação de liberdade ou estar a prisão do extraditando autorizada por juiz, tribunal ou autoridade competente do Estado requerente, salvo em caso de urgência, quando poderá ser ordenada a prisão preventiva do extraditando (artigo 82 da Lei nº 6.815/1980); **E:** incorreta, pois a concessão de asilo político está previsto no art. 4º, X, da CF. O artigo citado cuida dos princípios que devem nortear as relações internacionais da República Federativa do Brasil.

Gabarito "A"

(Magistratura Federal – 1ª Região – 2011 – CESPE) Considerando o conceito de nacionalidade e o Estatuto da Igualdade entre portugueses e brasileiros, assinale a opção correta.

(A) A CF considera brasileiros natos, independentemente de formalidades, os nascidos no estrangeiro, de pai brasileiro ou mãe brasileira, desde que qualquer deles esteja a serviço do Brasil.

(B) Além das condições previstas no texto constitucional, somente lei complementar pode estabelecer novos casos em que se exija a condição de brasileiro nato para a ocupação de cargos, empregos e funções públicas.

(C) A exemplo dos países que se formaram a partir de grande contingente de imigrantes, o Brasil adota predominantemente o critério do *jus sanguinis* para definição da nacionalidade, admitindo, porém, em situações específicas, a aplicação do *jus soli*.

(D) O brasileiro nato e o brasileiro naturalizado que exerçam atividade contrária ao interesse nacional estão sujeitos à perda da nacionalidade, mediante processo judicial, assegurada ao réu ampla defesa.

A: correta (artigo 12, I, *b*, da CF); **B:** incorreta. Segundo o artigo 12, § 2º, da CF, a lei não poderá estabelecer distinção entre brasileiros natos e naturalizados, salvo nos casos previstos na Constituição. Assim, segue a relação das únicas situações em que a CF disciplinou a distinção de tratamento entre brasileiros natos e naturalizados: **a)** artigo 12, § 3º, da CF – lista os cargos que só podem ser ocupados por brasileiros natos: presidente e vice-presidente da República; presidente da Câmara dos Deputados; presidente do Senado Federal; ministro do Supremo Tribunal Federal; carreira diplomática; oficial das Forças Armadas; e ministro de Estado da Defesa; **b)** artigo 5º, LI, da CF – o brasileiro nato nunca será extraditado e o naturalizado será em caso de crime comum, praticado antes da naturalização, ou de comprovado envolvimento em tráfico ilícito de entorpecentes e drogas afins; **c)** artigo 89, VII, da CF – lista os componentes do Conselho da República: entre eles, seis cidadãos brasileiros natos, com mais de 35 anos de idade, sendo dois nomeados pelo presidente da República, dois eleitos pelo Senado Federal e dois eleitos pela Câmara dos Deputados, todos com mandato de três anos, vedada a recondução; **d)** artigo 222 da CF – a propriedade de empresa jornalística e de radiodifusão sonora e de sons e imagens é privativa de brasileiros natos ou naturalizados há mais de dez anos, ou de pessoas jurídicas constituídas sob as leis brasileiras e que tenham sede no país; **C:** incorreta. A nacionalidade será originária ou primária quando provier do nascimento – logo, involuntária –, e adquirida ou secundária quando resultar de alteração de nacionalidade por meio da naturalização – logo, voluntária. A nacionalidade originária pode ser a do Estado de nascimento (*jus soli*) ou a de seus pais (*jus sanguinis*). No Brasil, o critério adotado para determinar quem é brasileiro nato é o *jus soli*, todavia, existem exceções que utilizam o critério *jus sanguinis* (artigo 12, I, *b* e *c*, da CF); **D:** incorreta. O § 4º do artigo 12 da CF traz duas situações em que o brasileiro perderá a nacionalidade. Em uma delas (inciso II), a extinção do vínculo patrial pode atingir tanto o brasileiro nato (nacionalidade originária) quanto o naturalizado (nacionalidade derivada), bastando para isso que adquira outra nacionalidade, por naturalização voluntária. Tal possibilidade admite duas exceções: uma é no caso de a lei estrangeira reconhecer a nacionalidade originária, e a outra é quando a lei estrangeira impõe a naturalização ao brasileiro residente em país estrangeiro como condição para a permanência em seu território ou para o exercício de direitos civis. Na outra situação (inciso I), apenas o brasileiro naturalizado poderá perder a nacionalidade, o que ocorrerá quando a naturalização for cancelada, por sentença judicial, pelo exercício de atividade contrária ao interesse nacional. Nesse último caso, só é possível readquirir a nacionalidade brasileira por meio de ação rescisória, cabível somente quando a sentença judicial já estiver transitada em julgado.

Gabarito "A".

1.6. RESPONSABILIDADE INTERNACIONAL

(Defensor Público/PE – 2018 – CESPE) A respeito da responsabilização internacional do Estado, julgue os itens a seguir.

I. Para que a responsabilidade internacional do Estado seja arguida, basta a presença de fato considerado ilícito, sendo despicienda a verificação do nexo causal.

II. O Estado não será responsabilizado internacionalmente por ato abusivo ou arbitrário praticado exclusivamente por seus agentes ou funcionários.

III. O Estado poderá ser responsabilizado pela conduta de particulares se falhar em prevenir ou em responder adequadamente pelo desaparecimento de pessoas.

Assinale a opção correta.

(A) Apenas o item I está certo.
(B) Apenas o item II está certo.
(C) Apenas o item III está certo.
(D) Apenas os itens I e II estão certos.
(E) Apenas os itens II e III estão certos.

I: errado, pois é necessária a verificação do nexo causal. O nexo de causalidade é o vínculo existente entre a conduta ilícita e o dano, ou seja, o dano deve decorrer diretamente do ato ilícito internacional; **II:** errado, pois a responsabilidade do Estado pode sim ser configurada com base em ato arbitrário de agentes ou funcionários públicos. O ato ilícito internacional normalmente é praticado por agentes do Poder Executivo. Mas é possível que o ilícito internacional resulte de atos oriundos do Poder Legislativo e do Judiciário; **III:** certo. O ilícito internacional proveniente de ato dos particulares não dá causa, por si só, à responsabilidade internacional do Estado; necessário se faz comprovar a falta de diligência do Estado, notadamente em seus deveres de prevenção e de repressão.

Gabarito "C".

(Juiz – TRF5 – 2017 – CESPE) A respeito da responsabilidade internacional do Estado e da proteção aos direitos humanos, assinale a opção correta.

(A) Dada a autonomia do Poder Judiciário, não se admite a responsabilidade do Estado por atos judiciais na hipótese de não aplicação de tratado internacional invocado pela parte em juízo.
(B) Para a configuração da responsabilidade do Estado por atos praticados por particulares, é irrelevante a obrigação estatal em relação ao direito internacional.
(C) Não se admite a responsabilidade internacional do Estado quando seu agente age funcionalmente exorbitando, de forma inequívoca, dos poderes previstos no próprio direito interno.
(D) Para que ocorra o Incidente de Deslocamento de Competência para a Justiça Federal, é obrigatória a demonstração inequívoca da total incapacidade das instâncias e autoridades locais em oferecer respostas às ocorrências de grave violação aos direitos humanos.
(E) Não se admite a responsabilidade do Estado por atos legislativos no caso de emenda constitucional contrariar tratado internacional.

A: incorreta. O ato ilícito internacional normalmente é praticado por agentes do Poder Executivo. Mas é possível que o ilícito internacional resulte de atos oriundos do Poder Legislativo e do Judiciário; **B:** incorreta. O ilícito internacional proveniente de ato dos particulares não dá causa, por si só, à responsabilidade internacional do Estado; necessário se faz comprovar a falta de diligência do Estado, notadamente em seus deveres de prevenção e de repressão; **C:** incorreta. A configuração da responsabilidade do Estado não afasta *de per si* a responsabilidade pessoal de seus agentes (art. 58 do Projeto de Convenção sobre Responsabilidade dos Estados – *Draft articles on Responsibility of States for Internationally Wrongful Acts* – da Comissão de Direito Internacional da ONU). E a validade do ato em face da legislação interna é irrelevante para a responsabilidade internacional do Estado – ver arts. 1º, 2º e 3º do Projeto de Convenção sobre Responsabilidade dos Estados (*Draft articles on Responsibility of States for Internationally Wrongful Acts*), da Comissão de Direito Internacional da ONU; **D:** correta. O incidente de deslocamento só será provido se ficar comprovado que a justiça estadual constitui verdadeira barreira ao cumprimento dos compromissos internacionais de proteção dos direitos humanos assumidos pelo Brasil. Dito de outra forma e agora com ênfase na razão de ser do instituto, deve-se ter consciência de que um caso de grave violação dos direitos humanos previstos em tratados internacionais do qual o Brasil é parte, embora ocorrido no âmbito de um estado-membro da federação, é capaz de ensejar no cenário internacional a responsabilidade do Estado brasileiro, de modo que o deslocamento de competência para a órbita federal, em casos como esse, dá a oportunidade, no plano interno, para o órgão de Justiça da União examinar e decidir a questão, antes de arcar com o pesado ônus dessa violação. No IDC 1-PA/STJ, a linha jurisprudencial acima disposta foi inicialmente construída e no voto do relator desse julgamento ficou fixado a necessidade de se observar os princípios da proporcionalidade e da razoabilidade quando da efetivação do deslocamento; **E:** incorreta (reler o comentário sobre a assertiva "A").

Gabarito "D".

1.7 SOLUÇÃO PACÍFICA DE CONTROVÉRSIAS INTERNACIONAIS

(Magistratura Federal – 1ª Região – 2011 – CESPE) Com relação aos meios de solução dos conflitos internacionais e à Corte Internacional de Justiça, assinale a opção correta.

(A) O sistema de consultas, como método de solução pacífica de controvérsias, pode ser definido como uma troca de opiniões programada, entre dois ou mais governos interessados em litígio internacional, no intuito de alcançarem uma solução conciliatória.
(B) A sentença da Corte Internacional de Justiça será definitiva e inapelável, não sendo possível aos Estados envolvidos pedir a revisão da sentença após seu pronunciamento.
(C) Como principal órgão judiciário das Nações Unidas, a Corte Internacional de Justiça exerce competência de natureza contenciosa, mas não consultiva.
(D) De acordo com a Convenção de Viena sobre os Direitos dos Tratados, o relatório emitido por comissão de conciliação constituída no âmbito da ONU tem força vinculante para as partes em conflito.
(E) A arbitragem é uma via não judiciária de solução pacífica de litígios, sendo, contudo, princípio corrente que a sentença arbitral tem força executória, estando os Estados que a ela recorrem obrigados a assegurar a execução das decisões arbitrais.

A: imprecisa, pois o sistema de consultas não envolve todos os governos interessados no litígio internacional, mas apenas os adversários de fato (sem a presença de terceiros). Em outras palavras, o litígio pode despertar interesse em toda comunidade internacional, mesmo sendo travado entre dois países, mas o sistema consultivo se desenrola somente entre os estados diretamente envolvidos no conflito; **B:** incorreta. As decisões da Corte com base em sua competência contenciosa possuem caráter obrigatório (artigo 59 do Estatuto da Corte Internacional de Justiça) e cada membro das Nações Unidas compromete-se a conformar-se com a decisão da Corte Internacional de Justiça em qualquer caso em que for parte (artigo 94, ponto 1, da Carta da ONU). Cabe dizer que se uma das partes em determinado caso deixar de cumprir as obrigações que lhe incumbem em virtude de sentença proferida pela Corte, a outra terá direito de recorrer ao Conselho de Segurança, que poderá, se o julgar necessário, fazer recomendações ou decidir sobre medidas a serem tomadas para o cumprimento da sentença (artigo 94, ponto 2, da Carta da ONU). Já os pareceres consultivos não possuem caráter vinculativo. Importante apontar, também, que a sentença da Corte é definitiva e inapelável, todavia, em caso de controvérsia quanto ao seu sentido e alcance e desde que solicitado por qualquer das partes, a Corte a interpretará (artigo 60 do Estatuto da Corte Internacional de Justiça). Por sua vez, o pedido de revisão da sentença só pode ser feito em razão de fato novo suscetível de exercer influência determinante e que na ocasião de ser proferida a sentença era desconhecido da Corte e também da parte que solicita a revisão, contanto que tal desconhecimento não tenha sido devido à negligência (artigo 61, ponto 1, do Estatuto da Corte Internacional de Justiça); **C:** incorreta, pois também possui competência consultiva; **D:** incorreta, pois a Convenção de Viena sobre os Direitos dos Tratados não faz previsão nesse sentido; **E:** correta. Arbitragem é método de solução pacífica de controvérsias baseado na sentença arbitral confeccionada por árbitros escolhidos pelas partes. Antes de qualquer consideração, é fundamental frisar que a arbitragem é uma via jurisdicional, porém **não judiciária**, de solução pacífica de controvérsias internacionais. Como dito, os árbitros serão escolhidos pelas partes, que também descreverão a matéria conflituosa e determinarão o direito aplicável para o deslinde da disputa. Neste último caso, poderão permitir que os árbitros decidam *ex aequo et bono* (senso de justiça). Na prática, a base jurídica da arbitragem pode ser tanto a cláusula arbitral ou compromissória que figura no corpo de um tratado qualquer, como o compromisso arbitral prévio ou posterior ao conflito. Deve-se apontar que a estipulação da cláusula arbitral não dispensa a celebração do compromisso arbitral quando for necessário dispor sobre todos os aspectos necessários para a instalação e o bom funcionamento do tribunal arbitral. O compromisso arbitral é um tratado específico que vai regular todos os aspectos da arbitragem. Por exemplo, no compromisso ficam qualificadas as partes, estipulados os nomes dos árbitros e seus respectivos substitutos, determinado o objeto do litígio e o âmbito dos fatos controversos, como também as regras que regerão a instalação e o funcionamento do tribunal arbitral. Mais precisamente, os Estados escolhem um ou dois árbitros, os quais escolherão o presidente. **Esses árbitros confeccionam a sentença arbitral, que funciona como uma decisão jurídica, sendo obrigatória e definitiva**. O fundamento dessa obrigatoriedade é o compromisso assumido pelas partes, onde se comprometeram em executar a sentença. Assim, em última análise, esse fundamento tem por base o princípio *pacta sunt servanda*. Mas o problema identificado é que a decisão arbitral tem que ser executada de boa-fé pelas partes, pois não existe a possibilidade de execução forçada, tal qual acontece no direito interno. Todavia, é importante esclarecer que o descumprimento da sentença arbitral configura ato ilícito internacional. Por fim, a sentença arbitral não é passível de recurso, ao menos que esteja previsto no compromisso arbitral e subordinado a descoberta de fatos novos, que não eram conhecidos na época em que a sentença arbitral foi proferida, que possam alterar a substância da decisão. Não obstante, é sempre possível que uma das partes entre com pedido de interpretação ou acuse de nulidade a sentença arbitral, desde que o árbitro incorra em falta grave, como, por exemplo, dolo, corrupção ou abuso ou desvio de poder.

1.8. DIREITO COMUNITÁRIO E DA INTEGRAÇÃO

1.8.1. MERCOSUL

(Magistratura Federal – 3ª Região – 2011 – CESPE) Com relação ao disposto no Protocolo de Olivos para a Solução de Controvérsias no MERCOSUL, assinale a opção correta.

(A) Esse tratado acrescenta dispositivos ao Protocolo de Brasília, em conformidade com o qual deve ser interpretado.
(B) O Tribunal Permanente de Revisão, previsto nesse acordo, é composto por dez árbitros, devendo cada um dos Estados-parte escolher dois deles e dois ser nomeados de comum acordo.
(C) Segundo esse tratado, os Estados-parte é permitido recorrer, de comum acordo, diretamente ao Tribunal Permanente de Revisão, sem a necessidade de recurso prévio a tribunal arbitral *ad hoc*.
(D) Nesse protocolo, é vedado, assim como na Corte Internacional de Justiça, o uso por particulares do mecanismo de solução de controvérsias.
(E) Nesse acordo, é expressamente proibida a possibilidade de denúncia.

O Protocolo de Olivos15 reorganizou o sistema de solução de controvérsias do Mercosul. Sua maior inovação foi a criação de um Tribunal Permanente de Revisão, o qual é encarregado de julgar, em grau de recurso, as decisões proferidas pelos tribunais arbitrais *ad hoc*, isto é, foi instituído o duplo grau de jurisdição para solução de controvérsias no Mercosul. Lembrando que o recurso é limitado a questões de direito tratadas na controvérsia e às interpretações jurídicas desenvolvidas no laudo do Tribunal Arbitral *Ad Hoc* (artigo 17, ponto 2, do Protocolo de Olivos). A título de sistematização, quando surgir alguma contenda envolvendo os países do bloco, o primeiro passo é aplicar as negociações diretas. Com o fracasso destas, passa-se ao Tribunal Arbitral *Ad Hoc* – que funciona como primeira instância. Lembrando que, antes de as partes submeterem o caso ao Tribunal Arbitral *Ad Hoc*, podem escolher (ou seja, é facultativa) a etapa intermediária, que toma corpo com o envio da contenda para o Grupo Mercado Comum, que promoverá estudos sobre a disputa e formulará recomendações não cogentes. Depois, com a provocação das partes, exerce-se o duplo grau de jurisdição mediante a análise da decisão do Tribunal Arbitral *Ad Hoc* pelo Tribunal Permanente de Revisão. Entretanto, pode-se passar diretamente das negociações diretas malsucedidas para o Tribunal Permanente de Revisão. Nesse último caso, o tribunal vai julgar a demanda de forma definitiva. Assim, o procedimento compreende duas etapas: a fase diplomática e a jurisdicional. A primeira poderá começar por iniciativa dos Estados ou dos particulares, já a segunda somente toma curso por iniciativa dos Estados.

1.9. DIREITO ECONÔMICO E DO COMÉRCIO INTERNACIONAL – ORGANIZAÇÃO MUNDIAL DO COMÉRCIO (OMC)

(Diplomacia - 2010 - CESPE) Os atuais acordos da Organização Mundial do Comércio (OMC), resultantes da Rodada Uruguai de Negociações Multilaterais de Comércio (1986-1994), estabelecem regras para os mais diversos aspectos do comércio internacional, expandindo, claramente, o escopo temático da "época GATT". Acerca do arcabouço normativo criado e de seus possíveis impactos, assinale a opção correta.

(A) Os pilares fundamentais do sistema multilateral de comércio GATT/OMC incluem a cláusula de nação mais favorecida (NMF), o princípio de tratamento nacional, a defesa dos consumidores e a primazia à proteção do meio ambiente.
(B) Em relação à área de defesa comercial, as regras estabelecidas para se investigar a existência de *dumping* e de subsídio visam combater práticas desleais de comércio, ao contrário das regras acerca de salvaguardas, medidas temporárias que visam proteger a indústria doméstica de surto repentino de importações de produtos concorrentes.
(C) As uniões aduaneiras ou áreas de livre comércio, por permitirem que concessões ou vantagens sejam estendidas apenas aos membros dessas áreas regionais, conflitam com a regra de tratamento de nação mais favorecida e, por isso, não encontram amparo no arcabouço jurídico do GATT/OMC.
(D) Propriedade intelectual e serviços, áreas de interesse primordial dos países desenvolvidos, não receberam regulamentação multilateral no âmbito da OMC, devido à forte oposição da maioria dos países em desenvolvimento a essa medida.
(E) Em decorrência do princípio universal da soberania estatal, os países que ingressam na OMC não são obrigados a aderir a todos os acordos multilaterais, se entenderem que eles acarretarão prejuízos significativos à economia de seu país.

A: Incorreta, pois a defesa dos consumidores e a primazia à proteção do meio ambiente não são pilares fundamentais do sistema multilateral do comércio GATT/OMC. A OMC pauta-se pelo livre comércio, pela igualdade entre os países e pelos seguintes princípios:

15. O artigo 1 do Protocolo de Olivos, que foi promulgado no Brasil pelo Decreto nº 4.982, de 09 de fevereiro de 2004, cuida do âmbito de aplicação do Protocolo: "As controvérsias que surjam entre os Estados-partes sobre a interpretação, a aplicação ou o não cumprimento do Tratado de Assunção, do Protocolo de Ouro Preto, dos protocolos e acordos celebrados no marco do Tratado de Assunção, das Decisões do Conselho do Mercado Comum, das Resoluções do Grupo Mercado Comum e das Diretrizes da Comissão de Comércio do Mercosul serão submetidas aos procedimentos estabelecidos no presente Protocolo".

a) princípio da não discriminação – É a coletivização do princípio da nação mais favorecida. A cláusula da nação mais favorecida foi muito utilizada pela Inglaterra no séc. XVIII, quando ela aproveitava sua teia de relacionamento global – fato incomum na época – para conseguir o melhor acordo comercial possível com todos os países. Em termos práticos, a Inglaterra firmava um tratado com um país B para diminuir as tarifas sobre certo produto e garantia que o produto dela receberia o melhor tratamento possível com a inserção da cláusula da nação mais favorecida, pois, nesse caso, a Inglaterra tinha de ser sempre a nação mais favorecida. Assim, se o país B diminuísse ainda mais as tarifas sobre aquele produto em proveito do país C, as tarifas em relação ao produto da Inglaterra abaixariam automaticamente, já que, como mencionado, a Inglaterra deveria ser sempre a nação mais beneficiada. Atualmente, essa cláusula já não é mais aceita, e a OMC, como mencionado, norteia-se pelo livre comércio, pela igualdade entre os países e por alguns princípios, entre os quais o da não discriminação, que garante tratamento igual para todos os países. Esse princípio comporta duas exceções: uma consiste nos acordos regionais caracterizados como união aduaneira ou zona de livre comércio, e a outra engloba a concessão de benefícios dos países desenvolvidos em proveito dos países em desenvolvimento, como também as concessões mútuas de benefícios entre países em desenvolvimento;

b) princípio da previsibilidade – Facilita o acesso ao comércio internacional e apresenta a *consolidação tarifária*, que nada mais é que a determinação de um teto limitador da incidência tarifária em certos produtos oriundos do exterior. Assim, antes da exportação de determinado produto para o país A, já se pode saber qual é o máximo possível de incidência tarifária. Todavia, os Estados-membros não são obrigados a consolidar todos os produtos, mas devem indicar na lista de concessões tarifárias quais produtos foram consolidados e com qual teto. Em outras palavras, "*tarifa consolidada* é o valor máximo (teto) de alíquota do imposto de importação que cada membro da OMC se compromete a aplicar para certos produtos do seu universo tarifário";16

c) princípio da concorrência leal – Visa garantir um comércio internacional justo;

d) princípio da proibição da proteção nacional – A OMC, em geral, não permite a utilização de restrições quantitativas como forma de proteger a produção nacional, ou seja, não pode haver nenhum tratamento diferenciado que vise beneficiar os produtos nacionais em detrimento dos importados;

e) princípio do tratamento especial e diferenciado para os países em desenvolvimento – Por esse princípio, os países em desenvolvimento têm, por exemplo, vantagens tarifárias;

B: Correta. As *medidas compensatórias* são utilizadas para amortecer o potencial dano na importação de produtos que recebem subsídio no seu país de origem. Na prática, funcionam com a imposição de sobretaxa para a importação desses produtos. Quanto ao subsídio, "é qualquer contribuição financeira, suporte de renda ou preços concedido pelo governo ou órgão público, gerando um benefício (vantagem) privado, que seja específico para uma empresa ou setor industrial. Trata-se, portanto, de uma ação do governo que beneficia individualmente uma empresa ou setor industrial, reduzindo artificialmente os seus custos de produção".17 Essa interferência estatal viola o princípio da concorrência leal, o qual visa garantir um comércio internacional justo. O *antidumping* também funciona com a imposição de sobretaxa para a importação de certos produtos. Todavia, ao contrário do subsídio, o *dumping* é uma medida estritamente privada, isto é, praticada pelos atores privados. Dito isso, deve-se notar a diferença entre a concorrência comercial leal e a desleal, pois muitas vezes um produto com preço baixo oriundo do exterior está ancorado em competências bem realizadas, isto é, não viola o princípio da concorrência leal. Outras vezes, porém, o preço baixo é fruto de uma decisão que ambiciona prejudicar os fabricantes locais de produtos similares para, passado certo tempo e depois de eliminados tais concorrentes, dominar o mercado local do produto e, assim, impor tranquilamente o seu preço diante da inexistência de concorrência. Pelo descrito acima, fica claro que, no primeiro caso, o valor, apesar de ser baixo, é real, pois resulta do bom desempenho de competências. Entretanto, no segundo caso, o valor é baixo e irreal, pois é fruto de um plano desleal de eliminar a concorrência em determinado setor. Fica claro, assim, que situações que se encaixem no segundo caso violam o princípio da concorrência leal, e somente essas autorizam a utilização da medida *antidumping*. Ainda mais restritivo é o considerando do Acordo Relativo à Implementação do Artigo VI do Acordo Geral Sobre Tarifas Aduaneiras e Comércio ou Acordo *Antidumping*: "(...) as práticas *antidumping* não devem constituir um entrave injustificável ao comércio internacional e (...) os direitos *antidumping* somente podem ser utilizados contra o *dumping* se este causa ou ameaça causar um dano considerável a uma indústria instalada ou se retarda sensivelmente a implantação de uma indústria". De suma importância é o art. 9º, ponto 1, do Acordo *Antidumping*: "Os direitos *antidumping* vigorarão somente durante o tempo e na medida necessária para neutralizar o *dumping* que estiver causando um dano". Todavia, o ponto 2 do artigo determina: "Quando se justificar, as autoridades encarregadas da investigação reexaminarão a necessidade de continuar a aplicar o direito *antidumping*, por iniciativa própria, ou por solicitação de qualquer parte interessada que justifique através de dados concretos a necessidade de tal reexame". Existe ainda a figura do *dumping social*, medida que garante que o produto tenha um valor mais barato do que o de mercado em função dos baixos salários pagos aos trabalhadores, do não respeito aos demais direitos trabalhistas e, em casos extremos, da utilização de trabalho escravo ou infantil. Diferentemente das medidas de defesa anteriormente vistas, as salvaguardas são utilizadas não para defender a produção nacional contra um subsídio concedido por governo estrangeiro (medidas compensatórias) ou contra a deslealdade de um exportador estrangeiro (*antidumping*), mas sim para proteger temporariamente parcela da indústria nacional que será diretamente atingida com a abertura ao comércio internacional. Por exemplo: suponhamos que o setor têxtil é "fechado" no Brasil, ou seja, é proibida a importação de qualquer produto têxtil, mas eis que o governo brasileiro decide permitir a importação de produtos têxteis a partir de certo momento. Diante desse fato e para proteger o setor têxtil brasileiro, o governo impõe as salvaguardas, as quais podem assumir a forma de sobretaxas (como procedido nas medidas compensatórias e *antidumping*) ou a forma de limitações quantitativas com a determinação de quotas de importação. Como dito, "no caso das salvaguardas não existe a questão de uma prática comercial desleal a ser *punida*. Trata-se de um problema específico da indústria nacional de determinado país, que ainda não tem condições de enfrentar a concorrência de produtos importados. Por isso, a imposição de medidas de salvaguarda é vinculada a um compromisso de reestruturação do setor beneficiado pela proteção, e sujeita o país que as aplica a ter de outorgar compensações aos parceiros comerciais prejudicados com perda de exportações";18 Tal matéria é tratada no Acordo sobre Salvaguardas da OMC.

C: Incorreta, pois como dito no comentário sobre a assertiva A, o princípio da nação mais favorecida comporta duas exceções: uma consiste nos **acordos regionais caracterizados como união aduaneira ou zona de livre comércio** (art. XXIV do GATT), e a outra engloba a concessão de benefícios dos países desenvolvidos em proveito dos países em desenvolvimento e também as concessões mútuas de benefícios entre países em desenvolvimento (Sistema Geral de Preferências);

D: Incorreta, pois o Acordo Geral sobre o Comércio de Serviços (Gats) está regulamentado no Anexo 1B, e o Acordo sobre Aspectos dos Direitos de Propriedade Intelectual está disciplinado no Anexo 1C. Já o Anexo 1A cuida dos Acordos Multilaterais sobre Comércio de Bens;

E: Incorreta, pois na OMC vige a regra do *single undertaking*, ou seja, os países que aderirem à OMC automaticamente adotarão os Anexos 1, 2 e 3 do Acordo Constitutivo da OMC (o Anexo 4 – Acordos Plurilaterais – é opcional).

Gabarito "B".

1.10. TRIBUNAL PENAL INTERNACIONAL

(Magistratura Federal – 2ª Região – 2011 – CESPE) Considere que o Japão denuncie ao procurador do TPI crime contra a humanidade cometido pelo governo da China contra população do Tibet. Com base nessa situação hipotética e no Decreto n.º 4.388/2002, que aprovou o Tratado de Roma, por meio do qual foi instituído o TPI, assinale a opção correta.

---

16. TIMM, Luciano Benetti; Ribeiro, Rafael Pellegrini; Estrella, Angela T. Gobbi. **Direito do Comércio Internacional**, pág. 124. Ed. FGV, 2009.

17. TIMM, Luciano Benetti; Ribeiro, Rafael Pellegrini; Estrella, Angela T. Gobbi. **Direito do Comércio Internacional**, pág. 142. Ed. FGV, 2009.

18. TIMM, Luciano Benetti; Ribeiro, Rafael Pellegrini; Estrella, Angela T. Gobbi. **Direito do Comércio Internacional**, pág. 142/143. Ed. FGV, 2009.

(A) O TPI é obrigado a aceitar denúncia oferecida pelo procurador.
(B) O Japão não poderia agir da forma descrita, pois só o Conselho da ONU pode apresentar denúncia ao procurador do TPI.
(C) Só a própria população do Tibet poderia formular representação ao procurador do TPI.
(D) O procurador apreciará a seriedade da informação, podendo recolher informações suplementares.
(E) O procurador é obrigado a denunciar o governo chinês.

A acusação, referente à prática de algum dos crimes tipificados no artigo 5º do Estatuto de Roma, pode ser levada até o conhecimento do Tribunal penal Internacional – TPI, que tem jurisdição para julgar os crimes cometidos nos territórios dos Estados-partes ou dos Estados que reconheçam sua competência, por meio de algum Estado-parte, pelo Conselho de Segurança (nos termos do Capítulo VII da Carta da ONU) ou pelo procurador-geral do TPI. Cabe destacar o importante papel desempenhado pelo procurador no processamento da acusação, pois fará, em primeira mão, a análise sobre a seriedade da dita acusação, podendo recolher informações suplementares junto aos Estados, aos órgãos da Organização das Nações Unidas, às Organizações Intergovernamentais ou Não Governamentais ou outras fontes fidedignas que considere apropriadas, bem como recolher depoimentos escritos ou orais na sede do Tribunal (artigo 15, ponto 2, do Estatuto de Roma). Ainda pode, por sua própria iniciativa, abrir um inquérito com base em informações sobre a prática de crimes da competência do Tribunal (artigo 15, ponto 1, do Estatuto de Roma). Se a acusação for devidamente processada e aceita pela Câmara Preliminar, o TPI poderá julgar o caso.

Gabarito "D".

(Magistratura Federal – 3ª Região – 2011 – CESPE) No que se refere ao Tribunal Penal Internacional, assinale a opção correta.

(A) De acordo com o Estatuto de Roma, esse tribunal tem competência expressa para julgar o terrorismo como crime contra a humanidade.
(B) As línguas de trabalho, nesse tribunal, são o inglês e o francês.
(C) Trata-se de organismo especializado da ONU.
(D) De acordo com o que prevê o Estatuto de Roma, esse tribunal pode decidir pela pena de morte em casos graves.
(E) Essa corte começou a funcionar em 1998, com a conclusão do Estatuto de Roma.

A: incorreta. O Tribunal Penal Internacional (TPI) foi constituído na Conferência de Roma, em 17 de julho de 1998, na qual se aprovou o Estatuto de Roma (tratado que não admite a apresentação de reservas), que só entrou em vigor internacionalmente em 1º de julho de 2002 e passou a vigorar, para o Brasil, em 1º de setembro de 2002. A partir de então, tem-se um tribunal permanente para julgar **indivíduos**[19] acusados da prática de crimes de genocídio, de crimes de guerra, de crimes de agressão e de crimes contra a humanidade. Deve-se apontar que *indivíduos* diz respeito a quaisquer indivíduos, independentemente de exercerem funções governamentais ou cargos públicos (artigo 27 do Estatuto de Roma), desde que, à data da alegada prática do crime, tenham completado 18 anos de idade (artigo 26 do Estatuto de Roma); **B:** correta, pois essas são as línguas de trabalho do TPI (artigo 50, ponto 2, do Estatuto de Roma); **C:** incorreta. O Tribunal é uma entidade independente da ONU e tem sede em Haia, nos Países Baixos. Ademais, tem personalidade jurídica de direito internacional e é formado pela Presidência, Seção de Instrução, Seção de Julgamento em Primeira Instância, Seção de Recursos, Procuradoria e Secretaria; **D:** incorreta. Se a acusação for devidamente processada e aceita pela Câmara Preliminar, o TPI poderá julgar o caso. E, caso condene o indiciado culpado, a pena imposta terá de respeitar o limite máximo de 30 anos (artigo 77, ponto 1, *a*, do Estatuto de Roma). Todavia, caso o crime seja de extrema gravidade, poderá ser aplicada a pena de prisão perpétua (artigo 77, ponto 1, *b*, do Estatuto de Roma). Concomitantemente, poderá ser aplicada a pena de multa e de confisco, caso restar comprovado que o culpado adquiriu bens de forma ilícita (artigo 77, ponto 2, do Estatuto de Roma). Além de sanções de natureza penal, o TPI pode determinar a reparação às vítimas de crimes e respectivos familiares, principalmente por meio da restituição, da indenização ou da reabilitação. Ainda, o Tribunal poderá, de ofício ou por requerimento, em circunstâncias excepcionais, determinar a extensão e o nível dos danos, da perda ou do prejuízo causados às vítimas ou aos titulares do direito à reparação, com a indicação dos princípios nos quais fundamentou sua decisão (artigo 75 do Estatuto de Roma); **E:** incorreta. Reler o comentário sobre a assertiva "A".

Gabarito "B".

1.11. COMBINADAS E OUTROS TEMAS DE DIREITO INTERNACIONAL PÚBLICO

(Defensor Público - DPE/DF - 2019 - CESPE/CEBRASPE) Acerca dos direitos à liberdade de expressão e de comunicação e ao acesso à informação, julgue o item seguinte

(1) A Organização das Nações Unidas defende que a Internet se paute no princípio da neutralidade da rede, como forma de proteção da liberdade de expressão.

1: Certo. O princípio da neutralidade é um componente importante da liberdade de expressão. O Relatório da ONU sobre Liberdade de Expressão e Internet aponta os riscos que a ausência de neutralidade pode causar aos direitos dos usuários.

Gabarito 1C

(Delegado Federal – 2018 – CESPE) Julgue os itens a seguir, relativos a atos internacionais, personalidade internacional, cortes internacionais e domínio público internacional.

(1) A Convenção de Palermo, um instrumento internacional multilateral e solene, foi promulgada pelo Congresso Nacional brasileiro e ratificada, no âmbito interno, por decreto.
(2) Os atos internacionais específicos que complementam a Convenção de Palermo incluem o Protocolo Adicional, relativo à prevenção, repressão e punição ao tráfico de pessoas, já incorporado ao direito brasileiro com eficácia de lei complementar, por tratar de direitos fundamentais.
(3) Asilo político, cuja concessão independe de reciprocidade, é o acolhimento, pelo Estado, de estrangeiro perseguido em outros lugares – não necessariamente em seu próprio país – por dissidência política, entre outros motivos.
(4) Por não admitir extradição de brasileiros para que sejam julgados em corte internacional que admita pena de caráter perpétuo, o Brasil não manifestou adesão ao Tratado de Roma, que criou o Tribunal Penal Internacional.
(5) A soberania de Estado costeiro sobre o seu mar territorial abrange não apenas as águas, mas também o leito do mar, seu subsolo e o espaço aéreo correspondente, devendo tal Estado, contudo, admitir o direito de passagem inocente de navios mercantes ou de guerra de qualquer outro Estado.
(6) A ONU é um sujeito secundário de direito internacional interestatal criado exclusivamente por Estados mediante tratado internacional multilateral, excluída a sua participação como membro de qualquer organização de natureza privada.
(7) O visto concedido por autoridade diplomática constitui mera expectativa de direito do estrangeiro, que pode, ainda assim, ser inadmitido no país. Por outro lado, se admitido o estrangeiro em seu território, o país passa a ter deveres em relação a ele, em maior ou menor grau, conforme a natureza do ingresso.

1: errado, pois esse diploma internacional não integra o ordenamento jurídico pátrio; **2:** errado, pois o Protocolo relativo à prevenção, repressão e punição ao tráfico de pessoas é relativo à Convenção das Nações Unidas contra o Crime Organizado Transnacional, adotado em Nova York; **3:** certo (Artigo XIV da Declaração Universal dos Direitos Humanos, artigo 22, ponto 7, da Convenção Americana sobre Direitos Humanos e artigo XXVII da Declaração Americana de Direitos e Deveres do Homem; **4:** errado. O Tribunal Penal Internacional (TPI) foi constituído na Conferência de Roma, em 17.07.1998, na qual se aprovou o Estatuto de Roma (tratado que não admite a apresentação de reservas), que só entrou em vigor internacionalmente em 01.07.2002

19. Percebe-se que aqui a responsabilidade pelo ato internacional ilícito é imputada exclusivamente ao indivíduo. Além dos crimes tipificados no Estatuto de Roma, podemos citar o tráfico de drogas e de escravos e a pirataria como outros exemplos de atos ilícitos internacionais imputados exclusivamente ao indivíduo.

e passou a vigorar, para o Brasil, em 01.09.2002; **5:** certo. O mar territorial é a parte do mar compreendida entre a linha de base e o limite de 12 milhas marítimas na direção do mar aberto. No âmbito do mar territorial, o Estado exerce soberania com algumas limitações. Essa soberania alcança não apenas as águas, mas também o leito do mar, seu respectivo subsolo e o espaço aéreo sobrejacente. A soberania sobre o mar territorial é mitigada pelo direito de passagem inocente, reconhecido em favor dos navios de qualquer Estado. Mas deve-se atentar que esse direito deve ser exercido de maneira contínua, rápida e ordeira, sob pena de configurar ato ilícito. Já os submarinos devem navegar na superfície e com o pavilhão arvorado. Ainda, tal soberania pode ser limitada em função da proteção ambiental; **6:** certo. As OIs são constituídas pela vontade coletiva dos Estados ou por outras organizações internacionais, entre elas ou com Estados, e pode-se afirmar que a criação das OIs dá-se normalmente por tratado internacional, como foi o caso da ONU. A ONU é uma organização internacional que tem por objetivo facilitar a cooperação em matéria de Direito Internacional, segurança internacional, desenvolvimento econômico, progresso social, direitos humanos e a realização da paz mundial. Por isso, diz-se que é uma organização internacional de vocação universal. Sua lei básica é a Carta das Nações Unidas, elaborada em São Francisco, de 25 de abril a 26.06.1945; **7:** certo. Consoante o art. 5º da CF/1988, o estrangeiro tem aqui proteção da ordem jurídica como qualquer nacional, apenas com a diferença de não se beneficiar dos direitos políticos. Esse tipo de tratamento é conferido por quase todos os Estados. Cabe lembrar que todo Estado tem a prerrogativa de decidir sobre a conveniência da entrada ou não de estrangeiros em seu território nacional. Apenas o nacional possui direito de entrar no seu país e fixar residência nele.

Gabarito 1E, 2E, 3C, 4E, 5C, 6C, 7C

(Juiz – TRF5 – 2017 – CESPE) Com relação à personalidade internacional, ao Estado, aos princípios e às organizações internacionais, assinale a opção correta.

(A) A doutrina Tobar, com referência a Carlos Tobar, ministro das relações exteriores do Equador, surgiu em 1907 e pautava-se no princípio da não intervenção.
(B) Embora possa haver exceções, como é o caso da ONU, a criação de organizações internacionais decorre essencialmente do direito consuetudinário internacional.
(C) Em razão da própria evolução dos direitos humanos, os indivíduos são os sujeitos principais e originais do direito internacional.
(D) Os grupos beligerantes que se organizam politicamente com o intuito de desmembramento ou de mudança de governo ou de regime vigente, devido ao seu caráter temporário, não se sujeitam às normas do direito internacional em matéria de conflito bélico, mas sim ao ordenamento jurídico doméstico.
(E) O reconhecimento de governo deve ser tratado diferentemente do reconhecimento de Estado, considerando-se que os efeitos jurídicos são diversos no direito internacional.

A: incorreta, pelo contrário, Carlos Tobar defendia que a única forma para evitar golpes de Estado na região americana seria a comunidade internacional se recusar a reconhecer os novos governos como legítimos, rompendo relações diplomáticas e formulando contra eles uma declaração de não-reconhecimento, até que aquele governo fosse confirmado nas urnas; **B:** incorreta. As organizações internacionais (OIs) são constituídas pela vontade coletiva dos Estados ou por outras organizações internacionais, entre elas ou com Estados, e possuem personalidade jurídica de direito internacional; **C:** incorreta. O Estado, a Organização Internacional (incluindo os blocos regionais) e a pessoa humana são os sujeitos de direito internacional (teoria eclética ou heteropersonalista). Cabe apontar que a teoria clássica, que defende o Estado como único sujeito de Direito Internacional, está há muito superada; **D:** incorreta, pois tais grupos se sujeitam sim às normas de direito internacional; **E:** correta. No reconhecimento de governo o Estado em si mesmo já é reconhecido, ou seja, tem personalidade jurídica de direito internacional. Contudo, uma ruptura na ordem política – uma revolução ou um golpe de Estado, por exemplo – faz com que se instaure no país um novo esquema de poder, contrário às regras constitucionais pertinentes à renovação do governo. Aqui, a grande discussão doutrinária refere-se à forma expressa ou à forma tácita do reconhecimento.

Gabarito "E".

(Delegado/PE – 2016 – CESPE - Adaptada) Assinale a opção correta acerca dos direitos sociais, dos remédios ou garantias constitucionais e dos direitos de nacionalidade.

(A) Será considerado brasileiro nato o indivíduo nascido no estrangeiro, filho de pai brasileiro ou de mãe brasileira, que for registrado em repartição brasileira competente ou que venha a residir no Brasil e opte, em qualquer tempo, depois de atingida a maioridade, pela nacionalidade brasileira.
(B) A duração da jornada normal de trabalho, de, no máximo, oito horas diárias e quarenta e quatro horas semanais, não comporta exceções, no entanto a CF admite a compensação de horários mediante acordo ou convenção coletiva de trabalho.
(C) De acordo com o STF, o *habeas data* é ação que permite ao indivíduo o direito de obter informações relativas à sua pessoa, inseridas em repartições públicas ou privadas, podendo ser utilizado para a obtenção de acesso a autos de processos administrativos, como aqueles que tramitam no TCU.
(D) O mandado de segurança coletivo pode ser impetrado por sindicatos, entidades de classe e associações, mas não por partidos políticos, pois se destinam à defesa de interesses coletivos comuns a determinada coletividade de pessoas.

A: correta (art. 12, I, *c*, da CF); **B:** incorreta, pois o inciso XIV do art. 7º da CF traz uma exceção: "jornada de seis horas para o trabalho realizado em turnos ininterruptos de revezamento, salvo negociação coletiva"; **C:** incorreta. O STF tem entendimento oposto, ou seja, no sentido de que o *Habeas Data* (HD) não é o instrumento jurídico adequado para que se tenha acesso a autos de processos administrativos. A decisão foi tomada no julgamento de um recurso (agravo regimental) no HD 90. O *habeas data* foi ajuizado na Corte pela Exato Engenharia, que pretendia ter acesso aos autos de um processo em tramitação no Tribunal de Contas da União (TCU). A Ministra Ellen Gracie, relatora do caso, negou seguimento ao pedido, argumentando que o HD não é o remédio jurídico adequado para se obter esse tipo de acesso. Citando trecho do parecer da Procuradoria Geral da República, a ministra lembrou que "como forma de concretizar o direito à informação, a Constituição instrumentalizou o *habeas data*, a fim de assegurar o conhecimento de informações relativas à pessoa física ou jurídica, constantes de registros ou bancos de dados de entidades governamentais ou de caráter público, ou para retificá-los, quando incorretos"; **D:** incorreta, pois os partidos políticos também podem impetrar mandado de segurança coletivo (art. 5º, LXX, *a*, da CF).

Gabarito "A".

(Diplomacia – 2015 – CESPE) A par de constantes mudanças verificadas na sociedade internacional, com o surgimento de novos atores e de renovadas demandas, também o direito das gentes se atualiza em terminologias e em conceitos, de modo a abranger novas fronteiras, como o comércio, o meio ambiente e os direitos humanos. No que concerne a esse fenômeno, julgue (C ou E) os itens a seguir.

(A) O acesso direto de indivíduos a tribunais internacionais é lege lata, podendo ocorrer tanto na Corte Europeia de Direitos Humanos quanto na Corte Interamericana de Direitos Humanos.
(B) A denominada soft law, de utilização polêmica pela índole programática que comporta, embora desprovida de conteúdo imperativo, é utilizada de forma flagrante em direito internacional do meio ambiente.
(C) Por terem reconhecida sua personalidade jurídica, e, por isso, serem consideradas sujeitos de direito internacional, as organizações internacionais podem atuar como autoras ou rés perante a Corte Internacional de Justiça.
(D) O princípio da não discriminação, adotado como base do direito do comércio internacional, possui duas vertentes que não comportam exceções: a cláusula da nação mais favorecida e a regra do tratamento nacional.

A: Errado. É bem verdade que o acesso direto de indivíduos a tribunais internacionais é atualmente *lege lata*, vale dizer, é direito positivo, muito além de uma simples proposta acadêmica *de lege ferenda*, como outrora. No entanto, não são todos os tribunais internacionais que aceitam a capacidade postulatória dos indivíduos. No âmbito dos sistemas regionais de direitos humanos, apenas o sistema europeu (desde o Protocolo 11, de 1994/98 à Convenção Europeia) e o sistema africano (desde que o Estado parte reconheça a competência do tribunal para receber petições de indivíduos, nos termos do artigo 34 do Protocolo de Ouagadougou, de 1998/04) conferem direito de petição aos indivíduos a seus órgãos jurisdicionais. O sistema interamericano, por sua vez, não permite esse acesso direto. O artigo 61(1) do Pacto de São José da Costa Rica é taxativo nesse sentido: "Somente os Estados-partes e a Comissão têm direito de submeter um caso à decisão da Corte". **B: Certo**. A utilização do *soft law*, ou o direito brando, ou flexível, é de fato polêmica, como evidencia a crítica de Prosper Weil em famoso artigo de 1983 (*Towards Relative Normativity in International Law?*). Com efeito, os instrumentos de *soft law*, tais como as resoluções da Assembleia Geral das Nações Unidas, as declarações conjuntas, e os memorandos de entendimento, não são formalmente vinculantes, por mais que possam ser de grande importância para fins, por exemplo, de prova do costume internacional, em particular, da *opinio iuris* dos Estados. A *soft law* é frequentemente usada, como afirma o item, em direito internacional do meio ambiente, como exemplificam a Agenda 21 e a Declaração de Florestas, adotadas durante a Rio 92, e o documento *O futuro que queremos*, adotado na Rio+20. **C: Errado**. "Só os Estados poderão ser partes em questões perante a Corte". É taxativo o artigo 34 (1) do Estatuto da Corte Internacional de Justiça quanto à competência contenciosa a que o item se refere. Nesta, dois Estados solucionam uma controvérsia jurídica que exista entre eles. Dessa forma, por mais que sejam sujeitos de direito internacional, as organizações internacionais não podem fazer parte da jurisdição contenciosa da Corte, nem como autoras, nem como rés. O acesso que algumas organizações internacionais (as agências especializadas da ONU) têm à CIJ é por meio da jurisdição consultiva do tribunal. No exercício desta, a CIJ emite pareceres consultivos, sem caráter vinculante, sobre uma questão de direito, sem, contudo, resolver um litígio concreto. Nos termos do artigo 96 da Carta da ONU, podem solicitar pareceres consultivos à CIJ: (i) a AGNU e o CSNU, sobre qualquer questão de ordem jurídica; e (ii) outros órgãos da ONU e as agências especializadas, desde que autorizados pela Assembleia Geral e desde que o pedido seja sobre temas relacionados às suas funções. **D: Errado**. O princípio da não discriminação, que veda o tratamento menos favorável a produtos similares, é a pedra angular do sistema multilateral de comércio. A cláusula da nação mais favorecida e a regra do tratamento nacional são de fato as duas vertentes desse princípio, mas ambas comportam exceções. De acordo com a obrigação de tratamento de nação mais favorecida, os membros da OMC não podem realizar discriminação entre produtos originados de diferentes países. Dessa forma, qualquer vantagem referente a direitos aduaneiros deve ser estendida a produtos similares comercializados com outros Estados membros do sistema multilateral de comércio. Ocorre que o direito da OMC prevê uma exceção a essa regra: o regionalismo aberto, que possibilita os processos de integração regional, como o Mercosul. De acordo com a obrigação de tratamento nacional, os membros da OMC não podem discriminar produtos importados uma vez que tenham entrado em seu território. É vedado, portanto, o emprego de medidas que tratem de maneira diferenciada o produto nacional e o importado. Essa regra também possui exceções, contudo, como as relativas a produtos cinematográficos, prevista no artigo III (10) do GATT. PS

Gabarito: 1E, 2C, 3E, 4E

(Advogado da União/AGU – CESPE – 2012) No que se refere à responsabilidade internacional dos Estados e às fontes do direito internacional e sua relação com o direito interno brasileiro, julgue os itens a seguir.

(1) Na Convenção de Viena sobre Direito dos Tratados, o dispositivo que versa sobre a aplicação provisória de tratados foi objeto de reserva por parte do Estado brasileiro.

(2) Por decisão do STF, os costumes e tratados de direitos humanos adotados pelo Brasil antes da edição da Emenda Constitucional n.º 45/2004 adquiriram, no direito brasileiro, estatuto de normas supralegais.

(3) O texto final do projeto sobre responsabilidade internacional dos Estados, aprovado pela Comissão de Direito Internacional da ONU, prevê um sistema agravado de responsabilidade, por violação de normas peremptórias de direito internacional geral.

(4) De acordo com o projeto da Comissão de Direito Internacional da ONU sobre responsabilidade internacional dos Estados, as garantias de não repetição são consequências possíveis de um ilícito internacional.

1: correta. A Convenção de Viena sobre Direito dos Tratados entrou em vigor internacional em 27 de janeiro de 1980 e só foi promulgada no Brasil pelo Decreto n. 7.030 de 14 de dezembro de 2009. A ratificação não só demorou, mas veio com reserva aos arts. 25 e 66. O art. 25 cuida da aplicação provisória de um tratado e determina que, se for assim disposto ou acordado pelas partes, o tratado pode obter uma vigência provisória mesmo sem ter sido objeto de ratificação – o Brasil não aceita esta prática, já que, em regra, a ratificação dos tratados depende de um procedimento complexo, no qual o Congresso Nacional tem que aprovar o texto do tratado, e o fará por meio de um decreto legislativo promulgado pelo Presidente do Senado e publicado no Diário Oficial da União. Assim, a regra é que os tratados celebrados pelo Presidente da República sejam apreciados pelo Congresso Nacional (art. 84, VIII, da CF). Já o art. 66 discorre sobre o processo de solução judicial, de arbitragem e de conciliação e determina a competência obrigatória da Corte Internacional de Justiça quando houver conflito ou superveniência de norma imperativa de direito internacional (*jus cogens*) – este artigo não foi aceito pelo Brasil, lembrando que o país não está vinculado ao art. 36 do Estatuto da Corte Internacional de Justiça que disciplina a "cláusula facultativa de jurisdição obrigatória"; **2**: errada, pois apenas os tratados de direitos humanos adotados antes da edição da Emenda Constitucional n.º 45/2004 adquiriram *status* de normas supralegais (RE 466.343-SP STF); **3**: certa, pois os arts. 40 e 41 do Projeto sobre Responsabilidade Internacional dos Estados cuidam das violações graves de obrigações decorrentes de normas imperativas de direito internacional geral; **4**: certa, pois em consonância com a redação do art. 30 do Projeto sobre Responsabilidade Internacional dos Estados.

Gabarito 1C, 2E, 3C, 4C

(Advogado da União/AGU – CESPE – 2012) Julgue os próximos itens, referentes a solução pacífica de controvérsias, direito internacional do mar, segurança internacional coletiva e manutenção da paz.

(1) De acordo com a Convenção das Nações Unidas sobre Direito do Mar, baixios a descoberto que se encontrem, parcialmente, a uma distância do continente que não exceda a largura do mar territorial podem ser utilizados como parâmetro para medir a largura do mar territorial.

(2) Em 2011, o órgão de solução de controvérsias da Organização Mundial do Comércio estabeleceu a ação de reenvio prejudicial, de modo que a Corte Internacional de Justiça pudesse decidir sobre a competência do órgão para julgamento de questões de direitos humanos relacionadas ao comércio internacional.

(3) O Tratado sobre a Não Proliferação de Armas Nucleares estabelece a prevalência de seus dispositivos sobre quaisquer tratados regionais, de forma a assegurar a ausência total de armas nucleares nos territórios dos Estados signatários.

1: certa, pois reproduz a redação do art. 13, ponto 1, da Convenção das Nações Unidas sobre Direito do Mar; **2**: errada, pois a informação dada na assertiva não procede; **3**: errada, pois o art. 7º do Tratado sobre a Não Proliferação de Armas Nucleares assim dispõe: "Nenhuma cláusula deste Tratado afeta o direito de qualquer grupo de Estados de concluir tratados regionais para assegurar a ausência total de armas nucleares em seus respectivos territórios".

Gabarito 1C, 2E, 3E

(Procurador Federal – 2010 – CESPE) O Estado B deslocou tropas e anunciou que invadiria, com o uso da força, o Estado C em um mês. Findo o período, o Estado B concretizou seu anúncio e anexou o território do Estado C ao seu. O Conselho de Segurança da ONU, em reunião extraordinária, impôs, então, embargo econômico ao Estado B. O Estado D, por considerar as medidas contra o Estado B ilícitas, declarou-se neutro no conflito e decidiu romper o embargo e praticar normalmente seu comércio exterior com B. Com base nessa situação hipotética, julgue os itens subsequentes.

(1) A licitude das resoluções do Conselho de Segurança somente pode ser julgada pela Corte Internacional de Justiça, órgão judicial da ONU.

(2) O embargo econômico imposto pelo Conselho de Segurança classifica-se como uma contramedida.
(3) A anexação, por meio da utilização da força, é uma forma de aquisição de território proibida pelo direito internacional.
(4) O deslocamento de tropas e o anúncio da futura invasão do Estado C já constituem, por si, violação à Carta da ONU.

1: errada, pois as resoluções do Conselho de Segurança podem ser questionadas em outros foros, como o Tribunal Penal Internacional (*vide* caso Tadic); **2:** errada, pois o embargo econômico é um meio coercitivo de solução de controvérsias. Por sua vez, a contramedida é uma excludente de responsabilidade internacional (artigos 20 a 26 do Projeto de Convenção da Comissão de Direito Internacional das Nações Unidas sobre a Responsabilidade dos Estados por Danos Transfronteiriços); **3** e **4:** certas, pois o art. 2º, ponto 4, da Carta das Nações Unidas assim dispõe: "Todos os Membros deverão evitar em suas relações internacionais a *ameaça ou o uso da força* contra a integridade territorial ou a dependência política de qualquer Estado, ou qualquer outra ação incompatível com os Propósitos das Nações Unidas".

Gabarito 1E, 2E, 3C, 4C

(Magistratura Federal – 1ª Região – 2011 – CESPE) No que tange ao espaço aéreo internacional, à nacionalidade das aeronaves e ao TPI, assinale a opção correta.

(A) O TPI poderá impor à pessoa condenada pelos crimes que afetem a humanidade no seu conjunto a pena de prisão perpétua, se o elevado grau de ilicitude e as condições pessoais do condenado o justificarem. Entretanto, esse tribunal poderá reexaminar a pena com vistas à sua redução quando o condenado já tiver cumprido vinte e cinco anos de prisão.
(B) O Estado exerce, sobre os ares situados acima de seu território e de seu mar territorial, soberania, que só não é absoluta porque sofre restrição ditada por velha norma internacional: o direito, reconhecido em favor dos aviões civis, de passagem inocente, que deve ser contínua e rápida, proibindo-se tudo quanto não seja estritamente relacionado com o ato de passar pelo espaço aéreo.
(C) Segundo as regras internacionais, todo avião utilizado em tráfego internacional deve possuir pelo menos uma nacionalidade, determinada por seu registro ou matrícula. A aeronave poderá ter mais de uma matrícula — as de complacência —, mas, no caso de a companhia aérea ser controlada pelo Estado, e não por particulares, cada avião deverá possuir uma nacionalidade singular.
(D) O TPI, instituição permanente, com jurisdição sobre as pessoas responsáveis pelos crimes de maior gravidade e funções complementares às jurisdições penais nacionais, constitui corte internacional vinculada à ONU, não dispondo de personalidade jurídica própria.
(E) Nos termos do Estatuto de Roma, o TPI só poderá exercer os seus poderes e funções no território de qualquer Estado-parte, sendo-lhe defeso agir em relação a atos praticados no território dos Estados que não tenham subscrito o Estatuto.

A: correta. Se a acusação for devidamente processada e aceita pela Câmara Preliminar, o TPI poderá julgar o caso. E, caso condene o indiciado culpado, a pena imposta terá de respeitar o limite máximo de 30 anos (artigo 77, ponto 1, *a*, do Estatuto de Roma). Todavia, caso o crime seja de extrema gravidade e as condições pessoais do condenado justificar, poderá ser aplicada a pena de prisão perpétua (artigo 77, ponto 1, *b*, do Estatuto de Roma), todavia, essa pena poderá ser reexaminada com vistas à sua redução quando já tiver sido cumprido vinte e cinco anos de prisão. Concomitantemente, poderá ser aplicada a pena de multa e de confisco, caso restar comprovado que o culpado adquiriu bens de forma ilícita (artigo 77, ponto 2, do Estatuto de Roma); **B:** incorreta. A doutrina é uniforme em defender que não existem limitações à soberania referente ao espaço atmosférico acima do mar territorial; **C:** incorreta, pois a aeronave não pode ter mais de uma matrícula; **D:** incorreta. O Tribunal é uma entidade independente da ONU e tem sede em Haia, nos Países Baixos. Ademais, tem personalidade jurídica de direito internacional e é formado pela Presidência, Seção de Instrução, Seção de Julgamento em Primeira Instância, Seção de Recursos, Procuradoria e Secretaria; **E:** incorreta. A acusação, referente à prática de algum dos crimes tipificados no artigo 5º do Estatuto de Roma, pode ser levada até o conhecimento do TPI, que tem jurisdição para julgar os crimes cometidos nos territórios dos Estados-partes **ou dos Estados que reconheçam sua competência**, por meio de algum Estado-parte, pelo Conselho de Segurança (nos termos do Capítulo VII da Carta da ONU) ou pelo procurador-geral do TPI.

Gabarito "A".

2. DIREITO INTERNACIONAL PRIVADO

2.1. TEORIA GERAL E FONTES

(Juiz – TRF5 – 2017 – CESPE) Um problema perene que envolve discussões teóricas e práticas é a coexistência de normas internacionais com normas nacionais. A esse respeito, assinale a opção correta.

(A) As correntes teóricas que estabelecem critérios para justificar a solução de conflitos normativos entre as normas internacionais e as normas internas prescindem dos ordenamentos jurídicos nacionais.
(B) O fato de um Estado não poder invocar uma norma jurídica doméstica para se escusar de uma obrigação internacional significa que o direito internacional ignora o direito interno.
(C) Na hipótese de conflito entre uma norma constitucional e uma norma internacional prevalecerá a primeira, pois apregoa-se a obrigatoriedade do direito internacional às regras do direito interno, em decorrência de uma percepção teórica de um monismo do tipo internacionalista.
(D) As correntes teóricas dualistas, ainda que moderadas, apregoam uma visão que engloba de forma indistinta tratados internacionais, costumes e princípios gerais de direito.
(E) Considera-se o monismo do tipo internacionalista dialógico uma corrente adequada para tratar de conflitos normativos que envolvam direitos humanos, visto que poderia haver a aplicação da norma de direito interno em detrimento da de direito internacional ou vice-versa.

A: incorreta, pois o Direito Internacional Privado (DIPr) é composto de princípios e regras, sendo estas positivadas ou costumeiras, que têm por primordial função resolver os conflitos de leis no espaço. No caso do Brasil, temos a Lei de Introdução às Normas do Direito Brasileiro (LINDB); **B:** incorreta, trata-se apenas de uma condição básica para o direito internacional garantir sua efetividade mínima; **C:** incorreta, pois não existe a citada obrigatoriedade *per si*. No Brasil, a Constituição Federal silenciou nesse aspecto, e, em virtude da omissão constitucional, a doutrina defende que o Brasil adotou a corrente dualista, ou, melhor dizendo, a corrente dualista moderada; **D:** incorreta, pois as correntes dualistas advogam que o Direito Internacional e o Nacional pertencem a sistemas distintos e, portanto, incidem sobre espaços diversos e não entram na questão das fontes do direito por si só; **E:** correta. Em se tratando de interpretação e de aplicação das regras protetivas de direitos humanos, deve-se ter por fundamento o *princípio da primazia da norma mais favorável à vítima*, o qual determina a busca da maior efetividade possível na proteção dos direitos humanos. Portanto, de modo geral, os sistemas protetivos global, regional e nacional interagem e complementam-se para melhor proteger o indivíduo dos abusos perpetrados contra sua dignidade humana. Esse exercício foi denominado, por Erik Jaime20, de o *diálogo das fontes*21, ou seja, os diversos sistemas de proteção (fontes heterogêneas) são coordenados para garantir a maior tutela possível da dignidade da pessoa humana – dessa forma, o sistema com maiores possibilidades de garantir a proteção no caso específico será o eleito, podendo até haver uma aplicação conjunta dos sistemas, desde que apropriada. A Constituição brasileira traz previsão expressa da "cláusula de diálogo ou dialógica" no seu art. 4º, II.

Gabarito "E".

20 *.Identité culturelle et integration: le droit international privé postmoderne*. Séries Recueil des Cours de l'Académie de Droit International de la Haye 251, 1995.

21. O citado diálogo também é previsto expressamente no art. 29, *b*, da Convenção Americana de Direitos Humanos.

(Advogado – CEF – 2010 – CESPE) As fontes de direito internacional privado no Brasil não incluem

(A) o Código de Bustamante, de 1928.
(B) os contratos internacionais privados.
(C) a Lei de Introdução ao Código Civil, de 1942.
(D) a doutrina.
(E) a jurisprudência.

O artigo 38 do Estatuto da Corte Internacional de Justiça (CIJ) determina que a função da Corte é decidir as controvérsias que lhe forem submetidas com base no direito internacional. Ademais, indica as fontes que serão utilizadas pelos juízes na confecção de suas decisões, a saber: a) as convenções internacionais; b) o costume internacional; c) os princípios gerais do direito; d) as decisões judiciárias e a doutrina dos juristas mais qualificados das diferentes nações. Por fim, ainda aponta a possibilidade de a Corte decidir por equidade (*ex aequo et bono*), desde que convenha às partes. Mesmo não constando do rol do art. 38, pode-se indicar também como fonte do direito internacional tanto as resoluções emanadas das organizações internacionais como os atos unilaterais dos estados. Até aqui conserva semelhança com as fontes do Direito Internacional Público, todavia, a fonte por excelência do Direito Internacional Privado é a lei interna, ou seja, cada estado tem competência para legislar sobre direito internacional privado ("direito internacional privado autônomo"). Mas a grande característica da matéria na atualidade é a busca de harmonização e de uniformização mediante a produção convencional internacional ("direito internacional privado convencional e institucional"), e até mesmo pela dita *soft law*. Cabe apontar também o direito uniforme espontâneo, que refere-se à natural coincidência de normas jurídicas primárias, seja por conta de influência comum ou por adoção unilateral do direito positivo de um estado por outro. Com ímpeto meramente classificatório, o direito internacional privado convencional é aquele que provém de tratados e convenções, e o direito internacional privado institucional é aquele que provém da produção normativa de blocos regionais de integração como a União Europeia e o Mercosul. E *soft law* indica as fontes que não são obrigatórias, mas que têm importante papel referencial para o juiz nacional como também influencia a confecção de regras tanto a nível convencional internacional como a nível autônomo nacional. Como exemplo pode-se citar os princípios, códigos de conduta, recomendações, diretrizes, convenções não ratificadas etc. Percebe-se que algumas das fontes elencadas no art. 38 da CIJ caberiam no conceito de *soft law*. No Brasil, a principal fonte do DIPr é a Lei de Introdução às normas do Direito Brasileiro (Decreto 4.657/1942), a qual trata do DIPr nos seus arts. 7º a 17. Além da LINDB, é possível identificar na legislação nacional outros diplomas que tratam de assuntos de interesse do DIPr, tais como: a) a CF trata da sucessão internacional no seu art. 5º, XXXI, e da competência do STJ em temas de cooperação judiciária internacional no seu art. 105, I, *i*; b) o NCPC trata da competência internacional do juiz brasileiro nos seus arts. 21 a 24, das cartas rogatórias nos seus arts. 236,260 a 263, 268 e 960, como também da prova do direito estrangeiro no seu art. 376, e, por fim, das sentenças estrangeiras nos seus arts. 960, 961 e 965. Já o Código de Bustamante é o tratado mais antigo no campo do DIPr ratificado pelo Brasil, e ainda encontra-se em vigor. O Código Bustamante é a denominação dada à Convenção de Havana de Direito Internacional Privado de 1928. Esta Convenção foi aprovada no seio da Conferência Panamericana realizada em Havana no ano de 1928. Na prática, funciona como um código internacional de DIPr, logo, obra do direito internacional privado convencional. Cuida de inúmeras matérias, mas encontra séria resistência, dos magistrados brasileiros, para sua aplicação. Um ponto que suscita muitas dúvidas é o fato de o Código ser de aplicação universal ou com incidência limitada aos casos que envolvam pessoas ligadas (por domicílio ou pela nacionalidade) aos estados-membros.

Gabarito "B"

2.2. REGRAS DE CONEXÃO DA LEI DE INTRODUÇÃO ÀS NORMAS DO DIREITO BRASILEIRO

(Magistratura Federal – 3ª Região – 2011 – CESPE) De acordo com a Lei de Introdução às Normas do Direito Brasileiro, a capacidade para suceder é regulada pela lei

(A) de nacionalidade do herdeiro ou legatário.
(B) de domicílio do herdeiro ou legatário.
(C) em que se encontra o herdeiro ou legatário.
(D) de nacionalidade do *de cujus*.
(E) do último domicílio do *de cujus*.

O artigo 10, § 2º, da LINDB assim dispõe: "A lei do domicílio do herdeiro ou legatário regula a capacidade para suceder". Funciona como exceção à lei do último domicílio do *de cujus*, pois a capacidade para suceder será regulada pela lei do domicílio do herdeiro ou do legatário (*lex domicilii* do herdeiro ou do legatário). Percebe-se que é a lei do último domicílio do *de cujus* que definirá quem é herdeiro ou não. Após a definição dos herdeiros, cabe verificar a capacidade para suceder de cada um. Tal verificação é balizada pela lei do domicílio do herdeiro.

Gabarito "B"

(Magistratura Federal – 2ª Região – 2011 – CESPE) Os elementos de conexão brasileiros constituem parte da norma do direito internacional privado que determina o ordenamento jurídico a ser aplicado a determinada causa. Assinale a opção correspondente à correta correlação entre fato(s) jurídico(s) e elemento de conexão na Lei de Introdução do Código Civil.

(A) situação do regime de bens – nacionalidade dos cônjuges.
(B) qualificação e regulação das obrigações – domicílio dos contratantes.
(C) formalidades de celebração e impedimentos do casamento – nacionalidade dos nubentes.
(D) personalidade e capacidade – domicílio da pessoa.
(E) penhor – local do bem.

A: incorreta. O certo seria: situação do regime de bens – domicílio dos cônjuges (artigo 7º, *caput*, da LINDB); **B:** incorreta. O certo seria: qualificação e regulação das obrigações – lei do país em que se constituírem (artigo 9º, *caput*, da LINDB); **C:** incorreta. O certo seria: formalidades de celebração e impedimentos do casamento – lei do local da celebração (artigo 7º, § 1º, da LINDB); **D:** correta (artigo 7º, *caput*, da LINDB); **E:** incorreta. O certo seria: penhor – domicílio do possuidor (artigo 8º, § 2º, da LINDB).

Gabarito "D"

2.3. COOPERAÇÃO JUDICIÁRIA INTERNACIONAL – CARTAS ROGATÓRIAS

(Defensor Público – DPE/RN – 2016 – CESPE) Quanto ao tratamento dispensado a crianças e adolescentes no âmbito das normas internacionais, assinale a opção correta.

(A) A Convenção sobre os Aspectos Civis do Sequestro Internacional de Crianças aplica-se à criança que tenha residência habitual em um Estado contratante até que ela complete dezoito anos de idade.
(B) Embora a Convenção dos Direitos da Criança contemple direitos relativos à proteção da saúde da criança, tais como assistência médica e cuidados sanitários, ela é silente quanto aos direitos inerentes à previdência social, que são objeto de convenção internacional específica.
(C) As normas da Convenção Relativa à Proteção das Crianças e à Cooperação em Matéria de Adoção Internacional incorporadas pelo ECA permitem a adoção de criança brasileira por estrangeiros residentes no exterior, ainda que não se tenham esgotado as possibilidades de colocação dessa criança em família substituta brasileira.
(D) Segundo o STJ, a Convenção sobre os Aspectos Civis do Sequestro Internacional de Crianças não objetiva discutir o direito de guarda de criança, mas sim as questões vinculadas à retirada ilegal de criança de seu país e(ou) a retenção indevida de criança em local que não o de sua residência habitual.
(E) Segundo as Regras de Beijing, a sanção aplicável ao jovem que cometer ato infracional deverá ser específica e única, princípio que torna inadmissível a aplicação simultânea de uma medida de liberdade assistida e uma de prestação de serviços à comunidade.

A: incorreta, pois a idade limite para aplicação é dezesseis anos (art. 4º da Convenção sobre os Aspectos Civis do Sequestro Internacional de Crianças; **B:** incorreta, pois esse direito está previsto (art. 26, ponto 1, da Convenção dos Direitos da Criança); **C:** incorreta (art. 51, § 1º, do ECA); **D:** correta (Informativo 559 do STJ, 2015); **E:** incorreta, pois é possível a aplicação de medidas simultaneamente (art. 18 das Regras de Beijing).

Gabarito "D"

(Analista – Judiciário –TRE/PI – 2016 – CESPE) O Brasil é signatário da Convenção Interamericana sobre Cartas Rogatórias, que foi promulgada pelo Decreto n.º 1.899, de 1996, ano em que foi promulgado, ainda, o Protocolo Adicional à Convenção Interamericana sobre cartas rogatórias, pelo Decreto n.º 2.022. No que se refere a esse assunto, assinale a opção correta.

(A) As sentenças estrangeiras somente produzem efeitos depois de homologadas pelo Supremo Tribunal Federal.

(B) Expedem-se as cartas rogatórias somente se for necessária a realização de intimações e citações compatíveis com a legislação do juízo rogado.

(C) As cartas rogatórias, provenientes de autoridades estrangeiras, para cumprimento no Brasil, seguem para o Ministério das Relações Exteriores, que as encaminha diretamente para o Superior Tribunal de Justiça, a fim de que, no uso de sua competência, o tribunal conceda o *exequatur*.

(D) Em se tratando de cartas rogatórias que visem à inquirição de testemunha, o juiz rogante fica impedido de prosseguir na instrução criminal até sua devolução e juntada aos autos.

(E) Para ser homologada no Brasil, a sentença estrangeira deve ter sido proferida por juiz competente, ter transitado em julgado e estar acompanhada de tradução, sendo dispensável a autenticação por cônsul brasileiro.

A: incorreta. No Brasil, a competência para homologar sentenças estrangeiras é do STJ (art. 105, I, *i*, da CF/1988); **B:** incorreta. O artigo 2º da Convenção assim dispõe: "Esta Convenção aplicar-se-á às cartas rogatórias expedidas em processos relativos a matéria civil ou comercial pelas autoridades judiciárias de um dos Estados Partes nesta Convenção e que tenham por objeto: *a)* a realização de atos processuais de mera tramitação, tais como notificações, citações ou emprazamentos no exterior; e *b)* o recebimento e obtenção de provas e informações no exterior, salvo reserva expressa a tal respeito"; **C:** correta. No Brasil, a competência para conceder *exequatur* às cartas rogatórias é do STJ[22]. Como regra geral, o procedimento das cartas rogatórias é o seguinte: *a)* recebimento pelo presidente do STJ; *b)* após a concessão de *exequatur*, a carta rogatória é remetida para o juiz federal competente para cumpri-la;[23] *c)* após o cumprimento, o juiz tem o prazo de dez dias para devolvê-la ao presidente do STJ, o qual a encaminhará ao Ministério da Justiça ou Ministério das Relações Exteriores, que retornará a carta rogatória ao juiz rogante. O procedimento apresentado é de jurisdição contenciosa e, assim sendo, as partes devem ter acesso às garantias do devido processo legal; **D:** incorreta. O pedido para a produção de prova testemunhal mediante envio de carta rogatória não impede que o processo siga normalmente seu curso. A decisão é da Terceira Turma do Superior Tribunal de Justiça (STJ) e está em consonância com a redação do art. 377 no NCPC. Portanto, fica a critério do juiz a suspensão do processo, caso considere a efetivação da carta rogatória imprescindível para o julgamento da causa[24]; **E:** incorreta. Os requisitos necessários para homologação estão disciplinados no art. 15 da LINDB, e devem ser conjugados com o art. 963 do NCPC e com o Regimento Interno do STJ.

Gabarito "C".

(Advogado da União/AGU – CESPE – 2012) Julgue os itens subsequentes, relativos a cooperação internacional, sequestro internacional de crianças e atribuições da AGU em matéria internacional.

(1) Compete ao Departamento Internacional da AGU, entre outras funções, auxiliar o consultor-geral da União no assessoramento ao AGU em processo de celebração de tratados.

(2) O Protocolo de Las Leñas sobre Cooperação e Assistência Jurisdicional em Matéria Civil, Comercial, Trabalhista e Administrativa estabelece, no que se refere ao cumprimento de cartas rogatórias, procedimento uniforme para todos os Estados-partes.

(3) De acordo com a Convenção sobre os Aspectos Civis do Sequestro Internacional de Crianças, o retorno da criança pode ser recusado pela autoridade judicial ou administrativa se a criança, tendo idade e grau de maturidade suficientes para decidir, se opuser ao retorno.

1: errada. Compete ao Departamento Internacional, em conformidade com o art. 8º do Ato Regimental nº 5/2002 (conforme redação alterada pelo Ato Regimental nº 1, de 1º de abril de 2005), *auxiliar o Procurador--Geral no assessoramento ao Advogado-Geral da União nas questões de Direito Internacional*, inclusive no processo de celebração de tratados, acordos e ajustes internacionais, bem assim na representação judicial e extrajudicial da União nas causas ou controvérsias em foro estrangeiro e em processos judiciais perante os órgãos judiciários brasileiros, decorrentes de tratados, acordos ou ajustes internacionais ou em execução dos pedidos de cooperação judiciária internacional; **2:** errada, pois o art. 12 do Protocolo de Las Leñas sobre Cooperação e Assistência Jurisdicional em Matéria Civil, Comercial, Trabalhista e Administrativa assim dispõe: *"A autoridade jurisdicional encarregada do cumprimento de uma carta rogatória aplicará sua lei interna no que se refere aos procedimentos"*. Ou seja, dentro do sistema regional de cooperação judicial criado pelo Protocolo, a carta rogatória deve respeitar a lei do país em que será cumprida (*lex fori* do juiz rogado); **3:** correta, pois reflete parte do art. 13 da Convenção sobre os Aspectos Civis do Sequestro Internacional de Crianças.

Gabarito 1E, 2E, 3C

(Magistratura Federal – 2ª Região – 2011 – CESPE) Situação I: Bernardo, juiz federal, recebeu carta rogatória da França para ouvir o depoimento de testemunha brasileira de roubo ocorrido em Paris.

Situação II: Michelle, juíza francesa, recebeu carta rogatória do Brasil para citar Manoel, brasileiro residente em Paris, em processo de divórcio em curso no Brasil.

Sabendo que o magistrado nacional pode aplicar direito estrangeiro quando executar sentença estrangeira ou quando cumprir carta rogatória, assinale a opção correta acerca das situações hipotéticas apresentadas acima.

(A) Na primeira situação, perante a justiça brasileira, a hipótese é de carta rogatória ativa.

(B) Em ambas as situações, perante a justiça brasileira, a hipótese é de carta rogatória passiva.

(C) Na segunda situação, perante a justiça brasileira, a hipótese é de carta rogatória passiva.

(D) Na primeira situação, perante a justiça francesa, a hipótese é de carta rogatória ativa.

(E) Na segunda situação, perante a justiça francesa, a hipótese é de carta rogatória ativa.

Para garantir a efetividade jurisdicional em tempos marcados pelo cosmopolitismo humano e impulsionados pela globalização econômica, cultural e política, é imprescindível a cooperação entre as diferentes jurisdições. Muitas são as situações em que um juiz depende do judiciário de outro país para efetuar uma diligência judiciária ou qualquer ato desprovido de carga executória. O instrumento pelo qual um juiz doméstico pede auxílio a um juiz estrangeiro denomina-se carta rogatória. O juiz que pede é denominado rogante (carta rogatória ativa) e o que recebe, rogado (carta rogatória passiva). A carta rogatória é meio processual adequado para a realização de diligências fora da jurisdição de um determinado Estado, compreendendo tanto os atos ordinatórios (ex.: citação, notificação, cientificação, intimação etc.) como os instrutórios (ex.: coleta de provas). Seu fundamento é um tratado regulando o instituto processual ou o princípio da reciprocidade.

Gabarito "D".

22. A competência do STJ é apenas para processar as cartas rogatórias passivas, isto é, aquelas oriundas de juízos ou tribunais estrangeiros.

23. Art. 109, X, da CF/1988: "Aos juízes federais compete processar e julgar: (...) X – os crimes de ingresso ou permanência irregular de estrangeiro, a execução de carta rogatória, após o 'exequatur', e de sentença estrangeira, após a homologação, as causas referentes à nacionalidade, inclusive a respectiva opção, e à naturalização".

24. "Nos casos em que há pedido de prova testemunhal por precatória ou rogatória formalizado antes do saneamento, o juiz possui duas opções: indeferi-la, caso a considere dispensável, ou deferi-la, hipótese em que não estará impedido de julgar a ação, muito menos suspender o processo. A prova apenas útil, esclarecedora ou complementar não deve impedir o processo de seguir seu trâmite regularmente" (trecho do voto da Ministra Nancy Andrighi no REsp 1132818/SP, 3ª T., j. 03.05.2012, DJe 10.05.2012).

2.4. HOMOLOGAÇÃO DE SENTENÇA ESTRANGEIRA

(Juiz - TRF5 - 2017 - CESPE) A respeito da homologação de sentenças estrangeiras, assinale a opção correta.

(A) Na hipótese de tutela provisória de urgência estrangeira, o beneficiário que tiver interesse na sua execução no território brasileiro deverá requerer a respectiva homologação ao STJ.
(B) Conforme entendimento do STJ, a comprovação da definitividade da decisão homologanda só será admitida por meio da certidão de seu trânsito.
(C) O indeferimento de pedido de homologação de sentença estrangeira impede a propositura de novo pedido, em função da coisa julgada.
(D) No caso de sentença estrangeira que regulamenta alimentos homologada pelo STJ, admite-se a superveniência de decisão posterior, pelo Poder Judiciário brasileiro, que disponha de forma diferente.
(E) Caso um interessado pretenda fazer valer a eficácia, no Brasil, de decisão estrangeira de divórcio consensual ou conflituoso, deverá requerer ao STJ a respectiva homologação.

A: incorreta. A decisão interlocutória estrangeira poderá ser executada no Brasil por meio de carta rogatória (art. 960, § 1º, do NCPC); **B:** incorreta, a jurisprudência do STJ aponta que o trânsito em julgado das decisões estrangeiras pode ser comprovado por qualquer meio hábil a demonstrar a definitividade de decisão homologanda; **C:** incorreta. A denegação da homologação para reconhecimento ou execução de sentença ou laudo arbitral estrangeiro por vício formal não obsta que a parte interessada renove o pedido, uma vez sanado o vício verificado. Ou seja, o rechaço da homologação não faz coisa julgada material; **E:** incorreta. A sentença estrangeira de divórcio consensual não depende de homologação para produzir efeitos no Brasil (art. 961, § 5º, do NCPC), como também os títulos executivos extrajudiciais oriundos de país estrangeiro não dependem de homologação pelo Superior Tribunal de Justiça para serem aqui executados.

Gabarito "D"

(Juiz de Direito/AM – 2016 – CESPE) Sentença penal estrangeira pode ter eficácia no Brasil, possibilitando, inclusive, a reparação civil *ex delicto*. A sua eficácia depende de homologação pelo

(A) STJ, desde que haja comprovação da ocorrência do seu trânsito em julgado no país de origem.
(B) STF, independentemente da existência de tratado de extradição ou reciprocidade com o país de cuja autoridade judiciária emanou a decisão.
(C) STJ, independentemente de ter ocorrido o trânsito em julgado no país de origem.
(D) STF, desde que exista tratado de extradição ou reciprocidade com o país de cuja autoridade judiciária emanou a decisão.
(E) STF, dependendo ainda de que tenha sido imposto ao réu medida de segurança ou condenação por crime punido no Brasil com pena de reclusão.

No Brasil, a competência para homologar sentenças estrangeiras é do STJ (art. 105, I, *i*, da CF/1988). Portanto, as alternativas "B", "D" e "E" estão incorretas. No mais, um dos requisitos para acontecer a homologação é que tenha ocorrido o trânsito em julgado da sentença no país de origem. Assim, a assertiva correta é a "A" e deve ser assinalada. Para saber todos os requisitos, é necessário saber que o art. 15 da LINDB deve ser conjugado com o art. 963[25] do NCPC e com o Regimento Interno do STJ[26] para a precisa definição dos requisitos necessários para a realização do procedimento homologatório, além de ter de respeitar os tratados em vigor no Brasil, conforme dispõe o art. 960, § 2º, do NCPC. Por fim, a necessidade do trânsito em julgado é prevista expressamente nos arts. 15, *c*, LINDB e 216-D, III, RISTJ.

Gabarito "A"

2.5. ARBITRAGEM

(Magistratura Federal – 2ª Região – 2011 – CESPE) A arbitragem constitui-se em método previsto no direito internacional e no direito brasileiro para a resolução de controvérsias. A legislação brasileira que trata da arbitragem foi elaborada tendo como parâmetro o modelo de arbitragem internacional das Nações Unidas. Assinale a opção correta, tendo como parâmetro a lei que regula, no Brasil, a arbitragem (Lei n.º 9.307/1996).

(A) A escolha dos árbitros é feita pelo magistrado da causa.
(B) A sentença arbitral não está sujeita à homologação do Poder Judiciário para surtir efeitos entre as partes.
(C) Qualquer matéria está sujeita à arbitragem no Brasil.
(D) O árbitro é escolhido entre os magistrados de carreira da comarca onde a contenda surgir.
(E) A arbitragem pode ser compulsória, nos casos previstos em lei.

A arbitragem está regulada no Brasil pela Lei nº 9.307/1996. Seu artigo 2º, § 1º, permite que as partes escolham livremente as regras de direito que serão aplicadas na arbitragem, desde que não haja violação dos bons costumes e da ordem pública. Tal possibilidade de escolha da lei aplicável ao contrato não entra em confronto com o artigo 9º da LINDB. Isso porque a possibilidade de escolha da lei que vai reger o contrato, uma das características marcantes da arbitragem, diz respeito àquelas matérias que podem ser objeto de arbitragem: somente direitos patrimoniais disponíveis.[27] "*A contrario sensu*, são insuscetíveis de submissão à arbitragem as questões extrapatrimoniais ou as que envolvem direitos indisponíveis".[28] E a Súmula 485 do STJ ainda possibilita que a Lei de Arbitragem seja aplicada aos contratos que contenham cláusula arbitral, ainda que celebrados antes da sua edição. A título de elucidação, cabe apontar que arbitragem é uma forma alternativa de dirimir conflitos, mediante a qual as partes estabelecem em contrato ou simples acordo que vão utilizar o juízo arbitral para solucionar controvérsia existente ou eventual em vez de procurar o poder judiciário. Claro está que o artigo 9º da LINDB e o artigo 2º, § 1º, da Lei nº 9.307/96 se aplicam a situações distintas. Com base no artigo 9º, o juiz nacional terá de decidir sobre qual a lei aplicável à relação obrigacional que tem elemento estrangeiro. Ao passo que, com suporte no artigo 2º, § 1º, o árbitro ou tribunal arbitral irá dirimir os conflitos oriundos da relação obrigacional com suporte nas regras indicadas pelas partes (quando houver indicação da lei reguladora pelas partes) ou terá de decidir sobre o conflito de leis no espaço oriundo da relação jurídica obrigacional. Vale frisar que as partes podem decidir que a arbitragem terá por base não regras de direito, mas sim a equidade. E a arbitragem será considerada mista quando verificado que os árbitros basearam suas decisões em regras jurídicas e critério de equidade. Percebe-se que a convenção de arbitragem impede o conhecimento da causa pelo Judiciário,[29] constituindo o que a doutrina denominou de *pressuposto processual negativo*, que ocasionará a extinção do

25. Segue a redação do art. 963 do NCPC: "Constituem requisitos indispensáveis à homologação da decisão:
I – ser proferida por autoridade competente;
II – ser precedida de citação regular, ainda que verificada a revelia;
III – ser eficaz no país em que foi proferida;
IV – não ofender a coisa julgada brasileira;
V – estar acompanhada de tradução oficial, salvo disposição que a dispense prevista em tratado;
VI – não conter manifesta ofensa à ordem pública.
Parágrafo único. Para a concessão do *exequatur* às cartas rogatórias, observar-se-ão os pressupostos previstos no *caput* deste artigo e no art. 962, § 2º."

26. A Resolução nº 9 do STJ (2004) que tratava, em caráter transitório, sobre competência acrescida ao STJ pela Emenda Constitucional nº 45/2004, foi revogada pela Emenda Regimental nº 18 (2014), que acrescentou novos dispositivos ao Regimento Interno do Superior Tribunal de Justiça (arts. 216-A a 216-N).

27. São direitos que têm valor pecuniário, pertencentes a uma pessoa que deles pode dispor livremente sem qualquer autorização legal ou de outrem, como, por exemplo, aqueles oriundos do contrato de seguro, resseguro, previdência complementar e capitalização.

28. ARAUJO, Nadia de. **Direito Internacional Privado**. 5. ed. Rio de Janeiro: Renovar, 2011. p. 510.

29. Uma vez que o tribunal arbitral esteja formado, o Poder Judiciário se torna incompetente até mesmo para julgar ação em caráter cautelar. Esse foi o entendimento adotado pela Terceira Turma do Superior Tribunal de Justiça (STJ) no julgamento do REsp 1297974.

processo sem resolução do mérito30 em função da autonomia da cláusula arbitral (artigo 485, VII, do NCPC). Ademais, "a arguição de nulidade da cláusula arbitral deve ser submetida obrigatoriamente ao próprio árbitro antes da judicialização da questão, nos termos do artigo 8°, parágrafo único, da Lei n. 9.307/1996. O entendimento é aplicável indistintamente tanto à cláusula compromissória instituída em acordo judicial homologado quanto àquela firmada em contrato. O parágrafo único do artigo 8° da Lei de Arbitragem determina que caberá ao árbitro decidir as questões referentes à existência, validade e eficácia da convenção de arbitragem e do contrato como um todo. Assim, por expressa previsão legal, não pode a parte ajuizar ação anulatória para desconstituir acordo judicial homologado com base na nulidade da cláusula compromissória ali presente antes de submeter o assunto ao árbitro. Isso não significa que o Judiciário não poderá apreciar a questão em momento posterior; pois, segundo o artigo 33, § 3°, da Lei de Arbitragem, poderá ser requerida a nulidade mediante ação de embargos do devedor, conforme o artigo 741 e seguintes do CPC [art. 525 do NCPC] se houver execução judicial".31

Gabarito "B."

2.6. COMBINADAS E OUTROS TEMAS DE DIREITO INTERNACIONAL PRIVADO

(Juiz – TRF5 – 2017 – CESPE) Na hipótese de aplicação da Convenção sobre os Aspectos Civis do Sequestro Internacional de Crianças (Haia, 1980), o juiz brasileiro poderá rejeitar o pedido de retorno da criança se

(A) ficar comprovado que a pessoa, instituição ou organismo que tinha a seu cuidado a criança não exercia efetivamente o direito de guarda por ocasião do seu nascimento.

(B) ficar comprovado que existe grave risco de a criança, no seu retorno, ficar sujeita a perigos de ordem física, não sendo considerados impedimentos para o retorno da criança os possíveis perigos de ordem psíquica.

(C) for verificado que a criança se opõe ao retorno, desde que já possua doze anos ou mais de idade, idade a partir da qual se deve considerar suas opiniões sobre o assunto.

(D) houver expirado o período de um ano entre a data da transferência ou da retenção indevidas e a data do início do processo, independentemente da integração da criança no novo seio de convívio.

(E) houver razões para crer que a criança tenha sido levada para outro Estado.

A resposta correta é a E (art. 12, parte final, da Convenção sobre os Aspectos Civis do Sequestro Internacional de Crianças).

Gabarito "E."

(Advogado da União/AGU – CESPE – 2012) No que se refere à história dos conflitos de leis, a elementos de conexão e a reenvio, julgue os itens seguintes.

(1) O reenvio é proibido pela Lei de Introdução às Normas do Direito Brasileiro.

(2) A aquisição e a exploração comercial de navios e aeronaves regem-se pela lei do local onde tenha sido efetuado o registro dos direitos de propriedade sobre a coisa.

1: certa. O direito indicado pela regra de conexão e que incidirá no fato ou na relação jurídica com elemento estrangeiro é o direito material, tanto nacional como internacional. Todavia, juízes de alguns países aplicavam não o direito material do país estrangeiro, mas sim seu DIPr, o que possibilitava em algumas situações o reenvio, ou seja, a regra de conexão estrangeira indicava a *lex fori* como apta para resolver o caso misto. Funciona como se a solução fosse enviada para o direito de certo país e o direito deste país a reenviasse (de volta ou para outro país). Em outras palavras, o *reenvio é uma interpretação que despreza a norma material indicada pela regra de conexão e aplica DIPr estrangeiro para se chegar a outra norma material; geralmente de índole nacional.* E o reenvio pode ser de distintos graus, a saber: a) reenvio de 1° grau: refere-se a dois países, isto é, a legislação do país A remete à do país B, que reenvia para A; b) reenvio de 2° grau: refere-se a três países, situação em que a legislação de A remete à de B, que reenvia para C; c) e reenvio de 3° grau: refere-se a quatro países, situação esta similar a do reenvio de 2° grau, com a diferença de que nesta a legislação de C remete à do país D. Dentro deste quadro, ergue-se o art. 16 da Lei de Introdução às normas do Direito Brasileiro e proíbe o juiz nacional de utilizar-se do reenvio. O juiz aplica o DIPr brasileiro para determinar o direito material aplicável, e se este for estrangeiro, caberá ao magistrado aplicá-lo. Interessante é perceber que o instituto do reenvio é um desfigurador das regras de conexão, pois a estas cabem solucionar os conflitos de leis no espaço, e a partir do momento em que o DIPr brasileiro indica o DIPr estrangeiro, ele não estará cumprindo com sua função; **2:** certa. Os navios, aeronaves e embarcações são considerados bens móveis de natureza especial, pois têm por característica a intensa circulação transfronteiriça e a pouca fixação em determinado território. Assim, são regrados pela lei de matrícula ou de seu abandeiramento, ou seja, a lei do país onde forem registrados por seu proprietário os regulará no que tange à qualificação e às relações a eles concernentes. Essa regra de conexão não tem previsão na Lei de Introdução às normas do Direito Brasileiro, mas é oriunda dos arts. 274 a 284 do Código Bustamante.

Gabarito 1C, 2C

(Magistratura Federal – 1ª Região – 2011 – CESPE) Acerca dos contratos internacionais, da arbitragem como método de solução alternativa de controvérsias e dos procedimentos previstos na Convenção de Nova Iorque sobre a prestação de alimentos no estrangeiro, assinale a opção correta.

(A) Denomina-se imperativa a disposição que impede as partes de, ao celebrarem contrato em um país, para nele ser cumprido, incluir regras contratuais que confrontem as leis desse país.

(B) Na execução das cartas rogatórias para a cobrança de alimentos no estrangeiro, admite-se, de acordo com a Convenção de Nova Iorque, o reembolso de taxas ou despesas, além da cobrança dos demandantes estrangeiros ou não residentes de caução ou de qualquer outro pagamento ou depósito para garantir a cobertura das despesas.

(C) O que define a natureza do contrato (nacional ou internacional) é a nacionalidade das partes celebrantes; assim, considera-se internacional o contrato em que as partes têm nacionalidades diversas, fenômeno denominado estraneidade.

(D) Para ser executada no Brasil, a sentença arbitral estrangeira está sujeita a prévia homologação do STF.

A: correta. O artigo 17 da LINDB assim dispõe: "As leis, atos e sentenças de outro país, bem como quaisquer declarações de vontade, não terão eficácia no Brasil, quando ofenderem a soberania nacional, a ordem pública e os bons costumes". Da leitura do artigo 17 da LINDB percebe-se que existe um filtro em relação aos atos, leis, contratos e sentenças estrangeiras, pois tais só irradiarão seus efeitos no Brasil se não ofenderem a soberania nacional, a ordem pública e os bons costumes. Poderíamos englobar esses filtros na ideia de ordem pública, mais abrangente. A doutrina por muito tempo tentou estabelecer um conceito indubitável para ordem pública, o que restou infrutífero em função de sua abstratividade. Todavia, podem-se considerar ordem pública os valores compartilhados por uma dada sociedade em determinado corte temporal (sentido amplo). Pela ideia, percebe-se que é uma noção abstrata e dinâmica, pois se modifica conforme a evolução/involução cultural da sociedade de um país. Em outras palavras, são as ideias políticas, econômicas, culturais etc., compartilhadas por grande parte de uma dada sociedade ou é o conjunto de regras e princípios basilares de um certo ordenamento jurídico (sentido jurídico). Sua função dentro do Direito Internacional Privado é defender o sistema de valores de determinado país. Isso porque, por exemplo, uma sentença proveniente de um sistema de valores diverso poderia vir a romper com os valores compartilhados pela nação. Destarte, mesmo se o DIPr brasileiro indicar o direito estrangeiro como aplicável ao caso misto, o juiz poderá afastá-lo para proteger a ordem pública. Assim, leis estrangeiras, atos ou negócios jurídicos celebrados no exterior (contrato, casamento, testamento etc.) e sentenças estrangeiras serão impedidos de irradiar efeitos no Brasil se atentarem contra a ordem pública. Também ficarão impedidos de aqui irradiar efeitos os laudos arbitrais que atentarem

30. Nesse caso, o juiz irá prolatar uma sentença terminativa ou meramente processual, pois não decide a lide. Por outro lado, tem-se uma sentença definitiva quando a lide é decidida no mérito (hipóteses disciplinadas no artigo 487 do NCPC).
31. REsp 1.302.900-MG, Rel. Min. Sidnei Beneti, julgado em 9/10/2012 (Inf. 506 STJ).

contra a ordem pública,32 bem como existe limitação à escolha do direito aplicável à arbitragem (artigo 2º, § 1º, da Lei nº 9.307/1996).

Um bom exemplo é a situação de sentenças estrangeiras que determinam o pagamento de dívidas de jogo contraídas no estrangeiro. Ora, tais não poderão ser cumpridas no Brasil por chocarem-se com a determinação do artigo 814 do CC. Sendo assim, desrespeitam a ordem pública brasileira; **B:** incorreta, pois não existe a citada possibilidade na Convenção de Nova Iorque; **C:** incorreta. O Direito Internacional Privado (DIPr) é composto de princípios e regras, sendo estas positivadas ou costumeiras, que têm por primordial função resolver os conflitos de leis no espaço. Para um maior entendimento do conceito supracitado, faz-se necessário saber o que são e por que surgem os conflitos de leis no espaço. O conflito de leis no espaço nada mais é do que a situação de existência de duas ou mais leis aplicáveis ao mesmo fato ou mesma relação jurídica, das quais ao menos uma pertence a um ordenamento jurídico estrangeiro. Em outras palavras, um fato ou uma relação jurídica que gera efeitos em dois ou mais ordenamentos jurídicos (leia-se Estados). Assim, a causa do conflito de leis no espaço é o elemento estrangeiro (também chamado de estraneidade) contido na relação jurídica, situação que se afigura cada vez mais cotidiana em função do atual cosmopolitismo humano impulsionado pela globalização econômica, cultural e política. O Direito Internacional Privado auxilia o juiz nacional na determinação do direito aplicável aos casos, a ele submetido, que contenham elementos estrangeiros. Essa situação pode ocasionar a flexibilização do princípio da territorialidade das leis na medida em que prescreve, em determinados casos, a aplicação do direito estrangeiro pelo juiz nacional; **D:** incorreta. O STJ e não o STF é o responsável para homologar sentença arbitral estrangeira, após a Emenda Constitucional nº 45/2004 (artigo 105, I, *i*, da CF).

Gabarito "A"

31. Direitos Humanos

Renan Flumian

1. TEORIA GERAL E DOCUMENTOS HISTÓRICOS

(Defensor Público - DPE/DF - 2019 - CESPE/CEBRASPE) Acerca dos direitos à liberdade de expressão e de comunicação e ao acesso à informação, julgue os itens seguintes.

(1) A clássica divisão entre direitos individuais e políticos e direitos sociais e econômicos é útil para se compreender o fenômeno da pobreza e, com base nisso, o Pacto Internacional de Direitos Civis e Políticos e o Pacto Internacional dos Direitos Econômicos, Sociais e Culturais recomendam aos países com baixo desenvolvimento econômico que priorizem direitos sociais em vez de liberdades individuais.

(2) A liberdade de expressão, que também se aplica aos ambientes virtuais, garantida pelo Pacto Internacional sobre Direitos Civis e Políticos, é responsabilidade exclusiva dos Estados, e não das empresas privadas do setor.

(3) Embora as notícias falsas que circulam na Internet (*fake news*) prejudiquem o acesso à informação, a liberdade de expressão e de comunicação é direito humano absoluto, portanto imune a qualquer forma de regulação.

1: Errado. Não há hierarquia entre direitos humanos. Mesmo em contextos de pobreza, as liberdades individuais precisam ser asseguradas, até para que as pessoas possam utilizar essa mesma liberdade para interferir no desenho das políticas públicas que assegurarão os direitos sociais; **2:** Errado. Os direitos humanos devem ser respeitados por pessoas físicas e jurídicas, de direito público ou de direito privado. As empresas de comunicação também devem garantir a liberdade de expressão no meio virtual. Há responsabilidade corporativa de se respeitar os direitos humanos; **3:** Errado. A doutrina é unânime quanto à inexistência de direitos humanos absolutos, impassíveis de regulação.

Gabarito 1E, 2E, 3E

(Defensor Público - DPE/DF - 2019 - CESPE/CEBRASPE) Com fundamento nas teorias sobre direitos humanos e na Declaração Universal dos Direitos Humanos, julgue os itens que se seguem.

(1) Na perspectiva de Jürgen Habermas, os direitos humanos pressupõem a soberania popular, e vice-versa, na medida em que esses direitos são fruto de decisões populares soberanas que, ao mesmo tempo, estão limitadas por esses mesmos direitos.

(2) Os direitos humanos são direitos pré-estatais e pré-jurídicos: eles antecedem a ideia de limitação do poder político.

(3) Os direitos humanos visam garantir que todas as pessoas sejam sujeitos de direitos em qualquer lugar onde estiverem, o que, todavia, não significa a existência de uma cidadania global no mundo contemporâneo.

(4) A teoria de Habermas sobre os direitos humanos, fundamentada na filosofia de Kant, considera os direitos humanos em espécie como derivações da dignidade humana: embora cada direito tenha sentido específico, todas as pessoas merecem proteção jurídica.

1: Certo. A afirmativa está em consonância com o sentido dos direitos humanos. A relação é importante para deixar claro que a maioria não tem poderes ilimitados sobre as minorias e que os direitos humanos são esse limite, conforme Habermas; **2:** Anulada, porque comporta mais de uma resposta dependendo da corrente adotada; **3:** Certo. A Declaração Universal dos Direitos Humanos faz essa referência de forma explícita no seu art. 6.º. Essa garantia leva a proteções nacionais e internacionais diversas em tempo e extensão e, principalmente, diferenciadas conforme a identidade nacional de cada país, de forma que não é possível afirmar que exista uma cidadania global; **4:** Certo. O fundamento moral dos direitos humanos na teoria habermasiana toma como base a conhecida definição do filósofo Immanuel Kant de que as pessoas devem ser tratadas não como objetos, mas como fins em si mesmas.

Gabarito 1C, 2anulada, 3C, 4C

(Defensor Público/PE – 2018 – CESPE) Os direitos humanos são concebidos como indivisíveis e universais: basta ser pessoa para ser titular de direitos e dotado de dignidade. Por sua vez, o conceito de cidadania representa ponto fulcral na realização da democracia e na titularidade dos direitos humanos. Na evolução dos direitos humanos, observa-se o desenvolvimento de, pelo menos, três dimensões da cidadania, assim como três gerações de direitos humanos, todos interconectados.

Acerca desse assunto, assinale a opção correta.

(A) No Brasil, a garantia das três primeiras gerações de direitos humanos deu-se na seguinte ordem sequencial e sucessiva: direitos civis, direitos políticos e direitos sociais.

(B) Os direitos civis referem-se à possibilidade de participação do indivíduo no processo eleitoral de sua sociedade.

(C) A participação do cidadão no governo é característica dos direitos políticos e o seu exercício consiste na capacidade de fazer demonstrações políticas, de organizar partidos, de votar e de ser votado.

(D) Os direitos sociais garantem a liberdade e independem da participação do Estado para sua consecução.

(E) Incorporado ao direito ao desenvolvimento e aos bens comuns da humanidade, o direito ao ambiente sadio integra a segunda geração de direitos humanos.

A única assertiva correta é a C. São exemplos de direitos políticos principalmente os direitos a tomar parte no governo e às eleições legítimas com sufrágio universal e igual (art. 21 da Declaração Universal dos Direitos Humanos).

Gabarito "C"

(Defensor Público/AC – 2012 – CESPE) Assinale a opção correta no que diz respeito à afirmação histórica dos direitos humanos.

(A) O expresso reconhecimento do princípio da universalidade dos direitos humanos pela Declaração de Viena de 1993 pôs termo ao debate sobre o multiculturalismo e o relativismo cultural.

(B) O Bill of Rights, de 1689, foi a primeira carta de direitos de que se tem notícia na história.

(C) A Constituição Mexicana de 1917 e a Constituição de Weimar de 1919 são marcos da afirmação dos direitos humanos de segunda geração.

(D) Após a Segunda Guerra Mundial, para que os direitos dos trabalhadores enumerados na Declaração Universal dos Direitos do Homem de 1948 fossem garantidos no plano internacional, criou-se a Organização Internacional do Trabalho.

(E) Não há referência, na Declaração de Viena de 1993, ao princípio da indivisibilidade dos direitos humanos.

A: incorreta, pois o debate sobre multiculturalismo e relativismo continua existindo; **B:** incorreta, pois a Magna Carta de 1215 é apontada como a primeira carta de direitos de que se tem notícia na história. A Magna Carta é um documento de 1215 que limitou o poder dos monarcas da Inglaterra, impedindo o exercício do poder absoluto. Ela resultou de desentendimentos entre o rei João I (conhecido como "João Sem Terra"), o papa e os barões ingleses acerca das prerrogativas do soberano. Essas discordâncias tinham raízes diversas. A contenda com os barões foi motivada pelo aumento das exações fiscais, constituídas para financiar campanhas bélicas, pois o rei João Sem Terra acabara de perder a Normandia – que era sua por herança dinástica – para o rei francês Filipe Augusto. A desavença com o papa surgiu de seu apoio às pretensões territoriais do imperador Óton IV, seu sobrinho, em prejuízo do papado. Ademais, o rei João I recusara a escolha papal de Stephen Langton como cardeal de Canterbury, o que lhe rendeu a excomunhão, operada pelo papa Inocêncio III. A Magna Carta só foi assinada pelo rei quando a revolta armada dos barões atingiu Londres, sendo sua assinatura condição para o cessar-fogo. Todavia, ela foi reafirmada solenemente (pois tinha vigência determinada de três meses) em 1216, 1217 e 1225, quando se tornou direito permanente. Como curiosidade, cabe apontar que algumas de suas disposições se encontram em vigor ainda nos dias de hoje. Sua forma foi de promessa unilateral, por parte do monarca, de conceder certos privilégios aos barões, mas é possível entendê-la como uma convenção firmada entre os barões e o rei. Além disso, segundo os termos do documento, o rei deveria renunciar a certos direitos e respeitar determinados procedimentos legais, bem como reconhecer que sua vontade estaria sujeita à lei. Considera-se a Magna Carta o primeiro capítulo de um longo processo histórico que levaria ao surgimento do constitucionalismo1 e da democracia moderna. Em síntese, o documento é uma limitação institucional dos poderes reais; **C:** correta. A segunda geração dos direitos humanos trata dos direitos sociais, culturais e econômicos. A titularidade desses direitos é atribuída à coletividade, por isso são conhecidos como direitos coletivos. Seu fundamento é a ideia de *igualdade*. O grande motivador do aparecimento desses direitos foi o movimento antiliberal, notadamente após a Primeira Guerra Mundial. É importante apontar o papel da URSS, que defendia veementemente a perspectiva social dos direitos humanos. Essa linha foi consagrada no Pacto Internacional de Direitos Econômicos, Sociais e Culturais. Cabe destacar que tais direitos aparecerem em primeiro lugar na Constituição mexicana de 1917 e na Constituição alemã de 1919 ("Constituição de Weimar"); **D:** incorreta. A Organização Internacional do Trabalho (OIT) é uma organização internacional que tem por objetivo melhorar as condições do trabalho no mundo. Por isso, diz-se que é uma organização internacional especializada de vocação universal. A OIT foi criada em 1919, como parte do Tratado de Versalhes, que pôs fim à Primeira Guerra Mundial. Fundou-se sobre a convicção primordial de que a paz universal e permanente somente pode estar baseada na justiça social. É a única das agências do Sistema das Nações Unidas com uma estrutura tripartite, composta de representantes de governos e de organizações de empregadores e de trabalhadores. A OIT é responsável pela formulação e aplicação das normas internacionais do trabalho (convenções e recomendações). O Brasil está entre os membros fundadores da OIT e participa da Conferência Internacional do Trabalho desde sua primeira reunião. Durante seus primeiros quarenta anos de existência, a OIT consagrou a maior parte de suas energias a desenvolver normas internacionais do trabalho e a garantir sua aplicação. Entre 1919 e 1939 foram adotadas 67 convenções e 66 recomendações. A eclosão da Segunda Guerra Mundial interrompeu temporariamente esse processo. No final da guerra, nasce a Organização das Nações Unidas (ONU), com o objetivo de manter a paz através do diálogo entre as nações. A OIT, em 1946, se transforma em sua primeira agência especializada; **E:** incorreta. O princípio da complementaridade solidária dos direitos humanos de qualquer espécie dialoga com a universalidade, a interdependência e a indivisibilidade. Ele foi proclamado solenemente na 2ª Conferência Mundial de Direitos Humanos, realizada em Viena em 1993. É importante transcrever o ponto 5 da Declaração de Direitos Humanos de Viena, que sintetiza as características dos direitos humanos de modo geral: "Todos os direitos humanos são universais, indivisíveis, interdependentes e inter-relacionados. A comunidade internacional deve tratar os direitos humanos de forma global, justa e equitativa, em pé de igualdade e com a mesma ênfase. Embora particularidades nacionais e regionais devam ser levadas em consideração, assim como diversos contextos históricos, culturais e religiosos, é dever dos Estados promover e proteger todos os direitos humanos e liberdades fundamentais, sejam quais forem seus sistemas políticos, econômicos e culturais".

Gabarito "C".

(Defensor Público/ES – 2012 – CESPE) Julgue os seguintes itens, sobre a teoria geral, a afirmação histórica, os fundamentos e a universalidade dos direitos humanos.

(1) A hermenêutica diatópica constitui proposta de superação do debate sobre universalismo e relativismo cultural.

(2) A universalidade e a indivisibilidade são características próprias da concepção contemporânea dos direitos humanos.

(3) A concepção contemporânea dos direitos humanos surgiu com o termino da Primeira Grande Guerra Mundial.

(4) As três gerações de direitos humanos demonstram que visões de mundo diferentes refletem-se nas normas jurídicas voltadas a proteção da pessoa.

(5) A universalidade dos direitos humanos, necessariamente, impõe a visão de mundo ocidental plasmada na Declaração Universal de Direitos Humanos.

1: certo. Em seu artigo intitulado Para uma concepção intercultural dos direitos humanos, Boaventura de Sousa Santos tenta apontar as condições que permitem conferir aos direitos humanos tanto um escopo global como uma legitimidade local, para, assim, fundar uma política progressista de direitos humanos. Em outras palavras, busca construir uma proposta para superação do debate sobre universalismo e relativismo cultural. Importante ter em mente a profunda ligação que o autor estabelece entre ambiente cultural e conceituação dos direitos humanos. Assim, Boaventura pondera que os direitos humanos podem ser produzidos e interpretados dentro do paradigma da globalização hegemônica ou da globalização contra-hegemônica. Sem esconder sua preferência pelo último enfoque, o pensador português assim diz: "A minha tese é que, enquanto forem concebidos como direitos humanos universais em abstracto, os direitos humanos tenderão a operar como localismo globalizado e, portanto, como uma forma de globalização hegemónica. Para poderem operar como forma de cosmopolitismo insurgente, como globalização contra-hegemónica, os direitos humanos têm de ser reconceptualizados como interculturais2". Para entender o funcionamento da hermenêutica diatópica, a qual permitirá o diálogo intercultural, cabe ter por base o conceito de *topoi*. De forma geral, os *topoi* são os lugares comuns retóricos mais abrangentes de determinada cultura. Funcionam como premissas de argumentação, logo não podem ser discutidas, devido sua evidência. Na prática, a hermenêutica diatópica assim funcionaria: "A hermenêutica diatópica baseia-se na ideia de que os *topoi* de uma dada cultura, por mais fortes que sejam, são tão incompletos quanto a própria cultura a que pertencem. Tal incompletude não é visível a partir do interior dessa cultura, uma vez que a aspiração à totalidade induz a que se tome a parte pelo todo. O objectivo da hermenêutica diatópica não é, porém, atingir a completude – um objectivo inatingível – mas, pelo contrário, ampliar ao máximo a consciência de incompletude mútua através de um diálogo que se desenrola, por assim dizer, com um pé numa cultura e outro, noutra. Nisto reside o seu carácter dia-tópico3". Mediante a aplicação da hermenêutica diatópica seria possível a aproximação do *topos* dos direitos humanos da cultural ocidental com o *topos* do *dharma* da cultura hindu e com o *topos* da *umma* da cultura islâmica. E o resultado seria, nas palavras do autor, a formatação de uma concepção híbrida da dignidade humana, ou seja, uma concepção mestiça dos direitos humanos. Esse processo desaguaria numa alternativa à teoria geral de aplicação pretensamente universal, a qual não é mais que uma versão peculiar de universalismo que concebe como particularismo tudo o que não coincide com ele. Por todo o dito, percebe-se que a hermenêutica diatópica exige uma produção de conhecimento coletiva, participativa, interativa, intersubjetiva e reticular; **2:** certo. A Declaração Universal dos Direitos Humanos de 1948 universalizou a noção de direitos humanos. Muito importante foi seu papel, pois antes disso a proteção dos direitos humanos era relegada a cada Estado, que, com suporte em sua intocável soberania, tinha autonomia absoluta para determinar e executar as políticas relacionadas à proteção da dignidade da pessoa humana. Todavia, obras de horror, como o nazifascismo, demonstraram que a proteção do ser humano não pode ficar somente nas "mãos de governos". Assim, um dos grandes objetivos perseguidos com a criação da ONU foi buscar a proteção dos direitos humanos em nível universal. Grande passo foi dado nesse sentido com a promulgação da Declaração Universal dos Direitos Humanos. Assim, "o direito a ter direitos" de Hannah Arendt passaria a ter tutela internacional. Cabe enfatizar que a concepção contemporânea dos direitos humanos, por sua vez, foi inaugurada pela Declaração Universal dos Direitos Humanos de 1948 e reforçada pela Declaração de Direitos Humanos de Viena de 1993. E a indivisibilidade sustenta que todos os direitos humanos se retroalimentam e se complementam, assim, é infrutífero buscar a proteção e a promo*ção de apenas uma parcela deles;* **3:** *errado, pois, como dito no comentário anterior, a* concepção contemporânea dos direitos humanos surgiu com a Declaração Universal dos Direitos Humanos de 1948; **4:** certo. A primeira geração trata dos direitos civis (liberdades individuais)

1. O constitucionalismo pode ser conceituado como o movimento político, social e jurídico cujo objetivo é limitar o poder do Estado por meio de uma Constituição. Já o neoconstitucionalismo surge depois da Segunda Guerra Mundial e tem por objetivo principal conferir maior efetividade aos comandos constitucionais, notadamente os direitos fundamentais.

2. **Revista Contexto Internacional**, vol. 23, n 1º, 2001, pág. 14.

3. **Revista Contexto Internacional**, vol. 23, n 1º, 2001, pág. 21.

e políticos. A titularidade desses direitos é atribuída ao indivíduo, por isso são conhecidos como direitos individuais. Seu fundamento é a ideia de *liberdade*. Sobre tais direitos, é interessante a verificação de que sua defesa foi feita sobretudo pelos EUA. Estes defendiam a perspectiva liberal dos direitos humanos, consagrados no Pacto Internacional de Direitos Civis e Políticos. *Já a* segunda geração trata dos direitos sociais, culturais e econômicos. A titularidade desses direitos é atribuída à coletividade, por isso são conhecidos como direitos coletivos. Seu fundamento é a ideia de *igualdade*. O grande motivador do aparecimento desses direitos foi o movimento antiliberal, notadamente após a Primeira Guerra Mundial. É importante apontar o papel da URSS, que defendia veementemente a perspectiva social dos direitos humanos. Essa linha foi consagrada no Pacto Internacional de Direitos Econômicos, Sociais e Culturais. Cabe destacar que tais direitos aparecerem em primeiro lugar na Constituição mexicana de 1917 e na Constituição alemã de 1919 ("Constituição de Weimar"). E a terceira geração trata dos direitos à paz, ao desenvolvimento, ao meio ambiente, à propriedade do patrimônio cultural. A titularidade desses direitos é atribuída à humanidade e são classificados doutrinariamente como difusos. Seu fundamento é a ideia de *fraternidade*. Esses direitos provieram em grande medida da polaridade Norte/Sul, da qual surgiu o *princípio da autodeterminação dos povos*, fundamento do processo de descolonização e de inúmeros outros exemplos, consoante os já indicados acima, que exteriorizam a busca por uma nova ordem política e econômica mundial mais justa e solidária. Os direitos de terceira geração foram consagrados na Convenção para a Proteção do Patrimônio Mundial, Cultural e Natural, de 1972, e na Convenção sobre a Diversidade Biológica, de 1992. Cabe apontar que são classificados pelo STF como novíssimos direitos; **5:** errado. Reler o comentário sobre a assertiva 1.

Gabarito 1C, 2C, 3E, 4C, 5E

2. SISTEMA GLOBAL DE PROTEÇÃO DOS DIREITOS HUMANOS

2.1. DECLARAÇÃO UNIVERSAL DOS DIREITOS HUMANOS

(Defensor Público/AC – 2012 – CESPE) A Declaração Universal de Direitos Humanos

(A) foi proclamada pelos revolucionários franceses do final do século XVIII e confirmada, após a Segunda Guerra Mundial, pela Assembleia Geral das Nações Unidas.

(B) foi o primeiro documento internacional a estabelecer expressamente o princípio da vedação ao retrocesso social.

(C) nada declara sobre o direito à propriedade, em razão da necessidade de acomodação das diferentes ideologias das potências vencedoras da Segunda Guerra Mundial.

(D) não faz referência à possibilidade de qualquer pessoa deixar o território de qualquer país ou nele ingressar, embora assegure expressamente a liberdade de locomoção dentro das fronteiras dos Estados.

(E) assegura a toda pessoa o direito de participar do governo de seu próprio país, diretamente ou por meio de representantes.

A: incorreta. Abalados pelas barbáries deflagradas nas duas Grandes Guerras e desejosos de construir um mundo sobre novos alicerces ideológicos, os dirigentes das nações que emergiram como potências no período pós-guerra, lideradas por URSS e EUA, estabeleceram na Conferência de Yalta, na Ucrânia, em 1945, as bases de uma futura "paz". Para isso definiram as áreas de influência das potências e acertaram a criação de uma organização multilateral que promovesse negociações sobre conflitos internacionais, com o objetivo de evitar guerras, construir a paz e a democracia, além de fortalecer os direitos humanos. Teve aí sua origem a ONU, uma organização internacional que tem por objetivo facilitar a cooperação em matéria de direito e segurança internacionais, desenvolvimento econômico, progresso social, direitos humanos e a realização da paz mundial. Por isso, diz-se que é uma organização internacional de vocação universal. Sua lei básica é a Carta das Nações Unidas, elaborada em São Francisco de 25 de abril a 26 de junho de 1945. Essa Carta tem como anexo o Estatuto da Corte Internacional de Justiça. Uma das preocupações da ONU é a proteção dos direitos humanos mediante a cooperação internacional. A Carta das Nações Unidas é o exemplo mais emblemático do processo de internacionalização dos direitos humanos ocorridos no pós-guerra. Aliás, conforme dito no capítulo introdutório, é importante lembrar que esse processo recente de internacionalização dos direitos humanos é fruto da ressaca moral da humanidade ocasionada pelo excesso de violações perpetradas pelo nazifascismo. O problema da Carta das Nações Unidas é que ela não definia o conteúdo dos direitos humanos. Assim, em 1948, foi proclamada a Declaração Universal dos Direitos Humanos com a função de resolver essa lacuna. A Declaração Universal dos Direitos Humanos foi aprovada pela Resolução 217 A (III) da Assembleia Geral da ONU, em 10 de dezembro de 1948, por 48 votos a zero e oito abstenções4; **B:** incorreta. Inicialmente o princípio da vedação do retrocesso social estava somente ligado aos direitos econômicos, sociais e culturais. E foi o Pacto Internacional dos Direitos Econômicos, Sociais e Culturais que determinou, pela primeira vez, uma aplicação progressiva de seus preceitos partindo de um *mínimo essencial*. Isso porque grande parte dos Estados não teria os meios materiais necessários para garantir a máxima efetivação dos direitos econômicos, sociais e culturais de suas populações. Essa progressividade na implementação dos direitos do Pacto criou, como consequência, o *princípio ou cláusula da proibição/vedação do retrocesso social ou da evolução reacionária*5. Isto é, os Estados somente podem avançar na implementação dos direitos do Pacto, e nunca recuar (leia-se eliminar direitos já garantidos ou diminuir a proteção conferida por eles). Num sentido amplo, essa vedação se estende aos novos tratados de direitos humanos, assim, não é possível a diminuição protetiva e a restrição para o gozo dos direitos humanos por meio da edição de um novo tratado. Fica nítido o caráter vinculativo do *princípio ou cláusula da proibição/vedação do retrocesso social ou da evolução reacionária*. Hodiernamente, pode-se defender que essa regra deve ser aplicada como garantia para a efetividade de todos os tipos de direitos humanos e não somente em relação aos direitos econômicos, sociais e culturais. Cabe aqui reproduzir o importante artigo 29 da Convenção Americana dos Direitos Humanos, que corrobora tal colocação: "Nenhuma disposição da presente Convenção pode ser interpretada no sentido de: a) permitir a qualquer dos Estados-partes, grupo ou indivíduo, suprimir o gozo e o exercício dos direitos e liberdades reconhecidos na Convenção ou limitá-los em maior medida do que a nela prevista; b) limitar o gozo e exercício de qualquer direito ou liberdade que possam ser reconhecidos em virtude de leis de qualquer dos Estados-partes ou em virtude de Convenções em que seja parte um dos referidos Estados; c) excluir outros direitos e garantias que são inerentes ao ser humano ou que decorrem da forma democrática representativa de governo; d) excluir ou limitar o efeito que possam produzir a Declaração Americana dos Direitos e Deveres do Homem e outros atos internacionais da mesma natureza". No mesmo sentido é o conhecido voto em separado do juiz Piza Escalante, no Parecer Consultivo 04/84 da Corte Interamericana de Direitos Humanos, que defende a aplicação do princípio da proibição do retrocesso também para os direitos civis e políticos; **C:** incorreta, pois o art. XVII da Declaração assim dispõe: "ponto **1:** Toda pessoa tem direito à propriedade, só ou em sociedade com outros; ponto **2:** Ninguém será arbitrariamente privado de sua propriedade": **D:** incorreta. O art. 13, ponto 2, da Declaração assim estatui: "Toda pessoa tem o direito de deixar qualquer país, inclusive o próprio, e a este regressar": **E:** correta, pois reproduz o art. XXI, ponto 1, da Declaração Universal de Direitos Humanos.

Gabarito "E".

(MINISTÉRIO PÚBLICO/RO – 2010 – CESPE) Considerada documento basilar para a proteção internacional dos direitos humanos, a Declaração Universal dos Direitos do Homem, de 1948,

(A) possui valor meramente declaratório; portanto, não gera obrigações aos Estados.

(B) gera obrigações somente para Estados soberanos que a ratificaram e promulgaram para fins de incorporação ao direito interno.

4. Os países que se abstiveram foram Arábia Saudita, África do Sul, URSS, Ucrânia, Bielorrússia, Polônia, Iugoslávia e Tchecoslováquia.

5. Ou ainda a vedação da contrarrevolução social nas palavras de José Gomes Canotilho (**Direito constitucional e teoria da Constituição**. 7. ed. Coimbra: Almedina, 2003). Outro termo utilizado para conceituar tal regra é *efeito cliquet*. Lembrando que *cliquet* é uma expressão utilizada por alpinistas e significa a impossibilidade de retroceder no percurso, ou seja, o alpinista deve continuar subindo e nunca descer.

(C) foi promulgada no Brasil logo após a sua assinatura.
(D) é ato de organização internacional, de modo que prescinde de incorporação ao direito interno, como se exige para tratados ordinários de direitos humanos.
(E) constitui relevante tratado internacional do período posterior à Segunda Guerra.

A: incorreta. A Declaração Universal dos Direitos Humanos foi aprovada pela Resolução 217 A (III) da Assembleia Geral da ONU, em 10 de dezembro de 1948, por 48 votos a zero e oito abstenções6. Em conjunto com os dois Pactos Internacionais – sobre Direitos Civis e Políticos e sobre Direitos Econômicos, Sociais e Culturais –, constitui a denominada Carta Internacional de Direitos Humanos ou *International Bill of Rights*. A Declaração é fruto de um consenso sobre valores de cunho universal a serem seguidos pelos Estados e do reconhecimento do indivíduo como sujeito direto do direito internacional. É importante esclarecer que a Declaração é um exemplo de *soft law*, já que não supõe mecanismos constritivos para a implementação dos direitos previstos. Em contrapartida, quando um documento legal prevê mecanismos constritivos para a implementação de seus direitos, estamos diante de um exemplo de *hard law*. É importante apontar que a Declaração Universal dos Direitos Humanos não tem força legal7 (funcionaria como uma *recomendação*), mas sim material e acima de tudo inderrogável por fazer parte do *jus cogens*. Entretanto, pode-se até advogar que a Declaração, por ter definido o conteúdo dos direitos humanos insculpidos na Carta das Nações Unidas, tem força legal vinculante, visto que os Estados-membros da ONU se comprometeram a promover e proteger os direitos humanos. De qualquer modo, chega-se à afirmação de que a Declaração Universal dos Direitos Humanos gera obrigações aos Estados, isto é, tem força obrigatória (por ser legal ou por fazer parte do *jus cogens*). Por fim, deve-se dizer que, para a doutrina internacional, os Estados têm uma tripla obrigação para com todos os direitos humanos: proteger (*to protect*), respeitar (*to respect*) e realizar (*to fulfill*); **B:** incorreta. Os valores e os direitos reconhecidos pela DUDH são considerados universais, em favor, portanto, de todos os seres humanos, e, por se tratar de uma declaração, independe de ratificação para ter vigência nos Estados soberanos. Em outras palavras e revisitando o direito a ter direitos de Hannah Arendt, segundo a Declaração, a condição de pessoa humana é requisito único e exclusivo para ser titular de direitos. Com isso corrobora-se o caráter universal dos direitos humanos, isto é, todo indivíduo é cidadão do mundo e, dessa forma, detentor de direitos que salvaguardam sua dignidade8; **C:** incorreta, pois a DUDH, por se tratar de uma declaração, não precisou ser objeto de promulgação específica no Brasil; **D:** correta, pois, como já dito, a DUDH não é tratado internacional, tendo sido proclamada pela Assembleia Geral das Nações Unidas. Cabe comentar que as Organizações Internacionais possuem personalidade jurídica e esta pode ser dividida em interna e internacional. A interna aparece em relação aos seus estados-membros e aos estados hospedeiros. Já a internacional está relacionada aos direitos, obrigações e prerrogativas em relação aos outros sujeitos de direito internacional. A questão que suscita mais dúvidas é aquela referente a oponibilidade da personalidade jurídica internacional da Organização Internacional em relação aos outros sujeitos de direito internacional. Ainda não existe um consenso em relação a todas as Organizações Internacionais, mas pode-se afirmar, por exemplo, que a ONU e suas organizações especializadas ("constelação onusiana") têm personalidade jurídica internacional *erga omnes*, ou seja, extensível à todos os sujeitos de direito internacional, inclusive os estados não membros; **E:** incorreta, pois não se trata de tratado em sentido estrito, conforme comentário sobre a alternativa anterior.

Gabarito "D"

2.2. PACTOS INTERNACIONAIS – SOBRE DIREITOS CIVIS E POLÍTICOS E SOBRE DIREITOS ECONÔMICO, SOCIAIS E CULTURAIS

(Defensor Público/PE – 2018 – CESPE) Acerca da pena de morte e da tortura, assinale a opção correta.

(A) Apesar de se perceber uma tendência favorável dos Estados americanos em abolir a pena de morte, a maioria deles ainda mantém, em seus ordenamentos jurídicos, a possibilidade de pena de morte em casos de crimes comuns.
(B) Indivíduo que se considerar ameaçado em qualquer de seus direitos arrolados no Pacto Internacional sobre Direitos Civis e Políticos poderá, a qualquer tempo, apresentar apelação à Comissão de Direitos Humanos, para que seja revista a decisão interna da corte nacional.
(C) O Segundo Protocolo Facultativo ao Pacto Internacional dos Direitos Civis e Políticos com vistas à Abolição da Pena de Morte prevê reserva à aplicação da pena de morte em tempo de guerra em virtude de condenação por infração penal de natureza militar de gravidade extrema.
(D) A pena de morte para crimes comuns tornou-se proibida no Brasil somente a partir da Constituição de 1946, que instituiu a proibição das penas de morte, de banimento, de confisco e de caráter perpétuo.
(E) De acordo com a Convenção Interamericana para Prevenir e Punir a Tortura, a extradição requerida por Estado-parte será autorizada ainda que sejam adotados métodos tendentes a diminuir a capacidade física ou mental da pessoa extraditada.

A: incorreta, pois a pena de morte, quando prevista, é aplicada em casos específicos e de grande gravidade; **B:** incorreta. O Protocolo Facultativo9, adotado em 16.12.1966, cria um importante mecanismo para melhorar o controle sobre a aplicação, pelos Estados-partes, das disposições do Pacto Internacional dos Direitos Civis e Políticos. Trata-se do sistema das *petições individuais*, que permite ao indivíduo "lesionado" enviar petições ao Comitê de Direitos Humanos, com o fito de denunciar as violações sofridas contra os direitos consagrados no Pacto. Vale apontar que o Comitê definiu que as petições também podem ser enviadas por terceiras pessoas ou organizações não governamentais que representem o indivíduo lesionado. Os requisitos para a admissão das petições individuais e das comunicações interestatais estão disciplinados no art. 5º do Protocolo Facultativo. Só serão aceitas as petições em que ficarem comprovadas a inexistência de litispendência internacional e o esgotamento de todos os recursos internos disponíveis, com a ressalva de que a regra não será aplicada quando o indivíduo for privado de seu direito de ação pela jurisdição doméstica ou lhe forem ceifadas as garantias do devido processo legal e, ainda, se os processos internos forem excessivamente demorados: **C:** correta. Não é admitida qualquer reserva ao Protocolo, ou seja, a pena de morte é proibida, de forma geral, pelo Protocolo. Porém, é possível formular uma única reserva que possibilitaria a pena de morte numa dada situação. Trata-se da reserva formulada no momento da ratificação ou adesão do Protocolo prevendo a aplicação da pena de morte em tempo

6. Os países que se abstiveram foram Arábia Saudita, África do Sul, URSS, Ucrânia, Bielorrússia, Polônia, Iugoslávia e Tchecoslováquia.
7. "Do ponto de vista estritamente formal, a Declaração Universal dos Direitos Humanos é, consequentemente, parte do assim denominado *soft law*, "direito suave", nem vinculante, mas nem por isso desprezível nas relações internacionais. Sua violação, em tese, não deveria implicar a responsabilidade internacional do Estado, mas, por outro, sujeitaria o recalcitrante a sanções de ordem moral, desorganizadas. Estas têm sua autoridade na própria dimensão política da declaração, como documento acolhido pela quase unanimidade dos Estados então representados na Assembleia Geral e, depois, invocado em constituições domésticas de inúmeros países e em diversos documentos de conferências internacionais" (ARAGÃO, Eugênio José Guilherme. A Declaração Universal dos Direitos Humanos: mera declaração de propósitos ou norma vinculante de direito internacional? **Revista Eletrônica do Ministério Público Federal**, ano 1, n. 1, p. 6, 2009).
8. "O advento do Direito Internacional dos Direitos Humanos [DIDH], em 1945, possibilitou o surgimento de uma nova forma de cidadania. Desde então, a proteção jurídica do sistema internacional ao ser humano passou a independer do seu vínculo de nacionalidade com um Estado específico, tendo como requisito único e fundamental o fato do nascimento. Essa nova cidadania pode ser definida como cidadania mundial ou cosmopolita, diferenciando-se da cidadania do Estado-Nação. A cidadania cosmopolita é um dos principais limites para a atuação do poder soberano, pois dá garantia da proteção internacional na falta da proteção do Estado Nacional. Nesse sentido, a relação da soberania com o DIDH é uma relação limitadora" (ALMEIDA, Guilherme Assis de. Mediação, proteção local dos direitos humanos e prevenção de violência. **Revista Brasileira de Segurança Pública**, ano 1, ed. 2, p. 137-138, 2007).
9. O procedimento de ratificação no Brasil ainda não foi finalizado.

de guerra, em virtude de condenação por infração penal de natureza militar de gravidade extrema, desde que cometida em tempo de guerra (art. 2º do Protocolo): **D:** incorreta. A pena de morte não é usada no Brasil desde o séc. XIX; **E:** incorreta (art. 13, parte final, da Convenção).

Gabarito "C"

(Promotor de Justiça/PI – 2014 – CESPE) No que se refere ao sistema internacional de proteção dos direitos humanos, assinale a opção correta.

(A) O Pacto Internacional sobre Direitos Econômicos, Sociais e Culturais e o Pacto Internacional sobre Direitos Civis e Políticos, adotados pela ONU, têm natureza jurídica de tratados internacionais, assim incorporados pelo Brasil.

(B) A Corte Europeia de Direitos Humanos, que compõe o quadro institucional da União Europeia, vincula apenas os países membros desta.

(C) O Brasil reconheceu a jurisdição da Corte Interamericana de Direitos Humanos desde que ela foi instituída, tendo apoiado os processos que deram origem ao sistema interamericano de direitos humanos.

(D) A Declaração Universal dos Direitos Humanos tem estatuto de tratado internacional e marca o início da chamada fase de universalização dos direitos do homem.

(E) O Tribunal Penal Internacional, importante instrumento de afirmação internacional dos direitos humanos, foi criado na década de sessenta do século passado.

A: correta. Pois ambos são tratados e foram incorporados pelo Brasil. O Pacto Internacional dos Direitos Civis e Políticos foi adotado em 1966 pela Resolução 2.200-A (XXI) da Assembleia Geral das Nações Unidas, mas, devido à grande resistência que sofreu, somente adquiriu as ratificações necessárias para entrar em vigor internacional no ano de 1976. No Brasil, o Pacto foi promulgado pelo Decreto 592, de 06.07.1992. E o Pacto Internacional dos Direitos Econômicos, Sociais e Culturais também foi aprovado em 1966 pela Assembleia Geral das Nações Unidas, mas, devido à grande resistência que sofreu, somente adquiriu as ratificações necessárias para entrar em vigor no ano de 1976. No Brasil, o Pacto foi promulgado pelo Decreto 591, de 06.07.1992; **B:** incorreta. A Corte Europeia compõe o quadro institucional do Conselho da Europa. O Conselho da Europa é uma organização internacional que tem por objetivo garantir a defesa dos direitos humanos, o desenvolvimento democrático e a estabilidade político-social no continente e foi fundado, em 05.05.1949, pelo Tratado de Londres. Atualmente é composto por 47 Estados-membros; **C:** incorreta. O Brasil reconheceu a competência obrigatória da Corte em 08.11.2002 (Decreto 4.463). O reconhecimento foi feito por prazo indeterminado, mas abrange fatos ocorridos após 10.12.1998. Cabe lembrar que a Corte Interamericana foi instituída pela Convenção Americana, que, por sua vez, só entrou em vigor internacional em 18.06.1978 (quando atingiu as 11 ratificações necessárias); **D:** incorreta. Por mais que a natureza jurídica da Declaração Universal gere amplas disputas acadêmicas, não se pode compará-la com um tratado internacional formal, isso porque os tratados possuem requisitos para adquirirem vigência, como, por exemplo, devem passar pelo procedimento de incorporação em cada Estado parte. O que não ocorreu com a Declaração, que foi "simplesmente" aprovada pela Resolução 217 A (III) da Assembleia Geral da ONU; **E:** incorreta. O Tribunal Penal Internacional (TPI) foi constituído na Conferência de Roma, em 17.07.1998, na qual se aprovou o Estatuto de Roma (tratado que não admite a apresentação de reservas), que só entrou em vigor internacionalmente em 01.07.2002 e passou a vigorar, para o Brasil, no dia 25.09.2002.10

Gabarito "A"

(Defensoria/DF – 2013 – CESPE) Com base nas disposições do Pacto Internacional de Direitos Civis e Políticos, julgue o item abaixo.

(1) Toda pessoa tem direito a liberdade de expressão, independentemente de considerações de fronteiras, verbalmente ou por escrito, em forma impressa ou artística, ou por qualquer outro meio de sua escolha, não podendo o exercício desse direito estar sujeito a qualquer tipo de restrição ou limites por parte dos Estados subscritores do pacto em apreço.

10. Dec. 4.388/2002.

1: errado. A redação correta do artigo 19, ponto 2, do Pacto Internacional de Direitos Civis e Políticos é a seguinte: "Toda pessoa terá direito à liberdade de expressão; esse direito incluirá a liberdade de procurar, receber e difundir informações e ideias de qualquer natureza, independentemente de considerações de fronteiras, verbalmente ou por escrito, em forma impressa ou artística, ou por qualquer outro meio de sua escolha".

Gabarito 1E

(Defensor Público/AC – 2012 – CESPE) O Pacto Internacional sobre Direitos Civis e Políticos

(A) veda a escravidão e os trabalhos forçados ou obrigatórios, sem qualquer ressalva.

(B) estabelece a presunção de inocência, sem, contudo, referenciar o duplo grau de jurisdição.

(C) impõe a designação de defensor de ofício para assistir o acusado sempre que o interesse da justiça o exigir.

(D) permite que os Estados-membros proíbam, arbitrariamente, a entrada de qualquer pessoa, ainda que natural do país, em seu território.

(E) dispõe expressamente sobre a proibição da tortura.

O Pacto Internacional sobre Direitos Civis e Políticos foi adotado em 1966 pela Resolução 2.200 A (XXI) da Assembleia Geral das Nações Unidas, mas, devido à grande resistência que sofreu, somente adquiriu as ratificações necessárias para entrar em vigor no ano de 1976. Seu grande objetivo é expandir e tornar obrigatórios e vinculantes os direitos civis e políticos elencados na Declaração Universal dos Direitos Humanos. É um exemplo de *hard law*. No Brasil, o Pacto foi ratificado em 24 de janeiro de 1992. O Pacto Internacional dos Direitos Civis e Políticos impôs aos Estados-membros sua imediata aplicação (autoaplicabilidade), diferentemente, como veremos, do Pacto Internacional dos Direitos Econômicos, Sociais e Culturais, que determinou sua aplicação progressiva. Conforme determina seu artigo 40, os Estados que aderirem ao Pacto se comprometem a *submeter relatórios* sobre as medidas por eles adotadas para tornar efetivos os direitos reconhecidos no citado Pacto e sobre o progresso alcançado no gozo desses direitos. O Pacto apresenta também um sistema, opcional, de *comunicações interestatais* ou *actio popularis*, por meio do qual um Estado-parte pode denunciar outro que incorrer em violações dos direitos humanos. Mas, para a denúncia ter validade, os dois Estados, denunciante e denunciado, devem ter expressamente declarado a competência do Comitê de Direitos Humanos para processar tais denúncias. O Comitê de Direitos Humanos, conforme determina o artigo 28 do Pacto, é o órgão criado com o objetivo de controlar a aplicação, pelos Estados-partes, das disposições desse instrumento. Essa fiscalização é denominada controle de convencionalidade internacional11. Deve-se destacar que o citado controle pode ser exercido até em face das Constituições nacionais12, podendo gerar as chamadas normas constitucionais inconvencionais13. Isto é, engloba todos os atos estatais, inclusive as omissões. O citado controle é assim definido por André de Carvalho Ramos: "O controle de convencionalidade *internacional* é atividade de fiscalização dos atos e condutas dos Estados em confronto com seus compromissos internacionais. Em geral, o controle de convencionalidade é atribuído a órgãos compostos por julgadores independentes, criados por tratados internacionais, o que evita que os próprios Estados

11. "Há ainda o controle de convencionalidade nacional, que vem a ser o exame de compatibilidade do ordenamento interno às normas internacionais feito pelos Tribunais internos" (RAMOS, André de Carvalho. **Teoria geral dos direitos humanos na ordem internacional**. 2. ed. São Paulo: Saraiva, 2012. p. 250).

12. Vide o caso "A última tentação de Cristo" *versus* Chile – Corte Interamericana de Direitos Humanos.

13. "(...) também é possível admitir que existam normas constitucionais inconvencionais, por violarem direitos humanos provenientes de tratados, direitos estes que (justamente por terem *status* constitucional) também pertencem ao bloco das cláusulas pétreas. Seria o caso daquelas normas da Constituição, alocadas à margem do bloco de constitucionalidade, ou seja, que não integrem o núcleo intangível constitucional, que estão a violar normas de tratados de direitos humanos (as quais, por serem normas de 'direitos humanos', já detêm primazia sobre quaisquer outras, por pertencerem ao chamado 'bloco de constitucionalidade'" (MAZZUOLI, Valerio de Oliveira. **O controle jurisdicional da convencionalidade das leis**. 2. ed. São Paulo: RT, 2011. p. 149-150).

sejam, ao mesmo tempo, fiscais e fiscalizados14". Em termos práticos, o Comitê vai analisar a conformidade dos atos estatais em relação às obrigações internacionais assumidas no momento da ratificação do Pacto Internacional dos Direitos Civis e Políticos.

A: incorreta, pois o art. 8º, ponto 3, *b*, do Pacto ressalva a proibição geral de executar trabalhos forçados ou obrigatórios. Assim, nos países em que certos crimes sejam punidos com prisão e trabalhos forçados, o cumprimento de uma pena de trabalhos forçados, imposta por um tribunal competente, será permitida; **B:** incorreta, pois o Pacto referencia o duplo grau de jurisdição. Segue a redação do art. 14, ponto 5, do Pacto: "Toda pessoa declarada culpada por um delito terá o direito de recorrer da sentença condenatória e da pena a uma instância, em conformidade com a lei"; **C:** incorreta, pois o acusado tem direito de estar presente no julgamento e de defender-se pessoalmente ou por intermédio de defensor de sua escolha; de ser informado, caso não tenha defensor, do direito que lhe assiste de tê-lo e, sempre que o interesse da justiça assim exija, de ter um defensor designado "ex officio" gratuitamente, se não tiver meios para remunerá-lo (art. 14, ponto 3, *d*, do Pacto); **D:** incorreta, pois o Pacto **não** permite que os Estados-membros proíbam, arbitrariamente, a entrada de qualquer pessoa, ainda que natural do país, em seu território; **E:** correta. Ler o art. 7º do Pacto Internacional sobre Direitos Civis e Políticos.

Gabarito "E"

(Defensor Público/AC – 2012 – CESPE) O Pacto Internacional de Direitos Econômicos, Sociais e Culturais

(A) impõe a todos os Estados-partes a gratuidade da educação primária e secundária, mas não da educação universitária.
(B) reconhece implicitamente o direito à proteção contra a fome.
(C) estabelece prazo mínimo de seis meses de licença-maternidade para as mães trabalhadoras.
(D) ainda não foi ratificado pelo Brasil.
(E) contém disposições que concernem ao direito do trabalho.

O Pacto Internacional de Direitos Econômicos, Sociais e Culturais foi aprovado em 1966 pela Assembleia Geral das Nações Unidas, mas, devido à grande resistência que sofreu, somente adquiriu as ratificações necessárias para entrar em vigor no ano de 1976. Seu grande objetivo é expandir e tornar obrigatórios e vinculantes os direitos econômicos, sociais e culturais elencados na Declaração Universal dos Direitos Humanos. É um exemplo de *hard law*. O Pacto determinou uma aplicação progressiva de seus preceitos partindo de um *mínimo essencial*. Isso porque grande parte dos Estados não teria os meios materiais necessários para garantir a máxima efetivação dos direitos econômicos, sociais e culturais de suas populações. Essa progressividade na implementação dos direitos do Pacto criou, como consequência, o *princípio ou cláusula da proibição/vedação do retrocesso social ou da evolução reacionária*15. Isto é, os Estados somente podem avançar na implementação dos direitos do Pacto, e nunca recuar (leia-se eliminar direitos já garantidos ou diminuir a proteção conferida por eles)16. Num sentido amplo, essa vedação se estende aos novos tratados de direitos humanos, assim, não é possível a diminuição protetiva e a restrição para o gozo dos direitos humanos por meio da edição de um novo tratado. Fica nítido o caráter vinculativo do *princípio ou cláusula da proibição/vedação do retrocesso social ou da evolução reacionária*. No que tange à sistemática de controle sobre a aplicação das disposições do Pacto Internacional dos Direitos Econômicos, Sociais e Culturais, foi adotado apenas o envio de relatórios pelos Estados-partes. Tais relatórios devem ser enviados ao secretário-geral, que os encaminhará ao Conselho Econômico e Social. Para analisá-los e assim proceder ao controle de convencionalidade internacional, o Conselho Econômico e Social criou o Comitê sobre Direitos Econômicos, Sociais e Culturais.

A: incorreta. Segue a redação do artigo 13, ponto 2, do Pacto: "Os Estados-partes do Presente Pacto reconhecem que, com o objetivo de assegurar o pleno exercício desse direito: a) a educação primária deverá ser obrigatória e acessível gratuitamente a todos; b) a educação secundária em suas diferentes formas, inclusive a educação secundária técnica e profissional, deverá ser generalizada e tornar-se acessível a todos, por todos os meios apropriados e, principalmente, pela implementação progressiva do ensino gratuito; c) a educação de nível superior deverá igualmente tronar-se acessível a todos, com base na capacidade de cada um, por todos os meios apropriados e, principalmente, pela implementação progressiva do ensino gratuito; d) dever-se-á fomentar e intensificar, na medida do possível, a educação de base para aquelas que não receberam educação primária ou não concluíram o ciclo completo de educação primária; e) será preciso prosseguir ativamente o desenvolvimento de uma rede escolar em todos os níveis de ensino, implementar-se um sistema de bolsas estudo e melhorar continuamente as condições materiais do corpo docente"; **B:** incorreta, pois faz previsão expressa (art. 11, ponto 2, do Pacto); **C:** incorreta, pois o Pacto não estabelece um prazo mínimo. O art. 10, ponto 2, assim dispõe: "Deve-se conceder proteção às mães por um período de tempo razoável antes e depois do parto. Durante esse período, deve-se conceder às mães que trabalhem licença remunerada ou licença acompanhada de benefícios previdenciários adequados"; **D:** incorreta, pois já foi ratificado pelo Brasil. O decreto de promulgação é o 591 (6 de julho de 1992); **E:** correta. O direito do trabalho está disciplinado nos arts. 6º e 7º do Pacto.

Gabarito "E"

2.3. COMBINADAS DO SISTEMA GLOBAL DE PROTEÇÃO DOS DIREITOS HUMANOS

(Promotor de Justiça/PI – 2014 – CESPE) Em relação à Convenção sobre os Direitos das Pessoas com Deficiência e a seu Protocolo Facultativo, que, assinados em Nova Iorque, em 30.03.1987, são considerados um avanço quanto à abrangência e à efetividade dos direitos humanos, assinale a opção correta.

(A) A validade da referida convenção no ordenamento jurídico brasileiro independe de procedimento formal de incorporação.
(B) Sendo a matéria da referida convenção prevista na CF, não é necessário que tal convenção seja invocada na ordem interna.
(C) Os dispositivos da referida convenção são aplicados, no ordenamento jurídico brasileiro, somente de modo analógico, já que o documento não foi incorporado formalmente ao ordenamento nacional.
(D) O Protocolo Facultativo da convenção trata da submissão dos Estados signatários à jurisdição da Corte Interamericana de Direitos Humanos.
(E) A referida convenção foi introduzida no ordenamento jurídico brasileiro nos termos inovadores da EC 45/2004.

A: incorreta, porque todos os tratados devem passar pelo procedimento formal de incorporação para terem validade e vigência dentro do Brasil. Somente após a incorporação, o tratado internacional começa a fazer

---

14. RAMOS, André de Carvalho. **Teoria geral dos direitos humanos na ordem internacional**. 2. ed. São Paulo: Saraiva, 2012. p. 250
15. Ou ainda a vedação da contrarrevolução social nas palavras de José Gomes Canotilho (**Direito constitucional e teoria da Constituição**. 7. ed. Coimbra: Almedina, 2003). Outro termo utilizado para conceituar tal regra é *efeito cliquet*. Lembrando que *cliquet* é uma expressão utilizada por alpinistas e significa a impossibilidade de retroceder no percurso, ou seja, o alpinista deve continuar subindo e nunca descer.
16. Essa regra deve ser aplicada como garantia para a efetividade de todos os tipos de direitos humanos e não somente em relação aos direitos econômicos, sociais e culturais. Cabe aqui reproduzir o importante artigo 29 da Convenção Americana dos Direitos Humanos, que corrobora tal colocação:
"Nenhuma disposição da presente Convenção pode ser interpretada no sentido de:
a) permitir a qualquer dos Estados-partes, grupo ou indivíduo, suprimir o gozo e o exercício dos direitos e liberdades reconhecidos na Convenção ou limitá-los em maior medida do que a nela prevista;
b) limitar o gozo e exercício de qualquer direito ou liberdade que possam ser reconhecidos em virtude de leis de qualquer dos Estados-partes ou em virtude de Convenções em que seja parte um dos referidos Estados;
c) excluir outros direitos e garantias que são inerentes ao ser humano ou que decorrem da forma democrática representativa de governo;
d) excluir ou limitar o efeito que possam produzir a Declaração Americana dos Direitos e Deveres do Homem e outros atos internacionais da mesma natureza".
No mesmo sentido é o conhecido voto em separado do juiz Piza Escalante, no Parecer Consultivo 04/84 da Corte Interamericana de Direitos Humanos, que defende a aplicação do princípio da proibição do retrocesso também para os direitos civis e políticos.

parte formalmente do ordenamento jurídico pátrio; **B:** incorreta. Em determinadas situações ocorre uma sobreposição de normas (oriundas do sistema global, do regional e do nacional). Mas isso não se reflete em problema, pois o que se busca é a substancial proteção dos direitos humanos. Portanto, de modo geral, os sistemas protetivos global, regional e nacional interagem e complementam-se para melhor proteger o indivíduo dos abusos perpetrados contra sua dignidade humana. Esse exercício foi denominado, por Erik Jaime,[17] de o diálogo das fontes,[18] ou seja, os diversos sistemas de proteção (fontes heterogêneas) são coordenados para garantir a maior tutela possível da dignidade da pessoa humana – dessa forma, o sistema com maiores possibilidades de garantir a proteção no caso específico será o eleito, podendo até haver uma aplicação conjunta dos sistemas, desde que apropriada. A Constituição brasileira traz previsão expressa da "cláusula de diálogo ou dialógica" no seu art. 4º, II. Em outras palavras, os sistemas não competem, mas se completam; **C:** incorreta, pois o referido tratado foi sim incorporado pelo Brasil (Decreto 6.949, de 25.08.2009); **D:** incorreta. A Convenção e o Protocolo tratados nessa questão são instrumentos do sistema global de proteção dos direitos humanos e não possuem relação com a Corte Interamericana, órgão judicial de um sistema regional (americano) de proteção dos direitos humanos; **E:** correta. A Convenção e seu respectivo Protocolo Facultativo foram internalizados, no Brasil, em conformidade com o artigo 5º, § 3º, da Constituição, isto é, têm hierarquia constitucional tanto pelo aspecto formal quanto pelo material. Em outras palavras, possuem hierarquia de emenda constitucional.

Gabarito "E"

3. SISTEMA GLOBAL DE PROTEÇÃO ESPECÍFICA DOS DIREITOS HUMANOS

3.1. CONVENÇÃO CONTRA A TORTURA E OUTROS TRATAMENTOS OU PENAS CRUÉIS, DESUMANOS OU DEGRADANTES

(Defensor Público/TO – 2013 – CESPE) Assinale a opção correta acerca da Convenção contra a Tortura e Outros Tratamentos ou Penas Cruéis, Desumanos ou Degradantes.

(A) A referida convenção não pode funcionar como base legal para a extradição, quando permitida, de pessoa acusada de tortura.

(B) O Comitê contra a Tortura deve ser composto por pessoas de reputação ilibada indicadas pelos Estados-partes e aprovadas pelo secretário-geral da ONU.

(C) Essa convenção não estabelece garantias para o acusado da prática de tortura.

(D) O referido acordo internacional define a tortura como qualquer ato por meio do qual dores ou sofrimentos agudos, físicos ou mentais, são infligidos intencionalmente a uma pessoa a fim de castigá-la por ato que ela tenha cometido, mesmo que tais dores ou sofrimentos sejam consequência unicamente de sanções legítimas.

(E) Quando o Estado-parte reconhecer a competência do Comitê contra a Tortura para receber e processar petições individuais, devem ser sempre consideradas inadmissíveis as petições apócrifas.

A: incorreta. O art. 6º, ponto 1, da Convenção assim dispõe: "Todo Estado-parte em cujo território se encontre uma pessoa suspeita de ter cometido qualquer dos crimes mencionados no artigo 4º, se considerar, após o exame das informações de que dispõe, que as circunstâncias o justificam, procederá à detenção de tal pessoa ou tomará outras medidas legais para assegurar sua presença. A detenção e outras medidas legais serão tomadas de acordo com a lei do Estado, mas vigorarão apenas pelo tempo necessário ao início do processo penal ou de extradição". Assim, a Convenção contra a Tortura e outros Tratamentos ou Penas Cruéis, Desumanos ou Degradantes estabeleceu jurisdição compulsória e universal para julgar os acusados de tortura. A compulsoriedade determina que os Estados-partes devem punir os torturadores, independentemente do local onde o crime foi cometido e da nacionalidade do torturador. A universalidade determina que os Estados-partes processem ou extraditem o suspeito da prática de tortura, independentemente da existência de tratado prévio de extradição; **B:** incorreta, pois não é necessária a aprovação pelo secretário-geral da ONU (art. 17, ponto 1, da Convenção); **C:** incorreta, pois qualquer pessoa processada por prática de tortura receberá garantias de tratamento justo em todas as fases do processo (art. 7º, ponto 3, da Convenção); **D:** incorreta. Sobre a Convenção, cabe esclarecer, com base em seu artigo 1º, que a tortura é crime próprio, pois as dores ou os sofrimentos são infligidos por um funcionário público ou outra pessoa no exercício de funções públicas, ou por sua instigação, ou com seu consentimento ou aquiescência. É importante também notar que a definição dada pela Convenção não restringe qualquer instrumento internacional ou legislação nacional que contenham ou possam conter dispositivos de alcance mais amplo – artigo 1º, *in fine*, da Convenção. Ademais, a Convenção define o termo tortura como *qualquer ato pelo qual dores ou sofrimentos agudos, físicos ou mentais, são infligidos intencionalmente a uma pessoa a fim de obter, dela ou de terceira pessoa, informações ou confissões; de castigá-la por ato que ela ou terceira pessoa tenha cometido ou seja suspeita de ter cometido; de intimidar ou coagir essa pessoa ou outras pessoas; ou por qualquer motivo baseado em discriminação de qualquer natureza.* Pelo conceito, percebe-se que a finalidade é determinante para caracterização da tortura[19]; **E:** correta. Para monitorar o cumprimento pelos Estados-partes das obrigações constantes na Convenção e assim exercer o controle de convencionalidade internacional, foi criado o Comitê contra a Tortura, responsável por receber as petições individuais, os relatórios confeccionados pelos Estados-partes e as comunicações interestatais. O Estado-parte tem de declarar expressamente que aceita a competência do Comitê para receber as comunicações interestatais e as petições individuais (artigos 21, ponto I, e 22, ponto I, da Convenção), mas cabe enfatizar que sempre serão consideradas inadmissíveis as petições apócrifas (22, ponto 2, da Convenção). Ademais, o Comitê contra a Tortura poderá instaurar investigação, desde que tenha informações que levantem fortes indícios de que certo país está incorrendo em prática sistemática de tortura (artigo 20, ponto I, da Convenção).

Gabarito "E"

3.2. CONVENÇÃO SOBRE A ELIMINAÇÃO DE TODAS AS FORMAS DE DISCRIMINAÇÃO RACIAL

(Promotor de Justiça/RR – 2017 – CESPE) A Convenção Internacional sobre a Eliminação de Todas as Formas de Discriminação Racial dispõe que os Estados-partes se comprometam a garantir o direito de cada um à igualdade perante a lei, prevendo expressamente os seguintes direitos, entre outros:

(A) direito à habitação, direito à formação profissional e direito a emprego que garanta o sustento da família.

(B) direito de casar-se e escolher o cônjuge e direito ao acesso a todo tipo de transporte público.

17. *Identité culturelle et integration: le droit international privé postmoderne*. Séries Recueil des Cours de l'Académie de Droit International de la Haye 251, 1995.

18. O citado diálogo também é previsto expressamente no artigo 29, *b*, da Convenção Americana de Direitos Humanos.

19. O crime de tortura está assim disciplinado pela legislação nacional (Lei nº 9.455/97):
"Art. 1º Constitui crime de tortura:
I – constranger alguém com emprego de violência ou grave ameaça, causando-lhe sofrimento físico ou mental:
a) com o fim de obter informação, declaração ou confissão da vítima ou de terceira pessoa;
b) para provocar ação ou omissão de natureza criminosa;
c) em razão de discriminação racial ou religiosa.
II – submeter alguém, sob sua guarda, poder ou autoridade, com emprego de violência ou grave ameaça, a intenso sofrimento físico ou mental, como forma de aplicar castigo pessoal ou medida de caráter preventivo.
Pena – reclusão, de dois a oito anos.
§ 1º Na mesma pena incorre quem submete pessoa presa ou sujeita a medida de segurança a sofrimento físico ou mental, por intermédio da prática de ato não previsto em lei ou não resultante de medida legal.
§ 2º Aquele que se omite em face dessas condutas, quando tinha o dever de evitá-las ou apurá-las, incorre na pena de detenção de um a quatro anos (...)".

(C) direito ao lazer, direito à habitação e direito de casar-se e escolher o cônjuge.

(D) direito de casar-se e escolher o cônjuge, direito à habitação e direito à formação profissional.

Das assertivas acima, a única correta conforme a Convenção é a D (art. 5º, *d*, IV; art. 5º, e, III; art. 5º, *e*, V).

Gabarito "D".

(Defensor Público/SE – 2012 – CESPE) De acordo com as disposições da Convenção Internacional sobre a Eliminação de Todas as Formas de Discriminação Racial,

(A) as disposições da referida convenção não implicam em restrição alguma às disposições legais dos Estados-partes sobre nacionalidade, cidadania e naturalização.

(B) os elementos relevantes para a caracterização da discriminação racial se restringem à raça, à cor e à origem étnica.

(C) a origem nacional, por si só, não é elemento relevante para a caracterização da discriminação racial.

(D) considera-se discriminatória a medida especial que, destinada a assegurar a proteção de grupos raciais, institua qualquer espécie de segregação jurídica permanente.

(E) a restrição ou a anulação de liberdades fundamentais é irrelevante para a caracterização da discriminação racial.

A Convenção Internacional sobre a Eliminação de Todas as Formas de Discriminação Racial, adotada pela ONU por meio da Resolução 2.106 (XX) da Assembleia Geral em 21 de dezembro de 1965 e promulgada no Brasil em 8 de dezembro de 1969 pelo Decreto nº 65.810, tem por fundamento a consciência de que a discriminação entre as pessoas por motivo de raça, cor ou origem étnica é um obstáculo às relações amistosas e pacíficas entre as nações e é capaz de perturbar a paz e a segurança entre os povos e a harmonia de pessoas vivendo lado a lado, até dentro de um mesmo Estado. Os Estados-partes, atualmente 175, têm a obrigação de implementar políticas públicas que assegurem efetivamente a progressiva eliminação da discriminação racial. Percebe-se que o ideal de igualdade não vai ser atingido somente por meio de políticas repressivas que proíbam a discriminação – é necessária uma comunhão da proibição da discriminação (igualdade formal) com políticas promocionais temporárias (igualdade material). Aliás, o artigo 1º, ponto 4, da Convenção dispõe que as ações afirmativas não serão consideradas como discriminação racial. Tal dualidade de ação faz-se necessária, pois a parcela populacional vítima de discriminação racial coincide com a parcela socialmente vulnerável. Para monitorar o cumprimento pelos Estados-partes das obrigações constantes na Convenção, foi criado o Comitê sobre a Eliminação da Discriminação Racial, responsável por receber as petições individuais, os relatórios confeccionados pelos Estados-partes e as comunicações interestatais. **A:** incorreta, pois o art. 1º, ponto 3, da Convenção assim dispõe: "Nada nesta Convenção poderá ser interpretado como afetando as disposições legais dos Estados-partes, relativas à nacionalidade, cidadania e naturalização, desde que tais disposições não discriminem contra qualquer nacionalidade particular"; **B:** incorreta. O art. 1º assim dispõe: "Para os fins da presente Convenção, a expressão "discriminação racial" significará toda distinção, exclusão, restrição ou preferência baseada em raça, cor, descendência ou origem nacional ou étnica que tenha por objeto ou resultado anular ou restringir o reconhecimento, gozo ou exercício em um mesmo plano (em igualdade de condição) de direitos humanos e liberdades fundamentais nos campos político, econômico, social, cultural ou em qualquer outro campo da vida pública'; **C:** incorreta. Reler o comentário sobre a assertiva anterior; **D:** correta, pois o conteúdo da assertiva está em harmonia com o art. 3º da Convenção Internacional sobre a Eliminação de Todas as Formas de Discriminação Racial; **E:** incorreta. Reler o comentário sobre a assertiva "B".

Gabarito "D".

3.3. CONVENÇÃO SOBRE OS DIREITOS DA CRIANÇA

(Promotor de Justiça/PI – 2014 – CESPE) Com referência à Declaração Universal sobre os Direitos da Criança de 1959 (DUDC), assinale a opção correta.

(A) Embora incorporada ao direito brasileiro à época de sua elaboração, a DUDC foi parcialmente derrogada com o advento do ECA.

(B) Eventuais emendas à DUDC promovidas em âmbito internacional gerarão efeitos no direito interno brasileiro somente após nova apreciação do Congresso Nacional.

(C) Dada sua natureza jurídica, a DUDC não teve de ser incorporada ao ordenamento jurídico brasileiro.

(D) A DUDC foi incorporada ao ordenamento jurídico brasileiro como tratado internacional de direitos humanos, tendo sido aprovada nas duas casas do Congresso Nacional, em dois turnos, por maioria dos votos dos respectivos membros.

(E) A aplicação da DUDC, cujo caráter é de *jus cogens*, é obrigatória, independentemente de retificação pelos Estados.

Como já pontuado em questões anteriores quando comentamos sobre a natureza jurídica da Declaração Universal dos Direitos Humanos, não se pode comparar Declaração com tratado internacional formal, isso porque os tratados possuem requisitos para adquirirem vigência, como, por exemplo, devem passar pelo procedimento de incorporação em cada Estado parte. O que não ocorreu com a Declaração Universal sobre os Direitos da Criança, que foi "simplesmente" adotada pela Assembleia Geral da ONU no dia 20.11.1959.

Gabarito "C".

(Defensor Público/SE – 2012 – CESPE) Considerando o que dispõe a Convenção sobre os Direitos da Criança, assinale a opção correta.

(A) A liberdade de associação não é prevista no texto do acordo em apreço.

(B) Toda criança deve ser sempre pessoalmente ouvida em processo judicial que lhe diga respeito.

(C) Considera-se criança, em regra, o ser humano com menos de dezoito anos.

(D) A toda criança é garantido o direito a um nome, embora não haja menção a registro de nascimento.

(E) A guarda compartilhada de criança filha de pais separados não encontra respaldo na referida convenção.

A Convenção sobre os Direitos da Criança, adotada pela ONU por meio da Resolução 44/25 da Assembleia Geral em 20 de novembro de 1989 e promulgada no Brasil em 21 de novembro de 1990 pelo Decreto nº 99.710, tem por fundamento a consciência de que a criança, em virtude de sua falta de maturidade física e mental, necessita de proteção e cuidados especiais, inclusive a devida proteção legal, tanto antes quanto após seu nascimento. É importante apontar que a Convenção, no artigo 1º, determina que criança é todo ser humano com menos de 18 anos de idade, a não ser que, em conformidade com a lei aplicável à criança, a maioridade seja alcançada antes. Os Estados-partes, atualmente 193 (Convenção com o maior número de Estados-partes), têm a obrigação de proteger a criança contra todas as formas de discriminação e garantir-lhe a assistência apropriada em diversas áreas. Para monitorar o cumprimento pelos Estados-partes das obrigações constantes na Convenção, foi criado o Comitê sobre os Direitos da Criança, responsável por receber os relatórios confeccionados pelos Estados-partes. **A:** incorreta, pois está prevista no art. 15, ponto 1, da Convenção; **B:** incorreta, pois a redação do art. 12, ponto 2, da Convenção é a seguinte: "Com tal propósito, se proporcionará à criança, em particular, a oportunidade de ser ouvida em todo processo judicial ou administrativo que afete a mesma, quer diretamente quer por intermédio de um representante ou órgão apropriado, em conformidade com as regras processuais da legislação nacional"; **C:** correta, pois está em conformidade com o que dispõe o art. 1º da Convenção sobre os Direitos da Criança; **D:** incorreta. O art. 7º, ponto 1, da Convenção assim estatui: "A criança será registrada imediatamente após seu nascimento e terá direito, desde o momento em que nasce, a um nome, a uma nacionalidade e, na medida do possível, a conhecer seus pais e a ser cuidada por eles"; **E:** incorreta. O art. 9º, ponto 3, da Convenção assim estatui: "Os Estados-partes respeitarão o direito da criança que esteja separada de um ou de ambos os pais de manter regularmente relações pessoais e contato direto com ambos, a menos que isso seja contrário ao interesse maior da criança".

Gabarito "C".

(Defensoria Pública da União – 2010 – CESPE) Acerca da proteção internacional às mulheres, às crianças e aos adolescentes, julgue o item subsequente.

(1) No direito à liberdade de expressão, um dos direitos previstos na Convenção sobre os Direitos da Criança, de

1990, inclui-se a liberdade de procurar, receber e divulgar, independentemente de fronteiras, informações e ideias de todo tipo, de forma oral, escrita ou impressa, por meio das artes ou por qualquer outro meio escolhido pela criança.

1: correta, pois reflete o disposto no art. 13, ponto 1, da Convenção sobre os Direitos da Criança.

Gabarito 1C

(MINISTÉRIO PÚBLICO/RO – 2010 – CESPE) Adotada pela Assembleia Geral das Nações Unidas em 20 de setembro de 1989, a Convenção sobre os Direitos da Criança

(A) serve apenas como balizador para futuras legislações nacionais sem caráter coercitivo (por tratar-se de ato de organização internacional), razão pela qual não se enquadra como fonte de direito interno.

(B) consagrou, pela primeira vez, o direito à proteção contra o abandono e a exploração no trabalho e ficou conhecida, também, como Declaração Universal dos Direitos da Criança.

(C) incorporou-se automaticamente ao direito brasileiro, como tratado de direitos humanos.

(D) conflita, em parte, com o ECA, o que até agora impediu que se incorporasse ao direito brasileiro.

(E) trata de matéria contemplada, em linhas gerais, em artigo da CF, o qual é considerado síntese do tratado da Organização das Nações Unidas.

A: incorreta. A Convenção, adotada pela ONU por meio da Resolução 44/25 da Assembleia Geral em 20 de novembro de 1989 e promulgada no Brasil em 21 de novembro de 1990 pelo Decreto nº 99.710, tem por fundamento a consciência de que a criança, em virtude de sua falta de maturidade física e mental, necessita de proteção e cuidados especiais, inclusive a devida proteção legal, tanto antes, quanto após seu nascimento. É importante apontar que a Convenção, no artigo 1º, determina que criança é todo ser humano com menos de 18 anos de idade, a não ser que, em conformidade com a lei aplicável à criança, a maioridade seja alcançada antes. Os Estados-partes, atualmente 193 (Convenção com o maior número de Estados-partes), têm a obrigação de proteger a criança contra todas as formas de discriminação e garantir-lhe a assistência apropriada em diversas áreas; **B:** incorreta, pois a Convenção sobre os Direitos da Criança não se confunde com a Declaração dos Direitos da Criança, proclamada pela Assembleia Geral das Nações Unidas em 1959; **C:** incorreta, pois não há, no Brasil, incorporação automática dos tratados ao direito interno. Para que o tratado internacional seja incorporado ao direito interno brasileiro, é preciso, após a celebração ou a adesão pelo Brasil, que seja referendado pelo Congresso Nacional, e ratificado e promulgado pelo Presidente da República; **D:** incorreta, conforme comentário sobre a alternativa "A"; **E:** correta. A assertiva faz referência ao art. 227 da CF.

Gabarito "E"

3.4. CONVENÇÃO SOBRE A ELIMINAÇÃO DE TODAS AS FORMAS DE DISCRIMINAÇÃO CONTRA A MULHER

(Defensoria/DF – 2013 – CESPE) Julgue os itens seguintes, relacionados à Convenção Internacional sobre a Eliminação de todas as Formas de Discriminação contra a Mulher e a responsabilidade internacional do Estado.

(1) Os atos de órgãos do Estado contrários ao direito internacional implicam responsabilidade internacional, mesmo se forem baseados no seu direito interno.

(2) Nessa convenção, é prevista a possibilidade de adoção, pelos Estados-partes, de medidas especiais de caráter temporário destinadas a acelerar a igualdade de fato entre o homem e a mulher; tais medidas não serão consideradas discriminatórias e deverão cessar quando os objetivos de igualdade de oportunidade e tratamento houverem sido alcançados.

1: certo. O Estado que violar o direito internacional será responsabilizado internacionalmente. Deve-se apontar que a indicação do direito interno como fundamento para determinado ato (que violou o direito internacional) não valerá de nada. Sem contar que o artigo 2º da Convenção Americana sobre Direitos Humanos cuida do dever que os Estados têm de adotar disposições de direito interno: "(...) os Estados-partes comprometem-se a adotar, de acordo com as suas normas constitucionais e com as disposições desta Convenção, as medidas legislativas ou de outra natureza que forem necessárias para tornar efetivos tais direitos e liberdades". Essa regra foi prevista expressamente na Convenção Americana, mas pode ser considerada uma regra do direito internacional dos direitos humanos, que diz respeito à necessidade de tornar, de fato, efetivas as disposições previstas nas convenções internacionais que os Estados voluntariamente se comprometeram; **2:** certo. Os Estados-partes têm a obrigação de progressivamente eliminar a discriminação e promover a igualdade de gênero. Além de proibirem a discriminação, podem adotar medidas promocionais temporárias para acelerar o processo de obtenção do ideal de igualdade de gênero. E tal como dito na assertiva, tais medidas não serão consideradas discriminatórias (artigo 4º, ponto 1, da Convenção).

Gabarito 1C, 2C

(Defensoria Pública da União – 2010 – CESPE) Acerca da proteção internacional às mulheres, às crianças e aos adolescentes, julgue o item subsequente.

(1) Os documentos das Nações Unidas que tratam dos direitos políticos das mulheres determinam que elas devem ter, em condições de igualdade, o mesmo direito que os homens de ocupar e exercer todos os postos e todas as funções públicas, admitidas as restrições que a cultura e a legislação nacionais imponham.

1: errada. A Convenção, adotada pela ONU em 18 de dezembro de 1979 e ratificada pelo Brasil em primeiro de fevereiro de 1984, tem por fundamento a consciência de que a discriminação contra a mulher viola os princípios da igualdade de direitos e do respeito da dignidade humana, dificulta a participação da mulher, nas mesmas condições que o homem, na vida política, social, econômica e cultural de seu país, constitui um obstáculo ao aumento do bem-estar da sociedade e da família e dificulta o pleno desenvolvimento das potencialidades da mulher para prestar serviço a seu país e à humanidade. Os estados-partes têm a obrigação de progressivamente eliminar a discriminação e promover a igualdade de gênero. Assim, os estados, além de proibir a discriminação, podem adotar medidas promocionais temporárias para acelerar o processo de obtenção do ideal de igualdade de gênero. Portanto, no mínimo, as mulheres terão, em condições de igualdade, o mesmo direito que os homens de ocupar todos os postos públicos e de exercer todas as funções públicas estabelecidas em virtude da legislação nacional **sem nenhuma restrição**.

Gabarito 1E

3.5. CONVENÇÃO SOBRE A PROTEÇÃO DOS DIREITOS DE TODOS OS TRABALHADORES MIGRANTES E DOS MEMBROS DE SUAS FAMÍLIAS

(Defensor Público/RO – 2012 – CESPE) A Convenção Internacional sobre a Proteção dos Direitos de Todos os Trabalhadores Migrantes e dos Membros das suas Famílias

(A) não se aplica aos estrangeiros que se instalem, na qualidade de investidores, em um Estado-parte.

(B) não faz qualquer distinção entre os trabalhadores migrantes documentados e os não documentados.

(C) não admite restrição alguma à saída do trabalhador estrangeiro do Estado-parte para o qual migrou.

(D) dispõe que apenas as autoridades públicas do Estado-parte podem, na forma da legislação nacional, apreender e destruir documentos de identidade, inclusive passaporte, documentos de autorização de entrada, permanência, residência ou de estabelecimento no território nacional, ou, ainda, documentos relativos à autorização de trabalho, devendo, em qualquer caso, emitir recibo da apreensão ou certidão da destruição do documento.

(E) protege todos os migrantes, inclusive os estudantes estagiários, que exerçam alguma atividade remunerada sob a orientação, direção ou supervisão de outrem.

A Convenção adotada pela ONU, por meio da resolução 45/158 da Assembleia Geral, em 18 de dezembro de 1990 e não ratificada pelo Brasil, tem por fundamento a importância e a extensão do fenômeno da migração, que envolve milhares de pessoas e afeta um grande número de Estados na comunidade internacional, como também o efeito das migrações de trabalhadores nos Estados e nas populações interessadas. Tem por objetivo estabelecer normas que possam contribuir para a harmonização das condutas dos Estados mediante a aceitação de princípios fundamentais relativos ao tratamento dos trabalhadores migrantes e dos membros das suas famílias, pessoas que frequentemente se encontram em situação de vulnerabilidade. É importante apontar que a Convenção, no seu art. 2º, determina que trabalhador migrante é a pessoa que vai exercer, exerce ou exerceu uma atividade remunerada num Estado de que não é nacional. O tema, de certo modo, já tinha sido abordado no seio da Organização Internacional do Trabalho (OIT). A Convenção 97/1949 da OIT (ratificada pelo Brasil em 18 de junho de 1965) tratou de forma geral sobre os trabalhadores migrantes e a Convenção 143/1975 da OIT (não ratificada pelo Brasil) tratou das migrações em condições abusivas e da promoção da igualdade de oportunidades e de tratamento para os trabalhadores migrantes. No seio da ONU, antes dessa Convenção o tema apareceu algumas vezes em resoluções do Conselho Econômico e Social e da Assembleia Geral, como também dentro de relatórios. Mas, agora, os Estados-partes, atualmente 45, têm a obrigação de fixar parâmetros protetivos mínimos em benefício dos trabalhadores migrantes e de seus familiares. Ou seja, o Estado tem que arquitetar políticas públicas que possibilitem a efetiva proteção dos trabalhadores migrantes e de suas famílias em seu território, para, assim, garantir que esses exerçam seus direitos em igualdade de condições com os demais trabalhadores. É importante frisar o art. 82 da Convenção, porque impede a renúncia, por parte do trabalhador, dos seus direitos de trabalhador migrante e dos seus familiares. A Convenção regula também a situação específica dos trabalhadores migrantes que se encontrem em situação irregular, isto é, sem a devida documentação. Tais trabalhadores são geralmente as maiores vítimas das violações de direitos humanos. Nestes casos, o Estado-parte, além de fixar parâmetros protetivos mínimos, deverá combater (prevenir) o tráfico de trabalhadores migrantes. E para monitorar o cumprimento, pelos estados-partes, das obrigações constantes na Convenção e assim exercer o controle de convencionalidade internacional, foi criado o Comitê para a proteção dos Direitos de Todos os Trabalhadores Migrantes e dos membros das suas Famílias. Esse será responsável para receber os relatórios confeccionados pelos Estados-partes. As petições individuais e as comunicações interestatais são possíveis como mecanismos de controle e fiscalização, mediante a declaração do Estado-parte que reconhece a competência do Comitê para recebê-las.

A: correta, pois em consonância com a redação do artigo 3º, *c*, da Convenção; **B:** incorreta. A parte IV da Convenção cuida apenas dos direitos dos trabalhadores migrantes e dos membros das suas famílias que se encontram documentados ou em situação regular. Ou seja, os trabalhadores migrantes e os membros das suas famílias que se encontram documentados ou em situação regular no Estado de emprego gozam dos direitos enunciados na parte IV da Convenção, para além dos direitos previstos na parte III; **C:** incorreta. O art. 8º, ponto 1, da Convenção assim dispõe: "Os trabalhadores migrantes e os membros das suas famílias podem sair livremente de qualquer Estado, incluindo o seu Estado de origem. Este direito só pode ser objecto de restrições que, sendo previstas na lei, constituam disposições necessárias para proteger a segurança nacional, a ordem pública, a saúde ou moral públicas, ou os direitos e liberdades de outrem, e se mostrem compatíveis com os outros direitos reconhecidos na presente parte da Convenção"; **D:** incorreta. O art. 21 da Convenção assim dispõe: "Ninguém, exceto os funcionários públicos devidamente autorizados por lei para este efeito, tem o direito de apreender, destruir ou tentar destruir documentos de identidade, documentos de autorização de entrada, permanência, residência ou de estabelecimento no território nacional, ou documentos relativos à autorização de trabalho. Se for autorizada a apreensão e perda desses documentos, será emitido um recibo pormenorizado. Em caso algum é permitido destruir o passaporte ou documento equivalente de um trabalhador migrante ou de um membro da sua família; **E:** incorreta, pois a Convenção não se aplica aos estudantes e estagiários (art. 3º, *e*, da Convenção).

Gabarito "A".

4. SISTEMA REGIONAL DE PROTEÇÃO DOS DIREITOS HUMANOS

4.1. SISTEMA INTERAMERICANO

4.1.1. CONVENÇÃO AMERICANA DE DIREITOS HUMANOS OU PACTO DE SÃO JOSÉ DA COSTA RICA

(Juiz de Direito/DF – 2016 – CESPE) Acerca da Convenção Americana sobre Direitos Humanos, conhecida como Pacto de São José da Costa Rica, assinale a opção correta.

(A) O preso não será constrangido a executar trabalho forçado ou obrigatório, ainda que o serviço exigido ocorra em casos de perigo ou de calamidade que ameacem a existência e o bem-estar da comunidade.

(B) Há previsão, no Pacto de São José da Costa Rica, de que nenhuma pessoa poderá ser detida ou presa por dívida de qualquer natureza.

(C) A autoridade policial está obrigada a comparecer em juízo para justificar os motivos pelos quais efetuou prisão em flagrante, para que o magistrado possa aferir a legalidade do ato constritivo.

(D) A audiência de custódia prevê que a pessoa detida seja conduzida à presença do juiz, que, na ocasião, aferirá a legalidade do ato de constrição, para o fim de mantê-lo ou não.

(E) O devedor de obrigação alimentar e o depositário infiel poderão ser presos pelas dívidas contraídas e não quitadas.

A: incorreta, pois não existe previsão nesse sentido na Convenção Americana; **B:** incorreta, pois o próprio artigo 7º, ponto 7, da Convenção traz uma ressalva: "Ninguém deve ser detido por dívidas. Este princípio não limita os mandados de autoridade judiciária competente expedidos em virtude de inadimplemento de obrigação alimentar"; **C:** incorreta, pois não existe previsão nesse sentido na Convenção Americana; **D:** correta. A audiência de custódia está prevista no art. 7º, ponto 5, da Convenção Americana de Direitos Humanos: "Toda pessoa detida ou retida deve ser conduzida, sem demora, à presença de um juiz ou outra autoridade autorizada pela lei a exercer funções judiciais e tem direito a ser julgada dentro de um prazo razoável ou a ser posta em liberdade, sem prejuízo de que prossiga o processo. Sua liberdade pode ser condicionada a garantias que assegurem o seu comparecimento em juízo". No Brasil, a audiência de custódia foi adotada pelo Tribunal de Justiça do Estado de São Paulo, que, em parceria com o CNJ e com o Ministério da Justiça, lançou o projeto Audiência de Custódia (Provimento Conjunto 3/2015). O procedimento adotado estabelece o prazo de 24 horas para os juízes ouvirem as pessoas que foram presas em flagrante (audiência de custódia). Com isso, os juízes podem avaliar se é necessário manter a pessoa presa ou se podem liberá-la mediante fiança, ou, ainda, se cabe alguma medida cautelar diversa da prisão — como, por exemplo, tornozeleiras eletrônicas — ou até mesmo colocá-la em liberdade por não existir justificativa para a sua prisão. Dessa forma, a Audiência de Custódia confere ao cidadão preso em flagrante o direito de ter seu caso reanalisado por um juiz, que verá a legalidade da sua prisão em tempo excessivamente curto e, ainda, com a garantia do contato pessoal; **E:** incorreta. O depositário infiel, diferentemente do devedor de obrigação alimentar, não poderá ser preso (*vide* comentário sobre a assertiva "B").

Gabarito "D".

(Defensoria/DF – 2013 – CESPE) Considerando o disposto na Convenção Americana sobre Direitos Humanos (Pacto de São Jose da Costa Rica), julgue os itens subsequentes.

(1) Ao aderir a referida convenção, o Brasil reconheceu o direito automático de visitas e inspeções *in loco* da Comissão Interamericana de Direitos Humanos, observado o prévio aviso as autoridades governamentais brasileiras.

(2) Qualquer pessoa ou grupo de pessoas, ou entidade não governamental legalmente reconhecida em um ou mais Estados-membros da OEA tem competência para ingressar com petições que contenham denúncias ou queixas de violação da Convenção sobre Direitos Humanos perante a Comissão Interamericana de Direitos Humanos.

1: errado. No Brasil, a Convenção passou a ter vigência por meio do Decreto 678 de 06.11.1992. Cabe destacar que o artigo 2º desse decreto dispõe sobre a declaração interpretativa do governo brasileiro: "O Governo do Brasil entende que os arts. 43 e 48, d, não incluem o direito automático de visitas e inspeções in loco da Comissão Interamericana de Direitos Humanos, as quais dependerão da anuência expressa do Estado". Tal declaração interpretativa funciona como uma ressalva que limita os poderes da Comissão Interamericana de Direitos Humanos; **2:** certo (artigo 44 da Convenção Americana sobre Direitos Humanos).

Gabarito 1E, 2C

(Defensor Público/RO – 2012 – CESPE) Considerando o Pacto de São José da Costa Rica, assinale a opção correta.

(A) Mesmo não tendo sido prevista no referido pacto, a proteção da integridade psíquica de toda pessoa é dever dos Estados signatários, por força de orientação da Comissão Interamericana e da Corte Interamericana.

(B) Os Estados signatários desse pacto comprometem-se a respeitar os direitos e liberdades nele reconhecidos e a garantir seu livre e pleno exercício às pessoas que estejam sujeitas à sua jurisdição.

(C) Os Estados-partes são dispensados de adotar quaisquer medidas legislativas destinadas a garantir o exercício dos direitos e liberdades previstos nesse pacto, que se torna eficaz, no Estado-parte, a partir de sua assinatura.

(D) Por não definir o significado da palavra pessoa, que é o sujeito dos direitos humanos por ele garantidos, o pacto possibilita que Estados-partes restrinjam, por meio da jurisprudência ou da legislação nacional, o significado do termo.

(E) O pacto não prevê, expressamente, o direito de toda pessoa de ter reconhecida sua personalidade jurídica, embora se infira de suas disposições o dever de os Estados-partes reconhecerem esse direito.

A: incorreta, pois o art. 5º, ponto 1, da CADH assim dispõe: "Toda pessoa tem direito a que se respeite sua integridade física, psíquica e moral"; **B:** correta, pois está em conformidade com a redação do art. 1º, ponto 1, do Pacto de São José da Costa Rica; **C:** incorreta. O art. 2º da CADH dispõe sobre o dever de adotar disposições de direito interno. Assim, os Estados-partes comprometem-se a adotar, de acordo com as suas normas constitucionais e com as disposições desta Convenção, as medidas legislativas ou de outra natureza que forem necessárias para tornar efetivos tais direitos e liberdades; **D:** incorreta, pois para efeitos da CADH, pessoa é todo ser humano (art. 1º, ponto 2); **E:** incorreta, pois o art. 3º da CADH prevê expressamente que toda pessoa tem direito ao reconhecimento de sua personalidade jurídica.

Gabarito "B"

(Defensor Público/SE – 2012 – CESPE) De acordo com o que dispõe a Convenção Americana de Direitos Humanos,

(A) o Estado-parte não tem a obrigação de analisar pedido de indulto, anistia ou comutação de pena requeridos por condenado à morte.

(B) o direito à vida deve ser protegido, como regra, desde a concepção.

(C) a pena de morte pode ser restabelecida nos Estados-parte que a tenham abolido.

(D) a pena de morte, nos Estados-partes que a adotem, pode ser aplicada a delitos políticos.

(E) a pena de morte pode ser imposta a condenados por crimes conexos a delitos políticos.

Em 22 de novembro de 1969, na Conferência de San José da Costa Rica, foi adotada a Convenção Americana de Direitos Humanos20 (Pacto de San José da Costa Rica), a qual só entrou em vigor internacional em 18 de julho de 1978 (quando atingiu as 11 ratificações necessárias) e é o principal instrumento protetivo do sistema americano. No Brasil, a Convenção passou a ter vigência por meio do Decreto nº 678 de 6 de novembro de 1992. Cabe destacar que o artigo 2º desse decreto dispõe sobre a declaração interpretativa do governo brasileiro: "O Governo do Brasil entende que os arts. 43 e 48, d, não incluem o direito automático de visitas e inspeções *in loco* da Comissão Interamericana de Direitos Humanos, as quais dependerão da anuência expressa do Estado". Tal declaração interpretativa funciona como uma ressalva que limita os poderes da Comissão Interamericana de Direitos Humanos21. Como órgãos de fiscalização e julgamento (controle de convencionalidade internacional) do sistema americano de proteção dos direitos humanos, a Convenção instituiu a Comissão e a Corte Interamericana de Direitos Humanos, dotando-o, dessa maneira, de mecanismos constritivos de proteção dos direitos humanos (*hard law*). Ao mesmo tempo, os Estados-partes comprometem-se a adotar, de acordo com as suas normas constitucionais e com as disposições desta Convenção, as medidas legislativas ou de outra natureza que forem necessárias para tornar efetivos (art. 2º da CADH) os direitos e liberdades reconhecidos na Convenção Americana de Direitos Humanos. Importante sublinhar que o texto convencional está obrigando não somente o Poder Legislativo, mas também os poderes Executivo e Judiciário do Estado-partes. Na Convenção só é permitida a participação dos países-membros da OEA. Ao longo da Convenção é possível identificar inúmeros direitos civis e políticos (ditos de primeira geração), nos moldes do Pacto Internacional de Direitos Civis e Políticos. A única menção aos direitos econômicos, sociais e culturais é encontrada no artigo 26, que se limita a determinar que os Estados se engajem em progressivamente implementar tais direitos (em sua dimensão negativa e positiva), ditos de segunda geração. Tal escolha (de só regular os direitos políticos e civis) foi direcionada para obter a adesão dos EUA.

A: incorreta. O art. 4º, ponto 6, da Convenção Americana assim dispõe: "Toda pessoa condenada à morte tem direito a solicitar anistia, indulto ou comutação da pena, os quais podem ser concedidos em todos os casos. Não se pode executar a pena de morte enquanto o pedido estiver pendente de decisão ante a autoridade competente"; **B:** correta, pois a assertiva está em consonância com o art. 4º, ponto 1, da Convenção Americana; **C:** incorreta, pois Não se pode restabelecer a pena de morte nos Estados que a hajam abolido (art. 4º, ponto 3, da Convenção Americana); D e **E:** incorretas, pois em nenhum caso pode a pena de morte ser aplicada a delitos políticos, nem a delitos comuns conexos com delitos políticos.

Gabarito "B"

4.1.2. COMISSÃO INTERAMERICANA DE DIREITOS HUMANOS

(Defensor Público/AC – 2012 – CESPE) Com referência à Comissão Interamericana de Direitos Humanos, assinale a opção correta.

(A) Não compete a essa comissão o conhecimento de queixa ou denúncia formulada por pessoa natural, visto que apenas Estados-membros têm legitimação para agir nos termos do direito público internacional.

(B) A demora injustificada na tramitação dos recursos internos autoriza o conhecimento de denúncia mesmo sem o prévio esgotamento daqueles.

(C) A solução amistosa das queixas recebidas por essa comissão exige homologação da Corte Interamericana de Direitos Humanos.

(D) Essa comissão poderá conhecer queixa idêntica a outra pendente de julgamento, desde que a litispendência não ocorra perante a própria comissão ou a Corte Interamericana de Direitos Humanos.

(E) A essa comissão cabe, mediante prévia autorização da Corte Interamericana de Direitos Humanos, formular recomendações aos Estados-membros.

A: incorreta. Um aspecto importante da competência da Comissão é a possibilidade de receber petições do indivíduo "lesionado", de

20. É de suma importância sublinhar que a Convenção Americana de Direitos Humanos é autoaplicável. Tal definição provém do Parecer Consultivo 07/86 da Corte Interamericana de Direitos Humanos. Assim, uma vez internalizada, estará apta a irradiar seus efeitos diretamente na ordem interna do país-parte, isto é, não necessitará de lei que regulamente sua incidência nos países que aderiram a seus mandamentos.

21. Todavia, deve-se apontar, como uma das consequências do princípio *pro homine*, que a interpretação das limitações de direitos estabelecidos nos tratados internacionais de direitos humanos deve ser restritiva – tudo para impedir ao máximo a diminuição da proteção da pessoa humana. Aliás, nesse sentido é o Parecer Consultivo 02, de 24 de setembro de 1982, da Corte Interamericana de Direitos Humanos.

terceiras pessoas ou de organizações não governamentais legalmente reconhecidas em um ou mais Estados-membros da OEA que representem o indivíduo lesionado. Entrementes, essa competência só poderá ser exercida se o Estado violador tiver aderido à Convenção Americana de Direitos Humanos. Percebe-se que não é necessária a expressa aceitação da competência da Comissão para receber petições, bastando que o Estado tenha aderido à Convenção; **B:** correta. A Comissão tem competência para receber comunicações interestatais. E igual ao sistema global de proteção, nesse mecanismo um Estado-parte pode denunciar o outro que incorrer em violação dos direitos humanos. Mas, para a denúncia ter validade, os dois Estados, denunciante e denunciado, devem ter expressamente declarado a competência da Comissão Interamericana de Direitos Humanos para tanto. Figuram aqui os mesmos requisitos de admissibilidade exigidos no procedimento de apresentação de petições individuais e de comunicações interestatais no sistema global de proteção. Ou seja, só são aceitas as petições ou as comunicações que comprovarem a inexistência de litispendência internacional e o esgotamento de todos os recursos internos disponíveis. Ademais, o artigo 46 da Convenção Americana de Direitos Humanos exige que a petição ou a comunicação seja apresentada dentro do prazo de seis meses, a partir da data em que o presumido prejudicado em seus direitos tenha sido notificado da decisão definitiva exarada no sistema protetivo nacional. Mas o sistema americano também impõe a mesma ideia de ressalva existente no sistema global. Assim, as regras de esgotamento de todos os recursos internos disponíveis e do prazo de seis meses para a apresentação da petição ou comunicação não serão aplicadas quando o indivíduo for privado de seu direito de ação pela jurisdição doméstica, ou lhe forem ceifadas as garantias do devido processo legal, ou, ainda, se os processos internos forem excessivamente demorados; **C:** incorreta, pois não é necessária a homologação pela Corte; **D:** incorreta, pois só serão aceitas as petições em que ficarem comprovados a inexistência de litispendência internacional. Ou seja, a submissão do caso à qualquer órgão internacional competente impede a análise do mesmo ulteriormente pela Comissão; **E:** incorreta, pois não é necessária prévia autorização da Corte para que a Comissão formule recomendações aos Estados-membros.

Gabarito "B"

(Defensor Público/SE – 2012 – CESPE) A Comissão Interamericana de Direitos Humanos

(A) não pode solicitar a Estado-parte a adoção de medidas cautelares para prevenir danos irreparáveis decorrentes de suposta violação dos direitos humanos.
(B) tem como único documento paradigmático para a proteção dos direitos humanos no continente americano o Pacto de São José da Costa Rica.
(C) tem o poder de fixar seu próprio regulamento, estabelecendo nele o procedimento a ser observado para o processamento de petições que denunciem violações aos direitos humanos resguardados pelo Pacto de São José da Costa Rica.
(D) detém competência para conhecer denúncia de violação de direitos humanos praticada por qualquer país que integre a Organização dos Estados Americanos, nos termos da Convenção Americana de Direitos Humanos.
(E) não pode aceitar nem processar petições individuais.

A: incorreta, pois é possível o pedido de adoção de medidas cautelares; **B:** incorreta, pois todos os documentos convencionais confeccionados no âmbito do sistema interamericano (tanto o geral como o específico) de proteção dos direitos humanos servirão de parâmetro para atuação da Comissão Interamericana; **C:** correta. O regulamento da Comissão disciplinou o processamento de petições (art. 23 e ss. do Regulamento da Comissão Interamericana de Direitos Humanos); **D:** incorreta. A Comissão poderá receber denúncia apenas sobre os Estados violadores que tenham aderido à Convenção Americana de Direitos Humanos. Percebe-se que não é necessária a expressa aceitação da competência da Comissão para receber petições, bastando que o Estado tenha aderido à Convenção e não à Organização dos Estados Americanos; **E:** incorreta, pois a Comissão possui competência para aceitar e processar petições individuais.

Gabarito "C"

4.1.3. CORTE INTERAMERICANA DE DIREITOS HUMANOS

(Defensor Público/AC – 2012 – CESPE) Com relação à jurisprudência da Corte Interamericana de Direitos Humanos a respeito dos direitos e da condição jurídica das crianças (OC-17) e dos imigrantes sem documentação (OC-18), assinale a opção correta.

(A) Devido ao caráter irregular da imigração, não se pode considerar discriminatória a distinção, de acordo com a legislação nacional, entre os trabalhadores que se encontrem legalmente e ilegalmente no território do Estado-membro.
(B) O princípio da igualdade impede que os Estados-membros estabeleçam, em suas legislações internas, distinções de tratamento em razão da menoridade.
(C) Os Estados-membros devem favorecer, mas não impor, a permanência do menor em seu núcleo familiar.
(D) Por meio do dever de especial proteção aos menores, os Estados-membros são autorizados a instituir juízos de exceção destinados à resolução de casos concretos cuja gravidade tenham reconhecido.
(E) A irregularidade da condição migratória justifica tratamento diferenciado do imigrante, apenas no que concerne à matéria trabalhista, pois é reconhecida a legitimidade dos Estados-membros para regular aspectos relevantes de sua economia interna.

A: incorreta. A Opinião Consultiva 18/2003 foi solicitada pelos Estados Unidos Mexicanos com o objetivo de obter a posição da Corte sobre a privação do gozo e exercício de certos direitos laborais (aos trabalhadores imigrantes) e sua compatibilidade com a obrigação dos Estados americanos de garantir a observância dos princípios da igualdade jurídica, não discriminação e proteção igual e efetiva da lei consagrados nos instrumentos internacionais de proteção dos direitos humanos, assim como a subordinação ou condicionamento da observância das obrigações impostas pelo direito internacional dos direitos humanos, incluídas aquelas oponíveis *erga omnes*, na consecução de certos objetivos de política interna de um Estado americano. Ademais, a consulta trata do caráter que os princípios da igualdade jurídica, não discriminação e proteção igual e efetiva da lei alcançaram no contexto de desenvolvimento progressivo do direito internacional dos direitos humanos e de sua codificação. As normas cuja interpretação o México solicitou ao Tribunal foram as seguintes: os artigos 3º, ponto 1, e 17 da Carta da OEA; o artigo 2º da Declaração Americana de Direitos e Deveres do Homem; os artigos 1º, ponto 1, 2º e 24 da Convenção Americana de Direitos Humanos; os artigos 1º, 2º, ponto 1, e 7º da Declaração Universal de Direitos Humanos; e os artigos 2º, pontos 1 e 2, 5º, ponto 2, e 26 do Pacto Internacional de Direitos Civis e Políticos. A Corte decidiu, por unanimidade, que é competente para emitir a opinião consultiva. E, no mérito, decidiu da seguinte forma e também de forma unânime: **a)** os Estados têm a obrigação geral de respeitar e garantir os direitos fundamentais, devendo, assim, adotar medidas positivas e evitar tomar iniciativas que limitem ou infrinjam um direito fundamental, além de suprimir as medidas e práticas que restrinjam ou vulnerem um direito fundamental; **b)** o descumprimento pelo Estado, mediante qualquer tratamento discriminatório, da obrigação geral de respeitar e garantir os direitos humanos gera responsabilidade internacional; **c)** o princípio da igualdade e não discriminação possui um caráter fundamental para a salvaguarda dos direitos humanos tanto no direito internacional como no interno; **d)** o princípio fundamental da igualdade e não discriminação faz parte do direito internacional geral, por ser aplicável a todo Estado, independentemente de ser parte ou não de determinado tratado internacional. Na atual etapa de evolução do direito internacional, o princípio fundamental da igualdade e da não discriminação tornou-se parte do domínio do *jus cogens*; **e)** o princípio fundamental da igualdade e não discriminação, de caráter peremptório, acarreta obrigações *erga omnes* de proteção que se vinculam a todos os Estados e geram efeitos em relação a terceiros, inclusive particulares; **f)** a obrigação geral de respeitar e garantir os direitos humanos vincula os Estados, independentemente de qualquer circunstância ou consideração, inclusive o *status* migratório das pessoas; **g)** o direito ao devido processo legal deve ser reconhecido no marco das garantias mínimas que se devem garantir a todo imigrante, independentemente de seu *status* migratório. O amplo alcance da intangibilidade do devido processo legal compreende todas as matérias e todas as pessoas, sem qualquer discriminação; **h)** a qualidade migratória de uma pessoa não pode constituir uma justificação para privá-la do gozo e exercício de seus direitos humanos, entre eles os de caráter laboral. O imigrante, ao assumir uma relação de trabalho, adquire direitos, por ser trabalhador, que devem ser reconhecidos e garantidos, independentemente de sua situação regular ou irregular no país de emprego. Esses direitos são consequências da relação laboral; **i)** o Estado tem a obrigação de respeitar e garantir os direitos humanos laborais de todos os trabalhadores, independentemente de sua condição de nacional ou estrangeiro, e não pode tolerar situações de discriminação em prejuízo destes nas relações laborais que se estabeleçam entre particulares (empregador-empregado). O Estado não deve permitir que os empregadores privados violem os direitos dos trabalhadores nem que a relação contratual vulnere as normas mínimas internacionais; **j)** os trabalhadores, titulares dos direitos laborais, devem contar com todos os meios adequados para exercê-los. Os trabalhadores imigrantes ilegais possuem os mesmos direitos laborais que correspondem aos demais trabalhadores do Estado de emprego, e este último deve tomar todas as medidas necessárias para que sejam reconhecidos e garantidos na prática; **k)** os Estados não podem subordinar ou condicionar a observância do princípio da igualdade perante a lei e da não discriminação à consecução dos objetivos de suas políticas públicas, quaisquer que sejam estas, incluídas as de caráter migratório. O juiz brasileiro Antônio Augusto Cançado Trindade, o juiz mexicano Sergio García Ramírez, o juiz equatoriano Hernán Salgado Pesantes e o juiz venezuelano Alirio Abreu Burelli apresentaram votos concorrentes que acompanharam a opinião consultiva em questão. Encerramos este comentário com uma reflexão do jurista brasileiro Cançado Trindade: "Uma das contribuições significativas da presente Opinião Consultiva n. 18 sobre a *Condição Jurídica e os Direitos dos Imigrantes Ilegais* reside em sua determinação do amplo alcance do devido processo legal. Na Opinião Consultiva anterior, sobre o *Direito à Informação sobre a Assistência Consular no Marco das Garantias do Devido Processo Legal* (n. 16), a Corte Interamericana sublinhou a evolução histórica do devido processo legal no sentido de sua expansão *ratione materiae*, enquanto na presente Opinião Consultiva n. 18 se examina a dita expansão *ratione personae* e se determina que o direito ao devido processo deve ser reconhecido no marco das garantias mínimas que devem ser garantidas a todo imigrante, independentemente de seu *status* migratório. A acertada conclusão da Corte, no sentido de que o amplo alcance da intangibilidade do devido processo compreende todas as matérias e todas as pessoas sem discriminação, atende efetivamente as exigências e os imperativos do bem comum[22]"; **B:** incorreta. A Opinião Consultiva 17/2002 foi solicitada pela Comissão Interamericana de Direitos Humanos com o escopo de definir a correta interpretação dos artigos 8º e 25 da Convenção Americana de Direitos Humanos e determinar se as medidas especiais estabelecidas no artigo 19 da mesma Convenção constituem "limites ao arbítrio ou a discricionariedade dos Estados" em relação às crianças. Também se solicitou a formulação de critérios gerais válidos sobre as matérias dentro do marco da Convenção Americana. A Comissão incluiu na consulta a solicitação de que a Corte se pronunciasse especificamente sobre a compatibilidade das seguintes medidas especiais adotadas por alguns Estados com os artigos 8º e 25 da Convenção Americana**: a)** a separação dos jovens de seus pais e/ou família por se considerar, pelo arbítrio do órgão competente e sem o devido processo legal, que estes últimos não possuem condições para a educação e cuidados no geral de seus filhos; **b)** a supressão da liberdade mediante a internação de menores em estabelecimentos de guarda ou custódia, por considerá-los abandonados ou propensos a se envolver em situações de risco ou ilegalidade; **c)** a aceitação, em sede penal, de confissões de menores obtidas sem as devidas garantias; **d)** a tramitação de ações ou procedimentos administrativos que infrinjam direitos fundamentais do menor sem a garantia de defesa; **e)** a definição, em procedimentos administrativos e judiciais, de direitos e liberdades sem a garantia do direito de ser ouvido pessoalmente e a não consideração da opinião e preferências do menor nessa definição. A corte decidiu, por seis votos contra um[23], que é competente para emitir a opinião consultiva e que a solicitação da Comissão Interamericana de Direitos Humanos era admissível. Ademais, declarou que, para os efeitos dessa opinião consultiva, criança ou menor de idade é toda pessoa que não tenha completado 18 anos, salvo se tenha alcançado antes a maioridade por determinação legal. No mérito, a Corte decidiu da seguinte maneir**a: a)** em conformidade com a normativa contemporânea do direito internacional dos direitos humanos, na qual se situa o artigo 19 da Convenção Americana de Direitos Humanos, as crianças são titulares de direitos, e não somente objeto de proteção; **b)** a expressão "interesse superior da criança", consagrada no artigo 3º da Convenção sobre os Direitos das Crianças, implica que o desenvolvimento da criança e o exercício pleno de seus direitos devem ser considerados critérios orientadores para a elaboração de normas e a aplicação destas em todas as facetas relativas à vida da criança; **c)** o princípio da igualdade disciplinado no artigo 24 da Convenção Americana de Direitos Humanos não impede a adoção de regras e medidas específicas em relação às crianças, as quais requerem um tratamento diferenciado em função de suas condições especiais. Esse tratamento deve ser direcionado à proteção de seus direitos e interesses; **d)** a família constitui o âmbito preferencial para o desenvolvimento da criança e o exercício de seus direitos. Por isso, o Estado deve apoiar e fortalecer a família, por meio de diversas medidas tendentes a auxiliar o cumprimento de sua função natural; **e)** devem ser dadas preferência e a respectiva facilitação para a permanência da criança em seu núcleo familiar, salvo se existirem razões determinantes para separá-la de sua família. A separação deverá ser excepcional e preferencialmente temporária; **f)** para o correto cuidado com as crianças, o Estado deve se valer de instituições que disponham de pessoal adequado e instalações suficientes para o desempenho de tarefas desse gênero; **g)** o respeito ao direito à vida, em relação às crianças, abarca não somente as proibições, entre elas, da privação arbitrária, estabelecidas no artigo 4º da Convenção Americana de Direitos Humanos, mas também a obrigação de adotar medidas necessárias para que a existência das crianças se desenvolva em condições dignas; **h)** a verdadeira e plena proteção das crianças significa a possibilidade de poderem desfrutar amplamente todos os seus direitos, entre eles os econômicos, sociais e culturais, previstos em diversos instrumentos internacionais. Os Estados-partes nos tratados internacionais de direitos humanos têm a obrigação de adotar medidas positivas para assegurar a proteção de todos os direitos da criança; **i)** os Estados-partes na Convenção Americana têm o dever, consoante o disposto nos artigos 17 e 19, combinado com o artigo 1º, ponto 1, da mesma Convenção, de tomar todas as medidas positivas que assegurem a proteção das crianças contra maus-tratos, seja em sua relação com as autoridades públicas, seja nas relações interindividuais ou com entes não estatais; **j)** nos procedimentos judiciais ou administrativos referentes a direitos das crianças devem ser observados os princípios e as regras do devido processo legal. Isso abarca as regras correspondentes a juiz natural – competente, independente e imparcial –, duplo grau de jurisdição, presunção de inocência, contraditório e ampla defesa, respeitando as particularidades das crianças; **k)** os menores de 18 anos que recebam a imputação de uma conduta delituosa devem se sujeitar a órgãos judiciais distintos dos correspondentes aos maiores de idade; **l)** a conduta que motive a intervenção do Estado nos casos de delitos perpetrados por menores de idade deve estar descrita na lei penal. Outros casos, como os de abandono, desamparo, risco ou enfermidade, devem ser atendidos de forma diferente, e não com os mesmos procedimentos aplicáveis aos menores que incorreram em conduta típica. Contudo, nesses casos é preciso observar, igualmente, os princípios e as normas do devido processo legal, tanto em relação aos menores como em relação às pessoas que exerçam direitos sobre eles; **m)** é possível empregar vias alternativas de solução de controvérsias que afetam as crianças, mas é preciso regular com especial cuidado a aplicação desses meios para que não alterem ou diminuam seus direitos. O juiz barbadense Oliver Jackman apresentou voto divergente, pois para ele a opinião consultiva era pura especulação acadêmica. Dessa forma, votou de forma totalmente contrária ao decidido pela Corte no exercício de sua função consultiva. Por fim, o juiz brasileiro Antônio Augusto Cançado Trindade e o juiz mexicano Sergio García Ramírez apresentaram votos concorrentes que acompanharam a opinião consultiva em questão; **C:** correta. Conforme o comentário sobre a assertiva anterior, a Corte decidiu, na OC 17, que a família constitui o âmbito preferencial para o desenvolvimento da criança e o exercício de seus direitos. Por isso, o Estado deve apoiar e fortalecer a família, por meio de diversas medidas tendentes a auxiliar o cumprimento de sua função natural e que devem ser dadas preferência e a respectiva facilitação para a permanência da criança em seu núcleo familiar, salvo se existirem razões determinantes para separá-la de sua família. A separação deverá ser excepcional e preferencialmente temporária; **D:** incorreta. Juízos de exceção são terminantemente proibidos; **E:** incorreta. Reler o comentário sobre a assertiva "A".

22. Voto concorrente na Opinião Consultiva 18/2003, p. 147.
23. O voto divergente foi do juiz barbadense Oliver Jackman.

(Defensor Público/AC – 2012 – CESPE) Assinale a opção correta a respeito da Corte Interamericana de Direitos Humanos.

(A) Essa corte é integrada por sete juízes eleitos, não se admitindo nela a participação de juízes.
(B) A referida corte desempenha, além da função jurisdicional, função consultiva.
(C) Das suas decisões cabe recurso à Assembleia Geral da Organização dos Estados Americanos.
(D) A jurisdição dessa corte internacional abrange todos os países do continente americano.
(E) O Brasil reconheceu a jurisdição dessa corte no mesmo ano em que ratificou a Convenção Americana de Direitos Humanos.

A: incorreta. A Corte é o órgão jurisdicional do sistema regional de proteção americano. Sua composição é de sete juízes, os quais são nacionais dos países-membros da OEA e escolhidos pelos Estados-partes da Convenção. Vale sublinhar que essa escolha é realizada a título pessoal entre juristas da mais alta autoridade moral (o que, obviamente, não exclui os juízes de carreira de dado país), de reconhecida competência em matéria de direitos humanos e que reúnam as condições requeridas para o exercício das mais elevadas funções judiciais, de acordo com a lei do Estado do qual sejam nacionais ou do Estado que os propuser como candidatos. Não deve haver dois juízes da mesma nacionalidade; **B:** correta. A Corte tem uma atuação consultiva e contenciosa. Antes de analisar tais atuações, deve-se destacar que o quórum para as deliberações da Corte é de cinco juízes (artigo 56 do Pacto de San José da Costa Rica). A competência consultiva da Corte é marcada por sua grande finalidade de uniformizar a interpretação da Convenção Americana de Direitos Humanos e dos tratados de direitos humanos confeccionados no âmbito da OEA. Dentro dessa competência, qualquer Estado-membro ou órgão24 da OEA pode pedir que a Corte emita parecer que indique a correta interpretação da Convenção e dos tratados de direitos humanos. Os órgãos da OEA também desfrutam o direito de solicitar opiniões consultivas, mas somente em suas esferas de competência. Assim, enquanto os Estados-membros da OEA têm direito absoluto a pedir opiniões consultivas, os órgãos apenas podem fazê-lo dentro dos limites de sua competência. O direito dos órgãos de pedir opiniões consultivas está restrito a assuntos em que tenham um legítimo interesse institucional25. Ademais, a Corte pode fazer análise de compatibilidade entre a legislação doméstica de um país-membro da OEA e o sistema protetivo americano, com o intuito de harmonizá-los. Já a competência contenciosa só será exercida em relação aos Estados-partes da Convenção que expressem e inequivocamente tenham aceitado essa competência da Corte (artigo 62 da Convenção Americana de Direitos Humanos). A declaração de aceite da competência da Corte pode ser feita incondicionalmente ou sob condição de reciprocidade, por prazo determinado ou ainda somente para casos específicos. Em síntese, pode-se dizer que a jurisdição contenciosa da Corte está limitada em razão das partes que intervêm no procedimento (*ratione personae*), em razão da matéria objeto da controvérsia (*ratione materiae*) e em razão do tempo transcorrido desde a notificação aos Estados do relatório da Comissão (*ratione temporis*). É limitada *ratione personae* porque só os Estados-partes ou a Comissão podem acioná-la; é limitada *ratione materiae* porque apenas pode conhecer de casos que tenham por supedâneos a Convenção Americana de Direitos Humanos, o Protocolo de San Salvador (somente em relação aos artigos 8º, ponto 1, alínea *a*, e 13), a Convenção Interamericana para Prevenir e Punir a Tortura (conforme o que dispõe o artigo 8º) e a Convenção Interamericana sobre o Desaparecimento Forçado de Pessoas (conforme o que dispõe o artigo 13); e, por fim, é limitada *ratione temporis* porque o caso tem de ser tanto submetido à Corte no prazo de três meses contados da data de envio do relatório, pela Comissão, aos Estados interessados, como também as alegadas violações devem datar de momento posterior ao reconhecimento da competência contenciosa da Corte pelo Estado. No tocante à Convenção Americana de Direitos Humanos, cabe apontar que a Corte tem competência para analisar não somente os direitos por ela disciplinados, mas também as normas que regulam o processo (competência ampla). Se no exercício de sua competência contenciosa ficar comprovada a violação de direitos humanos da(s) vítima(s), a Corte determinará a adoção, pelo Estado agressor26, de medidas que façam cessar a violação e restaurar o direito vilipendiado (*restitutio in integrum*), além de poder condenar o Estado agressor ao pagamento de indenização (tendo por base o plano material e o imaterial) à(s) vítima(s). A obrigação de reparar, que se regulamenta em todos os aspectos (alcance, natureza, modalidades e determinação dos beneficiários) pelo direito internacional, não pode ser modificada ou descumprida pelo Estado obrigado, mediante a invocação de disposições de seu direito interno. O cumprimento da sentença da Corte se dá geralmente de maneira voluntária pelos Estados. Caso isso não ocorra, por exemplo, no Brasil, o cumprimento se dará mediante execução da sentença, como título executivo judicial, perante a justiça federal, consoante disposto no artigo 109, I, da CF. Mas deve-se saber que os Estados-partes da Convenção se comprometem a cumprir a decisão da Corte em todo caso em que forem parte (artigo 68 da Convenção Americana de Direitos Humanos). Em relação à sentença da Corte Interamericana, resta ainda informar que ela será sempre fundamentada, definitiva e inapelável (artigos 66 e 67 da Convenção Americana de Direitos Humanos), todavia, em caso de divergência sobre o sentido ou alcance da sentença, a Corte interpretá-la-á, a pedido de qualquer das partes, desde que o pedido seja apresentado dentro de 90 dias a partir da data da *notificação* da sentença. Ainda é possível apontar que a Corte admitiu, em casos excepcionais, o recurso de revisão contra sentenças que colocam fim ao processo, com o propósito de evitar que a coisa julgada mantenha uma situação de evidente injustiça, devido ao descobrimento de um fato que se houvesse sido conhecido no momento da confecção da sentença teria o condão de alterar seu resultado, o que demonstraria a existência de um vício substancial na sentença27; **C:** incorreta. Como dito no comentário anterior, as decisões da Corte são inapeláveis (artigos 66 e 67 da Convenção Americana de Direitos Humanos): **D:** incorreta, pois como já assinalado a Corte é Corte é o órgão jurisdicional do sistema regional de proteção americano. E sua jurisdição só será exercida em relação aos Estados-partes da Convenção que expressem e inequivocamente tenham aceitado essa competência da Corte (artigo 62 da Convenção Americana de Direitos Humanos); **E:** incorreta. Em 22 de novembro de 1969, na Conferência de San José da Costa Rica, foi adotada a Convenção Americana de Direitos Humanos28 (Pacto de San José da Costa Rica), a qual só entrou em vigor internacional em 18 de julho de 1978 (quando atingiu as 11 ratificações necessárias) e é o principal instrumento protetivo do sistema americano. No Brasil, a Convenção passou a ter vigência por meio do Decreto nº 678 de 6 de novembro de 1992. Cabe destacar que o artigo 2º desse decreto dispõe sobre a declaração interpretativa do governo brasileiro: "O Governo do Brasil entende que os arts. 43 e 48, d, não incluem o direito automático de visitas e inspeções in loco da Comissão Interamericana de Direitos Humanos, as quais dependerão

24. Os órgãos estão elencados no capítulo X da Carta da Organização dos Estados Americanos.
25. Conforme ponto 14 da Opinião Consultiva 02/1982 da Corte Interamericana de Direitos Humanos.
26. A responsabilização de Estado, é importante dizer que o artigo 28 da Convenção Americana de Direitos Humanos estabelece a cláusula federal, que em seu ponto 2 determina: "No tocante às disposições relativas às matérias que correspondem à competência das entidades componentes da federação, o governo nacional deve tomar imediatamente as medidas pertinentes, em conformidade com sua Constituição e com suas leis, a fim de que as autoridades competentes das referidas entidades possam adotar as disposições cabíveis para o cumprimento desta Convenção". Ademais, sempre o governo central responderá perante a comunidade internacional, pois é o representante do Estado como um todo, que é o único detentor de personalidade jurídica internacional. Em outras palavras, a Federação de estados ou Estado Federal é a união permanente de dois ou mais estados, na qual cada um conserva apenas a autonomia interna, pois a soberania externa é exercida por um órgão central, normalmente denominado *governo federal*. O Brasil é Estado Federal desde a Constituição Federal de 1891. Por fim, a título conclusivo, pode-se afirmar que a divisão de autonomias em relação às competências internas não interfere na responsabilização internacional.
27. Caso Genie Lacayo, Solicitação de Revisão da sentença de 29 de janeiro de 1997 (Resolução de 13 de setembro de 1997, item 10).
28. É de suma importância sublinhar que a Convenção Americana de Direitos Humanos é autoaplicável. Tal definição provém do Parecer Consultivo 07/86 da Corte Interamericana de Direitos Humanos. Assim, uma vez internalizada, estará apta a irradiar seus efeitos diretamente na ordem interna do país-parte, isto é, não necessitará de lei que regulamente sua incidência nos países que aderiram a seus mandamentos.

da anuência expressa do Estado". Tal declaração interpretativa funciona como uma ressalva que limita os poderes da Comissão Interamericana de Direitos Humanos[29]. Por sua vez, o Brasil reconheceu a competência obrigatória da Corte em 8 de novembro de 2002 (Decreto nº 4.463). O reconhecimento foi feito por prazo indeterminado, mas abrange fatos ocorridos após 10 de dezembro de 1998.

(Defensor Público/RO – 2012 – CESPE) Com base na sentença da Corte Interamericana de Direitos Humanos no caso Gomes Lund e outros, de 24 de novembro de 2010, assinale a opção correta.

(A) Segundo a sentença, as disposições da Lei de Anistia, que impedem a investigação das violações aos direitos humanos durante a Guerrilha do Araguaia, são incompatíveis com a Convenção Americana sobre Direitos Humanos, mas há compatibilidade entre o disposto na Convenção e as disposições da lei penal comum, que impedem a sanção a tais violações em razão da prescrição penal, uma vez que a prescrição constitui manifestação do direito humano à segurança jurídica, garantido pela Convenção.

(B) De acordo com a sentença, o Brasil é responsável por violação aos direitos humanos em decorrência da falta de investigação sobre os desaparecimentos forçados ainda não esclarecidos, mas não em razão da impunidade dos responsáveis por esses desaparecimentos, dada a ocorrência da prescrição punitiva nos termos da legislação nacional.

(C) A investigação dos desaparecimentos forçados ainda não esclarecidos deve ser realizada perante a justiça militar da União, nos termos da legislação nacional, já que a prática da conduta contrária às garantias da Convenção Americana sobre Direitos Humanos é imputada a integrantes das Forças Armadas.

(D) A sentença não reconheceu a competência da referida Corte para julgar a violação à Convenção Americana sobre Direitos Humanos apenas no que se refere à execução extrajudicial de pessoa cujos restos mortais foram identificados antes da data em que o Brasil reconheceu a jurisdição contenciosa da Corte.

(E) A Corte considerou que a arguição de descumprimento de preceito fundamental inclui-se entre os recursos internos que devem ser esgotados para o preenchimento da condição de admissibilidade da denúncia.

Caso Gomes Lund e outros (Guerrilha do Araguaia) *versus* Brasil

Nesse caso, a Corte prolatou uma sentença (de 24 de novembro de 2010) que resolve as exceções preliminares, o mérito e as reparações e custas. A Corte foi acionada pela Comissão Interamericana de Direitos Humanos, a qual havia recebido anteriormente uma petição apresentada pelo Centro pela Justiça e o Direito Internacional (Cejil) e pela *Human Rights Watch/Americas*, em nome de pessoas desaparecidas no contexto da Guerrilha do Araguaia e seus familiares. Essa demanda se refere à alegada responsabilidade do Brasil pela detenção arbitrária, tortura e desaparecimento forçado de 62 pessoas, entre membros do Partido Comunista do Brasil e camponeses da região, resultado de operações do Exército brasileiro empreendidas entre 1972 e 1975 com o objetivo de erradicar a Guerrilha do Araguaia, no contexto da ditadura militar (1964-1985). Assim, foi apresentada para que a Corte decidisse se o Brasil era responsável pela violação dos direitos estabelecidos nos artigos 3º (direito ao reconhecimento da personalidade jurídica), 4º (direito à vida), 5º (direito à integridade pessoal), 7º (direito à liberdade pessoal), 8º (garantias judiciais), 13 (liberdade de pensamento e expressão) e 25 (proteção judicial), da Convenção Americana de Direitos Humanos, em conexão com as obrigações previstas nos artigos 1º, ponto 1 (obrigação geral de respeito e garantia dos direitos humanos), e 2º (dever de adotar disposições de direito interno) da mesma Convenção. O Brasil interpôs quatro exceções preliminares; a Corte admitiu parcialmente a exceção preliminar de falta de competência temporal da Corte para examinar supostas violações ocorridas antes do reconhecimento de sua competência pelo Brasil e não aceitou as outras. Antes de comentarmos a decisão sobre o mérito, cabe apontar que o caráter contínuo ou permanente do desaparecimento forçado de pessoas foi reconhecido de maneira reiterada pelo Direito Internacional dos Direitos Humanos, no qual o ato de desaparecimento e sua execução se iniciam com a privação da liberdade da pessoa e a subsequente falta de informação sobre seu destino, e permanecem até quando não se conheça o paradeiro da pessoa desaparecida e os fatos não tenham sido esclarecidos. A Corte, portanto, é competente para analisar os alegados desaparecimentos forçados das supostas vítimas a partir do reconhecimento de sua competência contenciosa efetuado pelo Brasil; só não foi em relação à alegada execução extrajudicial da senhora Maria Lúcia Petit da Silva, cujos restos mortais foram identificados em 1996, ou seja, dois anos antes de o Brasil reconhecer a competência contenciosa da Corte. No mérito, a Corte decidiu, por unanimidade, que as disposições da Lei de Anistia brasileira (nº 6.683/79) que impedem a investigação e sanção de graves violações de direitos humanos são incompatíveis com a Convenção Americana (controle de convencionalidade internacional), como também que o Brasil é responsável pelo desaparecimento forçado e, portanto, pela violação dos direitos ao reconhecimento da personalidade jurídica, à vida, à integridade pessoal e à liberdade pessoal em relação com o artigo 1º, ponto 1, desse instrumento. Ademais, decidiu que o Brasil descumpriu a obrigação de adequar seu direito interno à Convenção Americana de Direitos Humanos, contida em seu artigo 2º, em relação aos artigos 8º, ponto 1, 25 e 1º, ponto 1, do mesmo instrumento. E ainda declarou o Brasil responsável pela violação do direito à liberdade de pensamento e de expressão consagrado no artigo 13 da Convenção, em relação com os artigos 1º, ponto 1, 8º, ponto 1, e 25 desse instrumento. Também foi declarada a responsabilidade do Brasil pela violação do direito à integridade pessoal, consagrado no artigo 5º, ponto 1, da Convenção, em relação com o artigo 1º, ponto 1, desse mesmo instrumento, em prejuízo dos familiares. Cabe sublinhar que nessa decisão a Corte definiu que o dever de investigar e punir os responsáveis pela prática de desaparecimentos forçados possui caráter de *jus cogens*. Por fim, Roberto Caldas, juiz *ad hoc* indicado pelo Brasil, destacou, em seu voto concordante em separado, o papel da Corte no controle de convencionalidade internacional: "se aos tribunais supremos ou aos constitucionais nacionais incumbe o controle de constitucionalidade e a última palavra judicial no âmbito interno dos Estados, à Corte Interamericana de Direitos Humanos cabe o controle de convencionalidade e a última palavra quando o tema encerre debate sobre direitos humanos. É o que decorre do reconhecimento formal da competência jurisdicional da Corte por um Estado, como o fez o Brasil".

A: incorreta. Nenhuma lei ou norma de direito interno, como as disposições de anistia, as regras de prescrição e outras excludentes de responsabilidade, podem impedir que um Estado cumpra sua obrigação de respeito e promoção dos direitos humanos, especialmente quando se tratar de graves violações de direitos que constituam crimes contra a humanidade, como os de lesa-humanidade, pois são inanistiáveis e imprescritíveis; **B:** incorreta. Como dito no texto inicial, nessa decisão a Corte definiu que o dever de investigar e punir os responsáveis pela prática de desaparecimentos forçados possui caráter de *jus cogens*. Sobre a prescrição ler o comentário sobre a assertiva anterior; **C:** incorreta. É a justiça comum que possui competência para julgar os casos que envolvem os direitos humanos. Importante transcrever o § 5º do artigo 109 da CF, que foi acrescentado pela EC nº 45 de 2004. Segue a redação legal: "Nas hipóteses de grave violação de direitos humanos, o Procurador-Geral da República, com a finalidade de assegurar o cumprimento de obrigações decorrentes de tratados internacionais de direitos humanos dos quais o Brasil seja parte, poderá suscitar, perante o Superior Tribunal de Justiça, em qualquer fase do inquérito ou processo, incidente de deslocamento de competência para a Justiça Federal". É a denominada *federalização* dos crimes contra os direitos humanos, e um caso conhecido é o IDC 2-DF/STJ de relatoria da ministra Laurita Vaz, pois o caso tinha como pano de fundo a atuação de um grupo de extermínio e o incidente de deslocamento de competência foi parcialmente acolhido[30]. É importante asseverar, com base na jurisprudência do STJ, que o incidente de deslocamento só será provido se ficar comprovado que a justiça estadual constitui verdadeira barreira ao cumprimento dos compromissos internacionais de proteção dos direitos humanos assumidos pelo Brasil; **D:** correta. Como já exposto

29. Todavia, deve-se apontar, como uma das consequências do princípio *pro homine*, que a interpretação das limitações de direitos estabelecidos nos tratados internacionais de direitos humanos deve ser restritiva – tudo para impedir ao máximo a diminuição da proteção da pessoa humana. Aliás, nesse sentido é o Parecer Consultivo 02, de 24 de setembro de 1982, da Corte Interamericana de Direitos Humanos.

30. IDC 2-DF, rel. min. Laurita Vaz, julgado em 27/10/2010. (**Inform. STJ** 453)

no texto inicial, a Corte admitiu parcialmente a exceção preliminar de falta de competência temporal da Corte para examinar supostas violações ocorridas antes do reconhecimento de sua competência pelo Brasil. Antes de comentarmos a decisão sobre o mérito, cabe apontar que o caráter contínuo ou permanente do desaparecimento forçado de pessoas foi reconhecido de maneira reiterada pelo Direito Internacional dos Direitos Humanos, no qual o ato de desaparecimento e sua execução se iniciam com a privação da liberdade da pessoa e a subsequente falta de informação sobre seu destino, e permanecem até quando não se conheça o paradeiro da pessoa desaparecida e os fatos não tenham sido esclarecidos. A Corte, portanto, é competente para analisar os alegados desaparecimentos forçados das supostas vítimas a partir do reconhecimento de sua competência contenciosa efetuado pelo Brasil; só não foi em relação à alegada execução extrajudicial da senhora Maria Lúcia Petit da Silva, cujos restos mortais foram identificados em 1996, ou seja, dois anos antes de o Brasil reconhecer a competência contenciosa da Corte; **E:** incorreta, pois a assertiva não traz informação verdadeira.

Gabarito "D"

(Defensor Público/RO – 2012 – CESPE) Considerando a sentença da Corte Interamericana de Direitos Humanos no caso Escher e outros, de 6 de julho de 2009, assinale a opção correta.

(A) Nos termos de precedente da Corte, a comunicação telefônica é abrangida pela garantia de proteção à privacidade prevista na Convenção Americana sobre Direitos do Homem, ainda que esta não preveja expressamente o sigilo desse tipo de comunicação.

(B) Segundo a Corte, abstratamente considerada, a lei de interceptação das comunicações telefônicas brasileira não é compatível com as disposições da Convenção Americana sobre Direitos Humanos voltadas à proteção da privacidade.

(C) A Corte considerou, nessa sentença, que a quebra de sigilo das comunicações telefônicas de integrantes de entidades associativas, fundada em lei cuja inadequação abstrata seja constatada, não implica necessariamente a violação ao direito à livre associação garantido pela Convenção Americana sobre Direitos Humanos.

(D) A Corte decidiu que o Brasil deveria adequar sua lei de interceptação das comunicações telefônicas às disposições da Convenção Americana sobre Direitos Humanos relativas à proteção da privacidade.

(E) De acordo com a referida Corte, a apresentação, pelo Estado-parte, da exceção preliminar embasada no descumprimento do requisito de esgotamento dos recursos internos pode ocorrer depois da adoção do relatório de admissibilidade pela Comissão Interamericana, mas nunca depois do encaminhamento da denúncia à Corte.

Caso Escher e outros *versus* Brasil

Nesse caso, a Corte prolatou uma sentença (de 6 de julho de 2009) que resolve as exceções preliminares, o mérito e as reparações e custas. A Corte foi acionada pela Comissão Interamericana de Direitos Humanos, a qual havia recebido anteriormente uma petição apresentada pelas organizações Rede Nacional de Advogados Populares e Justiça Global em nome dos membros das organizações Cooperativa Agrícola de Conciliação Avante Ltda. (Coana) e Associação Comunitária de Trabalhadores Rurais (Adecon), em função da alegada interceptação e monitoramento ilegal de linhas telefônicas, realizada pela Polícia Militar do estado do Paraná, bem como a divulgação das conversas telefônicas, a denegação de justiça e de reparação adequada. A demanda foi apresentada para que a Corte decidisse se o Brasil era responsável pela violação dos artigos 8º, ponto 1 (garantias judiciais), 11 (proteção da honra e da dignidade), 16 (liberdade de associação) e 25 (proteção judicial) da Convenção Americana, em relação à obrigação geral de respeito e garantia dos direitos humanos e ao dever de adotar medidas de direito interno, previstos, respectivamente, nos artigos 1º, ponto 1, e 2º do referido tratado, também em consideração às diretrizes emergentes da cláusula federal contida no artigo 28 do mesmo instrumento. O Brasil interpôs três exceções preliminares; a Corte descaracterizou uma e rechaçou as outras, declarando-se, assim, competente para conhecer o caso. No mérito, a Corte decidiu, por unanimidade, que o Brasil violou o direito à vida privada e o direito à honra e à reputação reconhecidos no artigo 11 em relação com o artigo 1º, ponto 1, da Convenção Americana, pela interceptação, gravação e divulgação das conversas telefônicas; o direito à liberdade de associação reconhecido no artigo 16 em relação com o artigo 1º, ponto 1, da Convenção; os direitos às garantias judiciais e à proteção judicial reconhecidos nos artigos 8º, ponto 1, e 25 em relação com o artigo 1º, ponto 1, da Convenção; e, por fim, decidiu que o Brasil não descumpriu a cláusula federal estabelecida no artigo 28 em relação com os artigos 1º, ponto 1, e 2º da Convenção. Cabe lembrar que, depois dessa sentença, foi feito um pedido para que a Corte interpretasse o alcance de um ponto resolutivo da sentença, pois, como já dito, em caso de divergência sobre o sentido ou alcance da sentença, a Corte interpretá-la-á, a pedido de qualquer das partes, desde que este seja apresentado dentro de 90 dias a partir da data da notificação da sentença.

A: correta. Reler o texto inicial; **B:** incorreta, pois no julgamento desse caso a Corte não fez a citada colocação; **C:** incorreta. Reler o texto inicial; **D:** incorreta. Reler o texto inicial; **E:** incorreta. O momento processual oportuno para apresentação de exceção preliminar embasada no descumprimento do requisito de esgotamento dos recursos internos é aquele anterior à adoção do Relatório de Admissibilidade pela Comissão Interamericana.

Gabarito "A"

(Defensor Público/SE – 2012 – CESPE) De acordo com a jurisprudência da Corte Interamericana de Direitos Humanos,

(A) a exceção de não esgotamento dos recursos internos só será tempestiva quando apresentada na etapa de admissibilidade do procedimento perante a Comissão Interamericana de Direitos Humanos.

(B) o Estado-parte não tem direito a renunciar à regra do prévio esgotamento dos recursos internos.

(C) o descumprimento de prazo estabelecido para a apresentação de argumentos pelas partes constitui exceção preliminar válida.

(D) a publicação da sentença não constitui medida de satisfação para reparar dano imaterial.

(E) não compete a essa corte conhecer de violações contínuas ou permanentes conexas a atentados contra o direito à vida ocorridos antes do reconhecimento de sua jurisdição pelo Brasil.

A: correta. O momento processual oportuno para apresentação de exceção preliminar embasada no descumprimento do requisito de esgotamento dos recursos internos é aquele anterior à adoção do Relatório de Admissibilidade pela Comissão Interamericana; **B:** incorreta, pois é possível renunciar à regra do prévio esgotamento dos recursos internos. Na decisão de 13 novembro de 1981 (caso Viviana Gallardo e outras), a Corte Interamericana, invocando precedente da Corte Europeia de Direitos Humanos (De Wilde, Ooms and Versyp Cases - "Vagrancy" Cases), apontou que segundo os princípios do Direito Internacional geralmente reconhecidos e a prática internacional, a regra que exige o prévio esgotamento dos recursos internos foi concebida no interesse do Estado, pois busca dispensá-lo de responder perante um órgão internacional por atos a ele imputado, antes de ter a oportunidade de resolvê-los com seus próprios instrumentos. Essa regra é considerada como meio de defesa e como tal, renunciável, ainda que de modo tácito. Essa renúncia, uma vez anunciada, é irrevogável; **C:** incorreta. No caso Escher e Outros vs. Brasil, a Corte Interamericana asseverou que o descumprimento de prazo estabelecido para apresentação de argumentos pelas partes não constitui exceção preliminar válida. Isso porque não impugna a admissibilidade da demanda nem impede que o Tribunal conheça o caso. Em outras palavras, mesmo que o Tribunal resolvesse, hipoteticamente, aceitar o pedido do Estado, não afetaria de forma alguma a competência da Corte para conhecer o mérito da controvérsia; **D:** incorreta, pois a publicação da sentença é uma das formas de reparação do dano imaterial, pois é a materialização de um ato de justiça. Ainda mais se for considerado que as decisões de proveniência dos sistemas internacionais de proteção aparecem depois que o sistema nacional de proteção não resolveu adequadamente a situação, ou seja, a situação específica de desrespeito dos direitos humanos aconteceu há muito tempo e ainda não foi resolvida, portanto a decisão da Corte Interamericana funciona como uma reparação do dano imaterial Ainda, na Resolução da Corte Interamericana de Supervisão de Cumprimento de Sentença do caso Escher e Outros *vs.* Brasil, ficou sublinhado que a publicação da Sentença constitui, em alguns casos, uma medida de satisfação, a qual tem uma repercussão pública e uma natureza distinta das medidas de compensação, como a indenização pelos danos morais ordenada em benefício das vítimas. O conteúdo da sentença deve ter uma repercussão pública proporcional ao vilipêndio sofrido. Assim, a publicação da sentença faria parta do conceito de reparação integral; E: incorreta. No caso Gomes Lund e outros (Guerrilha do Araguaia) *versus* Brasil, a Corte definiu que o caráter contínuo ou permanente do desaparecimento forçado de pessoas foi reconhecido de maneira reiterada pelo Direito Internacional dos Direitos Humanos, no qual o ato de desaparecimento e sua execução se iniciam com a privação da liberdade da pessoa e a subsequente falta de informação sobre seu destino, e permanecem até quando não se conheça o paradeiro da pessoa desaparecida e os fatos não tenham sido esclarecidos. A Corte, portanto, é competente para analisar os alegados desaparecimentos forçados das supostas vítimas a partir do reconhecimento de sua competência contenciosa efetuado pelo Brasil; só não foi em relação à alegada execução extrajudicial da senhora Maria Lúcia Petit da Silva, cujos restos mortais foram identificados em 1996, ou seja, dois anos antes de o Brasil reconhecer a competência contenciosa da Corte.

Gabarito "A"

4.1.4. COMBINADAS DO SISTEMA INTERAMERICANO DE PROTEÇÃO DOS DIREITOS HUMANOS

(Defensor Público - DPE/DF - 2019 - CESPE/CEBRASPE) A respeito do Sistema Regional Interamericano de Proteção dos Direitos Humanos, julgue os itens subsecutivos.

(1) A Comissão Interamericana de Direitos Humanos indica, como forma de redução das prisões preventivas, a utilização das práticas de justiça restaurativa, que, no Brasil, são incentivadas por resolução do Conselho Nacional de Justiça.

(2) O Sistema Regional Interamericano de Proteção dos Direitos Humanos adota um modelo de justiça de transição que inclui a persecução penal de autores de atos de afronta a direitos humanos durante períodos de autoritarismo, de ditadura, de conflitos ou de graves lutas civis na América Latina.

1: Certo. A CIDH tem um manual com diretrizes para a redução do número de prisões preventivas na América Latina, no qual as garantias de liberdade e de devido processo legal são pormenorizadas em indicações concretas para que os atores do sistema de justiça lidem com a questão. O CNJ, pela Resolução 255/2016, instituiu a Política Nacional de Justiça Restaurativa no Poder Judiciário; **2:** Certo. A adoção da justiça de transição pelo Sistema Regional Interamericano de Proteção dos Direitos Humanos e a persecução penal de seus autores é verificada a partir de uma série de decisões e manifestações como, por exemplo, os casos Loayza Tamayo vs. Peru, Gomes Lund, entre outros.

Gabarito 1C, 2C

(Defensor Público/AC – 2017 – CESPE) Assinale a opção correta, com base na Convenção Americana de Direitos Humanos e no entendimento da Comissão e da Corte Interamericana de Direitos Humanos.

(A) Conduta estatal que viole obrigação internacional poderá ser tolerada, caso obedeça às exigências do direito interno desse Estado.

(B) A regra de esgotamento dos recursos de direito interno, embora mais processual que substantiva, se estende também a reformas de ordem constitucional ou legislativa.

(C) Modificações no ordenamento jurídico de determinado Estado voltadas a adequá-lo às normas do direito internacional dos direitos humanos não são consideradas formas de reparação.

(D) A Corte decidiu que, embora a Convenção Americana de Direitos Humanos proteja a vida em geral, os embriões não podem ser considerados pessoas.

(E) Embora de difícil efetivação, em razão das frequentes crises migratórias, o direito a migrar está previsto na Convenção Americana de Direitos Humanos.

A única assertiva correta é a D. A decisão que a assertiva correta menciona é a do caso Artavia Murillo e outros vs. Costa Rica.

Gabarito "D"

(Advogado União – AGU – CESPE – 2015) Com relação ao sistema interamericano de proteção dos direitos humanos, julgue os seguintes itens.

(1) Sem prejuízo do direito de os Estados-partes da Convenção Americana sobre Direitos Humanos submeterem-se voluntariamente à Corte Interamericana de Direitos Humanos, nos termos da cláusula facultativa de jurisdição obrigatória constante do Pacto de San José da Costa Rica, o referido tribunal internacional tem a faculdade, inerente às suas atribuições, de determinar o alcance de sua própria competência — compétence de la compétence.

(2) As sentenças prolatadas pela Corte Interamericana de Direitos Humanos podem, após homologação pelo STJ, ser regularmente executadas em território brasileiro.

(3) A Comissão Interamericana de Direitos Humanos — órgão autônomo da Organização dos Estados Americanos encarregado de promover e proteger os direitos humanos no continente americano — detém, juntamente com os Estados-partes do Pacto de San José da Costa Rica, competência exclusiva para a propositura de ações perante a Corte Interamericana de Direitos Humanos.

1: Correta. No seu voto concorrente na Opinião Consultiva 15/1997 da Corte Interamericana, o juiz brasileiro Antônio Augusto Cançado Trindade ponderou que um tribunal internacional não pode *ex officio* emitir uma opinião consultiva, pois isso equivaleria a transformá-lo, *ultra vires*, em um legislador internacional. Sem embargo, um tribunal como a Corte Interamericana, uma vez consultado por um Estado ou órgão internacional, assume jurisdição internacional sobre o assunto e pode e deve determinar *ex officio* se emitirá ou não a opinião consultiva solicitada, embora a solicitação tenha sido retirada. O tribunal internacional tem a *Kompetenz-Kompetenz (compétence de la compétence)*, cujo exercício corresponde a um juízo de discricionariedade (conhecido como *judicial propriety)* inteiramente distinto da questão de competência original para emitir a opinião consultiva. Nesse sentido, na OC 15/97, a Corte manteve corretamente sua jurisdição e determinou o alcance de sua competência, apesar de o pedido ter sido retirado; da mesma forma, o caso em consideração manteve seu caráter jurídico e importância prática para todos os Estados-partes da Convenção e dos dois órgãos de supervisão da Convenção, apesar de o pedido ter sido retirado. Consequentemente, a retirada do pedido não produziu efeitos jurídicos, e a Corte, com toda propriedade e tendo por base o art. 63 de seu regulamento, entendeu que tinha a faculdade e o dever de pronunciar-se sobre a matéria submetida a seu conhecimento, no exercício da função consultiva que lhe foi atribuída pelo art. 64 da Convenção Americana. Portanto, como todo órgão com funções jurisdicionais, a Corte tem o poder inerente a suas atribuições para determinar o alcance de sua própria competência *(compétence de la compétence)*. Para fazer esta determinação, a Corte deve ter em consideração que os instrumentos de reconhecimento da cláusula facultativa da jurisdição obrigatória (art. 62, ponto 1, da Convenção) pressupõem a admissão, pelos Estados que a apresentam, do direito da Corte a resolver qualquer controvérsia relativa à sua jurisdição (Caso Acevedo Buendía e Outros Vs. Peru, 2009). **2**: Incorreta. O cumprimento da sentença da Corte se dá geralmente de maneira voluntária pelos Estados. Caso isso não ocorra, por exemplo, no Brasil, o cumprimento se dará mediante execução da sentença, como título executivo judicial, perante a Justiça Federal, consoante disposto no art. 109, I, da CF. Mas deve-se saber que os Estados-partes da Convenção se comprometem a cumprir a decisão da Corte em todo caso em que forem parte (art. 68 da Convenção Americana de Direitos Humanos). E para afastar qualquer dúvida possível, cabe esclarecer que a sentença internacional, aquela prolatada por Corte Internacional (como a Corte Interamericana), não precisa de homologação para ser executada no Brasil (são autoexecutáveis). Já a sentença estrangeira, expedida por autoridade de outro país, exige homologação para poder ser executada no Brasil. **3**: Correta (art. 61, ponto 1, da Convenção Americana sobre Direitos Humanos). RF

Gabarito 1C, 2E, 3C

(Defensoria Pública da União – 2010 – CESPE) No que concerne ao sistema interamericano de direitos humanos, julgue os itens que se seguem.

(1) Qualquer pessoa ou grupo de pessoas, ou entidade não governamental legalmente reconhecida em um ou mais

Estados-membros da Organização dos Estados Americanos (OEA) podem apresentar à Comissão Interamericana de Direitos Humanos petições que contenham denúncias ou queixas de violação à Convenção Americana de Direitos Humanos por um Estado-parte.

(2) Embora sem competência contenciosa, de caráter jurisdicional, a Corte Interamericana de Direitos Humanos tem competência consultiva, relativa à interpretação das disposições da Convenção Americana e das disposições de tratados concernentes à proteção dos direitos humanos.

1: correta, pois essa é a redação do art. 44 da Convenção Americana de Direitos Humanos, conhecida também como Pacto de São José da Costa Rica. Mas deve-se lembrar que esta competência só poderá ser exercida se o estado violador aderiu à Convenção Americana de Direitos Humanos. Percebe-se que não é necessária a expressa aceitação da competência da Comissão para receber petições, bastando que o estado tenha aderido à Convenção. Cabe também reforçar que só serão aceitas as petições que comprovarem a inexistência de litispendência internacional e o esgotamento de todos os recursos internos disponíveis. Ademais, o art. 46 da Convenção Americana de Direitos Humanos também exige que a petição ou a comunicação seja apresentada dentro do prazo de seis meses, a partir da data em que o presumido prejudicado em seus direitos tenha sido notificado da decisão definitiva exarada no sistema protetivo nacional. Por fim, o sistema americano impõe a mesma ideia de ressalva existente no sistema global. As regras de esgotamento de todos os recursos internos disponíveis e a do prazo de seis meses para a apresentação da petição ou comunicação não serão aplicadas quando o indivíduo for privado de seu direito de ação pela jurisdição doméstica, ou lhe forem ceifadas as garantias do devido processo legal ou, ainda, se os processos internos forem excessivamente demorados; **2:** incorreta. A Corte é o órgão jurisdicional do sistema regional de proteção americano e sua composição é de setes juízes, os quais são nacionais dos países-membros da OEA. E no que se refere à sua competência, identifica-se uma atuação **consultiva** e **contenciosa**. A competência consultiva da Corte é marcada por sua grande finalidade de uniformizar a interpretação da Convenção Americana de Direitos Humanos e dos tratados de direitos humanos confeccionados no âmbito da OEA. E, dentro dessa competência, qualquer estado-membro da OEA pode pedir para que a Corte emita parecer que indique a correta interpretação da Convenção e dos tratados de direitos humanos. Ademais, a Corte pode fazer análise de compatibilidade entre a legislação doméstica de um país-membro da OEA e o sistema protetivo americano. Esta análise tem por escopo harmonizar as legislações domésticas em relação ao sistema americano de proteção. Já a competência contenciosa só será exercida em relação aos estados-partes da Convenção que expressa e inequivocamente tenha aceitado essa competência da Corte (art. 62 da Convenção Americana de Direitos Humanos). A declaração de aceite da competência da corte pode ser feita incondicionalmente, ou sob condição de reciprocidade, por prazo determinado ou ainda somente para casos específicos.

Gabarito 1C, 2E

4.2. SISTEMA EUROPEU

(Defensor Público/RO – 2012 – CESPE) No que se refere ao sistema europeu de direitos humanos, assinale a opção correta.

(A) O Protocolo n.º 13, de 2002, admite a pena de morte apenas em tempo de guerra.

(B) O Protocolo n.º 4, de 1963, admite a expulsão coletiva de estrangeiros, desde que observados os trâmites fixados pela legislação do Estado-parte.

(C) No Protocolo n.º 7, de 1984, prevê-se, no caso de condenação por infrações menores assim definidas nas leis do Estado-parte e no caso de condenação aplicada pela mais alta corte do Estado-parte, exceção ao direito a duplo grau de jurisdição em matéria penal.

(D) Além das manifestações dos Estados-partes, o Tribunal Europeu dos Direitos do Homem pode admitir apenas petições de organizações não governamentais e de coletividades ou grupos minoritários.

(E) A Convenção Europeia dos Direitos do Homem veda qualquer restrição, no território por ela abrangido, à atividade política dos estrangeiros.

A: incorreta. Com o Protocolo nº 13 tem-se a abolição completa da pena de morte, mesmo em situações de exceção; **B**: incorreta. Com o Protocolo nº 4 tem-se a proibição da prisão civil por dívidas, a garantia da liberdade de circulação, a proibição da expulsão de nacionais e a proibição da expulsão coletiva de estrangeiros; **C**: correta. Com o Protocolo nº 7 tem-se a adoção de garantias processuais na expulsão de estrangeiros, a garantia ao duplo grau de jurisdição em matéria criminal, o direito à indenização em caso de erro judiciário, o princípio do *non bis in idem* e o princípio da igualdade conjugal; **D**: incorreta. Com o Protocolo nº 11 dotou-se a Corte de competência para receber petições individuais. Essa possibilidade tem contribuído em muito para o evolver do sistema protetivo europeu, pois democratiza seu manejo e aumenta a capilaridade de seu monitoramento; **E**: incorreta, pois existem restrições à atividade política dos estrangeiros na Convenção Europeia dos Direitos do Homem (art. 16 da Convenção Europeia).

Gabarito "C"

5. DIREITOS HUMANOS NO BRASIL

5.1. CONSTITUIÇÃO CIDADÃ DE 1988

(Defensor Público/AC – 2017 – CESPE) No que se refere à aplicação dos direitos humanos no plano nacional, julgue os itens a seguir.

I. O uso de máscaras em protestos políticos se relaciona com o direito fundamental à liberdade de expressão.

II. Conforme a Relatoria para a Liberdade de Expressão da Comissão Interamericana de Direitos Humanos, o crime de desacato presente nas legislações de diversos Estados americanos está em discordância com a Convenção Americana de Direitos Humanos.

III. Em relação à capacidade civil dos indígenas do Brasil, indivíduos pertencentes a essas comunidades devem ser representados, sempre, pela FUNAI.

Assinale a opção correta.

(A) Apenas o item II está certo.

(B) Apenas o item III está certo.

(C) Apenas os itens I e II estão certos.

(D) Apenas os itens I e III estão certos.

(E) Todos os itens estão certos.

I: certo, pois o uso de máscaras em protesto está relacionado com o direito à liberdade de expressão. A discussão envolve o conflito da liberdade de expressão e de reunião com a proibição do anonimato: **II**: certo, pois citado crime contraria o disposto no art. 13 da Convenção; **III**: errado, pois não existe essa obrigatoriedade cabal.

Gabarito "C"

(Defensor Público – DPE/RN – 2016 – CESPE) Acerca dos tratados internacionais de direitos humanos, do ADCT e dos direitos de nacionalidade e de cidadania, assinale a opção correta.

(A) A nacionalidade de brasileiros naturalizados perdida por sentença judicial devido ao exercício de atividade nociva ao interesse nacional pode ser readquirida mediante novo procedimento de naturalização.

(B) Os pagamentos devidos pela fazenda pública em virtude de sentença judicial far-se-ão mediante precatório, salvo quando forem pertinentes a obrigações definidas em lei como de pequeno valor. Caso não haja lei específica do ente da Federação, considerar-se-ão como de pequeno valor os débitos ou obrigações da fazenda pública estadual que tenham valor igual ou inferior a quarenta salários mínimos.

(C) O número de DPs estaduais na unidade jurisdicional deve ser proporcional ao número de processos judiciais em trâmite na comarca em questão.

(D) Segundo o STF, os tratados internacionais referentes aos direitos humanos têm status de norma constitucional, independentemente do seu eventual quorum de aprovação.

(E) Embora possa filiar-se a partido político, o militar em serviço na ativa não é elegível.

A: incorreta. Nesse caso, só é possível readquirir a nacionalidade brasileira por meio de ação rescisória, cabível somente quando a sentença judicial já estiver transitada em julgado; **B**: correta (art. 87 do ADCT); **C**: incorreta, pois não existe tal previsão legal; **D**: incorreta, porque apenas os tratados de direitos humanos que forem aprovados por quórum qualificado, ou seja, em cada Casa do Congresso Nacional, em dois turnos, por três quintos dos votos dos respectivos membros, terão *status* de norma constitucional – consoante o que determina o art. 5º, § 3º, da CF/1988; **E**: incorreta, pois "o militar, enquanto em serviço ativo, não pode estar filiado a partidos políticos" (art. 142, § 3º, V da CF).

Gabarito "B".

(Defensor Público – DPE/RN – 2016 – CESPE) No que diz respeito aos direitos sociais, à intervenção judicial na implementação de políticas públicas e ao mínimo existencial, assinale a opção correta.

(A) Ocorre o fenômeno conhecido como judicialização da política quando o Poder Judiciário, ao interpretar uma norma, amplia o seu sentido para abarcar situações aparentemente por ela não previstas.

(B) O transporte e a felicidade são direitos fundamentais sociais assegurados pelo Estado a todo cidadão brasileiro como garantia individual.

(C) Para o STF, a tese da reserva do mínimo possível é aplicável apenas se restar comprovada a real falta de recursos orçamentários pelo poder público, pois não é admissível como justificativa genérica para eventual omissão estatal na efetivação dos direitos fundamentais.

(D) Uma decisão judicial que ordenasse à administração pública a execução de obras emergenciais em um estabelecimento prisional, necessárias para a garantia da integridade física dos detentos, seria uma afronta ao princípio da separação dos poderes, segundo entendimento do STF.

(E) O direito ao mínimo existencial, no tocante aos direitos fundamentais, está vinculado às condições estritamente necessárias para a manutenção da vida dos indivíduos.

A: incorreta. A assertiva trata da "interpretação extensiva" que o juiz pode lançar mão na hora de aplicar o Direito. Só para relembrar, a interpretação extensiva é um tipo de interpretação que amplia o sentido da norma para além dos termos contidos no seu texto. A interpretação aumenta o conteúdo da norma jurídica para possibilitar a sua aplicação à situação não expressamente prevista no texto; **B**: incorreta, pois a "felicidade" não é um direito social previsto na Constituição Federal (artigo 6º); **C**: correta, pois é a posição que o STF tomou em seus julgamentos sobre o tema (vide Informativo 711/13 do STF); **D**: incorreta, pois o STF entendeu ser possível que uma decisão judicial determine a execução de obras emergenciais como as descritas na assertiva (Recurso Extraordinário (RE) 592581, com repercussão geral, interposto pelo Ministério Público do Rio Grande do Sul (MP-RS) contra acórdão do Tribunal de Justiça do RS); **E**: incorreta, pois está relacionado ao fato de que os Estados não teriam os meios materiais necessários para garantir a máxima efetivação dos direitos econômicos, sociais e culturais de suas populações.

Gabarito "C".

(Defensoria/DF – 2013 – CESPE) Considerando as disposições constitucionais relativas aos direitos humanos e aos tratados que versam sobre o tema, julgue os itens subsequentes.

(1) O procurador-geral da República poderá, ouvido o Conselho Nacional do Ministério Público, suscitar, perante o STF, incidente de deslocamento de competência para a justiça federal quando julgar que o processo envolve grave violação de direitos humanos e exige o cumprimento de obrigações decorrentes de tratados internacionais de direitos humanos dos quais o Brasil seja parte.

(2) Uma das condições para que os tratados e convenções internacionais sobre direitos humanos sejam considerados equivalentes as normas constitucionais é a sua aprovação, em cada casa do Congresso Nacional, pelo mesmo processo legislativo previsto para a aprovação de proposta de emenda constitucional.

1: errado. Segue a redação do § 5º ao artigo 109 da CF: "Nas hipóteses de grave violação de direitos humanos, o Procurador-Geral da República, com a finalidade de assegurar o cumprimento de obrigações decorrentes de tratados internacionais de direitos humanos dos quais o Brasil seja parte, poderá suscitar, perante o Superior Tribunal de Justiça, em qualquer fase do inquérito ou processo, incidente de deslocamento de competência para a Justiça Federal". Trata-se da denominada *federalização* dos crimes contra os direitos humanos; **2**: certo. Com a edição da EC nº 45, os tratados de direitos humanos que forem aprovados, em cada Casa do Congresso Nacional, em dois turnos, por três quintos dos votos dos respectivos membros, serão equivalentes às emendas constitucionais – conforme o que determina o artigo 5º, § 3º, da CF. Ou seja, tais tratados terão hierarquia constitucional quando aprovados por maioria qualificada no Congresso Nacional (regime especial de incorporação) e forem ratificados e posteriormente publicados pelo presidente da República.

Gabarito 1E, 2C

(Ministério Público/RO – 2010 – CESPE) A CF é considerada modelo no que se refere à tutela de direitos humanos e de garantias fundamentais. Acerca desse assunto, assinale a opção correta.

(A) A CF é classificada como detalhista no que concerne aos referidos direitos, pois prevê desde a gratuidade de transporte público para idosos até a gratuidade para celebração de casamento civil.

(B) Os tratados de direitos humanos, ainda que aprovados apenas no Senado Federal, em dois turnos e por maioria qualificada, equiparam-se às emendas constitucionais.

(C) A concessão de asilo político é prevista no acervo garantista do art. 5.º da CF, que também proíbe a extradição e o banimento de brasileiros do território nacional.

(D) Os índios, suas comunidades e organizações, apesar de poderem defender seus direitos e interesses, não são partes legítimas para ingressar em juízo, devendo fazê-lo por meio do MP.

(E) Direitos humanos de terceira geração, por seu ineditismo e pelo caráter de *lege ferenda* que ainda comportam, não recebem tratamento constitucional.

A: correta. Ler os arts. 226, § 1º, e 230, § 2º, ambos da CF. Outro exemplo, sempre citado, do enorme detalhamento da CF/1988 é a referência ao Colégio Pedro II (art. 242, § 2º, da CF); **B**: incorreta, pois, para que os tratados sobre direitos humanos tenham força de emenda constitucional, é preciso que sejam aprovados por ambas as Casas do Congresso Nacional, em dois turnos, por maioria de três quintos de seus respectivos membros (art. 5º, § 3º, da CF); **C**: incorreta, pois o asilo político é previsto no art. 4º, X, da CF, como princípio que rege a República brasileira em suas relações internacionais. A extradição é vedada em relação aos brasileiros, com a exceção para o naturalizado em caso de crime comum, praticado antes da naturalização, ou de comprovado envolvimento em tráfico ilícito de entorpecentes e drogas afins (art. 5º, LI, da CF). A extradição dos estrangeiros é vedada apenas nos casos de crimes políticos ou de opinião (art. 5º, LII, da CF). A pena de banimento é absolutamente vedada (art. 5º, XLVII, *d*, da CF); **D**: incorreta, pois os índios, suas comunidades e organizações são partes legítimas para ingressar em juízo em defesa de seus direitos e interesses, intervindo o Ministério Público em todos os atos do processo; **E**: incorreta, pois a CF/1988 define e garante diversos direitos relativos ao meio ambiente, ao patrimônio histórico-cultural, ao desenvolvimento e aos consumidores, todos considerados de 3ª geração. Tais direitos foram consagrados na Convenção para a Proteção do Patrimônio Mundial, Cultural e Natural, de 1972, e na Convenção sobre a Diversidade Biológica, de 1992. Por fim, cabe apontar que são classificados pelo STF como novíssimos direitos.

Gabarito "A".

5.2. DIREITOS FUNDAMENTAIS - ARTIGO 5º DA CF

(Promotor de Justiça/PI – 2014 – CESPE) Acerca dos direitos individuais, assinale a opção correta.

(A) A condenação, em âmbito civil, de cidadão italiano residente no Brasil por período superior a quinze anos ininterruptos impede a aquisição da nacionalidade brasileira.

(B) Constitui violação do direito à intimidade e à proibição constitucional de obtenção de provas por meio ilícito a gravação ambiental realizada por um dos interlocutores sem o conhecimento do outro, ainda que a gravação seja feita para fins de legítima defesa no caso de prática de crime.

(C) Segundo atual jurisprudência do STF, os tratados internacionais de direitos humanos possuem *status* constitucional, sendo possível, portanto, o controle judicial de constitucionalidade a partir de norma parâmetro prevista na Convenção Americana de Direitos Humanos, tratado ratificado pelo Brasil.

(D) A norma constitucional segundo a qual a prática de tortura é considerada crime inafiançável e insuscetível de graça ou anistia é de eficácia limitada, sendo necessária a atuação legislativa dos estados da Federação para que produza efeitos.

(E) Autoridade detentora de foro por prerrogativa de função estabelecido exclusivamente na constituição estadual que praticar crime doloso contra vida deverá ser julgada pelo tribunal do júri.

A: incorreta, pois apenas a condenação penal impede a aquisição da nacionalidade brasileira; **B:** incorreta, pois a posição do STF é sobre a legalidade da gravação ambiental como meio de prova (vide Informativo 568/2009 do STF); **C:** incorreta. Em 03.12.2008, o Ministro Gilmar Mendes, no RE 466.343-SP,31 defendeu a tese da supralegalidade de tais tratados, ou seja, superior às normas infraconstitucionais e inferior às normas constitucionais. O voto do Ministro Gilmar Mendes foi acompanhado pela maioria (posição atual do STF). Portanto, todo tratado de direitos humanos que for internalizado sem observar o procedimento estabelecido no artigo 5º, § 3º, da CF, tem status de norma supralegal. A segunda parte da assertiva também está incorreta porque a norma parâmetro prevista na Convenção Americana dá azo ao controle de convencionalidade e não ao de constitucionalidade; **D:** incorreta, porque se trata de norma de eficácia plena, segundo a classificação tradicional de José Afonso da Silva. Ou seja, são de aplicação direta e imediata e independem de uma lei para regular seus efeitos; **E:** correta (artigo 5º, XXXVIII, d, da CF).

Gabarito "E".

5.3. LEI BRASILEIRA DA INCLUSÃO

(Defensor Público/AC – 2017 – CESPE) Acerca do direito à igualdade e de sua proteção no âmbito dos direitos humanos, assinale a opção correta.

(A) No caso de colisão entre tais direitos, o direito individual dos usuários de drogas à saúde estará sempre em posição hierárquica inferior ao direito humano dos demais cidadãos à segurança pública.

(B) Não é possível obrigar os Estados a efetivar o direito ao trabalho, na medida em que se trata de um direito que depende de questões econômicas e não propriamente jurídicas.

(C) O conceito de superioridade racial não é discriminatório, devido à existência de evidências científicas que indicam que indivíduos de determinadas raças têm habilidades intelectuais mais desenvolvidas.

(D) O movimento feminista é exemplo de movimento social de fundo discriminatório, na medida em que prioriza os direitos da mulher em detrimento dos direitos do homem.

(E) Entre os objetivos da Lei Brasileira da Inclusão, inclui-se o de eliminar as barreiras ambientais que dificultem a interação entre as pessoas com deficiência e as estruturas urbanas, promovendo a igualdade.

A única assertiva correta é a E (arts. 3º, IV, e 4º da Lei 13.146/2015).

Gabarito "E".

5.4. INCORPORAÇÃO DE TRATADOS NO DIREITO BRASILEIRO

(Defensor Público/PE – 2018 – CESPE) Considerando o entendimento do Supremo Tribunal Federal (STF) acerca dos tratados internacionais de direitos humanos, julgue os seguintes itens.

I. Os tratados e as convenções sobre direitos humanos aprovados em cada Casa do Congresso Nacional, em dois turnos, por três quintos dos votos, são equivalentes às emendas constitucionais e não podem ser ulteriormente declarados inconstitucionais.

II. O STF entende que a subscrição, pelo Brasil, do Pacto de São José da Costa Rica conduziu à inexistência de balizas a determinados comandos constitucionais, tendo, por isso, indicado a derrogação das normas legais definidoras da custódia de depositário infiel, tornando-se ilegal a sua prisão.

III. Tratados de direitos humanos firmados antes da Emenda Constitucional 45/2004 continuam a valer como normas infraconstitucionais e não poderão passar por novo processo legislativo para alterar seu status no ordenamento jurídico.

Assinale a opção correta.

(A) Apenas o item I está certo.

(B) Apenas o item II está certo.

(C) Apenas o item III está certo.

(D) Apenas os itens I e II estão certos.

(E) Apenas os itens II e III estão certos.

I: errado. A primeira parte da assertiva está correta, o erro está em dizer que esses tratados não poderão ser declarados inconstitucionais depois, pois enquanto atos normativos primários (art. 59, da CF), equivalentes às Emendas, submetem-se ao controle de constitucionalidade, já que elaborados pelo Poder Constituinte Derivado, que é inteiramente limitado ao disposto no art. 60, § 4º, da CF (cláusulas pétreas); **II:** certo (Súmula Vinculante 25, STF); **III:** errado, pois esses tratados podem passar por um novo processo legislativo para alterar seu *status* jurídico com base no art. 5º, § 3º, da CF.

Gabarito "B".

(Promotor de Justiça/PI – 2014 – CESPE) No que concerne à relação entre os tratados internacionais de direitos humanos e o ordenamento jurídico brasileiro, assinale opção correta.

(A) Os tratados internacionais de direitos humanos seguem a forma ordinária de incorporação de atos internacionais, conforme o modelo dualista adotado pela Constituição Federal.

(B) Os tratados internacionais de direitos humanos podem ser invocados, desde que tenham sido aprovados por decreto legislativo do Senado Federal.

(C) A aplicação dos tratados internacionais de direitos humanos no plano interno inicia-se a partir do ato de assinatura do Estado brasileiro.

(D) Cabe ao Congresso Nacional ratificar os tratados internacionais de direitos humanos, que passam, com a ratificação, a ser exigíveis.

(E) Os tratados internacionais de direitos humanos possuem regime especial de incorporação, nos termos da EC 45/2004.

A: incorreta. A CF não tratou expressamente da forma de incorporação de atos internacionais. E mesmo diante da omissão constitucional, a doutrina defende que o Brasil adotou a corrente dualista, ou melhor dizendo, a corrente dualista moderada. Isso porque o tratado só passará a ter validade interna após ter sido aprovado pelo Congresso Nacional e ratificado e promulgado pelo presidente da República; **B:** incorreta. No Brasil é necessário um procedimento complexo para proceder à ratificação de tratados. O Congresso Nacional deve aprovar o texto do tratado, e o fará por meio de um decreto legislativo promulgado pelo presidente do Senado e publicado no Diário Oficial da União. Em seguida, cabe ao Presidente da República ratificar ou não – lembrando que a aprovação congressional não obriga a ulterior ratificação do tratado pelo presidente da República; **C:** incorreta. O tratado regularmente concluído depende da promulgação e da publicidade levada a efeito pelo Presidente da República para integrar o Direito Nacional. No Brasil, a promulgação ocorre por meio de decreto presidencial e a publicidade perfaz-se com a publicação no Diário Oficial; **D:** incorreta. Reler os comentários anteriores; **E:** correta. Com a edição da EC 45, os tratados de direitos humanos que forem aprovados, em cada Casa do Congresso Nacional, em dois turnos, por três quintos dos votos dos respectivos membros, serão equivalentes às emendas constitucionais – conforme

31. Prisão civil. Depósito. Depositário Infiel. Alienação fiduciária. Decretação da medida coercitiva. Inadmissibilidade absoluta. Insubsistência da previsão constitucional e das normas subalternas. Interpretação do art. 5º, inc. LXVII e §§ 1º, 2º e 3º, da CF, à luz do art. 7º, § 7º, da Convenção Americana de Direitos Humanos (Pacto de San José da Costa Rica). Recurso Improvido. Julgamento conjunto do RE 349.703 e dos HC 87.585 e 92.566. É ilícita a prisão civil de depositário infiel, qualquer que seja a modalidade de depósito.

o que determina o artigo 5º, § 3º, da CF. Ou seja, tais tratados terão hierarquia constitucional quando aprovados por maioria qualificada no Congresso Nacional (regime especial de incorporação) e forem ratificados e posteriormente publicados pelo presidente da República.

Gabarito "E"

(Defensor Público/BA – 2010 – CESPE) Julgue o seguinte item, acerca da teoria geral do direito internacional dos direitos humanos e à incorporação dos tratados internacionais de direitos humanos no Brasil.

(1) A sistemática concernente ao exercício do poder de celebrar tratados é deixada a critério de cada Estado. Em matéria de direitos humanos, são estabelecidas, na CF, duas categorias de tratados internacionais: a dos materialmente constitucionais e a dos materialmente e formalmente constitucionais.

1: correta: Com a edição da Emenda Constitucional n. 45, os tratados de direitos humanos que forem aprovados, em cada Casa do Congresso Nacional, em dois turnos, por três quintos dos votos dos respectivos membros, serão equivalentes às emendas constitucionais – conforme ao que determina o artigo 5º, § 3º, da CF. Ou seja, tais tratados terão hierarquia constitucional (materialmente e formalmente constitucionais). Muito se discutiu em relação à hierarquia dos tratados de direitos humanos que foram internalizados anteriormente à edição da EC n. 45. Mas em 3 de dezembro de 2008, o Min. Gilmar Mendes, no *RE* 466.343-SP, defendeu a tese da supralegalidade de tais tratados, ou seja, superior às normas infraconstitucionais e inferior às normas constitucionais. O voto do Min. Gilmar Mendes foi acompanhado pela maioria. Todavia, tal assunto desperta calorosas discussões, tome de exemplo que, no mesmo recurso extraordinário em que foi exarada a tese da supralegalidade, o Min. Celso de Mello defendeu o caráter constitucional dos tratados de direitos humanos independentemente do quórum de aprovação (materialmente constitucionais). Apesar de a tese da supralegalidade ser um avanço da jurisprudência brasileira, deve-se apontar que uma leitura mais acurada da CF já permitiria apontar que os tratados de direitos humanos internalizados sem o procedimento especial teriam *status* constitucional, isto porque o § 2º do artigo 5º da CF inclui os direitos humanos provenientes de tratados dentre os seus direitos protegidos, ampliando o seu bloco de constitucionalidade, o qual é composto por todas as normas do ordenamento jurídico que possuem *status* constitucional.

Gabarito 1C

6. DIREITO HUMANITÁRIO

(Defensor Público/SE – 2012 – CESPE) Com relação ao direito humanitário, assinale a opção correta.

(A) O direito humanitário, a criação da Liga das Nações e a criação da Organização Internacional do Trabalho são apontados pela doutrina como antecedentes históricos do moderno direito internacional dos direitos humanos.

(B) A afirmação histórica dos direitos humanos não representou mudança na perspectiva da doutrina clássica sobre o objeto de regulação do direito internacional, tendo as prescrições internacionais de proteção à pessoa humana sido plenamente inseridas no âmbito da normatização das relações entre Estados soberanos.

(C) O direito internacional humanitário, como conceito abrangente, abarca, ao mesmo tempo, a proteção dos direitos humanos dos refugiados e os direitos humanos em tempos de paz, não alcançando, porém, as disposições de proteção aos combatentes postos fora de combate por captura ou ferimento durante a guerra, por serem tais prescrições típicas matérias de *jus in bello*.

(D) O direito humanitário não abrange as prescrições ligadas à proteção dos civis durante a guerra.

(E) A doutrina não estabelece qualquer diferença substancial entre as expressões direitos humanos e direito humanitário, servindo ambas à designação do mesmo conjunto de regras voltadas à proteção da pessoa humana, tanto no plano nacional quanto no internacional.

A: correta, pois, de fato, são apontados pela doutrina, de modo geral, como antecedentes históricos do moderno direito internacional dos direitos humanos; **B:** incorreta. O Direito Internacional Público sempre foi concebido como a expressão da vontade dos Estados no plano internacional. Não se tinha a ideia de uma comunidade internacional, mas somente a existência de Estados que buscavam se relacionar com os demais para satisfazer interesses próprios determinados e limitados. Foi dentro deste contexto que o princípio *pacta sunt servanda* imperou. Apesar de os Estados ainda se relacionarem consoante seus próprios interesses, hodiernamente alcançou-se consenso sobre determinados temas considerados de interesse de todos os sujeitos de Direito Internacional. Assim, a compreensão da existência de uma comunidade internacional e de interesses que advêm dela (sobretudo para sua existência, como, por exemplo, na proteção internacional do meio ambiente), e não apenas de Estados na sua individualidade, deu suporte para o aparecimento do *jus cogens*, sobretudo no considerado Direito Internacional Pós-moderno. Com base em tal mentalidade, a qualidade de sujeito de Direito Internacional foi estendida às Organizações Internacionais e ao ser humano. Portanto, é possível afirmar que a própria dinâmica da vida internacional derrubou o voluntarismo como suporte único e fundamental das relações internacionais, ou seja, o positivismo voluntarista não foi capaz de explicar o aparecimento das normas cogentes de Direito Internacional (*jus cogens*), que só pode ser explicado por razões objetivas de justiça, as quais darão, por sua vez, vazão a uma consciência jurídica universal. Nesse sentido é a colocação de Antônio Augusto Cançado Trindade: "(...) o modelo westfaliano do ordenamento internacional afigura-se esgotado e superado32". Mais especificamente, a Declaração Universal dos Direitos Humanos de 1948 marca o início de um movimento de reconstrução da dignidade humana, após o vilipêndio sofrido com os terrores do nazifascismo. A partir de então, a proteção do ser humano dá-se também por um sistema internacional, ao contrário do que antes ocorria – a proteção dos direitos humanos ficava a cargo somente dos diplomas nacionais. A atribuição de personalidade jurídica internacional aos seres humanos data da última metade do século XX, sendo uma evolução do processo, mencionado acima, de reconstrução da dignidade humana. Destarte, o indivíduo adquiriu capacidade processual para pleitear direitos na esfera internacional. Outro fato que contribuiu para uma maior concretização da personalidade jurídica internacional do indivíduo foi, sem dúvida, a adoção do Estatuto do Tribunal Penal Internacional (TPI) pela Conferência de Roma em 17 de julho de 1998. Tem-se a partir de então um tribunal permanente para julgar indivíduos acusados da prática de crimes de genocídio, crimes de guerra, crimes de agressão e crimes contra a humanidade. Tal fato corrobora a ideia de responsabilidade internacional do indivíduo, consoante o que se iniciou com os Tribunais de Nurembergue e de Tóquio33, e depois de Ruanda e da Iugoslávia. Ora, só os sujeitos de direito internacional podem ser responsabilizados perante a comunidade internacional. Assim, sob esse prisma também se pode afirmar que o ser humano é um sujeito de direito internacional. Essa emancipação do ser humano perante a comunidade internacional é consequência da corrosão do positivismo voluntarista, o qual defendia os Estados como únicos sujeitos de direito internacional e excluía o destinatário final das normas jurídicas: a pessoa humana; **C:** incorreta. O Direito Humanitário é composto de princípios e regras – positivadas ou costumeiras – que têm como função, por questões humanitárias, limitar os efeitos do conflito armado. Mais especificamente, o Direito Humanitário protege as pessoas que não participam ou não mais participam das hostilidades e restringe os meios e os métodos de guerra. Tal conceito permite-nos encará-lo como Direito Internacional dos Conflitos Armados ou Direito da Guerra. Em outras palavras, A proteção recai

32. Voto Concorrente na Opinião Consultiva 16/1999 da Corte Interamericana de Direitos Humanos, p. 90.

33. Tanto o Tribunal de Nurembergue como o de Tóquio foram instituídos para julgar os crimes de guerra e contra a humanidade perpetrados durante a Segunda Guerra Mundial. O Tribunal de Nurembergue tinha por missão julgar os líderes nazistas (o julgamento começou em 20 de novembro de 1945) e foi idealizado pelos Aliados (principais: EUA, URSS, Reino Unido e França) da Segunda Guerra, que escalou o Chefe da Justiça estadunidense, Robert Jackson, para ser seu coordenador. Cabe lembrar que a experiência de Nurembergue foi a primeira vez em que crimes de guerra foram julgados por um tribunal internacional. Já o Tribunal de Tóquio ou Tribunal Militar Internacional para o Extremo Oriente tinha por missão julgar os líderes do Império japonês (o julgamento começou em 3 de maio de 1946) e também foi idealizado pelos Aliados da Segunda Guerra. Uma crítica que se faz aos dois tribunais é que se trata de uma "justiça dos vencedores".

sobre as pessoas que não participam dos conflitos (civis, profissionais da saúde e de socorro) e os que não mais participam das hostilidades (soldados feridos, doentes, náufragos e prisioneiros de guerra); **D:** incorreta. Reler o comentário sobre a assertiva anterior; **E:** incorreta. O objetivo do Direito Humanitário é a tutela da pessoa humana, mas numa situação específica, qual seja, quando ela é vítima de conflito armado nacional ou internacional. Portanto, nota-se que o Direito Internacional Humanitário e o Direito Internacional dos Direitos Humanos são complementares, apesar de serem dois conjuntos de leis distintas, pois ambos buscam proteger o indivíduo de ações arbitrárias e de abusos. Os direitos humanos são inerentes ao ser humano e protegem os indivíduos sempre, seja em tempos de guerra ou de paz. O Direito Internacional Humanitário se aplica apenas em situações de conflitos armados internacionais e não internacionais. Portanto, em tempos de conflitos armados, o Direito Internacional dos Direitos Humanos e o Direito Internacional Humanitário se aplicam de maneira complementar.

Gabarito "A".

7. COMBINADAS E OUTROS TEMAS DE DIREITOS HUMANOS

(Defensor Público - DPE/DF - 2019 - CESPE/CEBRASPE) Com relação ao acesso das minorias aos direitos humanos, julgue os itens subsequentes.

(1) A preservação de tradições e práticas culturais de minorias é incompatível com a universalidade dos direitos humanos.

(2) Indígenas latino-americanos que migrem para o Brasil em razão de graves violações de direitos humanos em seu país de origem não podem ser considerados refugiados nos termos dos tratados internacionais e da legislação nacional que regulam o tema.

(3) Quilombolas são pessoas que integram comunidades étnicas sem identidade de cor ou raça que remontam ao período colonial brasileiro e, atualmente, reivindicam a efetivação do direito à terra que tradicionalmente ocupam.

(4) Crianças estrangeiras que migrarem para o Brasil desacompanhadas de seus responsáveis e sem documento de viagem poderão ser assistidas pela Defensoria Pública, para que sua situação seja regularizada no país.

1: Errado. Não há incompatibilidade entre os direitos humanos e a preservação da cultura, práticas e tradições *a priori*. Em casos específicos, em que a tradição conflita com os direitos humanos, a característica da universalidade e proteção do indivíduo deve prevalecer (Convenção 169 da OIT); 2: Errado. O princípio da não discriminação em razão de nacionalidade ou etnia, garantido no direito nacional e internacional, torna a assertiva incorreta. Os indígenas podem ser reconhecidos como refugiados, já que são nacionais de outro país. Vide art. 5º da Constituição Federal de 1988, Lei 9.474/1970 e a Convenção Relativa ao Estatuto dos Refugiados; **3:** Errado. Quilombolas são pessoas que remanesceram dos agrupamentos formados por ex-escravos; logo, há identidade de cor/raça, na medida em que são pessoas não brancas; **4:** Certo. A Convenção Relativa aos Direitos dos Refugiados e a Lei 13.445/2017 protegem, igualmente, crianças, adolescentes e pessoas com plena capacidade civil, garantindo-lhes formas de permanência no território. No caso de crianças indocumentadas, o acesso à justiça pode ser assegurado pela Defensoria Pública.

Gabarito: 1E, 2E, 3E, 4C

(Defensor Público/PE – 2018 – CESPE) De acordo com as Cem Regras de Brasília, para facilitar o acesso à justiça pelas pessoas em condição de vulnerabilidade, a gestão do sistema judicial deve considerar os princípios da

(A) prioridade e da sedimentação.
(B) proximidade e do regime privativista.
(C) atuação interdisciplinar e da informalidade.
(D) agilidade e da coordenação.
(E) especialização e dos contratos de gestão.

De acordo com as Cem Regras de Brasília ou princípios de acesso à justiça, a gestão do sistema judicial deve considerar os princípios da agilidade e da coordenação. As "100 regras de Brasília" foram elaboradas originariamente em 2008, durante encontro da Cúpula Judicial Ibero-americana, em Brasília.

Gabarito "D".

(Defensor Público/PE – 2018 – CESPE) A Declaração de Pequim, adotada pela Quarta Conferência Mundial sobre Mulheres, em 1995, e a Plataforma de Ação de Beijing, de 2015, apresentam eixos abrangentes e norteadores para a alteração da situação das mulheres na sociedade. Tendo como referência esses documentos, julgue os itens a seguir.

I. A erradicação da pobreza baseada no crescimento econômico sustentado, no desenvolvimento social, na proteção do meio ambiente e na justiça social requer a participação das mulheres no desenvolvimento econômico e social, a igualdade de oportunidades e a plena e equânime participação de mulheres e homens como agentes beneficiários de um desenvolvimento sustentado, centrado na pessoa.

II. Advoga-se a avaliação e o monitoramento da mídia para que os meios de comunicação se tornem agentes de desconstrução de estereótipos discriminatórios em relação à condição feminina.

III. O papel do Estado é determinante na construção da igualdade, de modo que são incentivadas diretrizes estratégicas para a atuação feminina majoritária na política e nas ciências exatas.

IV. Os referidos documentos defendem a normalização do acesso a armas em zonas de conflitos, para fins estritos de proteção e resguardo das mulheres e de seus filhos.

Estão certos apenas os itens

(A) I e II.
(B) I e IV.
(C) II e III.
(D) I, III e IV.
(E) II, III e IV.

I: certo (ponto 16 do Texto Integral da Declaração e Plataforma de Ação da IV Conferência Mundial sobre a Mulher); **II:** certo, pois tanto a Declaração de Pequim como a Plataforma de Ação de Beijing advogam nesse sentido; **III:** errado, pois nesses dois documentos não existe determinação de diretrizes estratégicas específicas para esses dois campos apenas; **IV:** errado, pois não existe a citada previsão nos documentos.

Gabarito "A".

(Defensor Público/PE – 2018 – CESPE) Considerando que liberdade econômica consiste na possibilidade de o cidadão poder exercer um papel como agente econômico e escolher como usar a sua propriedade, julgue os itens a seguir.

I. A melhora social e econômica do Brasil nas últimas décadas não se reflete plenamente na moradia e no saneamento básico: milhões de brasileiros ainda vivem em aglomerados subnormais e sem acesso a saneamento.

II. O rompimento do ciclo intergeracional da pobreza pode ser atingido por meio de políticas públicas que promovam a autonomia e a liberdade econômica e financeira da mulher, como o acesso igualitário ao mercado de trabalho, a provisão de creches e o apoio aos familiares idosos.

III. A ordem econômica determina que se observe a função social da propriedade e que, ao mesmo tempo, se respeite o bem-estar da sociedade, porém não garante o direito do indivíduo sobre a propriedade.

Assinale a opção correta.

(A) Apenas o item I está certo.
(B) Apenas o item II está certo.
(C) Apenas o item III está certo.
(D) Apenas os itens I e II estão certos.
(E) Apenas os itens II e III estão certos.

I: certo, pois o dado sobre a realidade socioeconômica do Brasil está correto; **II:** certo, pois tais políticas têm o potencial de romper com o ciclo intergeracional de pobreza; **III:** errado, pois o direito do indivíduo sobre a propriedade está garantido (art. 5º, XXII, da CF).

Gabarito "D".

(Defensor Público/AC – 2017 – CESPE) Acerca dos direitos humanos da pessoa em situação de prisão, julgue os itens seguintes.

I. O Protocolo Opcional à Convenção contra a Tortura e Outros Tratamentos ou Penas Cruéis, Desumanos ou Degradantes é, formalmente, não vinculante, podendo ser classificado como soft law.

II. Conforme a Convenção contra a Tortura e Outros Tratamentos ou Penas Cruéis, Desumanos ou Degradantes, para que seja classificado como tortura, um ato deve necessariamente envolver, direta ou indiretamente, um agente público.

III. As normas da ONU voltadas especificamente ao tratamento das mulheres presas estão dispostas nas Regras de Bangkok.

Assinale a opção correta.

(A) Apenas o item I está certo.
(B) Apenas o item II está certo.
(C) Apenas os itens I e III estão certos.
(D) Apenas os itens II e III estão certos.
(E) Todos os itens estão certos.

I: errado. Um documento legal é *soft law* quando não supõe mecanismos constritivos para implementação dos direitos previstos nele. Em contrapartida, quando um documento legal prevê mecanismos constritivos para a implementação de seus direitos, estamos diante de um exemplo de *hard law*, que é o caso do Protocolo; **II:** certo. Com base no art. 1º da Convenção, a tortura é crime próprio, pois as dores ou os sofrimentos são infligidos por um funcionário público ou outra pessoa no exercício de funções públicas, ou por sua instigação, ou com seu consentimento ou aquiescência; **III:** certo, pois as Regras de Bangkok são o principal marco normativo internacional a abordar a problemática do tratamento de mulheres presas e medidas não privativas de liberdade para mulheres infratoras.

Gabarito "D"

(Defensor Público/AC – 2017 – CESPE) A respeito dos múltiplos aspectos relativos à saúde e às deficiências físicas, assinale a opção correta.

(A) Diferentemente do que se observa na CF, a saúde é considerada, na Declaração Universal de Direitos Humanos, um valor a ser protegido, mas não um direito.
(B) A expressão judicialização da saúde refere-se a situações em que o Poder Judiciário é convocado a decidir questões de desenho de política pública, mas não de direitos humanos.
(C) A Convenção sobre os Direitos da Pessoa com Deficiência adota o modelo biomédico de deficiência.
(D) A Associação Nacional dos Defensores Públicos propôs ação direta de inconstitucionalidade requerendo a garantia do direito ao aborto a gestantes infectadas pelo vírus da zika.
(E) O movimento sanitarista seguia a doutrina higienista, o que se observa no texto da CF, cujas disposições acerca do direito à saúde foram fortemente influenciadas por esse movimento.

A única assertiva correta é a "D" (ADI 5581, STF, Rel. Min. Cármen Lúcia).

Gabarito "D"

(Defensor Público/AC – 2017 – CESPE) Acerca dos múltiplos aspectos relacionados à pobreza e ao direito ao desenvolvimento, assinale a opção correta.

(A) Programas de transferência de renda com condicionalidades não podem ser considerados formas de garantia do direito ao desenvolvimento.
(B) Não há, na legislação internacional voltada aos direitos humanos, marco jurídico que ofereça proteção a indivíduos em situação de pobreza.
(C) A ONU não dispõe de instrumentos que assegurem como inalienável o direito ao desenvolvimento.
(D) A referência na CF à justiça social dirige-se apenas ao Poder Legislativo e o obriga à positivação de políticas públicas com base na igualdade.
(E) A escassez de renda não é o único critério para se definir o conceito de pobreza, a qual pode ser entendida, também, como a privação de capacidades básicas.

A única assertiva correta é a E, pois a privação de capacidades básicas pode ser usada para caracterizar a pobreza.

Gabarito "E"

(Defensor Público/AC – 2017 – CESPE) Acerca dos direitos humanos das pessoas em situação de vulnerabilidade, assinale a opção correta.

(A) Conforme disposição da OIT, os povos indígenas deverão ser consultados sempre que sejam previstas medidas legislativas ou administrativas capazes de afetá-los diretamente.
(B) Como a prática cultural de rodeios e vaquejadas resguarda a segurança e a saúde dos seres humanos, ela não é objeto da disciplina dos direitos humanos.
(C) Por ser requisito de funcionamento do estado de direito, a proteção da democracia é objeto do direito interno, não se relacionando à garantia dos direitos humanos positivados.
(D) Em caso de grave violação de direitos humanos, o procurador-geral da República poderá suscitar, perante o STJ, deslocamento da justiça federal para o plano estadual.
(E) É vedada a imigrantes que não sejam falantes de língua portuguesa a participação em atos de conciliação ou de solução alternativa de conflito.

A única assertiva correta é a A (art. 6º, I, *a*, da Convenção 169 da OIT sobre Povos Indígenas e Tribais).

Gabarito "A"

(Defensor Público/AC – 2017 – CESPE) A respeito da aplicação e da efetividade dos direitos humanos, assinale a opção correta.

(A) Proibição, decorrente de protestos de grupos religiosos, de exibição de peça teatral que trate de diversidade de gênero não será caso de conflito de direitos humanos, pois envolverá apenas o direito à liberdade de crença.
(B) Conforme entendimento do STF, é inconstitucional a resolução do CNJ que determina que toda pessoa, ao ser presa, deverá ser apresentada à autoridade judicial em até vinte e quatro horas.
(C) A Comissão Nacional da Verdade teve por objetivo reconstruir a verdade histórica acerca tanto do governo ditatorial de Getúlio Vargas quanto da ditadura militar de 1964 a 1985.
(D) O Conselho Nacional de Direitos Humanos é composto por representantes de órgãos públicos e representantes da sociedade civil com prerrogativas administrativas e poder de sanção.
(E) O índice de desenvolvimento humano deve, obrigatoriamente, ser utilizado pelos estados brasileiros no desenho de suas políticas públicas de direitos humanos.

A: incorreta, pois se trata de caso patente de conflito de direitos humanos; **B:** incorreta, pois não existe decisão do STF nesse sentido; **C:** incorreta, pois a Comissão focava na ditadura militar de 1964 a 1985; **D:** correta. Lei 12.986/2014 transformou o Conselho de Defesa dos Direitos da Pessoa Humana – CDDPH – em Conselho Nacional dos Direitos Humanos. O Conselho é um órgão colegiado com representantes de setores representativos ligados aos Direitos Humanos e com importância fundamental na promoção e defesa desses no País. Seus integrantes estão elencados no art. 3º da Lei 12.986/2014. **E:** incorreta

Gabarito "D"

(Promotor de Justiça/RR – 2017 – CESPE) De acordo com o Estatuto da Igualdade Racial, o estudo da história geral da África e da história da população negra do Brasil é obrigatório nos estabelecimentos de ensino

(A) infantil e fundamental.
(B) fundamental e médio.
(C) médio, apenas.
(D) infantil, fundamental e médio.

Art. 11, *caput*, do Estatuto.

Gabarito "B"

(Defensor Público/TO – 2013 – CESPE) Assinale a opção correta acerca das garantias judiciais no âmbito do direito internacional.

(A) A Convenção Americana sobre Direitos Humanos não reconhece o princípio do "*ne bis in idem*".
(B) A Convenção Europeia sobre Direitos Humanos e a Convenção Americana sobre Direitos Humanos preveem a assistência gratuita de um intérprete aos acusados que

não compreendam o idioma utilizado pela acusação, mas o mesmo direito não é expressamente garantido na Convenção Sobre os Direitos da Criança.

(C) A Convenção Europeia sobre Direitos Humanos permite que à imprensa seja negado o acesso às sessões de julgamento nos tribunais.

(D) Embora exija que todos tenham direito a um julgamento justo, a Declaração Universal dos Direitos Humanos não reconhece o princípio da anterioridade da lei penal.

(E) A Convenção sobre a Eliminação de Todas as Formas de Discriminação contra a Mulher exige, de maneira genérica, a plena igualdade entre homens e mulheres, mas não contém cláusula específica sobre a isonomia de gênero nas instâncias judiciais.

A: incorreta. O art. 8º, ponto 4, da Convenção Americana reconhece expressamente o princípio do *ne bis in idem*; **B:** incorreta. O art. 40, ponto 2, VI da Convenção Sobre os Direitos da Criança prevê que a criança contará com a assistência gratuita de um intérprete caso a não compreenda ou fale o idioma utilizado; **C:** correta, pois em consonância com a redação do art. 6º, ponto 1, da Convenção Europeia; **D:** incorreta, pois o art. XI, ponto 2, da Declaração Universal reconhece o princípio da anterioridade da lei penal; **E:** incorreta, pois existe previsão que estabelece, de forma específica, a isonomia de gênero nas instâncias judiciais.

Gabarito "C".

(Defensor Público/TO – 2013 – CESPE) A respeito da proteção aos presos no âmbito do direito internacional, assinale a opção correta.

(A) A Convenção Americana sobre Direitos Humanos e a Declaração Universal dos Direitos Humanos exigem a separação entre o suspeito de praticar infração penal que aguarda julgamento e o preso condenado.

(B) A Convenção Americana sobre Direitos Humanos proíbe a pena de trabalhos forçados.

(C) A Convenção Europeia sobre Direitos Humanos e o Pacto Internacional de Direitos Civis e Políticos prescrevem que poderá ser exigida garantia de comparecimento ao juízo para a libertação de preso suspeito da prática de infração penal.

(D) A Declaração Universal dos Direitos Humanos garante expressamente aos presos o direito de participação política.

(E) A Convenção sobre os Direitos da Criança determina que, em qualquer circunstância, as crianças privadas de liberdade sejam separadas dos adultos.

A: incorreta, pois apenas a Convenção Americana sobre Direitos Humanos prevê a separação entre o suspeito de praticar infração penal que aguarda julgamento e o preso condenado (art. 5º, ponto 4); **B:** incorreta, pois o art. 6º, ponto 2, da Convenção Americana assim dispõe: "Ninguém deve ser constrangido a executar trabalho forçado ou obrigatório. Nos países em que se prescreve, para certos delitos, pena privativa de liberdade acompanhada de trabalhos forçados, esta disposição não pode ser interpretada no sentido de proibir o cumprimento da dita pena, imposta por um juiz ou tribunal competente. O trabalho forçado não deve afetar a dignidade, nem a capacidade física e intelectual do recluso"; **C:** correta, pois os dois tratados fazem a previsão constante da assertiva; **D:** incorreta, pois a Declaração Universal não garante expressamente aos presos o direito de participação política; **E:** incorreta. O art. 37, ponto 6, da Convenção assim estatui: "toda criança privada da liberdade seja tratada com a humanidade e o respeito que merece a dignidade inerente à pessoa humana, e levando-se em consideração as necessidades de uma pessoa de sua idade. Em especial, toda criança privada de sua liberdade ficará separada dos adultos, a não ser que tal fato seja considerado contrário aos melhores interesses da criança, e terá direito a manter contato com sua família por meio de correspondência ou de visitas, salvo em circunstâncias excepcionais".

Gabarito "C".

(Defensor Público/TO – 2013 – CESPE) No que concerne à garantia da liberdade de pensamento e expressão, assinale a opção correta de acordo com o direito internacional.

(A) De acordo com a Convenção Europeia sobre Direitos Humanos, o regime de autorização prévia para funcionamento de empresas noticiosas televisivas e de radiodifusão é incompatível com o direito à liberdade de expressão.

(B) A Convenção sobre o Direito das Crianças admite restrição à liberdade de expressão para a garantia do respeito à reputação dos indivíduos.

(C) A Declaração Universal dos Direitos Humanos é mais restrita quanto à definição da liberdade de opinião que as convenções americana e europeia sobre direitos humanos, visto que leva em consideração, apenas, o direito à opinião, não abordando, como fazem as referidas convenções, o direito de formar a opinião.

(D) A Convenção Americana sobre Direitos Humanos admite a censura prévia exclusivamente nos casos previstos em lei para a proteção da segurança nacional ou da ordem pública.

(E) A Convenção sobre a Eliminação de Todas as Formas de Discriminação contra a Mulher prevê expressamente o direito de a mulher ser tratada em igualdade de condições no que se refere à publicação de suas opiniões pela imprensa.

A: incorreta, pois o art. 10, ponto 1, da Convenção Europeia assim dispõe: "Este direito compreende a liberdade de opinião e a liberdade de receber ou de transmitir informações ou ideias sem que possa haver ingerência de quaisquer autoridades públicas e sem considerações de fronteiras. O presente artigo não impede que os Estados submetam as empresas de radiodifusão, de cinematografia ou de televisão a um regime de autorização prévia"; **B:** correta, pois conforme o comando do art. 13, ponto 2, *a*, da Convenção sobre o Direito das Crianças; **C:** incorreta, pois a redação do art. XIX da Declaração Universal é a seguinte: "Toda pessoa tem direito à liberdade de opinião e expressão; este direito inclui a liberdade de, sem interferência, ter opiniões e de procurar, receber e transmitir informações e ideias por quaisquer meios e independentemente de fronteiras"; **D:** incorreta. O art. 13 da Convenção Americana assim estatui: "ponto 1 - Toda pessoa tem o direito à liberdade de pensamento e de expressão. Esse direito inclui a liberdade de procurar, receber e difundir informações e ideias de qualquer natureza, sem considerações de fronteiras, verbalmente ou por escrito, ou em forma impressa ou artística, ou por qualquer meio de sua escolha; ponto 2 - O exercício do direito previsto no inciso precedente não pode estar sujeito à censura prévia, mas a responsabilidades ulteriores, que devem ser expressamente previstas em lei e que se façam necessárias para assegurar: a) o respeito dos direitos e da reputação das demais pessoas; b) a proteção da segurança nacional, da ordem pública, ou da saúde ou da moral públicas; **E:** incorreta, pois não existe referida previsão na Convenção sobre a Eliminação de Todas as Formas de Discriminação contra a Mulher.

Gabarito "B".

(Defensor Público/ES – 2012 – CESPE) Julgue os itens que se seguem, referentes ao direito internacional dos direitos humanos e ao sistema interamericano de direitos humanos.

(1) No exercício de sua competência consultiva, a Corte Interamericana de Direitos Humanos pode considerar qualquer tratado internacional aplicável aos Estados americanos.

(2) A Carta das Nações Unidas não integra o núcleo de direito internacional dos direitos humanos, pois apenas institui um organismo internacional.

(3) A mudança de nacionalidade é direito assegurado pela Declaração Universal de Direitos Humanos.

(4) Nos termos do Pacto Internacional de Direitos Civis e Políticos, a autodeterminação dos povos esgota-se na possibilidade de estabelecer livremente o seu estatuto político.

(5) O Pacto Internacional de Direitos Econômicos, Sociais e Culturais relaciona o direito ao trabalho ao gozo das liberdades políticas fundamentais.

(6) Nos termos da Convenção Internacional sobre a Eliminação de Todas as Formas de Discriminação Racial, a exclusão de direitos baseada unicamente na origem nacional também poderá caracterizar discriminação racial.

1: certo. A competência consultiva da Corte é marcada por sua grande finalidade de uniformizar a interpretação da Convenção Americana de Direitos Humanos e dos tratados de direitos humanos confeccionados no âmbito da OEA. Dentro dessa competência, qualquer Estado-membro ou órgão34 da OEA pode pedir que a Corte emita parecer que indique

34. Os órgãos estão elencados no capítulo X da Carta da Organização dos Estados Americanos.

a correta interpretação da Convenção e dos tratados concernentes à proteção dos direitos humanos nos Estados Americanos (art. 64, ponto 1, da Convenção Americana de Direitos Humanos); **2:** errado. A Carta das Nações Unidas é o exemplo mais emblemático do processo de internacionalização dos direitos humanos ocorridos no pós-guerra. Cito o ponto 3 do art. 1º da Carta: "Conseguir uma cooperação internacional para resolver os problemas internacionais de caráter econômico, social, cultural ou humanitário, e para promover e estimular o respeito aos direitos humanos e às liberdades fundamentais para todos, sem distinção de raça, sexo, língua ou religião"; **3:** certo, pois o art. XV, ponto 2, da Declaração assim determina: "Ninguém será arbitrariamente privado de sua nacionalidade, nem do direito de mudar de nacionalidade"; **4:** errado. O art. 1º do Pacto assim estatui: "ponto **1:** Todos os povos têm direito à autodeterminação. Em virtude desse direito, determinam livremente seu estatuto político e asseguram livremente seu desenvolvimento econômico, social e cultural; ponto **2:** Para a consecução de seus objetivos, todos os povos podem dispor livremente de suas riquezas e de seus recursos naturais, sem prejuízo das obrigações decorrentes da cooperação econômica internacional, baseada no princípio do proveito mútuo, e do Direito internacional. Em caso algum, poderá um povo ser privado de seus meios de subsistência; ponto **3:** Os Estados-partes do presente pacto, inclusive aqueles que tenham a responsabilidade de administrar territórios não autônomos e territórios sob tutela, deverão promover o exercício do direito à autodeterminação e respeitar esse direito, em conformidade com as disposições da Carta das nações unidas"; **5:** certo. Os direitos humanos possuem como características nucleares a indivisibilidade e a interdependência. Assim, todos os direitos humanos se retroalimentam e se complementam, assim, é infrutífero buscar a proteção e a promoção de apenas uma parcela deles. Portanto, cada direito depende dos outros para ser substancialmente realizado; **6:** certo, pois o art. 1º da Convenção assim estatui: "Para os fins da presente Convenção, a expressão "discriminação racial" significará toda distinção, exclusão, restrição ou preferência baseada em raça, cor, descendência ou origem nacional ou étnica que tenha por objeto ou resultado anular ou restringir o reconhecimento, gozo ou exercício em um mesmo plano (em igualdade de condição) de direitos humanos e liberdades fundamentais nos campos político, econômico, social, cultural ou em qualquer outro campo da vida pública".

Gabarito 1C, 2E, 3C, 4E, 5C, 6C

(Defensor Público/RO – 2012 – CESPE) Em relação à Organização Internacional do Trabalho (OIT), assinale a opção correta.

(A) Como o trabalho constitui a única mercadoria de que dispõem os empregados para assegurar uma vida digna para si e para os seus dependentes, é dever fundamental da OIT assegurar a justa remuneração pelo trabalho.

(B) A liberdade de expressão, apesar de não constar expressamente no atual documento constitutivo da OIT, é um dos princípios fundamentais da liberdade associativa dos empregadores.

(C) Entre as obrigações da OIT inclui-se a de prestar auxílio na execução de programas destinados a proporcionar emprego integral para todos.

(D) A estrutura da OIT, do tipo bipartida, é composta da Conferência Geral, competente para aprovar ou rejeitar as convenções e recomendações propostas, e da Diretoria-Geral, incumbida da presidência e da administração dos trabalhos da organização.

(E) A Conferência Geral é integrada por delegados que representam, de forma paritária, empregados e empregadores de cada Estado-membro, sendo vedada a participação de representantes do governo na Conferência, ainda que sob a forma de indicação de candidatos.

A: incorreta. Um dos princípios fundamentais sobre os quais se funda a OIT é que o trabalho não é uma mercadoria (art. 1º, *a*, da Declaração de Filadélfia); **B:** incorreta. A liberdade de expressão é um dos princípios fundamentais sobre os quais se funda a OIT art. 1º, *b*, da Declaração de Filadélfia); **C:** correta. Segue a redação do art. 3º da Declaração de Filadélfia: "A Conferência reconhece a obrigação solene de a Organização Internacional do Trabalho secundar a execução, entre as diferentes nações do mundo, de programas próprios à realização: a) do pleno emprego e da elevação do nível de vida; b) do emprego dos trabalhadores em ocupações nas quais tenham a satisfação de aplicar toda a sua habilidade e os seus conhecimentos e de contribuir da melhor forma para o bem-estar comum; c) para atingir esse objectivo, da concretização, mediante garantias adequadas para todos os interessados, de possibilidades de formação e meios próprios para facilitar as transferências de trabalhadores, incluindo as migrações de mão de obra e de colonos; d) da possibilidade para todos de uma participação justa nos frutos do progresso em termos de salários e de ganhos, de duração do trabalho e outras condições de trabalho, e um salário mínimo vital para todos os que têm um emprego e necessitam dessa protecção; e) do reconhecimento efectivo do direito de negociação colectiva e da cooperação entre empregadores e os trabalhadores para a melhoria contínua da organização e da produção, assim como da colaboração dos trabalhadores e dos empregadores para a elaboração e aplicação da política social e económica; f) da extensão das medidas de segurança social com vista a assegurar um rendimento de base a todos os que precisem de tal protecção, assim como uma assistência médica completa; g) de uma protecção adequada da vida e da saúde dos trabalhadores em todas as ocupações; h) da protecção da infância e da maternidade; i) de um nível adequado de alimentação, de alojamento e de meios recreativos e culturais; e j) da garantia de igualdade de oportunidades no domínio educativo e profissional"; **D:** incorreta, pois a OIT é a única das agências do Sistema das Nações Unidas com uma estrutura tripartite, composta de representantes de governos e de organizações de empregadores e de trabalhadores; **E:** incorreta. A Conferência Geral do Trabalho é o órgão plenário e deliberante da OIT. Todos os estados-membros estão nela representados pela suas delegações. As delegações são compostas de dois delegados indicados pelo governo, um delegado representante dos empregadores e outro representante dos trabalhadores. Todos os membros da delegação têm direito de voto e podem divergir. A Conferência reúne-se anualmente e tem competência ampla. Segue algumas de suas competências: **a)** adotar convenções e recomendações; **b)** controlar a aplicação pelos estados-membros das normas internacionais do trabalho constantes das convenções e recomendações; **c)** aprovar o orçamento da Organização; **d)** deliberar, por maioria de dois terços, sobre a conveniência de aceitar novos estados-membros; **e)** nomear os juízes do Tribunal Administrativo da OIT.

Gabarito "C"

(Diplomacia 2010) Em relação ao direito internacional dos direitos humanos, julgue C ou E.

(1) Atualmente, a garantia da eficácia dos direitos humanos compete principalmente à Corte Europeia dos Direitos Humanos, com sede em Estrasburgo, na França, e à Corte Interamericana de Direitos Humanos, sediada em São José da Costa Rica.

(2) A Corte Interamericana de Direitos Humanos profere sentenças recorríveis pelos interessados, as quais declaram eventual violação de direito protegido por tratado, não lhe competindo, no caso concreto, determinar pagamento de indenização à parte lesada.

(3) O Direito Internacional Humanitário, campo das ciências jurídicas com o objetivo de prestar assistência às vítimas de guerra, surgiu, efetivamente, com a primeira convenção de Genebra, em 1864.

(4) O direito de Haia, assim chamado por ter seus fundamentos nas quatro convenções internacionais ocorridas nessa cidade, destina-se à proteção das vítimas de conflitos armados — feridos, enfermos, prisioneiros de guerra, náufragos, população civil e militares que estejam fora de combate.

1: Errado, pois existem o sistema global, o regional e o nacional de proteção dos direitos humanos, e todos devem atuar para garantir que a dignidade da pessoa humana seja resguardada. Em cada caso se decidirá qual dos sistemas será aplicado, e tal escolha terá por base a melhor organização para bem proteger o indivíduo naquela ocasião. Isto é, os sistemas não competem, e sim se completam. Isso quer dizer que, em se tratando de interpretação e de aplicação das regras protetivas de direitos humanos, deve-se ter por fundamento o princípio da primazia da norma mais favorável à vítima. Tal princípio determina a busca da maior efetividade possível na proteção dos direitos humanos. Portanto, de um modo geral, os sistemas protetivos global, regional e nacional interagem e complementam-se para melhor proteger o indivíduo dos abusos perpetrados contra sua dignidade humana. **2:** Errado. A Corte Interamericana de Direitos Humanos é o órgão jurisdicional do sistema regional americano de proteção dos direitos humanos. Sua composição é de setes juízes, os quais são nacionais dos países-membros da OEA. A escolha desses juízes é feita pelos Estados-partes da Convenção e realizada de forma pessoal entre juristas da mais alta autoridade moral, de reconhecida competência em matéria de direitos humanos e que reúnam as condições requeridas para o exercício das mais elevadas funções judiciais, de acordo com a lei do Estado do qual sejam nacionais ou do Estado que os propuser como candidatos, não devendo haver dois juízes da mesma nacionalidade. Um traço marcante é que a Corte só pode ser acionada pelos Estados-partes ou pela Comissão; o indivíduo, conforme art. 61 da Convenção, fica proibido de apresentar petição à Corte. Entretanto, pessoas e ONGs podem apresentar pedidos de medidas provisórias à Corte, nos casos em que sejam partes, que já estejam sob a análise do tribunal. No que se refere à sua competência, identifica-se uma atuação *consultiva* e *contenciosa*. A competência consultiva da Corte é marcada por sua grande finalidade de uniformizar a interpretação da Convenção Americana de Direitos Humanos e dos tratados de direitos humanos confeccionados no âmbito da OEA. Dentro dessa competência, qualquer Estado-membro da OEA pode pedir à Corte que emita parecer no qual se indique a correta interpretação da Convenção e de outros tratados internacionais que disponham – direta ou indiretamente - sobre direitos humanos. Ademais, a Corte pode analisar a compatibilidade entre a legislação doméstica de um país-membro da OEA e o sistema protetivo americano. Essa análise tem por escopo harmonizar as legislações domésticas em relação ao sistema americano de proteção. Já a competência contenciosa só será exercida em relação aos Estados-partes da Convenção que, expressa e inequivocamente, tenham aceitado essa competência da Corte (art. 62 da Convenção Americana de Direitos Humanos). A declaração de aceite da competência da Corte pode ser feita incondicionalmente, ou sob condição de reciprocidade, ou por prazo determinado ou ainda somente para casos específicos. Em síntese, pode-se dizer que a jurisdição contenciosa da Corte é limitada pelas partes que intervêm no procedimento (*ratione personae*), pela matéria que é objeto da controvérsia (*ratione materiae*) e pelo tempo transcorrido desde a notificação aos Estados do relatório da Comissão (*ratione temporis*). É limitada *ratione personae* porque só os Estados-partes ou a Comissão podem acioná-la, e é limitada *ratione materiae* porque apenas pode conhecer de casos que tenham por supedâneo a Convenção Americana de Direitos Humanos, o Protocolo San Salvador (somente em relação aos artigos 8º, ponto 1, alínea *a*, e 13), a Convenção Interamericana para Prevenir e Punir a Tortura (conforme o que dispõe o art. 8º) e a Convenção Interamericana sobre o Desaparecimento Forçado de Pessoas (conforme o que dispõe o art. 13). Também é limitada *ratione temporis* porque as alegadas violações devem datar de momento posterior ao reconhecimento da competência contenciosa da Corte pelo Estado. No tocante à Convenção Americana de Direitos Humanos, a Corte tem competência para analisar não somente os direitos por ela disciplinados, mas também as normas que regulam o processo (competência ampla). Se no exercício de sua competência contenciosa ficar comprovada a violação de direitos humanos da(s) vítima(s), a Corte determinará a adoção, pelo Estado agressor, de medidas que façam cessar a violação e restaurar o direito vilipendiado (*restitutio in integrum*), **além de poder condenar o Estado agressor ao pagamento de indenização (tendo por base o plano material e o imaterial) à(s) vítima(s).** A obrigação de reparar, que se regulamenta em todos os aspectos (alcance, natureza, modalidades e determinação dos beneficiários) pelo Direito Internacional, não pode ser modificada ou descumprida pelo Estado obrigado mediante a invocação de disposições de seu direito interno. O cumprimento da sentença da Corte pelos Estados ocorre geralmente de maneira voluntária, de boa-fé. Caso isso não ocorra, por exemplo, no Brasil, o cumprimento se realizará mediante execução da sentença, como título executivo judicial, perante a justiça federal, de acordo com o disposto no art. 109, I, da CF. Mas deve-se saber que os Estados-partes da Convenção comprometem-se a cumprir a decisão da Corte em todo caso em que forem parte (art. 68 da Convenção Americana de Direitos Humanos). Em relação à sentença da Corte Interamericana, resta ainda informar que ela será sempre fundamentada, definitiva e inapelável (arts. 66 e 67 da Convenção Americana de Direitos Humanos). Todavia, em caso de divergência sobre o sentido ou alcance da sentença, a Corte a interpretará, a pedido de qualquer das partes, desde que o pedido seja apresentado dentro de 90 dias a partir da data da notificação da sentença. O Brasil reconheceu a competência obrigatória da Corte para os fatos ocorridos após 10/12/1998, por meio do decreto nº 4.463, de 8/11/2002. **3:** Correto. o Direito Internacional Humanitário subdivide-se em: (i) Direito de Genebra, que protege os não combatentes em tempos de guerra; (ii) Direito de Haia, que regula meios e métodos durante a guerra; (iii) Direito de Nova Iorque, que resguarda os direitos humanos em tempos de conflitos armados; (iv) Direito de Roma, concentrado no Tribunal Penal Internacional, que assegura a justiça penal internacional, evitando a impunidade após os conflitos armados. O Direito de Genebra surgiu historicamente no século XIX, quando, na esteira da criação do Comitê Internacional da Cruz Vermelha, em 1863, foi celebrado, no ano seguinte, na sede do Comitê, a Convenção de Genebra para Melhoria das Condições dos Feridos e dos Enfermos das Forças Armadas em Campanha, que, para Fábio Konder Comparato, (Afirmação Histórica dos Direitos Humanos) foi "a primeira introdução dos direitos humanos na esfera internacional". Atualmente, o Direito de Genebra está consagrado **nas quatro Convenções de Genebra de 1949 (ano em que foram revistas as três Convenções anteriores – as de 1864, 1906 e 1929 – e criada uma quarta, relativa à proteção dos civis em período de Guerra) e em seus Protocolos Adicionais**. A proteção recai sobre as pessoas que não participam dos conflitos (civis, profissionais de saúde e de socorro) e as que deixaram de participar das hostilidades (soldados feridos, doentes, náufragos e prisioneiros de guerra). Em síntese,

4: Errado. A assertiva descreve o Direito de Genebra e não o Direito de Haia. O Direito de Haia tem esse nome, porque foi inaugurado com as Convenções de Haia de 1899 e de 1907, a regular os meios e os métodos utilizados na guerra. De fato, algumas armas (meios) são proibidas pelo direito internacional, como as armas químicas, biológicas, bacteriológicas, e quando entrar em vigor a convenção de 2017, as armas nucleares. Em geral, essas proibições advêm do direito convencional, que só vincula os estados partes nas respectivas convenções, mas, em alguns casos, pode-se afirmar que a proibição decorre também de normas costumeiras. Além disso, mesmo as armas não vedadas pelo direito internacional devem ser usadas consoante alguns métodos. Em particular, seu uso deve respeitar os três princípios norteadores do Direito de Haia quais são: a) princípio da humanidade: os combatentes devem evitar sofrimento desnecessário; b) princípio da necessidade: toda ataque armado deve destinar-se à execução de um objetivo militar; e c) princípio da proporcionalidade: o ataque armado não pode causar danos desproporcionais à vantagem militar obtida.

32. Direito Eleitoral

Flavia Barros, Robinson Barreirinhas e Savio Chalita*

1. FONTES E PRINCÍPIOS DE DIREITO ELEITORAL

(Promotor de Justiça/RR – 2017 – CESPE) O princípio constitucional da anualidade ou da anterioridade da lei eleitoral

(A) não abrange resoluções do TSE que tenham caráter regulamentar.
(B) não repercute sobre decisões do TSE em casos concretos decididos durante o processo eleitoral e que venham a alterar a jurisprudência consolidada.
(C) estabelece período de *vacatio legis* para a entrada em vigor das leis eleitorais.
(D) tem aplicabilidade imediata e eficácia contida conforme a data do processo eleitoral.

A: Correta. O caráter regulamentar das Resoluções apenas irá trazer executoriedade às normas eleitorais, não podendo inovar. O art. 16, CF busca garantir proteção às normas que alterem o processo eleitoral, não alcançando aquelas que deem executoriedade somente. **B:** Incorreta. A anterioridade da lei eleitoral deve ser compreendida como cláusula pétrea uma vez que garante o direito fundamental do cidadão de participar das decisões do estado de forma direta (na condição de representante popular) e, neste passo, deve o Estado garantir-lhe igualdade de chances e anterioridade mínima (princípio da não surpresa) quanto às regras que irão reger o processo de escolha da representação. **C:** Incorreta, pois o art. 16, CF, estabelece que a lei que altera o processo eleitoral entra em vigor na data de sua publicação, mas somente se aplica às eleições que ocorram após 1 ano de sua vigência. Ou seja, a questão não envolve a eficácia da norma, mas sim sua aplicabilidade em razão temporal. **D:** Incorreta. O art. 16, CF, indica a eficácia imediata da norma eleitoral, mas de aplicação condicionada ao lapso temporal mínimo de um ano. SC

Gabarito "A".

(Juiz de Direito/DF – 2016 – CESPE) Com relação a princípios e garantias do direito eleitoral, dos sistemas eleitorais, dos partidos políticos e dos direitos políticos, assinale a opção correta.

(A) O princípio da anualidade não é uma cláusula pétrea e pode ser suprimido por EC.
(B) A Cidadania e o Pluralismo Político são objetivos fundamentais da República Federativa do Brasil.
(C) O pluralismo político é expressão sinônima de diversidade partidária.
(D) São garantias que regem a disciplina dos partidos políticos: a liberdade partidária externa, a liberdade partidária interna, a subvenção pública e a intervenção estatal mínima.
(E) O sistema majoritário brasileiro é unívoco.

A: incorreta, uma vez que, por ocasião do julgamento do RE 633.703, rel. min. Gilmar Mendes (j. 23.03.2011, *DJe* de 18.11.2011), ficou decidido que "*o pleno exercício de direitos políticos por seus titulares (eleitores, candidatos e partidos) é assegurado pela Constituição por meio de um sistema de normas que conformam o que se poderia denominar de devido processo legal eleitoral. Na medida em que estabelecem as garantias fundamentais para a efetividade dos direitos políticos, essas regras também compõem o rol das normas denominadas cláusulas pétreas e, por isso, estão imunes a qualquer reforma que vise a aboli-las. O art. 16 da Constituição, ao submeter a alteração legal do processo eleitoral à regra da anualidade, constitui uma garantia fundamental para o pleno exercício de direitos políticos*"; **B:** incorreta, uma vez que são fundamentos (art. 1°, CF), e não objetivos (art. 3°, CF); **C:** incorreta, uma vez que a ideia de pluralismo político atrela-se à liberdade de manifestação de pensamento, de expressão, de diversidade quanto a pontos de vista políticos e sociológicos. Diferente, portanto, do pluralismo partidário, que estabelece uma amplitude quanto à existência de partidos políticos; **D:** correta, pois se coaduna com o que estabelece o art. 17 da CF e arts. 1º, 2º e 3º da Lei dos Partidos Políticos; **E:** incorreta. Cabe, de início, esclarecer que "unívoco" está associado à ideia de "único sentido", "único significado". Com essa premissa, podemos afirmar que é uma assertiva equivocada, uma vez que observamos situações em que o sentido de majoritário está atrelado a uma maioria qualificada (necessidade de obtenção, pelo candidato ao cargo de Presidente ou Governador, de 50% + 1 dos votos válidos para que seja eleito em primeiro turno. O mesmo para o caso de municípios com mais de 200 mil eleitores. Fundamento no art. 2°, §1°, Lei das Eleições).

Gabarito "D".

(Juiz de Direito/DF – 2016 – CESPE) Com relação a princípios e garantias do direito eleitoral, dos sistemas eleitorais, dos partidos políticos e dos direitos políticos, assinale a opção correta.

(A) O princípio da anualidade não é uma cláusula pétrea e pode ser suprimido por EC.
(B) A Cidadania e o Pluralismo Político são objetivos fundamentais da República Federativa do Brasil.
(C) O pluralismo político é expressão sinônima de diversidade partidária.
(D) São garantias que regem a disciplina dos partidos políticos: a liberdade partidária externa, a liberdade partidária interna, a subvenção pública e a intervenção estatal mínima.
(E) O sistema majoritário brasileiro é unívoco.

A: incorreta, uma vez que, por ocasião do julgamento do RE 633.703, rel. min. Gilmar Mendes (j. 23.03.2011, *DJe* de 18.11.2011), ficou decidido que "*o pleno exercício de direitos políticos por seus titulares (eleitores, candidatos e partidos) é assegurado pela Constituição por meio de um sistema de normas que conformam o que se poderia denominar de devido processo legal eleitoral. Na medida em que estabelecem as garantias fundamentais para a efetividade dos direitos políticos, essas regras também compõem o rol das normas denominadas cláusulas pétreas e, por isso, estão imunes a qualquer reforma que vise a aboli-las. O art. 16 da Constituição, ao submeter a alteração legal do processo eleitoral à regra da anualidade, constitui uma garantia fundamental para o pleno exercício de direitos políticos*"; **B:** incorreta, uma vez que são fundamentos (art. 1°, CF), e não objetivos (art. 3°, CF); **C:** incorreta, uma vez que a ideia de pluralismo político atrela-se à liberdade de manifestação de pensamento, de expressão, de diversidade quanto a pontos de vista políticos e sociológicos. Diferente, portanto, do pluralismo partidário, que estabelece uma amplitude quanto à existência de partidos políticos; **D:** correta, pois se coaduna com o que estabelece o art. 17 da CF e arts. 1º, 2º e 3º da Lei dos Partidos Políticos; **E:** incorreta. Cabe, de início, esclarecer que "unívoco" está associado à ideia de "único sentido", "único significado". Com essa premissa, podemos afirmar que é uma assertiva equivocada, uma vez que observamos situações em que o sentido de majoritário está atrelado a uma maioria qualificada (necessidade de obtenção, pelo candidato ao cargo de Presidente ou Governador, de 50% + 1 dos votos válidos para que seja eleito em primeiro turno. O mesmo para o caso de municípios com mais de 200 mil eleitores. Fundamento no art. 2°, §1°, Lei das Eleições).

Gabarito "D".

(Promotor de Justiça/PI - 2014 - CESPE) Assinale a opção correta acerca dos princípios constitucionais relativos aos direitos políticos.

(A) O alistamento eleitoral e o voto são facultativos para os analfabetos, os maiores de sessenta e cinco anos e os maiores de dezesseis e menores de dezoito anos de idade.
(B) O alistamento eleitoral e o voto são facultativos para os estrangeiros de qualquer nacionalidade, residentes no Brasil por período superior a quinze anos ininterruptos e sem condenação penal.
(C) O pleno exercício dos direitos políticos e o domicílio eleitoral na circunscrição pelo prazo mínimo de um ano antes do registro da candidatura são condições de elegibilidade.

(D) O militar alistável é elegível e, contando menos de dez anos de serviço, deve ser agregado pela autoridade superior; se eleito, passará, automaticamente, no ato da diplomação, para a inatividade.

(E) A soberania popular é exercida pelo sufrágio universal e pelo voto direto e secreto, com valor igual para todos, e, nos termos da lei, mediante plebiscito, referendo e iniciativa popular.

A: incorreta, pois o voto será facultativo aos maiores de setenta anos, sendo esta a única afirmação errônea na assertiva, conforme se depreende na leitura do art. 14, § 1º, II, *b*, CF; **B:** incorreta, uma vez que os estrangeiros não podem se alistar por determinação expressa do art. 14, § 2º, CF. Destaque especial ao caso dos portugueses residentes há mais de três anos no Brasil, que em razão do Tratado da Amizade (vide Decreto 3.927/2001), ou seja, havendo reciprocidade de tratamento aos brasileiros residentes em Portugal, poderão exercer no Brasil seus direitos políticos ativos e passivos (portanto, poderá se inscrever como eleitor), observadas apenas as restrições de concorrer a cargos privativos de brasileiros natos; **C:** incorreta, pois a exigência de anterioridade anual será contado tendo-se em referência a data das eleições a que se pretende concorrer, e não a do Pedido de Registro de Candidatura; **D:** incorreta, uma vez que o art. 14, § 8º, I, CF, dispõe que o militar alistável é elegível, sendo que, se contar menos de dez anos de serviço, deverá afastar-se da atividade. Apenas será agregado aquele que contar com mais de dez anos de serviço, art. 14, § 8º, II, CF; **E:** correta, conforme dispõe o *caput* do art. 14, CF.

Gabarito "E".

2. DIREITOS POLÍTICOS, ELEGIBILIDADE E ALISTAMENTO ELEITORAL

(Promotor de Justiça/RR – 2017 – CESPE) A suspensão de direitos políticos

(A) decorrente de condenação criminal transitada em julgado cessará com o cumprimento da pena, sendo indispensável a prova de reparação dos danos, se for o caso.

(B) não ocorre em relação ao beneficiado pela suspensão condicional do processo.

(C) não é penalidade prevista para aquele que se recusar a prestar serviço no júri popular e a cumprir o serviço alternativo, mesmo que a recusa deva-se a escusa de consciência.

(D) decorrente de condenação criminal transitada em julgado cessará quando a pena privativa de liberdade for substituída por restritiva de direitos.

A: Incorreta, nos exatos termos do enunciado da Súmula 9 do TSE "A suspensão de direitos políticos decorrente de condenação criminal transitada em julgado cessa com o cumprimento ou a extinção da pena, independendo de reabilitação ou de prova de reparação dos danos.". **B:** Correta, pois na suspensão condicional do processo não é possível considerar aceitação dos termos da denúncia e nem mesmo o afastamento da presunção constitucional de inocência. Somente a condenação penal (que não ocorre na ocasião da suspensão condicional do processo) poderá ser considerada a suspensão dos direitos políticos. Importante destacar que a suspensão da pena (há pena neste caso) ocasionará a suspensão de direitos políticos. **C:** Incorreta. O art. 15, IV, CF, estabelece que haverá suspensão de direitos políticos àquele que se recusar a cumprir obrigação a todos imposta ou prestação alternativa, nos termos do art. 5º, VIII, CF. **D:** Incorreta, pois ainda que haja a substituição de pena é inafastável a existência de condenação penal com trânsito em julgado (afinal, estamos tratando da fase de cumprimento de pena), o que autoriza a suspensão dos direitos políticos nos termos do art. 15, III, CF (condenação criminal transitada em julgado). SC

Gabarito "B".

(Analista - Judiciário - TRE/PI - 2016 - CESPE) À luz do disposto no CE, assinale a opção correta a respeito do registro de candidatos.

(A) Qualquer candidato pode solicitar o cancelamento do registro de seu nome, bastando comunicar verbalmente sua decisão na junta eleitoral.

(B) A escolha de candidatos deve ser concluída um ano antes das eleições e aprovada nas convenções partidárias a serem realizadas no mesmo período.

(C) É permitido o registro de um mesmo candidato para mais de um cargo na mesma circunscrição.

(D) O registro de candidatos a governador, vice-governador, prefeito, vice-prefeito, vereadores e juiz de paz é feito no tribunal regional eleitoral.

(E) Para se candidatar a cargo eletivo, o militar que tiver menos de cinco anos de serviço deverá ser excluído do serviço ativo.

A: incorreta, já que o parágrafo único do art. 14 estabelece que o cancelamento do registro do candidato será decretado pela Justiça Eleitoral, após solicitação do partido; **B:** incorreta, pois o art. 8° da Lei das Eleições estabelece que a escolha dos candidatos pelos partidos e a deliberação sobre coligações deverão ser feitas no período de 20 de julho a 5 de agosto do ano em que se realizarem as eleições, lavrando-se a respectiva ata em livro aberto, rubricado pela Justiça Eleitoral, publicada em vinte e quatro horas em qualquer meio de comunicação; **C:** incorreta, já que a candidatura, no Brasil, é para um único cargo. Durante o ano de 2015, juntamente com inúmeras outras alterações intituladas "reforma eleitoral", havia a possibilidade da candidatura para múltiplos cargos, permitindo, caso eleito para todos, optar por qual intentasse verdadeiramente assumir. A proposta não foi aprovada (dado apenas para constar como curiosidade); **D:** incorreta, uma vez que o registro de candidatura para o cargo de prefeito, vice-prefeito e vereadores é feito perante o juiz eleitoral da circunscrição eleitoral, conforme art. 89, III, Código Eleitoral; **E:** correta, com fundamento no art. 14, §8°, Constituição Federal.

Gabarito "E".

(Juiz de Direito/AM – 2016 – CESPE) Assinale a opção correta acerca dos impedimentos eleitorais previstos na legislação vigente.

(A) O pré-candidato que for sobrinho de governador de estado em exercício não poderá se candidatar a governador do mesmo estado no próximo pleito.

(B) Não poderá se candidatar a governador pré-candidato condenado em primeira instância por crime contra o patrimônio público e que o recurso por ele interposto não tenha sido apreciado judicialmente até a data da convenção.

(C) Pré-candidato a deputado federal filiado ao partido há apenas cinco meses antes da convenção não poderá se candidatar, ainda que tenha domicílio eleitoral no estado há mais de um ano.

(D) Não poderá se candidatar a deputado federal pré-candidato que possuir domicílio eleitoral no estado há menos de um ano, ainda que seja filiado ao partido há mais de um ano.

(E) Pré-candidato a deputado federal que não tiver completado vinte e um anos de idade até a data da convenção realizada pelo seu partido não poderá se candidatar: ele não atingiu a idade mínima exigida pela CF.

A: incorreta, uma vez que a relação de parentesco mantida entre o "sobrinho" e o "tio" é de terceiro grau. O §7° do art. 14 da CF, que trata das hipóteses constitucionais de inelegibilidade, indica que "*São inelegíveis, no território de jurisdição do titular, o cônjuge e os parentes consanguíneos ou afins,* ***até o segundo grau*** *ou por adoção, do Presidente da República, de Governador de Estado ou Território, do Distrito Federal, de Prefeito ou de quem os haja substituído dentro dos seis meses anteriores ao pleito, salvo se já titular de mandato eletivo e candidato à reeleição.*"; **B:** incorreta, uma vez que o art. 1°, I, *e*, LC 64/1990 dispõe que haverá necessidade de que tal condenação, a ponto de gerar a inelegibilidade, deverá ocorrer por sentença transitada em julgado ou por órgão colegiado. Assim, não estaria abrangida a condenação em primeira instância, a menos que transitada em julgado (o que não é o caso da questão); **C:** incorreta, pois o enunciado diz que a filiação se deu 5 meses antes da convenção (que, conforme o art. 8°, Lei das Eleições, deverá ser feita no período de 20 de julho a 5 de agosto do ano em que se realizarem as eleições). Assim, considerando que as eleições se dão no primeiro domingo de outubro, e que ao tempo delas o hipotético candidato já alcançaria pelo menos 7 meses de filiação, restam cumpridas as condições de elegibilidade quanto ao prazo de filiação (6 meses antes do pleito, não da convenção) e domicílio eleitoral (1 ano), conforme art. 9°, Lei das Eleições ("*Art. 9º Para concorrer às eleições, o candidato deverá possuir domicílio eleitoral na respectiva circunscrição pelo prazo de, pelo menos, um ano antes do pleito, e* *estar com a filiação deferida pelo partido no mínimo seis meses antes da data da eleição. (Redação dada pela Lei nº 13.165, de 2015)*"); **D:** correta, uma vez que o já citado art. 9°, Lei das Eleições, estabelece que o prazo mínimo a ser observado quanto ao domicílio eleitoral na circunscrição é de 1 ano anterior ao pleito; **E:** incorreta. Cabe destacar que a reforma eleitoral de 2015, em especial a Lei 13.165/2015, alterou a redação do §2°, art. 11, Lei das Eleições, para dispor que "A idade mínima constitucionalmente estabelecida como condição de elegibilidade é verificada tendo por referência a data da posse, salvo quando fixada em dezoito anos, hipótese em que será aferida na data-limite para o pedido de registro". Ou seja, considerando a atual redação do art. 14, §3°, VI, *d*, Constituição Federal, apenas para o cargo de vereador é exigida a idade mínima de 18 anos. Assim, para o cargo de Deputado, com a exigência de 21 anos, temos a aferição de idade tendo-se em vista a data da posse e não a data limite de registro da candidatura.

Gabarito "D"

(Magistratura/BA – 2012 – CESPE) Com relação às disposições constitucionais e legais acerca das condições de elegibilidade, cuja aplicação é disciplinada pela justiça eleitoral, assinale a opção correta.

(A) O candidato a senador da República deve ser aprovado em convenção partidária e contar com mais de trinta e cinco anos de idade na data das eleições.
(B) Candidato a presidente da República deve contar com mais de trinta anos de idade na data da inscrição da candidatura.
(C) Candidato a prefeito deve contar com vinte e um anos de idade na data das eleições.
(D) Candidato a vereador deve ter domicílio eleitoral no município e, pelo menos, dezoito anos de idade na data da convenção partidária.
(E) Candidato a governador de estado deve ser filiado a partido político e ter, na data da posse, trinta anos de idade.

O art. 14, § 3°, da Constituição Federal e art. 11, § 2º, da Lei 9.504/1997 dispõe sobre as condições de elegibilidade, especificamente na alínea b, quanto à idade mínima a ser obedecida para cada cargo elencado. **A:** Incorreta, pois o candidato a senador da República deverá ser eleito pelo voto direto e majoritário, como bem disciplina o art. 83 do Código Eleitoral (Lei 4.737/1965); **B:** Incorreta, as condições de elegibilidade são inerentes a três lapsos temporais distintos: condições necessárias no momento do registro, condições necessárias um ano antes da data da eleição e condições necessárias no momento da posse. Sendo assim, obediência à idade mínima trata-se de condição de elegibilidade necessária no momento da posse, conforme norte o previsto no a art. 11, § 2º, da Lei 9.504; **C:** Incorreta, conforme exposto na alternativa anterior, trata-se de condição necessária a ser cumprida na data da posse; **D:** Incorreta. Em regra a aferição das condições de elegibilidade é feita considerando a data da posse. No entanto APENAS para o cargo em que a idade mínima estabelecida for de 18 anos, a aferição levará em conta a data limite do pedido de registro de candidatura (que é até o dia 15.08 do ano eleitoral); **E:** Correta, pois a alternativa explicita a condição de elegibilidade necessária à data da posse do candidato a governador eleito, qual seja ter a idade mínima de 30 anos de idade e a filiação em partido político (art. 14, § 3°, V e VI, b e art. 11, § 2º, da Lei 9.504/1997).

Gabarito "E"

(Magistratura/ES – 2011 – CESPE) Acerca de alistamento eleitoral, transferência, delegados partidários perante o alistamento, cancelamento e exclusão de eleitor, revisão e correição eleitorais, assinale a opção correta.

(A) Sempre que tiver conhecimento de alguma das causas do cancelamento da inscrição, o juiz eleitoral determinará de ofício a exclusão do eleitor, dispensando-se instauração de processo específico.
(B) Para que o TSE determine de ofício a revisão ou correição das zonas eleitorais, basta que o total de transferências de eleitores ocorridas no ano em curso seja 10% superior ao do ano anterior; ou que o eleitorado seja superior ao dobro da população entre dez e quinze anos, somada à de idade superior a setenta anos, do território do município; ou, ainda, que o eleitorado seja superior a 55% da população projetada para aquele ano pelo Instituto Brasileiro de Geografia e Estatística para o município.
(C) Para a transferência de título eleitoral de servidor público civil, militar, autárquico, ou de membro de sua família, por motivo de remoção ou transferência, não se exigem o transcurso de um ano do alistamento ou da última transferência nem a residência mínima de três meses no novo domicílio.
(D) Nenhum requerimento de inscrição eleitoral ou de transferência será recebido dentro dos cento e oitenta dias anteriores à data da eleição, período considerado de suspensão do alistamento.
(E) Aos delegados dos partidos políticos perante o alistamento é facultado promover a exclusão de qualquer eleitor inscrito ilegalmente, mas não lhes é permitido assumir a defesa do eleitor cuja exclusão esteja sendo promovida.

A: Incorreta, pois será obedecido o procedimento previsto nos arts. 77 e seguintes do Código Eleitoral; **B:** Incorreta, pois o art. 92 da Lei 9504/1997 dispõe que o Tribunal Superior Eleitoral, ao conduzir o processamento dos títulos eleitorais, determinará de ofício a revisão ou correição das Zonas Eleitorais sempre que **(i)** o total de transferências de eleitores ocorridas no ano em curso seja dez por cento superior ao do ano anterior; (ii) o eleitorado for superior ao dobro da população entre dez e quinze anos, somada à de idade superior a setenta anos do território daquele Município; (iii) o eleitorado for superior a sessenta e cinco por cento da população projetada para aquele ano pelo Instituto Brasileiro de Geografia e Estatística – IBGE; **C:** Correta, conforme o art. 55, § 2° do Código Eleitoral, uma vez que nestes casos não se aplica a regra do transcurso de 1 ano e residência fixa mínima de 3 meses; **D:** Incorreta, pois conforme dispõe o art. 91 da Lei 9.504/1997 o prazo é de 150 dias; **E:** Incorreta, uma vez que o art. 66, II, do Código Eleitoral dispõe que é lícito aos partidos políticos, através de seus delegados, promover a exclusão de qualquer eleitor inscrito ilegalmente e assumir a defesa do eleitor cuja exclusão esteja sendo promovida;

Gabarito "C"

(Magistratura/PA – 2012 – CESPE) Olavo, médico com vinte e cinco anos de idade, em cumprimento do serviço militar obrigatório no Comando Aéreo Regional de Belém – PA, pretendendo votar nas eleições de 2012, requereu, no prazo fixado para requerimento, inscrição como eleitor.

Nessa situação, de acordo com as disposições contidas na CF e na legislação aplicável, o juiz eleitoral deve

(A) deferir o pedido, desde que o requerente apresente documento assinado pelo comandante do referido comando aéreo, referendando o pedido de alistamento eleitoral do oficial médico.
(B) deferir o pedido caso o requerente comprove, em documento oficial do comando aéreo, o licenciamento do contingente de médicos até um mês antes da data da eleição.
(C) indeferir o pedido, decisão da qual cabe recurso, em razão de o conscrito não poder alistar-se como eleitor durante o período do serviço militar obrigatório.
(D) indeferir o pedido caso o requerente, não tendo pleiteado a inscrição até o final do ano subsequente ao ano em que completou dezoito anos de idade, não apresente prova do pagamento da multa pelo atraso do alistamento eleitoral.
(E) deferir o pedido, com base no fato de ser a inscrição eleitoral dever legalmente imposto a todo brasileiro com mais de dezoito anos de idade e direito líquido e certo a ele garantido.

De fato, a única resposta correta encontra-se explícita na assertiva C, uma vez que de acordo com o art. 14, § 2°, parte final, CF, não podem alistar-se como eleitores os estrangeiros e, durante o período do serviço militar obrigatório, os conscritos.

Gabarito "C"

(Magistratura/PI – 2011 – CESPE) Assinale a opção correta acerca do alistamento eleitoral e de procedimentos a ele correlatos.

(A) No caso de transferência de domicílio eleitoral, será alterado o número de inscrição originário do eleitor.
(B) Os partidos políticos podem requerer, por seus delegados, a exclusão de qualquer eleitor inscrito ilegalmente, sendo-lhes, contudo, vedada, por inexistência de interesse jurídico, a defesa de eleitor cuja exclusão seja promovida.

(C) Para o acompanhamento e exame dos procedimentos de alistamento, transferência, revisão e segunda via de título eleitoral, os partidos políticos podem manter, em cada zona eleitoral, até dois delegados, que poderão atuar simultaneamente.

(D) As revisões de eleitorado deverão ser presididas pelo corregedor regional eleitoral.

(E) Para efeito do processamento eletrônico do alistamento eleitoral, deverá ser consignada OPERAÇÃO 1 – ALISTAMENTO quando o alistando requerer inscrição e, em seu nome, for localizada uma única inscrição cancelada por determinação de autoridade judiciária (Fase 450).

A: Incorreta, muito embora ocorra a emissão de uma nova cédula do título eleitoral, o número permanece o mesmo, razão esta da solicitação de informações, entre elas a numeração do título, ao domicílio primitivo do solicitante, conforme se verifica nos arts. 55 e seguintes do Código Eleitoral; **B:** Incorreta, uma vez que o art. 66, II Código Eleitoral dispõe que é lícito aos partidos políticos, através de seus delegados, promover a exclusão de qualquer eleitor inscrito ilegalmente e assumir a defesa do eleitor cuja exclusão esteja sendo promovida; **C:** Incorreta, em atenção ao que disciplina o art. 28 da Resolução TSE nº 21.538/03, onde resta disposto que não será permitida a atuação simultânea dos delegados; **D:** Incorreta, pois a revisão de eleitorado será presidida pelo juiz eleitoral competente, cabendo ao corregedor regional eleitoral a inspeção dos trabalhos, como disciplina os arts. 59 e 62 da Resolução TSE nº 21.538/03; **E:** Correta, conforme disciplina o art. 4° da Resolução TSE nº 21.538/03.

Gabarito "E".

3. INELEGIBILIDADE

(Juiz de Direito - TJ/BA - 2019 - CESPE/CEBRASPE) Com base na legislação e na jurisprudência do TSE sobre inelegibilidade e alistamento eleitoral, assinale a opção correta.

(A) Ante a impossibilidade de interpretação extensiva das regras de inelegibilidade, as relações estáveis homoafetivas não são situações configuradoras de hipóteses de inelegibilidade reflexa.

(B) O procedimento de revisão do eleitorado foi inaugurado no Brasil com o recadastramento biométrico promovido pela justiça eleitoral, o qual tem como objetivo conferir maior segurança à identificação do eleitor.

(C) Deferido o pedido de registro de candidatura, haverá preclusão quanto à possibilidade de arguir eventual ausência de domicílio eleitoral do candidato na circunscrição.

(D) O prazo de inelegibilidade dos que forem condenados por corrupção eleitoral em decisão transitada em julgado tem como termo final o oitavo ano seguinte ao fato ilícito praticado.

(E) O encerramento do prazo de inelegibilidade antes do dia da eleição afasta inelegibilidade que for constatada no momento da formalização do pedido de registro de candidatura.

A: Incorreta. A inelegibilidade reflexa alcança tanto uniões hetero como homoafetivas. Importante lembrar que a Resolução CNJ 175/2013 veda a recusa, por parte das autoridades competentes, de habilitação, celebração de casamento civil ou de conversão de união estável em casamento entre pessoas do mesmo sexo. Além disso, a jurisprudência do TSE acena no mesmo sentido de que a inelegibilidade deve ser observada em qualquer das situações, não havendo distinção (REsp 24564/PA). **B:** Incorreta. A revisão do eleitoral consta de disposição do Código Eleitoral, art. 71, § 4º, com origem em 1965 (Código eleitoral: Lei 4737/65). O recadastramento biométrico, por sua vez, vem a ser inaugurado no sistema jurídico através das resoluções do TSE 22.688/2007, 23.061/2009, 23.335/2011, 23.345/2011 e 23.366/2011. **C:** Incorreta. A súmula TSE 47 dispõe que a inelegibilidade superveniente que autoriza a interposição de recurso contra expedição de diploma, fundado no art. 262 do Código Eleitoral, é aquela de índole constitucional ou, se infraconstitucional, superveniente ao registro de candidatura, e que surge até a data do pleito. **D:** Incorreta. Com fundamento na Súmula TSE 61, a inelegibilidade, nesses casos, deve ser considerada após o cumprimento da pena (prazo de inelegibilidade será de 8 anos, art. 1º, I, e, LC 64/90). **E:** Correta. Em plena concordância com o conteúdo da Súmula TSE 70, que dispõe "O encerramento do prazo de inelegibilidade antes do dia da eleição constitui fato superveniente que afasta a inelegibilidade, nos termos do art. 11, § 10, da Lei 9.504/97." (SC)

Gabarito "E".

(Juiz – TJ/CE – 2018 – CESPE) É correto afirmar que a inelegibilidade

(A) alcança aqueles que não estejam filiados a partido político há, pelo menos, um ano antes da eleição.

(B) de candidato a presidente da República se estende ao candidato a vice-presidente da República.

(C) pode ser reconhecida de ofício pela justiça eleitoral nos processos de registro de candidatura.

(D) obsta temporariamente a capacidade eleitoral ativa dos candidatos.

(E) abrange, por força constitucional, os analfabetos, os semianalfabetos, os conscritos e os estrangeiros.

A: Incorreta, uma vez que o art. 9º, Lei 9.504/1997, alterado pela Lei 13.488/2017, prevê o prazo de 6 meses e não de um ano. Atenção! Tanto a condição de elegibilidade de filiação partidária quanto a do domicílio eleitoral deverá ser provada no prazo de até 6 meses antes das eleições. No caso da filiação, ela deverá já estar deferida na data limite. **B:** Incorreta, pois trata-se de causa pessoal de inelegibilidade que não será transferida ao vice. **C:** Correta, de acordo com o enunciado da súmula 45 TSE: "Nos processos de registro de candidatura, o Juiz Eleitoral pode conhecer de ofiìcio da existência de causas de inelegibilidade ou da ausência de condiçaÞo de elegibilidade, desde que resguardados o contraditoìrio e a ampla defesa.". **D:** Incorreta. A inelegibilidade afeta tão somente o exercício dos direitos políticos passivos (capacidade de ser votado). Os direitos políticos ativos permanecem intactos. **E:** Incorreta. A CF, art. 14, § 4º, apenas relaciona os analfabetos como inelegíveis. Os semianalfabetos não são (não podem) sem considerados inelegíveis sob pena de infringir o princípio da vedação à restrição dos direitos políticos, que indica proibição ao intérprete de restringir o direito político de forma extensiva, alargando o significado da norma. SC

Gabarito "C".

(Promotor de Justiça/PI - 2014 - CESPE) Considere que, no exercício do mandato de senador, Ivo seja escolhido pela coligação integrada por seu partido para disputar o cargo de prefeito no ano de 2016. Em face dessa situação, assinale a opção correta à luz das disposições constitucionais e da legislação eleitoral hoje em vigor.

(A) Se o pedido de registro da candidatura for indeferido e o partido renunciar ao direito de preferência, Ivo poderá ser substituído por filiado a qualquer partido integrante da coligação em até dez dias contados da notificação da decisão judicial.

(B) O pedido de registro da candidatura de Ivo deve ser apresentado pela coligação ao juiz eleitoral até às 18 horas do nonagésimo dia anterior à data marcada para a eleição.

(C) Na hipótese de o partido ou coligação não requerer o registro de Ivo, ele mesmo pode fazê-lo perante o TRE, observado o prazo máximo de 48 horas seguintes à publicação da lista dos candidatos pela justiça eleitoral.

(D) A impugnação ao pedido de registro de candidatura de Ivo pode ser feita por candidato, partido político, coligação, MP, ou qualquer eleitor, em petição fundamentada.

(E) Se o pedido de registro da candidatura for indeferido, Ivo poderá efetuar atos relativos à campanha eleitoral, e seu nome poderá ser mantido na urna eletrônica, ficando a validade dos votos a ele atribuídos condicionada a registro válido de substituto.

A: correta, nos exatos termos do que dispõe o art. 13, §§ 1º e 2º da Lei 9.504/1997, Lei das Eleições; **B:** incorreta, já que o art. 11, Lei das Eleições, dispõe que os partidos e coligações solicitarão à Justiça Eleitoral o registro de seus candidatos até as dezenove horas do dia 5 de julho do ano em que se realizarem as eleições; **C:** incorreta, uma vez que na hipótese de o partido ou coligação não requerer o registro de seus candidatos, estes poderão fazê-lo *perante a Justiça Eleitoral*, observado o prazo máximo de quarenta e oito horas seguintes à publicação da lista dos candidatos pela Justiça Eleitoral, conforme dispõe o art. 11,

§ 4°, Lei das Eleições; **D:** incorreta, pois o art. 3°, LC 64/1990, dispõe que caberá a qualquer candidato, a partido político, coligação ou ao Ministério Público, no prazo de 5 (cinco) dias, contados da publicação do pedido de registro do candidato, impugná-lo em petição fundamentada; **E:** incorreta, uma vez que Ivo só poderá agir desta forma caso tenha recorrido (Embargos ou Recurso Especial ao Tribunal Superior Eleitoral), estando, portanto, dentro do que dispõe o art. 16-A, Lei das Eleições, ao disciplinar que o candidato cujo registro esteja *sub judice* poderá efetuar todos os atos relativos à campanha eleitoral, inclusive utilizar o horário eleitoral gratuito no rádio e na televisão e ter seu nome mantido na urna eletrônica enquanto estiver sob essa condição, ficando a validade dos votos a ele atribuídos condicionada ao deferimento de seu registro por instância superior.

Gabarito "A"

(Magistratura/PA – 2012 – CESPE) Assinale a opção correta em relação às eleições.

(A) A substituição de candidato que seja considerado inelegível, renuncie ou faleça após o término do prazo do registro ou, ainda, do candidato cujo registro seja indeferido ou cancelado deverá ser requerida em até 15 dias após o fato ou após a notificação do partido da decisão judicial que tenha dado origem à substituição.

(B) O candidato cujo registro esteja *sub judice* não pode utilizar o horário eleitoral gratuito no rádio ou na televisão, mas seu nome pode ser mantido na urna eletrônica, estando a validade dos votos eventualmente a ele atribuídos condicionada ao deferimento de seu registro por instância superior.

(C) Nas eleições de 2010, aos então detentores de mandato de deputado federal, estadual ou distrital, bem como aos que exerciam esses cargos em qualquer período da legislatura em curso, foi assegurado o registro de candidatura para o mesmo cargo, pelo partido a que estavam filiados.

(D) As condições de elegibilidade e as causas de inelegibilidade devem ser aferidas no momento da formalização do pedido de registro da candidatura, ressalvadas as alterações fáticas ou jurídicas supervenientes ao registro que afastem a inelegibilidade.

(E) O juiz eleitoral deve indeferir pedido de variação de nome de candidato a vereador coincidente com nome de candidato a eleição a prefeito, ainda que o candidato esteja exercendo mandato eletivo ou que, nos quatro anos anteriores ao pleito, tenha concorrido em eleição com o nome coincidente.

A: Incorreta, pois o prazo será o de 10 dias, conforme dispõe o art. 13, § 1°, da Lei 9.504/1997; **B:** Incorreta, pois o art. 16-A Lei 9.504/1997 dispõe que o candidato cujo registro esteja *sub judice* poderá efetuar todos os atos relativos à campanha eleitoral, inclusive utilizar o horário eleitoral gratuito no rádio e na televisão e ter seu nome mantido na urna eletrônica enquanto estiver sob essa condição, ficando a validade dos votos a ele atribuídos condicionada ao deferimento de seu registro por instância superior; **C:** Incorreta, pois a assertiva apresenta distorção ao que dispõe o art. 8, § 1°, da Lei 9.504/1997; **D:** Correta, conforme art. 11, § 10, da Lei 9.504/1997. Cabe mencionar, no entanto, que com a reforma eleitoral de 2015, a aferição para o cargo que preveja idade mínima de 18 nãos terá a aferição, desta condição de elegibilidade, considerando-se a data limite para o pedido de registro de candidatura (art. 11§2°, Lei Eleições) ; **E:** Incorreta, pois o art. 12, § 3°, da Lei 9.504/1997 dispõe que a Justiça Eleitoral indeferirá todo pedido de variação de nome coincidente com nome de candidato a eleição majoritária, salvo para candidato que esteja exercendo mandato eletivo ou o tenha exercido nos últimos quatro anos, ou que, nesse mesmo prazo, tenha concorrido em eleição com o nome coincidente.

Gabarito "D"

(Magistratura/PI – 2011 – CESPE) Com relação às inelegibilidades, assinale a opção correta.

(A) O candidato condenado, em decisão transitada em julgado ou proferida por órgão colegiado da justiça eleitoral, por conduta vedada a agente público em campanha eleitoral somente será considerado inelegível se a conduta implicar a cassação do registro ou do diploma.

(B) O prefeito que perder o mandato por infringência a dispositivo da Lei orgânica municipal ficará inelegível, para qualquer cargo, nas eleições a serem realizadas no período remanescente do mandato para o qual tenha sido eleito e nos três anos subsequentes ao término do mandato, reavendo a sua elegibilidade imediatamente após esse período.

(C) O prazo da inelegibilidade do indivíduo condenado por crime contra o meio ambiente por decisão transitada em julgado ou proferida por órgão judicial colegiado perdura enquanto durarem os efeitos da condenação.

(D) A inelegibilidade não se aplica a membro de assembleia legislativa que renunciar ao mandato após o oferecimento de representação capaz de autorizar a abertura de processo por infringência a dispositivo da constituição estadual.

(E) O indivíduo excluído do exercício da profissão por decisão sancionatória do órgão profissional competente em decorrência de infração ético-profissional ficará inelegível, para qualquer cargo, pelo prazo de quatro anos, salvo se o ato houver sido anulado ou suspenso pelo Poder Judiciário.

A: Correta, (art. 1°, I, j, LC 64/1990); **B:** Incorreta, pois o art. 1°, I, c, da LC 64/1990 dispõe que Prefeito e o Vice-Prefeito que perderem seus cargos eletivos por infringência a dispositivo da Constituição Estadual, da Lei Orgânica do Distrito Federal ou da Lei Orgânica do Município, para as eleições que se realizarem durante o período remanescente e nos 8 (oito) anos subsequentes ao término do mandato para o qual tenham sido eleitos; **C:** Incorreta, pois o art. 1°, I, e, linha 3, da LC 64/1990 dispõe que a inelegibilidade atingirá desde a condenação até o transcurso do prazo de 8 (oito) anos após o cumprimento da pena; **D:** Incorreta, pois a inelegibilidade é aplicada com base no que dispõe o art. 1°, I, k, da LC 64/1990; **E:** Incorreta, pois o prazo será de 8 anos, conforme art. 1°, I, m, da LC 64/1990.

Gabarito "A"

(Magistratura/PB – 2011 – CESPE) Com relação à inelegibilidade, assinale a opção correta.

(A) O prazo de inelegibilidade de prefeito que tiver as contas relativas ao exercício do cargo rejeitadas, por decisão irrecorrível do órgão competente, em razão de irregularidade insanável que configure ato doloso de improbidade administrativa, se a decisão não tiver sido suspensa nem anulada pelo Poder Judiciário, deverá ser contado do término do mandato para o qual o prefeito tenha sido eleito.

(B) Para candidato que já exerça mandato eletivo, conta-se do término do mandato para o qual tenha sido eleito o prazo de inelegibilidade caso ele venha a ser condenado, por decisão transitada em julgado ou proferida por órgão colegiado da justiça eleitoral, em decorrência de gastos ilícitos de campanha, com a consequente cassação do diploma.

(C) Consideram-se inelegíveis para qualquer cargo a pessoa física e(ou) o dirigente de pessoa jurídica responsáveis por doação eleitoral tida por ilegal, se reconhecida contra si inelegibilidade, por prazo contado da decisão que reconheça a ilegalidade.

(D) O prazo de inelegibilidade de indivíduo condenado por qualquer crime eleitoral, em decisão transitada em julgado ou proferida por órgão judicial colegiado, perdura por prazo superior aos efeitos da condenação.

(E) Enquanto persistirem os efeitos da condenação, perdura o prazo de inelegibilidade de indivíduo condenado por crime contra o patrimônio privado, em decisão transitada em julgado ou proferida por órgão judicial colegiado.

A: incorreta, pois o prazo de 8 anos é contado a partir da data da decisão que rejeitou as contas – art. 1°, I, *g*, da LI; **B:** incorreta, pois o prazo de 8 anos, nesse caso, é contado da eleição (independentemente de ter sido cassado o registro ou o diploma) – art. 1°, I, *j*, da LI; **C:** essa é a assertiva correta, conforme o art. 1°, I, *p*, da LI; **D:** incorreta, pois a inelegibilidade por até 8 anos após o cumprimento da pena refere-se apenas aos crimes indicados no art. 1°, I, *e*, da LI; **E:** incorreta, pois, nesse caso, a inelegibilidade vai desde a condenação até o transcurso do prazo de 8 anos após o cumprimento da pena – art. 1°, I, *e*, 2, da LI.

Gabarito "C"

4. CANCELAMENTO E EXCLUSÃO DE ELEITOR

(Analista – TRE/BA – 2010 – CESPE) Considerando um eleitor que esteja respondendo a processo de exclusão de inscrição, julgue os itens subsequentes.

(1) A Lei admite que o eleitor, durante o processo de exclusão, vote validamente.

(2) É defeso ao juiz eleitoral conhecer de ofício a exclusão do eleitor.

(3) Como o interesse de agir é exclusivo do eleitor, outro eleitor não poderá promover a sua defesa em caso de exclusão.

1: correta – Art. 72 CE; **2:** incorreta – Art. 71, § 1º CE; **3:** incorreta – Art. 73 CE.

Gabarito 1C, 2E, 3E

5. PARTIDOS POLÍTICOS, CANDIDATOS

(Juiz de Direito - TJ/BA - 2019 - CESPE/CEBRASPE) A respeito da atuação dos partidos políticos e das estratégias de exercício da democracia, assinale a opção correta.

(A) O modelo brasileiro de financiamento de campanha é misto, com participação tanto do poder público quanto do setor privado, sendo possível posterior retificação, na justiça eleitoral, dos limites de gastos de cada campanha.

(B) A CF prevê a proteção à fidelidade partidária, de modo que, nos cargos alcançados pelo sistema majoritário, a arbitrária desfiliação partidária implica renúncia tácita do mandato.

(C) O sistema eleitoral distrital tem natureza proporcional, o que possibilita o prestígio da representação de minorias e a diminuição do clientelismo político.

(D) No Brasil, a discussão acerca da viabilidade de candidaturas avulsas está relacionada com o respeito às condições de elegibilidade previstas na CF e às garantias previstas no Pacto de San José da Costa Rica.

(E) Ao eleito por partido que não alcançar a cláusula de desempenho eleitoral exigida pela legislação será assegurado o mandato, desde que ele se filie a outro partido.

A: Incorreta. De fato, o modelo de financiamento é o misto, sendo vedada apenas a participação (no financiamento) por pessoas jurídicas. No entanto, não é permitida a retificação do limite de gastos. **B:** Incorreta. A súmula TSE 67, dispõe que a perda do mandato em razão da desfiliação de partido sem justa causa não se aplica aos candidatos eleitos pelo sistema majoritário (presidente da república, governador de estado e do DF, prefeito e senador). **C:** Incorreta. O voto distrital, não adotado no Brasil, não possui natureza proporcional. Pelo sistema distrital é feita uma divisão do Município ou Estado em circunscrições ou distritos. Nestas limitações, partidos lançarão candidatos (um por partido). A eleição será definida por um critério de maioria, não existindo qualquer proporcionalidade na apuração, mas sim apuração do "mais votado". Não há, portanto, prestígio da representação de minorias, o que é possível a partir da proporcionalidade na apuração. **D:** Correta. A chamada candidatura avulsa guarda relação com as condições de elegibilidade previstas na CF (art. 14, § 3º, CF) e as disposições do Pacto de San Jose da Costa Rica, que ao tratar sobre os direitos políticos não menciona a filiação partidária como condição. No entanto, prevalece a vedação às candidaturas avulsas. **E:** Incorreta. O art. 17, § 5º, CF dispõe que ao eleito por partido que não cumprir com o desempenho mínimo (§ 3º, art. 17, CF) será assegurado o mandato e facultada a filiação a outro partido que tenha atingido (a cláusula de desempenho do § 3º, art. 17, CF), sem que isso constitua razão para perda de mandato (por infidelidade partidária). Também, nessa situação, não será considerada eventual troca de partido para fins de distribuição dos recursos do fundo partidário e do acesso gratuito ao tempo de rádio e de televisão. **SC**

Gabarito "D"

(Promotor de Justiça/RR – 2017 – CESPE) A respeito de partidos políticos, assinale a opção correta.

(A) Os partidos políticos podem utilizar os recursos do fundo partidário para pagar multas eleitorais decorrentes de infração à Lei das Eleições.

(B) Os partidos políticos não são obrigados a cumprir exigências licitatórias para contratar e realizar despesas com recursos do fundo partidário.

(C) O partido político adquire personalidade jurídica com o registro de seu estatuto no TSE.

(D) As contas partidárias que forem desaprovadas não poderão receber novas cotas do fundo partidário até que sejam regularizadas.

A: Incorreta, Ac.-TSE, de 21.5.2015, na Consulta nº 139623: é vedada a utilização de recursos do Fundo Partidário para efetuar pagamento de multas eleitorais, decorrente de infração à Lei das Eleições. **B:** Correta, uma vez que são pessoas jurídicas de direito privado, com função pública (indispensável condição de elegibilidade constitucional), não se equiparando às entidades paraestatais. Não obstante, estão obrigados à prestação de contas. **C:** Incorreta, a aquisição de personalidade jurídica será na forma civil (cartório civil de pessoa jurídica da capital federal – arts. 7º e 8º Lei 9.096/1995). **D:** Incorreta. O art. 37, Lei 9.096/1995 estabelece que a desaprovação das contas do partido implicará exclusivamente a sanção de devolução da importância apontada como irregular, acrescida de multa de até 20%. **SC**

Gabarito "B"

(Juiz – TJ/CE – 2018 – CESPE) O registro de estatuto de partido político junto ao TSE será autorizado

(A) por ato de natureza jurisdicional da corte sujeito a recurso extraordinário.

(B) por ato materialmente administrativo que lhe atribua personalidade jurídica.

(C) se, entre outros requisitos, o requerimento estiver instruído com o inteiro teor do programa e do estatuto partidários, ambos inscritos no registro civil das pessoas jurídicas.

(D) se, entre outros requisitos, o requerimento estiver instruído com certidão de inteiro teor do registro partidário expedida pelo cartório de registro civil das pessoas jurídicas da capital do estado sede do partido.

(E) se preenchidos os requisitos legais, independentemente de comprovação de apoio mínimo de eleitores.

A: Incorreta, já que o registro conferido pelo TSE, após a aquisição de personalidade jurídica junto ao cartório de registro competente, não possui natureza jurisdicional mas sim administrativa. **B:** Incorreta, pois a aquisição de personalidade jurídica se dará anteriormente, com o registro feito junto ao cartório civil de pessoas jurídicas da capital federal (arts. 7º e 8º, Lei 9.096/1995). **C:** Correta, com fundamento nos incisos do art. 9º, Lei 9.096/1995, que relaciona documentação que deverá acompanhar requerimento a ser direcionado ao TSE para fins de registro do estatuto do partido. **D:** Incorreta. O cartório competente será o do registro civil das pessoas jurídicas da capital federal e não estadual. **E:** Incorreta. A comprovação do apoio mínimo é condição inafastável, vez que configurará o reflexo da abrangência nacional da agremiação, como preconiza a condição indicada no art. 9, III, Lei 9.096/1995. **SC**

Gabarito "C"

(Analista - Judiciário –TRE/PI - 2016 - CESPE) Com base no disposto na Lei n.º 9.504/1997, assinale a opção correta.

(A) Nas eleições proporcionais, são computados como válidos todos os votos registrados pelas mesas receptoras.

(B) As eleições para governador, vice-governador, prefeito, vice-prefeito e vereador realizam-se simultaneamente, no primeiro domingo de outubro do ano de eleições estaduais.

(C) Nas eleições proporcionais, consideram-se válidos os votos dados a candidatos regularmente inscritos e às legendas partidárias.

(D) Será considerado eleito o candidato a governador que obtiver a maioria absoluta de votos, computados os votos brancos e nulos.

(E) Caso candidato a prefeito desista de concorrer à eleição municipal antes do segundo turno, deverá o juiz eleitoral cancelar imediatamente o pleito, devendo convocar novas eleições para o ano seguinte.

A: incorreta, já que são computados tão somente os votos válidos, ou seja, todos os votos colhidos pelas mesas receptoras, exceto os nulos e brancos; **B:** incorreta, uma vez que as eleições para governador e vice ocorrerão juntamente com as de Presidente e Vice (da República), Deputados e Senadores. As eleições municipais abrangerão tão somente a escolha de representantes para o cargo de prefeito municipal e vereadores; **C:** correta. Para que o voto seja "excluído" da contabilização, somente se for nulo ou em branco. O voto em legenda é válido; **D:** incorreta, pois, para a apuração do resultado das eleições, será necessária a adoção do paradigma dos votos válidos, ou seja, total de votos obtidos com exclusão dos nulos e brancos; **E:** incorreta, uma vez que o art. 2° da Lei das Eleições estabelece que se, antes de realizado o segundo turno, ocorrer morte, desistência ou impedimento legal de candidato, convocar-se-á, dentre os remanescentes, o de maior votação. Atenção: A EC 97/2017 passou a dispor que as coligações partidárias apenas poderão ocorrer para as eleições majoritárias (chefes de executivo e senador federal

Gabarito "C."

(Juiz de Direito/AM – 2016 – CESPE) Considerando que, em um estado da Federação com direito a eleger vinte deputados federais, um partido político regularmente inscrito participará das eleições sem estar coligado a nenhum outro, assinale a opção que apresenta uma quantidade correta de candidatos que poderão concorrer ao cargo de deputado(a) federal pelo referido partido.

(A) vinte homens – vinte mulheres
(B) nove homens – vinte e uma mulheres
(C) vinte homens – duas mulheres
(D) vinte e dois homens – oito mulheres
(E) trinta homens – dez mulheres

A única alternativa correta é a trazida pela assertiva "B", uma vez que, em atenção ao §3° do art. 10 da Lei das Eleições, considerando o número possível ao registro de candidaturas, cada partido ou coligação preencherá o mínimo de 30% (trinta por cento) e o máximo de 70% (setenta por cento) para candidaturas de cada sexo.

Gabarito "B."

(Juiz de Direito/AM – 2016 – CESPE) De acordo com as normas que regulam o funcionamento dos partidos políticos no Brasil,

(A) não há restrições à fusão ou incorporação de partidos políticos que tenham obtido o registro definitivo do TSE.
(B) as mudanças de filiação partidária não são consideradas para efeito da distribuição dos recursos do fundo partidário entre os partidos políticos.
(C) o desvio reiterado do programa partidário, a grave discriminação política pessoal e a filiação a novo partido são considerados justas causas de desfiliação de detentores de mandato eletivo.
(D) o apoiamento de eleitores filiados a determinado partido político pode ser computado para fins de registro do estatuto de um novo partido político.
(E) o tempo de propaganda partidária gratuita no rádio e na televisão é distribuído entre os partidos proporcionalmente aos votos obtidos na eleição mais recente para deputado federal.

A: incorreta, uma vez que o §9° do art. 29 da Lei dos Partidos Políticos estabelece que somente será admitida a fusão ou incorporação de partidos políticos que hajam obtido o registro definitivo do Tribunal Superior Eleitoral há, pelo menos, 5 (cinco) anos; **B:** correta, com fundamento no parágrafo único do art. 41 da Lei dos Partidos Políticos, que estabelece que, para efeito do disposto no inciso II (divisão do fundo partidário), serão desconsideradas as mudanças de filiação partidária em quaisquer hipóteses; **C:** incorreta, uma vez que o parágrafo único do art. 22-A da Lei dos Partidos Políticos, inserido pela Lei 13.165/15, estabelece como JUSTA CAUSA: I - mudança substancial ou desvio reiterado do programa partidário; II - grave discriminação política pessoal; III - mudança de partido efetuada durante o período de trinta dias que antecede o prazo de filiação exigido em lei para concorrer à eleição, majoritária ou proporcional, ao término do mandato vigente. Ou seja, a mudança de partido pelo simples fato da criação de um novo partido não está mais contemplada como autorizativo legal à exceção da fidelidade partidária; **D:** incorreta, já que o §1° do art. 7° da Lei dos Partidos Políticos é claro ao estabelecer que o apoiamento deve ser realizado por cidadãos não filiados a outros partidos; **E:** incorreta, uma vez que, pela leitura do art. 49 da Lei dos Partidos Políticos, depreende-se que a divisão do tempo reservado para propaganda partidária é correspondente ao número de cadeiras ocupadas (representação no congresso) e não aos votos obtidos.

Gabarito "B."

(Promotor de Justiça/PI - 2014 - CESPE) Assinale a opção correta com relação aos partidos políticos.

(A) A responsabilidade, inclusive civil e trabalhista, cabe solidariamente ao órgão partidário municipal, estadual ou nacional que tiver dado causa a descumprimento da obrigação, a violação de direito, a dano a outrem ou a qualquer ato ilícito.
(B) A sanção de suspensão do repasse de novas quotas do fundo partidário, por desaprovação total da prestação de contas de partido, não pode ser aplicada por meio de desconto, do valor a ser repassado, da importância apontada como irregular.
(C) É assegurada aos partidos políticos autonomia para adotar os critérios de escolha e o regime de suas coligações eleitorais, sem obrigatoriedade de vinculação entre as candidaturas em âmbito nacional, estadual, distrital ou municipal.
(D) Os órgãos de direção nacional, estadual e municipal do partido político podem receber doações de pessoas físicas e jurídicas, inclusive entidades de classe ou sindicais, para constituição de seus fundos.
(E) A personalidade jurídica é adquirida, nos termos da lei civil, após o registro do estatuto do partido político no TSE.

A: incorreta, uma vez que o art. 15-A da Lei dos Partidos Políticos dispõe que a responsabilidade, inclusive civil e trabalhista, cabe exclusivamente ao órgão partidário municipal, estadual ou nacional que tiver dado causa ao não cumprimento da obrigação, à violação de direito, a dano a outrem ou a qualquer ato ilícito, excluída a solidariedade de outros órgãos de direção partidária; **B:** incorreta, uma vez que o art. 37, § 3º da Lei dos Partidos Políticos dispõe que a sanção de suspensão do repasse de novas quotas do Fundo Partidário, por desaprovação total ou parcial da prestação de contas de partido, deverá ser aplicada de forma proporcional e razoável, pelo período de 1 (um) mês a 12 (doze) meses, ou por meio do desconto, do valor a ser repassado, da importância apontada como irregular, não podendo ser aplicada a sanção de suspensão, caso a prestação de contas não seja julgada, pelo juízo ou tribunal competente, após 5 (cinco) anos de sua apresentação; **C:** correta, nos exatos termos do disposto no *caput* e parágrafo único do art. 3º da Lei dos Partidos Políticos; **D:** incorreta, uma vez que há o proibitivo expresso do art. 31, IV, Lei dos Partidos Políticos que veda ao partido receber, direta ou indiretamente, sob qualquer forma ou pretexto, contribuição ou auxílio pecuniário ou estimável em dinheiro, inclusive através de publicidade de qualquer espécie, procedente, dentre outros, de entidade de classe ou sindical; **E:** incorreta. A personalidade jurídica do partido político é adquirida com o registro junto ao Registro Civil das Pessoas Jurídicas, da Capital Federal, conforme depreende-se da leitura dos arts. 7º e 8º, Lei dos Partidos Políticos.

Gabarito "C."

(Magistratura/ES – 2011 – CESPE) À luz da jurisprudência do STF, assinale a opção correta a respeito de direitos políticos e partidos políticos.

(A) O reconhecimento da justa causa para transferência de partido político afasta a perda do mandato eletivo por infidelidade partidária e transfere ao novo partido do detentor do mandato o direito de sucessão à vaga.
(B) É válida a dispensa, por Lei estadual que discipline os procedimentos necessários à realização das eleições para implementação da justiça de paz, de filiação partidária para os candidatos a juiz de paz.
(C) A dissolução da sociedade ou do vínculo conjugal no curso do mandato de determinado prefeito afasta a inelegibilidade prevista na CF para o cônjuge de prefeito.
(D) O domicílio eleitoral na respectiva circunscrição e a filiação partidária constituem condições de elegibilidade que podem ser disciplinadas por Lei ordinária.
(E) Para a aplicação das condições de elegibilidade referentes à eleição indireta para governador e vice-governador de estado — realizada pela assembleia legislativa em caso de dupla vacância desses cargos executivos no último biênio do período de governo — previstas no art. 14 da CF, faz-se necessária expressa previsão em Lei estadual.

De fato a única resposta correta encontra-se na assertiva "D", tendo em vista posicionamento do STF já consolidado neste sentido (ADI 1.057-

MC, Rel. Min. Celso de Mello, julgamento em 20-4-1994, Plenário, DJ de 6-4-2001.) No mesmo sentido: ADI 4.298-MC, Rel. Min. Cezar Peluso, julgamento em 7-10-2009, Plenário, DJE de 27-11-2009.

Gabarito "D".

(Magistratura/PA – 2012 – CESPE) No que se refere aos partidos políticos, assinale a opção correta.

(A) O direito ao funcionamento parlamentar é vinculado à obtenção do apoio de, no mínimo, 3% dos votos apurados para a Câmara dos Deputados, não computados os brancos e os nulos, distribuídos em, pelo menos, um terço dos estados, com um mínimo de 1% do total dos votos de cada um deles.

(B) Observado o disposto na CF e na legislação de regência, o partido é livre para fixar, em seu programa, seus objetivos políticos e para estabelecer, em seu estatuto, sua estrutura interna, organização e funcionamento.

(C) O partido político funciona, nas casas legislativas, por intermédio de diretoria, que deve indicar suas lideranças de acordo com o estatuto do partido, as disposições regimentais das respectivas Casas e as normas da legislação pertinente.

(D) O requerimento do registro dirigido ao cartório competente do registro civil das pessoas jurídicas, da capital federal, deve ser subscrito pelos fundadores do partido político, em número nunca inferior a 81, os quais devem ter domicílio eleitoral em, no mínimo, um terço dos estados federados.

(E) A responsabilidade civil cabe ao órgão partidário municipal, estadual ou nacional que tiver dado causa a qualquer ato ilícito, havendo solidariedade dos órgãos de direção partidária estadual e nacional, em relação, respectivamente, ao órgão municipal e ao estadual.

De fato a assertiva B é a única que traz resposta correta, vez que se trata do *caput* dos artigos 3° e 14 da Lei 9.096/1995, garantindo ao partido a liberdade e autonomia para estabelecer, em seu estatuto, a sua estrutura interna, organização e funcionamento. Cabe lembrar que com a minirreforma eleitoral inaugurada pela Lei 12.891/2013 restou disposto no parágrafo único do art. 3° da Lei 9.096/1995, que também é assegurado aos candidatos, partidos políticos e coligações autonomia para definir o cronograma das atividades eleitorais de campanha e executá-lo em qualquer dia e horário, observados os limites estabelecidos em lei.

Gabarito "B".

(Magistratura/PI – 2011 – CESPE) A respeito dos partidos políticos, assinale a opção correta.

(A) Os órgãos de direção nacional dos partidos políticos têm pleno acesso às informações que, constantes do cadastro eleitoral, digam respeito a seus afiliados.

(B) Terá direito a funcionamento parlamentar, em todas as casas legislativas para as quais tenha elegido representante, o partido que, em cada eleição para a Câmara dos Deputados, obtiver o apoio de, no mínimo, 5% dos votos apurados, não computados os brancos e os nulos, distribuídos em, pelo menos, um terço dos estados, com um mínimo de 2% do total de cada um deles.

(C) De acordo com a Lei que dispõe sobre partidos políticos, a responsabilidade civil e trabalhista é solidária entre o órgão partidário municipal, o estadual e o nacional, ante o caráter nacional das agremiações partidárias.

(D) Resolução do TSE considera justa causa, para efeito de desfiliação partidária, afastamento e decretação da perda de cargo eletivo, a mudança substancial ou o desvio do estatuto partidário.

(E) Somente o registro do estatuto do partido político no registro civil das pessoas jurídicas da capital federal assegura a exclusividade da denominação, da sigla e dos símbolos da agremiação, sendo vedada a utilização, por outros partidos, de variações que possam suscitar erro ou confusão.

A resposta correta apresenta o preceituado art. 19, § 3º, da Lei 9.096/1995, disposição esta inserida pela Lei 12.034/2009, de modo a garantir aos órgãos de direção nacional dos partidos políticos o pleno acesso às informações constantes do cadastro eleitoral que digam respeito aos seus afiliados.

Gabarito "A".

(Ministério Público/ES - 2010 - CESPE) Assinale a opção correta a respeito de partidos políticos.

(A) O exame da prestação de contas dos órgãos partidários tem caráter jurisdicional.

(B) Do total do fundo partidário, 1% é destinado, em partes iguais, a todos os partidos que tenham seus estatutos registrados no Tribunal Superior Eleitoral e 99% são distribuídos aos partidos na proporção dos votos obtidos na última eleição geral para a Câmara dos Deputados.

(C) A responsabilidade, incluindo a civil e a trabalhista, entre qualquer órgão partidário municipal, estadual ou nacional, é solidária ante o caráter nacional dos partidos políticos.

(D) Os recursos do fundo partidário recebidos por partido político, nos termos da lei, são créditos penhoráveis para pagamento de débitos de natureza trabalhista.

(E) A sanção de suspensão do repasse de novas quotas do fundo partidário, devido à desaprovação total ou parcial da prestação de contas de partido, deve ser aplicada necessariamente pelo período de doze meses. Caso a prestação de contas não seja julgada, pelo juízo ou tribunal competente, após cinco anos de sua apresentação, a sanção de suspensão não poderá ser aplicada.

A: assertiva correta, conforme o art. 34 da Lei dos Partidos Políticos – LPP (Lei 9.096/1995); **B:** incorreta, pois o art. 41, I e II, da LPP foi declarado inconstitucional pelo STF – ver ADI 1.351/DF e ADI 1.354/DF; **C:** incorreta, pois a responsabilidade, inclusive civil, cabe exclusivamente ao órgão partidário municipal, estadual ou nacional que tiver dado causa ao não cumprimento da obrigação, à violação de direito, ao dano a outrem ou a qualquer ato ilícito, excluída a solidariedade de outros órgãos de direção partidária – art. 15-A da LPP; **D:** incorreta, pois os recursos recebidos do fundo partidário são absolutamente impenhoráveis – art. 649, XI, do CPC; **E:** incorreta, pois a sanção deverá ser aplicada de forma proporcional e razoável, pelo período de 1 mês a 12 meses – art. 37, § 3º, da LPP.

Gabarito "A".

(Ministério Público/SE - 2010 - CESPE) Assinale a opção correta quanto à disciplina legal dos partidos políticos.

(A) Como entidade de direito privado, para participar das eleições, o partido político deve registrar seus estatutos no registro civil de pessoas jurídicas de qualquer cidade brasileira.

(B) O partido adquire personalidade jurídica na forma da Lei civil e registra seus estatutos no TSE.

(C) Admite-se o registro de partido que comprove o apoiamento do número bastante de eleitores, desde que distribuído em pelo menos cinco unidades da Federação.

(D) O partido político tem direito à propaganda partidária após participar de, pelo menos, uma eleição.

(E) A exclusão de filiado das listas partidárias depende de autorização judicial específica.

A: incorreta, pois o requerimento do registro de partido político deve ser dirigido ao cartório competente do Registro Civil das Pessoas Jurídicas da Capital Federal – art. 8º da LPP; **B:** assertiva correta, pois reflete exatamente o disposto no art. 17, § 2º, da CF e no art. 7º da LPP; **C:** incorreta, pois o apoiamento de eleitores deve se dar em pelo menos um terço dos Estados e DF, ou seja, em pelo menos 9 deles – art. 7º, § 1º, da LPP; **D:** incorreta, já que o partido político registrado no TSE tem direito à realização de propaganda – art. 49, I, da LPP; **E:** incorreta, pois a filiação partidária pode ser cancelada pelo partido na forma do seu estatuto, independentemente de autorização judicial – art. 22, III e IV, da LPP.

Gabarito "B".

(Ministério Público/SE - 2010 - CESPE) Acerca das finanças e da contabilidade dos partidos políticos, assinale a opção correta.

(A) O partido pode receber recursos de governos estrangeiros, desde que o Brasil mantenha relações diplomáticas regulares com os países de origem desses recursos.

(B) As entidades sindicais somente podem auxiliar partidos políticos mediante publicidade partidária em seus meios de comunicação institucionais.

(C) O diretório nacional é solidariamente responsável pelas obrigações assumidas pelos diretórios estaduais.

(D) O exame da prestação de contas dos órgãos partidários tem caráter jurisdicional.

(E) O recurso do partido contra decisão sobre prestação de contas tem apenas efeito devolutivo.

A: incorreta, pois o partido jamais pode receber recursos de governos estrangeiros – art. 17, II, da CF e art. 31, I, da LPP; **B:** incorreta, pois é vedado receber, direta ou indiretamente, sob qualquer forma ou pretexto, contribuição ou auxílio pecuniário ou estimável em dinheiro, inclusive através de publicidade de qualquer espécie, procedente de entidade de classe ou sindical – art. 31, IV, da LPP; **C:** incorreta, pois, nos termos do art. 15-A da LPP, a responsabilidade, inclusive civil e trabalhista, cabe exclusivamente ao órgão partidário municipal, estadual ou nacional que tiver dado causa ao não cumprimento da obrigação, à violação de direito, a dano a outrem ou a qualquer ato ilícito, excluída a solidariedade de outros órgãos de direção partidária; **D:** correta, conforme o art. 34 da LPP; **E:** incorreta, pois o recurso tem efeito suspensivo – art. 37, § 4º, da LPP.

Gabarito "D"

(Analista – TRE/BA – 2010 – CESPE) Uma das mazelas do processo eleitoral brasileiro é o alto custo das campanhas eleitorais, elevado mesmo quando comparado ao de países com maior desenvolvimento econômico. Para mitigar essa situação, foi promulgada a chamada Lei da Minirreforma Eleitoral. A respeito desse assunto, julgue os itens subsequentes.

(1) Nas eleições brasileiras, é vedada a propaganda eleitoral em *outdoors*.

(2) Admite-se a realização de showmícios, desde que os artistas não sejam remunerados.

1: correta – art. 39, § 8º, da Lei nº 9.504/97; **2:** incorreta – É proibida a realização de showmício e de avento assemelhado para promoção de candidatos, bem como a apresentação, remunerada ou não, de artistas com a finalidade de animar comício e reunião eleitoral – art. 39, § 7º, da Lei nº 9.504/97.

Gabarito 1C, 2E

(Analista – TRE/BA – 2010 – CESPE) Considerando que um candidato a cargo eletivo, em razão de propaganda política irregular, teve imputada pela justiça eleitoral sanção consistente na aplicação de multa, julgue os itens subsequentes.

(1) A execução coercitiva da referida multa não dispensa a sua prévia inscrição em dívida ativa, ainda que requerida no mesmo juízo.

(2) Qualquer parte interessada no processo eleitoral que resultou na aplicação da multa tem legitimidade para promover a sua execução.

(3) Eventual ação a ser ajuizada com a pretensão de discutir a anulação da sanção imputada deve ser processada perante a justiça federal da seção judiciária do domicílio do executado.

(4) Na hipótese de a multa não superar a quantia de R$ 100,00, o responsável pela sua execução poderá deixar de propor a cobrança judicial do débito.

1: correta – a multa eleitoral constitui dívida ativa não tributária e deve ser cobrada judicialmente por ação executiva na forma prevista na Lei nº 6.830/80 – art. 367 CE; **2:** incorreta – Compete à Procuradoria Geral da União(visto tratar-se de multa de natureza não tributária) promover a execução das multas eleitorais – art. 9º, § 3º da LC 73/93; **3:** incorreta – Súmula 374 STJ: Compete à Justiça Eleitoral processar e julgar a ação para anular débito decorrente de multa eleitoral; **4:** correta – Tendo em vista que as multas eleitorais são encaminhadas para inscrição na dívida ativa da União, elas passam a seguir o regramento utilizado para a cobrança judicial dos executivos fiscais federais em geral, que em geral não propõe ações para cobrança de valores inferiores a R$ 10.000,00 (dez mil reais), nos termos do art. 1º, II, da Portaria MF nº 49.

Gabarito 1C, 2E, 3E, 4C

(Analista – TRE/RJ – 2012 – CESPE) A respeito dos partidos políticos, julgue os itens seguintes.

(1) A desaprovação parcial das contas prestadas pelo partido político acarreta a suspensão de recebimento de novas cotas do fundo partidário.

(2) Somente depois de adquirirem personalidade jurídica na forma da Lei civil e de registrarem seus estatutos no Tribunal Superior Eleitoral, os partidos políticos poderão participar do processo eleitoral, receber recursos do fundo partidário e ter acesso gratuito ao rádio e à televisão, nos termos da lei.

(3) O Tribunal Superior Eleitoral determinará, após decisão judicial transitada em julgado, o cancelamento do registro civil e do estatuto de partido político que, comprovadamente, não houver prestado, nos termos da lei, as devidas contas à justiça eleitoral.

(4) Propaganda partidária gratuita, gravada ou ao vivo, poderá ser veiculada a qualquer hora do dia ou da noite.

(5) Na casa legislativa, o integrante de bancada partidária atua livremente, não estando subordinado às diretrizes estabelecidas em estatuto pelos órgãos de direção do partido político a que ele estiver filiado.

1: correta, a falta de prestação de contas ou sua desaprovação total ou parcial, implica a suspensão de novas quotas do fundo partidário e sujeita os responsáveis às penas da Lei (art. 37 da Lei 9.096/1995); **2:** correta (art. 7º, *caput* e, § 2º, da Lei 9.096/1995); **3:** incorreta, a falta de prestação de contas ou sua desaprovação total ou parcial, implica a suspensão de novas quotas do fundo partidário e sujeita os responsáveis às penas da lei, não sendo possível ao Poder Judiciário determinar o cancelamento do registro civil e do estatuto de partido político, cuja extinção é livre (art. 2º c/c art. 37, ambos da Lei 9.096/1995); **4:** incorreta, a propaganda partidária gratuita, gravada ou ao vivo, efetuada mediante transmissão por rádio e televisão será realizada entre as dezenove horas e trinta minutos e as vinte e duas horas (art. 45, *caput*, da Lei 9.096/1995); **5:** incorreta, na Casa Legislativa, o integrante da bancada de partido deve subordinar sua ação parlamentar aos princípios doutrinários e programáticos e às diretrizes estabelecidas pelos órgãos de direção partidários, na forma do estatuto (art. 24 da Lei 9.096/1995).

Gabarito 1C, 2C, 3E, 4E, 5E

6. ELEIÇÕES, VOTOS, APURAÇÃO, QUOCIENTES ELEITORAL E PARTIDÁRIO

(Magistratura/BA – 2012 – CESPE) Considerando as características peculiares do sistema eleitoral brasileiro, assinale a opção correta.

(A) O candidato a presidente da República será eleito em primeiro turno se obtiver maioria relativa dos votos dos eleitores que efetivamente comparecerem às urnas, excluídos os votos nulos.

(B) A eleição dos vereadores é feita pelo sistema majoritário, pelo qual são eleitos, por maioria simples, os mais votados.

(C) A eleição para vereador, assim como as demais eleições para cargos legislativos, é realizada pelo sistema proporcional.

(D) Nas eleições para prefeito, haverá segundo turno quando um candidato não obtiver a maioria relativa dos votos.

(E) Governador e senador são eleitos pelo sistema majoritário; deputado distrital e federal, pelo sistema proporcional.

A: Incorreta, pois dispõe o, § 2º art. 77 da CF que a eleição para Presidente e Vice Presidente da República realizar-se-á simultaneamente no primeiro domingo de outubro, em primeiro turno, e no último domingo de outubro, em segundo turno; **B:** Incorreta, pois a o art. 84 do Código Eleitoral dispõem que a eleição para a Câmara dos Deputados, Assembleias Legislativas e Câmaras Municipais, obedecerá ao princípio da representação proporcional; **C:** Incorreta, nos formes dos comentários do item anterior, uma vez que o art. 84 do Código eleitoral dispõe que obedecerá ao princípio da representação proporcional. No entanto é cediço destacar que o cargo legislativo de Senador da República obedece ao princípio do voto majoritário, perfazendo-se exceção no que estabelecido no referido art. 84 do Código Eleitoral; **D:** Incorreta, pois será observado, conforme art. 29, II, da CF c.c art. 77, § 2º, da CF, o sistema majoritário, sendo que não atingindo a maioria absoluta dos votos, excluídos brancos e nulos, será realizado o segundo turno no último domingo de outubro do último ano de mandato; **E:** Correta, conforme disposto no art. 28 c.c o art. 77 da CF, arts. 45 e 46 da CF, e art. 32, § 3º c.c art. 27 da CF.

Gabarito "E"

(Magistratura/ES – 2011 – CESPE) Assinale a opção correta com referência às normas legais que regulamentam as eleições.

(A) Durante o período compreendido entre a data da convenção e o termo final do prazo para a impugnação do registro de candidatos, o partido político coligado não possui legitimidade para atuar, de forma isolada, em processo eleitoral que questione a validade da própria coligação.

(B) Para concorrer às eleições, o candidato deve possuir domicílio eleitoral na respectiva circunscrição pelo período de, no mínimo, dois anos anteriores ao pleito e deve ter tido sua filiação deferida pelo partido pelo menos um ano antes do pleito.

(C) A idade mínima constitucionalmente estabelecida como condição de elegibilidade é verificada em referência à data limite para o registro da candidatura, ou seja, até o dia cinco de julho do ano em que se realizarem as eleições.

(D) As eleições para prefeito, vice-prefeito, vereador e conselheiro tutelar serão simultâneas e ocorrerão, em todo o país, no primeiro domingo de outubro do ano respectivo.

(E) Poderá participar das eleições o partido que, até um ano antes do pleito, houver registrado seu estatuto no TSE, conforme o disposto em lei, e que tenha, até a data da convenção, órgão de direção constituído na circunscrição, de acordo com o respectivo estatuto.

A única resposta correta é encontrada na assertiva "E", uma vez que corresponde ao *caput* do que dispõe o art. 4° da Lei 9.504/1997.

Gabarito "E".

(Ministério Público/ES - 2010 - CESPE) Com relação ao quociente eleitoral, ao quociente partidário e à distribuição dos restos, assinale a opção correta.

(A) Os partidos e as coligações que não tiverem obtido quociente eleitoral podem concorrer somente à distribuição das sobras dos lugares a preencher.

(B) O quociente eleitoral é determinado dividindo-se o número de votos válidos apurados pelo número de lugares a preencher em cada circunscrição eleitoral, desprezando-se sempre a fração.

(C) O quociente partidário, para cada partido ou coligação, é determinado dividindo-se o número de votos válidos, dados sob a mesma legenda ou coligação de legendas, pelo quociente eleitoral, desprezada a fração, se igual ou inferior a meio, ou considerada um, se superior.

(D) Os lugares não preenchidos com a aplicação dos quocientes partidários devem ser distribuídos por meio da divisão do número de votos válidos atribuídos a cada partido ou coligação de partido pelo número de lugares por ele obtido, mais um, cabendo um dos lugares a preencher ao partido ou à coligação que apresentar a maior média. Tal operação deve ser repetida para a distribuição de cada um dos lugares existentes.

(E) Caso haja empate na média entre dois ou mais partidos ou coligações, o candidato mais idoso deve ser considerado eleito.

A: incorreta, pois somente poderão concorrer à distribuição dos lugares os partidos e as coligações que tiverem obtido quociente eleitoral – art. 109, § 2º, do CE; **B:** incorreta, pois, para o quociente eleitoral, despreza-se somente a fração igual ou inferior a meio – art. 106 do CE; **C:** incorreta, pois, para o quociente partidário, a fração é sempre desprezada – art. 107 do CE; **D:** assertiva correta, pois assim se dá o preenchimento das vagas restantes – art. 109 do CE; **E:** incorreta, pois o candidato mais idoso será considerado eleito se houver empate entre dois candidatos, e não "empate na média", como consta da assertiva.

Gabarito "D".

(Ministério Público/RO - 2010 - CESPE) Acerca das mesas receptoras de votos, assinale a opção correta.

(A) Qualquer partido político pode reclamar da nomeação da mesa receptora de votos ou de justificativas ao juiz eleitoral, no prazo de dois dias a contar da audiência, devendo a decisão do juiz ser proferida em até cinco dias.

(B) O partido político que não reclamar contra a composição da mesa receptora de votos não poderá arguir, sob nenhum fundamento, a nulidade da seção respectiva.

(C) Membro de mesa receptora de votos ou de justificativas que não comparecer ao local em dia e hora determinados para a realização das eleições terá quinze dias, contados a partir da data da eleição, para apresentar justa causa ao juiz eleitoral acerca de sua ausência, para efeito de afastamento de multa.

(D) Se o mesário faltoso for servidor público ou autárquico, a pena decorrente da falta será de suspensão de até dez dias.

(E) Cabe recurso de decisão de juiz eleitoral sobre reclamação de nomeação de mesa receptora para o TRE, sendo o prazo para sua interposição de três dias, igual ao prazo para sua resolução.

A: incorreta, pois o prazo para reclamar ao juiz eleitoral da nomeação da mesa receptora é de 5 dias (não 2 dias, como consta da assertiva), devendo a decisão ser proferida em 48 horas – art. 63, *caput*, da LE (norma posterior que derrogou o art. 121, *caput* e, § 1º, do CE). O recurso contra a decisão do juiz deve ser interposto em 3 dias, devendo ser resolvido em igual prazo – art. 63, § 1º, da LE; **B:** incorreta, pois a vedação à arguição de nulidade refere-se apenas ao fundamento da composição da mesa (a assertiva refere-se, incorretamente, a "sob nenhum fundamento") – art. 121, § 3º, do CE; **C:** incorreta, pois o prazo para apresentação da justa causa ao juiz eleitoral é de 30 dias contados da datada da eleição – art. 124 do CE; **D:** incorreta, pois se o faltoso for servidor público (inclusive autárquico), a pena será de suspensão até 15 dias – art. 124, § 2º, do CE; **E:** essa é a assertiva correta, conforme comentário à alternativa "A" – art. 63, § 1º, da LE.

Gabarito "E".

(Ministério Público/TO - 2012 - CESPE) Assinale a opção correta a respeito de fiscalização das eleições, material e lugares destinados à eleição, início da votação e apuração nas juntas eleitorais, nos tribunais regionais eleitorais e no Tribunal Superior Eleitoral.

(A) A propriedade particular será obrigatória e gratuitamente cedida para o fim de funcionamento das mesas receptoras, sendo expressamente vedado o uso, para esse fim, de propriedade pertencente a autoridade policial.

(B) Às sete horas do dia da eleição, supridas as possíveis deficiências, deve o presidente declarar iniciados os trabalhos, procedendo-se em seguida à votação, começando-se pelos candidatos e eleitores presentes.

(C) Compete às juntas eleitorais dos locais de votação apurar os votos relativos aos candidatos a deputado estadual.

(D) Um fiscal não pode ser nomeado para fiscalizar mais de uma seção eleitoral no mesmo local de votação.

(E) Tratando-se de seções de zonas eleitorais em que o alistamento se fizer pelo processamento eletrônico de dados, os juízes eleitorais devem enviar ao presidente de cada mesa receptora, pelo menos setenta e duas horas antes da eleição, as folhas individuais de votação dos eleitores da seção, devidamente acondicionadas.

A: correta, conforme art. 135, §§ 3° e 4°, do CE; **B:** incorreta, uma vez que o art. 143 do CE dispõe que às 8 (oito) horas, supridas as deficiências declarará o presidente iniciados os trabalhos, procedendo-se em seguida à votação, que começará pelos candidatos e eleitores presentes; **C:** incorreta, uma vez que todos os votos serão apurados pela junta, conforme art. 173 do CE; **D:** incorreta, uma vez que o art. 65, § 1º, da Lei 9.504/1997 autoriza que o fiscal seja nomeado para fiscalizar mais de uma Seção Eleitoral, no mesmo local de votação; **E:** Questão polêmica: O gabarito indica como errada esta alternativa, muito embora esteja nitidamente em conformidade com o que disciplina o art. 133, III, do CE. Entende-se que o art. 12 da Lei 6.996/1982 trouxe dispositivo especial no tocante ao sistema eleitoral eletrônico, vigente no país.

Gabarito "A".

(Analista – TRE/BA – 2010 – CESPE) Um candidato ao cargo de deputado estadual, que está com o registro sub judice, continua praticando atos de campanha e grava um programa eleitoral a ser veiculado no horário eleitoral gratuito. A respeito dessa situação hipotética, julgue os itens que seguem.

(1) O fato de esse candidato estar com o registro sub judice não o impede de praticar atos relativos à campanha e utilizar-se do horário eleitoral gratuito.

(2) Caso o registro desse candidato permaneça sub judice no dia da eleição, seu nome será mantido na urna eletrônica, mas a validade dos votos a ele atribuídos fica condicionada ao deferimento do registro de sua candidatura.

(3) Se o registro desse candidato permanecer sub judice no dia da eleição e o seu registro não for deferido, o cômputo dos votos será mantido em benefício do seu respectivo partido ou da coligação.

1: correta – art. 16-A da Lei nº 9.504/97; **2:** correta – art. 16-A da Lei nº 9.504/97; **3:** incorreta – os votos atribuídos ao candidato cujo registro esteja *sub judice* só poderão ser utilizados em benefício do partido ou coligação se o registro do candidato for deferido – art. 16-A, parágrafo único, da Lei nº 9.504/97.

Gabarito 1C, 2C, 3E

7. PROPAGANDA ELEITORAL E RESTRIÇÕES NO PERÍODO ELEITORAL

Em janeiro do ano das eleições municipais, o pai de um possível candidato à prefeitura de determinado município, em entrevista concedida a uma rádio local, exaltou a eventual candidatura do filho, tendo mencionado durante a entrevista diversas qualidades pessoais de seu descendente, mas sem pedir que votassem nele. Por isso, o diretório de um partido formulou representação contra a conduta narrada, tendo alegado a prática de propaganda eleitoral antecipada.

(Juiz de Direito - TJ/BA - 2019 - CESPE/CEBRASPE) Considerando essa situação hipotética, assinale a opção correta.

(A) A situação configura propaganda eleitoral antecipada, pois, mesmo não tendo havido pedido explícito de votos, houve menção expressa à pretensa candidatura e exaltação das qualidades pessoais de pré-candidato.

(B) Se o pai do eventual candidato a prefeito não for filiado a partido político, tal fato impedirá sua responsabilização por propaganda antecipada, sendo possível, no entanto, a aplicação de sanção ao beneficiário da propaganda ilegal.

(C) A situação narrada não configura propaganda eleitoral antecipada, uma vez que houve a simples menção a eventual candidatura e exaltação de qualidades pessoais de possível pré-candidato, sem pedido explícito de votos.

(D) A conduta não se enquadra como propaganda eleitoral antecipada, pois o lapso temporal existente entre a entrevista e as eleições impede a caracterização da ilegalidade da entrevista.

(E) Antes do recebimento da representação, o juiz eleitoral da comarca, investido de poder de polícia, poderia ter instaurado, de ofício, procedimento com a finalidade de impor multa pela veiculação de propaganda eleitoral ilícita.

A: Incorreta. No caso não se verifica a ocorrência de propaganda eleitoral antecipada, já que a menção à pretensa candidatura ou exaltação das qualidades pessoais de pré-candidato, desde que não haja pedido explícito de voto (art. 36-A, Lei 9.504/97); **B:** Incorreta. É possível a aplicação de multa ao cidadão, independentemente de sua condição de vínculo com partido político (filiado). A aplicação de multa ao candidato também é possível (beneficiado), caso seja demonstrado seu prévio conhecimento da propaganda irregular (art. 36, § 3º, Lei 9504/97). **C:** Correta, pois em conformidade com o art. 36-A, Lei 9504/97). **D:** Incorreta. A questão temporal não é determinante. A jurisprudência esclarece que "a configuração de propaganda eleitoral antecipada independe da distância temporal entre o ato impugnado e a data das eleições ou das convenções partidárias de escolha dos candidatos" (TSE, Rec Rep 140/ 2010). **E:** Incorreta. Súmula TSE, no 18: "Conquanto investido de poder de polícia, não tem legitimidade o juiz eleitoral para, de ofício, instaurar procedimento com a finalidade de impor multa pela veiculação de propaganda eleitoral em desacordo com a Lei 9.504/1997". SC

Gabarito "C"

(Promotor de Justiça/PI - 2014 - CESPE) Assinale a opção correta com base no que dispõe a legislação eleitoral acerca das condutas dos agentes públicos durante a campanha.

(A) É permitido o uso, pelo candidato a reeleição de prefeito da residência oficial para a realização de contatos, encontros e reuniões pertinentes à própria campanha, desde que tenham caráter de ato público.

(B) É proibido ceder ou usar, em benefício de candidato, partido político ou coligação, bens móveis ou imóveis pertencentes à administração direta ou indireta da União, dos estados, do DF e dos municípios para a realização de convenção partidária.

(C) É proibida a cessão de servidor público licenciado da administração direta ou indireta federal, estadual ou municipal do Poder Executivo a comitês de campanha eleitoral de candidato, partido político ou coligação.

(D) São permitidas, até três meses antes do pleito, a nomeação ou exoneração de cargos em comissão, a nomeação para cargos do Poder Judiciário, do MP e dos órgãos da Presidência da República e a nomeação dos aprovados em concursos públicos homologados.

(E) É proibido fazer pronunciamento em cadeia de rádio e televisão, fora do horário eleitoral gratuito, nos três meses antes do pleito, salvo quando, a critério da Presidência da República, tratar-se de matéria urgente, relevante e característica das funções de governo.

A: incorreta, já que a ressalva da parte final do § 2º do art. 73, Lei das Eleições, é de que desde a realização de contatos, encontros e reuniões pertinentes à própria campanha não tenham caráter de ato público; **B:** incorreta, já que o art. 73, I, Lei das Eleições, traz a ressalva de cessão ou uso de bens pertencentes à administração pública, qual seja, justamente para a utilização em convenções partidárias; **C:** incorreta, já que o art. 73, III, Lei das Eleições, prevê expressamente a exceção aos casos em que o servidor ou empregado estiver licenciado; **D:** correta, conforme art. 73, V, c, Lei das Eleições; **E:** incorreta, já que o art. 73, VI, c, Lei das Eleições, dispõe que *a critério da Justiça Eleitoral* haverá exceção à proibição quando tratar-se de matéria urgente, relevante e característica das funções de governo;

Gabarito "D"

(Magistratura/CE – 2012 – CESPE) Assinale a opção correta acerca da propaganda eleitoral.

(A) A comprovação do cumprimento das determinações da justiça eleitoral relacionadas a propaganda de candidato a prefeito realizada em desconformidade com o disposto na norma geral das eleições somente pode ser apresentada à comissão designada pelo TRE da respectiva circunscrição.

(B) Quando o material impresso veicular propaganda conjunta de diversos candidatos, os gastos relativos a cada um deles deverão constar na respectiva prestação de contas, ou apenas naquela do candidato que houver arcado com os custos.

(C) A realização de comícios e a utilização de aparelhagem de sonorização fixa somente são permitidas no horário compreendido entre as oito e as vinte e duas horas.

(D) A veiculação da propaganda partidária gratuita prevista em Lei somente é permitida após o dia cinco de julho do ano da eleição.

(E) É facultativa a inserção dos dados dos candidatos a vice nas propagandas dos candidatos a cargo majoritário.

A única alternativa correta é encontrada na assertiva "B", uma vez que, com atenção ao que dispõe o art. 38, § 2°, da Lei 9.504/1997, quando o material impresso veicular propaganda conjunta de diversos candidatos, os gastos relativos a cada um deles deverão constar na respectiva prestação de contas, ou apenas naquela relativa ao que houver arcado com os custos.

Gabarito "B"

(Magistratura/ES – 2011 – CESPE) Ainda a respeito das normas legais que regulamentam as eleições, assinale a opção correta.

(A) É permitida a veiculação de propaganda eleitoral, como, por exemplo, inscrição a tinta e fixação de placas, em bens de uso comum, como postes de iluminação pública e sinalização de tráfego e paradas de ônibus.

(B) No dia das eleições, a manifestação individual e silenciosa da preferência do eleitor por partido político, coligação ou candidato, revelada exclusivamente pelo uso de bandeiras, broches, dísticos e adesivos, é permitida, mas a aglomeração de pessoas portando vestuário padronizado, bem como os instrumentos de propaganda referidos anteriormente, de modo a caracterizar manifestação coletiva, com ou sem a utilização de veículos, é proibida, até o término do horário de votação.

(C) As despesas com transporte ou deslocamento de candidato e de pessoal a serviço das candidaturas bem como o pagamento de cachê de artistas ou animadores de eventos relacionados a campanha eleitoral são considerados gastos eleitorais, sujeitos a registro e aos limites fixados na Lei das Eleições.

(D) Partidos políticos, coligações e candidatos são obrigados, durante a campanha eleitoral, a divulgar, pela Internet, em sítio especificamente criado pela justiça eleitoral, relatório discriminado dos recursos em dinheiro ou estimáveis em dinheiro que tenham recebido para financiamento da campanha eleitoral, com indicação dos nomes dos doadores e dos respectivos valores doados, e dos gastos que realizarem.

(E) É vedada a divulgação de pesquisas eleitorais, por qualquer meio de comunicação, no período compreendido entre o décimo quinto dia anterior ao dia das eleições e às dezoito horas do dia do pleito.

A: Incorreta, de acordo com a proibição contida no art. 37 da Lei 9.504/1997; **B:** Correta, conforme art. 39-A da Lei 9.504/1997; **C:** Incorreta, uma vez que o art. 38, § 7°, da Lei 9.594/1997 proíbe a realização de showmícios com a participação remunerada ou não de artistas; **D:** Incorreta, pois a divulgação restringe-se aos dias 6 de agosto e 6 de setembro, conforme disciplina o art. 28, § 4°, da Lei 9.504/1997; **E:** Incorreta, pois o art. 43 da Lei 9.504/1997 disciplina que são permitidas, até a antevéspera das eleições, a divulgação paga, na imprensa escrita, e a reprodução na internet do jornal impresso, de até 10 (dez) anúncios de propaganda eleitoral, por veículo, em datas diversas, para cada candidato, no espaço máximo, por edição, de 1/8 (um oitavo) de página de jornal padrão e de 1/4 (um quarto) de página de revista ou tabloide.

Gabarito "B".

(Ministério Público/ES - 2010 - CESPE) Assinale a opção correta referente à legislação aplicável à propaganda eleitoral.

(A) É vedada a veiculação de propaganda eleitoral na Internet, em sítio do partido, ainda que gratuitamente.

(B) A veiculação de propaganda eleitoral com qualquer dimensão em bens particulares, por meio da fixação de faixas, placas, cartazes, pinturas ou inscrições, independe da obtenção de licença municipal e de autorização da justiça eleitoral.

(C) É vedada a utilização de trios elétricos para a sonorização de comícios eleitorais.

(D) O direito de resposta a propagandas eleitorais veiculadas por meio de comunicação interpessoal mediante mensagem eletrônica não é legalmente assegurado.

(E) No anúncio de propaganda eleitoral veiculado na imprensa escrita, deve constar, de forma visível, o valor pago pela inserção.

A: incorreta, pois a propaganda em sítio do partido na internet é permitida, nos termos do art. 57-A a 57-C, II, da LE; **B:** incorreta, pois a possibilidade de propaganda em bens particulares sem autorização ou licença restringe-se a faixas, placas, cartazes etc. de até 4 m² – art. 37, § 2º, da LE; **C:** incorreta, pois a vedação de trios elétricos não se aplica à sonorização de comícios – art. 39, § 10, da LE; **D:** incorreta, pois há previsão legal nesse sentido – art. 57-D da LE; **E:** essa é a assertiva correta, nos termos do art. 43, § 1º, da LE.

Gabarito "E".

(Ministério Público/RR - 2012 - CESPE) Constitui conduta vedada aos agentes públicos durante campanhas eleitorais

(A) ceder imóvel público para a realização de convenção partidária.

(B) ceder servidor público para comitê de campanha eleitoral.

(C) exonerar ocupante de cargo de livre provimento.

(D) nomear assessor de órgãos da Presidência da República.

(E) fazer pronunciamento em cadeia de rádio e televisão, ainda que em caso de necessidade pública.

De fato a única alternativa, assertiva B, encontra respaldo na disposição contida no art. 73, III da Lei 9.504/1997.

Gabarito "B".

(Ministério Público/RR - 2012 - CESPE) Assinale a opção correta com base na disciplina legal do direito de resposta durante o processo eleitoral.

(A) O direito de resposta vincula-se a eventuais ofensas proferidas no horário eleitoral gratuito.

(B) Em caso de ofensa veiculada por trinta segundos, em rádio ou TV, a resposta terá de durar um minuto, no mínimo.

(C) Em caso de ofensa à honra de partido ou coligação, o prazo para peticionar direito de resposta é de cinco dias.

(D) O tempo usado para o exercício do direito de resposta será acrescido ao tempo geral da propaganda.

(E) O direito de resposta restringe-se ao caso de a afirmação caluniosa ser veiculada por adversário eleitoral.

De fato a alternativa correta é representada pela assertiva B, uma vez que em plena consonância com o que dispõe o art. 58, § 3º, II, c, da Lei 9.504/1997, ou seja, independentemente do tempo de veiculação da ofensa veiculada, o direito de resposta concedido nunca será menor do que um minuto.

Gabarito "B".

(Ministério Público/SE - 2010 - CESPE) Para conter o uso da máquina pública nas eleições, a legislação eleitoral institui as chamadas condutas vedadas aos agentes públicos, servidores ou não. Condutas vedadas são aquelas que tendem a afetar a igualdade de oportunidades entre os candidatos nos pleitos eleitorais. Conforme a Lei n.º 9.504/1997, constitui conduta vedada

(A) o parlamentar divulgar o mandato usando recursos da Casa Legislativa, seguindo a disciplina do respectivo regimento interno.

(B) o governador ceder servidor público licenciado para trabalhar em comitê eleitoral de candidato ou partido.

(C) o ministro determinar a exoneração de servidor ocupante de função comissionada.

(D) o prefeito fazer pronunciamento, nos três meses anteriores à eleição, em cadeia de rádio e televisão para esclarecimento dos eleitores quanto ao pleito.

(E) o servidor ceder imóvel público para a realização de convenção partidária destinada a escolher os candidatos e a coligação.

A: incorreta, pois, se a divulgação do mandato se dá nos termos do respectivo regimento interno, não há vedação da conduta – art. 73, II, da LE; **B:** incorreta, pois, se o servidor ou empregado estiver licenciado, não há vedação à sua cessão – art. 73, III, da LE; **C:** incorreta, pois a vedação não se aplica à dispensa ou exoneração do servidor de função de confiança ou de cargo em comissão – art. 73, V, *a*, da LE; **D:** correta, pois não cabe ao prefeito fazer esclarecimentos em rádio e televisão quanto ao pleito. A vedação seria afastada apenas se, a critério da justiça eleitoral, o pronunciamento tratasse de matéria urgente, relevante e característica das funções do governo, o que não é o caso – art. 73, VI, *c*, da LE; **E:** incorreta, pois a cessão de bens móveis e imóveis exclusivamente para a realização de convenção partidária é admitida – art. 73, I, da LE.

Gabarito "D".

(Ministério Público/SE - 2010 - CESPE) A legislação eleitoral brasileira regula o transporte e a alimentação dos eleitores residentes nas áreas rurais, visando coibir o abuso do poder econômico ou administrativo no dia da eleição. A esse respeito, assinale a opção correta quanto à disciplina legal da matéria.

(A) Veículos e embarcações militares devem ser usados com prioridade no transporte gratuito dos eleitores das áreas rurais.
(B) A cessão de veículo de particulares à justiça eleitoral é relevante serviço público, sem necessidade de ressarcimento.
(C) Os partidos políticos devem fornecer refeições aos eleitores, como entes privados em colaboração com a justiça eleitoral.
(D) As deficiências do transporte coletivo constituem justificativa bastante para o não comparecimento do eleitor à seção eleitoral.
(E) O transporte dos eleitores deve ser feito no âmbito do território do município.

A: incorreta, pois os veículos e as embarcações de uso militar não ficam à disposição da justiça eleitoral para o transporte gratuito de eleitores em zonas rurais – art. 1º, *caput*, da Lei 6.091/1974; **B:** incorreta, pois, se houver requisição de veículos e embarcações particulares, serão priorizados os de aluguel. De qualquer forma, haverá pagamento dos serviços requisitados – art. 2º da Lei 6.091/1974; **C:** incorreta, pois somente a justiça eleitoral poderá, quando imprescindível, em face da absoluta carência de recursos de eleitores da zona rural, fornecer-lhes refeições, correndo, nesta hipótese, as despesas por conta do Fundo Partidário – art. 8º da Lei 6.091/1974. É facultado aos partidos fiscalizar o fornecimento de refeições aos eleitores – art. 9º da Lei 6.091/1974; **D:** incorreta, pois a indisponibilidade ou as deficiências do transporte não eximem o eleitor do dever de votar – art. 6º da Lei 6.091/1974; **E:** essa é a assertiva correta, pois o transporte de eleitores somente será feito dentro dos limites territoriais do respectivo município e quando das zonas rurais para as mesas receptoras distar pelo menos dois quilômetros – art. 4º, § 1º, da Lei 6.091/1974.

Gabarito "E".

8. PRESTAÇÃO DE CONTAS, DESPESAS, ARRECADAÇÃO, FINANCIAMENTO DE CAMPANHA

(Magistratura/PA – 2012 – CESPE) Com relação à arrecadação e à aplicação de recursos nas campanhas eleitorais, às vedações inerentes e às sanções, bem como à propaganda eleitoral em geral, assinale a opção correta.

(A) É proibida a colocação de cavaletes, bonecos, cartazes, mesas para distribuição de material de campanha e bandeiras ao longo das vias públicas, ainda que móveis e não dificultem ou impeçam o trânsito de pessoas e veículos.
(B) O candidato a cargo eletivo deve, diretamente ou por intermédio de pessoa por ele designada, administrar a parte financeira de sua campanha, sendo ele, entretanto, o único responsável pela veracidade das informações financeiras e contábeis relativas à campanha.
(C) É vedado a partido e a candidato receber, direta ou indiretamente, doação de dinheiro procedente de cooperativas, ainda que os cooperados não sejam concessionários ou permissionários de serviços públicos ou as cooperativas não sejam beneficiadas com recursos públicos.
(D) No caso de descumprimento das normas referentes à arrecadação e aplicação de recursos fixadas na legislação, o partido perderá o direito ao recebimento da quota do fundo partidário do ano seguinte, e, se for o caso, os candidatos beneficiados responderão por abuso do poder econômico.
(E) É permitida a fixação de placas, estandartes, faixas e assemelhados, utilizados para a veiculação de propaganda eleitoral, em árvores e jardins localizados em áreas públicas, bem como em muros, cercas e tapumes divisórios, desde que não lhes cause dano.

A: Incorreta, uma vez que a prática é permitida, desde que móveis e não atrapalhem o trânsito de pessoas e veículos, conforme art. 37, § 6°, da Lei 9.504/1997; **B:** Incorreta, pois os arts. 20 e 21 da Lei 9.504/1997 dispõem sobre a solidariedade na responsabilidade das informações prestadas; **C:** Incorreta, uma vez que se trata de uma exceção permissiva contida no art. 24, parágrafo único, da Lei 9.504/1997; **D:** Correta, em atenção ao que dispõe o art. 25 da Lei 9.504/1997; **E:** Incorreta, vez que a conduta é proibida pelo art. 37 da Lei 9.504/1997.

Gabarito "D".

(Magistratura/PI – 2011 – CESPE) Relativamente à arrecadação e à aplicação de recursos nas campanhas eleitorais, assinale a opção correta.

(A) As taxas cobradas pelas credenciadoras de cartão de crédito, embora devam ser lançadas na prestação de contas de candidatos, de partidos políticos e de comitês financeiros, não são consideradas despesas de campanha eleitoral.
(B) Registrado na justiça eleitoral, o limite de gastos dos candidatos não poderá ser alterado.
(C) Salvo os recursos próprios aplicados em campanha, todas as demais doações a candidato, a comitê financeiro ou a partido político devem ser realizadas mediante recibo eleitoral.
(D) Os candidatos a vice e a suplentes não podem ser responsabilizados no caso de extrapolação do limite máximo de gastos fixados para os respectivos titulares.
(E) Doações mediante cartão de crédito somente podem ser realizadas por pessoa física, vedados o parcelamento e o uso de cartões emitidos no exterior, corporativos ou empresariais.

A: Incorreta, pois as taxas cobradas devem ser consideradas como despesas de campanha, conforme art. 12, parágrafo único, da Resolução TSE n° 23.216; **B:** Incorreta, pois o art. 5° da Resolução TSE 21.609/2004 dispõe que após informado à Justiça Eleitoral, o limite de gastos dos candidatos só poderá ser alterado com a devida autorização do juiz eleitoral, mediante solicitação justificada, em caso de fato superveniente e imprevisível com impacto na campanha eleitoral; **C:** Incorreta, pois em confronto com o que disciplina o art. 23 da Resolução TSE n° 21.609/2004 que disciplina que toda doação a candidato ou a comitê financeiro, inclusive os recursos próprios aplicados na campanha, deverão fazer-se mediante recibo eleitoral (Lei 9.504/1997, art. 23, § 2º); **D:** Incorreta, uma vez que os valores máximos de gastos relativos à candidatura de vice e suplente estarão incluídos naqueles pertinentes à candidatura do titular e serão informados pelo partido político a que forem filiados os candidatos. Os candidatos a vice e a suplentes são solidariamente responsáveis no caso de extrapolação do limite máximo de gastos fixados para os respectivos titulares, conforme inteligência dos arts. 20 e 21 da Lei 9.504/1997, art. 4°, § 2°, da Resolução TSE n° 21.609/2004 e Instrução Normativa Conjunta RFB / TSE nº 1.019, de 10 de março de 2010; **E:** Correta, uma vez que em plena harmonia com o que dispõe os arts. 2° e 3° da Resolução TSE n° 23.216.

Gabarito "E".

9. COMPETÊNCIA E ORGANIZAÇÃO DA JUSTIÇA ELEITORAL E MP ELEITORAL

(Promotor de Justiça/RR – 2017 – CESPE) O MP eleitoral

(A) atua em todas as fases do processo eleitoral com observância dos princípios da federalização, da delegação e da excepcionalidade.
(B) tem atribuição de oficiar à justiça eleitoral – juízes e juntas eleitorais – por intermédio de membros do MPF.
(C) tem legitimidade para recorrer de decisão que julgue o pedido de registro de candidatura, mesmo que não tenha apresentado impugnação anterior.
(D) não tem legitimidade para prosseguir com a ação de impugnação de mandato eleitoral quando a parte autora apresenta pedido de desistência da ação.

A: Incorreta, uma vez que a LC 75/1993 revogou o princípio da excepcionalidade. **B:** Incorreta. Em primeira instância eleitoral a atuação fica a cargo do MP Estadual. **C:** Correta, com fundamento no enunciado da Súmula 11 do TSE "No processo de registro de candidatos, o partido que não o impugnou não tem legitimidade para recorrer da sentença que o deferiu, salvo se se cuidar de matéria constitucional.". **D:** Incorreta, já que o MP Eleitoral também é um dos legitimados (art. 22, LC 64/1990). SC

Gabarito "C".

(Juiz – TJ/CE – 2018 – CESPE) As juntas eleitorais são

(A) competentes para decidir *habeas corpus* em matéria eleitoral.
(B) competentes para decidir mandado de segurança em matéria eleitoral.

(C) órgãos de primeiro grau de jurisdição da justiça eleitoral, sendo seu presidente o único membro com garantia de inamovibilidade.

(D) órgãos de primeiro grau de jurisdição da justiça eleitoral, compostos por três ou cinco membros, sendo um deles, o presidente, um juiz de direito.

(E) competentes para expedir diploma aos eleitos para cargos municipais e estaduais.

A: Incorreta, as competências das Juntas Eleitorais (um órgão da Justiça Eleitoral – vide art. 36 ao 41 do Código Eleitoral) não compreendem o julgamento de ações judiciais, mas sim a apuração das eleições, resolver as impugnações e incidentes durante os trabalhos de contagem e apuração dos votos, expedir os boletins de apuração e diplomas aos eleitos (eleições municipais). Importante mencionar que o art. 35, CE, dispõe que caberá aos juízes eleitorais "*III – decidir habeas corpus e mandado de segurança, em matéria eleitoral, desde que essa competência não esteja atribuída privativamente a instancia superior*". **B:** Incorreta, pelos mesmos fundamentos indicados na assertiva anterior. **C:** Incorreta. O § 1º, art. 121, CF, estabelece que os membros dos tribunais, membros dos tribunais, os juízes de direito e os integrantes das juntas eleitorais, no exercício de suas funções, e no que lhes for aplicável, gozarão de plenas garantias e serão inamovíveis. Ou seja, a inamovibilidade não é exclusividade do presidente da junta (juiz de direito), mas de todos que a compõe, inclusive os cidadãos. **D:** correta, no exato termo em que estabelece a composição tratada no art. 36, CE. Importa mencionar que não necessariamente o presidente da junta será o juiz eleitoral, mas deve necessariamente ser um juiz de direito. **E:** Incorreta. Caberá â junta expedir o diploma aos eleitos para cargos municipais (art. 40, IV, CE). SC

Gabarito "D"

> Para lembrar:
> Código Eleitoral – Art. 36. Compor-se-ão as juntas eleitorais de um juiz de direito, que será o presidente, e de 2 (dois) ou 4 (quatro) cidadãos de notória idoneidade.

(Juiz – TJ/CE – 2018 – CESPE) No âmbito da justiça eleitoral, ação de impugnação de mandado eletivo de governador de estado obtido mediante corrupção eleitoral

(A) pode ser ajuizada por qualquer eleitor do respectivo estado.

(B) deve ser ajuizada dentro do prazo prescricional de quinze dias, contados da diplomação do governador.

(C) gera litisconsórcio passivo com o vice-governador, caso tenham sido eleitos por chapa única.

(D) tem natureza de ação civil-eleitoral constitucional, devendo, portanto, seguir o procedimento comum ordinário do CPC.

(E) deverá tramitar em segredo de justiça e o seu julgamento será sigiloso.

A: Incorreta. A AIME seguirá o procedimento especial estabelecido no art. 22 da LC 64/1990 (Lei das inelegibilidades infraconstitucionais), sendo legitimados os candidatos, partidos, coligações e MP eleitoral. **B:** Incorreta. Muita atenção aqui! Trata-se de um prazo decadencial e não prescricional. **C:** Correta. O entendimento jurisprudencial do TSE é no sentido e que há uma relação subjetiva, impondo-se o litisconsórcio necessário entre o titular e vice. Lembremos do art. 77, CF, que estabelece que a eleição do presidente e do vice se dará de forma conjunta (o raciocínio quanto aos cargos de chefia do executivo deverá obedecer mesma linha). Vide TSE – RCED 703/SC, rel. Min. Marco Aurélio Mello, DJ – Diário de Justiça, Data 24.03.2008. **D:** Incorreta. O rito a ser adotado será o do art. 22, LC 64/1990. **E:** Incorreta. Muito embora a tramitação se dê em segredo de justiça por força do art. 14, § 11, CF, os resultados de todos os julgamentos do poder judiciário serão públicos (art. 93, IX, CF). SC

Gabarito "C"

(Analista - Judiciário –TRE/PI - 2016 - CESPE) Com base nas disposições do CE, assinale a opção correta.

(A) Os diplomados em escolas superiores, professores e serventuários da justiça não podem ser nomeados mesários na própria seção eleitoral.

(B) Cabe ao presidente do tribunal regional eleitoral ou da junta eleitoral entregar a cada candidato eleito o diploma assinado, assim como um diploma para cada suplente.

(C) Será considerada nula a votação de eleitor que comparecer a zona eleitoral portando identidade falsa e votar em lugar do eleitor chamado.

(D) O processo eleitoral realizado no estrangeiro subordina-se direta e exclusivamente ao Tribunal Superior Eleitoral.

(E) As seções eleitorais das capitais podem ter no máximo quinhentos eleitores, organizados pelos pedidos de inscrição.

A: incorreta, pois não há expressa vedação no rol apresentado pelo §1° do art. 120 do Código Eleitoral; **B:** correta, conforme art. 215 do Código Eleitoral; **C:** incorreta, pois se trata de hipótese de votação anulável (e não nula), conforme art. 221, III, *c*, Código Eleitoral; **D:** incorreta, uma vez que o art. 232 do Código Eleitoral estabelece que todo processo eleitoral realizado no estrangeiro fica diretamente subordinado ao Tribunal Regional do Distrito Federal; **E:** incorreta, já que o art. 117 do Código Eleitoral, ao tratar do tema, estabelece que as seções eleitorais não terão mais de 400 (quatrocentos) eleitores nas capitais e de 300 (trezentos) nas demais localidades, nem menos de 50 (cinquenta) eleitores.

Gabarito "B"

(Analista - Judiciário – TRE/PI - 2016 - CESPE) Com base no que dispõe o Código Eleitoral (CE), assinale a opção correta.

(A) As juntas eleitorais serão compostas por seis membros: um juiz de direito, um promotor de justiça, dois advogados, dois cidadãos de notória idoneidade.

(B) Agentes policiais e funcionários no desempenho de cargos de confiança do Executivo podem ser nomeados membros das juntas, escrutinadores ou auxiliares.

(C) O partido político pode indicar um membro de seu diretório para servir como escrivão eleitoral nas zonas eleitorais.

(D) Ocorrendo falta ou impedimento do escrivão eleitoral, o juiz, de ofício, determinará sua substituição pelo diretor da junta eleitoral.

(E) Cabe ao presidente do tribunal regional eleitoral aprovar e nomear, no prazo de sessenta dias antes das eleições, os membros das juntas eleitorais.

A: incorreta, uma vez que a composição da junta eleitoral é tratada no art. 36 do Código Eleitoral, estabelecendo que as juntas eleitorais serão compostas de um juiz de direito, que será o presidente, e de 2 (dois) ou 4 (quatro) cidadãos de notória idoneidade; **B:** incorreta, pois se encontram nos proibitivos de comporem a junta eleitoral, especificamente nos incisos do §3° do art. 36 do Código Eleitoral; **C:** incorreta, em razão da expressa vedação do art. 366 do Código Eleitoral, que estabelece que os funcionários de qualquer órgão da Justiça Eleitoral não poderão pertencer a diretório de partido político ou exercer qualquer atividade partidária, sob pena de demissão; **D:** incorreta, já que o §2° do art. 32 do Código Eleitoral dispõe que, nesses casos, o escrivão eleitoral será substituído na forma prevista pela lei de organização judiciária local, nada dispondo, o Código, quanto a regras específicas; **E:** correta, conforme §1° do art. 36 do Código Eleitoral.

Gabarito "E"

(Magistratura/BA – 2012 – CESPE) Acerca da estrutura e composição da justiça eleitoral, assinale a opção correta com base no que dispõem a CF e a legislação específica.

(A) É legítima a indicação de vereador para ministro do TSE na vaga reservada à categoria, desde que, além de deter reputação ilibada e notório saber, esse vereador não seja filiado a partido político.

(B) O ministro-corregedor do TSE deve ser sempre oriundo do STJ.

(C) Não há impedimento legal à indicação para o cargo de ministro do TSE de servidor comissionado que atue como assessor de ministro do STF, desde que o servidor seja advogado com notório saber e reputação ilibada.

(D) É vedada a acumulação do cargo de ministro do TSE com o de ministro do STF, em razão do princípio da especialização.

(E) Um dos integrantes do TSE é indicado pelo MPU, em respeito ao princípio do quinto constitucional.

A: Incorreta, uma vez que em nosso sistema eleitoral é impossível que haja um vereador sem que esteja filiado a partido político, não obstante a composição do TSE está disposta nos art. 119 da Constituição

Federal e art. 16 do Código Eleitoral; **B:** Correta, conforme disposto no art. 119, parágrafo único, da CF; **C:** Incorreta, conforme impedimento previsto no art. 16°, § 2°, do Código Eleitoral; **D:** Incorreta, uma vez observado o que dispõe o art. 119, I, "a", da CF; **E:** Incorreta, uma vez que não compreende as regras trazidas pelos arts. 119 da CF e 16 do Código Eleitoral.

Gabarito "B"

(Magistratura/CE – 2012 – CESPE) Assinale a opção correta a respeito do Ministério Público Eleitoral.

(A) Incumbe ao procurador-geral eleitoral dirimir conflitos de atribuições.

(B) O vice-procurador-geral eleitoral é designado pelo Colégio de Procuradores da República.

(C) Compete privativamente ao procurador regional eleitoral designar, por necessidade de serviço, outros membros do Ministério Público Federal para oficiar, sob sua coordenação, perante os TREs.

(D) O promotor eleitoral incumbido do serviço eleitoral de cada zona deve ser membro do MP local indicado pelo procurador regional eleitoral.

(E) Compete ao Colégio de Procuradores da República aprovar a destituição do procurador regional eleitoral.

De fato, a única resposta correta é encontrada na assertiva "A", uma vez observado o que dispõe o art. 30, III, "c" e art. 73 da Lei Orgânica do Ministério Público (Lei 1.341/51).

Gabarito "A"

(Magistratura/ES – 2011 – CESPE) Em relação ao MP eleitoral, assinale a opção correta.

(A) Inexistindo membro do MP que oficie perante a zona eleitoral, ou estando este impedido ou, ainda, recusando-se ele, justificadamente, a oficiar, o juiz eleitoral local deverá indicar ao procurador regional eleitoral o substituto a ser designado membro do MP estadual ou do DF.

(B) O procurador regional eleitoral age por delegação do procurador-geral eleitoral e é designado entre os procuradores regionais da República no estado e no DF, ou, onde não houver procuradores regionais, entre os procuradores da República vitalícios.

(C) O procurador regional eleitoral poderá ser destituído, antes do término do mandato de dois anos, por iniciativa do procurador-geral eleitoral, com anuência da maioria absoluta do TSE.

(D) Compete ao procurador regional eleitoral exercer as funções do MP nas causas de competência do TRE respectivo, além de dirigir, no estado, as atividades do setor, subordinado ao procurador-geral eleitoral.

(E) As funções eleitorais do MPF perante os juízes e as juntas eleitorais serão exercidas pelo promotor eleitoral, função que cabe a procurador da República que oficie junto ao juízo incumbido do serviço eleitoral de cada zona.

De fato a única alternativa correta é encontrada na assertiva 'D', uma vez que em conformidade com os dispositivos elencados no art. 27 do Código Eleitoral c.c 357, §§ § 3° e 4° do mesmo Código.

Gabarito "D"

(Ministério Público/ES - 2010 - CESPE - adaptada) Assinale a opção correta acerca do MPF.

(A) O procurador regional eleitoral poderá ser reconduzido ao cargo, em caso de necessidade de serviço, por mais de uma vez.

(B) Caso membro do MPF decida candidatar-se a cargo eletivo previsto em lei, durante o período entre a escolha como candidato a cargo eletivo em convenção partidária e a véspera do registro da candidatura na justiça eleitoral, o afastamento do exercício de suas funções será facultativo e sem remuneração.

(C) O procurador regional eleitoral pode ser destituído, antes do término do mandato, por decisão exclusiva do procurador-geral eleitoral.

(D) As funções eleitorais do MPF perante os juízes e as juntas eleitorais são exercidas pelo procurador regional eleitoral.

(E) O procurador regional eleitoral, juntamente com o seu substituto, deve ser designado para um mandato de dois anos pelo procurador-geral eleitoral. Sua escolha ocorre entre os procuradores regionais da República no estado e no DF, ou, onde não os houver, entre os procuradores da República substitutos.

A: incorreta, pois o procurador regional eleitoral poderá ser reconduzido apenas uma vez ao cargo – art. 76, § 1°, da LC 75/1993; **B:** essa é a assertiva correta, conforme o art. 204, IV, *a*, da LC 75/1993; **C:** incorreta, pois a destituição do procurador regional eleitoral antes do término do mandato poderá ocorrer por iniciativa do procurador-geral eleitoral, mas dependerá da anuência da maioria absoluta do Conselho Superior do Ministério Público Federal – art. 76, § 2°, da LC 75/1993; **D:** incorreta, pois as funções eleitorais perante o juiz e a junta eleitorais serão exercidas pelo promotor eleitoral (membro do Ministério Público Estadual local) – art. 78 da LC 75/1993; **E:** incorreta, pois o Procurador da República deve ser vitalício (não simples substituto), para que possa ser nomeado excepcionalmente procurador regional eleitoral (na falta de procuradores regionais) – art. 76, *caput*, da LC 75/1993. Obs.: a questão havia sido anulada, por incongruência entre o enunciado e as alternativas, razão pela qual foi adaptada.

Gabarito "B"

(Analista – TRE/BA – 2010 – CESPE) Quanto aos órgãos da justiça eleitoral, julgue os itens seguintes.

(1) As juntas eleitorais não são consideradas órgãos da justiça eleitoral, constituindo-se em mera divisão regional realizada pelo juiz que a preside.

(2) A aprovação do afastamento de juízes dos tribunais regionais eleitorais é de competência do TSE.

(3) Compete privativamente ao TSE julgar os conflitos de competência de juízes eleitorais de determinado estado.

1: incorreta – art. 118 CF/88; **2:** correta – art. 23, IV CE; **3:** incorreta – trata-se de competência dos Tribunais Regionais Eleitorais – art. 29, I, *b*, da CE.

Gabarito 1E, 2C, 3E

(Analista – TRE/RJ – 2012 – CESPE) Os tribunais regionais eleitorais (TREs) são órgãos da justiça federal presentes nos estados e no Distrito Federal. Acerca da competência desses tribunais, julgue os itens subsequentes.

(1) A competência do TRE para julgamento de recurso interposto contra decisão proferida por juiz eleitoral do respectivo estado em mandado de segurança restringe-se à hipótese de denegação da ordem.

(2) Compete privativamente aos TREs a elaboração de seus próprios regimentos internos.

(3) Compete ao TRE processar e julgar, originariamente, conflitos de jurisdição entre juízes eleitorais do respectivo Estado.

1: incorreta, pois compete privativamente aos Tribunais Regionais Eleitorais processar e julgar originariamente o *habeas corpus* ou mandado de segurança, em matéria eleitoral, contra ato de autoridades que respondam perante os Tribunais de Justiça por crime de responsabilidade e, em grau de recurso, os denegados ou concedidos pelos juízes eleitorais (art. 29, I, e, do CE); **2:** correta (art. 30, I, do CE); **3:** correta (art. 29, I, b, do CE).

Gabarito 1E, 2C, 3C

10. AÇÕES, RECURSOS, IMPUGNAÇÕES

(Juiz de Direito - TJ/BA - 2019 - CESPE/CEBRASPE) A respeito dos crimes eleitorais e do processo penal eleitoral, julgue os itens a seguir.

I. No crime de calúnia eleitoral, a prova da verdade do fato é admitida ainda que, sendo o fato imputado objeto de ação penal privada, o ofendido tenha sido condenado por sentença recorrível.

II. A transação penal e a suspensão condicional do processo não são admitidas no processo penal eleitoral.

III. Constitui crime a contratação, direta ou indireta, de grupo de pessoas com a finalidade de emitir mensagens ou comentários na Internet para ofender a honra de candidato, partido ou coligação.

IV. De acordo com o Código Eleitoral, os TREs e o TSE possuem competência para julgar *habeas corpus*, quando houver perigo de se consumar a violência antes que o juiz competente possa prover sobre a impetração.

Assinale a opção correta.

(A) Estão certos apenas os itens I e II.
(B) Estão certos apenas os itens I e IV.
(C) Estão certos apenas os itens II e III.
(D) Estão certos apenas os itens III e IV.
(E) Todos os itens estão certos.

I: Incorreta. No crime de calúnia eleitoral a prova da verdade do fato exclui o crime, mas NÃO é admitida se, constituindo o fato imputado crime de ação privada, o ofendido, não foi condenado por sentença irrecorrível, art. 324, § 2º, I, do Código Eleitoral; **II:** Incorreta. A transação penal e a suspensão condicional do processo são admitidas no processo penal eleitoral. **III.** Correta, conforme art. 57-H, §1º, Lei 9.504/97, que dispõe "Constitui crime a contratação direta ou indireta de grupo de pessoas com a finalidade específica de emitir mensagens ou comentários na internet para ofender a honra ou denegrir a imagem de candidato, partido ou coligação, punível com detenção de 2 (dois) a 4 (quatro) anos e multa de R$ 15.000,00 (quinze mil reais) a R$ 50.000,00 (cinquenta mil reais)."; **IV:** correta, de acordo com os artigos 22 e 29 do Código Eleitoral. (SC)

Gabarito "D"

(Juiz de Direito - TJ/BA - 2019 - CESPE/CEBRASPE) Com base na lei e na jurisprudência do TSE acerca dos processos judiciais e dos recursos eleitorais, assinale a opção correta.

(A) Em razão do princípio da inalterabilidade das decisões judiciais, o juízo de retratação realizado pelos juízes eleitorais, quando do recebimento de recursos, exige pedido expresso da parte recorrente.
(B) A partir das eleições municipais de 2016, nas ações de investigação judicial eleitoral, é facultativo o litisconsórcio passivo entre o responsável pela prática de abuso de poder político e o candidato beneficiado pelo ato ilegal.
(C) Para que uma ação que vise apurar abuso de poder seja julgada procedente, é necessário comprovar que o evento, além de afetar o equilíbrio na disputa eleitoral, pode alterar o resultado das eleições.
(D) A União é parte legítima para requerer a execução de multa por descumprimento de ordem judicial no âmbito da justiça eleitoral.
(E) Em processo de cassação de mandato de governador e de vice-governador, há interesse jurídico dos respectivos deputados estaduais para ingressar na demanda, autonomamente, como terceiros prejudicados.

A: incorreta. Uma vez que a posição jurisprudencial (Ac.-TSE, de 10.3.2015, no RMS nº 5698) é no sentido de que o juízo de retratação prescinde de pedido expresso da parte recorrente, consubstanciando-se como exceção ao princípio da inalterabilidade da decisão na Justiça Eleitoral ; **B:** incorreta, uma vez que a partir das eleições de 2016 o litisconsórcio passivo necessário entre o candidato beneficiário e o responsável pela prática de abuso do poder político passa a ser obrigatório nas ações de investigação judicial eleitoral – AIJE - Ac.-TSE, de 21.6.2016, no REspe nº 84356; **C:** incorreta. O art. 22, XVI, LC 64/90, dispõe que "para a configuração do ato abusivo, não será considerada a potencialidade de o fato alterar o resultado da eleição, mas apenas a gravidade das circunstâncias que o caracterizam"; **D:** correta, conforme dispõe a Súmula 68 do TSE: A União é parte legítima para requerer a execução de astreintes, fixada por descumprimento de ordem judicial no âmbito da Justiça Eleitoral.; **E:** incorreta. O TSE se manifestou no sentido de que *"O Plenário do Tribunal Superior Eleitoral, por unanimidade, ao julgar embargos de declaração opostos a acórdão que cassou o mandato do governador e do vice-governador do Amazonas e determinou a realização de novas eleições, entendeu pela inexistência de interesse jurídico que autorizasse, isoladamente, os deputados estaduais do estado a integrar o processo como terceiros prejudicados, reconhecendo, entretanto, a existência de tal interesse por parte da Assembleia Legislativa. Não repercute no campo dos direitos dos deputados estaduais nem afeta prerrogativas inerentes ao cargo que ocupam, pois a intenção em participar de eventual eleição indireta representa tão somente interesse de fato que não possibilita a ampliação subjetiva da demanda. Em relação aos embargos opostos pela Assembleia Legislativa, o ministro entendeu que há interesse jurídico que enseja o conhecimento do recurso, tendo em vista a discussão sobre a incidência do § 4º do art. 224 do Código Eleitoral, que prevê eleições diretas quando a vacância do cargo ocorrer mais de seis meses antes do final do mandato."* Informativo 11/2017 TSE – j 22.8.17. SC

Gabarito "D"

(Promotor de Justiça/RR – 2017 – CESPE) A ação de impugnação ao pedido de registro de candidatura

(A) deverá ser proposta no prazo de cinco dias, contados a partir da publicação do pedido de registro do candidato, sendo mantida a prerrogativa do MP à intimação pessoal.
(B) perderá o objeto se não for julgada até a diplomação do candidato eleito.
(C) gera litisconsórcio passivo necessário entre o pré-candidato e o partido pelo qual este pretende concorrer.
(D) será ajuizada no TRE quando a impugnação se referir a candidatura de deputado federal.

A: Incorreta. O art. 3º, LC 64/1990, de fato estabelece o prazo de 5 dias a contar da publicação do pedido de registro de candidatura. No entanto, não haverá observância da prerrogativa do MP quanto à intimação pessoal. A Súmula 49 TSE é assente neste sentido "O prazo de cinco dias, previsto no art. 3º da LC 64/1990, para o Ministério Público impugnar o registro inicia-se com a publicação do edital, caso em que é excepcionada a regra que determina a sua intimação pessoal". B: Incorreta. Pois o art. 15 da LC 64/1990 esclarece que "Transitada em julgado ou publicada a decisão proferida por órgão colegiado que declarar a inelegibilidade do candidato, ser-lhe-á negado registro, ou cancelado, se já tiver sido feito, ou declarado nulo o diploma, se já expedido.". **C:** Incorreta. Nas ações de impugnação de registro de candidatura não há litisconsórcio necessário entre o pré-candidato e o partido político correspondente. A admissão do partido no processo poderá se dar na forma de assistente simples (já que haverá reflexos eleitorais em razão do indeferimento do registro, tal como a substituição de candidatura). **D:** Correta. O inciso II, parágrafo único do art. 2º, LC 64/1990 estabelece a competência dos TREs quando se tratar de candidato a Senador, Governador e Vice (estado e Distrito Federal), Deputado Estadual e Distrital. SC

Gabarito "D"

(Juiz – TJ/CE – 2018 – CESPE) A apelação criminal eleitoral deverá ser

(A) recebida exclusivamente no efeito devolutivo.
(B) recebida no efeito suspensivo quando interposta contra sentença condenatória.
(C) recebida no efeito suspensivo quando a sentença for absolutória e o réu estiver preso preventivamente.
(D) interposta no juízo *a quo* no prazo de três dias, contados da publicação da sentença.
(E) interposta diretamente no TRE, com comunicação ao juízo *a quo* no prazo de cinco dias, contados da publicação da sentença.

No direito eleitoral devemos nos atentar para a regra geral de que não haverá efeito suspensivo aos recursos existente, estando adstrito ao natural efeito devolutivo recursal. No entanto, algumas exceções existem. Dentre elas: a) apelação criminal eleitoral (arts. 362 e 364, Código Eleitoral e b) Recurso Ordinário (cassação de registro de candidatura, afastamento do titular e perda de mandato – art. 257, § 2º, Código Eleitoral). **A**: Incorreta, já que estamos diante da exceção indicada anteriormente. **B:** Correta, com fundamento na exceção prevista nos artigos já indicados, 362 e 364, ambos do Código Eleitoral. **C:** Incorreta, considerando que o réu estava preso quando diante da sentença que o absolveu, consequência seguinte será sua colocação imediata em liberdade (permanecendo em liberdade até o julgamento definitivo da apelação interposta, que apenas terá seu efeito devolutivo – art. 596, CPP). **D:** Incorreta. O art. 362, CE, estabelece que das decisões finais de condenação ou absolvição caberá recurso para o Tribunal Regional Eleitoral, no entanto, no prazo de 10 (dez) dias. **E:** Incorreta, pois o prazo é de 10 (dez) dias, conforme art. 362, CE. SC

Gabarito "B"

(Juiz de Direito/DF – 2016 – CESPE) A respeito do direito processual eleitoral, das ações eleitorais e dos respectivos recursos, assinale a opção correta.

(A) O ajuizamento de ação eleitoral para punir a doação acima do limite legal deve ocorrer até cento e vinte dias a partir da eleição, sob pena de prescrição.

(B) A LC que regulamenta a perda de cargo para os casos de troca de partido sem justa causa não se aplica às eleições majoritárias e a defesa de mérito pode apontar motivos diversos daqueles exemplificativamente estabelecidos na legislação de regência.

(C) Dentre as hipóteses de cabimento do recurso inominado, previstas no Código Eleitoral, tendo por destinatário o TRE, não se inserem os atos e as resoluções emanadas dos juízes e das juntas eleitorais em primeiro grau de jurisdição.

(D) É cabível recurso extraordinário de decisão do TRE proferida contra disposição expressa da CF.

(E) O tribunal formará sua convicção pela livre apreciação dos fatos públicos e notórios, dos indícios e presunções e da prova produzida, atentando para circunstâncias ou fatos, ainda que não indicados ou alegados pelas partes, mas que preservem o interesse público de lisura eleitoral.

A: incorreta, uma vez que o prazo é de 180 dias, conforme art. 32 da Lei das Eleições; **B:** incorreta, uma vez que não há LC tratando sobre o assunto, mas, sim, a Resolução TSE 22.610/07, que estabelece, em seu art. 13, que o procedimento ali previsto aplica-se tanto aos cargos majoritários como também aos proporcionais; **C:** incorreta, pois o art. 264 do Código Eleitoral estabelece que caberá para os Tribunais Regionais e para o Tribunal Superior, dentro de 3 (três) dias, recurso contra atos, resoluções ou despachos dos respectivos presidentes; **D:** incorreta, uma vez que caberá o Recurso Especial, com fundamento no art. 276, I, *a*, Código Eleitoral; **E:** correta, com base no expresso texto do art. 23, LC 64/90.

Gabarito "E"

(Analista - Judiciário –TRE/PI - 2016 - CESPE) Assinale a opção correta de acordo com o disposto no CE.

(A) O recurso deverá ser interposto no quinto dia da publicação do ato, da resolução ou do despacho.

(B) Os embargos de declaração devem ser interpostos no prazo de três dias da data de publicação do acórdão, quando este gerar dúvida ou contradição.

(C) O eleitor que desejar impetrar o recurso contra expedição de diploma deverá estar ciente de que o único argumento aceito será o de falta de condição de elegibilidade.

(D) A propaganda eleitoral é de responsabilidade dos partidos e candidatos e por eles paga, sendo os excessos cometidos pelos candidatos de responsabilidade exclusiva dos partidos políticos, independentemente da legenda partidária.

(E) Os recursos eleitorais têm efeito suspensivo, podendo a execução de um acórdão ser feita imediatamente, mediante comunicação por escrito, em qualquer meio, a critério do presidente do tribunal regional eleitoral.

A: incorreta. Conforme §1° do art. 121 do Código Eleitoral, o prazo será de 3 dias; **B:** correta, com fundamento no §1° do art. 275 do Código Eleitoral, em petição dirigida ao juiz ou relator, com a indicação do ponto que lhes deu causa; **C:** incorreta, pois, conforme o art. 262 do Código Eleitoral, o recurso contra expedição de diploma caberá somente nos casos de inelegibilidade superveniente ou de natureza constitucional e de falta de condição de elegibilidade; **D:** incorreta, pois, pela inteligência do art. 241 e parágrafo único do Código Eleitoral, "Toda propaganda eleitoral será realizada sob a responsabilidade dos partidos e por eles paga, imputando-lhes solidariedade nos excessos praticados pelos seus candidatos e adeptos. Parágrafo único. A solidariedade prevista neste artigo é restrita aos candidatos e aos respectivos partidos, não alcançando outros partidos, mesmo quando integrantes de uma mesma coligação."; **E:** incorreta, pois o art. 257 do Código Eleitoral estabelece taxativamente que os recursos eleitorais não possuem efeito suspensivo.

Gabarito "B"

(Magistratura/BA – 2012 – CESPE) Com relação ao que dispõe o Código Eleitoral acerca das possibilidades de anulação do pleito eleitoral e de convocação de novas eleições, assinale a opção correta.

(A) Para uma eleição ser anulada, de modo a ensejar novo pleito, exige-se a anulação, pela justiça eleitoral, de mais da metade dos votos.

(B) A convocação de nova eleição pela justiça eleitoral restringe-se ao caso de ser impossível definir um vencedor para o pleito.

(C) Não é permitida a anulação de eleição municipal na qual tenha comparecido mais da metade dos eleitores da circunscrição.

(D) Deve ser anulada a eleição em que os votos invalidados por fraude ou compra de votos, somados aos votos nulos dos eleitores, superar a metade do número de votantes.

(E) Apenas os eleitores podem anular um processo eleitoral, mediante o voto em branco ou nulo, quando estes votos, somados, alcançarem mais da metade do número de eleitores que compareceram ao pleito.

A: Correta, conforme dispõe o art. 224, *caput*, do Código Eleitoral; **B:** Incorreta, vez que existem outras situações onde novas eleições poderão ser determinadas, como por exemplo, art. 2°, § 1° da Lei 9.504/1997 e art. 224, § 1°, do Código Eleitoral; **C:** Incorreta, uma vez latente fatos permissivos de nova eleição, ela poderá ocorrer; **D:** Incorreta, já que se refere ao disposto no art. 224 do Código Eleitoral que disciplina que se a nulidade atingir a mais de metade dos votos do país nas eleições presidenciais, do Estado nas eleições federais e estaduais ou do município nas eleições municipais, julgar-se-ão prejudicadas as demais votações e o Tribunal marcará dia para nova eleição dentro do prazo de 20 (vinte) a 40 (quarenta) dias, em se tratando das nulidades previstas nos arts. 221 e 222 do mesmo código. Importante mencionar posicionamento do TSE no sentido de que "para fins do art. 224 do Código Eleitoral, a validade da votação – ou o número de votos válidos – na eleição majoritária não é aferida sobre o total de votos apurados, mas leva em consideração tão somente o percentual de votos dados aos candidatos desse pleito, excluindo-se, portanto, os votos nulos e os brancos, por expressa disposição do art. 77, § 2°, da Constituição Federal" (AgRg em Ação Cautelar 3.260, rel. Arnaldo Versiani); **E:** Incorreta, considerados os argumentos da assertiva anterior, a nulidade corresponde aos tipos previstos nos arts. 221 e 222 do Código Eleitoral e não essencialmente aos votos nulos.

Gabarito "A"

(Magistratura/CE – 2012 – CESPE) No que se refere a registro de candidatura e sua impugnação, assinale a opção correta.

(A) O juiz eleitoral deve apresentar em cartório, em até dez dias após a conclusão dos autos, a sentença relativa a pedidos de registro de candidatos a eleições municipais.

(B) O pedido de registro do candidato e sua impugnação são processados nos próprios autos dos processos dos candidatos e são julgados em uma só decisão.

(C) O candidato cujo registro esteja *sub judice* poderá efetuar todos os atos relativos à campanha eleitoral, e seu nome será mantido na urna eletrônica enquanto ele estiver sob essa condição, desde que seu recurso seja recebido no efeito suspensivo.

(D) As impugnações do pedido de registro de candidatura e as questões referentes a homonímias e notícias de inelegibilidade devem ser processadas em autos apartados.

(E) Encerrado o prazo da dilação probatória para a impugnação de registro de candidatura, as partes, inclusive o MP, poderão apresentar alegações em prazo sucessivo, a começar pelo impugnante.

A única alternativa correta é encontrada na assertiva "B". A ação de impugnação de registro de candidatura, no tocante à sua natureza, perfaz-se como um incidente no processo de registro do candidato, que pode ser compreendido como principal em relação a ela. Porém, não é de obstar a possibilidade de que a impugnação seja apensada aos autos do registro de candidatura, uma vez que a única proibição é que se instaure um processo autônomo para solver questão que deve ser julgada simultaneamente, dada a inegável natureza incidental da demanda impugnativa.

Gabarito "B"

(Magistratura/ES – 2011 – CESPE) No que se refere a impugnação de registro de candidatura, competência para julgamento, procedimentos, prazos e efeitos recursais no âmbito da Lei Complementar n.º 64/1990 e alterações posteriores, assinale a opção correta.

(A) Terminado o prazo para impugnação, depois da devida notificação, o candidato, o partido político ou a coligação dispõe do prazo de dez dias para contestá-la, podendo juntar documentos, indicar rol de testemunhas e requerer a produção de provas, inclusive documentais, que se encontrarem em poder de terceiros, de repartições públicas ou em procedimentos judiciais ou administrativos.

(B) Na impugnação dos pedidos de registro de candidatos a eleições municipais, o juiz eleitoral formará sua convicção pela livre apreciação da prova — atendendo aos fatos e às circunstâncias constantes dos autos, ainda que não alegados pelas partes, e mencionando na decisão os que motivaram seu convencimento — e apresentará a sentença em cartório três dias após a conclusão dos autos; a partir desse momento, passa a correr o prazo de três dias para a interposição de recurso para o TRE.

(C) Tratando-se de registro a ser julgado originariamente por TRE, o pedido de registro, com ou sem impugnação, será julgado em três dias após a publicação da pauta; na sessão do julgamento, que poderá se realizar em até duas reuniões seguidas, feito o relatório, facultada a palavra às partes e ouvido o procurador regional, o relator proferirá o seu voto e serão tomados os dos demais juízes.

(D) Transitada em julgado ou publicada a decisão proferida por juiz que declarar a inelegibilidade de candidato, será negado registro a esse candidato, ou o registro será cancelado, se já feito, ou o diploma será declarado nulo, se já expedido; não sendo apresentado recurso, a decisão deverá ser comunicada, de imediato, ao MP eleitoral e ao órgão da justiça eleitoral competente para o registro de candidatura e expedição de diploma do réu.

(E) O registro do candidato pode ser impugnado em petição fundamentada, no prazo de cinco dias contados da publicação do seu pedido, por qualquer cidadão, ou, ainda, por partido político, coligação ou pelo MP.

De fato a única resposta correta encontra-se na assertiva 'B', pois em conformidade com o que dispõe o art. 7°, parágrafo único, da LC 64/1990 cc. art. 8° da mesma legislação específica.

Gabarito "B".

(Magistratura/PA – 2012 – CESPE) Assinale a opção correta a respeito da impugnação de registro de candidatura.

(A) Qualquer candidato, partido político ou coligação, bem como o MP possuem legitimidade ativa para impugnar solicitação de registro de candidatura, até cinco dias depois da publicação do pedido.

(B) É do juiz eleitoral a competência originária para o julgamento da arguição de inelegibilidade de candidatos aos cargos de prefeito, vice-prefeito, vereador, conselheiro tutelar e juiz de paz.

(C) Decorrido o prazo para a contestação, as testemunhas, independentemente de notificação judicial, devem comparecer para inquirição, por iniciativa das partes que as tiverem arrolado.

(D) O prazo para que partido político ou coligação ofereça contestação é de quatro dias, contados a partir do primeiro dia após a impugnação da candidatura.

(E) É do tribunal regional eleitoral a competência originária para o julgamento da arguição de inelegibilidade de candidatos aos cargos de presidente da República, senador da República, governador de estado e do DF, deputado federal, deputado estadual e deputado distrital.

A: Correta, o art. 3° da LC 64/1990 disciplina que caberá a qualquer candidato, a partido político, coligação ou ao Ministério Público, no prazo de 5 (cinco) dias, contados da publicação do pedido de registro do candidato, impugná-lo em petição fundamentada; **B:** Incorreta, pois o art. 8° da LC 64/1990 dispõe ser de competência originária do juiz eleitoral para o julgamento da arguição de inelegibilidade para as eleições municipais; **C:** Incorreta, uma vez que o art. 22, V, da LC 64/1990 dispõe que findo o prazo da notificação, com ou sem defesa, abrir-se-á prazo de 5 (cinco) dias para inquirição, em uma só assentada, de testemunhas arroladas pelo representante e pelo representado, até o máximo de 6 (seis) para cada um, as quais comparecerão independentemente de intimação; **D:** Incorreta, uma vez que o prazo será de 5 dias, conforme se depreende da leitura do art. 22, I, 'a' LC 64/1990; **E:** Incorreta, uma vez que a competência será do Tribunal Superior Eleitoral quando se tratar de candidato à Presidência ou à Vice-Presidência da República, como disciplina o art. 2°, I, da LC 64/1990.

Gabarito "A".

(Magistratura/PI – 2011 – CESPE) No que se refere a recursos eleitorais, assinale a opção correta.

(A) Recurso contra a expedição de diploma pendente de análise pelo TSE não tem efeito suspensivo.

(B) É vedada a juntada de novos documentos a recurso interposto contra decisão de juiz eleitoral.

(C) Das decisões das juntas sobre impugnações na apuração dos votos cabe recurso imediato, interposto verbalmente ou por escrito, que deve ser fundamentado no prazo de quarenta e oito horas para que tenha seguimento.

(D) O prazo recursal contra decisões sobre reclamações ou representações relativas a descumprimento da Lei geral das eleições é de três dias.

(E) Em regra, os recursos eleitorais têm efeito suspensivo.

De fato a única alternativa correta encontra-se na assertiva 'C' uma vez que em consonância com o que disciplina o art. 169 do Código Eleitoral, ou seja, medida que os votos forem sendo apurados, poderão os fiscais e delegados de partido, assim como os candidatos, apresentar impugnações que serão decididas de plano pela Junta.

Gabarito "C".

Veja a seguinte tabela resumida com as principais ações cíveis eleitorais e os recursos cabíveis:

Principais Ações Cíveis Eleitorais e Recursos		
	Cabimento – observações	**Prazo**
Ação de Impugnação de Registro de Candidatura - AIRC Art. 3º da Lei da Inelegibilidade – LI (LC 64/1990)	– Para impugnar registro de candidatura – Rito do próprio art. 3º e seguintes da Lei da Inelegibilidade – LI (LC 64/1990) – Súmula 11/TSE: no processo de registro de candidatos, o partido que não o impugnou não tem legitimidade para recorrer da sentença que o deferiu, salvo se se cuidar de matéria constitucional	5 dias da publicação do pedido de registro
Ação de Investigação Judicial Eleitoral – AIJE Art. 22 da LI	– Declaração de inelegibilidade por uso indevido, desvio ou abuso do poder econômico ou do poder de autoridade, ou utilização indevida de veículos ou meios de comunicação social, em benefício de candidato ou de partido político – Rito do próprio art. 22 da LI – A legitimidade ativa para a representação é de qualquer partido político, coligação, candidato ou Ministério Público Eleitoral – Se for julgada procedente antes das eleições, há cassação do registro do candidato diretamente beneficiado. Se for julgada procedente após as eleições, o MP poderá ajuizar AIME e/ou RCED	Entre o registro da candidatura e a diplomação
Ação de Impugnação de Mandato Eletivo – AIME Art. 14, § 10, da CF	– Casos de abuso do poder econômico, corrupção ou fraude – Rito da LI, mas a cassação de mandato tem efeito imediato (não se aplica o art. 15 da Lei de Inelegibilidade) – A AIME deve ser instruída com provas de abuso do poder econômico, corrupção ou fraude, mas o TSE tem entendimento de que não se trata de prova pré-constituída, sendo exigidos apenas indícios idôneos do cometimento desses ilícitos – ver RESPE 16.257/PE-TSE	Em até 15 dias da diplomação
Recurso contra a Expedição de Diploma - RCED Art. 262 do CE	– Casos de inelegibilidade ou incompatibilidade de candidato; errônea interpretação da Lei quanto à aplicação do sistema de representação proporcional; erro de direito ou de fato na apuração final, quanto à determinação do quociente eleitoral ou partidário, contagem de votos e classificação de candidato, ou a sua contemplação sob determinada legenda; concessão ou denegação do diploma em manifesta contradição com a prova dos autos, nas hipóteses do art. 222 do CE e do art. 41-A da LE – Não há requisito de prova pré-constituída – ver RCED 767/SP-TSE	3 dias contados da diplomação
Representação Arts. 30-A, 41-A, 73 a 77 da LE	Casos de: – ilícitos na arrecadação e nos gastos de campanha (art. 30-A da LE) – captação de sufrágio (compra de voto – art. 41-A da LE) – condutas vedadas a agentes públicos em campanhas (arts. 73 a 77 da LE) – Rito ordinário eleitoral (art. 22 da LI), ou rito sumário do art. 96 da LE para o caso das condutas vedadas – A demonstração da potencialidade lesiva é exigida apenas para a prova do abuso do poder econômico, mas não para a comprovação de captação ilícita de sufrágio (= compra de votos) – ver RCED 774/SP-TSE e RO 1.461/GO	– até 15 dias da diplomação, no caso de ilícitos na arrecadação e nos gastos de campanha – até a diplomação, no caso de captação ilícita de sufrágio – até a eleição, no caso das condutas vedadas – recursos contra a decisão em 3 dias
Ação Rescisória Eleitoral Art. 22, I, *j*, do CE	– Casos de inelegibilidade – Proposta no TSE – Possibilita-se o exercício do mandato eletivo até o seu trânsito em julgado	120 dias da decisão irrecorrível
Direito de resposta Art. 58 da LE	Casos de candidato, partido ou coligação atingidos, ainda que de forma indireta, por conceito, imagem ou afirmação caluniosa, difamatória, injuriosa ou sabidamente inverídica, difundidos por qualquer veículo de comunicação social	– 24 horas, horário eleitoral gratuito – 48 horas, programação normal de rádio e televisão – 72 horas, órgão de imprensa escrita – Recurso em 24 horas da publicação em cartório ou sessão

Principais Ações Cíveis Eleitorais e Recursos		
	Cabimento – observações	**Prazo**
Recursos Inominados –Art. 96, § 4º, da LE –Art. 8º da LI –Arts. 29, II, e 265, c/c art. 169 do CE	Contra decisões de juízes e juízes auxiliares, atos e decisões das juntas eleitorais, e decisões em *habeas corpus* ou mandado de segurança	– 24 horas (art. 96, § 8º, da LE) da publicação em cartório ou sessão – 3 dias da publicação em cartório (art. 8º da LI)
Recurso Especial Art. 276, I, do CE	Contra decisões dos TREs proferidas contra expressa disposição de lei; ou quando ocorrer divergência na interpretação de Lei entre dois ou mais tribunais eleitorais.	3 dias da publicação da decisão
Recurso Extraordinário contra decisão do TSE Art. 281 do CE	Violação à Constituição Federal	3 dias – art. 12 da Lei 6.055/1974, ver AI 616.654 AgR/SP-STF.
Agravo de Instrumento Arts. 279 e 282 do CE	Denegação de RESPE ou de RE	3 dias para peticionar mais 3 dias para formar o instrumento
Recurso ordinário para o TSE ou para o STF Arts. 276, II, e 281 do CE	Julgamentos originários dos TREs (sobre expedição de diplomas nas eleições federais e estaduais ou relativos a HC ou MS) ou do TSE	3 dias da publicação da decisão ou da sessão da diplomação

11. CRIMES ELEITORAIS

(Promotor de Justiça/RR – 2017 – CESPE) O crime eleitoral

(A) é de ação penal pública incondicionada, cabendo ação penal privada subsidiária da pública no caso de inércia do MP.

(B) caracteriza-se como crime de responsabilidade ou crime comum, conforme o autor da infração esteja ou não exercendo mandato eletivo.

(C) pode dar causa a persecução penal contra pessoa jurídica.

(D) praticado por juiz de TRE será julgado originariamente pelo TSE.

A: Correta. Mesmo nos casos onde exista o crime de calúnia, injúria ou difamação eleitoral, a tutela estabelecida pelo Código Eleitoral é a lisura das eleições, mais do que a própria honra do ofendido. Por esta razão a natureza destas modalidades criminosas passam a ser públicas incondicionadas (art. 355, CE). **B:** Incorreta. O crime eleitoral possui natureza penal (disposto no Código Eleitoral e Lei das Eleições). Os crimes de responsabilidade estão dispostos na Lei 1.079/1950. **C:** Incorreta. A única responsabilização criminal de pessoa jurídica será no caso de cometimento de crimes ambientais, já que expressamente previsto pela legislação. **D:** Incorreta. O crime eleitoral cometido por juiz do TRE ("desembargador" do Tribunal Regional Eleitoral) será de competência de julgamento do STJ, por força do art. 105, I, *a*, CF. **SC**

Gabarito "A"

(Promotor de Justiça/PI - 2014 - CESPE) Diva, prefeita candidata à reeleição, foi denunciada por ter difamado e injuriado Helen, candidata opositora, durante a propaganda eleitoral gratuita veiculada na mídia, tendo-lhe imputado fato ofensivo à sua reputação de servidora pública. Em face dessa situação hipotética, assinale a opção correta à luz das disposições constitucionais e da legislação eleitoral.

(A) O juiz pode deixar de aplicar pena caso Helen, de forma reprovável, tenha provocado diretamente os crimes, assim como no caso de extorsão imediata que consista em outros crimes da mesma espécie.

(B) Se o promotor de justiça eleitoral promover o arquivamento, o juiz poderá encaminhar os autos ao procurador regional eleitoral, que deverá designar outro promotor para oferecer a denúncia.

(C) Se a denúncia for recebida por juiz eleitoral, Diva poderá invocar, em seu favor, como matéria de defesa, a incompetência do juízo, tese que tem sido acolhida pela justiça eleitoral, ao fundamento de que crime cometido por prefeito deve ser julgado pelo tribunal de justiça.

(D) A exceção da verdade é admitida para ambos os fatos, na medida em que Helen é servidora pública e a ofensa foi relativa ao exercício das funções de agente público.

(E) Verificadas as infrações penais, o MP tem prazo de dez dias para oferecer denúncia, independentemente de representação, uma vez que os crimes eleitorais são de ação pública.

A: incorreta, uma vez que as circunstâncias apresentadas pela alternativa não se enquadram no permissivo para este mesmo sentido, só se aplica ao crime de injúria, e não ao de difamação, conforme se verifica na leitura dos incisos I e II, § 1º, art. 326, Código Eleitoral; **B:** incorreta, uma vez que o art. 357, § 1º, Código Eleitoral, dispõe que neste caso o Procurador Regional Eleitoral oferecerá a denúncia, designará outro Promotor para oferecê-la, ou insistirá no pedido de arquivamento, ao qual só então estará o juiz obrigado a atender; **C:** incorreta, pois Diva deverá ser julgada pelo TRE, por se tratar de crime eleitoral e pela prerrogativa de foro prevista no art. 84, Código de Processo Penal. Neste sentido, a jurisprudência do TSE: "Competência. Crime eleitoral praticado por prefeito. Nexo de causalidade. A existência de nexo de causalidade, considerado o exercício de mandato e o crime, é conducente, de início, à atuação do Tribunal Regional Eleitoral. Competência. Crime eleitoral praticado por prefeito. Nexo de causalidade. Cassação do mandato. Com a cassação do mandato, tem-se o afastamento da prerrogativa de foro no que voltada à proteção do cargo, e não do cidadão. Inconstitucionalidade do § 1º do art. 84 do Código de Processo Penal, com a redação imprimida pela Lei 10.628/2002 – ADI 2.797, relator Ministro Sepúlveda Pertence, julgamento de 15.9.2005." (Ac. nº 519, de 15.9.2005, rel. Min. Marco Aurélio.)"; **D:** incorreta, uma vez que a exceção de verdade apenas é admitida no crime de difamação. Expressamente, dispõe o art. 325, parágrafo único, Código Eleitoral, que a exceção da verdade somente se admite se ofendido é funcionário público e a ofensa é relativa ao exercício de suas funções; **E:** Correta, vez que assim disciplinado pelo art. 357 do Código Eleitoral.

Gabarito "E"

(Magistratura/PA – 2012 – CESPE) No que concerne à representação por captação ilícita de sufrágio, aos crimes eleitorais e ao processo penal eleitoral, assinale a opção correta.

(A) As infrações penais definidas no Código Eleitoral são, em regra, de ação pública, com exceção dos denominados crimes eleitorais contra a honra de candidatos, partidos ou coligações, aos quais se aplica subsidiariamente o Código Penal.

(B) Admite-se, para o crime consistente na difamação de alguém durante a propaganda eleitoral, por meio da imputação de fato ofensivo à reputação da pessoa, exceção da verdade, se o ofendido for funcionário público e a ofensa não for relativa ao exercício de suas funções.

(C) Tratando-se do crime de escrever, assinalar ou fazer pinturas em muros, fachadas ou qualquer bem de uso comum do povo, para fins de propaganda eleitoral, empregando-se qualquer tipo de tinta, piche, cal ou produto semelhante, o juiz poderá reduzir a pena do agente que repare o dano antes da sentença final.

(D) Se o juiz se convencer de que o diretório local de determinado partido tenha concorrido para a prática do crime de inutilizar, alterar ou perturbar meio de propaganda devidamente empregado, ou que o partido tenha se beneficiado conscientemente da referida propaganda, ao diretório será imposta pena de multa.

(E) Em decorrência da liberdade de escolha do eleitor, na representação pela captação ilícita de sufrágio prevista na Lei n.º 9.504/1997, não se afere a potencialidade lesiva da conduta, bastando a prova da captação, ainda que envolva apenas um eleitor.

Estamos diante de uma clara necessidade de simples comprovação do ato repugnado, qual seja, a captação ilícita de sufrágio, não prescindo de aferição acerca da potencialidade lesiva da conduta, bastando que seja comprovada a mesma, como bem se infere da leitura dos dispositivos dos arts. 30-A, § 2°, e 41-A da Lei 9.504/1997.

Gabarito "E".

(Magistratura/PB – 2011 – CESPE) À luz das resoluções aplicáveis do TSE, assinale a opção correta acerca do processo penal eleitoral, na seara das apurações criminais e da polícia criminal em matéria eleitoral.

(A) Se o inquérito for arquivado por falta de embasamento para o oferecimento de denúncia, a autoridade policial poderá proceder a nova investigação se de outras provas tiver notícia, independentemente de nova requisição.

(B) A Polícia Federal exerce, com prioridade sobre suas atribuições regulares, a função de polícia judiciária em matéria eleitoral e, se, no local da infração, não existirem órgãos a ela pertencentes, a referida função deverá ser assumida pela polícia estadual.

(C) A autoridade policial que tomar conhecimento de prática da infração penal eleitoral deverá informá-la imediatamente ao membro do MP competente.

(D) As autoridades policiais e seus agentes devem comunicar ao juiz eleitoral competente, em até vinte e quatro horas do fato, a prisão de indivíduos encontrados em flagrante delito pela prática de infração eleitoral.

(E) O inquérito policial eleitoral é instaurado somente mediante requisição do MP, salvo em hipótese de prisão em flagrante, quando a instauração ocorre independentemente de requisição.

A: incorreta, pois a nova investigação policial dependerá de requisição – art. 11 da Resolução TSE 23.222/2010; **B:** incorreta, pois, inexistindo órgãos da polícia federal no local da infração, a atuação da polícia estadual será supletiva (não substitutiva) – art. 2°, p. único, da Resolução TSE 23.222/2010; **C:** incorreta, pois a autoridade policial deve informar imediatamente o juiz eleitoral competente quando tiver conhecimento da prática de infração penal eleitoral – art. 6° da Resolução TSE 23.222/2010; **D:** essa é a assertiva correta, conforme o art. 7° da Resolução TSE 23.222/2010; **E:** incorreta, pois o inquérito policial eleitoral será instaurado mediante requisição do Ministério Público ou da justiça eleitoral, salvo a hipótese de prisão em flagrante – art. 8° da Resolução TSE 23.222/2010.

Gabarito "D".

(Ministério Público/RO - 2010 - CESPE) A respeito dos crimes eleitorais e do processo penal eleitoral, assinale a opção correta.

(A) Os recursos especiais relativos aos processos criminais eleitorais de competência originária dos TREs devem ser interpostos no prazo de três dias perante o presidente do tribunal recorrido.

(B) Para efeitos penais, o cidadão que integra temporariamente órgãos da justiça eleitoral e o cidadão nomeado para compor as mesas receptoras ou juntas apuradoras não são considerados membros nem funcionários da justiça eleitoral.

(C) Na instrução dos processos criminais eleitorais, poderão ser inquiridas até cinco testemunhas arroladas pela acusação e cinco arroladas pela defesa, independentemente de o crime ser apenado com multa, detenção ou reclusão.

(D) O fato de o órgão do MP não apresentar, no prazo legal, denúncia de crime eleitoral configura crime apenado com detenção de até um mês e multa.

(E) Tratando-se de crimes eleitorais, cabe apelação, no prazo de cinco dias, das sentenças definitivas de condenação ou absolvição proferidas por juiz singular, sendo de oito dias o prazo para oferecimento das razões.

A: assertiva correta, conforme o art. 276, § 1°, do CE; **B:** incorreta, pois o cidadão é considerado, nesse caso, funcionário da justiça eleitoral, para fins penais – art. 283, II e III, do CE; **C:** incorreta, pois o número de testemunhas na instrução é, em regra, de até 8 para acusação e mesmo número para a defesa – art. 401 do Código de Processo Penal – CPP, ver art. 532 do CPP; **D:** incorreta, pois a pena para a omissão é de até 2 meses de detenção ou pagamento de multa – art. 342 do CE; **E:** incorreta, pois o prazo é de 10 dias – art. 362 do CE.

Gabarito "A".

12. TEMAS COMBINADOS E OUTRAS MATÉRIAS

(Delegado - PC/SE - 2018 - CESPE/CEBRASPE) A respeito da representação por captação ilícita de sufrágio, julgue os itens que se seguem.

(1) O prazo para a propositura de representação por captação ilícita de sufrágio é imprescritível.

(2) Para a apuração de captação de sufrágio, considerar-se-ão as condutas praticadas pelo candidato no período compreendido desde o registro da candidatura até o dia da eleição.

(3) A conduta ilícita de captação de sufrágio poderá fundar-se em atitude culposa, e contra a decisão que julgar procedente a representação caberá recurso no prazo de quinze dias, contados da sua publicação no Diário Oficial.

1: Incorreta. A propositura de representação por captação ilícita de sufrágio poderá ser feita até a data da diplomação (§ 3°, art. 41-A, Lei 9.504/97). **2:** Correta. Conforme art. 41-A, Lei 9504/97, ou seja, será o período compreendido entre o registro da candidatura até o dia da eleição; **3:** Incorreta. O art. 41-A, §1°, Lei 9504/97, dispõe que para a caracterização da conduta ilícita é suficiente a evidência do dolo (consistente no especial fim de agir), não sendo necessário o pedido explícito de voto. SC

Gabarito 1E, 2C, 3E

Determinada instituição privada solicitou à justiça eleitoral o registro de pesquisas de opinião pública a respeito das eleições e dos candidatos que delas participam para posterior divulgação. Na ocasião, a instituição omitiu, no pedido de registro, o nome do contratante da pesquisa, o valor pago pela pesquisa, a origem dos recursos necessários, a metodologia e o período de realização da pesquisa.

(Delegado - PC/SE - 2018 - CESPE/CEBRASPE) A respeito dessa situação hipotética e de aspectos a ela pertinentes, julgue os itens a seguir.

(1) As informações omitidas a respeito da pesquisa de opinião pública são necessárias para aceitação do registro na justiça eleitoral.

(2) Os representantes legais da referida instituição privada não serão responsabilizados penalmente caso a pesquisa de opinião pública sem o prévio registro não seja efetivamente divulgada.

(3) O registro concedido será extensivo a outras pesquisas semelhantes que a instituição privada queira realizar.

1: Correta. De acordo com o art. 33, Lei 9.504/97, as entidades e empresas que realizarem pesquisas de opinião pública relativas às eleições ou aos candidatos, para conhecimento público, são obrigadas, para cada pesquisa, registrar junto à Justiça Eleitoral até 5 dias antes da divulgação, devendo fornecer para tanto as seguintes informações: quem contratou a pesquisa, o valor e a origem dos recursos despendidos no trabalho, metodologia e período da realização da pesquisa, plano amostral e ponderação (quanto ao sexo, idade, grau de instrução, nível econômico e área, intervalo de confiança e margem de erro), sistema interno de controle e verificação, questionário completo aplicado ou a ser aplicado, nome de quem pagou pela realização do trabalho e cópia da respectiva nota fiscal. **2:** Correta, já que a responsabilização ocorrerá se houver divulgação sem prévio registro. **3:** Errada. O Registro deverá ser feito individualmente para cada pesquisa realizada. SC

Gabarito 1C, 2C, 3E

(Magistratura/BA – 2012 – CESPE) Considerando as normas legais brasileiras concernentes à possibilidade de reeleição ao cargo de prefeito municipal, assinale a opção correta.

(A) O TSE admite a reeleição em cada município, em respeito ao princípio da soberania popular, sem restrições de mandatos.
(B) Considere que Jonas, que cumpre o segundo mandato de prefeito municipal, pretenda candidatar-se a prefeito da cidade vizinha. Nessa situação, a candidatura é permitida pelo TSE, pelo fato de se tratar de circunscrição diversa.
(C) O prefeito de uma cidade no exercício do primeiro mandato pode candidatar-se à prefeitura de outra, desde que transfira o seu domicílio eleitoral em tempo hábil.
(D) O impedimento legal a um terceiro mandato consecutivo restringe-se à circunscrição na qual o prefeito exerce o seu mandato.
(E) O TSE admite uma terceira candidatura na hipótese de o prefeito renunciar ao cargo seis meses antes da data das eleições.

De fato a única alternativa correta é a prevista na assertiva C. O tema foi recorrente nos tribunais, tendo dado origem à Resolução TSE 21.297-RJ, que vem dispor que o detentor de mandato de prefeito municipal, que tenha ou não sido reeleito, pode ser candidato a prefeito em outro município, vizinho ou não, em período subsequente, exceto se se tratar de município desmembrado, incorporado ou de que resulte fusão. A candidatura a cargo de prefeito de outro município, vizinho ou não, caracteriza candidatura a outro cargo, devendo ser observada a regra do art. 14, § 6º, da CF, ou seja, a desincompatibilização seis meses antes do pleito.

Gabarito "C"

(Magistratura/PI – 2011 – CESPE) Considerando a realização de pesquisas e testes pré-eleitorais, a propaganda eleitoral, o direito de resposta e as condutas vedadas em campanhas eleitorais, assinale a opção correta.

(A) Pesquisas realizadas em data anterior ao dia das eleições não podem ser divulgadas nessa data.
(B) A representação contra conduta vedada em campanha eleitoral pode ser ajuizada somente até a data da eleição.
(C) Deve ser examinado pela justiça comum o pedido de resposta formulado por terceiro, partido ou coligação em relação ao que tenha sido veiculado no horário eleitoral gratuito.
(D) A propaganda intrapartidária veiculada antes do dia seis de julho do ano eleitoral deve ser imediatamente retirada após a realização da convenção partidária.
(E) Não se incluem entre os dados a serem registrados na justiça eleitoral, para cada pesquisa a ser divulgada, o nome do estatístico responsável pelo trabalho e o número de seu registro no competente conselho regional.

A: Incorreta, uma vez que o art. 12 da Resolução TSE nº 23.364 dispõe que as pesquisas realizadas em data anterior ao dia das eleições poderão ser divulgadas a qualquer momento, inclusive no dia das eleições, desde que respeitado o prazo de 5 dias para o registro; **B:** Incorreta, uma vez que ao observamos o art. 41-A, § 3º da Lei 9.504/1997 é possível depreender que a representação contra as condutas vedadas no *caput* poderá ser ajuizada até a data da diplomação; **C:** Incorreta, uma vez que o art. 58, § 1º, da Lei 9.504/1997 dispõe que o ofendido ou seu representante legal poderá pedir o exercício do direito de resposta à Justiça Eleitoral nos seguintes prazos, contados a partir da veiculação da ofensa; **D:** Correta, conforme se verifica na interpretação do art. 36, § 1º c.c art. 39, § 8º da Lei 9.504/1997; **E:** Incorreta, uma vez que se trata de indicação obrigatória conforme se depreende do art. 1º, IX, da Resolução TSE nº 23.364.

Gabarito "D"

(Ministério Público/RR - 2012 - CESPE) Considerando a disciplina constitucional e complementar de elegibilidade e inelegibilidades, assinale a opção correta.

(A) O condenado por calúnia e difamação permanece inelegível pelo prazo de oito anos.
(B) Advogado excluído, pela OAB, do exercício da profissão, por infração ético-profissional, é inelegível pelo prazo de oito anos.
(C) A Lei da Ficha Limpa admite a candidatura de pessoa condenada por crime contra a administração pública, desde que o acórdão respectivo penda de recurso.
(D) É elegível o militar conscrito, desde que ele se afaste da atividade.
(E) Ocupante do cargo de prefeito pode ser candidato a deputado estadual sem se afastar do exercício do cargo.

A: incorreta, uma vez que não há previsão na LC 64/1990; **B:** correta, em plena consonância com o que dispõe o art. 1º, I, "m", da LC 64/1990; **C:** incorreta, uma vez que a Lei da Ficha Limpa, como ficou conhecida (LC 135/2010) inseriu no art. 1º da LC 64/1990 a alínea "e", dispondo que os que forem condenados, em decisão transitada em julgado ou proferida por órgão judicial colegiado, desde a condenação até o transcurso do prazo de 8 (oito) anos após o cumprimento da pena, pelos crimes arrolados nos incisos subsequentes, entre eles, os crimes contra a administração pública. Desta forma, de posse do que disciplina a legislação, não prescinde que inexista possibilidade recurso, basta que a condenação tenha sido proferida por órgão judicial colegiado ou que tenha simplesmente transitado em julgado; **D:** incorreta, uma vez que o art. 98 do CE disciplina a situação ilustrada ao dispor que os militares alistáveis são elegíveis, atendidas as seguintes condições: I – o militar que tiver menos de 5 (cinco) anos de serviço, será, ao se candidatar a cargo eletivo, excluído do serviço ativo; II – o militar em atividade com 5 (cinco) ou mais anos de serviço ao se candidatar a cargo eletivo, será afastado, temporariamente, do serviço ativo, como agregado, para tratar de interesse particular; III – o militar não excluído e que vier a ser eleito será, no ato da diplomação, transferido para a reserva ou reformado; **E:** incorreta, o art. 1º, VI, da LC 64/1990 dispõe, quanto a inelegibilidade, que para a Câmara dos Deputados, Assembleia Legislativa e Câmara Legislativa, no que lhes for aplicável, por identidade de situações, consideram-se os mesmos inelegíveis para o Senado Federal, nas mesmas condições estabelecidas, observados os mesmos prazos. As regras de inelegibilidade para os candidatos a cargo no Senado Federal, previstas no art. 1º, V, fazem, por seu turno, remitência às mesmas causas de inelegibilidades aos candidatos à presidência da República. Deste modo, importante notar o art. 1º, II, item 13, de forma a deixar clarividente que no caso hipotético seria necessário que o candidato a deputado estadual, ocupante do cargo majoritário municipal deveria se afastar de suas funções até 6 meses antes do pleito.

Gabarito "B"

33. DIREITO AGRÁRIO

Henrique Subi e Wander Garcia*

1. CONCEITOS E PRINCÍPIOS DO DIREITO AGRÁRIO

(Procurador do Estado – PGE/BA – CESPE – 2014) No que se refere aos princípios do direito agrário e da formação histórica do domínio público e privado no Brasil, julgue os itens a seguir.

(1) A Lei nº 601/1850, conhecida como Lei de Terras, foi editada para que se combatesse a situação fundiária caótica existente à época e se permitisse o ordenamento do espaço territorial brasileiro.

(2) Consoante o princípio de acesso e distribuição da terra ao cultivador direto e pessoal, deve-se oferecer a possibilidade de acesso à terra a quem não tenha condições de tê-la a título oneroso.

1: Correta. Até a edição da Lei de Terras, vigorava no país, no campo da propriedade imobiliária, o período conhecido como **Império da Posse:** diante da ausência de legislação regulamentadora, *era a posse direta que determinava o domínio sobre a terra,* o que, naturalmente, ensejava inúmeras contestações sobre o exercício da condição de proprietário. **2:** Correta. É o princípio de Direito Agrário que fundamenta a política pública de reforma agrária. HS

Gabarito 1C, 2C

2. CONTRATOS AGRÁRIOS

(Ministério Público/RR – 2012 – CESPE) Com relação a posse de imóvel rural, títulos de crédito rural e contratos agrários, assinale a opção correta.

(A) De acordo com entendimento do STJ, é permitida a capitalização de juros nos contratos de crédito rural, mesmo que não haja pacto expresso neste sentido.

(B) Havendo omissão do Conselho Monetário Nacional na fixação da taxa máxima admitida nos contratos de crédito rural, a título de juros remuneratórios, incide a limitação de 12% ao ano, prevista na Lei de Usura.

(C) Em caso de inadimplemento da cédula de crédito rural, é permitida a cobrança de sobretaxa de inadimplemento, de modo a elevar os juros em percentual superior a 1%.

(D) O estrangeiro não pode defender a posse de imóvel rural em caso de turbação ou esbulho.

(E) Pode ser licitamente cobrada a comissão de permanência em sede de crédito rural.

A: incorreta. O STJ reconhece como válida a capitalização mensal de juros em contratos de crédito rural, desde que expressamente convencionada. Veja a respeito o EREsp 1.134.955, DJ 24.10.2012; **B:** correta, nos termos da decisão exarada no AgRg no REsp 836.886, DJ 12.04.2011; **C:** incorreta. A jurisprudência do STJ está consolidada em sentido inverso. Veja, por exemplo, REsp 67.649, DJ 15.02.2000; **D:** incorreta. Tal direito é conferido ao estrangeiro, mesmo em caso de grandes áreas, apesar de não induzir a usucapião (STJ, REsp 171.347, DJ 14.03.2000); **E:** incorreta. Nos contratos de crédito rural é inexigível a comissão de permanência (STJ, AgRg no REsp 804.118, DJ 18.11.2008).

Gabarito "B"

3. USUCAPIÃO ESPECIAL RURAL

(Procurador do Estado – PGE/BA – CESPE – 2014) Julgue os itens a seguir, relativos à usucapião agrária.

(1) A usucapião especial rural poderá ocorrer nas áreas de interesse ecológico, desde que preenchidos os requisitos legais previstos.

(2) Segundo a jurisprudência do STJ, em ação de usucapião movida por particular em face de estado-membro, cabe a este a prova de que o imóvel usucapiendo é bem dominical insuscetível de ser usucapido.

1: Incorreta. A usucapião, nesse caso, é proibida pelo art. 3º da Lei 6.969/1981. **2:** Correta, conforme a decisão adotada no REsp 964.223. A inexistência de registro imobiliário do bem objeto de ação de usucapião não induz presunção de que o imóvel seja público (terras devolutas), cabendo ao Estado provar a titularidade do terreno como óbice ao reconhecimento da prescrição aquisitiva. HS

Gabarito 1E, 2C

(Procurador Federal – 2010 – CESPE) Julgue o item a seguir com base nas normas de direito agrário.

(1) Para que seja deferido o usucapião pro labore, exige-se apenas que o indivíduo, não sendo proprietário de outro imóvel rural, possua como sua, por cinco anos ininterruptos, sem oposição, área de terra rural não superior a cinquenta hectares e nela resida, tornando-a produtiva por seu trabalho ou de sua família.

1: incorreta, pois também é requisito dessa usucapião tratar-se de imóvel privado (art. 191, parágrafo único, da CF).

Gabarito 1E

4. AQUISIÇÃO E USO DA PROPRIEDADE E DA POSSE RURAL

(Promotor de Justiça/RR – 2017 – CESPE) A questão agrária é uma importante fonte de estudo das complexas relações socioeconômicas da sociedade brasileira. Nesse sentido, visando preservar a finalidade econômica e a destinação social da propriedade, o

Estatuto da Terra – Lei 4.504/1964 – traz diversas exigências a respeito da propriedade rural. Acerca da questão da propriedade rural, assinale a opção correta.

(A) É vedado que o imóvel rural seja dividido em áreas de dimensão inferior à constitutiva do módulo de propriedade rural.

(B) Um dos herdeiros de terra herdada poderá decidir explorá-la, mas, nesse caso, o Instituto Brasileiro de Reforma Agrária não concederá financiamento para a indenização dos demais herdeiros.

(C) No caso de partilhas amigáveis, fica a critério das partes a definição das dimensões da propriedade rural, independentemente de vinculação ao módulo de propriedade rural.

(D) Nos casos de sucessão *causa mortis*, poderá haver, excepcionalmente, a divisão do imóvel rural em áreas inferiores às dimensões do módulo de propriedade rural.

A: correta, nos termos do art. 65, *caput*, do Estatuto da Terra; **B:** incorreta. O financiamento está previsto no art. 65, § 3º, do Estatuto da Terra; **C** e **D:** incorretas. Consta vedação expressa no art. 65, § 2º, do Estatuto da Terra. HS

Gabarito "A"

(Promotor de Justiça/RR – 2017 – CESPE) Segundo a CF, a propriedade rural deve cumprir a denominada função social. Para o cumprimento dessa função, a CF prevê o cumprimento de determinadas exigências, como a

(A) priorização da propriedade coletiva.

(B) limitação de dimensão equivalente ao módulo rural.

* **Henrique Subi** HS comentou as questões de Cartório/PI/13. **Henrique Subi** e **Wander Garcia** comentaram as demais.

(C) exploração que favoreça o bem-estar do proprietário e dos trabalhadores.
(D) manutenção da propriedade sem nenhum controle estatal.

Segundo o art. 186 da CF, o imóvel rural cumpre sua função social atende simultaneamente os seguintes requisitos: I – aproveitamento racional e adequado; II – utilização adequada dos recursos naturais disponíveis e preservação do meio ambiente; III – observância das disposições que regulam as relações de trabalho; IV – exploração que favoreça o bem-estar dos proprietários e dos trabalhadores. Correta, portanto, a alternativa "C". HS

Gabarito "C"

(Procurador do Estado – PGE/BA – CESPE – 2014) A respeito da matrícula e do registro de imóveis rurais, julgue os próximos itens.

(1) Em se tratando de ações judiciais que envolvam a transferência de terras públicas rurais, o prazo para o ajuizamento de ação rescisória é de oito anos, contado do trânsito em julgado da decisão.
(2) Segundo a jurisprudência do STF, o registro paroquial confere direito de propriedade ao possuidor.
(3) Suponha que uma matrícula relativa a imóvel rural tenha sido aberta por oficial de registro com base em título nulo de pleno direito. Nesse caso, somente é possível cancelar a referida matrícula mediante ação judicial.
(4) Os títulos de posse ou quaisquer documentos de ocupação legitimamente outorgados por órgãos de terras de estado – membro são válidos e continuarão a produzir os efeitos atribuídos pela legislação vigente à época de suas expedições, configurando-se situação jurídica consolidada.

1: Correta, nos termos do art. 8º-C da Lei 6.739/1979. **2**: Incorreta. O STF não reconhece a propriedade com base no registro paroquial, apenas o aceita como prova da posse (STF, RE 79.828). **3**: Incorreta. O cancelamento da matrícula pode ser solicitado e deferido diretamente pelo Corregedor-Geral da Justiça – ou seja, no âmbito administrativo (art. 1º da Lei 6.739/1979). **4**: Correta, nos termos do art. 7º da Lei 6.739/1979. HS

Gabarito 1C, 2E, 3E, 4C

(Procurador do Estado – PGE/BA – CESPE – 2014) Com relação à aquisição de imóveis rurais por pessoas físicas ou jurídicas estrangeiras, julgue os itens seguintes.

(1) A aquisição de imóvel rural por pessoas físicas ou jurídicas estrangeiras sem a observância dos requisitos legais enseja nulidade relativa do ato praticado.
(2) Com o propósito de defender o território nacional, o legislador constituinte fez constar expressamente na CF vedação à aquisição de imóveis rurais por pessoas físicas ou jurídicas estrangeiras em áreas situadas em faixa de fronteira.
(3) A soma das áreas dos imóveis rurais pertencentes a pessoas físicas ou jurídicas estrangeiras não poderá ultrapassar um quarto da superfície dos municípios em que se situem.

1: Incorreta. A aquisição de imóvel rural em desrespeito às normas vigentes é nula de pleno direito (art. 15 da Lei 5.709/1971). **2**: Incorreta. A Constituição não estabeleceu regras específicas sobre a aquisição de terras por estrangeiros, mas apenas determinou, em seu art. 190, que fosse editada lei que regulasse a matéria. O mencionado artigo constitucional recepcionou, portanto, a Lei 5.709/1971. **3**: Correta, nos termos do art. 12 da Lei 5.709/1971. HS

Gabarito 1E, 2E, 3C

(Ministério Público/RR – 2012 – CESPE) No que diz respeito à desapropriação para fins de reforma agrária, à delimitação de área de reserva legal e ao ITR, assinale a opção correta.

(A) O julgamento de ação possessória anterior, com trânsito em julgado, impede o ajuizamento de ação demarcatória.
(B) De acordo com a doutrina majoritária e a jurisprudência do STJ, não cabe desapropriação por interesse social, promovida pelo INCRA, de imóvel rural localizado em área urbana.
(C) A responsabilidade pela delimitação da área de reserva legal é do proprietário rural, incumbindo ao órgão ambiental somente a aprovação da sua localização.
(D) A invasão de propriedade rural por integrantes de movimento de sem-terra não afasta a legitimidade passiva do proprietário no que se refere ao pagamento do ITR, ainda que haja privação total da posse.
(E) A invasão de propriedade rural por integrantes de movimento de sem-terra não obsta a vistoria, avaliação ou desapropriação, pelo INCRA, do imóvel para fins de reforma agrária.

A: incorreta, por contrariar o decidido no EDcl no REsp 1.221.675, DJ 05.06.2012, pelo STJ; **B**: incorreta. Para fins de desapropriação por interesse social, aplica-se o critério da destinação do imóvel (que caracteriza como rural a área destinada à extração agrícola, pecuária ou agroindustrial), pouco importando sua localização. Isso foi levado em conta pelo STJ ao conferir legitimidade ao INCRA para promover desapropriação por interesse social de imóvel que não estava cumprindo sua função social localizado em área urbana do município (AgRg na AR 3.971, DJ 11.06.2008); **C**: correta, conforme posição do STJ estampada no REsp 1.087.370, DJ 10.11.2009; **D**: incorreta. Havendo perda total da posse e dos demais direitos relativos à propriedade, para o STJ há um total esvaziamento do domínio, de forma que não se autoriza a cobrança do ITR (REsp 963.499, DJ 19.03.2009); **E**: incorreta. O STJ afasta essa possibilidade com fundamento no art. 2º, § 6º, da Lei 8.629/1993 (AgRg no AREsp 153.957, DJ 05.06.2012).

Gabarito "C"

5. DESAPROPRIAÇÃO PARA A REFORMA AGRÁRIA

(Defensor Público/AC – 2017 – CESPE) De acordo com a legislação pertinente, o processo de seleção de indivíduos e famílias para o Programa Nacional de Reforma Agrária deve ser realizado por projeto de assentamento, sendo o primeiro na preferência, para a parcela na qual se situe a sede do imóvel, o

(A) desapropriado.
(B) posseiro.
(C) trabalhador que atuava em condição análoga à de escravo.
(D) arrendatário.
(E) parceiro.

A preferência para a área onde se situa a sede do imóvel é do desapropriado, nos termos do art. 19, I, da Lei 8.629/1993. HS

Gabarito "A"

(Defensor Público/TO – 2013 – CESPE) Em relação à desapropriação de imóvel rural para fins de reforma agrária, assinale a opção correta.

(A) Tratando-se de desapropriação parcial, o proprietário poderá requerer, na contestação, que a desapropriação atinja todo o imóvel quando a área remanescente ficar reduzida a superfície inferior à da média propriedade ou prejudicada substancialmente em suas condições de exploração econômica, caso seja o seu valor inferior ao da parte desapropriada.
(B) Não é necessário que se instrua a petição inicial, no processo de desapropriação para fins de reforma agrária, com o texto do decreto declaratório de interesse social para fins de reforma agrária publicado no Diário Oficial da União.
(C) No processo de desapropriação para fins de reforma agrária, a contestação deve ser oferecida no prazo de trinta dias.
(D) O decreto que declarar o imóvel como de interesse social para fins de reforma agrária autoriza a União a propor a ação de desapropriação.
(E) A ação de desapropriação deverá ser proposta no prazo de cinco anos, contado da publicação do decreto declaratório.

A: incorreta, pois, no primeiro caso, cabe requerimento de desapropriação de todo o imóvel, quando a área remanescente ficar reduzida à superfície inferior à da pequena propriedade rural (art. 4º, I, da LC 76/1993); **B**: incorreta, pois tal instrução é necessária sim (art. 5, I, da

LC 76/1993); **C:** incorreta, pois a contestação deve ser oferecida em 15 dias (art. 9º, caput, da LC 76/1993); **D:** correta (art. 2º da LC 76/1993); **E:** incorreta, pois o prazo é de 2 anos, contado da publicação do decreto expropriatório (art. 3º da LC 76/1993).

Gabarito "D"

(Procurador Federal – 2010 – CESPE) No que concerne ao direito agrário, julgue os próximos itens.

(1) Ao assegurar que são insuscetíveis de desapropriação para fins de reforma agrária a pequena e a média propriedade rural, assim definida em lei, desde que seu proprietário não possua outra propriedade, a CF estabeleceu a presunção *juris tantum* de que as referidas propriedades cumprem sua função social.

(2) Haverá retrocessão, autorizando o expropriado a exercer o direito de pedir a devolução do imóvel ou eventual indenização, quando configurada a tredestinação ilícita.

(3) É cabível ação reivindicatória que verse sobre imóvel rural desapropriado para fins de reforma agrária e registrado em nome do expropriante.

(4) A função social da propriedade caracteriza-se pelo fato de o proprietário condicionar o uso e a exploração do imóvel não só aos seus interesses particulares, mas, também, à satisfação de objetivos para com a sociedade, como a obtenção de determinado grau de produtividade, o respeito ao meio ambiente e o pagamento de impostos.

1: incorreta, pois não há presunção nesse sentido, mas sim um benefício a quem se encontra nessa situação (art. 185, I, da CF); aliás, se houvesse tal presunção, esta seria absoluta, pois não admitiria prova em contrário; **2:** correta, pois quando se desapropria para um fim, mas acaba-se destinando a coisa desapropriada para outro fim, que não é de interesse público, tem-se a chamada tredestinação ilícita, que faz nascer o direito de retrocessão, que autoriza que o prejudicado peça a devolução da coisa ou eventual indenização; **3:** incorreta, pois a desapropriação é forma de aquisição originária da propriedade, não podendo o bem desapropriado ser reivindicado por terceiros; **4:** correta (art. 186 da CF).

Gabarito 1E, 2C, 3E, 4C

(Procurador Federal – 2010 – CESPE) Julgue os itens a seguir com base nas normas de direito agrário.

(1) A sentença homologatória de acordo firmado entre as partes, em sede de processo de desapropriação, não pode ser anulada por meio de ação popular, mesmo que caracterizado o desvio de finalidade.

(2) Os juros compensatórios, na desapropriação para fins de reforma agrária, fluem desde a imissão na posse.

(3) O desmembramento do imóvel rural, para caracterizar as frações desmembradas como média propriedade rural, tudo devidamente averbado no registro imobiliário, a atrair a vedação contida no art. 185, inciso I, da CF, poderá ser efetivado mesmo após a realização da vistoria para fins expropriatórios, mas antes do decreto presidencial.

1: incorreta, pois, havendo violação ao princípio da moralidade, cabe ação popular, não podendo ser subtraída da apreciação do Judiciário uma conduta dessa natureza; **2:** correta, pois tais juros sempre são computados da imissão na posse, quando o expropriado perde o direito de explorar a coisa expropriada, sem ter recebido ainda o total devido a título de indenização, daí incidir juros compensatórios sobre a diferença entre o valor final da indenização e a quantia que tiver sido levantada quando da imissão na posse; **3:** correta, desde que respeitado o disposto no art. 2º, § 4º, da Lei 8.629/1993.

Gabarito 1E, 2C, 3C

6. OUTROS TEMAS E TEMAS COMBINADOS

(Promotor de Justiça/RR – 2017 – CESPE) A Lei de Terras de 1850 — Lei 601/1850 — foi uma das primeiras leis a tratar da questão das terras devolutas no Brasil, isto é, das terras a que o poder público não deu nenhuma destinação especial. A respeito desse assunto, assinale a opção correta.

(A) São disponíveis as terras devolutas mesmo que necessárias à proteção de ecossistemas naturais.

(B) Para a alienação de terras públicas com área superior a 2.500 hectares, é suficiente a prévia aprovação do Senado Federal.

(C) A destinação de terras devolutas independe de compatibilidade com a política agrícola e com o Plano Nacional da Reforma Agrária.

(D) Para a alienação ou a concessão de terras públicas para fins de reforma agrária, é desnecessária a aprovação do Congresso Nacional.

A: incorreta. Tais terras devolutas são indisponíveis (art. 225, § 5º, da CF); **B:** incorreta. A aprovação cabe ao Congresso Nacional (art. 188, § 1º, da CF); **C:** incorreta. A destinação das terras devolutas deve ser compatibilizada com os programas de reforma agrária e de política agrícola (art. 188, *caput,* da CF); **D:** correta, nos termos do art. 188, § 2º, da CF). HS

Gabarito "D"

(Promotor de Justiça/RR – 2017 – CESPE) A tributação sobre a propriedade rural, fundamental para o desenvolvimento agrário, tem como espécie o ITR, tributo de competência da União. A respeito das características desse imposto, assinale a opção correta.

(A) É um imposto progressivo: quanto mais alto for o valor do objeto que recebe o gravame tributário, maior será a alíquota e, portanto, o ônus imputado ao contribuinte.

(B) O contribuinte do imposto é o real proprietário do imóvel rural; aquele que for apenas possuidor não será considerado contribuinte do imposto.

(C) É classificado como um imposto proporcional, ou seja, a alíquota é constante e o resultado aumenta à medida que aumenta o valor do bem sobre o qual ele incide.

(D) O município poderá optar por fiscalizá-lo e cobrá-lo e, até mesmo, reduzi-lo de forma discricionária, conforme a política agrária local.

A: correta, como se vê no Anexo da Lei 9.393/1996; **B:** incorreta. Nos termos do art. 4º da Lei 9.393/1996, contribuinte do ITR é o proprietário, o titular do domínio útil ou o possuidor a qualquer título; **C:** incorreta, conforme exposto no comentário à alternativa "A"; **D:** incorreta. O Município pode optar por fiscalizá-lo e arrecadá-lo, hipótese em que fará jus a toda a receita com ele arrecadada em seu território, porém a fixação das alíquotas e demais aspectos do fato gerador continuam sendo de competência da União. HS

Gabarito "A"

(Procurador do Estado – PGE/BA – CESPE – 2014) Acerca da regulação da política fundiária e agrícola segundo a Constituição do Estado da Bahia, julgue os itens que se seguem.

(1) As terras públicas destinadas à irrigação não podem ser objeto de concessão de direito real de uso.

(2) A dignidade da pessoa humana é um dos princípios fundamentais da política agrícola e fundiária.

(3) Lei ordinária estadual é o instrumento normativo utilizado para fixar, para as diversas regiões do estado da Bahia, até o limite de quinhentos hectares, a área máxima de terras devolutas que os particulares podem ocupar, visando a torná-las produtivas, sem permissão ou autorização do poder público.

1: Incorreta. O art. 179 da Constituição do Estado da Bahia determina que tais terras sejam sempre destinadas à concessão de direito real de uso. **2:** Correta, nos termos do art. 171, I, da Constituição do Estado da Bahia. **3:** Incorreta. O instrumento previsto para tal fim é o decreto (art. 174 da Constituição do Estado da Bahia). HS

Gabarito 1E, 2C, 3E

(Procurador do Estado – PGE/BA – CESPE – 2014) No que concerne às terras indígenas, julgue os itens a seguir.

(1) São nulos e extintos, não produzindo efeitos jurídicos, os atos que objetivem a ocupação, o domínio e a posse de terras indígenas, ou a exploração das riquezas naturais do solo, dos rios e dos lagos nelas existentes, ressalvado relevante interesse público da União, segundo o que dispuser lei complementar, não gerando a nulidade e a extinção direito a indenização ou a ações contra a União, salvo, na forma da lei, quanto às benfeitorias derivadas da ocupação de boa-fé.

(2) A CF assegura expressamente aos estados-membros a propriedade das terras indígenas não situadas em área de domínio da União.

(3) Pelo instituto jurídico do indigenato, título congênito conferido ao índio, o ordenamento jurídico brasileiro reconhece o direito dos índios de terem a sua organização social, costumes, línguas, crenças e tradições, bem como os direitos originários sobre as terras que tradicionalmente ocupam, competindo à União demarcá-las bem como proteger e fazer respeitar todos os seus bens.

1: Correta, nos termos do art. 231, § 6º, da CF. **2**: Incorreta. As terras ocupadas pelos índios são todas de propriedade da União, cabendo aos índios a proteção de sua posse permanente e da exploração dos recursos naturais disponíveis com vistas à sua sobrevivência e manutenção de sua cultura (art. 22 da Lei 6.001/1973). Para o STF, *"a Carta Política, com a outorga dominial atribuída à União, criou, para esta, uma propriedade vinculada ou reservada, que se destina a garantir aos índios o exercício dos direitos que lhes foram reconhecidos constitucionalmente"* (RE 183.188, *DJ* 14.02.1997, grifo nosso). **3**: Correta, nos termos do art. 231, "caput", da CF. HS

Gabarito 1C, 2E, 3C

(Cartório/PI – 2013 – CESPE) Assinale a opção correta com relação à política urbana, agrícola e fundiária e à reforma agrária.

(A) Cabe à lei ordinária estabelecer procedimento contraditório especial, de rito sumário, para o processo judicial de desapropriação.

(B) Compete aos municípios desapropriar por interesse social, para fins de reforma agrária, o imóvel rural que não esteja cumprindo sua função social, mediante prévia e justa indenização em títulos da dívida agrária.

(C) O plano diretor, aprovado pela câmara municipal, obrigatório para cidades com mais de dez mil habitantes, é o instrumento básico da política de desenvolvimento e de expansão urbana.

(D) São isentas de impostos municipais as operações de transferência de imóveis desapropriados para fins de reforma agrária.

(E) Aquele que possuir como sua área urbana de até quinhentos metros quadrados, por cinco anos, ininterruptamente e sem oposição, utilizando-a para sua moradia ou de sua família, adquirir-lhe-á o domínio, desde que não seja proprietário de outro imóvel urbano ou rural.

A: incorreta. O art. 184, § 3º, da Constituição Federal exige **lei complementar** nesse ponto; **B**: incorreta. A desapropriação por interesse social, para fins de reforma agrária, é de competência exclusiva da **União** (art. 184, *caput*, da CF). Os municípios receberam competência para desapropriar **imóveis urbanos** não utilizados ou subutilizados (art. 182, § 4º, da CF); **C**: incorreta. O plano diretor é obrigatório apenas para cidades com mais de **vinte mil** habitantes (art. 182, § 1º, da CF); **D**: correta, nos termos do art. 184, § 5º, da CF. Vale salientar que a imunidade abrange também impostos federais e estaduais; **E**: incorreta. A usucapião especial urbana é permitida somente para imóveis de até **250 metros quadrados** (art. 183 da CF).

Gabarito "D"

(Ministério Público/PI – 2012 – CESPE) Com base no que dispõe o Estatuto da Terra, assinale a opção correta.

(A) O poder público pode explorar imóvel rural de sua propriedade para qualquer finalidade lícita.

(B) A lei assegura às populações indígenas a posse e a propriedade das terras por elas ocupadas.

(C) O imóvel rural é definido como o prédio rústico, de área contínua ou não, cuja finalidade seja a exploração extrativa agrícola, pecuária ou agroindustrial.

(D) É vedado à União delegar aos estados, ao DF e aos municípios atribuições relativas à execução do Programa Nacional de Reforma Agrária, matéria inserida no âmbito de sua atuação exclusiva.

(E) Os bens desapropriados por sentença definitiva, incorporados ao patrimônio público, não podem ser objeto de reivindicação fundada em nulidade do processo de desapropriação.

A: incorreta. O art. 10 do Estatuto da Terra autoriza a exploração direta pelo Poder Público de suas propriedades rurais apenas para fins de pesquisa, experimentação, demonstração e fomento visando ao desenvolvimento agrícola; **B**: incorreta. O art. 2º, § 4º, do Estatuto da Terra, repetindo o disposto no art. 231, § 2º, da CF, estabelece que fica garantido aos índios apenas a posse permanente das terras que tradicionalmente ocupam; **C**: incorreta. O conceito de imóvel rural exige que sua área seja contínua (art. 4º, I, do Estatuto da Terra); **D**: incorreta. A delegação está autorizada pelo art. 6º, § 2º, do Estatuto da Terra; **E**: correta, nos termos do art. 23 do Estatuto da Terra. Isso significa que mesmo que o procedimento ofenda a legislação, o imóvel não mais sairá do patrimônio público, devendo qualquer prejuízo causado ser resolvido em perdas e danos.

Gabarito "E"

(Ministério Público/RR – 2012 – CESPE) No que se refere a terras devolutas, usucapião, parcelamento e ITR, assinale a opção correta.

(A) Para o reconhecimento do direito à isenção do ITR, é necessária, conforme o entendimento do STJ, a apresentação do ato declaratório ambiental.

(B) A presença da União ou de qualquer de seus entes na ação de usucapião especial afasta a competência do foro da situação do imóvel.

(C) São equivalentes os conceitos de módulo rural e módulo fiscal estabelecidos pelo Estatuto da Terra para fins da impenhorabilidade da pequena propriedade rural, segundo o entendimento do STJ.

(D) As concessões de terras devolutas situadas na faixa de fronteira, feitas pelos estados, autorizam, apenas, o uso, permanecendo o domínio com a União, ainda que se mantenha inerte ou tolerante em relação aos possuidores.

(E) A ação discriminatória pode ser utilizada para a individualização e demarcação de quaisquer bens públicos territoriais.

A: incorreta. O STJ entende que não se requer o reconhecimento prévio da área como de preservação ou reserva legal para fins de isenção do ITR (REsp 88.953-7); **B**: incorreta. A afirmação contrasta frontalmente com o texto da Súmula 11 do STJ; **C**: incorreta. O STJ, no julgamento do REsp 1.161.624, DJ 15.06.2010, sacramentou o entendimento de que o conceito de módulo fiscal não se confunde com o módulo rural. Aquele é definido apenas para fins tributários (incidência do ITR), devendo, por força do silêncio da Lei 8.629/1993, ser complementado pelo conceito de módulo rural contido no Estatuto da Terra; **D**: correta, nos termos da Súmula 477 do STF; **E**: incorreta. A ação discriminatória presta-se somente para a individualização e demarcação das terras devolutas.

Gabarito "D"

(Ministério Público/RR – 2012 – CESPE) A respeito de terras indígenas, desapropriação de terras para fins de reforma agrária, títulos da dívida agrária, trabalho rural e aquisição arrendamento de imóvel rural, assinale a opção correta.

(A) Não padece de vício cláusula que fixe o preço e o pagamento do arrendamento rural em sacas de soja.

(B) A existência de propriedade devidamente registrada inibe a FUNAI de investigar e demarcar terras indígenas.

(C) Segundo o entendimento sumular do STJ, no âmbito das desapropriações diretas os juros compensatórios são devidos a partir da imissão na posse.

(D) Para fins de recebimento de benefício previdenciário, a carteira de filiação a sindicato rural da qual conste a condição de trabalhador rural e a prova testemunhal do tempo de serviço trabalhado não demonstram a condição profissional, nos termos do entendimento consolidado no STJ.

(E) Não incide correção monetária nos títulos da dívida agrária.

A: incorreta. O art. 18 do Decreto 59.566/1966 veda a fixação do **preço** do arrendamento em frutou os produtos rurais, a qual deve ser feita em dinheiro. Nada obsta, porém, que o **pagamento** seja realizado in natura, ou seja, pelo equivalente em frutos ou produtos da quantia fixada, desde que assim convencionado. Veja, a respeito, a posição do STJ no REsp 231.177, DJ 26.06.2008; **B**: incorreta. Conforme já decidiu o

STJ, se assim fosse, restaria impossível a demarcação de novas terras indígenas, ao menos de maneira contínua, porquanto quase todo o território nacional já está nas mãos de particulares (MS 15.822, DJ 12.12.2012); **C:** correta, nos termos da Súmula 113 do STJ; **D:** incorreta. A assertiva estampa informação totalmente contrária ao entendimento consolidado do STJ. Veja, por exemplo, AgRg no REsp 652.192, DJ 03.02.2005; **E:** incorreta. A correção monetária é devida, sob pena de se desvirtuar completamente o conceito de justa indenização aplicável à desapropriação (STJ, REsp 931.933, DJ 20.11.2007).

Gabarito "C"

(Defensor Público/SE – 2012 – CESPE) Com fundamento nas disposições constantes no Estatuto da Terra, assinale a opção correta.

(A) Dada a competência da União para desapropriar imóveis para fins de reforma agrária, é indelegável a sua atribuição de proceder ao cadastramento, às vistorias e às avaliações de propriedades rurais, tanto para os estados quanto para os municípios.

(B) A União pode desapropriar, por interesse social, bens de domínio dos estados, independentemente de autorização legislativa.

(C) De acordo com a legislação pertinente, se, após sentença definitiva, determinado bem objeto de desapropriação for incorporado ao patrimônio público e o particular expropriado não se conformar com o ato, a questão se resolverá em perdas e danos, já que o particular não pode ajuizar ação de reivindicação, ainda que com fundamento em nulidade do processo de desapropriação.

(D) No desempenho de sua missão de incentivar o desenvolvimento rural, o poder público não pode utilizar-se da tributação progressiva da terra.

(E) De acordo com a legislação de regência, o imóvel rural pode destinar-se, ou não, à exploração agrícola, pecuária ou agroindustrial, bastando, para ser enquadrado no conceito legal, que sirva para garantir a subsistência de seu proprietário e de sua família.

A: incorreta, pois a União, mediante convênio, pode fazer tal delegação aos Estados, DF e Municípios (art. 6º, º§2º, da Lei 4.504/1964); **B:** incorreta, pois, neste caso, é necessário autorização legislativa (art. 22, § Único da Lei 4.504/1964); **C:** correta (art. 23 da Lei 4.504/1964); **D:** incorreta, pois, para incentivar a política de desenvolvimento rural, o Poder Público pode se valer da tributação progressiva da terra (art. 47 da Lei 4.504/1964); **E:** incorreta, pois o conceito de imóvel rural impõe que sua destinação seja a exploração extrativa agrícola, pecuária ou agro-industrial (art. 4º, I, da Lei 4.504/1964).

Gabarito "C"

34. Recursos Hídricos

Ana Paula Garcia, Henrique Subi e Rodrigo Saber*

1. POLÍTICA NACIONAL DE RECURSOS HÍDRICOS

(Defensor Público/AC – 2017 – CESPE) Os instrumentos da política de recursos hídricos do Acre incluem

(A) os convênios de cooperação.
(B) os relatórios de qualidade do meio ambiente.
(C) a compensação a municípios.
(D) a servidão ambiental.
(E) os consórcios públicos.

Nos termos do art. 8º da Lei Estadual 1.500/2003, são instrumentos da Política Estadual de Recursos Hídricos do Acre: I – o plano estadual de recursos hídricos; II – os planos de bacia hidrográfica; III – o Sistema de Informações sobre Recursos Hídricos do Acre – SIRENA, inserido no âmbito do Sistema Estadual de Informações Ambientais – SEIAM; IV – o enquadramento dos corpos em classes segundo os usos da água; V – a outorga dos direitos de uso de recursos hídricos; VI – a cobrança pelo uso de recursos hídricos; VII – o Fundo Especial de Meio Ambiente – FEMAC, criado pela Lei 1.117/1994; VIII – o Zoneamento Ecológico-Econômico do Acre; IX – o plano estadual de meio ambiente; X – os convênios de cooperação; XI – a educação ambiental; XII – a avaliação de impactos ambientais; XIII – os incentivos à produção e instalação de equipamentos e a criação ou absorção de tecnologia, voltados para a melhoria da qualidade ambiental; XIV – o licenciamento e a revisão de atividades efetivas ou potencialmente poluidoras; e XV – as penalidades disciplinares ou compensatórias ao não cumprimento das medidas necessárias à preservação ou correção da degradação ambiental. Correta, portanto, a alternativa "A". HS

Gabarito "A".

(Juiz de Direito/AM – 2016 – CESPE) Com relação aos recursos hídricos, assinale a opção correta.

(A) Compete ao Comitê Nacional de Recursos Hídricos organizar, implantar e gerir o Sistema Nacional de Informações sobre Segurança de Barragens.
(B) Além do representante da FUNAI, os comitês de bacias hidrográficas de rios que abranjam terras indígenas incluirão representante das comunidades indígenas.
(C) Conforme a localização dos corpos d'água, seu domínio divide-se entre a União, os estados (e por analogia o DF) e os municípios.
(D) As competências dos comitês de bacias hidrográficas incluem o exercício do poder de polícia.
(E) Cabe à Agência Nacional de Águas, outorgar, mediante permissão, o direito de uso de recursos hídricos em corpos de água de domínio da União, dos estados e do DF.

A: errada, visto que compete ao Conselho Nacional de Recursos Hídricos estabelecer diretrizes para a implantação da Política Nacional de Segurança de Barragens e atuação do Sistema Nacional de Informações sobre Segurança de Barragens (art. 35, XII, da Lei 9.433/1997); **B:** correta (art. 39, § 3º, I e II, da Lei 9.433/1997); **C:** errada, visto que tal domínio compete à União, Estado e Distrito Federal (arts. 20 e 26 da Constituição Federal); **D:** errada, pois tal competência não está prevista no art. 38 da Lei 9.433/1997); **E:** errada, visto que tais outorgas são feitas por ato de autoridade competente do Poder Executivo Federal, bem como dos Estados e do Distrito Federal (art. 14 da Lei 9.433/1997).

Gabarito "B".

(Magistratura/CE – 2012 – CESPE) O sistema de informações sobre recursos hídricos é um dos instrumentos da Política Nacional de Recursos Hídricos. São princípios básicos do funcionamento desse sistema

(A) a descentralização do processo de tomada de decisões, a integração institucional do processo de elaboração de informações e o direito à informação.
(B) a publicidade das informações, a coordenação unificada do sistema de coleta dos dados e a descentralização do processo de tomada de decisões.
(C) a descentralização da obtenção e produção de dados e informações, a coordenação unificada do sistema e a garantia de acesso da sociedade aos dados e informações.
(D) a integração regional na coleta de informações, a centralização administrativa no processo de sistematização de dados e a transparência do processo de tomada de decisões.
(E) a centralização do processo de coleta de dados, a interdependência na gestão do conhecimento e a democratização dos veículos de informação.

Os princípios básicos para funcionamento do Sistema de Informações sobre Recursos Hídricos estão dispostos no art. 26 da Lei 9.433/1997: descentralização da obtenção e produção de dados e informações; coordenação unificada do sistema; e acesso aos dados e informações garantido à toda sociedade.

Gabarito "C".

(Ministério Público/RN – 2009 – CESPE) No que diz respeito à Política Nacional de Recursos Hídricos (Lei n. 9.433/1997), assinale a opção correta.

(A) Os planos de recursos hídricos são planos de curto prazo.
(B) Depende de outorga do poder público o uso de recursos hídricos para a satisfação de necessidades de pequenos núcleos populacionais distribuídos no meio rural.
(C) A competência para conceder outorga de direito de uso de recurso hídrico de domínio da União é do Poder Executivo federal, não podendo ser delegada.
(D) A Política Nacional de Recursos Hídricos baseia-se, entre outros fundamentos, no de que a bacia hidrográfica é a unidade territorial para implementação dessa política e para atuação do Sistema Nacional de Gerenciamento de Recursos Hídricos.
(E) A centralização da obtenção e produção de dados e informações é um dos princípios básicos para o funcionamento do Sistema de Informações sobre Recursos Hídricos.

A: incorreta. Nos termos do art. 7º da Lei 9.433/1997, os Planos de Recursos Hídricos são planos de **longo** prazo; **B:** incorreta. Tal uso da água está expressamente dispensado da necessidade de outorga pelo art. 12, § 1º, I, da Lei 9.433/1997; **C:** incorreta. O art. 14 da Lei 9.433/1997 confere competência ao Poder Executivo federal e estadual (ou distrital) para a concessão da outorga do direito de uso da água e seu § 1º autoriza a delegação aos Estados ou DF da deliberação sobre recurso hídrico de domínio da União; **D:** correta, nos termos do art. 1º, V, da Lei 9.433/1997; **E:** incorreta. O art. 26, I, da Lei 9.433/1997 estabelece a descentralização da obtenção e produção de dados e informações como um dos princípios básicos do Sistema de Informações sobre Recursos Hídricos.

Gabarito "D".

(Defensor Público/TO – 2013 – CESPE) Considerando os instrumentos de gestão de recursos hídricos previstos na Lei n.º 9.433/1997, que institui a Política Nacional de Recursos Hídricos e cria o Sistema Nacional de Gerenciamento de Recursos Hídricos, assinale a opção correta.

(A) São princípios básicos do funcionamento do Sistema de Informações sobre Recursos Hídricos, de acordo com a

* **Henrique Subi (HS)** comentou as questões dos concursos da Magistratura Estadual e do Ministério Público Estadual e **Ana Paula Garcia** comentou as demais questões. **Rodrigo Saber** comentou a questão de Juiz de Direito 2016.

citada lei, a centralização na obtenção e produção de dados e informações e a gestão compartilhada do sistema por todos os entes federativos.

(B) A outorga de direito de uso de recursos hídricos implica a alienação parcial das águas, não sua alienação total.

(C) A extração de água de aquífero subterrâneo para insumo de processo produtivo está condicionada à outorga pelo poder público; a captação de parcela da água existente em um corpo de água para abastecimento público independe de outorga.

(D) Os valores arrecadados com a cobrança pelo uso de recursos hídricos devem ser aplicados na bacia hidrográfica correspondente, vedada sua destinação ao pagamento de despesas de custeio administrativo de qualquer natureza.

(E) Constituindo-se em um dos instrumentos da Política Nacional de Recursos Hídricos, os planos de recursos hídricos devem ser elaborados por bacia hidrográfica, por Estado e para o País.

A: incorreta, pois o princípio impõe a descentralização e a não a centralização da gestão dos recursos hídricos; os demais princípios são da coordenação unificada do sistema e do acesso aos dados e informações garantido à toda a sociedade (art. 26, III, da Lei 9.433/1997); **B:** incorreta, pois a outorga não implica na alienação das águas, que são inalienáveis, mas simples direito de uso (art. 18 da Lei 9.433/1997); **C:** incorreta, pois a captação de água para abastecimento público também depende de outorga pelo Poder Público (art. 12, I, da Lei 9.433/1997); **D:** incorreta, pois os valores arrecadados também podem ser utilizados no custeio administrativo dos órgãos integrantes do Sistema Nacional de Gerenciamento de Recursos Hídricos (art. 22, II, da Lei 9.433/1997); **E:** correta (art. 8.º da Lei 9.433/1997).

Gabarito "E"

(Magistratura Federal/2ª região – 2009 – CESPE) A cobrança pelo uso de recursos hídricos visa

(A) instituir a água como bem econômico e impor ao usuário medidas restritivas de direitos quanto à outorga e à fruição dos recursos hídricos.

(B) incentivar a privatização dos mecanismos de distribuição da água, bem como das estações de tratamento.

(C) incentivar o reúso das águas servidas na produção de ração animal.

(D) estabelecer limites diários para a captação das águas superficiais.

(E) obter recursos financeiros para o financiamento dos programas e das intervenções contempladas nos planos de recursos hídricos.

O art. 19 da Lei 9.433/1997 prevê três objetivos para a cobrança pelo uso de recursos hídricos: "I – reconhecer a água como bem econômico e dar ao usuário uma indicação de seu real valor; II – incentivar a racionalização do uso da água; e III – obter recursos financeiros para o financiamento dos programas e intervenções contemplados nos planos de recursos hídricos".

Gabarito "E"

2. SISTEMA NACIONAL DE GERENCIAMENTO DE RECURSOS HÍDRICOS

(Magistratura/PA – 2012 – CESPE) Considerando o Sistema Nacional de Gerenciamento de Recursos Hídricos (SINGREH), a Lei de Política Nacional de Recursos Hídricos (Lei n. 9.433/1997) e a Resolução n. 16/2001 do Conselho Nacional de Recursos Hídricos, assinale a opção correta.

(A) Os comitês de bacia hidrográfica são compostos por representantes de usuários e poluidores das águas da área de drenagem de um conjunto de rios.

(B) Nos comitês de bacia hidrográfica de bacias cujos territórios abranjam terras indígenas devem ser incluídos representantes das comunidades indígenas residentes nos estados-membros localizados na fronteira da bacia.

(C) Os comitês de bacia hidrográfica devem ser dirigidos por um conselho de diretores e um secretário, indicados pelo governador do estado cujo território se situe na área de atuação do comitê.

(D) A criação de Agências de Água somente pode ser autorizada pelo IBAMA.

(E) Compete ao Comitê de Bacia Hidrográfica aprovar o Plano de Recursos Hídricos da bacia.

A: incorreta. Os poluidores não integram os Comitês de Bacia Hidrográfica (art. 39 da Lei 9.433/1997); **B:** incorreta. Quando a bacia hidrográfica abranger territórios indígenas, o respectivo comitê deve ter representantes da FUNAI e das comunidades indígenas ali residentes ou com interesse nas águas (art. 39, § 3º, da Lei 9.433/1997); **C:** incorreta. Os comitês serão dirigidos por um Presidente e um Secretário eleitos dentre seus membros (art. 40 da Lei 9.433/1997); **D:** incorreta. A autorização para criação de agência de água será conferida pelo Conselho Nacional de Recursos Hídricos ou pelos competentes Conselhos Estaduais de Recursos Hídricos, a depender da pessoa política instituidora da autarquia em regime especial (art. 42, parágrafo único, da Lei 9.433/1997); **E:** correta, nos termos do art. 38, III, da Lei 9.433/1997.

Gabarito "E"

(Magistratura Federal/1ª região – 2011 – CESPE) Assinale a opção correta com referência ao ordenamento jurídico brasileiro sobre a proteção dos recursos hídricos.

(A) A lei de gestão de recursos hídricos permite ao Poder Executivo federal delegar aos estados e ao DF competência para conceder outorga de direito de uso de recurso hídrico de domínio da União.

(B) Quando se tratar de bacia hidrográfica situada em terras indígenas, a comunidade indígena deverá ser representada por membros de entidades ambientais federais.

(C) A CF divide o domínio das águas entre a União e os municípios conforme a localização dos corpos de água.

(D) As associações intermunicipais de bacias hidrográficas integram o Sistema Nacional de Gerenciamento de Recursos Hídricos como órgão colegiado.

(E) A atual legislação de gestão de recursos hídricos autoriza os estados a, de forma unilateral, organizar a cobrança pelo uso dos recursos hídricos.

A: correta, nos termos do art. 14, § 1º, da Lei 9.433/1997; **B:** incorreta. As entidades indígenas serão representadas por membros de suas próprias comunidades residentes na área ou com interesse na bacia hidrográfica (art. 39, § 3º, II, da Lei 9.433/1997); **C:** incorreta. As águas nacionais foram distribuídas entre a União e os Estados, conforme sua localização (arts. 20, II, e 26, I, da CF); **D:** incorreta. As associações intermunicipais não estão previstas no art. 33 da Lei 9.433/1997 como membros colegiados no Sistema Nacional de Gerenciamento dos Recursos Hídricos. Sem prejuízo, elas são reconhecidas como organizações civis de recursos hídricos, as quais podem vir a integrar o Sistema Nacional, desde que legalmente constituídas (arts. 47, I, e 48 da Lei 9.433/1997); **E:** incorreta. As diretrizes gerais para a cobrança pelo uso dos recursos hídricos é de responsabilidade do Conselho Nacional de Recursos Hídricos (art. 35, X, da Lei 9.433/1997).

Gabarito "A"

3. TEMAS COMBINADOS

(Ministério Público/PI – 2012 – CESPE) Discorrendo sobre a regulamentação do uso da água, o ministro Luiz Fux sustentou, no STJ, que "o particular tem, apenas, o direito à exploração das águas subterrâneas, mediante autorização do poder público e cobrada a devida contraprestação". Acerca desse tema, assinale a opção correta.

(A) Exercem o papel de secretarias executivas dos comitês de bacia hidrográfica as organizações civis de recursos hídricos integrantes do Sistema Nacional de Gerenciamento de Recursos Hídricos.

(B) A outorga de direito de uso da água constitui ato precário, tendo o seu pagamento natureza tributária.

(C) Entre os instrumentos previstos na Política Nacional de Recursos Hídricos incluem-se os planos diretores, de âmbito nacional, empregados para fundamentar e orientar o gerenciamento da referida política.
(D) O fato de a água ser considerada bem inalienável reflete-se no pagamento da conta de água, o que constitui exemplo da aplicação do princípio do usuário-pagador.
(E) De acordo com a legislação atual, a extração, para consumo final ou para insumo de processo produtivo, de água de aquífero subterrâneo não se inclui entre os recursos hídricos sujeitos a outorga.

A: incorreta. Tal função é exercida pelas agências de água (art. 41 da Lei 9.433/1997); **B:** incorreta. O pagamento pela outorga do direito de uso da água tem natureza de preço público, já que ela é um bem público de uso comum do povo (art. 1º, I, da Lei 9.433/1997); **C:** incorreta. Os Planos de Recursos Hídricos serão elaborados de forma especializada, por bacia hidrográfica, por Estado e para todo o país (art. 8º da Lei 9.433/1997); **D:** correta. A cobrança pelo uso residencial e pessoal da água é um célebre exemplo do princípio do usuário-pagador, que reconhece a inalienabilidade dos recursos hídricos e seu valor econômico; **E:** incorreta. Tal uso da água deverá ser objeto de outorga por força do art. 12, II, da Lei 9.433/1997.

Gabarito "D"

(Ministério Público/RR – 2012 – CESPE) No que diz respeito à proteção dos recursos hídricos, assinale a opção correta.

(A) A proteção das pessoas e do meio ambiente contra os eventos hidrológicos críticos é um dos fundamentos da PNRH, sendo competência comum da União, dos estados e municípios planejar e promover a defesa permanente contra secas e inundações.
(B) Integram o Sistema Nacional de Gerenciamento de Recursos Hídricos representantes de ministérios e de secretarias vinculadas à Presidência da República com atuação no gerenciamento ou no uso de recursos hídricos; representantes indicados pelos conselhos estaduais de recursos hídricos; e representantes dos usuários dos recursos hídricos e das organizações civis de recursos hídricos.
(C) A pena prevista para o crime de poluição é agravada caso dele decorra poluição hídrica que torne necessária a interrupção do abastecimento público de água de uma comunidade.
(D) A execução de todas as garantias exigidas pelo poder público resguarda da obrigação de indenizar danos causados a terceiros o empreendedor beneficiado pela outorga de uso de água fluvial, remanescendo, contudo, a responsabilidade pela reparação ao meio ambiente.
(E) Independe de outorga pelo poder público, conforme disposto na lei que regula a PNRH, o uso de recursos hídricos para abastecimento de pequenos núcleos rurais e para aproveitamentos considerados insignificantes.

A: incorreta. É competência da União a promoção da defesa permanente contra secas e inundações (art. 21, XVIII, da CF); **B:** a alternativa foi considerada incorreta pelo gabarito oficial, porém é passível de críticas. Nos termos do art. 34 da Lei 9.433/1997, tais representantes compõem, na verdade, o Conselho Nacional de Recursos Hídricos, o qual, por sua vez, integra o Sistema Nacional de Gerenciamento de Recursos Hídricos. Ora, não se pode negar, portanto, aqueles representantes integram o Sistema Nacional; **C:** incorreta. Trata-se, a nosso ver, de mais uma pegadinha dentro da mesma questão. A rigor, não se trata de agravante, mas de circunstância qualificadora, como se pode ver no art. 54, § 2º, III, da Lei 9.605/1998; **D:** incorreta. Não sendo suficientes as garantias prestadas para a cabal indenização dos prejudicados, remanescerá a responsabilidade do usuário dos recursos hídricos pela reparação dos danos causados; **E:** correta, nos termos do art. 12, § 1º, I e II, da Lei 9.433/1997.

Gabarito "E"

(Procurador do Município/Natal-RN – 2008 – CESPE) A lei que institui a Política Nacional de Recursos Hídricos enuncia que a água é um bem de domínio público. Acerca desse assunto, assinale a opção correta.

(A) Como a água é um dos elementos do meio ambiente, aplica-se a ela o enunciado da CF que qualifica o meio ambiente ecologicamente equilibrado como bem de uso comum do povo.
(B) A água é um bem dominical do poder público e sua outorga implica a sua alienação parcial, para que seja exercido o direito de uso.
(C) Os recursos hídricos abrangem as águas superficiais – aquelas que são encontradas na superfície da terra (fluente, emergente e em depósito) –, mas não, as águas subterrâneas, que são as águas originadas do interior do solo (lençol freático).
(D) As águas pluviais, que procedem imediatamente das chuvas, pertencem ao dono do prédio onde caírem diretamente, sendo, no entanto, vetado o seu armazenamento, salvo se caírem em lugares ou terrenos públicos de uso comum.

A: correta (art. 1º, I, da Lei 9.433/1997 e art. 225, *caput*, da CF); **B:** incorreta, pois a água é um bem de domínio público, mas a sua outorga não implica alienação parcial; **C:** incorreta, pois os recursos hídricos abrangem também as águas subterrâneas (Lei 9.433/1997); **D:** incorreta, pois embora as águas pluviais procedam das chuvas, seu armazenamento não é vetado. Inclusive há um forte movimento no sentido de se incentivar projetos que contemplem a reutilização das águas pluviais (*vide* Projeto de Lei do Senado nº 411/2007).

Gabarito "A"

(Magistratura Federal/1ª Região – 2009 – CESPE) Assinale a opção correta quanto à Política Nacional de Recursos Hídricos.

(A) A água é bem de domínio público, além de ser recurso natural limitado, dotado de valor econômico.
(B) A outorga de direito de uso, instrumento de gestão dos recursos hídricos, pode ser concedida por prazo não superior a 35 anos, renovável com alienação parcial das águas.
(C) Em caso de interrupção do abastecimento de água por mais de 72 horas, o poder público local poderá multar a empresa concessionária em decorrência da infração por ela praticada.
(D) A bacia hidrográfica é a unidade territorial para a implementação do Sistema Nacional de Irrigação.
(E) O objetivo da PNRH é implementar os meios necessários para a cobrança pelo uso e pelo consumo de água no Brasil.

A: correta (art. 1º, I e II, da Lei 9.433/1997); **B:** incorreta, pois, apesar de o prazo máximo de outorga ser mesmo de 35 anos, renovável, não é possível alienar as águas, que são inalienáveis, podendo-se alienar apenas o direito ao seu uso (arts. 16 e 18 da Lei 9.433/1997); **C:** incorreta, pois a matéria não é tratada na PNRH (Lei 9.433/1997); sobre a interrupção dos serviços, *vide* o art. 40 da Lei 11.445/2007); **D:** incorreta, pois a bacia hidrográfica é a unidade territorial para a implementação da Política Nacional de Recursos Hídricos, e não do Sistema Nacional de Irrigação (art. 1º, V, da Lei 9.433/1997); **E:** incorreta, pois a cobrança pelo uso da água é um instrumento da PNRH (art. 5º, IV, da Lei 9.433/1997), e não um objetivo desta (art. 2º da Lei 9.433/1997).

Gabarito "A"

(Magistratura Federal/2ª região – 2009 – CESPE) É objetivo do regime de outorga do direito de uso de recursos

(A) conceder direitos alternativos ao uso, ao consumo e à captação das águas servidas.
(B) assegurar o controle quantitativo e qualitativo dos usos da água e o efetivo exercício do direito de acesso a ela.
(C) autorizar a extração de água de aquífero subterrâneo para consumo final ou como insumo de processo produtivo.
(D) aperfeiçoar o aproveitamento dos potenciais hidrelétricos.
(E) regular os usos que alterem o regime, a quantidade ou a qualidade da água existente em um corpo de água.

Nos termos do art. 11 da Lei 9.433/1997, são objetivos da outorga do direito de uso de recursos hídricos: I - assegurar o controle quantitativo e qualitativo dos usos da água; e II – assegurar o efetivo exercício dos direitos de acesso à água. A alternativa "A" não encontra qualquer correspondência na legislação. As letras "C", "D" e "E" correspondem a usos de recursos hídricos que dependem da concessão da outorga (art. 12 da Lei 9.433/1997).

Gabarito "B"

(Magistratura Federal/3ª região – 2011 – CESPE) Com relação aos recursos hídricos, assinale a opção correta.

(A) De acordo com a Política Nacional de Recursos Hídricos, em situações de escassez, o uso dos recursos hídricos deve restringir-se ao consumo humano, vedada sua utilização para qualquer outra finalidade.

(B) A água é bem de domínio público, portanto, todo e qualquer uso dos recursos hídricos está sujeito a outorga pelo poder público.

(C) A outorga de direito de uso de recursos hídricos não implica a alienação das águas, que são inalienáveis, mas o simples direito de seu uso.

(D) O poder público é apenas o gestor dos recursos hídricos, não lhe sendo facultado cobrar por sua utilização, visto que a água, elemento que compõe o meio ambiente, não é considerada bem econômico.

(E) A gestão dos recursos hídricos deve ser centralizada, cabendo ao Ministério do Meio Ambiente promover a articulação do planejamento de recursos hídricos no âmbito nacional, regional e estadual, bem como com seus usuários diretos.

A: incorreta. O uso prioritário, além do consumo humano, envolve também a dessedentação de animais (art. 1º, III, da Lei 9.433/1997); **B:** incorreta. É água é realmente um bem de domínio público (art. 1º, I, da Lei 9.433/1997), porém há hipóteses de uso que não dependem de outorga, previstos no art. 12, § 1º, da mesma lei; **C:** correta, nos termos do art. 18 da Lei 9.433/1997; **D:** incorreta. A água é um bem econômico, por ser um recurso natural limitado (art. 1º, II, da Lei 9.433/1997), razão pela qual o Sistema Nacional de Gerenciamento de Recursos Hídricos instituiu a cobrança pelo uso da água, justamente com o objetivo de reconhecer essa natureza econômica e incentivar seu uso racional (art. 19 da mesma lei); **E:** incorreta. A gestão deve ser descentralizada (art. 1º, VI, da Lei 9.433/1997) e a articulação mencionada é de responsabilidade do Conselho Nacional de Recursos Hídricos (art. 35, I, da mesma lei).

Gabarito "C"

35. Medicina Legal

Leni M. Soares

1. TANATOLOGIA

Um homem de cinquenta anos de idade assassinou a tiros a esposa de trinta e oito anos de idade, na manhã de uma quarta-feira. De acordo com a polícia, o homem chegou à casa do casal em uma motocicleta, chamou a mulher ao portão e, quando ela saiu de casa, atirou nela com uma arma de fogo, matando-a imediatamente. Em seguida, ele se matou no mesmo local, com um disparo da arma encostada na própria têmpora.

(Delegado - PC/SE - 2018 - CESPE/CEBRASPE) Considerando a situação hipotética apresentada e os diversos aspectos a ela relacionados, julgue os itens a seguir.

(1) O evento caracteriza um episódio de comoriência.

(2) O laudo cadavérico do homem citado no texto deve ser assinado por, no mínimo, dois peritos oficiais que tenham participado da necropsia.

(3) Ao realizar a necropsia no cadáver masculino, espera-se que sejam verificados sinal de Benassi, sinal do funil de Bonnet e câmara de mina de Hoffmann.

1. ERRADA: Comoriência é o fenômeno que se verifica quando duas pessoas morrem em decorrência de um mesmo fato, sem que seja possível estabelecer qual morte ocorreu primeiro, fazendo com que se conclua que as mortes ocorreram de forma simultânea; **2.** ERRADA: Conforme previsão constante do art. 159 do CPP, "O exame de corpo de delito e outras perícias serão realizados por perito oficial, portador de diploma de curso superior"; **3.** CERTA: Como a arma estava encostada na têmpora do suicida quando disparada, o orifício de entrada será irregular e maior que o calibre do projétil, sendo que a câmara de mina de Hoffman, que consiste em um halo de tatuagem é verificada neste tipo de disparo (arma encostada ou apoiada no corpo). Enquanto que o sinal de Benassi pode ser observado nos tiros perpendiculares com arma apontada para o crânio, assumindo forma estrelada.

Gabarito 1E, 2E, 3C

Um homem de quarenta e cinco anos de idade morreu após se engasgar com um pedaço do sanduíche que comia em uma lanchonete. Ele estava na companhia do seu cunhado, que não conseguiu ajudá-lo a retomar o fôlego. Os empregados da lanchonete acionaram o socorro médico, mas não houve êxito na tentativa de evitar a morte do homem.

(Delegado - PC/SE - 2018 - CESPE/CEBRASPE) Considerando essa situação hipotética e os diversos aspectos a ela relacionados, julgue os itens a seguir.

(1) Se o socorro médico tivesse chegado uma hora após o óbito do homem, seria possível constatar a rigidez completa do cadáver e a presença de livores de hipóstases fixados.

(2) O evento morte descrito será classificado, quanto à causa jurídica, como morte natural.

1. ERRADA: Os livores e hipóstases surgem entre duas e três horas após a morte. Enquanto que a rigidez cadavérica entre a 8ª e 12ª horas; **2.** ERRADA: A natureza jurídica do óbito será de morte por asfixia.

Gabarito 1E, 2E

(Delegado/PE – 2016 – CESPE) Determinada delegacia de polícia, comunicada da existência de um cadáver em estado de putrefação jogado em um canavial de sua circunscrição, deve tomar providências para levantar informações – como, por exemplo, a certificação de tratar-se de pessoa, e não de animal, e o estabelecimento da causa da morte –, além de realizar diligências diversas.

Assinale a opção correta acerca das atividades médico-legais nesse caso.

(A) O método de identificação do cadáver de primeira escolha, para o caso, é a identificação por material genético, o DNA, que pode ser extraído mesmo de material putrefeito.

(B) Mesmo estando o cadáver em adiantado estado de putrefação, é possível, conforme a especificidade, estabelecer, pelo exame médico-legal, a causa jurídica da morte – suicídio, homicídio, acidente ou morte natural.

(C) A análise do aspecto macroscópico do fígado do cadáver em questão é suficiente para que o médico-legista determine se ocorreu morte súbita ou se morte com suspeita de ocorrência criminal.

(D) Deve-se proceder à exumação do cadáver, que deve ser realizada por equipe da delegacia de polícia acompanhada de médico-legista.

(E) Caso o cadáver encontrado seja de material humano, a identificação deverá ser feita por reconhecimento.

A: incorreta: Por mais que o exame de DNA tenha índices de acerto melhores que os demais, ele não é a primeira escolha em razão de seu alto valor de custo e da complexidade técnica para sua realização. A técnica de primeira escolha é a doexame necropapiloscópico; **B:** correta: Apesar de o cadáver não apresentar as melhores condições, ainda existem elementos passíveis de serem analisados. Assim, eventual esquartejamento pode vir a ser reconhecido mesmo que o corpo esteja em estado de putrefação; **C:** incorreta: Para a análise do aspecto do fígado faz-se necessária uma análise bioquímica e não somente macroscópica; **D:** incorreta: A exumação se verifica a tão somente nas hipóteses em que o cadáver já tiver sido sepultado; **E:** incorreta: A identificação pode ser feita por diversos modos, dentre eles o do reconhecimento.

Gabarito "B"

(Delegado/PE – 2016 – CESPE) No que se refere à perícia em ossada recolhida ao instituto médico-legal por determinação da autoridade policial, assinale a opção correta.

(A) Por meio da análise do esqueleto, é possível determinar o tipo de asfixia, que é o estado de privação de oxigênio, que eventualmente tenha causado a morte do indivíduo.

(B) A análise química de amostra da ossada determina a ocorrência de intoxicação alcoólica.

(C) A cronotanatognose determina o tempo de evolução da ossada; havendo ossadas de duas pessoas, é possível estabelecer a precedência da morte de uma em relação à outra verificando-se a comoriência.

(D) Para chegar à fase de esqueleto, o corpo deve ter passado por fases ou estados em que ocorrem fenômenos cadavéricos, entre eles: imobilidade, abolição do tônus, ocorrência de livores, rigidez e putrefação, nessa ordem.

(E) Tendo sido observado que a ossada sofreu queimadura, deve-se concluir que houve lesão e morte por ação térmica, assim como se deve concluir que houve lesão e morte por eletricidade no caso de a ossada estar envolta em fios elétricos.

A: incorreta: A análise da asfixia é realizada por meio do exame necroscópico, ou seja, antes do sepultamento do cadáver, especialmente no tocante às sequelas deixadas na região do pescoço da mesma. **B:** incorreta: O estudo de eventual intoxicação alcoólica é realizado nas vísceras do corpo humano. **C:** incorreta: Por meio da cronotanatognose é possívelser afastado o reconhecimento de comoriência, ou seja, ao se determinar que uma pessoa morreu em momento diverso da outra, acarretando uma eventual constatação de premoriência. **D:** incorreta: A rigidez cadavérica não se verifica necessariamente depois dos livores. **E:** incorreta: A ação da eletricidade também pode provocar queimaduras.

Gabarito: Anulada

(Escrivão de Polícia/BA – 2013 – CESPE) Considerando que, em determinada casa noturna, tenha ocorrido, durante a apresentação de espetáculo musical, incêndio acidental em decorrência do qual morreram centenas de pessoas e que a superlotação do local e a falta de saídas de emergência, entre outras irregularidades, tenham contribuído para esse resultado, julgue os itens seguintes.

(1) A causa jurídica das mortes, nesse caso, pode ser atribuída a acidente ou a suicídio, descartando-se a possibilidade de homicídio, visto que não se pode supor que promotores, realizadores e apresentadores de *shows* em casas noturnas tenham, deliberadamente, intenção de matar o público presente.

(2) No caso de fraturas decorrentes do pisoteio de pessoas caídas ao chão, a natureza do instrumento causador da lesão é contundente e a energia aplicada é mecânica. No caso de mortes por queimadura, a natureza do instrumento é o calor e a energia aplicada é física.

1: errada. O enunciado retrata típica hipótese de homicídio culposo. Isso porque, segundo consta, o incêndio do qual decorreram as mortes foi causado pela superlotação da casa de espetáculos e também em razão da falta de saídas de emergência. Não se pode, pois, descartar-se a possibilidade de homicídio, ao menos culposo, já que os responsáveis pelo estabelecimento, embora não tenham perseguido, de forma deliberada, o resultado (mortes), com ele concorreram a título de culpa. De outro lado, deve-se afastar a possibilidade de suicídio. É que o enunciado não traz qualquer informação que possa conduzir a tal conclusão; **2:** certa. Na morte por pisoteamento, o instrumento é contundente. Este tem sua atuação por meio de compressão, que causa lesões nas áreas corporais atingidas. A energia que é produzida contra o corpo da vítima é de ordem mecânica. Este tipo de energia traz alterações ao corpo quando em repouso ou em movimento. No que concerne à morte por queimaduras, é correto afirmar que a energia aplicada é, diferentemente, de ordem física, assim considerada aquela que modifica o estado do corpo. As energias físicas que podem provocar lesões corporais ou morte são: temperatura, pressão, eletricidade, radioatividade, luz e som. As queimaduras são provocadas pelo calor quente que atinge diretamente o corpo.

Gabarito 1E, 2C

(Escrivão de Polícia/BA – 2013 – CESPE) Considerando que determinada adolescente de dezessete anos de idade seja encontrada morta em uma praia, julgue os itens subsequentes.

(1) A constatação de ocorrência de dilatação do orifício anal do cadáver, especialmente se o tempo de morte for superior a quarenta e oito horas, não constitui, por si só, evidência de estupro com coito anal.

(2) Caso o corpo da jovem esteja rígido, ou seja, com a musculatura tensa e as articulações inflexíveis, é correto concluir que ela lutou intensamente antes de morrer.

1: certa. Durante o período gasoso da putrefação, pode ocorrer de o ânus se entreabrir e ser rebatido para o lado externo, em razão da força provocada pelos gases na parte interna do cadáver. Assim, portanto, não se pode afirmar, com base apenas na dilatação aparente da região anal, que houve estupro na modalidade coito anal; **2:** certa.O enrijecimento dos músculos do corpo, imediatamente após a morte, e que precede a rigidez comum dos cadáveres, é chamado de espasmo cadavérico ou rigidez cataléptica. Trata-se de um sinal de que o indivíduo foi atacado de forma violenta e súbita.

Gabarito 1C, 2C

(Investigador de Polícia/BA – 2013 – CESPE) Acerca da perícia médico-legal, dos documentos legais relacionados a essa perícia e da imputabilidade penal, julgue o item a seguir.

(1) Quando solicitado por autoridade competente, o relatório do médico-legista acerca de exame feito em vestígio relacionado a ato delituoso recebe a denominação de atestado médico.

1: errada. Os relatórios médico-legais podem ser de duas espécies: a) auto, quando ditado pelo perito diretamente ao escrivão, escrevente ou escriturário na presença da autoridade competente; b) laudo, quando elaborado pelo próprio perito em fase posterior aos exames realizados. No laudo existe uma introdução, um histórico, a descrição dos exames realizados, a discussão sobre as características encontradas. Em seguida, são apresentadas as constatações e conclusões extraídas dos exames. E, por fim, as respostas aos quesitos formulados pela autoridade. Já o atestado traz informações escritas sobre achados de interesse médico e possíveis consequências que lhes deram causa.

Gabarito 1E

(Polícia/AC – 2008 – CESPE) Considere-se que uma adolescente, com 13 anos de idade, foi encontrada por vizinhos, em uma dependência no fundo de sua residência, suspensa por corda de nylon que envolvia seu pescoço com um nó e que estava presa, na outra extremidade, no caibro do telhado. A adolescente apresentava, além do mau cheiro, mancha verde abdominal e circulação póstuma. Com base nessa situação e em seus aspectos médico-legais, julgue o item a seguir.

(1) Nessa situação, é correto afirmar que ocorreu morte por estrangulamento, provavelmente há menos de doze horas, que pode ter como causa jurídica tanto o suicídio quanto o homicídio.

Em primeiro lugar, a morte causada por asfixia mecânica, em que o pescoço é constrito por um laçoe tem a outra extremidade fixada a uma base, utilizando como força o próprio corpo da vítima, dá-se por enforcamento. De outro lado, no caso de aparecimento de mancha verde abdominal no cadáver, pode-se dizer que a morte ocorreu entre 18 a 24 horas. Por fim, de fato, o enforcamento pode se dar por suicídio ou homicídio ou, ainda, de forma acidental.

Gabarito 1E

(Polícia/PB – 2009 – CESPE) Um médico legista, ao chegar à sala de necropsia, deparou-se com três cadáveres cuja causa da morte foi asfixia. O primeiro apresentava elementos sinaléticos que constavam de sulco único, com profundidade variável e direção oblíqua ao eixo do pescoço; no segundo, os sulcos eram duplos, de profundidade constante e transversais ao eixo do pescoço; no terceiro, em vez de sulcos, havia equimoses e escoriações nos dois lados do pescoço. Na situação acima descrita, os tipos de morte mais prováveis são, respectivamente,

(A) enforcamento, estrangulamento e esganadura.
(B) esganadura, enforcamento e estrangulamento.
(C) estrangulamento, esganadura e enforcamento.
(D) esganadura, estrangulamento e enforcamento.
(E) enforcamento, esganadura e estrangulamento.

O enforcamento é a morte causada por asfixia mecânica em que o pescoço é constrito por um laço que tem a outra extremidade fixada a uma base e tem como força o próprio corpo da vítima; o estrangulamento é a morte causada por asfixia mecânica em que o pescoço é entrelaçado por uma corda e tem como força de acionamento uma força estranha ao próprio corpo da vítima; esganadura é a constrição do pescoço da vítima pelas próprias mãos do homicida.

Gabarito "A"

2. EMBRIAGUEZ E ALCOOLISMO

(Polícia/AC – 2008 – CESPE) Considere-se que uma adolescente, com 13 anos de idade, foi encontrada por vizinhos, em uma dependência no fundo de sua residência, suspensa por corda de nylon que envolvia seu pescoço com um nó e que estava presa, na outra extremidade, no caibro do telhado. A adolescente apresentava, além do mau cheiro, mancha verde abdominal e circulação póstuma. Com base nessa situação e em seus aspectos médico-legais, julgue o item a seguir.

(1) Caso o exame de alcoolemia da adolescente evidencie níveis de 2 decigramas de álcool por litro de sangue, é correto concluir que ela estava embriagada no momento da morte.

Nos termos do art. 306 do CTB, a concentração de álcool por litro de sangue igual ou superior a 6 (seis) decigramas é que caracteriza a embriaguez.

Gabarito 1E

(Polícia/PB – 2009 – CESPE) Um jovem religioso, fervoroso e abstêmio, durante uma comemoração de casamento, ingeriu aguardente. Transtornado e embriagado, agrediu sua companheira com golpes de faca, completamente descontrolado. A situação acima descreve um exemplo de embriaguez

(A) por força maior.
(B) dolosa.
(C) preterdolosa.
(D) proveniente de caso fortuito.
(E) acidental.

A: a embriaguez por força maior é aquela que se dá de forma acidental, ou seja, o indivíduo é forçado a ingerir a bebida alcoólica. Se for completa, isenta o agente de pena (art. 28, § 1º, do CP); se incompleta, mas deixando o agente sem possuir, ao tempo da ação ou da omissão, a plena capacidade de entender o caráter ilícito do fato ou de determinar-se de acordo com esse entendimento, a pena poderá ser reduzida de 1/3 a 2/3. **B:** a embriaguez dolosa é a voluntária, em que o indivíduo se embriaga intencionalmente para se encorajar para cometer um crime; **D:** a embriaguez proveniente de caso fortuito é acidental, é aquela em que o indivíduo não faz ideia dos efeitos que serão causados pela bebida alcoólica, dessa maneira, poderá ser beneficiado com o previsto no art. 28, §§ 1º e 2º, do CP; E: acidental é a embriaguez que pode se dar por caso fortuito ou por força maior.

Gabarito "D"

3. SEXOLOGIA

(Delegado/PE – 2016 – CESPE) Sexologia forense é o ramo da medicina legal que trata dos exames referentes aos crimes contra a liberdade sexual, além de tratar de aspectos relacionados à reprodução. Acerca do exame médico-legal e dos crimes nessa área, assinale a opção correta.

(A) Para a configuração do infanticídio, são necessários dois aspectos: o estado puerperal e a mãe matar o próprio filho.
(B) O crime de aborto configura-se com a expulsão prematura do feto, independentemente de sua viabilidade e das causas da eliminação.
(C) O crime de abandono de recém-nascidos, que consiste na ausência de cuidados mínimos necessários à manutenção das condições de sobrevivência ou exposição à vulnerabilidade, só estará caracterizado se for cometido pela mãe.
(D) Para se determinar um estupro, é necessário que respostas aos quesitos sobre a ocorrência de conjunção carnal ou ato libidinoso sejam afirmativas: essas ocorrências sempre deixam vestígios.
(E) Para a resposta ao quesito sobre virgindade da paciente, a integridade do hímen pode não ser necessária, desde que outros elementos indiquem que a periciada nunca manteve relação sexual.

A: correta : O crime de infanticídio é especial, quando comparado ao crime de homicídio. Trata-se de delito especial por envolver a morte de uma pessoa, filha da agente.,Além disso, o ato é cometido em virtude da agente encontrar-se sob a influência do chamado estado puerperal, situação que provoca sobre a mãe alguns transtornos psicológicos. **B:** incorreta: O crime de aborto ocorrerá somente se a expulsão do feto se der por ato doloso da gestante ou por terceiro e, desde que tal ato não seja necessário à vida da futura mãe, ou seja, feto anencéfalo ou, ainda, a gravidez seja decorrente de estupro. **C:** incorreta: A conduta também pode ser praticada pelo pai adulterino ou incestuoso. **D:** incorreta: Para a ocorrência do crime de estupro não se exige a efetiva conjunção carnal, logo, trata-se de crime que não necessariamente deixa vestígios. **E:** incorreta: A análise do hímen, não se faz necessária para a verificação de eventual virgindade da paciente, embora seja feita. A referida análise não é precisa, em decorrência da existência de himens complacentes, que não se rompem com a conjunção carnal.

Gabarito "A"

(Polícia/AC – 2008 – CESPE) Considere-se que uma adolescente, com 13 anos de idade, foi encontrada por vizinhos, em uma dependência no fundo de sua residência, suspensa por corda de nylon que envolvia seu pescoço com um nó e que estava presa, na outra extremidade, no caibro do telhado. A adolescente apresentava, além do mau cheiro, mancha verde abdominal e circulação póstuma. Com base nessa situação e em seus aspectos médico-legais, julgue o item a seguir.

(1) Se, ao exame genital do cadáver, no hímen, for observada ruptura antiga e, no ânus, for observado rágade, é correto afirmar que não há elementos, nesses fatos, para se estabelecer ocorrência de conjunção carnal e, consequentemente, estupro, porém, existe elemento compatível com registro de ocorrência de ato libidinoso diverso de conjunção carnal, nos momentos que antecederam a morte.

A ruptura antiga é apta a demonstrar que a vítima já havia praticado conjunção carnal. No entanto, na ausência de outros sinais, torna-se inviabilizada a constatação de quem tenha sido obrigada à sua prática pouco antes da morte. Há que se esclarecer que, com as alterações trazidas pela Lei nº 12.015/2009, a prática mediante violência ou grave ameaça de atos libidinosos também se insere no estupro. Desse modo, diante da presença de rágade no ânus, que consiste na fissura no encontro da pele com a mucosa do orifício anal, é possível reconhecer a submissão da vítima a ato libidinoso, que, atualmente, configura o crime de estupro (art. 213 do CP).

Gabarito 1C

4. TRAUMATOLOGIA

(Defensor Público/AL – 2017 – CESPE) Um médico-legista foi chamado para avaliar um ferimento ocasionado pela entrada de um projétil de revólver na mão de uma vítima. O perito, informado de que não havia anteparos ou obstáculos próximos ao indivíduo atingido bem como não havia nenhuma peça de vestuário cobrindo a região corporal atingida, analisou e descreveu a lesão como compatível com disparo efetuado a longa distância. Nessa situação hipotética, a característica cutânea que possibilitou ao perito identificar a distância do disparo do projétil denomina-se

(A) orla de esfumaçamento.
(B) halo de tatuagem.
(C) bordas evertidas.
(D) zona de queimadura.
(E) aréola equimótica.

A e B: Incorretas – A orla de esfumaçamento e o halo de tatuagem são encontrados nas lesões provocados por disparos de arma de fogo a curta distância; **C:** Incorreta – As bordas evertidas são observadas nos ferimentos de saída do projétil, úteis para a definição da trajetória seguida pelo projétil; **D:** Incorreta – A zona de queimadura, também conhecida como zona de chamuscamento, é observada em disparos efetuados a uma distância muito próxima ao corpo (em torno de até 5 centímetros), fazendo com que a pele seja queimada pela chama expelida pela boca do cano da arma de fogo; **E:** Correta – A aréola equimótica, apesar de nem sempre se mostrar presente, é uma característica de ferimento provocado por disparo de arma de fogo a longa distância. A aréola equimótica surge em decorrência da ruptura de microvasos sanguíneos.

Gabarito E

(Polícia/AC – 2008 – CESPE) Considere-se que uma senhora faça denúncia de que seu neto de um ano e meio vem sofrendo maus tratos por sua filha, mãe da criança, que tem problemas mentais e que o laudo de exame de corpo de delito do Instituto Médico Legal (IML) descreve as seguintes lesões apresentadas pela criança: hematomas de tonalidades avermelhadas, esverdeadas e amareladas; escoriações em diversas regiões e feridas contusas sangrantes, além de outras, cobertas por crostas e manchas hipocrômicas. Tendo em vista essa situação hipotética, os aspectos médico-legais das lesões corporais e os maus-tratos a menores bem como da imputabilidade penal, julgue o item subsequentes.

(1) O legista tem elementos para responder positivamente ao quesito oficial que indaga sobre meio cruel, uma vez que o menor não possui condições de defesa, não tem completo entendimento da razão dos atos lesivos e que se verifica que as lesões ocorreram cronologicamente em diferentes momentos, com lapsos de tempo que permitiriam a reflexão pela agressora sobre os próprios atos.

A coloração da pele indica o tempo em que ocorreu a lesão, assim, tendo variações, pode-se dizer que se deram em datas diferentes e demonstra continuidade.

Gabarito 1C

(Polícia/AC – 2008 – CESPE) Suponha-se que um delegado receba laudo cadavérico em que constam as seguintes lesões: ferida circular com orifício de um centímetro, com orlas de enxugo e escoriação, circunscrita por zona de tatuagem e esfumaçamento na região infraclavicular direita; e ferida com bordas regulares e cauda de escoriação medindo cinco centímetros na região escapular esquerda. Considerando essa situação hipotética e os aspectos médico-legais desse laudo, é correto concluir que

(1) uma arma de fogo foi disparada a curta distância do corpo do cadáver e que o trajeto do projétil dessa arma, no corpo do cadáver, foi de frente para trás.

(2) a ferida com zona de tatuagem e esfumaçamento deve ter sido provocada por barotrauma, possivelmente em consequência de explosão de bomba.

(3) a ferida com bordas regulares e cauda de escoriação é típica de instrumento cortante e não corresponde à saída de projétil de arma de fogo, que é instrumento perfurocontundente.

1: De início, é necessário esclarecer que a região escapular é aquela que se localiza na região póstero-anterior do tórax (ou seja, na parte das costas), sendo a escápula um dos ossos que compõem o ombro. A infraclavicular é aquela localizada na região do ombro e, se esse membro apresenta os sinais descritos, que são característicos de orifício de entrada do projétil de arma de fogo, pode-se afirmar que o tiro atingiu a vítima de frente para trás.
2: a zona de esfumaçamento pode ser observada nas hipóteses de disparos a curta distância, isto é, até uns 30 cm do alvo, o que faz com que a fumaça do disparo se desprenda e se deposite ao redor do orifício de entrada do projétil, enquanto que a zona de tatuagem pode ser observada nos casos de disparo com aproximadamente meio metro de distância, ocorrendo, n essa hipótese o depósito das partículas de pólvora na pele da pessoa atingida, como se fossem minúsculas manchas na pele.
3: os ferimentos de saída de projéteis de arma de fogo apresentam lesões irregulares e as bordas do ferimento ficam direcionadas para fora.

Gabarito 1C, 2E, 3C

(Polícia/PB – 2009 – CESPE) Considerando que o laudo de exame de corpo de delito descreva ferida com bordas regulares e cauda de escoriação medindo 5 cm na região escapular esquerda, assinale a opção correta.

(A) A lesão descrita foi produzida por instrumento perfurocontundente.

(B) A lesão em apreço pode ter sido causada por instrumento com duplo gume.

(C) De acordo com a descrição, trata-se de lesão causada por arma disparada a curta distância.

(D) Na situação considerada, o instrumento causador da lesão possui, necessariamente, menos que 5 cm de largura.

(E) No caso em questão, é correto concluir que se trata de lesão corporal de natureza leve.

As lesões causadas por instrumento perfurocontundente são aquelas que decorrem, em geral, de ferimentos provocados por disparos de arma de fogo, mas podem ser causadas por outro instrumentos que tenham formato cilíndrico e ponta em forma de arco. Delton Croce dá como exemplo a ponteira de um guarda-chuva (**Manual de Medicina legal**, 7ª edição, editora Saraiva, pág. 335).

Gabarito "B"

5. PSICOPATOLOGIA FORENSE

(Delegado/PE – 2016 – CESPE) Psiquiatria forense é o ramo da medicina legal que trata de questões relacionadas ao funcionamento da mente e sua interface com a área jurídica. O estabelecimento do estado psíquico no momento do cometimento do delito e a capacidade de entendimento desse ato são dependentes das condições de sanidade psíquica e desenvolvimento mental, que também influenciam na forma de percepção e no relato do evento, com importância direta para o operador do direito, na tomada a termo e na análise dos depoimentos. A respeito de psiquiatria forense e dos múltiplos aspectos ligados a essa área, assinale a opção correta.

(A) A surdo-mudez é motivo de desqualificação do testemunho, da confissão e da acareação, pois, sendo causa de desen-volvimento mental incompleto, impede a comunicação.

(B) Nos atos cometidos, pode haver variação na capacidade de entendimento, por doente mental ou por indivíduo sob efeito de substâncias psicotrópicas ou entorpecentes, do caráter ilícito do ato por ele cometido; cabe ao perito buscar determinar, e assinalar no laudo pericial, o estado mental no momento do delito.

(C) A perturbação mental, por ser de grau leve quando comparada a doença mental, não reflete na capacidade cível nem na imputabilidade penal.

(D) Em indivíduos com intoxicação aguda pelo álcool, observam-se estados de automatismos e estados crepusculares.

(E) O desenvolvimento mental incompleto ou retardado, tecnicamente denominado oligofrenia, está diretamente relacionado à ocorrência de epilepsia.

A: incorreta: Admite-se o depoimento de pessoa surda-muda, desde que observadas as regras previstas no artigo 192 do Código de Processo Penal (art. 223, parágrafo único, CPP); **B:** correta: Com base nesta análise é que poderá ser constatada ou não a inimputabilidade ou a semiimputabilidade do examinando; **C:** incorreta: A constatação de perturbação mental, de acordo com o grau destas, poderá influenciar na culpabilidade do agente em relação ao ato praticado; **D:** incorreta: Esses sintomas são verificados em pessoas acometidas de epilepsia; **E:** incorreta: A oligofrenia está relacionada ao desenvolvimento mental da pessoa.

Gabarito "B"

(Escrivão de Polícia/BA – 2013 – CESPE) Acerca da perícia médico--legal, dos documentos legais relacionados a essa perícia e da imputabilidade penal, julgue os itens a seguir.

(1) No foro penal, solicitam-se ao médico perito relatórios a respeito de vítima, indiciado, testemunha e até mesmo de jurado. No caso do indiciado, o exame pode estar relacionado à verificação de imputabilidade.

(2) Denomina-se perito o técnico especializado na realização de exames em vestígios materiais relacionados à ocorrência de fato delituoso; no caso de exame a ser realizado em pessoas, o perito indicado é o médico-legista.

1: certa. No âmbito penal, tanto vítima, quanto indiciado, testemunha e até mesmo jurado podem ser submetidos a avaliações periciais. No caso da vítima, há várias hipóteses em que é necessária a sua submissão a exame pericial, como, por exemplo, a que sofre estupro para colheita de sêmen para identificação do autor do delito; a de homicídio, que é submetida a exame necroscópico etc. O indiciado também pode ser submetido a alguns exames médico-legais, como, por exemplo, o de corpo de delito, quando de sua prisão, exame para comparação com material colhido da vítima para confirmação de sua identidade e, um dos principais, quando existirem dúvidas quanto à higidez mental para constatação de sua imputabilidade penal. Por sua vez, o jurado poderá ser avaliado pericialmente para constatação de sua capacidade; **2:** certa. O art. 54 da Lei 11.370/2009, do Estado da Bahia, estabelece as atribuições dos peritos criminais, que são aquelas relacionadas a exames em objetos, enquanto que o art. 55 desta mesma lei elenca as atribuições dos médico-legistas, que são as que envolvem exames em pessoas.

Gabarito 1C, 2C

(Polícia/AC – 2008 – CESPE) Considere-se que uma senhora faça denúncia de que seu neto de um ano e meio vem sofrendo maus tratos por sua filha, mãe da criança, que tem problemas mentais e que o laudo de exame de corpo de delito do Instituto Médico Legal (IML) descreve as seguintes lesões apresentadas pela criança: hematomas de tonalidades avermelhadas, esverdeadas e amareladas; escoriações em diversas regiões e feridas contusas sangrantes, além de outras, cobertas por crostas e manchas hipocrômicas. Tendo em vista essa situação hipotética, os aspectos médico-legais das lesões corporais e os maus-tratos a menores bem como da imputabilidade penal, julgue o item subsequentes.

(1) Nessa situação, a perturbação mental ou o desenvolvimento incompleto ou retardado da agressora não deve ser elemento de alteração de imputabilidade, uma vez que se trata de maus-tratos ao próprio filho.

O art. 26, parágrafo único, do Código Penal dispõe que "a pena pode ser reduzida de um a dois terços, se o agente, em virtude de perturbação de saúde mental ou por desenvolvimento mental incompleto ou retardado, não era inteiramente capaz de entender o caráter ilícito do fato ou de determinar-se de acordo com esse entendimento". Como se pode notar, não há qualquer causa que exclua tal redução. Desse modo, a redução deverá incidir sobre possível pena imposta.

Gabarito 1E

(Polícia/PB – 2009 – CESPE) Assinale a opção correta relacionada à imputabilidade penal, considerando um caso em que o laudo de exame médico-legal psiquiátrico não foi capaz de estabelecer o nexo causal entre o distúrbio mental apresentado pelo periciado e o comportamento delituoso.

(A) O diagnóstico de doença mental é suficiente para tornar o agente inimputável.
(B) A doença mental seria atenuante quando considerada a dosimetria da pena, devendo o incriminado cumprir de um sexto a um terço da pena.
(C) Trata-se de caso de aplicação de medidas de segurança.
(D) Deverá ser realizada nova perícia.
(E) O agente deve ser responsabilizado criminalmente.

Para que o agente seja submetido a uma medida de segurança, é necessário que seja atestado pelos peritos que o criminoso era, ao tempo da conduta, inimputável, ou seja, não possuía no momento do crime o discernimento necessário à compreensão de seus atos. No caso em comento, os peritos não identificaram o nexo causal existente entre o distúrbio mental e ato delitivo praticado pelo agente. Desse modo, deverá ser responsabilizado penalmente, ou seja, com a imposição de uma das penas elencadas no ordenamento jurídico.

Gabarito "E"

6. PERÍCIAS MÉDICO-LEGAIS E PROCEDIMENTO NO INQUÉRITO POLICIAL

(Delegado/PE – 2016 – CESPE) Com relação aos conhecimentos sobre corpo de delito, perito e perícia em medicina legal e aos documentos médico-legais, assinale a opção correta.

(A) Perícia é o exame determinado por autoridade policial ou judiciária com a finalidade de elucidar fato, estado ou situação no interesse da investigação e da justiça.
(B) O atestado médico equipara-se ao laudo pericial, para serventia nos autos de inquéritos e processos judiciais, devendo ambos ser emitidos por perito oficial.
(C) Perito oficial é todo indivíduo com expertise técnica na área de sua competência incumbido de realizar o exame.
(D) É inválido o laudo pericial que não foi assinado por dois peritos oficiais.
(E) Define-se corpo de delito como o conjunto de vestígios comprobatórios da prática de um crime evidenciado no corpo de uma pessoa.

A: correta - Artigos 6º, VII, e 149, ambos do Código de Processo Penal; **B:** incorreta: O laudo médico, como o próprio nome diz, é elaborado por médico, enquanto que o laudo pericial é produzido por perito; **C:** incorreta: Nem toda pessoa com expertise técnica em sua área é considerada um perito. Para tanto, faz-se necessário preencher outros requisitos legais, como prestar compromisso com a lei; **D:** incorreta: Os laudos periciais podem ser feitos, a depender do caso, por dois ou por somente um perito (artigo 159 do Código de Processo Penal); **E:** incorreta: O exame de corpo de delito é a análise de vestígios em algum objeto, podendo compreender uma pessoa ou coisa.

Gabarito "A"

36. Direito Urbanístico

Ana Paula Garcia, Henrique Subi, José Antonio Apparecido Junior e Wander Garcia*

1. PARCELAMENTO DO SOLO URBANO

(Defensor Público - DPE/DF - 2019 - CESPE/CEBRASPE) Considerando a legislação que dispõe sobre parcelamento do solo urbano, julgue os itens que se seguem.

(1) Os contratos de promessa de cessão de loteamento firmados em estandes de vendas e fora da sede do loteador devem conter informações acerca da possibilidade de o adquirente do imóvel exercer o direito de arrependimento previsto na legislação consumerista.

(2) Caso a resolução de contrato de compra e venda de imóvel em loteamento tenha sido atribuída ao adquirente, poderão ser descontados dos valores pagos os montantes devidos por cláusula penal e arras, limitados a 10% do valor atualizado do contrato.

1: correta, nos termos do art. 26-A, VII, da Lei 6.766/1979; **2:** correta, nos termos do art. 32-A, II, da Lei 6.766/1979. HS

Gabarito 1C, 2C

(Juiz de Direito/AM – 2016 – CESPE) Acerca dos registros públicos e do parcelamento do solo urbano, assinale a opção correta.

(A) Por violar o princípio da competência territorial, não é válida a notificação extrajudicial realizada por via postal, com aviso de recebimento, no endereço do devedor, ainda que o título tenha sido apresentado em cartório de títulos e documentos situado em comarca diversa do domicílio do devedor.

(B) Nos casos de desmembramento de imóvel rural, a identificação do imóvel será obtida a partir de memorial descritivo, com as coordenadas georreferenciadas ao Sistema Geodésico Brasileiro, cabendo ao Instituto Nacional de Colonização e Reforma Agrária (INCRA) certificar que a poligonal objeto do memorial descritivo não se sobrepõe a nenhuma outra constante de seu cadastro georreferenciado.

(C) É inválida cláusula contratual que permite ao loteador repassar aos compromissários compradores os custos expendidos por ele com a efetivação das obras elementares de implantação do empreendimento residencial.

(D) Admite-se a usucapião extraordinária de área urbana que possua área inferior ao módulo mínimo estabelecido pela lei de parcelamento do solo urbano, em obediência ao princípio da função social da propriedade.

(E) Independentemente de ação judicial, é admissível a averbação, no registro de nascimento do filho, da alteração do sobrenome de um dos genitores que, em decorrência do divórcio, optar por utilizar novamente o nome de solteiro.

A: incorreta. O Superior Tribunal de Justiça firmou entendimento de que a notificação extrajudicial realizada e entregue no endereço do devedor, por via postal e com aviso de recebimento, é válida mesmo quando realizada por Cartório de Títulos e Documentos de outra Comarca, ainda que não seja aquele do domicílio do devedor. O principal precedente é o Resp 1184570/MG, Rel. Ministra Maria Isabel Gallotti, Segunda Seção, julgado em 09/05/2012, DJe 15/05/2012; **B:** correta. A hipótese é a prevista nos §§ 3º e 5º do art. 176 da Lei 6015/1973 (Lei de Registros Públicos), com a redação dada pela Lei 10.267/2001; **C:** incorreta. A Lei 6.766/1979, que trata do parcelamento do solo urbano, não veda o ajuste das partes no tocante à obrigação de custear redes de água e esgoto nos loteamentos. Cláusula contratual que preveja o repasse dos custos de tais obras aos adquirentes dos lotes será válida desde que contida nos compromissos de compra e venda de lotes. Assim, além das indicações que a lei prescreve como referências obrigatórias nos contratos, podem as partes, dentro das possibilidades outorgadas pela lei, pactuar outras regras que as obriguem, desde que lícitas, razoáveis e possíveis. Precedentes: REsp 43.735-SP, DJ 14/4/1997, e REsp 191.907-SP, DJ 24/5/2004. REsp 205.901-SP, Rel. Min. Luís Felipe Salomão, julgado em 26/8/2008; **D:** incorreta. Entende o Supremo Tribunal Federal que preenchidos os requisitos do art. 183 da CF ("Aquele que possuir como sua área urbana de até duzentos e cinquenta metros quadrados, por cinco anos, ininterruptamente e sem oposição, utilizando-a para sua moradia ou de sua família, adquirir-lhe-á o domínio, desde que não seja proprietário de outro imóvel urbano ou rural"), o reconhecimento do direito à usucapião especial urbana não pode ser obstado por legislação infraconstitucional que estabeleça módulos urbanos na respectiva área em que situado o imóvel, isto é, a declaração da usucapião não pode ser obstada em razão da dimensão do lote (RE 422349/RS, rel. Min. Dias Toffoli, julgado em 29.4.2015.). A questão, contudo, afirma ser esta modalidade de usucapião a "extraordinária", procurando induzir o candidato ao erro. A usucapião extraordinária é a prevista no art. 1.238 do Código Civil, que assim dispõe: "aquele que, por quinze anos, sem interrupção, nem oposição, possuir como seu um imóvel, adquire-lhe a propriedade, independentemente de título e boa-fé; podendo requerer ao juiz que assim o declare por sentença, a qual servirá de título para o registro no Cartório de Registro de Imóveis". A usucapião extraordinária contrapõe-se à ordinária, em que há o justo título da posse, e tem prazo de 10 anos; **E:** correta. Segundo o entendimento do Superior Tribunal de Justiça, é admissível a averbação, no registro de nascimento do filho, da alteração do sobrenome de um dos genitores que, em decorrência do divórcio, optou por utilizar novamente o nome de solteiro, contanto que ausentes quaisquer prejuízos a terceiros. O art. 57 da Lei 6.015/1973 (Lei de Registros Públicos), de fato, admite a alteração do nome civil, excepcionalmente e de forma motivada, desde que haja a devida apreciação judicial, mas não há impedimento legal para modificação do sobrenome dos filhos quando há alteração do nome de um dos genitores por ocasião do divórcio, conforme se verifica na legislação de regência: art. 54 da Lei 6.015/1973, arts. 20 e 27 do ECA, art. 1.565 do CC e art. 3º, parágrafo único, da Lei 8.560/1992. Desta forma, havendo alteração superveniente que venha a obstaculizar a própria identificação do indivíduo no meio social, ainda no entendimento daquela Corte, resta indubitável a possibilidade de retificação do registro civil. Precedentes: REsp 1.072.402-MG, Quarta Turma, DJe 1º/2/2013; e REsp 1.041.751-DF, Terceira Turma, DJe 3/9/2009. REsp 1.279.952-MG, Rel. Min. Ricardo Villas Bôas Cueva, julgado em 3/2/2015, DJe 12/2/2015.

Gabarito ANULADA

(Cartório/RR – 2013 – CESPE) Com base no que dispõe a Lei do Parcelamento Urbano, assinale a opção correta.

(A) É desnecessária a oitiva do MP no procedimento previsto em lei para a efetivação do registro do loteamento.

(B) As vias e as praças, os espaços livres e as áreas destinadas a edifícios públicos e outros equipamentos urbanos constantes do projeto e do memorial descritivo passam a integrar o domínio do poder público a partir da data do requerimento administrativo, possuindo o registro do loteamento efeitos *ex tunc*.

(C) Considera-se desmembramento a subdivisão de gleba em lotes destinados à edificação, com aproveitamento do sistema viário existente, desde que isso não implique abertura de novas vias e logradouros públicos nem prolongamento, modificação ou ampliação dos já existentes.

(D) Admite-se excepcionalmente, o parcelamento do solo em terrenos alagadiços e sujeitos a inundações antes de tomadas as providências para assegurar o escoamento das águas.

(E) Entre os requisitos exigidos para a criação de loteamentos, inclui-se a necessidade de que os lotes tenham área mínima

* **AG Ana Paula Garcia**; **Henrique Subi** comentou a questão de Cartório/RR/13; **Ana Paula Garcia**, **Henrique Subi** e **Wander Garcia** comentaram as demais questões; **José Antonio Apparecido Junior** comentou as questões de Procurador do Estado/16 e Juiz de Direito/16.

de 300 m² e frente mínima de 15 m, salvo quando o loteamento se destinar à urbanização específica ou à edificação de conjuntos habitacionais de interesse social previamente aprovados pelos órgãos públicos competentes.

A: incorreta. A oitiva do MP é indispensável no procedimento de registro (art. 19, § 2º, da Lei nº 6.766/1979); **B:** incorreta. Tais bens integrarão o patrimônio do Município desde a data de registro do loteamento (art. 22 da Lei nº 6.766/1979); **C:** correta, nos termos do art. 2º, § 2º, da Lei nº 6.766/979; **D:** incorreta. Não se aceitará o parcelamento do solo nessas condições em nenhuma hipótese (art. 3º, parágrafo único, I, da Lei nº 6.766/1979); **E:** incorreta. A área mínima do lote é de 125m² e frente mínima de 5m (art. 4º, II, da Lei nº 6.766/1979).

Gabarito "C".

(Ministério Público/SE – 2010 – CESPE) Cardoso resolveu, por conta própria, criar um parcelamento de solo em área pública sem registro em cartório. Colocou piquetes demarcando os lotes e pediu para Carlos, corretor de imóveis, vender os lotes, com o que este concordou. Considerando essa situação hipotética e o previsto na Lei de Parcelamento de Solo Urbano (Lei n. 6.766/1979), as condutas de Cardoso e Carlos constituem, respectivamente,

(A) crime e contravenção penal.
(B) infração administrativa e atividade ilícita.
(C) atividade ilícita e infração administrativa.
(D) contravenção penal e crime.
(E) crime e crime.

Tais condutas estão ambas previstas como crimes no art. 50, I, da Lei 6.766/1979.

Gabarito "E".

2. ESTATUTO DAS CIDADES E INSTRUMENTOS DA POLÍTICA URBANA

(Promotor de Justiça/RR - 2017 - CESPE) Com relação ao EIV, previsto na Lei n.º 10.257/2001 (Estatuto da Cidade), julgue os itens a seguir.

I. A definição dos empreendimentos e das atividades para cuja construção, ampliação e funcionamento deverá ser elaborado EIV é de competência municipal, seja em área urbana ou rural.
II. O EIV deve contemplar os efeitos positivos e negativos do empreendimento ou da atividade para a qualidade de vida da população residente na área e em suas proximidades.
III. O EIV inclui a análise do uso e da ocupação do solo, bem como da geração de tráfego e da demanda por transporte público.
IV. Realizado o EIV, dispensam-se a elaboração e a aprovação de EIA.

Estão certos apenas os itens

(A) I e II.
(B) I e IV.
(C) II e III.
(D) III e IV.

I: incorreta, pois de acordo com o art. 36 do Estatuto da Cidade "Lei municipal definirá os empreendimentos e atividades privados ou públicos em área urbana que dependerão de elaboração de estudo prévio de impacto de vizinhança (EIV) para obter as licenças ou autorizações de construção, ampliação ou funcionamento a cargo do Poder Público municipal"; II: correta, pois reflete os termos do art. 37, caput, do Estatuto da Cidade; III: correta, nos termos dos incisos III e V do art. 37 do Estatuto da Cidade; IV: incorreta, pois a elaboração do EIV não substitui a elaboração e aprovação de estudo prévio de impacto ambiental (art. 38 do Estatuto). AG

Gabarito "C".

(Procurador do Município – Prefeitura Fortaleza/CE – CESPE – 2017) Tendo como referência as normas do direito urbanístico, com destaque para as aplicáveis ao plano diretor, julgue os itens que se seguem.

(1) Apenas lei em sentido estrito pode limitar o direito de construir.
(2) O cumprimento da função social de propriedade urbana é verificado pelo atendimento às exigências fundamentais de ordenação da cidade, as quais são expressas no plano diretor, quando existir.

1: Errada. Nada obsta que a regulamentação do direito de construir seja feita por normas infralegais, prática bastante comum nos Municípios. **2:** Certa, nos termos do art. 182, § 2º, da CF. HS

Gabarito 1E, 2C

(Procurador Municipal – Prefeitura/BH – CESPE – 2017) Determinado município, para executar seu planejamento urbanístico, com a valorização de espaços históricos e a otimização de meios de transporte coletivo, desapropriou imóveis que vinham sendo usados de forma incompatível com a previsão do plano diretor. Nessa situação,

(A) os cálculos dos valores das indenizações pelas desapropriações devem ser regulamentados pelo Estatuto da Cidade.
(B) promovida a readequação do uso, não poderá haver alienação dos bens desapropriados a outros particulares.
(C) o município utilizou um instituto jurídico de política urbana, com repercussão sobre o caráter perpétuo do direito de propriedade.
(D) as desapropriações fundamentaram-se exclusivamente no requisito do interesse social.

A: incorreta. A indenização nesse caso será paga em títulos da dívida pública, por força do art. 182, § 4º, III, da CF; **B:** incorreta. O art. 8º, § 5º, do Estatuto da Cidade autoriza a alienação a terceiros para o adequado aproveitamento do imóvel; **C:** correta, nos termos do art. 4º, V, do Estatuto da Cidade; **D:** incorreta. A desapropriação por descumprimento das diretrizes traçadas no Plano Diretor tem natureza de sanção administrativa. HS

Gabarito "C".

(Procurador Municipal – Prefeitura/BH – CESPE – 2017) O Estatuto da Cidade

(A) tipifica novas condutas que poderão caracterizar improbidade administrativa na execução da política urbana.
(B) não dispõe sobre plano diretor, o qual é lei reservada à competência municipal.
(C) regulamenta a forma de realização de consultas públicas como instrumento de gestão democrática das cidades.
(D) inclui, de forma taxativa, a lista dos instrumentos para a execução da política urbana.

A: correta, nos termos do art. 52 do Estatuto da Cidade; **B:** incorreta. O capítulo III do Estatuto da Cidade (arts. 39 e seguintes) é totalmente dedicado a regras gerais para elaboração do plano diretor; **C:** incorreta. O art. 44 do Estatuto da Cidade entrega tal competência à legislação local; **D:** incorreta. *O caput do art. 4º do Estatuto da* Cidade deixa claro que seu rol é exemplificativo, ao dizer que serão utilizados, "dentre outros instrumentos", aqueles que prevê. HS

Gabarito "A".

(Procurador Municipal – Prefeitura/BH – CESPE – 2017) Tendo como referência as disposições constitucionais relativas ao direito urbanístico, assinale a opção correta.

(A) A usucapião pró-moradia não será reconhecida ao mesmo possuidor mais de uma vez nem é admissível em relação a imóvel público.
(B) O plano diretor é obrigatório para todas as cidades brasileiras, uma vez que a propriedade urbana cumpre sua função social somente quando atende às regras nele estabelecidas.
(C) Compete concorrentemente ao município, ao estado e à União a promoção do adequado ordenamento territorial.
(D) Proprietário de solo urbano que, descumprindo o planejamento urbanístico, não promover seu adequado aproveitamento, poderá ser penalizado, sucessivamente, com: IPTU progressivo, parcelamento ou edificação em caráter compulsório e desapropriação-sanção.

A: correta, nos termos do art. 183, §§2º e 3º, da CF; **B:** incorreta. O plano diretor é obrigatório somente para os Municípios com mais de 20.000 habitantes (art. 182, §1º, da CF); **C:** incorreta. A competência é exclusiva do Município (art. 30, VIII, da CF); **D**: incorreta. O parcelamento ou edificação compulsórios serão aplicados antes do IPTU progressivo (art. 182, §4º, da CF).

Gabarito "A"

(Procurador do Estado/AM – 2016 – CESPE) Com relação a meio ambiente cultural e ao Estatuto da Cidade (Lei 10.257/2001), julgue os próximos itens.

(1) Em cidades com população igual ou superior a vinte mil habitantes, é obrigatória a elaboração de um plano diretor e de um plano de transporte urbano integrado.

(2) Na CF, constam bens do patrimônio cultural brasileiro e alguns instrumentos para sua proteção, tais como o inventário e a desapropriação.

1: incorreta. A Lei 10.257/2001 exige, em seu art. 41, a confecção de plano diretor para cidades com mais de vinte mil habitantes; integrantes de regiões metropolitanas e aglomerações urbanas (definidas por lei estadual); onde o Poder Público municipal pretenda utilizar os instrumentos previstos no § 4o do art. 182 da Constituição Federal (compusório aproveitamento do solo do solo urbano não edificado, subutilizado ou não utilizado); integrantes de áreas de especial interesse turístico (definidas nos termos da Lei n. 6513/1977); inseridas na área de influência de empreendimentos ou atividades com significativo impacto ambiental de âmbito regional ou nacional e incluídas no cadastro nacional de Municípios com áreas suscetíveis à ocorrência de deslizamentos de grande impacto, inundações bruscas ou processos geológicos ou hidrológicos correlatos. O plano de transporte público integrado é obrigatório, nos termos do Estatuto da Cidade, para municípios com mais de 500.000 habitantes, garantida sua compatibilidade com o plano diretor (art. 41, § 2º); **2**: correta. O art. 216 da Constituição Federal tem a seguinte dicção: "Constituem patrimônio cultural brasileiro os bens de natureza material e imaterial, tomados individualmente ou em conjunto, portadores de referência à identidade, à ação, à memória dos diferentes grupos formadores da sociedade brasileira, nos quais se incluem: I – as formas de expressão; II – os modos de criar, fazer e viver; III – as criações científicas, artísticas e tecnológicas; IV – as obras, objetos, documentos, edificações e demais espaços destinados às manifestações artístico-culturais; V – os conjuntos urbanos e sítios de valor histórico, paisagístico, artístico, arqueológico, paleontológico, ecológico e científico." O rol é exemplificativo, podendo ser incluídos identificados como patrimônio cultural brasileiro outros bens, desde que atendidas às características expostas no "caput". O § 1º traz outro rol, desta feita de instrumentos para a proteção e preservação deste patrimônio: inventários, registros, vigilância, tombamento e desapropriação, e de outras formas de acautelamento e preservação. Esta tarefa, ainda de acordo com a Carta Magna, é tarefa a ser realizada pelo Poder Público com a colaboração da comunidade.

Gabarito 1E, 2C

(Procurador do Estado – PGE/BA – CESPE – 2014) Considerando essa situação hipotética, as normas aplicáveis e a jurisprudência, julgue os itens a seguir em relação à política urbana.

(1) Apesar de o plano diretor não ser obrigatório ao município, este deve mapear as áreas suscetíveis à ocorrência de deslizamentos de grande impacto e de inundações bruscas.

(2) A limitação administrativa imposta pelo município para a proteção ambiental da zona costeira gera direito de indenização a Pedro em face de eventual limitação do seu direito de explorar economicamente sua propriedade.

(3) Caso Pedro obtenha autorização administrativa para explorar um camping em sua propriedade, não cabe o encerramento da atividade comercial em face de dano ambiental decorrente da disposição de resíduos na zona costeira.

(4) Exemplifica a aplicação do princípio do desenvolvimento sustentável a garantia a que Pedro possa construir um hotel na zona costeira para fomentar a economia da região e promover empregos, relativizando-se as limitações administrativas ambientais.

1: Errada. O Plano Diretor é obrigatório para Municípios com mais de 20.000 habitantes (art. 182, § 1º, da CF). **2**: Errada. O cumprimento de limitações administrativas ao direito de propriedade não gera dever de indenizar por parte do Poder Público, diante da função social propriedade expressa no art. 5º, XXIII, da CF. **3**: Errada. A autorização administrativa não elide os deveres e responsabilidade sobre o meio ambiente, sendo plenamente aplicáveis as sanções previstas em lei, inclusive a cassação da licença. **4**: Errada. O princípio do desenvolvimento sustentável determina que: *"O desenvolvimento que procura satisfazer as necessidades da geração atual, sem comprometer a capacidade das gerações futuras de satisfazerem as suas próprias necessidades, significa possibilitar que as pessoas, agora e no futuro, atinjam um nível satisfatório de desenvolvimento social e econômico e de realização humana e cultural, fazendo, ao mesmo tempo, um uso razoável dos recursos da terra e preservando as espécies e os habitats naturais."* (Relatório Brundtland). Ou seja, ele é voltado para a manutenção dos recursos naturais, não para o fomento da economia.

Gabarito 1E, 2E, 3E, 4E

(Magistratura/BA – 2012 – CESPE) Em relação à política urbana, assinale a opção correta.

(A) O zoneamento ambiental, instrumento da PNMA para grandes espaços econômico-ecológicos, não se aplica ao âmbito urbano.

(B) No âmbito municipal, o estudo ambiental cabível é o estudo de impacto de vizinhança, que substitui a elaboração e a aprovação de estudo de impacto ambiental.

(C) O plano diretor é obrigatório para cidades com mais de 20 mil habitantes e para aquelas que integrem áreas de especial interesse turístico, entre outras situações definidas em lei.

(D) O Estatuto da Cidade é norma federal que fixa diretrizes gerais para a política de desenvolvimento urbano, cuja execução, conforme repartição constitucional de competências, cabe aos estados.

(E) A lei que instituir o plano diretor, instrumento básico da política de desenvolvimento e de expansão urbana, só poderá ser revista depois de decorridos cinco anos da sua promulgação, a fim de evitar pressões de especulação imobiliária.

A: incorreta (art. 4º, III, "c", da Lei 10.257/2001); **B**: incorreta, pois o estudo de impacto de vizinhança não substitui a elaboração e a aprovação de estudo prévio de impacto ambiental (EIA), requeridos nos termos da legislação ambiental (art. 38 da Lei 10.257/2001); **C**: correta (art. 41, I e IV, da Lei 10.257/2001); **D**: incorreta, pois a maior parte das competências trazidas pela Lei 10.257/2001 incumbe aos Municípios e não aos Estados a execução das diretrizes fixadas no Estatuto da Cidade; **E**: incorreta, pois a regra é outra, qual seja, "a lei que instituir o plano diretor deverá ser revista, pelo menos, a cada dez anos" (art. 40, § 3º, da Lei 10.257/2001).

Gabarito "C"

(Magistratura/CE – 2012 – CESPE) De acordo com o Estatuto das Cidades, as diretrizes da política urbana incluem

(A) a garantia do direito a cidades sustentáveis e a cooperação entre os governos, iniciativa privada e demais setores da sociedade no processo de urbanização, em atendimento do interesse social.

(B) a garantia de acessibilidade aos equipamentos urbanos e a gestão democrática por meio da atividade parlamentar.

(C) a cooperação entre o governo, a iniciativa privada e as organizações não governamentais no atendimento do interesse social e a gestão integrada do sistema de gerenciamento de trânsito nos municípios com população igual ou superior a quinhentos mil habitantes.

(D) a gestão descentralizada dos recursos hídricos e o planejamento integrado do sistema de esgotamento sanitário.

(E) a cooperação intermunicipal no processo de elaboração do zoneamento industrial e o plano de manejo de parques, praças e áreas verdes dos espaços urbanos.

As diretrizes gerais da política urbana visam a ordenar o pleno desenvolvimento das funções sociais da cidade e da propriedade urbana e estão previstas no art. 2º da Lei 10.257/2001 (Estatuto das Cidades), cuja leitura dos dezesseis incisos é fortemente recomendada. A alternativa "A" é a única que contempla somente disposições previstas no mencionado artigo legal, devendo, pois, ser assinalada.

Gabarito "A"

(Magistratura/CE – 2012 – CESPE) O Estatuto da Cidade prevê como institutos jurídicos e políticos da política urbana

(A) a contribuição de melhoria e o tombamento de imóveis.
(B) a preempção e o plano de desenvolvimento econômico e social.
(C) a desapropriação e a instituição de unidades de conservação.
(D) o direito de superfície e a gestão orçamentária participativa.
(E) o IPTU e a concessão do direito real de uso.

O art. 4º do Estatuto das Cidades prevê uma série de instrumentos colocados à disposição do Poder Público para alcançar os objetivos nele previstos. Dentre eles, elenca aqueles classificados como "instrumentos jurídicos e políticos", onde se incluem o tombamento, a preempção, a desapropriação, a instituição de unidades de conservação, o direito de superfície e a concessão de direito real de uso. Correta, portanto, a alternativa "C".

Gabarito "C".

(Magistratura/PA – 2012 – CESPE) Considerando que o município A, com 30.000 habitantes e sem plano diretor, decida utilizar instrumentos de política urbana previstos no Estatuto da Cidade ao detectar que diversos imóveis localizados em seu perímetro urbano não são utilizados, o que configura claro desrespeito à função social de propriedade, assinale a opção correta, com base no que dispõem a CF e o Estatuto da Cidade.

(A) O Estatuto da Cidade não prevê instrumentos que auxiliem a melhoria da qualidade de vida urbana, razão por que deve o município, ao elaborar o seu plano diretor, incluir um item específico a esse respeito.
(B) O referido município deve elaborar plano diretor.
(C) O plano diretor, instrumento básico da política de desenvolvimento urbano, deve ser revisto a cada vinte anos.
(D) A edificação compulsória poderá ser determinada pelo município imediatamente.
(E) Poderá ser determinado o parcelamento do solo urbano subutilizado, independentemente de notificação do proprietário pelo Poder Executivo municipal.

A: incorreta. O art. 4º do Estatuto das Cidades prevê uma série de instrumentos colocados à disposição do Poder Público para alcançar os objetivos nele previstos; **B:** correta. Nos termos do art. 41, I, do Estatuto das Cidades, a elaboração do plano diretor é obrigatória para municípios com mais de 20 mil habitantes; **C:** incorreta. O art. 40, § 3º, do Estatuto das Cidades determina a revisão do plano diretor a cada 10 anos; **D:** incorreta. A edificação compulsória deve ser prevista em lei municipal, a qual estabelecerá prazo não inferior a um ano para protocolo do projeto na Prefeitura após a notificação e dois anos para início das obras após aprovação do projeto (art. 5º, § 4º, I e II, do Estatuto das Cidades); **E:** incorreta. A notificação é obrigatória para a validade da medida (art. 5º, § 2º, do Estatuto das Cidades).

Gabarito "B".

(Ministério Público/RR – 2012 – CESPE) Com base nas regras e princípios relativos ao uso da propriedade urbana em prol do bem coletivo e do equilíbrio ambiental, assinale a opção correta.

(A) A propriedade urbana cumpre sua função social quando atende às exigências fundamentais de ordenação da cidade listadas no plano diretor, cuja implantação é obrigatória para cidades com mais de vinte mil habitantes.
(B) A proteção ao meio ambiente refere-se não só ao seu aspecto natural, mas também ao cultural e ao artificial, incluído, neste último, o meio ambiente do trabalho.
(C) Desapropriado solo urbano devido ao descumprimento de imposição de edificação compulsória, poderá o poder público alienar o terreno a terceiros, mediante licitação, cujo edital deve estipular a edificação a ser erigida, se diversa daquela exigida do proprietário original.
(D) A usucapião especial urbana é forma de aquisição de propriedade imóvel por aquele que possuir, como sua, área urbana de até 250 m², por dez anos, ininterruptamente e sem oposição, desde que utilizada para sua moradia ou de sua família, não podendo ele ser proprietário de outro imóvel.
(E) Para proteger áreas de interesse histórico ou cultural, o poder público estadual pode utilizar-se do direito de preempção, que lhe garante preferência na aquisição de imóvel urbano objeto de alienação onerosa entre particulares.

A: correta, nos termos do art. 182, §§ 1º e 2º, da CF; **B:** incorreta. O meio ambiente do trabalho não se confunde com o meio ambiente artificial. Aquele se refere às condições de trabalho dos obreiros, enquanto esse abrange os aspectos constituintes do espaço urbano. O meio ambiente do trabalho pode também ser rural, daí porque o artificial não está incluído nele; **C:** incorreta apenas na parte onde se exige, como condição do edital, a estipulação da edificação a ser erigida (art. 8º, § 5º, do Estatuto das Cidades); **D:** incorreta. A usucapião especial urbana ocorre no prazo de **05 anos**, verificados os requisitos expostos na alternativa (art. 183 da CF, art. 1.240 do CC e art. 9º do Estatuto das Cidades); **E:** incorreta apenas porque o direito de preempção compete ao poder público **municipal** (art. 25 do Estatuto das Cidades).

Gabarito "A".

(Ministério Público/ES – 2010 – CESPE) A cidade representa a expansão criativa do homem, pois resulta da ação humana como agente modificador da natureza para a criação e ampliação do espaço urbano. Acerca desse assunto, assinale a opção correta.

(A) O estudo de impacto ambiental, apesar de constituir instrumento da Política Nacional de Meio Ambiente, só pode ser empregado no meio natural.
(B) A matéria urbanística não foi abordada, nem de modo indireto, pelo legislador constituinte; só existe regulamentação do tema nos planos diretores estaduais.
(C) A competência para ordenar o pleno desenvolvimento das funções sociais das cidades e garantir o bem-estar de seus habitantes é do município.
(D) O Estatuto da Cidade não disciplina o planejamento municipal, pois isso deve ser feito pelo plano diretor.
(E) No ordenamento brasileiro, não há previsão de usucapião especial de imóvel urbano.

A: incorreta, pois o EIA aplica-se às demais espécies de bem ambiental, estando previsto, inclusive, no Estatuto da Cidade (art. 4º, VI, da Lei 10.257/2001); **B:** incorreta, pois tal matéria está prevista no art. 182 da CF; **C:** correta, pois o art. 182 da CF faz referência ao Poder Público Municipal; **D:** incorreta, pois as normas gerais sobre direito urbanístico são determinadas pela União (art. 24, I e § 1º, da CF), por meio do Estatuto da Cidade, sendo que o plano diretor é um dos **instrumentos** da política básica de desenvolvimento urbano; **E:** incorreta, pois o instituto é previsto no art. 183 da CF, art. 9º do Estatuto da Cidade e art. 1.240 do CC.

Gabarito "C".

(Defensor Público/AC – 2012 – CESPE) Assinale a opção correta em relação à defesa da ordem urbanística.

(A) O planejamento de construção de ruas e de prédios de forma a garantir fluxo tranquilo, tanto do transporte terrestre quanto do aéreo, não se enquadra como diretriz da ordem urbanística.
(B) A justa distribuição dos benefícios advindos do processo de urbanização bem como dos ônus dele decorrentes não se inclui entre as preocupações relacionadas à ordem urbanística.
(C) Caso o dano por falta de investimento em infraestrutura, como a falta de água frequente ou defeitos na rede de esgoto, atinja apenas alguns bairros de determinado município, estará configurada violação a direito difuso.
(D) A regularização fundiária e a urbanização de áreas ocupadas por população de baixa renda, mediante o estabelecimento de normas especiais de urbanização, é matéria afeta ao direito de propriedade e, como tal, não diz respeito ao direito urbanístico.
(E) A lei reconhece como direito coletivo em sentido amplo a ordem urbanística, sendo um dos objetivos da política urbana o pleno desenvolvimento da propriedade urbana, razão pela qual a construção de condomínios em região arborizada deve ser precedida de estudo de impacto ambiental.

A: incorreta, pois a assertiva se refere a diretrizes importantes da ordem urbanística conforme se infere do art. 182 da CF e da Lei n. 10.257/2001, que estabelece diretrizes gerais da política urbana e dá outras providências; **B:** incorreta, pois referidas preocupações estão consignadas na Lei n. 10.257/2001 (art. 2º, IX); **C:** incorreta, pois, no caso, estão afetos, mais diretamente, direitos coletivos e individuais homogêneos; **D:** incorreta, pois as referidas matérias dizem respeito ao direito urbanístico, tanto que consignadas na Lei n. 10.257/2001 (art. 2º, XIV); **E:** correta, pois, de fato, a tutela da ordem urbanística envolve direitos transindividuais, sendo o estudo de impacto ambiental um dos principais instrumentos da tutela da ordem urbanística (art. 4º, VI, da Lei n. 10.257/2001).

Gabarito "E".

3. QUESTÕES COMBINADAS

(Procurador do Município – Prefeitura Fortaleza/CE – CESPE – 2017) A respeito de parcelamento do solo, impacto de vizinhança, regularização fundiária de interesse social, desapropriação e tombamento, julgue os itens a seguir com base na legislação urbanística.

(1) De acordo com o Estatuto da Cidade, o estudo prévio do impacto ambiental é peça obrigatória do estudo de impacto de vizinhança e as análises de uso e ocupação do solo e de adensamento populacional somente são obrigatórias para imóveis com área superior a um hectare.

(2) Conforme a medida provisória que dispõe sobre a concessão de uso especial, o direito de concessão de uso especial para fins de moradia pode ser transferido para terceiros.

(3) Em se tratando de desapropriação por utilidade pública em que a imissão prévia na posse tenha se dado por ordem judicial e o ente expropriante tenha depositado em juízo o preço ofertado, é incabível o pagamento de juros compensatórios.

(4) Se imóvel integrante do patrimônio cultural for objeto de tombamento compulsório, poderá o proprietário requerer o cancelamento do tombamento se, após notificar o Instituto do Patrimônio Histórico e Artístico Nacional da impossibilidade financeira de proceder às obras de conservação e reparação necessárias, o poder público não adotar nenhuma providência dentro do prazo de seis meses.

(5) No âmbito do parcelamento do solo urbano, desmembramento corresponde à subdivisão de gleba em lotes destinados à edificação, com abertura de novas vias de circulação e criação de logradouros públicos.

1: Errada. O EIA e o EIV são documentos autônomos (art. 38 do Estatuto da Cidade – Lei 10.257/2001), sendo a análise do adensamento populacional e de uso e ocupação do solo dois de seus requisitos mínimos (art. 37, I e III, do Estatuto da Cidade). **2**: Certa, nos termos do art. 7º da Medida Provisória 2.220/2001. **3**: Errada. O art. 15-A do Decreto-lei 3.365/1941 determina a incidência de juros moratórios de 6% ao ano sobre a diferença apurada, contados da imissão na posse, vedada a aplicação de juros compostos. **4**: Certa, nos termos do art. 19, §§ 1º e 2º, do Decreto-lei 25/1937. **5**: Errada, A assertiva traz o conceito de loteamento. No desmembramento há aproveitamento do sistema viário existente (art. 2º, §§ 1º e 2º, da Lei 6.766/1979).

Gabarito 1E, 2C, 3E, 4C, 5E

(Procurador do Município – Prefeitura Fortaleza/CE – CESPE – 2017) Considerando a jurisprudência majoritária e atual dos tribunais superiores, julgue os itens subsequentes.

(1) Para o STJ, se parte de um imóvel urbano for declarada pelo poder público área de preservação permanente, ficará afastada a titularidade do proprietário em relação a essa porção do imóvel. Uma vez transformada em área de preservação permanente, a porção é retirada do domínio privado e passa a ser considerada bem público para todos os efeitos, incluindo-se os tributários.

(2) Segundo o STF, a competência normativa municipal para a ocupação de espaços urbanos é mais ampla que o conteúdo aprovado no seu plano diretor. Assim, municípios com mais de vinte mil habitantes podem legislar sobre ordenamento urbano em outras leis, desde que compatíveis com diretrizes estabelecidas no plano diretor.

1: Errada. A área de preservação permanente não implica perda do domínio do imóvel – ao contrário, é "pressuposto interno do direito de propriedade" a fundamentar a "função ecológica do imóvel" (STJ, REsp 1.240.122). **2**: Certa, nos termos da tese fixada em repercussão geral no RE 607.940.

Gabarito 1E, 2C

(Procurador Municipal – Prefeitura/BH – CESPE – 2017) Acerca de instrumentos de tutela de bens culturais materiais e das competências para a proteção do patrimônio cultural, assinale a opção correta.

(A) O rito de tombamento de ofício inicia-se com manifestação do IPHAN, órgão vinculado ao Ministério da Cultura.

(B) A ação popular não se presta a anular ato lesivo ao patrimônio histórico e cultural.

(C) Todos os entes federativos possuem competência para legislar sobre tombamento e competência material para realizá-lo.

(D) O ato de tombamento é discricionário, de modo que eventual controle pelo Poder Judiciário não se estende a sua motivação.

A: incorreta. O IPHAN é autarquia, não órgão, federal, vinculada ao Ministério da Cultura; **B**: incorreta. A ação popular pode ter por objeto a anulação de ato lesivo ao patrimônio histórico e cultural (art. 1º, § 1º, da Lei 4.717/1965); **C**: correta, nos termos do art. 24, VII, art. 30, IX, e 23, III, todos da CF; **D**: incorreta, porém deve ser feita a ressalva da divisão da doutrina sobre o tema. A doutrina clássica, amparada em Hely Lopes Meirelles, defende a natureza vinculada do tombamento. Há, não obstante, crescente movimento pelo reconhecimento de sua discricionariedade, principalmente defendido pelas Procuradorias Estaduais e Municipais.

Gabarito "C".

(Procurador Municipal – Prefeitura/BH – CESPE – 2017) Chamado para analisar projetos de parcelamento de solo urbano em áreas impróprias, determinado procurador municipal verificou hipótese de proibição absoluta.

Com base nas disposições da Lei 6.766/1979, é correto afirmar tratar-se, na situação, de parcelamento do solo em terrenos

(A) onde as condições geológicas não aconselham a edificação.

(B) alagadiços e sujeitos a inundações.

(C) aterrados com material nocivo à saúde pública.

(D) com declividade igual ou superior a 30%.

As hipóteses de proibição absoluta encontram-se no art. 3º, parágrafo único, da Lei 6.766/1979. Dentre as alternativas, a única que se encontra no rol é a proibição de edificação nos locais onde as condições geológicas não o aconselhem (inciso IV). Vale ressaltar que a edificação em área aterrada com material nocivo à saúde pública é permitida se houver saneamento prévio (inciso II) e nos terrenos com declividade superior a 30% será permitida sob certas condições das autoridades competentes (inciso III).

Gabarito "A".

37. Direito Sanitário

Ana Paula Garcia e Anna Carolina Bontempo

1. DIREITO SANITÁRIO INTERNACIONAL

(Ministério público/PI – 2012 – CESPE) Para a fruição do estado completo de bem-estar físico, mental e social preconizado pela OMS, cabe aos países signatários do Pacto Internacional de Direitos Econômicos, Sociais e Culturais, entre os quais se inclui o Brasil, a adoção de medidas dirigidas ao maior número possível de pessoas. Acerca desse assunto, assinale a opção correta.

(A) A prestação de serviço ao paciente com transtorno mental deve ser realizada pelo gestor municipal sob supervisão e mediante financiamento do gestor estadual.

(B) O princípio bioético da universalidade do direito à saúde manifesta-se no utilitarismo, que consiste em proporcionar a cada indivíduo o indispensável às suas necessidades básicas.

(C) De acordo com o modelo de política para pessoas com transtornos mentais adotado no Brasil, a tarefa de coordenar e implementar a aquisição de medicamentos essenciais para a saúde mental é, prioritariamente, dos gestores estaduais.

(D) O MPF atua como defensor dos direitos fundamentais da coletividade, como fiscal da aplicação adequada das verbas federais e do cumprimento da política nacional do SUS, bem como do dever de garantir o direito à saúde.

(E) Embora o combate ao suicídio esteja entre as recomendações da OMS aos países-membros do pacto, o Brasil não desenvolveu ações efetivas relativas ao tema.

A: incorreta, pois a lei estabelece que *"é responsabilidade do Estado o desenvolvimento da política de saúde mental, a assistência e a promoção de ações de saúde aos portadores de transtornos mentais"* (art. 3º da Lei 10.216/2001); **B:** incorreta, pois segundo o princípio da universalidade a prestação de serviço público de saúde deve alcançar a todos os brasileiros e estrangeiros residentes no país (art. 5º, *caput*, da CF) e manifesta-se pela gratuidade no acesso aos serviços através do Sistema Único de Saúde (art. 196 da CF); **C:** incorreta, pois cabe ao Ministério da Saúde *implantar o Programa para a Aquisição dos Medicamentos Essenciais para a área de Saúde Mental*, competindo aos *gestores estaduais e do Distrito Federal a coordenação da implementação do Programa em seu âmbito* (art. 1º, *caput* e § 1º, da Portaria GM/MS n. 1.077/1999); **D:** correta, pois o Ministério Público Federal tem a seguinte função, dentre outras: *promover o inquérito civil e a ação civil pública, para a proteção do patrimônio público* (art. 129, III, da CF), *zelar pelo efetivo respeito dos serviços de relevância pública aos direitos assegurados nesta Constituição* (art. 129, II, da CF) e *zelar pelo efetivo respeito dos Poderes Públicos da União, dos serviços de relevância pública quanto aos direitos assegurados na Constituição Federal relativos às ações e aos serviços de saúde* (art. 5º, V, *a*, da Lei Complementar 75/1993); **E:** incorreta, pois o Ministério da Saúde instituiu diretrizes nacionais para a prevenção do suicídio através da Portaria 1.876, de 14 de agosto de 2006. Além disso, a Coordenação de Saúde Mental apresentou a "Estratégia Nacional para Prevenção do Suicídio" através do *site* "Portal da Saúde", saiba mais em [http://portal.saude.gov.br/portal/saude/cidadao/visualizar_texto.cfm?idtxt=25605].

Gabarito "D"

(Ministério público/PI – 2012 – CESPE) Com relação ao direito sanitário, assinale a opção correta.

(A) O dever do Estado de assegurar a saúde por meio da formulação e execução de políticas econômicas e sociais que visem à redução de riscos de doenças e de outros agravos afasta a responsabilidade das empresas e das pessoas de garantir o direito à saúde.

(B) O direito sanitário não interage com o direito ambiental: enquanto aquele está relacionado com o direito à saúde, este está voltado à proteção do meio ambiente natural e cultural.

(C) Cuidar da saúde constitui competência material comum entre União, estados, DF e municípios.

(D) O direito à saúde caracteriza-se como direito fundamental difuso, coletivo e de terceira geração.

(E) O direito sanitário insere-se no âmbito do direito administrativo, dada a utilização da organização e das estruturas administrativas do Estado na promoção da saúde.

A: incorreta, pois o dever do Estado não exclui o das pessoas, da família, das empresas e da sociedade, consoante art. 2º, § 2º, da Lei 8.080/1990; **B:** incorreta, pois a Lei 8.080/1990 refere-se diversas vezes ao cuidado com o meio ambiente como atribuição do SUS e requisito essencial para a saúde, por exemplo, arts. 3º; 6º, V; 7º, X; dentre outros; **C:** correta (art. 23, II, da CF); **D:** incorreta, pois trata-se de direito social (art. 6º da CF) e de segunda geração; **E:** incorreta, o direito sanitário insere-se no âmbito do direito constitucional.

Gabarito "C"

(Ministério Público/TO – 2012 – CESPE) O SUS é o sistema responsável pela implementação da política pública de saúde no Brasil, que visa cumprir o preceito constitucional de direito à saúde. Acerca desse assunto, assinale a opção correta.

(A) O princípio da hierarquização constitui-se na prestação do serviço por divisões territoriais que abarquem todo o território nacional.

(B) Se o órgão de fiscalização sanitária autorizar a comercialização de medicamento que contrarie norma técnica ou científica, a responsabilidade pela comercialização desse medicamento recairá exclusivamente sobre o fornecedor.

(C) A lei prevê que seja criado fundo de saúde na esfera federal, razão por que os governos estaduais e municipais dispensados de fazê-lo, já que recebem verbas do governo federal.

(D) A aplicação dos princípios da integralidade, da gratuidade e da regionalização visa assegurar o acesso universal e igualitário às ações e serviços de saúde.

(E) A descentralização, o atendimento integral e a participação da comunidade representam requisitos essenciais à formação do SUS.

A: incorreta, pois a hierarquização de serviços significa que os serviços devem ser organizados em níveis crescentes de complexidade, circunscritos a uma determinada área geográfica, planejados a partir de critérios epidemiológicos e com definição e conhecimento da clientela a ser atendida; **B:** incorreta, pois não existe previsão legal acerca da responsabilidade exclusiva do fornecedor; **C:** incorreta, pois *o sistema único de saúde será financiado com recursos do orçamento da seguridade social, da União, dos Estados, do Distrito Federal e dos Municípios, além de outras fontes* (art. 198, § 1º, da CF); **D:** correta, a integralidade significa considerar a pessoa como um todo e deverá ser atendido por um sistema integrado pelas ações que visam promover, proteger e recuperar a saúde; a gratuidade é garantida nos serviços públicos e regionalização estabelece que os serviços devem ser circunscritos a uma determinada área geográfica e com a definição da população a ser atendida; **E:** incorreta, pois são diretrizes que regem o Sistema Único de Saúde.

Gabarito "D"

2. LEI COMPLEMENTAR 141/2012 (GASTO MÍNIMO NA SAÚDE)

(Ministério público/PI – 2012 – CESPE) Com base na Lei Complementar n. 141/2012, que regulamenta o § 3.º do artigo 198 da CF, assinale a opção correta.

(A) Para a transferência de recursos do Fundo Nacional de Saúde para os fundos de saúde estaduais, destinados a atender despesas com ações e serviços de saúde, é necessária a celebração de convênios ou acordos jurídicos entre o estado pleiteante e a União.

(B) Não cabe à auditoria do SUS fiscalizar o cumprimento, pelo ente federativo, das metas para a saúde estabelecidas na lei de diretrizes orçamentárias, competência exclusiva do Poder Executivo estadual.

(C) Para fins de apuração dos recursos mínimos a serem aplicados anualmente pela União, estados, DF e municípios em ações e serviços públicos de saúde, considera-se como despesas com ações e serviços públicos de saúde o pagamento de pensões e aposentadorias, desde que relativas aos servidores da saúde.

(D) Integra a base de cálculo dos percentuais a serem aplicados pelos estados em ações e serviços públicos de saúde, o percentual mínimo de 15% referente, exclusivamente, ao produto da arrecadação indireta de impostos recebidos das grandes empresas.

(E) A transferência de recursos dos estados para os municípios deve ser realizada a partir de um rateio que obedeça à necessidade de saúde da população de cada região, considerados aspectos epidemiológicos, demográficos, socioeconômicos, espaciais, bem como a capacidade de oferta de ações e de serviços de saúde, de modo a se reduzirem as diferenças regionais.

A: incorreta, pois é dispensada a celebração de convênio ou outros instrumentos jurídicos (art. 18, caput, da Lei Complementar 141/2012); **B:** incorreta, pois cabe também à auditoria do SUS fiscalizar o cumprimento das metas para a saúde estabelecidas na lei de diretrizes orçamentárias, de acordo com o art. 38, II, da Lei Complementar 141/2012; **C:** incorreta, pois não são considerados como despesas, os pagamentos de aposentadorias e as pensões, a teor do art. 4º, I, da Lei Complementar 141/2012; **D:** incorreta, pois conflita com o art. 6º da Lei Complementar 141 2012); **E:** correta (art. 17 da Lei Complementar 141/2012).

Gabarito "E".

3. LEI 8.080/1990 (LEI ORGÂNICA DA SAÚDE/SUS)

(Ministério público/RO – 2010 – CESPE) Assinale a opção correta com relação à estrutura de acesso ao direito à saúde no Brasil.

(A) No controle efetivo ao direito à saúde, é responsabilidade exclusiva da sociedade a busca de resultados efetivos na prestação do serviço à população.

(B) Entende-se por vigilância sanitária um conjunto de ações que proporciona o conhecimento, a detecção ou a prevenção de qualquer mudança nos fatores determinantes e condicionantes de saúde individual ou coletiva, com a finalidade de recomendar e adotar as medidas de prevenção e controle de doenças ou agravos.

(C) As comissões intersetoriais em âmbito nacional, subordinadas ao Conselho Nacional de Saúde, devem ser compostas por membros dos ministérios e de seus órgãos integrantes.

(D) A descentralização dos serviços de saúde para os municípios é de competência da direção estadual de saúde.

(E) Não podem integrar fontes de financiamento recursos provenientes de rendas eventuais, em especial, as comerciais e as industriais.

A: incorreta, pois esse controle é de responsabilidade do Poder Público (art. 196 da CF); **B:** incorreta, pois, segundo dispõe o art. 6º, § 1º, da Lei 8.080/1990: "entende-se por vigilância sanitária um conjunto de ações capaz de eliminar, diminuir ou prevenir riscos à saúde e de intervir nos problemas sanitários decorrentes do meio ambiente, da produção e circulação de bens e da prestação de serviços de interesse da saúde, abrangendo: I – o controle de bens de consumo que, direta ou indiretamente, se relacionem com a saúde, compreendidas todas as etapas e processos, da produção ao consumo; e II – o controle da prestação de serviços que se relacionam direta ou indiretamente com a saúde"; **C:** incorreta, pois as comissões intersetoriais de âmbito nacional, subordinadas ao Conselho Nacional de Saúde, serão integradas pelos Ministérios e órgãos competentes e *por entidades representativas da sociedade civil* (art. 12, *caput*, da Lei 8.080/1990); **D:** correta, pois reflete o disposto no art. 17, I, da Lei 8.080/1990; **E:** incorreta, pois as fontes de rendas eventuais podem integrar os recursos do Sistema Único de Saúde (art. 32, VI, da Lei 8.080/1990).

Gabarito "D".

(Ministério Público/RN – 2009 – CESPE) No que concerne ao SUS, assinale a opção correta.

(A) À iniciativa privada é vedado participar do SUS, ainda que em caráter complementar.

(B) As ações e os serviços públicos de saúde são desenvolvidos, obedecendo-se, entre outros, ao princípio da centralização político-administrativa, com direção única em cada esfera de governo.

(C) É vedada aos municípios a constituição de consórcios para desenvolverem em conjunto as ações e os serviços de saúde que lhes correspondam.

(D) No âmbito do SUS, o atendimento e a internação domiciliares não incluem procedimentos fisioterapêuticos.

(E) No campo de atuação do SUS, está a execução de ações de assistência terapêutica integral, inclusive a farmacêutica.

A: incorreta, pois é permitida iniciativa privada em caráter complementar (art. 4, § 2º, da Lei 8.080/1990); **B:** incorreta, pois as ações e os serviços públicos de saúde são desenvolvidos, obedecendo-se, entre outros, ao princípio da **descentralização** político-administrativa, com direção única em cada esfera de governo (art. 7º, IX, da Lei 8.080/1990); **C:** incorreta, pois é permitido aos Municípios a constituição de consórcios para desenvolverem em conjunto as ações e os serviços de saúde que lhes correspondam (art. 10, *caput*, da Lei 8.080/1990); **D:** incorreta, pois assistência de atendimento e internação domiciliares incluem-se procedimentos fisioterapêuticos (art. 19-I, § 1º, da Lei 8.080/1990); **E:** correta (art. 6º, I, *d*, da Lei 8.080/1990).

Gabarito "E".

4. LEI 10.216/2001 (SAÚDE MENTAL)

(Ministério público/PI – 2012 – CESPE) Acerca da política de saúde mental no Brasil, assinale a opção correta.

(A) A legislação prevê a internação de pessoas portadoras de transtorno mental, resguardado o direito de sua livre vontade ou a de seu representante legal, sendo prescindível, nesse caso, laudo médico circunstanciado.

(B) Como estratégia para se proceder à reforma psiquiátrica no Brasil, criaram-se os centros de atenção psicossocial, concebidos como extensão do modelo de internações em hospitais psiquiátricos, para o acolhimento dos pacientes com transtornos mentais.

(C) Dada a dimensão da saúde mental no mundo e no Brasil, as ações de saúde mental devem ser concebidas em âmbito federal, de forma centralizada, cabendo aos municípios complementar a gestão da política de saúde mental no país.

(D) O modelo de atendimento psiquiátrico adotado no Brasil privilegia a assistência centrada no atendimento hospitalar.

(E) O Poder Judiciário reconhece, em suas decisões jurisprudenciais, o caráter fundamental dos direitos sociais, bem como a dimensão coletiva e a concretização do direito à saúde mediante políticas públicas, mas admite a possibilidade de sua efetivação pelo próprio Poder Judiciário em demandas específicas.

A: incorreta, pois *a internação psiquiátrica somente será realizada mediante laudo médico circunstanciado*, nos termos do art. 6, *caput*, da Lei 10.216/2001; **B:** incorreta, pois os Centros de Atenção Psicossocial (CAPS) não visam internações e sim "oferecer atendimento à população, realizar o acompanhamento clínico e a reinserção social dos usuários pelo acesso ao trabalho, lazer, exercício dos direitos civis e fortalecimento dos laços familiares e comunitários." Uma das funções do CAPS é "prestar atendimento clínico em regime de atenção diária, evitando as internações em hospitais psiquiátricos." Saiba mais em: [http://portal.saude.gov.br/portal/saude/visualizar_texto.cfm?idtxt=29797&janela=1]; **C:** incorreta, pois conflita com o art. 198, I, da CF; **D:** incorreta, pois *a internação apenas será indicada quando os recursos extra-hospitalares se mostrarem insuficientes* (art. 4º da Lei 10.216/2001). Além disso, as ações e serviços públicos de saúde devem priorizar as atividades preventivas, de acordo com o art. 198, II, da CF; **E:** correta, pois recentemente o Ministro Gilmar Mendes, em seu voto proferido no julgamento do AgR-STA 175, ratificou o caráter fundamental dos direitos sociais, destacando que, diversamente do que ocorre em outros países, a Carta Magna de 1988 não deu a estes regime jurídico distinto de outros direitos fundamentais. Apesar de ser imprescindível o cauteloso exame do caso concreto e de ter o constituinte conferido prioridade *prima facie* à concretização do direito à saúde em sua dimensão coletiva e mediante políticas públicas, admitiu-se a possibilidade de sua efetivação pelo Poder Judiciário em demandas específicas. Além disso, ressaltou que a dimensão individual do direito à saúde já havia sido enfatizada por aquela Corte no AgR-RE n. 271.286, que teve por relator o Ministro Celso de Mello, no qual se reconheceu o direito à saúde como direito público subjetivo.

Gabarito "E"

5. OUTROS TEMAS E TEMAS COMBINADOS

(Ministério público/RO – 2010 – CESPE) Em relação ao direito sanitário no Brasil, assinale a opção correta.

(A) O planejamento familiar, assegurado no texto constitucional, é prerrogativa do particular, sendo vedado ao Estado interferir nesse aspecto da vida do cidadão por meio de políticas públicas.
(B) Entre outros aspectos, o Pacto pela Saúde busca qualificar, aperfeiçoar e definir as responsabilidades sanitárias e a gestão entre os entes federados no âmbito do SUS.
(C) O conselho de saúde reúne-se a cada quatro anos e conta com a participação de vários segmentos da sociedade.
(D) O Pacto pela Vida é constituído de ações de caráter secundário relacionadas ao atendimento exclusivo do idoso.
(E) No ordenamento jurídico brasileiro, não há vedação expressa que impeça a retirada *post mortem* de órgãos ou partes do corpo de pessoas não identificadas.

A: incorreta, pois, embora o planejamento familiar seja livre decisão do casal, ao Estado não é vedado interferir por meio de políticas públicas, sendo vedada apenas forma coercitiva, segundo dispõe o art. 226, § 7º, da CF; **B:** correta, pois o Pacto pela Saúde é um conjunto de reformas institucionais convencionado entre as três esferas de gestão (União, estados e municípios) do Sistema Único de Saúde, com o objetivo de promover inovações nos processos e instrumentos de gestão. Sua implementação se dá por meio da adesão de municípios, estados e União ao Termo de Compromisso de Gestão (TCG), que, renovado anualmente, substitui os anteriores processos de habilitação e estabelece metas e compromissos para cada ente da federação; **C:** incorreta, pois a *Conferência de Saúde*, e não o Conselho de Saúde, irá se reunir a cada quatro anos com a representação dos vários segmentos sociais, para avaliar a situação de saúde e propor as diretrizes para a formulação da política de saúde nos níveis correspondentes, convocada pelo Poder Executivo ou, extraordinariamente, por esta ou pelo Conselho de Saúde (art. 1º, § 1º, da Lei 8.142/1990); **D:** incorreta, pois o Pacto pela Vida reforça no SUS o movimento da gestão pública por resultados, estabelece um conjunto de compromissos sanitários considerados *prioritários*, pactuado de forma tripartite, a ser implementado pelos entes federados. Esses compromissos deverão ser efetivados pela rede do SUS, de forma a garantir o alcance das metas pactuadas. Prioridades estaduais, regionais ou municipais podem ser agregadas às prioridades nacionais, a partir de pactuações locais. Os estados e municípios devem pactuar as ações que considerem necessárias ao alcance das metas e objetivos gerais propostos. O Pacto pela Vida contém os seguintes objetivos e metas prioritárias (Portaria GM/MS n. 325, de 21 de fevereiro de 2008): I – Atenção à saúde do idoso; II – Controle do câncer de colo de útero e de mama; III –Redução da mortalidade infantil e materna; IV – Fortalecimento da capacidade de resposta às doenças emergentes e endemias, com ênfase na dengue, hanseníase, tuberculose, malária, influenza, hepatite, AIDS; V – Promoção da saúde; VI – Fortalecimento da atenção básica; VII – Saúde do trabalhador; VIII – Saúde mental; IX – Fortalecimento da capacidade de resposta do sistema de saúde às pessoas com deficiência; X – Atenção integral às pessoas em situação ou risco de violência; XI – Saúde do homem; **E:** incorreta, pois o art. 6º da Lei 9.434/1997 dispõe: "É vedada a remoção *post mortem* de tecidos, órgãos ou partes do corpo de pessoas não identificadas".

Gabarito "B"

(Ministério público/PI – 2012 – CESPE) Com relação ao SUS, assinale a opção correta.

(A) Entre as fontes de financiamento do SUS incluem-se, de acordo com a CF, os recursos de empresas ou capitais estrangeiros de qualquer natureza.
(B) Conforme disposição constitucional, compete exclusivamente ao MP a defesa do direito à saúde por meio de ações civis públicas.
(C) O Conselho de Saúde, órgão colegiado composto por representantes de diversos segmentos da sociedade, reúne-se, a cada quatro anos, para formular a política nacional de saúde.
(D) A rede de ações e serviços públicos no Brasil está organizada para fornecer atendimento integral, com ênfase nos serviços assistenciais.
(E) Constitui competência, em caráter complementar, da direção estadual do SUS a execução de ações e serviços de saúde do trabalhador.

A: incorreta, pois conflita com os arts. 195 e 198 da CF; **B:** incorreta, pois não trata-se de competência exclusiva do Ministério Público (art. 129, III, da CF); **C:** incorreta, pois a **Conferência de Saúde** reunir-se-á a cada quatro anos, nos termos do art. 1º, § 1º, da Lei 8.142/1990; **D:** incorreta, pois prioriza-se as atividades preventivas, sem prejuízo dos serviços assistenciais (art. 198, II, da CF); **E:** correta (art. 17, IV, *d*, da Lei 8.080/1990).

Gabarito "E"

Anotações

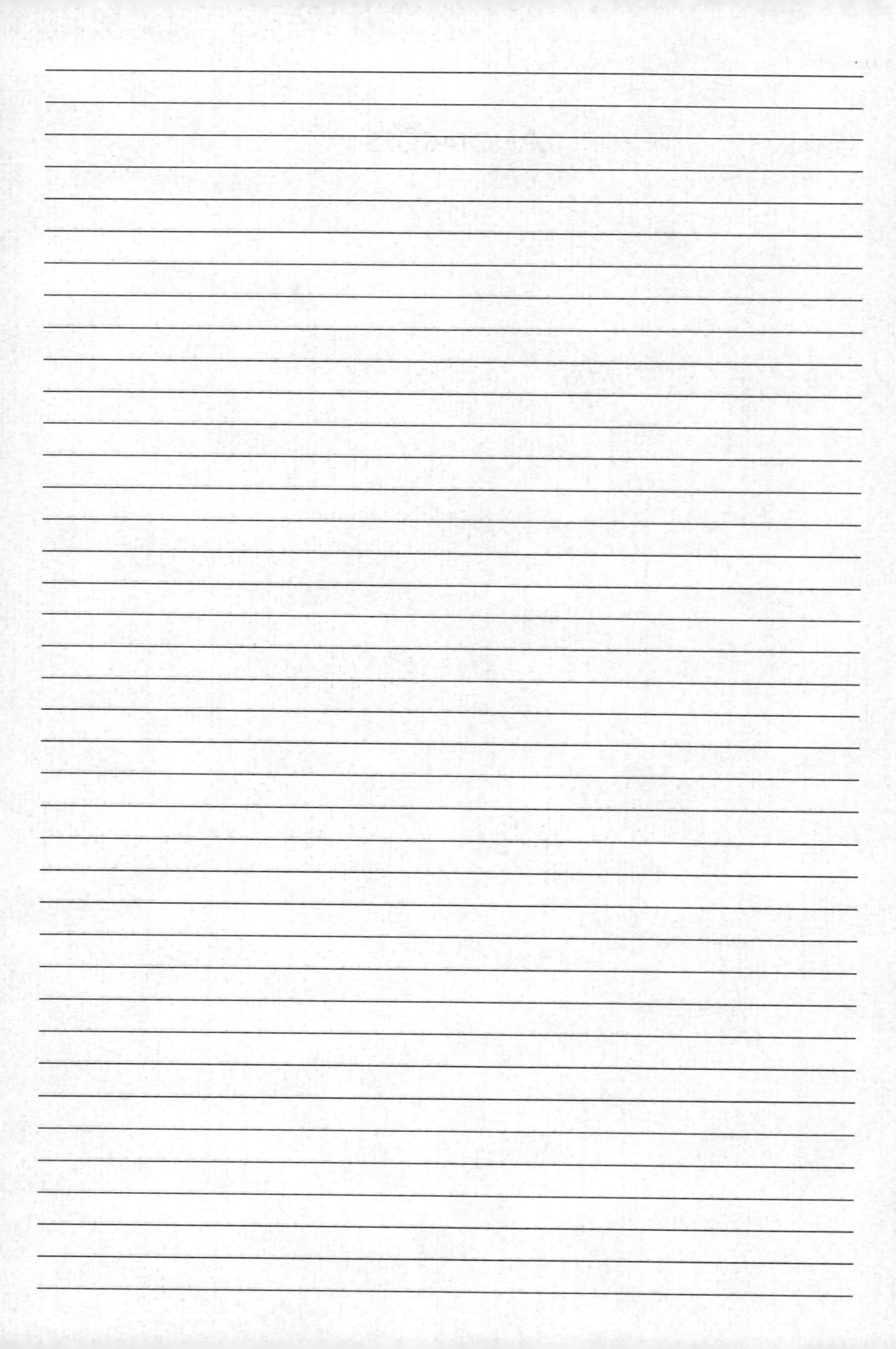